RÈGLES
DE LA PROFESSION
D'AVOCAT

DALLOZ ACTION

RÈGLES DE LA PROFESSION D'AVOCAT

DIX-SEPTIÈME ÉDITION
REMANIÉE ET AUGMENTÉE

À JOUR AU 1er DÉCEMBRE 2021

PAR

STÉPHANE BORTOLUZZI
Directeur général
du Conseil national des barreaux
Docteur en droit

DOMINIQUE PIAU
Avocat au barreau de Paris
Ancien membre du conseil de l'Ordre
Ancien président de la Commission des règles et usages
du Conseil national des barreaux
Ancien président du Conseil Consultatif de la Carpa de Paris
Administrateur de l'UNCA

THIERRY WICKERS
Avocat au barreau de Bordeaux
Ancien bâtonnier
Ancien président de la Conférence des bâtonniers
et du Conseil national des barreaux
3e Vice-Président du Conseil des barreaux européens

À PARTIR DE L'ŒUVRE

HENRI ADER

ANDRÉ DAMIEN

CINQUIÈME ÉDITION DE CET OUVRAGE COURONNÉE PAR
L'ACADÉMIE DES SCIENCES MORALES ET POLITIQUES
PRIX J.-B. CHEVALLIER 1987

DALLOZ

ISBN 978-2-247-18927-4

31-35, rue Froidevaux
75685 PARIS CEDEX 14
SERVICE CLIENTÈLE
+33 (0)1 40 92 20 85
serviceclient@dalloz.fr

www.editions-DALLOZ.fr

@Dalloz_Action

Préface de la septième édition

Ce n'est pas la Règle qui nous garde,
Notre règle n'est pas un refuge,
Ce n'est pas la Règle qui nous garde,
C'est nous qui gardons la Règle.

Georges BERNANOS, *Dialogue des Carmélites*

Les traités de déontologie consacrés aux avocats sont nombreux, diserts et d'inspiration diverse. Les premiers sont essentiellement des traités de spiritualité qui, dans une société de chrétienté, aident les avocats qui en font partie, à méditer sur leur vocation et à dégager les règles quotidiennes de leur pratique professionnelle.

C'est l'esprit qui anime les chapitres consacrés aux avocats, du Bon confesseur de Saint-Jean Eudes, paru sous le règne de Louis XIV, ou des Exercices de la vie chrétienne, ou encore du Dictionnaire économique de l'abbé Chomel, curé de Saint-Vincent de Lyon, publié en 1718.

Plus laïc mais aussi peu juridique est le Dialogue des Avocats de Loisel publié sous le nom de Dialogues de Pasquier en 1602. Au milieu du XVIIIe siècle, Biarnoy de Merville puis Boucher d'Argis et Camus publient de véritables traités de déontologie se référant à des usages et à une morale plus qu'à des textes juridiques encore vagues à l'époque, encore moins à une jurisprudence peu nombreuse puisque le parlement de Paris se refuse à s'immiscer dans le fonctionnement de l'Ordre des avocats, laissant au bâtonnier et à l'assemblée générale le soin de définir les usages de la profession.

Ce n'est qu'à partir de la Révolution que les travaux de Dupin aîné, puis la bible des déontologues Mollot, suivi de près par Cresson et par Liouville, vont intégrer dans leurs traités les textes législatifs et les premières décisions de jurisprudence concernant la vie des avocats.

L'époque suivante sera marquée par de véritables traités de déontologie systématiques mais qui font souvent appel, à côté des règles de droit, aux usages ; significatif à cet égard, le titre que donnera à son traité le bâtonnier Payen, Les règles de la profession d'avocat et les usages du barreau de Paris. À la même époque, paraissent un certain nombre d'études déontologiques : Massonie sur la juridiction du barreau en 1912, Gaston Duvau sur le titre d'avocat en 1913, des thèses de doctorat notamment celles de Buteau sur l'ordre des avocats (1895), de Labouret sur les honoraires (1906), de Leemans sur la responsabilité civile des avocats (1909), de Randoux sur l'accès au barreau et les pouvoirs du conseil de discipline (1910). La province se joint à cet effort, recueillant les usages de plusieurs barreaux ; c'est le traité de Brazier, intitulé La tradition de Bordeaux *ou celui de Johanet intitulé* Histoire du barreau d'Orléans, *qui sont essentiellement des recueils d'usages de la communauté à laquelle appartiennent leurs auteurs.*

À cette époque, les lois sont discrètes, la jurisprudence respectueuse des habitudes de l'Ordre n'a que rarement à intervenir, les avocats se faisant un point d'honneur de ne point faire dirimer leurs querelles devant les tribunaux et les clients, grâce au retrait des avocats de tous les actes pouvant entraîner leur responsabilité, sont impuissants à saisir les juridictions de droit commun.

Les premiers traités de déontologie considérée comme une science du droit, analysant les textes, en tirant les conséquences et les éclairant par une jurisprudence qui commence à naître, sont essentiellement ceux d'Appleton et de Crémieu, tous deux avocats mais également professeurs de droit. Ils apportent à la déontologie les méthodes d'interprétation des textes juridiques qui leur sont coutumières et en font une science du droit ; encore faut-il noter que celui d'Appleton, soucieux de promouvoir une image nouvelle de l'avocat et une éthique nouvelle de la profession adaptée à son temps et inspirée d'ailleurs par les travaux de la jeune Association nationale des avocats, parut à certains de ses contemporains comme un ouvrage de combat autant qu'un traité juridique.

Tel ne fut pas le cas du traité de Crémieu qui, malheureusement, n'ayant jamais reçu de mise à jour, et notamment ayant ignoré la réforme de 1954, ne peut plus, dès cette époque, qu'être considéré comme un ouvrage d'histoire et de référence.

Le bâtonnier Lemaire, dans son Traité de la profession d'avocat, *inspiré de Payen, apporta à la fois une analyse juridique précise des précédents que constituent les usages du barreau, mais étudia l'apport d'une jurisprudence devenue très importante sinon envahissante. Cet ouvrage fut l'instrument précieux de tous les étudiants et avocats, soucieux de mieux déterminer leurs droits et leurs devoirs, mais les réformes s'ajoutant aux réformes, le traité du bâtonnier Lemaire subit le sort de celui du bâtonnier Crémieu.*

Jacques Hamelin, dans son traité constamment mis à jour par nos soins et intitulé modestement, dans sa première édition Abrégé des règles de la profession d'avocat *constitua vite ce que le bâtonnier Baudelot devait définir comme l'Évangile des avocats ; « en effet, ajoutait-il, en codifiant les règles et les usages de sa profession, Jacques Hamelin devint l'un des évangélistes de l'ordre et l'Évangile selon saint Jacques est l'un des ouvrages que les avocats connaissent bien et que les bâtonniers consultent souvent ».*

La réforme de 1991 qui opère un bouleversement nouveau dans l'Ordre des avocats en créant une profession judiciaire et juridique unique, a nécessité une refonte de ce traité ; de même le décret du 17 octobre 1995, modifiant profondément celui du 27 novembre 1991, a transformé également la profession d'avocat. Enfin, une jurisprudence plus audacieuse, plus active, plus novatrice, a modifié également des aspects entiers de la déontologie des avocats notamment en matière de secret professionnel, d'honoraires, de discipline et de protection de la profession d'avocat. C'est la raison de la 9e édition de ce traité mais elle tient à rester fidèle à l'esprit, à la philosophie dirait-on qui animait Jacques Hamelin dont le nom continuera à figurer sur la couverture de cet ouvrage, car il en demeure l'auteur originaire et ce volume continue à s'inspirer de sa conception de la profession.

D'aucuns prétendaient voir en Jacques Hamelin un esprit conservateur, voire passéiste ; il n'en était rien. Il avait une conception ouverte et dyna-

mique de la profession d'avocat qui doit s'insérer dans la société au service de laquelle elle se trouve et qui, dès lors, évolue sans cesse, mais il pressentait les dangers réels pour la profession dans son essence et dans son image aux yeux du public qu'amenaient certaines évolutions.

Il avait rappelé ce point essentiel d'une vraie déontologie, que les privilèges que les textes législatifs et la jurisprudence accordent aux avocats ne sont pas des fins en soi, des survivances d'un passé révolu, voire des coquetteries ou des usages de notables, mais des moyens de permettre à l'avocat de participer à sa place à l'exercice du pouvoir judiciaire.

Ce sont des techniques destinées à assurer un but qui est l'exercice de la justice qui ne peut être assumé, dans la conception occidentale qui est la nôtre, qu'avec un barreau libre et indépendant.

Il pressentait également qu'avec les réformes qui existaient déjà pour certaines à l'époque où il rédigeait la dernière édition de son ouvrage parue de son vivant et qui se profilaient dans les réformes envisagées, la déontologie de l'avocat n'était plus unique mais devait répondre des diverses activités qui lui étaient reconnues : plaidoirie, consultation et aujourd'hui rédaction d'actes juridiques, qui chacune comporte leurs particularités et leurs conditions d'exercice.

En même temps, il notait les ambiguïtés de ces modifications du statut des avocats, et il craignait qu'engendrant des équivoques elles ne créent des malentendus. Il redoutait que laissant survivre les apparences et les mots derrière lesquels prospèrent les conceptions nouvelles, on aboutisse à des agissements déroutants dont le justiciable risque d'être dupe. Il craignait que, de même que les grands ensembles immobiliers remplacent les maisons individuelles, l'avocat ne change de visage et, par voie de conséquence, change d'âme. En tout cas, il pensait que ces transformations professionnelles doivent faire repenser l'organisation des ordres pour s'adapter aux situations nouvelles.

La justice a changé, l'avocat libéral, grand seigneur tout-puissant de la fin du XIXe siècle est en voie de disparition ; il était un gêneur il deviendra un intermédiaire sans pouvoir car il ne dispose pas de la moindre parcelle de cette puissance que la justice a conférée à ses nouveaux auxiliaires, au nombre desquels figurent notamment les éducateurs et les experts. L'avocat ne peut agir officiellement ni auprès de la gendarmerie, ni auprès de la police ; il ne peut renseigner une famille sur le sort d'un suspect gardé à vue, téléphoner à un commissariat pour connaître l'évolution d'une enquête ; il est devenu un homme privé, souvent en marge du système étatique judiciaire et sa présence alibi à la garde à vue ne modifie nullement son caractère officieux et inefficace dans cette première phase de la procédure. Le rôle de l'avocat américain est bien différent, il a davantage de pouvoirs que l'avocat européen et il exerce sa profession au sein de structures puissantes qui peuvent, à la limite, devenir un contre-pouvoir.

L'avocat moderne fait du juridique, aide à la gestion des entreprises, il est un spécialiste du droit des affaires ; pour autant il ne peut abandonner sa vocation de défenseur de ceux qui sont persécutés ou poursuivis notamment au pénal car la société a besoin que cette fonction soit remplie par une profession qui doit conserver son indépendance, malgré le rassemblement d'avocats dans des structures tirées du droit des sociétés, où il est souvent un employé plus qu'un patron.

Juriste généraliste, Jacques Hamelin demeure la conscience de notre barreau dans ce XXIe siècle si difficile pour la justice. Ancien membre du conseil de l'Ordre de Paris, il sut assumer avec lucidité, courage et prudence cette *fonction de déontologue ; il avait d'ailleurs su témoigner pendant la Deuxième Guerre mondiale de ses qualités de courage qui s'alliaient à des qualités humaines déjà bien connues de ses confrères : calme, maîtrise de soi, sens des responsabilités que ses fusiliers-voltigeurs du 29e régiment d'infanterie qu'il commandait pendant la guerre surent apprécier dans des moments tragiques.*

Inquiet de l'évolution de la profession qu'il pressentait, il puisait dans une analyse, cependant pessimiste, des motifs d'espérance. Voyant se créer un monde judiciaire nouveau, il craignait que l'avocat ne s'en éloigne et qu'exerçant au sein de cabinets juridiques à forme collective il ne perde son individualité nécessaire à l'esprit de défense et il persistait à penser qu'entre le magistrat et le justiciable doivent subsister des hommes ayant un esprit d'idéal et animés du souci et de la volonté de servir la justice, qui puissent être les remparts des libertés en même temps que les serviteurs du droit.

Fidèles à la méthode de Jacques Hamelin, nous avons essayé de composer un ouvrage destiné à la fois aux étudiants qui préparent le Capa et aux praticiens.

Pour aider les premiers à mieux discerner le vrai visage d'une profession qui évolue rapidement, nous avons fait, toutes les fois où cela paraissait utile, un bref rappel de l'histoire de l'Ordre.

Pour aider les seconds nous avons voulu, au risque de rendre l'ouvrage moins didactique, multiplier les réponses à des cas d'espèces traités par la jurisprudence. En effet, les nombreuses consultations demandées par des barreaux nous ont appris que la réalité est plus complexe que l'on ne saurait l'imaginer et que les cas réels qui retiennent l'attention des bâtonniers nécessitent de leur apporter une jurisprudence abondante pour les aider à les résoudre.

Pour rendre la consultation de cet ouvrage plus aisée pour les praticiens qui cherchent la solution d'un problème précis et urgent, nous avons voulu que chaque thème abordé comporte l'essentiel de la jurisprudence publiée, fût-ce au prix de nombreuses redites dont le lecteur de l'ensemble de l'ouvrage voudra bien nous excuser.

Versailles, septembre 1992

André DAMIEN

Avocat honoraire du barreau de Versailles
Ancien bâtonnier de l'Ordre
Président d'honneur
de la Conférence des bâtonniers de France

Sommaire

LIVRE 7. LA RÉMUNÉRATION DE L'AVOCAT

LIVRE 8. LES MODALITÉS D'EXERCICE PROFESSIONNEL

LIVRE 9. LA RESPONSABILITÉ DE L'AVOCAT

Avant-propos de la dixième édition

Après la parution de la neuvième édition du présent ouvrage, André Damien m'a fait l'honneur et le plaisir de me demander de coopérer avec lui pour l'édition suivante prenant aux côtés de lui la place qu'il avait jadis tenue auprès du regretté et docte Jacques Hamelin. Je l'en remercie ainsi que les Éditions Dalloz, éditeur de ce traité depuis l'origine. La neuvième et dernière édition à ce jour date de l'an deux mille.

Que d'événements, de lois, de décisions de jurisprudence concernant nos règles et usages en France comme en Europe depuis cette date ! Le Conseil national des barreaux (CNB) de France créé par la loi du 31 décembre 1990 avait été chargé par le législateur de veiller à l'harmonisation de nos règles et usages. Il l'a fait pendant ses trois premières mandatures et le règlement intérieur harmonisé (RIH) fruit de ses travaux, en un premier temps et pour ses premiers articles le 13 septembre 1997 et pour le reste les 26 et 27 mars 1999, est devenu la règle nationale pour les avocats inscrits à des barreaux dont le conseil de l'Ordre avait inséré par décision motivée le RIH dans son propre règlement intérieur, c'est-à-dire la très grande majorité des 35 000 avocats composant le barreau français. Une nombreuse jurisprudence a suivi l'application de ces textes, jurisprudence close à ce jour par le jugement du tribunal des conflits du 18 juin 2001, l'arrêt du Conseil d'État le 27 juillet 2001, un premier arrêt de la Cour de cassation du 13 mars 2001 et les deux arrêts de la même première chambre civile de la Cour suprême du 26 novembre 2002 et 21 janvier 2003. En exécution de la loi du 11 février 2004, le Conseil national des barreaux au cours de sa présente mandature a repris le RIH, a modifié et mis à jour ses articles en tenant compte bien entendu de la jurisprudence et par sa décision à caractère normatif n° 2004-001 a institué le règlement intérieur unifié (RIU) qui énonce les règles et usages de notre profession applicables à tous les avocats stagiaires, inscrits et honoraires du barreau de France. L'article 16 du RIU fait l'objet d'un recours, le critiquant, le Conseil d'État en référé, le 22 juin 2004, a suspendu cet article 16 jusqu'à sa décision au fond.

Avec la collaboration de notre confrère Isabelle Maigret, collaboration efficace, et considérable dont nous la remercions, nous avons décidé en un premier temps de modifier le plan de ce livre. RIH et RIU ayant adopté exactement le même plan c'est celui que nous avons choisi pour notre ouvrage. Cette similitude facilitera sa consultation par les praticiens, magistrats et avocats et par les étudiants, élèves avocats et stagiaires (tant que survivra cette catégorie, deux ou trois ans au maximum).

Nous avons aussi en mettant à jour la jurisprudence qui décide de l'application de nos règles et usages, réservé certains points dans l'attente des décrets d'application des lois votées en 2004. Cela est particulièrement important pour l'exposé des nouvelles règles régissant la discipline des avocats.

La chancellerie enfin a fait savoir au Conseil national des barreaux à la conférence des bâtonniers et au barreau de Paris qu'est en chantier un code de déontologie des avocats, qui sera promulgué par décret en Conseil d'État, à l'instar des codes déjà existants, ceux des médecins ou des architectes par exemple. Elle travaille en étroite coopération avec ses trois interlocuteurs (CNB, barreau de Paris, Conférence des bâtonniers) pour la réalisation de ce qui sera le premier code, étatique de nos règles et usages depuis l'ordonnance du 23 octobre 1274 du roi Philippe III le Hardi.

Les règles et usages sont l'épine dorsale de notre profession. Elles l'étaient depuis l'origine bien avant que Jérémy Bentham crée le néologisme « déontologie ». Sous ce dernier nom elles le restent plus que jamais. L'histoire de l'avocat en France en est marquée. 1274, acte de naissance de la profession moderne d'avocat : Philippe le Hardi parle dans son ordonnance de serment et des honoraires. Le décret de l'Assemblée constituante des 2-11 septembre 1790 qui supprime notre profession ne mentionne que le costume. La période qui suit 1790 montre *a contrario* et par l'absurde ce que devient et reste une défense sans obligations déontologiques. Enfin le décret du 14 décembre 1810 qui après la loi de ventôse XII et sous l'impulsion de Napoléon rétablit la profession d'avocat contient règlement sur l'exercice de la profession d'avocat et la discipline des barreaux.

Notre dixième édition paraît à un moment où sur le plan européen nos règles et usages sont remis en cause. Il n'est que de lire le questionnaire envoyé en juin 2004 par la Commission européenne de concurrence, Bruxelles au Conseil national des barreaux français et que nous devons à l'obligeance de notre confrère Jean-Michel Braunschweig actuel président de la commission des règles et usages du CNB. Il n'est que de lire aussi dans la publication de la Conférence des bâtonniers du 3 juillet 2004, l'éditorial du numéro *Déonto Infos* n° 3.

Nous souhaitons que notre ouvrage en sa dixième édition apporte la connaissance de nos règles et usages, tels qu'ils sont en 2004 et la conviction qu'ils sont indispensables à la survie de la profession d'avocat.

Henri ADER

Paris, juillet 2004

Ancien bâtonnier de Paris

Ancien président de la Commission des règles et usages du Conseil national des barreaux et de la Commission de déontologie du barreau de Paris

Vice-président de la commission d'éthique de la Fédération des barreaux d'Europe

Avant-propos de la dix-septième édition

Depuis la précédente édition, Henri Ader (1928-2017), le 2 mars 2017, puis André Damien[1] (1930-2019), le 5 mars 2019, nous ont quittés.

Avec eux, disparaissent les derniers témoins des évolutions paradoxales de notre profession pendant plus d'un demi-siècle. Ils doivent nous conduire à garder foi en l'avenir sans jamais oublier notre passé.

Ils étaient avocats avant tout. Cette profession dont André Damien disait qu'elle « est la profession des contradictions, et par là même, elle aboutit à créer des hommes déchirés entre des choix contradictoires ».

Leur intense activité ordinale, au service de l'intérêt général, les amena à s'y intéresser avec passion et érudition, et à en devenir les déontologues attitrés. André Damien, en tira plusieurs ouvrages de référence tenant à l'histoire et au devenir des avocats[2], à la formation des plus jeunes[3], ou encore au fonctionnement de nos institutions[4], et écrivit pendant près de trente ans, de 1975[5] à 2003[6], des chroniques régulières dans la *Gazette du Palais*. Henri Ader, moins présent sur le terrain doctrinal, mis en jambe par un voyage à Moscou que lui organisa Jacques Vergès lors de leur année de *Conférence* en 1957, préféra celui de l'action, au barreau, au Conseil national des barreaux et à l'Unca.

André Damien avait pris la suite de Jacques Hamelin (1901-1973)[7], dans la rédaction du présent ouvrage en 1973[8], ouvrage que le bâton-

1. D. Piau, « André Damien (1930-2019) », *D. Avocats* 2019. 308 – F. Raoult, « Hommage au bâtonnier André Damien », *JCP* 2019. 300.
2. A. Damien, *Le Barreau quotidien*, H. Lefèbvre, 1971 ; *Les Avocats du temps passé : essai sur la vie quotidienne des avocats au cours des âges*, H. Lefebvre, 1973 ; *Être avocat aujourd'hui*, Apil, 1re éd., 1976 ; 2e éd., 1981.
3. *Mémento de l'avocat stagiaire*, 2e éd., Apil, 1974.
4. *Mémento du secrétaire de l'ordre*, Apil, 1975.
5. Note ss Aix-en-Provence 28 avr. 1975, *Gaz. Pal.* 1975. 2. 849.
6. Note ss Crim. 17 déc. 2002, no 02-83.679, P no 231 ; *Gaz. Pal.* 24 mai 2003, p. 12.
7. A. Tinayre, « Jacques Hamelin », *Gaz. Pal.* 14 sept. 173, p. 7.

nier Bernard Baudelot avait qualifié d'« Évangile des avocats », et dont il assurera huit éditions successives de 1973 à 2000, dont la 5e en 1987 fut couronnée par l'Académie des sciences morales et politiques du *Prix Jean-Baptiste Chevallier*, avant de transmettre le témoin à l'occasion de la 10e édition à Henri Ader en 2004 qui en assuma la responsabilité jusqu'à la 14e édition en 2013.

André Damien, aura été le précurseur de l'unification des règles et usages de la profession en élaborant une *Tradition du barreau français* [1], résumant l'essentiel de nos principes essentiels et règles déontologiques. Il s'agissait de permettre à tous les ordres, par une délibération conjointe, d'adopter un règlement intérieur national. Si cette ambition ne se réalisa pas, c'est Henri Ader qui, présidant aux destinées de la Commision des règles et usages du Conseil national des barreaux de 1997 à 2002, portera le Règlement intérieur harmonisé (RIH), qui s'en inspire largement, sur les fonts baptismaux. RIH qui deviendra le Règlement intérieur national (RIN) et obtiendra une portée normative, constituant le socle de la déontologie commune des avocats.

Moderniste, André Damien a très tôt déploré que « les structures de la profession d'avocat [soient] demeurées inadaptées à la réforme des institutions » [2], regrettant que le Conseil national des barreaux ne résulte pas de la jonction du barreau de Paris et de la conférence des bâtonniers [3], lui qui notait, non sans malice, que « Le vice des avocats ce n'est ni la légèreté, ni la cupidité, ni la vanité, c'est la volonté de se diviser à loisir » [4].

Ardent défenseur du secret professionnel [5], André Damien en déplorait l'affaiblissement en notant que celui-ci, « selon l'évolution des mentalités, [...] est une sorte de curseur sur une réglette mobile dont la position permet de savoir si une société est plus individualiste que collectiviste ou le contraire » [6].

Prospectif [7], André Damien constatait qu'« à la différence de ce qui existait de leur temps, la source est devenue la jurisprudence. Un usage n'a plus de valeur s'il résulte d'une consultation d'un bâtonnier ou d'un arrêté disciplinaire ; il ne prend son efficacité que si une décision judiciaire lui a conféré force de loi » [8], accompagnant avec son œuvre doctrinale la judiciarisation croissante de la réglementation professionnelle.

Il avait su, magnifiquement, mettre en exergue la responsabilité collective des avocats dans leur autorégulation, en inscrivant en tête de cet ouvrage cette citation de Georges Bernanos : « Notre Règle n'est pas un refuge. Ce n'est pas la règle qui nous garde, c'est nous qui gardons la règle. » [9]

8. « Préface », *in* J. Hamelin et A. Damien, *Règles de la profession d'avocat*, 3e éd., 1977, p. 1 s.
1. A. Damien, « La tradition du barreau français », *in* J. Hamelin et A. Damien, *Les règles de la nouvelle profession d'avocat*, 4e éd., Dalloz, 1981, ann. p. 395-476.
2. « Préface », *in* B. et P.-O. Sur, *Une histoire des avocats en France*, 2e éd., Dalloz, 2014, p. X.
3. J. Hamelin et A. Damien, *Les règles de la profession d'avocat*, 9e éd., Dalloz, 2000, no 228-2, p. 243.
4. Discours prononcé à l'occasion de la cérémonie officielle de nomination au grade de commandeur de la légion d'honneur de Jean-Gaston Moore en 2003.
5. A. Damien, *Le Secret nécessaire*, Desclée de Brouwer, 1990.
6. J. Hamelin et A. Damien, *Les règles de la profession d'avocat*, 9e éd., Dalloz, 2000, no 256, p. 310.
7. En dernier lieu : A. Damien, « Les Avocats et l'an 2000 », *Gaz. Pal.* 4 janv. 2000, p. 15.
8. « Préface », *in* A. Damien (dir.), *La profession d'avocat*, « Jurisprudence française », t. 8, Gazette du Palais-Litec, 1991, p. X.
9. G. Bernanos, *Dialogues des Carmélites*, deuxième tableau, scène 2, Le Seuil, 1949, p. 36.

Plus que jamais, dans un contexte où les évolutions par à-coups se poursuivent, rendant difficile la compréhension des changements réalisés, et l'appréhension de leur cohérence globale, faute d'une refonte totale des textes, ce sont les avocats qui gardent la règle.

Cette 17e édition paraît au moment même où Hani Féghali, « l'homme qui murmurait à l'oreille des auteurs » [1], et qui a veillé à ses éditions successives ainsi qu'à sa pérennité depuis 2000, a décidé, en janvier 2022, de partir à la retraite. Il aura marqué de son empreinte l'évolution du présent ouvrage parmi tant d'autres.

Elle prend en compte la loi du 22 décembre 2021 [2], qui s'inscrit, à la suite de la loi du 23 mars 2019 [3], de l'ordonnance du 18 septembre 2019 [4] et des décrets pris en application, ainsi que de la loi du 18 novembre 2016 [5], au sein d'un phénomène d'inflation et d'instabilité législative pour le moins préoccupant. Et ce, alors même que la justice continue de souffrir de l'indigence des moyens qui lui sont consacrés, ce qu'Henri Ader, alors bâtonnier de Paris, dénonçait déjà, lors de son premier discours de rentrée du barreau, en 1990.

Ces textes auront un impact certain sur l'exercice professionnel des avocats notamment, s'agissant de la loi du 22 décembre 2021 pour la confiance dans l'institution judiciaire, en raison, tant des atteintes portées au secret professionnel de l'avocat que de la réforme de la procédure disciplinaire marquée par l'arrivée d'un plaignant, aux contours encore mal définis, comme partie à part entière dans la procédure.

Poursuivant le travail de refonte entamé avec les précédentes, tout en préservant l'esprit voulu par ses fondateurs, la présente édition vise à présenter les règles et principes essentiels de la profession d'avocat, sa déontologie, tant dans leur fondement que dans leur richesse d'application.

1. N. Balat et Ph. Le Tourneau, « L'homme qui murmurait à l'oreille des auteurs », *D.* 2022. 26 – AUSSI : « *Grand seigneur dallozien et fin lettré* », *in* F. Rome, « Automne littéraire ; octobre au Conseil », *D.* 2013. 2329 ; « *Prince des arts et des lettres* », *in* F. Rome, « Les petits princes », *D.* 2014. 1265.
2. L.O. n° 2021-1728, 22 déc. 2021 pour la confiance dans l'institution judiciaire, *JO* 23 déc., n° 1.
3. L. n° 2019-222, 23 mars 2019 de programmation 2018-2022 et de réforme pour la justice, *JO* 24 mars 2019, n° 2.
4. Ord. n° 2019-964, 18 sept. 2019 prise en application de la loi n° 2019-222 du 23 mars 2019 de programmation 2018-2022 et de réforme pour la justice, *JO* 19 sept., n° 5.
5. L. n° 2016-1547, 18 nov. 2016 de modernisation de la justice du XXIe siècle, *JO* 19 nov., n° 1.

Table des matières

LIVRE PRÉLIMINAIRE

0. TITRE PRÉLIMINAIRE

SECTION 0

ORIENTEUR

0.00 Sommaire du livre.

Division. La détermination des sources (titre 01) d'étude de la profession d'avocat est complétée par un état des lieux de son évolution (titre 02). Des modèles et exemples d'actes sont ajoutés (titre 03).

TITRE

01. Les sources

SECTION 0

ORIENTEUR

01.00 **Sommaire du titre.**

Division. Les textes applicables (chap. 011) englobent ceux codifiés et non codifiés, comme les décisions à caractère normatif (DCN) du Conseil national des barreaux (CNB) et les règlements intérieurs (RI) des barreaux. La jurisprudence sur la matière est nationale, européenne et professionnelle (chap. 012). Une bibliographie générale (chap. 013) complète ces sources.

CHAPITRE

011. Textes applicables

SECTION 0
ORIENTEUR

011.00 **Sommaire du chapitre.**

Division. Les textes applicables sont répartis entre textes codifiés (sect. 1), non codifiés (sect. 2), décisions à caractère normatif (DCN) du Conseil national des barreaux (CNB) (sect. 3), et règlements intérieurs (RI) des barreaux (sect. 4).

SECTION 1
TEXTES CODIFIÉS

011.11 **Divers codes.** La réglementation de la profession d'avocat trouve une part de ses sources[1] en droit interne dans les codes[2]. Des dispositions sont parfois issues du droit international[3], et de plus en plus du droit de l'Union européenne[4] sous l'influence quelquefois de la *common law*[5].

Le code civil intéresse ainsi la profession notamment s'agissant du contreseing de l'avocat[6], de la responsabilité civile contractuelle[7], de la fiducie[8] ou bien encore du droit des sociétés[9].

Le code pénal garantit la protection du secret professionnel de l'avocat et sanctionne sa violation[10], alors que le code de procédure pénale encadre le régime des perquisitions dans le cabinet d'un avocat ou à son domicile[11].

1. AUSSI NOT. : Ph. Jestaz, *Les sources du droit*, 2e éd., « Connaissance du droit », Dalloz, 2015 – B. Mathieu, *La loi*, 3e éd., « Connaissance du droit », Dalloz, 2010 – Collectif, *Libres propos sur les sources du droit : Mélanges en l'honneur de Philippe Jestaz*, Dalloz, 2006.

2. AUSSI NOT. : Commission supérieure de codification, *Vingt-cinquième rapport annuel*, Journaux officiels, 2014 – R. Drago (dir.), *La confection de la loi : Rapport du groupe de travail de l'Académie des sciences morales et politiques*, Puf, « Cahiers des sciences morales et politiques », n° 23, 2005 – B. Opetit, *Essai sur la codification*, « Droit, éthique, société », Puf, 1998 – B. Beignier (dir.), *La codification*, « Thèmes et commentaires », Dalloz, 1996 – F. Geny, « La technique législative dans la codification civile moderne », dans *Le Code civil 1804-1904 : Livre du centenaire*, t. II, Imprimerie nationale, 1904 ; rééd. Duchemin, 1969, p. 994 ; « Bibliothèque Dalloz », 2004.
3. AUSSI NOT. : L.-A. Aledo, *Le droit international public*, 3e éd., « Connaissance du droit », Dalloz, 2014.
4. AUSSI NOT. : P.-Y. Monjal, *Droit de l'Union européenne*, « Connaissance du droit », Dalloz, 2007 – L. Vogel, J. Vogel, *Le droit européen des affaires*, 3e éd., « Connaissance du droit », Dalloz, 2011.
5. AUSSI NOT. : A. J. Bullier, *La Common law*, 3e éd., « Connaissance du droit », Dalloz, 2012.
6. C. civ., art. 1374 ; mod. par ord. n° 2016-131, 10 févr. 2016, art. 4.
7. C. civ., art. 1147 ; créé par L. 7 févr. 1804 ; – AUSSI NOT. : P. Jourdain, *Les principes de la responsabilité civile*, 9e éd., « Connaissance du droit », Dalloz, 2014 – V. ss nos 912.00 s.
8. C. civ., art. 2011 à 2030 – V. ss nos 644.00 s.
9. PAR EX. SUR la cession des droits sociaux des associés : C. civ., art. 1843-4 – ET SUR les sociétés en participation : C. civ., art. 1871 à 1872-2 – V. ss nos 811.50 s.
10. C. pén., art. 226-13 – V. ss nos 411.40 s.
11. C. pr. pén., art. 56-1 ; mod. par ord. n° 2019-964, 18 sept. 2019, art. 35 – V. ss nos 414.71 s.

Le code de procédure civile contient les règles relatives à la représentation des parties devant les différentes juridictions de l'ordre judiciaire [1] et celles relatives à la communication électronique [2] mais également les règles gouvernant le respect du principe du contradictoire [3], ou celles relatives à la procédure participative assistée par avocat [4].

Il est également possible de citer le code de la consommation s'agissant de la prescription des honoraires lorsque le client a sollicité les services de son avocat pour les besoins de son activité non-professionnelle [5], le code des assurances s'agissant des règles relatives à l'assurance de protection juridique [6], le code monétaire et financier sur les obligations relatives à la lutte contre le blanchiment des capitaux et le financement du terrorisme [7], le code général des impôts pour l'encadrement de l'activité de l'avocat tiers de confiance [8], le code de la sécurité sociale sur l'assurance vieillesse et invalidité décès [9], et bien d'autres encore comme le code de commerce s'agissant notamment du droit des procédures collectives [10].

SECTION 2
TEXTES NON CODIFIÉS

011.20 **Plan – Sources essentiellement non codifiées.** Si une part de la réglementation de la profession d'avocat se trouve dans des textes codifiés, l'essentiel des sources a son siège au-delà. L'œuvre de codification réalisée par la publication du code de l'avocat [11] sous la direction scientifique du professeur Christophe Jamin, dont la première édition est parue en 2012, puis du professeur Florence G'sell, offre un accès facilité à l'ensemble de ces sources.

Le code de l'avocat rassemble ainsi l'ensemble des textes officiels mis à jour des dernières modifications, enrichis de commentaires et d'annotations sous forme de références bibliographiques et de résumés de jurisprudence.

1. C. pr. civ., art. 411 à 420 – V. s^s^ n°s 622.111 s.
2. C. pr. civ., art. 748-1 à 748-9 (dont 748-3, 748-6, 748-8, 748-9, mod. par décr. n° 2019-402, 3 mai 2019), 930-1 et 930-2 – V. s^s^ n°s 623.21 s.
3. C. pr. civ., art. 14 à 17 – V. s^s^ n°s 452.00 s.
4. C. civ., art. 2062 à 2068 – C. pr. civ., art. 1542 à 1546 – V. s^s^ n°s 621.31 s.
5. C. consom., art. L. 218-2.
6. C. assur., art. L. 127-1 s. et R. 127-1 s. – V. s^s^ n°s 761.21 s.
7. C. mon. fin., art. L. 561-2 (mod. par ord. n° 2020-115, 12 févr. 2020, art. 2) s. et R. 561-1 s. (mod. par décr. n° 2018-284, 18 avr. 2018, art. 5 – V. s^s^ n°s 482.61 s.
8. CGI, art. 170 *ter*, II – V. s^s^ n°s 643.00 s.
9. CSS, art. L. 652-1 (mod. par ord. n° 2018-470, 12 juin 2018, art. 5) s. et R. 652-1 (mod. par déc. n° 2019-718, 5 juill. 2019, art. 5) s. – V. s^s^ n°s 811.152 s.
10. C. com., Livre VI, art. L. 610-1 s. – V. s^s^ n°s 811.112 s.
11. C. avocat, 10e éd., Dalloz, 2021 [en ligne].

§ 1
Textes fondamentaux

011.31 **Noyau dur de la réglementation.** Le cœur de la réglementation de la profession d'avocat se situe dans la loi du 31 décembre 1971 [12] portant réforme de certaines professions judiciaires et juridiques et le décret du 27 novembre 1991 [13] organi-

12. L. n° 71-1130, 31 déc. 1971 portant réforme de certaines professions judiciaires et juridiques, *JO* 5 janv. 1972, p. 131 ; mod. par L. n° 90-1259, 31 déc. 1990 ; L. n° 92-1336, 16 déc. 1992 ; L. n° 97-308, 7 avr. 1997 ; ord. n° 2000-916, 19 sept. 2000 ; L. n° 2004-130, 11 févr. 2004 ; ord. n° 2005-459, 13 mai 2005 ; L. n° 2005-882, 2 août 2005 ; ord. n° 2006-639, 1er juin 2006 ; L. n° 2006-1771, 30 déc. 2006 ; L. n° 2007-224, 21 févr. 2007 ; ord. n° 2008-507, 30 mai 2008 ; L. n° 2008-596, 25 juin 2008 ; L. n° 2008-776, 4 août 2008 ; ord. n° 2009-104, 30 janv. 2009 ; ord. n° 2009-112, 30 janv. 2009 ; L. n° 2009-526, 12 mai 2009 ; L. n° 2010-1249, 22 oct. 2010 ; L. n° 2010-1487, 7 déc. 2010 ; L. n° 2010-1609, 22 déc. 2010 ; L. n° 2011-94, 25 janv. 2011 ; L. n° 2011-331, 28 mars 2011 ; ord. n° 2011-337, 29 mars 2011 ; L. n° 2011-900, 29 juill. 2011 ; L. n° 2011-1862, 13 déc. 2011 ; ord. n° 2011-1875, 15 déc. 2011 ; L. n° 2012-158, 1er févr. 2012 ; ord. n° 2012-579, 26 avr. 2012 ; ord. n° 2013-544, 27 juin 2013 ; L. n° 2014-344, 17 mars 2014 ; L. n° 2014-873, 4 août 2014 ; L. n° 2014-1654, 29 déc. 2014 ; L. n° 2015-177, 16 févr. 2015 ; L. n° 2015-990, 6 août 2015 ; ord. n° 2016-131, 10 févr. 2016 ; ord. n° 2016-394, 31 mars 2016 ; L. n° 2016-1547, 18 nov. 2016 ; ord. n° 2016-1809, 22 déc. 2016 ; L. n° 2016-1827, 23 déc. 2016 ; ord. n° 2018-310, 27 avr. 2018 ; ord. n° 2019-964, 18 sept. 2019 ; L. n° 2019-1479, 28 déc. 2019.
13. Décr. n° 91-1197, 27 nov. 1991 organisant la profession d'avocat, *JO* 28 nov., p. 15502 ; mod. par décr. n° 95-1110, 17 oct. 1995 ; décr. n° 96-210, 19 mars 1996 ; décr. n° 96-610, 5 juill. 1996 ; décr. n° 97-1190, 24 déc. 1997 ; décr. n° 2001-373, 27 avr. 2001 ; décr. n° 2004-397, 4 mai 2004 ; décr. n° 2004-577, 15 juin 2004 ; décr. n° 2004-1123, 14 oct. 2004 ; décr. n° 2004-1386, 21 déc. 2004 ; décr. n° 2005-1381, 4 nov. 2005 ; décr. n° 2005-535, 18 mai 2005 ; décr. n° 2005-531, 24 mai 2005 ; décr. n° 2005-626, 30 mai 2005 ; décr. n° 2005-790, 12 juill. 2005 ; décr. n° 2005-1611, 20 déc. 2005 ; décr. n° 2007-932, 15 mai 2007 ; décr. n° 2008-484, 22 mai 2008 ; décr. n° 2009-199, 18 févr. 2009 ; décr. n° 2009-685, 12 juin 2009 ; décr. n° 2009-1233, 14 oct. 2009 ; décr. n° 2009-1544, 11 déc. 2009 ; décr. n° 2009-1627, 23 déc. 2009 ; décr. n° 2010-9, 6 janv. 2010 ; décr. n° 2011-338, 29 mars 2011 ; décr. n° 2011-451, 22 avr. 2011 ; décr. n° 2011-1319, 18 oct. 2011 ; décr. n° 2011-1877, 14 déc. 2011 ; décr. n° 2011-1985, 28 déc. 2011 ; décr. n° 2012-397, 23 mars 2012 ; décr. n° 2012-441, 3 avr. 2012 ; décr. n° 2012-634, 3 mai 2012 ; décr. n° 2012-1247, 7 nov. 2012 ; décr. n° 2013-319, 15 avr. 2013 ; décr. n° 2013-444, 27 mai 2013 ; décr. n° 2013-684, 24 juill. 2013 ; décr. n° 2013-938, 18 oct. 2013 ; décr. n° 2014-796, 11 juill. 2014 ; décr. n° 2014-1315, 3 nov. 2014 ; décr. n° 2014-1632, 26 déc. 2014 ; décr. n° 2016-576, 11 mai 2016 ; décr. n° 2016-882, 29 juin 2016 ; décr. n° 2016-1389, 17 oct. 2016 ; décr. n° 2016-1817, 22 déc. 2016 ; décr. n° 2017-801, 5 mai 2017 ; décr. n° 2017-1226, 2 août 2017 ; décr. n° 2017-1370, 20 sept. 2017 ; décr. n° 2018-284, ▶

sant la profession d'avocat. Ces textes traitent ainsi de l'ensemble des questions intéressant la profession ou y font référence.

011.32 Déontologie. Il convient d'y ajouter le décret du 12 juillet 2005[1] relatif aux règles de déontologie de la profession d'avocat[2] qui consacre les principes essentiels de la profession, et définit les devoirs des avocats envers les clients, envers la partie adverse et envers les confrères.

011.33 Code de déontologie des avocats européens. Le Conseil des barreaux européens (Ccbe) a adopté à Strasbourg le 28 octobre 1988 un code de déontologie des avocats européens[3] plusieurs fois révisé depuis. Ses règles concernent les avocats de l'Union européenne, tels que définis par les directives sectorielles 77/249[4] sur la libre prestation de services et 98/5[5] sur la liberté d'établissement. Ses dispositions intégrées dans le règlement intérieur national de la profession[6] s'appliquent ainsi aux avocats français dans leurs activités judiciaires et juridiques à l'intérieur de l'Union européenne, de l'Espace économique européen, de la Confédération helvétique comme des pays associés et observateurs.

011.34 Charte des principes essentiels de l'avocat européen. La charte des principes essentiels de l'avocat européen a été adoptée lors de la session plénière du Ccbe à Bruxelles le 24 novembre 2006[7]. Elle a vocation à s'appliquer à l'Europe tout entière, au-delà des territoires des États membres, associés et observateurs du Ccbe. La charte énonce dix principes essentiels qui sont l'expression de la base commune à toutes les règles nationales et internationales qui régissent la profession d'avocat : (a) l'indépendance et la liberté d'assurer la défense de son client ; (b) le respect du secret professionnel et de la confidentialité des affaires dont il a la charge ; (c) la prévention des conflits d'intérêts que ce soit entre plusieurs clients ou entre le client et lui-même ; (d) la dignité, l'honneur et la probité ; (e) la loyauté à l'égard de son client ; (f) la délicatesse en matière d'honoraires ; (g) la compétence professionnelle ; (h) le respect de la confraternité ; (i) le respect de l'État de droit et la contribution à une bonne administration de la justice ; (j) l'autorégulation de sa profession.

La charte a notamment pour objet de venir en aide aux barreaux qui luttent dans les pays émergents pour y faire reconnaître leur indépendance ; elle vise également à accroître la compréhension de l'importance du rôle de l'avocat dans la société. Elle s'adresse tant aux avocats eux-mêmes qu'aux décideurs et au public en général.

011.35 Vers une convention européenne sur la profession d'avocat. Le 13 octobre 2016, vingt-deux membres de l'Assemblée parlementaire du Conseil de l'Europe ont signé une motion[8] invitant le Comité des ministres à lancer des travaux en vue de la rédaction et l'adoption d'une convention européenne sur la profession d'avocat qui disposerait ainsi à l'égard des États d'une force juridique contraignante. Une recommandation[9] de l'Assemblée parlementaire du Conseil de l'Europe a été adoptée dans les mêmes termes le 24 janvier 2018 visant à assurer une protection plus efficace de la profession au sein des États membres.

Même si le droit à la défense en matière pénale est consacré par l'article 6 § 3, c), de la Conv. EDH, il n'existe aucune convention internationale relative à la profession d'avocat, et les règles concernant l'exercice de la profession varient d'un État à un autre[10]. Le Comité des ministres du Conseil de l'Europe a décidé d'entreprendre une étude de faisabilité pour l'élaboration de cette future convention européenne qui a été remise fin 2019, et dont le rapport a été adopté par le Comité européen de coopération juridique à sa 95e réunion plénière en novembre 2020 lors de laquelle le Comité a approuvé sa publication[11].

011.36 Directives sectorielles. La directive 77/249[12] tendant à faciliter l'exercice effectif de la libre

▶ 18 avr. 2018 ; décr. n° 2019-849, 20 août 2019 ; décr. n° 2019-913, 30 août 2019 ; décr. n° 2019-966, 18 sept. 2019 ; décr. n° 2019-1333, 11 déc. 2019 ; décr. n° 2019-1419, 20 déc. 2019 ; décr. n° 2020-58, 29 janv. 2020 ; décr. n° 2021-1322, 11 oct. 2021.

1. Décr. n° 2005-790, 12 juill. 2005 relatif aux règles de déontologie de la profession d'avocat, *JO* 16 juill., p. 11688 ; mod. par décr. n° 2007-932, 15 mai 2007 ; décr. n° 2009-1544, 11 déc. 2009 ; décr. n° 2011-1997, 28 déc. 2011 ; décr. n° 2014-1251, 28 oct. 2014 ; décr. n° 2017-1226, 2 août 2017.
2. AUSSI NOT. : J.-J. Taisne, *La déontologie de l'avocat*, 11e éd., « Connaissance du droit », Dalloz, 2019.
3. http://www.ccbe.eu/NTCdocument/FR.CCBE.CoCpdf2.1382973057.pdf – V. ss n° 312.32 s.
4. Dir. 77/249, Conseil, 22 mars 1977 tendant à faciliter l'exercice effectif de la libre prestation de services par les avocats, *JOCE L* 78, 26 mars, p. 17.
5. Dir. 98/5, Parlement et Conseil, 16 févr. 1998 visant à faciliter l'exercice permanent de la profession d'avocat dans un État membre autre que celui où la qualification a été acquise, *JOCE L* 77, 14 mars, p. 36.
6. RIN, art. 21.
7. http://www.ccbe.eu/NTCdocument/FR.CCBE.CoCpdf2.1382973057.pdf
8. Conseil, Ass. parlementaire, motion n° 14181 (2016).
9. Conseil, Ass. parlementaire, recomm. 2121 (2018).
10. Ccbe, communiqué de presse, 9 mars 2017.
11. Conseil de l'Europe, *Étude de faisabilité d'un nouvel instrument juridique européen, contraignant ou non, sur la profession d'avocat : valeur ajoutée et efficacité potentielles*, Comité européen de coopération juridique (CDCJ), avril 2020.
12. Dir. 77/249, Conseil, 22 mars 1977.

prestation de services par les avocats et la directive 98/5[1] relative au droit d'établissement institue une reconnaissance mutuelle des titres professionnels permettant l'exercice de la profession d'avocat dans un autre État membre sous le titre professionnel d'origine[2].

§ 2
Sur l'exercice en groupe

011.41 **Loi du 29 novembre 1966.** Les sociétés civiles professionnelles (SCP) ont été créées par la loi du 29 novembre 1966[3] pour permettre à des personnes physiques d'exercer en commun une profession libérale réglementée[4]. Elle a été complétée par des décrets d'application spécifiques à l'activité de chaque profession libérale.

011.42 **Décret du 20 juillet 1992.** Le décret du 20 juillet 1992[5] fut pris pour l'application à la profession d'avocat de la loi du 29 novembre 1966. Les articles 1832 à 1872 du code civil sont également applicables dans leurs dispositions qui ne sont pas contraires à celles de la loi du 29 novembre 1966. Le décret du 5 mai 2017[6] prévoit la possibilité d'un exercice partagé au sein des sociétés civiles professionnelles et à titre individuel ou au sein d'une autre société, notamment une société pluriprofessionnelle d'exercice, mettant ainsi fin à la règle de l'exclusivité d'exercice.

011.43 **Loi du 31 décembre 1990.** L'exercice sous forme de sociétés a été étendu par la loi du 31 décembre 1990[7] aux professions libérales soumises à un statut législatif ou réglementaire ou dont le titre est protégé et aux sociétés de participations financières de professions libérales. Cette loi a fait l'objet de réformes importantes par la loi du 28 mars 2011[8], notamment par l'instauration d'une interprofessionnalité capitalistique par le biais de sociétés de participations financières de professions libérales.

011.44 **Décret du 25 mars 1993.** Le décret du 25 mars 1993[9] fut pris pour l'application à la profession d'avocat de la loi du 31 décembre 1990, modifié par le décret du 29 juin 2016[10] qui supprime notamment le principe de l'exclusivité d'exercice au sein de la société d'exercice libéral.

Les dispositions du livre II du code de commerce[11] sont également applicables dès lors qu'elles ne sont pas contraires aux textes précités.

011.45 **Loi du 6 août 2015.** La loi du 6 août 2015[12] pour la croissance, l'activité et l'égalité des chances économiques, est venue ajouter la possibilité pour l'avocat d'exercer sa profession au sein d'entités dotées de la personnalité morale, à l'exception des formes juridiques qui confèrent à leurs associés la qualité de commerçant, c'est-à-dire les sociétés en commandite par actions, les sociétés en commandite simple et les sociétés en nom collectif[13]. Ces sociétés de droit commun sont régies par les dispositions des chapitres Ier (*Dispositions générales*) et II (*De la société civile*) du titre IX du livre III du code civil pour les sociétés civiles[14] et par les dispositions du livre II du code de commerce propres à chacune des sociétés concernées autres que celles relatives aux sociétés en nom collectif, sociétés en commandite simple et sociétés en commandite par actions[15].

Mais la loi du 6 août 2005, complétée par l'ordonnance du 31 mars 2016[16] prise en application de l'article 65, 2°, de cette loi, a surtout consacré une nouvelle forme d'interprofessionnalité d'exercice entre professions du droit et du chiffre. Deux décrets

1. Dir. 98/5, Parlement et Conseil, 16 févr. 1998.
2. V. ss nos 231.10 s.
3. L. n° 66-879, 29 nov. 1966 relative aux sociétés civiles professionnelles, *JO* 30 nov., p. 10451.
4. V. ss nos 811.71 s.
5. Décr. n° 92-680, 20 juill. 1992 pris pour l'application à la profession d'avocat de la loi n° 66-879 du 29 novembre 1966 relative aux sociétés civiles professionnelles, *JO* 22 juill., p. 9799.
6. Décr. n° 2017-795, 5 mai 2017 pris pour l'application de l'article 27 de la loi n° 66-879 du 29 novembre 1966, *JO* 7 mai, n° 31.
7. L. n° 90-1258, 31 déc. 1990 relative à l'exercice sous forme de sociétés des professions libérales soumises à un statut législatif ou réglementaire ou dont le titre est protégé, *JO* 5 janv. 1991, p. 2016.
8. L. n° 2011-331, 28 mars 2011 de modernisation des professions judiciaires ou juridiques et certaines professions réglementées, *JO* 29 mars, p. 5447.
9. Décr. n° 93-492, 25 mars 1993 pris pour l'application à la profession d'avocat de la loi n° 90-1258 du 31 décembre 1990 relative à l'exercice sous forme de sociétés des professions libérales soumises à un statut législatif ou réglementaire ou dont le titre est protégé, *JO* 27 mars, p. 4930.
10. Décr. n° 2016-878, 29 juin 2016 relatif à l'exercice de la profession d'avocat sous forme de société d'exercice libéral et aux sociétés de participations financières de profession libérale d'avocats, *JO* 30 juin, n° 56.
11. C. com., art. L. 210-1 s.
12. L. n° 2015-990, 6 août 2015 pour la croissance, l'activité et l'égalité des chances économiques, *JO* 7 août, p. 13537.
13. L. n° 71-1130, 31 déc. 1971, art. 7, al. 1er, mod. par L. n° 2015-990, 6 août 2015, art. 63-IV, 1°.
14. C. civ., art. 1832 à 1870-1.
15. POUR LES SARL : C. com., art. L. 223-1 à L. 223-43 ; – POUR LES SA : art. L. 225-1 à L. 225-270 ; – POUR LES SAS : art. L. 227-1 à L. 227-20 ; – POUR LA SOCIÉTÉ EUROPÉENNE : art. L. 229-1 à L. 229-15.
16. Ord. n° 2016-394, 31 mars 2016 relative aux sociétés constituées pour l'exercice en commun de plusieurs professions libérales soumises à un statut législatif ou réglementaire ou dont le titre est protégé, *JO* 1er avr., n° 51.

du 5 mai 2017[1] tirent les conséquences de l'ordonnance du 31 mars 2016 relative aux sociétés constituées pour l'exercice en commun de plusieurs professions libérales soumises à un statut législatif ou réglementaire ou dont le titre est protégé, et fixent les conditions d'application du titre IV *bis* de la loi du 31 décembre 1990 relatif aux sociétés pluriprofessionnelles d'exercice ainsi que les modalités d'exercice de la profession d'avocat par une société pluriprofessionnelle d'exercice.

§ 3
Sur l'aide juridique

011.51 Loi du 10 juillet 1991 et décret du 19 décembre 1991. L'essentiel de la réglementation relative à l'aide juridique[2] est contenu dans la loi du 10 juillet 1991[3] et le décret portant application de la loi du 19 décembre 1991[4] plusieurs fois modifié.

Décret du 11 mars 2015[5] portant diverses modifications et ajouts en matière de rétribution des avocats intervenant au titre de l'aide juridictionnelle et des autres aides à l'intervention de l'avocat.

Décret du 27 décembre 2016[6] portant diverses dispositions relatives à l'aide juridique revalorisant le barème de la rétribution accordée aux avocats dans les missions d'aide juridictionnelle et étendant le périmètre des protocoles conclus entre les barreaux et les juridictions.

Décret du 5 mai 2017[7] portant diverses dispositions relatives à l'aide juridique modifiant le barème de l'aide juridictionnelle et supprimant la modulation géographique de l'unité de valeur de référence.

Décret du 27 décembre 2018[8] modifiant le barème de l'article 90 du décret du 19 décembre 1991 en matière de contentieux des étrangers, et portant diverses mesures relatives au versement d'une dotation unique par l'État aux barreaux ainsi qu'à la mise à jour des règles de comptabilité applicables aux caisses des règlements pécuniaires des avocats (Carpa).

Décret du 30 décembre 2019[9], pris pour l'application de la loi du 23 mars 2019 de programmation 2018-2020 et de réforme pour la justice[10], adaptant le barème de l'article 90 du décret du 19 décembre 1991 à la création du tribunal judiciaire et fusionnant les protocoles et conventions matérielles d'organisation de la garde à vue en des conventions locales uniques relatives à l'aide juridique.

Décret du 28 décembre 2020[11] portant application de la loi du 10 juillet 1991, dont les dispositions sont entrées en vigueur le 1er janvier 2021, qui remplace et abroge le décret du 19 décembre 1991. Pris pour l'application de l'article 243 de la loi du 28 décembre 2019[12] de finances pour 2020, ce décret intègre les dispositions d'application de la réforme des critères d'éligibilité à l'aide juridictionnelle, de la réorganisation des bureaux d'aide juridictionnelle (Baj) et de la possibilité de dépôt d'une demande d'aide juridictionnelle par voie dématérialisée.

Décret du 24 juin 2021[13] portant diverses dispositions en matière d'aide juridictionnelle et d'aide à l'intervention de l'avocat dans les procédures non juridictionnelles, pris en application de l'article 234 de la loi du 29 décembre 2020[14] de finances pour 2021, instaurant un nouveau mécanisme d'aide juridictionnelle garantie des avocats commis d'office, pour les procédures mentionnées à l'article 19-1 de la loi du 10 juillet 1991. Ce décret modifie en outre le barème de rétribution des avocats, tirant les conséquences des réformes procédurales introduites par le code de la justice pénale des mineurs, et élargit les missions dévolues à l'Union nationale des caisses des

1. Décr. n° 2017-794, 5 mai 2017 relatif à la constitution, au fonctionnement et au contrôle des sociétés pluriprofessionnelles d'exercice de professions libérales juridiques, judiciaires et d'expertise comptable prévues au titre IV *bis* de la loi n° 90-1258 du 31 décembre 1990, *JO* 7 mai, n° 30 – Décr. n° 2017-801, 5 mai 2017 relatif à l'exercice de la profession d'avocat par une société pluriprofessionnelle d'exercice, *JO* 7 mai, n° 37.
2. V. ss nos 75.00 s.
3. L. n° 91-647, 10 juill. 1991 relative à l'aide juridique, *JO* 13 juill., p. 9170.
4. Décr. n° 91-1266, 19 déc. 1991 portant application de la loi n° 91-647 du 10 juillet 1991 relative à l'aide juridique, *JO* 20 déc., p. 16609.
5. Décr. n° 2015-271, 11 mars 2015 relatif à la rétribution des interventions des avocats au titre de l'aide juridique, *JO* 13 mars, p. 4779.
6. Décr. n° 2016-1876, 27 déc. 2016 portant diverses dispositions relatives à l'aide juridique, *JO* 28 déc., n° 50.
7. Décr. n° 2017-822, 5 mai 2017 portant diverses dispositions relatives à l'aide juridique, *JO* 7 mai, n° 86.
8. Décr. n° 2018-1280, 27 déc. 2018 portant diverses dispositions relatives à l'aide juridique, *JO* 29 déc., n° 9.
9. Décr. n° 2019-1505, 30 déc. 2019 simplifiant le barème de l'aide juridictionnelle et fusionnant les protocoles et les conventions matérielles d'organisation de la garde à vue, *JO* 31 déc., n° 5.
10. L. n° 2019-222, 23 mars 2019 de programmation 2018-2022 et de réforme pour la justice, *JO* 24 mars 2019, n° 2.
11. Décr. n° 2020-1717, 28 déc. 2020 portant application de la loi n° 91-647 du 10 juillet 1991 relative à l'aide juridique et relatif à l'aide juridictionnelle et à l'aide à l'intervention de l'avocat dans les procédures non juridictionnelles, *JO* 29 déc., n° 32.
12. L. n° 2019-1479, 28 déc. 2019 de finances pour 2020, *JO* 29 déc. n° 1.
13. Décr. n° 2021-810, 24 juin 2021 portant diverses dispositions en matière d'aide juridictionnelle et d'aide à l'intervention de l'avocat dans les procédures non juridictionnelles, *JO* 26 juin, n° 11.
14. L. n° 2020-1721, 29 déc. 2020 de finances pour 2021, *JO* 30 déc., n° 1.

règlements pécuniaires des avocats (Unca) en matière d'aide juridictionnelle.

011.52 Directive 2002/8 du Conseil du 27 janvier 2003. La directive 2002/8 [1] vise à améliorer l'accès à la justice dans les affaires transfrontalières par l'établissement de règles minimales communes relatives à l'aide judiciaire accordée dans le cadre de telles affaires.

011.53 Loi du 19 février 2007. Un principe de subsidiarité a été consacré par l'article 5 de la loi du 19 février 2007 [2] portant réforme de l'assurance de protection juridique, selon lequel l'aide juridictionnelle n'est pas accordée lorsque les faits sont pris en charge au titre d'un contrat d'assurance de protection juridique ou d'un système de protection équivalent [3].

§ 4
Sur la formation professionnelle

011.61 Décrets et arrêtés multiples depuis les années 90.

– Arrêté du 10 février 1992 [4] fixant les modalités d'admission des étudiants étrangers dans un centre régional de formation professionnelle d'avocats (CRFPA) en qualité d'auditeurs libres.

– Arrêté du 26 octobre 1992 [5] fixant les modalités du contrôleur financier du Conseil national des barreaux.

– Arrêté du 7 janvier 1993 [6] fixant le programme et les modalités de l'examen d'aptitude prévu à l'article 99 du décret du 27 novembre 1991 organisant la profession d'avocat.

– Arrêté du 7 janvier 1993 [7] fixant le programme et les modalités de l'examen de contrôle des connaissances prévu à l'article 100 du décret du 27 novembre 1991 organisant la profession d'avocat.

– Arrêté du 25 novembre 1998 [8] fixant la liste des titres ou diplômes reconnus comme équivalents à la maîtrise en droit pour l'exercice de la profession d'avocat.

– Décret du 6 mars 2002 [9] pris pour l'application de l'article 14-1 de la loi du 31 décembre 1971 modifiée portant réforme de certaines professions judiciaires et juridiques et relatif au financement de la formation professionnelle des avocats.

– Arrêté du 6 décembre 2004 [10] fixant le siège et le ressort des centres régionaux de formation professionnelle d'avocats.

– Décret du 12 juillet 2005 [11] pris pour l'application de l'article 13-1 de la loi du 31 décembre 1971 portant réforme de certaines professions judiciaires et juridiques.

– Arrêté du 7 décembre 2005 [12] fixant le programme et les modalités de l'examen d'aptitude à la profession d'avocat.

– Arrêté du 28 décembre 2011 [13] fixant la liste des mentions de spécialisation en usage dans la profession d'avocat.

1. Dir. 2002/8, Conseil, 27 janv. 2003 visant à améliorer l'accès à la justice dans les affaires transfrontalières par l'établissement de règles minimales communes relatives à l'aide judiciaire accordée dans le cadre de telles affaires, *JOUE L* 26, 31 janv., p. 41.
2. L. n° 2007-210, 19 févr. 2007 portant réforme de l'assurance de protection juridique, *JO* 21 févr., p. 3051.
3. L. n° 91-647, 10 juill. 1991, art. 2, al. 4 – V. s^s n°s 751.81 s.
4. Arr. 10 févr. 1992 fixant les modalités d'admission des étudiants étrangers dans un centre régional de formation professionnelle d'avocats en qualité d'auditeurs libres, *JO* 18 févr., p. 2531, NOR : JUSC9220120A.
5. Arr. 26 oct. 1992 fixant les modalités du contrôle financier du Conseil national des barreaux, *JO* 5 nov., p. 15309, NOR : BUDB9230095A.
6. Arr. 7 janv. 1993 fixant le programme et les modalités de l'examen d'aptitude prévu à l'article 99 du décret n° 91-1197 du 27 novembre 1991 organisant la profession d'avocat, *JO* 29 janv., p. 1496, NOR : JUSC9320006A ; mod. par arr. 10 avr. 2007, *JO* 21 avr., p. 7112, NOR : JUSC0750976A ; – Arr. 18 sept. 2009, *JO* 29 sept., p. 15804, NOR : JUSC0921187A ; – Arr. 28 juill. 2011, *JO* 6 août, p. 13434, NOR : JUSC1120426A ; – Arr. 25 oct. 2019, *JO* 31 oct., n° 4, NOR : JUSC1927395A ; – Arr. 30 déc. 2019, *JO* 5 janv., n° 1, NOR : JUSC1936211A.
7. Arr. 7 janv. 1993 fixant le programme et les modalités de l'examen de contrôle des connaissances prévu à l'article 100 du décret n° 91-1197 du 27 novembre 1991 organisant la profession d'avocat, *JO* 29 janv., p. 1429, NOR : JUSC9320007A ; mod. par arr. 10 avr. 2007, *JO* 21 avr., p. 7112, NOR : JUSC0750977A ; – Arr. 25 oct. 2019, *JO* 31 oct., n° 5, NOR : JUSC1927393A ; – Arr. 30 déc. 2019, *JO* 5 janv., n° 2, NOR : JUSC1937070A.
8. Arr. 25 nov. 1998 fixant la liste des titres ou diplômes reconnus comme équivalents à la maîtrise en droit pour l'exercice de la profession d'avocat, *JO* 9 déc., p. 18515, NOR : JUSC9820745A ; mod. par arr. 21 mars 2007, *JO* 8 avr., p. 6609, NOR : JUSX0700975A.
9. Décr. n° 2002-324, 6 mars 2002 pris pour l'application de l'article 14-1 de la loi n° 71-1130 du 31 décembre 1971 modifiée portant réforme de certaines professions judiciaires et juridiques et relatif au financement de la formation professionnelle des avocats, *JO* 8 mars, p. 4347.
10. Arr. 6 déc. 2004 fixant le siège et le ressort des centres régionaux de formation professionnelle d'avocats, *JO* 15 déc., p. 21261, NOR : JUSC0420929A ; mod. par arr. 11 avr. 2014, *JO* 19 avr., p. 6925, NOR : JUSC1407726A ; Arr. 22 janv. 2019, *JO* 29 janv., n° 2, NOR : JUSC1901953A.
11. Décr. n° 2005-803, 12 juill. 2005 pris pour l'application de l'article 13-1 de la loi n° 71-1130 du 31 décembre 1971 portant réforme de certaines professions judiciaires et juridiques, *JO* 19 juill., p. 11749.
12. Arr. 7 déc. 2005 fixant le programme et les modalités de l'examen d'aptitude à la profession d'avocat, *JO* 15 déc., p. 19290, NOR : JUSC0520939A.
13. Arr. 28 déc. 2011 fixant la liste des mentions de spécialisation en usage dans la profession d'avocat, *JO* 29 déc., p. 22577, NOR : JUSC1130802A ; mod. par arr. 1er oct. 2021, *JO* 8 oct., n° 21, NOR : JUSC2129624A ; – Arr. 20 oct. 2021, *JO* 24 oct., n° 20, NOR : JUSC2130878A.

– Arrêté du 28 décembre 2011 [1] fixant les modalités de l'entretien de validation des compétences professionnelles en vue de l'obtention d'un certificat de spécialisation.

– Arrêté du 30 avril 2012 [2] fixant le programme et les modalités de l'examen de contrôle des connaissances en déontologie et réglementation professionnelle prévu à l'article 98-1 du décret du 27 novembre 1991 organisant la profession d'avocat.

– Décret du 17 octobre 2016 [3] modifiant les conditions d'accès aux centres régionaux de formation professionnelle d'avocats.

– Arrêté du 17 octobre 2016 [4] fixant le programme et les modalités de l'examen d'accès au centre régional de formation professionnelle d'avocats.

– Arrêté du 22 décembre 2016 [5] portant nomination à la commission instituée à l'article 51-1 du décret n° 91-1197 du 27 novembre 1991 organisant la profession d'avocat.

– Arrêté du 10 mai 2017 [6] pris pour l'application de l'article 2-1 du décret n° 2002-324 du 6 mars 2002 pris pour l'application de l'article 14-1 de la loi n° 71-1130 du 31 décembre 1971 modifiée portant réforme de certaines professions judiciaires et juridiques et relatif au financement de la formation professionnelle des avocats.

– Arrêté du 19 juillet 2017 [7] fixant le plafond du montant des droits d'inscription pouvant être exigés des bénéficiaires de la formation initiale dispensée par les CRFPA.

011.62 Directive 2005/36 du Parlement et du Conseil du 7 septembre 2005 de reconnaissance des qualifications professionnelles. La directive 2005/36 [8] sur la reconnaissance des qualifications professionnelles, qui a abrogé la directive 89/48 [9] sur la reconnaissance mutuelle des diplômes, permet aux avocats ressortissants d'un État membre de l'Union européenne ou d'un État partie à l'Espace économique européen de demander leur inscription au barreau français sans passer par un CRFPA et sans avoir obtenu le Capa [10].

Cette directive sur la reconnaissance des qualifications professionnelles a été modifiée par la directive 2013/55 [11] qui a introduit l'« accès partiel » à une ou plusieurs activités d'une profession réglementée, transposée en droit interne par une ordonnance du 22 décembre 2016 [12]. Elle offre la possibilité, pour un ressortissant de l'Union européenne, d'accéder à une ou plusieurs activités d'une profession réglementée sur le territoire national de l'État d'accueil pour laquelle ou lesquelles il est déjà qualifié dans son État d'origine [13].

§ 5 Sur le maniement de fonds et la lutte anti-blanchiment

011.71 Arrêté du 5 juillet 1996. Les fonds maniés par les avocats doivent obligatoirement passer par les caisses de règlements pécuniaires des avocats (Carpa) [14] instituées par le conseil de l'Ordre

1. Arr. 28 déc. 2011 fixant les modalités de l'entretien de validation des compétences professionnelles en vue de l'obtention d'un certificat de spécialisation, *JO* 29 déc., p. 22577, NOR : JUSC1130804A.
2. Arr. 30 avr. 2012 fixant le programme et les modalités de l'examen de contrôle des connaissances en déontologie et réglementation professionnelle prévu à l'article 98-1 du décret n° 91-1197 du 27 novembre 1991 organisant la profession d'avocat, *JO* 6 mai., p. 8046, NOR : JUSC1221512A.
3. Décr. n° 2016-1389, 17 oct. 2016 modifiant les conditions d'accès aux centres régionaux de formation professionnelle d'avocats, *JO* 18 oct., n° 4.
4. Arr. 17 oct. 2016 fixant le programme et les modalités de l'examen d'accès au centre régional de formation professionnelle d'avocats, *JO* 18 oct., n° 6, NOR : MENS1629317A ; – mod. par arr. 6 mars 2018, *JO* 27 avr., n° 46, NOR : ESRS1806531A ; – Arr. 2 oct. 2018, *JO* 14 oct., n° 39, NOR : ESRS1825972A ; – Arr. 17 nov. 2021, *JO* 3 déc., n° 34, NOR : ESRS2131288A.
5. Arr. 22 déc. 2016 portant nomination à la commission instituée à l'article 51-1 du décret n° 91-1197 du 27 novembre 1991 organisant la profession d'avocat, *JO* 28 déc., n° 102, NOR : MENS1634740A.
6. Arr. 10 mai 2017 pris pour l'application de l'article 2-1 du décret n° 2002-324 du 6 mars 2002 pris pour l'application de l'article 14-1 de la loi n° 71-1130 du 31 décembre 1971 modifiée portant réforme de certaines professions judiciaires et juridiques et relatif au financement de la formation professionnelle des avocats, *JO* 11 mai, n° 160, NOR : JUSC1706850A.
7. Arr. 19 juill. 2017 fixant le plafond du montant des droits d'inscription pouvant être exigés des bénéficiaires de la formation initiale dispensée par les centres régionaux de formation professionnelle d'avocats, *JO* 27 juill., n° 6, NOR : JUSC1706849A.
8. Dir. 2005/36, Parlement et Conseil, 7 sept. 2005 relative à la reconnaissance des qualifications professionnelles, *JOCE L* 255, 30 sept., p. 22.
9. Dir. 89/48, Conseil, 21 déc. 1988 relative à un système général de reconnaissance des diplômes d'enseignement supérieur qui sanctionnent des formations professionnelles d'une durée minimale de trois ans, *JOCE L* 019, 24 janv., p. 16.
10. V. s^s n°s 212.151 s.
11. Dir. 2013/55, Parlement et Conseil, 20 nov. 2013 modifiant la directive 2005/36/CE relative à la reconnaissance des qualifications professionnelles et le règlement (UE) n° 1024/2012 concernant la coopération administrative par l'intermédiaire du système d'information du marché intérieur, *JOCE L* 354, 28 déc., p. 132.
12. Ord. n° 2016-1809, 22 déc. 2016 relative à la reconnaissance des qualifications professionnelles de professions réglementées, *JO* 23 déc., n° 19.
13. V. s^s n°s 212.151, 613.11 s.
14. V. s^s n°s 121.00 s.

du barreau concerné ou par les conseils de l'Ordre des barreaux qui ont opté pour une caisse commune[1].

L'arrêté du 5 juillet 1996[2] fixe les règles applicables aux dépôts et maniements des fonds, effets ou valeurs reçus par les avocats pour le compte de leurs clients[3].

011.72 Directives anti-blanchiment et code monétaire et financier. La directive 2005/60[4] relative à la prévention de l'utilisation du système financier aux fins du blanchiment de capitaux et du financement du terrorisme, et la directive 2006/70[5] portant mesures de mise en œuvre de la directive 2005/60, instituent un système de contrôle des opérations financières, de prévention et de détection des activités de blanchiment et de financement du terrorisme.

Ces directives avaient été transposées dans le code monétaire et financier[6] par l'ordonnance du 30 janvier 2009[7], soumettant ainsi la profession d'avocat au respect du dispositif de lutte anti-blanchiment.

Réuni en session plénière, le Parlement européen a adopté le 20 mai 2016 la *quatrième* directive 2015/849[8] relative à la prévention de l'utilisation du système financier aux fins du blanchiment de capitaux et du financement du terrorisme. Cette directive qui modifie le règlement 648/2012[9], et abroge les directives 2005/60 et 2006/70, a été transposée en droit interne par l'ordonnance du 1er décembre 2016[10] et le décret du 18 avril 2018[11] pris pour son application.

Proposée par la Commission européenne dès juillet 2016, au lendemain des attaques terroristes et des révélations de l'affaire « Panama papers », la *cinquième* directive 2018/843[12], modifiant la *quatrième* directive, est entrée en vigueur depuis le 9 juillet 2018 et a été transposée en droit interne par l'ordonnance du 12 février 2020[13]. Elle est complétée par la publication de deux décrets d'application du même jour[14]. Cette nouvelle réglementation apporte des modifications importantes au régime juridique applicable à la profession d'avocat en matière de lutte contre le blanchiment des capitaux et le financement du terrorisme (LCB-FT). L'une des mesures emblématiques de l'ordonnance de transposition concerne l'assujettissement des caisses des règlements pécuniaires des avocats (Carpa) au dispositif de prévention et détection du blanchiment de capitaux et du financement du terrorisme dans les mêmes conditions que les avocats[15].

§ 6
Convention européenne des droits de l'homme (conv. EDH)

011.81 Convention européenne des droits de l'homme. Il est fait référence à la Convention européenne de sauvegarde des droits de l'homme et des libertés fondamentales[16] (Conv. EDH) dans de

1. Décr. n° 91-1197, 27 nov. 1991, art. 236 ; mod. par décr. n° 2014-796, 11 juill. 2014, art. 4.
2. Arr. 5 juill. 1996 fixant les règles applicables aux dépôts et maniements des fonds, effets ou valeurs reçus par les avocats pour le compte de leurs clients, *JO* 9 juill., p. 10337, NOR : JUSC9620492A.
3. V. s^s n°s 483.21 s.
4. Dir. 2005/60, Parlement et Conseil, 26 oct. 2005 relative à la prévention de l'utilisation du système financier aux fins du blanchiment de capitaux et du financement du terrorisme, *JOUE L* 309/15, 25 nov., p. 15.
5. Dir. 2006/70, Commission, 1er août 2006 portant mesures de mise en œuvre de la directive 2005/60/CE du Parlement européen et du Conseil pour ce qui concerne la définition des « personnes politiquement exposées » et les conditions techniques de l'application d'obligations simplifiées de vigilance à l'égard de la clientèle ainsi que de l'exemption au motif d'une activité financière exercée à titre occasionnel ou à une échelle très limitée, *JOUE L* 214, 4 août, p. 29.
6. C. mon. fin., art. L. 561-1 s.
7. Ord. n° 2009-104, 30 janv. 2009 relative à la prévention de l'utilisation du système financier aux fins de blanchiment de capitaux et de financement du terrorisme, *JO* 31 janv., p. 1819.
8. Dir. 2015/849, Parlement et Conseil, 20 mai 2015 relative à la prévention de l'utilisation du système financier aux fins du blanchiment de capitaux ou du financement du terrorisme, modifiant le règlement (UE) n° 648/2012 du Parlement européen et du Conseil et abrogeant la directive 2005/60/CE du Parlement européen et du Conseil et la directive 2006/70/CE de la Commission, *JOUE L* 141/73, 5 juin, p. 73.
9. Règl. 648/2012, Parlement et Conseil, 4 juill. 2012 sur les produits dérivés de gré à gré, les contreparties centrales et les référentiels centraux, *JOUE L* 201, 27 juill., p. 1.
10. Ord. n° 2016-1635, 1er déc. 2016 renforçant le dispositif français de lutte contre le blanchiment et le financement du terrorisme, *JO* 2 déc., n° 14.
11. Décr. n° 2018-284, 18 avr. 2018 renforçant le dispositif français de lutte contre le blanchiment de capitaux et le financement du terrorisme, *JO* 20 avr., n° 28.
12. Dir. 2018/843, Parlement et Conseil, 30 mai 2018 modifiant la directive (UE) 2015/849 relative à la prévention de l'utilisation du système financier aux fins du blanchiment de capitaux ou du financement du terrorisme ainsi que les directives 2009/138/CE et 2013/36/UE, *JOUE L* 156, 19 juin, p. 43.
13. Ord. n° 2020-115, 12 févr. 2020 renforçant le dispositif national de lutte contre le blanchiment de capitaux et le financement du terrorisme, *JO* 13 févr., n° 12 ; ratifiée par L. n° 2020-1508, 3 déc. 2020, art. 26, III, *JO* 4 déc., n° 2.
14. Décr. n° 2020-118 et n° 2020-119, 12 févr. 2020 renforçant le dispositif national de lutte contre le blanchiment de capitaux et le financement du terrorisme, *JO* 13 févr., n°s 16 et 17.
15. C. mon. fin., art. L. 561-2, 18° ; créé par ord. n° 2020-115, 12 févr. 2020, art. 2, 1°, h).
16. Convention de sauvegarde des Droits de l'Homme et des Libertés fondamentales, Rome, 4 nov. 1950, telle qu'amendée par les protocoles n° 11 et n° 14 – Décr. n° 74-360, 3 mai 1974 portant publication de la Convention européenne de sauvegarde des droits de l'homme et des libertés fondamentales signée à Rome le 4 novembre 1950 et de ses protocoles additionnels, *JO* 4 mai, p. 4750 – L. n° 2006-616, 29 mai 2006 autorisant l'approbation du ▶

nombreuses décisions relatives à la protection du statut de l'avocat, auxiliaire de justice, et à ses règles professionnelles, notamment en ce qui concerne la procédure disciplinaire, l'assistance en garde à vue, les perquisitions et saisies, le secret professionnel et la liberté d'expression. La Cour européenne des droits de l'homme (CEDH) a ainsi jugé que « le statut spécial des avocats les place dans une situation centrale dans l'administration de la justice, comme intermédiaires entre les justiciables et les tribunaux, ce qui explique les normes de conduite imposées en général aux membres du barreau »[1]. Elle a rendu de nombreux arrêts concernant la profession d'avocat au regard du droit à la liberté et à la sûreté (Conv. EDH, art. 5)[2], du droit à un procès équitable et à l'assistance d'un avocat (Conv. EDH, art. 6 § 1 et 3 c))[3], du droit au respect de la vie privée (Conv. EDH, art. 8)[4] ou à la liberté d'expression (Conv. EDH, art. 10)[5].

SECTION 3

DÉCISIONS À CARACTÈRE NORMATIF (DCN) DU CONSEIL NATIONAL DES BARREAUX (CNB)

011.91 Adoption et réforme du Règlement intérieur national (RIN) de la profession d'avocat par

▶ protocole n° 14 à la Convention de sauvegarde des droits de l'homme et des libertés fondamentales, amendant le système de contrôle de la convention, *JO* 30 mai, p. 8020 – Décr. n° 2010-711, 28 juin 2010 portant publication du protocole n° 14 à la Convention de sauvegarde des droits de l'homme et des libertés fondamentales, amendant le système de contrôle de la convention, signé à Strasbourg le 13 mai 2004, *JO* 30 juin, p. 11719 ; http://conventions.coe.int/Treaty/FR/Treaties/Html/005.htm

1. CEDH 21 mars 2002, *Nikula c/ Finlande*, req. n° 31611/96.
2. CEDH 23 avr. 2015, *François c/ France*, req. n° 26690/11 ; *D.* 2016. 225, obs. J.-F. Renucci ; *AJ pénal* 2015. 374, obs. G. Roussel ; *RSC* 2015. 731, obs. D. Roets – CEDH 23 nov. 2010, *Moulin c/ France*, req. n° 37104/06 ; *AJDA* 2011. 889, Chron. L. Burgorgue-Larsen ; *D.* 2011. 338, obs. S. Lavric, note J. Pradel ; *D.* 2010. 2761, édito. F. Rome ; *D.* 2011. 26, point de vue F. Fourment ; *D.* 2011. 277, note J.-F. Renucci ; *RFDA* 2011. 987, Chron. H. Labayle et F. Sudre.
3. CEDH 14 sept. 2021, *Brus c/ Belgique*, req. n° 18779/15 – CEDH 17 sept. 2019, *Akdag c/ Turquie*, req. n° 75460/10 – CEDH 11 juill. 2019, *Olivieri c/ France*, req. n° 62313/12 – CEDH 2 juill. 2019, *Abboud c/ Belgique*, req. n° 29119/13 – CEDH 23 mai 2019, *Doyle c/ Irlande*, req. n° 51979/17 – CEDH 22 janv. 2019, *Rivera Vazquez et Calleja Delsordo c/ Suisse*, req. n° 65048/13 – CEDH 9 nov. 2018, *Beuze c/ Belgique*, req. n° 71409/10 – CEDH 9 avr. 2015, Vamvakas c/ Grèce, req. n° 2870/11 – CEDH 9 avr. 2015, *A.T. c/ Luxembourg*, req. n° 30460/14 – CEDH 16 déc. 2014, *Ibrahim e. a c/ Royaume-Uni*, req. n°s 50541/08, 50571/08 et 50573/08 – CEDH 17 juill. 2014, *Omelchenko c/ Ukraine*, req. n° 34592/06 – CEDH 13 mars 2014, *Pakshayev c/ Russie*, req. n° 1377/04 – CEDH 19 févr. 2013, *Müller-Hartburg c/ Autriche*, req. n° 47195/06 – CEDH 8 nov. 2012, *Neziraj c/ Allemagne*, req. n° 30804/07 – CEDH 16 oct. 2012, *Tsonyo Tsonec c/ Bulgarie*, req. n° 21124/04 – CEDH 27 oct. 2011, *Stojkovic c/ France et Belgique*, req. n° 25303/08 ; *AJ pénal* 2012. 93, note J.-R. Demarchi ; *RSC* 2012. 241, obs. J.-P. Marguénaud ; *RTD eur.* 2012. 369, note E. Palvadeau – CEDH 4 nov. 2010, *Katritsh c/ France*, req. n° 22575/08 ; *AJ pénal* 2011. 137, obs. C. Porteron – CEDH 14 oct. 2010, *Brusco c/ France*, n° 1466/07 ; *D.* 2010. 2950, note J.-F. Renucci ; *D.* 2010. 2425, édito. F. Rome ; *D.* 2010. 2696, entretien Y. Mayaud ; *D.* 2010. 2783, Chron. J. Pradel ; *D.* 2010. 2850, point de vue D. Guérin ; *RSC* 2011. 211, obs. D. Roets – CEDH 27 janv. 2009, *Stefan et Stef c/ Roumanie*, ▶

▶ req. n°s 24428/03 et 26977/03 – CEDH 27 nov. 2008, *Salduc c/ Turquie*, req. n° 36391/02.

4. CEDH 30 janv. 2020, *Namazov c/ Azerbaïdjan*,req. n° 74354/13 – CEDH 4 oct. 2018, *Leotsakos c/ Grèce*, req. n° 30958/13 – CEDH 20 sept. 2018, *Tuheiava c/ France*, req. n° 25038/13 – CEDH 24 mai 2018, Laurent c/ France, req. n° 28798/13 – CEDH 27 juin 2016, *Lekaviciene c/ Lituanie*, req. n° 48427/09, et *Jankauskas c/ Lituanie*, req. n° 50446/09 – CEDH 20 déc. 2016, *Lindstrand Partners advokatbyra c/ Suède*, n° 18700/09 – CEDH 16 juin 2016, *Versini-Campinchi et Crasnianski c/ France*, req. n° 49176/11 ; *D.* 2016. 1852, note E. Raschel ; *D.* 2017. 74, obs. T. Wickers – CEDH 3 févr. 2015, *Pruteanu c/ Roumanie*, req. n° 30181/05 ; *D.* 2015. 322, obs. A. Portmann – CEDH 14 janv. 2014, *Mateescu c/ Roumanie*, req. n° 1944/10 – CEDH 6 déc. 2012, *Michaud c/ France*, req. n° 12323/11 ; *AJDA* 2013. 165, Chron. L. Burgorgue-Larsen ; *D.* 2013. 284, note F. Defferrard ; *D.* 2013. 1647, obs. C. Mascala ; *D.* 2014. 169, obs. T. Wickers ; *AJ pénal* 2013. 160, obs. J. Lasserre Capdeville ; *D. avocats* 2013. 8, obs. L. Dargent ; *D. avocats* 2013. 96, note W. Feugère ; *RFDA* 2013. 576, Chron. H. Labayle, F. Sudre, X. Dupré de Boulois et L. Milano ; *RSC* 2013. 160, obs. J.-P. Marguénaud ; *RTD eur.* 2013. 664, obs. F. Benoît-Rohmer ; *Rev. UE* 2015. 353, étude M. Mezaguer – CEDH 5 juill. 2012, *Golovan c/ Ukraine*, req. n° 41716/06 – CEDH 3 juill. 2012, *Robathin c/ Autriche*, req. n° 30457/06 – CEDH 6 juill. 2010, *Turan c/ Hongrie*, req. n° 33068/05 – CEDH 21 janv. 2010, *Xavier Da Silveira c/ France*, req. n° 43757/05 ; *D.* 2010. 383, obs. C. Girault ; *D.* 2011. 552, obs. B. Blanchard ; *AJ pénal* 2010. 233, étude C. Porteron ; *RSC* 2010. 702, obs. D. Roets – CEDH 24 juill. 2008, *André et autre c/ France*, req. n° 18603/03 ; *D.* 2008. 2353.
5. CEDH 9 févr. 2021, *Ramazan Demir c/ Turquie*, req. n° 68550/17 – CEDH 26 mars 2020, *Tête c/ France*, req. n° 59636/16 – CEDH 8 oct. 2019, *L.P. et Carvalho c/ Portugal*, req. n° 24845/13 et 49103/15 – CEDH 12 févr. 2019, *Pais Pires de Lima c/ Portugal*,req. n° 70465/12 – CEDH 19 avr. 2018, *Ottan c/ France*, req. n° 41841/12 – CEDH 25 janv. 2018, *Szpiner c/ France*, req. n° 2316/15 – CEDH 28 juin 2016, *Radobuljac c/ Croatie*, req. n° 51000/11 – CEDH 30 juin 2015, *Peruzzi c/ Italie*, req. n° 39294/09 ; *D.* 2016. 225, obs. J.-F. Renucci ; *AJ pénal* 2016. 81, obs. S. Lavric ; *D. avocats* 2015. 272, Arrêt G. Royer – CEDH 27 janv. 2015, *Kincses c/ Hongrie*, req. n° 66232/10 – CEDH 23 avr. 2015, *Morice c/ France*, req. n° 29369/10 ; *D.* 2015. 974 ; *D.* 2016. 225, obs. J.-F. Renucci ; *AJ pénal* 2015. 428, obs. C. Porteron ; *Constitutions* 2016. 312, Chron. D. de Bellescize ; *RSC* 2015. 740, obs. D. Roets – CEDH 30 oct. 2012, *Karpetas c/ Grèce*, req. n° 6086/10 – CEDH 15 déc. 2011, *Mor c/ France*, req. n° 28198/09 ; *AJDA* 2012. 143, Chron. L. Burgorgue-Larsen ; *D.* 2012. 667, obs. S. Lavric, note L. François ; *D.* 2013. 136, obs. T. Wickers ; *AJ pénal* 2012. 337, note C. Porteron ; *RSC* 2012. 260, obs. J.-P. Marguénaud – CEDH 15 juill. 2010, *Roland Dumas c/ France*, req. n° 34875/07 – CEDH 11 févr. 2010, *Alfakantis c/ Grèce*, req. n° 49330/07 – CEDH 30 mars 2006, *Saday c/ Turquie*, req. n° 32458/96.

décisions à caractère normatif du Conseil national des barreaux (CNB). Par une décision à caractère normatif (DCN) n° 2005-003[1] du 4 novembre 2005 du Conseil national des barreaux (CNB) a été adopté le règlement intérieur national (RIN) qui unifie les règles déontologiques et usages de la profession d'avocat. Le RIN intègre également le code de déontologie des avocats européens tel qu'il résulte des délibérations du Ccbe[2]. Il se substitue au règlement intérieur unifié (RIU) qui avait été adopté par une décision à caractère normatif n° 2004-001 du 24 avril 2004[3]. Le RIU avait lui-même annulé et remplacé le premier règlement intérieur harmonisé (RIH) adopté par le CNB les 26 et 27 mars 1999[4].

Le RIN pris en application des dispositions de l'article 21-1 de la loi du 31 décembre 1971[5], modifié par la loi du 11 février 2004[6], est directement applicable à tous les avocats sans transposition dans les règlements intérieurs des barreaux. Il est publié au *Journal officiel de la République française*[7].

Le RIN est consolidé des décisions à caractère normatif suivantes adoptées par les Assemblées générales (AG) du CNB :

- DCN n° 2007-001 du 12 juillet 2007[8] modifiant la décision n° 2005-003 portant adoption du RIN.

- DCN n° 2008-002 du 24 avr. 2009[9] portant sur les ventes judiciaires (RIN, art. 12).

- DCN n° 2009-001 du 24 avril 2009[10] portant sur l'activité de fiduciaire de l'avocat (RIN, art. 6.2).

- DCN n° 2009-002 du 28 mai 2009[11] portant sur l'activité de correspondant à la protection des données personnelles (RIN, art. 6.2).

- DCN n° 2010-001 du 20 mai 2010[12] portant sur la collaboration libérale (RIN, art. 14.4).

- DCN n° 2010-002 du 20 mai 2010[13] portant sur la publicité (RIN, art. 10).

- DCN n° 2010-003 du 21 octobre 2010[14] portant sur la collaboration libérale ou salariée (RIN, art. 14), et sur le règlement des conflits entre avocats de barreaux différents (RIN, art. 20).

- DCN n° 2011-001 du 10 mars 2011[15] portant sur la collaboration libérale (RIN, art. 14.2 et 14.3).

- DCN n° 2011-002 du 30 juin 2011[16] portant sur le devoir de prudence (RIN, art. 1er).

- DCN n° 2011-005 du 5 octobre 2011[17] portant sur le domicile professionnel (RIN, art. 15).

- DCN n° 2013-002 du 7 mai 2014[18] portant sur le statut de l'avocat collaborateur libéral ou salarié (RIN, art. 14).

1. Règlement intérieur national (RIN) ; CNB, AG 4 nov. 2005, DCN n° 2005-003 portant adoption du règlement intérieur national (RIN) de la profession d'avocat.
2. V. s^s n° 132.41.
3. Règlement intérieur unifié (RIU) ; CNB, AG 24 avr. 2004, DCN n° 2004-001 instituant le règlement intérieur unifié (RIU) des Barreaux de France.
4. Règlement intérieur harmonisé (RIH) ; CNB, AG 26 et 27 mars 1999, DCN n° 1999-001 instituant le règlement intérieur harmonisé (RIH) – V. s^s n°s 112.21 s.
5. L. n° 71-1130, 31 déc. 1971, art. 21-1.
6. L. n° 2004-130, 11 févr. 2004 réformant le statut de certaines professions judiciaires ou juridiques, des experts judiciaires, des conseils en propriété industrielle et des experts en ventes aux enchères publiques, *JO* 12 févr., p. 2847, art. 25.
7. Décr. n° 91-1197, 27 nov. 1991, art. 38-1 ; créé par décr. n° 2007-932, 15 mai 2007, art. 3.
8. Règlement intérieur national (RIN) ; CNB, AG 28 avr. 2007, DCN n° 2007-001, 12 juill. 2007 portant adoption du règlement intérieur national (RIN) de la profession d'avocat (art. 21-1 de la loi du 31 déc. 1971 mod.), *JO* 11 août, p. 13503 ; NOR : JUSC0755318S [1re DCN du CNB publiée au *Journal officiel*].
9. RIN, art. 12 ; CNB, AG 12 déc. 2008, DCN n° 2008-002, 24 avr. 2009 portant réforme du règlement intérieur national (RIN) de la profession d'avocat (art. 21-1 de la loi du 31 déc. 1971 mod.), *JO* 12 mai, p. 7875 ; NOR : JUSC0909711S, art. 2.
10. RIN, art. 6.2 ; CNB, AG 4 avr. 2009, DCN n° 2009-001, 24 avr. 2009 portant réforme du règlement intérieur national (RIN) de la profession d'avocat (art. 21-1 de la loi du 31 déc. 1971 modifiée), *JO* 12 mai, p. 7875 ; NOR : JUSC0909711S, art. 3.
11. RIN, art. 6.2 ; CNB, AG 16 mai 2009, DCN n° 2009-002, 28 mai 2009 portant réforme du règlement intérieur national (RIN) de la profession d'avocat (art. 21-1 de la loi du 31 déc. 1971 modifiée), *JO* 11 juin, p. 9503 ; NOR : JUSC0911902S.
12. RIN, art. 14.4 ; CNB, AG 10 avr. 2010, DCN n° 2010-001, 20 mai 2010 portant réforme du règlement intérieur national (RIN) de la profession d'avocat (art. 21-1 de la loi du 31 déc. 1971 mod.), *JO* 11 juin, p. 10739 ; NOR : JUSC1013518S, art. 3.
13. RIN, art. 10 ; CNB, AG 8 mai 2010, DCN n° 2010-002, 20 mai 2010 portant réforme du règlement intérieur national (RIN) de la profession d'avocat (art. 21-1 de la loi du 31 déc. 1971 mod.), *JO* 11 juin, p. 10739 ; NOR : JUSC1013518S, art. 2.
14. RIN, art. 14 et 20 ; CNB, AG 24 sept. 2010, DCN n° 2010-003, 21 oct. 2010 portant réforme du règlement intérieur national (RIN) de la profession d'avocat (art. 21-1 de la loi du 31 déc. 1971 mod.), *JO* 7 janv. 2011, p. 436 ; NOR : JUSC1026895S, art. 2, 3, 4, 5 (RIN, art. 14) et 6 (RIN, art. 20).
15. RIN, art. 14.2 et 14.3 ; CNB, AG 12 févr. 2011, DCN n° 2011-001, 10 mars 2011 portant réforme du règlement intérieur national (RIN) de la profession d'avocat (art. 21-1 de la loi du 31 déc. 1971 mod.), *JO* 26 mars, p. 5390 ; NOR : JUSC1106463S.
16. RIN, art. 1er ; CNB, AG 18 juin 2011, DCN n° 2011-002, 30 juin 2011 portant réforme du règlement intérieur national (RIN) de la profession d'avocat (art. 21-1 de la loi du 31 déc. 1971 mod.), *JO* 21 juill., p. 12460 ; NOR : JUSC1117908S.
17. RIN, art. 15 ; CNB, AG 24 sept. 2011, DCN n° 2011-005, 5 oct. 2011 portant réforme du règlement intérieur national (RIN) de la profession d'avocat (art. 21-1 de la loi du 31 déc. 1971 mod.), *JO* 29 oct., p. 18262 ; NOR : JUSC1126953S.
18. RIN, art. 14 ; CNB, AG 11 avr. 2014, DCN n° 2013-002, 7 mai 2014 portant réforme du règlement intérieur national (RIN) de la profession d'avocat (art. 21-1 de la loi du 31 déc. 1971 mod.), *JO* 31 mai, p. 9071 ; NOR : JUSC1409892S.

– DCN n° 2014-001 du 13 novembre 2014 [1] portant sur la communication (RIN, art. 10).

– DCN n° 2014-002 du 13 novembre 2014 [2] portant sur l'obligation ducroire (RIN, art. 11.5).

– DCN n° 2015-001 du 10 juillet 2015 [3] portant réforme de l'avocat lobbyiste (RIN, art. 6.2).

– DCN n° 2015-002 du 14 janvier 2016 [4] portant sur la dénomination des cabinets (RIN, art. 10.6.3).

– DCN n° 2015-003 du 14 janvier 2016 [5] portant sur la rémunération des avocats (RIN, art. 11).

– DCN n° 2016-001 du 20 juillet 2016 [6] portant sur la domiciliation du bureau secondaire en entreprise (RIN, art. 15.2.2).

– DCN n° 2016-002 du 26 janvier 2017 [7] portant sur le champ d'activité professionnelle de l'avocat (RIN, art. 6) et les prestations juridiques en ligne (RIN, art. 19).

– DCN n° 2016-003 du 26 juin 2017 [8] portant modification des dispositions relatives au statut de l'avocat collaborateur libéral ou salarié (RIN, art. 14).

– DCN n° 2018-002 du 13 février 2019 [9] portant sur la déontologie et pratique de l'avocat en matière de ventes judiciaires (RIN, art. 12.2).

– DCN n° 2018-003 du 28 mars 2019 [10] portant sur les obligations de l'avocat rédacteur d'acte (RIN, art. 7.2).

– DCN n° 2019-001 du 13 juin 2019 [11] portant ajout des principes d'égalité et de non-discrimination dans les principes essentiels de la profession d'avocat (RIN, art. 1.3).

– DCN n° 2019-003 du 26 août 2019 [12] portant sur les groupements transnationaux entre avocats français et avocats étrangers (RIN, art. 16-1).

– DCN n° 2019-005 du 28 mai 2020 [13] portant sur la communication (RIN, art. 10).

– DCN n° 2019-002 du 9 juillet 2020 [14] portant sur la pluralité d'exercice (RIN, art. 2.3, 4.1, 14.1, 14.2, 14.3, 15, 16 et 19.1).

– DCN n° 2020-002 et 2020-003 du 13 novembre 2020 [15] portant modification des dispositions

1. RIN, art. 10 ; CNB, AG 10 oct. 2014, DCN n° 2014-001, 13 nov. 2014 portant réforme du règlement intérieur national (RIN) de la profession d'avocat (art. 21-1 de la loi du 31 déc. 1971 mod.), *JO* 5 déc., p. 20294 ; NOR : JUSC1426062S, art. 2.
2. RIN, art. 11.5 ; CNB, AG 10 oct. 2014, DCN n° 2014-002, 13 nov. 2014 portant réforme du règlement intérieur national (RIN) de la profession d'avocat (art. 21-1 de la loi du 31 déc. 1971 mod.), *JO* 5 déc., p. 20294 ; NOR : JUSC1426062S, art. 3.
3. RIN, art. 6.2 ; CNB, AG 12 juin 2015, DCN n° 2015-001, 10 juill. 2015 portant réforme du règlement intérieur national (RIN) de la profession d'avocat (art. 21-1 de la loi du 31 déc. 1971 mod.), *JO* 4 août, p. 13313 ; NOR : JUSC1515540S.
4. RIN, art. 10.6.3 ; CNB, AG 21 nov. 2015, DCN n° 2015-002, 14 janv. 2016 portant réforme du règlement intérieur national (RIN) de la profession d'avocat (art. 21-1 de la loi du 31 déc. 1971 mod.), *JO* 16 févr., p. 2016 ; NOR : JUSC1600263S.
5. RIN, art. 11 ; CNB, AG 12 déc. 2015, DCN n° 2015-003, 14 janv. 2016 portant réforme du règlement intérieur national (RIN) de la profession d'avocat (art. 21-1 de la loi du 31 déc. 1971 mod.), *JO* 16 févr., p. 2016 ; NOR : JUSC1600263S.
6. RIN, art. 15.2.2 ; CNB, AG 1er juill. 2016, DCN n° 2016-001, 20 juill. 2016 portant réforme du règlement intérieur national (RIN) de la profession d'avocat (art. 21-1 de la loi du 31 déc. 1971 mod.), *JO* 1er oct., n° 18 ; NOR : JUSC1620225S ; – DÉCIS. ANNULÉE PAR : CE 6e et 5e ch. réunies, 29 janv. 2018, req. n° 403101, *Lebon ; D. avocats*, 2018. 109, note F. G'Sell ; *JCP* 2018, Doctr. 588, n° 13, obs. L. Jariel ; *Gaz. Pal.* 5 juin 2018, n° 20, p. 27, note B. de Belval et J. Villacèque.
7. RIN, art. 6 et 19 ; CNB, AG 9 déc. 2016, DCN n° 2016-002, 26 janv. 2017 portant réforme du règlement intérieur national (RIN) de la profession d'avocat (art. 21-1 de la loi du 31 déc. 1971 mod.), *JO* 13 avr., n° 33 ; NOR : JUSC1701802S ; nouvel art. 6.3.1 RIN ANNULÉ PAR : CE 25 oct. 2018, *Fédération française des centres de médiation*, req. n° 411373, *Lebon ; D. avocats* 2018. 386, obs. G. Deharo ; *JCP* 2018, act. 1196, obs. S. Grayot-Dirx ; *JCP* 2019, Doctr. 255, n° 11, obs. C. Vautrot-Schwarz.
8. RIN, art. 14 ; CNB, AG 31 mars 2017, DCN n° 2016-003, 26 juin 2017 portant réforme du règlement intérieur national (RIN) de la profession d'avocat (art. 21-1 de la loi du 31 déc. 1971 mod.), *JO* 1er août, n° 11, NOR : JUSC1717274S.
9. RIN, art. 12.2 ; CNB, AG 17 nov. 2018, DCN n° 2018-002, 13 févr. 2019 portant réforme du règlement intérieur national (RIN) de la profession d'avocat (art. 21-1 de la loi du 31 déc. 1971 mod.), *JO* 7 mars, n° 10, NOR : JUSC1903517S.
10. RIN, art. 7.2 ; CNB, AG 8 févr. 2019, DCN n° 2018-003, 28 mars 2019 portant réforme du règlement intérieur national (RIN) de la profession d'avocat (art. 21-1 de la loi du 31 déc. 1971 mod.), *JO* 30 avril, n° 5, NOR : JUSC1908797S.
11. RIN, art. 1.3 ; CNB, AG 18 mai 2019, DCN n° 2019-001, 13 juin 2019 portant réforme du règlement intérieur national (RIN) de la profession d'avocat (art. 21-1 de la loi du 31 déc. 1971 mod.), *JO* 29 juin, n° 19, NOR : JUSC1917128S.
12. RIN, art. 16-1 ; CNB, AG 6 juill. 2019, DCN n° 2019-003, 26 août 2019 portant réforme du règlement intérieur national (RIN) de la profession d'avocat (art. 21-1 de la loi du 31 déc. 1971 mod.), *JO* 12 sept., n° 4, NOR : JUSC1924698S.
13. RIN, art. 10 ; CNB, AG, 3 avr. 2020, DCN n° 2019-005, 28 mai 2020 portant réforme du règlement intérieur national (RIN) de la profession d'avocat (art. 21-1 de la loi du 31 déc. 1971 mod.), *JO* 13 juin, n° 3, NOR : JUSC2012913S.
14. RIN, art. 2.3, 4.1, 14.1, 14.2, 14.3, 15, 16 et 19.1 ; CNB, AG, 15 mai 2020, DCN n° 2019-002, 9 juill. 2020 portant réforme du règlement intérieur national (RIN) de la profession d'avocat (art. 21-1 de la loi du 31 déc. 1971 mod.), *JO* 30 août, n° 13, NOR : JUSC2017041S.
15. RIN, art. 14.2, 14.3 et 14.5 ; CNB, AG, 9 oct. 2020, DCN n° 2020-002 et 2020-003, 13 nov. 2020 portant modification du règlement intérieur national (RIN) de la profession d'avocat (art. 21-1 de la loi du 31 déc. 1971 mod.), *JO* 28 nov., n° 15, NOR : JUSC2031098S.

relatives au statut de l'avocat collaborateur libéral ou salarié (RIN, art. 14).

- DCN n° 2020-004 du 18 décembre 2020[1] portant sur les modes amiables ou alternatifs de règlement des différends (RIN, art. 6.1 et 8.2).

- DCN n° 2020-005 du 7 mai 2021[2] portant sur la mission de mandataire d'intermédiaire d'assurances (RIN, art. 6.3.6 et 6.4).

- DCN n° 2021-001 du 15 octobre 2021[3] portant sur les périodes de suspension du contrat de collaboration libérale pour congés maternité, parentalité et adoption (RIN, art. 14.5.1).

011.92 Autres textes à caractère normatif (DCN) du Conseil national des barreaux (CNB).

- Décision à caractère normatif (DCN) n° 2007-002 du 12 juillet 2007[4] portant adoption d'un règlement relatif aux procédures internes destinées à mettre en œuvre les obligations de lutte contre le blanchiment des capitaux et le financement du terrorisme, et un dispositif de contrôle interne destiné à assurer le respect des procédures. Les règles figurant dans cette décision n'ont cependant pas été adaptées aux dispositions du code monétaire et financier issues de l'ordonnance du 30 janvier 2009[5] transposant la troisième directive 2005/60 anti-blanchiment[6], puis de l'ordonnance du 1er décembre 2016[7] transposant la quatrième directive 2015/849 anti-blanchiment[8] et de l'ordonnance du 12 février 2020[9] transposant la cinquième directive 2018/843[10].

- Décision à caractère normatif (DCN) n° 2018-001 du 20 juillet 2018[11] déterminant les modalités d'application de la formation continue des avocats. Prise en application des dispositions de l'article 14-2 de la loi du 31 décembre 1971[12], cette décision abroge la DCN n° 2011-004 du 25 novembre 2011[13] portant délibération sur les modalités d'application de la formation continue des avocats.

- Décision à caractère normatif (DCN) n° 2020-001 du 11 septembre 2020[14] définissant les principes d'organisation et harmonisant les programmes de la formation des élèves avocats, abrogeant la DCN n° 2014-003[15] du 7 janvier 2015.

011.93 Procédure d'adoption des décisions à caractère normatif (DCN) du Conseil national des barreaux (CNB). La procédure d'adoption des décisions à caractère normatif est prévue par l'article 7.4 du règlement intérieur du CNB imposant une phase de concertation préalable des barreaux, syndicats professionnels et organismes techniques de la profession pour tout « avant-projet de décision à caractère normatif » et une délibération de l'assemblée générale. Ces décisions font l'objet d'une nomenclature par l'indication des quatre chiffres de l'année

1. RIN, art. 6.1 et 8.2 ; CNB, AG, 18 déc. 2020, DCN n° 2020-004, 18 déc. 2020 portant modification du règlement intérieur national (RIN) de la profession d'avocat (art. 21-1 de la loi du 31 déc. 1971 mod.), *JO* 17 janv. 2021, n° 28, NOR : JUSC2036744S.
2. RIN, art. 6.3.6 et 6.4 ; CNB, AG, 7 mai 2021, DCN n° 2020-005, 7 mai 2021 portant modification du règlement intérieur national (RIN) de la profession d'avocat (art. 21-1 de la loi du 31 déc. 1971 mod.), *JO* 30 sept., n° 22, NOR : JUSC2127539S.
3. En attente de publication.
4. CNB, AG 28 avr. 2007, DCN n° 2007-002, 12 juill. 2007 portant adoption d'un règlement relatif aux procédures internes destinées à mettre en œuvre les obligations de lutte contre le blanchiment des capitaux et le financement du terrorisme et dispositif de contrôle interne destiné à assurer le respect des procédures, *JO* 9 août., p. 13331, NOR : JUSC0757656S.
5. Ord. n° 2009-104, 30 janv. 2009 relative à la prévention de l'utilisation du système financier aux fins de blanchiment de capitaux et de financement du terrorisme, *JO* 31 janv., p. 1819.
6. Dir. 2005/60, Parlement et Conseil, 26 oct. 2005 relative à la prévention de l'utilisation du système financier aux fins du blanchiment de capitaux et du financement du terrorisme, *JOUE L* 309, 25 nov., p. 15.
7. Ord. n° 2016-1635, 1er déc. 2016 renforçant le dispositif français de lutte contre le blanchiment et le financement du terrorisme, *JO* 2 déc., n° 14.
8. Dir. 2015/849, Parlement et Conseil, 20 mai 2015 relative à la prévention de l'utilisation du système financier aux fins du blanchiment de capitaux ou du financement du terrorisme, modifiant le règlement (UE) n° 648/2012 du Parlement européen et du Conseil et abrogeant la directive 2005/60/CE du Parlement européen et du Conseil et la directive 2006/70/CE de la Commission, *JOUE L* 141/73, 5 juin, p. 73.
9. Ord. n° 2020-115, 12 févr. 2020 renforçant le dispositif national de lutte contre le blanchiment de capitaux et le financement du terrorisme, *JO* 13 févr., n° 12.
10. Dir. 2018/843, Parlement et Conseil, 30 mai 2018 modifiant la directive (UE) 2015/849 relative à la prévention de l'utilisation du système financier aux fins du blanchiment de capitaux ou du financement du terrorisme ainsi que les directives 2009/138/CE et 2013/36/UE, *JOUE L* 156, 19 juin, p. 43.
11. CNB, AG 7 juill. 2018, DCN n° 2018-001, 20 juill. 2018 déterminant les modalités d'application de la formation continue des avocats, *JO* 14 nov., n° 6 ; NOR : JUSC1820560S.
12. L. n° 71-1130, 31 déc. 1971, art. 14-2.
13. CNB, AG 18 nov. 2011, DCN n° 2011-004, 25 nov. 2011 portant délibération sur les modalités d'application de la formation continue des avocats (art. 14-2 de la loi n° 71-1130 du 31 déc. 1971 mod.), *JO* 11 déc., p. 21021 ; NOR : JUSC1131873S.
14. CNB, AG 11 sept. 2020, DCN n° 2020-001, 11 sept. 2020 définissant les principes d'organisation et harmonisant les programmes de la formation des élèves avocats (art. 21-1 de la loi du 31 déc. 1971 mod.), *JO* 5 nov., n° 23, NOR : JUSC2025094S.
15. CNB, AG 12 déc. 2014, DCN n° 2014-003, 7 janv. 2015 définissant les principes d'organisation et harmonisant les programmes de la formation des élèves avocats (art. 21-1 de la loi du 31 déc. 1971 mod.), *JO* 18 janv., p. 833 ; NOR : JUSC1429766S, abrogée.

de la délibération, suivi d'un tiret, suivi de leur numéro d'ordre chronologique[1].

Dans le délai de trente jours de leur date d'adoption, ces décisions sont notifiées par lettre recommandée avec demande d'avis de réception au garde des Sceaux, ministre de la Justice, et au conseil de l'Ordre de chacun des barreaux ou aux centres régionaux de formation professionnelle[2]. Elles sont publiées au *Journal officiel de la République française*, ce qui les rend opposables et unifie l'ouverture des délais de recours.

Les références des DCN sont ainsi complétées de trois dates : 1° celle de la délibération de l'assemblée générale du CNB, 2° celle de la signature par le président du CNB de la décision comprenant un numéro NOR communiqué par le ministère de la Justice, qui est la date retenue de la DCN pour sa publication, 3° celle de la publication au *Journal officiel de la République française*[3].

Depuis la fin de l'année 2020, la Direction des affaires civiles et du Sceau en charge de la procédure de publication des décisions à caractère normatif du CNB a décidé de conserver lors de la transmission au Journal officiel la date d'adoption par l'assemblée générale qui devient celle de la décision publiée[4].

SECTION 4
RÈGLEMENTS INTÉRIEURS (RI) DES BARREAUX

011.101 Règlements intérieurs (RI) des barreaux. Le conseil de l'Ordre a le pouvoir d'arrêter[5] et s'il y a lieu de modifier les dispositions du règlement intérieur, en vertu de l'article 17-1° de la loi du 31 décembre 1971[6]. Il doit par ailleurs assurer dans son ressort l'exécution des décisions prises par le Conseil national des barreaux[7]. Les délibérations du conseil de l'Ordre relatives à l'établissement ou à la modification du règlement intérieur sont notifiées au procureur général, par lettre recommandée avec demande d'avis de réception, et communiquées au premier président de la cour d'appel, au président du tribunal judiciaire et portées à la connaissance des avocats inscrits au tableau[8].

Les règlements intérieurs des barreaux sont soumis au respect de la hiérarchie des normes et ne peuvent contenir des dispositions contraires à la loi, au décret ou au règlement intérieur national de la profession d'avocat. Le règlement intérieur du barreau de Paris (RIBP)[9] est ainsi constitué en première partie, de l'intégralité du RIN et des règles parisiennes qui sont connexes ; en deuxième partie, des dispositions parisiennes indépendantes du RIN ; en troisième partie, des annexes.

1. Ex. : DCN n° 2005-001.
2. POUR LES DÉCISIONS prises en matière d'unification des règles et usages de la profession : décr. n° 91-1197, 27 nov. 1991, art. 38-1 ; – POUR LA DÉFINITION des principes d'organisation des CRFPA : art. 56 ; – POUR LES MODALITÉS de mise en œuvre de la formation continue : art. 85, al. dern. ; mod. par décr. n° 2007-932, 15 mai 2007, art. 3, 4 et 5.
3. Ex. : CNB, AG 28 avr. 2007, DCN n° 2007-001, 12 juill. 2007 portant adoption du règlement intérieur national (RIN) de la profession d'avocat (art. 21-1 de la loi du 31 déc. 1971 mod.), *JO* 11 août, p. 13503.
4. Ex. : CNB, AG 11 sept. 2020, DCN n° 2020-001, 11 sept. 2020 définissant les principes d'organisation et harmonisant les programmes de la formation des élèves avocats (art. 21-1 de la loi du 31 déc. 1971 mod.), *JO* 5 nov., n° 23.
5. V. s[s] n°s 115.31 s.
6. L. n° 71-1130, 31 déc. 1971, art. 17, 1°.
7. L. n° 71-1130, 31 déc. 1971, art. 17, 10°.
8. Décr. n° 91-1197, 27 nov. 1991, art. 13 ; mod. par décr. n° 2019-966, 18 sept. 2019, art. 8.
9. http://www.avocatparis-bdd.org/ribp.htm

CHAPITRE

012. Jurisprudence et bases de données

SECTION 0 ORIENTEUR

012.00 **Sommaire du chapitre.**

Division. La jurisprudence se construit sur le plan national (sect. 1) et européen (sect. 2) complétée par une doctrine et une jurisprudence professionnelle (sect. 3).

SECTION 1 JURISPRUDENCE NATIONALE

012.10 **Plan.** La jurisprudence nationale de la profession relève des hautes juridictions de l'ordre judiciaire et administratif, Cour de cassation (§ 1) et Conseil d'État (§ 2), du Conseil constitutionnel (QPC) (§ 3), et des juridictions du fond (§ 4).

§ 1 Jurisprudence de la Cour de cassation

012.21 **Jurisprudence de la Cour de cassation.** Les attributions de chacune des chambres civiles de la Cour de cassation[1] sont fixées par ordonnance du premier président après avis du procureur général, en application de l'article R. 431-2 du code de l'organisation judiciaire.

Ainsi, la première chambre civile connaît de la discipline et de la responsabilité des avocats, des barreaux quant à leur organisation, leur fonctionnement et leur gestion, à l'exception des honoraires d'avocats. Elle est également compétente en matière de sociétés civiles professionnelles. La première chambre civile rend par conséquent le plus grand nombre de décisions intéressant les règles professionnelles de l'avocat.

La deuxième chambre civile traite des affaires relatives aux contestations d'honoraires et débours des avocats.

La chambre commerciale, financière et économique traite de la sauvegarde des entreprises et des procédures collectives, et des sociétés civiles (à l'exclusion des sociétés civiles immobilières, des sociétés civiles professionnelles et des coopératives agricoles).

La chambre criminelle peut aussi être amenée à rendre des arrêts en matière de perquisitions au sein du cabinet de l'avocat, de violation du secret professionnel ou d'autres causes de responsabilité pénale : abus de confiance, remise illégale d'objet à un détenu, outrage à magistrat, diffamation, prise illégale d'intérêts, corruption...

La chambre sociale traite parfois, concurremment avec la première chambre civile, d'actions en requa-

1. AUSSI NOT. : Y. Chartier, *La Cour de cassation*, 2e éd., « Connaissance du droit », Dalloz, 2001.

lification des contrats de collaboration libérale en contrat de travail.

§ 2
Jurisprudence du Conseil d'État

012.31 Jurisprudence du Conseil d'État. Le Conseil d'État[1] est seul compétent pour connaître des recours[2] contre les décisions à caractère normatif (DCN) du Conseil national des barreaux[3] (CNB). Le Conseil d'État a eu ainsi l'occasion de rappeler, à plusieurs reprises, la hiérarchie des normes applicables à la profession d'avocat et de fixer la frontière entre le pouvoir réglementaire du gouvernement et le pouvoir normatif du Conseil national des barreaux (CNB), notamment en matière d'unification des règles et usages de la profession[4].

Les tribunaux administratifs sont également compétents pour connaître des recours contre les décisions du jury de l'examen d'entrée dans les centres régionaux de formation professionnelle d'avocats (CRFPA).

En revanche, c'est la cour d'appel qui est compétente pour examiner les recours des élèves avocats contre les décisions des jurys de l'examen du Capa[5]. Cette compétence judiciaire s'étend à tous les aspects de la formation professionnelle, notamment son organisation dans les CRFPA et les questions touchant aux droits d'inscription.

§ 3
Jurisprudence du Conseil constitutionnel (QPC)

012.41 Jurisprudence du Conseil constitutionnel (QPC). Juridiction instituée par la Constitution[6] de la Ve République, le 4 octobre 1958, le Conseil constitutionnel[7] est doté de compétences variées, notamment du contrôle de conformité de la loi à la Constitution. Le Conseil constitutionnel a validé le 3 décembre 2009 la loi organique du 10 décembre 2009[8] portant application de l'article 61-1 de la Constitution créant la question prioritaire de constitutionnalité (QPC)[9], dont la réforme est entrée en vigueur le 1er mars 2010[10]. Elle ouvre aux citoyens le droit de contester, à l'occasion des procès intentés devant les juridictions administratives et judiciaires ou celles régies par le code des juridictions financières, la constitutionnalité d'une disposition législative portant atteinte aux droits et libertés que la Constitution garantit. Le Conseil constitutionnel peut depuis être saisi sur renvoi de la Cour de cassation ou du Conseil d'État.

Les avocats se sont largement emparés de cette nouvelle procédure pour la défense des droits et libertés fondamentales de chaque citoyen et ont contribué à son succès. La QPC a aussi permis au Conseil constitutionnel de se prononcer sur la conformité à la Constitution des dispositions de la loi du 31 décembre 1971[11] portant réforme de certaines professions judiciaires et juridiques, notamment celles relatives à la procédure et aux sanctions disciplinaires, et à la contestation des honoraires[12], ou celles relatives au mécanisme de commission d'office d'un avocat par le président d'une cour d'assises[13].

§ 4
Jurisprudence des juridictions du fond

012.51 Jurisprudence des juridictions du fond. La cour d'appel[14] connaît des appels formés à l'encontre

1. AUSSI NOT. : D. Latournerie, *Le Conseil d'État*, « Connaissance du droit », Dalloz, 2005.
2. AUSSI NOT. : J. Viguier, *Le contentieux administratif*, 2e éd., « Connaissance du droit », Dalloz, 2005.
3. T. confl. 18 juin 2001, req. nº 3250, *Ordre des avocats au barreau de Tours c/ CNB, Lebon* 2001. 745 ; *AJDA* 2001. 851 ; *AJDA* 2001. 847, Chron. M. Guyomar et P. Collin ; *D.* 2001. 2358.
4. J.-M. Sauvé, « Le pouvoir normatif du Conseil national des barreaux au prisme de la jurisprudence du Conseil d'État », Intervention à l'occasion des 25 ans du Conseil national des barreaux, 5 juill. 2017.
5. V. ss nos 211.131, 211.251.
6. AUSSI NOT. : M. Verpaux, *La Constitution*, 2e éd., « Connaissance du droit », Dalloz, 2016.
7. AUSSI NOT. : H. Roussillon, P. Esplugas, *Le Conseil constitutionnel*, 9e éd., « Connaissance du droit », Dalloz, 2020 – L. Favoreu, W. Mastor, *Les cours constitutionnelles*, 2e éd., « Connaissance du droit », Dalloz, 2016.
8. L. org. nº 2009-1523, 10 déc. 2009 relative à l'application de l'article 61-1 de la Constitution, *JO* 11 déc., p. 21379.
9. AUSSI NOT. : Chr. Maugüé, J.-H. Stahl, *La question prioritaire de constitutionnalité*, 3e éd., « Connaissance du droit », Dalloz, 2017.
10. Cons. const. 3 déc. 2009, nº 2009-595 *DC*, *JO* 11 déc., p. 21381 ; *Rec.* 206, cons. 27 ; *AJDA* 2009. 2318 ; *AJDA* 2010. 80, étude A. Roblot-Troizier ; *AJDA* 2010. 88, étude M. Verpeaux ; *RFDA* 2010. 1, étude B. Genevois ; *Constitutions* 2010. 229, obs. A. Levade ; *RSC* 2010. 201, obs. B. de Lamy ; *RTD civ.* 2010. 66, obs. P. Puig ; *RTD civ.* 2010. 517, obs. P. Puig.
11. L. nº 71-1130, 31 déc. 1971 portant réforme de certaines professions judiciaires et juridiques, *JO* 5 janv. 1972, p. 131.
12. Cons. const. 29 sept. 2011, nos 2011-171/178, 2011-179 QPC, CONFORMITÉ, *JO* 30 sept., p. 16472 ; *Rec.* 471 ; *D.* 2012. 1638, obs. V. Bernaud et N. Jacquinot ; *D.* 2013. 136, obs. Th. Wickers – AUSSI : Cons. const. 19 mai 2017, nº 2017-630 QPC, NON-LIEU À STATUER, *JO* 20 mai, nº 16 – Cons. const. 11 oct. 2018, nº 2018-738 QPC, CONFORMITÉ, *JO* 12 oct., nº 75.
13. Cons. const. 4 mai 2018, nº 2018-704 QPC, CONFORMITÉ, *JO* 30 mai, nº 108.
14. AUSSI NOT. : H. Croze, *Le procès civil*, 2e éd., « Connaissance du droit », Dalloz, 2004.

des décisions du bâtonnier, du conseil de l'Ordre et des conseils de discipline.

La cour d'appel de Paris dispose d'une compétence exclusive pour connaître des recours à l'encontre des décisions individuelles du Conseil national des barreaux (CNB) en matière d'admission des avocats étrangers et de délivrance des certificats de spécialisation, ainsi que du contentieux électoral de ses membres.

• **En matière d'honoraires,** le bâtonnier, compétent en premier ressort, doit rendre une décision dans un délai de quatre mois[1]. Une fois ce délai passé, le réclamant peut pendant un mois saisir directement le premier président de la cour d'appel. À défaut de recours devant le premier président, la décision du bâtonnier peut recevoir force exécutoire par ordonnance du président du tribunal judiciaire, saisi par l'avocat ou la partie[2].

• **Contrat de travail.** Par dérogation à la compétence du conseil des prud'hommes, les litiges nés à l'occasion de l'exécution d'un contrat de travail ou de la convention de rupture, de l'homologation ou du refus d'homologation de cette convention ainsi que ceux nés à l'occasion d'un contrat de collaboration libérale sont, en l'absence de conciliation, soumis à l'arbitrage du bâtonnier[3], à charge d'appel devant la cour d'appel[4].

• **Responsabilité.** Les actions en responsabilité engagées à l'encontre d'avocats sont portées devant les juridictions civiles[5].

• **Pratiques anticoncurrentielles.** L'Autorité de la concurrence s'est estimée incompétente pour connaître de la contestation de délibérations d'un conseil de l'Ordre rejetant les demandes formulées par un cabinet d'avocats en vue de l'ouverture d'un bureau secondaire ou de l'inscription d'une structure d'exercice au tableau du barreau aux motifs qu'elles « s'inscrivent dans le cadre des missions dévolues par la loi aux barreaux et manifestent l'exercice [...] de prérogatives de puissance publique »[6].

SECTION 2
JURISPRUDENCE EUROPÉENNE

012.60 Plan. La jurisprudence européenne se répartit entre celle de la Cour européenne des droits de l'homme (CEDH) (§ 1) et celle de la Cour de justice de l'Union européenne (CJUE) (§ 2).

§ 1
Jurisprudence de la Cour européenne des droits de l'homme (CEDH)

012.71 Jurisprudence de la Cour européenne des droits de l'homme (CEDH). La Cour européenne des droits de l'homme (CEDH)[7] est une juridiction auprès du Conseil de l'Europe chargée de veiller au respect de la convention européenne de sauvegarde des droits de l'homme[8] et des libertés fondamentales de 1950 (Conv. EDH) par les 47 États qui l'ont ratifiée, dont la France.

Elle a rendu des décisions importantes intéressant la profession d'avocat, notamment concernant la publicité des débats devant l'instance disciplinaire[9] et les droits de la défense, en particulier l'intervention de l'avocat en garde à vue[10], les écoutes téléphoniques[11] et les perquisitions[12], ou encore la liberté d'expression de l'avocat[13].

§ 2
Jurisprudence de la Cour de justice de l'Union européenne (CJUE)

012.81 Jurisprudence de la Cour de justice de l'Union européenne (CJUE). Veillant à l'application du droit de l'Union et à l'uniformité de son interprétation sur le territoire de l'Union, la Cour de justice de l'Union européenne (CJUE)[14] a rendu des décisions intéressant la profession d'avocat, notamment dans le domaine de l'accès à la profession[15], des honoraires[16], du secret professionnel et du blanchiment de capitaux[17], de la sollicitation personnalisée[18] ou bien encore de l'assurance de protection juridique[19].

1. V. s^s n°s 741.281 s.
2. Décr. n° 91-1197, 27 nov. 1991 organisant la profession d'avocat, *JO* 28 nov., p. 15502, art. 174 s.
3. V. s^s n°s 821.11 s.
4. L. n° 71-1130, 31 déc. 1971, art. 7 ; mod. par ord. n° 2016-394, 31 mars 2016, art. 12.
5. V. s^s n° 913.21.
6. Aut. conc., 21 sept. 2018, décis. n° 18-D-18, p^t 53.
7. AUSSI NOT. : J.-P. Marguénaud, *La Cour européenne des droits de l'homme*, 6e éd., « Connaissance du droit », Dalloz, 2012.
8. AUSSI NOT. : P. Wachsmann, *Les droits de l'homme*, 6e éd., « Connaissance du droit », Dalloz, 2018.
9. V. s^s n° 522.233.
10. V. s^s n°s 472.62 s.
11. V. s^s n°s 414.211 s.
12. V. s^s n°s 414.71 s.
13. V. s^s n°s 337.11 s., 454.21 s. 454.111 s.
14. AUSSI NOT. : J. Boudant, *La Cour de justice des Communautés européennes*, « Connaissance du droit », Dalloz, 2005.
15. V. s^s n°s 221.11 s.
16. V. s^s n°s 711.21 s.
17. V. s^s n°s 482.21 s.
18. V. s^s n°s 465.21 s.
19. V. s^s n°s 761.21 s.

SECTION 3
DOCTRINE ET JURISPRUDENCE PROFESSIONNELLE

012.90 **Plan.** La doctrine et la jurisprudence professionnelle se répartissent entre celles du Conseil national des barreaux (CNB) (§ 1), celles des conseils de discipline (§ 2) et celles des conseils de l'Ordre et des bâtonniers (§ 3).

§ 1
Doctrine et jurisprudence du Conseil national des barreaux (CNB)

012.101 **Jurisprudence du Conseil national des barreaux (CNB).** Dans le cadre de sa mission d'unification des règles et usages de la profession[1], la commission des règles et usages du Conseil national des barreaux est saisie de très nombreuses demandes d'avis formulées exclusivement par les bâtonniers ou membres des conseils de l'Ordre en exercice, non seulement sur l'interprétation du RIN, mais également sur toutes les questions déontologiques posées par la pratique quotidienne[2].

Les plus importants de ces avis sont reproduits dans le présent ouvrage ainsi que dans le code de l'avocat[3], l'ensemble des avis se trouvent sur *l'Encyclopédie des avocats*.

012.102 **Encyclopédie des avocats.** La mémoire du Conseil national des barreaux dénommée *Encyclopédie des avocats*[4] est un espace entièrement dédié aux travaux et publications du CNB et de la profession. Il propose aux avocats l'ensemble des textes normatifs, avis et recommandations adoptés en assemblée générale. Sont également répertoriés l'ensemble des rapports présentés en assemblée par les commissions (y compris *ad hoc*) et les groupes de travail de l'institution, ainsi que les comptes rendus, résolutions, motions et prises de position de l'assemblée générale.

Toutes les publications régulières du CNB sont accessibles (revues, lettres d'information...), mais également toutes les publications éditoriales internes (cahiers, brochures, guides thématiques, *vade-mecum*), les publications en ligne à actualisation permanente ainsi que les publications réalisées en partenariat.

§ 2
Jurisprudence des conseils de discipline

012.111 **Jurisprudence des conseils de discipline.** Un conseil de discipline[5] a été créé dans le ressort de chaque cour d'appel par la loi du 11 février 2004[6]. Il connaît des infractions et fautes commises par les avocats relevant des barreaux qui s'y trouvent établis[7]. Le conseil de l'Ordre de Paris reste, par exception, compétent pour les avocats inscrits à ce barreau[8].

Les décisions rendues par le conseil de discipline de Paris sont consultables sur la base de données déontologiques (BDD) du barreau de Paris[9]. Le conseil régional de discipline des barreaux du ressort de la cour d'appel de Bordeaux a également mis ses décisions en ligne sur un site internet dédié[10].

§ 3
Doctrine et jurisprudence des conseils de l'Ordre et des bâtonniers

012.121 **Jurisprudence et doctrine des ordres et bâtonniers.** Dans le cadre de leurs prérogatives propres, les conseils de l'Ordre et bâtonniers[11] sont amenés à prendre des délibérations, rendre des décisions (notamment en matière administrative[12], de suspension provisoire[13], d'honoraires[14] ou de règlement des différends entre avocats dans le cadre de leur exercice professionnel[15]) ou émettre des avis[16] appliquant les règles de la profession et les dispositions du RIN aux difficultés rencontrées par les avocats ou entre avocats dans le cadre de leur exercice professionnel.

Cette source non négligeable demeure encore assez confidentielle. Toutefois, les avis déontologiques, décisions du conseil de l'Ordre ou du bâtonnier du barreau de Paris sont, pour ceux qui sont sélectionnés comme pertinents, consultables sur la base de données déontologiques (BDD) du barreau de Paris[17] et publiés dans le code de déontologie du barreau de Paris[18].

1. L. nº 71-1130, 31 déc. 1971, art. 21-1 ; mod. par L. nº 2019-1479, 28 déc. 2019, art. 81.
2. V. s[s] n°s 511.341 s.
3. C. avocat, 10e éd., Dalloz, 2021.
4. http://encyclopedie.avocats.fr/
5. V. s[s] n°s 118.00, 521.51 s.
6. L. nº 2004-130, 11 févr. 2004 réformant le statut de certaines professions judiciaires ou juridiques, des experts judiciaires, des conseils en propriété industrielle et des experts en ventes aux enchères publiques, *JO* 12 févr., p. 2847.
7. L. nº 71-1130, 31 déc. 1971, art. 22.
8. V. s[s] n°s 118.13, 521.51 s.
9. http://www.avocatparis.org/
10. http://conseil-regional-discipline-des-avocats-cour-appel-bordeaux.fr/ – V. s[s] n°s 523.315 s.
11. V. s[s] n°s 116.181, 511.21 s.
12. V. s[s] n°s 513.21 s.
13. V. s[s] n°s 512.31 s.
14. V. s[s] n°s 741.21 s.
15. V. s[s] n°s 822.12 s.
16. V. s[s] n°s 511.371 s.
17. http://www.avocatparis-bdd.org/
18. Code de déontologie du barreau de Paris, 11e éd., Dalloz, 2021.

012.122 **Base de données déontologiques (BDD).** La base de données déontologiques du barreau de Paris est un espace entièrement dédié aux travaux et publications du barreau de Paris qui regroupe les avis déontologiques, décisions et sentences arbitrales du bâtonnier, décisions disciplinaires, certaines décisions du bâtonnier d'un barreau tiers, les délibérations, rapports du conseil, la doctrine éditoriale, officielle, des dossiers thématiques, les flashs ordinaux, la jurisprudence nationale ou européenne pertinente et les principaux textes applicables.

CHAPITRE

013. Bibliographie générale

SECTION 0
ORIENTEUR

013.00 Sommaire du chapitre.

Division. Des œuvres sont fréquemment citées (sect. 1), d'autres ponctuellement (sect. 2) à part les principales chroniques de jurisprudence des périodiques juridiques sur les questions traitées (sect. 3) et les bases de données institutionnelles (sect. 4).

SECTION 1
ŒUVRES CITÉES FRÉQUEMMENT

013.11 Œuvres citées par le nom de l'auteur ou une abréviation du titre.

• **Codes.**

G'Sell (dir.)	Fl. G'Sell (dir.), *Code de l'avocat*, 10e éd., Dalloz, 2021.
Revet (dir.)	Th. Revet (dir.), *Code de déontologie*, 11e éd., Dalloz, 2021.

• **Œuvres contemporaines citées par le nom de l'auteur.**

Avril	Y. Avril, *Responsabilité des avocats*, 4e éd., « Dalloz Référence », 2021.
Beignier, Villacèque	B. Beignier et J. Villacèque, *Droit et déontologie de la profession d'avocat*, 3e éd., Gazette du Palais, 2016.
Jensen	D. Jensen, L. Dupuis et Ch. Thévenet, *Cabinet d'avocat*, 3e éd., « Dalloz Référence », 2016.
Revet	Th. Revet (dir.), *Déontologie de la profession d'avocat*, 5e éd., « Bibliothèque de l'avocat », LGDJ, 2021.
Taisne	J.-J. Taisne, *La déontologie de l'avocat*, 11e éd., « Connaissance du droit », Dalloz, 2019.

• **Œuvres classiques citées par le nom de l'auteur.**

Damien, Les grands arrêts	A. Damien (dir.), La profession d'avocat, Gazette du Palais – Litec, 1991.
Ader-Damien	H. Ader et A. Damien, Règles de la profession d'avocat, 12e éd., « Dalloz Action », 2008.
Appleton	J. Appleton, Traité de la profession d'avocat : Organisation – Règles et usages – Technique professionnelle, 2e éd., Dalloz, 1928.
Braunschweig	J.-M. Braunschweig (dir.), Profession d'avocat : le guide, 4e éd., Lamy, 2017.
Crémieu	L. Crémieu, Traité de la profession d'avocat, 2e éd., Dalloz, 1955.
Cresson	G.-E. Cresson, Abrégé des usages et règles de la profession d'avocat, 3e éd., Sirey, 1907.
Duveau – Payen	G. Duveau et F. Payen, Les règles de la profession d'avocat et les usages du barreau de Paris, 2e éd., Sirey, 1936.
Hamelin	J. Hamelin, Nouvel abrégé de la profession d'avocat, 1968.
Hamelin – Damien	J. Hamelin et A. Damien, Les Règles de la profession d'avocat, 9e éd., Dalloz, 2000.
Lemaire	J. Lemaire, Règles de la profession d'avocat et les usages du barreau de Paris, 4e éd., LGDJ, 1975.
Martin	R. Martin, Déontologie de l'avocat, 10e éd., « Droit & professionnels », LexisNexis, 2008.
Mollot – 1842	F.-E. Mollot, Règles de la profession d'avocat, suivies 1° des usages, lois et règlements, 2° des précédents du conseil de l'Ordre des avocats à la Cour impériale de Paris, avec commentaires et observations, 1re éd., Durand, 1842.
Mollot – 1866	F.-E. Mollot, Règles de la profession d'avocat, suivies 1° des usages, lois et règlements, 2° des précédents du conseil de l'Ordre des avocats à la Cour impériale de Paris, avec commentaires et observations, 2e éd., Durand, 1866.

MONEGER-DEMEESTER	J. Monéger, M.-L. Demeester, Profession : avocat, Dalloz, 2001.
WOOG	J.-Cl. Woog, Pratique professionnelle de l'avocat, 4e éd., Litec, 2001.

013.12 Œuvres de la même collection citées par une abréviation du titre.

Dalloz Action instr. prép.	Ch. Guéry, P. Chambon, *Droit et pratique de l'instruction préparatoire*, 10e éd., « Dalloz Action », 2017.
Dalloz Action pr. civ.	S. Guinchard (dir.), *Droit et pratique de la procédure civile*, 10e éd., « Dalloz Action », 2021.
Dalloz Action pr. coll.	P.-M. Le Corre, *Droit et pratique des procédures collectives*, 11e éd., « Dalloz Action », 2020.
Dalloz Action resp. et contrats	Ph. le Tourneau (dir.), *Droit de la responsabilité et des contrats*, 12e éd., « Dalloz Action », 2020.
Dalloz Action voies d'ex.	S. Guinchard, T. Moussa (dir.), *Droit et pratique des voies d'exécution*, 10e éd., « Dalloz Action », 2022.
Dalloz Action audiences	Ch. Guéry, B. Lavielle, *Droit et pratique des audiences correctionnelles et de police*, 3e éd., « Dalloz Action », 2018.
Dalloz Action consom.	D. Fenouillet (dir.), *Droit de la consommation*, 1re éd., 2020.

SECTION 2
ŒUVRES CITÉES PONCTUELLEMENT

013.21 Encyclopédies.

J.-CL. PR. CIV., notamment fasc. 83, « Avocats », R. Martin.

RÉP. CIV., Encyclopédie Dalloz, *Répertoire de droit civil.*

RÉP. PÉN., Encyclopédie Dalloz, *Répertoire de droit pénal et de procédure pénale.*

RÉP. PR. CIV., Encyclopédie Dalloz, *Répertoire de procédure civile.*

013.22 Œuvres classiques sur la profession d'avocat.

P. Biarnoy de Merville, *Règles pour former un avocat*, 1711.

A.-G. Boucher d'Argis, *Histoire abrégée de l'ordre des avocats et les règlements qui concernent les fonctions et prérogatives attachées à cette profession* suivie de *Règles pour former un avocat*, Paris, 1778.

A.-G. Camus, *Lettres sur la profession d'avocat*, Paris, 1772.

G.-G. Delamallle, Essai d'institutions oratoires à l'usage de ceux qui se destinent au barreau, 1re éd., Delaunay, Paris, 1816 ; 2e éd., Warée, 1822.

A. Dupin Aîné, *Profession d'avocat. Recueil de pièces concernant l'exercice de cette profession*, Warée Aîné, Libraire de la Cour royale et de l'ordre des avocats, 1833.

F. Fyot de la Marche, *L'éloge des devoirs de la profession d'avocat*, N. Mazuel, Paris, 1713.

A. Lacan, Notes pour les réunions de colonne, G. Pedone-Lauriel, 1881.

A. Liouville, *Abrégé des règles de la profession d'avocat*, Marchal, Billard et Cie, 1883.

F. Liouville, *Devoirs, honneur, avantages, jouissances de la profession d'avocat, Simonet-Delaguette*, 1857.

F. Liouville, *Paillet ou l'avocat, Conseils d'un ancien aux stagiaires sur l'exercice de la profession d'avocat*, Marchal-Billard, Paris, 1880.

A. Loisel, *Dialogue des avocats du parlement de Paris*, 1602.

O. Pinard, *Le barreau*, 1re éd., Pagnerre, Paris, 1843 ; 2e éd., 1864.

013.23 Œuvres contemporaines sur la profession d'avocat.

E. Blanc, *La nouvelle profession d'avocat*, Librairie du journal des notaires et des avocats, Paris, 1972.

A. Brunois, *Nous, les avocats*, Plon, 1958.

A. Brunois, *La liberté judiciaire : Honneur des hommes*, Apil, Versailles, 1978.

M. Buteau, *L'avocat-Roi*, La renaissance du livre, 1922.

J. Charpentier, *Remarques sur la parole*, 1re éd., Haumont, Paris, 1944 ; 2e éd. Pichon et Durand-Auzias, 1961.

J. Charpentier, *Au service de la Liberté*, Fayard, 1949.

A. Damien (dir.), *La profession d'avocat*, Gazette du Palais - Litec, 1991.

A. Damien, *Être avocat aujourd'hui*, Apil, 1976 ; 2e éd., 1981.

A. Damien, *La vie spirituelle de l'avocat au XVIIe siècle*, Versailles, 1975.

A. Damien, *Le barreau quotidien*, Éd. Henri Lefebvre, 1971.

A. Damien, *Le secret nécessaire*, Desclée de Brouwer, 1989.

A. Damien, *Les avocats du temps passé*, Éd. Henri Lefebvre, 1973.

A. Damien, *Mémento du secrétaire de l'Ordre*, Apil, 1975.

M. Garçon, *L'avocat et la morale*, Buchet-Chastel, 1963.

J. Hamelin, *Paradoxe sur l'avocat*, LGDJ, 1949.

J. Hamelin, *Entretiens sur la justice contemporaine*, Dalloz, 1970.

P. Loewel, *Tableau du Palais*, Gallimard, 1929.

F. Payen, *Le barreau : l'art et la fonction*, Grasset, 1934.

H. Robert, *L'avocat*, Hachette, 1923.

B. Sur ET P.-O. Sur, *Histoire des avocats de France des origines à nos jours*, 2e éd., Dalloz, 2013.

013.24 Œuvres contemporaines sur l'évolution de la profession.

L. Assier-Andrieu, *Les avocats : Identité, Culture et devenir - Essai*, Gazette du Palais - Lextenso, 2011.

M. Bénichou (dir.), *L'avenir de la profession d'avocat en Europe*, Bruylant, Bruxelles, 2017.

Ch. Bessy, *L'organisation des activités des avocats : Entre monopole et marché*, « Forum », LGDJ, 2015.

Collectif, *Confraternité et concurrence : À la recherche d'une déontologie inspirée*, Anthemis, Bruxelles, 2010.

Collectif, *Les avocats, Pouvoirs*, n° 140, Seuil, 2012.

Conférence des bâtonniers (dir.), *Avocats et ordres du XXIe siècle*, « Thèmes et commentaires », Dalloz, 2014.

O. Favereau (dir.), *Les avocats entre ordre professionnel et ordre marchand*, Gazette du Palais - Lextenso, 2010.

G. Gadbin-George, *Déréglementation et profession du droit Outre-manche*, « Essai », Dalloz, 2016.

L. Karpik, *L'économie des singularités*, « Bibliothèque des sciences humaines », Gallimard, 2007.

L. Karpik, *Les avocats : Entre l'État, le public et le marché - XIIIe-XXe siècle*, « Bibliothèque des sciences humaines », Gallimard, 1995.

J.-P. Royer, *La société judiciaire depuis le XIXe siècle*, Puf, 1979.

J.-P. Royer, *Les gens de lois vus au XIXe siècle*, Errance, 1983.

D. Soulez-Larivière, *L'avocature*, Ramsay, 1982 ; rééd. 1990 ; rééd., Seuil, 1995 ; nlle éd., hors collection, Gazette du Palais, 2019.

D. Soulez-Larivière, *Lettre à un jeune avocat*, Balland, 1999.

Th. Wickers, *La grande transformation des avocats*, Dalloz, 2014.

013.25 Sur la déontologie et les règles professionnelles.

Archives de philosophie du droit, *Déontologie et discipline professionnelle*, Sirey, 1953-1954.

J.-L. Bergel (dir.), *Droit de déontologies professionnelles*, Puam, 1997.

Ph. Brun, R. Crône, Ph. Pierre, J. de Poulpiquet, *Responsabilité des notaires*, 3e éd., « Dalloz Référence », 2018.

F. Chambon, O. Gaspon, *La déontologie administrative : Des valeurs du service public à un management de la prévention des risques*, 2e éd., « Systèmes », LGDJ, 2015.

Collectif, *Les déontologies des professions du droit : quel avenir ?*, « Lamy - Axe droit », 2010.

F. Duret-Robert (dir.), *Droit du marché de l'art*, 7e éd., « Dalloz Action », 2020.

T. Guinot, *L'huissier de justice : normes et valeurs*, 2e éd., « Droit et procédures », Éditions Juridiques et techniques, 2017.

N. Fricero (dir.), *Éthique et professions judiciaires, juridiques et techniques*, « Droit et procédures », Éditions juridiques et techniques, 2004.

Haut Conseil des professions du droit et Ordre des Avocats au Conseil d'État et à la Cour de cassation (dir.), *Les règles déontologiques au service des usagers du droit*, « Thèmes et commentaires », Dalloz, 2013.

J. Joly-Hurard, *La déontologie du magistrat*, 4e éd., « Connaissance du droit », Dalloz, 2020.

M. Latina, J.-F. Sagaut, *Déontologie notariale*, 4e éd., « Expertise notariale », *Defrénois* 2019.

J. Moret-Bailly, D. Truchet, *Déontologie des juristes*, « Licence droit », Puf, 2010.

J. Moret-Bailly, D. Truchet, *Pour une autre déontologie des juristes*, Puf, 2014.

J. Moret-Bailly, D. Truchet, *Droit des déontologies*, « Thémis », Puf, 2016.

J.-F. Pillebout, J. Yaigre, *Droit professionnel notarial*, LexisNexis, 11e éd., 2019.

A. Robert, *Responsabilité des commissaires aux comptes et des experts-comptables*, 2e éd., « Dalloz Référence », 2011.

Ch. Vigouroux, *Déontologie des fonctions publiques*, 2e éd., « Dalloz Référence », 2012.

SECTION 3
CHRONIQUES DE JURISPRUDENCE

013.31 Chroniques de jurisprudence.

B. Blanchard, panorama « Profession d'avocat », *Recueil Dalloz* (2000-2011).

A. Brunois, sommaire « Le barreau et la jurisprudence », *Recueil Dalloz* (1991-1995).

N. Fricero (dir.), Chron. « Droit de l'avocat », *Les Petites affiches* (2016-2017).

F. G'sell (dir.), Chron. « Avocats », *JCP Semaine juridique*, édition générale (depuis 2016).

Ch. Jamin (dir.), Chron. « Avocats », *JCP Semaine juridique*, édition générale (2007-2016).

R. Martin, Chron. « Droit de la profession d'avocat », *Semaine juridique*, édition générale (1996-2008).

Th. Revet (dir.), Chron. « Déontologie du barreau et du notariat », *Les Petites affiches* (depuis 2017).

J. Villacèque (dir.), « Chronique de jurisprudence de droit et de déontologie de la profession d'avocat », *Gazette du Palais* (depuis 2011).

Th. Wickers, panorama « Profession d'avocat », *Recueil Dalloz* (depuis 2013).

SECTION 4
BASES DE DONNÉES INSTITUTIONNELLES

013.41 Bases de données.

Encyclopédie des avocats : http://encyclopedie.avocats.fr/

Base de données déontologiques du barreau de Paris : http://www.avocatparis-bdd.org/

TITRE

02. L'état des lieux

Section 0 Orienteur

02.00 **Sommaire du titre.**

Division. L'état des lieux constate l'évolution démographique de l'effectif, de l'exercice professionnel et de l'accès au droit (chap. 011), l'économie du droit (chape. 012), ainsi que l'évolution des barreaux et de la profession (chap. 013).

02.03 **Bibliographie indicative.**

* Aussi : v. ss nos 013.00 s.

CHAPITRE

021. Données statistiques

SECTION 0

ORIENTEUR

021.00 **Sommaire du chapitre.**

021.03 **Bibliographie indicative.**

* Aussi : v. s[s] n°s 02.03.

Rapports. O. Favereau (dir.), *Enquête statistique sur la profession d'avocat : modes d'organisation des activités et identité professionnelle*, rapport pour le CNB, 2013 – A. Vauchez et L. Willemez, *Contribution à la connaissance statistique de la profession d'avocat*, enquête pour le CNB, juill. 2002 – Conseil national des barreaux, *Avocats, Les chiffres clés de la profession*, 2020 – Anaafa, *Statistiques de la profession*, Maître, hors-série, oct. 2020 – Ministère de la Justice, DACS, Pôle d'évaluation de la justice civile, *Statistique sur la profession d'avocat – Situation au 1er janvier 2019*, oct. 2019.

021.05 **Profession attractive en croissance.** Les chiffres clés de la profession, issus des données de l'observatoire du Conseil national des barreaux (CNB) [1], décrivent une profession jeune et attractive dont le dynamisme s'exprime différemment selon les régions et qui reflète la diversité socio-économique de la France.

Les avocats représentent 82 % des entreprises du secteur juridique des professions libérales (soit plus de 11 000 en 2015 [2]) et 74 % des salariés non avocats (soit selon la même source environ 49 000 en 2015.) Les huissiers de justice dans ce cadre représentent 12 % des entreprises et 17 % des salariés, les offices de commissaires-priseurs judiciaires et sociétés de ventes volontaires regroupent 3,4 % des entreprises et près de 5 % des salariés et les administrateurs judiciaires et les mandataires judiciaires 2,7 % des entreprises et 5 % des salariés.

Au 1er janvier 2019, on dénombrait 68 464 avocats en France, ce qui correspond à une estimation pour 2020 de plus de 70 000 membres. Si l'on ajoute les salariés non avocats le poids économique de la profession est d'environ 117 000 emplois pour un chiffre d'affaires supérieur à 15 milliards d'euros.

1. Les chiffres clés de la profession ont été mis à jour par l'Observatoire du CNB sur la base des chiffres communiqués par la CNBF, l'OMPL, Actalians, l'Unca et le ministère de la Justice.
2. Source Ompl/Insee.

SECTION 1

ÉVOLUTION DÉMOGRAPHIQUE

021.11 **Une poussée démographique.** Le constat peut être dressé depuis plusieurs décennies d'une profession très attractive, dont la croissance démographique se poursuit à un rythme soutenu : + 38,2 % en 10 ans, soit un taux de croissance annuel moyen (TCAM) de 3,3 %. On notera cependant que la vitesse de croissance de l'effectif diminue légèrement depuis 2014.

Les femmes contribuent largement à la poussée démographique, et chaque année deux fois plus de femmes que d'hommes prêtent serment. Elles représentent 56 % de l'effectif total. Cependant, le taux varie significativement d'un barreau à l'autre (de 32 % à 72 %).

021.12 **Âge moyen.** Du fait du dynamisme démographique, l'âge moyen constaté dans la profession est peu élevé : il est de 43,9 ans pour l'ensemble des avocats et, plus précisément, de 48,6 ans pour les hommes et de 42,3 ans pour les femmes ce qui est nettement moins que beaucoup d'autres professions libérales. En revanche, du fait de l'allongement de la durée des études, l'âge moyen à l'entrée dans la profession s'élève. Il est de 32,6 ans pour les hommes et de 29,4 ans pour les femmes.

Les avocats de moins de 15 ans d'exercice constituent 61,5 % de l'effectif.

021.13 **Démographie et territoire.** La densité moyenne en France est de 100,3 avocats pour 100 000 habitants, contre 68/100 000 habitants en 2004. Au 1er janvier 2018, l'effectif se répartit sur 164 barreaux[1] et la densité d'avocats par rapport à la population varie fortement d'un barreau à l'autre. On assiste à une concentration de l'effectif dans les zones urbaines, tendance qui ne fait qu'accompagner l'évolution démographique de l'ensemble de la population française. Ainsi, l'effectif cumulé des cinq premiers barreaux représente 55,6 % de l'effectif national (Paris, Lyon, Hauts-de-Seine, Marseille et Toulouse) et les deux tiers des avocats sont répartis sur seulement 11 barreaux.

À lui seul, le barreau de Paris représente 42 % des avocats, et contribue sur le dernier exercice pour 46,3 % à la croissance démographique de la profession. Un avocat sur deux exerce en Île-de-France.

L'évolution démographique ne s'effectue pas de façon égale sur le territoire national. Le tableau ci-dessous qui classe les régions selon le poids de leurs effectifs, en 2016, et détaille l'évolution constatée en dix ans dans les différentes régions de France, permet d'identifier les régions dont le taux de croissance annuel moyen (TCAM) sur dix ans est supérieur à la moyenne nationale : 3,4 % ou inférieur. Ainsi, en dehors de la région Île-de-France, on constate que la région PACA en dix ans, tout en

EFFECTIF DES AVOCATS – ÉVOLUTION 2008 À 2018

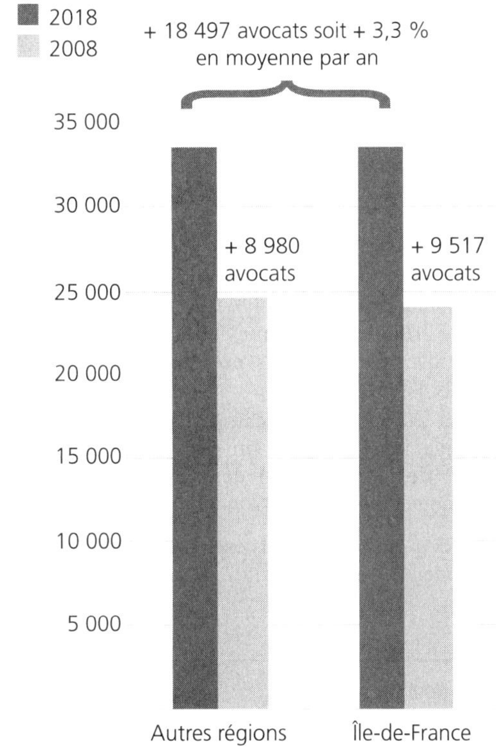

Source : Ministère de la Justice – DACS

DÉTAIL DE LA DÉMOGRAPHIE DES EFFECTIFS D'AVOCATS DES RÉGIONS DE FRANCE

NOUVELLES RÉGIONS	Effectif 2008	Effectif 2018	TCAM[a]	Évolution 2018/2008
Auvergne-Rhône-Alpes	4 253	6 031	3,6 %	42 %
Bourgogne-Franche-Comté	855	989	1,5 %	16 %
Bretagne	1 133	1 605	3,5 %	42 %
Centre-Val-de-Loire	713	900	2,4 %	26 %
Corse	213	274	2,6 %	29 %
DOM-TOM	735	1 124	4,3 %	53 %
Grand-Est	2 202	2 805	2,4 %	27 %
Hauts-de-France	1 903	2 547	3,0 %	34 %
Ile-de-France	23 945	33 462	3,4 %	40 %
Normandie	1 111	1 437	2,6 %	29 %
Nouvelle-Aquitaine	2 676	3 678	3,2 %	37 %
Occitanie	2 997	4 272	3,6 %	43 %
PACA	4 431	5 906	2,9 %	33 %
Pays de la Loire	1 294	1 928	4,1 %	49 %
France	48 461	66 958	3,3 %	38 %
Total hors Paris	28 698	38 813	3,1 %	35 %

a TCAM : taux de croissance annuel moyen

Source : Ministère de la Justice – DACS[1]

1. Trois nouveaux barreaux ont été rétablis au 1er septembre 2014 du fait de la réimplantation des TGI locaux : Saint-Gaudens, Saumur et Tulle, portant le nombre des barreaux de 161 à 164.

conservant sa deuxième place, est talonnée par la région Rhône-Alpes qui connaît un taux de croissance plus élevé. On remarquera aussi les taux de croissance annuels moyens des régions Pays de la Loire et DOM-TOM qui dépassent 4 %.

021.14 **Avocats étrangers exerçant en France.** Les 2 333 avocats étrangers inscrits au barreau français au 1er janvier 2018, représentaient 3,5 % de l'effectif des avocats en activité en France et le taux de croissance annuel moyen sur dix ans s'est établi à 4,3 %. Il s'agit donc d'une poussée démographique soutenue. La moitié (49,4 %) était originaire d'un pays de l'Union européenne et plus des trois quarts de ces avocats européens exerçaient sous le titre français d'avocat.

Hors Europe, les avocats originaires des pays d'Afrique représentaient un peu plus d'un quart (28 %) de l'effectif total des avocats et ceux de l'Amérique du Nord 7,9 %.

021.15 **Avocats français exerçant à l'étranger.** Au 1er janvier 2018, il y avait 2 731 avocats français inscrits à la fois à un barreau français et à un barreau étranger, et leur nombre a évolué sur la dernière décennie au rythme d'environ + 4 % par an en moyenne, 94 % d'entre eux étaient rattachés au barreau de Paris.

SECTION 2
EXERCICE PROFESSIONNEL

021.21 **Modes d'exercice.** En 2018 en France, 36,3 % des avocats exerçaient en mode individuel (+ 2 points par rapport à 2006), 29,4 % exerçaient en tant que collaborateurs (contre 30,2 % en 2006), 29,9 % étaient associés (contre 29 % en 2006) et 4,4 % exerçaient en tant que salariés non associés (contre 6,8 % en 2006). Il s'agit là de moyennes, en fait, la répartition constatée à l'échelle nationale ne se retrouve dans aucun barreau, ni aucune région. Il existe également une grande diversité quant à la répartition des modes d'exercice d'un barreau à l'autre (v. tableau ci-après).

DÉTAIL DE LA RÉPARTITION DES MODES D'EXERCICE DES RÉGIONS DE FRANCE

NOUVELLES RÉGIONS	2018			
	Individuels	Collaborateurs	Associés	Salariés
Auvergne-Rhône-Alpes	32,5 %	26,2 %	36,0 %	5,3 %
Bourgogne-Franche-Comté	38,2 %	15,6 %	42,7 %	3,5 %
Bretagne	30,6 %	21,7 %	38,8 %	9,0 %
Centre-Val-de-Loire	29,8 %	19,7 %	45,1 %	5,4 %
Corse	75,5 %	8,0 %	16,1 %	0,4 %
DOM-TOM	53,7 %	17,5 %	26,6 %	2,1 %
Grand-Est	42,7 %	19,7 %	32,8 %	4,8 %
Hauts-de-France	38,6 %	23,6 %	32,5 %	5,3 %
Ile-de-France	33,4 %	36,3 %	26,4 %	3,9 %
Normandie	34,6 %	19,0 %	40,4 %	6,1 %
Nouvelle-Aquitaine	37,8 %	22,6 %	34,0 %	5,7 %
Occitanie	41,9 %	24,5 %	30,7 %	2,9 %
PACA	48,6 %	21,8 %	27,4 %	2,3 %
Pays de la Loire	25,8 %	23,1 %	38,6 %	12,4 %
France	36,3 %	29,4 %	29,9 %	4,4 %
Total hors Paris	39,5 %	21,8 %	32,0 %	6,8 %

Source : Ministère de la Justice – DACS

Parmi les régions où l'on constate les pourcentages les plus élevés d'avocats individuels (non collaborateurs), on retrouve la Corse, les DOM-TOM, la région Paca et le Grand-Est. Le minimum est de 25,8 % (Pays de la Loire) et le maximum de 75,5 % (Corse). Il s'agit du mode d'exercice pour lequel l'amplitude de la variation d'une région à l'autre est la plus grande.

C'est en région Pays de la Loire, Bourgogne-Franche-Comté et Normandie que le taux d'avocats associés est le plus fort. Le minimum est de 16,1 % (Corse) et le maximum de 45,1 % (Centre – Val-de-Loire).

Les collaborateurs sont particulièrement nombreux en Île-de-France, région où ils représentent 36,3 % de l'effectif des avocats, en revanche la Corse avec seulement 8 % est la région qui en compte le moins. De façon plus détaillée, ils sont également plus nombreux dans les barreaux des capitales régionales.

021.22 **Groupements.** En 2018 en France, il y avait 9 337 groupements d'exercice, lesquels connaissent une progression soutenue avec un taux de croissance annuel moyen (TCAM) de 5 %. À noter la forte croissance des sociétés d'exercice libéral, un groupement sur deux étant constitué sous forme de SELARL. Les SCP, auparavant type de structure le plus répandu, ne représentent plus que 23 % des groupements.

En ce qui concerne les sociétés de participations financières de professions libérales (SPFPL), elles étaient au nombre de 625 en 2018 (contre 377 en 2016), et se répartissaient pour plus de la moitié dans quatre barreaux (Paris, Lyon, Nantes et Rennes).

021.23 **Revenus.** Les revenus cumulés de l'ensemble des avocats ont atteint 4,825 milliards d'euros en 2016 (total BNC). Le revenu annuel moyen s'est établi à 77 468 euros, tandis que le revenu médian s'est élevé à 43 035 euros. En dix ans, le revenu moyen a progressé de 10 % en euros courants ce qui correspond à une augmentation de 2 % en euros constants.

Revenu moyen de la profession d'avocat

Revenu moyen en euros courants	2008	2016
Avocats de moins de 10 ans d'exercice	46 821	44 661
Avocats de plus de 10 ans d'exercice	100 327	102 108
Ensemble des avocats	74 865	77 468

Source : CNBF, rapport sept. 2018

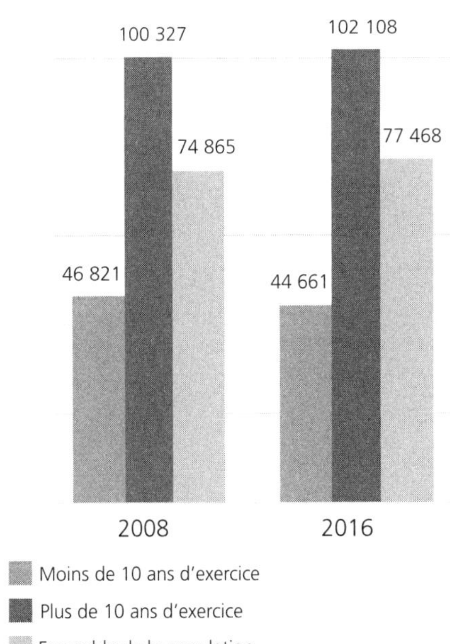

L'écart entre le revenu moyen et le revenu médian (le premier étant supérieur de 80 % du second) reflète des disparités de revenus importantes au sein de la profession. Les revenus varient ainsi fortement suivant la structure d'exercice, le secteur d'activité de l'avocat, son âge et son implantation territoriale. L'étendue des revenus étant plus importante au sein des capitales régionales.

Revenu médian	2008	2016
Moins de 10 ans d'exercice	34 996	33 522
Plus de 10 ans d'exercice	60 744	56 952
Ensemble de la population	46 092	43 035

Source : CNBF, rapport sept. 2018

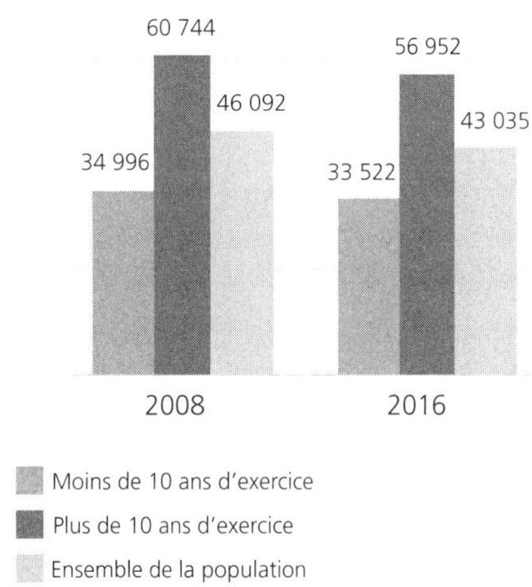

Section 3
Accès au droit

021.31 **Aides à l'intervention de l'avocat.** La consommation des crédits pour l'ensemble des aides à l'intervention de l'avocat - aide juridictionnelle, garde à vue, retenue douanière, retenue étranger, médiation et composition pénales, et assistance aux détenus - s'élève pour l'exercice 2018 à 432 millions d'euros TTC.

L'aide juridictionnelle représente à elle seule 83 % des crédits (v. tableau ci-avant).

Répartition aides intervention de l'avocat en 2018

en M. €	2018	
AJ	359,3	83 %
GAV, retenue douanière, retenue des étrangers, mineurs et victimes	66,7	15,4 %
Médiation et composition pénales	1,7	0,4 %
Assistance aux détenus	4,4	1,0 %
Total	432,2	100,0 %

021.32 Aide juridictionnelle. En 2018, 833 038 missions de base d'aide juridictionnelle (AJ) ont été effectuées par les avocats ; il s'agit du nombre de missions le plus important jamais payé. Cela a correspondu à plus de 10 millions d'unités de valeur. En dix ans, le nombre de missions de base à l'aide juridictionnelle (tous domaines confondus) a augmenté de 7 %. On constate une faible augmentation (+ 9,5 %) des missions civiles et une diminution des missions pénales (- 8,7 %) au cours de la dernière décennie tandis que le nombre de missions administratives ne cesse d'augmenter (avec un taux de croissance supérieur à 244 % en dix ans - à relativiser car leur nombre est en valeur absolue très inférieur aux missions des autres juridictions).

RÉPARTITION DES MISSIONS PAR JURIDICTIONS

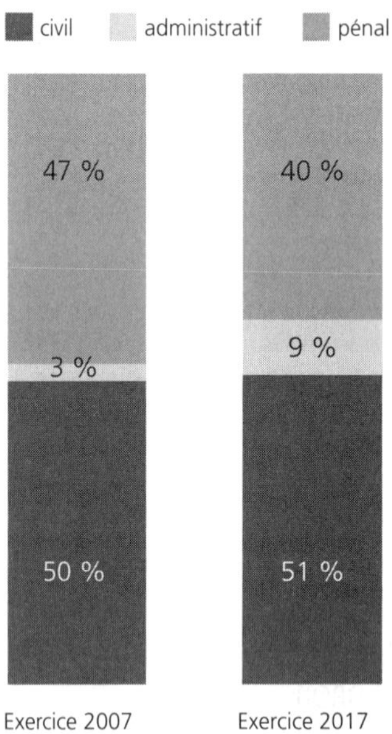

Nombre de missions	civil	administratif	pénal
Exercice 2007	382 127	21 260	363 572
Exercice 2017	418 642	73 231	331 863

Source : *UNCA*

Dans ce cadre, environ 41 % des avocats ont été rétribués pour au moins une mission d'aide juridictionnelle.

L'intensité de l'activité des avocats en matière d'aide juridictionnelle est fortement liée à la richesse économique du territoire sur lequel est implanté le cabinet d'avocat et certains barreaux sont plus particulièrement concernés par ce sujet. Dans le cas des barreaux de Douai ou Créteil, par exemple, presque tous les avocats participent à l'aide juridictionnelle.

Concernant le montant moyen par mission en euros hors taxes, il est plus élevé en matière civile même si on observe une légère diminution au cours des dix ans passés (- 1 %). En matière pénale, le montant moyen est moitié moins élevé qu'au civil et son évolution est légèrement négative (- 1,5 % sur la période) en euros courants.

En revanche, le montant moyen d'une mission devant la juridiction administrative augmente fortement depuis dix ans (+ 37 %).

ÉVOLUTION DU MONTANT MOYEN DE L'AIDE JURIDICTIONNELLE VERSÉ PAR MISSION € HT

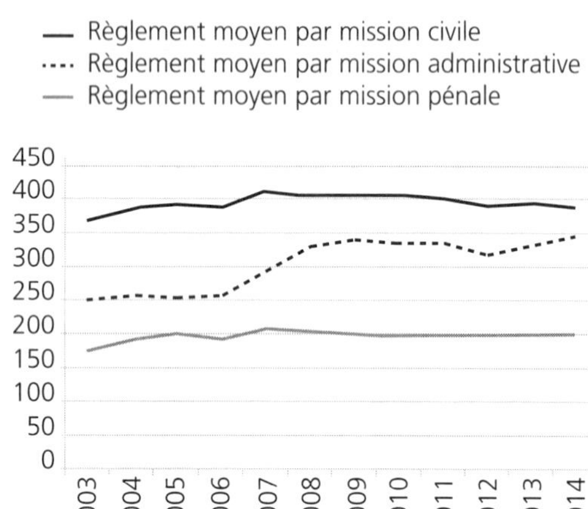

CHAPITRE

022. Économie du droit

SECTION 0
ORIENTEUR

022.00 Sommaire du chapitre.

Division. La réglementation de la profession d'avocat a subi un changement de paradigme avec la mise en place d'une politique de la concurrence dans l'Union européenne (sect. 1) sous l'influence croissante de l'économie du droit (sect. 2). Un mouvement de mondialisation des services juridiques se dessine également (sect. 3).

SECTION 1
POLITIQUE DE LA CONCURRENCE DANS L'UNION EUROPÉENNE

022.11 Les avocats face aux règles de concurrence. Compte tenu de l'interprétation fonctionnelle de la notion d'entreprise, basée sur la réalité économique et consacrée par la Cour de justice depuis 1991, les cabinets d'avocats sont considérés comme des entreprises au sens de l'article 101, paragraphe 1[1], du TFUE et les ordres professionnels comme des associations d'entreprises. Pour la Cour de justice, dans le contexte du droit de la concurrence, « la notion d'entreprise comprend toute entité exerçant une activité économique, indépendamment du statut juridique de cette entité et de son mode de financement »[2]. Ce concept est essentiellement fonctionnel, les avocats personnes physiques étant eux aussi considérés comme des entreprises, « sans que la nature complexe et technique des services qu'ils fournissent et la circonstance que l'exercice de leur profession est réglementé soit de nature à modifier une telle conclusion »[3].

La réglementation professionnelle est ainsi soumise aux règles de concurrence. Une distinction peut être faite entre les règles professionnelles ou déontologiques qui sont considérées comme nécessaires afin d'assurer l'exercice adéquat de la profession d'avocat (à savoir les règles indispensables pour protéger les valeurs intrinsèques de la profession,

1. TFUE, art. 101 [traité d'Amsterdam, art. 81 ; traité CEE, art. 85] – AUSSI : I. Pingel (dir.), De Rome à Lisbonne : Commentaire article par article des traités UE et CE 2e éd., Helbing Lichtenhahn – Dalloz-Bruylant, 2010, p. 695 – Traité sur le fonctionnement de l'Union européenne (TFUE), *JOUE C* 115/1, 9 mai 2008, p. 1 s., signé le 13 décembre 2007, dit traité de Lisbonne ; antérieurement notamment : Traité d'Amsterdam modifiant le Traité sur l'Union européenne, les traités instituant les Communautés européennes et certains actes connexes, *JOCE C* 340/1, 10 nov. 1997, p. 1 s., signé le 2 oct. 1997, dit traité d'Amsterdam ; issu du Traité instituant la Communauté économique européenne, signé le 25 mars 1957, dit traité CEE ou traité de Rome.
2. *CJCE* 23 avr. 1991, Klaus Höfner et Fritz Elser c/ Macrotron GmbH, aff. C-41/90, *Rec.* I. 1979, *JOCE* 23 mai, p. 7 ; *AJDA* 1992. 253, Chron. J.-D. Combrexelle, E. Honorat et C. Soulard ; *D.* 1991. 155 ; *RDSS* 1991. 515, obs. X. Prétot ; *RTD com.* 1991. 512, obs. C. Bolze ; *RTD com.* 1991. 524, obs. C. Bolze ; *RTD eur.* 1993. 81, Chron. E. Traversa ; *RTD eur.* 1995. 859, Chron. J.-B. Blaise et L. Idot ; *RMCUE* 2015. 362, ét. J.-P. Kovar – *CJCE* 19 févr. 2002, J. C. J. Wouters, J. W. Savelbergh et *Price Waterhouse Belastingadviseurs BV c/ Algemene Raad van de Nederlandse Orde van Advocaten,* aff. C-309/99, p[t] 46, *Rec.* I. 1577 ; *JOCE* 4 mai, p. 4 ; AJDA 2002. 326, Chron. C. Lambert, J.-M. Belorgey s. Gervasoni ; *D.* 2002. 1465 ; *RTD com.* 2002. 389, obs. S. Poillot-Peruzzetto ; *RTD com.* 2002. 392, obs. S. Poillot-Peruzzetto ; *RTD eur.* 2003. 287, Chron. L. Idot ; *RTD eur.* 2013. 837, obs. J.-B. Blaise.
3. *CJCE* 19 févr. 2002, Nova, aff. C-309/99, p[t] 49 ; *AJDA* 2002. 326, Chron. C. Lambert, J.-M. Belorgey s. Gervasoni ; *D.* 2002. 1465 ; *RTD com.* 2002. 389, obs. S. Poillot-Peruzzetto ; *RTD com.* 2002. 392, obs. S. Poillot-Peruzzetto ; *RTD eur.* 2003. 287, Chron. L. Idot ; *RTD eur.* 2013. 837, obs. J.-B. Blaise.

telles que l'indépendance, le secret professionnel et la gestion des conflits d'intérêts) et celles qui ne poursuivent pas directement cet objectif. Les premières échappent à l'application du droit de la concurrence. Les ordres professionnels étant chargés par la loi de prérogatives de puissance publique et d'une mission d'intérêt général, les dispositions en matière de concurrence ne s'appliquent *a priori* qu'aux activités ne ressortissant pas à de telles prérogatives et missions[1]. Les secondes, qui ne sont pas nécessaires à cet égard, doivent être évaluées quant à leur impact sur le libre jeu de la concurrence et peuvent, à ce titre, nécessiter une révision. Toutefois, les règles professionnelles et déontologiques adoptées peuvent être justifiées lorsqu'elles répondent à un objectif légitime d'intérêt communautaire, c'est-à-dire le bon exercice de la profession d'avocat dans l'intérêt du justiciable et de l'administration de la justice. Les restrictions à la concurrence découlant de telles règles professionnelles et déontologiques devront alors être proportionnelles à l'objectif d'intérêt général poursuivi.

C'est dans le cadre de la libre prestation des services et du droit d'établissement que la Cour de justice a eu à connaître, dans un premier temps, des réglementations adoptées par les ordres professionnels. La Cour de justice a admis depuis 1974 que les règles professionnelles justifiées par l'intérêt général, notamment les règles d'organisation, de qualification, de déontologie, de responsabilité et de contrôle pouvaient être appliquées par l'État membre d'accueil tant aux prestataires de services qu'aux candidats à l'établissement permanent. Selon cette jurisprudence, les restrictions posées par les États membres en matière de services doivent répondre à quatre conditions pour être conformes au traité :

Les mesures restrictives doivent s'appliquer de manière non discriminatoire aux nationaux et aux étrangers.

Elles doivent être justifiées par des raisons impérieuses d'intérêt général.

Elles doivent être propres à garantir la réalisation de l'objectif poursuivi.

Elles doivent être proportionnelles à cet objectif.

022.12 La politique européenne de création d'un marché du droit. La politique de concurrence dans l'Union européenne repose sur un double fondement économique et juridique dont les objectifs, loin d'encourager le libéralisme et ses excès, consistent à promouvoir la protection des consommateurs et des contribuables. Elle est destinée à maintenir une concurrence saine et loyale sur les marchés et à encourager l'efficacité économique, le progrès technique, la qualité des services et le bien-être des consommateurs. Dans ce cadre, la Commission européenne a recommandé aux États membres, notamment dans le secteur des professions libérales, d'agir dans le respect d'une économie de marché où la concurrence est libre. Le rapport dit Monti de 2004[2] avait imposé aux États membres et aux organisations professionnelles de réviser leur réglementation, en application du test de proportionnalité, pour en supprimer les atteintes ou restrictions injustifiées à la libre concurrence dans les domaines suivants : prix imposés ou recommandés, publicité, accès et tâches réservés, structure des entreprises. La Commission européenne a fait un bilan de l'action des autorités nationales de la concurrence le 5 septembre 2005 et considéré que la France, comparée à d'autres États, avait effectué des « *réformes mineures et travaux d'analyse* ».

L'article 15 de la directive 2006/123[3] énumère une nouvelle série d'exigences imposées aux prestataires de services, dont les cabinets d'avocats, qu'il s'agisse des règles relatives à la publicité, à la territorialité de la postulation, aux limites quantitatives de l'accès à la profession, aux incompatibilités d'exercice, aux limitations apportées à la pluridisciplinarité, aux formes sociales spécifiques imposées pour la constitution des structures professionnelles, et à l'interdiction de recourir à des capitaux extérieurs[4]. Ces exigences à évaluer ne sont pas strictement interdites, mais la Cour de justice de l'Union européenne considère qu'elles sont susceptibles de constituer des obstacles au marché unique des services.

La directive 2018/958[5] impose par ailleurs désormais un contrôle de proportionnalité avant l'adoption de toute nouvelle réglementation concernant les professions réglementées. Elle s'applique aux dispositions législatives, réglementaires ou administratives des États membres qui limitent l'accès à une profession réglementée ou leur exercice relevant du champ d'application de la directive 2005/36 relative à la reconnaissance des qualifications profession-

1. L. Idot, « Quelques réflexions sur l'application du droit communautaire de la concurrence aux ordres professionnels », *Journal des tribunaux – Droit européen*, 1997, p. 73 s.
2. Commission européenne, *Rapport sur la concurrence dans le secteur des professions libérales*, 9 févr. 2004, COM(2004) 83 final.
3. Dir. 2006/12, Parlement et Conseil, 12 déc. 2006, relative aux services dans le marché intérieur, *JOUE L* 376, 27 déc., p. 36, art. 15.
4. POUR UNE ANALYSE de la relation difficile entre les avocats et le marché : Th. Wickers, *La grande transformation des avocats*, hors collection, Dalloz, 2014, p. 25 s., n°s 16 s.
5. Dir. 2018/958, Parlement et Conseil, 28 juin 2018 relative à un contrôle de proportionnalité avant l'adoption d'une nouvelle réglementation de professions, *JOUE L* 173, 9 juill., p. 25.

nelles[1]. En application de cette directive 2018/958, a ainsi été publiée une circulaire du Premier ministre[2] ayant pour objet d'instaurer, à compter du 30 juillet 2020, un tel examen de proportionnalité en droit interne dans l'évaluation des projets de normes relatifs à l'accès ou l'exercice d'une profession réglementée.

La profession d'avocat a pris conscience de la révolution intellectuelle qu'impose la méthode de travail de la Commission européenne, notamment la DG concurrence, quant à l'évaluation de la réglementation professionnelle au regard du test de proportionnalité et de l'analyse économique du droit.

SECTION 2
INFLUENCE DE L'ÉCONOMIE DU DROIT

022.21 Conséquences économiques de la libéralisation du marché des services juridiques. S'appuyant notamment sur les travaux de l'institut *Copenhagen Economics*[3], la Commission européenne fait siennes les critiques des économistes envers l'opacité du marché du droit du fait de plusieurs causes identifiées se renforçant mutuellement : prohibition de la publicité personnelle (démarchage), indétermination du produit et incertitude sur la qualité, asymétrie de l'information, restrictions à l'entrée (obligation de diplôme, d'un stage, de l'inscription au tableau), modalités d'organisation des entreprises. Elle considère ainsi qu'une stratégie monopolistique permettrait aux juristes de réduire la concurrence et de fixer des prix élevés sans rapport avec le juste coût.

Le CNB avait confié en 2008 au laboratoire *ÉconomiX* de l'université Paris X Nanterre, composé de cinq économistes et de deux sociologues, dirigé par le professeur Olivier Favereau, une étude sur « les conséquences économiques de la libéralisation du marché des services juridiques » au regard du fonctionnement et de l'organisation de la profession d'avocat[4]. Cette étude s'inscrivait dans le prolongement du rapport[5] de Michel Bénichou consacré à *L'Europe, les avocats et la concurrence*[6], pour permettre notamment de discuter les orientations des rapports de la Commission européenne en matière d'application des règles de concurrence à la profession. La méthodologie mise en œuvre par l'équipe chargée de l'étude a consisté à analyser de manière critique les fondements théoriques et les données pratiques des rapports de la Commission européenne militant pour une libéralisation, à formuler de nouvelles hypothèses sur la logique économique de la profession d'avocat en respectant ses spécificités historiques et fonctionnelles, et à tester ces hypothèses dans le cadre d'entretiens avec des avocats. Les réflexions ont porté notamment sur les liens entre la concurrence, les prix et la qualité de la prestation de l'avocat afin de vérifier la solidité du schéma proposé par la Commission européenne.

Les résultats de cette étude ont permis de mettre en avant quatre idées :

La concurrence entre avocats passe davantage par la qualité que par les prix.

La concurrence par la qualité joue un rôle important qui justifie un mécanisme d'autoréglementation plutôt qu'un mécanisme de marché.

La qualité de la prestation d'un avocat a des propriétés spécifiques.

Les deux niveaux d'analyse, micro et macro-économiques, donnent sens à l'organisation de la profession en ordres professionnels.

En conclusion, une dérégulation totale du marché des services juridiques aurait un effet sur les prix ainsi que sur la qualité de la prestation.

La confirmation rigoureuse des résultats de cette étude a donné lieu à une enquête statistique de grande ampleur sur la profession d'avocat confiée en 2013 à la même équipe du laboratoire *ÉconomiX*[7]. Si les résultats de l'enquête font ressortir la très forte diversité de la profession au regard de ses modes, structures d'exercice, revenus et domaines d'activités, les données permettent d'identifier une spécificité au regard de la concurrence qui est plutôt interne. Ce sont les cabinets du même barreau qui représentent, de loin, la plus forte concurrence (deux fois plus forte que celle des experts-comptables, trois fois plus forte que celle des notaires). La notion bruxelloise d'un marché transprofessionnel des services juridiques ne semble donc pas correspondre à la réalité perçue. Cette concurrence est également plutôt qualitative : 90 % des cabinets font figurer le bouche-à-oreille d'anciens clients parmi les trois principaux moyens d'obtenir de nouveaux clients avec une étonnante similitude entre tous les types de cabinets.

L'un des auteurs, Christian Bessy, a prolongé ce travail statistique en le mettant en relation avec la première étude qualitative et publié un ouvrage remarqué sur l'organisation des activités des cabi-

1. Dir. 2005/36, Parlement et Conseil, 7 sept. 2005 relative à la reconnaissance des qualifications professionnelles, *JOUE L* 255, 30 sept., p. 22.
2. Circulaire Premier ministre n° 6197/SG, 29 juill. 2020.
3. http://www.copenhageneconomics.com/
4. O. Favereau (dir.), *Les avocats entre ordre professionnel et ordre marchand*, rapport CNB, 2008 ; Gazette du Palais – Lextenso, 2009.
5. M. Bénichou, « L'Europe, les avocats et la concurrence », CNB, AG 9 et 10 févr. 2007.
6. M. Bénichou, « L'Europe, les avocats et la concurrence », *Gaz. Pal.* 7-8 mars 2007, p. 2 et 9-10 mars 2007, p. 7.
7. O. Favereau (dir.), « Enquête statistique sur la profession d'avocat : modes d'organisation des activités et identité professionnelles », rapport CNB, 2013.

nets d'avocats[1]. Cet essai qui s'inscrit dans le prolongement des travaux du sociologue Lucien Karpik sur les avocats[2] met en évidence les nouvelles transformations de la profession au cours des vingt dernières années, liées en grande partie à la politique européenne de création d'un marché du droit, mais également à l'internationalisation des cabinets et au changement du système juridique. L'une des manifestations principales de cette transformation est la standardisation grandissante des prestations en direction des particuliers pour favoriser l'accès au droit et à la justice. Les avocats sont confrontés à la concurrence de nouveaux opérateurs économiques, non réglementés et non contrôlés par des instances ordinales, qui investissent le marché par des prestations juridiques standardisées. Le développement du numérique et des technologies de l'information a fait émerger des intermédiaires, exerçant sous forme de sociétés commerciales, qui, par le biais de plateformes internet, offrent aux particuliers des services juridiques de base à des prix raisonnables : accès à de l'information juridique gratuite ou achat de modèles d'actes, recherche de professionnels compétents à proximité des clients, mise en relation directe des parties à la transaction pour la résolution d'un litige, saisine directe des juridictions dans les contentieux sans représentation obligatoire, dématérialisation des procédures et intelligence artificielle[3].

Conscient de ce retard de la profession, le Conseil national des barreaux, outre les actions judiciaires engagées à l'encontre d'un certain nombre de ces sites pour exercice illégal du droit[4], a décidé lors de son assemblée générale des 3 et 4 juillet 2015, sur proposition de sa commission exercice du droit, le lancement d'une plateforme de consultation juridique pour les avocats[5]. Cette plateforme numérique désormais ouverte[6] permet ainsi à tous les avocats qui le souhaitent de délivrer à distance, y compris par téléphone, des consultations juridiques en toute indépendance et dans le respect des règles déontologiques de la profession.

022.22 Réformes structurelles de la loi du 6 août 2015, dite loi Macron. La Commission européenne ne renonce pas pour autant à sa politique de libéralisation du marché des services juridiques. Dans le cadre du semestre européen 2015 de coordination des politiques économiques des États membres[7], elle notait des progrès très limités, voire inexistants, pour l'ouverture des marchés de produits et de services à la concurrence, ce qui constitue un frein important à l'investissement, et appelait à une mise en œuvre ambitieuse de réformes structurelles dans de nombreux États membres. Les recommandations spécifiques du Conseil européen concernant le programme national de réforme de la France et son programme de stabilité pour la période 2015-2016 invitaient le pays à prendre de nouvelles mesures visant à améliorer la concurrence des professions juridiques, et à éliminer les restrictions d'accès à ces professions et à l'exercice de celles-ci.

Certaines de ces mesures ont été prises au travers de la loi du 6 août 2015 pour la croissance, l'activité et l'égalité des chances économiques[8]. À la demande du ministre de l'Économie, de l'Industrie et du Numérique (lettre de mission du 1er octobre 2012), une mission de l'Inspection générale des finances avait ainsi procédé à l'analyse économique du fonctionnement de 37 professions et activités réglementées, dont la profession d'avocat[9]. Ce rapport est un élément qui a nourri la réflexion du ministre sur la modernisation des professions juridiques et judiciaires réglementées et l'a conduit à déposer au Parlement sa loi destinée à renouer avec une croissance durable, à moderniser l'économie française et à lever les freins à l'activité. La réforme des professions réglementées du droit introduit la liberté d'installation des notaires, huissiers de justice et commissaires-priseurs judiciaires, tout en confirmant l'exclusivité de ces professions. Elle rénove le mode de fixation des tarifs, afin qu'ils reflètent davantage les coûts réels. Elle ouvre en outre entre professionnels du droit et de l'expertise comptable l'accès au capital pour encourager l'investissement, rendre l'activité plus efficace et permettre l'interprofessionnalité.

1. C. Bessy, *L'organisation des activités des avocats : Entre monopole et marché*, « Forum », LGDJ, 2015 ; – SUR LEQUEL : Ph. Milburn, « L'organisation des activités des avocats. Entre monopole et marché, C. Bessy », *Sociologie du travail*, 2016, vol. 58, nº 4, p. 472 s.
2. L. Karpik, *L'économie des singularités*, « Bibliothèque des sciences humaines », Gallimard, 2007 ; – SUR LEQUEL : O. Favereau, « L'économie des singularités, L. Karpik », *Sociologie du travail*, 2009, vol. 51, nº 2, p. 320 s. ; – L. Karpik, *Les avocats : Entre l'État, le public, et le marché (XIIe-XXe siècle)*, « Bibliothèque des sciences humaines », Gallimard, 1995.
3. Th. Wickers, *La grande transformation des avocats*, « Essai », Dalloz, 2014, nos 236 s. ; « Quelle stratégie face aux plateformes ? », *Gaz. Pal.* 2 févr. 2016, nº 5, p. 13 – F. G'Sell, *Justice numérique*, 1re éd., « À savoir », Dalloz, 2021.
4. V. ss nos 612.00 s.
5. Résol. CNB, AG 3-4 juill. 2015.
6. https://consultation.avocat.fr/
7. Commission européenne, Recommandations par pays, 13 mai 2015, COM(2015) 250 final.
8. L. nº 2015-990, 6 août 2015 pour la croissance, l'activité et l'égalité des chances économiques, *JO* 7 août, p. 13537 ; – F. G'Sell, La réforme des professions juridiques et judiciaires. Une « déréglementation » très réglementée, *JCP* 26 oct. 2015, suppl. nº 44, p. 15 – Th. Revet (dir.), « Loi pour la croissance, l'activité et l'égalité des chances économiques », *Dr. et patr.* sept. 2015, Chron. nº 250.
9. *Rapport de l'Inspection générale des finances (IGF) sur les professions et activités réglementées*, mars 2013.

Pour la profession d'avocat, c'est principalement l'activité de postulation limitée au tribunal de grande instance [devenu tribunal judiciaire] du lieu de résidence professionnelle qui était remise en cause. La postulation au niveau national a finalement été écartée au profit d'une postulation au ressort de la cour d'appel assortie de plusieurs dérogations[1]. Afin de renforcer les garanties de transparence tarifaire pour les consommateurs, la loi du 6 août 2015 généralise la convention d'honoraires, qui n'était en l'état obligatoire qu'en matière de divorce, avec la possibilité pour les agents de la Direction générale de la concurrence, de la consommation et de la répression des fraudes (Dgccrf) de constater les manquements à cette disposition[2]. Le texte adopté contient également différentes dispositions destinées à faciliter les conditions d'établissement de bureaux secondaires[3], à encourager l'interprofessionnalité entre les professions réglementées du droit et du chiffre par la création de sociétés pluriprofessionnelles d'exercice, et à libéraliser les formes d'exercice[4].

La loi du 6 août 2015 ne saurait pour autant nous préserver de réformes ultérieures.

022.23 **Le « paquet services ».** La Commission européenne a publié le 10 janvier 2017[5] des recommandations de réformes, dites « paquet services », dont les mesures sont destinées à assouplir certaines règles en matière de concurrence dans les services, notamment pour les professions réglementées. Concernant la profession d'avocat, les recommandations font principalement référence au manque de clarté des règles relatives aux activités de consultation juridique sur internet et de rédaction d'actes juridiques en ligne. Les États membres devraient ainsi préciser le champ des réserves d'activités de manière à faciliter la prestation des services de conseil juridique par des avocats ou d'autres prestataires de services. Sur ce point, il n'est pas inutile de rappeler que les consultations juridiques n'ont jamais été, en France, une activité exclusivement réservée aux avocats, lesquels ne disposent pas de monopole mais d'un partage d'activité dans le cadre de la réglementation du titre II de la loi du 31 décembre 1971[6].

La Commission adresse également une recommandation aux États membres pour introduire plus de transparence et contrôler la proportionnalité de leurs règles relatives aux avocats habilités à plaider devant les cours suprêmes, et clarifier, notamment, les règles applicables aux avocats européens. Elle invite enfin à une évaluation des règles relatives à la forme juridique et à la détention du capital, aux incompatibilités et aux restrictions à l'exercice d'activités pluridisciplinaires. Les États membres sont invités à examiner si les exigences professionnelles correspondent aux objectifs nationaux déclarés en matière d'ordre public, et à effectuer un contrôle exhaustif et transparent de la proportionnalité avant d'adopter ou de modifier les règles nationales en matière de services professionnels.

Une nouvelle communication de la Commission européenne a été publiée le 9 juillet 2021[7] sur le bilan et la mise à jour des recommandations de 2017 en matière de réglementation des services professionnels. La présente communication se concentre sur plusieurs groupes de professions importants d'un point de vue économique, dont les avocats pour les services aux entreprises. Elle propose une analyse et une évaluation comparative du caractère restrictif des obstacles imposés à des professions similaires au sein des États membres, sur la base d'un indicateur quantitatif. Pour la Commission, les approches nationales en matière de réglementation de la profession d'avocat sont assez uniformes dans l'ensemble des États membres, lesquels réglementent la profession par des réserves d'activités et des titres protégés. À l'échelon de l'Union, les directives 98/5/CE et 77/249/CEE facilitent la mobilité des avocats dans l'UE. Parmi les recommandations formulées, la Commission rappelle que tous les États membres devraient évaluer les exigences relatives à la forme juridique et à la détention du capital, les règles d'incompatibilité et les restrictions à l'exercice d'activités pluridisciplinaires, en tenant compte en particulier de la nécessité d'innover et de déployer des solutions numériques et de nouveaux modèles économiques. La Commission prévoit de donner suite à ces recommandations en surveillant étroitement les actions des États membres dans ce domaine et en maintenant un dialogue permanent avec les parties prenantes, notamment dans le cadre de ses groupes d'experts.

SECTION 3
MONDIALISATION DES SERVICES JURIDIQUES

022.31 **Les nouvelles règles du commerce mondial.** Au-delà de sa portée économique et politique,

1. V. s[s] n°s 622.141 s.
2. V. s[s] n°s 713.00 s.
3. V. s[s] n°s 223.00 s.
4. V. s[s] n°s 811.73 s.
5. Commission européenne, Communication sur les recommandations de réformes en matière de réglementation des services professionnels, 10 janv. 2017, COM (2016) 820 final.
6. E. de Lamaze, « Paquet services : mise en perspective et réponses à la Commission européenne », *Gaz. Pal.* 21 mars 2017.
7. Commission européenne, Communication sur le bilan et la mise à jour des recommandations de réforme de 2017 en matière de réglementation des services professionnels, 9 juill. 2021, COM (2021) 385 final.

la mondialisation des échanges commerciaux affecte la profession d'avocat. Ces derniers sont l'objet de négociations internationales entre les États membres de l'organisation mondiale du commerce (OMC), qui a succédé au GATT en 1995 [1], en vue de leur libéralisation et d'une plus grande ouverture des marchés de services juridiques. Ainsi, les nouvelles règles du commerce mondial déterminées par l'OMC s'attachent à réguler les conditions de prestations des services juridiques. Dans ce cadre, la profession d'avocat a recensé les obstacles et limites à son exercice dans un certain nombre d'États non communautaires et demandé leur démantèlement[2]. Parallèlement, et en accord avec les autres États membres de l'Union européenne, elle a proposé de reconnaître l'exercice des avocats non communautaires dans le cadre d'un statut spécifique de *Foreign Legal Consultant* (FLC) les autorisant à fournir des prestations juridiques dans leur droit national et en droit international. La loi du 18 novembre 2016 [3] de modernisation de la justice du XXIe siècle contenait une habilitation du Gouvernement à prendre par ordonnance, dans les conditions prévues à l'article 38 de la Constitution, les mesures relevant du domaine de la loi relative à l'instauration de ce nouveau statut[4]. L'ordonnance du 27 avril 2018 [5] relative à l'exercice par les avocats inscrits aux barreaux d'États non-membres de l'Union européenne de l'activité de consultation juridique et de rédaction d'actes sous seing privé pour autrui ajoute ainsi un titre VI, nouveau, à la loi du 31 décembre 1971 [6] définissant les conditions pour exercer ces activités à titre temporaire et occasionnel ou à titre permanent. Le gouvernement français n'a pas souhaité définir un véritable statut du consultant juridique étranger pour ne prévoir que les modalités d'exercice des avocats d'États tiers à l'Union européenne, en les soumettant au statut des avocats français dans la mesure du possible et sous les réserves liées à la limitation de leur champ d'intervention[7].

Le consultant juridique étranger pourra, dans le cadre fixé par le traité conclu entre son État d'origine et l'Union européenne, donner des consultations juridiques et rédiger des actes sous seing privé pour autrui en droit international public, en droit de son État d'origine, en droit de tout État pour lequel il est habilité, à l'exception du droit des États membres de l'Union européenne et du droit de l'Union européenne.

Les cabinets d'avocats et les juristes français se trouvent ainsi face à de nouveaux défis. Ils doivent les relever en construisant, ensemble, une communauté de destin, fondée sur une identité collective et des valeurs communes. En premier lieu, le défi de la compétitivité nécessite l'adaptation des structures d'exercice de la profession, une formation professionnelle plus exigeante et ouverte sur l'Europe, et un renforcement de la spécialisation des avocats. L'implantation des *law firms* anglo-saxonnes en France a conduit aussi à une modification profonde de l'organisation des cabinets français dans une logique d'entreprise et de captation des parts du marché du droit. En second lieu, l'identité collective de la profession passe par l'accroissement de la place des juristes dans la société et le renforcement du rôle des barreaux.

L'*International Bar Association* a publié en 2015 un rapport intitulé « *IBA Global Regulation and Trade in Legal Services* » [8] qui présente les résultats d'une étude couvrant plus de 90 pays et 160 juridictions à travers le monde. Il répond au constat que l'exercice de la profession d'avocat s'inscrit désormais pleinement dans le mouvement de mondialisation des services juridiques et impose de s'adapter à une demande transnationale de plus en plus forte. Ce rapport est périodiquement complété par le « *IBA Global Service* » *bulletin board* qui recense et publie les informations sur les derniers textes législatifs ou réglementaires dans chaque pays.

Un groupe de travail mis en place par la direction de la concurrence de l'Ocde mène aussi une réflexion sur l'impact des innovations disruptives sur le marché des services juridiques[9]. Il s'agit notamment pour les économistes et les représentants des autorités de la concurrence des différents pays membres, d'évaluer les cadres réglementaires des professions juridiques à la lumière des innovations actuelles et potentielles. Le défi est immense pour la profession d'avocat qui devra intégrer les nouvelles technologies et l'innovation pour répondre aux nouveaux besoins des clients sur ce marché.

1. Accord général sur les droits de douane et de commerce signé par 23 pays le 1er avril 1948 (*General Agreement on Tariffs and Trade*).
2. M. Bénichou, *La mondialisation des services juridiques*, Rapport CNB, AG 21-22 nov. 2008.
3. L. n° 2016-1547, 18 nov. 2016 de modernisation de la justice du XXIe siècle, *JO* 19 nov., n° 1.
4. L. n° 2016-1547, 18 nov. 2016, art. 109 I. 5° ; – M. Bénichou, « Le consultant juridique étranger, acteur de la mondialisation », *D. avocats* 2018. 239.
5. Ord. n° 2018-310, 27 avr. 2018 relative à l'exercice par les avocats inscrits aux barreaux d'États non-membres de l'Union européenne de l'activité de consultation juridique et de rédaction d'actes sous seing privé pour autrui, *JO* 28 avr., n° 22.
6. L. n° 71-1130, 31 déc. 1971, art. 101 à 107 ; créés par ord. n° 2018-310, 27 avr. 2018, art. 3.
7. V. s^s^ n°s 232.11 s.
8. IBA, "Global Regulation and Trade *in* Legal Services Report : the findings", 2015.
9. http://www.oecd.org/fr/daf/concurrence/disruptive-innovations-in-legal-services.htm

CHAPITRE

023. Évolution des barreaux et de la profession

SECTION 0

Orienteur

023.00 **Sommaire du chapitre.**

Division. L'évolution des barreaux et de la profession conduit à distinguer à partir des origines des avocats et des barreaux (XIIIe-XVIe siècle) (sect. 1), le barreau dit classique (XVIIe-XVIIIe siècle) (sect. 2), la Révolution (1789-1799) (sect. 3), la restauration du barreau (1802-1810) (sect. 4), le barreau au XIXe siècle (sect. 5), le barreau au XXe siècle (sect. 6) et le barreau du XXIe siècle (sect. 7).

023.03 **Bibliographie indicative.**

* Aussi : V. s[s] n° 02.03.

Thèses. Ch. Alméras, *Odilon Barrot, avocat et homme politique (19 juillet 1791-6 août 1873)*, Th. lettres, Paris, 1950 – D.-A. Bell, *Lawyers and politics in eighteenth-century Paris (1700-1790)*, Princeton, 1991 – U. Bellagamba, *Les avocats à Marseille : praticiens du droit et acteurs politiques (Xe et XIXe siècles)*, Puam, 2001 – F.-J. Brami, *Dupin aîné (1783-1865), procureur général près de la Cour de cassation et jurisconsulte*, Dalloz, 2013 – É. Cerdan, *La parole libre de l'avocat (1789-1830)*, Th., Bordeaux, 2016 – S. Defois, *Les avocats nantais au XXe siècle : socio-histoire d'une profession*, Pur, 2007 – Y. Dezalay, *Marchands de droit : l'expansion du "modèle américain" et la construction d'un ordre juridique transnational*, Paris, Ehess, 1991 – C. Fillon, *La profession d'avocat et son image dans l'Entre-deux-guerres*, Lyon, 1995 – J.-L. Gaineton, *Les barreaux du Puy-de-Dôme du XIXe siècle à nos jours : types de barreaux de province : de l'aristocratie au prolétariat*, Lille, 2005 – V. Girard, *Histoire du Barreau et des avocats de Grenoble*, Grenoble, 1996 – Y. Le Guillou, *Les livres de Julien Brodeau, avocat au parlement de Paris (1583-1653)*, Th. histoire, École pratique de Hautes études, 2017 – Ph. Huppé, *Les rapports entre l'avocat et son client auprès des juridictions civiles de droit commun entre 1920 et 1971*,

Th., Montpellier, 1995 – L. Israël, *Robes noires, années sombres : Avocats et magistrats en résistance pendant la Seconde Guerre mondiale*, Fayard, 2005 – A. Kralfa, *La profession d'avocat en Algérie coloniale (1830-1962)*, Th. Bordeaux, 2016 – L. Lavoir, *Factums et mémoires d'avocats aux XVIIe et XVIIIe siècles : Un regard sur une société (environ 1620-1760)*, Th. histoire, Paris IV, 1987 – H. Leuwers, *L'invention du barreau français : la construction nationale d'un groupe professionnel, 1660-1830*, Ehess, 2006 – P. Leborgne, *La vie d'un avocat jurisconsulte au XVIIe siècle : J.-M. Ricard, 1622-1678*, Paris, Champion, 1920 – M. Loncle, *L'Ordre des avocats au parlement de Paris aux XVIIe et XVIIIe siècles (1602-1790)*, Abbeville, 1910 – J.-P. Maisonnas, *La formation historique de la déontologie de l'avocat en France entre la naissance des juridictions royales et la loi du 31 décembre 1971, voix du Prince ou libéralisme ?*, Th., Lyon, 2019 – P.-F. Pinaud, *Jean-Jacques de Cambacérès : Jurisconsulte et homme d'État (1753-1824)*, Lille, 1958 – P. Plas, *Avocats et barreaux dans le ressort de la cour d'appel de Limoges*, Pulim, 2007 – A. Poirot, *Le milieu socioprofessionnel des avocats au parlement de Paris à la veille de la Révolution (1760-1790)*, École des chartes, 1977 – A. Sevin, *Le défenseur du Roi : Raymond de Sèze*, 1748-1828, Bordeaux ; Paris, G. Enault, 1936 – I. Storez-Brancourt, *Le chancelier Henri François d'Aguesseau (1668-1751)*, Th., Lille III, 1992 – Ph. Tessier, *François Denis Tronchet : Biographie intellectuelle d'un jurisconsulte en Révolution*, Lille, 2012 ; Fayard, 2016 – A.-J. Tonneau, *Un jurisconsulte de transition : Charles Toullier (1752-1832) et son temps*, Rennes, 1962 – J.-Ph. Tonneau, *Le Syndicat des avocats de France (1972-2012) : Contribution à une socio-histoire du militantisme syndical dans le champ judiciaire*, Nantes, 2014 – S. Wibault, *La vie économique de l'avocat*, Paris, Lavergne, 1941 – L. Willemez, *Des avocats en politique (1840-1880) : Contribution à une socio-histoire de la profession politique en France*, th., Paris I, 2000.

Monographies.

> Généralités. L. Assier-Andrieu, *Les avocats : Identité, culture et devenir*, « Essai », Gazette du Palais – Lextenso, 2011 – Ch. Bessy, *L'organisation des activités des avocats : Entre monopole et marché*, « Forum », LGDJ, 2015 – G. Boyer-Chammard, *Les Avocats*, « Que sais-je », Puf, 1976 – A. Brunois, *Nous, les avocats*, Plon, 1958 – M. Buteau. *L'avocat-roi, Paris*, La Renaissance du livre, 1922 – Collectif, *Les avocats, Pouvoirs*, nº 140, Seuil, p. 212 – Y. Dezalay, *Marchands du droit : la restructuration de l'ordre juridique international par les multinationales du droit*, Fayard, 1992 – R. Dumas, *Les avocats*, Grasset, 1977 – J. Hamelin, *Paradoxe sur l'avocat*, LGDJ, 1949 – J.-Cl. Farcy, *L'Histoire de la justice française de la Révolution à nos jours : trois décennies de recherches*, Puf, 2001 – O. Favereau, *Les avocats entre ordre professionnel et ordre marchand*, Gazette du Palais – Lextenso, 2010 – B. Garnot, *Histoire de la justice. France, XVIe-XXIe siècle*, folio histoire, Gallimard, 2009 ; *Histoire des juges en France de l'Ancien Régime à nos jours*, nouveau monde édition, 2014 – J.-L. Halpérin, *Avocats et notaires en Europe : Les professions judiciaires et juridiques dans l'histoire contemporaine*, LGDJ, 1996 – S. Hecquet, *Plaidoyer pour l'avocat* (sous le pseud. de R. Boulé), Nagel, Paris, 1950 ; *L'homme accusé*, Nagel, Paris, 1952 – H. Robert, *L'avocat*, Hachette, 1923 ; *Un avocat en 1830*, Paris, Éditions Pierre Lafitte, 1928 – L. Israël, *À la gauche du droit. Mobilisations politiques du droit et de la justice en France (1968-1981)*, Éditions Ehess, 2020 – D. Iweins, *L'influence insoupçonnée des avocats d'affaires*, Enrick B. Éditions, 2020 – L. Karpik, *Les avocats : Entre l'État, le public et le marché – XIIIe-XXe siècle*, « Bibliothèque des sciences humaines », Gallimard, 1995 ; *L'économie des singularités*, « Bibliothèque des sciences humaines », Gallimard, 2007 – J. Le Berquier, *Le barreau moderne*, Germer, Paris, 1872 ; *Le barreau moderne français et étranger*, 2e éd., Marchal – Billard, Paris, 1882 – J. Le Mappian, *Saint-Yves : Patron des juristes*, Éd. Ouest-France, 1997 – H. Leuwers, *La justice dans la France moderne : Du roi de justice à la justice de la nation*, Ellipses, 2010 – F. Liouville, *Profession d'avocat : Lois et règlements depuis Charlemagne*, Simonet-Delaguette, 1859 – H. Leuwers (dir.), *Juges, avocats et notaires dans l'espace franco-belge : Expériences spécifiques ou partagées (XVIIIe-XIXe s.)*, Bruxelles, Archives générales du royaume, 2010 – P. Loewel, *Tableau du Palais*, Gallimard, 1929 – O. Pinard, *Le barreau*, Pagnerre, Paris, 1843 ; 2e éd., 1864 – J.-P. Royer (dir.), *Histoire de la justice en France : Du XVIIIe siècle à nos jours*, 5e éd., Puf, 2016 – D. Soulez-Larivière, *Lettres à un jeune avocat*, Balland, 1999 ; *L'avocature*, nlle éd., La Gazette du Palais, 2019 – A. Toulemon, *Barreau de Paris et barreaux de province*, Litec, 1966 – Th. Wickers, *La grande transformation des avocats*, « Essai », Dalloz, 2014.

> Histoire des avocats. R. Badinter, *Un antisémitisme ordinaire : Vichy et les avocats juifs, 1940-1944*, Librairie générale française, 1999 – D.-A. Bell, *Lawyers and Citizens : The Making of a Political Elite in Old Regime France*, Oxford University Press, 1994 – L. R. Berlanstein, *The barristers of Toulouse in eighteenth century (1740-1793)*, Baltimore/Londres, The Johns Hopkins University Press, 1975 – N. Corato (dir.), *Grandes plaidoiries et grands procès*, Heredium, 2020 – A. Damien, *Le barreau quotidien*, Éd. Henri Lefebvre, 1971 ; *Les avocats du temps passé*, Éd. Henri Lefebvre, 1973 ; *La vie spirituelle de l'avocat au XVIIe siècle*, Versailles, 1975 ; *Être avocat aujourd'hui*, Apil, 1976 ; 2e éd., 1981 – J.-L. Debré, *La justice au XIXe siècle : les Républiques des avocats*, Perrin, 1984 – F. Delbeke, *L'action politique et sociale des avocats au XVIIIe siècle*, Sirey, 1927 – S. Évrard, *Les avocats au temps des Lumières : La réforme des assemblées provinciales de 1787*, L'Harmattan, 2017 – M. P. Fitzsimmons, *The parisian order of barristers and the french revolution*, Cambridge MA – Harvard University Press, 1987 – M. Garçon, *Tableau de l'éloquence judiciaire*, Paris, Corréa, 1943 – J.-L. Gazzaniga, *Études d'histoire de la profession d'avocat : défendre par la parole et par l'écrit*, Presses de l'Université des sciences sociales de Toulouse, 2004 – J.-L. Halpérin, Les *structures du barreau et du notariat en Europe dans l'ancien régime à nos jours*, Pul, Lyon, 1996 – M. Hamburger, *La Défense : nos grands avocats*, Alexis Redier, 1930 ; *La robe noire ou la tradition libérale de l'ordre des avocats : Suivie de portraits et d'esquisses des grands civilistes contemporains*, Les presses modernes, 1937 – M.-J. Laperche-Fournel, *La plume et le glaive. Les avocats nancéiens, le droit et la littérature dans la seconde moitié du XVIIIe siècle*, éditions Beaurepaire, 2017 – G. le Béguec, *La République des avocats*, A. Colin, 2009 – G. le Béguec (dir.), *Avocats et barreaux en France 1910-1930*, Nancy, PU Nancy, 1994 – A. Loisel, *Pasquier ou Dialogue des avocats du parlement de Paris, 1602*, rééd., avec *une introduction et des notes la suite chronologique des plus notables avocats depuis l'an 1600 jusqu'à ce jour et des notices biographiques de Pasquier, Loisel et les frères Pithou* par A. Dupin, Paris, Videcoq, 1844 – J.-P. Maisonnas, *L'avocat aux colonies et le Prince (XVIIe siècle-1940/1950)*, Le Lys Bleu, 2021 – L. Marlière (dir.), *L'avocat en France*, Gazette du Palais – LGDJ, 2003 – S. Maza, *Private lives and public affairs : the causes célèbres of prerevolutionary France*, Berkeley, University of California Press, 1993 ; *Vies privées, affaires publiques : Les causes célèbres de la France prérévolutionnaire*, Fayard, 1997 – B. Oudin, *Défendre ! : les ténors du barreau de la Révolution à nos jours*, Perrin, 2013 – Y. Ozanam, *Les grandes plaidoiries : Archives et documents pour l'histoire : De l'affaire Calas au procès de Pétain*, La Martinière, 2011 – F. Payen, *Anthologie des avocats français contemporains*, Grasset, 1913 – P. Plas, *Barreau, politique et culture à la Belle Époque*, Pulim, Limoges, 1997 – A. Toulemon, *Portraits d'avocats*, Dalloz, 1965 – B. Sur, *Histoire des avocats en France des origines à nos jours*, Dalloz, 1re éd., 1998 ; 2e éd., par P.-O. Sur, 2014.

> **Histoire des Barreaux.** A. Balsan, P. Vallier, *Brève histoire du barreau de Valence,* Conseil général de la Drôme, 1995 – H. Beaune, *Les avocats d'autrefois. La confrérie de Saint-Yves à Chalon-sur-Saône avant 1789*, Dijon, Darantière, 1885 – C. Bernard, *Étude sur l'ordre des avocats au parlement de Provence*, Remondet-Aubin, 1864 – A.-G. Boucher d'Argis, *Histoire abrégée de l'ordre des avocats [de Paris] et des règlements qui concernent les fonctions et prérogatives attachées à cette profession in* A.-G. Boucher d'Argis, *Règles pour former un avocat*, Paris, Durand, Pissot, 1753, nouvelle éd., Durand, 1778 – J. Bouëssel du Bourg, *Histoire du barreau de Rennes*, Rennes, J. Bouëssel du Bourg, 2010 – Ph. Bourgeon, *Le barreau de Dijon aux XVIIe et XVIIIe siècles : Essai historique*, Jacquot-Floret et Cie, Dijon, 1885 – M. Canellas, *Les avocats des Hautes-Alpes : 1830-2007*, Barreau des Hautes-Alpes, 2007 – P. Carel, *Étude historique sur le barreau de Caen*, Caen, H. Delesques, 1889 – G. Carrelet, *Les avocats du parlement de Franche-Comté*, Jacques et Demontrond, 1913 – E. Charvériat, *Les avocats au parlement de Paris (1300-1600)*, Mougin-Rusand, 1886 – A. Chauvot, *Le barreau de Bordeaux de 1775 à 1815*, Durand, Paris, 1856 – Collectif, *Barreau de Paris : le cent cinquantenaire du rétablissement du barreau de France*, 1960 – L. Coste, *Mille avocats du Grand Siècle. Le barreau de Bordeaux de 1589 à 1715*, Bordeaux, SAHCC, 2003 – L. Damiani, *Les avocats parisiens de l'époque mazarine (1643-1661)*, Th. histoire, Paris IV, 2004 – A. Decorde, *Les avocats au parlement de Normandie*, H. Boissel, 1872 – R. Delachenal, *Histoire des avocats au parlement de Paris : 1300-1600*, Plon, 1885 – J. Delom de Mezerac, *Le barreau pendant la Révolution*, Alcan-Lévy, Paris, 1886 – R. Dupâquier, C. Grima et M.-A. Soubré, *Histoire du barreau de Pontoise,* t. I, *Les fondateurs, les premiers pas, 1887-1900*, Val-d'Oise éd., 2005 ; t. II, *Les années Briand (1900-1920)*, Val-d'Oise éd., 2007 – D. Dreyfus (dir.), *Grenoble et ses avocats d'hier à aujourd'hui*, Pug, 2002 – J. Fabre, *Histoire du barreau de Paris 1810-1870*, Paris, Delamotte, 1895 – H. Faye, *Un barreau de province. Les Institutions judiciaires en Touraine et le barreau de Tours,* Germain et Grassain, Angers, 1896 – C. Fillon, *Histoire du barreau de Lyon sous la Troisième République*, Aléas, 1995 ; *Le barreau de Lyon dans la tourmente de l'Occupation*, Aléas, 2003 – J.-F. Fournel, *Histoire des avocats au parlement et du barreau de Paris depuis Saint-Louis jusqu'au 15 octobre 1790*, Maradan, 2 vol., 1813 ; *Histoire du barreau de Paris pendant la révolution*, Paris, Maradan, 1816 – J.-L. Gaineton, *Hommage aux avocats de Basse-Auvergne et du Puy-de-Dôme*, Clermont-Ferrand, 2006 ; *Histoire des barreaux de Basse-Auvergne et du Puy-de-Dôme*, Clermont-Ferrand, 2008 – J.-A.-J. Gaudry, *Histoire du barreau de Paris depuis son origine jusqu'à 1830*, A. Durand, Paris, 1864 – J.-L. Gazzaniga, *L'histoire des avocats de Bigorre et des Hautes-Pyrénées,* Barreau de Tarbes, 1996 – J.-L. Gazzaniga (dir.), *Histoire des avocats et du barreau de Toulouse du XVIIIe siècle à nos jours*, Privat, 1992 – D. Gestat de Garambé, *Le barreau de Toulon. Histoire, souvenirs et perspectives,* Les Presses du Midi, 2017 – L. Gontard de Launay, *Les avocats d'Angers, de 1250 à 1789,* Germain et G. Grassin, 1888 – M. Guilloteau, *L'avocat en France et le barreau de Poitiers : Des origines à nos jours*, Poitiers, Impr. Ateliers Sainte-Croix, 1994 – E. Hatton, *La confrérie Saint-Yves et Saint-Nicolas des avocats et procureurs de Nancy (1613-1792)*, Impr. Vagner, Nancy, 1872 – A. Johanet, *Le barreau d'Orléans au XIXe siècle (1800-1900)*, Orléans, Impr. G. Michau, 1900 – C.-L.-S. Lecurel-Descoraux, *Histoire des révolutions et de la discipline du barreau français notamment de celui du parlement de Franche-Comté*, S. l., 1784 – P. Lefranc, *Le bonnet carré arrageois : La grande histoire d'un modeste barreau 1578-1991*, Arras, 1992 – V. Menes-Redorat, *Le barreau du Val d'Oise : Une petite histoire d'Avocats dans la grande histoire de l'ordre*, LexisNexis, 2016 – G.-L. Mengin, *Notice historique sur le barreau lorrain, suivi du tableau général et chronologique des avocats reçus en la Cour souveraine de Lorraine, au Parlement, en la cour d'appel de Nancy, à partir du 10 mai 1661, d'après le registre des matricules et les tableaux successifs de l'ordre*, Crépin-Leblond, 1872 – E. Moppert, *L'avocat dans la cité de Metz* (1392-1789), Sarreguemines, 1986 – L. Morillon, *Le barreau de Poitiers depuis 1810*, Blais et Cie, 1887 – A. Nicolaï, *Histoire de l'organisation judiciaire à Bordeaux et en Guyenne et du barreau de Bordeaux du XIIIe au XIXe s.*, G. Gounouilhou, 1892 – Y. Ozanam, S. Lataste, *La conférence des avocats de Paris : Une école d'éloquence*, Barreau de Paris, 2010 – Y. Ozanam, *Le barreau de Paris*, Barreau de Paris, 1994 – P. Paquin, *Essai sur la profession d'avocat dans les duchés de Lorraine et de Bar au XVIIIe siècle*, Frémont, Verdun, 1967 – L. Pilliet, *Histoire du barreau de Chambéry*, Impr. Savoisienne, 1893 – A. Sarrazin, *Le barreau de Rouen hier et aujourd'hui (1788-1898)*, Rouen : impr. de L. Brière, 1899 – G. Saulnier de la Pinelais, *Le barreau du parlement de Bretagne, 1553-1790 : les procureurs, les avocats*, A. Picard et fils, 1896 – P. Sée, *Les avocats à Mulhouse : 1424-1992,* Éditions du Rhin, 1998 – L. Véroone, *Histoire du barreau de Lille*, Barreau de Lille, 1998 – J. Villard, *Histoire du barreau de Versailles*, Versailles, Art Lys, 1993.

> **Histoire des syndicats.** C. Michel, *Les vingt ans du SAF, 1972-1992*, Syndicat des Avocats de France, 2004 – C. Michel – J.-Ph. Tonneau, *Le temps des responsabilités professionnelles et politiques, 1993-2008*, Syndicat des Avocats de France, 2009 – J.-B. Sialelli, *Les avocats de 1920 à 1987 : L'Association nationale des avocats, La Confédération syndicale des avocats*, Litec, 1987.

Biographies. R. Allou, *Charles Chenu : grand avocat du siècle*, Paris, Pedone, 1894 – Ch. Alméras, *Odilon Barrot : avocat et homme politique (1791-1873)*, Puf, 1951 – G. Antonowicz, *Jacques Isorni : l'avocat de tous les combats*, France-Empire, 2007 – D. Barruch, *Linguet ou l'irrécupérable*, F. Bourin, 1991 – Ph. Bertholet, F. Ottaviano et H. Robert, *Dictionnaire des avocats du barreau de Paris en 1811, après le rétablissement des barreaux par Napoléon Ier*, 2 vol., Riveneuve, 2012 – P. Boulloche, *Un avocat au XVIIIe, Target*, Paris, Calmann-Lévy, 1893 – P. Bouteiller, *Recherches sur la vie et la carrière d'Étienne Pasquier : Historien et humaniste du XVIe siècle*, Éditions ISI, 1989 – F. Boyer, *Martignac (1778-1832). Itinéraire d'un avocat bordelais*, Cths histoire, 2002 – J.-P. Brunet, *Gaston Monnerville : Le républicain qui défia de Gaulle*, Albin Michel, 1997 – C. Carrez, *Ugo Iannucci, des Baraques au Barreau : Itinéraire d'un fils d'antifasciste italien*, Aléas, 2012 – M. Carrez, *Edgar Faure : La robe, la plume et la politique*, Éd. du Belvédère, 2012 – J.-L. Chartier, *Portalis : Père du code civil*, Fayard, 2004 ; *Loisel : avocat du roi*, LexisNexis, 2019 – L. Derfler, *Alexandre Millerand, the socialist years*, Mouton, La Haye – Paris, 1977 – A. Fontvieille-Vojtovic, *Paul Ramadier (1888-1961) : Élu local et homme d'État*, Publications de la Sorbonne, 1993 – M. Guénaire, *Pierre Gide : Une vie d'avocat*, Perrin, 2020 – H. Robert, *Lachaud*, Delamotte fils, Paris, 1889 – L. Guitard, *Petite Histoire de la IIIe République : Souvenirs de Maurice Colrat*, Les Sept Couleurs, 1959 – S. Jansen, *Pierre Cot : Un antifasciste radical*, Fayard, 2002 – J.-F. V. Keiger, *Raymond Poincaré*, Cambridge university press, Cambridge, 2002 – B. Lachaise, *Manon Cormier : Une bordelaise en résistances (1896-1945)*, Confluence, 2016 – H. Leuwers, *Robespierre*, Fayard, 2014 – H. Leuwers, M. Biard, *Danton : Le mythe et l'histoire*, hors collection, Armand Colin, 2016 – J.-P. Mayeur, *Léon Gambetta : La Patrie et la République*, Fayard, 2008 – J. Molard, *Fernand Rabier : Un homme d'État radicalement orléanais*, Éditions A à Z Patrimoine, 2001 – F. Pitou, *La robe et la plume : René Pichot de la Graverie : Avocat et magistrat à Laval au XVIIIe siècle*, Pur, Rennes, 2003 – Th. Lévy, *Labori : Pour Zola, pour Dreyfus, contre la terre entière, un avocat*, Audibert, 2006 – B. Oudin, *Aristide Briand*, Robert Laffont, 1987 – F. Papillard, *Désiré Dalloz*, Dalloz, 1988 – M. Papy (dir.), *Barthou : Un homme, une époque*, J & D-Atlantica Eds, 2003 – F. Payen, *Raymond Poincaré : L'homme, le parlementaire, l'avocat*, B. Grasset, 1936 – P.-A. Perrod, *Jules Favre : Avocat de la liberté*, Lyon, La Manufacture, 1988 – Th. de Ravel d'Esclapon, *Désiré Dalloz (1795-1869) : Vivre le droit*, Dalloz, 2020 – F. Roth, *Raymond Poincaré*, Fayard, 2000 – P. Sorlin, *Waldeck-Rousseau*, Armand Colin, 1966 – J.-L. Thireau, *Charles du Moulin (1500-1566) : Étude sur les sources, la méthode, les idées politiques et économiques d'un juriste de la Renaissance*, Droz, 1980 – J. Trémolet de Villers, *Aux marches du palais : Pierre-Antoine Berryer, avocat*, Éditions Dominique Martin Morin, 1997 – G. Valance, *Poincaré*, Perrin, 2017.

Mémoires. J. Ambre, *Je ne me tairai jamais*, Robert Laffont, 1979 – P.-N. Berryer, *Souvenirs de M. Berryer : Doyen des avocats de Paris de 1774 à 1838*, Ambroise Dupont, 1939 – J. Bonnet, *Mes souvenirs du barreau depuis 1804*, Paris, Durand, 1864 – P. Bouchet, *Mes sept utopies*, L'Atelier, 2010 – J.-D. Bredin, *Mots et pas perdus : Images du Palais*, Plon, 2004 – J. Charpentier, *Au service de la liberté*, A. Fayard, 1949 – A. Dupin, *Mémoires de M. Dupin : Avocat, ancien bâtonnier : souvenirs du barreau*, Plon, 1855-1861, 4 vol. – R. Floriot, *Au banc de la défense*, Gallimard, 1959 ; *La vérité ne tient qu'à un fil*, J'ai Lu, 1974 – R. Hesse, *Quarante ans de Palais*, Paris, Peyronnet, 1950 – J. Isorni, *Quand j'avais l'âge de la raison*, Flammarion, 1956 ; *Je suis avocat*, Éd. du Conquistador, 1951 ; *Mémoires 1911-1945 / 1946-1958 / 1959-1987*, Robert Laffont, 3 vol., 1984, 1986, 1987 – H. Leclerc, *La parole et l'action*, Fayard 2017 – P. Lombard, *Mon intime conviction*, R. Laffont, 1977 – J.-B. Louis, *Mémoires d'un avocat au cœur des révolutions (1789-1830)*, Éditions La mémoire du Droit, 2016 ; – M. Marais, *Journal et mémoires de Mathieu Marais : Avocat au parlement de Paris sous la Régence et le règne de Louis XV (1715-1737)*, 4 vol., Firmin Didot, 1863 ; Slatkine reprints, Genève, 1976 – C. Michel, *Itinéraire d'un avocat engagé*, L'Harmattan, 2010 – A. Naud, *Les défendre tous*, R. Laffont, 1975 – G. Monnerville, *Témoignage : De la France équinoxiale au Palais du Luxembourg*, Plon, 1975 – J. Nordmann, *Aux vents de l'histoire : Mémoires*, Actes Sud, 1986 – H. Robert, *Le palais et la ville : Souvenirs*, Hachette, 1930 – D. Soulez-Larrivière, *Dans l'engrenage de la justice*, Ed. de la Seine, 1999 – J.-L. Tixier-Vignancour, *J'ai choisi la défense*, La Table Ronde, 1964 ; *Des républiques, des justices et des hommes*, A. Michel, 1976 – H. Torrès, *Souvenir, souvenir, que me veux-tu ?*, Del Duca, 1964 – A. Toulemon, *En marge du code et aux alentours du palais : Considérations sur le temps présent*, Imp. du Palais, 1re éd., 1958 ; 2e éd., 1964 ; *Souvenirs d'un vieil avocat*, Maulde et Renou, 1973 – J.-M. Varaut, *Un avocat pour l'Histoire : Mémoires interrompus, 1933-2005*, Flammarion, 2007 – J. Vergès, *J'ai plus de souvenirs que si j'avais mille ans*, La Table ronde, 1998 ; *Que mes guerres étaient belles !*, Éditions du Rocher, 2007 ; *Journal : La passion de défendre*, Éditions du Rocher, 2008 ; *De mon propre aveu : Souvenirs et rêveries*, P.-G. de Roux, 2013 – J.-P. Versini-Campinchi, *Papiers d'identité*, Cerf, 2020 – R. Weyl, *Une Robe pour un combat : Souvenirs et réflexions d'un avocat engagé*, Messidor, 1989.

Contribution. L. Damiani, « Les avocats parisiens et la Fronde » *in* H. Daussy, F. Pitou (dir.), *Homme de loi et politique (XVIe-XVIIIe siècles)*, Pur, 2007 p. 203 s. – J.-L. Gazzaniga, « Les avocats pendant la période révolutionnaire », *in* R. Badinter (dir.), *Une autre justice : 1789-1799*, Fayard, 1989, p. 363 ; « Pour une introduction à l'histoire des avocats », *in* Collectif, *Figures de Justice*, Centre d'histoire judiciaire, Lille, 2004 ; « Notes sur l'ancien barreau toulousain d'après les arrêtistes : XVIIe-XVIIIe siècles », *Mélanges dédiés à Louis Boyer*, PU Toulouse, 1996, p. 235-253 – L. Karpik, « La profession libérale. Un cas : le barreau », *in* P. Nora (dir.), *Les lieux de mémoire*, t. III, Gallimard, 1992 – G. le Béguec, « Le jeune barreau parisien au début des années vingt », *in Avocats et barreaux en France (1910-1930)*, Études réunies par G. le Béguec, PU Nancy, 1994, p. 119 – H. Leuwers, « Le barreau : un « corps politique » ? Action collective et vie publique dans la France des Lumières » *in* H. Daussy, F. Pitou (dir.), *Homme de loi et politique (XVIe-XVIIIe siècles)*, Pur, Rennes, 2007 p. 229 s. ; « La vie collective d'un barreau de province et la reconstruction de l'identité de l'avocat (Douai, 1810-1830) », *in* H. Leuwers (dir.), *Élites et sociabilité au XIXe siècle.*

Héritages, identités, Pul, Lille, 2001, p. 181 ; « La robe révolutionnée. Quand les gens de loi renoncèrent à la "noblesse du droit" (1780-1810) », *in* J.-P. Jessenne (dir.), *Vers un ordre bourgeois ? Révolution française et changement social,* Pur, Rennes, 2007, p. 105 ; « L'ordre et son tableau. Délimiter le groupe pour l'affirmer (XVIIe-XVIIIe siècle) », *Mélanges offerts au professeur Maurice Gresset : Des institutions et des hommes*, Besançon, PU de Franche-Comté, 2007, p. 339 s. – Y. Ozanam, « Les avocats parisiens dans le premier tiers du XIXe siècle : entre passé et présent, la recherche d'une identité collective », *in* H. Leuwers (dir.), *Élites et sociabilités au XIXe siècle*, Irhis, 2001 ; « Histoire des avocats », *in* B. Beignier, J. Villacèque (dir.), *Droit et déontologie de la profession d'avocat*, 2e éd., Gazette du Palais, 2016, p. 16 s. ; « Des combats de l'extrême droite aux honneurs du bâtonnat : Émile de Bruneau de Saint-Auban », *in Figures de la justice : Études en l'honneur de Jean-Pierre Royer*, Lille, 2004, p. 337 ; « L'ordre des avocats à la cour de Paris. Permanences et mutations de l'institution du XVIIe siècle à nos jours », *in* J.-L. Halpérin (dir.), *Les structures du barreau et du notariat en Europe de l'Ancien Régime à nos jours*, PU de Lyon, 1996, p. 11 ; « Les avocats parisiens dans le premier tiers du XIXe siècle : entre passé et présent, la recherche d'une identité collective », *in* H. Leuwers (dir.), *Élites et sociabilité au XIXe siècle : Héritages, identités*, Pul, 2001, p. 153 – H. Robert, « Napoléon et la profession d'avocat », *in* Th. Lentz (dir.), *Napoléon et le droit*, CNRS éditions, 2017, p. 51 – W. Wolodkiewicz, « Antoine-Gaspard et André-Jean Boucher d'Argis, père et fils, juristes éclairés devant la Révolution », *in* M. Vovelle (dir.), *La Révolution et l'ordre juridique privé, rationalité ou scandale ?*, Puf, 1988, t. I, p. 187 s.

Articles. M. Acerra, « Les avocats du Parlement de Paris – 1661-1715 », Histoire, économie & société, année 1982, n°s 1-2, p. 213 – D.-A. Bell, « Des stratégies d'opposition sous Louis XV : l'affaire des Avocats, 1730-31 », *Histoire, économie & société*, 1990 n°s 9-4, p. 567 s. – A. Boigeol, Y. Dezalay, « De l'agent d'affaires au barreau : les conseils juridiques et la construction d'un espace professionnel », *Genèses*, 1997, vol. 27, n° 1, p. 49 – A. Damien, « Essor ou déclin de la profession d'avocat », *Revue des deux mondes* mars 1979, n° 3, p. 600 – L. Delzons, « Le Barreau et son histoire », *Revue des deux mondes*, 6e période, t. I, 1911, p. 317 s. – G. Dupont-Ferrier, « Les avocats à la Chambre ou Cour des aides de Paris au XVe siècle », Bibliothèque de l'École des chartes, année 1932, n° 93, p. 267 ; « Les avocats à la Cour du Trésor de 1401 à 1515 », Bibliothèque de l'École des chartes, 1936, n° 97, p. 5 s. et p. 374 s. ; 1937, n° 98, p. 99 s. – L. Dusseau, « Gaston Monnerville : président de l'Union des jeunes avocats contre le conformisme et l'immobilisme », *Gaz. Pal.* 9-10 avr. 2008, p. 26 – C. Fillon, « Itinéraire d'un avocat engagé, l'exemple de Jean Appleton », *Rsihpa* 1994, p. 195 – J.-L. Gazzaniga, « Jalons pour une histoire de la profession d'avocat des origines à la Révolution française », *LPA* 1989, p. 70 – M. Gresset, « Le Barreau de Louis XIV à la restauration », *Revue d'histoire moderne et contemporaine*, t. XXXVI, juill.-sept. 1989, p. 487 – K. Haeri, « Avocats : le temps des changements », *Gaz. Pal.* 6 oct. 2020, p. 14 – J. Hamelin, « Barreau et organismes professionnels. Pour la survivance des ordres d'avocats », *Gaz. Pal.* 1971. II. Chron. 515 – L. Israël, « Joseph, dit Joë Nordmann (1910-2005) », *Histoire de la justice*, n° 29, La Documentation française, 2019, p. 365 – I. Kadmi-Cohen, « Les débuts de l'Union des Jeunes Avocats », *La Vie judiciaire* 10 févr. 1935 – L. Karpik, « La crise de représentation politique de la profession d'avocat », *RJB*, n° 61/62, juill. 2000, p. 215 – P. de la Gorce, « Le Barreau sous le Second Empire », *La revue de Paris*, 40e année, 15 mai 1933, p. 241 – G. le Béguec, « Jeunes et Sages », *Recherches contemporaines*, n° 6, 2000-2001, p. 157 ; « Les avocats et la naissance des partis politiques organisés (1888-1903) », *Histoire de la Justice*, n° 5, 1992, p. 171 – Y. Le Mappian, « L'avocat au XIIIe siècle », *Rsihpa* 1988, p. 13 – H. Leuwers, « La "communauté des avocats" du Parlement de Flandre. Organisation et déontologie d'un barreau de province de Louis XIV à la Révolution (1668-1790) », *Rsihpa*, n° 6, 1994, p. 129 ; « Magistrats et avocats du Parlement de Flandre face à la réforme Maupeou (1771-1774) », *Histoire de la justice*, n°s 8-9, 1996, p. 191 ; « Mobiliser en contexte de crise. Les avocats de Rouen, le parlement et les barreaux du royaume, de Lamoignon à l'Assemblée nationale constituante (mai 1788-juillet 1789) », *Cahiers historiques des annales de droit*, n° 3, 2018, p. 303 ; « Les avocats-procureurs d'Angers. Paradoxes et faux-semblants de l'exception angevine (1552-1772) », Annales de Bretagne et des pays de l'Ouest, 2011/1, p. 71 – S. Lorteau, « La philosophie du droit systématique de l'encyclopédiste Antoine-Gaspard Boucher d'Argis », *Revue Recherches sur Diderot et sur l'Encyclopédie*, vol. 54, 2019, p. 147 – S. Maza, « Le tribunal de la nation : les mémoires judiciaires et l'opinion publique à la fin de l'Ancien Régime », *Annales*, 1987 n° 42-1, p. 73 s. – J.-G. Moore, « Esquisse sur l'avocat de demain après le vote de l'Assemblée nationale », *Gaz. Pal.* 10 janv. 1991, p. 8 – R. Martin, « Ordre et barreau », *Gaz. Pal.* 11-13 août 2002, p. 28 – E. Morain, « Le rapport de Jean-Marc Varaut sur les professions judiciaires et juridiques », *Gaz. Pal.* 12 mars 1998, p. 346 – Y. Ozanam, « Les sources de l'histoire de la profession d'avocat conservées par le barreau de Paris », *Rsihpa* 1991, n° 3, p. 75 ; « Avocat, écrivain, déontologue, défenseur du maréchal Pétain : le bâtonnier Fernand Payen », *Rsihpa* 1996, p. 79 ; « L'avocat de Zola et de Dreyfus : Fernand Labori (1860-1917) », *Histoire de la Justice*, n° 11, 1998, p. 245 ; « L'ordre des avocats à la cour d'appel de Paris vu par ses bâtonniers : analyse d'un siècle de discours de rentrée (1810-1910) », *Rsihpa*, n° 5, 1993, p. 117 ; « Avocat, préfet de police et déontologue : le bâtonnier Ernest Cresson (1824-1902) », *Rsihpa* 1998, p. 217 ; « L'épuration professionnelle au Barreau de Paris (1944-1951) », *Gaz. Pal.* 2002. Doctr. 428 ; « Le barreau de Paris pendant la Seconde Guerre mondiale (1940-1945) », *Histoire de la justice*, n° 29, La Documentation française, 2019, p. 63 ; « De Vichy à la résistance : le bâtonnier Jacques Charpentier », *Histoire de la justice*, n° 29, La Documentation française, 2019, p. 169 – R.-W. Thorp, « Discours sur la réforme du barreau », *Imp. du Palais*, 1955 ; « Discours sur l'unification des professions judiciaires », *Imp. du Palais*, 1957 – J.-Cl. Woog, « Diorama d'un demi-siècle », *Gaz. Pal.* 27 mai 2000, p. 5.

Rapports. J.-M. Darrois, *Vers une grande profession du droit*, La Documentation française, avril 2009 – R. Ferrand, *Professions réglementées : Pour une nouvelle jeunesse*, La Documentation française, 2014 – M. Guillaume, *Rapprochement* *entre les professions d'avocat et de juriste d'entreprise*, La Documentation française, 2004 – K. Haeri, Réflexions sur *L'avenir de la profession d'avocat*, La Documentation française, 2017 – B. Longuet, *33 propositions pour une nouvelle dynamique de l'activité libérale*, La Documentation française, 2010 – H. Nallet, *Les Réseaux pluridisciplinaires et les professions du droit*, La Documentation française, 1999 – D. Perben (dir.), *Rapport de la mission relative à l'avenir de la profession d'avocat*, Juill. 2020 – D. Piau, *Rapport sur la réforme des institutions de la profession*, UJA de Paris, 2008 – M. Prada (dir.), *Rapport sur certains facteurs de renforcement de la compétitivité juridique de la place de Paris*, mars 2011 – A. Tinayre, D. de Ricci (dir.), *Au service de la Justice : La profession juridique de demain*, Livre Bleu, Dalloz, 1967 – J.-M. Varaut, *Mission de réflexion et de propositions en vue de l'élaboration d'un code des professions judiciaires et juridiques*, La Documentation française, 1998.

SECTION 1
ORIGINES DES AVOCATS ET DES BARREAUX (XIIIe-XVIe SIÈCLE)

023.10 Plan. L'origine des avocats reste mal connue, ceux-ci ont probablement émergé au cours du XIIIe siècle (§ 1) et se sont progressivement organisés à partir du XVe siècle conduisant à l'émergence des barreaux (§ 2).

§ 1
Émergence des avocats au cours du XIIIe siècle

023.21 Fin d'une légende. Il faut tout d'abord mettre fin à une légende qui rattache l'histoire du barreau aux Grecs, aux Romains, aux Mérovingiens. Il n'existe, comme le dit justement François-Étienne Mollot[1] aucun document ni aucune tradition qui permette de rattacher le barreau classique au barreau antique ou au barreau français des VIe, VIIe et VIIIe siècles.

Les Grecs, s'ils connaissaient l'art de la plaidoirie, exercée d'ailleurs par des logographes, c'est-à-dire des rédacteurs de discours que les clients lisaient à l'audience, et non par des avocats spécialistes, ignoraient l'existence de l'avocat en tant que tel et encore plus celle d'une corporation rassemblant des avocats.

Chez les Romains, la fonction d'avocat existait sous la forme d'une institution libérale mais sans statut particulier ; ce n'est qu'au Bas-Empire qu'on fit des avocats un collège, l'empereur Justin Ier lui décerna le nom « d'ordre des avocats »[2]. Les praticiens devaient justifier avoir étudié le droit pendant cinq ans, être de bonne moralité et prononcer un serment dans chaque cause qu'ils étaient amenés à plaider. Le nom de tous les avocats reçus était porté sur un tableau avec l'indication du jour de leur réception. Leur nombre était limité pour chaque tribunal.

023.22 Premières mentions du temps de Charlemagne (802). Si, dans la loi Gombette[3], la loi des Burgondes empreinte de droit romain, on retrouve la trace de particuliers dont l'occupation est de défendre en justice les intérêts de leurs maîtres et qui sont des esclaves la plupart du temps, la première mention qu'on puisse trouver des avocats figure dans un capitulaire de Charlemagne de 802[4], qui autorisait l'intervention d'un défenseur lorsque la partie en cause était incapable de plaider. La référence aux « *procuratores* », littéralement le curateur, celui qui agit en justice au nom de quelqu'un, et « *advocatum* », littéralement l'homme dont la profession est de plaider, ou « *emparlier* », celui qui parle pour un autre, dans sa version en vieux français, commence à s'imposer dans les textes[5]. Mais la justice, sous ses diverses formes, reste avant tout une affaire personnelle, avec une emprise très forte des juridictions ecclésiastiques. Ce sont, surtout, les textes relatifs à ces dernières qui se préoccupent, le plus, de régler l'activité des avocats, essentiellement sur un plan processuel.

En réalité, l'organisation progressive des barreaux par les avocats[6] est intimement liée à trois facteurs :

1° La construction d'une organisation judiciaire étatique ;

2° La sédentarisation du parlement ;

3° Le développement de l'enseignement du « droit français ».

023.23 Établissements de Saint-Louis (1271). Les Établissements de Saint-Louis en 1271, travail de compilation de plusieurs ordonnances de Saint-Louis, marquent un tournant important en tant qu'ils posent les premières assises d'une organisation judiciaire étatique, en l'occurrence royale. La

1. MOLLOT, 2e éd., 1866, p. 139 – AUSSI : J.-A.-J. Gaudry, *Histoire du barreau de Paris depuis son origine jusqu'à 1830*, A. Durand, Paris, 1864, p. 1 s. – L. Delzons, « Le Barreau et son histoire », *Revue des deux mondes*, 6e période, t. I, 1911, p. 317 s. – J. le Berquier, *Le barreau moderne français et étranger*, 2e éd., Marchal – Billard, Paris, 1882.

2. Pandecte de Justinien, *in* F. Liouville, *Profession d'avocat : Lois et règlements depuis Charlemagne*, Simonet-Delaguette, Paris, 1859, p. 21.
3. J.-F.-A. Peyré, *Loi des bourguignons vulgairement nommée, Loi Gombette*, Lyon, Auguste Brun, 1855.
4. Capitulaire de Charlemagne, *in* F. Liouville, *Profession d'avocat : Lois et règlements depuis Charlemagne*, Simonet-Delaguette, 1859, p. 22.
5. AUSSI : A. Aguer, *L'avocat dans la littérature du Moyen-Âge et de la Renaissance*, L'Harmattan, 2010.
6. AUSSI : B. Sur, P.-O. Sur, *Histoire des avocats en France des origines à nos jours*, Dalloz, 2e éd., 2014, p. 13 s.

place de l'« *emparlier* » ou « avocat » y apparaît sous un jour nouveau « dans des débats où la logique et la raison allaient remplacer l'arbitraire et la violence »[1].

Ils posent, par la même occasion, les premières règles déontologiques des avocats en précisant qu'ils ne doivent pas présenter à la justice une cause déloyale mais lutter courtoisement envers la partie adverse, qu'ils doivent accepter gratuitement les causes des indigents, des veuves et des orphelins et s'abstenir de tout marché avec celui pour qui ils plaident et ce, pendant la durée du procès[2]. C'est la première prohibition du pacte *de quota litis*[3].

Le premier serment imposé aux avocats apparaît peu après, en 1274[4], dans une ordonnance de Philippe le Hardi qui se préoccupe également de tarifer les honoraires de l'avocat par un maximum de trente livres[5]. L'on voit alors émerger les premières synthèses d'un droit processuel incluant l'exercice de « leur art » par les avocats[6], l'« *advocation* », et insistant notamment sur la contenance et l'humilité que doit manifester l'avocat en raison de son rôle : Pierre de Fontaines et son *Conseil que Pierre de Fontaines donna à son ami*[7], en 1253, Guillaume Durand (1230-1296), et son *Speculum judiciale*[8] en 1271, Philippe de Beaumanoir (1250-1296) et ses *Coutumes de Beauvaisis*[9] en 1283, ou encore Guillaume du Breuil (1280-1344)[10], et son *Stilus Curie Parlamenti*[11] en 1331.

023.24 Sédentarisation du parlement (1271) et création des présidiaux (1552). Au même moment, le parlement va, progressivement, se sédentariser. Amorcée par Saint-Louis, avec la construction de la Sainte-Chapelle et du Palais, alors royal, sur l'île de la Cité à Paris[12], annoncée sous Philippe Le Bel[13] en 1302, lequel réglemente, par la même occasion, les honoraires des avocats et leur impose d'être exacts aux audiences et modérés dans leurs plaidoiries[14], rendue effective sous Philippe Le Long en 1318, l'institutionnalisation du parlement de Paris[15] est achevée sous Philippe de Valois avec l'ordonnance royale du 11 mars 1345[16], lequel avait, par une précédente ordonnance, en 1327[17], créé le rôle ou matricule des avocats, qui deviendra le tableau[18].

Ce texte distingue pour la première fois le titre d'avocat et le droit de plaider. Cette distinction restera classique en France jusqu'en 1920[19]. Nul n'aura le titre d'avocat s'il n'a été reçu en cour après serment, mais la qualité d'avocat ne donne le droit de plaider qu'autant que l'avocat sera inscrit au tableau d'un barreau. Le parlement s'attribue alors le droit de régenter l'activité des avocats en décidant des règles déontologiques qui leur sont applicables et en prononçant les sanctions disciplinaires.

À partir de 1420, de nouveaux parlements sont créés[20] : à Dole (parlement de Dole puis de Besançon en 1676) en 1422, à Toulouse en 1443 (parlement de Toulouse), à Bordeaux en 1451 (parlement de Bordeaux), à Grenoble en 1453 (parlement du Dauphiné), à Dijon en 1477 (prenant la suite du

1. J.-A.-J. Gaudry, *Histoire du barreau de Paris depuis son origine jusqu'à 1830*, A. Durand, Paris, 1864, p. 88.
2. *Établissements de Saint-Louis*, Livre II, chap. XIV, 1271.
3. V. s^s n°s 711.101 s.
4. V. s^s n°s 314.32 s.
5. Ord. de Philippe le Hardi, 23 oct. 1274 touchant les fonctions et honoraires de l'avocat, *in* F. Liouville, *Profession d'avocat : Lois et règlements depuis Charlemagne*, Simonet-Delaguette, 1859, p. 33.
6. S. Peralba, « Des coutumiers aux styles. L'isolement de la matière procédurale aux XIIIe et XIVe siècles », *Cahiers de recherches médiévales* [En ligne], 7 | 2000.
7. M.-A.-J. Marnier (éd.), *Le Conseil de Pierre de Fontaines ou traité de l'ancienne jurisprudence française*, Durand et Joubert, Paris, 1846.
8. G. Durand, *Spéculum, Miroir, ou Tableau de la science du droit*, 1271.
9. A. Salmon (éd.), *Coutumes de Beauvaisis : texte critique publié avec une introduction, un glossaire et une table analytique*, A. Picard et fils, Paris, 1899-1900.
10. H. Lot, « Additions aux renseignements recueillis sur l'avocat du Breuil », *Bibliothèque de l'École des chartes*, année 1863, n° 24, p. 119 s. – E. Déprez, « Clément VI et Guillaume du Breuil », *Mélanges de l'école française de Rome*, 1899, n° 19, p. 549.
11. S. Peralba, *Autour du stilus de Guillaume Dubreuil (vers 1331) : Étude des caractères du droit processuel au parlement*, PU de la Faculté de droit de Clermont, 2006.
12. J. Favard, *Au cœur de Paris, un palais pour la justice*, Gallimard, 1995 – H. Delhumeau, *Le Palais de la Cité*, Actes Sud, 2011 – Y. Ozanam, H. Robert, W Szambien (dir.), *Le Palais de justice de Paris*, Action artistique de la ville de Paris, 2002.
13. J. Favier, « Les légistes et le gouvernement de Philippe le Bel », *Journal des Savants*, 1969, n° 2, p. 92 s.
14. Ord. de Philippe le Bel du 25 mars 1302 pour le bien, l'utilité et la réformation du royaume, *in* F. Liouville, *Profession d'avocat : Lois et règlements depuis Charlemagne*, Simonet-Delaguette, 1859, p. 39.
15. F. Autrand, *Naissance d'un grand corps de l'État : Les gens du parlement de Paris, 1345-1454*, Paris, 1981 – F. Aubert, *Histoire du parlement de Paris, 1250-1515*, 2 vol., Paris, 1894 – G. Ducoudray, *Les origines du parlement de Paris et la justice aux XIIIe et XIVe siècles*, Paris, 1902.
16. Arrêt de règlement du parlement de Paris du 11 mars 1345, cité *in* A. Dupin, Profession d'avocat : *Recueil des pièces concernant l'exercice de cette profession*, B. Warée aîné, 1830-1832, p. 67.
17. Ord. de Philippe de Valois, 13 févr. 1327, *in* F. Liouville, *Profession d'avocat : Lois et règlements depuis Charlemagne*, Simonet-Delaguette, 1859, p. 45.
18. J.-A.-J. Gaudry, *Histoire du barreau de Paris depuis son origine jusqu'à 1830*, Paris, A. Durand, 1864, p. 142, pour le tableau de 1340, plus ancien tableau d'avocats qui nous soit parvenu.
19. V. s^s n° 023.93.
20. G. Aubert, O. Chaline (dir.), *Les parlements de Louis XIV*, Pur, Rennes, 2010 – J. Poumarède, J. Thomas (dir.), *Les parlements de province, pouvoirs, justice et société du XVe au XVIIIe siècles*, Framespa, Toulouse, 1996 – Jean-Luc Eichenlaub (éd.), *Les conseils souverains dans la France d'Ancien Régime*, XVIIe-XVIIIe siècles, Colmar, 1999.

parlement de Bourgogne créé en 1354 à Beaune), à Rennes en 1485 (parlement de Bretagne), à Rouen en 1499 (parlement de Normandie créé sous la dénomination d'échiquier de Normandie[1] jusqu'en 1515), à Aix-en-Provence en 1501 (parlement de Provence), à Dombes (puis Lyon et Trévoux, parlement de Dombes) en 1523, à Arras en 1530 (conseil provincial d'Artois), à Pau en 1620 (parlement de Navarre), à Metz en 1633 (parlement de Metz), à Ensisheim en 1658 (en tant que conseil souverain d'Alsace qui sera fixé à Colmar en 1711), à Perpignan en 1660 (conseil souverain de Roussillon), à Tournai (puis Cambrai et Douai, parlement de Flandres) en 1668, à Nancy en 1766 (parlement de Nancy prenant la suite de la cour souveraine de Lorraine et Barrois créée en 1641[2]), puis à Bastia en 1769 (sous la dénomination de conseil supérieur de la Corse).

En janvier 1552[3], Henri II procède à la création d'une juridiction intermédiaire, entre les parlements et les bailliages ou sénéchaussées : le présidial, initialement au nombre de 60[4], ancêtre du tribunal civil qui sera institué par la loi des 16 et 24 août 1790[5], devenu tribunal de grande instance en 1958[6], puis tribunal judiciaire en 2019[7].

023.25 Développement de l'enseignement du « droit français » (1235-1679). Au Moyen Âge, l'essor de l'enseignement du droit va, lui aussi, devoir se libérer de la tutelle ecclésiastique : à Paris, seul l'enseignement du droit canonique était autorisé, en vertu d'une bulle du pape Honoré III de 1220, prohibition qui sera maintenue jusqu'en 1679.

C'est à Orléans qu'une bulle pontificale du pape Grégoire IX en 1235, va y autoriser l'enseignement du droit romain, permettant ainsi la création d'un *studium*, puis la fondation par le pape Clément V, le 27 janvier 1306, de l'université d'Orléans avant que Philippe le Bel ne vienne en confirmer les privilèges en 1312 afin de mettre un terme aux réticences des habitants d'Orléans qui conduisirent à des émeutes en 1309. L'université d'Orléans, à laquelle le nom de Robert-Joseph Pothier (1699-1722) reste attaché, va alors y développer l'enseignement du droit romain ainsi que du droit civil et coutumier[8]. D'autres universités, en dehors de Paris, vont alors suivre le mouvement ainsi amorcé : Toulouse, Aix-en-Provence, Pont-à-Mousson[9] (puis Nancy en 1768), Strasbourg, Rennes, Reims, Poitiers, Perpignan, Pau, Orange, Nice, Nantes, Montpellier, Lyon, Grenoble, Douai, Dôle, Dijon, Cahors, Caen, Bourges, Bordeaux, Besançon, Avignon, Angers, jusqu'à celle de Corte en 1765[10].

Il faudra attendre l'édit de Saint-Germain-en-Laye de 1679[11], sous Louis XIV, pour que l'enseignement du droit romain soit autorisé à Paris. Cet édit va instaurer, par la même occasion, les chaires de « droit français »[12] ainsi que l'enseignement du droit en français et non plus en latin. L'édit rend obligatoire pour tout avocat la licence de droit, en trois ans, dans le cadre d'un enseignement uniforme essentiellement axé sur le droit romain et le « droit français »[13].

023.26 Ordonnance de Villers-Cotterêts (1539). Entre-temps, l'ordonnance du 25 août 1539 sur le fait de la justice[14], dite ordonnance de Villers-Cotterêts,

1. A. Floquet, *Essai historique sur l'échiquier de Normandie*, Rouen, Édouard Frère, 1840.
2. J. Krug-Basse, *Histoire du parlement de Lorraine et Barrois*, Berger-Levrault, 1899 – A. de Mahuet, *Biographie de la cour Souveraine de Lorraine et Barrois et du parlement de Nancy (1641-1790)*, Sidot frères, Nancy, 1911 – G.-L. Mengin, *Notice historique sur le barreau lorrain : Suivi du tableau général et chronologique des avocats reçus en la Cour souveraine de Lorraine, au Parlement, en la cour d'appel de Nancy, à partir du 10 mai 1661, d'après le registre des matricules et les tableaux successifs de l'ordre*, Crépin-Leblond, 1872.
3. R. Claerr, « L'histoire d'une prise de décision : les édits des présidiaux (janvier et mars 1552) », *in* R. Claerr, O. Poncet, *La prise de décision en France (1525-1559)*, « Études et rencontres », Écoles des chartes, 2008.
4. H. Leuwers, *La justice dans la France moderne : Du roi de justice à la justice de la nation*, 1498-1792, Ellipses, 2010 – E. Laurain, *Essai sur les présidiaux,* L. Larose, Paris, 1896 – Ch. Blanquie, *Les présidiaux de Richelieu. Justice et vénalité (1630-1642)*, Éditions Christian, Paris, 2000.
5. V. s[s] n° 023.51.
6. Ord. n° 58-1273, 22 déc. 1958 relative à l'organisation judiciaire, *JO* 23 déc.
7. V. s[s] n° 023.235.
8. Ch. Vulliez, « Les bulles constitutives de l'université d'Orléans du pape Clément V (27 janvier 1306) : un événement ? 700e anniversaire de l'université d'Orléans (1306-2006) », *Bulletin de la Société archéologique et historique de l'Orléanais*, nouvelle série, vol. XVIII, n° 150, oct. 2006, p. 5 – J.-E. Bimbenet, *Histoire de l'Université de lois d'Orléans*, Dumoulin et Gatineau, 1853.
9. E. Martin, *L'Université de Pont-à-Mousson : 1572-1768*, Berger-Levrault, 1891.
10. Ch. Chêne, « Les Facultés de droit françaises du XVIIe siècle à la Révolution, éléments de bibliographie », *Annales d'histoire des facultés de droit*, 3 (1986), p. 199 s. – H. Leuwers, « Les facultés de droit dans la France de la seconde modernité. L'impossible unité des formations (1660-1789) », *Cahiers du Crhidi*, n° 25, 2006, P. s.
11. Édit touchant à l'étude du droit civil et canonique, et du droit français, et les matricules des avocats, Saint-Germain-en-Laye, avril 1679, *in* F.-A. Isambert, *Recueil général des anciennes lois françaises, depuis 420 jusqu'à la révolution de 1789*, Paris, 1829, t. XIX, p. 196 s.
12. D. Ribard, « La création des chaires de droit français (1679). Stratégies, événement et histoire sociale », *in* N. Schapira (dir.), *On ne peut pas tout réduire à des stratégies : Pratiques d'écriture et trajectoires sociales*, « Les littéraires », Puf, 2013, p. 71 s.
13. A. de Curzon, *L'enseignement du droit français dans les universités de France aux XVIIe et XVIIIe siècles*, Sirey, 1920 – Ch. Chêne, *L'enseignement du droit français en pays de droit écrit (1679-1793)*, Droz, 1982.
14. Ch.-Y. Baud, *Commenter l'ordonnance de Villers-Cotterêts (1539-1681)*, Thèse diplôme d'archiviste-paléographe, École nationale des Chartes, 2018.

plus ancien texte encore en vigueur aujourd'hui, est venue marquer une césure en imposant l'usage du français en tant que langue officielle du droit et de l'administration, en lieu et place du latin, langue de l'écrit et des élites, mais aussi des nombreux patois populaires qui avaient alors cours dans les différentes régions.

L'ordonnance comporte également de nombreuses dispositions de droit processuel, notamment en matière criminelle, qui, comme les textes précédents, réglementent, à la marge, l'exercice de l'avocat[1].

023.27 Catégories d'avocats et titre de « Maître ». Les avocats sont alors divisés en trois groupes :

- les *consilarii* ou jurisconsultes qui conseillent ;

- les *advocati* ou avocats qui plaident uniquement au civil, l'assistance d'un avocat ne fut jamais permise au pénal sous l'Ancien Régime[2], les avocats publiant alors des *factums*[3] afin de disculper leurs clients ou d'attirer la clémence des juges. Ce sont les « défenseurs officieux » qui seront les premiers, sous la Révolution, à être autorisés à plaider au pénal[4] avant que les avocats ne conservent cette prérogative lors de la restauration du barreau[5] ;

- les *audientes, novi* ou avocats stagiaires[6] qui écoutent, s'abstiennent de plaider et se forment à la profession qu'ils désirent embrasser.

1. Ord. 25 août 1539 sur le fait de la justice, dite ordonnance de Villers-Cotterêts.
2. A. Astaing, *Droits et garanties de l'accusé dans le procès criminel d'Ancien Régime (XVIe-XVIIIe s.) : audace et pusillanimité de la doctrine pénale française*, Presses Universitaires d'Aix-Marseille, 1999 – A. Astaing, « Une défense "clandestine" ? Note sur la prohibition des conseils dans le procès criminel de la fin de l'Ancien Régime », *in Liber amicorum Vincent Durette. Regards sur la défense pénale*, Mare & Martin, 2009, p. 35 s. – S. Blot-Maccagnan, *La défense dans le procès pénal de la fin de l'Ancien Régime : étude de la pratique judiciaire angevine*, Th. Paris II, 2002 ; Pur, Rennes, 2010 – S. Blot-Maccagnan, « La défense dans le procès pénal de la fin de l'Ancien Régime », *Droit et cultures*, n° 48/2004, p. 223 – Sur la défense clandestine du Cardinal de Rohan par Guy-Jean-Baptiste Target dans l'affaire du Collier : E. Lever, *L'affaire du collier*, Pluriel, 2019, p. 193 s. et not. p. 229 s.
3. H. Leuwers, « Les avocats défenseurs des Lumières et de la liberté ? Problèmes d'analyse autour des factums », *in* Olivier Chaline (dir.), *Les parlements et les Lumières*, Maison des sciences de l'homme d'Aquitaine, 2012, p. 213 s. – L. Lavoir, Factums *et mémoires d'avocats aux XVIIe et XVIIIe siècles. Un regard sur une société (environ 1620-1760)*, Th. Paris IV, 1987 – L. Lavoir, « *Factums* et mémoires d'avocats aux XVIIe et XVIIIe siècles. Un regard sur une société (environ 1620-1760) », *Histoire, économie & société*, 1988, 7-2, p. 221 s.
4. V. s^s^ n° 023.53.
5. V. s^s^ n° 023.65.
6. V. s^s^ n° 211.05.

L'avocat a également droit au titre de « Maître », de l'ancien français *maistre*, lui-même issu du latin *magister*, qui désigne, au cas qui nous intéresse, la « personne qui a autorité ou fait autorité dans un domaine d'activité »[7].

Les avocats sont nombreux sous l'Ancien Régime, à Paris (400 en 1562 ce qui, compte tenu de leur proportion par rapport à la population, représenterait aujourd'hui un barreau d'au moins 10 000 membres) mais également en province par exemple : 38 à Perpignan, 40 à Vitry-le-François, 106 à Cahors.

023.28 Procureurs. À côté des avocats, il y avait les procureurs[8] ou *attournés* en ancien français, c'est-à-dire ceux qui étaient assignés pour un autre en justice pour y agir à sa place et le représenter[9], ou encore *solliciteurs*, personnes habilitées à solliciter pour autrui dans un procès ou une affaire[10]. Ils sont qualifiés de *dominus litis* en ce sens qu'ils introduisent la contestation et font l'instruction. À l'audience, le procureur assistait l'avocat qui plaidait la cause des parties.

Leur apparition est plus tardive, et leurs relations avec les avocats sont parfois tourmentées. Il faut attendre un édit de 1572[11] pour voir s'imposer une obligation de création d'offices de procureurs dans tous les sièges royaux. Et c'est un édit de 1596 qui imposera la création d'offices de procureurs dans tous les sièges royaux pour être tenus et exercés séparément d'avec la fonction d'avocat. Mais cet édit fut révoqué à l'égard des provinces d'Anjou et du Maine, par une déclaration du 7 septembre 1597, qui permit aux avocats de ces provinces de continuer à exercer aussi les fonctions de procureur[12]. Louis XIII, par un édit de 1620, déclara qu'au roi seul appartiendrait dorénavant le droit d'établir, en tant que besoin, des procureurs devant toutes les cours et juridictions royales.

7. CNRTL.
8. A.-G. Boucher d'Argis, *v° Procureur in* J. le Rond d'Alembert, D. Diderot (dir.), *L'Encyclopédie*, 1re éd., Paris – Briasson, David, Le Breton, Durand, 1751, t. 13, p. 411 s. – Ch. Bataillard et H. Nusse, *Histoire des procureurs et des avoués*, Hachette, Paris, 1882.
9. J.-B. Denisart, *Collection de décisions nouvelles et de notions relatives à la jurisprudence, donnée par Me Denisart, mise dans un nouvel ordre, revue et augmentée : XVIIIe-XIXe siècle*, par J.-B.-F. Bayard et A.-G. Camus, dit « nouveau Denizart », *v° Attourné*, Paris, VV^ve^ Desaint et Lamy, 1783.
10. CNRTL.
11. Édit de création de procureurs postulants dans toutes les juridictions du royaume, Paris, juillet 1572.
12. H. Leuwers, « Les avocats-procureurs d'Angers. Paradoxes et faux-semblants de l'exception angevine (1552-1772) », Annales de Bretagne et des pays de l'Ouest, 2011/1 (n° 118-1), p. 71 s.

On distinguait les procureurs *ad lites* ou procureurs postulants dont la fonction était de postuler en justice pour les parties, et qui deviendront les avoués en 1790[1], des procureurs *ad negotia*, ou fondés de pouvoir, ancêtres des agents d'affaires, et donc des conseils juridiques[2]. Dans les deux cas, il s'agissait de mandataires, qualité qui était interdite aux avocats et le restera jusqu'en 1889[3].

Les procureurs du roi[4], pour leur part, n'exerçaient leur ministère, de même nature, qu'au nom du roi et du public, remplissant les fonctions du ministère public devant une juridiction royale, soit bailliage ou sénéchaussée, prévôté, viguerie, ou autre, et devinrent des officiers royaux[5] placés sous l'autorité hiérarchique d'un procureur général, procureur du roi au parlement, qui laissait des avocats généraux, qui était à l'origine des avocats mais vont également, progressivement, devenir des officiers royaux, parler en son nom devant le parlement, se réservant de prendre des conclusions par écrit.

À Paris, les procureurs avaient l'obligation d'avoir, chacun, deux de leurs confrères pour signer pour eux en cas d'absence ou d'empêchement, que l'on nommait substituts.

Il y avait ainsi deux catégories de procureurs, les uns au service des particuliers les autres, officiers royaux, au service du roi, qui constituèrent progressivement deux corps distincts. Leur point commun était la nature de leurs fonctions et le caractère de leur charge qui était un office. Ces offices vont devenir cessibles entre vifs, sous certaines conditions, au cours du XVIe siècle, c'est la vénalité des offices[6], avant que, le 12 décembre 1604, Henri IV, n'instaure la *Paulette*, qui va permettre à leurs titulaires de payer une taxe annuelle égale au soixantième du prix de leur office, et, en contrepartie, de céder celle-ci librement à des tiers ou de la transmettre à leurs héritiers[7]. Cela va contribuer à rendre systématique la transmission héréditaire des offices, conduisant à l'émergence d'une aristocratie bourgeoise, qui va toucher tant les procureurs dans leur ensemble que les magistrats ou les greffiers, à la différence des avocats qui se tiendront à l'écart de cette évolution[8].

1. V. s^s^ n° 023.53.
2. V. s^s^ n° 023.102.
3. V. s^s^ n° 023.76.
4. J.-M. Carbasse (dir.), *Histoire du parquet*, Puf, 2000 – E. Maurel, *Portraits de procureurs*, t. I, *Des procureurs épris de liberté*, LexisNexis, 2020 ; t. II, *Des procureurs dans l'arène politique*, LexisNexis, 2020.
5. C. le Mao (dir.), *Homme et gens du Roi dans les parlements de France à l'époque moderne*, Maison des sciences de l'homme d'Aquitaine, 2011.
6. R. Mousnier, *La vénalité des offices sous Henri IV et Louis XIII*, Puf, 1971.
7. Édit de la Paulette, 16 déc. 1604.

§ 2
Émergence des barreaux à partir du XVe siècle

023.31 Les chemins d'une professionnalisation différenciée. C'est dans ce contexte, au fur et à mesure que leur nombre devient croissant, ce que favorise tant la sédentarisation des fonctions, le développement de l'organisation judiciaire que la démocratisation des études de droit, que les avocats sont amenés à s'organiser, et à s'affranchir de la tutelle des parlements qui leur imposent alors leurs règles et leur discipline[9]. Comme a pu l'écrire Jean-Louis Gazzaniga : « La question est complexe ; elle se caractérise, avant tout, par son extrême diversité qui tranche avec l'unité de l'ordre à laquelle, depuis le XIXe siècle, nous sommes habitués. »[10].

Les barreaux se constituent, progressivement, à partir du milieu du XVIIe siècle, sans qu'il n'y ait d'uniformité dans ce processus : tant s'agissant de leur composition, incluant parfois les procureurs *ad lites*[11], que s'agissant de leur organisation[12], ou si la figure du bâtonnier tend à s'imposer, celle du doyen ou du syndic demeure présente, empruntant ainsi les « chemins d'une professionnalisation différenciée » pour reprendre l'expression d'Hervé Leuwers[13], qui note que : « De la Renaissance à la Révolution, l'histoire de l'avocat est celle de l'affirmation de groupes soucieux d'exister collectivement, de se doter d'institutions et d'assurer leur indépendance professionnelle »[14].

023.32 Confrérie religieuse et saint patron. À une époque où tout devenait religieux et où l'Église

8. V. s^s^ n° 313.36.
9. V. s^s^ n° 023.24.
10. J.-L. Gazzaniga, « L'« ordre » des avocats aux derniers siècles de l'Ancien Régime », *in* J.-L. Gazzaniga, *Études d'histoire de la profession d'avocat : défendre par la parole et par l'écrit*, Presses de l'Université des sciences sociales de Toulouse, 2004, p. 37.
11. H. Leuwers, « Les avocats-procureurs d'Angers. Paradoxes et faux-semblants de l'exception angevine (1552-1772) », Annales de Bretagne et des pays de l'Ouest, 2011/1 (n° 118-1), p. 71 s.
12. J.-L. Gazzaniga, « L'"ordre" des avocats aux derniers siècles de l'Ancien Régime », *in* J.-L. Gazzaniga, *Études d'histoire de la profession d'avocat : Défendre par la parole et par l'écrit*, Presses de l'Université des sciences sociales de Toulouse, 2004, p. 37.
13. H. Leuwers, *L'invention du barreau français : la construction nationale d'un groupe professionnel, 1660-1830*, Ehess, 2006, p. 59 s. – SUR L'ÉVOLUTION, différente, que connaissent les colonies françaises : J.-P. Maisonnas, *L'avocat aux colonies et le Prince (XVIIe siècle – 1940/1950)*, Le Lys Bleu, 2021.
14. H. Leuwers, *L'invention du barreau français : La construction nationale d'un groupe professionnel, 1660-1830*, Ehess, 2006, p. 65.

faisait respecter, grâce à ses armes spirituelles redoutables, ceux qu'elle reconnaissait comme siens, le barreau constitua, le plus souvent, parfois avec les procureurs *ad lites*, une confrérie religieuse et, par là même, il devint respecté.

Il existait ainsi au parlement de Paris une confrérie, constituée le 17 juin 1341 et autorisée par lettre patente de Philippe de Valois en 1342 [1], qui rassemblait à la fois les avocats et les procureurs *ad lites* et dont le but était d'honorer le patron des juristes, saint Nicolas et, la patronne des philosophes, des jurisconsultes et des notaires, sainte Catherine.

Saint Nicolas de Myre [2] (270-345) était le patron primitif des avocats, comme d'autres professions juridiques et judiciaires, car sa légende lui attribuait d'avoir sauvé des innocents condamnés au supplice en inspirant un songe à l'empereur Constantin Ier. Sainte Catherine d'Alexandrie [3] (294-312), aurait, selon la légende, converti cinquante docteurs en philosophie, qui avaient été chargés par l'empereur Maximin II Daïa de la faire renoncer à sa foi [4].

À partir du XIVe siècle, Yves Hélory de Kermartin (1253-1303) dit saint Yves [5], prêtre et official (juge ecclésiastique) du diocèse de Tréguier, devint le symbole du juriste irréprochable. Il se substitue alors, progressivement, à saint Nicolas et sainte Catherine comme patron effectif des avocats comme des autres professions juridiques et judiciaires. La découverte, en 1884 [6], des dépositions des témoins à son procès de canonisation en 1330, vingt-sept ans après sa mort, permet de connaître sa vie [7].

1. Ordonnances du Louvre, t. II, p. 177.
2. Cl. Kevers-Pascalis, *Saint Nicolas citoyen romain*, Serpenoise, 1995 – Cl. Kevers-Pascalis, *Saint Nicolas : Légende ou histoire ?*, Serpenoise, 2002.
3. Son existence même est contestée, et l'Église catholique l'a officiellement retirée de son calendrier, il s'agirait, plus vraisemblablement, d'une légende construite autour d'Hypatie d'Alexandrie (355-415), philosophe et mathématicienne assassinée par les chrétiens et dont l'histoire aurait été reprise, et déformée, par ces derniers au Moyen Âge pour en faire... une incarnation des vertus chrétiennes – M. Dzielska, *Hypatia of Alexandria*, Cambridge, 1995 – O. Gaudefroy, *Hypatie : l'étoile d'Alexandrie*, Arléa, 2012.
4. Sur saint Nicolas et sainte Catherine : J. de Voragine, *La Légende dorée*, La Pléiade – Gallimard, 2004.
5. Y. Le Mappian, *Saint Yves : Patron des juristes*, Éd. SOS, 1981 ; Éd. Ouest France, 1997 – J.-C. Cassard (dir.), *Saint Yves et les Bretons : Culte, images, mémoire (1303-2003)*, Pur, Rennes, 2015 – F.-C. Semur, *Saint Yves de Tréguier. Patron des Bretons, des avocats, magistrats, juristes et universitaires*, Hugues de Chivre, 2019 – J.-P. le Guillou, *Saint Yves de Tréguier : Enquête canonique sur la vie et les miracles d'Yves Hélory de Kermartin qui fut instruite à Tréguier en l'an 1330*, L'harmattan, 2015.
6. E. Bonnejoy, *Vie de Saint Yves* (tirée d'un manuscrit sur vélin du XIVe siècle avec fac-similé héliographique du manuscrit), Saint-Brieuc, Prud'homme, 1884.
7. A. Damien, « Saint Yves, patron des avocats », *Gaz. Pal.* 1978. 1. Doctr. 216.

023.33 Formation du barreau. Le barreau prend alors, à Paris [8], le nom d'*ordo*, c'est-à-dire d'ensemble statutaire ordonnant un certain mode de vie reconnu par l'Église, semblable à l'*ordo clericorum* ou aux ordres de chevalerie. Le barreau, ordre clérical comme les chapitres de chanoines ou les ordres religieux, se gouverne par son doyen, le plus ancien inscrit au barreau, qui présente le tableau comportant la liste de tous les avocats exerçant devant la juridiction près de laquelle l'ordre est établi. Le bâtonnier, titre conféré au prieur des confréries qui portait jadis comme insigne de sa charge, le bâton ou bourdon prioral, qui est élu par ses pairs, se substituera peu à peu à lui en tant que chef du barreau [9]. À Paris, Denis Doujat (1575-1633) est, en 1617, le premier bâtonnier dont le nom nous soit parvenu, même si la mention de l'existence d'un bâtonnier, aux côtés du doyen, est faite en 1602 à l'occasion de la grève des avocats [10]. Ce bâtonnier de Paris, chef primitif de la confrérie, religieuse, des avocats et procureurs, était aussi le chef d'une communauté des avocats et procureurs, qualifiée de « juridiction économique », ainsi que de l'ordre des avocats, ou barreau, qui ne regroupait que les seuls avocats, et avait compétence pour la « discipline particulière », tenant le tableau et rendant des avis qui pouvaient conduire à une procédure disciplinaire devant le parlement à l'initiative du parquet, tandis que les procureurs *ad lites* [11] avaient également une compagnie distincte, établie en 1508, les regroupant seuls avec un président à sa tête mais uniquement en l'absence de bâtonnier, ou d'un ancien bâtonnier ou avocat pour présider ses réunions [12]. Toutefois, au moment de la Révolution, de très nombreux barreaux (tels que Marseille, Bordeaux, Aix-en-Provence et Rouen) ont encore, non pas un bâtonnier mais un syndic à leur tête [13]. Le terme de syndic, du grec ancien *súndikos*, ou « avocat » désignant alors une personne chargée de gérer les affaires et de défendre les intérêts d'une communauté [14].

Les dénominations ne sont ainsi point univoques, et à côté des confréries et ordres des avocats existent,

8. A.-G. Boucher d'Argis, *Règles pour former un avocat*, nouvelle éd., Durand, 1778, p. 163 s.
9. A.-G. Boucher d'Argis, *Règles pour former un avocat*, nouvelle éd., Durand, 1778, p. 163 s.
10. J.-A.-J. Gaudry, *Histoire du barreau de Paris depuis son origine jusqu'à 1830*, A. Durand, Paris, 1864, p. 315 s.
11. V. ss no 023.28.
12. A.-G. Boucher d'Argis, *Règles pour former un avocat*, nouvelle éd., Durand, 1778, p. 212 s.
13. H. Leuwers, *L'invention du barreau français : La construction nationale d'un groupe professionnel, 1660-1830*, EHESS, 2006, p. 341 s.
14. CNRTL.

voire coexistent, des « communautés »[1] ou « compagnies » des avocats et, parfois, des procureurs[2].

SECTION 2

BARREAU CLASSIQUE (XVIIe-XVIIIe SIÈCLES)

023.41 Le barreau au siècle des Lumières. Le barreau dit classique qui est celui des XVIIe et XVIIIe siècles, et dont l'histoire nous est connue par de très nombreux écrits[3], et les nombreuses monographies historiques consacrées à l'histoire des barreaux[4], va voir l'émergence d'une déontologie professionnelle[5] propre à une profession d'avocat désormais organisée, et dont les membres affirment leur utilité sociale et s'imposent dans le débat public[6].

023.42 Définition de l'avocat. L'avocat général Antoine-Louis Seguier (1726-1792), requérant en mars 1789 contre les avocats bretons, donne une définition de l'avocat sous l'Ancien Régime : « Qu'est-ce qu'un avocat ? C'est un particulier gradué dans une Université du Royaume, qui s'est livré à un examen approfondi des lois et ordonnances, à la science générale du droit public et du droit privé, à l'étude réfléchie des usages et des coutumes particulières et qui se consacre librement au service de ses concitoyens ; il se dévoue tout entier à la défense de ceux qui viennent puiser dans son savoir les lumières dont ils ont besoin pour soutenir leurs intérêts, maintenir leur propriété, montrer leur innocence, conserver leur honneur et assurer leur liberté. Tantôt c'est un conseil qui éclaire les parties, tantôt c'est un orateur qui déploie son éloquence, tantôt c'est un conciliateur qui rapproche les esprits et devient le premier juge de ses clients qui le consultent et s'en rapportent à son expérience ; souvent c'est un arbitre, partout c'est un homme public mais dont le ministère ne peut agir que lorsqu'il est mis en action par un tiers qui le charge de sa défense et de ses doléances »[7].

023.43 Statut unique de l'avocat. Que l'avocat exerce auprès d'un parlement ou d'une cour souveraine, ou auprès des innombrables juridictions inférieures de l'Ancien Régime : bailli, prévôt, sénéchaussée, présidiaux, il est soumis à un statut identique.

Il doit, tout d'abord, être possesseur d'une licence en droit[8] mais l'organisation assez fantaisiste des études sous l'Ancien Régime permettait un laxisme certain : certaines universités, notamment celle d'Orange, avaient une réputation déplorable et les titres de licenciés y étaient obtenus sans études et sans assiduité et contre rémunération des examinateurs (on les nommait les licenciés « à la fleur d'Orange »[9]).

Il doit ensuite prêter serment[10] et s'inscrire au tableau d'un barreau établi auprès d'une juridiction (parlement).

023.44 Tableau et discipline. Les barreaux sont indépendants à telle enseigne que jusqu'en 1659, lorsqu'un avocat, ayant prêté serment devant une juridiction, veut exercer dans le ressort d'une autre, il doit le renouveler[11].

La discipline est assurée par le parlement jusqu'au XVIIIe siècle. À partir de cette époque, le barreau forme librement son tableau en acceptant ou en refusant de nouveaux membres, en éliminant ceux qui sont devenus indignes et en restreignant le plus possible le poids disciplinaire du parlement.

À l'aube du pouvoir absolu, les corporations sont alors régies par l'État, les confréries pieuses surveillées, la persécution contre les jansénistes proches[12]. Le barreau se réfugie alors à l'intérieur de ce corps puissant qui émerge lentement des légistes d'antan, le parlement. Il devient, au terme d'une longue maturation, un corps autonome, à l'intérieur du parlement, une sorte de tiers-ordre et les magistrats garantissent au barreau, contre les grands et les

1. H. Leuwers, « La "communauté des avocats" du parlement de Flandres. Organisation et déontologie d'un barreau de province de Louis XIV à la Révolution (1688-1790) », *Rsihpa*, n° 6, 1994, p. 129 s.
2. J.-L. Gazzaniga, « L'"ordre" des avocats aux derniers siècles de l'Ancien Régime », *in* J.-L. Gazzaniga, *Études d'histoire de la profession d'avocat : défendre par la parole et par l'écrit*, Presses de l'Université des sciences sociales de Toulouse, 2004, p. 37.
3. AUSSI : B. Sur, P.-O. Sur, *Histoire des avocats en France des origines à nos jours*, Dalloz, 2e éd., 2014, p. 77 s.
4. V. ss n° 023.03 – ON LIRA AVEC INTÉRÊT : H. Cochin (1687-1747), *Œuvres complètes de Cochin, avocat au parlement de Paris*, 8 vol., Fantin, Paris, 1821-1822.
5. V. ss nos 311.21 s.
6. F. Delbeke, *L'action politique et sociale des avocats au XVIIIe siècle*, Sirey, 1927.
7. *Journal de l'Europe ou Mercure national et étranger*, 1789, t. II, p. 342-343.
8. V. ss n° 023.25.
9. A. de Pontbriant, *Histoire de la Principauté d'Orange*, Picard – Martinus-Nijhoff, 1891, p. 308 – AUSSI : J.-P. Royer, « Généalogie de l'École nationale de la magistrature – À propos du mode de recrutement des magistrats depuis la Révolution », *Les Cahiers de la Justice*, 2010/1 (n° 1), p. 65 s.
10. V. ss nos 314.32 s.
11. V. ss n° 314.34.
12. D. A. Bell, « Des stratégies d'opposition sous Louis XV : l'affaire des avocats, 1730-31 », *Histoire, économie & société*, 1990 9-4, p. 567 s. – J.-A.-J. Gaudry, *Histoire du barreau de Paris depuis son origine jusqu'à 1830*, A. Durand, Paris, 1864, p. 342 s. – C.-L. Maire, *De la cause de Dieu à la cause de la Nation. Le jansénisme au XVIIIe siècle*, Gallimard, 1998.

puissants, les libertés nécessaires et une autonomie, et indépendance, quasi totale [1].

023.45 Grève des avocats. Les avocats se montraient parfois turbulents, et l'on a ainsi pu dénombrer 46 grèves d'avocats entre 1667 et 1787 [2]. C'est ainsi qu'en 1602 ils firent grève. Le parlement, dans sa mercuriale du 9 mai 1602, avait décidé en effet de faire observer par les avocats l'article 161 de l'ordonnance de Blois de 1579, selon laquelle ils devaient mentionner et parapher de leur main le montant de ce qu'ils avaient reçu pour salaire et ce, sous peine de concussion. Le barreau n'ayant pu obtenir du parlement qu'il rapporte son arrêt, le 19 mai les 307 avocats du barreau de Paris se rendirent au greffe, deux par deux, bâtonnier en tête et donnèrent leur démission du barreau. Le roi intervint le 25 mai pour faire cesser la grève et le 4 juin les audiences pouvaient reprendre. Tout en maintenant l'article 161 de l'ordonnance de Blois de 1579, le roi Henri IV autorisait les avocats à venir lui exposer leurs objections en raison des faits de leurs charges. Ce n'est qu'après les avoir écoutés que le roi statuerait comme il appartiendrait. En fait il ne statua jamais et les avocats continuèrent à ne pas mentionner le montant des honoraires par eux perçus.

Si cette grève avait pour cause le prétexte invoqué, la raison profonde se trouve dans les difficultés que rencontrait le barreau à l'époque, du fait de l'augmentation importante du nombre des avocats, du relâchement de l'esprit de confrérie et de l'irritation qu'il ressentait devant l'augmentation de dignité des magistrats désormais propriétaires de leur office et qui occupaient le haut du pavé [3].

023.46 La crise de croissance du barreau. Le siècle porte en germe ce qui va, paradoxalement, mettre en danger le barreau au même titre que les libelles [4] et *factum* [5] qui connaissent alors leur âge d'or et qui lui sont inséparables : la libéralisation de la parole, suivant celle des idées et contribuant à les diffuser, devant les juridictions. Le barreau, à tout le moins celui de Paris, s'en méfie et n'hésite pas à radier ceux de ses membres, tels que Simon-Nicolas-Henri Linguet (1736-1794) [6] ou Nicolas François de Neufchâteau (1750-1828), qu'il juge trop virulent, et à barrer l'accès à ceux qu'il pressent comme tel [7]. Le barreau, d'esprit pourtant libéral, se trouve ainsi lui-même critiqué [8].

Au même moment, l'évolution économique et surtout sociale de l'époque, et notamment le resserrement de la noblesse et l'instauration de la vénalité des charges [9], brise l'unité d'un barreau qui n'était déjà plus pleine et entière [10].

SECTION 3
RÉVOLUTION (1789-1799)

023.51 Loi des 16 et 24 août 1790 : réorganisation des tribunaux. L'Assemblée nationale constituante a dû faire face, avec la loi des 16 et 24 août 1790 [11], à la réorganisation des tribunaux sur lesquels une campagne habilement menée par des philosophes et notamment par des avocats et des magistrats, avait jeté un discrédit général.

Désormais le foisonnement des juridictions de l'Ancien Régime est supprimé, il existe 545 tribunaux, sans compter les tribunaux parisiens au nombre de six. Les magistrats sont élus parmi les hommes de loi ayant exercé pendant cinq ans auprès des tribunaux. Les cours et parlements sont supprimés [12]

1. H. Leuwers, *L'invention du barreau français : La construction nationale d'un groupe professionnel*, 1660-1830, Ehess, 2006.
2. H. Leuwers, *L'invention du barreau français : La construction nationale d'un groupe professionnel*, 1660-1830, Ehess, 2006, p. 348 s. – H. Leuwers, « L'honneur par la grève. Quand les avocats bordelais refusaient de fréquenter les audiences (XVIIIe siècle) », *in* B. Favreau (dir.), *Le Parlement de Bordeaux, 1462-2012*, Chawan éditions, Bordeaux, 2014, p. 223 ; « Une grève pour la liberté et l'indépendance du barreau. Bordeaux (1749-1752) », *in Figures de justice : Études en l'honneur de Jean-Pierre Royer*, Pul, Lille, 2004, p. 117.
3. A. Damien, « La grève des avocats en 1602 », *Gaz. Pal.* 1978. II. 547 – J.-A.-J. Gaudry, Histoire du barreau de Paris depuis son origine jusqu'à 1830, A. Durand, Paris, 1864, p. 315 s.
4. S.-N.-H. Linguet, *Théorie du libelle, ou l'art de calomnier avec fruit*, Amsterdam, 1775.
5. H. Leuwers, « Les factums de l'avocat Robespierre. Le choix d'une défense par l'imprimé », *Annale historiques de la Révolution française*, 2013-1, p. 55 – S. Maza, « Le tribunal de la nation : les mémoires judiciaires et l'opinion publique à la fin de l'Ancien Régime », *Annales* 1987, n° 42-1, p. 73 s. – M.-J. Laperche-Fournel, *La plume et le glaive. Les avocats nancéiens, le droit et la littérature dans la seconde moitié du XVIIIe siècle*, Éditions Beaurepaire, 2017.
6. H. Carré, *Le barreau de Paris et la radiation de Linguet*, Millet et Pain, 1892.
7. Y. Robert, « Des acteurs au barreau, ou l'invention de l'avocat moderne », *Dix-huitième siècle*, 2017/1 (n° 49), p. 119 s. – DÉJÀ : M. Houllemare, « Un avocat parisien entre art oratoire et promotion de soi (fin XVIe siècle) », Revue historique, 2004/2 (n° 630), p. 283 s.
8. J.-P. Brissot de Warville, *Un indépendant à l'ordre des avocats : Sur la décadence du barreau en France – Plus d'ordre et le barreau renaît*, Berlin, 1781.
9. V. ss n° 023.28.
10. H. Leuwers, *L'invention du barreau français : La construction nationale d'un groupe professionnel*, 1660-1830, EHess, 2006, p. 189 s. – A. Poirot, *Le milieu socioprofessionnel des avocats au parlement de Paris à la veille de la Révolution (1760-1790)*, École des chartes, 1977.
11. Loi des 16 et 24 août 1790 sur l'organisation judiciaire, *Recueil Duvergier*, p. 361.
12. V. ss n° 023.24.

et l'appel est porté devant une juridiction voisine d'un même degré, c'est ce qu'on nomme « l'appel circulaire ».

023.52 Décret du 2 septembre 1790 : suppression du costume professionnel. Le décret du 2 septembre 1790[1] qui vise le costume des juges, supprime la robe et institue l'habit noir et le chapeau à plumes et le dernier texte de l'article précise : « Les hommes de loi ci-devant appelés avocats, ne devant former ni ordre ni corporation, n'auront aucun costume particulier de leur fonction ».

Sous cette apparence d'étiquette et de costume, c'est en réalité la suppression du barreau, dont l'existence même ne figurait dans aucun texte de l'Ancien Régime, que consacre cette disposition.

On ne trouvera de disposition formelle promulguant la disparition du barreau que dans le décret sur la législation des colonies[2].

023.53 Suppression du barreau et création des avoués. Comment l'Assemblée constituante qui comportait en son sein 213 avocats supprima-t-elle aussi facilement le barreau ? En réalité[3], beaucoup d'avocats, notamment du barreau de Paris, étaient hostiles à son maintien. En fait preuve un cahier de doléances écrit par certains avocats, dont probablement Jacques-Pierre Brissot de Warville (1754-1793), intitulé « Projet de création de charges d'avocats ou plutôt de destruction de l'ordre inquisitorial et despotique des avocats au parlement de Paris par une société d'avocats au parlement *non tablotans* », fictivement imprimé à Berlin en 1789[4]. Il s'agit d'un violent pamphlet dédié aux états généraux dans lequel ces avocats exposent de nombreux arguments pour « réformer les abus d'une compagnie tout à la fois aristocratique et despotique absolument insoutenable dans un État monarchique »[5].

Et, s'il se trouva, au moins, un avocat, lors d'une séance du 14 décembre 1790, à l'occasion d'un débat sur l'organisation judiciaire pour rappeler que : « Aussi, en déclarant, sans aucune peine, que cette profession même n'était pas exempte des abus qui désoleront toujours les peuples qui ne vivront point sous le régime de la liberté, suis-je du moins forcé de convenir que le barreau semblait montrer encore les dernières traces de la liberté exilée du reste de la société ; que c'était là où se trouvait encore le courage de la vérité, qui osait réclamer les droits du faible opprimé contre les crimes de l'oppresseur puissant ; enfin ces sentiments généreux qui n'ont pas peu contribué à une révolution, qui ne s'est faite dans le gouvernement que parce qu'elle était préparée dans les esprits », en l'occurrence, Maximilien Robespierre (1758-1794)[6], il s'agissait, pour lui, de dénoncer le nouveau régime mis en place conduisant à un « corps des gens de lois recréés sous une forme plus vicieuse que l'ancienne »[7], car, contrairement à ce qui a été affirmé par certains auteurs, Maximilien Robespierre, tout en faisant son éloge, s'associa à la suppression du barreau[8].

En effet, le nouveau régime allait conduire à instaurer[9], cruelle ironie, les avoués auprès des tribunaux[10], successeurs des procureurs de l'Ancien Régime, recrutés parmi les anciens magistrats, procureurs ou avocats astreints aux serments civique et professionnel, pour représenter les parties tout en reconnaissant à celles-ci le droit de se défendre elles-mêmes ou d'employer le ministère d'un « défenseur officieux »[11] dont le nom indique bien que la fonction n'est pas publique.

1. Décr. de l'assemblée constituante, 2 sept. 1790 sur l'organisation judiciaire, *in* F. Liouville, *Profession d'avocat : lois et règlements depuis Charlemagne*, Simonet-Delaguette, 1859, p. 107.
2. Décr. 15 juin 1791, art. 25, § 4.
3. SUR CETTE PÉRIODE, AUSSI : F. Papillard, *Désiré Dalloz*, Dalloz, 1988, p. 11 s. – Th. de Ravel d'Esclapon, *Désiré Dalloz (1795-1869) : Vivre le droit*, Dalloz, 2020.
4. *Projets de création de charges d'avocats ou plutôt de destruction de l'ordre inquisitorial et despotique des avocats au parlement de Paris : Aux dépens des exclus*, Berlin, 1789 – COMP. : J.-P. Brissot de Warwille, *Un indépendant à l'ordre des avocats : Sur la décadence du barreau en France – Plus d'ordre et le barreau renaît*, Berlin, 1781.
5. M. Tourneux, *Bibliographie de l'histoire de Paris pendant la Révolution*, t. III, n° 13902, Imprimerie nouvelle, 1906 – A. Damien, « La suppression de l'Ordre des avocats par l'Assemblée constituante », *RT barr.* Versailles déc. 1988, p. 7.
6. M. Robespierre, « *Discours sur la suppression des offices ministériels et des avocats* », Société des études robespierristes, *Œuvres de Maximilien Robespierre*, 1950 ; rééd. Éditions du Miraval, 2007, t. VI, p. 659 s.
7. M. Robespierre, « *Discours sur la suppression des offices ministériels et des avocats* », Société des études robespierristes, *Œuvres de Maximilien Robespierre*, 1950 ; rééd. Éditions du Miraval, 2007, t. VI, p. 659 s.
8. SUR Robespierre avocat : A. Damien, *Gaz. Pal.* 1981. II. 372 – H. Leuwers, *Robespierre*, Fayard, 2014.
9. À L'INITIATIVE DE : F.-D. Tronchet (1726-806) – Ph. Tessier, *François Denis Tronchet ou la Révolution par le droit*, Fayard, 2016.
10. Décrets des 29 janv.-20 mars 1791 concernant la suppression des offices ministériels et l'établissement des avoués, *Recueil général des lois, décrets, ordonnances... Depuis le mois de juin 1789 jusqu'au mois d'août 1830*, Paris, *Journal des notaires et des avocats*, 1839, t. II, p. 15 – Ch. Bataillard et H. Nusse, *Histoire des procureurs et des avoués*, Hachette, Paris, 1882 ; – H. Leuwers, « La fin des procureurs. Les incertitudes d'une recomposition professionnelle (1790-1791) », *Histoire, économie & société*, 2014/3, p. 18 – J.-R. Duboc, *Évolution comparée des professions d'avocat et d'avoué*, Thèse, 1960 – D. Bordier, *La compagnie des avoués de Libourne*, 1790-1945, thèse droit, Bordeaux, Impr. du Cerf-volant, 3 vol, 1973.
11. N. Derasse, « Les défenseurs officieux : une défense sans barreaux », *Annales historiques de la Révolution française* 2007, n° 350, p. 49.

023.54 Principe directeur du décret d'Allarde : la liberté. L'optique révolutionnaire, tout autant que libérale qui fleurit en ce début de la Révolution française, est toute de liberté. Le libéralisme économique est de règle, aussi la loi des 2 et 17 mars 1791 dite « décret d'Allarde »[1], proclame la liberté du commerce et de l'industrie et celle d'exercer telle profession, art ou métier qu'on jugera bon. C'est donc d'un seul trait de plume des siècles de protectionnisme qui s'effondrent aux applaudissements de la grande majorité des Français épris de liberté et d'égalité en ce début d'une ère nouvelle construite sur les décombres de la société monarchique et traditionnelle.

Pour assurer la liberté d'exercer toute profession et donner toute son efficacité à cette conquête de l'idéologie révolutionnaire sur la puissance politico-administrative, mais aussi sur les opposants aux émeutiers, il devenait vital de briser les résistances qui subsistaient du côté des patrons comme du côté des ouvriers. La seule solution possible était la suppression de tout *corps intermédiaire*, des associations de toute nature considérées comme contraires à la liberté de l'individu.

023.55 Loi du 14 juin 1791, dite Le Chapelier. C'est dans ces conditions que va être votée la loi le Chapelier, du nom d'Issac le Chapelier (1754-1794), avocat au parlement de Bretagne, des 14 et 17 juin 1791[2] : « L'anéantissement de toutes les espèces de corporations de citoyens de même état et profession étant une des bases fondamentales de la Constitution française, il est défendu de les rétablir de fait sous quelque prétexte et quelque forme que ce soit ». Le préambule de la Constitution du 3 septembre 1791, votée à la même époque affirmera en effet de son côté « qu'il n'y a plus ni jurandes, ni corporations de professions, arts et métiers ». On conçoit donc aisément que dès lors que toute l'économie et le travail, y compris celui concernant la justice, appartenaient de droit et par principe aux individus, la suppression des barreaux était nécessaire dans cette optique et les avocats les plus attachés à leur barreau se devaient de voter sa suppression dans la fièvre idéologique qui régnait alors dans une France en effervescence permanente[3].

Cette volonté de destruction de tout groupement rassemblant obligatoirement des individus est donc la vraie cause de la suppression des barreaux qui disparurent de la même manière que les académies qui avaient été cependant le refuge du libéralisme et de l'esprit des Lumières. La Révolution balaie cette institution, les défenseurs officieux sont sans liberté et ils sont parfois sans courage.

1. L. 17 mai 1791, dite décret d'Allarde.
2. L. 14-17 juin 1791, dite loi Le Chapelier.
3. F.-P. Benoît, *La démocratie libérale*, Puf, 1978, p. 40.

Mais en fait, et malgré ces mesures législatives, les corporations se maintiennent et servent surtout de cadre aux compagnons et aux ouvriers pour s'opposer même violemment à cette suppression. Une partie des avocats parisiens s'est ainsi regroupée dans une communauté d'intérêts connue sous la dénomination « d'avocats du Marais »[4] du nom du quartier où ils demeuraient dans Paris.

023.56 Ambulance. Une des conséquences permanentes de l'organisation judiciaire révolutionnaire fut l'obligation faite aux défenseurs officieux de plaider devant plusieurs juridictions simultanément et le même jour, ce qui n'était pas l'usage sous l'Ancien Régime.

Lorsque le barreau sera restauré, l'habitude demeura et c'est ainsi qu'aujourd'hui encore les avocats plaident sans limitation territoriale. Ce phénomène fut désigné sous le nom « d'ambulance » et le bâtonnier Jean-François Fournel (1745-1820) déplore qu'après que le barreau eut été reformé en 1810[5], « reste un arrière-goût d'ambulance chez ses membres qui n'est pas aujourd'hui tout à fait dissipé et l'on voit quelques avocats de réputation, cédant aux instances de leurs clients quitter leurs affaires pour aller à 20, 30 lieues et au-delà, faire preuve de leur talent... Il faut espérer, conclut l'auteur, qu'on les verra bientôt renoncer à cette habitude quand l'ancien régime de l'Ordre aura été réintégré dans toute sa perfection »[6].

SECTION 4
RESTAURATION DU BARREAU (1802-1810)

023.61 Loi du 27 ventôse an VIII : réorganisation judiciaire. Napoléon Bonaparte[7], Premier consul restaura la magistrature en s'inspirant du système voulu, en 1771, par le chancelier René-Nicolas de Maupeou (1714-1792)[8], dont le fidèle secrétaire

4. J.-M. Varaut, *Les avocats du Marais ou le barreau sous la Révolution*, Imprimerie du Palais, 1961 – AUSSI : H. Leuwers, « Révolution constituante et société judiciaire. L'exemple septentrional », *Annales historiques de la Révolution française* 2007, n° 350, p. 27.
5. V. s^s n° 023.63.
6. J.-F. Fournel, *Histoire des avocats au parlement et du barreau de Paris depuis Saint-Louis jusqu'au 15 octobre 1790*, Maradan, 2 vol., 1813.
7. H. Robert, *« Napoléon et la profession d'avocat »*, *in* Th. Lentz (dir.), *Napoléon et le droit*, CNRS éditions, 2017, p. 51.
8. J.-L. A. Chartier, *Justice, une réforme manquée (1771-1774) : Le chancelier de Maupeou*, Fayard, 2009 – J. Flammermont, *Le chancelier Maupeou et les parlements*, A. Picard, 1883.

n'était autre que Charles-François Lebrun (1739-1824), troisième consul. La loi du 27 ventôse an VIII (18 mars 1800)[1] vient ainsi réorganiser les institutions judiciaires en rationalisant l'organisation des tribunaux, au nombre de 400, et restaurant les juridictions d'appel, au nombre de 29 en lieu et place des 18 cours et parlements de l'Ancien Régime[2], et supprimant « l'appel circulaire »[3], afin de mettre fin aux désordres engendrés par la Révolution[4].

La réforme des auxiliaires de justice maintient des avoués, officiers ministériels, en nombre limité et exerçant devant chaque juridiction ; astreints à la résidence ils pouvaient postuler et plaider seulement devant le siège où ils étaient inscrits ; ils étaient enfin soumis au contrôle du procureur, tarifés dans leurs honoraires qui étaient en outre remboursés au gagnant par la partie perdante. Ainsi le système consulaire créait l'auxiliaire de justice unique et réglait en même temps la question de la répétibilité de sa rémunération[5].

023.62 **Loi du 22 ventôse an XII : rétablissement des avocats.** Dès 1802, on voit apparaître des gens de loi qui portent l'ancien costume des avocats et la loi du 22 ventôse an XII[6] (13 mars 1804) indique dans son article 29 qu'il sera formé un tableau des avocats exerçants près des tribunaux.

Cette loi, à la suite de la loi du 11 floréal an X (1er mai 1802)[7], réorganise les écoles de droit, au nombre de dix (Paris, Dijon, Turin, Grenoble, Aix-en-Provence, Toulouse, Poitiers, Rennes, Caen, Bruxelles, Coblentz et Strasbourg), et rétablit l'enseignement du droit lequel, comme les universités, avait lui aussi été supprimé par la Révolution. Le décret du 17 mars 1808[8] changera le nom des écoles de droit en celui de facultés de droit.

Les avocats sont donc rétablis. Ils ne postulent pas, ne représentent pas les parties mais plaident librement aux côtés d'un avoué, doté également de la capacité de plaider mais qui fait appel à un spécialiste dans les affaires délicates.

023.63 **Décret du 14 décembre 1810 : rétablissement du barreau.** Le décret impérial du 14 décembre 1810[9] rétablit le tableau des avocats et par là même le barreau en le considérant comme « l'un des moyens les plus propres à maintenir chez ses membres, la probité, la délicatesse, le désintéressement, le désir de la conciliation, l'amour de la vérité et de la justice, un zèle éclairé pour les faibles et les opprimés, base essentielle de leur état ».

Mais le barreau ne fut rétabli qu'en tutelle. Le 15 vendémiaire an XIII (7 octobre 1804), lorsque l'Empereur vit le premier projet de décret, il écrivit à Jean-Jacques-Régis de Cambacérès (1753-1824)[10] : « Il n'y a rien qui donne au Grand Juge les moyens d'écarter du corps les mauvais sujets. J'aime mieux ne rien signer que de m'ôter les moyens de prendre des mesures contre ce tas de bavards, artisans de révolutions, qui ne sont inspirés que par le crime et la corruption. Tant que j'aurai l'épée de côté, je ne signerai jamais une loi aussi absurde. Je veux qu'on puisse couper la langue à un avocat s'il s'en servirait contre le Gouvernement. »[11]. Il faudra attendre six ans pour que Napoléon accepte un texte maintes fois remanié[12].

Les membres du conseil de l'Ordre étaient alors nommés par le procureur général, sur proposition de l'assemblée générale de l'Ordre[13], et le bâtonnier était désigné par ce même procureur général[14].

023.64 **Lente reconstitution des barreaux.** le barreau ainsi recréé se composait des anciens avocats qui avaient survécu à la Révolution, s'ajoutèrent à ces anciens avocats des défenseurs officieux en grand nombre, d'anciens magistrats ou avoués et des jeunes étudiants frais émoulus des écoles de droit[15].

Peu de barreaux toutefois se reconstituèrent en France si ce n'est dans les grands centres. Les avoués[16] assuraient le service quotidien de la défense des

1. L. 27 ventôse an VIII [18 mars 1800] sur l'organisation des tribunaux, *Rec. Duvergier*, p. 166.
2. V. s^s n° 023.24.
3. V. s^s n° 023.51 – Il sera rétabli devant les cours d'assises par la loi du 15 juin 2000 : C. pén., art. 231 ; mod. par L. n° 2000-516, 15 juin 2000, art. 79.
4. V. s^s n° 023.51.
5. V. s^s n°s 723.81 s.
6. L. relative aux Écoles de droit Paris, le 22 Ventôse, an XII de la République, *in* F. Liouville, *Profession d'avocat : Lois et règlements depuis Charlemagne*, Simonet-Delaguette, 1859, p. 119.
7. L. gén. 11 floréal an X [1er mai 1802] sur l'instruction publique.
8. Décr. impérial n° 3179, 17 mars 1808 portant organisation de l'Université, *Bulletin des lois*, n° 185.
9. Décr. impérial, 14 déc. 1810 contenant Règlement sur l'exercice de la profession d'Avocat, et la discipline du Barreau, *in* A. Dupin, *Profession d'avocat : Recueil des pièces concernant l'exercice de cette profession*, B. Warée aîné, 1830-1832, p. 591.
10. L. Chatel de Brancion, *Cambacérès : maître d'œuvre de Napoléon*, Paris, Perrin, 2001 – P.-F. Pinaud, *Cambacérès*, « Tempus », Perrin, 2018,
11. N. Bonaparte, *Correspondance générale*, t. IV, Fayard, 2007, p. 920.
12. H. Robert, « Napoléon et la profession d'avocat », *in* Th. Lentz (dir.), *Napoléon et le droit,* CNRS éditions, 2017, p. 51.
13. Décr. impérial, 14 déc. 1810 contenant Règlement sur l'exercice de la profession d'avocat, et la discipline du Barreau, art. 19.
14. Décr. Impérial, 14 déc. 1810 contenant Règlement sur l'exercice de la profession d'avocat, et la discipline du Barreau, art. 21.
15. Ph. Bertholet, F. Ottaviano, H. Robert, *Dictionnaire des avocats du barreau de Paris en 1811 : Après le rétablissement des barreaux par Napoléon Ier*, 2 vol., Riveneuve, 2012.
16. V. s^s n° 023.53.

justiciables, les avocats n'intervenaient que dans des procès exceptionnels. Ils avaient retrouvé leur titre et leur costume plus que leurs règles et leurs traditions.

023.65 **Premier Empire.** Napoléon Bonaparte, Empereur, ressuscite ainsi le barreau mais presque asservi. Il lui confère, mais sans en mesurer la portée, ce qui fera demain sa puissance, la plaidoirie pénale[1].

Désormais le statut des avocats, et surtout celui des barreaux, va suivre les vicissitudes des régimes politiques français.

SECTION 5
BARREAU AU XIXe SIÈCLE

023.71 **Ordonnance du 27 février 1822 : monopole de la plaidoirie.** L'ordonnance royale du 27 février 1822[2] supprima la possibilité pour les avoués[3] de plaider les causes dans lesquelles ils occupaient. Ainsi, seuls les avocats avaient désormais cette possibilité, une sorte de monopole de la plaidoirie était donc constitué, à moins que le nombre d'avocats inscrits sur un tableau ne soit jugé insuffisant pour la plaidoirie et l'expédition des affaires.

Ce texte, bien qu'à l'origine des célèbres démêlés du barreau de Versailles et de la compagnie des avoués[4], marque la naissance du barreau moderne. C'est lui qui a rempli tous les barreaux de France de candidats nombreux puisque l'augmentation du nombre d'avocats apportait au barreau le monopole de plaidoirie, source de profit pour les avocats locaux.

023.72 **Ordonnance du 20 novembre 1822 : autonomie retrouvée des barreaux.** L'ordonnance royale du 20 novembre 1822[5], que l'on doit à Pierre-Denis de Peyronnet (1778-1854), voulant « prendre en considération les réclamations qui ont été formées par les divers barreaux du royaume contre les dispositions du décret du 14 décembre 1810, et voulant rendre aux avocats exerçant dans nos tribunaux, la plénitude du droit de discipline qui, sous les rois nos prédécesseurs, élevait au plus haut degré l'honneur de cette profession et perpétuait dans son sein l'invariable tradition de ses prérogatives et de ses devoirs ; voulant d'ailleurs attacher à la juridiction que le barreau doit exercer sur chacun de ses membres, une autorité et une confiance fondées sur les déférences et sur le respect que l'expérience des anciens avocats leur donne le droit d'exiger de ceux qui sont entrés plus tard dans cette carrière »[6], abrogea le décret du 14 décembre 1810 et supprima les pouvoirs du procureur général en matière de désignation des membres du conseil de l'Ordre, au profit d'un système de nomination des « anciens », et du bâtonnier qui était désormais nommé par le conseil de l'Ordre.

L'autonomie ainsi retrouvée allait d'autant plus loin que le texte n'avait prévu aucune possibilité pour le procureur général et surtout pour les avocats eux-mêmes de saisir la cour d'appel à l'encontre des décisions tant administratives que disciplinaires des conseils de l'Ordre. Cette omnipotence des conseils de l'Ordre qui statuaient alors souverainement, seule la voie de la révision, devant ce même conseil de l'Ordre, étant alors ouverte durera jusqu'en 1861[7] avant que la Cour de cassation, sous la présidence de Raymond-Théodore Troplong (1795-1869), ne vienne y mettre un terme en posant, progressivement, le principe du droit d'appel contre les décisions du conseil de l'Ordre, tant pour les avocats concernés par la décision, sauf pour les sanctions disciplinaires les plus faibles, que, dans certains cas, pour le procureur général[8].

023.73 **Ordonnance du 27 août 1830 : démocratisation accrue des barreaux.** L'autonomie des barreaux fut accrue par l'ordonnance du 27 août 1830[9], que l'on doit à Jacques-Charles Dupont de l'Eure (1767-1855), fruit de la révolution de juillet, qui donna aux avocats réunis en assemblée générale le droit d'élire leur conseil de l'Ordre et leur bâtonnier.

Le décret du 22 mars 1852[10], dû à Jacques-Pierre Abbatucci (1791-1857), restreignit, à la suite de la

1. É. Cerdan, *La parole libre de l'avocat (1789-1830)*, Th., Bordeaux, 2016.
2. Ord. du roi, 27 févr. 1822 sur l'incompatibilité des fonctions des avocats et des avoués et qui interdit à ceux-ci la plaidoirie, *in* A. Dupin, *Profession d'avocat : Recueil des pièces concernant l'exercice de cette profession*, B. Warée aîné, 1830-1832, p. 603.
3. V. s[s] n° 023.53.
4. A. Damien, *Le barreau quotidien*, Henri Lefebvre, 1971, p. 77 s.
5. Ord. du roi, 20-23 nov. 1822 contenant règlement sur l'exercice de la profession d'avocat et la formation d'avocat et la discipline du barreau, *in* A. Dupin, *Profession d'avocat : recueil des pièces concernant l'exercice de cette profession : B. Warée aîné, 1830-1832, p.* 610.
6. Ord. du roi, 20-23 nov. 1822 contenant règlement sur l'exercice de la profession d'avocat et la formation d'avocat et la discipline du barreau, préambule.
7. Cass. 3 juill. 1861, *S.* 1861. I. 606 – Cass. 8 janv. 1868 *Barreau de Valenciennes c/ Pillion, Journal des avoués* 1868. 186.
8. SUR CETTE QUESTION : E. Cresson, *Usages et règles de la profession d'avocat, jurisprudence, ordonnances, décrets et lois*, L. Larose et Forcel, 1888, t. II, p. 164 s.
9. Ord. de Louis-Philippe, 27 août 1830 contenant des dispositions sur la profession d'avocat, *in* F. Liouville, *Profession d'avocat : Lois et règlements depuis Charlemagne*, Simonet-Delaguette, 1859, p. 156.
10. Décr. impérial, 22 mars 1852 relatif aux élections du barreau, *in* F. Liouville, *Profession d'avocat : Lois et règlements depuis Charlemagne*, Simonet-Delaguette, 1859, p. 169.

proclamation du Second Empire, cette autonomie en donnant, à nouveau, au seul conseil de l'Ordre le pouvoir de choisir le bâtonnier. Le barreau retrouva, définitivement, sa liberté d'élire son bâtonnier en assemblée générale, juste avant la proclamation de la République de 1870, avec le décret du 10 mars 1870[1], œuvre d'Émile Ollivier (1825-1913).

L'ordonnance de 1830 prévoyait, en outre, qu'« Il sera procédé dans le plus court délai possible à la révision définitive des lois et règlements concernant l'exercice de la profession d'avocat »[2], qui restait alors régie par les articles 24 à 29 de la loi du 22 ventôse an XII[3] et l'ordonnance du 20 novembre 1822[4]. Il faudra attendre 1920 pour voir une telle révision intervenir[5].

023.74 Émergence des professions libérales. Pour être républicain[6] dans sa grande majorité, ou plus précisément « républicains modérés, lorsqu'ils ne sont pas modérément républicains »[7], pour reprendre l'expression d'Yves Ozanam, le barreau n'en demeure pas moins confortablement bourgeois[8]. Les mœurs, la tenue de l'avocat, la dignité professionnelle dont il doit faire preuve, son mode d'activité, sont fortement marqués par son appartenance à la bourgeoisie française[9].

Le barreau, toujours à la recherche de la protection pour assurer sa liberté[10], s'intègre ainsi dans cette bourgeoisie bientôt toute-puissante, et qui s'épanouit au cours du XIXe siècle. En même temps que les médecins ou les architectes, il participe à la création de cette structure peu caractérisée juridiquement mais fortement typée sociologiquement : la profession libérale. Les avocats font ainsi partie et sont d'ailleurs un des plus beaux ornements de ce monde particulier né au cours du XIXe siècle qu'on rassemble sous la dénomination de « profession libérale »[11].

Les caractéristiques de cette catégorie professionnelle, qui a succédé aux barreaux et corporations de l'Ancien Régime[12], consistent essentiellement en ce que la profession libérale n'est pas un métier mais une mission : l'avocat, pas plus que le médecin, l'architecte, l'officier ou le prêtre au XIXe siècle, n'exerce un métier comme le commerce ou l'artisanat mais il assume une mission de service public. Par cette fonction, qui comporte nombre de servitudes non rémunérées, l'avocat est néanmoins sûr d'assurer sa subsistance, l'avocat vit de la barre.

Cette fonction se reconnaît à l'indépendance matérielle et intellectuelle, au goût du travail accompli, à un certain désintéressement, qui n'exclut ni le désir de gagner sa vie, ni l'esprit d'économie, à une certaine condescendance bienveillante envers les plus défavorisés du sort, à la faveur du public qui la considère comme un des fleurons de la société, à un sens aigu du devoir, une autonomie enfin, due à des relations puissantes, car c'est là que réside le secret de cette catégorie sociale, elle appartient à la classe du pouvoir.

023.75 Indépendance de l'avocat. C'est dans cet esprit que certains ont conçu que l'honoraire devait être le « don spontané de la reconnaissance du client »[13]. D'autre part, le choix du client est libre, nul n'est contraint de s'adresser à tel ou tel avocat ou à tel médecin mais de même, et réciproquement, le libéral accepte librement sa clientèle et n'est jamais contraint d'accepter un dossier ou une défense.

Enfin, le libéral est irresponsable, il est tenu d'une obligation de moyens, jamais d'une obligation de résultat[14] ; sa conscience n'est mise en doute par personne et, en aucune manière, il ne peut être inquiété ni recherché pour les suites de sa prestation. Désormais le barreau est puissant, allié à la force neuve qui domine au XIXe siècle, la bourgeoisie libérale, il prend alors des dimensions inconnues de ses devanciers.

Hier encore, les avocats n'étaient que des robins enfouis dans leurs grimoires et leurs ordonnances, désormais ils deviennent la « Défense »[15].

1. Décr. impérial, 10 mars 1870 relatif à l'élection du bâtonnier de l'ordre des avocats près chaque cour et tribunal de l'empire, *in* F. Liouville, *Profession d'avocat : Lois et règlements depuis Charlemagne, Simonet*-Delaguette, 1859, p. 169.
2. Ord. de Louis-Philippe, 27 août 1830 contenant des dispositions sur la profession d'avocat, art. 5.
3. V. s^s^ n° 023.62.
4. V. s^s^ n° 023.72.
5. V. s^s^ n° 023.93.
6. G. Le Béguec, *La République des avocats*, A. Colin, 2009 – C. Fillon, *Histoire du barreau de Lyon sous la Troisième République*, Aléas, 1995 – L. Willemez, *Des avocats en politique (1840-1880) : Contribution à une socio-histoire de la profession politique en France*, th. Paris I, 2000.
7. Y. Ozanam, « Histoire des avocats », *in*. B. Beignier, J. Villacèque (dir.), *Droit et déontologie de la profession d'avocat*, 2e éd., Gazette du Palais, 2016, p. 24, n° 22.
8. Ch. Charle, « La bourgeoisie de robe en France au XIXe siècle », *Le Mouvement social*, 1997/4 (n° 181), p. 53 s.
9. A. Damien, *Les avocats du temps passé*, Henri Lefebvre, 1973, chap. IV.
10. V. s^s^ n° 023.32.
11. J. Savatier, *Étude juridique de la profession libérale*, R. Pichon, R. Durand-Auzias, 1947.
12. V. s^s^ n°s 023.32 s.
13. V. s^s^ n°s 711.22 s.
14. V. s^s^ n°s 912.41 s.
15. Y. Ozanam, *Les grandes plaidoiries : Archives et documents pour l'histoire, de l'affaire Calas au procès de Pétain*, La Martinière, 2011 – F. Payen, *Anthologie des avocats français contemporains*, Grasset, 1913 – M. Hamburger, *La Défense : Nos grands avocats*, Alexis Redier, 1930 ; *La robe noire ou la tradition libérale de l'ordre des avocats : Suivie de portraits et d'esquisses des grands civilistes contemporains*, Les presses modernes, 1937 – J. Munier-Jolain, *La plaidoirie dans la langue française au XIXe siècle*, Paris, Chevalier-Marescq, 1905.

023.76 Loi du 22 juillet 1889 : l'avocat mandataire *ad litem*. La loi du 22 juillet 1889[1] vient, pour la première fois, faire des avocats les mandataires *ad litem*[2] de leurs clients devant les conseils de préfectures, possibilité qui leur sera étendue en 1905 devant les justices de paix[3], en 1907 devant les conseils de prud'hommes[4] puis, en 1911, devant les juridictions commerciales[5].

L'avocat peut ainsi désormais[6] être le mandataire judiciaire de son client devant les juridictions où l'avoué[7] ne dispose pas de monopole, mais il ne saurait être tenu de justifier d'un mandat ou d'une procuration écrite : une telle exigence étant considérée, à l'époque, encore emprunte d'une déontologie de restrictions[8], comme de nature à porter atteinte à son indépendance[9].

Il s'était déjà permis, à partir du XVIIe siècle et ce jusqu'à la création des avoués par la Révolution[10], d'effectuer parfois la tâche des anciens procureurs[11], il deviendra pleinement mandataire en matière judiciaire, en 1971, avec la première fusion des professions judiciaires et juridiques[12], puis en 1990, avec la création de la nouvelle profession d'avocat[13], qui le réunit avec les conseils juridiques, anciens agents d'affaires[14], il deviendra le mandataire naturel de son client en toutes matières[15].

SECTION 6
BARREAU AU XXe SIÈCLE

023.80 Plan – Loi du 1er décembre 1900 : accès des femmes à la profession. L'entre-deux siècles va être marqué par l'accès des femmes à la profession d'avocat. Le 24 novembre 1897, Jeanne Chauvin[16] sollicite son inscription au Barreau de Paris et se présente devant la cour d'appel afin de prêter serment. Par un arrêt en date du 30 novembre 1897, la cour d'appel de Paris rejeta sa demande d'admission à la prestation de serment. Dans son arrêt, la cour d'appel notait qu' : « au législateur seul appartient le droit de modifier les lois ou d'en éditer de nouvelles, tandis que le pouvoir judiciaire n'est appelé qu'à interpréter et appliquer les lois existantes »[17]. Cela conduira au vote de la loi du 1er décembre 1900[18].

Le 19 décembre 1900, c'est Olga Petit[19] qui devient la première femme à prêter serment, devant cette même cour d'appel de Paris. En 1933, Paule Pignet[20] devient la première femme élue bâtonnier, à La Roche-sur-Yon. Les femmes n'accéderont à la magistrature qu'en 1946 et au Conseil d'État en 1952[21].

Le XXe siècle va être marqué par la profonde mutation du barreau au lendemain de la Première Guerre mondiale (§ 1), qui va amener la profession d'avocat à évoluer, progressivement, vers une grande profession du droit (§ 2), tout en assistant, sous l'influence du droit européen à une contestation croissante de sa co-régulation historique (§ 3).

§ 1
Au lendemain de la Première Guerre mondiale

023.91 Mutation du barreau. Au lendemain de la guerre de 1914-1918 une mutation se marque au barreau. Elle est due à plusieurs facteurs ; d'une part l'hécatombe humaine effroyable qui entraîne des désordres moraux et économiques sans précédent dans la société française ; d'autre part les bouleversements techniques des deux guerres : une civilisation de modération s'effondre brusquement et laisse apercevoir l'industrialisation et le machinisme galopant ; la civilisation de l'automobile, du téléphone, de la rapidité apparente, du télégramme, commence

1. L. 22 juillet 1889 sur la procédure à suivre devant les conseils de préfectures, *JO* 24 juill.
2. V. s^s^ n°s 622.93, 622.121 s.
3. L. 12 juill. 1905 concernant la compétence des juges de paix et la réorganisation des justices de paix, *JO* 13 juill.
4. L. 27 mars 1907 concernant les conseils de prud'hommes, *JO* 28 mars.
5. L. 13 juill. 1911 portant fixation du budget général des dépenses et des recettes de l'exercice 1911, *JO* 14 juill.
6. V. s^s^ n° 023.28.
7. V. s^s^ n° 023.53.
8. V. s^s^ n° 311.61.
9. V. s^s^ n°s 323.21 s.
10. V. s^s^ n° 023.53.
11. V. s^s^ n° 313.43.
12. V. s^s^ n° 023.102.
13. V. s^s^ n° 023.105.
14. V. s^s^ n° 023.102.
15. D. Piau, *Le champ d'activité professionnelle de l'avocat, Rapport Commission des règles et usages du CNB*, AG, 9 et 10 déc. 2016 – RIN, art. 6 ; CNB, AG 9 déc. 2016, DCN n° 2016-002 du 26 janv. 2017 portant réforme du règlement intérieur national (RIN) de la profession d'avocat (art. 21-1 de la loi du 31 déc. 1971 modifiée), *JO* 13 avr. 2017, NOR : JUSC1701802S – V. s^s^ n°s 431.51 s.
16. Jeanne Chauvin [1862-1926].
17. Paris, 1re ch. 30 nov. 1897 ; *D.* 1898. II. 183 concl. Guyon, avis E. Bertrand, note E. Glarson, CRIT. – L. Frank. *La femme-avocat*, V. Giard et Brière, Paris, 1898.
18. L. n° 1900-1201, 1er déc. 1900 ayant pour objet de permettre aux femmes munies des diplômes de licencié en droit de prêter le serment d'avocat et d'exercer cette profession.
19. Olga Petit [1870-1966].
20. Paule Pignet [1889-1970].
21. A. Boigeol, « Les femmes et les Cours. La difficile mise en œuvre de l'égalité des sexes dans l'accès à la magistrature », *Genèses*, 1996, vol. 22, n° 1, p. 107 – A.-L. Catinat, « Les premières avocates du barreau de Paris », Mil neuf cent, *Revue d'histoire intellectuelle (Cahiers Georges Sorel)* 1998 16 p. 43 s. – F. Corcos, *Les avocates*, Éditions Montaigne, 1931 – Ch. Bard, F. Chauvaud, M. Perrot, J.-G. Petit (dir.), *Femmes et justice pénale (XIXe-XXe siècles)*, Pur, 2015 – J. Rennes, *Le mérite et la nature : une controverse républicaine : l'accès des femmes aux professions de prestige 1880-1940*, Fayard, 2007.

à faire ses ravages et, en même temps, la stabilité des fortunes s'effondre dans des crises économiques et monétaires. Le professionnel libéral exerce désormais un métier, la dureté de la vie rend inexorable l'aspect financier de son ministère et la décadence des fortunes entraîne des exigences économiques nouvelles.

Le cabinet devient une entreprise qui doit assumer l'augmentation des procédures gratuites jusque-là peu nombreuses (assistance judiciaire, commission d'office) et qui doit réaliser une véritable structuration du cabinet (le phénomène de l'« ambulance »[1] s'étant généralisé, l'avocat ne peut plus assumer sa tâche qui l'amène à plaider partout au même instant ; il lui faut désormais des auxiliaires nombreux qui l'assistent, le substituent ou le remplacent), simultanément l'augmentation des textes législatifs le contraint à disposer d'une escouade de secrétaires, de collaborateurs ou d'associés qui lui rassemblent les éléments constitutifs de cette matière mouvante désormais qu'est devenu le droit positif. Ainsi donc l'avocat solitaire, artisan un peu bohème, fait place à un chef d'entreprise[2].

023.92 **Développement de l'honoraire.** L'honoraire, marqué hier fondamentalement par sa liberté complète, devient désormais inexorable. On doit y faire entrer des coûts nouveaux : les coûts de cabinet, les frais généraux, bientôt les charges sociales, les impôts (l'impôt sur le revenu apparu à la veille de la guerre de 1914) vont marquer un bouleversement dans l'existence de l'avocat. Le coût économique d'un dossier correspond à la part qu'il représente dans les frais généraux d'un cabinet et qui s'ajoutent à une rémunération de l'activité intellectuelle de l'avocat, fonction de ses connaissances juridiques, de son expérience professionnelle, du temps passé à son dossier et de la responsabilité qu'il encourt[3].

La clientèle est de plus en plus drainée par des entreprises d'assurance, des fiduciaires, des services contentieux, des cabinets d'affaires, des agences de recouvrement ou bien elle est imposée à l'avocat par l'aide judiciaire et les commissions d'office, elle devient une clientèle « dominante » par son importance économique ou son caractère obligatoire lié à une désignation extérieure, souvent par l'autorité publique[4].

023.93 **Décret du 20 juin 1920 : naissance du barreau moderne.** Cette transformation va se marquer sur le plan des institutions tout d'abord par le décret du 20 juin 1920[5], dû à Gustave Lhopiteau[6], qui refond la législation professionnelle antérieure et supprime la catégorie des avocats non-inscrits à un barreau et qui portaient simplement le titre d'avocat ayant prêté serment devant une cour d'appel sans jamais s'inscrire au tableau d'un barreau. Amateurs désœuvrés ou conseils juridiques occultes, ils constituaient désormais un anachronisme. L'article 5 réserve désormais le titre d'avocat aux licenciés en droit régulièrement inscrits au tableau ou au stage du barreau d'une cour d'appel ou d'un tribunal. L'avocat non inscrit disparaissant par voie d'extinction grâce au décret de 1920, la profession d'avocat devient donc un métier sérieux, la puissance du barreau grandit et les amateurs et les poètes ne coexistent plus avec des professionnels qualifiés et compétents[7].

Ce même décret vient également imposer à chaque barreau d'édicter un règlement intérieur[8], et inscrit dans les textes le droit de recours des avocats contre les décisions du conseil de l'Ordre en matière administrative ou disciplinaire, sauf pour les sanctions disciplinaires les plus faibles, ainsi que le droit de recours du procureur général uniquement en matière disciplinaire et s'agissant des décisions à caractère réglementaire[9].

Ce décret suit, de peu, la loi du 12 mars 1920[10], qui va autoriser les professions libérales à se constituer en syndicats professionnels, marquant le développement du syndicalisme au sein de la profession d'avocat avec la naissance le 3 juillet 1921 à Lyon, à l'initiative de Jean Appleton[11], de l'association nationale des avocats (Ana)[12], puis le 22 décembre 1922 de l'union des jeunes avocats (Uja) de Paris[13],

1. V. s^s n° 023.56.
2. P.-A. Perrod, « L'investissement de la matière grise », *Gaz. Pal.* 1983. 1. Doctr. 106.
3. Rouen, ord. 1er prés., 13 mars, 1984, *Gaz. Pal.* 1984. I. 181.
4. *Rapp. Me Cl. Chambonnaud*, congrès CSA Bastia, *Gaz. Pal.* 28 juill. 1983, 10.
5. Décr. 20 juin 1920 relatif à l'exercice de la profession d'avocat et la discipline des barreaux, *JO* 22 juin, p. 8822.
6. Gustave Lhopiteau [1860-1941].
7. G. Le Beguec (dir.), *Avocats et barreaux en France, 1910-1930*, PU Nancy, 1994.
8. Décr. 20 juin 1920 portant règlement d'administration publique relatif à l'exercice de la profession d'avocat et la discipline du barreau, *JO* 22 juin, p. 8822, art. 46.
9. Décr. 20 juin 1920 portant règlement d'administration publique relatif à l'exercice de la profession d'avocat et la discipline du barreau, *JO* 22 juin, p. 8822, art. 17, 36 s. et 46.
10. L. 12 mars 1920 sur l'extension de la capacité civile des syndicats professionnels, *JO* 2 mars, p. 309.
11. Jean Appleton [1868-1942] ; – C. Fillon, « Itinéraire d'un avocat engagé, l'exemple de Jean Appleton », *Rsihpa* 1994, p. 195.
12. J.-B. Sialelli, *Les avocats de 1920 à 1987 : L'association nationale des* avocats : *Confédération syndicale des avocats*, Litec, 1987 – V. s^s n° 131.32.
13. L. Dusseau, « Gaston Monnerville : président de l'Union des jeunes avocats contre le conformisme et l'immobilisme », *Gaz. Pal.* 9-10 avr. 2008, p. 26 – I. Kadmi-Cohen, « Les débuts de l'Union des jeunes avocats », *La Vie judiciaire* 10 févr., 1935 – G. Le Béguec, « Jeunes et Sages », *Recherches contemporaines*, n° 6, 2000-2001, p. 157 – G. Le Béguec, « Le jeune barreau parisien au début des ▶

suivie de celles de Lyon, Orléans, Toulouse, Marseille, Aix-en-Provence et Alger, ce qui conduisit à la création à Montpellier, le 18 mai 1932, à l'initiative de Georges Hazan[1], de l'association centrale des unions de jeunes avocats[2] qui deviendra la Fnuja[3].

023.94 Décret du 15 novembre 1930 : instauration du stage. Afin d'instaurer un stage, alors d'un an[4], le décret du 15 novembre 1930 vient modifier le décret du 20 juin 1920. Entre-temps, la loi du 20 juin 1924 était venue, à l'initiative de Félix Liouville[5], modifier l'article 259[6] du code pénal afin de sanctionner l'usurpation de titre d'avocat[7], régulièrement usité par les agents d'affaires ou conseils juridiques[8].

Par ailleurs, des incompatibilités et limitations d'activité à l'exercice de la profession d'avocat sont apportées par le décret du 10 mars 1934[9] notamment avec celle de député[10]. L'affaire Stavisky[11] était passée par là.

Enfin, la loi du 19 juillet 1934 viendra interdire l'inscription au barreau, comme l'accès à toute fonction publique ou office ministériel, des français naturalisés depuis moins de dix ans[12]. Si cette interdiction sera réduite à cinq ans par l'ordonnance du 19 octobre 1945[13], elle ne sera supprimée que par la loi du 9 janvier 1973[14], la condition de nationalité demeurant[15].

023.95 Loi du 26 juin 1941 : instauration du Capa. La loi du 26 juin 1941[16] vient réglementer l'exercice de la profession d'avocat et la discipline du barreau, en renforçant, notamment, les pouvoirs de contrôle du procureur général qui peut désormais interjeter appel des décisions administratives du conseil de l'Ordre et se voit ainsi accorder un droit de recours général[17], et instaurer le certificat d'aptitude à la profession d'avocat (Capa)[18]. Désormais la seule qualité de licencié en droit, exigée depuis 1679[19], ne suffit plus pour pouvoir intégrer le barreau.

L'on ne saurait passer sous silence, et l'on se doit de mentionner, le décret du 16 juillet 1941[20] qui, à la suite de la loi du 10 septembre 1940 qui avait restreint l'accès aux barreaux aux personnes de « nationalité française à titre originaire, comme étant né d'un père français »[21] et de la loi du 3 octobre 1940[22] qui avait exclu les juifs des fonctions de représentation (conseil de l'ordre, bâtonniers), vient réglementer[23], en ce qui

▶ années vingt », *in* G. Le Béguec (dir.), *Avocats et barreaux en France (1910-1930)*, PU Nancy, 1994, p. 119.

1. Georges Hazan [1900-1976].
2. M. Hamburger, « La création de l'association centrale des unions de jeunes avocats », *La France judiciaire* 29 mai 1932, p. VII.
3. V. s^s n° 131.31.
4. F. Gros, « Décret du 15 novembre, le nouveau statut des avocats stagiaires », *Bull. commentaire des lois nouvelles*, 38e année, 1931, p. 507.
5. Félix Liouville [1859-1947].
6. DEVENU : C. pén., art. 433-14 s. – G. Duveau, *Le titre d'avocat*, préf. F. Labori, Sirey, 1913 – M. Frapier, *L'usurpation du titre d'avocat*, LGDJ, 1933.
7. V. s^s n°s 612.31 s.
8. V. s^s n°s 023.102 s.
9. Décr. 10 mars 1934 relatif à l'exercice de la profession d'avocat et la discipline des barreaux, *JO* 11 mars, p. 2514.
10. V. s^s n°s 434.71 s.
11. P. Jankowski, *Cette vilaine affaire Stavisky : Histoire d'un scandale politique*, Fayard, 2000.
12. L 19 juill. 1934 sur l'accession des naturalisés à certaines fonctions, *JO* 20 juill., p. 7347 – J. Singer-Kerel, « « Protection » de la main-d'œuvre en temps de crise. Le précédent des années trente », *Revue européenne des migrations internationales* 1989, 5-2, p. 7 s. – G. Noiriel, *Le Creuset français. Histoire de l'immigration (XIXe-XXe siècles)*, Seuil, 2016, p. 284 s. – G. Noiriel, « République et exclusion en France à la fin du XIXe siècle », *in* A. Gueslin, D. Kalifa (dir.), *Les exclus en Europe (1830-1930)*, Éditions de l'Atelier, 1999, p. 267 s. – J. Fette, « Avocats et médecins xénophobes (1919-1939) », *in* A. Gueslin, D. Kalifa (dir.), *Les exclus en Europe (1830-1930)*, Éditions de l'Atelier, 1999, p. 345 s. – J. Fette, *Exclusions. Practicing prejudice in french law and medecine, 1920-1945*, Cornell University Press, Ithaca, 2012,
13. Ord. n° 45-2447, 19 oct. 1945 portant code de la nationalité française, *JO* 20 oct., art. 81, 3°.
14. L. n° 73-42, 9 janv. 1973 complétant et modifiant le code de la nationalité française et relative à certaines dispositions concernant la nationalité française, *JO* 10 janv. – A. Damien, *Les règles de la profession d'avocat*, 4e éd., Dalloz, 1981, p. 72, n° 65 – J. Lemaire, *Les règles de la profession d'avocat et les usages du barreau de Paris*, 4e éd., LGDJ, 1975, n° 104, p. 87.
15. V. s^s n°s 221.11 s.
16. L. n° 2525, 26 juin 1941 réglementant l'exercice de la profession d'avocat et la discipline du barreau, *JO* 28 juill., p. 3159 ; *D.* 1942. 1 comm. J. Appleton – B. Lasserre, « Le nouveau statut professionnel de l'avocat français [Commentaire de la loi du 26 juin 1941] », *JCP* 1942, Doctr. n° 300 – C. Fillon, *Le Barreau de Lyon dans la tourmente : de l'Occupation à la Libération*, Lyon, Aléas, 2003, p. 91 s.
17. V. s^s n° 513.182.
18. L. n° 2691, 26 juin 1941 instituant le certificat d'aptitude à la profession d'avocat, *JO* 28 juill., p. 3162 ; *D.* 1941. 104 comm. J. Appleton – J. Guillion, *Le pré-stage. Étude théorique et pratique de la loi du 26 juin 1941 instituant le certificat d'aptitude à la profession d'avocat*, thèse de droit, Rennes, 1950 – V. s^s n°s 211.231 s.
19. V. s^s n° 023.24.
20. Décr. 16 juill. 1941 réglementant, en ce qui concerne les juifs, la profession d'avocat, *JO* 17 juill. p. 2999.
21. L. 10 sept. 1940 réglementant l'accès au barreau, *JO* 11 sept., p. 4958.
22. L. 3 oct. 1940 portant statut des juifs, *JO* 18 oct., p. 5323 ; – ANNULÉE PAR ord. 9 août 1944 relative au rétablissement de la légalité républicaine sur le territoire continental, *JO* 10 août, p. 6858.
23. D. Lochak, « La doctrine sous Vichy ou les mésaventures du positivisme », *in Les usages sociaux du droit*, Puf, 1989, p. 252 s. – J.-L. Halpérin, « La législation de Vichy relative aux avocats et aux droits de la défense », *Revue historique*, 115e année, t. CCLXXXVI/1, n° 579, juill.-sept. 1991, p. 143 s. – S. Boiron, « Antisémites sans remords : les « bons motifs » des juristes de Vichy », *Cités*, 2 008/4 (n° 36), p. 37 s.

concerne les juifs, l'exercice de la profession d'avocat et les soumet à un *numerus clausus*. Ce texte s'inscrit dans un contexte plus général de persécution des juifs au cours desquelles des avocats furent radiés du barreau du seul fait qu'ils étaient juifs[1]. Ces années de guerre (1940-1944), qui voient les barreaux divisés et déchirés dans un contexte d'« antisémitisme ordinaire »[2], sont incontestablement les plus sombres[3] de l'histoire de la profession d'avocat[4] et commencent à nous être mieux connues grâce aux travaux historiques réalisés ces dernières années[5].

La nullité de ces lois, dues à l'« État français », sera constatée par la loi du 8 avril 1954[6] qui maintiendra l'exigence du Capa, alors inscrit dans la loi du 22 ventôse an XII[7], et renverra, à nouveau, au pouvoir réglementaire pour tout ce qui a trait aux conditions d'exercice de la profession d'avocat et à la discipline du barreau[8].

023.96 Distension des liens avec la magistrature (1945-1958). La création de l'école nationale d'administration (Ena) par l'ordonnance du 9 octobre 1945[9], devenue l'institut national du service public (Insp) au 1er janvier 2022, puis celle du centre national d'études judiciaires (Cnej) par l'ordonnance du 22 décembre 1958[10], devenu école nationale de la magistrature (Enm) en 1970, marquent une césure dans la communauté des licenciés en droit[11] : désormais l'essentiel des magistrats des deux ordres de juridictions est recruté aux termes d'un concours et fait l'objet d'un cursus de formation spécifique.

Si des passerelles subsistent, la mobilité entre la profession d'avocat et la magistrature, qui se faisait, le plus souvent, après une période d'inscription plus au moins longue au barreau[12], s'en trouve fortement réduite. Le choix d'une carrière, parfois tributaire de la réussite à tel ou tel examen, s'opère maintenant en amont, les liens qui unissaient, depuis la Renaissance, de la profession d'avocat à la magistrature se distendent ainsi fortement.

023.97 Décret du 10 avril 1954 : maniements de fonds et exercice en commun. Le décret du 10 avril 1954[13] marque une double révolution puisqu'en premier lieu, et pour la première fois, il autorise les avocats à manier des fonds[14], c'est-à-dire procéder aux règlements pécuniaires directement liés à des procédures dont ils ont la charge[15]. C'est à la suite

1. C. Fillon, *Le Barreau de Lyon dans la tourmente : De l'Occupation à la Libération*, Lyon, Aléas, 2003 – Y. Ozanam, « De Vichy à la Résistance : le bâtonnier Jacques Charpentier », *Histoire de la justice*, 2008/1 (n° 18), p. 153 s. – V. Girard, « Le barreau de Grenoble de l'Occupation à la Libération », *Histoire de la justice*, 2008/1, n° 18, p. 183 – M. Knobel, « L'élimination des avocats et magistrats juifs sous l'occupation », *in Combat pour la diaspora,* 1987, n° 21, p. 59.
2. R. Badinter, *Un antisémitisme ordinaire : Vichy et les avocats juifs, 1940-1944*, Librairie générale française, 1999 – L. Joly, *Xavier Vallat (1891-1972) : Du nationalisme chrétien à l'antisémitisme d'État*, Grasset, 2001 – J.-P. Cointet, *Pierre Laval*, Fayard, 1993 – R. Meltz, *Pierre Laval, un mystère français*, Perrin, 2020.
3. SE REPORTER au remarquable travail de : L. Israël, *Robes noires, années sombres : Avocats et magistrats en résistance pendant la Seconde Guerre mondiale,* Fayard, 2005.
4. SUR UN AUTRE REGISTRE : R. Malka, P. Guillon, *L'ordre de Cicéron*, t. I, *Le Procès*, Glénat, 2004 ; t. II, *Mis en Examen*, Glénat, 2006 ; t. III, *Le survivant*, Glénat, 2009 ; t. IV, *Verdicts*, Glénat, 2012.
5. AUSSI LES TRAVAUX DE : AFHJ : *La justice de l'épuration. À la fin de la Seconde Guerre mondiale*, n° 18, La Documentation française, 2008 ; *La Résistance dans la pratique judiciaire : 1940-1944*, n° 22, La Documentation française, 2012 ; *Juger sous Vichy : Juger Vichy*, n° 29, La Documentation française, 2019 – AINSI QUE : M. Guénaire, *Pierre Gide. Une vie d'avocat*, Perrin, 2020 – J. Nordmann, *Aux vents de l'histoire : Mémoires*, Actes Sud, 1996 – J. Biélinky, R. Poznanski, *Journal 1940-1942*, Cerf, 1992 – M. Garçon, *Journal (1939-1945)*, Fayard, 2015 – J. Charpentier, *Au service de la liberté*, A. Fayard, 1949 – F. Colmet-Daâge, *Malaise au Palais : Les avocats en face de leur destin*, Messein, 1953 – Y. Ozanam, « L'épuration professionnelle au Barreau de Paris (1944-1951) », *Gaz. Pal.* 2002, Doctr. 428 – B. Lachaise, *Manon Cormier : Une Bordelaise en résistances (1896-1945)*, Confluence, 2016 – P.-H. Teitgen, *Faites entrer le témoin suivant 1940-1958 : De la Résistance à la Ve République*, Ouest-France, 1988.
6. L. n° 54-390, 8 avr. 1954 constatant la nullité de l'acte dit loi n° 2525 du 26 juin 1941 réglementant l'exercice de la profession d'avocat et la discipline du barreau et de l'acte dit loi n° 2691 du 26 juin 1941 instituant le certificat d'aptitude à la profession d'avocat, *JO* 9 avr., p. 3430 – Ord. 9 août 1944 relative au rétablissement de la légalité républicaine sur le territoire continental, *JO* (d'Alger) 10 août, p. 688.
7. L. 22 Ventôse, an XII de la République, relative aux Écoles de droit Paris, art. 24.
8. L. n° 54-390, 8 avr. 1954, art. 4.
9. Ord. n° 45-2283, 9 oct. 1945 relative à la formation, au recrutement et au statut de certaines catégories de fonctionnaires et instituant une direction de la fonction publique et un conseil permanent de l'administration civile, *JO* 10 oct.
10. Ord. n° 58-1270, 22 déc. 1958 portant loi organique relative au statut de la magistrature, *JO* 23 déc.
11. J.-P. Royer, « Généalogie de l'École nationale de la magistrature – À propos du mode de recrutement des magistrats depuis la Révolution », *Les Cahiers de la Justice*, 2010/1, n° 1, p. 65 s.
12. R. Drago, J. Imbert, Fr. Monnier, J. Tulard, *Dictionnaire biographique des membres du Conseil d'État (1799-2002)*, Fayard, 2004 – J.-Cl. Farcy (dir.), *Annuaire rétrospectif de la magistrature XIXe-XXe siècles* : https://annuaire-magistrature.fr/
13. Décr. n° 54-406, 10 avr. 1954 portant RAP pour l'application de la loi n° 54-390 du 8 avril 1954 sur la profession d'avocat et la discipline du barreau, *JO* 11 avr., p. 3494, art. 48 – J. Hamelin, *Nouvel abrégé des règles de la profession d'avocat*, Dalloz, 1968 – J. Lemaire, *Les règles de la profession d'avocat et les usages du barreau de Paris,* 3e éd., LGDJ, 1966.
14. V. ss nos 483.00 s.
15. Décr. n° 54-406, 10 avr. 1954, art. 48.

de ce décret que le barreau de Paris, à l'initiative des bâtonniers Claude Lussan [1] et René-William Thorp [2], va créer la première caisse de règlements pécuniaires des avocats (Carpa) [3], sous la forme d'une association régie par la loi du 1er juillet 1901, le 28 mai 1957 [4], afin d'assurer une gestion rigoureuse, sécurisée et tracée des fonds reçus par les avocats pour le compte de leurs clients. D'autres Carpa [5] seront ensuite créées dans les barreaux de province au cours des années 70, à la suite du décret du 25 août 1972 [6] venu ouvrir la possibilité pour les barreaux de créer des Carpa et de rendre leur recours obligatoire à tous les avocats, avant que la loi de du 25 juillet 1985 [7] ne vienne rendre obligatoire le dépôt en Carpa de tout maniement de fonds par les avocats pour le compte de leurs clients [8]. Le 13 août 1975, toujours à l'initiative du bâtonnier Claude Lussan, est créée l'Union nationale des Carpa (Unca) [9].

En second lieu, le décret du 10 avril 1954 permet aux avocats de s'associer, dans le cadre de l'association [10], pour exercer leur profession [11]. Jusqu'à cette date, tout exercice en commun de la profession d'avocat était interdit. L'association d'avocats est donc historiquement le premier groupement d'exercice en commun de la profession d'avocat.

Un décret du 22 décembre 1954 [12] vient, en outre, doter la profession d'avocat d'une caisse de retraite autonome, la Caisse nationale des barreaux français (Cnbf) [13], laquelle avait été créée par la loi du 12 janvier 1948 ayant institué les droits de plaidoirie [14], tandis que les avocats formaient, initialement, la première section de base de la Caisse nationale d'assurance vieillesse des professions libérales (Cnavpl) [15] au moment de l'instauration du régime de retraite de base des professions libérales par la loi du 17 janvier 1948 [16].

023.98 Loi du 31 décembre 1957 : recouvrement des honoraires. Les avocats sont autorisés par la loi du 31 décembre 1957 [17] à recouvrer judiciairement leurs honoraires ce qui leur avait été contesté sur le plan déontologique pendant tout le XIXe siècle [18].

Initialement la procédure prévue conduisait, après un préalable de conciliation devant le bâtonnier, à la délivrance d'un jugement par le tribunal de grande instance. Cette procédure cessera de recevoir application, pour la profession d'avocat, en 1971 [19] pour être remplacée, dans le décret du 9 juin 1972 [20], par une procédure de « taxation » des honoraires conduisant à la délivrance d'une ordonnance de taxe par le président du tribunal de grande instance, au même titre que pour le recouvrement des dépens [21].

Elle sera ensuite, de nouveau, modifiée par le décret du 27 novembre 1991 [22], pour être remplacée par une procédure ne comportant plus de titre exécutoire mais une simple « fixation » [23] des honoraires de l'avocat par le bâtonnier à charge d'appel devant le premier président de la cour d'appel [24].

023.99 Loi du 29 novembre 1966 : sociétés civiles professionnelles. La loi du 29 novembre 1966 vient permettre aux avocats d'exercer ou de mettre en commun leurs moyens dans le cadre de sociétés civiles professionnelles [25]. L'association [26] n'est plus le seul mode d'exercice en commun de la profession d'avocat [27].

1. Claude Lussan [1910-2008] ; – Cl. Lussan, *Rapport au conseil de l'Ordre de Paris sur les maniements de fonds*, 7 mai 1957.
2. René-William Thorp [1898-1967], bâtonnier [1955-1957].
3. J.-Ch. Marrigues, *Le statut juridique des Carpa*, Connaissances et savoirs, 2016.
4. Cl. Lussan, « La Carpa, une œuvre collective du barreau », *Gaz. Pal.* 19-21 janv. 1997, p. 22.
5. V. ss nos 121.11 s.
6. Décr. no 72-783 du 25 août 1972 relatif à l'assurance, à la garantie financière, aux règlements pécuniaires des avocats, *JO* 29 août.
7. L. no 85-772, 25 juill. 1985 portant diverses dispositions d'ordre social, *JO* 26 juill., art. 124 – Décr. no 86-459, 13 mars 1986 modifiant le décret no 72-783 du 25 août 1972 relatif à l'assurance, à la garantie financière, aux règlements pécuniaires et à la comptabilité des avocats, *JO* 16 mars, p. 4287.
8. V. ss nos 483.21 s.
9. H. Ader, « Brève histoire de l'Union nationale des Carpa », Unca – J.-Cl. Woog, « Diorama d'un demi-siècle », *Gaz. Pal.* 27 mai 2000, p. 5.
10. V. ss nos 811.61.
11. Décr. no 54-406, 10 avr. 1954, art. 49.
12. Décr. no 54-1253, 22 déc. 1954 relatif à la caisse nationale des barreaux français, *JO* 23 déc.
13. V. ss nos 141.00 s.
14. L. no 48-50, 12 janv. 1948 relative aux droits de plaidoirie des avocats, *JO* 13 janv.
15. Décr. no 48-1179, 19 juill. 1948 portant règlement d'administration publique relatif au régime provisoire de l'Organisation autonome d'assurance vieillesse des professions libérales, *JO* 24 juill.
16. L. no 48-101, 17 janv. 1948 institution d'une allocation vieillesse pour les personnes non salariées, *JO* 18 janv.
17. L. no 57-1420, 31 déc. 1957 sur le recouvrement des honoraires des avocats, *JO* 5 janv. 1958, p. 194.
18. V. ss nos 741.00 s.
19. L. no 71-1130, 31 déc. 1971, art. 53, 6o et 76.
20. Décr. no 72-468, 9 juin 1972 organisant la profession d'avocat, *JO* 11 juin, p. 5884, art. 97.
21. V. ss nos 711.31 s.
22. Décr. no 91-1197, 27 nov. 1991, art. 174 s.
23. R. Martin, « Fixation des honoraires de l'avocat », *JCP* 1992. I. 3620.
24. V. ss nos 741.00 s.
25. L. no 66-879, 29 nov. 1966 relative aux sociétés civiles professionnelles, *JO* 30 nov., p. 10451.
26. V. ss no 023.97.
27. V. ss no 811.71.

§ 2
Vers la grande profession du droit

023.101 **Le retour du juridique.** Jusqu'aux années quatre-vingt-dix, les avocats ont déserté le juridique, durant un demi-siècle, du moins pour nombre d'entre eux, même si de grands civilistes ont toujours maintenu la tradition des avocats consultants, ou jurisconsultes [1]. Le besoin de répondre aux questions juridiques et fiscales qui se posent à l'homme moderne a suscité la naissance, après la grande guerre, des conseils juridiques dont la compétence s'est accrue au cours des années, répondant à un besoin certain que le barreau classique n'assurait plus complètement, tout en cherchant à se démarquer des agents d'affaires. Mais ces derniers ne faisaient l'objet d'aucune réglementation [2] et s'étaient organisés librement dans le cadre d'associations régies par la loi du 1er juillet 1901 : compagnie des conseils juridiques de la Seine, fondée en 1876, association des conseils juridiques docteurs et licenciés en droit, association des conseils juridiques et fiscaux, association nationale des conseils juridiques, ordre des conseils fiscaux de France et d'Outre-Mer, fondé en 1928, devenu institut français des conseils fiscaux en 1972, syndicat national des conseils juridiques en droit social (Syncods)...

Les avocats prennent conscience qu'ils doivent investir le juridique, (re)découvrir qu'ils ne sont pas seulement des plaideurs, mais d'abord les mandataires de leurs clients, des mandataires professionnels tenus par une déontologie garante de l'intérêt des consommateurs de droit. Comme l'écrivait alors André Damien : « Il faut cesser de voir le monde du barreau lié obligatoirement à l'enceinte du palais de justice ; la vocation de l'avocat est trop haute, trop grande, pour se laisser enfermer dans ce lieu, même si elle s'y est exercée avec éclat et si elle s'y exerce encore avec efficacité. » [3].

023.102 **Loi du 31 décembre 1971 : première fusion des professions judiciaires et juridiques.** Les réflexions prospectives menées par la profession, dans la suite du rapport Armand-Rueff [4], conduisent à envisager la mise en place d'une grande profession du droit [5]. La commission pour la réforme des professions juridiques mise en place en 1968 par René Capitant [6] affiche alors clairement sa volonté de tendre à la grande fusion des professions du droit, à savoir les avocats, les avoués de première instance, les agréés, les conseils juridiques et les avoués à la cour d'appel, accompagnée d'une approche du monopole de l'exercice du droit. Mais René Pleven [7], devenu garde des Sceaux, décide, par prudence de ne pas la présenter devant le Parlement, certain qu'elle aboutirait à l'échec. Il se contente avec réalisme de la petite réforme, fusion de tous les auxiliaires de justice exerçant des métiers voisins et notamment dans les prétoires : avocats [8], avoués [9], agréés [10], à l'exclusion des avoués à la cour d'appel.

1. Ph. Tessier, *François Denis Tronchet : Biographie intellectuelle d'un jurisconsulte en Révolution*, Thèse, Lille, 2012, Fayard, 2016 – A.-J. Tonneau, *Un jurisconsulte de transition : Charles Toullier (1752-1832) et son temps*, Thèse, Rennes, 1962.
2. A. Boigeol, Y. Dezalay, « De l'agent d'affaires au barreau : les conseils juridiques et la construction d'un espace professionnel » Genèses, 1997, n° 27, p. 49 ; – R. Savatier, « La profession de conseil juridique. Recherche pour un statut », *D.* 1969. Chron. 145 ; – J. Cerf, *Le conseil juridique, son rôle, ses méthodes, ses règles*, LGDJ, 1935 – L. Parisot, *L'avocat-conseil ou le conseiller en affaires, droit usuel et pratique*, A. Michel, 1911 – J. Prévost, *Essai sur la profession de conseil juridique et fiscal*, Th., Lyon, 1960 – R. Trouillat, *Les conseils juridiques*, Puf, 1980.
3. A. Damien, *Les règles de la profession d'avocat*, 5e éd., Dalloz, 1987, p. 21 – A. Brunois, *La liberté judiciaire, honneur des hommes*, Apil, 1978 – L. Karpik, « Avocat, une nouvelle profession », *Rev. française de sociologie*, XXVI-4, oct.-déc. 1985, p. 571 s. – L. Karpik, *Les avocats : entre l'État, le public et le marché – XIIIe-XXe siècle*, « Bibliothèque des sciences humaines », Gallimard, 1995.
4. L. Armand, J. Rueff, *Rapport sur les obstacles à l'expansion économique*, La Documentation française, 1960 – Décr. n° 59-1284, 13 nov. 1959 instituant un comité auprès du Premier ministre, chargé d'examiner les situations de fait ou de droit qui constituent d'une manière injustifiée un obstacle à l'expansion de l'économie et de proposer les réformes de nature à mettre fin à ces situations, *JO* 14 nov., p. 10772 – M. Godet, X. Ronot, « Le rapport Rueff-Armand trente ans après », *Futuribles* févr.-mars 1989, p. 41 – J.-M. Daniel, « 1960 : Rueff-Armand, un rapport visionnaire », *Le Monde* 12 juin 2012, Éco et entreprise, p. 13 – G. Lacan, *Le comité Rueff-Armand et ses retombées immédiates (1959-1961) : Une tentative prématurée de modernisation*, thèse, 2002.
5. A. Tinayre, D. de Ricci (dir.), *Au service de la Justice : la profession juridique de demain*, Livre Bleu, Dalloz, 1967.
6. René Capitant [1901-1970].
7. René Pleven [1901-1993].
8. ALORS RÉGIS par les articles 24 et 29 de la loi du 22 ventôse an XII relative aux écoles de droit et le décret n° 54-406 du 10 avril 1954 portant règlement d'administration publique sur l'exercice de la profession d'avocat et la discipline du barreau.
9. ALORS RÉGIS par : Ord. n° 45-2591, 2 nov. 1945 relative au statut des avoués, *JO* 3 nov., p. 7161 ; – Ord. n° 45-1418, 28 juin 1945 relative à la discipline de certains officiers ministériels, *JO* 29 juin, p. 3926 ; – Décr. n° 45-0118, 19 déc. 1945 portant règlement d'administration publique pour l'application du statut des avoués, *JO* 22 déc., p. 8482.
10. ALORS RÉGIS par : Ord. n° 45-2594, 2 nov. 1945 portant statut des agréés près les tribunaux de commerce, *JO* 3 nov., p. 7165 ; – Décr. n° 45-0121, 19 déc. 1945 portant règlement d'administration publique pour l'application du statut des agréés, *JO* 22 déc., p. 8492.

La loi du 31 décembre 1971 [1] et le décret du 9 juin 1972 [2] marquent cette réforme amorcée depuis 1914, d'une part, par la fusion des professions judiciaires d'avocats, d'avoués de première instance [3] et d'agréés près les tribunaux de commerce [4] et l'élaboration d'une déontologie nouvelle, d'autre part, par l'apparition d'un Titre II réglementant l'usage du titre de conseil juridique et tarissant progressivement le filon des agents d'affaires tant décriés au début du siècle. Cette réforme, qui instaure également les centres de formation professionnelle (Cfpa futurs Crfp) [5] dont le premier, qui prendra la suite de l'institut du barreau de Paris fondé en 1965 à l'initiative du bâtonnier Albert Brunois [6] et de Jean-Claude Woog [7], sera créé à Paris en 1981, fut approuvée par beaucoup et violemment critiquée par certains [8].

023.103 Loi du 31 décembre 1971 : une réforme partielle. Surtout, la réforme ainsi réalisée n'était que partielle, d'aucuns voulaient réaliser la « grande profession » unissant, sous le titre unique d'avocat, tous les professionnels du droit. Dans l'immédiat les conseils juridiques et fiscaux obtenaient une reconnaissance à part entière de leur profession [9], ainsi que la création d'une organisation professionnelle composée de commissions régionales et d'une commission nationale des conseils juridiques [10].

Toutefois, l'article 78 de la loi du 31 décembre 1971 prévoyait la mise en place d'une commission destinée à proposer les mesures propres à réaliser l'unification des professions d'avocat et de conseil juridique [11]. Cette commission sera mise en place par l'arrêté du 30 mai 1973 [12].

023.104 Loi du 20 juin 1977 : exigence d'une maîtrise en droit. La loi du 20 juin 1977 vient rendre nécessaire la possession d'une maîtrise en droit, et non plus d'une licence, exigée depuis 1679 [13], pour pouvoir passer le Capa, instauré en 1941 [14], et être inscrit au barreau [15].

Entre-temps, les études de droit [16], et notamment la licence en droit, avaient été réformées par le décret du 27 mars 1954 [17], puis la licence en droit sanctionnant désormais la troisième année d'étude en droit fut transformée, par un arrêté du 16 janvier 1976 [18], en maîtrise en droit.

Les textes prévoient que les titulaires de la licence en droit l'ayant obtenue sous le régime antérieur à celui fixé par le décret du 27 mars 1954 [19] sont considérés comme titulaires d'une maîtrise en droit, pour l'application des textes relatifs à la profession

1. L. n° 71-1130, 31 déc. 1971 portant réforme de certaines professions judiciaires et juridiques, *JO* 5 janv. 1972, p. 131 – E. Blanc, *La nouvelle profession d'avocat*, Librairie du journal des notaires et des avocats (LJNA), Paris, 1972 ; – J. Lemaire, *Les règles de la profession d'avocat et les usages du barreau de Paris*, 4e éd., LGDJ, 1975 ; – J. Hamelin et A. Damien, *Les règles de la nouvelle profession d'avocat*, 6e éd., Dalloz, 1989.
2. Décr. n° 72-468, 9 juin 1972 organisant la profession d'avocat, pris pour l'application de la loi n° 71-1130 du 31 déc. 1971, *JO* 11 juin, p. 5884.
3. SUR LES AVOUÉS les ouvrages de réglementation professionnelle sont rares : S. Glandaz, *Des avoués : nature de leurs fonctions, législation qui les régit*, Impr. de Vve Dondey-Dupré, Paris, 1839 ; – O. Raviart, *Le Manuel des avoués contenant les règles et usages de leur profession et de la transmission de leurs offices*, Marchal et Billard, Paris, 1893 ; – E. Vallier, *Les avoués au XXe siècle*, Sirey, 1908.
4. Les agréés, mandataires spéciaux « agréés » par les tribunaux de commerce, étaient nés des suites de l'édit du roi Charles IX de 1563 créant la juridiction consulaire et avaient survécu à la révolution. Regroupés au sein de « compagnie » auprès de chaque tribunal de commerce, ils ne furent réglementés qu'à compter de la loi du 8 décembre 1941 portant statut des agréés prés les tribunaux de commerce, *JO* 24 déc., p. 5518 ; – A. Guibert, *Recueil des règlements de la compagnie des agréés au tribunal de commerce de la Seine précédé d'une notice historique sur cette compagnie*, Impr. de F. Locquin, Paris, 1841.
5. V. ss nos 211.21 s.
6. Albert Brunois [1911-1995], bâtonnier [1965-1967] ; – A. Brunois, *Nous, les avocats*, Plon, 1958.
7. Jean-Claude Woog [1928-2011] ; – J.-Cl. Woog, « Diorama d'un demi-siècle », *Gaz. Pal.* 27 mai 2000, p. 5 – J.-Cl. Woog, *Pratique professionnelle de l'avocat*, 1re éd., 1987 ; 2e éd. 1991 ; 3e éd., 1993 ; 4e éd., Litec, 2001.
8. A. Damien, « La fusion des auxiliaires de justice », *Revue des travaux de l'Académie des sciences morales et politiques, n°* 124, 1er semestre 1971, p. 361 ; « Essor ou déclin de la profession d'avocat », *Revue des deux mondes*, mars 1979, n° 3, p. 600 – H. Armengaud, *La réforme des professions judiciaires et juridiques, avocats, avoués, agréés, conseils juridiques : Étude d'une décision*, Th., Paris, 1972.
9. Décr. n° 72-670, 13 juill. 1972 relatif à l'usage du titre de conseil juridique, *JO* 18 juill., p. 7556 – Décr. n° 72-671, 13 juill. 1972 relatif à l'obligation d'assurance et de garantie des personnes inscrites sur la liste des conseils juridiques, *JO* 18 juill., p. 7565.
10. Décr. n° 78-305, 15 mars 1978 instituant des commissions régionales et une commission nationale des conseils juridiques, *JO* 16 mars, p. 1093.
11. L. n° 71-1130, 31 déc. 1971 portant réforme de certaines professions judiciaires et juridiques, *JO* 5 janv., p. 131, art. 78.
12. Arr. 30 mai 1973, commission instituée par l'article 78 de la loi n° 71-1130 du 31 décembre 1971 portant réforme de certaines professions judiciaires et juridiques, *JO* 5 juin, p. 5987.
13. V. ss n° 023.24.
14. V. ss n° 023.95.
15. L. n° 77-685, 20 juin 1977 modifiant les articles 7, 11, 12, 17 et 54 de la loi n° 71-1130 du 31 décembre 1971 portant réforme de certaines professions judiciaires et juridiques, *JO* 1er juill.
16. V. ss n° 023.62.
17. Décr. n° 54-343, 27 mars 1954 relatif au nouveau régime des études et des examens en vue de la licence en droit, *JO* 28 mars.
18. Arr. 16 janv. 1976 portant dispositions relatives au deuxième cycle des études universitaires, *JO* 20 janv.
19. Décr. n° 54-343 du 27 mars 1954 relatif au nouveau régime des études et des examens en vue de la licence en droit, *JO* 28 mars.

d'avocat. Il en est de même pour les licenciés en droit ayant obtenu ce titre lorsque la licence a été organisée sur quatre années.

023.105 Loi du 31 décembre 1990 : nouvelle profession d'avocat. Les travaux de la commission ainsi que les rapports successifs de Daniel Soulez-Larivère [1], Jean-Claude Coulon [2] et Dominique Saint-Pierre [3] conduisirent le gouvernement à proposer au Parlement, à la fin de l'année 1990, le rapprochement des professions judiciaires et juridiques en une seule profession. L'esprit qui animait leur réforme était de permettre à l'institution de défense juridique et judiciaire que constitue le barreau français d'aborder sans trop de timidité ou d'infériorité les modifications qu'entraînait le Marché commun et d'affronter les cabinets étrangers, autres que ceux gérés par des institutions des douze pays de la Communauté et qui s'étaient déjà multipliés en France, du moins à Paris. Cette grande profession, dont l'instauration avait échoué en 1971, 1990 devait la réaliser et, comme l'indiquait le sénateur Guy Allouche : « La sagesse et la clairvoyance avaient guidé M. Pleven puisqu'il préféra le succès d'une mini-réforme à l'échec d'une réforme complète et surtout imposée. Il était pourtant convaincu de la justesse et de la nécessité des mesures qu'il proposait car, selon lui, elles finiraient par être inévitables à terme, mais les esprits n'étaient pas mûrs... Le salariat, les capitaux extérieurs, l'exercice du droit et sa réglementation, l'interprofessionnalité étaient déjà, voilà vingt ans, les points qui posèrent problème et qui déchaînèrent les passions. » [4]

La réforme promulguée est finalement assez loin de ces rêves, le débat ne s'est pas posé entre la toge vertueuse et les *golden-boys* du barreau, on n'a pas eu à choisir entre des valeurs juridiques et des valeurs boursières mais plutôt à concilier plus modestement les exigences du droit et celles de l'économie. Elle s'est déroulée dans l'apathie des avocats qui, contrairement à ce qu'ils avaient manifesté en 1971, ont laissé leurs organisations syndicales et ordinales surveiller l'élaboration d'une loi qui n'a suscité que peu de remous dans le barreau profond [5].

023.106 Une réforme sans changement de mentalités [6]. Les premières réactions à l'encontre de cette réforme sont d'abord de prudence. Elle ne change rien de fondamental, offrant aux avocats ce qu'ils avaient déjà, la possibilité de faire du juridique mais adaptant quelques structures pour répondre plus aisément à cette fonction traditionnelle. Elle ne constitue pas pour le barreau une mutation : la fusion avec les conseils juridiques, la concurrence accrue à terme se terminera comme celle avec les avoués et les agréés par une unification du barreau et laissera prospérer une catégorie nouvelle pressentie par la loi, les personnes pouvant donner des consultations juridiques ou rédiger des actes sous seing privé pour autrui de manière habituelle, dans les conditions prévues par l'article 54 de la loi du 31 décembre 1971 [7].

Ainsi donc une nouvelle profession de conseil juridique renaîtra timidement d'abord mais qui n'obtiendra pas, n'étant assujettie à aucune règle particulière, l'aura qu'eut naguère la profession de conseil juridique et qui nécessitera « dans vingt ans » des mesures nouvelles et des fusions supplémentaires [8]. N'ajoutant rien aux capacités du barreau, la grande fusion ne leur donnera pas pour autant l'esprit de faire du juridique s'ils ne l'ont pas et poussera certains à demeurer des auxiliaires de justice par résignation ou nécessité, un peu à l'image de ces étudiants qui font du latin et du grec parce qu'ils sont incapables de faire des mathématiques. L'ignorance des avocats en matière juridique est stupéfiante et leur volonté de ne pas recourir à des spécialistes pour les aider dans cette tâche, est dérisoire.

La loi du 31 décembre 1990 [9] a fusionné les avocats avec les conseils juridiques. Demeurent néanmoins à l'écart de cette profession nouvelle, dont les membres portent le titre d'avocat, les avoués à la cour d'appel, qui la rejoindront en 2011 [10], les avocats aux conseils [11], les notaires, les huissiers de justice, les

1. D. Soulez-Larivière, *La réforme des professions juridiques et judiciaires : 20 propositions*, Conseil de l'Ordre de Paris, juin 1988.
2. J.-C. Coulon, *Les professions juridiques de services aux entreprises dans l'Europe de 1992*, Commissariat Général du Plan, nov. 1988.
3. D. Saint-Pierre, *Rapport de la mission d'étude sur l'Europe et les professions du droit*, 1989.
4. G. Allouche, débats Sénat, *JO Sénat CR*, p. 3185.
5. J.-G. Moore, « Esquisse sur l'avocat de demain après le vote de l'Assemblée nationale », *Gaz. Pal.* 10 janv. 1991, 8.
6. R. Martin, « Quand l'histoire bégaye », *Gaz. Pal.* 12-13 avr. 1995, p. 11 ; « La fusion éclatée », *JCP* 1996. I. 3932 – J. Barthélémy, « Quel avenir pour les jeunes avocats ? », *Gaz. Pal.* 1995. 1. Doctr. 48 ; « L'avocat nouveau n'est pas arrivé », *JCP* 1996. I. 3931.
7. L. n° 71-1130, 31 déc. 1971, art. 54 ; – V. s^s n°s 611.21 s.
8. M. Ferrari, *Vie jud.*, n° 23, févr. 1992.
9. L. n° 90-1259, 31 déc. 1990 portant réforme de certaines professions judiciaires et juridiques, *JO* 5 janv., p. 219 – Décr. n° 91-1197, 27 nov. 1991 organisant la profession d'avocat, *JO* 28 nov., p. 15502.
10. V. s^s n° 023.204.
11. E. Bos, *Les Avocats aux conseils du roi : Étude sur l'ancien régime judiciaire de la France*, Marchal-Billard, Paris, 1881 – P. Gonod (dir.), *Les Avocats au Conseil d'État et à la Cour de cassation*, « Thèmes et commentaires », Dalloz, 2001 – C. Hauuy, « Réglementation, déréglementation des professions juridiques réglementées : le cas des avocats auprès du Conseil d'État et de la Cour de cassation », *JCP* 2016. 905 – C. Fleuriot, « Les avocats aux conseils épargnés par la réforme de Bercy ? », *D. actu.* 15 oct. 2014 – L. Boré, « Les avocats aux conseils doivent lutter contre les caricatures », *Gaz. Pal.* 16 janv. 2018, p. 12.

commissaires-priseurs, les administrateurs judiciaires et mandataires judiciaires, les greffiers des tribunaux de commerce, les conseils en propriété industrielle[1], ainsi que, selon certains, les juristes d'entreprise[2]. La loi a donc fait un pas dans le sens initié en 1971[3], sans pour autant achever le trajet vers une profession unique[4].

023.107 **Avocat salarié.** L'avocat salarié[5] est né officiellement par l'article 7 de la loi du 31 décembre 1971 dans sa rédaction issue de la loi du 31 décembre 1990[6].

023.108 **Loi du 31 décembre 1990 relative aux SEL.** Petite sœur de la grande loi du 31 décembre 1990, la seconde loi du 31 décembre 1990 introduit les sociétés de capitaux[7] comme structure d'exercice de la profession d'avocat sous la forme des SEL[8].

§ 3
Co-régulation contestée

023.111 **Émergence du Conseil national des barreaux (CNB).** Mais l'apport majeur de la loi du 31 décembre 1990, est la création du Conseil national des barreaux[9], organisme représentatif sur le plan national de la profession d'avocat. C'est ainsi le début de la lente et progressive affirmation du CNB dans le rôle qui est le sien à savoir un ordre national. En effet, un ordre professionnel se définit comme un « Organisme de caractère corporatif institué par la loi au plan national, régional ou départemental et regroupant obligatoirement les membres de certaines professions libérales (avocats, médecins, chirurgiens-dentistes, sages-femmes, expert-comptable, géomètres-experts, vétérinaires et architectes) qui exercent, outre une fonction de représentation, une mission de service public consistant dans la réglementation de la profession et dans la juridiction disciplinaire de ses membres. [...] »[10], ce qui est précisément le rôle du CNB en application de l'article 21-1 de la loi de 1971 modifiée : « Le Conseil national des barreaux, établissement d'utilité publique doté de la personnalité morale, est chargé de représenter la profession d'avocat notamment auprès des pouvoirs publics. Dans le respect des dispositions législatives et réglementaires en vigueur, le Conseil national des barreaux unifie par voie de dispositions générales les règles et usages de la profession d'avocat. [...] »[11].

Toutefois, et afin de ne pas froisser les susceptibilités, au sein d'une profession qui s'est construite historiquement par la base, il a été décidé de créer le Conseil national des barreaux mais de ne pas le qualifier d'ordre national, de ne pas appeler un chat, un chat et d'accoucher d'une souris. Pour autant, tout établissement d'utilité public qu'il soit[12], le CNB n'en demeure pas moins un « organisme de caractère corporatif institué par la loi au plan national et regroupant obligatoirement les membres de certaines professions libérales (avocats) qui exercent, outre une fonction de représentation, une mission de service public consistant dans la réglementation de la profession », faisant que d'un point de vue fonctionnel il n'y a pas de débat possible : le CNB est bel et bien un ordre national. Ce débat de sémantique, qui vire à la *schizophrénie* chez certains, ne présente en réalité strictement aucun intérêt autre qu'à faire couler de l'encre et écrire de beaux articles « Pour un ordre national », « Contre un ordre national ». Parler dans le vide, tout un art[13].

Reste, et c'est ici son vrai défi, auquel il s'emploie patiemment depuis sa création, au CNB à s'affirmer clairement, au milieu d'une myriade d'organismes, pour la plupart hors contrôle et dont les barons, reniant l'intérêt général de la profession, renâclent à renoncer à leurs petits pouvoirs, comme l'unique moteur de la profession d'avocat, ce qui implique, en premier lieu, qu'il soit pleinement en mesure de se doter des moyens, humains et surtout financiers, afin de réaliser les missions qui sont les siennes de par la loi. Prisonnier à sa naissance de la longue histoire de la profession d'avocat, et de son organisation progressive[14], le CNB doit d'autant plus s'en libérer que notre système de régulation est, lui-même, dans l'œil du cyclone[15].

1. V. s^s^ n° 023.203.
2. V. s^s^ n° 023.202.
3. V. s^s^ n° 023.102.
4. V. s^s^ n°s 023.201 s.
5. J. Hamelin, A. Damien, *Les règles de la profession d'avocat*, 9e éd., Dalloz, 2000, p. 692 s. – V. s^s^ n°s 813.31 s.
6. L. n° 71-1130, 31 déc. 1971, art. 7 – L. n° 2011-331, 28 mars 2011 de modernisation des professions judiciaires ou juridiques et certaines professions réglementées, *JO* 29 mars, p. 5447, art. 5.
7. V. s^s^ n°s 811.71 s.
8. L. n° 90-1258, 31 déc. 1990 relative à l'exercice sous forme de sociétés des professions libérales soumises à un statut législatif ou réglementaire ou dont le titre est protégé et aux sociétés de participations financières de professions libérales, *JO* 5 janv. 1991, p. 216.
9. V. s^s^ n°s 111.00 s.
10. Association Henri Capitant – G. Cornu (dir.), *Vocabulaire Juridique*, 1987, Puf, p. 562.
11. L. n° 71-1130, 31 déc. 1971, art. 21-1.
12. AU MÊME TITRE QUE : « Les chambres des notaires, les conseils régionaux et le conseil supérieur sont des établissements d'utilité publique », Ord. n° 45-2590, 2 nov. 1945 relative au statut du notariat, art. 3.
13. D. Piau, *Rapport sur la réforme des institutions de la profession*, UJA de Paris, 2008.
14. L. Karpik, « La crise de représentation politique de la profession d'avocat », *RJB*, n° 61/62, juill. 2000, p. 215.
15. E. Bonnet, « Au commencement étaient les Ordres. Gouvernance de la profession : réalités et enjeux », *JCP* 2011. 543.

A.
Régulation et concurrence

023.121 Offensive contre la co-régulation[1]. Le 29 janvier 2004, le Parlement européen adoptait la résolution suivante : « le Parlement rappelle que trop souvent dans certains États membres, les organisations professionnelles utilisent leur pouvoir d'autodiscipline dans l'intérêt de leurs propres membres plus que dans l'intérêt des consommateurs »[2], tout en reconnaissant, le 23 mars 2006 que : « les professions juridiques jouent dans une société démocratique pour garantir le respect des droits fondamentaux, l'état de droit et la sécurité à l'application de la loi tant quand les avocats représentent et défendent leurs clients devant les tribunaux que quand ils donnent des conseils juridiques » et que « le droit des organismes professionnels à l'autoréglementation pour protéger de manière appropriée nécessaire le bon exercice de la profession et engager les associations, organismes professionnels des professions juridiques à établir, au niveau européen, des codes de conduite comportant des règles en matière d'organisation, de qualification, de déontologie, de surveillance, de responsabilité et de communication pour faire en sorte que le consommateur final de service juridique se voit fournir de nécessaires garanties en matière d'intégrité et d'expérience pour assurer une bonne administration de la justice »[3].

Le 16 juin 2008, les députés européens faisaient une déclaration écrite sur l'importance des professions libérales en Europe aux termes de laquelle : « Considérant que les professions libérales, notamment les pharmaciens ou les architectes constituent un secteur-clé de l'économie européenne ; considérant que les professions libérales offrent souvent des services publics dans des secteurs-clés d'intérêt général (par exemple les pharmacies), même dans des régions rurales et peu attrayantes sur le plan économique ; considérant que la responsabilité individuelle et la prestation de services doivent être regardées comme une expression fondamentale de la subsidiarité, demande à la Commission de respecter la valeur ajoutée des professions libérales pour la société européenne et de veiller à ce que les professions libérales ne soient pas uniquement évaluées selon des critères d'économie de marché ; demande à la commission de respecter la structure autonome des professions libérales ainsi que leurs possibilités de contribuer à la mise en œuvre de la stratégie de Lisbonne, demande à la commission de reconnaître qu'une libéralisation prématurée des professions libérales pourrait conduire à un recul sur le plan de la qualité et de la pleine couverture des prestations, dans le domaine des soins médicaux par exemple ; demande à la commission d'examiner des voies plus démocratiques pour la poursuite des réformes et d'agir conjointement avec le Parlement européen et le Conseil au lieu d'initier des procédures judiciaires sans envisager de nouvelles réformes. »[4].

023.122 Commission européenne. Au niveau européen, la Commission européenne avait largement ouvert le débat[5], dans le cadre du programme de Lisbonne (17 et 18 mars 2000), par les rapports Monti du 17 février 2004[6] et Wim Kok de novembre 2004[7], complétés par une étude relative à l'impact de la réglementation sur le coût des services juridiques réalisée par un institut autrichien. L'étude concluait au fait qu'il n'y avait pas de signe apparent d'une défaillance du marché dans les États membres dont il est établi qu'ils étaient moins réglementés et que les stratégies visant à instaurer un faible niveau de réglementation qui fonctionne dans un État membre pourrait fonctionner dans un autre sans que la qualité des services professionnels en soit réduite et pour le plus grand profit des consommateurs.

Un débat a été lancé dans le cadre de discussions sur les prix, prix imposés ou prix recommandés[8], les restrictions en matière de publicité[9], ainsi que les restrictions d'accès et les tâches réservées sur la propriété des structures d'exercice[10], et le 5 septembre 2005, la commission publiait un rapport sur les services professionnels en notant que la suppres-

1. E. de Lamaze, « Quand resurgit le spectre de la déréglementation », *Gaz. Pal.* 30 nov. et 2 déc. 2003 p. 2 – M. Bénichou, « L'Europe, les avocats et la concurrence », Rapport CNB, 10 févr. 2007 ; repris *in Gaz. Pal.* 7-8 mars 2007, p. 2 et 9-10 mars 2007, p. 7 – C. Hauuy, « Réglementation, déréglementation des professions juridiques réglementées : le cas des avocats auprès du Conseil d'État et de la Cour de cassation », *JCP* 2016. 905 – M.-L. Dussart, « Réforme des professions juridiques réglementées », *AJDA* 2015. 2188 – C. Chaserant, S. Harnay, « Déréglementer la profession d'avocat en France ? Les contradictions de l'analyse économique », *RID éco.* 2010, p. 147.
2. Résolution du Parlement européen sur la politique de concurrence, 29 janv. 2004, p^t 15.
3. Résolution du Parlement européen sur les professions juridiques et l'intérêt général relatif au fonctionnement des systèmes juridiques, 23 mars 2006.
4. Angelika Niebler, Stefano Zappalà, Patrizia Toia, Françoise Grossetête et Cristina Gutiérrez-Cortines sur l'importance des professions libérales pour l'Europe (0056/2008).
5. V. s^s n°s 022.11 s.
6. Communication de la Commission européenne, *Rapport sur la concurrence dans le secteur des professions libérales*, COM(2004)83 final/2, 17 févr. 2004.
7. W. Kok, *Relever le défi : La stratégie de Lisbonne pour la croissance et l'emploi*, Rapport du groupe de haut niveau présidé par M. Wim Kok, nov. 2004.
8. V. s^s n°s 711.61 s.
9. V. s^s n°s 461.00 s.
10. V. s^s n°s 811.00 s.

sion de certaines restrictions non justifiées était constatée[1].

023.123 **Position de l'Ocde.** Au niveau international, l'Ocde encourage un mouvement tendant à la dérégulation en publiant, le 28 janvier 2008, un rapport sur les restrictions de concurrence des professions juridiques[2]. L'introduction générale du rapport mentionne que la régulation des professions juridiques en ce compris l'autorégulation, implique typiquement de nombreuses restrictions à l'accès et aux modalités d'exercice.

Pour l'Ocde, certaines restrictions peuvent compenser les excès dommageables dus à la concurrence et peuvent être justifiées pour des raisons d'organisation et pour des motifs paternalistes. Mais d'autres peuvent être justifiées par des rentes de situation avec des conséquences semblables à celles observées pour les cartels. L'Ocde invite à identifier et mettre fin aux restrictions non nécessaires et disproportionnées dans l'intérêt public. Elle poursuit depuis ses réflexions sur le sujet, notamment en s'interrogeant sur l'impact des innovations dites « de rupture » (services en lignes, dégroupement de services, automatisation dont intelligence artificielle...) sur le marché des services juridiques[3].

023.124 **Risque d'une autorité de régulation indépendante.** Au-delà du risque de dérégulation, c'est celui de la création d'une autorité de régulation indépendante, transparente et responsable pour le marché des services juridiques qui doit être sérieusement pris en compte. Une illustration en est donnée par la réglementation issue par les directives sur la prévention du système financier à l'égard des opérations de blanchiment d'argent et de financement du terrorisme[4]. La CJUE a marqué très fermement une opposition à cette évolution, en rappelant sur le fondement des articles 6 et 8 de la Conv. EDH, que les avocats ne pouvaient avoir de lien direct avec les autorités de police financière et que le bâtonnier, à travers lui l'organe d'autorégulation de la profession devait servir de filtre[5].

Toutefois, une offensive existe pour que la déontologie soit définie par des organismes extérieurs à la profession, qualifiés « d'indépendants » (LSB en Angleterre[6]), « des autorités indépendantes » supérieures aux instances nationales et aux barreaux, chargés de réglementer, contrôler, surveiller. En France, les commissaires aux comptes ont quitté l'autorégulation par leurs organes propres pour une co-régulation avec des autorités administratives indépendantes.

Rappelons à cet égard, les propos de Marc Guillaume, à l'époque directeur des Affaires civiles et du Sceau, qui, devant la promotion 2006 de l'Efb s'interrogeait sur la gouvernance de la profession et, sur la régulation et indiquait qu'il est difficile de discerner les voies du futur entre les deux modèles (anglo-saxon avec une réglementation extérieure et latin avec l'autoréglementation). Il pronostiquait un « mixte » et rappelait que les évolutions seraient plus rapides qu'on ne le croit « ne serait-ce qu'en raison des avocats inscrits dans un ou plusieurs barreaux mais aussi sous la poussée des clients qui veulent des règles proches voire identiques selon les États. Nous devrons donc aussi nous y adapter en France ».

023.125 **Enjeu d'importance.** Certains préconisent, simplement, que nous nous fondions dans une logique toute faite – en l'occurrence celle du marché – qui promet de grands avantages financiers à condition de renoncer à notre indépendance collective. L'autorégulation ou la corégulation est certainement l'un des enjeux les plus importants pour la profession dans sa lutte pour maintenir son indépendance[7]. Il existe aujourd'hui une évolution brouillée entre deux tendances : une tendance à la dérégulation et une tendance à la préservation de l'autorégulation.

L'autorégulation apparaît comme le moyen de préserver le rôle de contre-pouvoir de l'avocat. Mais il ne faut pas que cette autorégulation soit un obstacle aux règles de concurrence. Les critiques du rapport Monti ne sont à cet égard pas dépourvues de pertinence. Poser le principe d'indépendance comme un « axiome » ne suffira pas. Il convient de rappeler, ainsi que l'avait fait l'avocat général Poiares Maduro que « pour retenir l'exigence d'une protection communautaire, la jurisprudence de la cour ne saurait se contenter ni d'un axiome social, ni d'une règle professionnelle »[8]. Il faudra, de

1. Suivi du rapport sur la concurrence dans le secteur des professions libérales, Bruxelles, 5 sept. 2005, COM(2005) 405 final.
2. Commentaires du CCBE sur le rapport de l'OCDE sur « les restrictions concurrentielles dans les professions juridiques » *in* CCBE – Info, oct. 2008, n° 21 – OCDE, « Competitive restrictions *in* legal professions », 27 avr. 2009.
3. OCDE, « Protéger et promouvoir la concurrence en réponse aux innovations « de rupture » dans les services juridiques », 28 juin 2016 – F. G'sell, « Impact des innovations de rupture sur le marché des services juridiques : l'OCDE s'interroge », *JCP* 2016. 445 – ABA, *Commission on the future of legal services, Report on the future of legal services in the United States*, 2016.
4. V. ss nos 482.61 s.
5. B. Favreau (dir.), *L'avocat dans le droit européen, Colloque de l'IDHAE*, Bruylant, Bruxelles, 2008 – CJUE, 26 juin 2007, *Ordre des barreaux francophones et germanophones, JCP* 2007. II. 10137, note O. Cachard *AJDA* 2007. 2248.
6. V. ss nos 492.11 s.
7. V. ss nos 323.22 s.
8. Conclusions de M. Poiares Maduro, 14 déc. 2006 : CJCE, Gde ch., 26 juin 2007, *Ordre des barreaux francophones et germanophone e.a.*, C-305/05, *Rec.* I. 5305.

surcroît, établir le lien entre l'indépendance de l'avocat et l'existence des barreaux. Il est, certes, lié à l'histoire[1]. Mais cela ne justifie rien en termes économiques, domaine sur le terrain duquel des arguments existent[2].

B.
Gouvernance à bout de souffle

023.131 Recherche d'une bonne gouvernance. Il est dès lors nécessaire de s'interroger sur nos règles de bonne gouvernance aux fins de conserver la possibilité de décider des modalités d'administration de la profession, de la maîtrise de l'inscription (tableau) ou de l'exercice des membres. En effet, nous devons avoir une réflexion sur un certain nombre de restrictions dans l'exercice professionnel issues des règles de déontologie afin que celles-ci soient toujours proportionnées avec l'objectif retenu et soient exclusives de corporatisme et obéissent à un intérêt général[3]. Les limites de l'intérêt général devront être fixées par la loi, dans le cadre de l'encadrement du pouvoir normatif et décisionnaire du CNB, sous le contrôle du juge.

Il est concevable dans un tel système de prévoir au sein d'une même profession des « secteurs » plus régulés que d'autres suivant les nécessités, et ce, y compris dans le cadre d'une grande profession du droit. Il demeurera, en tout état de cause, un socle commun constitué par les garanties d'éthique, d'intégrité et d'expérience à l'égard des consommateurs, et qui sont reconnues par les autorités européennes et surtout la CJUE[4], comme une nécessité.

023.132 Déontologie et discipline. La question de la déontologie et celle de la discipline sont au cœur des réflexions, notamment quant à leurs sources et leur exercice. La profession d'avocat en Europe semble caractérisée par l'auto réglementation partielle. Aucun pays ne dispose d'une autoréglementation totale ou illimitée[5], c'est-à-dire la capacité pour une profession, quand elle y a été habilitée, de poser elle-même et pour ses membres, le ou les règles régissant leur activité professionnelle. Cela se justifie par le fait que les avocats sont les mieux à même d'établir les exigences réglementaires pour leur exercice, et qu'ils se sentiront plus responsables des réglementations s'ils sont impliqués dans le processus d'élaboration. Elle permet une certaine souplesse, et son coût administratif est plus faible, le respect est meilleur et l'adaptation par les cabinets plus rapide. Enfin, les avocats sont les mieux placés pour observer et évaluer la mauvaise conduite professionnelle et aider à la sanctionner.

Le seul but de la réglementation de la profession d'avocat consiste dans le fait d'assurer aux clients de celui-ci que l'avocat sera compétent, indépendant, et discipliné. L'État a délégué en partie aux barreaux le soin de s'assurer que ses membres sont compétents, c'est la maîtrise du tableau[6], indépendants, c'est la déontologie[7] et disciplinés, c'est le disciplinaire[8]. Ces trois branches sont la raison même d'exister de nos barreaux. La question est de savoir si le fait de déléguer ces trois compétences à un organe non étatique est en soi facteur de restriction de la concurrence et de savoir ce qui pourrait, dans notre organisation institutionnelle actuelle, être un frein à la libre concurrence[9].

023.133 CJUE 19 février 2002 : l'arrêt *Wouters*. L'arrêt *Wouters* de la CJUE du 19 février 2002[10] est la clé de voûte du droit positif européen concernant l'organisation de la profession d'avocat. Cet arrêt pourrait se résumer de la manière suivante : dans la mesure où les ordres professionnels ne sont pas des associations d'entreprises exerçant une activité économique et dans la mesure où les ordres professionnels appliquent par délégation la puissance publique, dans un cadre légal établi par l'État et contrôlé en dernier ressort par celui-ci, le concept même d'ordre professionnel n'est pas anticoncurrentiel *per se*. Le barreau, en ce qu'il n'est pas une association d'entreprises, en ce qu'il n'exerce pas une activité économique, en ce qu'il agit par délégation de l'État,

1. V. s[s] n°s 323.22 s.
2. C. Chaserant, S. Harnay, « Déréglementer la profession d'avocat en France ? Les contradictions des analyses économiques », *Revue internationale de droit économique*, 2010/2, t. XXIV, p. 147 s. ; « Régulation de la qualité des services juridiques et gouvernance de la profession d'avocat », *Revue internationale de droit économique* 2015/3, t. XXIX, p. 333 s. ; « Rationalité et (dé)réglementation de la profession d'avocat : une analyse de la concurrence sur le marché des services juridiques », *Revue économique*, 2016/HS1, vol. 67, p. 171 s. – F. Marty, « Le prix des services juridiques entre défaillance de la réglementation et défaillance de marché ? », *Revue internationale de droit économique*, 2017/4, t. XXXI, p. 61 s.
3. V. s[s] n° 312.27.
4. CJUE, 26 juin 2007 *Ordre des barreaux francophones et germanophones*, aff. C-305/05 ; *JCP* 2007. II. 10137, note O. Cachard ; *AJDA* 2007. 2248.
5. V. s[s] n°s 492.11 s.
6. V. s[s] n°s 221.00 s.
7. V. s[s] n°s 31.00 s. et 41.00 s.
8. V. s[s] n°s 51.00 s.
9. L'état actuel de la co-régulation et de l'autorégulation dans le marché unique, *Les cahiers du CESE*, mars 2005.
10. CJCE 19 févr. 2002, *J.C.J. Wouters, J.W. Savelbergh, Price Waterhouse Belastingadviseurs BV c/ Algemene Raad van de Nederlandse Orde van Advocaten*, aff. C-309/99 ; *Rec.* 2002-I, 1577 ; *Gaz. Pal.* 2 mars 2002 p. 11 ; *AJDA* 2002. 326, Chron. C. Lambert, J.-M. Belorgey s. Gervasoni ; *RTD com.* 2002. 389, obs. S. Poillot-Peruzzetto ; *RTD com.* 2002. 392, obs. S. Poillot-Peruzzetto ; *RTD eur.* 2003. 287, Chron. L. Idot ; *RTD eur.* 2013. 837, obs. J.-B. Blaise.

en ce qu'il agit en fonction d'un corps légal défini par l'État, en ce que ses décisions sont soumises au contrôle étatique, n'est donc pas, aux termes de l'arrêt *Wouters*, un facteur de restriction à la concurrence.

En définitive, comme le note le point 26 de la Communication du 5 septembre 2005 sur le suivi du rapport sur la concurrence dans le secteur des professions libérales : « La Commission admet que c'est à l'État membre de décider s'il souhaite réglementer les professions directement par voie de règlements nationaux ou s'il permet l'autoréglementation par les organismes professionnels. Toutefois, la bonne gouvernance demande que l'État membre surveille la portée de l'autoréglementation nationale afin d'éviter qu'elle ne devienne trop restrictive et ne porte atteinte aux intérêts du consommateur »[1]. Il n'y a donc pas de la part de la Commission européenne de volonté de remettre en cause l'existence même de système d'auto ou de co-régulation des ordres professionnels : ce à quoi s'attache la Commission européenne ce n'est pas à l'organisation structurelle, mais aux effets des décisions prises par ces organismes[2].

023.134 **Prospective en matière de gouvernance.** Ceci étant posé, la question se pose de savoir comment organiser en France la profession d'avocat alors qu'elle est actuellement composée de 164 barreaux. Deux hypothèses sont envisageables à ce stade. Soit, nous campons sur nos positions et le fait que celles-ci ont été consacrées par l'arrêt *Wouters*, en considérant donc qu'il n'y a pas de danger de déréglementation ou que celle-ci serait bénéfique.

Cette position a le mérite de la logique juridique en s'appuyant sur l'arrêt *Wouters* mais a l'inconvénient, non seulement de négliger le rapport Monti, mais d'en négliger les conséquences qui en ont été tirées par un certain nombre d'États membres.

023.135 **Évolution européenne.** En effet, les États membres de l'Union européenne ont, d'une manière ou d'une autre, décliné les conséquences du rapport Monti, sans pour autant, mis à part le cas du Royaume-Uni[3], aller plus loin que l'arrêt *Wouters* en déréglementant davantage. Des évolutions ont ainsi eu lieu, notamment, en Hollande, au Danemark, en Allemagne, en Italie, en Espagne et en Pologne[4].

Le nombre de pays qui modifient leur réglementation est en soi un élément significatif, chacun de ces pays allant soit dans le sens d'une ouverture plus importante des instances professionnelles, notamment par l'adjonction de tiers à la profession dans le processus de réglementation de celle-ci ou dans le processus disciplinaire, soit dans le sens de la mise en place d'instances disciplinaires, de poursuite ou de jugement, indépendantes[5] ou encore en accordant une place au plaignant[6] dans la mise en mouvement de l'action disciplinaire.

023.136 **Réforme nécessaire.** Il est à prévoir, si ce n'est à craindre, que les exemples précités d'ouverture des instances ordinales soient demain généralisés au niveau européen, au moyen d'une directive. Pour autant, l'autorégulation n'est pas morte, loin de là, et paradoxalement elle s'étend même, telle que chez les courtiers en assurance[7], et les difficultés rencontrées par les avocats pour exercer certaines missions[8], comme l'impact de « l'économie numérique » sur les activités réglementées[9] démontrent qu'elle a encore de beaux jours devant elle.

Pour autant nous devons prendre en compte la nouvelle donne instituée par cette ouverture des différents barreaux des pays étrangers, et notamment européens, et réagir en considérant d'une part, qu'une forme de déréglementation ordinale est à prévoir et d'autre part, qu'il faut, afin de préserver les barreaux, gérer au mieux ce mouvement[10] de manière à ce que nous conservions, malgré tout, nos barreaux, quitte à les réformer[11]. Cela implique, notamment, une transparence accrue dans le fonctionnement de nos institutions, tant s'agissant de leur fonctionnement interne[12], que des décisions qu'elles rendent[13], points sur lesquels la France marque un retard certain au regard de la plupart des autres pays européens (Hollande, Allemagne, Italie, Espagne notamment[14]).

SECTION 7
BARREAU AU XXIe SIÈCLE

023.140 **Plan – Contextes.** Le contexte européen, ainsi que celui relatif à la concurrence dans le secteur des services, va marquer l'évolution de la profession et impacter l'activité des avocats. Le processus d'unification des professions juri-

1. Communication Rapport final de la Commission européenne sur l'application du droit de la concurrence aux professions libérales, COM(2005) 0405 final.
2. V. s^s n°s 022.11 et 312.27 s.
3. V. s^s n°s 492.91 s.
4. V. s^s n°s 492.11 s.
5. V. s^s n°s 492.11 s.
6. V. s^s n°s 521.91 s.
7. L. Mayaux, « Autorégulation du courtage d'assurance. Le retour des corporations », *JCP* 2021. 483.
8. V. s^s n°s 431.58 s.
9. V. s^s n°s 464.222 s.
10. S. Nonorgue, « Les enjeux de la régulation dans la profession d'avocat », *JCP* 2020. 975.
11. D. Piau, *Rapport sur la réforme des institutions de la profession*, UJA de Paris, 2008.
12. NOT. v. s^s n°s 434.240 s.
13. V. s^s n°s 523.311 s.
14. V. s^s n°s 492.11 s.

diques réglementées depuis 1971 [1], regroupées sous le titre d'avocat, semble appelé à se poursuivre afin que la profession d'avocat conserve et développe au XXIe siècle sa vocation de grande profession du droit [2].

Pour autant, l'évolution se fait désormais au coup par coup, par une série de lois successives, toutes marquées par la même logique de marché [3], la grande loi profession appelée de ses vœux par beaucoup [4], et attendue, ne voit point le jour car trop clivante tant à l'intérieur même de la profession, qu'avec les autres professions du droit subsistantes. C'est donc une évolution « à petits pas » qui prévaut, avec l'inconvénient majeur de faire perdre toute visibilité claire quant à la route ainsi prise par la profession d'avocat qui se retrouve, trop souvent, sur la défensive.

L'on peut distinguer l'évolution du cadre européen, avec la directive services et ses suites (§ 1), des réformes successives de la profession d'avocat (§ 2), la permanence de la réforme judiciaire (§ 3), ce qui conduit à s'interroger sur l'avenir, en pointillé, de la profession d'avocat (§ 4).

§ 1
Directive services et ses suites

023.151 Directive 2006/123, Parlement et Conseil, 12 déc. 2006, dite services. La directive 2006/123 [5], qui s'inscrivait à la suite de directives plus sectorielles relatives aux professions réglementées en général et à la profession d'avocat en particulier [6], considérant qu'il serait « impératif d'avoir un marché des services concurrentiel pour favoriser la croissance économique et la création d'emplois dans l'Union européenne » [7], va, désormais, influer considérablement les évolutions à venir.

Elle ne prohibe pas pour autant les autorisations d'exercice d'une profession, dès lors que le régime d'autorisation n'est pas discriminatoire et est justifié par une raison impérieuse d'intérêt général [8], ni l'édition de règles professionnelles dès lors qu'elles sont non discriminatoires, justifiées par une raison impérieuse d'intérêt général et proportionnées.

023.152 Suites de la directive services : Directive relative à un contrôle de proportionnalité avant l'adoption d'une nouvelle réglementation de professions. La Commission européenne a présenté, le 10 janvier 2017 [9], un ensemble de mesures visant à encourager et à faciliter la libre prestation des services par les entreprises et les professionnels au sein de l'Union européenne. Dans ce cadre, la Commission a, notamment, présenté :

- une communication intitulée « Recommandations de réformes en matière de réglementation des services professionnels », dans laquelle elle formule une série de recommandations sectorielles concernant les réglementations nationales, encadrant les professions réglementées. Concernant la profession d'avocat, la Commission encourage, notamment, les États membres à clarifier leurs règles nationales en matière de consultation juridique sur internet et de rédaction d'actes juridiques en ligne ;
- une proposition de directive relative au test de proportionnalité avant l'adoption d'une nouvelle réglementation professionnelle. Celle-ci vise à rationaliser et clarifier la manière dont les États membres devraient effectuer un contrôle de proportionnalité avant d'adopter ou de modifier des règles nationales en matière de services professionnels. Les États se trouveraient en position de devoir justifier au regard de l'intérêt général - avec des preuves quantitatives et qualitatives à l'appui - de l'intérêt de leur projet de réglementation.

La directive 2018/958 [10], relative à un contrôle de proportionnalité avant l'adoption d'une nouvelle réglementation de professions, est ainsi venue prévoir que lorsque de telles règles touchent à l'accès à la profession ou à son exercice, la directive impose désormais expressément que soit effectué un examen *ex ante* de proportionnalité des nouvelles dispositions [11] conduisant à ce que les motifs pour lesquels une disposition est jugée justifiée et proportionnée

1. V. s^{s} n°s 023.101 s.
2. V. s^{s} n°s 023.201 s.
3. Ch. Bessy, *L'organisation des activités des avocats : Entre monopole et marché*, « Forum », LGDJ, 2015 – Y. Dezalay, *Marchands du droit*, Fayard, 1992 – O. Favereau, *Les avocats entre ordre professionnel et ordre marchand*, Gazette du Palais – Lextenso, 2010 – L. Karpik, *Les avocats : Entre l'État, le public et marché, XIIIe-XXe siècle*, « Bibliothèque des sciences humaines », Gallimard, 1995 – L. Karpik, *L'économie des singularités*, « Bibliothèque des sciences humaines », Gallimard, 2007 – Th. Wickers, *La grande transformation des avocats*, « Essai », Dalloz, 2014.
4. J.-M. Varaut, *Mission de réflexion et de propositions en vue de l'élaboration d'un code des professions judiciaires et juridiques*, La Documentation française, 1998 – E. Morain, « Le rapport de Jean-Marc Varaut sur les professions judiciaires et juridiques », *Gaz. Pal.*, 12 mars 1998, p. 346 – J.-M. Darrois, *Vers une grande profession du droit*, La Documentation française, avr. 2009 – M. Prada (dir.), *Rapport sur certains facteurs de renforcement de la compétitivité juridique de la place de Paris*, mars 2011.
5. Dir. 2006/123, Parlement et Conseil, 12 déc. 2006 relative aux services dans le marché intérieur, *JOCE L* 376, 27 déc., p. 36-68.
6. V. s^{s} n°s 491.31 s.
7. V. s^{s} n°s 023.121 s.
8. Dir. 2006/123, Parlement et Conseil, 12 déc. 2006, art. 9.
9. Communication de la Commission européenne, 10 janv. 2017 (COM 821) sur l'application de la directive 2006/123/CE relative aux services dans le marché intérieur, établissant une procédure de notification des régimes d'autorisation et des exigences en matière de services.
10. Dir. 2018/958, Parlement et Conseil, 28 juin 2018 relative à un contrôle de proportionnalité avant l'adoption d'une nouvelle réglementation de professions, *JOUE L* 173, 9 juill., p. 125.
11. V. s^{s} n°s 312.111 s.

soient étayés par des éléments probants qualitatifs et, dans la mesure du possible et lorsque cela est pertinent, quantitatifs [1].

023.153 Convention européenne relative à la profession d'avocat. Il faut rappeler que le rôle de l'avocat, y compris dans l'exercice de son activité de conseil, est d'assurer le respect des droits fondamentaux. L'avocat est un contre-pouvoir au regard des pouvoirs économique et politique. Dès lors qu'il est un contre-pouvoir, l'avocat doit être protégé car à travers sa protection, c'est la protection des droits et des libertés individuelles qui est garantie.

Ce constat [2] a conduit l'Assemblée parlementaire du Conseil de l'Europe à proposer d'élaborer une convention européenne relative à la profession d'avocat [3].

§ 2 Réformes successives de la profession d'avocat

023.160 Plan. Les évolutions au coup par coup de la réglementation professionnelle ne permettent plus de rattacher celles-ci à un texte de loi en particulier, mais obligent à aller les chercher dans une multitude de textes, en distinguant, la déontologie et la discipline (A), la formation et l'accès à la profession (B), le cadre institutionnel (C), la tentative d'achèvement de la grande profession du droit (D), et le cadre de l'exercice professionnel (E).

A. Déontologie et discipline

023.171 Loi du 11 février 2004 : réforme de la procédure disciplinaire et pouvoirs normatifs du CNB. La réforme de la profession d'avocat a été poursuivie par la loi du 11 février 2004 [4]. Elle a également introduit des innovations essentielles portant sur la réforme de l'instance disciplinaire [5], et la consécration du pouvoir normatif accordé au CNB.

Deux décrets d'application de la loi du 11 février 2004 ont été élaborés. Le premier décret, du 24 mai 2005 [6], réorganise l'administration de la discipline du barreau et le fonctionnement de la juridiction disciplinaire [7].

023.172 Décret « déontologie » du 12 juillet 2005. Le second décret, du 12 juillet 2005 relatif aux règles de déontologie de la profession d'avocat [8] vient s'ajouter aux décrets précédents. Sa légalité en a été contestée sans succès par le barreau de Paris, devant le Conseil d'État, qui y voyait une atteinte intolérable au principe de l'indépendance de la profession. Le Conseil d'État a rappelé au contraire « qu'il appartenait au Premier ministre de faire usage du pouvoir réglementaire que lui confère l'article 21 de la Constitution pour fixer les règles de déontologie de la profession d'avocat » ; ajoutant « que le respect du principe d'autonomie des conseils de l'Ordre et du caractère libéral de la profession [...] n'impliquait aucunement qu'une partie des règles de déontologie fût soustraite à sa compétence pour être réservée à celle des instances ordinales » ; enfin « que l'article 21-1 de la loi du 31 décembre 1971, qui a reconnu au CNB un pouvoir réglementaire pour unifier les règles et usages de la profession, n'a pas eu davantage pour objet ou pour effet de réduire la compétence du Premier ministre » [9].

Le pouvoir réglementaire a cependant renoncé à baptiser ce décret du 12 juillet 2005 « code de déontologie » devant les protestations répétées des avocats.

023.173 Loi pour la confiance dans l'institution judiciaire (2021). La loi du 22 décembre 2021 pour la confiance dans l'institution judiciaire [10], déposée cinq jours après la publication de la loi du 8 avril 2021 améliorant l'efficacité de la justice de proxi-

1. Dir. 2018/958, Parlement et Conseil, 28 juin 2018, art. 4 – M. Dal et A. Guillerme, « *La déontologie contre les droits de l'homme ?* », *in* Y. Kevers (dir.), *La déontologie contre le droit ?*, Larcier, Bruxelles, 2018, p. 142 s. et not. p. 160 s., n°s 81 s. – Th. Bontinck et F. Puel, « *Ordres professionnels et droit de la concurrence – Plaidoyer pour une entente cordiale* », *in Mél. G.-A. Dal*, Larcier, Bruxelles, 2014, p. 141 s.
2. J. McBride, sous la supervision du Comité européen de coopération juridique (CDCJ), *Protection des avocats : étude de faisabilité d'un nouvel instrument juridique européen*, 2020.
3. S. Lahaye-Battheu, *Rapport de la Commission des questions juridiques et des droits de l'homme du Conseil de l'Europe soulignant les attaques à l'encontre de la profession d'avocat*, 12 déc. 2017 ; – *JCP* 2017. 1362 – Recommandation 2121 (2018) de l'Assemblée parlementaire du Conseil de l'Europe appelant le Comité des ministres à rédiger et à adopter une Convention européenne sur la profession d'avocat, 24 janv. 2018 – Cons. Europe, CM/AS(2019) Rec2121-final, 31 janv. 2019 ; – « Pour une convention européenne sur la profession d'avocat », *JCP* 2019. 259 – V. s^{s} n° 011.35.
4. L. n° 2004-130, 11 févr. 2004 réformant le statut de certaines professions judiciaires ou juridiques, des experts judiciaires, des conseils en propriété industrielle et des experts en ventes aux enchères publiques, *JO* 12 févr., p. 2847.
5. Sur cette question, v. s^{s} n°s 521.05 s.
6. Décr. n° 2005-531, 24 mai 2005 modifiant le décret n° 91-1197 du 27 novembre 1991 organisant la profession d'avocat et relatif à la discipline, *JO* 26 mai, p. 9107.
7. V. s^{s} n°s 521.05 s.
8. Décr. n° 2005-790, 12 juill. 2005 relatif aux règles de déontologie de la profession d'avocat, *JO* 16 juill., p. 11688.
9. CE 15 nov. 2006, *Krikorian*, req. n° 283475, *Lebon ; RTD civ.* 2007. 67, obs. R. Encinas de Munagorri.
10. L. O. n° 2021-1728, 22 déc. 2021 pour la confiance dans l'institution judiciaire, *JO* 23 déc., n° 1.

mité et de la réponse pénale [1]..., est un texte en réalité à caractère répressif qui comporte pour l'essentiel des dispositions relatives à la politique pénale et pénitentiaire [2]. Il prévoit, par ailleurs, plusieurs dispositions, issues, pour partie des états généraux de l'avenir de la profession d'avocat [3] et de divers rapports de circonstance [4] qui ont suivi, concernant la profession d'avocat [5] :

1° La concrétisation d'une partie des propositions d'un rapport de l'IGJ [6] procédant à une refonte des procédures disciplinaires des professions juridiques, tout en maintenant un régime spécifique pour la profession d'avocat [7], et prévoyant, pour chaque profession, l'adoption d'un code de déontologie préparé par l'instance nationale de la profession ;

2° Une remise en cause gravissime du secret professionnel de l'avocat [8] dans le cadre des perquisitions et opérations de visites et saisies au sein des cabinets d'avocats [9] ou de leurs clients [10] ;

2° *bis* L'exigence, en enquête comme à l'instruction, d'une décision motivée du JLD devant être communiquée pour information au bâtonnier, faisant état de raisons plausibles de soupçonner l'avocat, pour toutes réquisitions portant sur des données de connexion [11] correspondant à la ligne téléphonique d'un avocat ;

2° *ter* L'aggravation des peines prévues en cas de violation du secret de l'instruction [12] ;

3° La possibilité pour le bâtonnier de visiter les lieux de privation de liberté [13] ;

4° L'inscription dans le code de procédure pénale du droit pour la victime d'être assistée par un avocat lors des auditions [14] ;

5° Le caractère exécutoire pour les actes contresignés par les avocats et revêtus de la formule exécutoire apposée par le greffe constatant une transaction ou un accord dans le cadre d'une médiation, d'une conciliation ou d'une procédure participative [15] ;

6° La consolidation législative de la jurisprudence, et de la pratique, en ce qui concerne la possibilité pour les avocats de produire les justificatifs des sommes demandées au titre des frais irrépétibles [16] ;

7° La création d'un Conseil national de la médiation chargé, notamment, de rendre des avis dans le domaine de la médiation, et de proposer aux pouvoirs publics toutes mesures propres à l'améliorer [17] ;

8° L'attribution au CNB d'un titre exécutoire pour le recouvrement de ses cotisations [18].

Les modifications apportées par le texte, notamment à la procédure disciplinaire et au secret professionnel, sont abordées dans les chapitres qui leur sont consacrés [19].

B.
Formation et accès à la profession

023.181 Loi du 11 février 2004 : réorganisation de la formation initiale. La loi du 11 février 2004 [20] est également venue prévoir une réorganisation de la formation initiale de l'élève avocat [21], avec la suppression du stage, l'instauration d'une obligation de formation continue obligatoire [22], ainsi que la mise en conformité des textes avec les principes de libre prestation de services et de liberté d'établissement des avocats européens [23].

023.182 Décrets des 4 novembre 2005 et 3 avril 2012 : passerelles d'accès à la profession d'avocat. Le décret du 4 novembre 2005 [24] modifiant l'article 98 du décret du 27 novembre 1991 [25] a ouvert l'accès à

1. L. n° 2021-401, 8 avr. 2021 améliorant l'efficacité de la justice de proximité et de la réponse pénale, *JO* 9 avr.
2. L. Garnerie, « Réformes de la profession d'avocat : l'heure de la réflexion », *Gaz. Pal.* 2 févr. 2021, p. 5 ; « Confiance dans l'institution judiciaire : c'est parti pour le projet de loi d'Éric Dupond-Moretti », *Gaz. Pal.* 20 avr. 2020, p. 5.
3. CNB, *Les états généraux de la profession d'avocat : Bilan d'un projet inédit et collaboratif*, 2018/2019.
4. D. Perben (dir.), *Rapport de la mission relative à l'avenir de la profession d'avocat*, juill. 2020 – IGJ, *Rapport n° 069-20 d'inspection de fonctionnement d'une enquête conduite par le parquet national financier*, sept. 2020 – Commission relative aux droits de la défense dans l'enquête pénale et au secret professionnel de l'avocat, *Rapport sur le renforcement de l'équilibre des enquêtes préliminaires et du secret professionnel de l'avocat*, févr. 2021.
5. CNB, Motion sur l'avant-projet de loi « profession », Méthode, AG 22 janv. 2021.
6. D. Luciani (dir.), *Rapport de l'IGJ sur la discipline des professions du droit et du chiffre*, déc. 2020 ; *JCP* 2020. 1437 – Y. Avril, « Discipline des professions du droit et du chiffre : l'IGJ rend son rapport », *D. actu.* 18 déc. 2020 – J.-M. Brigant, « Rapport sur la discipline des professions du droit et du chiffre. Aux grands maux, les grands remèdes », *JCP* 2021. 37 – L. Garnerie, « La discipline des professions du droit sur le grill de l'IGJ », *Gaz. Pal.* 12 janv. 2021, p. 8.
7. V. s[s] n°s 521.05 s.
8. V. s[s] n°s 411.11 s.
9. V. s[s] n°s 414.91 s.
10. V. s[s] n°s 415.31 s.
11. V. s[s] n°s 414.273 s.
12. V. s[s] n°s 416.131 s.
13. V. s[s] n°s 116.141 s.
14. V. s[s] n°s 472.111 s.
15. V. s[s] n°s 632.61 s.
16. V. s[s] n°s 723.251 s.
17. V. s[s] n°s 621.11 s.
18. V. s[s] n°s 112.61.
19. V. s[s] n°s 521.21 s.
20. V. s[s] n° 023.171.
21. V. s[s] n°s 211.00 s.
22. V. s[s] n°s 213.00 s.
23. V. s[s] n°s 231.00 s.
24. Décr. n° 2005-1381, 4 nov. 2005 modifiant l'article 98 du décret n° 91-1197 du 27 novembre 1991 organisant la profession d'avocat, *JO* 6 nov., p. 17473.
25. Décr. n° 91-1197, 27 nov. 1991 organisant la profession d'avocat, *JO* 28 nov., p. 15502 – V. s[s] n°s 212.00 s.

la profession d'avocat aux juristes salariés des cabinets d'avocats.

Le décret du 3 avril 2012 [1], pris à la demande de la profession, a ensuite ouvert l'accès à la profession d'avocat aux collaborateurs de député ou assistants de sénateur et, surtout, institué pour toutes les personnes bénéficiant d'une des dispenses prévues à l'article 98 un examen de contrôle des connaissances en déontologie et réglementation professionnelle, dont le programme et les modalités sont fixés par un arrêté du 30 avril 2012 [2].

Ce même décret a également ouvert, à la veille des élections présidentielles de 2012, une nouvelle passerelle de l'article 97-1 [3] du décret du 27 novembre 1991 en faveur des hommes et femmes politiques, qui quelques mois après le changement de gouvernement, et d'alternance politique, fut supprimée à l'initiative du ministre de la Justice, Christiane Taubira, par le décret du 15 avril 2013 [4].

C'est une réforme globale des voies d'accès dérogatoires à la profession d'avocat qu'entend désormais proposer la profession [5], afin d'en assurer la cohérence et de garantir le niveau de pratique du droit et de connaissance des règles déontologiques indispensables à l'exercice de la profession d'avocat, dans l'intérêt des justiciables [6].

023.183 Décret du 17 octobre 2016 : amorce d'une nouvelle réforme de la formation initiale. Une réforme de l'examen national d'accès aux CRFPA adoptée par le CNB a été mise en œuvre par le décret du 17 octobre 2016 [7] qui modifie les conditions d'organisation de cet examen, à compter de la session 2017, et met en place une Commission nationale de l'examen d'accès au CRFPA chargée d'élaborer les sujets des 4 épreuves écrites d'admissibilité [8].

Ce décret s'inscrit dans le cadre plus général d'une refonte de l'ensemble de la formation initiale des avocats que le CNB a adopté en 2014 [9] et l'ayant conduit à formuler d'autres propositions [10] relativement aux modalités d'accès à la formation initiale, à la réforme de l'examen du Capa et à l'harmonisation des programmes. Le caractère professionnel des enseignements doit ainsi être renforcé en mettant l'accent sur des aspects pratiques pour mieux préparer les élèves au métier d'avocat [11] et dont les préconisations ont été reprises dans le rapport du groupe de travail confié au professeur Sandrine Clavel et à l'avocat Kami Haeri sur la réforme de la formation des avocats et remis le 23 octobre 2020 [12].

023.184 Loi du 18 novembre 2016 : consultant juridique étranger et accès partiel à la rédaction d'actes et la consultation juridique. Prise en application de la loi du 18 novembre 2016 [13], l'ordonnance du 27 avril 2018 [14], et son décret d'application du 20 août 2019 [15], sont venus définir dans quelles conditions des avocats inscrits dans des barreaux de pays qui ne sont pas membres de l'Union européenne pourront donner des consultations juridiques et rédiger des actes sous seing privé en droit international et en droit étranger, dès lors qu'un traité international le prévoit (consultant juridique étranger). Compétence est donnée au Conseil national des barreaux pour délivrer les autorisations d'exercer soit à titre occasionnel et temporaire (prestation de services), soit à titre permanent (établissement) auquel cas ils doivent également solliciter leur inscription sur une liste spéciale du tableau d'un barreau [16].

Elle faisait suite à l'ordonnance du 22 décembre 2016 [17] et son décret d'application 20 septembre

1. Décr. n° 2012-441, 3 avr. 2013 relatif aux conditions particulières d'accès à la profession d'avocat, *JO* 4 avr., p. 6083, art. 7.
2. Arr. 30 avr. 2012 fixant le programme et les modalités de contrôle des connaissances en déontologie et réglementation professionnelle prévu à l'article 98-1 du décret n° 91-1197 du 27 novembre 1991 organisant la profession d'avocat, *JO* 6 mai, p. 8046, NOR : JUSC1221512A.
3. Décr. n° 91-1197, 27 nov. 1991, art. 97-1 ; créé par décr. n° 2012-441, 3 avr. 2012, art. 5 ; abrogé par décr. n° 2013-319, 15 avr. 2013, art. 4.
4. Décr. n° 2013-319, 15 avr. 2013 supprimant les conditions particulières d'accès à la profession d'avocat des personnes exerçant des responsabilités publiques, *JO* 17 avr., p. 6473.
5. NOT. Résolution CNB, AG 17 nov. 2012.
6. F. Mereau, M. Ducasse, *Rapport sur la réforme des accès dérogatoires*, AG CNB 15 et 16 nov. 2019 – CNB, Résolution portant propositions de modifications du décret du 27 novembre 1991 sur la réforme des accès dérogatoires, AG 10 et 11 janv. 2020.
7. Décr. n° 2016-1389, 17 oct. 2016 modifiant les conditions d'accès aux centres régionaux de formation professionnelle d'avocats, *JO* 18 oct., n° 4.
8. V. s[s] n°s 211.71 s.
9. V. s[s] n°s 211.00 s.
10. V. s[s] n° 211.140.
11. CNB, résolution 16 nov. 2018, *JCP* 2018. 1293 – S. Guinchard, « Quelle formation pour les avocats demain ? », *JCP* 2018. 1258.
12. S. Clavel, K. Haeri, *Rapport du groupe de travail sur la formation des avocats*, oct. 2020 ; *JCP* 2020. 1234 – L. Garnerie, « Formation des avocats : le rapport Clavel – Haeri en renfort des propositions de la profession », *Gaz. Pal.* 3 nov. 2020, p. 10 – K. Haeri, S. Clavel, « Formation des avocats : "C'est un rapport clé en main qui peut faire l'objet d'une mise en œuvre quasi immédiate" », *JCP* 2020. 1277.
13. V. s[s] n° 023.234.
14. Ord. n° 2018-310, 27 avr. 2018 relative à l'exercice par les avocats inscrits aux barreaux d'États non membres de l'Union européenne de l'activité de consultation juridique et de rédaction d'actes sous seing privé pour autrui, *JO* 28 avr., n° 22.
15. Décr. n° 2019-849, 20 août 2019 portant diverses dispositions relatives à la profession d'avocat, *JO* 22 août, n° 4.
16. V. s[s] n°s 232.13 s.
17. Ord. n° 2016-1809 du 22 déc. 2016 relative à la reconnaissance des qualifications professionnelles de professions réglementées, art. 25, *JO* 23 déc., n° 19.

2017[1] venus modifier le régime de la reconnaissance des qualifications professionnelles afin de permettre, conformément à la directive du 7 septembre 2005[2] relative à la reconnaissance des qualifications professionnelles, modifiée par la directive du 20 novembre 2013[3], l'accès de certains professionnels d'autres États membres de l'Union européenne, n'ayant pas la qualité d'avocat européen, à la rédaction d'actes et la consultation juridique[4]. Ces professionnels[5] ne font pas partie d'un barreau et sont inscrits sur une liste tenue par le ministre de la Justice, rendue accessible au public[6].

C.
Évolution du cadre institutionnel

023.191 Ordonnance du 31 juillet 2015 : instauration de la parité dans les instances professionnelles. À la suite de la loi du 4 août 2014[7], l'ordonnance du 31 juillet 2015[8] et le décret du 22 décembre 2016[9], sont venus prendre des mesures afin de favoriser l'égal accès des femmes et des hommes au sein des ordres professionnels. À cette fin, ils ont :

1° Instauré pour les élections au conseil de l'Ordre, sur le modèle des élections départementales, un scrutin binomial mixte, accompagné d'une règle de tirage au sort dans le cas où un nombre impair de membres doit être élu[10]. Les barreaux de moins de trente membres sont exemptés de cette règle[11] ;

Le CNB avait proposé l'instauration pour les élections au sein des conseils de l'Ordre d'un scrutin uninominal majoritaire à deux tours avec mécanisme de correction permettant d'atteindre une proportion minimale de 40 % de membres de chaque sexe[12]. Bien qu'elle soit apparue au plus près de la réalité démographique de la profession, qui comptera très prochainement plus de 60 % de femmes, cette proposition n'a pas été retenue par le gouvernement. Face aux difficultés rencontrées dans de nombreux barreaux à la suite de la mise en œuvre de ce système[13], le CNB a, de nouveau, proposé, à ce que les élections au conseil de l'Ordre relèvent d'un scrutin uninominal majoritaire à deux tours avec sièges réservés, dont la moitié des sièges à pourvoir le serait aux candidates de sexe féminin et l'autre moitié aux candidats de sexe masculin[14] ;

2° Prévu pour les élections au Conseil national des barreaux une incitation à une représentation paritaire des femmes et des hommes, désormais inscrite à l'article 21-2[15] de la loi du 31 décembre 1971[16]. Pour ce faire, la répartition des sièges à pourvoir dans chaque collège doit conduire à l'attribution d'un nombre pair de sièges à chacune des deux circonscriptions[17]. Dans le collège ordinal, l'élection a lieu au scrutin uninominal majoritaire à un tour par les bâtonniers et membres des conseils de l'Ordre, en réservant la moitié des sièges à pourvoir à des femmes et l'autre moitié à des hommes[18]. Dans le collège général, l'élection a lieu au suffrage universel direct au scrutin de listes composées alternativement d'un candidat de chaque sexe[19], en appliquant le principe d'une répartition des restes à la plus forte moyenne et un seuil de représentativité à 7 % des suffrages exprimés[20].

023.192 Décrets du 10 novembre 2015 : application du principe « silence vaut acceptation » aux instances professionnelles. Le Conseil d'État a estimé, à l'occasion d'un avis rendu le 22 octobre 2015[21], que le Conseil national des barreaux, les barreaux et les CRFPA devaient être regardés comme des organismes chargés de la gestion d'un service public administratif lorsque leurs décisions se rattachaient à l'organisation du service public de la

1. Décr. n° 2017-1370, 20 septembre 2017 portant sur l'accès partiel à la profession d'avocat en France par les ressortissants des États, *JO* 22 sept., n° 10.
2. Dir. 2005/36, Parlement et Conseil, 7 sept. 2005 relative à la reconnaissance des qualifications professionnelles, *JOCE L* 255, 30 sept., p. 22.
3. Dir. 2013/55, Parlement et Conseil, 20 nov. 2013 modifiant la directive 2005/36/CE relative à la reconnaissance des qualifications professionnelles et le règlement (UE) n° 1024/2012 concernant la coopération administrative par l'intermédiaire du système d'information du marché intérieur, *JOCE L* 354, 28 déc., p. 132.
4. CE 30 janv. 2019, req. n°s 408258, 408267, 408289, 408305, 415795, 415827, 415901.
5. V. s^{s} n°s 631.32 s.
6. L. n° 71-1130, 31 déc. 1990, art. 95.
7. L. n° 2014-873, 4 août 2014 pour l'égalité réelle entre les femmes et les hommes, *JO* 4 août, p. 12949, art. 76.
8. Ord. n° 2015-949, 31 juill. 2015 relative à l'égal accès des femmes et des hommes au sein des ordres professionnels, *JO* 2 août, p. 13241.
9. Décr. n° 2016-1817, 22 déc. 2016 relatif aux élections aux conseils de l'ordre des avocats et au Conseil national des barreaux, *JO* 23 déc., n° 42.
10. Ord. n° 2015-949, 31 juill. 2015, art. 8, 1°.
11. V. s^{s} n° 114.32.
12. CNB, Résolution sur la parité dans les élections professionnelles, AG 10-11 avr. 2015.
13. A. Niakate, *Rapport de la commission égalité sur la parité au sein des instances ordinales. Modification du mode de scrutin*, AG 9 oct. 2020.
14. CNB, Résolution portant sur la parité au sein des instances ordinales, Modification du mode de scrutin, AG 9 oct. 2020.
15. L. n° 71-1130, 31 déc. 1971, art. 21-2.
16. V. s^{s} n° 111.42.
17. Décr. n° 91-1197, 27 nov. 1991, art. 21, II.
18. Décr. n° 91-1197, 27 nov. 1991, art. 22, al. 3.
19. Décr. n° 91-1197, 27 nov. 1991, art. 23, al. 3.
20. Décr. n° 91-1197, 27 nov. 1991, art. 29-II.
21. CE, avis sect. int., 22 oct. 2015, n° 390397.

justice. Il en a déduit que la règle selon laquelle le silence gardé pendant deux mois sur une demande vaut décision d'acceptation avait bien vocation à s'appliquer aux décisions rendues par l'une de ces instances.

Deux décrets d'application du 10 novembre 2015 ont alors été publiés concernant la profession d'avocat. Le premier vise les organismes chargés d'une mission de service public et s'applique aux décisions individuelles du Conseil national des barreaux et des CRFPA[1]. Le second vise les ordres professionnels et s'applique aux barreaux[2]. Ils listent les procédures pour lesquelles, par dérogation au principe, le silence de l'autorité compétente vaut rejet et précisent également les délais aux termes desquels interviendra la décision implicite de rejet lorsque l'urgence ou la complexité de la procédure le justifie[3].

D. Tentative d'achèvement de la grande profession du droit

023.201 Poursuite des réflexions dans un contexte renouvelé. Les réflexions se poursuivent, dans la suite des réflexions menées dans le cadre de la grande profession du droit[4], dans un contexte renouvelé et une concurrence économique exacerbée, en vue de parachever la construction d'une profession d'avocat élargie et rénovée, notamment à travers les rapports successifs de Jean-Marc Varaut en 1998 dans le cadre d'une mission de réflexion et de propositions en vue de l'élaboration d'un code des professions judiciaires et juridiques[5], d'Henri Nallet en 1999 sur les réseaux pluridisciplinaires et les professions du droit[6], de Jean-Michel Darrois en 2009, intitulé *Vers une grande profession du droit*[7], de Brigitte Longuet en 2010 pour une nouvelle dynamique de l'activité libérale[8] et de Michel Prada en 2011 sur certains facteurs de renforcement de la compétitivité juridique de la place de Paris[9] dont la mission a considéré que les efforts engagés, depuis plusieurs décennies, pour unifier les professions du droit en France par regroupement progressif autour de la profession d'avocat devaient être poursuivis.

023.202 Rapprochement entre avocats et juristes d'entreprise. À la suite des rapports de Bernard de Bigault du Granrut (1920-2009) en 1996[10], de Marc Guillaume en 2006[11], et de Jean-Michel Darrois en 2009[12], l'idée d'un rapprochement entre la profession d'avocat et les juristes d'entreprise a conduit à proposer la création d'un statut d'avocat en entreprise. La réforme proposée devait permettre aux avocats d'exercer leur profession en qualité de salarié d'une entreprise tout en conservant leur titre, leur statut et leur déontologie. Parallèlement, les juristes d'entreprise répondant à certains critères précis, pourraient devenir avocats, tout en conservant leur emploi et leur fonction au sein de l'entreprise. L'avocat en entreprise aurait été inscrit sur un tableau spécifique du barreau, avec les droits et obligations de l'avocat, sauf le droit de plaider et de développer une clientèle personnelle. Le CNB, rejeta toutefois cette proposition aux termes d'un vote à égalité des voix (à défaut de majorité)[13].

Le sujet divise profondément la profession d'avocat[14]. Si la France n'est pas le seul pays interdisant l'exercice en entreprise, d'autres l'ont permis depuis longtemps (Québec[15], Japon, Espagne, Italie[16], Pays-Bas, Allemagne... avec des formes différentes) tandis qu'en Belgique si une nouvelle profession a pu voir le jour, celle de juriste en entreprise bénéficiant de la confidentialité de leurs avis[17], son succès mitigé a

1. Décr. n° 2015-1451, 10 nov. 2015 relatif aux exceptions à l'application du principe « silence vaut acceptation » sur le fondement du II de l'article 21 de la loi n° 2000-321 du 12 avril 2000 relative aux droits des citoyens dans leurs relations avec les administrations (organismes chargés d'une mission de service public), *JO* 11 nov., p. 21031.
2. Décr. n° 2015-1458, 10 nov. 2015 relatif aux exceptions à l'application du principe « silence vaut acceptation » sur le fondement du II de l'article 21 de la loi n° 2000-321 du 12 avril 2000 relative aux droits des citoyens dans leurs relations avec les administrations (ordres professionnels), *JO* 11 nov., p. 21049.
3. V. s[s] n°s 513.121 s.
4. V. s[s] n°s 023.101 s.
5. J.-M. Varaut, *Mission de réflexion et de propositions en vue de l'élaboration d'un code des professions judiciaires et juridiques*, La Documentation française, 1998.
6. H. Nallet, *Les Réseaux pluridisciplinaires et les professions du droit*, La Documentation française, 1999.
7. J.-M. Darrois, *Vers une grande profession du droit*, La Documentation française, avril 2009.
8. B. Longuet, 33 propositions pour une nouvelle dynamique de l'activité libérale, La Documentation française, 2010.
9. M. Prada (dir.), *Rapport sur certains facteurs de renforcement de la compétitivité juridique de la place de Paris*, mars 2011.
10. B. de Bigault du Granrut, *Rapport sur le rapprochement entre les professions d'avocat et de juriste d'entreprise*, 1996.
11. M. Guillaume (dir.), *Rapport sur le rapprochement entre les professions d'avocat et de juriste d'entreprise : réflexions et propositions*, janv. 2006.
12. J.-M. Darrois, *Vers une grande profession du droit*, La Documentation française, avril 2009.
13. CNB, Assemblée générale du 20 nov. 2010.
14. *L'avocat en entreprise : Un avocat de plein exercice*, Rapport du groupe de travail de l'UJA de Paris adopté lors de la commission permanente du 22 févr. 2021.
15. P. Bernard (dir.), *L'avocat en entreprise : Tendances et perspective*, Éd. Yvon Blais, 2007 – Barreau du Québec, *Guide pratique de déontologie pour les avocats en entreprise*, 2016.
16. A. Trentini, *L'avvocato degli enti pubblici*, Filo, Bologna, 2013.
17. J.-P. Buyle, I. Durant, « La confidentialité des avis des juristes d'entreprise – Le secret professionnel », actes du colloque des 8 et 9 novembre 2001 organisé par l'Association des juristes namurois, La Charte, 2002, p. 187 s.

conduit le barreau belge à permettre à l'avocat d'exercer au sein d'une entreprise[1] dans le même sens que le Conseil national des barreaux l'avait fait, peu de temps auparavant, avant d'être censuré, de manière discutable, par le Conseil d'État[2].

Surtout, depuis 2010, tirant constat de l'opposition de la profession d'avocat à une « profession unique », opposition qui vient aussi, faut-il le préciser, du Medef comme de Bercy (Dgfip, Dgccrf...), les juristes d'entreprise, invoquant un contexte de concurrence internationale[3], cherchent à obtenir, à défaut du titre d'avocat et son statut, la reconnaissance de la confidentialité de leurs avis et des correspondances échangées avec leur employeur[4].

C'est ainsi qu'en 2019, un rapport du député Raphaël Gauvain[5], établi à la demande du Premier ministre, est venu proposer un statut suivant lequel les juristes seraient inscrits au barreau sur une liste *ad hoc es qualité* d'« avocat en entreprise », soumis aux obligations déontologiques garantes de leur indépendance et intégrité, mais resteraient un salarié de l'entreprise, sans statut dérogatoire au droit du travail, réservant l'exclusivité de ses prestations à son employeur, sans prérogatives d'assistance ou de représentation, mais bénéficiant d'un droit, relatif, à la protection de ses avis juridiques, opposable aux tiers et aux autorités administratives et judiciaires. En 2020, un rapport de Dominique Perben viendra, toutefois, considérer que : « aucune solution ne pourra être imposée si elle ne recueille pas l'adhésion d'une part suffisamment importante des avocats »[6].

Dans le cadre de la loi pour la confiance dans l'institution judiciaire[7], une proposition de prétendu « avocat en entreprise », reprenant en fait un amendement du Gouvernement de 2014 dans le cadre du projet de loi pour la croissance, l'activité et l'égalité des chances économiques[8], mais proposant un cadre « expérimental », est à nouveau présentée, et rejetée à plus de 70 % des voix par l'assemblée générale du CNB[9] qui l'avait déjà rejeté, avec une majorité moindre, en 2014[10]. Elle sera, finalement, retirée du projet de loi. En réalité, il ne s'agissait nullement, en 2014 comme en 2021, de permettre à l'avocat d'exercer en entreprise mais uniquement de permettre aux juristes d'entreprise de bénéficier d'un secret professionnel différencié, proche du *legal privilège*, au risque d'affaiblir durablement le secret professionnel de l'avocat[11] et alors même que le secret des affaires fait l'objet d'une protection[12], en étant inscrit à un barreau sans être pleinement soumis aux devoirs et obligations des avocats.

Le sujet est désormais devenu une arlésienne que l'on sort à la première occasion venue, pour le remballer aussitôt. À partir du moment où certains ne peuvent pas, ou ne veulent pas, envisager l'avocat exerçant en entreprise comme un avocat comme les autres, ce qu'il est pourtant dans la plupart des pays qui le pratiquent, les oppositions ne peuvent être qu'inconciliables. On notera qu'au fil des ans, depuis 2010, les votes de la profession sur le sujet sont de plus en plus tranchés.

023.203 Échec de l'unification entre les professions d'avocat et de conseil en propriété industrielle. Des tentatives de rapprochement de la profession de conseil en propriété industrielle avec la profession d'avocat ont eu lieu, notamment dans le cadre d'une proposition de loi organisant la fusion des deux professions en 2009[13]. Selon cette proposition de loi, qui avait reçu l'approbation tant du CNB[14] que de la Compagnie nationale des conseils en propriété industrielle (Cncpi)[15], les conseils en propriété industrielle (CPI) seraient devenus avocats titulaires de la mention de spécialisation en droit de la propriété intellectuelle. Le Conseil supérieur de la

1. Règlement du 11 juin 2018 de l'Ordre des barreaux francophones et germanophone insérant dans le titre 4 du code de déontologie de l'avocat un chapitre 11 intitulé « L'avocat en entreprise ».
2. CE 29 janv. 2018, req. n° 403101, *Conférence des Bâtonniers et autres, Lebon ; AJDA* 2018. 189 ; *AJDA* 2018. 634, concl. L. Dutheillet de Lamothe ; *D.* 2019. 91, obs. T. Wickers ; *D. avocats* 2018. 109, obs. F. G'sell ; *Gaz. Pal.* 6 févr. 2018, p. 26, obs. Ph. Graveleau ; *Gaz. Pal.* 27 mars 2018, p. 32, obs. S. Roussel ; *Gaz. Pal.* 13 févr. 2018, p. 14, note Th. Wickers ; *JCP* 2018. 588, n° 13, obs. L. Jariel ; *Gaz. Pal.* 5 juin 2018, p. 27, obs. B. de Belval ; *D.* 2019. 92, obs. Th. Wickers – Sur cette question, v. s^s^ n° 323.97.
3. M. Lartigue, « Dossier legal privilege », *LJA*, n° 36, suppl., 1er mai 2015 – L. Dusseau, « De la nécessaire protection du secret professionnel du juriste d'entreprise grâce au statut d'avocat en entreprise », *Gaz. Pal.* 31 juill. 2018, p. 11.
4. Sur le secret des affaires, v. s^s^ n° 453.86.
5. R. Gauvain (dir.), *Rétablir la souveraineté de la France et de l'Europe et protéger nos entreprises des lois et mesures à portée extraterritoriale*, 23 juin 2019 – M. Babonnneau, « Rapport Gauvain : et revoilà l'avocat en entreprise », *D. actu.* 26 mars 2019 – N. Lenoir, « Le rapport Gauvain et la protection des "intérêts économiques essentiels" de la France », *JCP* 2019. 793.
6. D. Perben (dir.), *Rapport de la mission relative à l'avenir de la profession d'avocat*, juill. 2020, p. 13 ; – AUSSI : Réponse ministérielle QE n° 37546, *JOAN* 14 sept. 2021, p. 6854.
7. V. s^s^ n° 023.173.
8. V. s^s^ n° 023.214.
9. Avocat en entreprise : vote de l'AG du CNB, com. CNB, 25 janv. 2021 – CNB, Avant-projet de loi visant à créer à titre expérimental un « avocat salarié d'une entreprise », Motion, AG 22 janv. 2021.
10. CNB, Assemblée générale du 3 oct. 2014.
11. V. s^s^ n°s 412.31 s.
12. V. s^s^ n° 453.86.
13. Proposition de loi n° 31 (2008-2009) relative à l'exécution des décisions de justice et aux conditions d'exercice de certaines professions réglementées.
14. CNB, AG des 14-15 mars 2008.
15. Cncpi, AG du 13 mai 2008.

propriété industrielle (Cspi) a, toutefois, rendu un avis négatif au ministre de l'Industrie sur ce texte pour préserver la protection de la filière de la propriété industrielle en France.

Ce projet de fusion entre les deux professions n'ayant pas abouti, il a été abandonné au profit d'un rapprochement par le biais de l'interprofessionnalité d'exercice en 2015 : les conseils en propriété industrielle ont ainsi été ajoutés au cours des débats parlementaires dans le périmètre des sociétés pluriprofessionnelles d'exercice (SPE) [1].

023.204 **Loi du 25 janvier 2011 : fusion des professions d'avocat et d'avoué près les cours d'appel.** La loi du 25 janvier 2011 [2] a procédé à la suppression des offices d'avoués près les cours d'appel, et ainsi la fusion de la profession d'avoué et d'avocat avec effet au 1er janvier 2012. Les membres de ces professions font d'office partie, s'ils n'y ont renoncé, de la nouvelle profession. Le monopole des avocats à la postulation est ainsi étendu devant les cours d'appel.

Disparaît dans le même temps le régime dérogatoire qui s'appliquait à ce jour dans les départements où les fonctions d'avoués étaient exercées par les avocats des barreaux du ressort, rémunérés sur la base du tarif applicable aux avoués. Le décret du 3 mai 2012 [3] est venu compléter la réforme en remplaçant par le terme « avocat » toutes les dispositions de procédure comportant le terme « avoué ».

023.205 **Ordonnance du 2 juin 2016 : les commissaires de justice.** Les huissiers de justice [4] et les commissaires-priseurs [5], sont les professions juridiques qui assurent des fonctions d'exécution. Envisagés comme pouvant être intégrés dans la grande profession du droit [6], ils vont progressivement former une grande profession de l'exécution : les commissaires de justice. Les administrateurs et mandataires judiciaires, qui auraient également dû être intégrés dans cette nouvelle profession [7] en ont, finalement, été exclus.

L'ordonnance du 2 juin 2016 [8] prévoit ainsi une fusion progressive des professions de commissaire-priseur judiciaire et d'huissier de justice. La nouvelle profession de commissaire de justice peut être exercée à compter du 1er juillet 2022 et sera exclusive au 1er juillet 2026.

Les commissaires de justice, officiers publics et ministériels, désormais regroupés au sein de la Chambre nationale des commissaires de justice (Cncj), exerceront les compétences anciennement confiées aux huissiers de justice et commissaires-priseurs judiciaires dans le ressort de la cour d'appel du siège de leur office et, le cas échéant, du ou des bureaux annexes attachés à cet office.

E. Évolution du cadre de l'exercice professionnel

023.211 **Loi du 26 juillet 2005 : procédures collectives.** La loi du 26 juillet 2005 [9] de sauvegarde des entreprises, est venue soumettre les professions libérales au régime des procédures collectives [10].

023.212 **Lois du 28 mars 2011 et du 18 novembre 2016 : l'acte d'avocat.** Les instances de la profession ont travaillé, depuis les années 2000, à la reconnaissance d'un acte d'avocat, intermédiaire entre l'acte sous seing privé et l'acte authentique, destiné à renforcer la sécurité juridique des transactions et servir ainsi les intérêts du public. Le contreseing de l'avocat permettant de s'assurer que chacune des parties à l'acte aura été pleinement éclairée de toutes les conséquences juridiques de celui-ci : comme l'a reconnu l'Autorité de la concurrence dans son avis du 27 mai 2010 [11], il tire sa sécurité juridique renforcée de la qualité de son auteur en termes de compétences, d'obligations déontologiques, de formation ou encore de maîtrise du contentieux.

La loi du 28 mars 2011 [12], a introduit l'acte sous seing privé contresigné par avocat aux articles 66-3-1 à 66-3-3 de la loi du 31 décembre 1971, plus communément dénommé « acte d'avocat », intégré

1. V. s[s] n° 023.214.
2. L. n° 2011-94, 25 janv. 2011 portant réforme de la représentation devant les cours d'appel, *JO* 26 janv., p. 1544.
3. Décr. n° 2012-634, 6 mai 2012 relatif à la fusion des professions d'avocat et d'avoué près les cours d'appel, *JO* 5 mai, p. 7969.
4. T. Guinot, *L'huissier de justice : normes et valeurs*, 2e éd., Éditions Juridiques et techniques – Droit et Procédures, 2017 – A. Raynouard, *Huissiers de justice : Monographie d'une profession en mouvement*, Éditions Juridiques et techniques – Droit et Procédures, 2016 – T. Moussa, S. Guinchard (dir.), *Droit et pratique des voies d'exécution*, 9e éd., 2018, nos 255.01 s. par A. Pic.
5. J.-C. Olombi, *Le commissaire-priseur judiciaire*, L'Harmattan, 2009 – F. Duret-Robert (dir.), *Droit du marché de l'art*, 7e éd., « Dalloz Action », 2020, nos 142.11 s.
6. J.-M. Darrois, *Vers une grande profession du droit*, La Documentation française, avril 2009.
7. C. Fleuriot, « Mouvement de grève chez les administrateurs et mandataires judiciaires », *D. actu.* 1er déc. 2014.
8. Ord. n° 2016-728, 2 juin 2016 relative au statut de commissaire de justice, *JO* 3 juin.
9. L. n° 2005-845, 26 juill. 2005 de sauvegarde des entreprises, *JO* 27 juill. 2005, p. 12187.
10. V. s[s] n° 811.112.
11. Autorité de la concurrence, avis n° 10-A-10, 27 mai 2010, spéc. n° 632.62.
12. L. n° 2011-331, 28 mars 2011 de modernisation des professions judiciaires ou juridiques et certaines professions réglementées, *JO* 29 mars, p. 5447, art. 3.

en 2016[1] dans le code civil[2]. Cet acte fait pleine foi de l'écriture et de la signature des parties tant à leur égard qu'à celui de leurs héritiers ou ayant cause. La procédure de faux prévue par le code de procédure civile lui est applicable. Sauf disposition contraire, il est dispensé de toute mention manuscrite exigée par la loi.

Le législateur, par la loi du 18 novembre 2016[3], a donné un nouvel essor à l'acte contresigné en instaurant le divorce par consentement mutuel par acte sous seing privé contresigné par avocats[4].

Il conviendrait que cet encadrement législatif soit complété de manière à ce que l'acte d'avocat dispose d'une date certaine à compter du jour de sa contresignature. Cette exigence est liée aux nouvelles modalités de conservation de l'acte d'avocat dont la version électronique, avec un archivage probatoire garanti et sécurisé, a été lancée par le Conseil national des barreaux sur la plateforme e-barreau le 19 mai 2015[5]. Afin de renforcer l'efficacité de l'acte et d'en développer l'utilisation dans de nombreux domaines, la profession d'avocat demande aussi que soit conférée à cet acte la force exécutoire[6]. Cette reconnaissance marquerait ainsi la confiance accordée par le législateur aux avocats.

023.213 Loi du 17 mars 2014 : la sollicitation personnalisée. La suppression de l'interdiction totale de recourir aux actes de démarchage pour les avocats est issue de la loi du 17 mars 2014[7]. Cette réforme annoncée tendait à mettre la législation relative à la profession d'avocat en conformité avec l'article 24 de la directive 2006/123[8], alors que le 5 avril 2011[9], la Cour de justice de l'Union européenne avait jugé que cette disposition devait être interprétée en ce sens qu'elle s'opposait à une réglementation nationale qui interdit totalement aux membres d'une profession réglementée d'effectuer des actes de démarchage[10]. L'article 3 *bis* modifié de la loi du 31 décembre 1971 autorise désormais les avocats à recourir à la publicité et à la sollicitation personnalisée[11] dans les conditions définies par un décret en Conseil d'État. Le décret du 28 octobre 2014[12] relatif aux modes de communication des avocats, pris pour l'application de ces dispositions, détermine, à l'article 15 du décret du 12 juillet 2005[13], les conditions dans lesquelles les avocats sont autorisés à recourir à la sollicitation personnalisée.

Le nouvel article 10 du RIN[14], décline les principes applicables à ces modes de communication. Il définit la sollicitation personnalisée comme un mode de publicité destinée à promouvoir les services d'un avocat à l'attention d'une personne physique ou morale déterminée. Ces nouveaux modes de communication[15] offerts aux avocats français sont de nature à assurer le développement de leur activité sans porter atteinte aux principes essentiels de la profession[16].

023.214 Loi du 6 août 2015 : une libéralisation et une transparence accrue (postulation, rémunération, structures d'exercice). La loi du 6 août 2015[17] est venue apporter des modifications dans les conditions d'exercice de la profession d'avocat[18] en instaurant une nouvelle postulation des avocats au niveau de la cour d'appel[19], avec des matières réservées qui restent de la compétence du tribunal judiciaire auprès duquel est établie leur résidence professionnelle : procédures de saisie immobilière, de partage et de licitation, actes accomplis au titre de l'aide juridictionnelle, instances dans lesquelles l'avocat concerné n'est pas maître de l'affaire chargée également d'assurer la plaidoirie ; favorisant

1. Ord. n° 2016-131, 10 févr. 2016 portant réforme du droit des contrats, du régime général et de la preuve des obligations, *JO* 11 févr., n° 26.
2. C. civ., art. 1374 – D. Piau, « L'acte d'avocat, un authentique acte de sécurité juridique en matière probatoire », *AJ fam.* 2016. 484.
3. V. s[s] n° 023.234.
4. C. civ., art. 229-1 s. – V. s[s] n°s 632.61 s.
5. Lancement de l'eAA sur la plateforme e-barreau le 19 mai 2015.
6. CNB, *Dix propositions au président de la République*, mai 2017.
7. L. n° 2014-344, 17 mars 2014 relative à la consommation, *JO* 18 mars, p. 5400, art. 13 – AUSSI : *JCP* 2014. 597, n° 3, obs. F. G'sell.
8. Dir. 2006/123, Parlement et Conseil, 12 déc. 2006 relative aux services dans le marché intérieur, *JOCE L* 376/36 27 déc., p. 36, art. 24.
9. CJUE 5 avr. 2011, *Société fiduciaire nationale d'expertise comptable c/ Ministre du Budget, des Comptes publics et de la Fonction publique*, aff. C-119/09, *JOUE* 21 mai, p. 4 ; *D.* 2011. Actu. 1072, obs. X. Delpech ; *D.* 2013. Pan. 136, obs. Th. Wickers ; *AJDA* 2011. 1007, obs. M. Aubert, E. Broussy et F. Donnat ; *RTD eur.* 2011. 592, obs. A.-L. Siboni et A. Defossez ; *JCP* 2011. 1098, n° 8, obs. S. Bortoluzzi ; *Dr. et patr.* juin 2011, p. 14, obs. V. Berger ; *LPA* 23 juin 2011, p. 8, note J.-F. Barbiéri ; *CCC* 2011, n° 225, note G. Raymond.
10. V. s[s] n°s 461.14 s.
11. V. s[s] n°s 465.00 s.
12. Décr. n° 2014-1251, 28 oct. 2014 relatif aux modes de communication des avocats, *JO* 29 oct., p. 17894.
13. Décr. n° 2005-790,12 juill. 2005 relatif aux règles de déontologie de la profession d'avocat, *JO* 16 juill., p. 11688.
14. CNB, AG 10 oct. 2014, DCN n° 2014-001, 13 nov. 2014, *JO* 5 déc., p. 20294.
15. V. s[s] n°s 46.00 s.
16. A. Coignac, « Quand les avocats font leur publicité », *JCP* 2015. 577 – D. Piau, « Publicité et site internet : l'évolution tranquille », *Maître*, n° 231, janv. 2015, p. 22.
17. L. n° 2015-990, 6 août 2015 pour la croissance, l'activité et l'égalité des chances économiques, *JO* 7 août, p. 13537, art. 51 ; *JCP* 2015. 1078 n° 2, obs. L. Jariel.
18. F. G'sell, « La réforme des professions juridiques et judiciaires, une "déréglementation" très réglementée », *JCP* 2015, n° 44, supplément, p. 15 s.
19. V. s[s] n°s 622.161 s.

l'ouverture des bureaux secondaires[1] ; et en parachevant la réforme du droit des sociétés d'exercice libéral et de leurs holdings (SPFPL), assouplissant les règles de détention du capital et des droits de vote[2], mettant fin au principe de détention de la majorité des droits de vote au profit des seuls associés en exercice.

Elle est, surtout, venue renforcer les garanties de transparence tarifaire pour les consommateurs, en généralisant l'obligation de convention d'honoraires, afin de prévoir que, sauf en cas d'urgence ou de force majeure ou lorsqu'il intervient au titre de l'aide juridictionnelle totale ou des commissions d'office, l'avocat conclut par écrit avec son client une convention d'honoraires[3], qui précise, notamment, le montant ou le mode de détermination des honoraires couvrant les diligences prévisibles, ainsi que les divers frais et débours envisagés[4]. En matière de saisie immobilière, de partage, de licitation et de sûretés judiciaires, les droits et émoluments de l'avocat sont désormais exclusivement fixés sur la base d'un tarif[5].

Ses textes d'application[6] sont venus, au cours des années 2016[7] et 2017[8], successivement modifier les règles applicables en matière d'exclusivité d'exercice[9], parachever la réforme du droit des sociétés d'exercice libéral et de leurs holdings (SPFPL)[10], instaurer la société pluriprofessionnelle d'exercice (SPE)[11], simplifier le fonctionnement des structures d'exercice[12], modifier le régime des incompatibilités en autorisant la commercialisation de biens ou de services connexes à la profession d'avocat[13].

023.215 Loi du 18 novembre 2016 : formalités de publicité foncière. La loi du 18 novembre 2016[14], est également venue permettre aux avocats qui ont dressé ou qui ont participé à la rédaction d'assignations en justice, des commandements valant saisie, des différents actes de procédure qui s'y rattachent et des jugements d'adjudication, des documents portant limitation administrative au droit de propriété ou portant servitude administrative, des procès-verbaux établis par le service du cadastre, des documents d'arpentage établis par un géomètre et des modifications provenant de décisions administratives ou d'événements naturels[15], de procéder aux formalités de publicité foncière[16].

023.216 Décret du 6 mai 2017 : l'acte de procédure d'avocats. Parmi les propositions du rapport sur le juge du XXIe siècle[17], dit Delmas Goyon, figurait la création d'un acte de procédure d'avocats. La loi du 18 novembre 2016[18], parmi les mesures qui ont pour objet de favoriser les modes alternatifs de règlement des différends, a ouvert le champ de la procédure participative non plus seulement pour régler un différend, mais aussi pour mettre en état le litige[19]. Pour le gouvernement, il s'agit de « la préfiguration de l'acte de procédure d'avocats, défini comme un acte d'administration de la preuve contradictoirement accompli par les avocats des parties » (exposé des motifs de la loi).

1. V. s^s^ n°s 223.11 s.
2. V. s^s^ n° 811.243.
3. V. s^s^ n°s 713.21 s.
4. D. Piau, « Contexte et conséquences de la loi Macron », *Maître*, n° 235, 1er trim. 2016, p. 21 – « Les incidences de la loi "Macron" sur la rémunération de l'avocat », Trois questions à Dominique Piau ; *AJ fam.* févr. 2016. 81.
5. V. s^s^ n°s 722.00 s.
6. D. Piau, « L'inter-professionnalité est morte, vive la pluriprofessionnalité, et salut à toi ! », *Gaz. Pal.* 12 avr. 2016, p. 11 ; « Nouvelle procédure prud'homale : un simple ravalement de façade plutôt qu'une vraie rénovation », *Gaz. Pal.* 7 juin 2016, p. 17 ; « Décrets 63 et 67, Macron, I want your bizness, part. 1 : les structures d'exercice », *Gaz. Pal.* 12 juill. 2016, p. 11 ; « Décrets 63 et 67, Macron, I want your bizness, part. 2 : les incompatibilités », *Gaz. Pal.* 19 juill. 2016, p. 8.
7. POUR LES SEL : décr. n° 2016-878, 29 juin 2016 relatif à l'exercice de la profession d'avocat sous forme de société d'exercice libéral et aux sociétés de participations financières de profession libérale d'avocats, *JO* 30 juin, n° 56 – Décr. n° 2016-879, 29 juin 2016 modifiant le décret n° 2014-354 du 19 mars 2014 pris pour l'application de l'article 31-2 de la loi n° 90-1258 du 31 décembre 1990 relative à l'exercice sous forme de sociétés des professions libérales soumises à un statut législatif ou réglementaire ou dont le titre est protégé, *JO* 30 juin, n° 57 – Décr. n° 2016-882, 29 juin 2016 relatif à l'exercice de la profession d'avocat sous forme d'entité dotée de la personnalité morale autre qu'une société civile professionnelle ou qu'une société d'exercice libéral ou de groupement d'exercice régi par le droit d'un autre État membre de l'Union européenne, *JO* 30 juin, n° 60 ; *JCP* 2016. 1086, n°s 4, 5 et 6, obs. L. Jariel.
8. POUR LES SCP : décr. n° 2017-795, 5 mai 2017 pris pour l'application de l'article 27 de la loi n° 66-879 du 29 novembre 1966 et fixant la majorité requise pour la transformation d'une société civile professionnelle en une société pluriprofessionnelle d'exercice ou pour la participation d'une société civile professionnelle à la constitution d'une telle société, *JO* 7 mai, n° 31 ; – POUR LES ASSOCIATIONS D'AVOCATS : décr. n° 2017-801, 5 mai 2017 relatif à l'exercice de la profession d'avocat par une société pluriprofessionnelle d'exercice, *JO* 7 mai, n° 37.
9. V. s^s^ n°s 811.91 s.
10. V. s^s^ n°s 811.243 s.
11. V. s^s^ n° 811.73.
12. V. s^s^ n°s 811.50 s.
13. V. s^s^ n°s 432.00 s.
14. V. s^s^ n° 023.234.
15. C. civ., art. 710-1.
16. Décr. n° 55-22, 4 janv. 1955 relatif à la publicité foncière, art. 5 – Ch. Laporte, « Le grand retour des avocats dans le décret du 4 janvier 1955 régissant la publicité foncière », *JCP* 2016. 1306.
17. P. Delmas-Goyon, *Le juge du XXIe siècle : Un citoyen acteur, une équipe de justice*, Rapport, déc. 2013, La Documentation française, 2014, proposition n° 26.
18. V. s^s^ n° 023.234.
19. C. civ., art. 2063 – V. s^s^ n° 621.36.

Le décret du 6 mai 2017 portant modernisation et simplification de la procédure civile en décline les applications procédurales [1].

§ 3
Permanence de la réforme judiciaire

023.220 **Plan.** Les réformes judiciaires sont désormais placées sous le signe de l'instabilité et de la quasi-permanence des modifications législatives et réglementaires, dans une logique de *marketing* législatif à des fins essentiellement purement politiciennes, sans aucune logique, ni cohérence globale, et surtout sans allocation pérenne de moyens humains et matériels supplémentaires. Cette évolution se traduit par une succession de réformes du cadre structurel et processuel (A), tandis que l'on assiste à l'émergence des actions de groupe et actions représentatives (B).

A.
Réformes du cadre structurel et processuel

023.231 **Décrets du 15 février 2008 : réforme de la carte judiciaire.** La réforme de la carte judiciaire a été amorcée par deux décrets du 15 février 2008 [2]. Cette réforme, qui s'est étalée sur trois ans, a visé à réorganiser les 1 200 tribunaux répartis sur 800 sites. Au terme de sa mise en œuvre, 205 tribunaux d'instance et juridictions de proximité, 13 greffes détachés, 23 tribunaux de grande instance et 55 tribunaux de commerce ont été supprimés entraînant la disparition des barreaux du ressort, leur nombre passant de 184 à 161. Parallèlement, 7 tribunaux d'instance, 7 juridictions de proximité et 6 tribunaux de commerce ont été créés.

Deux régimes de multipostulation ont également été instaurés par la loi du 28 mars 2011 [3] pour les avocats inscrits au barreau du ressort des tribunaux de grande instance de Bordeaux et Libourne, ainsi que de ceux de Nîmes et Alès, les autorisant ainsi à postuler devant chacune de ces juridictions.

023.232 **Flux et reflux de la carte judiciaire.** Suite à la remise du rapport Daël, conseiller d'État honoraire, chargé par Christiane Taubira, garde des Sceaux, d'une mission d'évaluation de la carte judiciaire, un décret du 27 décembre 2013 [4] a conduit à la réimplantation de trois tribunaux de grande instance au 1er septembre 2014 à Saint-Gaudens, Saumur et, surtout, Tulle, supprimés lors de la réforme de 2008, entraînant par là même la reconstitution des barreaux locaux. La profession est ainsi répartie au sein de 164 barreaux.

Quatre chambres détachées des tribunaux de grande instance de Saint-Brieuc à Guingamp, de Lons-le-Saunier à Dole, et d'Agen à Marmande ont également été créées. Celle du tribunal de grande instance de Rodez à Millau a ouvert au 1er janvier 2015.

023.233 **Décrets du 15 février 2008 : réforme des procédures.** À la suite des rapports de Jean-Claude Magendie, intitulés *Qualité et célérité de la Justice* [5], la période connaît également une lame de fond de réformes processuelles touchant tant à la procédure d'appel, avec notamment les décrets du 9 décembre 2009 [6] et du 6 mai 2017 [7], la procédure prud'homale, avec le décret du 20 mai 2016 [8], la procédure en matière de contentieux de la sécurité sociale, avec le décret du 29 octobre 2018 [9], que la procédure administrative avec le décret du 2 novembre 2016 [10].

Tous ces textes, obéissent à une même logique : favoriser le traitement des litiges au niveau précontentieux, en développant le recours à la médiation, et accélérer le traitement des litiges.

023.234 **Loi du 18 novembre 2016 : J21.** Le ministre de la Justice avait fait de l'accessibilité de la justice une cause prioritaire. Il s'agirait à la fois d'améliorer l'organisation judiciaire pour un traite-

1. Décr. n° 2017-892, 6 mai 2017 portant diverses mesures de modernisation et de simplification de la procédure civile, *JO* 10 mai, n° 114.
2. Décr. n° 2008-145, 15 févr. 2008 modifiant le siège et le ressort des tribunaux d'instance, des juridictions de proximité et des tribunaux de grande instance, *JO* 17 févr., p. 2862 – Décr. n° 2008-146, 15 févr. 2008 modifiant le siège et le ressort des tribunaux de commerce, *JO* 17 févr., p. 2920.
3. L. n° 2011-331, 28 mars 2011 de modernisation des professions judiciaires ou juridiques et certaines professions réglementées, *JO* 29 mars, p. 5447, art. 1er.
4. Décr. n° 2013-1258, 27 déc. 2013 modifiant l'organisation judiciaire, *JO* 29 déc., p. 21737.
5. J.-C. Magendie, *Célérité et qualité de la justice : la gestion du temps dans le procès*, La Documentation française, sept. 2004 – J.-C. Magendie, *Célérité et la qualité de la justice : la médiation une autre voie*, La Documentation française, avr. 2009 – AUSSI : P. Delmas-Goyon, *Le juge du 21e siècle : Un citoyen acteur, une équipe de justice*, janv. 2013 – A. Lacabarats, *L'avenir des juridictions du travail : Vers un tribunal prud'homal du XXIe siècle*, juill. 2014.
6. Décr. n° 2009-1524, 9 déc. 2009 relatif à la procédure d'appel avec représentation obligatoire en matière civile, *JO* 11 déc., p. 21386.
7. Décr. n° 2017-891, 6 mai 2017 relatif aux exceptions d'incompétence et à l'appel en matière civile, *JO* 10 mai, n° 113.
8. Décr. n° 2016-660, 20 mai 2016 relatif à la justice prud'homale et au traitement judiciaire du contentieux du travail, *JO* 25 mai, n° 30.
9. Décr. n° 2018-928, 29 oct. 2018 relatif au contentieux de la sécurité sociale et de l'aide sociale, *JO* 30 oct., n° 11.
10. Décr. n° 2016-1480, 2 nov. 2016 portant modification du code de justice administrative (dit décret « JADE » pour « justice administrative de demain »), *JO* 4 nov., n° 16.

ment plus efficace du contentieux et de recentrer les juridictions sur leurs missions essentielles.

C'est dans ce cadre que la loi du 18 novembre 2016 [1] est venue renforcer l'accès au droit [2], moderniser le service public de la justice, notamment en développant le recours aux modes amiables de résolution des différends [3]. Elle a également donné compétence au CNB pour établir et mettre à jour un annuaire en ligne national des avocats [4] et lui confie le pouvoir de déterminer les modalités et les conditions de mise en œuvre du réseau privé virtuel des avocats (Rpva). Plus généralement, le CNB est désigné afin d'assurer « l'exploitation et le développement des outils techniques permettant de favoriser la dématérialisation des échanges entre avocats » [5].

Elle procède, en outre, au regroupement du contentieux de la sécurité sociale et de l'admission à l'aide sociale et en attribue la compétence aux tribunaux judiciaires.

023.235 **Lois du 23 mars 2019 : J22.** Les lois organique [6] et ordinaire [7] du 23 mars 2019 sont venues poursuivre le vaste mouvement de simplification et de reconfiguration de l'organisation de la justice amorcée en 2008. Ces deux textes ont été déférés à la censure du Conseil constitutionnel qui a validé la loi organique [8] et a émis des réserves d'interprétation et censuré certaines dispositions de la loi ordinaire [9].

Ces lois sont censées offrir une justice plus rapide, plus efficace et plus moderne au service des justiciables. Elles simplifient et améliorent la procédure civile [10], notamment par un processus de dématérialisation complète des échanges entre les acteurs judiciaires [11], le développement des modes alternatifs de résolution des différends et l'extension du périmètre des contentieux pour lesquels la représentation par avocat est obligatoire. Elles visent à simplifier et renforcer l'efficacité de la procédure pénale, et prévoient l'expérimentation, depuis le 13 mai 2019 [12], d'une cour criminelle départementale en premier ressort, composé de magistrats professionnels, pour juger à la place de la cour d'assises des crimes punis de quinze ou vingt ans de réclusion (hors récidive) afin de réduire les délais de jugement, et révise le dispositif de sanction et de l'échelle des peines.

Enfin, en termes d'organisation des juridictions, les textes prévoient la fusion administrative du tribunal d'instance et du tribunal de grande instance au profit d'une seule juridiction de première instance (tribunaux judiciaires), avec une procédure unique de saisine, ainsi que la spécialisation de certains contentieux dans les départements composés de plusieurs tribunaux judiciaires ou, à titre d'expérimentation, dans des régions comportant plusieurs cours d'appel.

Les décrets d'application, et notamment ceux des 25 octobre 2019 [13], 11 [14] et 17 décembre 2019 [15] et 29 juin 2020 [16], poursuivent l'évolution déjà amorcée de l'organisation judiciaire et auront un impact certain sur les conditions d'exercice de la profession d'avocat. C'est ainsi que l'on a voulu « renforcer les garanties d'une justice de qualité pour les citoyens, tout en maintenant l'accessibilité de la justice dans le département » [17]. En réalité, l'analyse de la réforme

1. L. nº 2016-1547, 18 nov. 2016 de modernisation de la justice du XXIe siècle, *JO* 19 nov., nº 1 – E. Dupic, « La loi du 18 novembre 2016 de modernisation de la justice du XXIe siècle, dernière réforme judiciaire du quinquennat », *Gaz. Pal.* 22 nov. 2016, p. 14.
2. V. ss nos 752.00 s.
3. V. ss nos 621.00 s.
4. V. ss nos 112.81 s. et 461.191 s.
5. L. nº 71-1130, 31 déc. 1971, art. 21-1 – V. ss nos 623.21 s.
6. L. nº 2019-221, 23 mars 2019 relative au renforcement de l'organisation des juridictions, *JO* 24 mars, nº 1.
7. L. nº 2019-222, 23 mars 2019 de programmation 2018-2022 et de réforme pour la justice, *JO* 24 mars, nº 2 – E. Dupic, « Lois du 23 mars 2019 : entrée en vigueur de la réforme de la justice », *Gaz. Pal.* 2 avr. 2019, p. 12 ; – S. Degouys, « 1er janvier 2020 : disparition du tribunal d'instance, naissance du tribunal judiciaire », *JCP* 2019. 1144 ; – M. Guez, « Le tribunal judiciaire, naissance d'une juridiction », *Gaz. Pal.* 23 avr. 2019, p. 48 ; – J.-B. Thierry, « La loi nº 2019-222 du 23 mars 2019, loi de réforme pour la justice numérique ? », *JCP* 2019. 524 ; – J. Pradel, « Notre procédure pénale à la recherche d'une efficacité à toute vapeur. Loi nº 2019-222 du 23 mars 2019 », *JCP* 2019. 406.
8. Cons. const. 21 mars 2019, nos 2019-779 *DC*, *JO* 24 mars, nº 4.
9. Cons. const. 21 mars 2019, nos 2019-778 *DC*, *JO* 24 mars, nº 3.
10. C. Brenner, « La réforme de la procédure civile : un chantier de démolition ? », *D.* 2018. 361 – F.-X. Berger, *Réforme de la procédure civile : Guide à l'usage des praticiens du droit*, Dalloz, 2020.
11. S. Hardouin, « La transformation numérique de la justice », *JCP* 2018. 1321 – Plan d'action relatif à la justice en ligne européenne pour la période 2019-2023, *JOUE* 13 mars, p. 9.
12. Arr. 25 avr. 2019 relatif à l'expérimentation de la cour criminelle, *JO* 26 avr., nº 3, NOR : JUSD1912083A.
13. Décr. nº 2019-1089, 25 oct. 2019 relatif à la certification des services en ligne de conciliation, de médiation et d'arbitrage, *JO* 27 oct., nº 4.
14. Décr. nº 2019-1333, 11 déc. 2019 réformant la procédure civile, *JO* 12 déc., nº 3.
15. Décr. nº 2019-1380, 17 déc. 2019 relatif à la procédure applicable aux divorces contentieux et à la séparation de corps ou au divorce sans intervention judiciaire, *JO* 19 déc., nº 2.
16. Décr. nº 2020-797, 29 juin 2020 relatif à la mise à la disposition du public des décisions des juridictions judiciaires et administratives, *JO* 30 juin, nº 1.
17. Projet de loi de programmation 2018-2022 et de réforme pour la justice (JUST1806695L), exposé des motifs.

opérée par la loi du 23 mars 2019, notamment sur le plan de la compétence juridictionnelle [1], laisse clairement entrevoir qu'elle n'est qu'une réforme intermédiaire, obéissant avant tout à une logique d'optimisation des coûts pour l'État [2], où l'avocat apparaît de plus en plus comme un « auxiliaire de pénurie » [3], et préfigurant, en outre, dans la suite d'un mouvement entamé depuis 2009 [4], une reconfiguration par voie réglementaire de la carte judiciaire [5].

023.236 Règlement 2021/693, Parlement et Conseil, 28 avril 2021. Au niveau européen, le règlement 2021/693 [6] est venu fixer les nouveaux objectifs pour le programme de l'Union européenne dédié à la justice sur la période 2021-2027 auquel il alloue 305 millions d'euros.

Il vise la poursuite de la mise en place d'un espace européen de justice fondé sur l'État de droit, la reconnaissance mutuelle et la confiance mutuelle ainsi que sur la coopération judiciaire. Le règlement promeut, notamment, l'égalité de genre, les droits de l'enfant ou encore l'interdiction de toute discrimination conformément à l'article 21 de la Charte des droits fondamentaux de l'Union européenne.

023.237 *Statu quo* sur le financement de l'aide juridictionnelle. Le vent des réformes qui touchent à l'organisation juridictionnelle n'a guère abordé la question du financement, et de la rémunération, de l'aide juridictionnelle dont les débats, rapports, mouvements de grève, et projets se multiplient depuis les années 2000 [7].

B.
Actions de groupe et actions représentatives

023.241 Projet de *class action* à la française. L'idée d'une *class action* à la française (aussi appelée action de groupe), consistant à permettre à des groupes de consommateurs et à leurs associations d'intenter des actions collectives contre les pratiques abusives observées sur certains marchés, avait été annoncée par le président de la République Jacques Chirac, lors de ses vœux aux « forces vives » le 4 janvier 2005. Suite à cette annonce, le gouvernement avait alors créé un groupe de travail qui a remis un rapport le 16 décembre 2005 [8]. Ce rapport envisageait deux types d'actions : une première action inspirée de la class-action américaine, qui peut être envisagée par toute personne physique ou morale, avocat ou association intéressée ; une seconde action intitulée « action en déclaration de responsabilité pour préjudice de masse », destinée aux consommateurs victimes.

Fortement soutenue par les associations de consommateurs, cette idée ne faisait toutefois pas l'unanimité ni du côté du patronat, le Medef y étant fermement opposé, ni du côté d'une partie des avocats, bien que le CNB se soit prononcé en sa faveur dès 2006 [9].

023.242 Loi du 17 mars 2014 : introduction de l'action de groupe en droit français. C'est la loi du 17 mars 2014 [10], qui est venue introduire l'action de groupe en droit de la consommation [11]. Texte de « compromis », cette action de groupe est restreinte dans son champ d'application à la réparation des préjudices patrimoniaux résultant des dommages matériels subis par les consommateurs, que ce soit à l'occasion de la vente de biens ou fourniture de services mais, également, de pratiques anticoncurrentielles. Elle ne peut pas être utilisée pour obtenir la réparation de préjudices matériels résultant d'un dommage corporel ou de préjudices moraux, tels qu'en cas de dommage lié à un fléau sanitaire (médicament défectueux, amiante...).

Mais surtout cette action de groupe, dont la procédure a été organisée par le décret du 24 septembre 2014 [12], est réservée aux seules associations de défense agréées de consommateurs. Les avocats n'ont donc pas qualité à agir en la matière, comme l'avait recommandé l'avis du Conseil national de la consommation (CNC) du 18 décembre 2012 [13]. Cette défiance injustifiée des pouvoirs publics à l'égard de la profession d'avocat a été dénoncée par le CNB [14] au nom des principes fondamentaux de libre accès à

1. D. Piau, « Compétence juridictionnelle : du menu à la carte », *Gaz. Pal.* 28 janv. 2020, p. 69.
2. Rapport de la Cour de comptes sur l'approche méthodologique des coûts de la justice, déc. 2018 ; *JCP* 2019. 155.
3. S. Challan-Belval, « L'avocat, auxiliaire de pénurie ? », *Gaz. Pal.* 20 avr. 2021, p. 3.
4. V. s[s] n° 023.231.
5. Cour des comptes, *La réforme de la carte judiciaire : une réorganisation à poursuivre, Rapp. annuel* 2015 – Cour des comptes, L'inadaptation des ressorts des cours d'appel, référé n° S2019-1195, 30 avr. 2019 ; *JCP* 2019. 853 – Cour des comptes, Note, *Améliorer la gestion du service public de la justice. Les enjeux structurels pour la France*, oct. 2021.
6. Règl. 2021/693, Parlement et Conseil, 28 avr. 2021 établissant le programme « Justice » et abrogeant le règlement (UE) 1382/2013, *JOUE* 5 mai.
7. Sur cette question, v. s[s] n°s 751.34 s.
8. G. Cerutti et M. Guillaume (présidents), *Rapp. sur l'action de groupe*, 16 déc. 2005.
9. CNB, rapport AG, 28 janv. 2006.
10. L. n° 2014-344, 17 mars 2014 relative à la consommation, *JO* 18 mars, p. 5400 – S. Amrani-Mekki, « Action de groupe, mode d'emploi », *Procédures* 2014, ét. 16.
11. C. consom., art. L. 623-1.
12. Décr. n° 2014-1081, 24 sept. 2014 relatif à l'action de groupe en matière de consommation, *JO* 26 sept., p. 15643.
13. Avis du Conseil national de la consommation (CNC) du 18 déc. 2012.
14. Résol. CNB, AG 24-25 mai 2013.

la justice et de liberté d'association. Toutefois, les avocats comme les huissiers de justice peuvent, dans la deuxième partie de la procédure, assister l'association, avec l'accord du juge, « *notamment afin qu'elle procède à la réception des demandes d'indemnisation des membres du groupe et plus généralement afin qu'elle représente les consommateurs lésés auprès du professionnel* »[1].

Puis, la loi du 26 janvier 2016[2] a introduit une action de groupe en matière de santé, réservée aux seules associations d'usagers du système de santé agréées, qui ne peut porter que sur la réparation des préjudices résultant de dommages corporels subis par des usagers du système de santé.

023.243 Loi du 18 novembre 2016 : mise en place d'un cadre général de l'action de groupe. La loi du 18 novembre 2016[3] et le décret du 6 mai 2017[4] sont venus définir un cadre général des actions de groupe applicable devant les juges judiciaire et administratif[5], et élargir leur champ d'action à de nouveaux domaines en matière de discriminations[6], d'environnement[7] et de protection des données à caractère personnel[8]. L'action de groupe en matière de consommation n'est pas concernée par cette loi.

Cette législation n'ouvre pas pour autant le bénéfice des actions de groupe aux avocats, l'action pouvant uniquement être exercée par les associations agréées et les associations régulièrement déclarées depuis cinq ans au moins et dont l'objet statutaire comporte la défense d'intérêts auxquels il a été porté atteinte[9].

Le CNB, dans ses dix propositions remises au nom de la profession au président de la République[10], a dénoncé cette situation. Pour le CNB, au moins deux personnes victimes d'un préjudice relevant de la procédure de l'action de groupe, doivent pouvoir agir directement en justice sans l'intervention des associations, ou à la place des associations, dans l'un des cas suivants :

- il n'existe pas d'association compétente ou ayant intérêt à agir ;
- l'association reste inactive et n'agit pas en justice même quinze jours après mise en demeure par les usagers susvisés ;
- l'association est dans l'impossibilité d'agir ou de continuer son action en justice ;
- l'association est dans une situation de conflit d'intérêts ou de risque d'un tel conflit.

Six ans après les débuts de l'action de groupe en France, un rapport parlementaire[11] dresse un bilan décevant et suggère d'en desserrer le cadre en formulant plusieurs propositions, à commencer par un élargissement des associations pouvant initier une telle procédure et la mise en place d'un registre des recours intentés tenu par le ministère de la Justice et le Conseil national des barreaux. De leur côté, pour faire face aux faiblesses et limites de la *class action* à la française, les avocats se sont tournés vers les actions conjointes en ayant recours à la théorie du co-mandat[12].

023.244 Directive 2020/1828, Parlement et Conseil, 25 nov. 2020 : actions représentatives au niveau européen. Les institutions européennes se sont également emparées du sujet[13], et ont entamé en 2020 un processus en vue de l'élaboration d'une directive européenne destinée à généraliser et harmoniser les actions dites représentatives ou actions de groupe[14].

La directive 2020/1828[15], distinguant l'action représentative nationale et l'action représentative transfrontière intentée par une entité représentative qualifiée dans un État membre autre que celui où elle

1. C. consom., art. L. 623-13 et R. 623-5.
2. L. n° 2016-41, 26 janv. 2016 de modernisation de notre système de santé, *JO* 27 janv., n° 1, art. 184 – CSP, art. L. 1143-2.
3. V. s[s] n° 023.234.
4. Décr. n° 2017-888, 6 mai 2017 relatif à l'action de groupe et à l'action en reconnaissance de droits prévues aux titres V et VI de la loi n° 2016-1547 du 18 novembre 2016 de modernisation de la justice du XXIe siècle, *JO* 10 mai, n° 110.
5. L. n° 2016-1547, 18 nov. 2016, art. 60 à 92 – S. Amrani-Mekki, « Le socle commun procédural de l'action de groupe de la loi de modernisation de la justice du XXIe siècle », *JCP* 2016. 1340 – H. Croze, « Un droit commun de l'action de groupe ? », *Procédures*, n° 2, 2017, ét. 4.
6. L. n° 2008-496, 27 mai 2008 portant diverses dispositions d'adaptation au droit communautaire dans le domaine de la lutte contre les discriminations, *JO* 28 mai, p. 8801, art. 1er, 2, 4 et 10 – C. pén., art. 225-1 et 225-3 – C. trav., art. L. 1134-6 à L. 1134-10 – CJA, art. L. 77-11-1 à L. 77-11-6.
7. C. envir., art. L. 142-3-1.
8. L. n° 78-17, 6 janv. 1978 relative à l'informatique, aux fichiers et aux libertés, *JO* 7 janv., p. 227, art. 37.
9. L. n° 2016-1547, 18 nov. 2016, art. 63 – CJA, art. L. 77-10-4.
10. CNB, *Dix propositions au président de la République*, mai 2017.
11. L. Vichniesky et Ph. Gosselin, *Rapport d'information sur le bilan et les perspectives des actions de groupe*, Ass. nationale, 11 juin 2020.
12. Crim. 20 mai 2015, n° 14-81.147, P n° 122 ; *JCP* 2015. 831, note J.-B. Perrier ; *D.* 2015. 1419, note N. Dissaux – Crim. 5 déc. 2018, n° 17-85.631, NP – Civ. 1re 12 déc. 2018, n° 17-19.387, P I ; *JCP* 2019. 616, n° 6, obs. L. Veyre – Y.-M. Serinet, « L'affaire Afer et la voie du « co-mandat » », *JCP* 2019. 657.
13. C. István Nagy, « Le débat sur l'action collective en Europe : ils n'ont rien appris, ni rien oublié ? », *RIDC* 2015, n° 67-4, p. 941.
14. M. Brochier, « *Class action* à la française : abondance d'actions nuit-elle ? », *D.* 2020. 1578.
15. Dir. 2020/1828, Parlement et Conseil, 25 nov. 2020 relative aux actions représentatives visant à protéger les intérêts collectifs des consommateurs et abrogeant la directive 2009/22/CE, *JOUE* 4 déc.

a été désignée, est ainsi venue prévoir un mécanisme d'action représentative permettant d'obtenir des mesures de cessation et de réparation en cas d'infraction à certaines dispositions du droit de l'Union européenne. La désignation des entités qualifiées aux fins d'actions représentatives transfrontières est encadrée par la directive. Par ailleurs, la directive prévoit la mise en place de bases de données accessibles au public concernant les actions représentatives nationales et transfrontières. Elle sera applicable à compter du 25 juin 2023.

§ 4
Avenir en pointillé

023.251 **Un avenir... à construire.** Dans ce contexte, la profession d'avocat attend toujours la nécessaire réforme de sa gouvernance, et cherche à répondre aux défis auxquels elle est confrontée afin de pouvoir s'imposer comme un acteur incontournable sur des marchés de plus en plus concurrentiels, et y déployer les multiples missions qui peuvent être les siennes[1]. La réflexion n'est pas nouvelle[2] ; être attractif et conquérir les marchés en restant des acteurs de premier plan, et non de simples sous-traitants, tel est le défi d'aujourd'hui[3]. Sa concrétisation est laborieuse et se fait attendre, la faute à l'absence de toute stratégie de la profession en ce sens. Divisée, morcelée, desservie par certains représentants, plus intéressés par leur aura personnelle, elle ne sait pour l'heure être une force collective. Tandis que les notaires peuvent dire, sans craindre, « Monsieur le ministre vous avez devant vous l'armée notariale, les combattants du droit continental, les soldats de la paix sociale. »[4], les avocats attendent toujours d'être capables de déployer leur force collective.

En 2017, un rapport, intitulé *L'avenir de la profession d'avocat*[5], est venu faire une série de propositions en ce sens, destinées à permettre aux avocats de saisir les « opportunités de croissance »[6]. Il n'appartient plus qu'à la profession de s'en saisir sans tarder.

023.252 **Le temps des changements ?** Le 27 juin 2019, le Conseil national des barreaux a ainsi organisé les États généraux de l'avenir de la profession d'avocat[7], précédés par un large processus de consultation de l'ensemble des avocats ayant abouti à une quarantaine de propositions soumises au vote[8] et regroupées en quatre thèmes : l'identité de l'avocat, la qualité des prestations, la compétitivité des cabinets et l'unité de la profession[9]. Ces propositions ont ensuite fait l'objet de rapports en assemblée générale en vue de les concrétiser, soit en modifiant les dispositions du règlement intérieur national (RIN) de la profession, soit en sollicitant les modifications législatives ou réglementaires nécessaires.

Dans le même temps, à la suite d'un mouvement de grève sans précédent de la profession d'avocat en opposition au projet de réforme des retraites du Premier ministre, le ministre de la Justice a chargé, le 9 mars 2020, l'un de ses prédécesseurs, Dominique Perben, devenu avocat en 2010, avant que le parquet général ne renforce, en 2011, le contrôle des accès dérogatoires à la profession[10], de présider un groupe de travail chargé de présenter des propositions sur « l'avenir de la profession d'avocat, son équilibre économique et ses conditions d'exercice ». Parmi les objectifs du groupe de travail : la revalorisation « significative » de l'aide juridictionnelle[11], les conditions auxquelles serait subordonnée la possibilité de conférer un caractère exécutoire à l'acte d'avocat[12] et la possibilité de faire évoluer le taux de TVA des honoraires dans le cadre des dispositions européennes[13]. Ce, nouveau, rapport[14], dont on pouvait que s'interroger sur la nécessité au regard

1. D. Piau, *Le champ d'activité professionnelle de l'avocat*, Rapport Commission des règles et usages du CNB, AG, 9 et 10 déc. 2016 – RIN, art. 6 ; CNB, AG 9 déc. 2016, DCN n° 2016-002 du 26 janv. 2017 portant réforme du règlement intérieur national (RIN) de la profession d'avocat (art. 21-1 de la loi du 31 déc. 1971 modifiée), *JO* 13 avr. 2017, NOR : JUSC1701802S.
2. Ph. Nugue, *Faut-il renforcer l'attractivité de la profession d'avocat ?*, Rapport au nom de la commission Prospective, CNB, AG 15 sept. 2006 – D. Soulez-Larivière, « Réforme des professions vingt ans après » ; *D.* 2011. 1505 – A. Coignac, « Accessibilité des services juridiques : un marché à conquérir », *JCP* 2014. 708 – A. Lizop, « Un avocat n'a pas besoin d'un bureau à temps plein. Les nouvelles technologies permettent de mutualiser les moyens », *JCP* 2016. 449.
3. S. Chalan-Belval, « Je t'aime mais je te quitte », *Gaz. Pal.* 5 juin 2018, p. 3 ; « Avocat, ce métier riche de clichés et d'idées reçues », *Gaz. Pal.* 2 oct. 2018, p. 3 ; « L'avocat dans la cité », *Gaz. Pal.* 26 févr. 2019, p. 3.
4. P.-L. Vogel, Discours au 28e Congrès International du Notariat, Paris 21 oct. 2016.
5. K. Haeri, *Réflexions sur « L'avenir de la profession d'avocat »*, La Documentation française, 2017 – L. Garnerie, « Rapport Haeri : l'avenir des avocats entre les mains de la profession », *Gaz. Pal.* 7 févr. 2017, p. 6.
6. F. G'sell, « L'avenir de la profession d'avocat. À propos du rapport Haeri », *JCP* 2017. 196.
7. CNB, *Les états généraux de la profession d'avocat. Bilan d'un projet inédit et collaboratif*, 2018/2019.
8. CNB, « Les états généraux de la profession d'avocat. Bilan d'un projet inédit et collaboratif », juin 2019 ; *JCP* 2019. 752.
9. L. Garnerie, « États généraux de l'avenir de la profession d'avocat : le retour des vieux démons ? », *Gaz. Pal.* 2 juill. 2019, p. 5.
10. V. ss nos 212.00 s.
11. V. ss nos 751.272 s.
12. V. ss n° 023.212.
13. V. ss n° 751.501.
14. M. Babonneau, « Grève des avocats : les propositions de la Chancellerie, entre audace et réchauffé », *D. actu.* 1er mars 2020 – M. Babonneau, « Avenir de la profession d'avocat : la mission Perben installée », *D. actu.* 10 mars 2020.

de la richesse des travaux déjà existants [1], a été remis en juillet 2020 formulant 13 recommandations guère novatrices et déjà présentes dans plusieurs rapports antérieurs [2].

La crise sanitaire liée à la pandémie de la Covid-19, marque un révélateur des forces et faiblesses de la profession d'avocat. S'agissant des juridictions, la Cour des comptes a ainsi constaté que : « la crise sanitaire a eu des effets sans précédent sur le fonctionnement de l'État et de la société, notamment sur l'organisation des services publics » et que : « si la crise a été un révélateur des faiblesses anciennes, le ministère de la Justice peut en tirer des enseignements utiles et accélérer sa transformation » [3]. Elle formule une série de recommandations afin « d'anticiper les risques, professionnaliser la gestion de crise et améliorer l'organisation du travail au sein des juridictions », parmi lesquelles la : « la perspective d'une carte judiciaire rénovée » [4]. Pour la profession d'avocat, cette même crise sanitaire ne pourra pas être ignorée dans la réflexion, car elle a « mis en lumière nos fragilités et parfois accéléré leurs effets » [5], et devrait nous conduire à prendre, collectivement, conscience du fait que, y compris sur le plan de la gouvernance, le temps des changements est, peut-être, venu.

1. M. Couffignal, « L'avenir de la profession d'avocat », *Gaz. Pal.* 17 mars 2020, p. 3.
2. D. Perben (dir.), *Rapport de la mission relative à l'avenir de la profession d'avocat*, juill. 2020.
3. Cour des comptes, *Rapport sur le plan de continuité d'activité des juridictions judiciaires pendant la crise sanitaire*, mai 2021 – Cour des comptes, Note, *Améliorer la gestion du service public de la justice. Les enjeux structurels pour la France*, oct. 2021.
4. Cour des comptes, *Rapport sur le plan de continuité d'activité des juridictions judiciaires pendant la crise sanitaire*, mai 2021.
5. K. Haeri, « Avocats : le temps des changements », *Gaz. Pal.* 6 oct. 2020, p. 14.

TITRE

03. Exemples d'actes et assimilés

SECTION 0

ORIENTEUR

03.00 Sommaire du titre.

CHAPITRE

031. Sur les règles déontologiques de la profession d'avocat

SECTION 0
ORIENTEUR

031.00 **Sommaire du chapitre.**

SECTION 1
SUR LES RAPPORTS AVEC LES PARTIES

§ unique
Sur les lettres à adresser dans les rapports avec la partie adverse

031.10 **Plan.** [▶ Exemples de lettres à adresser à la partie adverse proposées par le règlement intérieur du barreau de Paris (annexe III modifiée par le conseil de l'Ordre dans sa séance du 14 avril 2015, *Bull. barr.* 30 avr. 2015, n° 8/2015, p. 2). L'avocat doit se garder, à l'occasion de l'exposé de la demande, de toute présentation déloyale ou de toute menace afin de respecter en toutes circonstances la règle de la délicatesse. Cet exposé doit être succinct.]

031.11 **Lettre concernant le recouvrement de créances.**

* V. s^{s} n° 451.51 s.

La lettre est unique et adressée en envoi recommandé avec A. R. :

La société [▶ ou Monsieur .... ou Madame ....] dont je suis l'avocat me remet un dossier qui laisse apparaître que vous restez lui devoir la somme en principal de ....

À défaut de règlement de ladite somme sous huitaine à compter de la réception de la présente, il (elle) m'a donné instruction de porter cette affaire sur le plan judiciaire et prendre à votre encontre toutes mesures propres à assurer la sauvegarde de ses droits.

Vous devez considérer de ce fait cette lettre comme une mise en demeure de nature à faire courir tous délais, intérêts et autres conséquences que la loi – particulièrement l'article 1153 du code civil (art. 1236-1 du code civil) – et les tribunaux attachent aux mises en demeure.

Je suis à la disposition de votre avocat pour tout entretien qu'il pourrait souhaiter en vue, en particulier, d'envisager une démarche de résolution amiable de la difficulté qui vous oppose à mon client.

Je vous prie de croire, Monsieur [▶ ou Madame], à l'expression de mes salutations distinguées.

031.12 **Lettre concernant le divorce.**

* V. s^{s} n° 451.51 s.

[▶ DEUX HYPOTHÈSES sont à examiner.]

[▶ CAS GÉNÉRAL où la forme de procédure à utiliser n'est pas encore connue.]

Monsieur [▶ ou Madame],

Monsieur [▶ ou Madame] ...., dont je suis le conseil, m'a confié la défense de ses intérêts en raison du différend conjugal qui vous oppose.

Auriez-vous l'obligeance de me faire connaître par retour du courrier le nom de votre avocat de telle sorte que je prenne tout contact utile avec lui pour envisager les conditions d'un accord amiable entre vous ?

Je vous remercie par avance de votre réponse.

En l'absence de celle-ci dans un délai d'une semaine, je reprendrai mon entière liberté d'action.

Je vous prie de croire, Monsieur [▶ ou Madame], à l'expression de mes salutations distinguées.

[▶ CAS où il paraît possible, dès l'origine, d'envisager le dépôt d'une requête conjointe.]

Monsieur .... [▶ ou Madame] ....,

Monsieur .... [▶ ou Madame] ...., dont je suis le conseil, m'indique que vous envisagez une procédure de divorce par consentement mutuel.

Voulez-vous m'indiquer le nom du conseil que vous désignerez afin que je puisse prendre contact avec lui pour parvenir à un règlement amiable et au dépôt d'une requête conjointe à fin de divorce ?

Je vous remercie de votre réponse et vous prie de croire, Monsieur [▶ ou Madame], à l'expression de mes salutations distinguées.

031.13 Lettre concernant d'autres litiges.

* V. s[s] n° 451.51 s.

La société [▶ ou Monsieur ou Madame] ...., m'a chargé de la défense de ses intérêts à l'occasion du différend qui l'oppose à vous [▶ exposé succinct de la demande ....].

Je vous écris cette lettre afin de vous permettre, si vous le souhaitez, de me faire connaître le nom de votre avocat ou de votre conseil habituel et de prier celui-ci de prendre contact avec moi sans tarder afin que nous puissions, en particulier, envisager une résolution amiable de ce litige.

Faute d'un tel contact dans un délai d'une semaine, je reprendrai mon entière liberté d'action.

Je vous prie de croire, Monsieur [▶ ou Madame], à l'expression de mes salutations distinguées.

SECTION 2
SUR LA COMMUNICATION

§ 1
Sur la communication sur internet

031.21 Mentions légales pour le site internet d'un cabinet d'avocat.

* V. s[s] n° 464.111.

INFORMATIONS SUR L'ÉDITEUR DU SITE INTERNET

Le présent site est édité par :

M[e]......... inscrit au barreau de ....

Ou la société d'exercice professionnelle [▶ interbarreaux ou non : à préciser], immatriculée au RCS de .... sous le numéro ...., [▶ domicilié / ayant son siège social] à ...., numéro de TVA intracommunautaire : .... ; numéro de téléphone : .... ; mel : ....

Le directeur de publication est M[e].........

INFORMATIONS SUR L'HÉBERGEUR DU SITE

L'hébergement de ce site est assuré par la société ...., ayant son siège social à .... ; numéro de téléphone : ....

INFORMATIQUE ET LIBERTÉS

Les informations recueillies font l'objet d'un traitement informatique destiné à répondre aux demandes des internautes et, plus généralement, à des fins de gestion administrative et commerciale. Par respect du secret professionnel, toute information est à destination unique de l'avocat et de son personnel habilité.

Le responsable de traitement de données à caractère personnel est la société .... [▶ ou : M[e].........] domicilié à l'adresse susmentionnée.

Le présent site internet avec son formulaire de contact en interface avec la messagerie du cabinet [▶ ou : le logiciel de gestion de relations clients du cabinet] a fait l'objet d'une déclaration auprès de la Commission nationale Informatique et Libertés (Cnil) enregistrée sous le numéro .... [▶ ou : Les traitements de données à caractère personnel mis en œuvre dans le cadre du présent site sont intégrés dans la liste des traitements du correspondant Informatique et Libertés (Cil) du cabinet].

Pour des motifs légitimes, l'internaute peut s'opposer au traitement des données le concernant. L'attention de l'internaute est toutefois attirée sur le fait que ne pas fournir toute information utile peut empêcher l'avocat de traiter sa demande ou en retarder le traitement.

Conformément à la loi du 6 janvier 1978 Informatique et Libertés modifiée, notamment en 2004, l'internaute dispose d'un droit d'accès, de rectification et de suppression sur les données à caractère personnel le concernant. Pour ce faire, il doit écrire un courrier électronique au responsable de traitement à l'adresse mel suivante : ...., en joignant la copie d'un titre d'identité en cours de validité.

[▶ ÉVENTUELLEMENT]

L'internaute est informé que, lors de ses visites sur le site, des cookies peuvent s'installer automatiquement via son logiciel de navigation. Un cookie est un ensemble de données qui ne permet pas d'identifier directement les internautes mais qui sert à enregistrer des informations relatives à la navigation de celui-ci sur le site. Le paramétrage du logiciel de navigation permet d'informer de la présence de cookies et éventuellement de les refuser de la manière décrite à l'adresse suivante : http://www.cnil.fr. L'internaute dispose d'un droit d'opposition, d'accès, de modification et de suppression des données à caractère personnel communiquées par le biais des cookies dans les conditions indiquées ci-dessus.

031.22 Bandeau d'information préalable.

* V. s[s] n° 464.114.

[▶ EXEMPLE À UTILISER pour des cookies publicitaires et de mesure d'audience, à adapter en fonction de la finalité des cookies utilisés.]

En poursuivant votre navigation sur ce site, vous acceptez l'utilisation de .... (cookies ou autres traceurs) pour vous proposer [▶ PAR EXEMPLE, des publicités ciblées adaptées à vos centres d'intérêt] et [▶ PAR EXEMPLE, réaliser des statistiques de visites].

§ 2
Sur la sollicitation personnalisée

031.31 Mentions générales d'information[1].

* V. s[s] n° 464.114.

COOKIES

Un cookie est un fichier informatique qui ne permet pas d'identifier directement la personne concernée mais stocke sur son ordinateur et/ou équipement des informations relatives aux pages consultées, aux dates et heures de la consultation, aux informations saisies et conservées pour éviter une saisie ultérieure.

La navigation sur le site est susceptible d'entraîner l'installation de cookies sur les équipements de la personne concernée.

Les cookies ont pour finalité de :

- faciliter la visite du site ;
- avoir la possibilité de partager des contenus sur les réseaux sociaux ;
- permettre d'évaluer l'audience du site.

La personne concernée peut s'opposer à l'enregistrement de cookies en configurant son navigateur.

Les données relatives aux cookies des internautes sont conservées pour une durée de 13 mois à compter de leur collecte.

POLITIQUE DE PROTECTION DES DONNÉES PERSONNELLES

Vous pouvez demander communication de la politique de protection des données personnelles du Cabinet en adressant un mel à ....

031.32 Cases à cocher pour exprimer le consentement en cas de prospection par voie électronique[2].

* V. s[s] n° 465.112 s.

Je consens à recevoir des messages de prospection ou sollicitation de l'avocat à cette adresse,

Je consens à recevoir des messages de prospection ou sollicitation des partenaires de l'avocat à cette adresse.

SECTION 3
SUR L'INTÉRÊT DU CLIENT

§ unique
Maniement des fonds

031.41 Mandat de recouvrement établi en accord avec le Conseil national des administrateurs judiciaires et mandataires judiciaires (CNAJMJ) et Unédic / Association pour la gestion du régime de garantie des créances des salariés (AGS) dans le cadre des règlements à intervenir en Carpa au titre des procédures prud'homales et qui concernent les AGS.

* V. s[s] n° 483.52.

Le soussigné, [▶ état civil du client] ....

Donne par les présentes, mandat à maître [▶ identification de l'avocat] ....

[▶ 1re HYPOTHÈSE : le contentieux préexiste à l'ouverture de la procédure collective]

De m'assister et de me représenter dans le cadre de la procédure à l'encontre de l'entreprise [▶ OU société, ou artisan / commerçant individuel] en liquidation judiciaire, représentée par maître ...., mandataire judiciaire, représentant des créanciers.

[▶ OU]

De m'assister et de me représenter dans le cadre de la procédure à l'encontre de l'entreprise [▶ OU société, ou artisan / commerçant individuel] en redressement judiciaire, représentée par maître ...., mandataire judiciaire, représentant des créanciers.

[▶ 2e HYPOTHÈSE : le contentieux fait suite à une décision du mandataire judiciaire de contester la créance]

De m'assister et de me représenter dans le cadre de la procédure à l'encontre de maître .... *ès qualité* de mandataire judiciaire à la liquidation judiciaire [▶ OU redressement judiciaire] de l'entreprise [▶ OU société, ou artisan / commerçant individuel] représentée par maître .... mandataire judiciaire, représentant des créanciers.

Aux fins de faire valoir l'ensemble des droits issus de mon contrat de travail, et de recouvrer les sommes qui me reviennent, les règlements devant être opérés par l'intermédiaire de la Carpa de ....

Les références du compte Carpa sont celles ci-après : ....

1. Pour un autre exemple, v. ex. de convention d'honoraires s[s] n°s 032.21 s.
2. D. de Ginestet, L. Dupont (dir.), *Vade-mecum : Communication des avocats*, 2e éd., CNB, 2020, fiche n° 8 : Les obligations de la loi Informatique et Libertés.

031.42 Séquestre juridique : clause à insérer dans les actes (ventes de fonds).

* V. s^s n° 483.55.

SORT DU PRIX PENDANT LA PÉRIODE D'INDISPONIBILITÉ

Pendant la période d'indisponibilité du prix, les parties constituent le Séquestre Juridique du barreau de [▶ ....], en qualité de séquestre amiable qui recevra ainsi les fonds et valeurs représentant le prix, sous réserve de ce qui est dit ci-après.

L'acquéreur autorise le vendeur, si bon lui semble, à employer en partie les fonds déposés, comme ceux à provenir le cas échéant de l'encaissement des effets, en titres émis par un organisme de placements collectifs agréé par la Carpa, garantissant la représentation et la liquidité des fonds placés.

Dans le cadre de cette mission, le Séquestre juridique, sur instructions des parties et de leur(s) Avocat (s) est seul habilité à acquérir et à vendre les titres de placement.

Le vendeur bénéficiera des produits financiers en résultant, la Banque ou le gérant de l'organisme de placement collectif en valeurs mobilières (OPCVM) étant chargé d'effectuer les formalités et déclarations ainsi que tous prélèvements prévus par la réglementation.

De convention expresse entre les parties et pour garantir l'acquéreur du rapport des mainlevées et certificats de radiation de tous privilèges, inscriptions, ou oppositions ou empêchements, la totalité de ce prix est affectée à titre de gage et nantissement au profit de l'acquéreur qui l'accepte.

Le nantissement portera de plein droit sur tous les effets, titres ou sommes d'argent représentatifs de ce prix et se reportera sur tous placements effectués et sur les produits desdits placements.

Les parties, dans leur intérêt commun, confèrent au Séquestre Juridique du barreau qui accepte, le mandat irrévocable suivant :

1) une fois les délais d'opposition expirés, remettre le prix et seulement sur justification :

- de l'accord des créanciers inscrits ou opposants de donner mainlevée contre paiement de leur créance s'il y a lieu ;

- du paiement des impôts visés à l'article 1684-1 du code général des impôts et notifiés par l'Administration fiscale dans le délai prévu pour l'application de cet article.

Le tout de telle sorte que l'acquéreur ne soit personnellement l'objet d'aucune poursuite du chef des créanciers du vendeur et ne subisse aucun trouble dans son exploitation.

2) s'il subsiste des oppositions sur le prix ou, s'il existe des créanciers inscrits sur le fonds, procéder à la répartition du prix entre les créanciers du vendeur lequel se réserve le droit de demander par voie de référé un cantonnement pour se voir autorisé à recevoir le surplus disponible.

Le Séquestre sera valablement déchargé de sa mission à l'expiration des délais d'opposition :

- soit par la remise au vendeur, hors la présence et sans le concours de l'acquéreur, des fonds ou valeurs déposés éventuellement majorés des produits financiers, ou de leur reliquat après paiement des créanciers, dès que les conditions ci-dessus auront été remplies, ladite remise emportant mainlevée du nantissement du prix ;

- soit par le dépôt des fonds ou valeurs, ordonné par le président du tribunal de commerce compétent, entre les mains d'un séquestre répartiteur ou l'ouverture d'une procédure d'ordre, le nantissement du prix subsistant dans ces deux cas jusqu'à achèvement des formalités de répartition.

Les frais et honoraires de séquestre et de répartition seront supportés par le vendeur qui s'y oblige.

Pour la réception des oppositions, domicile est élu [▶ POUR la validité] .... [▶ DANS le ressort du tribunal de commerce du siège du fonds] et pour la correspondance au Séquestre juridique du barreau de .... [▶ DANS l'hypothèse où l'élection de domicile se situe en dehors du Séquestre].

CHAPITRE

032. Sur la rémunération de l'avocat

SECTION 0

ORIENTEUR

032.00 **Sommaire du chapitre.**

SECTION 1

SUR LE CADRE JURIDIQUE DE LA RÉMUNÉRATION

§ 1
Obligation d'information relativement à la rémunération

032.11 Conditions générales de prestations (CGP).

* V. s[s] n° 712.150 s.

Article 1 – Cabinet d'avocats

Le Cabinet d'avocats, sis .... [▶ coordonnées postales et téléphoniques] est une société civile professionnelle d'avocats inscrite au barreau de Paris depuis le .... et dont le numéro individuel est .... [▶ numéro de TVA] ; elle est exclusivement détenue et dirigée par des avocats, inscrits au barreau de Paris dont les coordonnées sont .... Le Cabinet d'avocats est habilité à fournir, dans les conditions prévues par la loi n° 71-1130 du 31 décembre 1971 (la « Loi ») et le décret n° 91-1197 du 27 novembre 1991 (le « Décret »), toutes prestations en matière juridique et judiciaire. Le Cabinet d'avocat, ainsi que ses associés et collaborateurs, régis par les dispositions de la loi n° 71-1130 du 31 décembre 1971 et du décret n° 91-1197 du 27 novembre 1991 sont soumis aux règles déontologiques instaurées par le règlement intérieur national de la profession d'avocat (RIN), consultable à l'adresse http://cnb.avocat.fr/Reglement-Interieur-National-de-la-profession-d-avocat-RIN_a281.html ainsi que [▶ LE CAS ÉCHÉANT] le Règlement Intérieur des avocats du barreau de Paris (RIBP) consultable à l'adresse : http://dl.avocatparis.org/reglement_interieur/RIBP.htm. À travers la qualité des prestations fournies, le Cabinet d'avocat recherche en permanence la satisfaction de ses clients, le succès des procédures conduites, la pertinence des consultations données et l'efficacité des actes rédigés. Les présentes conditions générales de prestations (CGP) ont pour objet de définir les conditions d'intervention du Cabinet d'avocats.

Article 2 – Mission

2.1 Définition de la Mission

La nature, le contenu, la date ou les délais de réalisation, les conditions et modalités de réalisations et les limites des prestations demandées au Cabinet d'avocat (la « Mission ») sont déterminés par le Client et, s'il y a lieu, font l'objet d'un échange de correspondances entre le Client et Le Cabinet d'avocats. La Mission est susceptible d'évoluer et peut alors être complétée et modifiée par tout échange de correspondances.

2.2 Conditions générales de la Mission

La Mission est régie par les dispositions légales applicables à la profession d'avocat telles que visées à l'article 1 ainsi que par les présentes CGP. En confiant au Cabinet d'avocats une Mission, le Client accepte les présentes CGP, nonobstant toute stipulation contraire pouvant figurer dans tout autre document et notamment les conditions générales d'achat du Client. Les présentes CGP annulent et remplacent toutes les conventions orales ou écrites qui auraient pu être conclues antérieurement entre les parties à cet égard. Toute dérogation aux présents CGP qui serait exceptionnellement acceptée par le Cabinet, ne pourra l'être que dans un accord écrit particulier, ne vaudra que pour la Mission immédiatement en cause et ne saurait s'appliquer aux autres rapports d'affaires, passés ou futurs, avec le Client. Le Client s'engage par avance à communiquer au Cabinet d'avocats toute information, tout document nécessaire à l'accomplissement de la Mission. Le Cabinet d'avocats se réserve le droit de refuser toute Mission s'il estime que celle-ci est contraire aux lois et règlements, aux règles professionnelles, le place en conflit d'intérêts ou plus généralement s'il estime devoir invoquer sa clause de conscience.

Article 3 – Client

La personne physique ou morale sollicitant ou confiant au Cabinet d'avocats une Mission (le « Client ») s'engage à lui délivrer spontanément, et en tout cas sur simple demande, toute information nécessaire ou simplement utile à la réalisation de la Mission. Le Client s'engage à fournir tout écrit probant permettant (i) son identification et, le cas échéant, (ii) l'identification du bénéficiaire effectif de la Mission et (iii) toute information permettant au Cabinet d'avocats d'apprécier, pendant toute la durée de la Mission, la nature et l'étendue de l'opération pour laquelle son concours est sollicité.

Article 4 – Intervenants

Pour la réalisation de chaque Mission, le Cabinet d'avocats désigne, en accord avec le Client, un avocat associé qui aura la responsabilité de la conduire à son terme (le « Responsable »). Les avocats collaborateurs, ou stagiaires, qui interviendront au titre de la réalisation de la Mission le feront à l'initiative, sous le contrôle et la responsabilité du Responsable.

Article 5 – Conflit d'intérêts

Le Cabinet d'avocats s'interdit d'accepter une Mission de plus d'un Client dans une même affaire s'il y a conflit entre les intérêts de ses Clients ou, sauf accord préalable des Clients, s'il existe un risque sérieux d'un tel conflit.

Article 6 – Confidentialité et secret professionnel

Le Cabinet d'avocats est astreint, dans les termes de l'article 66-5 de la Loi et de l'article 226-13 du code pénal, au secret professionnel le plus absolu.

Article 7 – Protection des données

Le Cabinet d'avocats prend toutes les dispositions utiles afin d'assurer la protection, l'intégrité et la conservation des données qu'il détient dans le cadre de la réalisation de la Mission.

Article 8 – Propriété intellectuelle

Le Cabinet d'avocats concède au Client un droit d'usage personnel et pour ses besoins propres des documents établis par Le Cabinet d'avocat dans son intérêt et dans le cadre de la Mission. Ils ne peuvent être utilisés par le Client que dans le cadre de la Mission en cause. Toute réutilisation postérieure, même dans le contexte d'une affaire similaire et sans l'autorisation préalable du Cabinet d'avocats est prohibée. Les consultations, actes, contrats, plaidoiries ou tout document rédigé, ainsi que tous les droits éventuels de copie, reproduction et édition des documents issus de la mission, en dehors de l'usage concédé, restent la propriété du Cabinet d'avocats et sont protégés par les dispositions du code de la propriété intellectuelle.

Article 9 – Responsabilité du Cabinet d'avocats

9.1 Aléa judiciaire

Toute procédure judiciaire comportant par nature un aléa, le Cabinet d'avocats ne saurait être tenu pour responsable des conséquences de cet aléa.

9.2 Utilisation ultérieure des consultations du Cabinet d'avocats

Le Cabinet d'avocats, qui exerce ses fonctions de conseil en matière juridique dans le cadre d'affaires correspondant à une situation donnée à un moment donné, ne saurait être reconnu responsable de l'utilisation ultérieure de ses consultations et de ses conseils dans un cadre différent de celui de l'affaire traitée, que cette utilisation soit le fait du Client lui-même ou de tout tiers.

9.3 Assurances

Le Cabinet d'avocats est assuré, dans la limite de 15 millions d'euros, par sinistre et par an, pour les conséquences pécuniaires d'une faute professionnelle. Les coordonnées pour contacter l'assurance sont .... Conformément à l'article 27 de la Loi et au Décret, le Cabinet d'avocats garantit la représentation des fonds qui lui sont confiés pour en faire un usage déterminé et qui doivent obligatoirement transiter par le compte Carpa ouvert au nom du Cabinet d'avocats. Cette garantie est souscrite et maintenue, par l'intermédiaire de la Carpa, à hauteur de l'ensemble des fonds maniés par le Cabinet d'avocats.

Article 10 – Exclusivité

En acceptant la Mission, le Cabinet d'avocats n'accepte de souscrire à aucun engagement d'exclusivité au profit du Client et reste libre d'accepter toute autre Mission d'un autre client, même si la mission est d'une nature semblable ou que le client exerce la même activité que le Client, sauf conflit d'intérêts.

Article 11 – Honoraires

11.1 Principes

Conformément aux dispositions de l'article 11 du RIN, Le Cabinet d'avocats a droit au règlement des honoraires et émoluments qui lui sont dus en rémunération de l'exécution des Missions (la « Rémunération ») ; la Rémunération est déterminée en fonction du travail fourni, du service rendu et du résultat obtenu. La Rémunération correspond, à la facturation de l'ensemble des actes nécessaires à l'étude et à l'instruction du dossier, soit, notamment : les rendez-vous au cabinet ou à l'extérieur, les recherches, études, consultations, correspondances et entretiens téléphoniques, la rédaction des actes juridiques ou des écritures judiciaires, les déplacements divers ou aux audiences, les réunions d'expertise, les audiences de procédure et de plaidoirie, ainsi que toutes démarches judiciaires, administratives. La Rémunération est fixée en accord avec le Client, le cas échéant par une convention d'honoraires écrite. À défaut, les dispositions de l'article 11.2 des présentes CGP sont applicables.

11.2 Facturation au temps passé

La facturation au temps passé est établie périodiquement .... [▶ chaque mois, chaque trimestre ou en fonction de la réalisation de diligences] et fait l'objet d'un relevé de prestations. Le Client peut obtenir à tout moment tout élément sur la situation de son ou de ses dossiers. Le taux horaire des divers intervenants au titre de la Mission est convenu entre l'associé responsable de la Mission et le Client. Il est révisé annuellement.

11.3 Budgets estimatifs

À l'occasion de toute Mission, sur demande spéciale du Client, le Cabinet d'avocats s'efforce d'établir préalablement un budget estimatif détaillant, selon des prévisions raisonnables, les travaux à effectuer. Toutefois, le Cabinet d'avocats se réserve le droit de refuser d'établir un budget dans toutes Missions particulièrement complexes ou aléatoires. Le Cabinet d'avocats informe le Client de tout dépassement significatif du budget.

11.4 Devis

Pour certaines Missions, notamment de rédaction d'actes, Le Cabinet d'avocats peut proposer un devis. Le devis accepté est ferme et s'impose aux parties quel que soit le temps passé effectivement consacré à la réalisation de la Mission. La lettre de Mission prévoit les conditions de prise en charge des dépassements notamment dus aux demandes nouvelles du Client et aux modifications de la situation en cours de Mission.

11.5 Honoraire de résultat

Dans certains cas, le Cabinet d'avocats peut proposer de prévoir un honoraire de résultat dans la convention d'honoraires. En application des règles régissant la profession d'avocat et notamment de l'article 11.3 du RIN, Le Cabinet d'avocats ne peut fonder exclusivement la Rémunération sur le résultat d'une affaire ou d'une opération. La convention d'honoraires fixe outre la part de Rémunération liée au temps passé ou au forfait, les modalités du calcul du montant de la Rémunération complémentaire liée au résultat.

11.6 Conditions de règlement

Le règlement de la Rémunération est exigible à réception de facture et doit parvenir au Cabinet au plus tard dans les 15 jours de la réception de la facture. Tout retard de paiement donnera lieu à l'application d'une pénalité de retard équivalente à une fois et demie le taux d'intérêt légal. Cette pénalité sera exigible sans mise en demeure préalable, conformément à l'article L. 441-6 alinéa 3 du code de Commerce. [Le cas échéant] Tout professionnel en situation de retard de paiement est de plein droit débiteur envers le Cabinet d'avocats d'une indemnité forfaitaire pour frais de recouvrement de 40 euros.

11.7 Suspension des prestations

En cas de défaut de paiement des factures par le Client, le Cabinet d'avocats se réserve le droit de suspendre l'exécution de toute prestation liée à l'exécution de la Mission, ce dont il informera le Client en attirant son attention sur les conséquences éventuelles d'une telle suspension. Cette suspension des prestations ne dispense pas le Client de s'acquitter des sommes dues au Cabinet d'avocats au titre du travail déjà effectué par celui-ci.

Article 12 – Frais et débours

12.1 Débours

Les débours sont l'ensemble des frais extérieurs au Cabinet d'avocats, et nécessaires à la réalisation de la Mission, et notamment : frais d'Huissiers de justice, honoraires des avoués à la cour, des avocats postulants ou mandataires pour les procédures hors région parisienne, des mandataires d'audience devant les tribunaux de commerce, ainsi que les frais et honoraires de tout auxiliaire dont l'intervention est nécessaire, comme par exemple les frais d'expertise comptable, de Notaire, cabinet de recherches, de déplacement... En principe, les débours sont facturés au nom du Client et réglés directement par lui. Pour le cas où ils seraient directement pris en charge par le Cabinet d'avocats, ils seront refacturés au Client.

12.2 Frais

Les frais divers nécessaires à la réalisation de la Mission sont engagés directement par Le Cabinet d'avocats et font l'objet de notes de frais. Il s'agit notamment des : frais de déplacement ou de voyage, frais de reprographie spécifiques...

12.3 Conditions de paiement

Les frais et débours sont payables dans les mêmes conditions que les honoraires, ainsi que cela est spécifié à l'article 11.6 des présentes CGP.

Article 13 – Différends

Les présentes conditions générales de prestations (CGP) sont soumises à la loi française. Toute contestation concernant le montant et le recouvrement des honoraires, frais et débours du Cabinet d'avocats ne peut être réglée, à défaut d'accord entre les parties, qu'en recourant à la procédure prévue aux articles 174 et suivants du Décret. Le bâtonnier du barreau de .... est saisi à la requête de la partie la plus diligente.

§ 2
Sur la convention d'honoraires

032.21 Convention d'honoraires sur la base d'un honoraire fixe avec éventuellement un honoraire de résultat[1].

* V. s[s] n° 713.10 s.

ENTRE LES SOUSSIGNÉS

• Monsieur .... / Madame .... / la société .... [▶ forme juridique, siège, RCS, représentée par son représentant légal en exercice] ...., né(e) le ...., de nationalité ...., ... [▶ emploi] ...., demeurant ....

CI-APRÈS DÉNOMMÉ(E) LE CLIENT

ET

• La société (forme juridique, siège, RCS)........., représentée par son représentant légal en exercice, Maître ....

[▶ OU]

Maître ....

Avocat au barreau de ....

Demeurant ....

Téléphone ....

Télécopieur ....

Mel ....

Numéro de TVA intracommunautaire

CI-APRÈS DÉNOMMÉ L'AVOCAT

IL A ÉTÉ ARRÊTÉ ET CONVENU CE QUI SUIT

1. CNB, *Guide de rédaction n° 1 : Convention d'honoraires sur la base d'un honoraire fixe avec éventuellement un honoraire de résultat*, 11 févr. 2020 – C. Cadars-Beaufour, *Rapport de la Commission Textes, Projet d'élaboration de modèles de conventions d'honoraires*, CNB, AG 11-12 déc. 2015.

1 – PRESTATION DE L'AVOCAT

1.1 – PRÉAMBULE

1.1.1 – Aide Juridictionnelle

L'Avocat a informé le Client du mécanisme de l'aide juridictionnelle qui permet la prise en charge des honoraires de l'avocat par l'État, totalement ou partiellement et suivant un barème préétabli, lorsqu'il accepte d'intervenir au bénéfice d'un client dont les ressources sont inférieures à un plafond fixé par l'administration.

Le Client déclare que ses ressources et/ou son patrimoine ne le rend pas éligible au mécanisme de l'aide juridictionnelle [▶ OU : qu'il entend expressément renoncer par la présente à solliciter le bénéfice de l'aide juridictionnelle].

1.1.2 – Assurance protection juridique

Le Client déclare avoir été informé de la possibilité que son contrat d'assurance personnelle comporte une assurance de protection juridique permettant la prise en charge partielle des honoraires de l'Avocat suivant le barème établi par la compagnie d'assurances.

Le Client déclare faire son affaire de la mise en œuvre éventuelle de son assurance de protection juridique et du remboursement par sa compagnie d'assurances de la partie des honoraires de l'Avocat correspondant au barème de la compagnie.

Le Client reconnaît qu'en aucune manière le barème établi par la compagnie d'assurances ne pourra se substituer au montant des honoraires fixé par la présente convention et du fait que la mise en œuvre de cette garantie dans le cadre de ses relations avec sa compagnie d'assurances ne peut en aucune manière limiter sa liberté de choisir son avocat.

1.2 – MISSION DE L'AVOCAT

L'Avocat est chargé de conseiller et/ou assurer la défense des intérêts du CLIENT, dans le cadre de .... [▶ mission à définir]

[▶ OU]

L'Avocat renvoie à la lettre de mission signée par le client ;

NB : la lettre de mission, en tant qu'elle contient des éléments soumis au secret professionnel, est un document distinct de la convention d'honoraires.

L'Avocat s'engage à effectuer la mission qui lui est confiée.

En cas d'urgence ou de nécessité, L'AVOCAT pourra se faire substituer à l'audience par un confrère de son choix.

2 – HONORAIRES DE L'AVOCAT

2.1 – HONORAIRE DE BASE

L'honoraire de base est fixé à la somme de .... euros.

Cette somme sera, le cas échéant, majorée de la TVA au taux en vigueur à la date de la facturation (art. 6 TVA, ci-après). [▶ ou l'Avocat déclare ne pas être soumis à la TVA].

Cet honoraire de base est fixé en fonction de la difficulté prévisible du dossier au vu des éléments communiqués par le client à la signature des présentes.

Il couvre les diligences énumérées ci-après, qui correspondent aux étapes strictement nécessaires à l'aboutissement de la mission dont est saisi l'Avocat [▶ ÉVENTUELLEMENT : Il inclut [▶ OU non] la rémunération des rendez-vous, consultations et recherches qui ont été réalisées préalablement à la signature des présentes en vue de l'orientation de la procédure].

[▶ EXEMPLES D'ÉTAPES

- rédaction de l'exploit introductif d'instance [▶ OU des premières conclusions en défense] ;
- rédaction de conclusions en réplique ;
- étude et communication des pièces du client et étude des pièces communiquées par la partie adverse ;
- préparation du dossier de plaidoirie ;
- audience de plaidoirie ;
- conseil en vue de l'acceptation de la décision sur le fond ou de l'orientation vers une procédure d'appel ;
- .... rendez-vous en vue de la préparation de la défense et des orientations nécessaires au cours de la procédure].

2.2 - HONORAIRES COMPLÉMENTAIRES [▶ ÉVENTUELLEMENT]

Les diligences non couvertes par les honoraires de base donneront lieu à honoraires complémentaires tels que décrits ci-après :

[▶ À COMPLÉTER au cas par cas, et pour exemple :

- audience d'incident : .... euros ;
- rédaction de conclusions supplémentaires (en sus de celles visées à l'article 1) : .... euros ;
- assistance à réunion d'expertise ou avec des intervenants ou consultants extérieurs, ou réunions des parties et de leurs conseils : .... euros ;
- rédaction de dire à expert : .... euros ;
- audience sur le fond après mesure d'instruction : .... euros ;
- rendez-vous complémentaires : .... euros.]

[▶ Les brefs entretiens téléphoniques destinés à communiquer une information ponctuelle, à confirmer, infirmer ou préciser des instructions sont inclus dans les honoraires de base visés par l'article 1, ceux destinés à recueillir des conseils, analyser des documents ou situations nouveaux, communiquer des informations, des réflexions ou des instructions détaillées se substituent aux rendez-vous visés par l'article 1 et, le cas échéant, sont facturés comme des rendez-vous complémentaires.]

Cet honoraire sera, le cas échéant, majorée de la TVA au taux en vigueur à la date de la facturation [▶ ou L'AVOCAT déclare ne pas être soumis à la TVA] (art. 6 TVA, ci-après).

2.3 - HONORAIRE DE RÉSULTAT [▶ ÉVENTUELLEMENT]

Un honoraire de résultat sera perçu par L'AVOCAT en fonction des gains obtenus ou de l'économie réalisée.

Le ou les gains obtenus sont constitués par les sommes allouées au Client au titre de .... [▶ À DÉFINIR].

Ces honoraires hors taxes seront fixés comme suit : .... [▶ À COMPLÉTER au cas par cas, et pour exemple :]

- tranche de 0 à 100 000 euros : .... % ;
- tranche de 100 000 à 300 000 euros : .... % ;
- tranche de 300 000 à 500 000 euros : .... % ;
- au-delà : .... %.

L'économie réalisée est constituée par la différence entre le montant le plus élevé raisonnablement envisageable auquel l'Avocat et le Client évaluent d'un commun accord le risque encouru dans le cadre de la présente procédure, soit la somme de .... euros.

L'honoraire de résultat sur l'économie réalisée est fixé à .... % de la différence entre cette somme et celle qui sera attribuée de façon définitive. Ils seront réglés lorsque la décision sera devenue définitive.

L'honoraire de résultat s'appliquera aussi bien sur les montants attribués en numéraire que sur ceux prenant la forme d'une attribution ou d'un abandon de droits.

L'honoraire de résultat sera réglé à l'Avocat lors de la perception effective par le Client des sommes mises à la charge de la partie adverse ou à la date à laquelle l'économie réalisée est définitivement acquise.

En cas d'échelonnement du paiement des sommes allouées, l'honoraire de résultat sera calculé sur la totalité des sommes allouées et réglé dans un délai de .... à compter du premier versement.

Ce paiement pourra être effectué par prélèvement des sommes déposées à ce titre sur le compte Carpa de l'Avocat, ce que le Client s'oblige d'ores et déjà par les présentes.

3 - DESSAISISSEMENT

Dans l'hypothèse où le Client souhaiterait dessaisir l'Avocat, les diligences déjà effectuées seront rémunérées par référence au taux horaire usuel de l'Avocat, soit .... euros hors taxes, et non sur la base des honoraires de base et complémentaires figurant aux articles 2.1 et 2.2.

Dans l'hypothèse où le dessaisissement interviendrait à une date proche de l'issue de la procédure et alors que le travail accompli aura permis l'obtention du résultat recherché, la clause relative aux honoraires de résultat demeurera applicable dans les termes prévus à l'article 2.3 de la présente convention.

4 - VOIES DE RECOURS

Dans l'hypothèse où la décision obtenue ferait l'objet d'un recours, un avenant à la présente convention sera établi.

5 - FRAIS ET DÉBOURS - DÉPLACEMENTS

Les honoraires prévus par la présente convention rémunèrent la totalité des tâches effectuées personnellement ou par un avocat substitué, associé ou collaborateur, ainsi que le fonctionnement courant de son cabinet (secrétariat, téléphone, copies, courriers, archivage).

Outre le règlement des honoraires, le Client s'acquitte des frais et débours payés à des tiers dans l'intérêt de la mission.

Ces frais seront avancés par le Client et répercutés le cas échéant sur la partie succombant au titre des dépens.

Les déplacements en dehors de la ville où est situé le cabinet de l'avocat seront facturés de la manière suivante :

[▶ EXEMPLE :

- indemnité kilométrique selon barème fiscal : .... euros ;

- déplacement en avion, train, taxi : sur justificatifs ;

- vacations de déplacement : .... euros de l'heure pour le temps spécifiquement consacré aux déplacements en sus des diligences facturées conformément aux dispositions des articles 2.1 et 2.2 de la présente convention.

6 - TAXE SUR LA VALEUR AJOUTÉE (TVA)

La totalité des honoraires visés dans la présente convention, ainsi que les frais et honoraires de déplacement sont majorés de la TVA au taux en vigueur.

[▶ VARIANTE À PRÉVOIR pour l'avocat en franchise de TVA ou bien si la TVA n'est pas exigible à raison des règles de territorialité de la TVA en matière de prestation de services.]

7 - FACTURATION

L'honoraire de base sera facturé par acomptes successifs, la première provision d'un montant de .... euros intervenant à la date de la signature des présentes.

Les diligences complémentaires visées à l'article 2.2 seront facturées au fur et à mesure de leur exécution.

Une facture récapitulative sera établie à la fin de la mission de l'avocat, faisant apparaître l'ensemble des honoraires dus, des débours exposés et des provisions versées. Les pièces justificatives des débours sont jointes à la facture récapitulative.

8 - CONTESTATIONS

En cas de contestation relative à la validité, à l'interprétation ou à l'exécution de la présente convention, le Bâtonnier de l'Ordre des avocats de .... pourra être saisi à la requête de la partie la plus diligente.

9 - MÉDIATION [▶ EN PRÉSENCE d'un client-consommateur]

[▶ NB : En application des articles L. 616-1 et R. 616-1 du code de la consommation, le professionnel devra communiquer au consommateur les coordonnées du ou des médiateurs de la consommation dont il relève, en inscrivant ces informations de manière visible et lisible sur son site internet, sur ses conditions générales de vente ou de service, sur ses bons de commande ou sur tout autre support adapté. Il y mentionnera également l'adresse du site internet du ou de ces médiateurs. Tout manquement à ces dispositions est passible d'une amende administrative dont le montant peut atteindre 3 000 euros pour une personne physique et 15 000 euros pour une personne morale (C. consom., art. L. 641-1 s.)].

[▶ STIPULATION 1]

Le Client est informé de la possibilité qui lui est offerte par l'article L. 612-1 du Code de la consommation, en cas de litige résultant de la présente convention, d'avoir recours à un médiateur de la consommation :

Madame......... / M. ....

Adresse : ....

Adresse électronique : ....

Site ....

[▶ STIPULATION 2]

Le Client, s'il le souhaite, peut aussi saisir le médiateur de la consommation de la profession d'avocat :

Médiateur de la consommation de la profession d'avocat

Madame Carole PASCAREL

Adresse : 180 boulevard Haussmann, 75008 Paris

Adresse électronique : mediateur-conso@mediateur-consommation-avocat.fr

Site internet : https://mediateur-consommation-avocat.fr

[▶ NB : Le Médiateur national de la consommation de la profession d'avocat a été désigné lors de l'Assemblée générale des 15 et 16 novembre 2019. Il est inscrit sur la liste établie par la Commission de contrôle et d'évaluation de la médiation de la profession d'avocat.]

L'article L. 612-1 du Code de la consommation prévoit que « lorsqu'il existe un médiateur de la consommation dont la compétence s'étend à l'ensemble des entreprises d'un domaine d'activité économique dont il relève, le professionnel permet toujours au consommateur d'y recourir ». Si l'avocat renvoie le consommateur au dispositif de médiation mis en place par le cabinet d'avocat et/ou le barreau du ressort [▶ stipulation 1], il veillera aussi à insérer dans la convention la stipulation relative au Médiateur national de la consommation de la profession d'avocat [▶ stipulation 2].]

Le Client est informé que la saisine du médiateur ne peut intervenir qu'après avoir tenté au préalable de résoudre le litige directement auprès de l'Avocat par une réclamation écrite.

10 - PROTECTION DES DONNÉES À CARACTÈRE PERSONNEL

Le cabinet met en œuvre des traitements de données à caractère personnel concernant ses clients. Ces traitements présentent les caractéristiques suivantes :

Finalité	Base légale	Catégories de données	Catégories de personnes	Durée
Prospection et animation	Intérêt légitime	Identité/État civil Coordonnées	Clients Prospects	3 ans
Gestion de la relation avec ses clients et prospects		Identité/État civil Coordonnées Vie personnelle/professionnelle	Clients Prospects	Durée la plus longue entre : durée de la relation contractuelle et durée ferme de 3 ans
Organisation, inscription et invitation aux événements du cabinet		Identité/État civil Coordonnées Vie personnelle/professionnelle	Clients Prospects Invités	3 ans
Production, la gestion, le suivi des dossiers de ses clients	Exécution de mesures précontractuelles ou du contrat	Identité/État civil Vie personnelle et/ou professionnelle Informations d'ordre économique et financier	Clients	Durée de la relation contractuelle augmentée des délais de prescription
Facturation		Identité/État civil Informations d'ordre économique et financier	Clients	10 ans à compter de la date de clôture de l'exercice comptable au cours duquel la facture a été émise
Recouvrement		Identité/État civil Informations d'ordre économique et financier	Clients	Jusqu'à complet paiement des honoraires
Prévention du blanchiment et du financement du terrorisme et la lutte contre la corruption	Respect d'obligations légales et réglementaires	Identité/État civil, Vie personnelle et/ou professionnelle Informations d'ordre économique et financier	Clients	5 ans après la fin des relations contractuelles avec le cabinet
Comptabilité		Identité/État civil, Informations d'ordre économique et financier	Clients	10 ans à compter de la clôture de l'exercice comptable

[▶ Le tableau ci-dessus est à adapter ou à compléter en fonction des traitements mis en œuvre par votre cabinet.

En fonction des finalités prévues ci-avant, les catégories de données conservées pourront légèrement différer, ces dernières étant essentiellement liées à la nature de la mission confiée. Ces informations sont nécessaires à la poursuite des finalités identifiées ci-dessus.

Dans l'hypothèse où la mission objet de la présente le requiert, des données sensibles au sens de la réglementation applicable peuvent être traitées notamment lorsqu'elles sont nécessaires :

- à la constatation, à l'exercice ou à la défense d'un droit en justice ;

- ou aux fins de l'exécution des obligations et de l'exercice des droits propres au responsable du traitement ou à la personne concernée en matière de droit du travail, de la sécurité sociale et de la protection sociale.

Les données traitées sont destinées aux personnes habilitées du cabinet, ainsi qu'à ses prestataires [▶ À ADAPTER OU COMPLÉTER le cas échéant].

En cas de transfert de données vers un pays tiers à l'Union européenne ou une organisation internationale, conformément à l'article 13.1, f), du RGPD, préciser le pays, l'existence ou la référence aux garanties appropriées (clauses-types de protection des données, codes de conduite approuvés...) et les moyens d'en obtenir une copie ou l'endroit où elles ont été mises à disposition.]

Dans les conditions définies par la loi du 6 janvier 1978 Informatique et Libertés et le règlement européen sur la protection des données (RGPD), les personnes physiques disposent d'un droit d'accès aux données les concernant, de rectification, de limitation, de portabilité, d'effacement.

Les personnes concernées par les traitements mis en œuvre disposent également d'un droit de s'opposer à tout moment, pour des raisons tenant à leur situation particulière, à un traitement des données à caractère personnel ayant comme base juridique l'intérêt légitime du cabinet, ainsi que d'un droit d'opposition à la prospection commerciale.

Elles disposent également du droit de définir des directives générales et particulières définissant la manière dont elles entendent que soient exercés, après leur décès, les droits mentionnés ci-dessus par courrier électronique à l'adresse suivante : .... [▶ LE CAS ÉCHÉANT, DU Délégué à la protection des données (DPO) s'il a été désigné] ou par courrier postal à l'adresse suivante : ...., accompagné d'une copie d'un titre d'identité signé.

Les personnes concernées disposent du droit d'introduire une réclamation auprès de la Cnil.

NB : Cette mention d'information ne se substitue en aucun cas à l'obtention du consentement de la personne concernée lorsque celui-ci est nécessaire (notamment en cas de prospection par voie électronique). Chaque avocat doit mettre en place de tels mécanismes en fonction du canal et du support envisagés et des règles d'opt-in et d'opt-out y afférant. La notion de prospection englobe la publicité et la sollicitation personnalisée.

Fait en deux exemplaires originaux, à ...., le ....

[▶ Signature [▶ Signature
de l'avocat] du client]

032.22 Convention d'honoraires sur la base d'un tarif horaire avec éventuellement un honoraire de résultat[1].

* V. s^s^ n° 713.10 s.

ENTRE LES SOUSSIGNÉS

• Monsieur .... / Madame .... / la société .... [▶ forme juridique, siège, RCS, représentée par son représentant légal en exercice] ...., né(e) le ...., de nationalité ...., ... [▶ emploi] ...., demeurant ....

CI-APRÈS DÉNOMMÉ(E) LE CLIENT

ET

• La société .... (forme juridique, siège, RCS)........., représentée par son représentant légal en exercice, Maître ....

[▶ OU]

Maître ....

Avocat au Barreau de ....

Demeurant ....

Téléphone ....

Télécopieur ....

Courriel ....

Numéro de TVA intracommunautaire ....

CI-APRÈS DÉNOMMÉ : L'AVOCAT

IL A ÉTÉ ARRÊTÉ ET CONVENU CE QUI SUIT.

1 - PRESTATION DE L'AVOCAT

1.1 - PRÉAMBULE

1.1.1 - Aide Juridictionnelle

L'Avocat a informé le Client du mécanisme de l'aide juridictionnelle qui permet la prise en charge des honoraires de l'avocat par l'État, totalement ou partiellement et suivant un barème préétabli, lorsqu'il accepte d'intervenir au bénéfice d'un client dont les ressources sont inférieures à un plafond fixé par l'administration.

Le Client déclare que ses ressources et/ou son patrimoine ne le rend pas éligible au mécanisme de l'aide juridictionnelle [▶ OU qu'il entend expressément renoncer par la présente à solliciter le bénéfice de l'aide juridictionnelle].

1.1.2 - Assurance protection juridique

Le Client déclare avoir été informé de la possibilité que son contrat d'assurance personnelle comporte une assurance de protection juridique permettant la prise en charge partielle des honoraires de l'Avocat suivant le barème établi par la compagnie d'assurances.

Le Client déclare faire son affaire de la mise en œuvre éventuelle de son assurance de protection juridique et du remboursement par sa compagnie d'assurances de la partie des honoraires de l'Avocat correspondant au barème de la compagnie.

Le Client reconnaît qu'en aucune manière le barème établi par la compagnie d'assurances ne pourra se substituer au montant des honoraires fixé par la présente convention et du fait que la mise en œuvre de cette garantie dans le cadre de ses relations avec sa compagnie d'assurances ne peut en aucune manière limiter sa liberté de choisir son avocat.

1.2 - MISSION DE L'AVOCAT

L'Avocat est chargé de conseiller et/ou assurer la défense des intérêts du Client, dans le cadre de .... [▶ mission à définir]

[▶ OU L'Avocat renvoie à la lettre de mission signée par le client.]

NB : la lettre de mission, en tant qu'elle contient des éléments soumis au secret professionnel, est un document distinct de la convention d'honoraires.

L'Avocat s'engage à effectuer la mission qui lui est confiée.

1. CNB, *Guide de rédaction n° 2 : Convention d'honoraires sur la base d'un honoraire fixe avec éventuellement un honoraire de résultat*, 11 févr. 2020 – C. Cadars-Beaufour, *Rapport de la commission textes, Projet d'élaboration de modèles de conventions d'honoraires*, CNB, AG 11-12 déc. 2015.

En cas d'urgence ou de nécessité, L'Avocat pourra se faire substituer à l'audience par un confrère de son choix.

2 - HONORAIRES DE L'AVOCAT

2.1 - HONORAIRE AU TEMPS PASSÉ

Les parties sont convenues de fixer le montant des honoraires de l'Avocat par référence au temps que ce dernier aura passé pour le traitement de la mission qui lui a été confiée au terme de l'article 1.2.

Le taux horaire est fixé à .... euros pour les interventions de l'Avocat (et au taux horaire de .... euros pour l'intervention d'un avocat collaborateur).

Cette somme sera, le cas échéant, majorée de la TVA au taux en vigueur à la date de la facturation (art. 4 TVA, ci-après) [▶ OU L'Avocat déclare ne pas être soumis à la taxe sur la valeur ajoutée (TVA).]

Un relevé des diligences effectuées et de la durée consacrée à chacune de ces diligences accompagné d'une facture sera adressé au Client tous les mois (deux mois...).

Une facture récapitulative sera établie à la fin de la mission de L'Avocat faisant apparaître l'ensemble des honoraires versés et le solde dû.

2.2 - HONORAIRE DE RÉSULTAT [▶ ÉVENTUELLEMENT]

2.2.1 - Calcul de l'honoraire de résultat

Un honoraire de résultat sera perçu par l'Avocat en fonction des gains obtenus ou de l'économie réalisée.

Le ou les gains obtenus sont constitués par les sommes allouées au Client au titre de .... [▶ À DÉFINIR].

Ces honoraires hors taxes seront fixés comme suit : .... [▶ À COMPLÉTER au cas par cas, et pour exemple :]

- tranche de 0 à 100 000 euros : .... % ;
- tranche de 100 000 à 300 000 euros : .... % ;
- tranche de 300 000 à 500 000 euros : .... % ;
- au-delà : .... %.]

L'économie réalisée est constituée par la différence entre le montant le plus élevé raisonnablement envisageable auquel l'Avocat et le Client évaluent d'un commun accord le risque encouru dans le cadre de la présente procédure, soit la somme de .... euros.

L'honoraire de résultat sur l'économie réalisée est fixé à......... % de la différence entre cette somme et celle qui sera attribuée de façon définitive. Ils seront réglés lorsque la décision sera devenue définitive ou à la date à laquelle l'économie réalisée est définitivement acquise.

L'honoraire de résultat s'appliquera aussi bien sur les montants attribués en numéraire que sur ceux prenant la forme d'une attribution ou d'un abandon de droits.

2.2.2 - Paiement de l'honoraire de résultat

L'honoraire de résultat sera réglé à l'Avocat lors de la perception effective par le Client des sommes mises à la charge de la partie adverse.

En cas d'échelonnement du paiement des sommes allouées, l'honoraire de résultat sera calculé sur la totalité des sommes allouées et réglé dans un délai de .... à compter du premier versement.

Ce paiement pourra être effectué par prélèvement des sommes déposées à ce titre sur le compte Carpa de l'Avocat, ce que le Client s'oblige d'ores et déjà par les présentes.

2.2.3 - En cas de dessaisissement

Dans l'hypothèse où le dessaisissement interviendrait à une date proche de l'issue de la procédure et alors que le travail accompli aura permis l'obtention du résultat recherché, la clause relative aux honoraires de résultat demeurera applicable.

3 - FRAIS ET DÉBOURS - DÉPLACEMENTS

Outre le règlement des honoraires, le Client s'acquitte des frais et débours payés à des tiers dans l'intérêt de la mission.

Ces frais seront avancés par le Client et répercutés le cas échéant sur la partie succombant au titre des dépens.

Les déplacements en dehors de la ville où est situé le cabinet de l'avocat seront facturés de la manière suivante :

[▶ EXEMPLE]

- indemnité kilométrique selon barème fiscal : .... euros ;
- déplacement en avion, train, taxi, VTC... : sur justificatifs ;
- vacations de déplacement : .... euros de l'heure pour le temps spécifiquement consacré aux déplacements en sus des diligences facturées conformément aux dispositions des articles 2.1 et 2.2 de la présente convention.

4 - TAXE SUR LA VALEUR AJOUTÉE (TVA)

La totalité des honoraires visés dans la présente convention, ainsi que les frais et honoraires de déplacement sont majorés de la TVA au taux en vigueur.

[▶ VARIANTE À PRÉVOIR pour l'avocat en franchise de TVA ou bien si la TVA n'est pas exigible à raison des règles de territorialité de la TVA en matière de prestation de services.]

5 - FACTURATION

Les honoraires seront facturés par provisions successives.

[▶ VARIANTE, ou : Les honoraires seront facturés mensuellement.]

Une facture récapitulative sera établie à la fin de la mission de l'avocat, faisant apparaître l'ensemble des provisions versées et des honoraires dus et des débours exposés.

Les pièces justificatives des débours sont jointes à la facture récapitulative.

6 - CONTESTATIONS

En cas de contestation relative à la validité, à l'interprétation ou à l'exécution de la présente convention, le Bâtonnier de l'Ordre des avocats de ……… pourra être saisi à la requête de la partie la plus diligente.

7 - MÉDIATION [▶ EN PRÉSENCE d'un client-consommateur]

NB : En application des articles L. 616-1 et R. 616-1 du code de la consommation, le professionnel devra communiquer au consommateur les coordonnées du ou des médiateurs de la consommation dont il relève, en inscrivant ces informations de manière visible et lisible sur son site internet, sur ses conditions générales de vente ou de service, sur ses bons de commande ou sur tout autre support adapté. Il y mentionnera également l'adresse du site internet du ou de ces médiateurs. Tout manquement à ces dispositions est passible d'une amende administrative dont le montant peut atteindre 3 000 euros pour une personne physique et 15 000 euros pour une personne morale (C. consom., art. L. 641-1 s.).

[▶ STIPULATION 1]

Le Client est informé de la possibilité qui lui est offerte par l'article L. 612-1 du Code de la consommation, en cas de litige résultant de la présente convention, d'avoir recours à un médiateur de la consommation :

Madame ……… / M. ………

Adresse : ………

Adresse mel : ………

Site ………

[▶ STIPULATION 2]

Le Client, s'il le souhaite, peut aussi saisir le médiateur de la consommation de la profession d'avocat :

Médiateur de la consommation de la profession d'avocat

Mme Carole PASCAREL

Adresse : 180 boulevard Haussmann, 75008 Paris

Mel : mediateur-conso@mediateur-consommation-avocat.fr

Site : https://mediateur-consommation-avocat.fr

NB : Le médiateur national de la consommation de la profession d'avocat a été désigné lors de l'Assemblée générale des 15 et 16 novembre 2019. Il est inscrit sur la liste établie par la Commission de contrôle et d'évaluation de la médiation de la profession d'avocat.

L'article L. 612-1 du Code de la consommation prévoit que « lorsqu'il existe un médiateur de la consommation dont la compétence s'étend à l'ensemble des entreprises d'un domaine d'activité économique dont il relève, le professionnel permet toujours au consommateur d'y recourir ». Si l'avocat renvoie le consommateur au dispositif de médiation mis en place par le cabinet d'avocat et/ou le barreau du ressort [▶ STIPULATION 1], il veillera aussi à insérer dans la convention la stipulation relative au médiateur national de la consommation de la profession d'avocat [▶ STIPULATION 2].

Le Client est informé que la saisine du médiateur ne peut intervenir qu'après avoir tenté au préalable de résoudre le litige directement auprès de l'Avocat par une réclamation écrite.

8 - PROTECTION DES DONNÉES À CARACTÈRE PERSONNEL

Le cabinet met en œuvre des traitements de données à caractère personnel concernant ses clients. Ces traitements présentent les caractéristiques suivantes :

[▶ Le tableau SUIVANT est à adapter ou à compléter en fonction des traitements mis en œuvre par votre cabinet.

En fonction des finalités prévues ci-avant, les catégories de données conservées pourront légèrement différer, ces dernières étant essentiellement liées à la nature de la mission confiée. Ces informations sont nécessaires à la poursuite des finalités identifiées ci-dessus.

Dans l'hypothèse où la mission objet de la présente le requiert, des données sensibles au sens de la réglementation applicable peuvent être traitées notamment lorsqu'elles sont nécessaires :

à la constatation, à l'exercice ou à la défense d'un droit en justice ;

ou aux fins de l'exécution des obligations et de l'exercice des droits propres au responsable du traitement ou à la personne concernée en matière de droit du travail, de la sécurité sociale et de la protection sociale.

Les données traitées sont destinées aux personnes habilitées du cabinet, ainsi qu'à ses prestataires [▶ à adapter ou compléter le cas échéant].

Attention : en cas de transfert de données vers un pays tiers à l'Union européenne ou une organisation internationale, conformément à l'article 13.1, f), du RGPD, préciser le pays, l'existence ou la référence aux garanties appropriées (clauses types de protection des données, codes de conduite approuvés…) et les moyens d'en obtenir une copie ou l'endroit où elles ont été mises à disposition)].

Dans les conditions définies par la loi du 6 janvier 1978 Informatique et Libertés et le règlement européen sur la protection des données, les personnes physiques disposent d'un droit d'accès aux données les concernant, de rectification, de limitation, de portabilité, d'effacement.

Finalité	Base légale	Catégories de données	Catégories de personnes	Durée
Prospection et animation		Identité/État civil Coordonnées	Clients Prospects	3 ans
Gestion de la relation avec ses clients et prospects	Intérêt légitime	Identité/État civil Coordonnées Vie personnelle/ professionnelle	Clients Prospects	Durée la plus longue entre : durée de la relation contractuelle et durée ferme de 3 ans
Organisation, inscription et invitation aux événements du cabinet		Identité/État civil Coordonnées Vie personnelle/ professionnelle	Clients Prospects Invités	3 ans
Production, la gestion, le suivi des dossiers de ses clients		Identité/État civil Vie personnelle et/ou professionnelle Informations d'ordre économique et financier	Clients	Durée de la relation contractuelle augmentée des délais de prescription
Facturation	Exécution de mesures précontractuelles ou du contrat	Identité/État civil Informations d'ordre économique et financier	Clients	10 ans à compter de la date de clôture de l'exercice comptable au cours duquel la facture a été émise
Recouvrement		Identité/État civil Informations d'ordre économique et financier	Clients	Jusqu'à complet paiement des honoraires
Prévention du blanchiment et du financement du terrorisme et la lutte contre la corruption	Respect d'obligations légales et réglementaires	Identité/État civil, Vie personnelle et/ou professionnelle Informations d'ordre économique et financier	Clients	5 ans après la fin des relations contractuelles avec le cabinet
Comptabilité		Identité/État civil, Informations d'ordre économique et financier	Clients	10 ans à compter de la clôture de l'exercice comptable

Les personnes concernées par les traitements mis en œuvre disposent également d'un droit de s'opposer à tout moment, pour des raisons tenant à leur situation particulière, à un traitement des données à caractère personnel ayant comme base juridique l'intérêt légitime du cabinet, ainsi que d'un droit d'opposition à la prospection commerciale.

Elles disposent également du droit de définir des directives générales et particulières définissant la manière dont elles entendent que soient exercés, après leur décès, les droits mentionnés ci-dessus par courrier électronique à l'adresse suivante : .... [▶ LE CAS ÉCHÉANT, du Délégué à la protection des données (DPO) s'il a été désigné] ou par courrier postal à l'adresse suivante : ...., accompagné d'une copie d'un titre d'identité signé.

Les personnes concernées disposent du droit d'introduire une réclamation auprès de la Cnil.

NB : Cette mention d'information ne se substitue en aucun cas à l'obtention du consentement de la personne concernée lorsque celui-ci est nécessaire (notamment en cas de prospection par voie électronique). Chaque avocat doit mettre en place de tels mécanismes en fonction du canal et du support envisagés et des règles d'opt-in et d'opt-out y afférant. La notion de prospection englobe la publicité et la sollicitation personnalisée.

Fait en deux exemplaires originaux à .... le ....

[▶ Signature] [▶ Signature]

Avocat Client

032.23 Référentiel horaire[1].

* V. ss nº 713.210 s.

Dans le cadre de l'obligation de prévisibilité l'avocat doit d'établir soit un devis (notamment s'il s'agit d'une facturation suivant un taux horaire) soit le forfait, dans un souci de transparence vis-à-vis du client.

Il s'agit de temps moyens standards qui ne prennent pas en compte ni la complexité de certains

1. CNB, *Vade-mecum protection juridique*, juin 2008.

dossiers, ni la multiplicité des audiences de procédure, ni le temps d'attente aux audiences, ni les temps de déplacement.

Il ne concerne que l'activité judiciaire et ce qui y est lié.

En revanche, il ne fixe en aucun cas le montant du taux horaire à l'entière appréciation de l'avocat (taux horaire tenant compte du taux de charge du cabinet de l'avocat et de sa prestation intellectuelle).

Il ne constitue pas un tarif.

Si l'on prend un exemple de prestations facturables transformées en temps :

- la consultation préalable : de 1 à 2 heures ;
- la consultation écrite : de 2 à 4 heures ;
- l'ouverture du dossier : 1 heure ;
- le rendez-vous : de 1 heure à 4 heures ;
- le rendez-vous extérieur : de 2 heures à 6 heures ;
- conclusions : de 1 heure à 6 heures ;
- audience de procédure : de 1 heure à 3 heures ;
- plaidoiries : de 1 heure à 5 heures ;
- incident de procédure : de 3 heures à 6 heures ;
- assistance à expertise : de 3 heures à 6 heures ;
- autre mesure d'instruction : de 2 heures à 4 heures ;
- réouverture des débats : 2 heures ;
- requête (omission de statuer, rectification erreur matérielle, interprétation) : 2 heures ;
- jugement de partage de voix : 3 heures ;
- médiation judiciaire : 2 heures ;
- autre : de 1 heure à 3 heures.

[▶ On peut décliner à l'infini tout en s'orientant vers la transparence de l'honoraire tant vis-à-vis des clients institutionnels que vis-à-vis des magistrats lors de la détermination de l'article 700 du C. pr. civ.].

032.24 Formulaire de rétractation[1].

* V. s^s n° 713.162.

[▶ Compléter et renvoyer le présent formulaire uniquement si vous souhaitez vous rétracter du contrat.]

À l'attention de ....

[l'avocat insère ici son nom, adresse géographique et, lorsqu'ils sont disponibles, numéro de télécopieur et adresse mel] :

Je / nous vous notifie / notifions par la présente ma / notre rétractation du contrat portant sur la vente du bien / pour la prestation de services ci-dessous :

Commandé le / reçu le : ....

Nom du (des) consommateur(s) : ....

Adresse du (des) consommateur(s) : ....

[▶ Signature du (des) consommateur(s)]

....

[▶ Uniquement en cas de notification du présent formulaire sur papier] :

Date ....

[▶ Rayer la mention inutile].

[▶ Veuillez compléter et renvoyer le présent formulaire uniquement si vous souhaitez vous rétracter du contrat.]

032.25 Avis d'information concernant l'exercice du droit de rétractation[2].

* V. s^s n° 713.162.

Droit de rétractation

Vous avez le droit de vous rétracter du présent contrat sans donner de motif dans un délai de quatorze jours.

Le délai de rétractation expire quatorze jours après le jour de la conclusion du contrat.

Pour exercer le droit de rétractation, vous devez nous notifier .... [▶ l'avocat insère ici son nom, son adresse géographique et, lorsqu'ils sont disponibles, numéro de téléphone, de télécopieur et adresse mel] votre décision de rétractation du présent contrat au moyen d'une déclaration dénuée d'ambiguïté .... [▶ PAR EXEMPLE, lettre envoyée par la poste, télécopie ou courriel]. Vous pouvez utiliser le modèle de formulaire de rétractation mais ce n'est pas obligatoire [▶ SI vous donnez au consommateur la faculté de remplir et de transmettre électroniquement les informations sur sa rétractation du contrat sur votre site internet, insérez le texte suivant :] Vous pouvez également remplir et transmettre le modèle de formulaire de rétractation ou toute autre déclaration dénuée d'ambiguïté sur notre site internet [▶ INSÉRER l'adresse du site internet]. Si vous utilisez cette option, nous vous enverrons sans délai un accusé de réception de la rétractation sur un support durable [▶ PAR EXEMPLE, par courriel].

Pour que le délai de rétractation soit respecté, il suffit que vous transmettiez votre communication relative à l'exercice du droit de rétractation avant l'expiration du délai de rétractation.

Effets de rétractation

En cas de rétractation de votre part du présent contrat, nous vous rembourserons tous les paiements reçus de vous, y compris les frais de livraison (à l'exception des frais supplémentaires découlant du fait que vous avez choisi, le cas échéant, un mode de livraison autre que le mode moins coûteux de livraison standard proposé par nous) sans retard excessif et, en tout état de cause, au plus tard quatorze

1. C. consom., Annexe à l'article R. 221-1 – Décr. n° 2016-884, 29 juin 2016 relatif à la partie réglementaire du code de la consommation, *JO* 30 juin.

2. C. consom., annexe à l'article R. 221-3 – Décr. n° 2016-884, 29 juin 2016.

jours à compter du jour où nous sommes informés de votre décision de rétractation du présent contrat. Nous procéderons au remboursement en utilisant le même moyen de paiement que celui que vous aurez utilisé pour la transaction initiale, sauf si vous convenez expressément d'un moyen différent ; en tout état de cause, ce remboursement n'occasionnera pas de frais pour vous.

Si vous avez demandé de commencer la prestation de services pendant le délai de rétractation, vous devrez nous payer un montant proportionnel à ce qui vous a été fourni jusqu'au moment où vous nous avez informés de votre rétractation du présent contrat, par rapport à l'ensemble des prestations prévues par le contrat.

SECTION 2
SUR LES FRAIS NON COMPRIS DANS LES DÉPENS

032.31 Condamnation sur le fondement de l'article 37 de la loi du 10 juillet 1991[1].

* V. s[s] n° 723.290 s.

Attendu que M. .... est bénéficiaire de l'aide juridictionnelle totale [▶ OU partielle] par décision en date du .... et que la contribution de l'État à la rétribution de son avocat est fixée suivant le barème de rétribution prévu à l'annexe I du décret n° 2020-1717 du 28 décembre 2020 sur la base de .... unités de valeur, soit un montant moyen de .... euros hors taxe ;

Que son conseil, Maître .... indique vouloir renoncer à percevoir la contribution de l'État et sollicite à cet effet la condamnation de M. .... à lui payer la somme de ....euros hors taxe sur le fondement de l'article 37 de la de la loi du 10 juillet 1991,

Qu'eu égard à sa situation économique, M. .... partie perdante et non bénéficiaire de l'aide juridictionnelle est en mesure de faire face aux frais et honoraires non compris dans les dépens que le bénéficiaire de l'aide aurait exposés s'il n'avait pas eu cette aide et qui peuvent être évalués à .... euros hors taxe.

En conséquence, Condamne Madame .... / Monsieur .... à payer à Maître .... avocat du bénéficiaire de l'aide, la somme de .... euros hors taxe ;

Rappelle qu'en application de l'article 37 de la loi du 10 juillet 1991, Maître .... dispose d'un délai de quatre ans à compter du jour où la présente décision est passée en force de chose jugée pour demander le versement de tout ou partie de la part contributive de l'État ; à défaut, il est réputé avoir renoncé à celle-ci.

1. Note, 28 janv. 2014, Annexe 4.

SECTION 3
SUR LA FACTURATION

032.41 Exemple de mention relative à l'indemnité forfaitaire des frais de recouvrement.

* V. s[s] n° 731.84.

« Le débiteur professionnel des sommes dues à l'avocat, qui ne seraient pas réglées à bonne date, est redevable de plein droit de pénalités de retard d'un montant égal au taux d'intérêt [taux en % ou appliqué par la Banque centrale européenne à son opération de refinancement la plus récente majoré de 10 points de pourcentage (taux maximum autorisé)] et d'une indemnité forfaitaire pour frais de recouvrement d'un montant de 40 euros[2]. Lorsque les frais de recouvrement exposés sont supérieurs au montant de cette indemnité forfaitaire, le créancier peut demander une indemnisation complémentaire, sur justification (art. L. 441-10, II, du code de commerce) »[3].

SECTION 4
SUR LE RECOUVREMENT À L'ÉGARD DU CLIENT

032.51 Citation à comparaître.

* V. s[s] n° 741.281 s.

L'an ....

et le ....

À LA REQUÊTE DE : Madame ..../ Monsieur .... [▶ prénom, nom, forme juridique, dénomination sociale]......... [▶ adresse ou siège social]

Avocat au barreau de ....

Adresse ....

Élisant domicile en ses bureaux ainsi qu'en mon Étude,

J'AI

Huissier de justice, demeurant ....

SIGNIFIE, DIT ET DÉCLARE à M. .... [▶ ou Société domicile ou siège social, prise en la personne de ses représentants légaux et/ou à la dernière adresse connue de ce dernier][▶ ou ÉTANT ET PARLANT À]

– Que M. .... [▶ ou la société ....] est débit(eur)trice envers Maître ...., pour une

2. C. com., art. D. 441-5.
3. C. Thévenet, « Communication sur les nouvelles mentions devant apparaître sur les notes d'honoraires des avocats », *Bull. barr. Paris* 2 avr. 2013, n° 11/2013, p. 5.

somme de .... [▶ en chiffres et lettres] montant d'une note de débours, frais et honoraires en date du ...., dont copie est annexée aux présentes ;

- Que plusieurs réclamations ont été vainement adressées par Maître .... à Monsieur .... / Madame .... ou la Société ....

- Qu'en conséquence, Maître .... a saisi le bâtonnier du barreau de ...., en application des articles 174 et suivants du décret n° 91-1197 du 27 novembre 1991 ;

- Que, par lettres recommandées avec accusé de réception en date du .... postées le .... du même mois, le délégué du bâtonnier a convoqué les parties afin de les entendre, dans les locaux du barreau de .... [▶ coordonnées] pour le .... 202... à .... heures ;

- Que la lettre recommandée avec accusé de réception destinée à M. .... ou la société .... a été retournée par le service postal avec la mention « N'HABITE PAS À L'ADRESSE INDIQUÉE » ou « PLI NON RÉCLAMÉ »

C'EST POURQUOI, en application des articles 14 et suivants, 670-1 du code de procédure civile, Maître .... citent Madame .... / Monsieur .... [▶ OU la société ....] prise en la personne ses représentants légaux, au dernier domicile connu de ce dernier, à comparaître par-devant le rapporteur désigné par le bâtonnier du barreau de .... :

Le .... 202..., à .... heures,

Au .... [▶ coordonnées] à l'effet d'être entendu par le rapporteur, contradictoirement avec M. /Mme......... ou les représentants légaux de la société ....

Si vous ne vous présentez pas aux lieu, date et heures ci-dessus indiqués, vous vous exposez à ce qu'une décision soit prise en votre absence par le bâtonnier sur les seuls éléments figurant au dossier.

032.52 Requête aux fins de solliciter l'exécutoire.

* V. ss n° 741.351 s.

À MONSIEUR LE PRÉSIDENT DU TRIBUNAL JUDICIAIRE DE ....

REQUÊTE EN DEMANDE D'EXÉCUTOIRE

Mme / M. .... [▶ prénom, nom, forme juridique, dénomination sociale], ... [▶ adresse ou siège social]

Avocat au barreau de ....,

Adresse : ....

L'HONNEUR DE VOUS EXPOSER :

- Que, par une décision en date du .... le bâtonnier du barreau de......, a dit que :

- Que cette décision a été notifiée à .... par Lettre recommandée avec demande d'avis de réception délivrée le : .... [▶ OU] signifié par acte en date du ...., délivré par ...., huissier de justice.

- Qu'aucun recours n'a été formé à ce jour dans les forme et délai de l'article 176 du décret du 27 novembre 1991.

C'est pourquoi l'exposant a l'honneur, en vertu de l'article 178 du décret du 27 novembre 1991 susvisé, de vous prier de bien vouloir rendre exécutoire ladite décision.

Fait à .... le ....

P.J.

- décision du bâtonnier en date du : ....

- photocopie de la signification en date du : ....

- certificat de non-appel en date du : ....

CHAPITRE

033. Sur les modalités d'exercice professionnel

SECTION 0

ORIENTEUR

033.00 **Sommaire du chapitre.**

SECTION UNIQUE

SUR LES MODES D'EXERCICE

§ unique
Collaborateur libéral

033.11 **Contrat de collaboration élaboré par l'UJA de Paris conformément aux dispositions du Règlement Intérieur du Barreau de Paris (RIBP), en harmonie avec le Règlement Intérieur National (RIN).**

* V. s^s n° 812.60 s.

LES SOUSSIGNÉS :

Maître X... [▶ Cabinet dénommé] demeurant ....

ET

Maître Y... [▶ Collaborateur/trice] demeurant ....

Sont convenus, pour l'exercice libéral de leur profession et afin de favoriser l'installation ou l'association ultérieure de Maître Y..., de conclure entre eux le présent contrat de collaboration libérale, établi conformément aux dispositions du Règlement intérieur national (RIN) de la profession d'avocat et du Règlement Intérieur du barreau de Paris (RIBP). Il est expressément convenu entre les parties que toutes les dispositions à venir plus favorables au/à la collaborateur/trice du RIN ou du RIBP se substitueront, de plein droit, à celles du présent contrat.

Il a pour objet de définir les modalités d'une collaboration confraternelle et loyale, exclusive de tout lien de subordination et dans le respect des principes essentiels qui gouvernent l'exercice de la profession d'avocat et notamment, du principe de délicatesse. Les parties rappellent que le présent contrat a pour vocation de définir les relations entre les parties dans des conditions de nature à permettre effectivement à Maître Y... de se constituer et de développer librement une clientèle personnelle.

Article 1 – Organisation de la collaboration

Maître Y... collaborera aux activités du Cabinet de Maître X... à compter de .... [▶ son inscription au barreau de Paris] / du .... [▶ date à remplir].

Maître Y... exercera son activité au sein du cabinet de Maître X..., à l'adresse duquel il/elle sera domicilié-e pendant toute la durée du présent contrat. Il pourra lui être proposé une mission au sein d'une entreprise cliente du cabinet de Maître X..., avec son accord, et dans le cadre d'une convention tripartie entre l'entreprise, le cabinet de Maître X... et Maître Y..., et ce sans que celle-ci ne remette en cause l'application des dispositions du présent contrat et notamment celles de l'article 3.3.

Maître Y... pourra recevoir ses clients personnels au cabinet et disposera du temps nécessaire à la gestion et au développement de sa clientèle personnelle dans les conditions définies à l'article 3.3 ci-dessous, ainsi qu'à sa formation.

Les parties sont convenues qu'au moins une fois par an, elles discuteront ensemble des conditions d'exécution du présent contrat et des perspectives de développement professionnel de Maître Y...

Article 2 – Durée du contrat

Le présent contrat est établi pour une durée indéterminée.

Le cas échéant :

Les [▶ ....] premiers mois / ou jours, à compter de la date d'arrivée de Maître Y... au Cabinet de

Maître X..., constitueront une période d'essai. (la durée de cette période ne saurait être supérieure à trois mois renouvellement compris).

Le cas échéant pour un contrat de collaboration libérale qui ne serait pas exercé à temps plein, ne pouvant être justifié que par des raisons autres que le développement de la clientèle personnelle du/de la collaborateur/trice :

Article 2 – Durée du contrat [et période d'activité dans l'hypothèse où la collaboration ne serait pas exercée à plein-temps]

Le présent contrat est établi pour une durée indéterminée.

Le temps de travail n'étant pas un élément du contrat de collaboration libérale, le/la collaborateur/trice libéral-e devant par définition disposer du temps nécessaire au développement de sa clientèle personnelle, c'est exclusivement pour des raisons étrangères au développement de la clientèle personnelle de Maître Y... que ce dernier et le cabinet de Maître X... ont convenu de l'exercice du présent contrat pour une période d'activité donnée.

Il est convenu entre les parties que les périodes d'activités de Maître Y... au service du Cabinet de Maître X... seront les suivantes :

- [▶ PRÉVISION spécifique des journées ou demi-journées]

[▶ EXEMPLE :

- lundi, mardi et mercredi matin.]

Maître Y... bénéficiera toutefois d'un accès permanent au cabinet et d'une mise à disposition sans limitation de l'ensemble des moyens de celui-ci tant pour les dossiers du Cabinet de Maître X... que pour ses dossiers personnels.

En outre, Maître Y... pourra s'absenter et traiter ses dossiers personnels pour satisfaire à ses obligations de formation et traiter ou développer sa clientèle personnelle au même titre qu'un-e collaborateur/trice dit à « temps plein », notamment durant les périodes au service du Cabinet de Maître X... ci-dessus indiquées.

Le cas échéant :

Les ...... premiers mois [▶ OU jours], à compter de la date d'arrivée de Maître Y... au Cabinet de Maître X..., constitueront une période d'essai .... [▶ la durée de cette période ne saurait être supérieure à 3 mois renouvellement compris].

Article 3 – Les obligations de maître X...

3.1 Formation

Maître X... s'engage à apporter à Maître Y... information, aide et conseil, tant pour les dossiers du cabinet que pour les dossiers personnels de Maître Y..., afin de lui permettre d'acquérir une compétence professionnelle et déontologique de qualité.

Maître X... s'engage à laisser Maître Y... disposer du temps nécessaire pour qu'il/elle puisse remplir ses obligations au titre de la formation continue obligatoire, en choisissant librement les activités de son choix parmi celles prévues à l'article 85 du décret n° 91-1197 du 27 novembre 1991, sans réduction de la rémunération convenue ni contrepartie financière personnelle ou autre.

Maître Y... doit pouvoir bénéficier du temps suffisant pour suivre toute session de formation nécessaire à l'acquisition d'une spécialisation et Maître X... doit s'efforcer de lui confier des travaux relevant de la spécialisation recherchée.

Maître Y... doit prévenir Maître X... des réunions de formation qu'il doit ou souhaite suivre ou dispenser un mois avant la date prévue.

Maître X... prendra en charge les frais liés à l'exécution des obligations au titre de la formation continue obligatoire de Maître Y..., sous réserve de l'accord des parties sur les formations suivies et sous déduction des remboursements perçus du FIF-PL par Maître Y...

3.2 Activités en matière d'aide juridictionnelle et, commission d'office, garde à vue et consultations gratuites

Maître X... s'engage à faciliter l'accomplissement par Maître Y... de ses activités en matière d'aide juridictionnelle, commission d'office, garde à vue et consultations gratuites, qu'il/elle aura librement choisi d'effectuer en s'inscrivant sur les listes prévues à cet effet auprès de l'Ordre des Avocats.

3.3 Clientèle personnelle – Moyens mis à la disposition du/de la collaborateur/trice

Maître X... met à la disposition de Maître Y... une installation garantissant le secret professionnel et lui permettant de constituer et développer sa clientèle personnelle, sans contrepartie financière.

Maître X... met ainsi à la disposition de Maître Y..., tant pour les besoins de la collaboration que pour le développement et le traitement de sa clientèle personnelle, l'ensemble des moyens du cabinet (salle d'attente, salles de réunion, secrétariat, téléphone, télécopie, messagerie électronique, accès internet, petites fournitures sauf papier à en-tête...) sans aucune restriction ni contribution financière et dans des conditions normales d'utilisation.

3.4 Correspondance électronique et fichiers informatiques de Maître Y...

Dans le cadre de ses dossiers personnels, Maître Y... pourra utiliser l'adresse électronique « Y@XXX-avocat.com ». Néanmoins, et afin d'écarter toute confusion sur l'absence d'implication du Cabinet de Maître X... dans la conduite de ses dossiers personnels, Maître Y... s'engage expressément, pour tout courriel relevant de son activité propre, à faire systématiquement suivre sa signature d'un astérisque qui renverra à la phrase suivante : « *NOTA* : Le présent courriel n'engage que son signataire personnellement et non le Cabinet d'avocats dont le nom figure sur l'adresse électronique ».

Maître Y... pourra également, pour les besoins de ses dossiers personnels, utiliser les fournisseurs de courrier électronique extérieurs au serveur du Cabinet.

Le Cabinet de Maître X... peut être amené à conserver dans la mémoire de ses ordinateurs la trace et/ou le contenu des correspondances électroniques reçues et/ou expédiées par Maître Y..., tant dans le cadre de son activité professionnelle pour les dossiers du Cabinet de Maître X... ou pour sa clientèle personnelle, qu'à titre privé.

Dans tous les cas, Maître X... s'engage à préserver la nature strictement confidentielle de la correspondance privée et celle afférente aux dossiers personnels de Maître Y... et à prendre toutes les mesures techniques et juridiques (notamment vis-à-vis de ses salariés) visant à assurer le respect de ce principe fondamental.

S'il/Si elle devait en avoir connaissance, Maître X... s'interdit formellement d'utiliser ou d'invoquer le contenu de l'une quelconque des correspondances privées ou afférentes à l'un des dossiers personnels de Maître Y..., et ce à quelque titre que ce soit.

Lors de la rupture du contrat de collaboration, le Cabinet de Maître X... devra remettre à Maître Y... les fichiers de correspondance et dossiers personnels en format électronique et en détruire toute copie sur ses ordinateurs et tous autres supports informatiques.

3.5 Propriété intellectuelle et matérielle

Maître Y... est autorisé-e à prendre copie des fichiers, documents ou dossiers du Cabinet de Maître X... pour les besoins de sa collaboration.

Les ouvrages et abonnements, précédents, documents standards, notes pratiques ou généralement tous éléments du système de gestion du savoir-faire en vigueur dans le Cabinet de Maître X... et mis à sa disposition pendant sa collaboration restent la propriété du Cabinet de Maître X...

Les fichiers crées par Maître Y... dans le cadre de ses dossiers personnels restent la propriété Maître Y...

Restent également la propriété de Maître Y... les actes et documents auxquels Maître Y... a contribué pour le compte du Cabinet de Maître X..., et ce dans le strict respect du secret professionnel, la copie de la documentation (jurisprudence, doctrine...) qu'il/elle réunit au cours de sa collaboration, et les modèles d'actes judiciaires ou juridiques, sous réserve de l'accord du cabinet de Maître X..., cet accord n'étant pas requis dans le cas où Maître Y... a contribué à leur élaboration.

Tout article, publication, ouvrage, et plus généralement tout écrit à destination du public de quelque nature que ce soit, réalisé par Maître Y..., ou avec la participation de celui/celle-ci, pour le compte ou à la demande du Cabinet de Maître X... devra porter la signature de Maître Y...

Article 4 – Les obligations de maître Y...

4.1 Collaboration

Maître Y... doit organiser son activité, en fonction de ses obligations de formation et de ses propres affaires, pour consacrer le temps nécessaire au traitement des dossiers qui lui sont confiés par Maître X... en veillant à toujours y apporter le même soin et la même conscience que pour ses affaires personnelles.

4.2 Formation

Maître Y... doit veiller au bon respect de ses propres obligations de formation professionnelle et déontologique et à l'accomplissement de ses obligations au titre de la formation continue obligatoire.

4.3 Obligations d'assurance sociale

Maître Y... s'engage à s'immatriculer en qualité de travailleur indépendant auprès de l'Urssaf et auprès de la CNBF et s'engage à maintenir cette immatriculation pendant toute la durée du présent contrat.

Article 5 – Indépendance

Maître X... ne peut demander à Maître Y... l'accomplissement d'une mission que ce dernier considérerait comme contraire à sa conscience et à ses opinions ou susceptible de porter atteinte à son indépendance.

Dans cette hypothèse, Maître Y... doit exprimer sa demande de retrait suffisamment tôt pour ne pas perturber l'avancement du dossier.

Sur tous les dossiers qu'il/elle traite et en particulier, sur ceux qui lui sont confiés par Maître X..., Maître Y... demeure maître de son argumentation et des conseils qu'il/elle donne.

Si son argumentation est contraire à celle que développerait Maître X..., Maître Y... devra, avant d'agir, en informer Maître X...

En cas de persistance du désaccord, par respect des principes de confiance, loyauté et délicatesse, Maître Y... devra restituer le dossier à Maître X...

[▶ LE CAS ÉCHÉANT]

Tous les actes, correspondances, études ou consultations réalisés par Maître Y... dans le cadre du traitement de la clientèle du cabinet, feront l'objet d'une double signature.

Article 6 – Obligations réciproques en matière de conflit d'intérêts

Maître X... et Maître Y... ne peuvent dans un même litige assister ou représenter une partie ayant des intérêts contraires à ceux du client qui a saisi en premier l'un ou l'autre.

Maître Y... ne peut en aucun cas assister ou représenter une partie ayant des intérêts contraires à ceux d'un client habituel du cabinet de Maître X...

Afin de prévenir toute possibilité de conflit d'intérêts, Maître Y... devra s'assurer, sous sa propre responsabilité, que rien ne s'oppose à ce qu'il assiste ou représente un nouveau client personnel. Le cas échéant, Maître Y... soumettra, s'il le juge nécessaire, l'analyse de la situation et des risques de conflits d'intérêts, aux règles de conflits d'intérêts en vigueur dans le Cabinet de Maître X...

Article 7 – Rémunération

Maître X... verse à Maître Y... une rétrocession d'honoraires, fixée de la manière suivante.

[▶ OU attention : La partie fixe du montant de la rétrocession ne doit pas être inférieure à la rétrocession minimale fixée par le barreau]

[▶ HYPOTHÈSE 1]

- versement mensuel le .... de chaque mois, d'une rétrocession d'honoraires fixe hors taxes de .... euros.

[▶ HYPOTHÈSE 2]

- versement mensuel le .... de chaque mois, d'une rétrocession d'honoraires fixe hors taxes de .... euros.

[▶ ET]

- versement d'une rétrocession d'honoraires égale à .... % hors taxes des honoraires bruts hors taxes annuels perçus [▶ OU facturés] par le cabinet de Maître X... dans les dossiers traités par Maître Y...

[▶ HYPOTHÈSE 3]

- versement mensuel le .... de chaque mois, d'une rétrocession d'honoraires fixe hors taxes de .... euros.

[▶ ET]

- versement mensuel le .... de chaque mois d'une rétrocession d'honoraires égale à .... % hors taxes des honoraires bruts hors taxes mensuels perçus [▶ ou facturés] par le cabinet de Maître X... dans les dossiers traités par Maître Y...

[▶ HYPOTHÈSE 4]

- versement mensuel le .... de chaque mois, d'une rétrocession d'honoraires fixe hors taxes de .... euros.

[▶ ET]

- versement d'une partie variable correspondant à .... % de la marge brute de Maître X...

La rémunération versée à Maître Y... est assujettie, le cas échéant, à la TVA au taux en vigueur lors de son paiement.

Le montant de la rétrocession d'honoraires cidessus définie sera impérativement réexaminé au moins une fois par an.

En cas de rémunération comprenant une part fixe et une part proportionnelle, dans les autres stipulations du présent contrat, le terme « rémunération habituelle » signifie la rémunération fixe et proportionnelle qui aurait été versée à Maître Y... s'il / si elle avait travaillé pendant la période concernée estimée forfaitairement *prorata temporis* sur la moyenne des douze mois précédant l'interruption.

Les honoraires perçus par Maître Y... au titre de sa clientèle personnelle lui sont intégralement et définitivement acquis.

Article 8 – Frais

Maître Y... reçoit sans délai et sur justification le remboursement de tous frais professionnels, notamment de déplacement, exposés dans le cadre des missions confiées par Maître X... ou dans l'intérêt du cabinet.

Article 9 – Aide juridictionnelle, commissions d'office, garde à vue et consultations gratuites

Maître Y... conserve les indemnités qui lui sont versées pour les missions d'aide juridictionnelle, les commissions d'office, les gardes à vue et les consultations gratuites.

Article 10 – Périodes de repos

Maître Y... aura droit à six semaines de repos rémunérées comme période d'activité au cours de chaque période annuelle d'exercice. Maître X... et Maître Y... fixeront d'un commun accord et au moins deux mois à l'avance les périodes de repos.

Le calcul des périodes de repos rémunérées s'effectue de date à date.

Les périodes de suspension du contrat de collaboration en raison de la maternité, de la paternité, de l'arrivée de l'enfant adopté ou de la maladie de Maître Y... ouvrent droit à repos rémunérés.

Sauf accord avec Maître X..., Maître Y... s'engage à ne pas prendre plus de trois semaines de repos consécutives pendant les mois de juillet et août, ni plus de deux semaines consécutives pendant les autres mois de l'année.

En cas de rupture du contrat de collaboration à l'initiative de Maître X..., Maître Y... pourra prendre l'intégralité des repos rémunérés restant dus pendant le délai de prévenance, sans que l'on puisse lui opposer les dispositions de l'alinéa précédent, ou à son libre choix, ne pas en bénéficier mais en demander le paiement à Maître X... à l'issue du délai de prévenance.

Si des repos rémunérés n'ont pas été pris à l'issue du délai de prévenance et restent dus, le Cabinet de Maître X... devra les régler à Maître Y...

Article 11 – Maladie

En cas d'indisponibilité pour raison de santé médicalement constatée au cours d'une même année civile, Maître Y... reçoit pendant deux mois maximum sa rémunération habituelle, sous déduction des indemnités journalières éventuellement perçues au titre des régimes de prévoyance collective du barreau ou individuelle obligatoire.

La notification de la rupture du contrat ne peut intervenir pendant les périodes d'indisponibilité pour raison de santé médicalement constatée du/de la collaborateur/trice, sauf manquement grave aux règles professionnelles non lié à l'état de santé. Cette période de protection prend fin à l'expiration d'un délai de six mois à compter de l'annonce de l'indisponibilité du / de la collaborateur/trice pour raison de santé médicalement constatée.

Une telle indisponibilité pendant la période d'essai suspend celle-ci. La période d'essai reprend de plein droit, pour la durée restant à courir, au retour du collaborateur.

Article 12 – Parentalité

12.1 Maternité

12.1.1. Durée de congé de maternité

La collaboratrice libérale enceinte est en droit de suspendre l'exécution de sa collaboration pendant au moins seize semaines à l'occasion de l'accouchement, réparties selon son choix avant et après accouchement, avec un minimum de deux semaines avant la date prévue de l'accouchement et un minimum de dix semaines après l'accouchement, et sans confusion possible avec le congé pathologique.

En cas de naissances multiples, le congé maternité peut être porté à vingt semaines.

Cette période de suspension ne se confond en aucun cas avec toute autre période de congé, repos ou indisponibilité à quelque titre que ce soit.

12.1.2 Rémunération pendant la suspension de la collaboration

Au cours de la période de suspension de la collaboration, la collaboratrice perçoit la totalité de sa rémunération habituelle, sous déduction des seules indemnités journalières éventuellement versées dans le cadre des régimes de prévoyance collective du Barreau ou individuelle obligatoire.

12.1.3 Interdiction de rupture du contrat de collaboration

À dater de la déclaration de grossesse en cas de maternité et jusqu'à l'expiration d'une période de quatre mois à l'issue de la période de suspension du contrat à l'occasion de la naissance de l'enfant, le contrat de collaboration ne peut être rompu par le cabinet ni faire l'objet d'une notification de rupture, sauf manquement grave de la collaboratrice aux règles professionnelles non lié à l'état de grossesse ou à la maternité de la collaboratrice.

12.1.4 Nullité de plein droit de la rupture du contrat de collaboration en cas de justification de la grossesse dans les quinze jours de la notification de la rupture

Sauf manquement grave aux règles professionnelles non lié à l'état de grossesse ou à la maternité, la rupture du contrat de collaboration est nulle de plein droit lorsque le cabinet est informé de la grossesse de la collaboratrice dans un délai de quinze jours à compter de la notification de la rupture. La collaboratrice informe le cabinet en adressant, par lettre recommandée avec avis de réception ou remise en main propre et contresignée, un certificat médical justifiant de son état de grossesse.

[▶ ou]

12.1 Paternité

12.1.1 Durée de congé de paternité

Le collaborateur libéral est en droit de suspendre sa collaboration pendant une période de quatre semaines réparties sur une période de six mois suivant la naissance de l'enfant. Il en avise celui avec lequel il collabore un mois avant le début de la suspension.

Cette période de suspension ne se confond en aucun cas avec toute autre période de congé, repos ou indisponibilité à quelque titre que ce soit.

12.1.2. Rémunération pendant la suspension de la collaboration

Au cours de la période de suspension de la collaboration, le collaborateur libéral perçoit la totalité de sa rémunération habituelle, sous déduction des seules indemnités journalières éventuellement versées dans le cadre des régimes de prévoyance collective du Barreau ou individuelle obligatoire.

12.1.3 Interdiction de rupture du contrat de collaboration

Le contrat de collaboration ne peut être rompu ni faire l'objet d'une notification de rupture à dater de l'annonce par le collaborateur libéral de son intention de suspendre son contrat de collaboration après la naissance de l'enfant et jusqu'à l'expiration d'un délai de quatre mois à l'issue de la période de suspension du contrat à l'occasion de la naissance de l'enfant.

12.1.4 Nullité de plein droit de la rupture du contrat de collaboration en cas de justification de la paternité dans les quinze jours de la notification de la rupture

Sauf manquement grave aux règles professionnelles non lié à la paternité, la rupture du contrat de collaboration est nulle de plein droit lorsque le cabinet est informé de la paternité ou de la future paternité du collaborateur dans un délai de quinze jours à compter de la notification de la rupture. Le collaborateur informe le cabinet en adressant, par lettre recommandée avec avis de réception ou remise en mains propres et contresignée, une attestation justifiant de sa paternité ou de sa future paternité.

12.2 Adoption

12.2.1 Durée de congé d'adoption

Le/La collaborateur/trice libéral-e qui adopte un enfant est en droit de suspendre l'exécution de sa collaboration jusqu'à dix semaines, à l'occasion de l'arrivée de l'enfant. En cas d'adoption multiple, le congé d'adoption peut être porté à seize semaines. Cette période de suspension débute dans les quatre mois suivant l'arrivée au foyer de l'enfant.

Le / La collaborateur/trice libéral-e qui adopte un ou plusieurs enfants en avise celui avec lequel elle collabore un mois avant le début de la suspension.

12.2.2 Rémunération pendant la suspension de la collaboration

Le / La collaborateur/trice libéral-e adoptant reçoit pendant la période de suspension de sa collaboration sa rétrocession d'honoraires habituelle, sous la seule déduction des indemnités journalières perçues dans le cadre du régime d'assurance maladie des professions libérales ou dans le cadre des régimes de prévoyance collective du barreau ou individuelle obligatoire.

12.2.3 Interdiction de rupture du contrat de collaboration

À compter de l'annonce par le/la collaborateur/trice libéral-e de son intention de suspendre sa collaboration à l'occasion de l'arrivée de l'enfant, qui peut être faite par tout moyen, et jusqu'à l'expiration d'une période de quatre mois à l'issue de la période de suspension du contrat à l'occasion de l'arrivée de l'enfant, le contrat de collaboration libérale ne peut être rompu par le cabinet, sauf manquement grave aux règles professionnelles non liées à l'adoption.

12.2.4 Nullité de plein droit de la rupture du contrat de collaboration en cas de justification de l'adoption dans les quinze jours de la notification de la rupture

Sauf manquement grave aux règles professionnelles non lié à l'adoption, la rupture du contrat de collaboration est nulle de plein droit lorsque le cabinet est informé de l'adoption dans un délai de quinze jours à compter de la notification de la rupture. Le / La collaborateur/trice informe le cabinet en adressant, par lettre recommandée avec avis de réception ou remise en main propre et contresignée, une attestation de l'organisme compétent justifiant de l'arrivée de l'enfant.

Article 13 – Rupture du contrat et délai de prévenance

13.1 Rupture du contrat

La rupture du contrat de collaboration ne peut intervenir que dans les conditions du présent contrat et dans le strict respect des principes de délicatesse et de loyauté.

En cas de manquement grave du/de la collaborateur/trice aux règles professionnelles, la rupture est notifiée par lettre dûment motivée au/à la collaborateur/trice.

13.2 Délais de prévenance

Sous réserve des stipulations prévues à l'article 12 en cas de parentalité du/de la collaborateur/trice libéral-e et sauf accord plus favorable au/à la collaborateur/trice au moment de la rupture, chaque partie peut mettre fin au contrat de collaboration en respectant un délai de prévenance qui sera au minimum de trois mois.

Ce délai est augmenté d'un mois par année au-delà de trois ans de présence révolus, sans qu'il puisse excéder six mois.

Ce délai pouvant, à la demande du/de la collaborateur/trice :

- être allongé d'un mois supplémentaire s'il commence à courir en mai, juin ou juillet.

- à l'issue de la sixième année de collaboration au sein du cabinet de Maître X..., être en sus augmenté d'un mois par année d'ancienneté supplémentaire si la rupture est à l'initiative de Maître X..., dans une limite de douze mois maximum.

Toutefois, le délai de prévenance est de huit jours en cas de rupture pendant la période d'essai stipulée à l'article 2 pendant le premier mois et de quinze jours en cas de rupture pendant les deux mois suivants.

Ces délais n'ont pas à être observés en cas de manquement grave aux règles professionnelles par l'une ou l'autre des parties.

La rémunération habituelle reste due pendant ce délai, même en cas de non-exercice effectif de la collaboration du fait de Maître X...

Les périodes de repos rémunérées qui n'auront pu être prises avant la notification de la rupture pourront être prises pendant le délai de prévenance. À défaut, elles devront être payées à Maître Y...

Article 14 – Prohibition du dédit formation

En cas de rupture du contrat de collaboration, même à l'initiative de Maître Y..., si ce/cette dernier/nière a bénéficié d'une formation dispensée à l'extérieur du cabinet et même si cette formation a été financée par le Cabinet de Maître X..., ce dernier ne peut, en principe, demander d'indemnité à Maître Y... à ce titre.

Toutefois, une telle indemnité pourrait être contractuellement prévue si la formation reçue revêtait un caractère exceptionnel révélé par sa durée et son coût.

Dans ce cas, Maître Y... pourrait demander une réduction de cette indemnité si elle était excessive ou sa suppression totale si elle était de nature à mettre obstacle à sa liberté d'établissement ultérieure.

L'indemnité pourra être demandée pendant un délai maximum de deux ans après que la formation aura été reçue.

Article 15 – Liberté d'établissement

Toute stipulation limitant la liberté d'établissement ultérieure est prohibée.

Dans les deux ans suivant la rupture de son contrat de collaboration, Maître Y... devra aviser Maître X... avant de prêter son concours à un client de celui-ci.

Cette obligation ne préjudicie pas au respect des dispositions applicables en matière de succession d'avocats dans un même dossier.

Le client s'entend comme celui avec lequel Maître Y... aura été mis en relation dans le cadre du traitement des dossiers du Cabinet de Maître X... pendant l'exécution du présent contrat.

Maître Y... comme Maître X... doivent s'interdire toute pratique de concurrence déloyale.

Article 16 – Domiciliation après la rupture du contrat

Quelle que soit la cause de la cessation de la collaboration, Maître Y... pourra demeurer domicilié au cabinet de Maître X... jusqu'à ce qu'il ait fait connaître ses nouvelles conditions d'exercice et ce pendant une durée qui ne saurait excéder trois mois.

Même après ce délai, son courrier lui sera acheminé dans les meilleurs délais et ses nouvelles coordonnées postales, téléphoniques et électroniques seront transmises à ceux qui en font la demande, dès lors qu'elles sont connues du cabinet. L'ensemble des messages adressés à l'adresse électronique « Y@XXX-avocat.com » mise à la disposition de Maître Y... conformément à l'article 3.4 ci-dessus donneront lieu à acheminement à son expéditeur d'un message d'erreur indiquant que : « Maître Y... a quitté le Cabinet de Maître X... le... Si votre message concerne un dossier du Cabinet de Maître X..., veuillez l'adresser à l'adresse suivante : et/ou contacter la personne suivante : .... Si votre message concerne un dossier de Maître Y..., veuillez l'adresser à l'adresse suivante : et/ou le contacter à ses nouvelles coordonnées : .... ».

Après un délai d'un an à compter du départ du/de la collaborateur/trice, l'adresse électronique nominative de l'ancien-ne collaborateur/trice au sein du cabinet peut être fermée.

Les parties au présent contrat s'engagent à aviser par écrit l'Ordre de la fin de la collaboration. Maître Y... devra faire connaître sa nouvelle adresse professionnelle dans le délai d'un mois.

Article 17 – Règlement des litiges

L'ensemble des différends, de quelque nature que ce soit, pouvant naître du présent contrat notamment quant à sa validité, son interprétation, son exécution ou sa rupture, sont soumis à la Juridiction du bâtonnier, à charge d'appel devant la cour d'appel, et ce conformément aux dispositions des articles 142 et suivants du décret n° 91-1197 du 27 novembre 1991.

Ils font l'objet, préalablement à toute saisine de la Juridiction du bâtonnier, d'une conciliation préalable obligatoire par la commission de conciliation créée à cet effet au sein du conseil de l'Ordre conformément aux dispositions de l'article ....

Article 18 – contrôle par l'ordre des avocats

Il est rappelé que dans les 15 jours de la signature, le présent contrat de collaboration devra être déposé, à l'initiative de la partie la plus diligente, pour contrôle auprès de l'Ordre des avocats du Barreau de ....

L'Ordre peut dans un délai d'un mois, mettre en demeure, par lettre recommandée avec demande d'avis de réception, les parties de modifier la convention de telle façon, qu'elle soit en conformité avec les règles professionnelles.

Tout avenant au présent contrat, toute modification de celui-ci, devra faire l'objet de la même procédure.

Fait en trois exemplaires originaux, à ...., le ....

[▶ Signature]	[▶ Signature]
Maître X...	Maître Y...

LIVRE

1. L'ORGANISATION ET L'ADMINISTRATION DE LA PROFESSION

SECTION 0

ORIENTEUR

1.00 Sommaire du livre.

Division. L'organisation et l'administration de la profession d'avocat ancrées sur le barreau français (titre 11) ont profondément évolué depuis la création du Conseil national des barreaux (CNB) fin 1990. Ce dernier est accompagné par les organismes de gestion et de maniement des fonds de tiers (titre 12), les organisations représentatives des avocats (titre 13), et les organismes, dits techniques, de la profession (titre 14).

1.03 Bibliographie indicative.

* Aussi : v. s^s n° 013.00 s.

Encyclopédie. *J.-Cl. Civ. Annexes*, fasc. 20 : avocats, Conseil national des barreaux (CNB), 2014.

TITRE

11. Le barreau français

SECTION 0
ORIENTEUR

11.00 Sommaire du titre.

Division. À l'échelon local, la structure de la profession d'avocat repose sur les barreaux (chap. 113), qui assurent le maillage du territoire. Un ordre d'avocat est composé de tous les avocats inscrits au tableau et aussi des avocats honoraires. Le barreau est composé des avocats inscrits au tableau. Les barreaux sont établis auprès de chaque tribunal judiciaire et sont administrés par un conseil de l'Ordre (chap. 114), doté de larges attributions (chap. 115), lui-même présidé par un bâtonnier et, le cas échéant, un vice-bâtonnier (chap. 116). L'assemblée générale du barreau (chap. 117) semble tomber en désuétude. Le pouvoir disciplinaire a été transféré par la loi du 11 février 2004 à des conseils de discipline (chap. 118) établis dans le ressort de chaque cour d'appel, le barreau de Paris conservant ses attributions dans ce domaine. Un organe national, le Conseil national des barreaux (CNB) (chap. 111), créé en 1990, est doté d'un pouvoir normatif lui permettant d'en unifier les règles et usages, et de la représenter auprès des pouvoirs publics (chap. 112). La Conférence des bâtonniers (chap. 119), créée au début du XXe siècle, conserve son rôle.

Des associations et des syndicats professionnels d'avocats continuent de jouer un rôle dans la représentation professionnelle des avocats.

11.03 Bibliographie indicative.

* Aussi : v. s^s^ n° 1.03.

Encyclopédie. *J.-Cl. Civ. Annexes,* fasc. 20 : avocats, Conseil national des barreaux (CNB), 2014.

CHAPITRE

111. Conseil national des barreaux (CNB) : composition

SECTION 0 ORIENTEUR

111.00 Sommaire du chapitre.

Division. Le Conseil national des barreaux (CNB) a évolué (sect. 1) depuis sa création fin 1990, il a ses missions et son mode de composition (sect. 2), d'élection (sect. 3), un bureau, un président, et deux vice-présidents de droit, ainsi que des commissions (sect. 4), une assemblée générale (sect. 5) et des règles de fonctionnement.

111.01 Textes applicables.

TEXTES TITRÉS

• **L. n° 71-1130, 31 déc. 1971**

art. 14-1 [Financement des CRFP par une contribution fixée annuellement par le CNB en proportion du nombre d'avocats inscrits, par une contribution de l'État et des droits d'inscription éventuels]

art. 14-2 [Formation continue obligatoire selon des modalités fixées par le CNB]

art. 21-1 [Statut, missions et financement du CNB]

art. 21-2 [Composition du CNB – Élection du double collège ordinal et général – Membres de droit –Parité]

• **Décr. n° 91-1197, 27 nov. 1991**

art. 19 [Nombre des membres élus du CNB – Durée du mandat – Rééligibilité]

art. 20 [Répartition des sièges du double collège en deux circonscriptions nationale et parisienne]

art. 21 [Répartition des sièges du double collège proportionnellement en nombres entiers pairs et impairs]

art. 22 [Composition du collège ordinal – Membres éligibles – Parité]

art. 23 [Composition du collège général – Membres éligibles – Parité]

art. 24 [Missions du bâtonnier dans l'organisation des élections]

art. 25 [Missions du bâtonnier dans la communication du nombre d'électeurs et de voix]

art. 26 [Candidatures individuelles pour le collège ordinal et par listes pour le collège général – Vote par barreau]

art. 27 [Fixation de la date du scrutin par le président du CNB le même jour pour les deux collèges]

art. 28 [Modalités du vote, sur place ou à distance, et du dépouillement du scrutin]

art. 29 [Modalités de calcul des suffrages et du quotient électoral – Parité]

art. 30 [Égalité des voix, ancienneté d'inscription et âge – Parité]

art. 31 [Procès-verbal des opérations de vote]

art. 32 [Sièges vacants pourvus par le candidat non élu ayant obtenu le plus grand nombre de voix ou par des élections – Parité]

art. 33 [Recours contre les résultats des élections]

art. 34 [Composition et élection du bureau – Membres de droit – Durée du mandat – Contestations]

art. 35 [Gratuité des fonctions des membres élus – Remboursement des frais – Rétribution éventuelle pour frais de représentation du président, membres du bureau, président de la commission de la formation professionnelle, présidents des commissions permanentes]

art. 36 [Fonctionnement – Convocation aux réunions – Délibérations, *quorum* et majorités]

art. 37 [Établissement du budget de fonctionnement – Fixation annuelle des cotisations] art. 38 [Modalités de fonctionnement selon le règlement intérieur établi en assemblée générale]

art. 38-1 [Notification et publication des décisions unifiant par voie de dispositions générales les règles et usages de la profession]

art. 39 [Composition et fonctionnement de la commission de la formation professionnelle]

art. 40 [Perception et répartition des cotisations et de la participation de l'État à la formation professionnelle – Modalités de contrôle du financement]

art. 56 [Formation professionnelle des élèves avocats par les CRFP]

art. 85, al. 12 [Modalités de l'obligation de formation continue]

art. 155 [Modalités de vérification du respect par les avocats de leurs obligations en matière de lutte contre le blanchiment des capitaux et le financement du terrorisme]

art. 156 [Désignation possible par le CNB d'une personne pour assister un conseil de l'Ordre dans ces vérifications]

art. 157 [Information annuelle par le bâtonnier du procureur général et du président du CNB du résultat des vérifications]

111.02 Jurisprudence de référence.

> Jurisprudence relative au pouvoir normatif du CNB

• **CE 15 nov. 2006,** *Krikorian*, req. n° 283475, *Lebon.*

* V. s[s] n° 112.24.

« [...] Considérant que les requêtes de M. B..., de l'Ordre des avocats à la cour d'appel de Paris, de M. A... et de la Selarl Cabinet A... sont dirigées contre le même décret du 12 juillet 2005 relatif aux règles déontologiques de la profession d'avocat ; qu'elles présentent à juger des questions semblables ; qu'il y a lieu de les joindre pour statuer par une seule décision ;

Sur les moyens mettant en cause la légalité de l'ensemble du décret :

Considérant, en premier lieu, qu'aux termes de l'article 53 de la loi du 31 décembre 1971 portant réforme de certaines professions judiciaires et juridiques : « Dans le respect de l'indépendance de l'avocat, de l'autonomie des conseils de l'ordre et du caractère libéral de la profession, des décrets en Conseil d'État fixent les conditions d'application du présent titre. Ils présentent notamment : 1° Les conditions d'accès à la profession d'avocat ainsi que les incompatibilités, les conditions d'inscription au tableau et d'omission du tableau et les conditions d'exercice de la profession dans les cas prévus aux articles 6 à 8-1 ; 2° Les règles de déontologie ainsi que la procédure et les sanctions disciplinaires [...] ; qu'aux termes de l'article 17 de la même loi : « Le conseil de l'Ordre a pour attribution de traiter toutes questions intéressant l'exercice de la profession et de veiller à l'observation des devoirs des avocats ainsi qu'à la protection de leurs droits. Sans préjudice des dispositions de l'article 21-1, il a pour tâche, notamment : 1° D'arrêter et, s'il y a lieu, de modifier les dispositions du règlement intérieur [...] ; 3° De maintenir les principes de probité, de désintéressement, de modération et de confraternité sur lesquels repose la profession et d'exercer la surveillance que l'honneur et l'intérêt de ses membres rendent nécessaire [...] ; 5° De traiter toute question intéressant l'exercice de la profession, la défense des droits des avocats et la stricte observation de leurs devoirs [...] ; 10° D'assurer dans son ressort l'exécution des décisions prises par le Conseil national des barreaux » ; enfin, qu'aux termes de l'article 21-1 de la même loi, issu des lois du 31 décembre 1990 et du 11 février 2004 : « Dans le respect des dispositions législatives et réglementaires en vigueur, le Conseil national des barreaux unifie par voie de dispositions générales les règles et usages de la profession d'avocat » ;

Considérant que, pour l'application de ces dispositions législatives, il appartient au Premier ministre de faire usage du pouvoir réglementaire que lui confère l'article 21 de la Constitution pour fixer les règles de déontologie de la profession d'avocat ; que cette compétence s'exerce, en vertu de l'article 53 de la loi du 31 décembre 1971, par décret en Conseil d'État ; que le respect du principe d'autonomie des conseils de l'ordre et du caractère libéral de la profession, énoncé au même article, n'impliquait aucunement qu'une partie des règles de déontologie fût soustraite à sa compétence pour être réservée à celle des instances ordinales ; que l'article 21-1 de la loi du 31 décembre 1971, qui a reconnu au Conseil national des barreaux un pouvoir réglementaire pour unifier les règles et usages de la profession, n'a pas eu davantage pour objet ou pour effet de réduire la compétence du Premier ministre ; que, par ailleurs, celui-ci pouvait légalement réunir dans un même texte les principales règles relatives à la déontologie des avocats, y compris en reproduisant celles d'entre elles qui sont fixées par une norme de niveau supérieur ; [...] »

• **CE 17 nov. 2004,** *Landwell et Associés (Sel), Ey Law (S[té] d'avocats)*, req. n°s 268075, 268501, *Lebon.*

* V. s[s] n° 112.24.

« [...] Considérant qu'il résulte de l'ensemble de ces dispositions que le Conseil national des barreaux dispose d'un pouvoir réglementaire ; que ce pouvoir s'exerce, en vue d'unifier les règles et usages des barreaux, dans le cadre des lois et règlements qui régissent la profession ; que, toutefois, il trouve sa limite dans les droits et libertés qui appartiennent aux avocats et dans les règles essentielles de l'exercice de la profession ; que, dès lors, si le Conseil national des barreaux peut, le cas échéant, imposer à l'ensemble des barreaux une règle qui n'est appliquée que par certains d'entre eux, voire, dans les mêmes matières, élaborer une règle différente, il ne peut légalement fixer des prescriptions qui mettent en cause la liberté d'exercice de la profession d'avocat ou les règles essentielles qui la régissent et qui n'auraient aucun fondement dans les règles législatives ou dans celles fixées par les décrets en Conseil d'État prévus par l'article 53 de la loi du 31 décembre 1971, ou ne seraient pas une conséquence nécessaire d'une règle figurant au nombre des traditions de la profession ; que c'est dans ce cadre que doit être appréciée la légalité des dispositions contestées ; [...] »

> Jurisprudence antérieure à la loi du 11 février 2004 relative à la compétence de la juridiction administrative pour déterminer les pouvoirs du CNB

• **T. confl. 18 juin 2001,** n° 3250, *Lebon.*

* V. s[s] n°s 112.21 et 112.27.

« [...] Considérant que le litige ainsi soulevé par la requête de l'Ordre des avocats au barreau de Tours est relatif, non à l'exercice de la fonction juridictionnelle mais à l'organisation même d'une profession réglementée ; qu'il tend, en effet, à déterminer si la loi a entendu attribuer au CNB, qu'elle a chargé de représenter la profession d'avocat auprès des pouvoirs publics et de veiller à l'harmonisation des règles et usages de la profession d'avocat, le pouvoir de prendre des décisions de portée générale dont chaque barreau doit assurer l'exécution dans son ressort en les transposant dans son règlement intérieur ; que, dès lors, la juridiction administrative est seule compétente pour en connaître. »

> Jurisprudence antérieure à la loi du 11 février 2004 relative au pouvoir normatif du CNB

• **Civ. 1re, 13 mars 2001,** n° 99-12.946, P I, n° 69.

* V. ss n° 112.21.

« Mais attendu, d'une part, que c'est par une exacte interprétation de l'article 21-1, alinéa 1er, de la loi précitée, que la cour d'appel, après avoir constaté que ce texte chargeait expressément le Conseil national des barreaux de veiller à l'harmonisation des règles et usages de la profession d'avocat, en a déduit que cette mission impliquait nécessairement la prise de décisions de nature à mettre en accord, en les unifiant, les dispositions essentielles des règlements intérieurs des différents Ordres afin d'éviter des disparités préjudiciables. »

• **CE 27 juill. 2001,** *Ordre des avocats du barreau de Tours*, req. n° 191706, *Lebon*.

* V. ss n° 112.21.

« Sur la légalité des décisions attaquées :

Considérant qu'il résulte de l'ensemble de ces dispositions, éclairées par les débats parlementaires qui ont précédé l'adoption de la loi du 31 décembre 1990, que la fixation de règles de déontologie revêtant un caractère impératif pour l'ensemble de la profession d'avocat relève de la compétence du gouvernement agissant par voie de décret en Conseil d'État dans le respect des principes posés par l'article 53 de la loi du 31 décembre 1971 modifiée et notamment de "l'autonomie des conseils de l'Ordre" ; que, dans le cadre ainsi défini, il revient au CNB, agissant par voie de recommandations, de promouvoir l'harmonisation des règles et usages de la profession d'avocat, sans pour autant disposer à cette fin d'un pouvoir réglementaire ;

Considérant qu'il suit de là que le CNB ne pouvait légalement prévoir que les décisions sus-analysées n° 97-001, n° 97-002 et n° 97-003 du 13 septembre 1997 seraient notifiées aux conseils de l'Ordre afin que chacun d'eux prenne les mesures nécessaires pour les insérer dans le règlement intérieur de chaque ordre ; que, par suite, L'Ordre des avocats du barreau de Tours est fondé à soutenir que les décisions attaquées, en tant qu'elles prévoient leur insertion obligatoire dans le règlement intérieur de chaque ordre, sont entachées d'illégalité et doivent, pour ce motif, être annulées. »

• **Civ. 1re, 18 févr. 2003,** n° 01-13.163, P I, n° 47.

* V. ss n° 112.21.

« Attendu que l'édiction de règles générales et obligatoires applicables aux avocats relève du pouvoir législatif ou réglementaire et ne saurait faire l'objet d'injonction ni du CNB, ni de l'autorité judiciaire ; [...]

Attendu que pour enjoindre au conseil de l'Ordre d'inclure dans son règlement intérieur l'intégralité de l'article 16 du RIH, l'arrêt attaqué qui a annulé cette délibération, retient que l'article 21-1, alinéa 1er, de la loi du 31 décembre 1971, modifiée, a confié au CNB la charge de veiller à l'harmonisation des règles et usages de la profession d'avocat, cette charge comportant en soi un pouvoir décisionnel ;

Attendu qu'en statuant ainsi, la cour d'appel a violé les textes susvisés. »

> Légalité du double collège électoral du CNB (rejet QPC)

• **Civ. 1re, 22 sept. 2015,** n° 15-40.029, NP.

* V. ss n° 111.44.

« Attendu que la question transmise est ainsi rédigée :

"L'article 21-2 de la loi n° 71-1130 du 31 décembre 1971 portant réforme de certaines professions judiciaires et juridiques porte-t-il atteinte aux droits et libertés garantis par la Constitution et notamment :

– au droit à la liberté en général comme droit naturel de l'homme et au droit à la liberté d'entreprendre consacrés par les articles 4 et 5 de la Déclaration des droits de l'homme et du citoyen du 26 août 1789, ci-après DDH ;

– au droit à la justice et aux droits de la défense garantis par l'article 16 DDH ;

– au droit à la liberté d'expression garanti par l'article 11 DDH ;

– à l'article 34 de la Constitution du 4 octobre 1958 fixant, en partie, le domaine de la loi ;

– au principe d'égalité garanti par l'article 6 DDH et l'article 1er de la Constitution du 4 octobre 1958 et au principe d'égal accès aux places, dignités et emplois publics qui en procède ;

– au principe d'universalité et d'égalité du suffrage consacré par l'article 3, alinéa 3, de la Constitution du 4 octobre 1958, en ce qu'il crée un double collège électoral (collège dit ordinal et collège dit général) pour l'élection des membres du Conseil national des barreaux, facteur de discrimination entre avocats en ce qui concerne leur qualité d'électeur et leur éligibilité, au sein de cet organisme de droit privé chargé de la gestion d'un service public, ayant reçu mission de la loi de représenter la profession d'avocat notamment devant les pouvoirs publics et d'unifier les règles et usages de la profession, dans le respect des dispositions législatives et réglementaires en vigueur ?"

Attendu que la disposition critiquée est applicable au litige, en ce qu'il tend à l'annulation des opérations électorales du 25 novembre 2014 en vue de l'élection des membres du Conseil national des barreaux (CNB), et n'a pas déjà été déclarée conforme à la Constitution dans les motifs et le dispositif d'une décision du Conseil constitutionnel ;

Mais attendu, en premier lieu, que la question, ne portant pas sur l'interprétation d'une disposition constitutionnelle dont le Conseil constitutionnel n'aurait pas encore eu l'occasion de faire application, n'est pas nouvelle ;

Et attendu, en second lieu, que la question posée ne présente pas un caractère sérieux en ce que les élections prévues pour la constitution et le renouvellement du CNB, qui remplit des missions d'ordre strictement professionnel et n'a pas le caractère d'une juridiction, ne se rapportent ni à l'exercice de droits politiques ni à la désignation de juges, de sorte qu'aucun principe ou règle de valeur constitutionnelle n'impose au législateur de recourir à un mode de désignation plutôt qu'à un autre et qu'il lui est loisible de retenir une répartition des électeurs en deux collèges, composés d'avocats se trouvant dans des situations différentes, l'un ordinal, dont les membres remplissent une mission d'administration, de gestion et de représentation de l'ordre et sont dotés d'un pouvoir disciplinaire, et l'autre général, soumis à des modalités électorales différentes ;

D'où il suit qu'il n'y a pas lieu de la renvoyer au Conseil constitutionnel ;

Par ces motifs :

Dit n'y avoir lieu de renvoyer au Conseil constitutionnel la question prioritaire de constitutionnalité ; »

111.03 **Bibliographie indicative.**

Encyclopédie. *J.-Cl. Civ. Annexes,* fasc. 20 : avocats, Conseil national des barreaux (CNB), 2014.

Monographie. J.-M. Braunschweig, J. Demaison, *Profession d'avocat : Le guide*, 4e éd., Wolters Kluwer, 2017, n° 261.

Articles. M. Bénichou, « Quel Ordre national pour les avocats ? », *Gaz. Pal.* 19-21 juin 2011, p. 10 – J.-M. Braunschweig, « Pouvoir normatif du CNB », *Gaz. Pal.* 7-8 juill. 2004, p. 10 – J.-R. Farthouat, « Le Conseil national des barreaux », *D.* 2001. Chron. 709 – G. Flécheux, « Le CNB et l'avocat français en Europe », *Gaz. Pal.* 17 oct. 2001, n° 290, p. 2-4 – C. Jamin, « CNB et constitution de partie », *JCP* 2011. 468, n° 16 – R. Martin, « Du règlement intérieur des ordres d'avocats », *JCP* 1999. I. 172 – Philibert, « Les enjeux de la déclaration du Conseil national des barreaux du 27 mars 1999 », *Gaz. Pal.* 10 avr. 1999, n° 100, p. 26-27.

SECTION 1
ÉVOLUTION

111.11 **Représentation traditionnelle des avocats par les barreaux.** Le regroupement des avocats en barreaux indépendants est d'origine ancienne. Les avocats jouent un rôle essentiel, par la fourniture de conseils en matière juridique et du fait de leur activité judiciaire, dans la protection des libertés de leurs concitoyens, la défense de leur honneur et de leurs biens. Ils ont eux-mêmes besoin, pour exercer librement ces fonctions, de la protection de leurs pairs. Les barreaux ont su leur apporter cette protection, qui leur est nécessaire. Ce besoin de protection est toujours d'actualité.

La participation des avocats à la construction de l'État de droit ne s'arrête pas là. Ils sont toujours intervenus dans le débat public, chaque fois qu'ils ont estimé que les libertés publiques ou les droits fondamentaux étaient menacés, en toute indépendance. Tout naturellement, le rôle des barreaux s'est élargi à ce domaine, et leur rôle a toujours été déterminant dans la mobilisation de la profession, pour la défense des principes démocratiques. Il n'existe aucune raison de penser que les occasions d'agir pourraient un jour disparaître.

111.12 **Rôle spécifique du barreau de Paris et naissance de la Conférence des bâtonniers.** Traditionnellement le barreau de Paris, par son importance, son ancienneté, le rôle qu'il a joué à la fin du XVIIIe siècle et dans la résurrection du barreau sous l'Empire, a assumé une mission spécifique de représentation de la profession d'avocat pour la France tout entière. Peu à peu, des barreaux qui avaient une tradition presque aussi ancienne et une importance certaine, comme ceux de Lyon, de Bordeaux ou de Toulouse, ont souhaité faire valoir des points de vue novateurs, parfois différents, ou bien rejoignant et appuyant les positions prises par le barreau de Paris.

Dès le début du XXe siècle, aux côtés du barreau de Paris, l'ensemble des autres barreaux de France ont décidé de se regrouper au sein d'une association. C'est ainsi qu'est née la Conférence des bâtonniers, dont l'assemblée regroupe la plupart des bâtonniers de France. Chargée de faire entendre la voix des barreaux de province, elle a partagé avec le barreau de Paris, la fonction de représentation de la profession[1].

111.13 **Apparition des associations et syndicats.** La représentation purement ordinale ne peut pas répondre à tous les besoins. L'ordre a vocation à représenter l'ensemble de ses membres. Il peut difficilement prendre en charge des opinions ou des intérêts qui ne sont partagés que par une catégorie, ou un groupe d'avocats. C'est la raison pour laquelle les avocats se réunissent aussi en associations ou syndicats professionnels[2], organisations dont la nature est beaucoup plus adaptée aux actions politiques.

111.14 **Évolution de l'organisation collective.** Dotés d'une grande capacité de résistance, les barreaux ont beaucoup plus de mal à décider et à mener une véritable politique professionnelle. Il existe des domaines, qui relèvent du champ d'intervention traditionnel[3] des barreaux, dans lesquels le consensus s'établit facilement. D'autres sujets, plus « politiques » peuvent générer des clivages profonds entre les avocats. La vocation première des barreaux est de représenter tous les avocats, pas de trancher entre les avocats. En outre, les bâtonniers ne sont pas en mesure de concevoir et de mettre en œuvre une politique suivie du fait de la brièveté de leur mandat, de la nature apolitique de celui-ci, ou de la structuration des barreaux[4].

1. V. ss nos 119.00 s.
2. V. ss nos 131.11 s.
3. V. ss n° 113.21.
4. V. ss nos 116.10 s.

Pour finir, l'éclatement de la représentation des avocats en plus de cent soixante barreaux locaux, tous profondément attachés à leur indépendance, ne peut aboutir qu'à des résultats médiocres.

Il est difficilement discutable qu'il existe un lien direct entre le niveau d'organisation d'un groupe et sa capacité d'influence. Faute d'une représentation nationale unifiée, les avocats ne peuvent pas avoir l'influence, que leur nombre et l'importance du rôle qui leur est dévolu, justifieraient. Pourtant, l'instauration du Conseil national des barreaux (CNB) a davantage été un effet collatéral de la fusion entre les avocats et les conseils juridiques (qui disposaient d'une représentation nationale) que le résultat d'une volonté claire, et elle n'a pas totalement réglé la question de l'organisation collective de la profession.

Les hésitations qui ont accompagné son apparition, lors du vote de la loi du 31 décembre 1990, ont conduit à créer une institution hybride. Les deux composantes du Conseil national des barreaux (collège ordinal et collège général) sont en effet de nature différente. Le CNB n'est donc pas un ordre national, en raison de sa composition et aussi parce qu'il est dépourvu de la gestion du tableau et du pouvoir disciplinaire. Il ne s'agit pas non plus, contrairement à ce que laisse croire sa dénomination, d'un conseil des barreaux, puisque les barreaux n'en sont pas directement membres. L'importance de la présence ordinale l'empêche cependant d'être uniquement une assemblée politique.

Le Conseil national des barreaux est seulement venu se rajouter à l'organisation ordinale, qui n'en a pas été modifiée, sans qu'aucun lien hiérarchique, ou même seulement organique, ait été établi entre les barreaux locaux et l'institution nationale. Pourtant, il entre dans la mission des barreaux d'assurer, dans leur ressort, l'exécution des décisions du CNB[1]. Il a besoin d'eux pour dialoguer avec les avocats, et il compte sur leur capacité de mobilisation. Malheureusement la délimitation de leurs compétences respectives est parfois délicate, ce qui peut se traduire par des difficultés ou des conflits.

En dépit de l'existence du CNB, le barreau de Paris, la Conférence des bâtonniers, et même les associations et syndicats, n'ont pas totalement renoncé à exprimer, en dehors de cette enceinte, leur point de vue. Des tensions peuvent donc continuer à se produire.

Cependant, le rôle du CNB n'a jamais cessé de croître. L'institution a connu un développement considérable et il n'existe plus aucun doute sur sa primauté. Si l'organisation collective des avocats reste beaucoup plus complexe que celle des notaires ou des experts-comptables, l'essentiel du retard a aujourd'hui été comblé.

111.15 Conseil national des barreaux (CNB). Même si la Chancellerie continue de s'entourer des avis de la Conférence des bâtonniers, du barreau de Paris et parfois aussi encore des associations et syndicats d'avocat, le CNB est devenu depuis sa création l'interlocuteur privilégié des pouvoirs publics, qui ont progressivement étendu ses compétences. Cette tendance ne cesse de s'accentuer. Le dynamisme démographique de la profession se traduit par un renforcement constant de ses moyens matériels. Débarrassé des multiples tâches quotidiennes que les barreaux continuent d'assumer, il est capable de consacrer ses ressources au pilotage de la profession.

Sa création s'inscrit dans un lent mouvement de dépassement de la structure ordinale. Les barreaux ne sont plus en charge ni de la formation, ni de la discipline des avocats. Le regroupement des Carpas s'est accéléré. Les questions relatives à la communication électronique sont traitées à l'échelon de la cour d'appel. La mise en place d'un dispositif de règlement des différends entre avocats de barreaux différents permet d'échapper à l'inertie ou à l'opposition d'un bâtonnier local.

Le CNB a pris en charge nombre d'actions qui ne peuvent être menées que sur le plan national. Il est responsable de la communication institutionnelle de la profession, il a conduit le chantier de la communication électronique avec les juridictions en faisant réaliser le réseau privé virtuel des avocats (RPVA)[2], il a mis en ligne une plate-forme de consultations, ouverte à tous les avocats. Il tient et met en ligne l'annuaire national des avocats. Ces extensions de compétence, qui ont pu donner lieu à conflit ou à contentieux, ont ensuite été consacrées par le législateur.

SECTION 2
MISSION – COMPOSITION

111.21 Définition. Le Conseil national des barreaux (CNB) a été institué par la loi du 31 décembre 1990[3]. La loi le définit[4] comme un établissement d'utilité publique doté de la personnalité morale, chargé de représenter la profession d'avocat, notamment auprès des pouvoirs publics. Organisme de

1. L. n° 71-1130, 31 déc. 1971 portant réforme de certaines professions judiciaires et juridiques, *JO* 5 janv. 1972, p. 131, art. 17, 10°.

2. V. s[s] n° 112.71.
3. L. n° 90-1259, 31 déc. 1990 portant réforme de certaines professions judiciaires et juridiques, *JO* 5 janv. 1991, p. 219, art. 15.
4. L. n° 71-1130, 31 déc. 1971, art. 21-1.

droit privé, le CNB exerce des missions d'intérêt général. Dans un avis du 22 octobre 2015 rendu à la demande du gouvernement sur l'application de la loi du 12 avril 2000[1] modifiée relative aux droits des citoyens dans leurs relations avec les administrations[2], le Conseil d'État a considéré que les Ordres et le CNB devaient être regardés comme des « organismes chargés de la gestion d'un service public » au sens de l'article 1er de la loi du 12 avril 2000 lorsque leurs décisions peuvent être rattachées à l'organisation du service public de la justice. Sont notamment visées les décisions normatives du CNB.

Le CNB est ainsi doté d'un pouvoir normatif lui permettant d'unifier par voie de dispositions générales les règles et usages de la profession d'avocat. Ces règles normatives sont regroupées au sein du Règlement intérieur national (RIN). Il est également chargé de veiller à la formation professionnelle et à la formation continue des avocats. Pour remplir cette mission il dispose de différents pouvoirs, dont celui de contrôler l'activité des centres régionaux de formation professionnelle. Il perçoit et répartit entre eux la participation de l'État au financement de la formation professionnelle prévue par l'article 14-1[3] de la loi du 31 décembre 1971. À ce titre, il est doté d'un contrôleur financier désigné par le ministre chargé du Budget, même si en pratique cette désignation n'est jamais intervenue. Il assure, en concertation avec le ministre de la Justice, la connexion entre le réseau privé virtuel des avocats (RPVA) et le réseau privé virtuel justice (RPVJ), ainsi que l'exploitation et le développement des outils techniques permettant de favoriser la dématérialisation des échanges entre avocats. Il tient un annuaire national des avocats inscrits au tableau des différents barreaux français.

Il est impliqué dans la mise en œuvre du dispositif communautaire assurant la reconnaissance des qualifications professionnelles[4]. Il délivre les autorisations pour exercer à titre temporaire et occasionnel ou pour exercer à titre permanent, aux avocats non communautaires. Il peut apporter son assistance aux barreaux dans le domaine de la lutte contre le blanchiment. Le CNB établit son budget de fonctionnement. Ses ressources sont constituées notamment par les cotisations annuelles à la charge des avocats inscrits au tableau de n'importe lequel des barreaux français, dont il fixe tous les ans le montant et les modalités de paiement[5]. Il établit également son règlement intérieur.

111.22 Membres élus et membres de droit. Le CNB est composé de quatre-vingt-deux membres, avocats inscrits au tableau d'un des barreaux français. Quatre-vingts d'entre eux sont élus pour une durée de trois ans à compter du 1er janvier suivant la date de leur élection. Ils sont rééligibles immédiatement après leur premier mandat. À l'issue de deux mandats successifs, ils ne sont rééligibles qu'après un délai de trois ans. Le président de la conférence des bâtonniers et le bâtonnier de l'ordre des avocats au barreau de Paris en exercice ont la qualité de membres de droit[6]. Ils siègent également au bureau en qualité de vice-présidents de droit.

SECTION 3
ÉLECTIONS

111.30 Plan. Le mécanisme électoral est caractérisé par l'existence de deux collèges d'électeurs (le collège général et le collège ordinal) et de deux circonscriptions géographiques (Paris et le reste de la France) (§ 1). Pour tenir compte des exigences en matière de parité, la proportion, au sein du CNB, des personnes d'un même sexe, doit être comprise entre 40 % et 60 %[7]. Des voies de recours sont prévues : tout avocat peut déférer l'élection des membres du CNB à la cour d'appel de Paris (§ 2).

§ 1
Élection des collèges

111.41 Deux collèges d'électeurs élisant un nombre identique de membres. Les deux collèges d'électeurs élisent un nombre identique de membres, soit quarante membres chacun.

• Quarante membres du CNB sont élus par le collège dit « général ».

Sont éligibles, au scrutin de liste proportionnel avec attribution du reste à la plus forte moyenne, tous les avocats inscrits au tableau d'un barreau français au 1er janvier de l'année du scrutin[8].

Les électeurs sont les avocats disposant du droit de vote défini par l'article 15 de la loi du 31 décembre 1971[9], c'est-à-dire les avocats inscrits au tableau, y compris les avocats de l'Union européenne exerçant à titre permanent sous leur titre professionnel

1. L. nº 2000-321, 12 avril 2000 relative aux droits des citoyens dans leurs relations avec les administrations, *JO* 13 avr., nº 1.
2. CE, avis 22 oct. 2015, NP.
3. L. nº 71-1130, 31 déc. 1971, art. 14-1.
4. Dir. 2005/36, Parlement et Conseil, 7 sept. 2005 relative à la reconnaissance des qualifications professionnelles, *JOUE L* 255, 30 sept., p. 22 – L. nº 71-1130, 31 déc. 1971, art. 21-1, al. 5.
5. Décr. nº 91-1197, 27 nov. 1991 organisant la profession d'avocat, *JO* 28 nov., p. 15502, art. 37.
6. L. nº 71-1130, 31 déc. 1971, art. 21-2 ; SUR LEQUEL : S. Bortoluzzi, *JCP* 2009. 295, nº 12.
7. V. s[s] nº 111.42.
8. Décr. nº 91-1197, 27 nov. 1991, art. 23.
9. L. nº 71-1130, 31 déc. 1971, art. 14-1, 2º.

d'origine inscrits sur la liste spéciale du tableau sur le fondement de la directive 98/5 relative au libre établissement, et les avocats honoraires. Chaque électeur dispose d'une voix.

• Les quarante autres membres sont élus par le collège dit « ordinal », composé du bâtonnier et des membres du conseil de l'Ordre de chaque barreau. Le nombre des voix dont dispose chaque électeur varie en fonction de l'effectif du barreau, il figure sur le bulletin de vote.

Sont éligibles par ce collège, au scrutin uninominal majoritaire à un tour, les bâtonniers, anciens bâtonniers, vice-bâtonniers, anciens vice-bâtonniers et membres et anciens membres des conseils de l'ordre exerçant la profession d'avocat, ainsi que les présidents et membres des anciennes commissions nationales et régionales des conseils juridiques exerçant la profession d'avocat.

Dans le collège ordinal, un scrutin distinct est organisé pour les candidats de chaque sexe. Le bâtonnier et les membres du conseil de l'Ordre votent donc trois fois, deux fois dans le collège ordinal et une autre fois dans le collège général.

111.42 Égal accès des femmes et des hommes au sein des ordres professionnels. « *La proportion, au sein du Conseil national des barreaux, des personnes d'un même sexe est comprise entre 40 % et 60 %* », selon un alinéa inséré au sein de l'article 21-2 de la loi du 31 décembre 1971 par l'ordonnance du 31 juillet 2015[1]. Les conditions dans lesquelles les règles du scrutin assurent le respect de cette exigence ont été fixées par décret en Conseil d'État.[2]

Dans le collège ordinal, au sein de chacune des circonscriptions, la moitié des sièges à pourvoir est réservée à des candidats de sexe féminin, l'autre moitié à des candidats de sexe masculin. Deux scrutins distincts sont organisés, selon des règles identiques, pour l'élection des candidats de chaque sexe, chaque électeur disposant du même nombre de voix pour chacun de ces deux scrutins. Si un membre du collège ordinal vient à cesser ses fonctions avant son terme normal, il est remplacé par le candidat non élu du même sexe, de la même circonscription, ayant obtenu le plus grand nombre de voix.

Dans le collège général, chaque liste doit être composée alternativement d'un candidat de chaque sexe. L'élu qui cesse avant terme ses fonctions est remplacé par le candidat non élu, du même sexe, le suivant sur la liste.

111.43 Deux modes électoraux. Les membres du CNB siégeant dans le collège général sont élus au scrutin de liste proportionnel, sans panachage ni vote préférentiel, avec attribution du reste à la plus forte moyenne. Chaque liste doit comporter un nombre d'élus égal au nombre de sièges à pourvoir. Tous les syndicats professionnels présentent des listes dans le collège général. Pour éviter les listes de circonstance[3], le seuil de représentativité a été remonté de 4 à 7 %[4]. Seules les listes ayant obtenu au moins 7 % des voix dans l'une ou l'autre des circonscriptions peuvent être attributaires de sièges dans cette circonscription.

Les membres du collège ordinal sont élus au scrutin majoritaire uninominal à un tour.

Avant le 1er mars de l'année de l'élection, le bâtonnier communique au président du CNB d'une part le nombre des membres de son barreau ayant la qualité d'électeur dans le collège général et pour le collège ordinal le nombre de voix dont dispose chaque électeur. Il est calculé en divisant le nombre d'avocats disposant du droit de vote au 1er janvier de l'année du scrutin par le nombre d'électeurs. Le quotient est arrondi au chiffre entier inférieur. Chaque électeur dispose d'un bulletin de vote portant le nombre de voix dont il dispose.

111.44 Nombre de voix. Le CNB est un organisme strictement professionnel et non une juridiction[5], selon un arrêt de rejet du Conseil d'État d'un recours qui avait été formé contre le décret du 19 mars 1996[6], au motif que l'article 25 du décret du 27 novembre 1991, tel que modifié par le décret du 19 mars 1996, qui n'attribuait pas le même nombre de voix à tous les électeurs du collège ordinal de la circonscription nationale, serait contraire à l'article 3, alinéa 3, de la Constitution de la République.

D'un autre côté, la remise en cause de l'existence du double collège, au motif de sa contrariété prétendue au principe d'égalité, a été a déclarée recevable par la cour d'appel de Paris[7], en réponse à une question prioritaire de constitutionnalité (QPC). La Cour de cassation avait refusé de transmettre la

1. Ord. n° 2015-949, 31 juill. 2015 relative à l'égal accès des femmes et des hommes au sein des ordres professionnels, *JO* 2 août, p. 13241 ; prise en application de l'article 74 de la loi n° 2014-873 du 4 août 2014 pour l'égalité réelle entre les femmes et les hommes, fixant les conditions d'élection des membres de différents ordres professionnels, afin d'y assurer l'égal accès des femmes et des hommes.
2. Décr. n° 2016-1817, 22 déc. 2016 relatifs aux élections aux conseils de l'ordre des avocats et au Conseil national des barreaux, *JO* 23 déc. ; – SUR LEQUEL : S. Bortoluzzi, *JCP* 2017. Doctr. 660, n° 20.
3. V. ss n° 131.22.
4. Décr. n° 91-1197, 27 nov. 1991, art. 29, al. 2.
5. CE 18 déc. 1996, *Toucas*, req. n° 178957, *Lebon ; D.* 1997. 27 ; *Gaz. Pal.* 31 mai 1997, p. 13, concl. Lamy.
6. Décr. n° 96-210, 19 mars 1996 modifiant le décret n° 91-1197 du 27 novembre 1991 organisant la profession d'avocat, *JO* 20 mars, p. 4265.
7. Paris, 25 juin 2015, RG nos 14/25103, 15/01168.

QPC au Conseil constitutionnel, en considérant qu'elle n'était pas nouvelle, mais aussi qu'en raison de la nature et des missions du CNB, aucun principe ou règle de valeur constitutionnelle n'imposait au législateur de recourir à un mode de désignation plutôt qu'à un autre. En conséquence, il lui était loisible « de retenir une répartition des électeurs en deux collèges, composés d'avocats se trouvant dans des situations différentes, l'un ordinal, dont les membres remplissent une mission d'administration, de gestion et de représentation de l'ordre et sont dotés d'un pouvoir disciplinaire, et l'autre général, soumis à des modalités électorales différentes »[1]. À l'occasion du même contentieux, la cour d'appel de Paris[2] a aussi refusé de transmettre à la CJUE une question préjudicielle, dont l'objet aurait été de vérifier si les règles relatives au double collège sont compatibles avec l'article 2[3] du traité de l'Union européenne[4] et la directive 98/5[5], dite libre établissement. Elle relève que les dispositions critiquées ne peuvent avoir pour effet de porter atteinte à la liberté d'établissement des avocats ressortissants de l'Union européenne, qui ne subissent aucune restriction quelconque et peuvent accéder aux deux collèges. Il n'existe donc aucune différence de traitement entre un avocat français et un ressortissant d'un autre État membre de l'Union européenne.

111.45 Division des collèges en circonscriptions. Le collège ordinal et le collège général sont divisés en deux circonscriptions, l'une nationale hormis Paris, l'autre correspondant au ressort du barreau de Paris. Chaque électeur vote dans son barreau. Les électeurs parisiens votent pour les candidats relevant de la circonscription de Paris. Les avocats des 163 autres barreaux votent pour les candidats se présentant dans la circonscription nationale.

111.46 Répartition proportionnelle des sièges à pourvoir. Le nombre de sièges à pourvoir dans chacune des deux circonscriptions territoriales n'est pas fixe. La répartition entre les deux circonscriptions dépend des effectifs comparés du barreau de Paris et des autres barreaux, regroupés dans la circonscription nationale. Le président du CNB porte avant le 1er juillet de l'année de l'élection, à la connaissance de chaque bâtonnier et des présidents des organisations professionnelles d'avocats ayant obtenu des sièges dans la précédente élection au CNB, le nombre de sièges devant être pourvus dans chaque circonscription, pour le collège ordinal et pour le collège général. La répartition établie selon la règle de proportionnalité prévue par la loi, est la même dans chaque collège, et aboutit à l'attribution d'un nombre pair de sièges à chacune des circonscriptions. Lorsque l'application de cette règle n'aboutit pas à fournir un nombre pair de sièges, celle des circonscriptions qui obtient le nombre le moins élevé de sièges se voit attribuer le siège restant[6].

La répartition des sièges à pourvoir pour les dernières élections du CNB (depuis 2005) a été dans chacun des deux collèges de 16 sièges pour la circonscription de Paris et 24 sièges pour la circonscription nationale.

111.47 Membres éligibles par le collège ordinal. Le collège ordinal est composé, dans chacune des circonscriptions, du ou des bâtonniers et des membres du ou des conseils de l'ordre exerçant leurs fonctions, dans la circonscription concernée. Sont éligibles par ce collège au scrutin uninominal, majoritaire à un tour, les bâtonniers, anciens bâtonniers, vice-bâtonniers, anciens vice-bâtonniers, membres et anciens membres des conseils de l'ordre exerçant la profession d'avocat ou ayant exercé dans l'une des professions fusionnées le 31 décembre 1971. Le vice-bâtonnier, qui n'est pas membre du conseil de l'Ordre, n'est pas électeur dans ce collège. En revanche, les vice-bâtonniers et anciens vice-bâtonniers font partie des candidats éligibles[7].

111.48 Membres éligibles par le collège général. Le collège général est composé dans chacune des circonscriptions des avocats disposant du droit de vote pour les élections ordinales : sont donc éligibles, les électeurs du collège général, sauf les avocats honoraires ; ils sont éligibles par ce collège au scrutin proportionnel, avec attribution des restes à la plus forte moyenne[8].

111.49 Organisation des opérations électorales. Chaque bâtonnier est chargé des opérations électorales. Dans chaque barreau le bâtonnier est chargé

1. Civ. 1re, 22 sept. 2015, no 15-40.029, NP ; *D.* 2016. 101, obs. Th. Wickers.
2. Paris, 10 mars 2016, pôle 2, ch. 1, RG nos 14/25102, 14/25102 ; *D.* 2017. 74. Th. Wickers.
3. TFUE, art. 2 à 6 [traité d'Amsterdam, art. 2 ; traité CEE, art. 2] ; – AUSSI : I. Pingel (dir.), *De Rome à Lisbonne : Commentaire article par article des traités UE et CE* 2e éd., Helbing Lichtenhahn – Dalloz – Bruylant, 2010, p. 259.
4. Traité sur le fonctionnement de l'Union européenne (TFUE), *JOUE C* 115/1, 9 mai 2008, p. 1 s., signé le 13 décembre 2007, dit traité de Lisbonne ; antérieurement notamment Traité d'Amsterdam modifiant le Traité sur l'Union européenne, les traités instituant les Communautés européennes et certains actes connexes, *JOCE C* 340/1, 10 nov. 1997, p. 1 s., signé le 2 oct. 1997, dit traité d'Amsterdam ; issu du Traité instituant la Communauté économique européenne, signé le 25 mars 1957, dit traité CEE ou traité de Rome.
5. Dir. 98/5, Parlement et Conseil, 16 févr. 1998 visant à faciliter l'exercice permanent de la profession d'avocat dans un État membre autre que celui où la qualification a été acquise, *JOCE L* 77, 14 mars, p. 36.
6. Décr. no 91-1197, 27 nov. 1991, art. 21, II et III.
7. Décr. no 91-1197, 27 nov. 1996, art. 22, al. 2.
8. J. Hamelin, *Les règles de la profession d'avocat*, 9e éd., Dalloz, 2000, p. 226.

des opérations électorales et du dépouillement des votes, dont les modalités sont définies par les articles 25 et suivants du décret du 27 novembre 1991.

§ 2
Voies de recours

111.51 **Recours contre les élections.** Tout avocat peut déférer l'élection des membres du CNB à la cour d'appel de Paris, dans le délai de huit jours à compter de la proclamation des résultats. Le procureur général peut déférer les élections à la cour de Paris dans le délai de quinze jours de cette proclamation ; le recours est formé, instruit et jugé comme en matière d'élection de membres du conseil de l'Ordre d'avocats. Il s'agit, comme dans le cas encore du conseil de l'Ordre d'un contrôle *a posteriori*, de sorte que l'avocat qui conteste la décision rejetant sa candidature ne peut prétendre obtenir qu'il soit sursis à statuer aux élections jusqu'à l'issue de ses recours[1].

Le greffier en chef de la cour d'appel avise immédiatement du recours le procureur général et le président du CNB[2].

Les élections au CNB avaient été attaquées en 1992 et à cette occasion la 1re chambre de la cour d'appel de Paris, par un arrêt du 10 juillet 1992[3] avait été amenée à annuler ces élections, estimant que la procédure suivie ne respectait pas les principes généraux du droit électoral. L'élection au collège général, circonscription de Paris du Conseil national des barreaux, qui a eu lieu le 17 juin 1996, a été déférée à la cour d'appel de Paris et annulée partiellement par un arrêt du 17 septembre 1996 fondé sur une mauvaise application de la règle de la plus forte moyenne.

Le Conseil d'État, après avoir rappelé que le contentieux de l'élection des membres du Conseil national des barreaux était attribué à l'autorité judiciaire, a donc considéré que la mesure d'urgence sollicitée par un avocat, relative à l'enregistrement de sa candidature à l'élection du Conseil national des barreaux, était insusceptible de se rattacher à un contentieux relevant de la compétence de la juridiction administrative[4].

SECTION 4
BUREAU – COMMISSIONS

111.60 **Plan.** Le CNB est dirigé par un bureau, un président et deux vice-présidents de droit (§ 1). Il dispose d'une commission institutionnelle et de commissions permanentes (§ 2).

§ 1
Bureau, président, et vice-présidents de droit

111.71 **Élection du bureau.** Les membres du CNB élisent en leur sein, au scrutin secret uninominal majoritaire à deux tours, un bureau composé d'un président, de deux vice-présidents, d'un secrétaire, d'un trésorier et de quatre membres non affectés. Tous les membres du bureau, y compris le président, sont élus pour trois ans. À l'origine, le cas du président faisait exception. Il était élu pour une durée d'un an, renouvelable deux fois[5]. L'élection des membres du bureau peut être contestée par tout membre du CNB et par le procureur général devant la cour d'appel de Paris, dans les mêmes conditions que l'élection des membres du CNB. Mais la cour d'appel n'est pas compétente pour connaître des élections des présidents de commissions permanentes du CNB[6].

En l'absence de toute règle écrite, l'usage veut que l'élection des membres du bureau et des présidents de commissions reflète la composition de l'assemblée.

111.72 **Missions et attributions.** Le président a qualité pour agir au nom du Conseil national dans tous les actes de la vie civile, ester en justice, et, plus généralement, représenter le Conseil national auprès des pouvoirs publics, des autres professions, et des tiers.

C'est le président du CNB qui désigne, après avis conforme de l'assemblée, l'avocat qui siège dans les trois formations du Conseil supérieur de la magistrature[7].

Le président est compétent pour convoquer l'assemblée et il dispose (l'assemblée comportant un nombre pair de membres) d'une voix prépondérante, en cas de partage égal des voix.[8] Cette voix prépondérante s'exprime donc, par hypothèse, après

1. Paris, 20 nov. 2014, RG n° 14/20271.
2. Décr. n° 91-1197, 27 nov. 1991, art. 33 ; – SUR LA COMPÉTENCE de la cour d'appel de Paris : COJ, art. L. 311-14 et D. 311-11 ; – SUR LES MODALITÉS DU RECOURS : décr. n° 91-1197, 27 nov. 1991, art. 16.
3. Paris, 10 juill. 1992, *Gaz. Pal.* 10 nov. 1992, 5, note A. Damien.
4. CE 1er oct. 2014, req. n° 384871, *Lebon*.
5. Décr. n° 2014-1632, 26 déc. 2014 modifiant le décret n° 91-1197 du 27 novembre 1991 organisant la profession d'avocat, *JO* 28 déc., p. 22596, art. 5.
6. Paris 8 avr. 2010, RG n° 09/02572.
7. L. org. n° 94-100, 5 févr. 1994 sur le Conseil supérieur de la magistrature, *JO* 8 févr., p. 2146.
8. Décr. n° 91-1197, 27 nov. 1991, art. 36.

que le comptage des voix a été effectué, mais pas après la proclamation du résultat du vote.

Le président du CNB préside, avec faculté de délégation, la commission institutionnelle de la formation[1]. Il y dispose d'une voix prépondérante en cas d'égalité de voix lors d'une délibération. Il délivre les certificats de spécialisation et inscrit les candidats admis sur une liste nationale[2].

Dans le domaine électoral, c'est au président du CNB qu'il appartient de porter à la connaissance des bâtonniers et des présidents des organisations professionnelles présentes au sein du CNB, la répartition des sièges à pourvoir, lors de la prochaine élection[3]. C'est lui qui fixe la date des élections[4].

S'agissant du règlement des différends entre avocats de plusieurs barreaux[5], le président du CNB procède à la désignation d'un bâtonnier tiers, si les bâtonniers des avocats en cause ne sont pas parvenus à s'accorder sur un nom[6].

Le président du CNB est membre de la commission de régulation[7] des caisses des règlements pécuniaires des avocats[8]. Il désigne trois des membres[9] de la commission de contrôle[10] et participe à la désignation des contrôleurs[11].

111.73 Deux vice-présidents de droit. Afin de préciser que le président de la Conférence des bâtonniers et le bâtonnier de l'ordre des avocats au barreau de Paris en exercice sont membres de droit du CNB, la loi du 12 mai 2009[12] a modifié l'article 21-2[13] de la loi du 31 décembre 1971. Le décret du 11 décembre 2009[14] pris en application de cette loi leur confère la qualité de vice-présidents de droit pour la durée de leur mandat[15]. À ce titre, ils sont également membres du bureau. Le bureau du CNB se compose donc de 11 membres, dont les neuf membres élus par l'assemblée générale auxquels s'ajoutent les deux vice-présidents de droit.

La pertinence de l'institution des deux vice-présidents de droit continue d'être discutée. La présence au bureau du président de la Conférence des bâtonniers et du bâtonnier de Paris est pourtant d'autant plus indispensable qu'il n'existe aucun lien organique entre le CNB et les barreaux[16].

En 2013 et 2014, le bâtonnier de Paris a refusé d'exercer les fonctions de vice-président du CNB et a délégué ses fonctions au vice-bâtonnier, qui a siégé à sa place, ce qui n'a pas fait l'objet de contestation. Il en a été de même au cours des années 2020 et 2021. Cette tolérance discutable fait cependant perdre une grande partie de son intérêt à la disposition.

§ 2
Commissions

111.81 Commissions institutionnelles et permanentes. En dehors de la commission formation[17], qui constitue une commission institutionnelle dont la composition est fixée par décret[18], les autres commissions permanentes sont créées par décision de l'assemblée générale, en début ou en cours de mandature. L'assemblée générale fixe leur dénomination et leurs attributions. La liste des commissions, et leurs attributions, est annexée au règlement intérieur[19].

Les présidents des commissions permanentes sont élus par l'assemblée générale. Les membres du CNB sont invités à indiquer dans quelle commission ils souhaitent siéger. Seuls les membres de la commission formation doivent être élus[20]. Les commissions permanentes sont composées exclusivement de membres du CNB et de personnalités qualifiées désignées par le bureau sur proposition de la commission.

Aucun membre ne peut appartenir à plus de deux commissions. Les membres du bureau peuvent participer au travail des commissions.

Le président, le bureau ou l'assemblée générale, peut décider de la création d'une commission *ad hoc*, s'il apparaît qu'un projet le justifie. La commission *ad hoc* cesse d'exister après discussion et délibération de l'assemblée générale sur son rapport[21].

1. Décr. n° 91-1197, 27 nov. 1991, art. 39 – V. s^s n° 112.33.
2. Décr. n° 91-1197, 27 nov. 1991, art. 92-3 – V. s^s n° 214.68.
3. Décr. n° 91-1197, 27 nov. 1991, art. 21.
4. Décr. n° 91-1197, 27 nov. 1991, art. 27.
5. V. s^s n° 822.33.
6. Décr. n° 91-1197, 27 nov. 1991, art. 179-2 et 179-3.
7. Décr. n° 91-1197, 27 nov. 1991, art. 241-3-1.
8. V. s^s n° 121.102.
9. Décr. n° 91-1197, 27 nov. 1991, art. 241-3-2.
10. V. s^s n°s 121.82 s.
11. Décr. n° 91-1197, 27 nov. 1991, art. 241-5.
12. L. n° 2009-526, 12 mai 2009 de simplification et de clarification du droit et d'allégement des procédures, *JO* 13 mai, p. 7920, art. 73.
13. L. n° 71-1130, 31 déc. 1971, art. 21-2.
14. Décr. n° 2009-1544, 11 déc. 2009 relatif à la composition du CNB et à l'arbitrage du bâtonnier, *JO* 13 déc., 21545.
15. Décr. n° 91-1197, 27 nov. 1991, art. 19, 34 et 35.
16. V. s^s n° 111.14.
17. V. s^s n° 112.33.
18. Décr. n° 91-1197, 27 nov. 1991, art. 39.
19. RI CNB, art. 9.2, Règl. intérieur pris en application de l'art. 38 du décr. n° 91-1197 du 27 nov. 1991, adopté par l'assemblée générale du CNB du 29 mai 1999 et mod. par les assemblées générales des 14 déc. 2002, 15 nov. 2003, 11-12 févr. 2005, 28 janv. 2006, 12-13 déc. 2008, 23-24 sept. 2011, 10-11 févr. 2012, 6 févr. 2015, 21 mai 2016 et 7 juill. 2017.
20. V. s^s n° 112.33.
21. RI CNB, art. 9.3.

111.82 **Rapports.** Les commissions désignent un rapporteur pour tout projet devant être soumis au vote de l'assemblée générale ou présenté à cette dernière.

La forme des rapports est déterminée par le règlement intérieur, de façon à ce que leur statut exact soit clairement mentionné[1].

SECTION 5
ASSEMBLÉE GÉNÉRALE

111.90 **Plan.** L'assemblée générale a ses règles de fonctionnement (§ 1) et ses modalités de vote (§ 2).

§ 1
Règles de fonctionnement

111.101 **Assemblée générale trimestrielle (au moins).** L'assemblée générale est l'organe délibérant du CNB. Elle se réunit une fois au moins par trimestre, sur convocation du président ou sur demande d'au moins un tiers de ses membres[2].

Le calendrier prévisionnel pour l'année entière des dates d'assemblée générale est établi par le bureau et communiqué aux barreaux, aux syndicats professionnels et aux organismes techniques de la profession.

L'ordre du jour est arrêté par le Bureau. Il peut être complété à la demande conjointe d'au moins un quart des membres du Conseil national ou du Bureau.

Les points de l'ordre du jour qui requièrent un vote de l'assemblée générale doivent faire l'objet, sauf urgence, d'un rapport écrit, communiqué au plus tard dix jours avant la date de l'assemblée[3].

Les séances de l'assemblée générale sont ouvertes aux avocats et aux avocats honoraires.

Le président peut inviter toute personne à participer à l'assemblée générale et lui donner la parole à cette occasion.

§ 2
Votes

111.111 **Modalités du scrutin.** Le CNB ne délibère que si la moitié de ses membres sont présents. Le *quorum* est vérifié à l'ouverture de la séance, et à l'occasion de chaque vote qui n'aurait pas été initialement prévu à l'ordre du jour joint à la convocation, ou à la demande d'au moins dix membres.

Lorsque le *quorum* fait défaut sur un point de l'ordre du jour, l'assemblée est convoquée de nouveau sur ce point et délibère sans condition de *quorum*[4].

Seuls les membres du CNB participent aux votes.

Les votes sont exprimés personnellement. En cas d'empêchement, un membre peut donner pouvoir à un autre membre de le représenter. Le mandataire ne peut détenir qu'un seul pouvoir. Sauf pour les élections à une fonction élective, les votes sont exprimés à main levée (le règlement intérieur prévoit aussi la possibilité du scrutin électronique, mais il n'a pas été mis en œuvre pour le moment). Sur demande de dix membres au moins de l'assemblée générale, il est procédé à un vote nominatif, à l'occasion duquel chaque membre de l'assemblée est appelé à se déterminer publiquement. Par exception, lorsque la majorité des membres présents ou représentés de l'assemblée en décide, le vote a lieu au scrutin secret.

L'assemblée générale du Conseil national se prononce à la majorité des voix des membres présents ou représentés.

Sauf pour les votes électifs, la voix du président est prépondérante en cas d'égalité des voix[5].

1. RI CNB, art. 9.5.
2. RI CNB, art. 7.1.
3. RI CNB, art. 7.2.
4. Décr. n° 91-1197, 27 nov. 1991, art. 36.
5. V. s^{s} n° 111.72.

CHAPITRE

112. Conseil national des barreaux (CNB) : attributions

SECTION 0
ORIENTEUR

112.00 **Sommaire du chapitre.**

Division. Les attributions du Conseil national des barreaux s'étendent de la représentation (sect. 1), à la fonction normative (sect. 2), à la formation (sect. 3), à l'admission des avocats étrangers (UE ou hors UE) (sect. 4), au financement (sect. 6) notamment des missions d'aide juridictionnelle (sect. 5), à la communication électronique (sect. 7) et à l'annuaire national (sect. 8).

SECTION 1
FONCTION DE REPRÉSENTATION

112.11 **Représentation de la profession d'avocat par le CNB.** La première et la plus importante des missions du CNB est de représenter la profession d'avocat. Elle résulte de l'article 21-1 de la loi du 31 décembre 1971 d'après lequel : « le Conseil national des barreaux, établissement d'utilité publique doté de la personnalité morale, est chargé de représenter la profession d'avocat notamment auprès des pouvoirs publics ». À l'origine, le texte lui confiait seulement cette mission de représentation, auprès des pouvoirs publics. L'adverbe « notamment » a été ajouté au texte voté en décembre 1990 par la loi du 11 février 2004 qui a modifié, dans son article 25, l'article 21-1, pour lui conférer sa rédaction actuelle.

Dans la pratique et avant même cette adjonction le CNB a représenté et représente tous les avocats inscrits à un barreau français tant sur le plan national qu'européen et international. Cette représentation devrait normalement être exclusive de toute autre. Les pouvoirs publics ont cependant conservé l'habitude de consulter, à leur gré, la Conférence des bâtonniers, le barreau de Paris ou les principaux syndicats d'avocats. De manière plus préoccupante, alors que toutes les composantes de la profession sont représentées au sein du CNB, elles n'ont pas totalement renoncé, de leur côté, aux interventions directes auprès des pouvoirs publics. Les textes ne reflètent donc que très imparfaitement une réalité complexe et des équilibres parfois remis en cause.

Tout en confiant la mission de représenter la profession d'avocat au CNB, le législateur a continué d'autoriser le conseil de l'Ordre à traiter toute question intéressant l'exercice de la profession[1]. Une clarification serait bienvenue, même si les champs d'action sont différents et qu'un barreau ne peut agir en dehors de son ressort, comme l'a jugé une cour administrative d'appel[2]. On peut aussi déduire du fait que le conseil de l'Ordre est chargé d'assurer dans son ressort l'exécution des décisions prises par le CNB, l'existence d'une forme de subordination des instances locales à l'instance nationale.

112.12 **Intérêt collectif de la profession.** La loi du 28 mars 2011 de modernisation des professions judiciaires ou juridiques et certaines professions

1. L. n° 71-1130, 31 déc. 1971 portant réforme de certaines professions judiciaires et juridiques, *JO* 5 janv. 1972, p. 131, art. 17.
2. CAA Nantes, 31 mai 2016, req. n° 14NT01012.

réglementées, a reconnu au Conseil national des barreaux, au même titre que les autres organes chargés de la représentation de ces professions, de se constituer partie civile [1]. Le Conseil national des barreaux exerce en conséquence, devant toutes les juridictions, tous les droits réservés à la partie civile relativement aux faits portant un préjudice direct ou indirect à l'intérêt collectif de la profession [2].

Cette modification était nécessaire dans la mesure où la Cour de cassation n'admet pas, en l'absence de disposition légale spécifique, que les autorités nationales chargées de représenter les professions juridiques ou judiciaires réglementées puissent se constituer partie civile pour des faits commis par un membre de la profession à l'occasion de son exercice professionnel [3].

Le Conseil d'État a adopté une conception restrictive en jugeant que même si le Conseil national des barreaux a qualité pour agir en justice en vue notamment d'assurer le respect de l'obligation de recourir à un professionnel du droit ; cela ne le rend pas recevable à critiquer l'attribution, par une collectivité territoriale, d'un marché d'assistance à maîtrise d'ouvrage à un opérateur économique déterminé. D'après lui, cette attribution, même si elle ne respecte pas les règles des dispositions de l'article 54 de la loi du 31 décembre 1971, ne saurait être regardée comme susceptible de léser de façon suffisamment directe et certaine les intérêts collectifs dont le Conseil national des barreaux a la charge [4].

SECTION 2
FONCTION NORMATIVE

112.21 Fonction reconnue par le législateur. Mettant fin à des années de discussion [5] et de décisions de justice en sens contraire, couronnées par un arrêt du Conseil d'État du 27 juillet 2001 [6] qui a jugé « qu'il revient au CNB, agissant par voie de recommandation de promouvoir l'harmonisation des règles et usages de la profession d'avocat sans pour autant disposer à cette fin d'un pouvoir réglementaire », la loi du 11 février 2004 en son article 35 a ainsi rédigé la seconde phrase du 1er § de l'article 21-1 (de la loi du 31 décembre 1971) : « Dans le respect des dispositions législatives et réglementaires en vigueur, le Conseil national des barreaux unifie par voie de dispositions générales les règles et usages de la profession d'avocat ».

Ce pouvoir doit s'exercer dans le respect de la hiérarchie des normes et trouve sa limite dans les droits et libertés qui appartiennent aux avocats et dans les règles essentielles de l'exercice de la profession. En conséquence, le Conseil d'État rappelle avec constance [7] que « le CNB ne peut légalement fixer des prescriptions nouvelles qui mettraient en cause la liberté d'exercice de la profession d'avocat ou les règles essentielles qui la régissent et qui n'auraient aucun fondement dans les règles législatives ou dans celles fixées par les décrets en Conseil d'État prévus par l'article 53 de la loi du 31 décembre 1971, ou ne seraient pas une conséquence nécessaire d'une règle figurant au nombre des traditions de la profession ». Le pouvoir normatif du CNB est donc seulement un pouvoir d'unification. Sa capacité à édicter une règle nouvelle reste donc très réduite, sauf quand il s'agit de tirer les conséquences de dispositions législatives ou réglementaires nouvelles [8].

112.22 Adoption du règlement intérieur harmonisé (RIH). Le CNB avait dans un premier temps et sur proposition de sa commission d'harmonisation des règles et usages, présidé par le bâtonnier Henri Ader, voté le 13 septembre 1997 et les 26 et 27 mars 1999 un règlement intérieur harmonisé (RIH).

Celui-ci comportait 19 articles rappelant les principes de la profession, la réglementation de l'exercice de celle-ci, ses structures, et les difficultés nées des rapports entre avocats appartenant à des bar-

1. L. n° 2011-331, 28 mars 2011 de modernisation des professions judiciaires ou juridiques et certaines professions réglementées, *JO* 29 mars, n° 1, art. 22 – L. n° 71-1130, 31 déc. 1971, art. 21-1, al. 5.
2. S. Bortoluzzi, *JCP* 2011. 468, n° 16.
3. SUR LE CONSEIL NATIONAL DES ADMINISTRATEURS ET MANDATAIRES JUDICIAIRES : Crim. 12 déc. 2007, n° 07-80.886, P n° 307 ; *AJ pénal* 2008. 99.
4. CE 20 juillet 2021, 443346.
5. NOT. : T. confl. 18 juin 2001, *Ordre des avocats du barreau de Tours,* req. n° 3250, *Lebon ; D.* 2001. 2358 ; *JCP* 2001. II. 10586, note R. Martin ; *AJDA* 2001. 851 ; *AJDA* 2001. 847, Chron. M. Guyomar et P. Collin ; *D.* 2002. 365, note B. Blanchard ; – Civ. 1re, 18 févr. 2003, n° 01-13.163, P I, n° 47.
6. CE 27 juill. 2001, *Ordre des avocats du barreau de Tours,* req. n° 191706, *Lebon ; D.* 2001. IR 2358 ; *JCP* 2001. II. 10586, note R. Martin ; *AJDA* 2001. 852 ; *AJDA* 2001. 847, Chron. M. Guyomar et P. Collin ; *D.* 2002. 365, note B. Blanchard ; – AUSSI : Civ. 1re, 13 mars 2001, n° 99-12.949, P I, n° 69 ; *JCP* 2001. II. 10538, note R. Martin, *Gaz. Pal.* 22 mai 2001, p. 16, note A. Damien.
7. CE 19 oct. 2012, *Delmas & Associés (Selarl),* req. n° 354613, *Lebon ; D.* 2013. 136, obs. T. Wickers – CE 29 janv. 2014, req. n° 366083, NP – CE 9 nov. 2015, req. n° 384728, NP ; *AJDA* 2016. 350 ; *D. avocats* 2015. 378, obs. L. Dargent – CE 23 déc. 2015, req. n° 390792, NP ; *D.* 2017. 74, obs. T. Wickers ; *Dalloz IP/IT* 2016. 153, obs. G. Haas et J.-P. Souyris.
8. CE 29 janv. 2018, *Conférence des Bâtonniers a.*, req. n° 403101, *Lebon ; AJDA* 2018. 189 et 634, concl. L. Dutheillet de Lamothe ; *D.* 2019. 91, obs. T. Wickers ; *D. avocats* 2018. 109, art. F. G'sell – CE 25 oct. 2018, *Fédération française des centres de médiation*, req. n° 411373, *Lebon ; AJDA* 2018. 2102 ; *D.* 2018. 2448, obs. T. Clay ; *D.* 2019. 91, obs. T. Wickers ; *D. avocats* 2018. 386, obs. G. Deharo.

reaux différents et comprenant le code de déontologie des avocats de l'Union européenne.

112.23 **Adoption du règlement intérieur unifié (RIU).** Le Conseil national des barreaux, a ensuite, par voie de décision à caractère normatif[1], conformément à la loi du 11 février 2004, institué le Règlement intérieur unifié (RIU) des barreaux de France.

En vingt articles et non plus dix-neuf, il reprenait le texte du RIH en l'amendant au vu des décisions jurisprudentielles rendues depuis 1999, en le complétant et en lui ajoutant un titre quatrième consacré à la collaboration interprofessionnelle[2].

112.24 **Recours contre le RIU.** Le CNB avait inséré dans le RIU un article 16 consacré aux réseaux et autres conventions pluridisciplinaires.

Le texte était modifié par rapport à l'article 16 du RIH, compte tenu des arrêts prononcés entre l'adoption du RIH par le CNB et la promulgation par celui-ci du RIU à propos de l'article 16.

Un cabinet d'avocats, s'estimant lésé par cette nouvelle rédaction, a alors saisi le Conseil d'État en référé et au fond. Celui-ci par sa décision en référé du 22 juin 2004, a suspendu l'article 16 du RIU relatif aux réseaux interprofessionnels[3], avant de l'annuler par un arrêt du 17 novembre 2004[4].

Par cet arrêt, le Conseil d'État rappelait également la répartition existant entre la loi, le décret et le pouvoir normatif du CNB. En effet, le décret du 12 juillet 2005 relatif aux règles de déontologie[5] avait été contesté par une partie de la profession[6], certains craignant que le partage des compétences, notamment entre le gouvernement et le CNB ne soit difficile à réaliser en pratique, d'autres dénonçant une atteinte à l'indépendance des avocats et à l'autonomie des conseils de l'Ordre.

1. Décis. CNB n° 2004-001.
2. V. s[s] n°s 112.22 s.
3. CE, ord. réf., 22 juin 2004, *Landwell (S[té])*, req. n° 268076, NP ; *AJDA* 2004. 1780 ; *D.* 2004. 2740, note B. Blanchard ; *JCP* 2004. II. 10137, note M. Bandrac ; *JCP* 2004. II. act. 439 par R. Martin.
4. CE 17 nov. 2004, *Landwell (S[té]) et EY Law (S[té])*, req. n°s 268075, 268501, *Lebon ; D.* 2005. 11 ; R. Martin, « Heurs et malheurs du règlement intérieur unifié », *JCP* 2005. act. 501 ; *D.* 2006. Pan. 268, obs. B. Blanchard ; J.-M. Pontier, « Les limites du pouvoir réglementaire du Conseil national des barreaux », *AJDA* 2005. 319 ; concl. comm. Gouv. Aguila, *JCP E* 2005. II. 528.
5. Décr. n° 2005-790, 12 juill. 2005 relatif aux règles de déontologie de la profession d'avocat, *JO* 16 juill., p. 11688.
6. NOT. : R. Martin, « À propos du décret du 12 juillet 2005 sur la déontologie de l'avocat », *JCP* 2005. Actu. 502 ; B. de Belval, « L'indépendance de l'avocat après le décret du 12 juillet 2005 », *Gaz. Pal.* 2-3 déc. 2005, 2 ; B. Vatier et D. Paquet, « Une innovation de l'été : un règlement intérieur par décret pour les avocats », *Gaz. Pal.* 14-15 sept. 2005, p. 2.

Après avoir confirmé que le CNB disposait d'un pouvoir réglementaire, le Conseil d'État a précisé que ce pouvoir s'exerçait, dans le cadre des lois et règlements qui régissent la profession, en vue d'unifier les règles et usages des barreaux et qu'il trouvait sa limite dans les droits et libertés qui appartiennent aux avocats et dans les règles essentielles de l'exercice de la profession.

Il en résulte que si le CNB peut, le cas échéant, imposer à l'ensemble des barreaux une règle qui n'est appliquée que par certains d'entre eux, voire, dans les mêmes matières, élaborer une règle différente, il ne peut légalement fixer des prescriptions nouvelles qui mettraient en cause la liberté d'exercice de la profession d'avocat ou les règles essentielles qui la régissent et qui n'auraient aucun fondement dans les règles législatives ou dans celles fixées par les décrets en Conseil d'État prévus par l'article 53[7] de la loi du 31 décembre 1971, ou ne seraient pas une conséquence nécessaire d'une règle figurant au nombre des traditions de la profession.

Par un autre arrêt du 15 novembre 2006, le Conseil d'État est venu réaffirmer la compétence du pouvoir réglementaire en matière de déontologie, en décidant qu'il « appartient au Premier ministre de fixer les règles de déontologie de la profession d'avocat, dès lors que ne sont méconnus ni le respect de l'indépendance de l'avocat ni le caractère libéral de sa profession »[8]. Il précise que cette compétence s'exerce, en vertu de l'article 53 de la loi du 31 décembre 1971, par décret en Conseil d'État et que le respect du principe d'autonomie des conseils de l'ordre et du caractère libéral de la profession, n'implique aucunement qu'une partie des règles de déontologie soit soustraite à sa compétence pour être réservée à celle des instances ordinales.

Cette décision du Conseil d'État met un point final à une évolution qui a vu les avocats privés peu à peu d'une grande partie du pouvoir d'établir leurs règles et usages de manière totalement autonome. Ce pouvoir de fait, avait subsisté pendant tout le XIXe siècle et une bonne partie du XXe siècle, malgré l'intervention du pouvoir impérial en 1810. Le pouvoir d'autoréglementation conféré à la profession d'avocat est un pouvoir restreint, qui s'exerce dans le respect de la hiérarchie des normes.

Le Conseil d'État conclut en confirmant ce qu'il avait affirmé dans sa décision précédente, à savoir que l'article 21-1 de la loi du 31 décembre 1971, qui a reconnu au CNB un pouvoir réglementaire, n'a pas eu davantage pour objet ou pour effet de réduire la compétence du Premier ministre.

7. L. n° 71-1130, 31 déc. 1971, art. 53.
8. CE 15 nov. 2006, *Krikorian*, req. n° 283475, *Lebon ; JCP* 2007. II. 10001, note R. Martin ; *RTD civ.* 2007. 67, obs. R. Encinas de Munagorri.

Par ailleurs, il rappelle que le Premier ministre peut légalement réunir dans un même texte les principales règles relatives à la déontologie des avocats, y compris en reproduisant celles d'entre elles qui sont fixées par une norme de niveau supérieur.

112.25 Adoption du règlement intérieur national (RIN). Un troisième règlement national, le Règlement intérieur national (RIN), a alors été élaboré par le CNB par une décision n° 2005-03, qui a modifié le RIU sur les points litigieux tout en intégrant certaines dispositions du décret du 12 juillet 2005 relatif aux règles de déontologie de la profession d'avocat.

Le RIN est directement applicable à tous les avocats, sans qu'il soit nécessaire que les barreaux locaux modifient leur règlement intérieur.

112.26 Procédure d'adoption. Le règlement intérieur du CNB prévoit que toute décision normative doit faire l'objet d'un rapport en assemblée générale par le président de la commission permanente en charge du dossier. Ce rapport doit comporter une proposition de rédaction, ainsi que des propositions alternatives le cas échéant. La proposition adoptée est qualifiée d'avant-projet de décision à caractère normatif et elle fait l'objet d'une transmission à l'ensemble des barreaux, des syndicats professionnels et des organismes techniques dans le cadre d'une procédure de concertation[1].

En fonction des avis en retour, la rédaction initiale peut faire l'objet de modifications. Le nouveau projet, qualifié de « projet de décision à caractère normatif » est ensuite soumis au vote définitif de l'assemblée générale.

Les décisions normatives font l'objet d'une nomenclature, par l'indication des quatre chiffres de l'année de la délibération, suivi d'un tiret, suivi de leur ordre chronologique.

Le Conseil d'État a considéré qu'il n'appartenait pas aux juridictions de l'ordre administratif de sanctionner une éventuelle violation de la procédure prévue par le règlement intérieur :

« L'appréciation du bien-fondé du moyen tiré de ce que le président du Conseil national des barreaux était incompétent pour signer la convention et édicter les clauses réglementaires litigieuses, faute d'avoir respecté les dispositions de l'article 7-4 du règlement intérieur du Conseil national des barreaux qui prévoient notamment, pour toute décision à caractère normatif relevant des compétences du Conseil national, la présentation d'un rapport puis son inscription à l'ordre du jour et son adoption par l'assemblée générale du Conseil national, dépend du point de savoir si ont été méconnus les articles 7-3, 7-4 et 8-2 du règlement intérieur du Conseil national des barreaux. Cette question, qui ne peut être résolue au vu d'une jurisprudence établie, soulève une difficulté sérieuse qu'il n'appartient dès lors qu'à l'autorité judiciaire de trancher et qui justifie que le Conseil d'État sursoie à statuer jusqu'à ce que la juridiction compétente se soit prononcée sur cette question. »[2]

112.27 Procédure de notification des décisions. Une procédure de notification, prévue par le décret du 15 mai 2007[3], tient compte du fait que les décisions normatives interviennent dans le cadre d'une délégation de pouvoir tenue directement du législateur. Ce décret a modifié plusieurs articles du décret du 27 novembre 1991. Il impose une notification et une publication au *Journal officiel* pour un certain nombre de décisions du CNB.

Un article 38-1 a ainsi été ajouté au décret du 27 novembre 1991, qui prévoit que les décisions unifiant par voie de dispositions générales les règles et usages de la profession d'avocat pris par le CNB doivent, dans le délai de trente jours de leur date, être notifiées par lettre recommandée avec demande d'avis de réception au garde des Sceaux, ministre de la Justice, et au conseil de l'Ordre de chacun des barreaux. Ces décisions doivent en outre être publiées au Journal officiel de la République française.

Cette procédure marque de manière symbolique l'intégration du pouvoir normatif consenti à la profession dans la hiérarchie des normes et renforce le pouvoir réglementaire du CNB, qui avait été un temps contesté[4]. Elle permet, sur le plan pratique, de donner une date certaine à ces décisions, ce qui a pour effet d'unifier l'ouverture des délais de recours à la date de publication de la décision.

Cette procédure (notification et publication au *Journal officiel*) est également imposée :

- par l'article 56 pour les décisions concernant la formation professionnelle ;

- et par l'article 85 pour les décisions déterminant les modalités selon lesquelles s'accomplit l'obligation de formation continue.

Elle est mise en œuvre depuis la décision du 12 juillet 2007[5] portant adoption du RIN de la profession d'avocat[6].

1. RI CNB, art. 7.4.

2. CE 15 mai 2013, *Ordre des avocats au barreau de Marseille*, req. n° 342500, *Lebon ; JCP Adm.* 2013. act. 460 ; *D.* 2014. 169, obs. Th. Wickers ; *D. avocats* 2013. 267, obs. L. Dargent.
3. Décr. n° 2007-932, 15 mai 2007 portant diverses dispositions relatives à la profession d'avocat, *JO* 16 mai, p. 9230, RI CNB, art. 7.4.
4. V. s[s] n° 112.24.
5. Décis. CNB n° 2007-001, 12 juill. 2007.
6. L. n° 71-1130, 31 déc. 1971, art. 21-1.

Le Conseil national des barreaux procède, en ces matières, par voie de décisions à caractère normatif dont le contentieux relève de la compétence du Conseil d'État[1] à la différence des décisions individuelles prises en matière de financement de la formation professionnelle, de délivrance des certificats de spécialisation ou d'admission des avocats étrangers pour l'inscription à un barreau français qui relèvent de la compétence de la cour d'appel de Paris[2]. Ces décisions normatives s'imposent à l'ensemble des avocats sur le territoire national sans qu'il soit nécessaire qu'elles soient transposées dans le règlement intérieur des barreaux locaux.

112.28 **Avis déontologiques.** La fonction normative du CNB trouve son prolongement dans la publication d'avis déontologiques. Les avis déontologiques sont des interprétations de la norme professionnelle (qu'il s'agisse de la loi, des décrets ou du RIN). Ils sont délivrés aux bâtonniers qui en font la demande et peuvent faire l'objet d'une publication. Ils n'ont, en principe, pas de valeur contraignante, puisque le CNB n'a pas de pouvoir hiérarchique sur les barreaux[3]. Il ne s'agit pas non plus de décisions de l'assemblée générale, mais seulement de la commission Règles et usages du CNB.

Le Conseil d'État a approuvé cette pratique du CNB en estimant que « l'intérêt général de la profession d'avocat [...] implique que celui-ci puisse, au titre de sa mission d'harmonisation des usages et règles de la profession avec les lois et décrets en vigueur, organiser une procédure d'avis tendant à assurer une interprétation uniforme des règles déontologiques dans les différents barreaux. »[4]

On doit en déduire que ces avis déontologiques sont, comme les décisions normatives, susceptibles de recours.

Les avis déontologiques n'ont pas de force obligatoire. Le bâtonnier qui a sollicité un avis déontologique n'est pas tenu de le suivre. Ces avis sont consultables en ligne grâce à l'encyclopédie de la profession à laquelle peuvent se connecter les avocats[5]. Les avis topiques sont également codifiés dans le Code de l'avocat[6].

Particularité notable, l'instance représentative ne répond pas aux questions que peuvent lui poser des avocats, mais seulement aux bâtonniers. Si l'on comprend les raisons politiques qui peuvent expliquer ce choix, la situation n'en est pas moins singulière, les avocats ne pouvant interroger directement leur institution sur l'interprétation ou l'application des règles professionnelles.

112.29 **Examen de proportionnalité.** Un examen de proportionnalité doit, selon la directive 2018/958[7] relative à un contrôle de proportionnalité, précéder l'adoption de nouvelles réglementations professionnelles ou la modification de réglementations professionnelles existantes. On doit considérer que dans la limite de son pouvoir normatif, le Conseil national des barreaux est soumis à cette exigence.

Un examen de la proportionnalité des dispositions législatives et réglementaires, limitant l'accès à des professions réglementées ou leur exercice, a été instauré à compter du 30 juillet 2020 par une circulaire[8] du premier ministre, en application de la directive 2018/958, avant l'adoption d'une nouvelle réglementation de professions. La circulaire rappelle que le dispositif s'applique au processus d'élaboration des décisions des ordres professionnels à caractère réglementaire.

L'article 28 du projet de loi pour la confiance dans l'institution judiciaire (PLJ), tel qu'il a été voté par les deux assemblées, modifie l'article 53 de la loi du 31 décembre 1971, pour introduire la notion de code de déontologie, en lieu et place de celle de règles de déontologie. Ce code de déontologie sera « préparé » par le Conseil national des barreaux, avant de faire l'objet d'un décret en Conseil d'État. Cette évolution pourrait conduire à la disparition de la dichotomie actuelle, entre décrets et RIN.

SECTION 3
FONCTION DE FORMATION

112.31 **Pouvoirs du CNB.** Dans le domaine de la formation professionnelle, le Conseil national des barreaux se voit reconnaître de très larges pouvoirs. C'est en effet à lui qu'il appartient de définir les principes d'organisation de la formation et d'en

1. T. confl. 18 juin 2001, *Ordre des avocats du barreau de Tours*, req. n° 3250, *Lebon* ; *D.* 2001. 2358 ; *JCP* 2001. II. 10586, note R. Martin ; *AJDA* 2001. 852 ; *AJDA* 2001. 847, Chron. M. Guyomar et P. Collin ; *D.* 2002. 365, note B. Blanchard.
2. SUR L'ABSENCE DE DROIT DE RECOURS contre les décisions du CNB d'attribution des bourses destinées aux élèves avocats : Paris, 22 mars 2012, RG n° 11/17451.
3. V. s^s n° 213.21.
4. CE 29 janv. 2014, req. n° 366083, NP ; *JCP* 2014. 490, note S. Bortoluzzi.
5. http://encyclopedie.avocats.fr/
6. C. avocat, 2018.
7. Dir. 2018/958, Parlement et Conseil, 28 juin 2018 relative à un contrôle de proportionnalité avant l'adoption d'une nouvelle réglementation de professions, *JOUE L* 173, 9 juill., p. 25.
8. Circ. Premier ministre n° 6197/SG, 29 juill. 2020 obligation de mise en œuvre d'un examen de proportionnalité dans l'évaluation des projets de normes relatifs à l'accès ou l'exercice d'une profession réglementée, NOR : PRMX2020450C.

harmoniser les programmes. Pour lui permettre d'assurer cette tâche, il dispose d'un pouvoir de contrôle sur les actions de formation des centres régionaux de formation professionnelle, qu'il lui appartient également de coordonner.

Le financement de la formation professionnelle repose en principe sur deux piliers équivalents, la contribution de l'État et celle de la profession d'avocat. La contribution de l'État n'ayant jamais été revue, la part versée par la profession d'avocat est devenue prépondérante. Elle est fixée annuellement par le Conseil national des barreaux, en fonction des besoins de financement des centres.

La formation continue est obligatoire pour les avocats inscrits au tableau de l'ordre[1]. C'est le Conseil national des barreaux qui détermine les modalités selon lesquelles elle s'accomplit. Il détermine aussi les conditions générales d'obtention des mentions de spécialisation et délivre les certificats[2].

Le Conseil national des barreaux intervient également dans l'établissement de la carte des centres de formation professionnelle. C'est sur sa proposition que le garde des Sceaux détermine le siège et le ressort de chacun des centres. Ces derniers ne peuvent par ailleurs pas se passer de l'avis conforme du CNB, s'ils souhaitent créer une section locale dans une ville autre que celle de leur siège, pourvue d'unités de formation et de recherche juridique[3].

112.32 Qualité des organisations professionnelles en matière de convention collective. Les questions de convention collective avec le personnel ont été confiées aux organisations professionnelles. Les barreaux n'ont pas qualité, même regroupés dans le cadre de l'article 18 de la loi du 31 décembre 1971, pour traiter des questions de convention collective avec leur personnel. L'Assemblée nationale leur avait confié ce soin lors de la discussion de la loi du 31 décembre 1971. Le Sénat leur a retiré cette tâche et l'a confiée aux partenaires sociaux qui sont uniquement les associations syndicales de la profession d'avocat[4]. Le Conseil national des barreaux ne dispose donc d'aucun pouvoir dans ce domaine. Il n'intervient pas non plus dans le domaine de la formation professionnelle des employés et secrétaires d'avocats.

112.33 Commission de la formation professionnelle. L'importance attachée à la mission de formation est telle que le Conseil national des barreaux comprend une commission de la formation professionnelle, dont la présidence est assurée par le président du Conseil national des barreaux[5].

Six avocats, deux magistrats et deux membres de l'enseignement supérieur siègent dans la commission chargée de la formation professionnelle[6].

Les avocats sont élus par le CNB en son sein. La commission de la formation professionnelle est donc la seule dont les membres sont élus par l'assemblée générale. Les deux magistrats et les deux membres de l'enseignement supérieur sont désignés par arrêté du garde des Sceaux sur proposition du ministre chargé des Universités en ce qui concerne les membres de l'enseignement supérieur. Des suppléants sont désignés dans les mêmes conditions. Cette commission est présidée par le président du CNB ou son délégué. Dans la pratique, en effet, le président du Conseil national des barreaux peut difficilement présider en personne la commission et confie cette tâche à un président délégué, qu'il désigne. Elle ne peut valablement statuer que si huit au moins de ses membres sont présents[7]. La voix du président est prépondérante. La durée du mandat est, pour les magistrats et les membres de l'enseignement supérieur, de trois ans renouvelable une fois. La commission peut s'adjoindre des personnalités qualifiées en matière de formation, qui disposent d'une voix consultative.

112.34 Perception et répartition du financement de la formation professionnelle. Le CNB perçoit la participation de l'État au financement de la formation professionnelle prévue par l'article 14-1 de la loi du 31 décembre 1971. Il fixe le montant de la contribution de la profession d'avocat et détermine la participation de chaque barreau, en proportion du nombre d'avocats inscrits au tableau. À défaut de paiement de cette participation dans un délai d'un mois à compter d'une mise en demeure de payer, le CNB peut délivrer, à l'encontre du barreau redevable, un titre exécutoire constituant une décision à laquelle sont attachés les effets d'un jugement.

C'est le CNB qui répartira ensuite les sommes entre les centres régionaux de formation[8].

112.35 Décisions du CNB en matière de formation. Les décisions individuelles du CNB en matière de formation ou de financement sont notifiées au procureur général près la cour d'appel de Paris, ainsi qu'aux intéressés et, le cas échéant, au centre régional de formation professionnelle dans les quinze jours de leur date.

1. L. n° 2004-130, 11 févr. 2004 réformant le statut de certaines professions judiciaires ou juridiques, des experts judiciaires, des conseils en propriété industrielle et des experts en ventes aux enchères publiques, *JO* 12 févr., p. 2847, art. 14 2 – V. s^s n°s 213.21 s.
2. V. s^s n°s 214.40 s.
3. L. n° 71-1130, 31 déc. 1971, art. 13-1.
4. V. s^s n°s 131.11 s.
5. Décr. n° 91-1197, 27 nov. 1991, art. 39.
6. Décr. n° 91-1197, 27 nov. 1991, art. 39.
7. Décr. n° 91-1197, 27 nov. 1991, art. 39.
8. Décr. n° 91-1197, 27 nov. 1991, art. 40.

Les destinataires peuvent déférer ces décisions à la cour d'appel de Paris dans le délai d'un mois à compter de leur notification et le greffe de la cour d'appel avise du recours, par lettre recommandée avec demande d'avis de réception, le président du CNB. La cour est saisie et statue dans les formes de l'article 16 après avoir avisé le président du CNB d'avoir à présenter ses observations. La décision de la cour est notifiée par le secrétariat-greffe, par lettre recommandée avec demande d'avis de réception, au procureur général, au président du CNB et, selon le cas, à l'intéressé ou au centre régional de formation professionnelle.

La nouvelle procédure de notification et publication des décisions à caractère normatif du CNB s'applique aux décisions concernant la formation professionnelle[1] et aux décisions déterminant les modalités selon lesquelles s'accomplit l'obligation de formation continue[2].

À la suite de la publication du décret du 21 décembre 2004[3] le CNB a adopté trois décisions à caractère normatif : décis. CNB n° 2005-001[4] portant délibération sur les modalités d'application de la formation continue des avocats ; décis. CNB n° 2005-2 du 15 avr. 2005 apportant quelques modifications à la décision n° 2005-001 ; décis. CNB n° 2008-001 des 16 et 17 mai 2008[5] relative à la formation continue des avocats.

La décision du 11 février 2005 est aujourd'hui abrogée par la décision à caractère normatif du 25 novembre 2011[6] qui, refondant les modalités d'application de la formation continue des avocats, régit actuellement la matière[7].

En matière de formation initiale, une nouvelle décision n° 2014-003[8] du 7 janvier 2015 définit les principes d'organisation et harmonise les programmes de la formation des élèves avocats.

1. Décr. n° 91-1197, 27 nov. 1991, art. 56.
2. Décr. n° 91-1197, 27 nov. 1991, art. 85.
3. Décr. n° 2004-1386, 21 déc. 2004 relatif à la formation professionnelle des avocats, *JO* 23 déc., p. 21823.
4. CNB, AG 11 févr., DCN n° 2005-001, 11 févr. 2005 portant délibération sur les modalités d'application de la formation continue des avocats modifiée (art. 14-2, de la L. n° 71-130 du 31 déc. 1971 mod.).
5. CNB, AG 16 mai 2008, DCN n° 2008-001 mod. décis. n° 2005-001 sur la formation continue des avocats, *JO* 30 juill., p. 12217.
6. CNB, AG 18 nov. 2011, DCN n° 2011-004, 25 nov. 2011 portant délibération sur les modalités d'application de la formation continue des avocats (art. 14-2 de la L. n° 71-1130 du 31 déc. 1971 mod.), *JO* 11 déc., p. 21021.
7. V. s^s n°s 213.26 s.
8. CNB, AG 12 déc. 2014, DCN n° 2014-003, 7 janv. 2015 définissant les principes d'organisation et harmonisant les programmes de la formation des élèves avocats (art. 21-1 de la L. du 31 déc. 1971 mod.), *JO* 18 janv., p. 833.

Le Conseil national des barreaux a adopté, les 16 et 17 novembre 2018, plusieurs propositions de réforme. Il envisage notamment une formation déontologique et pratique d'une durée d'au moins 12 mois, l'examen du Capa étant organisé en fin d'année. Ces dispositions ne sont pas en vigueur et sont soumises à l'approbation des pouvoirs publics.

112.36 **Spécialisation.** Le Conseil national des barreaux détermine les conditions générales d'obtention des mentions de spécialisation. Afin de garantir que tous les avocats soient placés dans des conditions d'accès équivalentes à la spécialisation[9] et pour éviter toute rupture d'égalité, le Conseil national des barreaux centralise les demandes et organise les modalités d'examen. Il dresse notamment la liste nationale des membres du jury, prévu au premier alinéa de l'article 12-1 de la loi du 31 décembre 1971, ainsi que la liste nationale des avocats titulaires des mentions de spécialisation[10].

112.37 **Commission nationale de l'examen unique d'accès au CRFPA.** L'examen d'accès au centre régional de formation professionnelle d'avocats (CRFPA) est régi par les articles 51 à 55 du décret du 27 novembre 1991, organisant la profession d'avocat et l'arrêté du 17 octobre 2016[11], entré en vigueur le 1er janvier 2017, fixant le programme et les modalités de cet examen. Une commission nationale est chargée d'élaborer les sujets des épreuves écrites d'admissibilité. En attendant peut-être un examen national à double correction, elle est également chargée d'une mission d'harmonisation des critères de correction de ces épreuves et établit à cette fin des recommandations qui peuvent prendre la forme de grilles de notation à destination des jurys et des correcteurs.

La commission nationale est composée de huit membres nommés par arrêté conjoint du garde des sceaux et du ministre chargé de l'enseignement supérieur. Elle comprend quatre avocats proposés par le CNB, qui assure aussi le secrétariat de la commission.

SECTION 4
FONCTION D'ADMISSION DES AVOCATS ÉTRANGERS (UE OU HORS UE)

112.41 **Fonctions du CNB.** Le CNB est chargé d'arrêter la liste des personnes susceptibles de bénéficier de la directive 2005/36[12] et celle des candidats

9. V. s^s n°s 214.40 s.
10. L. n° 71-1130, 31 déc. 1971, art. 21-1.
11. Arr. 17 oct. 2016.
12. Dir. 2005/36, Parlement et Conseil, 7 sept. 2005 relative à la reconnaissance des qualifications professionnelles, *JOUE* *L* 255, 30 sept. 2005, p. 22.

admis à subir les épreuves de l'examen de contrôle des connaissances prévues au dernier alinéa de l'article 11 de la loi du 31 décembre 1971, c'est-à-dire les avocats ressortissants d'un État ou d'une unité territoriale n'appartenant pas à l'Union européenne, non titulaires du Capa, ou les ressortissants d'un État membre de l'Union européenne qui auraient acquis la qualité d'avocat dans un État ou une unité territoriale n'appartenant ni à l'Union européenne, ni à l'Espace économique européen, ni à la Confédération suisse[1].

Les avocats inscrits à un barreau d'un État n'appartenant pas à l'Union européenne bénéficient d'une nouvelle modalité d'exercice en France depuis l'ordonnance du 27 avril 2018[2] qui a ajouté un titre VI à la loi du 31 décembre 1971, composé des articles 101 à 107. Elle leur permet de pratiquer, sous leur titre professionnel d'origine, l'activité de consultation juridique et de rédaction d'actes sous seing privé pour autrui en droit international et en droit étranger, à l'exclusion de la représentation ou de l'assistance en justice. Le Conseil national des barreaux a reçu compétence exclusive pour se prononcer sur les demandes d'autorisation d'exercer à titre temporaire et occasionnel ou permanent. L'autorisation d'exercer à titre temporaire pendant un an n'emporte aucune obligation d'inscription au tableau d'un barreau français. En revanche, les avocats non européens bénéficiant d'une autorisation permanente doivent ensuite être inscrits sur une liste spéciale du tableau du barreau de leur choix.

SECTION 5
FONCTION EN MATIÈRE DE FINANCEMENT DES MISSIONS D'AIDE JURIDICTIONNELLE

112.51 Répartition du produit des recettes extra-budgétaires pour l'aide juridique. Le Conseil national des barreaux n'intervient plus dans la répartition des fonds de l'aide juridictionnelle. Un changement est intervenu avec la loi de finances pour 2020[3] qui a supprimé le troisième alinéa de l'article 21-1 de la loi du 31 décembre 1971. C'est probablement le seul domaine dans lequel a été enregistrée une diminution des compétences du Conseil national des barreaux.

Le Conseil national des barreaux s'était vu confier une nouvelle mission de service public par la loi de finances rectificative pour 2011[4] en matière de financement des missions d'aide juridictionnelle. Il avait été chargé de répartir entre les barreaux le produit de la contribution pour l'aide juridique (CPAJ) de 35 euros instaurée par l'article 1635 *bis* Q du code général des impôts, pour les instances introduites depuis le 1er octobre 2011, selon les critères définis au troisième alinéa de l'article 27 de la loi du 10 juillet 1991[5]. Cette contribution avait été supprimée à compter du 1er janvier 2014. La disposition avait donc été abrogée par la loi du 29 décembre 2013[6]. Elle avait ensuite été rétablie sous une autre forme par la loi du 29 décembre 2014[7]. Elle concernait les recettes affectées au CNB en application des articles 302 *bis* Y, 1001 et 1018 A du code général des impôts qui étaient affectées au paiement des avocats effectuant des missions d'aide juridictionnelle. La loi de finances pour 2016[8] avait ensuite affecté au CNB les recettes issues du droit visé à l'article 1001 du code général des impôts (taxe sur les assurances de protection juridique) et des amendes pénales, afin de compléter les crédits budgétaires destinés au règlement des missions d'aide juridique[9], tout en relevant les plafonds d'admission à l'aide juridictionnelle.

Pour la répartition du produit de ces recettes fiscales entre les différents barreaux, le Conseil national des barreaux avait conclu une convention de gestion avec l'Union nationale des caisses des règlements pécuniaires des avocats, agréée par le ministre de la justice. Ce dispositif est donc également caduc.

SECTION 6
FINANCEMENT

112.61 Cotisations annuelles. Les ressources du CNB sont notamment constituées par une cotisation annuelle à la charge des avocats inscrits au tableau. C'est au CNB qu'il revient de fixer chaque année le montant de la cotisation et ses modalités de

1. Décr. n° 91-1197, 27 nov. 1991, art. 100 – Arr. 7 juill. 1993 – V. ss nos 212.151 à 212.162.
2. Ord. n° 2018-310, 27 avr. 2018 relative à l'exercice par les avocats inscrits aux barreaux d'États non membres de l'Union européenne de l'activité de consultation juridique et de rédaction d'actes sous seing privé pour autrui, *JO* 28 avr., n° 22.
3. L. n° 2019-1479, 28 déc. 2019 de finances pour 2020, *JO* 29 déc., n° 1, art. 81, V.
4. L. n° 2011-900, 29 juill. 2011 de finances rectificative pour 2011, art. 54.
5. L. n° 91-647, 10 juill. 1991 relative à l'aide juridique, *JO* 13 juill., p. 9170 – L. n° 71-1130, 31 déc. 1971, art. 21-1, al. 2 et 3.
6. L. n° 2013-1278, 29 déc. 2013 de finances pour 2014, *JO* 30 déc., p. 21829.
7. L. n° 2014-1654, 29 déc. 2014 de finances pour 2015, *JO* 30 déc., p. 22828, art. 35.
8. L. n° 2015-1785, 29 déc. 2015 de finances pour 2016, *JO* 30 déc., p. 24614, art. 42.
9. L. n° 71-1130, 31 déc. 1971, art. 21-1, al. 2.

paiement[1]. Ce sont les avocats et non les barreaux qui sont débiteurs des cotisations. Le recouvrement des cotisations est donc susceptible de faire peser des charges administratives importantes sur l'institution. De nombreux barreaux acceptent d'assurer la collecte des cotisations dues par leurs membres, sans pour autant en être ducroire.

112.62 Émission de titres exécutoires. Pour mettre fin à ces difficultés, le CNB a obtenu le pouvoir d'émettre des titres exécutoires. La loi pour la confiance dans l'institution judiciaire[2] a complété l'article 21-1 de la loi du 31 décembre 1971 par une disposition qui permet au CNB d'émettre une décision, au titre des cotisations impayées, un mois après l'envoi d'une mise en demeure de payer. À défaut d'opposition, cette décision produit les effets d'un jugement.

112.63 Compétence juridictionnelle. Si le CNB est en droit de fixer chaque année le montant des cotisations dont il estime avoir besoin pour son fonctionnement ainsi que leurs modalités de paiement et si le non-paiement de ces cotisations peut entraîner l'omission du tableau[3] il n'avait été prévu aucun recours contre les décisions créant des cotisations qui ne seraient pas en rapport avec l'activité réelle du CNB.

Le droit commun admet que les actes pris par les autorités d'un ordre professionnel, dans l'exercice de leur mission de service public, relèvent du contrôle du juge administratif[4]. En l'espèce, l'article 37 du décret du 27 novembre 1991 relatif aux ressources du CNB ne détermine aucune voie de recours alors que, dans les articles 33 et 41, il renvoie le contentieux des élections et des décisions individuelles en matière de formation professionnelle ou de financement des centres régionaux de formation professionnelle à la cour d'appel de Paris. On peut donc en déduire que le contentieux concernant les cotisations destinées à assurer le budget du CNB relève de la compétence de la juridiction administrative.

SECTION 7
COMMUNICATION ÉLECTRONIQUE

112.71 Création du réseau privé virtuel des avocats. Ce sont les initiatives prises par le CNB, à partir de 2004, dans le domaine de la communication électronique[5], qui ont conduit à la mise en place du RPVA, qui permet aux avocats de communiquer de manière dématérialisée avec les juridictions. Si le succès a été total, l'action du CNB a pourtant été vivement contestée. La compétence du CNB pour intervenir en la matière n'a finalement été reconnue qu'à l'issue d'un contentieux[6] auquel a mis fin le Conseil d'État.

112.72 Consécration de la compétence du CNB. Les pouvoirs publics ont définitivement reconnu le rôle décisif joué par le CNB. Une compétence supplémentaire a été donnée au CNB[7], pour déterminer, en concertation avec le ministre de la Justice, les modalités et conditions de mise en œuvre du réseau indépendant à usage privé des avocats aux fins d'interconnexion avec le « réseau privé virtuel justice ». Plus largement encore, le CNB se voit reconnaître compétence pour développer et exploiter les outils techniques qui permettent d'assurer les échanges dématérialisés entre avocats.

Le CNB a donc développé au profit des avocats un cloud privé, sur lequel ils peuvent accéder à différents services numériques. Il a aussi mis en ligne une plateforme de mise en relations, à l'adresse https://www.avocat.fr/.

SECTION 8
ANNUAIRE NATIONAL

112.81 Tenue d'un annuaire national. L'ordre est maître de son tableau[8] et la tenue de ce dernier constitue une de ses fonctions essentielles. La maîtrise du tableau est considérée comme un des éléments de l'indépendance des barreaux. Au nom de cette indépendance, certains barreaux étaient réticents à communiquer, même à l'instance nationale, les données de leur tableau. Il était pourtant tout à fait évident que la tenue d'un annuaire national constituait un service que les avocats devaient au public. La tenue de l'annuaire national ne remet pas en cause l'indépendance des barreaux, car il est seulement prévu que les barreaux communiquent les informations en leur possession au CNB, pour lui permettre de tenir un annuaire national[9].

Le CNB est tenu de réaliser la mise en ligne, dans l'intérêt du public et de la profession, des données de l'annuaire. Cet annuaire national est bien entendu consultable sur le site du CNB[10] et celui de

1. Décr. n° 91-1197, 27 nov. 1991, art. 37.
2. L. n° 2021-1729, 22 déc. 2021, art. 47.
3. Décr. n° 91-1197, 27 nov. 1991, art. 105, al. 2.
4. CE 11 juill. 1988, *Conseil départemental de l'ordre des médecins des Alpes-Maritimes c/Boucq*, req. n° 50638, *Lebon*.
5. V. s[s] n° 623.21 s.
6. V. s[s] n° 623.35.
7. L. n° 71-1130, 27 nov. 1991, art. 21-1, al. 1.
8. V. s[s] n° 115.71.
9. L. n° 71-1130, 27 nov. 1991, art. 21-1, al. 2.
10. http://cnb.avocat.fr

la profession à destination du grand public[1]. Pour être pertinent, il doit être régulièrement mis à jour. C'est le CNB qui détermine la périodicité et les conditions de la transmission des données.

Les données de l'annuaire national sont également présentes sur la plate-forme e-justice de la Commission européenne[2]. Elle comporte une fonction « trouver un avocat », qui permet d'accéder aux annuaires nationaux des différents pays membres de l'Union européenne.

1. https://www.avocat.fr

2. https://e-justice.europa.eu

CHAPITRE

113. Barreau

SECTION 0 ORIENTEUR

113.00 **Sommaire du chapitre.**

Division. La profession d'avocat repose sur les barreaux, personnes morales de droit privé, qui assurent le maillage du territoire (sect. 1), et assurent la protection des droits des avocats et du public (sect. 2). Ils s'administrent eux-mêmes, étant autonomes et indépendants (sect. 3), dans le respect des règles fixées par la loi du 31 décembre 1971, le décret du 27 novembre 1991, le décret du 12 juillet 2005 et le règlement intérieur national (RIN). La tendance vers un regroupement de barreaux (sect. 4) ne semble pas favorablement accueillie.

113.01 **Textes applicables.**

TEXTES TITRÉS

- **L. n° 71-1130, 31 déc. 1971**

art. 15 [Administration des barreaux]

art. 21, al. 1er et 2 [Reconnaissance de la personnalité civile du barreau représenté par le bâtonnier]

- **Décr. n° 91-1197, 27 nov. 1991**

art. 1er [Composition du barreau près de chaque tribunal judiciaire par les avocats inscrits]

art. 2 [Regroupement possible des barreaux situés dans le ressort d'une même cour d'appel]

art. 3 [Composition de l'assemblée générale de l'Ordre]

113.02 **Jurisprudence de référence.**

> Le contrôle de la légalité des décisions du barreau relève de la compétence des tribunaux judiciaires

- **CE 12 oct. 1988,** *Pincet*, req. n° 97778, *Lebon T.*

* V. s^s n° 113.33.

« [...] il n'appartient pas à la juridiction administrative de connaître d'un recours contre une décision du bâtonnier d'un ordre des avocats au barreau refusant de donner suite à une plainte, pour faute professionnelle, déposée par un client contre un avocat. »

113.03 **Bibliographie indicative.**

* Aussi : v. s^s n° 11.03.

Monographies. Th. Wickers, *La grande transformation des avocats*, hc, Dalloz, 2014.

Articles. L. Karpik, « Démocratie et pouvoir au barreau de Paris », *RF sc. pol.* août 1986, n° 4, vol. 36 – R. Martin, « Ordre et barreau », *Gaz. Pal.* 2002. 2. Doctr. 1242 – J. Castelain, « Pour une nouvelle organisation de la profession d'avocat », *Pouvoirs*, n° 140, janv. 2012, p. 15.

SECTION 1 NATURE JURIDIQUE

113.11 **Structure.** Le barreau continue de constituer la cellule de base de l'organisation de la profession d'avocat. Il comprend les avocats inscrits au tableau[1]. Doté de la personnalité morale, chaque barreau est administré par un conseil de l'Ordre[2] et présidé par un bâtonnier[3].

113.12 **Barreau et organisation judiciaire.** Il existe toujours un lien entre barreau et organisation judiciaire. Les avocats sont en effet groupés en barreau auprès de chaque tribunal judiciaire[4]. Si les avocats établis auprès de plusieurs tribunaux judiciaires situés dans le ressort d'une même cour d'appel peuvent, par décision votée à la majorité des voix de chaque barreau, se grouper pour former un seul barreau[5],

1. V. s^s n°s 113.13 s.
2. V. s^s n°s 114.05 s.
3. V. s^s n°s 116.05 s.
4. Décr. n° 91-1197, 27 nov. 1991 organisant la profession d'avocat, *JO* 28 nov., p. 15502, art. 1er.
5. Décr. n° 91-1197, 27 nov. 1991, art. 2.

cette possibilité n'a guère été utilisée jusqu'à présent.

Au contraire, les barreaux, disparus à l'occasion de la réforme de la carte judiciaire de 2011, qui ont été rétablis, ont tous repris leur indépendance ; quand cette possibilité leur a été offerte. Le lien entre barreau et organisation judiciaire tend néanmoins à se distendre. Un avocat peut représenter son client devant tous les tribunaux judiciaires du ressort de la Cour, et également devant cette Cour. La spécialisation des juridictions pourrait également avoir des incidences sur ce lien.

113.13 Distinction entre barreau et ordre. Souvent pris l'un pour l'autre, les deux termes doivent être distingués, car le barreau et l'ordre ne regroupent pas les mêmes personnes.

Le barreau regroupe l'ensemble des avocats exerçant de façon effective, c'est-à-dire les avocats inscrits au tableau[1], alors que l'ordre regroupe, en plus des avocats exerçant effectivement la profession, les avocats honoraires qui sont inscrits sur une liste spéciale du tableau[2].

113.14 Protection légale du terme « ordre ». Une protection légale au mot « ordre » est assurée par la loi du 31 décembre 1971[3] prévoyant que toute personne qui l'utilisera dans la dénomination d'un groupement professionnel constitué sous quelque forme que ce soit, en dehors des cas prévus par la loi, sera passible des peines de l'article 433-17 du code pénal qui sanctionne l'usurpation de titres.

113.15 Personne morale de droit privé. La loi ne précise pas la nature juridique du barreau. Possédant certaines des prérogatives de la puissance publique qui leur ont été dévolues par le législateur et participant au fonctionnement d'un service public, les barreaux constitueraient des établissements d'intérêt public, classe plus vaste à l'intérieur de laquelle figurent les établissements d'utilité publique, définis pour la première fois par la jurisprudence en 1856[4]. L'analyse classique du doyen Vedel, qui considérait qu'il fallait ranger les ordres professionnels parmi les personnes morales de droit privé investies d'une mission de service public[5], a finalement été consacrée. C'est en effet cette qualification qui a été adoptée par le Conseil d'État, dans un avis du 22 octobre 2015 rendu à la demande du gouvernement sur l'application de la loi du 12 avril 2000[6] modifiée relative aux droits des citoyens dans leurs relations avec les administrations[7].

Les Ordres doivent être regardés comme des « organismes chargés de la gestion d'un service public » au sens de l'article 1er de la loi du 12 avril 2000 lorsque leurs décisions peuvent être rattachées à l'organisation du service public de la justice. Sont visés l'ensemble des décisions collectives ou individuelles des barreaux liées à l'accès et l'exercice de la profession.

113.16 Ordre professionnel. Le fait que les prérogatives du barreau soient définies par la loi ne suffit donc pas pour qu'on puisse le considérer comme une personne morale de droit public. La qualification d'établissement public lui a d'ailleurs été refusée,[8] la jurisprudence préférant y voir un organisme privé chargé de la gestion d'un service public[9].

D'une manière générale, les ordres professionnels sont en effet considérés comme des personnes morales de droit privé, investis d'une mission d'intérêt général ou de service public[10]. S'agissant du Conseil national des barreaux, l'article 21-1 de la loi du 31 décembre 1971 s'est montré beaucoup plus précis, le qualifiant d'établissement d'utilité publique[11].

La même solution ne doit pas pour autant pouvoir s'appliquer aux barreaux eux-mêmes.

113.17 Affiliation obligatoire à l'ordre des avocats et liberté d'association. À supposer qu'elle ait été envisagée, la qualification d'association est nécessairement à exclure, puisque l'affiliation des avocats à un barreau est une obligation. L'obligation d'adhérer à un barreau imposée à tout professionnel qualifié désireux d'exercer la profession vient limiter plusieurs libertés fondamentales. Il s'agit d'abord de la liberté d'association, érigée par le Conseil constitutionnel[12] en principe fondamental reconnu par les lois de la République (PFRLR) et protégée par l'article 11 de la Convention européenne des droits de l'homme (Conv. EDH), qui s'étend à la liberté de ne pas s'associer.

1. Décr. n° 91-1197, 27 nov. 1991, art. 1er.
2. Rép. min. n° 63643, *JOAN Q* 21 déc. 1992.
3. L. n° 71-1130, 31 déc. 1971, art. 73.
4. Civ. 5 mars 1856, *Caisse d'épargne de Caen, DP* 1856. I. 121.
5. RAPPR. : G. Vedel, P. Delvolvé, *Droit administratif*, 12e éd., « Thémis », Puf, 1992, p. 1050.
6. L. n° 2000-321, 12 avr. 2000 relative aux droits des citoyens dans leurs relations avec les administrations, *JO* 13 avr., n° 1.
7. CE, avis, 22 oct. 2015, NP.
8. CE 7 févr. 1975, *Ordre des avocats au barreau de Lille*, req. n° 88611, *Lebon*.
9. CE 27 sept. 1985, *Ordre des avocats au barreau de Lyon c/ Bertin*, req. n° 56543, *Lebon* 267 ; *RFDA* 1986. 183, concl. R. Denoix de Saint-Marc.
10. RAPPR. : G. Vedel, P. Delvolvé, *Droit administratif*, 12e éd., « Thémis », Puf, 1992, p. 1050.
11. V. ss n° 111.21.
12. Cons. const. 16 juill. 1971, n° 71-44 *DC*, *JO* 18 juill., p. 7114 ; *Rec.* 29.

La Cour de Strasbourg[1] a toutefois jugé que cette liberté n'était pas compromise par l'obligation d'adhérer à un ordre professionnel, dès lors que celui-ci n'était précisément pas une association, mais une institution de droit public poursuivant un but d'intérêt général et que sa création ne s'accompagnait pas de l'interdiction faite aux praticiens de fonder entre eux des associations professionnelles ou des syndicats[2]. Cette solution a été confirmée par le Conseil d'État[3]. L'affiliation obligatoire constitue également une limitation de la liberté d'entreprendre, qui découle de l'article 4 de la Déclaration des droits de l'homme et du citoyen de 1789. La cour d'appel d'Aix-en-Provence[4], saisie d'une question prioritaire de constitutionnalité sur ce fondement, a estimé que cette question n'était pas sérieuse parce qu'elle revenait à douter de la légitimité de l'organisation de la profession d'avocat, ce qui en soit n'a rien de réellement démonstratif. À l'occasion d'une affaire qui ne concernait pas les avocats, le Conseil constitutionnel a cependant eu l'occasion de rappeler[5] que le législateur pouvait valablement apporter des limitations à la liberté d'entreprendre, dès lors qu'elles étaient justifiées par l'intérêt général et à la condition de respecter le principe de proportionnalité au regard de l'objectif poursuivi.

113.18 Affectation des locaux de l'ordre au service public de la justice. Traditionnellement, le barreau disposait à titre gracieux de locaux situés au sein des enceintes judiciaires, faisant donc partie des locaux affectés par l'État au service public de la justice. Il pouvait s'agir des espaces nécessaires au fonctionnement de l'institution ordinale (bureau du bâtonnier et de son secrétariat, salle du conseil de l'Ordre) ou de ceux permettant aux avocats d'exercer leurs fonctions judiciaires (vestiaire, salle des cases), mais aussi de la bibliothèque et des services communs, ou enfin des salles de réception destinées à accueillir les consultations gratuites et les justiciables.

Cette situation s'explique facilement par la participation du barreau au service public de la justice. Elle a cependant été largement remise en cause, au résultat de plusieurs phénomènes convergents. D'abord, l'accroissement numérique des effectifs des barreaux a conduit de nombreux ordres à rechercher, en dehors des Palais de justice, les surfaces complémentaires qui leur étaient nécessaires. Ensuite, l'exiguïté de certains locaux judiciaires a amené de nombreuses juridictions à guigner du côté de ces « tiers occupants ». Il reste que l'attribution au barreau, au sein des Palais de justice, des locaux qui sont nécessaires à l'accomplissement de ses missions de service public n'est pas discutable. En revanche, l'article L. 2125-1 du code général de la propriété des personnes publiques (CGPPP) limite drastiquement les cas dans lesquels des locaux appartenant à une personne publique peuvent être occupés gratuitement. Une des exceptions prévues par ce texte (qui a évolué plusieurs fois) concerne les « associations à but non lucratif qui concourent à la satisfaction d'un intérêt général ». Cette qualification a fort logiquement été rejetée par le Conseil d'État[6], comme fondement d'une mise à disposition gracieuse. La règle de l'affiliation obligatoire est en effet exclusive de la notion d'association.

En conséquence, des conventions d'occupation doivent être régularisées avec les chefs de juridiction et France Domaine. Les surfaces indispensables au bon fonctionnement du service public de la justice (bureau du bâtonnier et secrétariat, vestiaire...) sont exonérées de la redevance d'occupation et des charges de fonctionnement. En revanche, les surfaces complémentaires sont soumises au paiement d'une redevance d'occupation, dont le montant doit être calculé sur la base d'une valeur locative à déterminer par France Domaine. Les barreaux sont, dans tous les cas, totalement exonérés des charges relatives à la sûreté des bâtiments judiciaires (gardiennage et équipement spécifique). Il a par ailleurs été convenu, avec le ministère de la Justice, d'associer systématiquement les barreaux aux projets de construction ou de restructuration lourde des Palais de justice.

SECTION 2
FONCTION DE PROTECTION DES DROITS DES AVOCATS ET DU PUBLIC

113.21 Mission de défense des avocats. Le barreau, qui rassemble les avocats exerçant individuellement ou en groupe, exerce une mission qui ne se confond pas avec celle qui incombe à chacun de ses membres, pris à titre individuel. Elle consiste à assumer la représentation de la défense, dans un territoire donné, à y faire respecter les droits et

1. CEDH 23 juin 1981, *Le Compte, van Leuven et de Meyere c/Belgique*, n°s 6878/75, 7238/75 ; *Gaz. Pal.* 1981. 2. 775, note Delamarre, – A. Damien, note s^s : Aix-en-Provence, 5 févr. 1982, *Gaz. Pal.* 1982. I. 305.
2. V. s^s n° 131.11.
3. CE 12 oct. 2006, *Conseil national de l'ordre des médecins*, req. n° 278899, *Lebon T ; Gaz. Pal.* 2007. Somm. 578.
4. Aix-en-Provence, 27 mars 2014, n° 2014/2D, RG n° 13/02342.
5. Cons. const. 30 nov. 2012, n° 2012-285 QPC, *JO* 1er déc., p. 18908 ; *Rec.* 636 ; *M. Christian S..., Obligation d'affiliation à une corporation d'artisans en Alsace-Moselle,* NON-CONFORMITÉ TOTALE, *AJDA* 2012. 2301 ; *D.* 2012. 2808.
6. CE 7 mai 2012, *Ordre des avocats du barreau de Versailles*, req. n° 341110, *Lebon T ; AJDA* 2012. 978 ; *Dr. adm.* 2012. 66, comm. F. Melleray.

libertés des défenseurs et partant ceux des justiciables.

Il permet ainsi à chacun de ses membres d'assurer librement et dignement son activité judiciaire et juridique. L'avocat membre du barreau est en effet chargé dans la société d'assurer la défense et la protection de tous les citoyens et de résister au nom du respect de l'individu et de la dignité de la personne, à la société et au pouvoir, s'ils l'oppriment. Le devoir de l'avocat consiste à défendre avec zèle les intérêts de ses clients, ce qui le conduit parfois à s'opposer au tribunal ou à s'en plaindre[1]. Il est important qu'il puisse, dans cette tâche et en raison des risques auxquels elle l'expose, compter sur la protection du barreau. Cette mission de protection des droits des avocats est inscrite à l'article 17 de la loi du 31 décembre 1971, qui mentionne, au titre des attributions du conseil de l'Ordre, celle de veiller à la protection de leurs droits.

113.22 Association d'entreprises. Les avocats sont des entreprises au regard du droit de la concurrence, puisqu'ils exercent une activité économique. Lorsque le barreau prend des décisions pouvant avoir des incidences sur l'activité économique de ses membres, il peut être considéré comme une association d'entreprises[2]. En conséquence, pour être valables, ses décisions ne doivent pas avoir des effets restrictifs sur la concurrence. Est cependant licite une réglementation ordinale portant atteinte à la concurrence, mais destinée à garantir l'indépendance des avocats, si elle est justifiée par la nécessité de procurer « la nécessaire garantie d'intégrité et d'expérience aux consommateurs finaux des services juridiques et à la bonne administration de la justice »[3].

L'Autorité de la concurrence a aussi jugé que des décisions d'un barreau rejetant les demandes d'inscription d'une société d'avocats, manifestaient l'exercice, dans une mesure non manifestement inappropriée, de prérogatives de puissance publique ; de sorte que l'Autorité de la compétence n'était pas compétente pour en connaître[4].

Doit en revanche être condamnée l'intervention du barreau pour fixer le tarif des honoraires des avocats. Une telle initiative s'analyse en une entente sur les prix, contraire aux règles de la concurrence, même lorsque le barème publié est seulement indicatif[5].

113.23 Rôle vis-à-vis du public. À travers ses membres, les avocats, le barreau à la charge des justiciables. La profession d'avocat concourt en effet à l'accès à la justice et au droit[6]. Le rôle du barreau est d'abord ici de faciliter l'accès du public aux avocats. La publication annuelle du tableau[7] est aujourd'hui réalisée en utilisant des moyens plus modernes que l'impression d'une affiche, et tous les barreaux disposent d'un annuaire sur internet. Le barreau est impliqué dans l'ensemble des dispositifs destinés à assurer l'accès à la justice. Commission d'office en matière pénale, désignation au titre de l'aide juridictionnelle lorsque le bénéficiaire n'exerce pas son droit de choisir son avocat. Il est également membre du conseil départemental de l'accès au droit (CDAD)[8]. Le ressort du tribunal judiciaire et celui du barreau ne coïncidant pas nécessairement, un seul barreau pourra toutefois siéger au CDAD.

L'exposé de ce régime juridique unique ne doit pas faire oublier que de très fortes disparités existent sur le terrain. Elles sont liées aux différences considérables que l'on peut constater entre les barreaux, en termes de taille ou de moyens financiers. Or il existe un lien étroit entre les activités réservées aux avocats et leurs devoirs vis-à-vis du public. C'est leur capacité à assurer partout, de manière identique, l'accès au droit et à la justice qui justifie qu'un monopole de la défense leur soit conféré, ou que leur soit reconnu un rôle prépondérant dans la consultation juridique et la rédaction d'actes.

SECTION 3
AUTONOMIE ET INDÉPENDANCE

113.31 Autonomie des barreaux. Chaque barreau est autonome. Il s'administre lui-même, dans le respect des règles obligatoires fixées par la loi du 31 décembre 1971[9] et le décret du 27 novembre

1. CEDH 3e sect., 12 janv. 2016, n° 48074/10, *Rodriguez Ravelo c/Espagne, N. Fricero ; Procédures* 2016. Comm. 97.
2. CJCE 19 févr. 2002, *J.C. J. Wouters a. c/Algemene Raad van de Nederlandse Orde van Advocaten,* aff. C-309/99 ; *JOCE* 4 mai, p. 4 ; *AJDA* 2002. 326, Chron. C. Lambert, J.-M. Belorgey et S. Gervasoni ; *D.* 2002. 1465 ; *RTD com.* 2002. 389, obs. S. Poillot-Peruzzetto ; *RTD com.* 2002. 392, obs. S. Poillot-Peruzzetto ; *RTD eur.* 2003. 287, Chron. L. Idot ; *RTD eur.* 2013. 837, obs. J.-B. Blaise.
3. CJCE 19 févr. 2002, *J.C. J. Wouters a. c/Algemene Raad van de Nederlandse Orde van Advocaten,* aff. C-309/99, préc.
4. Aut. conc., 20 sept. 2018 relative à une demande de mesures conservatoires présentée par la société AGN Avocats dans le secteur des prestations juridiques : http://www.autoritedelaconcurrence.fr/user/avis-déc.php ?lang=fr&numero=18-D-18
5. Paris, 9 déc. 1997, *JCP* 1998. II. 10078, R. Martin – Civ. 1re, 21 mars 2000, n° 98-10.183, NP – Com. 13 févr. 2001, n° 98-22.698, NP.
6. Décr. n° 2005-790, 12 juill. 2005 relatif aux règles de déontologie de la profession d'avocat, *JO* 16 juill., p. 11688, art. 6.
7. Décr. n° 91-1197, 27 nov. 1991, art. 95.
8. L. n° 91-647, 10 juill. 1991 relative à l'aide juridique, *JO* 13 juill., p. 9170, art. 55.
9. L. n° 71-1130, 31 déc. 1971 portant réforme de certaines professions judiciaires et juridiques, *JO* 5 janv., p. 131, art. 15 s.

1991[1]. Il édicte son règlement intérieur, mais les normes supérieures que sont, en matière de déontologie, la loi, le décret du 12 juillet 2005[2] ou le règlement intérieur national (RIN) s'imposent à lui. L'autonomie du barreau est également limitée par l'obligation de mettre en œuvre, dans son ressort, les décisions du Conseil national des barreaux[3].

113.32 Personnalité civile. Le barreau est doté de la personnalité civile[4]. Il peut avoir un patrimoine et recevoir des dons et legs. Il est représenté, dans les actes de la vie civile par le bâtonnier qui doit cependant, pour ester en justice, veiller à recueillir l'autorisation du conseil de l'Ordre[5]. En dépit du fait que le Conseil national des barreaux soit chargé de représenter la profession, chaque barreau continue donc de se voir reconnu le pouvoir concurrent de traiter toute question intéressant l'exercice de la profession, ce qui peut créer des conflits de compétence.

113.33 Compétence des juridictions judiciaires pour le contrôle de légalité des décisions du barreau. Le contrôle de légalité des décisions du barreau (décisions ou délibérations du conseil de l'Ordre et décisions individuelles du bâtonnier) relève de la compétence des juridictions judiciaires[6]. Plus précisément, l'article L. 311-3 du code de l'organisation judiciaire prévoit que la cour d'appel connaît, en ce qui concerne les avocats : des contestations relatives aux élections au conseil de l'Ordre et à l'élection du bâtonnier de l'ordre ; des recours contre les décisions ou délibérations du conseil de l'Ordre ; des recours exercés après décision du bâtonnier pour les litiges nés à l'occasion du contrat de travail des avocats salariés.

Ainsi, par dérogation aux règles de répartition des compétences entre les juridictions judiciaires et administratives, seuls les tribunaux de l'ordre judiciaire connaissent du contentieux de la légalité des actes du barreau, sans que cela ne prête à conséquence sur le plan de sa nature juridique[7]. Il n'appartient pas à la juridiction administrative, d'après le Conseil d'État, de connaître d'un recours contre une décision du bâtonnier de l'ordre des avocats refusant de donner suite à une plainte contre un avocat, déposée par un client sur le fondement d'une faute professionnelle qu'aurait commise ce dernier[8], ce qui est une conséquence logique de ce que la loi du 31 décembre 1971 a attribué compétence aux cours d'appel pour connaître des recours contre les décisions disciplinaires.

113.34 Contrôle financier par les juridictions financières. Le code des juridictions financières donne à la Cour des comptes le pouvoir d'exercer son contrôle sur les organismes habilités par la loi à recevoir des cotisations légalement obligatoires. Ce pouvoir appartient précisément au barreau[9] qui du coup peut être soumis à ce contrôle, dont l'objet est distinct de celui des décisions du conseil de l'Ordre, confié aux juridictions judiciaires. Aux termes d'un avis en date du 8 mars 2007, le Conseil d'État a toutefois rappelé que ce contrôle devait s'opérer dans le respect de l'indépendance de la profession d'avocat, du secret professionnel et de l'autonomie des conseils de l'Ordre.

SECTION 4
REGROUPEMENT DE BARREAUX

113.41 Regroupement et coopération entre barreaux. Du fait de l'attachement manifesté au maintien d'une correspondance parfaite entre la carte judiciaire et la carte des barreaux, que traduit l'équation un tribunal judiciaire [antérieurement tribunal de grande instance] égale un barreau indépendant, la possibilité de réaliser des regroupements entre barreaux n'a pratiquement jamais été volontairement mise en œuvre. C'est ainsi que, lorsque, postérieurement à la réforme de la carte judiciaire, plusieurs tribunaux de grande instance ont été rétablis, les barreaux qui avaient été regroupés ont souhaité recouvrer leur indépendance.

D'autres dispositifs sont cependant apparus pour inciter à, ou même parfois imposer, la coopération entre les barreaux et le dépassement des limites du ressort du tribunal judiciaire. En outre, la loi du 6 août 2015[10] a sérieusement entamé la cohérence de l'ensemble, en étendant les limites de l'activité de postulation, pour les faire coïncider avec le ressort de la cour d'appel et non plus du tribunal. Ce principe est cependant assorti de nombreuses dérogations[11].

113.42 Regroupement en un seul barreau[12]. Les avocats établis auprès de plusieurs tribunaux judi-

1. Décr. n° 91-1197, 27 nov. 1991, art. 1er s.
2. Décr. n° 2005-790, 12 juill. 2005, préc.
3. L. n° 71-1130, 31 déc. 1971, art. 17, 10.
4. L. n° 71-1130, 31 déc. 1971, art. 21.
5. Lyon 11 oct. 1983, *JCP* 1985. IV. 91.
6. L. n° 71-1130, 31 déc. 1971, art. 19, 20 et 23.
7. CE 13 juill. 1961, *Lebon* 489 ; *D.* 1962. 475, note Ch. Debbasch – CE 30 mars 1927, *Lebon* 415 – CE 17 mai 1933, *Lebon* 536 – CE 5 juill. 1933, *Lebon* 738 – CE 26 avr. 1939, *Lebon* 263 – Civ. 1re, 5 oct. 1999, n° 96-19.536, NP ; *Annonces de la Seine*, n° 69, p. 6.
8. CE 12 oct. 1988, *Pincet*, req. n° 97778, *Lebon T ; Gaz. Pal.* 1990. II. 411.
9. L. n° 71-1130, 31 déc. 1971, art. 15.
10. L. n° 2015-990, 6 août 2015 pour la croissance, l'activité et l'égalité des chances économiques, *JO* 7 août, p. 13537.
11. V. ss nos 622.161 s.
12. L. n° 71-1130, 31 déc. 1971, art. 15 – Décr. n° 91-1197, 27 nov. 1991, art. 2.

ciaires situés dans le ressort d'une même cour d'appel peuvent, par décision votée à la majorité des voix des avocats de chaque barreau, se grouper pour former un seul barreau.

Il suffit pour regrouper un ou plusieurs barreaux de provoquer autant d'assemblées générales qu'il y a de barreaux intéressés, et que le projet de regroupement obtienne la majorité dans chaque assemblée générale de barreaux. Les barreaux regroupés n'ont pas forcément à être limitrophes. Une cour d'appel [1] a rendu plus difficile encore le processus, en jugeant que l'expression « majorité des voix de chaque barreau » renvoyait, non pas à la majorité des suffrages exprimés mais à la majorité des avocats composant chacun des barreaux concernés.

113.43 Reconstitution en barreaux autonomes. Il semble que les barreaux puissent, par une délibération identique à celle qui les a constitués en barreau unique, se reconstituer en barreaux autonomes.

La loi et les décrets sont muets sur ce point. Par référence à la jurisprudence antérieure, il semble qu'un barreau ait toujours la faculté de se retirer du groupe de barreaux auquel il a adhéré [2]. Lorsque, dans le cadre de la réforme judiciaire, plusieurs tribunaux de grande instance ont été rétablis, les barreaux correspondants ont été reconstitués [3].

113.44 Effets du regroupement. Les barreaux réunis ne forment plus qu'un seul barreau doté d'une personnalité civile unique, administré par un seul conseil de l'Ordre et dirigé par un seul bâtonnier. Avant la réforme de la postulation [4], la conséquence était que les avocats composant ce barreau unique pouvaient exercer les prérogatives attachées au monopole des anciens avoués près les tribunaux de grande instance [devenus tribunaux judiciaires] devant chacun des tribunaux du ressort du nouveau barreau regroupé. Aujourd'hui, les avocats peuvent postuler devant l'ensemble des tribunaux judiciaires du ressort de cour d'appel dans lequel ils ont établi leur résidence professionnelle [5], qu'il y ait eu ou pas un regroupement de barreaux. Même sans regroupement de barreaux si le nombre des avocats inscrits au tableau et résidant dans le ressort d'un tribunal judiciaire est jugé par la cour insuffisant pour l'expédition des affaires, les avocats d'autres barreaux de la même cour peuvent se voir autoriser à diligenter les actes de procédure encore soumis à une stricte territorialité locale, dans ce ressort [6]. Cette autorisation est donnée par la cour d'appel.

Il existe dans la région parisienne un régime de multipostulation, qui a été conservé et aménagé à l'occasion de la réforme de 2015. Les avocats des barreaux de Paris, Bobigny, Créteil et Nanterre peuvent postuler auprès de chacune de ces juridictions. Ils peuvent postuler auprès de la cour d'appel de Paris quand ils ont postulé devant l'un des tribunaux judiciaires de Paris, Bobigny et Créteil, et auprès de la cour d'appel de Versailles quand ils ont postulé devant le tribunal judiciaire de Nanterre [7]. Les deux autres régimes de multipostulation (Bordeaux-Libourne et Nîmes-Alès) ont perdu leur raison d'être.

113.45 Questions d'intérêt commun. Conscient à juste titre de ce que les regroupements risquaient d'être peu nombreux, le législateur a aussi prévu la possibilité pour les ordres d'avocats de mettre en œuvre, par délibération conjointe, dans le cadre des dispositions législatives et réglementaires, les moyens appropriés pour régler les questions d'intérêt commun.

L'énumération d'origine comportait l'informatique, la formation professionnelle, la représentation de la profession et le régime de la garantie [8]. Elle a été complétée par la communication électronique, mais il ne s'agit que d'exemples, la liste n'étant pas limitative. D'ailleurs, la formation a été confiée à des centres régionaux de formation professionnelle, de sorte que le barreau a aujourd'hui perdu l'essentiel de ses attributions dans ce domaine. Le lien entre barreau et territorialité de la postulation a aussi été rompu par la loi du 6 août 2015. La discipline n'est plus exercée dans le ressort étroit du barreau [9]. Plus fondamentalement encore, la loi confère au CNB la charge de la représentation de la profession [10].

113.46 Question d'intérêt commun relative à la procédure d'appel. Les avocats membres des barreaux situés dans le ressort de chaque cour d'appel avaient été autorisés à assurer les fonctions de représentation, antérieurement dévolues aux avoués, en raison de la suppression des avoués près la cour d'appel par la loi du 25 janvier 2011 [11]. Cette réforme, qui s'est doublée de la mise en place de la communication électronique a conduit à organiser la représentation institutionnelle des barreaux, dans leur relation avec la cour. L'ensemble des bâtonniers des barreaux de chaque ressort de cour d'appel doit désigner, tous les deux ans, à la majorité, dans le premier mois de l'année civile, le bâtonnier en

1. Limoges, 11 mars 2015, RG n° 14/01362.
2. Cass., req., 15 févr. 1937, *DH* 1937, 161.
3. Reconstitution des barreaux de Saint-Gaudens, Saumur et Tulle depuis le 1er sept. 2014.
4. V. s[s] n° 113.41.
5. L. n° 71-1130, 31 déc. 1971, art. 5, § 2.
6. L. n° 71-1130, 31 déc. 1971, art. 5, § 3.
7. L. n° 71-1130, 31 déc. 1971, art. 5-1.
8. L. n° 71-1130, 31 déc. 1971, art. 18.
9. V. s[s] n° 118.11.
10. V. s[s] n° 112.11.
11. L. n° 2011-94, 25 janv. 2011 portant réforme de la représentation devant les cours d'appel, *JO* 26 janv., p. 1544.

exercice chargé de les représenter pour traiter de toute question d'intérêt commun relative à la cour d'appel[1]. La décision est communiquée sans délai au premier président et au procureur général.

En cas d'absence de désignation en temps utile, cette représentation est exercée par le bâtonnier du barreau du tribunal judiciaire situé au siège de la cour d'appel, ou à défaut du tribunal judiciaire le plus proche de la cour. La procédure de délibération conjointe[2] s'applique aux décisions prises sur les questions d'intérêt commun relatives à la procédure d'appel. La nécessité de cette coopération est renforcée par le fait que tous les avocats établis dans le ressort d'une cour d'appel ont été autorisés, par la loi du 6 août 2015, à effectuer les actes autrefois réservés aux avoués près le tribunal de grande instance dans tout le ressort de cette cour et aussi à postuler devant ladite cour[3].

1. L. n° 71-1130, 31 déc. 1971, art. 21 – Décr. n° 91-1197, 27 nov. 1991, art. 6-1.
2. V. s^s n° 113.45.
3. L. n° 71-1130, 31 déc. 1971, art. 5.

CHAPITRE
114. Conseil de l'Ordre

SECTION 0
ORIENTEUR

114.00 Sommaire du chapitre.

Division. Le Conseil de l'Ordre traite de toutes les questions intéressant l'exercice de la profession, sa composition dépendant de la taille du barreau (sect. 1), en l'absence de règles de fonctionnement contraignantes et de formalisme des délibérations (sect. 2), selon des modalités d'élection qui applique les principes généraux du droit électoral (sect. 3).

114.01 Textes applicables.

TEXTES TITRÉS

• **L. n° 71-1130, 31 déc. 1971**

art. 16 [Prise en charge des fonctions du conseil dans les barreaux de moins de huit avocats]

art. 17 [Attributions du conseil]

art. 18 [Mise en commun de moyens entre ordres d'une même cour d'appel]

art. 19 [Recours contre les délibérations ou décisions du conseil contraires à des dispositions officielles ou lésant les intérêts professionnels d'un avocat]

art. 20 [Recours contre les décisions du conseil relatives au tableau et aux bureaux secondaires]

• **Décr. n° 91-1197, 27 nov. 1991**

art. 4 [Composition du conseil]

art. 4-1 [Formations plénière et restreinte]

art. 5 [Candidatures et élection des membres du conseil]

art. 6 [Candidatures et élection du bâtonnier et du vice-bâtonnier]

art. 7 [Délégation des pouvoirs par le bâtonnier]

art. 8 [Conditions d'éligibilité aux fonctions de bâtonnier, de vice-bâtonnier ou de membre du conseil]

art. 9 [Dérogations aux conditions d'éligibilité du bâtonnier]

art. 10 [Élection des membres du conseil et durée des mandats]

art. 11 [Élection du bâtonnier et des membres du conseil où le nombre des avocats dépasse ou devient égal à huit]

art. 15 [Recours de l'avocat s'estimant lésé dans ses intérêts professionnels]

art. 16 [Modalités du recours devant la cour d'appel]

art. 17 [Délibérations du barreau en assemblée générale]

art. 18 [Questions examinées en assemblée générale et délibérations du conseil de l'Ordre]

114.02 Jurisprudence de référence.

> Le conseil de l'Ordre dispose d'un pouvoir réglementaire subsidiaire

• **Civ. 1re, 21 oct. 2003,** n° 01-11.169, P I, n° 205.

* V. ss n° 115.32.

« Mais attendu que l'article 17 de la loi du 31 décembre 1971 donne mission au conseil de l'Ordre de traiter toutes questions intéressant l'exercice de la profession et de veiller à l'observation des devoirs des avocats ainsi qu'à la protection de leurs droits, de maintenir les principes de probité, de désintéressement, de modération et de confraternité sur lesquels repose la profession et d'exercer la surveillance que l'honneur et l'intérêt de ses membres rendent nécessaire ; que l'article 53 du même texte renvoie à des décrets en Conseil d'État la précision des modalités de contrôle des conditions dans lesquelles les avocats reçoivent des fonds, effets ou valeurs pour le compte de leurs clients, les déposent dans une caisse créée obligatoirement et en effectuent le règlement ; que l'article 229 du décret d'application édicte que l'avocat procède aux règlements pécuniaires liés à son activité professionnelle en observant les règles fixées par ce texte et par le règlement intérieur du barreau ; que les articles 241 et 241-1 du même texte, relatifs, le premier aux opérations de retrait, le second aux dépôts et maniements de ces fonds, effets ou valeurs, renvoient à un arrêté ministériel, lequel prescrit que la caisse des règlements pécuniaires des avocats doit être en mesure de contrôler, notamment lors des opérations de retrait de fonds, la provenance de ceux-ci et la justification du lien entre les règlements pécuniaires des avocats et les actes juridiques ou judiciaires accomplis par ceux-ci dans le cadre de leur exercice professionnel ; que, dès lors, la cour d'appel, qui n'avait pas à surseoir à statuer sur l'exception d'illégalité de l'article 8 de l'arrêté ministériel du 5 juillet 1996, dépourvue de tout caractère sérieux au regard des textes donnant compétence au conseil de l'Ordre pour fixer les règles applicables aux règlements pécuniaires liés à l'activité professionnelle des avocats, a exactement jugé que le conseil de l'Ordre du barreau de Nice, ainsi investi, par ces dispositions législatives et réglementaires, du pouvoir d'apporter au secret professionnel les dérogations strictement nécessaires à l'organisation du contrôle relatif aussi bien aux dépôts qu'aux retraits opérés sur les comptes ouverts par les avocats auprès de la caisse des règlements pécuniaires, pouvait, sans excéder les limites de son pouvoir réglementaire, obliger les membres de ce barreau à produire un justificatif de la cause et de l'objet de toute opération en débit ou crédit sur le compte "maniements de fonds" ouvert auprès de la caisse des règlements pécuniaires des avocats ; qu'ainsi, le moyen ne peut être accueilli. »

> Toute décision ou délibération faisant grief à un avocat peut être frappée d'appel

• **Civ. 1re, 19 janv. 1994,** n° 91-21.821, P I, n° 26.

* V. s^s n° 115.41.

« Vu l'article 19, alinéa 2, de la loi n° 71-1130 du 31 décembre 1971 ;

Attendu que, selon ce texte, peuvent être déférées à la cour d'appel, à la requête de l'intéressé, les délibérations ou décisions du conseil de l'Ordre de nature à léser les intérêts professionnels d'un avocat ;

Attendu que, pour se déclarer "incompétente" pour statuer sur le recours formé par M. X... contre les décisions prises par le conseil de l'Ordre les 8 et 15 avril 1991, la cour d'appel a énoncé que ces délibérations, qui ne faisaient que fixer la période d'interdiction de cet avocat, dont le principe et l'exécution ne pouvaient être remis en cause, avaient un caractère administratif et non juridictionnel, ne relevant pas du contentieux de la discipline ;

Attendu qu'en statuant ainsi, alors que le recours ouvert par le texte susvisé n'est pas limité aux délibérations ou décisions de caractère juridictionnel, la cour d'appel a violé ces dispositions. »

114.03 Bibliographie indicative.

* Aussi : v. s^s n° 11.03.

Articles. G. Danet et Ch. Ceccaldi, « Rôle et limite du pouvoir ordinal », *RJB* 2000, n° 59-60, p. 191 – R. Martin, « Du règlement intérieur des ordres d'avocats », *JCP* 1999. I. 172 – G. Teboul, « Le conseil de l'Ordre est-il utile ? », *Gaz. Pal.* 2-3 déc. 2009, p. 2.

114.05 Les « députés par le banc ». Le conseil de l'Ordre est l'organe délibérant, législatif et disciplinaire de chaque barreau. Il tire son origine de l'assemblée des anciens « députés par les bancs ».

En effet les avocats, depuis le Moyen Âge, se groupaient par bancs, jugeant qu'en raison de leur nombre c'était l'unique moyen de se retrouver facilement pour conférer des affaires du Palais ou de leurs affaires propres ; ces bancs, à Paris, étaient placés auprès des piliers de la grande salle devenue ensuite, dans le palais de justice de l'île de la Cité la salle des pas perdus, et c'est auprès de ces bancs que les avocats rencontraient leurs clients, non loin se tenaient les libraires et les marchands ; chacun de ces bancs avait un nom traditionnel : le 1er banc : pilier des consultations ; le 2e : la prudence ; le 3e : le L couronné ; le 4e : l'épée herminée ; le 5e : le Saint-Esprit et le Soleil d'Or... Le nombre de bancs était fixé, à Paris, à 11 ; il fut porté à 12 en 1711. Chaque banc avait une composition propre ; c'est ainsi que le premier banc se composait uniquement d'anciens et tous les autres bancs étaient présidés par un ancien et comportaient à la fois des avocats inscrits et des plus jeunes ; ils avaient une composition numérique irrégulière, cependant chaque banc députait deux délégués pour deux années et l'assemblée des députés, assistés des anciens bâtonniers et du bâtonnier en exercice formait le conseil de l'Ordre. Les députés étaient choisis par le bâtonnier au sein de chacun des bancs.

114.06 Création des colonnes. À partir de 1781, l'ordre fut divisé en colonnes, au nombre de 10, composées d'un nombre égal d'avocats : 50 à 60 selon les années, qui élisaient des députés renouvelés annuellement et rééligibles et les bancs ne subsistèrent plus, à partir de cette époque, que comme un lieu de réunion. L'assemblée des délégués de colonnes, unis au bâtonnier et aux anciens bâtonniers, formait la chambre des députations qui avait des attributions voisines de celles de l'actuel conseil de l'Ordre ; elle procédait à la rédaction du tableau et formait la juridiction de droit commun en matière disciplinaire.

114.07 Apparition des conseils. Le décret du 14 décembre 1810 institua un conseil dans chaque barreau de plus de 20 membres[1]. L'assemblée générale de l'ordre élisait, parmi les avocats inscrits au tableau et présents, un nombre double de candidats pour le conseil de discipline choisis pour les deux tiers parmi les plus anciens dans l'ordre du tableau. Cette liste de candidats était transmise au procureur général qui nommait les membres du conseil de discipline, à proportion de 5 si le barreau comportait de 20 à 30 membres, de 7 entre 30 et 50, de 9 entre 50 et 100 et de 15 au-dessus de 100.

NOMBRE DES MEMBRES DU CONSEIL DE DISCIPLINE SUIVANT LE NOMBRE DES AVOCATS DISPOSANT DU DROIT DE VOTE (EN 1810)

Membres du barreau	Membres du conseil de discipline
• 20 à 30	5
• 30 à 50	7
• 50 à 100	9
• 100 et plus	15

1. Décr. 14 déc. 1810 contenant Règlement sur l'exercice de la Profession d'Avocat et la discipline du Barreau, *Bull. lois*, 4e série, t. XIII, n° 332, art. 2.

L'ordonnance du 20 novembre 1822[1] composait le conseil de discipline de tous les anciens bâtonniers, des deux plus anciens de chaque colonne suivant l'ordre du tableau et d'un secrétaire élu parmi tous les avocats âgés de 30 ans accomplis et ayant au moins 10 ans d'exercice. Cette élection pour une année avait lieu à la majorité absolue des suffrages ; ainsi, lors de l'élection annuelle par l'assemblée générale des avocats, un seul membre du conseil était-il élu, le secrétaire.

À partir de juillet 1830, le conseil de l'Ordre, de même que le bâtonnier, fut élu librement et au suffrage universel, par tous les avocats inscrits au tableau ; aucune candidature n'était imposée par la loi et si d'anciens bâtonniers figurent dans les conseils de l'Ordre, c'est en vertu d'une tradition et non plus en vertu d'une obligation légale. Le nombre d'avocats nécessaire à l'époque pour qu'un barreau puisse procéder à l'élection d'un conseil de l'Ordre était réduit à 6 membres au lieu de 20 précédemment. L'élection avait lieu au scrutin de liste et à la majorité relative des membres présents. Le décret du 22 mars 1852[2] substitua à la majorité relative la majorité absolue ; dès lors l'élection qui, dans le système de 1830, avait lieu par un seul scrutin dura désormais à Paris, 2, 3 jours ou plus (en 1865 : 5 jours).

Le Second Empire fut marqué par une crainte de la démocratie au barreau, c'est ainsi que le conseil de discipline se vit impartir, par l'article 2 du décret du 22 mars 1852, le droit d'élire le bâtonnier à la majorité absolue alors que, sous le régime de l'ordonnance du 27 août 1830[3], il était élu par l'assemblée générale mais, dès la fin de l'Empire, on revint au système de l'ordonnance de 1830 qui n'a été que peu modifiée depuis.

SECTION 1
MISSIONS – COMPOSITION

114.11 Définition. Le conseil de l'Ordre est l'organe délibérant, administratif et réglementaire qui administre le barreau. Ses attributions sont très vastes, puisqu'il peut traiter de toutes les questions intéressant l'exercice de la profession. Il veille à l'observation des devoirs des avocats et à la protection de leurs droits. Il est présidé par le bâtonnier, qui n'en est pas membre.

114.12 Composition du conseil de l'Ordre. La taille du barreau est prise en considération pour déterminer le nombre des membres du conseil de l'Ordre. Ce nombre a été ajusté à plusieurs reprises pour tenir compte de l'évolution démographique des barreaux et, surtout, des nouvelles règles de parité au sein des ordres professionnels instituées par l'ordonnance du 31 juillet 2015[4] et le décret du 22 décembre 2016[5] pris pour son application. La composition du conseil de l'Ordre fixée par l'article 4 du décret du 27 novembre 1991 varie suivant le nombre des avocats disposant du droit de vote. Les avocats disposant du droit de vote sont ceux inscrits au tableau et les avocats honoraires[6]. Il comporte :

– 3 membres dans les barreaux où le nombre des avocats disposant du droit de vote est de 8 à 15 ;

– 6 membres dans les barreaux où le nombre des avocats disposant du droit de vote est de 16 à 50 ;

– 12 membres dans les barreaux où le nombre des avocats disposant du droit de vote est de 51 à 100 ;

– 18 membres dans les barreaux où le nombre des avocats disposant du droit de vote est de 101 à 1 000 ;

– 24 membres dans les barreaux où le nombre des avocats disposant du droit de vote est supérieur à 1 000[7] ;

– 42 membres pour le barreau de Paris[8].

NOMBRE DES MEMBRES DU CONSEIL DE L'ORDRE SUIVANT LE NOMBRE DES AVOCATS DISPOSANT DU DROIT DE VOTE

Membres	Avocats disposant du droit de vote
3	• 8 à 15
6	• 16 à 50
12	• 51 à 100
18	• 101 à 1 000
24	• Supérieur à 1 000
42	• À Paris

114.13 Bâtonnier non pris en compte. Le bâtonnier en exercice n'est pas compris dans le chiffre fixé

1. Ord. 20 nov. 1822 contenant Règlement sur l'exercice de la profession d'Avocat et la discipline du Barreau, *Bull. lois*, 7e série, t. XV, no 566.
2. Décr. 22 mars 1852 relatif aux Élections du Barreau, *Bull. lois*, 10e série, t. IX, no 506.
3. Ord. 27 août 1830 contenant des Dispositions sur l'exercice de la profession d'Avocat, *Bull. lois*, 9e série, t. I, part. II, no 7.
4. Ord. no 2016-949, 31 juill. 2015 relative à l'égal accès des femmes et des hommes au sein des ordres professionnels, *JO* 2 août, no 13.
5. Décr. no 2016-1817, 22 déc. 2016 relatif aux élections aux conseils de l'ordre des avocats et au conseil national des barreaux, *JO* 23 déc., no 42.
6. L. no 71-1130, 31 déc. 1971 portant réforme de certaines professions judiciaires et juridiques, *JO* 5 janv., p. 131, art. 16.
7. Décr. no 2016-1817 du 22 déc. 2016 modifiant le décret no 91-1197 du 27 novembre 1991 organisant la profession d'avocat, art. 2.
8. Décr. no 2004-577, 15 juin 2004, art. 1er, art. 2.

pour la composition du conseil de l'Ordre[1]. Le bâtonnier ne fait pas partie du conseil de l'Ordre, même s'il le préside et s'il est soumis aux mêmes règles d'éligibilité que les membres du conseil. Cette doctrine découle des dispositions relatives à l'élection du conseil de l'Ordre et à celle du bâtonnier, selon lesquelles l'élection du bâtonnier se fait séparément et précède celle des membres du conseil, mais le bâtonnier préside de droit le conseil de l'Ordre[2].

Dans les barreaux qui en décident ainsi, le bâtonnier peut être assisté d'un vice-bâtonnier. Initialement, celui-ci était compté au nombre des membres du conseil de l'Ordre[3].

Le vice-bâtonnier siège au conseil de l'Ordre sans en être membre et il dispose seulement d'une voix consultative[4]. Son statut a évolué, pour mettre fin à une incohérence. Précédemment, le vice-bâtonnier siégeait au conseil de l'ordre en qualité de membre, son élection précédant celle de ses autres membres. Cette solution présentait quelque étrangeté, puisque le vice-bâtonnier disposait en conséquence du droit de vote, alors que le bâtonnier n'en disposait pas.

114.14 Barreaux comprenant moins de huit avocats. Dans les barreaux où le nombre des avocats inscrit au tableau est inférieur à 8, les fonctions du conseil de l'Ordre, et seulement celles-ci, sont remplies par l'assemblée générale du tribunal judiciaire[5].

Lorsque le nombre des avocats d'un barreau devient au moins égal à 8, le bâtonnier et les membres du conseil de l'Ordre sont élus dans le délai d'un mois après la dernière inscription. Le bâtonnier et les membres du conseil de l'Ordre entrent en fonction dès la proclamation des résultats[6].

Si cette élection intervient au cours du premier semestre de l'année, le premier renouvellement partiel a lieu, la même année, à la période prévue par l'article 11 paragraphe 2 du décret du 27 novembre 1991. Si l'élection intervient au cours du deuxième semestre de l'année, le premier renouvellement partiel a lieu l'année suivante, à la période prévue à l'article 11 paragraphe 3. En vue des deux premiers renouvellements partiels du conseil de l'Ordre, les membres sortants sont désignés par voie de tirage au sort.

114.15 Exigence de parité – Instauration d'un scrutin binominal mixte. La prise par ordonnance de mesures relevant du domaine de la loi, nécessaires pour favoriser l'égal accès des femmes et des hommes au sein des conseils, conseils supérieurs, conseils nationaux, régionaux, interdépartementaux et départementaux des ordres professionnels, a été consentie au gouvernement, dans les conditions prévues à l'article 38 de la Constitution, par l'article 76 de la loi du 4 août 2014 pour l'égalité réelle entre les hommes et les femmes[7]. Les conseils de l'Ordre figurent dans la liste des organes dont la composition doit respecter la parité entre femmes et hommes.

L'ordonnance du 31 juillet 2015, dite Parité, prévue par l'article 76 est intervenue le 31 juillet 2015[8]. Elle est entrée en vigueur le 1er janvier 2016. Son article 8 modifie l'article 15 de la loi du 31 décembre 1971.

Pour garantir la parité au sein des conseils de l'Ordre, le mode électoral a été modifié. Depuis, ce sont des binômes, composés de personnes de sexe différent qui sont élus[9]. Cependant, lorsque le corps électoral (avocats inscrits au tableau et avocats honoraires) compte trente membres ou moins, ces règles ne s'appliquent pas.

SECTION 2
FONCTIONNEMENT

114.21 Absence de règles de fonctionnement contraignantes. Ni la loi ni le décret ne rentrent dans le détail du fonctionnement du conseil de l'Ordre et le RIN, pas davantage. Les seules dispositions impératives relatives au fonctionnement du conseil de l'Ordre se trouvent dans le décret du 27 novembre 1991 et concernent les conditions dans lesquelles il délibère. Le conseil de l'Ordre ne siège valablement que si plus de la moitié de ses membres sont présents. Il statue à la majorité des voix[10]. C'est donc au règlement intérieur de chaque barreau de fixer les règles de fonctionnement du conseil de l'Ordre. Pourtant, il est souvent taisant, de sorte que la seule référence reste l'usage du barreau.

1. Civ. 23 juin 1938, *DP* 1938. 1. 105, note Appleton.
2. L. n° 71-1130, 31 déc. 1971, art. 15 – Décr. n° 91-1197, 27 nov. 1991, art. 6.
3. Décr. n° 2009-1233, 14 oct. 2009 modifiant le décret n° 91-1197 du 27 novembre 1991 et relatif au vice-bâtonnier, *JO* 16 oct., p. 16931, art. 2.
4. Décr. n° 2011-1985, 28 déc. 2011 relatif au vice-bâtonnier, à l'arbitrage du bâtonnier et aux mentions de spécialisation des avocats, *JO* 29 déc., p. 22573.
5. L. n° 71-1130, 31 déc. 1971, art. 16 – COJ, art. L. 211-7.
6. Décr. n° 91-1197, 27 nov. 1991, art. 11.
7. L. n° 2014-873, 4 août 2014 pour l'égalité réelle entre les femmes et les hommes, *JO* 5 août, p. 12949.
8. Ord. n° 2015-949, 31 juill. 2015 relative à l'égal accès des femmes et des hommes au sein des ordres professionnels, *JO* 2 août, p. 13241.
9. Décr. n° 91-1197, 27 nov. 1991, art. 5.
10. Décr. n° 91-1197, 27 nov. 1991, art. 4.

114.22 Ordre du jour. Il n'y a pas d'ordre du jour obligatoire en matière de réunion du conseil de l'Ordre. La régularité des séances du conseil de l'Ordre n'est donc pas soumise à l'envoi d'une convocation précisant un ordre du jour préalablement défini[1].

Le conseil et le bâtonnier peuvent donc délibérer sur toutes les questions de leur compétence même non portées à l'ordre du jour[2], comme par exemple, le montant de la rétrocession minimale des collaborateurs libéraux de première année.[3]

114.23 Absence de formalisme des délibérations. Les délibérations ne sont soumises à aucun formalisme particulier. On peut user d'un simple vote émis à l'occasion d'une discussion d'ordre général, voire d'une décision implicite entraînant *ipso facto* et par voie de conséquence une modification du règlement intérieur ou une disposition d'ordre financier[4].

Il suffit que le conseil soit régulièrement composé et réuni et que les délibérations soient approuvées à la majorité des membres présents, le procès-verbal établi par le secrétaire du conseil suffit à prouver la régularité de la délibération qu'aucun des membres n'a contestée même s'il ne donne aucune précision sur le nombre de voix par lesquelles elle a été acquise[5].

On peut donc imaginer que le conseil de l'Ordre ne tienne pas de registre de ses séances, comme peut le faire un conseil d'administration normal[6]. Ce n'est en effet que dans le cas où il délibère sur les avis et les vœux exprimés par l'assemblée générale que ses décisions doivent être portées sur un registre spécial, tenu à la disposition de tous les avocats[7].

Toutefois les nécessités de toute organisation imposent, qu'en pratique, les séances du conseil de l'Ordre fassent l'objet d'un procès-verbal, mentionnant les noms des présents. Ce procès-verbal a vocation à être approuvé lors de la séance qui suit celle à l'occasion de laquelle il a été établi. Une fois approuvés et signés par le bâtonnier et/ou le secrétaire du conseil, les procès-verbaux sont conservés dans l'ordre chronologique dans un registre La production d'un extrait de ce registre permettra, s'il en est besoin, de justifier de la nature et de la date de la délibération prise par le conseil de l'Ordre[8]. Si une délibération est annulée à la suite d'un recours, la décision d'annulation pourra être insérée au registre des délibérations[9].

114.24 Publicité des séances. En l'absence de dispositions particulières, les séances du conseil de l'Ordre peuvent être publiques[10]. Plusieurs barreaux organisent la représentation du « jeune barreau », constitué par les avocats qui ne remplissent pas les conditions d'ancienneté pour être éligibles au conseil de l'Ordre, en leur permettant d'élire un ou plusieurs délégués, qui assistent aux séances du conseil de l'Ordre, sans en faire partie. Dans certains barreaux, le secrétaire général de l'ordre assiste également aux séances. Enfin, dans les barreaux de plus de 500 membres, les formations restreintes, qui siègent dans les domaines énumérés par la loi, peuvent comporter d'anciens membres du conseil de l'Ordre[11].

114.25 Publicité des délibérations. On distingue en général les délibérations communicables, qui concernent tout ou partie de la collectivité et les délibérations individuelles, non communicables. S'agissant des premières, elles sont destinées le plus souvent à être diffusées et à recevoir une publicité selon les formes décidées par le conseil. Les procès-verbaux communicables peuvent ainsi être publiés dans le bulletin de l'ordre ou sur son site internet... Les délibérations relatives à l'établissement ou à la modification du règlement intérieur doivent être portées à la connaissance de tous les avocats inscrits au tableau et être communiquées au premier président de la cour d'appel et au président du tribunal judiciaire.

L'information des tiers est assurée par le dépôt du règlement intérieur de l'ordre au greffe de chaque juridiction près laquelle est établi le barreau, où il peut être consulté par tout intéressé. Les décisions prises pour répondre aux vœux exprimés par l'assemblée générale font aussi l'objet d'une publicité obligatoire qui prend la forme d'une inscription sur un registre spécial tenu à la disposition de tous les avocats. Pour toutes les décisions faisant grief, c'est la date de la publication de la décision qui constitue le point de départ du délai de recours[12].

114.26 Délivrance d'un procès-verbal de délibération d'un conseil de l'Ordre. Un particulier ayant requis la délivrance d'un procès-verbal de délibération d'un conseil de l'Ordre, invoquant les dispositions de la loi du 17 juillet 1978[13] sur la communi-

1. Grenoble, 15 nov. 2010, RG n° 10/01390.
2. Lyon, 26 juill. 1993, *Gaz. Pal.* 16 sept. 1993, p. 11, note A. Damien.
3. Grenoble, 15 nov. 2010, RG n° 10/01390.
4. Caen, 15 oct. 1982, *Gaz. Pal.* 1982. 2. 664, note A. D. ; *D.* 1984. 115.
5. Caen, 15 oct. 1982, *Gaz. Pal.* 1982. 2. 664 ; – RAPPR. : Pau, 3 févr. 1982, *Gaz. Pal.* 1982. 1. 194 – Lyon, 26 juill. 1992, *Gaz. Pal.* 26 sept. 1992, p. 11, note A. D.
6. TGI Bordeaux, 20 juill. 1987, *D.* 1988. 235, note A. Brunois.
7. Décr. n° 91-1197, 27 nov. 1991, art. 18.
8. Civ. 1re, 28 avr. 1998, n° 95-21.409, NP.
9. Caen, 7 mai 2010, RG n° 10/00307.
10. Grenoble, 15 nov. 2010, RG n° 10/01390.
11. V. ss n° 114.28.
12. Décr. n° 91-1197, 27 nov. 1991, art. 15.
13. L. n° 78-753, 17 juill 1978 portant diverses mesures d'amélioration des relations entre l'Administration et le public et diverses dispositions d'ordre administratif, social et fiscal, *JO* 18 juill., p. 2851.

cation des actes administratifs, le conseil de l'Ordre du barreau de Pontoise a refusé, par délibération du 25 octobre 1982[1], de satisfaire à cette demande en indiquant que le barreau n'était pas une autorité administrative et qu'une délibération du conseil de l'Ordre n'étant pas un document administratif, les dispositions de la loi du 17 juillet 1978 étaient inapplicables en l'espèce.

La commission de recours contre le refus de communication des actes et documents administratifs (Cada) a émis un avis opposé, compte tenu du fait que les ordres professionnels sont des organisations chargées d'une mission de service public et, à ce titre, soumises aux dispositions de l'article 2[2] de la loi du 17 juillet 1978.

Le tribunal administratif de Versailles, par une décision du 15 décembre 1983[3] a ordonné la communication sollicitée aux motifs que les ordres d'avocats concourent au service public de la justice par délégation du législateur et que les tribunaux administratifs sont compétents pour ordonner la communication administrative dès lors que le demandeur ne disposait d'aucune voie de droit devant l'autorité judiciaire lui permettant de l'obtenir. Le Conseil d'État, dans une affaire similaire, a refusé la communication sollicitée[4].

L'arrêt du 15 décembre 1983 a été infirmé par un arrêt du Conseil d'État du 6 juin 1986[5] qui confirme la compétence de la juridiction administrative pour statuer sur la demande de communication d'un document administratif à un ordre d'avocats mais qui indique que la délibération du conseil de l'Ordre relative à un litige opposant le barreau de Pontoise à un conseil juridique n'était pas, par sa nature et son objet, au nombre des documents qui, par application des articles 1 et 6 *bis* de la loi du 17 juillet 1978, doivent être communiqués sur leur demande aux personnes qu'ils concernent.

Il a été jugé que pour décider dans la forme administrative, la suite à donner à une réclamation contre une décision d'ordre administratif par lui prise, aucun principe ni aucun texte n'impose au conseil de l'Ordre de communiquer les documents sur la base desquels a été prise la décision critiquée.

1. CO Pontoise, 25 oct. 1982.
2. L. n° 78-753, 17 juill 1978, art. 2.
3. TA Versailles, 15 déc. 1983, *Gaz. Pal.* 1984. 2. 480, note H. Gaudemet ; *D.* 1984. 105, note A. Brunois.
4. CE 27 sept. 1985, *Ordre des avocats du barreau de Lyon c/ Bertin*, req. n° 56543, *Lebon* 267 ; *Gaz. Pal.* 1986. 2. 394 ; *RFDA* 1986. 183 s., concl. R. Denoix de Saint-Marc ; *D.* 1986. 504, note H. Amiel – AUSSI : CE 9 mars 1983, *« SOS Défense » (Assoc.)*, req. n° 43501, *Lebon T ; AJDA* 1983. 431.
5. CE 6 juin 1986, *Ordre des avocats au barreau de Pontoise c/Jaugey*, req. n° 57285, *Lebon ; Gaz. Pal.* 7 oct. 1986, 8 ; *D.* 1986. 504, note H. Amiel.

En revanche, dans le cas du recours formé contre cette décision qui est de nature contentieuse la communication de pièces doit avoir lieu et, par là même, les documents financiers et comptables examinés par le conseil d'administration de la Carpa, le budget prévisionnel de l'ordre, les lettres et engagements de banques, les lettres et engagements signés du conseil de l'Ordre envers tous organismes bancaires, la chambre de commerce et d'industrie, de toute autre personne engagée dans le cadre d'une acquisition d'une maison de l'avocat décidée[6].

Les délibérations individuelles ne sont pas destinées à être communiquées à un autre que l'intéressé. Toutefois, lorsque la décision a une incidence sur la présence de l'avocat au tableau, elle reçoit de ce fait une publicité indirecte. Enfin, certaines délibérations doivent faire l'objet d'une publicité spéciale. C'est ainsi que la délibération fixant la composition des formations restreintes[7] doit faire l'objet d'une notification au procureur général[8].

114.27 **Fonctions particulières de certains membres du conseil de l'Ordre.** Le conseil de l'Ordre peut désigner en son sein un ou plusieurs membres chargés de fonctions particulières et précises. Toutefois aucun d'entre eux ne dispose de pouvoirs propres. Ils n'agissent que par délégation du bâtonnier ou du conseil.

Il peut s'agir notamment d'un trésorier ou d'un secrétaire. Ces fonctions ne sont pas prévues par la loi. C'est cependant le secrétaire de l'ordre qui est chargé de notifier la décision rendue par le bâtonnier pour trancher une contestation relative au montant des honoraires[9]. La tradition des barreaux a cependant créé ces fonctions administratives.

Le secrétaire est généralement chargé d'établir le compte rendu des réunions du conseil. Il certifie conforme les délibérations du conseil. Le trésorier établit la comptabilité de l'ordre et en rend compte au bâtonnier et au conseil ; il a généralement la signature sur les comptes bancaires de l'ordre.

Des commissions peuvent également être constituées, chargées, dans les domaines qui leur ont été assignés, de préparer les délibérations du conseil.

114.28 **Formations restreintes.** Lorsqu'un barreau comprend au moins cinq cents avocats disposant du droit de vote, le conseil de l'Ordre peut siéger, en formation restreinte. La ou les formations restreintes ont compétence pour statuer sur l'inscription au tableau du barreau ou sur l'omission du tableau, sur l'autorisation d'ouverture de bureaux secondaires ou le retrait de cette autorisation.

6. Lyon, 26 juill. 1993, *Gaz. Pal.* 16 sept. 1993, p. 11.
7. V. s^{s} n° 114.28.
8. Décr. n° 91-1197, 27 nov. 1991, art. 4-1.
9. Décr. n° 91-1197, 27 nov. 1991, art. 175.

Chaque formation doit comporter cinq membres et être présidée par le bâtonnier ou un ancien bâtonnier. Il peut être fait appel, pour composer ces formations à d'anciens membres du conseil de l'Ordre ayant quitté leurs fonctions depuis moins de huit ans. Ils sont choisis sur une liste arrêtée chaque année par le conseil de l'Ordre. La délibération qui fixe la composition des formations restreintes est notifiée par lettre recommandée avec demande d'avis de réception au procureur général.

La formation restreinte peut renvoyer l'affaire à la formation plénière, mais ce renvoi ne peut être décidé qu'après audition de l'avocat qui comparaît. Lorsqu'il existe plusieurs formations restreintes au sein d'un même conseil de l'Ordre, la répartition des affaires est effectuée selon les modalités fixées par le règlement intérieur[1].

SECTION 3
ÉLECTIONS

114.31 Conditions d'éligibilité. Seul un avocat inscrit au tableau peut être élu membre du conseil de l'Ordre (MCO).

Il faut aussi, dans les barreaux comprenant plus de 16 avocats, avoir prêté serment depuis un certain temps : quatre années au 1er janvier de l'année de l'élection[2].

Le conseil de l'Ordre ne peut comprendre en même temps les avocats associés d'une même SCP dans une proportion supérieure à deux cinquièmes, selon l'article 47, alinéa 3[3], du décret du 20 juillet 1992. La prohibition est identique pour les avocats associés d'une société d'exercice libéral[4]. Le législateur a eu en effet conscience du danger que ferait courir à l'indépendance du conseil de l'Ordre une mainmise d'avocats qui, en raison de leur communauté d'intérêts et des liens affectifs que le travail en groupe crée, n'auraient plus une liberté d'appréciation totale et fausseraient ainsi les votes. En pratique, si un avocat élu fait dépasser, du fait de son élection, le quota précité, le bâtonnier ne le proclame pas élu et procède à un nouveau tour. Si deux membres d'une même SCP ou d'une même SEL étaient élus ensemble à l'issue d'un même tour, le plus âgé dans l'ordre du tableau, serait seul proclamé élu. En revanche, le législateur n'ayant pas étendu expressément cette prohibition aux avocats liés par un contrat d'association ou par un contrat de collaboration, elle doit être réservée aux seuls membres des SCP et des SEL.

Pour la détermination du nombre des membres composant le conseil de l'Ordre, chaque associé d'une SCP ou d'une SEL est décompté individuellement. Les sociétés elles-mêmes ne sont pas comptées comme électeurs, si ce n'est par leurs membres.

Le règlement pratique de ces difficultés, heureusement peu nombreuses, risque d'être sérieusement compliqué par l'adoption du scrutin binominal.

114.32 Modalités des élections des MCO – Scrutin binominal mixte. En raison des dispositions introduites pour assurer la parité[5], il existe deux modes de scrutin différents, selon l'effectif du barreau. La règle du scrutin uninominal majoritaire à deux tours, qui était la règle, est devenue l'exception. Elle reste cependant applicable dans les barreaux où le nombre de votants est égal ou inférieur à trente. Pour les autres barreaux dépassant ce seuil de trente membres, à compter du 1er janvier 2016, par application des dispositions de l'ordonnance du 31 juillet 2015 relative à l'égal accès des hommes et des femmes au sein des ordres professionnels, les membres du conseil de l'Ordre sont élus au scrutin secret binominal mixte majoritaire à deux tours[6]. Chaque binôme est composé de candidats de sexe différent. Tous les barreaux auxquels ce dernier mode de scrutin est applicable sont[7] dotés d'un conseil de l'Ordre comprenant un nombre pair de membres. Le tirage au sort, pour déterminer celui des membres du dernier binôme élu qui siégera au conseil, auquel il faut procéder, dans les cas où le conseil de l'Ordre comprend un nombre impair de membres, ne devrait donc plus avoir d'occasion d'être effectué, sauf à l'occasion des renouvellements partiels[8]. Son principe, validé par le Conseil d'État[9], est ainsi resté inscrit dans la loi[10].

Les élections générales ont lieu dans les trois mois qui précèdent la fin de l'année civile, à la date fixée par le conseil de l'Ordre[11]. Quelle que soit la date de l'élection, le mandat commence au début d'une année civile, pour se terminer à la fin d'une année civile. Les membres du conseil de l'Ordre sont élus

1. L. n° 71-1130, 31 déc. 1971, art. 17, 1° – Décr. n° 91-1197, 27 nov. 1991, art. 4-1.
2. Décr. n° 91-1197, 27 nov. 1991, art. 9.
3. Décr. n° 92-680, 20 juill. 1992 pris pour l'application à la profession d'avocat de la loi n° 66-879 du 29 novembre 1966 relative aux sociétés civiles professionnelles, *JO* 22 juill., art. 47, al. 3.
4. Décr. n° 93-492, 25 mars 1993 pris pour l'application à la profession d'avocat de la loi n° 90-1258 du 31 décembre 1990 relative à l'exercice sous forme de sociétés des professions libérales soumises à un statut législatif ou réglementaire ou dont le titre est protégé, *JO* 27 mars, p. 4930, art. 24.
5. V. ss n° 114.15.
6. Décr. n° 91-1197, 27 nov. 1991, art. 5, II ; – SUR LEQUEL : S. Bortoluzzi, *JCP* 2017. Doctr. 660, n° 20.
7. V. ss n° 114.12.
8. V. ss n° 114.37.
9. CE 30 nov. 2016, req. n° 393896.
10. L. n° 71-1130, 31 déc. 1971, art. 15.
11. Décr. n° 91-1197, 27 nov. 1991, art. 10.

pour trois ans, au scrutin secret, par tous les avocats inscrits au tableau et par les avocats honoraires[1]. Le conseil de l'Ordre est renouvelable par tiers chaque année. Le règlement intérieur fixe les modalités de l'élection.

Dans les barreaux de moins de trente membres, lorsque plusieurs candidats obtiennent le même nombre de voix, c'est le candidat dont la date d'inscription à un tableau est la plus ancienne qui est déclaré élu. À égalité d'ancienneté, c'est le candidat le plus âgé.

Dans les barreaux de plus de trente membres, si plusieurs binômes obtiennent le même nombre de voix, c'est le binôme qui comporte le candidat dont la date d'inscription à un tableau est la plus ancienne qui est déclaré élu. À égalité d'ancienneté, c'est le binôme qui comporte le candidat le plus âgé[2].

114.33 Application des principes généraux du droit électoral. Les règles du droit électoral (secret du vote, pointage et signature d'une liste d'émargement, non-prise en compte des bulletins blancs...) sont applicables aux élections professionnelles, placées sous la responsabilité du bâtonnier et du barreau, de façon à assurer la sincérité des opérations de vote et à permettre leur contrôle par le juge[3]. La validité d'une clause du règlement intérieur autorisant chaque électeur à disposer de plusieurs mandats est donc susceptible d'être mise en cause, puisqu'elle est contraire au principe général de droit électoral qui veut qu'un électeur ne puisse disposer de plus d'une procuration[4].

L'absence de déclaration de candidature sur le registre prévu à cet effet ne porte atteinte ni à la liberté de choix des électeurs, ni au secret du vote, ni à la sincérité du scrutin[5]. Le défaut d'inscription d'un avocat sur ce registre n'est donc pas une cause d'inéligibilité.

114.34 Déroulement des élections - Renvoi. Le mode de déroulement des élections, la computation des suffrages, la date des élections et le mode de convocation sont les mêmes que ceux indiqués pour l'élection du bâtonnier. Les développements qui suivent traitent des règles propres à l'élection des membres du conseil de l'Ordre[6].

114.35 Recours - Renvoi. Les élections au conseil de l'Ordre notifiées au procureur général sont susceptibles des mêmes recours que l'élection du bâtonnier[7].

114.36 Réélection. Les membres du conseil de l'Ordre sont immédiatement rééligibles à l'expiration d'un premier mandat.

À l'expiration du deuxième de deux mandats successifs, les membres sortants, à l'exception des anciens bâtonniers, ne sont rééligibles qu'après un délai de deux ans. Ce délai est réduit à un an dans les barreaux de moins de seize avocats disposant du droit de vote.

L'interdiction de se représenter après un second mandat est un moyen de contraindre les avocats à renouveler leur conseil en évitant le maintien perpétuel de certains membres à cette fonction.

Mais les anciens bâtonniers ne sont pas soumis à cette incapacité de réélection et peuvent donc être réélus au conseil de l'Ordre sans discontinuité[8], pas davantage que les anciens présidents de la commission nationale des conseils juridiques et les anciens présidents des commissions régionales de conseils juridiques, qui leur sont assimilés[9].

A pu poser des difficultés, la situation d'un avocat réélu membre du conseil de l'Ordre pour une seconde fois, à la suite de la démission des membres élus lors du renouvellement du conseil par tiers et dont l'élection a été annulée. L'avocat ainsi réélu a-t-il exercé ou non deux mandats successifs ? Ou au contraire doit-on constater qu'il y a eu interruption de son mandat après l'expiration de son terme et nouveau mandat à compter de nouvelles élections à la suite de l'annulation des précédentes. Il semble qu'on doive considérer que la première élection ayant été considérée comme nulle, la période pendant laquelle l'avocat nouvellement élu n'a plus fait partie du conseil de l'Ordre, ne saurait constituer l'intervalle exigé par l'article 5 III du décret du 27 novembre 1991[10].

114.37 Élections partielles. Les élections partielles ont lieu dans les trois mois de l'événement qui les rend nécessaires[11]. Il peut s'agir d'un événement affectant un des membres du conseil de l'Ordre (décès ou démission du barreau, ou encore démission de membres du conseil), ou le barreau lui-même, à la suite d'une augmentation du nombre des avocats inscrits. Le délai de trois mois est impératif, la décision du bâtonnier de reporter les élections à une date postérieure à l'expiration de ce délai constitue un motif d'annulation de l'élection[12].

1. L. n° 71-1130, 31 déc. 1971, art. 15.
2. Décr. n° 91-1197, 27 nov. 1991, art. 5.
3. Aix-en-Provence, 25 févr. 2000, *JCP* 2000. II. 10324, note R. Martin – Grenoble, 1er juill. 2013, RG n° 13/01038.
4. Civ. 1re, 16 avr. 2015, n° 14-14.309, P I.
5. Civ. 1re, 9 juin 2017, n° 16-17.257, P I ; *JCP* 2017. Doctr. 1104, n° 18, obs. S. Bortoluzzi.
6. Se reporter aussi à ce qui est écrit sur l'élection du bâtonnier, v. ss nos 116.81 à 116.98.
7. V. ss nos 116.81 à 116.98.
8. Décr. n° 91-1197, 27 nov. 1991, art. 5, III.
9. Décr. n° 91-1197, 27 nov. 1991, art. 280.
10. Décr. n° 91-1197, 27 nov. 1991, art. 5, III.
11. Décr. n° 91-1197, 27 nov. 1991, art. 10.
12. Saint-Denis-de-la-Réunion, 27 mars 2012, RG n° 12/00017.

Aucune distinction entre les élections générales et les élections partielles, au regard du mode de scrutin applicable, n'est prévue par l'article 15 de la loi du 31 décembre 1971. Ainsi pour les barreaux comptant plus de trente avocats, il faut considérer que doit s'appliquer le mode de scrutin binomial majoritaire à deux tours. Si ces élections concernent un nombre impair de candidats, par exemple en cas de décès ou démission en cours de mandat d'un membre du conseil de l'Ordre, un tirage au sort devra être effectué pour déterminer le membre élu.

114.38 Difficultés relatives à l'accroissement ou à la réduction de l'effectif. À la différence du remplacement d'un membre démissionnaire ou décédé, l'élection de membres supplémentaires à la suite de l'accroissement de l'effectif des avocats disposant du droit de vote pose des difficultés particulières. Dans le silence des textes, la solution la plus sûre pour traiter les premiers renouvellements triennaux consiste à effectuer un tirage au sort parmi les membres élus en supplément, pour déterminer l'ordre dans lequel ils devront se soumettre à réélection. Si par hasard l'élection des membres supplémentaires a lieu en même temps que l'élection annuelle, il faudra donc veiller à identifier les postes supplémentaires, sous peine de se heurter à des difficultés inextricables. D'autres solutions sont certainement envisageables mais il conviendra de s'assurer de leur viabilité avant de les mettre en œuvre.

Que faire d'autre part lorsque le nombre des avocats tombe à un niveau imposant une réduction du nombre des membres du conseil de l'Ordre ? Doit-on laisser les élus terminer leur mandat de trois ans et ne pas les remplacer, ou tirer au sort les sortants pour redonner immédiatement au conseil une composition régulière ?

La disparition de plusieurs barreaux dans le cadre de la réforme de la carte judiciaire, suivie de la reconstitution de trois d'entre eux a donné l'occasion à une cour d'appel [1] de préciser que la réduction du nombre des avocats d'un barreau ne constitue pas un motif d'interruption avant terme du mandat des membres du conseil de l'Ordre. Le nouvel effectif serait donc atteint sans déroger au calendrier électoral usuel. Les questions de rattrapage d'erreurs qui ont pu être commises dans la détermination des avocats sortants combinés avec l'élection de membres supplémentaires en cas d'augmentation du barreau peuvent aboutir à des situations juridiquement insolubles.

La cour de Bordeaux dans son arrêt du 26 février 1988 [2] préconise une solution empirique qui paraît excellente et qui permet de faire cesser les irrégularités constatées dans les plus brefs délais (dans le cas d'espèce il s'agissait d'une élection complémentaire de deux membres) en obtenant le retrait de deux membres actuellement en fonction. C'est donc au civisme des avocats de déterminer la solution pratique par démission spontanée ou par tirage au sort [3].

Là encore, les dispositions relatives à la parité sont susceptibles de faire surgir des difficultés inédites.

1. Limoges, 1er avr. 2015, RG n° 14/01448.
2. Bordeaux, 26 févr. 1988, *Gaz. Pal.* 23 avr. 1988, 13, note A. Damien.
3. AUSSI : Fort-de-France, 21 avr. 1993, *Gaz. Pal.* 30 oct. 1993, p. 8.

CHAPITRE

115. Conseil de l'Ordre : attributions

SECTION 0
ORIENTEUR

115.00 **Sommaire du chapitre.**

Division. Le Conseil de l'Ordre dispose d'attributions très larges comprenant des fonctions politiques (sect. 1), réglementaires (sect. 2), l'administration du barreau (sect. 3), financières (sect. 4), disciplinaires (sect. 5), comme des fonctions de contrôle (sect. 6) et de collaboration interbarreaux (sect. 7), notamment avec le Conseil national des barreaux (sect. 8).

115.01 **Textes applicables.**

TEXTES TITRÉS

• **L. n° 71-1130, 31 déc. 1971**

art. 17 [Attribution : exercice de la profession]

art. 18 [Attribution : moyen d'intérêt commun]

SECTION 1
ATTRIBUTIONS – FONCTIONS POLITIQUES

115.11 **Rôle politique du conseil de l'Ordre.** À deux reprises, dans le même article[1], la loi investit le conseil de l'Ordre du pouvoir de traiter toutes les questions intéressant l'exercice de la profession, la défense des droits des avocats et la stricte observation de leurs devoirs.

Ce texte a été interprété comme permettant aux conseils de l'ordre d'intervenir librement dans le débat public à l'occasion de la préparation, de la discussion ou de la promulgation de tout texte législatif ou réglementaire concernant les droits ou les devoirs des avocats, le fonctionnement de la justice, la défense des libertés des citoyens et même, de manière plus générale, chaque fois qu'il leur paraissait utile que la voix des avocats se fasse entendre. La question du maintien ou des conditions d'exercice d'un tel pouvoir, est aujourd'hui posée, dès lors que le rôle de représentation de la profession est confié par la loi au Conseil national des barreaux[2].

Saisie d'une demande d'annulation d'un contrat pour violation des dispositions de la loi de 1971 sur les activités réservées, une cour administrative d'appel a rejeté la demande d'un barreau, après avoir constaté que le contrat litigieux n'avait pas été formé dans son ressort, de sorte que seul le conseil national était compétent pour agir.

« Considérant qu'il résulte de ces dispositions que si le conseil de l'Ordre d'un barreau a pour mission de traiter toute question intéressant la profession et la défense des droits des avocats de ce barreau, seul le conseil national des barreaux repré-

1. L. n° 71-1130, 31 déc. 1971 portant réforme de certaines professions judiciaires et juridiques, *JO* 5 janv. 1972, p. 131, art. 17, al. 1, et art. 17, 5°.
2. L. n° 71-1130, 31 déc. 1971, art. 21-1 – V. s^s^ n° 112.11.

sente, au niveau national, la profession d'avocat ; que le contrat litigieux, conclu entre la commune de V... et la société O..., est étranger au ressort de l'ordre des avocats de Paris ; que par suite, à supposer même que, par son objet, ce contrat fût susceptible de porter atteinte aux compétences réservées, par la loi du 31 décembre 1971, aux avocats, l'ordre des avocats de Paris, ne dispose pas d'un intérêt lui donnant qualité pour agir contre ses actes détachables. »[1]

115.12 Défense de la profession – Intervention dans une instance. Le conseil de l'Ordre a pour tâche de traiter toute question intéressant l'exercice de la profession, la défense des droits des avocats et la stricte observation de leurs devoirs, selon l'article 17, 5°, de la loi du 31 décembre 1971, il s'ensuit que le conseil de l'Ordre est recevable à intervenir dans le cadre d'une instance où les principes intéressant la totalité de la profession sont en cause : compatibilité de la profession d'avocat avec un contrat de louage de services[2], action tirée de l'article 4, alinéa 1er, de la loi du 31 décembre 1971 édictant le monopole des avocats à la barre...

Le barreau est en droit, conjointement avec le ministère public, de faire respecter par toute juridiction les principes d'ordre public régissant la profession et donc d'intervenir et d'agir à l'effet de prétendre à la stricte application par toute juridiction des dispositions légales[3].

115.13 Inconvénient : conséquences des décisions du conseil sur la profession. Le pouvoir de traiter toute question intéressant l'exercice de la profession, interprété comme celui pour chaque conseil de l'Ordre de s'exprimer au nom de la profession n'est pas sans inconvénient. Les conseils de l'Ordre prennent des initiatives qui engagent la profession, sans avoir besoin d'en référer à quiconque et sans concertation préalable. En cas d'échec, c'est l'ensemble de la profession qui est susceptible de supporter les conséquences d'une action inopportune, hasardeuse ou simplement mal conduite.

On peut donc s'interroger sur le sens du maintien de cette attribution et ce d'autant plus qu'il existe un risque permanent de conflit de compétences entre les barreaux locaux et l'instance nationale. La loi confie en effet au CNB une mission générale de représentation de la profession, notamment auprès des pouvoirs publics[4] qui implique qu'il s'exprime en son nom. La loi prévoit en outre que le conseil de l'Ordre est chargé d'assurer dans son ressort l'exécution des décisions prises par le CNB[5].

115.14 Défense de la profession – Procédures collectives. Le champ d'application du droit des entreprises en difficulté a été étendu aux avocats par la loi 26 juillet 2005[6]. Cette loi prévoit une participation active du conseil de l'Ordre dans le dispositif. Dans le cadre de cette procédure, le barreau doit faire connaître au greffe du tribunal et aux organes de la procédure la personne habilitée à le représenter[7] ; en l'absence d'une telle déclaration, son représentant légal, c'est-à-dire le bâtonnier, exerce cette fonction.

Le barreau est également associé aux négociations en vue de l'accord. Il doit recevoir communication de la décision du président du tribunal ouvrant la procédure de conciliation et doit l'être par le tribunal lorsque celui-ci statue, le cas échéant sur l'homologation. Il doit pouvoir prendre connaissance de l'accord de conciliation au greffe du tribunal. De même, le tribunal ne peut statuer sur l'opportunité d'ouvrir ou non une procédure de sauvegarde, de redressement ou de liquidation judiciaire qu'après avoir entendu ou appelé le représentant du conseil de l'Ordre.

S'il décide d'ouvrir une procédure, le tribunal devra immédiatement désigner un représentant du barreau dont relève le débiteur aux fins d'exercer les actes de la profession et de veiller au respect du secret professionnel[8].

Le représentant de l'ordre est désigné au rôle de contrôleur par le tribunal[9]. Il doit assister le mandataire judiciaire dans ses fonctions et le juge-commissaire dans sa mission de surveillance. En cas de liquidation, un certain nombre de mesures sont prévues afin de préserver le secret professionnel. Le barreau a notamment la possibilité de solliciter le remplacement du liquidateur. De même, la destination des archives du cabinet liquidé est déterminée par le liquidateur, mais en accord avec le barreau.

115.15 Qualifications professionnelles. Le conseil de l'Ordre a également pour tâche de collaborer avec les autorités compétentes des États membres de l'Union européenne ou des autres États parties à

1. CAA Nantes, 31 mai 2016, req. n° 14NT01012.
2. Paris, 23 févr. 1977, *D.* 1977. 193, note Ph. Jestaz ; *RTD civ.* 1977. 609, obs. J. Normand.
3. RAPPR. : Civ. 1re, 16 déc. 1980, n° 79-14.544, P I, n° 330 ; *Gaz. Pal.* 1981. 1. pan. 138 ; *JCP* 1981. IV. 84.
4. L. n° 71-1130, 31 déc. 1971, art. 21-1 ; mod. par L. n° 2019-1479, 28 déc. 2019, art. 81.
5. L. n° 71-1130, 31 déc. 1971, art. 17, 10°.
6. L. n° 2005-845, 26 juill. 2005 de sauvegarde des entreprises, *JO* 27 juill., p. 12187.
7. Décr. n° 2005-1677, 28 déc. 2005 pris en application de la loi n° 2005-845 du 26 juillet 2005 de sauvegarde des entreprises, *JO* 29 déc., p. 20324.
8. Décr. n° 2005-1677, 28 déc. 2005 pris en application de la loi n° 2005-845 du 26 juillet 2005 de sauvegarde des entreprises, *JO* 29 déc., p. 20324, art. 347 ; abrogé par décr. n° 2007-431, 25 mars 2007, *JO* 27 mars.
9. C. com., art. L. 621-10, al. 4.

l'accord sur l'Espace économique européen pour faciliter l'application de la directive 2005/36[1].

115.16 Répartition des pouvoirs entre le conseil de l'Ordre et le bâtonnier. Le fonctionnement des autorités du barreau est assez étrange[2]. Le bâtonnier possède principalement les pouvoirs qui lui permettent de veiller à la marche quotidienne de l'ordre[3]. Le conseil possède en principe des pouvoirs à caractère plus réglementaire. La répartition des pouvoirs entre ces deux organes n'a cependant jamais été parfaitement tranchée, de sorte que les textes semblent confier des pouvoirs à l'un ou l'autre des organes sans qu'il soit possible de discerner toujours l'idée directrice qui a présidé à leur attribution[4].

Les deux organes de direction sont élus, au suffrage universel, par le même collège électoral. Toutefois ni la durée des mandats, ni le rythme des renouvellements, ne sont les mêmes. Le conseil de l'Ordre possède des pouvoirs propres et partage avec le bâtonnier la charge de diriger le barreau. Rien n'assure au bâtonnier qu'il disposera au conseil de l'Ordre d'une majorité pour appliquer son programme et il n'existe aucun moyen institutionnel de le garantir à l'avance.

Ils ne disposent par ailleurs d'aucun moyen de pression l'un sur l'autre, ni vote de défiance, ni dissolution. En cas de conflit entre ces deux autorités aucun mode de solution n'a été prévu par les textes. Un conflit a donc toutes les chances de ne trouver de solution qu'à l'issue des mandats en cours.

En réalité, la « constitution » du barreau n'a pas été conçue pour permettre à celui-ci de décider et de mener des actions politiques suivies. Ce n'est tout simplement pas la nature du mandat que les avocats confèrent à l'Ordre et à ceux qui l'animent.

115.17 Qualités pour agir du conseil de l'Ordre. Le conseil de l'Ordre agit tantôt en qualité de juridiction tantôt en qualité d'autorité administrative[5]. Même si le contentieux relatif à ces deux types de décisions aboutit nécessairement devant la cour d'appel, cette distinction conserve son intérêt. C'est ainsi que le conseil de l'Ordre ne peut, par exemple, saisir la Cour de justice des Communautés européennes d'un recours en interprétation, que dans les cas où il statue en tant que juridiction[6].

1. Dir. 2005/36, Parlement et Conseil, 7 sept. 2005 relative à la reconnaissance des qualifications professionnelles, *JOUE* 30 sept., p. 22-142 – V. s[s] n°s 212.151 s.
2. L. Karpik, « Démocratie et pouvoir au barreau de Paris », *RF sc. pol.* 1986, vol. 36, n° 4.
3. V. s[s] n°s 116.151 et 116.152 s.
4. A. Damien, *Le barreau quotidien*, Henri Lefebvre, 1971, p. 149 s.
5. CJCE 24 nov. 1977, req. n° 65-77, *Rec.* 1977. 2229 ; *Gaz. Pal.* 1978. 1. 195.

SECTION 2

FONCTIONS RÉGLEMENTAIRES

115.20 Plan. Le conseil de l'ordre établit et modifie le règlement intérieur (§ 1), qui peut faire l'objet de voie de recours (§ 2), le contrôle par la cour d'appel de ces décisions en matière administrative étant un contrôle de légalité et non d'opportunité (§ 3). Le conseil de l'ordre dispose également de fonctions réglementaires variées (§ 4).

§ 1

Règlement intérieur

115.31 Élaboration du règlement intérieur. Le conseil de l'Ordre est doté d'un pouvoir réglementaire. Il dispose du pouvoir d'arrêter et s'il y a lieu de modifier les dispositions du règlement intérieur[7].

115.32 Hiérarchie des normes. Le pouvoir réglementaire du conseil de l'Ordre est cependant subsidiaire par rapport à celui du Conseil national des barreaux (CNB) doté par la loi[8] du pouvoir d'unifier par voie de dispositions générales les règles et usages de la profession d'avocat. Les décisions normatives prises par le Conseil national des barreaux s'imposent à l'ensemble des avocats, sans qu'il soit nécessaire qu'elles soient transposées dans le règlement intérieur des barreaux. En conséquence les dispositions du règlement intérieur du barreau, conformément au principe de la hiérarchie des textes doivent respecter les règles posées par la loi, le décret[9] et le RIN[10].

115.33 Contenu du règlement intérieur. Le règlement intérieur contient tous les éléments que le conseil juge indispensables à définir pour permettre la vie quotidienne du barreau.

Toutefois, le décret du 27 novembre 1991 énumère un certain nombre de cas dans lesquels il renvoie explicitement aux dispositions du règlement intérieur. Il s'agit des modalités de répartition des affaires entre les différentes formations restreintes[11] du conseil de l'Ordre, des modalités d'élection des membres du conseil de l'Ordre et du bâtonnier[12], les modalités selon lesquelles sont prises les délibérations de l'assemblée générale[13], les droits et les devoirs des

6. Civ. 1re, 27 mars 2001, n° 98-15.922, P I, n° 84 ; *JCP* 2001. IV. 1969.
7. L. n° 71-1130, 31 déc. 1971, art. 17, 1°.
8. L. n° 71-1130, 31 déc. 1971, art. 21-1 ; mod. par L. n° 2019-1479, 28 déc. 2019, art. 81.
9. CE 27 juill. 2001, *Ordre des avocats du barreau de Tours*, req. n° 191706, *Lebon* ; *D.* 2002. Jur. 365, note B. Blanchard ; *JCP* 2001. II. 10596, note R. Martin ; *AJDA* 2001. 852 ; *AJDA* 2001. 847, Chron. M. Guyomar et P. Collin.
10. V. s[s] n° 112.21.
11. Décr. n° 91-1197, 27 nov. 1991, art. 4-1.
12. Décr. n° 91-1197, 27 nov. 1991, art. 5 et 6.
13. Décr. n° 91-1197, 27 nov. 1991, art. 17.

avocats honoraires [1], la durée de la collaboration, les périodes d'activité ou de congés, les modalités de la rétrocession d'honoraires et celles dans lesquelles l'avocat collaborateur peut satisfaire à sa clientèle personnelle, les modalités de la cessation de la collaboration ainsi que les dispositions relatives à la rétrocession minimale d'honoraires [2], les conditions dans lesquelles l'avocat procède aux règlements pécuniaires [3], l'information du public quant aux modalités d'exercice de la profession par les membres de son barreau [4], les mesures propres à assurer la vérification de la tenue de la comptabilité des avocats [5].

115.34 Absence de conditions de forme. Les délibérations arrêtant ou modifiant le règlement intérieur ne sont soumises à aucun formalisme particulier ; une modification peut résulter d'un simple vote à l'occasion d'une discussion d'ordre général, voire même être implicite et résulter d'une décision entraînant *ipso facto* et par voie de conséquence la modification du règlement.

Il n'est nul besoin de mentionner au procès-verbal le nombre et le nom des votants, dès lors qu'il résulte du corps du procès-verbal qu'une majorité suffisante s'est dégagée [6].

115.35 Publicité du règlement intérieur. Le règlement intérieur doit être notifié au procureur général et communiqué au premier président, au président du tribunal judiciaire devant lequel est établi le barreau, aux avocats inscrits, et déposé au greffe [7]. La notification au procureur général s'effectue par lettre recommandée avec demande d'avis de réception dans les quinze jours de sa date [8]. Une copie du règlement intérieur et des modifications intervenues est déposée au greffe de chaque juridiction près laquelle est établi le barreau concerné. Il y est tenu à la disposition de tout intéressé.

115.36 Sanctions du défaut de publicité. Si le règlement intérieur n'a pas été notifié au chef de cour ou au président du tribunal comme prévu à l'article 13 du décret du 27 novembre 1991, ce défaut de notification n'entraîne nullement la nullité, ni l'inopposabilité dudit règlement, la communication ayant seulement pour but de permettre à l'autorité judiciaire d'exercer son contrôle sur la régularité du règlement et de veiller à son application : les dispositions du règlement entrent donc en vigueur indépendamment d'une telle communication [9].

§ 2
Voie de recours

115.41 Recours devant la cour d'appel. Le règlement intérieur ainsi que toute délibération ou décision [10] du conseil de l'Ordre peut faire l'objet d'un recours devant la cour d'appel [11]. Le procureur général peut ainsi demander l'annulation des délibérations ou des décisions du conseil de l'Ordre étrangères à ses attributions ou contraires aux dispositions législatives ou réglementaires [12]. Il en informe le bâtonnier par lettre recommandée avec demande d'avis de réception [13]. La même possibilité est offerte à tout avocat, mais uniquement s'il a été lésé dans ses intérêts professionnels par la décision ou la délibération qu'il conteste. La notion d'intérêt professionnel est largement entendue, elle s'étend aux intérêts d'ordre privé, tant moraux, qu'économiques [14].

115.42 Défaut de qualité à agir. Un avocat radié ne peut exercer de voie de recours contre une décision du conseil de l'Ordre du barreau auquel il appartenait [15].

Même si un syndicat [16] dispose de la capacité pour agir en justice, il n'a pas pour autant qualité pour remettre en cause les décisions ou délibérations d'un conseil de l'Ordre. A ainsi été déclaré irrecevable le recours d'un syndicat professionnel d'avocats contre une décision du conseil de l'Ordre lui refusant une subvention [17]. En revanche, les avocats, membres du syndicat, sont parfaitement recevables à agir, dès lors que la décision est de nature à léser leurs intérêts professionnels.

115.43 Pouvoir d'action des avocats extérieurs au barreau considéré. Nonobstant l'indépendance des barreaux entre eux, certaines décisions du conseil de l'Ordre peuvent léser les intérêts professionnels d'un avocat n'appartenant pas au barreau en cause. A été considéré comme recevable le recours d'un

1. Décr. n° 91-1197, 27 nov. 1991, art. 109.
2. Décr. n° 91-1197, 27 nov. 1991, art. 129.
3. Décr. n° 91-1197, 27 nov. 1991, art. 229.
4. Décr. n° 91-1197, 27 nov. 1991, art. 162.
5. Décr. n° 91-1197, 27 nov. 1991, art. 235.
6. Caen, 15 oct. 1982, *Gaz. Pal.* 1982. 2. 664, note A. D. ; *D.* 1984. 115 – Lyon, 26 juill. 1993, *Gaz. Pal.* 16 sept. 1993, p. 11, note A. D.
7. Décr. n° 91-1197, 27 nov. 1991, art. 13, al. 2 et 3 ; mod. par décr. n° 2019-966, 18 sept. 2019, art. 8.
8. Décr. n° 91-1197, 27 nov. 1991, art. 13, al. 2.
9. Paris, 30 juin 1976, *Gaz. Pal.* 1976. 2. 746, note A. Damien.
10. Civ. 1re, 19 janv. 1994, n° 91-21.821, P I, n° 26 ; *Gaz. Pal.* 1994. Pan. 99 ; *D.* 1994. 45 ; *D.* 1995. 167, obs. A. Brunois.
11. L. n° 71-1130, 31 déc. 1971, art. 19.
12. L. n° 71-1130, 31 déc. 1971, art. 19.
13. Décr. n° 91-1197, 27 nov. 1991, art. 14.
14. Civ. 1re, 4 oct. 2017, n° 16-15.418, NP ; *D.* 2019. 91, obs. T. Wickers.
15. Civ. 1re, 9 juill. 1996, n° 95-18.507, P I, n° 300 ; *Gaz. Pal.* 1997. Pan. 115 ; *D.* 1996. 209.
16. V. ss n° 131.24.
17. Paris, 24 juin 2010, RG n° 09/15154 – Civ. 1re, 15 mai 2015, n° 14-15.878.

avocat extérieur au barreau qui contestait la délibération du conseil de l'Ordre relative à la fixation des cotisations à la charge des avocats disposant d'un bureau secondaire[1]. Le recours formé par un avocat employeur, agissant pour le compte d'un avocat salarié extérieur, est recevable[2].

115.44 Irrecevabilité de l'intervention de la Conférence des bâtonniers. Chaque bâtonnier pouvant ester en justice après autorisation du conseil de l'Ordre et chaque conseil de l'Ordre arrêtant librement son règlement intérieur, l'association de la Conférence des bâtonniers n'est pas recevable à intervenir volontairement au pourvoi formé par un barreau contre un arrêt ayant annulé son règlement intérieur[3].

115.45 Saisine préalable du bâtonnier. L'avocat qui s'estime lésé doit, avant de déférer le règlement intérieur ou toute autre mesure réglementaire à la cour d'appel, saisir préalablement de sa réclamation le bâtonnier par une lettre recommandée avec demande d'avis de réception, dans les deux mois de la date de la notification ou de publication de la décision ou délibération[4]. Le recours d'un avocat contre un refus d'inscription au tableau est recevable, en l'absence de saisine préalable du bâtonnier, puisque les dispositions relatives au recours préalable ne sont pas applicables à la procédure d'inscription au tableau[5].

La décision du conseil de l'Ordre statuant sur cette réclamation est notifiée à l'avocat intéressé par lettre recommandée avec demande d'avis de réception dans le délai d'un mois à compter de la réception de la lettre recommandée.

En cas de décision de rejet de la réclamation, l'avocat peut, dans le mois de la notification de cette décision, la déférer à la cour d'appel dans les formes prévues dans l'article 15, alinéa 2, du décret du 27 novembre 1991 modifié par le décret du 17 octobre 1995. Si dans le délai d'un mois ouvert au conseil de l'Ordre pour statuer sur la réclamation préalable, aucune décision n'a été notifiée, celle-ci est considérée comme rejetée et l'avocat peut, dans le mois suivant, déférer dans les mêmes formes à la cour d'appel le rejet de sa réclamation[6].

La cour de Saint-Denis-de-la-Réunion[7] a admis toutefois que la seule protestation de l'avocat intéressé, membre du conseil de l'Ordre, à la séance du conseil de l'Ordre où fut arrêtée la décision litigieuse, déférée ultérieurement devant la cour, suffit à constituer le recours préalable dès lors que le conseil ayant été saisi par un de ses membres d'une protestation contre sa décision, a décidé de la maintenir. Ainsi donc, la seule protestation de l'avocat intéressé équivaut à une lettre recommandée avec accusé de réception. La doctrine estime toutefois que cette manière de procéder fait bon marché des dispositions expresses du décret qui ne semble pas s'accommoder dans sa lettre des procédures de substitution admises par la cour de Saint-Denis.

Moins étonnante, une décision de la cour d'appel de Bourges du 23 avril 2002[8] a déclaré recevable la réclamation qualifiée de « recours gracieux ».

Le recours préalable peut aussi prendre la forme d'une lettre collective, signifiée par voie d'huissier, moyen plus sûr et plus formel qu'une lettre recommandée[9].

115.46 Caractère suspensif de l'appel. Le délai d'appel suspend l'exécution de la décision du conseil de l'Ordre et l'appel interjeté dans ce délai est également suspensif de l'exécution de la décision.

115.47 Appel par voie d'action ou d'exception. L'appel des dispositions du règlement intérieur est toujours possible par voie d'exception, s'il ne l'est plus par voie d'action, quelle que soit la date à laquelle le règlement intérieur a été notifié aux avocats et chaque fois que les dispositions dudit règlement sont invoquées à l'encontre d'un avocat[10].

En revanche, l'appel d'une disposition du règlement intérieur ne mettant pas à la charge des avocats des obligations professionnelles nouvelles, n'est pas de nature à léser leurs intérêts et par là même n'est pas susceptible de recours. La décision d'un conseil de l'Ordre d'accorder une subvention à une activité associative visant à développer l'activité d'avocat-conseil d'entreprise se rattache étroitement à la gestion des intérêts de la profession. Le recours contre cette décision est rejeté, dès lors qu'il n'est pas établi en quoi elle est de nature à léser les intérêts professionnels de l'avocat requérant[11].

115.48 Procédure de l'appel. L'appel est formé par déclaration au greffe de la cour ou par lettre recommandée avec demande d'avis de réception adressée au secrétariat-greffe de la cour (ou remis

1. Civ. 1re, 9 mai 2001, n° 99-16.393, P I, n° 120 ; *D.* 2002. 849, obs. B. Blanchard.
2. Marseille, 3 févr. 1993, *Gaz. Pal.* 18 févr. 1993, 23.
3. Civ. 1re, 25 mai 1992, n° 89-10.096, P I, n° 153 ; *D.* 1994. 138, note A. Brunois ; *Gaz. Pal.* 1992. Pan. 291 ; *JCP* 1993. II. 22156, note Woog – V. ss n° 119.14.
4. Décr. n° 91-1197, 27 nov. 1991, art. 15.
5. Grenoble, 2 avr. 2013, RG n° 12/03790.
6. Décr. n° 91-1197, 27 nov. 1991, art. 15, préc.
7. Saint-Denis-de-la-Réunion, 23 févr. 1977, *JCP* 1978. II. 18982.
8. Bourges, 23 avr. 2002, *D.* 2002. 1881.
9. Aix-en-Provence, 16 déc. 2011, RG n° 11/16546.
10. Aix-en-Provence, 17 déc. 1973, *Gaz. Pal.* 1974. 1. 271 – Rennes, 18 déc. 1979, *Gaz. Pal.* 1980. 1. 271, note A. Damien.
11. Aix-en-Provence, 27 mars 2014, RG n° 13/13602.

contre récépissé au greffier)[1]. L'appel est instruit et jugé en suivant les règles applicables à la procédure sans représentation obligatoire.

Un recours formé directement entre les mains du premier président est irrecevable[2].

Les recours contre les décisions et délibérations du conseil sont jugés en audience solennelle, dans la formation prévue par l'article R. 312-9 du code de l'organisation judiciaire. La cour d'appel statue en chambre du conseil. Toutefois, à la demande de l'intéressé, les débats se déroulent en audience publique.

La décision de la cour est notifiée par le secrétariat-greffe, par lettre recommandée avec accusé de réception au procureur général, au bâtonnier et à l'intéressé.

115.49 Intervention du conseil de l'Ordre dans la procédure. Au cas d'appel d'une délibération du conseil dans une matière autre que disciplinaire, le conseil de l'Ordre a la possibilité d'intervenir dans la procédure formée par un avocat contre cette décision non juridictionnelle[3]. La cour ne peut statuer sans avoir recueilli les observations du bâtonnier, peu important que des conclusions aient été déposées au nom du barreau, partie à l'instance[4].

§ 3
Contrôle de la légalité

115.51 Contrôle de légalité et non d'opportunité. Le contrôle de la cour d'appel des décisions des conseils de l'Ordre en matière administrative, est un contrôle de légalité et non d'opportunité[5].

La jurisprudence avait hésité un instant sur la nature de ce contrôle[6] mais depuis un arrêt de la cour de Paris du 24 février 1982[7] la jurisprudence s'est fixée pour ne se référer en la matière qu'à l'excès de pouvoir à l'exclusion de tout contrôle de l'opportunité des prescriptions ou des décisions édictées par le conseil de l'Ordre. La cour d'appel est d'ailleurs sans pouvoir pour modifier les décisions du conseil, elle peut les infirmer ou les confirmer et non les amender[8]. La cour d'appel joue un rôle analogue à celui du juge de l'excès de pouvoir, dans la mesure où précisément le recours exercé a pour seul objet l'annulation de la délibération attaquée et non point sa réformation. Il en résulte que la cour d'appel n'a pas le pouvoir de modifier la délibération du conseil qui lui est déférée pour y substituer sa propre décision, comme pourrait le faire une autorité de tutelle exerçant un contrôle hiérarchique ; elle maintient ou elle annule la décision entreprise mais elle ne la réforme pas. Saisie d'un litige portant sur le choix de la nouvelle dénomination du barreau – conséquence de la réforme de la carte judiciaire, la cour juge qu'il ne lui appartient donc pas de se substituer au conseil de l'Ordre dans l'appréciation de « l'opportunité respective des dénominations possibles »[9]. À plus forte raison la cour n'a-t-elle pas le pouvoir de suppléer une carence éventuelle du conseil en prenant à sa place une délibération que celui-ci n'a pas cru devoir prendre[10].

115.52 Contrariété de la mesure déférée à la loi ou à l'ordre public : exemples variés. Il a été jugé que l'exigence pour inscrire un avocat, de ne plus être commerçant depuis cinq années doit être annulée par la cour d'appel[11]. Des modifications apportées par le règlement intérieur au système des quittances et reçus prévu par le code civil, excèdent les pouvoirs du conseil de l'Ordre ; de même l'instauration de délits déontologiques contraventionnels constitués automatiquement par l'omission d'un acte ou d'une formalité, ne saurait être admise en raison de la personnalisation des fautes nécessaire pour permettre une poursuite disciplinaire[12] ; ou encore le choix par le conseil de l'Ordre de décider de la fermeture de cabinets d'avocats à certaines époques et de l'incidence de cette disposition sur les délais de procédure[13]. Le conseil de l'Ordre ne peut pas non plus mettre à la charge des membres du barreau une nouvelle obligation civile en les rendant débiteurs des sommes dues par son client à l'avocat auquel ils succèdent[14]. La disposition du règlement intérieur prévoyant que l'avocat doit se faire remettre avant d'enchérir une consignation tenant compte des frais préalables, des droits de mutation, des frais de publicité foncière et des émoluments, excède la compétence de l'ordre professionnel, car il n'appartient qu'aux pouvoirs législatif ou réglementaire de décider de la nature des garanties dont l'enchéris-

1. Décr. n° 91-1197, 27 nov. 1991, art. 16.
2. Civ 1re, 12 oct. 2016, n° 15-20.963, NP.
3. Décr. n° 91-1197, 27 nov. 1991, art. 16, al. 3.
4. Civ. 1re, 10 juill. 2013, n° 12-26.006, NP ; *Gaz. Pal.* 2013. 16, note Gaineton.
5. Civ. 1re, 15 janv. 2002, n° 00-10.811, P I, n° 11 ; *D.* 2002. 540.
6. Besançon, 10 juill. 1975, *D.* 1976. 652, note A. Brunois.
7. Paris, 24 févr. 1982, *Gaz. Pal.* 1982. 2. 155.
8. Paris, 30 janv. 1974, *JCP* 1974. II. 17705, note R. Perrot – Paris, 26 juin 1985, *Gaz. Pal.* 1985. 2. 737 ; *D.* 1987. 110, note A. Brunois – Bordeaux, 19 déc. 1986, *Gaz. Pal.* 1987. 1. 26 – Lyon, 26 juill. 1993, *Gaz. Pal.* 16 sept. 1993, p. 11 – Paris, 29 janv. 1998, *Gaz. Pal.* 1996. 22, note A. Damien.
9. Caen, 28 oct. 2011, RG n° 11/00895.
10. Perrot, note ss : Paris, 30 janv. 1974, *JCP* 1974. II. 17705.
11. Civ. 1re, 9 oct. 1973, n° 71-10.624, P I, n° 266 ; *Gaz. Pal.* 1973. 2. Somm. 257 ; *JCP* 1976. II. 17727 *bis* ; *JCP* 1976. II. 18499 *bis*, note F. Derrida.
12. Paris, 24 févr. 1982, *Gaz. Pal.* 1982. 1. 155, note A. Damien – Civ. 1re, 15 févr. 1983, n° 82-11.888, P I, n° 59 ; *JCP* 1983. IV. 176.
13. Paris, 28 juin 1989, *Gaz. Pal.* 1989. 2. 616.
14. Civ. 1re, 16 déc. 2003, n° 01-10.210, P I, n° 257 ; *D.* 2004. 394.

seur doit justifier pour participer à l'adjudication[1]. De même toute disposition du règlement intérieur contraire à l'ordre public et au respect des autorités et en particulier à la magistrature, doit être déférée à la cour d'appel par le procureur général et annulée par cette juridiction (une grève des avocats[2]). La cour d'Aix, par un arrêt du 24 juin 1988[3], a été amenée à annuler une délibération d'un conseil de l'Ordre qui critiquait un refus de remise d'audience demandée par les deux avocats et qui leur enjoignait de déposer leurs dossiers sans plaider. Les motifs de cette délibération, qui pouvaient laisser s'accréditer auprès des parties et leurs avocats un droit à renvoi qui n'existe pas et qui était contraire aux dispositions législatives et réglementaires devaient être annulés en ce qu'ils avaient de contraire aux règles et principes en vigueur. Un conseil de l'Ordre ne peut par les dispositions du règlement intérieur instaurer des usages qui constitueraient des commodités de procédure (placement des constitutions en défense) dès lors qu'ils sont contraires à la loi ; ils ne peuvent constituer que des pratiques internes du barreau susceptibles de créer entre ses membres des obligations morales et déontologiques[4]. Un règlement intérieur ne peut faire défense aux membres d'un barreau, d'accepter dans leur cabinet principal ou secondaire l'installation d'un bureau secondaire par un avocat d'un autre barreau. Cette disposition tend en effet à instituer des règles plus restrictives d'installation, alors qu'une autorisation d'ouverture de bureau secondaire ne peut être refusée que pour des motifs tirés des conditions d'exercice de la profession[5]. Une cour d'appel a pu juger que la décision de financer sur les ressources de l'ordre une assurance perte de collaboration, qui n'est pas imposée par la loi, a pour résultat de collectiviser le risque lié à la perte de collaboration. Elle en a tiré la conclusion que cette décision était incompatible avec l'exercice libéral et indépendant de la profession d'avocat[6], avant d'être contredite par la Cour de cassation[7]. Un conseil de l'Ordre ne peut introduire dans son règlement intérieur, une disposition, interdisant aux avocats de porter, sur leur robe, les décorations dont ils sont titulaires, en contradiction avec les dispositions du code de la Légion d'honneur, même si c'est pour assurer une apparence d'égalité entre les avocats[8]. Il peut en revanche interdire le port de signes manifestant ostensiblement une appartenance ou une opinion religieuse, philosophique, communautaire ou politique et notamment le port du foulard lors des missions de l'avocat de représentation ou d'assistance d'un justiciable devant une juridiction.[9]

1. Civ. 1re, 23 sept. 2003, no 00-18.972, NP.
2. Dijon, 3 mars 1880, *D.* 1881. 2. 29.
3. Aix-en-Provence, 24 juin 1988, *Gaz. Pal.* 19 oct. 1988. 703, note A. Damien ; – POURVOI REJETÉ PAR : Cass., ass. plén., 24 nov. 1989, no 88-18.188, P no 3 ; *D.* 1990. 25 ; *Gaz. Pal.* 1989. 2. 971, note J. G. M. ; *JCP* 1990. II. 21407.
4. Aix-en-Provence, 5 mai 1987, *JCP* 1988. II. 21004, note A. Leborgne.
5. Grenoble, 30 oct. 2012.
6. Rouen, 19 mars 2014, RG no 13/04940.
7. Civ. 1re, 17 juin 2015, no 14-17.536, P I ; *D.* 2015. 1447 ; *D.* 2016. 101, obs. T. Wickers.
8. Civ. 1re, 24 oct. 2018, no 17-26.166, P ; *D.* 2018. 2096 ; *D.* 2018. 2284, note P.-L. Boyer ; *D.* 2019. 91, obs. T. Wickers ; *D. avocats* 2018. 392, obs. D. Landry ; – MAIS EN SENS INVERSE : Douai, 9 juill. 2020, RG no 19/05808.
9. Douai, 9 juill. 2020, RG no 19/05808.

§ 4
Fonctions réglementaires variées

115.61 Budget des ordres. Le conseil de l'Ordre a notamment pour tâche de préparer le budget de l'ordre et de fixer les cotisations ordinales. Il peut, sans déléguer ses pouvoirs, accorder des subventions pour le financement d'actions conjointes qui concourent à la réalisation de missions entrant dans ses attributions[10]. Il peut également, en vertu des dispositions de l'article 17 de la loi du 31 décembre 1971 qui donnent au conseil l'attribution de gérer les biens de l'ordre et d'autoriser le bâtonnier à consentir toutes aliénations et hypothèques, autoriser l'acquisition d'un immeuble pour y installer ses services et remplir la mission de service public dont le barreau est investi. La cour d'appel, qui n'a pas à s'immiscer dans la gestion interne d'un barreau, n'a pas à apprécier l'opportunité ou les risques financiers de l'acquisition d'un immeuble destiné à héberger une maison de l'avocat[11].

Le bâtonnier et le conseil de l'Ordre n'ont aucune obligation de consulter l'assemblée générale de l'ordre avant de décider l'acquisition critiquée. Le conseil de l'Ordre peut s'associer sous une forme ou sous une autre, avec la Carpa pour procéder à une telle acquisition, dès lors que celle-ci, quoique placée sous la responsabilité du barreau, dispose d'une personnalité juridique distincte et d'un budget propre.

115.62 Critère de validité des délibérations du conseil de l'Ordre et des dispositions du règlement intérieur. La nature du contrôle des décisions du conseil de l'Ordre, qui porte sur la légalité et non sur l'opportunité des décisions, leur laisse une large marge de manœuvre pour organiser comme bon leur semble le fonctionnement du barreau. La Cour de cassation, à l'occasion de la cassation d'un arrêt ayant annulé une délibération portant sur le financement d'une assurance perte de collaboration,

10. Civ. 1re, 7 févr. 2006, no 05-11.400, P I, no 51 ; *D.* 2006. 529.
11. Civ. 1re, 27 févr. 2007, no 06-10.818, P I, no 79 ; *D.* 2007. 875.

énumère trois critères que doit respecter la décision du conseil de l'Ordre. Elle ne doit pas porter atteinte au principe d'égalité, elle doit être justifiée au regard des conditions d'exercice de la profession et elle doit être proportionnée aux objectifs poursuivis [1].

Toutefois, notamment en ce qui concerne l'édiction du règlement intérieur, cette marge de manœuvre est aujourd'hui nécessairement réduite. Le Conseil national des barreaux, dans le cadre de son pouvoir normatif, est intervenu dans des domaines qui étaient jusqu'alors régis par le règlement intérieur. Ses décisions s'imposent aux barreaux. Le décret du 12 juillet 2005 [2], en donnant une assise réglementaire aux règles de déontologie de la profession d'avocat a aussi conduit à la disparition de nombreuses dispositions qui figuraient dans le règlement intérieur des barreaux.

115.63 Refus de financer les centres de formation professionnelle. Ainsi est nulle la délibération du conseil de l'Ordre refusant de participer aux obligations de contribution au centre de formation professionnelle au motif que la participation financière de l'État est défaillante [3].

115.64 Information préalable du bâtonnier avant de faire un recours contre un confrère, un magistrat ou un officier ministériel... Le règlement intérieur peut prévoir que doivent être préalablement à leur délivrance, communiqués au bâtonnier tous actes judiciaires, extrajudiciaires ou actes en tenant lieu dirigés contre un avocat, tout membre du corps judiciaire, un magistrat, un membre du gouvernement, un officier ministériel, un auxiliaire de justice ou les mettant en cause [4].

L'accomplissement de cette formalité n'est pas de nature à paralyser l'action de l'avocat. Elle donne au bâtonnier les moyens d'assurer sa mission auprès de ses pairs en veillant au respect des obligations de dignité, de délicatesse, et de courtoisie qui constituent des principes essentiels de la profession, sans contrevenir au principe de l'indépendance de l'avocat [5].

115.65 Compatibilité des dispositions du règlement intérieur avec la mission de surveillance de l'ordre. Un arrêt de la cour d'appel de Paris du 24 mars 1982 [6] rejette un recours formé par des avocats contre le règlement intérieur de leur barreau qui spécifiait que l'adhésion par l'avocat à une association agréée comportait de plein droit l'autorisation pour cette association de fournir au bâtonnier toutes les informations nécessaires à l'exercice de son contrôle. Les avocats auteurs du recours soutenaient que la comptabilité professionnelle était couverte par le secret professionnel et que le bâtonnier, ne partageant pas avec les confrères le secret, n'avait pas qualité pour contrôler discrétionnairement et non contradictoirement la comptabilité de ses confrères. Le conseil de l'Ordre rappelait l'article 17 de la loi du 31 décembre 1971 et la nécessité pour lui de pouvoir vérifier, dans le but de sauvegarder l'intérêt matériel et moral de la profession, la tenue correcte de la comptabilité des avocats [7].

La cour de Paris rappelle que la surveillance du conseil de l'Ordre et du bâtonnier ne se limite pas au maniement de fonds qu'effectuent les avocats ; elle tend à assurer le strict respect de toutes les prescriptions légales et réglementaires relatives à leur comptabilité professionnelle. L'avocat chargé par le conseil d'exercer ces contrôles est donc associé au secret professionnel auquel sont astreints ses confrères. Le règlement intérieur n'apporte pas une dérogation supplémentaire inadmissible au principe du respect du secret professionnel tel qu'aménagé par les dispositions de l'article 17 de la loi du 31 décembre 1971 en ce qui concerne les inspections de comptabilité.

Pesant sur les seuls membres des associations agréées, ce contrôle ne fait que leur appliquer les principes généraux régissant une surveillance que le conseil de l'Ordre est tenu d'exercer à l'égard de tous les membres du barreau. La vérification est contradictoire dans la mesure où les irrégularités qu'elle peut relever entraînent obligatoirement des demandes d'explications [8].

115.66 Responsabilité pécuniaire de l'Ordre. En cas d'infirmation par la cour d'appel d'une décision d'un conseil de l'Ordre rejetant la demande d'un avocat, la responsabilité pécuniaire de l'ordre peut-elle être mise en cause de ce fait ? Le Conseil d'État a jugé que la juridiction administrative était incompétente pour connaître de la demande formée par des justiciables tendant à la condamnation du bâtonnier de l'ordre à réparer le préjudice subi à la suite du silence gardé par ce dernier sur la plainte déposée par eux contre un avocat [9]. Mais certaines

1. Civ. 1re, 17 juin 2015, no 14-17.536, P I ; *D.* 2015. 1447 ; *D.* 2016. 101, obs. T. Wickers.
2. Décr. no 2005-790, 12 juill. 2005 relatif aux règles de déontologie de la profession d'avocat, *JO* 16 juill., p. 11688.
3. Dijon, 26 nov. 1974, *D.* 1975. 292, note A. Brunois.
4. Paris, 27 oct. 1999, *Gaz. Pal.* 17-19 déc. 1999, 53, note Flécheux.
5. Paris, 7 mai 2015, RG no 13/23933.
6. Paris, 24 mars 1982, *Gaz. Pal.* 1982. 2. 457.
7. EN CE SENS : Lyon, 16 févr. 1977, *Gaz. Pal.* 1979. 2. 220 – Civ. 1re, 3 oct. 1978, no 77-11.772, P I, no 283 ; *Gaz. Pal.* 1979. 1. 120, note A. D. – Civ. 1re, 20 oct. 1981, no 80-15.572, P I, no 297 ; *Gaz. Pal.* 1982. 1. 104.
8. Sur les mêmes pouvoirs dévolus au bâtonnier conjointement avec le conseil de l'Ordre v. ss no 116.211.
9. CE 7 mars 1986, *Belgacem*, req. no 73440, *D.* 1987. 66, note A. Brunois – Note A. Damien ss : Civ. 1re, 26 janv. 1988, no 86-13.456, P I, no 22 ; *Gaz. Pal.* 31 avr. 1988, p. 9 – CE 12 oct. 1988, *Pincet*, req. no 97778, *Lebon* ; *Gaz. Pal.* 1990. 2. 411.

décisions purement administratives, rendues par un conseil de l'Ordre, notamment en matière d'inscription ou de rang au tableau, sont susceptibles de faire naître un préjudice dont l'avocat concerné peut être tenté de demander réparation.

La responsabilité de l'ordre a été recherchée, devant la juridiction judiciaire, par un avocat qui se plaignait de ce que sa demande d'inscription avait été rejetée de manière injustifiée et qu'il en était résulté pour lui un préjudice. Au cas d'espèce, la cour d'appel, tout en ordonnant l'inscription a refusé de faire droit à la demande de dommages et intérêts, mais seulement après avoir relevé qu'au regard de la singularité du cas, de sa complexité et du nombre d'interrogations qu'il soulevait, la faute de l'ordre n'était pas établie [1].

SECTION 3
FONCTIONS D'ADMINISTRATION DU BARREAU

115.71 **L'ordre est maître de son tableau.** Il statue sur :

- l'inscription au tableau des avocats [2] ;
- l'inscription au tableau des sociétés civiles professionnelles [3] et des sociétés d'exercice libéral [4]. S'agissant des sociétés interbarreaux, les conseils de l'ordre des associés appartenant à un barreau autre que celui du siège social de la société doivent également être consultés pour avis ;
- l'omission de ce tableau, décidée d'office ou à la demande du procureur général [5] ;
- le rang des avocats qui, ayant déjà été inscrits au tableau et ayant abandonné l'exercice, se présentent à nouveau pour le reprendre [6] ;
- l'autorisation d'ouverture du bureau secondaire ou le retrait de cette autorisation [7].

Les décisions prises par le conseil de l'Ordre relatives à l'inscription au tableau ou sur la liste du stage, à l'omission ou au refus d'omission du tableau ou de la liste du stage, et à l'autorisation d'ouverture de bureaux secondaires ou à la fermeture de tels bureaux, peuvent être déférées à la cour d'appel par le procureur général ou l'intéressé [8]. L'appel est formé, instruit et jugé conformément aux dispositions de l'article 16 du décret du 27 novembre 1991.

La maîtrise du tableau est considérée comme un attribut essentiel pour l'indépendance des barreaux. Cette conception, qui implique que chaque barreau assure individuellement la gestion de son propre tableau s'est maintenue, en dépit de ses inconvénients :

- il entrave la mobilité des avocats qui doivent se soumettre à un nouvel examen de leur situation à chaque changement de domiciliation professionnelle ;
- il favorise le « forum shopping » contre lequel a été mis en place un fichier national des refus d'inscription et les disparités de jurisprudence, lors des demandes d'inscription.

115.72 **Dans de nombreuses hypothèses, le conseil de l'Ordre doit être consulté, pour avis ou autorisation.**

- Le conseil de l'Ordre délivre aux avocats justifiant de moins de sept ans d'exercice d'une profession réglementée la dispense préalable qui leur est nécessaire pour pouvoir être élu aux fonctions de membre du conseil de surveillance ou d'administrateur d'une société commerciale [9] ; appel peut être formé de la décision du conseil dans le mois de sa notification et dans les formes habituelles prévues aux articles 114 et 16 du décret du 27 novembre 1991.
- Les avocats à qui l'État a confié une mission temporaire, rétribuée ou non, qui souhaitent poursuivre leur activité professionnelle pendant la durée de la mission, doivent en demander l'autorisation au conseil de l'Ordre [10].
- Les avocats inscrits à un barreau étranger qui souhaitent effectuer un stage, d'une durée d'un an, renouvelable deux fois, auprès d'un avocat inscrit au tableau doivent obtenir l'agrément préalable du conseil de l'Ordre.
- Il donne son avis sur les contrats d'association [11], de collaboration [12], de salariat [13]. Toutes les décisions prises en ces matières par le conseil de l'Ordre peuvent faire l'objet de recours, selon les modalités prévues à l'article 16 du décret du 27 novembre 1991.

1. Versailles, 1re ch., 1re sect., 23 janv. 2013, RG n° 12/05898.
2. L. n° 71-1130, 31 déc. 1971, art. 17 ; – Décr. n° 91-1197, 27 nov. 1991, art. 102 – V. ss nos 224.11 s.
3. Décr. n° 92-680, 20 juill. 1992 pris pour l'application à la profession d'avocat de la loi n° 66-879 du 29 novembre 1966 relative aux sociétés civiles professionnelles, *JO* 22 juill., p. 9799, art. 5 et 6.
4. Décr. n° 93-492, 25 mars 1993 pris pour l'application à la profession d'avocat de la loi n° 90-1258 du 31 décembre 1990 relative à l'exercice sous forme de sociétés des professions libérales soumises à un statut législatif ou réglementaire ou dont le titre est protégé, *JO* 27 mars, p. 4930, art. 5 et 6.
5. L. n° 71-1130, 31 déc. 1971, art. 17, préc. – Décr. n° 91-1197, 27 nov. 1991, art. 104 ; – V. ss nos 241.11 s.
6. Décr. n° 91-1197, 27 nov. 1991, art. 96 – V. ss nos 224.54 s.
7. Décr. n° 91-1197, 27 nov. 1991, art. 95 ; mod. par décr. n° 2019-966, 18 sept. 2019, art. 8 – V. ss nos 223.11 s.
8. L. n° 71-1130, 31 déc. 1971, art. 20.
9. Décr. n° 91-1197, 27 nov. 1991, art. 112.
10. Décr. n° 91-1197, 27 nov. 1991, art. 116.
11. Décr. n° 91-1197, 27 nov. 1991, art. 125 – V. ss nos 822.11 s.
12. Décr. n° 91-1197, 27 nov. 1991, art. 133 – V. ss nos 812.10 s.
13. Décr. n° 91-1197, 27 nov. 1991, art. 139 – V. ss nos 812.10 s.

– Il autorise le bâtonnier à ester en justice, à accepter tous dons et legs faits à l'ordre, à transiger ou à compromettre, à consentir toutes les aliénations, hypothèques, à contracter tous emprunts [1].

115.73 Défaut d'autorisation du bâtonnier d'ester en justice. Le bâtonnier qui intervient en justice au nom de son barreau, sans l'autorisation d'ester en justice prescrite par l'article 17, 7°, de la loi du 31 décembre 1971, est dépourvu du pouvoir de le représenter. Une telle intervention est affectée d'une irrégularité de fond qui peut être proposée en tout état de cause [2]. Le mandat général donné par le conseil de l'Ordre au bâtonnier est suffisant pour lui permettre de déposer, avant tout procès, une requête visant à la conservation d'une preuve [3].

115.74 Pourvoi en cassation formé par le bâtonnier. L'autorisation d'ester en justice, au sens de l'article 17, 7°, de la loi du 31 décembre 1971, s'entend de l'autorisation d'exercer les actions ou voies de recours appartenant au barreau et au conseil de l'Ordre ; la délibération d'un conseil de l'Ordre ayant autorisé le pourvoi en cassation et le bâtonnier représentant le conseil de l'Ordre, sauf contrariété d'intérêts, dans les instances auxquelles il est partie, était seul habilité à former pour lui cette voie de recours [4].

Il désigne les représentants du barreau au bureau d'aide juridictionnelle de son ressort [5] ainsi qu'à tous les conseils, comités ou organismes dans lesquels la présence d'avocat serait requise.

Il organise les services généraux de recherches et de documentation nécessaires à l'exercice de la profession [6].

115.75 Droit d'information du conseil de l'Ordre à l'occasion de l'accomplissement de certains actes par les avocats. Le conseil de l'Ordre bénéficie, à l'occasion de l'accomplissement de certains actes par les avocats, d'un droit d'information.

L'usage d'une des mentions de spécialisation autorisées doit être porté à la connaissance du conseil de l'Ordre, soit concomitamment à la demande d'inscription, soit postérieurement à cette inscription [7]. La déclaration de l'avocat doit être accompagnée du certificat de spécialisation.

1. L. n° 71-1130, 31 déc. 1971, art. 17 7°.
2. Lyon, 11 oct. 1983, *Gaz. Pal.* 1984. 1. Pan. 14 ; *JCP* 1985. 100785.
3. Pau, 28 déc. 2011, RG n° 11/02338.
4. Civ. 1re, 27 mars 2001, n° 98-15.922, P I, n° 84 ; *JCP* 2001. IV. 1969.
5. Décr. n° 91-1266, 19 déc. 1991 portant application de la loi n° 91-647 du 10 juillet 1991 relative à l'aide juridique, *JO* 20 déc., p. 16609, art. 20.
6. L. n° 71-1130, 31 déc. 1971, art. 17, 8°.
7. Décr. n° 91-1197, 27 nov. 1991, art. 86 s. – V. ss n° 214.68.

La libéralisation progressive du régime de la publicité personnelle a conduit à remplacer le contrôle *a priori* par une obligation d'information *a posteriori*. Toute publicité doit être communiquée sans délai au conseil de l'Ordre [8]. L'avocat qui ouvre ou modifie substantiellement un site internet doit en informer le conseil de l'Ordre sans délai et lui communiquer les noms de domaine qui permettent d'y accéder [9].

SECTION 4
FONCTIONS FINANCIÈRES

115.81 Attributions financières très étendues du conseil de l'Ordre. Les attributions financières du conseil de l'Ordre sont très étendues. Il gère les biens et les finances de l'ordre. Le bâtonnier a besoin de son autorisation pour accepter les dons et legs, pour consentir toute aliénation ou hypothèque et pour contracter des emprunts. Le conseil de l'Ordre a donc de même le pouvoir d'autoriser l'acquisition d'un immeuble pour y installer ses services et y remplir la mission de service public dont le barreau est investi [10]. Il prépare et vote le budget, il fixe le montant des cotisations et des autres types de ressources prévues par le règlement intérieur. Il administre et utilise ces ressources pour assurer la gestion de l'ordre, les secours, allocations ou avantages quelconques attribués aux membres du barreau ou à ses anciens membres, aux conjoints survivants ou à leurs enfants [11]. L'existence, au sein du barreau, d'une commission des finances, elle-même dotée d'un pouvoir de contrôle approfondi, ne peut pas conduire à un transfert de compétences, qui priverait le conseil de l'Ordre des pouvoirs que la loi lui attribue [12].

En pratique le conseil de l'Ordre aura donc la charge d'établir le budget annuel de l'ordre et donc de déterminer les recettes et les dépenses de celui-ci. Il en assurera également le suivi.

115.82 Publication du budget. Les délibérations budgétaires ne sont pas soumises à un régime particulier. Toutefois, parce qu'il est important que l'ensemble des membres de la collectivité puissent avoir une bonne connaissance de la situation financière du barreau et puissent porter un jugement sur sa gestion, la plupart des barreaux en assurent la publicité, en publiant leur budget et leurs comptes.

8. RIN, art. 10.3.
9. RIN, art. 10.5.
10. Lyon, 26 juill. 1993, *Gaz. Pal.* 16 sept. 1993, note A. Damien.
11. L. n° 71-1130, 31 déc. 1971, art. 17, 6° et 7°.
12. Civ. 1re, 4 oct. 2017, n° 16-15.418, NP ; *D.* 2019. 91, obs. T. Wickers.

Ils peuvent également être présentés au cours d'une assemblée générale. Le droit pour les membres du barreau d'obtenir communication des documents n'est pas davantage discutable. Ils peuvent obtenir qu'en vue d'exercer ce contrôle, copies des documents soient mises à leur disposition en temps utile. La publication du budget, qui n'a rien d'un document secret, est de nature à renseigner la légitime curiosité des avocats sur le sort de leurs contributions aux charges du barreau.

Le bâtonnier est le seul ordonnateur du barreau. Le conseil de l'Ordre n'a qu'un contrôle sur sa gestion financière et veillera notamment à ce que le bâtonnier demeure dans le cadre du budget voté par le conseil, au début de chaque exercice.

115.83 Fixation du montant de la cotisation ordinale : respect du principe d'égalité entre avocats. Le conseil de l'Ordre fixe les cotisations des avocats qui en relèvent et aussi celles des avocats qui, tout en appartenant à un autre barreau, ont été autorisés à ouvrir un (ou plusieurs) bureaux secondaires dans son ressort. Il a été jugé, à propos des médecins, au visa des articles 9 de la Convention européenne de sauvegarde des droits de l'homme et des libertés fondamentales et 18 du pacte international du 19 décembre 1966 relatif aux droits civils et politiques, que la cotisation due par tous les membres du barreau ne peut en aucun cas constituer une atteinte aux convictions personnelles ou à la liberté de pensée et de conscience[1]. La solution est valable pour les avocats[2]. La seule limite à la liberté du conseil de l'Ordre en matière de fixation du montant des cotisations réside dans l'obligation de respecter le principe d'égalité entre avocats[3]. Les modes de calcul des cotisations peuvent être variables : en fonction des revenus ou forfaitaire, voire modulée en fonction de la date d'inscription au tableau, mais le conseil de l'Ordre doit éviter toute disparité de traitement et n'instituer aucun privilège. La décision de fixer une cotisation identique, quels que soient les revenus de chaque avocat et quelle que soit l'utilisation qu'il fait des services du barreau, ne méconnaît nullement le principe de l'égalité entre avocats puisqu'elle s'applique indistinctement à tous les membres du barreau sans instituer à l'avance pour quiconque un privilège[4].

1. Cass., ass. plén., 7 nov. 1986, n° 85-15.962, P n° 12 ; *JCP* 1987. II. 20750, note J. Penneau.
2. Paris, 24 févr. 1988, *Gaz. Pal.* 23 avr. 1988, p. 11, note A. Damien.
3. Civ. 1re, 9 mai 2001, n° 99-16.393, P I, n° 120 ; *D.* 2002. 849, obs. Blanchard ; *JCP* 2001. I. 348, n° 8, obs. R. Martin – Civ. 1re, 22 mai 2001, n° 98-18.345, P I, n° 143 ; *D.* 2001. 1994 ; *D.* 2002. 849, obs. Blanchard ; *JCP* 2001. I. 348, n° 10, obs. R. Martin.
4. Civ. 1re, 15 janv. 2002, n° 00-10.811, P I, n° 11.

Toutefois, ce n'est pas parce qu'elle est uniforme que la cotisation au barreau respecte nécessairement le principe d'égalité. Une cotisation identique n'ouvre pas droit aux mêmes prestations, dès lors qu'un avocat ne bénéficie pas de l'ensemble des garanties assurées du fait de son statut de salarié, d'autant d'une part qu'un contrat de prévoyance doit être souscrit pour lui par son employeur, au financement duquel l'un et l'autre contribuent et, d'autre part, que le tarif de la mutuelle complémentaire choisie par le barreau est sensiblement moindre pour les avocats salariés que pour ceux qui ne le sont pas[5]. La décision du conseil de l'Ordre d'imposer une cotisation supplémentaire pour l'ouverture d'un cabinet secondaire situé dans le même ressort que le cabinet principal entre dans les pouvoirs de gestion du conseil, tels que définis par l'article 17 6° de la loi du 31 décembre 1971. Cette décision n'est pas contraire au principe d'égalité, puisque la même cotisation est imposée à tous les avocats créant un second cabinet dans le même ressort que le premier[6].

115.84 Ancienneté d'inscription au tableau. Le conseil de l'Ordre peut valablement décider de moduler le montant de la cotisation en fonction de l'ancienneté d'inscription au tableau de l'ordre[7].

115.85 Cotisations proportionnelles. Le Conseil d'État a admis, en ce qui concerne les ordres d'architectes, que le conseil national de cet ordre peut, pour asseoir les cotisations de ses membres, retenir un mode de calcul inspiré de l'impôt sur le revenu. Il ne s'agit pas en effet d'une imposition réservée au législateur par l'article 34 de la Constitution, mais d'une cotisation que l'ordre a le pouvoir de lever en vertu des pouvoirs que la loi lui confère. Une cotisation proportionnelle à l'impôt sur le revenu ne porte pas atteinte au principe de l'égalité entre les membres de la profession, le même barème s'appliquant à tous les membres de la profession. Enfin, si le conseil de l'Ordre ne peut obtenir des services fiscaux le contrôle des déclarations des revenus professionnels qu'il reçoit de ses membres, rien ne s'oppose à ce qu'il demande à ceux-ci de lui déclarer eux-mêmes leurs revenus professionnels et qu'il détermine une cotisation forfaitaire en cas de refus de communication. En revanche la fixation du taux de majoration de retard dans le règlement des cotisations allant jusqu'au 50e du montant de la cotisation après six mois de retard, excède manifestement le taux nécessaire pour atteindre le but recherché, c'est-à-dire procurer au barreau les res-

5. Caen, 26 sept. 2000.
6. Nancy, 26 avr. 2001.
7. Civ. 1re, 22 janv. 2002, n° 99-14.180, P I, n° 21 ; *D.* 2002. 618 ; *JCP* 2002. I. 136, n° 11, obs. R. Martin.

sources nécessaires à son fonctionnement et à l'accomplissement de ses missions légales, mais constitue une pénalité, dès lors cette constatation suffit à annuler la délibération litigieuse [1].

Ni la règle de proportionnalité des cotisations, ni le barème convenu - bien que celui-ci ait pour conséquence le paiement de sommes variant pour partie seulement selon les revenus professionnels des assujettis - ne méconnaissent le principe de l'égalité dès lors qu'ils s'appliquent indistinctement à tous les membres du barreau sans instituer à l'avance pour quiconque un privilège [2]. S'il s'agit des revenus professionnels la proportionnalité est tout à fait légitime ; en revanche, s'il s'agit des revenus au sens large du terme, une cour d'appel pourrait désapprouver une proportionnalité qui constituerait une mesure discriminatoire dans la mesure où les revenus personnels d'un avocat seraient pris en considération de la même manière que ceux tirés de sa profession.

Le conseil de l'Ordre doit donc veiller à ne pas violer le principe d'égalité à l'occasion du choix de l'assiette de calcul de la cotisation proportionnelle. Est nulle la délibération du conseil de l'Ordre qui décide d'instaurer une part variable prenant en compte les revenus BNC, dans la mesure où tous les avocats ne sont pas soumis au BNC, notamment ceux qui exercent en SEL ou en SCP soumise à l'IS [3].

115.86 Cotisations dues par les titulaires d'un bureau secondaire. La cotisation est également due par les avocats extérieurs qui ouvrent un bureau secondaire dans le ressort d'un barreau autre [4] que celui où ils sont inscrits [5]. En ce domaine, le principe d'égalité autorise de fixer à des montants différents les cotisations dues par les avocats du barreau et les avocats extérieurs à celui-ci, sous réserve de la constatation par les juges d'un abus de droit [6]. Il appartiendra donc au barreau ayant pris semblable mesure de justifier, en cas de contestation, que la présence, dans son ressort, d'avocats inscrits dans d'autres barreaux, mais disposant de bureaux secondaires, entraîne pour lui une charge financière particulière [7]. La délibération du conseil de l'Ordre, fixant le montant de la cotisation annuelle des avocats titulaires d'un bureau secondaire dans son ressort au double de celle exigée des membres de ce barreau, ne peut être justifiée par une prétendue inégalité des contributions respectives des avocats résidents et non-résidents au titre des produits de leur compte Carpa, alors que les dispositions réglementaires relatives au fonctionnement des comptes Carpa sont étrangères au financement des ordres d'avocat [8].

Après avoir constaté qu'au cours des deux dernières années, le montant de la contribution due par les avocats non-résidents avait augmenté deux fois plus vite que celle des avocats résidents, sans que le conseil de l'Ordre ne produise aucun élément propre à justifier une telle disparité, une cour d'appel a estimé que le montant de la contribution litigieuse revêtait un caractère abusif [9]. Contrevient également au principe d'égalité le conseil de l'Ordre qui fixe la cotisation ordinale des membres du barreau en fonction de leurs revenus professionnels et impose aux avocats titulaires d'un bureau secondaire le paiement d'une cotisation forfaitaire égale au montant maximal imposé aux avocats de ce barreau [10].

115.87 Retraite et prévoyance. Le conseil de l'Ordre peut organiser des secours et retraites complémentaires. La plupart des barreaux possèdent une caisse de prévoyance destinée à venir en aide aux confrères dans le malheur ou à leur famille.

SECTION 5
FONCTIONS DISCIPLINAIRES

115.91 Fonctions réduites. La fonction disciplinaire des conseils de l'Ordre a été considérablement restreinte par la loi du 11 février 2004. La seule exception concerne le conseil de l'Ordre de Paris qui, siégeant comme conseil de discipline, connaît des fautes et infractions commises par les avocats inscrits au barreau de Paris. Saisi d'une question prioritaire de constitutionnalité, le Conseil constitutionnel a considéré que la disposition établissant cette différence de traitement reposait sur des critères objectifs et rationnels, poursuivait un but d'intérêt général et était en rapport direct avec l'objet de la loi qui l'avait instauré [11].

La fonction disciplinaire des autres conseils de l'Ordre est maintenue seulement en matière de suspension provisoire. Il ne leur est plus demandé que de concourir à l'exercice de la discipline. Ils peuvent aussi, à la demande du procureur général

1. CE, sect., 23 oct. 1981, *Sagherian*, req. n° 16903, *Lebon*.
2. Paris, 26 juin 1985, *Gaz. Pal.* 1985. 2. 737.
3. Caen, 6 nov. 2012, RG n° 12/02293.
4. V. s^s n°s 223.41 s.
5. L. n° 71-1130, 31 déc. 1971, art. 17, 6° – Civ. 1re, 16 mars 1994, n° 91-20.698, NP ; *D.* 1995. 169, note A. Brunois ; *Gaz. Pal.* 23 avr. 1994, 23.
6. Paris, 29 oct. 1997, *Gaz. Pal.* 1997. Somm. 24.
7. Civ. 1re, 26 mai 1994, n° 92-16.532, NP.
8. Civ. 1re, 22 mai 2001, n° 98-18.345, P I, n° 143.
9. Paris, 29 oct. 1997.
10. Civ. 1re, 9 juill. 2015, n° 14-19.043, P ; *D.* 2015. 1548 ; *D.* 2016. 101, obs. Th. Wickers.
11. Cons. const. 29 sept. 2011, n° 2011-179 QPC, *JO* 30 sept., p. 16472 ; *Rec.* 471.

ou des bâtonniers suspendre provisoirement de ses fonctions un avocat de leur barreau [1].

Jusqu'à la loi du 11 février 2014, l'article 17, 2°, de la loi du 31 décembre 1971 confiait au conseil de l'Ordre la tâche d'exercer la discipline. C'est le conseil de discipline [2] qui exerce les fonctions de juge disciplinaire des avocats et non plus le conseil de l'Ordre. Ce conseil de discipline, institué dans le ressort de chaque cour d'appel, connaît des infractions et fautes commises par les avocats inscrits aux barreaux sis dans le ressort de la cour d'appel.

115.92 Sanctions en matière de blanchiment. C'est le conseil de l'ordre du barreau auprès duquel un avocat est inscrit qui dispose, selon l'article 561-36 du Code monétaire et financier, du pouvoir de sanction, en cas de non-respect des obligations imposées par la lutte contre le blanchiment et le financement du terrorisme.

On peut se demander si la mention du conseil de l'ordre à l'article 561-36 ne relève pas d'une erreur. Les compétences du conseil de l'ordre en matière de discipline ont été transférées au conseil de discipline [3]. Cependant, d'après le texte même du Code monétaire et financier, les sanctions envisagées sont des sanctions de nature administrative. Or si le conseil de l'ordre dispose du pouvoir de prononcer des sanctions administratives comme l'omission [4], ce n'est pas le cas du conseil de discipline. Il faudrait par ailleurs conclure au fait que dans le cas des avocats, les fonctions de contrôle et de sanction sont attribuées à des organes différents [5].

SECTION 6
FONCTIONS DE CONTRÔLE

115.101 Vérifications de comptabilité. Le conseil de l'Ordre doit vérifier la tenue de la comptabilité des avocats [6]. La caisse de règlements pécuniaires des avocats fonctionnant sous sa responsabilité, il lui appartient en conséquence de procéder à des contrôles de comptabilité et il engage sa responsabilité envers les tiers, en cas de carence [7].

Le barreau de Rodez a vu sa responsabilité retenue en raison d'une absence de surveillance suffisante dans la Carpa de ce barreau et condamné à payer à la victime, c'est-à-dire au client, des dommages-intérêts d'une importance certaine. La cour a relevé, après que la banque a eu signalé au bâtonnier des débits très importants et lui a eu envoyé copie d'une lettre de mise en garde adressée à l'avocat, qu'aucune mesure n'avait été prise et qu'aucune réponse n'avait été apportée par le bâtonnier aux demandes d'information sur la vérification des comptabilités qui lui avaient été adressées par le procureur général près la cour d'appel de Montpellier : que par ces constatations la cour d'appel a caractérisé la faute du barreau qui, en maintenant l'avocat inscrit à son tableau en lui laissant la possibilité d'utiliser son compte Carpa, garantissait sa probité aux yeux des tiers et de façon continue a gravement failli à sa mission de contrôle, lui permettant par sa défaillance de continuer à se prévaloir de sa qualité d'avocat et d'utiliser son compte Carpa, ce dont est résulté le préjudice dont se plaint le client [8]. Quelques années plus tard, la responsabilité du barreau de Bastia a été retenue pour des raisons similaires. Le barreau n'avait mis en place aucun système fiable de contrôle de la gestion des fonds clients et n'avait institué aucune procédure lui permettant d'être alerté sur les dysfonctionnements constatés par la caisse de règlements pécuniaires, alors que le fonctionnement de celle-ci relevait de sa responsabilité.

115.102 Vérifications de l'assurance responsabilité. Le conseil de l'Ordre a également pour mission de vérifier que chaque avocat ou le barreau tout entier bénéficie d'une assurance garantissant la responsabilité de chaque membre du barreau en raison des négligences ou des fautes éventuelles qu'il pourrait commettre dans l'exercice de ses fonctions. Le conseil de l'Ordre est libre de recourir au système qui lui paraît le plus opportun pour assurer le bon fonctionnement du barreau mais faut-il encore que ce système soit établi, vérifier son existence et son mode de fonctionnement [9].

115.103 Vérification du respect des principes essentiels. Le conseil de l'Ordre doit ensuite veiller à maintenir les principes de probité, de désintéressement, de modération et de confraternité sur lesquels repose la profession et doit exercer la surveillance que l'honneur et l'intérêt de ses membres rendent nécessaire [10]. Il s'assure de ce que les avocats soient exacts aux audiences et se comportent en loyaux auxiliaires de la justice.

1. V. s^s n°s 512.31 s.
2. L. n° 2004-130,11 févr. 2004 réformant le statut de certaines professions judiciaires ou juridiques, des experts judiciaires, des conseils en propriété industrielle et des experts en ventes aux enchères publiques, *JO* 12 févr., p. 2847, art. 23 et 24 – V. s^s n° 118.11.
3. V. s^s n° 121.34.
4. V. s^s n° 121.34.
5. V. s^s n° 121.34.
6. L. n° 71-1130, 31 déc. 1971, art. 17, 9°.
7. Lyon, 16 sept. 2008, RG n°s 07/05685, 07/03419 – V. s^s n° 121.34.
8. *RCA* 1998. 14.
9. L. n° 71-1130, 31 déc. 1971, art. 27 – Décr. n° 91-1197, 27 nov. 1991, art. 207 s. – V. s^s n°s 911.31 s.
10. V. s^s n°s 3.00 s.

115.104 Vérification de la formation continue. Le conseil de l'Ordre doit par ailleurs veiller à ce que les avocats aient satisfait à l'obligation de formation continue[1].

115.105 Vérifications des obligations en matière de lutte contre le blanchiment de capitaux. Le conseil de l'Ordre vérifie[2] le respect par les avocats des obligations imposées par le code monétaire et financier dans le cadre de la lutte contre le blanchiment des capitaux et le financement du terrorisme. Il peut se faire communiquer, dans des conditions fixées par décret en Conseil d'État, les documents relatifs au respect de ces obligations[3].

SECTION 7
FONCTIONS DE COLLABORATION INTERBARREAUX

115.111 Mise en œuvre des moyens appropriés pour régler les questions d'intérêts communs. Le conseil de l'Ordre met en œuvre, en accord avec d'autres barreaux, les moyens appropriés pour régler les questions d'intérêts communs, tels : l'informatique, la formation professionnelle, la représentation de la profession et le régime de la garantie[4].

Les développements de la communication électronique et l'unification des règles de postulation qui permettent à n'importe quel avocat d'un des barreaux d'une cour d'appel de postuler, tant devant cette cour que devant n'importe lequel des tribunaux judiciaires qui y sont rattachés, conduiront peut-être au développement de ces actions.

SECTION 8
FONCTIONS DE COLLABORATION AVEC LE CONSEIL NATIONAL DES BARREAUX

115.121 Exécution des décisions du Conseil national des barreaux. Le conseil de l'Ordre est chargé d'assurer, dans tous les domaines, l'exécution des décisions du Conseil national des barreaux dans son ressort[5]. Cependant, si la procédure d'élaboration des décisions normatives[6] comporte bien une phase de concertation, au cours de laquelle les barreaux sont invités à faire connaître leur point de vue sur les projets de décisions, un tel dispositif n'est imposé que dans le cadre limité des modifications du règlement intérieur national (RIN). Même si l'existence du collège ordinal[7] permet en principe d'associer la composante ordinale à toutes les décisions, cela n'assure pas dans tous les cas l'adhésion des conseils de l'Ordre aux décisions dont ils doivent assurer l'exécution.

115.122 Communication de données. Le CNB a été chargé d'établir, de mettre à jour et de mettre en ligne un annuaire national[8]. Pour lui permettre d'accomplir cette mission, les barreaux sont tenus de lui communiquer la liste des avocats inscrits au tableau, ainsi que les mises à jour périodiques, selon les modalités qu'il fixe[9].

Cette obligation s'ajoute à celle (qui pèse sur le bâtonnier) de transmettre au CNB les données permettant la tenue des élections dans le collège général et le collège ordinal[10].

1. V. s^s n°s 213.201 s.
2. V. s^s n°s 482.21 s.
3. L. n° 71-1130, 31 déc. 1971, art. 17, 13°– V. s^s n°s 482.212 s.
4. L. n° 71-1130, 31 déc. 1971, art. 18.
5. L. n° 71-1130, 31 déc. 1971, art. 17, 10°.
6. V. s^s n° 112.26.
7. V. s^s n°s 111.41 s.
8. V. s^s n° 112.81.
9. L. n° 71-1130, 31 déc. 1971, art. 17, 1° et 1° *bis*.
10. Décr. n° 91-1197, 27 nov. 1991, art. 25.

CHAPITRE

116. Bâtonnier – Vice-bâtonnier

SECTION 0

ORIENTEUR

116.00 **Sommaire du chapitre.**

Division. L'élection du bâtonnier, et le cas échéant du vice-bâtonnier, est strictement réglementée (sect. 1). Au-delà du cadre général de leurs attributions (sect. 2), ils ont des fonctions de représentation (sect. 3), administratives (sect. 4), d'enseignement (sect. 5), de conciliation (sect. 6), doctrinale (sect. 7), juridictionnelle (sect. 8), ainsi que d'autres fonctions (sect. 9).

116.01 **Textes applicables.**

TEXTES TITRÉS

• **L. n° 71-1130, 31 déc. 1971**

art. 15, al. 2 à 5 [Regroupement des avocats par barreau administré par un conseil présidé par un bâtonnier pouvant être assisté par un vice-bâtonnier]

art. 21, al. 1er et 2 [Reconnaissance de la personnalité civile du barreau représenté par le bâtonnier]

• **Décr. n° 91-1197, 27 nov. 1991**

art. 6 [Candidature et élection du bâtonnier et vice-bâtonnier et durée du mandat]

art. 6-1 [Désignation du bâtonnier représentant les barreaux d'une même cour sur l'intérêt commun relatif à la procédure d'appel]

art. 7 [Délégation des pouvoirs du bâtonnier]

art. 14 [Possibilité pour le procureur général de déférer une délibération ou une décision du conseil]

art. 174 [Contestations en matière d'honoraires et débours]

art. 175 [Saisine du bâtonnier sur les contestations en matière d'honoraires et débours]

art. 179-1 [Saisine du bâtonnier pour le règlement des différends entre avocats sur l'exercice professionnel]

art. 179-2 [Désignation du bâtonnier d'un barreau tiers – Différends interbarreaux]

art. 179-3 [Désignation du remplaçant du bâtonnier tiers saisi sur les différends interbarreaux]

art. 179-4 [Règles applicables à certains différends]

art. 179-5 [Délai de la décision du bâtonnier à compter de sa saisine]

art. 179-6 [Notification et contestation de la décision du bâtonnier]

art. 179-7 [Exécution des décisions du bâtonnier]

116.02 Jurisprudence de référence.

> Le bâtonnier ne peut être membre du conseil d'administration du CRFPA

• **Civ. 1re, 28 mai 2009,** no 08-16.326, no 08-16.327, P I, nos 107 et 108.

* V. ss no 116.161.

« Il résulte de la combinaison des articles 42 et 43 du décret no 91-1197 du 27 novembre 1991 que le bâtonnier en exercice d'un barreau du ressort du centre régional de formation professionnelle (CRFPA), qui ne peut participer aux réunions du conseil d'administration avec voix délibérative ni même assister au vote des délibérations portant sur le budget du centre, ne peut être désigné comme membre du conseil d'administration en tant qu'avocat titulaire ».

> Le règlement intérieur ne peut poser de conditions complémentaires pour l'éligibilité du bâtonnier

• **Civ. 1re, 4 avr. 1995,** no 93-10.818, P I, no 156.

* V. ss no 116.81.

« Attendu que, par délibération du 7 juillet 1992, le conseil de l'Ordre des avocats au barreau de Toulouse a adopté son nouveau règlement intérieur dont l'article 2, alinéa 9, prévoyait que "les candidats au bâtonnat devront obligatoirement appartenir ou avoir appartenu au conseil de l'Ordre des avocats ou à la commission régionale des conseils juridiques" et l'article 65, dans ses alinéas 2 et 3, énonçait : "le bénéficiaire de l'aide juridictionnelle conserve le droit de substituer ou d'associer un autre avocat non désigné ou non commis d'office à sa défense ; dans ces deux cas, il renonce au bénéfice de l'aide juridictionnelle avec effet rétroactif au jour de la désignation ou de la commission de l'avocat" ; que le procureur général a formé un recours en annulation de ces articles ; [...]

Mais attendu que, si l'article 6 du décret no 91-1197 du 27 novembre 1991 dispose que le conseil de l'Ordre est présidé par un bâtonnier élu pour 2 ans au scrutin secret majoritaire à deux tours par l'assemblée générale de l'Ordre "suivant des modalités fixées par le règlement intérieur", aucune disposition légale ou réglementaire ne l'habilite à fixer les conditions d'éligibilité du bâtonnier ; que, dès lors, c'est à juste titre que la cour d'appel a décidé que le conseil de l'Ordre avait excédé ses attributions en posant une condition supplémentaire, restreignant les conditions d'éligibilité prévues par l'article 15 de la loi du 31 décembre 1971 et par les articles 8 et 9 du décret précité du 27 novembre 1991 ; que le moyen n'est dès lors pas fondé. »

116.03 Bibliographie indicative.

* Aussi : v. ss no 11.03.

Contributions. A. Damien, « L'arbitrage du bâtonnier », *Mél. Perrot*, Dalloz, 1996, p. 63 – R. Merle, « Le bâtonnier de l'Ordre des avocats, une forme de présidence originale », *Mél. Hébraud*, Toulouse, 1981, p. 556 s. – B. Vatier, « Le bâtonnier dans tous ses états », *Mél. Buffet, LPA* 2004. 445 s.

Articles.

> Bâtonnier. A. Balsan, « La juridiction prud'homale du bâtonnier », *Gaz. Pal.* 1998. Doctr. 143 – Th. Clay, « Arbitrage du bâtonnier : persevare diabolicum », *D.* 2007. 28 – B. Moreau, « L'arbitrage du bâtonnier », *Rev. arb.* 1993. 361 – Rolland, « Le contentieux de l'élection du bâtonnier », *Gaz. Pal.* 3 et 4 déc. 2008. Doctr. 2 – J. Villacèque, « La juridiction du bâtonnier, une charge publique à parachever », *D.* 1997. Chron. 305.

> Vice-bâtonnier. S. Bortoluzzi, *JCP* 2012. 387, no 7 – J.-M. Braunschweig, « Pour une meilleure gouvernance du Barreau de Paris : un vice-bâtonnier », *Gaz. Pal.* 27 mai 2008, p. 2 – J. Castelain, « Bâtonnier, vice-bâtonnier : un ticket nécessaire », *Gaz. Pal.* 17 janv. 2008, p. 3 – Y. Leborgne et J. Castelain, « Bâtonnier/vice-bâtonnier : le témoignage de l'expérience », *Gaz. Pal.* 12-14 févr. 2012, p. 11 – B. Rolland, « Le contentieux de l'élection du bâtonnier », *Gaz. Pal.* 3-4 déc. 2008, p. 2.

116.05 Évolution – Chef de l'ordre des avocats.

Primitivement le chef de l'ordre des avocats était le doyen c'est-à-dire le plus ancien des avocats dans l'ordre du tableau. La fonction de bâtonnier apparaît pour la première fois au XIVe siècle. Il était le prieur élu de la confrérie de saint Nicolas qui rassemblait dans une organisation religieuse les avocats et les procureurs, portant le bâton priorial ou bourdon, il avait comme la plupart des prieurs de confréries, droit au titre de bâtonnier. Ses attributions étaient vagues, comme d'ailleurs celles du doyen. Il faut attendre le milieu du XVIIe siècle, ou même parfois le XVIIIe siècle, pour que progressivement les barreaux se dotent d'un (ou de plusieurs) responsable élu (syndic ou bâtonnier) qui ne soit pas seulement le doyen. À la veille de la Révolution, cette évolution est loin d'être complètement achevée[1].

Le modèle parisien est celui d'un bâtonnier, élu pour un an, par une assemblée composée du bâtonnier sortant, des anciens de l'ordre et des procureurs (avoués) réunis dans la grande chambre du Parlement. Il va se répandre dans tout le ressort du parlement de Paris. Le bâtonnier avait pour tâche d'établir le tableau de l'ordre, tâche fort importante puisqu'elle comportait, par le biais de l'omission de certains noms, le pouvoir disciplinaire ; il avait également pour mission de régler les difficultés survenues à l'intérieur de l'ordre et avec les juridictions devant lesquelles l'ordre assumait la fonction de défense.

Le bâton du bâtonnier insigne de sa charge, en tant que chef de la confrérie des avocats, fut porté par les bâtonniers jusqu'à la Révolution, il était même placé dans la salle des pas perdus et le bâtonnier s'inclinait en passant devant ce bâton qui symbolisait sa charge. Ce bâton a totalement disparu dans les usages modernes mais réapparaît, sous forme de coutume, dans un certain nombre de

1. H. Leuwers, *L'invention du barreau français 1660-1830*, Éditions de l'EHESS, 2006, p. 62 et 63.

barreaux qui ont institué une cérémonie de remise ou de passage du bâton, entre l'ancien et le nouveau bâtonnier.

116.06 Évolution – Bâtonnier. Lors de la reconstitution du barreau sous l'Empire, le bâtonnier fut à nouveau institué mais nommé par le procureur général sur une liste choisie pour les deux tiers parmi les plus anciens dans l'ordre du tableau et présentés en nombre double par l'assemblée des avocats[1]. L'article 7 de l'ordonnance du 20 novembre 1822 donna le droit d'élection du bâtonnier aux membres du conseil de discipline et à la majorité absolue des suffrages[2] mais ce conseil n'était composé que des avocats les plus anciens (2 par colonne) et des anciens bâtonniers, en fait seul le secrétaire était élu chaque année. À partir de l'ordonnance du 27 août 1830, le bâtonnier fut élu par l'assemblée générale et à la majorité absolue des suffrages mais la jurisprudence de l'ordre de Paris établit qu'à partir du 3e tour la majorité simple suffisait à son élection[3].

Le bâtonnier est donc devenu le chef de l'ordre mais le doyen conserve encore une certaine primauté d'honneur ; il occupe la première place après le bâtonnier et durant tout le XIXe siècle on admit que le doyen puisse présider le conseil en l'absence du bâtonnier s'il en était membre, ce qui était l'usage quasi constant.

116.07 Évolution – Décret du 22 mars 1852. Le décret du 22 mars 1852[4] modifiera ce système libéral en faisant à nouveau élire le bâtonnier par le conseil de discipline et non plus par l'assemblée générale, mais dès la chute du Second Empire on reviendra au système antérieur qui n'a plus été modifié que sur des détails.

116.08 Impact de l'histoire. Le rôle du bâtonnier est singulier et constitue une forme de présidence originale[5] ; on l'a d'ailleurs souvent comparé à un père abbé. Certes, le bâtonnier préside, comme le font démocratiquement les organes représentatifs des associations, des syndicats ou des entreprises et cette partie de ses tâches n'est pas négligeable mais les usages lui attribuent une sorte de charge de pasteur infiniment plus vaste et plus imprécise [...] en filigrane des pouvoirs qui lui sont conférés par les textes, se profile encore de nos jours l'ombre de l'ancien chef de confrérie symboliquement pourvu de la mitre et de la crosse. Il a en quelque sorte charge d'âmes. En marge de ses obligations administratives, il doit surveiller, conseiller ses confrères, redresser leurs erreurs et faire régner la paix dans son barreau. Dans les grands barreaux cette tâche est devenue très lourde, ce qui explique qu'elle puisse être partagée avec le vice-bâtonnier.

En outre, si les avocats placés sous sa juridiction acceptent généralement son autorité ; elle ne s'impose plus aussi facilement que par le passé. Sous l'influence de la Cour européenne des droits de l'homme et de son interprétation de l'article 6 de la Convention européenne des droits de l'homme, après la loi du 11 février 2004, le bâtonnier a aussi perdu, en matière disciplinaire, son pouvoir d'admonestation, et aussi ses fonctions d'information et de jugement ; mais le chef de l'ordre continue de cumuler les rôles de confident, de conciliateur, d'arbitre et d'autorité de poursuite. L'enquête déontologique n'a pas non plus disparu.

116.09 Historique du bâtonnier. Le bâtonnier est à sa manière évêque au sens étymologique du terme : episcopos, celui qui surveille. Cette mission de vigilance, imprécise mais certaine est postulée par les textes généraux ou locaux qui obligent les avocats à informer le bâtonnier de toutes les péripéties de leur carrière. De sa propre initiative il doit procéder à divers contrôles, il est en droit d'exiger de ses confrères les renseignements ou explications qui lui semblent nécessaires. Il est celui vers lequel se tournent les avocats, lorsqu'ils sont confrontés à une question d'interprétation de la règle déontologique. Il est à la fois le gardien et l'interprète de la règle et il est amené à trancher les conflits déontologiques. La complexité croissante de ce rôle a d'ailleurs conduit la Conférence des bâtonniers et le CNB[6] à mettre en place des dispositifs d'aide. Là où existe un concours du jeune barreau, il en assure en général la présidence. Il choisit les avocats commis d'office, désigne au titre de l'aide judiciaire et dispense à longueur d'année son enseignement aux débutants. Actuellement, dans la plupart des barreaux, le bâtonnier s'adresse périodiquement à ses confrères par l'entremise d'un bulletin, qui ne contient pas seulement des renseignements pratiques mais rappelle des obligations ou des interdictions, commente des points controversés et tire, le cas échéant, la leçon des incidents survenus récemment.

116.10 Le bâtonnier aujourd'hui. Le bâtonnier continue d'occuper une place centrale dans une

1. Décr. 14 déc. 1810, art. 19 et 21.
2. Ord. 20 nov. 1822, art. 8.
3. Ord. 27 août 1830 contenant des dispositions sur l'exercice de la profession d'avocat, *Bull. lois*, 9e série, t. I, part. II, n° 7.
4. Décr. 22 mars 1852 relatif aux élections du Barreau, *Bull. lois*, 10e série, t. IX, n° 506.
5. R. Merle, « Le bâtonnier de l'Ordre des avocats, une forme de présidence originale », *Mél. Hébraud*, Toulouse, 1981, p. 556 s.
6. V. s^s n° 112.28.

organisation professionnelle dont la cellule de base est toujours le barreau local. Seule institution permanente de l'ordre professionnel, celui-ci s'incarne en sa personne pour la durée de son mandat et sa figure en domine entièrement le fonctionnement, pour les avocats et pour les tiers. Si l'on peut concevoir un barreau sans conseil de l'Ordre, il n'existe pas de barreau sans bâtonnier à sa tête. Il lui est donc beaucoup demandé, et certainement de plus en plus, dans un contexte de plus en plus difficile.

Si les textes décrivent une réalité juridique unique (le statut et les attributions juridiques du bâtonnier sont à peu près identiques, nonobstant la taille du barreau), les moyens à sa disposition pour accomplir sa tâche varient considérablement en fonction de l'importance, des besoins financiers et de l'organisation du barreau. La croissance démographique de la profession a multiplié le nombre des barreaux dont la taille ne leur permet pas de se doter d'une administration suffisante pour assister le bâtonnier, dont la tâche est écrasante. En dépit de la mise en place du vote électronique dans certains barreaux, la participation aux élections ordinales s'érode et les barreaux ont parfois du mal à trouver des candidats prêts à accepter la charge du bâtonnat. La nature du mandat du bâtonnier n'a jamais été politique, mais leur possibilité d'action, dans ce domaine, a encore été réduite par l'apparition du CNB. Les bâtonniers en exercice, en dépit de leur forte légitimité locale, restent en marge de la prise des décisions qui engagent l'avenir de la profession.

La composition du CNB[1] ne leur fait aucune place particulière, même dans sa composante ordinale. Néanmoins, les décisions normatives sont précédées d'une phase de concertation, au cours de laquelle les barreaux sont interrogés, et leurs avis et observations sollicités. C'est à lui de veiller à ce que les membres de son barreau puissent exprimer leur avis. Le rôle du bâtonnier se transforme donc, au fur et à mesure de l'ouverture des barreaux vers l'extérieur. Les barreaux ne vivent plus repliés sur eux-mêmes, et dans des domaines comme la formation, ou la discipline, ils appartiennent à des ensembles plus vastes. Le bâtonnier est aujourd'hui le premier lien entre son barreau et les institutions de la profession. C'est par lui que transite l'intégralité de l'information dont ont besoin les avocats de son barreau, et c'est à lui de la porter à leur connaissance. Nonobstant les efforts faits par le CNB pour informer directement de son action les avocats, il reste tributaire, pour que celle-ci soit effectivement connue et comprise, des démarches informatives que voudront bien réaliser les bâtonniers. Il en est de même, lorsque le CNB cherche à mobiliser les avocats. Il ne peut se passer du soutien des bâtonniers. Dans tous ces cas, le bâtonnier constitue le relais indispensable de toute action collective dépassant les frontières de son barreau.

Vice-bâtonnier. Le vice-bâtonnier est de création beaucoup plus récente. Il a été instauré par un décret du 14 octobre 2009[2] qui venait donner un cadre juridique *a posteriori* à une initiative accueillie favorablement par les électeurs du barreau de Paris, avant de connaître une consécration législative avec son inscription dans la loi du 31 décembre 1971[3]. Le statut du vice-bâtonnier a été retouché par le décret du 28 décembre 2011[4], puis à nouveau par le décret du 26 décembre 2014[5], et encore par le décret du 22 décembre 2016[6], signe que celui-ci a été difficile à stabiliser. En fonction des choix faits par les barreaux et les candidats, les électeurs peuvent avoir à se prononcer en même temps sur une candidature au bâtonnat et sur celle, présentée conjointement, d'un avocat appelé à exercer les fonctions de vice-bâtonnier. En cas de candidatures conjointes, la désignation du bâtonnier entraîne celle du vice-bâtonnier. Le vice-bâtonnier exerce ses fonctions pendant toute la durée du mandat du bâtonnier. À sa création, membre du conseil de l'Ordre, il n'y siège plus qu'avec voix consultative. Il est élu avec le bâtonnier, dans les mêmes conditions et pour la même durée[7].

Missions. Le bâtonnier est à la fois le chef et le représentant du conseil de l'Ordre, mais il n'est pas membre de ce conseil à proprement parler. Il préside le conseil de l'Ordre et représente le barreau dans tous les actes de la vie civile en exprimant publiquement les valeurs de la profession. Il prévient, concilie ou arbitre les différends entre les membres du barreau ou entre les avocats et les tiers.

Le vice-bâtonnier, lorsqu'il existe, assiste le bâtonnier et exerce ses fonctions en cas de décès ou d'empêchement de manière définitive jusqu'à la tenue de nouvelles élections[8].

1. V. s[s] n° 111.30.

2. Décr. n° 2009-1233, 14 oct. 2009 modifiant le décret n° 91-1197 du 27 nov. 1991 et relatif au vice-bâtonnier, *JO* 16 oct., p. 16931.
3. L. n° 2011-331, 28 mars 2011 de modernisation des professions judiciaires ou juridiques et certaines professions réglementées, *JO* 29 mars, p. 5447, art. 7.
4. Décr. n° 91-1197, 27 nov. 1991 organisant la profession d'avocat, *JO* 28 nov., p. 15502, art. 6 ; créé par décr. n° 2011-1985, 28 déc. 2011, art. 3.
5. Décr. n° 2014-1632, 26 déc. 2014 modifiant le décret n° 91-1197 du 27 novembre 1991 organisant la profession d'avocat, *JO* 28 déc., p. 22596.
6. Décr. n° 2016-1817, 22 déc. 2016, art. 5.
7. L. n° 71-1130, 31 déc. 1971, art. 15, al. 2 – V. s[s] n°s 116.61 s.
8. L. n° 71-1130, 31 déc. 1971, art. 15, al. 3 ; mod. par ord. n° 2019-964, 18 sept. 2019, art. 35.

SECTION 1
ÉLECTION

116.20 **Plan.** L'élection du bâtonnier est soumise à des conditions (§ 1) et à une procédure (§ 2), en début et en fin de mandat notamment lors de l'entrée en fonction du bâtonnier élu, sa rééligibilité ou sa cessation de fonctions avant leur terme (§ 3).

§ 1
Conditions

116.30 **Plan.** Certaines conditions concernent la procédure (A), d'autres les personnes (B), ainsi que la durée du dauphinat et l'élection de confirmation (C).

A.
Conditions relatives à la procédure

116.41 **Date de l'élection.** Le mandat du bâtonnier élu commence au début de l'année civile qui suit l'expiration du mandat du bâtonnier en exercice. La date de l'élection est fixée selon les modalités du règlement intérieur, dans les barreaux où le nombre des avocats disposant du droit de vote n'est pas supérieur à trente. Dans les autres barreaux, l'élection du bâtonnier a lieu six mois au moins avant la fin du mandat du bâtonnier en exercice[1]. En raison de la crise sanitaire, pour l'année 2020, ce délai a été ramené à trois mois[2].

Lorsqu'un barreau comptant moins de huit avocats inscrits voit son effectif augmenter pour atteindre ce chiffre, un nouveau bâtonnier doit être élu dans le mois de la dernière inscription. Dans ce cas, le nouveau bâtonnier entre en fonction dès la proclamation des résultats.

Lorsque l'élection au bâtonnat est fixée en même temps que celle des membres du conseil de l'Ordre, l'élection du bâtonnier (et du vice-bâtonnier le cas échéant) précède celle des membres du conseil de l'Ordre.

Lorsque, pour quelque cause que ce soit, le bâtonnier cesse ses fonctions avant le terme normal de son mandat, il est procédé, dans les trois mois, à l'élection d'un remplaçant pour la période restant à courir jusqu'à ce terme. Toutefois, si la cessation des fonctions du bâtonnier survient après que son successeur a été élu, son mandat sera achevé par ce dernier, sans qu'il y ait lieu d'organiser une nouvelle élection.

1. Décr. n° 91-1197, 27 nov. 1991, art. 6.
2. Décr. n° 202-950, 30 juill. 2020 relatif aux conditions de l'élection des bâtonniers du conseil de l'ordre des avocats et au report de la réforme de la saisie conservatoire des comptes bancaires, de l'extension de l'assignation à date et de la réforme de la procédure applicable aux divorces contentieux, *JO* 1er août, n° 30, art. 1er.

116.42 **Élection d'un bâtonnier par barreau.** Il n'existe pas de barreau sans bâtonnier. Ce principe doit être respecté, même dans les barreaux dans lesquels les fonctions du conseil de l'Ordre sont exercées par le tribunal, le nombre des avocats inscrits au tableau étant inférieur à huit (engageant la discussion de savoir s'il faut huit avocats inscrits au tableau ou huit avocats disposant du droit de vote pour permettre l'élection d'un conseil de l'Ordre[3]). Dans tous les cas, et quel que soit le nombre des avocats inscrits et dès qu'une majorité peut se former et même si le conseil de l'Ordre n'est pas institué en raison du trop petit nombre d'avocats, le barreau est administré par un bâtonnier élu qui le représente dans tous les actes de la vie civile et qui préside le conseil de l'Ordre lorsque celui-ci existe[4].

116.43 **Élection d'un vice-bâtonnier.** L'élection d'un vice-bâtonnier n'est pas obligatoire. Toute candidature à l'élection aux fonctions de bâtonnier peut être présentée conjointement avec celle d'un avocat appelé à exercer les fonctions de vice-bâtonnier ; la désignation du bâtonnier entraîne alors celle du vice-bâtonnier, pour une durée identique. Il n'y a donc pas de règle uniforme, chaque candidat au bâtonnat détermine librement s'il souhaite se soumettre aux suffrages seul, ou accompagné d'un vice-bâtonnier. Pour une même élection, les différents candidats pourront faire des choix différents.

B.
Conditions relatives aux personnes

116.51 **Conditions d'éligibilité.** Seules les personnes physiques peuvent être élues à la fonction de bâtonnier et de vice-bâtonnier, ce qui exclut les sociétés ou les groupements d'avocats, même inscrits au tableau en qualité d'avocat[5]. La commission règles et usages du Conseil national des barreaux a interprété[6] l'article 8 du décret du 27 novembre 1991 comme interdisant à un avocat honoraire d'être élu aux fonctions de bâtonnier, puisque seuls les avocats inscrits au tableau sont éligibles.

Le règlement intérieur, qui fixe les modalités de l'élection ne peut en revanche instaurer des conditions supplémentaires d'électorat ou d'éligibilité.

Les peines disciplinaires de l'avertissement, du blâme et de l'interdiction temporaire peuvent également comporter l'inéligibilité aux fonctions de bâtonnier pendant une durée n'excédant pas dix ans[7].

3. Sur laquelle, v. ss n° 114.14.
4. Décr. n° 91-1197, 27 nov. 1991, art. 6.
5. Décr. n° 91-1197, 27 nov. 1991, art. 8.
6. CNB, Comm. RU, avis n° 2004-056, 15 déc. 2004.
7. Décr. n° 91-1197, 27 nov. 1991, art. 184.

Le bâtonnier n'est pas immédiatement rééligible en qualité de bâtonnier, ni le vice-bâtonnier en cette qualité. L'inéligibilité ne concernant dans les deux cas que la fonction immédiatement exercée, rien ne paraît interdire qu'à l'issue de son mandat le vice-bâtonnier se présente au bâtonnat. La disparition de l'élection de confirmation et le raccourcissement de la période qui se déroule entre la date de l'élection et la prise de fonction peuvent favoriser la réalisation d'un tel projet, même s'il n'est pas certain que cette hypothèse ait été envisagée lors de la création de l'institution. Il a déjà été fait observer[1] que les contours de celle-ci ne sont pas encore totalement fixés. Le cumul de l'exercice de la fonction élective avec le statut de candidat peut assurément être générateur de difficultés, mais il n'a rien de véritablement inédit. Il est courant dans les barreaux où le nombre des avocats votants est inférieur ou égal à trente, où le bâtonnier peut exercer deux mandats successifs[2]. Les textes actuels pourraient donc permettre, dans les autres barreaux, une alternance sans limite des mêmes personnes aux postes de bâtonnier et de vice-bâtonnier, à condition toutefois que cette solution emporte l'adhésion des électeurs.

116.52 **Ancienneté pour être bâtonnier.** Dans les barreaux qui comprennent plus de seize avocats disposant du droit de vote, c'est-à-dire inscrits et honoraires, ne peuvent être élus aux fonctions de bâtonnier et de vice-bâtonnier que les avocats disposant du droit de vote (sous réserve de ce qui vient d'être dit par l'article 8 réduisant l'éligibilité aux seuls avocats en exercice) ayant prêté serment depuis plus de quatre ans au 1er janvier de l'année au cours de laquelle a lieu l'élection[3]. Il en est de même pour le vice-bâtonnier.

Il n'est pas indispensable que le bâtonnier ait précédemment été élu au conseil de l'Ordre, aucune disposition ne l'imposant, même s'il est rare d'être dépourvu de toute expérience ordinale au moment d'une candidature au bâtonnat. Dans les barreaux de moins de seize membres, aucune condition d'ancienneté pour être éligible n'est posée[4].

116.53 **Avocats inéligibles.** Le fait pour un avocat inéligible de s'être présenté aux élections et d'avoir obtenu des suffrages ne saurait conduire à l'invalidation des bulletins portant son nom. De même la jurisprudence a estimé que les bulletins blancs ou portant des noms imaginaires sont nuls en ce qui concerne ces noms, mais cette nullité n'affecte pas le bulletin pour le surplus des noms qui y seraient exprimés[5].

Si un avocat sanctionné disciplinairement et privé du droit de faire partie du conseil de l'Ordre estime pouvoir bénéficier de l'amnistie, il n'appartient pas au bâtonnier, qui n'a pas le pouvoir d'apprécier si les faits ayant donné lieu aux sanctions disciplinaires prononcées constituent ou non des manquements à la probité, aux bonnes mœurs ou à l'honneur, de lui reconnaître de sa propre autorité le bénéfice de l'amnistie[6]. L'avocat en question aurait donc dû former un recours devant la cour d'appel pour voir dire que la sanction disciplinaire prononcée contre lui était amnistiée et, en attendant que la cour se soit prononcée, la sanction aurait dû être considérée comme suspendue jusqu'à ce qu'il ait été statué sur cette demande et l'avocat en cause aurait donc pu bénéficier du suffrage de ses confrères, sous condition suspensive de l'amnistie[7]. La cour reconnaît implicitement par la même décision que le bâtonnier est maître des élections et de la procédure qui s'y déroule et qu'il ne partage ce pouvoir ni avec l'assemblée générale, ni avec le conseil de l'Ordre.

Une cour d'appel[8] a fait grief au bâtonnier d'avoir, dans un premier temps, attiré l'attention de l'ensemble des électeurs sur la probable inéligibilité d'un des candidats, avant d'organiser les élections tout en ne dissipant pas au préalable l'incertitude qu'il avait créée. Celle-ci a pu influer sur l'expression du vote des électeurs, en fonction de cette considération et du non-respect de la loi. Cette situation ayant affecté la sincérité du scrutin, celui-ci encourt la nullité.

116.54 **Un acte de candidature est-il nécessaire ?** Si le règlement intérieur prévoit des déclarations de candidature, le bâtonnier doit les organiser mais pour autant les suffrages se portant sur un avocat n'ayant pas fait acte de candidature ne sont pas nuls[9].

Là où un vote électronique a été mis en place, la possibilité de voter pour un autre qu'un candidat déclaré a disparu, car en général le programme informatique utilisé n'a pas prévu cette possibilité.

116.55 **Électorat.** Le bâtonnier est élu par l'assemblée générale élective dont la composition est fixée par l'article 15 de la loi du 31 décembre 1971. Ainsi le droit de vote est conféré aux avocats honoraires[10].

L'assemblée générale élective comprend tous les avocats inscrits au tableau, elle ne comprend toute-

1. V. s[s] n° 116.10.
2. Décr. n° 91-1197, 27 nov. 1991, art. 6.
3. Décr. n° 91-1197, 27 nov. 1991, art. 9.
4. Décr. n° 91-1197, 27 nov. 1991, art. 9 : *A CONTRARIO*.
5. Rouen, 9 févr. 1982, *Gaz. Pal.* 1982. 1. 260 – Lyon, 14 févr. 1980, *Gaz. Pal.* 1980. 1. 339 ; *JCP* 1980. II. 1993.
6. V. s[s] n°s 523.451 s.
7. Nancy, 16 nov. 1989, *Gaz. Pal.* 1990. 1. 245.
8. Saint-Denis, 23 déc. 2014, RG n° 14/00144.
9. Lyon, 1er févr. 1980, *D.* 1981. 525, note A. Brunois.
10. L. n° 71-1130, 31 déc. 1971, art. 15, al. 2 ; art. mod. par ord. n° 2019-964, 18 sept. 2019, art. 35.

fois que les avocats disposant du droit de vote, tel n'est pas le cas d'un avocat interdit temporaire, qui doit s'abstenir de tout acte professionnel. En conséquence, « l'avocat interdit temporaire, s'il ne cesse d'être avocat, ne peut toutefois participer aux activités de l'organisme professionnel auquel il appartient, ce qui inclut les élections professionnelles »[1].

Il est tout à faire souhaitable que tous les barreaux se dotent d'un règlement des élections pour le bâtonnier (et les membres du conseil de l'Ordre). Il s'agit d'un domaine dans lequel le Conseil national des barreaux n'est pas intervenu, de sorte que l'initiative appartient aux barreaux eux-mêmes. Les dispositions du règlement intérieur devront néanmoins être conformes aux principes généraux du droit électoral[2].

C. Dauphin et vice-bâtonnier

116.61 Élection d'un dauphin – Suppression de l'élection de confirmation. Immanquablement, la création de la fonction de vice-bâtonnier par le décret du 14 octobre 2009[3] devait conduire à se poser la question de la durée du dauphinat, puisqu'elle conduit à placer une imposante (et encombrante) tétrarchie à la tête du barreau. D'un autre côté, comme la présence d'un vice-bâtonnier n'est pas systématique, il était nécessaire d'adopter une solution souple. Dans les barreaux comptant plus de trente avocats, le successeur du bâtonnier, et son éventuel vice-bâtonnier, doivent être élus six mois au moins avant la fin du mandat en cours. Ces barreaux sont donc libres de raccourcir considérablement le temps du dauphinat[4]. L'élection n'a pas besoin d'être confirmée au moment de la prise de fonction. C'est le décret du décret du 26 décembre 2014[5] qui a fait disparaître l'élection de confirmation. Avec la disparition de l'élection de confirmation, le bâtonnier (et le vice-bâtonnier) élu est assuré que son élection ne sera pas remise en question. Cette évolution est la conséquence du raccourcissement de la période de douze mois à six mois. Il n'y avait pas beaucoup de sens à soumettre un bâtonnier élu six mois avant son entrée en fonction à l'élection de confirmation que prévoyait l'article 6 du décret du 27 novembre 1991, quelques semaines plus tard. En outre, comme l'élection du dauphin en qualité de bâtonnier n'était pas toujours garantie[6], comme cela avait pu être vérifié à plusieurs reprises, son existence même était discutée. Dès sa désignation, l'avocat élu, s'il n'est pas membre du conseil de l'Ordre, siège au sein de celui-ci avec voix consultative jusqu'à la fin du mandat du bâtonnier. Il en est de même pour son vice-bâtonnier.

Si le raccourcissement du dauphinat permet au bâtonnier de ne plus être flanqué de son successeur dès la fin de la première année de son mandat, la conjonction du raccourcissement du temps du dauphinat à six mois et de la disparition de l'élection de confirmation renforcent considérablement l'influence du nouvel élu, dès son élection.

116.62 Fonction de vice-bâtonnier. La fonction de vice-bâtonnier a été consacrée par un décret du 14 octobre 2009, qui a modifié le décret du 27 novembre 1991. Le vice-bâtonnier a par ailleurs fait l'objet d'une reconnaissance législative à l'article 15, alinéa 2, de la loi du 31 décembre 1971, issu de l'article 7 de la loi du 28 mars 2011, qui en fait l'assistant du bâtonnier. Son statut a été modifié par le décret du 28 décembre 2011[7], puis par le décret du 26 décembre 2014 et encore, légèrement, par le décret du 22 décembre 2016[8].

Prévue dans les barreaux de plus de mille avocats uniquement, la possibilité d'élire un vice-bâtonnier a finalement été ouverte à l'ensemble des barreaux. Il est apparu que quelle que soit la taille du barreau, la conciliation du mandat de bâtonnier avec la poursuite de l'activité d'avocat était difficile. Il était certes déjà possible de déléguer certaines attributions à un membre du conseil de l'Ordre, mais l'élection d'un vice-bâtonnier est d'une autre nature, ne serait-ce que parce que le bâtonnier n'a aucune prise sur la composition du conseil de l'Ordre. Le vice-bâtonnier est élu en même temps que le bâtonnier, mais c'est le futur bâtonnier qui décide et de l'opportunité de se présenter en même temps qu'un vice-bâtonnier et du choix de l'avocat apte à le seconder pour la durée de son mandat. Il pourra lui déléguer une partie de ses pouvoirs, voire la totalité en cas d'absence ou d'empêchement temporaire[9]. En cas de décès ou d'empêchement définitif du bâtonnier, c'est le vice-bâtonnier qui exercera ses fonctions, dans l'attente de nouvelles élections.

Toutefois, l'article 6 du décret du 27 novembre 1991 dans sa version modifiée prévoit que tout candidat à l'élection aux fonctions de bâtonnier « peut » présenter la candidature d'un avocat appelé à exercer les fonctions de vice-bâtonnier. L'élection

1. Paris, 23 mai 2013, RG n° 12/23139.
2. Civ. 1re, 16 avr. 2015, n° 14-14.309, P I.
3. Décr. n° 2009-1233, 14 oct. 2009.
4. Décr. n° 2014-1632, 26 déc. 2014.
5. Décr. n° 2014-1632, 26 déc. 2014, art. 3.
6. Civ. 1re, 28 juin 2007, n° 06-60.143, P I, n° 244 ; *D.* 2007. 2040 ; *D.* 2008. 944, obs. B. Blanchard ; *JCP* 2007. I. 206.
7. Décr. n° 91-1197, 27 nov. 1991, art. 6.
8. Décr. n° 2016-1817, 22 déc. 2016, art. 5.
9. L. n° 71-1130, 31 déc. 1971, art. 15.

du vice-bâtonnier n'est donc pas obligatoire ; elle dépendra de la volonté du candidat au bâtonnat de bénéficier, ou non, de ce renfort. Du fait de la rédaction de l'article 6, il n'est pas exclu qu'à l'occasion d'une même élection, certains candidats se présentent en compagnie d'un vice-bâtonnier, alors que d'autres ne le feront pas.

En cas de candidatures conjointes, il est précisé par le décret du 28 décembre 2011 que la désignation du bâtonnier entraîne celle du vice-bâtonnier. À défaut donc de désignation du bâtonnier, le vice-bâtonnier ne peut être élu. Le vice-bâtonnier exerce ses fonctions pendant toute la durée du mandat du bâtonnier. L'élection du bâtonnier et, le cas échéant, de l'avocat appelé à exercer les fonctions de vice-bâtonnier précède l'élection des membres du conseil de l'Ordre.

Les fonctions de vice-bâtonnier sont incompatibles avec celles de membre du conseil de l'Ordre[1], en vertu des dispositions explicites de l'article 6 du décret de 1991, dans sa rédaction issue du décret du 28 décembre 2011[2]. Il siège au sein du conseil de l'Ordre mais seulement avec voix consultative. Le décret du 14 octobre 2009 prévoyait la solution inverse, ce qui aboutissait à donner au vice-bâtonnier une voix délibérative, alors que le bâtonnier, faute d'être membre du conseil de l'Ordre, n'en bénéficiait pas. Le décret du 28 décembre 2011 a logiquement remédié à cette situation. À l'expiration de son mandat, le vice-bâtonnier n'est pas immédiatement rééligible à cette fonction. Les fonctions de vice-bâtonnier sont incompatibles avec celles de membre du conseil de l'Ordre. Cela ne l'empêche cependant pas de se présenter, le cas échéant, à la fonction de bâtonnier.

§ 2
Procédure de l'élection

116.70 **Plan.** La procédure de l'élection régit les modalités du scrutin (A) ainsi que le dépouillement et les résultats de l'élection (B).

A.
Modalités du scrutin

116.81 **Règlement intérieur et usages réglementant la procédure de l'élection.** La loi et le décret se limitent à des dispositions vagues et générales, c'est donc le règlement intérieur, ou à défaut les usages et la tradition du barreau[3], qui doivent déterminer la procédure à suivre. Mais la liberté n'est pas totale. La cour d'appel de Paris, dans un arrêt du 10 juillet 1992[4], rendu à l'occasion de l'élection du président et des membres du bureau du Conseil national des barreaux, s'était ainsi référée aux règles générales du droit électoral. Cette jurisprudence est clairement établie. L'élection ordinale a progressivement perdu son caractère familial, pour s'apparenter de plus en plus aux élections politiques. Elle connaît les mêmes contestations et constitue une source abondante de contentieux.

Les élections doivent donc se tenir en conformité avec les principes généraux du droit électoral,[5] sans que le règlement intérieur puisse venir les contredire. Il ne pourra pas poser des conditions supplémentaires pour l'électorat ou l'éligibilité. A été annulée une délibération d'un conseil de l'Ordre qui avait posé, pour l'éligibilité au bâtonnat, la condition d'appartenir ou d'avoir appartenu au conseil de l'Ordre ou à la commission régionale des conseils juridiques. Restreignant les conditions d'éligibilité prévues par l'article 15 de la loi du 31 décembre 1971 et par les articles 8 et 9 du décret du 27 novembre 1991, cette délibération encourt l'annulation[6]. De même, si l'absence de règlement des cotisations ordinales peut conduire au prononcé de sanctions administratives (omission) ou disciplinaires, le fait d'être à jour de sa cotisation ne peut être érigé en condition d'éligibilité par le règlement intérieur. Seuls la loi et le règlement déterminent les conditions d'éligibilité ; c'est ce qui a été jugé à propos des membres du conseil de l'Ordre[7], comme de l'élection du bâtonnier[8].

La cour d'appel de Paris, dans l'arrêt du 10 juillet 1992[9] déjà mentionné qui fait application des principes généraux du droit électoral, se prononce ainsi sur le vote par procuration[10] et sur les nullités de bulletins de vote comportant pour certains d'entre eux des signes distinctifs, qui doivent être annexés au procès-verbal des élections. Cet usage de l'annexion des bulletins annulés, constant en matière d'élections politiques, ne l'était pas dans nombre de barreaux où les bulletins étaient détruits aussitôt après l'élection (en sens contraire : C. élect., art. L. 66). Les bulletins blancs ou jugés nuls ne sont pas décomptés dans les suffrages

1. POUR UNE APPRÉCIATION CRITIQUE : F. Sicard et S. du Granrut, « Le vice-bâtonnier, deux petits tours et puis s'en va ? », *Gaz. Pal.* 5-7 févr. 2012, p. 9.
2. Décr. n° 2011-1985, 28 déc. 2011 relatif au vice-bâtonnier, à l'arbitrage du bâtonnier et aux mentions de spécialisation des avocats, *JO* 29 déc., p. 22573.
3. Nîmes, 4 mai 2010, RG n° 14/02338.
4. Paris, 10 juill. 1992, *Gaz. Pal.* 10 nov. 1992, 5, note A. Damien.
5. Civ. 1re, 16 avr. 2015, n° 14-14.309, P I.
6. Civ. 1re, 4 avr. 1995, n° 93-10.818, P I, n° 156 ; *Gaz. Pal.* 7 sept. 1995. Pan. 11 ; *Gaz. Pal.* 1995. Somm. 365.
7. Saint-Denis, 6 mars 2015, RG n° 14/02338.
8. Basse-Terre, 18 oct. 2006, RG n° 05/01842.
9. Paris, 10 juill. 1992, *Gaz. Pal.* 10 nov. 1992, p. 5, note A. Damien.
10. V. ss n° 116.85.

exprimés et la majorité absolue s'entend par rapport aux suffrages exprimés et non par rapport au nombre réel de votants.

116.82 Convocation. Le règlement intérieur définit le mode de convocation des électeurs. Le bâtonnier préside aux opérations électorales, c'est donc lui qui convoque l'assemblée générale. Il peut être recouru à un affichage, à la diffusion d'un courrier individuel, sous forme papier ou électronique. Un courrier papier peut facilement être distribué dans les cases. Des dispositions particulières peuvent alors être prévues pour la convocation des avocats honoraires qui sont le plus souvent éloignés du barreau. La tenue par le barreau d'un annuaire électronique peut lui permettre de recourir uniquement à des convocations électroniques. C'est évidemment le cas chaque fois qu'il est fait usage du vote électronique, qui suppose l'envoi de codes permettant de réaliser le vote à distance. Il est indispensable que la convocation indique l'objet de l'élection, le lieu et l'heure où elle se déroulera ainsi que toutes les autres indications qui auraient pu être prévues par le règlement intérieur (candidats, liste des éligibles...). La convocation peut également rappeler, sous forme d'extrait, les dispositions du règlement intérieur applicables. Dans le cas où les élections au bâtonnat se tiennent en même temps que celles des membres du conseil de l'Ordre, la convocation doit respecter la règle de la priorité des élections au bâtonnat, les opérations pourraient sinon être annulées [1].

Les avocats frappés d'une peine de suspension par une décision devenue définitive ne peuvent participer aux élections pendant l'accomplissement de leur peine. En revanche, si un avocat est inscrit par la cour à une époque contemporaine des élections, il doit être convoqué à l'assemblée générale, faute de convocation, cette assemblée et l'élection seraient nulles [2], sous réserve que son absence soit de nature à modifier les résultats du scrutin [3].

116.83 Établissement d'une liste d'émargement. Une liste d'émargement doit être établie dans tous les cas. L'arrêt précité du 10 juillet 1992 le précise [4], elle existe dans le code électoral [5]. La nécessité de la liste d'émargement [6] a été confirmée en 2000, par un arrêt de la cour d'appel d'Aix-en-Provence.

1. Nîmes, 4 mai 2010, RG n° 09/05405.
2. Civ. 1re, 1er juill. 1952, *D.* 1952. 723.
3. Lyon, 14 févr. 1980, *Gaz. Pal.* 1980. 1. 339 ; *JCP* 1980. II. 19393 – Aix-en-Provence, 16 sept. 1981, *Gaz. Pal.* 1981. 2. 790 – Rouen, 9 févr. 1982, *Gaz. Pal.* 1982. 1. 260.
4. V. ss n° 116.81.
5. C. élect., art. L. 62-1 ; réd. L. n° 88-1962, 30 sept. 1988 – C. élect., art. R. 61.
6. Aix-en-Provence, 25 févr. 2000, *JCP* 2000. II. 10324, note R. Martin.

116.84 Secret du vote. Le secret du vote doit être assuré [7]. On peut procéder à l'appel des présents qui sont invités à venir déposer un bulletin dans l'urne, le bulletin doit être soit placé sous enveloppe, soit plié, pour garantir le secret du scrutin.

À cet égard, la Cour de cassation a précisé dans deux décisions que les électeurs doivent s'isoler pour voter et que ce principe est incontournable. Toutefois, l'isolement peut être mis en œuvre librement, y compris en l'absence d'isoloirs.

Il faut néanmoins que soit mis à disposition des électeurs un dispositif de nature à garantir la confidentialité du vote [8]. Ils peuvent par exemple disposer d'une pièce attenante pour aller préparer leur bulletin [9]. Ce principe de l'isolement doit d'ailleurs s'appliquer même en matière de vote électronique [10].

Après avoir constaté qu'il n'y avait pas d'isoloir, ni de pièce où les électeurs devaient s'isoler, qu'il n'y avait pas d'enveloppes pour glisser les bulletins de vote, lesquels étaient pliés juste avant d'être introduits dans l'urne, une cour d'appel [11] en a déduit que le vote était donc public et qu'il convenait par conséquent d'annuler l'élection du bâtonnier et des membres du conseil de l'Ordre. Le secret n'est pas non plus assuré lorsqu'un procès-verbal relatant les opérations électorales indique que le bâtonnier sortant a été élu à l'unanimité sauf sa propre voix, cette dernière mention suffisant à constituer une indication violant le secret entraîne la nullité du scrutin [12].

116.85 Vote par procuration. Le vote par procuration peut être admis aux élections professionnelles, soit qu'il résulte du règlement intérieur du barreau, soit qu'il soit admis par l'usage de longue date, pratiqué dans un barreau par le consentement mutuel de ses membres, au point d'avoir acquis par une pratique constamment suivie, valeur de règlement intérieur. La tradition, dont le témoignage des anciens de l'ordre et notamment des anciens bâtonniers, certifie l'existence, détermine les hypothèses où peut intervenir le vote par procuration [13]. Mais ce

7. Aix-en-Provence, 19 sept. 1981, *Gaz. Pal.* 1981. 2. 790 – Aix-en-Provence, 25 févr. 2000, *JCP* 2000. II. 10324, note R. Martin.
8. Civ. 1re, 28 juin 2007, n° 06-60.143, P I, n° 244 ; *D.* 2007. 2040 ; *D.* 2008. 944, obs. B. Blanchard ; *JCP* 2007. I. 206 – Civ. 1re, 27 févr. 2007, n° 05-18.899, P I, n° 180 ; *D.* 2008. 944, obs. B. Blanchard.
9. Civ. 1re, 6 déc. 2007, n° 07-60.179, NP.
10. V. ss n° 116.86.
11. Fort-de-France, 13 févr. 2009, RG n° 07/00503.
12. Aix-en-Provence, 16 sept. 1981, *Gaz. Pal.* 1981. 2. 790.
13. Civ. 1re, 14 mars 1984, n° 83-62.993, P I, n° 95 ; *Gaz. Pal.* 1984. 1. 383 ; *Gaz. Pal.* 1984. 1. Pan. 212 ; *D.* 1985. 109, note A. Damien ; *D.* 1985. 165, note P. Estoup – Nancy, 4 sept. 2007, RG n° 1875/2007.

vote ne doit pas constituer un abus de majorité[1]. Le pouvoir doit, pour être utilisé valablement par le mandataire, être précédé des instructions nécessaires. C'est ainsi que le mandataire ne peut voter lorsqu'un membre du conseil de l'Ordre a donné sa démission au cours de l'assemblée générale élective, le mandant ignorant cette vacance n'ayant pu lui donner, dès lors, des instructions pour voter[2]. Les règlements intérieurs déterminent avec précision les modalités des votes par procuration.

À titre d'exemple, l'article 5 de l'annexe 1 du règlement intérieur du barreau de Paris, consacré aux modalités du vote, exige l'enregistrement préalable au barreau, détermine la forme de la procuration (papier à en-tête du cabinet, précision de l'identité du mandant, mention manuscrite « Bon pour pouvoir, au profit de... » suivie du nom du mandataire et de la signature du mandant). Il convient là encore d'être attentif au respect des principes généraux du droit électoral. La Cour de cassation a donc censuré un arrêt qui s'était contenté, pour valider des procurations, de constater que le règlement intérieur du barreau permettait à tout avocat électeur de donner procuration à un avocat inscrit au même barreau, dans la limite de trois mandats par mandataire pour chaque tour de scrutin[3]. Les principes généraux du droit électoral s'opposent en effet à ce qu'un mandataire puisse disposer de plus d'une procuration. Le règlement intérieur du barreau de Paris déjà cité autorise quant à lui le mandataire à détenir cinq procurations pour chaque tour de scrutin[4].

En revanche, la méconnaissance de l'obligation, imposée par un règlement intérieur, mais dépourvue de toute sanction, d'établir la liste des avocats mandants et des avocats mandataires destinée à informer les mandants des éventuels rejets n'entraîne pas nécessairement l'annulation des votes par procuration, dès lors que ceux-ci n'étaient pas de nature à affecter la loyauté et la sincérité du scrutin[5].

116.86 Vote par correspondance sur support électronique. Le vote électronique est organisé par un nombre croissant de barreaux. Il est par exemple organisé par l'article 5.1 de l'annexe 1 du règlement intérieur du barreau de Paris. Compte tenu des contraintes techniques, cette modalité de vote est réservée aux avocats inscrits au barreau de Paris plus de deux mois avant la date du scrutin. Au moins 15 jours avant le scrutin, le secrétariat de l'ordre adresse à chaque avocat électeur les modalités de vote, dont son code confidentiel et personnel. Le jour du scrutin, l'avocat s'identifie en accédant au site de vote et remplit un bulletin de vote, confirme son choix.

Les débuts du vote électronique ont été difficiles, car des interrogations se posaient quant au secret et à l'indépendance du vote. C'est ainsi que les élections, au moyen du vote électronique, du conseil de l'Ordre des avocats de Paris et du bâtonnat des 23 et 24 novembre 2004 ont été contestées puis annulées. Un système de vote électronique à distance conforme aux recommandations ci-dessus avait pourtant été mis en place par le barreau de Paris, parallèlement au vote classique dans l'enceinte du Palais de justice. Le président de la Commission nationale de l'informatique et des libertés (Cnil) avait, auparavant demandé des précisions au bâtonnier « quant à la confidentialité du scrutin au regard, notamment, des modalités adoptées dans l'utilisation d'identifiants personnels ». Après cassation de l'arrêt de la cour d'appel de Paris pour n'avoir pas tenu compte de l'avis de la Cnil[6], l'affaire avait été renvoyée devant la cour d'appel de Lyon, qui a rejeté le recours, ce qu'approuve la Cour de cassation qui s'est de nouveau prononcée sur cette affaire le 27 septembre 2006[7]. Elle considère alors que le dispositif de vote à distance adopté présentait et avait effectivement procuré, au regard des principes généraux du droit électoral, les mêmes garanties que le vote traditionnel. La cour d'appel, « qui a constaté que l'irrégularité invoquée, relative à la saisine de la Commission nationale de l'informatique et des libertés, avait été sans incidence sur les conditions et les résultats du vote, a légalement justifié sa décision de valider les opérations électorales organisées par le barreau de Paris au moyen d'un système de vote électronique par le réseau internet ».

Ces quatre arrêts successifs confirment la validité du vote électronique si toutes les précautions édictées par ces arrêts ont été prises. Cette solution a permis que le vote électronique continue de se développer, au-delà des barreaux de Paris et de Lyon qui ont été les premiers à y avoir recours.

116.87 Présidence par le bâtonnier des opérations électorales. Le bâtonnier en exercice préside les opérations électorales. Le bâtonnier sera en général assisté de scrutateurs. Le règlement intérieur peut également prévoir la possibilité pour les candidats ou leurs représentants de contrôler les opérations de vote et d'assister au dépouillement[8].

1. Versailles, 26 févr. 1979, *Gaz. Pal.* 1979. I. 159, note A. Damien.
2. Aix-en-Provence, 16 sept. 1981, *Gaz. Pal.* 1981. 2. 790.
3. Civ. 1re, 16 avr. 2015, n° 14-14.309, P I.
4. RIBP, Ann. I, art. 5.2.2.
5. Civ. 1re, 19 mars 2015, n° 14-10.352, P I.
6. Civ. 1re, 7 juin 2005, n° 05-60.044, P I, n° 241.
7. Civ. 1re, 27 sept. 2006, n° 05-20.156, P I, n° 241 ; *D.* 2007. 481, note J. Huet.
8. Saint-Denis, 9 déc. 2013, RG n° 13/02252.

Le bâtonnier qui préside les opérations électorales a seul qualité pour fixer la liste des électeurs et des éligibles, déterminer le nombre des membres du conseil à élire, le mode de scrutin, déterminer l'heure d'ouverture du scrutin, celle de sa clôture, le mode de dépouillement, l'établissement des résultats et leur proclamation. Le fait qu'il soit lui-même candidat au conseil de l'Ordre n'empêche pas le bâtonnier en exercice[1] de présider le bureau de vote et n'est pas à lui seul de nature à entraîner un doute sur la sincérité du scrutin.

Le bâtonnier ne partage ses prérogatives ni avec l'assemblée générale, ni avec le conseil de l'Ordre. En l'absence de tout contentieux préalable aux candidatures et à l'éligibilité, il a pour charge de déclarer *a priori* inéligible et *a posteriori* non élus, les avocats qui effectivement ne lui paraissent pas éligibles, à charge par la cour de vérifier le bien-fondé de sa décision, de contrôler la réalité de l'inéligibilité alléguée et d'annuler le cas échéant les élections, si la cour n'admet pas la décision prise par le bâtonnier présidant l'assemblée générale élective[2]. Différents arrêts[3] soulignent que le bâtonnier est l'autorité chargée de l'organisation du vote et qu'il est le président des opérations électorales, maître des élections et de la procédure qui s'y déroule, qu'il déclare les avocats éligibles ou inéligibles, qu'il proclame les résultats après les avoir fait dépouiller sous son contrôle.

Certes, ce pouvoir a une limitation qui est précisément le contrôle de la cour d'appel, mais il n'appartient pas à l'assemblée générale de voter sur la vérification de l'éligibilité ou de l'inéligibilité, ni de contrôler le mode de scrutin employé par le bâtonnier ; c'est à lui seul qu'appartiennent ces pouvoirs puisqu'il préside traditionnellement l'assemblée sous réserve des recours légitimes[4].

B.
Résultats de l'élection

116.91 Dépouillement des bulletins - Résultats de l'élection. Les bulletins sont dépouillés par le bâtonnier qui préside l'assemblée générale ou son délégué. Il peut également s'adjoindre deux ou plusieurs scrutateurs.

Les bulletins blancs ou jugés nuls, selon les termes habituels du droit électoral, ne sont pas décomptés dans les suffrages exprimés. En application des mêmes principes, les bulletins portant plus de noms que de postes à pourvoir ne sont pas nuls pour autant mais seuls les premiers sont retenus comme suffrages exprimés. Un ordre de préférence ressort en effet de manière manifeste d'un tel bulletin[5]. La jurisprudence s'est prononcée sur la compétence du conseil de l'Ordre en cas de difficulté au cours du dépouillement des bulletins[6].

Si aucun des candidats n'a obtenu au premier tour la majorité des suffrages exprimés, seuls peuvent se présenter au deuxième tour les deux candidats qui ont obtenu le plus grand nombre de ces suffrages. En cas d'égalité des voix, le candidat le plus âgé est proclamé élu[7].

Le bâtonnier est élu à la majorité absolue des suffrages. Elle correspond au nombre entier immédiatement supérieur à celui de la moitié des suffrages exprimés. C'est ainsi qu'obtient la majorité absolue le candidat qui obtient plus de voix que la moitié des suffrages[8].

116.92 Procès-verbal des opérations électorales. Un procès-verbal détaillé des opérations électorales doit être tenu. Il comporte notamment la mention des différents incidents qui ont pu émailler l'élection ainsi que les irrégularités dont peuvent être entachés certains bulletins dont il y a lieu d'assurer la conservation, pour être soumis éventuellement au contrôle de la Cour.

Le procès-verbal de l'élection est censé être connu des avocats dès l'élection terminée. Il n'a pas à être notifié à chacun des avocats inscrits au tableau. En revanche, il doit être notifié au procureur général, aucun délai ou forme spéciale n'est prescrit pour cette notification.

116.93 Recours et sanctions. Tout avocat disposant du droit de vote dispose d'un délai de huit jours à compter des élections pour former un recours devant la cour d'appel[9]. Il s'agit donc uniquement d'un recours post-électoral. La stricte lecture de l'article 12 du décret du 27 novembre 1991 en exclut toute interprétation, notamment donnée à la lumière des dispositions du code électoral. Le caractère post-électoral de ce recours n'affecte en rien son efficacité et assure une protection juridictionnelle

1. Nîmes, 4 mai 2010, RG n° 05/403.
2. Aix-en-Provence, 17 mai 1976, *Gaz. Pal.* 1976. 2. 524 – Nancy, 22 juin 1977, *Gaz. Pal.* 1979. 1. Somm. 50, note A. D. – Civ. 1re, 29 avr. 1980, n° 78-11.611, NP ; *Gaz. Pal.* 1980. 2. 589 ; *D.* 1981. 525, note A. Brunois – Note A. D. ss : Rouen, 9 févr. 1982, *Gaz. Pal.* 1982. 1. 261 – Colmar, 19 avr. 1999, *Gaz. Pal.* 7 sept. 1999, p. 24, note A. Damien.
3. Nancy, 22 juin 1977, *Gaz. Pal.* 1979. 1. Somm. 50, note A. D. – Saint-Denis, 23 avr. 2010, RG n° 09/02274.
4. Note A. Brunois ss Civ. 1re, 29 avr. 1980, n° 78-11.611, NP ; *D.* 1981. 525 ; *Gaz. Pal.* 1980. 2. 589.
5. CE 11 janv. 2002, n° 234983, *Lebon T.*
6. Colmar, 19 avr. 1999, *Gaz. Pal.* 7 sept. 1999, p. 24, note A. Damien.
7. Décr. n° 91-1197, 27 nov. 1991, art. 6.
8. Aix-en-Provence, 16 sept. 1981, *Gaz. Pal.* 1981. 2. 790.
9. Décr. n° 91-1197, 27 nov. 1991, art. 12.

complète des droits de l'avocat qui entend l'exercer. La réclamation formée avant l'élection est donc irrecevable[1].

L'auteur du recours n'est pas tenu de faire consigner au procès-verbal de l'assemblée générale élective une protestation contre les modalités de l'élection qu'il attaque[2].

Le procureur général dispose d'un délai de 15 jours à compter de la notification du procès-verbal de l'élection pour former ce même recours. L'appel se fait soit par déclaration au secrétariat de la cour d'appel, soit par lettre recommandée avec demande d'avis de réception adressée au greffier en chef. Comme pour exercer son contrôle, la cour d'appel doit pouvoir accéder au matériel et aux documents électoraux, il s'en déduit que ces éléments doivent être conservés, jusqu'à l'expiration du délai de recours du procureur général[3].

L'avocat qui défère les élections à la cour d'appel avise sans délai le procureur général et le bâtonnier par lettre recommandée avec demande d'avis de réception. Le procureur général, s'il est l'auteur du recours, a la même obligation envers le bâtonnier.

La procédure suivie devant la cour, en matière électorale, est celle de l'article 16 du décret, qui s'applique notamment en cas de recours contre les décisions du conseil de l'Ordre[4]. La cour statue en audience solennelle et en chambre du conseil après avoir invité le bâtonnier à présenter ses observations[5].

Lorsque l'élection du bâtonnier est contestée, comment doit être organisée la représentation du barreau dans la procédure, dès lors que l'ancien bâtonnier n'est plus en exercice et que l'actuel bâtonnier voit son élection contestée, de sorte qu'il ne peut à la fois défendre ses intérêts et représenter le barreau en cette instance, au risque d'une contradiction d'intérêts ? Un arrêt de la cour d'appel d'Aix-en-Provence approuve la solution adoptée par le conseil de l'Ordre du barreau de Marseille, ayant consisté à prendre une délibération pour désigner un avocat pour représenter l'ordre[6].

116.94 Observations écrites du bâtonnier. Le bâtonnier n'est pas, du fait de ses observations, une « partie »[7] et, par là même, ne peut pas supporter les dépens qui doivent être laissés à la charge du Trésor public. Il est le représentant d'une personne morale de droit public dont l'intervention est prévue par la loi elle-même[8].

116.95 Recours des associations et syndicats d'avocats contre les élections de l'ordre – Renvoi. V. s^s n° 131.15.

116.96 Conformité aux principes généraux du droit électoral. Sous la pression de la jurisprudence, elle-même nourrie par des contentieux de plus en plus fréquents, les barreaux ont progressivement dû modifier leurs pratiques pour les rendre conformes aux principes généraux du droit électoral, dont l'objet est d'assurer la sincérité du scrutin et de permettre le contrôle du juge.

116.97 Sincérité du scrutin. Les juridictions s'attachent à vérifier la sincérité du scrutin et s'assurent de ce que les électeurs ont pu librement exercer leurs droits. Tel n'est pas le cas lorsque les élections ont été organisées dans la précipitation « sans que les délais prévus par le règlement intérieur soient respectés et sans que les intéressés disposent d'un délai de réflexion. Les modalités du scrutin devaient être connues des électeurs et des candidats, avant qu'ils soient convoqués pour voter et avant qu'ils soient invités à présenter leur candidature »[9].

Les règles qui président aux élections doivent être interprétées avec bon sens et non dans un esprit de chicane ou de procédure formaliste. L'institution d'horaires d'inégale durée n'est pas de nature à porter atteinte à la sincérité du scrutin, puisque cela ne constitue pas un avantage au profit de l'un des candidats, qui sont demeurés soumis aux mêmes règles. De même un affichage des listes électorales dans les locaux de l'ordre est suffisant dès lors que rien ne démontre « que le caractère limité de cet affichage ait eu un effet sur la liberté de choix des électeurs ou ait avantagé l'un des candidats »[10].

Toute manœuvre ayant pour but de truquer la consultation doit entraîner son annulation. Les déclarations faites par le bâtonnier et le candidat au bâtonnat contre un candidat à l'élection au conseil de l'Ordre et évoquant la situation particulière (en l'espèce il était vice-président d'un conseil de prud'hommes) relèvent de l'information des électeurs et n'entachent pas la sincérité du scrutin, dès lors qu'il n'est pas établi qu'elles aient été de nature à nuire au candidat et à priver les électeurs de la liberté de choix[11]. En revanche, lorsqu'une candidate « a été dénigrée durant la campagne électorale

1. Paris, 11 juin 2015.
2. Aix-en-Provence, 16 sept. 1981, *Gaz. Pal.* 1981. 2. 790.
3. Civ. 1re, 5 avr. 2018, n° 17-27.423, P ; *D.* 2018. 801 ; *D. avocats* 2018. 237, art. P.-L. Boyer.
4. V. s^s n° 115.41.
5. Décr. n° 91-1197, 27 nov. 1991, art. 12 et 16.
6. Aix-en-Provence, 5 févr. 2015, RG n° 14/22477.
7. Civ. 1re, 17 juill. 1996, n° 94-11.450, P I, n° 324 ; *JCP* 1996. IV. 2144 ; *Gaz. Pal.* 1997. Pan. 100.
8. Civ. 1re, 2 mai 1974, n° 72-14.747, P I, n° 122 ; *D.* 1974. 643.
9. Saint-Denis, 12 juin 2012, RG n° 12/00054.
10. Grenoble, 1er juill. 2013, RG n° 13/01038.
11. Aix-en-Provence, 16 sept. 1981, *Gaz. Pal.* 1981. 2. 790.

et que la mise en cause de sa probité exprimée au sein du conseil de l'Ordre a été largement diffusée au sein du barreau »[1], les élections doivent être annulées car ces manifestations ont eu pour effet de fausser la consultation et ont porté atteinte à la sincérité du scrutin.

116.98 Annulation des élections. En cas de non-respect des règles relatives à la procédure du vote, la cour sanctionne le vote et en prononce la nullité[2]. De même toute irrégularité commise au cours des opérations électorales, même si elle ne constitue pas des atteintes aux dispositions du règlement intérieur mais simplement des infractions aux principes généraux du droit électoral, peut entraîner la censure de la cour d'appel saisie d'un recours contre les élections.

Le fait de convoquer à l'assemblée générale des avocats par lettre individuelle ne comportant pas de bulletin de vote, alors que le règlement intérieur le prévoit, peut toutefois entraîner l'annulation des élections[3].

§ 3
Début et fin de mandat

116.101 Entrée en fonction du bâtonnier élu. Le mandat du bâtonnier élu commence au début de l'année civile qui suit l'expiration du mandat du bâtonnier en exercice[4]. Le recours contre l'élection du bâtonnier n'étant pas suspensif, l'avocat proclamé élu prendra ses fonctions à l'expiration de celles de son prédécesseur et, au cas d'annulation, il cessera de les exercer et le bâtonnier précédent assurera provisoirement la direction du barreau et l'organisation des nouvelles élections.

116.102 Rééligibilité du bâtonnier et du vice-bâtonnier. Le bâtonnier n'est pas immédiatement rééligible en cette qualité à l'expiration de son mandat[5]. De la même façon, le vice-bâtonnier ne peut être immédiatement réélu en cette qualité (mais rien ne l'empêche en revanche de se présenter au bâtonnat). Toutefois, dans les barreaux où le nombre des avocats disposant du droit de vote n'est pas supérieur à trente, le bâtonnier peut exercer deux mandats successifs[6]. Le bâtonnier peut, en revanche, être immédiatement réélu au conseil de l'Ordre, de même qu'il peut être réélu en qualité de bâtonnier même s'il ne s'est pas écoulé, entre la fin de son mandat et sa réélection, un laps de temps correspondant à la durée normale d'un mandat (deux années). La fonction passée du bâtonnier lui confère cette prérogative[7], qui le distingue donc des autres avocats[8].

116.103 Cessation des fonctions avant leur terme. Si, pour une raison ou pour une autre (décès ou de démission par exemple), le bâtonnier cesse ses fonctions en cours de mandat, ses fonctions sont assurées, jusqu'aux prochaines élections, par le vice-bâtonnier, s'il en existe un et sinon par le membre le plus ancien du conseil de l'Ordre[9]. Les élections pour le remplacer doivent avoir lieu dans les trois mois qui suivent l'événement qui les rend nécessaires.

Lorsque le bâtonnier cesse ses fonctions avant le terme normal de son mandat, il est procédé à l'élection d'un remplaçant mais uniquement pour la période restant à courir jusqu'à ce terme. Quand cette période est inférieure à un an, le candidat élu reste rééligible immédiatement dans la même qualité.

Cependant, si au moment où le bâtonnier cesse ses fonctions, son successeur a déjà été élu, c'est celui-ci qui achèvera le mandat de son prédécesseur sans qu'il soit nécessaire d'organiser de nouvelles élections[10].

Aucune disposition particulière n'ayant été adoptée en ce qui concerne le remplacement du vice-bâtonnier en cas de cessation des fonctions de celui-ci avant terme, alors que de telles dispositions existent à la fois pour le bâtonnier et pour les membres du conseil de l'Ordre (dont il ne fait plus partie comme c'était le cas lors de la création de l'institution), il paraît raisonnable d'en déduire que le poste restera vacant jusqu'à la fin du mandat en cours.

SECTION 2
ATTRIBUTIONS – CADRE GÉNÉRAL

116.111 Fonctions principales du bâtonnier. En dehors du rôle joué dans le domaine disciplinaire, il s'agit des fonctions :

- de représentation ;
- d'administration ;
- d'enseignement ;
- de conciliation ;
- de défense permanente de l'ordre et de ses membres ;

1. Grenoble, 1er juill. 2013, RG n° 13/01038.
2. Paris, 30 juin 1976, *Gaz. Pal.* 1976. 2. 746, note A. D. ; – CONTRA : Lyon, 1er févr. 1980, *D.* 1981. 525, note A. Brunois.
3. Paris, 30 juin 1976, *Gaz. Pal.* 1976. 2. 746.
4. Décr. n° 91-1197, 27 nov. 1991, art. 10.
5. Décr. n° 91-1197, 27 nov. 1991, art. 6, al. 4.
6. Décr. n° 91-1197, 27 nov. 1991, art. 6, al. 4.
7. V. ss n° 114.36.
8. V. ss n° 114.36.
9. L. n° 71-1130, 31 déc. 1971, art. 15, al. 5 ; mod. par ord. n° 2019-964, 18 sept. 2019, art. 35.
10. Décr. n° 91-1197, 27 nov. 1991, art. 10, préc.

– juridictionnelles en matière de contrat de travail concernant des avocats salariés en ce qui concerne leurs rapports avec les avocats employeurs.

116.112 Distinction entre les fonctions du bâtonnier et du conseil. Les fonctions du bâtonnier sont distinctes de celles du conseil. Le bâtonnier présidant le conseil de l'Ordre mais n'en étant pas membre, il exerce ses fonctions distinctement. C'est ainsi que si, dans une situation exceptionnelle et en vertu de textes exceptionnels, un conseil de l'Ordre des avocats a pu être dissous, cette dissolution n'a pas mis fin aux fonctions du bâtonnier auquel nul ne saurait se substituer et particulièrement pas le président du tribunal judiciaire[1].

116.113 Délégations de pouvoirs. Les missions dévolues au bâtonnier sont beaucoup trop nombreuses pour qu'il soit privé de toute faculté de délégation. Ce n'est pas le cas et les textes ouvrent assez largement au bâtonnier la faculté de délégation. Il n'existe en effet aucune limitation, s'agissant de la nature des pouvoirs qui peuvent être délégués, mais il ne peut cependant s'agir que de délégations partielles. Ce n'est qu'en cas d'absence ou d'empêchement temporaire qu'une délégation totale peut être envisagée.

La liberté du bâtonnier est toutefois relative, car tous les membres du barreau ne peuvent pas être bénéficiaires d'une délégation et l'étendue de la délégation varie en fonction de son bénéficiaire.

Comme on pouvait s'y attendre, le bâtonnier peut déléguer une partie de ses pouvoirs au vice-bâtonnier, sans limitation de durée. En cas d'absence ou d'empêchement et pour la durée de cette absence ou de cet empêchement, il peut même lui déléguer l'intégralité de ses pouvoirs.

Quand le bénéficiaire de la délégation est un membre du conseil de l'Ordre, la délégation (partielle) doit être donnée pour un temps limité. Comme tous les barreaux ne sont pas dotés d'un vice-bâtonnier, le bâtonnier, en cas d'absence ou d'empêchement peut aussi déléguer la totalité de ses pouvoirs, pour la durée de cette absence ou de cet empêchement à un ou plusieurs membres du conseil de l'Ordre.

L'évolution démographique des barreaux a provoqué un accroissement considérable de la charge représentée par certains contentieux. En dehors du renforcement numérique du conseil de l'Ordre, il a paru nécessaire d'étendre la liste des délégataires potentiels. Le bâtonnier peut ainsi déléguer ses pouvoirs de décision, s'agissant des litiges nés à l'occasion d'un contrat de travail ou de la convention de rupture, de l'homologation ou du refus d'homologation de cette convention ainsi que de ceux nés à l'occasion d'un contrat de collaboration libérale[2] et de tout différend entre avocats à l'occasion de leur exercice professionnel[3], aux anciens bâtonniers de l'ordre et aux anciens membres du conseil de l'Ordre inscrits sur une liste qu'il dresse chaque année après délibération du conseil de l'Ordre.

Il est enfin généralement admis qu'en cas d'absence momentanée du bâtonnier, il peut être remplacé par le membre du conseil de l'Ordre le plus ancien dans l'ordre du tableau présent au Palais. C'est le cas, par exemple, lorsqu'un incident d'audience requiert sa présence immédiate ou celle de son représentant.

SECTION 3
FONCTIONS DE REPRÉSENTATION

116.120 Plan. Le bâtonnier représente l'ordre dans toutes les circonstances (§ 1) et notamment lors des cérémonies et visites (§ 2).

§ 1
Circonstances

116.131 Représentation de l'ordre auprès des autorités judiciaires, administratives et des pouvoirs publics. Chef de l'ordre, il le représente dans tous les actes de la vie civile. Il a seul qualité pour représenter le barreau auprès des autorités judiciaires, administratives et des pouvoirs publics et pour traiter toutes les questions relatives aux intérêts de l'ordre[4]. Comme tout avocat, en dehors de ses fonctions d'avocat, il peut exercer librement des activités de son choix et notamment des activités politiques. Mais lorsqu'il intervient dans le débat public, il doit tenir compte du monopole de représentation du barreau dont il bénéficie et du fait que pour la durée de son mandat, celui-ci s'incarne en sa personne. Ses interventions et ses prises de position publiques peuvent facilement passer, vis-à-vis des tiers, comme étant celles de l'ordre lui-même et comme engageant celui-ci. Chargé de prévenir et de concilier les différends d'ordre professionnel entre les membres du barreau, il doit donc veiller à échapper à des contradictions politiques ou partisanes, de façon à pouvoir assumer cette fonction de rassemblement. La nécessité de donner la priorité à celle-ci a toujours constitué un obstacle majeur à l'émergence d'un rôle politique du bâtonnier.

1. CE 23 juin 1967, *Laquière, bâtonnier du barreau d'Alger*, req. n° 54984, *Lebon* 273.

2. L. n° 71-1130, 31 déc. 1971, art. 7, al. dernier.
3. L. n° 71-1130, 31 déc. 1971, art. 21, al. 3.
4. L. n° 71-1130, 31 déc. 1971, art. 21.

116.132 **Représentation de l'ordre par le bâtonnier auprès des autorités judiciaires.** Le bâtonnier est le représentant de l'ordre en tant que personne morale ayant la personnalité civile, il le représente sur le plan judiciaire lorsque l'ordre des avocats se trouve en cause ou intervient. Mais il doit justifier de l'autorisation d'ester en justice qui lui est conférée par le conseil de l'Ordre conformément aux dispositions de l'article 17, 7e, de la loi du 31 décembre 1971. À défaut son intervention est affectée d'une irrégularité de fond qui peut être soulevée en tout état de cause [1]. À cet égard, il doit être avisé de tous les recours contre les décisions du conseil de l'Ordre conformément aux articles 14 et 15 du décret du 27 novembre 1991.

L'autorisation d'ester en justice s'entend de l'autorisation d'exercer les actions ou voies de recours appartenant au barreau et au conseil de l'Ordre [2]. Une cour d'appel a pu juger que s'agissant d'exercer une des attributions les plus fondamentales du conseil de l'Ordre, il n'est pas licite de faire figurer la délibération autorisant le bâtonnier à ester au nom de l'ordre en justice, qui plus est pour assigner un membre du barreau, au titre des « questions diverses ». Désireux d'assigner en justice deux de ses confrères, dont un ancien bâtonnier, le bâtonnier en exercice ne pouvait pas faire délibérer le conseil de l'Ordre sur ce problème dramatique uniquement au titre des « questions diverses » [3].

Dans toutes les instances formées contre les décisions du conseil de l'Ordre, le bâtonnier doit être invité à présenter ses observations devant la cour [4].

Lorsque le conseil a statué en matière administrative, il est partie dans la procédure devant la cour [5] et celle-ci statue en audience solennelle et en chambre du conseil après avoir invité le bâtonnier à présenter ses observations. Le bâtonnier peut se faire représenter par un confrère qu'il désigne à cet effet [6]. Dans un tel cas, il n'est pas obligatoire que la juridiction mentionne que le bâtonnier a été empêché, son indisponibilité se déduisant de son absence à l'audience [7].

En matière disciplinaire, l'ordre n'est pas partie dans la procédure. Le droit pour le bâtonnier de présenter des observations devant la cour résulte des dispositions de l'article 197 du décret du 27 novembre 1991 qui renvoie à l'article 16 du même décret.

1. Lyon, 11 oct. 1983, *JCP* 1985. IV. 91 ; *D.* 1985. 108.
2. Civ. 1re, 27 mars 2001, no 98-15.922, P I, no 84.
3. Douai, 17 nov. 2005, RG no 04/00868.
4. Décr. no 91-1197, 27 nov. 1991, art. 16, al. 4.
5. Décr. no 91-1197, 27 nov. 1991, art. 16, al. 3.
6. Civ. 1re, 28 janv. 1992, no 90-11.803, P I, no 27 ; *Gaz. Pal.* 1992. Pan. 132 ; *JCP* 1992. IV. 907.
7. Civ. 1re, 3 juin 2015, no 14-16.426, P.

Le bâtonnier qui n'est pas partie à la procédure ne peut être condamné aux dépens [8]. Au cas où l'arrêt ne mentionne pas l'invitation qui a été faite au bâtonnier de présenter ses observations, la formalité étant d'ordre public, il y a lieu à cassation de l'arrêt [9] ; ce dernier arrêt rappelle que le bâtonnier est entendu en ses observations et assiste aux débats sans qu'on puisse l'en évincer au moment des plaidoiries, au motif que les débats se dérouleraient à huis clos ou en chambre du conseil. Le bâtonnier peut également déposer des conclusions écrites préalablement à l'audience. La décision qui se borne à mentionner que le bâtonnier a été entendu en ses observations, sans préciser si le bâtonnier avait, en outre, déposé des conclusions écrites préalablement à l'audience et, si tel avait été le cas, sans constater que le professionnel poursuivi en avait reçu communication afin d'être en mesure d'y répondre utilement, encourt la cassation [10]. Le fait que le bâtonnier ait été entendu après le ministère public dans le cadre du jugement d'un recours contre une décision du conseil de l'Ordre rejetant une demande d'inscription au tableau, ne saurait affecter la régularité de l'arrêt intervenu. En effet, l'ordre d'audition du bâtonnier n'est pas prévu à peine de nullité et il n'est pas justifié que l'ordre qui a été suivi ait pu nuire aux droits de la défense [11].

116.133 **Représentation des barreaux de la cour.** À la suite de la réforme de la procédure d'appel qui a permis à tous les avocats du ressort d'une cour d'appel de représenter les parties devant la cour et de la mise en place de la communication électronique, un article 6-1 a été ajouté au décret du 27 novembre 1991 par le décret du 22 avril 2011 [12]. Il dispose que tous les deux ans, dans le premier mois de l'année civile, les bâtonniers des barreaux d'une même cour d'appel désignent à la majorité celui d'entre eux chargé, en qualité de bâtonnier en exercice, de les représenter pour traiter de toutes questions d'intérêt commun relatives à la procédure d'appel. La décision est communiquée sans délai au premier prési-

8. Aix-en-Provence, 17 mai 1976, *Gaz. Pal.* 1976. 2. 524.
9. Civ. 1re, 16 juin 1976, no 75-10.926, P I, no 219 ; *Gaz. Pal.* 1976. 2. Somm. 186 – Civ. 1re, 16 mars 1976, no 74-12.723, P I, no 100 ; *Gaz. Pal.* 1976. Somm. 123 – Civ. 1re, 2 oct. 1975, no 73-13.764, P I, no 250 ; *Gaz. Pal.* 1975. 2. Somm. 260 – Civ. 1re, 15 oct. 1975, no 73-12.628, P I, no 273 ; *Gaz. Pal.* 1976. 1. 166 – Montpellier, 25 juin 1979, *Gaz. Pal.* 1979. 2. 472 – AUSSI : Rennes, 18 déc. 1979, *Gaz. Pal.* 1980. 1. 129.
10. Civ. 1re, 3 juin 2015, no 14-16.426, P.
11. Civ. 1re, 16 juin 1981, no 80-12.764, P I, no 214 ; *Gaz. Pal.* 1982. 1. Pan. 26 ; *JCP* 1981. IV. 314.
12. Décr. no 2011-451, 22 avr. 2011 pris pour l'application de la loi no 2011-94 du 25 janvier 2011 portant réforme de la représentation devant les cours d'appel, *JO* 24 avr., p. 7328.

dent de la cour d'appel et au procureur général près cette même cour.

En l'absence de désignation à l'expiration du délai prévu à l'alinéa précédent, le bâtonnier du barreau du tribunal judiciaire situé au siège de la cour d'appel ou, à défaut, du tribunal judiciaire le plus proche de la cour assure cette représentation.

§ 2
Cérémonies et visites

116.141 Représentation de l'ordre par le bâtonnier dans les cérémonies. Le bâtonnier représente l'ordre dans les cérémonies au sein de l'ordre ou en dehors ainsi que dans les rapports avec les autres barreaux en France et dans le monde.

En sa qualité de chef de l'ordre, le bâtonnier est chargé d'organiser la représentation de l'ordre aux cérémonies publiques auxquelles il peut être convié et d'organiser ces cérémonies à l'intérieur de l'ordre.

116.142 Cérémonies du barreau. Le bâtonnier organise et préside toutes les cérémonies qui peuvent se dérouler à l'intérieur du barreau et qui consistent, selon les usages établis par chaque barreau, à célébrer des événements heureux ou malheureux, glorieux ou sympathiques advenant à un des membres du barreau : élection du bâtonnier ou du conseil de l'Ordre, succès à la conférence du stage, rentrée solennelle de cette dernière, jubilé d'avocat, remise des médailles du travail au personnel des cabinets d'avocats, à la suite des formalités nécessaires accomplies par le bâtonnier chef de l'ordre, enfin cérémonies funèbres pour les membres du barreau.

Il revient au bâtonnier d'organiser le déroulement de ces cérémonies qui, pour être familiales, ne doivent pas moins conserver un caractère approprié à l'événement que l'on célèbre.

Il arrive que le règlement intérieur précise tel ou tel aspect de ces cérémonies, notamment en matière de cérémonie funèbre.

116.143 Cérémonies funèbres. Des familles sont parfois peinées de ce qu'elles risquent de considérer comme un manque d'égards vis-à-vis de leur défunt, membre du barreau. En général l'usage veut que si un avocat inscrit ou honoraire meurt dans la ville chef-lieu, le barreau soit représenté à ses obsèques par une délégation. Cette délégation peut, si le défunt en a exprimé le désir ou si la famille le souhaite, assister en robe à la cérémonie, au cas où le cortège est constitué, elle suit aussitôt derrière la famille et devant toutes les autorités de quelque nature qu'elles soient.

Il n'est pas d'usage que le barreau assiste en robe à d'autres funérailles que celles des avocats et notamment à celles de magistrats ou de personnages publics quelle que soit leur importance, s'ils n'ont pas appartenu à l'ordre jusqu'au moment de leur décès ou ne bénéficient de la qualité d'avocat honoraire, la qualité d'avocat primant alors la qualité postérieure qui avait pu leur advenir[1].

Dans certains cas, déterminés par les usages, un éloge funèbre peut être prononcé à l'église, autre lieu de culte ou au cimetière. Si le défunt décède en dehors du siège du chef-lieu du tribunal ou dans un autre département, l'usage est de n'envoyer qu'un représentant de l'ordre qui symbolise la présence du corps tout entier. Si c'est le bâtonnier en exercice qui décède, il est d'usage que l'ordre tout entier assiste à la cérémonie des funérailles.

116.144 Cérémonies judiciaires. Le bâtonnier convoque ses confrères et veille à ce que, à la rentrée solennelle de la cour, du tribunal ou aux installations de magistrats, le barreau soit représenté d'une manière suffisante pour manifester sa déférence vis-à-vis des autorités judiciaires.

Il n'est point d'usage que le bâtonnier prenne la parole dans ces circonstances (même si cette possibilité lui est parfois offerte). Des places spéciales doivent être réservées aux avocats à cette occasion et le bâtonnier du barreau local concerné par l'événement et, en cas de rentrée judiciaire de la cour ou d'installation d'un magistrat de la cour, le bâtonnier du barreau du chef-lieu de la cour, a le pas sur tous les autres avocats et sur tous les autres bâtonniers des barreaux du ressort quelle que soit l'importance de leur barreau ou leur ancienneté.

116.145 Cérémonies publiques. L'ordre des avocats, dès sa reconstitution sous l'Empire, avait toujours été convié aux grandes cérémonies publiques dans la personne de son bâtonnier et de quelques membres du conseil que le bâtonnier désignait. Ainsi figurait-il traditionnellement parmi les personnes reçues à la cour et assistait-il aux offices religieux et aux cérémonies publiques à l'occasion des victoires, des naissances de membres de la famille impériale ou royale, au même titre que les autres corps constitués. À partir du Second Empire, le conseil de l'Ordre de Paris décida qu'il n'y avait pas lieu pour l'ordre d'assister aux cérémonies publiques, le barreau n'ayant pas de caractère politique et ce, soit que l'invitation vienne du gouvernement, soit qu'elle vienne de la cour. De même le barreau décida de ne pas assister à un Te Deum en l'honneur d'une victoire, « les avocats n'étant pas un corps constitué et n'ayant pas de rang dans les cérémonies publiques ». Ce principe a subsisté et le

1. SUR CES POINTS : A. Damien, « Éléments de civilité puérile et honnête à l'usage des avocats », *Gaz. Pal.* 1985. I, Doctr. 222 et 231.

barreau s'abstient pour bien marquer son indépendance absolue de participer, en tant que tel, à des cérémonies publiques quelles qu'elles soient, dès lors qu'elles peuvent revêtir un caractère politique[1].

Jusqu'au décret du 13 septembre 1989[2] relatif aux cérémonies publiques, préséance, honneurs civils et militaires, les avocats, les ordres d'avocats et les autorités qui les dirigent ne possédaient aucune place dans les cérémonies officielles ; seuls les avoués y figuraient. Le décret sur les préséances connaît les ordres d'avocats et fixe leur rang dans les cérémonies publiques, c'est-à-dire dans les cérémonies organisées sur ordre du gouvernement ou à l'initiative d'une autorité publique. À Paris, le président du conseil de l'Ordre des avocats au Conseil d'État et à la Cour de cassation à la 52e place, le bâtonnier de l'ordre des avocats et le président de la conférence des bâtonniers figurent à la 53e place, avant les présidents des conseils nationaux des ordres professionnels[3]. Le décret n'ayant pas été modifié lors de la création du Conseil national des barreaux, celui-ci est donc placé à la 54e place. En province le bâtonnier se voit assigner la 32e place[4]. Ces dispositions sont relatives aux cérémonies publiques mais peuvent éclairer le protocole en général et la place que doivent recevoir les bâtonniers et le président de la conférence des bâtonniers dans les réceptions.

Les rangs dont bénéficient les chefs d'un corps ou le corps ne se délèguent pas. Les représentants de l'ordre qui assistent à une cérémonie publique occupent, dans l'ordre des préséances, le rang correspondant à leur grade ou à leur fonction et non pas le rang de l'autorité qu'ils représentent.[5].

116.146 **Visites et réceptions.** Les avocats qui s'inscrivent au barreau font visite au bâtonnier et aux membres du conseil de l'Ordre avant d'être présentés au serment. Dans certains barreaux, ils doivent également cette visite aux anciens bâtonniers. Les magistrats nouvellement installés rendent également visite au bâtonnier. Enfin le bâtonnier est invité, en tant que chef de l'ordre, aux réceptions habituelles des pouvoirs constitués : préfecture, conseil général, mairie, rentrée académique... Il est d'usage qu'il y assiste, ces réceptions n'ayant pas, *a priori*, un caractère politique, mais des circonstances particulières pourraient faire émettre des doutes sur l'opportunité de la présence du bâtonnier à de telles réceptions[6]. Le Conseil d'État s'est prononcé sur la portée de ces dispositions d'ordre protocolaire[7].

116.147 **Privilèges de bâtonnier.** Le bâtonnier a le pas sur tous ses confrères, les rendez-vous de quelque nature que ce soit, se tiennent chez lui. Lorsqu'il se présente devant une juridiction, l'usage traditionnel veut que son affaire soit appelée aussitôt, de même s'il sollicite une remise du fait des fonctions de sa charge, la coutume veut que les avocats adverses ne s'y opposent pas ; ces usages sont consacrés par l'adage : *Le bâtonnier plaide quand il peut.*

Toutefois, il faut nuancer cette affirmation car le bâtonnier ne peut prétendre avoir un droit absolu à obtenir une remise à laquelle le tribunal s'opposerait[8].

116.148 **Cocarde.** L'utilisation des cocardes et insignes particuliers aux couleurs nationales sur les véhicules automobiles est interdite, à l'exception de sept catégories de fonctionnaires ou personnalités parmi lesquels ne figurent pas les représentants des avocats[9].

En revanche, rien n'interdit de marquer leur véhicule d'une cocarde ou d'un sigle ou d'un logo, à condition que celui-ci ne s'inspire pas des couleurs nationales.

116.149 **Ancien bâtonnier.** Si le bâtonnier en exercice jouit d'égards particuliers dus à ses fonctions, figure en tête de toutes les cérémonies, reçoit à son cabinet les rendez-vous avec des confrères quelle que soit leur ancienneté, et doit être appelé par son titre, les anciens bâtonniers qui ont exercé cette juridiction conservent, par l'effet de la tradition, le droit à des égards particuliers dans l'ordre.

Leur droit de se représenter aux élections au conseil de l'Ordre n'est pas limité. Même s'ils ne sont pas membres du conseil de l'Ordre, le bâtonnier peut leur déléguer certains de ses pouvoirs. Ils font partie des avocats éligibles au titre du collège ordinal du Conseil national des barreaux[10], ce qui est aussi le cas des anciens vice-bâtonniers.

1. Mollot, 2e éd., 1866, t. II, 44 s.
2. Décr. n° 89-655, 13 sept. 1989 relatif aux cérémonies publiques, préséances, honneurs civils et militaires, *JO* 15 sept., p. 11648.
3. Décr. n° 89-655, 13 sept. 1989, préc.
4. Décr. n° 89-655, 13 sept. 1989, art. 2.
5. Décr. n° 89-655, 13 sept. 1989, art. 13.
6. Sur ces différents points : A. Damien, « Éléments de civilité puérile et honnête à l'usage des avocats », *Gaz. Pal.* 1985. I. Doctr. 222 et 271.
7. CE 20 mars 1992, *Union syndicale des magistrats, Association professionnelle des magistrats, Syndicat de la magistrature et Gollnisch*, req. nos 111437, 111507, 111514, 111515, *Lebon ; Gaz. Pal.* 28 avr. 1992, p. 35, note Turcey.
8. Aix-en-Provence, 24 juin 1988, *Gaz. Pal.* 1988. 2. 703, note A. Damien ; – Pourvoi rejeté par : Cass., Ass. plén., 24 nov. 1989, n° 88-18.188, P n° 3 ; *Gaz. Pal.* 1989. 2. 970, note G. Moore.
9. Décr. n° 89-655, 13 sept. 1989 relatif aux cérémonies publiques, préséances, honneurs civils et militaires, *JO* 15 sept., art. 1er.
10. V. ss n° 111.41.

SECTION 4
FONCTIONS ADMINISTRATIVES

116.151 Qualité de chef de l'ordre détenue par le bâtonnier. Le bâtonnier représente l'Ordre et l'administre, il n'a nul besoin pour exercer son mandat de vote de confiance ou d'habilitation du conseil de l'Ordre ou de l'assemblée générale, il ne peut accepter de mandat impératif. Même si le conseil possède également des fonctions et des pouvoirs propres déterminés par la loi, il reste une simple assemblée délibérante, qui n'existe que dans la mesure où elle se réunit et seulement pour le temps de ses réunions. Le bâtonnier incarne l'ordre de manière permanente.

Comme il préside le conseil de l'Ordre, il est maître de son ordre du jour et du calendrier de ses réunions. Le conseil de l'Ordre est donc là pour assister le bâtonnier et pour travailler en collaboration avec lui, sur les sujets qu'il choisit et au rythme qu'il fixe. Il prépare en vue du conseil de l'Ordre les dossiers tendant à une inscription à l'ordre, à l'acceptation des démissions, à l'organisation de la vie des avocats, à l'autorisation de création de cabinets secondaires, ou au contrôle des contrats de collaboration, d'associations, de sociétés professionnelles, qui seront soumis au conseil.

Il anime les services de consultations, l'accueil et l'assistance aux victimes, organise les permanences pénales ou l'assistance aux gardés à vue, détermine les suppléances. Il appartient au bâtonnier de donner l'impulsion nécessaire pour que le barreau occupe la place qui est la sienne dans les institutions judiciaires, pour le représenter et assurer la publicité fonctionnelle dont il a besoin. Il ne doit pas hésiter à utiliser les possibilités de délégation qui lui sont ouvertes pour que cette tâche devenue écrasante soit effectivement accomplie.

116.152 Direction du personnel de l'ordre. Les barreaux, en fonction de leur effectif, de leurs besoins et de leurs moyens sont susceptibles d'employer un personnel permanent, plus ou moins important, chargé d'accomplir les tâches matérielles nécessaires au fonctionnement du barreau et de ses services. Le bâtonnier assure la direction du personnel du barreau et exerce les prérogatives d'un employeur vis-à-vis du personnel salarié. Il lui revient de veiller au bon fonctionnement des services communs placés sous le contrôle du barreau. Les tâches d'un bureau commun des services peuvent être nombreuses et variées. Elles dépendent de la dimension des barreaux, mais aussi de la répartition des compétences entre l'ordre et la Carpa.

Elles comportent nécessairement : la désignation et la notification des commissions d'office en matière pénale et dans le cadre de l'aide judiciaire, l'organisation des gardes à vue, l'encaissement des cotisations, l'organisation de consultations gratuites[1].

116.153 Contacts établis par le bâtonnier avec les tribunaux de son ressort. Le bâtonnier doit assurer les contacts avec les tribunaux de son ressort. Les contacts avec le tribunal ou les tribunaux de son ressort ont le but de faire régner dans les services judiciaires l'harmonie nécessaire à une bonne justice dont le barreau est le partenaire indispensable : démarches pour faire fixer les dates et les heures des audiences, des plaidoiries, des conférences et des audiences de mise en état, action incessante auprès des greffes et du parquet pour organiser plus efficacement le travail en liaison avec eux, contacts à conserver avec la présidence des tribunaux et le parquet pour assurer la concertation nécessaire à la bonne marche d'une juridiction. Il lui appartient de négocier avec les chefs de juridiction les conventions régissant le déroulement des procédures (spécialement devant les juridictions où la procédure est orale), ou déterminant la forme que doivent revêtir les dossiers remis lors des plaidoiries.

Le bâtonnier s'efforce, en liaison avec les magistrats, d'organiser les audiences et leurs horaires et vérifie que l'organisation du tribunal, telle que prévue par le président de cette juridiction, n'empiète pas sur les droits et prérogatives du barreau et ne rend pas impossible ou difficile l'exercice de leurs fonctions par les avocats, notamment il se concerte avec les magistrats pour l'organisation du service allégé pendant les vacances. Les vacances judiciaires ont en effet disparu depuis 1974 et sont remplacées par le service allégé. Le code de l'organisation judiciaire[2] prévoit un service allégé pendant la période au cours de laquelle les magistrats, les fonctionnaires et les auxiliaires de justice bénéficient de leurs congés annuels. Des dispositions particulières doivent donc être organisées en concertation avec les chefs de juridiction pour organiser le service de la défense pendant les périodes de vacances et d'allègement.

En outre, le bâtonnier devra désigner une permanence pendant cette période, de façon à assurer son propre remplacement, par le vice-bâtonnier ou un membre du conseil de l'Ordre désigné dans les conditions prévues par l'article 7 du décret du 27 novembre 1991.

Par ailleurs, il devra instituer une permanence pour l'assistance des prévenus éventuels aux instructions, audiences et consultations. Depuis que les avocats sont amenés à intervenir pour assister les personnes gardées à vue, un service destiné à répon-

1. Paris, 28 janv. 1981, *Gaz. Pal.* 1981. 1. 304, note A. Damien.
2. COJ, art. R. 121-1.

dre aux demandes d'assistance doit également être organisé.

116.154 **Interlocuteur pour chacun des tribunaux du ressort de la cour d'appel.** Les règles de la postulation ont été considérablement modifiées par la loi du 6 août 2015 [1], dite loi Macron. Elle autorise en effet les avocats à représenter les parties devant tous les tribunaux judiciaires du ressort de la cour d'appel, sauf dans certaines matières limitativement énumérées [2]. En conséquence, ce rôle de liaison avec les juridictions est destiné à se développer encore, chaque bâtonnier devenant un interlocuteur pour chacun des tribunaux judiciaires du ressort de la cour.

Il est vraisemblable que les conventions qui étaient jusqu'à présent passées entre la juridiction et le barreau devront évoluer. Pour être viables, il faudra qu'elles soient appliquées par tous les avocats du ressort et il est difficile d'imaginer autre chose que des conventions applicables dans tout le ressort de la cour d'appel. Également, tous les tribunaux judiciaires du ressort de la cour d'appel doivent, pour les besoins de la communication électronique, disposer du tableau de tous les barreaux du ressort. La loi du 6 août 2015 pourrait ainsi constituer un puissant facteur, sinon de regroupement des barreaux, au moins de rapprochement de leurs pratiques et de collaboration entre eux.

116.155 **Gestion du budget par le bâtonnier.** Le bâtonnier est à la tête d'un budget qui peut être important, dont la gestion n'est pas sans difficultés. Le plus souvent cependant, le bâtonnier est assisté par un trésorier désigné parmi les membres du conseil de l'Ordre. Il a la charge de faire, auprès de la compagnie d'assurances du barreau, les déclarations des sinistres concernant les avocats, mandataires légaux des parties, là encore en lien, là où elle existe, avec la commission spécialisée du barreau. L'existence d'une telle commission permet en effet au barreau d'avoir une véritable connaissance de la sinistralité du barreau et de mieux maîtriser les coûts liés à l'assurance. De nombreux barreaux de province bénéficient dans ce domaine des services et de l'assistance de la société de courtage des barreaux (SCB) [3].

116.156 **Examen des plaintes par le bâtonnier.** Le bâtonnier examine les plaintes dont est saisi le barreau. Les plaintes peuvent émaner des clients, des avocats, ou être transmises au barreau par le procureur général. Il procède à leur instruction, à leur classement, ou leur donne les suites qu'elles méritent. C'est ainsi qu'il peut procéder à une enquête déontologique sur le comportement de l'avocat mis en cause [4] ou faire procéder à cette enquête par un délégué de son choix choisi parmi les membres ou anciens membres du conseil de l'Ordre. Au vu des éléments recueillis au cours de l'enquête déontologique, il établit un rapport et décide s'il y a lieu d'exercer l'action disciplinaire. Il avise de sa décision le procureur général et, le cas échéant, le plaignant. Lorsque l'enquête a été demandée par le procureur général, le bâtonnier lui communique le rapport. Le bâtonnier peut également décider, au vu du rapport d'enquête, de saisir le conseil de discipline dans le ressort duquel se trouve son barreau dès lors que l'avocat mis en cause est membre de son barreau [5]. Le procureur général a le même pouvoir. Le conseil de discipline ne peut être saisi que par le bâtonnier ou le procureur général [6]. Le conseil de l'Ordre quand il était l'instance disciplinaire, pouvait se saisir lui-même.

Même dans les cas où la plainte n'est pas suivie d'une saisine de la juridiction disciplinaire, le bâtonnier est donc en mesure d'intervenir pour régler les problèmes que les clients peuvent rencontrer dans leur relation avec les professionnels, ou apaiser les tensions. Il s'agit là d'un rôle essentiel que le bâtonnier doit veiller à accomplir avec conscience et diligence car le service rendu effectivement au public est la première des justifications de l'autorégulation.

Il n'appartient pas à la juridiction administrative de connaître d'un recours contre une décision du bâtonnier d'un barreau refusant de donner suite à une plainte pour faute professionnelle déposée par un client contre un avocat [7].

116.157 **Évolution récente.** L'article 42 de la loi pour la confiance dans l'institution judiciaire [8] est consacré à la discipline des avocats. Il modifie l'article 21 et fixe un cadre pour l'instruction des réclamations contre un avocat. Le bâtonnier est tenu d'accuser réception de la réclamation, d'en aviser l'avocat concerné et de recueillir ses explications. Le bâtonnier doit également informer l'avocat et l'auteur de la réclamation de la suite qui lui est réservée.

1. L. n° 2015-990, 6 août 2015 pour la croissance, l'activité et l'égalité des chances économiques, *JO* 7 août, p. 13537, art. 51 modifiant les dispositions de l'article 5 de la loi n° 71-1130 du 31 décembre 1971 portant réforme de certaines professions judiciaires et juridiques.
2. V. s^{s} n°s 622.161 s.
3. V. s^{s} n° 143.11.
4. Décr. n° 91-1197, 27 nov. 1991, art. 187.
5. Décr. n° 91-1197, 27 nov. 1991, art. 188.
6. V. s^{s} n° 522.101.
7. CE 12 oct. 1988, *Pincet*, req. n° 97778, *Lebon T ; Gaz. Pal.* 1990. 2. 411.
8. L. n° 2021-1729, 22 déc. 2021 pour la confiance dans l'institution judiciaire, *JO* 23 déc., n° 2.

Lorsque la réclamation ne débouche, ni sur une conciliation[1], ni sur l'engagement d'une procédure disciplinaire, le bâtonnier, lorsqu'il en informe son auteur, doit l'aviser en même temps de ce qu'il a la possibilité de s'adresser au procureur général, ou de saisir directement la juridiction disciplinaire.

116.158 Bâtonnier et défense de la défense. Le bâtonnier joue un rôle essentiel pour défendre l'instrument de défense placé par la loi à la disposition des usagers, que constitue le droit à un avocat. La protection de la relation entre l'avocat et son client et la garantie de ce que celui-ci bénéficie bien du droit au secret professionnel, élément essentiel de la défense est devenue une des tâches les plus lourdes du bâtonnier. Il doit être prêt à tout moment à intervenir à tout moment sur place, en cas de perquisition au domicile ou au cabinet d'un avocat et à exercer les recours juridictionnels qui lui sont ouverts pour la protection du secret professionnel[2].

116.159 Interception des correspondances sur une ligne téléphonique du cabinet ou du domicile de l'avocat. Par application de l'article 100-7 du code de procédure pénale le juge d'instruction qui veut ordonner l'interception de correspondances sur une ligne téléphonique dépendant d'un cabinet d'avocat ou de son domicile doit en informer le bâtonnier du barreau où est inscrit cet avocat[3]. Cet article fait partie du dispositif destiné à protéger le secret professionnel, qui organise également l'intervention du bâtonnier en cas de perquisition menée au cabinet ou au domicile d'un avocat[4].

La loi pour la confiance dans l'institution judiciaire[5] prévoit également une information du bâtonnier en cas d'interception des données de connexion émises par un avocat et liées à l'utilisation d'un réseau ou d'un service de communications électroniques.[6]

L'évolution de la réglementation communautaire relative à la lutte contre le blanchiment[7] a conduit à imposer aux avocats des obligations dont certaines, et surtout la déclaration de soupçon, sont susceptibles de mettre en péril le secret professionnel. Dans un arrêt du 10 avril 2008, le Conseil d'État a censuré une disposition du décret du 26 juin 2006 relatif à la lutte contre le blanchiment de capitaux, qui prévoyait que Tracfin pouvait directement demander à l'avocat de lui communiquer des informations sans permettre au bâtonnier de s'assurer préalablement de ce que cette communication ne constituait pas une atteinte au secret professionnel[8]. Clôturant le cycle des recours judiciaires, la CEDH a finalement décidé[9] que l'obligation de déclaration de soupçon pesant sur les avocats ne portait pas une atteinte disproportionnée au secret professionnel des avocats et ne violait pas l'article 8 de la Convention européenne des droits de l'homme. Elle n'est toutefois parvenue à cette conclusion qu'en raison du rôle dévolu au bâtonnier dans la défense du secret professionnel.

La directive 2015/849[10], la quatrième adoptée le 20 mai 2015, a donc pris acte de cette position, en précisant[11] que « conformément à la jurisprudence de la Cour européenne des droits de l'homme, un système de déclaration, en premier lieu, à un organisme d'autorégulation constitue une garantie importante de la protection des droits fondamentaux pour ce qui concerne les obligations de déclaration applicable aux avocats ». Le rôle de « filtre » joué par le bâtonnier, entendu comme le contrôle préalable et systématique par le bâtonnier de toute déclaration de soupçon, pour s'assurer de l'absence de violation du secret professionnel, ne devrait donc plus être discuté.

SECTION 5
FONCTIONS D'ENSEIGNEMENT

116.161 Fonctions d'enseignement du bâtonnier. Les fonctions d'enseignement du bâtonnier sont considérablement réduites par l'institution du

1. V. s^{s} n° 116.172.
2. C. pr. pén., art. 56-1 – V. s^{s} n°s 414.81 s.
3. V. s^{s} n°s 414.201 s.
4. C. pr. pén., art. 56-1 – V. s^{s} n° 414.204.
5. L. n° 2021-1729, 22 déc. 2021 pour la confiance dans l'institution judiciaire, *JO* 23 déc., n° 2.
6. C. pr. pén., art. 60-1-1.
7. V. s^{s} n°s 482.21 s.
8. CE 10 avr. 2008, *Conseil national des barreaux, Conseil des barreaux européens*, req. n°s 296845, 296907, *Lebon* ; *AJDA* 2008. 730 ; *AJDA* 2008. 1085, Chron. J. Boucher et B. Bourgeois-Machureau ; *D.* 2008. 2322, note C. Cutajar ; *D.* 2008. 1047 ; *D.* 2008. 1573, obs. C. Mascala ; *RFDA* 2008. 575, concl. M. Guyomar ; *RFDA* 2008. 603, Chron. A. Roblot-Troizier et T. Rambaud ; *RFDA* 2008. 711, obs. H. Labayle et R. Mehdi ; *RFDA* 2008. 780, Chron. T. Haas et C. Santulli ; *RTD civ.* 2008. 444, obs. P. Deumier – V. s^{s} n° 482.43.
9. CEDH 6 déc. 2012, *Michaud c/France,* req. n° 12323/11 ; *AJDA* 2013. 165, Chron. L. Burgorgue-Larsen ; *D.* 2013. 284, note F. Defferrard ; *D.* 2013. 1647, obs. C. Mascala ; *D.* 2014. 169, obs. T. Wickers ; *AJ pénal* 2013. 160, obs. J. Lasserre Capdeville ; *D. avocats* 2013. 8, obs. L. Dargent ; *D. avocats* 2013. 96, note W. Feugère ; *RFDA* 2013. 576, Chron. H. Labayle, F. Sudre, X. Dupré de Boulois et L. Milano ; *RSC* 2013. 160, obs. J.-P. Marguénaud ; *RTD eur.* 2013. 664, obs. F. Benoît-Rohmer ; *Rev. UE* 2015. 353, ét. M. Mezaguer.
10. Dir. 2015/849, Parlement et Conseil, 20 mai 2015 relative à la prévention de l'utilisation du système financier aux fins du blanchiment de capitaux ou du financement du terrorisme, *JOUE L* 141, 5 juin, p. 73.
11. Dir. 2015/849, Parlement et Conseil, 20 mai 2015, consid. 39.

centre régional de formation professionnelle, mais elles subsistent néanmoins.

La possibilité pour le bâtonnier de demander au conseil de l'Ordre et en liaison avec le centre régional de formation professionnelle de dispenser aux avocats stagiaires un complément de formation déontologique compte tenu des usages propres du barreau [1] a par ailleurs disparu.

Cependant, il conserve dans une certaine mesure la charge de l'enseignement des jeunes avocats. Il préside en effet, dans les barreaux où elle a été instaurée par le règlement intérieur, après que la période de stage a disparu du parcours de la formation initiale [2], la « conférence » ou la « conférence du stage » (en fonction du nom retenu par chaque barreau). Elle constitue un mode privilégié d'enseignement des jeunes avocats par l'organisation des exercices de plaidoirie et des discours traditionnellement réservés à cet organisme. Les secrétaires en sont désignés dans les conditions définies par le règlement intérieur, à la suite d'un concours auquel peuvent prendre part les jeunes avocats.

En outre, les bâtonniers en exercice sont convoqués aux réunions du conseil d'administration du centre régional de formation professionnelle (CRFPA) [3]. Toutefois, ils ne disposent pas d'une voix délibérative et ils ne peuvent assister au vote des délibérations portant sur le budget du centre [4]. En outre, le bâtonnier ne peut être désigné par son barreau comme membre titulaire du conseil d'administration du CRFPA [5]. Il a en effet été jugé qu'il résulte de la combinaison des articles 42 et 43 du décret du 27 novembre 1991 que le bâtonnier en exercice d'un barreau du ressort du CRFPA, qui ne peut participer aux réunions du conseil d'administration avec voix délibérative ni même assister au vote des délibérations portant sur le budget du centre, ne peut être désigné comme membre du conseil d'administration en tant qu'avocat titulaire. Une exception est cependant prévue à cette règle pour les bâtonniers en exercice du ressort de la cour d'appel de Paris, qui peuvent être désignés comme membres titulaires au conseil d'administration. Lorsqu'il est fait usage de cette possibilité les limitations imposées par l'article 42 ne s'appliquent pas.

Le bâtonnier veille enfin à la formation professionnelle continue des avocats en liaison avec le centre régional de formation professionnelle.

SECTION 6
FONCTIONS DE CONCILIATION

116.171 Rôle de conciliation du bâtonnier. Le bâtonnier prévient et concilie les différends professionnels entre les membres du barreau [6]. Le bâtonnier a pour rôle d'apaiser les conflits qui peuvent surgir entre des avocats ou entre ceux-ci et les magistrats ou entre les avocats et leurs clients. Ce rôle difficile ne doit pas l'inciter à la faiblesse, ni le pousser à des bienveillances injustifiées destinées à apaiser des affaires qui mettent en cause les principes essentiels de la profession d'avocat. Il n'y a pas de meilleure justification de l'existence de l'autorégulation que la démonstration des services qu'elle rend au public, par rapport à d'autres systèmes. L'ordonnance du 20 août 2015 [7] et le décret du 30 octobre 2015 [8] ont consacré le droit pour tout consommateur de recourir gratuitement à un médiateur de la consommation en vue de la résolution amiable du litige qui l'oppose à un professionnel.

Ce texte étant applicable à la profession d'avocat, le Conseil national des barreaux a procédé à la désignation d'un médiateur national de la profession d'avocat. La Conférence des bâtonniers a rappelé, de son côté, que cette désignation n'était pas exclusive d'initiatives régionales ou locales. Dans tous les cas, le rôle de conciliation du bâtonnier se trouve aujourd'hui concurrencé par l'apparition de ce nouveau mécanisme.

116.172 Rôle de conciliation lors de l'instruction d'une réclamation. La procédure d'instruction des réclamations contre les avocats instaurée par l'article 42 de la loi pour la confiance dans l'institution judiciaire [9], comporte une phase de conciliation. Lorsque la réclamation ne paraît pas au bâtonnier abusive ou manifestement mal fondée, et que les circonstances de l'affaire le permettent, le bâtonnier organise une conciliation entre le plaignant et l'avocat en cause. Un avocat au moins prend part à la conciliation.

116.173 Règlement des différends entre avocats. En cas de litige entre avocats, les règlements intérieurs des barreaux prévoyaient que le litige était nécessairement soumis au bâtonnier ou à son délégué, en cas d'échec de la conciliation. Cette procé-

1. Décr. n° 91-1197, 27 nov. 1991, art. 83 ; abrogé par décr. n° 2004-1386, 21 déc. 2004, art. 32.
2. V. s^{s} n°s 211.31 s.
3. Décr. n° 91-1197, 27 nov. 1991, art. 43.
4. Décr. n° 91-1197, 27 nov. 1991, art. 42.
5. Civ. 1re, 28 mai 2009, n°s 08-16.326, 08-16.327, P I, n° 107, *D.* 2009. 1618.
6. L. n° 71-1130, 31 déc. 1971, art. 21.
7. Ord. n° 2015-1033, 20 août 2015 relative au règlement extrajudiciaire des litiges de consommation, *JO* 21 août, p. 14721.
8. Décr. n° 2015-1382, 30 oct. 2015 relatif à la médiation des litiges de la consommation, *JO* 31 oct., p. 20408.
9. L. n° 2021-1729, 22 déc. 2021 pour la confiance dans l'institution judiciaire, *JO* 23 déc., n° 2.

dure est aujourd'hui organisée par le décret du 27 novembre 1991. Elle ne peut plus être qualifiée d'arbitrage.

En effet, les compétences du bâtonnier en matière de règlement des différends, ont été élargies par le décret du 11 décembre 2009 [1], et étendues aux différends entre avocats à l'occasion de leur exercice professionnel [2]. De plus ce décret a prévu les conditions dans lesquelles pouvaient être réglés les différends entre avocats de barreaux différents, une fois que l'une ou l'autre partie a saisi le bâtonnier du barreau auprès duquel elle est inscrite [3]. Depuis, le fait que les avocats en cause appartiennent à des barreaux différents n'est plus suffisant pour qu'un différend professionnel entre avocats reste sans solution, ce qui était malheureusement souvent le cas auparavant.

116.174 Consécration législative du rôle de conciliation. L'article 42 de la loi pour la confiance dans l'institution judiciaire [4] consacre législativement le rôle de conciliation du bâtonnier en mentionnant, à l'article 21 de la loi 71-1130 du 31 décembre 1971 que le bâtonnier prévient ou concilie les différends d'ordre professionnel entre les membres du barreau.

SECTION 7
FONCTION DOCTRINALE

116.181 Interprétation de la règle déontologique. Amené à trancher des questions de déontologie délicates, le bâtonnier est chargé de fixer la doctrine et les traditions de l'ordre sur des points douteux ou mal éclaircis. En raison de la tendance à l'unification des règles déontologiques, qui s'est traduite par la publication du décret du 12 juillet 2005 [5] ou du RIN, et même l'édition du code de l'avocat, ce rôle s'est profondément modifié et amoindri. L'existence d'une procédure permettant de régler les conflits d'interprétation entre bâtonniers, en cas de litige opposant des avocats de barreaux différents [6] joue dans le même sens [7].

La commission règles et usages du Conseil national des barreaux, lorsqu'elle est interrogée, fournit une assistance aux bâtonniers. Elle diffuse également des avis qui, s'ils n'ont rien de contraignant, peuvent aider le bâtonnier confronté à un problème complexe [8]. Le bâtonnier de Paris, en raison du prestige de son barreau, le plus important et le plus ancien barreau français, continue également de jouer un rôle important dans le domaine déontologique. Le barreau de Paris offre même à ses membres l'accès à une base déontologique et professionnelle. La Conférence des bâtonniers est également organisée pour répondre aux questions déontologiques des bâtonniers. Ces différents facteurs permettent d'assurer une interprétation de plus en plus cohérente et unitaire de la règle déontologique. Mais ce mouvement se fait au détriment de la fonction doctrinale du bâtonnier.

116.182 Animation des débats sur l'évolution de la profession. Même si le Conseil national des barreaux a mis en place des outils de diffusion de l'information en direction des avocats, ces initiatives sont loin d'être suffisantes et elles doivent impérativement être relayées à l'échelon local. Il appartient au bâtonnier d'organiser la participation de son barreau aux débats relatifs à l'évolution de la profession, en suivant les travaux du Conseil national des barreaux ou de la Conférence des bâtonniers. Il joue un rôle important dans la diffusion de ces travaux ou dans leur explication. C'est également à lui qu'il appartient d'organiser, au sein du conseil de l'Ordre ou en réunissant l'assemblée générale, les débats qui permettront aux membres de son barreau de comprendre et de participer aux discussions sur l'évolution rapide de la profession et de son environnement.

Dans ce domaine encore, le bâtonnier de Paris, en raison des spécificités du barreau de Paris et du poids démographique de ce dernier, est amené à jouer un rôle particulier, qui peut difficilement être comparé à celui des autres bâtonniers.

SECTION 8
FONCTION JURIDICTIONNELLE

116.191 Fonctions étendues et renforcées. Les acquis des réformes précédentes concernant la fonction juridictionnelle du bâtonnier n'avaient pas été modifiés par la loi du 11 février 2004. Cette fonction a été étendue et renforcée par le décret du 11 décembre 2009 relatif à la composition du CNB et à l'arbitrage du bâtonnier, pris en application de la loi du 12 mai 2009 [9].

1. Décr. n° 2009-1544, 11 déc. 2009 relatif à la composition du CNB et à l'arbitrage du bâtonnier, *JO* 13 déc., p. 21545.
2. Décr. n° 91-1197, 27 nov. 1991, art. 179-1.
3. Décr. n° 91-1197, 27 nov. 1991, art. 179-2 – V. s^s n°s 822.11 s.
4. L. n° 2021-1729, 22 déc. 2021 pour la confiance dans l'institution judiciaire, *JO* 23 déc., n° 2.
5. Décr. n° 2005-790, 12 juill. 2005 relatif aux règles de déontologie de la profession d'avocat, *JO* 16 juill., p. 11688.
6. V. s^s n°s 822.31 s.
7. RIN, art. 20.1.
8. V. s^s n° 112.28.
9. L. n° 2009-526, 12 mai 2009 de simplification et de clarification du droit et d'allégement des procédures, *JO* 13 mai, p. 7920, art. 71, 72 et 73.

Les compétences du bâtonnier en matière de règlement des différends ont été élargies par le décret du 11 décembre 2009 à l'ensemble des contrats de collaboration, qu'il s'agisse du statut libéral ou salarié. Sa compétence à intervenir s'analyse comme une compétence juridictionnelle. Elle s'étend aux différends entre avocats à l'occasion de leur exercice professionnel [1].

116.192 Compétence unique du bâtonnier pour la fixation des honoraires. Le bâtonnier est saisi par lettre recommandée avec accusé de réception, par toutes parties, avocat ou client de l'avocat. Le bâtonnier au terme d'une procédure contradictoire doit statuer dans les quatre mois de la saisine. Il peut prolonger ce délai de quatre autres mois par décision motivée. S'il n'a pas statué dans le délai, la partie demandeuse peut saisir le premier président de la cour d'appel. La décision du bâtonnier est notifiée aux parties par lettre recommandée AR, dans le délai de quinze jours.

La décision du bâtonnier peut, même en cas de recours, être rendue exécutoire dans la limite d'un montant de 1 500 euros, ou, lorsqu'il est plus important, dans la limite des honoraires dont le montant n'est pas contesté par les parties. Pour les honoraires excédant ces montants, le bâtonnier peut décider, s'il l'estime nécessaire et compatible avec la nature de l'affaire, que tout ou partie de sa décision pourra être rendu exécutoire même en cas de recours [2].

L'appel peut être porté devant le premier président de la cour dans le délai d'un mois partant de la date de la notification.

Le premier président, juridiction d'appel peut, après avoir entendu les parties contradictoirement, statuer par ordonnance ou renvoyer l'affaire à la cour.

L'ordonnance (ou l'arrêt si l'affaire est jugée par la cour) est notifiée par le greffier en chef de la cour, aux parties par lettre recommandée avec AR. Ordonnance comme arrêt peuvent être déférés à la Cour de cassation.

En 1970, il fut envisagé que les litiges entre les avocats et leurs clients au sujet des honoraires soient soumis comme en Amérique du Nord et dans de nombreux États européens à la juridiction de droit commun [3]. Le souci du respect du secret professionnel amena le pouvoir réglementaire [4] à donner au bâtonnier compétence pour fixer les honoraires [5].

1. V. s^s n°s 822.11 s.
2. Décr. n° 2021-1322, 11 oct. 2021 relatif à la procédure d'injonction de payer, aux décisions en matière de contestation des honoraires d'avocat et modifiant diverses dispositions de procédure civile, *JO* 13 oct., n° 51.
3. V. s^s n°s 741.21 s.
4. Décr. n° 91-1197, 27 nov. 1991, art. 174 à 179.

116.193 Rôle du président du tribunal judiciaire. Lorsque la décision du bâtonnier est définitive, faute d'appel dans le délai, la partie qui veut en obtenir l'exécution forcée saisit sur requête le président du tribunal judiciaire qui rend une ordonnance rendant la décision exécutoire. La constitutionnalité de la délégation du législateur [6] au pouvoir réglementaire, qui a permis la mise en place de la procédure, a été contestée dans le cadre d'une question prioritaire de constitutionnalité (QPC). Si elle a été jugée conforme à la constitution [7], le Conseil constitutionnel, dans le commentaire de sa décision, a insisté sur le fait que cette délégation n'emportait pas création d'une juridiction mais uniquement renvoi au pouvoir réglementaire du soin de déterminer la procédure de règlement des contestations relatives au paiement des honoraires d'avocat [8]. Effectivement, le bâtonnier est dépourvu du droit de donner force exécutoire à ses décisions, dans ce domaine. Il s'agit de trancher, non plus des litiges entre avocats mais des litiges qui impliquent également des tiers.

Le bâtonnier n'a pas non plus le pouvoir d'ordonner l'exécution provisoire de ces décisions, ou de prononcer une condamnation sur le fondement de l'article 700 du code de procédure civile. Là où les cours d'appel ne sont pas capables de traiter le contentieux des honoraires dans des délais satisfaisants, ces limitations sont donc incitatives à la poursuite des contentieux en appel. C'est la raison pour laquelle a été introduite la possibilité de rendre exécutoire la décision du bâtonnier dans des cas limités [9].

Le président du tribunal juge, au lieu et place du bâtonnier, selon la procédure sus-décrite lorsque la contestation est relative aux honoraires du bâtonnier.

116.194 Litiges relatifs au contrat de travail et aux contrats de collaboration libérale. Le bâtonnier a également un pouvoir juridictionnel pour tout litige né à l'occasion d'un contrat de travail liant un avocat employeur et un avocat collaborateur salarié ou à l'occasion d'un contrat de collaboration libérale [10]. Ce pouvoir a été renforcé par la loi du 12 mai 2009 [11] et par le décret du 11 décembre 2009 [12].

5. V. s^s n°s 741.271 s.
6. L. n° 71-1130, 31 déc. 1971, art. 53 6°.
7. Cons. const. 29 sept. 2011, n° 2011-171/178 QPC, *M. Michael C... a., renvoi au décret pour fixer certaines dispositions relatives à l'exercice de la profession d'avocat*, CONFORMITÉ, *JO* 30 sept., p. 16471, n° 67 ; *Rec.* 468 ; *D.* 2012. 1638, obs. V. Bernaud et N. Jacquinot ; *D.* 2013. 136, obs. T. Wickers.
8. https://www.conseil-constitutionnel.fr/sites/default/files/as/root/bank.mm/decisions/2011171qpc/ccc.171qpc.pdf
9. Décr. n° 91-1197, 27 nov. 1991, art. 175-1, créé par décr. n° 2021-1322, 11 oct. 2021, art. 6.
10. V. s^s n°s 821.11 s.
11. L. n° 71-1130, 31 déc. 1971, art. 21.
12. Décr. n° 2009-1544, 11 déc. 2009, art. 5.

Cette règle a été adoptée pour les mêmes raisons de respect du secret professionnel. Le bâtonnier à l'instar de la juridiction prud'homale statue après une procédure contradictoire. Il a le pouvoir de trancher l'incident de vérification d'écriture ou de faux. Il doit statuer dans le délai de six mois, à peine de dessaisissement au profit de la cour d'appel[1].

L'appel est porté devant la cour.

La décision du bâtonnier est de droit exécutoire lorsqu'elle ordonne le paiement de sommes au titre des rémunérations dans la limite de neuf mois de salaires calculés sur la moyenne des trois derniers mois. C'est le seul cas dans lequel le bâtonnier se voit ainsi conférer un pouvoir juridictionnel véritable.

Les autres décisions du bâtonnier peuvent être rendues exécutoires par le président du tribunal judiciaire.

116.195 Règlement des différends entre avocats à l'occasion de leur exercice professionnel. Le décret du 11 décembre 2009 relatif à la composition du CNB et à l'arbitrage du bâtonnier, a étendu les compétences du bâtonnier en matière d'arbitrage[2].

Cette extension des pouvoirs du bâtonnier pour trancher les différends entre avocats à l'occasion de leur exercice professionnel avait été prévue par la loi du 12 mai 2009[3]. Le décret du 11 décembre 2009, pris en application de cette loi, a créé une section VI après la section V du chapitre III et titre III, intitulée « Règlement des différends entre avocats à l'occasion de leur exercice professionnel »[4].

Le terme arbitrage est impropre, car la procédure relève incontestablement d'une procédure juridictionnelle (elle est à charge d'appel). Elle prévoit qu'en cas de différend entre avocats à l'occasion de leur exercice professionnel et à défaut de conciliation, c'est le bâtonnier du barreau auprès duquel les avocats intéressés sont inscrits qui est compétent.

Lorsque le différend oppose des avocats de barreaux différents, le bâtonnier saisi transmet l'acte de saisine au bâtonnier du barreau auquel appartient l'avocat défendeur. Les bâtonniers disposent alors d'un délai de quinze jours pour s'entendre sur la désignation du bâtonnier d'un barreau tiers. Faute d'entente possible, c'est le président du CNB qui désignera le bâtonnier tiers.

Toutefois, le bâtonnier du barreau où est inscrit l'avocat plaignant et celui du barreau où est inscrit l'avocat objet de la plainte, tâchent généralement de résoudre à l'amiable le différend entre leurs deux confrères. S'ils n'y parviennent pas dans le délai de quinze jours susmentionné, ils aboutissent dans ce délai à un accord sur le nom du bâtonnier tiers.

Le bâtonnier organise librement la procédure et l'instruction du dossier. Il doit toutefois rendre sa décision dans un délai de quatre mois à compter de sa saisine. Ce délai peut être prolongé de quatre mois supplémentaires si la nature ou la complexité du différend le justifie. En cas de prolongation, la décision devra être notifiée aux parties par lettre recommandée avec demande d'avis de réception.

La décision du bâtonnier sera notifiée aux parties et aux bâtonniers des barreaux concernés. Les parties pourront la contester devant la cour d'appel dans les conditions prévues à l'article 152.

Lorsqu'elles ne sont pas déférées à la cour d'appel, les décisions du bâtonnier peuvent être rendues exécutoires par le président du tribunal judiciaire auprès duquel est établi son barreau.

SECTION 9
AUTRES FONCTIONS

116.200 Plan. Le bâtonnier a notamment pour fonction la vérification des documents comptables (§ 1), les relations avec les justiciables, les commissions d'office (§ 2) et les difficultés financières de l'avocat (§ 3).

§ 1
Vérification des documents comptables

116.211 Inspection des comptabilités des confrères par le bâtonnier. La mission de surveillance qui lui est confiée s'étend non seulement à ces inspections formelles de comptabilité mais au comportement général des avocats dans l'exercice de leur activité professionnelle ainsi qu'à tout manquement de nature à porter une atteinte directe ou indirecte aux principes d'honneur et de probité qu'exige la profession. Si c'est au conseil de l'Ordre que les dispositions de l'article 17 de la loi du 31 décembre 1971 donnent mission de procéder à la vérification de la tenue de la comptabilité des avocats, personnes physiques et morales, c'est par l'intermédiaire du bâtonnier que ce pouvoir de contrôle peut s'exercer. Il ne s'agit pas d'une simple vérification formelle, elle s'étend à tous les aspects de l'activité professionnelle de l'avocat que révèle l'examen de comptabilité et ne peut avoir d'autre limite.

Tout avocat est tenu de présenter sa comptabilité à première demande du bâtonnier[5].

1. Décr. n° 91-1197, 27 nov. 1991, art. 142 s.
2. V. s[s] n°s 822.11 s.
3. L. n° 2009-526, 12 mai 2009, art. 71 et 72.
4. Décr. n° 91-1197, 27 nov. 1991, art. 179-1 s.
5. Décr. n° 91-1197, 27 nov. 1991, art. 232.

Un bâtonnier, qui a été saisi de multiples plaintes et de signalement préoccupant et qui souhaite s'assurer de la réalité du domicile professionnel et contrôler la comptabilité Carpa, peut se rendre au cabinet de son confrère, même en son absence et procéder aux vérifications nécessaires ; sans que son intervention constitue une violation de l'article 8 de la CEDH. [1]

La tenue de la comptabilité professionnelle n'est pas encadrée par des dispositions spécifiques. L'avocat dispose donc, sous réserve des exigences comptables liées à sa forme d'exercice, d'une assez grande liberté dans ce domaine. Il doit cependant, en application de l'article 12 du décret du 12 juillet 2005, dont les prescriptions sont reprises à l'article 11.7 du RIN, détenir à tout moment, par dossier, une comptabilité précise et distincte des honoraires et de toute somme qu'il a pu recevoir et de l'affectation qui leur a été donnée, sauf en cas de forfait global. Les vérifications peuvent également concerner les maniements de fonds de tiers qui sont, eux, strictement encadrés. En outre, si l'avocat exerce en qualité de fiduciaire, il devra tenir une comptabilité distincte, propre à cette activité et ouvrir un compte affecté à chacune des fiducies exercées. Le bâtonnier inspecte cette comptabilité soit par lui-même soit par ses délégués et sans qu'on puisse leur opposer le secret professionnel.

Il rend compte au conseil de l'Ordre de ses diligences en cette matière et au moins une fois par an au procureur général des résultats de cette inspection[2]. La carence du barreau dans l'organisation des contrôles de comptabilité est susceptible d'engager sa responsabilité vis-à-vis des tiers[3].

116.212 Fixation des mesures tendant à assurer la vérification des documents comptables par le règlement intérieur. Les mesures propres à assurer la vérification des documents comptables[4] sont fixées par le règlement intérieur. En imposant la tenue des documents destinés à lui permettre d'effectuer cette vérification, conformément aux articles 231 et 232 du décret du 27 novembre 1991, le conseil de l'Ordre n'excède pas ses pouvoirs réglementaires[5].

Compte tenu de la nature des compétences techniques exigées par les vérifications de comptabilité, le règlement intérieur pourra également prévoir la possibilité de désigner des contrôleurs étrangers au barreau, parmi, par exemple, les commissaires aux comptes.

116.213 Vérification de comptabilité et secret professionnel. Une disposition du règlement intérieur d'un barreau, spécifiant que l'adhésion par un avocat à une association agréée comporte de plein droit l'autorisation pour cette association de fournir au bâtonnier toutes les informations nécessaires à l'exercice de son contrôle, ne saurait être remise en cause du fait que cette comptabilité est couverte par le secret professionnel et que l'examen de comptabilité n'est pas contradictoire.

La surveillance du conseil de l'Ordre et du bâtonnier ne se limite pas aux maniements de fonds qu'effectuent les avocats ; elle tend à assurer le strict respect de toutes les prescriptions légales et réglementaires relatives à leur comptabilité professionnelle. L'avocat chargé par le conseil d'exercer ces contrôles est donc associé au secret professionnel auquel sont astreints ses confrères ; les dispositions prévues en cette matière par le conseil de l'Ordre concerné sont donc conformes à l'article 17, 9°, de la loi du 31 décembre 1971.

116.214 Adhésion à une association de gestion agréée. Selon certains règlements intérieurs[6], l'adhésion d'un avocat à une association de gestion agréée emporte de plein droit autorisation pour l'association ou pour tout autre organisme chargé de traiter la comptabilité de l'avocat, de fournir au bâtonnier toutes les informations nécessaires à la vérification comptable.

Pesant sur les seuls membres des associations agréées, ce contrôle n'est pas une mesure discriminatoire puisqu'il ne fait que leur appliquer les principes généraux régissant une surveillance que le conseil de l'Ordre est tenu d'exercer à l'égard de tous les membres du barreau[7].

116.215 Défaut de communication des documents comptables et des comptes professionnel ou personnel. Le refus de se soumettre à un contrôle de comptabilité constitue un manquement disciplinaire[8]. La cour de Lyon, dans un arrêt du 7 février 1977[9] retient comme faute disciplinaire pour un avocat le fait de n'avoir pas communiqué au contrôleur désigné par le conseil de l'Ordre, non seulement son livre-journal et ses livres de comptes professionnels, mais également ses comptes personnels.

La Cour de cassation, par un arrêt du 3 octobre 1978[10], sans trancher explicitement la question a

1. CEDH 28 août 2018, *Richard Tuheiava c/France,* req. n° 25038/13, *D.* 2019. 91, obs. T. Wickers.
2. Décr. n° 91-1197, 27 nov. 1991, art. 235.
3. Lyon, 16 sept. 2008, RG n° 07/05685.
4. Décr. n° 91-1197, 27 nov. 1991, art. 235, préc.
5. Civ. 1re, 20 oct. 1981, n° 80-15.572, P I, n° 297 ; *Gaz. Pal.* 1982. 1. 104, pan. 99.
6. PAR EX. : RI du barreau de Paris, art. P. 75.5.
7. Paris, 24 mars 1982, *Gaz. Pal.* 1982. 2. 457.
8. Civ 1re, 1er avr. 2003, n° 00-21.744, NP.
9. Lyon, 7 févr. 1977, *Gaz. Pal.* 1979. II. 120.
10. Civ. 1re, 3 oct. 1978, n° 77-11.772, P I, n° 283 ; *Gaz. Pal.* 1979. I. 120, note A. D.

rejeté néanmoins le pourvoi en constatant que le moyen était invoqué pour la première fois devant sa juridiction[1]. La Cour de cassation, par un arrêt du 20 octobre 1981 a bien précisé ce rôle de surveillance de ses confrères confié au bâtonnier et au conseil de l'Ordre : « Cette mission s'étend non seulement au comportement des avocats dans l'exercice de leur activité professionnelle mais à tous les manquements de nature à porter une atteinte directe ou indirecte aux principes d'honneur et de probité qu'exige la profession. La vérification de la comptabilité ne pouvant avoir d'autre limite, le conseil de l'Ordre peut, sans excéder ses pouvoirs réglementaires, imposer conformément aux termes de l'article 48 du décret du 25 août 1972[2], la tenue des documents destinés à lui permettre d'effectuer cette vérification. »[3]

116.216 Communication en matière de lutte contre le blanchiment. Comme en matière de contrôle des comptabilités[4], si la loi confie au conseil de l'Ordre la charge de vérifier le respect par les avocats de leurs obligations en matière de lutte contre le blanchiment et de se faire communiquer les documents relatifs au respect de ces obligations[5], c'est au bâtonnier, sur simple demande de sa part, que les avocats doivent communiquer les éléments justificatifs[6].

116.217 Information du bâtonnier. Le bâtonnier doit être informé par l'avocat qui en fait l'objet de toute action judiciaire en dommages-intérêts en raison de son activité professionnelle[7]. Il doit informer le procureur général des assurances de garantie contractées ou constituées pour garantir la responsabilité civile et le remboursement des fonds, d'effets ou valeurs reçus par un avocat dans le cadre de sa profession[8].

Il est informé également de toute demande en paiement dont un garant de la responsabilité d'un avocat peut être saisi dans le cadre de la garantie financière[9]. En cas de cessation de garantie, il est fait application des dispositions définies à l'article 225 du décret du 27 novembre 1991[10].

Plusieurs dispositions du décret du 20 juillet 1992 prévoient une information directe du bâtonnier, de préférence au conseil de l'Ordre, à l'occasion des événements affectant la vie de la société civile professionnelle. Le bâtonnier est ainsi informé de la demande d'inscription au barreau[11], des cessions de parts sociales[12], de la demande de prorogation de la société[13]... De la même façon, en cas de société civile professionnelle interbarreaux, le décret du 20 juillet 1992 organise l'information du bâtonnier du barreau auprès duquel la société est inscrite et aussi des bâtonniers des barreaux auprès desquels les différents associés sont inscrits.

C'est également le bâtonnier qui est destinataire des informations relatives aux contrats d'association[14], des décisions relatives à l'ouverture ou à la fermeture d'un bureau secondaire concernant un avocat de son barreau[15]...

C'est encore le bâtonnier qui doit être informé par l'avocat qui est temporairement empêché pour que le bâtonnier puisse procéder à la désignation de suppléants[16].

La demande d'inscription au tableau d'un barreau français des personnes ayant acquis la qualité d'avocat dans un État ou une unité territoriale n'appartenant ni à la Communauté européenne, ni à l'Espace économique européen, ni à la Confédération suisse est adressée au bâtonnier[17].

L'avocat chargé d'une mission temporaire par l'État en avise le bâtonnier[18].

Le bâtonnier est le destinataire des déclarations de soupçon régularisées par les avocats en application des dispositions des articles L. 562-1 et suivants du code monétaire et financier[19].

§ 2
Relations avec les justiciables et commissions d'office

116.221 Consultations gratuites. Le bâtonnier met en œuvre des services du barreau au profit des justiciables. Le bâtonnier pourvoit à la mission de défense du barreau. Il lui appartient à cet effet de faire face aux besoins des justiciables au service desquels l'ordre est institué avec son caractère

1. AUSSI : Paris, 24 mars 1982, *Gaz. Pal.* 1982. 2. 457.
2. Décr. n° 72-783, 25 août 1972 relatif à l'assurance, à la garantie financière, aux règlements pécuniaires et à la comptabilité des avocats, *JO* 29 août, p. 9279.
3. Civ. 1re, 20 oct. 1981, n° 80-15.572, P I, n° 297 ; *Gaz. Pal.* 1982. 1. 204.
4. V. ss nos 115.101 s.
5. V. ss n° 115.105.
6. Décr. n° 91-1197, 27 nov. 1991, art. 155.
7. Décr. n° 91-1197, 27 nov. 1991, art. 163.
8. L. n° 71-1130, 31 déc. 1971, art. 27, al. 3 – V. ss nos 911.31 s.
9. Décr. n° 91-1197, 27 nov. 1991, art. 220.
10. Décr. n° 91-1197, 27 nov. 1991, art. 221.
11. Décr. n° 92-680, 20 juill. 1992, art. 4.
12. Décr. n° 92-680, 20 juill. 1992, art. 24, 25, 26.
13. Décr. n° 92-680, 20 juill. 1992, art. 40.
14. Décr. n° 91-1197, 27 nov. 1991, art. 125.
15. Décr. n° 91-1197, 27 nov. 1991, art. 167, 169.
16. Décr. n° 91-1197, 27 nov. 1991, art. 170.
17. Décr. n° 91-1197, 27 nov. 1991, art. 101 ; mod. par décr. n° 2019-849, 20 août 2019, art. 11.
18. Décr. n° 91-1197, 27 nov. 1991, art. 116.
19. V. ss nos 482.212 s.

propre et son monopole. Le bâtonnier doit faire connaître aux usagers du droit les possibilités que le barreau leur offre pour assurer leur information juridique et leur défense en justice notamment en organisant des consultations gratuites, payantes ou remboursables par le barreau et qui peuvent se tenir soit dans les locaux de l'ordre, soit dans les mairies, soit dans les maisons de la justice et du droit... Le barreau accomplit également sa mission en tenant des permanences dans l'enceinte des palais de justice et en informant les justiciables, ou certaines catégories d'entre eux (mineurs, victimes...) des possibilités de recours dont ils peuvent disposer [1]. De même le bâtonnier peut-il organiser des consultations juridiques à la radio ou à la télévision et demander à des avocats de les animer. Des avocats peuvent d'ailleurs être conviés à de semblables émissions sans avoir à demander, pour y paraître, une autorisation préalable du bâtonnier ; ils devront seulement veiller à respecter la dignité de leur profession [2].

Les études les plus récentes montrent qu'en dépit des efforts considérables déployés par les barreaux, l'accès à l'information juridique et au droit reste limité ou inexistant pour une part considérable de la population. Pour tenir compte des évolutions techniques et de la place grandissante prise par les technologies de l'information, le barreau ne doit pas hésiter à recourir à celles-ci, car le premier réflexe du justiciable est aujourd'hui de se tourner vers internet pour trouver l'aide dont il a besoin. Des opérateurs de plus en plus nombreux proposent des services qui viennent concurrencer les barreaux, dans cette mission traditionnelle.

116.222 **Accueil des justiciables.** De même que les consultations gratuites, l'accueil des justiciables est réservé au barreau. Les services d'accueil des juridictions doivent se limiter à un accueil purement administratif ou géographique à l'intérieur du Palais et ne peuvent conseiller les plaideurs. En aucun cas, un magistrat, tenu à un devoir d'impartialité [3], ne peut recevoir la confidence du plaideur, diagnostiquer la gravité de la cause, déterminer l'utilité du choix d'un défenseur, le conseiller dans ce choix ou lui préparer sa demande - les services d'accueil du barreau, l'aide juridique et la commission d'office sont institués à cette fin.

De plus, le fait par un même magistrat d'accueillir un justiciable et de risquer d'avoir à le juger ou à requérir contre lui, rend impossible toute immixtion des juges dans la fonction de conseil qui appartient au seul barreau dès lors qu'il y a nécessité de confidence de la part de l'usager.

116.223 **Publicité fonctionnelle.** Le bâtonnier est tenu à un devoir d'information vis-à-vis du public et pour le remplir, il peut également recourir à la publicité fonctionnelle [4]. Depuis plus de dix ans, des campagnes de publicité fonctionnelle sont organisées, à l'échelon national par le Conseil national des barreaux. Souvent ces opérations sont organisées en collaboration avec les barreaux, de façon à ce que des actions locales renforcent la communication nationale.

Mais le barreau est également libre d'imaginer des campagnes plus spécialement tournées vers le public de son ressort.

116.224 **Conseil départemental de l'accès au droit (CDAD).** Le barreau, ou si le département compte plus d'un barreau, l'un des barreaux, est membre du conseil département de l'accès au droit et il participe au financement de ses activités [5]. L'organisation des consultations juridiques gratuites ou payantes par le barreau trouve sa place naturelle dans le cadre de l'aide à la consultation prévue par la loi du 10 juillet 1991 [6]. L'article 57 de la loi prévoit en effet que le conseil départemental de l'accès au droit peut conclure des conventions avec des membres des professions juridiques ou judiciaires réglementées ou leurs organismes professionnels.

Ce type de convention permet d'obtenir la reconnaissance de la contribution du barreau et de ses membres. Des accords peuvent être passés avec des professionnels chargés de recevoir les bénéficiaires, il peut être prévu la délivrance de bons de consultations permettant aux bénéficiaires de s'adresser au professionnel de leur choix. On peut également favoriser par ce biais la création et le fonctionnement de centres d'accueil, d'information et d'orientation du public [7].

116.225 **Désignation des défenseurs.** Le bâtonnier assure la mise en œuvre du service de défense au profit des justiciables en assurant également la désignation de défenseurs dans les cas urgents [8].

En effet, l'exercice du droit de tout individu à se défendre suppose nécessairement la possibilité pour lui d'avoir également un défenseur et de ne pas se voir opposer à cette demande d'obstacles d'ordre financier ou simplement l'ignorance des défenseurs éventuellement susceptibles de se charger de sa défense. Cette exigence qui se manifeste par la

1. Sur les consultations gratuites v. s^s n° 631.13.
2. V. s^s n°s 321.11 s.
3. *Recueil des obligations déontologiques des magistrats*, art. b25.
4. V. s^s n° 461.201.
5. L. n° 91-647, 10 juill. 1991 relative à l'aide juridique, *JO* 13 juill., p. 9170, art. 55.
6. L. n° 91-647, 10 juill. 1991, art. 57.
7. V. s^s n° 752.51.
8. Sur les droits de la défense v. s^s n°s 472.61 s.

désignation d'un défenseur par le bâtonnier, à toute personne qui en fait la demande, se manifeste également en cas de garde à vue, de comparution immédiate ou de première comparution devant le juge d'instruction.

116.226 Garde à vue – Permanence organisée par le barreau. Dès le début de la garde à vue, la personne placée sous ce régime peut demander à être assistée par un avocat, aux termes de l'article 63-3-1 du code de procédure pénale. Si la personne gardée à vue n'est pas en mesure de désigner un avocat ou si l'avocat choisi ne peut être contacté, elle peut demander qu'il lui en soit commis un d'office par le bâtonnier et l'avocat commis ne peut refuser d'assumer cette fonction notamment en se prévalant de la Convention européenne des droits de l'homme qui n'assimilerait pas cette commission d'office à un travail forcé obligatoire[1].

Dans le régime de droit commun, l'avocat a la possibilité de s'entretenir, dans des conditions qui garantissent le secret professionnel, pendant une demi-heure, avec la personne gardée à vue. Il n'a encore qu'un accès limité au dossier mais à la demande du gardé à vue il peut demander que son avocat assiste à ses auditions et confrontations. Au cours de celles-ci, l'avocat peut prendre des notes. À l'issue de chacune d'entre elles, il peut poser des questions.

La présence de l'avocat en garde à vue n'a été obtenue qu'après un long combat et cette revendication s'est heurtée à une forte résistance. Ce progrès des droits de la défense fait peser sur le barreau des charges nouvelles auquel il ne peut refuser de faire face. Il a donc le devoir d'organiser une permanence destinée à la mise en œuvre de la loi et cette organisation d'une permanence est le corollaire du devoir de désignation dévolu au bâtonnier.

En outre, les barreaux doivent exiger que dans les lieux de garde à vue, les moyens nécessaires à l'exercice des droits de la défense soient mis à leur disposition, c'est-à-dire un local décent, respectant tout à la fois la sécurité et le secret professionnel.

§ 3
Difficultés financières de l'avocat

116.231 Procédures collectives. Le droit des procédures collectives n'est applicable aux avocats que depuis la loi du 26 juillet 2005[2] qui a étendu aux personnes physiques exerçant une activité professionnelle indépendante, y compris une profession libérale soumise à un statut législatif ou réglementaire dont le titre est protégé, par les dispositions du livre sixième du code de commerce sur les difficultés des entreprises[3]. La procédure se déroule devant le tribunal judiciaire et le barreau y est immédiatement associé. Le bâtonnier doit être, dès le début de la procédure destinataire d'une note exposant les difficultés de nature à compromettre la continuité de l'activité professionnelle de l'avocat.

Dans le cadre de cette procédure, le barreau doit faire connaître au greffe du tribunal et aux organes de la procédure la personne habilitée à le représenter ; en l'absence d'une telle déclaration, son représentant légal, c'est-à-dire le bâtonnier[4], exerce cette fonction[5] Pour assurer le respect du secret professionnel, l'inventaire est dressé en présence d'un représentant du barreau. De même, les conditions de conservations des archives sont arrêtées avec l'accord du barreau, de façon à garantir le secret.

§ 4
Droit de visite des lieux de privation de liberté

116.241 Droit de visite du bâtonnier. Le bâtonnier fait partie des personnes énumérées à l'article 719 du code de procédure pénale qui peuvent visiter à tous moments les lieux de privation de liberté : locaux de garde à vue, locaux des retenues douanières définies à l'article 323-1 du code des douanes, lieux de rétention administrative, zones d'attente, établissements pénitentiaires et centres éducatifs fermés mentionnés à l'article L. 113-7 du code de la justice pénale des mineurs.

Le bâtonnier exerce son droit de visite dans son ressort et il lui est possible de délégué son pouvoir à un membre du conseil de l'ordre.

1. Douai, 20 sept. 1993, *Gaz. Pal.* 25 juin 1994, 21, note A. Damien – Versailles, 23 nov. 1994, *Gaz. Pal.* 14 janv. 1995, p. 11, note A. Damien – Civ. 1re, 24 juin 1997, n° 95-13.100, NP ; *JCP* 1998. II. 10035, note R. Martin.

2. L. n° 2005-845, 26 juill. 2005 de sauvegarde des entreprises, *JO* 27 juill., p. 12187.
3. INITIALEMENT : L. n° 85-98, 25 janvier 1985 relative au redressement et à la liquidation judiciaires des entreprises, *JO* 26 janv.
4. V. ss nos 811.112 s.
5. C. com., art. R. 611-22.

CHAPITRE

117. Assemblée générale du barreau

SECTION 0 ORIENTEUR

117.00 **Sommaire du chapitre.**

Division. L'assemblée générale du barreau se compose de tous les avocats inscrits au tableau (sect. 1). Son fonctionnement obéit au règlement intérieur (sect. 2). Si elle conserve son utilité dans certains types de circonstances, elle risque une disparition progressive (sect. 3).

117.01 **Textes applicables.**

TEXTES TITRÉS

- **Décr. n° 91-1197, 27 nov. 1991**

art. 17 [Délibérations du barreau en assemblée générale]

art. 18 [Ordre du jour de l'assemblée générale]

117.03 **Bibliographie indicative.**

* Aussi : v. s^s n° 11.03.

Monographie. J.-M. Braunschweig, J. Demaison, *Profession d'avocat : Le guide*, 4e éd., Wolters Kluwer, 2017, n° 4.

117.05 **Évolution – L'assemblée générale avait un rôle important sous l'Ancien Régime.** Bien que ne se réunissant que très rarement et sur convocation du bâtonnier, elle était la juridiction d'appel en matière disciplinaire ; le bâtonnier était tenu de la convoquer à la demande des confrères sanctionnés ; elle pouvait également se réunir pour traiter de tous les objets concernant la défense du barreau. À partir du décret du 14 décembre 1810[1], l'assemblée générale ne put se réunir que pour l'élection des candidats au conseil de discipline ou pour l'élection du bâtonnier, aucun autre objet ne pouvait être mis en délibération et les contrevenants pouvaient être poursuivis et punis. L'ordonnance du 20 novembre 1822[2] a supprimé cette prohibition mais la question de la liberté de réunion des avocats est demeurée très controversée en jurisprudence. Et si la Cour de cassation admettait la liberté de réunion des assemblées générales[3], la cour de Bordeaux en revanche[4] adoptait la position contraire. Le décret du 20 juin 1920[5] et les textes subséquents ont autorisé la réunion d'assemblées générales et l'ont même prescrite avec une périodicité imposée.

Toutefois, ainsi qu'il sera vu ci-dessous, l'assemblée générale est soumise à des restrictions importantes concernant la liberté de discussion en son sein. Elle demeure marquée par la méfiance de la législation napoléonienne qui bannit des traditions de l'ordre des avocats tout ce qui présentait un caractère démocratique trop marqué et aurait pu permettre des manifestations de masse désagréables pour le pouvoir.

SECTION 1 COMPOSITION

117.11 **Distinction entre assemblée du barreau et assemblée de l'ordre.** L'assemblée générale du barreau constitue le troisième organe du barreau à côté du bâtonnier et du conseil de l'Ordre. Il faut la distinguer de l'assemblée générale élective (ou assemblée générale de l'ordre) composée aux termes de l'article 3 du décret du 27 novembre 1991 de tous les avocats disposant du droit de vote, telle que définie par l'article 15, alinéa 2, de la loi du 31 décembre 1971.

1. Décr. 14 déc. 1810.
2. Ord. 20 nov. 1822 contenant Réglement sur l'exercice de la profession d'avocat et la discipline du Barreau, *Bull. lois*, 7e série, t. XV, n° 566.
3. Civ. 5 avr. 1841, *S.* 1841. 1. 289.
4. Bordeaux, 4 août 1848, *S.* 1849. 2. 369.
5. Décr. 20 juin 1920 portant règlement d'administration publique sur l'exercice de la profession d'avocat et la discipline du barreau, *JO* 22 juin, p. 8822.

Cette assemblée générale qui ne se réunit qu'à l'occasion des élections est juridiquement distincte de l'assemblée générale prévue par les articles 17 et 18 du décret puisqu'elle n'a pour objet que l'élection et ne peut délibérer sur aucun autre point.

117.12 Composition de l'assemblée générale du barreau. L'assemblée générale du barreau se compose de tous les avocats inscrits au tableau. Elle délibère en une formation unique rassemblant tous les avocats inscrits[1].

117.13 Disparition de l'assemblée générale des stagiaires. Jusqu'à la réforme des professions judiciaires en 1990, les avocats stagiaires n'étaient pas réunis statutairement. Il existait certes à Paris des réunions de colonnes réservées aux stagiaires, mais elles avaient exclusivement pour objet d'enseigner les règles, usages et techniques professionnels du barreau à l'occasion de cas d'espèce choisis notamment parmi les affaires d'assistance judiciaire dont les stagiaires étaient chargés. Le programme de ces réunions était établi par le bâtonnier et la présence des stagiaires y était obligatoire.

L'assemblée générale des stagiaires, prévue depuis la réforme des professions judiciaires en 1990 sous le nom de « réunion des avocats inscrits sur la liste du stage » a été supprimée par le décret du 21 décembre 2004[2]. Auparavant, la loi du 11 février 2004 avait supprimé le stage.

117.14 Absence d'exigence de *quorum* pour la validité des réunions des avocats inscrits. Aucun *quorum* n'est exigé pour la validité des réunions des avocats inscrits. Force est de constater que, dans la plupart des grands barreaux, ces réunions ne rassemblent malheureusement qu'un nombre assez faible d'avocats. L'usage consistant pour un avocat à se faire excuser de son absence en la motivant a progressivement disparu. En considération de cette évolution, il n'y a certainement plus lieu de se demander si le fait pour un avocat inscrit de négliger plusieurs années de suite sans excuse la fréquentation de la colonne à laquelle il est inscrit peut constituer un manquement à ses devoirs professionnels. Il n'est plus davantage possible de voir dans des absences répétées l'indice d'une activité fictive.

SECTION 2
FONCTIONNEMENT

117.21 Conformité des réunions au règlement intérieur. Les réunions ont lieu conformément au règlement intérieur[3]. La tradition voulait qu'elles aient lieu deux fois par an, au mois de décembre et au mois de mai. Aujourd'hui, c'est plutôt sur un rythme annuel que ses réunions sont organisées, à condition que le règlement intérieur impose une périodicité, ce qui est loin d'être toujours le cas. Le règlement intérieur fixe généralement le mode de convocation et le délai de convocation qui doit, de toute façon, être supérieur à quinze jours[4]. Il peut prévoir une réduction du délai de convocation, en cas d'urgence. Tous les avocats, à l'exception de ceux frappés d'une peine en cours ou frappés d'interdiction temporaire doivent être convoqués[5].

117.22 Fixation de la présidence de l'assemblée générale par le règlement intérieur. La présidence de l'assemblée générale est fixée par le règlement intérieur. Elle revient en principe au bâtonnier, ou au vice-bâtonnier (s'il en existe un), ou au membre du conseil de l'Ordre qu'il désigne.

Le président de l'assemblée générale peut se faire assister par un secrétaire, généralement le plus jeune avocat dans l'ordre du tableau présent, mais il ne s'agit nullement d'une obligation.

117.23 Restriction des délibérations aux questions soumises par le conseil ou un des membres. Les délibérations sont restreintes aux questions soumises par le conseil ou un des membres. L'assemblée générale ne peut examiner que les questions qui leur sont respectivement soumises soit par le conseil, soit par un de leurs membres, à la condition d'en informer le conseil de l'Ordre 15 jours à l'avance[6]. De cette disposition découlent deux conséquences :

– la première c'est que le délai de convocation ne peut normalement être inférieur à 15 jours pour permettre à un avocat de poser une question s'il le désire ;

– la seconde c'est que l'assemblée générale ne peut délibérer que sur les questions qui lui sont soumises par le conseil, qu'elles émanent du conseil lui-même ou d'un avocat. En effet, la question ne peut être posée que par l'intermédiaire du conseil et dans ces conditions, l'assemblée générale ne peut pas délibérer sur une question qui serait soulevée en cours de séance.

L'assemblée générale de l'Ordre n'a pas à être consultée obligatoirement sur les difficultés de gestion de l'ordre ou le règlement intérieur, par le conseil de l'Ordre ou le bâtonnier.

Aucun principe ne fait obligation, par exemple, au bâtonnier ou au conseil de l'Ordre, de consulter l'assemblée générale avant l'acquisition d'une mai-

1. Décr. n° 91-1197, 27 nov. 1991 organisant la profession d'avocat, *JO* 28 nov., p. 15502, art. 17.
2. Décr. n° 91-1197, 27 nov. 1991, art. 17.
3. Décr. n° 91-1197, 27 nov. 1991, art. 17.
4. Décr. n° 91-1197, 27 nov. 1991, art. 18.
5. Civ. 1re, juill. 1952, *D.* 1952. 723.
6. Décr. n° 91-1197, 27 nov. 1991, art. 18.

son de l'avocat[1] ou le changement de dénomination du barreau[2].

L'assemblée générale travaille donc suivant un ordre du jour qui a été arrêté par le conseil et qui comporte des questions posées par le conseil et les questions posées par d'autres avocats, et mises en discussion par le conseil, l'ordre du jour du conseil est considéré généralement comme prioritaire et doit être examiné en premier lieu.

Le conseil n'a aucun délai pour fixer son ordre du jour, toutes les questions peuvent être inscrites jusqu'au moment de la réunion de l'assemblée générale. L'assemblée générale délibère sur les questions qui lui sont posées par l'ordre du jour, toute question étrangère doit être écartée des discussions.

Le fonctionnement de l'assemblée générale se trouve ainsi très strictement encadré.

117.24 **Émission de vœux et avis par l'assemblée.** L'assemblée ne peut adopter ni résolution ni décision, elle ne peut émettre que des vœux et des avis adoptés par la majorité de l'assemblée.

Le conseil de l'Ordre doit délibérer dans un délai de trois mois sur les avis et les vœux exprimés par l'assemblée générale des avocats inscrits. En cas de rejet de ces vœux le conseil motive sa décision et la porte à la connaissance des avocats à la plus prochaine réunion de l'assemblée générale. Ces décisions du conseil à la suite des vœux émis sont consignées sur un registre spécial tenu à la disposition de tous les avocats[3].

SECTION 3
ARCHAÏSME

117.31 **Disparition progressive.** Avant même la réforme de la loi du 11 février 2004, certains auteurs constataient la disparition progressive de l'assemblée générale du barreau.

E. Blanc[4] dans La nouvelle profession d'avocat écrit : « À la fois archaïque et impuissante, travaillant en votant dans des conditions qui défient le bon sens et surtout hélas totalement inutile, l'assemblée générale, ses colonnes ou sections n'est qu'un passe-temps heureusement rare. »

La pratique dans presque tous les barreaux a confirmé cette opinion.

1. Lyon, 26 juill. 1993, *Gaz. Pal.* 16 sept. 1993, p. 11, note A. Damien.
2. Civ. 1re, 9 juin 2017, n° 16-18.471, P I ; *JCP* 2017. Doctr. 1104, n° 17, obs. S. Bortoluzzi ; *D.* 2019. 91.
3. Décr. n° 91-1197, 27 nov. 1991, art. 18, al. 3.
4. E. Blanc, *La nouvelle profession d'avocat*, LJNA, 1972, p. 168.

117.32 **Faut-il la revitaliser ?** L'assemblée générale est dépourvue des moyens qui lui permettraient de jouer un rôle véritable dans le fonctionnement de la démocratie ordinale. Sauf disposition particulière du règlement intérieur, le pouvoir de la convoquer appartient aux organes sur lesquelles elle pourrait exercer un contrôle, ce qui l'empêche de jouer un rôle effectif. Son impuissance est définitivement garantie par le fait que les avis et les vœux qu'elle exprime ne lient pas le conseil de l'Ordre. Or l'hypothèse d'une réforme globale du fonctionnement des institutions ordinales qui lui conférerait de véritables attributions, rien ne paraît de nature à enrayer son déclin. La transformation très rapide des moyens de communication depuis quelques années : courrier électronique, télécopies... rend une tentative de revitalisation de l'assemblée générale assez vaine : il y a d'autres moyens de transmettre aux avocats toute l'information dont ils ont besoin au jour le jour. Le bâtonnier de Paris n'a pas hésité à proposer aux avocats de son barreau des échanges sur Twitter.

117.33 **Formes actuelles.** L'assemblée générale conserve son utilité dans divers types de circonstances.

Certains barreaux organisent une assemblée générale annuelle, consacrée à la présentation des activités du barreau et à l'état de ses comptes. Elle est alors conçue et organisée comme un des moments importants de la vie du barreau, et peut rassembler un grand nombre d'avocats.

L'assemblée générale est également employée dans le cadre de la politique de communication du barreau. Elle est convoquée chaque fois que des informations importantes doivent être portées à la connaissance des membres du bureau, de manière plus directe et aussi plus solennelle que par les canaux habituellement utilisés.

Enfin, l'assemblée générale d'urgence est un outil essentiel, chaque fois qu'il est nécessaire d'accompagner ou de provoquer un mouvement de mobilisation du barreau. En cas de crise, elle conserve donc un véritable intérêt.

117.34 **Bulletin du barreau.** À Paris, depuis 1976 le bâtonnier et le conseil communiquaient régulièrement avec les membres du barreau par un bulletin hebdomadaire d'abord appelé Bulletin du bâtonnier et depuis l'an deux mille le Bulletin du barreau de Paris, diffusé aussi en ligne depuis 2013, par messagerie et via les réseaux sociaux.

De nombreux autres barreaux français sont également dotés d'un bulletin, dont la périodicité varie selon le barreau. Surtout, les technologies de l'information permettent aujourd'hui d'assurer, chaque fois que nécessaire, une communication en temps réel.

117.35 **Suppression de l'assemblée générale des stagiaires.** Le stage a été supprimé[1] par la loi du 11 février 2004, et l'assemblée générale des stagiaires a été supprimée par le décret du 21 décembre 2004[2].

1. V. s[s] nº 117.13.
2. Décr. nº 2004-1386, 21 déc. 2004 relatifs à la formation professionnelle des avocats, *JO* 23 déc., p. 21823.

CHAPITRE

118. Conseils de discipline

SECTION 0
ORIENTEUR

118.00 Sommaire du chapitre.

Division. Composés de représentants des conseils de l'Ordre du ressort de la cour d'appel, les membres des conseils de discipline, créés en 2004 (sect. 1), sont désignés par le conseil de l'Ordre (sect. 2). Ils exercent le pouvoir disciplinaire, et établissent leur règlement intérieur et le mode de financement relatif à leur fonctionnement (sect. 3).

Renvoi. La procédure disciplinaire mise en œuvre devant les conseils de discipline est régie par le décret du 24 mai 2005[1].

118.01 Textes applicables.

TEXTES TITRÉS

- **L. n° 71-1130, 31 déc. 1971**

art. 22 [Institution du conseil de discipline]

art. 22-1 [Composition et fonctionnement du conseil de discipline]

- **Décr. n° 91-1197, 27 nov. 1991**

art. 180 [Désignation des membres du conseil de discipline selon le nombre d'avocats du barreau]

art. 181 [Constitution de formations supplémentaires par tranche de cinq cents avocats]

art. 182 [Établissement de son règlement intérieur par le conseil de discipline]

118.03 Bibliographie indicative.

* Aussi : v. s^s n° 11.03.

Monographie. J.-M. Braunschweig, J. Demaison, *Profession d'avocat : Le guide*, 4e éd., Wolters Kluwer, 2017, n°s 45 s.

SECTION 1
CRÉATION

118.11 **Finalité.** Les conseils de discipline, créés par la loi du 11 février 2004[2], exercent le pouvoir disciplinaire[3].

Conscient des difficultés rencontrées par nombre de barreaux dont les faibles effectifs les rendaient peu à même d'appliquer dans leur ressort les règles dégagées par la Cour européenne des droits de l'homme, le législateur français, qui a voulu conserver aux barreaux l'exercice de la discipline, c'est-à-dire la maîtrise de leurs tableaux, a concentré ce pouvoir juridictionnel à l'échelon de la cour. La discipline constitue donc un nouvel exemple (il y en a d'autres comme la formation ou la communication électronique) de la nécessité de dépasser les frontières géographiques traditionnelles pour permettre aux avocats et à leurs barreaux de continuer d'exercer leurs prérogatives dans des conditions satisfaisantes.

118.12 **Création.** Il a donc institué, dans le ressort de chaque cour d'appel, un conseil de discipline de la cour d'appel qui connaît des infractions et fautes commises par les avocats relevant des

1. Décr. n° 2005-531, 24 mai 2005 modifiant le décret n° 91-1197 du 27 novembre 1991 organisant la profession d'avocat et relatif à la discipline, *JO* 26 mai, p. 9107 – Sur laquelle, v. s^s n°s 522.00 s. ; et sur les sanctions disciplinaires applicables, v. s^s n°s 523.00 s.
2. L. n° 2004-130, 11 févr. 2004 réformant le statut de certaines professions judiciaires ou juridiques, des experts judiciaires, des conseils en propriété industrielle et des experts en ventes aux enchères publiques, *JO* 12 févr., p. 2847.
3. Sur la discipline des avocats, v. s^s n°s 522.00 s.

barreaux établis, dans le ressort de la cour. Il y a donc un conseil de discipline par cour d'appel en France. La cour d'appel de Paris fait exception car le conseil de l'Ordre du barreau de Paris a conservé ses attributions disciplinaires[1].

En pratique, l'appellation, pourtant imparfaite, de « conseil régional de discipline » semble s'être assez largement imposée.

118.13 Cas particulier du barreau de Paris. Dans le ressort de la cour d'appel de Paris, les avocats inscrits au barreau de Paris continuent de relever du conseil de l'Ordre de ce barreau[2]. Les avocats inscrits aux barreaux de Meaux, Melun, Fontainebleau, Auxerre, Sens, Évry, Bobigny et Créteil, qui sont dans le ressort de la cour de Paris relèvent du conseil de discipline régional de Paris. La disposition de l'article 22 de la loi du 31 décembre 1971[3] portant réforme de certaines professions judiciaires et juridiques maintenant, dans le seul cas du barreau de Paris, la compétence du conseil de l'Ordre a été jugée conforme à la constitution par le Conseil constitutionnel[4].

SECTION 2
COMPOSITION

118.20 Plan. Composé de représentants des conseils de l'ordre du ressort de la cour d'appel (§ 1), ses membres sont désignés par le conseil de l'Ordre (§ 2).

§ 1
Membres

118.31 Équilibre dans la composition. Le conseil de discipline est composé de représentants des conseils de l'ordre du ressort de la cour d'appel, selon l'article 22-1 de la loi du 31 décembre 1971, dans sa rédaction issue de la loi du 11 février 2004[5]. Elle précise qu'aucun conseil de l'Ordre ne peut désigner plus de la moitié des membres du conseil de discipline et que chaque conseil de l'Ordre désigne au moins un représentant. Des membres suppléants sont nommés dans les mêmes conditions.

Le conseil de discipline peut valablement siéger, soit en formation restreinte, soit en l'absence d'un ou plusieurs titulaires et de leurs suppléants, même si cela conduit le barreau d'origine de l'avocat poursuivi à ne pas être représenté. En revanche, doivent toujours être respectées les dispositions de l'alinéa 5 de l'article 22-1 de la loi du 31 décembre 1971. Pour siéger valablement, le conseil de discipline doit en effet respecter le *quorum* d'au moins cinq membres d'une part et ne peut jamais comporter qu'un nombre impair de membres. Si un suppléant désigné est récusé ou se retire spontanément et si le représentant titulaire ne peut siéger du fait de sa qualité de rapporteur, le conseil de discipline risque de siéger en nombre pair. Or cela n'est pas possible. Il conviendra alors qu'un de ses membres se retire, selon les modalités prévues par le règlement intérieur, ou par tirage au sort[6].

118.32 Nombre de membres. Les conseils de discipline siègent en formation d'au moins cinq membres délibérant en nombre impair[7]. Ils peuvent siéger en formation plénière ou constituer des formations restreintes, qui devront respecter les mêmes règles, lorsque le nombre des avocats dans le ressort de la cour excède cinq cents. Le conseil de discipline peut constituer une formation de jugement supplémentaire par tranche de cinq cents avocats.

La loi précise qu'en aucun cas un barreau ne peut désigner plus de la moitié des membres du conseil de discipline et que tous les barreaux doivent disposer d'au moins un membre, quel que soit leur effectif.

En dehors du barreau de Paris où le conseil de l'Ordre siège comme conseil de discipline, les règles de constitution des conseils de discipline sont détaillées à l'article 180 du décret du 27 novembre 1991[8].

§ 2
Désignation par le conseil de l'Ordre

118.41 Désignation lors du renouvellement du conseil de l'Ordre. Chaque conseil de l'Ordre est renouvelable chaque année par tiers, conformément à l'article 5 du décret du 27 novembre 1991.

Après chaque renouvellement triennal, le conseil de l'Ordre, avant le 1er janvier qui suit ce renouvellement, désigne les membres du conseil de disci-

1. V. ss nos 115.91 s.
2. L. no 71-1130, 31 déc. 1971 portant réforme de certaines professions judiciaires et juridiques, *JO* 5 janv. 1972, p. 131.
3. L. no 71-1130, 31 déc. 1971, art. 22-1 ; créé par L. no 2004-130, 11 févr. 2004, art. 29.
4. Cons. const. 29 sept. 2011, no 2011-179 QPC, *Mme Marie-Claude A..., conseil de discipline des avocats,* CONFORMITÉ ; *JO* 30 sept., p. 16472 ; *Rec.* 471 ; *D.* 2012. 1638, obs. V. Bernaud et N. Jacquinot ; *D.* 2013. 136, obs. T. Wickers ; *JCP* 2011. 1098, note D. Lévy.
5. L. no 2004-130, 11 févr. 2004 réformant le statut de certaines professions judiciaires ou juridiques, des experts judiciaires, des conseils en propriété industrielle et des experts en ventes aux enchères publiques, *JO* 12 févr., p. 2847.
6. CNB, Comm. RU, avis no 2006-009, 28 févr. 2006.
7. L. no 71-1130, 31 déc. 1971, art. 22-1.
8. Décr. no 2005-531, 24 mai 2005 modifiant le décret no 91-1197 du 27 novembre 1991 organisant la profession d'avocat et relatif à la discipline, *JO* 26 mai, p. 9107.

pline, en fonction du nombre des avocats disposant du droit de vote que comporte le barreau :

- entre 8 et 49 avocats, le conseil élit 1 membre titulaire et 1 membre suppléant ;

- entre 50 et 99 avocats : 2 membres titulaires et 2 membres suppléants ;

- entre 100 à 200 : 3 membres titulaires, 3 membres suppléants.

118.42 Dérogations. Toutefois, lorsque dans le ressort d'une cour d'appel il n'y a que deux barreaux, chaque conseil de l'Ordre désignera au moins trois membres titulaires et trois membres suppléants.

Dans les barreaux comptant moins de huit avocats, c'est à l'assemblée générale du barreau[1] qu'il incombe de désigner, au cours du dernier trimestre de l'année civile, un membre titulaire et un membre suppléant.

118.43 Barreau de plus de 200 avocats. Tout barreau qui réunit plus de 200 avocats disposant du droit de vote désigne un représentant supplémentaire et son suppléant par tranche de deux cents. La règle ne s'applique toutefois que dans la mesure où elle ne conduit pas à la désignation d'un nombre de représentants supérieur à la moitié des membres du conseil de discipline. Dans chaque cour d'appel, ce n'est donc qu'une fois connu le nombre des membres titulaires et suppléants élus par les autres barreaux du ressort de la cour que le barreau le plus nombreux saura le nombre de membres titulaires et suppléants que son conseil de l'Ordre désignera pour compléter le conseil de discipline.

118.44 Avocats disposant du droit de vote. Par avocats disposant du droit de vote dans chaque barreau on entend ceux qui y sont inscrits avant le 1er septembre précédant le renouvellement du conseil de l'Ordre, d'après les termes de l'article 180 avant-dernier alinéa du décret du 27 novembre 1991.

118.45 Personnes pouvant être désignées au conseil de discipline. Les anciens bâtonniers, les membres du conseil de l'Ordre autres que le bâtonnier en exercice et les anciens membres des conseils de l'ordre ayant quitté leur fonction depuis moins de huit ans peuvent être désignés comme membres titulaires ou suppléants du conseil de discipline[2]. Cette liste n'a pas été complétée à l'occasion de la création du vice-bâtonnier, qui n'est pas membre du conseil de l'Ordre et qui n'y figure pas.

La condition d'exercice de la profession est implicitement posée par le texte. Cette liste limitative exclut de fait les avocats honoraires qui ne peuvent

1. V. ss nos 117.05 s.
2. L. no 71-1130, 31 déc. 1971, art. 22-1.

être désignés comme représentants des conseils de l'Ordre et a fortiori élus en qualité de président d'un conseil de discipline.

118.46 Parité. Aucune disposition particulière n'a été adoptée pour assurer la parité au sein du conseil de discipline.

118.47 Élection du président. Chaque conseil de discipline élit son président. Bien que la loi ne le précise pas, le président doit être élu dans le sein du conseil de discipline, c'est-à-dire en faire partie. L'élection du président du conseil de discipline peut être déférée à la cour d'appel.

Le président du conseil de discipline, et, à Paris, le doyen des présidents des formations disciplinaires du conseil de l'Ordre, répartit les affaires entre les formations.

TABLEAU RÉCAPITULATIF

Nombre d'avocats disposant du droit de vote	Nombre de titulaires	Nombre de suppléants
• < 8	1	1
• 8 à 49	1	1
• 50 à 99	2	2
• 100 à 200	3	3
• 200 à 400[a]	4	4

a Et ainsi de suite, pour chaque tranche supplémentaire de deux cents avocats.

118.48 Garantie d'impartialité. Pour respecter les dispositions et l'esprit de l'article 6 de la Convention européenne de sauvegarde des droits de l'homme et des libertés fondamentales la loi édicte que peuvent être désignés pour siéger au conseil de discipline, les anciens bâtonniers, les membres du conseil de l'Ordre autre que le bâtonnier en exercice et les anciens membres des conseils de l'ordre ayant quitté leur fonction depuis moins de huit ans.

En revanche, afin de respecter la séparation des autorités de poursuite, d'instruction et de jugement, le bâtonnier qui a pris l'initiative de la poursuite ne peut faire partie du conseil de discipline[3]. De même, le membre du conseil de l'Ordre qui a mené l'instruction contradictoire de l'affaire, ne peut siéger au sein de la formation de jugement pour cette affaire s'il est membre titulaire ou suppléant du conseil de discipline[4].

3. L. no 71-1130, 31 déc. 1971, art. 23, al. 2.
4. DEUX ARRÊTS : Civ. 1re, 5 oct. 1999, nos 97-15.277, 96-19.291, P I, no 257 ; *JCP* 1999. II. 10203, concl. J. Sainte-Rose ; *D.* 1999. 312, note B. Blanchard ; *Gaz. Pal.* 2000. 59, concl. J. Sainte-Rose et note A. Damien – Civ. 1re, 23 mai 2000, no 97-19.169, P I, no 151 ; *JCP* 2000. II. 10400, note R. Martin ; *RTD civ.* 2000. 622, obs. J. Normand.

SECTION 3
FONCTIONNEMENT

118.51 Établissement du règlement intérieur par le conseil de discipline. Pour l'essentiel, le décret du 27 novembre 1991 se borne à régler les questions relatives à la composition du conseil de discipline. En revanche, il lui a donné le pouvoir d'établir son règlement intérieur. Il devra comporter tous les éléments permettant d'assurer le fonctionnement du conseil de discipline. Il appartient également au conseil de discipline de fixer le nombre et la composition des formations restreintes[1].

118.52 Financement. Aucune disposition sur le financement du conseil de discipline ne figure dans le décret du 27 novembre 1991. En revanche, ce décret permet au conseil d'établir un règlement intérieur et celui-ci peut, ce qui est souhaitable, régler les questions financières relatives à son fonctionnement.

C'est ainsi que l'on peut prévoir de mettre tous les frais et prestations liés à la procédure proprement dite à la charge du barreau auprès duquel est inscrit l'avocat poursuivi, de laisser chaque barreau défrayer ses représentants pour les déplacements jusqu'au siège du conseil de discipline et de demander au barreau de cour la mise à disposition gratuite des locaux. On peut également imaginer de mutualiser l'ensemble des frais et les répartir entre les barreaux en fonction de leurs effectifs respectifs[2].

118.53 Élection des membres du conseil de discipline. La façon dont chaque conseil de l'Ordre désigne les membres titulaires et suppléants du conseil de discipline de la cour d'appel n'est pas précisée par le décret du 24 mai 2005. C'est dans le règlement intérieur de chaque barreau que l'on devrait retrouver les dispositions organisant les élections des membres du conseil de discipline et précisant les conditions dans lesquelles sont recueillies les candidatures au poste de membre titulaire ou suppléant du conseil de discipline.

Les délibérations du conseil de l'Ordre pour désigner les membres titulaires ou suppléants du conseil de l'Ordre peuvent être déférées à la cour d'appel.

Le délai de recours est d'un mois[3]. Doit donc être cassé l'arrêt qui retient que le décret ne fixe aucun délai pour contester l'élection, de sorte qu'un scrutin ayant eu lieu l'année précédente peut être contesté devant la cour d'appel plus d'un an après[4].

118.54 Transmission au procureur général. Les délibérations du conseil de discipline établissant le règlement intérieur et, fixant le nombre et la composition des formations sont transmises au procureur général dans un délai de huit jours. Il en est de même pour l'élection du président.

118.55 Délibérations. Les délibérations des conseils de l'ordre, désignant les membres du conseil de discipline, et la délibération du conseil de discipline, relative à l'élection de son président, peuvent être déférées à la cour d'appel, en vertu de l'article 22-1 de la loi du 31 décembre 1971. Le régime de la délibération du conseil de discipline établissant son règlement intérieur n'est pas clairement précisé. Ni la loi, ni le décret ne l'organisent. La seule publicité prévue est la communication au procureur général.

C'est donc à l'occasion d'une procédure disciplinaire que de manière incidente pourrait surgir la question de la validité de telle ou telle disposition du règlement intérieur du conseil de discipline.

1. V. s^{s} n° 118.32.
2. CNB, Comm. RU, avis n° 2006-020, 4 mai 2006 ; C. avocat 2021, s^{s} décr. 27 nov. 1991, art. 180, note 4.
3. Décr. n° 91-1197, 27 nov. 1991, art. 180.
4. Civ. 1re, 11 janv. 2017, n° 15-29.336, P.

CHAPITRE

119. Conférence des bâtonniers

SECTION 0

ORIENTEUR

119.00 Sommaire du chapitre.

Division. L'action de la Conférence des bâtonniers, créée au début du XXe siècle, est relayée par celle des conférences régionales (sect. 1). Elle est organisée autour d'une présidence, un bureau et une assemblée générale ainsi que du collège ordinal province au sein du Conseil national des barreaux (sect. 2). Elle est à l'origine de divers organismes et initiatives dont l'Institut de la formation ordinal de la Conférence des bâtonniers (Ifoc) et la société de courtage des barreaux (SCB) et abrite le siège de la commission de contrôle des Carpa (sect. 3).

119.01 Textes applicables.

TEXTES TITRÉS

- **L. n° 71-1130, 31 déc. 1971**

art. 21-2 [Deux membres de droit au bureau du Conseil national des barreaux (CNB)]

- **Décr. n° 91-1197, 27 nov. 1991**

art. 19 [Composition du Conseil national des barreaux (CNB)]

art. 34 [Composition du bureau du CNB]

art. 241-3-1 [Composition, règlement intérieur et fonctions de la commission de régulation des Carpa]

art. 241-3-2 [Composition, règlement intérieur et fonctions de la commission de contrôle des Carpa]

art. 241-5 [Désignation et mandat des contrôleurs de la commission de contrôle des Carpa]

119.03 Bibliographie indicative.

* Aussi : v. s^s n° 11.03.

Monographies. R. Martin, *Déontologie de l'avocat*, 11e éd., « Droit et professionnels », LexisNexis, 2013, n°s 287 s. – J.-M. Braunschweig, J. Demaison, *Profession d'avocat : le guide*, 4e éd., Wolters Kluwer, 2017.

Format réduit. J.-J. Taisne, *La déontologie de l'avocat*, 11e éd., « Connaissance du droit », 2019.

Sitographie. www.conferencedesbatonniers.com

SECTION 1

RÔLE

119.11 Conférence des bâtonniers de France. Depuis le début du XXe siècle, les barreaux de France et d'outre-mer sont regroupés dans le cadre d'une association de la loi du 1er juillet 1901[1] qui est la Conférence des bâtonniers[2] à laquelle adhèrent les barreaux français sauf celui de Paris. Il n'était pas possible de laisser à ce dernier le monopole de la représentation de la profession, et ce d'autant qu'il présente des spécificités qui le rendent absolument unique[3].

La Conférence des bâtonniers regroupe des barreaux représentés par leurs bâtonniers en exercice, assistés des anciens bâtonniers, et reçoit mandat de défendre les prérogatives des bâtonniers des barreaux locaux, ainsi que les intérêts des ordres.

Réunion volontaire des bâtonniers, sa légitimité procède des cent soixante-trois bâtonniers en exercice, présents à ses assemblées générales. Son rôle a évolué, depuis l'apparition du CNB, mais elle reste l'incarnation de l'ordinalité, si spécifique à la profession d'avocat.

Le statut associatif de la Conférence des bâtonniers n'a pas empêché la reconnaissance de son exis-

1. L. 1er juill. 1901 relative au contrat d'association, *JO* 2 juill., p. 4025.
2. www.conferencedesbatonniers.com/ – Conférence des bâtonniers de France et d'outre-mer 12 place Dauphine 75001 Paris ; conference@conferencedesbatonniers.com
3. V. s^s n° 121.81.

tence, par plusieurs textes régissant la profession[1], c'est d'ailleurs elle qui abrite le siège de la commission de contrôle des Carpa[2].

119.12 Conférences régionales. L'action de la Conférence des bâtonniers est relayée par celle des conférences régionales. Les Conférences régionales sont en général constituées sous la forme associative. Toutefois, elles ne sont pas dotées de statuts uniformes et leurs règles de fonctionnement peuvent varier. Les présidents des conférences régionales participent à certains travaux du bureau.

Les conférences régionales sont au nombre de onze : la Conférence des bâtonniers des barreaux d'Auvergne et de Loire (Cobal), la Conférence interrégionale des bâtonniers du Grand-Est, la Conférence régionale des bâtonniers du Grand-Sud Est et de la Corse, la Conférence des bâtonniers du Grand Sud-Ouest, la Conférence régionale des barreaux d'Île-de-France (Bif), la Conférence régionale des bâtonniers de la région Nord Pas-de-Calais, la Conférence régionale de Normandie, la Conférence des bâtonniers de l'Ouest, la Conférence régionale des bâtonniers de Picardie, la Conférence des barreaux Rhône-Alpes (Cobra) et la Conférence des bâtonniers des barreaux des Outre-mer (Cobbadom).

119.13 Statut associatif de la Conférence des bâtonniers de France et d'Outre-mer. La Conférence des bâtonniers de France et d'outre-mer, n'est ni un syndicat professionnel ni une fédération de barreaux, elle est une association régie par la loi du 1er juillet 1901. Elle ne saurait d'ailleurs être un syndicat dans la mesure où l'article L. 2131-2 du code du travail n'ouvre le droit de se syndiquer qu'aux personnes physiques et morales exerçant une activité professionnelle commune.

Or, à l'évidence, les barreaux n'exercent ni la profession d'avocat ni un métier connexe ou similaire ; ils ne peuvent donc prétendre s'affilier à titre personnel à un syndicat professionnel d'avocats[3].

119.14 Intérêt légitime pour ester en justice. La Conférence des bâtonniers de France a, dès lors, un intérêt légitime évident pour ester en justice de manière à assurer le respect des règles de la profession et cet intérêt s'étend notamment à la défense des dispositions prises par la Conférence des bâtonniers du ressort d'une cour d'appel pour fixer les règles professionnelles en matière de ventes judiciaires[4]. Dans le même sens, un arrêt d'Aix-en-Provence du 24 juin 1988[5] a reconnu la recevabilité de la Conférence des bâtonniers à intervenir dans une instance en annulation d'une délibération d'un conseil de l'Ordre critiquant le tribunal.

En revanche, la Conférence des bâtonniers n'est pas recevable en son intervention devant la Cour de cassation à l'occasion d'un pourvoi formé par un barreau contre un arrêt ayant annulé certaines dispositions de son règlement intérieur[6].

SECTION 2
ORGANISATION

119.21 Assemblée générale. L'assemblée générale est constituée des bâtonniers en exercice et des anciens bâtonniers. L'assemblée générale élective se réunit une fois par an. C'est elle qui élit le président de l'association, pour une durée de deux ans. Elle élit également les membres du bureau.

Les statuts de l'association prévoient un mécanisme de votes pondérés, qui tient compte du poids démographique des barreaux. Le bâtonnier en exercice est porteur des voix de son barreau. Les anciens bâtonniers disposent d'une voix.

119.22 Bureau. Le bureau est composé de vingt-cinq membres, choisis dans des collèges constitués en fonction des effectifs des barreaux (en général d'anciens bâtonniers). Ce dispositif a pour objectif de permettre une représentation équilibrée des barreaux de France et d'outre-mer, dans leur diversité géographique et démographique. La durée du mandat est de trois ans (renouvelable une fois). Les membres du bureau sont chargés d'animer les différentes commissions de la Conférence, souvent calquées sur celles existant au sein du Conseil national des barreaux.

La commission déontologie de la Conférence est notamment chargée de répondre aux questions posées dans ce domaine par les bâtonniers. Certaines réunions de bureau sont également ouvertes aux présidents des conférences régionales[7].

119.23 Présidence. Le président de la Conférence des bâtonniers est élu par l'assemblée générale, pour une durée de deux ans.

À l'issue de leur mandat, les anciens présidents peuvent siéger sans limitation de temps au bureau, mais sans voix délibérative.

1. NOT. : Décr. n° 91-1197, 27 nov. 1991 organisant la profession d'avocat, *JO* 28 nov., p. 15502, art. 19, 34, 241-3-1, 241-3-2, 241-5.
2. V. ss nos 121.81 s.
3. Sur l'affiliation des avocats à un syndicat, v. ss nos 131.11 s.
4. Aix-en-Provence, 5 févr. 1982, *Gaz. Pal.* 1982. 1. 305, note A. Damien.
5. Aix-en-Provence, 24 juin 1988, *Gaz. Pal.* 1988. 2. 703, note A. Damien.
6. Civ. 1re, 25 mai 1992, n° 89-10.096, P I, n° 153 ; *D.* 1994. 138, note A. Brunois ; *Gaz. Pal.* 1992. Pan. 291 ; *JCP* 1993. II. 22156, note J.-Cl. Woog ; *JCP* 1992. IV. 231.
7. V. ss n° 119.12.

Le président de la Conférence des bâtonniers siège également au Conseil national des barreaux, en qualité de membre du bureau et vice-président de droit[1].

La reconnaissance du rôle institutionnel de la Conférence des bâtonniers se traduit également par le fait que son président est également membre de la commission de régulation des caisses des règlements pécuniaires des avocats[2]. Il a le pouvoir de désigner trois des douze membres de la commission de contrôle[3] et intervient dans le processus de choix des contrôleurs[4].

119.24 Collège ordinal province. Les membres du collège ordinal province sont les représentants, au sein du Conseil national des barreaux[5], des barreaux de province. Les membres de ce collège sont élus par les membres des conseils de l'ordre, au scrutin uninominal à un tour. La Conférence des bâtonniers ne pouvait se désintéresser de cette élection, compte tenu du rôle essentiel joué par le Conseil national des barreaux. Elle accorde son parrainage à une liste de candidats et exerce ainsi une influence importante sur les résultats du vote.

Pendant la durée de la mandature, elle veille à l'animation du collège ordinal et à ce qu'il exprime et défende ses positions au sein de l'assemblée générale du Conseil national des barreaux. Le président de la Conférence des bâtonniers, en sa qualité de vice-président de droit du Conseil national des barreaux a vocation à travailler en liaison étroite avec les membres du collège ordinal.

SECTION 3
AUTRES INITIATIVES

119.31 Institut de la formation ordinal de la Conférence des bâtonniers (Ifoc). L'Institut de la formation ordinal de la Conférence des bâtonniers (Ifoc) est une association créée par la Conférence des bâtonniers pour l'organisation de formations, séminaires, à destination des avocats, et plus particulièrement des bâtonniers, bâtonniers désignés, membres des conseils de l'ordre, des administrateurs de Carpa et des membres des conseils régionaux de discipline.

La Conférence des bâtonniers assure notamment, chaque année, la formation des bâtonniers élus, dans le cadre du « séminaire des dauphins ». Sa commission déontologie répond à toutes les questions qui lui sont posées par les bâtonniers en exercice.

119.32 Société de courtage des barreaux (SCB). La société de courtage des barreaux (SCB) est une autre création de la Conférence des bâtonniers[6]. Née fin 2001, elle est le premier courtier français pour l'assurance RC professionnelle des barreaux de province.

Elle gère les contrats d'assurance RC professionnelle de 152 barreaux représentant 32 000 avocats pour les garanties collectives souscrites par les barreaux et les garanties complémentaires individuelles de près de 1 500 avocats. Elle est également, depuis 2006, le courtier de 159 barreaux, représentant plus de 35 000 avocats au titre des assurances non-représentation de Fonds.

119.33 Autres organisations. En fonction des besoins exprimés par les barreaux de province, la Conférence des bâtonniers est amenée à prendre la tête, ou à participer à différentes autres organisations. C'est le cas du service « À vos actes »[7], qui propose un archivage des actes d'avocats. Praeferentia[8] est une centrale d'achats (créée avec le barreau de Paris), destinée aux avocats des barreaux adhérents au service. La Conférence des bâtonniers est également présente au sein de *LPA*[9].

1. V. s^s n° 111.22.
2. Décr. n° 91-1197, 27 nov. 1991, art. 241-3-1.
3. Décr. n° 91-1197, 27 nov. 1991, art. 241-3-2.
4. V. s^s n°s 121.81 s.
5. V. s^s n° 111.41.
6. V. s^s n° 143.11.
7. https://www.avosactes.fr/
8. http://www.praeferentia.com/
9. V. s^s n°s 145.11 s.

TITRE

12. Les organismes de gestion et le maniement des fonds de tiers

SECTION 0 ORIENTEUR

12.00 **Sommaire du titre.**

Division. Les organismes de gestion et de maniement des fonds de tiers, les caisses des règlements pécuniaires des avocats (Carpa) (sect. 1), créées majoritairement dans les années 1970, sont représentées, assistées et contrôlées sur le plan national par l'Union nationale des Carpa (Unca) (sect. 2).

12.03 **Bibliographie indicative.**

* Aussi : v. s[s] n° 1.03.

Thèse. J.-Ch. Marrigues, *Le statut juridique des Carpa,* sous la direction de H. Kenfack, Université de Toulouse 1 Capitole, 2016.

Traités. S. Guinchard (dir.), *Droit et pratique de la procédure civile*, 10e éd., « Dalloz Action », 2021 – S. Guinchard et T. Moussa (dir.), *Droit et pratique des voies d'exécution*, 9e éd., « Dalloz Action », 2018.

Rapports. *Rapport d'information sur la gestion de l'aide juridictionnelle par les caisses autonomes de règlements pécuniaires des avocats (Carpa)*, Sénat, Commission des finances, 2009 – Rapport d'information – *L'accès au droit et à la justice : Une nécessité pour une société démocratique, gestion par les carpa*, Assemblée nationale, commission des lois, 2011 – Rapport d'information – *Aide juridictionnelle : Le temps de la décision, gestion par les carpa*, Sénat, commission des lois, 2013-2014 – Rapport Modernisation de l'action publique (MAP) – *Évaluation de la gestion de l'aide juridictionnelle : Rapport de diagnostic : Gestion par les carpa*, Inspection générale des services judiciaires, 2013.

CHAPITRE

121. Caisses des règlements pécuniaires des avocats (Carpa)

SECTION 0 ORIENTEUR

121.00 Sommaire du chapitre.

Division. Créées par les barreaux dans les années 1970, après Paris en 1957 (sect. 1), les Carpa ont un mode de fonctionnement (sect. 2), et de contrôle (sect. 3) strictement réglementé, notamment sur la gestion de l'aide juridictionnelle (sect. 4).

121.01 Textes applicables.

TEXTES TITRÉS

- **L. nº 71-1130, 31 déc. 1971**

art. 53, 9º [Conditions d'application de l'assurance garantissant la responsabilité civile professionnelle et le dépôt des fonds, effets ou valeurs pour le compte des clients (sauf en qualité de fiduciaire), dans une caisse créée à cette fin]

- **Décr. nº 91-1197, 27 nov. 1991**

art. 236 [Modalités de création des Carpa et de la délégation de la gestion des maniements de fonds]

art. 237 [Constitution des Carpa sous forme d'association sous la responsabilité des barreaux]

art. 237-1 [Justification des moyens nécessaires au fonctionnement auprès de la commission de contrôle]

art. 238 [Établissement des statuts et du règlement intérieur de la Carpa par le conseil de l'ordre]

art. 239 [Notification des délibérations au procureur général près la cour d'appel – Déferrement]

art. 240 [Dépôt des fonds, effets ou valeurs dans un compte au nom de la Carpa]

art. 240-1 [Division du compte individuel des avocats en sous-comptes ne devant présenter de solde débiteur – Interdiction sauf autorisation de mouvement de fonds entre sous-comptes]

art. 241 [Modalités des retraits de fonds – Autorisation préalable du prélèvement d'honoraires]

art. 241-1 [Règles applicables aux dépôts et maniements des fonds, effets ou valeurs]

art. 241-2 [Désignation d'un commissaire aux comptes sur le respect par la Carpa des règles et obligations fixées – Rapport annuel – Destinataires]

art. 241-3 [Missions de la commission de régulation et de la commission de contrôle]

art. 241-3-1 [Composition de la commission de régulation des Carpa – Règlement intérieur]

art. 241-3-2 [Composition de la commission de contrôle – Règlement intérieur – Certification des comptes]

art. 241-4 [Modalités de la mise en œuvre du contrôle des carpa par la commission de contrôle]

art. 241-5 [Désignation d'avocats contrôleurs par la Commission de contrôle – Nombre – Mandat – Formation – Missions]

art. 241-6 [Désignation et missions des rapporteurs de la Commission de contrôle]

art. 241-7 [Procédure en cas de manquement devant la Commission de contrôle de contrôle – Désignation d'un avocat aux fins d'assister le président de la caisse – Information semestrielle du procureur général près la cour d'appel]

art. 241-8 [Typologie des sanctions pouvant être prononcées par la Commission de contrôle]

art. 241-8-1 [Contenu de l'injonction de faire prononcer par la Commission de contrôle]

art. 241-8-2 [Suspension des organes d'administration et administration provisoire de la caisse prononcée par la Commission de contrôle – Modalités de désignation et missions d'un avocat administrateur]

art. 241-8-3 [Injonctions prononcées par la Commission de contrôle en cas de manquement – Regroupement ou convention de délégation de gestion des maniements de fonds, effets ou valeurs]

art. 241-9 [Décisions motivées et exécutoires par provision de la Commission de contrôle après auditions]

art. 241-10 [Établissement d'un rapport d'activité annuel par la Commission de contrôle – Contenu et destinataires]

art. 242 [Modalités des règlements pécuniaires des bureaux secondaires]

• **Arr. 5 juill. 1996** fixant les règles applicables aux dépôts et maniements des fonds, effets ou valeurs reçus par les avocats pour le compte de leurs clients, *JO* 9 juill., p. 10337, NOR : JUSC9620492A.

art. 1er [Un compte unique par Carpa]

art. 2 [Un compte unique par Carpa et autant de comptes individuels que d'avocats et de structures d'exercice]

art. 3 [Interdiction de délégation de la surveillance et du contrôle des mouvements de fonds]

art. 4 [Garantie de la représentation des fonds placés et de leur liquidité suffisante au regard des flux et des échéances]

art. 5 [Tenue par les Carpa d'un fichier recensant les informations relatives aux membres transmises par les conseils de l'Ordre]

art. 6 [Ouverture par la Carpa d'un dossier pour chaque titulaire d'un compte individuel – Contenu du dossier]

art. 7 [Équipement de la Carpa d'un logiciel conforme aux normes de la commission de contrôle]

art. 8 [Contrôle par la Carpa des éléments relatifs aux retraits de fonds et prélèvement d'honoraires]

art. 9 [*abrogé par CE 17 mai 1999*]

art. 10 [Établissement par la Carpa d'un compte de résultat par année civile sur le modèle établi par l'Unca]

art. 11 [Disposition de la signature de l'avocat membre de la Carpa uniquement en qualité de mandataire du président de la caisse]

art. 12 [Dépôt des fonds reçus par les avocats à la carpa dès réception]

art. 13 [Reversement des fonds au bénéficiaire dès la justification de l'encaissement définitif]

art. 14 [Nécessité d'une garantie complémentaire pour les fonds, effets ou valeurs d'un montant supérieur à la limite de garantie]

art. 15 [Le retard d'encaissement impose des explications auprès du bénéficiaire, l'opposition en cas de perte ou vol d'un chèque et l'enregistrement des fonds sur un compte spécial à disposition jusqu'à prescription]

121.02 Jurisprudence de référence.

> En cas de signification d'une saisie portant sur les fonds déposés par un avocat au nom de son client, la Carpa a seule la qualité de tiers saisi pour l'application des articles 44 de la loi du 9 juillet 1991 et 59 du décret du 31 juillet 1992

• **Civ. 2e, 9 janv. 2003,** n° 00-13.887, P II, n° 4.

* V. s^s^ n° 121.43.

« Mais attendu qu'il résulte des articles 237 et suivants du décret du 27 novembre 1991, 8 et 11 de l'arrêté du 5 juillet 1996 que la caisse des règlements pécuniaires des avocats (Carpa) est titulaire d'un compte, ouvert auprès d'une banque, sur lequel les avocats ont l'obligation légale de déposer les fonds remis par leurs clients ; que si chaque avocat est titulaire, auprès de la Carpa, d'un compte individuel et de sous-comptes-affaires, il ne dispose de la signature sur son compte individuel qu'en qualité de mandataire du président de la Carpa ; qu'en cas de signification d'une saisie portant sur les fonds déposés par un avocat au nom de son client, la Carpa a seule la qualité de tiers saisi pour l'application des articles 44 de la loi du 9 juillet 1991 et 59 du décret du 31 juillet 1992 ; que la nécessité d'interroger l'avocat titulaire du compte individuel peut constituer un motif légitime au sens de l'article 60 du même décret ;

Et attendu que l'arrêt retient à bon droit que seule la caisse avait la qualité de tiers saisi et que la saisie n'avait pas à être dénoncée à l'avocat. »

> Doivent être exceptées des bases d'imposition à l'impôt sur les sociétés les recettes de l'association qui lui ont été procurées par une activité indissociable du but non lucratif poursuivi par elle et dont la perception découle de la réalisation même de la mission désintéressée qui correspond à son objet social

• **CE, sect., 4 juill. 2014,** *Carpa Rhône-Alpes,* req. n° 361316, *Lebon.*

* V. s^s^ n° 121.44.

« Considérant qu'il résulte de ces dispositions, d'une part, que la création des Carpa a été rendue obligatoire avec pour objet de recevoir, de conserver et de manier les fonds, effets ou valeurs reçus par les avocats pour le compte de leurs clients avant qu'ils ne soient reversés à leurs bénéficiaires et, d'autre part, que le financement des missions d'intérêt collectif de la profession et des missions d'intérêt général prévues par l'article 235-1 du décret du 27 novembre 1991 entre dans l'objet assigné aux Carpa ; qu'en conséquence, les produits financiers qu'elles perçoivent dans le cadre de leur mission de conservation de ces fonds ne procèdent pas d'une activité de gestion patrimoniale mais sont inhérents à la réalisation même de leur objet social, tel qu'il est défini par les textes qui les régissent ;

Considérant qu'après avoir relevé que la Carpa Lyon-Ardèche pouvait procéder au placement des fonds qui lui étaient confiés par les avocats pour le compte de leurs clients, la cour a jugé que les produits ainsi obtenus rentraient, comme les produits de placement de fonds propres, dans le champ d'application du 5 de l'article 206 du code général des impôts dès lors qu'ils découlaient d'une activité complémentaire de placement des fonds ; qu'en statuant ainsi, alors qu'il résulte de ce qui vient d'être dit que la perception de ces sommes découlait de la réalisation même de la mission désintéressée assignée à la Carpa par les dispositions mentionnées au point 5, la cour a commis une erreur de droit ; que, par suite, sans qu'il soit besoin d'examiner l'autre moyen du pourvoi, la Carpa Rhône-Alpes est fondée à demander l'annulation des articles 1er et 2 de l'arrêt qu'elle attaque. »

121.03 **Bibliographie indicative.**

* Aussi : v. ss no 12.03.

Thèse. J.-Ch. Marrigues, *Le statut juridique des Carpa,* sous la direction de H. Kenfack, Université de Toulouse 1 Capitole, 2016.

Traités. S. Guinchard (dir.), *Droit et pratique de la procédure civile*, 10e éd., « Dalloz Action », 2021 – S. Guinchard et T. Moussa (dir.), *Droit et pratique des voies d'exécution*, 9e éd., « Dalloz Action », 2018.

Monographie. J.-Cl. Woog, M.-Ch. Sari, S. Woog, *Stratégie contentieuse du créancier,* 2e éd., « Dalloz Référence », 2006, spéc. nos 721.13 s.

Articles. C. Cohen, « Les problèmes soulevés par la saisie-arrêt entre les mains de l'avocat », *Gaz. Pal.* 1983. 1. Doctr. 32 – J.-Ch. Krebs, « Saisies et comptes Carpa », *Gaz. Pal.* 9-13 nov. 2003, act. p. 23.

SECTION 1
CRÉATION

121.11 **Création par le conseil de l'Ordre.** Les fonds, effets ou valeurs que les avocats perçoivent pour le compte de leurs clients sont, en vertu de l'article 53, 9o, de la loi du 31 décembre 1971[1], déposés dans une caisse créée obligatoirement à cette fin par chaque barreau ou en commun par plusieurs barreaux. Le régime des règlements pécuniaires est précisé par les dispositions des articles 229 et suivants du décret du 27 novembre 1991[2]. La caisse des règlements pécuniaires (Carpa)[3] prévue par la disposition légale, fait l'objet des articles 236 et suivants du même décret.

La Carpa est créée par une délibération du conseil de l'Ordre ou par une délibération conjointe des conseils de l'ordre lorsqu'elle est commune à plusieurs barreaux[4].

Malgré les précautions prises par les barreaux pour les maniements de fonds, des sinistres ont pu se produire. Des leçons ont chaque fois été tirées de ces épisodes et l'encadrement des règlements pécuniaires est devenu de plus en plus strict. Le décret du 5 juillet 1996[5] et l'arrêté du même jour[6] reprennent une grande part, en les rendant obligatoires, des règles qui avaient été adoptées volontairement par un bon nombre de Carpa. Ces efforts ont permis d'assurer la pleine sécurité des fonds déposés en Carpa.

Le contrôle sur les caisses a été renforcé par le décret du 11 juillet 2014[7] qui a créé une commission de régulation[8], en complément de la commission de contrôle, créée en 1996[9]. Elles veillent au respect par les Carpa de cet ensemble de règles[10].

121.12 **Regroupement des Carpa.** Le mouvement de baisse des taux a entraîné une importante réduction des ressources des Carpa. Il constitue une puissante incitation au regroupement, les frais de fonctionnement des Carpa dont les dépôts sont trop faibles pouvant se révéler supérieurs à leurs recettes. Il en est de même des exigences induites par le décret du 11 juillet 2014, qui impose professionnalisation et augmentation des moyens. Pourtant, il existe toujours 126 Carpa pour 164 barreaux. Treize Carpa sont communes à plusieurs barreaux (49, soit 13 900 avocats).

121.13 **Caisse des règlements pécuniaires et responsabilité des barreaux.** La caisse des règlements pécuniaires fonctionne sous la responsabilité du ou des barreaux qui l'ont instituée[11]. Il n'existe donc, dans les textes, aucun doute sur la primauté de l'ordre sur sa Carpa, qui n'est normalement qu'un outil à sa disposition. La réalité est plus complexe. Les présidents de Carpa restent souvent en fonction beaucoup plus souvent que les bâtonniers. Longtemps, les Carpa ont joué un rôle important dans le financement des barreaux. Dans les Carpa regroupés, la tutelle ordinale a plus de mal à s'exercer, ce qui constitue le premier frein au regroupement. La crainte que la Carpa regroupées n'échappe au contrôle des barreaux n'est pas imaginaire.

1. L. no 71-1130, 31 déc. 1971 portant réforme de certaines professions judiciaires et juridiques, *JO* 5 janv., p. 131.
2. Décr. no 91-1197, 27 nov. 1991 organisant la profession d'avocat, *JO* 28 nov., p. 15502.
3. L'acronyme Carpa est consacré par le décret du 27 novembre 1991. Il s'agit d'une marque déposée auprès de l'Inpi par l'Unca et la Carpa de Paris.
4. Décr. no 91-1197, 27 nov. 1991, art. 236.
5. Décr. no 96-610, 5 juill. 1996 modifiant le décret no 91-1197 du 27 novembre 1991 organisant la profession d'avocat, *JO* 9 juill., p. 10335.
6. Arr. 5 juill. 1996 fixant les règles applicables aux dépôts et maniements des fonds, effets ou valeurs reçus par les avocats pour le compte de leurs clients, *JO* 9 juill., p. 10337, NOR : JUSC9620492A.
7. Décr. no 2014-796, 11 juill. 2014 relatif au contrôle des caisses des règlements pécuniaires des avocats, *JO* 13 juill., p. 11790.
8. V. ss no 121.101.
9. V. ss no 121.81.
10. Décr. no 2014-796, 11 juill. 2014, art. 10 ; mod. décr. no 91-1197, 27 nov. 1991, art. 241-2.
11. Décr. no 91-1197, 27 nov. 1991, art. 237.

Une caisse de règlements pécuniaires peut déléguer la gestion des maniements de fonds et la gestion de l'aide juridictionnelle à une autre caisse. Cette gestion est placée sous la responsabilité du barreau de la caisse délégataire[1].

121.14 Statuts de la caisse. La caisse est constituée sous forme d'association. Un arrêt ancien de la cour d'appel de Bordeaux[2] précisait que la liberté d'association et la liberté d'adhérer impliquent qu'un avocat puisse refuser de devenir membre de l'association. Il lui sera alors impossible de réaliser des maniements de fonds, ni de percevoir les rétributions dues au titre des missions d'aide juridictionnelle et des autres aides à l'intervention de l'avocat. La caisse étant une création des barreaux, ce sont les conseils de l'Ordre qui rédigent les statuts et qui arrêteront le règlement intérieur et les règles de fonctionnement de la caisse de règlements pécuniaires. Ils fixent les droits et obligations des avocats adhérents et notamment celles qui sont relatives à la tenue de la comptabilité ainsi que les modalités du contrôle[3].

La rédaction des statuts doit respecter les règles imposées par les articles 236 et suivants du décret du 27 novembre 1991. L'Union nationale des Carpas (Unca) a établi des statuts et un règlement intérieur type lequel a été imposé par la commission de régulation aux Carpas. Ces documents sont mis à la disposition des barreaux.

Tenant compte des dispositions de l'article 241 du décret du 27 novembre 1991 qui impose un contrôle préalable par la caisse avant toute sortie de fonds, les Carpa ont mis en place d'un système d'édition automatique des chèques de règlement en substitution des chéquiers préalablement en possession des avocats. Le chèque Carpa ayant valeur de chèque certifié[4].

121.15 Notification au procureur général et à la commission de contrôle. La délibération du conseil de l'Ordre créant la caisse, ainsi que celles qui dressent les statuts de la caisse et en arrêtent le règlement intérieur sont notifiées par lettre recommandée avec demande d'avis de réception au procureur général près la cour d'appel dans le ressort de laquelle est établi le siège de la caisse et à la commission de contrôle.

Le procureur général peut déférer ces délibérations et décisions à la cour d'appel dans les conditions prévues à l'article 16 du décret du 27 novembre 1991[5].

1. Décr. n° 91-1197, 27 nov. 1991, art. 236.
2. Bordeaux, 27 mars 1987, *JCP*, n° 23, 8 juin 1988, 101690.
3. Décr. n° 91-1197, 27 nov. 1991, art. 238.
4. Direction générale des impôts du 28 juillet 1978.
5. Décr. n° 91-1197, 27 nov. 1991, art. 239.

SECTION 2
FONCTIONNEMENT

121.20 Plan. Le fonctionnement des Carpa obéit à des principes (§ 1) et des dispositions particulières tenant aux comptes, à la rémunération et au prélèvement des honoraires (§ 2).

§ 1
Principes

121.31 Compte, comptes et sous-comptes. Un compte général est ouvert au nom de la Carpa dans les livres d'une banque ou à la Caisse des dépôts ; ce compte est divisé en autant de comptes que d'avocats ou de structures d'exercice en cas d'exercice en commun. Chaque compte individuel est lui-même divisé en autant de sous-comptes qu'il y a d'affaires traitées par l'avocat.

Aucun sous-compte ne doit présenter de solde débiteur. Cette présentation permet à l'avocat et au président de la caisse d'avoir une vue claire et immédiate de la situation pécuniaire. Un sous-compte (ou compte individuel) déficitaire pouvait être considéré comme constitutif d'un délit[6]. Les avocats titulaires d'un compte individuel ne disposent pas de chéquiers et d'émission des moyens de paiement par la Carpa interdit qu'une telle situation se rencontre.

Les fonds, valeurs ou effets perçus par les avocats sont déposés à un compte ouvert au nom de la caisse dans les écritures d'une banque ou de la Caisse des dépôts et consignations[7]. Les écritures afférentes à l'activité de chaque avocat sont retracées dans un sous-compte individuel et les avocats ne peuvent procéder aux règlements pécuniaires que par l'intermédiaire de cette caisse[8]. L'avocat ne peut procéder aux règlements pécuniaires mentionnés à l'article 53, 9°, de la loi du 31 décembre 1971 que par l'intermédiaire de la Carpa.

Le fait, pour un avocat, de déposer les fonds reçus pour le compte de ses clients sur un compte autre que celui ouvert au nom de la Carpa, constitue un abus de confiance[9].

Aucun retrait de fonds par l'avocat ne peut intervenir sans un contrôle préalable de la caisse[10].

6. C. pén., art. 314-1.
7. Si l'article D. 230 permet le paiement en espèces jusqu'à 150 euros, en pratique, il convient d'éviter l'entrée d'espèces sur le compte Carpa et de privilégier le compte Carpa-espèces conformément à la réponse ministérielle du 4 juillet 2006.
8. Décr. n° 91-1197, 27 nov. 1991, art. 240 – Décr. n° 91-1197, 27 nov. 1991, art. 241.
9. Crim. 23 mai 2013, n° 12-83.677, P n° 112 ; *D.* 2013. 1624 ; *AJ pénal* 2013. 543, obs. C. Porteron ; *RTD com.* 2013. 818, obs. B. Bouloc.
10. Décr. n° 91-1197, 27 nov. 1991, art. 241.

L'avocat doit présenter à la caisse une demande de retrait avec les justifications de ce retrait[1]. En pratique les règlements, notamment l'émission des chèques, sont établis par la Caisse, les avocats ne détenant plus de chéquier. Aucun prélèvement d'honoraires ne peut intervenir sans la présentation d'une autorisation écrite préalable du client[2]. Le créancier ne peut être réputé avoir reçu paiement aussi longtemps que la somme due n'est pas mise à sa disposition par un transfert au sous-compte de son mandataire ouvert à la caisse des règlements pécuniaires des avocats[3].

121.32 Modalités de règlement par l'avocat des sommes figurant sur un des sous-comptes de son cabinet. Après avoir longtemps remis à l'avocat un carnet de chèques, pour verser les fonds aux bénéficiaires, les Carpa ont remplacé progressivement ce mode de paiement. Ainsi, outre les contrôles sur l'origine des fonds, les caisses s'assurent, pour chaque règlement, du bénéficiaire effectif des fonds et après avoir établi le chèque elles-mêmes, l'envoient à l'avocat qui y appose sa signature[4]. Ce mode de fonctionnement n'entraîne pas de délais particuliers en raison de l'organisation des caisses et du système d'information utilisé, les Carpa étant équipées d'un logiciel répondant aux normes édictées par la commission de contrôle. Les fonds sont versés aux bénéficiaires à l'issue du délai de bonne fin prévu contractuellement avec leur banque, sauf cas particuliers, notamment lorsque des contrôles approfondis sont nécessaires.

Ces évolutions ont permis aux Carpa d'exercer un contrôle beaucoup plus efficace sur les maniements de fonds par l'avocat. Elles permettent aussi à la Carpa de contrôler la cohérence des écritures en vérifiant le lien existant entre les parties et la mission confiée à l'avocat dans chaque affaire puis d'émettre un règlement définitif qui sera inconditionnellement payé. Toutefois, la Carpa remplit ce rôle d'autorégulation sans être le mandataire obligatoire de l'avocat ; elle a en effet la faculté de refuser toute entrée ou toute sortie qui ne lui paraîtrait pas conforme.

La profession d'avocat est la seule à avoir mis en place un système de contrôle en temps réel des fonds maniés par ses membres. D'autres professions ont néanmoins envisagé de créer un système de caisses, à l'instar des Carpa, comme les géomètres experts[5]. Les experts-comptables l'envisagent également.

1. Arr. 5 juill. 1996, art. 8.
2. Décr. n° 91-1197, 27 nov. 1991, art. 241.
3. Civ. 3e, 26 mai 2009, n° 08-15.772, P III, n° 119 ; *Loyers et copr.* 2009, n° 174, note E. Chavance ; *Gaz. Pal.* 2009. Jur. 3067, note Ch.-E. Brault.
4. EN CAS DE VIREMENTS, la Carpa y procède directement et en informe l'avocat.
5. Décr. n° 96-478, 31 mai 1996 portant règlement de la profession de géomètre expert et code des devoirs professionnels, *JO* 2 juin, p. 8182, art. 129 s.

121.33 Représentation des fonds. Les placements effectués par les Carpa doivent garantir la représentation des fonds placés aux échéances respectives des instruments financiers choisis comme supports de placements. Ces placements doivent répondre aux exigences de liquidité de la caisse, appréciées au regard des flux constatés et des échéances prévisibles.

121.34 Comptabilité de l'avocat. L'avocat doit tenir des documents comptables retraçant les opérations qu'il réalise, qu'il s'agisse des versements qu'il reçoit ou des opérations concernant ces versements. L'avocat doit également s'assurer du sort des règlements qu'il effectue, en contrôlant l'encaissement dans des délais normaux des chèques émis sous sa signature ou en notifiant, en cas de perte ou de vol d'un chèque en circulation une opposition, non seulement à l'établissement bancaire, mais aussi à la caisse. Par contre, les textes ne sont pas plus détaillés et n'imposent aucune forme particulière à cette comptabilité. Tant que cette comptabilité a été tenue manuellement, il était recommandé de disposer des documents suivants :

- un livre journal mentionnant par ordre chronologique toutes les opérations, qu'elles soient effectuées en espèces, chèques, virements ou autrement. Il indique notamment pour chaque opération la date, le nom de la partie pour laquelle l'opération est effectuée, le libellé clair et succinct de l'opération ainsi que son montant et le mode de règlement ;
- une comptabilité clients des fonds reçus retracée dans un livre de comptes clients qui reprend les écritures du livre journal. Ce livre contient le compte de chaque client par le relevé de toutes les recettes et dépenses effectuées pour lui ;
- une comptabilité clients des valeurs et effets reçus.

Un relevé est établi pour chaque client pour toutes les entrées et sorties de valeurs et effets.

Les quittances délivrées aux clients doivent comporter la date, le nom de l'avocat, le nom et l'adresse de la partie versante, le montant, la cause du versement ou la remise, ainsi que pour les fonds le mode de versement.

Le très strict encadrement des mouvements de fonds, qui a conduit à renforcer les obligations pesant sur les Carpa et à leur imposer de se doter d'outils informatiques pour le suivi des comptes a cependant beaucoup simplifié le travail des cabinets eux-mêmes. En outre, pour les cabinets qui disposent d'un logiciel de gestion, c'est souvent ce logiciel qui assurera la tenue de la comptabilité des fonds Carpa.

§ 2
Comptes et honoraires

121.41 Dispositions particulières tenant à la rémunération de l'avocat. Avant tout règlement définitif, l'avocat remet à son client un compte détaillé. Ce compte doit faire ressortir distinctement les frais et déboursés, les émoluments tarifés et les honoraires.

Il doit porter mention des sommes précédemment reçues à titre de provision ou autre.

Un compte établi selon les modalités prévues aux premier et deuxième alinéas doit également être délivré par l'avocat à la demande de son client ou du bâtonnier ou lorsqu'il en est requis par le président du tribunal judiciaire ou le premier président de la cour d'appel, saisi d'une contestation en matière d'honoraires ou débours ou en matière de taxe[1].

121.42 Conditions du prélèvement d'honoraires. L'avocat titulaire d'un compte à la caisse des règlements pécuniaires de son barreau, compte alimenté par les fonds, effets ou valeurs reçus par l'avocat à l'occasion de l'exercice de sa profession, ne peut prélever sur ce compte que les honoraires qui lui sont dus et avec l'accord préalable de ses clients.

Ayant relevé que la situation débitrice du compte d'un avocat provenait de ce que, pendant plusieurs années, il avait utilisé les fonds de ses clients pour ses besoins personnels, la cour a pu en déduire qu'il avait manqué aux règles professionnelles ainsi qu'à ses obligations d'honneur, de probité et de délicatesse et a également justifié sa décision le radiant du tableau de l'Ordre[2]. En pratique, depuis les évolutions réglementaires de 1996, il est devenu impossible que ce type de situation se produise, ce qui explique la disparition à peu près totale des sinistres « non-représentation des fonds » en Carpa.

121.43 Saisie-attribution des sommes en compte. La possibilité de saisir entre les mains d'un tiers les créances de son débiteur portant sur une somme d'argent est prévue par l'article L. 211-1 du code des procédures civiles d'exécution. Deux conditions doivent être réunies : le tiers saisi doit réunir les qualités de tiers et de débiteur par rapport au premier débiteur saisi. La question s'est posée de savoir si un avocat peut devenir « tiers saisi ».

En effet, dès lors que les fonds ne sont plus entre les mains de l'avocat, mais doivent être déposés dans une Carpa, on peut se demander à qui la saisie-attribution doit être signifiée. À partir du moment où la loi interdit aux avocats de détenir des fonds pour le compte de leurs clients et leur impose de les déposer entre les mains de la Carpa, un créancier de leur client ne pas utilement pratiquer une saisie (saisie conservatoire ou saisie-attribution) entre les mains. Ils n'ont pas la qualité de tiers détenteur des fonds. C'est la caisse elle-même qui constitue le véritable détenteur des fonds, l'avocat ne détenant une signature sur les comptes de la Carpa qu'en qualité de mandataire de celle-ci. Sur ce point, il a été jugé, à l'occasion de la signification d'une saisie portant sur les fonds déposés par un avocat au nom de son client, que la Carpa a seule la qualité de « tiers saisi » pour l'application de l'article L. 211-3 du code des procédures civiles d'exécution[3].

Dès lors que la Carpa a reçu de l'avocat les renseignements concernant les sommes détenues, elle doit avertir l'huissier et transférer les fonds sur un compte séquestre, ce qui a pour effet de rendre la somme indisponible. Il a même été jugé, par le même arrêt, que la nécessité d'interroger l'avocat titulaire d'un compte individuel constitue un motif légitime au sens de l'article R. 211-5 du code des procédures civiles d'exécution (même arrêt). L'avocat quant à lui est tenu de faire réponse « sans délai » à la Carpa (même arrêt).

121.44 Associations à but non lucratif – Cas particulier des Carpa. Le Conseil d'État a jugé par une décision du 4 juillet 2014 que les produits du placement des sommes en attente d'emploi perçus par les Carpa ne devaient pas être soumis à l'impôt sur les sociétés, dès lors qu'il s'agit de fonds de tiers maniés par les avocats en vertu de l'article 53, 9°, de la loi du 31 décembre 1971, que les contrôles prévus par le décret du 27 novembre 1991 et son arrêté du 5 juillet 1996 sont mis en œuvre et que les dispositions de l'article 235-1 du décret du 27 novembre 1991 sont respectées[4]. Il s'agit en effet de recettes qui sont procurées à la Carpa par une activité indissociable du but non lucratif qu'elle poursuit et dont la perception découle, non de la mise en valeur d'un patrimoine ou du placement de sommes disponibles, mais de la réalisation même de la mission désintéressée qui correspond à son objet social.

En conformité avec les principes ainsi dégagés, il y a lieu d'appliquer la même solution aux produits financiers tirés du placement des fonds de l'aide juridictionnelle. S'agissant des produits financiers des fonds propres des Carpa, qui résultent du report à nouveau des produits financiers eux-mêmes, il n'y a pas de raison de les traiter différemment de ces derniers.

Les associations à but non lucratif ne sont généralement assujetties ni à la TVA, ni à l'impôt sur les sociétés, ni à la taxe professionnelle, dès lors que leur gestion est désintéressée. Les critères de la gestion désintéressée sont la gestion par des béné-

1. Décr. n° 2005-790, 12 juill. 2005 relatifs aux règles de déontologie de la profession d'avocat, *JO* 16 juill., p. 11688, art. 12, al. 2.
2. Civ. 1re, 4 mai 1982, [SN], NP ; *Gaz. Pal.* 1982. 2. pan. 291.
3. Civ. 2e, 9 janv. 2003, n° 00-13.887, P II, n° 4 ; *JCP* 2004. I. 117, n° 17, obs. R. Martin ; *D.* 2003. 314 ; *D.* 2004. 1495, obs. G. Taormina ; *D.* 2004. 2825, obs. B. Blanchard.
4. CE 4 juill. 2014, *Caisse de règlements pécuniaires des avocats aux barreaux de Lyon et de l'Ardèche (Carpa)*, req. n° 361316, *Lebon* ; *RTD com.* 2014. 718, Chron. O. Fouquet.

voles n'ayant aucun intérêt direct ou indirect dans les résultats de l'exploitation, l'absence de toute distribution directe ou indirecte de bénéfices, l'absence d'attribution aux dirigeants d'une part quelconque de l'actif. Les services offerts peuvent relever du secteur concurrentiel, sans entraîner l'imposition de l'association, si l'activité est considérée comme d'utilité sociale. Lorsqu'une Carpa exerce à la fois des activités à but non lucratif et des activités à but lucratif à titre accessoire, elle peut, soit mettre en place un secteur distinct d'activité, soit recourir à la création d'une filiale. Elle ne sera alors soumise aux impôts commerciaux qu'au titre de l'activité ainsi isolée.

121.45 **Attribution des intérêts.** L'attribution des produits financiers issus du placement des fonds de tiers, a pu être contestée. Ces produits n'appartiennent ni aux barreaux, ni aux avocats, ni d'ailleurs aux clients.

La théorie du dépôt irrégulier s'applique à la gestion des fonds déposés en Carpa sur un compte unique, la subdivision est uniquement comptable dans les livres de la Carpa. Il en est de même pour les fonds séquestrés ; il s'agit en effet d'une multitude de règlements transitant pendant le laps de temps nécessaire pour s'assurer de la licéité de l'opération, de la provision pour le règlement entrant et permettre la signature d'une quittance au client créancier. La mise en place des Carpa, qui est une initiative de la profession d'avocat, donne une très grande sécurité à ces mouvements de fonds.

D'autre part l'utilisation de ces intérêts est strictement encadrée. L'article 235-1 du décret du 27 novembre 1991 prévoit qu'ils sont exclusivement affectés au financement des services d'intérêt collectif de la profession et notamment des actions de formation, d'information et de prévoyance, ainsi qu'aux œuvres sociales des barreaux. Ils permettent également d'assurer la couverture des dépenses de fonctionnement du service de l'aide juridictionnelle et au financement de l'aide à l'accès au droit. Le système actuel donne aux barreaux les moyens d'assumer, sans recours à l'État, leurs missions de service dans l'intérêt du public que la loi leur a confiées. Le débat n'est pas uniquement théorique puisque le projet de loi de finances pour 2016, dite PLF 2016, comprenait une disposition prévoyant un prélèvement sur les intérêts des fonds, pour financer le budget de l'aide juridictionnelle[1], qui n'a été abandonnée qu'après un mouvement de protestation de grande ampleur.

121.46 **Bureau secondaire.** L'avocat qui est autorisé à ouvrir un ou plusieurs bureaux secondaires hors du ressort du barreau auquel il appartient, procède aux règlements pécuniaires par l'intermédiaire de la caisse de règlements pécuniaires de son barreau[2].

121.47 **Lutte contre le blanchiment.** La Carpa doit être en mesure de contrôler la provenance des fonds, l'identité des bénéficiaires des règlements et le lien entre les règlements effectués par les avocats et les actes juridiques ou judiciaires qu'ils accomplissent[3]. Ces obligations recoupent largement celles que la réglementation relative à la lutte contre le blanchiment impose aux avocats, dans le cadre de leur obligation de vigilance. La Carpa n'étant pas un établissement financier, elle n'est cependant pas soumise à l'obligation de déclaration de soupçon, qui pèse sur les organismes bancaires, ou sur les avocats eux-mêmes.

Cependant, la Carpa peut depuis le 1er janvier 2017 être amenée à communiquer les informations relatives au montant, à la provenance et à la destination des fonds, effets ou valeurs, déposés par un avocat, ainsi que l'identité de l'avocat concerné et l'indication de la nature de l'affaire enregistrée par la caisse[4]. Cette disposition s'explique facilement. Même si la Carpa contribue à la sécurisation des opérations, l'existence du compte unique[5] perturbe la traçabilité des fonds en empêchant de lier une entrée de fonds et sa sortie. La Carpa ne communique pas directement avec Tracfin et les informations transitent par l'intermédiaire du bâtonnier. Cependant, un alourdissement des obligations des Carpa, pour les contraindre à participer plus activement à la lutte contre le blanchiment est envisagé.

SECTION 3
CONTRÔLE

121.50 **Plan.** Dans le contrôle de l'activité de la Carpa, la commission de contrôle (§ 2), est assistée par un commissaire aux comptes (§ 1), indépendamment de la commission de régulation (§ 3) chargée d'émettre des avis ou des recommandations.

§ 1
Commissaire aux comptes

121.61 **Contrôle des caisses de règlements pécuniaires.** Pour assurer le contrôle des caisses, trois missions sont confiées aux commissaires aux comptes, de procédure pour les maniements de fonds, de

1. Projet de loi de finances pour 2016, art. 15.

2. Décr. n° 91-1197, 27 nov. 1991, art. 242.
3. Arr. 5 juill. 1996, art. 8.
4. C. mon. fin., art. L. 561-25-1.
5. V. ss n° 121.31.

certification pour les fonds d'aide juridictionnelle et assimilés, voire de certification des comptes annuels. En effet, les Carpa n'interviennent pas seulement à l'occasion des maniements de fonds des clients des avocats. Elles perçoivent les dotations annuelles correspondant à la part contributive de l'État au financement de l'aide juridique et procèdent au règlement des missions accomplies par les avocats dans ce cadre[1]. Le contrôle des Carpa, qui reposait aussi sur l'existence d'une commission de contrôle depuis le décret du 5 juillet 1996, a été renforcé par le décret du 11 juillet 2014. Il a modifié le rôle de la commission de contrôle et institué une commission de régulation[2].

À la suite de cette évolution, les fonctions de réglementation d'une part, et de contrôle et de sanction d'autre part ont été clairement distinguées.

121.62 **Commissaire aux comptes.** Le ou les conseils de l'ordre auprès desquels est instituée la caisse désignent, pour une durée de six ans un commissaire aux comptes dont la mission est de contrôler le respect par les caisses de l'ensemble des règles et obligations du décret du 27 novembre 1991 et des arrêtés subséquents. Ce commissaire aux comptes est tenu d'établir chaque année un rapport, dont est destinataire, non seulement le président de la caisse, mais aussi les bâtonniers concernés, le procureur général et la commission de contrôle.

Deux rapports sont établis pour la gestion des crédits de l'aide juridictionnelle et des autres aides à l'intervention de l'avocat, le premier dit de certification conformément aux articles 118 et 132-4 du décret du 19 décembre 1991[3], le second dit général conformément aux articles 117-1 et 132-3 du même décret.

§ 2
Commission de contrôle

121.70 **Plan.** La commission de contrôle des Carpa a un mode de fonctionnement strictement défini (A) avec des pouvoirs (B) de contrôle et de sanction étendus.

A.
Fonctionnement

121.81 **Missions.** La commission de contrôle participe au dispositif mis en place pour s'assurer que les caisses de règlements pécuniaires des avocats respectent l'ensemble des règles et obligations prévues par le décret et les arrêtés.

Elle est plus spécialement chargée de la mise en œuvre des contrôles et du prononcé des sanctions. La caisse des règlements pécuniaires doit justifier auprès de la commission de contrôle qu'elle dispose des moyens humains et matériels nécessaires à son fonctionnement.

121.82 **Composition.** La commission de contrôle est composée de douze avocats en exercice. Ils sont désignés par le président du Conseil national des barreaux, le président de la Conférence des bâtonniers, le bâtonnier de l'ordre des avocats de Paris et le président de l'Union nationale des Carpa, qui ne peuvent pas eux-mêmes en être membres. Chaque président d'institution ou d'association désigne trois des membres de la commission de contrôle, le mandat est de trois ans, renouvelable une fois. Le renouvellement des membres de la commission se fait par tiers.

La commission de contrôle élit un président parmi les membres désignés par la Conférence des bâtonniers et un secrétaire parmi ceux désignés par l'Unca. En cas de partage des voix, la voix du président est prépondérante.

121.83 **Budget de la commission.** La commission de contrôle établit son budget et appelle des cotisations auprès des caisses. Elle peut également bénéficier de l'assistance technique procurée par toute personne désignée par arrêté du garde des Sceaux, ministre de la justice. Ses comptes annuels sont certifiés par un commissaire aux comptes désigné pour une durée de six ans et choisi sur la liste mentionnée au I de l'article L. 822-1 du code de commerce.

121.84 **Règlement intérieur.** La commission de contrôle établit son règlement intérieur. Ses comptes annuels doivent être certifiés par un commissaire aux comptes. Son siège social est fixé au siège de la Conférence des bâtonniers.

121.85 **Rapport annuel.** La commission établit un rapport annuel relatif au respect par les caisses de règlements pécuniaires de leurs obligations, au vu des contrôles réalisés, des rapports des commissaires aux comptes et de ses constatations. Ce rapport est adressé à la commission de régulation et au garde des Sceaux, ministre de la justice. La commission établit également un rapport à l'issue d'une des mesures prononcées à titre de sanction[4].

121.86 **Programme des contrôles.** Le programme des contrôles est élaboré par la commission de régulation. Ils peuvent également être mis en œuvre

1. L. n° 91-647 du 10 juill. 1991 relative à l'aide juridique, art. 29.
2. Décr. n° 91-1197, 27 nov. 1991, art. 241-3 s.
3. Décr. n° 91-1266, 19 déc. 1991 portant application de la loi n° 91-647 du 10 juill. 1991 relative à l'aide juridique, *JO* 20 déc., p. 16609.

4. V. s^s n°s 121.91 à 121.95.

sur demande de l'un des membres de la commission de régulation, du ou des bâtonniers concernés, ou encore du procureur général.

121.87 **Contrôleurs.** Les contrôleurs sont désignés par la commission de contrôle, parmi les avocats en exercice ou les avocats honoraires, sur proposition du président du Conseil national des barreaux, du président de la Conférence des bâtonniers, du bâtonnier de Paris ou du président de l'Unca. Le mandat des contrôleurs est de trois ans et leur nombre est fixé par la commission de contrôle. Ils bénéficient d'une formation organisée par la commission de régulation.

Lors des contrôles, il peut être adjoint un sapiteur aux contrôleurs. Ces derniers peuvent solliciter de l'Unca tous les renseignements qui peuvent leur être utiles sur la caisse concernée.

121.88 **Rapporteurs.** La commission de contrôle désigne en son sein un ou des rapporteurs, chargés de présenter les conclusions des contrôleurs et de formuler, le cas échéant des propositions de sanctions. Les rapporteurs ne participent pas à la décision prise par la commission de contrôle.

B. Pouvoirs

121.91 **Décisions.** La commission statue après avoir entendu le président de la caisse, qui peut se faire assister par le conseil de son choix. La commission peut procéder à toute audition qui lui paraît nécessaire, notamment celle du procureur général ou du ou des bâtonniers concernés. Les décisions sont motivées et exécutoires par provision. Elles sont notifiées au président de la caisse par lettre recommandée avec accusé de réception. Elles sont susceptibles de recours devant la cour d'appel de Paris dans un délai d'un mois à compter de leur notification. L'exécution provisoire peut être arrêtée dans les conditions prévues à l'article 524 du code de procédure civile. Le procureur général et les bâtonniers concernés sont informés en cas de prononcé d'une sanction.

121.92 **Obligations à l'égard de la commission de contrôle.** La caisse des règlements pécuniaires doit justifier auprès de la commission de contrôle de ce qu'elle dispose des moyens en matériel et en personnel nécessaires à son fonctionnement. En cas de carence, elle peut faire l'objet d'une injonction de faire ou d'une suspension de ses organes d'administration. Il peut aussi y avoir lieu à mise en œuvre d'une délégation de gestion.

121.93 **Injonction de faire.** Une caisse peut être invitée à régulariser sa situation, dans un délai qui ne peut dépasser six mois. L'injonction s'accompagne de la désignation par la commission, pour une durée maximum d'un an, d'un avocat pour exercer les fonctions d'administrateur de la caisse, en remplacement des organes de direction de la caisse, dans leurs fonctions relatives à l'administration de la caisse. La commission de contrôle vérifie, à l'issue du délai qu'elle a fixé, la disparition de la difficulté. Si la situation perdure elle peut prononcer la sanction de la suspension.

121.94 **Suspension des organes d'administration.** La suspension des organes d'administration de la caisse et son administration provisoire peuvent être prononcées en cas d'échec d'une injonction de faire, en cas d'urgence ou en cas de manquement caractérisé ou réitéré d'une caisse à ses obligations. La commission désigne, pour une durée maximum d'un an, un avocat pour exercer les fonctions d'administrateur de la caisse, en remplacement des organes de direction de la caisse, dans leurs fonctions relatives à l'administration de la caisse. Il peut s'agir d'un avocat en exercice ou d'un avocat honoraire. Il ne peut être membre du barreau ou des barreaux dont dépend la caisse.

La suspension prend fin, soit avec le retour de la caisse à son fonctionnement normal, soit par la convocation d'une assemblée générale pour désigner de nouveaux organes de direction à la caisse, soit par la saisine de la commission de contrôle par l'administrateur de la caisse, en vue de faire application de l'article 241-8-3 du décret du 27 novembre 1991.

121.95 **Délégation de gestion.** En cas de manquement grave ou réitéré, ou de manquement se traduisant par une carence dans la gestion de la caisse ou des risques de non-représentation des fonds, la commission peut inviter le barreau qui assume la responsabilité de la caisse à mettre en œuvre un regroupement, dans le délai qu'elle détermine. À défaut de réalisation du regroupement, la commission de contrôle confie la gestion des maniements de fonds à une autre caisse, qui devient la mandataire de la caisse défaillante.

Le procureur général et le ou les bâtonniers concernés sont informés du prononcé de l'une des trois sanctions. Ils sont également destinataires du rapport établi par la commission de contrôle à l'issue de chacune de ces mesures.

§ 3 Commission de régulation

121.101 **Missions.** La commission de régulation, instituée par le décret du 11 juillet 2014, est chargée d'émettre des avis ou des recommandations applicables aux caisses des règlements pécuniaires. Elle a fait siennes les recommandations relatives aux maniements de fonds édictées par l'ancienne commission de contrôle des Carpa en novembre 2013 [1]. La commission est destinataire du rapport annuel de la commission de contrôle. Elle peut solliciter le concours de l'Unca pour la préparation de ses avis ou recommandations.

L'avis de la commission de régulation est requis lorsque le garde des Sceaux fixe les règles applicables aux dépôts et maniements de fonds.

La commission de régulation définit le programme annuel de contrôle des caisses.

Elle établit son règlement intérieur.

121.102 **Composition.** La commission de régulation est composée du président du Conseil national des barreaux, du président de la Conférence des bâtonniers et du bâtonnier de l'ordre des avocats de Paris. Chacun d'entre eux désigne un suppléant au sein de l'organisation qu'il représente. La commission élit son président et celui chargé de le remplacer en cas d'absence ou d'empêchement.

SECTION 4
GESTION DE L'AIDE JURIDICTIONNELLE

121.111 **Gestion des fonds versés au titre de l'aide juridictionnelle.** L'État affecte annuellement à chaque barreau une dotation au titre de sa part contributive aux missions d'aide juridictionnelle accomplies par les avocats du barreau [2]. Cette dotation est versée par l'Union nationale des Carpa [3] sur un compte spécial de la Carpa. Les règles de gestion financière et comptable des fonds doivent être conformes à un règlement type [4]. Ce règlement type figure en annexe du décret du 10 octobre 1996 [5]. Au titre du compte spécial, la Carpa doit ouvrir auprès d'un établissement de crédit quatre comptes distincts [6], au titre des missions d'aide juridictionnelle, d'assistance en garde à vue, de médiation et de composition pénale et enfin d'assistance aux détenus. Trois autres comptes sont également prévus, pour l'emploi des produits financiers, les placements financiers et, s'il y a lieu la convention locale pour l'aide juridique qui s'est substituée d'une part au protocole [7] « art. 91 et 132-6 » et d'autre part à la subvention matérielle pour la gestion des gardes à vue et autres retenues auxquels les barreaux pouvaient prétendre. La convention locale applicable depuis 2020 a élargi le périmètre des missions éligibles et a simplifié le mécanisme d'homologation. À compter du 1er janvier 2022, tenant compte du versement de dotations indifférenciées selon les quatre aides, un seul compte bancaire subsistera intitulé "Carpa - aide juridictionnelle et aide à l'intervention de l'avocat". [8]

De 2011 à 2020, des fonds extrabudgétaires ont complété les crédits alloués par l'État :

– tout d'abord, la contribution pour l'aide juridictionnelle [9], ayant instauré un droit de timbre de 35 euros [10], abrogée par la loi de finances pour 2014 [11] ;

– ensuite les recettes mentionnées par l'article 35 de la loi de finances pour 2015 [12] ;

– jusqu'à la loi de finances pour 2020 [13] les recettes mentionnées par l'article 42 de la loi de finances pour 2016 [14], issues du droit visé à l'article 1001 du CGI (taxe sur les assurances de protection juridique), et des amendes pénales, afin de compléter les crédits budgétaires destinés au règlement des missions d'aide juridique [15], étaient attribuées au Conseil national des barreaux qui les répartissait entre les Carpa (et pour chacun des barreaux qui la composent) en association avec l'Union nationale des Carpa.

Pour la gestion financière et comptable des fonds d'État, la caisse doit être équipée d'un logiciel homologué par le garde des Sceaux.

Depuis le 1er juillet 2021, le mécanisme dit de l'AJ garantie a été mis en place et permet aux avocats commis d'office ou désignés dans les matières visées

1. Commission de contrôle, *Recommandations relatives aux procédures applicables aux opérations de maniements de fonds en CARPA, adoptées par la Commission de contrôle des Carpa en sa séance du 14 novembre 2013* ; https://www.conferencedesbatonniers.com/images/Focus/2014/RecommandationsWEB.Cdcc.adoptees.14112013.pdf
2. Programme 101 en loi de finances.
3. L. n° 2020-1721, 29 déc. 2020 de finances pour 2021, *JO* 30 déc., n° 1, art. 234.
4. L. n° 91-647, 10 juill. 1991 relative à l'aide juridique, *JO* 13 juill., p. 9170, art. 27 – L. n° 91-647, 10 juill. 1991, art. 29.
5. Décr. n° 96-887, 10 oct. 1996 portant règlement type relatif aux règles de gestion financière et comptable des fonds versés par l'État aux caisses des règlements pécuniaires des avocats pour les missions d'aide juridictionnelle et les interventions au cours de la garde à vue, *JO* 12 oct., p. 14968.
6. Décr. n° 2019-1505 du 30 déc. 2019, art. 91 repris à l'art. 88 du décr. n° 2020-1717 du 28 déc. 2020.
7. Décr. n° 91-1266, 19 déc. 1991, art. 91 ; – Décr. n° 91-1266, 19 déc. 1991, art. 132-6.
8. Décr. n° 2021-810 du 24 juin 2021, art. 25 et art. 38.
9. L. n° 2011-900, 29 juill. 2011 de finances rectificative pour 2011, *JO* 30 juill., p. 12969, art. 54.
10. CGI, art. 1635 *bis* Q.
11. L. n° 2013-1278, 29 déc. 2013 de finances pour 2014, *JO* 30 déc., n° 1.
12. L. n° 2014-1654, 29 déc. 2014 de finances pour 2015, *JO* 30 déc., p. 22828 – CGI, art. 302 *bis* Y, 1001 et 1018 A.
13. L. n° 2019-1479, 28 déc. 2019 de finances pour 2020, *JO* 29 déc., n° 1 – V. s[s] n° 112.51.
14. L. n° 2015-1785, 29 déc. 2015 de finances pour 2016, *JO* 30 déc., p. 24614, art. 42.
15. L. n° 71-1130, 27 nov. 1991, art. 21-1, al. 2.

par l'article 19-1[1] de la loi du 10 juillet 1991 d'être rétribués par la Carpa, s'ils ne peuvent solliciter, ou recouvrer d'honoraires auprès des clients qu'ils ont assistés et ce sans avoir à déposer un dossier de commission d'office auprès du bureau d'aide juridictionnelle.

121.112 **Enquête sur les Carpa.** En 2007, après la publication du rapport du sénateur du Luart[2], la commission des finances du Sénat a chargé la Cour des comptes d'un rapport sur la gestion et l'efficacité des Carpa[3]. À l'issue de son enquête, la Cour des comptes concluait : « Les observations techniques formulées par la Cour au cours et à l'issue de l'instruction, ont globalement recueilli, lors de la phase de contradiction l'assentiment, de la profession et de la chancellerie. [...]. Pour autant, il n'est pas assuré que l'ensemble des engagements pris suffise à régler la totalité des dysfonctionnements relevés, ni à résoudre les interrogations qui subsistent quant aux principes mêmes de fonctionnement du dispositif actuel de gestion de l'aide juridictionnelle. » Cette dernière affirmation concerne le fonctionnement particulièrement complexe de l'aide juridictionnelle qui connaît d'incessantes retouches.

À l'occasion de la transmission le 11 septembre 2008 de ce rapport au président de la commission des finances, du contrôle budgétaire et des comptes économiques de la Nation du Sénat, Jean Arthuis, le premier président de la Cour des comptes écrivait : « ce système, depuis sa mise en place, a donné toute satisfaction à la profession qui maîtrise désormais les délais de paiement des rétributions servies aux avocats. Ce progrès par rapport au dispositif antérieur est tel que la profession finance en réalité une part significative des frais de gestion de l'aide juridictionnelle, les produits financiers issus des dotations publiques n'en couvrant qu'une part réduite.

La chancellerie se satisfait également d'un dispositif qui allège sa responsabilité sur un sujet très sensible. Elle s'est d'ailleurs appuyée sur les organismes professionnels et notamment sur l'Unca pour contrôler la liquidation des dépenses d'aide juridictionnelle. En effet, compte tenu du nombre important d'organismes payeurs, le dispositif ne peut fonctionner que grâce aux prestations techniques de l'Unca qui a élaboré un outil de gestion informatique adopté par toutes les Carpa à l'exception du barreau de Paris et de sa Carpa qui utilisent leur propre outil. »

De nombreux rapports soulignent la qualité de la gestion de l'aide juridictionnelle par la profession d'avocat[4].

121.113 **Évolution des dotations versées aux Carpa et leurs reports.** La gestion des crédits de l'aide juridictionnelle est prise en charge par le Service de l'accès au droit et à la justice et de la politique de la ville (SADJPV) du ministère de la Justice, créé en février 2002 et rattaché au secrétariat général du ministère[5]. Ce service est l'ordonnateur des dotations des aides juridictionnelles destinées à chaque barreau et versées à chaque Carpa. Dans le cadre de la préparation de la loi de finances initiale, le SADJPV établit la dotation globale de l'aide juridictionnelle pour la loi de finances de l'année n au cours de l'exercice n-1.

À la suite du protocole d'accord signé le 28 octobre 2015, le décret du 12 janvier 2016[6] a revalorisé le montant de l'unité de valeur (UV) de référence pour les missions d'aide juridictionnelle prononcées à compter du 1er janvier 2016, et réduit, dans un souci de simplification, à deux le nombre de tranches d'aide juridictionnelle partielle au lieu de six auparavant. Pour l'aide totale comme partielle, un arrêté du 12 janvier 2016[7] répartit en trois groupes les barreaux, au lieu de dix antérieurement, et fixe la majoration du montant hors taxe de l'UV dans chacun des groupes.

Le dernier rapport parlementaire[8] consacré à l'aide juridictionnelle souligne que le nombre d'admissions est passé de 388 250 en 1992 à 688 637 en 2002

1. L. n° 2020-1721, 29 déc. 2020 de finances pour 2021, *JO* 30 déc., n° 1, art. 234.
2. *L'aide juridictionnelle : réformer un système à bout de souffle*, Rapport d'information n° 23 (2007-2008) de M. Roland du Luart, fait au nom de la commission des finances, déposé le 9 octobre 2007.
3. C. comptes, *La gestion et l'efficacité des Carpa*, Communication à la Commission des finances, du contrôle budgétaire et des comptes économiques de la nation du sénat, http://www.unca.fr/la-carpa-les-institutionnels-et-les-administrations/rapport-de-la-cour-des-comptes-2008-aj
4. Rapport d'information du Sénat-commission des finances – octobre 2008 : « *Vers un regroupement des Caisses de règlements Pécuniaires des Avocats* », Rapport de la Commission Darrois remis au Président de la République – avril 2009 : « *Vers une grande profession du droit* », Rapport d'information de l'Assemblé nationale – commission des lois avril 2011 : « *en vue d'améliorer l'accès au droit et à la justice* », Rapport d'information du Sénat – commission des lois – juillet 2014 – « *aide juridictionnelle : le temps de la décision* », Rapport de Modernisation de l'action publique – 2015, Rapport d'information de l'Assemblé nationale – commission des lois – juillet 2019 – « *sur l'aide juridictionnelle* ».
5. ANCIENNEMENT la gestion de l'aide juridictionnelle relevait de la Dage (direction de l'administration générale).
6. Décr. n° 2016-11, 12 janv. 2016 relatif au montant de l'aide juridictionnelle, *JO* 13 janv., n° 11.
7. Arr. 12 janv. 2016 fixant la majoration des unités de valeur pour les missions d'aide juridictionnelle, *JO* 13 janv., n° 16, NOR : JUST1528898A.
8. Rapport d'information sur l'aide juridictionnelle présenté par M. Philippe Gosselin et Mme Naïma Moutchou (https://www.assemblee-nationale.fr/dyn/15/rapports/cion.lois/l15b2183.rapport-information).

avant d'atteindre 915 563 en 2012 et 985 110 en 2017.

Cette forte hausse des bénéficiaires a eu pour conséquence une croissance continue des dépenses d'aide juridictionnelle qui atteignent, en 2018, 472 millions d'euros.

La rétribution des avocats reste la variable d'ajustement d'un dispositif dont la réforme reste à réaliser.

ÉVOLUTION DES DOTATIONS VERSÉES AUX CARPA DE 2012 À 2021

Programme 101 Autorisation d'engagements	2012	2013	2014	2015	2016	2017	2018	2019	2020	2021
	arrondis en million d'euros									
Aide juridictionnelle & autres aides non juridictionnelles	336	318	347	336	337	371	396	424	484	534
Développement de l'accès au droit et du réseau judiciaire de proximité	6	5	5	5	7	8	8	8	8	9
Aide aux victimes	10	13	14	18	19	28	28	28	29	32
Total programme 101	355	340	369	363	366	411	438	467	530	585
Recettes extrabudgétaires	54	51	28	39	65	83	83	83	9	
Total – programme 101 & recettes extrabudgétaires	409	391	397	402	431	494	521	550	539	585

* L'instauration de recettes extrabudgétaires a été introduite par la loi de finances rectificative de 2011 par la Cpaj (timbre de 35 euros) remplacées par les Rebaj à compte de 2015. Après 2014, le versement des CPAJ concernant les timbres des procédures engagées au 31 décembre 2013.

Sources bleus budgétaires ministère de la justice et Unca.

Gestion des crédits de l'aide juridictionnelle et des aides à l'intervention de l'avocat pour les 163 barreaux [1] pour lesquels s'applique la loi n° 91-647 du 10 juillet 1991 pour les exercices 2018, 2019 et 2020 (année impactée par la crise sanitaire de la Covid 19 qui impacte le montant des rétributions)

Situation comparée au 31 décembre 2020. Consommation des dotations en l'état des données transmises par les Carpa à l'Unca à la date du 11 janvier 2021		Situation au 31/12/2018	Évolution globale 2018/2019	Situation au 31/12/2019	Évolution globale 2019/2020	Situation au 31/12/2020	Évolution globale 2018/2020
Aide juridictionnelle	Règlements définitifs (TTC)	359 332 935,31 €	*5,50%*	379 102 596,87 €	*-17,28%*	313 588 174,10 €	*-12,73%*
	Missions de base	833 038	*3,88%*	865 319	*-19,59%*	695 791	*-16,48%*
Audition libre, garde à vue et autres retenues*	Règlements définitifs (TTC)	66 670 689,64 €	*13,10%*	75 402 725,85 €	*-25,47%*	56 196 363,97 €	*-15,71%*
	Personnes assistées	196 824	*13,94%*	224 266	*-24,94%*	168 338	*-14,47%*
Médiation et composition pénales Déferrement procureur	Règlements définitifs (TTC)	1 759 229,29 €	*19,09%*	2 095 005,83 €	*-13,18%*	1 818 838,39 €	*3,39%*
Assistance aux détenus	Règlements définitifs (TTC)	4 451 960,48 €	*8,56%*	4 833 162,84 €	*-37,42%*	3 024 391,04 €	*-32,07%*
	Total règlements définitifs (TTC)	432 214 814,72 €	6,76%	461 433 491,39 €	-18,81%	374 627 767,50 €	-13,32%

1. À compter du 1er septembre 2014, sont inclues les données des barreaux de Saint-Gaudens, Saumur et Tulle qui ont été recréées en conséquence de la réforme de la carte judiciaire relative à la réouverture des tribunaux de grande instance correspondants (modifications du COJ par décret n° 2013-1258 du 27 déc. 2013, *JO* 29 déc.).

CHAPITRE

122. Union nationale des Carpa (Unca)

SECTION 0 ORIENTEUR

122.00 **Sommaire du chapitre.**

Division. L'Union nationale des Carpa (Unca), créée en 1975, regroupe les 126 Carpa représentant les 164 barreaux français (sect. 1), elle a des missions statutaires (sect. 2), d'assistance des Carpa, des ordres et du CNB, comme de gestion des fonds de l'aide juridictionnelle et de contrôle.

122.01 **Textes applicables.**

TEXTES TITRÉS

- **Arr. 5 juill. 1996,** *JO* 9 juill., p. 10337, NOR : JUSC9620492A
- **Arr. 19 août 1997,** *JO* 22 août, p. 12439, NOR : JUSC97-20564A

SECTION 1 CRÉATION ET ADHÉRENTS

122.11 **Union nationale des caisses d'avocats (Unca).** L'Union nationale des Carpa fait partie des « organismes techniques » qui ont été créés avant l'apparition du Conseil national des barreaux, et qui se sont maintenus depuis. Elle regroupe les 119 Carpa représentant les 164 barreaux français[1]. Elle apporte une assistance aux Carpa en leur proposant des documents types, en aidant à établir leur règlement intérieur, en mettant à leur disposition des systèmes d'information (logiciels...) ou en se chargeant des relations avec les banques.

Elle assure également une formation et une information des responsables élus et administratifs des Carpa. Elle coopère avec la Chancellerie, les Carpa et les barreaux pour l'administration du maniement des fonds affectés à l'aide juridictionnelle.

Elle contribue pour le compte des barreaux au système d'information de la profession d'avocat.

122.12 **Origine.** Après la constitution progressive de barreau en barreau des Carpa[2] le besoin s'est vite fait sentir d'une action coordonnée des Carpa. À l'initiative de Claude Lussan[3], ancien bâtonnier de Paris, fondateur de la Carpa de ce barreau, a été créée en 1975 l'Union nationale des caisses d'avocats devenue Union nationale des Carpa (Unca)[4], sous la forme associative.

Cette association réunit aujourd'hui toutes les Carpa de France et d'outre-mer (164 barreaux), quoique l'adhésion ne soit pas obligatoire.

122.13 **Statuts.** L'Unca est une association de la loi de 1901 dont peuvent être membres toutes les Carpa. L'Unca est dirigée par un conseil d'administration dont sont membres, le président du Conseil national des barreaux, le président de la Conférence des bâtonniers et le bâtonnier de Paris, ainsi que les cinq derniers présidents de l'association. Le conseil d'administration comprend en outre 29 administrateurs, dont 18 sont élus dans le cadre d'un collège national et 11 désignés par la Carpa de Paris. Les présidents d'honneur qui ne sont pas membres de droit participent aux travaux du conseil d'administration, sans voix délibérative. Le mandat des administrateurs est de six ans, renouvelable. Le président est élu pour une durée de deux ans par le conseil d'administration, il est choisi alternativement parmi les administrateurs élus issus du collège

1. V. s^s n° 121.12.
2. V. s^s n°s 121.11 s.
3. Claude Lussan (1910-2008), bâtonnier de Paris en 1967, réélu en 1968.
4. www.unca.fr/

national et ceux issus du collège constitué par la Carpa de Paris.

Le conseil d'administration élit parmi ses membres, pour une durée de deux ans, un comité exécutif de sept membres. L'assemblée générale est composée des présidents des Carpa. Le nombre des voix est fonction de l'effectif des adhérents de chaque Carpa. Aucune Carpa ne peut détenir plus d'un quart des droits de vote.

Ces statuts ne permettent pas au Conseil national des barreaux d'exercer un contrôle politique sur l'Unca.

SECTION 2
MISSIONS

122.21 Missions statutaires. Les statuts de l'Unca disposent que l'association a pour objet d'assister les Carpa, en les aidant à se doter des moyens nécessaires à l'exécution de leur objet et en mettant à leur disposition les éléments techniques nécessaires. L'Unca représente les Carpa auprès des pouvoirs publics. Elle assure également la promotion du concept de Carpa à l'étranger.

122.22 Assistance des Carpa et des barreaux. L'Unca fournit aux Carpa les avis et conseils nécessaires à leur fonctionnement. Elle a mis au point des logiciels adoptés par presque toutes les Carpa (la Carpa de Paris dispose d'un logiciel différent). C'est l'Unca qui établit le modèle de compte de résultat que chaque Carpa doit établir et présenter par année civile[1]. L'Unca forme le personnel des Carpa, met à leur disposition un service d'assistance, procède à des audits de gestion ou d'organisation. L'Unca a aussi défini, en lien avec la Compagnie nationale des commissaires aux comptes, les normes permettant à ces derniers d'assurer leur mission de contrôle.

L'Unca est semblablement impliquée dans le projet d'élaboration d'un logiciel destiné aux barreaux (BOL).

122.23 Gestion des fonds de l'aide juridictionnelle. Alors que les textes ne mentionnent pas l'Unca, dans le domaine de l'aide juridictionnelle, elle est devenue une interlocutrice privilégiée de la Chancellerie.

L'Unca produit les statistiques sur l'aide juridictionnelle et les autres aides qui sont annexées au suivi budgétaire de la nation. Elle suit la consommation mensuelle des dotations versées aux Carpa, pour satisfaire aux dispositions de la loi organique aux lois de finances[2] et verse les dotations pour le compte de l'État depuis le 1er janvier 2021[3].

1. Arr. 5. juill. 1996, art. 10.

122.24 Assistance au Conseil national des barreaux. À la demande du Conseil national des barreaux, l'Unca a développé les fonctions permettant, sur la base du tableau de chaque ordre, de constituer l'annuaire de référence utilisé pour authentifier les avocats abonnés au RPVA (accès à la plateforme e-barreau). Pour satisfaire aux besoins d'authentification des avocats par les juridictions, le système d'information a évolué. En 2012 a été mise en place la transmission des données d'annuaire à la Chancellerie, à charge pour elle de les affecter à chaque juridiction, en lieu et place de l'annuaire précédemment tenu sur la base des données papiers transmises par chaque barreau. En 2015, a été mise en place par le ministère de la Justice la Table nationale des avocats (TNA) qui se substitue aux annuaires locaux.

L'Unca fournit également les données pour le suivi annuel de l'obligation de formation des avocats (logiciel Sofa). Elle a également développé des services annexes à la plateforme e-barreau mise en place par le Conseil national, comme la consultation à distance des comptes maniements de fonds, d'aide juridictionnelle, ou de formation continue (icarpa). Elle fournit les données d'annuaire présentes sur le site institutionnel du CNB, à l'exception de celles des avocats du barreau de Paris. Ces données sont également exploitées dans le cadre de l'annuaire européen des avocats, « Find a Lawyer », développé par le CCBE (Conseil des barreaux européens) sur le portail e-Justice[4].

122.25 Rôle institutionnel. Alors que l'Unca revendique sa qualité d'organisme technique, un rôle institutionnel lui avait été reconnu par l'article 21-1 de la loi du 31 décembre 1971. Ce texte prévoyait en effet la signature d'une convention entre le CNB et l'Unca, agréée par le ministre de la Justice, pour la répartition entre les barreaux des recettes qui lui sont affectées au titre de la rétribution des missions d'aide juridictionnelle.

Du fait des dispositions prises à l'occasion de la loi de finances pour 2020, cette mention a disparu[5], elle a été remplacée par une disposition insérée à l'article 29 de la loi du 10 juillet 1991.

122.26 Participation au contrôle des Carpa. Parmi les douze membres de la commission de contrôle[6], trois sont désignés par le président de

2. L. n° 91-647, 10 juill. 1991 relative à l'aide juridique, *JO* 13 juill., p. 9170, art. 67-2.
3. L. n° 91-647, 10 juill. 1991, art. 29 ; mod. par L. n° 2020-1721, 29 déc. 2020 de finances pour 2021, *JO* 30 déc., n° 1, art. 234.
4. https://e-justice.europa.eu/home.do?plang=fr&action=home
5. V. s^s n° 121.81.
6. V. s^s n° 121.81.

l'Unca[1]. L'Unca est aussi chargée de préparer, à la demande de la commission de régulation, lorsque celle-ci sollicite son concours, les avis et recommandations qu'elle peut décider d'émettre[2].

122.27 Promotion de la Carpa à l'étranger. Le système Carpa a été étudié par de nombreux pays et certains s'en sont dotés (Burkina Faso, Maroc) ou s'en sont inspirés, comme l'Angleterre et le Pays de Galles qui avaient créé le Services Bar Company Limited (Barco), avant de l'abandonner.

Le barreau de Madagascar a bénéficié, pour la mise en place d'une Carpa, de l'assistance du barreau de Lyon et de l'Unca, référencés en qualité d'experts auprès de l'Union européenne, dans le cadre du programme Instrument européen pour la démocratie et les droits de l'homme (IEDDH).

1. Décr. n° 91-1197 du 27 nov. 1991, art. 241-3-2.
2. Décr. n° 91-1197 du 27 nov. 1991, art. 241-3-1.

TITRE

13. Les organisations représentatives des avocats

SECTION 0
ORIENTEUR

13.00 **Sommaire du titre.**

Division. La représentation de la profession des avocats est structurée, sur le plan national, entre syndicats et associations (chap. 131) ainsi qu'au sein des organisations représentatives des professions libérales (chap. 133), et organisations représentatives des avocats en Europe et à l'international (chap. 132).

13.03 **Bibliographie indicative.**

* Aussi : v. s^{s} n° 1.03.

CHAPITRE

131. Syndicats – Associations

SECTION 0 ORIENTEUR

131.00 **Sommaire du chapitre.**

Division. La représentation de la profession des avocats est structurée, sur le plan national, entre syndicats et associations (sect. 3), dans le cadre de l'exercice du droit syndical (sect. 1) et le droit d'ester en justice (sect. 2).

131.01 **Textes applicables.**

TEXTES TITRÉS

> Sur la liberté de réunion et d'association

• Déclaration universelle des droits de l'homme, 10 déc. 1948

art. 20 [Droit à la liberté de réunion et d'association pacifiques]

• Conv. EDH

art. 11 [Droit à la liberté de réunion et d'association et d'affiliation à des syndicats]

• Déclaration des droits de l'homme et du citoyen du 24 juin 1793

art. 7 [Droit de s'assembler paisiblement]

• Constitution du 27 octobre 1946

préambule [Droits et libertés de l'homme – Droits à l'action syndicale et à l'adhésion au syndicat de son choix]

• Constitution du 4 oct. 1958

préambule [Attachement aux Droits de l'homme tels que définis par la Déclaration de 1789, confirmée et complétée par le préambule de la Constitution de 1946]

art. 34 [Détermination par la loi des droits civiques et garanties fondamentales pour l'exercice des libertés publiques et des principes fondamentaux du droit du travail, du droit syndical et de la sécurité sociale]

• C. trav.

art. L. 2131-2 [Droit de se grouper en syndicat pour la défense des intérêts en commun]

art. L. 2132-3 [Droit des syndicats professionnels d'agir en justice]

> Sur la représentation des organisations et des syndicats au sein du CNB

• Décr. n° 91-1197, 27 nov. 1991

art. 21, I [Nombre et répartition des sièges à pourvoir dans chaque circonscription pour les collèges ordinal et général au CNB]

art. 26 [Candidatures et modalités des opérations de vote pour les collèges ordinal et général au CNB]

art. 31 [Communication du procès-verbal des opérations des opérations de vote au CNB]

131.02 **Jurisprudence de référence.**

> L'adhésion des avocats aux syndicats est individuelle

• Montpellier, 25 juin 1979

* V. s^s n° 131.12.

« Tout membre d'une association qui n'est pas formée pour un temps déterminé peut s'en retirer en tout temps, après paiement des cotisations échues et de l'année courante, nonobstant toute clause contraire. Hors les cas où la loi en décide autrement, nul n'est tenu d'adhérer à une association régie par la loi du 1er juillet 1901, ou, y ayant adhéré, d'en demeurer membre. »

• Cass., ass. plén., 9 févr. 2001, n° 99-17.642, P n° 3.

* V. s^s n° 131.24.

> Un syndicat d'avocats a le droit d'ester en justice toutes les fois que l'intérêt collectif de la profession subit un préjudice direct ou indirect

• Versailles, 16 févr. 1994

* V. s^s n° 131.24.

131.03 **Bibliographie indicative.**

* Aussi : v. s^s n° 13.03.

Monographies. R. Martin, *Déontologie de l'avocat*, 11e éd., « Droit et professionnels », LexisNexis, 2013, n° 124 – B. Beignier, B. Blanchard, J. Villacèque (dir.), *Droit et Déontologie de la profession d'avocat*, 2e éd., Gazette du Palais – LGDJ, 2008, p. 163 – J.-M. Braunschweig, J. Demaison, *Profession d'avocat : Le guide*, 4e éd., Wolters Kluwer, 2017, no 731.

Format réduit. J.-J. Taisne, *La déontologie de l'avocat*, 11e éd., « Connaissance du droit », 2019.

Code. CCBE, *Code de déontologie des avocats de l'Union*, 2013.

SECTION 1
EXERCICE DU DROIT SYNDICAL

131.11 **Droit syndical et profession libérale.** Le droit syndical est reconnu sans conteste aux membres des professions libérales même si elles présentent un certain caractère de monopole et sont régies par une réglementation qui constitue la contrepartie de leurs privilèges, dès lors que les déclarants se réfèrent à l'article L. 2131-1 du code du travail et que l'association a pour objet l'étude et la défense des intérêts économiques, industriels, commerciaux et agricoles, et que les membres du syndicat exercent la même profession.

131.12 **Liberté syndicale – Liberté d'association – Adhésion individuelle et collective.** L'adhésion des avocats aux syndicats est individuelle, selon le principe annoncé par un arrêt du 25 juin 1979[1] soulignant la possibilité pour les avocats groupés obligatoirement en barreaux établis auprès des juridictions de jouir du droit de ne pas se syndiquer s'ils le désirent, seconde face de la liberté syndicale. Le caractère facultatif du syndicat constitue une des bases du système syndical français aussi importante que la faculté d'adhérer ; la Constitution de 1946, dans son préambule[2] auquel renvoie la Constitution de 1958[3], reconnaît en effet à chacun le droit d'adhérer au syndicat de son choix ce qui implique le droit de ne pas choisir et de s'abstenir, nul ne pouvant être contraint d'adhérer à un syndicat même à son insu[4].

Les barreaux n'ont donc pas la possibilité d'adhérer collectivement pour leurs membres à des organisations syndicales.

131.13 **Exceptions et dérogations à la règle générale du respect du libre choix.** Toutefois rien ne s'oppose à ce qu'une organisation puisse recueillir, sous une forme collective, des adhésions à un syndicat dès lors que les conditions d'admission individuelle sont remplies. De même un barreau peut allouer des subventions à une organisation syndicale voire à plusieurs organisations syndicales, dont le rôle est d'aider l'élaboration par la profession tout entière, d'une doctrine destinée à inspirer son action, tant auprès des pouvoirs publics que des justiciables.

Ainsi, à un avocat qui a pu soutenir que l'obligation qui lui était faite par l'article L. 723-1 du code de la sécurité sociale de cotiser à la Caisse nationale des barreaux français (CNBF) était contraire à l'article 11 Conv. EDH s'est vu répondre, par un arrêt du 19 juin 2001[5], que les restrictions apportées à la liberté d'association étaient « justifiées par la protection des droits et libertés d'autrui, dont relève la contribution à la prévention des risques sociaux pouvant atteindre les membres de la profession ». Toutefois, la même cour a estimé que si les cotisations des avocats à la Caisse nationale des barreaux français[6] sont justifiées, il faut encore que leur mode de fixation ne soit pas abusif[7].

131.14 **Rapports entre les barreaux et les syndicats.** Le barreau est chargé de représenter et de défendre tous les avocats. Le syndicat est en charge de la défense des intérêts de ses adhérents. Les principaux syndicats disposent d'une assise nationale, qui se traduit par la présence de sections dans différents barreaux.

Il n'est pas nécessaire que le président d'une section syndicale, à l'intérieur d'un barreau, notifie au bâtonnier qui lui en fait la demande, le nom de ses adhérents.

En revanche, si la section syndicale a toute liberté pour agir à l'intérieur du barreau pour diffuser ses informations, convoquer ses adhérents ou tenter d'en recruter d'autres, elle ne saurait, sans l'autorisation expresse du conseil de l'Ordre, avoir des activités parallèles à celles de l'Ordre dans les matières où celui-ci dispose d'un monopole. On estimait même, jadis, qu'elle ne pouvait pas, notamment, organiser des consultations gratuites destinées aux usagers. Une telle solution n'est plus évidente aujourd'hui.

Un conseil de l'Ordre peut décider d'allouer une subvention à un syndicat. Toutefois, le conseil de l'Ordre auquel il appartient, en application de l'article 17 de la loi du 31 décembre 1971, de préparer le budget de l'ordre[8], doit veiller à motiver sa décision

1. Montpellier, 25 juin 1979, *D.* 1980. 179, note Verdier.
2. Constitution de 1946, préambule.
3. Constitution de 1958, préambule ; – AUSSI : L. Philip, « La valeur juridique de la Déclaration des droits de l'homme et du citoyen du 26 août 1789, selon la jurisprudence du Conseil constitutionnel », *Études offertes à Pierre Kayser*, t. II, Puam, 1979, p. 317.
4. C. trav., art. L. 2141-1.
5. Civ. 1re, 19 juin 2001, no 99-19.450, P I, no 176 ; *D.* 2001. 2178.
6. V. ss no 141.11.
7. Civ. 1re, 16 mars 1994, no 91-20.698, NP ; *D.* 1995. 169, obs. A. Brunois – V. ss no 141.17.
8. V. ss nos 115.61 s.

dans le respect des exigences de ce texte.[1] La décision d'un conseil de l'Ordre d'accorder une subvention à un syndicat, dès lors qu'elle peut être considérée comme se rattachant étroitement à l'organisation de la profession, est valable[2].

131.15 Recours contre les élections professionnelles. Le droit de déférer les élections au procureur général est réservé aux seuls avocats inscrits au tableau de l'Ordre intéressé par lesdites élections, selon l'article 15 de la loi du 31 décembre 1971 et l'article 12 du décret du 27 novembre 1991.

131.16 Statut associatif d'un syndicat d'avocats. Un syndicat d'avocats, même portant le titre de syndicat, peut n'être qu'une association. C'est le cas dès lors qu'il est régi par les dispositions de la loi du 1er juillet 1901 et ne se réclame pas des dispositions du code du travail ; il ne pourra pas dès lors bénéficier des dispositions de l'article L. 2132-3 du code du travail.

Dans la jurisprudence, il est tantôt dit que l'association intervenante est un syndicat, tantôt qu'elle est une association ; il n'y a en fait pas de contradiction entre ces arrêts mais l'association en cause étant une fédération d'unions locales, certaines ont pris le statut syndical conformément aux articles L. 2131-1 et suivants du code du travail tandis que d'autres ont conservé le statut de la loi de 1901. C'est pourquoi, selon les espèces, les cours sont amenées à considérer qu'il s'agit d'associations 1901 ou de syndicats et à en tirer les conséquences juridiques[3].

SECTION 2
REPRÉSENTATION ET DROIT D'ESTER EN JUSTICE

131.21 Apparition des syndicats de défense de la profession. À côté des barreaux organismes chargés de la gestion d'un service public[4], une deuxième représentation apparut, celle des avocats en tant que tels, individus mais fédérés dans des associations.

131.22 Collège général du Conseil national des barreaux. Les quarante membres du CNB qui composent le collège général[5] sont élus au scrutin de liste[6]. Tous les syndicats professionnels présentent des listes dans le collège général et les élections au CNB donnent, tous les trois ans, la mesure de l'influence de chacun d'entre eux. Tous les grands syndicats de la profession cherchent donc à disposer d'une forte représentation au sein de l'institution nationale. Ils ne sont cependant pas les seuls à poursuivre cet objectif, d'autres listes indépendantes étant constituées pour l'occasion à des fins électorales. La vie de ces syndicats *ad hoc* peut être éphémère et ne pas dépasser la durée d'un mandat. Un phénomène dont l'ampleur devrait être limitée par l'élévation du seuil de représentativité[7].

Le paysage syndical a donc beaucoup évolué à la suite de l'apparition du CNB.

131.23 Droit d'ester en justice. Les associations qui regroupent les avocats et qui se réclament de la loi du 1er juillet 1901, ont capacité pour se défendre contre les actions dirigées contre elles mais également pour intervenir en justice toutes les fois que l'action se rapporte à l'intérêt collectif moral et pécuniaire que l'association représente et non aux seuls intérêts individuels des membres qui la composent. L'association n'intervient que lorsqu'un de ses membres est en cause et lorsqu'il s'agit de protéger ses intérêts personnels. Dans les autres cas, elle n'a pas qualité pour ester en justice[8].

La cour de Rennes par un arrêt du 5 décembre 1978[9] ayant à statuer sur la recevabilité de l'intervention d'une association d'avocats (la Fnuja) régulièrement déclarée sous le régime de la loi de 1901, considéra que dotée de la petite personnalité et n'ayant reçu aucune habilitation légale particulière, elle ne peut agir en justice et donc intervenir que pour défendre un intérêt direct et personnel et non pour assurer la sauvegarde des intérêts de la catégorie sociale ou professionnelle parmi lesquelles ses membres sont recrutés. L'action de l'association en cause ne serait donc recevable que si elle tendait à la protection des intérêts personnels de tout ou partie de ses membres. C'est ainsi que si un avocat conteste des élections, une association ne peut intervenir aux débats que si l'avocat, auteur du recours, appartient à cette association ; à défaut elle devient sans qualité pour demander l'annulation de la décision en cause.

1. Civ 1re, 1er mars 2005, no 02-21.532, P I, no 96 ; *D.* 2005. 855 ; *D.* 2006. 266, obs. B. Blanchard ; *JCP* 2005. 1813 – Civ. 1re, 1er mars 2005, no 02-21.533, NP – Civ. 1re, 1er mars 2005, no 02-20.982, NP.
2. Aix-en-Provence, 27 mars 2014, RG no 13/07113 ; ET LE MÊME JOUR, RG nos 13/11430, 13/22974, 13/13602.
3. NOT. : Rennes, 2 mai 1978 – Bourges, 21 mars 1979 ; – CASSÉ PAR : Civ. 1re, 29 avr. 1980, no 79-11.988, P I, no 131 ; *Gaz. Pal.* 1980. 2. 567 ; – AUPARAVANT : Civ. 1re, 27 avr. 1976, no 74-10.962, P I, no 140 : REJET.
4. V. ss nos 113.15 s.
5. V. ss no 111.41.
6. V. ss nos 111.43 s.
7. V. ss no 111.43.
8. Bourges, 21 mars 1979, *Gaz. Pal.* 1979. 2. 448 – Civ. 1re, 29 avr. 1980, no 79-11.988, P I, no 131 ; *D.* 1981. 525, note A. Brunois ; *Gaz. Pal.* 1980. 2. 567 – Montpellier, 25 juin 1979, *D.* 1980. 1. 79, note Verdier – Civ. 1re, 16 déc. 1980, no 79-11.988, P I, no 131 ; *JCP* 1981. IV. 84 – Bordeaux, 12 juill. 1984, *Gaz. Pal.* 1984. 2. 662 – AUSSI : Rouen, 14 mai 1985, *Gaz. Pal.* 1985. 2. 615.
9. Rennes, 5 déc. 1978, *Gaz. Pal.* 1979. 1. 53.

131.24 Recevabilité des syndicats professionnels à ester en justice. Si les textes qui régissent la profession d'avocat réservent à certaines catégories seulement le droit d'action contre les décisions du conseil de l'Ordre (procureur général, avocat concerné directement...), ils ne font cependant pas obstacle à l'application des dispositions générales du code du travail.

Un syndicat d'avocats a donc le droit d'ester en justice[1] toutes les fois que l'intérêt collectif de la profession subit un préjudice direct ou indirect[2]. Certes la distinction entre l'intérêt collectif et le préjudice individuel est parfois délicate à cerner, mais l'action syndicale et l'action individuelle, quoiqu'elles puissent procéder du même fait dommageable, n'ont ni la même cause juridique ni le même objet ; l'action syndicale vise l'atteinte portée aux intérêts collectifs de la profession, tandis que l'action individuelle ne poursuit dans le fait illicite que l'atteinte aux droits d'une partie individuelle. La jurisprudence précise que ces actions ne peuvent ni s'exclure ni se confondre[3]. Enfin il y aura lieu de distinguer l'intérêt collectif de la profession et la sauvegarde de l'ordre social qui relève de l'action du ministère public (sur la participation d'un syndicat d'avocats à des manifestations sur la voie publique ou des attroupements[4]).

131.25 Défense de l'intérêt collectif. Il y aura donc intérêt collectif chaque fois que le préjudice sera distinct du préjudice individuel subi par chacun des membres du syndicat[5]. Un syndicat d'avocats qui estime que la profession envisagée dans son ensemble a subi un préjudice du fait de propos tenus par un magistrat au cours d'une interview reproduite par un journal n'est pas recevable à se prévaloir des dispositions de la loi du 29 juillet 1881[6] dès lors que ces propos ne désignent aucune personne déterminée susceptible de se sentir concernée individuellement et ne constituent pas une diffamation, mais en revanche ce syndicat est recevable à former une action en dommages-intérêts fondée sur l'article 1240 [anc. 1382] du code civil[7].

131.26 Recours contre les décisions du conseil de l'Ordre. Il convient de s'interroger sur le fait de savoir si un syndicat d'avocats peut intervenir en toute matière devant la cour d'appel statuant sur les décisions du conseil de l'Ordre. Un syndicat peut seulement, le cas échéant, exercer le recours de droit commun qui lui est ouvert par l'article L. 2132-3 du code du travail. En effet, les personnes autorisées à contester les décisions du conseil de l'Ordre sont énumérées par la loi. Ce droit est ouvert au procureur général, lorsqu'il considère qu'elles sont étrangères à ses attributions, ou contraires aux dispositions législatives ou réglementaires. Il est également ouvert aux avocats, lorsqu'elles sont de nature à léser leurs intérêts professionnels[8].

En vertu de l'article 31 du code de procédure civile, l'action est ouverte à tous ceux qui ont un intérêt légitime au succès ou au rejet d'une prétention, sous réserve des cas dans lesquels la loi attribue le droit d'agir aux seules personnes qu'elle qualifie pour élever ou combattre une prétention, ou pour défendre un intérêt déterminé. Un syndicat d'avocat n'a donc pas qualité pour attaquer une décision du conseil de l'Ordre.[9]

Un syndicat professionnel d'avocats n'est pas recevable à attaquer une décision relative à une demande de subvention, qui fait partie du vote du budget, c'est-à-dire de l'exercice des compétences attribuées au conseil de l'Ordre[10]. Seul le procureur général aurait compétence pour critiquer la décision litigieuse. En outre, la voie de l'appel n'est ouverte qu'à l'intéressé pour la défense de ses intérêts professionnels, et un syndicat professionnel d'avocats n'a ni le même intérêt, ni la même qualité à agir que celle qui est reconnue à un avocat estimant que ses intérêts professionnels sont lésés[11].

SECTION 3
ORGANISATIONS PROFESSIONNELLES OU SYNDICALES DE LA PROFESSION

131.31 Fédération nationale des Unions des jeunes avocats (FNUJA) – Union des jeunes avocats (UJA) (1914). La Fédération nationale des Unions des jeunes avocats (FNUJA)[12] connaît un mode de fonctionnement particulier, qui correspond à la mise en application d'un certain nombre de principes qui lui sont propres. Elle revendique un choix délibéré de totale neutralité sur le terrain politique. Un système fédératif lui permet de regrouper les Unions de jeunes avocats (UJA) implantées dans près de 130 barreaux. Une limite d'âge fixée à 40 ans

1. C. trav., art. L. 2132-3.
2. Versailles, 16 févr. 1994, *Gaz. Pal.* 19 févr. 1994, p. 23.
3. Civ. 28 nov. 1916, *S.* 1920. 1. 49.
4. Basse-Terre, 12 déc. 1983, *Gaz. Pal.* 1984. 1. 76, note A. Damien – Civ. 1re, 19 juin 1985, n° 84-10.104, P I, n° 194 ; *Gaz. Pal.* 1985. 2. 623 ; *JCP* 1985. IV. 299 ; *D.* 1987. 107.
5. Orléans, 18 juill. 1946, *JCP* 29 janv. 1947 – Rouen, 14 mai 1985, *Gaz. Pal.* 1985. 2. 615.
6. L. 29 juill. 1881 sur la liberté de la presse, *JO* 30 juill.
7. Paris, 23 sept. 1987, *D.* 1988. 237, note A. Brunois.
8. L. n° 71-1130, 31 déc. 1971, art. 19.
9. Civ. 1re, 15 mai 2015, n° 14-15.878, P ; *D.* 2015. 1107 ; *D.* 2016. 101, obs. T. Wickers.
10. V. ss nos 115.61 s.
11. Paris, 24 juin 2010, RG n° 09/15154.
12. www.fnuja.com/

pour les adhérents ainsi qu'un mandat limité à un an pour les membres du bureau, assurent un renouvellement constant des cadres et des militants. Une démocratie directe se manifeste par l'élaboration de la doctrine lors d'un congrès annuel qui rassemble les UJA de France tout en évitant un trop gros poids électoral des « grandes » par une pondération des mandats. Une transparence assurée par un compte rendu mensuel de l'activité du bureau au comité national. Une alternance Paris-Province à tous les postes du bureau lui permet également d'avoir une représentation harmonieuse et de tenir compte des spécificités géographiques et numériques des Unions.

À l'origine, de jeunes avocats s'étaient regroupés peu après la guerre de 1914 au sein de l'Union des jeunes avocats, organe généreux et vivant. En janvier 1923, à l'initiative de Joseph Python, avocat au barreau de Paris, est créée l'Union des jeunes avocats de Paris (UJA). Depuis sa fondation par Joseph Python [1], l'Union des jeunes avocats parisiens verra se créer dans de très nombreux barreaux français des UJA. Elles formeront la Fédération nationale des unions des jeunes avocats (FNUJA) en avril 1947 à l'initiative d'Henri Delmont [2] et regrouperont initialement environ une dizaine d'unions de jeunes avocats qui avaient repris vie ou furent créées entre le mois de novembre 1946 et le mois d'avril 1947.

131.32 Confédération nationale des avocats (CNA). La Confédération syndicale des avocats est présente sur les majeures questions posées par la profession d'avocat. Son positionnement est plutôt conservateur. Son action est relayée sur son site [3], dans un rapport annuel ainsi que dans deux lettres, la *Lettre d'information de la CNA*, et la *Lettre de l'Association pour la sauvegarde des entreprises et leur développement (Anased)*, car la CNA fédère d'autres associations ou syndicats qui l'ont rejointe et notamment l'Anased.

Après la Première Guerre mondiale, un certain nombre d'avocats se regroupent dans l'association nationale des avocats (ANA). Transformée au cours du siècle passé, elle est devenue un syndicat, successivement dénommé, Confédération syndicale des avocats (CSA), Confédération nationale des avocats (CNA). C'est la gloire d'Appleton et de son équipe d'avoir créé, en 1921, l'Association nationale des avocats, premier organe représentatif des barreaux. Son succès fut grand, ses congrès glorieux et destinés à frapper l'opinion pour montrer l'importance du barreau dans la vie nationale. Le président de la République y assistait parfois, le garde des Sceaux toujours. L'ANA a joué un rôle fondamental dans l'histoire de la prise de conscience du barreau français. L'audience de la CNA, alors que l'offre syndicale est devenue beaucoup plus abondante, ne peut être comparée à celle de son illustre devancière.

À la tête de la CNA se trouvent un comité directeur et un bureau de vingt et un membres.

131.33 Syndicat des avocats de France (SAF) (1968). Après mai 1968, des avocats se regroupèrent dans le Syndicat des avocats de France (SAF), dont les opinions politiques expliquent les choix tant sur le plan professionnel que sur le plan politique proprement dit. Le SAF [4] revendique une sensibilité de gauche. Son objet est principalement l'indépendance des barreaux et de leurs membres, l'extension des droits et prérogatives de la défense, la défense des intérêts matériels et moraux des avocats, la promotion d'une justice plus démocratique, proche des citoyens et garante des droits et libertés publiques et individuelles et la défense et des libertés dans le monde. Le SAF agit notamment pour la définition des principes déontologiques, la promotion de l'accès au droit, la mise en œuvre d'une formation professionnelle de qualité, l'accès des jeunes avocats à la profession, un véritable statut du collaborateur et la transparence de l'honoraire. Il publie un trimestriel, la *Lettre du SAF*, et est membre fondateur de la confédération européenne Avocats européens démocrates (AED) [5] fondée en octobre 1987 à Strasbourg.

Le SAF tient un congrès annuel. Il est doté d'un conseil syndical de trente membres. Le bureau compte six membres élus annuellement. Le mandat du président est de deux ans.

1. Joseph Python (1883-1944), alors membre du conseil de l'Ordre du barreau de Paris, mourut le 27 janvier 1944 après son arrestation par la Gestapo le 4 juin 1943 et son emprisonnement à Fresnes, pour avoir refusé de trahir le secret professionnel ; – AUSSI : L. Damiani, « Avocats en Résistance : actes de résistance dans les barreaux 1940-1944 », *Histoire de la justice*, 2012/1, n° 22, Association française pour l'histoire de la Justice-La Documentation française, p. 19 – L. Israël, *Robes noires, années sombres : Avocats et magistrats en résistance pendant la Seconde Guerre mondiale*, « Pour une histoire du XXe siècle », Fayard, 2005 – L. Israël, « La Résistance dans les milieux judiciaires : Action collective et identités professionnelles en temps de guerre », *Genèses* 4/2001, n° 45, p. 45 ; www.cairn.info/revue-geneses-2001-4-page-45.htm – J.-M. Durand « Joseph Python, avocat fondateur de l'UJA et résistant : Le parcours d'un homme de conviction – Militant des libertés républicaines et des droits de la défense », 23 mars 2006 ; http://www.uja.fr/Discours-sur-Joseph-Python.a89.html – R. Badinter, *Un antisémitisme ordinaire : Vichy et les avocats juifs, 1940-1944*, Fayard, 1997 – A. Toulemon, *En marge du code et aux alentours du palais, deux séries, Chroniques parues à la* Gazette du Palais *1958-1964 : Considérations sur le temps présent*, Dalloz, 1964.
2. Le Congrès de Nice renforça les liens et l'efficacité des UJA et décerna à Henri Delmont le titre de président fondateur.
3. www.cna-avocats.fr/
4. www.lesaf.org/
5. www.aeud.org/

131.34 Association française des avocats conseils d'entreprises (ACE) (1992). Ayant statut de syndicat professionnel, l'ACE représente le barreau d'affaires, à travers quelque deux mille adhérents qui élisent un conseil régional dans le ressort de chaque cour d'appel. L'ACE accueille, en qualité de correspondants, les juristes d'entreprise. Elle joue un rôle important dans la réflexion sur les perspectives d'avenir de la profession d'avocat : sa formation, ses structures d'exercice, son éventuelle absorption de la profession de juristes d'entreprises et son développement au XXIe siècle. Elle dispose d'une section internationale et d'une section des jeunes (ACE-*JA*), dispense des formations et publie une revue trimestrielle, *La revue de l'avocat conseil d'entreprise*, ainsi qu'un flash mensuel.

L'association française des avocats conseils d'entreprises est née après la réforme du 1er janvier 1992 de la fusion du principal syndicat de conseils juridiques préexistant à la réforme et de l'Association de cabinets à vocation internationale (Acavi), qui s'était créée au moment de la réforme.

131.35 Avenir des Barreaux de France (ABF) (1992). L'Avenir des Barreaux de France (ABF) est une association syndicale constituée en 1992 pour défendre les valeurs de la profession [1]. Composée de nombreux bâtonniers ou anciens bâtonniers, elle défend l'ordinalité et développe son action autour du statut social de l'avocat et de la diversité des modes d'exercice. L'ABF dispose d'une section patronale chargée d'intervenir dans le dialogue social et représente les avocats dans les instances techniques de la profession, notamment à la CNBF qu'elle préside depuis 1998. À la tête de l'ABF se trouve un président élu entouré par un bureau.

131.36 Cercle des avocats indépendants (CAI) (1997). Le Cercle des avocats indépendants (CAI), créé en 1997, favorise une meilleure représentation des avocats indépendants au sein des Ordres et du Conseil national des barreaux.

Son audience est avant tout parisienne.

131.37 Manifeste des avocats collaborateurs (MAC) (2011). Le manifeste des avocats collaborateurs (Mac) est un syndicat qui revendique avant tout la défense des intérêts des avocats collaborateurs. Le Mac a été fondé en 2011.

Il est essentiellement implanté à Paris.

1. www.abf-avocats.fr

CHAPITRE

132. Organisations représentatives des avocats en Europe et à l'international

SECTION 0
ORIENTEUR

132.00 Sommaire du chapitre.

Division. La mondialisation (sect. 1) a imposé à la profession la participation aux organisations représentatives des avocats en Europe (sect. 2) et à l'international (sect. 3).

SECTION 1
MONDIALISATION ET REPRÉSENTATION DE LA PROFESSION

132.11 Barreau français et débats internationaux. La mondialisation qui pousse les avocats à accompagner le développement de leurs clients à l'étranger, la création de grands cabinets implantés dans de nombreux pays dont les effectifs dépassent ceux de n'importe quel barreau français (sauf Paris), la libéralisation des services juridiques, la création d'un vaste espace européen dans lequel les services et les personnes peuvent circuler librement ; tous ces phénomènes se conjuguent pour que de plus en plus l'avenir de la profession d'avocat ne se décide plus seulement dans le cadre national, mais plutôt au niveau européen ou mondial. Les directives sur la libre prestation de services, le libre établissement, la reconnaissance mutuelle des diplômes ont transformé les conditions d'accès à la profession.

Il a été nécessaire de modifier profondément les règles relatives à la publicité et au démarchage pour tenir compte de la directive services et de son interprétation par la Cour de justice de l'Union européenne. L'influence directe ou indirecte de la Commission européenne et du droit de l'Union européenne n'est pas non plus discutable dans les débats sur la postulation ou l'ouverture des structures d'exercice d'avocats aux capitaux extérieurs. Les directives successives de l'Union européenne sur la lutte contre le blanchiment ont conduit à fragiliser le secret professionnel. Le statut du foreign legal consultant (FLC) se négocie dans le cadre de l'OMC ou à l'occasion de la signature de traités internationaux. Les avocats ne peuvent plus négliger les institutions qui leur permettent de faire entendre leur voix devant les instances internationales.

SECTION 2
EN EUROPE

132.20 Plan. En Europe, l'action de la profession est principalement structurée autour de quatre organismes : le Conseil des barreaux européens (CCBE) (§ 1), la Délégation des barreaux de France (DBF) (§ 2), l'Union des avocats européens (UAE) (§ 3) et la Fédération des barreaux d'Europe (FBE) (§ 4).

§ 1
Conseil des barreaux européens (CCBE)

132.30 **Plan.** Créé en 1960, le Conseil des barreaux européens (CCBE), regroupant trente-deux membres effectifs en délégations nationales, est organisé autour d'une assemblée plénière, un comité permanent, une présidence et un secrétariat général (A). Parmi ses réalisations principales, le Code de déontologie des avocats européens et la Charte des principes essentiels de l'avocat européen (B).

A.
Organisation

132.41 **Origine et missions du CCBE.** Le CCBE[1] est une association internationale de droit belge sans but lucratif dont le siège est à Bruxelles. Il compte aujourd'hui trente-deux membres effectifs (les vingt-huit membres de l'Union européenne, outre le Liechtenstein, l'Islande, la Norvège et la Suisse), trois membres associés et dix membres observateurs. Son objet est d'assurer la représentation des barreaux membres dans toutes les matières d'intérêt commun ayant trait à l'exercice de la profession d'avocat, au respect de l'État de droit et d'une bonne administration de la justice ainsi qu'aux développements importants du droit, tant au plan européen qu'international. Le CCBE joue un rôle d'organe consultatif et intermédiaire entre ses membres et les institutions de l'Union européenne et de l'Espace économique européen dans toutes les matières transfrontalières d'intérêt commun.

L'origine du CCBE remonte à 1960, lorsque fût décidé, au sein de l'UIA, peu d'années après la signature du Traité de Rome, de créer un organe représentant les six États membres fondateurs de la CEE (Allemagne de l'Ouest, Belgique, France, Italie, Luxembourg, Pays-Bas). La Commission Consultative des Barreaux et Associations Nationales des six pays de la CEE, qui même après être devenue le Conseil des barreaux européens a conservé son acronyme d'origine de CCBE, est devenue une organisation autonome à partir de 1966. Le Royaume-Uni ne fait pas partie des membres fondateurs du CCBE. Le Brexit aura nécessairement une influence sur la position du Royaume-Uni au sein de l'organisation, accompagné d'une réduction de ses droits de vote.

Le CCBE tente de susciter une position commune des avocats notamment entre les continentaux et les Anglo-Saxons, tel le compromis trouvé à la session plénière du CCBE à Dresde le 17 novembre 1995, qui a permis d'adopter la directive 98/5[2] sur le droit d'établissement des avocats. Il a même été écrit que « l'Europe des avocats est affaiblie »[3] chaque fois que le CCBE échoue à trouver les bons compromis.

Le CCBE est parvenu à se faire reconnaître par les instances européennes comme le représentant des avocats européens. Il est devenu l'interlocuteur de la Commission européenne pour toutes les questions intéressant la profession d'avocat et il entretient des relations régulières avec les juridictions européennes. Les moyens du CCBE restent beaucoup trop modestes, au regard du rôle qui lui est dévolu.

132.42 **Composition des délégations nationales.** Les membres effectifs sont regroupés en délégations nationales composées de six représentants personnes physiques au maximum. Chaque délégation choisit en outre un délégué à l'information responsable des contacts avec les autres délégations et le secrétariat du CCBE. Chaque délégation dispose d'un nombre de voix pondéré en fonction du poids démographique de chaque pays membre (c'est ainsi que, par exemple, l'Allemagne, la France, l'Italie, l'Espagne disposent de dix-huit voix, la Pologne de douze voix et Malte de trois voix). Les cotisations tiennent également compte du nombre de voix attribué à chaque membre.

La tâche de composer sa délégation relève de la responsabilité de chacun des membres. Pour la France, c'est le président du Conseil national des barreaux qui procède à la désignation des six membres de la délégation et de son chef. Deux des membres de la délégation sont désignés sur proposition du président de la Conférence des bâtonniers et deux autres sur proposition du bâtonnier de Paris. En principe la désignation intervient au début de chaque année.

132.43 **Assemblée plénière et comité permanent.** L'organe souverain est l'assemblée plénière qui réunit l'ensemble des délégations. Elle est compétente notamment pour fixer le budget, modifier les statuts, élire le président et les vice-présidents, ou statuer sur l'admission et l'exclusion des membres. Il y a en principe deux sessions de l'assemblée plénière par an, dont l'une a lieu dans le pays du président en exercice. L'administration et la gestion courante de l'association sont assurées par le comité permanent, composé des chefs des délégations

1. http://www.ccbe.eu/

2. Dir. 98/5, Parlement et Conseil, 16 févr. 1998 visant à faciliter l'exercice permanent de la profession d'avocat dans un État membre autre que celui où la qualification a été acquise, *JOCE L* 77, 14 mars 1998 ; ENTRÉE EN VIGUEUR : 14 mars 1998 ; DÉLAI DE TRANSPOSITION : 14 mars 2000.
3. L.-B. Buchman, « L'urgence d'un nouveau paradigme pour la profession d'avocat », *Gaz. Pal.* 25-26 janv. 2008, « Libre propos », p. 5.

nationales. Le comité permanent se réunit environ cinq à six fois par an. Les deux langues officielles de l'organisation sont le français et l'anglais.

Le CCBE est une organisation complexe, qu'aucune nation ne peut prétendre dominer. On retrouve au sein du CCBE les trois grandes traditions juridiques et les trois visions du rôle des avocats (romano-germanique, anglo-saxonne et du nord de l'Europe). L'intégration rapide, après la chute du mur, des pays de l'Est de l'Europe a considérablement modifié les équilibres au sein de l'institution. Elle a aussi fait reculer la place du français, comme langue de travail. La France développe au sein du CCBE une relation particulière avec l'Allemagne, les pays de la Méditerranée avec lesquels elle partage une tradition commune et aussi les pays francophones.

132.44 **Présidence.** Le président de l'association est élu pour une brève durée d'un an parmi les membres des délégations. La présidence est également composée d'un premier, d'un deuxième et d'un troisième vice-président, qui ont vocation à se succéder à la présidence. Pendant l'exercice de leurs fonctions, les membres de la présidence perdent leur qualité de membres des délégations nationales.

Les derniers présidents français ont été Bernard Vatier (Paris) en 2005 et Michel Bénichou (Grenoble) en 2016. L'élargissement qu'a connu le CCBE depuis 1989 rendra beaucoup moins fréquentes, à l'avenir, les présidences françaises.

132.45 **Secrétariat général.** Le secrétaire général est nommé par le comité permanent. Il assiste à ses travaux et il est à la tête de l'administration de l'association. Il en assure la gestion quotidienne.

132.46 **Vote pondéré.** Les statuts (la version française des statuts prime sur toute autre version) déterminent les décisions qui doivent être prises à la majorité simple et celles qui nécessitent une double majorité qualifiée (2/3 des droits de votes exprimés et 2/3 des membres). Lorsqu'une décision est prise à la double majorité, les minoritaires peuvent demander à ce que la publication de la décision s'accompagne de la mention des oppositions.

132.47 **Comités et groupes de travail.** Les travaux du CCBE sont menés par des comités constitués sur une base permanente lorsque leur activité doit se pérenniser ou par des groupes de travail mis en place en fonction des besoins. Il y a actuellement 19 comités et 10 groupes de travail. La présidence procède à la désignation des présidents des comités et des groupes de travail. Leur mandat est de deux ans, renouvelable jusqu'à deux fois.

Même si le français est une des deux langues officielles de l'organisation, c'est souvent l'anglais qui est utilisé comme langue de travail dans les comités et les groupes *ad hoc*.

B. Réalisations

132.51 **Code de déontologie des avocats européens.** Le code de déontologie des avocats européens a été adopté le 28 octobre 1988 et modifié par la suite à trois reprises (la dernière fois lors de la session plénière de Porto du 19 mai 2006). Tous les avocats membres des barreaux de ces pays (que ces barreaux soient des membres effectifs, associés ou observateurs du CCBE) sont tenus au respect du code dans leurs activités transfrontalières à l'intérieur de l'Union européenne, de l'Espace économique européen, de la Confédération helvétique comme des pays associés et observateurs.

Il a été intégré au RIN dont il constitue l'article 21.

132.52 **Charte des principes essentiels de l'avocat européen.** La Charte des principes essentiels de l'avocat européen a été adoptée à l'unanimité lors de la session plénière de Bruxelles du 24 novembre 2006. Elle n'est pas conçue comme un code de déontologie. Elle a vocation à s'appliquer à l'Europe tout entière, au-delà des territoires des États membres, associés et observateurs du CCBE. La Charte énonce dix principes essentiels qui sont l'expression de la base commune à toutes les règles nationales et internationales qui régissent la profession d'avocat.

La Charte a notamment pour objet de venir en aide aux barreaux qui luttent dans les pays émergents pour y faire reconnaître leur indépendance ; elle vise également à accroître la compréhension de l'importance du rôle de l'avocat dans la société ; elle s'adresse tant aux avocats eux-mêmes qu'aux décideurs et au public en général.

132.53 **Prix des droits humains.** Depuis 2007, le Conseil des barreaux européens (CCBE) décerne un prix des droits humains. Le CCBE a décerné son Prix des droits de l'homme de 2016 à quatre avocats turcs – Ayşe Bingöl Demir, Ayşe Acinikli, Ramazan Demir et Tahir Elçi à titre posthume – qui ont été particulièrement actifs dans la défense des droits de l'homme et de l'état de droit en Turquie. En 2017 le prix a été attribué à un avocat géorgien, Zaza Khatiashvili en 2018, à l'avocat polonais, Mikołaj Pietrzak, en 2019, à quatre avocats, iraniens, Nasrin Sotoudeh, Abdolfattah Soltani, Mohammad Najafi et Amirsalar Davoudi. En 2021 ce sont quatre avocats biélorusses qui ont été distingués.

132.54 **Fondation des avocats européens.** La Fondation des avocats européens a vu le jour au cours de l'année 2014. Elle a été créée à l'initiative du CCBE dont elle est néanmoins indépendante. Il s'agissait de doter les avocats européens d'un outil capable de répondre aux appels d'offres et spécialement aux appels d'offres de la Commission européenne, dans les domaines qui intéressent la profession d'avocat, directement ou indirectement. Le CCBE a en effet été retenu à plusieurs reprises par la Commission dans le cadre de projets liés au développement de la justice électronique (par exemple la mise en place de l'annuaire électronique des avocats européens).

Le besoin d'une structure dédiée s'est cependant rapidement fait sentir, d'où la création de la Fondation des avocats européens. Le projet a été soutenu, y compris financièrement, depuis l'origine par le barreau français. Le siège social de la fondation a été fixé à La Haye.

§ 2
Délégation des barreaux de France (DBF)

132.60 **Plan.** La Délégation des barreaux de France (DBF), créée en 1983, a quatre missions principales (A), auxquelles s'ajoute le soutien à la délégation française au Conseil des barreaux européens (CCBE). Elle est organisée (B) autour d'une assemblée générale de trois membres, un conseil d'administration de neuf membres et un président.

A.
Missions

132.71 **Délégation des barreaux de France (DBF).** En 1983, un bureau de liaison du barreau de Paris auprès de l'Union européenne a été ouvert à Bruxelles, à l'initiative du bâtonnier Bernard du Granrut[1]. En 1993, la Conférence des bâtonniers rejoint le barreau de Paris pour donner naissance à la Délégation des barreaux de France[2] (DBF). En 2003, le CNB à son tour en devient membre.

En dehors des missions qui lui sont propres, la DBF joue un rôle important auprès du Conseil des barreaux européens (CCBE), en lien étroit avec la délégation française.

132.72 **Nature juridique de la DBF.** La DBF est une association internationale sans but lucratif (AISBL) soumise à la loi belge, dont le siège est fixé à Bruxelles (1 avenue de la Joyeuse Entrée).

132.73 **Missions de la DBF et soutien à la délégation française au CCBE.** Quatre missions principales sont confiées à la DBF[3], s'y ajoute un rôle de soutien à la délégation française au CCBE. La DBF est d'abord un organisme de lobbying investi d'une fonction de représentation des intérêts des avocats français auprès des institutions européennes. Elle porte leur voix auprès du Parlement européen, de la Commission européenne, du Conseil de l'Union européenne, de la Cour de justice de l'Union européenne et de la Représentation Permanente de la France auprès de l'Union européenne. Si le lobbying est une notion encore controversée en France, celui-ci fait, en revanche, partie du processus décisionnel européen. Il est exercé de manière largement transparente. Ainsi, la DBF défend, auprès des institutions européennes, les intérêts et les valeurs de la profession d'avocat, afin que ceux-ci soient préservés. Pour mener à bien sa mission, la DBF est inscrite au Registre européen de transparence.

132.74 **Assistance juridique de la DBF.** La DBF est également directement au service des avocats pour leur fournir une assistance juridique pour toute question relative au droit de l'Union européenne et de la Convention européenne des droits de l'homme. À leur demande elle réalise des notes ayant vocation à leur apporter tous les éléments nécessaires (normes européennes, jurisprudence, éléments prospectifs) pour résoudre les questions de droit européen auxquelles ils sont confrontés. Elle a également vocation à renseigner les confrères français souhaitant s'établir ou prester des services dans un autre État membre et inversement, les confrères d'autres États membres qui souhaitent s'établir ou prester des services en France.

132.75 **Rôle d'information de la DBF sur les évolutions du droit européen et de l'Union européenne.** La DBF joue un rôle d'information sur les évolutions du droit européen et de l'Union européenne. Elle réalise un important travail éditorial. Elle publie « L'Europe en Bref », une lettre d'information hebdomadaire adressée gratuitement par courrier électronique qui réalise la synthèse des principaux développements législatifs, réglementaires et jurisprudentiels susceptibles d'intéresser les avocats et recense les appels d'offres en matière de services juridiques.

Elle communique aux bâtonniers les actualités européennes les plus importantes dans le « Flash Bâtonniers » diffusé par la Conférence. Enfin, *L'Observateur de Bruxelles* est une revue trimestrielle d'information et d'analyse juridique en droit de l'Union européenne très appréciée[4].

1. Bernard de Bigault du Granrut (1920-2009), ancien bâtonnier de l'Ordre des avocats au barreau de Paris (1982-1983), et ancien président de l'Union nationale des caisses des règlements pécuniaires des avocats (Unca) (1985-1987).
2. www.dbfbruxelles.eu/
3. http://www.dbfbruxelles.eu/
4. SELON une étude publiée par la *Revue trimestrielle de droit européen* oct.-déc. 2013.

132.76 Participation de la DBF à la formation des avocats au droit européen. La DBF participe à la formation des avocats au droit européen. Elle intervient dans les écoles de formation des avocats, à leur demande. C'est ainsi qu'elle coordonne à l'EFB, un module sur le droit de l'UE, qui a pour objectif de créer chez les futurs avocats un véritable « réflexe européen ». Elle organise régulièrement des conférences à Bruxelles sur des thèmes variés présentant un intérêt particulier pour les praticiens, auxquelles participent de hauts fonctionnaires européens, des universitaires et des avocats spécialistes.

La DBF apporte enfin son soutien logistique à la délégation française auprès du CCBE. Elle est chargée de l'organisation matérielle des travaux de la délégation. Comme déléguée à l'information, elle assure un contact permanent avec le CCBE et participe à ses comités permanents et aux assemblées plénières. La DBF joue un rôle majeur dans la coordination du travail des experts français au sein des comités et groupes de travail et entretient également des liens étroits avec les autres représentations nationales présentes à Bruxelles ainsi qu'avec le barreau bruxellois.

132.77 Réseau judiciaire européen en matière civile et commerciale (RJECC). Par ailleurs, la Délégation des barreaux de France est le point de contact central national des avocats au sein du RJECC. Le RJECC réunit, sous l'égide de la Commission européenne, les autorités centrales étatiques nommées pour la mise en œuvre de chaque instrument européen de justice civile, les points de contact nationaux (Chancelleries) et les représentants des praticiens du droit. Ce réseau vise à résoudre les difficultés des praticiens dans la mise en œuvre de ces instruments. C'est dans ce cadre que la DBF participe aux réunions du RJECC et fait remonter les difficultés dont elle a connaissance.

B.
Organisation

132.81 Trois membres. Les membres de la DBF sont le Conseil national des barreaux, l'ordre des avocats à la cour de Paris et la Conférence des bâtonniers qui constituent l'assemblée générale. L'intégration d'un nouveau membre suppose une décision unanime de l'assemblée générale.

132.82 Conseil d'administration. Le conseil d'administration est composé de neuf membres, dont le président nommé par l'assemblée générale. Le Conseil national des barreaux, l'ordre des avocats à la cour de Paris et la Conférence des bâtonniers désignent chacun deux membres (et un suppléant). La durée du mandat est de deux ans et ils sont révocables par l'institution qui les a désignés. Sont membres de droit les présidents et bâtonniers des institutions membres de l'assemblée générale. Le chef de la délégation française au CCBE peut être invité à participer aux travaux du conseil d'administration.

132.83 Président. Le président est nommé par l'assemblée générale. Il assure la gestion quotidienne de l'association.

§ 3
Union des avocats européens (UAE)

132.91 Union des avocats européens. L'UAE[1] a été fondée à Luxembourg en 1986. C'est une association de droit luxembourgeois sans but lucratif. L'association réunit des avocats membres d'un Barreau de l'Union européenne, en vue de réaliser une action commune pour favoriser :

– la pratique professionnelle communautaire, l'enseignement et la formation continue, le droit d'établissement et la libre prestation de services ;

– le rapprochement des statuts juridiques et des pratiques professionnelles et déontologiques des avocats des États membres de l'Union européenne ;

– la pratique du droit communautaire et du droit issu de la Convention européenne de sauvegarde des droits de l'homme et des libertés fondamentales.

L'UAE organise un congrès annuel et des conférences, dont les travaux sont souvent publiés. Son assemblée générale annuelle a lieu à Luxembourg ou dans une ville abritant une institution européenne.

§ 4
Fédération des barreaux d'Europe (FBE)

132.101 Fédération des barreaux d'Europe (FBE). La Fédération des Barreaux d'Europe[2] (FBE) a été fondée à Barcelone le 23 mai 1992, succédant ainsi à la « Conférence des Grands Barreaux d'Europe ». Ce sont les réunions informelles régulières de bâtonniers de grands barreaux européens (Paris, Barcelone, Bruxelles...) qui ont été ainsi institutionnalisées à l'initiative du bâtonnier Eugenio Gay Montalvo[3] et quelques-uns de ses confrères. Son siège social est situé à Strasbourg. « La Fédération des Barreaux d'Europe est une association sans but lucratif, dotée de la personnalité juridique, soumise au droit applicable dans le pays de son siège social »[4]. L'adhésion

1. www.uae.lu/
2. http://www.fbe.org/index.php ?lang=fr
3. Eugenio Gay Montalvo, ancien bâtonnier du barreau de Barcelone.
4. Statuts de la FBE ; disponibles sur http://www.fbe.org/la-federation-des-barreaux-d/statuts/statuts-de-la-federation-des-art2.html

à la FBE est ouverte à l'ensemble des barreaux nationaux et locaux appartenant aux États membres du Conseil de l'Europe. Actuellement, la FBE compte 250 barreaux membres. La FBE se réunit deux fois par an dans une ville européenne. Elle organise un congrès annuel (en mai) et un congrès « intermédiaire » en octobre.

Ces rencontres représentent une occasion unique pour ses membres de débattre de problèmes communs et d'échanger des informations et leurs expériences. « Elle est attachée aux motivations qui ont présidé à la création de la Conférence des grands barreaux d'Europe :

- défendre les principes fondamentaux définis par la Convention européenne de sauvegarde des Droits de l'Homme ;

- garantir aux citoyens et aux entreprises les services d'avocats libres ;

- créer une organisation indépendante qui veille au respect des principes essentiels de la profession d'avocat en Europe ;

- faire reconnaître le rôle spécifique rempli par les barreaux européens dans la défense de la liberté face aux autorités politiques, économiques et judiciaires ».

La Fédération est gérée par un bureau composé d'un président, d'un premier vice-président et d'un deuxième vice-président, chacun élu pour une année et travaillant de concert avec un secrétaire général et un trésorier élus pour trois années. De nombreuses commissions œuvrent au sein de la Fédération (déontologie, formation, assurance professionnelle, Droits de l'Homme, « Assises de la Méditerranée » regroupant des barreaux des deux rives de la Méditerranée, médiation...).

SECTION 3
À L'INTERNATIONAL

132.111 Activités internationales. À l'international, l'action de la profession est principalement structurée autour de trois organismes. Le Conseil national des barreaux et le barreau de Paris participent aux activités de l'Union internationale des avocats (UIA)[1], créée en 1927, de l'International Bar Association (IBA)[2], créée en 1947, de la Conférence internationale des barreaux (CIB)[3], créée en 1985.

Des liens existent également avec d'autres barreaux et notamment le barreau américain (ABA).

1. http://www.uianet.org/ ; créée en 1927.
2. http://www.ibanet.org/ ; créée en 1947.
3. http://www.cib-avocats.org/

132.112 Conférence internationale des barreaux (CIB) : création et objet. La Conférence internationale des barreaux de tradition juridique commune[4] (CIB) a été créée le 29 novembre 1985, à l'occasion d'une réunion tenue à Paris, sous la présidence de Monsieur Guy Danet, bâtonnier de Paris, en présence de Monsieur Robert Badinter, garde des Sceaux et de Monsieur Mario Stasi, dauphin de l'ordre, et des représentants de 24 barreaux de pays de tradition juridique commune. La CIB a pour objet de créer une structure de coopération entre les barreaux de pays de tradition juridique commune, essentiellement barreaux francophones. Elle regroupe des barreaux affirmant un idéal d'indépendance et dont les organes directeurs sont démocratiquement désignés par les avocats eux-mêmes. Dans le respect de l'autonomie des barreaux, elle vise à les aider dans leur action en vue de développer un État de Droit dans chacun de leurs pays, elle entend aussi mettre en œuvre la notion de caractère universel des droits de l'homme et en particulier, les droits de la défense. Les avocats peuvent aussi adhérer à la CIB à titre individuel. Le siège social de l'association est abrité à la Maison du barreau à Paris et le secrétariat général a depuis l'origine était assuré par d'anciens bâtonniers de Paris.

132.113 Union internationale des avocats (UIA) : création et objet. L'Union Internationale des avocats (UIA) a été créée en 1927, à Charleroi. Elle rassemble plus de 2 000 membres individuels et 200 barreaux, fédérations et associations répartis dans plus de 110 pays. Ouverte à tous les avocats du monde, généralistes ou spécialistes, elle réunit également les professionnels du droit, les juges, les enseignants et les étudiants en droit. Multilingue et multiculturelle, l'UIA est la seule grande organisation internationale d'avocats à avoir adopté le français, l'anglais et l'espagnol comme langues de travail. L'Union Internationale des avocats a pour but :

- de promouvoir, dans l'intérêt du justiciable, les principes essentiels de la profession d'avocat dans le monde, notamment l'indépendance et la liberté ;

- de promouvoir le développement de la science juridique dans tous les domaines et de faciliter la formation des avocats et autres professionnels du droit ;

- de contribuer à l'établissement d'un ordre juridique international fondé sur le principe de justice entre nations, par le droit et pour la paix ;

- de défendre les avocats et autres professionnels du droit, d'étudier en commun leurs problèmes de statut et d'organisation professionnels, notamment sur le plan international.

4. http://www.cib-avocats.org/

Pour réaliser son but, l'UIA organise des événements (notamment scientifiques et de formation), intervient fréquemment auprès d'autorités gouvernementales et d'organisations internationales, édite et diffuse des publications.

L'UIA organise chaque année des congrès en Europe et dans le monde à l'occasion desquels sont traités plusieurs sujets d'actualité juridique. Les trois principaux organes de l'UIA sont l'Assemblée Générale, le Comité de Direction et le Conseil de Présidence.

132.114 **International Bar Association (IBA) : création et objet.** L'International Bar Association (IBA) a été créé à New York le 17 février 1947. Le siège de l'organisation est à Londres. À partir de 1970, l'association s'est ouverte aux membres individuels et revendique aujourd'hui plus de 55 000 membres individuels outre 190 barreaux ou *law associations.*

L'IBA entend promouvoir des valeurs comme l'indépendance de la justice et celle des avocats. Elle a créé un institut des droits de l'homme et assure la défense des libertés et des droits des avocats.

L'IBA est structurée autour de deux grands pôles. Le premier pôle, *Legal practice Division* (LPD), qui compte 18 thématiques principales, s'intéresse à divers domaines du droit matériel. Le second pôle, *Public and Professional Interest Division* (PPID) comporte une commission dédiée aux questions ordinales (*Bar Issues Commission*), un institut des droits de l'homme (HRI) et une section traitant des problèmes intéressant la profession ou le public (*Section on public and professional interest*).

La croissance de l'IBA est devenue très rapide, depuis qu'elle a accepté les adhésions individuelles.

L'influence de l'IBA se fait sentir à travers de nombreuses publications, à destination des avocats mais aussi des barreaux. Le congrès annuel de l'IBA est devenu la manifestation rassemblant le plus d'avocats dans le monde.

CHAPITRE

133. Organisations représentatives des professions libérales

SECTION 0
ORIENTEUR

133.00 Sommaire du chapitre.

Division. La profession d'avocat agit avec diverses organisations représentatives des professions libérales, parmi lesquelles l'Union nationale des professions libérales (Unapl), depuis 1977 (sect. 1), le Comité de liaison des institutions ordinales (Clio), créé en 1981 (sect. 2), et des structures de coopération interprofessionnelle comme les centres d'information sur la prévention des difficultés des entreprises (CIP) (sect. 3).

SECTION 1
UNION NATIONALE DES PROFESSIONS LIBÉRALES (UNAPL)

133.11 Missions de l'Unapl. L'Union nationale des professions libérales (Unapl) est apparue en 1977 après la fusion de la Fédération nationale des associations de professions libérales et de l'Union nationale des professions libérales. Elle fédère près de 60 organisations syndicales des professions de la santé, du droit, du cadre de vie et technique. L'Unapl agit en tant qu'intersyndicale des professionnels libéraux et comme organisation patronale représentative. Les principaux syndicats de la profession d'avocat, la FNUJA, l'ABF, l'ACE et la CNA sont membres de l'Unapl.

L'Unapl est un acteur du dialogue social. Elle a été admise en 1997 à la Commission nationale de la négociation collective en qualité de représentant des employeurs du secteur des professions libérales. Elle est membre du Haut conseil du dialogue social, du Conseil d'orientation pour l'emploi, du Conseil national de l'emploi, du Conseil d'orientation des retraites, du Conseil d'orientation sur les conditions de travail, du Haut conseil pour le financement de la protection sociale...

133.12 Organisation de l'Unapl. L'Unapl est dotée d'un comité directeur qui rassemble les organisations membres, d'un conseil national qui rassemble les unions régionales et les unions départementales et d'un bureau. L'assemblée générale procède à l'élection des vingt membres du bureau et du président. Le mandat du président n'est pas renouvelable. Il doit être successivement issu du secteur du droit, de la santé et du cadre de vie et technique.

133.13 Réseau local de l'Unapl. Chaque région est dotée d'une Unapl régionale et d'Unapl départementales. Le réseau local est structuré par les vingt-cinq Maisons des professions libérales (MPL) qui regroupent tous les services dédiés aux professionnels libéraux, notamment l'accueil, la formation, l'aide à l'installation et l'accompagnement.

133.14 Publications de l'Unapl. L'Unapl mène une activité éditoriale significative. Elle publie chaque année le guide *S'installer en libéral* et plusieurs lettres d'information (*lettre sociale, lettre juridique et fiscale, lettre Europe*...). Le journal de l'Unapl, l'*Entreprise libérale*, existe depuis 1996 et il est publié tous les deux mois.

SECTION 2
COMITÉ DE LIAISON DES INSTITUTIONS ORDINALES (CLIO)

133.21 Missions du Clio. Le Comité de liaison des institutions ordinales (Clio)[1], créé en 1981, a

1. Clio, Ordre des avocats aux Conseils, adresse postale : 4 avenue Ruysdaël 75379 PARIS CEDEX 08.

fonctionné d'une façon informelle avant de prendre la forme d'une association loi 1901 début janvier 2009. Il regroupe les seize institutions professionnelles réglementées instituées en ordre, auxquelles sont obligatoirement inscrits les membres des professions réglementées qui ont reçu de la loi la mission d'en réguler l'exercice ; classées en trois groupes :

- les professions du droit, juridiques et judiciaires (avocats, notaires, huissiers) ;
- les professions de santé (médecins, dentistes, pharmaciens, auxiliaires de santé) ;
- les professions techniques et du cadre de vie (experts-comptables, architectes, géomètres-experts, vétérinaires).

Il se veut un espace de dialogue pour la défense et la promotion des valeurs professionnelles décrites dans les codes de déontologie de ses adhérents. Le barreau de Paris en est resté membre après la création du CNB.

SECTION 3
STRUCTURES DE COOPÉRATION INTERPROFESSIONNELLE

133.31 Centres d'information sur la prévention des difficultés des entreprises (CIP). Les centres d'information sur la prévention des entreprises (CIP)[1] sont des associations composées de professionnels bénévoles dont l'action consiste à faire connaître les dispositifs prévus par la loi pour prévenir ou traiter les difficultés des entreprises dès l'apparition des premiers signes de difficultés.

Le CIP national regroupe :

- la profession comptable libérale, représentée par le Conseil supérieur de l'ordre des experts-comptables (CSOEC) et la Compagnie nationale des commissaires aux comptes (CNCC) ;
- les anciens juges des tribunaux de commerce représentés par la Conférence générale des juges consulaires de France (CGJCF) ;
- la profession des avocats représentée par le Conseil national des barreaux (CNB) ;
- les chambres de commerce et d'industrie représentées par l'Assemblée des chambres françaises de commerce et d'industrie (ACFCI) ;
- les organismes de gestion représentés par l'Inter Fédération des organismes de gestion agréés (Oga), désignant les centres de gestion agréés (CGA) réservés aux artisans, aux commerçants et aux agriculteurs, et les associations agréées (AGA) destinées aux professions libérales ;
- les greffiers des tribunaux de commerce et le GIE Infogreffe représentés par le Conseil national des greffiers des tribunaux de commerce (CNGTC).

133.32 CIP au niveau local. Au niveau local, on retrouve au sein des CIP :

- le Conseil Régional de l'Ordre des Experts-Comptables ;
- la Compagnie Régionale des Commissaires aux Comptes ;
- les associations locales de juges et anciens juges des tribunaux de Commerce ;
- les chambres de commerce et d'industrie ;
- le barreau local ;
- le CIP national.

1. http://www.cip-national.fr/qui-sont-les-cip

TITRE

14. Les organismes techniques de la profession

SECTION 0

ORIENTEUR

14.00 **Sommaire du titre.**

Division. Cinq organismes, dits organismes techniques de la profession, accompagnent, pour certains depuis les années 1950, les barreaux, la Conférence des bâtonniers et le Conseil national des barreaux dans diverses missions de comptabilité, d'assurance et de prévoyance : la Caisse nationale des barreaux français (CNBF) (chap. 141), l'Association de gestion et de comptabilité des avocats (Anafagc) (chap. 142), la Société de courtage des barreaux (SCB) (chap. 143), Kerialis (ex-Crepa) (chap. 144), La Prévoyance des avocats (*LPA*) (chap. 145).

14.03 **Bibliographie indicative.**

* Aussi : v. s^s^ n° 1.03.

CHAPITRE

141. Caisse nationale des barreaux français (CNBF)

SECTION 0

Orienteur

141.00 **Sommaire du chapitre.**

Division. Créée en 1942, la Caisse nationale des barreaux français (CNBF) gère les pensions de retraite de tout avocat inscrit à un barreau français (sect. 1). Les prestations de la CNBF sont spécifiques aux régimes de retraite de base, de retraite complémentaire et d'action sociale (sect. 2). Elle se compose d'une assemblée générale des délégués, d'un conseil d'administration, d'un bureau, et d'un président (sect. 3). Son avenir est lié au projet de réforme des retraites (sect. 4).

141.01 **Textes applicables.**

TEXTES TITRÉS

- **L. n° 71-1130, 31 déc. 1971**

art. 42 [Affiliation d'office à la Caisse nationale des barreaux français du CNBF des membres de la profession d'avocat, à l'exception des avocats salariés]

- **CSS**

art. L. 723-1 [Affiliation de plein droit à la CNBF des avocats au Conseil d'État et à la Cour de cassation et tous les avocats, conjoints collaborateurs et avocats stagiaires]

art. L. 723-3 [Affectation des droits alloués et perçus pour la plaidoirie (et de contribution équivalente si l'activité principale n'est pas la plaidoirie) au financement du régime d'assurance vieillesse de base de la CNBF, sommes couvrant le tiers des charges du régime d'assurance vieillesse de base de l'année courante]

art. L. 723-5 [Perception par la CNBF d'une cotisation annuelle obligatoire, sauf exonération, graduée suivant l'âge à la prestation de serment et l'ancienneté – Perception par la CNBF d'une cotisation assise sur les revenus – Contribution du fonds solidarité vieillesse]

- **L. n° 2009-1646 29 déc. 2009**

art. 62 [Perception par la CNBF d'une cotisation destinée au financement d'un régime d'assurance décès et invalidité]

- **CSS**

art. L. 723-14 [Possibilité d'institution par la caisse nationale des barreaux français (CNBF) pour les avocats et les conjoints collaborateurs d'un régime complémentaire obligatoire et facultatif d'assurance vieillesse et survivants.]

SECTION 1

Création et adhésion

141.11 **Fonctions.** La Caisse nationale des barreaux français (CNBF)[1], établissement de droit privé doté de la personnalité morale, est l'organisme de gestion des pensions de retraite des avocats. Créée par la loi du 12 janvier 1942[2] en tant que section professionnelle de la Caisse nationale d'assurance vieillesse des professions libérales (CNAVPL), elle a été transformée en organisme autonome le 22 décembre 1954[3], et garantit une égalité de droit des avocats à l'assurance vieillesse, quel que soit leur barreau.

Le régime de retraite de base des professions libérales, institué par la loi du 17 janvier 1948[4], est géré par la Caisse nationale d'assurance vieillesse des professions libérales (CNAVPL). Il couvre, au travers de ses dix sections professionnelles toutes les personnes exerçant une activité non salariée et ne relevant pas d'une autre organisation autonome d'assurance vieillesse, à l'exception des avocats qui dépendent de la Caisse nationale des barreaux français (CNBF).

1. http://www.cnbf.fr/
2. L. 12 janv. 1942.
3. Décr. n° 54-1253, 22 déc. 1954 relatif à la Caisse nationale des barreaux français, *JO* 23 déc., p. 12049.
4. L. n° 48-101, 17 janv. 1948 instituant une allocation de vieillesse pour les personnes non salariées.

141.12 **Nature juridique.** La CNBF est un organisme de droit privé qui, si elle assure la gestion d'un service public, a des rapports de droit privé avec ses affiliés [1]. Le litige portant sur la décision d'affiliation relève en conséquence de la compétence des juridictions de l'ordre judiciaire et l'intervention d'une décision administrative, dans les rapports de la CNBF avec ses affiliés, n'est pas de nature à modifier la nature du litige, ni la détermination de la compétence [2]. Seuls les litiges relatifs au recouvrement des cotisations dues, pour le compte des avocats salariés par leurs employeurs, relèvent des juridictions de sécurité sociale [3].

141.13 **Affiliation obligatoire à la caisse.** Sont affiliés de plein droit à la CNBF les avocats au Conseil d'État et à la Cour de cassation et tous les avocats en activité, qu'ils exercent à titre indépendant ou salarié, dans les barreaux de la métropole et de la Guyane, de la Martinique, de la Guadeloupe, de la Réunion et de Mayotte, selon l'article L. 723-1 du code de la sécurité sociale.

Les avocats inscrits à un barreau français sont donc obligatoirement affiliés à la CNBF [4]. Les avocats gérants non majoritaires qui ont constitué une SELARL, exerçant chacun les fonctions d'avocat au nom de la société, sont ainsi comme tels assujettis individuellement à la CNBF [5].

Dans le cadre de la fusion des professions d'avocat et d'avoué près les cours d'appel, les anciens avoués devenus avocats relèvent aussi de la CNBF, la continuité des droits étant assurée en matière de retraite et d'invalidité-décès, leur ancienne caisse conservant cependant la liquidation et le versement de leur retraite acquise durant leur carrière d'avoué d'appel. Les conventions entre les caisses concernées (CNAVPL et Cavom) et la CNBF qui devaient venir préciser les transferts financiers à opérer ne sont pas intervenues, pas plus que le décret qui doit y pourvoir, faute d'accord.

Sont également affiliés le conjoint associé et le conjoint collaborateur [6], étant considérés comme conjoint, la personne mariée avec le chef d'entreprise comme celle liée à lui par un pacte civil de solidarité [7].

Seuls les avocats salariés, qui avant le 1er janvier 1992 exerçaient en tant que salariés la profession de conseil juridique, font exception et continuent de dépendre du régime général de la sécurité sociale ; ils seront affiliés d'office à la CNBF dès lors qu'ils débuteront une activité libérale.

141.14 **Exceptions.** Deux situations peuvent entraîner la suspension de l'affiliation de l'avocat. Il s'agit de l'avocat relevant d'un régime de sécurité sociale obligatoire de l'un des États membres de l'Union européenne, s'il produit un formulaire A1 et de l'avocat qui exerce dans un pays hors Union européenne, ayant conclu avec la France une convention de sécurité sociale visant précisément sa situation.

Selon la Cour de cassation, les restrictions qu'apporte à la liberté d'association, consacrée par l'article 11 de la Convention européenne des droits de l'Homme, l'obligation pour un avocat de cotiser à la Caisse nationale des barreaux français, sont justifiées par la protection des droits et libertés d'autrui, dont relève la contribution à la prévention des risques sociaux pouvant atteindre les membres de la profession [8].

141.15 **Affiliation des avocats à la Caisse nationale des barreaux français.** Les avocats exerçant leur profession dans un territoire français d'outre-mer, ainsi que les avocats français exerçant dans un territoire antérieurement placé sous la souveraineté, le protectorat ou la tutelle de la France, peuvent cotiser volontairement à la Caisse nationale des barreaux français [9]. Il en est de même des avocats qui exercent leur profession à l'étranger, hors pays mentionnés ci-dessus et hors Union européenne et pays associés.

Tout avocat affilié doit payer ses cotisations, même s'il exerce par ailleurs une autre profession.

Mais l'activité d'enseignement professionnel et de formation permanente dispensée par les avocats dans les CRFPA, qui constitue une obligation liée aux autres activités de la profession et imposée dans l'intérêt supérieur de celle-ci, ne peut être exercée qu'à titre libéral, en sorte que, du chef de cette activité, les avocats ne doivent pas être affiliés au régime général de la sécurité sociale [10]. Cette exception ne concerne cependant pas les activités d'enseignement dans des organismes extérieurs à la profession, tels qu'une école de notariat envers laquelle les avocats qui y enseignent ont des obligations précises d'horaire, de programme et de coordination, dès le moment où ils acceptent d'apporter leur concours à l'établissement, peu important le montant et la nature de la rémunération, la forme, la nature ou la validité du contrat et les facilités dont ces enseignants jouissent, en vue de concilier leur tâche

1. CE 11 oct. 1978, Chevalier, req. n° 11167, *Lebon ; D.* 1978. 482 ; *Gaz. Pal.* 1979. 1. Somm. 69.
2. Soc. 6 févr. 2003, n° 99-12.655, P V, n° 44 ; *TPS* 2003, n° 157 (2e arrêt), note X. Prétot.
3. CSS, art. L. 723-6-1 ; transféré par ord. n° 2018-470, 12 juin 2018, art. 5.
4. CSS, art. L. 723-1.
5. TGI Grasse, 13 août 1997, *Gaz. Pal.* 18 avr. 1998, p. 23.
6. CSS, art. L. 723-1, al. 2.
7. C. com., art. L. 121-4 et L. 121-8.
8. Civ. 1re, 19 juin 2001, n° 99-19.450, P I, n° 176.
9. CSS, art. L. 723-24, al. 1er.
10. Soc. 16 nov. 1988, n° 86-11.957, P V, n° 602.

d'enseignement avec leurs activités professionnelles habituelles[1].

L'affiliation à la CNBF est effectuée par le barreau ; l'avocat doit remplir un formulaire d'affiliation en joignant une attestation de son bâtonnier précisant la date de sa prestation de serment, de son inscription au barreau ou de sa réinscription et précisant son numéro de sécurité sociale. Le bâtonnier de chaque barreau est d'ailleurs chargé de communiquer à la CNBF, tous les ans, la liste des avocats inscrits au tableau ou admis au stage, et de lui indiquer sans délai tout changement intervenant en cours d'année. Par conséquent, si l'avocat ne demande pas spontanément son affiliation, la CNBF y procède elle-même à partir de ces informations.

Les avocats doivent informer la caisse de tout événement modifiant leur exercice professionnel, notamment leur changement d'adresse, leur changement de barreau et leur changement de statut, c'est-à-dire le passage d'une activité salariée à une activité libérale ou d'une activité libérale à une activité salariée.

Les avocats étant exclus de la liste des professions libérales rattachées au régime d'assurance vieillesse des travailleurs non-salariés des professions non agricoles et soumis à une organisation, indépendante de celle de ces professions et soumise à un contrôle particulier, il en résulte que les litiges qui opposent la CNBF à l'un de ses ressortissants relèvent de la compétence du tribunal judiciaire et non du tribunal des affaires de la sécurité sociale[2].

141.16 Évolution. Les premières caisses de retraite et de prévoyance sont nées de la loi du 31 décembre 1921 marquant l'évolution majeure du système de protection de la profession. Placé sous le contrôle des ordres, le droit de plaidoirie finança initialement les allocations et secours des avocats. Le droit de plaidoirie avait été institué à la fin du XVIIe siècle par des ordonnances royales comme la contrepartie du service public, permanent et gratuit, rendu par le barreau français sous forme de rémunération des anciens « procureurs et avoués ».

141.17 Ressources. Les ressources de la caisse sont les cotisations payées par ses membres et les « droits de plaidoirie »[3]. Il a été jugé que le droit de plaidoirie ne revêt pas le caractère d'une cotisation personnelle au régime d'assurance vieillesse de la profession d'avocat de sorte que, même radié de la CNBF, l'avocat doit s'acquitter de son versement[4]. Ce sont les droits alloués aux avocats pour la plaidoirie et perçus par eux au titre de leur activité propre comme de celle des avocats salariés qu'ils emploient. Les droits de plaidoirie ne sont plus à la charge de l'État, lorsque l'avocat est désigné au titre de l'aide judiciaire ou commis d'office[5].

Les cotisations obligatoires sont déductibles. Les taux de cotisation au régime de retraite de base sont fixés par décret, la cotisation forfaitaire obligatoire de ce même régime étant cependant fixée par l'assemblée générale de la CNBF et approuvée par les pouvoirs publics. Les taux et tranches de cotisation au régime de retraite complémentaire sont fixés par l'assemblée générale de la CNBF, qui approuve le règlement du régime, publié par arrêté ministériel.

Ces cotisations sont acquittées personnellement par les avocats libéraux, par l'employeur pour les avocats salariés et par le professionnel pour son conjoint collaborateur. Les avocats salariés étant, sauf exception, affiliés de plein droit à la CNBF depuis le 1er janvier 1992, leurs employeurs sont responsables du versement de la totalité des cotisations vieillesse CNBF. Ils bénéficient par conséquent des mêmes droits que leurs confrères libéraux.

Elles sont portables et exigibles à compter au prorata du nombre de jours d'inscription dans l'année civile. En cas de démission, d'omission ou de radiation, elles sont calculées au prorata du nombre de jours d'inscription.

SECTION 2
PRESTATIONS

141.21 Prestations. Les prestations versées par la CNBF sont spécifiques à chacun des régimes obligatoires qu'elle gère.

141.22 Prestations – Au titre du régime de retraite de base. Une pension de vieillesse est liquidée au bénéfice de l'avocat qui justifie avoir une durée d'assurance et un âge minimum, identiques à ceux requis au régime général des salariés. La pension est égale au montant fixé par l'assemblée générale de la CNBF pour une carrière complète et en cas de durée de cotisation à la CNBF inférieure à soixante trimestres, au montant – éventuellement calculé au prorata du nombre de trimestres – sur la base de l'allocation aux vieux travailleurs. Il s'agit donc d'une prestation forfaitaire indépendante du montant des cotisations versées par l'avocat tout au long de sa carrière professionnelle. Système unique en France pour une profession libérale, cette presta-

1. Soc. 12 févr. 1976, n° 74-13.510, P V, n° 90 – DÉJÀ : Soc. 18 oct. 1990, n° 88-12.363, P V, n° 489.
2. Soc. 6 févr. 2003, n° 00-18.912, P V, n° 45 – *TPS* 2003, n° 157 (1er arrêt), note Prétot.
3. CSS, art. L. 723-3.
4. Civ. 2e, 20 sept. 2005, n° 03-12.444, P II, n° 222, *JCP S* 2005. 1424, note Prétot.
5. CSS, art. L. 723-4 ; abrogé par L. n° 201-1657, 29 déc. 2010 de finances pour 2011, art. 74-IV.

tion forfaitaire est l'expression de la solidarité entre les avocats.

Une pension de réversion peut être versée en cas de mariage d'une durée supérieure à cinq années (sauf enfant issu du mariage), sans condition d'âge ; elle est égale à 50 % de la retraite de base. En cas de conjoints successifs, la pension de réversion est partagée entre ceux qui ne sont pas remariés au prorata de la durée de chaque mariage.

141.23 Prestations – Au titre du régime de retraite complémentaire. La CNBF verse une pension dont le montant est calculé à partir du nombre total de points acquis par cotisations durant toute la carrière d'avocat. Le montant annuel de la pension est le produit de ce nombre de points par la valeur de service du point, telle que fixée par l'assemblée générale de la CNBF chaque année[1]. Il s'agit donc d'un régime contributif dont le montant de la prestation est fonction des cotisations qui auront été versées par l'avocat tout au long de sa carrière professionnelle.

Pendant une période transitoire de 15 ans débutant au 1er janvier 2015, chaque avocat peut choisir chaque année son niveau de cotisations. Au terme de la période transitoire, le principe du régime de croisière sera un niveau de cotisation obligatoire en fonction de tranches de revenus.

141.24 Prestations – Au titre du régime d'invalidité décès. La CNBF verse à partir du 90e jour d'arrêt de travail une indemnité journalière en cas d'incapacité totale d'exercer, et ce durant une durée maximum de trois années. Au-delà, une pension pour invalidité permanente peut être versée, d'un montant égal au moins à la moitié de la retraite de base entière. En cas de décès, un capital est versé à la veuve ou aux orphelins.

141.25 Prestations – Régime d'action sociale. La CNBF dispose également d'un régime d'action sociale, qui permet l'attribution de secours individuels ponctuels sur justification d'une insuffisance des ressources du ménage, appréciées par une commission *ad hoc* du conseil d'administration de la CNBF.

SECTION 3
ORGANISATION

141.31 Composition : quatre organes. La CNBF se compose d'une assemblée générale des délégués, d'un conseil d'administration, d'un bureau, et d'un président.

L'assemblée générale de la caisse est composée de délégués, élus par tous les avocats inscrits avant le 31 décembre de l'année précédant la réunion de l'assemblée générale. Elle se compose[2] de 145 délégués élus ou désignés pour six ans. Elle fixe le montant des cotisations et prestations pour l'année à venir. Elle établit ou modifie les statuts de la caisse et le règlement du régime complémentaire. Elle propose sous forme de résolutions toutes modifications de nature législative ou réglementaire qui permettront de créer de nouvelles ressources ou prestations ou bien encore viendront modifier l'existant.

Le conseil d'administration, élu par l'assemblée générale, est composé de 38 administrateurs titulaires et 38 administrateurs suppléants élus ou désignés pour six ans. Il propose les nouveaux taux des cotisations et des prestations à l'assemblée générale. Par ailleurs, il est chargé principalement de voter les budgets, d'approuver les comptes de l'exercice.

C'est également le conseil d'administration qui choisit le directeur et l'agent comptable de la caisse et qui a le pouvoir de les révoquer. Il peut gérer des institutions à caractère social.

Le bureau est composé d'un président, de huit vice-présidents et d'un secrétaire général. Ses membres sont élus au sein du conseil d'administration. Ils préparent les conseils d'administration et statuent en commission de recours gracieux pour le règlement de certains dossiers. Ils sont élus pour un an et rééligibles.

SECTION 4
PROJET DE RÉFORME DES RETRAITES

141.41 Réforme des retraites en projet. Une très profonde réforme des retraites est envisagée par les pouvoirs publics. Elle a pour objet de fondre tous les régimes de retraite existants, avocats y compris, dans un seul régime universel de retraite fonctionnant sur un système de répartition exclusivement par points. Cette réforme conduirait notamment à la disparition du régime de base CNBF, à un alourdissement considérable des cotisations. Elle menacerait probablement les réserves constituées par la CNBF grâce aux efforts et aux cotisations des avocats.

Cette tentative de réforme a été très mal accueillie par les avocats. Ils ont déclenché un mouvement de grève d'une grande ampleur, qui n'a été interrompu que par la crise sanitaire de la Covid-19. Cette dernière a par ailleurs conduit à l'abandon (provisoire ?) de la réforme.

1. Arr., 20 juin 2014 portant approbation des modifications apportées au règlement du régime de retraite complémentaire des avocats établi par la Caisse national des barreaux français, *JO* 7 juill., n° 24, NOR : AFSS1414912A.

2. CSS, art. R. 723-2.

CHAPITRE

142. Association de gestion et de comptabilité des avocats (Anafagc)

SECTION 0
ORIENTEUR

142.00 Sommaire du chapitre.

Division. Issue de la fusion, en 2019, entre l'Association de gestion agréée monoprofessionnelle dédiée aux BNC (Anaafa), créée fin 1970, et l'Union nationale des avocats pour la gestion des cabinets (Unagc), l'Association de gestion et de comptabilité des avocats (Anafagc), association de gestion et de comptabilité (AGC), prend en charge l'ensemble des missions comptables (sect. 1). Dirigée par un conseil d'administration, un bureau et des délégations régionales, elle regroupe plus de 22 000 avocats adhérents (sect. 2).

SECTION 1
CRÉATION ET MISSIONS

142.11 Nature de l'association. L'Anafagc est une association de gestion et de comptabilité (AGC) issue de la fusion, en 2019, entre l'Association de gestion agréée monoprofessionnelle dédiée aux BNC (Anaafa) et l'Union nationale des avocats pour la gestion des cabinets (Unagc), association de gestion et de comptabilité dédiée aux BIC. L'Anaafa[1] était une association nationale d'assistance administrative et fiscale soumise à la loi de 1901. Il s'agissait d'une association de gestion agréée (AGA) par l'administration fiscale. C'était la première association de gestion agréée mono professionnelle.

1. https://www.anaafa.fr

142.12 Origines et évolution. L'Anaafa avait été créée à la fin des années 1970, sous la forme d'une association de gestion agréée, mono-professionnelle. Elle comptait 5 000 adhérents en 1977, quand elle fut créée en Île-de-France à l'initiative de l'Union nationale des caisses d'avocats (Unca), des Ordres, de la Carpa de Paris et de certains organismes professionnels ou syndicaux.

142.13 Missions. Le domaine d'activité d'Anafagc est le même que celui des cabinets d'expertise comptable. À ce titre, elle prend en charge l'ensemble des missions comptables allant de l'enregistrement des factures jusqu'à la réalisation des comptes annuels. Elle est également viseur conventionné et délivre des prestations paie et des missions sociales. Enfin, Anafagc est éditrice de logiciels.

L'Annafa avait pour mission de contrôler la cohérence et la vraisemblance de la comptabilité de ses adhérents avocats (qu'elle soit tenue par un expert-comptable ou par eux-mêmes). Les adhérents à une association agréée bénéficient de la non-application de la majoration de 25 % sur le résultat imposable.

142.14 Jeunes avocats. Le service « jeunes avocats » de l'association propose aux avocats débutants de bénéficier de l'assistance de l'association à des conditions financières exceptionnellement avantageuses.

142.15 Autres services. L'Anaafa proposait une assistance fiscale, un service de gestion comptable assistée (Comptavocat) et aussi le traitement global de la comptabilité. Le logiciel Aidavocat est un logiciel dédié à la tenue de la comptabilité du cabinet d'avocat. L'Anaafa en a développé des versions dotées de fonctionnalités qui en font un véritable logiciel de gestion.

Paie Avocat est un service de traitement de la paie pour le personnel des cabinets, qui établit tous les mois plus de 7 000 bulletins.

Aujourd'hui, les cabinets adhérents (quels que soient leur mode d'exercice et leur régime fiscal : IR ou IS), peuvent bénéficier des services déjà proposés par l'Anaafa (visa fiscal, comptabilité et conseil, paie, solutions logicielles), de la prise en charge de leur comptabilité (BIC - IS/IR) jusqu'à la liasse fiscale et de services complémentaires connexes, tels que le traitement des SCI ou des propositions de conseils (financement d'un investissement, statut du dirigeant...).

142.16 **Périodique *Maître*.** Anafagc continue de publier *Maître*, une revue d'information trimestrielle. *Maître* publie régulièrement les statistiques de la profession établies par l'Anafagc.

142.17 **Statistiques de l'Anafagc.** L'association publie annuellement le rapport des statistiques établi à partir de l'analyse des différents postes inscrits sur les déclarations n° 2035 souscrites par ses adhérents. Les études portent sur l'examen des recettes, bénéfices et charges résultant des déclarations n° 2035. Les données présentées donnent une vue de la situation économique des avocats et offrent à chaque avocat la possibilité de se situer par rapport aux résultats des autres professionnels, au niveau national ou régional.

Ces statistiques permettent également d'appréhender l'évolution économique des cabinets. Elles permettent de mesurer les écarts entre les différentes formes d'exercice. Elles restent un précieux instrument d'analyse, même si elles ne concernent pas les avocats, de plus en plus nombreux, qui exercent sous une forme impliquant le recours à la comptabilité d'engagements.

142.18 **Formation.** L'association a développé une offre de formation sur les sujets qui touchent à la gestion du cabinet, à la fiscalité ou aux structures d'exercice. Elle intervient dans les centres de formation professionnelle, à l'occasion des manifestations organisées par la profession (Convention nationale, Campus...) ou dont elle assure la maîtrise d'œuvre (rencontres Anaafa).

SECTION 2
ORGANISATION ET ADHÉRENTS

142.21 **Membres adhérents.** Les membres adhérents sont des avocats exerçant individuellement ou en association ou des sociétés d'avocats relevant du régime fiscal des sociétés de personnes, autorisées à adhérer à une association agréée.

Elle rassemblait, au moment de la création de l'Anafagc 18 730 cabinets adhérents pour un total de 22 144 avocats adhérents : avocats, professeurs de droit...

142.22 **Conseil d'administration.** Le conseil d'administration est composé exclusivement de membres adhérents. Il s'agit d'administrateurs (douze dont six membres du barreau de Paris) élus par l'assemblée générale pour six ans et des délégués régionaux. Le conseil d'administration est renouvelé par moitié tous les trois ans.

Les trois organes représentatifs, Conseil national des barreaux, barreau de Paris et Conférence des bâtonniers sont associés à sa gouvernance d'avocats.

142.23 **Bureau.** Un bureau de quinze membres est élu par les membres du conseil d'administration. Cinq des membres du bureau sont des avocats inscrits au barreau de Paris. Les membres du bureau sont élus pour trois ans, à l'exception du président, élu pour deux ans (et non rééligible en cette qualité).

142.24 **Délégations régionales.** L'Anafagc bénéficie d'une implantation nationale. Elle dispose d'un réseau de vingt-cinq délégations régionales qui lui permet d'offrir des services au contact de ses adhérents.

142.25 **Personnel administratif.** L'Anafagc emploie un nombre de salariés considérable, puisqu'il dépasse le chiffre de deux cents. Ils sont employés à son siège social à Paris, ou dans ses délégations régionales.

CHAPITRE

143. Société de courtage des barreaux (SCB)

SECTION 0
ORIENTEUR

143.00 Sommaire du chapitre.

Division. Créée fin 2001, la Société de courtage des barreaux (SCB) centralise les informations sur les sinistres et intervient dans les négociations tarifaires avec les compagnies d'assurance (sect. 1). Dirigée par un conseil de surveillance composé de deux collèges, elle regroupe un peu moins d'une centaine de barreaux (sect. 2).

SECTION 1
CRÉATION ET MISSIONS

143.11 Origine de la SCB. La Société de courtage des barreaux (SCB)[1], a été créée à la fin de l'année 2001 sous forme d'une société par actions simplifiée à capital variable sous l'impulsion et à l'initiative conjointe de la Conférence des bâtonniers[2] et de 53 barreaux. Elle a été bâtie sur le modèle des sociétés de courtage captives, qui existent depuis longtemps dans d'autres domaines.

143.12 Missions. La création de la SCB répondait à plusieurs objectifs. La centralisation des informations sur les sinistres par un seul organisme, propriété et outil de la profession, permettait de disposer des mêmes informations que les compagnies d'assurances et d'apprécier exactement la sinistralité des barreaux. L'intervention de la SCB dans les négociations tarifaires a aussi permis de rétablir un équilibre entre barreaux et compagnies. Les informations recueillies ont également permis à la profession de créer un véritable « observatoire des risques ». Grâce à la compétence de son équipe de juristes, dont la plupart sont issus de la profession d'avocat (Pierre Mathieu, ancien bâtonnier d'Aix-en-Provence a été longtemps le directeur administratif de la société).

La SCB intervient également lors de la gestion des sinistres et participe ainsi au contrôle des provisions pratiquées par les compagnies d'assurances. De cette manière, elle favorise toujours une réelle adéquation de la prime avec la sinistralité constatée. Elle s'investit également dans des missions d'information et de formation en matière de RC Pro tant auprès des Ordres que des Écoles d'avocats.

143.13 Développement de la SCB. La Société de courtage des barreaux est depuis 2005 le premier courtier français pour les assurances responsabilité civile professionnelle et non représentation de fonds des barreaux de province. Elle gère les contrats d'assurance RC professionnelle de plus de 145 barreaux (29 000 avocats) et les contrats non-représentation de fonds (NRF) de 159 barreaux (plus de 33 000 avocats). Elle propose également aux avocats, membres des 159 barreaux adhérant à l'Association pour la maîtrise des risques des avocats (Amra), de souscrire des garanties complémentaires d'assurance de responsabilité civile professionnelle, ainsi que des assurances spécifiques à leur activité : assurance fiducie, perte de collaboration, responsabilité civile des mandataires sociaux (RCMS) et prévention des difficultés des cabinets..., le tout afin de sécuriser l'exercice de l'activité des avocats.

SECTION 2
ORGANISATION ET ADHÉRENTS

143.21 Associés. Ne peuvent être associés de la SCB que les barreaux. On en compte aujourd'hui 92. Pour être associés, les ordres souscrivent un nombre

1. http://www.scb-assurances.com
2. V. s[5] n° 119.11.

d'actions égal au nombre d'avocats inscrits au tableau lors de la demande d'admission. L'adhésion à la société entraîne pour l'associé l'obligation de faire gérer ses contrats d'assurance obligatoire par la société.

143.22 **Conseil de surveillance.** La Conférence des bâtonniers est membre de droit du conseil de surveillance, dont elle assure la présidence. Les autres membres du conseil de surveillance, désignés pour une durée de trois ans par l'assemblée générale ordinaire, sont issus de deux collèges, l'un composé des barreaux actionnaires, l'autre des membres proposés par les conférences régionales des bâtonniers.

CHAPITRE

144. Kerialis

SECTION 0

ORIENTEUR

144.00 **Sommaire du chapitre.**

Division. Kerialis succéda, en 2017, au groupe Crepa en charge, depuis 1971 des salariés des cabinets d'avocats (sect. 1). Elle dispose d'une fiscalité et d'un mécanisme de réserve de solvabilité qui lui sont propres (sect. 2).

SECTION 1

CRÉATION ET MISSIONS

144.11 **Groupe Crepa devenu Kerialis.** Le 12 janvier 2017 le groupe Crepa est devenu Kerialis [1]. Cette identité s'est accompagnée de l'évolution des garanties de sa couverture prévoyance et de la mise en place d'un extranet pour dématérialiser les échanges avec les clients [2].

Auparavant, le groupe Crepa fut le groupe paritaire de protection sociale du personnel des avocats, constitué de la Crepa, de la Crepa-rep et de la Crepa-conseil. Il couvre les besoins des professionnels de la branche, dans le domaine de la retraite, de la prévoyance, de la santé, et de l'action sociale. Le groupe Crepa est constitué d'institutions paritaires dont les conseils d'administration sont formés des représentants de la branche, eux-mêmes désignés par les organisations syndicales signataires de la convention collective nationale réglant les rapports entre les avocats et leur personnel.

Les administrateurs employeurs constituent le collège des adhérents, alors que les administrateurs salariés ou retraités sont réunis au sein du collège des participants. Chaque institution s'organise en bureau et commissions spécialisées.

1. https://Kerialis.fr
2. Communiqué de presse, 30 avr. 2017.

144.12 **Crepa.** Créée en 1959, la Crepa est une institution de prévoyance à caractère professionnel et national, régie par les dispositions des Titres I et III du Livre IX du code de la sécurité sociale. En charge, depuis 1971, des salariés des cabinets d'avocats, la Crepa assure la prévoyance (incapacité, invalidité, dépendance, frais d'obsèques, décès, rente éducation), la retraite supplémentaire et gère, pour le compte des employeurs avocats, le remboursement de l'indemnité de fin de carrière de leurs salariés. La Crepa a créé en 2003 un régime de dépendance collectif obligatoire révisé le 1er janvier 2010 ; cette garantie est complétée par un régime facultatif pour les anciens salariés et les retraités de la branche. Le régime de retraite supplémentaire collectif obligatoire, qui s'est concrétisé en 1994 par la mise en place d'une retraite par capitalisation, permet aujourd'hui le maintien d'un minimum de revenus après le départ en retraite en complément du régime obligatoire de base géré par la Caisse nationale d'assurance vieillesse (CNAV) et du régime complémentaire obligatoire géré par l'Arrco.

La Crepa propose aussi une complémentaire santé, afin de compléter son offre auprès des salariés de la branche et permettre aux employeurs de la branche de remplir leurs nouvelles obligations légales à compter du 1er janvier 2016.

144.13 **Crepa-rep.** Les salariés des cabinets d'avocats cotisent au régime de retraite complémentaire Agirc-Arrco. Depuis le 1er janvier 2019, les régimes de retraite Agirc et Arrco ont fusionné pour devenir le régime de retraite Agirc-Arrco. La retraite complémentaire Agirc-Arrco vient s'ajouter à la retraite de base servie par la Sécurité sociale. Depuis le 1er janvier 2017, les salariés des cabinets d'avocats ne cotisent plus auprès de la Crepa. Depuis cette date, ils cotisent auprès de Malakoff Humanis pour la retraite complémentaire. Leurs droits à la retraite ont été transférés auprès de Malakoff Humanis sans perte de droits.

Antérieurement, les cotisations étaient versées à la Crepa-rep. Il s'agissait d'une institution paritaire qui gérait par délégation de l'Arrco, la retraite complémentaire obligatoire des salariés des cabinets d'avocats.

144.14 **Crepa conseil.** L'offre du groupe a été complétée en 2009, avec la création d'une société de courtage paritaire (filiale à 100 % de la Crepa), dénommée Crepa conseil, afin d'offrir des solutions d'assurance dans les domaines de la complémentaire santé, de la dépendance, de l'automobile, de l'habitation, l'assurance bailleur et une assurance prévoyance complémentaire au régime collectif obligatoire de la branche.

SECTION 2
FISCALITÉ

144.21 **Fiscalité et mécanisme de réserve de solvabilité.** La Crepa devenue Kerialis est soumise depuis le 1er janvier 2012 à l'impôt sur les sociétés de droit commun après plusieurs reports successifs de l'article 88 de la loi de finances pour 2006 [1]. Les résultats de Kerialis font l'objet d'un rapport et d'une publication annuelle. [2]

1. L. n° 2005-1719, 30 déc. 2005 de finances pour 2006, *JO* 31 déc., n° 1.
2. https://kerialis.fr

CHAPITRE

145. La Prévoyance des avocats (LPA)

SECTION 0 ORIENTEUR

145.00 **Sommaire du chapitre.**

Division. Succédant à l'Association de prévoyance du barreau français (APBF), en 2006, La Prévoyance des Avocats (*LPA*) élabore des produits de prévoyance spécifiques à la profession (sect. 1). Dirigée par un conseil d'administration constitué de deux collèges, elle regroupe la plupart des barreaux de province (sect. 2).

SECTION 1 CRÉATION ET MISSIONS

145.11 **Origine de *LPA*.** Les produits financiers des fonds détenus par les Carpa peuvent être utilisés par les barreaux pour le financement d'actions de prévoyance[1]. L'existence de cette possibilité a conduit à l'élaboration de produits de prévoyance spécifiques, souscrits par les barreaux. Ne peuvent être associés de la SCB, en dehors de la Conférence des bâtonniers, que les barreaux. On en compte aujourd'hui 102. Pour être associés, les ordres souscrivent un nombre d'actions égal au nombre d'avocats inscrits au tableau lors de la demande d'admission. L'adhésion à la société entraîne pour l'associé l'obligation de faire gérer ses contrats d'assurance obligatoire par la société.

Jusqu'en 2006 ces produits ont été proposés par l'Association de prévoyance du barreau français (APBF). En 2006, une nouvelle association a vu le jour, La prévoyance des avocats (*LPA*)[2].

1. Décr. n° 91-1197, 27 nov. 1991, art. 235-1 – V. s[s] n° 121.45.
2. www.laprevoyance.org

145.12 **Missions de *LPA*.** Dans le domaine de la prévoyance *LPA* propose aux ordres de souscrire des garanties complémentaires collectives. Les avocats peuvent également souscrire des garanties individuelles.

Par l'intermédiaire de *LPA* les avocats peuvent également obtenir une couverture complémentaire santé.

LPA gère également un régime de retraite complémentaire par capitalisation relevant de la loi du 11 février 1994[3], dite loi Madelin, Avocapi. Ce régime a pris fin le 31 décembre 2011, ces adhérents étant invités à transférer leurs droits vers un autre assureur.

En 2013, le conseil d'administration de *LPA* a confié le courtage de ses contrats à la société de courtage des barreaux (SCB)[4].

À partir du 1er janvier 2016, une couverture complémentaire santé collective (mutuelle d'entreprise) doit être proposée par l'employeur à tous les salariés, n'en disposant pas déjà, en complément des garanties de base d'assurance-maladie de la Sécurité sociale. *LPA* a donc lancé une nouvelle offre pour permettre aux avocats de faire face à cette obligation.

Un partenariat a été passé avec Kerialis, qui a remplacé MGD, initialement sélectionné.

L'objectif recherché en créant *LPA* était de simplifier la gestion administrative de la protection sociale en proposant aux avocats un « guichet unique », de façon à rendre totalement transparent pour eux le fait que plusieurs acteurs (la CNBF et *LPA*) étaient amenés à intervenir pour leur servir des prestations relevant de régimes différents. La CNBF[5], organisme de sécurité sociale, assure en effet l'indemnisation

3. L. n° 94-126, 11 févr. 1994 relative à l'initiative et à l'entreprise individuelle, *JO* 13 févr., p. 2493.
4. V. s[s] n° 143.11.
5. V. s[s] n° 141.11.

des arrêts de travail à partir du 91e jour. Le guichet unique intervient dans tous les cas, qu'il s'agisse de mobiliser le régime « national », les garanties complémentaires souscrites par les barreaux et/ou les garanties souscrites par les avocats à titre individuel.

SECTION 2
ORGANISATION ET ADHÉRENTS

145.21 **Conseil d'administration de *LPA*.** Le conseil d'administration de *LPA* est constitué de deux collèges. Les institutions de la profession, membres de *LPA* siègent dans un premier collège. Il s'agit de la Conférence des bâtonniers, du Conseil national des barreaux, des conférences régionales, de la CNBF et de l'Unca. Le deuxième collège est composé des affiliés de *LPA* avocats membres des barreaux de province ou de Paris et avocats à la Cour de cassation et au Conseil d'État. La présidence de l'association est assurée par le président de la Conférence des bâtonniers et par un président délégué, qu'il désigne.

145.22 **Barreaux adhérents à *LPA*.** Le barreau de Paris, qui avait participé à la fondation de *LPA* s'en est retiré. La plupart (160) des barreaux de province adhèrent à *LPA* qui assure la couverture prévoyance d'environ 30 000 avocats.

LIVRE

2. L'ACCÈS À LA PROFESSION D'AVOCAT ET SA FIN

SECTION 0 ORIENTEUR

2.00 Sommaire du livre.

Division. L'accès à la profession d'avocat est précédé depuis 1941 par une formation professionnelle (titre 21) spécifique, qui passe obligatoirement par l'inscription au tableau (titre 22), jusqu'à la cessation de l'activité professionnelle (titre 24). L'établissement en France des avocats inscrits à un barreau étranger et des personnes qualifiées dans leur État d'origine (titre 23) est régi par un statut particulier.

2.03 Bibliographie indicative.

* Aussi : v. s[s] n° 013.00 s.

Encyclopédies. *J.-Cl. Pr. civ.*, fasc. 83-2 : avocats, Composition du tableau, 2014 – *J.-Cl. Civ. Annexes, v° Avocat*, fasc. 20 : avocats, 2014 – *J.-Cl. Pr. civ.*, fasc. 83-2 : avocats.

Monographies. R. Martin, *Déontologie de l'avocat,* 11e éd., « Litec professionnels », LexisNexis, 2013 – B. Beignier, B. Blanchard, J. Villacèque (dir.), *Droit et Déontologie de la profession d'avocat*, 2e éd., Gazette du Palais – LGDJ, 2016 – J.-M. Braunschweig, J. Demaison, *Profession d'avocat : le guide*, 4e éd., Wolters Kluwer, 2017. J.-J. Taisne, *La déontologie de l'avocat*, 11e éd., « Connaissance du droit », Dalloz, 2019.

Formats réduits. N. Guerrero, E. Wolton, *Examen d'accès aux CRFPA : La note de synthèse*, 2e éd., « Carrières judiciaires », Gazette du Palais – Lextenso, 2013 – S. Guinchard, *Comment devenir avocat*, 13e éd., « Carrières judiciaires », Gazette du Palais – Lextenso, 2019 – J.-Cl. et S. Woog, *Devenir avocat*, 3e éd., « Carré droit », LexisNexis, 2008.

TITRE

21. La formation professionnelle

SECTION 0
ORIENTEUR

21.00 **Sommaire du titre.**

Division. La formation professionnelle initiale délivrée par les CRFP (chap. 211), hors dispenses du certificat d'aptitude à la profession d'avocat (Capa) (chap. 212), est complétée par une obligation de formation continue (chap. 213) et une éventuelle spécialisation (chap. 214), elle-même soumise à une obligation de formation continue particulière.

21.03 **Bibliographie indicative.**

* Aussi : v. s^{s} n° 2.03.

Encyclopédies. *J.-Cl. Pr. civ.*, fasc. 83-2 : avocats, Composition du tableau, 2014 – *J.-Cl. Civ. Annexes, v° Avocat*, fasc. 20 : avocats, 2014 – *J.-Cl. Pr. civ.*, fasc. 83-2 : avocats.

Monographies. R. Martin, *Déontologie de l'avocat,* 11e éd., « Litec professionnels », LexisNexis, 2013 – B. Beignier, B. Blanchard, J. Villacèque (dir.), *Droit et Déontologie de la profession d'avocat*, 2e éd., Gazette du Palais – LGDJ, 2016 – J.-M. Braunschweig, J. Demaison, *Profession d'avocat : le guide*, 4e éd., Wolters Kluwer, 2017.

Format réduit. S. Guinchard, *Comment devenir avocat*, 13e éd., « Carrières judiciaires », Gazette du Palais – Lextenso, 2019 – J.-J. Taisne, *La déontologie de l'avocat*, 11e éd., « Connaissance du droit », Dalloz, 2019.

CHAPITRE

211. Formation initiale

SECTION 0 ORIENTEUR

211.00 **Sommaire du chapitre.**

Division. La formation initiale est établie dès 1941 par la création du certificat d'aptitude à la profession d'avocat (Capa) (sect. 1), suivie dès 1971 par la création des centres régionaux de formation professionnelle (CRFP) (sect. 2) dont l'accès passe par un examen national, dit pré-Capa (sect. 3). La formation dispensée par les CRFP (sect. 4), où l'élève avocat dispose d'un statut particulier (sect. 5), est sanctionnée par l'examen du certificat d'aptitude à la profession d'avocat (Capa) (sect. 6).

211.01 **Textes applicables.**

TEXTES TITRÉS

• **L. n° 71-1130, 31 déc. 1971**

art. 11 [Conditions d'accès]

art. 12 [Formation théorique et pratique]

art. 12-1, dernier al. [Accès des docteurs en droit au CRFP]

art. 12-2 [Secret professionnel]

art. 13 [Missions du CRFP]

art. 13-1 [Siège et ressort des CRFP]

art. 14 [Recours]

art. 14-1 [Financement des CRFP]

• **Décr. n° 91-1197, 27 nov. 1991**

art. 42 [Organisation des CRFP]

art. 43 [Composition du conseil d'administration des CRFP]

art. 44 [Magistrats et universitaires]

art. 44-1 [Délibération du conseil d'administration]

art. 45 [Durée du mandat]

art. 46 [Bureau]

art. 47 [Présidence]

art. 48 [Règlement intérieur]
art. 49 [Gestion]
art. 51 [Conditions d'accès au CRFP]
art. 51-1 [Commission nationale d'examen]
art. 52 [Condition de diplômes]
art. 53 [Jury]
art. 55 [Étudiants étrangers]
art. 56 [Organisation de la formation]
art. 57 [Formation commune de base]
art. 58 [PPI et stage auprès d'un avocat]
art. 58-1 [Organisation en continu ou en alternance]
art. 59 [Avocats maîtres de stage]
art. 60 [Activités de l'élève durant le stage]
art. 62 [Dépendance juridique]
art. 63 [Sanctions disciplinaires]
art. 64 [Procédure disciplinaire]
art. 66 [Voie de recours]
art. 67 [Nouveau cycle de formation]
art. 68 [Certificat d'aptitude à la profession d'avocat (Capa)]
art. 69 [Jury]
art. 70 [Organisation de l'examen]
art. 71 [Échec à l'examen]

• **Arr. 17 oct. 2016** fixant le programme et les modalités de l'examen d'accès au centre régional de formation professionnelle d'avocats, *JO* 18 oct., n° 6, NOR : MENS1629317A.

• **Arr. 7 déc. 2005** fixant le programme et les modalités de l'examen d'aptitude à la profession d'avocat, *JO* 15 déc., p. 19290, NOR : JUSC0520939A.

• **Décis. CNB n° 2020-001, 11 sept. 2020** définissant les principes d'organisation et harmonisant les programmes de la formation des élèves avocats, *JO* 5 nov., n° 23, NOR : JUSC2025094S.

211.02 Jurisprudence de référence.

> Une cour d'appel ne peut dénier au conseil d'administration d'un centre régional de formation professionnelle des avocats le pouvoir d'imposer aux élèves une participation aux frais afférents à leur formation

• **Civ. 1re, 2 mars 1999,** n° 98-10.537, P I, n° 70

* V. ss n° 211.83.

« Attendu que l'arrêt attaqué a annulé les décisions III-1 et III-2 du 16 septembre 1997 par lesquelles le conseil d'administration de l'École de formation professionnelle des Barreaux de la cour d'appel de Paris (EFB) a approuvé les orientations pédagogiques de la première année de formation et fixé à 15 000 francs le droit d'inscription par élève pour l'année 1998 ;

[...]

Vu l'article 14 de la loi du 31 décembre 1971 modifiée et l'article 48 du décret du 27 novembre 1991, ensemble les articles 12 et 21 des statuts de l'EFB de Paris ;

Attendu que, selon l'article 21 des statuts de l'EFB valant règlement intérieur, les ressources de cet établissement sont notamment constituées par des « frais d'inscription et de scolarité qui seraient décidés par le conseil d'administration » ;

Attendu que sans avoir égard à l'article 21 précité qui n'avait pas été contesté selon les modalités fixées par l'article 48 du décret du 27 novembre 1991, la cour d'appel, en déniant au conseil d'administration de l'EFB le pouvoir d'imposer aux élèves une participation aux frais afférents à leur formation, au motif que cette disposition serait contraire à la loi du 31 décembre 1971 et audit décret, a violé les textes susvisés ;

PAR CES MOTIFS, et sans qu'il y ait lieu de statuer sur les deux premières branches du troisième moyen :

CASSE ET ANNULE [...]. »

> Les élèves avocats effectuant un stage dans une juridiction ne peuvent participer au délibéré avec voix consultative

• **Crim. 7 mai 2008,** n° 08-81.318, P n° 107

* V. ss n° 211.174.

« Vu l'article 12-2 de la loi du 31 décembre 1971 ;

Attendu que si, aux termes de ce texte, les élèves des centres régionaux de formation professionnelle d'avocats effectuant un stage dans une juridiction peuvent "assister" aux délibérés, cette disposition exclut toute participation desdits élèves aux décisions prises par la juridiction ;

Attendu qu'il résulte des mentions de l'arrêt attaqué que Y..., élève assermentée au CRFPA de Toulouse, ... a assisté aux débats et avec voix consultative au délibéré en vertu de l'article 19 de l'ordonnance du 22 décembre 1958 ;

Mais attendu qu'en acceptant ainsi que des élèves avocats participent à son délibéré, la chambre de l'instruction a méconnu le texte susvisé ;

D'où il suit que, cette irrégularité touchant à l'organisation judiciaire, la cassation est encourue ;

Par ces motifs, et sans qu'il soit besoin d'examiner le second moyen de cassation proposé :

CASSE et ANNULE [...]. »

211.03 Bibliographie de référence.

* Aussi : v. ss n° 21.03.

Format réduit. S. Guinchard, *Comment devenir avocat*, 13e éd., « Carrières judiciaires », Gazette du Palais – Lextenso, 2019 – J.-Cl. et S. Woog, *Devenir avocat*, 3e éd., « Carré droit », LexisNexis, 2008.

Contribution. J.-M. Leloup, « Libres propos sur la formation professionnelle des avocats », *Mél. Paillusseau*, Dalloz, 2013, p. 351.

Articles.

> Généralités. B. Deffains et J.-B. Thierry, « Faut-il ouvrir ou restreindre les conditions d'accès à la profession d'avocat ? », *JCP* 2014. act. 42 – L. Garnerie, « Formation initiale des avocats : le grand soir ? », *Gaz. Pal.* 27 nov. 2018, n° 337, p. 5 ; « Formation initiale : le big bang des écoles d'avocats », *Gaz. Pal.* 1er oct. 2019, n° 33, p. 8 – S. Guinchard et J.-M. Mousseron, « La formation des futurs avocats : une exigence, une passion », *JCP* 1992. I. 3571 – S. Guinchard, « La formation des avocats après la fusion », *Gaz. Pal.* 1996. 1. Doctr. 14 ; « Quelle formation pour les avocats de demain ? », *JCP* 2018. Doctr. 1258 – B. Mathieu, « La formation universitaire des avocats : réforme ou révolution ? », *JCP* n° 18, 5 mai 2014, 527 – Y. Paclot, « De la sélection des futurs avocats », *Gaz. Pal.* 14 mai 1998, p. 7 – G. Teboul, « L'école de formation du barreau : une proposition de réforme ? », *Gaz. Pal.* 2011. 3261 ; « La formation initiale des avocats : le grand jour ? », *Gaz. Pal.* 18 déc. 2018, n° 338, p. 11 – T. Wickers, « Mettre les "cliniques du droit" au service d'une réforme de la formation des avocats et à celui de l'accès au droit », *JCP* 2014, act. 469.

> Sur l'examen d'accès aux CRFP depuis 2017. J.-V. Borel, « Réforme de l'examen d'entrée aux CRFPA », *JCP* 2017. 458 – R. Dalmau, « Après le temps de la réforme, le temps de la clarification », *D.* 2017. 305 – L. Dargent, « Réforme des conditions d'accès aux CRFPA », *D. avocats*, 2016. 302 – J.-F. Leca, J.-V. Borel, « Avec la réforme, comment se préparer à l'examen d'entrée aux CRFPA ? », *JCP* 2016. 1402 – F.-X. Lucas, « La réforme de l'examen d'accès à la profession d'avocat », *LPA* 2016, nos 2018-2019, p. 6 – D. Mazeaud, « Du rififi chez les juristes », *JCP* 2016. 1126 – T. Wickers, « Réforme de l'examen d'entrée au CRFPA », *D.* 2017. 344.

Rapports. S. Clavel, K. Haeri, *Rapport du groupe de travail sur la formation des avocats*, Rapport remis au garde des Sceaux, oct. 2020 – K. Haeri, *L'avenir de la profession d'avocat, Rapport remis au garde des Sceaux*, La Documentation française, 2017 – D. Lequai (dir.), *Rapport relatif à la formation des avocats*, Commission permanente de l'UJA de Paris, 8 janv. 2008 – P. Lafont, *Rapport d'orientation sur la formation initiale et sur la restructuration des centres*, CNB, AG 19 juin 2004.

211.05 **Moyen Âge et Ancien Régime.** La formation des avocats pendant des siècles a été purement empirique ; après les études en faculté, un stage chez le procureur puis chez son successeur, l'avoué, puis au cabinet d'un confrère, constituait la seule préparation permettant à un jeune avocat de se lancer dans la vie professionnelle. Cette formation était suffisante car elle constituait un véritable apprentissage effectué dans le sens que l'on donnait à ce terme dans les maîtrises et les jurandes du Moyen Âge et de la fin de l'Ancien Régime. Camus, dans ses Lettres sur la profession d'avocat[1] prévoyait deux années de travail chez le procureur, puis trois années chez un avocat et il prescrivait un minimum de 12 à 13 heures de travail par jour. Cette formation artisanale et familiale a disparu car les cabinets d'avocats se sont plus ou moins spécialisés ; un avocat ne pouvait plus, chez un seul confrère, apprendre la totalité du savoir dont il avait besoin. Enfin le stagiaire, dès son arrivée chez son patron, était utile non pas en étudiant des dossiers ou en s'instruisant par l'étude de questions de droit, mais simplement en faisant le commis voyageur ou le coursier et en courant d'un appel des causes à une mise en état ou à des expertises, ce qui pouvait compromettre le véritable caractère de formation de sa collaboration en qualité de stagiaire.

1. A.-G. Camus, *Lettres sur la profession d'avocat*, B. Warée, 1787.

La formation professionnelle qui a toujours existé a été particulièrement rude sous l'Ancien Régime où les avocats s'inscrivaient plus jeunes que de nos jours : 18 ans, 16 ans, parfois 14 ans. Camus, l'éducateur des stagiaires de l'époque, rappelle la nécessité de connaissances juridiques mais également de la pratique judiciaire. Il insiste sur l'obligation pour tout futur avocat de travailler comme clerc de procureur pendant plusieurs années ; sur la nécessité d'apprendre les domaines particuliers que l'avocat aura à traiter : droit romain, droit canon, droit féodal, puis à acquérir des connaissances dans le domaine juridique notamment en s'imprégnant des livres de Savary, *Le parfait négociant*[2] et le *Dictionnaire du commerce*[3], et, en même temps, en parcourant la France et les provinces étrangères pour mieux connaître la réalité quotidienne de la vie. Il insiste également sur la participation aux conférences du stage où, dans un débat simulé, deux adversaires vont s'exercer à l'éloquence tandis que les critiques familiales et réciproques indiquent à chacun sa partie faible. « Mais, dit-il, cela ne peut exister qu'à la condition qu'on soit peu nombreux. »

SECTION 1
Création du certificat d'aptitude à la profession d'avocat (Capa)

211.10 **Plan.** La création du certificat d'aptitude à la profession d'avocat (Capa) a connu une évolution entre 1941 et 1981 (§ 1) et a été profondément réformée en 2004 (§ 2).

§ 1
De 1941 à 1981

211.21 **Création du Capa par la loi du 26 juin 1941.** Le Certificat d'aptitude à la profession d'avocat (Capa) fut institué par la loi du 26 juin 1941[4] ; il avait pour objet de préparer les futurs avocats, avant leur prestation de serment, à acquérir une meilleure connaissance des règles de droit judiciaire privé, de droit pénal et de déontologie, nécessaires à l'exercice de la profession, de façon à leur permettre de profiter au maximum du stage obligatoire institué à l'entrée de la profession.

Certains ont prétendu qu'à l'origine il avait surtout pour objet de décourager les licenciés en droit qui s'inscrivaient tardivement au barreau après avoir consacré leur activité, pendant toute une vie, à

2. J. Savary, *Le parfait négociant,* Louis Billaine, 1675.
3. J. Savary, *Dictionnaire universel du commerce*, Jacques Estienne, 1723.
4. L. 26 juin 1941 instituant le certificat d'aptitude à la profession d'avocat, *JO* 28 juill., p. 3162.

une autre profession. L'obligation de consacrer une année de cours en faculté sanctionnée par un examen pouvait paraître rebutante à certains et éloigner ainsi du barreau des personnes jugées indésirables en raison de leur amateurisme apparent. La loi du 26 juin 1941 s'inscrit alors en droite ligne du décret du 20 juin 1920[1] qui avait très précisément le même objet : rendre le barreau plus professionnel.

211.22 Réformes successives du Capa. Repris tel quel par la loi du 8 avril 1954[2] qui avait constaté la nullité de la loi du 26 juin 1941, son organisation avait été renvoyée à un règlement d'administration publique devant régler l'organisation et le fonctionnement de l'enseignement et des examens. Ce furent les décrets des 13 octobre 1954[3], 21 mai 1957[4] et 22 mars 1958[5] qui apportèrent cette réglementation.

Ces décrets furent abrogés par l'article 13 du décret du 31 juillet 1972[6] et ainsi disparut la péremption du Capa par cinq années de non-usage en vue de l'inscription au stage d'un barreau. Le Capa fut ensuite modifié par le décret du 31 juillet 1972 modifié lui-même par le décret du 10 décembre 1974[7]. Ce statut fut régi par le décret du 2 avril 1980[8] lui-même modifié par le décret du 28 septembre 1981[9].

§ 2 Réforme de 2004

211.31 Objectifs de la réforme de 2004. La formation initiale des avocats a été substantiellement modifiée par la loi du 11 février 2004[10] qui a modifié la loi du 31 décembre 1971 et le décret du 27 novembre 1991. Cette réforme, entrée en vigueur le 1er septembre 2005, s'est donné l'ambition de réorienter la formation vers la pratique professionnelle et de mieux sensibiliser les futurs avocats aux besoins des usagers du droit.

211.32 Critique de la réforme de 2004. Certains auteurs regrettent l'unité de l'examen du Capa en contradiction avec la réforme de la formation voulue par le législateur qui imposait une distinction fondamentale, par l'article 57[11] du décret du 27 novembre 1991, entre la formation de base, obligatoire pour tous (déontologie, rédaction d'actes juridiques, plaidoiries, procédure, gestion des cabinets, langues vivantes étrangères) et une formation complémentaire « à la carte » dont le contenu est laissé à la libre appréciation des centres de formation.

Les élèves qui auront voulu suivre une formation complémentaire spécialisée devant subir le même type d'épreuves et les mêmes sujets portant sur les mêmes programmes que les autres candidats. Ainsi, il est difficile pour les élèves de donner une préorientation à leur formation ; il aurait fallu, selon ces auteurs, permettre aux élèves avocats de passer un examen qui tienne compte, pour partie, de leur choix préalable de formation.

SECTION 2 CRÉATION DES CENTRES RÉGIONAUX DE FORMATION PROFESSIONNELLE (CRFP)

211.40 Plan. La création des centres régionaux de formation professionnelle (CRFP), et leur évolution jusqu'à la réforme de 2004 (§ 1), repose sur un critère de répartition territoriale (§ 2), des modalités d'organisation et de fonctionnement particulières (§ 3) et un financement issu de sources multiples : contributions de la profession et de l'État, droits d'inscription et autres sources (§ 4).

§ 1 De 1971 à 2004

211.51 Création des CRFP en 1971. La loi du 31 décembre 1971[12] a instauré des centres de for-

1. Décr. 20 juin 1920 relatif à l'exercice de la profession et à la discipline du barreau, *JO* 22 juin, p. 8822 ; ayant abrogé les ordonnances du 20 nov. 1822 et du 27 août 1830 ainsi que les décrets du 22 mars 1852 et 10 mars 1870.
2. L. n° 54-390, 26 avr. 1945 constatant la nullité de la loi n° 2891 du 26 juin 1941 instituant le certificat d'aptitude à la profession d'avocat, *JO* 9 avr., p. 3420.
3. Décr. n° 54-1007, 13 oct. 1954 relatif au certificat d'aptitude à la profession d'avocat, *JO* 14 oct., p. 9618.
4. Décr. n° 57-624, 21 mai 1957 modifiant le décret n° 54-1007 du 13 oct. 1954, *JO* 24 mai, p. 5203.
5. Décr. n° 58-317, 22 mars 1958 modifiant le décret n° 54-1007 du 13 oct. 1954, *JO* 27 mars, p. 3007.
6. Décr. n° 72-715, 31 juill. 1972 pris pour l'application de l'article 53 de la loi n° 71-1130 du 31 décembre 1971 et relatif au certificat d'aptitude à la profession d'avocat, *JO* 3 août, p. 8366.
7. Décr. n° 74-1048, 10 déc. 1974 modifiant le décret n° 72-715 du 31 juillet 1972 relatif au certificat d'aptitude à la profession d'avocat, *JO* 11 déc., p. 12331.
8. Décr. n° 80-234, 2 avr. 1980 relatif à la formation des futurs avocats et au certificat d'aptitude à la profession d'avocat, *JO* 3 avr., p. 838 ; abrogé par décr. n° 91-1197, 27 nov. 1991 organisant la profession d'avocat, *JO* 28 nov., p. 15502.
9. Décr. n° 81-887, 28 sept. 1981 relatif à la formation des futurs avocats et au certificat d'aptitude à la profession d'avocat, *JO* 1er oct., p. 2678.
10. L. n° 2004-130, 11 févr. 2004 réformant le statut de certaines professions judiciaires ou juridiques, des experts judiciaires, des conseils en propriété industrielle et des experts en ventes aux enchères publiques, *JO* 12 févr., p. 2847.
11. Décr. n° 91-1197, 27 nov. 1991, art. 57.
12. L. n° 71-1130, 31 déc. 1971 portant réforme de certaines professions judiciaires et juridiques, *JO* 5 janv. 1972, p. 131, art. 13.

mation professionnelle (CFP) susceptibles de se grouper en centre régional. Le premier centre a été créé en 1981 à Paris. Ils étaient alors chargés de participer à la préparation au Capa et d'assurer l'enseignement et la formation professionnelle des avocats pendant la durée du stage ainsi que la formation permanente des avocats [1].

La loi du 31 décembre 1990 a par la suite consacré les centres régionaux, en leur donnant la qualification d'établissement d'utilité publique doté de la personnalité morale. C'est également cette loi qui est venue préciser que le Capa, nécessaire pour l'accès à la profession d'avocat, sanctionne une formation théorique et pratique dans un centre régional de formation professionnelle (CRFP).

211.52 **Réforme des CRFP en 2004.** Les règles relatives à la formation professionnelle des avocats ont été profondément modifiées par la réforme de la loi du 11 février 2004 [2] et du décret d'application du 21 décembre 2004 [3]. Parmi les mesures adoptées, on relève principalement la réorganisation territoriale et l'organisation des centres régionaux de formation professionnelle (CRFP) [4], la suppression des obligations du stage, la redéfinition du contenu de la formation initiale des élèves avocats [5] et l'instauration de l'obligation [6] de formation continue [7].

Cette réforme de 2004 est toujours en vigueur, bien que le Conseil national des barreaux (CNB) ait voté en assemblée générale [8] une réforme globale des conditions d'accès à la profession d'avocat et des principes d'organisation de la formation initiale dispensée par les centres. La mise en œuvre de cette réforme reste conditionnée à une modification des textes législatifs et réglementaires d'application dont le ministère de la Justice a été saisi [9].

§ 2
Répartition territoriale

211.61 **Territorialité des centres régionaux de formation professionnelle (CRFP).** Un centre de formation professionnelle par ressort de cour d'appel avait été prévu par la loi du 31 décembre 1971. Il a finalement été jugé préférable de procéder à des regroupements afin de faire des économies d'échelle et d'harmoniser plus encore la formation. Le regroupement des centres a ainsi été fixé par un arrêté du 6 décembre 2004 [10], pris en application de l'article 13-1 de la loi du 31 décembre 1971, modifié par un arrêté du 22 janvier 2019 [11]. Notons, qu'en la matière, il résulte de l'alinéa 1er dudit article 13-1 que l'autorité ministérielle ne peut légalement prendre une mesure concernant les centres régionaux de formation professionnelle qui ne lui a pas été proposée par le CNB, tout en ayant la faculté, au besoin, de solliciter une nouvelle proposition [12].

La profession s'est ainsi dotée en 2004 de quinze centres régionaux de formation professionnelle, contre trente-trois auparavant, dont trois en outre-mer. Un centre supplémentaire a été créé en Guyane par arrêté du 11 avril 2014 [13].

En pratique, bien que la loi ne procède à aucune distinction, les cinq CRFP de Corse et d'outre-mer, qui disposent d'un ressort à la fois étroit et isolé, ne dispensent pas de formation initiale, de sorte que seuls les onze centres situés en métropole assurent cette mission.

Les centres régionaux de formation professionnelle, utilisent désormais la dénomination Écoles d'avocats (EDA), suivi du nom de la région correspondant au ressort territorial de l'école, à part le centre de Paris qui a conservé l'appellation École de formation professionnelle des barreaux de la cour d'appel de Paris (EFB).

L'ensemble de ces établissements mettent en œuvre la formation des avocats, en étroite collaboration avec les bâtonniers et le CNB. Notons que ce dernier a entamé une réflexion sur l'actuelle organisation territoriale de la formation initiale [14].

1. L. n° 71-1130, 31 déc. 1971, art. 14.
2. L. n° 2004-130, 11 févr. 2004 réformant le statut de certaines professions judiciaires ou juridiques, des experts judiciaires, des conseils en propriété industrielle et des experts en ventes aux enchères publiques, *JO* 12 févr., p. 2847.
3. Décr. n° 2004-1386, 21 déc. 2004 relatif à la formation professionnelle des avocats, *JO* 23 déc., p. 21823.
4. V. s^s n°s 211.71 s.
5. V. s^s n°s 211.151 s.
6. CNB, *Rapport d'orientation sur la formation initiale et sur la restructuration des centres*, AG 19 juin 2004.
7. V. s^s n°s 213.10 s.
8. CNB, AG 10 et 11 oct. 2014.
9. V. s^s n° 023.183.
10. Arr. 6 déc. 2004 fixant le siège et le ressort des centres régionaux de formation professionnelle d'avocats, *JO* 15 déc., p. 21261, NOR : JUSC0420929A.
11. Arr. 22 janv. 2019 modifiant l'arrêté du 6 déc. 2004 fixant le siège et le ressort des centres régionaux de formation professionnelle d'avocats, *JO* 29 janv., n° 2, NOR : JUSC1901953A.
12. CE 28 déc. 2004, *École interrégionale d'avocats des ressorts des cours d'appel de Besançon, Dijon et Reims*, req. n° 275606, *Lebon*.
13. Arr. 11 avr. 2014 modifiant l'arrêté du 6 décembre 2004 fixant le siège et le ressort des centres régionaux de formation professionnelle d'avocats, *JO* 19 avr., p. 6925, NOR : JUSC1407726A.
14. CNB, *Rapport d'information de la commission de la formation professionnelle*, AG 21 et 22 nov. 2014.

LES SEIZE CENTRES RÉGIONAUX DE FORMATION PROFESSIONNELLE D'AVOCATS (CRFPA)

Ordre de l'arrêté du 6 décembre 2004	Siège du CRFPA	Nom courant	Ressort des cours d'appel
• 1	• Paris	• École de formation des barreaux de la cour d'appel de Paris (EFB)	• Paris
• 2	• Versailles	• Haute École des avocats conseils (Hedac)	• Versailles
• 3	• Lille	• EDA Nord-ouest (Ixad)	• Amiens, Douai et Rouen
• 4	• Strasbourg	• EDA Grand Est (Erage)	• Besançon, Colmar, Dijon, Nancy, Metz et Reims
• 5	• Lyon	• EDA Rhône-Alpes (Edara)	• Chambéry, Grenoble, Lyon et le ressort du tribunal judiciaire de Privas
• 6	• Marseille	• EDA Sud-est	• Aix-en-Provence
• 7	• Montpellier	• EDA Centre Sud (Efacs)	• Montpellier, Riom, Nîmes *à l'exception du ressort du tribunal judiciaire de Privas*
• 8	• Toulouse	• EDA Sud-ouest Pyrénées	• Agen, Toulouse et les ressorts des tribunaux judiciaires de Pau et Tarbes
• 9	• Bordeaux	• EDA Aliénor	• Limoges, Bordeaux et *les ressorts des tribunaux judiciaires de Bayonne, Dax et Mont-de-Marsan*
• 10	• Poitiers	• EDA Centre Ouest / Ecoa	• Angers, Bourges, Orléans et Poitiers
• 11	• Bruz	• Edago (EDA Grand Ouest)	• Caen, Rennes
• 12	• Bastia	• EDA Corse	• Bastia
• 13	• Pointe-à-Pitre	• EDA Guadeloupe	• Basse-Terre
• 14	• Sainte-Clotilde	• EDA Réunion-Mayotte	• Saint-Denis-de-la-Réunion
• 15	• Fort-de-France	• EDA Martinique	• Fort-de-France
• 15-1	• Cayenne	• EDA Guyane	• Cayenne

211.62 Effectifs des centres régionaux de formation professionnelle (CRFP). Depuis la réorganisation territoriale des centres, l'effectif total des CRFP augmente chaque année. De 2 819 en 2006, le nombre d'élèves avocats est passé en 2017 à 4 076, soit une augmentation d'environ 4 % par an. Ce nombre a cependant chuté en 2018 à 2 888 élèves avocats en raison de l'entrée en vigueur de la réforme de l'examen national d'accès au CRFP pour remonter à 3 325 pour l'année 2019 et 3 682 pour l'année 2020.

L'EFB a toujours accueilli près de la moitié des élèves, cette attraction grandissant particulièrement depuis 2012 pour atteindre 54,64 % des effectifs en 2019. Le centre de Versailles (Hedac) concentre quant à lui environ 9 % de l'effectif national. Viennent ensuite trois centres situés au sud : l'EDA Sud-est, l'EDA Rhône-Alpes et l'EDA Centre-Sud.

§ 3
Organisation et fonctionnement

211.71 Nature du centre régional de formation professionnelle (CRFP). L'organisation et le fonctionnement du CRFP tiennent en premier lieu de sa nature. Il s'agit d'un « établissement d'utilité publique doté de la personnalité morale » régi par les dispositions de la loi du 31 décembre 1971[1] et du décret du 27 novembre 1991[2].

En ce sens, contrairement à beaucoup d'autres établissements de formation, le CRFP ne saurait être considéré comme relevant du ministère chargé de l'Enseignement supérieur dans les conditions prévues par le code de l'éducation. Il ne s'agit pas non plus d'une des quatre écoles de formation relevant du ministère de la Justice (École nationale de la magistrature, École nationale des greffes, École nationale d'administration pénitentiaire et École nationale de la protection judiciaire de la jeunesse).

Le CRFP, de par son statut *sui generis*, est un établissement relevant spécifiquement de la profession d'avocat.

À l'origine, la loi du 31 décembre 1971 prévoyait que le fonctionnement des centres était assuré « par la collaboration de la profession, des magistrats et de

1. L. n° 71-1130, 31 déc. 1971, art. 13.
2. Décr. n° 91-1197, 27 nov. 1991, art. 42 s.

Évolution des effectifs des écoles d'avocats (EDA) de 2000 à 2018

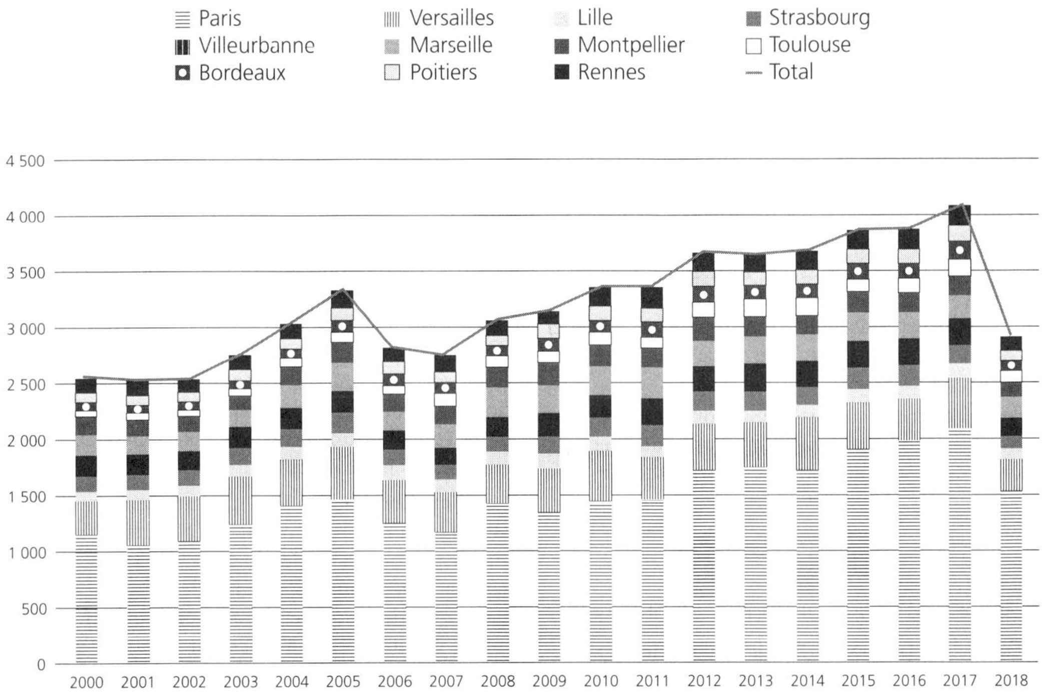

l'université ». La loi du 11 février 2004[1] a maintenu cette association étroite d'acteurs en mettant en avant le rôle dévolu à la profession d'avocat. En effet, l'article 13 de la loi du 31 décembre 1971 prévoit que le fonctionnement du CRFP « est assuré par la profession d'avocat, avec le concours de magistrats et des universités et, le cas échéant, de toute autre personne ou organisme qualifiés ». Il ne s'agit plus d'une « collaboration » entre trois types d'acteurs, mais d'un « concours » apporté par des acteurs extérieurs au fonctionnement assuré par la profession d'avocat.

Les CRFP doivent être regardés comme des organismes privés exerçant une mission de service public de type administratif. Le régime fiscal des organismes à but non lucratif leur est applicable.

211.72 Conseil d'administration du centre régional de formation professionnelle (CRFP). L'administration et la gestion du CRFP sont assurées par un conseil d'administration, qui en arrête le règlement intérieur. Le conseil d'administration est composé de trois catégories de membres disposant d'un mandat de trois ans, renouvelable une fois : des avocats (un par barreau du ressort), deux magistrats (un de l'ordre judiciaire et un membre du corps des tribunaux administratifs et des cours administratives d'appel) et un universitaire. Le décret du 27 novembre 1991 prévoit un système de modulation des voix afin d'assurer une représentation juste et équilibrée. Chaque avocat dispose ainsi d'un nombre de voix variant en fonction de l'effectif du barreau qu'il représente[2], tandis que le nombre de voix de chaque membre non avocat est modulé en fonction du nombre de voix dont dispose l'ensemble des membres avocats.

Par ailleurs, sur les questions relatives à la formation initiale et au certificat d'aptitude à la profession d'avocat, le conseil d'administration doit s'adjoindre deux représentants des élèves du centre, qui ont chacun une voix. À chaque réunion, sont également invités, cette fois sans voix délibérative, les bâtonniers en exercice du ressort du CRFP ainsi qu'un représentant du Conseil national des barreaux. Toutefois, ils ne peuvent assister aux délibérations portant sur le budget du centre, à l'exception de l'École de formation de Paris (EFB) pour laquelle les conseils de l'ordre des barreaux du ressort de la cour d'appel peuvent désigner comme avocat titu-

1. L. n° 2004-130, 11 févr. 2004 réformant le statut de certaines professions judiciaires ou juridiques, des experts judiciaires, des conseils en propriété industrielle et des experts en ventes aux enchères publiques, *JO* 12 févr., p. 2847, art. 18.

2. PAR EXCEPTION, le conseil de l'Ordre du barreau de Paris désigne 12 représentants titulaires disposant chacun de 4 voix (décr. n° 91-1197, 27 nov. 1991, art. 43, al. dernier).

laire au conseil d'administration leur bâtonnier en exercice[1]. Le représentant du Conseil national des barreaux ne peut par ailleurs assister au vote des délibérations portant sur le regroupement des centres.

211.73 Bureau du centre régional de formation professionnelle (CRFP). Le conseil d'administration désigne parmi ses membres le président, qui doit être un avocat, un secrétaire et un trésorier. En pratique, accompagnés parfois de vice-présidents non prévus par les textes, ils forment ensemble le « bureau ». Le président représente le CRFP. Il peut, après avis du conseil d'administration, déléguer temporairement une partie de ses attributions à un de ses membres.

Il est également autorisé par le conseil d'administration à ester en justice, à accepter tous dons et legs, à consentir toutes aliénations ou hypothèques et à contracter tous emprunts.

§ 4
Financement : contributions de la profession et de l'État, droits d'inscription et autres sources

211.81 Trois sources principales de contributions. Le financement et les droits d'inscription sont organisés par l'article 14-1 de la loi du 31 décembre 1971, créé par la loi de finances pour 2002[2]. Le financement des CRFP est notamment assuré par trois sources de contributions.

• **Contribution professionnelle.** Le CNB fixe annuellement[3] la contribution de la profession d'avocat pour l'exercice à venir, en fonction des besoins de financement des CRFP pour l'exercice en cours et de l'évolution prévisible du nombre des élèves avocats, en application du décret du 6 mars 2002[4]. Cette contribution ne peut chaque année augmenter de plus de 10 % par rapport à l'année précédente.

La participation de chaque ordre, prise en charge en tout ou partie par les Carpa[5], est déterminée par le CNB avant le 30 novembre, en proportion du nombre d'avocats inscrits au tableau. Les dépenses supportées par l'Ordre au profit du CRFP viennent en déduction de cette participation. À défaut de paiement de cette participation dans un délai d'un mois à compter d'une mise en demeure de payer, le CNB délivre, à l'encontre de l'Ordre redevable, un titre exécutoire constituant une décision à laquelle sont attachés les effets d'un jugement au sens du 6° de l'article L. 111-3 du code des procédures civiles d'exécution.

Un ajustement du montant de la participation de chaque ordre au titre de l'année en cours est effectué, au mois de mars de l'année suivante, au regard du nombre réel d'élèves avocats et des droits d'inscription[6]. Cet ajustement viendra ensuite en augmentation ou en diminution du montant de la quote-part de la contribution professionnelle qui sera allouée aux centres pour l'année suivante.

• **Contribution de l'État.** La contribution de l'État est perçue annuellement par le CNB, conformément aux dispositions de la loi du 16 juillet 1971[7] organisant la formation professionnelle continue dans le cadre de l'éducation permanente. Elle est versée sous forme de subvention allouée par le ministère de la Justice, sur les crédits d'intervention inscrits dans la loi de finances. Elle fait l'objet d'une convention annuelle conclue avec le CNB. Une partie de cette subvention est destinée aux aides financières attribuées aux élèves avocats sur critères sociaux.

• **Droits d'inscription.** Le montant des droits d'inscription pouvant être exigés des personnes ayant subi avec succès l'examen d'accès au CRFP est fixé par les conseils d'administration de chaque centre dans la limite d'un plafond prévu par arrêté du garde des Sceaux, ministre de la Justice[8].

Le CNB perçoit les contributions de la profession et de l'État et les répartit entre les CRFP.

211.82 Pérennité du régime de financement. Cette liste des sources de financement n'est pas limitative dans son énumération mais elle paraît très limitée dans son importance. En effet, l'État se refuse à assurer une participation majoritaire pour financer ces établissements de formation, les dons et legs paraissent discrets, le produit des caisses autonomes des règlements pécuniaires des avocats (Carpa) a fondu en raison de l'abaissement des taux d'intérêt consentis par les organismes bancaires aux Carpa. Ne subsistent donc que les cotisations des avocats, via la contribution professionnelle votée

1. SUR la régularité de la participation du bâtonnier de Paris au vote des délibérations de l'EFB portant sur le budget du centre (annulation) : Civ. 1re, 28 mai 2008, n° 08-16.326, P I, n° 107 ; *D.* 2009. 1618.
2. L. n° 2001-1275, 28 déc. 2001 de finances pour 2002, *JO* 29 déc., p. 21074.
3. V. ss n° 112.34.
4. Décr. n° 2002-324, 6 mars 2002 pris pour l'application de l'article 14-1 de la loi n° 71-1130 du 31 décembre 1971 modifiée portant réforme de certaines professions judiciaires et juridiques et relatif au financement de la formation professionnelle des avocats, *JO* 8 mars, p. 4347.
5. V. ss n° 121.45.
6. Décr. n° 2002-324, 6 mars 2002, art. 3.
7. L. n° 71-575, 16 juill. 1971 portant organisation de la formation professionnelle continue dans le cadre de l'éducation permanente, *JO* 17 juill., p. 7035.
8. V. ss n° 211.83.

chaque année par le CNB, et les droits d'inscription des élèves avocats pour participer au financement de la scolarité.

Cette situation est une source d'inquiétude pour la profession sur sa capacité à maintenir une formation pédagogique de qualité des futurs avocats.

La commission de la formation professionnelle du Conseil national des barreaux a présenté, lors de la séance de l'assemblée générale des 21 et 22 novembre 2014, un rapport d'information[1] à vocation prospective pour tirer les conclusions et enseignements de travaux d'audit menés en concertation avec les CRFP sur la capacité de financement de la formation initiale par la profession d'avocat à horizon de dix années. Il a été constaté que les CRFP étaient financés de la manière suivante : environ 60 % par la contribution de la profession d'avocat, 30 % par les droits d'inscription payés par les élèves et 10 % par la contribution de l'État. Ce dernier, qui s'était engagé à l'origine à financer le fonctionnement des centres à hauteur de 50 %, se désengage progressivement. Quant aux contributions des Ordres, elles sont à titre de règle pratique financées par les Carpa dont il est raisonnable de penser, selon la commission, que la situation financière ne va pas s'améliorer dans le futur.

Ces éléments ont amené le CNB à ne plus augmenter chaque année le montant de la contribution professionnelle et à retenir un certain nombre de règles de principe dans sa détermination. Lors de son assemblée générale des 3 et 4 février 2017[2], le CNB a par ailleurs adopté plusieurs mesures visant au redressement de la situation financière des CRFP pour pérenniser le système de formation sur l'ensemble du territoire national. Sont ainsi proposées l'augmentation de la contribution annuelle de l'État, la remise en place du système de bourses attribuées par l'État aux élèves avocats sur critères sociaux, et la possibilité pour les centres de percevoir les fonds « hors quota » de la taxe d'apprentissage[3], sans obligation par voie de conséquence de mettre en place le dispositif de validation des acquis de l'expérience (VAE)[4]. Une revalorisation des droits d'inscription acquittés par les élèves avocats est également proposée[5], ainsi que l'ouverture dans les textes des actions de formation continue des centres à d'autres professionnels que les avocats.

Lors de son assemblée générale du 2 juillet 2021[6], le CNB a enfin proposé au ministère de la Justice la suppression de l'ajustement en cours d'année du financement des CRFP, tel que prévu par le décret du 6 mars 2002[7], lequel a des conséquences financières importantes pour les centres dont les effectifs des élèves avocats augmentent considérablement d'une année sur l'autre.

211.83 **Évolution des droits d'inscription.** Préalablement au décret du 6 mars 2002, la perception d'un droit d'inscription avait été retenue comme mode de financement par le conseil d'administration de l'EFB, dans un article 21-3 de ses statuts qui n'avait été soumis à aucun recours par le procureur général auquel ces statuts avaient été régulièrement notifiés. Néanmoins, un certain nombre d'associations d'avocats avaient formé un recours devant la cour d'appel de Paris contre ce principe de la perception d'un droit d'inscription, relativement élevé [puisque fixé à l'époque à 15 000 francs par an].

Pourtant, le principe d'un droit d'inscription n'aurait pas dû, en lui-même, choquer puisque cette participation était déjà prévue par exemple pour les établissements publics à caractère scientifique, culturel et professionnel, par l'article 41 de la loi du 26 janvier 1984[8] et si la juridiction administrative a écarté la notion de droit d'inscription perçu à l'occasion d'un examen, elle a reconnu aux mêmes établissements le droit de percevoir un droit d'inscription perçu sur les étudiants et les auditeurs à des fins de scolarité[9].

Cassé par la 1re chambre civile de la Cour de cassation le 2 mars 1999[10], un arrêt de la cour d'appel de Paris du 5 janvier 1998[11] avait cependant annulé la décision du conseil d'administration de l'EFB. La décision de la cour d'appel avait suscité une émotion considérable. Le garde des Sceaux a promis et a d'ailleurs tenu promesse, qu'une validation par voie législative interviendrait pour préserver les droits perçus par les centres depuis 1992, et qu'ils étaient dans l'incapacité radicale de rembourser. Cet arrêt a été critiqué d'une part sur le plan de la compétence, la cour d'appel étant compétente sur la formation professionnelle, c'est-à-dire les programmes et les

1. CNB, *Rapport d'information de la commission de la formation professionnelle*, AG 21-22 nov. 2014.
2. CNB, *Rapport de la commission de la formation professionnelle sur le financement des CRFPA*, AG 3-4 févr. 2017.
3. NOT. : CGI, art. 1599 *ter* A ; mod. par L. n° 2019-1479, 28 déc. 2019, art. 190 ; – Bofip : *BOI*-TPS-TA-20150204.
4. En l'état de la réglementation, les CRFP ne peuvent recevoir de fonds provenant de la taxe d'apprentissage, le Capa n'étant pas un titre ou diplôme inscrit au Répertoire national des certifications professionnelles.
5. V. s^s n° 211.85.
6. Résolution AG CNB, 2 juill. 2021.
7. Décr. n° 2002-324, 6 mars 2002, art. 3.
8. CODIFIÉ : C. éducation, art. L. 719-4 ; issu de L. n° 84-52, 26 janv. 1984, art. 41 ; codifié par ord. n° 2000-549, 15 juin 2000.
9. TA Paris, 3e sect., 2e ch., 21 juin 1996, *Gaz. Pal.* 30 nov. 1996, 30.
10. Civ. 1re, 2 mars 1999, n° 98-10.537, P I, n° 70 ; *D.* 1999. 85 ; *Gaz. Pal.* 11 mai 1999, note J. Sainte-Rose ; *JCP* 1999. I. 173, n° 14, obs. R. Martin ; *D.* 1999. 85.
11. Paris, 1re ch., 5 janv. 1998, *Gaz. Pal.* 18 avr. 1998, p. 12, note A. Damien.

modalités d'enseignement, et non sur les autres conditions de fonctionnement des CRFP et particulièrement sur la perception d'un droit d'inscription. La compétence aurait dû être celle du tribunal de grande instance [devenu tribunal judiciaire] et non pas celle spéciale des cours d'appel en matière de surveillance de la formation professionnelle donnée par les CRFP. D'autre part, le principe du droit à la gratuité d'enseignement n'a pas été écarté par la cour, le préambule de la Constitution n'ayant pas de valeur juridique contraignante et le principe de gratuité n'ayant jamais été considéré comme étant de valeur constitutionnelle[1].

211.84 Détermination du montant des droits d'inscription. La possibilité pour les CRFP d'exiger des bénéficiaires de la formation initiale le paiement de droits d'inscription a été consacrée par l'article 153[2] de la loi de finances pour 2002 et son décret d'application du 6 mars 2002, précités. En application de ce décret, le montant des droits d'inscription pouvant être exigés des élèves avocats est fixé par les conseils d'administration des centres, dans les conditions fixées par le Conseil national des barreaux et dans la limite du plafond prévu par arrêté du garde des Sceaux, ministre de la Justice, du 12 septembre 2005[3].

En pratique, les droits d'inscription sont fixés dans chaque CRFP à la hauteur de ce plafond. Ces droits d'inscription représentent aujourd'hui une ressource budgétaire indispensable au bon fonctionnement des centres et à la qualité pédagogique de la formation initiale dispensée au profit des élèves avocats.

211.85 Plafond des droits d'inscription. Un plafond augmenté du montant des droits d'inscription, pouvant être exigés des élèves avocats, a été fixé à 1 825 euros (au lieu de 1 600 euros) par un arrêté du garde des Sceaux, ministre de la Justice du 19 juillet 2017[4]. Il abroge le précédent arrêté du 12 septembre 2005, précité, qui avait modifié ce plafond du montant des droits d'inscription à hauteur de 1 600 euros.

Auparavant, parmi les mesures préconisées par le CNB lors de son assemblée générale du 3 février 2017 visant au redressement de la situation financière des CRFP[5], l'augmentation du plafond des droits d'inscription à hauteur de 3 000 euros avait suscité des réactions très négatives, tant de la part des associations d'étudiants que de celles de certains syndicats professionnels d'avocats, en raison de la crainte d'une restriction de l'accès à la profession par le seul critère financier.

211.86 Informations communiquées par les centres régionaux de formation professionnelle (CRFP). Dans le cadre de la procédure de financement et afin d'en améliorer le contrôle, le décret du 10 mai 2017[6] et un arrêté du même jour[7] renforcent le contenu des informations que les CRFP doivent communiquer au CNB, mais également celles que ce dernier doit adresser sous forme d'un rapport annuel au garde des Sceaux, ministre de la Justice.

Ce rapport devra intégrer les informations relatives à l'organisation et aux actions de formation des CRFP, notamment le nombre de formateurs et de « conférenciers », les volumes horaires moyen et médian des enseignements, le nombre d'élèves par cours magistral et par atelier, le nombre de salles, le taux d'occupation et de remplissage des salles...

SECTION 3
Examen national d'accès au CRFP, dit pré-Capa

211.90 Plan. L'examen national d'accès au CRFP, dit pré-Capa, impose des conditions de diplômes (§ 1), des modalités d'inscription (§ 2), et des épreuves d'admissibilité et d'admission (§ 3) ouvrant le droit à l'exercice de voies de recours (§ 4).

§ 1
Conditions de diplômes

211.101 Évolution de l'examen national d'accès au CRFP. Depuis 1992, pour être inscrits dans un

1. CE, ass., 28 janv. 1972, *Conseil transitoire de la Faculté des lettres et sciences humaines de Paris*, req. n° 79200, *Lebon*.
2. L. n° 2001-1275, 28 déc. 2001 de finances pour 2002, *JO* 29 déc., p. 21074, art. 153.
3. Arr. 12 sept. 2005 modifiant le plafond du montant des droits d'inscription pouvant être exigés des personnes ayant subi avec succès l'examen d'accès aux centres régionaux de formation professionnelle d'avocats, *JO* 27 sept., p. 15453, NOR : JUSC0520606A [Plafond de 1 600 euros].
4. Arr. 19 juill. 2017 fixant le plafond du montant des droits d'inscription pouvant être exigés des bénéficiaires de la formation initiale dispensée par les centres régionaux de formation professionnelle d'avocats ; *JO* 27 juill., n° 6, NOR : JUSC1706849A.
5. CNB, *Rapport de la commission de la formation professionnelle sur le financement des CRFP*, AG 3-4 févr. 2017.
6. Décr. n° 2017-1017, 10 mai 2017 portant modification du décr. n° 2002-324 du 6 mars 2002 pris pour l'application de l'article 14-1 de la loi n° 71-1130 du 31 décembre 1971 modifiée portant réforme de certaines professions judiciaires et juridiques et relatif au financement de la formation professionnelle des avocats, *JO* 11 mai, n° 156.
7. Arr. 10 mai 2017 pris pour l'application de l'article 2-1 du décret n° 2002-324 du 6 mars 2002 pris pour l'application de l'article 14-1 de la loi n° 71-1130 du 31 décembre 1971 modifiée portant réforme de certaines professions judiciaires et juridiques et relatif au financement de la formation professionnelle des avocats, *JO* 11 mai, n° 160, NOR : JUSC1706850A.

CRFP, les candidats doivent avoir subi avec succès un examen d'accès, traditionnellement dénommé pré-Capa.

Le 17 octobre 2016 est entrée en vigueur la réforme de l'examen national d'accès aux CRFP, applicable dès la session d'examen 2017, par la publication du décret du 17 octobre 2016 [1] et de l'arrêté du 17 octobre 2016 [2], abrogeant l'arrêté du 11 septembre 2003 [3]. Le calendrier annuel des épreuves a été redéfini depuis par un arrêté du 6 mars 2018 [4] et le droit fiscal a été réintroduit parmi les matières de l'examen par un arrêté du 2 octobre 2018 [5], quelques mois après une décision du Conseil d'État validant pourtant son exclusion [6].

Depuis la session 2017, dans un but d'égalité républicaine des candidats, l'examen d'accès a lieu à partir de sujets uniques, pour l'ensemble du territoire national, le même jour au même moment, avec une grille de correction établie par une commission nationale composée d'universitaires et d'avocats [7]. L'objectif affiché est d'en finir avec les disparités importantes de niveau d'exigence et de taux de réussite constatés entre les IEJ, sans qu'il soit question d'instaurer un *numerus clausus* à l'entrée dans la profession d'avocat [8]. Cet examen comporte des épreuves d'admissibilité et une ou plusieurs épreuves orales d'admission. Pour chacune des épreuves écrites, les candidats composent sur un sujet unique. Les sujets de ces épreuves sont choisis au niveau national par une commission dont les membres sont nommés par arrêté conjoint du garde des Sceaux, ministre de la Justice, et du ministre chargé de l'Enseignement supérieur, pour une durée de trois ans.

Cet examen national reste organisé par les universités dans des centres d'examen qui sont désignés à cet effet par le recteur d'académie, après avis du garde des Sceaux, ministre de la Justice [9]. Les épreuves peuvent être organisées conjointement par plusieurs centres d'examen.

En pratique, les unités de formation et de recherche (UFR) de Droit des universités désignées créent en leur sein un institut d'études judiciaires (IEJ) au sein duquel les étudiants reçoivent une préparation à l'examen d'entrée. Beaucoup d'étudiants s'inscrivent également auprès d'organismes de formation privés afin de recevoir une préparation intensive à cet examen.

Nul ne peut se présenter plus de trois fois à l'examen, selon le décret du 27 novembre 1991 [10]. Et cette règle se justifie, notamment, par la volonté de garantir la qualité du recrutement des CRFP. Elle ne méconnaît pas le principe d'égalité, dès lors que le critère choisi est objectif et identique pour tous les candidats [11]. La composition des jurys est fixée par l'article 53 du décret du 27 novembre 1991 [12].

211.102 **Diplômes requis.** Pour être admis à se présenter à l'examen d'entrée, les candidats doivent être titulaires d'un des titres ou diplômes prévus à l'article 11, 2°, de la loi du 31 décembre 1971 [13], à savoir au moins une maîtrise en droit ou les 60 premiers crédits du diplôme national de master en droit (depuis la réforme dite LMD, licence-master-doctorat) ou de titres ou diplômes reconnus comme équivalents pour l'exercice de la profession par arrêté conjoint du garde des Sceaux, ministre de la Justice, et du ministre chargé des Universités. Il s'agit actuellement d'un arrêté du 25 novembre 1998 [14], modifié par arrêté du 21 mars 2007 [15].

L'arrêté du 21 mars 2007 a modifié l'arrêté du 25 novembre 1998 sur deux points : il a ajouté à la liste des diplômes reconnus équivalents à la maîtrise en droit le diplôme national de master en droit et le diplôme de l'Institut d'études politiques de Paris uniquement pour les mentions « carrières judiciaires et juridiques » et « droit économique ».

1. Décr. n° 2016-1389, 17 oct. 2016 modifiant les conditions d'accès aux centres régionaux de formation professionnelle d'avocats, *JO* 18 oct., n° 4.
2. Arr. 17 oct. 2016 fixant le programme et les modalités de l'examen d'accès au centre régional de formation professionnelle d'avocats, *JO* 18 oct., n° 6, NOR : MENS1629317A.
3. Arr. 11 sept. 2003 fixant le programme et les modalités de l'examen d'accès au centre régional de formation professionnelle d'avocats, *JO* 17 sept., p. 15944, NOR : JUSC0320356A, abrogé le 1er janv. 2017.
4. Arr. 6 mars 2018 modifiant l'arrêté du 17 octobre 2016 fixant le programme et les modalités de l'examen d'accès au centre régional de formation professionnelle d'avocats, *JO* 27 avr., n° 46, NOR : ESRS1806531A.
5. Arr. 2 oct. 2018 modifiant l'arrêté du 17 octobre 2016 fixant le programme et les modalités de l'examen d'accès au centre régional de formation professionnelle d'avocats, *JO* 14 oct., n° 30, NOR : ESRS1825972A ; – SUR LEQUEL : *D. actu.* 16 oct. 2018, obs. L. Dargent.
6. CE 26 janv. 2018, req. n° 406005, NP ; *JCP* 2018. Doctr. 588, n° 1, obs. S. Bortoluzzi ; *D. actu.* 9 févr. 2018, obs. D. Piau.
7. Th. Clay, « L'examen national des avocats : une chance pour la profession et pour les universités », *Gaz. Pal.* 2 févr. 2016, n° 5, p. 3.
8. Entretien avec Th. Mandon, *JCP* 2016. 1059.
9. Décr. n° 91-1197, 27 nov. 1991, art. 51.
10. Décr. n° 91-1197, 27 nov. 1991, art. 52.
11. CE 8 juill. 2005, *Trobas*, req. n° 262182, *Lebon T ; AJDA* 2005. 1918 ; *Gaz. Pal.* 7-9 août 2005, p. 20 ; *AJDA* 2005. 1918.
12. Décr. n° 91-1197, 27 nov. 1991, art. 53.
13. Décr. n° 91-1197, 27 nov. 1991, art. 52.
14. Arr. 25 nov. 1998 fixant la liste des titres ou diplômes reconnus comme équivalents à la maîtrise en droit pour l'exercice de la profession d'avocat, *JO* 9 déc., p. 18515, NOR : JUSC9820745A.
15. Arr. 21 mars 2007 modifiant l'arrêté du 25 novembre 1998 fixant la liste des titres ou diplômes reconnus comme équivalents à la maîtrise en droit pour l'exercice de la profession d'avocat, *JO* 8 avr., p. 6609, NOR : JUSX0700975A.

Cette dernière équivalence a été fortement contestée par le milieu universitaire. Cependant, les recours déposés par le Syndicat autonome du personnel enseignant et la Société des professeurs des facultés de droit ont été rejetés par le Conseil d'État le 23 juillet 2008[1]. Un large mouvement initié par les membres des facultés de droit, relayées par certaines de leurs instances représentatives, ainsi que par de nombreux avocats et étudiants, s'était élevé contre la reconnaissance de cette équivalence. Un « appel des membres des facultés de droit contre la remise en cause de l'utilité des études juridiques dans la formation des avocats par l'arrêté du 21 mars 2007 » avait ainsi été lancé sans succès.

211.103 Titres ou diplômes reconnus comme équivalents à la maîtrise en droit pour l'exercice de la profession d'avocat. Sont reconnus comme équivalents à la maîtrise en droit pour l'exercice de la profession d'avocat[2] :

1° Les doctorats en droit.

2° Le diplôme national de master en droit, les diplômes d'études approfondies (DEA) et les diplômes d'études supérieures spécialisées (DESS) des disciplines juridiques.

3° Les maîtrises de sciences et techniques des disciplines juridiques.

4° Le diplôme de la faculté libre autonome et cogérée d'économie et de droit de Paris.

5° Le titre d'ancien élève de l'École nationale des impôts ayant suivi avec succès le cycle d'enseignement professionnel des inspecteurs-élèves des impôts.

6° Le titre d'ancien élève stagiaire du centre de formation des inspecteurs du travail et de la main-d'œuvre ou d'ancien élève de l'Institut national du travail, de l'emploi et de la formation professionnelle ayant suivi avec succès le cycle de formation d'inspecteur stagiaire ou d'inspecteur élève du travail.

7° Le titre d'ancien greffier en chef stagiaire des services judiciaires ayant suivi avec succès le cycle de formation initiale dispensé par l'École nationale des greffes.

8° Tout titre ou diplôme universitaire ou technique étranger exigé pour accéder à une profession juridique réglementée dans l'État ou ce titre a été délivré.

9° Les mentions « carrières judiciaires et juridiques » et « droit économique » du diplôme de l'Institut d'études politiques de Paris.

211.104 Accès des docteurs en droit. Depuis la réforme du 11 février 2004, les docteurs en droit ont accès directement à la formation, sans avoir à subir l'examen d'accès au CRFP[3]. Mais ils doivent obligatoirement suivre la formation de 18 mois au sein du centre, car ils ne sont plus, comme auparavant, admis en qualité d'auditeur libre[4]. Contrairement aux vœux du CNB qui avait voté le 16 juin 2012 la suppression de la dispense d'examen d'accès au CRFP au profit des docteurs en droit, ladite dispense devrait être maintenue[5], répondant en cela aux protestations du milieu universitaire et du collectif pour une valorisation professionnelle du doctorat en droit, auteur d'une pétition contre les positions du CNB qui avait récolté quelque 2 650 signatures[6].

Cela étant, cette dispense de l'une des conditions pour l'accès à la profession réglementée d'avocat doit être interprétée strictement. Ainsi, selon le garde des Sceaux, ministre de la Justice, un diplôme de doctorat en droit obtenu à l'étranger, même dans un autre État membre de l'Union européenne, ne peut être assimilé au diplôme de doctorat en droit permettant d'être dispensé de l'examen d'accès, à moins qu'il ne soit prévu une reconnaissance académique de ce diplôme par un accord d'échange ou par l'application du système européen d'unités capitalisables (ECTS)[7].

La cour d'appel de Colmar[8] avait cependant estimé que le titulaire d'un diplôme de doctorat obtenu dans un État membre autre que l'État membre d'accueil était fondé à invoquer les dispositions de la directive 2005/36[9] relative à la reconnaissance des qualifications professionnelles pour faire reconnaître l'équivalence de son diplôme afin d'accéder à la profession d'avocat. Dès lors, il appartenait aux autorités de l'État membre d'accueil de vérifier si, et dans quelle mesure, les connaissances attestées par le diplôme octroyé dans un autre État membre sont équivalentes à celles sanctionnées par le diplôme délivré par l'État membre d'accueil et

1. CE 23 juill. 2008, *Syndicat autonome du personnel enseignant des sciences juridiques, politiques et de gestion des universités,* req. n°s 306321, 306366, *Lebon T* 702 ; *AJDA* 2008. 1516 ; *D.* 2008. 2152 ; *JCP* 2008. Actu. 550, note M.-C. Rouault.
2. Arr. 25 nov. 1998, NOR : JUSC9820745A, art. 1.
3. L. n° 71-1130, 31 déc. 1971, art. 12-1, al. 3.
4. Décr. n° 91-1197, 27 nov. 1991, art. 55, al. 1er, art. abrog. par décr. n° 2004-1386 du 21 déc. 2004, art. 15.
5. Rép. min. Justice n° 8091, *JOAN Q* 5 mars 2013, p. 2618 – Rép. min. Enseignement supérieur n° 14775, *JOAN Q* 20 août 2019, p. 7570.
6. POUR UNE CRITIQUE très virulente de la position du CNB par le président de l'Association française des docteurs en droit : D. Tricot, « La passerelle des docteurs en droit », *D.* 2012. 2460 ; – *ADDE :* P.-L. Boyer, « Le petit pont de bois qui ne tenait plus guère », Libres propos, *Gaz. Pal.* 8 oct. 2019, n° 34, p. 13.
7. Rép. min. Justice, Q n° 64723, *JOAN Q* 13 avr. 2010, p. 4300.
8. Colmar, 18 avr. 2018, RG n° 18/00245 ; – *CONTRA* : Montpellier, 17 déc. 2010, RG n° 10/05606.
9. Dir. 2005/36, Parlement et Conseil, 7 sept. 2005 relative à la reconnaissance des qualifications professionnelles, *JOCE L* 255, 30 sept., p. 22, art. 13.

exigé par lui pour l'accès à une profession réglementée. De manière plus surprenante, la cour considérait au cas d'espèce, qu'en l'absence d'autre autorité susceptible d'apprécier l'équivalence de diplôme, il incombait au CRFP saisi de la demande d'inscription d'une étudiante titulaire d'un doctorat délivré par une université autrichienne de procéder à cette appréciation et de se prononcer sur l'équivalence de son diplôme avec celui du doctorat en droit français. Cet arrêt a été cassé par la Cour de cassation qui a rappelé, à juste titre, que seule l'université a compétence pour apprécier la valeur d'un doctorat en droit, obtenu à l'étranger, en vue de l'accès à la profession d'avocat en France[1]. Pour la première chambre civile, il résulte ainsi des articles 13 de la loi du 31 décembre 1971 et R. 613-34, alinéa 1, du code de l'éducation, que ne relève pas des CRFP des avocats, mais des universités de droit, la compétence d'accorder des équivalences entre le diplôme français de doctorat en droit et un diplôme acquis dans un autre État membre de l'Union européenne.

La solution retenue doit être approuvée, l'article 13 de la directive 2005/36, dont se prévalait la requérante de nationalité autrichienne, titulaire d'un doctorat en droit délivré par l'université de Vienne, ne prévoyant d'équivalence des qualifications professionnelles que pour « *l'attestation de compétences ou le titre de formation* » qui permet « *l'accès à une profession réglementée* », c'est-à-dire, pour les avocats, le certificat d'aptitude à la profession d'avocat (Capa) et non l'examen universitaire d'accès au CRFP.

Saisi par le Premier ministre d'une procédure de déclassement, dans les conditions prévues au second alinéa de l'article 37 de la Constitution, le Conseil constitutionnel précise dans une décision du 15 avril 2021[2] que les dispositions de la loi du 31 décembre 1971 relatives à l'accès des docteurs en droit au CRFP sont de nature réglementaire. Les dispositions du troisième alinéa de l'article 12-1 de la loi permettant aux titulaires d'un doctorat en droit d'accéder directement à la formation théorique et pratique prévue à l'article 12, sans avoir à passer l'examen d'accès au CRFP, qui concernent seulement les modalités d'accès à la formation préalable obligatoire à l'exercice de la profession d'avocat, ne mettent en cause aucun des principes fondamentaux ni aucune des règles que l'article 34 de la Constitution a placés dans le domaine de la loi. Par suite, elles ont un caractère réglementaire et pourront donc être modifiées ou supprimées par décret.

§ 2
Modalités d'inscription

211.111 Dossier de demande d'inscription à l'examen d'accès au CRFP. L'inscription à l'examen d'entrée à un CRFP est prise avant le 31 décembre de l'année précédant l'examen, sous réserve de l'obtention par le candidat, au cours de l'année universitaire, s'ils n'ont été obtenus antérieurement, des soixante premiers crédits d'un master en droit ou de l'un des titres ou diplômes exigés[3]. Cette inscription est prise auprès de l'université choisie par le candidat comme centre d'examen. Nul ne peut être inscrit auprès de plusieurs universités.

La demande d'inscription à l'examen d'accès au CRFP, qui comporte l'indication des matières choisies pour les épreuves d'admissibilité, est accompagnée d'un dossier comprenant : les documents justifiant l'identité, la nationalité et le domicile du candidat avec une adresse électronique personnelle valide ; les documents justifiant l'obtention des soixante premiers crédits d'un master en droit ou de l'un des titres ou diplômes reconnus comme équivalent pour l'accès à la profession d'avocat[4], ainsi que le formulaire précisant les matières choisies pour les épreuves écrites de cas pratique et de procédure.

211.112 Interdiction des procédures de préinscription. L'exigence d'une demande de pré-inscription, suivie d'une convocation pour entretien, par certains CRFP qui se trouvent en surnombre, par rapport à leur capacité d'accueil devant l'afflux de candidats provenant des différents IEJ de leur ressort, a été contestée par certains auteurs. Les candidats évincés (reçus-collés) ont formé une demande devant le juge des référés pour être admis au centre par ordonnance de ce magistrat. Cependant le magistrat n'a pas eu à se prononcer sur la demande dont il était saisi, le refus d'accès ayant été levé à la suite d'un accord intervenu entre les bâtonniers des barreaux dont relevaient ces centres de formation professionnelle[5].

La sélection dans les candidatures n'est pas non plus autorisée aux CRFP, par exemple en admettant prioritairement les élèves ayant réussi l'examen d'accès au détriment des docteurs en droit, bénéfi-

1. Civ. 1re, 27 nov. 2019, n° 18-18.296, P I ; *D. actu.* 18 déc. 2019, obs. G. Deharo ; *Gaz. Pal.* 2 juin 2020, n° 20, note D. Landry ; *JCP* 2019, prat. 1312 ; *JCP* 2020. Doctr. 278, n° 1, obs. S. Bortoluzzi.
2. Cons. const. 15 avril 2021, n° 2021-292 L, *Nature juridique de certaines dispositions des articles 11, 12 et 12-1 de la loi n° 71-1130 du 31 décembre 1971 portant réforme de certaines professions judiciaires et juridiques*, PARTIELLEMENT RÉGLEMENTAIRE, *JO* 16 avr., n° 76.
3. Arr. 17 oct. 2016, NOR : MENS1629317A, art. 2.
4. Arr. 17 oct. 2016, NOR : MENS1629317A, art. 2.
5. B. Bertrand, « CRFP : l'examen n'est plus de mise », *Vie jud.* 6 mars 1994, p. 2.

ciant de la dispense prévue au dernier alinéa de l'article 12-1 de la loi du 31 décembre 1971.

211.113 Suppression des demandes de dispense de l'examen d'accès au CRFP. Le programme de l'examen d'accès ne comporte plus aucune dispense de matières, assurant ainsi une stricte égalité des candidats.

Les demandes de dispense de certaines épreuves orales prévues par l'arrêté du 11 septembre 2003 au bénéfice des candidats titulaires d'un diplôme de deuxième ou troisième cycle d'études universitaires en droit ou en sciences juridiques, ont été abrogées par l'arrêté du 17 octobre 2016 [1].

§ 3
Modalités de l'examen : admissibilité et admission

211.121 Programme de l'examen d'accès au CRFP et des épreuves écrites d'admissibilité et orales d'admission. Le programme de l'examen d'accès au CRFP, annexé à l'arrêté du 17 octobre 2016 [2], comporte des épreuves écrites d'admissibilité et des épreuves orales d'admission. Ce programme comprend un examen en droit des obligations, droit civil, droit des affaires, droit social, droit pénal, droit administratif, droit international et européen, procédure civile et modes alternatifs de règlement des différends, procédure pénale, procédure administrative contentieuse, libertés et droits fondamentaux.

Chacune des épreuves écrites d'admissibilité est choisie au niveau national par une commission nationale. Les candidats composent sur les mêmes sujets, quel que soit le centre d'examen.

Nul ne peut se présenter aux épreuves orales d'admission s'il n'a été déclaré admissible par le jury. Les sujets des épreuves orales d'admission sont choisis par le jury de chaque centre d'examen.

211.122 Calendrier de l'examen d'accès au CRFP. L'examen d'accès au CRFP a lieu une fois par an, selon l'arrêté du 17 octobre 2016 [3]. Les épreuves d'admissibilité débutent le 1er septembre de chaque année ou le premier jour ouvrable qui suit. Le calendrier est fixé par arrêté conjoint du ministre de la Justice et du ministre chargé de l'Enseignement supérieur. Les épreuves orales d'admission débutent le 2 novembre de chaque année ou le premier jour ouvrable qui suit. Le calendrier est fixé par le président de chaque université organisant l'examen, qui en informe le CRFP dans le ressort territorial duquel est située l'université [4].

211.123 Institution de la commission nationale. Les sujets des épreuves écrites d'admissibilité sont choisis au niveau national par une commission nationale instituée par l'article 51-1 du décret du 27 novembre 1991, inséré par le décret du 17 octobre 2016, dont les membres sont nommés par arrêté conjoint du garde des Sceaux, ministre de la Justice, et du ministre chargé de l'Enseignement supérieur pour une durée de trois ans. Cette commission est composée à parité de quatre universitaires et de quatre avocats [5], ces derniers étant proposés par le Conseil national des barreaux. Son président est désigné par les ministres parmi les universitaires. Les premiers membres de la commission nationale, qui comprend un nombre égal de femmes et d'hommes, ont été nommés par arrêté du 22 décembre 2016 [6]. Les membres de la commission sont tenus à une obligation de confidentialité et ne peuvent enseigner dans une formation publique ou privée préparant à l'examen d'accès dans les CRFP, ni être membres d'un jury de l'examen de l'année au titre de laquelle les sujets sont élaborés.

Les conditions de fonctionnement de la commission nationale sont fixées par son président qui, en cas de partage des voix, dispose d'une voix prépondérante. Le secrétariat de la commission est assuré par le Conseil national des barreaux qui lui fournit les moyens matériels et financiers nécessaires à son activité [7].

Pour les épreuves d'admissibilité, la commission nationale indique les documents pouvant être utilisés par les candidats au moins deux mois avant le début de chaque épreuve [8].

La commission nationale est également chargée d'une mission d'harmonisation des critères de correction des épreuves d'admissibilité et établit à cette fin des recommandations qui peuvent prendre la forme de grilles de notation à destination des jurys et des correcteurs.

211.124 Composition du jury d'examen d'accès au CRFP. Le jury de l'examen est composé ainsi qu'il suit [9] :

1° Deux professeurs des universités ou maîtres de conférences et personnels assimilés, chargés d'un

1. Arr. 17 oct. 2016, NOR : MENS1629317A, art. 11.
2. Arr. 17 oct. 2016, NOR : MENS1629317A, annexe.
3. Arr. 17 oct. 2016, NOR : MENS1629317A, art. 1er.
4. Arr. 17 oct. 2016, NOR : MENS1629317A, art. 1er.
5. Décr. n° 91-1197, 27 nov. 1991, art. 51-1.
6. Arr. 22 déc. 2016 portant nomination à la commission nationale instituée à l'art. 51-1 du décret n° 91-1197 du 27 novembre 1991 organisant la profession d'avocat, *JO* 28 déc., n° 102, NOR : MENS1634740A.
7. Arr. 17 oct. 2016, NOR : MENS1629317A, art. 3.
8. Arr. 17 oct. 2016, NOR : MENS1629317A, art. 8.
9. Décr. n° 91-1197, 27 nov. 1991, art. 53.

enseignement juridique, dont le président du jury, désignés par le responsable du centre qui organise l'examen.

2° Un magistrat de l'ordre judiciaire désigné conjointement par le premier président de la cour d'appel dans le ressort de laquelle se trouve situé le centre qui organise l'examen et par le procureur général près ladite cour ainsi qu'un membre du corps des tribunaux administratifs et des cours administratives d'appel désigné par le président de la cour administrative d'appel dans le ressort de laquelle se trouve situé le centre qui organise l'examen, le cas échéant sur proposition du président du tribunal administratif si le président de la cour administrative d'appel entend désigner un membre du tribunal administratif.

3° Trois avocats désignés en commun par les bâtonniers des ordres d'avocats concernés.

4° Des enseignants en langues étrangères désignés dans les conditions prévues au 1°, qui ne siègent que pour les candidats qu'ils ont examinés.

Un nombre égal de suppléants est désigné dans les mêmes conditions. Les membres du jury, à l'exception de ceux qui sont mentionnés au 4°, ne peuvent siéger plus de cinq années consécutives.

Au cas où le nombre des candidats le justifie, plusieurs jurys peuvent être constitués.

Les membres du jury sont tenus à une obligation de confidentialité. Ils ne peuvent enseigner simultanément dans une formation publique et privée préparant à l'examen d'accès aux CRFP au cours de l'année universitaire au titre de laquelle l'examen est organisé et l'année universitaire précédant celle-ci [1].

211.125 Épreuves écrites d'admissibilité. Les épreuves écrites d'admissibilité comprennent :

1° Une note de synthèse, rédigée en cinq heures, à partir de documents relatifs aux aspects juridiques des problèmes sociaux, politiques, économiques ou culturels du monde actuel et affectée d'un coefficient 3 [2]. Le dossier documentaire peut comprendre des documents divers tels que des articles de doctrine, textes normatifs, articles de presse, extrait d'ouvrages...

2° Une épreuve d'une durée de trois heures en droit des obligations [3] qui peut consister en une dissertation, un commentaire d'arrêt ou de texte, ou un cas pratique sous forme de consultation. Cette note est affectée d'un coefficient 2.

3° Une épreuve destinée à vérifier l'aptitude à résoudre un ou plusieurs cas pratiques, ou à rédiger une ou plusieurs consultations, d'une durée de trois heures, portant, au choix du candidat exprimé lors du dépôt de son dossier d'inscription, dans l'une des matières suivantes : droit civil, droit des affaires, droit social, droit pénal, droit administratif, droit international et européen ou droit fiscal [4]. Cette note est affectée d'un coefficient 2 [5].

4° Une épreuve de procédure, destinée à vérifier l'aptitude à résoudre un ou plusieurs cas pratiques ou à rédiger une ou plusieurs consultations, d'une durée de deux heures, portant, au choix du candidat exprimé lors du dépôt de son dossier d'inscription, sur l'une des trois matières suivantes : procédure civile, modes amiables de résolution des différends et modes alternatifs de règlement des différends, procédure pénale, ou procédure administrative et modes amiables de résolution des différends. Le choix de la matière de spécialité visée au 3° conditionne désormais la détermination de la matière de procédure par le candidat. L'épreuve de procédure peut consister en une dissertation, un commentaire d'arrêt ou de texte, ou un cas pratique sous forme de consultation. La note est affectée d'un coefficient 2 [6].

• **Anonymat.** Les épreuves écrites sont organisées de manière à préserver l'anonymat de chaque candidat [7].

Par l'utilisation de copies de couleur pouvant être identifiées par le correcteur malgré l'anonymat des copies, le tribunal administratif de Montpellier a pu retenir une atteinte au principe d'égalité des candidats à l'examen [8].

• **Notation.** Chaque composition, anonyme, est examinée par deux correcteurs et reçoit une note de 0 à 20. L'admissibilité est prononcée par le jury au vu de la moyenne des notes obtenues par le candidat si celle-ci est égale ou supérieure à 10 sur 20. Après avoir comparé les moyennes obtenues par les candidats et les prévisions d'admissibilité avec celles des autres centres d'examen organisant l'accès au même CRFP, le jury arrête, par ordre alphabétique, la liste des candidats déclarés admissibles. Les résultats d'admissibilité sont publiés le même jour par tous les centres d'examen dix jours avant le début des épreuves orales d'admission. L'admissibilité n'est

1. Arr. 17 oct. 2016, NOR : MENS1629317A, art. 4.
2. Arr. 17 oct. 2016, NOR : MENS1629317A, art. 5, 1°.
3. Arr. 17 oct. 2016, NOR : MENS1629317A, art. 5, 2°.
4. Arr. 17 oct. 2016, NOR : MENS1629317A, art. 5, 3°.
5. Arr. 17 oct. 2016, art. 5, 3° ; – POUR UNE CRITIQUE des matières de cette épreuve pratique : J.-L. Albert, O. Négrin et M. Chastagnaret, « Les oublis majeurs de la réforme des modalités d'accès à la profession d'avocat », *JCP* 2016. 1264 ; – D. Mazeaud, « Du riffifi chez les juristes », *JCP* 2016. 1126.
6. Arr. 17 oct. 2016, NOR : MENS1629317A, art. 5, 4°.
7. Arr. 17 oct. 2016, NOR : MENS1629317A, art. 6.
8. TA Montpellier, 26 nov. 1993, *Fernandez et autres c/Université de Montpellier I*, *Gaz. Pal.* 26 févr. 1994, 40 : qui annule le résultat de cet examen – Paris, 1re ch. A, 27 avr. 1994, *Loea c/CRFP*, NP.

valable que pour la session au cours de laquelle elle a été acquise[1].

• **Documents autorisés.** Pour la première session de l'examen 2017, la commission nationale d'examen a précisé, conformément à ses prérogatives[2], les documents pouvant être utilisés par les candidats lors des épreuves d'admissibilité : sont autorisés les codes annotés mais non commentés, ainsi que les recueils (ou photocopies tirées de sites internet officiels) de textes réglementaires, législatifs et *supra* législatifs nationaux, et de normes européennes et internationales, ne contenant aucune indication de doctrine. Ces documents pourront être surlignés. Cependant, aucune annotation manuscrite ne pourra y figurer, aucune page et aucun « post-it » ne pourront être ajoutés. Les photocopies de circulaires et de jurisprudence sont interdites.

Tout incident est soumis au jury, qui peut prononcer la nullité de l'épreuve.

211.126 Épreuves orales d'admission. Nul ne peut se présenter aux épreuves d'admission s'il n'a été déclaré admissible par le jury. Les épreuves orales d'admission comprennent :

1° Un exposé de quinze minutes, après une préparation d'une heure, suivi d'un entretien de trente minutes avec le jury, sur un sujet relatif à la protection des libertés et des droits fondamentaux permettant d'apprécier les connaissances du candidat, sa culture juridique, son aptitude à l'argumentation, et son expression orale ; la note est affectée d'un coefficient 4.

Cette épreuve du grand oral se déroule en séance publique[3] et est subie devant trois examinateurs désignés par le président du jury dans chacune des catégories mentionnées aux 1°, 2° et 3° de l'article 53 du décret du 27 novembre 1991.

2° Une interrogation orale d'une durée de quinze minutes, après une préparation de quinze minutes, en langue anglaise[4] ; la note est affectée d'un coefficient 1. L'épreuve de langue est subie devant un enseignant en langues étrangères désigné par le responsable du centre qui organise l'examen. Les épreuves orales d'admission sont notées de 0 à 20 ; chaque note est affectée du coefficient prévu pour l'épreuve correspondante.

Les sujets sont choisis par le jury de chaque centre d'examen[5].

211.127 Admission – Attestation de réussite. Pour être admis, les candidats doivent avoir obtenu pour l'ensemble des épreuves écrites et orales une moyenne au moins égale à 10 sur 20[6]. Après avoir comparé les moyennes obtenues par les candidats et les prévisions de réussite avec celles des autres centres d'examen organisant l'accès au même CRFP, le jury arrête le 1er décembre de l'année de l'examen ou le premier jour ouvrable suivant, la liste des candidats déclarés admis.

Les résultats d'admission sont publiés par chaque centre d'examen et les listes des candidats admis sont rendues publiques au niveau national par le CNB[7]. Le président de l'université organisatrice délivre l'attestation de réussite à l'examen[8].

§ 4
Voies de recours

211.131 Compétence d'attribution. Le Tribunal des conflits a donné pouvoir à la juridiction administrative pour régler les recours formés contre les délibérations des jurys d'examen d'accès au CRFP[9]. La raison de cette compétence est double. D'une part, si l'article 14 de la loi du 31 décembre 1971 énonce que les « recours à l'encontre des décisions concernant la formation professionnelle sont soumis à la cour d'appel compétente », cette formation professionnelle ne comprend pas, aux termes de l'article 12, l'examen d'accès qui lui est subordonné. D'autre part, cet examen est organisé par les universités qui sont désignées à cet effet par le recteur d'académie, après avis du garde des Sceaux, ministre de la Justice. Par décision du 14 décembre 2009[10], le Tribunal des conflits a précisé que l'action indemnitaire en réparation du préjudice né des délibérations du jury de l'examen d'accès au CRFP relève également de la compétence de la juridiction administrative.

Antérieurement, ces recours relevaient de la compétence judiciaire, comme l'avait admis la Cour de cassation[11]. En effet, avant la réforme du 11 février 2004, l'article 12 de la loi du 31 décembre 1971 prévoyait que l'examen d'accès était partie intégrante de la formation professionnelle relevant, aux

1. Arr. 17 oct. 2016, NOR : MENS1629317A, art. 6.
2. Arr. 17 oct. 2016, NOR : MENS1629317A, art. 8.
3. Arr. 17 oct. 2016, NOR : MENS1629317A, art. 7, 1°.
4. Arr. 17 oct. 2016, NOR : MENS1629317A, art. 7, 2°.
5. Décr. n° 91-1197, 27 nov. 1991, art. 53.
6. Arr. 17 oct. 2016, NOR : MENS1629317A, art. 9.
7. Arr. 17 nov. 2021, *JO* 3 déc., n° 34, NOR : ESRS2131288A.
8. Arr. 17 oct. 2016, NOR : MENS1629317A, art. 10.
9. T. confl. 18 déc. 2006, n° 3507, *Lebon ; AJDA* 2007. 494 ; *AJDA* 2007. 913, note J.-F. Calmette ; *RTD civ.* 2007. 630, obs. P. Théry.
10. T. confl. 14 déc. 2009, n° 3720.
11. Civ. 1re, 21 janv. 1997, n° 95-11.525, P I, n° 29 ; *JCP* 1997. I. 40-41, note R. Martin, n° 14 ; – AUSSI : CE 23 mars 1998, *Weber et Tape*, req. n° 159617, *Lebon ; D.* 1998. 111 ; *Gaz. Pal.* 1999. 576 ; *JCP* 1998. IV. 2578 – Civ. 1re, 14 juin 2005, n° 03-16.149, P I, n° 242 ; *JCP* 2006. I. 105, n° 3, obs. R. Martin ; *D.* 2005. 2034.

termes de l'article 14, de la compétence de la cour d'appel.

Ainsi, les recours contre les décisions du jury d'examen d'entrée dans les CRFP doivent être intentés, devant les tribunaux administratifs territorialement compétents, à l'encontre de l'université organisant l'examen. Ils ne peuvent être formés contre les instituts d'études judiciaires (IEJ), lesquels ne sont pas dotés de la personnalité morale[1].

En revanche, c'est bien la cour d'appel qui est compétente pour connaître des recours contre les décisions des jurys d'examen du Capa, ainsi que des contestations relatives aux droits d'inscription et à l'organisation de la formation dans les CRFP[2].

SECTION 4
FORMATION DISPENSÉE PAR LE CRFP

211.140 **Plan – Avenir de la formation des avocats.** Une proposition de réforme du contenu de la formation initiale a été adoptée par le Conseil national des barreaux lors de ses assemblées générales des 10 et 11 octobre 2014[3], et 3 et 4 février 2017[4], réduisant de 18 à 12 mois la durée de la formation au sein du CRFP et ajoutant une période obligatoire d'une année de collaboration en alternance après la prestation de serment sous le contrôle d'un avocat référendaire. Cette réforme s'inscrivait dans la continuité de celles précédemment votées et, pour partie mises en œuvre, relatives à l'examen national pour l'accès aux CRFP[5], à la définition des principes d'organisation de la formation et l'harmonisation des programmes[6], et à l'examen du Capa[7]. L'ensemble de ces propositions, bien que transmis au ministère de la Justice en vue de procéder aux modifications nécessaires des textes législatifs et réglementaires en vigueur, n'a pas recueilli de véritable consensus et a, au contraire, soulevé de sérieuses réserves au sein même de la profession.

La commission de la formation professionnelle du CNB a repris sa réflexion sur le contenu de la formation initiale et présenté un nouveau projet de réforme adopté lors de l'assemblée générale des 16 et 17 novembre 2018[8]. Il est ainsi proposé de reprendre les principes adoptés précédemment, à savoir : une réduction de temps de scolarité au sein des CRFP sur une année civile, un recrutement des étudiants présentant l'examen d'entrée au niveau du master 2, une répartition plus souple des trois périodes de formation en fonction de l'orientation choisie par l'élève (4 mois pour l'acquisition des fondamentaux, 2 mois de stage externe, 6 mois de stage en cabinet d'avocats) et une organisation du cursus de formation en alternance. L'assujettissement de l'élève pendant une année après sa prestation de serment à une collaboration obligatoire est abandonné au profit d'une obligation de formation renforcée au cours de la première année suivant l'obtention du Capa. En conclusion, l'objectif de ce projet de réforme, qui se veut pragmatique, est d'assurer aux futurs avocats une préparation très pratique à leur entrée dans la profession qui ne doit pas être retardée plus que nécessaire.

Le 15 avril 2021, le Conseil constitutionnel[9] saisi par le Premier ministre, dans les conditions prévues au second alinéa de l'article 37 de la Constitution, a refusé le déclassement de deux dispositions législatives relatives à la formation initiale des avocats, pourtant nécessaires à la mise en œuvre des préconisations formulées par le CNB et reprises dans le rapport du groupe de travail Clavel / Haeri sur la réforme de la formation remis au garde des Sceaux, ministre de la Justice le 23 octobre 2020[10]. Si ce refus a mis un terme à tout espoir d'évolution législative à bref délai, le CNB a décidé lors de son assemblée générale du 4 juin 2021, sur proposition de la commission formation professionnelle, de poursuivre ses travaux en adoptant un périmètre restreint de ses propositions de réforme par voie réglementaire[11].

En l'état des textes, la formation dispensée par le CRFP se répartit sur trois périodes de formation (§ 1) de 18 mois, la formation commune de base en première période (§ 2), un projet pédagogique individuel (PPI) en deuxième période (§ 3), et le stage auprès d'un avocat en troisième période (§ 4).

§ 1
Périodes de formation

211.151 **Trois périodes de formation sur 18 mois.** Depuis le 1er septembre 2005, la formation

1. Civ. 1re, 1er mars 2005, no 03-20.129, P I, no 97 ; *D.* 2005. 793.
2. Civ. 1re, 6 avr. 2004, no 00-15.212, P I, no 109 ; *D.* 2004. 1499.
3. CNB, *Rapport de la commission de la formation sur les propositions de réforme de la formation initiale*, AG 10-11 oct. 2014.
4. CNB, *Rapport de la commission de la formation sur l'encadrement de la période de collaboration qualifiante*, AG 3-4 févr. 2017 ; P.-Y. Monjal, *Quelques remarques sur la « collaboration qualifiante » envisagée par le Conseil national des barreaux*, *RDUE* 2/2016.
5. V. ss nos 211.101 s.
6. V. ss nos 211.151 s.
7. V. ss nos 211.231 s.
8. CNB, *Rapport de la commission de la formation sur la réforme de la formation initiale*, AG 16-17 nov. 2018.
9. Cons. const. 15 avril 2021, no 2021-292 L, *Nature juridique de certaines dispositions des articles 11, 12 et 12-1 de la loi no 71-1130 du 31 décembre 1971 portant réforme de certaines professions judiciaires et juridiques*, PARTIELLEMENT RÉGLEMENTAIRE, *JO* 16 avr., no 76 : le Conseil constitutionnel considère que relèvent du domaine de la loi la condition d'obtention d'une maîtrise en droit pour accéder à la profession d'avocat (mots « *une maîtrise* » figurant au 2o de l'art. 11 de la loi no 71-1130 du 31 déc. 1971) et la durée de la formation professionnelle exigée pour devenir avocat (mots « *au moins dix-huit mois* » figurant au 1er al. de l'art. 12 de la loi du 31 déc. 1971).
10. S. Clavel, K. Haeri, *Rapport du groupe de travail sur la formation des avocats*, Rapport remis au garde des Sceaux, 23 oct. 2020 ; *JCP* 2017. 196, aperçu rapide F. G'Sell.
11. CNB, *Rapport de la commission de la formation sur la réforme de la formation – Projet de décret*, AG 4 juin 2021 ; *Gaz. Pal.* 15 juin 2021, no 22, p. 7, art. L. Garnerie.

initiale se déroule sur une période de 18 mois. Cette durée intégrant les vacances étudiantes et les périodes d'examen, la scolarité correspond en réalité à deux années civiles. La formation de 18 mois comprend trois périodes de six mois chacune :

– six mois au sein de l'école pour l'acquisition des « fondamentaux » ;

– six à huit mois de formation dans le cadre d'un projet pédagogique individuel (PPI) agréé par le centre de formation ;

– six mois de stage en cabinet d'avocat.

Auparavant, avant l'adoption de la loi du 11 février 2004, cette formation durait un an et était suivie d'un stage de deux ans après l'inscription sur une liste spéciale du tableau en qualité d'avocat stagiaire.

211.152 **Répartition des trois périodes de six mois.** Les trois périodes de formation doivent, en principe, être effectuées en continu. C'est le conseil d'administration du centre régional de formation professionnelle qui fixe l'ordre dans lequel elles se déroulent.

211.153 **Formation en alternance.** À titre exceptionnel, le CNB peut autoriser un CRFP à organiser les trois périodes de formation en alternance.

Certains centres sollicitent cette autorisation et s'organisent de manière à permettre à leurs élèves avocats de suivre l'enseignement de la période d'acquisition des fondamentaux, tout en effectuant un stage en cabinet ou en entreprise. C'est d'ailleurs l'esprit de la réforme, qui vise à renforcer l'aspect pratique des enseignements et renforcer les relations des élèves avec le monde professionnel.

211.154 **Secret professionnel et serment.** Toute personne admise à la formation est astreinte au secret professionnel, aux termes de l'article 12-2 de la loi du 31 décembre 1971 : « Pour tous les faits et actes qu'elle a à connaître au cours de sa formation et des stages qu'elle accomplit auprès des professionnels, des juridictions et des organismes divers. » C'est pourquoi, dès son admission à la formation, elle doit, sur présentation du président du conseil d'administration du CRFP, prêter serment devant la cour d'appel dans le ressort de laquelle le centre a son siège, en ces termes : « Je jure de conserver le secret de tous les faits et actes dont j'aurai eu connaissance en cours de formation ou de stage. »

Un tel serment doit être distingué de celui de l'article 3[1] de la loi du 31 décembre 1971 qui constitue un préalable à l'inscription au barreau[2].

1. L. n° 71-1130, 31 déc. 1971, art. 3.
2. V. s[s] n°s 224.21 s.

§ 2
Formation commune de base : première période de formation

211.161 **Acquisition des fondamentaux.** Les élèves des CRFP reçoivent, en vue de la pratique du conseil et du contentieux, une formation commune de base, d'une durée de six mois.

Cet enseignement, doit porter notamment sur le statut et la déontologie professionnels, la rédaction des actes juridiques, la plaidoirie et le débat oral, les procédures, la gestion des cabinets d'avocats ainsi que sur une langue vivante étrangère[3].

Le CRFP choisit la ou les langues enseignées parmi celles prévues par arrêté du garde des Sceaux, ministre de la Justice.

211.162 **Harmonisation des programmes.** Le programme et les modalités des enseignements et formations sont fixés par le conseil d'administration du CRFP en conformité avec les dispositions arrêtées par le Conseil national des barreaux[4]. Le législateur donne ainsi compétence au CNB[5] de définir les principes d'organisation de la formation des élèves avocats et d'en harmoniser les programmes. À ce titre, son assemblée générale a adopté, lors de sa séance du 12 décembre 2014, une première décision à caractère normatif n° 2014-003 définissant les principes d'organisation et harmonisant les programmes de la formation des élèves avocats[6].

Selon les termes de cette décision, le contenu de la formation doit être exclusivement consacré à la pratique professionnelle, en se fondant sur le principe de mises en situation pratique et en privilégiant la méthode de l'atelier. Un socle obligatoire de programme, correspondant à environ 250 heures de formation en présentiel, est défini.

La partie principale de la formation est consacrée aux pratiques du métier d'avocat (140 heures). Ces pratiques sont regroupées à parts égales en trois thématiques fondamentales : le conseil, la rédaction d'actes et le contentieux. La décision prévoit également un enseignement fondamental de déontologie (35 heures), qui doit en outre irriguer toute la formation, et une formation de base en gestion de cabinet (36 heures). L'utilisation des nouvelles

3. Décr. n° 91-1197, 27 nov. 1991, art. 57.
4. V. s[s] n° 112.31.
5. L. n° 71-1130, 31 déc. 1971, art. 21-1 ; mod. par L. n° 2019-1479, 28 déc. 2019, art. 81.
6. Décis. CNB, 7 janv. 2015 définissant les principes d'organisation et harmonisant les programmes de la formation des élèves avocats, *JO* 18 janv., p. 833 ; – SUR LAQUELLE : *JCP* 2015. Doctr. 673, n° 1, obs. S. Bortoluzzi.

technologies (e-learning, Mooc) est vivement recommandée. La décision insiste par ailleurs sur l'importance des formations au droit de l'Union européenne et aux modes amiables de règlement des différends (Mard).

Sur rapport de la commission de la formation professionnelle, chargée de réfléchir à un renforcement de la professionnalisation des enseignements[1], le CNB a adopté une nouvelle décision à caractère normatif n° 2020-001 du 11 septembre 2020[2], qui abroge la précédente décision du 7 janvier 2015.

Cette décision contient trois principes directeurs : faire de l'alternance entre la formation à l'école et le stage en cabinets d'avocats, non plus une exception, mais le principe dont les modalités sont fixées par le conseil d'administration du centre[3] ; donner une place plus importante au contrôle continu en vue de l'examen du CAPA et en préciser les modalités[4] ; assurer une formation aux formateurs par les CRFP et mettre en place un système d'évaluation de la qualité des formations[5]. La décision révise par ailleurs l'harmonisation des programmes de la formation dont le contenu pédagogique est exclusivement consacré à la pratique professionnelle de l'avocat[6]. Le socle de la formation initiale totalise toujours un minimum de 250 heures, dont 50 heures de déontologie. Les écoles peuvent dispenser des formations complémentaires consacrées à la pratique professionnelle, le total ne devant pas excéder une limite de 320 heures en présentiel. Est également retenue la technique pédagogique de la clinique juridique sous la responsabilité du CRFP, avec des formateurs choisis par le centre de concert avec les ordres d'avocats[7]. Le CNB a ainsi tenu à harmoniser les programmes de la formation des élèves avocats, tout en laissant une certaine liberté aux CRFP qui, chaque année, lui communiqueront leur programme de l'année suivante pour observations.

La présente décision entre en vigueur pour les programmes de formation des élèves avocats préparés par les centres en 2021, et dispensés aux élèves avocats à compter du 1er janvier 2022.

1. Rapport CNB, *Avenir de la formation des avocats : Pistes de réflexion,* AG 11-12 oct. 2019.
2. Décis. CNB n° 2020-001, 11 sept. 2020 définissant les principes d'organisation et harmonisant les programmes de la formation des élèves avocats, *JO* 5 nov., n° 23, NOR : JUSC2025094S – SUR LAQUELLE : *D. actu.* 27 nov. 2020, art. L. Dargent ; *JCP* 2020. Doctr. 1294, n° 1, obs. S. Bortoluzzi.
3. Décis. CNB n° 2020-001, 11 sept. 2020, art. 1er.
4. Décis. CNB n° 2020-001, 11 sept. 2020, art. 1er.
5. Décis. CNB n° 2020-001, 11 sept. 2020, art. 2.
6. Décis. CNB n° 2020-001, 11 sept. 2020, art. 3 à 8.
7. Décis. CNB n° 2020-001, 11 sept. 2020, art. 5.

§ 3
Projet pédagogique individuel (PPI) : deuxième période de formation

211.171 **Projet pédagogique individuel (PPI).** La deuxième période de formation, d'une durée de six mois, pouvant à titre exceptionnel être portée à huit mois, est consacrée à la réalisation du projet pédagogique individuel (PPI) de l'élève avocat, selon des principes définis par le CNB[8].

Ce projet pédagogique individuel est une innovation dans la formation initiale du futur avocat et représente un aspect essentiel de la réforme de 2004. Dès son entrée dans un centre de formation, l'élève doit se préoccuper de la définition de son projet professionnel de façon à pouvoir le concrétiser, dans la deuxième partie de son cursus, par la réalisation d'un projet professionnel individuel. La définition de ce PPI doit être facilitée par l'organisation de rencontres entre les élèves avocats et des professionnels.

La mise en place de ce PPI repose sur l'idée que ce cycle de formation de l'avocat doit être vécu comme un cycle d'insertion professionnelle. Il ne fonctionnera réellement qu'avec l'implication des professionnels. C'est pourquoi les cabinets sont encouragés à prendre contact avec leurs futurs collaborateurs dès leur entrée dans l'école.

Le PPI constitue le point de départ du projet professionnel du futur avocat. Il suppose que l'élève avocat ait réfléchi à l'orientation qu'il désire donner à sa carrière et qu'il recherche le stage ou l'enseignement qui l'intéresse. L'élève qui souhaite exercer une activité judiciaire aura ainsi tout intérêt à consacrer son PPI à un ou plusieurs stages en juridiction. Celui qui s'intéresse au droit de la consommation devra chercher à effectuer un stage auprès d'une association de consommateur. Celui qui désire se spécialiser en droit des nouvelles technologies ou en droit médical peut s'inscrire dans un master professionnel...

Dans le cadre de la réforme de la formation initiale votée par son assemblée générale des 10 et 11 octobre 2014, le CNB a proposé au garde des Sceaux, ministre de la justice, que le PPI ne soit plus une période obligatoire de la formation de l'élève avocat, mais soit réalisé uniquement si ce dernier le choisit[9].

211.172 **Contenu du projet pédagogique individuel (PPI).** Le projet pédagogique individuel (PPI) peut notamment consister en :

– un ou plusieurs stages, en France, dans un État membre de l'Union européenne ou partie à l'accord

8. Décr. n° 91-1197, 27 nov. 1991, art. 58.
9. Résol. CNB, AG 10 et 11 oct. 2014.

sur l'Espace économique européen, ou à l'étranger (le PPI peut aussi consister en un stage professionnel effectué dans un État n'appartenant ni à l'Union européenne ni à l'Espace économique européen ni à la Confédération suisse[1]). Ce stage, de caractère juridique, peut avoir lieu au sein d'une juridiction, dans une entreprise, chez un auxiliaire de justice (sauf un avocat, sauf cabinet étranger ou pré-spécialisation), auprès de collectivités territoriales, d'associations, de syndicats, auprès des institutions communautaires, des ministères, d'un organe de presse... Cette liste de suggestion n'est pas exhaustive, mais pour être validés les stages doivent répondre à un certain nombre de critères qui seront précisés par chacun des centres de formation.

- l'accomplissement d'une deuxième année de master (M2). L'élève doit s'assurer de la cohérence du programme avec le PPI et des compatibilités des calendriers.

211.173 Validation du projet pédagogique individuel (PPI). Le projet pédagogique individuel (PPI) doit être proposé par l'élève avocat lui-même, mais il est élaboré avec le concours du CRFP. Le PPI doit obligatoirement être agréé par le centre de formation.

211.174 Stage en juridiction et statut de l'élève. Le projet pédagogique individuel (PPI) est un aspect essentiel de la formation, dans la mesure où il est une phase d'insertion professionnelle. Il peut consister, notamment, en un stage en juridiction. Se pose alors la question du statut de l'élève avocat durant ce stage. Un arrêt de la chambre criminelle du 7 mai 2008[2] est venu apporter une précision importante sur ce point.

Il s'agissait, en l'espèce, de savoir si l'élève avocat assistant au délibéré de la juridiction, une chambre de l'instruction, peut avoir une voix consultative. Le texte pouvant éclairer cette question est l'article 12-2[3] de la loi du 31 décembre 1971, qui prévoit que la personne admise à la formation d'avocat est astreinte au secret professionnel pour tous les faits et actes qu'elle a à connaître au cours de cette formation et des stages accomplis auprès des professionnels, des juridictions ou des organismes divers.

Le même article 12-2 dispose également que, dès son admission à la formation, l'élève avocat prête serment devant la cour d'appel. Il précise enfin que « lorsque l'élève avocat accomplit un stage en juridiction, il peut assister aux délibérés », cette possibilité étant sans doute liée à son obligation au secret professionnel. Peut-il pour autant participer à ce délibéré avec voix consultative ? La Cour de cassation répond clairement à cette question par la négative en précisant qu'« assister » n'est pas « participer » : si, aux termes de l'article précité, les élèves des CRFP effectuant un stage dans une juridiction peuvent « assister » aux délibérés, cette disposition exclut toute participation desdits élèves aux décisions prises par la juridiction. Cette solution s'applique à la chambre de l'instruction comme à toute autre juridiction. Ainsi, dès lors qu'il ne résulte pas des énonciations des juridictions du fond que l'avocat stagiaire y ait participé[4], et notamment lorsque lesdites juridictions mentionnent que l'élève avocat a assisté aux débats et au délibéré sans voix consultative[5], elles ne sont susceptibles d'aucun grief de ce chef.

Une décision similaire avait été rendue sous l'empire de la législation antérieure (c'est-à-dire avant la création de ce stage en juridiction dans le cadre d'un PPI). Une chambre de l'accusation avait alors encouru la cassation pour avoir laissé des « avocats pré-stagiaires » prendre part au délibéré avec voix consultative[6].

La participation d'un élève avocat à une activité judiciaire peut également se trouver limitée lorsqu'elle porte atteinte à la validité de la procédure.

§ 4
Stage auprès d'un avocat : troisième période de formation

211.181 Stage en cabinet. La troisième période de formation, d'une durée de six mois, est consacrée à un stage auprès d'un avocat[7]. Ce stage remplace l'ancien stage obligatoire de deux ans faisant suite à l'obtention du Capa. Le stagiaire doit être à plein-temps et en immersion totale dans un cabinet d'avocat.

Aucun cours n'est prévu pendant cette période entièrement consacrée à l'acquisition d'une vérita-

1. Décr. n° 91-1197, 27 nov. 1991, art. 58, al. 1er.
2. Crim. 7 mai 2008, n° 08-81.318, P n° 107 ; *D.* 2008. 1631 ; *JCP* 2008. I. 184, n° 1, obs. S. Bortoluzzi : participation d'une élève avocate avec voix consultative à la décision d'une chambre de l'instruction dans une procédure d'extradition d'un ressortissant étranger – AUSSI : Civ. 2e, 9 sept. 2010, n° 09-67.149, P II, n° 145 ; *D.* 2010. 2072 ; *D. actu.* 20 sept. 2010, obs. J. Daleau ; *Gaz. Pal.* 12 oct. 2010, note L. Briand ; *JCP* 2010. I. 1068, n° 7, obs. C. Jamin : avocat stagiaire ayant siégé en surnombre et participé au délibéré, avec voix consultative – Com. 14 sept. 2010, n° 09-16.586, NP.
3. L. n° 71-1130, 31 déc. 1971, art. 12-2.
4. Civ. 3e, 19 mars 2008, n° 07-11.383, P III, n° 50 ; *LPA* 12 janv. 2009, p. 12, note N. Morelli.
5. Crim. 31 mars 2010, n° 10-80.153, NP – Crim. 14 janv. 2009, n° 08-84.011, NP.
6. Crim. 20 oct. 1998, n° 98-84.212, P n° 265 ; *D.* 1999. 10 – AUSSI : Crim. 19 mai 2015, n° 14-82.566, NP – Crim. 27 mai 2015 n° 14-81.807, NP.
7. Décr. n° 91-1197, 27 nov. 1991, art. 58, al. 2.

ble compétence professionnelle. En effet, à l'issue de ce stage, l'élève devient avocat, dès l'obtention de son Capa et après sa prestation de serment. Ce stage doit obligatoirement faire l'objet d'une convention tripartite entre le centre de formation, l'élève et le maître de stage.

Les modalités de reconnaissance des qualifications professionnelles des avocats exerçant dans un État membre de l'Union européenne, ou partie à l'accord sur l'Espace économique européen (EEE) autre que la France, ont été modifiées par le décret du 11 mai 2016[1] portant adaptation du décret du 27 novembre 1991 au droit de l'Union européenne, par transposition de la directive 2013/55[2] modifiant la directive 2005/36[3] relative à la reconnaissance des qualifications professionnelles et le règlement 1024/2012[4], dit règlement IMI, concernant la coopération administrative par l'intermédiaire du système d'information du marché intérieur.

Ainsi, le stage final des élèves en cabinet d'avocats peut être effectué, pour moitié seulement, dans un autre État membre de l'Union européenne ou de l'EEE, soit trois mois sur la période de six mois[5].

211.182 Interruption de la période de stage – Effets. Les élèves avocats doivent effectuer leur stage en cabinet pour une durée de six mois, conformément à l'article 58, alinéa 2, du décret du 27 novembre 1991. La première chambre civile reconnaît que c'est à bon droit que le conseil d'administration d'un CRFP n'a pas inscrit une élève avocate sur la liste de ceux admis à se présenter aux épreuves de l'examen du Capa au motif que son stage initial chez un avocat avait été interrompu au bout de quatorze semaines[6].

Le stage interrompu ne peut ainsi faire l'objet d'un stage complémentaire et doit être renouvelé dans sa totalité afin de satisfaire l'obligation de continuité des trois périodes de formation initiale imposée par le décret[7]. Si la sanction est sévère, obligeant l'élève concernée à recommencer entièrement sa scolarité dans un CRFP, le conseil d'administration a pu lui refuser toute dérogation individuelle, notamment en raison de son état de santé, sans violation du principe d'égalité entre élèves avocats.

211.183 Obligations du stagiaire. Pendant le stage, les obligations de l'élève stagiaire sont précisément définies à l'article 60[8] du décret du 27 novembre 1991. L'élève s'initie à l'activité professionnelle de l'avocat maître de stage, sans pouvoir se substituer à celui-ci dans aucun acte de sa fonction.

Il doit notamment, aux côtés du maître de stage :

1° Assister à la réception de clients.

2° Assister à des audiences ou séances de différentes juridictions ou commissions ou aux actes d'instruction préparatoire.

3° Avec l'autorisation du président, formuler des observations orales à l'audience.

4° Collaborer à la consultation et à la rédaction d'actes en matière juridique.

Un stagiaire élève avocat ne peut se voir délivrer un permis de communiquer pour des visites au sein d'un établissement pénitentiaire[9] dès lors qu'il n'a ni la qualité d'avocat et n'est pas davantage désigné par la personne détenue. Il peut toutefois accompagner l'avocat désigné à l'occasion d'une telle visite en justifiant de son identité et en se soumettant aux mesures de sécurité applicables[10].

Le CRFP peut également faire participer les élèves à des consultations juridiques organisées par les ordres d'avocats.

Pendant la durée du stage l'élève doit effectuer le travail qui lui est confié par son maître de stage, informer l'école de toute difficulté et préparer son rapport de stage.

211.184 Obligations du maître de stage. Le maître de stage doit encadrer l'élève et assurer sa formation professionnelle. Il doit l'encourager, le conseiller et lui apporter la compétence nécessaire à la pratique de la profession d'avocat. Il doit également apprécier et évaluer son travail et transmettre cette évaluation au centre dans les délais requis.

211.185 Qui peut être maître de stage ? Tous les avocats inscrits au tableau ayant prêté serment depuis plus de quatre ans au 1er janvier de l'année en cours peuvent être maîtres de stage. Peuvent également être maîtres de stage, à leur demande, les avocats exerçant depuis plus de quatre ans au

1. Décr. n° 2016-576, 11 mai 2016 portant adaptation du décret n° 91-1197 du 27 novembre 1991 organisant la profession d'avocat au droit de l'Union européenne, *JO* 13 mai, n° 16 ; – SUR LEQUEL : *JCP 2016*. Doctr. 670, n° 1, obs. S. Bortoluzzi.
2. Dir. 2013/55, Parlement et Conseil, 20 nov. 2013 modifiant la directive 2005/36/CE relative à la reconnaissance des qualifications professionnelles, *JOCE L* 354, 28 déc., p. 132.
3. Dir. 2005/36, Parlement et Conseil, 7 sept. 2005 relative à la reconnaissance des qualifications professionnelles, *JOCE L* 255, 30 sept., p. 22.
4. Règl. 1024/2012, Parlement et Conseil, 25 oct. 2012 concernant la coopération administrative par l'intermédiaire du système d'information du marché intérieur et abrogeant la décision 2008/49/CE de la Commission, *JOUE L* 316, 14 nov., p. 1.
5. Décr. n° 91-1197, 27 nov. 1991, art. 59, al. 4 ; créé par décr. n° 2016-576, 11 mai 2016, art. 3.
6. Civ. 1re, 5 juill. 2017, n° 16-20.826, P I ; *JCP* 2017. Doctr. 1104, n° 1, obs. S. Bortoluzzi.
7. Décr. n° 91-1197, 27 nov. 1991, art. 58-1.
8. Décr. n° 91-1197, 27 nov. 1991, art. 60.
9. C. pr. pén., art. R. 57-6-5.
10. Note du Directeur de l'administration pénitentiaire, 20 juill. 2021.

1er janvier de l'année en cours dans l'un des États membres de l'Union européenne, dans un autre État partie à l'accord sur l'Espace économique européen ou au sein de la Confédération suisse, sous l'un des titres professionnels énumérés à l'article 201[1].

Le conseil d'administration de chaque CRFP ou son président par délégation, dresse annuellement, après avis des conseils de l'ordre des barreaux concernés, la liste des avocats maîtres de stage. L'avocat ne peut, sans motif légitime, refuser d'être inscrit sur cette liste[2]. La décision d'affectation est prise par le président du CRFP, qui peut, en cours de stage, décider un changement d'affectation.

211.186 Rémunération du stagiaire : mise en place d'un accord national relatif aux stagiaires des cabinets d'avocats. L'accord professionnel national du 19 janvier 2007[3], et son avenant du 21 décembre 2007[4], relatif aux stagiaires des cabinets d'avocats, conclu dans le secteur des cabinets d'avocats a été étendu par un arrêté du 10 octobre 2007[5], rattaché à la convention collective nationale des cabinets d'avocats du 17 février 1995[6], étendue par arrêté du 10 juin 1996[7]. Cet accord professionnel national a pour objet de fixer les conditions de gratification des stagiaires des cabinets d'avocats.

Sur le contenu de l'accord, il est rappelé en préambule que :

- les stagiaires doivent disposer durant leurs stages de moyens financiers leur permettant de se consacrer pleinement à leur formation dans le cadre du stage ;
- les maîtres de stages sont tenus d'une obligation de formation à l'égard de leurs stagiaires et qu'il appartient aux maîtres de stages d'en assurer l'effectivité ;
- les élèves avocats stagiaires sont soumis à l'ensemble des règles déontologiques de la profession d'avocat ;
- aucune convention de stage ne peut être conclue pour remplacer un salarié en cas d'absence, de suspension de son contrat de travail ou de licenciement, pour exécuter une tâche régulière correspondant à un poste de travail permanent ou pour faire face à un accroissement temporaire de l'activité du cabinet d'avocat ;
- aucune convention de stage ne peut être conclue entre un cabinet d'avocat et une personne titulaire du Capa.

211.187 Champ d'application de l'accord national relatif aux stagiaires des cabinets d'avocats. Cet accord s'applique sur le territoire métropolitain et dans les départements d'outre-mer.

Il fixe les conditions minimales devant être contenues dans les conventions particulières, celles-ci ne pouvant en aucun cas contenir des conditions moins avantageuses que celles du présent accord.

Il s'applique aussi aux stagiaires des organisations ordinales et professionnelles des avocats et à ceux des organisations issues des conventions collectives relatives à la profession d'avocat qui ne relèveraient pas d'une autre convention collective.

Les stages dits de « découverte » ou « d'observation » se déroulant durant la première période de formation de l'élève avocat prévue par l'article 57, alinéa 1er, du décret du 27 novembre 1991 ne donnent pas lieu à l'application de cet accord professionnel. Ils ne font dès lors pas obligatoirement l'objet d'une gratification.

211.188 Gratification des élèves avocats stagiaires.

• **Gratification des élèves avocats stagiaires : stages d'une durée supérieure à trois mois.** Le mon-

1. Décr. n° 91-1197, 27 nov. 1991, art. 59, al. 4 ; art. créé par décr. n° 2016-576, 11 mai 2016, art. 3.
2. Décr. n° 91-1197, 27 nov. 1991, art. 60.
3. Accord professionnel du 19 janvier 2007 relatif aux stagiaires des cabinets d'avocats.
4. Avenant du 21 déc. 2007 à l'accord professionnel du 19 janvier 2007 relatif à la gratification des stagiaires ; – SIGNÉ POUR les organisations d'employeurs par : le Centre national des avocats employeurs (CNAE) ; la Chambre nationale des avocats en droit des affaires (CNADA) ; la délégation patronale de la Fédération nationale des unions des jeunes avocats (FNUJA) ; l'Union professionnelle des sociétés d'avocats (UPSA) ; le Syndicat des employeurs des avocats conseils d'entreprises (SEACE) ; le syndicat Avenir des barreaux de France patronal (ABFP) ; le Syndicat des avocats de France (SAFE) ; – ET POUR les organisations syndicales de salariés par : la Fédération professions judiciaires CFDT ; le Syndicat national du personnel d'encadrement et assimilés des cabinets d'avocats et activités connexes (SPAAC) CFE-CGC ; le Syndicat national des employés et cadres des professions judiciaires et juridiques (SNECPJJ) CFTC.
5. Arr. 10 oct. 2007 portant extension d'un accord professionnel national conclu dans le secteur des cabinets d'avocats, *JO* 17 oct., p. 17120, NOR : MTST0767912A ; entré en vigueur le 1er nov. 2007 ; – SIGNÉ POUR les organisations d'employeurs par : le Centre national des avocats employeurs (CNAE) ; la Chambre nationale des avocats affaires (CNADA) ; la délégation patronale de la Fédération nationale des unions des jeunes avocats (FNUJA) ; l'Union professionnelle des sociétés d'avocats (UPSA) ; le Syndicat des employeurs des avocats conseils d'entreprises (SEACE) ; le syndicat Avenir des barreaux de France patronale (ABFP) ; le Syndicat des avocats de France (SAFE) ; – ET POUR les organisations syndicales de salariés par : la Fédération professions judiciaires SNPJ-CFDT ; la Fédération des employés et cadres (FEC) CGT-FO ; le Syndicat national du personnel d'encadrement et assimilés des cabinets d'avocats et activités connexes (SPAAC) CFE-CGC ; le Syndicat national des employés et cadres des professions judiciaires et juridiques (SNECPJJ) CFTC.
6. Convention collective nationale des cabinets d'avocats (avocats salariés) du 17 février 1995.
7. Arr. 10 juin 1996 portant extension de la convention collective de l'avocat salarié et d'accords la complétant, *JO* 28 juin, p. 9718, NOR : TAST9610859A.

tant minimum mensuel de la gratification versée aux élèves avocats stagiaires en cours de scolarisation dans les CRFP, à l'occasion des stages d'une durée supérieure à trois mois, est fixé, pour un temps de présence mensuel du stagiaire égal à un temps plein au cours du mois considéré, comme suit :

- employeurs employant de zéro à deux salariés non avocats lors de la signature de la convention de stage (hors personnel d'entretien et de service) : 60 % du Smic au 1er janvier de l'année en cours ;

- employeurs employant de trois à cinq salariés non avocats lors de la signature de la convention de stage (hors personnel d'entretien et de service) : 70 % du Smic au 1er janvier de l'année en cours ;

- employeurs employant six salariés et plus non avocats lors de la signature de la convention de stage (hors personnel d'entretien et de service) : 85 % du Smic au 1er janvier de l'année en cours.

• **Gratification des élèves avocats stagiaires : stages d'une durée inférieure ou égale à trois mois.** Le montant minimum mensuel de la gratification versée aux élèves avocats stagiaires en cours de scolarisation dans les CRFP à l'occasion des stages d'une durée inférieure ou égale à trois mois est fixé, pour un temps de présence mensuel du stagiaire égal à un temps plein au cours du mois considéré, comme suit :

- employeurs employant de zéro à deux salariés non avocats lors de la signature de la convention de stage (hors personnel d'entretien et de service) : 60 % du Smic au 1er janvier de l'année en cours ;

- employeurs employant de trois à cinq salariés non avocats lors de la signature de la convention de stage (hors personnel d'entretien et de service) : 70 % du Smic au 1er janvier de l'année en cours ;

- employeurs employant six salariés et plus non avocats lors de la signature de la convention de stage (hors personnel d'entretien et de service) : 85 % du Smic au 1er janvier de l'année en cours.

Le principe d'égalité ne s'oppose pas à ce que le montant minimum de la gratification versée aux élèves avocats stagiaires soit variable en fonction de la taille du cabinet qui les accueille[1].

• **Gratification des autres stagiaires.** Le montant minimum mensuel de la gratification versée aux stagiaires à l'occasion des stages d'une durée supérieure à trois mois, est fixé en fonction du niveau d'étude en cours ou atteint :

- licence : 40 % du Smic ;
- master 1 et master : 50 % du Smic ;
- doctorat : 60 % du Smic.

• **Nature juridique des gratifications.** Les gratifications visées aux articles 2, 3 et 4 de l'accord professionnel national ne sont pas considérées comme une rémunération au sens de l'article L. 242-1 du code de la sécurité sociale pour l'application de la législation de la sécurité sociale[2]. En principe, les sommes versées aux stagiaires ne sont pas soumises à cotisations et contributions de sécurité sociale (part patronale et part salariale) dans la limite de 13,75 % du plafond horaire de la sécurité sociale. Selon les termes d'une lettre circulaire de l'Acoss du 12 juillet 2007[3], la franchise concerne les cotisations de sécurité sociale relatives aux risques maladies, maternité, invalidité, vieillesse, famille et accidents du travail et maladies professionnelles, mais aussi la CSG, la CRDS, la contribution solidarité autonomie, la cotisation logement et le versement transport. Le montant de la franchise « est apprécié au moment de la signature de la convention de stage compte tenu de la gratification, des avantages en nature et en espèces et du temps de présence mensuel prévu au cours du stage »[4].

211.189 Non-application des dispositions du code de l'éducation. La formation initiale des élèves avocats ne relève pas du service public de l'enseignement supérieur. Il s'agit d'une formation professionnelle organisée par les avocats et encadrée par des textes spécifiques. Dès lors, les dispositions des articles L. 124-1 à L. 124-20 du code de l'éducation relatives aux stages des « enseignements scolaires et universitaires »[5] ne s'appliquent pas à ceux effectués par les élèves avocats dans le cadre de leur cursus de formation au sein des CRFP[6].

Dans la mesure où les CFRP ne sont pas des établissements d'enseignement supérieur mais des établissements d'utilité publique dotés de la personnalité morale[7], les élèves avocats ne sont pas assujettis à la contribution de vie étudiante et de campus (CVEC).

SECTION 5
STATUT DE L'ÉLÈVE AVOCAT

211.190 Plan. Le statut de l'élève dépend juridiquement du centre régional de formation professionnelle (CRFP) (§ 1) et d'un régime disciplinaire propre (§ 2).

1. CE 28 déc. 2009, *Guillot*, req. n° 311421, NP ; *AJDA* 2010. 806 ; *Gaz. Pal.* 17-18 mars 2010, p. 18, concl. M. Guyomar.
2. Lettre circulaire DSS/5B n° 2007/236, 14 juin 2007.
3. Lettre circulaire Acoss n° 2007-101, 12 juill. 2007.
4. CSS, art. D. 242-2-1.
5. Dispositions issues de L. n° 2014-788, 10 juill. 2014 tendant au développement, à l'encadrement des stages et à l'amélioration du statut des stagiaires, *JO* 11 juill., p. 11491.
6. Rép. min. Enseignement supérieur et Recherche, Q nos 62282 et 62284, *JOAN Q* 16 juin 2015, p. 4560.
7. L. n° 71-1130, 31 déc. 1971, art. 13, al. 2.

§ 1
Dépendance juridique du centre régional de formation professionnelle (CRFP)

211.201 Dépendance juridique du centre régional de formation professionnelle (CRFP). L'élève dépend juridiquement du CRFP auprès duquel il est inscrit[1]. Il en va de même pendant la durée des stages qu'il accomplit. La Cour de cassation a récemment rappelé que « même s'il se destine à la profession d'avocat, l'élève d'un centre régional de formation professionnelle dépend juridiquement de ce centre » et « n'est pas inscrit au tableau de l'ordre ni soumis aux délibérations et décisions du conseil de l'ordre, lesquelles régissent uniquement les avocats »[2]. Dans cette affaire, la cour d'appel de Douai avait rejeté le recours formé par une élève avocate à l'encontre d'une délibération du conseil de l'Ordre de Lille ayant modifié son règlement intérieur[3]. Ce recours était fondé sur l'article 19 de la loi du 31 décembre 1971, qui réserve le recours aux avocats dont les intérêts professionnels sont lésés. La cour d'appel a, en effet, jugé que l'élève avocate ne pouvait agir sur ce fondement dès lors qu'elle n'était pas avocate. La Cour de cassation a confirmé cette décision et refusé de transmettre au Conseil constitutionnel une QPC fondée sur le droit à un recours juridictionnel effectif garanti par l'article 16 de la Déclaration des droits de l'homme et du citoyen, dans la mesure où l'élève avocat peut agir sur le fondement de l'article 14 de la loi du 31 décembre 1971.

L'élève relève ainsi de la juridiction disciplinaire du centre et peut faire l'objet d'une sanction disciplinaire s'il méconnaît les obligations du décret ou du règlement intérieur du centre ou s'il commet des faits contraires à l'honneur ou à la probité[4].

211.202 Rémunération des élèves avocats. Lorsqu'il a la qualité de stagiaire de la formation professionnelle, l'élève du centre bénéficie normalement de l'aide de l'État en ce qui concerne sa rémunération dans les conditions fixées au titre IV du livre III de la partie VI[5] du code du travail. Des conventions conclues par l'État avec les CRFP déterminent les conditions dans lesquelles ces centres servent, sur leurs ressources propres, des bourses attribuées en fonction de critères sociaux[6], c'est-à-dire essentiellement les critères dégagés par les articles L. 6341-1 et suivants, et L. 6342-1 et suivants du code du travail.

Ces articles prévoient que l'État, les employeurs et les organismes chargés du service d'allocation d'assurance aux travailleurs sans emploi concourent au financement de la rémunération des stagiaires de la formation professionnelle. L'État prend en charge la rémunération du travailleur salarié dans certains cas et dans certaines proportions[7].

L'État rembourse une fraction de la rémunération due par l'employeur au travailleur qui suit des stages aux termes de l'article R. 6341-44 du code du travail. Lorsqu'elle suit un stage agréé par l'État, la personne inscrite comme demandeur d'emploi perçoit une rémunération calculée à partir du montant de son salaire antérieur[8]. En revanche, le non-salarié bénéficie d'une rémunération calculée en fonction du salaire minimum de croissance[9].

Ces dispositions se sont révélées purement théoriques dans la mesure où le régime de rémunération des élèves avocats est désormais régi par l'accord professionnel national du 19 janvier 2007 relatif aux stagiaires des cabinets d'avocats étendu par arrêté du 10 octobre 2007, précités[10].

211.203 Attribution d'aides sur critères sociaux. Le Conseil national des barreaux a instauré un système d'aide financière permettant aux élèves avocats qui en ont besoin de suivre la formation dispensée au CRFP, en particulier la période d'acquisition des fondamentaux. Chaque année, la commission de la formation professionnelle du CNB décide de répartir le montant d'une enveloppe budgétaire, prélevée sur les fonds de la subvention de l'État au financement de la formation, entre les élèves dont les dossiers ont été sélectionnés en fonction des critères objectifs définis par cette même commission. Les bénéficiaires de cette aide sont alors exonérés des droits d'inscription du CRFP.

Auparavant, la sélection des bénéficiaires de bourses était placée sous la seule responsabilité du ministre de la Justice, ainsi que l'indique une circulaire du 29 juin 1981[11] émanant du ministre du Travail. Le ministre de la Justice, en concertation avec les organisations professionnelles d'avocats, déterminait les critères de sélection, les demandes individuelles étaient transmises aux CRFP et au siège de l'association française des CRFP ; elles étaient examinées par une commission comprenant des avocats et des représentants du ministère de la Justice et, après consultation de cette commission, le

1. Décr. nº 91-1197, 27 nov. 1991, art. 62, al. 1er.
2. Civ. 1re, 8 avr. 2021, nº 20-20.185 QPC, P I ; *D. actu.* 19 mai 2021, obs. C. Caseau-Roche.
3. Douai, 9 juill. 2020, RG nº 19/05808 ; *D. actu.* 21 juill. 2020, obs. G. Deharo.
4. Décr. nº 91-1197, 27 nov. 1991, art. 63.
5. Décr. nº 91-1197, 27 nov. 1991, art. 62, al. 2.
6. Décr. nº 91-1197, 27 nov. 1991, art. 62, al. 3.
7. C. trav., art. L. 6341-2 et L. 6341-3.
8. C. trav., art. L. 6341-7.
9. C. trav., art. L. 6341-8.
10. V. ss nº 211.186.
11. Circ. nº 45, 29 juin 1981.

ministre de la Justice établissait la liste nominative des candidats ainsi que leur adresse et transmettait les dossiers retenus au ministre du Travail, ordonnateur principal, qui les adressait aux directeurs départementaux du travail, ordonnateurs secondaires. Ceux-ci déterminaient le montant de la rémunération et notifiaient leur décision aux élèves ainsi qu'aux responsables des centres[1]. La sélection était libre et le pouvoir du ministre discrétionnaire, aucune catégorie de demandeurs, pas même les demandeurs d'emploi, ne bénéficiant de l'attribution automatique d'une bourse[2].

211.204 Inscription dans un autre centre. Lorsqu'un élève entreprend un nouveau cycle de formation comprenant les trois périodes définies aux articles 57 et 58 du décret du 27 novembre 1991, il peut demander son inscription dans un autre CRFP[3].

211.205 Réflexions sur un nouveau statut de l'élève avocat. Partant du constat que les élèves avocats ne relevaient pas des dispositions du code de l'éducation nationale[4] et qu'ils ne pouvaient normalement pas bénéficier des avantages sociaux afférents au statut d'étudiant (couverture sociale, aide au logement, Crous...), la commission formation[5] du CNB a lancé une réflexion sur la définition d'un véritable statut juridique de l'élève avocat. Les possibilités de statut sont limitatives : il peut s'agir soit d'une assimilation au statut étudiant, soit du statut d'apprenti lié au contrat d'apprentissage, soit d'un statut *sui generis*.

§ 2
Régime disciplinaire – Voies de recours

211.211 Sanctions disciplinaires. L'élève qui méconnaît les obligations résultant du décret du 27 novembre 1991, du règlement intérieur du centre ou qui commet des faits contraires à l'honneur et à la probité, peut faire l'objet de l'une des sanctions disciplinaires suivantes : 1° l'avertissement ; 2° le blâme ; 3° l'exclusion temporaire du centre pour une durée de six mois ou plus[6].

Ces obligations consistent à satisfaire à l'intégralité des obligations mises à la charge de l'élève sans qu'on puisse compenser le non-accomplissement de certaines d'entre elles par des succès remportés en d'autres matières[7].

1. C. trav., art. R. 6341-36.
2. CE 29 janv. 1986, *Descarpentrie,* req. n° 48893, NP.
3. Décr. n° 91-1197, 27 nov. 1991, art. 67.
4. V. s^s n° 211.189.
5. V. s^s n° 112.33.
6. Décr. n° 91-1197, 27 nov. 1991, art. 63.
7. Civ. 1re, 18 nov. 1980, n° 79-14.491, P I, n° 294 ; *Gaz. Pal.* 1981. 2. pan. 91 – Toulouse, 11 juill. 1983, *Gaz. Pal.* 1983. II. 634.

211.212 Procédure disciplinaire. Les sanctions disciplinaires sont prononcées par le conseil de discipline du CRFP. Le conseil de discipline est saisi par le président du conseil d'administration du centre, qui ne peut pas être membre du conseil de discipline[8].

Le conseil de discipline comprend :

- un avocat appartenant au conseil d'administration du centre, président ;
- un magistrat et l'universitaire appartenant au conseil d'administration du centre ;
- deux avocats chargés d'enseignement au centre de formation professionnelle ;
- deux représentants des élèves élus par ceux-ci au scrutin secret uninominal à un tour au cours du premier trimestre de chaque année civile.

Les membres du conseil de discipline sont désignés pour un an au cours du premier trimestre de l'année civile par le conseil d'administration du centre. Lorsqu'il est mis fin à ce mandat avant le terme prévu, il est procédé au remplacement de l'intéressé, selon les mêmes modalités, pour la durée du mandat restant à courir.

211.213 Décision du conseil de discipline – Voies de recours. Aucune peine ne peut être prononcée sans que l'intéressé ait été entendu ou appelé avec un délai d'au moins huit jours et qu'il ait eu au préalable accès à son dossier. Il peut se faire assister par un avocat et, s'il le souhaite, par un délégué des élèves. En cas de partage égal des voix des membres du conseil de discipline, la solution la plus favorable à l'élève est adoptée[9].

La décision du conseil est notifiée par lettre recommandée avec demande d'avis de réception à l'intéressé ; elle peut être déférée à la cour d'appel dans les conditions et formes prévues par l'article 16 du décret du 27 novembre 1991 ; ce recours est formé soit par déclaration au secrétariat de la Cour, soit par lettre recommandée avec demande d'avis de réception adressée au greffier en chef. Le délai d'appel est d'un mois à compter de la notification de la décision ; il est instruit et jugé selon la procédure sans représentation obligatoire de l'article 16[10].

SECTION 6
EXAMEN DU CERTIFICAT D'APTITUDE À LA PROFESSION D'AVOCAT (CAPA)

211.220 Plan. L'examen du certificat d'aptitude à la profession d'avocat (Capa) obéit à des modalités d'organisa-

8. Décr. n° 91-1197, 27 nov. 1991, art. 64.
9. Décr. n° 91-1197, 27 nov. 1991, art. 64.
10. Décr. n° 91-1197, 27 nov. 1991, art. 66.

tion et de contenu (§ 1), bénéficie d'un rattrapage en cas d'échec à l'examen (§ 2), avec l'ouverture de voies de recours (§ 3).

§ 1
Modalités de l'examen

211.231 Organisation du Capa par le CRFP. Les épreuves du Capa sont subies à l'issue de la formation organisée par le CRFP. L'examen du certificat d'aptitude à la profession d'avocat (Capa) est organisé par le CRFP. L'élève ne peut se présenter qu'à l'examen organisé par le centre dont il a suivi l'enseignement en dernier lieu [1].

Sur rapport de la commission de la formation professionnelle [2], le Conseil national des barreaux a adopté lors de son assemblée générale des 9 et 10 juillet 2010 des propositions de réforme du Capa pour recentrer l'examen autour d'une épreuve écrite en déontologie, à coefficient double, d'une note de contrôle continu pour les matières enseignées pendant la première période d'apprentissage des fondamentaux, et d'un grand oral mêlant présentation d'un dossier et soutenance des rapports de stage. L'objectif est avant tout d'alléger l'organisation matérielle de l'examen par les CRFP et d'en réduire les coûts au regard de son caractère peu sélectif. Ces propositions restent conditionnées à la mise en œuvre de la réforme globale de la formation initiale dont le ministère de la Justice est actuellement saisi.

211.232 Programme et modalités de l'examen du Capa. Le programme et les modalités de l'examen du Capa sont fixés par l'arrêté du garde des Sceaux du 7 décembre 2005 [3]. Les dates et lieux des épreuves sont fixés par le président du conseil d'administration qui en assure une publicité suffisante trois mois au moins avant la date de la première épreuve, notamment par un affichage dans ses locaux.

211.233 Convocation. Le conseil d'administration du CRFP arrête, trois semaines avant la date de la première épreuve de chaque session, la liste de ses élèves admis à subir les épreuves de l'examen. Cette liste est publiée par voie d'affichage dans les locaux, par insertion sur le site internet du centre ou par tout autre moyen. Cette publication vaut convocation [4].

211.234 Épreuves. L'examen comporte les épreuves suivantes :

1° La rédaction en cinq heures d'une consultation, suivie d'un acte de procédure ou d'un acte juridique (coefficient 2).

2° Un exercice oral, d'une durée de quinze minutes environ, après une préparation de trois heures, portant sur un dossier de droit civil, commercial, social, pénal, administratif ou communautaire, au choix du candidat (coefficient 2).

3° Une interrogation orale à finalité pratique, d'une durée de vingt minutes environ, après une préparation d'une heure, sur un sujet portant sur le statut et la déontologie des avocats (coefficient 3).

4° Une interrogation orale, d'une durée de vingt minutes environ, après une préparation de vingt minutes, portant, au choix du candidat, sur l'une des langues vivantes étrangères enseignées dans le centre (coefficient 1).

5° Un exposé discussion de vingt minutes environ avec le jury, à partir d'un rapport élaboré par le candidat, portant sur son PPI (coefficient 1).

6° Une discussion de vingt minutes environ avec le jury, à partir du rapport de stage rédigé par le candidat (coefficient 2). Le jury dispose des observations du maître de stage sur la qualité du travail de chaque candidat. À cette fin, le maître de stage renseigne une grille détaillée établie par le conseil d'administration du centre de formation [5].

211.235 Contrôle continu. Les matières enseignées pendant la formation commune de base, d'une durée de six mois [6] font l'objet d'un contrôle continu donnant lieu à une note attribuée par le jury, à partir des notes et appréciations délivrées par les enseignants sur l'assiduité du candidat et la qualité de son travail (coefficient 2).

Le rapport portant sur le PPI est remis par le candidat au centre, un mois au plus tard avant la date fixée pour cette épreuve, afin d'être transmis au jury. Ce rapport comprend, en annexe, les notes et appréciations éventuellement obtenues par le candidat dans le cadre de l'accomplissement de son projet pédagogique individuel.

Les candidats ayant suivi, au titre du projet pédagogique, les enseignements de la deuxième année d'un cycle universitaire de master en droit sont dispensés de l'exposer discussion sur ce rapport. La note globale obtenue à l'examen sanctionnant cet enseignement, affectée du coefficient prévu pour cette épreuve, leur est attribuée en remplacement.

Le rapport de stage réalisé auprès d'un avocat est également remis par le candidat au centre, un mois

1. Décr. n° 91-1197, 27 nov. 1991, art. 68.
2. CNB, *Rapport de la commission formation sur les propositions de réforme du Capa*, AG 9-10 juill. 2010.
3. Arr. 7 déc. 2005 fixant le programme et les modalités de l'examen d'aptitude à la profession d'avocat, *JO* 15 déc., p. 19290, NOR : JUSC0520939A, art. 1er.
4. Arr. 7 déc. 2005, NOR : JUSC0520939A, art. 2.
5. Arr. 7 déc. 2005, NOR : JUSC0520939A, art. 3.
6. V. ss n° 211.161.

au plus tard avant la date fixée pour cette épreuve, afin d'être transmise au jury[1].

211.236 Composition du jury d'examen du Capa. Le jury d'examen du Capa comprend :

1° Deux professeurs des universités ou maîtres de conférences, chargés d'un enseignement juridique, dont le président du jury, désignés par le président de l'université établie au siège ou dans le ressort de l'académie dans lequel se trouve situé le centre de formation professionnelle ; au cas où plusieurs universités comprenant des enseignants des disciplines juridiques sont établies dans la même académie, les présidents de ces universités procèdent en commun à cette désignation.

2° Un magistrat de l'ordre judiciaire désigné par le premier président et le procureur général de la cour d'appel du siège du centre et un membre du corps des tribunaux administratifs et des cours administratives d'appel désigné par le président de la cour administrative d'appel dans le ressort de laquelle se trouve situé le siège du centre, et le cas échéant sur proposition du président du tribunal administratif si le président de la cour administrative d'appel entend désigner un membre d'un tribunal administratif.

3° Trois avocats désignés en commun par les bâtonniers des ordres d'avocats concernés.

4° Des enseignants en langues étrangères désignés dans les conditions prévues au 1°, qui ne siègent que pour les candidats qu'ils ont examinés[2].

Lorsque plusieurs centres régionaux de formation professionnelle décident d'organiser en commun les épreuves du certificat d'aptitude à la profession d'avocat, le jury est désigné de la façon suivante :

1° Le magistrat de l'ordre judiciaire, conjointement par les premiers présidents des cours d'appel concernées.

2° Le membre du corps des tribunaux administratifs et des cours administratives d'appel conjointement par les présidents des cours administratives d'appel et des tribunaux administratifs concernés, le cas échéant après avis des présidents des tribunaux administratifs intéressés.

3° Les deux professeurs des universités ou maîtres de conférences, dont le président du jury ainsi que les enseignants en langues étrangères, par décision conjointe des présidents des universités concernées.

4° Les trois avocats par décision conjointe des bâtonniers des ordres d'avocats concernés.

Un nombre égal de suppléants est désigné dans les mêmes conditions. Les membres du jury, à l'exception de ceux qui sont mentionnés au premier 4°, ne peuvent siéger plus de cinq années consécutives.

Les épreuves orales sont subies devant trois examinateurs désignés par le président du jury dans chacune des catégories mentionnées aux 1°, 2° et 3°. Toutefois, les épreuves de langues sont subies devant un examinateur désigné par le président du jury dans la catégorie mentionnée au 4°.

Le jury peut s'adjoindre des examinateurs spécialisés avec voix consultative.

211.237 Résultats des examens. Chacune des notes s'échelonne de 0 à 20. Chaque note est multipliée par le coefficient affecté à l'épreuve correspondante. Le jury détermine le total des points obtenus par le candidat. Pour être admis à l'examen du Capa, le candidat doit avoir obtenu un total égal ou supérieur à 130.

Le jury arrête la liste des candidats déclarés admis. Cette liste est affichée dans les locaux du siège du centre et, le cas échéant, de ses sections locales. Le Capa est délivré par le président du conseil d'administration du CRFP.

§ 2
Rattrapage et échec à l'examen

211.241 Session de rattrapage. Une session de rattrapage[3] est organisée selon des modalités fixées par l'arrêté du 7 décembre 2005[4]. Tout candidat ayant obtenu un total inférieur à 130 est convoqué à la session de rattrapage. Les épreuves de rattrapage portent sur les épreuves visées à l'article 3 pour lesquelles une note inférieure à 10 a été obtenue. Une convocation individuelle précisant le jour, l'heure, le lieu et la nature des épreuves à subir est adressée au candidat, par lettre recommandée avec demande d'avis de réception, au moins quinze jours à l'avance. Les notes ainsi obtenues ainsi que celles des épreuves pour lesquelles le candidat n'a pas choisi de subir un nouvel examen sont totalisées par le jury.

Pour être admis à l'examen du certificat d'aptitude à la profession d'avocat, le candidat doit avoir obtenu un total égal ou supérieur à 130.

211.242 Échecs à l'examen. En cas de premier échec à l'examen, l'élève peut accomplir à nouveau les trois périodes de formation[5].

Après un deuxième échec, le candidat ne peut plus se représenter au certificat d'aptitude à la profession d'avocat. Toutefois, à titre exceptionnel

1. Arr. 7 déc. 2005, NOR : JUSC0520939A, art. 5.
2. Décr. n° 91-1197, 27 nov. 1991, art. 69.
3. Décr. n° 91-1197, 27 nov. 1991, art. 70.
4. Arr. 7 déc. 2005, NOR : JUSC0520939A, art. 1er et 9.
5. Décr. n° 91-1197, 27 nov. 1991, art. 71.

et par délibération dûment motivée, le conseil d'administration du CRFP peut autoriser le candidat à accomplir un troisième cycle de formation.

§ 3
Voies de recours

211.251 **Compétence d'attribution.** Les recours à l'encontre des décisions concernant la formation professionnelle des avocats sont rattachés par les articles L. 311-3, 3° du code de l'organisation judiciaire et 14[1] de la loi du 31 décembre 1971 à la compétence de l'ordre judiciaire[2].

Ainsi, alors que les tribunaux administratifs sont compétents pour l'accès des étudiants à la formation professionnelle, en particulier l'examen d'entrée dans les CRFP qui a une nature universitaire, c'est la cour d'appel territorialement compétente qui doit examiner les recours des élèves avocats contre les décisions des jurys de l'examen du Capa[3].

Le délai de recours applicable en matière contentieuse est d'un mois[4]. Le recours doit être formé, instruit et jugé comme un appel en matière civile conformément à la règle posée à l'article 277 du décret du 27 novembre 1991, soit suivant les modalités prévues aux articles 899 et suivants du code de procédure civile[5].

Le principe essentiel gouvernant l'appréciation des notes délivrées étant celui de la souveraineté du jury, sa décision ne saurait être remise en cause qu'à la condition de démontrer soit l'existence d'une irrégularité dans le déroulement de l'examen, soit l'existence d'une erreur manifeste d'appréciation[6].

1. L. n° 71-1130, 31 déc. 1971, art. 14.
2. V. s[s] n° 211.131.
3. CE 23 mars 1998, *Weber et Tape*, req. n° 159617, *Lebon ; D.* 1998. 111 ; *Gaz. Pal.* 1999. 576.
4. C. pr. civ., art. 538.
5. Paris, 12 nov. 2020, RG n° 19/10885.
6. Aix-en-Provence, 25 mai 2021, RG n° 2021/11797.

CHAPITRE

212. Dispenses du certificat d'aptitude à la profession d'avocat (Capa)

SECTION 0 ORIENTEUR

212.00 Sommaire du chapitre.

Division. Les dispenses du certificat d'aptitude à la profession d'avocat (Capa) sont accordées en fonction des activités précédemment exercées (sect. 1), ainsi qu'en faveur des avocats ressortissants d'un État membre de l'Union européenne (sect. 2) ou hors Union européenne (sect. 3).

212.01 Textes applicables.

TEXTES TITRÉS

• **L. n° 71-1130,** 31 déc. 1971

art. 11 [Conditions d'accès]

• **Décr. n° 91-1197,** 27 nov. 1991

art. 97 [Accès sur titre]

art. 98 [Accès en fonction des activités précédemment exercées]

art. 98-1 [Examen de contrôle des connaissances]

art. 99 [Ressortissants européens]

art. 100 [Conditions particulières d'inscription au barreau des personnes ayant acquis la qualité d'avocat dans un État ou une unité territoriale n'appartenant pas à la Communauté européenne]

• **Arr. 7 janv. 1993** fixant le programme et les modalités de l'examen d'aptitude prévu à l'article 99 du décret n° 91-1197 du 27 novembre 1991 organisant la profession d'avocat, *JO* 29 janv., p. 1496, NOR : JUSC9320006A.

• **Arr. 7 janv. 1993** fixant le programme et les modalités de l'examen d'aptitude prévu à l'article 100 du décret n° 91-1197 du 27 novembre 1991 organisant la profession d'avocat, *JO* 28 janv., p. 1429, NOR : JUSC9320007A.

212.02 Jurisprudence de référence.

> L'article 97, 4°, du décret du 27 novembre 1991 ne vise que les professeurs d'université, à l'exclusion de toute référence aux professeurs associés

• **Civ. 1re, 15 déc. 1999,** n° 99-14.145, P I, n° 348

* V. ss n° 212.23.

« Vu l'article 97 4° du décret du 27 novembre 1991 ;

Attendu que M. Frédéric X... a été nommé professeur associé à mi-temps (droit privé et sciences criminelles) par décret du 20 janvier 1997 auprès de l'Institut d'études politiques de Rennes, pour une durée de trois ans ; que, se prévalant de l'article 97 4° du décret du 27 novembre 1991, il a sollicité son inscription au barreau de Paris ;

Attendu que, pour réformer la décision de refus du conseil de l'Ordre et ordonner l'inscription de M. X... au tableau du barreau de Paris, l'arrêt énonce que le terme général de professeur d'université au regard de l'article 97, 4°, ne renvoie pas à la définition technique du corps des professeurs des universités, tel que régi par le décret du 17 juillet 1985 pris en application de la loi du 26 janvier 1984, mais englobe toutes les catégories de professions chargées dans le cadre d'une université d'un enseignement juridique ;

Attendu qu'en se déterminant ainsi, alors que l'article 97, 4°, du décret du 27 novembre 1991 ne vise que les professeurs d'université, à l'exclusion de toute référence aux professeurs associés, la cour d'appel a violé le texte susvisé ;

PAR CES MOTIFS :

CASSE ET ANNULE, mais seulement dans l'intérêt de la loi et sans renvoi. »

> L'article 98, 3°, du décret du 27 novembre 1991 implique une activité exercée à titre exclusif au sein d'un service juridique d'une ou plusieurs entreprises

• **Cass., ch. mixte, 6 févr. 2004,** n° 00-19.107, P n° 1

* V. s[s] n° 212.74.

« Vu l'article 98 3°, du décret du 27 novembre 1991 ;

Attendu que sont dispensés de la formation théorique et pratique et du certificat d'aptitude à la profession d'avocat les juristes d'entreprise justifiant de 8 ans au moins de pratique professionnelle au sein d'un service juridique d'une ou plusieurs entreprises ;

Attendu que, pour reconnaître à Mme X... la qualité de juriste d'entreprise, l'arrêt retient que celle-ci assume de façon autonome et organisée des attributions la plaçant de manière constante au cœur de la vie juridique de l'entreprise et rendues nécessaires par la taille de celle-ci, le nombre de ses collaborateurs et employés, la nature juridique de ses prestations, l'engagement de sa responsabilité civile, le recouvrement de ses créances, la mise en œuvre de ses diverses obligations de nature contractuelle, administrative, fiscale ;

Qu'en se déterminant ainsi, tout en constatant que l'intéressée n'exerçait pas ses fonctions exclusivement dans un service spécialisé chargé dans l'entreprise des problèmes juridiques posés par l'activité de celle-ci, la cour d'appel, qui n'a pas tiré les conséquences légales de ses constatations, a violé le texte susvisé ;

Et attendu qu'il y a lieu de faire application de l'article 627, alinéa 2, du nouveau code de procédure civile en appliquant la règle de droit appropriée ;

PAR CES MOTIFS :

CASSE ET ANNULE [...] »

> Les anciens juristes d'entreprise justifiant de huit ans de pratique professionnelle doivent avoir exercé leur activité sur le territoire français

• **Civ. 1re, 21 juin 1983,** n° 82-15.219, P I, n° 177

* V. s[s] n° 212.77.

« L'article 50, III, de la loi du 31 décembre 1971 et l'article 44-1 du décret du 9 juin 1972, dispensant du certificat d'aptitude à la profession d'avocat les anciens juristes d'entreprise justifiant de huit ans au moins de pratique professionnelle exigent que cette activité ait été exercée sur le territoire français. »

> L'examen de contrôle des connaissances en déontologie et réglementation professionnelle peut être passé auprès du CRFP du choix du candidat indépendamment du ressort du barreau qui a statué sur la demande d'inscription au tableau

• **Civ. 1re, 18 févr. 2015,** n° 13-28.473, P I

* V. s[s] n° 212.43.

« Vu l'article 98-1 du décret n° 91-1197 du 27 novembre 1991 organisant la profession d'avocat et l'article 2 de l'arrêté du 30 avril 2012 du garde des Sceaux fixant le programme et les modalités de l'examen de contrôle des connaissances en déontologie et réglementation professionnelle prévu à l'article susvisé, ensemble l'arrêté du 6 décembre 2004 fixant le siège et le ressort des centres régionaux de formation professionnelle d'avocats ;

Attendu qu'il résulte du premier de ces textes, applicable en Polynésie française, que les personnes bénéficiant d'une dispense prévue à l'article 98 doivent avoir subi avec succès devant le jury prévu à l'article 69 un examen de contrôle des connaissances en déontologie et réglementation professionnelle, du deuxième, que le candidat peut passer l'examen du centre de formation professionnelle de son choix indépendamment du ressort du barreau qui a statué sur sa demande d'inscription au tableau et, du troisième, qu'aucun centre régional de formation professionnelle n'a son siège en Polynésie française ;

Attendu, selon l'arrêt attaqué, que par décision du 7 juin 2013, le conseil de l'Ordre des avocats au barreau de Papeete a inscrit M. X... au tableau de ce barreau en application de l'article 98, 2e du décret susvisé, sous condition de réussite à l'examen de contrôle des connaissances en déontologie et réglementation professionnelle prévu à l'article 98-1 précité ; que, se prévalant de l'absence d'un arrêté applicable en Polynésie française fixant le programme et les modalités d'organisation de ce contrôle des connaissances, celui-ci a formé un recours ;

Attendu que, pour ordonner l'inscription de M. X... au tableau du barreau de Papeete, l'arrêt retient que l'examen, prévu par l'article 98-1 applicable en Polynésie française, ne peut y être organisé dès lors que l'arrêté du 30 avril 2012 ne porte pas mention de son application dans cette collectivité ultra-marine, ce qui rend cette condition impossible à réaliser sauf à imposer au candidat un déplacement en métropole, lequel constituerait une rupture d'égalité entre avocats ;

Qu'en statuant ainsi, la cour d'appel a violé, par refus d'application, les textes susvisés ;

PAR CES MOTIFS, et sans qu'il y ait lieu de statuer sur les autres branches du moyen :

CASSE ET ANNULE [...]. »

212.03 Bibliographie de référence.

* Aussi : v. s[s] n° 21.03.

Articles. E. Boccara, « Hommes politiques et barreau : le pont suspendu », *Gaz. Pal.* 26-28 févr. 2012, p. 8 – S. Bortoluzzi, « Accès des juristes d'entreprise à la profession d'avocat : les critères de la voie longue », *Gaz. Pal.* 2000. Doctr. 4

– L. Dargent, « Nouvelles passerelles vers la profession d'avocat (à propos du décret du 3 avril 2012) », *D. actu.* 5 avr. 2012 – G. Flécheux et S. Guinchard, « Commentaire des arrêtés du 16 janvier 1993 fixant le programme et les modalités d'examen d'accès à la profession d'avocat prévus pour les ressortissants de la CEE et les personnes ayant acquis leur qualité d'avocat dans un État n'appartenant pas à la CEE », *Gaz. Pal.* 2 mars 1993, p. 2 s. – D. Lévy, « Reconnaissance des qualifications professionnelles et exercice des avocats communautaires en France », *JCP* 2009. 129 – D. Piau, « Le « décret passerelle » à la croisée des chemins », *D. avocats* 2014. 258 – J. Pertek, « Passerelles vers la profession d'avocat et expérience en France ou en droit français », *JCP* 2017. 167.

SECTION 1
DISPENSES EN FONCTION DES ACTIVITÉS PRÉCÉDEMMENT EXERCÉES

212.10 **Plan – Dispenses totales ou partielles.** Il existe, depuis le décret du 27 novembre 1991, un certain nombre de passerelles qui permettent à certaines personnes d'accéder au barreau en étant dispensé de la totalité ou d'une partie des épreuves de formation que sont l'exigence de diplôme, la formation théorique et pratique au CRFP et le Capa.

Réglementée par les articles 97 (§ 1), 98 (§ 2) et suivants du décret du 27 novembre 1991 [1], la matière a été réformée par le décret du 3 avril 2012 [2]. Instituant pour certaines catégories de personnes un examen de contrôle des connaissances en déontologie et réglementation professionnelle, ce texte avait ajouté des cas de dispenses.

Au-delà, c'est une réforme globale des voies d'accès dérogatoires à la profession d'avocat qu'entend proposer la profession [3], afin d'en assurer la cohérence et de garantir le niveau de pratique du droit et de connaissance des règles déontologiques indispensables à l'exercice de la profession d'avocat, dans l'intérêt des justiciables.

En outre, des dispenses spéciales avaient été accordées aux collaborateurs d'avoués (§ 3), ainsi que d'autres, éphémères, sur le fondement de l'article 97-1 du décret du 27 novembre 1991 désormais abrogé (§ 4).

§ 1
Dispenses de l'article 97 du décret du 27 novembre 1991

212.21 **Dispense de diplôme, de Capa et de formation au CRFP.** Certains professionnels se voient dispensés, aux termes de l'article 97 du décret du 27 novembre 1991, de la condition de diplôme prévu à l'article 11, 2°, de la loi du 31 décembre 1971 [4], de la formation théorique et pratique dispensée au CRFP et du Capa.

212.22 **Membre ou ancien membre de professions appartenant au cadre des institutions judiciaires françaises (décret du 27 nov. 1991, art. 97, 1° à 3°).** Ainsi en est-il, tout d'abord, des membres et anciens membres du Conseil d'État et des membres et anciens membres du corps des tribunaux administratifs et des cours administratives d'appel, des magistrats et anciens magistrats de la Cour des comptes, des chambres régionales des comptes et des chambres territoriales des comptes de la Polynésie française et de la Nouvelle-Calédonie, et des magistrats et anciens magistrats de l'ordre judiciaire régis par l'ordonnance du 22 décembre 1958 [5]. Un juge de proximité n'est pas un magistrat du corps judiciaire au sens de l'article 1er de cette ordonnance et ne peut bénéficier de la dispense pour l'accès à la profession d'avocat [6].

Il ressort à l'évidence de la lecture de l'article 97 du décret de 1991 que les dispenses qui sont mentionnées ne sont accordées qu'à des membres ou anciens membres de professions appartenant au cadre des institutions judiciaires françaises. Il s'en déduit qu'un magistrat de nationalité centrafricaine, qui n'a pas exercé de fonction de magistrat de l'ordre judiciaire en France et n'a jamais été soumis au statut prévu par l'ordonnance du 22 décembre 1958, ne remplit pas les conditions pour bénéficier des dispositions de l'article 97, 3°, quelle que soit la qualité de la formation qu'il a reçue [7]. Il en est de même pour un magistrat marocain qui ne peut se prévaloir des dispositions d'une convention franco-marocaine pour l'accès dérogatoire à la profession d'avocat en France, lequel se trouve soumis à la réglementation française [8]. C'est ici une condition d'exercice sur le territoire national, posée par l'arti-

1. Décr. n° 91-1197, 27 nov. 1991 organisant la profession d'avocat, *JO* 28 nov., p. 15502.
2. Décr. n° 2012-441, 3 avr. 2012 relatif aux conditions particulières d'accès à la profession d'avocat, *JO* 4 avr., p. 6083.
3. NOT. : Résolution CNB, AG 17 nov. 2012, préc. – CNB, Rapport sur la réforme des accès dérogatoires à la profession d'avocat, AG 17-18 mai 2019 et AG 10-11 janv. 2020.
4. L. n° 71-1130, 31 déc. 1971 portant réforme de certaines professions judiciaires et juridiques, *JO* 5 janv., p. 131.
5. Ord. n° 58-1270, 22 déc. 1958 portant loi organique relative au statut de la magistrature, *JO* 23 déc., p. 11551.
6. Civ. 1re, 10 juill. 2013, n° 12-24.962, P I, n° 148 ; *JCP* 2013. Prat. 900, obs. S. Bortoluzzi ; *D.* 2013. 1841 ; *D.* 2014. 169, obs. T. Wickers.
7. Paris, 28 oct. 2004 ; *Gaz. Pal.* 26-28 déc. 2004, p. 14 ; – DÉJÀ SOUS L'EMPIRE du décret du 9 juin 1972, pour l'Algérie, après l'accession à son indépendance : Paris, 26 nov. 1986, *Gaz. Pal.* 1987. 1. 123, note A. Damien ; *D.* 1988. Somm. 232, obs. A. Brunois ; – POUR le Laos : Paris, 24 févr. 1988, *Gaz. Pal.* 1988. 290, note A. Damien.
8. Civ. 1re, 16 mai 2018, n° 17-19.265, P I ; *JCP* 2018. Doctr. 1023, n° 1, obs. S. Bortoluzzi ; *D. actu.* 5 juin 2018, obs. G. Deharo ; *Gaz. Pal.* 4 déc. 2018, n° 42, p. 28, note B. de Belval.

cle 11, 2°, de la loi du 31 décembre 1971, qui doit s'appliquer.

Par ailleurs, le conseil de l'Ordre du barreau des avocats auprès du tribunal judiciaire où est installé le bureau secondaire d'une société d'avocats, elle-même établie dans le ressort d'un tribunal judiciaire où un magistrat avait exercé ses fonctions moins de cinq ans auparavant, n'est pas fondé à lui refuser son inscription au barreau, sur le fondement de l'article 9-1[1] de l'ordonnance du 22 décembre 1958, s'il résulte d'un avenant à son contrat de collaboration conclu avec cette société d'avocats qu'il s'était engagé à n'exercer aucune activité d'avocat auprès de la juridiction où il avait exercé ces fonctions[2].

212.23 Professeur d'université chargé d'un enseignement juridique (décret du 27 nov. 1991, art. 97, 4°). Bénéficient également de cette dispense les professeurs d'université chargés d'un enseignement juridique, à l'exclusion de toute référence aux professeurs associés qui ne font pas partie du corps des professeurs d'université[3].

212.24 Avocat au Conseil d'État et à la Cour de cassation, ancien avoué (décret du 27 nov. 1991, art. 97, 5° à 7°). S'ajoutent à cette catégorie les avocats au Conseil d'État et à la Cour de cassation, les anciens avoués près les cours d'appel, les anciens avocats inscrits à un barreau français et les anciens conseils juridiques.

S'agissant des anciens avoués près les cours d'appel, la dispense de l'article 97, 6°, ne s'applique qu'aux anciens avoués titulaires d'une charge et non aux titulaires du seul diplôme d'avoué sans charge[4].

§ 2
Dispenses de l'article 98 du décret du 27 novembre 1991

212.30 Plan. Les dispenses de l'article 98 du décret du 27 novembre 1991 concernent plusieurs catégories de personnes qui se voient dispenser en fonction des activités précédemment exercées de la formation théorique et pratique et du Capa (A), parmi lesquelles : professions juridiques et judiciaires réglementées (B), maîtres de conférences (C), juristes d'entreprise (D), fonctionnaires (E), juristes attachés à l'activité juridique d'une organisation syndicale (F), juristes salariés d'un d'avocat, d'une association ou d'une société d'avocats, d'un office d'avoué ou d'avocat au Conseil d'État et à la Cour de cassation (G), collaborateurs et assistants parlementaires (H).

A.
Propos liminaires

212.41 Dispense de la formation théorique et pratique et du Capa. Certaines catégories de personnes peuvent se voir dispenser, aux termes de l'article 98[5] du décret du 27 novembre 1991, en fonction des activités précédemment exercées de la formation théorique et pratique et du Capa, à l'exclusion des diplômes. Ce texte ne dispense en effet pas les candidats à la profession d'avocat d'être titulaires de la maîtrise en droit ou d'un diplôme équivalent[6]. La recevabilité du diplôme doit être appréciée au regard du droit positif applicable au moment de la demande d'inscription au barreau[7].

À la suite du décret du 3 avril 2012[8], la catégorie de ces personnes a été étendue au bénéfice des collaborateurs et autres assistants parlementaires. Surtout, la réforme a été l'occasion d'instituer, pour les personnes bénéficiant des passerelles mentionnées à l'article 98 du décret du 27 novembre 1991, un examen de contrôle des connaissances en déontologie et réglementation professionnelle par la création d'un article 98-1.

212.42 Examen de déontologie. Ce faisant, le décret du 3 avril 2012, contre l'avis des instances représentatives de la profession favorables à la réforme, n'a réservé cet examen de déontologie qu'à certaines catégories de personnes, en excluant tous les bénéficiaires de dispenses autres que celles envisagées à l'article 98 du décret du 27 novembre 1991.

La rédaction du décret du 3 avril 2012 soumettait par ailleurs à l'examen de contrôle des connaissances en déontologie et réglementation professionnelle les collaborateurs d'avoués, à l'instar de toutes les personnes bénéficiant de l'accès dérogatoire à la profession d'avocat de l'article 98. Or, la loi du 25 janvier 2011[9] prévoit expressément que les per-

1. Ord. n° 58-1270, 22 déc. 1958, art. 9-1.
2. Chambéry, 30 juin 1995, *Gaz. Pal.* 7 nov. 1995. Somm., obs. Vray.
3. Civ. 1re, 15 déc. 1999, n° 99-14.145 ; P I, n° 348 ; *D.* 2000. 10 ; *JCP* 2000. I. 231, n° 4, obs. R. Martin ; – RAPPR. : Civ. 1re, 28 févr. 1989, n° 87-17.569, P I, n° 94 ; *D.* 1991. 297, obs. A. Brunois ; *Gaz. Pal.* 1989. 2. 642, note A. Damien ; *JCP* 1990. II. 21406, note J.-C. Woog ; – CASSANT : Nancy, 3 juill. 1987, *Gaz. Pal.* 1987. 2. 558, note A. Damien, CRIT. ; *Gaz. Pal.* 1987. 2. 675, note A. Damien ; *D.* 1988. 233, obs. A. Brunois.
4. Rép. min. n° 55266, *JOAN Q* 10 août 1992, p. 3738.
5. Décr. n° 91-1197, 27 nov. 1991, art. 98.
6. Civ. 1re, 4 févr. 1997, n° 95-11.318, P I, n° 40 ; *D.* 1997. 73 : juriste d'entreprise titulaire du diplôme d'études comptables supérieures – Civ. 1re, 24 juin 2003, n° 01-00.264, NP ; *JCP* 2004. I. 117, n° 7, obs. R. Martin : huissier de justice.
7. Caen, 19 mai 2021, RG n° 21/00636.
8. Décr. n° 2012-441, 3 avr. 2012 relatif aux conditions particulières d'accès à la profession d'avocat, *JO* 4 avr., p. 6083.
9. L. n° 2011-94, 25 janv. 2011 portant réforme de la représentation devant les cours d'appel, *JO* 26 janv., p. 1544.

sonnes ayant travaillé en qualité de collaborateur d'avoué postérieurement au 31 décembre 2008 et justifiant de la réussite à l'examen d'aptitude à la profession d'avoué sont dispensées de la condition de diplôme, de la formation au CRFP et du Capa. Il convenait ainsi de revenir sur la rédaction issue du décret du 3 avril 2012 et exonérer les collaborateurs d'avoués de l'examen en déontologie et réglementation professionnelle. Aussi, la Direction des Affaires civiles et du Sceau avait-elle, dans une lettre adressée le 16 octobre 2012 au CNB, appelé l'attention de l'ensemble des barreaux sur l'impossibilité légale d'opposer l'examen prévu et de rapporter les décisions qui y contreviendraient. L'erreur de plume a finalement été corrigée par le décret du 15 avril 2013[1].

212.43 **Programme et modalités d'examen.** Le programme et les modalités d'examen sont fixés par un arrêté du 30 avril 2012[2]. Toute personne qui entend ainsi bénéficier des dispositions de l'article 98 du décret du 27 novembre 1991 doit saisir, par lettre recommandée avec demande d'avis de réception ou par tout autre moyen équivalent, le président du CRFP de son choix d'un dossier qui comprend :

1° Une requête individuelle comprenant, le cas échéant, une déclaration sur l'honneur relative au nombre de sessions d'examen de contrôle des connaissances déjà subies auprès d'un ou de plusieurs autres CRFP.

2° La copie de la décision définitive statuant sur sa demande d'inscription au tableau de l'ordre d'un barreau, sous réserve d'avoir satisfait à l'examen de contrôle des connaissances prévu par le présent arrêté.

3° La copie des documents justifiant de son identité et de son domicile[3].

L'organisation matérielle de l'examen, qui a lieu au moins une fois par an, est confiée au CRFP et l'examen se déroule devant le même jury que celui qui est appelé à officier s'agissant du Capa.

L'examen est national et le candidat peut le passer auprès du CRFP de son choix indépendamment du ressort du barreau qui a statué sur sa demande d'inscription au tableau[4].

Les date et lieu de l'épreuve sont fixés par le président du conseil d'administration du CRFP.

Les convocations individuelles sont adressées au candidat par le président du CRFP, au moins un mois avant la date de l'épreuve, par lettre recommandée avec demande d'avis de réception ou par tout autre moyen équivalent[5].

L'examen consiste en un exposé-discussion de trente minutes avec le jury qui arrête les sujets de l'épreuve[6].

L'admission est prononcée par le jury au vu de la note obtenue par le candidat à l'épreuve orale qu'il a subie, à condition que cette note soit au moins égale à 12 sur 20.

Le président du CRFP délivre à chaque candidat admis une attestation de réussite à l'examen.

Dans le mois qui suit chaque session d'examen, le CRFP communique les résultats de celle-ci au Conseil national des barreaux[7].

Pour l'année 2018, 261 candidats ont ainsi présenté l'examen de l'article 98-1 pour un taux de réussite de 70,11 %[8] (183 admissions et 78 rejets). Ce taux était de 74,90 % en 2017 pour 247 candidats, 79,01 % en 2016 pour 324 candidats, 76,80 % en 2015 pour 319 candidats, 67,36 % en 2014 pour 273 candidats, 77,29 % en 2013 pour 251 candidats et de 69,47 % en 2012 pour 95 candidats. On note ainsi sur les deux dernières années à la fois une diminution progressive du nombre de candidats et du taux d'admission à l'examen.

* **Application dans le temps** : les personnes ayant obtenu l'une des dispenses prévues à l'article 98 du décret du 27 novembre 1991 avant la date d'entrée en vigueur du décret du 3 avril 2012, et qui n'ont pas sollicité leur inscription au tableau, doivent subir l'examen de déontologie pour accéder à la profession d'avocat. En effet, il y a lieu pour le conseil de l'Ordre d'examiner la demande d'inscription au tableau au regard du droit applicable et de la situation de l'impétrant au jour du dépôt de sa demande[9].

212.44 **Catégories de professionnels bénéficiaires de la dispense.** Les catégories de professionnels bénéficiaires de la dispense sont visées aux 1° à 7° de l'article 98 du décret du 27 novembre 1991. La

1. Décr. n° 2013-319, 15 avr. 2013 supprimant les conditions particulières d'accès à la profession d'avocat des personnes exerçant des responsabilités publiques, *JO* 17 avr., p. 6473 – V. s[s] n° 212.121.
2. Arr. 30 avr. 2012 fixant le programme et les modalités de l'examen de contrôle des connaissances en déontologie et réglementation professionnelle prévu à l'article 98-1 du décret n° 91-1197 du 27 novembre 1991 organisant la profession d'avocat, *JO* 6 mai, p. 8046, NOR : JUSC1221512A.
3. Arr. 30 avr. 2012, NOR : JUSC1221512A, art. 1er.
4. Civ. 1re, 18 févr. 2015, n° 13-28.473, P I ; *AJDA* 2015. 1420, note A. Moyrand ; *JCP* 2015. Doctr. 673, n° 2, obs. S. Bortoluzzi ; – DANS LE MÊME SENS : Civ. 1re, 6 avr. 2016, n° 14-10.462, NP.
5. Arr. 30 avr. 2012, NOR : JUSC1221512A, art. 2.
6. Arr. 30 avr. 2012, NOR : JUSC1221512A, art. 3.
7. Arr. 30 avr. 2012, NOR : JUSC1221512A, art. 4.
8. Source CNB.
9. CNB, Comm. RU, avis n° 2019-013, 23 mai 2019. C. avocat 2021, s[s] décr. 27 nov. 1991, art. 98, avis CNB, note 2. *ADDE* : Caen, 19 mai 2021, RG n° 21/00636.

délibération du conseil de l'Ordre prononçant l'admission de l'impétrant est rendue sous la condition suspensive de sa réussite à l'examen de contrôle des connaissances en déontologie et réglementation professionnelle. L'impétrant doit ensuite saisir le président du CRFP de son choix d'un dossier, qui comprend notamment la décision définitive statuant sur sa demande d'inscription au tableau de l'ordre d'un barreau, sous réserve d'avoir satisfait à cet examen de contrôle des connaissances[1].

B. Professions juridiques et judiciaires réglementées

212.51 Notaires, huissiers de justice, greffiers des tribunaux de commerce, administrateurs judiciaires et mandataires judiciaires au redressement et à la liquidation des entreprises, anciens syndics et administrateurs judiciaires, conseils en propriété industrielle et anciens conseils en brevet d'invention. Les professions juridiques et judiciaires réglementées[2], notaires, huissiers de justice, greffiers des tribunaux de commerce, administrateurs judiciaires et mandataires judiciaires au redressement et à la liquidation des entreprises, anciens syndics et administrateurs judiciaires, conseils en propriété industrielle et anciens conseils en brevet d'invention, ayant exercé leurs fonctions pendant cinq ans au moins bénéficient de la dispense de l'article 98 du décret du 27 novembre 1991.

Il n'est pas exigé que le professionnel soit en exercice ; un ancien notaire peut s'en prévaloir[3]. Mais le mot notaire visé par l'article 98 désigne exclusivement les titulaires de charges et non les personnes ayant obtenu le diplôme d'accès à la profession de notaire ou les notaires assistants[4].

C. Maître de conférences

212.61 Maîtres de conférences. Les maîtres de conférences[5], les maîtres assistants et les chargés de cours, s'ils sont titulaires du diplôme de docteur en droit, en sciences économiques ou en gestion, et justifient de cinq ans d'enseignement juridique en cette qualité dans les unités de formation et de recherche, bénéficient de la dispense de l'article 98 du décret du 27 novembre 1991. Le seul doctorat en droit constitue un titre insuffisant[6] et les activités d'enseignement ne sont admises en dispense que si elles sont exercées dans des universités françaises[7].

S'agissant d'une voie d'accès dérogatoire à la profession d'avocat, les dispositions de l'article 98 doivent s'interpréter strictement, de sorte que seules les personnes appartenant au corps des maîtres de conférences, régi par le décret du 6 juin 1984 qui a supprimé le corps des maîtres assistants[8], sont visées par cette dispense. De plus, il n'existe plus désormais de « chargés de cours » au sens de ce décret. L'expression « chargés de cours » désignait une fonction universitaire déterminée, et sa signification n'a pas été modifiée par le fait que cette fonction n'est plus actuellement conférée[9]. Elle ne peut donc pas s'étendre aux chargés d'enseignement visés à l'article 2 du décret du 29 octobre 1987[10] qui ont un statut de vacataires[11]. Une cour d'appel considère toutefois comme inopérante la nuance statutaire de l'état de « vacataire » et utilise la définition d'enseignant et de chercheur résultant du décret du 2 septembre 2014[12] pour admettre une enseignante, « chargée de cours » pendant plus de cinq ans, au bénéfice de la dispense de l'article 98, 2° du décret de 1991[13].

À la différence des professeurs d'université chargés d'un enseignement juridique qui disposent d'un titre leur permettant d'être inscrits directement au tableau de l'ordre d'un barreau, les maîtres de conférences en droit, en sciences économiques ou en gestion doivent justifier, préalablement à une telle inscription, de la réussite à l'examen de contrôle des

1. Rép. min. Justice n° 31007, *JOAN Q* 20 juill. 2021, p. 5848.
2. Décr. n° 91-1197, 27 nov. 1991, art. 98-1°.
3. Civ. 1re, 6 nov. 2001, n° 99-17.144, NP ; *JCP* 2002. I. 136, n° 7, obs. R. Martin.
4. Rép. min Justice n° 21399, *JOAN Q* 2 juill. 2013, p. 6986 ; Rép. min. Justice n° 03575, *JO Sénat Q* 7 juin 2018, p. 2857 ; Rép. min. Justice n° 04050, *JO Sénat Q* 6 sept. 2018, p. 4595 ; – RAPPR. s'agissant des avoués : Rép. min. n° 55266, *JOAN Q* 10 août 1992, p. 3738.
5. Décr. n° 91-1197, 27 nov. 1991, art. 98-2°.
6. Civ. 1re, 12 févr. 2002, n° 00-15.741, P I, n° 49 ; *D.* 2002. 1297, note B. Beignier ; *D.* 2003. 375, note J.-P. Gastaud ; *JCP* 2002. I. 172, n° 4, obs. R. Martin.
7. Civ. 1re, 15 juill. 1999, n° 97-13.079, P I, n° 235.
8. Décr. n° 84-431, 6 juin 1984 fixant les dispositions statutaires communes applicables aux enseignants-chercheurs et portant statut particulier du corps des professeurs des universités et du corps des maîtres de conférences, *JO* 8 juin, p. 1784.
9. Civ. 1re, 28 févr. 1989, n° 87-17.569 ; P I, n° 94 ; *Gaz. Pal.* 1989. 642, note A. Damien ; *D.* 1991. Somm. 297, obs. A. Brunois ; – DANS LE MÊME SENS : Civ. 1re, 5 juill. 2017, n° 16-21.361, P I ; *JCP* 2017. Doctr. 1104, n° 2, obs. S. Bortoluzzi ; *JCP* 2017. 1083, note S. Grayot-Dirx.
10. Décr. n° 87-889, 29 oct. 1987 relatif aux conditions de recrutement et d'emploi de vacataires pour l'enseignement supérieur, *JO* 4 nov., p. 12888.
11. Rép. min. n° 36255, *JOAN* 6 mars 2000 – Rép. min. n° 31208, *JOAN*, 16 mars 2004.
12. Décr. n° 2014-99, 2 sept. 2014 portant statut particulier du corps des moniteurs-éducateurs de la fonction publique hospitalière, *JO* 6 févr., n° 8.
13. Montpellier, 8 avr. 2015, RG n° 14/07853, *Gaz. Pal.* 10 juill. 2015, n° 191, jur. p. 10, obs. J. Villacèque.

connaissances en déontologie et réglementation professionnelle prévu par l'article 98-1 du décret de 1991. Cette différence de traitement, justifiée par une appartenance à un corps statutaire distinct, régi par des règles différentes, ne méconnaît pas le principe d'égalité dans l'accès à la profession d'avocat[1].

D. Juriste d'entreprise

212.71 Juristes d'entreprise justifiant de huit ans au moins de pratique professionnelle au sein du service juridique d'une ou plusieurs entreprises – Condition de diplôme. Un juriste d'entreprise[2] ayant exercé pendant plus de huit ans ne peut être intégré à la profession d'avocat en application de l'article 98, 3°, du décret du 27 novembre 1991 que s'il est titulaire de la maîtrise en droit ou d'un diplôme déclaré équivalent par arrêté ministériel et ce conformément à l'article 11, 2°, de la loi du 31 décembre 1971[3]. L'exigence du diplôme n'est requise qu'au moment de l'inscription au barreau[4].

Le mot juriste d'entreprise n'est pas autrement défini par la loi du 31 décembre 1990 ni par le décret du 27 novembre 1991 et cette absence de définition a donné lieu à une abondante jurisprudence qu'il suffira de rappeler.

La seule différence entre le texte de l'article 98, 3°, du décret du 27 novembre 1991 et l'ancien article 44-1 du décret du 9 juin 1972[5], dans sa rédaction issue du décret du 13 novembre 1978, est la suppression de la nécessité que l'entreprise publique ou privée à laquelle est attaché le juriste qui demande son inscription au barreau en vertu des dispositions de cet article emploie au moins trois juristes.

On peut donc appliquer à la définition de cette catégorie de personnes la jurisprudence intervenue sous l'empire des textes antérieurs[6].

212.72 Durée incomplète. L'inscription au barreau a été refusée à un juriste d'entreprise qui excipait de huit années d'exercice professionnel, mais qui avait exercé pendant cette durée un mandat électoral qui l'avait occupé pendant 180 jours. La Cour de cassation refuse de prendre en compte cette dernière durée. Elle rappelle que la dispense partielle de formation accordée aux juristes d'entreprise remplissant la condition de pratique professionnelle ne constitue pas un droit attaché à l'ancienneté mais un mode d'accès à une profession à caractère dérogatoire et, partant, d'interprétation stricte, subordonnée à une condition d'aptitude tenant à une expérience pratique réelle et effective pour la durée requise. En l'espèce, la cour d'appel avait tenu compte de l'article L. 2123-7 du code général des collectivités territoriales, lequel prévoit que le temps d'absence consacré à l'exercice d'un mandat électif est assimilé à une durée de travail effective pour la détermination de tous les droits découlant de l'ancienneté. Elle n'aurait pas dû compter dans le temps de travail effectif le temps consacré à l'exercice du mandat électif[7].

Mais ces personnes peuvent avoir exercé leurs activités dans plusieurs des fonctions visées aux 3°, 4°, 5°, 6° et 7°, de l'article 98 dès lors que la durée totale de ces activités est au moins égale à huit ans[8].

212.73 Juriste unique. En vertu de la jurisprudence rendue sous l'empire des anciens textes, les personnes qui voulaient bénéficier de cette qualification de juriste d'entreprise devaient pour entrer dans la définition légale être exclusivement attachées au service juridique ou fiscal d'une entreprise publique ou privée qui devait employer au minimum trois juristes « exclusivement attachés à ce service »[9]. Cette obligation a disparu dans la réforme de 1991 et actuellement un seul juriste suffit pour permettre la qualification de juriste d'entreprise[10].

212.74 Défaut de qualité de juriste d'entreprise. La jurisprudence a considéré qu'un clerc de notaire[11], qu'un chef de service ou qu'un directeur[12], qu'un secrétaire d'avocat[13], qu'un collaborateur d'un administrateur judiciaire[14], qu'un magistrat étranger[15], qu'un collaborateur se bornant à assurer les relations avec les subordonnés, les sala-

1. CE 12 oct. 2016, 6e et 1re ch. réunies, req. n° 392053 ; *D.* 2017. 98, note B. Beignier et A. Andorno.
2. Décr. n° 91-1197, 27 nov. 1991, art. 98, 3°.
3. Civ. 1re, 4 févr. 1997, n° 95-11.318, P I, n° 40 ; *JCP* 1997. I. 40-41, R. Martin, n° 13 ; *Gaz. Pal.* 11 oct. 1997. Pan. 15 ; *D.* 1997. 73 ; – POUR un secrétaire général de mairie : Bordeaux, 16 déc. 1997, *Gaz. Pal.* 18 avr. 1998, 21, note A. Damien ; – *CONTRA* : Nancy, 21 janv. 1998, *Gaz. Pal.* 18 avr. 1998, p. 22.
4. Civ. 1re, 31 mars 1998, n° 95-18.398, P I, n° 132 ; *JCP* 1998. IV. 2193 ; *D.* 1998. 115.
5. Décr. n° 72-468, 9 juin 1972 organisant la profession d'avocat, pris pour l'application de la loi n° 71-1130, 31 déc. 1971, *JO* 11 juin, p. 5884.
6. J. Hamelin, *Les règles de la profession d'avocat*, 9e éd., Dalloz, 2000, n° 76.
7. Civ. 1re, 8 nov. 2007, n° 05-18.761, P I, n° 344 ; *D.* 2007. 2956.
8. Décr. n° 91-1197, 27 nov. 1991, art. 98, al., dernier.
9. Civ. 1re, 12 juill. 1989, n° 87-14.953, P I, n° 285.
10. Décr. n° 91-1197, 27 nov. 1991, art. 98.
11. Paris, 28 mai 1986, *D.* 1987. Somm. 65, obs. A. Brunois – Civ. 1re, 17 nov. 1987, n° 86-16.457, P I, n° 296 ; *D.* 1988. 243 ; *Gaz. Pal.* 1988. 20.
12. Civ. 1re, 14 janv. 1976, n° 73-11.841, P I, n° 14 ; *Gaz. Pal.* 1976. 1. pan. 68.
13. Lyon, 8 juill. 1987, *Gaz. Pal.* 6 oct. 1987, 7, note A. Damien.
14. Versailles, 3 oct 2014, RG n° 14/03779.
15. Paris, 26 nov. 1986, *Gaz. Pal.* 1987. I. 123 ; *D.* 1987. 27.

riés ou les succursales[1], qu'un secrétaire général de juridiction consulaire[2], qu'une personne attachée au service juridique d'un syndicat[3], qu'un fonctionnaire attaché au service juridique d'une collectivité locale[4] ne sont pas des juristes d'entreprise. De même, la personne qui n'exerce pas ses fonctions exclusivement dans un service juridique, c'est-à-dire un service spécialisé chargé au sein de la société des « problèmes juridiques » engendrés par son activité, ne peut bénéficier de l'article 98, 3° du décret du 27 novembre 1991[5].

212.75 Définition du juriste d'entreprise. En rassemblant les points positifs au travers des définitions négatives données par la jurisprudence, on peut décrire le juriste d'entreprise comme étant « celui qui exerce ses fonctions dans un département, chargé, au sein d'une entreprise publique ou privée considérée comme étant la réunion de moyens matériels et humains coordonnés et organisés en vue de réaliser un objectif économique déterminé, de connaître les questions juridiques ou fiscales se posant à celle-ci, d'y assurer une fonction de responsabilité dans l'organisation et le fonctionnement de la vie publique de l'entreprise qui ne peut être confondue avec le simple exercice professionnel du droit assimilable à une activité d'administration pure et simple couramment pratiquée dans cette entreprise »[6] : il peut s'agir d'un rédacteur au contentieux de la caisse générale de sécurité sociale, mandataire d'audience[7] ; un employé au service juridique d'une compagnie d'assurances[8] ; un collaborateur de service juridique d'une société d'expertise comptable[9] ou d'un mandataire judiciaire[10] ; un employé exerçant des fonctions de responsabilité au sein du service juridique d'une caisse d'allocations familiales[11] ; un responsable investi d'une responsabilité dans une entreprise, avec pouvoir de décision de l'organisation et de fonctionnement de la vie commerciale, juridique et fiscale de la société[12] ; une personne exerçant de manière exclusive une fonction de juriste au sein de l'Unicef France chargée d'étudier et résoudre les questions juridiques propres à l'activité de son employeur[13].

La Cour de cassation s'est montrée assez stricte sur l'application de ce texte, exigeant que l'activité juridique ait été exercée dans une entreprise (tel n'étant pas le cas d'un clerc de notaire[14]), que cette activité au sein de l'entreprise ait été exclusive[15] et que cette activité se soit exercée au sein d'un service spécialisé de l'entreprise (tel n'étant pas le cas de juristes employés par une société d'assurances mutuelles, dans un service juridique qui n'est pas un service spécialisé chargé dans l'entreprise de l'étude des « problèmes juridiques » posés par l'activité de celle-ci[16]). Pas plus ne peuvent accéder au barreau en cette qualité : le dirigeant d'entreprise, même si dans l'exercice de son pouvoir de direction, il s'est trouvé dans l'obligation d'envisager les conséquences juridiques des opérations dans lesquelles s'engageait la société[17] ; les fonctionnaires affectés ou chargés d'un service juridique par une collectivité locale, n'étant pas elle-même une entité à finalité économique, quelles que soient les fonctions par eux exercées (juriste dans les services juridiques du département et de la région)[18] ; la salariée d'une association de sauvegarde de l'enfance à l'adulte qui apporte une assistance juridique aux personnes majeures, extérieures à l'association chargée de leur protection, ainsi que son concours aux délégués désignés à cette fin[19] ; la juriste d'un Centre de recherches, d'information et de documentation notariales, constitué sous la forme d'une association, qui traitait les problèmes juridiques posés par l'activité des membres du Cridon[20].

212.76 Cas particulier de certaines activités entrant dans la définition du juriste d'entreprise. L'activité (d'inspecteur) au sein du contentieux de

1. Douai, 15 janv. 1987, *Gaz. Pal.* 1987. II. 460 ; *D.* 1988. Somm. 233 – Montpellier, 7 mai 1987, *Gaz. Pal.* 12 janv. 1988, p. 15.
2. Rouen, 13 oct. 1987, *Gaz. Pal.* 12 janv. 1988, 16.
3. Civ. 1re, 12 juill. 1989, n° 87-15.781, P I, n° 286 ; *JCP* 1989. IV. 435 ; *D.* 1989. 241.
4. Civ. 1re, 30 mars 1994, n° 92-18.764, P I, n° 121 ; *D.* 1994. 99 ; *Gaz. Pal.* 1er oct. 1994, 180 ; *D.* 1994. 500, note D. Alexandre.
5. Cass., Ch. mixte, 6 févr. 2004, n° 00-19.107, P n° 1 ; *JCP* 18 févr. 2004, p. 324 ; *D.* 2004. 2824, obs. B. Blanchard ; – ANTÉRIEUREMENT : Civ. 1re, 14 nov. 1995, n° 93-20.804, P I, n° 410.
6. Civ. 1re, 3 mars 1993, n° 91-12.674, P I, n° 92 ; *Gaz. Pal.* 10 août 1993, p. 119 ; *D.* 1993. 73 ; *JCP* 1993. IV. 131.
7. Civ. 1re, 3 mars 1993, n° 91-12.674, préc. ; REJETANT : Basse-Terre, 19 déc. 1990, *Gaz. Pal.* 6 avr. 1991, p. 20.
8. Civ. 1re, 16 mars 1994, n° 92-13.108, P I, n° 98 ; *D.* 1994. 83 – Besançon, 11 mars 1992, *D.* 1994. 132.
9. Paris, 7 nov. 1991, *Gaz. Pal.* 16 sept. 93, p. 19.
10. Rennes, 19 janv. 2018, RG n° 17/04442.
11. Civ. 1re, 26 mai 1994, n° 93-10.858, P I, n° 184 ; *JCP* 1994. IV. 1869.
12. Civ. 1re, 14 nov. 1995, n° 94-10.002, P I, n° 409 ; *JCP* 1996. IV. 11.
13. Rennes, 10 févr. 2017, RG n° 16/09327.
14. Civ. 1re, 17 nov. 1987, n° 86-16.457, P I, n° 296.
15. Civ. 1re, 14 nov. 1995, n° 94-10.002, préc.
16. Civ. 1re, 28 nov. 1995, n° 93-18.606, P I, n° 432 ; *JCP* 1996. IV. 134 – Civ. 1re, 28 nov. 2018, n° 17-22.538, NP.
17. Civ. 1re, 14 nov. 1995, n° 94-10.002, P I, n° 409 ; *D.* 1995. 263.
18. Civ. 1re, 30 mars 1994, n° 92-18.764, PI, n° 121 ; *D.* 1994. 99 ; *D.* 1994. 500, note D. Alexandre.
19. Civ. 1re, 17 mars 2016, n° 15-13.442, P I, n° 846 ; *D.* 2016. 721.
20. Civ. 1re, 13 mars 2019, n° 18-12.253, P ; *D. actu.* 8 avr. 2019, obs. G. Deharo ; *D.* 2020. 112, obs. T. Wickers ; *JCP* 2019. Doctr. 1238, n° 1, obs. S. Bortoluzzi.

l'Urssaf a été admise bien que celle-ci ne concerne que le droit de la Sécurité sociale, ce qui suppose une spécialisation du futur avocat[1]. A été également admise l'activité d'un mandataire d'audience, ayant reçu un mandat général pour représenter et défendre les intérêts de la caisse générale de Sécurité sociale devant les juridictions de l'ordre judiciaire et de l'ordre administratif, ayant aussi été appelé à collaborer, avec le responsable du service contentieux[2].

Il en est de même en ce qui concerne les juristes attachés à l'activité juridique syndicale[3] prévue par l'article 98, 5°[4]. Mais les fonctions de juriste d'entreprise, qui s'inscrivent toujours dans un lien de subordination inhérent au contrat de travail, ne comportent pas nécessairement des pouvoirs d'encadrement et de direction au sein du service juridique spécialisé pour lequel aucun effectif n'est prévu par la réglementation[5]. Or, en l'espèce, le candidat embauché sous la qualification d'agent de maîtrise devenu cadre par la suite, appartenait au service juridique nouvellement créé au sein d'une société qui a évolué très progressivement et qui constituait une entité réduite placée sous l'autorité d'autres responsables d'entreprise. En conséquence, la cour en a déduit que le candidat n'a pas eu à exercer une réelle fonction de responsabilité dans l'exercice du droit et elle ajoute que la participation du candidat au conseil d'administration de l'entreprise, la rédaction de procès-verbaux, l'établissement de dossiers d'inscription de marques et les contacts avec les avocats de la société, ne sauraient caractériser l'activité juridique distincte des activités de simple administration pratiquées au sein de l'entreprise.

Il ne peut être exigé du juriste d'entreprise qu'il diversifie ses attributions dans plusieurs branches du droit pour connaître, non seulement des problèmes juridiques posés, dans la spécialité qui est la sienne, par l'activité de l'entreprise, mais également des questions d'organisation et de fonctionnement ressortissant à d'autres matières juridiques[6].

Il ne semble pas prévu par ailleurs que les juristes exerçant leur activité dans un cadre associatif puissent bénéficier des passerelles existantes, d'autant que les fonctions ou activités juridiques alléguées doivent avoir été exercées exclusivement dans un service spécialisé chargé dans l'entreprise des problèmes juridiques posés par l'activité de celle-ci[7].

212.77 Exercice en droit français et sur le territoire national. L'article 98, 3°, du décret du 27 novembre 1991 implique que l'expérience professionnelle de l'impétrant lui a permis d'acquérir les connaissances suffisantes en droit français pour exercer la profession d'avocat. S'agissant d'un juriste français ayant travaillé huit ans dans une société de droit étranger, il revient alors au conseil de l'Ordre compétent d'apprécier si les matières et les domaines de droit dans lesquels le juriste justifie avoir exercé recouvrent, à l'exclusion du droit communautaire et international, essentiellement le droit français[8]. La Cour de cassation a également considéré dans son interprétation restrictive du texte que l'exercice de cette fonction à l'étranger ne permettait pas de satisfaire à la définition du juriste d'entreprise[9]. Dans une réponse ministérielle du 1er octobre 2013, le garde des Sceaux, ministre de la Justice, s'est déclaré favorable à l'accès dérogatoire à la profession d'avocat des juristes d'entreprise français exerçant leur activité à l'étranger, « compte tenu de l'intérêt que présente leur parcours dans un contexte d'internationalisation croissante des services juridiques »[10].

Saisi par la Cour de cassation d'une question prioritaire de constitutionnalité sur la condition de territorialité ainsi posée au regard des dispositions de l'article 11, 2°, de la loi du 31 décembre 1971, le Conseil constitutionnel a pour sa part considéré dans une décision du 6 juillet 2016 que les personnes ayant exercé une activité ou une fonction juridique pendant une durée suffisante en France ne sont pas placées, au regard de l'accès à la profession d'avocat, dans la même situation que celles ayant exercé une telle activité ou fonction à l'étranger. En exigeant la pratique d'une telle activité ou fonction « sur le territoire national », le législateur a ainsi entendu garantir les compétences des personnes exerçant la profession d'avocat et, par voie de conséquence, garantir le respect des droits de la défense, sans méconnaître le principe d'égalité devant la loi.

Le Conseil considère par ailleurs que cette condition d'exercice « sur le territoire national » vise à garantir un niveau d'aptitude et un niveau de connaissance suffisant « aussi bien du droit français

1. Civ. 1re, 13 mars 1996, n° 94-13.856, P I, n° 131 ; *D.* 1996. 113 ; *JCP* 1996. IV. 1034.
2. Civ. 1re, 3 mars 1993, n° 91-12.674, P I, n° 92.
3. V. s[s] n° 212.91.
4. R. Martin, *JCP* 1996. I. 3948, n° 8 ; et rectificatif *JCP* 1997. I. 3993, n° 6.
5. Civ. 1re, 11 févr. 2010, n° 09-11.324, NP ; *Gaz. Pal.* 9-11 avr. 2011, obs. Y. Avril.
6. Civ. 1re, 11 févr. 2010, n° 09-11.324, préc.
7. Rép. min., n° 114174, *JOAN Q* 4 oct. 2011, p. 10612.
8. CNB, Comm. RU, avis n° 2006-015, 30 juin 2006 ; C. avocat 2021, s[s] décr. 27 nov. 1991, art. 98, note 32 : droit monégasque.
9. Civ. 1re, 21 juin 1983, n° 82-15.219, P I, n° 177 ; *Gaz. Pal.* 1983. II. 525 – Civ. 1re, 28 mars 2008, n° 06-21.051, P I, n° 90 – Aix-en-Provence, 17 sept. 2015, RG n° 15/04819.
10. Rép. min., n° 26972, *JOAN Q* 1er oct. 2013, p. 10377.

que des conditions de sa mise en œuvre », en assurant une conciliation acceptable entre le respect de la liberté d'entreprendre et le respect des droits de la défense [1]. Les mots « et de celles concernant les personnes ayant exercé certaines fonctions ou activités en France » figurant au 2° de l'article 11 de la loi du 31 décembre 1971, qui ne méconnaissant aucun autre droit ou liberté que la Constitution garantit, sont ainsi déclarés conformes à la Constitution. Pour autant, des moyens de conventionnalité pourraient toujours être invoqués au regard du droit de l'Union en cas de question préjudicielle devant la CJUE [2].

Par ailleurs, le ministère de la Justice, en s'appuyant sur les propositions de la profession d'avocat, est engagé dans un travail de réflexion sur une éventuelle réforme des voies d'accès dérogatoires. Est notamment envisagé de valoriser les expériences professionnelles à l'étranger pour les juristes d'entreprise tout en tenant compte de l'exigence de compétence en droit français [3].

E. Fonctionnaire

212.81 Qualité de fonctionnaire. Sont également visés les fonctionnaires [4] et anciens fonctionnaires de catégorie A ou les personnes assimilées aux fonctionnaires de cette catégorie, ayant exercé en cette qualité des activités juridiques pendant huit ans au moins, dans une administration ou un service public ou une organisation internationale [5].

Ne peut être assimilée à un fonctionnaire de catégorie A, au sens de l'article 98, 4°, du décret du 27 novembre 1991, une personne ayant déjà la qualité de fonctionnaire d'une autre catégorie, quelles qu'aient pu être les fonctions exercées par elle [6].

Il en va de même pour un « chargé de cours vacataire » qui « ne relève pas du statut de la fonction publique et ne s'assimile pas à la qualité de fonctionnaire de catégorie A » [7] ou d'un agent de la caisse nationale de l'assurance maladie régi par la convention collective applicable au personnel des organismes de sécurité sociale, non soumis à un statut de droit public [8]. Aucun texte ne prévoit par ailleurs l'assimilation des attachés parlementaires, qui exercent dans le cadre d'un contrat de droit privé, aux fonctionnaires de la catégorie A. Dès lors, une personne engagée par un groupe politique parlementaire ne saurait revendiquer le statut d'assimilé fonctionnaire du fait de la nature de son contrat et de sa rémunération sur une dotation spéciale, non plus qu'elle ne peut être assimilée à un agent public contractuel dès lors qu'elle n'est pas rémunérée par une administration ni soumise à une subordination hiérarchique au sein de celle-ci [9] – cependant, une voie d'accès spécifique leur a été ouverte à la profession [10]. N'est pas non plus assimilé le statut d'assistant de justice en raison notamment de la durée à temps partiel des activités et de l'indice de rémunération dans les fonctions, inférieur à celui des fonctionnaires de catégorie A, de l'absence d'autonomie dans l'exercice de leurs fonctions, ni d'aucun pouvoir de décision [11].

En revanche, les agents non titulaires peuvent être assimilés à la catégorie A de la fonction publique compte tenu de la nature de leur contrat, des fonctions occupées et de leur indice de rémunération. Il appartient au conseil de l'Ordre saisi de la demande d'admission au barreau de rechercher la nature des activités réellement exercées par la démonstration d'une pratique professionnelle en matière juridique sous la forme de consultations, de rédactions d'actes ou de traitement de dossiers contentieux. La preuve en est le plus souvent apportée par la production par l'impétrant d'attestations de son ou de ses employeurs successifs [12].

212.82 Exercice d'une activité juridique à titre principal. Il n'est pas exigé que les activités juridiques du fonctionnaire soient effectuées au sein d'un service juridique [13] ou qu'elles le soient à titre non pas exclusif mais principal [14]. Il est néanmoins indispensable que les activités soient directement et essentiellement juridiques par leur objet et non pas simplement d'ordre administratif [15]. Elles peuvent

1. Cons. const. 6 juill. 2016, n° 2016-551 QPC, *Éric B... (M.), conditions tenant à l'exercice de certaines fonctions ou activités en France pour l'accès à la profession d'avocat*, CONFORMITÉ, *JO* 8 juill., n° 70 ; *D.* 2016. 1506 ; *D.* 2017. 74, obs. T. Wickers ; *Constitutions* 2016. 529, Chron.
2. *JCP* 2016. Doctr. 1086, n° 1, obs. S. Bortoluzzi.
3. Rép. min. justice, n° 13470, *JO Sénat,* 28 mai 2020, p. 2444.
4. Décr. n° 91-1197, 27 nov. 1991, art. 98, 4°.
5. Décr. n° 91-1197, 27 nov. 1991, art. 98, 4°.
6. Civ. 1re, 29 oct. 2002, n° 00-13.289, P I, n° 177 ; *D.* 2002. 3186.
7. Paris, 28 avr. 2011, *Martin K...*, NP.
8. Civ. 1re, 6 janv. 2021, n° 19-18.273, NP ; *JCP* 2021. Doctr. 272, n° 1, obs. S. Bortoluzzi.
9. Paris, 27 oct. 2011, RG n° 11/06320, *procureur général près la cour d'appel de Paris c/François-Xavier C. et cons. Ordre des avocats de Paris* – Paris, 27 mars 2002, préc.
10. Décr. n° 91-1197, 27 nov. 1991, art. 98, 7°.
11. Douai, 9 mars 2015, RG n° 2014/06512 – Reims, 9 mai 2012, RG n° 12/03574.
12. CNB, Comm. RU, 18 janv. 2008, avis n° 2008-088 ; C. avocat 2021, ss décr. 27 nov. 1991, art. 98, avis CNB, note 39.
13. Versailles, 17 déc. 1998, *Gaz. Pal.* 11 mai 1999, concl. Duplat, note A. Damien.
14. Civ. 1re, 13 juin 2006, n° 05-11.072, P I, n° 303 ; *D.* 2006. 1769 ; *JCP* 2006. I. 188, obs. R. Martin.
15. Bordeaux, 16 déc. 1997, *Gaz. Pal.* 1998. 1. Somm. 155, obs. A. Damien : refus d'inscrire un secrétaire général de mairie.

ainsi recouvrir pour un ancien commandant de gendarmerie, en sa qualité d'officier de police judiciaire, la participation aux enquêtes et le contrôle de la régularité des procédures pénales transmises à l'autorité judiciaire [1] ; pour un directeur d'établissement hospitalier public, l'embauche et la gestion du personnel, la passation de contrats, l'application de textes réglementaires relatifs aux fonctionnaires et de circulaires administratives [2] ; pour un inspecteur des impôts, le contrôle fiscal et la gestion des contentieux [3]. Toutefois, l'on ne peut prétendre à bénéficier des dispositions de l'article 98, 4°, du décret du 27 novembre 1991 du seul fait de ses activités de vérificateur et de contrôleur fiscal [4].

Comme pour les autres dispenses, les fonctionnaires peuvent avoir exercé leurs activités dans plusieurs des fonctions visées aux 3°, 4°, 5°, 6° et 7°, de l'article 98 du décret du 27 novembre 1991 dès lors que la durée totale de ces activités est au moins égale à huit ans [5].

212.83 Exercice en droit français et sur le territoire national. Les fonctionnaires qui ne relèvent pas de la fonction publique française, mais de celle de l'Union européenne par exemple, ne peuvent *a priori* pas bénéficier des conditions dérogatoires de l'article 98, 4°, du décret du 27 novembre 1991 pour l'accès à la profession d'avocat dont les dispositions sont d'interprétation stricte [6]. Pour la cour d'appel de Paris, statuant sur l'admission au barreau d'un fonctionnaire de la Commission européenne, « cette exigence ne crée pas de discrimination illégitime et disproportionnée dès lors que la condition d'appartenance à la fonction publique française vise à assurer la connaissance effective du droit national par les impétrants admis à exercer la profession » et à « garantir au justiciable une défense pertinente et efficace » [7]. La Cour de cassation, qui confirme l'arrêt de la cour d'appel, considère que cette restriction « se justifie par des raisons impérieuses d'intérêt général de protection des justiciables contre le préjudice qu'ils pourraient subir du fait de services fournis par des personnes qui n'auraient pas les qualifications professionnelles nécessaires », l'exigence des connaissances et qualifications de nature à protéger les droits de la défense et la bonne administration de la justice étant, selon les dispositions du Traité sur le fonctionnement de l'Union européenne, relatives à la libre circulation des personnes [8], telles qu'interprétées par la jurisprudence constante de la Cour de justice de l'Union européenne, propres à garantir la réalisation de l'objectif poursuivi [9].

Les fonctions au sein d'une organisation internationale ne peuvent davantage être prises en compte dès lors que la personne qui les exerce n'a pas de lien statutaire avec la fonction publique française [10].

La première chambre civile avait pour autant décidé, dans une autre affaire visant une fonctionnaire de la Commission européenne, de poser deux questions préjudicielles à la Cour de justice de l'Union européenne : celle de la conformité de l'exigence ainsi posée d'une connaissance suffisante, par l'auteur de la demande de dispense, du droit national d'origine française, excluant la prise en compte d'une connaissance similaire du seul droit de l'Union européenne, et celle de la possibilité pour une législation nationale au sens des articles 45 et 49 du Traité sur le fonctionnement de l'Union européenne d'écarter du bénéfice de la dispense prévue par l'article 98, 4°, du décret du 27 novembre 1991 les agents ou anciens agents de la fonction publique européenne qui ont exercé en cette qualité des activités juridiques, dans un ou plusieurs domaines relevant du droit de l'Union européenne [11].

La Cour de justice de l'Union européenne, après avoir rappelé dans cette affaire que le droit de l'Union ne s'oppose pas à ce que la réglementation d'un État membre subordonne l'accès à la profession d'avocat à la possession des connaissances et des qualifications jugées nécessaires (§ 26), juge que le droit de l'UE s'oppose à une réglementation nationale qui réserve le bénéfice de la dispense aux agents de la fonction publique de l'État et à ceux ayant exercé en cette qualité dans une administration ou un service public ou une organisation internationale, et qui écarte ainsi du bénéfice de cette dispense les fonctionnaires, agents ou anciens agents de la fonction publique de l'Union européenne qui ont exercé en cette qualité au sein d'une institution européenne et en dehors du territoire

1. Civ. 1re, 14 janv. 2016, n° 15-10.159, P I.
2. Nancy, 21 janv. 1998 – Bordeaux, 16 déc. 1997, préc.
3. Civ. 1re, 8 déc. 2009, n° 08-70.088, NP ; *JCP* 2010. Doctr. 270, n° 3, obs. A. Harel.
4. Civ. 1re, 22 janv. 2014, n° 12-26.622, NP.
5. Décr. n° 91-1197, 27 nov. 1991, art. 9, al. dernier.
6. Civ. 1re, 14 déc. 2016, n° 15-26.635, P I ; *D.* 2018. 87, obs. T. Wickers ; *D. avocats* 2017. 6, obs. L. Dargent ; *JCP* 2017. 167, note J. Pertek.
7. Paris, 10 sept. 2015, RG n° 14/24871 ; *D.* 2015. 2491, note E. Carpano.
8. TFUE, art. 45 [Amsterdam, 39 ; CEE 48] et 49 [Amsterdam, 43 ; CEE 52].
9. Civ. 1re, 14 déc. 2016, préc.
10. POUR UNE JURISTE auprès de la Cour de justice internationale : Paris, 12 mai 2016, RG n° 15/15468 ; – POUR UN REPRÉSENTANT d'organismes rattachés aux Nations unies : Paris, 12 mai 2016, RG n° 15/14831 ; – POUR UNE JURISTE auprès des services de l'Union européenne : Paris, 11 mai 2017, RG n° 16/12823.
11. Civ. 1re, 20 févr. 2019, n° 17-21.006, P I ; *D. actu. 21 mars 2019, obs. G. Deharo ; D.* 2020. 108, obs. T. Wickers ; *JCP* 2019. Doctr. 1238, n° 1, obs. S. Bortoluzzi ; *RTD eur.* 2020. 763, obs. A. Jeauneau.

français (§ 30 et 42)[1]. Pour autant, la Cour considère que le droit de l'UE ne s'oppose pas à une réglementation nationale qui réserve le bénéfice d'une telle dispense à la condition que l'intéressé ait exercé des activités juridiques dans le domaine du droit national, et qui écarte du bénéfice de cette dispense les fonctionnaires, agents ou anciens agents de la fonction publique de l'Union européenne qui ont exercé en cette qualité des activités juridiques dans un ou plusieurs domaines relevant du droit de l'Union, pour autant qu'elle n'exclut pas la prise en compte des activités juridiques comportant la pratique du droit national (§ 42).

Cet arrêt de la Cour de justice invite ainsi à mieux prendre en compte les activités juridiques comportant la pratique du droit national, comme il peut en être pour un fonctionnaire européen, dans le cadre de son activité au sein d'une institution européenne, qui peut être appelé à exercer des fonctions en rapport étroit avec le droit national des États membres. Au cas d'espèce, la Cour de cassation approuve finalement la cour d'appel d'avoir justement déduit que le fonctionnaire européen, qui ne justifiait d'aucune pratique du droit national, lequel, même s'il intègre nombre de règles européennes, conserve sa spécificité et ne se limite pas à ces dernières, ne remplissait pas les conditions prévues par l'article 98 du décret du 27 novembre 1991 pour son accès dérogatoire à la profession d'avocat[2]. Pour la Haute juridiction, le critère de territorialité de l'article 11, 2°, de la loi du 31 décembre 1971 n'est cependant plus opérant en tant que tel[3], l'accès dérogatoire par la voie de l'article 98, 4°, du décret du 27 novembre 1991 nécessitant uniquement pour les fonctionnaires européens une condition de connaissance du droit national dont la pratique est distincte du seul droit de l'Union.

F.
Juriste attaché à l'activité juridique d'une organisation syndicale

212.91 **Activité juridique exclusive.** Les juristes attachés à l'activité juridique d'une organisation syndicale[4], pendant huit ans au moins, bénéficient également de la dispense de l'article 98 du décret du 27 novembre 1991. La Cour de cassation exige néanmoins que l'activité syndicale soit exclusive et s'exerce au sein d'une organisation syndicale au sens des articles L. 2231-1, alinéa 2, et L. 2131-2[5] du code du travail[6] ou pour partie par une organisation syndicale et pour le temps restant par des organismes qui ne constituent que des émanations de ce syndicat[7].

Ainsi, ne constitue pas une organisation syndicale au sens de l'article 98, 5°, du décret du 27 novembre 1991 une association ayant pour objet d'œuvrer à l'amélioration du sort des accidentés de la vie, des invalides et des handicapés et non à la défense d'intérêts proprement professionnels[8]. De même, l'activité de secrétaire d'un comité d'entreprise ne peut être assimilée à celle de juriste attaché à l'activité juridique d'une organisation syndicale[9].

L'article 98, 5°, du décret du 27 novembre 1991 n'exige pas par ailleurs que l'activité des juristes attachés pendant huit ans au moins au service d'une organisation syndicale se soit accomplie après l'obtention du diplôme ouvrant l'accès à la profession d'avocat[10]. Le juriste attaché à l'activité d'une organisation syndicale doit cependant justifier avoir exercé, à titre principal, une activité juridique spécifique et continue[11].

Ces personnes peuvent avoir exercé leurs activités dans plusieurs des fonctions visées aux 3°, 4°, 5°, 6° et 7°, de l'article 98 du décret du 27 novembre 1991 dès lors que la durée totale de ces activités est au moins égale à huit ans[12].

Enfin, comme pour les juristes d'entreprise ou les fonctionnaires de catégorie A, la condition de l'exercice de l'activité sur le territoire français s'applique aussi aux juristes attachés à une organisation syndicale et se justifie par des raisons impérieuses d'intérêt général de protection des justiciables, de garantie des droits de la défense et de bonne administration de la justice. Pour la première chambre civile de la Cour de cassation, cette condition n'est pas discriminatoire à l'égard d'un ressortissant domicilié en Belgique où il exerce son activité professionnelle, dès

1. CJUE, 17 déc. 2020, aff. C-218/19, inédit ; *JCP* 2021. Doctr. 272, n° 2, obs. S. Bortoluzzi ; *Europe*, févr. 2021, p. 34, note V. Michel.
2. Civ. 1re, 5 mai 2021, n° 17-21.206, P I ; *D. actu.* 25 mai 2021, art. C. Caseau-Roche ; *JCP* 2021. Prat. 593, act. S. Bortoluzzi.
3. *CONTRA* : Civ. 1re, 14 déc. 2016, n° 14-25.800, NP – Civ. 1re, 28 mars 2008, n° 06-21.051, PB : exigence d'une activité juridique exercée sur le territoire national.
4. Décr. n° 91-1197, 27 nov. 1991, art. 98, 5°.
5. C. trav., art. L. 2131-2 ; mod. par L. n° 2019-1461, 27 déc. 2019, art. 53.
6. Civ. 1re, 30 janv. 1996, n° 95-10.007, P I, n° 48 ; *JCP* 1997. I. 3993, n° 6, obs. L. Cadiet – Civ. 1re, 29 juin 1996, n° 94-13.760, P I, n° 218 ; *D.* 1997. 98, obs. Y. Serra ; *JCP* 2000. I. 231, n° 2, obs. R. Martin.
7. Civ. 1re, 12 mars 2002, n° 01-00.404, P I, n° 84 ; *JCP* 2000. I. 172, n° 5, obs. R. Martin.
8. Civ. 1re, 16 mai 2012, n° 11-14.865, NP.
9. Paris, 27 mars 2002, *Gaz. Pal.* 24-25 mai 2002, p. 21 ; *JCP* 2002. I. 172, n° 6, obs. R. Martin.
10. Civ. 1re, 14 mars 2000, n° 97-20.897 ; P I, n° 89 ; *D.* 2000. 111 ; *JCP* 2000. I. 231, n° 3, obs. R. Martin.
11. Civ. 1re, 10 octr. 2019, n° 18-15.961, NP ; *D.* 2020. 114, obs. T. Wickers ; *JCP* 2020. Doctr. 278, n° 2, obs. S. Bortoluzzi.
12. Décr. n° 91-1197, 27 nov. 1991, art. 98, al. dernier.

lors que le requérant peut la remplir s'il a travaillé en France, et qu'elle est indispensable pour garantir les connaissances et qualifications nécessaires à l'exercice de la profession d'avocat sur le territoire national[1].

G. Juriste salarié d'un d'avocat, d'une association ou d'une société d'avocats, d'un office d'avoué ou d'avocat au Conseil d'État et à la Cour de cassation

212.101 Juriste salarié d'un avocat, d'une association ou d'une société d'avocats, d'un office d'avoué ou d'avocat au Conseil d'État et à la Cour de cassation. Sont visés les juristes salariés d'un d'avocat, d'une association ou d'une société d'avocats, d'un office d'avoué ou d'avocat au Conseil d'État et à la Cour de cassation[2], justifiant de huit ans au moins de pratique professionnelle en cette qualité, postérieurement à l'obtention du titre ou diplôme mentionné au 2° de l'article 11 de la loi du 31 décembre 1971[3]. Les juristes travaillant dans des cabinets d'avocats ont été autorisés par le décret du 4 novembre 2005[4] de bénéficier de la dispense de l'article 98 du décret du 27 novembre 1991. Cette possibilité avait été accordée à un certain nombre de juristes d'entreprise depuis 1991, mais les juristes exerçant en cabinet d'avocat en avaient été exclus. En effet, la jurisprudence considère que le juriste d'entreprise est celui qui se charge des « problèmes juridiques » internes de son entreprise et non celui qui fournit des prestations à la clientèle de l'entreprise (aux clients d'un cabinet, par exemple). En outre, cette exclusion était justifiée par la volonté de conserver une certaine unité à la formation et à la filière d'accès à la profession.

Mais de nombreux arguments étaient également en faveur de la reconnaissance de cette passerelle : les juristes ayant huit ans d'expérience en cabinet d'avocat n'étaient-ils pas tout aussi aptes à entrer dans cette profession que des juristes en entreprise ? À la suite d'une procédure de consultation, une réforme a été décidée, qui a abouti au décret du 4 novembre 2005.

Le Conseil d'État, saisi pour annuler cette disposition sur le fondement de l'excès de pouvoir, au motif que ce texte exigerait des salariés des cabinets d'avocats des conditions plus strictes que les autres catégories de juristes, a écarté ce moyen[5], décidant qu'en exigeant des juristes salariés des cabinets d'avocats qu'ils aient obtenu le titre ou le diplôme prévu par la loi du 31 décembre 1971 avant le début de l'exercice de leur pratique professionnelle, alors qu'une telle condition d'antériorité n'est prévue ni dans le cas des juristes d'entreprise ni dans celui des juristes attachés à une organisation syndicale, le pouvoir réglementaire a tenu compte des caractéristiques propres aux expériences professionnelles des uns et des autres, sans édicter de mesure manifestement disproportionnée au regard des différences qui existent tant entre ces expériences qu'entre les possibilités offertes d'une part aux juristes salariés d'un cabinet d'avocat par la voie de la promotion professionnelle, d'autre part aux juristes d'entreprise ou attachés à des organisations syndicales par un changement du cadre d'exercice de leur profession. Il conclut que le pouvoir réglementaire n'a, dès lors, pas méconnu le principe d'égalité.

212.102 Qualité de juriste salarié. Le bénéfice de la dispense est soumis à la qualité de salarié[6], même si la notion de juriste salarié d'avocat reste à préciser. Aucune définition n'est donnée, nombreux étant les titres sous lesquels des juristes exercent leurs fonctions dans des cabinets : juristes consultants, collaborateurs juridiques, assistants, consultants... sans compter les titres anglo-saxons. La cour d'appel de Grenoble a ainsi tenté de cerner cette fonction par un double critère tiré de la nature conceptuelle du travail et du degré d'autonomie intellectuelle du salarié dans sa fonction, déduisant de ce que la personne rédigeait des actes, assignations et conclusions de manière autonome, assurait le suivi de la mise en état, préparait des dossiers de plaidoirie et assurait l'accueil, que, dans la petite structure où elle a exercé, l'intéressée a été seule à ne pas être avocat et à exercer une activité de nature conceptuelle avec une large autonomie intellectuelle[7]. À l'inverse, la cour d'appel de Montpellier n'a pas reconnu la qualité de juriste salarié à une personne ayant exercé pendant plus de huit ans des fonctions au sein de différents cabinets d'avocats, en l'absence d'une réelle autonomie et d'un pouvoir propre de décision, notamment dans la relation avec la clientèle, la représentation du cabinet et le suivi de l'accomplissement qui découle de la gestion des dossiers[8].

1. Civ. 1re, 14 déc. 2016, n° 14-25.800, P I ; *D. avocats* 2017. 6, obs. L. Dargent. Confirmation : Aix-en-Provence, 26 juin 2014, RG n° 13/23414 – POUR UNE ANALYSE CRITIQUE : *JCP* 2017. 167, note J. Pertek.
2. Décr. n° 91-1197, 27 nov. 1991, art. 98, 6°.
3. Décr. n° 91-1197, 27 nov. 1991, art. 98, 6°.
4. Décr. n° 2005-1381, 4 nov. 2005 modifiant l'article 98 du décret n° 91-1197 du 27 novembre 1991 organisant la profession d'avocat, *JO* 6 nov., p. 17473.
5. CE 6e ss-sect., *Syndicat des avocats de France,* 25 juill. 2007, req. n° 288720, *Lebon ; JCP* 2007. I. 206 ; *AJDA* 2007. 1501.
6. Civ. 1re, 3 juill. 2008, n° 07-15.551, NP ; *JCP* 2008. Doctr. 184, n° 2, obs. A. Harel.
7. Grenoble, 19 mars 2007, RG n° 07/00475 ; *JCP* 2007. Doctr. 206, n° 1, obs. S. Bortoluzzi.
8. Montpellier, 11 mai 2016, RG n° 15/08750.

212.103 **Durée.** La personne doit justifier d'une pratique professionnelle d'une durée effective d'au moins huit ans en exécution d'un emploi à plein-temps[1], la durée de huit ans étant considérée non comme une condition d'ancienneté mais comme une règle quantitative correspondant à un certain volume d'activité jugé équivalent à la formation requise.

Enfin, ces personnes peuvent avoir exercé leurs activités dans plusieurs des fonctions visées aux 3°, 4°, 5°, 6° et 7°, de l'article 98 du décret du 27 novembre 1991 dès lors que la durée totale de ces activités est au moins égale à huit ans[2].

H. Collaborateur et assistant parlementaires

212.111 **Dispense des collaborateurs et assistants parlementaires.** Le bénéfice des dispenses de l'article 98 du décret du 27 novembre 1991 a été étendu par le décret du 3 avril 2012[3] aux collaborateurs de député ou assistants de sénateur[4] justifiant avoir exercé une activité juridique à titre principal avec le statut de cadre pendant au moins huit ans dans ces fonctions. Cette dispense leur était jusqu'alors refusée faute d'assimilation possible au statut d'agent public contractuel relevant de la catégorie des fonctionnaires visés à l'article 98, 4° du décret[5].

Cette extension qui devait concerner quelque 80 personnes selon le ministère de la Justice[6], n'a pas été remise en cause par le décret du 15 avril 2013[7] qui a supprimé la dispense de l'article 97-1 du décret du 27 novembre 1991 instituée au profit des femmes et hommes politiques. En pratique, cette voie d'accès à la profession semble cependant peu mise en œuvre et d'interprétation stricte en raison de son caractère dérogatoire. Ainsi, ne remplit pas les conditions posées par le texte une requérante attachée en qualité d'assistante à un groupe parlementaire plutôt qu'à un député ou un sénateur[8].

1. Civ. 1re, 5 févr. 2009, n° 08-10.036, NP ; *JCP* 2009. Doctr. 295, n° 1, obs. C. Mathias.
2. Décr. n° 91-1197, 27 nov. 1991, art. 9, al. dernier.
3. Décr. n° 2012-441, 3 avr. 2012 relatif aux conditions particulières d'accès à la profession d'avocat, *JO* 4 avr., p. 6083.
4. Décr. n° 91-1197, 27 nov. 1991, art. 98, 7°.
5. Paris, 27 oct. 2011, RG n° 11/06320 ; *JCP* 2012. Doctr. 387, obs. S. Bortoluzzi.
6. E. Boccara, « Hommes politiques et barreau : le pont suspendu », *Gaz. Pal.* 26-28 févr. 2012, p. 8.
7. Décr. n° 2013-319, 15 avr. 2013 supprimant les conditions particulières d'accès à la profession d'avocat des personnes exerçant des responsabilités publiques, *JO* 17 avr., p. 6473.
8. Civ. 1re, 6 févr. 2019, n° 18-50.003, P I ; *D. actu.* 20 févr. 2019, obs. G. Deharo ; *Gaz. Pal.*, 28 mai 2019, n° 20, p. 21, note A. Lizop ; *JCP* 2019. Doctr. 1238, n° 1, obs. S. Bortoluzzi.

Ces personnes peuvent également avoir exercé leurs activités dans plusieurs des fonctions visées aux 3°, 4°, 5°, 6° et 7°, de l'article 98 dès lors que la durée totale de ces activités est au moins égale à huit ans[9].

§ 3 Dispense spéciale accordée aux collaborateurs d'avoués

212.121 **Collaborateurs d'avoués.** Les collaborateurs d'avoués sont dispensés de formation au CRFP, du Capa, mais également de la condition d'obtention d'une maîtrise en droit ou d'un diplôme équivalent. Le décret du 15 avril 2013[10] est venu notamment corriger une erreur de rédaction de l'article 98, 7°, du décret du 27 novembre 1991 en le supprimant et en insérant un alinéa à l'article 93, 6°, du décret du 27 novembre 1991 qui permet aux personnes mentionnées à l'article 22 de la loi du 25 janvier 2011[11] d'être inscrites au barreau sans conditions de diplôme. Antérieurement, l'article 98, 7°, issu du décret du 22 avril 2011[12], disposait que bénéficient de la dispense de la formation au CRFP et du Capa les personnes mentionnées à l'article 22 de la loi du 25 janvier 2011. Or, cette dernière disposition dispensait de la condition de diplôme, de la formation au CRFP et du Capa les personnes ayant travaillé en qualité de collaborateur d'avoué postérieurement au 31 décembre 2008 et justifiant, au plus tard au 1er janvier 2012, de la réussite à l'examen d'aptitude à la profession d'avoué.

L'article 22 de la loi du 25 janvier 2011 ajoute en son alinéa 2 que bénéficient également de cette dispense les collaborateurs d'avoué qui justifient d'un nombre d'années de pratique professionnelle fixé par décret en Conseil d'État en fonction du niveau de diplôme obtenu. Alors que l'article 98 du décret du 27 novembre 1991 excluait une dispense de la condition de diplôme, l'article 22 de la loi du 25 janvier 2011 la consacrait expressément... Il convenait donc de faire prévaloir la loi sur le décret et de faire bénéficier les collaborateurs d'avoués de la dispense de diplôme.

Par ailleurs, s'agissant des personnes visées à l'alinéa 2 de l'article 22 de la loi du 25 janvier 2011,

9. Décr. n° 91-1197, 27 nov. 1991, art. 98, al. dernier.
10. Décr. n° 2013-319, 15 avr. 2013 supprimant les conditions particulières d'accès à la profession d'avocat des personnes exerçant des responsabilités publiques, *JO* 17 avr., p. 6473.
11. L. n° 2011-94, 25 janv. 2011 portant réforme de la représentation devant les cours d'appel, *JO* 26 janv., p. 1544.
12. Décr. n° 2011-451, 22 avr. 2011 pris pour l'application de la loi n° 2011-94 du 25 janvier 2011 portant réforme de la représentation devant les cours d'appel, *JO* 24 avr., p. 7328.

l'article 5 du décret du 22 avril 2011 précise ainsi que cette durée est de :

- deux années de pratique professionnelle, s'ils sont titulaires d'un doctorat en droit, d'un diplôme d'études approfondies ou d'études supérieures spécialisées en droit ou d'un master en droit ;

- trois années de pratique professionnelle, s'ils sont titulaires d'une maîtrise en droit ou d'un diplôme reconnu comme équivalent pour l'accès à la profession d'avocat ou s'ils justifient de la validation des soixante premiers crédits d'un master en droit ;

- quatre années de pratique professionnelle, s'ils sont titulaires d'une licence en droit.

Les années de pratique professionnelle comptabilisées sont celles exercées en qualité de collaborateur d'avoué ou, postérieurement au 1er janvier 2012, en qualité de collaborateur d'avocat[1].

212.122 Objectif de reconversion professionnelle. Le Conseil d'État a été saisi le 25 mai 2011 d'une requête soutenant que le décret du 22 avril 2011[2] a prévu, sans justification, des conditions d'ancienneté d'exercice professionnel plus favorables pour les collaborateurs d'avoués que celles qui sont prévues pour les juristes salariés des cabinets d'avocats. Par une décision du 12 février 2014[3], le Conseil d'État a considéré toutefois que, par l'article 5 de ce décret, le pouvoir réglementaire a fixé, à titre exceptionnel, des conditions répondant à l'objectif d'intérêt général de reconversion professionnelle des collaborateurs d'avoués à la suite de la suppression, par la loi du 25 janvier 2011, du monopole de représentation des avoués devant les cours d'appel, sans prévoir de différence de traitement manifestement disproportionnée. Dans ces conditions, le décret attaqué devait être regardé comme ne méconnaissant pas le principe d'égalité.

§ 4
Dispense éphémère au profit des femmes et hommes politiques

212.131 Création d'un accès dérogatoire à la profession. Si le décret du 3 avril 2012[4] devait faire consensus s'agissant de la dispense de formation au CRFP ainsi que du Capa au profit des seuls collaborateurs et autres assistants parlementaires, comme de la création d'un examen de déontologie institué pour les personnes bénéficiant des passerelles mentionnées à l'article 98[5] du décret du 27 novembre 1991, c'est de manière beaucoup plus polémique qu'il a ajouté un article 97-1 au décret de 1991[6], dispensant de la formation au CRFP et du Capa les « personnes justifiant de huit ans au moins d'exercice de responsabilités publiques les faisant directement participer à l'élaboration de la loi ». Afin de circonscrire le champ d'application de ce régime dérogatoire supplémentaire, le décret du 3 avril 2012 visait les articles 23 et 25 de la Constitution qui ont trait, l'un aux ministres, l'autre aux parlementaires. L'idée étant notamment de « légaliser » une pratique en cours dans certains barreaux qui consistait à assimiler des parlementaires à des fonctionnaires de catégorie A[7].

Les avocats, par la voix du conseil de l'Ordre de Paris, principal barreau concerné, puis celle du Conseil national des barreaux[8], avaient manifesté la plus grande réserve lors de l'élaboration du texte, à l'égard d'une initiative qu'ils considéraient comme décrédibilisant la profession d'avocat en l'ouvrant dans la précipitation et quasi automatiquement à la veille d'échéances électorales (élections présidentielles et législatives de 2012[9]). Aussi, exigeaient-ils à tout le moins que le régime d'une telle passerelle soit aligné sur celui des collaborateurs et assistants parlementaires soumis à un examen de déontologie. Pourtant, seule une condition de formation préalable en déontologie et réglementation professionnelle d'une durée de 20 heures dispensées par le CRFP a été expressément concédée, sans qu'aucun examen de déontologie complémentaire ne soit envisagé.

212.132 Recours de la profession. En réaction, le Conseil national des barreaux, comme le conseil de l'Ordre du barreau de Paris ont déposé un recours pour excès de pouvoir visant à l'annulation de cette disposition devant le Conseil d'État. Ainsi, le prési-

1. L. n° 2011-94, 25 janv. 2011, art. 22, al. dernier.
2. Décr. n° 2011-451, 22 avr. 2011.
3. CE 6e-1re SSR., 12 févr. 2014, *B... (Mme)*, req. n° 349601, NP ; D. Ribes, rapp. ; S. von Coester, rapp. publ.
4. Décr. n° 2012-441, 3 avr. 2012 relatif aux conditions particulières d'accès à la profession d'avocat, *JO* 4 avr., p. 6083 ; – SUR LEQUEL : *JCP* 2012. Doctr. 1121, n° 1, obs. S. Bortoluzzi.
5. Décr. n° 91-1197, 27 nov. 1991, art. 98.
6. E. Boccara, « Hommes politiques et barreau : le pont suspendu », *Gaz. Pal.* 26-28 févr. 2012, p. 8 ; « Le petit pont de bois », *Gaz. Pal.* 15-17 avr. 2012, p. 3 ; « Recours... et mat », *Gaz. Pal.* 17 avr. 2012, p. 9 – C. Charrière-Bournazel, Éditorial du président du CNB, 5 avr. 2012, ; « Avocat : une profession parachute pour élus en panne de mandat ? », *LPA* 25 avr. 2012, p. 3 – Cons. Ordre des avocats de Paris, Communiqué de presse du 10 avr. 2012 : contre-offensive du barreau de Paris– L. Dargent, « Nouvelles passerelles vers la profession d'avocat », *D. actu.* 5 avr. 2012 ; « Riposte des avocats », *D. actu.* 13 avr. 2012 – NDLR, « Le barreau aboie, les hommes politiques passent », *Gaz. Pal.* 25-27 mars 2012, p. 7 – NDRL, *Procédures* 2012. Alerte 20.
7. *D. avocats* 2013. 7, obs. L. Dargent.
8. Délib. CNB, AG 17 nov. 2012.
9. L. n° 71-1130, 31 déc. 1971, art. 11, 2.

dent du CNB devait critiquer, le jour même de la publication du décret l'imprécision des qualités effectives justifiant une telle dérogation que sont l'« exercice de responsabilités publiques » et la « participation directe à l'élaboration de la loi », alors que dans le même temps il n'a pas été jugé utile de faire référence à une condition de diplôme, même si cette condition est posée de manière générale à l'article 11, 2°, de la loi du 31 décembre 1971 sans qu'il y soit expressément dérogé par le nouveau texte. Et dans le même esprit, le conseil de l'Ordre du barreau de Paris d'affirmer que, « quels que soient les résultats de ce recours formé par le barreau et sans attendre les effets d'une éventuelle remise en cause du texte, il est et restera maître de l'accès au barreau de Paris et qu'à ce titre il continuera à fixer les critères d'admission conformément à ses valeurs, à son niveau d'exigence et l'intérêt des justiciables ». À ce titre « il veillera donc avec la rigueur la plus extrême, demain comme aujourd'hui, à ce que les conditions de compétence d'acquisition des diplômes professionnels soient bien respectées par l'ensemble des candidats à la profession d'avocat, sans discrimination en fonction des parcours ».

Saisi par la Fédération nationale des unions de jeunes avocats (FNUJA), le juge des référés du Conseil d'État a pour sa part, refusé de suspendre le décret estimant que le texte ne portait pas « une atteinte grave et immédiate aux intérêts de la profession d'avocat dans son ensemble »[1].

212.133 Abrogation de l'article 97-1 du décret du 27 novembre 1991. Un an après son entrée en vigueur, à l'initiative de Christiane Taubira, garde des Sceaux, un décret du 15 avril 2013[2] a supprimé purement et simplement l'article 97-1 du décret du 27 novembre 1991.

Reste que peu sont les élus ou anciens élus qui auront finalement bénéficié de cette passerelle. Au barreau de Paris, les velléités de candidatures (entre 10 et 20 demandes informelles auraient ainsi été formulées) ont ainsi systématiquement été découragées et aucun dossier n'a été déposé[3]. Des candidatures ont également été rejetées, faute pour les impétrants de remplir la condition de diplôme (maîtrise en droit ou diplôme équivalent) posée par l'article 11, 2° de la loi du 31 décembre 1971[4].

212.134 Décision du Conseil d'État. Le Conseil d'État a finalement rendu sa décision le 21 mai 2014[5] sur le recours pour excès de pouvoir formé à l'encontre de l'article 97-1 du décret, alors que celui-ci avait déjà été abrogé par le Gouvernement. Écartant tout d'abord l'ensemble des moyens de légalité externe invoqués, le Conseil d'État a ensuite écarté tour à tour les différents moyens de légalité interne du décret. Ainsi, notamment, le Conseil d'État a considéré que :

- seuls les députés, les sénateurs et les membres du Gouvernement exercent des responsabilités publiques les faisant directement participer à l'élaboration de la loi, de sorte que le moyen tiré de l'imprécision de ces termes ne saurait aboutir ;

- dans l'exercice du large pouvoir d'appréciation que lui a confié le législateur, le pouvoir réglementaire, dont l'objectif était de « diversifier les modes d'accès à la profession d'avocat sans pour autant bouleverser les conditions générales de cet accès », n'a pas commis d'erreur manifeste d'appréciation ni méconnu le principe d'égalité au regard des conditions particulières fixées pour les autres catégories de personnes visées aux articles 97 et 98 du décret du 27 novembre 1991 ;

- les personnes visées à l'article 97-1 du décret du 27 novembre 1991 se trouvant dans une situation différente de celles qui ne bénéficient d'aucune dispense et sont candidates à l'examen d'accès à un CRFP, le pouvoir réglementaire n'a pas méconnu le principe d'égalité ;

- en ne soumettant pas les personnes visées à l'article 97-1 du décret du 27 novembre 1991 à un examen de déontologie mais à une formation préalable d'une durée de 20 heures, le pouvoir réglementaire a pu, sans méconnaître le principe d'égalité, prévoir les modalités particulières permettant de garantir une connaissance des règles déontologiques et professionnelles nécessaires à l'accès à la profession d'avocat.

Cette décision du Conseil d'État rejetant les requêtes visant à l'annulation de l'article 5 du décret du 3 avril 2012 reste cependant sans effet en raison de la suppression par le décret du 15 avril 2013 de la passerelle ouverte de manière éphémère par l'article 97-1 du décret du 27 novembre 1991 au profit des femmes et hommes politiques.

1. CE, ord. réf., 26 avr. 2012, *Fédération nationale des unions des jeunes avocats (FNUJA)*, req. n° 358801, NP ; *AJDA* 2012. 908.
2. Décr. n° 2013-319, 15 avr. 2013 supprimant les conditions particulières d'accès à la profession d'avocat des personnes exerçant des responsabilités publiques, *JO* 17 avr., p. 6473 ; – SUR LEQUEL : *JCP* 2013. Doctr. 622, n° 1, obs. S. Bortoluzzi ; *D.* 2014. Pan. 169, T. Wickers.
3. Ch. Féral-Schuhl [bâtonnier], *D. actu.* 19 avr. 2013.
4. Versailles, 10 avr. 2013, RG n° 12/08780 ; – EN REVANCHE, à Nancy, un ex-député UMP en a bénéficié en septembre 2012, alors qu'une ex-sénatrice écologiste devait également y accéder, malgré un premier rejet de son dossier par le barreau du Val-d'Oise ; – SUR CE CONTENTIEUX : L. Dargent, « Contentieux du décret "passerelle" », *D. avocats* 2013. 119.
5. CE 6e-1re SSR, 21 mai 2014, req. n° 358357, NP.

SECTION 2 DISPENSES EN FAVEUR DES RESSORTISSANTS DE L'UNION EUROPÉENNE

212.140 **Plan.** Les dispenses en faveur d'un ressortissant d'un État membre de l'Union européenne sont soumises à des conditions de recevabilité (§ 1) et à un examen d'aptitude (§ 2).

§ 1 Conditions

212.151 **Avocat ressortissant d'un État membre de l'Union européenne ou d'un État partie à l'Espace économique européen.** Les avocats ressortissants d'un État membre de l'Union européenne, ou d'un État partie à l'Espace économique européen, peuvent demander leur inscription au barreau français sans passer par un CRFP et sans avoir obtenu le Capa, en vertu de l'article 99 du décret du 27 novembre 1991, qui a transposé en droit français la directive 89/48 [1] sur la reconnaissance mutuelle des diplômes, abrogée par la directive 2005/36 [2] sur la reconnaissance des qualifications professionnelles.

Néanmoins, ils doivent passer une épreuve d'aptitude en droit français différente du Capa, dont le programme et les modalités sont fixés par arrêté du garde des Sceaux [3]. Le candidat doit prouver qu'il remplit toutes les conditions requises pour devenir avocat dans son État d'origine et qu'il y a achevé, lorsque cela est requis, le stage professionnel d'avocat en plus du cursus universitaire et des examens de qualification ou d'habilitation professionnelle. Les conditions en sont prévues par ledit article 99.

212.152 **Élargissement et adaptation au droit de l'Union européenne.** Le bénéfice de l'article 99 du décret du 27 novembre 1991 a été étendu aux États parties à l'accord sur l'Espace économique européen (EEE : Islande Liechtenstein Norvège), ainsi qu'aux nouveaux membres de l'Union européenne, par le décret du 18 février 2009 [4], qui a modifié le décret du 27 novembre 1991 afin de l'adapter au droit de l'Union européenne. Ce décret a transposé en droit interne la directive 2005/36 [5] relative à la reconnaissance des qualifications professionnelles et la directive 2006/100 [6] portant adaptation de certaines directives dans le domaine de la libre circulation des personnes en raison de l'adhésion de la Bulgarie et de la Roumanie.

En outre, la durée de l'exercice à plein-temps de la profession exigée, pour pouvoir s'établir en France, des candidats issus d'un État membre de l'UE ou de l'EEE ne réglementant pas l'accès ou l'exercice de la profession est ramenée de deux ans à un an. Ce dispositif de reconnaissance des qualifications professionnelles des avocats exerçant dans un État membre de l'Union européenne ou partie à l'accord sur l'Espace économique européen autre que la France a été modifié en droit interne par le décret du 11 mai 2016 [7], portant adaptation du décret du 27 novembre 1991 au droit de l'Union européenne, transposant la directive 2013/55 [8], modifiant la directive 2005/36.

212.153 **Conditions.** Peuvent être inscrites au tableau d'un barreau sans remplir les conditions de diplômes, de formation théorique et pratique ou d'examen professionnel prévues aux articles 11 et 12 de la loi du 31 décembre 1971 les personnes qui justifient :

• de diplômes, certificats ou autres titres ou formations assimilées permettant l'exercice de la profession dans un État membre de l'Union européenne ou dans un autre État partie à l'accord sur l'Espace économique européen délivrés :

– soit par l'autorité compétente de cet État et sanctionnant une formation acquise de façon prépondérante dans l'Espace économique européen ;

– soit par un pays tiers, à condition que soit fournie l'attestation émanant de l'autorité compétente de l'État membre ou partie qui a reconnu les diplômes, certificats, autres titres ou formations assimilées,

1. Dir. 89/48, Conseil, 21 déc. 1988 relative à un système général de reconnaissance des diplômes d'enseignement supérieur qui sanctionnent des formations professionnelles d'une durée minimale de trois ans, *JOCE L* 019, 24 janv. 1989, p. 16.
2. Dir. 2005/36, Parlement et Conseil, 7 sept. 2005 relative à la reconnaissance des qualifications professionnelles, *JOCE L* 255, 30 sept., p. 22.
3. Arr. 7 janv. 1993 fixant le programme et les modalités de l'examen d'aptitude prévu à l'article 99 du décret n° 91-1197 du 27 novembre 1991 organisant la profession d'avocat, *JO* 29 janv., p. 1496, NOR : JUSC9320006A.
4. Décr. n° 2009-199, 18 févr. 2009 modifiant la réglementation de la profession d'avocat et portant, pour cette profession, transposition de directives communautaires, *JO* 20 févr., p. 2965, art. 4.
5. Dir. 2005/36, Parlement et Conseil, 7 sept. 2005 relative à la reconnaissance des qualifications professionnelles, *JOCE L* 255, 30 sept., p. 22.
6. Dir. 2006/100, Conseil, 20 nov. 2006 portant adaptation de certaines directives dans le domaine de la libre circulation des personnes, en raison de l'adhésion de la Bulgarie et de la Roumanie, *JOUE L* 177, 8 juill. 2015, p. 60.
7. Décr. n° 2016-576, 11 mai 2016 portant adaptation du décret n° 91-1197 du 27 novembre 1991 organisant la profession d'avocat au droit de l'Union européenne, *JO* 13 mai, n° 16.
8. Dir. 2013/55, Parlement et Conseil, 20 nov. 2013 modifiant la directive 2005/36/CE relative à la reconnaissance des qualifications professionnelles et le règlement (UE) n° 1024/2012 concernant la coopération administrative par l'intermédiaire du système d'information du marché intérieur, *JOUE* 28 déc., p. 132.

certifiant que leur titulaire a une expérience professionnelle de trois ans au moins dans cet État[1] ;

• ou de l'exercice à plein-temps de la profession pendant une année ou, en cas d'exercice à temps partiel, pendant une durée totale équivalente au cours des dix années précédentes dans un État membre ou partie qui ne réglemente pas l'accès ou l'exercice de la profession, à condition que cet exercice soit attesté par l'autorité compétente de cet État. Toutefois, la condition d'une expérience professionnelle d'une année n'est pas exigée lorsque le ou les titres de formation détenus par le demandeur sanctionnent une formation réglementée directement orientée vers l'exercice de la profession[2].

212.154 **Possession d'un diplôme : condition suffisante.** L'exercice effectif de la profession à l'étranger ou en France n'est pas requis, seule la possession d'un diplôme, certificat ou titre permettant l'exercice de la profession dans sa plénitude[3] est exigée par l'article 99, 1, du décret du 27 novembre 1991. L'article 99, 1°, b), réserve la possibilité aux ressortissants des pays non communautaires d'intégrer le barreau, à condition que la qualification délivrée par le pays tiers ait fait l'objet d'une reconnaissance préalable dans un État membre et que le titulaire puisse justifier d'une expérience professionnelle de trois ans.

L'article 99 exige donc que le ressortissant justifie d'une formation professionnelle de trois ans et d'un diplôme, titre ou certificat délivré par l'autorité compétente d'un État membre. Mais l'article 99, 2, ouvre une alternative : être titulaire d'un diplôme, titre ou certificat, ou exercé cette activité à plein-temps pendant une année dans un autre État membre où celle-ci n'est pas réglementée[4].

• Le droit de l'Union européenne s'oppose au refus par les autorités d'un État membre d'inscrire, dans le registre des personnes effectuant la période de pratique nécessaire pour être admis au barreau, le titulaire d'un diplôme de droit obtenu dans un autre État membre au seul motif qu'il ne s'agit pas d'un diplôme de droit délivré, confirmé ou reconnu comme équivalent par une université du premier État (à propos du droit italien)[5].

• La simple homologation par un État membre d'un titre délivré par un autre État membre ne constitue pas un « diplôme » donnant accès à une profession réglementée dans ce dernier. Les États membres restent compétents pour fixer le niveau de qualification requis afin de garantir la qualité des prestations professionnelles fournies sur leur territoire[6].

• L'État d'accueil doit examiner une demande d'admission directe à un stage préparatoire à la profession d'avocat sans passer les épreuves prévues à cet effet en se fondant sur les connaissances exigées dans l'État membre sollicité. Lorsque les autorités compétentes d'un État membre examinent la demande d'un ressortissant d'un autre État membre tendant à obtenir l'accès à une période de formation pratique en vue de l'exercice ultérieur d'une profession juridique réglementée, tel le stage préparatoire, le droit de l'Union européenne ne leur impose pas de se contenter d'un niveau de connaissances juridiques inférieur à celui requis dans l'État d'accueil pour l'accès à cette période de formation pratique[7].

Par ailleurs, la circonstance que le ressortissant d'un État membre a choisi d'acquérir une qualification professionnelle dans un État membre autre que celui dans lequel il réside afin d'y bénéficier d'une législation plus favorable ne permet pas, à lui seul de conclure à l'existence d'un abus de droit[8]. C'est ainsi qu'un ressortissant français qui a obtenu une maîtrise en droit, qui se rend en Espagne où il obtient un diplôme universitaire en droit qui l'autorise à s'inscrire en tant qu'avocat, ne peut se voir refuser le bénéfice de l'article 99 du décret du 27 novembre 1991 pour accéder à la profession en France.

§ 2
Examen d'aptitude

212.161 **Examen d'aptitude.** Sauf si les connaissances, aptitudes et compétences qu'il a acquises au cours de son expérience professionnelle ou de l'apprentissage tout au long de la vie et ayant fait l'objet, à cette fin, d'une validation en bonne et due forme par un organisme compétent, dans un État membre ou dans un pays tiers, sont de nature à

1. Décr. n° 91-1197, 27 nov. 1991, art. 99, 1.
2. Décr. n° 91-1197, 27 nov. 1991, art. 99, 2°.
3. Paris, 1re ch. A, 25 mai 1994, Samba, *Gaz. Pal.* 25 juin 1994, p. 24, *Rev. jur. Île-de-France* juill.-sept. 1994, n° 93-94.
4. D. Knafo, « Les conditions particulières d'inscription au barreau des ressortissants de la CEE », *Gaz. Pal.* 1993. Doctr. 1101 ; – RAPPR. : Colmar, 25 oct. 1993, *Gaz. Pal.* 30 nov. 1993, p. 15.
5. CJCE 13 nov. 2003, *Morgenbesser*, aff. C-313/01 : *Rec.* I-13467, *JOCE* 10 janv., p. 11 ; *D.* 2003. 3007, obs. NDLR ; *RTD eur.* 2004. 533, obs. C. Prieto.
6. CJCE 29 janv. 2009, *Consiglio degli Ingegneri, Ministero della Giustizia c/Marco Cavallera*, aff. C-311/06, *JOCE* 21 mars, p. 3 ; *AJDA* 2009. 980, obs. Broussy, Donnat et Lambert.
7. CJUE 10 déc. 2009, *Krzysztof Pesla c/Justizministerium Mecklenburg-Vorpommern*, aff. C-345/08, *JOUE* 30 janv. 2010, p. 10, *JCP* 2010. 270, n° 1, obs. D. Lévy ; *JCP S* 2010. 1040, note J. Cavallini ; *Europe* 2010, n° 69, note Dupont-Lassalle ; – AUSSI EN CE SENS : CJCE 7 mai 1991, *Vlassopoulou*, aff. C-340/89, *Rec.* I-02357, *JOCE* 4 juin, p. 9 – CJCE 13 nov. 2003, *Morgenbesser*, aff. C-313/01, *Rec.* I-13467, *JOCE* 10 janv., p. 11 ; *D.* 2003. 3007, obs. NDLR ; *RTD eur.* 2004. 533, obs. J. Prieto.
8. CJUE 17 juill. 2014, *Angelo Alberto Torresi a.*, aff. C-58/13 et C-59/13, *JOUE* 15 sept., p. 9.

rendre cette vérification inutile, l'intéressé doit subir un examen d'aptitude devant le jury prévu à l'article 69 du décret du 27 novembre 1991. Le programme et les modalités de cet examen sont fixés par l'arrêté du garde des Sceaux du 7 janvier 1993 [1], modifié par les arrêtés du 10 avril 2007 [2], 18 septembre 2009 [3], 28 juillet 2011 [4], 25 octobre 2019 [5] et du 30 décembre 2019 [6], après avis du Conseil national des barreaux (CNB).

Le candidat est invité à présenter cet examen d'aptitude :

– lorsque sa formation porte sur des matières substantiellement différentes de celles qui figurent au programme de l'examen d'accès à un centre régional de formation professionnelle et du certificat d'aptitude à la profession d'avocat ;

– ou lorsqu'une ou plusieurs des activités professionnelles dont l'exercice est subordonné à la possession de ces diplômes et examens ne sont pas réglementés dans l'État membre d'origine ou de provenance, ou sont réglementés de manière différente et que cette différence est caractérisée par une formation spécifique requise en France portant sur des matières substantiellement différentes de celles couvertes par le diplôme dont le demandeur fait état.

À la réception du dossier complet de l'intéressé, le CNB lui délivre un récépissé dans un délai d'un mois ; il se prononce par décision motivée dans un délai de deux mois à compter de la date de délivrance du récépissé. Le silence dans le délai de deux mois vaut rejet de la demande [7]. La décision du CNB par laquelle est arrêtée la liste des candidats admis à se présenter à l'examen d'aptitude précise, le cas échéant, les matières sur lesquelles les candidats doivent être interrogés, compte tenu de leur formation initiale.

Nul ne peut se présenter plus de trois fois à l'examen d'aptitude.

212.162 **Procédure devant le CNB.** Pour parvenir à s'inscrire dans un barreau français, le candidat devra déposer un dossier devant le CNB, attendre une décision favorable qui précisera en même temps les matières sur lesquelles devra porter l'examen d'aptitude. Cette décision lui sera notifiée dans les conditions prévues à l'article 99 du décret du 27 novembre 1991 [8].

Le décret du 20 août 2019 [9] portant diverses dispositions relatives à la profession d'avocat instaure un principe de transmission par voie de téléprocédure de la demande d'admission [10]. Une plateforme a ainsi été créée sur le site internet du CNB [11].

Le contenu du dossier est précisé par l'arrêté du 7 janvier 1993 et ses modifications, précités. Il fixe notamment la liste des pièces justificatives à joindre au dossier et précise les modalités selon lesquelles ces pièces devront être traduites en français par un traducteur agréé.

Le CNB doit accuser réception du dossier du demandeur dans un délai d'un mois et, le cas échéant, informe le requérant de tout document manquant. Le dossier est instruit par sa commission d'admission, puis examiné par la commission institutionnelle de la formation professionnelle qui fixe la liste des candidats article 99 admis à se présenter à l'examen, soumise à l'approbation de l'assemblée générale du CNB qui se prononce par décision motivée au plus tard dans un délai de deux mois (contre trois avant le décret du 12 nov. 2015 [12]) à compter de la présentation du dossier complet de l'intéressé.

La décision du CNB est notifiée au requérant par lettre recommandée avec demande d'avis de réception ou par tout autre moyen permettant d'en assurer la réception et d'en déterminer la date. Elle peut être déférée devant la cour d'appel de Paris.

1. Arr. 7 janv. 1993 fixant le programme et les modalités de l'examen de contrôle des connaissances prévu à l'article 99 du décret n° 91-1197 du 27 novembre 1991 organisant la profession avocat, *JO* 29 janv., p. 1429, NOR : JUSC9320006A.
2. Arr. 10 avr. 2007 modifiant l'arrêté du 7 janvier 1993 fixant le programme et les modalités de l'examen d'aptitude prévu à l'article 99 du décret n° 91-1197 du 27 novembre 1991 organisant la profession d'avocat, *JO* 21 avr., p. 7112, NOR : JUSC0750976A.
3. Arr. 18 sept. 2009 modifiant l'arrêté du 7 janvier 1993 fixant le programme et les modalités de l'examen d'aptitude prévu à l'article 99 du décret n° 91-1197 du 27 novembre 1991 organisant la profession d'avocat, *JO* 29 sept., p. 15804, NOR : JUSC0921187A.
4. Arr. 28 juill. 2011 modifiant l'arrêté du 7 janvier 1993 fixant le programme et les modalités de l'examen d'aptitude prévu à l'article 99 du décret n° 91-1197 du 27 novembre 1991 organisant la profession d'avocat, *JO* 6 août, p. 13434, NOR : JUSC1120426A.
5. Arr. 25 oct. 2019 modifiant l'arrêté du 7 janvier 1993 fixant le programme et les modalités de l'examen d'aptitude prévu à l'article 99 du décret n° 91-1197 du 27 novembre 1991 organisant la profession d'avocat, *JO* 31 oct., n° 4, NOR : JUSC1927395A.
6. Arr. 30 déc. 2019 modifiant l'arrêté du 7 janvier 1993 fixant le programme et les modalités de l'examen d'aptitude prévu à l'article 99 du décret n° 91-1197 du 27 novembre 1991 organisant la profession d'avocat, *JO* 5 janv., n° 1, NOR : JUSC1936211A.
7. Décr. n° 2015-1451, 10 nov. 2015 relatif aux exceptions à l'application du principe « silence vaut acceptation » sur le fondement du II de l'article 21 de la loi n° 2000-321 du 12 avril 2000 relative aux droits des citoyens dans leurs relations avec les administrations (organismes chargés d'une mission de service public), *JO* 11 nov., p. 21031.
8. V. s^{s} n° 212.151.
9. Décr. n° 2019-849, 20 août 2019 portant diverses dispositions relatives à la profession d'avocat, *JO* 22 août, n° 4 ; – SUR LEQUEL : *JCP* 2019. Doctr. 1238, n° 4, obs. S. Bortoluzzi.
10. Décr. n° 91-1197, 27 nov. 1991, art. 99, al. 9 ; mod. par décr. n° 2019-849, 20 août 2019, art. 2.
11. https://admission.cnb.avocat.fr/
12. Décr. n° 2015-1451, 10 nov. 2015, préc.

Muni de la décision du CNB et de la liste des matières sur lesquelles il sera interrogé, il comparaîtra devant le jury de l'article 69 du décret du 27 novembre 1991, c'est-à-dire le jury du Capa, auprès du CRFP devant lequel il a fait choix de passer l'épreuve d'aptitude en droit français. Depuis un arrêté du 10 avril 2007[1], seuls les centres de Versailles (Hedac) et de Paris (EFB) sont habilités à faire passer cet examen. Une modalité technique oblige ces deux centres à transmettre les résultats des examens prévus aux articles 99 et 100 au CNB.

L'arrêté du 25 octobre 2019 modifiant l'arrêté du 7 janvier 1993 a imposé un délai maximal de six mois au CRFP pour organiser l'examen à compter de la décision imposant une épreuve d'aptitude au requérant[2].

Le candidat inscrit sera convoqué par le centre, par lettre recommandée avec demande d'avis de réception ou par tout autre moyen permettant d'en assurer la réception, au moins un mois avant la date de la première épreuve[3]. Le nombre des matières est fixé par le CNB pour chaque candidat dans la limite de quatre[4]. À chaque matière correspond une épreuve orale de 20 minutes environ après une préparation d'une demi-heure et si le chiffre de quatre matières est atteint l'une d'entre elles est écrite en quatre heures. C'est le jury qui arrête les sujets des épreuves ; les conditions d'examen sont les mêmes, notamment pour l'anonymat, que celles prévues pour l'examen du Capa.

Le programme de chaque matière est déterminé par référence au programme du Capa[5]. Le succès de l'examen est acquis par l'obtention de la moyenne à l'ensemble des épreuves, sans note éliminatoire. L'attestation de réussite délivrée par le président du centre[6] vaut Capa et permet donc au candidat de s'inscrire au barreau de son choix[7].

SECTION 3
DISPENSES EN FAVEUR DES RESSORTISSANTS D'UN ÉTAT TIERS À L'UNION EUROPÉENNE

212.170 Plan. Les dispenses en faveur d'un ressortissant d'un État tiers à l'Union européenne passent par un examen de contrôle des connaissances (§ 1) et une condition de réciprocité (§ 2).

§ 1
Contrôle des connaissances

212.181 Avocat ressortissant d'un État ou d'une unité territoriale n'appartenant ni à l'Union européenne, ni à l'Espace économique européen, ni à la Confédération suisse. Les avocats ressortissants d'un État ou d'une unité territoriale n'appartenant pas à l'Union européenne ou à l'Espace économique européen ou à la Confédération suisse peuvent, selon l'article 11, dernier alinéa, de la loi du 31 décembre 1971 et l'article 100 du décret du 27 novembre 1991, s'inscrire à un barreau français sans être titulaire du Capa, à condition de subir les épreuves d'un examen de contrôle des connaissances en droit français. Il en est de même d'un ressortissant d'un État membre de l'Union européenne ou à l'Espace économique européen qui aurait acquis la qualité d'avocat dans un État ou une unité territoriale n'appartenant pas à cette Union ou à cet Espace économique.

212.182 Fondement. Le principe qui sert de fondement à leur accès au barreau est celui de la « réciprocité ». La réciprocité ouvre l'accès en France aux avocats étrangers non européens, pourvu que l'État souverain dont ils dépendent ou l'unité territoriale (les cinquante États des États-Unis par exemple) accorde aux Français le droit d'exercer sous les mêmes conditions l'activité qu'ils se proposent d'exercer en France[8].

Cette condition de réciprocité permet uniquement à un citoyen étranger qui possède la qualité d'avocat dans son pays d'origine d'exercer la profession d'avocat et d'être inscrit à un barreau français sur le fondement de l'article 100 du décret du 27 novembre 1991, mais elle n'autorise pas un magistrat marocain, en vertu d'un protocole franco-marocain du 20 mai 1965, à bénéficier des dispositions dérogatoires prévues aux 1° et 3° de l'article 97 du même décret en faveur des magistrats français pour l'accès à la profession d'avocat[9].

212.183 Avocats assujettis. Les avocats ayant acquis cette qualité dans un État ou une unité territoriale n'appartenant ni à l'Union européenne, ni à l'Espace économique européen, ni à la Confédé-

1. Arr. 10 avr. 2007 modifiant l'arrêté du 7 janvier 1993 fixant le programme et les modalités de l'examen d'aptitude prévu à l'article 99 du décret n° 91-1197 du 27 novembre 1991 organisant la profession d'avocat, *JO* 21 avr., p. 7112, NOR : JUSC0750976A.
2. Arr. 7 janv. 1993, NOR : JUSC9320006A, art. 3 ; mod. par arr. 25 oct. 2019, art. 4.
3. Arr. 7 janv. 1993, NOR : JUSC9320006A, art. 3.
4. Arr. 7 janv. 1993, NOR : JUSC9320006A, art. 3.
5. Arr. 7 janv. 1993, NOR : JUSC9320006A, art. 3.
6. Arr. 7 janv. 1993, NOR : JUSC9320006A, art. 5, al. 2.
7. Décr. n° 91-1197, 27 nov. 1991, art. 93.
8. Paris, 1re ch. A, 28 juin 1994, RG n° 1994/3272, *Druns Belengues*, NP – Casablanca (Maroc), 11 oct. 1996, *Gaz. Pal.* 15 nov. 1997, note G. Flécheux.
9. Civ. 1re, 16 mai 2018, n° 17-19.265, P I ; *JCP* 2018. Doctr. 1023, n° 1, obs. S. Bortoluzzi ; *D. actu.* 5 juin 2018, obs. G. Deharo ; *Gaz. Pal.* 4 déc. 2018, n° 42, p. 28, note B. de Belval.

ration suisse, bénéficient d'un régime spécial pour être inscrits directement au tableau d'un ordre d'avocats : ils doivent, après y avoir été autorisés par le CNB, passer un examen de contrôle des connaissances, qui diffère de l'examen d'aptitude prévu par l'article 99 du décret du 27 novembre 1991 applicable aux ressortissants européens, dont le programme et les modalités sont fixés par l'arrêté du 7 janvier 1993, modifié[1] par les arrêtés du 10 avril 2007[2], 25 octobre 2019[3] et du 30 décembre 2019[4].

L'examen de l'article 100 du décret du 27 novembre 1991 est ouvert aux avocats inscrits à un barreau étranger, non européen, même s'ils sont de nationalité française. Il est également ouvert aux ressortissants non européens qui ont acquis la qualité d'avocat dans un État membre de l'Union européenne.

La soumission des avocats non européens à un examen de contrôle des connaissances en droit français n'est pas discriminatoire en ce que, d'une part, un Capa obtenu en dehors de l'Union européenne n'est pas équivalent de plein droit au Capa français et, d'autre part, les avocats non communautaires ne sont pas placés dans la même situation que les ressortissants communautaires dont les règles d'accès à la profession d'avocat, liées à la reconnaissance de l'équivalence de leur formation universitaire et de leurs qualifications professionnelles, sont gouvernées par le droit communautaire[5].

212.184 **Procédure de l'examen de contrôle des connaissances.** Elle se divise en deux étapes, l'une devant le CNB, l'autre devant le centre de formation professionnelle des avocats. Seuls les centres de Versailles (Hedac) et de Paris (EFB) sont habilités à faire passer cet examen[6].

212.185 **Procédure devant le CNB.** Tout intéressé adresse, par voie de téléprocédure sur le site internet du CNB[7], un dossier comprenant une requête précisant le centre de formation choisi comme centre d'examen et deux catégories de documents, ceux qui permettent d'identifier le candidat : identité, nationalité, domicile et ceux qui permettent de vérifier qu'il remplit les conditions prévues à l'article 100 du décret du 27 novembre 1991 : qualité d'avocat inscrit au tableau à la date de présentation de sa demande[8], travaux universitaires et scientifiques.

Il doit en outre produire tout document justificatif permettant d'apprécier si l'État ou l'unité territoriale dont il est ressortissant accorde aux Français la faculté d'exercer, dans les mêmes conditions, la profession d'avocat[9].

Le dossier est instruit par la commission d'admission du CNB, puis examiné par la commission institutionnelle de la formation professionnelle qui fixe la liste des candidats article 100 admis à se présenter à l'examen, soumise à l'approbation de l'assemblée générale qui se prononce par décision motivée. Le CNB notifie sa décision au candidat par lettre recommandée avec demande d'avis de réception ou par tout autre moyen permettant d'en assurer la réception et d'en déterminer la date[10] ; si le CNB autorise le candidat à subir les épreuves de l'examen de contrôle de connaissances, il doit en avertir le centre organisateur dans les quinze jours de la décision dans les mêmes formes. Le dossier de candidature accompagne cette notification afin d'être transmis au jury d'examen[11]. Elle peut être déférée devant la cour d'appel de Paris.

La Cour de cassation a décidé que le défaut de délivrance du récépissé vaut décision implicite de rejet. Il convient donc que les dossiers soient instruits dans les délais impartis. En l'espèce, un avocat au barreau de Tunis avait sollicité auprès du CNB son inscription sur la liste des candidats admis à subir l'examen prévu à l'article 11 de la loi du 31 décembre 1971. L'intéressé a été informé par lettre que l'instruction de sa demande était en cours

1. Arr. 7 janv. 1993 fixant le programme et les modalités de l'examen de contrôle des connaissances prévu à l'article 100 du décret n° 91-1197 du 27 nov. 1991 organisant la profession d'avocat, *JO* 29 janv., p. 1429, NOR : JUSC9320007A.
2. Arr. 10 avr. 2007 modifiant l'arrêté du 7 janvier 1993 fixant le programme et les modalités de l'examen de contrôle des connaissances prévu à l'article 100 du décret n° 91-1197 du 27 novembre 1991 organisant la profession d'avocat, *JO* 21 avr., p. 7112, NOR : JUSC0750977A.
3. Arr. 25 oct. 2019 modifiant l'arrêté du 7 janvier 1993 fixant le programme et les modalités de l'examen d'aptitude prévu à l'article 100 du décret n° 91-1197 du 27 novembre 1991 organisant la profession d'avocat, *JO* 31 oct., n° 5, NOR : JUSC1927393A.
4. Arr. 30 déc. 2019 modifiant l'arrêté du 7 janvier 1993 fixant le programme et les modalités de l'examen de contrôle des connaissances prévu à l'article 100 du décret n° 91-1197 du 27 novembre 1991 organisant la profession d'avocat, *JO* 5 janv., n° 2, NOR : JUSC1937070A.
5. Halde, délib. n° 2007-369, 17 déc. 2007, *JCP* 2008, act. 1231.
6. Arr. 10 avr. 2007 modifiant l'arrêté du 7 janvier 1993 fixant le programme et les modalités de l'examen de contrôle des connaissances prévu à l'article 100 du décret n° 91-1197 du 27 novembre 1991 organisant la profession d'avocat, *JO* 21 avr., p. 7112, NOR : JUSC0750977A.
7. Décr. n° 91-1197, 27 nov. 1991, art. 100,al. 1er ; créé par décr. n° 2019-849, 20 août 2019, art. 3. Adresse du site : https://admission.cnb.avocat.fr/
8. Paris, 1re ch. A, 25 mai 1994, Samba, *Gaz. Pal.* 25 juin 1994, p. 24 ; *Rev. jur.* Île-de-France juill.-sept. 1994, n° 93-94.
9. L. n° 71-1130, 31 déc. 1971, art. 11.
10. Arr. 7 janv. 1993, NOR : JUSC9320007A, art. 2 ; mod. par arr. 25 oct. 2019, art. 3.
11. Arr. 7 janv. 1993, NOR : JUSC9320007A, art. 3.

et avisé que si son dossier se révélait être complet, il recevrait un récépissé faisant courir le délai de quatre mois (délai depuis ramené à deux mois[1]) dans lequel le CNB doit statuer ou, dans le cas contraire, une nouvelle lettre énumérant les pièces manquantes à produire. Par la suite, l'avocat n'ayant reçu aucune nouvelle, il a considéré que sa demande avait fait l'objet d'une décision implicite de rejet et il a exercé un recours devant la cour d'appel de Paris qui a procédé à son inscription sur la liste des candidats. Le CNB s'est alors pourvu contre l'arrêt de la cour d'appel, considérant qu'aucun texte ne prévoyait l'hypothèse d'une telle décision implicite. Mais la Cour de cassation approuve les juges du fond d'avoir retenu que le défaut, prolongé et injustifié, de délivrance du récépissé valait décision implicite de rejet de la demande[2].

212.186 Examen devant le CRFP. Son organisation matérielle est confiée au CRFP de Paris ou de Versailles selon le choix du candidat ; le président de ce centre fixe la date et le lieu des épreuves ; l'examen doit avoir lieu au moins une fois par an. Le candidat est convoqué par lettre recommandée avec demande d'avis de réception ou par tout autre moyen permettant d'en assurer la réception et d'en déterminer la date au moins un mois avant la date de la première épreuve. Cette convocation précise les épreuves dont le candidat a été dispensé par le CNB au vu de ses travaux universitaires ou scientifiques. Le jury est le même que celui du Capa et la procédure d'examen se déroule dans les mêmes conditions que précédemment.

L'examen, dont le programme est annexé à l'arrêté du 7 janvier 1993, se compose d'un écrit et d'un oral[3].

L'écrit comporte deux épreuves de trois heures chacune : rédaction de conclusions en matière civile, rédaction d'une consultation juridique portant, au choix du candidat, sur le droit administratif, le droit commercial, le droit du travail ou le droit pénal.

L'oral comprend deux épreuves :

– un exposé de 20 minutes environ après préparation d'une heure, sur un sujet tiré au sort par le candidat portant sur la procédure civile, pénale ou administrative ou l'organisation judiciaire française ;

– un entretien de 15 minutes environ avec le jury portant notamment sur la réglementation et la déontologie de la profession.

1. Arr. 7 janv. 1993, NOR : JUSC9320007A.
2. Civ. 1re, 22 nov. 2007, n° 05-19.128, P I, n° 362 ; *JCP* 2007. I. 123, obs. R. Martin.
3. Arr. 7 janv. 1993, NOR : JUSC9320007A, art. 4.

Le succès à l'examen est acquis par l'obtention de la moyenne à l'ensemble des épreuves avec compensation des notes et sans note éliminatoire. L'attestation délivrée par le président du centre organisateur permet à l'intéressé de s'inscrire au barreau de son choix[4]. Il était, dans le régime antérieur à la réforme du 11 février 2004[5], dispensé de stage.

Le candidat ne peut se présenter plus de trois fois à l'examen de contrôle des connaissances.

Dans le mois qui suit chaque session d'examen, le centre communique les résultats au CNB.

212.187 Dispense d'examen. Certains candidats peuvent être dispensés des épreuves de l'examen de contrôle des connaissances en droit français par le CNB. Celui-ci peut, au vu des travaux universitaires ou scientifiques du candidat, dispenser celui-ci de certaines épreuves[6].

Le décret du 18 février 2009 a ajouté une autre exception qui permet au CNB de dispenser les candidats inscrits à un barreau non communautaire « lorsque la coopération développée avec ses homologues étrangers lui a permis de s'assurer que sa formation ou son expérience professionnelle rendait cette vérification inutile ».

212.188 Voies de recours. La cour d'appel connaît, en ce qui concerne les avocats, notamment des recours contre les décisions des CRFP[7]. En l'absence de disposition spéciale, le recours exercé contre la décision du président du jury doit être formé, instruit et jugé comme un appel en matière civile[8], de sorte qu'est applicable la procédure avec représentation obligatoire[9].

§ 2
Condition de réciprocité

212.191 Condition de réciprocité – Modalités d'application. Sur le plan pratique, des questions délicates sont posées par l'application de l'article 11 de la loi du 31 décembre 1971. S'il permet à toute personne, quelle que soit sa nationalité, d'accéder à la profession d'avocat en France, les personnes ressortissantes d'un État non membre de l'Union européenne doivent justifier que leur État d'origine

4. Décr. n° 91-1197, 27 nov. 1991, art. 93.
5. L. n° 2004-130, 11 févr. 2004 réformant le statut de certaines professions judiciaires ou juridiques, des experts judiciaires, des conseils en propriété industrielle et des experts en ventes aux enchères publiques, *JO* 12 févr. p. 2847.
6. Décr. n° 91-1197, 27 nov. 1991, art. 100 ; mod. par décr. n° 2019-849, 20 août 2019, art. 3 et 11.
7. COJ, art. L. 311-3.
8. Décr. n° 91-1197, 27 nov. 1991, art. 277.
9. Civ. 1re, 30 juin 2021, n° 20-20.904, NP ; *D. actu.* 19 juill. 2021, obs. C. Caseau-Roche.

« *accorde aux Français la faculté d'exercer sous les mêmes conditions l'activité professionnelle que l'intéressé se propose lui-même d'exercer en France* ». Il revient donc au candidat de démontrer l'existence d'une condition de réciprocité qui sera appréciée sur un fondement distinct selon que le Conseil national des barreaux[1] est saisi d'une demande d'autorisation à se présenter à l'examen de contrôle des connaissances en droit français ou qu'un conseil de l'Ordre est saisi d'une demande d'inscription au tableau par un ressortissant étranger titulaire du Capa français qui ne possède pas la qualité d'avocat dans son État d'origine. Cette condition de réciprocité n'est pas exigée des Français, des ressortissants d'un autre État membre de l'Union européenne ou des réfugiés ou des apatrides possédant cette qualité sur décision de l'Ofpra.

• **Ressortissant d'un État membre de l'OMC et signataire du GATS.** La réciprocité peut être fondée sur l'Accord général sur le commerce des services (AGCS) conclu dans le cadre de l'Organisation mondiale du commerce (OMC). En effet, l'article II « Traitement de la nation la plus favorisée » de la partie II de l'AGCS dispose notamment : « 1. *En ce qui concerne toutes les mesures couvertes par le présent accord, chaque membre accordera immédiatement et sans condition aux services et fournisseurs de services de tout autre membre, un traitement non moins favorable que celui qu'il accorde aux services et fournisseurs de services similaires de tout autre pays.* » Il en résulte que l'avocat étranger, fournisseur de services, ressortissant d'un État partie à l'OMC, ne peut se voir opposer la condition réciprocité[2]. *A contrario* un ressortissant non communautaire, titulaire du Capa français, mais qui n'est pas avocat inscrit à un barreau en dehors de l'Union européenne, ne peut se fonder sur l'AGCS pour demander son inscription à un barreau français et justifier de la condition de réciprocité dès lors qu'il ne possède pas, au sens de cet accord, la qualité de « fournisseur de services ». Cette interprétation a été confirmée par un arrêt de la Cour de cassation du 16 janvier 2007 rendu à propos d'un ressortissant burkinabé titulaire du Capa français mais ne possédant pas la qualité d'avocat sans son État d'origine[3].

• **Autres ressortissants.** Pour justifier la réciprocité, il appartiendra à tout ressortissant étranger de démontrer l'existence d'une convention bilatérale susceptible de fonder la réciprocité pour l'accès permanent à la profession d'avocat des Français dans son État d'origine. À défaut d'accord bilatéral, celle-ci pourra être justifiée par les dispositions législatives et réglementaires applicables à la profession d'avocat dans son État d'origine, dès lors qu'elles prévoient l'accès des avocats étrangers au barreau de cet État. Enfin, à défaut d'éléments permettant d'apprécier la réciprocité de droit, l'avocat étranger pourra justifier d'une éventuelle réciprocité de fait fondée sur la pratique. Il convient alors de démontrer qu'en pratique, des Français peuvent accéder à la profession dans l'État d'origine et peuvent l'exercer dans les mêmes conditions que les nationaux.

212.192 **Appréciation de la réciprocité.** La jurisprudence s'est parfois efforcée d'étudier *in concreto* la réciprocité de fait pour ne pas s'en tenir à la seule réciprocité de droit résultant d'un accord international. La cour d'appel de Paris et la Cour de cassation sont néanmoins restées fermes, estimant qu'en vertu de l'article 55 de la Constitution, les traités sont supérieurs à la loi nationale et qu'en l'absence d'initiative prise par le Gouvernement, il n'appartient pas aux juridictions d'apprécier la condition de réciprocité en examinant leur modalité d'application[4]. Ainsi, si le texte d'un traité est formel, il n'y a pas lieu d'avoir recours à un examen *in concreto* de la situation et l'avocat étranger, ressortissant d'un État lié à la France par un accord de réciprocité judiciaire, doit bénéficier des dispositions de l'article 11 de la loi du 31 décembre 1971. C'est ainsi que la cour d'appel de Paris a jugé que le protocole judiciaire liant la France et l'Algérie, signé le 28 août 1962, répondait par sa nature, son objet et ses termes, à la condition de réciprocité prévue par l'article 11 de la loi du 31 décembre 1971. En conséquence, la décision du CNB, qui refusait de reconnaître la réciprocité avec l'Algérie pour défaut d'application par cet État du protocole, énonçait à tort que les conditions de réciprocité entre les pays signataires de la convention avaient disparu[5].

La Cour de cassation est cependant revenue sur la conception de l'ordre public international en ce qui concerne les conditions d'exercice de la profession d'avocat et rappelle que l'avocat ressortissant d'un État ou d'une unité territoriale n'appartenant pas à l'Union européenne ou à l'Espace économique européen, s'il n'est pas titulaire du Capa, doit subir, pour pouvoir s'inscrire à un barreau français, les épreuves d'un examen de contrôle des connaissances en droit français. Une avocate de nationalité algérienne, titulaire du Capa délivré en Algérie et inscrite au barreau d'Alger, ne peut ainsi se prévaloir d'un protocole

1. V. s[s] n° 212.185.
2. Paris, 23 févr. 2006, *Sana Belaïd*.
3. Civ. 1re, 16 janv. 2007, n° 06-12.122, P I, n° 16 ; *JCP* 2007. II. 151, obs. C. Jamin.
4. Civ. 1re, 16 févr. 1994, n° 92-14.059, P I, n° 66 ; *D.* 1995. 161, obs. A. Brunois – Paris, 1re ch. A, 29 juin 1994, RG n° 1992/23743, *Nicolos Mabeka Nitru* – Paris, 1re ch., 29 juin 1992, RG n° 1994/50-51, *Bouziane Brahim*.
5. Paris, 1re ch. A, 26 oct. 1994, Ceddah et Guerroumi, 2 arrêts, *Gaz. Pal.* 10 nov. 1994, 10.

d'accord judiciaire franco-algérien du 28 août 1962 contenant des règles de réciprocité entre les deux pays pour déroger aux conditions d'inscription à un barreau français [1].

Le Conseil d'État a également jugé qu'il appartient au juge administratif de vérifier si la condition de réciprocité est ou non remplie lorsqu'est soulevé devant lui un moyen tiré de ce qu'une décision administrative aurait, à tort et sur le fondement de la réserve de réciprocité énoncée à l'article 55 de la Constitution, écarté l'application d'un traité international ou fait application de ses stipulations. À cette fin, le juge administratif est invité à apprécier les éléments de droit et de fait suffisamment probants. Une telle solution est de nature à permettre au CNB, sous le contrôle du juge, de vérifier l'application concrète des conventions bilatérales, afin de déterminer l'existence ou non de réciprocité [2].

212.193 Arrangement de reconnaissance mutuelle avec le Québec. Le CNB a été autorisé, par le décret du 18 février 2009 [3], à déroger à l'exigence de l'examen de contrôle des connaissances en droit français lorsque la coopération développée avec ses homologues étrangers lui a permis de s'assurer que la formation de l'avocat étranger ou son expérience professionnelle rendait cette vérification inutile [4]. Le CNB a ainsi signé avec le barreau du Québec un Arrangement de reconnaissance mutuelle (ARM) en application de l'Entente en matière de reconnaissance des qualifications professionnelles de certaines professions libérales conclue le 17 octobre 2008 entre le gouvernement français et celui de la Province du Québec. Cet ARM permet un accès facilité à la profession des avocats des deux parties signataires. Les avocats inscrits au barreau du Québec sont désormais autorisés à se présenter à l'examen de contrôle des connaissances en droit français dans la seule matière de déontologie et réglementation professionnelle. La procédure à suivre pour être autorisé à présenter cet examen de contrôle des connaissances en déontologie et réglementation professionnelle demeure identique à la procédure de l'article 100 présentée ci-dessus.

Selon la Cour de cassation, il n'en résulte pas nécessairement que tout candidat ayant satisfait, conformément à son article 6, à l'obligation de compétence, doit être inscrit au barreau, de sorte qu'un avocat du barreau de Québec précédemment radié d'un barreau français pour des agissements contraires à la probité ne peut être réinscrit par ce barreau en application de cet arrangement que s'il prouve s'être amendé [5]. Le conseil de l'Ordre, chargé de veiller au respect des principes régissant la profession, est ainsi tenu de vérifier la moralité de l'avocat au moment de son inscription au barreau.

1. Civ. 1re, 19 juin 2019, no 18-12.671, P ; *D.* 2019. 1348 ; *D. actu.* 8 juill. 2019, obs. G. Deharo ; *JCP* 2019. Doctr. 1238, no 3, obs. S. Bortoluzzi ; *Gaz. Pal.* 3 déc. 2019, no 42, p. 24, note A. Lizop – Versailles, 22 déc. 2017, RG no 17/05707, *D. actu.* 23 janv. 2018, obs. D. Piau.
2. CE, ass. 9 juill. 2010, *Mme Cheriet-Benseghir,* req. no 317747, *Lebon ; AJDA* 2010. 1396 ; *AJDA* 2010. 1635, Chron. S.-J. Liéber et D. Botteghi ; *AJDA* 2014. 123, Chron. L. Fabius ; *D.* 2010. 2868, obs. O. Boskovic, S. Corneloup, F. Jault-Seseke, N. Joubert et K. Parrot ; *RFDA* 2010. 1133, concl. G. Dumortier ; *RFDA* 2010. 1146, note J.-F. Lachaume ; *RFDA* 2011. 173, Chron. C. Santulli.
3. Décr. no 2009-199, 18 févr. 2009, préc.
4. Décr. no 91-1197, 27 nov. 1991, art. 100, al. dernier.
5. Civ. 1re, 12 nov. 2015, no 14-25.799, P I ; *JCP* 2016. 115, note X. Vuitton.

CHAPITRE

213. Obligation de formation continue

SECTION 0
ORIENTEUR

213.00 Sommaire du chapitre.

Division. Des règles spécifiques déterminent les modalités (sect. 1) de la formation continue, obligatoire pour les avocats inscrits au tableau de l'Ordre, ainsi que le contrôle et la sanction de cette formation (sect. 2).

213.01 Textes applicables.

TEXTES TITRÉS

- **L. n° 71-1130,** 31 déc. 1971

art. 14-2 [Formation continue]

- **Décr. n° 91-1197,** 27 nov. 1991

art. 85 [Durée et modalités de formation]

art. 85-1 [Justificatifs de formation]

- **Décis. CNB n° 2018-001,** 20 juill. 2018 déterminant les modalités d'application de la formation continue des avocats, *JO* 14 nov., n° 6, NOR : JUSC1820560S.

213.02 Jurisprudence de référence.

> Le non-respect par l'avocat de son obligation de formation continue s'analyse en une infraction à une obligation professionnelle qui l'expose à une sanction disciplinaire

- **Bordeaux, 14 oct. 2008,** RG n° 08/02372

* V. s[s] n° 213.204.

« Attendu qu'aux termes de l'article 14-2 de la loi du 31 décembre 1971 relative à la profession d'avocat, la formation continue est obligatoire pour les avocats inscrits au tableau de l'ordre ;

Que l'article 85 du décret du 27 novembre 1991 précise que la durée de la formation continue est de 20 heures au cours d'une année civile ou de 40 heures au cours de deux années consécutives ;

Que l'article 85-1 impose à l'avocat de justifier de l'exécution de cette obligation ;

Que l'article 183 du même décret prévoit que toute infraction aux règles professionnelles expose l'avocat qui en est l'auteur aux sanctions disciplinaires énumérées à l'article 184 ;

Attendu qu'il n'est pas discuté que Maître X... ne justifie pas avoir suivi la formation continue obligatoire au titre des années 2005 et 2006 ;

Que cette infraction en connaissance de cause à une obligation professionnelle l'expose à une sanction disciplinaire ;

Que celle de l'avertissement, prévu par l'article 184 du décret, est adaptée aux circonstances de l'espèce ;

Que la décision entreprise sera donc confirmée [...] »

213.03 Bibliographie de référence.

* Aussi : v. s[s] n° 21.03.

Articles. Y. Broussolle, « Modalités d'application de la formation continue des avocats », *LPA* 10 févr. 2012, p. 3 – J. Jeannin et M. Mahy-Ma-Somga, « Non-respect de l'obligation de formation continue et devoir de compétence : l'assureur pourrait-il refuser sa garantie ? », *D. avocats* 2013. 234 – M. Lartigue, « Où en sont les avocats avec leur obligation de formation continue ? », *Gaz. Pal.* 21 janv. 2020, n° 3, p. 14 – J.-F. Leca, « La formation continue des avocats », *D. avocats* 2014 – J. Lesueur, « La formation continue des avocats : entre plaisir et contrainte », *JCP* 2009. 398 – G. Teboul, « La formation continue au barreau de Paris : quelques axes de réflexion », *Gaz. Pal.* 8-10 janv. 2012, p. 9.

SECTION 1
MODALITÉS DE LA FORMATION CONTINUE

213.10 Plan. La formation continue, obligatoire pour les avocats inscrits au tableau de l'Ordre, (§ 1), se déroule selon des modalités communes à toute formation (§ 2), qu'elle soit dispensée par un cabinet d'avocat (§ 3) ou par des établissements d'enseignement ou d'autres organismes de formation professionnelle (§ 4), acquise au cours de colloques ou conférences à caractère juridique (§ 5), par la publication de travaux ou enseignements (§ 6), ou encore dispensée à distance (§ 7).

§ 1
Propos préliminaires

213.21 Caractère obligatoire de la formation continue. La formation continue est obligatoire pour les avocats inscrits au tableau de l'Ordre, selon l'article 14-2 de la loi du 31 décembre 1971[1] ajouté par la loi du 11 février 2004[2].

La nature et la durée des activités susceptibles d'être validées au titre de l'obligation de formation continue sont précisées par l'article 85 du décret du 27 novembre 1991[3], entré en vigueur au 1er janvier 2005, et le Conseil national des barreaux détermine les modalités selon lesquelles elle s'accomplit[4].

Quelle que soit la formation, qu'elle soit dispensée par un CRFP, par une université ou un établissement d'enseignement, par un cabinet d'avocat ou par la participation à un colloque ou à une conférence, elle doit « assurer la mise à jour et le perfectionnement des connaissances nécessaires à l'exercice de sa profession pour l'avocat inscrit au tableau de l'ordre »[5]. Pour que sa formation soit comptabilisée au titre de la formation continue, l'avocat doit donc choisir une formation qui soit en rapport avec son activité professionnelle.

213.22 Durée de la formation. La durée de la formation continue est, pour tout avocat inscrit, de vingt heures au cours d'une année civile ou de quarante heures au cours de deux années consécutives[6]. L'avocat peut donc bénéficier par exemple de dix heures de formation sur une année et de trente l'année suivante.

Les avocats inscrits au tableau de l'Ordre en cours d'année, ou n'ayant pas exercé temporairement pour cause de congé maladie ou congé maternité, ou pour omission, sont soumis à un nombre d'heures de formation continue réduit s'appréciant *prorata temporis* de la durée d'exercice professionnel sur l'année civile considérée.

213.23 Contenu de la formation. L'obligation de formation continue peut être satisfaite de plusieurs manières[7] :

1° Par la participation à des actions de formation, à caractère juridique ou professionnel, dispensées par les CRFP ou les établissements universitaires.

2° Par la participation à des formations dispensées par des avocats ou d'autres établissements d'enseignement.

3° Par l'assistance à des colloques ou à des conférences à caractère juridique ayant un lien avec l'activité professionnelle des avocats.

4° Par la dispense d'enseignements à caractère juridique ayant un lien avec l'activité professionnelle des avocats, dans un cadre universitaire ou professionnel.

1. L. n° 71-1130, 31 déc. 1971 portant réforme de certaines professions judiciaires et juridiques, *JO* 5 janv. 1972, p. 131.
2. L. n° 2004-130, 11 févr. 2004 réformant le statut de certaines professions judiciaires ou juridiques, *JO* 12 févr., p. 2847, art. 21.
3. Décr. n° 91-1197, 27 nov. 1991 organisant la profession d'avocat, *JO* 28 nov., p. 15502.
4. Décr. n° 91-1197, 27 nov. 1991, art. 85, al. 12 – Décis. CNB n° 2011-004, 25 nov. 2011 portant délibération sur les modalités d'application de la formation continue des avocats (art. 14-2 de la loi n° 71-1130, 31 déc. 1971 mod.), *JO* 11 déc., p. 21021 ; abrogée par Décis. CNB n° 2018-001, 20 juill. 2018, *JO* 14 nov., n° 6 ; NOR : JUSC1820560S.
5. Décr. n° 91-1197, 27 nov. 1991, art. 85, al. 1.
6. Décr. n° 91-1197, 27 nov. 1991, art. 85, al. 2.
7. Décr. n° 91-1197, 27 nov. 1991, art. 85, al. 3.

5° Par la publication de travaux à caractère juridique.

213.24 Jeune barreau (deux premières années). Au cours des deux premières années d'exercice professionnel, cette formation inclut dix heures au moins portant sur la déontologie, en vertu des dispositions du décret du 27 novembre 1991. Toutefois, au cours de cette même période, les personnes qui ont été dispensées de la formation au CRFP et du Capa (mentionnées à l'article 97-1 et 98 de ce décret) doivent consacrer la totalité de leur obligation de formation à des enseignements portant sur la déontologie et le statut professionnel.

213.25 Spécialisation. Sauf obligation particulière de formation durant les deux premières années d'exercice des personnes ayant bénéficié des dispenses des articles 97 et 98 du décret du 27 novembre 1991, les titulaires d'un certificat de spécialisation[1] prévu à l'article 86 consacrent la moitié de la durée de leur formation continue à ce ou ces domaines de spécialisation. S'ils sont titulaires de deux certificats de spécialisation, ils accomplissent dix heures au moins de formation dans chacun de ces domaines de spécialisation, soit vingt heures au cours d'une année civile et quarante heures au cours de deux années consécutives. Dans ce dernier cas, la règle du « lissage » des heures de formation ne doit pas s'appliquer. Ainsi, si l'avocat titulaire de deux certificats de spécialisation n'accomplit que 15 heures dans ses domaines de spécialisation au cours d'une année civile, les 5 heures manquantes ne sauraient être effectuées sur l'année suivante : le conseil de l'Ordre concerné ne pourrait que constater un manquement à l'obligation de formation continue de cet avocat[2].

213.26 Modalités de mise en œuvre. Les modalités de mise en œuvre de ces dispositions ont été initialement déterminées par le Conseil national des barreaux au moyen de la décision adoptée le 11 février 2005[3] « portant délibération sur les modalités d'application de la formation continue des avocats ». Plusieurs fois modifiée par les décisions à caractère normatif n° 2005-002 du 15 avril 2005, n° 2005-004 du 9 décembre 2005, n° 2008-001 du 16 mai 2008, n° 2011-004 du 25 novembre 2011[4], elle a été remplacée par la décision à caractère normatif (DCN) n° 2018-001 du 20 juillet 2018[5] déterminant les modalités d'application de la formation continue des avocats, prise en application des dispositions de l'article 14-2 de la loi du 31 décembre 1971[6].

Reprenant pour l'essentiel le contenu de la décision du 25 novembre 2011 désormais abrogée, elle simplifie les modalités d'application de la norme afin de faciliter le suivi de l'obligation de formation continue pour les avocats et de rendre le contrôle par les ordres plus efficace. La décision du 20 juillet 2018 rappelle également que les CFRP sont chargés d'assurer la formation continue des avocats des barreaux de leur ressort ; leurs formations pouvant être ouvertes aux avocats des barreaux extérieurs à ce ressort[7].

Le CNB veille à mettre en place les conditions d'une formation continue de qualité. Mais cet objectif n'est réalisable qu'avec la participation de toute la profession et notamment des cabinets qui doivent s'organiser pour intégrer cette formation continue dans leur fonctionnement. Les CRFP, qui occupent une place essentielle dans ce dispositif, ont d'ailleurs été réorganisés et restructurés dans ce sens. Le coût de la formation est un élément à prendre en compte. C'est pourquoi la plupart des centres proposent des formations diversifiées et spécialisées et organisent des colloques qui sont le plus souvent gratuits ou peu onéreux. Certains d'entre eux ont en outre signé des partenariats avec les universités afin d'élaborer des programmes adaptés aux besoins professionnels des avocats. Un certain nombre de cabinets d'avocats organisent également des formations gratuites en interne qui doivent être ouvertes à leurs confrères pour être validées.

Par ailleurs, afin d'obtenir cette qualité de formation, le CNB a imposé de nombreuses obligations aux organisateurs de formations. Ceux-ci doivent en effet répondre à des critères précis, en matière de contenu, de qualité d'enseignement, de suivi, d'évaluation, de nombre d'heures, critères qui sont détaillés dans les développements qui suivent. Cette exigence de qualité s'accompagne d'une grande diversité à la fois des contenus et des modes de formation qui peuvent être pris en compte au titre de la formation continue.

213.27 Plateforme internet. Destiné à promouvoir et améliorer la visibilité au niveau national de l'offre de formation continue des CRFP et des

1. Sur la spécialisation v. s[s] n°s 214.00 s.
2. Poitiers, 22 sept. 2016, RG n° 16/02193.
3. Décis. CNB n° 2005-001, 11 févr. 2005 sur les modalités d'application de la formation continue des avocats, mod. par décis. n° 2005-002, 15 avr. 2005 ; n° 2005-004, 9 déc. 2005 ; n° 2008-001, 16 mai 2008.
4. Décis. CNB n° 2011-004, 25 nov. 2011 portant délibération sur les modalités d'application de la formation continue des avocats.
5. CNB, AG 7 juill. 2018, Décis. n° 2018-001, 20 juill. 2018 déterminant les modalités d'application de la formation continue des avocats, *JO* 14 nov., n° 6, NOR : JUSC1820560S ; – SUR LAQUELLE : *JCP* 2018. Doctr. 1023, n° 12, obs. S. Bortoluzzi ; *D. actu.* 4 sept. 2018, obs. L. Dargent.
6. L. n° 71-1130, 31 déc. 1971, art. 14-2.
7. Décis. CNB n° 2018-001, 20 juill. 2018, art. 2.

partenaires institutionnels de la profession, un site dédié[1] à la formation continue a été mis en place sous l'égide du Conseil national des barreaux afin de faciliter l'accès à la formation et sa visibilité en dehors du ressort des écoles.

Ce site constitue une plateforme pour simplifier la recherche de formation continue des avocats. Elle permet aux avocats de disposer d'une palette élargie de formations et de leur proposer des thématiques directement orientées métier, d'un niveau d'expertise spécifique ou sur des sujets plus pointus adaptés à leur pratique quotidienne. Cette plateforme de type portail, entièrement consacrée à la formation continue, a également pour vocation d'y sensibiliser les avocats et de leur donner toutes les informations pratiques en la matière. Un moteur multicritère permet une recherche sur les programmes des actions de formation proposées par les CRFP par thème, mots-clés, localisation, niveau...

Ce site constitue également un outil mis à disposition des CRFP pour faire la promotion de leur offre de formations. Un espace de gestion des formations est ainsi accessible aux écoles afin de leur faciliter la communication de leurs formations : saisie, importation des catalogues, inscription des participants...

§ 2
Modalités communes à toute formation

213.31 **Règles communes.** La décision du 20 juillet 2018 définit en son article 1er, pour une meilleure lisibilité des règles, les modalités de mise en œuvre communes à toute formation, quel que soit l'organisme qui la dispense (CRFP, cabinets d'avocats, établissements universitaires, établissements d'enseignement ou autres organismes de formation professionnelle). Est également rappelé en préambule de cette décision que tout organisme de formation est soumis au respect des dispositions relatives à la formation professionnelle continue prévues par le code du travail, visant notamment l'obligation de déclaration d'activité à la Dreets de l'article L. 6351-1 de ce code.

213.32 **Dossier détaillé.** L'organisme de la formation doit communiquer par voie électronique au CNB, ou au CRFP compétent lorsqu'il s'agit d'un cabinet d'avocats, un dossier détaillé comprenant les éléments suivants : les dates des formations ; la durée de chaque séance de formation ; les thèmes traités et, le cas échéant, mentions de spécialisation concernées ; sauf pour les colloques ou conférences, l'identification du niveau d'enseignement (actualisation, niveau 1 à 3) ; les programmes détaillés de chaque action de formation ; les noms et références professionnelles des formateurs ; la description des supports pédagogiques et de la documentation diffusés ; les modalités de diffusion du programme et conditions d'inscription[2].

213.33 **Durée minimale.** Les formations sont dispensées par session continue d'une durée globale d'au moins deux heures[3]. L'exigence qu'à chaque session assistent, outre le ou les avocats formateurs, au moins huit avocats, n'avait pas été maintenue par la décision du CNB n° 2011-004 du 25 novembre 2011 ni reprise par la décision du 20 juillet 2018.

213.34 **Support pédagogique.** Chaque formation donne lieu à la remise à chaque participant d'un support pédagogique de formation et d'une documentation écrite[4].

213.35 **Fiche anonyme d'évaluation.** À l'issue de chaque formation, chaque avocat participant remplit une fiche anonyme d'évaluation portant notamment sur la qualité des conditions matérielles, la qualité d'animation du formateur, l'intérêt de la formation reçue, l'intérêt du support pédagogique diffusé[5].

213.36 **Attestation de fin de formation.** Il est remis à chaque participant par l'établissement formateur une attestation de fin de formation indiquant que la formation s'est déroulée conformément aux modalités de mise en œuvre arrêtées par le CNB. Cette attestation est signée par le représentant légal de l'établissement ou son délégataire[6].

L'avocat doit conserver toutes ses attestations de fin de formation, puisqu'il devra les transmettre chaque année au conseil de l'Ordre[7].

§ 3
Formation dispensée par un cabinet d'avocat

213.40 **Plan.** Le déroulement de la formation dispensée par un cabinet d'avocat (B) répond à plusieurs modalités (A).

A.
Modalités

213.51 **Conditions de la formation.** La formation continue peut être dispensée par un cabinet

1. http://formations.avocat.fr/

2. Décis. CNB n° 2018-001, 20 juill. 2018, art. 1er, a).
3. Décis. CNB n° 2018-001, 20 juill. 2018, art. 1er, b).
4. Décis. CNB n° 2018-001, 20 juill. 2018, art. 1er, c).
5. Décis. CNB n° 2018-001, 20 juill. 2018, art. 1er, d).
6. Décis. CNB n° 2018-001, 20 juill. 2018, art. 1er, e).
7. V. ss n° 213.202.

d'avocat[1]. La décision du CNB du 20 juillet 2018[2], précise dans quelles conditions cette formation peut être organisée.

213.52 **Déclaration.** L'avocat ou la société d'avocats devra déclarer son activité en tant qu'organisme de formation professionnelle, au sens de l'article L. 6351-1 du code du travail.

213.53 **Avocat « correspondant formation ».** La société d'avocats doit désigner auprès du bâtonnier un avocat associé appelé « correspondant formation ». Ce dernier signe les attestations de fin de formation, conserve l'intégralité des feuilles de présence, des supports écrits et des fiches d'évaluation et les adresse au bâtonnier de l'Ordre sur la demande de celui-ci ou de son délégataire[3].

213.54 **Durée minimale.** Les formations sont dispensées par session continue d'une durée d'au moins deux heures[4].

213.55 **Accord préalable du CRFP.** L'avocat ou la société d'avocats dispensant la formation soumet au CRFP territorialement compétent au regard du siège du cabinet formateur, pour accord préalable annuellement, chaque semestre ou chaque bimestre, le dossier détaillé des actions de formation dispensées respectivement pendant la période considérée. À titre exceptionnel, il peut soumettre à tout moment au CRFP territorialement compétent pour accord préalable une action de formation.

En cas de difficulté sur la délivrance de l'accord préalable, le CRFP pourra demander l'avis du CNB[5].

213.56 **Dossier détaillé.** Le dossier détaillé doit notamment mentionner, outre les éléments prévus à l'article 1er de la décision du 20 juillet 2018[6], les éléments suivants : les modalités selon lesquelles des formations identiques, sans contrepartie financière, peuvent être proposées aux avocats ne faisant pas partie du cabinet formateur, ou dupliquées auprès d'un CRFP ; la désignation de l'avocat « correspondant formation » de la société d'avocats dispensant la formation[7].

B.
Déroulement de la formation

213.61 **Support pédagogique.** Chaque session de formation donne lieu à la remise à chaque participant d'un support pédagogique de formation et d'une documentation écrite.

213.62 **Feuille de présence.** Chaque session donne lieu à la signature d'une feuille de présence mentionnant l'identité du cabinet d'avocats, son adresse, le thème traité, la désignation de l'avocat formateur ; la feuille de présence est émargée par les participants à la formation et cosignée par le formateur ainsi que par l'avocat associé « correspondant formation »[8].

213.63 **Attestation de fin de formation.** À l'issue de chaque formation, il est remis à chaque participant par le cabinet formateur une attestation de fin de formation indiquant que la formation s'est déroulée conformément aux modalités prévues par la décision du 20 juillet 2018 du CNB. Cette attestation est signée par l'avocat associé « correspondant formation »[9]. L'avocat doit conserver toutes ses attestations de présence, puisqu'il devra les transmettre chaque année au conseil de l'Ordre[10].

213.64 **L'avocat « correspondant formation ».** L'avocat correspondant formation conserve l'intégralité des feuilles de présence, des supports écrits et des fiches d'évaluation et les adresse au bâtonnier de l'Ordre sur la demande de celui-ci ou de son délégataire[11].

§ 4
Formation dispensée par des établissements d'enseignement ou d'autres organismes de formation professionnelle

213.70 **Plan.** Le déroulement de la formation dispensée par des établissements d'enseignement ou d'autres organismes de formation professionnelle (B) répond à plusieurs modalités (A).

A.
Modalités

213.81 **Conditions de la formation.** La formation continue peut également être dispensée par un établissement d'enseignement[12], dans les conditions précisées par la décision du 20 juillet 2018[13] du CNB.

213.82 **Déclaration.** L'établissement d'enseignement ou organisme de formation professionnelle déclare auprès de l'autorité administrative compé-

1. Décr. n° 91-1197, 27 nov. 1991, art. 85, 2°.
2. Décis. CNB n° 2018-001, 20 juill. 2018.
3. Décis. CNB n° 2018-001, 20 juill. 2018, art. 3 a), d) et e).
4. Décis. CNB n° 2018-001, 20 juill. 2018, art. 1er, b).
5. Décis. CNB n° 2018-001, 20 juill. 2018, art. 3, b).
6. V. ss n° 213.31.
7. Décis. CNB n° 2018-001, 20 juill. 2018, art. 3, b).
8. Décis. CNB n° 2018-001, 20 juill. 2018, art. 3, c).
9. Décis. CNB n° 2018-001, 20 juill. 2018, art. 3, d).
10. V. ss n° 213.202.
11. Décis. CNB n° 2018-001, 20 juill. 2018, art. 3, e).
12. Décr. n° 91-1197, 27 nov. 1991, art. 85, 2°.
13. Décis. CNB n° 2018-001, 20 juill. 2018, art. 1er.

tente son activité en application de l'article L. 6351-1 du code du travail.

213.83 **Durée minimale.** Les formations doivent être dispensées par session continue d'une durée d'au moins deux heures. L'exigence qu'à chaque session assistent, outre le ou les avocats formateurs, au moins huit avocats, n'a pas été maintenue par la décision du 25 novembre 2011[1] du CNB ni reprise par la décision du 20 juillet 2018.

B. Déroulement de la formation

213.91 **Support pédagogique.** Chaque session de formation donne lieu à la remise à chaque participant d'un support pédagogique de formation.

213.92 **Fiche anonyme d'évaluation.** À l'issue de chaque session de formation, chaque avocat participant remplit une fiche anonyme d'évaluation portant notamment sur la qualité des conditions matérielles, la qualité d'animation du formateur, l'intérêt de la formation reçue, l'intérêt du support pédagogique diffusé.

213.93 **Attestation de fin de formation.** À l'issue de chaque formation, il est remis à chaque participant par l'établissement ou l'organisme formateur une attestation de fin de formation, indiquant que la formation s'est déroulée conformément aux modalités de mise en œuvre arrêtées par le CNB. Cette attestation doit être signée par le représentant légal de l'établissement, ou son délégataire. L'avocat devra transmettre chaque année ses attestations de présence au conseil de l'Ordre[2].

§ 5 Colloques ou conférences à caractère juridique

213.100 **Plan.** Le déroulement de colloques ou de conférences à caractère juridique (B) répond à plusieurs modalités (A).

A. Modalités

213.111 **Lien direct avec l'activité professionnelle.** La participation à des colloques ou conférences à caractère juridique peut être prise en compte au titre de la formation continue. Ces colloques et conférences doivent toutefois avoir un lien direct avec l'activité professionnelle des avocats[3].

La décision du 20 juillet 2018[4] du CNB précise les conditions dans lesquelles ces colloques ou conférences doivent se dérouler.

213.112 **Déclaration.** L'organisateur du colloque ou de la conférence déclare auprès de l'autorité compétente son activité en application de l'article L. 6351-1 du code du travail.

213.113 **Durée minimale.** Les colloques ou conférences doivent avoir une durée continue d'au moins deux heures. L'exigence qu'à chaque session assistent, outre le ou les avocats formateurs, au moins huit avocats, n'a pas été maintenue par la décision du 25 novembre 2011[5] du CNB ni reprise par la décision du 20 juillet 2018.

B. Déroulement des colloques et conférences

213.121 **Documentation écrite.** Chaque colloque ou conférence donne lieu à la remise à chaque participant d'une documentation écrite.

213.122 **Attestation de fin de formation.** À l'issue de chaque colloque ou conférence, il est remis à chaque participant par l'organisme organisateur une attestation de fin de formation indiquant que le colloque ou la conférence s'est déroulé conformément aux modalités prévues. L'attestation doit être signée par le représentant légal de l'organisateur, ou son délégataire. L'avocat doit conserver toutes ses attestations de présence, puisqu'il devra les transmettre chaque année au conseil de l'Ordre[6].

§ 6 Dispense d'enseignements et publications de travaux

213.130 **Plan.** Dans certaines conditions, la dispense d'enseignements peut être admise (A). De la même manière, la publication de travaux à caractère juridique peut être prise en compte au titre de la formation continue (B).

A. Dispense d'enseignements à caractère juridique

213.141 **Enseignements universitaire et professionnel.** La dispense d'enseignements peut être prise

1. Décis. CNB n° 2011-004, 25 nov. 2011.
2. V. s^s n° 213.202.
3. Décr. n° 91-1197, 27 nov. 1991, art. 85, 3°.
4. Décis. CNB n° 2018-001, 20 juill. 2018, art. 4.
5. Décis. CNB n° 2018-001, 20 juill. 2018, art. 1er.
6. V. s^s n° 213.202.

en compte au titre de la formation continue, sous certaines conditions[1]. Il faut tout d'abord distinguer entre les enseignements dispensés dans un cadre universitaire ou dans un cadre professionnel.

213.142 Enseignement dispensé dans un cadre universitaire. Les enseignements dispensés dans un cadre universitaire ne sont pris en compte que lorsqu'ils ont un lien avec l'activité professionnelle des avocats. Cela signifie que cet enseignement ne sera pris en compte que s'il peut être comptabilisé au titre de la formation initiale ou continue pour les avocats qui ont bénéficié de cette formation.

Un enseignement en master 2 pourra être pris en compte s'il peut être agréé par les CRFP pour les élèves avocats dans le cadre de leur projet pédagogique individuel. En revanche, un enseignement en capacité en droit a peu de chance d'être pris en compte pour les avocats y participant, car il est sans lien avec l'activité professionnelle des avocats.

213.143 Enseignement dispensé dans un cadre professionnel. Les enseignements dispensés dans un cadre professionnel seront pris en compte s'il s'agit de formations dispensées au sein des CRFP dans le cadre de la formation initiale et continue des avocats ou encore s'ils peuvent être comptabilisés comme formation professionnelle continue au sens des points 1°, 2° et 3°, de l'article 85 du décret du 27 novembre 1991[2].

Une intervention à un colloque ou à une conférence à caractère juridique pourra donc être prise en compte, à condition que ce colloque ou cette conférence se déroule selon les modalités décrites à l'article 1er de la décision du 20 juillet 2018 du CNB[3]. De même, les sessions de formation dispensées dans un cabinet d'avocats pourront être prises en compte au titre de la formation continue si la formation dispensée a reçu l'accord préalable du CRFP territorialement compétent et qu'elle se déroule selon les modalités prévues par le CNB (communication du programme détaillé, fiche anonyme d'évaluation...[4]).

213.144 Conditions de validation et régime d'équivalence. Les enseignements à caractère juridique ou professionnel dispensés par des avocats sont validés dans les conditions suivantes[5] :

a) Une heure dispensée équivaut à quatre heures de formation reçue.

b) Si l'enseignement est dupliqué dans d'autres lieux de formation ou devant des auditoires différents durant l'année considérée, chaque cours, ou séance de formation, n'est comptabilisé que pour un montant maximal équivalent à douze heures de formation reçue.

213.145 Attestation de fin de formation. Les formations dispensées font l'objet d'une attestation de fin de formation délivrée à l'avocat formateur, selon les cas, par le CRFP, l'université, l'avocat « correspondant formation » de la société d'avocats, le représentant légal de l'établissement ou son délégataire.

B. Publications de travaux à caractère juridique

213.151 Travaux pris en compte au titre de la formation continue. La publication de travaux à caractère juridique peut également être prise en compte au titre de la formation continue[6], selon des critères précisés par la décision du 20 juillet 2018 du CNB[7].

213.152 Modalités de prise en compte. Ces publications peuvent se présenter sur support papier mais également sur support électronique édité sur un site internet.

Elles sont prises en compte l'année de leur dépôt légal, ce qui correspond à l'année de publication, le dépôt légal devant être fait au plus tard le jour de la mise en circulation du document.

213.153 Conditions de validation et régime d'équivalence. Pour les essais, les ouvrages et publications d'articles, deux critères cumulatifs sont retenus :

– quant au contenu, les travaux publiés devront traiter de sujets relatifs à des matières juridiques, à la déontologie ou à la réglementation professionnelle ;

– quant à la forme, l'ensemble des publications considérées doit contenir au minimum 10 000 signes (espaces non compris), hors titre, chapeaux, abstracts et intertitres. Il appartient à l'avocat de justifier de ce nombre.

L'équivalence est fixée à trois heures de formation pour 10 000 signes ainsi définis. Une mise à jour correspond au tiers de cette équivalence.

Lorsque les travaux sont co-écrits par plusieurs auteurs, le nombre d'heures de formation comptabilisé doit être divisé par le nombre d'auteurs.

213.154 Attestation. L'avocat doit conserver au moins un exemplaire original de l'ouvrage ou de la revue ayant accueilli sa publication ou du support écrit du site en ligne, afin de pouvoir le produire, en

1. Décr. n° 91-1197, 27 nov. 1991, art. 85, 4°.
2. V. ss nos 213.81 s.
3. Décis. CNB n° 2018-001, 20 juill. 2018, art. 1er.
4. V. ss nos 213.51 s.
5. Décis. CNB n° 2018-001, 20 juill. 2018, art. 4.
6. Décr. n° 91-1197, 27 nov. 1991, art. 85, 5°.
7. Décis. CNB n° 2018-001, 20 juill. 2018, art. 5.

cas de demande, au bâtonnier ou à son délégataire. L'avocat doit en outre, chaque année, joindre copie de ses publications au conseil de l'Ordre[1].

§ 7
Formation continue dispensée à distance

213.161 **Limite.** La décision du 25 novembre 2011 du CNB avait consacré la possibilité d'une formation continue dispensée à distance qui est reprise par la décision du 20 juillet 2018[2]. Les avocats ne peuvent cependant valider plus de la moitié de la durée de leur formation continue par des formations dispensées à distance.

213.162 **Déclaration.** L'organisateur des modules de formation à distance déclare auprès de l'autorité administrative compétente son activité conformément aux articles L. 6351-1 et suivants du code du travail.

213.163 **Communication préalable au CNB.** L'organisateur des modules de formation à distance communique au CNB annuellement, chaque semestre ou bimestre, le dossier détaillé relatif aux modules de formation à distance proposés pendant la période considérée comprenant, outre les éléments prévus pour toute formation à l'article 1er de la décision du 20 juillet 2018 du CNB, l'identification des auteurs scientifiques et de la méthode d'apprentissage en fonction des objectifs pédagogiques ; l'indication du nombre d'heures de formation effective correspondant à la durée d'usage du module ; la mention de la date de dernière mise à jour du module ; la vérification de l'acquisition pratique des contenus par des contrôles obligatoires (exercices, QCM...) ; la production du contrat de formation avec le CRFP, ou à défaut avec l'apprenant, précisant notamment les objectifs et les moyens pédagogiques mis en œuvre ; les modalités d'accompagnement ou de tutorat à distance de l'apprenant ; la justification d'un processus d'évaluation et d'outils de mesure de l'efficacité pédagogique par l'utilisateur.

213.164 **Remise d'une documentation écrite.** Le suivi du module de formation à distance donne lieu à la remise à chaque participant d'une documentation écrite[3].

213.165 **Attestation de fin de formation.** À l'issue de chaque module, il est remis à chaque participant par l'organisateur une attestation de fin de formation indiquant que le module s'est déroulé conformément aux modalités de mise en œuvre arrêtées par le CNB ; l'attestation est signée par le représentant légal de l'organisateur ou son délégataire[4].

SECTION 2
CONTRÔLE ET SANCTION DE LA FORMATION CONTINUE

213.170 **Plan.** Des procédures de reconnaissance mutuelle des heures de formation continue avec d'autres États (§ 1) et d'homologation des actions de formation par le Conseil national des barreaux (§ 2) ont été instituées. La validation des heures de formation continue est contrôlée et sanctionnée par les Ordres (§ 3).

§ 1
Reconnaissance mutuelle des heures de formation continue avec d'autres États

213.181 **Validation des formations effectuées à l'étranger.** Les heures ou crédits de formation continue suivis ou dispensés par un avocat à l'étranger, et notamment auprès de barreaux européens conformément aux accords signés, peuvent être pris en compte au titre de l'accomplissement de l'obligation de formation continue conformément aux règles fixées par la décision du 20 juillet 2018 du CNB[5].

La Commission de la formation professionnelle du CNB est compétente pour régler les difficultés d'application de cette disposition qui lui seront transmises par les ordres ou les avocats.

§ 2
Homologation des actions de formation par le Conseil national des barreaux

213.191 **Établissement concerné.** Une procédure facultative d'homologation des actions de formation a été mise en place par le CNB[6]. Cette homologation ne concerne que les actions de formation dispensées aux avocats autres que celles organisées par les établissements universitaires et les cabinets d'avocats.

213.192 **Finalité.** Cette procédure d'homologation a pour but, d'une part, d'identifier les actions de formation conformes aux modalités de mise en œuvre arrêtées par le CNB et, d'autre part, de garantir leur qualité. Toutes les formations homo-

1. V. s^s n° 213.202.
2. Décis. CNB n° 2018-001, 20 juill. 2018, art. 6.
3. Décis. CNB n° 2018-001, 20 juill. 2018, art. 1, c).
4. Décis. CNB n° 2018-001, 20 juill. 2018, art. 1, e).
5. Décis. CNB n° 2018-001, 20 juill. 2018, art. 7.
6. Décis. CNB n° 2018-001, 20 juill. 2018, art. 8.

loguées sont censées être éligibles au titre de l'obligation continue. Mais les avocats ne sont pas obligés de choisir des formations homologuées. Il suffit que la formation respecte les différents critères imposés par le CNB et décrits ci-dessus.

213.193 Formation dispensée par les CRFP et l'ENM. Les actions de formation à caractère juridique ou professionnel dispensées par les CRFP et les formations de l'École nationale de la magistrature ouvertes aux avocats sont homologuées de droit.

213.194 Formation à distance. Les formations à distance sont homologuées pour une durée déterminée, n'excédant pas un an.

213.195 Procédure. L'homologation est délivrée par le président du CNB, sur proposition de la commission de la formation professionnelle, après avis d'un comité scientifique, dont la composition est fixée par la commission formation du CNB. Il comprend des magistrats, des universitaires, et, pour plus de la moitié de ses membres, des avocats. Il est chargé notamment de s'assurer de la qualité et de l'intérêt des intervenants et des formations. Toute personne physique ou morale sollicitant cette homologation du CNB doit avoir préalablement déclaré auprès de l'autorité administrative compétente son activité en application de l'article L. 6351-1 du code du travail. En outre, il doit fournir les bilans, comptes de résultat et annexes des deux dernières années d'exercice.

213.196 Mention de l'homologation. Il pourra être fait mention de cette homologation sur le programme et les supports de communication des actions de formation homologuées. Un logo spécifique avec un numéro d'homologation a été créé à cette fin.

213.197 Référencement. Le CNB s'oblige à référencer annuellement l'ensemble des actions de formation homologuées, notamment sur la plateforme de référencement[1] des offres de formation qu'il a mise en place[2].

§ 3
Validation des heures de formation continue par les Ordres

213.201 Avocat responsable de sa formation. L'avocat est responsable du suivi de sa formation continue. Il doit conserver l'attestation de présence remise par l'organisme formateur après chaque session de formation suivie afin de pouvoir justifier du respect de l'obligation de formation.

213.202 Déclaration obligatoire. L'avocat déclare au plus tard le 31 janvier de chaque année, auprès du conseil de l'Ordre dont il relève, les conditions dans lesquelles il a satisfait à son obligation de formation continue au cours de l'année écoulée[3]. Il joint à sa déclaration copie de l'intégralité des attestations de présence qui justifient des formations auxquelles il a participé, ou qu'il a dispensées. Il joint copie des éventuelles publications.

213.203 Contrôle de l'obligation. Il appartient au conseil de l'Ordre de veiller à ce que les avocats aient satisfait à leur obligation de formation continue[4]. Le conseil de l'Ordre contrôle ainsi l'accomplissement effectif de cette obligation en vérifiant les critères des formations suivies ainsi que leur lien nécessaire avec l'activité de l'avocat.

Les avocats inscrits au tableau de l'Ordre en cours d'année, ou n'ayant pas exercé temporairement pour cause de congé maladie ou congé maternité ou paternité, ou pour omission, sont soumis à un nombre d'heures de formation continue réduit s'appréciant *prorata temporis* de la durée d'exercice professionnel sur l'année civile considérée[5].

213.204 Sanction de l'obligation. L'avocat est responsable individuellement du suivi de sa formation. À défaut du respect de ses obligations en la matière, l'avocat s'expose à des sanctions.

De manière générale, l'obligation légale de formation continue est de nature déontologique, et son non-respect, conséquence du devoir de compétence de l'avocat à l'égard de ses clients[6], expose ce dernier à des poursuites disciplinaires sur le fondement de l'article 183 du décret du 27 novembre 1991[7]. Cette obligation ne constitue pas à ce titre un travail forcé ou obligatoire au sens de l'article 4 de la Convention européenne des droits de l'Homme. Elle ne porte par ailleurs atteinte ni au principe d'égalité, s'agissant d'une obligation applicable à l'ensemble de la profession, ni au principe de la liberté d'entreprendre[8].

1. www.formations.avocat.fr
2. V. s^s n° 213.27.

3. Décr. n° 91-1197, 27 nov. 1991, art. 85-1 – Décis. CNB n° 2018-001, 20 juill. 2018, art. 9.
4. L. n° 71-1130, 31 déc. 1971, art. 17, 11°.
5. Décis. CNB n° 2018-001, 20 juill. 2018, art. 9.
6. Décr. n° 2005-790, 12 juill. 2005 relatif aux règles de déontologie de la profession d'avocat, *JO* 16 juill., art. 3 ; RIN, art. 1.3.
7. EN CE SENS (PRONONCÉ D'UNE PEINE D'AVERTISSEMENT) : Bordeaux, 14 oct. 2008, RG n° 08/02372 et n° 08/03101, *JCP* 2009. Doctr. 120, n° 12, obs. S. Bortoluzzi – Lyon, 6 mai 2010, RG n° 09/08189.
8. CE 27 juill. 2006, *Krikorian c/min. de la Justice*, req. n° 280286, NP.

De manière plus spécifique, à défaut pour l'avocat de respecter ses obligations particulières de formation dans le domaine de sa ou ses spécialisations, il perd le droit de faire usage de sa ou ses mentions de spécialisation dans les conditions prévues à l'article 92, 5°, du 27 novembre 1991[1].

213.205 Vers une nouvelle sanction de l'omission ? Le CNB a voté lors de son assemblée générale des 6 et 7 juillet 2018, sur rapport de sa commission de la formation professionnelle, une résolution relative à la simplification et la clarification des règles relatives à la formation continue contenant une proposition de sanction du non-respect de l'obligation de formation continue de l'avocat par la voie de l'omission[2]. Partant du constat que le contrôle disciplinaire des ordres est rarement actionné et la sanction le plus souvent inadaptée, le rapport propose que l'obligation de formation continue ne doive plus être seulement une obligation déontologique liée au devoir de compétence de l'avocat, mais une condition requise pour figurer au tableau et ainsi exercer sa profession. Une plus grande marge d'appréciation serait ainsi laissée aux conseils de l'Ordre entre cette décision administrative et la procédure disciplinaire classique.

Le prononcé de l'omission ne pourra avoir lieu qu'après avoir entendu l'avocat concerné ou l'avoir appelé par lettre recommandée avec demande d'avis de réception dans un délai laissé à la libre appréciation de l'institution ordinale. La sanction pourra en outre être levée si l'avocat omis justifie de ses heures de formation manquantes.

L'entrée en vigueur de cette réforme nécessite toutefois une modification préalable des dispositions du décret du 27 novembre 1991 dont le CNB a saisi le ministère de la justice.

1. V. s[s] n° 214.82.
2. Résol. CNB, AG 6-7 juill. 2018.

CHAPITRE

214. Spécialisation de l'avocat

SECTION 0 ORIENTEUR

214.00 Sommaire du chapitre.

Division. La spécialisation de l'avocat a connu des évolutions successives concernant notamment la liste des mentions de spécialisation (sect. 1), les conditions de leur obtention (sect. 2) ainsi que l'obligation de formation continue de l'avocat spécialiste (sect. 3). Des régimes transitoires et spéciaux ont également été institués (sect. 4).

214.01 Textes applicables.

TEXTES TITRÉS

• **L. n° 71-1130, 31 déc. 1971**

art. 1er, I. [Une ou deux spécialisations]

art. 12-1 [Conditions d'obtention]

art. 13 [Compétence du CRFP]

art. 21-1 [Compétence du CNB]

art. 50 [Régime transitoire]

• **Décr. n° 91-1197, 27 nov. 1991**

art. 85 [Formation continue]

art. 86 [Liste des mentions de spécialisation]

art. 88 [Pratique professionnelle]

art. 91 [Entretien de validation des compétences professionnelles]

art. 92 [Candidatures]

art. 92-1 [Rapporteur]

art. 92-2 [Jury]

art. 92-3 [Certificat de spécialisation – délivrance]

art. 92-4 [Certificat de spécialisation – refus]

art. 92-5 [Péremption du droit d'usage de la mention de spécialisation]

art. 92-6 [Récupération du droit d'usage de la mention de spécialisation]

• **Arr. 28 déc. 2011** fixant les modalités de l'entretien de validation des compétences professionnelles en vue de l'obtention d'un certificat de spécialisation, *JO* 29 déc., p. 22577, n° 25, NOR : JUSC1130804A.

• **Arr. 28 déc. 2011** fixant la liste des mentions de spécialisation en usage dans la profession d'avocat, *JO* 29 déc., p. 22577, n° 24, NOR : JUSC1130802A.

• **RIN**

art. 10.2 [Dispositions communes à toute communication]

art. 10.4 [Dispositions complémentaires relatives aux annuaires]

214.02 Jurisprudence de référence.

> La pratique professionnelle dans le cadre d'une SCP doit être prise en compte pour la délivrance du certificat de spécialisation

• **Civ. 1re, 14 mars 2000,** n° 97-17.509, P I, n° 90

* V. ss n° 214.51.

« Attendu qu'en décidant que M. R..., qui n'avait pas exercé au cours de sa quatrième année de pratique son activité d'avocat à titre individuel, mais dans le cadre d'une société civile professionnelle, ne pouvait se prévaloir d'une pratique professionnelle résultant, à titre individuel, d'activités, de travaux ou de publications au sens de l'article 88 du décret du 27 novembre 1991, alors que l'exercice dans le cadre d'une société civile professionnelle n'empêche pas d'apprécier l'activité individuelle d'un avocat, la cour d'appel a ajouté au texte susvisé une condition qu'il ne comportait pas et, de ce fait, l'a violé. »

> Régime transitoire : la demande doit être en conformité avec les modalités déterminées par le CNB

• **Civ. 1re, 19 mars 2015,** nº 14-13.794, P I, nº 90

* V. ss nº 214.111.

« Attendu que la faculté offerte par l'article 50 II de la loi du 31 décembre 1971 aux avocats titulaires d'une ou plusieurs mentions de spécialisation à la date d'entrée en vigueur de la loi du 28 mars 2011, devait s'accomplir en conformité avec les modalités déterminées par le CNB, selon la table de concordance entre les anciennes et les nouvelles mentions de spécialisation établie par ce dernier ; que la cour d'appel a exactement retenu que la demande de Mme M..., qui tendait l'obtention par équivalence de certificats de spécialisation dans des domaines différents de ceux dont elle était titulaire sous l'ancienne réglementation, ne pouvait être accueillie. »

214.03 **Bibliographie de référence.**

* Aussi : v. ss nº 21.03.

Articles.

> Général. E. Bonnet, « Réforme des spécialisations des avocats : entre savoir-faire et faire savoir », *JCP* 2011. 1067 – S. Bortoluzzi, J.-F. Leca et S. Roumier, « Réforme des conditions d'accès à la spécialisation des avocats », *Gaz. Pal.* 2011. 2697 – J. Cayol, « Pour une véritable spécialisation des avocats », *Gaz. Pal.* 4 avr. 1999, p. 40-42 – Ch. Féral-Schuhl, « La spécialisation des avocats : enjeux et perspectives », *D.* 2012. 1176 (entretien) – S.-P. Laguette, « À propos de la spécialisation », *Gaz. Pal.* 8 juill. 1999, p. 16 – M. Lartigue, « Spécialisations : la refonte du régime n'a pas convaincu les avocats », *Gaz. Pal.* 30 juill. 2019, nº 28, p. 15 – J. Lasserre Capdeville, « Spécialisations des avocats : précisions sur les conditions requises », *Gaz. Pal.* 10 sept. 2019, nº 31, p. 12.

> L. 28 mars 2011 . C. Jamin, *JCP* 2011. 468, nº 11 – T. Wickers, *D. avocats* 2013. 365.

> Décr. 28 déc. 2011. S. Bortoluzzi, *JCP* 2012. 387, nº 9 – C. Fleurio, *D. actu.*, 4 janv. 2012.

> Arr. 28 déc. 2011 (liste). G. Mor, « L'avocat spécialisé en droit du dommage corporel, l'homme-orchestre », *Gaz. Pal.* 2011. 2707.

Rapports. Rapport, *Refonte du régime des spécialisations des avocats*, CNB, AG 11 déc. 2009 – CNB, *Guide pratique de la spécialisation*, juill. 2019.

214.05 **Évolution.** Sous l'Ancien Régime les spécialistes étaient nombreux et les spécialisations très particulières notamment les feudistes et les canonistes, dont les branches juridiques furent supprimées quant à leur utilité pratique par la Révolution de 1789. L'avocat impérial, puis l'avocat du XIXe, était essentiellement un généraliste. Le droit, renouvelé de manière claire et simple et sans qu'il soit besoin de spécialité particulière, est à la portée de tous et ne réclame qu'une réflexion intelligente sur les faits et la loi par l'avocat mais non pas une spécialisation particulière. La spécialité renaît au milieu du XIXe siècle (droit des assurances, droit des douanes, droit industriel, législation ouvrière, droit des brevets), puis vint le droit relatif aux contrats de louage à partir du moratoire sur les loyers issus de la guerre de 1914-1918. Se constitua dès lors un corps de spécialistes éprouvés et reconnus et la doctrine accepta cette naissance. Mollot ne proclame-t-il pas « comment refuser à l'avocat, à celui-là surtout qui s'est créé une spécialité nouvelle par l'étude de l'économie politique, le droit de prêter à l'industrie et au commerce ses conseils, son patronage et son appui ? ».

214.06 **Statistiques.** Au 1er janvier 2019, 1151 avocats avaient déposé un dossier de candidature au CNB pour l'obtention d'un certificat de spécialisation selon le nouveau régime de droit commun, et 875 candidats ont été déclarés admis après entretien avec un jury, soit un taux de réussite de 76 %. Au total, 7086 avocats sont titulaires d'une ou deux mentions de spécialisation[1].

SECTION 1
ÉVOLUTION ET MENTIONS DE SPÉCIALISATION

214.10 **Plan.** Des réformes successives (§ 1) entre 1990 et 2011 ont fait évoluer les mentions de spécialisation vers une liste (§ 2) établie de vingt-huit mentions.

§ 1
Réformes successives

214.21 **Réforme de 1990.** Ce n'est qu'en 1990 que le législateur est intervenu pour réglementer la question des spécialisations de l'avocat, par l'article 12-1 de la loi du 31 décembre 1990 modifiant la loi du 31 décembre 1971. Déjà, sous l'empire de l'ancienne législation, en utilisant les dispositions de l'article 90 du décret du 9 juin 1972 et la notion d'information nécessaire au public, certaines décisions avaient admis sinon la spécialisation, du moins la mention d'une activité dominante[2]. La difficulté devenait urgente à résoudre sur le plan

1. Source : CNB.
2. Paris, 22 mars 1989, *Gaz. Pal.* 30 mai 1989, 20, note A. Damien. – Civ. 1re, 17 juill. 1990, nº 88-16.659, P I, nº 199 ; *Gaz. Pal.* 1990. II. 52, note A. Damien ; *JCP* 1990. IV. 353 – Civ. 1re, 25 mars 1991, nº 89-14.366, P I, nº 107 ; *JCP* 1991. IV. 201 – Chron. J.-Cl. Woog, « L'activité de l'avocat, globale, spécialisée ou dominante, et son image auprès du public », *JCP* 1989. I. 3413.

législatif et réglementaire même si l'ingéniosité de la jurisprudence utilisait l'article 90 relatif à la publicité autorisée aux avocats, pour résoudre le besoin. En effet, les conseils juridiques fusionnés avec les anciens avocats pour former l'Ordre nouveau avaient la possibilité de mentionner des spécialisations qui leur étaient reconnues, notamment en trois matières : fiscale, sociale et droit des sociétés. Il apparut donc nécessaire de retenir la notion de spécialisation et de déterminer les conditions dans lesquelles cette mention pourrait être visée par les nouveaux avocats.

214.22 **Réforme de 2011.** Le système ainsi mis en place faisait cependant l'objet de nombreuses critiques depuis plusieurs années. Les statistiques d'obtention des spécialisations montraient que, dans nombre de domaines d'activités essentiels de la profession, le nombre de spécialistes stagnait ou même diminuait, pour des raisons diverses[1].

Ce constat devait conduire le Conseil national des barreaux à adopter lors de son assemblée générale des 12 et 13 mars 2010 un rapport sur la refonte du régime des spécialisations des avocats préalablement soumis à la concertation de la profession.

Les modifications législatives ainsi proposées par le CNB ont été prises en compte par la loi du 28 mars 2011 de modernisation des professions judiciaires ou juridiques et de certaines professions réglementées[2], complétées de son décret d'application du 28 décembre 2011[3] et deux arrêtés de la même date[4] fixant les modalités de l'entretien de validation des compétences professionnelles en vue de l'obtention d'un certificat de spécialisation et la liste des mentions de spécialisation en usage dans la profession d'avocat.

La réforme s'est appliquée à compter du 1er janvier 2012.

La refonte du régime des spécialisations a eu pour objectif, d'une part, d'améliorer l'accès des avocats à une mention de spécialisation en remplaçant l'examen théorique prévu par un contrôle des compétences portant sur la pratique professionnelle de l'avocat et, d'autre part, de favoriser la lisibilité pour le public de compétences acquises au sein d'une liste renouvelée de mentions de spécialisation, arrêtée par le CNB, sous condition du maintien d'un niveau élevé d'exigence et d'une formation continue renforcée.

214.23 **Procédure de déclassement.** Saisi par le Premier ministre d'une procédure de déclassement, dans les conditions prévues au second alinéa de l'article 37 de la Constitution, le Conseil constitutionnel précise dans une décision du 15 avril 2021[5] que les dispositions de la loi du 31 décembre 1971 relatives aux modalités de délivrance des certificats de spécialisation sont de nature réglementaire. Les dispositions du premier alinéa de l'article 12-1 de la loi relatives à la justification de la durée de pratique professionnelle continue « qui ne peut être inférieure à deux ans » pour obtenir la délivrance d'un certificat de spécialisation ne mettent en cause ni les conditions essentielles d'exercice de la profession d'avocat, ni les garanties fondamentales permettant d'assurer le respect des droits de la défense ni aucun des autres principes ou règles placés par la Constitution dans le domaine de la loi. Elles ont donc un caractère réglementaire et pourront ainsi être modifiées ou supprimées par décret.

214.24 **Généraliste avant d'être spécialiste.** Tout avocat doit d'abord être généraliste avant d'être spécialiste. À l'heure actuelle, constatons-nous, d'une part, la présence de spécialistes qui connaissent des branches du droit peu connues de leurs confrères et vers lesquels ceux-ci, lorsqu'ils sont sérieux, dirigent la clientèle et, d'autre part, un besoin pour les clients désirant former un litige ou y défendre dans une matière spécialisée, d'avoir recours et de connaître les avocats qui pratiquent cette matière et d'avoir recours à leurs conseils.

Il ne faut pas pour autant séparer en deux mondes rivaux et distincts le généraliste et le spécialiste. Tout avocat doit être généraliste et ce généraliste peut avoir une spécialité. En tout cas on ne peut pas parler, comme le font beaucoup de publications journalistiques relatives aux avocats, de spécialistes des divorces ou du droit pénal ; tout avocat doit connaître les rudiments du droit de la famille et du droit pénal, on ne peut pas être spécialiste des matières générales. Le spécialiste n'est donc pas celui qui ne connaît qu'une branche de droit à

1. Dossier spécial réforme des spécialisations, *Avocats et droits*, n° 33, juin 2010, p. 26 s. – Une refonte du régime des spécialisations des avocats proposée à la concertation de la profession, CNB, AG 11 déc. 2009.
2. L. n° 2011-331, 28 mars 2011 de modernisation des professions judiciaires ou juridiques et de certaines professions réglementées, *JO* 29 mars, p. 5447.
3. Décr. n° 2011-1985, 28 déc. 2011 relatif au vice-bâtonnier, à l'arbitrage du bâtonnier et aux mentions de spécialisation des avocats, *JO* 29 déc., p. 22573.
4. Arr. 28 déc. 2011 fixant la liste des mentions de spécialisation en usage dans la profession d'avocat, *JO* 29 déc., n° 24, NOR : JUSC1130802A – Arr. 28 déc. 2011 fixant les modalités de l'entretien de validation des compétences professionnelles en vue de l'obtention d'un certificat de spécialisation, *JO* 29 déc., n° 25, NOR : JUSC1130804A.
5. Cons. const. 15 avril 2021, n° 2021-292 L, *Nature juridique de certaines dispositions des articles 11, 12 et 12-1 de la loi n° 71-1130 du 31 décembre 1971 portant réforme de certaines professions judiciaires et juridiques*, PARTIELLEMENT RÉGLEMENTAIRE, *JO* 16 avr., n° 76.

l'exclusion des autres, c'est l'avocat qui pratique et connaît de manière habituelle une branche particulière et relativement hermétique de la science juridique, celle que ne pratiquent pas la plupart de ses confrères.

§ 2
Liste des mentions de spécialisation

214.31 Liste des 28 mentions (arrêté du 28 décembre 2011). La liste des mentions de spécialisation est fixée par arrêté du garde des Sceaux, ministre de la Justice, sur proposition du Conseil national des barreaux. Elle peut être révisée à tout moment[1].

C'est un arrêté du 28 décembre 2011[2] qui fixe ainsi une liste comprenant 26 mentions de spécialisation en usage dans la profession modifié par deux arrêtés du 1er octobre[3] et du 20 octobre 2021[4] créant deux nouvelles mentions de spécialisation en « droit des enfants » et « droit de la protection des données personnelles ».

Aux termes de ce texte, les avocats titulaires d'un ou de deux certificats de spécialisation sont autorisés à faire usage du titre « avocat spécialiste en » parmi les mentions de spécialisation suivantes :

- droit de l'arbitrage ;
- droit des associations et des fondations ;
- droit des assurances ;
- droit bancaire et boursier ;
- droit commercial, des affaires et de la concurrence ;
- droit du crédit et de la consommation ;
- droit du dommage corporel ;
- droit des enfants ;
- droit de l'environnement ;
- droit des étrangers et de la nationalité ;
- droit de la famille, des personnes et de leur patrimoine ;
- droit de la fiducie ;
- droit fiscal et droit douanier ;
- droit des garanties, des sûretés et des mesures d'exécution ;
- droit immobilier ;
- droit international et de l'Union européenne ;
- droit du numérique et des communications[5] ;
- droit pénal ;
- droit de la propriété intellectuelle ;
- droit de la protection des données personnelles ;
- droit public ;
- droit rural ;
- droit de la santé ;
- droit de la sécurité sociale et de la protection sociale ;
- droit des sociétés ;
- droit du sport ;
- droit des transports ;
- droit du travail.

La mention de spécialisation en « procédure d'appel » ne figure pas dans la liste de l'arrêté du 28 décembre 2011. Elle est ainsi réservée par la loi aux seuls anciens avoués devenus avocats et aux personnes ayant travaillé en qualité de collaborateur d'avoué[6] et ne peut être obtenue dans le cadre de l'entretien de validation des compétences professionnelles par le jury[7].

Au 1er janvier 2019, parmi les 10 088 mentions de spécialisation délivrées au titre de l'ancien et du nouveau régime, figurent parmi les premières mentions obtenues par les avocats le droit du travail (1801), le droit fiscal et douanier (1116), le droit des sociétés (980), le droit de la famille, des personnes et de leur patrimoine (910), et le droit immobilier (863)[8].

214.32 Concordance entre anciennes et nouvelles mentions de spécialisation. Afin de faciliter la concordance entre les anciennes et les nouvelles mentions de spécialisation, notamment pour les avocats titulaires d'un certificat de spécialisation à la date d'entrée en vigueur de la réforme du 28 décembre 2011, le 1er janvier 2012, la commission formation du CNB a élaboré des tables de concordance reproduites en annexe du guide pratique intitulé Nouvelles conditions d'accès aux mentions de spécialisation des avocats[9].

Par ailleurs, dans le cadre de l'annuaire européen des avocats mis en ligne sur le portail e-justice[10], le CNB a adopté, lors de son assemblée générale des 18 et 19 mars 2011[11], le rapport de sa Commission de la formation professionnelle sur la table de concordance entre les domaines d'activité du CCBE et les mentions de spécialisation en usage dans la profession en France.

1. Décr. n° 91-1197, 27 nov. 1991, art. 86.
2. Arr. 28 déc. 2011 fixant la liste des mentions de spécialisation en usage dans la profession d'avocat, *JO* 29 déc., n° 24, NOR : JUSC1130802A.
3. Arr. 1er oct. 2021 modifiant l'arrêté du 28 déc. 2011, *JO* 8 oct., n° 21, NOR : JUSC2129624A.
4. Arr. 20 oct. 2021 modifiant l'arrêté du 28 déc. 2011, *JO* 24 oct., n° 20, NOR : JUSC2130878A.
5. Nouvelle appellation qui remplace l'ancienne mention « droit des nouvelles technologies, de l'informatique et de la communication », arr. 20 oct. 2021, NOR : JUSC2130878A, art. 1er, 1°.
6. V. ss n° 214.111.
7. Civ. 1re, 7 mars 2018, nos 17-12.598, 17-12.606, I, n° 42 ; *D. actu.* 27 mars 2018, obs. D. Piau.
8. Source : CNB.
9. http://cnb.avocat.fr/
10. Projet Find a Lawyer (FAL I et II) piloté par le CCBE au niveau européen.
11. Rapport CNB, AG 18-19 mars 2011.

Le CCBE a entériné lors de sa réunion du 11 avril 2011 la liste définitive des mots-clés au sein des vingt domaines d'activité (Keywords by practice areas) figurant en annexe du rapport dans la colonne 2 du tableau de synthèse. Il convient de préciser qu'il ne s'agit pas de sous-mentions, mais de mots-clés permettant de référencer sur le moteur de recherche de l'annuaire européen les domaines correspondants dans chacune des langues des pays membres de l'Union européenne.

Cette table de concordance des domaines d'activité du CCBE avec la liste des mentions de spécialisation a été établie sur la base de l'ancienne liste des quinze mentions de spécialisation en usage dans la profession fixée par l'arrêté du 8 juin 1993 [1], désormais abrogé, complétée par celle des 63 certificats de spécialisation dans un champ de compétence définis par décision du CNB du 7 septembre 2002. Elle a été mise à jour, compte tenu de la liste des 26 nouvelles mentions de spécialisation fixée par arrêté du 28 décembre 2011 [2], par décision de la commission de la formation professionnelle du 6 février 2015 ratifiée par le Bureau du CNB.

214.33 **Qualification spécifique.** Bien que non prévue par les textes législatif et réglementaire, le Conseil national des barreaux a instauré lors de la réforme du régime des spécialisations, la possibilité pour l'avocat de solliciter le bénéfice d'une « qualification spécifique » précisant un champ juridique d'intervention privilégié au sein de la mention de spécialisation. La demande est examinée par la commission de la formation professionnelle du CNB lors de l'examen du dossier de candidature puis contrôlée par le jury au cours de l'entretien de validation des compétences professionnelles.

Cette qualification spécifique doit répondre aux trois critères ci-après :

- rattachement au champ juridique de la spécialisation ;
- nécessité pour l'information du public ;
- caractère juridique du contenu et de la formulation de la mention.

La mention de la qualification spécifique est ainsi ajoutée au certificat délivré à l'avocat sous l'intitulé de la mention de spécialisation et relève de la publicité personnelle de l'avocat. Bien qu'elle ne puisse figurer sur le tableau de l'Ordre, contrairement aux mentions de spécialisation, rien ne s'oppose à ce qu'elle soit ajoutée sur les autres « documents de communication » des Ordres qui le souhaiteraient [3].

214.34 **Logo officiel.** Le CNB a également arrêté un logo officiel accompagnant la spécialisation. Tout avocat titulaire d'une ou deux mentions de spécialisation pourra l'utiliser dans le cadre de sa communication, conformément aux dispositions de l'article 10 du RIN [4].

Si ce logo n'est pas obligatoire, les avocats restant maîtres de leur charte graphique, son utilisation constitue cependant la garantie d'une représentation qui n'est ni trompeuse, ni racoleuse [5].

SECTION 2
CONDITIONS D'OBTENTION DE LA SPÉCIALISATION

214.40 **Plan – Régime de droit commun.** Depuis le 1er janvier 2012, la spécialisation est acquise, en vertu de l'article 12-1, modifié, de la loi du 31 décembre 1971 [6], par une pratique professionnelle continue (§ 1) d'une durée de quatre années [7] et validée par un jury qui vérifie les compétences professionnelles dans la spécialité sur la base d'un dossier constitué par l'avocat [8] (§ 2). Le jury se prononce à l'issue d'un entretien qui comprend une mise en situation professionnelle. La spécialisation est attestée par un certificat délivré par le Conseil national des barreaux [9]. Le refus de la mention de spécialisation ouvre droit à l'exercice de voies de recours (§ 3).

§ 1
Pratique professionnelle

214.51 **Une pratique professionnelle de quatre années.** La pratique professionnelle nécessaire à l'obtention d'un certificat de spécialisation est au minimum de quatre années [10].

Elle peut être acquise en France ou à l'étranger :

- en qualité d'avocat, dans le domaine de la mention revendiquée. Le fait pour un avocat d'avoir exercé à plein-temps son activité professionnelle pendant le nombre d'années requis en se consacrant de façon dominante, même si ce n'est pas de façon exclusive, à la spécialité revendiquée, permet de

1. Arr. 8 juin 1993 fixant la liste des mentions de spécialisation en usage dans la profession d'avocat, *JO* 12 juin, p. 8407, NOR : JUSC9320443A ; abrogé par arr. 28 déc. 2011, art. 2.
2. Arr. 28 déc. 2011, NOR : JUSC1130802A, art. 1.
3. CNB, Comm. RU, avis n° 2019/009, 17 avr. 2019 ; C. avocat 2021, ss décr. 27 nov. 1991, art. 94, note *in fine*.
4. Ce logo est notamment reproduit à l'annexe 2 du Guide pratique intitulé *Nouvelles conditions d'accès aux mentions de spécialisation des avocats* réalisés par la Commission formation du Conseil national des barreaux et disponible sur le site du CNB : http://cnb.avocat.fr – V. ss nos 461.141 s.
5. Ch. Féral-Schuhl, « La spécialisation des avocats : enjeux et perspectives », *D.* 2012. 1176.
6. L. n° 71-1130, 31 déc. 1971 portant réforme de certaines professions judiciaires et juridiques, *JO* 5 janv., p. 131, art. 12-1.
7. V. ss n° 214.51.
8. V. ss n° 214.61.
9. V. ss n° 214.68.
10. Décr. n° 91-1197, 27 nov. 1991 organisant la profession d'avocat, *JO* 28 nov., p. 15502, art. 88, al. 1er.

remplir cette condition[1]. Par ailleurs, l'exercice dans le cadre d'une société civile professionnelle n'empêche pas d'apprécier la pratique professionnelle résultant de l'activité individuelle de l'avocat[2] ;

- en qualité de salarié, dans un cabinet d'avocat intervenant dans le domaine de la spécialisation revendiquée ;

- en qualité de membre, d'associé, de collaborateur ou de salarié dans une autre profession juridique ou judiciaire réglementée ou dans celle d'expert-comptable, dont les fonctions correspondent à la spécialisation revendiquée, cette liste étant limitative[3] ;

- dans un service juridique d'une entreprise, d'une organisation syndicale, d'une administration ou d'un service public, d'une organisation internationale, travaillant dans la spécialité revendiquée ;

- dans un établissement universitaire ou d'enseignement supérieur reconnu par l'État, en qualité de professeur ou maître de conférences chargé de l'enseignement de la discipline juridique considérée. La pratique professionnelle acquise à l'occasion de travaux dirigés ne peut être prise en compte dans ce cadre[4] ;

- en qualité de membre du Conseil d'État, de magistrat de la Cour des comptes, de l'ordre judiciaire, des tribunaux administratifs, des cours administratives d'appel, et des chambres régionales des comptes, affecté au sein d'une formation correspondant à la spécialisation revendiquée.

Elle peut aussi résulter, à titre individuel, d'activités, de travaux ou de publications relatifs à la spécialité. Ces activités, travaux ou publications ne constituent pas une seconde voie d'obtention d'une spécialisation mais s'intègrent dans les différentes activités décrites ci-dessus susceptibles de constituer la pratique professionnelle[5].

Elle peut avoir été acquise dans une ou plusieurs des fonctions ci-dessus mentionnées dès lors que la durée totale de ces activités est au moins égale à quatre ans.

Face au silence des textes, la Cour de cassation a eu l'occasion de préciser par un arrêt de sa première chambre civile du 27 février 2013[6] que « la condition tenant à la durée de pratique professionnelle exigée pour l'obtention d'un certificat de spécialisation doit être remplie à la date à laquelle l'avocat en sollicite la délivrance ». Est ainsi prise en compte la date du dépôt de la demande de candidature de l'avocat auprès du CNB et non la date de l'entretien devant le jury.

1. Toulouse, 18 févr. 1999, *BICC* 1er juill. 1999, n° 850.
2. Civ. 1re, 14 mars 2000, n° 97-17.509, P I, n° 90 ; *D.* 2000. 111.
3. Rép. min. n° 89, *JOAN Q* 29 sept. 1997, p. 3214 ; *D. Affaires* 1997. 1355.
4. Paris, 27 sept. 1995, NP.
5. Paris, 11 mai 2017, RG n° 16/05123.
6. Civ. 1re, 27 févr. 2013, n° 12-13.942, NP.

214.52 Conditions de la pratique professionnelle. Pour être pris en considération, le temps de pratique professionnelle doit avoir été accompli dans les conditions bien définies.

1° Correspondre à la durée normale de travail, telle qu'elle résulte des règlements, conventions collectives, accords ou usages en vigueur pour la catégorie professionnelle considérée. Mais même si l'on admet qu'une durée de 40 heures d'enseignement dans un domaine de spécialité dans un établissement d'enseignement supérieur reconnu par l'État, en qualité de professeur ou de maître de conférences, ne correspond pas à la durée normale de travail, telle qu'elle résulte des règlements, conventions collectives, accords ou usages en vigueur pour la catégorie professionnelle considérée, de sorte que ce temps de pratique professionnelle ne peut être pris en considération pour pouvoir apprécier si un avocat possède la compétence nécessaire à la reconnaissance de la spécialisation revendiquée, il y a lieu en revanche de prendre en compte la pratique professionnelle acquise par celui-ci à titre individuel, résultant d'activité, de travaux ou de publications, dans ce domaine de spécialité[7].

2° Avoir été rémunéré conformément aux règlements, conventions collectives, accords ou usages visés au 1°.

3° Ne pas avoir été suspendu pendant plus de trois mois. L'activité professionnelle invoquée par un candidat, interrompue depuis plus de trois mois à la date où il a présenté sa demande, doit donc être déclarée irrecevable, cette exigence de continuité ayant pour objet de n'accorder une spécialisation qu'aux personnes disposant d'une pratique professionnelle de nature à garantir aux justiciables une connaissance approfondie et actuelle du droit applicable dans le domaine concerné[8].

L'exercice de la pratique professionnelle doit être justifié par une attestation mentionnant la durée du service effectué et la nature des fonctions occupées. En ce qui concerne les activités, travaux ou publications à titre individuel, cette attestation est remplacée par une déclaration sur l'honneur, accompagnée de leur liste.

§ 2
Validation des compétences professionnelles par un jury de spécialisation

214.61 Validation des compétences professionnelles. La pratique professionnelle n'est pas à elle

7. Riom, 31 mai 2001, *Gaz. Pal.* 18 oct. 2001, note A. Damien.
8. Paris, 11 mai 2017, RG n° 16/05123.

seule suffisante. Encore faut-il que les compétences acquises soient l'objet d'un contrôle.

À cette fin, un entretien de validation des compétences professionnelles est organisé au moins une fois par an par les CRFP dans les conditions fixées par un arrêté du 28 décembre 2011[1].

Les date et lieu de l'entretien sont fixés par le président du Conseil national des barreaux sur proposition du président du conseil d'administration du CRFP désigné.

214.62 Dossier de candidature. Le dossier de candidature[2] est adressé par voie électronique ou par tout autre moyen équivalent au président du Conseil national des barreaux[3].

Le dossier de candidature comprend :

1° une requête de l'intéressé précisant le ou les certificats de spécialisation dont le candidat sollicite l'usage ;

2° un *curriculum vitae ;*

3° une attestation de la qualité d'avocat inscrit à un barreau français, délivrée par le bâtonnier en exercice ;

4° tous documents justificatifs de l'identité et du domicile professionnel du candidat ;

5° pour l'avocat exerçant la profession depuis au moins deux ans, une attestation de suivi de son obligation de formation continue ;

6° Une note de synthèse sur ses activités professionnelles en lien avec le domaine de spécialisation revendiqué. La Commission formation du CNB précise que cette note a pour objet d'apprécier l'expérience professionnelle de l'avocat dans le domaine de spécialisation sollicité. Il est demandé au candidat de fournir une liste chronologique récapitulant les actes de procédure (requêtes, recours, conclusions, mémoires...) qu'il a rédigés, avec les dates et références de la juridiction, ainsi que les consultations et actes juridiques (contrats, notes...) qu'il a effectués. Le candidat ajoutera, le cas échéant, par ordre chronologique, la liste des jugements, arrêts, dans lesquels il apparaît avoir défendu une partie, ou concernant les sentences, médiation ou arbitrage, la part qu'il a prise à la procédure. Une attestation de l'avocat avec lequel il collabore ou a collaboré pourra également être jointe s'il n'a pas été personnellement signataire ou intervenant. La note de synthèse peut également comporter la liste de chacune des publications ou documents rédigés dans la matière de spécialité. Il peut s'agir de thèses, mémoires, articles juridiques. Sont indiqués le titre de la publication et la référence de l'éditeur (le cas échéant). Les cours, conférences, séminaires suivis ou dispensés par l'avocat dans la spécialité ainsi que les diplômes acquis dans son domaine peuvent être mentionnés. Les documents listés dans la note de synthèse n'ont pas à être adressés au CNB en pièce jointe, mais pourront être demandés au candidat par le rapporteur[4].

Un bordereau récapitulatif des pièces est joint au dossier.

Les pièces produites devront être accompagnées, le cas échéant, de leur traduction en langue française par un traducteur inscrit sur la liste nationale des experts judiciaires ou sur l'une des listes d'experts judiciaires dressées par les cours d'appel ou par un traducteur habilité à intervenir auprès des autorités judiciaires ou administratives d'un autre État membre de l'Union européenne, d'un État partie à l'accord sur l'Espace économique européen ou de la Confédération suisse.

Le candidat peut demander à passer l'entretien devant un jury hors du CRFP dans le ressort duquel il est inscrit à un barreau. Il appartient ensuite au président du CNB de désigner le CRFP devant lequel le candidat passera l'entretien de spécialisation dans le délai de trois mois suivant la réception de sa candidature[5]. L'avocat ne peut exiger d'être convoqué devant le CRFP dont il dépend, il doit seulement être avisé du jury qui examinera sa demande et du lieu où il devra se présenter[6].

214.63 Droits d'inscription. Des droits d'inscription d'un montant de 800 euros sont demandés à l'avocat.

Ces droits tiennent compte des éléments suivants :

- les coûts de gestion administrative ;
- le défraiement des membres du jury ;
- le remboursement des frais engagés par les écoles organisant les examens (locaux et personnels).

214.64 Instruction du dossier. Le président du Conseil national des barreaux informe l'avocat du CRFP dans lequel il passera l'entretien et transmet au centre compétent le ou les dossiers des candidats déclarés.

Le rapporteur désigné par le président du CNB étudie la recevabilité du dossier du candidat et transmet son rapport aux autres membres du jury au

1. Arr. 28 déc. 2011 fixant les modalités de l'entretien de validation des compétences professionnelles en vue de l'obtention d'un certificat de spécialisation, *JO* 29 déc., n° 25, NOR : JUSC1130804A.
2. Arr. 28 déc. 2011, NOR : JUSC1130804A, art. 2.
3. Décr. n° 91-1197, 27 nov. 1991, art. 92 – Arr. 28 déc. 2011, NOR : JUSC1130804A, art. 2, al. 1er.
4. Commission formation du CNB, *Guide Nouvelles conditions d'accès aux mentions de spécialisation des avocats* : http://cnb.avocat.fr/
5. Arr. 28 déc. 2011, NOR : JUSC1130804A, art. 3.
6. Paris, 18 avr. 2019, RG n° 18/02658.

plus tard dans les deux mois de la désignation de celui-ci[1].

Le candidat adresse au rapporteur désigné tous documents justificatifs de la pratique professionnelle nécessaire à l'obtention de la spécialisation revendiquée.

Le rapport établi par le membre du jury désigné à cette fin est un document interne à l'usage du jury qui n'a pas à être communiqué au candidat[2].

214.65 Convocation du candidat pour l'entretien avec le jury. Une convocation individuelle indiquant le jour, l'heure et le lieu de l'entretien est adressée par le CRFP aux avocats dont la candidature est retenue, par voie électronique ou par tout autre moyen équivalent, quinze jours au moins avant la date de l'entretien[3].

214.66 Entretien avec le jury. L'entretien se déroule devant un jury de quatre membres désignés par le président du Conseil national des barreaux sur la liste nationale dressée chaque année[4].

Le jury comprend :

1° Deux avocats admis à faire usage de la mention de spécialisation revendiquée ou, à défaut, justifiant d'une « qualification suffisante » dans cette spécialité, dont le rapporteur et le président du jury. Concernant les critères de définition de la « qualification suffisante dans la spécialisation », la Commission formation du CNB précise qu'il faut entendre un exercice constant et dominant dans le domaine revendiqué qui reste à l'appréciation souveraine du bâtonnier en exercice. Pour ce faire, il peut s'agir d'un nombre suffisant d'années d'expérience professionnelle (quatre années par exemple) et de la notoriété de l'avocat pour les matières traditionnelles de spécialisation, ou de la participation de ce dernier à des actions de formation et à des publications juridiques pour des matières plus nouvelles. Cette ouverture est notamment nécessaire pour les spécialisations nouvelles[5].

2° Un professeur ou maître de conférences chargé d'un enseignement juridique dans le domaine de spécialisation revendiqué.

3° Un magistrat de l'ordre judiciaire ou un membre du corps des tribunaux administratifs et cours administratives d'appel.

Un nombre égal de suppléants est désigné dans les mêmes conditions.

Aucun membre du jury ne peut siéger plus de cinq années consécutives.

En cas de partage des voix, celle du président du jury est prépondérante.

L'ouverture vers d'autres professions du jury est perçue comme le gage de la crédibilité des nouveaux certificats de spécialisation[6] et permet de démontrer le caractère opérationnel de la pratique professionnelle des avocats en toute transparence.

Les avocats sont inscrits sur la liste nationale des membres du jury sur proposition des bâtonniers en exercice ; les universitaires le sont sur proposition des présidents des universités habilitées à délivrer une licence ou un master en droit ; les magistrats sur proposition des premiers présidents et procureurs généraux des cours d'appel, des présidents des cours administratives d'appel et des présidents des tribunaux administratifs dans le ressort desquels se trouvent les sièges des CRFP.

Ces autorités communiquent au président du CNB, au plus tard le 31 janvier de chaque année civile, une liste de personnes pouvant être désignées pour faire partie d'un jury.

214.67 Déroulement de l'entretien avec le jury. La durée de l'entretien avec le jury[7], qui se déroule en séance publique, est fixée à une heure[8].

Il débute par une présentation orale sur la base du dossier constitué par le candidat.

Il est suivi d'une discussion avec le jury qui vérifie par une mise en situation professionnelle que les compétences sont acquises dans le domaine de spécialisation revendiqué[9]. Le *Guide pratique* de la Commission formation du CNB indique dans ce cadre que le candidat pourra être interrogé sur des questions déontologiques en lien avec la spécialisation[10].

Il précise également que le jury contrôle l'existence d'une pratique professionnelle réelle et sérieuse et s'abstient de procéder à un contrôle de connaissance théorique. Il peut prendre en considération l'ensemble des travaux et publications réalisés par l'avocat ainsi que de la formation professionnelle continue suivie dans la matière.

214.68 Obtention de la mention de spécialisation. Le jury arrête la liste des candidats déclarés admis à faire usage d'un certificat de spécialisation. Le CRFP en informe sans délai le président du

1. Décr. n° 91-1197, 27 nov. 1991, art. 92-1.
2. Paris, 9 juin 2016, RG n° 14/17181 – Paris, 18 avr. 2019, RG n° 18/02658.
3. Arr. 28 déc. 2011, NOR : JUSC1130804A, art. 4.
4. Décr. n° 91-1197, 27 nov. 1991, art. 91.
5. Commission formation du CNB, *Guide Nouvelles conditions d'accès aux mentions de spécialisation des avocats*, http://cnb.avocat.fr/
6. Ch. Féral-Schuhl, « La spécialisation des avocats : enjeux et perspectives », *D.* 2012. 1176.
7. Décr. n° 91-1197, 27 nov. 1991, art. 92-2.
8. Arr. 28 déc. 2011, NOR : JUSC1130804A, art. 5, al. 2.
9. Arr. 28 déc. 2011, NOR : JUSC1130804A, art. 5, al. 1er.
10. Commission formation du CNB, Guide *Nouvelles conditions d'accès aux mentions de spécialisation des avocats*, http://cnb.avocat.fr/

Conseil national des barreaux qui délivre les certificats de spécialisation aux candidats admis[1]. Le président du CNB procède à l'inscription des avocats titulaires desdits certificats sur la liste nationale des avocats admis à faire usage d'une ou de deux mentions de spécialisation mentionnée à l'article 86 alinéa 2 du décret du 27 novembre 1991[2] et en informe les bâtonniers des ordres concernés par lettre recommandée avec demande d'avis de réception.

L'avocat ne peut faire état de son titre de spécialiste qu'après son intégration par le CNB sur la liste nationale qui est régulièrement mise à jour et le droit de faire usage de la mention de spécialisation peut être sanctionné par la péremption en cas de non-respect des exigences de formation continue qui y sont attachées[3].

§ 3
Refus – Voies de recours

214.71 Refus de la mention de spécialisation et voies de recours. Le président du Conseil national des barreaux notifie aux candidats non admis, par lettre recommandée avec demande d'avis de réception, dans les quinze jours de leur signature, les décisions refusant le ou les certificats de spécialisation[4].

La décision refusant un certificat de spécialisation peut être déférée par l'intéressé à la cour d'appel de Paris, dans le délai d'un mois suivant sa notification, par lettre recommandée avec demande d'avis de réception adressée au secrétariat-greffe de la cour d'appel ou remis contre récépissé au greffier en chef. Le recours est instruit et jugé selon les règles applicables en matière contentieuse à la procédure sans représentation obligatoire[5].

Le recours doit être exercé par l'avocat contre la décision du jury lui refusant la délivrance du certificat de spécialisation sollicité et non contre la notification du seul résultat de cette décision par le président du Conseil national des barreaux. La cour d'appel de Paris (pôle 2 - chambre 1) a ainsi jugé irrecevables tous les recours formés contre l'acte de notification de la décision du jury par le président du Conseil national des barreaux[6], considérant que c'était « *de manière erronée* » ou « *de façon erronée* » que les requérants avaient indiqué dans leur lettre de saisine de la Cour qu'ils formaient leur recours contre une décision du CNB, et elle a estimé que de tels recours, « *s'exerçant non contre la décision prise par le jury [...] refusant la délivrance du certificat de spécialisation [sollicité] [...] mais contre la notification du seul résultat de cette décision, [devaient] être déclaré[s] irrecevable[s]* ». En définitive, la décision par laquelle un jury déclare un candidat non admis à faire usage d'un certificat de spécialisation ne constitue pas une décision du CNB, de sorte qu'est irrecevable le recours dirigé contre cette décision.

Le jury est par ailleurs souverain pour apprécier le dossier qui lui est soumis et les compétences du candidat, son appréciation ne pouvant être utilement discutée devant la cour qui ne peut décider s'il convient ou pas de délivrer la mention de spécialisation sollicitée[7]. La cour d'appel n'exerce donc son contrôle que sur la légalité de la délibération attaquée, à savoir sur la régularité de l'organisation et du déroulement de l'épreuve[8].

214.72 Nouveau délai de neuf mois pour statuer. Le décret du 10 novembre 2015[9] prévoit, par dérogation à l'application du principe « silence vaut acceptation », que le silence du Conseil national des barreaux vaut rejet au terme d'un délai de neuf mois concernant les demandes de délivrance d'un certificat de spécialisation. La question reste posée du point de départ de ce délai qui doit courir, selon l'article 20 de la loi du 12 avril 2000[10], à compter de la date de réception de la demande par l'autorité initialement saisie. Or, en application de l'article 13, 7°, de la loi du 31 décembre 1971, le jury se prononce à l'issue d'un entretien, lequel est organisé par le CRFP désigné par le président du CNB.

Toutefois, les dispositions de l'article 92 du décret du 27 novembre 1991 devraient conduire à retenir la date de réception de la demande de délivrance du certificat de spécialisation au CNB comme point de départ du délai au terme duquel la décision implicite intervient. En pratique, selon les mentions de spé-

1. Décr. n° 91-1197, 27 nov. 1991, art. 92-2 et 92-3.
2. Décr. n° 91-1197, 27 nov. 1991, art. 86, al. 2.
3. V. s[s] n° 214.82.
4. Décr. n° 91-1197, 27 nov. 1991, art. 92-3 ; – Arr. 28 déc. 2011, NOR : JUSC1130804A, art. 7.
5. Décr. n° 91-1197, 27 nov. 1991, art. 92-4.
6. Paris, 12 déc. 2013, RG n° 12/23222 – Paris, 22 mai 2014, RG n°s 13/16206, 13-13616 – Paris, 28 mai 2015, RG n° 14/17307 ; – POUR LE REJET par le président du CNB d'une demande de spécialisation en procédure d'appel : Civ. 1re, 7 mars 2018, n°s 17-12.598, 17-12.606, P I, n° 42 ; *D. actu.* 27 mars 2018, obs. D. Piau.
7. Paris, 11 févr. 2016, RG n°s 15/06400, 15/08998 – Paris, 9 juin 2016, RG n° 14/17181 – Paris, 18 avr. 2019, RG n° 18/02658.
8. Paris, 26 mai 2016, RG n° 15/15480.
9. Décr. n° 2015-1451, 10 nov. 2015 relatif aux exceptions à l'application du principe "silence vaut acceptation" sur le fondement du II de l'article 21 de la loi n° 2000-321 du 12 avril 2000 relative aux droits des citoyens dans leurs relations avec les administrations (organismes chargés d'une mission de service public), *JO* 11 nov., p. 21031.
10. L. n° 2000-321, 12 avr. 2000 relative aux droits des citoyens dans leurs relations avec les administrations, *JO* 13 avr., p. 5646.

cialisation sollicitées, ces entretiens sont organisés dans un délai très variable, qui ne peut être imposé aux centres par le CNB, qui n'est pas non plus l'auteur de la décision de délivrance du certificat de spécialisation rendue de manière souveraine par le jury.

SECTION 3
OBLIGATION DE FORMATION CONTINUE DE L'AVOCAT SPÉCIALISTE

214.81 **Exigence renforcée.** Les avocats titulaires d'un certificat de spécialisation doivent consacrer la moitié de la durée de leur formation continue[1] à leur domaine de spécialisation[2], contre un quart auparavant (avant la dernière réforme).

S'ils sont titulaires de deux certificats de spécialisation, ils accompliront dix heures au moins de formation dans chacun de ces domaines, soit vingt heures au cours d'une année civile et quarante heures au cours de deux années consécutives. La cour d'appel de Poitiers a annulé une délibération d'un conseil de l'Ordre qui autorisait les avocats titulaires de deux mentions de spécialisation à effectuer sur une période de deux ans, par une règle de lissage, les heures de formation continue qui leur sont imposées[3]. Les avocats spécialistes sont donc soumis à un quota annuel d'heures à réaliser, sans possibilité de lissage sur deux ans.

214.82 **Exigence sanctionnée – Péremption du droit de faire usage de la mention de spécialisation.** À défaut, l'avocat peut perdre l'usage de son ou ses certificats de spécialisation par décision du conseil de l'Ordre dont il relève.

Le bâtonnier met en demeure, par lettre recommandée avec demande d'avis de réception, l'avocat titulaire d'un certificat de spécialisation qui n'aurait pas satisfait à son obligation de formation continue, de justifier du respect de cette obligation dans un délai de trois mois à compter de la notification.

À défaut de justification dans ce délai, le conseil de l'Ordre dont il relève peut interdire à l'avocat de faire usage de sa ou ses mentions de spécialisation. Cette mesure ne peut être prononcée sans que l'intéressé ait été entendu ou appelé dans un délai d'au moins huit jours par lettre recommandée avec demande d'avis de réception.

La décision du conseil de l'Ordre interdisant de faire usage de la mention de spécialisation est notifiée à l'intéressé, par lettre recommandée avec demande d'avis de réception, dans les quinze jours de sa date. L'intéressé peut la déférer à la cour d'appel dans les conditions prévues à l'article 16 du décret du 27 novembre 1991.

Le bâtonnier avise de cette décision sans délai le président du Conseil national des barreaux qui procède au retrait de l'avocat de la liste nationale prévue à l'avant-dernier alinéa de l'article 86 du décret du 27 novembre 1991[4].

L'avocat retrouve le droit de faire usage de sa mention de spécialisation s'il justifie auprès du conseil de l'Ordre dont il relève, dans les deux ans suivant la notification de l'interdiction, de ce qu'il a satisfait à l'obligation de formation continue.

Le bâtonnier en avise le président du CNB qui procède alors à la réinscription de l'avocat sur la liste nationale[5].

La rigueur de la sanction révèle le rôle primordial de la formation continue au regard des spécialités[6]. Toutefois il ne semble pas que cette sanction de la péremption du certificat de spécialisation ait déjà trouvé à s'appliquer, aucune décision d'un conseil de l'Ordre n'ayant été notifiée au président du CNB aux fins de procéder au retrait de l'avocat de la liste nationale des avocats spécialistes.

SECTION 4
RÉGIMES TRANSITOIRES ET SPÉCIAUX

214.90 **Plan.** Les régimes transitoires et spéciaux concernent les avocats titulaires d'un certificat de spécialisation à la date d'entrée en vigueur de la loi du 28 mars 2011 (§ 1), ainsi que les anciens avoués devenus avocats et personnes ayant travaillé en qualité de collaborateur d'avoué (§ 2).

§ 1
Avocats titulaires d'un certificat de spécialisation à la date d'entrée en vigueur de la loi du 28 mars 2011

214.101 **Dispense de la procédure de droit commun – Régime transitoire.** Il résulte de l'article 50, II, de la loi du 31 décembre 1971 que les avocats

1. V. s^s n° 213.25.
2. Décr. n° 91-1197, 27 nov. 1991, art. 85.
3. Poitiers, 22 sept. 2016, RG n° 16/02193.
4. Décr. n° 91-1197, 27 nov. 1991, art. 92-5.
5. V. s^s n° 214.68.
6. Ch. Féral-Schuhl, « La spécialisation des avocats : enjeux et perspectives », *D.* 2012. 1176 : qui envisage la formation comme le seul véritable investissement qui oblige l'avocat et lui permet d'être, en permanence, un professionnel respecté et de confiance, compétent dans les domaines qu'il revendique. L'auteur fait également remarquer que cette obligation de formation n'est, d'ailleurs, pas une démarche personnelle mais engage également tous les avocats car elle contribue à la bonne image professionnelle qu'ils souhaitent véhiculer.

titulaires d'un ou plusieurs certificats de spécialisation à la date d'entrée en vigueur de la loi du 28 mars 2011 de modernisation des professions judiciaires ou juridiques et de certaines professions réglementées [1] pouvaient faire le choix sur justification d'une pratique professionnelle effective dans le domaine revendiqué, d'un ou de deux certificats de spécialisation dont la liste a été fixée par l'arrêté du garde des Sceaux, ministre de la justice, en date du 28 décembre 2011 [2]. Le Conseil national des barreaux était chargé de déterminer les modalités selon lesquelles cette faculté s'accomplit.

Les avocats déjà titulaires d'une mention de spécialisation ou d'un certificat dans un champ de compétence étaient ainsi dispensés de la procédure de droit commun prévue par la réforme [3].

La Cour de cassation, par un arrêt de sa première chambre civile en date du 19 mars 2015 [4], a confirmé la compétence du Conseil national des barreaux en matière de spécialisation à l'effet tant de fixer la nomenclature de la période transitoire pour les avocats déjà titulaires d'un certificat de spécialisation au 1er janvier 2012, que pour appliquer strictement les tables de concordance définies par sa commission de la formation professionnelle entre les anciennes et les nouvelles mentions de spécialisation.

214.102 **Procédure applicable.** La procédure à suivre dans le cadre du régime transitoire était simplifiée par rapport à celle de droit commun. Le dossier complet devait être envoyé au Conseil national des barreaux pour délivrance, en application des tables de concordance élaborées par sa commission de la formation professionnelle, de nouveaux certificats de spécialisation, dans la limite de deux. Une procédure similaire était appliquée pour les avocats justifiant d'un certificat de spécialisation dans un champ de compétence. Les avocats qui disposaient de plus de deux certificats de spécialisation à la date d'entrée en vigueur de la réforme ont dû faire un choix.

Les avocats devaient initialement déposer leur dossier avant le 31 décembre 2012. Par délibération de son assemblée générale des 14 et 15 décembre 2012, le CNB avait décidé de proroger d'une année supplémentaire la période transitoire avec un délai expirant le 31 décembre 2013.

La période transitoire ainsi fixée étant désormais close, les avocats titulaires d'un ou plusieurs certificats de spécialisation avant l'entrée en vigueur de la réforme qui n'ont pas respecté le délai imposé par le CNB ne peuvent prétendre à la délivrance d'un nouveau certificat de spécialisation qu'en déposant un dossier de candidature en vue de passer un entretien de validation de ses compétences professionnelles devant un jury, dans le cadre du régime de droit commun instauré par la loi nouvelle.

§ 2
Anciens avoués devenus avocats et personnes ayant travaillé en qualité de collaborateur d'avoué

214.111 **Dispositif spécifique.** La loi du 25 janvier 2011 [5] a créé une spécialisation en procédure d'appel réservée, d'une part, aux anciens avoués devenus avocats et, d'autre part, aux personnes ayant travaillé en qualité de collaborateur d'avoué et justifiant à la date d'entrée en vigueur de la loi de la réussite à l'examen d'aptitude à la profession d'avoué.

Les « anciens avoués devenus avocats » peuvent bénéficier de plein droit de la spécialisation en procédure d'appel, selon l'alinéa 4 du I de l'article 1er de la loi du 31 décembre 1971 modifiée. Néanmoins, l'avocat ne pourra afficher cette spécialisation en procédure d'appel qu'au jour de l'entrée en vigueur de la loi de fusion des professions d'avoué et d'avocat fixée au 1er janvier 2012.

L'inscription sur la liste nationale des avocats spécialistes dressée par le Conseil national des barreaux [6] ne pourra donc intervenir qu'à cette date.

S'agissant des personnes ayant travaillé en qualité de collaborateur d'avoué, le quatrième alinéa de l'article 1er de la loi du 31 décembre 1971 modifiée en limite le bénéfice aux seules personnes ayant exercé en cette qualité après le 31 décembre 2008, et justifiant de la réussite à l'examen d'aptitude à la profession d'avoué au plus tard le 1er janvier 2012.

Cette spécialisation en procédure d'appel ne figure pas sur la liste des mentions de spécialisation en usage dans la profession d'avocat fixée par l'arrêté du 28 décembre 2011 [7] [8]. Elle suit un régime

1. L. n° 2011-331, 28 mars 2011 de modernisation des professions judiciaires ou juridiques et de certaines professions réglementées, *JO* 29 mars, p. 5447.
2. Arr. 28 déc. 2011 fixant la liste des mentions de spécialisation en usage dans la profession d'avocat, *JO* 29 déc., p. 22577, NOR : JUSC1130802A.
3. SUR la concordance entre les anciennes et les nouvelles mentions de spécialisation v. ss n° 214.32.
4. Civ. 1re, 19 mars 2015, n° 14-13.794, P I, n° 63 ; *D.* 2015. 741 ; *D.* 2016. 101, obs. T. Wickers.
5. L. n° 2011-94, 25 janv. 2011 portant réforme de la représentation devant les cours d'appel, *JO* 26 janv., p. 1544.
6. V. ss n° 214.68.
7. Arr. 28 déc. 2011, NOR : JUSC1130802A, art. 1er.
8. V. ss n° 214.31.

particulier dérogatoire des autres mentions de spécialisation et est exclusivement réservée aux anciens avoués devenus avocats et à leurs collaborateurs dans les conditions ci-dessus rappelées [1]. Dès lors, le recours formé par une avocate contre la décision de refus par le président du CNB de lui délivrer un certificat de spécialisation en procédure d'appel est irrecevable [2].

1. CNB, *Guide pratique du CNB*, préc.

2. Civ. 1re, 7 mars 2018, no 17-12.598 et 17-12.606, P I, no 42 ; *D. actu.* 27 mars 2018, obs. D. Piau.

TITRE

22. L'inscription au tableau

SECTION 0
ORIENTEUR

22.00 **Sommaire du titre.**

Division. L'inscription au tableau est soumise à des conditions générales (chap. 221) et à une obligation de domicile professionnel (chap. 222), sous le contrôle du conseil de l'Ordre qui arrête et publie le tableau (chap. 224). Il peut aussi autoriser l'ouverture d'un bureau secondaire qui relève d'un statut spécifique (chap. 223).

22.03 **Bibliographie indicative.**

* Aussi : v. s^s n° 2.03.

Monographies. R. Martin, *Déontologie de l'avocat,* 11e éd., « Litec professionnels », LexisNexis, 2013 – B. Beignier, B. Blanchard, J. Villacèque (dir.), *Droit et Déontologie de la profession d'avocat*, 2e éd., Gazette du Palais – LGDJ, 2016 – J.-M. Braunschweig, J. Demaison, *Profession d'avocat : le guide*, 4e éd., Wolters Kluwer, 2017.

Formats réduits. J.-J. Taisne, *La déontologie de l'avocat*, 11e éd., « Connaissance du droit », Dalloz, 2019 – S. Guinchard, *Comment devenir avocat ?*, 13e éd., « Carrières judiciaires », Gazette du Palais – Lextenso, 2019.

CHAPITRE

221. Conditions d'inscription au tableau

SECTION 0
ORIENTEUR

221.00 Sommaire du chapitre.

Division. Les conditions d'inscription au tableau englobent la nationalité (sect. 1), le diplôme et la compétence (sect. 2), la moralité (sect. 3), et l'aptitude à l'exercice réel de la profession (sect. 4).

221.01 Texte applicable.

TEXTE TITRÉ

• **L. n° 71-1130, 31 déc. 1971**

art. 11 [Conditions d'accès]

221.02 Jurisprudence de référence.

> Pouvoir du conseil de l'Ordre de refuser l'inscription d'un postulant ayant contrevenu aux principes de probité et de désintéressement

• **Civ. 1re, 15 oct. 1975,** n° 73-12.628, P I, n° 273

* V. s[s] n° 221.35.

« Si l'article 11 de la loi du 31 décembre 1971 énumère les conditions à défaut desquelles nul ne peut accéder à la profession d'avocat, il ne s'ensuit pas nécessairement que tout candidat qui satisfait à ces conditions doive être admis au barreau.

C'est dès lors à bon droit qu'une cour d'appel admet que l'article 17, 3° de la loi précitée, d'une portée générale, qui donne au conseil de l'Ordre la mission de maintenir les principes de probité et de désintéressement sur lesquels repose la profession d'avocat, lui reconnaît par là même le pouvoir de refuser l'inscription d'un postulant ayant contrevenu à ces principes. »

> Inscription au barreau d'un ancien condamné réhabilité

• **Civ. 1re, 9 déc. 1997,** n° 95-17.186, P I, n° 357

* V. s[s] n° 221.32.

« Attendu que M. X... a été condamné, le 22 octobre 1971, par la cour d'assises de Paris à la peine de 20 ans de réclusion criminelle pour avoir volontairement donné la mort à son amie, incendié son appartement et dérobé les bijoux de la victime ; que, durant son incarcération, il a obtenu plusieurs titres universitaires et, notamment, la licence en droit ; qu'après sa libération, il a exercé une activité libérale de rédacteur d'actes juridiques ; qu'ayant obtenu sa réhabilitation le 4 février 1991, il a sollicité, le 3 avril 1992, son inscription au barreau de Paris en application de l'article 50-VII de la loi du 31 décembre 1971 ; que sa demande a été accueillie par le conseil de l'Ordre ;

Attendu que le procureur général fait grief à l'arrêt attaqué (Paris, 31 mai 1995) d'avoir confirmé cette décision, alors, selon le moyen, que la cour d'appel s'est bornée à constater l'amendement de M. X... sans rechercher si, eu égard à la gravité toute particulière des faits en cause, non effacés par la réhabilitation judiciaire, et au trouble qu'ils étaient susceptibles de créer, l'inscription sollicitée était compatible avec les principes de l'article 17.3° de la loi n° 71-1130 du 31 décembre 1971 modifiée et les conditions d'accès à la profession d'avocat ;

Mais attendu que la cour d'appel, après avoir énoncé que la réhabilitation n'avait pas effacé les faits commis par le requérant, a, dans l'exercice de son pouvoir souverain d'appréciation, considéré que, au moment de sa demande, M. X... avait réussi sa réinsertion sociale et avait donné des gages sérieux et suffisants de son aptitude à respecter les principes essentiels de la profession d'avocat ; qu'elle a ainsi légalement justifié sa décision ;

PAR CES MOTIFS :

REJETTE le pourvoi. »

221.03 Bibliographie de référence.

* Aussi : v. s[s] n° 22.03.

Articles. A. Damien, « Le pavé », *Gaz. Pal.* 1982. 1. Doctr. 196 ; « La condition de nationalité pour l'inscription au barreau », *Gaz. Pal.* 1975. Doctr. 69 – D. Le Prado,

« Communication de l'Ordre des avocats aux Conseils, Président de l'Ordre des avocats au Conseil d'État et à la Cour de cassation », *D.* 2009. 958 ; « Libres propos », *JCP* 2009. p. 184 – Y. Paclot « De la sélection des futurs avocats », *Gaz. Pal.* 14 mai 1998, p. 7.

221.05 Nomenclature des conditions. Toute personne qui sollicite son inscription au tableau doit, aux termes de la loi, remplir un certain nombre de conditions[1], notamment de nationalité, de compétence et de moralité. Il n'y a plus de condition de sexe, la loi du 1er décembre 1900[2] ayant permis aux femmes de prêter serment d'avocat et d'exercer cette profession. Il n'existe pas de condition d'âge pour s'inscrire, un mineur peut être inscrit au barreau mais avec l'allongement de la durée des études de droit, cette hypothèse devient purement théorique. La prestation de serment doit suivre l'inscription au tableau qui se fait sous condition suspensive de ce serment. Contrairement à une pratique très répandue, il n'existe pas dans les textes de procédure d'admission à la prestation de serment distincte de la procédure d'inscription au tableau d'un barreau.

SECTION 1
CONDITION DE NATIONALITÉ

221.11 Principe. Nul ne peut accéder à la profession d'avocat s'il ne remplit les conditions suivantes : 1° être Français, ressortissant d'un État membre de l'Union européenne ou partie à l'accord sur l'Espace économique européen, ou ressortissant d'un État ou d'une unité territoriale n'appartenant pas à l'Union ou à cet Espace économique qui accorde aux Français la faculté d'exercer sous les mêmes conditions l'activité d'avocat[3].

Sous l'Ancien Régime, la seule condition pour accéder au barreau était la possession d'un diplôme de licencié, aucune exigence de nationalité n'était requise ; ce n'est qu'au milieu du XIXe siècle que, bien que cette condition ne figurât dans aucun texte, l'étranger fut peu à peu écarté du barreau par la déontologie ordinale qui ne pouvait tolérer qu'un étranger qui n'était admis à résidence que par autorisation du souverain puisse exercer la profession d'avocat « cette autorisation étant toujours révocable et un pareil état qui n'avait ni certitude ni dignité paraissant incompatible avec le ministère de l'avocat »[4].

Dans sa rédaction primitive, la loi du 31 décembre 1971, posait une exigence de nationalité, soit de naissance, soit par naturalisation ; l'exigence de cinq années de naturalisation avant l'inscription au barreau a été supprimée par la loi du 9 janvier 1973[5]. Un certain nombre de conventions internationales admettait certains étrangers au barreau français[6].

Une jurisprudence abondante était venue préciser la portée de ces conventions internationales[7].

L'article 52[8] du traité de Rome prévoyant la liberté d'établissement et de prestation des ressortissants amena la jurisprudence française à admettre des étrangers membres de la Communauté européenne au sein du barreau, nonobstant la condition de nationalité[9]. De même la liberté d'établissement avait posé des problèmes délicats notamment relatifs au contrôle qu'un État peut exercer sur l'exercice, par un étranger, de sa profession en France, dans le cadre de la prestation de services mais aussi au titre de la liberté d'établissement[10].

1. L. n° 71-1130, 31 déc. 1971 portant réforme de certaines professions judiciaires et juridiques, *JO* 5 janv. 1972, p. 131, art. 11.
2. L. 1er déc. 1900 ayant pour objet de permettre aux femmes munies des diplômes de licencié en droit de prêter le serment d'avocat et d'exercer cette profession, *JO* 4 déc., p. 8021 ; *DP* 1900. 4. 81.
3. L. n° 71-1130, 31 déc. 1971, art. 11, 1°.
4. MOLLOT, t. I, 2e éd., 1866, p. 460.
5. L. n° 73-42, 9 janv. 1973 complétant et modifiant le code de la nationalité française et relative à certaines dispositions concernant la nationalité française, *JO* 10 janv., p. 467.
6. J. Hamelin, *Les règles de la profession d'avocat*, 9e éd., « Référence », Dalloz, 2000, p. 106 s.
7. NOT. : Paris, 24 janv. 1990, Versailles, 7 févr. 1990, *Gaz. Pal.* 1990. II. 452, note A. Damien – Civ. 1re, 29 oct. 1979, n° 78-13.176, P I, n° 263 ; – AUSSI les arrêts commentés par Brunois [bâtonnier] « Le barreau et la jurisprudence », « Le barreau et l'Europe », « Avocats étrangers », *D.* 1987. Somm. 61 s. – Colmar, 9 juin 1981, *Gaz. Pal.* 1982. I. 47 – Civ. 1re, 22 janv. 1991, n° 88-14.559, P I, n° 25 ; *JCP* 1991. IV. 105 – Civ. 1re, 28 janv. 1992, n° 90-11.803, P I, n° 27 ; *JCP* 1992. II. 907 – Civ. 1re, 25 févr. 1992, n° 90-17.348, P I, n° 64 ; *Gaz. Pal.* 8 sept. 1992, 210 – Civ. 1re, 20 oct. 1992, n° 90-13.012, NP ; *Gaz. Pal.* 8 oct. 1993, 6.
8. TFUE, art. 49 [Amsterdam, 43 ; CEE 52].
9. CJCE 21 juin 1974, *Jean Reyners contre État belge*, aff. C-2/74, *Rec.* 631, pt 21 ; *JOCE* 27 sept., p. 26 ; *Gaz. Pal.* 1974. II. 607, note L.-E. Pettiti – A. Damien, « La condition de nationalité pour l'inscription au barreau », *Gaz. Pal.* 1975. Doctr. 69 – CJCE 28 avr. 1977, *Thieffry*, aff. C-71/76, *Rec.* I-00765, point 12 ; *Gaz. pal.* 1977, 1, 26, note L.-E. Pettiti – CJCE 3 déc. 1974, Van Bisbergen, aff. C-33-74, *Rec.*, p. 1299 – CJCE 12 juill. 1984, *Ordre des avocats au barreau de Paris c/Onno Klopp*, aff. C-107/83, *Rec.* 2971, point 19 ; *Gaz. Pal.* 1984. II. 617 ; *D.* 1985. 103, note A. Brunois – Civ. 1re, 15 janv. 1985, n° 82-12.908, P I, n° 17 ; *D.* 1985. 316, note A. Brunois ; *JCP* 1986. I. 3260.
10. CJCE 7 févr. 1979, *J. Knoors c/Staatssecretaris van Economische Zaken*, aff. C-115/78, *Rec.* 399, *JOCE* 20 mars, p. 4 – CJCE 19 janv. 1988, *Claude Gullung c/cons. Ordre des avocats du barreau de Colmar et de Saverneaff*, aff. C-292/86, *Rec.* 111 ; *JOCE* 23 févr., p. 4 ; *JCP* 1988. II. 20963, concl. Darmon – SUR la notion de restriction aux libertés d'établissement et de prestations de services dans la jurisprudence de la CJCE par Marenco, *Gaz. Pal.* 5 mai 1992, p. 4 – R. Collin, « La prestation de services des avocats communautaires », *Gaz. Pal.* 5 mai 1992, 32.

221.12 **Exigence de la nationalité française (et loi du 31 déc. 1990).** Le principe de l'exigence de nationalité française a été maintenu mais toutefois des dispositions législatives furent prises en faveur des ressortissants des États membres de l'Union européenne et des États non-membres de cette Union qui rendent désormais sans intérêt les jurisprudences antérieures. Le principe posé par l'article 11, 1°, de la loi du 31 décembre 1971 est clair : pour accéder à la profession il faut être :

- de nationalité française ;
- ou ressortissant d'un État membre de l'Union européenne ou partie à l'accord sur l'Espace économique européen ;
- ou ressortissant d'un État ou d'une unité territoriale n'appartenant pas à l'Union européenne ou à cet Espace économique qui accorde aux Français la faculté d'exercer sous les mêmes conditions l'activité professionnelle que l'intéressé se propose lui-même d'exercer en France, sous réserve des décisions du conseil des Communautés européennes relatives à l'association des pays et territoires d'outre-mer à la Communauté économique européenne ;
- ou avoir la qualité de réfugié ou d'apatride reconnue par l'Office français de protection des réfugiés et apatrides (Ofpra).

La jurisprudence semble admettre que si la qualité de réfugié confère un traitement qui, pour l'exercice des professions libérales, doit être aussi favorable que possible et, en tout cas, non moins favorable que celui accordé dans les mêmes circonstances aux étrangers en général, les dispositions des articles 7 et 19[1] de la convention de Genève du 28 juillet 1951 ne conduisent pas cependant à leur accorder les avantages particuliers dont bénéficient les ressortissants des États liés à la France par un accord de coopération judiciaire[2]. Toutefois une décision de la commission de recours des réfugiés a accordé le statut de réfugié, à une Algérienne compte tenu de la « passivité » des autorités locales face aux agissements dont la requérante a été victime[3].

221.13 **Avocat d'un État membre de l'Union européenne.** La loi du 11 février 2004[4] a intégré au sein de la loi du 31 décembre 1971 les dispositions de la directive 98/5[5] relative au droit d'établissement. Cette loi a ainsi créé un titre IV intitulé « Dispositions relatives à l'exercice permanent de la profession d'avocat en France par les ressortissants des États membres de l'Union européenne ayant acquis leur qualification dans un autre État membre », comprenant deux chapitres, l'un consacré aux « Dispositions relatives à l'exercice permanent sous le titre professionnel d'origine »[6], le second relatif aux « Dispositions relatives à l'accès des ressortissants communautaires à la profession d'avocat »[7].

Un État membre ne peut interdire à un ressortissant ayant la qualité d'avocat dans un autre État membre de s'inscrire au barreau afin d'y exercer sa profession sous son titre professionnel d'origine en subordonnant cette inscription à des conditions autres que la seule justification d'une attestation d'inscription auprès de l'autorité compétente de l'État membre d'origine[8]. L'inscription sur la liste spéciale du tableau d'un barreau est de droit et ne peut ainsi être subordonnée à un contrôle de la probité, de la moralité et de l'honneur du postulant[9].

La directive 2005/36[10], relative à la reconnaissance des qualifications professionnelles, modifiée par la directive 2013/55[11] a également introduit l'« accès partiel » à une ou plusieurs activités d'une profession réglementée, transposée en droit interne par une ordonnance du 22 décembre 2016[12]. L'objectif est d'offrir la possibilité, pour un ressortissant de l'Union européenne, d'accéder à une ou plusieurs activités d'une profession réglementée sur le territoire national de l'État d'accueil pour laquelle ou lesquelles il est déjà qualifié dans son État d'origine. L'ordonnance du 22 décembre 2016 por-

1. Convention de Genève du 28 juill. 1951 relative au statut des réfugiés entrée en vigueur le 22 avril 1954, art. 7 et 19.
2. Civ. 1re, 3 févr. 1993, n° 91-14.046, P I, n° 54 ; *Gaz. Pal.* 17 juin 1993, 114.
3. Comm. recours réfugiés, sect. réunies, n° 237.939, 22 juill. 1994, Nadic Eltrelin.
4. L. n° 2004-130, 11 févr. 2004 réformant le statut de certaines professions judiciaires ou juridiques, des experts judiciaires, des conseils en propriété industrielle et des experts en ventes aux enchères publiques, *JO* 12 févr., p. 2847.
5. Dir. 98/5, Parlement et Conseil, 16 févr. 1998 visant à faciliter l'exercice permanent de la profession d'avocat dans un État membre autre que celui où la qualification a été acquise, *JOCE L* 77, 14 mars, p. 36.
6. V. ss nos 231.10 s.
7. V. ss nos 231.41 s.
8. CJUE, 17 juill. 2014, *Angelo Alberto Torresi et Pierfrancesco Torresi*, aff. C-58/13 et C-59/13, *JOUE* 15 sept., p. 9, pt 52 ; *AJDA* 2014. 2295, Chron. E. Broussy, H. Cassagnabère et C. Gänser ; *D.* 2015. 35, obs. T. Wickers ; *RTD eur.* 2014. 926, obs. V. Égéa ; *JCP* 2014. Doctr. 1093, n° 2, obs. D. Lévy – CJUE 7 mai 2019, *Monachos Eirinaios c/Dikigorikos Syllogos Athinon*, aff. C-413/17 ; *D. actu.* 29 mai 2019, obs. G. Deharo ; *JCP* 2019. 680, note J. Pertek ; *JCP* 2019. Doctr. 1238, n° 2, obs. S. Bortoluzzi.
9. Civ. 1re, 17 janv. 2018, n° 16-22.868, *PB ; D. actu.* 2 févr. 2018, obs. D. Piau ; – À RAPPROCHER : Civ. 1re, 28 juin 2012, n° 11-15.379, P I, n° 144 ; *D.* 2013. 136, obs. T. Wickers.
10. Dir. 2005/36, Parlement et Conseil, 7 sept. 2005 relative à la reconnaissance des qualifications professionnelles, *JOCE L* 255, 30 sept., p. 22.
11. Dir. 2013/55, Parlement et Conseil, 20 nov. 2013 modifiant la directive 2005/36/CE relative à la reconnaissance des qualifications professionnelles, *JOCE L* 354, 28 déc., p. 132.
12. Ord. n° 2016-1809, 22 déc. 2016 relative à la reconnaissance des qualifications professionnelles de professions réglementées, *JO* 23 déc., n° 19.

tant transposition, pour la profession d'avocat, de l'article 4 septies de la directive 2005/36, précitée, telle que modifiée par la directive 2013/55, précitée, introduit un nouveau titre V au sein de la loi du 31 décembre 1971 intitulé « *Dispositions relatives à l'accès partiel à la profession d'avocat en France, par les ressortissants des États membres de l'Union européenne ayant acquis leur qualification dans un autre État membre* » qui pose les conditions de cet accès partiel et les conditions d'exercice de cette activité [1]. Toutefois, cet accès partiel à la profession d'avocat ne vise que les seules activités de consultation juridique ou de rédaction d'actes sous seing privé, à l'exclusion des activités de représentation en justice. L'autorisation d'exercice est donnée par le garde des Sceaux, ministre de la justice, et les professionnels autorisés à exercer partiellement l'activité d'avocat ne font pas partie d'un barreau et ne sont pas inscrits au tableau de l'ordre des avocats. Ils ne sont pas soumis aux dispositions législatives et réglementaires relatives à la profession d'avocat [2].

221.14 Avocat d'un État non-membre de l'Union européenne – Condition de réciprocité. L'inscription au tableau d'une personne de nationalité étrangère, ne faisant pas partie de l'Union européenne ou de l'Espace économique européen sous condition de réciprocité, est autorisée par l'article 11, 1°, de la loi du 31 décembre 1971. Le candidat étranger, s'il ne possède pas la nationalité d'un État membre de l'Union européenne ou la qualité de réfugié ou d'apatride, délivrée par l'Ofpra, doit ainsi justifier que son État d'origine accorde aux avocats français la faculté d'exercer sous les mêmes conditions leur activité professionnelle.

La preuve peut notamment résulter d'un éventuel accord bilatéral liant l'État d'origine à la France et prévoyant la réciprocité pour l'accès à la profession d'avocat, des règles de cet État ou de la pratique des autorités ordinales permettant l'accès de ressortissants français à la profession d'avocat dans cet État.

Ne remplit pas cette condition de réciprocité un ressortissant de nationalité ivoirienne, titulaire du Capa, dès que l'accord de coopération en matière de justice conclu entre la France et la Côte d'Ivoire autorise un avocat français à plaider dans ce pays pour une affaire en particulier mais ne prévoit pas qu'il puisse être inscrit à un barreau local [3]. De même, une avocate de nationalité algérienne, titulaire du CAPA délivré en Algérie et inscrite au barreau d'Alger, ne peut se prévaloir d'un protocole d'accord judiciaire franco-algérien du 28 août 1962 contenant des règles de réciprocité entre les deux pays pour déroger aux conditions d'inscription à un barreau français [4]. La condition édictée par l'article 11 de la loi du 31 décembre 1971, tenant à la détention d'un CAPA, s'entend ainsi d'un titre délivré par les autorités françaises [5].

221.15 Régimes dérogatoires des articles 99 et 100 du décret du 27 novembre 1991. Des conditions particulières d'inscription au barreau sont prévues, au titre de la reconnaissance des qualifications professionnelles, pour les personnes ayant acquis la qualité d'avocat dans un État membre de l'Union européenne ou dans un autre État partie à l'accord sur l'Espace économique européen autre que la France, par les dispositions du décret du 27 novembre 1991, dans son titre II, section I, sous sections 3 et 4 [6], ainsi que pour les personnes ayant acquis la qualité d'avocat dans un État ou unité territoriale n'appartenant ni à l'Union européenne, ni à l'Espace économique européen, ni à la Confédération Suisse [7].

Les conditions de cette inscription, notamment le programme et les modalités des examens d'accès à la profession d'avocat, sont prévues pour ces ressortissants par les arrêtés du 7 janvier 1993 [8].

Ces dispositions des articles 99 et 100 du décret du 27 novembre 1991 ont été rendues nécessaires par la directive 89/48 [9], relative à un système général de reconnaissance des diplômes d'enseignement supérieur, qui sanctionnent les formations professionnelles d'une durée minimale de trois ans et dont l'ambition est de régler les questions de reconnaissance de qualification professionnelle. Cette directive 89/48 a été abrogée par la directive 2005/36, précitée, sur la reconnaissance des qualifications professionnelles, modifiée par la directive 2013/55, précitée.

1. L. n° 71-1130, 31 déc. 1971, art. 93 s.
2. V. s^s^ n°s 613.11 s.
3. Paris, 26 janv. 2017, RG n° 16/15764.
4. Civ. 1re, 19 juin 2019, n° 18-12.671 ; *D. actu.* 8 juill. 2019, obs. G. Deharo ; *JCP* 2019. Doctr. 1238, n° 3, obs. S. Bortoluzzi ; *Gaz. Pal.* 3 déc. 2019, n° 42, p. 24, note A. Lizop. – Versailles, 22 déc. 2017, RG n° 17/05707 ; *D. actu.* 23 janv. 2018, obs. D. Piau.
5. V. s^s^ n° 212.192.
6. Décr. n° 91-1197, 27 nov. 1991, art. 99 – V. s^s^ n°s 212.151 s.
7. Décr. n° 91-1197, 27 nov. 1991, art. 100 – V. s^s^ n°s 212.181 s.
8. Arr. 7 janv. 1993 fixant le programme et les modalités de l'examen d'aptitude prévu à l'article 99 du décret n° 91-1197 du 27 nov. 1991, *JO* 29 janv., p. 1496, NOR : JUSC9320006A, et ses modifications ; – V. s^s^ n°s 212.151 s. – Arr. 7 janv. 1993 fixant le programme et les modalités de l'examen de contrôle des connaissances prévu à l'article 100 du décret n° 91-1197 du 27 nov. 1991, *JO* 29 janv., p. 1429, NOR : JUSC9320007A, et ses modifications – V. s^s^ n°s 212.181 s.
9. Dir. 89/48, Conseil, 21 déc. 1988 relative à un système général de reconnaissance des diplômes d'enseignement supérieur qui sanctionnent des formations professionnelles d'une durée minimale de trois ans, *JOCE L* 19, 24 janv. 1989, p. 16.

SECTION 2
CONDITION DE DIPLÔME ET DE COMPÉTENCE

221.21 Diplôme de droit. Pour accéder à la profession d'avocat il faut, aux termes de l'article 11, 2°, de la loi du 31 décembre 1971, être titulaire, sous réserve des dispositions réglementaires prises pour l'application de la directive 2005/36, modifiée, et de celles concernant les personnes ayant exercé certaines fonctions ou activités en France, d'au moins une maîtrise en droit ou de titres ou diplômes reconnus comme équivalents pour l'exercice de la profession d'avocat par arrêté conjoint du garde des Sceaux et du ministre chargé des Universités.

Un premier arrêté est intervenu le 7 août 1995 [1] et a fixé la liste des équivalences ; il assimilait à la maîtrise en droit pour l'exercice de la profession d'avocat, les doctorats en droit, les diplômes d'études approfondies (DEA) et les diplômes d'études supérieures spécialisées (DESS) des disciplines juridiques, les maîtrises de sciences et techniques des disciplines juridiques, le diplôme de la Faculté libre autonome et cogérée d'économie et de droit de Paris, le titre d'ancien élève de l'École nationale des impôts ayant suivi avec succès le cycle d'enseignement professionnel des inspecteurs-élèves des impôts, le titre d'ancien élève stagiaire du centre de formation des inspecteurs du travail et de la main-d'œuvre ou d'ancien élève de l'Institut national du travail, de l'emploi et de la formation professionnelle ayant suivi avec succès le cycle de formation d'inspecteur stagiaire ou d'inspecteur-élève du travail, ainsi que tout titre ou diplôme universitaire ou technique étranger exigé pour accéder à une profession juridique réglementée dans l'État où ce titre a été délivré.

Cet arrêté a été abrogé par celui du 25 novembre 1998 [2] qui a repris les sept catégories visées par l'arrêté du 7 août 1995 y ajoutant un 8ᵉ visant le titre d'ancien greffier en chef stagiaire des services judiciaires ayant suivi avec succès le cycle de formation initiale dispensé par l'École nationale des greffes.

Un arrêté modificatif du 21 mars 2007 [3] a enfin ajouté un 9° reconnaissant comme équivalents à la maîtrise en droit pour se présenter à l'examen d'entrée au CRFP les mentions « carrières judiciaires et juridiques » et « droit économique » du diplôme de l'Institut d'études politiques de Paris.

• **Évolution.** À partir de l'organisation impériale il fallut, pour être avocat, justifier d'une licence en droit délivrée par les écoles de droit et qui sanctionnait des études dont le programme était établi de manière rigoureuse, études qui n'étaient ouvertes qu'aux bacheliers de l'enseignement secondaire ou aux titulaires de la capacité en droit obtenue dans certaines conditions particulièrement brillantes.

La déontologie de l'époque semble d'ailleurs sans illusions sur la valeur des titres universitaires : « Le diplôme sans attester du mérite suffit au moins à prouver l'absence d'incapacité qui justifierait un refus persévérant (d'admission au barreau ou dans la magistrature). » [4]

Toutefois, sous la Restauration, furent accordées des dispenses de présentation de lettres de licence [5]. Mais cette pratique disparut dès la fin de ce régime.

221.22 Dispenses. Des dispenses aux exigences de diplômes sont prévues par l'article 11, 2°, de la loi du 31 décembre 1971 et l'article 97 [6] du décret du 27 novembre 1991 :

- pour équivalence de diplôme ;
- au profit de certaines professions.

221.23 Licenciés en droit. Sont considérés comme titulaires d'une maîtrise en droit, les titulaires de la licence en droit qui ont obtenu ce diplôme sous le régime antérieur à celui fixé par le décret du 27 mars 1954 [7]. Il en est de même pour les licenciés en droit ayant obtenu ce titre avant que la licence n'ait été organisée sur quatre années [8].

221.24 Anciens conseils juridiques. Les personnes qui, au 1ᵉʳ janvier 1992, avaient accompli l'intégralité de la durée du stage nécessaire pour l'inscription sur une liste de conseils juridiques ont été dispensées du Capa et du stage [9].

221.25 Anciens avoués et anciens agréés, clercs d'avoués près le tribunal de grande instance [devenu tribunal judiciaire], clercs ou secrétaires d'agréés, les secrétaires d'avocats. Les dispositions transitoires, prévues aux articles 50, I à IV, de la loi du 31 décembre 1970, qui permettaient aux anciens avoués et anciens agréés, clercs d'avoués près le tribunal de

1. Arr. 7 août 1995 fixant la liste des titres ou diplômes reconnus comme équivalents à la maîtrise en droit pour l'exercice de la profession d'avocat, *JO* 15 août., p. 12214, NOR : JUSC9520632A.
2. Arr. 25 nov. 1998 fixant la liste des titres ou diplômes reconnus comme équivalents à la maîtrise en droit pour l'exercice de la profession d'avocat, *JO* 9 déc., p. 18515, NOR : JUSC9820745A.
3. Arr. 21 mars 2007 modifiant l'arrêté du 25 novembre 1998 fixant la liste des titres ou diplômes reconnus comme équivalents à la maîtrise en droit pour l'exercice de la profession d'avocat, *JO* 8 avr., p. 6609, NOR : JUSX0700975A.
4. CITÉ par M. Rousselet, *Les magistrats sous la monarchie de Juillet*, Th., Sirey, 1937, p. 179, note 4.
5. Cons. Ordre Paris, 3 août 1814, dans MOLLOT, t. II, p. 105.
6. Décr. n° 91-1197, 27 nov. 1991, art. 97.
7. Décr. n° 54-343, 27 mars 1954 nouveau régime des études et des examens en vue de la licence en droit, *JO* 28 mars, p. 2966.
8. L. n° 71-1130, 31 déc. 1971, art. 11, al. 8.
9. L. n° 71-1130, 31 déc. 1971, art. 50.

grande instance [devenu tribunal judiciaire], clercs ou secrétaires d'agréés, secrétaires d'avocats de s'inscrire au barreau sans avoir à justifier pour leur inscription du diplôme de licencié en droit ont été supprimées par la loi du 11 février 2004[1].

221.26 Personnes dispensées en vertu de l'article 97 du décret du 27 novembre 1991. De même sont dispensées[2] des conditions de diplôme ainsi que de la formation théorique et pratique[3] :

1° les membres et anciens membres du Conseil d'État et les membres et anciens membres du corps des tribunaux administratifs et des cours administratives d'appel ;

2° les magistrats et anciens magistrats de la Cour des comptes, des chambres régionales des comptes et des chambres territoriales des comptes de la Polynésie française et de la Nouvelle-Calédonie ;

3° les magistrats et anciens magistrats de l'ordre judiciaire régis par l'ordonnance du 22 décembre 1958[4].

• **Ces fonctions doivent avoir été accomplies à titre français.** C'est ainsi qu'un magistrat algérien, même si son statut était régi par l'ancienne législation française reprise par l'État algérien après l'indépendance, ne saurait bénéficier de cette équivalence[5] ;

4° les professeurs d'université chargés d'un enseignement juridique ;

5° les avocats au Conseil d'État et à la Cour de cassation ;

6° les anciens avoués près les cours d'appel ;

7° les anciens avocats inscrits à un barreau français et les anciens conseils juridiques.

• **Mesures transitoires.** Les mesures transitoires pour l'application de la réforme, prévues par l'article 247 du décret du 27 novembre 1991[6], permettent d'inscrire au tableau de l'Ordre des avocats un conseil juridique ayant exercé ses fonctions depuis 1971 et qui avait déposé le 30 décembre 1991 une demande d'inscription sur la liste des conseils juridiques fondée sur les dispositions de l'article 61 de la loi du 30 décembre 1971. En effet, les demandes d'inscription sur la liste des conseils juridiques antérieures au 1er janvier 1992, transmises au conseil de l'Ordre compétent, devaient être examinées au regard des textes applicables à la date du 31 décembre 1991 et l'inscription ainsi admise devenait effective avec effet rétroactif au 31 décembre 1991. Le postulant pouvait donc bénéficier des dispositions de l'article 1er de la loi du 31 décembre 1971 modifiée par la loi du 30 décembre 1990[7].

221.27 Ressortissants de l'Union européenne et de l'Espace économique européen[8] – Renvoi. V. ss nos 212.151 s.

221.28 Personne ayant acquis la qualité d'avocat dans un État ou une unité territoriale n'appartenant ni à l'Union européenne, ni à l'Espace économique européen, ni à la Confédération suisse[9] – Renvoi. V. ss nos 212.181 s.

SECTION 3
CONDITION DE MORALITÉ

221.31 Nomenclature des conditions. « Nul ne peut accéder à la profession d'avocat s'il ne remplit les conditions suivantes : [...][10]

« 4° N'avoir pas été l'auteur de faits ayant donné lieu à condamnation pénale pour agissements contraires à l'honneur, à la probité ou aux bonnes mœurs ;

5° N'avoir pas été l'auteur de faits de même nature ayant donné lieu à une sanction disciplinaire ou administrative de destitution, radiation, révocation, de retrait d'agrément ou d'autorisation ;

6° N'avoir pas été frappé de faillite personnelle ou d'autre sanction[11]. »

La question de la conformité au bloc de constitutionnalité de l'article 11, 4°, de la loi du 31 décembre 1971 a été posée à la Cour de cassation qui, par un arrêt de sa première chambre civile rendu le 8 juin 2017, a estimé que les dispositions contestées ne sont entachées d'aucune incompétence négative du législateur et ne méconnaissent pas le principe de la liberté d'entreprendre[12].

221.32 Preuve de l'absence de condamnation pénale, de sanction disciplinaire ou de faillite. L'impétrant n'a plus à justifier de l'absence de condamnation ou de faillite par la production d'un casier judiciaire puisque le bâtonnier peut obtenir,

1. L. n° 2004-130, 11 févr. 2004 réformant le statut de certaines professions judiciaires ou juridiques, des experts judiciaires, des conseils en propriété industrielle et des experts en ventes aux enchères publiques, *JO* 12 févr., p. 2847, art. 77.
2. V. ss nos 212.21 s.
3. Décr. n° 91-1197, 27 nov. 1991, art. 97.
4. Ord. n° 58-1270, 22 déc. 1958 portant loi organique relative au statut de la magistrature, *JO* 23 déc., p. 11551.
5. Paris, 26 nov. 1986, *Gaz. Pal.* 1987. I. 123 ; *D.* 1987. 27 ; *D.* 1988. 232, note A. Brunois.
6. Décr. n° 91-1197, 27 nov. 1991, art. 187.
7. Civ. 1re, 7 mars 1995, n° 93-10.728, NP ; *JCP* 1995. IV. 135.
8. Décr. n° 91-1197, 27 nov. 1991, art. 99.
9. Décr. n° 91-1197, 27 nov. 1991, art. 100 ; mod. par décr. n° 2019-849, 20 août 2019, art. 3 et 11.
10. L. n° 71-1130, 31 déc. 1971, art. 11.
11. C. com., art. L. 653-1.
12. Civ. 1re, 8 juin 2017, n° 16-25.844, P I : NON-RENVOI DE QPC.

par l'intermédiaire du procureur général, la communication du casier judiciaire n° 2.

En fait, l'expression n'avoir pas été l'auteur de faits ayant donné lieu à des condamnations pénales entraîne l'impossibilité d'inscrire au barreau des personnes condamnées même si ces condamnations ne figurent plus à leur casier judiciaire par l'effet de la prescription ou de l'amnistie.

• **Fondement.** Cette interprétation est fondée sur le principe consacré par une jurisprudence ancienne et constante que l'amnistie n'enlève au fait son caractère délictueux qu'au regard de l'action publique mais le laisse subsister en soi avec les autres conséquences telles l'action disciplinaire ou l'incidence sur l'admission dans une profession réglementée[1].

• **Réhabilitation.** À l'inverse, la réhabilitation de l'intéressé permet son inscription au barreau. La seule difficulté qui pourrait se poser est celle de la preuve à rapporter d'une condamnation due à des faits contraires à l'honneur, en l'absence de condamnation figurant au casier judiciaire et au cas où l'impétrant affirmerait qu'aucune condamnation ne figure à son casier[2]. Mais alors, il reconnaîtrait implicitement, par cette formule ambiguë, avoir été l'auteur de faits ayant donné lieu à des condamnations amnistiées ; ou bien il nierait avoir été l'auteur de tels faits mais alors l'enquête de moralité permettrait d'établir qu'il a été mis en cause pour des faits contraires à l'honneur, à la probité ou aux bonnes mœurs et sa demande serait refusée en raison de cette dissimulation.

• **Position jurisprudentielle.** La Cour de cassation l'a proclamé à nouveau, dans une affaire particulièrement grave, en admettant qu'une personne précédemment condamnée pour meurtre, vol et incendie volontaire, à 20 ans de réclusion criminelle et qui avait obtenu lors de son incarcération des titres universitaires et notamment une licence en droit et qui a été réhabilitée, peut s'inscrire au barreau bien que la réhabilitation n'ait pas effacé les faits commis par le requérant. La Cour a pu considérer qu'au moment de sa demande, l'intéressé avait réussi sa réinsertion sociale et donnait des gages sérieux et suffisants de son aptitude à respecter les principes essentiels de la profession d'avocat[3].

Cette inscription a en revanche été refusée à une personne condamnée à 5 ans d'emprisonnement avec sursis par la Cour d'assises. La cour d'appel, qui avait considéré que le demandeur « avait donné des gages de réinsertion sociale plus que suffisants et qu'il remplissait les conditions d'honneur et de probité exigés » a été sanctionnée pour n'avoir pas recherché si les faits en question n'étaient pas contraires à l'honneur ou la probité[4].

Le conseil de l'Ordre peut toutefois refuser l'inscription d'un candidat en se fondant non seulement sur l'existence de condamnations mais également sur des infractions aux règles déontologiques dès lors qu'on doit en déduire que le requérant ne présentait pas les garanties de dignité, d'honorabilité ou de probité nécessaires pour exercer la profession d'avocat[5]. Un aspirant avocat, ayant prêté serment, puis fait l'objet d'une procédure d'omission à son encontre pour non-paiement de ses cotisations, peut se voir opposer un refus d'inscription au tableau d'un autre barreau en raison des condamnations pénales prononcées à son encontre pour exercice illégal de la profession qui constituent des manquements aux principes de probité et d'honneur et portent atteinte à l'intérêt de la profession d'avocat[6]. La demande de réinscription d'un avocat ayant fait l'objet d'une mesure de radiation disciplinaire antérieurement prononcée à son encontre peut également être rejetée dès lors que l'avocat radié n'avait pas pris la mesure de la gravité des faits à l'origine de la décision de radiation et qu'il ne justifiait d'aucun projet concret et structuré de réinstallation au barreau[7].

Si un commerçant frappé des sanctions et incapacités attachées à la faillite personnelle par la loi du 13 juillet 1967[8] a été réhabilité, faute par l'article 11 de la loi du 31 décembre 1971 d'avoir expressément écarté les effets de cette réhabilitation en ce qui concerne l'accès à la profession d'avocat, le failli réhabilité étant déchargé de toutes les déchéances qu'il avait encourues, peut s'inscrire à un barreau ; c'est donc à tort qu'un conseil de l'Ordre retient contre lui une incapacité péremptoire découlant de l'existence du jugement prononçant son règlement judiciaire[9]. Toutefois, il appartient au conseil de l'Ordre de relever d'office la circonstance que

1. CE 20 févr. 1925, *S.* 1926. 3. 55 – Req. 5 juill. 1932, *S.* 1932. 1. 280 – Civ. 1re, 2 avr. 1997, n° 95-13.599, P I, n° 115 ; *Gaz. Pal.* 14 oct. 1999. Somm. 53.
2. Civ. 1re, 21 mars 2006, n° 04-18.973, P I, n° 164 ; *D.* 2006. 944 ; *Gaz. Pal.* 28 mars 2006 ; *JCP* 2007. I. 174, obs. R. Martin : sur honneur et probité.
3. Civ. 1re, 9 déc. 1997, n° 95-17.186, P I, n° 357 ; *Gaz. Pal.* 1998. Pan. 50.
4. Civ. 1re, 21 mars 2006, n° 04-18.973, P I, n° 164 ; *D.* 2006. 944 ; *Gaz. Pal.* 2006. 1123 ; 2006. Somm. 1949 – Colmar, 9 nov. 2005, RG n° 15/000949.
5. Civ. 1re, 2 juin 1981, n° 80-10.681, P I, n° 184 ; *JCP* 1981. IV. 294 ; *D.* 1981. 436.
6. Toulouse, 14 déc. 2016, RG n° 16/05286.
7. Civ. 1re, 12 sept. 2018, n° 17-11.185, NP.
8. L. n° 67-563, 13 juill. 1967 sur le règlement judiciaire, la liquidation des biens, la faillite personnelle et les banqueroutes, *JO* 14 juill., p. 7059.
9. Aix-en-Provence, 23 juin 1975 ; *D.* 1975. 690, note F. Derrida – Civ. 1re, 11 janv. 1977, n° 75-14.213, P I, n° 20 ; *Gaz. Pal.* 1977. I. 306.

l'impétrant ne remplirait pas les conditions fixées à l'article 11[1].

Il a été précisé par ailleurs que tout candidat qui satisfait aux conditions prévues par l'article 11 de la loi du 31 décembre 1971 pour être avocat, n'est pas nécessairement admis au barreau dès lors qu'il justifie remplir ces conditions[2].

221.33 **Contrôle du conseil de l'Ordre.** Le conseil de l'Ordre doit vérifier la moralité des candidats, notamment en recueillant tous renseignements à cet effet. Pratiquement, il délègue un de ses membres pour diligenter cette enquête.

• **Condamnations politiques.** Les condamnations politiques n'empêchent pas l'admission au barreau, sauf si elles ont un caractère infamant. De même, une condamnation pour insoumission, compte tenu du caractère propre de la profession d'avocat, n'est pas un obstacle absolu à l'inscription.

• **Démence.** Un avocat inculpé de faits contraires à l'honneur, bien que bénéficiant d'un non-lieu fondé sur l'article 64 [devenu 122-1[3], irresponsabilité] de l'ancien code pénal ne peut prétendre à être inscrit à nouveau à un barreau après avoir donné sa démission. En effet, si l'état de démence fait disparaître le caractère pénal de certains agissements, il n'efface pas les faits eux-mêmes. C'est donc à bon droit que le conseil de l'Ordre a rejeté la demande d'inscription formée par un impétrant qui, dans l'exercice de sa profession d'avoué, avait commis des détournements considérables dont seul l'état de démence avait fait disparaître le caractère pénal[4]. La Cour de cassation a rejeté le pourvoi formé contre cet arrêt au motif que ses agissements que la décision de non-lieu n'avait pas fait disparaître, ne permettaient pas de l'admettre à la profession d'avocat qui comporte le maniement de sommes importantes appartenant à autrui[5].

• **Faits amnistiés.** De même l'amnistie qui efface la peine ne fait pas disparaître les faits. Ces derniers peuvent donc être retenus par le conseil de l'Ordre pour faire obstacle à l'admission au barreau d'un candidat, si les faits effacés par l'amnistie sont de nature infamante. Un conseil de l'Ordre peut justifier une condamnation disciplinaire, même portant sur des faits amnistiés, en retenant non les faits eux-mêmes couverts par l'amnistie mais le fait d'avoir, postérieurement à la loi d'amnistie, dissimulé ces faits au bâtonnier[6].

A fortiori le fait pour un condamné d'être relevé après radiation de l'Ordre de certaines incapacités qui pesaient sur lui, ne supprime ni la condamnation prononcée ni ne modifie le caractère des faits qui l'avaient motivée[7].

221.34 **Finalité de l'enquête.** L'enquête du membre du conseil de l'Ordre, chargé du rapport, a pour objet de rechercher si, par ses activités passées, ses attaches, son mode d'existence, son éducation..., le postulant présente les garanties suffisantes pour exercer dignement la profession d'avocat et en respecter les règles d'exercice.

À diverses reprises la jurisprudence a rappelé ces principes. Les conseils de l'Ordre ont en effet, sous le contrôle de l'autorité judiciaire, la mission de surveiller le recrutement de leur barreau et de n'y admettre que les postulants qui soient des professionnels sûrs et compétents, qui assurent le bon fonctionnement du service public auquel ils sont appelés à collaborer[8]. Il appartient aux conseils de l'Ordre d'apprécier, sous le contrôle de l'autorité judiciaire, si celui qui postule son admission à un barreau présente pour l'avenir les garanties morales nécessaires au point de vue de l'exacte compréhension des devoirs de sa profession[9].

• **Dissimulation de poursuites pénales.** Un postulant au barreau qui a omis d'informer le conseil de l'Ordre de poursuites pénales dont il a été l'objet, a manqué à son obligation « d'entière loyauté » à l'égard du barreau qui se disposait à l'accueillir ; dès lors c'est à bon droit qu'une cour d'appel estime que le requérant ne présente pas les qualités de dignité, d'honorabilité, de probité nécessaires pour son inscription au barreau[10]. La Cour de Strasbourg a aussi estimé, dans un arrêt du 27 juin 2017[11], que le fait de radier un avocat-stagiaire lituanien de la liste des stagiaires, en raison d'une condamnation pénale effacée de son casier judiciaire qu'il avait omis de mentionner à son ordre, ne violait pas la Conv. EDH. La Cour souligne l'importance d'une « colla-

1. A. Damien, note s[s] Saint-Denis, 16 déc. 1991, *Gaz. Pal.* 11 août 1992, p. 6.
2. Civ. 1re, 11 janv. 1977, n° 75-14.213, P I, n° 20 ; *Gaz. Pal.* 1977. I. 306.
3. C. pén., art. 122-1.
4. Aix-en-Provence, 8 déc. 1980, *Gaz. Pal.* 1981. II. 738, note A. Damien.
5. Civ. 1re, 13 janv. 1982, n° 81-11.063, P I, n° 18 ; *Gaz. Pal.* 2 juill. 1982. Pan. 186.
6. Civ. 1re, 15 juin 1977, n° 77-11.049, P I, n° 280 – Y. AVRIL, n°s 61.51 s. – AUSSI : Civ. 10 juin 1942, S. 1943. 1. 26 – Civ. 5 mai 1959, *D.* 1959. 335 – Civ. 1[re], 24 janv. 1995, n° 92-22.056, P I, n° 48 ; *JCP* 1995. IV. 729.
7. Civ. 1[re], 15 mai 1984, n° 83-14.322, P I, n° 159 ; *JCP* 1984. IV. 234 ; *Gaz. Pal.* 1984. Pan. 274 – Civ. 1[re], 1[er] juill. 1986, n° 85-12.974, P I, n° 188 ; *Gaz. Pal.* 23 oct. 1986. Pan. 10.
8. Req. 2 juin 1937, *DH* 1937, 345.
9. Civ. 12 juin 1942, *DA* 1943. 2 – Civ. 24 juill. 1947, *D.* 1947. 438.
10. Civ. 1re, 19 janv. 1994, n° 92-10.260, NP ; *D.* 1995. Somm. 161 – AUSSI : Colmar, 3 oct. 2016, RG n° 16/00540.
11. CEDH 4e sect., 27 juin 2017, *Jankauskas c/Lituanie*, req. n° 50446/09 ; *JCP* 2017, Chron. 1104, n° 20, obs. J. Moret-Bailly.

boration honnête et complète » de l'avocat avec l'Ordre, « essentiel pour garantir l'indépendance de l'avocat » et « l'autorégulation » de la profession.

Il s'agit là d'examen de cas d'espèce à l'égard desquels la vigilance doit s'allier à l'objectivité. Les conseils de l'Ordre ont grande latitude pour estimer si le postulant réunit ou non les conditions de moralité pour l'inscription au barreau, mais la Cour de cassation a précisé qu'il ne leur appartient pas de fermer l'accès de la profession en dehors des cas d'incompatibilité ou d'exclusion déterminés par la loi [1].

C'est ainsi qu'il a été jugé qu'on ne peut tenir compte des défauts de caractère d'un candidat qu'à la condition que ceux-ci soient incompatibles avec la moralité et l'honorabilité exigées pour la profession d'avocat. Le fait d'avoir fait montre d'exaltation et de manque de contrôle laissant penser que ce candidat aurait des incidents avec ses confrères, les justiciables et dans le prétoire, à la suite de pulsions personnelles incompatibles avec l'état d'auxiliaire de justice ne saurait être retenu comme motif suffisant de refus [2] ; notamment l'avocat insolent et désagréable à l'égard du bâtonnier de son ordre [3] ; ou le magistrat honoraire sanctionné naguère en tant que magistrat pour violation du secret de l'instruction [4]. De même, le postulant, sur la moralité duquel aucune critique n'a été faite et qui, au moment où il a sollicité son inscription au stage, n'exploitait plus un cabinet d'affaires se livrant à la recherche de la clientèle par le moyen de la publicité ou parfois de démarches ou de sollicitation, ne peut voir rejeter sa demande, sous le seul prétexte de son activité passée [5].

En sens contraire, a été jugé un avocat ayant entretenu des relations discourtoises avec certains de ses confrères et fait montre d'indiscipline mais dont la probité n'était pas contestée ni le comportement envers ses clients [6].

221.35 **Respect des principes essentiels.** Il ne s'ensuit pas, nécessairement, des conditions à défaut desquelles nul ne peut accéder à la profession d'avocat, énumérées à l'article 11 de la loi du 31 décembre 1971, que tout candidat qui satisfait à ces conditions doit être admis au barreau. Par ailleurs, l'empêchement d'inscription d'un avocat au barreau en raison d'une condamnation pénale antérieure ne méconnaît pas le principe de la liberté d'entreprendre dès lors que cette interdiction, bien que non limitée dans le temps, prend fin par la constatation de l'amendement du postulant qui offre des gages sérieux et suffisants de son aptitude à respecter les principes essentiels de la profession d'avocat [7].

C'est à bon droit qu'une cour d'appel a admis que si l'article 17, 3°, de la loi du 31 décembre 1971, a une portée générale et donne au conseil de l'Ordre la mission de maintien des principes de probité, de désintéressement, de modération et de confraternité sur lesquels repose la profession, il lui reconnaît par là même le pouvoir de refuser l'inscription d'un postulant ayant contrevenu à ces principes [8]. Il convient de se référer au cas d'un ancien avocat, ancien magistrat et ancien agent immobilier qui convoque, au moment de son inscription au barreau les agents immobiliers de la région par une lettre circulaire faisant état de son ancienne activité, sans allusion à sa future activité d'avocat (admission au barreau) [9] ; au cas d'un avocat ancien intermédiaire en affaires, connu pour consentir des prêts hypothécaires sur son patrimoine personnel (admission dès lors qu'il a cessé toute activité de ce genre) [10].

Dès lors que rien dans la conduite et les antécédents du postulant n'est de nature à faire suspecter son honorabilité, sa demande doit être acceptée [11]. Ainsi, une cour d'appel a jugé que ne sont pas de nature à empêcher la réinscription d'un avocat au tableau de l'Ordre, ni les faits de violence commis par un avocat ayant consisté à avoir giflé un adolescent, ni une procédure disciplinaire n'ayant entraîné aucune interdiction ferme d'exercice [12].

En revanche les conseils de l'Ordre n'accomplissent pleinement leur mission que si, à la lumière de l'enquête approfondie prévue par la loi, ils écartent par des décisions judicieusement motivées, les postulants qui n'offrent pas les garanties morales que réclame la profession d'avocat. Un avocat, placé en liquidation judiciaire et omis du tableau, qui ne justifie ni s'être acquitté de son passif professionnel, ni avoir satisfait depuis trois ans à ses obligations de formation professionnelle, commet ainsi un man-

1. Civ. 1re, 12 janv. 1960, P I, n° 21 ; *D.* 1960. Somm. 47.
2. Civ. 1re, 20 juin 1972, n° 71-11.776, P I, n° 159 ; *D.* 1973. 221, note A. Brunois ; *JCP* 1973. II. 17388, note Ph. Blanc – RAPPR. : Grenoble, 28 juin 1985, *Gaz. Pal.* 1985. II. 546, note A. Damien ; *D.* 1987. Somm. 63, note A. Brunois.
3. Civ. 1re, 7 juill. 1987, n° 86-10.729, P I, n° 218 ; *JCP* 1987. IV. 320 ; *Gaz. Pal.* 1987. 2. pan. 228.
4. Douai, 28 avr. 1988, *Gaz. Pal.* 1988. II. 493.
5. Civ. 1re, 12 janv. 1960, P I, n° 21 ; *D.* 1960. Somm. 47.
6. Paris, 29 juin 1988, *Gaz. Pal.* 1988. II. 702.
7. Civ. 1re, 8 juin 2017, n° 16-25.844, P I.
8. Civ. 1re, 15 oct. 1975, n° 73-12.628, P I, n° 273, *Gaz. Pal.* 1976. I. 66, note A. Damien – Civ. 1re, 3 oct. 1995, n° 94-16.931, P I, n° 337 ; *Gaz. Pal.* 6 juin 1996. Pan. 19.
9. Civ. 23 mai 1978, *Gaz. Pal.* 1978. 2. Somm. 332.
10. Civ. 1re, 24 févr. 1981, *Gaz. Pal.* 1981. Pan. 218 : – RAPPR. : Civ. 1re, 27 nov. 1990, n° 89-14.290, P I, n° 265 ; *JCP* 1991. IV. 31 ; *Gaz. Pal.* 1991. Pan. 51 – Dijon, 9 févr. 1993, *Gaz. Pal.* 8 mars 1994, 16 – Nîmes, 15 déc. 1992, *Gaz. Pal.* 18 févr. 1993, 5 ; *JCP* 1992. IV. 65 – Toulouse, 8 nov. 1992, *Gaz. Pal.* 29 mars 1994, 8 – Rouen, 7 juill. 1993, *Gaz. Pal.* 16 sept. 1993, 9.
11. Douai, 13 août 1866, *S.* 1867. 2. 117 – Douai, 29 oct. 1899, *DP* 1899. 2. 223 – Rennes, 26 févr. 1923, *Gaz. Pal.* 1923. I. 620.
12. Papeete, 31 mars 2016, RG n° 16/00023.

quement aux règles déontologiques de probité et de dignité justifiant le refus d'inscription au tableau de l'Ordre des avocats qui lui a été opposé[1].

En outre la jurisprudence confère au barreau le droit de vérifier si l'avocat remplit bien l'obligation de délicatesse[2] que l'article 183 du décret du 27 novembre 1991 (abrogé et remplacé par l'article 3 du décret déontologie du 12 juillet 2005[3]) lui impose[4]. C'est là une notion à la fois vague mais suffisamment claire pour être comprise par les avocats ; elle a été utilisée pour la première fois par la cour de Colmar dans un arrêt du 8 juillet 1974[5], la cour de Nîmes, dans un arrêt du 25 septembre 1978[6] l'a utilisé pour la seconde fois. Elle considère en effet dans cet arrêt que des manquements graves commis par un avocat, à ses obligations et charges à l'égard de la caisse nationale des barreaux français et de la caisse d'assurance-maladie maternité des travailleurs non salariés des professions non agricoles et de l'Urssaf démontrent une négligence de ses obligations professionnelles et une méconnaissance totale des charges obligatoires qui lui incombent qui constituent une atteinte à la délicatesse.

De même, un avocat qui ne tient aucune comptabilité et dont les comptes sont à découvert et qui confond provisions, avances sur frais et honoraires peut être écarté du barreau[7] ; ou dont la demande d'inscription a été rejetée pour incapacité fondamentale à gérer[8].

En revanche, un avocat démissionnaire qui demande sa réinscription peut y prétendre malgré l'opposition de ses ex-associés dès lors que cette demande ne constitue pas un manquement à la probité[9]. De même, l'attitude injurieuse d'un avocat envers le bâtonnier n'a pas été estimée présenter un caractère de gravité suffisant pour justifier un refus d'inscription[10].

SECTION 4
CONDITION D'APTITUDE À L'EXERCICE RÉEL DE LA PROFESSION

221.41 **Infirmité physique.** Certaines infirmités mêmes graves (cécité, surdité, paralysie partielle...) peuvent ne pas empêcher l'exercice réel de la profession mais la rendre seulement plus difficile et, par suite, plus méritoire. Il s'agit là de cas d'espèces résolus généralement avec libéralisme par les conseils de l'Ordre.

Dans ce cadre, la directive 2000/78[11], portant création d'un cadre général en faveur de l'égalité de traitement en matière d'emploi et de travail, vise à mettre en œuvre dans les États membres le principe d'égalité de traitement en matière d'emploi et de travail, par l'établissement d'un cadre général pour lutter contre les discriminations fondées notamment sur le handicap. Aux termes de son article 3[12], la directive s'applique aux activités non salariées. Dès lors, le collège de la Halde[13] a considéré que même si l'État n'est pas l'employeur direct de la réclamante, le fait que celle-ci soit une auxiliaire de justice a pour conséquence directe que l'exercice de son activité professionnelle est lié à l'accessibilité des tribunaux aux personnes se déplaçant en fauteuil roulant. C'est pourquoi, le ministère de la Justice doit mettre en œuvre tous aménagements raisonnables, même provisoires, ou prendre des mesures appropriées pour permettre l'accès d'un avocat handicapé aux locaux où il exerce sa profession[14].

• **Régime antérieur à la réforme du 11 février 2004**[15]. L'exercice réel de la profession n'est bien entendu pas exigé du simple candidat à l'inscription au stage d'un barreau mais cet exercice réel est nécessaire pour le maintien au tableau. Il apparaît donc que l'aptitude à cet exercice réel doit être examinée dès la demande d'admission au stage. On conçoit mal, en effet, une telle admission si le postulant était voué à se voir refuser son inscription au tableau parce qu'il ne serait pas en mesure d'exercer réellement sa profession.

221.42 **Infirmité mentale.** Les infirmités mentales doivent en revanche empêcher l'accès au barreau (faiblesse d'esprit, aliénation). Celui qui est nanti d'un conseil judiciaire n'est peut-être pas, en principe, inapte à exercer la profession d'avocat

1. Civ. 1re, 8 févr. 2017, n° 16-12.810, NP.
2. V. ss nos 336.00 s.
3. Décr. n° 2005-790, 12 juill. 2005 relatif aux règles de déontologie de la profession d'avocat, *JO* 16 juill., p. 11688.
4. SUR CETTE NOTION en matière d'activité juridique de l'avocat : Versailles, 25 mars 1981, *Gaz. Pal.* 1981. I. 369.
5. Colmar, 8 juill. 1974, *Gaz. Pal.* 1975. II. 530, note A. Damien.
6. Nîmes, 25 sept. 1978, *Gaz. Pal.* 1979. I. 19.
7. Civ. 1re, 7 févr. 1989, n° 86-17.163, P I, n° 61 ; *D.* 1989. 62.
8. Bordeaux, 1re ch., 1er déc. 1998, *Annonces Seine* janv. 1999.
9. Civ. 1re, 12 nov. 1985, n° 84-15.925, P I, n° 294 ; *D.* 1987. Somm. 64, note A. Brunois.
10. Civ. 1re, 7 juill. 1987, n° 86-10.729, P I, n° 218 ; *D.* 1988. Somm. 233, note A. Brunois.
11. Dir. 2000/78, Conseil, 27 nov. 2000 portant création d'un cadre général en faveur de l'égalité de traitement en matière d'emploi et de travail, *JOCE L* 303, 2 déc., p. 16, art. 3.
12. Dir. 2000/78, Conseil, 27 nov. 2000, art. 3.
13. La Halde a été dissoute en 2011 et ses compétences confiées au Défenseur des droits.
14. Délib. Halde n° 2006-301, 11 déc. 2006 ; cité *in* C. avocat, Dalloz, 2021, ss L. 31 déc. 1971, art. 3, note 6.
15. L. n° 2004-130, 11 févr. 2004 réformant le statut de certaines professions judiciaires ou juridiques, des experts judiciaires, des conseils en propriété industrielle et des experts en ventes aux enchères publiques, *JO* 12 févr., p. 2847.

mais les raisons et les formes de sa prodigalité peuvent constituer des motifs de rejet de sa demande.

Toutefois, les juges du fond ne peuvent tenir compte des défauts de caractère d'un candidat que si ceux-ci sont incompatibles avec la moralité et l'honorabilité exigées par la profession d'avocat[1].

L'omission du tableau peut aussi être prononcée, à titre facultatif, dans le cas où l'avocat, par l'effet de maladie ou infirmité graves ou permanentes, est empêché d'exercer réellement[2] sa profession[3].

221.43 Incompatibilités avec certaines occupations ou professions. Même légalement compatibles avec la moralité requise des avocats, celles-ci peuvent se révéler en fait incompatibles avec l'exercice réel de la profession en raison du lien de subordination qu'elles créent, du danger qu'elles suscitent ou des exigences qu'elles requièrent. C'est le cas par exemple des professions telles que celle de médecin ou architecte, de toutes les professions salariées créant un lien de subordination et de certains mandats politiques.

La question se pose de déterminer si le postulant à l'inscription au tableau d'un barreau doit avoir effectivement cessé tout lien avec la profession incompatible au moment de sa demande d'inscription ou s'il doit au contraire s'engager à mettre un terme à cette activité, à partir de l'acceptation de sa demande d'inscription au tableau. L'article 115 du décret du 27 novembre 1991 interdit en effet tout cumul d'activité avec une autre profession, sous réserve de dispositions particulières[4].

La Cour de cassation retient que l'incompatibilité entre l'exercice de la profession d'avocat et l'exercice simultané d'une autre profession ne peut s'apprécier avant la date de prestation de serment[5]. Pour les voies d'accès dérogatoires en fonction des activités précédemment exercées[6], la situation statutaire de l'impétrant lors de sa comparution devant le conseil de l'Ordre ne peut faire échec à son inscription au tableau, la démission de ses fonctions antérieures ne devant intervenir qu'au jour de la prestation de serment qui conditionne son inscription au tableau après l'acceptation de sa demande[7]. Toutefois, un fonctionnaire en congé de formation professionnelle, qui a dissimulé au conseil de l'Ordre les fonctions qu'il continuait à exercer au sein de son administration, et n'était pas autorisé à exercer une autre activité, ne peut rester inscrit au barreau[8].

1. TOUTEFOIS : Civ. 1re, 20 juin 1972, n° 71-11.776, P I, n° 159 ; *D.* 1973. 221, note A. Brunois ; *JCP* 1973. II. 17388, note Ph. Blanc ; – RAPPR. : Grenoble, 28 juin 1985 ; *Gaz. Pal.* 1985. II. 546, note A. Damien ; *D.* 1987. Somm. 63, note A. Brunois – Aix-en-Provence, 8 déc. 1980, *Gaz. Pal.* 1981. II. 738.
2. V. ss n° 241.14.
3. Décr. n° 91-1197, 27 nov. 1991, art. 105, 1°.
4. V. ss nos 433.141 s.
5. Civ. 1re, 20 mars 2014, n° 13-14.663, NP ; *JCP* 2014. Doctr. 597, n° 1, obs. S. Bortoluzzi.
6. Décr. n° 91-1197, 27 nov. 1991, art. 98.
7. Civ. 1re, 20 juill. 1994, n° 93-11.930 ; P I, n° 257 – DANS LE MÊME SENS : Pau, 3 févr. 1982, *Gaz. Pal.* 1982. I. 194, note A. Damien – Basse-Terre, 7 juin 1982, *Gaz. Pal.* 1982. II. 494.
8. Versailles, 6 sept. 2017, RG n° 16/05731.

CHAPITRE

222. Obligation de domicile professionnel

SECTION 0 ORIENTEUR

222.00 **Sommaire du chapitre.**

Division. La condition de domicile professionnel constitue une obligation (sect. 1) pour l'avocat, non remise en cause par l'ouverture de la pluralité d'exercice (sect. 2).

222.01 **Textes applicables.**

TEXTES TITRÉS

- **L. n° 71-1130, 31 déc. 1971**

art. 5 [Lieu de résidence professionnelle]

- **Décr. n° 91-1197, 27 nov. 1991**

art. 165 [Domicile professionnel]

- **RIN**

art. 15.1 [Domicile professionnel – Cabinet principal]

- **RIBP**

art. P. 31 [Domicile professionnel]

art. P. 48 [Dispositions applicables aux installations particulières]

222.03 **Bibliographie indicative.**

* Aussi : v. s^s no 22.03.

Encyclopédie. *J.-Cl. Civ. Annexes, v° Avocat*, fasc. 30 : avocats – Obligations et prérogatives, 2014 ; II, Domicile professionnel et bureaux secondaires, 2015.

SECTION 1 CONDITION DE DOMICILE PROFESSIONNEL

222.11 **Principe.** La condition de domicile professionnel est posée implicitement par l'article 5, alinéa 2, de la loi du 31 décembre 1971[1] ; elle découle de l'esprit du texte, des traditions de l'Ordre et des dispositions des articles 165 et suivants du décret du 27 novembre 1991[2]. Les règlements intérieurs de chaque barreau imposent généralement au postulant des conditions de domicile qui garantissent l'exercice régulier, direct, correct et indépendant de la profession[3]. Le domicile professionnel peut ne pas se confondre avec le domicile légal.

Le Conseil national des barreaux a intégré dans le règlement intérieur national de la profession[4] cette obligation du domicile professionnel par sa décision n° 2011-005 du 5 octobre 2011[5], modifiée par la décision n° 2019-002 du 9 juillet 2020[6]. Le Conseil d'État a rejeté une requête tendant à la suspension de cette décision et à l'annulation des nouvelles dispositions de l'article 15.1 du RIN[7].

L'avocat doit ainsi exercer son activité professionnelle dans des conditions matérielles conformes aux usages et dans le respect des principes essentiels de la profession[8]. Il doit aussi veiller au strict respect du secret professionnel[9] et justifier d'une adresse électronique[10].

1. L. n° 71-1130, 31 déc. 1971 portant réforme de certaines professions judiciaires et juridiques, *JO* 5 janv. 1972, p. 131.
2. Décr. n° 91-1197, 27 nov. 1991 organisant la profession d'avocat, *JO* 28 nov., p. 15502.
3. RIPB, art. P. 31.
4. V. s^s n° 011.91.
5. CNB, décis. n° 2011-005, 5 oct. 2011 portant réforme du règlement intérieur national (RIN) de la profession d'avocat (art. 21-1 de la loi du 31 déc. 1971 mod.), *JO* 29 oct., p. 18262 ; *JCP* 2011. Actu. 1262, obs. S. Bortoluzzi.
6. CNB, décis. n° 2019-002, 9 juill. 2020 portant réforme du règlement intérieur national (RIN) de la profession d'avocat (art. 21-1 de la loi du 31 déc. 1971 mod.), *JO* 30 août, n° 13.
7. CE 19 oct. 2012, *Delmas & Associés*, req. n° 354613, *Lebon ; D.* 2013. Pan. 136, obs. T. Wickers ; *Gaz. Pal.* 21-22 nov. 2012, p. 7, note M. Guyomar ; *JCP* 2013. Doctr. 622, n° 4, obs. S. Bortoluzzi.
8. V. s^s n° 33.00 s.
9. V. s^s n°s 41.00 s.
10. RIN, art. 15.1 ; mod. par décis. n° 2019-002, 9 juill. 2020, *JO* 30 août, n° 13, art. 7.

L'installation professionnelle doit, en principe, comporter une pièce de réception et un bureau de travail. La prohibition absolue d'un divan dans un cabinet de travail d'avocat est une légende folklorique qui ne repose sur aucun texte ni tradition. Pour autant, ce meuble n'a rien d'indispensable dans un cabinet de travail d'avocat[1].

Le postulant doit être un occupant régulier des lieux. Il doit être installé dans un appartement loué à son nom ou à celui d'un proche parent, et garni de meubles lui appartenant ou appartenant à sa famille. Le membre du conseil de l'Ordre enquêteur et rapporteur peut, à cet égard, se faire communiquer les pièces et autorisations justificatives. Dans le cas de cabinets groupés avec partage de locaux, assortis du paiement régulier d'une partie des loyers par les avocats associés, le titre d'occupation de chaque avocat doit s'analyser en une sous-location régulière[2].

222.12 Lieu du domicile professionnel. L'avocat est tenu de fixer son domicile professionnel dans le ressort du tribunal judiciaire auprès duquel il est établi[3]. Son cabinet principal est situé au lieu d'inscription de l'avocat, lequel doit répondre aux conditions générales du domicile professionnel et correspondre à un exercice effectif[4].

• **Régime antérieur.** Les dispositions anciennes exigeant l'installation de l'avocat au siège de la juridiction dont dépend son barreau ou tendant, au contraire, à admettre son installation dans un ressort plus vaste que celui du tribunal, notamment celui de la Cour, n'ont désormais plus de sens, devant les dispositions claires et formelles de la loi[5].

De même l'obligation pour l'avocat d'établir sa résidence professionnelle dans le ressort du tribunal judiciaire auprès duquel il exerce l'activité de postulant, n'implique pas qu'il ait également sa résidence effective dans ce ressort[6].

Exceptionnellement, en raison de la réorganisation judiciaire de la région parisienne, les avocats des barreaux de Paris, Nanterre, Bobigny et Créteil pouvaient avoir leur installation dans l'un quelconque des ressorts[7] de ces tribunaux[8], s'ils l'avaient avant la création de ces tribunaux.

222.13 Garanties d'indépendance. Le domicile professionnel de l'avocat doit offrir des garanties d'indépendance, notamment à l'égard d'activités professionnelles d'autres membres de la famille ou même d'activités professionnelles antérieures. L'avocat dont le mari est expert judiciaire ou arbitre commercial doit avoir un domicile professionnel distinct de celui de son mari. Un ancien huissier ne peut pas fixer son cabinet d'avocat à l'adresse de son ancienne étude. Ces solutions déjà anciennes sont-elles encore en vigueur à l'époque des sociétés de moyens et des sociétés interprofessionnelles ? On peut s'interroger à ce sujet.

• La cour de Limoges semble penser qu'il s'agit là d'usages surannés dans la mesure où elle admet, dans un cas un peu différent certes puisqu'il n'a pas identité de local professionnel, qu'il n'y avait pas incompatibilité entre l'exercice par deux conjoints des fonctions d'avocat et d'huissier de justice dans le ressort du même tribunal[9].

Un avocat peut installer un bureau secondaire dans les locaux d'une société d'expertise comptable. La décision du conseil de l'Ordre qui s'y oppose au nom de l'indépendance nécessaire pour l'avocat, est réformée par la cour d'appel d'Aix-en-Provence, tandis que la Cour de cassation rejette le pourvoi ; il était relevé dans le cas d'espèce que l'avocat aurait disposé d'un bureau à lui réservé et d'une secrétaire particulière[10].

En fait la seule vraie question qui puisse se poser à propos du domicile professionnel de l'avocat et des risques résultant de la proximité de personnes exerçant une activité identique ou voisine, est le danger d'une collusion pouvant exister entre l'avocat, un officier ministériel ou un conseil juridique qui dirigerait abusivement la clientèle chez cet avocat en raison de la proximité et porterait ainsi atteinte à la liberté de choix du client et à la dignité de la profession d'avocat. Le local commun ou proche peut être un des éléments de cette collusion mais en soi il n'est pas suffisant pour être constitutif d'une faute professionnelle ni pour interdire de façon absolue le droit pour un avocat d'établir son cabinet à proximité d'un local occupé par un autre professionnel du droit, voire dans un local ayant été occupé par le même professionnel.

• La même solution mutatis mutandis peut être appliquée à un avocat qui installerait son cabinet sans autorisation préalable à la même adresse que celle où un avocat exerce déjà ; mais il s'agit essentiellement d'une question de fait, cette installation est-elle une nécessité technique ou, au con-

1. A. Damien, *Les avocats du temps passé*, Henri Lefebvre, 1973, p. 287 s.
2. Paris, 6e ch., 16 déc. 1994, *Gaz. Pal.* 13 mai 1995, 32.
3. Décr. n° 91-1197, 27 nov. 1991, art. 165.
4. RIN, art. 15.2 ; mod. par décis. CNB n° 2019-002, 9 juill. 2020, *JO* 30 août, n° 13, art. 7.
5. Aix-en-Provence, 19 avr. 1948 ; *D.* 1948. 425, note Crémieu.
6. Civ. 1re, 22 janv. 1985, n° 83-15.927, P I, n° 30 ; – ANTÉRIEUREMENT : Civ. 1re, 8 juin 1979, n° 77-15.958, P I, n° 171.
7. V. ss n° 622.163.
8. L. n° 71-1130, 31 déc. 1971, art. 1, III, abrogé.
9. Limoges, 24 sept. 1987, *Gaz. Pal.* 1987. II. 791.
10. Civ. 1re, 27 févr. 1996, n° 94-10.821, NP ; *JCP* 1997. I. 3993, n° 7, Chron. R. Martin ; – AUSSI : CNB, Comm. RU, avis n° 2017/002, 14 févr. 2017.

traire, un procédé pour attirer une clientèle supplémentaire au détriment de l'avocat déjà installé dans l'immeuble ?[1] Cet arrêt a été cassé par un arrêt de la 1re chambre civile de la Cour de cassation du 8 décembre 1987[2] au nom de la liberté fondamentale que possède tout citoyen et a fortiori un avocat, d'aller et venir et de s'installer là où il le désire dès lors qu'il n'y a pas de fraude.

222.14 **Domiciliation temporaire.** Le conseil de l'Ordre peut autoriser à titre temporaire, et pour la durée qu'il fixe, l'avocat à se domicilier soit au sein de locaux affectés par l'Ordre, soit dans les locaux du cabinet d'un autre avocat dans le ressort du même barreau. La convention écrite relative à une telle domiciliation fixe les modalités de la mise à disposition de locaux et les conditions de transmission des courriers et communications destinés à l'avocat. Elle doit être préalablement approuvée par le conseil de l'Ordre. L'avocat domicilié doit communiquer au conseil de l'Ordre l'adresse de son domicile privé[3].

En édictant des prescriptions particulières applicables à certains avocats domiciliés professionnellement, à titre temporaire, chez leurs confrères ou au sein de locaux affectés par l'ordre, le Conseil national des barreaux s'est borné à l'article 15.1 du RIN, dans sa rédaction issue de la décision n° 2005-001 du 5 octobre 2011, à définir un cadre juridique destiné à concilier la situation des intéressés et les modalités spécifiques d'exercice professionnel qui en découlent avec l'obligation de domiciliation et les exigences déontologiques qui s'y attachent[4].

Reste qu'il convient de garantir le respect des principes essentiels de la profession, notamment la dignité et l'indépendance, ainsi que le secret professionnel. Ainsi le cabinet de l'avocat hébergé par l'ordre ne devra pas pouvoir être confondu avec un service de consultations, s'il en existe, de la maison de l'avocat. De même, ce cabinet devra sans doute disposer d'une ligne téléphonique et de fax indépendants de celle de l'ordre[5].

222.15 **Exercice en groupe de la profession.** Dans le cas d'exercice en groupe[6], le domicile professionnel est fixé, soit au siège de l'association, soit à celui de la société civile professionnelle, soit au domicile professionnel des membres de la société.

Lorsque le mari et la femme sont l'un et l'autre avocats, ils doivent avoir, en principe, même au domicile conjugal, des cabinets distincts, sauf au cas d'association ou de constitution d'une société civile professionnelle.

222.16 **Postulation et résidence professionnelle.** La question du domicile a une importance accrue car si l'avocat plaide sans limitation territoriale devant toutes les juridictions et organismes juridictionnels ou disciplinaires, il exerce exclusivement la postulation, c'est-à-dire les activités antérieurement dévolues au ministère obligatoire de l'avoué, devant l'ensemble des tribunaux judiciaires du ressort de la cour d'appel dans lequel il a établi sa résidence professionnelle et devant ladite cour d'appel – sous réserve[7] des dispositions de la loi du 31 décembre 1971, article 5[8], alinéa 3, et article 5-1[9].

222.17 **Domiciliation professionnelle d'un avocat chez un autre confrère.** Il ne paraît pas conforme aux principes essentiels et aux règles sur le domicile professionnel qu'un avocat ne dispose que d'une simple domiciliation et n'ait aucun lieu d'exercice professionnel effectif permanent, à moins qu'il ait conclu avec un confrère une convention de mise à disposition de locaux[10].

222.18 **Partage de locaux professionnels entre des avocats et des professionnels non avocats.** Le partage de locaux professionnels entre des avocats et des professionnels non avocats dépendant d'un même immeuble, avec usage de parties communes, n'est pas interdit, pour autant qu'il ne place pas l'avocat dans l'impossibilité de respecter les principes essentiels de sa profession. Il appartient dans ce cas aux avocats de veiller notamment à ce que, tant au niveau des dossiers que de leur traitement par le personnel du cabinet, aucun risque de violation du secret professionnel n'existe.

Ce risque pourrait ainsi se manifester si l'avocat partageait avec les autres professionnels une salle d'attente commune, du personnel de secrétariat commun ou des lieux de stockage d'archives. Il appartient également au conseil de l'Ordre, dans le cadre de la visite domiciliaire, de vérifier que les locaux sont conformes à des exercices individuels et

1. EN SENS CONTRAIRE : Amiens, 16 sept. 1985, *Gaz. Pal.* 1985. II. 720, note A. Damien ; *D.* 1987. 107, note A. Brunois.
2. Civ. 1re, 8 déc. 1987, n° 85-18.721, P I, n° 330 ; *Gaz. Pal.* 24 mars 1988, 11, note A. Damien ; *D.* 1988. Somm. 2 ; *D.* 1988. Somm. 234, note A. Brunois ; *Gaz. Pal.* 1988. Pan. 35 ; *JCP* 1988. IV. 63.
3. RIN, art. 15.1 ; issu de décis. CNB n° 2011-005, 5 oct. 2011.
4. CE 19 oct. 2012, req. n° 354613, *Lebon T ; D.* 2013. 136, obs. T. Wickers ; *Gaz. Pal.* 21-22 nov. 2012, p. 7, note M. Guyomar ; *JCP* 2013. Doctr. 622, n° 4, obs. S. Bortoluzzi.
5. CNB, Comm. RU, avis n° 2008-043, 8 juill. 2008 ; C. avocat 2021, ss décr. 27 nov. 1991, art. 165, note 7.
6. V. ss nos 811.50 s.
7. V. ss nos 622.162.
8. L. n° 71-1130, 31 déc. 1971, art. 5 ; mod. par ord. n° 2019-964, 18 sept. 2019, art. 35.
9. L. n° 71-1130, 31 déc. 1971, art. 5-1 ; mod. par ord. n° 2019-964, 18 sept. 2019, art. 35.
10. CNB, Comm. RU, avis n° 2010-007, 29 mars 2010 ; C. avocat 2021, ss décr. 27 nov. 1991, art. 165, note 12.

indépendants de chacune des professions partageant des locaux communs[1].

222.19 Déclaration préalable des changements de domicile. Les changements de domicile professionnel doivent faire l'objet d'une déclaration préalable au bâtonnier qui peut faire procéder aux vérifications utiles et demander communication de tout document (contrat de bail, titre de propriété...), afin que le conseil de l'Ordre statue au vu de ces éléments.

SECTION 2
PLURALITÉ D'EXERCICE

222.21 Principe de l'unicité du cabinet d'avocat. Le principe de l'unicité du cabinet d'avocat résulte de l'article 165[2] du décret du 27 novembre 1991 : un avocat ne peut avoir deux installations professionnelles en France (sous réserve de l'existence de cabinets secondaires). Il s'agit là non d'une simple règle procédurale mais d'une règle de fond nécessitée par l'organisation judiciaire française et la déontologie propre à la profession d'avocat en France.

• **Fondement.** Cette règle remonte à la période à laquelle l'activité de postulation était dévolue aux avoués auxquels les avocats ont succédé en vertu de la fusion des professions judiciaires et elle répond à des nécessités de fond. Elle a pour but notamment de satisfaire à la nécessité pour la juridiction de disposer, dans son ressort territorial, d'auxiliaires de justice proches, connus des juges et à même de diligenter les procédures en liaison étroite avec eux, principalement depuis la création et l'institution de la mise en état. Toutefois, cette règle interne au droit français ne fait pas obstacle à ce qu'un avocat d'un des États membres de l'Union européenne, tout en conservant son établissement d'avocat dans un pays d'origine, possède un autre cabinet dans d'autres États de l'Union, les moyens actuels de transport et de communication permettent en effet d'assurer de manière appropriée ces contacts nécessaires entre les avocats, les autorités judiciaires et leurs clients. Ce principe du libre établissement des avocats dans l'un des États membres de l'Union européenne ne s'oppose cependant pas à l'application sur le territoire national du principe de l'unicité du cabinet résultant de l'article 165 du décret du 27 novembre 1991[3].

• Le domicile de l'avocat doit être un domicile réel et non une résidence apparente, l'avocat exerçant réellement sa profession dans une autre ville[4].

• **Exception.** La consultation peut être exercée par un avocat en dehors de son domicile professionnel, soit sur désignation du bâtonnier dans le cadre de consultations organisées par l'Ordre, soit pour des consultations instaurées à la diligence[5] de l'avocat[6].

222.22 Reconnaissance de la pluralité d'exercice. Le choix est laissé aux associés des sociétés d'exercice libéral (SEL) constituant la société de prévoir ou non l'exclusivité d'exercice. En effet, le décret du 29 juin 2016[7], pris en application de la loi du 6 août 2015 pour la croissance et l'égalité des chances économiques, a abrogé les dispositions des articles 20 et 22 du décret du 25 mars 1993[8] qui prévoient l'exercice exclusif au sein de la société.

La question fut posée de la portée de l'abrogation susvisée et de la possibilité, désormais offerte aux avocats, d'exercer tout à la fois comme associé d'une structure d'exercice, mais également comme avocat individuel ou associé d'une autre structure.

Certains considéraient que le décret du 25 mars 1993, qui est un texte réglementaire spécial, n'avait eu ni pour objet, ni pour effet, de modifier les dispositions de l'article 7 de la loi du 31 décembre 1971 qui prévoient que l'avocat peut exercer sa profession soit à titre individuel, soit au sein d'une association, soit au sein d'entités dotées de la personnalité morale. Le cumul des modes d'exercice ne pourrait ainsi être autorisé sans une modification législative préalable.

D'autres estimaient au contraire que le décret du 29 juin 2016 autorisait les avocats à exercer au sein de plusieurs structures d'exercice dotées de la personnalité morale (SEL et sociétés de droit commun), à l'exclusion des SCP.

Le Conseil d'État a finalement tranché la question, dans le cadre d'un recours initié par l'UJA de Paris en vue de l'annulation du décret du 29 juin 2016, en considérant notamment « que si les dispositions de l'article 7 de la loi du 31 décembre 1971 énumèrent, de manière limitative, les formes selon lesquelles un avocat peut exercer sa profession, ni

1. CNB, Comm. RU, avis n° 2011-014, 26 avr. 2011 ; C. avocat 2021, s[s] décr. 27 nov. 1991, art. 165, note 13.
2. Décr. n° 91-1197, 27 nov. 1991, art. 167.
3. CJCE 12 juill. 1984, *Ordre des avocats au barreau de Paris c/Onno Klopp, aff. C-107/83*, *Rec.* 2971, p[t] 19, *JOCE* 7 août, p. 2 ; *Gaz. Pal.* 1984. 2. 617.
4. Req. 9 nov. 1925, *DP* 1926. 1. 41.
5. V. s[s] n°s 631.12 s.
6. Civ. 1re, 29 avr. 1980, n° 79-11.988, P I, n° 131 ; *Gaz. Pal.* 1980. II. 567.
7. Décr. n° 2016-878, 29 juin 2016, relatif à l'exercice de la profession d'avocat sous forme de société d'exercice libéral et aux sociétés de participations financières de profession libérale d'avocats, *JO* 30 juin, p. 56.
8. Décr. n° 93-492, 25 mars 1993 pris pour l'application à la profession d'avocat de la loi n° 90-1258 du 31 décembre 1990 relative à l'exercice sous forme de sociétés des professions libérales soumises à un statut législatif ou réglementaire ou dont le titre est protégé, *JO* 27 mars, p. 4930.

ces dispositions, ni celles de la loi du 31 décembre 1990 n'interdisent à un associé d'une société d'exercice libéral d'exercer la profession d'avocat sous plusieurs des formes énumérées à l'article 7 »[1]. La solution de la Haute juridiction administrative est bien évidemment transposable aux associés de sociétés civiles professionnelles[2] ou d'associations[3] désormais autorisés, dans les mêmes conditions, à cumuler plusieurs modes d'exercice prévus à l'article 7 de la loi du 31 décembre 1971, notamment au sein d'une société pluriprofessionnelle d'exercice. Les statuts de la société ou le contrat d'association doivent prévoir, selon des règles de majorité, l'exclusivité ou non de l'exercice professionnel au sein de la structure. Quoi qu'il en soit, cette évolution de la règle d'exclusivité d'exercice doit s'entendre comme un cumul possible d'exercice, et non comme une possibilité de rattachement à plusieurs barreaux. Les associés qui exerceront dans plusieurs structures ou selon différents modes d'exercice devront ainsi disposer d'un seul domicile professionnel et être inscrits auprès d'un seul barreau à titre principal.

Ce profond changement dans l'exercice de la profession a nécessité une modification importante de l'article 15 du RIN par une décision à caractère normatif n° 2019-002 adoptée par le CNB lors de son assemblée générale du 15 mai 2020[4]. La pluralité d'exercice est définie par l'article 15.4.1 comme la faculté d'exercer la profession d'avocat en cumulant plusieurs exercices professionnels compatibles. Elle suppose un nouvel exercice professionnel de l'avocat qui se caractérise par le statut choisi et le lieu d'exercice. La pluralité d'exercice se distingue du bureau secondaire, dont la définition insérée à l'article 15.3.1 du RIN précise qu'il est l'extension d'un exercice existant, mais également de la société interbarreaux au sein de laquelle les avocats sont associés d'une même société, sans être inscrits au même barreau. Tous les cumuls sont possibles à l'exception, expressément prévue[5], du cumul de plusieurs exercices individuels.

L'établissement d'exercice est l'instrument de mise en œuvre de la pluralité d'exercice[6]. Il permet notamment le contrôle du respect des principes et des règles de la profession (unicité d'inscription, postulation territoriale...), ainsi que le suivi par les barreaux de la structuration de l'activité des avocats. L'ouverture et la fermeture d'un établissement d'exercice sont soumises à un régime d'autorisation ou de déclaration auprès du conseil de l'Ordre compétent[7]. Le bâtonnier ou le procureur général du lieu d'inscription de l'avocat demeurent les seules autorités de poursuites disciplinaires compétentes[8].

1. CE 5 juill. 2017, req. n° 403012, NP ; *JCP* 2017. Doctr. 1104, n° 7, obs. L. Jariel.
2. Décr. n° 92-680, 20 juill. 1992, art. 43.
3. Décr. n° 91-1197, 27 nov. 1991, art. 128-2.
4. CNB, décis. n° 2019-002, 9 juill. 2020 portant réforme du règlement intérieur national (RIN) de la profession d'avocat (art. 21-1 de la loi du 31 déc. 1971 mod.), *JO* 30 août, n° 13 – SUR LAQUELLE : *JCP* 2020. prat. 1004, actu. S. Bortoluzzi ; *JCP* 2020. Doctr. 1294, n° 2, obs. L. Jariel.
5. RIN, art. 15.4.1, al. 2.
6. RIN, art. 15.4.2.
7. RIN, art. 15.4.3 et 15.4.4.
8. RIN, art. 15.4.6.

CHAPITRE

223. Ouverture de bureaux secondaires

SECTION 0 ORIENTEUR

223.00 Sommaire du chapitre.

Division. Le bureau secondaire est régi par des conditions d'ouverture (sect. 1), sans dérogation aux règles de territorialité de la postulation (sect. 2), et soumis à des cotisations et obligations pour l'avocat dans le ressort du bureau secondaire (sect. 3) concerné.

223.01 Textes applicables.

TEXTES TITRÉS

• **L. nº 71-1130, 31 déc. 1971**

art. 8-1 [Principe]

art. 8-2 [Exceptions]

• **Décr. nº 91-1197, 27 nov. 1991**

art. 166 [Règles de procédure]

art. 167 [Ouverture d'un bureau secondaire]

art. 168 [Délai pour statuer et information des autorités compétentes]

art. 169 [Fermeture du bureau secondaire]

• **RIN**

art. 15.3 [Bureaux secondaires]

223.02 Jurisprudence de référence.

> Un conseil de l'Ordre peut refuser l'ouverture d'un cabinet secondaire compte tenu des irrégularités affectant la comptabilité de l'avocat

• **Civ. 1re, 3 mars 1987,** nº 85-11.999, NP

* V. ss nº 223.14.

« Attendu, ensuite, que les juges d'appel approuvent le conseil de l'Ordre d'avoir estimé qu'en raison des irrégularités qui entachaient la comptabilité professionnelle de M. C..., l'ouverture d'un cabinet secondaire présentait des risques indéniables et énoncent que la bonne gestion du cabinet principal est effectivement la condition nécessaire à l'ouverture d'un cabinet secondaire ; que par ces motifs, ils ont légalement justifié leur décision ; d'où il suit que le moyen, n'est fondé en aucune de ses branches. »

> Le conseil de l'Ordre ne peut refuser l'ouverture d'un bureau secondaire au motif que l'avocat n'a pas respecté ses devoirs au sein de son barreau d'origine

• **Civ. 1re, 3 févr. 1993,** nº 90-19.278, P I, nº 56

* V. ss nº 223.13.

« Mais attendu que, selon l'article 8-1 de la loi du 31 décembre 1971 dans la rédaction issue de la loi nº 89-906 du 19 décembre 1989, l'autorisation d'ouvrir un cabinet secondaire ne peut être refusée "que pour des motifs tirés des conditions d'exercice de la profession dans le bureau secondaire", c'est-à-dire des modalités selon lesquelles l'avocat exercera sa profession ; qu'il s'ensuit que c'est par une exacte application de l'article précité et sans violer les autres textes invoqués que la cour d'appel a retenu que devait être écartée la prise en considération de l'inobservation antérieure par M. X... de ses devoirs professionnels en raison de l'exercice prétendument irrégulier de sa profession à Saint-Martin d'Abbat, situation relevant du pouvoir disciplinaire du seul bâtonnier de l'Ordre des avocats au barreau de Paris ; d'où il suit qu'en aucune de ses deux branches, le moyen n'est fondé. »

> Le conseil de l'Ordre peut fixer librement le montant des cotisations dues par les avocats inscrits à son barreau sous réserve de respecter le principe de l'égalité entre avocats

• **Civ. 1re, 9 mai 2001,** n° 99-16.393, P I, n° 120

* V. s[s] n° 223.41.

« Vu l'article 17-6° de la loi du 31 décembre 1971 modifiée ;

Attendu que le conseil de l'Ordre des avocats peut fixer librement le montant des cotisations dues par les avocats inscrits à son barreau et les avocats titulaires d'un bureau secondaire dans son ressort, sous réserve de respecter le principe de l'égalité entre avocats ;

Attendu que la cour d'appel a annulé la délibération fixant le montant de la cotisation réclamée à Mme Claire X... en considérant qu'il était discriminatoire à l'égard de cet avocat eu égard au fait qu'elle n'utilisait que partiellement les services de l'Ordre, qu'elle n'était pas habilitée à postuler dans le ressort du barreau de Villefranche-sur-Saône et que l'activité de son cabinet secondaire était modeste ;

Attendu qu'en statuant ainsi par des motifs inopérants et alors qu'elle avait constaté que la cotisation réclamée par le conseil de l'Ordre des avocats au barreau de Villefranche-sur-Saône à Mme X..., titulaire d'un bureau secondaire dans son ressort, était identique à celle imposée aux avocats inscrits à ce barreau, la cour d'appel, qui n'a pas tiré les conséquences légales de ses propres constatations, a violé le texte susvisé. »

> Ne suffit pas à caractériser l'absence d'activité professionnelle effective d'un cabinet secondaire la seule constatation que l'exercice de l'activité d'avocat au sein de ce bureau est ponctuel, voire discontinu, alors que les conditions d'exercice ne méconnaissent pas les principes essentiels de la profession d'avocat

• **Civ. 1re, 31 oct. 2012,** n° 11-28.482, P I, n° 221

* V. s[s] n° 223.24.

223.03 Bibliographie indicative.

* Aussi : v. s[s] n° 22.03.

Monographies. R. Martin, *Déontologie de l'avocat,* 11e éd., LexisNexis, 2013, n° 366 s. – B. Beignier, J. Villacèque (dir.), *Droit et déontologie de la profession d'avocat*, 2e éd., Gazette du Palais – Lextenso, 2016, p. 178 – J.-M. Braunschweig, J. Demaison, *Profession d'avocat : Le guide*, 4e éd., Wolters Kluwer, 2017, n° 172.

Format réduit. J. J. Taisne, *La déontologie de l'avocat*, 11e éd., « Connaissance du droit », Dalloz, 2019.

Article. J.-L. Meunier, « Bureaux secondaires et postulation », *JCP* 1998, act. n° 10, p. 369.

SECTION 1
CONDITIONS D'OUVERTURE D'UN BUREAU SECONDAIRE

223.11 Licéité de la création de bureaux ou cabinets secondaires. Le bureau secondaire est une installation professionnelle permanente distincte du cabinet principal dont il est l'extension [1], il doit répondre aux conditions générales du domicile professionnel [2] et correspondre à un exercice effectif. Les articles 8-1 et 8-2 de la loi du 31 décembre 1971 [3] modifiée autorisent l'avocat, sans que cela porte atteinte au principe de la territorialité de la postulation, à établir un ou plusieurs bureaux secondaires après déclaration au conseil de l'Ordre du barreau auquel il appartient.

La création des bureaux ou cabinets secondaires avait suscité de vifs débats de doctrine et de jurisprudence depuis les années cinquante et pendant près de quarante ans. Le premier arrêt qui s'est attaché à cette question est un arrêt de la cour d'appel de Grenoble du 29 juin 1954 [4] ; le dernier est un arrêt de Bordeaux du 24 octobre 1989 [5] rendu à la veille de la promulgation de la loi du 19 décembre 1989 [6] autorisant sous certaines conditions [7] l'ouverture de bureaux secondaires, reprises par la loi du 31 décembre 1990 réformant la loi du 31 décembre 1971 [8].

Lorsque le bureau secondaire est situé dans le ressort d'un barreau différent de celui où est établie sa résidence professionnelle et même en dehors du ressort de la même cour d'appel, l'avocat doit en outre demander l'autorisation du conseil de l'Ordre du barreau dans le ressort duquel il envisage d'établir le bureau secondaire [9].

Par dérogation aux dispositions de l'article 8-1 de la loi, les avocats inscrits au barreau de l'un des tribunaux judiciaires de Paris, Bobigny, Créteil et Nanterre ne peuvent ouvrir un bureau secondaire dans le ressort de l'un de ces tribunaux judiciaires autres que celui du barreau auquel ils appartiennent [10]. Cette dérogation est justifiée par le régime spécifique de multipostulation existant en région parisienne [11] et maintenue dans le cadre de la réforme de la postulation territoriale au ressort de cour d'appel entrée en vigueur le 1er août 2016.

1. RIN, art. 15.3.1. ; mod. par décis. CNB n° 2019-002, 9 juill. 2020, *JO* 30 août, n° 13, art. 7.
2. V. s[s] n°s 222.11 s.
3. L. n° 71-1130, 31 déc. 1971 portant réforme de certaines professions judiciaires et juridiques, *JO* 5 janv. 1972, p. 131.
4. Grenoble, 29 juin 1954, *D.* 1954. 526.
5. Bordeaux, 24 oct. 1989, *Gaz. Pal.* 1990. 1. 170.
6. L. n° 89-906, 19 déc. 1989 relative à l'exercice de certaines professions judiciaires et juridiques, *JO* 20 déc., p. 15785.
7. SUR L'OUVERTURE D'UN CABINET SECONDAIRE dissimulant en fait une inscription à un autre barreau : Civ. 1re, 26 mai 1994, n° 92-17.522, P I, n° 186 ; *JCP* 1994. IV. 1870 ; *Gaz. Pal.* 1994. Pan. 212.
8. SUR LES DISCUSSIONS RELATIVES À L'ANCIENNE législation et la jurisprudence qui s'y rapporte en matière de bureaux secondaires : J. Hamelin, *Les règles de la profession d'avocat*, 9e éd., Dalloz, 2000, n°s 86 s.
9. L. n° 71-1130, 31 déc. 1971, art. 8-1, al. 2.
10. L. n° 71-1130, 31 déc. 1971, art. 8-2 ; mod. par ord. n° 2019-964, 18 sept. 2019, art. 35.
11. L. n° 71-1130, 31 déc. 1971, art. 1, III.

Un avocat peut ouvrir un deuxième bureau secondaire dans le ressort du barreau où il existe déjà un premier bureau secondaire sous réserve d'y exercer une activité effective[1].

La Cour de cassation a censuré pour violation de l'article 1128 du code civil, ensemble l'article 8-1 de la loi du 31 décembre 1971, une cour d'appel qui, pour annuler une convention de cession de clientèle entre deux cabinets d'avocats portant sur une clientèle établie dans le ressort d'un cabinet secondaire, situé auprès d'un barreau différent de celui où réside le cabinet cédant, déduit de ce que le cédant ne disposait plus de cabinet principal et exerçait une activité professionnelle uniquement dans le bureau secondaire sans être inscrit au tableau de l'Ordre du barreau local. À défaut d'exercice professionnel effectif dans le ressort du barreau d'inscription et en l'absence, par conséquent, de cabinet principal régulièrement établi, les activités exercées au sein du cabinet secondaire étaient elles-mêmes illicites, en sorte que les cessions de clientèle étaient privées d'objet effectif, alors que les motifs ainsi tirés de l'inobservation de la réglementation régissant le domicile professionnel[2], sont impropres à caractériser l'inexistence des clientèles cédées qui étaient attachées à un cabinet secondaire dont l'ouverture avait été autorisée par une décision administrative du conseil de l'Ordre territorialement compétent dont il était constaté qu'elle était toujours en vigueur[3].

223.12 Interdiction d'ouverture d'un bureau secondaire en entreprise. Par décision à caractère normatif n° 2016-001 adoptée par l'assemblée générale du 1er juillet 2016, le Conseil national des barreaux avait ouvert la domiciliation du bureau secondaire en entreprise[4]. Le nouvel article 15.2.2 du RIN autorisait ainsi que le bureau secondaire d'un avocat soit situé dans les locaux d'une entreprise, dès lors qu'il répondait aux conditions générales du domicile professionnel et correspondait à un exercice effectif et aux règles de la profession, notamment en ce qui concerne le secret professionnel. En revanche, le cabinet principal de l'avocat ne pouvait pas être domicilié en entreprise.

L'adoption de cette décision à caractère normatif a fortement divisé les Ordres et syndicats professionnels au cours de la période de consultation préalable. À l'initiative de la Conférence des bâtonniers et de quelques barreaux, un recours a été déposé devant le Conseil d'État pour contester la légalité de la nouvelle disposition de l'article 15.2.2 du RIN. Le Conseil d'État a finalement annulé cette décision du Conseil national des barreaux qui outrepassait les limites de son pouvoir normatif[5]. En autorisant un avocat à domicilier de façon permanente et effective une partie de son activité dans les locaux d'une entreprise, qui peut être sa cliente, le Conseil d'État considère que le Conseil national des barreaux a institué des règles nouvelles, qui ne correspondent pas à des règles et usages des barreaux, qui n'ont pas de fondement dans les règles législatives ou réglementaires et qui ne peuvent être regardées comme une conséquence nécessaire d'une règle figurant au nombre des traditions de la profession.

Par ailleurs, ces conditions d'exercice sont susceptibles de placer les avocats concernés dans une situation de dépendance matérielle et fonctionnelle vis-à-vis de l'entreprise qui les héberge et mettent ainsi en cause les règles essentielles régissant la profession d'avocat d'indépendance et de respect du secret professionnel.

223.13 Décision du conseil de l'Ordre – Régime d'autorisation préalable. La loi du 6 août 2015[6], dite loi Macron, a simplifié les conditions d'ouverture des bureaux secondaires établis dans le ressort d'un barreau différent de celui où l'avocat a établi sa résidence professionnelle en réduisant le délai d'instruction par le conseil de l'Ordre de trois mois à un mois à compter de la réception de la demande[7]. À défaut d'avoir statué dans le délai imparti d'un mois, l'autorisation est réputée accordée[8]. Au cours du débat parlementaire, les députés ont écarté le dispositif envisagé par le gouvernement tendant à substituer au régime d'autorisation préalable du conseil de l'Ordre un simple régime déclaratif ne permettant pas d'opérer un contrôle effectif sur les conditions d'ouverture des bureaux secondaires. La demande d'autorisation doit comporter tous les éléments de nature à permettre au conseil de l'Ordre du barreau d'accueil de vérifier les conditions d'exercice de l'activité professionnelle au sein de ce bureau secondaire, et notamment le nom des avocats y exerçant[9].

1. CNB, Comm. RU, avis n° 2009-001, 16 févr. 2009 ; C. avocat 2021, ss L. n° 71-1130, 31 déc. 1971, art. 8-1, note 6.
2. Décr. n° 91-1197, 27 nov. 1991, art. 165.
3. Civ. 1re, 26 mai 2011, n° 09-15.015, NP ; *JCP* 2011. Doctr. 1098, n° 1, obs. S. Bortoluzzi.
4. RIN, art. 15.2 ; issu de décis. CNB n° 2016-001, 20 juill. 2016 portant réforme du règlement intérieur national (RIN) de la profession d'avocat (art. 21-1 de la loi du 31 déc. 1971 mod.), *JO* 1er oct., n° 18 ; NOR : JUSC1620225S.
5. CE 6-5 ch. réunies, 29 janv. 2018, req. n° 403101, *Lebon ; D. avocats*, 2018, p. 109, note F. G'Sell ; *JCP* 2018. Doctr. 588, n° 13, obs. L. Jariel ; *Gaz. Pal.* 5 juin 2018, n° 20, p. 27, note B. de Belval et J. Villacèque.
6. L. n° 2015-990, 6 août 2015, pour la croissance, l'activité et l'égalité des chances économiques, *JO* 7 août, p. 13537.
7. SUR LE CABINET SECONDAIRE dans d'autres professions libérales : CE 25 nov. 1987, *SCP Collignon, Visseaux et Ostre*, req. n° 73300, *Lebon* 379.
8. L. n° 71-1130, 31 déc. 1971, art. 8-1, al. 2.
9. RIN, art. 15.3.3.

Lorsque le bureau secondaire est établi dans un autre État membre de l'Union européenne[1], l'avocat est simplement tenu de le déclarer au conseil de l'Ordre de son barreau d'origine[2]. Si le bureau secondaire est établi dans un pays en dehors de l'Union européenne, il doit solliciter l'autorisation préalable de son conseil de l'Ordre qui doit statuer dans les deux mois de la réception de la demande[3]. À défaut, l'autorisation est réputée accordée. L'autorisation ne peut être refusée que pour des motifs tirés des conditions d'exercice de la profession dans le bureau secondaire, sans préjudice des sanctions disciplinaires pouvant être prononcées par le conseil de l'Ordre du barreau auquel appartient l'avocat ; elle ne peut être retirée que pour les mêmes motifs.

Dès lors, le conseil de l'Ordre du barreau d'accueil ne peut rechercher si, antérieurement à la création du cabinet secondaire, des fautes auraient été commises par l'avocat dans le cadre de son barreau d'origine, lequel est seul compétent[4].

Dans tous les cas, l'avocat disposant d'un bureau secondaire doit y exercer une activité professionnelle effective sous peine de fermeture sur décision du conseil de l'Ordre du barreau dans lequel il est situé[5]. Le mode de fonctionnement légal du bureau secondaire n'a toutefois pas été prévu par les articles 166 et suivants du décret du 27 novembre 1991. Les textes réglementaires n'imposent aucune obligation ni d'une permanence de ce cabinet ni d'une résidence personnelle de l'avocat[6]. Il ne semble pas qu'on puisse imposer à un avocat de recevoir uniquement à son cabinet secondaire la seule clientèle locale ou celle d'une circonscription territoriale limitée[7].

Aucune des dispositions posées par l'article 15.3 du RIN, pris en application de l'article 8-1 de la loi du 31 décembre 1971 modifiée, ne s'oppose à ce que deux avocats puissent ouvrir chacun à leur nom un bureau secondaire et décider de partager, pour cette activité dans ces bureaux secondaires, des locaux communs. *A contrario*, il n'est pas possible pour deux avocats non associés d'ouvrir un cabinet secondaire commun dont le fonctionnement serait constitutif d'une association de fait[8].

223.14 Décision du barreau d'accueil. Lorsque le bureau secondaire est situé dans le ressort d'un autre barreau que celui où l'avocat est inscrit, l'autorisation doit être demandée au conseil de l'Ordre de ce barreau. Elle ne peut être refusée que pour des motifs tirés des conditions d'exercice de la profession dans le bureau secondaire, autrement dit ce refus ne peut être fondé que sur des modalités selon lesquelles l'avocat exercera sa profession dans le bureau secondaire[9]. Le conseil de l'Ordre du barreau d'accueil n'est pas juge de l'opportunité de l'ouverture du bureau, il ne peut pas non plus faire état d'opinions défavorables tenant à la personne du demandeur.

Les conseils de l'Ordre ont tendance, quand ils sont saisis d'une demande d'autorisation d'un avocat hors de leur ressort, à aller au-delà des vérifications qui leur sont permises par la loi, d'où un contentieux relativement fourni.

Il a été jugé par exemple que le conseil de l'Ordre ne peut justifier un refus sur l'inobservation par le postulant de ses devoirs professionnels dans son barreau d'origine qui est seul compétent pour en connaître[10], ou que le refus d'ouverture ne peut se fonder sur une appréciation de la rentabilité économique du bureau secondaire[11]. Cependant, un conseil de l'Ordre peut refuser à un avocat l'autorisation d'ouvrir un bureau secondaire au motif que, en raison des irrégularités qui entachent sa comptabilité professionnelle, l'ouverture de ce bureau présente des risques indéniables et que la bonne gestion d'un cabinet principal est la condition nécessaire à l'ouverture d'un bureau secondaire[12].

De même l'ouverture ne peut être refusée en raison de l'annonce prématurée par le cabinet de l'ouverture de son bureau secondaire dans le barreau d'accueil avant autorisation du conseil de l'Ordre[13].

1. Dir. 98/5, Parlement et Conseil, 16 févr. 1998 visant à faciliter l'exercice permanent de la profession d'avocat dans un État membre autre que celui où la qualification a été acquise, *JOCE L* 77, 14 mars, p. 36.
2. Dir. 98/5, Parlement et Conseil, 16 févr. 1998.
3. RIN, art. 15.3.3.
4. Civ. 1re, 3 févr. 1993, no 90-19.278, P I, no 56 ; *D.* 1993. 50 ; *D.* 1994. 137 ; *D.* 1994. 137, note Brunois ; *JCP* 1993. IV. 838 ; *Gaz. Pal.* 1993. Pan. 115.
5. Civ. 1re, 1er déc. 1993, no 91-13.387, P I, no 351, *JCP* 1994. IV. 334 ; *D.* 1994. 9 – Paris, 28 mars 1994 – Versailles, 3 févr. 1993, *Gaz. Pal.* 8 avr. 1993, 101 – Limoges, 3 nov. 1992, *D.* 1994. 137.
6. Aix-en-Provence, 29 juin 1990, *Gaz. Pal.* 25 juin 1991. Somm. 54, 10 – Limoges, 3 nov. 1992, *D.* 1994. Somm. 136.
7. SUR UN CABINET SECONDAIRE avec sollicitation de clientèle (mailing) : Versailles, 9 févr. 1993, *Gaz. Pal.* 8 avr. 1993, 10.
8. CNB, Comm. RU, avis no 2009/067, 25 nov. 2009 ; C. avocat 2021, ss L. no 71-1130, 31 déc. 1971, art. 8-1, note 5.
9. L. no 71-1130, 31 déc. 1971, art. 8-1, al. 3.
10. Civ. 1re, 3 févr. 1993, no 90-19.278, P I, no 56 ; *D.* 1994. 137 ; *D.* 1994. 137, note Brunois ; *Gaz. Pal.* 1993. Pan. 115. *JCP* 1993. IV. 838.
11. Civ. 1re, 16 mai 1995, no 93-15.271, P I, no 210 ; *D.* 1995. 149 ; *JCP* 1995. IV. 1656 ; *Gaz. Pal.* 1996. Pan. 3 ; – RAPPR. : Civ. 1re, 3 févr. 1993, no 90-19-278, P I, no 56.
12. Civ. 1re, 3 mars 1987, no 85-11.999, NP ; *D.* 1987. 57 ; – RAPPR. : Civ. 1re, 7 févr. 1989, no 86-17.163, P I, no 61 ; *D.* 1989. 62 – Civ. 1re, 3 févr. 1993, no 90-19.278, P I, no 56 ; *JCP* 1993. IV. 838, *D.* 1993. 50.
13. Dijon, 13 avr. 2005, RG no 15/00094 ; – *CONTRA* : Poitiers, 29 janv. 1994, *JCP* 1996. I. 3948, no 12.

De façon analogue, l'autorisation d'ouvrir un bureau secondaire ne peut être retirée que pour des motifs tirés des conditions d'exercice de la profession dans ce bureau secondaire [1].

223.15 Recours et information des autorités compétentes. Les décisions du conseil de l'Ordre autorisant l'ouverture du bureau secondaire ou retirant cette autorisation, ainsi que les recours exercés contre ces décisions, sont soumis aux règles prévues par les articles 101 et suivants du décret du 27 novembre 1991. Elles sont identiques aux recours contre les décisions concernant l'inscription d'un avocat au barreau et nécessitent un débat préalable contradictoire [2]. L'avocat visé par une procédure de retrait de l'autorisation d'ouverture d'un cabinet secondaire doit connaître au préalable les raisons qui fondent le retrait de façon à pouvoir en récuser les motivations. Il en résulte que la lettre de convocation de l'avocat à une procédure de retrait de l'autorisation d'un cabinet secondaire doit ainsi, dans le respect des conditions d'un débat contradictoire, obligatoirement mentionner les motifs pour lesquels est envisagé le maintien ou le retrait de l'autorisation par le conseil de l'Ordre [3].

Les décisions autorisant l'ouverture d'un bureau secondaire prises par le conseil de l'Ordre d'un barreau dont ne relève pas l'avocat sont portées par ce conseil à la connaissance du bâtonnier de l'Ordre auquel appartient l'avocat qui en informe le procureur général compétent. Il en est de même des décisions retirant l'autorisation aux fins, le cas échéant, de poursuites disciplinaires devant le conseil de l'Ordre auquel appartient l'avocat [4].

Lorsque le conseil de l'Ordre n'a pas statué dans le délai imparti par l'article 8-1 de la loi et que l'autorisation d'ouverture du bureau secondaire est réputée accordée par le silence gardé, l'ouverture de ce bureau est portée par l'avocat à la connaissance du bâtonnier de l'Ordre auquel il appartient qui en informe le procureur général compétent, et du bâtonnier de l'Ordre dans le ressort duquel le bureau est ouvert. En outre, l'avocat doit en informer, par lettre recommandée avec demande d'avis de réception, le procureur général de la cour d'appel dans le ressort de laquelle est ouvert le bureau secondaire qui peut saisir la cour d'appel dans le délai d'un mois à compter de la réception de la lettre [5].

223.16 Modalités de fermeture des bureaux secondaires. Toute fermeture d'un bureau secondaire par l'avocat doit être portée par celui-ci à la connaissance du bâtonnier de l'Ordre auquel il appartient et, le cas échéant, de celui dans le ressort duquel le bureau avait été ouvert qui en informe le procureur général compétent [6].

223.17 Discipline. L'avocat reste soumis à la discipline de son ordre pour son activité professionnelle au sein de son bureau secondaire [7]. Il doit se conformer, pour son activité dans le bureau secondaire, au règlement intérieur du barreau d'accueil qui peut lui retirer l'autorisation d'ouverture.

L'avocat inscrit à un barreau français établi dans un autre État membre de l'Union européenne, ou dans un autre État partie à l'accord sur l'Espace économique européen, reste soumis à la discipline de son barreau d'accueil.

223.18 Intégration au barreau d'accueil. Il existe un usage dans la profession consistant à donner une priorité aux audiences aux avocats venant d'autres barreaux ; cette priorité se règle en fonction de la distance, l'avocat venant du barreau le plus éloigné passant en principe avant les autres.

Un avocat plaidant dans une juridiction dans le ressort de laquelle il a installé un bureau secondaire ne présente plus ce caractère d'extranéité lui permettant d'exiger le respect de cet usage [8].

223.19 Publicité et annuaires. L'avocat autorisé à ouvrir un bureau secondaire où il exerce effectivement peut faire mention de celui-ci sur son papier à lettres et tous les supports de communication autorisés [9]. Mention du bureau secondaire dans le ressort du barreau auprès duquel l'avocat est inscrit est portée sur le tableau après le nom de l'avocat [10].

Lorsqu'une SCP a été autorisée à ouvrir un cabinet secondaire et figure seule – à l'exclusion de ses membres – sur la liste annexée au tableau de l'ordre des avocats du barreau concerné, le conseil de l'Ordre de ce barreau peut, en application des dispositions de son règlement intérieur, refuser l'inscription personnelle des associés de la SCP dans les pages professionnelles de l'annuaire de la ville, ces associés n'étant titulaires, à titre individuel, d'aucun cabinet secondaire dans le ressort de ce barreau dont ils ne sont pas membres [11].

1. Civ. 1re, 23 mars 2004, n° 02-13.823, P I, n° 93 ; *D.* 2004. 1066 ; *Gaz. Pal.* 2004. Somm. 1243.
2. Décr. n° 91-1197, 27 nov. 1991 organisant la profession d'avocat, *JO* 28 nov., p. 15502, art. 166, qui renvoie aux art. 102 et 103.
3. CNB, Comm RU, avis n° 2006-024, 25 avr. 2006, cité *in* C. avocat 2021, s^s décr. 27 nov. 1991, art. 166, note 3.
4. Décr. n° 91-1197, 27 nov. 1991, art. 167.
5. Décr. n° 91-1197, 27 nov. 1991, art. 168.
6. Décr. n° 91-1197, 27 nov. 1991, art. 169.
7. RIN, art. 15.3.7.
8. CNB, Comm. RU, avis n° 2008-042, 23 juin 2008 ; C. avocat 2021, ss L. n° 71-1130, 31 déc. 1971, art. 8-1, note 18.
9. RIN, art. 15.3.4.
10. Décr. n° 91-1197, 27 nov. 1991, art. 95.
11. Civ. 1re, 18 janv. 2005, n° 03-12.905, P I, n° 27 ; *D.* 2005. 591 ; *Gaz. Pal.* 6-8 févr. 2005, p. 25.

SECTION 2
POSTULATION ET BUREAUX SECONDAIRES

223.21 **Principe.** La réglementation relative aux bureaux secondaires ne porte pas atteinte au principe de la territorialité de la postulation posé par l'article 1er de la loi du 31 décembre 1971[1]. La question de la postulation des avocats dans les bureaux secondaires peut être résumée dans les développements qui suivent.

223.22 **Avocat individuel possédant un bureau secondaire dans un autre barreau que celui où il est inscrit.** Cet avocat peut y recevoir sa clientèle, plaider librement, en revanche, il ne peut postuler que devant l'ensemble des tribunaux judiciaires du ressort de cour d'appel dans lequel sa résidence professionnelle est établie et devant ladite cour d'appel[2]. Un avocat exerçant dans un bureau secondaire implanté hors du ressort de son barreau n'étant pas inscrit au tableau du barreau d'accueil, ne peut postuler dans ce ressort[3].

223.23 **Société d'avocats inscrits au même barreau.** Si la société d'avocats possède des bureaux secondaires à l'intérieur du ressort de son tribunal de rattachement, elle peut postuler dans ce ressort et celui de la cour d'appel.

En revanche, si elle ouvre des bureaux secondaires hors du ressort du tribunal auprès duquel elle est inscrite, aucun avocat ne peut puiser, dans l'ouverture d'un bureau secondaire à l'extérieur du ressort, un droit quelconque à postuler auprès du tribunal judiciaire d'accueil du bureau secondaire.

223.24 **Société d'avocats interbarreaux.** La société postule devant les tribunaux du ressort des barreaux où sont inscrits ses associés ; elle le fait par l'intermédiaire de l'avocat inscrit à ce barreau[4]. Si elle ouvre un bureau secondaire dans le ressort de l'un des tribunaux où certains des associés sont inscrits, cela ne modifie en rien les prérogatives de postulation de cette société d'avocats. Si la société interbarreaux crée un bureau secondaire dans le ressort d'un tribunal auprès duquel aucun de ses associés n'est inscrit, elle ne peut postuler dans ce ressort, sauf à considérer, comme l'a fait la cour d'appel de Riom dans un arrêt du 19 mars 2012, qu'une société d'avocats peut faire tenir un bureau secondaire ouvert dans le ressort d'un autre barreau par un avocat collaborateur[5]. Elle a ainsi considéré que les conditions d'un exercice effectif de la profession d'avocat étaient remplies dès lors que l'avocat collaborateur disposait de locaux professionnels, était lié par un contrat de collaboration l'autorisant à avoir une clientèle personnelle et avait sollicité son inscription au barreau d'accueil. En outre, la cour a jugé qu'exiger de la société d'avocats qu'un de ses associés soit inscrit au barreau d'accueil pour l'autoriser à ouvrir un bureau secondaire revenait à ajouter à la loi une condition qu'elle ne prévoit pas.

La Cour de cassation a, de son côté, cassé l'arrêt d'appel qui avait considéré, pour refuser à une société d'exercice interbarreaux d'avocats l'autorisation d'ouvrir un cabinet secondaire à Bourges, faute d'exercice d'une activité professionnelle effective, l'exercice de l'activité d'avocat au sein de ce bureau secondaire étant ponctuel, voire discontinu. Or, le responsable du bureau secondaire de cette société, laquelle disposait auparavant d'un établissement à Bourges jusqu'au départ de l'associée inscrite au barreau local, se rendait au moins deux fois par mois dans la ville, ce qui laissait entendre qu'il pouvait être davantage présent, en fonction des impératifs professionnels locaux, et que sa suppléance était confiée à deux avocates de barreaux extérieurs. En outre, l'accueil de la clientèle, la gestion administrative, la préparation des dossiers et la mise en relation des clients avec le responsable du cabinet secondaire étaient assurés quotidiennement par une juriste diplômée salariée, ce dont il résultait que ces conditions d'exercice ne traduisaient pas, par elles-mêmes, la méconnaissance des principes essentiels de la profession d'avocat[6]. D'où la cassation.

223.25 **Bureau secondaire tenu par un avocat collaborateur salarié inscrit dans le même ressort que son employeur.** L'avocat se conduit, sous réserve de ses rapports avec son patron, de la même manière qu'un avocat indépendant étant précisé qu'il ne peut pas avoir de clientèle personnelle. Il peut donc, si son patron le lui demande, postuler dans le ressort du tribunal où il est inscrit.

223.26 **Avocat salarié inscrit dans un autre barreau que son patron.** L'extension des cabinets secondaires par l'article 8-1 de la loi du 31 décembre 1971, dans sa rédaction issue de la loi du 19 décembre 1989[7], a soulevé une longue discussion devant l'Assemblée nationale lors de l'examen du projet de

1. V. ss nos 622.161 s.
2. L. no 71-1130, 31 déc. 1971, art. 5, al. 2 ; réd. L. no 2015-990, 6 août 2015, art. 51 ; mod. par Ord. no 2019-964, 18 sept. 2019, art. 35.
3. Civ. 1re, 8 nov. 2007, no 06-15.916, P I, no 346 ; *JCP* 2008. I. 140, no 9, obs. S. Bortoluzzi ; *D.* 2008. 95.
4. RIN, art. 17.2.
5. Riom, 19 mars 2012, RG no 12/00165, *D. actu.* 17 avr. 2012, obs. C. Tahri.
6. Civ. 1re, 31 oct. 2012, no 11-28.482, P I, no 221 ; *D.* 2012. 2671 ; *D. avocats* 2013. 28, note L. Dargent ; – CASSANT : Bourges, 20 oct. 2011, *Gaz. Pal.* 11-13 déc. 2011, p. 14, obs. A. Lizop et J. Villacèque, CRIT.
7. L. no 71-1130, 31 déc. 1971, art. 8-1 ; réd. L. no 89-906, 19 déc. 1989, art. 1er.

loi qui devait devenir la loi du 31 décembre 1990[1] car le garde des Sceaux avait mis en garde les membres de l'Assemblée contre le risque que pouvait constituer la combinaison de la liberté d'établissement des bureaux secondaires avec l'instauration du salariat, instauré par l'article 6 de la loi du 31 décembre 1990 modifiant l'article 7 de la loi du 31 décembre 1971.

• Le risque d'un « barreau à deux vitesses ». En effet, indiquait le garde des Sceaux, si l'on admet qu'un avocat salarié installé dans un bureau secondaire puisse postuler pour le compte de son employeur devant le tribunal de grande instance [devenu tribunal judiciaire] dans le ressort duquel se trouve ce bureau secondaire, dès lors qu'il est inscrit au barreau territorialement compétent, on pourrait « par l'intermédiaire de plusieurs bureaux secondaires dans lesquels seraient installés des avocats salariés ou des collaborateurs, postuler devant plusieurs tribunaux de grande instance [devenus tribunaux judiciaires] et une telle mesure risque d'entraîner un déséquilibre entre les barreaux au détriment des barreaux de province ». Pour éviter cette création d'« un barreau à deux vitesses » comportant à côté d'avocats de plein exercice (non salariés), des avocats salariés qui n'auraient pas le droit de postuler en dehors du ressort du barreau où est installé leur patron, le texte de la loi du 31 décembre 1971, dans sa rédaction issue de la loi du 19 décembre 1989[2] reste frappé d'un certain flou qui pourrait permettre plusieurs interprétations, notamment à n'importe quelle catégorie d'avocat, collaborateurs, salariés ou non salariés, de postuler dans le barreau où est installé le bureau principal, aussi bien que dans le barreau où est installé le bureau secondaire.

• Ces inquiétudes manifestées avec vigueur par le garde des Sceaux ont été prises en compte par la jurisprudence, la Cour de cassation par un arrêt de sa première chambre civile du 21 mars 1995 ayant posé en principe qu'un avocat salarié qui ne peut avoir de clientèle personnelle, ne peut être inscrit à un barreau différent de celui de l'employeur pour le compte duquel il agit, sauf les cas de groupement, sociétés ou associations d'avocats appartenant à plusieurs barreaux[3]. Le débat est donc clos pour l'avocat salarié qui, inscrit dans le même barreau que son employeur, ne peut postuler que dans le barreau de ce dernier et non dans le ressort du barreau où se trouve le cabinet secondaire[4]. Au contraire, un avocat collaborateur libéral, qui dispose contractuellement de la possibilité de développer une clientèle personnelle et d'un local dans lequel s'exercera son activité, remplit les conditions d'exercice effectif prévues pour l'ouverture d'un bureau secondaire sous réserve de son inscription au barreau local[5].

223.27 Avocat salarié employé d'une société interbarreaux. L'avocat salarié d'une société interbarreaux est donc inscrit à l'un ou l'autre des barreaux auxquels appartiennent ses patrons. Il peut postuler dans le ressort du lieu où est installé son cabinet à condition qu'un de ses patrons y soit lui-même inscrit et puisse y postuler. Il ne peut être, en effet, inscrit que là où un de ses patrons a son établissement professionnel principal[6].

SECTION 3
COTISATIONS ET OBLIGATIONS DE L'AVOCAT DANS LE RESSORT DU BUREAU SECONDAIRE

223.30 Plan. L'avocat dans le ressort du bureau secondaire est tenu au paiement de cotisations (§ 1), bénéficie de l'assurance et garantie financière souscrites dans le cadre de son cabinet principal (§ 2), et doit théoriquement répondre à des obligations en matière d'aide à l'accès au droit (§ 3).

§ 1
Cotisations

223.41 Paiement d'une cotisation auprès du barreau d'accueil. L'avocat qui ouvre un bureau secondaire dans un barreau autre que celui où il est inscrit peut se voir réclamer une cotisation par le barreau d'accueil[7]. Le décret du 27 novembre 1991 est silencieux sur les modalités de fixation par le conseil de l'Ordre du barreau d'accueil du montant de la cotisation annuelle due par le bureau secondaire. Ce dernier ne peut toutefois exiger une cotisation d'un montant élevé qui serait assimilable à une restriction de l'exercice de la profession pour les avocats extérieurs en leur interdisant, de fait, l'accès à ce barreau[8]. Le conseil de l'Ordre doit tenir compte des avantages accordés au titulaire du bureau secondaire

1. Débats AN, *JOAN CR*, p. 6623.
2. L. n° 71-1130, 31 déc. 1971, art. 7.
3. Civ. 1re, 21 mars 1995, n° 93-13.634, P I, n° 136 ; *D.* 1995. 101 ; *Gaz. Pal.* 1995. Pan. 149 ; *JCP* 1995. II. 22434, note R. Martin.
4. Civ. 3e, 7 nov. 2001, n° 99-12.383, P III, n° 120 ; *JCP* 2002. I. 136, n° 15, obs. R. Martin.
5. Riom, 19 mars 2012, RG n° 12/00165, *D. actu.* 17 avr. 2012, obs. C. Tahri.
6. SUR CES QUESTIONS et sur ceux des avocats salariés ayant acquis des parts sociales dans une société inter barreaux de leur employeur : J.-L. Meunier, « Bureaux secondaires et postulation », *JCP* 1998. 369.
7. L. n° 71-1130, 31 déc. 1971, art. 17-6° ; RIN, art. 15.2.5.
8. CNB, Comm. RU, avis n° 2006-008, 27 févr. 2006 ; avis n° 2010-017, 17 mai 2010 ; C. avocat 2021, ss L. n° 71-1130, 31 déc. 1971, art. 8-1, note 24.

et des charges supportées par le barreau d'origine (assurances par exemple) qui justifient une réduction de cotisation par rapport aux avocats du barreau d'accueil[1].

Le conseil de l'Ordre doit respecter scrupuleusement le principe de l'égalité entre les avocats cotisants. Viole ainsi l'article 17, 6°, de la loi du 31 décembre 1971 modifiée, une cour d'appel, qui tout en ayant constaté que la délibération d'un conseil de l'Ordre avait fixé un montant de cotisation identique pour tous les membres du barreau, annule cette délibération à l'égard d'un avocat titulaire d'un bureau secondaire dans son ressort en se fondant sur des motifs inopérants tenant au fait qu'il n'utilisait que partiellement les services de l'Ordre, qu'il n'était pas habilité à postuler dans le ressort du barreau et que l'activité de son cabinet était modeste[2]. Les dispositions réglementaires relatives au fonctionnement des comptes Carpa, étrangères au financement des Ordres d'avocat et qui s'appliquent également à tous les barreaux, ne peuvent également justifier une différence de cotisations à l'égard d'avocats autorisés à ouvrir un cabinet secondaire, sauf pour le conseil de l'Ordre à établir que la contribution au moyen de la rémunération des comptes de clients des avocats inscrits dans des barreaux extérieurs mais disposant dans le ressort du barreau de l'inscription du bureau secondaire, est moindre que celle de leurs confrères inscrits à ce barreau[3].

L'exigence d'égalité n'est pas respectée lorsque la cotisation des avocats inscrits à un barreau est calculée en fonction de leurs bénéfices annuels tandis que celle des avocats autorisés à ouvrir un bureau secondaire était forfaitaire et égale au montant maximal imposé à un avocat y ayant un bureau permanent[4]. La Cour de cassation, invitée à interpréter les dispositions de l'article 15.2.5 du RIN [ancien[5]], précise que la cotisation peut être composée d'une part fixe et d'une part proportionnelle, peu important que chaque part soit présentée comme une cotisation différente de l'autre, dès lors que le droit, conféré au conseil de l'Ordre, de fixer librement les cotisations dues par les avocats inscrits à son barreau et par les avocats titulaires d'un bureau secondaire dans son ressort, est exercé dans le respect du principe de l'égalité entre avocats résultant de l'article 17, 6°, de la loi du 31 décembre 1971. En conférant au conseil de l'Ordre du barreau d'accueil, dans les limites qui lui sont assignées, le droit de fixer une cotisation à la charge de l'avocat autorisé à ouvrir un bureau secondaire en dehors du ressort de son barreau, l'article 15.2.5 du RIN lui accorde, par là même, le droit de percevoir une cotisation de cet avocat sans que l'obligation à laquelle celui-ci est tenu de payer une cotisation au conseil de l'Ordre du barreau auprès duquel il est inscrit s'y oppose[6].

Un avocat qui ouvre un bureau secondaire dans un autre ressort que celui de son barreau d'origine doit régler une cotisation au barreau d'accueil pour lui-même et pour chacun des associés de la structure autorisés à exercer une activité dans le bureau secondaire[7].

Il en va différemment de la situation des avocats collaborateurs du cabinet. Dans l'hypothèse où les collaborateurs libéraux utiliseraient ce bureau secondaire aux fins de développement de leur propre clientèle personnelle, il y aurait alors lieu à fixation d'une cotisation les concernant. À l'inverse, en l'absence d'une telle démonstration ou mieux encore, si les collaborateurs attestent qu'ils n'utiliseront pas le bureau secondaire de celui avec lequel ils collaborent à cette fin, la fixation d'une cotisation les concernant paraît injustifiée. La question ne se pose évidemment pas en ce qui concerne les collaborateurs salariés, lesquels par définition ne disposent pas d'une clientèle personnelle[8].

Le défaut de paiement des cotisations afférentes à un bureau secondaire ne constitue pas un manquement aux conditions d'exercice de la profession dans ce bureau secondaire, mais une infraction aux décisions du conseil de l'Ordre du barreau d'accueil[9].

1. Poitiers, 14 juin 1990, *Gaz. Pal.* 1991. 1. 173 – Douai, 15 févr. 1990, *Gaz. Pal.* 10 nov. 1992, 12 – Amiens, 14 mai 1990, *Gaz. Pal.* 1991. 1. 75 – Aix-en-Provence, 19 juin 1991, *Gaz. Pal.* 1991. 1. 204 – Douai, 23 sept. 1991, *Gaz. Pal.* 17 oct. 1991, 16 – Civ. 1re, 3 févr. 1993, n° 91-15.132, P I, n° 55 ; *D.* 1995. 169 ; *Gaz. Pal.* 20 mars 1993, 32 ; 15 mai 1993, 98 – Civ. 1re, 16 mars 1994, n° 91-20.698, NP ; *Gaz. Pal.* 1er oct. 1994. Pan. 180 ; *D.* 1995. 169, obs. A. Brunois.
2. Civ. 1re, 9 mai 2001, nos 99-16.393, 99-16.394, P I, n° 120 et 121 ; *D.* 2002. 849, obs. B. Blanchard ; *JCP* 2001. IV. 2178, obs. R. Martin.
3. Civ. 1re, 22 mai 2001, n° 98-18.345, P I, n° 143 ; *D.* 2002. IR 849 ; *D.* 2002. 849, obs. Blanchard ; *JCP* 2001. I. 348, n° 10, obs. Martin.
4. Civ. 1re, 9 juill. 2015, n° 14-19.043, P I, n° 834 ; *D.* 2016. 101, obs. T. Wickers ; *Gaz. Pal.* 11-12 déc. 2015, n° 345, note D. Landry et J. Villacèque.
5. RIN, art. 15.3.5.
6. Civ. 1re, 4 juill. 2019, n° 18-12.223, P I ; *D. actu.* 29 juill. 2019, obs. C.-S. Pinat ; *D.* 2020. 112, obs. T. Wickers ; *JCP* 2019. Doctr. 1238, n° 8, obs. C. Caseau-Roche.
7. CNB, Comm. RU, avis n° 2006-008, 27 févr. 2006 ; avis n° 2010-017, 17 mai 2010 ; avis n° 2012-006, 26 mars 2012 ; C. avocat 2021, ss L. n° 71-1130, 31 déc. 1971, art. 8-1, note 23 – ADDE : Civ. 1re, 5 févr. 2009, n° 07-21.346, P I, n° 20 ; *D.* 2009. 573 – Lyon, aud. sol., 13 nov. 2000 ; *Gaz. Pal.* 8 mars 2001, note A. Damien.
8. CNB, Comm. RU, avis n° 2012-006, 26 mars 2012 ; C. avocat 2021, ss L. n° 71-1130, 31 déc. 1971, art. 8-1, note 23.
9. Civ. 1re, 23 mars 2004, n° 02-13.823, P I, n° 93 ; *JCP* 2005. I. 112, obs. R. Martin ; *D.* 2004. 1066.

§ 2
Assurance et garantie financière

223.51 **Assurance et garantie financière.** En cas d'ouverture d'un bureau secondaire dans le ressort d'un barreau dont ne relève pas l'avocat, l'article 228, alinéa 1er, du décret du 27 novembre 1991 prévoit que l'assurance et la garantie financière prévues à l'article 27 de la loi du 31 décembre 1971, souscrites dans le cadre de l'établissement principal, doivent être étendues aux actes accomplis dans le bureau secondaire[1]. Il en est de même pour les associations et pour les sociétés constituées entre avocats appartenant à des barreaux différents. L'article 228 du décret n'envisage donc qu'une seule assurance et une seule garantie financière souscrite par l'établissement principal mais qui devront couvrir l'intégralité de l'activité professionnelle exercée même dans le bureau secondaire.

Il appartient donc aux conseils de l'Ordre qui ont souscrit des polices d'assurance de groupe de s'adapter à cette réglementation conformément aux dispositions de l'article L. 121-4 du code des assurances, afin que l'assurance ainsi souscrite ne s'applique pas aux avocats déjà couverts par une police contractée par l'établissement principal ou celui du lieu social rattaché à un autre barreau[2].

§ 3
Obligations en matière d'aide à l'accès au droit

223.61 **Aide à l'accès au droit.** La loi du 6 août 2015, dite loi Macron, précitée, a instauré à l'article 8-1 une nouvelle obligation pour l'avocat de satisfaire à ses obligations en matière d'aide à l'accès au droit, d'aide à l'intervention de l'avocat dans les procédures non juridictionnelles et de commission d'office au sein du barreau dans le ressort duquel est établie sa résidence professionnelle et au sein du barreau dans le ressort duquel il dispose d'un bureau secondaire[3]. L'application de ces dispositions, entrées en vigueur depuis le 8 août 2005, soulève des difficultés d'interprétation sur lesquelles les juridictions seront probablement amenées à se prononcer[4].

En premier lieu, la loi du 10 juillet 1991[5] relative à l'aide juridique ne prévoit aucune obligation en matière d'aide à l'accès au droit. Le droit à l'aide juridictionnelle est protégé au travers du droit à l'assistance d'un avocat, lequel est librement choisi par le bénéficiaire ou désigné par le bâtonnier dont il dépend[6]. L'avocat reste libre d'intervenir ou non à l'aide juridictionnelle, sa qualité d'auxiliaire de justice qui concourt à l'accès à la justice et au droit implique uniquement qu'il puisse être désigné ou commis d'office par le bâtonnier de son ressort ou le président de la cour d'assises et qu'il soit tenu d'y déférer[7].

En second lieu, l'avocat ne pouvant être inscrit qu'au seul tableau du barreau dans lequel est établi son domicile professionnel[8], il ne pourra être commis d'office par le bâtonnier de l'ordre dans le ressort duquel il aura établi son bureau secondaire, n'étant pas inscrit à titre principal au tableau de ce barreau. Il en découle qu'en l'état des textes, aucune obligation en matière d'aide juridique ne saurait être imposée aux avocats par le bâtonnier dont relève le bureau secondaire, l'article 8-1, alinéa 5, leur imposant simplement de satisfaire à leurs obligations en la matière. Il appartiendra dès lors au bâtonnier localement compétent d'apprécier *in concreto* si le fait de ne pas y répondre constitue ou non un manquement à l'obligation d'un exercice effectif de la profession dans le ressort du bureau secondaire.

1. Civ. 1re, 23 févr. 1999, no 96-15.214, PI, no 63 ; *D.* 2000. 145, obs. B. Blanchard.
2. Rép. min. QE no 62993, garde des Sceaux à Philibert, *JOAN Q.*
3. L. no 71-1130, 31 déc. 1971, art. 8-1, al. dernier.
4. S. Bortoluzzi, *JCP* 2015. Doctr. 1078, obs. no 4.
5. L. no 91-647, 10 juill. 1991 relative à l'aide juridique, *JO* 13 juill., p. 9170.
6. L. no 91-647, 10 juill. 1991, art. 25 – Décr. no 91-1266, 19 déc. 1991 portant application de la loi no 91-647 du 10 juillet 1991 relative à l'aide juridique, *JO* 20 déc., p. 16609, art. 75 s.
7. L. no 71-1130, 31 déc. 1971, art. 9 – Décr. no 2005-790, 12 juill. 2005 relatif aux règles de déontologie de la profession d'avocat, *JO* 16 juill., p. 11688, art. 6, al. 1.
8. L. no 71-1130, 31 déc. 1971, art. 5, al. 2.

CHAPITRE

224. Procédure d'inscription au tableau

SECTION 0 ORIENTEUR

224.00 Sommaire du chapitre.

Division. La procédure d'inscription au tableau commence par l'instruction de la demande (sect. 1), se poursuit par une admission à la prestation de serment (sect. 2), pour aboutir à l'inscription au tableau dont la tenue relève du conseil de l'Ordre (sect. 3).

224.01 Textes applicables.

TEXTES TITRÉS

• **L. n° 71-1130, 31 déc. 1971**

art. 1, I [Caractéristiques de la nouvelle profession d'avocat]

art. 20 [Recours]

• **Décr. n° 91-1197, 27 nov. 1991**

art. 93 [Personnes concernées]

art. 93-1 [Ressortissants des États membres de la Communauté européenne]

art. 94 [Mention des spécialisations]

art. 95 [Modalités]

art. 95-1 [Défaut de mention d'avocat salarié]

art. 96 [Rang d'ancienneté]

art. 101 [Demande d'inscription]

art. 102 [Procédure]

art. 103 [Présence de l'intéressé]

224.02 Jurisprudence de référence.

> L'appel de la décision du conseil de l'Ordre peut être formé non seulement pour refus d'inscription mais également en raison du rang fixé pour cette inscription

• **Civ. 1re, 28 juin 1961,** P I, n° 349

* V. ss n° 224.52.

« Vu les articles 2 et 16 du décret du 10 avril 1954 ;

Attendu qu'il résulte de ces textes que le conseil de l'Ordre, qui statue sur les inscriptions au tableau des avocats, doit procéder à ces inscriptions d'après le rang d'ancienneté ;

Qu'à raison des effets que la loi attache dans divers domaines à la date de l'inscription, celle-ci a un caractère d'ordre public ;

Que ce caractère implique que l'inscription au tableau rétroagit au jour de l'admission au stage lorsque ce stage a été normalement accompli ;

Attendu que l'arrêt attaque se fonde pour décider que le tableau est dressé en prenant en considération la date même de l'inscription, sur ce que rien, dans les textes légaux, "ne permet de faire rétrograder", cette date à la date de l'admission au stage ;

Qu'il a ainsi violé les textes susvisés. »

224.03 Bibliographie indicative.

* Aussi : v. ss n° 22.03.

Monographie. J.-M. Braunschweig, J. Demaison, *Profession d'avocat : le guide*, 4e éd., Wolters Kluwer, 2017.

Rapport. Ordre des avocats à la Cour de Paris, *Guide des services de l'Ordre et Règlement intérieur*, 2012.

SECTION 1 INSTRUCTION DE LA DEMANDE D'INSCRIPTION

224.11 Demande d'admission. La demande d'admission au serment est concomitante avec la demande d'inscription au tableau, depuis la réforme du 11 février 2004[1] portant suppression du stage.

La demande d'inscription est adressée par lettre recommandée avec demande d'avis de réception ou remise contre récépissé au bâtonnier. Elle est accompagnée de tous les justificatifs utiles en ce qui concerne tant les conditions mentionnées à l'article 11 de la loi du 31 décembre 1971[2] que les obligations définies à l'article 27 de la même loi relatif aux garanties de responsabilité civile professionnelle[3].

224.12 Demande d'admission d'un avocat ressortissant d'un État membre de l'Union européenne ou d'un État tiers. Lorsqu'un avocat ressortissant d'un État membre de l'Union européenne, d'un autre État partie à l'accord sur l'Espace économique européen ou de la Confédération suisse ayant acquis son titre dans l'un de ces États membres ou parties autres que la France ou dans la Confédération suisse souhaite obtenir son inscription en France sur la liste spéciale du tableau d'un barreau, il joint à sa demande une attestation d'inscription, datée de moins de trois mois, délivrée par l'autorité compétente du pays dans lequel il a acquis le titre sous lequel il entend exercer[4].

224.13 Désignation d'un rapporteur. Le conseil de l'Ordre désigne alors un rapporteur choisi parmi ses membres pour instruire la demande. Le postulant est informé de cette désignation et doit faire une visite à son rapporteur. Celui-ci devait se rendre au domicile du postulant et vérifier les conditions de son installation professionnelle.

De nos jours, il se contente le plus souvent de la déclaration qui lui est faite et ne procède plus à une visite domiciliaire, sauf dans le cas où il paraît nécessaire de vérifier la réalité de ce domicile. Il doit procéder également à l'enquête de moralité prévue pour assurer le respect de l'article 11, alinéas 4, 5 et 6, de la loi du 31 décembre 1971.

En outre, il vérifiera que le candidat satisfait aux conditions de l'article 27 de la loi du 31 décembre 1971 relatif aux garanties d'assurance.

224.14 Objet de l'instruction de la demande. L'instruction de la demande doit être aussi complète que possible. Le rapporteur doit réclamer les justifications qui lui paraissent utiles et procéder aux vérifications qui s'avèrent nécessaires.

Si le postulant a antérieurement exercé une profession, il y a lieu de vérifier les conditions dans lesquelles il y a mis fin et si les comptes qu'il a pu être amené à tenir ont été apurés. S'il est ancien magistrat, ancien avoué, ancien agréé (sauf pour ces derniers dans le cas de l'article 1, I, de la loi du 31 décembre 1971 qui prévoit une inscription d'office), ancien huissier, ancien fonctionnaire, les renseignements peuvent et doivent être demandés aux personnes ou organismes professionnels sous l'autorité desquels le candidat s'est trouvé placé.

SECTION 2
ADMISSION À LA PRESTATION DE SERMENT

224.21 Présentation par le bâtonnier. Les candidats doivent, avant d'être inscrits au tableau, et sur la présentation du bâtonnier de l'Ordre, prêter serment devant la cour d'appel dans les termes prévus au deuxième alinéa de l'article 3 de la loi du 31 décembre 1971.

Depuis la suppression du stage par la réforme de 2004[5], l'admission au serment est concomitante avec la demande d'inscription au tableau.

Le postulant avocat ayant été admis par le conseil de l'Ordre à la prestation de serment est présenté à la cour d'appel par le bâtonnier du barreau qui l'a admis ou un membre du conseil de l'Ordre le substituant[6].

Par délégation confraternelle, c'est en général le bâtonnier du barreau près de la Cour où a lieu la prestation de serment qui fait la présentation.

Le procureur général doit avoir préalablement vu les pièces du dossier, prévues par la loi, qu'on appelle « les lettres » par référence aux lettres de licence qu'il visait sous l'Ancien Régime. Le serment est prêté dans le costume traditionnel devant la 1re chambre de la cour d'appel dans le ressort de laquelle se trouve le barreau auquel le postulant va appartenir[7].

224.22 Prestation de serment des élèves avocats titulaires du Capa. Un élève avocat ne devrait pas pouvoir être admis à prêter serment par le conseil de l'Ordre indépendamment de toute demande effective d'inscription au tableau. La pratique persiste pour autant à dissocier la prestation de serment de l'inscription au tableau. Cette pratique, qui est née d'accords passés entre le Parquet général, le président de Cour et les barreaux du ressort, conduit à faire prêter serment à l'ensemble des titulaires du Capa d'une même promotion de CRFP, et à exami-

1. L. n° 2004-130, 11 févr. 2004 réformant le statut de certaines professions judiciaires ou juridiques, des experts judiciaires, des conseils en propriété industrielle et des experts en ventes aux enchères publiques, *JO* 12 févr., p. 2847.
2. L. n° 71-1130, 31 déc. 1971 portant réforme de certaines professions judiciaires et juridiques, *JO* 5 janv. 1972, p. 131, art. 11 – V. s[s] n°s 221.00 s.
3. V. s[s] n°s 911.00 s.
4. V. s[s] n°s 231.10 s.
5. L. n° 2004-130, 11 févr. 2004, préc.
6. Note s[s] Pau, 9 juill. 1981, *Gaz. Pal.* 1981. II. 720.
7. L. n° 71-1130, 31 déc. 1971, art. 3.

ner leur inscription postérieurement en fonction du barreau où ils iront ensuite s'inscrire.

En apparence *contra legem*, en l'état des textes, cette pratique n'est pas sans poser difficulté au regard du contrôle des conditions de moralité à exercer pour l'admission à la prestation de serment qui ne saurait normalement avoir lieu à ce stade, mais uniquement au moment de la demande d'inscription au tableau par le conseil de l'Ordre du barreau compétent[1]. Quoi qu'il en soit, cette prestation de serment ne confère pas aux élèves avocats titulaires du Capa qui ne sont pas inscrits à un Ordre la qualité d'avocat.

224.23 Statut de l'avocat collaborateur qui n'a pas encore prêté serment. Le futur avocat collaborateur, titulaire du Capa, qui effectue des travaux avant sa prestation de serment doit avoir le statut de salarié pendant cette période[2]. La conclusion d'un contrat de collaboration libérale auprès d'un avocat est donc impossible avant la prestation de serment et l'inscription effective au tableau de l'ordre d'un barreau.

224.24 Serment de l'avocat. Le serment de l'avocat constitue traditionnellement un acte préalable mais nécessaire à son inscription au barreau. Nul ne peut être inscrit dans un barreau s'il n'a prêté serment. Le nouvel avocat, non encore inscrit au tableau, doit attendre cette inscription pour pouvoir se présenter devant les juridictions.

Le greffier lit la formule de serment, le postulant prête serment et la cour, par la voix de son président, lui donne acte du serment prêté.

Le serment qui était traditionnellement du domaine réglementaire[3] est devenu du domaine législatif et ne peut plus être modifié que par une loi votée par le Parlement.

Les avocats qui ont prêté serment avant l'entrée en vigueur de la loi du 15 juin 1982[4] sont réputés l'avoir prononcé selon la forme de l'alinéa 2 de l'article 3, modifié, de la loi du 31 décembre 1971[5].

224.25 Évolution du serment. Le serment fut, aux origines, d'ordre religieux ; l'empereur Napoléon Ier lui substitua un serment politique par lequel l'avocat jurait obéissance aux constitutions de l'Empire et fidélité à l'Empereur, il jurait en outre de ne rien dire ou publier de contraire aux lois, aux règlements, aux bonnes mœurs, à la sûreté de l'État et à la paix publique et de ne jamais s'écarter du respect dû aux tribunaux et aux autorités publiques, de ne jamais conseiller et défendre une cause qu'il ne trouverait pas juste en son âme et conscience. C'est bien là un serment politique et Mollot le confirme ainsi que toute la tradition du barreau[6].

Le serment traditionnel contenu en dernier lieu dans le décret du 6 avril 1954[7] supprimait les notions de fidélité au chef de l'État mais conservait les autres engagements.

Le décret du 9 juin 1972[8] fit précéder la deuxième partie de la formule reprise du décret du 6 avril 1954[9] et des textes antérieurs d'une première phrase qui, au lieu de se cantonner à des interdictions, marquait d'un caractère positif la formule du serment en se référant à la conception traditionnelle de la profession d'avocat : dignité, confiance, indépendance, humanité : « Je jure, comme avocat, d'exercer la défense et le conseil avec dignité, conscience, indépendance et humanité, dans le respect des tribunaux, des autorités publiques et des règles de mon ordre, ainsi que de ne rien dire ni publier qui soit contraire aux lois, aux règlements, aux bonnes mœurs, à la sûreté de l'État et à la paix publique. »

À ce serment, la loi du 15 juin 1982 a substitué cette formule brève, dépourvue de toute connotation politique : « Je jure, comme avocat, d'exercer la défense et le conseil avec dignité, conscience, indépendance et humanité »[10].

La loi du 31 décembre 1990 a introduit un texte de serment qui comporte la mention d'une vertu supplémentaire à laquelle l'avocat doit être fidèle : « Je jure, comme avocat, d'exercer mes fonctions avec dignité, conscience, indépendance, probité et humanité. »[11]

Le serment d'avocat est un des derniers grands serments régissant une profession libérale. Il peut être rapproché de l'autre serment célèbre, qui régit la profession médicale, le serment d'Hippocrate[12].

224.26 Opposition possible de la cour d'appel à recevoir une prestation de serment. La cour d'appel peut s'opposer à recevoir une prestation de serment.

1. CNB, Comm. RU, avis n° 2015-004, 17 mars 2015.
2. Versailles, 19 janv. 2016, RG n° 14/05107.
3. Décr. n° 72-468, 9 juin 1972 organisant la profession d'avocat, pris pour l'application de la loi n° 71-1130 du 31 décembre 1971, *JO* 11 juin, p. 5884, art. 23.
4. L. n° 82-506, 15 juin 1982 relative à la procédure applicable en cas de faute professionnelle commise à l'audience par un avocat, *JO* 16 juin, p. 1899.
5. L. n° 71-1130, 31 déc. 1971, art. 68.
6. MOLLOT, 2e éd., 1866, t. I, 277.
7. Décr. n° 54-406, 6 avr. 1954, art. 23.
8. Décr. n° 72-468, 9 juin 1972, art. 23.
9. Décr. n° 54-406, 6 avr. 1954, art. 23.
10. L. n° 82-506, 15 juin 1982, art. 1er – AUSSI : A. Damien, « La liberté de la défense et le délit d'audience », *Gaz. Pal.* 1982. 1. Doctr. 192 – A. Damien, « Le pavé », *Gaz. Pal.* 1982. 1. Doctr. 196.
11. L. n° 71-1130, 31 déc. 1971, art. 3.
12. NOT. ce texte figure dans la revue *Esprit et vie* 8 juin 1995 sur la page de couverture, en français et dans le numéro du 29 septembre 1985 de cette même revue, p. 267 ; le texte est publié en grec avec l'étude sur l'évolution des formules, quelques exemples de serments identiques en vigueur et les modifications du code de déontologie médicale.

Elle a le droit et le devoir, notamment à la requête du procureur général, de vérifier si l'impétrant réunit les conditions légales pour être admis à la prestation de serment[1], mais elle n'a pas à ce stade de la vie professionnelle, qualité pour vérifier la moralité du postulant. Cette tâche incombe au seul conseil de l'Ordre[2].

En revanche le procureur peut saisir la cour d'appel d'un recours qui donnera à cette juridiction la possibilité d'examiner la candidature du postulant non seulement sur le fondement formel des critères de l'article 11 de la loi du 31 décembre 1971, mais également, comme le rappelle la Cour de cassation, sur les qualités de probité et de désintéressement prescrites par l'article 17, alinéa 3, de la loi du 31 décembre 1971. Le recours du procureur général n'est pas suspensif et s'exerce indépendamment de la prestation de serment par l'avocat admis par le barreau[3].

En fait, la présentation faite par le bâtonnier en présence du procureur général doit donner à la Cour, tous apaisements sur la régularité de cette demande d'admission.

224.27 **Serment et inscription à un autre barreau.** L'avocat qui a prêté serment et qui va ultérieurement s'inscrire à un autre barreau n'est pas tenu de renouveler son serment[4]. Le serment est indélébile, mais l'enquête légale prévue avant toute inscription n'est pas, de ce fait, supprimée. Elle s'impose même plus que jamais. Le conseil de l'Ordre doit nommer un rapporteur et celui-ci doit notamment, auprès du bâtonnier du barreau antérieur, solliciter les renseignements que celui-ci voudra bien lui fournir[5].

224.28 **Renouvellement du serment.** La formalité du renouvellement du serment des avocats présents à l'audience solennelle de rentrée des cours n'a plus de base légale, depuis que cet usage a été expressément abrogé par l'article 20 du décret du 7 décembre 1979[6].

Rappelé dans le décret du 6 juillet 1810[7], cet usage avait été maintenu principalement dans les barreaux de cours d'appel. Antérieurement, tous les ans, à l'audience solennelle de la rentrée judiciaire, le bâtonnier et les membres du conseil de l'Ordre en exercice renouvelaient le serment professionnel au nom de tous les membres du barreau.

1. Paris, 30 nov. 1897, *DP* 982, 185.
2. Civ. 2 mai 1840, *S.* 1840. 1. 193 – Civ. 1re, 15 oct. 1975, n° 73-12.628, P I, n° 273 ; *Gaz. Pal.* 1976. I. 66, note A. Damien.
3. Civ. 1re, 15 oct. 1975, n° 73-12.628, P I, n° 273 ; *Gaz. Pal.* 1976. I. 66.
4. Colmar, 12 juill. 1856, *DP* 1956. 2. 201. CONTRA : Grenoble, 28 juin 1985, *Gaz. Pal.* 1985. II. 546, note A. Damien.
5. Aix-en-Provence, 25 juin 1935, *S.* 1936. 2. 177, nos 77 et 142.
6. Décr. n° 79-941, 7 déc. 1979 portant réforme de la procédure en matière civile devant la Cour de cassation et modifiant certaines dispositions de procédure civile, *JO* 9 nov., p. 2775.
7. Décr. 6 juill. 1810, art. 35.

SECTION 3
TENUE DU TABLEAU

224.30 **Plan.** La tenue du tableau par le conseil de l'Ordre englobe les mentions et listes du tableau (§ 1) l'établissement et le rang au tableau (§ 2), les modalités et les effets de l'inscription (§ 3), ouvrant droit à l'exercice de voies de recours (§ 4).

§ 1
Mentions et listes du tableau

224.41 **Définition.** Seules les personnes inscrites au tableau d'un barreau français ont droit au titre[8] d'avocat[9]. Le tableau est la liste dressée par rang d'ancienneté de tous les avocats constituant un barreau auprès d'une juridiction déterminée et que l'on appelle professionnellement les avocats inscrits. Institué par l'article 29[10] de la loi du 22 ventôse an XII, il est prévu par l'article 1er, I, et par l'article 20 de la loi du 31 décembre 1971.

Le tableau des avocats inscrits auprès d'un barreau ne constitue pas un registre de publicité légale à caractère professionnel au sens de l'article L. 526-2, alinéa 2, du code de commerce. La déclaration d'insaisissabilité de la résidence principale d'un avocat, outre les formalités de publicité au bureau des hypothèques, est, en conséquence, subordonnée à une publication dans un journal d'annonces légales[11]. Il est réglementé par les articles 93 et suivants du décret du 27 novembre 1991, et jadis par les articles 43 et suivants du décret du 9 juin 1972.

224.42 **Personne pouvant être inscrite au tableau d'un barreau.** Six catégories de personnes peuvent être inscrites au tableau d'un barreau. Ces personnes sont tenues de prêter le serment prévu à l'article 3, alinéa 2, de la loi du 31 décembre 1971.

– Les titulaires du certificat d'aptitude à la profession d'avocat ; Le mode d'exercice du postulant ne

8. V. ss n° 612.32.
9. Décr. n° 91-1197, 27 nov. 1991 organisant la profession d'avocat, *JO* 28 nov., p. 15502, art. 154.
10. L. 22 Ventôse an XII de la République relative aux Écoles de droit, *Bull. des lois* n° 355.
11. Civ. 1re, 15 mai 2007, n° 05-19.189, P I, n° 183 ; *D.* 2007. AJ 1511 ; *AJDI* 2007. 768 ; *JCP* 2007 G, Chron. 206, n° 12, obs. S. Bortoluzzi ; *RJDA* 2007, n° 1009 ; *RD banc. fin.* 2007, n° 189, obs. S. Piedelièvre.

constitue pas une condition de l'inscription. L'ordre ne peut donc subordonner l'inscription d'un avocat salarié à la régularité de son contrat de travail[1].

– Les personnes bénéficiant d'une des dispenses prévues[2] à l'article 97[3].

– Les personnes bénéficiant d'une des dispenses prévues à l'article 98 et ayant subi avec succès l'examen de contrôle des connaissances en déontologie et réglementation professionnelle prévu[4] à l'article 98-1.

– Les personnes bénéficiant de la dispense prévue[5] à l'article 99.

– Les personnes ayant acquis la qualité d'avocat dans un État ou une unité territoriale n'appartenant pas à l'Union européenne ou à l'Espace économique européen et qui ont subi avec succès le certificat d'aptitude à la profession d'avocat ou l'examen de contrôle des connaissances prévu au dernier alinéa de l'article 11 de la loi du 31 décembre 1971 précitée[6].

– Les personnes mentionnées à l'article 22 de la loi du 25 janvier 2011[7] portant réforme de la représentation devant les cours d'appel[8].

Sont également tenus d'être inscrits les sociétés et les groupements.

– Les sociétés et autres entités dotées de la personnalité morale à l'exception des formes juridiques qui confèrent à leurs associés la qualité de commerçant[9].

– Les groupements d'avocats prévus au deuxième alinéa de l'article 87 de la loi du 31 décembre 1971[10].

Enfin, l'article 1er, I, de la loi du 31 décembre 1971 précise que les membres des anciennes professions d'avoué près les cours d'appel et de conseil juridique font d'office partie, s'ils n'y renoncent, de la profession d'avocat. Ainsi, les conseils juridiques, inscrits sur la liste dressée par le procureur de la République au 1er janvier 1992, ont été inscrits au tableau du barreau établi près le tribunal de grande instance [devenu tribunal judiciaire] auprès duquel ils étaient inscrits comme conseil juridique avec effet à la date de leur entrée dans la profession, s'ils l'exerçaient avant le 16 septembre 1972, ou de leur inscription sur la liste. De même, les anciens avoués près les cours d'appel ont été inscrits, à la date de leur première prestation de serment dans l'une ou l'autre des professions d'avoué et d'avocat, au tableau du barreau établi près le tribunal de grande instance [devenu tribunal judiciaire] dans le ressort duquel était situé leur office et les sociétés d'avoués inscrites au barreau établi près le tribunal de grande instance [devenu tribunal judiciaire] dans le ressort duquel était fixé leur siège. Il n'en était autrement que s'ils renonçaient à faire partie de la profession d'avocat ou s'ils faisaient le choix d'être inscrits à un autre barreau[11], à condition qu'ils aient exercé cette renonciation et ce choix au plus tard trois mois avant le 1er janvier 2012[12].

224.43 Liste spéciale. Sont inscrits sur une liste spéciale du tableau et sont alors tenus à la prestation du serment mentionnée à l'article 93 du décret du 27 novembre 1991 les ressortissants des États membres de l'Union européenne, des autres États parties à l'accord sur l'Espace économique européen ou de la Confédération suisse ayant acquis leur qualité d'avocat dans l'un de ces États membres ou parties autres que la France ou dans la Confédération suisse et souhaitant exercer en France leur activité sous leur titre professionnel d'origine[13].

224.44 Organisation du tableau. Le conseil de l'Ordre arrête le tableau qui comprend la section des personnes physiques et la section des personnes morales. L'ouverture d'un bureau secondaire dans le ressort du barreau auprès duquel l'avocat est inscrit est portée sur le tableau après le nom de l'avocat. Le refus d'inscrire au tableau un bureau secondaire ne peut être fondé sur le défaut de présence de l'avocat sur place[14].

224.45 Mentions obligatoires au tableau. Le tableau doit obligatoirement porter :

– la mention de la ou les spécialités de l'avocat, dans la limite de deux spécialisations obtenues dans les conditions fixées[15] par l'article 21-1 de la loi du 31 décembre 1971[16] ;

– la liste des avocats qui ont été autorisés à ouvrir un bureau secondaire alors qu'ils ne sont pas

1. CNB, Comm. RU, avis n° 2007-034, 29 juin 2007 ; C. avocat 2021, s^s L. 31 déc. 1971, art. 11, note 32.
2. V. s^s n°s 212.21 s.
3. Décr. n° 91-1197, 27 nov. 1991, art. 97.
4. V. s^s n°s 212.41 s.
5. V. s^s n°s 212.151 s.
6. V. s^s n°s 212.181 s.
7. L. n° 2011-94, 25 janv. 2011 portant réforme de la représentation devant les cours d'appel, *JO* 26 janv., p. 1544.
8. V. s^s n°s 212.121 s.
9. Décr. n° 91-1197, 27 nov. 1991, art. 93, 7°.
10. Décr. n° 91-1197, 27 nov. 1991, art. 93, 8°.
11. L. n° 71-1130, 31 déc. 1971, art. 1, I.
12. Les modalités en ont été fixées par décr. n° 2011-443, 21 avr. 2011 pris pour l'application de la loi n° 2011-94 du 25 janvier 2011 portant réforme de la représentation devant les cours d'appel et relatif aux conditions d'inscription des avoués près les cours d'appel aux tableaux des barreaux ainsi qu'aux modalités pour y renoncer, *JO* 23 avr., p. 7265.
13. Décr. n° 91-1197, 27 nov. 1991, art. 93-1 – V. s^s n° 231.21.
14. Civ. 1re, 31 oct. 2012, n° 11-28.482, P I, n° 221 ; *D.* 2012. 2671 ; *D. avocats* 2013. 28, note L. Dargent.
15. V. s^s n°s 214.00 s.
16. L. n° 71-1130, 31 déc. 1971, art. 21-1 – Décr. n° 91-1197, 27 nov. 1991, art. 94.

inscrits au tableau de ce barreau, liste qui doit être annexée[1] au tableau[2].

Mais le tableau arrêté par le conseil de l'Ordre du barreau d'origine ne constitue pas un support de publicité permettant l'affichage d'un bureau secondaire par un avocat individuel[3].

224.46 Mentions facultatives au tableau. Peuvent être mentionnés à titre facultatif les titres universitaires, les décorations françaises que l'usage admet de mentionner, la distinction professionnelle ou la profession juridique réglementée précédemment exercée[4]. On peut indiquer aussi la qualité de membre d'un groupement ou d'avocat associé d'une société en participation ; on peut, au titre des distinctions professionnelles, mentionner la qualité d'ancien bâtonnier, ancien membre du conseil de l'Ordre, secrétaire de la conférence du stage ou d'ancien secrétaire ; on peut également faire mention du numéro de téléphone, de télécopie ou de l'adresse courriel de chaque avocat.

Il est également d'usage de faire figurer sur le tableau la liste des avocats honoraires qui peut comprendre d'ailleurs, depuis la fusion des professions judiciaires, les membres honoraires des professions d'avoués ou d'agréés et de conseils juridiques, fusionnés en une profession unique par les réformes successives.

Cet usage paraît d'autant plus nécessaire que la Cour de cassation a décidé que la fusion des professions judiciaires, réalisée par la loi du 31 décembre 1971, ne portait pas seulement sur les membres actifs des professions fusionnées mais également sur les membres honoraires des trois anciens ordres ou compagnies supprimés, ce qui leur confère un droit de vote même s'ils n'ont jamais appartenu à l'Ordre des avocats[5].

Ces dispositions s'appliquent aux conseils juridiques qui, en vertu de l'article 1er, I, alinéa 5, de la loi du 31 décembre 1971, dans sa rédaction issue de la loi du 31 décembre 1990, auront sollicité l'honorariat de leur activité professionnelle, à laquelle la disposition précitée leur confère un droit, au moment où ils choisissent d'abandonner leur ancienne profession sans entrer dans la nouvelle instituée par la loi du 31 décembre 1990. La même solution a été étendue aux avoués près les cours d'appel en exercice depuis plus de quinze ans au 1er janvier 2012[6].

En revanche, les anciens conseils juridiques entrés dans la profession ne semblent pas avoir pu bénéficier de la qualité de conseil juridique « honoraire » puisque le titre II de la loi du 31 décembre 1971 ne leur conférait pas la possibilité d'acquérir un honorariat[7].

Les membres honoraires des professions figurant au tableau de l'Ordre des avocats y sont classés dans l'ordre de leur prestation de serment et non dans l'ordre de leur admission à l'honorariat.

224.47 Mentions retirées. Le tableau ne peut non plus comporter la mention « avocat salarié » ou « avocat collaborateur ». La jurisprudence avait admis la possibilité d'indiquer sur le tableau la qualité d'avocat collaborateur ou d'avocat salarié[8] sur le fondement de l'article 162 du décret du 27 novembre 1991.

Mais le décret du 17 octobre 1995[9] a inséré après l'article 95[10] du décret précité, un article 95-1 qui proscrit expressément que le tableau puisse comporter la mention « avocat salarié » ou « avocat collaborateur ».

224.48 Mentions supprimées. Les mentions prévues par l'article 55 du décret du 9 juin 1972, comme devant figurer sur le tableau, notamment la mention de renonciation à exercer les activités de postulation ou de plaidoirie, en vertu de la faculté accordée par l'article 1er, II, alinéas 1 et 2, de la loi du 31 décembre 1971, la mention de l'appartenance à une société civile professionnelle, ne sont pas reprises par le texte actuel.

De même, la mention obligatoire de la qualité d'associé en face du nom de chacun des associés, requise par l'article 109 du décret du 10 avril 1954, n'est plus en vigueur comme n'ayant pas été reprise par l'article 55 du décret du 9 juin 1972 ni par l'article 94 du décret du 27 novembre 1991.

§ 2
Établissement et rang du tableau

224.51 Attributions du conseil de l'Ordre en matière d'établissement du tableau. Le tableau est établi chaque année, publié au moins une fois par an au 1er janvier de chaque année et déposé au secrétariat du greffe de la cour ainsi qu'à celui du

1. V. s^s n°s 223.00 s.
2. Décr. n° 91-1197, 27 nov. 1991, art. 95, al. 2.
3. CNB, Comm. RU, avis n° 2009-003, 16 févr. 2009 ; C. avocat 2021, s^s décr. 27 nov. 1991, art. 95, note 2.
4. L. n° 71-1130, 31 déc. 1971, art. 1er I, al. 4.
5. Civ. 1re, 22 avr. 1981, n° 80-12.208, P I, n° 120 ; *Gaz. Pal.* 1981. II. 674 ; *JCP* 1981. II. 1966.
6. L. n° 71-1130, 31 déc. 1971, art. 1er I, al. 6.
7. TOUTEFOIS : L. n° 71-1130, 31 déc. 1971, art. 1er ; réd. L. n° 90-1259, 31 déc. 1990, art. 1er.
8. Civ. 1re, 10 janv. 1995, n° 92-18.762, P I, n° 23 ; *D.* 1995. 41 : avocat salarié – Toulouse, 11 sept. 1995, *Gaz. Pal.* 6 févr. 1996, note A. Damien : avocat collaborateur.
9. Décr. n° 95-1110, 17 oct. 1995 modifiant le décret n° 91-1197 du 27 novembre 1991 organisant la profession d'avocat, *JO* 19 oct., p. 15232.
10. Décr. n° 91-1197, 27 nov. 1991, art. 95.

tribunal judiciaire auprès duquel le barreau est institué[1].

Ces formalités ont deux objets essentiels : d'une part, mettre à la disposition du public une liste à jour des avocats habilités à exercer dans le ressort du barreau et, d'autre part, permettre au ministère public d'opérer les contrôles qui lui reviennent sur les personnes inscrites et autorisées à exercer la profession d'avocat. La communication du tableau doit se faire dans un délai raisonnable, c'est-à-dire dans le trimestre qui suit le début de l'année. S'il n'existe pas de sanction particulière de l'absence ou du retard de publication du tableau, les seules conséquences possibles d'une publication tardive pourraient être l'inopposabilité de ce tableau aux tiers[2].

Le conseil de l'Ordre doit également communiquer au Conseil national des barreaux la liste des avocats inscrits au tableau, ainsi que les mises à jour périodiques, selon les modalités fixées par le CNB[3]. Sur la base des informations communiquées par les conseils de l'Ordre, le CNB établit, met à jour et met à disposition un annuaire national des avocats inscrits au tableau d'un barreau[4].

224.52 Nature de la décision du conseil de l'Ordre. La décision qui institue le tableau est une décision juridictionnelle du conseil de l'Ordre qui peut être déférée à la censure de la Cour. La décision du conseil de l'Ordre peut être qualifiée, par déduction des termes de l'article 3 du décret du 17 octobre 1995[5] modifiant l'article 13 du décret du 27 novembre 1991 de « décision à caractère individuel ». Elle peut être prise dans la formation restreinte prévue par l'article 2 de la loi du 28 décembre 1995[6]. Cette décision peut être déférée à la censure de la cour d'appel aussi bien sur l'inscription elle-même que sur le rang de l'avocat au tableau de l'Ordre.

La jurisprudence contemporaine a admis que les questions de l'inscription au tableau et du rang de l'avocat au tableau sont d'ordre public et que, par là même, ils sont soumis à la censure de la Cour[7]. La décision d'admission au tableau de l'Ordre des avocats constitue un acte qui, en principe, ne peut être rapporté par l'autorité qui l'a posé après expiration du délai de recours contentieux mais il en va autrement lorsque cette décision a été obtenue en violation d'une condition légale et à la suite de procédés frauduleux, un acte obtenu par la fraude ne pouvant créer de droits au profit de l'auteur de cette fraude[8]. La jurisprudence ancienne, à l'inverse, admettait que le barreau demeurait maître de l'établissement de son tableau et que les recours portant sur le rang d'inscription étaient irrecevables[9], limitant au contrôle des cours d'appel les questions présentant le caractère de sanctions disciplinaires et celles faisant obstacle au libre exercice de la profession[10].

224.53 Appréciation du conseil de l'Ordre de l'inscription au tableau de l'avocat d'un autre barreau. Les avocats provenant de barreaux extérieurs et munis d'un exeat de leur barreau, peuvent se réinscrire dans un autre barreau. Toutefois, le fait d'avoir obtenu l'exeat d'un barreau extérieur ne confère pas pour autant à son titulaire un droit absolu à l'inscription dans un autre barreau.

Le conseil de l'Ordre demeure, dans une certaine mesure, maître du tableau et a le devoir de vérifier si d'éventuels manquements à la probité, à l'honneur ou à la délicatesse commis par l'avocat dans son barreau d'origine ne font pas obstacle à sa réinscription[11]. Un avocat, placé en liquidation judiciaire et omis du tableau, qui ne justifie ni s'être acquitté de son passif professionnel, ni avoir satisfait depuis trois ans à ses obligations de formation professionnelle, commet ainsi un manquement aux règles déontologiques de probité et de dignité justifiant le

1. Décr. n° 91-1197, 27 nov. 1991, art. 95, al. 4 ; mod. par décr. n° 2019-966, 18 sept. 2019, art. 8.
2. CNB, Comm. RU, avis n° 2004-030, 3 mai 2004 ; C. avocat 2021, s[s] décr. 27 nov. 1991, art. 95, note 3.
3. L. n° 71-1130, 31 déc. 1971, art. 17, 1° *bis* ; créé par ord. n° 2016-1809, 22 déc. 2016, art. 25.
4. L. n° 71-1130, 31 déc. 1971, art. 21, al 2 ; créé par ord. n° 2016-1809, 22 déc. 2016, art. 25.
5. Décr. n° 95-1110, 17 oct. 1995 modifiant le décret n° 91-1197 du 27 novembre 1991 organisant la profession d'avocat, *JO* 19 oct., p. 15232.
6. L. n° 93-1415, 28 déc. 1993 modifiant les articles 17, 22 et 50 de la loi du 31 décembre 1971 portant réforme de certaines professions judiciaires et juridiques et les articles 12 et 18 de la loi du 31 décembre 1990 relative à l'exercice sous forme de sociétés des professions libérales soumises à un statut législatif ou réglementaire ou dont le titre est protégé, *JO* 1er janv., p. 10.
7. Civ. 1re, 28 juin 1961, P I, n° 349 ; *D.* 1961. 643, note L. Crémieu – Aix-en-Provence, 28 avr. 1975, *Gaz. Pal.* 1975. II. 849, note A. Damien – Aix-en-Provence, 17 mai 1976, *Gaz. Pal.* 1976. II. 524 – Rennes, 24 mai 1977, *Gaz. Pal.* 1977. II. 477, note A. Damien – Civ. 1re, 24 févr. 1981, n° 79-16.898, P I, n° 62 ; *D.* 1981. 317, note B. Brunois – Civ. 1re, 7 févr. 1990, n° 88-17.658, P I, n° 34 ; *D.* 1990. 49 ; – TOUTEFOIS : Cass., ass. plén., 18 nov. 1988, n° 87-11.605, P n° 8 ; *Gaz. Pal.* 1988. I. 187, note A. Damien.
8. Civ. 1re, 22 mars 1983, n° 82-11.758, P I, n° 103 ; *D.* 1985. 107, obs. B. Brunois.
9. Rouen, 21 févr. 1877, *D. jur. gén.*, suppl., *V° Avocats*, n° 65 – Rennes, 18 juill. 1895, *DP* 1896. 2. 247 – Aix-en-Provence, 27 avr. 1959, *D.* 1959. 318.
10. Civ. 1re, 10 mai 1960, P I, n° 245 ; *D.* 1960. 569, note L. Crémieu.
11. Nîmes, 25 sept. 1978, *Gaz. Pal.* 1979. I. 19 ; – RAPPR. : Grenoble, 28 juin 1985, *Gaz. Pal.* 1985. II. 546, note A. Damien ; – SUR LE DÉFAUT de paiement des cotisations à la CNBF : Paris, 25 sept. 1996, *Gaz. Pal.* 22 janv. 1998, p. 22, note F. Bedel de Buzareingues.

refus d'inscription au tableau de l'ordre des avocats qui lui a été opposé[1].

A contrario, l'avocat associé qui cède ses parts en démissionnant du barreau, peut s'y réinscrire dès lors que les opérations ainsi définies ne constituent pas une fraude[2]. De même l'attitude regrettable d'un avocat qui a négligé de rendre la visite d'usage au bâtonnier d'un Ordre auprès du tribunal où il venait plaider et qui s'est montré par la suite insolent et désagréable envers lui, peut ne pas présenter un caractère de gravité suffisante pour justifier un refus du conseil de cet Ordre de l'inscrire à son tableau[3]. Un magistrat honoraire naguère sanctionné pour violation du secret de l'instruction peut être admis au tableau d'un Ordre[4]. Enfin, l'avocat honoraire peut toujours se réinscrire dans son ancien barreau ou dans un autre, avec un exeat régulier, ainsi que les anciens avocats qui n'ont pas exercé de fonction les rendant incapables de devenir avocat.

L'arrêt de la cour d'appel de Nîmes précité se réfère également à l'article 106 [devenu 183] du décret du 9 juin 1972 qui prévoit que toute contravention aux lois et règlements, toute infraction aux règles professionnelles, tout manquement à la probité, à l'honneur ou à la délicatesse, même se rapportant à des faits extra-professionnels, expose l'avocat aux sanctions disciplinaires de cet article et le rend, par là même, inapte à être inscrit dans un barreau extérieur. En l'occurrence c'est le premier arrêt qui rappelle avec autant de netteté que le fait, par un avocat, de négliger le règlement de ses cotisations à l'Ordre, à la CNBF, à la caisse d'assurance-maladie ou à l'Urssaf constitue un manquement grave, démontrant chez celui qui l'a commis des négligences professionnelles et une méconnaissance totale des charges obligatoires qui lui incombent et, par là même, le rendent insuffisamment honorable pour être inscrit à nouveau dans un barreau[5].

224.54 Détermination du rang. Le rang est fixé par l'article 96 du décret du 27 novembre 1991 qui précise :

• les avocats personnes physiques sont inscrits d'après leur rang d'ancienneté sous réserve des dispositions transitoires de l'article 1er, I, 5, de la loi du 31 décembre 1971.

– Prise en compte de la première inscription au tableau. Le rang au tableau est fonction de la première inscription même si celle-ci a été interrompue[6]. La pratique traditionnelle faisait remonter les effets de l'inscription au tableau à la date de l'« admission » au stage dès lors que celui-ci avait été correctement accompli[7]. Ce système doit être abandonné au profit de celui de la première inscription au tableau.

– Le rang d'ancienneté d'un avocat au tableau est déterminé par la date de sa première inscription au tableau et en l'absence de coopération judiciaire le prévoyant, les avocats antérieurement inscrits auprès d'un État non-membre de l'Union européenne ne sont pas dispensés de la condition de diplôme, du stage ni du certificat d'accès à la profession et ne peuvent en conséquence se prévaloir de l'ancienneté acquise auprès d'un barreau étranger[8].

– L'inscription au tableau des avocats soumis à l'obligation de stage sous l'empire des dispositions législatives et réglementaires antérieures à la loi du 11 février 2004[9] et du décret du 21 décembre 2004[10] pris pour son application rétroagit au jour de l'admission au stage[11].

• le rang d'inscription des avocats associés est déterminé d'après leur ancienneté personnelle ;

• le rang d'inscription des personnes morales est déterminé par leur date de constitution ;

• la liste des personnes qui ont ouvert un bureau secondaire est établie en fonction de la date de la décision autorisant l'ouverture du bureau ou de la déclaration d'ouverture de ce bureau.

224.55 Réinscription au tableau. Le conseil de l'Ordre doit statuer sur le rang des avocats, qui, ayant déjà été inscrits au tableau et ayant abandonné l'exercice de la profession, se présentent de nouveau pour la reprendre, aux termes de l'article 17, 1°, de la loi du 31 décembre 1971.

Ce texte, sans clarifier totalement la question du rang au tableau, semble se référer à la dernière jurisprudence de la Cour de cassation. En effet, la question du rang des avocats au tableau, et notamment du rang des avocats qui s'inscrivent à nouveau

1. Civ. 1re, 8 févr. 2017, n° 16-12.810, NP.
2. Civ. 1re, 12 nov. 1985, n° 84-15.925, P I, n° 294 ; *JCP* 1986. IV. 37.
3. Civ. 1re, 7 juill. 1987, n° 86-10.729, P I, n° 218 ; *JCP* 1987. IV. 320 ; *Gaz. Pal.* 1987. 2. pan. 228 ; *Gaz. Pal.* 27 oct. 1987, 8 ; *D.* 1987. Somm. 63, note B. Brunois.
4. Douai, 28 avr. 1988, *Gaz. Pal.* 1988. II. 493 – Paris, 29 juin 1988, *Gaz. Pal.* 1988. II. 702, note A. Damien.
5. Civ. 1re, 7 févr. 1989, n° 86-17.163, P I, n° 61 ; *D.* 1989. 62.
6. Décr. n° 91-1197, 27 nov. 1991, art. 96.
7. Civ. 1re, 28 juin 1961, n° 59-11.977, P I, n° 349 ; *D.* 1961. 643.
8. Civ. 1re, 28 sept. 2004, n° 02-10.997, P I, n° 210 ; *D.* 2004. 2761.
9. L. n° 2004-130, 11 févr. 2004 réformant le statut de certaines professions judiciaires ou juridiques, des experts judiciaires, des conseils en propriété industrielle et des experts en ventes aux enchères publiques, *JO* 12 févr., p. 2847.
10. Décr. n° 2004-1386, 21 déc. 2004 relatif à la formation professionnelle des avocats, *JO* 23 déc., p. 21823.
11. Civ. 1re, 15 déc. 2011, n° 10-25.076, P I, n° 212 ; *Gaz. Pal.* 29-31 janv. 2011, p. 15, obs. G. Deharo.

au tableau après avoir abandonné l'exercice de la profession et qui se présentent de nouveau pour le reprendre, a posé des difficultés constantes depuis plus de vingt ans [1].

Un arrêt de la Cour de cassation du 13 novembre 1990 [2] semblait avoir tranché cette question à nouveau, et d'une manière qu'on pouvait espérer définitive, et mis fin ainsi aux savants méandres d'une jurisprudence hésitante.

L'article 96 du décret du 27 novembre 1991 a précisé que le rang d'ancienneté est fonction de la première inscription au tableau même si celle-ci a été interrompue. Il est certain donc qu'on ne peut plus tenir compte de la date de prestation de serment, que l'inscription ne rétroagit plus à la date de prestation de serment et qu'on n'a plus à se référer à la manière dont le stage a été accompli ni aux causes et à la durée de l'interruption de carrière d'un avocat. Le système est désormais purement objectif et ne comporte plus aucune nuance de subjectivité quelles que soient les vicissitudes de la carrière d'un avocat, comme son passage par plusieurs barreaux ou les interruptions nombreuses de sa carrière. Le système de la Cour de cassation [3] qui avait cassé l'arrêt de Douai du 1er février 1989 [4] est donc abandonné par le législateur.

224.56 Prise en compte de l'âge. Au cas de concours entre deux avocats de même ancienneté, on tiendra compte de l'âge. Le plus âgé sera inscrit avant le plus jeune [5]. On peut tenir compte également, si le règlement intérieur du barreau le prévoit, des conditions d'accomplissement du stage. Les barreaux admettaient naguère que les fils de maître, c'est-à-dire les fils d'avocats ou d'avocats honoraires, en cas de concours avec des avocats de la même ancienneté, les primaient au tableau.

L'avocat le plus ancien dans l'ordre du tableau a le titre de doyen de l'Ordre et, selon les usages, bénéficie en diverses circonstances de prérogatives protocolaires qui sont un hommage aux anciens, symbole des traditions dont le barreau est dépositaire. C'est également le souvenir de l'époque où le barreau était administré uniquement par son doyen, la fonction de bâtonnier n'ayant été créée qu'à partir du XVIe siècle. Le rang détermine l'éligibilité au conseil de l'Ordre et au bâtonnat, l'ordre de remplacement des magistrats empêchés de siéger à une audience, les relations de courtoisie entre confrères (préséances, rendez-vous au cabinet d'un avocat...), jadis la faculté de signer les consultations en vue d'une requête civile.

224.57 Rang des avocats personnes physiques. Les avocats personnes physiques prennent rang au tableau suivant leur ancienneté, les avocats associés d'après l'ancienneté personnelle de chacun des associés. Cette solution doit être étendue aux membres des sociétés civiles professionnelles du moins pour ceux qui sont inscrits au barreau du tribunal judiciaire en cause.

224.58 Rang des sociétés. Le rang des personnes morales qui figurent dans une deuxième partie du tableau est déterminé par la date de leur constitution, sans références à l'ancienneté personnelle des membres inscrits ou non au même barreau que la société.

§ 3
Modalités et effets de l'inscription

224.61 Demande d'inscription. La demande d'inscription doit être adressée au bâtonnier. Elle est accompagnée de toutes justifications utiles en ce qui concerne les conditions que doit présenter le candidat [6].

Ces conditions sont de deux sortes.

1° Six conditions sont exigées par l'article 11 de la loi du 31 décembre 1971 [7] :

- nationalité, sous réserve des dispositions de droit communautaire ;
- diplôme de droit, sous réserve d'équivalence et dispenses accordées par la loi ;
- Capa, sous réserve des dispenses accordées par la loi ;
- absence de condamnation ;
- moralité ;
- absence de faillite ou de règlement judiciaire.

2° Les conditions fixées par l'article 27 de la loi du 31 décembre 1971, c'est-à-dire l'assurance garantissant la responsabilité civile professionnelle de chaque avocat membre du barreau, en raison des négligences et fautes commises dans l'exercice de ses fonctions [8], ainsi que l'assurance au profit de qui il appartiendra, contractée par le barreau ou une garantie affectée au remboursement des fonds, effets ou valeurs [9] reçues [10].

1. SUR L'HISTORIQUE DE CETTE QUESTION : J. Hamelin, *Les règles de la profession d'avocat*, 9e éd., « Référence », Dalloz, 2000, nos 143 s.
2. Civ. 1re, 13 nov. 1990, no 89-13.464, P I, no 240 ; *Gaz. Pal.* 9 juill. 1991, 10, note A. Damien.
3. Civ. 1re, 13 nov. 1990, no 89-13.464, P I, no 240 ; *Gaz. Pal.* 9 juill. 1991, 10, note A. Damien.
4. Douai, 1er févr. 1989, *Gaz. Pal.* 1989. I. 305.
5. Rabat, 1er févr. 1950, *D.* 1951. 105.
6. Décr. no 91-1197, 27 nov. 1991, art. 101.
7. V. ss nos 221.00 s.
8. V. ss nos 911.31 s.
9. Décr. no 91-1197, 27 nov. 1991, art. 205 s.
10. V. ss nos 911.171 s.

224.62 Décision du conseil de l'Ordre. Le conseil de l'Ordre saisi d'une demande d'inscription qui est adressée par lettre recommandée avec demande d'avis de réception ou remise contre récépissé au bâtonnier, et qui est accompagnée des justifications utiles en ce qui concerne tant les conditions éventuelles à l'article 11 de la loi du 31 décembre 1971 que les obligations définies à l'article 27, statue sur la demande dans le délai de trois mois à compter de sa réception[1]. Par application des dispositions du décret du 10 novembre 2015[2], le silence gardé par le conseil de l'Ordre à l'issue du délai de trois mois vaut rejet de la demande d'inscription[3].

Lorsqu'un barreau comprend au moins 500 avocats, disposant du droit de vote mentionné à l'alinéa 2 de l'article 15[4] de la loi du 31 décembre 1971, le conseil de l'Ordre peut siéger en vue de statuer soit sur l'inscription au tableau du barreau ou sur l'omission du tableau [...], en une ou plusieurs formations de cinq membres, présidées par le bâtonnier ou un ancien bâtonnier. Les membres qui composent ces formations peuvent être des membres du conseil de l'Ordre ou des anciens membres du conseil de l'Ordre ayant quitté leurs fonctions depuis moins de huit ans. Ces membres sont choisis sur une liste arrêtée chaque année par le conseil de l'Ordre.

La formation restreinte peut renvoyer l'examen de l'affaire à la formation plénière[5].

La délibération du conseil de l'Ordre fixant la composition des formations restreintes doit être notifiée au procureur général par lettre recommandée avec demande d'avis de réception. La formation restreinte ne peut siéger que si plus de la moitié de ses membres, contre les deux tiers auparavant, sont présents[6]. Le renvoi à la formation plénière ne peut être décidé qu'après audition du requérant.

224.63 Notification de la décision d'inscription. La décision du conseil de l'Ordre portant inscription au tableau est notifiée par lettre recommandée avec demande d'avis de réception, dans les quinze jours de sa date au procureur général.

Dans le délai d'un mois à partir de cette notification, le procureur général peut la déférer à la cour d'appel[7].

1. Décr. n° 91-1197, 27 nov. 1991, art. 101 et 102.
2. Décr. n° 2015-1458, 10 nov. 2015 relatif aux exceptions à l'application du principe « silence vaut acceptation » sur le fondement du II de l'article 21 de la loi n° 2000-321 du 12 avril 2000 relative aux droits des citoyens dans leurs relations avec les administrations (ordres professionnels), *JO* 11 nov., p. 21049.
3. V. s^s n° 023.192.
4. L. n° 71-1130, 31 déc. 1971, art. 15 ; mod. par ord. n° 2019-964, 18 sept. 2019, art. 35.
5. L. n° 71-1130, 31 déc. 1971, art. 17, 1°.
6. Décr. n° 91-1197, 27 nov. 1991, art. 4-1.
7. Décr. n° 91-1197, 27 nov. 1991, art. 102, al. 2.

224.64 Assemblée générale. Les avocats inscrits au tableau forment l'assemblée générale[8] des avocats[9].

224.65 Carte professionnelle. L'avocat doit obtenir de son Ordre une carte professionnelle qui lui permette de justifier de sa qualité et sans laquelle il ne peut pénétrer dans les établissements pénitentiaires.

En fait les barreaux utilisent deux modèles de cartes différents ; les unes sont des cartes purement internes à la profession, signées par le bâtonnier sous sa seule responsabilité et que les établissements pénitentiaires acceptent en pratique comme présentant les caractéristiques nécessaires d'une carte d'identité professionnelle.

Dans d'autres barreaux, la carte d'identité se rapprochait d'une véritable pièce officielle puisqu'elle était signée par le préfet du département, elle donc être revêtue d'un timbre fiscal, comme les pièces d'identité officielles.

Le secrétaire de l'Ordre est chargé de délivrer la carte d'identité professionnelle, il doit obligatoirement tenir un registre sur lequel il inscrit l'identité de celui auquel il délivre cette carte et le numéro de la carte qui ne peut être attribué qu'à un seul avocat. En cas de perte, il doit faire une déclaration au Parquet général et indiquer qu'il a délivré à l'avocat un duplicata[10].

Une carte d'identité d'avocat européenne est enfin délivrée par les barreaux, elle permet à leurs membres exerçant occasionnellement à l'étranger de justifier de leur qualité.

Le barreau de Paris a doté chaque avocat d'une carte d'identité professionnelle qui n'est plus une carte d'identité au petit pied mais une pièce d'identité professionnelle comportant au recto le logo de l'Ordre, le prénom, le nom, le titre et la photo numérisée du porteur et, au verso, les informations complémentaires concernant son titulaire ainsi que sa signature. Ce modèle de carte d'identité professionnelle est désormais généralisé auprès de tous les barreaux en région sous la coordination de la Conférence des bâtonniers.

§ 4
Voies de recours

224.71 Refus d'inscription ou de réinscription et respect du contradictoire. Aucun refus d'inscription ou de réinscription ne peut être prononcé par le

8. Décr. n° 91-1197, 27 nov. 1991, art. 17 et 18.
9. Sur les attributions et les pouvoirs de cette assemblée générale v. s^s n°s 117.00 s.
10. A. Damien, *Mémento du secrétaire de l'Ordre des avocats*, Apil, 1975, p. 49.

conseil de l'Ordre sans que l'intéressé ait été entendu ou appelé dans un délai d'au moins huit jours par lettre recommandée avec demande d'avis de réception [1].

Il doit résulter expressément du dossier de procédure devant le conseil de l'Ordre et des notes d'audiences ou de la décision elle-même que le demandeur a été appelé à s'expliquer sur les faits invoqués contre lui pour empêcher son inscription [2].

Le délai d'au moins huit jours pour appeler l'intéressé n'est exigé que lorsque celui-ci n'a pu être entendu ; dès lors, aucune nullité ne peut sanctionner l'absence de délai de convocation, si l'avocat ayant demandé à ouvrir un cabinet secondaire a été entendu par le conseil de l'Ordre compétent [3].

224.72 **Recours en cas de refus d'inscription.** La décision portant refus d'inscription est notifiée par lettre recommandée avec demande d'avis de réception dans les quinze jours de sa date à l'intéressé et au procureur général qui peuvent, dans le délai d'un mois à compter de la notification, la déférer devant la cour d'appel [4]. Ce délai imparti pour refus implicite d'inscription n'est en effet pas exclusif de l'ouverture du délai de recours en cas de notification d'une décision expresse [5].

À défaut de notification d'une décision dans le mois qui suit l'expiration du délai imparti au conseil de l'Ordre pour statuer, l'intéressé peut considérer sa demande comme rejetée et se pourvoir devant la cour d'appel dans le délai fixé à l'article 16 [6] du décret du 27 novembre 1991.

224.73 **Procédure devant la cour d'appel.** Le recours est formé, instruit et jugé comme il est dit à l'article 16 du décret du 27 novembre 1991. L'intéressé avise de sa réclamation sans délai, par lettre recommandée avec demande d'avis de réception, le procureur général et le bâtonnier [7].

L'intéressé forme sa réclamation soit par déclaration au greffe de la cour d'appel, soit par lettre recommandée avec demande d'avis de réception adressée au secrétaire-greffier en chef.

La cour statue, en matière d'appel de refus d'inscription au tableau, selon la procédure prévue par l'article 16 du décret du 27 novembre 1991 et dans les conditions prévues à l'article R. 312-9, alinéa 3, du code de l'organisation judiciaire et en chambre du conseil après avoir invité le bâtonnier à présenter ses observations ; à la demande de l'intéressé, les débats peuvent se dérouler en audience publique. Lorsque le procureur général défère une décision à la cour d'appel, il en avise le bâtonnier [8]. Aucun refus d'inscription ou de réinscription ne peut être prononcé par le conseil de l'Ordre sans que l'intéressé ait été entendu ou appelé dans un délai d'au moins huit jours par lettre recommandée avec demande d'avis de réception [9].

Il doit résulter du dossier que le demandeur a été appelé à s'expliquer sur les faits invoqués par le procureur général et doit connaître les raisons qui, selon lui, s'opposent à sa demande d'inscription de façon à pouvoir récuser les motivations principales et secondaires [10].

224.74 **Appel quant au rang d'inscription.** L'appel de la décision du conseil de l'Ordre peut être formé non seulement pour refus d'inscription mais également en raison du rang fixé pour cette inscription, la jurisprudence ayant admis que le rang d'inscription était d'ordre public et, par là même, soumis à la sanction de la Cour [11].

Les voies de recours à l'encontre d'une décision relative à l'inscription sont les mêmes que celles relatives à l'admission à la prestation de serment. Les tiers ne sont pas recevables à agir pour poursuivre l'annulation de la décision du conseil de l'Ordre admettant un avocat au tableau ; au nombre des tiers il faut admettre les membres du barreau.

224.75 **Effet dévolutif.** La cour d'appel, par l'effet dévolutif de l'appel, se trouve saisie de l'entière connaissance du litige, et après avoir annulé la décision du conseil de l'Ordre et constaté que l'appelant avait conclu au fond, peut statuer sur le mérite de la demande d'accès à la profession [12]. Elle doit se prononcer en considération des circonstances de fait qui existent au jour où elle statue. Dès lors, c'est à bon droit qu'après avoir écarté la fin de non-recevoir tirée de l'autorité de la chose jugée attachée à une décision de refus de réinscription, une cour d'appel a énoncé que la nouvelle demande de réinscription devait être appréciée au regard de la situation actuelle de l'impétrant [13].

1. Décr. n° 91-1197, 27 nov. 1991, art. 103.
2. Civ. 1re, 1er févr. 1983, n° 81-11.302, P I, n° 43 ; *D.* 1984. 115, obs. B. Brunois.
3. Toulouse, 30 oct. 1997, *BICC* 1er avr. 1998, n° 387.
4. Décr. n° 91-1197, 27 nov. 1991, art. 102, al. 3 et 4.
5. Reims, 11 sept. 2001, *Gaz. Pal.* 18 oct. 2001, note A. Damien ; *JCP* 2002. I. 136, n° 5, obs. R. Martin.
6. Décr. n° 91-1197, 27 nov. 1991, art. 102, al. 5.
7. Décr. n° 91-1197, 27 nov. 1991, art. 102, al. 5.
8. Décr. n° 91-1197, 27 nov. 1991, art. 102, al. 6.
9. Décr. n° 91-1197, 27 nov. 1991, art. 103.
10. Pau, 7 nov. 1991, *Gaz. Pal.* 17 sept. 1993, 18.
11. Civ. 1re, 28 juin 1961, n° 59-11.977, *D.* 1961. 643, note L. Crémieu – Aix-en-Provence, 28 avr. 1975, *Gaz. Pal.* 1975. II. 849, note A. Damien – Aix-en-Provence, 17 mai 1976, *Gaz. Pal.* 1976. II. 524, note A. Damien – Rennes, 24 mai 1977, *Gaz. Pal.* 1977. II. 437, note A. Damien – Rennes, 24 févr. 1981, *D.* 1981. 317, note B. Brunois.
12. Civ. 1re, 24 juin 2003, n° 01-00.264, NP ; *JCP* 2004. I. 117, n° 7, obs. R. Martin.
13. Civ. 1re, 14 févr. 2018, n° 16-27.909, P ; *Gaz. Pal.* 5 juin 2018, n° 20, p. 28, note D. Landry ; – À RAPPROCHER : Civ. 1re, 23 nov. 1999, n° 96-21.627, P I, n° 316.

224.76 **Pourvoi en cassation.** L'arrêt de la cour d'appel peut être l'objet d'un pourvoi en cassation formé soit par le postulant, soit par le procureur général, soit par le bâtonnier de l'Ordre des avocats intéressé. Le délai de pourvoi est celui de droit commun. La solution n'est pas explicitement mentionnée dans la loi ou les décrets mais ressort des principes généraux et des solutions antérieurement admises.

TITRE

23. L'établissement en France des avocats inscrits à un barreau étranger et des personnes qualifiées dans leur État d'origine

SECTION 0
ORIENTEUR

23.00 Sommaire du titre.

Division. L'établissement en France d'un avocat inscrit à un barreau étranger et d'une personne qualifiée dans son État d'origine résulte soit de la liberté d'établissement et libre prestation de services d'un avocat d'un État membre de l'Union européenne (chap. 231) dans l'un de ces États, soit de l'autorisation d'exercice en France d'un avocat en provenance d'un État tiers à l'Union européenne (chap. 232).

23.03 Bibliographie indicative.

* Aussi : v. s[s] n° 2.03.

Encyclopédies. *J.-Cl. Droit international*, fasc. 525-40 : Condition des étrangers en France, Avocats – *J.-Cl. Pr. civ.*, fasc. 83-1 : Avocats – Généralités. Fonctions –Libre prestation de service en France par les avocats des États membres de la communauté européenne et de l'espace économique européen, 2014 – *J.-Cl. Europe*, fasc. 731 : Professions juridiques et judiciaires – *J.-Cl. Europe*, fasc. 720 : Reconnaissance des diplômes organisée par des directives, Cas particulier : les professions d'avocat – *J.-Cl. Europe*, fasc. 710 : Droit d'établissement et libre prestation de services – *J.-Cl. Europe*, fasc. 732 : Profession d'avocat.

Monographies. R. Martin, *Déontologie de l'avocat*, 11e éd., « Litec professionnels », LexisNexis, 2013 – B. Beignier, B. Blanchard, J. Villacèque (dir.), *Droit et Déontologie de la profession d'avocat*, 2e éd., Gazette du Palais – LGDJ, 2016 – J.-M. Braunschweig, J. Demaison, *Profession d'avocat : le guide*, 4e éd., Wolters Kluwer, 2017.

Format réduit. J.-J. Taisne, *La déontologie de l'avocat*, 11e éd., « Connaissance du droit », Dalloz, 2019.

Rapports. *Guide du CCBE à l'intention des barreaux sur la libre circulation des avocats dans l'Union européenne, 2021.*

CHAPITRE

231. Liberté d'établissement et libre prestation de services des avocats dans l'Union européenne

SECTION 0 ORIENTEUR

231.00 Sommaire du chapitre.

Division. L'avocat ressortissant de l'un des États membres de l'Union européenne peut exercer en France à titre permanent sous le titre professionnel d'origine (sect. 1), puis accéder ensuite à la profession d'avocat en France (sect. 2), ou exercer de manière occasionnelle en libre prestation de services (sect. 3).

231.01 Textes applicables.

TEXTES TITRÉS

• **L. n° 71-1130, 31 déc. 1971**

art. 83 [Exercice permanent sous le titre professionnel d'origine]

art. 84 [Régime]

art. 85 [Mention du titre]

art. 86 [Assurance]

art. 87 [Modalités d'exercice de la profession]

art. 88 [Poursuites disciplinaires]

art. 89 [Accès des ressortissants européens à la profession d'avocat]

art. 90 [Inscription au tableau de l'Ordre]

art. 91 [Fonctions au sein d'une juridiction]

art. 92 [Coopération]

• **Décr. n° 91-1197, 27 nov. 1991**

art. 200 [Champ d'application]

art. 201 [Liste des dénominations reconnues]

art. 202 [Libre prestation de services]

art. 202-1 [Respect des règles professionnelles françaises]

art. 202-2 [Condition d'exercice]

art. 202-3 [Discipline]

art. 203 [Exercice permanent de la profession d'avocat]

art. 203-1 [Discipline]

231.02 Jurisprudence de référence.

> L'avocat membre de la Communauté européenne doit pouvoir agir librement en France

• **CJCE, plén., 10 juill. 1991,** *Commission c/République française*, aff. C-294/89

* V. s^s^ n° 231.53.

> L'inscription de l'avocat communautaire sur la liste spéciale du tableau est de droit

• **Civ. 1re, 28 juin 2012,** n° 11-15.370, NP

* V. s^s^ n° 231.21.

« Qu'en statuant ainsi, alors qu'il ressort des pièces de la procédure que la postulante justifiait de sa qualité d'avocat luxembourgeois par la production de l'attestation requise, la cour d'appel a, par refus d'application, violé les textes susvisés (l'article 84 de la loi du 31 déc. 1971). »

231.03 Bibliographie indicative.

* Aussi : v. s^s^ n° 23.03.

Articles. A. Brunois « Le barreau et la jurisprudence », « Le barreau et l'Europe », « Avocats étrangers », *D.* 1987. 61 – R. Collin, « La prestation de service des avocats communautaires », *Gaz. Pal.* 5 mai 1992, p. 32 – L. Garnerie, « Brexit : la nouvelle vie sans directives des avocats britanniques », *Gaz. Pal.*, 19 janv. 2021, p. 5 – D. Lévy, « Reconnaissance des qualifications professionnelles et exercice des avocats communautaires en France », *JCP* 2009. 129 – R. Martin, « L'avocat de la communauté européenne devant le parlement français », *JCP* 1993. I. 3669 – P.-Y. Monjal, « La profession d'avocat en France et le droit communautaire des services », *Gaz. Pal.* 16-17 janv. 2008, p. 4 s. – « Remarques sur les limites communautaires à la libéralisation des activités de conseil juridique », *Gaz. Pal.* 9-11 mars 2008, p. 2 s. – C. Nourrissat, « De l'exercice permanent en France de l'Abokatu, du Barrister, du Rechtsanwalt, du Dikigoros ? », *Procé-*

dures avr. 2004. chron. 6, p. 7 ; « Les modifications au statut de l'avocat par la loi n° 2004-130 du 11 février 2004 », *JCP* 2004, act. 123 – D. Piau, « De l'art abstrait de la maîtrise du tableau », *Gaz. Pal.* 6-8 janv. 2013, p. 9 s.

231.05 Transposition de la directive 98/5 du Parlement et du Conseil du 16 février 1998. La loi du 11 février 2004[1] a intégré au sein de la loi du 31 décembre 1971[2] les dispositions de la directive 98/5[3] relative au droit d'établissement[4]. Cette loi a ainsi créé un titre IV intitulé « Dispositions relatives à l'exercice permanent de la profession d'avocat en France par les ressortissants des États membres de l'Union européenne ayant acquis leur qualification dans un autre État membre », comprenant deux chapitres, l'un consacré aux « Dispositions relatives à l'exercice permanent sous le titre professionnel d'origine »[5], le second relatif aux « Dispositions relatives à l'accès des ressortissants communautaires à la profession d'avocat »[6].

C'est avec retard que cette transposition est intervenue. Néanmoins, la jurisprudence avait devancé la transposition[7].

SECTION 1
EXERCICE SOUS LE TITRE PROFESSIONNEL D'ORIGINE

231.10 Plan – Principe. Tout ressortissant de l'un des États membres de l'Union européenne peut exercer la profession d'avocat à titre permanent sous son titre professionnel d'origine, selon l'article 83 de la loi du 31 décembre 1971, à la condition que ce titre figure sur une liste fixée par l'article 201 du décret du 27 novembre 1991.

L'exercice occasionnel et permanent de la profession d'avocat sous leur titre d'origine est ouvert aux avocats bulgares et roumains, depuis le décret du 18 février 2009[8], ainsi qu'à ceux des États parties à l'accord sur l'Espace économique européen, à savoir l'Islande, le Liechtenstein et la Norvège. Les titres professionnels d'avocat croate ont également été intégrés, par le décret du 24 juillet 2013[9], dans la liste des titres permettant de fournir une prestation occasionnelle en France ou d'y exercer à titre permanent sous son titre professionnel d'origine.

Ni la directive 89/48[10], telle que modifiée par la directive 2001/19[11], ni la directive 98/5 ne s'opposent à une réglementation nationale instituant, pour exercer l'activité d'avocat sous le titre d'avocat de l'État membre d'accueil, l'obligation d'être membre d'une entité telle qu'un ordre des avocats[12]. Seul un avocat pleinement qualifié dans son État membre d'origine peut bénéficier de cette disposition. Ainsi, une personne, qui n'a pas encore acquis la qualification professionnelle nécessaire pour exercer la profession d'avocat dans son État d'origine ou qui n'y a pas achevé sa formation professionnelle lorsqu'elle est requise, ne peut pas bénéficier de la directive 98/5[13].

Mais revenir dans un État membre dont l'avocat est ressortissant pour y exercer la profession sous le titre obtenu dans un autre État membre ne constitue par un abus de droit au sens de l'article 3[14] de la directive 98/5[15].

Les modalités d'exercice de la profession (§ 1) sont définies selon le principe d'assimilation à l'avocat français, et en

1. L. n° 2004-130, 11 févr. 2004 réformant le statut de certaines professions judiciaires ou juridiques, des experts judiciaires, des conseils en propriété industrielle et des experts en ventes aux enchères publiques, *JO* 12 févr., p. 2847.
2. L. n° 71-1130, 31 déc. 1971 portant réforme de certaines professions judiciaires et juridiques, *JO* 5 janv. 1972, p. 131.
3. Dir. 98/5, Parlement et Conseil, 16 févr. 1998 visant à faciliter l'exercice permanent de la profession d'avocat dans un État membre autre que celui où la qualification a été acquise, *JOCE L* 77, 14 mars 1998, p. 36.
4. C. Nourrissat, « De l'exercice permanent en France de l'Abokatu, du Barrister, du Rechtsanwalt, du Dikigoros », *Procédures* avr. 2004. Chron. 6, p. 7 ; « Les modifications au statut de l'avocat par la loi n° 2004-130 du 11 févr. 2004 », *JCP* 2004, act., 123.
5. V. s^s n°s 231.10 s.
6. V. s^s n°s 231.41 s.
7. Pau, 21 mai 2001, *D.* 2001. 1847 – Toulouse, 5 juill. 2001, *D.* 2002. 1011 – Civ. 1re, 23 nov. 2004, n° 03-10.636, P I, n° 280.
8. Décr. n° 2009-199, 18 févr. 2009 modifiant la réglementation de la profession d'avocat et portant, pour cette profession, transposition de directives communautaires, *JO* 20 févr., p. 2965.
9. Décr. n° 2013-684, 24 juill. 2013 portant reconnaissance de titres professionnels croates pour l'exercice en France de la profession d'avocat, *JO* 28 juill., p. 12657.
10. Dir. 89/48, Conseil, 21 déc. 1988 relative à un système général de reconnaissance des diplômes d'enseignement supérieur qui sanctionnent des formations professionnelles d'une durée minimale de trois ans, *JOCE L* 19, 24 janv. 1989 p. 16.
11. Dir. 2001/19, Parlement et Conseil, 14 mai 2001 modifiant les directives 89/48/CEE et 92/51/CEE du Conseil concernant le système général de reconnaissance des qualifications professionnelles, et les directives 77/452/CEE, 77/453/CEE, 78/686/CEE, 78/687/CEE, 78/1026/CEE, 78/1027/CEE, 80/154/CEE, 80/155/CEE, 85/384/CEE, 85/432/CEE, 85/433/CEE et 93/16/CEE du Conseil concernant les professions d'infirmier responsable des soins généraux, de praticien de l'art dentaire, de vétérinaire, de sage-femme, d'architecte, de pharmacien et de médecin, *JOCE L* 206, 31 juill., p. 1.
12. CJUE 3 févr. 2011, *Donat Cornelius Ebert c/Budapesti Ügyvédi Kamara*, aff. C-359/09, *JOUE* 2 avr., p. 6 ; *RMCUE* 2013. 45, chron. Ekaterini Sabatakakis ; *JCP* 2011. Actu. 187, obs. Y. Picod ; *JCP* 2011. 468, n° 2, obs. D Lévy ; *Europe* 2011, n° 125, note A. Bouveresse.
13. CJCE 13 nov. 2003, *Christine Morgenbesser c/Consiglio dell'Ordine degli avvocati di Genova,* aff. C-313/01, *JOCE* 10 janv. 2004, p. 11, p^t 45.
14. Dir. 98/5, Parlement et Conseil, 16 févr. 1998, art. 3.
15. CJUE, 17 juill. 2014, *Angelo Alberto Torresi et Pierfrancesco Torresi*, aff. C-58/13, C-59/13, *JOUE* 15 sept., p. 9 ; p^t 52 ; *AJDA* 2014. 2295, Chron. E. Broussy, H. Cassagnabère et C. Gänser ; *D.* 2015. 35, obs. T. Wickers ; *RTD eur.* 2014. 926, obs. V. Égéa ; *JCP* 2014. Doctr. 1093, n° 2, obs. D. Lévy.

cas de procédure disciplinaire (§ 2), le bâtonnier du barreau auprès duquel l'avocat est inscrit doit, préalablement, en aviser l'autorité compétente de l'État d'origine.

§ 1
Modalités d'exercice de la profession

231.21 Inscription sur une liste spéciale. L'avocat est inscrit sur une liste spéciale du tableau du barreau auquel il aura choisi d'appartenir. Il doit produire une attestation délivrée par l'autorité compétente de l'État membre d'origine, démontrant qu'il possède ledit titre.

La demande d'inscription doit être adressée au barreau auprès duquel l'avocat migrant souhaite exercer. Cette inscription est alors « de droit » et ne peut donc être refusée dès lors que l'avocat migrant justifie de la possession d'un des titres professionnels reconnus par la liste précitée au moyen d'une attestation délivrée par l'autorité compétente de l'État membre auprès de laquelle il est inscrit[1]. Il n'est donc pas possible, par exemple, de refuser l'inscription au tableau au motif que l'avocat souhaitant s'établir sous son titre professionnel d'origine ne maîtriserait pas la langue de l'État d'accueil[2] ou qu'il ne remplirait pas les conditions d'honorabilité[3].

Enfin, le barreau d'accueil ne peut pas obliger l'avocat migrant à produire chaque année une attestation d'inscription auprès de l'autorité compétente de son État membre d'origine[4].

Si l'avocat s'établissant sous son titre d'origine doit demeurer inscrit auprès de son ordre d'origine pendant toute la durée de son exercice professionnel en France, il n'est pas obligé de maintenir un établissement dans son État membre d'origine[5].

231.22 Prérogatives de l'avocat inscrit. L'avocat exerçant à titre permanent sous son titre professionnel d'origine participe à l'élection des membres du CNB, en vertu de l'article 84 de la loi du 31 décembre 1971[6]. Il indique aussi qu'il fait partie du barreau auprès duquel il est inscrit, ce qui suppose qu'il puisse participer également aux élections du bâtonnier et à celles des membres du conseil de l'Ordre[7].

231.23 Périmètre d'exercice de la profession – Principe de l'assimilation à l'avocat français. L'avocat migrant exerçant en France sous son titre d'origine et inscrit au tableau est soumis aux dispositions de la loi du 31 décembre 1971 et exerce la profession dans les mêmes conditions et limites que les personnes possédant le titre français d'avocat[8]. L'avocat est également en droit de pratiquer les mêmes activités professionnelles que l'avocat exerçant sous le titre professionnel de l'État membre d'accueil[9].

Une exception à cette assimilation a été créée, par l'article 91 de la loi du 31 décembre 1971, interdisant aux avocats migrants toute participation, même à titre occasionnel, à l'exercice de fonctions au sein d'une juridiction.

Par ailleurs, la Cour de justice a validé les dispositions de l'article 5[10] de la directive 98/5 qui permettent dans certaines conditions à l'État membre d'accueil d'exclure certaines activités du champ d'activité de l'avocat migrant exerçant sous son titre professionnel d'origine au motif qu'elles ne prévoient aucune discrimination entre les avocats migrants et ceux de l'État d'accueil. Elle a en effet considéré que les situations de ces avocats ne sont pas comparables dès lors que, à la différence du second qui peut se livrer à toutes les activités ouvertes ou réservées par l'État membre d'accueil à la profession d'avocat, le premier peut se voir interdire certaines activités et, dans le domaine de la représentation et de la défense d'un client en justice, se voir imposer certaines obligations[11].

Enfin, la CJUE a jugé que l'article 8 de la directive 98/5 permet à l'État membre d'accueil d'imposer aux avocats qui y sont inscrits et employés – que ce soit à temps plein ou à temps partiel – par un autre avocat, une association ou une société d'avocats, ou une entreprise publique ou privée, des restrictions à l'exercice concomitant de la profession d'avocat et dudit emploi, dès lors que ces restrictions ne vont pas au-delà de ce qui est nécessaire pour atteindre l'objectif de prévention de conflits d'intérêts et s'appliquent à l'ensemble des avocats inscrits dans ledit État membre[12].

1. L. n° 71-1130, 31 déc. 1971, art. 84, al. 1er.
2. CJCE 19 sept. 2006, *Commission c/Grand-Duché de Luxembourg*, aff. C-193/05, *JOCE* 18 nov., p. 14 ; *D.* 2006. 2479 ; *RTD eur.* 2007. 75, Chron. C. Prieto.
3. Civ. 1re, 28 juin 2012, n° 11-15.370, P I ; *Gaz. Pal.* 6 janv. 2013, p. 9, note D. Piau.
4. CJCE 19 sept. 2006, aff. C-193/05, préc.
5. CJCE 7 mars 2002, *Commission c/République italienne*, aff. C-145/99, *JOCE* 4 mai, p. 2, pt 28, *Rec.* I-02235 ; *D.* 2002. 1177 ; *RTD eur.* 2003. 489, Chron. C. Prieto.
6. V. ss nos 111.41.
7. V. ss nos 114.31 et 116.51.
8. L. n° 71-1130, 31 déc. 1971, art. 83, al. 2.
9. Dir. 98/5, Parlement et Conseil, 16 févr. 1998 visant à faciliter l'exercice permanent de la profession d'avocat dans un État membre autre que celui où la qualification a été acquise, *JOCE L* 77, 14 mars, p. 36, art. 2 et 5.
10. Dir. 98/5, Parlement et Conseil, 16 févr. 1998, art. 5.
11. CJCE 7 nov. 2000, *Grand-Duché de Luxembourg c/Parlement et Conseil*, aff. C-168/98, *JOCE* 27 janv. 2001, p. 1, pts 24-25 ; *Rec.* I-9185 ; *RTD eur.* 2001. 743, Chron. J.-G. Huglo.
12. CJUE 2 déc. 2010, *Edyta Joanna Jakubowska c/Alessandro Maneggia*, aff. C-225/09, *JOUE C* 30, 29 janv. 2011, p. 5 ; *RMCUE* 2013. 45, Chron. Ekaterini Sabatakakis ; *JCP* 2011. 468, n° 2, obs. D. Lévy ; *Europe* 2011, n° 58, note F. Michel.

231.24 Privation temporaire ou définitive du droit d'exercer la profession d'avocat. L'avocat qui se voit privé temporairement ou définitivement du droit d'exercer sa profession dans son État d'origine perd le droit d'exercer en France[1]. Cette décision relève de la compétence du conseil de l'Ordre.

Le bâtonnier, qui préside le conseil de l'Ordre, devra régulièrement s'informer auprès du président ou du bâtonnier du barreau étranger, où est inscrit l'avocat, de sa situation dans le pays d'origine.

231.25 Utilisation du titre professionnel d'origine. Ce titre ne peut être utilisé que dans la langue officielle de l'État dans lequel il a été acquis. Il doit être également indiqué le barreau français d'appartenance et l'organisation dont il relève dans le pays d'origine.

231.26 Souscription d'une assurance. L'avocat européen inscrit à un barreau français doit se conformer aux dispositions applicables en matière d'assurance[2] professionnelle[3]. Il est donc soumis au paiement de la cotisation responsabilité civile professionnelle du barreau français auprès duquel il est inscrit.

231.27 Modalités d'exercice de la profession. Il résulte du principe de la double inscription applicable aux avocats migrants que « la liberté d'établissement ne se limite pas au droit de créer un seul établissement à l'intérieur de la Communauté, mais comporte la faculté de créer et de maintenir, dans le respect des règles professionnelles, plus d'un centre d'activité sur le territoire des États membres »[4]. L'article 87 de la loi du 31 décembre 1971 offre ainsi à l'avocat de l'Union européenne la possibilité d'exercer sa profession soit de façon individuelle, soit en groupe, en qualité de collaborateur ou de salarié conformément aux articles 7 et 8 de la loi précitée.

L'article 87, modifié par la loi du 6 août 2015[5], précise en outre qu'il peut exercer sa profession dans le cadre d'une structure régie par le droit de l'État d'origine. Mais certaines conditions doivent alors être remplies :

« 1° Que le capital social et les droits de vote soient détenus par des personnes exerçant une profession juridique ou judiciaire ou par des personnes légalement établies dans un État membre de l'Union européenne, dans un autre État partie à l'accord sur l'Espace économique européen ou dans la Confédération suisse qui exercent, dans l'un de ces États, une activité soumise à un statut législatif ou réglementaire ou subordonnée à la possession d'une qualification nationale ou internationale reconnue, et exerçant l'une quelconque desdites professions ;

2° Que le conseil d'administration ou le conseil de surveillance comprennent au moins un membre exerçant la profession d'avocat, sous le titre d'avocat ou sous l'un des titres figurant sur la liste prévue au même article 83, au sein ou au nom du groupement ;

3° Que l'usage de la dénomination du groupement soit réservé aux seuls membres des professions exerçant au sein ou au nom du groupement sous le titre d'avocat ou sous l'un des titres figurant sur la liste prévue au même article 83.

Lorsque les conditions prévues aux 1° à 3° ne sont pas remplies, l'intéressé ne peut exercer que selon les modalités prévues au premier alinéa. Il peut toutefois faire mention de la dénomination du groupement au sein ou au nom duquel il exerce dans l'État d'origine.

L'avocat inscrit sous son titre professionnel d'origine peut, dans des conditions fixées par décret en Conseil d'État, exercer en France au sein ou au nom d'une société régie par le droit de l'État membre où le titre a été acquis et ayant pour objet l'exercice en commun de plusieurs professions judiciaires ou juridiques. »

La loi du 6 août 2015 ouvre ainsi la détention du capital social et des droits de vote des sociétés d'exercice, sans limitation, à toute personne légalement établie dans un État membre de l'Union européenne, dans un autre État partie à l'accord sur l'Espace économique européen ou dans la Confédération suisse qui exerce, dans l'un de ces États, une activité soumise à un statut législatif ou réglementaire ou subordonnée à la possession d'une qualification nationale ou internationale reconnue, et exerçant l'une quelconque desdites professions. La condition est simplement posée par les nouvelles dispositions de l'article 8[6] de la loi du 31 décembre 1971 que la société doit au moins comprendre, parmi ces associés, un avocat remplissant les conditions requises pour exercer ses fonctions. Il pourra dès lors s'agir d'un avocat de l'Union européenne. Par ailleurs, au moins un membre de la profession d'avocat exerçant au sein de la société doit être membre du conseil d'administration ou du conseil de surveillance de la société.

1. Paris, pôle 2, 1re ch., 26 févr. 2015, RG n° 14/17064.
2. V. ss n° 911.74.
3. L. n° 71-1130, 31 déc. 1971, art. 27.
4. CJCE 12 juill. 1984, *Ordre des avocats au barreau de Paris c/Onno Klopp*, aff. C-107/83, *JOCE* 7 août, p. 2, pt 19, *Rec.* 2971.
5. L. n° 2015-990, 6 août 2015 pour la croissance, l'activité et l'égalité des chances économiques, *JO* 7 août, p. 13537, art. 63-IV.
6. L. n° 71-1130, 31 déc. 1971, art. 8.

Une société d'avocats peut ainsi être inscrite sur la liste spéciale du tableau d'un barreau français, comme peuvent l'être sur un tel tableau, selon le droit interne, les sociétés ou groupements d'avocats, dès lors qu'elle remplit les conditions relatives à la détention du capital social, à sa dénomination et aux titulaires des pouvoirs de direction, d'administration et de contrôle [1].

Dans le respect des règles de déontologie applicables à la profession d'avocat, un décret en Conseil d'État détermine les conditions d'application du titre IV de la loi du 31 décembre 1971.

231.28 Justification d'une inscription auprès de l'État membre d'origine. Il résulte de la combinaison des articles 3 et 11, de la directive 98/5 visant à faciliter l'exercice permanent de la profession d'avocat dans un État membre autre que celui où la qualification a été acquise, que si un avocat peut exercer sous son titre professionnel d'origine au sein d'un groupe régi par le droit de l'État membre d'accueil, c'est à la condition de s'être fait préalablement inscrire auprès de l'autorité compétente de cet État [2].

En application des articles 83 et 84 de la loi du 31 décembre 1971 modifiée, l'avocat, ressortissant de l'un des États membres de l'Union européenne, souhaitant exercer à titre permanent sous son titre professionnel d'origine est inscrit sur une liste spéciale du tableau du barreau de son choix et cette inscription est de droit sur production d'une attestation délivrée par l'autorité compétente de l'État membre de l'Union européenne auprès de laquelle il est inscrit, établissant que cette autorité lui reconnaît le titre. L'inscription sur la liste spéciale ne peut donc être subordonnée à un contrôle du respect, par le postulant, des principes de probité, de moralité et d'honneur [3].

Pour la Cour de justice de l'Union européenne, une législation d'un État membre interdisant à un moine ayant la qualité d'avocat dans un autre État membre de s'inscrire au barreau sous son titre professionnel d'origine, en raison de l'incompatibilité entre sa qualité de moine et la profession d'avocat, est contraire au droit de l'Union [4].

1. Civ. 1re, 3 juill. 2008, nº 06-20.514, P I, nº 187 ; *D.* 2008. 2086.
2. Civ. 1re, 12 avr. 2005, nº 02-11.054, NP.
3. Civ. 1re, 17 janv. 2018, nº 16-22.868, P I, nº 6 ; *Gaz. Pal.* 5 juin 2018, nº 20, p. 26, note D. Landry et J. Villacèque ; *D. actu.* 2 févr. 2018, obs. D. Piau ; – AUSSI : Civ. 1re, 28 juin 2012, nº 11-15.379, P I, nº 144 ; *D.* 2013. 136, obs. T. Wickers.
4. CJUE 7 mai 2019, *Monachos Eirinaios c/Dikigorikos Syllogos Athinon*, aff. C-413/17 ; *D. actu.* 29 mai 2019, obs. G. Deharo ; *JCP* 2019. 680, note J. Pertek ; *JCP* 2019. Doctr. 1238, nº 2, obs. S. Bortoluzzi.

231.29 Situation des avocats britanniques post Brexit. La fin de la période de transition ouverte dans le cadre des négociations du Brexit et l'adoption de l'accord de commerce et de coopération conclu le 24 décembre 2020 entre l'Union européenne et le Royaume-Uni ont eu des impacts importants sur la situation des avocats britanniques en France [5]. Depuis le 1er janvier 2021, ils prennent le statut d'avocats inscrits aux barreaux d'États non-membres de l'Union européenne. À ce titre, ils ne peuvent donc plus bénéficier des dispositions issues de la directive 2005/36 [6] relative à la reconnaissance des qualifications professionnelles, ainsi que des directives sectorielles 77/249 [7] tendant à faciliter l'exercice effectif de la libre prestation de services par les avocats et 98/5 [8] visant à faciliter l'exercice permanent de la profession d'avocat dans un État membre autre que celui où la qualification a été acquise.

Anticipant l'issue de la période de transition sans conclusion d'un accord, l'ordonnance du 16 décembre 2020 [9] a édicté des mesures spécifiques s'agissant des sociétés établies en France. Ce texte vise à préserver la situation des sociétés de professions réglementées dont les ressortissants britanniques et les personnes morales établies au Royaume-Uni pourront continuer à détenir des parts de capital et droits de vote dans les sociétés concernées [10]. Les succursales de groupements d'exercice régis par le droit du Royaume-Uni exerçant la profession d'avocat, inscrites sur la liste spéciale du tableau d'un barreau français au dernier jour de la période de transition fixée le 31 décembre 2020, peuvent poursuivre leur exercice en France après cette date [11].

L'accord de commerce et de coopération conclu entre l'Union européenne et le Royaume-Uni fixe, quant à lui, au sein de son titre II (commerce des services), et plus spécifiquement de la section 7 du

5. L. Garnerie, « Brexit : la nouvelle vie sans directives des avocats britanniques », *Gaz. Pal.*, 19 janv. 2021, nº 3, p. 5.
6. Dir. 2005/36, Parlement et Conseil, 7 sept. 2005 relative à la reconnaissance des qualifications professionnelles, *JOCE L* 255, 30 sept., p. 22.
7. Dir. 77/249/CEE, Conseil, 22 mars 1977 tendant à faciliter l'exercice effectif de la libre prestation de services par les avocats, *JOCE L* 26 mars, p. 17.
8. Dir. 98/5, Parlement et Conseil, 16 févr. 1998 visant à faciliter l'exercice permanent de la profession d'avocat dans un État membre autre que celui où la qualification a été acquise, *JOCE L* 77, 14 mars, p. 36.
9. Ord. nº 2020-1596, 16 déc. 2020 portant diverses mesures relatives aux sociétés établies en France dont tout ou partie du capital social ou des droits de vote est détenu par des personnes établies au Royaume-Uni, *JO* 17 déc., nº 16 ; NOR : ECOI2032441R.
10. Ord. nº 2020-1596, 16 déc. 2020, art. 1er.
11. Ord. nº 2020-1596, 16 déc. 2020, art. 2, II.

chapitre 5, le cadre des échanges de services juridiques. Une partie peut ainsi autoriser l'avocat de l'autre partie à fournir sur son territoire, sous son titre professionnel d'origine, des « services juridiques désignés », à savoir « les services juridiques liés au droit de la juridiction d'origine et au droit international public, à l'exclusion du droit de l'Union ». Cette réglementation présente des liens de similitude manifestes avec le statut de consultant juridique étranger récemment transposé en droit français. Le ministère de la Justice considère ainsi, après avoir interrogé la Commission européenne, que les avocats britanniques doivent pouvoir bénéficier en France du statut de consultant juridique étranger tant à titre temporaire que permanent, dans le respect des conditions fixées au titre VI de la loi du 31 décembre 1971 [1].

§ 2
Poursuites disciplinaires

231.31 **Poursuites disciplinaires.** Le bâtonnier du barreau auprès duquel l'avocat est inscrit doit, préalablement à toute procédure disciplinaire, en aviser l'autorité compétente de l'État d'origine [2]. Celui-ci doit pouvoir présenter ses observations en réponse au bâtonnier français et ensuite les présenter au cours de la procédure française.

Le conseil de discipline, ou le conseil de l'Ordre du barreau de Paris siégeant comme conseil de discipline [3], est saisi dans un délai qui ne peut être inférieur à un mois à compter de l'accomplissement de cette formalité. Après la saisine de l'instance disciplinaire, l'autorité compétente peut présenter à tout moment ses observations écrites.

SECTION 2
ACCÈS À LA PROFESSION

231.41 **Exercice de la profession régulier et effectif depuis trois ans.** L'avocat, qui exerce sa profession sous son titre d'origine en justifiant d'une activité régulière et effective en droit français depuis au moins trois ans, est dispensé des conditions résultant des dispositions d'application de la directive 89/48 [4] sur la reconnaissance mutuelle des diplômes inscrites à l'article 99 du décret du 27 novembre 1991 [5].

Si l'avocat justifie d'une activité en France d'au moins trois ans, mais que celle-ci est inférieure à cette durée en droit français, le conseil de l'Ordre examine le caractère effectif et régulier de ladite activité.

L'avocat, privé temporairement ou définitivement d'exercer la profession dans l'État où le titre a été acquis, qui perd la possibilité d'exercer en France sous son titre d'origine, perd corrélativement celle de solliciter son assimilation [6].

231.42 **Refus d'inscription.** Le conseil de l'Ordre peut refuser l'inscription de l'avocat sur le fondement de l'article 11, 4°, 5°, 6°, en cas d'incompatibilité ou d'atteinte à l'ordre public [7]. L'inscription sur la liste spéciale du tableau ne peut pas être subordonnée à un contrôle de la moralité du postulant [8].

231.43 **Inscription et cotisations au barreau d'accueil.** L'avocat européen devra prêter le serment de l'article 3 de la loi du 31 décembre 1971 avant son inscription. Il est inscrit sur la liste spéciale du tableau prévue à cet effet et n'a pas à solliciter l'ouverture d'un bureau secondaire pour un exercice permanent en France de la profession dans le barreau d'accueil [9]. Les cotisations susceptibles d'être appelées par le barreau d'accueil sont donc celles d'un cabinet principal et non d'un bureau secondaire.

231.44 **Fonctions au sein d'une juridiction.** L'article 91 de la loi du 31 décembre 1971 prend soin d'interdire à l'avocat ressortissant d'un État membre de l'Union européenne de participer, même à titre occasionnel, à l'exercice de fonctions au sein d'une juridiction.

SECTION 3
LIBRE PRESTATION DE SERVICES

231.51 **Exercice de la profession d'avocat en France de manière occasionnelle – Libre prestation de services.** Parallèlement à la possibilité de s'inscrire à un barreau français, nonobstant la condition de nationalité posée par l'article 11 de la loi du 31 décembre 1971 dans sa rédaction issue de la loi du 31 décembre 1990 [10], l'avocat européen non ins-

1. V. s[s] n° 232.11 s.
2. Décr. n° 91-1197, 27 nov. 1991, art. 203-1.
3. V. s[s] n°s 118.11 à 118.13.
4. Dir. 89/48, Conseil, 21 déc. 1988 relative à un système général de reconnaissance des diplômes d'enseignement supérieur qui sanctionnent des formations professionnelles d'une durée minimale de trois ans, *JOCE L* 19, 24 janv. 1989, p. 16 ; abrogée par dir. 2005/36/CE 7 sept. 2005.
5. V. s[s] n°s 212.181 s.
6. Paris, pôle 2, 1re ch., 26 févr. 2015, RG n° 14/17064.
7. V. s[s] n° 224.11.
8. Civ. 1re, 28 juin 2012, n° 11-15.370, P I ; *Gaz. Pal.* 6 janv. 2013, p. 9, note D. Piau.
9. CNB, Comm. RU, avis n° 2015-011, 7 avr. 2015.
10. L. n° 90-1259, 31 déc. 1990 portant réforme de certaines professions judiciaires et juridiques, *JO* 5 janv. 1991, p. 219.

crit à un barreau français peut néanmoins exercer en France, en application de la directive sectorielle 77/249[1], les attributions réservées par la loi à ce type de mandataire de justice, à la seule condition qu'il soit bien un avocat ressortissant de l'un des États membres de l'Union européenne, de l'Espace économique européen ou de la Confédération suisse, même s'il n'a pas la nationalité de l'un des États membres, établi à titre permanent dans l'un de ces États autres que la France et venant accomplir en France une activité professionnelle occasionnelle[2].

Depuis un décret du 18 février 2009[3], l'exercice occasionnel et permanent de la profession d'avocat sous leur titre d'origine est ouvert aux avocats bulgares et roumains ainsi qu'à ceux des États parties à l'accord sur l'Espace économique européen, à savoir l'Islande, le Liechtenstein et la Norvège. Un décret du 24 juillet 2013[4] a aussi intégré les titres professionnels d'avocat croate dans la liste des titres permettant de fournir une prestation occasionnelle en France ou d'y exercer à titre permanent sous son titre professionnel d'origine.

Cette activité est librement exercée mais elle ne peut s'étendre au domaine qui relève de la compétence exclusive des officiers publics ou ministériels (notaires, huissiers, commissaires-priseurs...).

231.52 Liste limitative des avocats ressortissants concernés. Ces avocats ressortissants d'un des États membres de l'Union européenne, des autres États parties à l'accord sur l'Espace économique européen ou de la Confédération suisse sont définis par l'article 201 du décret du 27 novembre 1991 sous la forme d'une liste limitative. Ils doivent exercer dans un État autre que la France, sous des dénominations précises :

- en Belgique : avocat, advocaat, rechtsanwalt ;
- en Bulgarie : [...][5] ;
- en République tchèque : advokajt ;
- au Danemark : advokat ;
- en Allemagne : rechtsanwalt ;
- en Estonie : vandeadvokaat ;
- en Grèce : dikigoros ;
- en Espagne : abogado, advocat, avogado, abokatu ;
- en Irlande : barrister, solicitor ;
- en Italie : avvocato[6] ;
- à Chypre : dikigoros ;
- en Croatie : odvjetnik, odvjetnica ;
- en Lettonie : zverinats advokalts ;
- en Lituanie : advokatas ;
- au Luxembourg : avocat ;
- en Hongrie : ügyvéd ;
- à Malte : avukat, prokuratur legali ;
- aux Pays-Bas : advocaat ;
- en Autriche : rechtsanwalt ;
- en Pologne : adwokat, radca prawny ;
- au Portugal : advogado ;
- en Roumanie : avocat ;
- en Slovénie : odvetnik, odvetnica ;
- en Slovaquie : advokajt, komercpn prajvnik ;
- en Finlande : asianajaja, advokat ;
- en Suède : advokat ;
- en Suisse : avocat, advokat, anwalt, fürsprecher, fürsprech, avvocato, rechtsanwalt ;
- en Islande : lögmaour ;
- au Liechtenstein : rechtsanwalt ;
- en Norvège : advokat.

Ces avocats doivent faire usage en France de leur titre national exprimé dans la langue de l'État où ils sont établis, accompagné du nom de l'organisme professionnel dont ils relèvent ou de celui de la juridiction auprès de laquelle ils exercent. Inversement des avocats français, non qualifiés dans l'État membre d'origine, ne peuvent se prévaloir de la traduction d'un titre d'avocat étranger protégé et créer ainsi une confusion dans l'esprit du public[7].

Dans le cadre de la préparation du Brexit, un décret du 3 avril 2019[8] relatif à l'exercice de la profession d'avocat en cas d'absence d'accord sur le retrait du Royaume-Uni de l'Union européenne a supprimé les titres professionnels correspondant à la profession d'avocat au Royaume-Uni (advocate, barrister, solicitor) afin de tirer les conséquences éventuelles du Brexit. Les dispositions de ce décret s'appliquaient sous réserve des dispositions transitoires de l'ordonnance du 6 février 2019[9] qui seraient applicables en cas d'absence d'accord sur le retrait du Royaume-Uni de l'Union européenne.

1. Dir. 77/249/CEE, Conseil, 22 mars 1977 tendant à faciliter l'exercice effectif de la libre prestation de services par les avocats, *JOCE L* 26 mars, p. 17.
2. Décr. n° 91-1197, 27 nov. 1991, art. 200.
3. Décr. n° 2009-199, 18 févr. 2009 modifiant la réglementation de la profession d'avocat et portant, pour cette profession, transposition de directives communautaires, 20 févr., p. 2965.
4. Décr. n° 2013-684, 24 juill. 2013 portant reconnaissance de titres professionnels croates pour l'exercice en France de la profession d'avocat, *JO* 28 juill., p. 12657.
5. Formule non reproduite, consulter le *JO* 20 févr. 2009, n° 24.
6. POUR L'ADMISSION DE L'ÉQUIVALENCE du titre de procuratore legale à celui de l'avvocato : Paris, 1re ch. A, 25 janv. 1995, RG n° 1994/9940, Nicolella, NP.
7. Lyon, 12 déc. 2019, RG n° 19/02241.
8. Décr. n° 2019-265, 3 avr. 2019 relatif à l'exercice de la profession d'avocat en cas d'absence d'accord sur le retrait du Royaume-Uni de l'Union européenne, art. 3, *JO* 4 avr., n° 1.
9. Ord. n° 2019-76, 6 févr. 2019 portant diverses mesures relatives à l'entrée, au séjour, aux droits sociaux et à l'activité professionnelle, applicables en cas d'absence d'accord sur le retrait du Royaume-Uni de l'Union européenne, art. 13 et 14, *JO* 7 févr., n° 30.

Finalement, l'adoption de l'accord de commerce et de coopération conclu le 24 décembre 2020 entre l'Union européenne et le Royaume-Uni a mis fin à la période de transition ouverte dans le cadre des négociations du Brexit[1]. Les avocats britanniques en France ne peuvent plus bénéficier, depuis le 1er janvier 2021, de la directive sectorielle 77/249 tendant à faciliter l'exercice effectif de la libre prestation de services. Ils prennent le statut d'avocats inscrits aux barreaux d'États non-membres de l'Union européenne[2].

231.53 Conditions d'exercice identiques aux avocats français. Ces avocats, lorsqu'ils assurent la représentation ou la défense d'un client en justice ou devant les autorités publiques, exercent leurs fonctions dans les mêmes conditions qu'un avocat inscrit à un barreau français[3]. Ils doivent notamment employer la langue française et respecter les règles professionnelles françaises, sans préjudice des obligations non contraires qui leur incombent dans l'État dans lequel ils sont établis.

Naguère, pour assumer le bon fonctionnement des juridictions françaises devant lesquelles la représentation était liée à la présence d'un avocat, on imposait à l'avocat étranger qui désirait postuler, représenter ou diligenter des actes de procédure d'avoir recours, lorsque son ministère est obligatoire devant le tribunal de grande instance [devenu tribunal judiciaire], à un avocat inscrit au barreau de ce tribunal ou habilité à postuler devant lui, devant la cour d'appel à un avoué près cette Cour ou, à défaut, à un avocat habilité à postuler devant elle[4].

D'autre part, devant les autres juridictions et organismes juridictionnels ou disciplinaires ou les autorités publiques, on imposait à l'avocat étranger d'agir de concert avec un avocat inscrit à un barreau français qui sera, s'il y a lieu, responsable devant cette juridiction, organisme ou autorité[5].

En résumé, en toute matière, l'avocat étranger devait être assisté d'un avocat français pour agir de concert avec lui ; en matière où la représentation par avocat est obligatoire, il devait agir avec l'assistance d'un avocat postulant ou d'un avoué.

Mais la jurisprudence européenne a évolué, notamment par deux arrêts, l'un rendu contre le gouvernement allemand[6], l'autre contre la France[7], prescrivant que l'avocat membre de l'Union européenne doit pouvoir agir librement en France sans que les fragiles assistances dont notre législation interne l'avait muni pour satisfaire à notre organisation judiciaire interne puissent être maintenues.

Alors que le projet de décret, qui devait devenir le décret du 27 novembre 1991, prévoyait dans son article 202 « l'avocat de concert », l'article 202 actuel ne le prévoit pas.

231.54 Assistance et représentation. En matière civile, lorsque la représentation est obligatoire devant le tribunal judiciaire, il ne peut se constituer qu'après avoir élu domicile auprès d'un avocat établi près le tribunal saisi et auquel les actes de la procédure sont valablement notifiés. Il joint à l'acte introductif d'instance ou à la constitution en défense, selon le cas, un document, signé par cet avocat, attestant l'existence d'une convention qui autorise l'élection de domicile pour l'instance considérée[8].

Lorsque la représentation est obligatoire devant la cour d'appel, il ne peut postuler qu'après avoir élu domicile auprès d'un avocat habilité à représenter les parties devant elle et auquel les actes de la procédure sont valablement notifiés. Il joint aussi à sa constitution un document, signé par cet avocat, attestant l'existence d'une convention qui autorise l'élection de domicile pour l'instance considérée[9].

À tout moment, l'un ou l'autre des avocats signataires de la convention mentionnée aux alinéas précédents peut y mettre fin par dénonciation notifiée à son confrère ainsi qu'aux avocats représentant les autres parties, sous réserve qu'un autre avocat ait été désigné par l'avocat prestataire de services mentionné à l'article 201 du décret du 27 novembre 1991. La partie la plus diligente en avise la juridiction en lui communiquant le nom de l'avocat chez qui il a temporairement élu domicile[10].

Dès lors, l'avocat étranger mais faisant partie de l'Union européenne est soumis à ses propres règles internes en tout domaine sauf en matière civile où il devra élire domicile chez un avocat établi près le tribunal compétent, mais il pourra postuler seul et sera, de ce fait, plus libre que l'avocat français qui, pour postuler hors de son ressort, doit avoir recours à la constitution, au profit de son client, d'un avocat

1. L. Garnerie, « Brexit : la nouvelle vie sans directives des avocats britanniques », *Gaz. Pal.*, 19 janv. 2021, n° 3, p. 5.
2. V. s^s n° 231.29.
3. Décr. n° 91-1197, 27 nov. 1991, art. 202-1.
4. Décr. n° 72-468, 9 juin 1972 organisant la profession d'avocat, pris pour l'application de la loi n° 71-1130, 31 déc. 1971, art. 126-3, § 3 ; réd. décr. 2 mars 1979, aujourd'hui abrogé.
5. Décr. n° 72-468, 9 juin 1972, art. 126-3, 4.
6. CJCE 25 févr. 1988, *Commission c/République fédérale d'Allemagne*, aff. C-427/85, *JOCE* 22 mars, p. 12 ; *JCP* 1988. II. 21142.
7. CJCE, plén., 10 juill. 1991, *Commission c/République française*, aff. C-294/89, 2 août, p. 11 ; *JCP E* 1991. pan. n° 908.
8. Décr. n° 91-1197, 27 nov. 1991, art. 202-1, al. 3 ; mod. par décr. n° 2019-966, 18 sept. 2019, art. 8.
9. Décr. n° 91-1197, 27 nov. 1991, art. 202-1, al. 4.
10. Décr. n° 91-1197, 27 nov. 1991, art. 202-1, al. dernier.

postulant et non d'une simple élection de domicile. La solution a été étendue devant la cour d'appel par le décret du 3 mai 2012 [1] tirant les conséquences de la suppression de la profession d'avoués. Il a été jugé que dans la mesure où un litige n'est pas d'une nature civile imposant une représentation obligatoire devant le tribunal de grande instance [devenu tribunal judiciaire] par élection de domicile auprès d'un avocat établi près de ce tribunal, la partie qui se trouve représentée dans une procédure administrative par un avocat ressortissant d'un État membre de l'Union européenne agissant en vertu des dispositions combinées des articles 202-1 du décret du 27 novembre 1991, modifié, et R. 431-2 du code de justice administrative se trouve dispensée de faire élection de domicile dans le ressort du tribunal [2].

La Cour de justice de l'Union européenne, saisie d'une question préjudicielle sur l'interprétation de l'article 5 de la directive 77/249 dans le cadre d'un litige opposant un ressortissant irlandais engagé dans une procédure en appel devant la Supreme Court de cet État et représenté par une avocate établie en Allemagne, a pour sa part considéré que l'obligation pour un avocat prestataire d'agir de concert avec un avocat exerçant auprès de la juridiction saisie n'est pas disproportionnée au regard de l'objectif de bonne administration de la justice, l'avocat de concert ayant en règle générale seulement vocation à assister l'avocat prestataire aux fins de lui permettre d'assurer la bonne représentation du client et l'exécution correcte de ses obligations à l'égard de cette juridiction [3].

231.55 **Visite de courtoisie.** L'avocat qui assure la représentation ou la défense d'un client en justice (devant une juridiction extérieure au ressort de son barreau) devait, en vertu de l'article 202-1 du décret du 27 novembre 1991, se soumettre notamment aux prescriptions de l'article 158 [4] (qui concerne la visite de courtoisie), mais cet article a été abrogé par le décret du 12 juillet 2005 [5], qui ne l'a pas repris.

Toutefois, cette obligation est toujours prévue par l'article 1 *bis* du RIN et s'impose donc à tout avocat.

231.56 **En matière juridique.** En matière juridique (c'est-à-dire pour les autres activités que celles prévues à l'article 202-1 du décret du 27 novembre 1991), les avocats ressortissants d'un des États membres de l'Union européenne, d'un État partie à l'Espace économique européen ou de la Confédération suisse restent soumis aux conditions d'exercice et aux règles professionnelles applicables à leur profession dans l'État dans lequel ils sont établis.

Ils sont aussi tenus au respect des règles disciplinaires françaises, notamment celles concernant l'incompatibilité entre l'exercice, en France, des activités d'avocat et celui d'autres activités, le secret professionnel, les rapports confraternels, l'interdiction d'assistance par un même avocat de parties ayant des intérêts opposés et la publicité. Ces règles ne leur sont applicables que si elles peuvent être observées alors qu'ils ne disposent pas d'un établissement en France et dans la mesure où leur observation se justifie objectivement pour assurer, en France, l'exercice correct des activités d'avocat, la dignité de la profession et le respect des incompatibilités [6].

231.57 **Contrôle des qualités professionnelles de l'avocat.** Le procureur général près la cour d'appel dans le ressort de laquelle est assurée la prestation de services, le bâtonnier de l'Ordre des avocats territorialement compétent, le président et les membres de la juridiction ou de l'organisme juridictionnel ou disciplinaire ou le représentant qualifié de l'autorité publique devant lequel se présente l'avocat peuvent lui demander de justifier de sa qualité [7].

231.58 **Rôle du bâtonnier.** Il appartient à chaque bâtonnier recevant la visite de présentation d'un avocat européen appartenant à un des pays de l'Union européenne, de l'Espace économique européen ou de la Confédération suisse de vérifier :

1° sa qualité d'avocat soit par la production de sa carte d'avocat européen, soit par ses pièces d'accréditation nationale ;

2° qu'il est assisté d'un confrère français dans le cas où cela est nécessaire ;

3° qu'il respecte la déontologie française ainsi que sa déontologie nationale en ce qu'elle n'est pas contraire à la déontologie française.

231.59 **Sanctions.** En cas de manquement aux règles disciplinaires, les avocats européens sont en principe soumis aux mêmes sanctions que les avocats inscrits à un barreau français. Il existe toutefois quelques exceptions.

Les peines disciplinaires de l'interdiction temporaire et de la radiation du tableau sont remplacées par la peine de l'interdiction provisoire ou définitive d'exercer, en France, des activités professionnelles.

1. Décr. n° 2012-634, 3 mai 2012 relatif à la fusion des professions d'avocat et d'avoué près les cours d'appel, *JO* 5 mai, p. 7969.
2. CAA Nancy, 23 mars 2009, n° 08NC01725 ; *AJDA* 2009. 1063.
3. CJUE 10 mars 2021, aff. C-739/19, *VK c/An Bord Pleanála.*
4. Décr. n° 91-1197, 27 nov. 1991, art. 158 ; abrogé par décr. n° 2005-790, 12 juill. 2005, art. 22.
5. Décr. n° 2005-790, 12 juill. 2005 relatif aux règles de déontologie de la profession d'avocat, *JO* 16 juill., p. 11688, art. 22.
6. Décr. n° 91-1197, 27 nov. 1991, art. 202-2 ; créé par décr. n° 2004-1123, 14 oct. 2004, art. 9.
7. Décr. n° 91-1197, 27 nov. 1991, art. 202, al. 3.

Par ailleurs, l'autorité disciplinaire française peut demander à l'autorité compétente de l'État d'origine communication des renseignements professionnels concernant les avocats intéressés. Elle informe cette dernière autorité de toute décision prise.

Ces communications ne doivent toutefois pas porter atteinte au caractère confidentiel des renseignements fournis[1].

1. Décr. n° 91-1197, 27 nov. 1991, art. 202-3.

CHAPITRE

232. Autorisation d'exercice en France des avocats en provenance des États tiers à l'Union européenne

SECTION 0
ORIENTEUR

232.00 Sommaire du chapitre.

Division. L'exercice en France d'un avocat en provenance d'un État tiers à l'Union européenne est autorisé par la transcription en droit français du statut de consultant juridique étranger (sect. 1) selon des conditions et modalités d'exercice particulières (sect. 2).

232.01 Textes applicables.

TEXTES TITRÉS

• **L. n° 71-1130, 31 déc. 1971**

art. 101 [Conditions d'exercice]

art. 102 [Exercice à titre temporaire et occasionnel]

art. 103 [Respect des règles professionnelles françaises]

art. 104 [Exercice à titre permanent]

art. 105 [Mentions du titre professionnel]

art. 106 [Groupement d'exercice]

art. 107 [Décret en Conseil d'État]

• **Décr. n° 91-1197, 27 nov. 1991**

art. 204-9 [Demande d'autorisation d'exercer]

art. 204-10 [Décision du CNB]

art. 204-11 [Retrait]

art. 204-12 [Suspension provisoire]

art. 204-13 [Observations écrites]

art. 204-14 [Voie de recours]

art. 204-15 [Information du conseil de l'Ordre]

art. 204-16 [Exercice à titre permanent]

art. 204-17 [Groupements]

art. 204-18 [Omission]

art. 204-19 [Information du CNB]

art. 204-20 [Discipline]

art. 204-21 [Information du CNB]

• **Arr. 25 oct. 2019** fixant les modalités de délivrance de l'autorisation d'exercer l'activité de consultation juridique et de rédaction d'actes sous seing privé pour autrui par les avocats inscrits à un barreau non-membre de l'Union européenne, *JO* 30 oct., n° 1 ; NOR : JUSC1927396A.

• **Liste des accords de libre-échange négociés par l'Union européenne**

https://www.consilium.europa.eu/fr/policies/trade-policy/trade-agreements/

232.03 Bibliographie indicative.

* Aussi : v. s^{s} n° 23.03.

Articles. M. Bénichou, « Le consultant juridique étranger, acteur de la mondialisation », *D. avocats* 2018, p. 239 – L. Garnerie, « Brexit : la nouvelle vie sans directives des avocats britanniques », *Gaz. Pal.* 19 janv. 2021, n° 3, p. 5 – D. Lévy, « Consultant juridique étranger : statut et modalités d'exercice », *D. actu.* 30 mai 2018.

SECTION 1
TRANSCRIPTION EN DROIT FRANÇAIS DU STATUT DE CONSULTANT JURIDIQUE ÉTRANGER

232.11 Libéralisation des services juridiques. La profession d'avocat, fournisseur de services[1] aux

1. Civ. 1re, 16 janv. 2007, n° 06-12.122, P I, n° 16 ; *JCP* 2007. II. 151, obs. C. Jamin.

termes de l'Accord général sur le commerce des services (AGCS) [1], est concernée par le mouvement de libéralisation des services juridiques [2]. En effet, devant la paralysie des accords de l'Organisation mondiale du commerce (OMC) et de l'échec du cycle de Doha, l'Union européenne négocie et conclut de manière bilatérale des accords de libre-échange comportant des dispositions ouvrant le marché de la prestation de services juridiques des États membres aux fournisseurs de services juridiques des États tiers parties à l'accord, dans le cadre d'un statut particulier de consultant juridique étranger (*foreign legal consultant - FLC*) [3].

Des accords commerciaux comportant de telles dispositions ont été conclus avec quinze États caribéens (Cariforum [4]), avec l'Amérique centrale [5], le Canada, le Chili, la Colombie, la Corée du Sud, la Géorgie, la Moldavie, le Pérou, l'Ukraine et le Vietnam. D'autres accords sont en cours de négociation ou de ratification [6], notamment avec l'Équateur, le Japon et Singapour.

232.12 Conditions d'exercice. Pour accéder au statut de consultant juridique étranger ou *foreign legal consultant*, le fournisseur de services juridiques d'un État partie à l'accord conclu avec l'Union européenne devra :

- être membre d'un barreau réglementé, indépendant, et comparable, dont le code de déontologie soit compatible avec celui du CCBE et de ses organisations membres ;

- avoir acquis une formation et une expérience suffisantes et comparables à celles requises dans le pays d'accueil tout en satisfaisant aux exigences de son pays d'origine ;

- s'enregistrer comme consultant juridique étranger auprès du barreau et/ou des autorités compétentes du pays d'accueil et relever de leurs pouvoirs disciplinaires. Le comportement du consultant juridique étranger est en effet réglementé par les règles déontologiques du barreau du pays d'accueil même si elles sont plus strictes que celles de son pays d'origine ;

- justifier d'une assurance de responsabilité professionnelle couvrant son activité dans le pays d'accueil ;

- exercer dans le pays d'accueil sous son titre d'origine et informer le public qu'il n'est pas admis à consulter dans le droit du pays d'accueil ;

- donner des conseils juridiques (et rédiger des actes) uniquement en droit de son pays d'origine, en droit public international, à l'exception du droit de l'Union européenne. Les États doivent permettre au consultant juridique étranger d'entrer sur le territoire pour y fournir des services juridiques, de s'associer ou d'être employé par des avocats du pays d'accueil, d'y avoir une présence commerciale permanente, y compris en achetant des locaux professionnels.

232.13 Introduction du statut de consultant juridique étranger en droit français (habilitation de la loi du 18 novembre 2016 et ordonnance du 27 avril 2018). La ratification par la France des premiers accords EU/Cariforum [7] et UE/Corée du Sud [8] imposait de modifier la loi du 31 décembre 1971 [9] et le décret du 27 novembre 1991 [10] pour introduire le statut de consultant juridique étranger en droit français. La loi du 19 novembre 2016 [11] contenait ainsi une habilitation du Gouvernement à prendre par ordonnance, dans les conditions prévues à l'article 38 de la Constitution, les mesures relevant du domaine de la loi relative aux conditions et modalités d'exercice du futur consultant juridique étranger [12].

L'ordonnance du 27 avril 2018 [13] relative à l'exercice par les avocats inscrits aux barreaux d'États non-membres de l'Union européenne de l'activité de consultation juridique et de rédaction d'actes sous seing privé pour autrui ajoute ainsi un titre VI, nouveau, à la loi du 31 décembre 1971 [14] définissant

1. Accord général sur le commerce des services (AGCS).
2. V. s^{s} n° 022.31.
3. M. Bénichou, « Le consultant juridique étranger, acteur de la mondialisation », *D. avocats* 2018. 239.
4. Antigua et Barbuda, Les Bahamas, La Barbade, Le Belize, Le Commonwealth de Dominique, La République Dominicaine, La Grenade, La République de Guyana, Haïti, La Jamaïque, Saint Christophe et Nevis, Sainte-Lucie, Saint Vincent et les Grenadines, La République du Suriname, Trinidad et Tobago.
5. Costa Rica, El Salvador, Guatemala, Honduras, Nicaragua et Panama.
6. Rapport au président de la République relatif à l'ordonnance n° 2018-310, 27 avr. 2018, *JO* 28 avr., n° 21.
7. Accord de libre-échange, 15 oct. 2008 entre l'Union européenne et ses États membres, d'une part, et les États du Cariforum d'autre part, *JOUE L* 289, 30 oct. 2008, p. 3.
8. Accord de libre-échange, 6 oct. 2010 entre l'Union européenne et ses États membres, d'une part, et la République de Corée, d'autre part, *JOUE L* 127, 14 mai 2011, p. 6.
9. L. n° 71-1130, 31 déc. 1971 portant réforme de certaines professions judiciaires et juridiques, *JO* 5 janv. 1972, p. 131.
10. Décr. n° 91-1197, 27 nov. 1991 organisant la profession d'avocat, *JO* 28 nov., p. 15502.
11. L. n° 2016-1547, 18 nov. 2016 de modernisation de la justice du XXIe siècle, *JO* 19 nov., n° 1.
12. L. n° 2016-1547, 18 nov. 2016, art. 109, I, 5°.
13. Ord. n° 2018-310, 27 avr. 2018 relative à l'exercice par les avocats inscrits aux barreaux d'États non membres de l'Union européenne de l'activité de consultation juridique et de rédaction d'actes sous seing privé pour autrui, *JO* 28 avr., n° 22 ; – SUR LAQUELLE : *JCP* 2018. Doctr. 588, n° 3, obs. S. Bortoluzzi ; *D. actu.* 30 mai 2018, obs. D. Lévy.
14. L. n° 71-1130, 31 déc. 1971, art. 101 à 107 ; art. créés par ord. n° 2018-310, 27 avr. 2018, art. 3.

les conditions pour exercer ces activités à titre temporaire et occasionnel ou à titre permanent. Les avocats d'États tiers à l'Union européenne sont soumis au statut des avocats français dans la mesure du possible et sous les réserves liées à la limitation de leur champ d'intervention.

Les conditions d'application du présent titre sont fixées par le décret du 20 août 2019[1], insérées dans un titre V *ter* nouveau du décret du 27 novembre 1991[2], et notamment celles relatives à la formalisation des demandes et la délivrance, la suspension et le retrait des autorisations d'exercer, ainsi que celles relatives à l'inscription au bureau de ces avocats et aux procédures disciplinaires leur étant applicables. Il est complété par un arrêté du 25 octobre 2019[3] fixant la liste des pièces du dossier pour la délivrance de l'autorisation d'exercer les activités autorisées.

232.14 Situation des avocats britanniques post Brexit. La fin de la période de transition ouverte dans le cadre des négociations du Brexit et l'adoption de l'accord de commerce et de coopération conclu le 24 décembre 2020 entre l'Union européenne et le Royaume-Uni ont eu des impacts importants sur la situation des avocats britanniques en France[4]. Depuis le 1er janvier 2021, ils prennent le statut d'avocats inscrits aux barreaux d'États non-membres de l'Union européenne[5]. L'accord de commerce et de coopération conclu entre l'Union européenne et le Royaume-Uni fixe au sein de son titre II (commerce des services), et plus spécifiquement de la section 7 du chapitre 5, le cadre des échanges de services juridiques. Une partie peut ainsi autoriser l'avocat de l'autre partie à fournir sur son territoire, sous son titre professionnel d'origine, des « services juridiques désignés », à savoir « les services juridiques liés au droit de la juridiction d'origine et au droit international public, à l'exclusion du droit de l'Union ». Cette réglementation présente des liens de similitude manifestes avec le statut de consultant juridique étranger.

Le ministère de la Justice considère ainsi, après avoir interrogé la Commission européenne, que les avocats britanniques doivent pouvoir bénéficier en France du statut de consultant juridique étranger tant à titre temporaire que permanent, dans le respect des conditions fixées au titre VI de la loi du 31 décembre 1971[6].

SECTION 2

CONDITIONS ET MODALITÉS D'EXERCICE

232.21 Demande d'autorisation d'exercice. Tout avocat inscrit au barreau d'un État non-membre de l'Union européenne est autorisé à exercer en France, dans les conditions prévues au titre VI de la loi du 31 décembre 1971 et dans le cadre des traités internationaux conclus par l'Union européenne, l'activité de consultation juridique et de rédaction d'actes sous seing privé pour autrui, en droit international et en droit de l'État dans lequel il est inscrit et des États dans lesquels il est habilité à exercer l'activité d'avocat, à l'exception du droit de l'Union européenne et du droit des États membres de l'Union européenne[7]. Seuls sont concernés les avocats des États non européens liés avec l'Union européenne par un accord commercial international prévoyant l'ouverture des services juridiques. À défaut de l'existence d'un tel accord ou traité international, l'impétrant n'a aucun droit à solliciter une autorisation d'exercice en cette qualité[8]. Par ailleurs, sont exclues du champ d'activité du prestataire étranger toute activité de représentation et d'assistance en justice, ainsi que toute fourniture de conseil juridique en droit français ou en droit de l'Union européenne et droit des États membres de l'Union européenne. L'exercice de ces activités exclues des accords internationaux conclus par l'intermédiaire de l'Union européenne demeure soumis à la seule réglementation de l'État d'accueil.

Le consultant juridique étranger devra aussi remplir les conditions de moralité, d'honneur et de probité posées par les dispositions des articles 11, 4°, et 11, 5°, de la loi du 31 décembre 1971 et n'avoir pas été frappé de faillite personnelle ou d'une interdiction de la nature de celle prévue à l'article L. 653-8 du code de commerce. Les conditions de réciprocité et d'examen préalable de contrôle des connaissances en droit français prévu par le dernier alinéa de l'article 11 de la loi du 31 décembre 1971 ne sont pas ici applicables.

L'autorisation pour exercer à titre temporaire et occasionnel ou pour exercer à titre permanent est accordée par le CNB[9] qui se voit doter d'une nouvelle

1. Décr. n° 2019-849, 20 août 2019 portant diverses dispositions relatives à la profession d'avocat, *JO* 22 août, n° 4 ; – SUR LEQUEL : *JCP* 2019. Doctr. 1238, n° 4, obs. S. Bortoluzzi.
2. Décr. n° 91-1197, 27 nov. 1991, art. 204-9 à 204-21.
3. Arr. 25 oct. 2019 fixant les modalités de délivrance de l'autorisation d'exercer l'activité de consultation juridique et de rédaction d'actes sous seing privé pour autrui par les avocats inscrits à un barreau non membre de l'Union européenne, *JO* 30 oct., n° 1 ; NOR : JUSC1927396A.
4. L. Garnerie, « Brexit : la nouvelle vie sans directives des avocats britanniques », *Gaz. Pal.* 19 janv. 2021, n° 3, p. 5.
5. V. ss n° 231.29.
6. V. ss n° 232.11 s.
7. L. n° 71-1130, 31 déc. 1971, art. 101 ; créé par ord. n° 2018-310, 27 avr. 2018, art. 3.
8. Pour un avocat inscrit au barreau de Kinshasa Gombé en République démocratique du Congo : Paris, 20 mai 2021, RG n° 20/14958 – Pour un avocat inscrit au barreau de Tunisie : Paris, 20 mai 2021, RG nos 20/18391, 20/18412.
9. Ord. n° 2018-310, 27 avr. 2018, art. 2.

compétence. Déjà chargé d'arrêter la liste des personnes susceptibles de bénéficier de la directive 2005/36 [1], modifiée, et celle des candidats admis à subir les épreuves de l'examen de contrôle des connaissances prévu au dernier alinéa de l'article 11 pour l'accès à la profession d'avocat, le CNB est, en outre, chargé de délivrer les autorisations prévues au titre VI de la loi du 31 décembre 1971 [2]. Dans son rapport au président de la République relatif à l'ordonnance du 27 avril 2018, le ministère de la Justice justifie cette désignation du CNB plutôt que des ordres comme une simplification de la procédure d'autorisation par la constitution d'un guichet unique des demandes par tous les avocats étrangers, quel que soit le barreau auquel ils souhaitent, le cas échéant, s'inscrire par la suite [3].

Le principe de transmission par voie de téléprocédure, des demandes d'autorisation d'exercer l'activité de consultation juridique et de rédaction d'actes sous seing privé pour autrui, sur le site du Conseil national des barreaux [4] a été instauré par le décret du 20 août 2019 [5]. Cette demande est formulée soit en vue d'exercer à titre temporaire et occasionnel, soit en vue d'exercer à titre permanent. Elle est accompagnée de la liste des pièces du dossier fixée par l'arrêté du garde des Sceaux, ministre de la Justice, du 25 octobre 2019 [6], comprenant :

– une requête de l'intéressé sollicitant l'exercice de l'activité de consultation juridique et de rédaction d'actes sous seing privé pour autrui ;

– une copie du traité international conclu par l'Union européenne avec l'État d'origine de l'avocat prévoyant la possibilité d'exercer l'activité de consultation juridique et de rédaction d'actes sous seing privé pour autrui en droit international et en droit étranger en France ;

– une attestation d'inscription à un barreau non-membre de l'Union européenne ;

– une copie des documents officiels en cours de validité justifiant l'identité et la nationalité de l'auteur de la demande ;

1. Dir. 2005/36, Parlement et Conseil, 7 sept. 2005 relative à la reconnaissance des qualifications professionnelles, *JOCE L* 255, 30 sept., p. 22.
2. L. n° 71-1130, 31 déc. 1971, art. 21-1, al. 7.
3. Rapport au président de la République relatif à l'ordonnance n° 2018-310, 27 avr. 2018, *JO* 28 avr., n° 21.
4. https://admission.cnb.avocat.fr/
5. Décr. n° 91-1197, 27 nov. 1991, art. 204-9 ; créé par décr. n° 2019-849, 20 août 2019, art. 4.
6. Arr. 25 oct. 2019 fixant les modalités de délivrance de l'autorisation d'exercer l'activité de consultation juridique et de rédaction d'actes sous seing privé pour autrui par les avocats inscrits à un barreau non membre de l'Union européenne, *JO* 30 oct., n° 1 ; NOR : JUSC1927396A ; *JCP* 2020. Doctr. 278, n° 3, obs. S. Bortoluzzi.

– une attestation délivrée par l'autorité compétente ;

– la justification d'une assurance et d'une garantie financière.

Les pièces du dossier ne peuvent dater de plus de trois mois lors de leur production et celles en langue étrangère doivent être assorties d'une traduction en langue française.

Le CNB se prononce par décision motivée et notifie sa décision au candidat par lettre recommandée avec demande d'avis de réception ou par tout autre moyen permettant d'en assurer la réception et d'en déterminer la date [7]. Le silence gardé pendant deux mois sur la demande d'autorisation d'exercer vaut décision d'acceptation.

Comme pour les demandes des personnes souhaitant bénéficier des dispositions des articles 99 et 100 du décret du 27 novembre 1991 pour l'accès à la profession d'avocat, la décision du CNB peut être déférée par l'intéressé devant la cour d'appel de Paris.

232.22 Modalités d'exercice. L'autorisation accordée au consultant juridique étranger couvre deux types d'exercice : la prestation de services (exercice à titre temporaire et occasionnel) ou l'établissement (exercice à titre permanent).

• **L'exercice à titre temporaire et occasionnel.** L'autorisation accordée à titre temporaire et occasionnel demeure valable pendant une durée d'un an [8]. Aucune autre formalité n'est exigée, notamment d'inscription sur une liste spéciale du tableau d'un barreau. L'avocat autorisé exerce l'activité de consultation juridique et de rédaction d'actes sous seing privé pour autrui sous le titre professionnel de l'État d'origine. Afin de garantir une information précise du public, la mention de ce titre professionnel est suivie de l'énumération de ceux des domaines de droit dans lesquels il est habilité à intervenir en France. Ces mentions sont faites en français et dans la ou l'une des langues officielles de l'État d'origine.

L'avocat étranger reste soumis aux conditions d'exercice et aux règles professionnelles applicables à la profession d'avocat dans l'État d'origine [9]. Il est aussi tenu au respect des règles qui s'imposent aux avocats inscrits à un barreau français, notamment celles concernant l'incompatibilité entre l'exercice, en France, de la profession d'avocat et celui d'autres activités, le secret professionnel, les rapports confra-

7. Décr. n° 91-1197, 27 nov. 1991, art. 204-10 ; créé par décr. n° 2019-849, 20 août 2019, art. 4.
8. L. n° 71-1130, 31 déc. 1971, art. 102, créé par ord. n° 2018-310, 27 avr. 2018, art. 3.
9. L. n° 71-1130, 31 déc. 1971, art. 103 ; créé par ord. n° 2018-310, 27 avr. 2018, art. 3.

ternels, la discipline et la publicité. Ces règles ne lui sont applicables que si elles peuvent être observées alors qu'il ne dispose pas d'un établissement en France et dans la mesure où leur observation se justifie objectivement pour assurer, en France, l'exercice correct des activités de consultation juridique et de rédaction d'actes sous seing privé pour autrui et le respect des incompatibilités.

• **L'exercice à titre permanent.** Pour exercer à titre permanent l'activité de consultation juridique et de rédaction d'actes sous seing privé pour autrui, l'avocat inscrit à un barreau d'un État non-membre de l'Union européenne doit bénéficier de l'autorisation du CNB et être inscrit sur une liste spéciale du tableau du barreau de son choix[1]. La demande d'inscription est formée et instruite selon les modalités prévues aux articles 101 et 103 du décret du 27 novembre 1991[2]. Le conseil de l'Ordre informe alors le CNB sans délai de toute décision portant inscription d'un avocat sur la liste spéciale du barreau ainsi que de toute mesure d'omission du tableau le concernant[3].

L'avocat étranger prête serment et est tenu au respect des règles qui s'imposent aux avocats inscrits à un barreau français. Il fait partie du barreau auprès duquel il est inscrit dans les conditions prévues à l'article 15 de la loi du 31 décembre 1971 et participe aux élections ordinales et à l'élection des membres du CNB. La privation temporaire ou définitive du droit d'exercer sa profession ou son activité dans son État d'origine entraîne le retrait temporaire ou définitif de son droit d'exercer en France.

L'avocat autorisé exerce l'activité de consultation juridique et de rédaction d'actes sous seing privé pour autrui sous le titre professionnel de l'État d'origine[4]. La mention de ce titre professionnel est suivie de l'indication du barreau auprès duquel il est inscrit en France et de l'énumération de ceux des domaines de droit dans lesquels il est habilité. Ces mentions sont faites en français et dans la ou l'une des langues officielles de l'État d'origine.

Il exerce son activité à titre permanent selon les mêmes modalités prévues aux articles 7 et 8 de la loi de 1971 que pour l'avocat français[5]. Il peut ainsi, après en avoir informé le conseil de l'Ordre qui a procédé à son inscription, établir son établissement en France soit à titre individuel, soit en qualité d'associé d'une structure d'exercice régie par le droit français, à condition que la détention et le contrôle de ce groupement soient assurés par des professionnels en exercice[6], soit au sein ou au nom d'un groupement d'exercice régi par le droit de l'État d'origine et ayant pour l'objet l'exercice en commun de plusieurs des professions judiciaires ou juridiques, à condition de respecter les conditions posées à l'article 106 de la loi du 31 décembre 1971[7].

232.23 **Assurance responsabilité civile professionnelle (RCP).** Le consultant juridique étranger autorisé à exercer à titre temporaire et occasionnel ou à titre permanent doit être assuré pour les risques professionnels[8]. L'intéressé est réputé satisfaire à l'obligation prévue au premier alinéa de l'article 27 de la loi du 31 décembre 1971 s'il justifie avoir souscrit, selon les règles de l'État où il est inscrit en tant qu'avocat, des assurances et garanties équivalentes.

À défaut d'équivalence dûment constatée par le CNB, l'intéressé est tenu de souscrire une assurance ou une garantie financière complémentaire. Il doit en justifier dans les documents joints à sa demande d'autorisation d'exercer l'activité sollicitée.

232.24 **Discipline.** Les avocats inscrits à un barreau d'un État non-membre de l'Union européenne et autorisés à exercer l'activité de consultation juridique et de rédaction d'actes sous seing privé pour autrui sont soumis, en cas de manquement, aux dispositions des articles 180 à 199 du décret du 27 novembre 1991 relatives à la discipline des avocats inscrits à un barreau français[9].

Toutefois, lorsque l'autorisation d'exercice est accordée à titre temporaire et occasionnel, la peine disciplinaire de la radiation du tableau, prévue à l'article 184 du décret, est remplacée par la peine de l'interdiction définitive d'exercer, en France, l'activité de consultation juridique et de rédaction d'actes sous seing privé pour autrui. Le conseil de l'Ordre informe sans délai le CNB de toute décision du conseil de discipline prononcée à l'encontre d'un avocat inscrit à un barreau d'un État non-membre de l'Union européenne[10].

1. L. n° 71-1130, 31 déc. 1971, art. 104 ; créé par ord. n° 2018-310, 27 avr. 2018, art. 3.
2. Décr. n° 91-1197, 27 nov. 1991, art. 204-16 ; créé par décr. n° 2019-849, 20 août 2019, art. 4.
3. Décr. n° 91-1197, 27 nov. 1991, art. 204-19 ; créé par décr. n° 2019-849, 20 août 2019, art. 4.
4. L. n° 71-1130, 31 déc. 1971, art. 105 ; créé par ord. n° 2018-310, 27 avr. 2018, art. 3.
5. L. n° 71-1130, 31 déc. 1971, art. 106 ; créé par ord. n° 2018-310, 27 avr. 2018, art. 3.
6. L. n° 71-1130, 31 déc. 1971, art. 106 ; al. 2, créé par ord. n° 2018-310, 27 avr. 2018, art. 3.
7. L. n° 71-1130, 31 déc. 1971, art. 106, al. dernier ; créé par ord. n° 2018-310, 27 avr. 2018, art. 3 – Décr. n° 91-1197, 27 nov. 1991, art. 204-17 ; créé par décr. n° 2019-849, 20 août 2019, art. 4.
8. L. n° 71-1130, 31 déc. 1971, art. 101.4° ; créé par ord. n° 2018-310, 27 avr. 2018, art. 3.
9. Décr. n° 91-1197, 27 nov. 1991, art. 204-20 ; créé par décr. n° 2019-849, 20 août 2019, art. 4.
10. Décr. n° 91-1197, 27 nov. 1991, art. 204-21, al. 1 ; créé par décr. n° 2019-849, 20 août 2019, art. 4.

232.25 Retrait ou suspension de l'autorisation d'exercice. Le CNB peut retirer l'autorisation d'exercer l'activité de consultation juridique et de rédaction d'actes sous seing privé pour autrui par décision motivée lorsque les conditions d'exercice de cette activité prévues à l'article 101 de la loi du 31 décembre 1971 ne sont plus réunies[1], ou, lorsque l'urgence le justifie, suspendre cette autorisation par décision motivée pour les mêmes motifs[2]. La suspension ne peut excéder une durée de quatre mois, sauf en cas de poursuites pénales ou disciplinaires ; elle cesse lorsque les motifs l'ayant justifiée ont disparu.

La décision de retrait ou suspension ne peut intervenir qu'après que l'intéressé a été mis à même, dans un délai suffisant, de prendre connaissance de son dossier et de présenter des observations écrites[3]. Elle est notifiée à l'intéressé par lettre recommandée avec demande d'avis de réception ou par tout autre moyen permettant d'en assurer la réception et d'en déterminer la date. Les recours sont formés par l'intéressé devant la cour d'appel de Paris[4].

1. Décr. nº 91-1197, 27 nov. 1991, art. 204-11 ; créé par décr. nº 2019-849, 20 août 2019, art. 4.
2. Décr. nº 91-1197, 27 nov. 1991, art. 204-12 ; créé par décr. nº 2019-849, 20 août 2019, art. 4.
3. Décr. nº 91-1197, 27 nov. 1991, art. 204-13 ; créé par décr. nº 2019-849, 20 août 2019, art. 4.
4. Décr. nº 91-1197, 27 nov. 1991, art. 204-14 ; créé par décr. nº 2019-849, 20 août 2019, art. 4.

TITRE

24. La cessation de l'activité professionnelle de l'avocat

SECTION 0

ORIENTEUR

24.00 **Sommaire du titre.**

Division. La cessation de l'activité professionnelle de l'avocat peut être temporaire en cas d'omission du tableau (chap. 244) ou définitive en cas de démission (chap. 242), laquelle peut être accompagnée d'une demande d'honorariat (chap. 243). Des mesures de suppléance ou d'administration provisoire sont alors mises en place (chap. 244).

24.03 **Bibliographie indicative.**

* Aussi : v. s[s] n° 2.03.

Monographies. R. Martin, *Déontologie de l'avocat,* 11e éd., « Litec professionnels », LexisNexis, 2013 – B. Beignier, B. Blanchard, J. Villacèque (dir.), *Droit et Déontologie de la profession d'avocat*, 2e éd., Gazette du Palais – LGDJ, 2016 – J.-M. Braunschweig, J. Demaison, *Profession d'avocat : le guide*, 4e éd., Wolters Kluwer, 2017.

Format réduit. J.-J. Taisne, *La déontologie de l'avocat*, 11e éd., « Connaissance du droit », Dalloz, 2019.

CHAPITRE

241. Omission du tableau

SECTION 0 ORIENTEUR

241.00 Sommaire du chapitre.

Division. L'omission du nom de l'avocat du tableau des avocats inscrits a des causes obligatoires ou facultatives (sect. 1). La décision du conseil de l'Ordre est prise dans les mêmes formes qu'en matière d'inscription, donnant lieu aux mêmes recours (sect. 2). Quant à la procédure (sect. 3), l'omission peut être prononcée d'office par le conseil de l'Ordre, à la demande du procureur général ou à la demande de l'intéressé.

241.01 Textes applicables.

TEXTES TITRÉS

- **L. n° 71-1130, 31 déc. 1971**

art. 20 [Recours]

- **Décr. n° 91-1197, 27 nov. 1991**

art. 104 [Causes d'omission obligatoire]

art. 105 [Causes d'omission facultative]

art. 106 [Procédure]

art. 107 [Réinscription]

art. 108 [Formes des décisions et recours]

241.02 Jurisprudence de référence.

> Appréciation de la disparition des causes de l'omission lors de la demande de réinscription

- **Civ. 1re, 2 déc. 2003,** n° 01-03.297, NP

* V. ss n° 241.22.

« Attendu qu'après avoir constaté qu'il ressortait des documents médicaux produits que M. X..., qui n'avait pas rechuté depuis 10 ans, suivait un traitement médical constituant une arme très efficace contre l'état dépressif dont il souffrait et qu'il avait exercé pendant cette période des activités professionnelles dans des conditions parfaitement normales établissant qu'il disposait de toutes ses facultés physiques, psychologiques et intellectuelles, la cour d'appel a pu en déduire, sans avoir à procéder à de plus amples recherches, que M. X... n'était plus empêché, par l'effet de la maladie, d'exercer la profession d'avocat. »

> Nature juridique de la décision d'omission

- **Civ. 1re, 10 déc. 2002,** n° 00-21.316, P I, n° 300

* V. ss nos 241.21 et 241.32.

« [...]

Vu les articles 101 et 108 du décret n° 91-1197 du 27 novembre 1991, organisant la profession d'avocat ;

Attendu que la décision d'omission du tableau, qui ne constitue pas une peine disciplinaire, ne peut être prononcée qu'en suivant la procédure prévue par ces textes ;

[...]. »

241.03 Bibliographie indicative.

* Aussi : v. ss n° 24.03.

Monographies. R. Martin, *Déontologie de l'avocat,* 11e éd., LexisNexis, 2013, nos 353 et 354 – B. Beignier, B. Blanchard, J. Villacèque (dir.), *Droit et Déontologie de la profession d'avocat*, 2e éd., Gazette du Palais – LGDJ, 2016, p. 99 s.

Article. D. Piau, « De l'art abstrait de la maîtrise du tableau », *Gaz. Pal.* 6 janv. 2013, nos 6 à 8, p. 9.

SECTION 1 CAUSES D'OMISSION

241.11 Définition de l'omission. L'omission consiste en la suppression, par décision motivée par le conseil de l'Ordre, du nom de l'avocat du tableau des avocats inscrits.

241.12 Nomenclature des causes d'omission. Il y a des causes d'omissions obligatoires[1] et des causes d'omissions facultatives[2].

1. Décr. n° 91-1197, 27 nov. 1991 organisant la profession d'avocat, *JO* 28 nov., p. 15502, art. 104.
2. Décr. n° 91-1197, 27 nov. 1991, art. 105.

241.13 Omission obligatoire. Doit être omis du tableau ou de la liste du stage l'avocat qui se trouve dans un des cas d'exclusion ou d'incompatibilité prévus par la loi ou qui ne satisfait pas aux obligations de garantie et d'assurance prévues par l'article 27 de la loi du 31 décembre 1971[1].

241.14 Omission facultative. L'omission du tableau est facultative dans trois cas légalement énumérés. Elle frappe :

Premier cas. L'avocat qui, du fait de son éloignement de la juridiction près de laquelle il est inscrit, soit par l'effet de maladie ou infirmité graves ou permanentes, soit par acceptation d'activités étrangères au barreau, est empêché d'exercer réellement sa profession. La notion d'éloignement est une notion matérielle ; il appartient au conseil de l'Ordre et à la Cour d'apprécier si la maladie de l'avocat ou son éloignement l'empêche d'exercer réellement sa profession. Est empêché d'exercer réellement sa profession par l'effet de maladie ou infirmité graves ou permanentes justifiant son omission, un avocat qui ne disposerait plus de toutes ses facultés physiques, psychologiques et intellectuelles pour poursuivre dans des conditions normales son activité professionnelle[2].

Cette omission peut être prononcée d'office par le conseil de l'Ordre[3]. En effet, l'article 104 du décret du 27 novembre 1991 qui dispose que « doit être omis du tableau l'avocat qui se trouve dans un des cas d'exclusion ou d'incompatibilité prévus par la loi [...] », recoupe l'hypothèse de la maladie ou de l'infirmité graves et permanentes visée à l'article 105, 1°, du décret. Bien entendu, l'intéressé pourra faire valoir ses observations à cette mesure dans le cadre de la procédure contradictoire prévue par l'article 103 du décret du 27 novembre 1991. Par ailleurs l'article 115 du même décret prévoit en son alinéa 1er que « la profession d'avocat est incompatible avec l'exercice de toute autre profession, sous réserve de dispositions législatives ou réglementaires particulières ». Au regard de ces textes, l'avocat concerné, déjà omis sur la base de l'article 105, 1°, pour raison de santé, peut rester en situation d'omission pour exercer une activité salariée incompatible avec l'exercice de la profession d'avocat. Il n'est donc pas obligé de démissionner, mais peut bien sûr le faire au cours de la période d'omission. Il devra cependant informer le bâtonnier de son barreau du changement de la cause de son omission et de sa date de prise d'effet[4].

Il a été jugé qu'en ordonnant le maintien d'un avocat au tableau, au motif qu'il n'était pas établi que le maintien de l'inscription de cet avocat porta atteinte à la dignité et aux intérêts de la profession, s'agissant d'un avocat d'une ancienneté certaine et auquel l'omission causerait un préjudice moral incontestable par le discrédit qu'elle risque d'apporter sur sa personnalité, la cour a violé le texte de l'article 49-1 du décret du 9 juin 1972[5].

Deuxième cas. L'avocat qui, sans motif valable, n'acquitte pas dans les délais prescrits la contribution aux charges de l'Ordre ou sa cotisation à la Caisse nationale des barreaux français ou au Conseil national des barreaux[6], les sommes dues au titre des droits de plaidoirie ou appelées par la CNBF au titre de la contribution équivalente[7]. En n'acquittant pas, auprès de son ordre, les cotisations afférentes à la prime d'assurance de groupe souscrite par son barreau et couvrant sa responsabilité professionnelle, un avocat ne satisfait ainsi pas aux obligations d'assurance mises à sa charge par l'article 27 de la loi du 31 décembre 1971, ce qui justifie son omission du tableau[8].

C'est à bon droit qu'une cour d'appel écarte la demande d'octroi de délais fondée sur l'article 1244-1[9] du code civil dès lors, d'abord, que l'omission du tableau, prévue par l'article 105, 2°, du décret du 27 novembre 1991 à l'encontre de l'avocat qui ne paie pas ses cotisations professionnelles, ne constitue pas une sanction à caractère pénal, qu'il n'appartient pas au juge judiciaire d'apprécier la légalité de l'article 105, 2°, dont les dispositions sont exclusives de l'application de l'article 1244-1 lorsqu'elles prennent en considération l'éventualité d'un motif valable de non-paiement[10].

Troisième cas. L'avocat qui, sans motif légitime, n'exerce pas effectivement sa profession. Cette notion d'exercice réel ou effectif de la profession est en fait difficile à cerner, car cet exercice est lié à l'existence d'une clientèle qu'il ne dépend pas de la seule volonté de l'avocat de posséder. Toutefois,

1. L. n° 71-1130, 31 déc. 1971 portant réforme de certaines professions judiciaires et juridiques, *JO* 5 janv. 1972, p. 131, art. 27 – Décr. n° 91-1197, 27 nov. 1991, art. 104.
2. CNB, Comm. RU, avis n° 2007-035, 26 juin 2007 ; C. avocat 2021, ss décr. 27 nov. 1991, art. 103, note 5.
3. CNB, Comm. RU, avis n° 2010-030, 17 mai 2010 ; C. avocat 2021, ss décr. 27 nov. 1991, art. 105, note 7.
4. CNB, Comm. RU, avis n° 2010-030, 17 mai 2010, préc.
5. DEVENU : Décr. n° 91-1197, 27 nov. 1991, art. 105, 1° – Civ. 1re, 7 févr. 1990, n° 88-10.249, n° 88-17.658, 2 esp., P I, n° 34 ; *JCP* 1990. IV. 129 ; *Gaz. Pal.* 1990. Pan. 98.
6. Décr. n° 91-1197, 27 nov. 1991, art. 105 2° – Paris, 24 févr. 1988, *Gaz. Pal.* 23 avr. 1988, 11, note A. Damien – Paris, 26 févr. 1992, *D.* 1994. Somm. 133.
7. V. ss n° 141.17.
8. Civ. 1re, 29 oct. 2002, n° 99-14.83, P I, n° 246 ; *D.* 2002. 3058 ; *JCP* 2003. I. 140, n° 7, obs. R. Martin.
9. C. civ., anc. art. 1244-1 ; devenu art. 1343-5.
10. Civ. 1re, 18 oct. 2000, n° 98-15.528, P I, n° 251 ; *D.* 2002. 850, obs. B. Blanchard ; *JCP* 2001. I. 284, n° 19, obs. R. Martin.

peuvent certainement être écartés, en application de ce texte, ceux qui sont absorbés par une autre activité qui, manifestement, les éloigne de leur barreau ou ceux que leur état physique ou mental met dans l'impossibilité d'exercer leur profession. À cet égard, les conseils de l'Ordre doivent manifester une vigilance commandée par les intérêts moraux et matériels de leur ordre. La difficulté du contrôle n'en exclut ni l'intérêt ni la nécessité.

Un avocat salarié, licencié avec effet immédiat, peut soit solliciter son omission, soit démissionner, dans l'attente de retrouver une nouvelle collaboration. Aucune disposition textuelle n'impose l'une ou l'autre solution. Si l'article 105, 3°, du décret du 27 novembre 1991 dispose que peut être omis du tableau l'avocat qui, sans motifs légitimes, n'exerce pas effectivement sa profession, l'article 106 du même texte prévoit par ailleurs que l'omission peut intervenir à la demande de l'intéressé. Si le collaborateur concerné entend retrouver une collaboration, il pourrait apparaître plus logique qu'il ne rompe pas tout lien avec le barreau et donc qu'il sollicite son omission. Celle-ci devrait être demandée si une nouvelle collaboration n'intervient pas dans un délai raisonnable. Le collaborateur pourra toujours démissionner ultérieurement, en fonction de l'évolution de ses projets[1].

241.15 Limites à l'omission. Le conseil de l'Ordre tient la faculté d'omettre du tableau seulement l'avocat remplissant l'une des conditions de l'article 105 du décret du 27 novembre 1991.

Une cour d'appel retient exactement qu'en dépit de la mesure d'interdiction temporaire qui le frappe, un avocat conserve la qualité d'avocat et que son cabinet continue à fonctionner tant dans la poursuite des dossiers anciens que dans le traitement d'affaires nouvelles sous l'administration provisoire d'un de ses confrères. Il ne saurait donc lui être reproché d'ordonner l'établissement d'un tableau mentionnant l'avocat au rang qui est le sien, au prétendu motif que, interdit temporairement pendant toute la durée du tableau, cet avocat ne pourrait, en application de l'article 186 du décret du 27 novembre 1991, accomplir les actes de sa profession ni faire état de sa qualité d'avocat[2]. De même, la décision d'omettre un avocat du tableau ne peut être prise par le conseil de l'Ordre que dans les conditions des articles 104 et 105 du décret du 27 novembre 1991, qui ne visent pas la privation temporaire d'exercice de la profession d'avocat prévue par l'article L. 641-9 du code de commerce[3].

1. CNB, Comm. RU, avis n° 2010-033, 24 juin 2010 ; C. avocat 2021, s^s décr. 27 nov. 1991, art. 105, note 8.
2. Civ. 1re, 15 juin 1999, n° 96-19.641, P I, n° 200 ; *D.* 2000. 151, obs. B. Blanchard.

SECTION 2
NATURE JURIDIQUE – MODALITÉS – EFFETS

241.21 Décision à caractère administratif. D'après la place et l'analyse des textes qui prévoient l'omission[4], cette mesure est considérée purement administrative, liée à la confection et à la mise à jour du tableau. La qualification de peine disciplinaire a été exclue par la Cour de cassation dans une décision du 10 décembre 2002[5], après l'avoir précédemment retenue[6], en ayant entre-temps modifié et nuancé son point de vue[7], lui reconnaissant un caractère mixte dépendant de la nature des faits qui la déterminent.

Auparavant, on a discuté en doctrine et en jurisprudence sur la nature juridique de l'omission. Certains la considérant comme une mesure disciplinaire, d'autres comme une mesure administrative. Ni la loi du 31 décembre 1971, ni le décret du 9 juin 1972, ni le décret du 27 novembre 1991 n'ont tranché cette querelle. Ces textes demeurent muets sur la nature juridique de la mesure qu'ils instituent et réglementent. En lui donnant un caractère disciplinaire, on en déduisait que sa durée pouvait atteindre mais ne pouvait pas excéder la durée maxima de l'interdiction temporaire d'exercer la profession, c'est-à-dire trois années. En lui donnant un caractère administratif et en la rattachant aux faits qui l'occasionnent on peut lui donner une durée plus longue, voire indéterminée. La conséquence serait la même si on l'assimilait à une démission d'office. En ce cas, on pourrait considérer qu'elle rompt tout lien avec le barreau qui la prononce.

241.22 Durée indéterminée. Le texte de l'article 107 du décret du 27 novembre 1991 laisse penser qu'il s'agit d'une mesure indéterminée dans sa durée. Pour y mettre fin il faut, en effet, une demande de réinscription sur laquelle le conseil de l'Ordre statue après avoir vérifié que désormais

3. Com. 5 avr. 2011, n° 10-30.232, P IV, n° 56 ; *D.* 2011. Actu. 1071, obs. Y. Lienhard ; *Rev. sociétés* 2011. 386, obs. Ph. Roussel-Galle ; *JCP* 2011. 718, note A. Cerati-Gauthier ; *JCP* 2011. 1098, n° 7, obs. S. Bortoluzzi ; *Gaz. Pal.* 2011. 2016, note Th. Montéran ; *Gaz. Pal.* 2011. 3217, obs. G. Teboul ; *Gaz. Pal.* 11-13 déc. 2011, obs. B. Belval et J. Villacèque ; *Dr. et pr.* 12/2011 ; – DANS LE MÊME SENS : Com. 5 avr. 2011, n° 10-30.232 – Com. 9 févr. 2010, n° 08-15.191 – Lyon, 13 juill. 2011, RG n° 11/02716, *JCP* 2011. 1098, n° 7, obs. S. Bortoluzzi.
4. Décr. n° 91-1197, 27 nov. 1991, art. 104 s., sect. 3 du chapitre II du titre I ; la discipline est étudiée au titre IV du décret.
5. Civ. 1re, 10 déc. 2002, n° 00-21.316, P I, n° 300 ; *D.* 2003. 737 ; – DÉJÀ : Bordeaux, 5 mars 1987, *Gaz. Pal.* 1987. 2. 406.
6. Civ. 5 mai 1936, *D.* 1937. 1. 59.
7. Civ. 22 févr. 1938, *DP* 1938. 1. 70.

l'intéressé remplit les conditions requises pour figurer au tableau.

La Cour de cassation[1] a approuvé une cour d'appel d'avoir jugé que l'avocat, initialement omis pour raison médicale, devait être réinscrit au barreau dès lors qu'il ressort de son dossier médical qu'il a suivi un traitement et qu'il a exercé durant son omission des activités professionnelles normales démontrant la pleine possession de ses capacités physiques, psychologiques et intellectuelles.

Sous l'empire des anciens textes, l'omission n'avait d'effet que pendant la durée de validité du tableau, c'est-à-dire un an au maximum[2] quitte, si la situation de l'avocat ne s'était pas modifiée, à renouveler chaque année cette mesure lors de la confection du nouveau tableau.

241.23 Modalités de l'omission. Les décisions du conseil de l'Ordre en matière d'omission ou de réinscription après omission sont prises dans les mêmes formes qu'en matière d'inscription, donnent lieu aux mêmes recours ouverts aux mêmes parties, c'est-à-dire, le procureur général et l'intéressé[3].

Les dispositions de l'article 17, 1°, de la loi du 31 décembre 1971 et de l'article 4-1 du décret du 27 novembre 1991 sur la composition des formations restreintes sont applicables en cas d'omission.

241.24 Effets de l'omission. Non assimilée à une démission d'office, l'omission ne rompt pas tout lien avec le barreau où l'avocat a été inscrit. Elle n'autorise donc pas une réinscription à un autre barreau laquelle ne peut intervenir qu'après une démission.

L'avocat omis demeure justiciable de son conseil de l'Ordre pour les fautes commises avant son omission[4]. Il doit comparaître en robe devant le Conseil[5]. L'avocat omis n'a plus le droit de plaider ni de faire état de son titre d'avocat. Si au cours de son omission il fait usage de ce titre, il encourt les peines prévues par l'article 433-17 du code pénal[6]. La première chambre civile a toutefois jugé qu'une déclaration d'appel introduite par un avocat, nommé comme magistrat, mais qui n'est pas encore omis du tableau et n'a pas encore prêté serment était recevable[7].

S'agissant de taxation d'honoraires pour une période où l'avocat était en activité, peu importe la date à laquelle sera rendue la décision de taxation ou la date à laquelle interviendra la procédure d'appel. Même si l'avocat, au lieu d'être omis, avait démissionné et exerçait une autre profession, il pourrait et devrait, s'agissant de la taxation de ses honoraires dus lors de son exercice par la profession d'avocat, suivre la procédure prévue par la loi à ce titre, à savoir taxe du bâtonnier en première instance et appel éventuel devant le premier président de la cour. Toutefois, dans l'hypothèse où une mesure de suppléance[8] a été mise en œuvre après le prononcé de l'omission, il appartiendra au seul suppléant de recouvrer les honoraires pour le compte de l'avocat omis[9].

Enfin, aucun effet rétroactif ne peut être attaché à une décision d'omission[10].

SECTION 3
PROCÉDURE D'OMISSION

241.31 Qui peut demander l'omission ? L'omission peut être prononcée d'office par le conseil de l'Ordre ou à la demande du procureur général ou à la demande de l'intéressé[11].

Une lettre adressée à un conseil de l'Ordre par la Caisse nationale des barreaux français ne saurait constituer une telle « demande »[12].

241.32 Procédure identique à la procédure d'inscription. La procédure de l'omission ou celle de la réinscription au tableau après omission est identique à la procédure[13] d'inscription[14] et donne lieu aux mêmes recours[15]. La décision d'omission n'étant pas une sanction disciplinaire, la procédure disciplinaire ne saurait être appliquée[16]. L'avocat omis à l'initiative du conseil de l'Ordre peut solliciter la levée de son omission en justifiant de la disparition des causes de l'omission, mais il devra solliciter sa réinscription au tableau dans les conditions prévues par l'article 107[17] du décret du 27 novembre 1991[18]. La demande de réinscription au tableau de l'ordre des avocats doit être appréciée

1. Civ. 1re, 2 déc. 2003, n° 01-03.297, NP.
2. Montpellier, 2 juill. 1948, *D.* 1948. 544.
3. L. n° 71-1130, 31 déc. 1971, art. 20 – Décr. n° 91-1197, 27 nov. 1991, art. 108 – V. ss n° 224.73.
4. V. ss n° 522.44.
5. Nancy, 6 janv. 1875, *DP* 1876. 3. 60 – Bruxelles, 25 mai 1887, *DP* 1888. 2. 102.
6. V. ss nos 612.71 s.
7. Civ. 1re, 15 mars 2017, n° 16-10.525, P ; *D.* 2017. 710.
8. V. ss nos 244.11 s.
9. CNB, Comm. RU, avis n° 2008-067, 27 nov. 2008 ; C. avocat 2021, ss décr. 27 nov. 1991, art. 105, note 9.
10. Paris, 27 févr. 2002 ; *Gaz. Pal.* 24-25 mai 2002, p. 23.
11. Décr. n° 91-1197, 27 nov. 1991, art. 106 – Bordeaux, 20 déc. 1985, *Gaz. Pal.* 1986. 174, note A. Damien.
12. Civ. 1re, 10 déc. 2002, n° 00-21.316, P I, n° 300 ; *D.* 2003. 737.
13. Décr. n° 91-1197, 27 nov. 1991, art. 93 s.
14. Sur la procédure d'inscription, v. ss nos 224.61 s.
15. Décr. n° 91-1197, 27 nov. 1991, art. 107 et 108 – Décr. n° 91-1197, 27 nov. 1991, art. 4-1.
16. Civ. 1re, 10 déc. 2002, n° 00-21.316, P I, n° 300 ; *D.* 2003. 737.
17. Décr. n° 91-1197, 27 nov. 1991, art. 107.
18. Civ. 1re, 6 juill. 2004, n° 02-30.320, NP.

au regard de la situation du requérant au jour de la décision[1]. Dès lors, c'est à bon droit qu'une cour d'appel, après avoir écarté la fin de non-recevoir tirée de l'autorité de la chose jugée attachée à une décision de refus de réinscription, a jugé que la nouvelle demande de réinscription devait être appréciée in concreto au regard de la situation actuelle de la requérante[2].

Lorsqu'un barreau comprend au moins cinq cents avocats disposant du droit de vote mentionné à l'article 15[3], alinéa 2, de la loi du 31 décembre 1971, le conseil de l'Ordre peut siéger en vue de statuer sur l'omission du tableau en une ou plusieurs formations de cinq membres, présidées par le bâtonnier ou un ancien bâtonnier. Les membres qui composent ces formations sont choisis, parmi les membres ou anciens membres du conseil de l'Ordre ayant quitté leurs fonctions depuis moins de huit ans, sur une liste arrête chaque année par le conseil de l'Ordre[4]. La formation restreinte siège désormais valablement dès lors que plus de la moitié de ses membres sont présents, au lieu des deux tiers auparavant[5].

1. Civ. 1re, 14 févr. 2018, nº 16-27.909, P I, nº 27 ; *JCP* 2018. Doctr. 588, nº 18, obs. S. Bortoluzzi ; *D. actu.* 6 mars 2018, obs. J. Jourdan-Marques ; *Gaz. Pal.* 5 juin 2018, nº 20, p. 29, note B. de Belval – Civ. 1re, 23 nov. 1999, nº 96-21.627, P I, nº 316.
2. Civ. 1re, 14 févr. 2018, nº 16-27.909, préc. ADDE : Besançon, 15 déc. 2020, RG nº 20/01137 ; *Gaz. Pal.* 1er juin 2020, nº 20, p. 20, note B. de Belval.
3. L. nº 71-1130, 31 déc. 1971, art. 15, al. 2 ; mod. par ord. nº 2019-964, 18 sept. 2019, art. 35.
4. L. nº 71-1130, 31 déc. 1971, art. 17.
5. Décr. nº 91-1197, 27 nov. 1991, art. 4-1.

CHAPITRE

242. Démission – Décès

SECTION 0 ORIENTEUR

242.00 **Sommaire du chapitre.**

Division. La démission de l'avocat d'un barreau, pour cesser son activité ou s'inscrire dans un autre barreau, doit respecter certaines modalités (sect. 1). Elle porte des effets (sect. 2), qu'elle soit assortie d'une demande d'honorariat ou qu'il faille remplacer l'avocat dans les actes de procédure par un ou plusieurs suppléants. En cas de décès (sect. 3) de l'avocat, le bâtonnier désigne un ou plusieurs administrateurs qui le remplacent dans ses fonctions.

242.01 **Textes applicables.**

TEXTES TITRÉS

• **Décr. n° 91-1197, 27 nov. 1991**

art. 109 [Honorariat et démission]

242.02 **Jurisprudence de référence.**

> La démission ne saurait permettre à l'avocat auteur de fautes d'échapper à sa responsabilité professionnelle

• **Civ. 1re, 24 avr. 1974,** n° 72-13.400, P I, n° 111

* V. s[s] n° 242.13.

« Sur le troisième moyen : attendu qu'il est fait grief à l'arrêt attaqué d'avoir infligé à M... la peine disciplinaire de la radiation postérieurement a l'acceptation par le conseil de l'Ordre de la démission de cet avocat, alors, selon le moyen, que la cour d'appel ne peut se prononcer disciplinairement qu'à l'égard des avocats inscrits au tableau ou sur la liste du stage et qu'à compter de l'acceptation de la démission par le conseil de l'Ordre, ni celui-ci ni la cour d'appel n'auraient compétence pour statuer et infliger une peine disciplinaire ;

Mais attendu que la cour d'appel, après avoir rappelé que l'article 31 du décret du 10 avril 1954, applicable en la cause, permet de poursuivre et réprimer les infractions et les fautes commises par les avocats inscrits au tableau ou sur la liste du stage, énoncé justement que ce texte détermine ainsi la compétence de la juridiction disciplinaire d'après la qualité de l'auteur de l'infraction au moment ou l'acte a été commis et non d'après sa qualité au moment ou la juridiction est saisie ou est appelée à statuer ;

Que les juges d'appel ajoutent à bon droit que si l'article 39 du même décret emploie le terme avocat en cause, cette rédaction n'implique nullement que le législateur ait voulu exclure de la répression et laisser sans aucune sanction les actes commis par un membre du barreau antérieurement à sa démission, et que rien ne permet d'admettre qu'un avocat puisse faire échec à l'action disciplinaire engagée contre lui en cessant d'appartenir à son ordre. »

242.03 **Bibliographie indicative.**

* Aussi : v. s[s] n° 24.03.

SECTION 1 MODALITÉS DE LA DÉMISSION

242.11 **Procédure.** La démission est l'abandon volontaire de la profession. Il n'est toutefois pas dans les pouvoirs du conseil de l'Ordre de radier des avocats du tableau et par voie de conséquence de les contraindre à démissionner[1]. En revanche, s'ils demandent à être réinscrits au tableau, le conseil de l'Ordre devra vérifier qu'ils remplissent à ce moment-là les conditions requises pour exercer la profession d'avocat.

La démission est donnée par lettre adressée au bâtonnier et soumise au conseil de l'Ordre. Il en est alors donné acte par une mention au procès-verbal de la séance du conseil. À partir de la date de son acceptation, l'intéressé n'appartient plus à l'Ordre, sauf dans le cas où la démission est accompagnée d'une demande – acceptée par le conseil de l'Ordre – d'honorariat[2]. Il est donc interdit au démissionnaire

1. CNB, Comm. RU, avis n° 2011-053, 19 déc. 2011 ; C. avocat 2021, s[s] décr. 27 nov. 1991, art. 104, note 2.
2. V. s[s] n°s 243.11 s.

de porter le titre d'avocat et de ne faire aucun acte impliquant cette qualité[1].

L'avocat qui donne sa démission d'un barreau, non pour cesser son activité, mais pour s'inscrire dans un autre barreau, doit d'abord préciser au barreau dont il sort l'indication du barreau auprès duquel il entend s'inscrire. À partir de ce moment, il est acquis que l'avocat qui démissionne de son barreau reste inscrit à ce barreau jusqu'à l'inscription dans le nouveau barreau[2].

• **Démission éclairée.** Une cour d'appel qui relève que le certificat médical présenté avec sa démission par un avocat stagiaire énonçait que le malade se trouvait temporairement incapable de la concentration de pensée qui serait nécessaire pour prendre des décisions et des responsabilités, et qui en a déduit que l'intéressé ne pouvait mesurer toutes les conséquences de sa décision, ni envisager l'éventualité d'une mesure provisoire mieux en rapport avec le caractère temporaire de sa déficience mentale, a pu décider souverainement que la décision présentée n'émanant pas d'une volonté éclairée ou réfléchie, était nulle ainsi que, par voie de conséquence, l'arrêté du conseil de l'Ordre qui l'avait entérinée[3].

242.12 **Prise d'effet de la démission.** Quelle que soit la date de son acceptation par le conseil de l'Ordre, la démission d'un avocat prend effet à compter du jour où il a notifié au bâtonnier sa volonté de ne plus appartenir au barreau, sans pouvoir rétroagir à une date antérieure[4].

Le conseil de l'Ordre ne saurait donc anticiper la prise d'effet d'une démission pour des raisons fiscales par exemple ou relative à l'obtention de droits à la retraite, pas plus qu'il ne saurait maintenir un avocat au tableau contre sa volonté au motif qu'il est redevable de cotisations et a fait l'objet de poursuites disciplinaires.

242.13 **Refus de la démission.** La démission de l'avocat ne peut *a priori* être refusée même si, lorsqu'elle est offerte, l'avocat est l'objet de poursuites disciplinaires ou s'il est en cours d'exécution d'une peine disciplinaire ou s'il est l'objet de poursuites pénales[5].

La démission ne saurait pour autant permettre à son auteur d'échapper à sa responsabilité professionnelle. Un avocat, même après avoir donné sa démission, peut faire l'objet d'une sanction disciplinaire pour des faits commis alors qu'il était avocat[6]. Les faits commis postérieurement à la démission de l'avocat ne relèvent pas de la compétence du conseil de discipline, laquelle est déterminée par la qualité de l'auteur de la faute au moment où les faits ont été commis[7]. Ils pourront toutefois servir de fondement à un refus de demande de réinscription à un barreau.

SECTION 2 EFFETS DE LA DÉMISSION

242.21 **Honorariat.** Un certificat de démission peut être sollicité et obtenu.

La démission peut être assortie d'une demande d'honorariat si les conditions nécessaires pour l'obtenir se trouvent remplies[8].

242.22 **Organisation d'une suppléance ou d'une administration provisoire.** L'avocat qui démissionne du barreau doit être remplacé dans les actes de procédure par un ou plusieurs suppléants. La suppléance des avocats exerçant en groupe est réglée par les textes applicables aux structures d'exercice et par les statuts.

Il semble qu'au cas de démission, l'avocat puisse choisir personnellement son suppléant. Ces suppléants ne peuvent être choisis qu'au sein du barreau auquel appartient l'avocat démissionnaire.

C'est le bâtonnier qui désigne le suppléant chargé d'administrer le cabinet de l'avocat démissionnaire mais il doit, pour ce faire, prendre en considération le choix de celui-ci[9].

Il est mis fin à la suppléance, soit d'office, soit à la requête du suppléé, du suppléant ou du procureur général.

SECTION 3 DÉCÈS

242.31 **Organisation d'une suppléance ou d'une administration provisoire.** En cas de décès de l'avocat, le bâtonnier désigne un ou plusieurs administrateurs qui le remplacent dans ses fonctions. Il en est de même à l'expiration des délais prévus pour la mesure de suppléance[10].

1. V. s^s n° 612.71.
2. CNB, Comm. RU, avis n° 2003-030, 12 sept. 2003 ; C. avocat 2021, s^s décr. 27 nov. 1991, art. 105, note 10.
3. Civ. 1re, 24 mars 1981, n° 79-17.189, *Gaz. Pal.* 1981. 2. pan. 290.
4. Paris, 12 juill. 1978, *D.* 1979. 191, note B. Brunois.
5. V. s^s n°s 522.41 s.
6. Civ. 1re, 24 avr. 1974, n° 72-13.400, P I, n° 111 ; *D.* 1974. 93 – Nancy, 6 janv. 1975, *DP* 1975. 5. 51 – Paris, 22 janv. 1947, *JCP* 1947. II. 3571 – CNB, Comm. RU, avis n° 2008-028, 18 avr. 2008, C. avocat 2021, s^s L. 31 déc. 1971, art. 22, note 6.
7. Civ. 29 juill. 1884, *S.* 1887. 1. 11 – Paris, 29 janv. 1947, *S.* 1947. 2. 122 ; *JCP* 1948. II. 4566 – Colmar, 27 juill. 1945, *D.* 1946. 6.
8. V. s^s n°s 243.11 s.
9. Paris, 16 déc. 1987, *D.* 1988. 235, note B. Brunois.
10. V. s^s n°s 244.21 s.

CHAPITRE

243. Honorariat

SECTION 0
ORIENTEUR

243.00 Sommaire du chapitre.

Division. Le titre d'avocat honoraire (sect. 1) est accordé aux avocats ayant exercé la profession pendant vingt ans au moins et ayant donné leur démission. Il octroie à l'avocat honoraire des droits et impose des devoirs (sect. 2), mais il peut aussi être refusé, faire l'objet d'un retrait, ouvrant le droit à l'exercice de voies de recours (sect. 3).

243.01 Textes applicables.

TEXTES TITRÉS

• **L. n° 71-1130, 31 déc. 1971**

art. 1er, I, al. 5 et 6 [Conditions d'ancienneté]

• **Décr. n° 91-1197, 27 nov. 1991**

art. 109 [Statut]

art. 110 [Prérogatives]

• **Décr. n° 2005-790, 12 juill. 2005**

art. 21 [Obligations]

• **RIN**

art. 13 [Statut de l'avocat honoraire]

243.02 Jurisprudence de référence.

> L'avocat doit être entendu par le conseil de l'Ordre avant toute décision de refus d'honorariat

• **Civ. 1re, 26 nov. 1996,** n° 94-20.846, P I, n° 417
* V. ss n° 243.31.

« Vu les articles 103, 109 et 187 du décret du 27 novembre 1991, ensemble l'article 14 du nouveau code de procédure civile ;

Attendu qu'il résulte de la combinaison de ces textes que l'honorariat ne peut être refusé à un avocat que si celui-ci a été entendu ou appelé devant le conseil de l'Ordre ;

Attendu qu'en décidant le contraire, au motif qu'une telle décision participe des attributions générales des barreaux pour ce qui a trait à l'exercice de la profession d'avocat, alors que cette décision fait grief à l'intéressé, la cour d'appel a violé les textes susvisés [...]. »

> La qualité d'avocat honoraire conférant certaines prérogatives, est recevable le recours contre la décision du conseil de l'Ordre refusant ce titre

• **Civ. 1re, 7 avr. 1987,** n° 85-17.768, P I, n° 122

* V. ss n° 243.33.

« Vu l'article 19, alinéa 2, de la loi du 31 décembre 1971 portant réforme de certaines professions judiciaires et juridiques ;

Attendu que M. V..., avocat, dont la démission avait été acceptée, a demandé que lui soit conféré l'honorariat ; que le conseil de l'Ordre a rejeté sa demande ;

Attendu que pour déclarer irrecevable l'appel formé par M. V... contre cette décision, la cour d'appel énonce que l'attribution ou le refus de l'honorariat entre dans les attributions exclusives du conseil de l'Ordre, que sa décision en la matière est une décision interne qui ne présente aucun caractère juridictionnel ou contentieux et n'est soumise à aucun recours et que M. V... ne peut prétendre que ce refus lèse ses intérêts professionnels puisque la démission, une fois acceptée, met fin définitivement à l'exercice de la profession d'avocat ;

Attendu qu'en se prononçant ainsi, alors, d'une part, que la qualité d'avocat honoraire confère à ceux qui en sont titulaires certaines prérogatives et certains droits, comme celui de participer aux élections professionnelles et ne les soustrait pas à la juridiction disciplinaire du conseil de l'Ordre, ce qui implique qu'ils demeurent attachés à leur Ordre, et, d'autre part, que les intérêts professionnels protégés par l'article 19, alinéa 2, de la loi du 31 décembre 1971, qui ouvre le recours devant la cour d'appel des décisions du conseil de l'Ordre, comprennent les intérêts moraux de ceux qui ont exercé la profession d'avocat, la cour d'appel a violé le texte susvisé. »

> Le retrait de l'honorariat pour infraction aux règles régissant le statut de l'avocat honoraire constitue une peine disciplinaire que seul le conseil de discipline a le pouvoir de prononcer

• **Civ. 1re, 6 févr. 2019,** n° 17-28.878, P

* V. ss nos 243.14, 243.27.

« Vu les articles 19 et 22 de la loi n° 71-1130 du 31 décembre 1971, et l'article 184 du décret n° 91-1197 du 27 novembre 1991 ;

Attendu que, pour confirmer la décision, prise par le conseil de l'ordre, de retirer l'honorariat à M. X..., l'arrêt retient qu'en faisant usage de la mention « avocat honoraire consultant », ce dernier a pris une qualité qui n'était plus la sienne, manquant ainsi à la probité, principe essentiel de la profession ;

Qu'en statuant ainsi, alors que le retrait de l'honorariat pour infraction aux règles régissant le statut de l'avocat honoraire constitue une peine disciplinaire que seul le conseil de discipline a le pouvoir de prononcer, au terme de la procédure appropriée, la cour d'appel a violé les textes susvisés. »

243.03 **Bibliographie indicative.**

* Aussi : v. ss n° 24.03.

Encyclopédies. *J.-Cl. Pr. civ.*, fasc. 83-2 : Avocats, Honorariat, 2014 – *J.-Cl. Civ. Annexes, v° Avocat*, fasc. 20 : Avocats, Honorariat, 2014 – *J.-Cl. Civ. Annexes, v° Avocat*, fasc. 25 : Avocats, Discipline, Suppléance, Honorariat, 2014 – *J.-Cl. Pr. civ.*, fasc. 83-3 : Avocats, Discipline, Suppléance, Honorariat, 2014.

Articles. D. Landry, « Quelles sont les activités permises à l'avocat honoraire ? », *Gaz. Pal.* 23-24 oct. 2015, n° 296 à 297, p. 20 – « L'avocat honoraire », *D. avocats* 2016. 276.

243.05 **Évolution.** L'avocat qui cessait d'exercer ses fonctions, ce à quoi il n'était nullement tenu même s'il ne pouvait plus fréquenter le Palais, ne recevait aucune distinction particulière du fait d'un exercice plus ou moins long de la profession. La tradition du barreau estimait qu'un avocat qui n'exerçait plus sa profession perdait tout lien avec l'Ordre des avocats et devenait étranger à la discipline du barreau et, par conséquent, aux avocats : « Seul l'avocat qui plaide et consulte demeure avocat. »

Un arrêté des 7 et 21 janvier 1851[1] du barreau de Paris avait en effet décidé qu'il n'y avait pas lieu de statuer sur la demande d'anciens avocats démissionnaires qui tendait à obtenir la formation d'un tableau supplémentaire où ils seraient inscrits sous le titre d'avocats honoraires. Ces arrêtés furent rendus sur le rapport du bâtonnier Marie et la même décision fut reprise le 29 novembre 1859[2]. Ce n'est que par le décret du 20 juin 1920[3] que les avocats ayant exercé pendant trente années eurent la possibilité de se voir conférer le titre d'avocat honoraire.

1. Arr. 7 et 21 janv. 1851.
2. Mollot, t. II, 2e éd., 1866, p. 169 et 170.
3. Décr. 20 juin 1920 relatif à l'exercice de la profession et à la discipline du barreau, *JO* 22 juin, p. 8822.

SECTION 1
Obtention du titre d'avocat honoraire

243.11 **Conditions tenant à l'ancienneté.** Le titre d'avocat honoraire peut être délivré par le conseil de l'Ordre aux avocats ayant exercé la profession pendant 20 ans au moins et ayant donné leur démission, en vertu des articles 1er, I, alinéa 5 ou 6, de la loi du 31 décembre 1971[4] et 109 du décret du 27 novembre 1991[5]. Ce délai d'ancienneté a été réduit à vingt ans par le décret du 9 juin 1972[6].

243.12 **Conditions tenant à l'honorabilité.** En aucun cas, l'honorariat ne peut être accordé ou maintenu à celui qui porte ou aurait porté atteinte aux principes essentiels de la profession, selon l'article 13.1 du RIN[7]. Ainsi il a été jugé que manque à la probité un avocat à la retraite ayant fait état de la qualité d'avocat qui n'est plus la sienne pour rendre visite à un ancien client détenu[8].

Enfin, l'avocat honoraire, auquel il est simplement fait interdiction d'accomplir des actes de la profession, n'est pas soumis aux incompatibilités applicables aux avocats en exercice, et il ne peut être présumé qu'un avocat honoraire, devenant assistant juridique salarié de son ancienne SCP, serait, sous couvert de ses nouvelles fonctions salariées, en infraction aux règles déontologiques en accomplissant en son nom personnel des actes réservés aux avocats en activité[9].

243.13 **Délai pour statuer – Silence vaut acceptation.** En application de la loi du 12 avril 2000[10] et du décret du 10 novembre 2015[11], le silence du conseil de l'Ordre gardé pendant deux mois sur la demande d'honorariat vaut décision d'acceptation.

243.14 **Mention de la qualité d'avocat honoraire.** L'usage permet le maintien d'une plaque portant le

4. L. n° 71-1130, 31 déc. 1971 portant réforme de certaines professions judiciaires et juridiques, *JO* 5 janv. 1972, p. 131 – L. n° 2011-331, 28 mars 2011 de modernisation des professions judiciaires ou juridiques et de certaines professions réglementées, *JO* 29 mars, p. 5447, art. 1er, I.
5. Décr. n° 91-1197, 27 nov. 1991 organisant la profession d'avocat, *JO* 28 nov., p. 15502.
6. Décr. n° 72-468, 9 juin 1972 organisant la profession d'avocat, pris pour l'application de la loi n° 71-1130, 31 déc. 1971, *JO* 11 juin, p. 5884.
7. V. ss nos 315.00 s.
8. Civ. 1re, 10 déc. 2002, n° 00-11.091, P I, n° 301 ; *JCP* 2003. I. 140, n° 21, obs. R. Martin.
9. Civ. 1re, 13 mars 2008, n° 06-22.089, NP ; *JCP* 2008. I. 184, n° 9, obs. S. Bortoluzzi.
10. L. n° 2000-321, 12 avr. 2000 relative aux droits des citoyens dans leurs relations avec les administrations, *JO* 13 avr., p. 5646.
11. Décr. n° 2015-1451, 10 nov. 2015 relatif aux exceptions à l'application du principe « silence vaut acceptation » sur le fondement du II de l'article 21 de la loi n° 2000-321 du 12 avril 2000 relative aux droits des citoyens dans leurs relations avec les administrations (organismes chargés d'une mission de service public), *JO* 11 nov., p. 21031.

nom de l'ancien avocat et sa qualité d'avocat honoraire, au même titre que celle-ci peut continuer à figurer pendant un certain temps sur le papier à lettres du cabinet qui poursuit son activité après son départ de la profession. Si, en revanche, l'avocat honoraire exerce une activité professionnelle dans un autre lieu, il ne pourrait être admis l'apposition d'une plaque portant la mention « avocat honoraire ». La plaque est un moyen destiné à l'information professionnelle[1], or l'avocat honoraire n'a plus vocation à exercer les actes de la profession. Il ne peut consulter et rédiger des actes que sur autorisation du bâtonnier. La mise en place d'une telle plaque est de nature à induire en erreur les éventuels tiers[2].

L'autorisation du bâtonnier de pratiquer la consultation ou la rédaction d'actes, quand elle est accordée, étant nécessairement limitée et ne pouvant permettre à l'avocat honoraire de continuer à exercer de manière habituelle, même au sein de son ancienne structure, ce dernier n'a donc plus à figurer dans un annuaire professionnel autrement que par le maintien de son nom dans la dénomination sociale de la société d'exercice. La mention de spécialités qui sont attachées à la personne même de l'avocat qui en est titulaire ne peut plus figurer dans l'annuaire, tant au titre d'une publicité que dans la liste des spécialités. L'avocat honoraire pourra toutefois figurer sur le papier à lettres du cabinet, conformément à l'usage, son nom devant être suivi de la mention « avocat honoraire » qui doit être exclusive de toute mention concernant des spécialités[3].

243.15 **Liquidation du cabinet de l'avocat honoraire.** Pendant la période de liquidation de son cabinet, il peut collaborer avec les liquidateurs qui administrent provisoirement son cabinet pour les aider dans leur tâche et traiter les questions qu'ils lui confient, à l'exclusion de la plaidoirie et de la postulation.

Un liquidateur en effet doit être désigné dans tous les cas, même au cas de cession amiable de la clientèle ; le partage des honoraires entre les avocats, celui quittant le barreau et le liquidateur, est déterminé par la convention, l'arbitrage du bâtonnier ou par le règlement intérieur du barreau.

SECTION 2
DROITS ET DEVOIRS DE L'AVOCAT HONORAIRE

243.21 **Activités et missions.** Les droits et devoirs de l'avocat honoraire sont déterminés par le règlement intérieur du barreau, aux termes de l'article 109 du décret du 27 novembre 1991. L'avocat honoraire demeure soumis aux obligations résultant du serment d'avocat, selon les dispositions du décret du 12 juillet 2005[4] et du RIN[5], modifiés par le décret du 11 décembre 2009[6].

Lorsque la participation d'un avocat à une commission administrative ou à un jury de concours ou d'examen est prévue par une disposition législative ou réglementaire, l'autorité chargée de la désignation peut valablement porter son choix sur un avocat honoraire acceptant cette mission[7].

Les avocats honoraires peuvent être chargés par le conseil de l'Ordre ou par le bâtonnier de toute mission ou activité utile à l'administration de l'Ordre, à l'intérêt de ses membres ou à l'intérêt général de la profession aux termes de l'article 13.3 du RIN.

Mais seuls les avocats inscrits au tableau étant éligibles, cela exclut qu'un avocat honoraire puisse exercer les fonctions dévolues à un membre du conseil de l'Ordre. En revanche, rien n'interdit à un avocat honoraire d'exercer ses fonctions au sein d'une Carpa[8] ou de recevoir délégation de pouvoir du bâtonnier pour une procédure de conciliation et d'arbitrage entre avocats[9].

243.22 **Consultation – Rédaction d'actes.** La consultation et la rédaction d'actes[10] sont soumises au cas par cas à l'autorisation du bâtonnier[11], en application de l'article 13.3 du RIN, et ce même s'il s'agit d'un même client[12]. Depuis le décret du 11 décembre 2009[13], le RIN précise ainsi que l'avocat honoraire ne peut exercer aucun acte de la profession hormis la consultation ou la rédaction d'actes, sans autorisation préalable du bâtonnier. Il ne peut donc pas recevoir des clients, donner des

1. RIN, art. 10.6.2.
2. CNB, Comm. RU, avis n° 2008-051, 17 sept. 2008 ; C. avocat 2021, s[s] décr. 12 juill. 2005, art. 21, note 6.
3. CNB, Comm. RU, avis n° 2008-072, 17 nov. 2008 ; C. avocat 2021, s[s] décr. 12 juill. 2005, art. 21, note 7.
4. Décr. n° 2005-790, 12 juill. 2005 relatif aux règles de déontologie de la profession d'avocat, *JO* 16 juill., p. 11688, art. 21.
5. RIN, art. 13.
6. Décr. n° 2009-1544, 11 déc. 2009 relatif à la composition du CNB et à l'arbitrage du bâtonnier, *JO* 13 déc., p. 21545.
7. Décr. n° 91-1197, 27 nov. 1991, art. 110.
8. CNB, Comm. RU, avis n° 2004-056, 15 déc. 2004 ; C. avocat 2021, s[s] décr. 27 nov. 1991, art. 8, note *in fine*.
9. CNB, Comm. RU, avis n° 2019-021, 24 juin 2019 ; C. avocat 2021, s[s] RIN, art. 13, note 3.
10. L. n° 71-1130, 31 déc. 1971, art. 54.
11. CNB, Comm. RU, avis n° 2004-016, 1er avr. 2004 ; C. avocat 2021, s[s] décr. 27 nov. 1991, art. 109, note 9 – CNB, Comm. RU, avis n° 2005-048, 23 nov. 2005 ; C. avocat 2021, s[s] décr. 12 juill. 2005, art. 21, note 3 – CNB, Comm. RU, avis n° 2008-023, 13 mars 2008 ; C. avocat 2021, s[s] décr. 12 juill. 2005, art. 21, note 5.
12. CNB, Comm. RU, avis n° 2002-016, 14 juin 2002 ; C. avocat 2021, s[s] décr. 27 nov. 1991, art. 109, note 10.
13. Décr. n° 2009-1544, 11 déc. 2009 relatif à la composition du CNB et à l'arbitrage du bâtonnier *JO* 13 déc., p. 21545.

consultations, préparer des actes, signer des courriers sous son nom[1]. En outre il convient de vérifier si l'avocat honoraire ainsi autorisé par son bâtonnier à faire des actes professionnels isolés est couvert par la police d'assurance du barreau auquel il est rattaché[2].

En revanche, il peut accepter une mission de justice, d'arbitrage, d'expertise ou de médiation.

Par ailleurs, tous les actes entrant dans le monopole de la profession d'avocat lui sont interdits[3]. La représentation devant les juridictions ne constitue ainsi pas une activité permise à l'avocat honoraire, même sur autorisation ou mandat de son bâtonnier. Le droit donné à un avocat honoraire au port de la robe est limité aux élections, cérémonies et manifestations officielles, auxquelles ne peut être associée la représentation devant une juridiction, qui est interdite à l'avocat honoraire[4]. Pour les autres actes, il est bien entendu libre de les accomplir comme tout citoyen. Il n'est notamment pas soumis aux incompatibilités applicables aux avocats en exercice[5]. Il doit s'engager à ne rien faire toutefois qui puisse porter atteinte à son honorabilité personnelle et à la dignité de la profession qu'il a exercée. Il peut accepter des arbitrages ou des expertises, un siège dans un conseil d'administration ou de surveillance, une rémunération fixe. Il peut être fonctionnaire, magistrat, commerçant, industriel ou officier ministériel. En revanche, il ne peut exercer la profession d'agent d'affaires.

243.23 Prérogatives. L'avocat honoraire peut être astreint au paiement d'une cotisation. Il est inscrit sur une liste spéciale du barreau. Il porte le titre d'avocat honoraire[6]. Il conserve le droit de revêtir le costume d'avocat[7] et a le droit d'accès à la bibliothèque de l'Ordre.

Il peut prendre part aux réunions et aux cérémonies de l'Ordre et notamment aux assemblées générales électives puisque la loi lui confère la possibilité de voter aux élections du bâtonnier, des membres du conseil de l'Ordre et ceux du Conseil national des barreaux[8]. Il peut obtenir une carte d'avocat honoraire[9].

1. CNB, Comm. RU, avis n° 2005-048, 23 nov. 2005 ; C. avocat 2021, s^s décr. 12 juill. 2005, art. 21, note 3.
2. CNB, Comm. RU, avis n° 2004-016, 1er avr. 2004 ; C. avocat 2021, s^s décr. 27 nov. 1991, art. 109, note 9 – CNB, Comm. RU, avis n° 2005-048, 23 nov. 2005 ; C. avocat 2021, s^s décr. 12 juill. 2005, art. 21, note 3.
3. V. s^s n°s 611.11 s.
4. CNB, Comm. RU, avis n° 2007-017, 13 mars 2007 ; C. avocat 2021, s^s décr. 27 nov. 1991, art. 109, note 7.
5. Civ. 1re, 13 mars 2008, n° 06-22.089, NP ; *JCP* 2008. I. 184, n° 9, obs. S. Bortoluzzi.
6. V. s^s n° 612.51.
7. V. s^s n°s 313.66 s.
8. V. s^s n°s 111.41, 114.12 et 116.51.

243.24 Contrôle du conseil de l'Ordre. L'avocat honoraire doit, chaque fois qu'il change de situation ou prend une nouvelle fonction, en faire la déclaration au bâtonnier. Si celui-ci estime que la situation envisagée ou acceptée est contraire à l'honorabilité du postulant ou à la dignité de sa profession, il en fait l'observation à l'intéressé. Si celui-ci passe outre, le bâtonnier peut saisir le conseil de discipline d'une proposition de retrait de l'honorariat.

L'avocat honoraire reste, en effet, soumis à la juridiction disciplinaire de son Ordre. Les peines qui peuvent lui être appliquées doivent être adaptées à sa situation particulière, pratiquement seul le retrait de l'honorariat peut être prononcé contre lui. Il ouvrirait alors les mêmes recours que ceux ouverts à l'avocat inscrit frappé de cette peine.

243.25 Suspension de l'honorariat pendant la durée de reprise d'une activité professionnelle. Il est permis à l'avocat honoraire de reprendre son activité professionnelle en la cumulant avec sa pension de retraite, en vertu de l'article 21 du décret du 12 juillet 2005 tel que modifié par le décret du 11 décembre 2009[10], et ainsi que le prévoit l'article 88[11] de la loi du 17 décembre 2008. Les avocats peuvent aussi déroger à l'obligation de démissionner du barreau pour pouvoir cumuler emploi et retraite, selon l'article L. 723-11-1 du code de la sécurité sociale. Dans cette hypothèse, l'avocat exerce son activité en tant que professionnel actif inscrit au tableau de l'Ordre du barreau.

L'avocat honoraire peut ainsi, s'il le souhaite, reprendre une pleine activité professionnelle. Néanmoins, s'il est alors dispensé de prêter le serment d'avocat, il doit, au préalable obtenir sa réinscription au tableau d'un barreau. Pendant toute la durée de son activité professionnelle, l'avocat ne pourra plus se prévaloir de son honorariat[12].

Lors de sa cessation définitive d'activité, l'avocat devra démissionner du barreau pour être rétabli dans sa qualité d'avocat honoraire, sauf si des sanctions disciplinaires ont été prononcées à son encontre durant cette période.

Dans ce cas également, il sera prudent que l'avocat honoraire fasse couvrir sa responsabilité professionnelle par une assurance complémentaire.

243.26 Réinscription au barreau. L'avocat honoraire peut demander sa réinscription soit au barreau qui lui a conféré l'honorariat, soit dans un autre

9. RIN, art. 13.2.
10. Décr. n° 2009-1544, 11 déc. 2009 relatif à la composition du Conseil national des barreaux et à l'arbitrage du bâtonnier, *JO* 13 déc., p. 21545.
11. L. n° 2008-1330, 17 déc. 2008 de financement de la sécurité sociale pour 2009, *JO* 18 déc., p. 19291, art. 88 VI.
12. Décr. n° 2005-790, 12 juill. 2005, art. 21, al. 4 et 5.

barreau que celui qui lui a conféré cette qualité. Les délais d'ancienneté nécessaires pour obtenir l'honorariat ne sont pas nécessairement consécutifs ; ils peuvent avoir été interrompus par l'exercice d'autres fonctions. Les annuités nécessaires pour l'honorariat n'ont pas non plus besoin d'avoir été accomplies dans le même barreau. Le barreau qui accorde ou refuse l'honorariat est celui auquel l'avocat a été inscrit en dernier lieu.

243.27 Reprise du titre d'honoraire. L'avocat honoraire qui se réinscrit dans le même barreau que celui dont il est avocat honoraire ou dans un autre barreau peut, à la cessation de ses fonctions, reprendre son titre d'avocat honoraire dès lors que sa démission a été acceptée et qu'il n'a pas été l'objet d'une sanction disciplinaire entraînant la cessation de ses fonctions.

SECTION 3
REFUS – RETRAIT – VOIES DE RECOURS

243.31 Convocation de l'avocat devant le conseil de l'Ordre. L'honorariat ne peut être refusé ou retiré sans que l'avocat demandant l'honorariat ou étant honoraire ait été régulièrement convoqué devant le conseil de l'Ordre [1].

L'avocat doit être convoqué devant le conseil de l'Ordre pour présenter ses observations [2]. La jurisprudence a eu l'occasion de le rappeler.

243.32 Retrait de l'honorariat. Le retrait de l'honorariat pour infraction aux règles régissant le statut de l'avocat honoraire constitue une peine disciplinaire que seul le conseil de discipline a le pouvoir de prononcer, au terme de la procédure appropriée [3]. L'article 184, 4°, du décret du 27 novembre 1991 prévoit bien au titre des peines disciplinaires la radiation du tableau des avocats ou le retrait de l'honorariat que le conseil de l'Ordre ne peut aucunement prononcer.

Encore faut-il que les motifs du retrait soient bien de nature disciplinaire et portent sur un manquement par l'avocat honoraire à la déontologie et aux principes essentiels de la profession, le conseil de l'Ordre retrouvant sa compétence pour décider de la suspension de l'honorariat à un avocat en l'absence de connotation disciplinaire, par exemple pour reprise de son activité professionnelle. Ainsi, le retrait de l'honorariat est d'une double nature et conduit, en l'état de la réglementation applicable, à un partage de compétence entre le conseil de l'Ordre et celui de discipline [4].

243.33 Refus de l'honorariat – Compétence d'attribution. La loi est muette sur la procédure et les recours auxquels sont soumis la demande d'honorariat et surtout le refus de conférer cette dignité.

Toutefois, s'agissant d'un titre qui consacre l'honorabilité d'un avocat au moment de son départ de la profession et qui est destiné à manifester qu'il la quitte pour des raisons honorables, tout en demeurant attaché à l'Ordre auquel il appartenait, il n'est pas possible d'accorder un pouvoir discrétionnaire au conseil de l'Ordre.

La Cour de cassation considère que n'excède pas sa compétence, le conseil de l'Ordre qui refuse de conférer le titre d'avocat honoraire pour atteinte aux principes essentiels de la profession, dès lors qu'un tel refus ne constitue pas une sanction disciplinaire, relevant de la compétence exclusive du conseil de discipline [5].

La qualité d'avocat honoraire confère à ceux qui en sont titulaires certaines prérogatives et certains droits, comme celui de participer aux élections professionnelles et ne les soustrait pas à la compétence du conseil de l'Ordre, ce qui implique qu'ils demeurent attachés à leur Ordre, et, d'autre part, que les intérêts professionnels protégés par l'article 19, alinéa 2, de la loi du 31 décembre 1971, qui ouvre le recours devant la cour d'appel des décisions du conseil de l'Ordre, comprennent les intérêts moraux de ceux qui ont exercé la profession d'avocat. Dès lors, est recevable le recours de l'avocat contre la décision du conseil de l'Ordre lui refusant l'honorariat [6].

243.34 Procédure de recours. Le recours d'un avocat contre une décision du conseil de l'Ordre sera fondé sur les articles 15 du décret du 27 novembre 1991 et 19, alinéa 2, de la loi du 31 décembre 1971, qui prévoient que tout avocat s'estimant lésé dans ses intérêts professionnels par une délibération ou une décision du conseil de l'Ordre peut la déférer devant la Cour, selon la procédure prévue par l'arti-

1. RIN, art. 13.1.
2. Paris, 22 sept. 1993, *Gaz. Pal.* 1993. 2. Somm. 422 – Civ. 1re, 26 nov. 1996, n° 94-20.846, P I, n° 417 ; *Gaz. Pal.* 9 sept. 1997. Pan. 7 ; *JCP* 1997. IV. 125 – RAPPR. : Civ. 1re, 7 avr. 1987, n° 85-17.768, P I, n° 122.
3. Civ. 1re, 6 févr. 2019, n° 17-28.878, P I ; *JCP* 2009. 509, obs. B. Beignier ; *JCP* 2019. Doctr. 1238, n° 14, obs. S. Bortoluzzi ; *D. actu.* 19 févr. 2019, obs. D. Landry ; *Gaz. Pal.* 28 mai 2019, n° 20, p. 28, note J. Villacèque ; – *CONTRA* : Montpellier, 24 oct. 2016, RG n° 16/05233.
4. B. Beignier, *op. cit.*, *JCP* 2009. I. 509.
5. Civ. 1re, 22 janv. 2020, n° 19-10.939, P. I ; *JCP* 2020. Doctr. 278, n° 14, obs. S. Grayot-Dirx.
6. Civ. 1re, 7 avr. 1987, n° 85-17.768, P I, n° 122 ; *Gaz. Pal.* 1987. 2. Somm. 457, pan. jur. p. 164 ; *Gaz. Pal.* 8 août 1987, p. 8, note A. Damien ; *JCP* 1987. IV. 210 ; *D.* 1987. 483, note B. Beignier ; – *CONTRA* : Caen, 18 oct. 1985 : *Gaz. Pal.* 1986. 58, note A. Damien, CRIT.

cle 16 du décret du 27 novembre 1991. Il semble que ce même recours soit ouvert au procureur général, aux termes des dispositions de l'article 19 de la loi du 31 décembre 1971. Ce recours éventuel du procureur général ne serait alors assorti d'aucun délai.

Par un arrêt de sa deuxième chambre civile du 26 avril 2017 [1], la Cour de cassation précise pour la première fois que lorsqu'une cour d'appel est saisie du recours contre une décision de rejet d'admission à l'honorariat, il résulte des articles 102 et 16 du décret du 27 novembre 1991 que le bâtonnier doit être invité à présenter ses observations, en tant que garant, élu par ses pairs, du respect des règles déontologiques de la profession.

1. Civ. 2e, 26 avr. 2017, no 16-10.816, P II.

CHAPITRE

244. Suppléance – Administration provisoire

SECTION 0 ORIENTEUR

244.00 Sommaire du chapitre.

Division. Des événements peuvent empêcher l'avocat inscrit d'exercer la profession et justifier une mesure de suppléance (sect. 1), parmi lesquels : l'omission obligatoire, l'omission facultative ou d'absence d'exercice effectif sans motif légitime, l'empêchement temporaire en raison de la force majeure, la démission de l'ensemble des associés d'une société civile professionnelle. En revanche, l'administration provisoire (sect. 2) du cabinet est ouverte en cas de décès, de suspension provisoire, d'interdiction temporaire d'exercice, de radiation, ou à l'issue de deux ans de suppléance.

244.01 Textes applicables.

TEXTES TITRÉS

- **Décr. n° 91-1197, 27 nov. 1991**

art. 170 [Cas d'ouverture – suppléance]

art. 171 [Mise en œuvre et durée]

art. 172 [Fin de la suppléance]

art. 173 [Cas d'ouverture et mise en œuvre – administration provisoire]

244.02 Jurisprudence de référence.

> La démission de l'ensemble des associés d'une SCP ne peut donner lieu à une mesure d'administration provisoire du cabinet, mais seulement à la désignation d'une suppléance

- **Civ. 1re, 16 nov. 2016,** n° 15-26.852, P I

* V. s^s n° 244.11.

« Attendu qu'aux termes de l'article 173 du décret n° 91-1197 du 27 novembre 1991, en cas de décès ou lorsqu'un avocat fait l'objet d'une décision exécutoire de suspension provisoire, d'interdiction temporaire ou de radiation, le bâtonnier désigne un ou plusieurs administrateurs qui le remplacent dans ses fonctions ; que, dès lors que l'administration provisoire est réservée à des situations ainsi limitativement énumérées, la démission de l'ensemble des associés d'une SCP d'avocats justifie le recours à la suppléance, prévue aux articles 170 et suivants du même décret qui organisent le remplacement des avocats temporairement empêchés d'exercer leurs fonctions ; que la cour d'appel, qui a constaté que les deux avocats, seuls associés de la SCP, ne se trouvaient pas dans un des cas visés à l'article 173 précité, a, par ces seuls motifs, légalement justifié sa décision ;

Par ces motifs ;

Rejette le pourvoi. »

244.03 Bibliographie indicative.

* Aussi : v. s^s n° 24.03.

Encyclopédies. *J.-Cl. Sociétés*, fasc. 192-30 : Société d'exercice libéral d'avocats, Discipline et suppléance, 2015 – *J.-Cl. Pr. civ.*, fasc. 83-4 : Avocats, Suppléance, 2015 – *J.-Cl. Civ. Annexes, v° Avocat*, fasc. 25 : Avocats, Discipline et suppléance, 2014.

SECTION 1 MESURE DE SUPPLÉANCE

244.11 Cas d'ouverture.

L'avocat inscrit au tableau a l'obligation d'exercer effectivement sa profession. Un certain nombre d'événements peuvent l'en empêcher et justifier la désignation d'un suppléant.

– L'omission obligatoire : doit être omis du tableau l'avocat qui se trouve dans un des cas d'exclusion ou d'incompatibilité prévus par la loi ou qui ne satisfait pas aux obligations de garantie et d'assurance prévues par l'article 27 de la loi du 31 décembre 1971[1].

1. L. n° 71-1130, 31 déc. 1971 portant réforme de certaines professions judiciaires et juridiques, *JO* 5 janv. 1972, p. 131, art. 27 – Décr. n° 91-1197, 27 nov. 1991 organisant la profession d'avocat, *JO* 28 nov., p. 15502, art. 104.

– L'omission facultative en cas d'empêchement d'exercice réel de la profession, de défaut de paiement des cotisations (ordre, CNB, assurance vieillesse) ou d'absence d'exercice effectif sans motif légitime [1].

– L'empêchement temporaire en raison de la force majeure [2]. Lorsqu'un avocat est temporairement empêché, par cas de force majeure, d'exercer ses fonctions, il est provisoirement remplacé par un ou plusieurs suppléants qu'il choisit parmi les avocats inscrits au même barreau. Il en avise aussitôt le bâtonnier.

La démission de l'ensemble des associés d'une société civile professionnelle justifie ainsi le recours à une mesure de suppléance, et non d'administration provisoire du cabinet, en raison du remplacement des avocats temporairement empêchés d'exercer leurs fonctions [3].

244.12 **Mise en œuvre de la suppléance.** Bien que les textes ne fassent pas expressément référence à la suppléance pour les cas d'omission, il faut s'en rapporter à l'article 170 du décret du 27 novembre 1991, l'administration provisoire étant spécifiquement réservée aux cas prévus par l'article 173 [4] dudit décret.

Les conditions de nomination du ou des suppléants doivent s'appliquer de la même manière, qu'il s'agisse de la conséquence d'un empêchement ou d'une omission. Elles résultent soit du choix du ou des suppléants par l'avocat omis ou empêché parmi les avocats inscrits au même barreau, qui en avise aussitôt le bâtonnier [5], soit de la désignation par le bâtonnier si le choix n'est pas exercé ou si l'avocat se trouve dans l'impossibilité d'exercer ce choix [6].

Au cas de suppléance, le cabinet de l'avocat suppléé ne disparaît pas. Il continue à survivre. Le suppléant a la possibilité, non seulement de traiter les affaires passées, mais d'en recevoir de nouvelles, même au cas de suspension de l'avocat suppléé.

L'avocat suppléant peut renvoyer le dossier au client, à charge de faire désigner un autre suppléant, lorsque la représentation en justice est obligatoire [7].

Le bâtonnier porte à la connaissance du procureur général le nom du ou des suppléants choisis ou désignés. Il est mis fin à la suppléance par le bâtonnier soit d'office, soit à la requête du suppléé, du suppléant ou du procureur général [8].

Le recours contre la décision du bâtonnier statuant sur une requête en matière de suppléance, en l'absence de partie adverse, doit être exercé selon les règles applicables à la procédure en matière gracieuse [9]. Ainsi le bâtonnier, autorité ayant rendu la décision attaquée, ne peut être intimé devant la cour d'appel, la seule désignation de la décision attaquée est suffisante dans l'acte formalisant le recours.

244.13 **Durée de la suppléance.** La suppléance ne peut excéder un an, renouvelable une fois par le bâtonnier pour une même durée [10]. On doit considérer que ce délai s'impose quel que soit le mode de désignation du suppléant, bien qu'il ne figure qu'à l'article 171 du décret du 27 novembre 1991 lorsque la désignation du suppléant procède du bâtonnier et non à l'article 170 du décret du 27 novembre 1991 lorsque le suppléant est choisi par l'avocat.

L'avocat suppléé pour cause d'empêchement temporaire d'exercice reste, hors cas d'omission, inscrit au tableau mais perd le pouvoir d'exercer les prérogatives attachées au ministère d'avocat. Dans ce cas, la décision du bâtonnier de mettre fin à la suppléance n'oblige pas l'avocat suppléé à demander sa réinscription.

244.14 **Pouvoirs et compétences du suppléant.** Le suppléant assure la gestion du cabinet. Il accomplit lui-même tous les actes professionnels dans les mêmes conditions qu'aurait pu le faire le suppléé [11]. Il s'agit donc d'une mission complète qui concerne les actes d'administration du cabinet (embauche, comptabilité, gestion, licenciement...) et tous les actes directement tirés de la fonction de l'avocat (assistance, représentation, consultation). Une différence peut cependant être faite entre la mission du suppléant de l'avocat omis et de celui de l'avocat empêché. Pour le premier, le suppléant doit se constituer aux lieux et place pour les actes de représentation (postulation), pas pour le second, l'avocat suppléé restant seul titulaire du mandat *ad litem* entre lui et son client.

Les suppléants désignés par le bâtonnier, qui remplacent provisoirement l'avocat empêché, pour les actes de procédure, ont une mission d'ordre public. Ils ne peuvent donc avoir la qualité de tiers

1. Décr. n° 91-1197, 27 nov. 1991, art. 105.
2. Décr. n° 91-1197, 27 nov. 1991, art. 170.
3. Civ. 1re, 16 nov. 2016, n° 15-26.852, P I ; *D.* 2016. 2412 ; *Gaz. Pal.* 6 juin 2017, n° 21, p. 19, obs. D. Landry ; *JCP* 2017. Doctr. 660, n° 3, obs. C. Caseau-Roche.
4. CNB, Comm. RU, avis n° 2012-017, 9 mai 2012 ; C. avocat 2021, ss décr. 27 nov. 1991, art. 170, note *in fine*.
5. Décr. n° 91-1197, 27 nov. 1991, art. 170.
6. Décr. n° 91-1197, 27 nov. 1991, art. 171.
7. Bordeaux, 25 févr. 1980, *Gaz. Pal.* 1980. I. 330, note A. Damien.
8. Décr. n° 91-1197, 27 nov. 1991, art. 172.
9. Civ. 1re, 3 mai 2018, n° 17-16.454, P I ; *JCP* 2018. 765, note M. Attal ; *JCP* 2018. Doctr. 1023, note 14, obs. S. Grayot-Dirx ; *D. actu.* 17 mai 2018, obs. J. Jourdan-Marques ; *Gaz. Pal.* 4 déc. 2018, n° 42, p. 27, note J. Villacèque.
10. Décr. n° 91-1197, 27 nov. 1991, art. 171, al. 2.
11. Décr. n° 91-1197, 27 nov. 1991, art. 171, al. 3.

saisis à l'égard de leur confrère empêché, au sens de l'article 577 du code de procédure civile. Ils ne sont en effet, ni leur mandataire, ni dépositaires, mais s'identifient à lui, à seule fin de diligenter les actes de procédure, à ses lieu et place, pour ne pas nuire aux intérêts légitimes des justiciables[1].

À défaut de mission particulière donnée par le bâtonnier au suppléant, celui-ci ne dispose pas du pouvoir de déclarer l'état de cessation de paiement de l'avocat suppléé[2].

244.15 Rémunération du suppléant. En cas de suppléance, il y a lieu de rémunérer le suppléant[3]. Les traditions du barreau étaient muettes sur ce point et généralement l'avocat suppléant abandonnait au confrère ou à sa famille la totalité des honoraires qu'il avait pu percevoir pendant sa suppléance. La rémunération doit être fixée conventionnellement entre les parties, notamment lorsque le suppléant est désigné par le suppléé. Le pouvoir du bâtonnier dans ce domaine n'est que de pallier la carence du suppléé dans la désignation et non de s'immiscer *a priori* dans la convention de rémunération. En revanche, il retrouve son traditionnel pouvoir d'arbitrage quand il est saisi d'une difficulté par un des avocats. Le règlement intérieur ou une décision du bâtonnier ou un accord intervenu entre les confrères, fixera ainsi le mode de rémunération du suppléant et du suppléé[4].

SECTION 2
ADMINISTRATION PROVISOIRE DU CABINET

244.21 Cas d'ouverture. L'administration provisoire est ouverte en cas de décès, de suspension provisoire, d'interdiction temporaire d'exercice, de radiation, ou à l'issue de deux ans de suppléance[5].

La désignation d'un ou plusieurs administrateurs n'est pas laissée au choix de l'avocat. Elle procède exclusivement du bâtonnier qui doit en informer le procureur général. Au regard de son statut, un avocat honoraire ne peut être investi par le bâtonnier des missions dévolues à l'administrateur d'un cabinet.

• Administration provisoire d'un cabinet mis en liquidation judiciaire. En matière de procédure collective à l'encontre d'un membre d'une profession réglementée soumise au secret, les textes prévoient[6] que le tribunal désigne lors de l'ouverture de la procédure de liquidation judiciaire un représentant de l'ordre professionnel dont il relève aux fins d'exercer les actes de la profession, lequel pourra déléguer cette mission à un autre membre de la profession. La mission de l'administrateur provisoire, alors que le tribunal n'a pas accordé de poursuite d'activité, ne serait-ce que pour les besoins de la cessation d'activité, est forcément limitée. L'administrateur provisoire ne peut effectuer que des actes conservatoires : transmission des dossiers à d'autres confrères, avis aux clients de choisir un autre avocat avec information sur d'éventuels délais, exécution d'actes urgents afin d'éviter une aggravation de la situation. Il ne peut se prévaloir de la convention d'honoraires signée par l'avocat en liquidation pour des diligences postérieures à l'ouverture de la procédure de liquidation judiciaire[7]. D'autres missions de représentation paraissent exclues dès lors que l'objectif poursuivi est la cessation de l'activité[8].

244.22 Obligations de l'administrateur. L'administrateur remplace l'avocat administré dans toutes ses fonctions, assure la gestion du cabinet, le substitue dans toutes décisions en relation avec l'exercice professionnel. À cet effet, il peut notamment résilier le bail des locaux professionnels, licencier le personnel, mettre fin aux contrats de collaboration et de travail et à tout contrat dont la poursuite est incompatible avec une gestion normale du cabinet et la situation de l'administré.

Il perçoit à son profit uniquement les rémunérations relatives aux actes qu'il a accomplis[9]. Il s'agit d'une perception au profit du compte d'administration. Il paye à concurrence de ces rémunérations les charges afférentes au fonctionnement du cabinet sans être personnellement tenu au-delà des sommes perçues.

L'administrateur remplace l'avocat administré dans toutes ses fonctions. Aussi, il a droit à une rémunération qui constitue une charge du cabinet de l'avocat administré et qui est fixée par le bâtonnier[10].

• Procédure de taxation des honoraires. L'administrateur désigné représente l'avocat qu'il remplace

1. T. Paris, ord. prés., 13 juin 1977, *Gaz. Pal.* 1977. II. 655.
2. CNB, Comm. RU, avis n° 2010-023, 17 mai 2010 ; C. avocat 2021, s[s] décr. 27 nov. 1991, art. 172, note 2.
3. Reims, 19 janv. 1978, *Gaz. Pal.* 1978. I. 42 – Civ. 1re, 17 juill. 1996, n° 92-19.017, P I, n° 323 ; *Gaz. Pal.* 8 mai 1997. Pan. 13.
4. Civ. 1re, 8 mai 1979, n° 78-11.026, P I, n° 132 ; *Gaz. Pal.* 1979. Somm. 390 : qui décide qu'aucun texte n'interdit au suppléant d'accepter des affaires nouvelles pour le compte de l'avocat suspendu.
5. Décr. n° 91-1197, 27 nov. 1991, art. 173, al. 1.
6. C. com., art. L. 641-1 et R. 641-36-1.
7. CNB, Comm. RU, avis n° 2019-031, 20 sept. 2019 ; C. avocat 2021, s[s] décr. 27 nov. 1991, art. 173, note 7.
8. CNB, Comm. RU, avis n° 2012-020, 20 juin 2012 ; C. avocat 2021, s[s] décr. 27 nov. 1991, art. 173, note 5.
9. Décr. n° 91-1197, 27 nov. 1991, art. 173, al. 2.
10. CNB, Comm. RU, avis n° 2006-032, 26 mai 2006 ; C. avocat 2021, s[s] décr. 27 nov. 1991, art. 173, note 3.

et en aucun cas le ou les clients dans une procédure de taxation des honoraires devant le bâtonnier. Rien ne s'oppose à ce qu'il réponde favorablement à certaines demandes de restitution si elles lui paraissent justifiées au regard des éléments du dossier et des critères de fixation des honoraires [1].

244.23 **Cessation de l'administration provisoire.** L'administration provisoire cesse de plein droit dès la fin de la suspension provisoire ou de l'interdiction temporaire et, dans les autres cas, par décision du bâtonnier [2].

1. CNB, Comm. RU, avis n° 2013-013, 25 avr. 2013 ; C. avocat 2021, s^{s} décr. 27 nov. 1991, art. 173, note 6.

2. Décr. n° 91-1197, 27 nov. 1991, art. 173, al. 4.

LIVRE

3. LES PRINCIPES ESSENTIELS DE LA PROFESSION D'AVOCAT

SECTION 0

ORIENTEUR

3.00 Sommaire du livre.

Division – Principes essentiels. Dix-sept principes essentiels « guident le comportement de l'avocat en toutes circonstances »[1], et tout manquement à ceux-ci, même se rapportant à des faits extraprofessionnels, peut donner lieu à des sanctions disciplinaires[2]. Les règles déontologiques de la profession d'avocat y puisent leurs sources. La déontologie est à l'origine de ces principes essentiels (titre 31), dont cinq figurent dans le serment de l'avocat (titre 32), huit concernent l'exercice de ses fonctions par l'avocat (titre 33), au lieu de sept depuis l'ajout du principe égalité et non-discrimination, et quatre concernent les rapports de l'avocat avec ses clients (titre 34).

3.03 Bibliographie indicative.

* Aussi : v. s^s^ n° 013.00 s.

1. Décr. n° 2005-790, 12 juill. 2005 relatif aux règles de déontologie de la profession d'avocat, *JO* 16 juill., n° 22, art. 1er.
2. Décr. n° 91-1197, 27 nov. 1991 organisant la profession d'avocat, *JO* 28 nov., p. 15502, art. 183.

TITRE

31. À l'origine des principes essentiels, la déontologie

SECTION 0
ORIENTEUR

31.00 **Sommaire du titre.**

Division. La déontologie actuelle résulte d'une longue maturation (chap. 311) qui a ensuite été inscrite dans le droit positif tant à travers des sources de droit interne que du droit de l'Union européenne (chap. 312). Son expression est inséparable de l'évolution du costume professionnel (chap. 313) comme du serment (chap. 314), et se traduit sous la forme de principes essentiels (chap. 315), au nombre de dix-sept, depuis l'ajout du principe égalité et non-discrimination.

31.01 **Textes applicables.**

TEXTES TITRÉS

• **L. n° 71-1130, 31 déc. 1971**

art. 3 [Cinq principes du serment]

• **Décr. n° 2005-790, 12 juill. 2005**

art. 1er [Respect des principes essentiels de la profession d'avocat en toutes circonstances]

art. 3 [Respect des seize principes : cinq dans le respect du serment, sept dans l'exercice des fonctions, quatre à l'égard des clients]

• **RIN**

art. 1.3 Respect et interprétation des règles [Respect des dix-sept principes : cinq dans le respect du serment, huit dans l'exercice des fonctions, quatre à l'égard des clients]

art. 6.1, al. 4 – Missions de l'avocat [Respect des principes essentiels en toutes circonstances]

31.03 **Bibliographie indicative.**

* Aussi : v. ss n° 3.03.

CHAPITRE

311. Évolution de la déontologie

SECTION 0 ORIENTEUR

311.00 **Sommaire du chapitre.**

Division. La déontologie est apparue au début du XIXe siècle (sect. 1) sur le fondement d'une morale commune issue de la pratique professionnelle (sect. 2), qui a connu un reflux dans le sens d'une déontologie de restriction (sect. 3) avant d'évoluer sous l'influence d'un réinvestissement du conseil juridique par les avocats vers une déontologie subjectivisée (sect. 4).

311.03 **Bibliographie indicative.**

* Aussi : v. ss no 31.03.

Thèses. A. Boigeol, *Les avocats et les justiciables démunis : de la déontologie au marché professionnel*, Th. Paris, 1980 – V. Cabrol, *Déontologie et droit*, Th. Toulouse, 2000 – P. Capitaine, *Les ordres professionnels en droit privé*, Th. Montpellier, 2006 – J.-P. Carton, *Contribution à l'élaboration du droit disciplinaire professionnel*, Th. Lille, 1995 – J. Delahousse, *L'inscription et la discipline dans les ordres professionnels*, Th. Lille, 1957– Y. Latella, *La déontologie des avocats : l'exemple des barreaux du sud-est (1870-1972)*, Th. Nice, 2013 – J. Moret-Bailly, *Les déontologies*, Puam, 2001 – L. Puech-Coutouly, *Droit et déontologie des professions libérales*, Th. Toulouse, 2005.

Monographies anciennes.

> **Antiquité.** Code de Justinien, titres VI à IX, *De postulando ; De advocatis diversorum iudiciorum ; De advocatis fisci ; De errore advocatorum vel libelles seu preces concipientium*, 529.

> **Ancien Régime.** B. Agricola, *De qualitatibus et officio boni advocati*, Naples, 1618 – P. Biarnoy de Merville, *Règles pour former un avocat*, Paris, 1711, Nouvelle éd., Mesnier, 1741 ; puis A.-G. Boucher d'Argis, *Règles pour former un avocat*, Durand, Pissot, 1753, Nouvelle éd., Durand, 1778 ; *Histoire abrégée de l'ordre des avocats et les règlements qui concernent les fonctions et prérogatives attachées à cette profession*, Durand, 1788 – G. Blanchard, *Compilation chronologique contenant un recueil en abrégé des ordonnances édits déclarations et lettres patentes des rois de France qui concernent la justice, la police et les finances*, Vve Moreau, Paris, 1715, 2 vol. – J. Bouchet, *Épistres morales et familières du Traverseur*, Poitiers, 1545 – J. van Bouricius, *Sive de advocati munere et officio*, Amsterdam, 1604 ; rééd. Magdebourg, 1716 – G. du Breuil, *Stilus curie parlamenti*, 1330 – A.-G. Camus, *Lettres sur la profession d'avocat et recueil de pièces concernant cette profession* (1772), suivi de *Bibliothèque choisie des livres de droit qu'il est le plus utile d'acquérir et de connaître* (1777), 3e éd., chez Gilbert et compagnie, an XIII-1805 ; 4e éd., revue par A. Dupin, P. Warée, 1818 ; 5e éd., revue par A. Dupin, P. Warée, 1832 – J.-B. Caccialupi et G.-P. Lancellotti, *De officio advocati*, 1589 – F.-B. Cocquard, *Lettres ou dissertations où l'on fait voir que la profession d'Avocat est la plus belle de toutes les professions*, Londres, 1733 – J.-B. Denisart, *Collection de*

décisions nouvelles et de notions relatives à la jurisprudence actuelle : XVIIIe-XIXe siècle, dit « ancien Denizart », vº *Avocat*, Paris, Éditions Didot, 1754 ; *Collection de décisions nouvelles et de notions relatives à la jurisprudence, donnée par Me Denisart, mise dans un nouvel ordre, revue et augmentée : XVIIIe-XIXe siècle*, par J.-B.-F. Bayard et A.-G. Camus, dit « nouveau Denizart », vº *Avocat*, Paris, Vve Desaint et Lamy, 1783 – J. Domat, *Les quatre livres du droit public*, Livre II, titre VI, *Des avocats*, Paris, Jean-Baptiste Coignard, 1697 – C.-J. de Ferrière, *Dictionnaire de droit et de pratique*, Paris, vº *Avocats*, 1re éd., Paris 1717 ; 2e éd., Paris, 1734 ; 3e éd., Paris, Brunet, 1740 ; repris par A.-G. Boucher d'Argis : 4e éd., Paris, Brunet, 1749 ; 5e éd., Paris, Bauche, 1771 – F. Fyot de la Marche, *L'éloge et les devoirs de la profession d'avocat*, Paris, N. Mazuel, 1713 – P.-L.C. Gin, *De l'éloquence du barreau, contenant l'histoire des progrès de l'éloquence du barreau, les qualités nécessaires & les règles pour former un avocat*, Laporte, 1776 – M. Husson, *De advocato*, 5 vol., Paris, 1666 – C. Jesu, *Institution de l'advocat*, Paris, Auvray, 1604 – D. Jousse, *Traité de l'administration de la justice*, 2 vol., Paris, Debure, 1771 – B. de la Roche-Flavin, *Treize livres des parlements de France*, chap. III, Bordeaux, Simon Millanges, 1617 – A. Loisel, *Pasquier ou dialogue des avocats du parlement de Paris*, 1602, rééd. Videcoq, 1844 – C. de l'Oulmeau dit Ulmeus, *De advocati studio*, 1550 – Ch. Loyseau, *Cinq Livres du droit des offices*, Chap. VIII, Paris, Abel l'Angelier, 1610 ; 2e éd., Veuve d'Abel l'Angelier, 1613 – J.-B. Magonio, *Cynosura advocatorum*, Saurius, Francfort, 1610 – A. Poulvé, *De advocatorum privilegiis fori oratio*, Paris, 1560 – Th.-Fr. Thibault, *Tableau de l'avocat*, Nancy, P. Antoine, 1737.

> **Rétablissement.** E.-E. de Boinvilliers, *Principes et morceaux choisis d'éloquence judiciaire, études et devoirs de l'avocat*, Paris, A. Eymery, 1826 – R. Brazier, *La tradition du barreau de Bordeaux : délibérations du conseil de l'Ordre de 1806 à 1910*, Bordeaux, Delbrel, 1910 – D. et A. Dalloz (dir.), *Répertoire méthodique et alphabétique de législation et de jurisprudence*, 2e éd., tome V, Paris, 1847, vº *Avocats* par A. Dalloz – A. Douay, *Des devoirs de l'avocat : usages généraux de la profession d'avocat et usages particuliers au barreau de Valenciennes*, L. Larose et L. Tenin, 1910 – A. Dupin, *Profession d'avocat : recueil des pièces concernant l'exercice de cette profession*, B. Warée aîné, 1830-1832, rééd. Durand, 1851 ; *Manuel des étudiants en droit et des jeunes avocats*, Joubert, 1835 – H.-B. Gibault, *Guide de l'avocat, ou essais d'instructions pour les jeunes gens qui se destinent à cette profession*, Paris, Beaucé, 1814 – S.-L. Johanet, *Le Barreau d'Orléans au XIXe siècle, 1800-1900*, Orléans, G. Michau, 1900 – A. Lacan, *Notes pour les réunions de colonne*, G. Pedone-Lauriel, 1881 – Ph.-A. Merlin, dit Merlin de Douai, *Répertoire universel et raisonné de jurisprudence*, vº *Avocat*, 4e éd., Paris, Garnery, 1812-1824 – F.-E. Mollot, *Règles de la profession d'avocat, suivies 1º des usages, lois et règlements, 2º des précédents du conseil de l'Ordre des avocats à la Cour impériale de Paris*, avec commentaires et observations, 1re éd., Durand, 1842 ; 2e éd., Joubert, 1866 – A. Morin, *De la discipline des cours et tribunaux, du barreau et des corporations d'officiers publics*, 1re éd., Paris, Cosse et N. Delamotte, 1846 ; 2e éd., Paris, Joubert, 1847 ; 3e éd., Paris, A. Durand et P. Lauriel, 1868 – F.-A. Sébire, F.-N. Carteret (dir.), *Encyclopédie du droit*, Paris, Mellier, 1842, vº *Avocats* par Ph.-S. Dupin.

> **XXe siècle.** J. Appleton, *Traité de la profession d'avocat. Organisation. Règles et usages. Technique professionnelle*, Dalloz, 1re éd., 1923 ; 2e éd., 1928 ; 3e éd., 1929 – J.-M. Braunschweig (dir.), *Profession d'avocat : Le guide*, 1re éd., 2008 ; 2e éd., 2011 ; 3e éd., 2014 ; 4e éd., Lamy, 2017 – Coll., *Règles et usages du barreau de Rouen*, Barreau de Rouen, 1980 – L. Crémieu, *Traité de la profession d'avocat*, Durand-Auzias, 1re éd., 1939 ; 2e éd., 1954 – E. Cresson, *Usages et règles de la profession d'avocat, jurisprudence, ordonnances, décrets et lois*, L. Larose et Forcel, 1888 ; *Abrégé des usages et règles de la profession d'avocat*, L. Larose, 1896 ; 2e éd., 1900 ; 3e éd., 1907 – G. Duveau et F. Payen, *Les règles de la profession d'avocat et les usages du barreau de Paris*, Pedone, 1926 ; 2e éd., Sirey, 1936 puis J. Lemaire, *Les règles de la profession d'avocat et les usages du barreau de Paris*, 3e éd., LGDJ, 1966 ; 4e éd., LGDJ, 1975 – L. Gardenat, *Traité de la profession d'avocat*, Paris, Éditions Godde, 1931 – A. Liouville, *Abrégé des règles de la profession d'avocat*, Marchal, Billard et Cie, 1883 – F. Liouville, *Profession d'avocat : Lois et règlements depuis Charlemagne*, Simonet-Delaguette, 1859 ; *Devoirs, honneur, avantages, jouissances de la profession d'avocat*, Simonet-Delaguette, 1857 ; *De la profession d'avocat, principes, histoire, lois et usages*, Cosse et Marchal, 1856 ; 2e éd., 1857 ; 3e éd., 1864 ; 4e éd., 1868 ; *Paillet ou l'avocat, Conseils d'un ancien aux stagiaires sur l'exercice de la profession d'avocat*, Paris, Marchal-Billard, 1880 – R. Martin, *Déontologie de l'avocat*, 1re éd., Litec, 1995 ; 2e éd., 1997 ; 3e éd., 1998 ; 4e éd., 1999 ; 5e éd., 1999 ; 6e éd., 2001 ; 7e éd., 2002 ; 8e éd., 2004 ; 9e éd., 2005 ; 10e éd., 2008 puis J.-Ch. Caron et M. Diemunsch, *Déontologie de l'avocat*, 11e éd., « Droit & professionnels », LexisNexis, 2013 – J. Monéger, M.-L. Demeester, *Profession Avocat*, Dalloz, 2001 – E. et G. Raviet, *Guide-Manuel de l'avocat inscrit à un barreau*, Marchal et Billard, 1937 – G. Théry, *Les usages du barreau de Lille*, Barreau de Lille, 1908 – J.-Cl. Woog, *Pratique professionnelle de l'avocat*, 1re éd., 1987 ; 2e éd. 1991 ; 3e éd., 1993 ; 4e éd., Litec, 2001.

Monographies contemporaines.

> **Générales.** Y. Avril, *Responsabilité des avocats*, 1re éd., Dalloz, 1981 ; 2e éd., 2008 ; 3e éd., « Dalloz Référence », 2014 ; 4e éd., 2021 – J. Hamelin, *Abrégé des règles de la profession d'avocat : Décret du 10 avril 1954*, Dalloz, 1954 – J. Hamelin, *Nouvel abrégé des règles de la profession d'avocat*, Dalloz, 1968 ; puis J. Hamelin et A. Damien, 2e éd., 1973, *Les règles de la nouvelle profession d'avocat*, 3e éd., 1977 ; 4e éd., 1981 ; *Règles de la profession d'avocat*, 5e éd., 1987 ; 6e éd., 1989 ; 7e éd., 1992 ; 8e éd., 1995 ; 9e éd., 2000 puis A. Damien et H. Ader, *Règles de la profession d'avocat*, 10e éd., 2004 ; 11e éd., 2006 ; 12e éd., 2008 ; 13e éd., 2010 ; 14e éd., 2013 puis S. Bortoluzzi, D. Piau et Th. Wickers, *Règles de la Profession d'avocat*, 15e éd., 2016 ; 16e éd., 2017.

> **Spécifiques.** Archives de philosophie du droit, *Déontologie et discipline professionnelle*, Sirey, 1953-1954 – J.-L. Bergel (dir.), *Droit de déontologies professionnelles*, Puam, 1997 – Collectif, *Les déontologies des professions du droit : quel avenir ?*, « Lamy – Axe droit », 2010 – Collectif, *Confrater-*

nité et concurrence, À la recherche d'une déontologie inspirée, Anthemis, 2010 – A. Damien, *Le barreau quotidien*, Henri Lefebvre, 1971 ; *La vie spirituelle de l'avocat au XVIIe siècle*, Versailles, Apil, 1975 ; *Les avocats du temps passé*, Henri Lefebvre, 1973 ; *Être avocat aujourd'hui*, Apil, 1981 ; *La profession d'avocat, Jurisprudence française*, Litec, 1991– N. Fricero (dir.), *Éthique et professions judiciaires*, Juridiques et techniques, 2004 – M. Garçon, *L'avocat et la morale*, Buchet/Chastel, 1963 – Haut conseil des professions du droit (dir.), *Les règles déontologiques au service des usagers du droit*, Dalloz, 2013 – Y. Kevers (dir.), *L'éthique de l'avocat : outil de marketing ou d'engagement ?*, Anthemis, 2014 ; *La déontologie contre le droit ?*, Larcier, 2018 – J. Moret-Bailly, D. Truchet, *Déontologie des juristes*, « Licence droit », Puf, 2010 ; *Pour une autre déontologie des juristes*, Puf, 2014 ; *Droit des déontologies*, Puf, 2016 – F. Payen, *Le barreau : L'art et la fonction*, Grasset, 1934 – Ch. Pujalte, E. de Lamaze, *L'avocat, le juge et la déontologie*, Puf, 2009 – J. Royer, *La société judiciaire depuis le XVIIIe siècle*, Puf, 1979.

Contributions. H. Ader, « La déontologie des avocats », *in Éthiques et professions judiciaires*, Éditions juridiques et techniques, 2004, p. 57 – A. Damien, « La déontologie de l'avocat hors du prétoire », *in Mél. Hébraud*, PU Toulouse, 1981, p. 253 ; « La tradition du Barreau français », *in* J. Hamelin – A. Damien, *Les règles de la nouvelle profession d'avocat*, 4e éd., Dalloz, 1981, annexe, p. 395 à 476 ; « Pouvoir judiciaire et vertu : les 3 tentations du magistrat », *L'argent et le droit*, « Archives de philosophie du droit », Dalloz, 1997, p. 233 – D. Gutmann, « L'obligation déontologique entre l'obligation morale et l'obligation juridique », *L'obligation*, « Archives de philosophie du droit », Dalloz, 2000, p. 115 – A. Jaunait, « Éthique, morale et déontologie », *in* E. Hirsch (dir.), *Traité de bioéthique*, t. I, *Fondements, principes, repères*, Toulouse, Érès, « Espace éthique – Poche », 2010, p. 107 s. – J. Krynen, « La déontologie ancienne de l'avocat (France : Ier-VIIe siècle) », *in* J. Krynen (dir.), *Le droit saisi par la morale*, Presses de l'Université Toulouse 1 Capitole, LGDJ – Lextenso Éditions, 2005 p. 333 – J. Moret-Bailly, « Qu'est-ce que la déontologie ? », *in* B. Beignier, J. Villacèque (dir.), *Droit et déontologie et de la profession d'avocat*, 2e éd., Gazette du Palais, 2016, p. 55 s ; « Les sanctions des règles déontologiques, Particularité ou banalité ? », *in* C. Chainais, D. Fenouillet (dir.), *Les sanctions en droit contemporain*, Dalloz, 2012, t. I, p. 473 – Ph. Stoffel-Munck, « Déontologie et morale », *in* J.-L. Bergel (dir.), *Droit de déontologies professionnelles*, Puam, 1997, p. 63.

Articles. J.-M. Braunschweig, « Avocats : la défense des principes essentiels », *Gaz. Pal.* 5-6 oct. 2005, p. 2 – J.-F. Brégi, « Les règles de la profession d'avocat dans l'ordonnance d'octobre 1535 », *RSIHPA* 4/1992, p. 143 – S. Challan-Belval, « La déontologie est-elle surannée ? », *Gaz. Pal.* 24 nov. 2020, p. 3 – A. Chèrier, « Les possibilités d'unification des règles des barreaux français », *Bull. UJA Paris* 1934/1937, p. 77 – A. Damien, « Éléments de civilité puérile et honnête à l'usage des avocats », *Gaz. Pal.* 1985. Doctr. 222 – J.-Fr. Kerléo, « Archéologie des rapports entre le droit et la déontologie en France », *Revue d'études benthamiennes* [En ligne], 13 I 2014 – D. Landry, « Que reste-t-il des principes essentiels à la profession d'avocat ? », *Gaz. Pal.* 5 oct. 2013, p. 10 – R. Libchaber, « Déontologie et droit étatique », *RTD civ.* 1998. 218 – R. Martin, « Déontologie de la profession libérale », *RJB* 2000, no 59/70, p. 176 – P. Michaud, « Le serment de Badinter : un socle pour le développement économique des avocats », *Gaz. Pal.* 3-5 sept. 2006, p. 2 – J. Moret-Bailly, « Où est la déontologie des avocats ? », *RTB* no 46/47, juill. 1997, p. 23 ; « L'enseignement de la déontologie des juristes est-il nécessaire ? », *D.* 2020. 1313 – D. Paquet et B. Vatier, « Un règlement intérieur par décret pour les avocats », *Gaz. Pal.* 14-15 sept. 2005, p. 2 – D. Piau, « Unification des règles déontologiques ou guerre picrocholine ? », *Gaz. Pal.* 8-10 janv. 2012, p. 19 ; « Unification des règles déontologiques (suite...) : Divide ut regnes ? », *Gaz. Pal.* 21-22 févr. 2014, p. 7 ; « Déontologie 2.02.0 : le retour des principes essentiels », *D. avocats*, 2016. 240 – J.-Cl. Woog, « L'activité de l'avocat, globale, spécialisée ou dominante, et son image auprès du public », *JCP* 1989. I. 3413.

Code. H. Cauvain, *Code de l'avocat*, par MM. A. Franque, H. Cauvain, Paris, Paulin, 1841.

Rapports. J.-M. Varaut, *Mission de réflexion et de propositions en vue de l'élaboration d'un code des professions judiciaires et juridiques*, La Documentation française, 1998 – Conseil d'État, *Étude annuelle 2013 : Le droit souple*, « Rapports officiels », vol. 64, La Documentation française, 2013.

SECTION 1

LA DÉONTOLOGIE : UNE SCIENCE DES DEVOIRS PROFESSIONNELS

311.11 **Définition.** La déontologie est le nom barbare que l'on donne à la science dont l'objet est l'étude des règles morales et juridiques qui doivent régir une profession. Que signifie cette expression dont on fait usage depuis quelques décennies ? L'étymologie de ce mot éclaire son sens : en grec ancien, *deon* signifie « ce qu'on a le devoir de faire » et *logos* se traduit par « discours » ou par extension la « raison » ou la « doctrine »[1] sur cette matière. Jadis, le mot était inconnu et on ne parlait que des règles et usages du barreau pour définir l'objet de la science des déontologues du passé.

Le mot est, en effet, récent si la chose est ancienne. Jeremy Bentham[2], philosophe anglais fondant la morale sur l'intérêt, crée le mot « déontologie » au début du XIXe siècle[3]. Émile Littré[4] le note pour la première fois en 1874 comme néologisme non

1. E. Littré, *Dictionnaire de la langue française*, Paris, Hachette, 1874, p. 1062.
2. Jeremy Bentham [1748-1832].
3. J. Bentham, J. Bowring (editor), *Deontology : or, the Science of Morality*, 2 vol., Longman, Rees, Orme, Brown, Green & Longman, London, 1834 – J. Bentham, traduit par B. Laroche, *Déontologie ou science de la morale*, Charpentier, 1834 – J. Bentham, *Déontologie ou science de la morale*, Éd. François Dagognet, Encre marine, 2006.
4. Émile Littré [1801-1881].

encore accepté par l'Académie française et le définit comme : « Terme didactique. Science des devoirs »[1].

311.12 Science nouvelle. Paul Janet[2], le premier, lui confère ses lettres de noblesse, dans un article de la *Revue des Deux mondes* du 1er novembre 1874[3] où il écrit notamment : « Si la morale doit continuer à être déontologique, comme nous le pensons, n'est-il pas évident qu'il faut connaître nos devoirs avant de les pratiquer. » Le mot nouveau recouvrait donc, dans une certaine mesure, une science nouvelle.

Les règles et usages anciens constatés comme tels, possédaient de ce seul fait une vertu normative, la morale courante suffisant au surplus à déterminer l'esprit de chaque profession et à enseigner leurs devoirs à ses membres.

311.13 Science des devoirs professionnels. Au XIXe siècle, on dépasse cette notion pour aboutir à celle d'une science des devoirs professionnels. Une science exigeant des membres de chaque profession une attention plus particulière aux difficultés qui s'y posent du point de vue de la morale. L'usage ancien ne suffit plus à régir la profession du seul fait de son antiquité, il lui faut encore être considéré comme nécessaire et salutaire par la profession.

C'est le passage de la notion d'usage à celle de déontologie, même si l'emploi de la notion de « règles et usages de la profession d'avocat » demeure toutefois, à raison, vivace.

SECTION 2
À L'ORIGINE DES DEVOIRS PROFESSIONNELS : UNE MORALE COMMUNE

311.21 Déontologie primitive de l'avocat. La déontologie primitive de l'avocat, peu différenciée, peu imaginative, est extraite des traditions orales, et non d'un règlement écrit inexistant ou peu précis.

Au cours du XIVe siècle[4], l'on voit émerger les premières synthèses d'un droit processuel incluant l'exercice de « leur art » par les avocats[5], l'« *advocation* », et insistant notamment sur la contenance et l'humilité que doit manifester l'avocat en raison de son rôle : Pierre de Fontaines et son *Conseil que Pierre de Fontaines donna à son ami*[6], en 1253, Guillaume Durand[7], et son *Speculum judiciale*[8] en 1271, Philippe de Beaumanoir[9] et ses *Coutumes de Beauvaisis*[10] en 1283, ou encore Guillaume du Breuil[11], et son *Stilus Curie Parlamenti*[12] en 1331. Mais il faut attendre le XVIe siècle pour voir apparaître les premiers écrits spécifiquement consacrés à la profession d'avocat[13], pour la plupart en langue latine, et notamment Antoine Loisel[14], sous Henri IV, qui dans son *Pasquier*[15] *ou Dialogue des avocats du Parlement de Paris* en pose les premières assises d'une déontologie professionnelle en 1602[16]. Par la suite, François Fyot de la Marche[17] écrit, en 1713, son *Éloge et devoirs de la profession d'avocat*[18], et Pierre Biarnoy de

1. E. Littré, *Dictionnaire de la langue française*, Paris, Hachette, 1874, p. 1062.
2. Paul Janet (1823-1899) : Son frère, Jean Jules Janet [1813-1894], avocat, fut le collaborateur d'Armand [1797-1857] et Désiré Dalloz [1795-1869], puis d'Édouard Dalloz [1826-1886] et Charles-Henri Vergé [1810-1890] pour la rédaction du « *Répertoire* » et des premiers « *Codes* » annotés.
3. P. Janet, « La science sociale et la philosophie anglaise », *Revue des Deux mondes*, t. VI, 1er nov. 1874, première quinzaine, p. 6.
4. V. ss nos 023.23 s.
5. S. Peralba, « Des coutumiers aux styles. L'isolement de la matière procédurale aux XIIIe et XIVe siècles », *Cahiers de recherches médiévales* [En ligne], 7/2000.
6. M.-A.-J. Marnier (éd.), *Le Conseil de Pierre de Fontaines ou traité de l'ancienne jurisprudence française*, Durand et Joubert, Paris, 1846.
7. Guillaume Durand [1230-1296].
8. G. Durand, *Spéculum, Miroir, ou Tableau de la science du droit*, 1271.
9. Philippe de Beaumanoir [1250-1296].
10. A. Salmon (éd.), *Coutumes de Beauvaisis : texte critique publié avec une introduction, un glossaire et une table analytique*, Paris, A. Picard et fils, 1899-1900.
11. Guillaume du Breuil [1280-1344] ; H. Lot, « Additions aux renseignements recueillis sur l'avocat du Breuil », *Bibliothèque de l'École des chartes*, 1863, n° 24, p. 119 s. – E. Déprez, « Clément VI et Guillaume du Breuil », *Mélanges de l'école française de Rome*, année 1899, n° 19, p. 549.
12. S. Peralba, Autour du stilus de Guillaume Dubreuil (vers 1331) : étude des caractères du droit processuel au parlement, Presses Universitaires de la Faculté de droit de Clermont, 2006.
13. B. Agricola, *De qualitatibus et officio boni advocati*, Naples, 1618 – J. Bouchet, *Épistres morales et familières du Traverseur*, Poitiers, 1545 – J. van Bouricius, *Sive de advocati munere et officio*, Amsterdam, 1604 ; rééd. Magdebourg, 1716 – J.-B. Caccialupi et G.-P. Lancellotti, *De officio advocati*, 1589 – M. Husson, *De advocato*, 5 vol., Paris, 1666 – C. Jesu, *Institution de l'advocat*, Auvray, Paris, 1604 – B. de la Roche-Flavin, *Treize livres des parlements de France*, chap. III, Bordeaux, Simon Millanges, 1617 – C. de l'Oulmeau dit Ulmeus, *De advocati studio*, 1550 – J.-B. Magonio, *Cynosura advocatorum*, Saurius, Francfort, 1610 – A. Poulvé, *De advocatorum privilegiis fori oratio*, Paris, 1560 – J. Domat, *Les quatre livres du droit public*, Livre II, titre VI, *Des avocats*, Jean-Baptiste Coignard, Paris, 1697 – C.-J. de Ferrière, *Dictionnaire de droit et de pratique*, v° *Avocats*, 1re éd., Paris, 1717 – Ch. Loyseau, *Cinq Livres du droit des offices*, Chap. VIII, Abel l'Angelier, Paris, 1610.
14. Antoine Loisel [1536-1617] ; J.-L. Chartier, *Loisel : Avocat du roi*, LexisNexis, 2019.
15. A. Dupin, *Éloge d'Étienne Pasquier*, Joubert – Thorel, 1843.
16. A. Loisel, Pasquier ou Dialogue des avocats du Parlement de Paris, 1602, rééd., avec une introduction et des notes la suite chronologique des plus notables avocats depuis l'an 1600 jusqu'à ce jour et des notices biographiques de Pasquier, Loisel et les frères Pithou par A. Dupin, Videcoq, Paris, 1844.
17. François Fyot de la Marche [1669-1716].
18. F. Fyot de la Marche, *L'éloge et les devoirs de la profession d'avocat*, N. Mazuel, Paris, 1713.

Merville[1], en 1711, ses *Règles pour former un avocat*[2] reprises à partir de 1753 par Antoine-Gaspard Boucher d'Argis[3] sous son nom et qui y ajouta une *Histoire abrégée de l'ordre des avocats [de Paris] et des règlements qui concernent les fonctions et prérogatives attachées à cette profession*[4], témoignage précieux sur les règles et usages en vigueur à cette époque. Il sera également l'auteur de très nombreux articles sur le droit dans l'*Encyclopédie*[5]. Armand-Gaston Camus[6], à la fin de l'ancien régime, résume son expérience dans ses *Lettres sur la profession d'avocat* en 1772[7].

311.22 Source de la déontologie primitive. En fait, pendant toute cette longue période qui s'étend du début du XVIIe siècle à la fin du XIXe siècle, l'avocat s'est passé de déontologie, au sens où nous entendons ce terme aujourd'hui. Des méditations méthodiques sur ses devoirs, la considération des usages anciens et la pratique de la morale chrétienne suffisent alors à régir sa vie professionnelle[8]. La question de la déontologie au prétoire comme hors du prétoire n'a donc, à cette époque, aucun sens. L'avocat, comme d'ailleurs les chanoines auxquels tant de traits, à l'époque, l'apparentent, exerce un ministère, une mission et non un métier[9].

Toute la vie de l'avocat est centrée sur son idéal, il n'y a nulle césure entre sa vie publique, sa vie professionnelle et sa vie profane. Comme l'écrivait Armand-Gaston Camus : « L'exercice de la profession d'avocat doit mener à l'honneur et non à la fortune, il méprise les professions lucratives, la plupart moins pénibles et moins laborieuses, pour se dévouer à des fonctions qui ne promettent que de l'honneur à ceux qui les exercent avec plus de succès »[10]. Et Henri-François d'Aguesseau souligne la mort au monde et à ses honneurs que constitue l'entrée au barreau : les avocats, « en entrant dans ce corps célèbre », quittent « le rang que les préjugés leur donnaient dans le monde »[11], comme la religieuse perd son rang et son nom en entrant dans un cloître. Depuis « il est au-dessus des atteintes du sort puisque ni l'éclat de sa naissance, ni la richesse, ni aucun des biens du monde ne peuvent plus être atteints par les coups du sort »[12].

311.23 Quel besoin dès lors d'une déontologie ? La spiritualité chrétienne appliquée à l'avocat suffit alors à tous les auteurs pour définir les devoirs des avocats, tels saint Jean Eudes (1601-1680) dans son *Manuel du bon confesseur* en 1666[13] ou l'abbé Noël Chomel (1663-1712), curé de Saint-Vincent de Lyon dans son *Dictionnaire économique* en 1709[14] qui décrivent la vie quotidienne de l'avocat de leur temps. Leurs traités[15] ne s'embarrassent point de dissertations sur la profession et sur ses devoirs généraux : on est d'emblée dans la pratique car le fondement de la morale est supposé connu.

Comme le note André Damien, « Les avocats ne doivent pas prendre de mauvaises causes par appât du gain et, s'ils en acceptent, ils ne doivent pas les poursuivre, ils ne doivent pas plus favoriser par leurs écritures la passion injuste des parties, ils ne peuvent non plus consulter pour les deux parties dans la même cause, ni plaider trop longuement pour se faire mieux honorer, ou ne pas se faire communiquer les pièces adverses avant de plaider ; ils ne doivent point travailler les fêtes et les dimanches par esprit d'avarice et sans prendre le temps de s'acquitter de ce qu'ils doivent à Dieu : ils ne doivent point être de ceux qui, en se raillant, disent qu'ils ont gagné tant de mauvaises causes et tant perdu de

1. Pierre Biarnoy de Merville [1650-1740].
2. P. Biarnoy de Merville, *Règles pour former un avocat*, Paris, 1711, nouvelle éd., Mesnier, Paris, 1741.
3. Antoine-Gaspard Boucher d'Argis [1708-1791].
4. A.-G. Boucher d'Argis, *Règles pour former un avocat*, Paris, Durand, Pissot, 1753, nouvelle éd., Durand, 1778.
5. S. Lorteau, « La philosophie du droit systématique de l'encyclopédiste Antoine-Gaspard Boucher d'Argis », *Revue Recherches sur Diderot et sur l'Encyclopédie*, vol. 54, 2019, p. 147 s. – W. Wolodkiewicz, « Antoine-Gaspard et André-Jean Boucher d'Argis, père et fils, juristes éclairés devant la Révolution », *in* M. Vovelle (dir.), *La Révolution et l'ordre juridique privé, rationalité ou scandale ?*, t. I, Puf, 1988, p. 187 s.
6. Armand-Gaston Camus [1740-1804].
7. A.-G. Camus, *Lettres sur la profession d'avocat*, 4e éd., A. Dupin, Waree, Oncle, 1818.
8. Saint Jean Eudes, *Manuel du bon confesseur*, 1666 – N. Chomel, *Dictionnaire économique*, 1re éd., Pierre Thened, Lyon, 1709 – P.-H. Humbert, *Exercices de la vie chrétienne où l'on donne des Instructions pour remplir tous les devoirs de la religion*, 1re éd., 1740.
9. A. Damien, *La vie spirituelle de l'avocat au XVIIe siècle*, Versailles, 1975.
10. A.-G. Camus, *Lettres sur la profession d'avocat*, 4e éd., A. Dupin, Waree, Oncle, 1818.
11. H.-F. d'Auguesseau, « L'indépendance de l'avocat », Discours prononcé à l'ouverture des audiences en 1693, *in* A. Dupin, *Profession d'avocat : Recueil des pièces concernant l'exercice de cette profession*, B. Warée aîné, 1830-1832, p. 550. Sur d'Auguesseau : I. Storez, *Le chancelier Henri François d'Aguesseau (1668-1751). Monarchiste et libéral*, th. Lille, 1992, Publisud, 1996 – J.-M. Pardessus, *Œuvres complètes du chancelier d'Auguesseau*, Fantin et c^ie^, Paris, 1819.
12. H.-F. d'Auguesseau, « L'indépendance de l'avocat », Discours prononcé à l'ouverture des audiences en 1693, *in* A. Dupin, *Profession d'avocat : Recueil des pièces concernant l'exercice de cette profession*, B. Warée aîné, 1830-1832, p. 550.
13. Saint Jean Eudes, *Manuel du bon confesseur*, 1666 – A. Damien, *La vie spirituelle de l'avocat au XVIIe siècle*, Versailles, 1975.
14. N. Chomel, *Dictionnaire économique*, 1re éd., Lyon, Pierre Thened, 1709 – P.-H. Humbert, *Exercices de la vie chrétienne où l'on donne des Instructions pour remplir tous les devoirs de la religion*, 1re éd., 1740.
15. J. Mabillon, *Traité des études monastiques*, 1691.

bonnes qu'ils ne sauraient plus discerner celles qui sont bonnes ou mauvaises dans l'esprit des juges, ils ne doivent accepter qu'un nombre limité de procès pour pouvoir les traiter avec diligence, ne doivent pas user de fraude pour gagner un procès injuste ni suborner des témoins, ni alléguer faussement des lois, ni citer des docteurs contre leur intention, ni produire quelque fausse pièce, ni prendre l'accessoire pour le principal ; ils ne doivent pas perdre les écritures des clients, les brûler ou les déchirer mais ils ne doivent pas plus laisser perdre un procès par négligence ou faute d'étudier le droit ; ils ne peuvent mander les clients et les faire venir de loin avant le temps ou leur imposer plusieurs voyages et perdre leur temps par négligence et sans avoir préparé la cause ; ils ne doivent pas conseiller une transaction au bénéfice de leur partie si elle n'y a pas droit »[1].

Ainsi, la vie de l'avocat est régie par la morale chrétienne et par des règles et usages traditionnels de la profession qui explicitent ce que la morale aurait pu avoir d'insuffisant.

311.24 Commentateurs moralistes. Les commentateurs de cette déontologie sont d'abord des moralistes[2]. La vie privée de l'avocat est celle du clerc et cela est tellement admis qu'il n'est nul besoin de le préciser. La pratique professionnelle ne fait qu'appliquer à des cas particuliers les principes d'une morale générale admise par tous.

Au prétoire, comme hors du prétoire, l'avocat s'apparente à un clerc puisant dans sa vocation son éthique professionnelle. Il connaît le but à atteindre, la technique est alors aisée à appliquer.

311.25 Présence du juridique. L'avocat de l'Ancien Régime qui n'a guère la possibilité d'accéder à la justice pénale[3] se spécialise alors davantage dans le conseil juridique[4]. Les auteurs du temps soulignent la nécessité d'une formation de l'avocat qui requiert l'art de la plaidoirie, considérée comme un art destiné non seulement au judiciaire mais également au juridique car, selon la définition d'Armand-Gaston Camus, c'est l'art de persuader, qu'on parle en public ou en particulier ; c'est ensuite la formation technique et juridique, la connaissance du droit romain, du droit français, du droit canonique, de la pratique procédurale étudiée chez un procureur.

C'est également la connaissance du monde des affaires. « Il n'est pas question », dit Armand-Gaston Camus, « de s'instruire personnellement du prix du change sur les différentes places, de la rareté ou de l'abondance actuelle de telle ou telle marchandise, si ces détails sont nécessaires on les apprendra de la bouche du négociant. Mais quelle idée ce négociant concevra-t-il de l'avocat auquel il viendra s'adresser si celui-ci ne sait pas ce qu'est une lettre de change, un ordre, un aval, un escompte, s'il ne met aucune différence entre le commerce à l'intérieur du royaume et le commerce avec l'étranger, entre le commerce de mer et le commerce de terre, s'il ignore ce qu'est un contrat à la grosse, comment on fait assurer un chargement, ce qu'on entend par une charte-partie, un connaissement, il pensera qu'un homme novice sur tous ces points n'a même pas lu l'ordonnance du commerce et il confiera ses intérêts à quelqu'un de plus instruit. Il convient que l'avocat soit en état d'entendre le client qui vient lui exposer le sujet de ses demandes »[5].

Les connaissances qu'exige Armand-Gaston Camus ne font pas partie, à l'époque, du bagage juridique mais bien de l'art de l'homme d'affaires auquel l'avocat est contraint de s'initier. Cette formation terminée, l'avocat consulte autant qu'il plaide et, lorsqu'il a vingt ans d'exercice de la profession et que l'âge et l'expérience le rendent le plus propre à cet emploi, il s'inscrit comme avocat consultant, dès lors il ne plaide plus mais se borne à conseiller les parties et, là encore, une déontologie s'élabore, souple et évidente, issue de la morale.

311.26 Avocat consultant. Pour Armand-Gaston Camus : « L'avocat consultant, est une sorte de juge des affaires qu'on lui présente et c'est sur la foi de son avis que l'on se détermine à la suivre ou à l'abandonner. Ces avocats, comblés d'honneurs, siègent seuls parmi les avocats sur les lys, personne n'a le droit de prendre leur place, c'est devant eux que sont renvoyées les contestations les plus délicates, leur morale est austère »[6].

Et Armand-Gaston Camus de poursuivre : « Vous demande-t-on quelle route on suivra pour une opération quelconque, n'indiquez que la voie la plus sûre, celle qui est littéralement conforme à la loi, avertissez de toutes les précautions qui sont à prendre, leur multiplicité ne doit pas effrayer lorsqu'il est question d'agir ; on ne saurait acheter à trop grand prix l'avantage de ne pouvoir être inquiété sur ce que l'on aura fait. Si l'on vous consulte non plus pour agir mais pour défendre la validité d'opération dans laquelle on n'aperçoit aucun vice essentiel, vous craindrez néan-

1. A. Damien, *La vie spirituelle de l'avocat au XVIIe siècle*, Versailles, 1975, p. 28.
2. J. Krynen, « La déontologie ancienne de l'avocat (France : Ier-VIIe siècle) », *in* J. Krynen (dir.), *Le droit saisi par la morale*, PU Toulouse I Capitole, LGDJ – Lextenso, 2005, p. 333.
3. V. s^s n° 023.27.
4. A.-G. Boucher d'Argis, *Règles pour former un avocat*, Durand, Paris, 1758 ; réimp. Maxtor 2015, Chapitre XVII, « Des avocats consultants », p. 169 s.
5. A.-G. Camus, *Lettres sur la profession d'avocat*, 4e éd., A. Dupin, Waree, Oncle, 1818.
6. *Op. cit.*

moins qu'on ne relève quelque léger défaut de forme, quelques omissions peu considérables ; ce sera alors que vous userez de votre génie et de vos lumières pour défendre ce que l'on a fait avec justice et avec raison mais avec trop peu de précautions »[1].

311.27 **Avocat arbitre.** En même temps qu'il consulte, l'avocat peut également être arbitre[2]. C'est une tâche fréquente, largement rémunérée et fort honorable : là encore une déontologie s'instaure. Selon Antoine-Gaspard Boucher d'Argis : « Une fois nommé arbitre vous ne devez plus connaître que l'affaire seule, sans distinguer ni client ni adversaire, quoique vous ayez été choisi par l'une des deux parties, regardez-vous comme également nommé par l'une et l'autre, condamnez sans hésiter celui qui vous a choisi si, dans l'examen que vous ferez avec votre confrère, vous découvrez que le bon droit n'est pas en faveur de la personne qui vous a nommé »[3].

Ainsi, à l'âge classique, le barreau a réussi la synthèse du savoir et de l'exercice large de la profession, ouvert au judiciaire comme au juridique, le tout inspiré par une morale admise par tous, sauf quelques rares libertins rejetés par leur barreau. La déontologie du prétoire, comme celle régissant la vie de l'avocat hors du prétoire, est harmonieuse et vivante ; elle n'est ni réglementaire ni tatillonne puisque chacun connaît les principes qui l'inspirent.

SECTION 3
DU DROIT SOUPLE AU DROIT POSITIF : L'INSTITUTIONNALISATION DE LA DÉONTOLOGIE

311.30 **Plan.** La nécessité de redéfinir les règles de la profession d'avocat s'est exprimée dès le XIXe siècle (§ 1) et va conduire à l'émergence d'un droit souple, celui des usages relatifs aux droits et aux devoirs des avocats (§ 2) qui va ensuite s'inscrire dans le droit positif, à travers l'édiction par chaque barreau d'un règlement intérieur, conduisant à s'interroger sur l'émergence d'un « droit » nouveau (§ 3), bien que la référence à la notion de déontologie dans la profession d'avocat ne soit apparue que dans la loi du 31 décembre 1971[4].

§ 1
Refondation de la déontologie au XIXe siècle

311.41 **Rupture du XIXe siècle.** Le XIXe siècle, s'il fut le siècle d'or du barreau français[5], va marquer une rupture profonde dans cet édifice harmonieux. L'explosion antireligieuse de la Révolution, éclatant pour des causes sociologiques demeurées relativement mystérieuses – il semble en effet s'agir plus de réactions politiques que de réactions philosophiques – va marquer profondément le XIXe siècle en rejetant le climat de chrétienté qui régnait jusque-là en France.

Il n'y aura donc plus de morale commune, de référence unique, de condition de clercs acceptée ou supportée par tous, il y a rupture ; seule subsiste une bienséance mondaine, une politesse affichée, une honorabilité nécessaire pour exercer la rude fonction des avocats, corps intermédiaire, non reconnu par l'État en cette qualité, contre-pouvoir toléré plus qu'admis, fragile Antigone devant un Créon en Léviathan devenu tout-puissant.

Les principes essentiels de la profession mais non écrits sur lesquels reposait l'Ancien Régime, ont disparu dans la faillite même de la société qui les portait.

311.42 **Publication des premiers ouvrages.** André Dupin[6], dit Dupin aîné, lors de la restauration du barreau, reprend l'ouvrage d'Armand-Gaston Camus[7] puis rassemble progressivement les textes qu'il considère comme sacrés, pour donner aux futurs avocats le fondement de leur déontologie. Son ouvrage[8] comporte la réédition d'Antoine Loisel, d'Antoine-Gaspard Boucher d'Argis et d'Armand-Gaston Camus[9], diverses lettres contemporaines dont il est l'auteur ou empruntées à Guillaume-Louis-Justin Carré[10], Philippe Dupin[11] dit Dupin jeune, Louis-Ferdinand Bonnet[12] et Saint-Albin Berville[13], deux mercuriales d'Henri-François d'Aguesseau[14] ainsi qu'un discours prononcé par lui-même en 1824 lors de l'inauguration de la conférence du stage. Les textes régissant la profession, quelques arrêts et leurs commentaires, telle est la déontologie que nous a léguée l'Ancien Régime et que Dupin aîné apporte à la profession restaurée comme un gage de vertu.

Comme l'écrit alors Dupin aîné, à l'occasion de la seconde édition de son ouvrage : « Déjà l'édition que j'ai publiée en 1818 était double de la précédente. J'ai encore augmenté celle-ci, et je me suis

1. A.-G. Camus, *Lettres sur la profession d'avocat*, 4e éd., A. Dupin, Waree, Oncle, 1818.
2. V. s^s^ n° 433.56.
3. A.-G. Boucher d'Argis, *Règles pour former un avocat*, Durand, Pissot, 1753 ; N^ll^ éd., Durand, 1778.
4. V. s^s^ n° 023.102.
5. V. s^s^ n°s 023.71 s.
6. André Dupin [1783-1865] : A. Dupin, *Manuel des étudiants en droit, et des jeunes avocats*, Joubert, 1835.
7. A.-G. Camus, *Lettres sur la profession d'avocat et bibliothèque choisie*, 4e éd., Dupin, B. Warée oncle, 1818.
8. A. Dupin, *Profession d'avocat : Recueil des pièces concernant l'exercice de cette profession*, B. Warée aîné, 1830-1832, 2 vol. ; rééd. Durand, 1851.
9. V. s^s^ n°s 311.21 s.
10. Guillaume-Louis-Justin Carré [1777-1832].
11. Philippe Dupin [1795-1846].
12. Louis-Ferdinand Bonnet [1760-1839].
13. Saint-Albin Berville [1788-1868].
14. Henri-François d'Aguesseau [1668-1751].

efforcé de la rendre complète, afin qu'elle devînt, pour ainsi dire, le code de la profession d'avocat. J'y ai fait entrer tout ce qui intéresse notre histoire, nos études, nos usages et nos maximes, voulant, après bientôt trente ans d'exercice de ma profession, laisser ce monument de mon amour pour elle, de mon Affection pour les anciens dont l'exemple m'a soutenu, pour les contemporains dont les talents et les succès ont stimulé mes efforts, et pour les plus jeunes dont la naissante émulation m'a paru mériter que je leur rendisse les encouragements que j'avais reçus »[1].

311.43 **François-Étienne Mollot.** Il faut attendre 1842, pour que François-Étienne Mollot[2] publie pour la première fois ses *Règles de la profession d'avocat*[3].

L'ouvrage comporte un classement méthodique des principaux arrêtés du conseil de l'Ordre de Paris, alors compétent en matière disciplinaire, et de certains arrêts de la cour d'appel ou de la Cour de cassation relatifs à la profession.

311.44 **Nécessité de définir les règles de la profession.** Il n'est pas inutile de rappeler la genèse de l'ouvrage de François-Étienne Mollot : « En 1831, le conseil de l'Ordre arrêta que deux commissions seraient nommées, l'une pour recueillir et classer les précédents du conseil depuis 1810, [...] ; l'autre, pour rechercher et exposer aux jeunes confrères les règles de notre profession[4]. Ces deux commissions n'ont pas pu s'occuper de leur travail ; il réclamait un temps considérable, d'un autre côté, l'urgence de la mesure ne semblait pas imminente. Dans les premières années qui ont suivi 1830, nous avions l'avantage de posséder les traditions vivantes de l'ordre supprimé en 1790. [...] Cependant le conseil a reconnu, par les faits survenus dans ce long intervalle, par la nécessité où il s'est vu d'exercer trop souvent un pouvoir de discipline rigoureux, que les jeunes avocats, et en particulier les stagiaires, ne savent pas bien les devoirs de la profession. En 1841, il a chargé une nouvelle commission[5] « d'examiner s'il n'est pas opportun de prendre enfin des mesures pour transmettre aux avocats du stage les instructions qui leur manquent [...] [ce qui conduira à la création des "colonnes"] [...]. Pour atteindre complètement ce but que le conseil se propose, il ne suffit pas de donner aux jeunes avocats des instructions verbales et fugitives, si précises et si éloquentes qu'elles soient, il faut leur communiquer un enseignement écrit, dont ils puissent faire l'objet toujours présent de leurs méditations, le modèle toujours actif de leur conduite »[6]. [...] « Ce que je me propose d'exposer à mes jeunes confrères, ce sont les usages, les mœurs, les obligations et les droits de l'avocat, car l'exposition de nos règles et de nos précédents renferme tout cela. S'il n'est pas réservé à tous les membres du barreau de parvenir au premier rang, il est exigé de tous qu'ils possèdent et mettent en œuvre ces notions essentielles, dès le début de leur carrière. L'honneur de l'Ordre est attaché à une telle condition, l'honneur de l'Ordre est solidaire entre tous ses membres. »[7].

311.45 **Déontologie, science des usages de la profession d'avocat.** Le plan de l'ouvrage de François-Étienne Mollot[8], marque en lui-même l'état d'esprit de l'époque : la première partie relative aux « règles de la profession », se divise en deux titres, l'un relatif aux devoirs généraux, l'autre relatif aux devoirs particuliers (envers les confrères, les clients...) de l'avocat. La deuxième partie intitulée « usages, lois et règlements », a une connotation historique tournée vers les textes relatifs à l'organisation même de la profession d'avocat, et se centre sur l'ordonnance du 20-23 novembre 1822[9], « règlement général et fondamental de la profession »[10] et celle du 27 août 1830[11] qu'il commente article par article. Enfin la troisième partie intitulée « précédents du conseil de l'ordre », procède à une étude exhaustive des arrêtés du conseil de l'Ordre, alors compétent en matière disciplinaire, en opérant un classement eu égard aux sanctions prononcées.

Les textes de l'époque portent essentiellement sur l'organisation même des barreaux, et ne s'intéressent guère à la pratique professionnelle, si ce n'est qu'à travers le serment de l'avocat[12], ainsi que quelques dispositions relatives à la commission d'office[13], l'immunité judiciaire[14], et certaines incompatibilités[15]. Et si le décret du 14 décembre 1810[16] comportait un titre IV intitulé « Des droits et des devoirs des avocats », il n'était guère plus prolixe sur le sujet, en dehors de la question des

1. A. Dupin, *Profession d'avocat : Recueil des pièces concernant l'exercice de cette profession*, B. Warée aîné, 1830-1832, 2 vol.
2. François-Étienne Mollot [1794-1870].
3. Mollot, 1re éd., 1842 ; 2e éd., 1866.
4. Composée de F. Mauguin, J. Delacroix-Frainville, F.-L. Archambault, J.-M. Gairal, J.-B.-N. Parquin, F.-E. Mollot, Ph.-S. Dupin jeune.
5. Composée de P.-A.-Th.-A. Marie de Saint-Georges, Odilon Barrot, Ph.-S. Dupin jeune, A.-F.-H Lefebvre de Vatisménil.
6. Mollot, 1re éd., 1842, p. V à IX.
7. Mollot, 1re éd., 1842, p. XJ – XIJ.
8. Mollot, 2e éd., 1866,
9. V. ss no 023.72.
10. Mollot, 2e éd., 1866, t. I, p. 302.
11. V. ss no 023.73.
12. V. ss nos 314.11 s.
13. V. ss nos 471.61 s.
14. V. ss nos 454.100 s.
15. V. ss nos 431.11 s.
16. V. ss no 023.63.

honoraires[1], et de celle de la liberté de parole, et de plume, des avocats.

Surtout comme le précise l'article 45 de l'ordonnance du 20-23 novembre 1822 : « Les usages observés dans le barreau relativement aux droits et aux devoirs des avocats dans l'exercice de leur profession, sont maintenus »[2]. Ce sont ainsi les usages qui doivent conduire à déterminer les droits et devoirs des avocats, usages qui, par nature, ne sont jamais immuables.

§ 2
Un droit souple : les usages relatifs aux droits et aux devoirs des avocats

311.50 **Plan.** Les usages relatifs aux droits et aux devoirs des avocats vont connaître une évolution, dans le sens d'une déontologie de restriction, au cours du XIXe siècle en raison, notamment, tant des rapports de l'avocat avec la magistrature (A) qu'avec le monde des affaires (B).

A.
Rapport de l'avocat avec la magistrature

311.61 **Évolution de la déontologie.** La déontologie devient donc fonctionnelle, laïcisée et sans référence à une morale admise par tous. Au prétoire elle est une déontologie de restriction, nul ne doit pouvoir soupçonner la femme de César, l'avocat s'abstiendra donc de tous les actes que la loi et les usages lui autorisaient mais qui seraient de nature à entraîner une aliénation de sa liberté, vis-à-vis de la magistrature alors considérée plus comme un adversaire que comme un partenaire.

Le juge pourrait contrôler les honoraires, ils deviennent aussitôt le don spontané de la reconnaissance du client et l'avocat s'interdit définitivement de les réclamer en justice[3].

Le juge pourrait discuter la rémunération des causes pour lesquelles des avocats ont été désignés, la commission d'office devient gratuite[4].

Le juge pourrait vérifier l'étendue du mandat *ad litem*, l'avocat s'interdit d'accepter le moindre mandat de représenter en justice ses clients[5] ainsi que tout maniement de fonds[6].

Le juge pourrait contrôler la qualité de la prestation, l'avocat devient irresponsable et s'interdit de former le moindre pronostic[7].

Le juge pourrait être tenté d'interroger l'avocat sur ce qu'il a reçu en confidence, le secret professionnel le plus rigoureux s'attache aux confidences du client[8]. Ce secret il ne le partagera avec personne, même pas avec la secrétaire qui devra se contenter de taper la jurisprudence, l'avocat rédigeant à la main les cotes de plaidoirie[9].

Le juge pourrait intervenir entre l'avocat et son client au sujet de la restitution de pièces que le client lui aurait confiées, il n'en délivrera plus de reçu et n'en sera comptable vis-à-vis de personne[10]. L'action judiciaire en répétition du titre d'une créance que l'on soutenait avoir égaré dans son cabinet, action qui avait tant tourmenté le bâtonnier Pierre-Jean-Baptiste Gerbier (1725-1788) sous l'Ancien Régime[11], a servi de leçon aux avocats du XIXe siècle.

De même l'avocat communiquera ses pièces et sa communication devra être prudente mais si, imprudemment, il a communiqué une pièce qui n'aurait pas dû l'être, le conseil de l'Ordre rappelle que la connaissance d'une pièce acquise uniquement par voie de communication imprudente devra être réputée non avenue[12].

Bien entendu, l'avocat n'a pas mission d'exécuter une décision de justice, il ne peut fréquenter les justices de paix, laissant cette charge inférieure aux défenseurs officieux[13]. Il ne peut exercer la moindre publicité fonctionnelle mais doit attendre, pour prêter au client l'appui de son zèle et de ses talents, qu'il soit venu spontanément réclamer son ministère[14]. Il devra éviter scrupuleusement tout ce qui peut compromettre sa dignité et sa délicatesse, notamment le faisant sortir des bornes de sa profession pour devenir un « proxénète » ou agent d'affaires[15].

311.62 **Rupture avec la magistrature.** La cause de ce retrait de l'avocat de toute responsabilité, de tout

1. V. s^s n°s 711.21 s.
2. Ord. du roi, 20-23 nov. 1822 contenant règlement sur l'exercice de la profession d'avocat et la formation d'avocat et la discipline du barreau, art. 45 – V. s^s n° 023.72.
3. V. s^s n°s 711.21 s.
4. V. s^s n°s 472.40 s. et 751.491 s.
5. V. s^s n°s 622.21 s.
6. V. s^s n°s 483.21 s.
7. MOLLOT, 1866, t. I, n° 78 – V. s^s n°s 912.11 s.
8. Civ. 24 mai 1862 ; *DP* 1862. 1. 545 – V. s^s n°s 411.11 s.
9. Henry-Millié, *Le guide du palais*, préf. A. Salle, 2e éd., Dalloz, 1922.
10. V. s^s n°s 484.211 s.
11. Les frères Michelin, défendus par Linguet, soutenaient avoir confié à Gerbier les titres d'une créance de 300 000 livres que ce dernier aurait égaré à son cabinet. Sur cette affaire : S.-N.-H. Linguet, *Mémoires pour Mr. Linguet, avocat à Paris*, Paris 1775, p. 96 s. ; et : P.-J.-B Gerbier, *Mémoire pour M^e. Gerbier, ancien avocat au Parlement, Paris*, 1775, p. 20 s. – J. Cruppi, *Un avocat journaliste au XVIIIe siècle : Linguet*, Paris, Hachette, 1895.
12. A. Damien, *Les avocats du temps passé*, Henri Lefebvre, 1973, p. 340 – V. s^s n°s 453.20 s.
13. V. s^s n° 023.51.
14. V. s^s n°s 461.11 s.
15. CO Paris, 27 mai 1828 – MOLLOT, 1re éd., 1842, n° 365, p. 451 – V. s^s n°s 431.11 s.

engagement, la source de cette déontologie sourcilleuse et tatillonne, réside dans la rupture avec la magistrature. Tant que ce corps constituait un pouvoir dans l'État, issu de la propriété des charges dont les magistrats du parlement étaient titulaires, l'accord était parfait, le corps judiciaire abritait dans son sein, comme un tiers ordre, le corps des avocats.

Mais, dès lors que les magistrats ne sont plus qu'une autorité judiciaire subordonnée au pouvoir politique, et que le lien familial est rompu entre le magistrat et l'avocat, celui-ci se replie dans sa coquille. À l'abri de son statut libéral et de son irresponsabilité absolue, l'avocat sécrète des interdictions nombreuses dont il s'entoure comme d'un filet protecteur et qu'il faudra près d'un siècle pour dénouer. Car, chose étrange, tout ce à quoi les avocats ont renoncé spontanément a dû être l'objet de luttes vives pour qu'ils recouvrent le droit de l'exercer, alors que primitivement nul ne le leur avait contesté. C'est notamment le cas en matière de mandats [1], de maniements de fonds [2] et de recouvrements d'honoraires en justice [3].

311.63 Ces limitations parurent nécessaires aux avocats du XIXe siècle. Ces limitations parurent nécessaires pour pouvoir avancer libres dans l'arène judiciaire où se déroulent, à l'époque, tous les combats pour les libertés politiques, religieuses, littéraires et pour la liberté de l'enseignement [4].

B.
Rapport de l'avocat avec le monde des affaires

311.71 Contrôle de la vie privée de l'avocat. Dès lors que l'avocat veut être libre pour exercer sa mission dans la société, il doit l'être également dans sa vie privée. Elle est donc contrôlée sévèrement, non du point de vue de la morale dont les conseils de l'Ordre, alors compétents en matière disciplinaire, ne se préoccupent guère mais uniquement sur le fondement d'un critère fonctionnel ; la réputation de l'avocat liée à sa crédibilité en justice [5]. Peu de sociétés, en effet, ont été aussi amorales et scandaleuses que celles de la monarchie de Juillet et du Second Empire. Honoré de Balzac [6], Alexandre Dumas [7] ou un mémorialiste acide et attentif comme Xavier Marmier, ont évoqué le spectacle d'une société en pleine décomposition morale : l'adultère, la concussion, la vénalité ne choquent plus, ils sont courants.

Mais l'avocat d'antan pensait que ce serait une atteinte à sa liberté et à sa crédibilité devant les tribunaux s'il se rendait coupable de pareils débordements, et il fut vertueux par système, faute de l'être par choix moral. Le conseil de l'Ordre, alors compétent en matière disciplinaire, est rigoureux en cette matière [8].

311.72 Méfiance de l'avocat envers le monde des affaires. Si la vie privée de l'avocat est surveillée avec rigueur, son entrée dans le monde des affaires n'est guère plus prisée. On est loin de l'avocat conseil ou copilote de l'entreprise. Le XIXe siècle n'accepte guère que l'avocat soit membre de conseils d'administration [9], agent d'affaires ou employé d'agents d'affaires [10]. Il ne tolère pas plus qu'il fasse des avances de frais de procès [11], des démarches chez des notaires, ou dans des bureaux d'administrations publiques ou particulières [12]. Pas plus n'est toléré l'avocat qui donne ses soins à la rédaction d'actes de sociétés, qui en dresse des extraits et qui requiert les insertions légales [13], ni l'avocat *dominus litis*, c'est-à-dire choisissant et dirigeant d'autres avocats ou auxiliaires de justice, se rendant responsable du paiement de leurs frais et recevant, pour cette destination, des fonds dont il devient comptable [14], ou faisant assigner directement un prévenu et citer des témoins et se chargeant d'acquitter directement les frais exposés à cette occasion sur les honoraires qu'il perçoit [15].

Ne pensons pas toutefois que le XIXe siècle ait été moins lucide que le nôtre en matière de droit des affaires. Ne croyons pas avoir inventé l'avocat d'affaires [16], le XIXe siècle a pressenti la difficulté, il n'avait d'ailleurs pas oublié le modèle de ce type d'avocat qui existait sous l'Ancien Régime et dont beaucoup figurent parmi les fondateurs du barreau de l'Empire [17].

311.73 L'avocat et le monde des affaires. Le conseil de l'Ordre, à cette occasion, se demande si les

1. V. s^s^ n°s 431.51 s.
2. V. s^s^ n°s 483.21 s.
3. V. s^s^ n°s 711.21 s.
4. V. s^s^ n°s 021.31 s.
5. V. s^s^ n°s 331.71 s.
6. H. de Balzac, *Splendeurs et misères des courtisanes*, La Comédie humaine, tome VI, Gallimard, La Pleiade, 1977 – N. Dissaux (dir.), *Balzac, romancier du droit*, LexisNexis, 2012.
7. A. Dumas, *La Dame aux camélias*, « Folio », Gallimard, 1975.
8. V. s^s^ n°s 331.71 s.
9. V. s^s^ n°s 432.31 s.
10. V. s^s^ n°s 023.102 s. et 431.42 s.
11. V. s^s^ n°s 723.21 s.
12. F. Liouville, *Abrégé des règles de la profession d'avocat*, Paris, 1883.
13. Arr. de radiation, 6 et 13 mars 1849 ; Mollot, 2e éd., 1866, t. II, n° 631, p. 396 – V. s^s^ n°s 632.10 s.
14. Arr. 13 août 1833 ; Mollot, 2e éd., 1866, t. II, n° 512, p. 288 – V. s^s^ n°s 743.32 s.
15. Arr. 2 mars 1858 ; Mollot, 2e éd., 1866, t. II, n° 535, p. 306.
16. « Le bâtonnier Thorp annonce la naissance de l'avocat d'affaires », *Le Monde* 29 nov. 1955 – R.-W. Thorp, *Discours sur la réforme du barreau prononcé le 26 novembre 1955*, Paris, Imprimerie du Palais, 1955, p. 12.
17. V. s^s^ n°s 311.25 s.

principes d'autrefois sont encore admissibles : « L'industrie et le commerce ont pris un essor immense, aujourd'hui l'industrie commerciale s'applique à tout, aux capitaux, aux marchandises, aux fruits de la terre, à la terre elle-même, aux entreprises de tous genres, aux canaux, aux chemins de fer [...]. Resterons-nous en arrière de ce mouvement universel ? » « Comment refuser à l'avocat, à celui surtout qui s'est créé une spécialité nouvelle par l'étude de l'économie politique, le droit de prêter à l'industrie et au commerce ses conseils, son patronage, son appui ? Et parce qu'il ne plaiderait pas au palais ou ne signerait pas dans son cabinet des consultations pour remplir la mission qu'il a reçue, on prétendrait qu'il sort de la profession d'avocat, qu'il fait office de proxénète ou d'agent d'affaires ? Est-il prudent de rejeter [du barreau] l'homme habile qui aura su se frayer une voie utile en restant fidèle aux maximes de l'honneur et de la probité ? »[1].

Le bâtonnier Eugène Pouillet[2], le 23 novembre 1895, à l'ouverture de la conférence, prononce un discours fort significatif : « L'industrie, fille de la science, a pris dans la préoccupation des hommes une place prépondérante, elle a transfiguré le monde. Messieurs, songez-y bien, c'est un commencement, c'est une aurore, le jour se lève lentement sur un horizon qui sera fait d'éblouissements sans fin, ce sera l'éternel honneur du XIXe siècle d'avoir préparé et commencé cette transfiguration de l'univers. L'avocat ne peut rester indifférent à un mouvement qui entraîne tous les peuples ; il est assuré de trouver là un aliment de plus en plus considérable pour son activité. Vous serez prêts à y figurer »[3].

311.74 Au-delà des contradictions. « S'adonner au juridique » signifie alors rompre avec l'honnêteté et la loyauté[4]. Oscar Pinard[5], historien du barreau, entonnant en 1864 un chant funèbre pour la mort du barreau, s'exclame : « Il pourra arriver que les avocats du temps présent soient les derniers avocats et que nous soyons destinés à voir après eux ce qu'on voit un peu partout, c'est-à-dire une réunion d'hommes sans traditions et sans discipline liés seulement par la communauté des travaux, cherchant ce que cherche tout le monde, gagner de l'argent. »[6]

Il y a donc une contradiction apparente entre les principes libéraux qui animent le barreau dans la redécouverte du droit des affaires et les arrêtés des conseils de l'Ordre, alors compétents en matière disciplinaire, qui définissent une déontologie restrictive en cette matière. Et ce n'est pas, loin de là, la seule contradiction en la matière : une autre illustration en est, notamment, donnée par l'ambiguïté de la question du droit au recouvrement des honoraires de l'avocat[7]. De ces contradictions, va naître la nécessité d'inscrire un *corpus* de règles professionnelles dans le droit positif.

§ 3
Du doit souple au droit positif : apparition d'un « droit » nouveau ?

311.81 Le décret du 20 juin 1920 : le règlement intérieur du barreau. Le décret du 20 juin 1920[8] marque une évolution importante en la matière dans la mesure où il vient imposer à chaque barreau d'édicter un règlement intérieur[9] destiné à fixer les « droits et devoirs des avocats ». Ainsi les droits et, surtout, les devoirs des avocats qui étaient, depuis 1822, déterminés par référence aux usages, doivent désormais, en tout ou partie, être écrits.

Les règlements tatillons, inachevés, touffus, confus et contradictoires qui réglementent la profession d'avocat vont faire proliférer les arrêtés des conseils de l'Ordre, alors compétents en matière disciplinaire, les consultations diverses et les arrêts de cour d'appel. La Cour de cassation va devoir intervenir pour fixer nombre de points douteux.

Un droit nouveau était né, réglementaire certes mais complexe, sans principes généraux, cahotant et incertain. La doctrine s'efforce d'y mettre un certain ordre logique et parfois a le bonheur d'être suivie par la jurisprudence qui veut bien s'inspirer de ses commentaires.

311.82 La loi du 31 décembre 1971 : l'immixtion du pouvoir réglementaire. la référence à la notion de déontologie[10] dans la profession d'avocat apparaît, pour la première fois, dans la loi du 31 décembre 1971[11] qui permet au pouvoir réglementaire de fixer, « dans le respect de l'indépendance de l'avocat, de l'autonomie des conseils de l'Ordre et du caractère libéral de la profession », « les règles de déontologie »[12]. Cette loi va marquer

1. Mollot, 1re éd., 1842, no 32, p. 32.
2. Eugène Pouillet [1835-1905].
3. L.-M.-E. Pouillet, *Discours prononcé par M. Pouillet à l'ouverture de la Conférence des avocats*, 23 nov. 1895, Paris, Alcan-Lévy, 1895.
4. V. ss nos 332.00 s.
5. Oscar Pinard [1801-1867].
6. O. Pinard, *Le Barreau au XIXe siècle*, Pagnerre, 1864, p. 26.
7. V. ss no 711.21 s.
8. V. ss no 023.93.
9. Décr. 20 juin 1920 portant règlement d'administration publique relatif à l'exercice de la profession d'avocat et la discipline du barreau, *JO* 22 juin, p. 8822, art. 46.
10. J. Moret-Bailly, « Où est la déontologie des avocats ? », *RTB*, no 46/47, juill. 1997, p. 23.
11. V. ss no 023.102.
12. L. no 71-1130, 31 déc. 1971 portant réforme de certaines professions judiciaires et juridiques, *JO* 5 janv. 1972, p. 131, art. 53.

une nouvelle évolution, avec le décret du 9 juin 1972[1] qui comporte un chapitre III intitulé « Règles professionnelles »[2] : désormais le pouvoir réglementaire se préoccupe de fixer, pour le moins en partie, les « règles professionnelles » que l'avocat doit respecter dans son exercice, autrement dit « ses droits et ses devoirs ».

311.83 Émergence d'une déontologie professionnelle. Les règles et principes essentiels de la profession, étant écrits, la fin du siècle voit l'émergence des premières synthèses d'une déontologie professionnelle avec Ernest Cresson[3] en 1888[4], puis au début du XXe siècle avec les ouvrages de Jean Appleton[5] en 1923[6], de Gaston Duveau[7] et Fernand Payen[8] en 1926[9], mis à jour puis refondu par Jean Lemaire[10] à partir de 1966[11], de Louis Crémieu[12] en 1939[13], et enfin en 1954 celui de Jacques Hamelin[14] mis à jour puis refondu par André Damien[15] puis Henri Ader[16], et, en 1995, celui de Raymond Martin[17] qui sera le premier à employer le terme de « déontologie » dans le titre de son ouvrage[18].

Avec ces ouvrages, l'on s'attache désormais à l'analyse des textes législatifs et réglementaires et de la jurisprudence[19] incluant celle des barreaux, les références aux auteurs anciens, très présentes au siècle précédent[20], s'estompent, l'ouvrage de François-Étienne Mollot devenant la référence communément admise par tous[21].

311.84 La déontologie et le droit. La déontologie se porte ainsi à merveille. Mais est-elle pour autant un « droit » particulier, voire une branche du droit positif ? Pour André Damien : « le droit professionnel n'est pas une règle du jeu abandonnée aux ordres, c'est une des branches du droit positif. Ses sources sont la loi et le décret. La tradition, l'interprétation ordinale et la doctrine ne sont que des sources secondaires de ce droit : elles aident à son interprétation par la jurisprudence. Mais, pas plus que dans les autres branches du droit, la coutume n'a de force légale : elle peut aider à l'interprétation du droit positif, elle ne peut, à la différence de ce qui existe en droit canon[22], le créer. Si la coutume ne peut prescrire contre la loi, elle peut toutefois aider à son évolution, davantage que dans d'autres branches du droit ; le poids de l'histoire des avocats et les traditions doivent éclairer le droit régissant une profession aussi ancienne[23] et particulière. »[24].Selon Jean-François Kerléo : « La déontologie professionnelle constitue ainsi un ensemble de normes spontanées définies par les membres d'une profession dans le but d'organiser les règles de conduite régissant son organisation. Il s'agit donc de normes préventives qui, si elles sont associées à la discipline professionnelle, n'en restent pas moins indépendantes de celle-ci, la discipline représentant le point de jonction entre la déontologie et le droit. »[25].

La nature de la déontologie est complexe et entre l'intégrer dans le droit, et donc à chercher à en définir le périmètre comme les sources[26], ou l'opposer au droit[27], l'on pourra y trouver un nombre incalculable de nuances, qui nous ramèneront toujours au point de départ : elle est la science des devoirs professionnels, qui conduit à élaborer, sur le plan doctrinal, un *corpus* des droits et devoirs de la profession d'avocat pouvant donner lieu, en cas de manquement à celui-ci, à des sanctions disciplinaires. Elle ne se limite plus au seul droit professionnel, car elle puise, de plus en plus, ses sources dans l'ensemble des sources normatives de nature à

1. Décr. n° 72-468, 9 juin 1972 organisant la profession d'avocat, *JO* 11 juin, p. 5884.
2. Décr. n° 72-468, 9 juin 1972, art. 82 s.
3. Ernest Cresson [1824-1902].
4. E. Cresson, *Usages et règles de la profession d'avocat : jurisprudences, ordonnances, décrets et lois*, Larose et Forcel, 1888.
5. Jean Appleton [1868-1942].
6. J. Appleton, *Traité de la profession d'avocat (Organisation. Règles et usages. Technique professionnelle)*, Dalloz, 1928 – C. Fillon, « Itinéraire d'un avocat engagé, l'exemple de Jean Appleton », Rsihpa 1994, p. 195.
7. Gaston Duveau [1870-1933].
8. Fernand Payen [1872-1946].
9. G. Duveau, F. Payen, *Les règles de la profession d'avocat et les usages du barreau de Paris*, A. Pedone, 1926.
10. Jean Lemaire [1904-1986].
11. J. Lemaire, *Les règles de la profession d'avocat et les usages du barreau de Paris*, 3e éd., LGDJ, 1966.
12. Louis Crémieu [1881-1979].
13. L. Crémieu, *Traité de la profession d'avocat*, Dalloz, 1955.
14. Jacques Hamelin [1901-1973] : J. Hamelin, *Nouvel abrégé des règles de la profession d'avocat*, Dalloz, 1968 – A. Tinayre, « Jacques Hamelin », *Gaz. Pal.* 14 sept. 1973, p. 7.
15. André Damien [1930-2019] : D. Piau, « André Damien (1930-2019) », *D. avocats* 2019. 308 – F. Raoult, « Hommage au bâtonnier André Damien », *JCP* 2019. 300.
16. Henri Ader [1928-2017].
17. Raymond Martin [1920-2013].
18. R. Martin, *Déontologie de l'avocat*, 1re éd., Litec, 1995.
19. J.-D. Bredin, « Remarques sur la doctrine », *JCP* 2021. 963.
20. V. ss n° 311.42.
21. V. ss n° 311.43.
22. B. Basdevant-Gaudemet, *Histoire du droit canonique et des institutions de l'Église latine*, « Corpus », Economica, 2013.
23. A. Damien, « Éléments de civilité puérile et honnête à l'usage des avocats », *Gaz. Pal.* 1985. I. Doctr. 222 et 271.
24. A. Damien, *Les règles de la profession d'avocat*, 9e éd., « Dalloz Action », 2000, p. 9.
25. J.-Fr. Kerléo, « Archéologie des rapports entre le droit et la déontologie en France », *Revue d'études benthamiennes* [En ligne], 13/2014.
26. SUR CETTE QUESTION : J. Moret-Bailly, « Qu'est-ce que la déontologie ? », *in* B. Beignier, J. Villacèque (dir.), *Droit et déontologie et de la profession d'avocat*, 2e éd., Gazette du Palais, 2016, p. 55 s.
27. H. Kevers (dir.), *La déontologie contre le droit ?*, Larcier, 2018.

impacter sur l'attitude professionnelle de l'avocat, comme elle ne saurait obvier la jurisprudence en matière disciplinaire, dont elle est la concrétisation. Elle va au-delà du droit, car elle s'inscrit dans l'environnement, notamment, historique, économique et sociologique, dans lequel se trouve l'avocat. Même inscrite dans le droit positif, et prétendument codifiée, la notion de « code de déontologie » étant antinomique avec sa nature même, elle se caractérise par sa remarquable souplesse, qu'exige son adaptation à la diversité des situations face auxquelles peut se trouver un avocat.

SECTION 4
UNE DÉONTOLOGIE SUBJECTIVISÉE

311.90 **Plan.** Les évolutions contemporaines de la déontologie, marquées par l'influence croissante du réinvestissement du conseil juridique par les avocats (§ 1) et la prise en compte du cadre contextuel dans lequel l'avocat évolue (§ 2), conduisent à l'élaboration d'une déontologie subjectivisée.

§ 1
Influence du réinvestissement du conseil juridique par les avocats sur la déontologie

311.101 **Retour aux sources.** La fusion, en 1990, des avocats et des conseils juridiques en une profession unique[1], conduisant les avocats à réinvestir le conseil juridique qu'ils avaient naguère abandonné, va donner un essor nouveau à la déontologie[2]. Cette déontologie enrichie rappellera aux avocats des règles classiques qui remontent aux origines de la profession[3] et qui aura été enrichie par l'apport de l'expérience des conseils juridiques.

L'avocat doit faire abstraction de la mentalité de l'opposition client adversaire par une logique nouvelle. En effet, l'avocat, en matière juridique, reçoit des parties qui viennent auprès de lui, soit pour avoir des conseils, soit pour réaliser des contrats avec des partenaires qui ne sont pas des adversaires mais qui pourraient cependant le devenir[4].

311.102 **Sources d'inspiration.** Cette déontologie ne peut, sous peine de tomber dans la réglementation tatillonne, apporter de recette adaptée à chaque cas que pose l'intervention de l'avocat. Il faut donc cerner et définir les difficultés qui se posent à l'avocat par rapport à la déontologie[5]. C'est un esprit nouveau qui doit être instauré et pour lequel la déontologie classique a besoin d'être rafraîchie.

Pour cela, il faut s'inspirer de la déontologie de professions voisines, celles des notaires[6] ou encore des commissaires-priseurs[7], bientôt intégrés, avec les huissiers de justice, au sein de la nouvelle profession de commissaires de justice. La déontologie de cette dernière profession est intéressante à étudier car, organisée telle que l'a voulu le législateur, elle a pour fonction essentielle de constituer le commissaire-priseur, officier ministériel, mandataire unique de deux parties ayant des intérêts rigoureusement opposés : le vendeur qui veut réaliser de gros bénéfices et l'acheteur qui veut acquérir au plus bas prix, d'où l'élaboration savante, par la tradition professionnelle consacrée par une jurisprudence riche d'analyses, de mesures de sécurité, pour garantir le commissaire-priseur contre toute tentation de privilégier l'un de ses deux mandataires aux intérêts opposés[8].

311.103 **Principes essentiels immuables.** Les règles de déontologie peuvent ainsi être inadaptées à notre temps dans leur mode de réalisation mais les principes essentiels dont elles découlent et qu'elles prétendent mettre en application, ne sont pas périmés[9], et vont être la source des règles nouvelles qui régiront une déontologie nouvelle.

Ces règles d'hier n'étaient que des techniques liées à des époques différentes, au service d'une finalité supérieure et inchangée qui est la profession d'avocat au service des autres, c'est-à-dire de ceux qui sont opprimés, dont les droits sont bafoués ou méconnus. Pour revêtir aujourd'hui une signification nouvelle, elles n'en sont pas moins valables et si le barreau se ressource à la tradition de sa morale, il a la possibilité de sécréter une déontologie en harmonie avec son temps.

311.104 **Esprit de la déontologie.** L'avocat du XIXe siècle était celui qui permettait à l'homme de résister à la pression d'autres hommes plus puissants, plus habiles, plus fortunés.

1. V. s[s] n° 023.105.
2. A. Boigeol, Y. Dezalay, « De l'agent d'affaires au barreau : les conseils juridiques et la construction d'un espace professionnel », *Genèses*, 1997, vol. 27, n° 1, p. 49.
3. V. s[s] n°s 311.25 s.
4. V. s[s] n°s 441.31 s.
5. A. Damien, « La déontologie hors du prétoire », *Mél. P. Hébraud*, PU Toulouse, 1981, p. 253 s.
6. Ph. Brun, R. Crône, Ph. Pierre, J. de Poulpiquet, *Responsabilité des notaires*, 3e éd., « Dalloz Référence », 2018, n°s 131.00 s. – J.-F. Pillebout, J. Yaigre, *Droit professionnel notarial*, 11e éd., « Pratique notariale » LexisNexis, 2019.
7. F. Duret-Robert, J.-F. Canat, D. Eskenazy, Ph. Hansen, L. Mauger-Vielpeau, *Droit du marché de l'art*, 7e éd., Dalloz, 2020.
8. *Op. cit.* – AUSSI : D. Hurstel, « Retour à l'éthique : quel est le bon chemin ? », *D.* 1993. Chron. 239.
9. AUSSI : J. Krynen, « La déontologie ancienne de l'avocat (France : Ier-VIIe siècle) », *in* J. Krynen (dir.), *Le droit saisi par la morale*, PU Toulouse I, LGDJ – Lextenso, 2005 p. 333.

Aujourd'hui, le danger qui menace l'homme est surtout constitué par de puissantes sociétés et par des administrations, beaucoup plus que par des individus isolés. L'esprit même de la déontologie demeure immuable, il est un esprit de service et de liberté comme hier. Mais il doit s'adapter. Une fonction indispensable pour rester fidèle à sa vocation, héritier du passé mais présent au monde moderne.

311.105 **Adaptation de la déontologie.** Cette déontologie nouvelle nécessite néanmoins une refonte de la pensée des avocats, de leur doctrine et une mutation de leurs habitudes. Hier, la déontologie de l'avocat était simple et tenait plus d'un traité du duel judiciaire que d'une véritable étude des missions de l'avocat. L'avocat n'oubliera pas, qu'homme de droit, il incarne un contre-pouvoir dans la société civilisée et libérale à laquelle il appartient. Investi, à l'intérieur de cette société, d'un prophétisme propre qui lui a été confié par la tradition et l'histoire, il lui appartient de dénoncer les mauvais fonctionnements de la justice et de la société.

C'est là l'origine de son rôle judiciaire, c'est là l'origine de son rôle politique, il devra rester libéral, libre et indépendant, même si cette liberté est le fruit d'une ascèse, c'est-à-dire d'un renoncement volontaire à un certain laxisme que d'autres franges de la société acceptent facilement. C'est cet état d'esprit que l'on peut qualifier du nom de « déontologie ».

§ 2
Prise en compte du cadre contextuel dans lequel l'avocat évolue

311.111 **Évolution actuelle.** La profession d'avocat est devenue forte en nombre[1], diverse dans sa structuration et ses missions[2], dont beaucoup sont encore aujourd'hui largement sous-exploitées compte tenu d'un ancrage culturel encore fort dans le judiciaire, et aussi faute d'une réelle volonté de la profession dans son ensemble de se donner les moyens d'innover et de conquérir les marchés collectivement. Il y a ici un double mouvement nécessaire, tant des institutions de la profession au service des avocats que des avocats dans leur développement personnel.

Aujourd'hui, la déontologie, qui tient de la casuistique juridique[3], se dirige vers une double évolution : celle de la double déontologie due à l'internationalisation des échanges et nécessitant la résolution des conflits de normes déontologiques, car cette déontologie qui évolue dans la réflexion permanente ne saurait faire abstraction du contexte international, et notamment européen, dans lequel l'avocat évolue, et celle de son adaptation aux défis[4] du numérique[5].

311.112 **Contexte européen.** Le contexte européen[6], notamment celui relatif à la concurrence dans le secteur des services, issu de la directive services[7], marque l'évolution de la profession et impacte l'activité des avocats de ces dernières années.

Ce fut, en dernier lieu, la loi du 6 août 2015[8], qui est venue, à la suite de la loi du 17 mars 2014[9], parachever la transparence et la libéralisation de l'exercice de la profession d'avocat. Et ce, tout en généralisant ainsi la pleine application du droit de la consommation à la profession d'avocat[10], ce qui a des impacts certains sur les modalités d'exercice des avocats, s'agissant, notamment, tant de la publicité et de la sollicitation personnalisée[11], que de la rémunération[12] avec pour corollaire une saine transparence qui va entraîner une concurrence accrue.

311.113 **Redéfinir la relation avocat / client.** L'avocat va ainsi devoir repenser sa relation avec son client au-delà du strict cadre des honoraires, avec l'encadrement contractuel de cette relation, et de manière globale[13], et non plus dossier par dossier[14].

L'objectif est de concevoir une relation d'accompagnement permanent, axe principal de la relation avocat-client, sur lequel pourront se déployer, à titre accessoire, ce que l'on appelle improprement les « nouvelles activités » de l'avocat, lesquelles lui sont, en réalité, pour la plupart, déjà permises de longue date[15].

1. D. Piau, « Déontologie 2.02.0 : le retour des principes essentiels », *D. avocats*, 2016, p. 240.
2. V. s^s n°s 431.51 s.
3. F. Rouvière, « Apologie de la causuistique juridique », *D.* 2017. 118.
4. L. Neuer, « Avocatus numericus mode d'emploi », *JCP* 2017. 1079.
5. V. s^s n°s 491.10 s.
6. V. s^s n°s 023.121 s.
7. V. s^s n°s 023.151 s.
8. L. n° 2015-990, 6 août 2015 pour la croissance, l'activité et l'égalité des chances économiques, *JO* 7 août, p. 13537 – V. s^s n° 023.214.
9. L. n° 2014-344, 17 mars 2014 relative à la consommation, *JO* 18 mars, p. 5400 – V. s^s n° 023.213.
10. CJUE 15 janv. 2015, *Birute Siba c/Arunas Devenas*, aff. C-537/13 ; *JOUE* 2 mars, p. 6 ; *D.* 2015. 213 ; *D.* 2015. 588, obs. H. Aubry, E. Poillot et N. Sauphanor-Brouillaud ; *D. avocats* 2015. 154, obs. D. Landry – V. s^s n°s 711.111 s.
11. V. s^s n°s 461.11 s.
12. V. s^s n°s 712.21 s.
13. D. Piau, « Rupture d'une relation de clientèle : les histoires d'A finissent mal, en général », *Gaz. Pal.* 15 mars 2016, p. 27.
14. V. s^s n°s 484.231 s.
15. V. s^s n°s 431.51 s.

311.114 Défi numérique. Il n'y a ici rien à attendre des sites de tiers, si ce n'est un avilissement et un asservissement, et en définitive un appauvrissement de notre profession. Rien ne justifie que les avocats abandonnent l'innovation et l'investissement dans les nouvelles technologies à des sociétés commerciales dont ils deviendraient totalement dépendants[1].

Les avocats ne doivent pas, et ne peuvent pas, laisser à des sociétés commerciales, le soin de faire ce qu'ils doivent et peuvent faire en interne, au sein de la profession, afin de se (ré)approprier les bénéfices d'une activité dont il n'est pas inutile de rappeler la très grande rentabilité. Il est nécessaire que la profession se prenne en main en étudiant le lancement de plateformes destinées à développer la communauté de moyens par, et non pour, les avocats, ce qui n'exclut pas le recours à des prestataires techniques extérieurs pour la conception et le développement des outils, unique moyen de garantir le strict et nécessaire respect des règles professionnelles et principes essentiels et de faire réellement et effectivement bénéficier la profession d'avocat de nouvelles opportunités[2].

311.115 La déontologie, garante de l'unité de la profession d'avocat. Dans ce contexte, ce qui fait l'unité de la profession d'avocat est sa déontologie, laquelle est sa force, son identité et aussi sa valeur ajoutée[3]. Car sa souplesse lui permet de vivre, et son rôle est aussi de protéger les usagers du droit, consommateurs d'une prestation, les services juridiques, dont la technicité et l'importance en termes de conséquences pour lesdits usagers nécessitent des professionnels qualifiés et une protection stricte et rigoureuse et ce, quelle que soit la nature des prestations juridiques concernées ou la complexité du problème juridique posé[4].

Surtout elle est, avant tout, et l'on a trop souvent tendance à l'oublier, un formidable atout concurrentiel[5].

311.116 Influence européenne. La directive du 12 décembre 2006[6], dite services, prohibe toute interdiction générale et absolue[7]. Plus que des interdictions génériques, qui sont proscrites, sauf à être « non discriminatoires, justifiées par une raison impérieuse d'intérêt général et proportionnées. »[8], au nombre desquelles figure la protection des usagers du droit, ce sera une appréciation au cas par cas, au regard des principes essentiels, qui tiendra lieu de guide[9]. Il n'est plus question de discrétion mais de respect, non seulement de la dignité, mais également, entre autres, de l'indépendance, de la probité, de l'honneur, ainsi que de la modération, de la délicatesse, de la loyauté, de la courtoisie et de la confraternité[10].

À cet égard, la CEDH a ainsi reconnu[11] que, s'agissant de la publicité personnelle[12], celle-ci devait prendre en compte les impératifs d'une bonne administration de la justice comme la dignité de la profession[13]. Et ce même arrêt reconnaît que, grâce à leurs contacts directs et constants avec leurs membres, les autorités ordinales ou les cours et tribunaux du pays se trouvent mieux placés que le juge international pour préciser où se situe, à un moment donné, le juste équilibre à ménager entre ces intérêts et le droit de toute personne à recevoir une information sur l'assistance juridique et la possibilité pour un avocat de faire de la publicité pour son cabinet.

311.117 Défis d'une déontologie « subjectivisée ». Cette déontologie subjectivisée, et de moins en moins objectivisée par l'édiction de règles précises, va être confrontée à un double défi pour les ordres.

Ce défi est d'abord quantitatif car, comme a pu le noter Jean-Marc Varaut[14] : « Depuis que nous sommes devenus des milliers [...] la sociabilité, que nous nommons la confraternité, s'affaiblit ; la conformité aux coutumes également ; la concurrence exacerbe et l'avocat est de moins en moins un confrère pour être un adversaire ; la loyauté réciproque est plus contrainte que spontanée. La conscience d'appartenir à une collectivité morale qui est la ressource fondamentale de l'Ordre apparaît moins

1. V. s^{s} n°s 464.142 s.
2. V. s^{s} n°s 464.61 s.
3. S. Challan-Belval, « La déontologie est-elle surannée ? », *Gaz. Pal.* 24 nov. 2020, p. 3.
4. Civ 1re, 15 nov. 2010, n° 09-66.319, P I, n° 230 ; *D.* 2010. 2780.
5. P. Michaud, « Le serment de Badinter : un socle pour le développement économique des avocats », *Gaz. Pal.* 3-5 sept. 2006, p. 2 – J.-M. Braunschweig, « Avocats : la défense des principes essentiels », *Gaz. Pal.* 5-6 oct. 2005, p. 2.
6. Dir. 2006/123, Parlement et Conseil, 12 déc. 2006 relative aux services dans le marché intérieur, *JOCE L* 376, 27 déc., art. 24.
7. V. s^{s} n° 023.151.
8. CJUE 5 avr. 2011, *Société fiduciaire nationale d'expertise comptable*, aff. C-119/09 ; *JOUE* 21 mai, p. 4 ; *AJDA* 2011. 1007, Chron. M. Aubert, E. Broussy et F. Donnat ; *D.* 2011. 1072, obs. X. Delpech ; *D.* 2013. 136, obs. T. Wickers ; *RFDA* 2011. 1225, Chron. L. Clément-Wilz, F. Martucci et C. Mayeur-Carpentier ; *RTD eur.* 2011. 592, obs. A.-L. Sibony et A. Defossez ; *Rev. UE* 2013. 45, Chron. E. Sabatakakis.
9. EN CE SENS : Rennes, 18 sept. 2020, RG n° 20/00380 ; *D.* 2021. 108, obs. Th. Wickers – V. s^{s} n°s 312.24 s.
10. V. s^{s} n°s 315.11 s.
11. CEDH 24 févr. 1994, *Casado Coca c/Espagne*, req. n° 15450/89 ; *AJDA* 1994. 511, Chron. J.-F. Flauss.
12. V. s^{s} n°s 461.11 s.
13. V. s^{s} n°s 321.41 s.
14. Jean-Marc Varaut [1933-2005].

partagée. Le niveau élevé de contentieux devant la commission de déontologie est un signe inquiétant. [...] Toutes les institutions se font, se transforment et se défont. Elles ne sont pas intangibles. Un modèle nouveau est sans doute en gestation. Mais ce modèle demeurera inséparable de son passé. [...] »[1].

Et ce défi est également qualitatif, de pertinence, d'efficience, et surtout d'unification des appréciations[2], afin d'atteindre un nécessaire objectif de sécurité juridique.

311.118 Redéfinir les principes essentiels. Ce sont les principes essentiels, qui s'imposent à l'avocat en toutes circonstances y compris en dehors de son exercice professionnel[3], qui vont ainsi de plus en plus servir de guide et de référence afin de fonder ce que doit être le comportement de l'avocat.

Ce retour à la prééminence fondamentale des principes essentiels va nécessiter une redéfinition précise de ceux-ci afin d'asseoir le périmètre de leur intervention.

311.119 Renforcer l'efficience de l'ordinalité[4]. Mais l'efficience même de la maîtrise de notre déontologie implique également, plus que jamais, que l'on s'interroge sur nos règles de bonne gouvernance[5], y compris sur le plan éthique, aux fins de conserver la possibilité de décider des modalités d'administration de la profession, de la maîtrise de l'inscription (tableau) ou de l'exercice des membres. Cette ordinalité préservée[6] devra s'inscrire dans un cadre, y compris territorial, modernisé.

Les défis de demain sont donc clairement posés dans le cadre des évolutions récentes, ils impliquent un véritable travail de fond, et non d'affichage trop prisé par certains, et surtout une réelle volonté de ses acteurs de travailler ensemble avec réalisme dans un esprit de consensus.

1. J.-M. Varaut, *Un avocat pour l'histoire – mémoires interrompus, 1933-2005*, Flammarion, 2007, p. 32.
2. D. Piau, « Unification des règles déontologiques ou guerre picrocholine ? », *Gaz. Pal.* 8-10 janv. 2012, p. 19 – D. Piau, « Unification des règles déontologiques (suite…) : *Divide ut regnes ?* », *Gaz Pal.* 21-22 févr. 2014, p. 7.
3. Décr. n° 91-1197, 27 nov. 1991, art. 183 – V. s[s] n°s 315.11 s.
4. V. s[s] n°s 023.131 s.
5. V. s[s] n°s 111.11 s.
6. D. Piau, *Rapport sur la réforme des institutions de la profession*, UJA de Paris, 2008.

CHAPITRE

312. Sources et portée de la déontologie

SECTION 0 ORIENTEUR

312.00 Sommaire du chapitre.

Division. La déontologie a ses sources en droit interne et dans le droit de l'Union européenne (sect. 1) dont la portée est caractérisée par la totale autonomie de la faute déontologique (sect. 2).

312.01 Textes applicables.

TEXTES TITRÉS

• **L. n° 71-1130, 31 déc. 1971**

art. 3, al. 2 [Serment]

art. 17 [Missions du conseil de l'Ordre]

art. 21, al. 2 [Missions du bâtonnier]

• **Décr. n° 2005-790, 12 juill. 2005**

art. 1er [Principes essentiels de la profession d'avocat]

art. 3 [Liste des seize principes]

• **Décr. n° 91-1197, 27 nov. 1991**

art. 183 [Sanctions disciplinaires pour toute infraction aux règles professionnelles et manquement à la probité, à l'honneur ou à la délicatesse]

• **RIN**

art. 1 [Principes essentiels de la profession d'avocat]

312.02 Jurisprudence de référence.

> Pouvoirs normatifs du CNB

• **CE 6e-1re SSR, 17 nov. 2004,** req. n° 268075, *Lebon.*

* V. ss n° 312.24.

« Considérant qu'il résulte de l'ensemble de ces dispositions que le Conseil national des barreaux dispose d'un pouvoir réglementaire ; que ce pouvoir s'exerce, en vue d'unifier les règles et usages des barreaux, dans le cadre des lois et règlements qui régissent la profession ; que, toutefois, il trouve sa limite dans les droits et libertés qui appartiennent aux avocats et dans les règles essentielles de l'exercice de la profession ; que, dès lors, si le Conseil national des barreaux peut, le cas échéant, imposer à l'ensemble des barreaux une règle qui n'est appliquée que par certains d'entre eux, voire, dans les mêmes matières, élaborer une règle différente, il ne peut légalement fixer des prescriptions qui mettent en cause la liberté d'exercice de la profession d'avocat ou les règles essentielles qui la régissent et qui n'auraient aucun fondement dans les règles législatives ou dans celles fixées par les décrets en Conseil d'État prévus par l'article 53 de la loi du 31 décembre 1971, ou ne seraient pas une conséquence nécessaire d'une règle figurant au nombre des traditions de la profession. »

• **CE 6e-1re SSR, 15 nov. 2006,** req. n° 283475, NP.

* V. ss n° 312.24.

« Considérant que, pour l'application de ces dispositions législatives, il appartient au Premier ministre de faire usage du pouvoir réglementaire que lui confère l'article 21 de la Constitution pour fixer les règles de déontologie de la profession d'avocat ; que cette compétence s'exerce, en vertu de l'article 53 de la loi du 31 décembre 1971, par décret en Conseil d'État ; que le respect du principe d'autonomie des conseils de l'Ordre et du caractère libéral de la profession, énoncé au même article, n'impliquait aucunement qu'une partie des règles de déontologie fût soustraite à sa compétence pour être réservée à celle des instances ordinales ; que l'article 21-1 de la loi du 31 décembre 1971, qui a reconnu au Conseil national des barreaux un pouvoir réglementaire pour unifier les règles et usages de la profession, n'a pas eu davantage pour objet ou pour effet de réduire la compétence du Premier ministre ; que, par ailleurs, celui-ci pouvait légalement réunir dans un même texte les principales règles relatives à la déontologie des avocats, y compris en reproduisant celles d'entre elles qui sont fixées par une norme de niveau supérieur. »

312.03 **Bibliographie indicative.**

* Aussi : v. s^s n° 31.03.

Thèses. N. Hage-Chahine, *La distinction de l'obligation et du devoir en droit privé*, Éd. Panthéon-Assas, 2017 – B. Freleteau, *Devoir et incombance en matière contractuelle*, « Bibliothèque de droit privé », t. 576, LGDJ, 2017 – I. Jacquemart, *Le recours volontaire à la règle de déontologie*, Th. Orléans, 2003 – J. Moret-Bailly, *Les déontologies,* Puam, 2001 – L. Puech-Coutouly, *Droit et déontologie des professions libérales*, Th. Toulouse, 2005.

Encyclopédies. *J.-Cl. Pr. civ.*, fasc. 83-1 : avocats, Déontologie de l'avocat appliquée au juridique, 2014 – Rép. Civ., *V°* Avocat, Règles déontologiques, 2009.

Monographies contemporaines.

> Générales. Y. Avril, *Responsabilité des avocats,* 1re éd., Dalloz, 1981 ; 2e éd., 2008 ; 3e éd., « Dalloz Référence », 2014 ; 4e éd., 2021 – B. Beignier, B. Blanchard et J. Villacèque (dir.), *Droit et déontologie de la profession d'avocat,* 1re éd., « Droit fondamental », Puf, 2002 ; 2e éd., 2008 puis B. Beignier et J. Villacèque (dir.), *Droit et déontologie de la profession d'avocat*, 3e éd., Gazette du Palais – Lextenso, 2016 – J. Hamelin, *Abrégé des règles de la profession d'avocat : Décret du 10 avril 1954,* Dalloz, 1954 – J. Hamelin, *Nouvel abrégé des règles de la profession d'avocat,* Dalloz, 1968 ; puis J. Hamelin et A. Damien, 2e éd., 1973, *Les règles de la nouvelle profession d'avocat,* 3e éd., 1977 ; 4e éd., 1981 ; *Règles de la profession d'avocat,* 5e éd., 1987 ; 6e éd., 1989 ; 7e éd., 1992 ; 8e éd., 1995 ; 9e éd., 2000 puis A. Damien et H. Ader, *Règles de la profession d'avocat,* 10e éd., 2004 ; 11e éd., 2006 ; 12e éd., 2008 ; 13e éd., 2010 ; 14e éd., 2013 puis S. Bortoluzzi, D. Piau et Th. Wickers, *Règles de la Profession d'avocat,* 15e éd., 2016 ; 16e éd., 2017 – Th. Revet (dir.), *Déontologie de la profession d'avocat*, LGDJ, 1re éd. 2017 ; 2e éd., 2018 ; 3e éd., 2019 ; 4e éd. 2020 – J.-J. Taisne, *La déontologie de l'avocat*, 1re éd., 1997 ; 2e éd., 1998 ; 3e éd., 2002 ; 4e éd. 2005 ; 5e éd., 2007 ; 6e éd., 2009 ; 7e éd., 2011 ; 8e éd. 2013 ; 9e éd. 2015 ; 10e éd. 2017 ; 11e éd., « Connaissance du droit », Dalloz, 2019.

> Spécifiques. A. Damien, *La profession d'avocat,* Jurisprudence française, Litec, 1991.

Contributions. O. Andreea-Macovei, « Les aspects européens des professions réglementées », *in* H. Simonian-Gineste, S. Torricelli-Chrifi (dir.), *Les professions (dé)réglementées : Bilan et perspectives juridiques*, PU Toulouse 1 Capitole, 2018, p. 89 – Th. Bontinck et F. Puel, « Ordres professionnels et droit de la concurrence – Plaidoyer pour une entente cordiale », *in Mél. G.-A. Dal, L'avocat*, Bruxelles, Larcier, 2014, p. 141 – M. Dal et A. Guillerme, « La déontologie contre les droits de l'homme ? », *in* Y. Kevers (dir.), *La déontologie contre le droit ?*, Larcier, Bruxelles, 2018, p. 142 s. – A. Damien, « La tradition du Barreau français », *in* J. Hamelin – A. Damien, *Les règles de la nouvelle profession d'avocat,* 4e éd., Dalloz, 1981, ann., p. 395 à 476– D. Gutmann, « L'obligation déontologique entre l'obligation morale et l'obligation juridique », *L'obligation*, « Archives de philosophie du droit », Dalloz, 2000, p. 115 – J. Moret-Bailly, « Les sanctions des règles déontologiques, Particularité ou banalité ? », C. Chainais, D. Fenouillet (dir.), *Les sanctions en droit contemporain*, t. I, Dalloz, 2012, p. 473. – Ph. Stoffel-Munck, « Déontologie et morale », *in* J.-L. Bergel (dir.), *Droit de déontologies professionnelles*, Puam, 1997, p. 63.

Articles. Y. Avril, « Précisions sur l'autonomie de la règle déontologique dans la profession d'avocat », *Gaz. Pal.* 29-31 janv. 2012, p. 17 – J.-M. Braunschweig, « Pouvoir normatif du CNB », *Gaz. Pal.* 7-8 juill. 2004, p. 4 – A. Chèrier, « Les possibilités d'unification des règles des barreaux français », *Bull. UJA Paris* 1934/1937, p. 77 – R. Encinas de Munagorri, « Les sources positives de la déontologie », *RTD civ.* 2007. 67 – R. Libchaber, « Déontologie et droit étatique », *RTD civ.* 1998. 218 – R. Martin, « Du règlement intérieur des ordres d'avocats », *JCP* 1999. I. 172 ; « À propos du décret du 12 juillet 2005 sur la déontologie de l'avocat », *JCP* 2005. Actu. 502 ; « La déontologie de l'avocat et les tiers », *JCP* 2006. I. 330 – J. Mestre, « Le sort des contrats conclus en violation d'une règle de déontologie professionnelle », *RTD civ.* 1992. 383 – E. de Montgolfier, « Vers des exigences déontologiques communes aux professions réglementées du droit », *JCP* 2011. 367 – J. Moret-Bailly, « Règles déontologiques et fautes civiles », *D.* 2002. 2820– D. Paquet et B. Vatier, « Un règlement intérieur par décret pour les avocats », *Gaz. Pal.* 14-15 sept. 2005, p. 2 – D. Piau, « Unification des règles déontologiques ou guerre picrocholine ? », *Gaz. Pal.* 8-10 janv. 2012, p. 19 ; « De la portée des règles déontologiques : chronique d'un revirement à l'aune de la causalité oubliée », *D. avocats* 2013. 417 ; « Unification des règles déontologiques (suite...) : Divide ut regnes ? », *Gaz Pal.* 21-22 févr. 2014, p. 7 ; « Effets du sursis à statuer et autonomie de la faute disciplinaire : O tempora. O mores... », *Gaz. Pal.* 16-17 oct. 2015, p. 9 ; « Déontologie 2.02.0 : le retour des principes essentiels », *D. avocats*, 2016. 240.

Codes. Ch. Jamin (dir.) puis F. G'Sell (dir.), *Code de l'avocat*, Dalloz, 1re éd., 2011 ; 10e éd., 2020 – Th. Revet (dir.), *Code de déontologie*, 1re éd., Lamy 2007 ; 10e éd., Dalloz, 2021.

SECTION 1
SOURCES DE LA DÉONTOLOGIE

312.10 **Plan.** La déontologie puise ses sources en droit interne (§ 1) et dans le droit de l'Union européenne (§ 2).

§ 1
Sources de droit interne

312.21 **Hiérarchisation normative des sources.** Les principes essentiels et règles déontologiques de la profession d'avocat, qui ont longtemps été coutumiers et informels [1], tout en étant présents dans le serment pour partie [2], sont désormais, principalement, inscrits dans trois catégories de textes :

1° La loi du 31 décembre 1971 [3]. Cette loi qui contient les termes mêmes du serment [4] de l'avocat [5] assure, en outre, la protection des principes essentiels puisqu'elle encadre les prérogatives du pouvoir réglementaire en prévoyant que : « Dans le respect de l'indépendance de l'avocat, de l'autonomie des conseils de l'Ordre et du caractère libéral de la profession, des décrets en Conseil d'État fixent les conditions d'application » de la loi du 31 décembre 1971 [6] ;

2° Le décret du 27 novembre 1991 [7] et dont les articles 155 et suivants insérés dans un chapitre « Règles professionnelles », qui avaient pris la suite du même chapitre figurant aux articles 82 et suivant du décret du 9 juin 1972 [8], ont été abrogés en 2005, pour être repris dans un décret distinct, le décret du 12 juillet 2005 [9], dit décret déontologie, lequel s'est inspiré du RIU [10] ;

3° Le règlement intérieur national de la profession d'avocat (RIN), issu d'un long travail d'unification des principes essentiels et règles déontologique contenus dans les règlements intérieurs de chaque barreau [11].

Enfin, le règlement intérieur du barreau [12] qui comporte encore, parfois, des règles déontologiques spécifiques applicables aux seuls avocats du barreau concerné.

312.22 **Unification.** Les principes essentiels et règles déontologiques ont ainsi progressivement été inscrits, de manière dispersée, dans les différents règlements intérieurs des barreaux [13], avant qu'une nécessité d'unification ne voit le jour [14].

C'est cet esprit qui anime la rédaction par André Damien d'une *Tradition du barreau français* [15], travail qui avait pour objet de résumer l'essentiel des règlements intérieurs des barreaux et d'en souligner la profonde unité dans le fond, quelles que soient les divergences de détail. Le but était de permettre à tous les ordres d'avocats, par une délibération conjointe [16], d'adopter un règlement intérieur national comportant toutefois des adaptations nécessaires aux situations locales, et intégrant un certain nombre de considérations sur la rédaction matérielle des actes et des conseils de prudence aux avocats. Ce règlement permettait de dégager une déontologie du juridique [17] dont les dispositions étaient issues du travail d'André Boquet, qui, dans le cadre d'une étude destinée au centre régional de formation professionnelle des avocats des barreaux du ressort de la cour d'appel de Paris (EFB) avait écrit un bref mais substantiel et remarquable ouvrage consacré à la question de la déontologie juridique [18]. Cette œuvre n'a jamais pu voir le jour.

Il faudra attendre l'avènement du Conseil national des barreaux en 1990 [19] pour que puisse être entamé, sous la houlette de Geneviève Augendre [20] puis du bâtonnier Henri Ader [21] et de Jean-Michel Braunschweig [22], un long travail de recueillement puis d'harmonisation des principes essentiels et règles professionnelles, qui aboutira en 1999 au règlement intérieur harmonisé (RIH) [23], puis en 2004 au règlement intérieur unifié (RIU) [24], et, enfin, en 2005 au règlement intérieur national (RIN) [25], et qui obtient une portée normative en 2007 [26] à la suite

1. V. s^s n°s 311.21 s.
2. V. s^s n°s 314.11 s.
3. L. n° 71-1130, 31 déc. 1971 portant réforme de certaines professions judiciaires et juridiques, *JO* 5 janv. 1972, p. 131.
4. L. n° 71-1130, 31 déc. 1971, art. 3.
5. V. s^s n°s 314.00 s.
6. L. n° 71-1130, 31 déc. 1971, art. 53.
7. Décr. n° 91-1197, 27 nov. 1991 organisant la profession d'avocat, *JO* 28 nov., p. 15502.
8. Décr. n° 72-468, 9 juin 1972 organisant la profession d'avocat, *JO* 11 juin, p. 5884.
9. Décr. n° 2005-790, 12 juill. 2005 relatif aux règles de déontologie de la profession d'avocat, *JO* 16 juill., n° 22, art. 3.
10. RIU, art. 1-3 – V. s^s n° 112.23.
11. V. s^s n° 312.22.
12. V. s^s n°s 115.31 s.
13. V. s^s n°s 311.81 s.
14. A. Chèrier, « Les possibilités d'unification des règles des barreaux français », *Bull. UJA Paris* 1934-1937, p. 77.
15. A. Damien, « La tradition du barreau français », *Les règles de la nouvelle profession d'avocat*, 4e éd., Dalloz, 1981, ann. p. 395 à 476.
16. L. n° 71-1130, 31 déc. 1971, art. 18.
17. V. s^s n°s 311.101 s.
18. A. Boquet, *L'Avocat et la pratique des actes sous seing privé*, Ordre des avocats à la cour de Paris, 1981.
19. V. s^s n°s 023.111 s.
20. Geneviève Augendre (entre 1992-1996).
21. Henri Ader (entre 1997-2002).
22. Jean-Michel Braunschweig (entre 2003-2005).
23. DCN n° 1999-001, 26-27 mars 1999 instituant le règlement intérieur harmonisé des barreaux de France (RIH) – CE 27 juill. 2001, *Ordre des avocats du barreau de Tours*, req. n° 191706, *Lebon ; D.* 2002. 365, note B. Blanchard ; *AJDA* 2001. 847, Chron. M. Guyomar et P. Colin ; *AJDA* 2001. 852 – Civ. 1re, 18 févr. 2003, n° 01-13.163, P I, n° 47 ; *D.* 2003. 805 – Civ. 1re, 21 janv. 2003, n° 00-22.553, P I, n° 16 ; *D.* 2003. 855, note B. Blanchard ; *D.* 2003. 773, Chron. P.-A. Iweins.
24. DCN n° 2004-001, 23-24 avr. 2004 instituant le règlement intérieur unifié (RIU) – B. Blanchard, « La légalité du règlement intérieur unifié des barreaux de France est contestable », *D.* 2004. 2740 – CE 22 juin 2004, *Landwell et Associés (S^té)*, req. n° 268076, NP ; *D.* 2004. 2740, note B. Blanchard ; *AJDA* 2004. 1780.
25. DCN n° 2005-003, 4 nov. 2005 instituant le Règlement Intérieur National de la profession (RIN).
26. Décis. 12 juill. 2007 portant adoption du règlement intérieur national (RIN) de la profession d'avocat (art. 21-1 de la loi du 31 déc. 1971 modifiée), *JO* 11 août, p. 13503.

du décret du 15 mai 2007[1], qui constitue le socle de la déontologie commune des avocats.

312.23 Rôle des Institutions de la profession. Du fait qu'il appartient à un barreau, l'avocat est soumis à une discipline et à des devoirs qui sont la justification de ce barreau organisé lui-même dans l'intérêt de la justice et des justiciables. Le barreau, à travers son conseil de l'Ordre[2] et son bâtonnier[3], ainsi que le conseil de discipline[4], veille au respect de leurs devoirs par les avocats. C'est pourquoi la loi du 31 décembre 1971 précise que le bâtonnier prévient ou concilie les différends d'ordre professionnel entre les membres du barreau[5] et instruit toute réclamation formulée à l'encontre d'un avocat[6].

Il appartient également au conseil de l'Ordre qui a, notamment, pour rôle de maintenir les principes de probité, de désintéressement, de modération et de confraternité sur lesquels repose la profession, d'exercer la surveillance que l'honneur et l'intérêt de ses membres rendent nécessaire[7] et de traiter toute question intéressant l'exercice de la profession, la défense des droits des avocats et la stricte observation de leurs devoirs[8], d'arrêter des dispositions qui leur sont propres dans le cadre du règlement intérieur du barreau[9]. Ce dernier fixe, notamment, les dispositions nécessaires pour assurer l'information du public quant aux modalités d'exercice de la profession par les membres du barreau[10], et ce dans le respect des dispositions du règlement intérieur national[11], des dispositions législatives et réglementaires en vigueur et de l'ordre public[12]. Le conseil de l'Ordre se doit également d'assurer dans son ressort l'exécution des décisions prises par le Conseil national des barreaux[13].

Il appartient, enfin, au conseil de discipline, de sanctionner, à la demande de l'autorité de poursuite[14], les avocats défaillants[15].

1. Décr. n° 2007-932, 15 mai 2007 portant diverses dispositions relatives à la profession d'avocat, *JO* 16 mai, p. 9230, art. 3 ; créant art. 38-1 du décr. n° 91-1197, 27 nov. 1991.
2. V. s^s n°s 115.11 s.
3. V. s^s n°s 116.111 s.
4. V. s^s n°s 118.11 s.
5. L. n° 71-1130, 31 déc. 1971, art. 21, III.
6. L. n° 71-1130, 31 déc. 1971, art. 21, II.
7. L. n° 71-1130, 31 déc. 1971, art. 17, 3°.
8. L. n° 71-1130, 31 déc. 1971, art. 17, 5°.
9. Civ. 1re, 24 mars 1981, n° 79-14.765, P I, n° 97 ; *JCP* 1981. IV. 206 ; *Gaz. Pal.* 1981. 2. Pan. 290.
10. Décr. n° 91-1197, 27 nov. 1991, art. 162 – V. s^s n°s 461.180 s.
11. L. n° 71-1130, 31 déc. 1971, art. 17.
12. Civ. 1re, 9 oct. 1973, n° 71-10.624, P I, n° 266 ; *Gaz. Pal.* 1973. 2. Somm. 257 ; *D.* 1974. 309, note A. Brunois – Civ. 1re, 28 avr. 1993, n° 90-20.949, P I, n° 151.
13. L. n° 71-1130, 31 déc. 1971, art. 17, 10°.
14. V. s^s n°s 521.72 s.
15. L. n° 71-1130, 31 déc. 1971, art. 22 – V. s^s n°s 522.00 s.

312.24 Conseil national des barreaux (CNB). C'est ainsi au Conseil national des barreaux qu'il appartient, dans le respect des dispositions législatives et réglementaires en vigueur[16], d'unifier par voie de dispositions générales les règles et usages de la profession d'avocat[17]. Les décisions unifiant les règles et usages de la profession d'avocat sont publiées au *Journal officiel*[18].

Le Conseil d'État a rappelé que l'intérêt général de la profession d'avocat, dont l'expression est confiée au CNB, ainsi que le respect des principes essentiels de la profession et des exigences déontologiques, permettent au CNB, au titre de sa mission d'harmonisation des usages et règles de la profession avec les lois et décrets en vigueur, d'édicter des règles précises, dès lors que les prescriptions nouvelles ne mettent pas en cause la liberté d'exercice de la profession d'avocat ou les règles essentielles qui la régissent et ont un fondement dans les règles législatives ou réglementaires, ou sont la conséquence nécessaire d'une règle figurant au nombre des traditions de la profession[19].

Naturellement, cela implique aussi que le CNB fixe les modalités d'interprétation des règles et usages unifiés de la profession d'avocat dont les conseils de l'Ordre et les conseils de discipline doivent veiller à la mise en œuvre et les bâtonniers

16. CE 6e-1re SSR, 15 nov. 2006, req. n° 283475, NP ; *RTD civ.* 2007. 67, obs. R. Encinas de Munagorri.
17. L. n° 71-1130, 31 déc. 1971, art. 21-1 – V. s^s n° 312.22.
18. Décr. n° 91-1197, 27 nov. 1991, art. 38-1.
19. CE 6e-1re SSR, 17 nov. 2004, req. n° 268075, *Lebon* ; *JCP* 2004. II. 10188, note Y. Aguila ; *AJDA* 2005. 319, note J.-M. Pontier ; *AJDA* 2004. 2469 ; *D.* 2005. 11, obs. V. Avena-Robardet ; *D.* 2005. 673, Chron. A. Bernard – CE 9 nov. 2015, req. n° 384728, NP ; *JCP* 2016. 27, note D. Landry ; *AJDA* 2016. 350 ; *D. avocats* 2015. 378, obs. L. Dargent – CE 5 oct. 2007, req. n° 282321, *Lebon* ; *AJDA* 2008. 644, note G. Houillon ; *AJDA*. 2007. 1900 ; *D.* 2007. 2739 – CE 19 oct. 2012, req. n° 354613, *Lebon T* ; *D.* 2013. 136, obs. T. Wickers – CE 29 janv. 2014, req. n° 366083, NP – CE 9 nov. 2015, req. n° 384728, NP – CE 23 déc. 2015, req. n° 390792, NP ; *Dalloz IP/IT* 2016. 153, note G. Haas et J.-P. Souyris ; *D.* 2017. 80, obs. Th. Wickers ; *Gaz. Pal.* 19 avr. 2016, p. 22, obs. J. de Belval et J. Villacèque – CE 6e-1re SSR, 28 avr. 2017, req. n° 400832, *Lebon T* ; *AJDA* 2017. 912 ; *D. avocats* 2017. 170, obs. L. Dargent ; *D. avocats* 2017. 279, art. T. Wickers et P. Rodhain ; *Gaz. Pal.* 5 déc. 2017, p. 18, obs. B. de Belval – CE 29 janv. 2018, *Conférence des Bâtonniers et autres, req. n° 403101, Lebon* ; *Gaz. Pal.* 6 févr. 2018, p. 26, obs. Ph. Graveleau ; *Gaz. Pal.* 27 mars 2018, p. 32, obs. S. Roussel ; *Gaz. Pal.* 13 févr. 2018, p. 14, note Th. Wickers ; *JCP* 2018. 588, n° 13, obs. L. Jariel ; *Gaz. Pal.* 5 juin 2018, p. 27, obs. B. de Belval ; *D.* 2019. 92, obs. Th. Wickers – CE 16 août 2018, req. n° 413218, NP ; *Gaz. Pal.* 25 sept. 2018, p. 41, obs. Ph. Graveleau – CE 3 oct. 2018, req. n° 406279, NP ; *JCP* 2018. 255, n° 6, obs. L. Jariel ; *D.* 2019. 93, obs. Th. Wickers – CE 25 oct. 2018, req. n° 411373, *Lebon T* ; *JCP* 2018. 255, n° 11, obs. C. Vautrot-Schwarz ; *D.* 2019. 93, obs. Th. Wickers – V. s^s n° 112.21.

en instruire les réclamations afférentes. C'est pourquoi la commission des règles et usages, dont le président est élu par l'assemblée générale, est chargée non seulement de préparer les textes relatifs à l'unification des règles et usages de la profession d'avocat, d'élaborer toute proposition en vue de leur évolution mais également de répondre aux avis déontologiques sollicités par les bâtonniers [1].

312.25 **Des règles… et des usages.** Si la déontologie a aujourd'hui une source essentiellement normative, et jurisprudentielle [2], les usages n'ont pas pour autant perdu toute place dans son élaboration. Les prérogatives d'unification du CNB visent ainsi expressément les « règles et usages de la profession d'avocat » [3], et le Conseil d'État a lui-même reconnu que le CNB pouvait au titre de sa mission « d'harmonisation des usages et règles de la profession » édicter des règles précises qui sont, notamment, « la conséquence nécessaire d'une règle figurant au nombre des traditions de la profession » [4].

Ce sont ces usages, qui se définissent comme « l'ensemble des règles et des pratiques qui régissent les rapports sociaux et qui sont les plus couramment observées » [5], qui sont à l'origine de l'essentiel des règles professionnelles et auxquels il convient encore de se référer, par exemple, pour définir le costume professionnel [6], comme pour apprécier la portée des principes essentiels de la profession [7]. Les avis déontologiques rendus par les bâtonniers [8] contribuent eux aussi à définir ces usages professionnels qui peuvent ensuite se voir conférer une force normative, notamment par leur incorporation dans le règlement intérieur national.

312.26 **Déontologie et concurrence.** Saisi à plusieurs reprises de recours à l'encontre de décisions prises par des ordres professionnels, le Conseil de la concurrence puis l'Autorité de la concurrence ont qualifié ces derniers d'« organismes investis d'une mission de service public, celle d'assurer le respect des devoirs professionnels et la défense de l'honneur de la profession », dotés à cette fin de prérogatives de puissance publique [9]. Ils ont considéré qu'il ne leur appartenait pas de se prononcer sur la légalité de ces décisions « dès lors qu'elles sont de nature administrative », cette dernière notion impliquant, « non seulement que la décision en cause ait été prise dans l'accomplissement de la mission de service public de l'organisme privé dont elle émane, mais, en outre qu'elle comporte l'exercice d'une prérogative de puissance publique » [10]. Ce que l'Autorité de la concurrence a eu l'occasion de rappeler, s'agissant de la profession d'avocat, pour se déclarer incompétente à connaître des délibérations d'un conseil de l'Ordre [11].

1. Règlement intérieur CNB, ann., point 2 – V. s^s n°s 511.341 s.
2. A. Damien, *La profession d'avocat, Jurisprudence française*, Litec, 1991.
3. L. n° 71-1130, 31 déc. 1971, art. 21-1.
4. CE 6e-1re SSR, 17 nov. 2004, req. n° 268075, *Lebon ; JCP* 2004. II. 10188, note Y. Aguila ; *AJDA* 2005. 319, note J.-M. Pontier ; *AJDA*. 2004. 2469 ; *D*. 2005. 11, obs. V. Avena-Robardet ; *D*. 2005. 673, Chron. A. Bernard – CE 9 nov. 2015, req. n° 384728, NP ; *JCP* 2016. 27, note D. Landry ; *AJDA* 2016. 350 ; *D. avocats* 2015. 378, obs. L. Dargent – CE 5 oct. 2007, req. n° 282321, *Lebon* ; *AJDA* 2008. 644, note G. Houillon ; *AJDA*. 2007. 1900 ; *D*. 2007. 2739 – CE 19 oct. 2012, req. n° 354613, *Lebon T* ; *D*. 2013. 136, obs. T. Wickers – CE 29 janv. 2014, req. n° 366083, NP – CE 9 nov. 2015, req. n° 384728, NP – CE 23 déc. 2015, req. n° 390792, NP ; *Dalloz IP/IT* 2016. 153, note G. Haas et J.-P. Souyris ; *D*. 2017. 80, obs. Th. Wickers ; *Gaz. Pal.* 19 avr. 2016, p. 22, obs. J. de Belval et J. Villacèque – CE 6e-1re SSR, 28 avr. 2017, req. n° 400832, *Lebon T* ; *AJDA* 2017. 912 ; *D. avocats* 2017. 170, obs. L. Dargent ; *D. avocats* 2017. 279, art. T. Wickers et P. Rodhain ; *Gaz. Pal.* 5 déc. 2017 p. 18, obs. B. de Belval – CE 29 janv. 2018, req. n° 403101, *Conférence des Bâtonniers et autres, Lebon ; Gaz. Pal.* 6 févr. 2018, p. 26, obs. Ph. Graveleau ; *Gaz. Pal.* 27 mars 2018, p. 32, obs. S. Roussel ; *Gaz. Pal.* 13 févr. 2018, p. 14, note Th. Wickers ; *JCP* 2018. 588, n° 13, obs. L. Jariel ; *Gaz. Pal.* 5 juin 2018, p. 27, obs. B. de Belval ; *D*. 2019. 92, obs. Th. Wickers – CE 16 août 2018, req. n° 413218, NP ; *Gaz. Pal.* 25 sept. 2018, p. 41, obs. Ph. Graveleau – CE 3 oct. 2018, req. n° 406279, NP ; *JCP* 2018. 255, n° 6, obs. L. Jariel ; *D*. 2019. 93, obs. Th. Wickers – CE 25 oct. 2018, req. n° 411373, *Lebon ; AJDA* 2018. 2102 ; *D*. 2018. 2448, obs. T. Clay ; *D*. 2019. 91, obs. T. Wickers ; *D. avocats* 2018. 386, obs. G. Deharo ; *JCP* 2018. 255, n° 11, obs. C. Vautrot-Schwarz.
5. CNRTL.
6. V. s^s n°s 313.17 s.
7. V. s^s n°s 315.11 s.
8. V. s^s n° 511.371.
9. Cons. conc. 28 nov. 2007, n° 07-D-41 relative à une demande de mesures conservatoires dans le secteur de la boulangerie industrielle.
10. Com. 16 mai 2000, n° 98-11.800, P IV n° 99 – Aut. conc. 22 avr. 2009, n° 09-D-17 relative à des pratiques mises en œuvre par le conseil régional de l'Ordre des pharmaciens de Basse-Normandie ; *D*. 2009. 1741, note C. Alleaume – EN DERNIER LIEU : Aut. conc. 15 janv. 2019, n°s 19-D-01, 19-D-02 – AUSSI : T. confl. 4 mai 2009, *Éditions Jean-Paul Gisserot (S^té) c/Centre des monuments nationaux*, req. n° 3714, *Lebon ; AJDA* 2009. 1490, note G. Eckert ; *AJDA* 2009. 2437, Chron. S. Nicinski, E. Glaser et P.-A. Jeanneney ; *RTD eur.* 2009. 473, Chron. L. Idot – CE 3 nov. 1997, req. n° 169907, *Million et Marais (S^té), Lebon ; AJDA* 1997. 1012 ; *AJDA* 1997. 945, Chron. T.-X. Girardot et F. Raynaud ; *D*. 1997. 259 ; *RFDA* 1997. 1228, concl. J.-H. Stahl ; *AJDA* 1998. 247, note O. Guézou ; *AJDA* 2014. 110, Chron. B. Lasserre ; *RTD eur.* 1999. 271, Chron. J.-B. Blaise et L. Idot.
11. Aut. conc. 20 sept. 2018, n° 18-D-18 ; *D. actu.* 2 oct. 2018 note C.-S. Pinat ; *JCP* 2019. 255, n° 5, obs. L. Jariel ; – CONFIRMÉE PAR : Paris, pôle 5, ch. 7, 10 oct. 2019, RG n° 018/23386 ; *D*. 2019. 109, obs. Th. Wickers ; – AUSSI : Aut. conc. 18 juill. 2018, n° 18-D-12 relative à une demande de mesures conservatoires présentée par la société AGN Avocats Développement dans le secteur des prestations juridiques.

Ce n'est que si ces organismes interviennent par leurs décisions hors de cette mission ou ne mettent en œuvre aucune prérogative de puissance publique[1] que l'Autorité de la concurrence peut être amenée à avoir à en connaître.

S'agissant de l'existence éventuelle de pratique prohibée, ici encore bien que les avocats exercent une activité économique et, partant, constituent des entreprises et que non seulement leurs institutions professionnelles peuvent être considérées comme des associations d'entreprises au sens du droit de la concurrence mais encore, les pratiques qu'elles mettent en œuvre doivent être regardées comme traduisant un concours de volonté entre leurs membres[2] faisant qu' : « [...] Une pratique susceptible d'avoir un objet ou un effet anti-concurrentiel mise en œuvre par un tel organisme révèle nécessairement une entente [...] entre ses membres. »[3]. Pour autant, un simple parallélisme des comportements ne saurait suffire, en soi, à caractériser, et même présumer, l'existence d'une pratique prohibée[4], il y a lieu de caractériser une volonté concertée d'un ou plusieurs organismes visant, par exemple, à éliminer des concurrents d'un marché déterminé[5].

312.27 Déontologie et proportionnalité. Les règles déontologiques posées, tant par le Conseil national des barreaux que par les conseils de l'Ordre, doivent d'une part répondre à un motif d'intérêt général ou être justifiées par des raisons impérieuses d'intérêt général, au titre desquelles figurent la protection des consommateurs[6] et les nécessités d'une bonne administration de la justice[7], et d'autre part, être proportionnées à l'objectif poursuivi. Cette nécessité qui résultait déjà de la jurisprudence, tant de la Cour de cassation que du Conseil d'État, dans la droite ligne de la directive du 12 décembre 2006[8], dite services[9], a été clairement posée par la directive du 28 juin 2018 relative à un contrôle de proportionnalité avant l'adoption d'une nouvelle réglementation de professions[10].

Lorsque de telles règles touchent à l'accès à la profession ou à son exercice, la directive impose expressément que soit effectué un examen *ex ante* de proportionnalité des nouvelles dispositions conduisant à ce que les motifs pour lesquels une disposition est jugée justifiée et proportionnée soient étayés par des éléments probants qualitatifs et, dans la mesure du possible et lorsque cela est pertinent, quantitatif[11].

Les modalités de mise en œuvre de ce contrôle, incluant l'élaboration des décisions des ordres professionnels à caractère réglementaire[12], ont été précisées par une circulaire du 29 juillet 2020[13].

312.28 Au-delà des textes spécifiques à la profession. Au-delà des textes propres à sa profession, l'avocat est naturellement soumis à l'ensemble de l'environnement législatif et règlementaire : sauf exception expressément prévues par les textes, les règles professionnelles ne sont jamais exclusives de l'application du droit commun. C'est tout particulièrement vrai, notamment, s'agissant de l'exercice de missions spécifiques par l'avocat[14], en matière de communication[15] ou encore s'agissant de la rémunération de l'avocat[16]. Et ses principes essentiels,

1. Com. 7 juin 2011, n° 10-12.038, NP ; – NOT. : Cons. conc. 18 mars 1997, n° 97-D-18 ; – Cons. conc. 20 juill. 2005, n° 05-D-43 ; – Aut. conc. 12 févr. 2009, n° 09-D-07 ; – COMP. : TPUE 10 déc. 2014, *Ordre national des pharmaciens*, aff. T-90/11.
2. CJCE 19 févr. 2002, *Wouters*, aff. C.-309/99 ; *Rec. CJCE* I-01577, point 49 – V. s^s n°s 023.133 s.
3. Com. 16 mai 2000, n° 98-11.800, P IV n° 99.
4. Aut. conc. 20 sept. 2018, n° 18-D-18 ; *D. actu.* 2 oct. 2018, note C.-S. Pinat ; *JCP* 2019. 255, n° 5, obs. L. Jariel.
5. Cons. conc., décis. n° 19-D-13, 24 juin 2019 relative à des pratiques mises en œuvre dans le secteur des huissiers de justice – Cons. conc., décis. n° 19-D-12, 24 juin 2019 relative à des pratiques mises en œuvre par des notaires dans le secteur de la négociation immobilière – Cons. conc. décis. n° 20-D-17, 12 nov. 2020 relative à des pratiques mises en œuvre dans le secteur de la chirurgie dentaire ; *D.* 2021. 106, obs. Th. Wickers – Sur les barèmes indicatifs d'honoraires, v. s^s n°s 711.62 s.
6. J.-Ch. Roda, « Réflexions sur les objectifs du droit français de la concurrence », *D.* 2018. 1504.
7. Dir. 2018/958, Parlement et Conseil, 28 juin 2018 relative à un contrôle de proportionnalité avant l'adoption d'une nouvelle réglementation de professions, *JOUE L* 173, 9 juill., p. 25, art. 6.
8. Dir. 2006/123, Parlement et Conseil, 12 déc. 2006 relative aux services dans le marché intérieur, *JOCE L* 376, 27 déc., art. 24.
9. V. s^s n° 023.151.
10. Dir. 2018/958, Parlement et Conseil, 28 juin 2018 relative à un contrôle de proportionnalité avant l'adoption d'une nouvelle réglementation de professions, *JOUE* 9 juill., p. 25.
11. Dir. 2018/958, Parlement et Conseil, 28 juin 2018, art. 4 – M. Dal et A. Guillerme, « *La déontologie contre les droits de l'homme ?* », *in* Y. Kevers (dir.), *La déontologie contre le droit ?*, Bruxelles, Larcier, 2018, p. 142, not. p. 160 s., n°s 81 s. – Th. Bontinck et F. Puel, « *Ordres professionnels et droit de la concurrence – Plaidoyer pour une entente cordiale* », *in Mél. G.-A. Dal, L'avocat,* Bruxelles, Larcier, 2014, p. 141 – O. Andreea-Macovei, « Les aspects européens des professions réglementées », *in* H. Simonian-Gineste, S. Torricelli-Chrifi (dir.), *Les professions (dé)réglementées : Bilan et perspectives juridiques,* PU Toulouse 1 Capitole, 2018, p. 89.
12. Circ. Premier ministre n° 6197/SG, 29 juill. 2020 obligation de mise en œuvre d'un examen de proportionnalité dans l'évaluation des projets de normes relatifs à l'accès ou l'exercice d'une profession réglementée, NOR : PRMX2020450C, p. 3.
13. Circ. Premier ministre n° 6197/SG 29 juill. 2020, NOR : PRMX2020450C.
14. V. s^s n°s 433.21 s.
15. V. s^s n°s 461.11 s.
16. V. s^s n°s 711.21 s.

notamment le principe de probité[1] lui en impose un respect scrupuleux.

Il est donc toujours nécessaire pour bien mesurer la portée d'un principe essentiel ou d'une règle déontologique au regard d'une situation factuelle donnée, de restituer cette dernière dans l'environnement législatif et règlementaire qui lui est applicable.

§ 2
Sources du droit de l'Union européenne

312.31 Déontologie de la profession d'avocat en Europe. La mise en place progressive de l'Union européenne et de l'Espace économique européen et l'intensification de l'activité transfrontalière de l'avocat ont rendu nécessaire, dans l'intérêt public, la définition de règles uniformes applicables à tout avocat européen pour son activité transfrontalière, quel que soit le barreau auquel il appartient. La définition de telles règles a essentiellement pour but d'atténuer les difficultés résultant de l'application du principe de « double déontologie »[2].

Le conseil des barreaux européens (Ccbe)[3] a arrêté deux textes fondateurs, qui sont à la fois complémentaires et d'une nature fort différente : le code de déontologie des avocats européens[4] et la charte des principes essentiels de l'avocat européen[5]. Les deux textes sont accompagnés, le premier, d'un commentaire, et le second, d'un mémorandum explicatif. Ils sont à la base de la déontologie de la profession d'avocat en Europe, et contribuent à façonner l'image de l'avocat et du barreau européens.

312.32 Code de déontologie des avocats européens. Le code de déontologie des avocats européens a été adopté lors de la session plénière du Ccbe le 28 octobre 1988. Il a été modifié à trois reprises par le Ccbe, à Lyon le 28 novembre 1998, à Dublin le 6 décembre 2002 et à Porto le 19 mai 2006.

Il tient également compte des modifications apportées aux statuts du Ccbe lors de sa session plénière extraordinaire du 20 août 2007[6].

312.33 Contenu du code de déontologie des avocats européens. Le code de déontologie des avocats européens[7] présente les principes généraux de la profession puis décrit les rapports qu'entretient l'avocat avec ses clients, les auxiliaires de justice et ses confrères. De nombreuses matières présentent des solutions analogues aux règles déontologiques françaises. Deux points diffèrent radicalement et méritent à ce titre d'être mentionnés compte tenu des difficultés pratiques que ces divergences peuvent entraîner : la confidentialité des correspondances entre avocats[8] ainsi que les honoraires[9].

Les organisations représentatives de la profession d'avocat réunies au sein du Ccbe ont souhaité que les règles codifiées dans le code de déontologie des avocats européens soient reconnues comme l'expression du consensus de tous les barreaux de l'Union européenne et de l'Espace économique européen (EEE), et soient, d'une part, rendues applicables dans les plus brefs délais selon les procédures nationales ou de l'EEE à l'activité transfrontalière de l'avocat européen et, d'autre part, prises en compte lors de toute révision de règles déontologiques internes en vue de l'harmonisation progressive de ces dernières. Elles ont, en outre, émis le souhait que, dans toute la mesure du possible, les règles déontologiques nationales soient interprétées et appliquées d'une manière conforme à celles du code.

312.34 Portée du code de déontologie des avocats européens. Les dispositions du code de déontologie des avocats européens concernent les avocats définis par la directive 77/249[10], et sont obligatoires dans tous les barreaux des États membres (que ces barreaux soient des membres effectifs, associés ou observateurs du Ccbe) qui sont tenus au respect du code dans leurs activités transfrontalières à l'intérieur de l'Union européenne, de l'Espace économique européen, de la Confédération helvétique comme des pays associés et observateurs du Ccbe, sous réserve que lesdits barreaux aient formellement accepté d'être liés par le code.

C'est ainsi que, compte tenu de leur intégration dans le RIN[11], les dispositions du code de déontologie des avocats européens doivent être respectées par les avocats français dans le cadre de leurs activités réalisées dans l'Union européenne et dans leurs relations avec les autres avocats de l'Union européenne. Les avocats français doivent en appliquer les dispositions dans leurs activités judiciaires et juridiques dans l'Union européenne hors le territoire de la République française et dans leurs relations avec les autres avocats de l'Union européenne, qu'elles aient lieu à l'intérieur des frontières de l'Union européenne ou hors de celles-ci.

1. V. s^s n°s 324.11 s.
2. V. s^s n°s 491.10 s.
3. V. s^s n°s 132.41 s.
4. V. s^s n°s 312.32 s.
5. V. s^s n°s 312.35 s.
6. V. s^s n° 132.51.
7. R. Danovi, « Le code de déontologie des avocats européens », *Essais sur la déontologie*, Bruylant, 2002, n° 6, p. 105 s.
8. V. s^s n°s 422.10 s.
9. V. s^s n°s 711.21 s.
10. Dir. 77/249, Conseil, 22 mars 1977 tendant à faciliter l'exercice effectif de la libre prestation de services par les avocats, *JOCE* 26 mars, p. 17 – V. s^s n° 231.00 s.
11. RIN, art. 21.

312.35 Charte des principes essentiels de l'avocat européen. La charte des principes essentiels de l'avocat européen a été adoptée à l'unanimité lors de la session plénière du Ccbe à Bruxelles le 24 novembre 2006 [1]. La charte n'est pas conçue comme un code de déontologie. Elle a vocation à s'appliquer à l'Europe tout entière, au-delà des territoires des États membres, associés et observateurs du Ccbe.

La charte énonce dix principes essentiels qui sont l'expression de la base commune à toutes les règles nationales et internationales qui régissent la profession d'avocat. La charte a notamment pour objet de venir en aide aux barreaux qui luttent dans les pays émergents pour y faire reconnaître leur indépendance ; elle vise également à accroître la compréhension de l'importance du rôle de l'avocat dans la société. Elle s'adresse tant aux avocats eux-mêmes qu'aux décideurs et au public en général.

312.36 Sources de la charte des principes essentiels de l'avocat européen. La charte des principes essentiels de l'avocat européen prend en compte :

– les règles professionnelles nationales des États européens, y compris de ceux qui ne sont pas membres du Ccbe mais partagent aussi ces principes communs des avocats européens [2] ;

– le code de déontologie des avocats européens [3] ;

– les principes généraux du code international de déontologie de l'international bar association [4] ;

– la recommandation du comité des ministres du Conseil de l'Europe aux États membres sur la liberté d'exercice de la profession d'avocat du 25 octobre 2000 [5] ;

– les principes de base relatifs au rôle du barreau, adoptés par le huitième congrès des Nations unies pour la prévention du crime et le traitement des délinquants qui s'est tenu à La Havane (Cuba) du 27 août au 7 septembre 1990 [6] ;

– la jurisprudence de la Cour européenne des droits de l'homme (CEDH) et de la Cour de justice de l'Union européenne (CJUE), et notamment l'arrêt *Wouters* du 19 février 2002 [7] ;

– la déclaration universelle des droits de l'homme [8], la convention européenne des droits de l'homme [9] et la charte des droits fondamentaux de l'Union européenne [10] ;

– la résolution du Parlement européen sur les professions juridiques et l'intérêt général relatif au fonctionnement des systèmes juridiques du 23 mars 2006 [11].

312.37 –Selon la charte [12], les principes essentiels de l'avocat sont notamment :

– l'indépendance [13] et la liberté d'assurer la défense de son client [14] ;

– le respect du secret professionnel et de la confidentialité des affaires dont il a la charge [15] ;

– la prévention des conflits d'intérêts que ce soit entre plusieurs clients ou entre le client et lui-même [16] ;

– la dignité [17], l'honneur [18] et la probité [19] ;

– la loyauté à l'égard de son client [20] ;

– la délicatesse en matière d'honoraires [21] ;

– la compétence professionnelle [22] ;

– le respect de la confraternité [23] ;

– le respect de l'État de droit et la contribution à une bonne administration de la justice ;

– l'autorégulation [24].

SECTION 2
PORTÉE DE LA DÉONTOLOGIE

312.40 Plan. Principes de la charte des principes essentiels de l'avocat européen. La faute déontologique est le

1. V. s[s] n° 132.52.
2. Codes de déontologie nationaux disponibles sur : http://www.ccbe.eu/index.php ?id=12&L=1
3. V. s[s] n°s 312.32 s.
4. *General Principles of the Legal Profession* (en anglais) de l'Association internationale du barreau le 20 sept. 2006, http://www.ibanet.org/
5. Recomm. R (2000)21 du comité des ministres des États membres sur la liberté d'exercice de la profession d'avocat (adoptée par le comité des ministres le 25 octobre 2000 lors de la 727e réunion des délégués des ministres).
6. Les principes de base relatifs au rôle du barreau adoptés par le huitième congrès des Nations unies pour la prévention du crime et le traitement des délinquants qui s'est tenu à La Havane (Cuba) du 27 août au 7 septembre 1990.
7. CJUE 19 févr. 2002, *J.C.J Wouters, J.W. Savelbergh, Price Waterhouse Belastingadviseurs BV c/Algemene Raad van de Nederlandse Orde van Avocaten,* aff. C-309/99 *CJUE* I-1577.
8. Déclaration universelle des droits de l'homme adoptée par l'Assemblée générale des Nations unies le 10 décembre 1948.
9. Convention de sauvegarde des droits de l'homme et des libertés fondamentales signée par les membres du Conseil de l'Europe le 4 nov. 1950 à Rome.
10. Charte des droits fondamentaux de l'Union européenne signée et proclamée par les présidents du Parlement européen, du Conseil et de la Commission lors de la réunion du Conseil européen à Nice le 7 déc. 2000.
11. Résolution du Parlement européen sur les professions juridiques et l'intérêt général relatif au fonctionnement des systèmes juridiques, adoptée le 23 mars 2006.
12. Charte des principes essentiels de l'avocat européen.
13. V. s[s] n°s 323.00 s.
14. V. s[s] n°s 454.00 s. et 481.61 s.
15. V. s[s] n°s 41.00 s.
16. V. s[s] n°s 44.00 s.
17. V. s[s] n°s 321.00 s.
18. V. s[s] n°s 331.00 s.
19. V. s[s] n°s 324.00 s.
20. V. s[s] n°s 332.31 s.
21. V. s[s] n°s 336.00 s. et 721.11 s.
22. V. s[s] n°s 341.00 s.
23. V. s[s] n°s 335.00 s.
24. V. s[s] n°s 023.121 s.

fondement de la sanction disciplinaire (§ 1) elle se caractérise par sa totale autonomie (§ 2).

§ 1
Qualification de la faute déontologique, fondement de la sanction disciplinaire

312.51 Fondement de la sanction disciplinaire. Les principes essentiels, ainsi que les règles déontologiques de la profession, fondent les sanctions disciplinaires qui peuvent être prononcées à l'encontre d'un avocat dans le cadre de la procédure prévue à cet effet[1].

Ainsi, si ces valeurs semblent revêtir une dimension plus morale que juridique, tout manquement à ces principes constitue une faute déontologique et peut par conséquent justifier une sanction disciplinaire[2].

312.52 Nature de l'action disciplinaire. L'action disciplinaire n'est ni une action pénale ni une action civile. Elle a un caractère familial, ou plus précisément professionnel : le conseil de discipline[3], et la cour d'appel, doivent redresser les erreurs commises par les avocats qui dénotent un manquement par rapport au comportement que l'on est en droit d'attendre d'un « bon professionnel » au regard des règles et des qualités qui s'imposent à lui dans le cadre de l'exercice de sa profession.

Toute erreur que peut commettre un avocat n'est pas susceptible de constituer par là même une faute déontologique.

A.
Appréciation de la faute déontologique

312.61 Absence de nomenclature des fautes déontologiques. La législation ne définit pas les fautes déontologiques, à la façon dont le code pénal décrit, qualifie et prévoit la répression des délits et des crimes. L'article 22 de la loi du 31 décembre 1971 mentionne les « infractions et fautes, commises par les avocats » et l'article 25, les « fautes et manquements au serment professionnel commis à l'audience »[4]. Les avocats sont justiciables du conseil de discipline[5] non seulement en raison de leur activité professionnelle et du fait de leur vie privée[6], mais également en raison de leurs activités annexes autorisées par la loi[7].

Avec une définition aussi large de l'infraction disciplinaire, il est loisible de dire que l'avocat est soumis au régime de l'infraction indéterminée. Tout fait quelconque, même non-professionnel, commis à n'importe quel moment, n'importe où, dès lors que l'auteur est avocat, peut être une faute déontologique. Le nombre de fautes déontologiques qui peuvent ainsi être poursuivies étant pratiquement illimité, « il se dégage », comme l'indique Emmanuel Blanc[8] « l'idée d'une compétence très générale et très vaste englobant toute la vie professionnelle et extraprofessionnelle de l'avocat s'étendant à tous les faits bien antérieurs à la prestation de serment et se prolongeant pendant tout le cours de l'honorariat jusqu'à la mort »[9].

Le jurisconsulte Antoine Loisel[10], l'un des fondateurs de l'Académie française, écrivait au début du XVIIe siècle que « La profession d'avocat veut son homme tout entier »[11].

312.62 Appréciation *in concreto* de la faute déontologique. La jurisprudence censure les dispositions des règlements intérieurs tendant à établir des fautes déontologiques entraînant objectivement le prononcé d'une sanction disciplinaire, sans qu'il ne soit nécessaire d'apprécier le comportement de l'avocat.

C'est ainsi que l'omission de se faire couvrir des frais de vente avant de porter des enchères dans l'intérêt d'un client n'autorise pas le conseil de discipline à tirer de cette omission de respecter telles formalités, même légalement édictées, une présomption de faute disciplinaire : l'appréciation *in concreto* s'impose dans tous les cas[12]. Tout comme une violation du tarif[13], quelque blâmable qu'elle soit, ne saurait, à elle seule, appeler des sanctions disciplinaires[14], ou, inversement, que le fait de percevoir abusivement des honoraires peut constituer une faute disciplinaire, pour manquement à la probité, à l'honneur, à la délicatesse[15], sans qu'il ne soit nécessaire d'attendre l'issue de la procédure de fixation des

1. V. s^s^ n°s 521.00 s.
2. Décr. n° 91-1197, 27 nov. 1991, art. 183.
3. V. s^s^ n°s 118.11 s.
4. L. n° 71-1130, 31 déc. 1971, art. 25.
5. V. s^s^ n°s 522.00 s.
6. Décr. n° 91-1197, 27 nov. 1991, art. 183 – V. s^s^ n°s 331.71 s.
7. Civ. 1re, 7 juin 1983, n° 82-14.469, P I, n° 169 ; *Gaz. Pal.* 1983. 283. pan. 281 – V. s^s^ n°s 431.00 s.
8. Emmanuel Blanc [1911-1998].
9. E. Blanc, *La nouvelle profession d'avocat*, LJNA, 1972, p. 220 – DU MÊME AUTEUR : E. Blanc, *Le Statut du conseil juridique, commentaire de la loi du 31 décembre 1971 et des décrets d'application des 13 et 26 juillet 1972*, LJNA, 1972.
10. Antoine Loisel [1536-1617].
11. A. Loisel, *Pasquier ou Dialogue des avocats du Parlement de Paris*, 1602, rééd. Videcoq, Paris, 1844, p. 158.
12. Pau, 24 févr. 1982, *Gaz. Pal.* 1982. 1. 155.
13. V. s^s^ n°s 722.00 s.
14. Rennes, 11 mars 1980, *Gaz. Pal.* 1980. 2. 466 ; – DANS LE MÊME SENS : Pau, 19 mars 1981 ; *Gaz. Pal.* 1981. 2. 446, note A. Damien.
15. V. s^s^ n° 732.121.

honoraires, laquelle n'est pas un préalable légal à la procédure disciplinaire[1].

L'appréciation de faute déontologique impose ainsi d'appréhender la matérialité des faits dont on se doit d'analyser si ces faits, et eux seuls, indépendamment de toute autre qualification notamment civile ou pénale, constituent un manquement aux principes essentiels et règles déontologiques de la profession d'avocat.

312.63 Amnistie. L'amnistie n'efface pas nécessairement la faute déontologique[2]. En effet, si les lois d'amnistie de 1959[3], 1966[4], 1969[5], 1974[6], 1981[7], 1988[8], 1995[9] et 2002[10], ont prévu d'amnistier les faits commis antérieurement aux 28 avril 1959, 8 janvier 1966, 20 juin 1969, 27 mai 1974, 22 mai 1981, 22 mai 1988, 18 mai 1995 et 17 mai 2002 en ce qu'ils constitueraient des fautes déontologiques, elles ne s'opposent pas à des poursuites disciplinaires en répression de faits qui, sauf mesure individuelle accordée par le président de la République, constituent des manquements à la probité[11] et à l'honneur[12], tels que le fait pour un avocat de produire en justice une pièce destinée à surprendre la religion des juges, et à l'obtention délictueuse de laquelle il a lui-même participé[13]. En outre, si ces mêmes faits ont donné lieu à une condamnation pénale, l'amnistie des sanctions disciplinaires est subordonnée à l'amnistie de la condamnation pénale.

Depuis 2002, plus aucune loi d'amnistie n'a été prise. Ainsi la question a quelque peu perdu de son intérêt, mais il n'est pas exclu qu'une nouvelle loi intervienne en la matière. Toutefois, lorsque l'ancienneté des faits le justifie, il est nécessaire que le conseil de discipline veille, lorsqu'il prononce une sanction disciplinaire, à mentionner dans sa décision si les faits fondant la sanction sont exclus du bénéfice de l'amnistie comme étant contraires à l'honneur ou, à la probité[14]. L'appréciation de la nature du manquement reproché relève du pouvoir souverain d'appréciation des juges du fond[15], la Cour de cassation contrôlant la motivation des arrêts sur ce point[16].

312.64 Cause d'exonération. Il a pu être admis que les faits commis par un avocat sous l'empire de troubles psychiques médicalement établis ne sauraient faire l'objet d'une sanction disciplinaire[17].

De la même manière, il a pu être jugé que justifiait le prononcé d'une interdiction temporaire de trois ans en lieu et place d'une radiation, le fait qu'un avocat, qui avait été condamné pénalement à une peine de huit mois d'emprisonnement avec sursis pour abus de confiance, faux, usage de faux, altération frauduleuse de la vérité dans un écrit, pour avoir, notamment, établi un faux jugement et omis de faire délivrer des actes afin de tromper la religion de son client, dont l'expertise psychiatrique avait révélé une personnalité fragile et l'émergence d'un contexte subdépressif pouvant orienter vers une altération du discernement s'agissant de faits qui s'étaient déroulés dans un contexte familial complexe[18].

312.65 Absence d'incidence du préjudice. L'existence d'un préjudice n'est pas une condition de mise en œuvre de l'action disciplinaire. La faute disciplinaire existe, et peut donner lieu au prononcé d'une sanction, indépendamment de tout préjudice. Toutefois, l'existence d'un préjudice peut impacter sur le *quantum* de la sanction disciplinaire, et être prise en compte dans le cadre de la procédure disciplinaire.

C'est ainsi que la possibilité d'une médiation portant sur les circonstances de la réparation du dommage causé par la faute déontologique a été envisagée[19] ; de même que le sursis au prononcé de la sanction disciplinaire en attendant la preuve de l'absence de préjudice causé par la faute déontologique[20].

B.
Faute déontologique et faute civile

312.71 Absence de faute civile et faute déontologique. L'absence de faute civile n'implique pas nécessairement l'absence de toute faute déontologique.

1. Civ. 1re, 26 avr. 1977, n° 76-12.024, P I, n° 183 ; *Gaz. Pal.* 1977. 2. Somm. 224 – V. ss nos 522.314 s.
2. B. Mercadal, « L'amnistie des interdictions professionnelles », *D.* 1993. Chron. 141.
3. L. n° 59-940, 31 juill. 1959 portant amnistie, art. 10.
4. L. n° 66-409, 18 juin 1966 portant amnistie, art. 15.
5. L. n° 69-700, 30 juin 1969 portant amnistie, art. 13.
6. L. n° 74-643, 16 juill. 1974 portant amnistie, art. 10.
7. L. n° 81-736, 4 août 1981 portant amnistie, art. 13.
8. L. n° 88-828, 20 juill. 1988 portant amnistie, art. 14.
9. L. n° 95-884, 3 août 1995 portant amnistie, art. 14.
10. L. n° 2002-1062, 6 août 2002 portant amnistie, art. 11.
11. V. ss nos 324.00 s.
12. Aix-en-Provence, 8 déc. 1980, *Gaz. Pal.* 1981. 2. 738, note A. Damien – V. ss nos 331.00 s.
13. Paris, ch. 1 A, 10 avr. 1996, RG n° 94/15929.
14. Paris, pôle 2, ch. 1, 19 sept. 2019, RG nos 16/11977, 18/23915 – POURVOI REJETÉ PAR : Civ. 1re, 30 juin 2021, n° 19-23.722, NP.
15. Civ. 1re, 22 nov. 1988, n° 87-11.274, P I, n° 325 ; *D.* 1988. 290 – Versailles, ass. ch., 23 juin 2004, RG n° 13/2003.
16. Civ. 1re, 25 mai 2005, n° 03-17.514, P I, n° 227 ; *D.* 2005. 1589 ; *D.* 2006. 266, obs. B. Blanchard.
17. Paris, 24 nov. 1993, *D.* 1995. 165, obs. A. Brunois.
18. Paris, pôle 2, ch. 1, 11 mai 2017, RG n° 16/00529 ; – MÊME SENS : Aix-en-Provence, 10 juill. 2020, RG n° 19/19864.
19. Paris, 24 févr. 1988 ; *Gaz. Pal.* 23 avr. 1988, p. 11, note A. Damien.
20. Paris, 23 mars 1988 ; *Gaz. Pal.* 2 juin 1988, p. 12, note A. Damien – V. ss n° 521.05.

C'est ainsi que la Cour de cassation a pu considérer que le fait pour un avocat, non pas d'avoir conclu un accord d'honoraires sous la forme authentique, mais d'avoir, par ce moyen, organisé et obtenu la signature d'un acte exécutoire de reconnaissance de dette, et ce, sans avoir établi de factures détaillant ses prestations, puis d'avoir utilisé ce titre pour diligenter une procédure d'exécution forcée, se soustrayant ainsi à la décision préalable du bâtonnier, constituait un manquement grave à la délicatesse envers une cliente âgée, en difficultés financières et sans connaissances juridiques, caractérisant la faute disciplinaire, nonobstant la parfaite orthodoxie sur le plan civil de la procédure mise en œuvre.

Pour la Cour de cassation, « la validité de l'acte authentique valant reconnaissance de dette n'étant pas susceptible d'influer sur l'appréciation des fautes reprochées à l'avocat, lesquelles consistaient, non en la signature de cet acte, mais en la mise en œuvre d'une procédure d'exécution forcée fondée sur celui-ci, l'absence de factures et le comportement de l'avocat à l'égard de sa cliente »[1].

C. Faute déontologique et faute pénale

312.81 Indépendance des fautes pénale et disciplinaire. Les fautes pénale et déontologique sont également indépendantes l'une de l'autre[2], la règle selon laquelle « le criminel tient le civil en l'état » ne s'appliquant pas en matière disciplinaire[3]. Ainsi, sous réserve du respect de l'autorité de la chose jugée du pénal sur le civil relativement à la matérialité des faits[4], le juge du fond apprécie souverainement leur qualification, et le principe de la culpabilité ou de l'innocence de la personne poursuivie[5]. Le juge de l'action disciplinaire apprécie directement, au regard des règles déontologiques, la gravité des faits qui lui sont soumis.

La faute déontologique peut être caractérisée pour des faits qui ne sont ni prévus ni qualifiés sur le plan pénal[6] mais qui ne relèvent d'une appréciation morale ou déontologique et ce, sans que la prescription[7] ou l'amnistie[8] ou l'irresponsabilité[9] puisse être prise en considération de manière absolue. Les mêmes faits pouvant d'ailleurs être l'objet de poursuites pénales et de poursuites disciplinaires[10].

312.82 Défaut d'incidence de la relaxe sur la poursuite disciplinaire. Une décision de relaxe de la juridiction pénale n'empêche pas une sanction disciplinaire si les faits, bien que ne souffrant pas une qualification pénale, constituent un manquement aux principes essentiels[11]. Les fautes déontologiques, telles que le manquement à la probité[12], ne requièrent pas la constatation de l'intention frauduleuse, élément constitutif d'une infraction pénale, en application du principe classique de l'autonomie de l'action disciplinaire par rapport à l'action pénale[13].

Tout comme, s'agissant d'un avocat qui avait accepté de servir d'intermédiaire à son client, escroc notoire, dont il était devenu l'ami depuis plusieurs années (faits de blanchiment), le fait qu'il ne soit pas sanctionné d'une interdiction d'exercer la profession sur le plan pénal[14], n'est pas de nature à avoir une incidence sur la sanction à prononcer sur le plan disciplinaire. Il bénéficiera toutefois de la clémence, compte tenu du fait que les faits sont anciens et que depuis l'avocat a eu un exercice professionnel normal[15].

§ 2 Effets de la faute déontologique

312.90 Plan. La faute déontologique n'a, en principe, d'autres effets que de servir de fondement au prononcé

1. Civ. 1re, civ., 30 sept. 2015, no 14-23.372, P I ; *Gaz. Pal.* 16-17 oct. 2015, p. 9, note D. Piau ; *D.* 2015. 2019 ; *D. avocats* 2015. 396, art. G. Deharo.
2. D. Piau, « Effets du sursis à statuer et autonomie de la faute disciplinaire : *O tempora. O mores...* », *Gaz. Pal.* 16-17 oct. 2015, p. 9.
3. Civ. 1re, 28 avr. 2011, no 10-15.444, NP ; – COMP. S'AGISSANT de la déontologie des journalistes : TJ Paris, réf, 11 mars 2021, RG no 21/51017 ; *Gaz. Pal.* 25 mai 2021, p. 33, obs. Ph. Piot ; – *CONTRA* : Montpellier, aud. sol., 29 sept. 2020, RG no 18/02488 ; *Gaz. Pal.* 1er juin 2021, p. 27, obs. D. Landry ; *Gaz. Pal.* 15 déc. 2020, p. 32.
4. Civ. 1re, 17 mai 1988, no 86-13.200, P I, no 146 – Civ. 1re, 30 mars 2005, no 03-17.907, P no 156 ; *D.* 2005. 1047 ; *RSC* 2005. 550, obs. E. Fortis ; – DANS LA MÊME AFFAIRE : Crim. 18 déc. 2001, no 01-84.170, P no 273 ; *JCP* 2002. 1394 ; *D.* 2002. 862.
5. Civ. 1re, 21 mai 1959, P I, no 252 – Civ. 1re, 7 juill. 1959, P I, no 340 – Civ. 1re, 23 janv. 1962, P I, no 59 – Civ. 1re, 29 janv. 1968, P I, no 35 – Civ. 1re, 22 nov. 1988, no 87-11.274, P I, no 325 ; *D.* 1988. IR 289 – Civ. 1re, 18 mai 1989, no 88-12.024, P ; *JCP* 1989. IV, no 263 – Civ. 1re, 17 févr. 2011, no 09-72.249, NP – Civ. 1re, 6 sept. 2017, no 16-13.624, NP ; *Gaz. Pal.* 3 oct. 2017, p. 21, note D. Piau.
6. Civ. 1re, 6 sept. 2017, no 16-13.624, NP ; *Gaz. Pal.* 3 oct. 2017, p. 21, note D. Piau.
7. V. ss no 521.151.
8. V. ss no 312.63.
9. C. pén., art. 122-1 ; anc. 64 – V. ss no 312.64.
10. Civ. 1re, 2 avr. 1997, no 95-13.599, P I, no 115 ; *Gaz. Pal.* 1997. pan. 259 ; *D.* 1997. 108 ; – SUR LE CUMUL DES SANCTIONS, v. ss nos 523.391 s.
11. Req. 16 juill. 1946, *D.* 1946. 375 ; – COMP. : Civ. 1re, 16 mai 1995, no 93-13.149, NP ; – Civ. 1re, 6 sept. 2017, no 16-13.624, NP ; *Gaz. Pal.* 3 oct. 2017, note D. Piau.
12. V. ss nos 324.00 s.
13. Civ. 1re, 10 mars 1992, no 90-20.360, P I, no 76.
14. V. ss nos 523.351 s.
15. Colmar, 1er juill. 2015, RG no 14/04.926 ; *Gaz. Pal.* 11-12 déc. 2015, p. 17, note D. Landry et J. Villacèque.

d'une sanction disciplinaire (A), bien qu'elle puisse toutefois servir de fondement à la reconnaissance d'une faute civile (B).

A. Absence d'effets de la faute déontologique en dehors de la sanction disciplinaire

312.101 Absence d'effet de la faute déontologique sur les actes effectués par l'avocat. La faute déontologique n'affecte pas la validité des actes effectués par l'avocat[1]. Comme a pu l'affirmer la Cour de cassation à propos d'une convention intervenue entre deux médecins : « Les règles de déontologie, dont l'objet est de fixer les devoirs des membres de la profession, ne sont assorties que de sanctions disciplinaires et n'entraînent pas à elles seules l'annulation des actes accomplis en infraction à leurs dispositions. »[2]

312.102 Incidence du manquement aux règles déontologiques sur la procédure. Le non-respect des règles déontologiques ne peut donc conduire qu'à la mise en œuvre d'une procédure disciplinaire, et non à influer sur l'application des règles de procédures qui relève de la compétence des juridictions saisies du litige[3].

Il n'appartient pas aux uns et aux autres d'interférer dans leurs compétences respectives : si les barreaux entendent éviter de laisser le soin aux magistrats de régler des conflits entre avocats, et garder ainsi la maîtrise de leur déontologie, il leur appartient alors de faire le nécessaire pour résoudre les difficultés en amont, dans le cadre des dispositions qui les régissent[4].

312.103 Règle déontologique et action civile. Les règles déontologiques ne sauraient, en principe, faire obstacle à la mise en œuvre des actions civiles[5].

C'est ainsi que la chambre sociale de la Cour de cassation avait eu l'occasion de s'intéresser au cas d'un avocat qui sollicitait la requalification d'une relation avec une revue de presse en statut de journaliste professionnel et au bénéfice de la présomption de salariat nonobstant l'incompatibilité prévue en la matière[6]. Les juges du fond avaient considéré que cette seule incompatibilité faisait obstacle à toute faculté de requalification, à tort jugea la Cour de cassation en considérant « qu'il lui appartenait de rechercher si l'intéressée apportait à la société éditrice une collaboration constante et régulière dont elle tirait l'essentiel de ses ressources, et si, par suite, elle était fondée à revendiquer le bénéfice des avantages prévus en faveur des journalistes professionnels permanents par la convention collective nationale des journalistes, peu important l'existence de règles déontologiques de la profession d'avocat interdisant une telle situation, lesquelles, ne concernant que les rapports de l'intéressée avec son ordre, étaient dépourvues d'incidence sur la question posée »[7].

De même, il a pu être jugé que l'interdiction faite à l'avocat de recevoir un paiement par une lettre de change tirée sur une personne autre que son client[8] est une règle de nature déontologique, éventuellement passible de sanctions disciplinaires, ne pouvant priver l'avocat qui en est le porteur de ses recours cambiaires, dès lors qu'il n'est pas allégué qu'en l'acquérant dans de telles conditions, il aurait agi de mauvaise foi[9].

312.104 Nuance. On notera que la chambre commerciale de la Cour de cassation a pu en décider, en apparence, différemment en considérant que la profession d'avocat étant incompatible avec toutes les activités de caractère commercial[10], qu'elles soient exercées directement ou par personne interposée. Il en découle que l'article L. 442-1, II, du code de commerce n'est pas applicable à la relation nouée entre un cabinet d'avocat et son client[11].

1. Crim. 22 avr. 1977, n° 75-93.306, P n° 127 ; *D.* 1977. 322 – TGI Paris, 5 mars 1986 ; *Gaz. Pal.* 1988. 2. Somm. n° 10.
2. Civ. 1re, 18 avr. 1961, P I, n° 210 ; *JCP* 1961. II. 12184, note J. Savatier – Civ. 1re, 5 nov. 1991, n° 89-15.179, P I, n° 297 ; *D.* 1991. 292 ; *RTD civ.* 1992. 383, obs. J. Mestre.
3. TGI Pontoise, 2 avr. 1997 ; *JCP* 1997. II. 22907, note R. Martin ; – CONFIRMÉ PAR : Versailles, 17 sept. 1997 ; *JCP* 1997. II. 22929, note R. Martin – Crim. 30 oct. 2002, n° 01-87.979, NP – Civ. 2e, 21 oct. 2010, n° 09-12.078, P II, n° 172 ; *D.* 2010. 2590 ; *JCP* 2011. 235, note J.-M. Brigant ; *Gaz. Pal.* 15 mars 2011, p. 13, note Y. Avril – Civ. 1re, 3 mars 2011, n° 10-14.012, P I, n° 42 ; *D.* 2011. AJ 825 ; *JCP* 2011. 295, obs. S. Bortoluzzi ; *RLDC* 05/2011, n° 47236, note J.-Ph. Bugnicourt ; *RTD civ.* 2011. 366, obs. P.-Y. Gautier.
4. D. Piau, note ss Civ. 1re, 15 déc. 2011,n° 10-25.437, P I, n° 213 ; *Gaz. Pal.* 8-10 janv. 2012, p. 19 – Sur les procédures ordinales, v. ss nos 51.00 s.
5. Civ. 1re, 17 janv. 1956, P n° 30 – Civ. 1re, 14 oct. 1980, n° 79-13.148, P I, n° 254 – Civ. 1re, 5 nov. 1991, n° 89-15.179, P I, n° 297 ; *D.* 1991. 292 ; *RTD civ.* 1992. 383, obs. J. Mestre – Poitiers, ch. civ. 1, 3 déc. 2019, RG n° 17/04167.
6. V. ss n° 432.137.
7. Soc. 19 déc. 2007, n° 07-40.384, P V, n° 217 ; *JCP* 2008. I. 140, n° 6, obs. G. Pillet ; – MÊME SENS : Paris, pôle 6, ch. 2, 15 mai 2014, RG n° 13/04979 ; – POURVOI REJETÉ PAR : Soc. 12 mai 2017, n° 15-28.943, 15-29.129, P V ; *D.* 2017. 1132.
8. RIN, art. 11.6, al. 2.
9. Com. 6 déc. 2011, n° 10-30.896, P IV, n° 198 ; *D.* 2012. 27, obs. X. Delpech ; *D.* 2012. 536, note J. Lasserre-Capdeville ; *Gaz. Pal.* 22 déc. 2011, p. 23, obs. C. Berlaud ; *Gaz. Pal.* 31 janv. 2012, p. 17, note Y. Avril ; *Gaz. Pal.* 4 févr. 2012, p. 15, obs. C. Houin-Bressand ; *JCP* 2012. 387, n° 6, obs. A. Bolze – A. Boujeka, « Droit cambiaire et déontologie des avocats », *D.* 2012. 2103 – V. ss n° 732.103.
10. Décr. n° 91-1197, 27 nov. 1991, art. 111 – V. ss nos 432.11 s.
11. Com. 24 nov. 2015, n° 14-22.578, NP ; *D.* 2016. 462, note Cl. Mouly-Guillemaud.

En réalité, dans cette dernière affaire, la chambre commerciale refuse à l'avocat le bénéfice des dispositions spécifiques du code de commerce relatives à la rupture brutale de relations commerciales établies, sans pour autant exclure le droit de l'avocat à des dommages et intérêts relativement aux conditions de cette même rupture [1], sur le terrain du droit commun en application des articles 1104 et 1231-1 du code civil, comme elle l'examine dans le second moyen de ce même arrêt [2].

312.105 Réserve tenant de l'ordre public. La Cour de cassation semble admettre qu'une règle déontologique, qui s'impose à celui qui y est soumis, soit prise en compte pour déterminer la validité d'une convention. Elle avait posé le principe suivant lequel « les règles de déontologie, dont l'objet est de fixer les devoirs des membres de la profession, ne sont assorties que de sanctions disciplinaires et n'entraînent pas à elles seules la nullité des contrats conclus en infraction à leurs dispositions », tout en réservant le cas où le contrat litigieux était illicite comme contraire à l'ordre public [3].

Elle a ainsi, par la suite, admis :

- qu'un architecte, qui avait accepté de réaliser une prestation en sous-traitance d'un autre architecte, alors même que l'article 37 du code de déontologie des architectes prohibe le recours à la sous-traitance, ne saurait réclamer les paiements de ses honoraires auprès du donneur d'ordre, dès lors que « le maître de l'ouvrage n'est pas redevable des sommes exposées par le maître d'œuvre pour rémunérer un sous-traitant lorsque le recours à la sous-traitance est interdit [4] ;

- qu'un ostéopathe, qui avait conclu un contrat tendant à l'insertion d'encarts publicitaires dans un répertoire familial pratique d'urgence, alors même que l'article 21 du code de déontologie des professionnels de l'ostéopathie prohibe tous procédés directs ou indirects de publicité, était recevable à soulever la nullité du contrat d'insertion d'encarts publicitaires dès lors qu'« un tel contrat est nul en raison du caractère illicite de son objet » [5].

312.106 Devoirs déontologiques et obligations civiles. Cela implique de bien distinguer les fautes déontologiques, résultant d'un manquement à un devoir, des obligations civiles, dont le non-respect peut constituer une faute déontologique.

La distinction n'est pas toujours aisée [6], d'une part, parce que les notions de devoir et d'obligation sont souvent employées indistinctement, d'autre part, parce que les textes eux-mêmes, et le règlement intérieur national, n'échappent pas à cette « confusion », mélangeant souvent des règles de finalité différente, tantôt de nature déontologique, tantôt de nature civile.

Or, l'existence d'un lien de droit caractérise l'obligation, tandis que son absence caractérise le devoir. Le lien de droit étant celui qui existe entre deux sujets déterminés et qui dérive de l'une des sources d'obligations prévues par la loi [7].

B.
Faute déontologique, fondement de la reconnaissance d'une faute civile

312.111 Faute déontologique et concurrence déloyale. Il est admis en jurisprudence que le juge civil peut utiliser une règle déontologique pour qualifier une faute civile [8], tant contractuelle que délictuelle [9], sans pour autant que l'absence de faute déontologique ne fasse obstacle à la reconnaissance d'une faute civile [10].

Pendant un temps, la jurisprudence a même été jusqu'à considérer que la méconnaissance des règles déontologiques de la profession suffisait à établir que de tels agissements étaient constitutifs d'une faute civile, en l'occurrence d'un acte de concurrence déloyale [11].

Revenant sur cette jurisprudence, la chambre commerciale a posé le principe aux termes duquel

1. V. s^s n°s 484.271 s.
2. Com. 24 nov. 2015, n° 14-22.578, NP ; *D.* 2016. 462, note Cl. Mouly-Guillemaud.
3. Civ. 1re, 5 nov. 1991, n° 89-15.179, P I, n° 297 ; *RTD civ.* 1992. 383, obs. J. Mestre ; *D.* 1991. 292.
4. Civ. 3e, 27 avr. 2017, n° 16-15.958, P – Sur l'obligation dite ducroire, v. s^s n°s 743.32 s.
5. Civ. 1re, 6 févr. 2019, n° 17-20.463, P ; *D.* 2019. 931, note B. Maisonnat ; *JCP* 2019. 195 ; – AUSSI, Civ. 1re 19 mai 2021, n° 20-17.779 ; *Gaz. Pal.* 14 sept. 2021, p. 24, obs. D. Houtcieff – V. s^s n°s 464.252 et 631.15 s.
6. S'AGISSANT DES VÉTÉRINAIRES : CE 10 févr. 2016, req. n° 388192, *Lebon T ; AJDA* 2016. 1102 ; *AJCA* 2016. 294, obs. C.-E. Bucher ; *D.* 2016. 2484, obs. Centre de droit de la concurrence Yves Serra – Soc. 14 sept. 2016, n° 12-19.118, NP ; *D.* 2016. 2486 ; *D.* 2016. 2484, obs. Centre de droit de la concurrence Yves Serra – B. Freleteau, *Devoir et incombance en matière contractuelle*, « Bibliothèque de droit privé », t. 576, LGDJ, 2017.
7. N. Hage-Chahine, La distinction de l'obligation et du devoir en droit privé, « Thèses », Paris II Panthéon-Assas, 2017.
8. Civ. 1re, 24 oct. 2019, n° 18-23.858, NP.
9. Civ. 1re, 23 nov. 2004, n° 03-14.763, NP ; *D.* 2005. 41, note J. Moret-Bailly – POUR LA PROFESSION MÉDICALE, cette solution transposable aux avocats : Civ. 1re, 18 mars 1997, n° 95-12.576, P I, n° 99 ; *D.* 1997. 315, obs. J. Penneau ; *JCP* 1997. 195, rapport P. Sargos.
10. Civ. 1re, 19 janv. 1988, n° 86-12.673, NP.
11. Com. 29 avr. 1997, n° 94-21.424, P IV, n° 111 ; *D.* 1997. 459, note Y. Serra ; *JCP* 1997. I. 4068, n° 1, obs. G. Viney – Com. 22 mai 2001, n° 95-14.909, NP ; – AUSSI : Civ. 1re, 29 nov. 2005, n° 03-10.877, NP – Com. 12 juill. 2011, n° 10-25.386, NP ; *CCC* 2011, n° 211, note M. Malaurie-Vignal – V. s^s n° 332.70.

« un manquement à une règle de déontologie, dont l'objet est de fixer les devoirs des membres d'une profession et qui est assortie de sanctions disciplinaires, ne constitue pas nécessairement un acte de concurrence déloyale », avant de préciser qu'« ayant retenu que cette faute déontologique ne peut constituer un acte de concurrence déloyale que s'il est établi qu'elle est à l'origine du transfert de clientèle et relevé que tel n'est pas le cas de la seule violation alléguée dès lors que l'absence d'envoi de la lettre exigée avant le transfert du dossier n'est pas à l'origine de celui-ci et de l'éventuel détournement de clientèle, la cour d'appel a pu statuer comme elle a fait »[1].

312.112 Faute déontologique et responsabilité civile. Elle rejoint ainsi la position de la première chambre civile qui avait considéré, s'agissant de la responsabilité civile professionnelle[2], que « la méconnaissance des dispositions du code de déontologie médicale peut être invoquée par une partie à l'appui d'une action en dommages-intérêts dirigée contre un médecin, et qu'il n'appartient qu'aux tribunaux de l'ordre judiciaire de se prononcer sur une telle action, à laquelle l'exercice d'une action disciplinaire ne peut faire obstacle »[3].

« Peut être invoquée... à l'appui »[4], le choix des mots a son importance. En effet, sur le terrain civil, il faut encore démontrer que la faute ou le comportement déloyal est en lien[5] de causalité[6] avec le préjudice invoqué.

La seule violation d'une règle déontologique ne peut ainsi suffire à retenir la responsabilité de son auteur, même si de par sa nature même, elle a vocation à servir de référence dès lors qu'il s'agira d'apprécier le comportement d'un « bon professionnel » dans la profession concernée, l'assimilation étant, à bien des égards, plus prégnante en matière de responsabilité civile professionnelle[7].

Si la violation d'une règle déontologique peut appuyer la reconnaissance d'une faute ou l'existence d'un acte de concurrence déloyale, elle ne saurait, en soi, constituer un tel manquement qui implique l'existence d'un préjudice.

Or, la sanction de la faute déontologique ne peut être que disciplinaire, et n'implique pas l'existence d'un préjudice[8], ce qui n'exclut pas, si un préjudice a été causé du fait de cette violation, qu'une action civile soit intentée, tel que sur le terrain de la responsabilité civile professionnelle[9] ou de la concurrence déloyale[10], mais seulement si les conditions qui lui sont propres sont réunies. Il y a donc une totale, et nécessaire, autonomie entre les deux actions.

312.113 Opposabilité aux tiers. Les principes essentiels et règles déontologiques, qui s'imposent à l'avocat en toutes circonstances, ne sont pas opposables, en tant que tels, aux tiers[11], qui ne sauraient dès lors se voir reprocher, tel que sur le terrain des pratiques commerciales trompeuses[12], lorsqu'ils ont recours aux services d'un avocat, de ne pas les avoir respectés.

Pour autant, l'avocat demeure, lui, pleinement tenu de les respecter, y compris lorsqu'il a recours au service d'un tiers dans le cadre de l'exercice de son activité[13] : il sera toujours personnellement responsable, notamment sur le plan disciplinaire, du fait de l'usage de son nom fait, en son nom et pour son compte, par des tiers[14].

1. Com. 10 sept. 2013, n° 12-19.356, P IV, n° 128 ; *D.* 2013. 2165, obs. E. Chevrier ; *D.* 2013. 2812, obs. Centre de droit de la concurrence Yves Serra ; *D. avocats* 2013. 359, obs. L. Dargent ; *D. avocats* 2013. 417, note D. Piau – Com. 24 juin 2014, n° 11-27.450, P IV, n° 108 ; *D.* 2014. 1444 ; *D.* 2014. 2488, obs. Centre de droit de la concurrence Yves Serra ; *AJCA* 2014. 287, obs. E. Jégou ; *Rev. sociétés* 2015. 174, note V. Thomas ; *RCA* 2014. 288 ; *CCC* 2013, n° 237, obs. M. Malaurie-Vignal ; *JCP* 2013. 1203, note J.-M. Brigant ; *LPA* 4 avr. 2014, p. 14, note S. Benisty – Com. 7 juill. 2015, n° 14-16.307, NP ; *RCA* 2015, n° 278 ; *D.* 2015. 2526, obs. Centre de droit de la concurrence Yves Serra ; – DÉJÀ : Com. 21 juin 1988, n° 86-19017, P IV, n° 210.
2. V. s^s n°s 912.00 s.
3. Civ. 1re, 18 mars 1997, n° 95-12.576, P I, n° 99 ; *D.* 1997. 315, obs. J. Penneau – Com. 18 avr. 2000, n° 97-17.719, NP ; – AUSSI : Civ. 1re, 24 nov. 2004, n° 03-16.565, P I, n° 281.
4. DANS LE MÊME SENS : Civ. 1re, 24 oct. 2019, n° 18-23.858, NP.
5. D. Piau, « De la portée des règles déontologiques : chronique d'un revirement à l'aune de la causalité oubliée », *D. avocats* 2013. 417.
6. V. s^s n°s 912.281 s.
7. Y. Avril, *Responsabilité des avocats,* 4e éd., « Dalloz Référence », 2021, n°s 113.51 s.
8. V. s^s n°s 312.65.
9. V. s^s n°s 912.11 s.
10. V. s^s n°s 332.81 s.
11. Civ. 1re, 11 mai 2017, n° 16-13.669, P ; *JCP* 2017. 660, n° 32, obs. F. G'sell ; *D.* 2017. 1054 ; *D. avocats* 2017. 234, obs. A. Bolze ; *Dalloz IP/IT* 2017. 410, obs. A. Lecourt ; *JCP* 2017. 607 ; *Gaz. Pal.* 5 déc. 2017, p. 19, obs. D. Landry et J. Villacèque ; *D.* 2017. 2453, obs. Y. Auguet ; – CASSANT SUR CE POINT : Paris, pôle 5, ch. 2, 18 déc. 2015, RG n° 15/03732 ; *JCP* 2016. Actu. 4, obs. F. G'sell ; *JCP* 2016. 670, n° 21, obs. F. G'sell ; *D. avocats* 2016. 27, note Th. Wickers ; *D.* 2017. 75, obs. Th. Wickers – Civ. 1re, 22 mai 2019, n° 17-31.320, P ; *JCP* 2020. 1230, n° 19, obs. F. G'sell ; *CCC* 2019, n° 139, obs. M. Malaurie-Vignal ; *D.* 2019. 1181 ; *D.* 2020. 108, obs. Th. Wickers ; *JCP* 2019. 631 ; *Gaz. Pal.* 2 juill. 2019, p. 27, obs. C. Berlaud.
12. C. consom., art. L. 121-1.
13. S'agissant des sites de tiers, v. s^s n°s 464.142 s.
14. CNB, Comm. RU, avis n° 2016-001, 27 janv. 2016 – S'AGISSANT DES CHIRURGIENS-DENTISTES : CE 21 janv. 2015, req. n° 362761, *Lebon ; D.* 2015. 2214, obs. J. Larrieu, C. Le Stanc et P. Tréfigny – CE 19 déc. 2018, req. n° 403426, *Lebon ; AJDA* 2019. 847 ; *Gaz. Pal.* 8 janv. 2019, p. 38.

312.114 Concurrence parasitaire. Par ailleurs, sur le plan civil, ce sera sur le fondement de l'article 1240 du code civil, et de la concurrence déloyale, que l'avocat pourra se voir reprocher une faute susceptible d'engager sa responsabilité à l'égard d'autres avocats[1] : le non-respect par un opérateur économique d'une réglementation obligatoire constitue *per se* un acte de concurrence déloyale dès lors qu'il permet au concurrent de s'approprier un avantage concurrentiel indu[2].

En effet, en la matière, la chambre commerciale retient qu'il s'infère nécessairement un préjudice, fût-il seulement moral, d'un acte de concurrence déloyale[3].

Elle considère, en outre, que si les effets préjudiciables de pratiques tendant à détourner ou s'approprier la clientèle ou à désorganiser l'entreprise du concurrent peuvent être assez aisément démontrés, en ce qu'elles induisent des conséquences économiques négatives pour la victime, soit un manque à gagner et une perte subie, y compris sous l'angle d'une perte de chance, tel n'est pas le cas de ceux des pratiques consistant à parasiter les efforts et les investissements, intellectuels, matériels ou promotionnels, d'un concurrent, ou à s'affranchir d'une réglementation, dont le respect a nécessairement un coût, tous actes qui, en ce qu'ils permettent à l'auteur des pratiques de s'épargner une dépense en principe obligatoire, induisent un avantage concurrentiel indu dont les effets, en termes de trouble économique, sont difficiles à quantifier avec les éléments de preuve disponibles, sauf à engager des dépenses disproportionnées au regard des intérêts en jeu.

Dès lors, pour la chambre commerciale, qui fait alors prévaloir une logique restitutoire sur une logique indemnitaire[4], il y a lieu d'admettre que la réparation du préjudice peut être évaluée en prenant en considération l'avantage indu que s'est octroyé l'auteur des actes de concurrence déloyale, au détriment de ses concurrents, modulé à proportion des volumes d'affaires respectifs des parties affectés par ces actes[5].

312.115 Conclusion. L'autonomie clairement affirmée avec force de la faute déontologique, n'est pas intrinsèquement choquante, y compris au regard du droit européen, et l'on ne manquera pas de se remémorer, à cet égard, l'affaire dite du « grand secret »[6]. Dans cette affaire si, à la suite de l'interdiction de l'ouvrage, écrit en violation du secret professionnel[7], la CEDH condamna la France[8], elle prit soin dans son arrêt de dissocier la question des sanctions pénales et disciplinaires de celle de la publication de l'ouvrage, avant de rejeter, par la suite, le recours, fondé il est vrai sur la seule question de la partialité de l'instance disciplinaire[9], à l'encontre de la sanction de radiation prononcée par le conseil régional de l'Ordre des médecins[10].

Ainsi, la nature de la faute déontologique conforte l'autonomie du droit disciplinaire, telle que la jurisprudence l'a toujours reconnue, et l'indépendance de la profession d'avocat. L'articulation qui en découle nous enseigne, en définitive, que tout ce qui est autorisé n'est pas nécessairement permis.

1. Civ. 1re, 26 avr. 2017, nos 16-14.036, 16-15.278, P ; *D.* 2017. 988 ; *RTD civ.* 2017. 636, obs. H. Barbier ; *RCA* 2017, no 187 et repère 7, note H. Groutel – V ss no 332.81 s.
2. Com. 21 févr. 1967, P III, no 82 – Com. 16 mai 1984, no 83-11.678, P IV, no 167 – Civ. 1re, 4 nov. 1992, no 89-21.899, P I, no 275 – Com. 18 oct. 1994, no 91-21.087, P IV, no 299 – Civ. 1re, 29 avr. 1997, no 94-21.424, P IV, no 111 ; *D.* 1997. 459, note Y. Serra – Com. 18 avr. 2000, no 98-12.719, NP – Com. 19 juill. 2001, no 99-15.411, P IV, no 123 – Com. 2 mai 2007, no 05-21.361, P ; *JCP E* 2007. 15, nos 43-44, obs. C. Caron – Civ. 1re, 27 nov. 2008, no 07-15.066, P I, no 268 ; *CCC* 2009. 18, obs. M. Malaurie-Vignal – Com. 17 mars 2021, no 19-10.414, NP.
3. Com. 22 oct. 1985, no 83-15.096, P IV, no 245 – Com. 9 févr. 1993, no 91-12.258, P IV, no 53 – Com. 27 mai 2008, no 07-14.442, P IV, no 105 – Civ. 1re, 21 mars 2018, no 17-14.582 – Com. 28 sept. 2010, no 09-69.272, NP – Com. 11 janv. 2017, no 15-18.669, NP.
4. TJ Paris, pôle civ. prox., 10 sept. 2021, RG no 11-21-001213 ; *JCP* 2021. 976, obs. S. Pellet, CRIT. ; – SUITE À : Crim. 31 janv. 2017, no 15-87.770, NP (pratique commerciale trompeuse).
5. Com. 12 févr. 2020, no 17-31.614, P ; *JCP* 2020. 792 note V. Rebeyrol.
6. V. ss nos 412.142 s.
7. Civ. 1re, juill. 1997, nos 96-12.762, 96-12.876, P I, no 249 ; *D.* 1997. 452 ; *D.* 1997. 291, Chron. T. Massis – Civ. 1re, 14 déc. 1999, no 97-15.756, P I, no 345 ; *D.* 2000. 372, note B. Beignier ; *D.* 2000. 266, obs. C. Caron ; *RTD civ.* 2000. 291, obs. J. Hauser ; *RTD civ.* 2000. 342, obs. P. Jourdain.
8. CEDH 10 mai 2004, *Éd. Plon c/France*, req. no 58148/00 ; *D.* 2004. 1838, note A. Guedj ; *D.* 2004. 2539, obs. N. Fricero ; *RDSS* 2004. 841, note L. Dubouis ; *RTD civ.* 2004. 483, obs. J. Hauser.
9. CEDH 27 juill. 2006, *Gubler c/France*, req. no 69742/01 ; *AJDA* 2006. 1526.
10. CE 29 déc. 2000, *Gubler*, req. no 211240, *Lebon* ; *D.* 2001. 595 ; *RDSS* 2001. 274, obs. L. Dubouis.

CHAPITRE

313. Costume professionnel

SECTION 0
ORIENTEUR

313.00 Sommaire du chapitre.

Division. Le costume professionnel de l'avocat symbole de dignité et d'égalité (sect. 1) puise sa source dans « l'habillement des avocats » et son évolution au cours de l'Ancien Régime qui a conduit à façonner le costume actuel (sect. 2), dont le port est réglementé (sect. 3).

313.01 Textes applicables.

TEXTES TITRÉS

• **L. n° 71-1130, 31 déc. 1971**

art. 3 [Costume professionnel]

• **C. pén.**

art. 433-14 [Port illégal du costume d'avocat]

313.02 Jurisprudence de référence.

> Port illégal du costume d'avocat

• **Crim. 5 nov. 1997,** n° 96-86.380, P n° 377.

* V. s^{s} n° 313.81.

« Attendu qu'il résulte de l'arrêt attaqué que D. Z… est poursuivi pour avoir, le 7 septembre 1994, à Paris, publiquement et sans droit, porté une robe d'avocat, costume réglementé par l'autorité publique ;

Attendu que, pour retenir sa culpabilité, après avoir exposé son argumentation, les juges du second degré énoncent qu'il résulte des déclarations du greffier de la 15e chambre correctionnelle du tribunal de grande instance de Paris, que D. Z…, prévenu présent sans avocat à l'audience du 9 septembre 1994, s'était présenté aux services du greffe le 7 septembre, vêtu d'une robe d'avocat, pour consulter son propre dossier ; qu'ils relèvent qu'il est constant que D. Z… n'a jamais exercé la profession d'avocat ; qu'ils ajoutent que "la robe d'avocat, textuellement définie et parfaitement identifiable, était portée publiquement puisque D. Z… en était revêtu lorsqu'il s'est présenté au greffe" ;

Attendu que, par ces motifs exempts d'insuffisance comme de contradiction, répondant aux articulations essentielles des conclusions dont elle était saisie, la cour d'appel a caractérisé en tous ses éléments constitutifs, tant matériels qu'intentionnel, le délit reproché, et ainsi justifié sa décision sans encourir les griefs allégués ;

[…]

Attendu que, pour recevoir l'Ordre des avocats au barreau de P… en sa constitution de partie civile et condamner D. Z… à lui verser des dommages-intérêts, l'arrêt énonce qu'en vertu des articles 15, 17 et 21 de la loi du 31 décembre 1971, chaque barreau, doté de la personnalité civile, est administré par un conseil de l'Ordre qui a notamment pour tâche de traiter toute question intéressant l'exercice de la profession et la défense des droits des avocats ; qu'il observe qu'investi d'un mandat de représentation en justice, l'avocat est généralement dispensé de justifier de ce mandat dès lors qu'il se présente en robe devant les juridictions ; qu'il ajoute "qu'en trompant la confiance inspirée par le port de la robe d'avocat, D. Z… a causé un préjudice certain à l'Ordre des avocats" ;

Attendu qu'en l'état de ces énonciations la cour d'appel a justifié sa décision sans encourir les griefs allégués. »

313.03 Bibliographie indicative.

* Aussi : v. s^{s} n° 31.03.

Thèse. G. Duveau, *De la protection du titre d'avocat*, Sirey, 1913.

Monographies. J. Bœdels, *Les habits du pouvoir : La justice*, Antébi, 1992 – A.-G. Boucher d'Argis, *Règles pour former un avocat*, chapitre VIII, « De l'habillement des avocats », nouvelle éd., Durand, 1778, p. 83 s. – Ph.-H. Dutheil, W. Meynet (dir.), *Robes around the world*, CNB, 2017 – G. Bory, *Gens de robe, grandeur et servitude de la profession d'avocat*, Les Éditions Lumière, Bruxelles, 1945 – A. Garapon, *Bien juger, Essai sur le rituel judiciaire*, Odile Jacob, 1997 – M. Garçon, *Le costume des avocats*, Dynamo, Liège, 1958 – E.-D. Glasson, *Les origines du costume de la magistrature*, Paris, L. Larose et Forcel, 1884 – J. Harvey, *Des hommes en noir. Du costume masculin à travers les siècles*, Paris, Éditions Abbeville, 1998 – H. Hoepffner, M. Touzeil-Divina (dir.), *Chansons & Costumes « à la mode » juridique & française*, L'épitoge – Lextenso, 2015 – R. Jacob, *Images de la Justice. Essai sur l'iconographie judiciaire du Moyen Âge à l'âge classique*, Le Léopard d'Or, 1994 – M. Leloir, *Dictionnaire du costume*, Gründ, 1951 ; rééd., 2012 – J. de Lescornay, *Traité de la Robe rouge et du droit que les advocats ont de la porter*, Paris, 1645 – J.-Th. Maertens, *Dans la peau des autres : essai d'anthropologie des inscriptions vestimentaires, Ritologiques*, t. IV, Aubier, 1978 – L. Marchand, *Du costume de l'avocat à travers les âges, discours prononcé à la séance solennelle de réouverture de la conférence des avocats stagiaires, le 17 décembre 1910*, Poitiers, Impr. de Blais et Roy, 1911 – M. Pérachon, *Défense des avocats consistoriaux du Parlement de Dauphiné, pour la noblesse et les privilèges de leur profession*, Paris, 1668 – J. Quicherat, *Histoire du costume en France depuis le temps les plus reculés jusqu'à la fin du XVIIIe siècle*, Paris, Hachette, 1877 – P. Sansas, *Le Barreau de Bordeaux avant et après le 25 novembre 1868 : Examen critique d'une injustifiable innovation et de ses conséquences*, A. Lanefranque, 1870.

Contributions. M. Touzeil-Divina, « La réinvention *napoléonienne* des costumes juridiques », *in* Th. Lentz (dir.), *Napoléon et le droit*, CNRS, 2017, p. 169 – S. Van Drooghenbroeck, « L'avocat et les signes convictionnels. Quelques réflexions à la lumière du droit européen des droits de l'Homme », *in Pourquoi Antigone ? Mél. É. Jakhian*, Bruylant, 2010, p. 506 – X. Van Gils, « Il était une fois la déontologie », *in* Kevers (dir.), *La déontologie contre le droit ?*, Larcier, 2018, p. 9.

Articles. B. Boccara, « De l'usage et de la garniture du chaperon herminé au barreau de Paris », *Gaz. Pal.* 2 juin 1994, p. 27 – A. Damien, « Éléments de civilité puérile et honnête à l'usage des avocats », *Gaz. Pal.* 1985. 1. Doctr. p. 222 – G. Duchange, « La robe et le voile », *JCP* 2015. 870 – M. Garçon, « Le costume des avocats », *Historia*, 1956, n° 118, p. 264-268 – J. Julien, « Histoire de robe... », *Gaz. Pal.* 14-16 mars 2004, p. 2 – C. Kehl, « Histoire du costume de l'avocat », *Vie jud.* 1963, n° 878, 4-9 févr., p. 7 ; *Vie jud.* 1963, n° 879, 11-16 févr., p. 7 – E. Mandranges, « L'épitoge, accessoire historique du costume judiciaire », *JCP* 2017. 1273 – D. Mazeaud, « Robe d'avocat : Noir c'est noir ! » ; *JCP* 2020. 1026 – F. Rome, « Noir, c'est noir ! », *D.* 2014. 473.

Rapport. D. Piau, *Le costume professionnel de l'avocat*, CNB, AG 3-4 mars 2017.

SECTION 1
FONDEMENTS DU COSTUME PROFESSIONNEL

313.11 Signe de l'appartenance à l'institution judiciaire. Les avocats « revêtent, dans l'exercice de leurs fonctions judiciaires, le costume de leur profession »[1]. Officialisé par la loi du 31 décembre 1971[2], le port du costume appartient au domaine législatif et ne saurait être abrogé ou modifié par décret.

L'usage du port d'un costume professionnel est ancien[3]. Cet uniforme judiciaire, cette sobre robe noire, les avocats doivent la porter, moins, comme l'écrivait Honoré de Balzac, parce qu'« *ils portent le deuil de toutes les illusions et de toutes les vertus* »[4], que parce qu'elle exprime la mémoire et incarne les valeurs de leur profession[5].

Le port de la robe est un signe de l'appartenance à l'institution judiciaire, et plus spécifiquement à la profession d'avocat.

313.12 Un costume d'origine laïque. Contrairement à ce que certains auteurs ont pu affirmer, la robe de l'avocat n'est pas d'origine religieuse, mais bien d'origine laïque : c'est la robe des nobles, importée d'Italie[6], et dont l'usage s'introduisit en France au XIe siècle pour les hommes, comme pour les femmes, aristocrates de porter de longues robes ou vêtements talaires[7], usage que les avocats comme les ecclésiastiques adoptèrent aussi, en même temps, comme signifiant ainsi leur appartenance à un certain milieu social[8], conférant la marque d'une dignité certaine[9], et dont les similitudes d'origine[10] s'estompèrent assez rapidement nonobstant leur couleur noire commune, propre aux gens de justice comme aux clercs et qui symbolisait alors la puissance[11].

Quant au fait que cette même robe de l'avocat aurait comporté trente-trois boutons qui représente-

1. L. n° 71-1130, 31 déc. 1971 portant réforme de certaines professions judiciaires et juridiques, *JO* 5 janv. 1972, p. 131, art. 3, al. 3.
2. L. n° 71-1130, 31 déc. 1971.
3. A. Damien, « Éléments de civilité puérile et honnête à l'usage des avocats », *Gaz. Pal.* 1985. 1. Doctr. 222 – M. Garçon, « Le costume des avocats », *Historia*, 1956, n° 118, p. 264-268 – C. Kehl, « Histoire du costume de l'avocat », *Vie jud.* 1963, n° 878, 4-9 févr., p. 7 ; *Vie jud.* 1963, n° 879, 11-16 févr., p. 7 – M. Garçon, *Le costume des avocats*, Dynamo, Liège, 1958.
4. H. de Balzac, *La Comédie Humaine*, t. II, *Le colonel Chabert...*, « La Pléiade », Gallimard, 1935.
5. F. Rome, « Noir, c'est noir ! », *D.* 2014. 473.
6. A.-G. Boucher d'Argis, *Règles pour former un avocat*, nouvelle éd., Durand, 1778, p. 82 s.
7. M. Touzeil-Divina, « La réinvention napoléonienne des costumes juridiques », *in* Th. Lentz (dir.), *Napoléon et le droit*, CNRS, 2017, p. 169 – E.-D. Glasson. *Les origines du costume de la magistrature*, L. Larose et Forcel, Paris, 1884, p. 129 – A.-G. Boucher d'Argis, *Règles pour former un avocat*, nouvelle éd., Durand, 1778, p. 83.
8. A. Garapon, *Bien juger : Essai sur le rituel judiciaire*, Odile Jacob, 1997, p. 73.
9. V. ss n° 313.14.
10. V. ss nos 313.33 s.
11. J. Harvey, *Des hommes en noir. Du costume masculin à travers les siècles*, Éditions Abbeville, Paris, 1998.

raient l'âge du Christ à sa mort, il s'agit d'une pure légende, chacun ayant toujours été libre d'y mettre autant de boutons qu'il le souhaite.

313.13 Attitude conforme aux principes essentiels. Le port de la robe implique, en toutes circonstances, une attitude conforme aux principes essentiels de la profession, au premier rang desquels celui de la dignité.

313.14 Dignité. La robe est une marque de dignité professionnelle de l'avocat[1], de respect envers la justice. Dans ses rapports professionnels avec les auxiliaires de justice (magistrats, greffiers...), l'avocat doit à ceux-ci une déférence sans servilité alliée au souci de sa propre dignité[2] et de son indépendance[3], il doit se présenter à eux en robe et avoir la préoccupation d'une constante correction de tenue et de langage.

Se présentant en robe, l'avocat doit être reçu non comme un solliciteur ou un importun, mais comme un partenaire de justice qui partage avec les magistrats, les greffiers ainsi que les huissiers audienciers, et au même titre qu'eux, l'honneur de participer à l'œuvre judiciaire.

313.15 Égalité. L'égalité entre avocats s'exprime notamment par le fait que tous portent la même robe noire[4]. L'usage du costume professionnel vient du double souci de souligner publiquement l'autorité qui doit s'attacher à l'exercice d'un service aussi important que celui de la justice et d'assurer une certaine tenue et une égalité d'apparence entre les membres d'un barreau. Ces mêmes préoccupations expliquent que les magistrats, greffiers et huissiers audienciers portent également un costume professionnel.

Comme l'écrivait le bâtonnier Fernand Labori[5] : « La robe qui nous revêt tous avec la même décence et nous égalise en même temps, est aussi, à la barre, pour le magistrat le signe visible de notre dignité et de notre indépendance »[6].

Car, « La toge fait entrer l'homme dans sa peau d'avocat, dans sa mentalité d'avocat, dans son indépendance, dans son assurance, dans son autorité d'avocat. [...] La volonté du législateur a été que, par l'uniformité des robes, jamais la balance de la justice ne risquât de pencher. Uniforme et sévère, la robe revêt du même aspect le riche et le pauvre, l'élégant et le balourd, l'ancien et le jeune, le bâtonnier célèbre et l'inconnu sans prestige. »[7].

313.16 Critique du port de la robe. Le port de la robe est parfois critiqué, même par des avocats[8]. La robe est certes périmée dans ses origines historiques puisqu'elle était le costume en usage à une certaine époque.

Elle n'est plus qu'un symbole, mais conserve néanmoins une utilité. D'une part, elle sépare l'avocat de la vie quotidienne et du monde de tous les jours. Elle rappelle que la justice n'est pas seulement une affaire administrative, mais qu'elle est l'exercice d'un pouvoir mystérieux et antique qui consiste à essayer de discerner le bien du mal et à sonder les reins et les cœurs. Elle est donc un élément de cette pompe dont la justice a besoin comme tout ce qui participe au sacré[9].

D'autre part, elle est une protection permanente de l'avocat, une armure, en contraignant celui-ci à prendre, vis-à-vis de sa clientèle, le recul nécessaire, elle lui permet d'acquérir l'ascendant indispensable et l'autorité dont il a besoin à la barre vis-à-vis des auxiliaires de justice et des clients. Elle décourage les attitudes cavalières ou les familiarités complices.

313.17 Recours aux usages. Aucun texte ne décrit précisément le costume de l'avocat, et seuls les usages, dont la pratique et la doctrine gardent la mémoire, permettent de savoir dans quelles circonstances le costume peut ou doit être porté et les conditions exceptionnelles dans lesquelles une rupture de l'égalité qu'il consacre peut cependant être envisagée : hermine de l'épitoge[10], qualité du tissu de la robe[11] et du rabat.

Une ordonnance de François Ier de 1540 défendit : « à tous juges, avocats et autres gens de pratique, de s'entremettre à patrociner et d'entrer aux prétoires et juridictions ; sinon en habit décent, robe longue et bonnet rond ». La même ordonnance leur défend de porter : « barbe, pourpoints, chausses et autres habits dissolus »[12], autrement dit, le pantalon[13].

1. F. Bertaut de Fréauville, *Les prérogatives de la robe*, Jacques Lefebvre, Paris, 1701 – V. s^s^ n°s 321.00 s.
2. V. s^s^ n°s 321.11 s.
3. V. s^s^ n°s 323.21 s.
4. M. Thewes, *La profession d'avocat au Grand-Duché du Luxembourg*, 2e éd., « Promoculture », Larcier, Bruxelles, 2015, p. 212, n° 377.
5. Fernand Labori [1860-1917].
6. M.-F. Labori, *Labori, ses notes manuscrites, sa vie*, Éd. V. Attinger, 1947, p. 308, cité par J. Villacèque, *Droit et déontologie de la profession d'avocat*, 2e éd., LGDJ, 2007, p. 214.
7. G. Bory, *Gens de robe, grandeur et servitude de la profession d'avocat*, Les Éditions Lumière, Bruxelles, 1945.
8. E. Blanc, *La nouvelle profession d'avocat*, LJNA, 1972, p. 42.
9. A. Garapon, *Bien juger, Essai sur le rituel judiciaire*, Odile Jacob, 1997, p. 73.
10. V. s^s^ n° 313.42.
11. Sur l'interdiction, peu respectée, faite en 1561 par Charles IX de porter des « habits en soie » : A.-G. Boucher d'Argis, *Règles pour former un avocat*, nouvelle éd., Durand, 1778, p. 86.
12. CITÉ PAR A.-G. Boucher d'Argis, *Règles pour former un avocat*, nouvelle éd., Durand, 1778, p. 95.
13. V. s^s^ n° 321.74.

Ce costume s'est, au cours des âges, modifié de manière marginale, car comme le note Antoine-Gaspard Boucher d'Argis, aux termes d'une des rares études historiques sur le sujet[1] qui nous soit parvenue : « l'habillement des avocats a éprouvé, comme beaucoup d'autres usages, l'inconstance et le caprice des modes »[2]. C'est donc aux usages qu'il convient de se rapporter[3].

SECTION 2 DESCRIPTION DU COSTUME PROFESSIONNEL

313.20 **Plan.** Le costume professionnel de l'avocat et ses accessoires (§ 2), dont le port est réglementé (§ 3), a marginalement évolué au cours des âges (§ 1).

§ 1 Évolutions du costume professionnel

313.31 **Costume talaire ou toge et rabat.** Sous l'Ancien Régime, les avocats portaient un costume classique consistant en un costume talaire, descendant jusqu'aux talons, noir à larges manches en usage à l'époque : « manches qui paraissent les plus impressionnantes par leur taille. Très incommodes pour travailler, elles soulignent l'origine aristocratique de la personne qu'elles vêtent »[4].

Ce costume talaire se composait originellement d'un habit long accompagné d'un manteau long. Lorsque les clercs abandonnèrent les manches longues pour les manches étroites de la soutane, l'usage se répandit chez les avocats, comme chez les magistrats, au cours du XIVe siècle, de porter la soutane, robe longue à manches courtes, accompagnée d'un manteau long ou cape, à manche longue, encore appelé simarre[5].

Ce double ensemble fut rapidement converti au cours du XVIIe siècle chez les avocats en une robe unique avec des manches longues, bien que les deux variantes du costume talaire (soutane et simarre ou robe unique à manches longues) coexistèrent pendant une certaine période au cours des XVIIe et XVIIIe siècle[6]. Ce n'est que sous Napoléon I que la soutane et la simarre seront, à leur tour, fusionnées chez les autres gens de justice, dont les magistrats, en une robe unique[7].

Le rabat, ou cravate[8], n'était, à l'origine, que le collet de la chemise que l'on rabattait autour du col du costume talaire pour des raisons de propreté[9].

313.32 **Chaperon ou épitoge.** Les avocats avaient droit à un chaperon, ou chausse, à queue orné d'hermine, marque de leur dignité, qui se portait sur la tête, et sous lequel se portait une calotte, et qui était la coiffure ordinaire des hommes de robe[10]. Chez les clercs, ce chaperon était réservé aux titulaires de haute dignité[11].

Les avocats portaient le chaperon fourré d'hermine en ses extrémités aux grandes audiences (audiences solennelles) et dans les cérémonies publiques pour marquer la dignité de l'avocat, tandis qu'aux petites audiences ils le portaient simple et sans fourrure[12].

Le chaperon comportait deux extrémités, l'une enveloppant le visage, l'autre le buste. Elles donnèrent naissance sous la forme symbolique adoptée dès le XIVe siècle, lorsqu'au lieu de continuer de le porter sur la tête, les avocats l'abattirent sur leur épaule[13], à ces deux extrémités réduites mais de dimensions différentes, l'une étroite qui se porte par-devant, l'autre large qui se porte par-derrière : l'épitoge[14].

313.33 **Bonnet rond ou toque.** Leur tête n'étant plus couverte par le chaperon et la calotte[15], les avocats commencèrent à porter, à partir du XVIe siècle, le bonnet rond[16]. Aux alentours de 1520[17], l'usage se répandit d'y ajouter une coiffe de forme carrée, nommée d'ailleurs « bonnet carré », qui était celui des docteurs des universités : la toque[18]. Cette

1. A.-G. Boucher d'Argis, « De l'habillement des avocats », *in Règles pour former un avocat*, chap. VIII, nouvelle éd., Durand, 1778, p. 83 s.
2. A.-G. Boucher d'Argis, *op. cit.*, p. 96.
3. Sur le costume professionnel des avocats de par le monde : Ph.-H. Dutheil, W. Meynet (dir.), *Robes around the world*, CNB, 2017.
4. A. Garapon, *Bien juger, Essai sur le rituel judiciaire*, Odile Jacob, 1997, p. 73 – M. Touzeil-Divina, « La réinvention napoléonienne des costumes juridiques », *in* Th. Lentz (dir.), *Napoléon et le droit*, CNRS, 2017, p. 169.
5. A.-G. Boucher d'Argis, *op. cit.*, p. 85.
6. A.-G. Boucher d'Argis, *op. cit.*, p. 84 s.
7. M. Touzeil-Divina, *op. cit.*, p. 174.
8. DONT LE PORT en tant qu'accessoire, vient de l'usage qu'en faisaient les mercenaires croates de Louis XIV : M. Touzeil-Divina, *op. cit.*, p. 173.
9. A.-G. Boucher d'Argis, *op. cit.*, p. 96 – AUSSI : J.-Th. Maertens, *Dans la peau des autres : essai d'anthropologie des inscriptions vestimentaires, Ritologiques*, t. IV, Aubier, 1978.
10. J. Quicherat, *Histoire du costume en France depuis le temps les plus reculés jusqu'à la fin du XVIIIe siècle*, Paris, Hachette, 1877, p. 322 – M. Touzeil-Divina, « La réinvention napoléonienne des costumes juridiques », *in* Th. Lentz (dir.), *Napoléon et le droit*, CNRS, 2017, p. 178.
11. J. Boedels, *Les habits du pouvoir, la justice*, Antebi, 1992.
12. A.-G. Boucher d'Argis, *op. cit.*, p. 136 – B. Boccara, « De l'usage et de la garniture du chaperon herminé au barreau de Paris », *Gaz. Pal.* 2 juin 1994, p. 27 – E. Mandranges, « L'épitoge, accessoire historique du costume judiciaire », *JCP* 2017. 1273.
13. A.-G. Boucher d'Argis, *op. cit.*, p. 94.
14. V. ss no 313.42.
15. V. ss no 313.32.
16. A.-G. Boucher d'Argis, *op. cit.*, p. 95.
17. A.-G. Boucher d'Argis, *op. cit.*, p. 95.
18. V. ss no 313.43.

toque était semblable à la barrette des ecclésiastiques qui n'avaient pas l'usage de la mitre.

Ainsi, même si à partir de Louis XIII et jusqu'à la fin de l'Ancien Régime, le port de la perruque devint un accessoire de mode à part entière dans le milieu aristocratique, cette dernière ne devint pas, pour autant, un accessoire du costume de l'avocat, contrairement à d'autres pays comme le Royaume-Uni où elle s'impose au cours du XVIIe siècle[1]. Toutefois, durant cette même période certains avocats portèrent la perruque au lieu du bonnet rond ou de la toque, tel que le bâtonnier Philippon Levasseur en 1685[2], et de nombreux portraits d'avocats sous l'Ancien Régime les montrent portant la perruque et non le bonnet rond ou la toque. Ainsi, et comme pour le costume talaire[3], l'uniformité des usages n'était pas (encore) de mise[4].

313.34 Traîne. De même, en signe de dignité, les avocats portent une traîne qui, au Moyen Âge, symbolisait la puissance en séparant, lorsqu'elle était déployée, celui qui la portait du reste du cortège où il figurait.

Cependant, les avocats la portaient et continuent à la porter, repliée vers l'intérieur de la robe en raison du fait qu'ils n'ont pas de juridiction propre et qu'ils sont, malgré leur dignité, des partenaires de justice. Elle est normalement déployée lors des obsèques d'un avocat[5].

313.35 Gants. Les avocats pouvaient, en outre, porter des gants, accessoires qui appartenaient au code vestimentaire de l'Ancien Régime, et qui se portent encore de nos jours à l'occasion de la prestation de serment[6].

Il était d'usage, sous l'Ancien Régime, que les avocats ne plaident qu'avec la seule main gauche gantée, et non la main droite avec laquelle il pouvait toutefois tenir l'autre gant pendant leur plaidoirie[7].

313.36 Robe rouge[8]. Les avocats avaient également droit aux audiences solennelles au port de la robe rouge[9] : ils portaient alors sur leur robe[10], un manteau long, ou simarre, qui était d'écarlate rouge pour les avocats consultants, d'écarlate violette pour les avocats plaidants et d'écarlate blanche pour les novices[11].

Ils la portèrent encore au XVIIe siècle, ce qui explique le portrait d'Étienne Gabriau de Riparfonds[12], qui légua en 1703 sa bibliothèque au barreau de Paris[13], dans les locaux de ce dernier barreau[14]. Mais, lorsqu'au XVIIIe siècle les magistrats issus de la vénalité des charges furent devenus de véritables « fils à papa » couverts de pourpre et d'hermine mais sans valeur professionnelle ni morale, les avocats renoncèrent au port de la robe rouge pour mieux s'en distinguer[15].

313.37 Grand costume d'apparat et costume ordinaire. Le barreau de Paris, comme toutes les compagnies judiciaires de l'époque, a toujours su distinguer le grand costume d'apparat de la tenue ordinaire. Les avocats, pas plus que les magistrats qui ne portaient pas la robe rouge[16] aux audiences ordinaires mais simplement la robe noire, n'avaient pas le droit de porter l'hermine[17] aux audiences ordinaires mais seulement aux audiences solennelles.

Ainsi, deux éléments du costume apparaissent dès le XVIe siècle : la grande tenue avec robe rouge et épitoge herminée, et la petite tenue beaucoup plus simple avec la seule robe noire et qui ne porte pas d'hermine sur l'épitoge rejetée sur l'épaule[18]. Différenciation qui perdure encore de nos jours, de façon officielle, chez les magistrats[19].

313.38 Du costume au vêtement de ville... Les avocats portaient le costume talaire jusqu'au siècle de Louis XIV en toute occasion, en public comme en privé.

Le vêtement de ville, distinct du costume, ne devint un usage qu'à la fin du règne de Louis XIV, d'abord noir et austère, puis, malgré des résistances passionnées, identique à celui de leurs contemporains. Et, c'est à cette même époque que le costume de l'avocat, se détachant de son aspect originel, va devenir pleinement uniforme dès lors que son usage

1. *The discourse on robes and apparel*, 1625.
2. A.-G. Boucher d'Argis, *op. cit.*, p. 85.
3. V. s^s^ n° 313.33.
4. SUR CE POINT la gravure anonyme du XVIIe siècle *in* H. Leuwers, *L'invention du barreau français : La construction nationale d'un groupe professionnel*, 1660-1830, Ehess, 2006, p. 193 où l'avocat apparaît avec un simple bonnet rond aux côtés, notamment, d'un ecclésiastique portant, lui, une toque.
5. V. s^s^ n° 313.65.
6. V. s^s^ n°s 314.51 s.
7. A.-G. Boucher d'Argis, *op. cit.*, p. 137.
8. J. de Lescornay, *Traité de la Robe rouge, et du droit que les advocats ont de la porter,* Paris, 1645.
9. A.-G. Boucher d'Argis, *op. cit.*, p. 87 s.
10. V. s^s^ n° 313.33.
11. A.-G. Boucher d'Argis, *op. cit.*, p. 92.
12. Portrait d'Étienne Gabriau de Riparfonds [1640-1704].
13. P.-M. Bondois, « La bibliothèque des avocats au XVIIIe siècle », *Bibliothèque de l'école des chartes*, t. 103, 1942, p. 353.
14. Portrait offert par A. Dupin au barreau de Paris en 1831. Il existait aussi dans ces mêmes locaux un portrait similaire de Claude Gaultier (1590-1666) datant de 1665, selon A.-G. Boucher d'Argis, *op. cit.*, p. 94.
15. A.-G. Boucher d'Argis, *op. cit.*, p. 93.
16. V. s^s^ n° 313.36.
17. V. s^s^ n° 313.32.
18. A.-G. Boucher d'Argis, *op. cit.*, p. 136 s.
19. COJ, Annexe. Tableau I – Costumes et insignes (annexe de l'article R. 111-6).

va alors se trouver cantonné au seul exercice de ses fonctions judiciaires par l'avocat[1].

313.39 De la période révolutionnaire à la loi du 31 décembre 1971. Le costume professionnel avait été supprimé par le décret du 2 septembre 1790[2] qui avait institué l'habit noir et le chapeau à plumes pour les défenseurs officieux.

Il est restauré par le décret du 30 mars 1808[3]. Il était alors précisé, par les textes, qu'« Aux audiences de tous les tribunaux, les gens de lois [avocats] et les avoués porteront la toge de laine, fermée devant, à manches larges ; toque noire ; cravate pareille à celle des juges ; cheveux longs et ronds » ; la cravate des juges étant une : « cravate tombante et batiste blanche, plissée »[4].

Le décret impérial du 14 décembre 1810[5] précisait que : « Les avocats porteront la chausse de leur grade de licencié ou de docteur ; ceux inscrits au tableau seront placés dans l'intérieur du parquet. Ils plaideront debout et couverts ; mais ils se découvriront lorsqu'ils prendront des conclusions, ou en lisant des pièces du procès. »[6]

Enfin, le décret impérial du 2 juillet 1812 prévoyait que : « Les avocats seuls porteront la chausse et parleront couverts. »[7]

La loi du 31 décembre 1971[8] est venue abroger expressément ces textes, qui n'avaient jamais vraiment été appliqués, les avocats s'en tenant au costume traditionnel de l'Ancien Régime et aux usages qui en découlaient. Néanmoins, jusqu'à la fin du XIXe siècle, l'avocat se reconnaissait dans le monde par une allure plus grave et un habillement plus classique que celui des gens du monde.

1. V. ss nos 313.61 s.
2. Décr. Ass. const., 2 sept. 1790 sur l'organisation judiciaire, *in* F. Liouville, *Profession d'avocat : Lois et règlements depuis Charlemagne*, Simonet-Delaguette, 1859, p. 107 – V. ss no 023.52.
3. Décr. impérial, 30 mars 1808 contenant règlement pour la police et la discipline des cours et des tribunaux, *in* F. Liouville, *Profession d'avocat : Lois et règlements depuis Charlemagne*, Simonet-Delaguette, 1859, p. 125.
4. Arr. 2 nivôse an XI [23 déc. 1802] qui règle le costume des membres des tribunaux, des gens de loi et des avoués, art. 2 et 6.
5. V. ss no 023.63.
6. Décr. impérial, 14 déc. 1810 contenant Règlement sur l'exercice de la profession d'Avocat, et la discipline du Barreau, *in* A. Dupin, *Profession d'avocat : Recueil des pièces concernant l'exercice de cette profession*, B. Warée aîné, 1830-1832, p. 591, art. 35.
7. Décr. impérial, 2 juill. 1812 sur la plaidoirie dans les cours et les tribunaux de première instance, *in* F. Liouville, *Profession d'avocat : Lois et règlements depuis Charlemagne*, Simonet-Delaguette, 1859, p. 141, art. 12.
8. L. no 71-1130, 31 déc. 1971, art. 3, al. 3 – V. ss no 023.102.

§ 2
Costume professionnel actuel

313.41 Description du costume professionnel actuel. Le costume professionnel actuel de l'avocat se compose ainsi d'une robe de tissu noir, fermée devant, à manches larges et à rabat blanc plissé.

Il est revêtu de l'épitoge[9]. Il s'agit d'une pièce de tissu noir, froncée en son milieu, qui se place sur l'épaule gauche.

Elle est garnie, le cas échéant[10], aux extrémités d'un ou plusieurs rangs d'hermine, ou fourrure blanche, selon les titres juridiques de celui qui la porte robe[11]. Pratiquement, pour éviter toute discrimination apparente, elle ne comporte qu'un rang d'hermine[12]. Comme le note le bâtonnier Jean Lemaire : « *il n'est pas d'usage qu'il y ait une distinction entre l'épitoge des licenciés et celles des docteurs en droit* »[13].

313.42 Épitoge herminée ou non. Les avocats au barreau de Paris, fidèles à la tradition de l'Ancien Régime, ne portent l'épitoge herminée qu'aux audiences solennelles ou cérémonies officielles[14]. L'usage parisien, tenant probablement à leur présence régulière aux cérémonies officielles, veut également que les bâtonniers, vice-bâtonniers, membres, et anciens membres, du Conseil de l'Ordre et secrétaires, et anciens secrétaires, de la conférence portent l'épitoge herminée.

Les avocats des barreaux de province ont, pour leur part, adopté comme costume quotidien le costume d'apparat[15], comportant l'épitoge herminée, et non le costume ordinaire, tout comme les magistrats lesquels, bien que ne portant plus la robe rouge aux audiences ordinaires[16], portent tous une simarre noire, devenue une doublure en soie située sur le devant de la robe de chaque côté des boutons, aux audiences ordinaires alors qu'ils ne la portaient naguère qu'aux audiences solennelles. Le vrai signe de distinction des magistrats aux audiences solennelles étant la ceinture[17]. En cas d'intervention devant des juridictions situées hors du barreau de paris, les avocats du barreau de Paris portent, en

9. V. ss no 313.32.
10. V. ss no 313.42.
11. D. Piau, *Le costume professionnel de l'avocat*, CNB, AG 3-4 mars 2017.
12. J. Lemaire, *Les règles de la profession d'avocat et les usages du barreau de Paris*, 3e éd., LGDJ, 1975, no 275, p. 248.
13. J. Lemaire, *op. cit.*, no 275, p. 248 ; – DANS LE MÊME SENS : J. Villacèque, *Droit et déontologie de la profession d'avocat*, 2e éd., LGDJ, 2007, p. 213.
14. V. ss no 313.37.
15. V. ss no 313.37.
16. V. ss no 313.36.
17. COJ, Annexe. Tableau I – Costumes et insignes (annexe de l'article R. 111-6).

principe, l'épitoge herminée de façon à se conformer aux usages locaux.

La différenciation entre les avocats parisiens et ceux de province ne repose ainsi que sur une simple différence de choix quant au costume de référence [1] : costume ordinaire pour les uns, costume d'apparat pour les autres [2]. Elle n'est nullement liée, à un prétendu « deuil de Malesherbes », suivant lequel les avocats parisiens auraient voulu, en retirant leur hermine, porter le deuil de celui qui aurait été guillotiné pour avoir assuré la défense de Louis XVI. On observera que si Chrétien-Guillaume de Lamoignon de Malesherbes fut avocat au tout début de sa carrière, il devint rapidement magistrat dès 1740, et que c'est en qualité de défenseur officiel [3], et non d'avocat, qu'il assura, en 1792, la défense de Louis XVI aux côtés de François-Denis Tronchet [4] et Raymond de Sèze [5], lesquels ne furent pas pour autant guillotinés... Arrêté avec une partie de sa famille pour : « conspiration avec les émigrés » et guillotiné, comme tant d'autres, pendant la Terreur [6], le 3 floréal de l'an II, en même temps qu'Isaac le Chapelier [7], il le fut surtout pour le symbole de l'Ancien Régime qu'il était [8]. Elle n'est pas plus liée au fait que les avocats parisiens n'auraient pas sauvé le roi, qu'ils porteraient le deuil de Louis XVI ou de Marie-Antoinette, ou encore en raison d'une prétendue défiance de leur part à l'égard de Napoléon I ou de Napoléon III qui aurait voulu leur faire prêter un serment politique que précisément il ne leur fit pas prêter [9]. Toutes ces tentatives de justifications, aussi romanesques les unes que les autres, ne reposent sur aucun élément concret, et procèdent plus de l'hagiographie que d'une réelle étude historique.

313.43 Désuétude du port de la toque. Les avocats pouvaient porter une toque [10]. Lorsqu'ils portaient le chaperon [11] puis la toque, les avocats pouvaient plaider couverts devant toutes les juridictions [12] ce qui symbolisait leur indépendance [13]. Ils étaient les seuls à avoir ce privilège. Toutefois, faisant, à partir du XVIIe siècle, parfois la tâche des anciens procureurs, devenus les avoués, auxquels était dévolu le rôle de prendre les conclusions et de procéder à la lecture des pièces à l'audience, ils devaient alors imiter la posture qui était impartie à ceux-ci et donc se découvrir pour lire les pièces de procédure [14] ainsi que se lever et se découvrir à la lecture des décisions de justice rendues sur leurs plaidoiries [15].

Alors que le port de la robe est demeuré rigoureusement obligatoire, celui de la toque, qui ne fut réellement uniforme au sein des barreaux qu'après leur rétablissement [16], au XIXe siècle, est tombé en désuétude dans la plupart des barreaux dès le début du XXe siècle [17]. Comme le notait, en 1975, le bâtonnier Jean Lemaire : « En fait, les avocats n'usent plus du droit qui leur appartient de plaider couvert. L'usage de la toque, qui était d'un port courant tend à disparaître en dehors des cérémonies officielles. » [18].

Ce sont les cartons dans lesquels ces toques étaient rangées, et que les avocats laissaient au vestiaire du palais qui servaient de boîtes aux lettres pour y déposer le « courrier palais », d'où le nom de « toque » donné encore aujourd'hui, dans certains barreaux, aux « cases » de courrier attribuées à chaque avocat dans le vestiaire de son barreau d'appartenance.

313.44 Port de signes distinctifs sur la robe. Le port d'un signe distinctif quelconque sur la robe de l'avocat est incompatible avec son serment [19]. Les avocats ne peuvent aliéner leur indépendance en arborant l'insigne d'un parti auquel ils manifestent leur volonté de faire allégeance [20]. Il en est de même de tout signe distinctif religieux [21], communautaire ou politique [22]. La règle ne doit pas être différente pour le port d'un badge qui ne fait pas partie des attributs du costume d'audience de l'avocat, lequel ne doit comporter aucun signe pouvant révéler

1. A. Damien, *Les avocats du temps passé*, H. Lefebvre, 1973, p. 295.
2. V. s^{s} n° 313.37.
3. V. s^{s} n° 023.52.
4. Ph. Tessier, *François Denis Tronchet ou la Révolution par le droit*, Fayard, 2016.
5. A. Sevin, *De Seze. Défenseur du roi (1748-1828)*, F.-X. Guilbert, 1992.
6. A. Boulant, *Le tribunal révolutionnaire. Punir les ennemis du peuple*, Perrin, 2018.
7. V. s^{s} n° 023.55.
8. G. Collas, « Dans les prisons de la Terreur », *Annales de Bretagne*, t. 60, n° 1, 1953. p. 5 s.
9. V. s^{s} n° 314.44.
10. V. s^{s} n° 313.33.
11. V. s^{s} n° 313.32.
12. A. Damien, « La toque », *Gaz. Pal.* 25 nov. 1986, p. 23.
13. V. s^{s} n°s 323.00 s.
14. A.-G. Boucher d'Argis, *op. cit.*, p. 139 s.
15. Civ. 18 nov. 1852, *S.* 1952. 1. 42.
16. V. s^{s} n° 313.33.
17. A. Damien, *Les avocats du temps passé*, H. Lefebvre, 1973, p. 297 – A. Juhellé, *Sous la toque, mœurs du Palais*, E. Fasquelle, 1901.
18. J. Lemaire, *op. cit.*, n° 275, p. 248.
19. D. Piau, *Le costume professionnel de l'avocat*, CNB, AG 3-4 mars 2017.
20. CNB, Comm. RU, avis n° 2003-045, 17 sept. 2003 ; C. avocat 2021, s^{s} décr. 12 juill. 2005, art. 3, note 11.
21. CNB, Comm. RU, avis n° 2003-001, 6 févr. 2003 – G. Duchange, « La robe et le voile », *JCP* 2015. 523 – V.-O. Dervieux, « Audience et Laïcité », *Gaz. Pal.* 19 sept. 2015, p. 6 ; « La laïcité dans les enceintes de justice », *Gaz. Pal.* 20 févr. 2018, p. 16 ; « La justice et le voile », *Gaz. Pal.* 12 juin 2018, p. 15 – F.-X. Bréchot, « La laïcité et l'audience : un *vade-mecum* », *D.* 2018. 519 – B. Bonnet, J. Ferron, « Le port de signes religieux par les avocats », *JCP* 2018. 781 – COMP. : CJUE 15 juill. 2021 *Wabe eV et MH Müller Handels GmbH c/MJ*, aff. C-804/18 ; *D.* 2021. 1431.
22. RIBP, art. P. 33 al. 2.

l'expression d'une opinion ou d'une revendication professionnelle. S'il est d'usage que des badges puissent être portés par des avocats sur leur robe lors de manifestations professionnelles, cette exception au principe général ne saurait s'étendre aux fonctions judiciaires exercées dans l'enceinte des salles d'audience dans les juridictions [1].

La cour d'appel de Rennes a toutefois eu à connaître d'un recours, du parquet général, à l'encontre d'une délibération du conseil de l'Ordre de Nantes qui avait, à l'occasion d'un mouvement de mobilisation pour l'aide juridictionnelle, décidé de faire fabriquer et distribuer aux avocats qui souhaitaient le porter sur leur robe, un badge de forme rectangulaire de 8 cm sur 5 cm supportant un graphisme stylisé sur fond blanc comportant le logo officiel du barreau ses couleurs et figurines et en diagonale la mention « avocats mobilisés ». La cour a rejeté le recours du parquet en considérant que cette délibération ne portait pas atteinte au serment qui lie les avocats en leur demandant d'exercer leurs fonctions, notamment avec dignité et indépendance dès lors que « le fait pour des avocats de porter sur leur robe et ainsi leur costume d'audience, un insigne commun à tous les avocats du même barreau n'ayant aucune connotation revendicative empreinte de partialité, mais rappelant seulement la mobilisation de la profession pour défendre ses intérêts, ne saurait être considéré comme un manquement à leurs devoirs d'avocats » [2].

Une autre cour d'appel a validé l'interdiction faite par un règlement intérieur du port sur la robe de toute décoration ou signe distinctif, dès lors que « afin de protéger les droits et liberté d'autrui et en l'espèce ceux du justiciable que l'avocat représente ou assiste, chaque avocat dans l'exercice de ses fonctions de défense et de représentation se doit d'effacer ce qui lui est personnel au profit de la défense de son client et du droit, le port de la robe sans aucun signe distinctif étant nécessaire afin de témoigner de cette disponibilité à tout justiciable » [3].

313.45 Port des décorations officielles. Le port sur la robe en dehors des cérémonies officielles des décorations officielles, qui ne sont qu'une variété des signes distinctifs, est plus discutable [4] : s'il est toléré voir admis, il porte atteinte à la dignité, l'humanité et l'égalité de tous les avocats dans l'exercice de leurs fonctions judiciaires que symbolise le port de la robe. Il peut, en outre, être considéré comme empreint de partialité au sens de l'arrêt de la cour d'appel de Rennes précité [5].

C'est ainsi qu'en Belgique, il est de tradition, et le conseil de l'Ordre français des avocats du barreau de Bruxelles l'a rappelé en novembre 2002, que la robe d'avocat se porte sans décoration, ni signe distinctif apparent, ni bijoux, notamment d'ordre religieux, philosophique ou politique [6]. Ce sont les principes d'égalité et d'indépendance [7] qui justifient que l'avocat, dans l'exercice public de sa charge, s'abstienne du port de tout signe distinctif d'origine religieuse, philosophique, politique ou culturelle [8].

Pour Maurice Garçon [9] : « La robe de l'avocat est noire, pareille pour tous et, jusqu'à présent, on n'avait jamais admis qu'il y eut entre nous des distinctions. Elle créait l'égalité. En Belgique, on n'admet même pas qu'on attache de décoration. Chez nous qui aimons les hochets, on a vu fleurir des rubans. J'avais toujours pensé que c'était un tort. Je le pense davantage aujourd'hui. Si nous avions maintenu la tradition, nous aurions le droit maintenant de dire que la nouvelle prescription est contrainte à la constitution même de notre ordre. » [10]. Pour Robert Badinter : « S'il ne tenait qu'à moi, je supprimerais le rabat, les épitoges herminées, les décorations sur la robe » [11].

Comme le notait André Damien : « il semble bien, [...], que les ordres et médailles sont considérés comme un enchaînement au pouvoir et par là même une atteinte à l'indépendance de l'ordre. » [12], faisant

1. CNB, Comm. RU, avis n° 2007-062, 22 nov. 2007 ; C. avocat 2021, s^s décr. 12 juill. 2005, art. 3, note 12.
2. Rennes, 22 mai 2015, RG n° 15/00669.
3. Douai, 9 juill. 2020, RG n° 19/05808 ; *D. avocats* 2020. 422, ét. Y. Avril ; *BJT* 2020, n° 09, p. 13, note G. Loiseau ; *Gaz. Pal.* 6 oct. 2020, p. 41, obs. J. Villacèque ; *JCP* 2020. 1294, n° 12, obs. J. Moret-Bailly – SUR POURVOI : rejet QPC par Civ. 1re, 8 avr. 2021, n° 20-20.185 QPC ; *Gaz. Pal.* 11 mai 2021, p. 33, obs. C. Berlaud ; *D. actu.* 19 mai 2021, note C. Caseau-Roche – D. Mazeaud, « Robe d'avocat : Noir c'est noir ! » ; *JCP* 2020. 1026 – F. Saint-Pierre, *Un pays qui voudrait rester libre*, O. Jacob, 2021, p. 133 s.
4. F. Rome, « Noir, c'est noir ! », *D.* 2014. 473 – D. Mazeaud, « Robe d'avocat : Noir c'est noir ! » ; *JCP* 2020. 1026.
5. CONTRA mais sur le seul terrain de l'égalité : Toulouse, 13 juill. 2017, RG n° 17/01300 – POURVOI REJETÉ PAR : Civ. 1re, 24 oct. 2018, n° 17-26.166, P I ; *D.* 2018. 2096 ; *Gaz. Pal.* 6 nov. 2018, p. 31 ; *D.* 2018. 2284, note P.-L. Boyer ; *JCP* 2018. 1336, note B. Beignier.
6. *Lettre du barreau de Bruxelles*, année judiciaire 2002-2003, n° 3, p. 223.
7. C'EST AUSSI L'AVIS du Groupe d'États contre la corruption (Greco) s'agissant des magistrats : C. Cutajar, « Prévention de la corruption des parlementaires, juges et procureurs. Un niveau de conformité globalement suffisant », *JCP* 2018. 1105.
8. *Recueil des règles professionnelles*, Barreau de Bruxelles, 2013, n° 148.
9. Maurice Garçon [1889-1967].
10. M. Garçon, *Journal (1939-1945)*, Les Belles Lettres – Fayard, 2015, p. 400.
11. Entretien accordé à l'Express en 1973 ; cité par : P.-L. Boyer, « *Vanitas vanitatis* ? L'avocat et les honneurs de ce monde », *D.* 2018. 2284.
12. A. Damien, *Les avocats du temps passé*, H. Lefebvre, 1973, p. 299 – COMP. : P. Sansas, *Le Barreau de Bordeaux avant et après le 25 novembre 1868 : Examen critique d'une injustifiable innovation et de ses conséquences*, A. Lanefranque, 1870.

qu'il existe une tradition qui veut que les avocats ne portent pas de décorations sur la robe ayant : « pour fondement le refus de toute atteinte au principe d'égalité entre les membres du barreau »[1] avant d'ironiser, à juste titre, sur le fait que : « actuellement certains avocats en sont aussi parés que des officiers généraux chevronnés »[2].

À cet égard, la référence faite par certains à l'article R. 66 du code de la Légion d'honneur, de la Médaille militaire et de l'ordre national du Mérite[3] pour justifier non seulement d'un droit mais même d'une obligation de porter lesdites décorations sur leur costume professionnel procède d'une certaine confusion de terminologie en tant que l'article précité ne vise que : « le costume officiel (grande tenue) ou sur l'uniforme militaire (grande tenue) », ce qui n'est pas le cas de la robe de l'avocat qui ne constitue point un costume officiel en grande tenue réservé aux réceptions ou cérémonies officielles. Pas plus que l'on a jamais vu de militaire en treillis combattre en portant ses décorations, on conçoit mal, à quel titre et de quel droit, les avocats, défenseurs des libertés, monteraient au front dans les salles d'audience avec ces mêmes décorations.

313.46 Port des décorations officielles : jurisprudence. La Cour de cassation, saisie d'un recours à l'encontre d'une délibération d'un conseil de l'Ordre qui avait prohibé le port des décorations sur la robe, a toutefois considéré, d'une part, que le principe d'égalité ne s'oppose pas à l'existence de décorations décernées en récompense des mérites éminents ou distingués au service de la Nation, et que, lorsqu'un avocat porte sur sa robe professionnelle les insignes des distinctions qu'il a reçues, aucune rupture d'égalité entre les avocats n'est constituée, non plus qu'aucune violation des principes essentiels de la profession[4]. Elle réserve toutefois l'examen du grief tiré d'une rupture d'égalité entre les justiciables qui n'avait pas été invoqué devant la cour d'appel.

Une autre cour d'appel a ainsi, par la suite, validé l'interdiction faite par un règlement intérieur du port sur la robe de toute décoration ou signe distinctif, dès lors que : « La volonté d'un barreau de faire obligation à ses membres, lorsqu'ils se présentent devant une juridiction, pour assister ou représenter un justiciable, de revêtir un costume uniforme, concourt à assurer l'égalité des avocats et à travers celle-ci l'égalité des justiciables, qui est un élément constitutif du droit au procès équitable [...]. »[5].

313.47 L'avocat peut-il fumer alors qu'il porte sa robe au palais ? Un détail piquant plus que sérieux s'était posé avant la loi du 10 janvier 1991[6] : un avocat peut-il fumer au palais dans la salle des pas perdus ou les couloirs et escaliers du palais ? L'interdiction autrefois portée par le décret du 12 septembre 1977[7] de fumer dans les locaux affectés à un usage collectif n'était pas applicable aux locaux de passage, tels que couloirs ou cages d'escalier, la notion d'occupation implique une certaine permanence qui est exclue par celle de lieu de passage. Or, le qualificatif de passant et non d'occupant est seul convenable pour les personnes qui empruntent couloirs et cages d'escalier[8].

SECTION 3
PORT RÉGLEMENTÉ DU COSTUME PROFESSIONNEL

313.50 Plan. Le port de la robe obéit à des principes (§ 1) qui font l'objet de prohibitions (§ 2) et de sanctions (§ 3).

§ 1
Principes

313.61 Régime du port de la robe. Le port de la robe est obligatoire toutes les fois où l'avocat est dans l'exercice de ses « fonctions judiciaires »[9], qui doivent être entendues par opposition aux missions de conseil.

1. A. Damien, *op. cit.*, H. Lefebvre, 1973, p. 300.
2. A. Damien, *op. cit.*, H. Lefebvre, 1973, p. 300 ; – AUSSI : A. Damien, *L'art et manière de porter les décorations*, Art Lys, 1996 ; *Le grand livre des ordres de chevalerie et les décorations*, Solar, 2002.
3. Code de la Légion d'honneur, de la Médaille militaire et de l'ordre national du Mérite, art. R. 66. – Civ. 1re, 24 oct. 2018, n° 17-26.166, P I ; *D.* 2018. 2096 ; *Gaz. Pal.* 6 nov. 2018, p. 31 ; *D.* 2018. 2284, note P.-L. Boyer ; *JCP* 2018. 1336, note B. Beignier.
4. Civ. 1re, 24 oct. 2018, n° 17-26.166, P I ; *D.* 2018. 2096 ; *Gaz. Pal.* 6 nov. 2018, p. 31 ; *D.* 2018. 2284, note P.-L. Boyer ; *JCP* 2018. 1336, note B. Beignier.
5. Douai, 9 juill. 2020, RG n° 19/05808, *D. avocats* 2020. 422, étude Y. Avril ; *BJT* 2020, n° 09, p. 13, note G. Loiseau ; *Gaz. Pal.* 6 oct. 2020, p. 41, obs. J. Villacèque ; *JCP* 2020. 1294, n° 12, obs. J. Moret-Bailly – SUR POURVOI : rejet QPC par Civ. 1re, 8 avr. 2021, n° 20-20.185 QPC ; *Gaz. Pal.* 11 mai 2021, p. 33, obs. C. Berlaud ; *D. actu.* 19 mai 2021, note C. Caseau-Roche – D. Mazeaud, « Robe d'avocat : Noir c'est noir ! » ; *JCP* 2020. 1026 – F. Saint-Pierre, *Un pays qui voudrait rester libre*, O. Jacob, 2021, p. 133 s.
6. L. n° 91-32, 10 janv. 1991 relative à la lutte contre le tabagisme et l'alcoolisme, *JO* 12 janv. p. 609.
7. Décr. n° 77-1042, 12 sept. 1977 relatif aux interdictions de fumer dans certains lieux affectés à un usage collectif où cette pratique peut avoir des conséquences dangereuses pour la santé, *JO* 17 sept., p. 4609.
8. T. pol. Tarascon, 1er juin 1983, *Gaz. Pal.* 1983. 2. 398, p. 9, note J.-P. Doucet – sur l'affaire des moustaches d'ambert, v. ss n° 321.74.
9. L. n° 71-1130, 31 déc. 1971, art. 3 – Civ. 1re, juill. 1958, *D.* 1958. 526, note L. Crémieu.

L'avocat doit porter la robe toutes les fois qu'il est au palais de justice. L'avocat doit se présenter en robe aussi bien devant les juridictions et organismes juridictionnels que devant les magistrats chargés des conciliations, des délibérés ou des instructions et c'est de même, en robe, qu'il doit intervenir professionnellement auprès d'un magistrat ou d'un service judiciaire.

313.62 Organismes juridictionnels. L'avocat doit donc revêtir la robe toutes les fois qu'il assiste ou représente son client devant tous les organismes juridictionnels, de quelque nature que ce soit, où, de droit, les principes du contradictoire ou des droits de la défense s'appliquent[1] ou une commission exerçant des fonctions juridictionnelles, comme la section disciplinaire d'un ordre professionnel[2] ou la commission des sanctions de l'Autorité des marchés financiers.

De même, l'avocat peut, s'il le souhaite, se présenter en robe pour intervenir aux côtés d'un élève devant le conseil de discipline de l'établissement scolaire ou lors des conseils de discipline devant lesquels comparaissent les personnels enseignants[3].

313.63 Accès aux salles d'audiences publiques et au banc de la défense. L'avocat revêtu de sa robe a le droit de pénétrer dans toutes les salles d'audience publique et de s'y asseoir au banc de la défense. Ce principe, à l'heure actuelle, est parfois battu en brèche et certains magistrats, lorsqu'ils font évacuer la salle, font sortir également les avocats présents, hormis ceux de la cause.

Une telle prétention a été émise pour la première fois en 1822, lors des poursuites devant la cour d'assises, du chansonnier de Béranger[4] : le président Simon Jacquinot-Godard avait cru devoir adresser au bâtonnier vingt billets d'invitation pour les avocats, précisant que seuls les avocats porteurs de ces billets pourraient pénétrer dans la salle d'audience. Le bâtonnier Jean-Baptiste Billecoq[5] a alors protesté avec énergie contre cette mesure qui fut rapportée.

Fut ainsi reconnu aux avocats le droit, lorsqu'ils sont revêtus de leur robe, d'assister librement à toutes les audiences. Toutefois, en certaines matières formalistes, la présence d'un avocat étranger à la cause ne peut être tolérée puisqu'elle constituerait une irrégularité pouvant entraîner la nullité des débats : chambre de l'instruction ou conseil de discipline[6] par exemple. Le 15 janvier 1828, sur le rapport du bâtonnier Nicolas Tripier[7], le conseil de l'Ordre de Paris statuait de la manière suivante : « Considérant que le principe de la publicité des débats en matière criminelle a une exception, pour le cas où cette publicité serait dangereuse pour l'ordre et les mœurs, que cette exception autorise les tribunaux à ordonner que les discussions aient lieu à huis clos ; que la loi n'a pas formellement excepté de cette mesure les avocats étrangers aux débats, que les magistrats sont investis par la loi du pouvoir d'apprécier les inconvénients que la présence du barreau pourrait avoir, soit sur les mœurs, soit pour l'instruction du procès et les explications que les témoins seront obligés de faire, que le droit absolu qui serait reconnu dans la personne d'un avocat d'être présent aux débats d'une affaire instruite à huis clos, serait d'autant plus dangereux à Paris qu'il serait impossible de vérifier si cette qualité appartient réellement à tous ceux qui se présenteraient pour jouir de cette prérogative »[8].

François-Étienne Mollot pense également qu'en matière civile devant les tribunaux, lorsque l'audience est à huis clos, les avocats étrangers à la cause peuvent être invités à ne pas s'y présenter : « La morale publique, précise-t-il, ne commande-t-elle pas que le scandale ait aussi peu de témoins qu'il est possible »[9].

313.64 Manifestations professionnelles officielles. En dehors du palais de justice, la tradition prévoit que la robe puisse être portée exceptionnellement, à l'occasion des manifestations auxquelles les avocats participent, à titre officiel, dès lors qu'elles sont réalisées à l'initiative des institutions de la profession, ou traditionnel[10] : cérémonies du barreau, audiences solennelles de rentrées, cérémonies en la mémoire des disparus de la première et Seconde Guerre mondiale, messe de rentrée, procession de la Saint-Yves...

En revanche, le port de la robe par un avocat est interdit pour toutes les manifestations autres que professionnelles et notamment pour des manifestations à caractère politique ou pour des représentations théâtrales, cinématographiques ou télévisées[11].

1. V. s[s] n°s 452.31 s.
2. CNB, Comm. RU, avis n° 2008-019, 27 mars 2008 ; C. avocat 2021, s[s] L. 31 déc. 1971, art. 3, note 13.
3. CNB, Comm. RU, avis n° 2013-032, 4 nov. 2013 ; C. avocat 2021, s[s] L. 31 déc. 1971, art. 3, note 13.
4. *Procès fait à Messieurs de Béranger et Baudouin*, Baudouin frères, Paris, 1822.
5. Jean-Baptiste Billecoq [1765-1829].
6. CE 26 févr. 1988, *Chaminas*, req. n° 64804, *Lebon* 86 ; *AJDA* 1988. 414.
7. Nicolas Tripier [1765-1840].
8. MOLLOT, t. II, 2e éd., 1866, p. 430.
9. MOLLOT, t. II, 2e éd., 1866, p. 431.
10. CNB, Comm. RU, avis n° 2008-019, 27 mars 2008 ; C. avocat 2021, s[s] L. 31 déc. 1971, art. 3, note 13.
11. CO Paris, 9 avr. 1939, *Rsihpa*, n° 3, p. 147.

313.65 **Obsèques.** Parmi la tradition des barreaux français, la robe est également portée lors des obsèques d'un confrère, dès lors que la famille de celui-ci en émet le souhait, que celles-ci soient religieuses ou non. Le port n'impose pas à l'avocat de renoncer à ses convictions intimes qu'il a le droit d'exprimer, pour autant que cette expression soit digne et respectueuse des tiers.

Ainsi, un avocat assistant dans un lieu de culte à une cérémonie religieuse peut, si telle est sa conviction, y participer même revêtu de la robe. La laïcité qui s'impose à l'institution judiciaire n'est pas en soi un principe essentiel s'imposant à l'avocat[1].

313.66 **Avocat honoraire.** L'avocat honoraire a droit au port de la robe, à l'occasion des élections, cérémonies et manifestations officielles[2].

313.67 **Avocat étranger.** L'avocat européen établi en France sous son titre d'origine[3], en application de la directive du 16 février 1998[4], laquelle insiste sur la nécessité d'éviter toute confusion de l'avocat migrant établi sous son titre professionnel d'origine avec les avocats de l'État membre, ne peut pas porter le costume professionnel réservé aux avocats en France, dont il ne porte pas le titre, et doit, par conséquent, revêtir le costume professionnel en vigueur dans son État membre d'origine[5].

Il en est de même pour l'avocat européen amené à plaider devant une juridiction française dans le cadre de la libre prestation de service[6] ou de tout autre avocat étranger[7].

313.68 **Dispense du port de la robe.** L'avocat est dispensé de revêtir la robe lorsqu'il participe à des opérations d'expertise ou de constat qui sont réalisées par des personnes ayant reçu une mission d'un tribunal ou d'un magistrat.

S'agissant de ses autres missions de l'avocat, et notamment de son intervention dans les locaux de garde à vue[8], il semble, conformément aux usages de la profession, que l'avocat n'a pas d'obligation du port de la robe, malgré la nature judiciaire des fonctions[9].

1. CNB, Comm. RU, avis n° 2007-069, 2 mai 2007 ; C. avocat 2021, s^s décr. 12 juill. 2005, art. 3, note 14.
2. RIN, art. 13.2, al. 2.
3. V. s^s n°s 231.10 s.
4. Dir. 98/5, Parlement et Conseil, 16 févr. 1998 visant à faciliter l'exercice permanent de la profession d'avocat dans un État membre autre que celui où la qualification a été acquise, *JOCE* 14 mars, p. 36, art. 2.
5. CNB, Comm. RU, avis n° 2003-007, 11 avr. 2003 – CNB, Comm. RU, avis n° 2011-029, 29 juin 2011 ; C. avocat 2021, s^s L. 31 déc. 1971, art. 3, note 5 – SUR LES DIFFÉRENTS COSTUMES DES AVOCATS ÉTRANGERS : Ph.-H. Dutheil, W. Meynet (dir.), *Robes around the world*, CNB, 2017.
6. V. s^s n°s 231.51 s.
7. V. s^s n°s 232.00 s.
8. V. s^s n°s 472.61 s.

§ 2 Prohibitions

313.71 **En dehors de ses fonctions judiciaires.** En dehors de ses fonctions judiciaires, le port de la robe par l'avocat ne saurait, en principe[10], être admis[11].

C'est ainsi que l'avocat ne peut pas porter la robe dans son cabinet pour la réception de ses clients.

313.72 **Interdiction du port de la robe.** L'avocat ne peut plus revêtir la robe lorsqu'il est frappé d'une mesure de suspension provisoire[12], d'une sanction d'interdiction temporaire[13] ou d'une peine d'interdiction d'exercice professionnel[14], nonobstant le fait que leur exécution n'entraîne pas le retrait du tableau.

313.73 **Avocat, simple justiciable.** Le port de la robe n'est pas justifié lorsque l'avocat se présente pour plaider sa propre cause ou celle d'une société dont il serait administrateur ou d'une association dont il serait président : il intervient alors comme un simple justiciable.

313.74 **Poursuite disciplinaire.** Lorsqu'il est cité devant le conseil de discipline, ou devant le conseil de l'Ordre en matière de suspension provisoire, l'avocat ne devrait pas, en principe, se présenter en robe.

En effet, l'avocat n'intervient pas alors dans l'exercice de ses fonctions judiciaires mais est un justiciable d'une juridiction disciplinaire. La tolérance, parfois, admise du port de la robe en première instance devant le conseil de discipline s'explique par la survivance du caractère professionnel de la juridiction disciplinaire[15].

313.75 **Élève avocat.** L'élève avocat n'appartient pas encore à la profession d'avocat et n'est donc pas autorisé à revêtir le costume de la profession lorsqu'en application de l'article 60 du décret du 27 novembre 1991[16] il est amené à formuler des observations orales lors d'une audience[17].

9. CNB, Comm. RU, avis n° 2011-034, 6 oct. 2011.
10. TOUTEFOIS : v. s^s n°s 313.64 s.
11. L. n° 71-1130, 31 déc. 1971, art. 3.
12. V. s^s n°s 512.00 s.
13. V. s^s n°s 523.80 s.
14. V. s^s n°s 523.351 s.
15. V. s^s n° 522.244.
16. Décr. n° 91-1197, 27 nov. 1991 organisant la profession d'avocat, *JO* 28 nov., p. 15502.
17. CNB, Comm. RU, avis n° 2009-038, 2 sept. 2009 ; C. avocat 2021, s^s L. 31 déc. 1971, art. 3, note 16.

313.76 **Publicité.** Le port de la robe sur des clichés publicitaires, dans le cadre de la communication de l'avocat quel qu'en soit le support[1], peut être considéré comme procédant d'un irrespect du principe de dignité, dès lors que le port de la robe est réservé à l'exercice des fonctions judiciaires et aux manifestations professionnelles[2].

§ 3
Sanctions

313.81 **Protection du port du costume – Sanction.** Le port du costume professionnel est protégé par l'article 433-14 du code pénal qui réprime le fait, pour toute personne, publiquement et sans droit, de porter un costume réglementé par l'autorité publique.

Le non-respect de ces dispositions est sanctionné d'une peine d'un an d'emprisonnement et d'une amende de 15 000 euros[3].

Si le port illicite du costume a eu pour objet de préparer ou de faciliter la commission d'un crime ou d'un délit, l'infraction est punie de trois ans d'emprisonnement et d'une amende de 45 000 euros[4].

Il y a eu naguère un contentieux important concernant le port de la robe par certains auxiliaires de justice, notamment les agréés. Ceux-ci n'existent plus depuis la fusion des professions judiciaires en 1971[5].

313.82 **Indemnisation du barreau en tant que partie civile.** Si le barreau a subi un préjudice du fait du port illégal du costume d'avocat, le prévenu condamné sur le fondement de l'article 433-14 du code pénal peut être également condamné à verser des dommages-intérêts au barreau, tel que le prévenu non avocat qui s'était présenté aux services du greffe la veille de son audience, vêtu d'une robe d'avocat, pour consulter son propre dossier et fut condamné de ce chef à trois mois d'emprisonnement avec sursis et 3 000 francs d'amende[6].

1. V. s^s^ n°s 46.00 s.
2. CNB, Comm. RU, avis n° 2008-044, 24 juin 2008 ; C. avocat 2021, s^s^ L. 31 déc. 1971, art. 3, note 14.
3. C. pén., art. 259, anc. al. 1er : Civ. 29 juill. 1936 ; *DP* 1936. 1. 86, note J. Appleton ; – SUR RENVOI : Amiens, 16 févr. 1938, *DH* 1938, p. 168 – Alger, 16 déc. 1898, *DP* 1899. 2. 33.
4. C. pén., art. 433-16.
5. V. s^s^ n° 023.102.
6. Crim. 5 nov. 1997, n° 96-86.380, P n° 377 ; *D.* 1998. Somm. 176, note J. Pradel ; *JCP* 1998. IV. 1634 ; *Gaz. Pal.* 1998, Chron. crim. 43, note J.-P. Doucet.

CHAPITRE

314. Serment

SECTION 0
ORIENTEUR

314.00 **Sommaire du chapitre.**

Division. Le serment de l'avocat à une valeur législative (sect. 1) et a connu d'importantes évolutions de l'Ancien Régime à nos jours (sect. 2) qui ont fixé ses modalités de prestation (sect. 3).

314.01 **Textes applicables.**

TEXTES TITRÉS

• **L. n° 71-1130, 31 déc. 1971**

art. 3 [Serment]

314.03 **Bibliographie indicative.**

* Aussi : v. s[s] n° 31.03.

Thèse. Ch. Charrier, *Le serment*, A. Rousseau, Paris, 1899.

Contribution. P. Julien, « Propos sur le serment : un chrétien peut-il jurer ? », *Mél. S. Guinchard*, Dalloz, 2010, p. 281.

Article. P. Michaud, « Le serment de Badinter : un socle pour le développement économique des avocats », *Gaz. Pal.* 3-5 sept. 2006, p. 2.

SECTION 1
DÉFINITION ET VALEUR LÉGISLATIVE

314.11 **Définition.** Du latin, *sacramentum*, serment, de *sacrare*, rendre sacré. Le serment est une « affirmation solennelle, à l'origine religieuse, orale ou écrite, par laquelle une personne promet (jure) de se comporter d'une certaine manière »[1].

314.12 **Valeur législative du serment.** Le serment qui a longtemps été du domaine réglementaire[2] est entré en 1982[3] dans le domaine législatif et ne peut plus être modifié que par une loi votée par le Parlement.

Il est inscrit à l'article 3 de la loi du 31 décembre 1971[4].

314.13 **Termes du serment.** Les termes du serment, selon l'article 3 de la loi du 31 décembre 1971, sont : « Je jure, comme avocat, d'exercer mes fonctions avec dignité, conscience, indépendance, probité et humanité. »[5]

SECTION 2
ÉVOLUTION DU SERMENT DE L'AVOCAT

314.20 **Plan.** Le serment a connu d'importantes évolutions, caractérisées par une absence d'uniformité sous l'Ancien Régime (§ 1), puis un amenuisement progressif d'un serment politique à compter du rétablissement du barreau (§ 2).

§ 1
De l'Ancien Régime à la Restauration

314.31 **Serment de « courage et fidélité » de 1255.** En 1255, Saint Louis dû nommer des défen-

1. Association Henri Capitant – G. Cornu (dir.), *Vocabulaire Juridique*, 1987, Puf, p. 756.
2. Décr. n° 72-468, 9 juin 1972 organisant la profession d'avocat, *JO* 11 juin, p. 5884, art. 23.
3. L. n° 82-506, 15 juin 1982 relative à la procédure applicable en cas de faute professionnelle commise à l'audience par un avocat, *JO* 16 juin.
4. L. n° 71-1130, 31 déc. 1971 portant réforme de certaines professions judiciaires et juridiques, *JO* 5 janv. 1972, p. 131, art. 3.
5. L. n° 71-1130, 31 déc. 1971, art. 3.

seurs pour assister un gentilhomme qui, plaidant contre son fils, le duc d'Anjou, Louis de France, n'avait pu en trouver.

Il leur fit prêter serment de remplir avec « courage et fidélité » la mission qu'il leur conférait, et ils gagnèrent leur procès [1].

314.32 Premier « véritable » serment de 1274. Mais, le premier véritable serment fut imposé aux avocats par une ordonnance de Philippe III le hardi, frère de Louis de France, du 23 octobre 1274 [2] qui leur demande de jurer, en latin, sur les saintes Évangiles : « Qu'ils ne se chargeront que de causes justes, et qu'ils les défendront diligemment et fidèlement ; et qu'ils les abandonneront dès qu'ils connaîtront qu'elles ne sont point justes. Que ceux qui ne voudront point faire ce serment seront interdits jusqu'à ce qu'ils l'aient fait. Que les salaires seront proportionnés au procès et aux mérites de l'avocat, sans pouvoir néanmoins excéder la somme de trente livres, et qu'ils jureront encore de ne rien prendre au-delà directement ou indirectement ». Le serment devait être prêté tous les ans.

Cette ordonnance est confirmée par une ordonnance de Philippe le bel de 1291 [3]. Dans les Coutumes du Beauvaisis, il est indiqué que : « Celui qui veut se mesler d'advocation [...] doit jurer d'exercer son office loyalement et de ne soutenir à son escient que de bonnes causes. Si après avoir accepté une cause qu'il croit juste, il vient à reconnaître qu'elle ne le soit pas, il la délaissera » [4].

314.33 Serment de « diligence et fidélité » du règlement du Parlement de Paris en 1344. Ce serment fut précisé par un arrêt de règlement du parlement de Paris du 11 mars 1344, qui instaure le stage, et ensuite prescrit une formule du serment imposant aux avocats de jurer, en latin : « Qu'ils exerceront leur office avec diligence et fidélité ; Qu'ils ne se chargeront point sciemment de causes injustes ; Que s'ils reconnaissent ensuite qu'elles sont injustes, ils les abandonneront aussitôt ; Que si, dans les causes dont ils sont chargés, ils trouvent quelque chose qui intéresse le roi, ils en donneront avis à la cour ; Que la cause étant plaidée, et les faits déniés, ils donneront dans deux ou trois jours leurs articles à la cour, à moins qu'elle ne leur accorde un plus long délai ; Qu'ils n'articuleront point sciemment des faits impertinents ; Qu'ils n'allégueront ni ne soutiendront point de coutumes, qu'ils ne croient vraies ; Qu'ils expédieront les causes plus tôt qu'il leur sera possible ; Qu'ils ne chercheront point malicieusement à y apporter aucun délai ni subterfuge ; Que, quelque grande que soit la cause, ils ne recevront pas plus de trente livres parisis pour leur salaire, et qu'ils ne recevront rien au-delà en fraude ; qu'ils pourront cependant moins recevoir ; Que pour les moindres causes, et pour les plus petites, ils recevront beaucoup moins, selon la qualité de la cause et des personnes ; Qu'ils ne feront aucune action pour avoir une portion de ce que doit revenir du procès ».

Les avocats consultants devaient, en outre, jurer : « Qu'ils viendront de bon matin, et feront venir de même leurs parties ; Qu'ils n'empêcheront point de plaider ceux à qui l'audience aura été donnée ; Qu'ils feront leur fonction debout, et derrière le premier banc ; Qu'ils ne pourront se mettre les premiers sur le premier banc ; Que lorsqu'il y aura plusieurs avocats dans une cause, un seul portera la parole ; Qu'ils ne proposeront pas de faits inutiles ; Qu'ils ne se retireront point tant que les maîtres [juges] seront dans la chambre ; » [5].

314.34 Pluralité des serments au XVᵉ siècle. Il n'y avait pas alors d'unité des pratiques en la matière. C'est ainsi qu'à Paris, en octobre 1485, un règlement du Châtelet impose aux avocats de prêter serment auprès du prévôt de « loyalement patrociner. Ils doivent venir à sept heures du matin et ne pas se retirer sans licence » [6].

Car en réalité, il y a alors autant de serments que de juridictions et de coutumes qui l'imposent.

314.35 Serment de 1498. Le serment qui était prêté chaque année lors de la rentrée du parlement de Paris depuis 1344, tombe en désuétude pour laisser place, à compter d'une ordonnance de Louis XII en 1498 [7], à un serment prêté par chaque nouvel arrivant au barreau, présenté par un ancien, auprès du président qui se bornait à lui dire : « *Jura in leges* », « Vous jurez d'observer les lois », avant qu'il ne prononce « *Juro* », « Je le jure. » [8]

L'obligation de renouveler le serment chaque année, va rapidement tomber en désuétude et laisser place dès le XVIIIᵉ siècle à un renouvellement symbolique, au nom de l'ensemble du barreau, par le bâtonnier et les « anciens » lors de la rentrée solennelle qui avait lieu à la Saint-Martin, devant le premier président du parlement.

1. F. Liouville, *Profession d'avocat : Lois et règlements depuis Charlemagne*, Simonet-Delaguette, 1859, p. 31.
2. F. Liouville, *op. cit.*, p. 34.
3. Ord. de Philippe Le Bel, 1291, art. 11.
4. Ph. de Beaumanoir, *Coutumes de Beauvoisis*, 1283, publié par le Comte Beugnot, 1842.
5. A. Dupin, *Profession d'avocat : Recueil des pièces concernant l'exercice de cette profession,* B. Warée aîné, 1830-1832, p. 67 ; – en latin *in* F. Liouville, *op. cit.*, p. 49.
6. CITÉ PAR J.-A.-J. Gaudry, *Histoire du barreau de Paris,* A. Durand, 1864, réimp. Slatkine, 1977, t. I, p. 374.
7. F. Liouville, *op. cit.*, p. 59.
8. J.-A.-J. Gaudry, *op. cit.*, t. I, p. 424.

C'est ce serment qui sera en usage dans la profession jusqu'en 1810[1].

314.36 Caractère religieux du serment. Le serment de l'avocat est alors marqué d'une empreinte religieuse telle que, par un arrêt de règlement du parlement de Paris du 6 juin 1564[2], il avait, en outre, été exigé des avocats serment de catholicité.

314.37 Portée du serment entre 1659 et 1696. Il fallut un arrêt du parlement du 9 août 1659 pour que soit précisé que lorsqu'un avocat changeait de barreau « il prendrait rang au jour de leur serment » sans avoir à en prêter un nouveau[3].

Pour autant, lorsqu'en 1696 un arrêt du parlement ordonna, à Paris, la création qu'un tableau annuel et régulier sur lequel étaient portés sans distinction les avocats du parlement et ceux du Châtelet qui formaient alors deux barreaux, les avocats du Châtelet continuaient à prêter serment deux fois dans l'année entre les mains du lieutenant civil, jusqu'au 25 mars 1727 où ils refusèrent de s'y soumettre, invoquant le fait qu'ayant prêté serment au parlement il ne leur appartenait pas de le renouveler devant un juge subalterne. C'est à cette date que les avocats du Châtelet et ceux du parlement ne formèrent plus qu'un seul barreau sous l'autorité d'un seul bâtonnier[4].

314.38 Serment civique des « défenseurs publics » à la suppression du barreau en 1790. À la suppression du barreau en 1790[5], les « défenseurs publics » n'en sont pas moins tenus à prêter le serment civique, aux termes duquel ils jurent « d'être fidèle à la Nation, à la loi et au roi et de maintenir de tout mon pouvoir la Constitution du Royaume, décrétée par l'Assemblée nationale constituante aux années 1789, 1790 et 1791 », et, dans les affaires criminelles, à prêter serment de : « n'employer que la vérité dans la défense des accusés, et seront tenus de s'exprimer avec décence et modération »[6].

§ 2 Du rétablissement du barreau à nos jours

314.41 Rétablissement du barreau et du serment de l'an XII. Avec le rétablissement du barreau, le serment prévu par l'article 31 de la loi du 22 ventôse an XII, dont l'article 29 rétablissait le tableau, prévoit que : « Les avocats et avoués seront tenus, à la publication de la présente loi, et, à l'avenir, avant d'entrer en fonction, de prêter serment de ne rien dire ou publier, comme défenseurs ou conseils, de contraire aux lois, aux règlements, aux bonnes mœurs, à la sûreté de l'État et à la paix publique, et de ne jamais s'écarter du respect dû aux tribunaux et aux autorités publiques. »[7].

314.42 Émergence d'un serment politique en 1810. Mais le serment (re)devient rapidement éminemment politique. C'est ainsi que l'article 14 du décret du 14 décembre 1810 prévoit que l'avocat doit prononcer le serment en ces termes : « Je jure obéissance aux constitutions de l'Empire, et fidélité à l'Empereur ; de ne rien dire ou publier de contraire aux lois, aux règlements, aux bonnes mœurs, à la sûreté de l'État ou à la paix publique ; de ne jamais m'écarter du respect dû aux tribunaux et aux autorités publiques ; de ne conseiller ou défendre aucune cause que je ne croirai pas juste en mon âme et conscience. »[8].

Pour sa part, l'article 35 du décret du 6 juillet 1810 prévoyait, que le serment devait être renouvelé chaque année, à l'occasion de la rentrée solennelle, auprès premier président de la cour par les avocats présents[9].

314.43 Changement « de régime » du serment sous la restauration en 1822. Avec la Restauration, le serment « change de régime », et devient, en 1822[10] : « Je jure d'être fidèle au Roi, d'obéir à la Charte constitutionnelle, de ne rien dire ou publier, comme défenseur ou conseil, de contraire aux lois aux règlements, aux bonnes mœurs, à la sûreté de l'État, à la paix publique, et de ne jamais m'écarter du respect dû aux tribunaux et aux autorités publiques. »[11]

En juillet 1830[12], un serment provisoire indique que : « Je jure fidélité à la Charte, obéissance aux lois de l'État et au lieutenant-général du royaume, de ne rien dire ou publier, comme défenseur ou conseil, de contraire aux lois aux règlements, aux bonnes mœurs, à la sûreté de l'État, à la paix publique, et de ne jamais m'écarter du respect dû aux tribunaux et

1. V. s[s] n° 314.42.
2. F. Liouville, *op. cit.*, p. 64.
3. J.-A.-J. Gaudry, *op. cit.*, p. 417 – V. s[s] n°s 224.54 s.
4. J.-A.-J. Gaudry, *op. cit.*, p. 378.
5. V. s[s] n° 023.52.
6. Décr. 16-20 sept. 1791 concernant la sureté, la justice criminelle et l'établissement des jurés, art. 15 du Titre VII *in* F. Liouville, *op. cit.*, p. 114.
7. L. 22 ventôse an XII relative aux Écoles de droit, art. 31, *in* F. Liouville, *op. cit.*, p. 119.
8. Décr. impérial, 14 déc. 1810 contenant Règlement sur l'exercice de la profession d'Avocat, et la discipline du Barreau, art. 7 et 14, *in* A. Dupin, *Profession d'avocat : Recueil des pièces concernant l'exercice de cette profession*, B. Warée aîné, 1830-1832, p. 591.
9. Décr. impérial, 6 juill. 1810 contenant règlement sur l'organisation et le service des cours impériales, des cours d'assises et des cours spéciales, art. 35.
10. V. s[s] n° 023.71.
11. Ord. du roi, 20 nov. 1822 contenant règlement sur l'exercice de la profession d'avocat, et la discipline du barreau, art. 38, *in* A. Dupin, *op. cit.*, p. 610.
12. V. s[s] n° 023.73.

aux autorités publiques »[1], puis il devient, en août de la même année : « Je jure fidélité au roi des Français et obéissance à la Charte constitutionnelle et aux lois du royaume, de ne rien dire ou publier, comme défenseur ou conseil, de contraire aux lois aux règlements, aux bonnes mœurs, à la sûreté de l'État, à la paix publique, et de ne jamais m'écarter du respect dû aux tribunaux et aux autorités publiques. »[2]

314.44 Serment du respect sous la IIe République en 1848. Avec l'instauration de la IIe République, par une lettre du 13 septembre 1848 faisant suite au décret du 1er mars 1848 ayant aboli le serment politique, le ministre de la Justice[3] constatant que la formule du serment issue de l'ordonnance du 20 novembre 1822 « n'est plus possible », renvoi aux termes de l'article 31 de la loi du 22 ventôse an XII : « Je jure et promets de ne rien dire ou publier, comme défenseur ou conseil, de contraire aux lois aux règlements, aux bonnes mœurs, à la sûreté de l'État et à la paix publique, et de ne jamais m'écarter du respect dû aux tribunaux et aux autorités publiques. »[4]

Ce serment fut, curieusement[5], maintenu en 1852 avec l'arrivée de Napoléon III, et ce, nonobstant le décret du 5-7 avril 1852 relatif à la prestation de serment des greffiers et commis-greffiers, avocats au Conseil d'État et à la Cour de cassation, avoués, notaires, commissaires-priseurs, huissiers, garde du commerce et garde champêtre, qui rétablissait un serment politique mais oubliait les avocats de la liste[6]. Il est repris par l'article 23 du décret du 20 juin 1920[7].

314.45 Restauration d'un serment politique par l'« État français » en 1941. Le serment va alors demeurer inchangé jusqu'à ce que « l'État français » ne vienne, avec la loi du 26 juin 1941[8], restaurer un serment politique en prévoyant que le serment devient : « Je jure et promets de ne rien dire ou publier, comme défenseur ou conseil, de contraire aux lois aux règlements, aux bonnes mœurs, à la sûreté extérieure et à la paix publique, aux règles de l'honneur professionnel et de la confraternité, et de ne jamais m'écarter du respect dû à la justice et aux autorités de l'État français »[9].

Celui-ci tombera en désuétude à la Libération avant que l'on ne revienne, en 1954[10], expressément à la formule de l'an XII[11].

314.46 Serment du respect dû aux tribunaux et aux autorités publiques perdurant plus d'un siècle. Depuis l'an XII[12], le serment est, ainsi, essentiellement un serment de respect dû aux tribunaux et aux autorités publiques, ainsi que, parfois, de soumission, voulue, au pouvoir politique en place. Il ne s'y trouve guère trace des devoirs de l'avocat, et encore moins des principes essentiels, si ce n'est la conscience dans la version en vigueur entre 1810 et 1822[13].

Le serment est un instrument du pouvoir, et il est instructif, à cet égard, de noter que dans le préambule du décret du 14 décembre 1810[14], Napoléon Ier rappelle que : « Lorsque nous nous occupions de l'organisation de l'ordre judiciaire, et des moyens d'assurer à nos cours la haute considération qui leur est due, une profession dont l'exercice influe puissamment sur la distribution de la justice a fixé nos regards ; nous avons en conséquence ordonné, par la loi du 22 ventôse an XII, le rétablissement du tableau des avocats, comme un des moyens les plus propres à maintenir la probité, la délicatesse, le désintéressement, le désir de conciliation, l'amour de la vérité et de la justice, un zèle éclairé pour les faibles et les opprimés, base essentielle de leur état. En retraçant aujourd'hui les règles de cette discipline salutaire dont les avocats se montrèrent si jaloux dans les beaux jours du barreau, il convient d'assurer en même temps à la magistrature la surveillance qui doit naturellement lui appartenir sur une profession qui a de si intimes rapports avec elle : nous aurons ainsi garanti la liberté et la noblesse de la profession d'avocat, en posant les bornes qui doivent la sépare de la licence et de l'insubordination. »[15]

Tout était dit de l'esprit du serment qui allait perdurer plus d'un siècle.

314.47 Devoirs propres à l'avocat du serment de la première fusion en 1972. L'avocat était contraint

1. A. Dupin, *op. cit.*, p. 354.
2. Circ. min. de la Justice, 22 oct. 1830, *in* F. Liouville, *op. cit.*, p. 159.
3. P.-A.-Th.-A. Marie de Saint-Georges (1759-1870), avocat de profession.
4. F. Liouville, *op. cit.*, p. 165 – V. s^s n° 314.41.
5. Le ministre de la Justice était alors J.-P. Abbatucci (1791-1857), avocat de profession et proche d'Odilon Barrot.
6. H. Cauchois, *La constitution de l'empire français*, 2e éd., Dentu, 1869, p. 74.
7. Décr. 20 juin 1920 relatif à l'exercice de la profession d'avocat et la discipline des barreaux, *JO* 22 juin, p. 8822 – V. s^s n° 023.93.
8. V. s^s n° 023.95.
9. L. 26 juin 1941 instituant le certificat d'aptitude à la profession d'avocat, *JO* 28 juill., p. 3162, art. 23.
10. V. s^s n° 023.97.
11. Décr. n° 54-406, 10 avr. 1954 pour l'application de la loi n° 54-390 du 8 avril 1954 sur la profession d'avocat et la discipline du barreau, art. 23 – V. s^s n° 314.41.
12. V. s^s n° 314.41.
13. V. s^s n°s 314.42 et 314.43.
14. V. s^s n° 314.42.
15. Décr. impérial, 14 déc. 1810 contenant règlement sur l'exercice de la profession d'avocat, et la discipline du barreau, art. 7 t 14, *in* A. Dupin, *op. cit.*, p. 591.

par l'article 23 du décret du 9 juin 1972 [1] à s'engager à prêter serment en ces termes : « Je jure, comme avocat, d'exercer la défense et le conseil, avec dignité, conscience, indépendance et humanité, dans le respect des tribunaux, des autorités publiques et des règles de mon ordre, ainsi que de ne rien dire ni publier qui soit contraire aux lois, aux règlements, aux bonnes mœurs, à la sûreté de l'État et à la paix publique. »

Pour la première fois depuis la Révolution, réapparaissent des devoirs propres à l'avocat dans le serment, en l'occurrence la dignité, la conscience, l'indépendance et l'humanité, tout en constatant la persistance du respect du, notamment aux tribunaux et aux autorités publiques, mais encore à la loi et aux règlements ce qui n'allait pas sans poser des difficultés s'agissant de la question des délits d'audience [2].

314.48 Modification et nature législative du serment en 1982. Une nature législative a été donnée au serment par la loi du 15 juin 1982 [3], venue modifier l'article 3 [4] de la loi du 31 décembre 1971 [5], qui devient alors : « Je jure comme avocat d'exercer la défense et le conseil avec dignité, conscience, indépendance et humanité. » [6]. La deuxième partie du serment de 1972 a alors purement et simplement disparu, laissant place aux seuls principes de dignité, conscience, indépendance et humanité.

Les avocats qui ont prêté serment avant l'entrée en vigueur de la loi du 15 juin 1982 [7] sont réputés l'avoir prononcé selon la forme de l'alinéa 2 de l'article 3, modifié, de la loi du 31 décembre 1971 [8].

314.49 Serment actuel des cinq principes de la seconde fusion en 1990. La formule actuelle du serment est issue de l'article 2 de la loi du 31 décembre 1990 [9] : « Je jure, comme avocat, d'exercer mes fonctions avec dignité, conscience, indépendance, probité et humanité. » [10] La formule est presque inchangée, si ce n'est qu'un cinquième principe, en l'occurrence la probité, a intégré le serment.

Le serment s'est ainsi, entre 1972 et 1990, allégé et progressivement affranchi de toute idée de soumission. La notion de respect envers les tribunaux, les autorités publiques, les lois, les règlements, les bonnes mœurs, la sûreté de l'État et la paix publique a disparu au profit d'une formule qui définit largement et clairement les devoirs de l'avocat, comme ils l'étaient à l'origine, en l'occurrence de dignité, de conscience, d'indépendance, de probité et d'humanité.

SECTION 3
MODALITÉS DE LA PRESTATION DU SERMENT

314.51 Prestation de serment. La prestation de serment a lieu devant la cour d'appel. Le bâtonnier, ou en son nom, un membre du conseil de l'Ordre, présente chacun des postulants qui doivent être revêtus de la robe, avec l'épitoge herminée mise en avant. Par délégation confraternelle, c'est en général le bâtonnier du barreau près de la cour d'appel où a lieu la prestation de serment qui fait la présentation. Le procureur général doit avoir préalablement vu les pièces du dossier, prévues par la loi, qu'on appelle « les lettres » par référence aux lettres de licence qu'il visait sous l'Ancien Régime.

Le serment est prêté dans le costume professionnel [11] devant la 1re chambre de la cour d'appel dans le ressort de laquelle se trouve le barreau auquel le postulant va appartenir [12]. Le bâtonnier prie le premier président de bien vouloir admettre à la prestation de serment les candidats dont il a fait connaître le nom. Le premier président demande alors au greffier de donner lecture de la formule du serment, puis appelle chacun des postulants par leur nom, lequel s'avance, lève la main droite et prête le serment en disant : « Je le jure » [13] et la cour, par la voix de son président, lui donne acte du serment prêté.

314.52 Prestation de serment des titulaires de Capa. La pratique persiste dans certains ressorts de

1. Décr. n° 72-468, 9 juin 1972 organisant la profession d'avocat, *JO* 11 juin, p. 5884 – V. s^s n° 023.102.
2. V. s^s n°s 454.23 s.
3. L. n° 82-506, 15 juin 1982 relative à la procédure applicable en cas de faute professionnelle commise à l'audience par un avocat, *JO* 16 juin, p. 1899 – P. Michaud, « Le serment de Badinter : un socle pour le développement économique des avocats », *Gaz. Pal.* 3-5 sept. 2006, p. 2 – V. s^s n° 454.43.
4. L. n° 71-1130, 31 déc. 1971, art. 3 ; réd. L. n° 82-506, 15 juin 1982, art. 1er.
5. V. s^s n° 023.102.
6. L. n° 82-506, 15 juin 1982, art. 1er.
7. L. n° 82-506, 15 juin 1982 relative à la procédure applicable en cas de faute professionnelle commise à l'audience par un avocat, *JO* 16 juin, p. 1899.
8. L. n° 71-1130, 31 déc. 1971, art. 68.
9. L. n° 90-1259, 31 déc. 1990 portant réforme de certaines professions judiciaires et juridiques, *JO* 5 janv. 1991, p. 219, art. 2.
10. L. n° 71-1130, 31 déc. 1971, art. 3.
11. V. s^s n°s 313.41 s.
12. L. n° 71-1130, 31 déc. 1971, art. 3.
13. SUR LE REFUS DU SERMENT JURATOIRE : Soc. 1er févr. 2017, n° 16-10.459, NP ; *D.* 2017. 550, note J. Mouly ; *Gaz. Pal.* 28 mars 2017, p. 22, note V. Valentin – Soc. 7 juill. 2021, n° 20-16.206, P ; *JCP* 2021. 804, obs. G. Dedessus-Le-Moustier ; *JCP* 2021. 868, note B. Bossu – *ADDE :* Crim. 17 sept. 1883, P n° 237 – Crim. 8 mars 1924, P n° 117 – Crim. 6 mai 1987, n° 86-95.871, P n° 182 – Crim. 6 déc. 2000, n° 00-82.623, P n° 365 – P. Julien, « Propos sur le serment : un chrétien peut-il jurer ? », *Mél. Serge Guinchard*, Dalloz, 2010, p. 281.

cour d'appel à dissocier la prestation de serment de l'inscription au tableau. Cette pratique, qui est née de l'accord entre le parquet général, le président de cour et les barreaux du ressort, conduit à faire prêter serment à l'ensemble des titulaires du Capa d'une même promotion de CRFP, et à examiner leur inscription postérieurement en fonction du barreau où ils iront ensuite s'inscrire.

Contra legem, en l'état des textes, cette pratique n'est pas sans poser difficulté au regard du contrôle des conditions de moralité à exercer pour l'admission à la prestation de serment qui ne saurait normalement avoir lieu à ce stade, mais uniquement au moment de la demande d'inscription au tableau par le conseil de l'Ordre du barreau compétent [1].

314.53 Prestation de serment orale et écrite. Il n'est pas prévu de possibilité d'effectuer une prestation de serment par écrit, celle-ci devant nécessairement avoir lieu oralement en présentiel devant la cour d'appel.

Toutefois, dans le cadre de la crise sanitaire liée à l'épidémie de la Covid-19, il a été prévu qu'entre le 12 mars 2020 et l'expiration d'un délai d'un mois à compter de la date de cessation de l'état d'urgence sanitaire [2], soit le 1er juillet 2021 [3], toute prestation de serment devant une juridiction pouvait être présentée par écrit. La prestation de serment comprend alors la mention manuscrite des termes du serment : « Je jure, comme avocat, d'exercer mes fonctions avec dignité, conscience, indépendance, probité et humanité. » [4] Et, cet écrit est déposé auprès de la cour d'appel qui en accuse réception [5].

314.54 Suppression du renouvellement annuel du serment depuis 1979. Le serment était renouvelé chaque année, à l'audience solennelle de rentrée, par le bâtonnier et par les membres du conseil de l'Ordre représentants de l'ensemble des avocats du barreau [6]. Cette persistance du renouvellement du serment a disparu avec le décret du 7 novembre 1979 [7], abrogeant l'article 35 du décret du 6 juillet 1810 [8].

L'avocat qui a prêté serment et qui va ultérieurement s'inscrire à un autre barreau n'est, en principe, pas tenu de renouveler son serment [9]. Une décision va cependant en sens contraire [10]. Le serment est indélébile.

314.55 Prestation de serment des avocats de l'Union européenne exerçant sous leur titre d'origine. Les avocats européens souhaitant exercer leur activité en France sous leur titre professionnel d'origine [11] sont tenus, en vertu du décret du 27 novembre 1991, de prêter serment [12]. Ils devront, de nouveau, prêter serment lorsqu'ils demanderont leur inscription au tableau [13].

Cette double prestation de serment n'est pas opportune, dès lors que les avocats européens exerçant sous leur titre d'origine, demeurent, en premier lieu, rattachés à leur barreau d'origine au tableau duquel ils appartiennent dans le cadre de leur prestation de serment d'origine, sont inscrits non pas au tableau mais sur une liste spéciale de celui-ci, et sont tenus de conserver leur costume professionnel d'origine [14]. Seule leur assimilation pleine et entière à un avocat français dans le cadre de leur inscription au tableau devrait donner lieu à prestation de serment. En pratique, cette prestation de serment sous titre d'origine n'est pas mise en œuvre.

314.56 Dispense de prestation de serment aux conseils juridiques devenus avocats. La fusion de profession d'avocat et de conseil juridique par la création de la « nouvelle » profession d'avocat [15] a donné lieu à un curieux tour de passe-passe. Tandis que la loi venait dispenser les avocats ayant prêté serment avant la date d'entrée en vigueur de la loi du 31 décembre 1990 de prêter à nouveau serment [16], le décret du 27 novembre 1991 [17] est venu, pour sa part, prévoir que les conseils juridiques qui devenaient membres de la nouvelle profession d'avocat au 1er janvier 1992 étaient réputés avoir prêté serment. Or, contrairement aux anciens avoués d'instance ou d'appel, les conseils juridiques n'avaient jamais prêté de serment. Un décret est ainsi venu prévoir qu'ils étaient réputés avoir satisfait à une

1. CNB, Comm. RU, avis n° 2015-004, 17 mars 2015 – V. s^s n°s 224.41 s.
2. Ord. n° 2020-304, 25 mars 2020 portant adaptation des règles applicables aux juridictions de l'ordre judiciaire statuant en matière non pénale et aux contrats de syndic de copropriété, *JO* 26 mars, art. 1.
3. L. n° 2021-689, 31 mai 2021 relative à la gestion de la sortie de crise sanitaire, *JO* 1er juin.
4. L. n° 71-1130, 31 déc. 1971, art. 3.
5. Ord. n° 2020-304, 25 mars 2020, art. 11.
6. J. Lemaire, *Les règles de la profession d'avocat et les usages du barreau de Paris,* 4e éd., LGDJ, 1975, n° 186 – Décr. 6 juill. 1810, art. 35.
7. Décr. n° 79-941, 7 nov. 1979 portant réforme de la procédure en matière civile devant la Cour de cassation et modifiant certaines dispositions de procédure civile, *JO* 9 nov., p. 2775, art. 20.
8. Décr. 6 juill. 1810 contenant règlement sur l'organisation et le service des cours impériales, des cours d'assises, et des cours spéciales, art. 35 – V. ss n° 314.42.
9. Colmar, 12 juill. 1856, *DP* 1956. 2. 201.
10. Grenoble, 28 juin 1985, *Gaz. Pal.* 1985. 2. 546, note A. Damien.
11. V. ss nos 231.10 s.
12. Décr. n° 91-1197, 27 nov. 1991, art. 93-1.
13. L. n° 71-1130, 31 déc. 1971, art. 89 – Décr. n° 91-1197, 27 nov. 1991, art. 100.
14. V. ss n° 313.43.
15. V. ss n° 023.105.
16. L. n° 71-1130, 31 déc. 1971, art. 68.
17. Décr. n° 91-1197, 27 nov. 1991, art. 249.

obligation légale, il y a donc aujourd'hui des avocats inscrits au tableau qui n'ont jamais prêté serment.

Dans la pratique, et nonobstant les dispositions précitées, certains barreaux avaient organisé des prestations de serment pour les anciens conseils juridiques devenus avocats. Il est vrai que cette « fusion » ne s'était pas faite sans difficultés, notamment du fait de l'opposition de la conférence des bâtonniers et de la majorité des barreaux de province, et qu'il s'agissait certainement de prévenir un refus de présentation à la prestation de serment de la part de bâtonniers récalcitrants.

314.57 Maintien des obligations du serment pour les avocats honoraires. L'avocat honoraire demeure soumis aux obligations résultant du serment d'avocat, ce que rappelle le décret du 12 juillet 2005 [1], mais surtout dans l'hypothèse où il sollicite de pouvoir reprendre l'exercice de la profession d'avocat, il est alors dispensé de prêter, à nouveau, le serment [2].

314.58 Petit serment de l'élève avocat. Dès son admission à la formation, l'élève avocat doit, sur présentation du président du conseil d'administration du centre régional de formation professionnelle, prêter serment devant la cour d'appel dans le ressort de laquelle le centre a son siège.

Le serment de l'élève avocat dispose que : « Je jure de conserver le secret de tous les faits et actes dont j'aurai eu connaissance en cours de formation ou de stage » [3].

314.59 Respect du serment de l'avocat. Sous cette incrimination du respect du serment de l'avocat, relativement vague, la jurisprudence disciplinaire réprime toute atteinte à « l'esprit » de la profession dont le fondement juridique est le respect dû au serment prêté par les avocats. Il arrive souvent qu'une juridiction, sans qualifier davantage les faits et sans les incriminer comme une atteinte à la dignité ou à l'indépendance ou au respect dû aux auxiliaires de justice, emploie une formule plus générale considérant que : « L'avocat a méconnu les principes régissant sa profession et les devoirs résultant de son serment. » [4].

Certaines décisions sont cependant d'une grande incertitude de termes : un arrêt de la cour d'appel de Bordeaux [5] incrimine « l'indifférence » qu'il croit relever dans l'attitude d'un avocat à l'égard de son client comme motif de sanction disciplinaire [6]. En outre, la jurisprudence considère que la modification de la formule du serment opérée en 1982 n'en diminue pas pour autant le respect dû par les avocats aux auxiliaires de justice, aux autorités publiques ou à la loi [7].

1. Décr. n° 2005-790, 12 juill. 2005, art. 21.
2. Décr. n° 2005-790, 12 juill. 2005, art. 21, al. 4.
3. L. n° 71-1130, 31 déc. 1971, art. 12-2 – V. s[s] n° 211.154.
4. Paris, 27 avr. 1988, *Gaz. Pal.* 12 juill. 1988, p. 14, note A. Damien.
5. Bordeaux, 11 mars 1983, *Gaz. Pal.* 1983. 2. 384.
6. POURVOI REJETÉ PAR : Civ. 1re, 11 juill. 1983, n° 83-11.591, P I, n° 201 ; *JCP* 1983. IV. 305 ; *Gaz. Pal.* 1984. 1. Pan. 2 ; *Gaz. Pal.* 1984. 1. 52.
7. V. s[s] n° 454.43.

CHAPITRE

315. Synthèse des dix-sept principes essentiels

SECTION 0 ORIENTEUR

315.00 Sommaire du chapitre.

Division. Les principes essentiels qui sont de nature législative et règlementaire (sect. 1), sont au nombre de dix-sept (sect. 2), desquels découlent treize règles déontologiques fondamentales (sect. 3).

315.01 Textes applicables.

TEXTES TITRÉS

- **L. n° 71-1130, 31 déc. 1971**

art. 3, al. 2 [Serment]

- **Décr. n° 2005-790, 12 juill. 2005**

art. 1er [Principes essentiels de la profession d'avocat]

art. 3 [Liste des seize principes]

- **RIN**

art. 1.3 [Liste des dix-sept principes]

315.03 Bibliographie indicative.

* Aussi : v. ss n° 31.03.

SECTION 1 QUE SONT CES DIX-SEPT PRINCIPES ESSENTIELS ?

315.11 Source des devoirs des avocats. Les « principes essentiels » dont il est ici question sont la source de l'ensemble des devoirs des avocats.

Ces principes « guident le comportement de l'avocat en toutes circonstances »[1], et tout manquement à ceux-ci, même se rapportant à des faits extraprofessionnels, peut donner lieu à des sanctions disciplinaires[2].

Il est légitimement possible de se demander si ces principes déontologiques peuvent faire l'objet d'une énumération exhaustive. Peut-on résumer les valeurs d'une profession dans 17 principes ? Ce sujet pourrait sans doute être discuté sans fin et l'on trouverait toujours des modifications à apporter à cette liste qui n'est pas immuable[3]. Mais il faut également observer que cette énumération est le fruit d'une longue évolution[4] et d'une réflexion qui puise ses racines dans les origines de la profession (depuis le premier serment au XIIIe siècle[5], jusqu'au décret du 12 juillet 2005[6]) et qu'elle n'est donc pas le fruit du hasard.

1. Décr. n° 2005-790, 12 juill. 2005 relatif aux règles de déontologie de la profession d'avocat, *JO* 16 juill., n° 22, art. 1.
2. Décr. n° 91-1197, 27 nov. 1991 organisant la profession d'avocat, *JO* 28 nov., p. 15502, art. 183.
3. En dernier lieu, s'agissant du principe d'égalité et non-discrimination, v. ss nos 334.00 s.
4. V. ss n° 311.11 s.
5. V. ss n° 314.32.
6. Décr. n° 2005-790, 12 juill. 2005 relatif aux règles de déontologie de la profession d'avocat, *JO* 16 juill., p. 11688 – V. ss n° 023.172.

315.12 Des sources anciennes. Posés en tant que tels, les principes essentiels de la profession d'avocat sont récents. Seul François Fyot de la Marche énumérait, distinctement, huit devoirs de l'avocat, traités en autant de chapitres distincts : la droiture (incluant la probité), le zèle, la diligence (conduite par la prudence), la fermeté, la discrétion, l'amour de la vérité, la patience et le désintéressement [1].

Chez François-Étienne Mollot il est question, au travers de son étude des *devoirs de l'avocat*, des principes d'honneur, de probité, de vérité, de désintéressement, de modération, d'indépendance, de dignité, de tempérance, de respect du serment, de conscience et maturité, de patience, de zèle et diligence, de prudence, de confraternité, de loyauté, de délicatesse, et de respect de la justice [2].

L'on retrouve la même analyse transversale, avec les mêmes principes chez l'ensemble des auteurs en la matière. Même le plus récent de ces principes, celui d'égalité [3], apparaît déjà chez les auteurs anciens, tel qu'en 1857 dans un discours de Félix Liouville (1803-1860) [4].

Les sources de ces principes essentiels se trouvent en réalité dans cette morale commune admise par tous dont découlaient les règles applicables à la pratique professionnelle des avocats de l'Ancien Régime [5], et qu'il a ensuite fallu inscrire dans les textes [6]. L'influence du travail de synthèse réalisé par François-Étienne Mollot au XIXe siècle [7], et repris ensuite par les autres auteurs [8], apparaissant comme ayant joué un rôle déterminant dans leur énumération actuelle.

315.13 Fondement législatif et réglementaire des principes essentiels. Les principes essentiels figurent, pour partie d'entre eux, dans le serment de l'avocat inscrit dans la loi du 31 décembre 1971 [9] et prévu en ces termes : « Je jure, comme avocat, d'exercer mes fonctions avec dignité, conscience, indépendance, probité et humanité » [10].

Le décret du 12 juillet 2005 et le règlement intérieur national (RIN) [11] n'énoncent pas moins de seize principes qui constituent les fondements de la déontologie de la profession d'avocat et qui méritent chacun des explications : « L'avocat exerce ses fonctions avec dignité, conscience, indépendance, probité et humanité, dans le respect des termes de son serment. Il respecte en outre, dans cet exercice, les principes d'honneur, de loyauté, de désintéressement, de confraternité, de délicatesse, de modération et de courtoisie. Il fait preuve, à l'égard de ses clients, de compétence, de dévouement, de diligence et de prudence » [12]. Le règlement intérieur national est venu y ajouter, en 2019 [13], le principe d'égalité et non-discrimination [14].

Au travers de ces dix-sept principes, c'est l'ensemble de la déontologie, et notamment les règles déontologiques de la profession, qui peut être déclinée, car toute la déontologie des avocats prend racine, d'une manière ou d'une autre, dans l'une ou plusieurs de ces principes essentiels [15].

315.14 Renvois aux principes essentiels. Le RIN opère parfois un rappel au respect des principes essentiels pour leur conférer une importance solennelle dans certains domaines : lettres « portant la mention officielle » entre avocats [16] où il est précisé que ces correspondances doivent respecter les principes essentiels de la profession [17], définition des champs d'activité de l'avocat lequel, partenaire de justice et acteur essentiel de la pratique universelle du droit, a vocation à intervenir à titre professionnel dans tous les domaines de la vie civile, économique et sociale, missions [18] dans l'accomplissement desquelles, il demeure, en toutes circonstances, soumis aux principes essentiels et doit s'assurer tout particulièrement de son indépendance [19]. Il en est également de même, en matière de contrat de travail [20], lequel est régi par les principes essentiels de la profession [21], de domicile professionnel [22] qui doit être conforme aux usages et permettant l'exercice professionnel dans le respect des principes essentiels de la profession [23] et de réseau pluridisciplinaire [24] pour lesquels l'avocat ou la structure d'avocats membre d'un réseau pluridisciplinaire doit s'assu-

1. F. Fyot de la Marche, *L'éloge et les devoirs de la profession d'avocat*, N. Mazuel, Paris, 1713, p. 150 s.
2. Mollot, 2e éd., 1866, t. I, p. 19 s.
3. V. s^s^ n°s 313.15 et 333.00 s.
4. F. Liouville, *Devoirs, honneur, avantages, jouissances de la profession d'avocat*, Simonet-Delaguette, 1857.
5. V. s^s^ n°s 311.21 s.
6. V. s^s^ n°s 311.41 s.
7. V. s^s^ n°s 311.43 s.
8. V. s^s^ n°s 311.83.
9. V. s^s^ n° 314.01 s.
10. L. n° 71-1130, 31 déc. 1971, art. 3, al. 2.
11. RIN, art. 1.3.
12. Décr. n° 2005-790, 12 juill. 2005, art. 3.
13. DCN n° 2019-001 du 13 juin 2019, *JO* 29 juin 2019.
14. V. s^s^ n° 333.00 s.
15. V. s^s^ n° 315.71 s.
16. V. s^s^ n°s 422.00 s.
17. RIN, art. 3.
18. V. s^s^ n°s 433.60 s.
19. RIN, art. 6.1.
20. V. s^s^ n°s 813.00 s.
21. RIN, art. 14.1.
22. V. s^s^ n°s 222.00 s.
23. RIN, art. 15.1.
24. V. s^s^ n°s 811.256.

rer que le fonctionnement du réseau ne porte pas atteinte aux principes essentiels de la profession[1].

Ces mêmes principes essentiels s'appliquent aux avocats honoraires[2] pour lesquels, l'honorariat ne peut, en aucun cas, être accordé ou maintenu à celui qui porte ou aurait porté atteinte aux principes essentiels de la profession[3].

315.15 Renvois aux principes essentiels en matière de communication. En matière de communication et de publicité, c'est non seulement l'article 15 du décret du 12 juillet 2005, repris à l'article 10.3 du RIN, qui rappelle que la publicité et la sollicitation personnalisée sont permises à l'avocat si leur mise en œuvre respecte les principes essentiels de la profession[4], mais encore l'article 10 du RIN qui prévoit que l'avocat doit, dans toute communication, veiller au respect des principes essentiels de la profession[5], ce qui est rappelé à propos des annuaires[6], des sites internet lesquels ne saurait comporter de lien hypertexte permettant d'accéder directement ou indirectement à des sites ou à des pages de sites dont le contenu serait contraire aux principes essentiels de la profession d'avocat. Tout comme l'avocat participant à un blog ou à un réseau social doit respecter les principes essentiels de la profession[7].

SECTION 2
INVENTAIRE DES DIX-SEPT PRINCIPES ESSENTIELS

315.20 Plan. Les principes essentiels de la profession d'avocat sont au nombre de dix-sept (auparavant seize) : les cinq principes essentiels du serment (§ 1), les huit (auparavant sept) principes essentiels que l'avocat doit respecter dans l'exercice de ses fonctions (§ 2), et les quatre principes essentiels que l'avocat doit, en outre, respecter à l'égard de ses clients (§ 3).

§ 1
Cinq principes essentiels du serment

315.31 Dignité. L'avocat du fait de sa qualité doit avoir, en toutes circonstances, une attitude empreinte de dignité[8]. Cette dignité qui lui impose une forme de discrétion, implique de faire preuve de retenue et de réserve.

Elle s'impose à l'avocat à l'égard de tous tant dans le cadre de son exercice professionnel, tel que s'agissant du choix de son domicile professionnel, des activités qu'il peut être amené à exercer, que dans le cadre de sa vie privée.

La robe est une marque de dignité de l'avocat[9].

315.32 Conscience. L'avocat doit, dans son exercice professionnel, faire preuve de conscience[10]. Cette conscience lui impose une rigueur morale et professionnelle.

Cela implique, tant la volonté de bien faire son travail, que la nécessité d'agir et de parler selon sa propre conscience. La conscience doit conduire à l'avocat un devoir de vérité.

La conscience n'est pas seulement un devoir pour l'avocat, c'est aussi un droit fondamental. Nulle atteinte ne saurait y être portée, et l'avocat doit ainsi pouvoir refuser un dossier ou en être déchargé, sans avoir à s'en justifier. Elle doit aussi l'amener à pouvoir librement arbitrer un conflit entre intérêts antagonistes afin de décider de l'attitude à adopter[11].

315.33 Indépendance. L'avocat doit faire preuve d'indépendance[12], à la fois sur le plan matériel, moral et intellectuel et ce à l'égard de tous.

Cette indépendance qui est sienne, consubstantielle à son état et caractéristique de sa fonction même, l'avocat se doit de la préserver en permanence en veillant à toujours faire preuve de la plus grande liberté dans l'exercice de ses fonctions.

Ce principe, qui est une exigence de comportement, implique que l'avocat ne subisse ou ne dépende d'aucune influence extérieure dans le cadre de son exercice professionnel.

315.34 Probité. L'avocat du fait de sa qualité, est soumis, en toutes circonstances tant dans le cadre de son exercice professionnel que dans sa vie privée, à un strict devoir de probité[13].

Cela implique qu'il fasse preuve d'une honnêteté scrupuleuse dans son comportement, sans qu'il ne soit pour autant nécessaire d'une infraction pénale soit caractérisée.

Il s'agit ici d'une condition impérative à son intégration dans la profession, et d'un manquement

1. RIN, art. 16.2.
2. V. s[s] n°s 243.00 s.
3. RIN, art. 13.1.
4. Décr. n° 2005-790, 12 juill. 2005, art. 15.
5. RIN, art. 10.2.
6. RIN, art. 10.4.
7. RIN, art. 10.5.
8. V. s[s] n°s 321.00 s.
9. V. s[s] n°s 313.00 s.
10. V. s[s] n°s 322.00 s.
11. V. s[s] n° 411.64.
12. V. s[s] n°s 323.00 s.
13. V. s[s] n°s 324.00 s.

grave pendant son exercice professionnel, de nature à justifier une radiation, et ce sans que les éventuelles les lois d'amnistie ne puissent effacer la faute ainsi commise.

315.35 **Humanité.** L'avocat doit, dans le cadre de son exercice professionnel, faire preuve d'humanité[1], et ce, tant à l'égard de son client qu'à l'égard de la partie adverse.

L'avocat doit ainsi faire preuve de compassion et de bienveillance envers les personnes qui viennent le trouver. Il n'a pas à se faire le juge de leurs actes aussi moralement condamnables qu'ils soient. Il se doit d'avoir la même attitude à l'égard de la partie adverse.

L'avocat possède, à cet effet, des prérogatives qui lui permettent de faire respecter les droits de la défense, la liberté et le respect des personnes, notamment les plus fragiles (mineurs, majeurs protégés).

§ 2
Huit principes essentiels dans l'exercice professionnel

315.41 **Honneur.** L'avocat ne doit pas, tant dans le cadre de son exercice professionnel que dans le cadre de sa vie privée, commettre de manquements qui porteraient atteinte à l'honneur[2] de la profession à laquelle il appartient.

Il s'agit ici d'une condition impérative à son intégration dans la profession, et des fautes déontologiques les plus graves que puisse commettre un avocat, de nature à justifier une radiation eu égard à l'atteinte portée à l'intérêt collectif de la profession ainsi qu'à l'image et à la crédibilité même de l'ensemble des avocats, et ce sans que les éventuelles les lois d'amnistie ne puissent effacer la faute ainsi commise.

Les faits relatifs à la vie privée de nature à entacher l'honneur de la profession, sont ceux qui, en règle générale, font l'objet de sanctions disciplinaires.

315.42 **Loyauté.** L'avocat, dans le cadre de son exercice professionnel, tant envers son client, qu'envers les autres parties ou les auxiliaires de justice, faire preuve de loyauté[3]. La loyauté va au-delà de ce que la loi exige, et notamment au-delà du strict respect du principe contradictoire, qu'elle inclut. Elle impose une rigueur absolue à l'avocat dans le cadre de l'administration de la preuve.

Le devoir de loyauté implique le respect de la parole donnée et des engagements pris, notamment à l'égard de son contradicteur. L'avocat doit faire preuve de considération et de respect à l'égard des autres parties comme des auxiliaires de justice, notamment en ne déconsidérant pas son adversaire ou un témoin par des allégations gratuites, ne répondant pas aux courriers, ou profitant des erreurs purement matérielles.

Ce devoir de loyauté s'incarne également entre avocats tant dans l'exécution des conventions par lesquelles ils sont liés, que par la concurrence qui les oppose.

315.43 **Égalité et non-discrimination.** L'avocat doit ainsi, dans son exercice professionnel, respecter les principes d'égalité et de non-discrimination[4].

Il s'agit ici d'un principe à valeur constitutionnelle, directement applicable aux avocats dans le cadre de leur activité professionnelle.

Il prohibe toute discrimination directe ou indirecte, ainsi que tout harcèlement de quelque nature que ce soit, de la part de l'avocat dans le cadre de son exercice professionnel, notamment à l'égard des avocats qui sont amenés à travailler avec lui : associés, collaborateurs libéraux, avocats salariés...[5]

315.44 **Désintéressement.** L'avocat doit, dans ses rapports avec ses clients, faire preuve de désintéressement[6]. Il doit ainsi faire primer l'intérêt de son client au regard de tout autre, et notamment de son intérêt personnel. Il doit ainsi traiter les affaires de ses clients avec la distance nécessaire.

Dans ce cadre, l'avocat ne doit jamais perdre de vue qu'il est, avant toute chose, le gardien des intérêts de son client.

Ce devoir de désintéressement doit également conduire l'avocat à faire preuve de modération dans la fixation de ses honoraires.

315.45 **Confraternité.** L'avocat doit, dans ses rapports avec les autres avocats, faire preuve de confraternité[7]. En effet, l'avocat appartient à un barreau et il ne doit pas oublier les liens qui l'unissent à ses confrères, le serment identique qu'ils ont prêté et les valeurs communes sur lesquelles repose leur profession.

Le devoir de confraternité implique de s'efforcer d'entretenir de bonnes relations avec ses confrères,

1. V. s[s] n°s 325.00 s.
2. V. s[s] n°s 331.00 s.
3. V. s[s] n°s 332.00 s.
4. V. s[s] n°s 812.204 s. et 812.381 s.
5. V. s. n° 333.00 s.
6. V. s[s] n°s 334.00 s.
7. V. s[s] n°s 335.00 s.

et faire preuve de solidarité à leur égard. Il induit des devoirs envers l'ordre et le bâtonnier. Il doit conduire à faire preuve de considération et de bienveillance.

315.46 **Délicatesse.** L'avocat doit, dans ses rapports avec autrui, faire preuve de délicatesse [1].

Ce devoir de délicatesse impose à l'avocat, en toutes circonstances, de faire preuve de ménagement et de circonspection dans sa manière d'agir.

315.47 **Modération.** L'avocat doit, tant dans son attitude générale que dans ses propos, notamment à l'audience, faire preuve de modération [2].

La grande liberté d'expression dont jouit l'avocat, ainsi que l'immunité judiciaire dont il bénéficie, ne le dispense pas de rester modéré dans ses propos et, notamment, de se garder de toute attaque *ad hominem* [3].

315.48 **Courtoisie.** L'avocat doit, notamment dans ses relations avec les autres avocats et avec les auxiliaires de justice, faire preuve de courtoisie [4]. Ce devoir de courtoisie qui s'impose à l'avocat va au-delà de la simple politesse ou civilité.

L'avocat qui plaide devant un tribunal extérieur doit ainsi rendre visite au bâtonnier, président du tribunal et au représentant du ministère public. Il se doit d'observer vis-à-vis des auxiliaires de justice les égards auxquels ils ont droit et faire preuve de correction à l'égard de ses confrères, et notamment de déférence à l'égard du bâtonnier et de respect à l'égard des confrères plus âgés.

L'avocat se doit d'être exact aux audiences comme aux rendez-vous.

§ 3
Quatre principes essentiels à l'égard du client

315.51 **Compétence.** L'avocat doit faire preuve, à l'égard de son client, de compétence [5]. Ce devoir de compétence impose à l'avocat d'avoir les connaissances, notamment juridiques, et les techniques, nécessaires au bon traitement du dossier qui lui est confié.

L'avocat doit savoir refuser un dossier pour lequel il manque de compétence ou qui relève d'une spécialité qui lui est étrangère, ou encore pour lequel il ne se sent pas en mesure de le traiter au mieux des intérêts de son client.

L'avocat, du fait de son devoir de compétence, est tenu d'un devoir de conseil et d'information à l'égard de son client, ainsi qu'à une obligation de formation non seulement initiale mais également continue tout au long de sa carrière.

315.52 **Dévouement.** L'avocat doit, à l'égard de son client, faire preuve de dévouement [6]. Il doit ainsi faire preuve de sérieux, bienveillance et de disponibilité envers son client.

Le dévouement de l'avocat implique ainsi l'accomplissement personnel de la mission qui lui a été confiée et sa présence auprès de son client à chaque fois qu'elle s'avère nécessaire.

315.53 **Diligence.** L'avocat doit faire preuve de diligence dans le traitement des affaires que lui confie son client [7]. Il en découle que l'avocat se doit d'effectuer toutes les diligences nécessaires à la parfaite exécution de la mission que lui confie son client, et y apporter les soins et l'attention nécessaires.

L'avocat doit ainsi accomplir complètement le mandat qu'il a accepté. Il doit informer son client de l'avancement de son dossier, surveiller les délais, identifier les formalités, et prendre toutes les initiatives nécessaires à la sauvegarde des droits et la préservation des intérêts de son client.

L'avocat ne doit faire preuve ni d'abstention, ni de négligence, ni de désinvolture dans le traitement des dossiers.

315.54 **Prudence.** L'avocat doit faire preuve de prudence dans le traitement des affaires que lui confie son client [8]. Cette prudence doit guider l'avocat dans l'ensemble des actions qu'il peut être amené à entreprendre pour le compte ou à la demande de son client : avis juridique, acte de procédure, rédaction d'actes...

L'avocat doit ainsi prêter attention aux interprétations qu'il fait, à la portée de ses préconisations ainsi qu'aux conséquences de ses actes. Il doit prendre toutes les dispositions nécessaires pour éviter les erreurs et ne pas inconsidérément engager son client dans des procédures hasardeuses ou des actes juridiques.

La prudence qui s'impose à l'avocat apporte une limite aux devoirs de compétence, de dévouement et de diligence.

315.55 **Source des dix-sept principes essentiels de la profession d'avocat.** V. p. suivante.

1. V. s[s] n°s 336.00 s.
2. V. s[s] n°s 337.00 s. et n°s 454.100 s.
3. CD Paris, arr. n° 265022, 12 avr. 2016.
4. V. s[s] n°s 338.00 s.
5. V. s[s] n°s 341.00 s. et n°s 912.80 s.
6. V. s[s] n°s 342.00 s. et n°s 912.170 s.
7. V. s[s] n°s 343.00 s. et n°s 912.170 s.
8. V. s[s] n°s 344.00 s. et n°s 912.210 s.

Source des dix-sept principes essentiels de la profession d'avocat

Principes essentiels	L. 31 déc. 1971	Décr. 27 nov. 1991	Décr. 12 juill. 2005	RIN	Renvois v. s[s] n[os]
• Ensemble des principes essentiels		• art. 183	• art. 1 • art. 15	• art. 3 • art. 6.1 • art. 10.2 • art. 10.3 • art. 10.4 • art. 10.5 • art. 13.1 • art. 14.1 • art. 15.1 • art. 16.2	• 315.14
• Dignité	• serment : art. 3	• art. 113 • art. 202-2	• art. 3	• art. 1.3	• 321.00 s.
• Conscience	• serment : art. 3 • art. 7	• art. 133 3° • art. 139 3°	• art. 3	• art. 1.3 • art. 14.2 • art. 14.3 • art. 18.5	• 322.00 s.
• Indépendance	• serment : art. 3 • art. 7 • art. 53	• art. 133 4°	• art. 2 • art. 3 • art. 7	• art. 1.1 • art. 1.3 • art. 4.1 • art. 6.1 • art. 14.2 • art. 14.3 • art. 16.2 • art. 16.8 • art. 18.3	• 323.00 s.
• Probité	• serment : art. 3 • art. 11, 4° • art. 17, 3° • art. 54, 2°	• art. 63 • art. 183	• art. 3	• art. 1.3	• 324.00 s.
• Humanité	• serment : art. 3		• art. 3	• art. 1.3	• 325.00 s.
• Honneur	• art. 11, 4° • art. 17, 3° • art. 54, 2°	• art. 63 • art. 183	• art. 3	• art. 1.3	• 331.00 s.
• Loyauté			• art. 3 • art. 16 • art. 17	• art. 1.3 • art. 4.2 • art. 5.1 • art. 5.4 • art. 10.6.1 • art. 14.3 • art. 18.2	• 332.00 s.
• Égalité et non-discrimination				• art. 1.3	• 333.00 s. • 812.204 s. • 812.381 s.
• Désintéressement	• art. 17, 3°		• art. 3	• art. 1.3	• 334.00 s.
• Confraternité	• art. 17, 3°		• art. 3	• art. 1.3 • art. 5.4 • art. 18.2	• 335.00 s.
• Délicatesse		• art. 113 • art. 183	• art. 3	• art. 1.3 • art. 14.3	• 336.00 s.
• Modération	• art. 17, 3°		• art. 3	• art. 1.3	• 337.00 s.
• Courtoisie			• art. 3	• art. 1.3 • art. 1 *bis* • art. 5.4 • art. 18.2	• 338.00 s.
• Compétence			• art. 3	• art. 1.3 • art. 6.5.5	• 341.00 s.
• Dévouement			• art. 3	• art. 1.3	• 342.00 s.
• Diligence			• art. 3	• art. 1.3	• 343.00 s.
• Prudence			• art. 3	• art. 1.3 • art. 1.5	• 344.00 s.

SECTION 3
PRINCIPES ESSENTIELS AUX RÈGLES DÉONTOLOGIQUES

315.60 **Plan.** Des dix-sept principes essentiels, treize règles déontologiques fondamentales se sont dégagées : deux règles assurant la discrétion professionnelle (§ 1), six règles assurant la protection des intérêts du client (§ 2), trois règles concernant l'exercice des droits de la défense (§ 3), deux règles assurant la protection du public (§ 4).

§ 1
Deux règles assurant la discrétion professionnelle

315.71 **Secret professionnel.** Le secret professionnel de l'avocat[1], qui résulte de principes à valeurs constitutionnelles et est conventionnellement protégé, et dont le bâtonnier est le garant et le protecteur, est un élément essentiel de l'exercice même de la profession d'avocat.

Il s'agit d'une obligation impérieuse de l'avocat envers son client, opposable aux tiers en toutes circonstances. Il a pour finalité de protéger les confidences faites par le client à son avocat, afin de garantir la confiance nécessaire du client dans son conseil ou défenseur.

Il est général, absolu et illimité dans le temps. Il fait l'objet d'une protection particulière, à l'encontre des investigations de l'administration, tant dans le cadre de simples pouvoirs de contrôles, que dans le cadre de l'exercice de pouvoirs de visites et saisies.

315.72 **Confidentialité.** La confidentialité des échanges entre avocat[2], a pour finalité de permettre et faciliter les échanges entre avocats dans le cadre d'un dossier, quel que soit le support, sans compromettre les intérêts du client, et ce, dans l'intérêt de ces derniers.

Il s'agit d'une obligation impérieuse entre avocats, opposable aux tiers ainsi qu'aux clients en toutes circonstances.

Elle bénéfice de la protection offerte au secret professionnel.

§ 2
Six règles assurant la protection des intérêts du client

315.81 **Intérêt du client.** L'avocat a l'obligation, sous réserve du strict respect des règles légales et déontologiques, de toujours défendre au mieux les intérêts de son client[3], même par rapport à ses propres intérêts ou à ceux de ses confrères.

Cela implique que l'avocat détermine, à l'occasion de chaque nouvelle affaire, qui est son client et qu'il apprécie l'intérêt de celui-ci.

L'avocat est ainsi, de par ses fonctions mêmes, le gardien des intérêts de son client. Mais l'avocat doit aussi prendre en compte la volonté de son client, et ne saurait, s'il n'arrive pas à le convaincre de la réalité de son intérêt, aller à l'encontre de celle-ci : il est avant tout le mandataire de son client. Il lui appartient alors de se retirer du dossier, ou si cela ne lui est pas possible, parce que sa présence est rendue obligatoire et nécessaire, telle que devant une cour d'assises, il doit alors adapter son attitude en conséquence.

315.82 **Succession d'avocats dans un dossier.** L'avocat ne dispose d'aucun droit de rétention sur le dossier de son client[4]. Lorsqu'il est dessaisi, il se doit de transmettre, sans délai, au nouvel avocat « tous les éléments nécessaires à l'entière connaissance du dossier » de façon à ne pas nuire à la défense des intérêts dont il avait la charge. À défaut de nouvel avocat, il doit restituer le dossier à son client.

L'avocat qui est saisi d'un nouveau dossier doit, pour sa part, toujours s'assurer qu'aucun avocat n'en a été chargé antérieurement. Dans cette dernière hypothèse, il se doit, avant toutes diligences, de s'enquérir des sommes qui pourraient rester dues à son prédécesseur afin d'essayer de convaincre son client de régler celles-ci.

315.83 **Maniement de fonds.** L'avocat peut effectuer des règlements pécuniaires, c'est-à-dire recevoir des fonds pour le compte de son client, à condition, d'une part, de justifier d'un mandat spécial dans les cas où il est exigé et d'autre part que ces règlements soient l'accessoire d'actes juridiques ou judiciaires accomplis dans le cadre de son exercice professionnel[5].

Il doit alors procéder aux règlements en déposant sans délai les sommes auprès de la Carpa, après s'être assuré, au préalable, de la licéité de l'opération pour laquelle il lui est donné mandat, ainsi que de l'identité de la ou des personnes pour le compte desquelles il agit et, en particulier, du bénéficiaire effectif de l'opération.

315.84 **Devoir de prudence face au blanchiment.** L'avocat ne saurait en aucun cas être le complice de son client dans le cadre d'une opération de blanchiment de capitaux ou de contournement des règles en matière de gel des avoirs[6].

1. V. s^s n°s 411.00 s.
2. V. s^s n°s 422.00 s.
3. V. s^s n°s 481.00 s.
4. V. s^s n°s 484.111 s.
5. V. s^s n°s 483.00 s.
6. V. s^s n°s 482.161 s.

Il ne saurait pas plus, à cet égard, se contenter d'une vigilance passive mais doit, lorsqu'il a des raisons de suspecter qu'une opération juridique aurait pour objet ou pour résultat la commission d'une infraction, une opération de blanchiment de capitaux ou de financement du terrorisme, immédiatement s'efforcer d'en dissuader son client, lequel n'a pas nécessairement conscience du caractère illicite de l'opération projetée[1].

L'avocat doit impérativement se retirer du dossier lorsqu'il a des raisons de suspecter qu'une opération juridique aurait pour objet ou pour résultat la commission d'une infraction, et qu'il n'a pas réussi à en dissuader son client.

315.85 **Incompatibilités.** En raison même de sa nature qui réclame, notamment, indépendance, dignité, désintéressement et dévouement aux causes qui lui sont confiées, la profession d'avocat est, en principe, incompatible[2] avec l'exercice de toute activité commerciale et de certaines fonctions au sein de sociétés ainsi que toute autre profession.

Il existe, en outre, des limitations d'activité, destinées à prévenir les situations de conflits d'intérêts, s'agissant, notamment, des avocats exerçant ou ayant exercé des fonctions politiques ou ordinales, ayant eu la qualité de fonctionnaires ou exerçant des fonctions d'enseignement ou juridictionnelles.

Pour autant, l'avocat est le mandataire naturel de son client, et peut, à ce titre, exercer tout mandat civil dans l'intérêt exclusif de son seul client, dès lors qu'aucune réglementation spécifique ne vient réserver l'exercice d'un tel mandat à une profession particulière.

315.86 **Conflits d'intérêts.** L'avocat doit pouvoir exercer pleinement sa mission dans l'intérêt de son client, faisant que dès lors qu'il « n'agit pas, ou peut être soupçonné de ne pas agir, avec loyauté ou impartialité vis-à-vis de cet intérêt[3], mais dans le but d'en avantager un autre, le sien ou celui d'un tiers », il doit refuser le dossier ou s'en retirer[4].

Les règles en la matière ont pour finalité de préserver l'intérêt du client dès lors que celui-ci peut être mis en danger, faisant que seul le client, dont les intérêts sont concernés, peut s'en prévaloir.

§ 3
Trois règles assurant l'exercice des droits de la défense

315.91 **Libre choix de l'avocat.** Le principe du libre choix de l'avocat[5] implique que toute personne soit en mesure de se défendre avec l'avocat de son choix. Il s'agit d'un principe fondamental, composant du droit à un procès équitable ou des droits de la défense et dont la finalité est de s'assurer que la défense du justiciable soit effective et qu'il ait effectivement pu bénéficier d'un procès équitable.

Il n'a, dès lors, pas de caractère absolu : il peut ainsi être passé outre lorsqu'il existe des motifs pertinents et suffisants de juger que les intérêts de la justice le commandent, tel qu'en matière de désignations et commissions d'office.

En outre, si le principe du libre choix de l'avocat implique que le client soit en mesure de choisir librement son avocat, il n'implique pas que le client soit en droit de conserver son avocat, ou de choisir un avocat, dont le choix heurterait d'autres principes essentiels ou règles de la profession, tel qu'en cas de conflit d'intérêts dès lors que la restriction ainsi apportée répond à un motif impérieux d'intérêt général.

315.92 **Rapports avec la partie adverse.** Les avocats peuvent entrer en contact avec la partie adverse[6] à condition de le faire avec prudence et dans le respect des principes essentiels.

L'avocat ne doit jamais perdre de vue que s'il représente une partie, il n'est pas pour autant la partie : sa mission, qu'il se doit exercer avec l'indépendance inhérente à son état, doit le conduire à garder en permanence la distance nécessaire à la bonne fin de celle-ci.

315.93 **Contradictoire (principe).** Le principe du contradictoire[7], qui s'insère dans un principe plus général du respect des droits de la défense et de celui de la loyauté des débats, n'est pas seulement un devoir mais une obligation procédurale élevée successivement au rang de principe général de la procédure et d'élément fondamental du « procès équitable » et de l'« égalité des armes ».

Il garantit à chaque partie, la faculté de prendre connaissance des observations ou pièces produites par l'autre, ainsi que d'en discuter.

L'avocat doit ainsi communiquer à la partie adverse ses écritures, ainsi que l'ensemble des éléments dont il fait état devant une juridiction.

§ 4
Deux règles assurant la protection du public

315.101 **Communication personnelle et collective de l'avocat.** L'avocat à la possibilité, afin de

1. V. s[s] n°s 482.161 s.
2. V. s[s] n°s 431.00 s.
3. V. s[s] n°s 431.00 s.
4. V. s[s] n°s 441.00 s.
5. V. s[s] n°s 471.00 s.
6. V. s[s] n°s 451.00 s.
7. V. s[s] n°s 452.00 s. et 471.22 s.

promouvoir ses prestations de service, de recourir à la publicité ainsi qu'à la sollicitation personnalisée[1]. La sollicitation personnalisée, qui tend à entrer en contact avec un client potentiel afin de lui faire une offre de service personnalisée, ne peut être réalisée que par courrier ou courriel.

L'avocat doit veiller au strict respect des principes essentiels : toute publicité de sa part devra distiller des informations véritables et sincères, et être mise en œuvre dans le respect du secret professionnel et des principes essentiels, notamment, de loyauté, de délicatesse, mais aussi de dignité, de modération, d'honneur, d'indépendance, et de confraternité.

Ces principes sont applicables aux avocats pour toute communication directe ou indirecte, notamment par l'intermédiaire de tiers ou de sites de tiers : l'avocat demeure personnellement responsable du fait de l'usage et de la réalisation de publicités ou sollicitations personnalisées faites en son nom et pour son compte, par des tiers.

315.102 **Rémunération et honoraires.** L'avocat a droit à la juste rémunération du travail fourni[2]. Il est en droit de procéder au recouvrement de sa rémunération à l'encontre de son client.

La rémunération de l'avocat se compose non seulement des honoraires proprement dits, mais encore des rémunérations tarifées en matière de saisie immobilière, de partage, de licitation et de sûretés judiciaires ainsi que celle relative aux droits et émoluments des avocats postulants des départements du Haut-Rhin, du Bas-Rhin et de la Moselle, des frais qui, dans les matières autres que celles où le ministère de l'avocat est obligatoire, font l'objet d'un compte distinct des honoraires et peuvent être recouvrés séparément. Elle comprend aussi les différentes rémunérations incidentes qui peuvent être perçues par l'avocat, notamment dans le cadre de l'encadrement de sa relation avec son client[3].

315.103 **Source des règles déontologiques de la profession d'avocat.**

1. V. s^s^ n°s 461.00 s.
2. V. s^s^ n°s 711.00 s.
3. V. s^s^ n°s 484.261 s.

SOURCE DES RÈGLES DÉONTOLOGIQUES DE LA PROFESSION D'AVOCAT

Règles déontologiques	L. 31 déc. 1971	Décr. 27 nov. 1991	Décr. 12 juill. 2005	RIN	Renvois v. ss nos
• Secret professionnel	• art. 66-5	• art. 202-2	• art. 4 • art. 5 • art. 7	• art. 2 • art. 2 *bis* • art. 6.1 • art. 6.5.4 • art. 14.2 • art. 15.1 • art. 16.3 • art. 18.5 • art. 19.2 • art. 19.4.2	• 41.00 s.
• Confidentialité	• art. 66-5			• art. 3 • art. 6.5.3	• 42.00 s.
• Incompatibilités	• art. 6 • art. 6 *bis* • art. 6 *ter* • art. 53 • art. 91	• art. 104 • art. 111 à 122-1 • art. 164 • art. 202-2	• art. 9-1 • art. 20	• art. 6 • art. 6.2 • art. 16.7 • art. 16.8 • art. 14.3 • art. 18.5	• 43.00 s.
• Conflits d'intérêts	• art. 55	• art. 202-2	• art. 7 • art. 9	• art. 4 • art. 6.1 • art. 6.3.3 • art. 6.5.5 • art. 7 • art. 12.2 • art. 16.4 • art. 19.2 • art. 19.4.2	• 44.00 s.
• Rapport avec la partie adverse		• art. 202-2	• art. 16 • art. 17 • art. 18	• art. 5.4 • art. 6.2 • art. 8	• 451.00 s.
• Contradictoire			• art. 16	• art. 5 • art. 6.3.1	• 452.00 s.
• Publicité	• art. 1 • art. 3 *bis* • art. 66-4	• art. 154 • art. 202-2	• art. 15	• art. 6 • art. 6.3 • art. 10 • art. 15.2.4 • art. 19	• 46.00 s.
• Libre choix de l'avocat	• art. 9		• art. 6		• 47.00 s.
• Intérêt du client			• art. 8 • art. 9 • art. 13	• art. 6.2 • art. 19	• 481.00 s.
• Devoir de prudence face au blanchiment				• art. 1.5 • art. 19.2	• 482.00 s.
• Maniement de fonds	• art. 53	• art. 229 à 242		• art. 6.2 • art. 6.3.2	• 483.00 s.
• Succession d'avocats dans un dossier			• art. 13 • art. 14 • art. 19	• art. 9	• 484.00 s.
• Honoraires	• art. 10		• art. 10 • art. 11 • art. 12 • art. 13	• art. 11 • art. 19.4	• 7.00 s.

TITRE

32. Les cinq principes essentiels du serment

SECTION 0
ORIENTEUR

32.00 Sommaire du titre.

Division. Les avocats sont des partenaires de justice[1]. Ils prêtent serment (chap. 314) en ces termes : « Je jure, comme avocat, d'exercer mes fonctions avec dignité (chap. 321), conscience (chap. 322), indépendance (chap. 323), probité (chap. 324), et humanité (chap. 325) »[2].

1. RIN, art. 6.
2. L. nº 71-1130, 31 déc. 1971, art. 3, al. 2.

32.01 Textes applicables.

TEXTES TITRÉS

- **L. nº 71-1130, 31 déc. 1971**

art. 3, al. 2 [Serment]

- **Décr. nº 2005-790, 12 juill. 2005**

art. 3 [Liste des seize principes essentiels]

- **RIN**

art. 1.3 [Liste des dix-sept principes]

32.03 Bibliographie indicative.

* Aussi : v. s^{s} nº 3.03.

CHAPITRE

321. Dignité

SECTION 0
ORIENTEUR

321.00 Sommaire du chapitre.

Division. Le principe de la dignité qui s'articule principalement avec les principes délicatesse et modération (sect. 1) s'impose à l'avocat tant dans l'exercice de sa profession (sect. 2) que dans sa vie privée (sect. 3).

321.01 Textes applicables.

TEXTES TITRÉS

• **L. n° 71-1130, 31 déc. 1971**

art. 3, al. 2 [Serment]

• **Décr. n° 2005-790, 12 juill. 2005**

art. 3 [Liste des seize principes]

• **RIN**

art. 1.3 [Liste des dix-sept principes]

321.02 Jurisprudence de référence.

> Dignité de la profession d'avocat et port de la barbe

• **Req. 6 août 1844**

* V. s[s] n° 321.74.

« Sur le moyen pris d'un excès de pouvoir en ce que le tribunal aurait puni un fait qui n'était pas répréhensible ;

Attendu que les cours et tribunaux ont le pouvoir d'apprécier souverainement si les faits qui se passent à leur audience sont attentatoires ou non à la dignité de l'audience et à la gravité des fonctions qui y sont exercées [...] ; Qu'ainsi le tribunal d'Ambert ayant réprimandé les avocats inculpés en prononçant contre eux la censure simple, n'a fait que ce qu'il avait le droit de faire. »

> Dignité de la profession d'avocat et participation à une manifestation publique

• **CEDH 26 avr. 1991,** *Ezelin c/France*, req. n° 11800/85.

* V. s[s] n° 321.73.

« 51. La Cour a examiné la sanction disciplinaire en cause à la lumière de l'ensemble du dossier, pour déterminer en particulier si elle était proportionnée au but légitime poursuivi, eu égard à la place éminente des libertés de réunion pacifique et d'expression, étroitement liées en l'espèce.

52. La proportionnalité appelle à mettre en balance les impératifs des fins énumérées à l'article 11 § 2 (art. 11-2) avec ceux d'une libre expression par la parole, le geste ou même le silence, des opinions de personnes réunies dans la rue ou en d'autres lieux publics. La recherche d'un juste équilibre ne doit pas conduire à décourager les avocats, par peur de sanctions disciplinaires, de faire état de leurs convictions en pareille circonstance.

53. Certes, la sanction infligée à Me Ezelin se situe vers le bas de l'échelle des [sanctions] disciplinaires figurant à l'article 107 du décret du 9 juin 1972 (paragraphe 25 ci-dessus) ; elle présente un caractère essentiellement moral, puisqu'elle n'implique aucune interdiction, même temporaire, d'exercer la profession et de siéger au conseil de l'Ordre. La Cour estime cependant que la liberté de participer à une réunion pacifique – en l'occurrence une manifestation non prohibée – revêt une telle importance qu'elle ne peut subir une quelconque limitation, même pour un avocat, dans la mesure où l'intéressé ne commet par lui-même, à cette occasion, aucun acte répréhensible.

En résumé, la sanction incriminée, si minime qu'elle ait été, n'apparaît pas "nécessaire dans une société démocratique". Aussi a-t-elle enfreint l'article 11 (art. 11). »

> **Dignité de la profession d'avocat au regard de l'exercice d'une activité financière**

• **Civ. 1re, 14 mai 2009,** n° 08-13.422, P I, n° 91.

* V. ss n° 432.02

321.03 **Bibliographie indicative.**

* Aussi : v. ss n° 32.03.

Monographies. A. Bonjour, *Dignité de l'avocat : Hommage à la chambre de l'ordre,* Dentu, 1858 ; 2e éd., Cosse et Marchal, 1869 – P. Cassia, *Dignité (s)*, Dalloz, 2016 – A. Dershowitz, *Le Démon de l'avocat,* Grasset, 1996 – L. Henri, *La barbe et la liberté, histoire, lois, principes et intolérantisme,* L. Larose, 1880 – E. Fiat, *Grandeurs et misères des hommes, Petit traité de dignité,* Larousse, 2012 – S. Gaboriau, H. Pauliat (dir.), *Justice, éthique et dignité,* Pulim, 2006.

Contribution. A. Damien, « La déontologie de l'avocat hors du prétoire », *Mél. P. Hébraud*, PU Toulouse, 1981, p. 253 s.

Articles. Anonyme, « Incident curieux. Questions et discussions graves. Observations d'un magistrat sur la prétention du barreau au droit de porter moustaches et sur le pourvoi en cassation formé contre la mesure disciplinaire qu'elle a provoquée », Ambert, Impr. de Grangier, 1844 – J.-M. Bruguière, « La dignité schizophrène », *D.* 2005. 1169 – H. Buteau, « Le port de la barbe chez les avocats », *Revue politique et littéraire. Revue Bleue*, 4e série, t. 8, 1897, 2e sem., p. 627 – P. Chadefaux, « L'affaire des moustaches », *La Vie judiciaire*, 1953, n° 397, 16-21 nov., p. 7 – M. Coste, « L'avocate, l'accordéon et la dignité (variations autour d'une avocasserie) », *Gaz. Pal.* 14-15 mars 2003, p. 735 – A. Damien « Éléments de civilité puérile et honnête à l'usage des avocats », *Gaz. Pal.* 1985. Doctr. p. 222 – E. Roux, « L'obligation de dignité dans la fonction publique : entre désuétude et modernité », *AJCT* 2015. 76 – B. Van de Moortel, « Accordéontologie de l'avocat ou l'art et la manière d'être digne (À propos de l'arrêt de la cour d'appel de Bordeaux du 3 juin 2003) », *Gaz. Pal.* 1-2 oct. 2003, p. 2735.

SECTION 1

DÉFINITION ET ARTICULATION AVEC D'AUTRES PRINCIPES

321.11 **Définition.** Du latin, *dignitatem*, de *dignus*, digne. La dignité se rapporte à la fois au respect de soi-même[1] et au respect que l'on mérite, c'est-à-dire au respect que l'avocat doit inspirer aux autres par sa noblesse, sa retenue et sa réserve. La dignité qualifie l'attitude que doivent observer certaines personnes, dont les avocats, en raison des fonctions qu'elles occupent.

La dignité est l'attitude de respect de soi-même, de fierté et est synonyme de respectabilité[2]. C'est l'honneur d'une personne[3].

321.12 **Discrétion.** La dignité impose une forme de discrétion telle que ce dernier principe est expressément admis en la matière chez les experts-comptables pour lesquels : « Les actions de promotion sont permises [...] dans la mesure où elles procurent au public une information utile. Les moyens auxquels il est recouru à cet effet sont mis en œuvre avec discrétion, de façon à ne pas porter atteinte à l'indépendance, à la dignité et à l'honneur de la profession, pas plus qu'aux règles du secret professionnel et à la loyauté envers les clients et les autres membres de la profession »[4].

Ce terme se retrouvait dans l'ancien article 90 du décret du 9 juin 1972[5] concernant les avocats et qui autorisait la publicité : « si les moyens auxquels il est recouru à cet effet sont mis en œuvre avec discrétion de façon à ne pas porter atteinte à la dignité de la profession » qui réapparaît en filigrane. Un arrêt de la Cour de cassation avait même, dans une question concernant la communication, constaté : « un manquement aux principes essentiels de loyauté, de modération et de discrétion auxquels sont tenus les avocats »[6].

321.13 **Charte des principes essentiels de l'avocat européen.** La charte des principes essentiels de l'avocat européen[7] précise, à cet égard, que : « Pour exercer de manière correcte la profession, l'avocat doit se montrer digne de cette confiance. Celle-ci est confortée par la participation à une profession honorable ; le corollaire est que l'avocat ne doit rien faire non seulement qui porte atteinte à sa réputation, mais aussi à celle de la profession dans son ensemble et à la confiance du public en la profession. Ceci n'implique pas que l'avocat doive être parfait, mais qu'il ne peut pas avoir un comportement indigne, que ce soit dans l'exercice de la profession ou dans d'autres activités, voire même dans la vie privée, qui puisse déshonorer la profession. Une conduite indigne peut mener à des sanctions, y compris, dans les cas les plus graves, à l'exclusion de la profession. »[8]

1. E. Littré, *Le dictionnaire de la langue française,* Paris, Hachette, 1874, p. 1163.
2. CNRTL.
3. Association Henri Capitant – G. Cornu (dir.), *Vocabulaire Juridique*, Puf, 1987, p. 270.
4. Décr. n° 2012-432, 30 mars 2012 relatif à l'exercice de l'activité d'expertise comptable, *JO* 31 mars, p. 5864, art. 152.
5. Décr. n° 72-468, 9 juin 1972 organisant la profession d'avocat, *JO* 11 juin, p. 5884.
6. Civ. 1re, 4 mai 2012, n° 11-11.180, NP ; *D.* 2012. 1540, obs. C. Manara ; *D.* 2013. 136, o ; hbs. T. Wickers – V. ss nos 321.42 s.
7. V. ss n° 312.35.
8. Charte des principes essentiels de l'avocat européen, principe (d).

321.14 Dignité, délicatesse et modération. La dignité peut se rapprocher de la délicatesse et de la modération, mais là où la dignité tient de l'attitude générale, du comportement de l'avocat, la modération s'attache aux écrits et aux paroles mêmes de l'avocat[1] tandis que la délicatesse se rapporte à ses actes[2].

SECTION 2
DIGNITÉ DANS L'EXERCICE DE LA PROFESSION

321.20 Plan. Le principe de la dignité s'impose à l'avocat à l'occasion de son exercice professionnel, notamment, dans ses conditions d'exercice (§ 1), dans sa communication (§ 2) ainsi que dans ses modalités d'exercice (§ 3).

§ 1
Dans les conditions d'exercice de l'avocat

321.31 Domicile professionnel. Le local assigné à l'exercice de la profession d'avocat doit correspondre à certaines exigences afin de respecter, notamment le principe de dignité[3].

321.32 Liberté de déplacement. Si l'avocat peut se déplacer librement, le principe de dignité peut limiter cette liberté. De même, les consultations doivent se tenir dans un lieu qui respecte la dignité de l'avocat : le cabinet, domicile professionnel de l'avocat[4] ou tout autre lieu qui assure le respect de cette dignité, ce qui ne saurait être le cas, par exemple, d'un bar, tout comme les autres avocats ou les auxiliaires de justice doivent se rendre en consultation à son cabinet lors de rendez-vous dans l'intérêt de leurs clients communs.

C'est ainsi que le fait pour un avocat de donner des consultations dans un lieu public en présence de tiers ou de recueillir ainsi des éléments, même dans l'intérêt de son client, constitue une faute professionnelle pouvant justifier des sanctions disciplinaires[5].

321.33 Mandat social. La dignité peut conduire à restreindre la possibilité pour un avocat d'être membre du conseil de surveillance ou administrateur d'une société commerciale dès lors que l'exercice de ces fonctions[6] est, ou devient, incompatible avec la dignité et la délicatesse imposées aux avocats par les règles du barreau[7]. Dans ce cas, le conseil de l'Ordre peut, à tout moment, inviter l'intéressé à se démettre de ses fonctions immédiatement[8].

C'est ainsi qu'un avocat s'était vu refuser l'autorisation d'exercer les fonctions de gérant d'une société qui avait acquis l'intégralité des parts représentant le capital social d'une autre société, dont l'objet était la production et la vente d'électricité. Nonobstant le caractère familial de la société, le conseil de l'Ordre avait considéré que le caractère purement financier de l'activité de la société en cause s'opposait, au nom de la dignité, à ce que l'avocat concerné puisse exercer les fonctions de gérant de la société.

La Cour de cassation confirme le raisonnement rappelant au passage que si le droit européen « consacre le principe du libre exercice d'une activité économique et professionnelle, il admet qu'il puisse faire l'objet de restrictions objectivement nécessaires à garantir l'observation des règles professionnelles et à assurer la protection des intérêts qui en constituent l'objectif, telles que, en l'espèce, la sauvegarde de la dignité de la profession d'avocat au regard de l'exercice d'une activité financière »[9].

§ 2
Dans la communication de l'avocat

321.41 Ancienne interdiction du démarchage de clientèle. Pendant longtemps, le principe de dignité a fondé la règle suivant laquelle l'avocat ne devait pas se livrer au démarchage de clientèle[10]. Toute attitude tendant au « racolage » ou à la sollicitation apparaissant comme contraire à la dignité même de l'avocat.

Cette jurisprudence est caduque depuis la modification de l'article 3 *bis* de la loi du 31 décembre 1971[11], dans sa rédaction issue de la loi du 17 mars 2014[12] qui autorise l'avocat, non seulement à se déplacer librement pour exercer ses fonctions, mais encore recourir à la publicité ainsi qu'à la sollicitation personnalisée[13].

1. V. s^s n°s 337.00 s.
2. V. s^s n°s 336.00 s.
3. « La dignité bourgeoise », *in* J.-D. Bredin, *Mots et Pas Perdus*, Plon, 2005, p. 17 s. – Sur la légende de l'interdiction du divan dans les cabinets d'avocats, v. s^s n° 222.11.
4. V. s^s n°s 222.00 s.
5. Civ. 1re, 10 mai 1960, P I, n° 246 ; *D.* 1960. 554.
6. V. s^s n°s 432.31 s.
7. Décr. n° 91-1197, 27 nov. 1991, art. 113.
8. V. s^s n°s 432.55 s.
9. Civ. 1re, 14 mai 2009, n° 08-13.422, P n° 91 ; *D.* 2009. 1488 ; *JCP E* 2009, n° 1768, note R. Mortier, *RJ com* 2009. 289, obs. M.-H. Monsériè-Bon, *BJS* 2009. 1000, note J.-J. Daigre.
10. Civ. 1re, 12 juill. 2007, n° 04-14.924, P I, n° 263 ; *D.* 2007. 2170 ; *D.* 2008. 944, obs. B. Blanchard – COMP : Civ. 1re, 6 déc. 2007, n° 06-16.072, NP ; *JCP* 2008. I. 123, n° 15, obs. R. Martin ; *JCP* 2008 I. 140, n° 5, obs. S. Bortoluzzi ; *CCE* 2008, n° 23, obs. A. Debet.
11. L. n° 71-1130, 31 déc. 1971 portant réforme de certaines professions judiciaires et juridiques, *JO* 5 janv. 1972, p. 131, art. 3 *bis*.
12. L. n° 2014-344, 17 mars 2014 relative à la consommation, *JO* 18 mars, p. 5400.
13. V. s^s n°s 465.00 s.

321.42 **Publicité et sollicitation personnalisée.** Pour autant la loi est venue autoriser non pas le démarchage mais la sollicitation personnalisée terme considéré comme plus restrictif et de nature à assurer le respect des principes essentiels dont celui de dignité. Ainsi, le principe de dignité qui interdisait à l'avocat de se livrer à un quelconque démarchage de clientèle peut être amené à connaître un développement important avec la libéralisation de la sollicitation personnalisée comme de la publicité [1]. En effet, si la sollicitation personnalisée, comme la publicité, est autorisée depuis 2014, l'une comme l'autre sont toutefois très encadrées et doivent se faire dans le strict respect de principes essentiels [2].

À cet égard, la CEDH [3], comme la CJUE [4], a reconnu que la publicité personnelle devait prendre en compte les impératifs d'une bonne administration de la justice comme la dignité de la profession [5]. Le principe de dignité servira de guide afin d'apprécier ce qui est admissible ou ce qui ne l'est pas en matière de publicité.

Il a pu être considéré que ne respectait pas les principes essentiels de délicatesse et de dignité, l'avocat qui diffuse en boucle le logo de son cabinet, son image et ses coordonnées sur des écrans situés dans le hall d'attente d'un hôpital, en ce qu'il cible des personnes en situation de faiblesse [6].

321.43 **Rôle du bâtonnier et du conseil de l'Ordre.** Il appartiendra au bâtonnier, dans l'exercice de ses prérogatives propres en matière de discipline [7], d'apprécier la conformité des publicités et des sollicitations personnalisées aux principes essentiels et notamment à celui de dignité.

C'est ainsi que, par exemple, demeure pleinement d'actualité l'arrêt de la Cour de cassation qui avait considéré que, dès lors que : « [...] les articles parus dans des revues hebdomadaires gratuites d'annonces et de publicités, sous la forme de brèves informations juridiques accompagnées de la photographie, du nom et de l'adresse internet de l'auteur, étaient essentiellement destinés à assurer sa promotion personnelle et révélaient une recherche agressive de clientèle [...] », une cour d'appel avait pu considérer « que la publicité personnelle incriminée, effectuée sous le prétexte artificiel d'une information juridique succincte et insérée dans des publications à finalité exclusivement publicitaire et commerciale, ne répondait pas aux exigences de dignité et de délicatesse de la profession d'avocat [...] » [8].

La Cour de cassation, dans le premier arrêt rendu sous l'emprise du nouveau régime [9], a rejeté un pourvoi à l'encontre d'un arrêt de cour d'appel qui avait approuvé une décision du conseil de l'Ordre sollicitant le retrait de deux panneaux signalétiques, comme portant atteinte, notamment, aux principes essentiels de délicatesse et de modération, d'un mètre sur trois, qu'un cabinet d'avocat avait fait installer sur la voie publique, en considérant, notamment, qu' : « ayant estimé, s'agissant des dimensions des panneaux, qu'implantés, l'un à 100 mètres du cabinet et l'autre aux abords immédiats de son parking, surélevés du sol respectivement de 0,4 mètre et de 0,75 mètre, tous deux larges d'un mètre et hauts de trois mètres, ils étaient démesurés, la cour d'appel a pu en déduire qu'ils enfreignaient les principes essentiels de la profession, notamment les principes de délicatesse et de modération prévus à l'article 10.2 du règlement intérieur national (RIN) qui peuvent concerner les moyens d'information du public » [10]. Bien qu'il ne soit pas directement visé, le devoir de dignité est sous-jacent de l'appréciation portée en la matière.

§ 3
Dans les modalités d'exercice de l'avocat

321.50 **Plan.** La dignité dans les modalités d'exercice de l'avocat s'impose vis-à-vis de toutes personnes (A) et, notamment vis-à-vis des auxiliaires de justice (B).

1. SUR LE PRINCIPE, v. s^s n°s 463.21 s.
2. CNB, Comm. RU, avis n° 2012-051, 20 nov. 2012 ; C. avocat 2021, s^s décr. 12 juill. 2005, art. 15, note 27.
3. CEDH 24 févr. 1994, *Casado Coca c/Espagne*, req. n° 15450/89 ; *AJDA* 1994. 511, Chron. J.-F. Flauss – P. Lambert, « La publicité personnelle de l'avocat en marge de l'arrêt Casado Coca rendu par la CEDH », *Gaz. Pal.* 1994. 1. Doctr. 818 – COMP. : CEDH 17 févr. 2005, *K.A. et A.D. c/Belgique*, req. n°s 42758/98, 45558/99 ; *D.* 2006. 1200, obs. J.-C. Galloux et H. Gaumont-Prat ; *D.* 2005. 2973, Chron. M. Fabre-Magnan ; *RTD civ.* 2005. 341, obs. J.-P. Marguénaud – ANT. : CEDH 25 mars 1985, *Barthold c/RFA*, req. n° 10/1983/66/101.
4. CJUE, 5 avr. 2011, *Société fiduciaire nationale d'expertise comptable*, aff. C-119/09, *JOUE* 21 mai, p. 4 ; *AJDA* 2011. 1007, Chron. M. Aubert, E. Broussy et F. Donnat ; *D.* 2011. 1072, obs. X. Delpech ; *D.* 2013. 136, obs. T. Wickers ; *RFDA* 2011. 1225, Chron. L. Clément-Wilz, F. Martucci et C. Mayeur-Carpentier ; *RTD eur.* 2011. 592, obs. A.-L. Sibony et A. Defossez ; *Rev. UE* 2013. 45, Chron. E. Sabatakakis – Dir. 2006/123, Parlement et Conseil, 12 déc. 2006, art. 24 – AUSSI : CJUE 19 janv. 1988, *Gullung c/Barreaux de Colmar et Saverne*, aff. C-292/86.
5. Toulouse, 27 févr. 1997, RG n° 5460/96.
6. CNB, Comm. RU, avis n° 2016-045, 7 juin 2016.
7. V. s^s n°s 511.00 s.
8. Civ. 1re, 12 juill. 2007, n° 04-14.924, P I, n° 263 ; *D.* 2007. 2170 ; *D.* 2008. 944, obs. B. Blanchard – Sur la publicité et la sollicitation personnalisée, v. s^s n°s 463.00 s.
9. V. s^s n° 461.11 s.
10. Civ. 1re 3 févr. 2021, n° 19-17.629, NP ; – REJETANT POURVOI CONTRE : Cayenne, ch. civ., 11 mars 2019, RG n° 18/003366 ; *JCP* 2019. 444, obs. P. Lingibé.

A. Vis-à-vis de toutes personnes

321.61 La robe, marque de dignité. La robe est une marque de dignité professionnelle de l'avocat, de respect envers la justice[1].

321.62 Devoir de vérité. Le mensonge est contraire à la dignité. L'attitude de l'avocat dans son exercice professionnel ne doit pas, en principe, le conduire à mentir, tant dans ses rapports avec les auxiliaires de justice, dont les magistrats ou les greffiers, que dans ses rapports avec son client.

La question des rapports de l'avocat avec la vérité sera étudiée avec la conscience[2].

321.63 Éthylisme. Même si ces décisions visent la délicatesse et l'honneur, n'est pas conforme à la dignité, et justifie que soit prononcé à l'encontre de l'avocat une interdiction temporaire d'exercice d'une durée d'un an, le fait pour un avocat d'être dans un état éthylique à l'occasion de ses activités professionnelles, et ce nonobstant le fait que l'avocat soit atteint de graves troubles psychopathologiques avec manifestations anxio-dépressives, troubles du comportement et alcoolisation, dès lors que c'est en toute conscience de son état que l'avocat concerné avait estimé pouvoir continuer à exercer la profession d'avocat.

La Cour de cassation confirme la décision disciplinaire en considérant que : « l'arrêt, qui constate que les certificats médicaux produits n'établissaient aucune altération du degré de conscience de l'avocat au moment des faits reprochés, a pu estimer que ceux-ci constituaient un manquement à l'honneur et à la délicatesse par le spectacle de l'intempérance de l'intéressé lequel, bien qu'ayant conscience de son état et des comportements nuisibles entraînés par son éthylisme, n'en a pas moins estimé pouvoir continuer à exercer sa profession d'avocat »[3].

321.64 Cartomancie et passes énergétiques. Est également contraire à la dignité le fait pour un avocat, dans le cadre de son exercice professionnel, de tirer les cartes et de faire des passes énergétiques à certains de ses clients dans une pièce aménagée cet effet au sein de son cabinet[4].

B. Vis-à-vis des auxiliaires de justice

321.71 Dignité envers les auxiliaires de justice. Dans ses rapports professionnels avec les auxiliaires de justice, et notamment les magistrats ou les greffiers, l'avocat doit à ceux-ci une déférence sans servilité alliée au souci de sa propre dignité et de son indépendance[5], il doit se présenter à eux en robe et avoir la préoccupation d'une constante correction de tenue et de langage.

Se présentant en robe, l'avocat doit être reçu non comme un solliciteur ou un importun, mais comme un partenaire de justice qui partage avec ces auxiliaires de justice et au même titre qu'eux, l'honneur de participer à l'œuvre judiciaire[6].

321.72 Respect dû aux auxiliaires de justice. La dignité implique le respect, et notamment celui dû aux tribunaux et autorités publiques, et donc aux auxiliaires de justice, tels que les magistrats et les greffiers, qui, bien que n'étant plus inclus dans le serment depuis la loi du 15 juin 1982[7], n'en demeure pas moins un devoir impérieux pour l'avocat[8].

321.73 Affaire Ezelin. En 1983, certains mouvements indépendantistes et syndicats de Guadeloupe organisèrent à Basse-Terre une manifestation publique destinée à protester contre deux décisions judiciaires condamnant trois militants à des peines d'emprisonnement et d'amende pour dégradation de bâtiments publics. Un avocat, alors vice-président du syndicat des avocats de la Guadeloupe, y participa, en tête de cortège, en portant une pancarte. À l'issue de la dispersion de la manifestation, qui passait devant le Palais de justice pour insulter les magistrats, puis à hauteur de la prison pour manifester leur solidarité aux militants emprisonnés, il fut constaté que les murs des bâtiments administratifs avaient été maculés d'inscriptions outrageantes et injurieuses tracées à la peinture verte, rouge et noire. L'enquête immédiatement entreprise n'a pas permis d'identifier les auteurs de ces dégradations. Mais l'avocat fit l'objet de poursuites disciplinaires à l'initiative du parquet général et fut sanctionné d'un blâme par la cour d'appel[9], ce qui fut confirmé par la Cour de cassation au motif que : « Maître Ezelin qui se présentait à une manifestation en qualité d'avocat, qui avait entendu les menaces et outrages et qui avait vu les inscriptions injurieuses inscrites sur les murs du palais de justice [...] n'a, à aucun moment, exprimé sa désapprobation de ces excès, ni abandonné le cortège pour se désolidariser de ces actes délictueux ; [...] ce com-

1. V. s^s n° 314.59 s.
2. V. s^s n° 322.51 s.
3. Civ. 1re, 7 déc. 2004, n° 02-16.449, NP.
4. CNB, Comm. RU, avis n° 2011-037, 23 sept. 2011 ; C. avocat 2021, s^s décr. 12 juill. 2005, art. 3, note 15.
5. V. s^s n° 323.21 s.
6. V. s^s n°s 313.00 s.
7. L. n° 82-506, 15 juin 1982 relative à la procédure applicable en cas de faute professionnelle commise à l'audience par un avocat, *JO* 16 juin, p. 1899 – V. s^s n° 314.48.
8. V. s^s n°s 454.43 s.
9. Basse-Terre, 12 déc. 1983, *Gaz. Pal.* 1984. 1. 76, note A. Damien, CRIT. ; *in* A. DAMIEN, *Les grands arrêts*, Litec, 1991, p. 132.

portement constituait un manquement à la délicatesse caractérisant une faute disciplinaire »[1].

La CEDH va condamner la France au motif que : « Certes, la sanction infligée à Me Ezelin se situe vers le bas de l'échelle des sanctions disciplinaires [...] elle présente un caractère essentiellement moral, puisqu'elle n'implique aucune interdiction, même temporaire, d'exercer la profession et de siéger au conseil de l'Ordre. La Cour estime cependant que la liberté de participer à une réunion pacifique – en l'occurrence une manifestation non prohibée – revêt une telle importance qu'elle ne peut subir une quelconque limitation, même pour un avocat, dans la mesure où l'intéressé ne commet par lui-même, à cette occasion, aucun acte répréhensible »[2].

321.74 Affaire des moustaches d'Ambert. Le 17 avril 1844, deux avocats, André Imberdis et Charles Pacros, se présentèrent devant le tribunal d'Ambert avec barbe et moustaches. Le tribunal estima que cette tenue constituait, sous la robe, un travestissement indigne des égards dus à la justice et, sans proscrire la barbe entière, les invita à faire raser leurs moustaches. Le 30 avril suivant, nos deux avocats se présentèrent, de nouveau, à l'audience avec leurs moustaches, ce qui déplut fort au président, lequel fit dresser procès-verbal de l'incident.

Le tribunal, après que l'un des juges, oncle d'un des deux avocats, ait fait savoir qu'il s'abstiendrait, se retira alors en chambre des conseils pour juger séance tenante de l'incident et décida que : « Vu l'arrêté du parlement de Paris de 1540 rapporté par Fournel (Histoire des Avocats), ensemble les usages suivis sans interruption depuis Louis XIV au barreau et dans la magistrature [...] Attendu que les faits constatés constituent une infraction aux règles de la discipline, une atteinte à la dignité de la justice et un manque de respect envers les magistrats. Le tribunal fait défense à Me Imbertis et Charles Pacros, avocats, de se présenter à l'avenir dans les bancs de la défense en moustaches et, pour l'avoir fait malgré les avertissements réitérés du président, les condamne à la censure simple ».

La Cour de cassation, par un arrêt du 6 août 1844[3], rejeta le pourvoi. Au même moment, une décision ministérielle du 20 mars 1832[4] avait rendu le port de la moustache obligatoire aux gendarmes et ce, jusqu'en 1933[5].

SECTION 3

DIGNITÉ DANS LA VIE PRIVÉE DE L'AVOCAT

321.81 Dignité au quotidien. Dans sa vie quotidienne, l'avocat doit, en permanence, dans son attitude, comme dans son comportement, veiller à préserver la dignité qui sied à son état.

321.82 Affaire de l'accordéoniste de Bergerac. L'exercice de la profession d'avocat interdit ainsi à celui-ci d'effectuer une activité publique ou privée de nature à porter atteinte à sa dignité.

À cet égard, la cour d'appel de Bordeaux a jugé que n'avait commis aucun manquement à la dignité, l'avocat ayant joué de l'accordéon sur la voie publique avec à ses pieds l'étui de son instrument ouvert et rempli de pièces de monnaie, dès lors que celui-ci ne portait aucun signe extérieur faisant référence à sa profession d'avocat[6]... en d'autres termes ne portait pas atteinte à l'honneur de cette dernière.

Cet arrêt illustre que seules les atteintes à l'honneur permettent de sanctionner des faits relatifs à la vie privée de l'avocat[7], et non du seul fait qu'ils porteraient atteinte à un autre principe essentiel tel que la dignité[8].

321.83 L'homme-sandwich. Cette analyse se confirme la lecture d'une curieuse question parlementaire à un député qui souhaitait savoir : « dans quelle mesure un avocat a le droit utiliser son image personnelle, sans qu'il soit fait mention de sa profession, dans le cadre d'une campagne publicitaire d'affichage à l'étranger, organisée par des groupements de producteurs français et à but commercial », le garde des Sceaux lui fit répondre que « le comportement de l'avocat qui utilise son image personnelle dans le cadre d'une campagne publicitaire d'affichage à l'étranger doit être apprécié au regard des principes essentiels de la profession,

1. Civ. 1re, 19 juin 1985, n° 84-10.104, P I, n° 194 ; *D.* 1987. 107, note A. Brunois ; *Gaz. Pal.* 1985. 2. 623, note A. Damien ; *Gaz. Pal.* 1985, Pan. 244, obs. S. Guinchard et T. Moussa ; *JCP* 1985. IV. 299 ; *in* A. DAMIEN, *Les grands arrêts*, Litec, 1991, p. 132.
2. CEDH 26 avr. 1991, *Ezelin c/France*, req. n° 11800/85 ; *Gaz. Pal.* 1991. 1. pan. 28 ; *AJDA* 1992. 15, Chron. J.-F. Flauss ; *D.* 1992. 335, obs. J.-F. Renucci ; *RFDA* 1992. 510, Chron. V. Berger, C. Giakoumopoulos, H. Labayle et F. Sudre.
3. Req. 6 août 1844 ; *D.* 1844. 1. 578 ; *S.* 44.1.577, *in* A. DAMIEN, *Les grands arrêts*, Litec, 1991, p. 75.
4. DM, 20 mars 1832 – Direction de l'Infanterie et de la Cavalerie, *Journal militaire* de 1832, p. 182.
5. Décr. 1er avr. 1933 portant règlement du service dans l'armée, art. 25.
6. Bordeaux, 3 juin 2003 ; *JCP* 2004. II. 10027, note Martin ; *D.* 2004. 2825, obs. B. Blanchard ; *AJ pénal* 2003. 26, obs. A. Pitoun.
7. Ph. Dupin, « Incompétence du conseil de discipline pour connaître d'un fait étranger à la profession d'avocat » *in* A. Dupin, Profession d'avocat : Recueil des pièces concernant l'exercice de cette profession, B. Warée aîné, 1830-1832, p. 573.
8. V. s^s^ n° 331.82.

notamment du principe de dignité qui résulte du serment de l'avocat[1]. L'article 183[2] du décret de 27 novembre 1991 dispose que toute contravention aux lois et règlements, toute infraction aux règles professionnelles, tout manquement à la probité, à l'honneur ou à la délicatesse, même se rapportant à des frais extraprofessionnels, expose l'avocat qui en est l'auteur aux sanctions de l'article 184. Il appartient donc à l'autorité ordinale, gardienne du respect de la déontologie, d'apprécier souverainement si un manquement à la dignité professionnelle est imputable à l'avocat. À titre d'exemple, une jurisprudence récente relative à l'exercice d'activités susceptibles de porter atteinte à la dignité de la profession, considère qu'un tel manquement n'est constitué que, si l'intéressé porte un signe extérieur ostensible permettant au public de l'identifier comme un membre du barreau »[3].

La question de la vie privée sera étudiée avec l'honneur[4].

1. L. n° 71-1130, 31 déc. 1971, art. 3.
2. Décr. n° 91-1197, 27 nov. 1991, art. 183.
3. QE n° 62070, *JOAN Q* 7 juin 2005, p. 5962.
4. V. s^s n°s 331.71 s.

CHAPITRE

322. Conscience

SECTION 0
ORIENTEUR

322.00 Sommaire du chapitre.

Division. Le principe de conscience s'articule principalement avec les principes d'indépendance, de loyauté, ainsi qu'avec les principes de compétence, dévouement, diligence et prudence qui relèvent de la conscience professionnelle (sect. 1). Dans l'exercice de la profession d'avocat, ce principe peut osciller entre liberté de conscience et cas de conscience (sect. 3) et pose la question du devoir de vérité (sect. 2).

322.01 Textes applicables.

TEXTES TITRÉS

• **L. n° 71-1130, 31 déc. 1971**

art. 3, al. 2 [Serment]

art. 7, al. 6 [Exercice en groupe]

• **Décr. n° 2005-790, 12 juill. 2005**

art. 3 [Liste des seize principes]

• **Décr. n° 91-1197, 27 nov. 1991**

art. 133, 3° [Clauses du contrat de collaboration]

art. 139, 3° [Clauses du contrat de collaboration salarié]

• **RIN**

art. 1.3 [Liste des dix-sept principes]

322.02 Jurisprudence de référence.

> Conscience et devoir de vérité

• **Crim. 25 janv. 1984,** n° 83-90.646, P n° 33

* V. s^s n°s 322.54, 414.83, 454.243, 481.73.

« Attendu que pour répondre à l'argumentation des prévenus faisant valoir qu'il ne peut y avoir subornation entre coinculpés dès lors que ceux-ci ne sont pas tenus de dire la vérité et peuvent organiser leur défense par des déclarations mensongères, la cour d'appel énonce que l'article 365 du code pénal a une portée générale et vise les inculpés qui, « s'ils ont le droit de mentir ou de rester silencieux » ou de se concerter en vue d'une défense commune, ne peuvent invoquer les droits de la défense pour user des procédés prohibés par l'article susvisé et entraver ainsi le fonctionnement de la justice ; Qu'il en est de même pour les avocats qui « n'ont pas davantage le droit d'employer ces procédés pour défendre leurs clients et les faire acquitter à tout prix ;

Attendu que pour déclarer les prévenus coupables de subornation d'autrui, la cour d'appel relève qu'il est établi qu'après avoir participé activement aux tractations entre Z... et A... lesquelles se sont concrétisées par la rencontre du 6 décembre 1978 entre ces derniers et leurs avocats, Maître Y... a préparé et facilité celle-ci et, en permettant ainsi à Z... de suborner A..., a sciemment faussé la cour de la justice ; Que les juges exposent en ce qui concerne Maître X..., que celui-ci a accepté, alors qu'il connaissait le but poursuivi par Z..., que les deux chèques dont celui de 60 000 francs qui lui était destiné, aient été émis à son ordre et les a conservés, ne les détruisant qu'après avoir appris qu'ils étaient sans provision ;

Attendu qu'en l'état de ces motifs, d'où il résulte que les deux prévenus ont, au cours d'une procédure, usé de manœuvres pour déterminer autrui à faire des déclarations mensongères, la cour d'appel qui a caractérisé en tous ses éléments constitutifs le délit prévu et réprimé par l'article 365 du code pénal, a donné une base légale à sa décision. »

> Conscience et refus d'une commission d'office

• **Civ. 1re, 28 nov. 1995,** n°s 93-16.564, 93-18.766, P I, n° 433.

* V. s^s n°s 322.32, 471.61.

« Mais attendu, d'abord, que la cour d'appel a justement retenu que la circonstance que Mme X..., avocat commis d'office, était l'avocat choisi, puis récusé par l'accusé, n'était pas contraire au principe énoncé par l'article 6, alinéa 3 c, de la Convention européenne de sauvegarde des droits de l'homme et des libertés fondamentales qui consacre le droit pour tout accusé « de se défendre lui-même ou avoir l'assistance d'un avocat de son choix », une telle désignation ne portant pas atteinte au droit de l'accusé de se défendre lui-même, mais lui permettant, au cas où il reviendrait sur sa décision, de bénéficier de l'assistance d'un avocat en état de le défendre du fait de sa présence auprès de lui au cours des débats ; qu'il résulte, ensuite, de l'article 9 de la loi du 31 décembre 1971 et de l'article 159 du décret du 27 novembre 1991, que l'avocat commis d'office par le président de la cour d'assises ne peut se faire juge de la régularité de cette commission et refuser son ministère sans avoir fait approuver ses motifs d'excuse ou d'empêchement par le président ; que la cour d'appel, qui a retenu que Mme X... avait quitté la barre sans présenter de motifs d'excuse ou d'empêchement a, ainsi, légalement justifié sa décision. »

322.03 Bibliographie indicative.

* V. s^s^ n° 32.03.

Thèse. D. Laszlo-Fenouillet, *La conscience*, « Bibliothèque de droit privé », t. 235, LGDJ, 1993.

Monographies. J. Isorni, *Les cas de conscience de l'avocat*, Perrin, 1965 – Marianne, « Les textes », *La vérité*, Hors-série, nov. 2015 – F. Morenas, *Dictionnaire portatif des cas de conscience*, 1re éd., Lyon, J. -M. Bruyset, 1759 – B. Mouffe, *Le droit au mensonge*, Larcier, 2017 – J.-B. d'Onorio (dir.), *La conscience et le droit*, actes du XVIIIe colloque national de la Confédération des juristes catholiques de France, P. Téqui, 2002 – J. Pontas, *Dictionnaire de cas de conscience, ou Décisions par ordre alphabétique des plus considérables difficultés touchant la morale et la discipline ecclésiastique*, 1re éd., Paris, P.-A. Le Mercier, 1715.

Contributions. Cl. Caron, « La quête de la vérité. Une passion française », *in* R. Salis (dir.), *Rendre la Justice*, Calman Lévy, 2021, p. 139 s. – R. Danovi, « Le devoir de vérité », *in Essais sur la déontologie*, Bruylant, 2002, n° 9, p. 144 s.

Articles. Ch. Bourguet, « L'avocat et la vérité », *Autres Temps*, année 1998, n° 58, p. 5 s. – A. Damien, « L'avocat et la vérité », *Gaz. Pal.* 1984. 2. 543 – G. Deharo, « Discipline de l'avocat : les devoirs de conscience et de confraternité sont conformes au principe de légalité », *D. avocats* 2015. 24 – D. Piau, « L'avocat face au mensonge adverse : dis-moi quelle est ta vérité, je te dirai quelle est la mienne », *Gaz. Pal.* 16 juill. 2019, p. 22 – J.-M. Varaut, « La conscience de l'avocat », *Gaz. Pal.* 11-12 janv. 2002, p. 33.

SECTION 1
DÉFINITION ET ARTICULATION AVEC D'AUTRES PRINCIPES

322.11 Définition. Du latin, *conscientia*, de *cum*, et de *scientia*, science. La conscience est la rigueur morale et professionnelle, la reconnaissance de l'importance de la cause ou des intérêts que l'on défend, la volonté de faire bien son travail. Elle est l'intuition par laquelle l'homme prend à tout instant une connaissance immédiate et directe, plus ou moins complète et claire, de son existence, de ses états et de ses actes[1]. La conscience est le témoignage ou jugement secret de l'âme, qui donne l'approbation aux actions bonnes et fait reproche des mauvaises, ou, autrement, mode d'émotions de l'ensemble des instincts bienveillants ou désintéressés, ensemble qui porte aussi le nom de sens moral[2].

L'absence de conscience consiste à être sans scrupule.

322.12 Devoir de conscience de l'avocat. L'avocat doit faire preuve de conscience morale ; il doit être un homme ou une femme de conscience. Cela veut dire qu'il doit agir et parler selon sa propre conscience, ce qui suppose parfois de faire preuve de courage et de probité[3].

La conscience est la capacité pour l'avocat à s'interroger et se remettre en question en permanence, à se demander si les actes qu'il entend réaliser ou les paroles qu'il entend prononcer seront conformes à son état, à « s'examiner de bonne foi »[4].

La conscience est un soliloque avec soi-même, mais elle peut constituer un manquement dès lors que l'on pourra reprocher à l'avocat de ne pas s'être posé lui-même la question avant d'agir. Elle caractérise une « exigence de rigueur et de sens du devoir »[5].

322.13 Évolution. Le principe de conscience se retrouve dès les premiers serments de l'avocat en tant « Qu'ils ne se chargeront que de causes justes, et qu'ils les défendront diligemment et fidèlement ; et qu'ils les abandonneront dès qu'ils connaîtront qu'elles ne sont point justes »[6], et on la trouve dans le serment de 1810 *in fine* en tant qu'il impose à l'avocat « de ne conseiller ou défendre aucune cause que je ne croirai pas juste en mon âme et conscience »[7].

322.14 Liens avec d'autres principes essentiels ou règles déontologiques. Le principe de conscience de l'avocat a aussi rapport avec l'indépendance intellectuelle ou philosophique[8], ainsi qu'avec le principe de loyauté[9].

La conscience renvoie aussi à la notion de conscience professionnelle, qui englobe en réalité les principes essentiels de l'avocat à l'égard de son client, que sont la compétence[10], le dévouement[11], la diligence[12] et la prudence[13].

1. CNRTL.
2. E. Littré, *Le dictionnaire de la langue française*, Paris, Hachette, 1874, p. 744.
3. V. s^s^ n° 324.11 s.
4. Molière, *Œuvres complètes*, t. II, *Le Malade Imaginaire*, « Pléiade », Gallimard, 2010, act. I, sc. 5.
5. Civ. 1re, 14 nov. 2014, n° 14-16.426, NP.
6. V. s^s^ n° 314.32.
7. V. s^s^ n° 314.42.
8. Sur le principe d'indépendance, v. s^s^ n°s 323.00 s.
9. V. s^s^ n°s 332.00 s.
10. V. s^s^ n°s 341.00 s.
11. V. s^s^ n°s 342.00 s.
12. V. s^s^ n°s 343.00 s.
13. V. s^s^ n°s 344.00 s.

SECTION 2
CONSCIENCE DANS L'EXERCICE DE LA PROFESSION

322.20 **Plan.** Dans l'exercice de sa profession, l'avocat a, notamment, la liberté de conscience de refuser un dossier (§ 1) qui se distingue du cas de conscience qui peut se poser à lui en cas de conflit un conflit entre le secret professionnel et la dénonciation d'un crime (§ 2).

§ 1
Liberté de conscience

322.31 **Refus de prendre un dossier.** Un avocat doit pouvoir et savoir refuser un dossier en conscience. Il lui appartient également d'apprécier s'il doit cesser de s'occuper d'un dossier. Il n'a pas à justifier de sa décision, mais lorsqu'il se décharge d'une affaire il devra prendre des précautions particulières afin de ne pas préjudicier aux intérêts de son client[1].

De même qu'il est expressément prévu en matière de collaboration interprofessionnelle[2] que si l'avocat estime que le fait pour le client de conférer un caractère confidentiel à certaines informations est de nature à entraver le bon déroulement de la mission commune, il lui appartient d'apprécier en conscience si son intervention peut dans ces conditions se poursuivre à charge pour lui d'en informer le client[3].

322.32 **Conscience partagée.** À titre exceptionnel, la conscience de l'avocat est parfois atteinte car le dossier dont il a la charge lui est confié au titre d'une mission légale qu'il ne saurait refuser sans motif légitime : c'est le cas en matière de désignation au titre de l'aide juridictionnelle ou de commission d'office en matière pénale[4].

La question s'est ainsi posée en matière criminelle dans un cas où un avocat choisi avait été récusé par son client puis aussitôt commis d'office par le président de la cour d'assises. L'avocat avait alors quitté la barre sans faire approuver un motif d'excuse par le président et avait, pour ces faits, été l'objet d'une interdiction d'exercer pendant une durée d'un mois, assortie du sursis. La Cour de cassation approuve la décision dès lors que : « L'avocat commis d'office par le président de la cour d'assises ne peut se faire juge de la régularité de cette commission et refuser son ministère sans avoir fait approuver ses motifs d'excuse ou d'empêchement par le président. »[5]

322.33 **Respect de la conscience d'autrui.** Dans le cadre de leur exercice professionnel, quelques que soient leurs modes d'exercice[6], les avocats se doivent de respecter la conscience d'autrui.

Ce point est expressément précisé par les textes dès lors qu'il s'agit de protéger les confrères les plus fragiles. Ce sont les clauses de conscience par lesquelles il doit être prévu dans tout contrat de collaboration libérale ou contrat de travail, une clause permettant à l'avocat d'être déchargé d'une mission qu'il estime contraire à sa conscience[7].

Le bâtonnier et le conseil de l'Ordre doivent veiller à leur présence dans le cadre de leur mission de contrôle des contrats de collaboration libérale et des contrats de travail[8].

§ 2
Cas de conscience

322.41 **Conflit entre la conscience et le secret professionnel.** Il s'opère un conflit entre le secret professionnel[9] et la dénonciation d'un crime[10] : si certaines situations existent (violences contre un mineur ou une personne qui n'est pas en mesure de se protéger...), dans lesquelles la dénonciation n'entraîne pas une condamnation pour violation du secret professionnel, c'est en conscience que l'avocat doit décider.

La question se pose pour l'avocat qui est averti de la commission prochaine d'un crime : que doit-il faire pour empêcher le crime ? Doit-il faire prévaloir le secret sur la dénonciation ou l'inverse ?).

Il appartient alors à l'avocat d'en référer avec son bâtonnier quant à la conduite à tenir[11].

322.42 **Autre cas de conscience : demande de rançon.** La question s'est, par ailleurs, posée de savoir si un avocat pouvait jouer le rôle d'intermédiaire entre la victime et le criminel, notamment pour le versement d'une rançon.

L'expérience a montré que, bien souvent, tandis que les services de l'État conseillent aux familles de ne rien céder aux ravisseurs, ces dernières préfèrent

1. V. s[s] n°s 481.00 s.
2. V. s[s] n° 811.257.
3. RIN, art. 18.5.
4. V. s[s] n°s 471.61 s.
5. Civ. 1re, 28 nov. 1995, n°s 93-16.564, 93-18.766, P I, n° 433 ; – DÉJÀ : Bordeaux, 23 oct. 1987 et Paris, 16 déc. 1987, *Gaz. Pal.* 1988. I. 57, note A. Damien ; *in* A. DAMIEN, *Les grands arrêts*, Litec, 1991, p. 34 – V. s[s] n°s 472.273 s.
6. V. s[s] n° 811.221 s.
7. L. n° 71-1130, 31 déc. 1971, art. 7 al. 6 – RIN, art. 14 – V. s[s] n°s 812.204, 813.174.
8. Décr. n° 91-1197, 27 nov. 1991, art. 133, 3°, et art. 139, 3°.
9. V. s[s] n°s 411.62 s.
10. V. s[s] n°s 411.63 s.
11. V. s[s] n°s 412.255 s.

souvent entrer en relation avec les ravisseurs pour épargner la vie de l'otage. Les ravisseurs jouent ce jeu avec habileté et tentent de créer avec les familles des liens prudents pour ne pas être identifiés par la police, mais suffisants pour garder le contact avec les familles. D'où l'idée de passer par des personnes astreintes au secret professionnel : prêtre, médecin ou encore avocat.

322.43 Non-application du secret professionnel. Sur le plan du secret professionnel[1], la question est très simple, il n'y a pas d'application du secret professionnel dans ce cas car le ravisseur qui entre en relation avec une personne tenue au secret professionnel ne le fait pas pour devenir son client, mais uniquement pour entrer paisiblement en possession de la rançon. L'avocat, ne peut donc, en aucun cas, être tenu au secret professionnel à son égard.

En revanche, il est tenu à l'obligation de dénoncer car la personne qui s'est adressée à lui pour lui faire une telle proposition n'est évidemment pas une de celles qui sont protégées par l'article 226-13 du code pénal et qui peuvent dès lors demander au confident qu'elles ont choisi de conserver secrètes les tractations qui ont eu lieu[2].

L'avocat se retrouve, en outre, en situation d'être complice d'un crime ou d'un délit[3].

322.44 Conscience et rôle de l'avocat. Toutefois, la question pose un véritable cas de conscience, dès lors que se trouve confrontée l'angoisse des familles au désir légitime de récupérer intact l'otage, et le versement en contrepartie d'une rançon qui, si illégale soit-elle dans son principe, est la garantie de survie de l'otage. Ainsi, souvent, les pourparlers continuent soit directement avec les familles, soit avec des intermédiaires, personnes de confiance.

Mais il faut appeler ces derniers à une prudence particulière : ils ne sont que des intermédiaires dans un cas d'urgence morale particulier, et ne peuvent bénéficier ni faire bénéficier quiconque du secret professionnel. Ils sont en revanche astreints, dans les conditions de droit commun, à l'obligation de dénoncer même si cette obligation leur paraît contradictoire avec la sécurité de ceux qu'ils sont chargés de récupérer.

L'avocat sera alors vite confronté à des contradictions insolubles entre sa déontologie et l'action qui lui est demandée qui, même si elle est légitimée par le désir de sauver des vies humaines, est préjudiciable à l'ensemble de la profession.

1. V. s^s n°s 412.00 s.
2. V. s^s n° 411.63.
3. V. s^s n°s 921.31 s.

SECTION 3
DEVOIR DE VÉRITÉ DE L'AVOCAT

322.51 Ancienneté de la question. Actuellement, le public, et souvent même des magistrats, est persuadé que l'avocat n'est jamais sincère, qu'il est selon l'expression célèbre de Fiodor Dostoïevski « une conscience de louage »[4]. Il aurait non seulement la possibilité de mentir mais il en a même le devoir.

Inversement, certains reprochent à l'avocat le devoir de vérité qui pèse dans sa déontologie, en estimant que ce souci moral qui est le sien, est en fait le résultat d'une réserve bourgeoise, d'un désir de ne pas se salir les mains, d'une façon de prendre ses distances à l'égard du client ; ils voudraient que l'avocat colle véritablement à celui-ci et le serve aveuglément à la manière d'un complice, alors que, selon eux, d'après la conception idéologique dominante du barreau, l'avocat est un partenaire de justice, au sens le plus complice du terme, c'est-à-dire qu'issu des mêmes groupes sociaux et ayant à peu près la même formation que les auxiliaires de justice, et notamment les magistrats, il se sent beaucoup plus proche de ces derniers que de son client, surtout quand celui-ci est pauvre, déviant et délinquant. Contestataire institutionnel, l'avocat s'est intégré idéologiquement au système qu'il est censé mettre en cause quotidiennement[5].

En fait, l'ignorance dans laquelle l'avocat se trouve de vérifier les assertions, les dénégations ou les aveux partiels de son client, l'amène souvent, ou du moins parfois, à passer aux yeux d'adversaires, qui sont certains d'avoir raison et qui lui reprochent amèrement d'avoir accepté d'occuper pour l'adversaire, pour un menteur à gages. Il s'agit là d'une image déformée issue d'une tradition de dérision aussi ancienne que le barreau puisqu'on en trouve déjà les traces dans *La farce de Maître Pathelin* au XVe siècle[6].

La question est ancienne : l'ordonnance de Villers-Cotterêts[7] punissait le mensonge de la part des avocats. Les écrivains du XVIIe siècle qui ont étudié le barreau et en ont tracé les règles morales qui le régissent mettaient en garde l'avocat contre tout

4. F. Dostoïevski, *Les frères Karamazov...*, « Pléiade », Gallimard, 1952, p. 261 ; Citation faussement attribuée à Montaigne ; R. Boule (pseudonyme : S. Hecquet) *Plaidoyer pour l'avocat*, Nagel, 1950, p. 11.
5. Syndicat de la Magistrature, *Au nom du peuple français*, Stock, 1974, p. 158.
6. *La Farce de Maître Pathelin* (1456-1460), attribuée à Triboulet ; *Maistre Pierre Pathelin*. Farce du quinzième siècle, ornée de lithographies par Maurice Berdon, Bibliophiles du Palais, Paris, 1927.
7. Ord. 25 août 1539 sur le fait de la justice, dite ordonnance de Villers-Cotterêts, art. 39 à 41.

mensonge. Ils lui interdisaient, notamment, d'user de fraude pour gagner un procès même juste, de suborner des témoins pour dire le faux, de taire la vérité lorsqu'ils la savaient, de briguer ou de faire des cabales pour une mauvaise cause, d'alléguer des lois fictives, de citer des auteurs contre leur intention, de produire quelques fausses pièces ou de prendre l'accessoire pour le principal.

Pierre Biarnoy de Merville traitait déjà de la question et considérait que : « On ne peut être avocat de cœur et d'esprit, sans un amour sincère et un attachement parfait pour la vérité ; car c'est une vertu essentielle à la profession d'avocat, comme elle est l'âme de la justice. »[1]. Et Antoine-Gaspard Boucher d'Argis ajoutait que : « son honneur et sa conscience l'engagent à dire la vérité, et à aider la justice dans la décision de procès [...] C'est pourquoi j'appelle un Avocat un homme éloquent, vertueux, et véridique »[2]. Et François Fyot de Marche faisait de « l'amour de la vérité » un des huit devoirs de l'avocat[3].

François-Étienne Mollot, rappelant qu'une ordonnance de François Ier en 1539[4] punissait une telle faute, indique que : « La vérité que les anciens personnifiaient comme la mère de toutes les vertus, est une autre obligation qui émane de la probité. Elle ne consiste pas seulement à ne citer que des faits exacts, elle défend d'employer des moyens artificieux pour surprendre les juges. On peut se tromper, de bonne foi, sur des faits ou sur des raisonnements, mais l'artifice est un mensonge »[5].

L'avocat est donc bien investi d'un devoir de vérité[6]. Et ce devoir de vérité de l'avocat, qui découle du principe de conscience, repose sur trois postulats.

322.52 Le client n'est pas tenu d'un devoir de vérité. Premier postulat, l'avocat représente son client, il porte la vérité de celui-ci. Pour autant, s'il est normal qu'il cherche à découvrir, au-delà du dossier, ce qui s'est réellement passé et qu'il sera chargé d'exposer au juge, il ne peut exiger de son client un aveu complet. L'avocat n'est pas un confesseur, il doit respecter le mystère de chacun, fût-il son client. Il n'a donc pas un droit absolu à la vérité[7].

Dès lors, ne connaissant pas de manière absolue la vérité des faits, il pourra exposer une thèse même si elle lui paraît peu crédible et difficile à admettre ; il peut alors exposer ses doutes et même s'il n'est pas convaincu intellectuellement, plaider ce doute car sa tâche n'est pas d'apporter la solution de l'affaire qui appartient aux seuls juges. Il doit exposer sa vérité[8], celle que le client lui a enseignée mais à condition qu'il l'admette pour une vérité possible ; c'est à lui de faire triompher sa vérité contre la vérité de la partie adverse, vérité tout aussi partielle que celle de ses adversaires mais fondée sur des éléments tous authentiques, ou du moins présumés tels puisqu'ils sont la traduction de confidences arrachées au client.

À cet égard, si l'avocat a défendu son client au regard de la vérité qui lui était la sienne à un moment donné, avant que celui-ci ne change d'avis, il se doit, au regard du devoir de conscience, de se retirer du dossier[9] : on ne saurait poursuivre la défense des intérêts d'un client qui aurait menti à son avocat, car outre le nécessaire délitement de la relation de confiance qui doit lier l'avocat à son client qui en découle, c'est la crédibilité même de l'avocat qui est en jeu.

322.53 L'avocat doit la vérité à son client. Deuxième postulat, l'avocat doit la vérité à son client et ne peut lui cacher ni les charges qui pèsent sur lui, ni les pronostics défavorables ou inquiétants, il doit l'éclairer sur les failles et les difficultés de son dossier[10].

322.54 L'avocat doit « sa » vérité au juge. Troisième postulat, l'avocat ne peut exprimer une opinion erronée alors qu'il connaît la réalité : il ne peut, sous peine de perdre son âme, sa dignité et son honneur, mentir sciemment devant le juge comme à ses contradicteurs. Il est un « professionnel du droit soumis au respect des règles de déontologie et des normes morales lui interdisant, notamment, d'induire volontairement le juge en erreur », ce qui donne à sa parole une valeur particulière[11].

Ainsi, lorsque l'avocat se trouve face aux éléments de preuves, il se trouve aussi face à ses principes essentiels : il doit mettre en œuvre toutes les dili-

1. P. Biarnoy de Merville, *Règles pour former un avocat*, *in* A.-G. Boucher d'Argis, *Règles pour former un avocat*, Durand, 1758 ; Maxtor 2015, p. 421.
2. A.-G. Boucher d'Argis, *Règles pour former un avocat*, Durand, Paris, 1758 ; réimp. Maxtor 2015, pp. 382-383.
3. F. Fyot de la Marche, *L'éloge et les devoirs de la profession d'avocat*, N. Mazuel, Paris, 1713, p. 232 s.
4. Ord. 25 août 1539 sur le fait de la justice, dite Ordonnance de Villers-Cotterêts.
5. MOLLOT, 1re éd., 1842, n° 7, p. 13.
6. A. Damien, « L'avocat et la vérité », *Gaz. Pal.* 1984. II. 543.
7. COMP. : Crim. 12 juin 2019, n° 18-83.844, P ; *D.* 2019. 1229 ; *Gaz. Pal.* 2 juill. 2019, p. 27 ; *Gaz. Pal.* 16 juill. 2019, p. 22, note D. Piau ; *JCP* 2019. 892, note J.-Ch. Saint-Pau ; *Gaz. Pal.* 19 nov. 2019, p. 50, obs. S. Detraz ; *Gaz. Pal.* 3 déc. 2019, p. 28, obs. B. de Belval.
8. TOUTEFOIS : Cl. Caron, « La quête de la vérité. Une passion française », *in* R. Salis (dir.), *Rendre la Justice*, Calman Lévy, 2021, p. 139 s.
9. G. August, « L'avocat de Jérôme Cahuzac : "Je ne pouvais plus le défendre" », *Le Monde*, 3 avr. 2013 – M. Delahousse, « *Code Birdie* ». *Dans les secrets de l'enquête Cahuzac*, Flammarion, 2021 – V. s^s^ n° 484.23.
10. AUSSI : v. s^s^ n°s 341.11 s. et 344.11 s.
11. TPUE, 3 déc. 2020 *Forbo Financial Services AG c/Euipo*, aff. T-3/20.

gences nécessaires dans l'intérêt de son client, en faisant preuve de dévouement[1], certes, mais il doit aussi le faire avec prudence[2] et diligence[3] et ce, dans le respect du principe de loyauté[4]. L'avocat, partenaire de justice[5], ne peut user de moyens mauvais (le mensonge) même pour une fin estimée bonne (la défense). La morale de sa profession comme la morale tout court le lui interdit, et il perdrait vite le crédit qui est le sien auprès des juges, s'il devenait le complice du client[6] : s'il lui appartient d'assumer pleinement et librement une défense, ce n'est pas par n'importe quel moyen et notamment pas par la corruption de la vérité, seule valeur essentielle.

Il ne doit ainsi en aucun cas user de manœuvres pour déterminer autrui à faire des déclarations mensongères, et ce, quand bien même les personnes mises en cause auraient, au nom des droits de la défense, le droit de mentir, et doit *a fortiori* se garder de participer à tout stratagème de nature à obtenir un moyen de preuve[7]. Et s'il estime que la vérité affirmée par une autre partie est mensongère, il lui appartient d'user des voies de droit prévues à cet effet, y compris si nécessaire sur le plan pénal, et non de chercher à la faire modifier[8].

322.55 L'avocat ne peut donc mentir. L'avocat est donc bien pleinement tenu d'un strict devoir de vérité, car « il n'y a aucune possibilité de satisfaire chez un peuple le besoin de vérité si l'on ne peut trouver à cet effet des hommes qui aiment la vérité »[9].

La Cour de cassation a ainsi pu considérer, reprenant les attendus d'une cour d'appel, que : « Si [les prévenus] ne sont pas tenus de dire la vérité et peuvent organiser leur défense par des déclarations mensongères, les avocats ne peuvent invoquer les droits de la défense pour user de procédés prohibés pour défendre leurs clients et les faire acquitter à tout prix »[10].

L'avocat ne saurait travestir ce qu'il sait pour acquis : la radiation a ainsi été prononcée à l'encontre d'un avocat qui avait porté une accusation dont le caractère mal fondé ressortait des pièces qui étaient en sa possession, une telle attitude ayant été considérée comme un manquement grave à l'honneur professionnel[11].

322.56 Impérieux et nécessaire devoir de vérité de l'avocat. Il est impératif que l'avocat ne perde jamais de vue cet impérieux et nécessaire devoir de vérité qui est le sien, au même titre que le respect de la parole donnée[12]. Les avocats se plaignent ainsi que les auxiliaires de justice leur demandent, de plus en plus régulièrement, de justifier de leur mandatement par leur client, tel que lors d'une demande de permis de visite pour un client incarcéré, ou des motifs de leur indisponibilité pour une audience, tel qu'en fournissant un certificat médical[13]. La parole de l'avocat n'apparaît plus respectée par ses partenaires et se retrouve, en réalité, dévalorisée par le délitement de la discipline face à aux incivilités perpétuelles d'une minorité d'entre eux qui rejaillissent sur la profession tout entière.

Cette situation, la profession d'avocat en est la première responsable et elle ne saurait raisonnablement se plaindre des attitudes pointilleuses des auxiliaires de justice, si elle ne se montre pas elle-même implacable envers ceux qui manquent délibérément à leur devoir de vérité.

322.57 Sur l'administration de la preuve et la subornation de témoin – Renvoi. V. s^s n° 453.151 s.

1. V. s^s n°s 342.11 s.
2. V. s^s n°s 344.11 s.
3. V. s^s n°s 343.11 s.
4. V. s^s n°s 453.20 s.
5. RIN, art. 6.
6. A Damien, « L'avocat et la vérité », *Gaz. Pal.* 1984. 2. 543.
7. D. Piau, « Déontologie de la gestion de la preuve par l'avocat », *D. avocats* 2017. 55 – V. s^s n°s 453.47 s. et 453.151 s. – Crim. 12 juin 2019, n° 18-83.844, P ; *D.* 2019. 1229 ; *Gaz. Pal.* 2 juill. 2019, p. 27 ; *Gaz. Pal.* 16 juill. 2019, p. 22, note D. Piau ; *JCP* 2019. 892, note J.-Ch. Saint-Pau ; *Gaz. Pal.* 19 nov. 2019, p. 50, obs. S. Detraz ; *Gaz. Pal.* 3 déc. 2019, p. 28, obs. B. de Belval.
8. D. Piau, « L'avocat face au mensonge adverse : dis-moi quelle est ta vérité, je te dirai quelle est la mienne », *Gaz. Pal.* 16 juill. 2019, p. 22.
9. S. Weil, *L'enracinement : Prélude à une déclaration des devoirs envers l'être humain*, « Folio essais », Gallimard, 1990.
10. Crim. 25 janv. 1984, n° 83-90646, P n° 33 ; *Gaz. Pal. Rec.* 1984. 2. 493 ; *in* A. DAMIEN, *Les grands arrêts*, Litec, 1991, p. 73 ; – RAPPR. : Paris, 22 sept. 1993, *Gaz. Pal.* 28 oct. 1993, p. 15.
11. CD Paris, 4 nov. 1924 : cité *in* Lemaire J., *Les règles de la profession d'avocat et les usages du barreau de Paris*, 4e éd., LGDJ, 1975, n° 332.
12. V. s^s n°s 332.111 s.
13. DÉJÀ : J. Lemaire, *Les règles de la profession d'avocat et les usages du barreau de Paris*, 4e éd., LGDJ, 1975, n° 367, p. 352-353.

CHAPITRE

323. Indépendance

SECTION 0
ORIENTEUR

323.00 Sommaire du chapitre.

Division. Le principe de l'indépendance, est un état permanent de l'avocat (sect. 2), qui s'articule principalement avec les principes de loyauté, de désintéressement et de délicatesse (sect. 1).

323.01 Textes applicables.

TEXTES TITRÉS

• **L. n° 71-1130, 31 déc. 1971**

art. 3, al. 2 [Serment]

art. 7 [Modalités d'exercice de la profession]

art. 53 [Limites du pouvoir réglementaire]

• **Décr. n° 2005-790, 12 juill. 2005**

art. 2 [Principes essentiels de la profession d'avocat]

art. 3 [Liste des seize principes]

• **RIN**

art. 1.1 [Profession libérale et indépendante]

art. 1.3 [Liste des dix-sept principes]

art. 6.1, al. 4 [Mission de l'avocat]

323.02 Jurisprudence de référence.

> Valeur législative du principe d'indépendance

• **CE 9 avr. 1999,** *Toubol-Fisher (Mme), Bismuth*, req. n° 196177, *Lebon.*

* V. ss nos 323.32, 471.96, 631.26, 713.411.

« [...] les marchés de services juridiques visés par les dispositions attaquées comprennent, non seulement les contrats conclus entre une collectivité publique et un avocat pour la prestation de conseils juridiques, mais également ceux conclus pour assurer la représentation en justice d'une telle collectivité ; que la représentation en justice par les avocats est régie par des principes, relatifs notamment au respect du secret des relations entre l'avocat et son client et à l'indépendance de l'avocat, dont le respect s'impose au pouvoir réglementaire. »

> Avocat agent secret

• **Paris, 27 avr. 1988,** NP.

* V. ss nos 314.59, 412.253, 433.174

« Considérant qu'il est constant – et d'ailleurs admis par l'intéressé lui-même – que Maître X... a été, à l'occasion de ses fonctions d'avocat, recruté par un service dépendant du Gouvernement, en qualité d'agent, de collecter des renseignements sur des groupes étrangers agissant sur le territoire national,

Considérant que ces activités, poursuivies de manière régulière pendant plusieurs années grâce aux contacts fréquents que Maître X... entretenait avec l'un de ses clients incarcéré, soupçonné d'appartenir à l'un de ces groupes, ont donné lieu à la perception de rémunération, présentées comme des "frais de mission", mais ayant eu un caractère régulier sous la forme de versements forfaitaires mensuels ;

Considérant qu'en acceptant ainsi de transmettre des informations recueillies auprès de son client au service qui l'employait – même s'il n'est pas établi qu'il ait, à cette occasion, violé l'obligation au secret professionnel – a cependant trahi la confiance de celui dont il avait pris en charge la défense et dont il se devait de demeurer en permanence le confident nécessaire ;

Considérant que dans ces conditions, il apparaît que le comportement de Maître X... traduit une grave méconnaissance de ses devoirs d'avocat et appelle une sévère sanction disciplinaire, sans toutefois une exclusion définitive du barreau. ».

> Indépendance et collaboration libérale

• **Civ. 1re, 14 mai 2009,** n° 08-12.966, P I, n° 90.

* V. ss n° 813.02

323.03 Bibliographie indicative.

* Aussi : v. ss n° 32.03.

Thèses. N. Noto-Jaffeux, *L'indépendance de l'avocat*, Th. Lyon, 2019 – J. Savatier, *La profession libérale, étude juridique et pratique*, LGDJ, 1947 – V. Renaux-Personnic, *L'avocat salarié : entre indépendance et subordination*, Puam, 1998 – G. Virassamy, *Les contrats de dépendance, essai sur les activités professionnelles exercées dans une dépendance économique*, LGDJ, 1986.

Encyclopédies. *J.-Cl. Travail*, fasc. 5-25 : Avocats salariés & I, Indépendance, 2014 – *J.-Cl. Pr. civ.*, fasc. 83-1 : avocats, Déontologie de l'avocat appliquée au juridique, 2014.

Ouvrages. L. Assier-Andrieu (dir.), *L'indépendance des avocats. Le long chemin d'une liberté,* « Les sens du droit », Dalloz, 2015 – Coll., *Colloque international sur le thème de l'indépendance de l'avocat,* Reims, 1978, Ordre des avocats à la cour d'appel de Reims, Reims, 1981 – Collectif, *Indépendance(s) : Études offertes au Professeur Jean-Louis Autin,* Presses de la Faculté de Montpellier, 2011 – R. van Ruymbeke, *Mémoires d'un juge trop indépendant*, Tallandier, 2021.

Contributions. H.-F. d'Auguesseau, « L'indépendance de l'avocat », Discours prononcé à l'ouverture des audiences en 1693, *in* A. Dupin, *Profession d'avocat : Recueil des pièces concernant l'exercice de cette profession,* Paris, B. Warée aîné, 1830-1832, p. 550 – R. Danovi, « L'indépendance de l'avocat », *in Essais sur la déontologie*, Bruylant, 2002, n° 8, p. 131 s. – F. Molins, « L'indépendance », *in* R. Salis (dir.), *Rendre la Justice*, Calman Lévy, 2021, p. 27 s.

Articles. B. de Belval, « L'indépendance de l'avocat après le décret du 12 juillet 2005 », *Gaz. Pal.* 2-3 déc. 2005, p. 2 – E. Daoud, V. de Tonquédec, « L'indépendance, l'ADN de l'avocat », *D. avocats* 2015. 361 – M. Garçon, « De l'indépendance de l'avocat », *Revue des Deux Mondes*, 1er oct. 1961, n° 19, p. 321 – E. de Lamaze, « Le droit au secret et à l'indépendance des avocats », *Gaz. Pal.* 8-9 oct. 2004, p. 2 – D. Piau, « Indépendance, j'écris ton nom... », *Gaz. Pal.* 12 mars 2020, p. 25.

SECTION 1
DÉFINITION ET ARTICULATION AVEC D'AUTRES PRINCIPES

323.10 Plan. Le principe d'indépendance[1] a d'abord été celui de l'indépendance de la profession[2] d'avocat avant de devenir celui de l'indépendance de l'avocat[3] (§ 1). Il a acquis valeur législative (§ 2), avec un sens et une portée (§ 3). Il s'agit d'un devoir pour l'avocat et d'un droit pour son client.

§ 1
De l'indépendance des barreaux à l'indépendance de l'avocat

323.21 Définition. Du latin, *dependere*, de la proposition de, et *pendere*, être suspendu. L'indépendance est le fait de jouir d'une entière autonomie à l'égard de quelqu'un ou de quelque chose[4]. De même que le barreau est indépendant de toute autorité, l'avocat doit être indépendant et doit faire preuve d'une grande liberté dans l'exercice de ses fonctions.

Cette indépendance doit être matérielle, morale et intellectuelle et à l'égard de tous (associés, patron, auxiliaires de justice, société...) notamment, à l'égard de son client.

323.22 Indépendance des barreaux. C'est en premier lieu, « le long cheminement vers l'indépendance des barreaux à l'égard du pouvoir politique et religieux, caractérisé par la maîtrise par la profession de ses règles (sa déontologie)[5] et de sa discipline[6]. L'histoire commence dès la Renaissance, lorsque certains barreaux se dotent de structures qui établissent l'existence juridique du groupe, même si elles restent alors profondément religieuses et souvent confondues avec celles des procureurs. Une seconde étape, plus dynamique, débute à la fin du XVIIe siècle et répond à des enjeux plus laïcisés, tant chez un État soucieux du bon fonctionnement de la justice, que chez des avocats aspirant à conforter leur autonomie et leur spécificité professionnelle. L'évolution se poursuit pendant la seconde moitié du XVIIIe siècle, dans un esprit d'indépendance de plus en plus fort »[7].

1. J.-L. Halpérin, « L'indépendance de l'avocat en France au XIXe et XXe siècle », *in* L. Assier-Andrieu (dir.), *L'indépendance des avocats. Le long chemin d'une liberté*, Dalloz, 2015, p. 69 s.
2. V. ss n° 323.22.
3. V. ss n° 323.23.
4. CNRTL.
5. V. ss nos 315.11 s.
6. V. ss nos 511.21 s.
7. H. Leuwers, *L'invention du Barreau français : La construction nationale d'un groupe professionnel, 1660-1830*, EHESS, 2006, p. 65 – V. ss nos 023.33 s.

Les barreaux envisagés comme une garantie de l'indépendance de la profession d'avocat, garantissaient alors, non pas l'indépendance, mais la pleine liberté des avocats dans l'exercice de leurs fonctions.

323.23 **Indépendance de l'avocat.** Ce n'est qu'à la suite de la Révolution, qui assista à la suppression des barreaux, que l'on vit se développer une conception de l'indépendance des avocats, et non plus seulement de la profession, dans l'exercice de leurs fonctions au regard de leurs clients et, plus tard, du développement des modes d'exercice en groupe.

Ainsi : « Dès lors, il allait falloir choisir entre deux dépendances : la dépendance aux fournisseurs d'affaires [avoués, huissiers, agents d'affaires] ou bien la dépendance à la clientèle. Jean Appleton préférait sans hésiter la seconde et ce n'est pas par hasard s'il définit la profession d'avocat comme une profession qui est d'abord au service du justiciable »[1].

L'entrée dans le XXIe siècle est marquée par un nouveau changement de paradigme pour les avocats. Professionnels libéraux, ils sont considérés avant tout comme des entreprises de prestation de services soumises à la libre concurrence, confrontées à l'apparition de nouveaux acteurs sur le marché du droit et contraintes à l'innovation pour assurer leur survie[2], ce qui menace ainsi leur indépendance[3].

323.24 **Liens avec d'autres principes essentiels ou règles déontologiques.** Le principe d'indépendance innerve, aux côtés des principes de loyauté[4], de désintéressement[5] ainsi que de délicatesse[6], les règles et appréciations en matière de conflits d'intérêts[7].

En outre, il fonde, avec le principe de désintéressement[8], les règles applicables en matière d'incompatibilités[9], quand il n'en justifie par certaines non prévues par les textes.

§ 2
Valeur législative

323.31 **Primauté législative du principe d'indépendance.** « La profession d'avocat est une profession libérale et indépendante »[10] : le principe d'indépendance est d'une importance particulière, dès lors qu'il est garanti par le législateur et que le pouvoir réglementaire ne saurait, en aucun cas, porter atteinte à l'indépendance de l'avocat dans l'élaboration des normes qui lui incombent conformément à l'article 53[11] de la loi du 31 décembre 1971.

La jurisprudence administrative a, ainsi, eu à connaître de recours à l'encontre de décrets au motif pris qu'ils porteraient atteinte à l'indépendance de la profession d'avocat[12].

323.32 **Commande publique.** Ce fut le cas en matière de réglementation de la commande publique où le Conseil d'État a eu l'occasion de préciser que l'application des dispositions de l'ancien code des marchés publics, devenu code de la commande publique[13], n'apparaissait compatible avec le principe d'indépendance que moyennant des adaptations ou des dérogations à certaines de ses dispositions, adaptations en l'absence desquelles certaines des dispositions du code issu du décret du 27 février 1998[14] ont été annulées comme étant entachées d'excès de pouvoir[15].

Pour autant, le Conseil d'État a pu considérer que la qualification de contrat administratif des marchés de services juridiques, résultant de ce que tout marché conclu en application de l'ancien code des marchés publics a légalement un caractère administratif, ne portait pas, en soi, atteinte à l'indépendance des avocats. Tout comme le fait que l'ancien code des marchés publics ne comporte aucune disposition organisant la résiliation ou la modification unilatérale des marchés, et que les difficultés d'exécution des marchés publics de prestations de services juridiques doivent être portées devant le juge administratif ne saurait porter atteinte à l'indépendance des avocats, étant précisé que les dispositions contestées sont sans incidence sur l'application de la procédure de fixation des honoraires[16].

1. C. Fillon, « Repenser l'indépendance au défi de la modernité : le combat de Jean Appleton » *in* L. Assier-Andrieu (dir.), *L'indépendance des avocats. Le long chemin d'une liberté*, Dalloz, 2015, p. 93 s. – V. s^s^ n° 023.75.
2. Th. Wickers, *La grande transformation des avocats*, « Essai », Dalloz, 2014.
3. V. s^s^ n°s 023.121 s.
4. V. s^s^ n°s 332.00 s.
5. V. s^s^ n°s 334.00 s.
6. V. s^s^ n°s 336.00 s.
7. V. s^s^ n°s 44.00 s.
8. V. s^s^ n°s 334.00 s.
9. V. s^s^ n°s 431.00 s.
10. L. n° 71-1130, 31 déc. 1971, art. 1er, I, al. 3 – RIN, art. 1.1.
11. L. n° 71-1130, 31 déc. 1971, art. 53.
12. CE 15 nov. 2006, *Krikorian*, req. n° 283475, *Lebon ; RTD civ.* 2007. 67, obs. R. Encinas de Munagorri.
13. Ord. n° 2018-1074, 26 nov. 2018 portant partie législative du code de la commande publique, *JO* 5 déc., n° 20.
14. Décr. n° 98-111, 27 févr. 1998 modifiant le code des marchés publics en ce qui concerne les règles de mise en concurrence et de publicité des marchés de services, *JO* 28 févr. 1998, p. 3115.
15. CE 9 avr. 1999, *Toubol-Fisher (Mme), Bismuth*, req. n° 196177, *Lebon ; AJDA* 1999. 834 ; *AJDA* 1999. 776, Chron. P. Fombeur et M. Guyomar ; *D.* 1999. 399, note P. Terneyre ; *RFDA* 1999. 951, concl. H. Savoie ; *RTD com.* 1999. 664, obs. G. Orsoni.
16. CE 3 sept. 2008, *Conseil national des barreaux, Barreau de Paris*, req. n° 290398, *AJDA* 2009. 99, note J. Coronat – CE 5 mars 2003, *Barreau de Paris*, req. n° 238039, *Lebon ; AJDA* 2003. 718, Chron. F. Donnat et D. Casas ; *AJDA* 2003. 697, tribune L. Richer ; *D.* 2003. 865 ; *RDI* 2003. 269, obs. M. Degoffe et J.-D. Dreyfus ; *RTD eur.* 2003. 661, Chron. D. Ritleng. – V. s^s^ n°s 741.00 s.

Pas plus que ne porte atteinte au principe d'indépendance de la profession d'avocat, le fait que le pouvoir adjudicateur doive veiller au respect des principes déontologiques et des réglementations applicables à la profession d'avocat, dès lors que cela n'a ni pour objet, ni pour effet d'autoriser les pouvoirs adjudicateurs à se prononcer sur les violations desdits principes par les avocats [1].

323.33 Procédure disciplinaire. Si aucune disposition de nature réglementaire ne saurait ainsi porter atteinte au principe d'indépendance, il en va autrement lorsque c'est la loi elle-même, en l'occurrence celle du 31 décembre 1971 [2] qui, tout en posant le principe d'indépendance, institue également une procédure disciplinaire : il ne saurait y avoir d'atteinte au principe d'indépendance par la mise en place d'une telle procédure [3].

323.34 Contrôle de comptabilité. Tout comme le Conseil d'État a pu considérer que n'était pas contraire au principe d'indépendance des avocats posé par l'article 53 [4] de la loi du 31 décembre 1971, le fait que le pouvoir réglementaire ait confié au bâtonnier la mission de réaliser le contrôle de la comptabilité des avocats [5].

Cette mission est au demeurant un moyen, parmi d'autres, de permettre au bâtonnier de s'assurer que l'avocat exerce bien sa profession en toute indépendance [6].

323.35 Incompatibilité. En raison de sa nature et notamment du principe d'indépendance qui la caractérise, la profession d'avocat est considérée, par principe, comme étant incompatible avec toutes les fonctions ou professions qui exigeraient le sacrifice même partiel de cette indépendance [7]. Ce principe comprend cependant un certain nombre d'exceptions [8].

Le Conseil d'État a, à cet égard, été amené à considérer que les dispositions de l'article 115 [9] du décret du 27 novembre 1991, qui prévoient que la profession d'avocat est incompatible avec l'exercice de toute autre profession, sous réserve de dispositions législatives ou réglementaires particulières [10], ne portaient pas atteinte au principe d'indépendance dès lors qu'elles ont précisément pour objet de garantir l'indépendance économique et morale des membres d'une profession réglementée qui participent, en qualité de partenaire de justice, au service public de la justice et qu'elles sont ainsi justifiées par l'intérêt général [11].

Preuve que cette notion d'indépendance n'est pas uniforme, et plus un état d'esprit appréciable *in concreto*, il avait été jugé, sous le régime plus libéral antérieur au décret du 27 novembre 1991 [12], du décret du 9 juin 1972 [13] qui permettait le cumul de l'exercice de la profession d'avocat avec toute autre profession [14], que « l'exercice simultané de la profession d'avocat et de la profession de médecin, à titre libéral ne porte atteinte ni à l'indépendance de l'avocat ni au caractère libéral de la profession d'avocat » [15].

§ 3
Sens et portée

323.40 Plan – Sens et portée de la notion d'indépendance. La notion d'indépendance, multiforme, est ainsi utilisée tant au sens de l'indépendance de la profession d'avocat [16], qu'au sens de l'indépendance de l'avocat [17], et n'est ni une notion ou un critère juridique, ni même une garantie, mais un état de fait qui nécessite, de la part de celui auquel elle s'applique, une vigilance constante afin de se maintenir dans cet état [18].

Ainsi, l'indépendance de l'avocat est pour lui un devoir, et pour son client un droit. Elle doit être assurée individuellement (B) et collectivement (A). L'avocat y contribue en ayant un comportement loyal envers la profession.

1. CE 9 juill. 2007, *Syndicat Entreprises générales de France-Bâtiment travaux publics (EGF-BTP)*, req. n° 297711, *Lebon* ; *AJDA* 2007. 1383 ; *AJDA* 2007. 1593, note J.-D. Dreyfus ; *D.* 2007. 2033, obs. E. Royer ; *RDI* 2007. 423, obs. J.-D. Dreyfus ; *RDI* 2008. 44, obs. R. Noguellou ; *RTD eur.* 2008. 835, Chron. D. Ritleng, A. Bouveresse et J.-P. Kovar.
2. L. n° 71-1130, 31 déc. 1971.
3. CE 2 oct. 2006, req. n° 281632, NP.
4. L. n° 71-1130, 31 déc. 1971, art. 53.
5. CE 2 oct. 2006, *Krikorian*, req. n° 282028, *Lebon* ; *AJDA* 2007. 645, note A.-L. Debono ; *AJDA*. 2006. 1870 ; *D.* 2006. 2710, concl. Y. Aguila ; *AJDA*. 2007. 1380, obs. P. Julien.
6. V. s[s] n° 511.171.
7. Rapport de F.-X. Mattéoli au nom de la Commission des Règles et Usages d'un avant-projet de décision à caractère normatif (DCN) n° 2008-002 portant réforme du RIN intégrant des règles communes de déontologie élaborées en concertation avec les barreaux italien et espagnol, CNB, AG 7-8 nov. 2008.
8. V. s[s] n°s 433.00 s.
9. Décr. n° 91-1197, 27 nov. 1991, art. 115.
10. V. s[s] n°s 432.131 s.
11. CE 28 juin 2004, *Bessis*, req. n° 251897, *Lebon* ; *AJDA* 2004. 1723 ; *AJDA* 2004. 2334, concl. M. Guyomar.
12. Décr. n° 91-1197, 27 nov. 1991, art. 115.
13. Décr. n° 72-468, 9 juin 1972, art. 57.
14. V. s[s] n°s 431.13 s.
15. Civ. 1re, 27 févr. 1985, n° 83-17.025, P I, n° 75.
16. V. s[s] n°s 323.51 s.
17. V. s[s] n°s 323.61 s.
18. R. van Ruymbeke, *Mémoires d'un juge trop indépendant*, Tallandier, 2021, p. 291 s. – F. Molins, « L'indépendance », *in* R. Salis (dir.), *Rendre la Justice*, Calmann-Lévy, 2021, p. 27 s. et not. p. 29.

A.
Indépendance collective de la profession

323.51 **Barreau et bâtonnier, garants de l'indépendance des avocats.** Précisément parce que l'indépendance de l'avocat ne saurait se définir et n'est pas réductible à des critères juridiques, les limites que peuvent poser les textes législatifs et réglementaires en la matière n'étant que de simples présomptions, elle nécessite une appréciation constante du comportement de l'avocat.

Seul le barreau, et le bâtonnier, maître de la discipline[1], sont en mesure de garantir cette indépendance, tant en prévenant et conciliant les atteintes qui pourraient être portées à celle-ci, qu'en sanctionnant les avocats qui viendraient à en obvier la stricte observance.

323.52 **Cas des mandats spéciaux.** Cette question de l'indépendance collective de la profession, demeure prégnante encore de nos jours, face à la multiplication des réglementations catégorielles applicables à tel ou tel type de mandats que l'avocat peut être amené à recevoir de son client[2]. En effet, il peut en découler un certain nombre de règles et, parfois, d'autorités de contrôle, exogènes à la profession d'avocat et pas toujours compatibles avec ses principes propres.

La problématique essentielle[3] n'est pas tant le respect d'une réglementation spécifique à un mandat donné que le fait que l'avocat qui exécuterait un tel mandat se trouve alors en situation d'être soumis au contrôle et aux sanctions d'une autorité de contrôle autre que son barreau, ce qui mettrait alors, suivant la nature de celle-ci, en cause son indépendance.

323.53 **Cas de la représentation d'intérêts.** C'est ainsi que s'agissant de l'exercice l'activité de représentation d'intérêts[4] dans le cadre de l'inscription sur le registre de transparence de l'Union européenne[5], le Conseil national des barreaux avait rappelé l'incompatibilité d'une procédure de sanctions par l'autorité teneuse du registre avec le principe d'autoréglementation professionnelle et d'indépendance des membres de la profession d'avocat à l'égard des pouvoirs publics. Il avait proposé que les violations présumées du code de déontologie annexé au registre de transparence soient instruites par les institutions européennes qui en font rapport au barreau auquel appartient l'avocat concerné, afin que seul le barreau auquel l'avocat appartient puisse prendre les mesures nécessaires s'il le juge opportun[6]. Une autre solution consistant à laisser le soin à l'autorité compétente de prononcer des sanctions mais ce au regard d'un rapport d'enquête déontologique établi par le bâtonnier dont relève l'avocat concerné[7].

Des solutions doivent dès lors être apportées au cas par cas, nécessitant une vigilance constante compte tenu de l'inflation législative en la matière.

B.
Indépendance individuelle de l'avocat

323.61 **Missions de l'avocat.** Le règlement intérieur national rappelle que dans l'accomplissement de ses missions[8], l'avocat demeure, en toutes circonstances, soumis aux principes essentiels et doit s'assurer tout particulièrement de son indépendance[9].

323.62 **Vertu consubstantielle à la profession d'avocat.** Comme l'écrivait Henri-François d'Augusseau : « Tous les hommes aspirent à l'indépendance : mais cet heureux état, qui est le but et la fin de leurs désirs, est celui dont ils jouissent le moins [...]. Un ordre aussi ancien que la magistrature, aussi noble que la vertu, aussi nécessaire que la justice, se distingue par un caractère qui lui est propre ; et seul entre tous les états, il se maintient toujours dans l'heureuse et paisible possession de son indépendance. [...]. Vous donc qui, par une heureuse prérogative, avez reçu du ciel le riche présent d'une entière indépendance, conservez ce précieux trésor, et, si vous êtes véritablement jaloux de votre gloire, joignez la liberté de votre cœur à celle de votre profession »[10].

Ainsi, l'indépendance est une vertu consubstantielle à la profession d'avocat[11]. L'indépendance de l'avocat est une exigence de l'état de droit qui garantit un accès effectif aux conseils juridiques et à la préservation des droits, en assurant un conseil et une défense libres.

323.63 **Devoir absolu.** La charte des principes essentiels de l'avocat européen précise à cet égard que : « L'avocat doit être libre, politiquement, économiquement et intellectuellement, dans l'exercice

1. V. s[s] n°s 511.00 s.
2. V. s[s] n°s 433.60 s.
3. V. s[s] n°s 431.58 s.
4. V. s[s] n° 433.72.
5. RIN, art. 6.3.4.
6. Résolution du CNB portant sur la procédure de traitement des plaintes prévues par le code de conduite annexé au registre de transparence de l'Union européenne, Adoptée à l'unanimité par le CNB, AG 12-13 juin 2015.
7. V. s[s] n°s 511.301 s.
8. V. s[s] n°s 433.21 s.
9. RIN, art. 6.1.
10. H.-F. d'Auguesseau, « L'indépendance de l'avocat », Discours prononcé à l'ouverture des audiences en 1693, *in* A. Dupin, *Profession d'avocat : Recueil des pièces concernant l'exercice de cette profession,* B. Warée aîné, 1830-1832, p. 550.
11. J.-M. Braunschweig, *Profession avocat : Le guide*, Wolters Kluwers, 2014.

de sa mission de conseil et de représentant du client. Ceci signifie que l'avocat doit être indépendant de l'État et des sources de pouvoir comme des puissances économiques. Il ne doit pas compromettre son indépendance suite à une pression indue d'associés commerciaux. L'avocat doit aussi rester indépendant par rapport à son client s'il doit jouir de la confiance des tiers et des cours et tribunaux. En effet, sans l'indépendance vis-à-vis du client, il ne peut y avoir de garantie de qualité du travail de l'avocat. Le statut de membre d'une profession libérale et l'autorité découlant de ce statut aident à maintenir l'indépendance, et les barreaux doivent jouer un rôle important dans la sauvegarde de l'indépendance des avocats. L'autorégulation de la profession est vitale pour maintenir l'indépendance de l'avocat. [...] »[1].

SECTION 2
INDÉPENDANCE, UN ÉTAT PERMANENT DE L'AVOCAT

323.70 **Plan – Déclinaison.** L'avocat doit préserver une indépendance absolue, dans son exercice professionnel (§ 1) et dans ses conditions d'exercice (§ 2), à l'égard de tous, et notamment à l'égard de son client, aussi bien matériellement qu'intellectuellement, exempte de toutes pressions, et notamment de celles résultant de ses propres intérêts ou d'influences extérieures.

L'avocat doit refuser toutes instructions contraires à ses propres critères professionnels, quelle qu'en soit l'origine. Il a le devoir de ne pas accepter un mandat ou de renoncer au mandat déjà reçu quand il considère son indépendance menacée.

Toute violation du principe d'indépendance par l'avocat peut entraîner le prononcé de sanctions disciplinaires.

§ 1
Dans son exercice professionnel

323.80 **Plan.** L'avocat se doit de préserver son indépendance dans son exercice professionnel à l'égard de son client (A), des autres avocats et auxiliaires de justice (B) ainsi que de toutes autres personnes (C).

A.
À l'égard du client

323.91 **Devoir d'indépendance de l'avocat à l'égard de son client.** Quelle que soit la nature de la mission qu'il exerce en vertu du mandat que lui a confié son client, l'avocat se doit ainsi, en toutes circonstances, de veiller à préserver strictement son indépendance à son égard.

Il doit savoir exercer en toute indépendance à l'égard de son client et lui dire non si nécessaire.

323.92 **Indépendance morale et intellectuelle.** L'avocat doit conserver son indépendance morale et intellectuelle à l'égard de son client. Cela implique que l'avocat, qui représente les intérêts de son client[2] mais ne se confond pas avec ceux-ci, soit en mesure de garder le recul et la distance nécessaire pour traiter le dossier dans le meilleur intérêt de son client.

323.93 **Maîtrise de l'argumentation.** Il en découle, notamment que l'avocat bénéficie d'une large indépendance dans l'exécution de sa mission. L'avocat est maître de l'argumentation qu'il présente et peut même avoir une conception différente de celle de son client en ce qui concerne la défense de ses intérêts. Il n'a pas à rendre compte à son client de la manière dont il propose son argumentation[3] (sur la liberté de l'avocat au cours d'une défense pénale, on lira avec intérêt l'exorde de l'avocat Charles Lachaud dans sa plaidoirie dans l'affaire Tropmann[4]).

323.94 **Devoir de déport.** Dès lors que son indépendance risque de ne plus être entière, il appartient à l'avocat de se déporter[5], sans qu'il n'y ait pour autant lieu à caractériser une situation de conflit d'intérêts[6].

C'est pourquoi l'avocat doit pouvoir refuser ou rendre un dossier si, en conscience, il estime devoir le faire dès lors qu'il n'occasionne pas de préjudice à son client[7].

323.95 **Indépendance matérielle.** L'avocat doit, de même, sauvegarder conserver son indépendance matérielle à l'égard de son client. Cela implique, notamment, qu'il veille à ne pas se retrouver en situation de dépendance à l'égard de ce même client, une telle dépendance pouvant être financière, psychologique, amicale, contractuelle[8]...

1. Charte des principes essentiels de l'avocat européen : Principe (a) – L'indépendance et la liberté d'assurer la défense et le conseil de son client.

2. V. s[s] n°s 481.10 s.
3. Civ. 1re, 2 avr. 1963, P I, n° 199 ; *D.* 1963. 439 ; *in* A. DAMIEN, *Les grands arrêts*, Litec, 1991, p. 90.
4. *Plaidoyers de Charles Lachaud recueillis par Félix Sangnier*, Paris, G. Charpentier et Cie, 1889 – Ch. Lachaud, *Le crime de Pantin. Affaire J.-B. Troppmann. Les débats, la défense de Troppmann présentée par le célèbre avocat Lachaud*, Épinal, Pinot et Sagaire, 1870.
5. Décr. n° 2005-790, 12 juill. 2005 relatif aux règles de déontologie de la profession d'avocat, *JO* 16 juill., p. 11688, art. 7 al. 2.
6. V. s[s] n°s 441.00 s.
7. V. s[s] n°s 481.61 s. – Sur la question de savoir si un avocat peut s'occuper d'un dossier d'un membre de sa famille, v. s[s] n° 441.53.
8. Sur cette question, v. s[s] n° 323.125.

Manque ainsi à son devoir d'indépendance, l'avocat qui accepte de servir d'intermédiaire à son client, escroc notoire, dont il était devenu l'ami depuis plusieurs années pour blanchir des produits d'escroqueries au moyen de faux actes de vente[1] ou celui qui, au préjudice de son client, avait acquis, par l'intermédiaire d'une société anonyme dont il était actionnaire majoritaire et mandataire social, le contrôle de sociétés de son client pour un euro symbolique[2]. Il en est de même de l'avocat qui se fait consentir un prêt d'un montant important par son client ce qui, pour la cour d'appel « est interdit comme susceptible de nuire à son indépendance, même si cela n'a pas été le cas »[3].

C'est afin de préserver l'indépendance matérielle de l'avocat que le pacte de *quota litis* est prohibé en ce sens que les honoraires de l'avocat ne doivent pas être liés de manière étroite au profit pécuniaire que le client retire du procès[4].

323.96 **Clientèle dominante.** L'avocat doit ainsi, pour sauvegarder son indépendance, ne pas être dans un lien de subordination vis-à-vis de personnes physique ou morale, dites clientèles dominantes. C'est ainsi que le fait d'être le collaborateur secret ou discret d'officines de recouvrement de créances, de cabinets d'agents affaires, de contentieux d'expropriation ou de « correspondant » d'officiers ministériels ou de groupements sociaux ou politiques, société de conseil ou de réduction de coûts, doit être considéré comme contraire au devoir d'indépendance de l'avocat.

Une cour d'appel a pu, dans le cadre d'une procédure avec représentation obligatoire, demander à une caisse de sécurité sociale de « faire notifier par son conseil des conclusions en cohérence avec le principe d'indépendance attaché à la profession d'avocat », après avoir constaté que, nonobstant la transmission via le Rpva, la « forme des conclusions notifiées au nom de la caisse par son avocat ne respecte pas le principe d'indépendance attaché à la profession d'avocat et rappelé solennellement dans la formule du serment que les avocats prêtent et énoncée à l'article 3 de la loi du n° 71-1130 du 31 décembre 1971 ». En l'occurrence, les deux jeux de conclusions notifiées pour le compte de la caisse avaient été établis sur le papier en tête de la caisse avec mention à la fin du Directeur de la caisse, étant relevé que ces conclusions ne portaient aucun cachet d'avocat[5].

1. Colmar, 1er juill. 2015, RG n° 14/04.926 ; *Gaz. Pal.* 11-12 déc. 2015, p. 17, note D. Landry et J. Villacèque.
2. Paris, 1re ch. sec. F, 6 juill. 2006, RG n° 05/23942.
3. Paris, pôle 2, ch. 1, 11 janv. 2018, RG n° 16/14854 ; – MÊME SENS : CD Paris, arr. 27 févr. 2018, n° 3, n° 265208.
4. V. ss nos 711.101 s.
5. Amiens, ch. éco., 26 janv. 2017, RG n° 15/00167.

323.97 **Avocat en entreprise.** Le débat sur l'exercice de la profession d'avocat en entreprise[6], notamment dans le cadre d'un statut de salarié[7], illustre à la fois l'impossible définition de la notion d'indépendance et les excès auxquels peut conduire l'invocation du principe d'indépendance. La CJUE fait ainsi prévaloir une appréciation objective du principe d'indépendance, pour considérer que « la notion d'indépendance de l'avocat est définie non seulement de manière positive, à savoir par une référence à la discipline professionnelle, mais également de manière négative, c'est-à-dire par l'absence d'un rapport d'emploi »[8].

Cette jurisprudence, élaborée dans le cadre des perquisitions effectuées par les autorités de la concurrence européennes dans le cadre de la recherche d'infractions aux droits européens de la concurrence, puis étendue à l'examen de la recevabilité même des recours devant les juridictions européennes[9], est éminemment discutable en tant qu'elle pose un postulat objectivant un cas d'absence d'indépendance (le rapport d'emploi) ce qui est antinomique avec la notion même d'indépendance, et qu'elle ne prend pas en compte la distinction entre l'indépendance technique, intellectuelle, et l'indépendance dans l'organisation des conditions de travail[10], seule la première devant, et pouvant, être garantie pour assurer pleinement l'indépendance de l'avocat[11]. Elle masque, en outre, dans le second cas, un contrôle de la déontologie des avocats par la CJUE elle-même, sanctionnant des situations de conflits d'intérêts, au détriment des prérogatives des institutions ordinales dont les avocats relèvent, en principe, de manière exclusive[12].

De manière tout aussi discutable, le Conseil d'État a également pu considérer, s'agissant de la domiciliation d'un cabinet d'avocat au sein d'une entreprise, que « ces conditions d'exercice sont

6. V. ss nos 022.12 et 323.97 s.
7. *L'avocat en entreprise : un avocat de plein exercice*, Rapport du groupe de travail de l'UJA de Paris adopté lors de la commission permanente du 22 févr. 2021 – CNB, Avant-projet de loi visant à créer à titre expérimental un « avocat salarié d'une entreprise », Motion, AG 22 janv. 2021.
8. CJUE 14 sept. 2010, *Akzo Nobel Chemicals et Akcros Chemicals/Commission*, aff. C-550/07 ; *JOUE* 6 nov., p. 2, pt 45 – CJUE 6 sept. 2012, *Prezes Urzedu Komunikacji Elektronicznej (Puke)*, aff. C 422/11 P et C-423/11 P, pt 24 ; *JCP* 2012. 1288, note E. Morgan de Rivery et A. Noël-Baron.
9. CJUE, 4 févr. 2020, *Uniwersytet Wrocławski c/REA*, aff. C 515/17 P, C 561/17 P ; *Gaz. Pal.* 12 mai 2020, p. 25, note D. Piau ; *Gaz. Pal.* 2 juin 2020, p. 38, obs. B. de Belval ; *Gaz. Pal.* 2 juin 2020, p. 39, obs. A. Lizop ; *D.* 2021. 109, obs. Th. Wickers.
10. V. ss nos 813.31 s.
11. Civ. 1re, 10 janv. 1995, nos 92-18.762, 92-44.501, P I, n° 23.
12. D. Piau, « Indépendance, j'écris ton nom... », *Gaz. Pal.* 12 mai 2020, p. 25 – V. ss nos 523.371 s.

susceptibles de placer les avocats concernés dans une situation de dépendance matérielle et fonctionnelle vis-à-vis de l'entreprise qui les héberge et mettent ainsi en cause les règles essentielles régissant la profession d'avocat d'indépendance et de respect du secret professionnel »[1]. La Belgique a, pour sa part, permis à l'avocat d'exercer au sein d'une entreprise[2] en prévoyant, notamment, que : « L'avocat qui exerce son activité en entreprise s'assure qu'il peut exercer son activité en conservant une totale indépendance structurelle et fonctionnelle vis-à-vis de l'entreprise et ne peut, en particulier, accepter aucun rapport de subordination vis-à-vis de l'entreprise »[3].

B.
À l'égard des auxiliaires de justice

323.101 L'avocat doit manifester son indépendance vis-à-vis des auxiliaires de justice. L'avocat doit également veiller à faire preuve d'indépendance à l'égard des auxiliaires de justice. Le fait que magistrats, greffiers, avocats, experts judiciaires, huissiers... travaillent tous à l'élaboration de la justice ne doit, sous aucun prétexte, conduire à l'avocat de manifester une familiarité qui pourrait faire accroire au public que tel avocat jouit d'un régime particulier.

De même l'avocat ne se laissera pas interrompre et ne devra pas permettre, au nom de l'indépendance même, que les magistrats parlent pendant qu'il plaide[4].

323.102 Indépendance lors de l'instruction. C'est ainsi que l'avocat doit, outre son souci d'être un partenaire de justice complet, manifester son indépendance à l'égard de tout juge d'instruction[5]. Il doit garder la distance et le recul qui siéent à la défense des intérêts de son client[6] et au strict respect des droits de la défense de celui-ci.

Par conséquent, il ne devra pas tolérer que la rédaction du procès-verbal d'audition d'un client s'éloigne, sous prétexte de la mettre en français, de l'interprétation littérale de ce que le client a voulu exprimer. De même, il devra poser toutes les questions qu'il estime en toute liberté, mais après les avoir suffisamment préparées pour ne pas interrompre le juge d'instruction dans la direction de l'interrogatoire qui lui appartient[7].

323.103 Relations avec les experts judiciaires. L'expert judiciaire est un technicien désigné par le tribunal pour l'aider dans sa mission de justice[8], c'est donc un auxiliaire de justice indépendant vis-à-vis des parties, il n'est pas moins tenu aux mêmes devoirs que tous les auxiliaires de justice, c'est-à-dire qu'il est au service de la justice et tenu à un devoir de réserve[9].

L'avocat devra se garder de toute servilité vis-à-vis de ces auxiliaires de justice et s'il doit loyalement collaborer avec eux, il n'oubliera pas qu'ils travaillent sous le contrôle du magistrat qui devra être saisi de tous les incidents qui pourraient faire douter de la sérénité, de l'objectivité ou des talents de l'expert judiciaire.

C.
À l'égard de toutes autres personnes

323.111 Préservation de l'indépendance de l'avocat. L'avocat doit, en toutes circonstances, veiller à préserver son indépendance, non seulement à l'égard de son client et des auxiliaires de justice, mais également à l'égard de toute autre personne.

C'est ainsi que fit l'objet d'une radiation un avocat qui, travaillant pour les services secrets et rémunéré par eux, avait transmis à ceux-ci des confidences de son client[10]. Pour ces faits, le bénéfice de l'amnistie lui a par la suite été refusé[11].

323.112 Prohibition du partage d'honoraires et de l'apport d'affaires. Le partage d'honoraire est prohibé par l'article 11.4 du RIN qui précise qu' : « Il est interdit à l'avocat de partager un honoraire quelle qu'en soit la forme avec des personnes physiques ou morales qui ne sont pas avocats », de même que l'apport d'affaires est prohibé par l'arti-

1. CE 29 janv. 2018, req. nº 403101, *Conférence des Bâtonniers et autres, Lebon ; AJDA* 2018. 189 ; *AJDA* 2018. 634, concl. L. Dutheillet de Lamothe ; *D.* 2019. 91, obs. T. Wickers ; *D. avocats* 2018. 109, obs. F. G'sell ; *Gaz. Pal.* 6 févr. 2018, p. 26, obs. Ph. Graveleau ; *Gaz. Pal.* 27 mars 2018, p. 32, obs. S. Roussel ; *Gaz. Pal.* 13 févr. 2018, p. 14, note Th. Wickers ; *JCP* 2018. 588, nº 13, obs. L. Jariel ; *Gaz. Pal.* 5 juin 2018, p. 27, obs. B. de Belval ; *D.* 2019. 92, obs. Th. Wickers.
2. Règl. du 11 juin 2018 de l'Ordre des barreaux francophones et germanophone insérant dans le titre 4 du code de déontologie de l'avocat un chapitre 11 intitulé « L'avocat en entreprise ».
3. Code de déontologie de l'avocat Belge, art. 4.101 ; – AUSSI : Barreau du Québec, *Guide pratique de déontologie pour les avocats en entreprise*, 2ᵉ éd., 2019.
4. A. Damien, *Le barreau quotidien*, Henri Lefebvre, 1971, p. 48 s.
5. V. sˢ nᵒˢ 472.91 s.
6. V. sˢ nᵒˢ 481.10 s.
7. Sur la relation entre avocat et juge d'instruction : A. Damien, *Être avocat aujourd'hui*, Apil, 1976, p. 158 s.
8. V. sˢ nᵒˢ 433.21 s.
9. AUSSI : T. Moussa (dir.), *Droit de l'expertise*, 4ᵉ éd., « Dalloz Action », 2020.
10. Paris, 27 avr. 1988, *Gaz. Pal.* 12 juill. 1988, p. 14, note A. Damien.
11. Paris, 22 févr. 1989, *Gaz. Pal.* 1989. 616 – Sur cette affaire, v. sˢ nº 412.253.

cle 11.3 du RIN qui prévoit que : « la rémunération d'apports d'affaires est interdite. »

Ces prohibitions en matière d'honoraires, qui ne s'appliquent pas dans les rapports entre avocats[1] sont destinées à garantir l'indépendance de l'avocat à l'égard de tout tiers.

§ 2
Dans ses conditions d'exercice

323.121 **Domicile professionnel.** Le domicile professionnel de l'avocat doit lui permettre de respecter les principes essentiels de la profession, et notamment le principe d'indépendance, à l'égard de toute autre personne qui pourrait être amenée à être domiciliée ou exercer dans les mêmes locaux[2].

323.122 **Modalités d'exercice et indépendance.** On s'est longtemps demandé si le regroupement des avocats, soit dans une société, soit en association, ou l'exercice de la profession dans le cadre d'un contrat de collaboration libérale ou de travail, n'était pas une atteinte à l'indépendance de l'avocat en raison des liens, capitalistiques ou contractuels, ainsi créés.

La question de l'indépendance de l'avocat dans le cadre d'un contrat d'avocat salarié a, ainsi, fortement agité le landerneau doctrinal au moment de la fusion avec les conseils juridiques[3].

D'une manière générale les modalités d'exercice de l'avocat ne doivent pas mettre en cause son indépendance qui doit être garantie en toutes circonstances.

323.123 **Collaboration libérale et salariat.** C'est ainsi que les clauses des contrats de collaboration libérale[4] ou contrat de travail[5] de l'avocat ne peuvent pas porter atteinte à l'indépendance de l'avocat[6]. S'agissant de l'avocat salarié, il est expressément précisé qu'il n'est soumis à un lien de subordination à l'égard de son employeur que pour la détermination de ses conditions de travail[7].

C'est pourquoi le contenu des contrats est encadré et soumis au contrôle du conseil de l'Ordre[8].

323.124 **Exercice en groupe.** Les groupements au sein desquels s'exerce la profession d'avocat, qu'ils soient d'exercice ou de moyens, doivent également permettre à l'avocat de respecter ses règles déontologiques et notamment le principe d'indépendance[9].

Ainsi, lorsque plusieurs avocats sont associés au sein d'un groupement d'exercice, ce compris pluriprofessionnel en cas d'exercice au sein d'une SPE[10], ils doivent, quelles que soient la répartition et la propriété du capital, préserver leur indépendance[11].

Il en est de même en cas de recours à des supports de l'exercice professionnel[12], tels que les structures de moyens[13], structures d'exercice, réseaux pluridisciplinaires[14], convention de collaboration interprofessionnelle[15], les SPFPL[16] : le recours à de tels supports ne doit pas être de nature à conduire l'avocat à se retrouver en situation de dépendance à l'égard d'autres avocats, de tiers associés ou non ou de toute autre personne.

Le critère de détention capitalistique, et dont les règles sont fixées par les articles 8 de la loi du 31 décembre 1971 et 5 et 6 de la loi du 31 décembre 1990, comme critère d'indépendance apparaît à cet égard pour le moins discutable[17].

323.125 **Exercice en groupe – Transparence.** L'appréciation de la préservation du principe d'indépendance dans le cadre de l'exercice en groupe, de quelque nature que ce soit, implique une nécessaire transparence de la part de l'avocat vis-à-vis de ses instances ordinales quant aux conventions qui encadrent son exercice professionnel[18].

C'est ainsi qu'a été sanctionné d'une radiation pour avoir manqué gravement au principe d'indépendance, ainsi que de loyauté, de confraternité, de courtoisie et aux articles 16.2, 16.5 et 16.8 du RIN, un avocat qui, affilié à un cabinet d'audit et d'expertise comptable, reversait des sommes importantes et des honoraires à ce même cabinet d'audit, et laissait s'opérer une confusion entre son propre cabinet d'avocats et le cabinet d'audit en utilisant des plaquettes, une dénomination, un papier en tête, et

1. V. s[s] n°s 711.81 s.
2. V. s[s] n° 222.12.
3. V. s[s] n°s 813.31 s.
4. L. n° 2005-882, 2 août 2005, art. 18 – RIN, art. 14.
5. L. n° 71-1130, 31 déc. 1971, art. 7, al. 4.
6. V. s[s] n° 812.123.
7. L. n° 71-1130, 31 déc. 1971, art. 7, al. 2 – RIN, art. 14.1 – Civ. 1re, 10 janv. 1995, n°s 92-18.762, 92-44.501, P I, n° 23 – Sur la divisibilité entre l'indépendance technique, intellectuelle et l'indépendance dans la détermination des conditions de travail, v. s[s] n°s 813.31 s.
8. Décr. n° 91-1197, 27 nov. 1991, art. 133, 4[o] et 139, 4[o] – V. s[s] n° 812.204.
9. L. n° 90-1258, 31 déc. 1990, art. 6, 31-1 et 31-8.
10. L. n° 90-1258, 31 déc. 1990, art. 31-8 – Ord. n° 2016-394, 31 mars 2016 relative aux sociétés constituées pour l'exercice en commun de plusieurs professions libérales soumises à un statut législatif ou réglementaire ou dont le titre est protégé, *JO* 1er avr., n° 51, art. 3.
11. V. s[s] n°s 811.221 s.
12. V. s[s] n°s 811.230 s.
13. V. s[s] n°s 441.81 s.
14. RIN, art. 16.
15. RIN, art. 18.3.
16. V. s[s] n°s 811.243 s.
17. V. s[s] n°s 812.45.
18. V. s[s] n°s 511.171 s.

un logo commun à ce dernier, ainsi que l'adresse des autres structures françaises du cabinet d'audit, dans les locaux duquel il était installé, et qui avait, de surcroît, refusé de justifier des conditions dans lesquelles il était lié à ce cabinet d'audit[1].

1. CD Paris, arr. 30 déc. 2011, n° 213583 ; – COMP. : Civ. 1re, 9 déc. 2015, n° 14-28.237, P I ; *Gaz. Pal.* 19 avr. 2016, p. 21, note D. Landry.

CHAPITRE

324. Probité

SECTION 0

ORIENTEUR

324.00 **Sommaire du chapitre.**

Division. Le principe de probité s'articule principalement avec celui d'honneur (sect. 1), et s'impose à l'avocat tant dans le cadre de l'inscription au tableau (sect. 2) qu'à l'occasion de l'exercice de sa profession (sect. 3).

324.01 **Textes applicables.**

TEXTES TITRÉS

• **L. n° 71-1130, 31 déc. 1971**

art. 3, al. 2 [Serment]

art. 11, 4° [Accès à la profession]

art. 17, 3° [Mission du conseil de l'Ordre – Inscription au tableau]

• **Décr. n° 2005-790, 12 juill. 2005**

art. 3 [Liste des seize principes]

• **Décr. n° 91-1197, 27 nov. 1991**

art. 183 [Sanctions disciplinaires]

• **RIN**

art. 1.3 [Liste des dix-sept principes]

324.02 **Jurisprudence de référence.**

Dans le cadre de l'inscription au tableau > Candidat à l'inscription ayant fait l'objet de condamnations pénales

• **Grenoble, 28 oct. 2014,** RG n° 14/00276.

* V. s^s n° 324.73.

« La décision du conseil de l'Ordre des avocats ayant refusé l'accès à la profession d'avocat aux motifs que le candidat avait fait l'objet de condamnations pénales, présente une attitude délinquante contraire à l'honneur et à la probité et a déposé des plaintes à l'encontre de deux autres avocats qui constituent un manquement au principe de modération doit être confirmée. L'article 11, 4e de la loi du 31 décembre 1971 prévoit en effet que nul ne peut accéder à la profession d'avocat s'il a été l'auteur de faits ayant donné lieu à condamnation pénale pour agissements contraires à l'honneur, à la probité ou aux bonnes mœurs. Cette disposition, qui n'a pas lieu d'être interprétée restrictivement, impose que soient examinés les éléments de preuve allégués susceptibles de caractériser l'amendement de l'intéressé et d'établir son aptitude à exercer la profession d'avocat en conformité avec ses principes essentiels. Or, si le candidat prétend avoir fait les preuves de sa réinsertion et invoque les efforts qu'il a fournis pour s'amender, et si les trois premières condamnations pénales dont il a fait l'objet sont anciennes et portent sur des faits commis alors qu'il était mineur ou jeune majeur, tel n'est pas le cas en revanche de sa dernière condamnation en date du 24 juin 2013 portant sur des faits de rébellion en réunion commis en 2011 alors qu'il était âgé de 25 ans et avait achevé son parcours universitaire. Il ressort de cette procédure que le candidat alors accompagné de sa sœur et présentant des signes extérieurs d'ivresse pour avoir bu six bières a saisi le bras du policier, brigadier-chef, venu l'interpeller sur la voie publique puis a serré le poing, comme s'il voulait le frapper. Cette attitude brutale et agressive s'est encore manifestée lors de son stage professionnel à l'égard de deux avocats contre lesquels il a estimé devoir déposer plainte, saisissant le bâtonnier. Il apparaît encore que, lors de l'audience de la chambre correctionnelle où il comparaissait pour les faits de rébellion en réunion, le candidat a reproché à l'avocat de la partie civile d'avoir été agressif à son égard, injurieux et outrageant et qu'il n'a pas supporté que cet avocat lui dise qu'il pratiquait "une défense de voyou", le candidat se vantant de pratiquer une défense de rupture. De tels comportements apparaissent totalement inadaptés au regard des qualités de modération et des vertus de dignité et d'honneur attendues d'auxiliaires de justice soumis aux règles de déontologie de leur profession de sorte que le candidat ne saurait se prévaloir d'un amendement suffisant. Il importe peu dans ces conditions que le candidat ait été bien noté au cours de son stage professionnel et fournisse des appréciations générales sur son comportement qui ne sont pas de nature à remettre en cause l'absence d'amendement. »

> Candidat à l'inscription ayant fait l'objet de poursuites pénales pour prostitution

• **Civ. 1re, 19 janv. 1994,** n° 92-10.260, NP.

* V. ss nos 221.34, 324.93.

« Mais attendu que la cour d'appel a, d'abord, rappelé qu'il ressortait de l'enquête pénale que l'attention de Mme X... devait immanquablement être attirée par l'origine suspecte des fonds importants remis par la locataire-gérante de son institut de soins corporels et esthétiques où s'exerçait en réalité une activité de prostitution ; qu'elle a, ensuite, exactement décidé qu'en omettant d'informer le conseil de l'Ordre de Paris des poursuites pénales dont elle avait été l'objet, Mme X... avait, en outre, manqué à son obligation d'"entière loyauté" à l'égard du barreau qui se disposait à l'accueillir ; que, dès lors, elle a souverainement estimé que cette requérante ne présentait pas, malgré la qualité des renseignements ultérieurement recueillis sur son compte, les garanties de dignité, d'honorabilité et de probité nécessaires pour son inscription au barreau de Lyon, et sans encourir les griefs des moyens, fait une exacte application des dispositions des articles 17 de la loi du 31 décembre 1971 et 19 du décret du 9 juin 1972 ; »

> Candidat à l'inscription s'étant livré à des agissements contraires à la probité

• **Civ. 1re, 13 oct. 1995,** n° 94-16931, P I, n° 337.

* V. ss nos 221.35, 324.31, 324.91.

« Attendu, ensuite, que la cour d'appel a, d'une part, relevé l'indélicatesse de Mme X..., qui, dans une procédure pénale la concernant, avait non seulement accepté de recevoir le greffier du Registre du commerce et d'entendre le compte rendu de son audition par la gendarmerie, mais encore enregistré sur magnétophone le rapport établi par ce témoin pour ses supérieurs hiérarchiques, et, d'autre part, constaté les irrégularités et illégalités commises par l'intéressée lors de la constitution de sociétés pour des clients ; qu'en l'état de ces énonciations et constatations, elle a, par une appréciation souveraine, retenu que Mme X... ne possédait pas les qualités de probité et de désintéressement nécessaires pour exercer la profession d'avocat ; qu'elle a ainsi légalement justifié sa décision. »

Dans le cadre de l'exercice de la profession > Avocat se livrant à une dissimulation

• **Civ. 1re, 16 juin 1981,** n° 80-13.074, P I, n° 215

* V. ss n° 324.135.

> Transmission de correspondance clandestine par un avocat

• **Aix-en-Provence, 15 mars 1982.**

* V. ss nos 324.136, 331.52.

« Le fait pour un avocat de servir d'intermédiaire pour la transmission de correspondance clandestine entre son client détenu pour proxénétisme et une prostituée, incitant cette dernière à intensifier son activité peu recommandable, constitue un fait contraire à l'honneur, puisque par serment l'avocat s'est engagé à respecter les règles de son ordre ainsi que les règlements et notamment ceux qui interdisent et répriment la transmission clandestine de correspondance. »

> Avocat se livrant à un chantage

• **Civ. 1re, 10 janv. 1984,** n° 82-16968, P I, n° 8.

* V. ss nos 324.135, 451.55, 522.478.

« La faute reprochée à un avocat consistant à avoir, par correspondance, usé de pression et de menaces en vue d'amener une personne à payer une somme de 20 000 francs qu'elle avait déjà réglée et qui représentait une créance douteuse, c'est sans excéder les limites de sa saisine qu'une cour d'appel [...] a relevé que l'avocat avait écrit des lettres de sommation assorties de menaces et qu'il avait ainsi, en prêtant son concours à sa cliente pour une tentative de récupération de créance douteuse, tentative qui s'apparentait à une forme larvée de chantage, commis un manquement à la délicatesse. »

> Utilisation des fonds des clients pour les besoins personnels de l'avocat

• **Civ. 1re, 4 mai 1982,** NP.

* V. ss n° 324.142.

324.03 Bibliographie indicative.

* Aussi : v. ss n° 32.03.

Thèse. J.-M. Brigant, *Contribution à l'étude de la probité*, Puam, 2012.

Encyclopédies. *J.-Cl. Civ. Annexes, Avocat*, fasc. 30 : avocats, Obligations et prérogatives.

Articles. D. Piau, « De l'art abstrait de la maîtrise du tableau », *Gaz. Pal.* 6-8 janv. 2013, p. 9 – J. Savoye, « La notion de manquement à l'honneur, à la probité et aux bonnes mœurs », *D.* 1968. 105.

SECTION 1
DÉFINITION ET ARTICULATION AVEC D'AUTRES PRINCIPES

324.11 **Définition.** Du latin, *probitam*, de *probus*, probe. La probité consiste à respecter les devoirs imposés par la justice et l'honnêteté. C'est la probité intellectuelle qui est visée ici, c'est-à-dire une honnêteté scrupuleuse dans le comportement. Elle se définit comme l'exacte régularité à remplir tous les devoirs de la vie civile[1]. La probité, c'est l'honnêteté, la droiture, et l'intégrité.

Mais la probité est uniquement relative aux devoirs envers autrui et aux devoirs de la vie civile. À l'intégrité s'attache l'idée particulière d'une pureté qui ne se laisse entamer ni corrompre[2]. Il s'agit d'une appréciation portée sur le comportement de l'avocat, d'un jugement de valeur.

324.12 **Faits contraires à la probité.** Certains des faits contraires à la probité sont identifiables avec certitude, dans la mesure où ils sont décrits dans le code pénal au livre IV, titre III, chapitre II, section III : « Des manquements au devoir de probité ». Il s'agit notamment de la concussion, de la corruption passive, du trafic d'influence, de la prise illégale d'intérêts, de l'atteinte à la liberté d'accès et à l'égalité des candidats dans les marchés publics et les délégations de service public, de la soustraction et du détournement de biens[3].

Mais cette liste est loin d'être exhaustive et la notion de probité, comme celle d'honneur, est assez élastique et extensive et se laisse par conséquent difficilement caractériser en dehors des circonstances concrètes.

En réalité, le recours au concept de probité est surtout utilisé négativement, pour caractériser un manquement à ce principe essentiel. Seule l'analyse de la jurisprudence peut donner une certaine idée de ce qu'il faut entendre par faits contraires à la probité.

324.13 **Évolution.** La probité est le premier des principes essentiels, celui qui a toujours occupé une place de choix dans la déontologie des avocats.

Dans la quatrième partie des *Règles pour former un avocat*, intitulée « des qualités de l'avocat », Pierre Biarnoy de Merville indique d'emblée que : « pour arriver à la perfection de son état, un avocat doit joindre à l'éloquence la capacité et la probité ; car un avocat n'est guère moins puissant par sa vertu, que par sa science, et il ne gagne pas moins la créance par ses mœurs, qu'il peut enchanter l'oreille par ses discours : ce qui fait dire à un ancien, que la probité était le principal instrument de la persuasion ; que la mauvaise vie d'un orateur, faisait un grand tort à ses actions publiques, et que les vérités les plus claires étaient suspectes dans sa bouche. »[4]

De même François-Étienne Mollot note-t-il que : « Si le style est tout l'homme, la probité est tout l'avocat. On peut même dire qu'elle résume toutes les qualités qui lui sont nécessaires ; car il a pour mission de persuader, et l'on ne persuade pas, si l'on n'est honnête homme. »[5]

324.14 **Devoir particulier de probité.** De fait, l'on peut sans conteste dire que l'avocat est soumis à un devoir particulier de probité[6], principe consacré dans l'ensemble des autres déontologies professionnelles, et affirmé comme l'un des trois principes fondamentaux dans la fonction publique[7].

La Cour de cassation précise même que les manquements à la probité qui constituent des infractions disciplinaires ne requièrent pas la constatation de l'intention frauduleuse, élément constitutif d'une infraction pénale[8].

324.15 **Probité et honneur.** La probité est proche de l'honneur, et les manquements qui portent atteinte à la probité portent également, en principe, atteinte à l'honneur de la profession[9].

L'une des définitions de l'honneur renvoie au demeurant à la qualité qui porte à faire des actions nobles ou courageuses, soit la vertu et la probité[10] ce n'est pas celle qui nous intéressera[11].

En réalité, là où l'honneur renvoie à l'honneur de la profession d'avocat et de ses membres, la probité renvoie aux actes réalisés par la personne de l'avocat concerné.

324.16 **Absence d'effets de l'amnistie et de la réhabilitation.** Au même titre que l'honneur[12], la probité est un principe « à part », dans la mesure où les faits contraires à la probité sont considérés comme particulièrement graves.

1. E. Littré, *Le Dictionnaire de la langue française*, Paris, Hachette, 1874, v° *Probité*, p. 1329.
2. E. Littré, *op. cit.*, p. 1329.
3. Ministère de la Justice, DACG, Pôle d'évaluation des politiques pénales, « Manquements à la probité : éléments statistiques », févr. 2020.
4. P. Biarnoy de Merville, *Règles pour former un avocat*, 1711, *in* A.-G. Boucher d'Argis, *Règles pour former un avocat*, Durand, 1758 ; Maxtor 2015, p. 381.
5. Mollot, 1re éd., 1842, p. 10.
6. Y. Avril, *Responsabilité des avocats,* 4e éd., « Dalloz Référence », 2021, n° 212.00 s.
7. Ch. Vigouroux, *Déontologie des fonctions publiques,* 2e éd., « Dalloz Référence », 2012, n° 11.
8. Civ. 1re, 10 mars 1992, n° 90-20.360, P I, n° 76 ; *D.* 1992. 121 ; *Gaz. Pal.* 1992. Pan. 210.
9. V. ss nos 331.11 s.
10. E. Littré, *Le Dictionnaire de la langue française*, Paris, Hachette, 1874, v° *Honneur*, p. 2041.
11. V. ss n° 331.12.
12. V. ss nos 331.11 s.

Cela explique pourquoi les lois d'amnistie[1] excluent de leur bénéfice les fautes qui constituent des manquements à la probité ou à l'honneur[2]. Il est alors nécessaire, à l'occasion d'une amnistie, de caractériser si les faits sont contraires à l'honneur ou à la probité[3].

S'agissant des lois d'amnistie, la faute contraire à l'honneur vise essentiellement les faits à caractère frauduleux, c'est-à-dire les faits qui mettent en cause l'honnêteté, la probité ; les faits dans lesquels le goût du lucre a été le moteur de la mauvaise action commise par le délinquant.

C'est ainsi que constitue un manquement aux principes d'honneur, de probité et de délicatesse qui échappe à la loi d'amnistie, le fait d'avoir tenté de contourner les dispositions destinées à garantir et à protéger le secret professionnel de l'avocat[4], en sollicitant la mise en examen d'un confrère pour le contraindre à communiquer un document couvert par ledit secret[5].

En outre, l'amnistie[6], comme la réhabilitation[7], ne fait pas obstacle à la possibilité, tant dans le cadre de l'inscription au tableau[8] que dans le cadre d'une procédure disciplinaire[9], de prendre en compte les faits ayant donné lieu à une condamnation pénale pour apprécier s'ils sont constitutifs d'une atteinte à l'honneur ou à la probité.

SECTION 2
PROBITÉ DANS LE CADRE DE L'INSCRIPTION AU TABLEAU

324.20 **Plan.** Dans le cadre de l'inscription au tableau, le principe de la probité a été mis à l'épreuve de la constitutionnalité et de la conventionnalité (§ 1) et s'impose tant dans le cadre de faits ayant donné lieu à une condamnation pénale ou à des sanctions disciplinaires ou administratives (§ 2) que dans le cadre d'un devoir général de probité dont le conseil de l'Ordre est le gardien (§ 3).

§ 1
Principe, constitutionnalité et conventionnalité

324.31 **Principe.** Une personne ayant commis des agissements contraires à la probité ne peut être admise dans la profession d'avocat. Pour la Cour de cassation, le conseil de l'Ordre, chargé de veiller au respect des principes régissant la profession, est tenu de vérifier, en toutes circonstances, la moralité de l'impétrant[10]. En effet :

1° D'une part, les articles 11, 4°, et 5° de la loi du 31 décembre 1971 imposent comme condition d'accès à la profession d'avocat le fait de n'avoir pas été l'auteur de faits ayant donné lieu à condamnation pénale[11], ou à une sanction disciplinaire ou administrative de destitution, radiation, révocation, de retrait d'agrément ou d'autorisation[12], pour des agissements contraires à l'honneur ou à la probité[13] ;

2° D'autre part, et en tout état de cause, l'article 17, 3°, de la loi du 31 décembre 1971 donne, dans tous les cas, un pouvoir d'appréciation au conseil de l'Ordre dans l'objectif de « maintenir les principes de probité, de désintéressement, de modération et de confraternité sur lesquels repose la profession et d'exercer la surveillance que l'honneur et l'intérêt de ses membres rendent nécessaire », afin de refuser l'inscription d'un postulant[14].

324.32 **Moment de l'appréciation.** Cette double appréciation de la probité a vocation à avoir lieu non seulement lors de la première demande d'inscription au tableau, au moment de la prestation de serment[15], qu'à l'occasion de toute nouvelle demande d'inscription au tableau (qu'il s'agisse d'une réinscription ou d'un transfert d'un barreau à un autre)[16] suite à une omission qu'elle soit volontaire (démission)[17],

1. V. s^s^ n° 312.63.
2. EN DERNIER LIEU : L. n° 2002-1062, 6 août 2002 portant amnistie, *JO* 9 août, p. 13647, art. 11 – Civ. 1re, 10 oct. 2019, n° 18-21.966, P I ; *D.* 2019. 2044 ; *Gaz. Pal.* 29 oct. 2019, p. 36, obs. C. Berlaud ; *JCP* 2019. 1111 ; *JCP* 2019. 1111 ; *D.* 2019. 2044 ; *D.* 2020. 115, obs. Th. Wickers ; *Gaz. Pal.* 2 juin 2020, p. 41, obs. D. Landry, J. Villacèque ; – MÊME SENS DANS LA MÊME AFFAIRE : Paris, pôle 2, ch. 1, 19 sept. 2019, RG nos 16/11977, 18/23915 – pourvoi rejeté par : Civ. 1re, 30 juin 2021, n° 19-23.722, NP.
3. V. ss nos 312.63 et 523.451 s.
4. V. ss nos 411.11 s.
5. Paris, 26 mars 2003, *Gaz. Pal.* 2003. Somm. 1125.
6. V. ss nos 312.63 s.
7. Civ. 1re, 1er juill. 2015, n° 13-17.152, P.
8. Montpellier, 1re ch. sect. AS, 18 juill. 2012, RG n° 12/03232 ; – SUR RENVOI DE : Civ. 1re 8 mars 2012, n° 11-12.331 ; – CASSANT : Aix-en-Provence, 16 déc. 2010, RG n° 10/11220.
9. Paris, 26 mars 2003, *Gaz. Pal.* 2003. Somm. 1125 – V. ss n° 312.63.
10. Civ. 1re, 12 nov. 2015, n° 14-25.799, P I ; *D.* 2015. 2386 ; – REJETANT POURVOI CONTRE : Paris, pôle 2, ch. 1, 25 sept. 2014, RG n° 13-01833.
11. L. n° 71-1130, 31 déc. 1971, art. 11, 4°.
12. L. n° 71-1130, 31 déc. 1971, art. 11, 5°.
13. V. ss nos 324.40 s.
14. Civ. 1re, 15 oct. 1975, P I, n° 273 ; *Gaz. Pal.* 1976. 1. 66, note A. Damien – Civ. 1re, 3 oct. 1995, n° 94-16.931, P I, n° 337 ; *D.* 1995. 224 – V. ss nos 324.91 s.
15. V. ss nos 223.11 s.
16. V. ss nos 241.11 s. et 523.104.
17. Civ. 1re, 30 mai 2013, n° 12-22.253, NP – Montpellier, 1re ch. sec. AS, 18 juill. 2012, RG n° 12/03232 – Toulouse, 6e ch., 14 déc. 2016, RG n° 16/05286 ; *D. actu.* 9 janv. 2017, note A. Portmann – Paris, pôle 4, ch. 13, 18 mars 2021, RG n° 19/22164.

financière[1] ou pour toute autre cause[2], ou à une radiation[3], ou encore d'une demande d'ouverture d'un bureau secondaire[4].

Encore faut-il qu'il s'agisse d'une demande d'inscription au tableau d'un barreau : le conseil de l'Ordre ne saurait refuser, motif pris d'un manquement à la probité, une demande d'inscription d'un avocat européen souhaitant exercer sous son titre professionnel d'origine sur la liste spéciale prévue à cet effet, laquelle inscription est « de droit »[5].

324.33 **Réinscription après une radiation – Renvoi.** Sur la question de la réinscription d'un avocat après une radiation, v. s^s n°s 523.191 s.

324.34 **Constitutionnalité.** La Cour de cassation a été saisie d'une QPC relativement aux articles 11, 4°, et 17, 3°, de la loi du 31 décembre 1971 en ce qu'il méconnaîtrait la liberté d'entreprendre, en ne définissant pas, de manière suffisamment précise, les faits de nature à empêcher l'inscription au barreau et les conditions requises pour regarder l'intéressé comme ayant rapporté la preuve d'un amendement susceptible, et en ne fixant pas de durée maximale à l'interdiction d'inscription au barreau résultant de faits contraires à l'honneur ou à la probité.

Elle a refusé de la transmettre au Conseil constitutionnel en considérant d'une part, qu'il résulte des termes mêmes de l'article 11, 4°, de la loi du 31 décembre 1971 que la condamnation pénale faisant obstacle à l'exercice de la profession d'avocat doit concerner des agissements contraires à l'honneur ou à la probité, termes qui sont suffisamment clairs et précis dans la langue française et les usages, spécialement en matière de déontologie, pour exclure tout arbitraire, et d'autre part, que l'interdiction d'inscription au tableau du barreau, bien que non limitée dans le temps, prend fin par la constatation de l'amendement du postulant[6] qui offre des gages sérieux et suffisants de son aptitude à respecter les principes essentiels de la profession d'avocat, faisant que les dispositions contestées ne sont entachées d'aucune incompétence négative du législateur et ne méconnaissent pas le principe de la liberté d'entreprendre[7].

324.35 **Conventionnalité.** La CEDH a été saisie d'une affaire concernant le refus par un barreau d'inscrire deux avocats, l'un parce qu'il n'avait pas déclaré une ancienne condamnation au moment de son inscription[8], l'autre parce qu'il avait été condamné du chef d'escroquerie au détriment du système d'aide judiciaire. La CEDH a considéré qu'un tel contrôle sur la moralité des impétrants ne portait pas atteinte à l'article 8 de la Conv. EDH dès lors que l'atteinte au droit au respect de la vie privée à l'égard des requérants était justifiée par la volonté de protéger les droits d'autrui en veillant au bon fonctionnement de la justice et que les appréciations portées sur leur moralité n'apparaissaient pas déraisonnables au regard de la nature des infractions commises dans les deux affaires[9].

Pour la CEDH, le rôle « particulier » des avocats, professionnels indépendants au sein de l'administration judiciaire, justifie qu'ils soient soumis à des devoirs et à des restrictions, en particulier en ce qui concerne leur conduite professionnelle qui doit être « discrète, honnête et digne ». La Cour estime, en outre, qu'une personne qui aspire à devenir avocat doit collaborer de manière honnête et complète avec son barreau et dévoiler à celui-ci l'ensemble des informations pertinentes le concernant, malgré l'absence de demande explicite. Cette collaboration avec le barreau est essentielle pour garantir l'indépendance de l'avocat dès lors que la profession d'avocat serait incapable de s'autoréguler si elle était privée d'informations sur les membres qui la composent[10].

§ 2
Faits ayant donné lieu à une condamnation pénale ou à une sanction disciplinaire ou administrative de destitution, radiation, révocation, retrait d'agrément ou d'autorisation

324.40 **Plan – Modalités d'appréciation.** Les refus fondés sur l'article 11, 4°, ou 5°, de la loi du 31 décembre 1971, sont assez rares compte tenu du pouvoir général de contrôle qu'offre l'article 17, 3°, de la loi du 31 décembre 1971[11], et du fait qu'il pose une condition préalable relative à l'existence

1. Besançon, aud. sol., 15 déc. 2020, RG n° 20/01137, *Gaz. Pal.* 1er juin 2021, p. 20, obs. B. de Belval.
2. V. s^s n°s 241.11 s.
3. D. Piau, « De l'art abstrait de la maîtrise du tableau », *Gaz. Pal.* 6-8 janv. 2013, p. 9 – V. s^s n°s 523.160 s.
4. Colmar, 26 oct. 2020, RG n° 19/02968.
5. Civ. 1re, 28 juin 2012, n° 11-15.370, P I, n° 144 ; *Gaz. Pal.* 6-8 janv. 2013, p. 6, note D. Piau – Civ. 1re, 17 janv. 2018, n° 16-22.868, P I ; *Gaz. Pal.* 30 janv. 2018, p. 32, obs. C. Berlaud ; *JCP* 2018. 588, n° 2, obs. S. Bortoluzzi ; *D. actu.* 8 févr. 2018, note D. Piau ; *Gaz. Pal.* 5 juin 2018, p. 26, obs. D. Landry et J. Villacèque – V. s^s n°s 231.21 s.
6. V. s^s n° 324.71.
7. Civ. 1re, 8 juin 2017, n° 16-25.844 ; P I ; *Gaz. Pal.* 4 juill. 2017, p. 38, obs. C. Berlaud.
8. V. s^s n°s 324.101 s.
9. CEDH 27 juin 2017, *Jankauskas c/Lituanie*, req. n° 50446/09 et *Lekaviciene c/Lituanie*, req. n° 48427/09 ; *D. actu.* 30 juin 2017, obs. A. Portmann.
10. CEDH 27 juin 2017, *Jankauskas c/Lituanie*, req. n° 50446/09 et *Lekaviciene c/Lituanie*, req. n° 48427/09 ; *D. actu.* 30 juin 2017, obs. A. Portmann.
11. V. s^s n°s 324.91 s.

d'une condamnation pénale ou d'une sanction disciplinaire ou administrative de destitution, radiation, révocation, retrait d'agrément ou d'autorisation.

Ils impliquent une double appréciation de la qualification des faits comme étant contraire à la probité ou l'honneur (B), et de la preuve de l'amendement de l'intéressé (C), qui doit impérativement être effectuée, faute de quoi les arrêts qui l'omettraient encourent la cassation[1] quant à la dénaturation des moyens de fait (A).

A.
Contrôle de la Cour de cassation

324.51 Appréciation souveraine des juges du fond sous le contrôle de la Cour de cassation. Les juges du fond apprécient souverainement les éléments de faits qui leur sont soumis[2].

Mais, la Cour de cassation exerce un contrôle quant à la dénaturation des moyens de fait. C'est ainsi qu'elle a pu casser une décision de cour d'appel qui avait ordonné la réinscription d'un avocat au motif que « les infractions ainsi constatées n'étaient pas constitutives de manquements à l'honneur, à la probité et aux principes essentiels de la profession d'avocat dès lors qu'il convenait de les mettre en balance avec les attestations élogieuses versées aux débats ainsi qu'avec les mérites personnels de l'intéressé », alors qu'après avoir constaté que celui-ci avait été condamné par la juridiction répressive pour avoir mis son téléphone portable à la disposition d'un détenu, mais également sanctionné disciplinairement à la suite d'incidents violents volontairement provoqués avec un magistrat et un avocat, la cour avait relevé que l'intéressé n'avait pas exécuté l'engagement pris auprès du bâtonnier de restituer des honoraires indûment perçus[3]. Ce faisant, elle n'avait pas tiré les conséquences légales de ses propres constatations, ce qui justifie une cassation sans renvoi, la Cour de cassation rejetant la demande d'inscription[4].

B.
Faits contraires à l'honneur ou à la probité

324.61 Appréciation des faits ayant donné lieu à une condamnation pénale. Il appartient aux juges du fond de caractériser dans un premier temps si les faits ayant donné lieu à la condamnation pénale sont contraires à l'honneur ou la probité, tel que s'agissant d'un impétrant qui avait fait l'objet d'une condamnation à cinq ans d'emprisonnement avec sursis par une cour d'assises pour braquage[5].

324.62 Sanction disciplinaire ou administrative. Par ailleurs, l'article 11, 5°, de la loi du 31 décembre 1971, vise les faits contraires à la probité ou l'honneur ayant donné lieu à une sanction disciplinaire ou administrative de destitution, radiation, révocation, retrait d'agrément ou d'autorisation.

Fut ainsi rejetée la demande d'inscription d'un fonctionnaire qui avait fait l'objet d'une sanction administrative de révocation pour des faits de divulgation de documents et fourniture aux fraudeurs de moyens d'échapper à l'imposition, s'agissant d'un ancien inspecteur central des impôts auteur de deux ouvrages « *Le Racket fiscal* » et « *Échec à la dictature fiscale* », agissements contraires à la probité, faisait obstacle à son inscription au barreau[6].

C.
Appréciation des preuves d'amendement

324.71 Appréciation des preuves d'amendement en cas de condamnation antérieure. Dans un second temps, le juge doit apprécier les éléments de preuve dans le comportement de l'intéressé entre la date de sa condamnation, ou de sa sanction, et la date de sa demande d'inscription, susceptibles de caractériser son amendement et d'établir son aptitude à exercer la profession d'avocat en conformité avec les principes essentiels.

C'est ainsi que s'agissant d'un impétrant qui avait été condamné à une peine de dix-huit mois d'emprisonnement avec sursis et à une amende de 5 000 euros pour des faits d'escroquerie et de recel de banqueroute, et avait ensuite obtenu le certificat d'aptitude à la profession d'avocat aux termes d'un parcours universitaire qualifié de « brillant »[7], sa demande a pu être rejetée, la cour d'appel ayant considéré que l'intéressé ne rapportait ni la preuve d'avoir entièrement dédommagé les parties civiles, ni en quoi et de quelle manière il justifierait s'être amendé et de son aptitude à exercer la profession d'avocat avec honneur et probité[8].

1. Civ. 1re, 21 mars 2006, n° 04-18.973, P I, n° 164 ; *D.* 2006. 944 – Civ. 1re, 5 févr. 2014, n° 12-29.824, NP.
2. Civ. 1re, 2 juin 1981, n° 80-10.681, P I, n° 184 – Civ. 1re, 30 mai 2013, n° 12-22.253, NP – Civ. 1re, 10 sept. 2015, n° 14-20.775, P I ; *D.* 2015. 1846 – Paris, pôle 2, ch. 1, 10 sept. 2015, RG n° 15/07399.
3. Civ. 1re, 18 sept. 2008, n° 07-12.165, P I, n° 202 ; *D.* 2008. 2352, obs. V. Avena-Robardet.
4. Civ. 1re, 18 sept. 2008, n° 07-12.165, P I, n° 202 ; *D.* 2008. 2352, obs. V. Avena-Robardet.
5. Civ. 1re, 21 mars 2006, n° 04-18.973, P I, n° 164 ; *D.* 2006. 944.
6. Civ. 1re, 24 janv. 1995, n° 93-11.508, NP.
7. Civ. 1re, 5 févr. 2014, n° 12-29.824, NP.
8. Versailles, 26 mars 2015, RG n° 14/07948 ; – POURVOI REJETÉ PAR : Civ. 1re, 12 mai 2016, n° 15-18.739, P ; *D.* 2017. 74, obs. T. Wickers ; *JCP* 2016. 1086, n° 19, obs. J. Moret-Bailly.

Tout comme, un impétrant ayant fait l'objet d'une condamnation à une peine de huit mois d'emprisonnement avec sursis et 10 000 euros d'amende pour des faits d'abus de confiance, consistant en un détournement, au profit d'un club de football professionnel à court de financements. Bien que les faits soient anciens de quinze ans, l'impétrant avait sciemment omis de faire état de sa condamnation lors de ses démarches d'inscription auprès d'un autre barreau, avant d'obtenir l'effacement de la mention de sa condamnation au bulletin numéro 2 de son casier judiciaire, puis de solliciter son inscription auprès d'un autre barreau tout en faisant mention de sa condamnation, mais en joignant en annexe une description des circonstances de celle-ci minimisant clairement son implication. Ces éléments relevant d'un manque de loyauté vis-à-vis des barreaux et d'un certain refus d'admettre la condamnation, l'un et l'autre contradictoires avec le concept même d'amendement et les qualités nécessaires à l'exercice de la profession d'avocat[1].

324.72 Amendement réel et sincère. L'amendement doit être réel et sincère. Comme a pu le juger une cour d'appel, il y a lieu d'« examiner le caractère réel et sérieux de l'amendement invoqué par l'avocat pris en défaut dans le passé » et d'« apprécier souverainement si le comportement du candidat démontre ou non son aptitude à respecter les principes de probité et de désintéressement sur lesquels repose la profession d'avocat en se prononçant en considération des circonstances de fait qui existent au jour où elle statue »[2].

Le seul fait que le barreau dont l'avocat a démissionné pour solliciter sa réinscription dans un autre barreau lui ait donné l'exeat n'enlève en rien les pouvoirs d'appréciation du conseil de l'Ordre du barreau d'inscription qui peut rejeter la demande dès lors que les attestations versées aux débats ne suffisent pas à caractériser la sincérité de l'amendement[3].

C'est ainsi qu'un avocat, qui avait démissionné de son barreau avant d'être condamné pénalement du chef de trafic d'influence, a pu se voir refuser sa réinscription dès lors que le délit de trafic d'influence[4] dont il avait été reconnu coupable constituait un manquement à l'honneur et à la probité et que ces faits, d'une particulière gravité, avaient jeté le discrédit sur l'ensemble des professionnels de justice. C'est pourquoi, malgré les efforts certains qu'il avait fournis pour sa réadaptation, l'intéressé ne remplissait pas les conditions de moralité requises pour reprendre la profession d'avocat et n'offrait pas des gages suffisants de son amendement[5].

Inversement, un impétrant qui avait été condamné par une cour d'assises à une peine de vingt ans de réclusion criminelle pour avoir volontairement donné la mort à son amie, incendié son appartement et dérobé ses bijoux, mais qui avait, durant son incarcération, obtenu plusieurs titres universitaires et, notamment, la licence en droit, puis après sa libération, exercé une activité libérale de rédacteur d'actes juridiques et obtenu sa réhabilitation, a pu être admis à s'inscrire au barreau. Ainsi, nonobstant le fait que la réhabilitation n'avait pas effacé les faits commis, les juges du fond ont pu, dans l'exercice de leurs pouvoirs souverains d'appréciation, considérer qu'au moment de sa demande d'inscription, l'impétrant avait réussi sa réinsertion sociale et avait donné des gages sérieux et suffisants de son aptitude à respecter les principes essentiels de la profession d'avocat[6].

324.73 Examen de l'ensemble de l'attitude postérieure à la condamnation. Lorsqu'il est procédé à la recherche de la preuve de l'amendement de l'impétrant, il y a lieu d'examiner l'ensemble du comportement de l'intéressé depuis sa condamnation jusqu'à la date de sa demande d'inscription. C'est ainsi qu'une cour d'appel a pu considérer, s'agissant d'un impétrant qui prétendait avoir fait preuve de sa réinsertion et invoquait les efforts fournis pour s'amender, que si les trois premières condamnations pénales dont il avait fait l'objet étaient anciennes et portaient sur des faits commis alors qu'il était mineur ou jeune majeur, tel n'était pas le cas, en revanche, de sa dernière condamnation portant sur des faits commis alors qu'il avait achevé son parcours universitaire.

En l'occurrence, l'impétrant, alors accompagné de sa sœur et présentant des signes extérieurs d'ivresse pour avoir bu six bières, avait saisi le bras d'un policier, brigadier-chef, venu l'interpeller sur la voie publique puis avait serré le poing, comme s'il voulait le frapper. Lors de l'audience de la chambre correctionnelle où il comparaissait du chef de rébellion en réunion, il avait reproché à l'avocat de la partie civile d'avoir été agressif, injurieux et outrageant à son égard, et n'avait pas supporté que ce même avocat lui dise qu'il pratiquait « une défense de voyou », l'impétrant se vantant de pratiquer une défense de rupture. La cour note, en outre, que cette attitude brutale et agressive s'est encore manifestée lors de son stage professionnel à l'égard de deux

1. Paris, pôle 4, ch. 13, 18 mars 2021, RG n° 19/13952.
2. Toulouse, 6e ch., 14 déc. 2016, RG n° 16/05286 ; *D. actu.* 9 janv. 2017, note A. Portmann.
3. Toulouse, 6e ch., 14 déc. 2016, RG n° 16/05286 ; *D. actu.* 9 janv. 2017, note A. Portmann.
4. V. ss nos 922.211 s.
5. Civ. 1re, 30 mai 2013, n° 12-22.253, NP.
6. Civ. 1re, 9 déc. 1997, n° 95-17.186, P I, n° 357.

avocats contre lesquels il a estimé devoir déposer plainte en saisissant le bâtonnier.

Pour la cour d'appel, une telle attitude apparaît totalement inadaptée au regard « des qualités de modération et des vertus de dignité et d'honneur attendues d'auxiliaires de justice soumis aux règles de déontologie de la profession d'avocat » faisant que l'intéressé ne saurait se prévaloir d'un amendement suffisant, nonobstant le fait qu'il ait été bien noté au cours de son stage professionnel [1].

§ 3
Devoir général de probité et inscription au tableau

324.80 **Plan.** Le conseil de l'Ordre dispose, dans tous les cas, d'un pouvoir général d'appréciation de probité de tout candidat à l'inscription au tableau (A), qui a pour corollaire un devoir de loyauté de ce même candidat envers le conseil de l'Ordre (B).

A.
Pouvoir général d'appréciation

324.91 **Pouvoir général d'appréciation de la probité.** Dans le cadre des prérogatives qu'il tient de l'article 17, 3°, de la loi du 31 décembre 1971, le conseil de l'Ordre dispose d'un pouvoir général pour apprécier souverainement [2] si l'impétrant rempli les conditions de probité nécessaire en vue de son inscription au tableau [3] et ce, indépendamment des conditions visées aux articles 11, 4° et 5°, de la loi du 31 décembre 1971, c'est-à-dire en présence de [4], ou nonobstant toute, condamnation pénale ou sanction disciplinaire ou administrative de destitution, radiation, révocation, retrait d'agrément ou d'autorisation [5].

324.92 **Sanction disciplinaire antérieure autre que la radiation.** Les pouvoirs généraux du conseil de l'Ordre en la matière permettent ainsi d'apprécier, notamment, les demandes de réinscription d'avocat ayant fait l'objet de sanctions disciplinaires antérieures autres que la radiation [6] ou de procédures disciplinaires en cours, tel qu'en cas de demande d'inscription dans un autre barreau [7].

C'est ainsi que dans une affaire où un avocat avait été sanctionné disciplinairement de trois ans d'interdiction temporaire pour des faits de détournement de fonds, « constitutifs de manquements graves à la confraternité, à la délicatesse et à la probité », et avait, après avoir démissionné sollicité sa réinscription, le conseil de l'Ordre avait fait droit à sa demande de réinscription. La cour d'appel, saisie sur recours du parquet général, avait confirmé cette décision. La Cour de cassation casse l'arrêt, reprochant à la cour d'appel de s'être bornée à énoncer, d'une part, que l'article 17, 3°, de la loi du 31 décembre 1971 n'avait pas pour objet de fixer, pour l'inscription d'un avocat au tableau, des conditions autres que celles énoncées à l'article 11 de la loi du 31 décembre 1971, et d'autre part, que les faits dont s'était rendu coupable l'avocat ayant été disciplinairement sanctionné, ne pouvaient lui être, à nouveau, opposés pour l'appréciation de sa demande de réinscription [8].

La cour de renvoi appréciant les faits en cause, nonobstant le fait qu'il ait donné lieu à une sanction disciplinaire, a alors infirmé la décision du conseil de l'Ordre, et rejeté la demande de réinscription. Saisie d'un nouveau pourvoi, la Cour de cassation rejette le pourvoi approuvant la cour de renvoi d'avoir tenu compte, dans son appréciation, de circonstances de fait postérieures à la sanction disciplinaire, dès lors qu'elle était invitée à se prononcer en considération des circonstances de fait qui existent au jour où elle statue, et avait pu ainsi, après avoir constaté que le comportement de l'ancien avocat démontrait son inaptitude à respecter les principes de probité et de désintéressement sur lesquels repose la profession d'avocat, rejeter sa demande de réinscription [9].

324.93 **Appréciation des faits en l'absence de sanction pénale ou disciplinaire.** En tout état de cause, même en l'absence de toute sanction pénale ou disciplinaire antérieure, il y a lieu d'apprécier si aucun élément dans le comportement de l'impétrant n'est de nature à caractériser un défaut de probité justifiant le rejet de sa demande d'inscription.

1. Grenoble, 28 oct. 2014, RG n° 14/00276.
2. Civ. 1re, 10 déc. 1991, n° 90-16.211, NP.
3. Req. 2 juin 1937 ; *D.* 1937. 345 – Civ. 12 juin 1942 ; *D.* 1983. 2 – Civ. 24 juill. 1947 ; *D.* 1947. 438 – Civ. 1re, 22 mai 1962, P I, n° 255 – Civ. 1re, 15 oct. 1975, n° 73-12.628, P I, n° 273 ; *Gaz. Pal.* 1976. 1. 66, note A. Damien – Civ. 1re, 2 juin 1981, n° 80-10.681, P n° 184 – Civ. 1re, 7 févr. 1989, n° 86-17.163, P I, n° 61 ; *D.* 1989. IR 62 – Civ. 1re, 3 oct. 1995, n° 94-16.931, P I, n° 337 ; *D.* 1995. 224.
4. Civ. 1re, 1er déc. 1993, n° 92-10.350, NP.
5. Civ. 1re, 15 oct. 1975, n° 73-12.628, P I, n° 273 ; *Gaz. Pal.* 1976. 1. 66, note A. Damien – Civ. 1re, 20 févr. 1985, n° 84-10.158, P I, n° 73 – Civ. 1re, 7 févr. 1989, n° 86-17.163, P I, n° 61 – Civ. 1re, 1er déc. 1993, n° 92-10.350, NP – Civ. 1re, 8 juill. 1994, n° 92-19.308, NP ; *D.* 1995. 162, obs. A. Brunois – Civ. 1re, 28 oct. 1997, n° 95-19.393, NP – V. ss nos 324.40 s.
6. Sur la radiation, v. ss nos 324.62 et 523.183 s.
7. Montpellier, 1re ch., 26 mars 2018, RG n° 17/05815, *Gaz. Pal.* 18 déc. 2018, p. 30 – AUSSI : V. ss nos 522.53 s.
8. Civ. 1re, 1er déc. 1993, n° 92-10.350, NP.
9. Civ. 1re, 23 nov. 1999, n° 96-21.627, P I, n° 316 ; *D.* 1999. 275 – AUSSI : v. ss n° 523.104.

C'est ainsi que doivent être rejetées, comme étant contraire à l'honneur et à la probité, les demandes d'inscription :

– d'un impétrant qui a présenté au membre du conseil de l'Ordre en charge du rapport sur sa demande d'inscription, un chèque de 10 000 francs au porteur tiré sur une banque suisse, afin d'obtenir un rapport en sa faveur[1] ;

– d'un impétrant qui avait établi au profit d'un client un « bilan de complaisance », et exercé la profession de conseil juridique sous un titre pouvant prêter à confusion. La Cour de cassation considérant qu'il convenait de rechercher si ces faits n'étaient pas, même en l'absence de condamnation pénale ou de sanction disciplinaire, constitutifs de manquements à la probité, à l'honneur ou à la délicatesse[2] ;

– d'un impétrant qui avait, dans une procédure pénale le concernant, non seulement accepté de recevoir le greffier du registre du commerce et d'entendre le compte rendu de son audition par la gendarmerie, mais encore enregistré sur magnétophone le rapport établi par ce témoin pour ses supérieurs hiérarchiques, et avait également commis des irrégularités et illégalités lors de la constitution de sociétés pour des clients. La Cour de cassation approuvant la cour d'appel d'avoir, par une appréciation souveraine, considéré que l'intéressé ne possédait pas les qualités de probité et de désintéressement nécessaires pour exercer la profession d'avocat[3] ;

– d'un ancien avocat, placé en liquidation judiciaire, omis du tableau à sa demande, et sollicitant sa réinscription après clôture de la procédure pour insuffisance d'actif, alors même qu'il ne justifiait ni s'être acquitté de son passif professionnel, ni avoir satisfait depuis trois ans à ses obligations de formation continue obligatoire. La cour d'appel ayant pu en déduire, à bon droit, que le manquement aux règles déontologiques de probité et de dignité justifiait le refus d'inscription[4].

324.94 Appréciation de l'amendement. Ici encore, il y a lieu, dans tous les cas, d'apprécier les éventuelles preuves d'amendement de l'intéressé[5].

324.95 Honorariat. Ce pouvoir général d'appréciation du conseil de l'Ordre se retrouve également en cas de demande d'honorariat[6].

1. Civ. 1re, 19 juill. 1976, n° 75-12.778, P I, n° 265.
2. Civ. 1re, 16 mai 1995, n° 93-13.149, NP.
3. Civ. 1re, 3 oct. 1995, n° 94-16.931, P I, n° 337.
4. Civ. 1re, 8 févr. 2017, n° 16-12.810, NP – MÊME SENS : Lyon, 27 juin 2019, RG n° 18/07749 – Colmar, 26 oct. 2020, RG n° 19/02968 – Paris, pôle 4, ch. 13, 18 mars 2021, RG n° 19/22164.
5. V. ss nos 324.71 s.
6. V. ss nos 243.00 s.

Un conseil de l'Ordre peut ainsi refuser d'accorder l'honorariat à un avocat qui aurait cherché à se soustraire à ses obligations fiscales pendant de très nombreuses années, faits qui sont contraires à la probité et portent atteinte aux principes essentiels de la profession d'avocat, et pour lesquels il avait fait l'objet d'une sanction disciplinaire[7], qui aurait été condamné à deux reprises à des sanctions disciplinaires pour des manquements à la probité, à l'honneur et à la délicatesse, qui ont porté atteinte aux principes essentiels de la profession d'avocat[8] ou encore à un ancien bâtonnier qui avait commis divers manquements afférents à des comptes Carpa débiteurs ainsi que des opérations irrégulières sur les comptes de l'ordre lorsqu'il était bâtonnier, faits constituant des manquements graves à l'honneur, à la probité et au désintéressement ainsi qu'à son devoir de loyauté envers ses confrères du barreau[9].

B. Atteinte à la probité par défaut de loyauté

324.101 Devoir de loyauté. Lorsqu'une personne sollicite son inscription ou sa réinscription à un barreau, elle a un devoir de loyauté[10] qui lui impose d'informer pleinement le barreau de faits qui seraient susceptibles d'entraîner le rejet de sa demande, y compris des éventuelles condamnations pénales qui ne seraient pas inscrites sur le bulletin n° 2 du casier judiciaire[11]. Comme a pu l'estimer la CEDH, une personne qui aspire à devenir avocat doit collaborer de manière honnête et complète avec son barreau et dévoiler à celui-ci l'ensemble des informations pertinentes le concernant, malgré l'absence de demande explicite[12].

L'avocat est ainsi tenu d'un devoir de loyauté[13] à l'égard du barreau qui se dispose à l'accueillir, lequel s'entend non seulement des faits en cause, tel que l'existence d'une plainte pénale, mais encore, des suites de ceux-ci, l'impétrant se devant d'informer complètement le conseil de l'Ordre de la nature des

7. Versailles 18 oct. 2017, RG n° 17/04575.
8. Civ. 1re, 22 janv. 2014, n° 13-10.471, NP ; – DANS LA MÊME AFFAIRE : Civ. 1re, 23 juin 2011, n° 10-19. 470, NP.
9. Civ. 1re, 22 janv. 2020, n° 19-10.939, P I ; *Gaz. Pal.* 28 janv. 2020, p. 33, obs. C. Berlaud ; *JCP* 2020. 148, obs. H. Slim ; *D.* 2020. 222 ; *JCP* 2020. 278, n° 14, obs. S. Grayot-Dirx ; *Gaz. Pal.* 2 juin 2020, p. 40, obs. J. Villacèque.
10. V. ss nos 332.00 s.
11. Civ. 1re, 19 janv. 1994, n° 92-10.260, NP ; *D.* 1995. Somm. 161, obs. A. Brunois – Colmar, 3 oct. 2016, RG n° 16/00540 ; *JCP* 2016. 1131 – CNB, Comm. RU, avis n° 2015-004, 17 mars 2015 – Paris, pôle 4, ch. 13, 18 mars 2021, RG n° 19/13952.
12. CEDH 27 juin 2017, *Jankauskas c/Lituanie*, req. n° 50446/09 et *Lekaviciene c/Lituanie*, req. n° 48427/09, *D. actu.* 30 juin 2017, obs. A. Portmann.
13. V. ss nos 332.11 s.

faits qui lui étaient reprochés et de l'évolution de la procédure pénale, notamment de son audition sous le régime de la garde à vue, pour lui permettre de se prononcer en toute connaissance de cause[1].

324.102 Illustration de rejet de demande d'inscription. C'est ainsi qu'a pu être rejetée la demande d'inscription d'un impétrant qui avait fait l'objet de poursuites pénales, pour avoir, en tant que propriétaire d'un fonds de commerce, eu connaissance de l'origine suspecte des fonds qui lui étaient remis en paiement de son loyer par la locataire-gérante d'un institut de soins corporels et esthétiques où s'exerçait en réalité une activité de prostitution, ce qui ressortait de l'enquête pénale et avait, en outre, omis d'informer le conseil de l'Ordre des poursuites pénales dont il avait été l'objet.

Pour la Cour de cassation, la cour d'appel a pu, d'une part, à bon droit, considérer que l'impétrant avait manqué à son devoir d'entière loyauté à l'égard du barreau qui se disposait à l'accueillir, et d'autre part, souverainement estimé que le requérant ne présentait pas, malgré la qualité des renseignements ultérieurement recueillis sur son compte, les garanties de dignité, d'honorabilité et de probité nécessaires pour son inscription[2].

Il en est également ainsi, notamment, lorsque l'impétrant indique, dans une attestation sur l'honneur, n'avoir jamais fait de demande d'inscription auprès d'un autre barreau[3] ou omet de mentionner avoir fait un recours à l'encontre d'un refus d'inscription opposé par un autre barreau[4]. Ou encore de celui qui s'était abstenu de déclarer lors de sa demande d'inscription qu'il avait été licencié pour faute grave de son poste de directeur au sein d'une école des avocats à raison de détournements de fonds à des fins personnelles et fut, par la suite, condamné pénalement pour ces mêmes détournements[5], ou encore omet de mentionner une condamnation pénale des chefs de séquestration d'un... huissier de justice[6].

324.103 Dissimulation frauduleuse de faits antérieurs à la demande d'inscription au barreau. La dissimulation par un candidat au barreau de faits antérieurs à l'admission au barreau, et cela malgré les demandes réitérées de précisions sur son passé formées par le conseil de l'Ordre ou par son rapporteur, constitue également une faute déontologique pouvant donner lieu à sanction disciplinaire[7].

C'est ainsi que la découverte de faits antérieurs à l'inscription au tableau[8] peut être retenue pour prononcer la radiation de l'avocat dès lors que le conseil de l'Ordre n'en avait pas connaissance avant son admission et, qu'en raison de leur caractère, ils sont contraires aux principes de probité et de loyauté qui s'imposent aux avocats[9].

Compte tenu des termes de l'article 22 de la loi du 31 décembre 1971 qui n'incriminent que les faits commis par un avocat postérieurement à son inscription dans un barreau, on retiendra que ce ne sont pas les faits antérieurs à l'admission au barreau qui sont retenus comme fondement de l'action disciplinaire, mais bien leur dissimulation fautive ou leur « dissimulation frauduleuse lors de la procédure d'inscription »[10].

En cas de dissimulation frauduleuse, outre les sanctions disciplinaires encourues en raison du manquement à la probité ainsi commis[11], la décision d'inscription pourra également être rapportée[12].

324.104 Illustration de sanctions disciplinaires. C'est ainsi que doit être radié l'avocat qui, lors de sa demande d'inscription au barreau de Paris, a dissimulé sa situation disciplinaire et pénale en Belgique[13]. De même que constitue un manquement aux principes d'honneur et de probité le fait, pour un avocat, d'avoir dissimulé une condamnation pour fraude fiscale, peu importe que ce délit ait été commis antérieurement à son entrée dans la profession d'avocat dès lors qu'au moment de sa demande d'inscription il n'en a pas révélé l'existence au service de l'ordre[14].

1. Civ. 1re, 14 oct. 2015, n° 14-190.033, NP – Grenoble 1re, ch. civ., 31 janv. 2017, RG n° 16/02000 ; – COMP. : Fort-de-France, 26 mars 1999 ; *D.* 2001. IR 175 ; *JCP* 2001. I. 348, n° 5, obs. R. Martin.
2. Civ. 1re, 19 janv. 1994, n° 92-10.260, NP ; *D.* 1995. Somm. 161, obs. A. Brunois.
3. Lyon, 27 juill. 2016, RG n° 15/07832 – Paris, pôle 4, ch. 13, 18 mars 2021, RG n° 19/13952.
4. Colmar, 3 oct. 2016, RG n° 16/00540 ; *JCP* 2016. 1131.
5. Paris, pôle 2, ch. 1, 13 déc. 2018, RG n° 18/02713.
6. Bastia, 15 sept. 2021, RG n° 20/00415, *Gaz. Pal.* 5 oct. 2021, p. 30, obs. J. Villacèque.
7. Req. 22 nov. 1938, *DP* 1939. 1. 52 – Civ. 1re, 22 mars 1966, P I, n° 202 ; *D.* 1966. 376.
8. V. ss nos 22.00 s.
9. Req. 19 nov. 1945, *D.* 1946. 134 – Req. 2 août 1943, *DA* 1943. 81 – Paris, ch. 1, 29 mai 2002, RG n° 2002/03850 – Bordeaux, 20 juin 2008, RG n° 07/05925.
10. V. ss n° 522.71 – Civ. 1re, 6 oct. 2011, n° 10-21.884, NP ; *D.* 2012. 337, note Y. Avril ; – DANS CETTE MÊME AFFAIRE : Crim. 15 juin 2010, n° 09-84.034, NP ; *Gaz. Pal.* 28 oct. 2010, p. 18, note L. Marino ; *CCE* 2010, n° 95, obs. Ch. Caron ; *Revue Juridique de l'Ouest* 2011, n° 1 p. 115, note J. Larrieu – Civ. 1re, 28 mai 2009, n° 08-13.089, NP ; – SUR RENVOI APRÈS CASSATION : Bordeaux, 4 juin 2010, RG n° 09/05453 ; *D.* 2010. 2348, note Y. Avril ; – SUR SECOND RENVOI APRÈS CASSATION : Toulouse, 6e ch., 23 mai 2013, RG n° 32/2013 ; – POURVOI NON ADMIS PAR : Civ. 1re, 10 juill. 2014, NP – CEDH 27 juin 2017, *Jankauska c/Lituanie*, req. n° 50446/09 ; *JCP* 2017. 1104, n° 20, obs. J. Moret-Bailly – Paris, pôle 2, ch. 1, 8 nov. 2018, RG n° 18/07288 ; – COMP. S'AGISSANT DE LA RÉVOCATION D'UN MAGISTRAT : CE 6 juillet 2016, req. n° 392728.
11. V. ss nos 522.71 s.
12. Sur cette alternative, v. ss nos 522.71 s.
13. Paris, 29 mai 2002, RG n° 2002/03850.
14. CD Paris, 24 juin 2003, n° 225877.

Tout comme doit être radié, pour manquement aux principes de dignité, conscience, probité, honneur loyauté et délicatesse, l'avocat qui a frauduleusement dissimulé au barreau le fait que la thèse qui lui avait permis d'intégrer le centre régional de formation professionnelle des avocats et d'obtenir le certificat d'aptitude à la profession d'avocat avait été obtenue frauduleusement au moyen, notamment, de très nombreux emprunts, de l'ordre de 76 %, à d'autres auteurs, ce qui loin d'être une simple « erreur de méthodologie », procédait d'une absence consciente d'apport de tous travaux personnels de recherche, d'analyse, de synthèse et de proposition, caractérisant la thèse, étant, en outre, à l'origine d'une demande de confidentialité de cette même thèse pendant une durée de 30 ans afin de dissimuler cette fraude aux tiers [1].

324.105 Absence de dissimulation frauduleuse. Mais s'il n'y a pas eu de dissimulation il ne saurait y avoir de poursuite, tel que l'avocat définitivement condamné à une date où il était avocat, mais dont les faits à l'origine de la condamnation ont été commis à une date où il n'était pas avocat, faits qu'il n'avait pas dissimulés aux services de l'ordre en charge d'instruire sa demande d'inscription [2].

324.106 Importance de l'enquête de moralité. L'on comprend ici l'importance de l'enquête de moralité [3] au moment de toute demande d'inscription ainsi que la nécessité pour le barreau d'avoir pleinement connaissance des éventuelles condamnations pénales, lesquelles doivent faire l'objet d'une déclaration spontanée de la part de l'impétrant.

SECTION 3
PROBITÉ DANS L'EXERCICE DE LA PROFESSION

324.110 Plan. Par principe (§ 1) l'avocat ne doit pas commettre de faits contraires à la probité, les illustrations de manquements à ce devoir sont multiples, en général (§ 2), comme plus particulièrement en matière de maniement de fonds (§ 3), de prohibition de l'activité de banquier (§ 4) ou de violation des obligations pécuniaires, fiscales et sociales de l'avocat (§ 5).

§ 1
Devoir permanent de probité dans son exercice professionnel

324.121 Faits considérés comme attentatoires à la probité. Dans son exercice quotidien, l'avocat ne doit pas commettre de faits contraires à la probité, faute de quoi il est susceptible de faire l'objet de sanctions disciplinaires.

Ont ainsi pu être considérés comme attentatoire à la probité :

- la corruption d'employés [4] et la complicité de tentative de faux en écriture privée [5] ;
- le fait, pour un avocat commis d'office, d'avoir exigé d'un inculpé la signature d'un engagement de versement d'honoraires, et de ne pas s'être présenté à l'audience sous prétexte que la somme convenue n'avait pas été réglée en totalité [6] ;
- le fait pour un avocat d'être l'amant de la femme dont il défend les intérêts, ainsi que ceux du mari, dans un divorce sur requête conjointe [7].

324.122 Avocat honoraire. L'avocat honoraire [8], bien qu'il n'exerce plus, est tenu de respecter les principes essentiels de la profession, à défaut de quoi ils peuvent faire l'objet d'une procédure disciplinaire [9].

C'est ainsi qu'est justifié le retrait de l'honorariat de celui qui fait état, pour un avocat honoraire, du titre d'avocat pour rendre visite à un détenu [10].

Tout comme une cour d'appel a pu considérer qu'en publiant, pendant son stage d'intégration dans la magistrature, sur un site internet ouvert au public, des photos de son sexe en érection, sous le couvert de la mention « artistique » qui ne vient nullement cacher le seul caractère érotique de celles-ci, un avocat honoraire avait gravement contrevenu aux devoirs de sa charge et que seule la mesure de retrait de l'honorariat était de nature à sanctionner ces faits [11].

§ 2
Manquements généraux au devoir de probité

324.131 Tentative de corruption. Le fait pour un avocat de se faire remettre une importante somme

1. CD Paris, 27 avr. 2021, n° 334366.
2. CD Paris, 27 mars 2012, n° 182280.
3. V. s[s] n° 224.13.
4. V. s[s] n°s 922.171 s.
5. Paris, 22 janv. 1992 ; *D.* 1994. 135. – V. s[s] n°s 453.161 s.
6. Civ. 1[re], 14 mai 1985, n° 84-13.610, P I, n° 149 ; *D.* 1987. 106, note A. Brunois ; *Gaz. Pal.* 1985. Pan. 294 – V. s[s] n° 751.491.
7. Civ. 1[re], 17 juill. 1996, n° 94-11.450, P I, n° 324 ; *Gaz. Pal.* 1997. Pan. 99 ; *RTD civ.* 1997. 403, obs. J. Hauser ; – AUSSI DANS UNE AFFAIRE SIMILAIRE : Civ. 1re, 20 janv. 1993, n° 91-15.548, P I, n° 22 ; *RTD civ.* 1993. 331 – V. s[s] n° 441.165.
8. V. s[s] n°s 243.00 s.
9. V. s[s] n° 522.42.
10. Civ. 1re, 10 déc. 2002, n° 00-11.091, P I, n° 302 ; *JCP* 2003. I. 140, n° 21, obs. R. Martin.
11. Montpellier, 1re ch., 24 oct. 2016, RG n° 16/05233 ; *Gaz. Pal.* 13 déc. 2016, p. 38 ; *Gaz. Pal.* 6 juin 2017, p. 28, obs. J.-L. Gaineton.

d'argent par un plaideur en lui offrant de corrompre un magistrat constitue un manquement à l'honneur et à la probité justifiant de prononcer contre l'avocat la sanction de la radiation [1].

324.132 Actes frauduleux. Le fait par un avocat d'exercer des pressions sur une SCP notariale pour obtenir le paiement de la soulte du prix de cession dissimulée lors du contrat de présentation, est contraire à la probité. De même, le fait de prêter son concours à une cession de fonds de commerce permettant à une partie inhabile d'exercer le commerce, de trouver un homme de paille destiné à assurer le maintien du fonds dans son patrimoine et de présenter le précédent propriétaire lors d'un rendez-vous d'expertise judiciaire comme étant le titulaire apparent dudit commerce, constitue une faute disciplinaire contre l'honneur et la probité en même temps qu'une faute pénale (espèces inédites).

Il en est de même du fait de commettre un faux certificat médical afin de justifier d'une demande de renvoi [2] ou d'avoir utilisé un ancien permis de visite délivré par une juridiction dans une affaire sans aucun lien avec celle pour laquelle son ancien client était incarcéré afin de rendre visite à ce dernier [3].

Tout comme est justifiée la radiation d'un avocat qui avait, en qualité de président d'une association de soins dentaires au sein de laquelle officiait son compagnon, usé de ses compétences d'avocat pour mettre en place une stratégie judiciaire destinée à piéger les membres du conseil de l'Ordre des chirurgiens-dentistes, avec lequel son compagnon était en litige, en engageant des procédures au nom de deux salariés de l'association contre un cabinet de deux membres du conseil départemental de l'ordre des chirurgiens-dentistes, sans être mandaté pour ce faire, usant notamment d'un faux mandat, en rédigeant des requêtes permettant d'obtenir de manière indue des constats d'huissier dans leurs cabinets pour faire constater de prétendus manquements aux règles d'hygiène. Les faits commis étant d'une particulière gravité s'agissant d'un faux commis par un avocat ayant conduit à une décision de justice rendue à l'insu des prétendus requérants [4].

324.133 Ajout d'un moyen dans des conclusions d'appel. Le fait de procéder à l'ajout apocryphe d'un moyen dans des conclusions d'appel, en vue de soutenir un moyen non argumenté en cassation, constitue une atteinte à la probité et à l'honneur [5].

324.134 Utilisation d'une fausse qualité. L'utilisation indue de la qualité de professeur agrégé des facultés de droit dans une consultation constitue un manquement à la probité qui est sanctionné par deux années d'interdiction d'exercice de la profession [6].

324.135 Participation à une entreprise délictueuse. Le fait pour un avocat de participer en connaissance de cause à une entreprise délictueuse constitue une atteinte à la probité justifiant une sanction d'interdiction temporaire de six mois sans sursis [7].

Tout comme le fait d'avoir écrit à un adversaire des « lettres de sommation » assorties de menaces en vue de recouvrer une créance douteuse, procédé qui s'assimile à une forme larvée de chantage [8].

324.136 L'avocat intermédiaire. Le fait pour un avocat d'avoir reçu par la poste des lettres de son client détenu et de les avoir adressées aux destinataires constitue le délit de sortie de fonds ou de lettres et porte atteinte à la probité [9].

De même que le fait d'avoir servi d'intermédiaire entre son client, prévenu de proxénétisme, et une prostituée l'incitant à intensifier son activité peu recommandable et d'avoir procuré à son client des moyens d'évasion [10], constituent des atteintes à la probité.

Tout comme c'est à bon droit qu'une cour d'appel prononce la radiation d'un avocat, après avoir relevé que les irrégularités de la rédaction d'un acte de cession de bail, à laquelle il avait participé, étaient manifestement destinées à couvrir une dissimulation et a relevé qu'il s'était ainsi livré à un ensemble d'opérations incompatibles avec les qualités d'honneur et de probité exigées par la profession d'avocat [11].

1. Civ. 1re, 1er mars 1983, n° 82-10.830, P I, n° 80 ; *Gaz. Pal.* 1983. 2. pan. 182 ; *D.* 1984. 119, obs. A. Brunois ; – MÊME SENS : CD Paris, arr. 17 nov. 2015, n° 214935 – V. ss nos 922.171 s.
2. CD Paris, 23 févr. 2016, n° 263257 – V. ss nos 453.161 s.
3. Paris, pôle, 2 ch. 1, 14 déc. 2017, RG nos 16/25812, 17/01791.
4. Aix-en-Provence, 10 juill. 2020, RG n° 19/10620.
5. Paris, 22 sept. 1993, *Gaz. Pal.* 28 oct. 1993, p. 15.
6. Paris, 24 nov. 1993, *D.* 1995. 164, obs. A. Brunois – Civ. 1re, 16 mai 1995, n° 93-13.149, NP ; *JCP* 1996. I. 3948, n° 15.
7. Paris, 22 janv. 1997, *Gaz. Pal.* 6 mars 1997, 29.
8. Civ. 1re, 10 janv. 1984, n° 82-16.968, P I, n° 8 ; *D.* 1985. 111 ; *in* A. DAMIEN, *Les grands arrêts*, Litec, 1991, p. 130 – V. ss nos 453.141 s.
9. Crim. 21 nov. 1979, n° 79-92.192, P n° 332 ; *Gaz. Pal.* 1980. 1. 266.
10. Aix-en-Provence, 15 mars 1982 ; *D.* 1984. IR 120, note A. Brunois ; *Gaz. Pal* 1983. 1. Somm. 186 ; *in* A. DAMIEN, *Les grands arrêts*, Litec, 1991, p. 130.
11. Civ. 1re, 16 juin 1981, n° 80-13.074, P I, n° 215 ; *JCP* 1981. IV. 314 ; *Gaz. Pal.* 1982. 1. pan. 26 ; *in* A. DAMIEN, *Les grands arrêts*, Litec, 1991, p. 82 – Bourges, 27 mars 1984, *Gaz. Pal.* 1984. 1. 976, note A. Damien ; *in* A. DAMIEN, *Les grands arrêts*, Litec, 1991, p. 85 – Civ. 1re, 13 déc. 1988, n° 86-17.735, P I, n° 351 ; *Gaz. Pal.* 1989. pan. 35.

§ 3
Manquements en matière de maniement de fonds

324.141 Rétention fautive de somme sur l'indemnité destinée à la cliente. Les manquements commis par l'avocat aux règles en matière de maniement de fonds [1], constituent, en règle générale, également des manquements au devoir de probité [2].

Le fait pour un avocat de retenir une certaine somme sur une indemnité d'accident revenant à son client, sans lui adresser le décompte des frais, ni faire état de la provision qu'il a versée, sans avoir obtenu son accord sur le prélèvement des honoraires, contrevient aux principes de désintéressement, de probité et de modération et constitue une faute disciplinaire [3].

324.142 Utilisation fautive des fonds à des fins personnelles. Le fait pour un avocat de ne pas pouvoir représenter à tout moment les fonds destinés à ses clients dont il est dépositaire, et qu'il utilise à des fins personnelles, est une faute contre l'honneur, la probité et la délicatesse, justifiant sa radiation [4].

324.143 Conservation de fonds provenant de trafic de stupéfiants. Le fait pour un avocat d'avoir conservé des fonds provenant d'un trafic de stupéfiants commis par un de ses clients constitue une faute contre la probité et, étant incompatible avec la continuation de ses fonctions, légitime le recours à la mesure de suspension provisoire [5].

§ 4
Prohibition de l'activité de banquier

324.151 L'avocat ne peut jouer le rôle de banquier envers ses clients. Le fait pour un avocat d'avoir joué le rôle de banquier au profit de ses clients en liquidation de biens et d'avoir conservé pendant plusieurs années une somme due à un client, caractérise le manquement à la probité et justifie la sanction de la radiation [6].

De même, les agissements d'un avocat qui a servi de banquier et d'intermédiaire, et passé un acte destiné à couvrir une dissimulation, démontrent qu'il se soumet sous le couvert de l'exercice de la profession d'avocat, d'une manière courante, à des activités absolument incompatibles avec la dignité, l'honneur et la probité qui s'imposent. La radiation est la seule sanction qui correspond à la gravité des manquements ainsi commis [7].

324.152 Prêt fautif. Le fait par un avocat de prêter à un tiers de l'argent revenant à un client, sans établir la preuve d'un mandat que lui aurait donné ce client à l'effet de négocier un prêt, constitue une faute contre la probité [8].

Tout comme celui qui fait l'intermédiaire pour des prêts usuraires [9] ou se fait prêter de l'argent par un client sans le rembourser [10] ou en ne les remboursant pas dans les délais convenus mais plus de deux, voire trois ans plus tard, après de multiples démarches de leur part le dépôt d'une plainte auprès du bâtonnier [11].

§ 5
Violation des obligations pécuniaires, fiscales et sociales de l'avocat

324.161 Violation des obligations pécuniaires, fiscales et sociales. L'avocat doit exécuter les obligations pécuniaires, fiscales et sociales, et notamment celles mises à sa charge par son barreau (paiement des cotisations ordinales) [12]. En s'y dérobant sans raison légitime, il commet un manquement à la probité justifiant l'ouverture d'une procédure disciplinaire et le prononcé d'une sanction [13].

Il en est ainsi de l'avocat :

- pénalement condamné pour fraude fiscale [14] ;

1. V. s[s] n°s 483.00 s.
2. AUSSI : V. s[s] n°s 483.81 s.
3. Civ. 1re, 14 janv. 1976, n° 74-11.401, P I, n° 15 ; *D.* 1976. 33 – V. s[s] n°s 732.122 s.
4. Civ. 1re, 4 mai 1982, *Gaz. Pal.* 1982. 2. pan. 291, *in* A. DAMIEN, *Les grands arrêts*, Litec, 1991, p. 125 – Civ. 1re, 10 mars 1992, n° 90-20.360, P I, n° 76 ; *JCP* 1992. IV. 153 – Civ. 1re, 31 janv. 2018, n° 16-21.614, NP – V. s[s] n°s 483.00 s.
5. Civ. 1re, 28 janv. 1976, n° 74-11.766, P I, n° 34 ; *Gaz. Pal.* 1976. 1. Somm. 68 ; *in* A. DAMIEN, *Les grands arrêts*, Litec, 1991, p. 130 ; – RAPPR. : Civ. 1re, 10 mars 1992, n° 90-20.360, P I, n° 76 ; *Gaz. Pal.* 8 sept. 1992, p. 210 – V. s[s] n°s 512.141 s.
6. Civ. 1re, 10 mars 1987, n° 84-17.458, P I, n° 87 ; *D.* 1987. 66.
7. Aix-en-Provence, 10 mars 1980, *Gaz. Pal.* 1980. 1. 269, note A. Damien ; *in* A. DAMIEN, *Les grands arrêts*, Litec, 1991, p. 81.
8. Civ. 1re, 4 déc. 1973, n° 72-13.833, P I, n° 334.
9. Lyon, 3 avr. 2014, RG n° 13/08559 ; *D.* 2014. 171, obs. L. Dargent.
10. Paris, pôle 2, ch. 1, 10 mars 2016, RG n° 15/15474.
11. Paris, pôle 2, ch. 1, 24 janv. 2019, RG n° 18/02672.
12. V. s[s] n°s 811.00 s.
13. Civ. 5 mai 1936, *DP* 1937. 1. 59 – Orléans, 6 janv. 1937, *DP* 1937. 2. 62 – Riom, 25 sept. 1978, *Gaz. Pal.* 1979. 1. 19 – Versailles, 26 mars 2015, RG n° 14/08080 – CD Paris, arr. 17 nov. 2015, n° 258972 – Paris, pôle 2, ch. 1, 26 mai 2016, RG n° 15/23128.
14. CO Paris, 25 mars 1986, *D.* 1987. 107, note A. Brunois – CO Paris, 16 juill. 1987, *D.* 1989. 71 – Civ. 1re, 16 avr. 1991, n° 89-19.869, NP – CD Paris, arr. 5 avr. 2016, n° 247223 – CD Paris, arr. 12 avr. 2016, n° 274762.

– qui se rend coupable d'un défaut de paiement de la taxe professionnelle[1] ou de TVA[2] ;

– qui commet une fraude aux prestations sociales en continuant d'exercer et de percevoir des honoraires, tout en percevant des prestations sociales qui impliquent de par la loi la cessation de toute activité professionnelle[3] ;

– qui ne restitue pas les honoraires dus à un client en application d'une décision de fixation devenue définitive[4] ;

– qui ne paye pas son loyer en tant que sous-locataire d'un autre avocat[5].

324.162 **Intention frauduleuse.** Toutefois, si le fait de comptabiliser à son seul profit des honoraires dus à l'association dont il est membre constitue pour l'avocat une faute disciplinaire, le simple fait d'avoir des dettes et être l'objet de poursuites de ce fait ne saurait être retenu à la charge de l'avocat comme un manquement à la probité, à l'honneur ou à la délicatesse, dès lors que l'avocat poursuivi agit sans fraude et sans manœuvre dilatoire pour échapper à l'obligation de payer[6].

Tout comme n'apparaît pas fondée une sanction disciplinaire pour manquement à la probité, à l'honneur ou à la délicatesse à l'encontre d'un avocat qui a contracté un prêt d'honneur auprès de l'Ordre et qu'il n'a pas pu rembourser[7].

Pas plus qu'un avocat tombé en « déconfiture » par une imprudence dans la gestion de son patrimoine privé n'a pas commis, en l'absence de tout autre élément, de faute disciplinaire de nature à justifier une sanction[8].

Il apparaît, en effet, nécessaire, en la matière, qu'une intention frauduleuse, une volonté délibérée de la part de l'avocat de se soustraire à ses obligations pécuniaires, fiscales et sociales soit caractérisée afin de pouvoir retenir un manquement à la probité justifiant une sanction disciplinaire. De simples difficultés passagères ou une absence de rentabilité de l'activité n'apparaissant pas, en soi, répréhensibles sur le plan disciplinaire.

324.163 **Renvoi.** Pour d'autres illustrations de manquement au principe de probité, l'on se reportera utilement aux développements consacrés à la responsabilité pénale de l'avocat[9], s'agissant notamment de l'abus de confiance[10], de l'escroquerie[11], de l'aide au séjour irrégulier[12] ainsi que de la corruption et du trafic d'influence[13], ainsi qu'aux infractions pénales contingentes à certaines règles professionnelles de la profession d'avocat, telles que la discrimination[14], le harcèlement[15], la violation du secret professionnel et la non-dénonciation de crime[16], la révélation d'informations issues d'une enquête ou d'une instruction[17], les infractions de blanchiment[18], violation du gel des avoirs[19], pantouflage[20], abus de faiblesse[21], les infractions à la loi informatique et liberté[22], au code de la consommation[23], l'infraction de démarchage juridique[24], les outrages, la diffamation, l'injure, la dénonciation calomnieuse et l'atteinte au crédit de la justice[25], le chantage[26], la discrimination[27], la subornation de témoins[28], ainsi que le faux et l'usage de faux[29].

1. Civ. 1re, 23 nov. 1999, no 96-19.466, NP ; *JCP* 2000. I. 231, no 30, obs. R. Martin.
2. CD Paris, arr. 31 mars 2015, no 244923 – CD Paris, arr. 4 sept. 2015, no 263345 – CD Paris, arr. 13 oct. 2015, no 265162 – CD Paris, arr. 31 déc. 2015, no 267424 – Paris, pôle 2, ch. 1, 12 janv. 2017, RG no 16/17520.
3. Civ. 1re, 16 oct. 2008, no 07-11.810, P I, no 225 ; *D.* 2008. 2727 ; *JCP* 2009. II. 10022, note L. Marino.
4. Paris, pôle 2, ch. 1, 25 févr. 2016, RG no 15/0862 – CD Paris, 15 mars 2016, no 264645 – CD Paris, arr. 19 avr. 2016, no 267623.
5. Paris, 27 mars 2002, *Gaz. Pal.* 24-25 mai 2002, p. 23.
6. Rennes, 12 juill. 1985, *Gaz. Pal.* 10 déc. 1985, p. 12, note Y. Avril.
7. Paris, 26 févr. 1992, *D.* 1994. 134.
8. Dijon, 7 mai 1998, NP.
9. V. ss nos 921.11 s.
10. V. ss nos 922.31 s.
11. V. ss nos 922.60 s.
12. V. ss nos 922.121 s.
13. V. ss nos 922.171 s.
14. V. ss no 333.51.
15. V. ss no 333.61.
16. V. ss nos 411.63 s.
17. V. ss nos 416.131 s.
18. V. ss nos 482.261 s.
19. V. ss nos 482.327 s.
20. V. ss nos 434.151 s.
21. V. ss nos 481.100 s.
22. V. ss nos 466.20 s.
23. V. ss nos 466.101 s.
24. V. ss nos 466.161 s.
25. V. ss nos 454.150 s.
26. V. ss nos 453.20 s.
27. V. ss no 721.131.
28. V. ss nos 453.151 s.
29. V. ss nos 453.161 s.

CHAPITRE

325. Humanité

SECTION 0
ORIENTEUR

325.00 **Sommaire du chapitre.**

Division. Le principe d'humanité qui s'articule principalement avec le principe de désintéressement (sect. 1), concerne en particulier les droits de la défense, l'aide juridique et l'attitude de l'avocat face aux personnes fragiles (sect. 2).

325.01 **Textes applicables.**

TEXTES TITRÉS

• **L. n° 71-1130, 31 déc. 1971**

art. 3, al. 2 [Serment]

• **Décr. n° 2005-790, 12 juill. 2005**

art. 3 [Liste des seize principes]

• **RIN**

art. 1.3 [Liste des dix-sept principes]

325.03 **Bibliographie indicative.**

* Aussi : v ; s[s] n° 32.03.

Contribution. A. Damien, « La déontologie de l'avocat hors du prétoire », *Mél. Hébraud,* PU Toulouse, 1981, p. 253.

Articles. A. Damien, « Éléments de civilité puérile et honnête à l'usage des avocats », *Gaz. Pal.* 1985. Doctr. 222 – R. Martin, « Déontologie de la profession libérale », RJB 2000, n° 59/70, p. 176 – V. Montourcy, « L'éthique de l'avocat en droit des majeurs protégés », *Gaz. Pal.* 11 oct. 2016, p. 12 – J.-Cl. Woog, « L'activité de l'avocat, globale, spécialisée ou dominante, et son image auprès du public », *JCP* 1989. I. 3413.

SECTION 1
DÉFINITION

325.11 **Définition.** Du latin, *humanitatem*, de *humanus*, humain. L'humanité est le sentiment actif de bienveillance pour tous les hommes[1]. C'est la bonté, bienveillance de l'homme pour ses semblables[2]. Elle s'entend ici au sens de charité. L'humanité est un principe lui aussi essentiel, car la profession d'avocat ne peut être exercée sans humanité. Ce devoir, cette vertu cardinale, concerne essentiellement les relations entre l'avocat et son client. C'est l'humanité qui place l'avocat aux côtés d'hommes ou de femmes (victimes ou coupables) qui souffrent et qui traversent des épreuves humaines difficiles et souvent angoissantes.

L'avocat doit faire preuve de compassion et de bienveillance envers les personnes qui viennent le trouver. Mais il doit également faire preuve d'humanité à l'égard de son adversaire.

325.12 **Évolution.** Le principe d'humanité puise sa source dans les règles des juridictions ecclésiastiques qui ont organisé, les premières, la défense des plus pauvres.

SECTION 2
DROITS DE LA DÉFENSE, AIDE JURIDIQUE ET PERSONNES FRAGILES

325.21 **Aide juridique.** Si le bénévolat n'est plus à l'ordre du jour de la profession d'avocat, l'aide aux plus démunis et la possibilité pour ceux-ci d'obtenir gratuitement un défenseur en justice, qui a toujours été un élément essentiel de la profession, est toujours effective grâce au système de l'aide juridique[3].

L'humanité porte, par exemple, l'avocat à défendre les plus démunis (« la veuve et l'orphelin » dit-on couramment), à faire preuve à l'égard de ses clients

1. E. Littré, *Le Dictionnaire de la langue française,* Paris, Hachette, 1874, p. 2063.
2. CNRTL.
3. V. s[s] n° 751.00.

de compréhension, de tolérance et de charité, sans pour autant que cela ne devienne de la complaisance.

325.22 **Droits de la défense.** L'avocat possède des prérogatives qui lui permettent de faire respecter les droits de la défense, la liberté et le respect des personnes. La présence de l'avocat est ainsi admise dès le début de la garde à vue, même si son rôle est limité[1]. Cette présence des avocats fonctionne grâce au système de la commission d'office[2].

L'humanité peut également conduire l'avocat à défendre une cause qui semble perdue d'avance ou des personnes ayant commis des actes qu'il juge moralement condamnable.

325.23 **Personnes fragiles.** Le principe d'humanité est particulièrement important lorsque l'avocat assiste des personnes fragiles. Il prend, par exemple, un rôle essentiel auprès des mineurs. C'est pourquoi, est proclamé, par l'article L. 12-4[3] du code de la justice pénale des mineurs, l'obligation pour tout mineur[4], poursuivi ou condamné, d'être assisté d'un avocat à chaque étape de la procédure. Il en est de même des majeurs protégés[5] ou des parties civiles[6].

1. V. s^s n°s 472.62 s.
2. V. s^s n°s 472.00 s.
3. V. s^s n°s 472.121 s.
4. Dir. 2016/800, Parlement et Conseil, 11 mai 2016 relative à la mise en place de garanties procédurales en faveur des enfants qui sont des suspects ou des personnes poursuivies dans le cadre des procédures pénales, *JOUE* 21 mai, p. 1.
5. V. Montourcy, F. Fresnel, « lettre ouverte aux femmes et hommes de bonne volonté : pour la présence obligatoire de l'avocat auprès des majeurs protégés », *Gaz. Pal.* 12 janv. 2016, p. 14 – V. Montourcy, « L'éthique de l'avocat en droit des majeurs protégés », *Gaz. Pal.* 11 oct. 2016, p. 12 – V. s^s n°s 472.131 s.
6. V. s^s n°s 472.111 s.

TITRE

33. Les huit principes essentiels dans l'exercice professionnel

SECTION 0

ORIENTEUR

33.00 Sommaire du titre.

Division. Les huit, au lieu de sept, principes essentiels dans l'exercice professionnel sont : l'honneur (chap. 331), la loyauté (chap. 332), l'égalité et non-discrimination (chap. 333), le désintéressement (chap. 334), la confraternité (chap. 335), la délicatesse (chap. 336), la modération (chap. 337), et la courtoisie (chap. 338).

33.01 Textes applicables.

TEXTES TITRÉS

- **Décr. n° 2005-790, 12 juill. 2005**

art. 3 [Liste des seize principes]

- **RIN**

art. 1.3 [Liste des dix-sept principes]

33.03 Bibliographie indicative.

* Aussi : v. s^s n° 3.03.

CHAPITRE

331. Honneur

SECTION 0

ORIENTEUR

331.00 Sommaire du chapitre.

Division. Le principe de l'honneur, qui renvoie au respect de l'honneur de la profession, s'articule principalement avec celui de probité (sect. 1), et s'impose à l'avocat tant dans le cadre de l'inscription au tableau (sect. 2), que dans l'exercice de sa profession (sect. 3). Il pose la question de la sanction sur le plan disciplinaire des faits relatifs à la vie privée de l'avocat (sect. 4).

331.01 Textes applicables.

TEXTES TITRÉS

• **L. n° 71-1130, 31 déc. 1971**

art. 11, 4° [Accès à la profession]

art. 17, 3° [Missions du conseil de l'Ordre – Inscription au Tableau]

• **Décr. n° 2005-790, 12 juill. 2005**

art. 3 [Liste des seize principes]

• **Décr. n° 91-1197, 27 nov. 1991**

art. 183 [Sanctions disciplinaires]

art. 63 [Élève avocat – Discipline]

• **RIN**

art. 1.3 [Liste des dix-sept principes]

331.02 Jurisprudence de référence.

> Propos injurieux à l'égard du bâtonnier

• **Civ. 1re, 9 juill. 1996,** n° 95-20.876, NP.

* V. ss n° 331.53.

« Attendu que la cour d'appel a, d'abord, relevé que Maître de V..., chargée de la défense des intérêts de M. Ch..., poursuivi du chef d'attentat à la pudeur sur sa fille mineure, avait proposé à la femme de son client de la recevoir dans son cabinet et avait, à cette occasion, sollicité de sa part un honoraire de consultation pour lui avoir donné des conseils, "s'inscrivant tous dans le sens d'une atténuation de la responsabilité de M. Ch...", et cela en contradiction d'intérêts manifeste entre son client et Mme Ch..., elle-même visée par le réquisitoire introductif ; qu'elle a, ensuite, retenu que, lors d'une perquisition effectuée au cabinet de Mme X..., celle-ci avait adopté une attitude agressive et proféré des propos injurieux et outrageants à l'égard des magistrats et du greffier, ainsi que du bâtonnier de son Ordre ; qu'en l'état de ces énonciations et constatations, la cour d'appel a pu décider que les fautes retenues contre Mme X... constituaient des manquements caractérisés à l'honneur et à la probité. »

> Comportement d'un avocat à l'occasion d'une campagne électorale

• **Civ. 1re, 1er févr. 1983,** n° 81-16.676, NP.

* V. ss n° 331.85

« Ayant retenu que si le but poursuivi par un avocat candidat à l'élection présidentielle pouvait être respectable, et ses mobiles sincères, les moyens par lui utilisés et notamment son exhibitionnisme provocateur et indécent, qui n'étaient ni nécessaires, ni mêmes utiles à la défense de ses idées et qui étaient étroitement liés à sa qualité affichée d'avocat, étaient contraires aux règles déontologiques de son ordre et avaient entaché la dignité et l'honneur de la profession à laquelle il appartient, la cour a justement estimé que ces manquements à la délicatesse, à la dignité et à l'honneur qui s'imposaient à l'avocat même en dehors de sa profession, constituaient des fautes professionnelles passibles d'une sanction disciplinaire. »

> Avocat ayant exercé une activité d'agent d'affaires

• **Paris, 6 juill. 2006,** RG n° 05/23942.

* V. s^s n° 331.84.

« Considérant que le conseil de discipline a exactement retenu que les deux premiers manquements reprochés sont avérés ; qu'il est en effet établi que Maître X... a volontairement contourné les règles sur les incompatibilités édictées par les textes ci-dessus rappelés et qui sont le fondement des poursuites ; que Maître X... a agi dans un but mercantile et intéressé, ce qui constitue un manquement à l'indépendance, à l'honneur et à la dignité. [...]

Considérant que la sanction de la radiation est appropriée au manquement reproché à Maître X... qui, ainsi que le conseil de discipline l'a pertinemment relevé, exerce non une activité d'avocat, mais celle, exempte de tout serment, d'agent d'affaires. »

> Avocat ayant commis un vol

• **Civ. 1re, 12 avr. 1983,** n° 82-12.517, P I, n° 114.

* V. s^s n°s 331.81, 512.141, 521.111, 522.231, 522.202, 522.315

« Dans l'exercice de son pouvoir souverain d'appréciation de la valeur et de la portée des éléments de preuve qui lui étaient soumis, la cour d'appel a estimé qu'il était établi par le procès-verbal de gendarmerie que Maître X... avait dérobé trois bouteilles de spiritueux au préjudice d'un supermarché et que les explications de l'avocat tendant à faire admettre sa bonne foi étaient dépourvues de pertinence et de valeur probante ; qu'elle a pu en déduire que Maître X... avait commis un manquement à la probité, à l'honneur et à la délicatesse constitutif d'une faute disciplinaire. »

331.03 Bibliographie indicative.

* Aussi : v. s^s n° 33.03.

Thèse. B. Beignier, *L'honneur et le droit,* « Bibliothèque de droit privé », t. 234, LGDJ, 1995 ; rééd., « Anthologie du droit », 2014.

Encyclopédie. *J.-Cl. Civ. Annexes, v° Avocat*, fasc. 30 : avocats, Obligations et prérogatives.

Articles. D. Commaret, « À propos de la loi du 3 août 1995 ou réflexion sur l'honneur du magistrat », *D.* 1996. 197 – A.-E. Credeville, « Le point sur l'honneur (ou la diffamation aujourd'hui) », *Gaz. Pal.* 26-28 mars 2006, p. 10 – R. Martin, « L'avocat et la délicatesse de l'honneur », *Gaz. Pal.* 30 juill.-1er août 2000, p. 1340 – D. Piau, « De l'art abstrait de la maîtrise du tableau », *Gaz. Pal.* 6-8 janv. 2013, p. 9.

SECTION 1
DÉFINITION ET ARTICULATION AVEC D'AUTRES PRINCIPES

331.11 Définition. Du latin, *honorem.* L'honneur est le sentiment qui fait que l'on veut conserver la considération de soi-même et des autres[1]. C'est un principe moral d'action qui porte une personne à avoir une conduite conforme (quant à la probité, à la vertu, au courage) à une norme sociale, qui lui permet de jouir de l'estime d'autrui et de garder le droit à sa dignité morale mais encore la dignité que confère l'observation de principes déterminés (par le groupe considéré)[2]. L'avocat doit « respecter le principe » d'honneur.

Ce principe, qui est inscrit dans la tradition de la profession d'avocat depuis les origines, n'est pas sans lien avec les principes de dignité et de respect. D'une manière générale, l'honneur est un état d'esprit, une marque de considération morale que l'on se porte à soi-même ou que les autres vous portent.

331.12 Sens et portée de la notion d'honneur. Des juges ont donné une définition de la notion d'honneur appliquée à la profession d'avocat qui est intéressante, à défaut d'être très éclairante. Intéressante dans la mesure où elle donne une définition là où la jurisprudence habituelle est assez réticente à le faire. Mais peu éclairante, dans la mesure où l'on y retrouve le mélange habituel d'un certain nombre de principes (délicatesse, dignité, modération, honneur), qui donne à penser que tous ces principes sont imbriqués et que le contour de chacun de ces principes est délicat à dessiner. L'honneur d'un avocat est néanmoins défini comme « le vif sentiment de sa propre dignité qui anime un individu et qui le pousse à agir de manière à conserver l'estime des autres ainsi que les principes moraux qui sont à la base de ce sentiment »[3]. S'agissant d'un comportement reproché à un avocat dans l'exercice de sa profession, la dignité que celui-ci se devait de conserver doit nécessairement s'apprécier en fonction des règles déontologiques de cette profession et des principes généraux qui la sous-tendent.

En ce qui concerne plus généralement l'activité de l'avocat, il s'agit plus spécifiquement de l'honneur de sa profession, un honneur qui exige des devoirs et des règles.

331.13 Évolution. La définition de l'honneur qui nous intéresse ici était plus précise dans les textes anciens puisque l'article 23 du décret impérial du 14 décembre 1810 disposait que : « le conseil de discipline sera chargé : De veiller à la conservation de l'honneur de l'ordre des avocats [le barreau] ; De maintenir les principes de probité et de délicatesse

1. E. Littré, *Le Dictionnaire de la langue française*, Paris, Hachette, 1874, p. 2041.
2. CNRTL.
3. Aix-en-Provence, 24 nov. 1989, *Gaz. Pal.* 1990. I. 240, note A. Damien.

qui font la base de leur profession »[1], et l'article 14 de l'ordonnance du 20 novembre 1822 disposait que : « les conseils de discipline sont chargés de maintenir les sentiments de fidélité à la monarchie et aux institutions constitutionnelles, les principes de modération, de désintéressement et de probité, sur lesquels repose l'honneur de l'ordre des avocats [le barreau] »[2].

Ainsi, lorsque, aujourd'hui, l'article 17, 3°, de la loi du 31 décembre 1971[3] indique que : « Le conseil de l'Ordre a pour attribution de traiter toutes questions intéressant l'exercice de la profession et de veiller à l'observation des devoirs des avocats ainsi qu'à la protection de leurs droits. [...] il a pour tâches, notamment : [...] 3° De maintenir les principes de probité, de désintéressement, de modération et de confraternité sur lesquels repose la profession et d'exercer la surveillance que l'honneur et l'intérêt de ses membres rendent nécessaire ; [...] »[4], très clairement l'honneur qui est visé est celui du barreau et partant de la profession tout entière.

331.14 Charte des principes essentiels de l'avocat européen. La charte des principes essentiels de l'avocat européen précise, à cet égard, que : « Pour exercer de manière correcte la profession, l'avocat doit se montrer digne de cette confiance. Celle-ci est confortée par la participation à une profession honorable ; le corollaire est que l'avocat ne doit rien faire non seulement qui porte atteinte à sa réputation, mais aussi à celle de la profession dans son ensemble et à la confiance du public en la profession. Ceci n'implique pas que l'avocat doive être parfait, mais qu'il ne peut pas avoir un comportement indigne, que ce soit dans l'exercice de la profession ou dans d'autres activités, voire même dans la vie privée, qui puisse déshonorer la profession. Une conduite indigne peut mener à des sanctions, y compris, dans les cas les plus graves, à l'exclusion de la profession. »[5]

1. Décr. impérial, 14 déc. 1810 contenant Règlement sur l'exercice de la profession d'Avocat, et la discipline du Barreau, art. 7 et 14, *in* A. Dupin, *Profession d'avocat : Recueil des pièces concernant l'exercice de cette profession,* B. Warée aîné, 1830-1832, p. 591.
2. Ord. du Roi, 20 nov. 1822 contenant Règlement sur l'exercice de la profession d'Avocat, et la discipline du Barreau, art. 38, *in* A. Dupin, *Profession d'avocat : Recueil des pièces concernant l'exercice de cette profession,* B. Warée aîné, 1830-1832, p. 610.
3. L. n° 71-1130, 31 déc. 1971 portant réforme de certaines professions judiciaires et juridiques, *JO* 5 janv. 1972, p. 131.
4. L. n° 71-1130, 31 déc. 1971, art. 17, 3°.
5. Charte des principes essentiels de l'avocat européen, principe (d).

331.15 Honneur même de la profession. Parce que les faits analysés portent atteinte à l'honneur même de la profession, il justifie que l'on puisse faire obstacle à l'accès à la profession ou que l'on puisse exclure de cette même manière, dès lors que pour reprendre une expression d'Édmond de Goncourt : « Ce sera assez drôle de voir l'honneur des lettres défendu par un maquereau. »[6].

Toute faute de l'avocat d'une particulière gravité porte nécessairement atteinte à l'honneur de la profession. Ainsi, comme on a pu le noter, une décision : « Tout manquement délibéré au serment prêté est nécessairement contraire à l'honneur. »[7]

331.16 Honneur et probité. La probité[8] est proche de l'honneur, et les manquements qui portent atteinte à la probité portent également atteinte à l'honneur. L'une des définitions de l'honneur renvoie au demeurant à la qualité qui nous porte à faire des actions nobles ou courageuses, soit la vertu et la probité[9] mais ce n'est pas celle qui nous intéressera.

En réalité, là où l'honneur renvoie à l'honneur du barreau et de ses membres, la probité renvoie à la personne même de l'avocat concerné.

331.17 Lien avec les autres principes essentiels et règles déontologiques. Par définition, le principe d'honneur est en lien avec l'ensemble des principes essentiels et règles déontologiques. Il est un qualificatif de l'atteinte qu'ils ont porté à la profession tout entière.

331.18 Absence d'effets de l'amnistie et de la réhabilitation. Le principe d'honneur, comme celui de probité[10], revêt une importance particulière en tant qu'il est insensible aux effets de l'amnistie comme de la réhabilitation[11].

SECTION 2
HONNEUR DANS LE CADRE DE L'INSCRIPTION AU TABLEAU

331.20 Plan. Dans le cadre de l'inscription au tableau, le principe d'honneur s'impose tant dans le cadre de faits ayant donné lieu à une condamnation pénale ou à des sanctions disciplinaires ou administratives pour agissements contraires à l'honneur (§ 1) que dans le cadre d'un principe général d'honneur dont le conseil de l'Ordre est le gardien (§ 3).

6. E. de Goncourt, *Journal*, 1860, p. 702.
7. Limoges, 14 janv. 2004 ; CITÉ PAR : Y. Avril, *Responsabilité des avocats,* 4e éd., « Dalloz Référence », 2014, n° 51.02.
8. V. ss nos 324.00 s.
9. E. Littré, *Dictionnaire de la langue française*, Paris, Hachette, 1874, p. 2041.
10. V. ss nos 324.00 s.
11. SUR CETTE QUESTION, V. ss nos 324.16, 312.63 s. et 411.11 s.

§ 1
Faits ayant donné lieu à une condamnation pénale ou à une sanction disciplinaire ou administrative de destitution, radiation, révocation, retrait d'agrément ou d'autorisation

331.31 **Définition.** Il faut rappeler que le candidat à la profession d'avocat ne doit pas avoir été condamné pénalement, ou fait l'objet d'une sanction disciplinaire ou administrative de destitution, radiation, révocation, de retrait d'agrément ou d'autorisation[1], pour des agissements contraires à l'honneur ou à la probité[2].

Les décisions en la matière visent indifféremment la probité et l'honneur. Il sera renvoyé à l'étude faite sur la mise en œuvre des articles 11, 4°, et 5°[3], de la loi du 31 décembre 1971 avec le principe de probité[4].

§ 2
Principe général d'honneur et inscription au tableau

331.41 **Pouvoir général d'appréciation de l'honneur.** Ici encore, comme pour la probité[5], la notion d'honneur joue un rôle primordial dans l'exercice par le conseil de l'Ordre des prérogatives qu'il tient de l'article 17, 3°[6], de la loi du 31 décembre 1971 dans le cadre des demandes d'inscription au barreau.

Son invocation est toutefois plus rare que celle de la probité dans la mesure où au moment de l'accès à la profession, sauf en cas de demande de réinscription, les atteintes à l'honneur de la profession n'ont pas lieu d'être.

331.42 **Illustrations.** C'est ainsi que dans une affaire, un avocat qui sollicitait son inscription dans un autre barreau, s'était vu refuser cette inscription au motif qu'il avait plaidé devant un tribunal du ressort de ce barreau sans faire, au préalable, la visite d'usage au bâtonnier et que, rappelé à ce devoir, il s'était montré avec ce même bâtonnier « insolent et désagréable, critiquant même l'utilisation des fonds provenant des cotisations des avocats ». N'entendant pas en rester là, l'avocat avait renouvelé ces observations à l'occasion de sa demande d'inscription. Le conseil de l'Ordre avait estimé que ces faits révélaient un mépris des règles professionnelles incompatibles avec l'exercice de la profession. Toutefois, la Cour de cassation approuve la cour d'appel qui a réformé la décision, considérant que : « La cour d'appel, appréciant le comportement de l'avocat, a souverainement estimé que son attitude – pour regrettable qu'elle ait été – ne présentait pas un caractère de gravité suffisant pour justifier le refus d'inscription du postulant. »[7].

Mais doit être refusée la demande d'inscription d'un impétrant qui avait été condamné, par une décision définitive, à la peine de trois mois d'emprisonnement avec sursis pour des faits d'usurpation de qualité, faux et altération frauduleuse de la vérité dans un écrit et surtout pour exercice illégal de l'activité d'avocat[8]. La Cour de cassation approuve la cour d'appel d'avoir, dans l'exercice de son pouvoir d'appréciation, examiné l'ensemble des preuves qui lui étaient soumises, et estimé que l'impétrant n'offrait pas de gages sérieux et suffisants de son aptitude à respecter les principes essentiels de la profession d'avocat, nonobstant le relèvement de toutes les incapacités résultant de sa condamnation pénale dont la mention au bulletin n° 2 du casier judiciaire avait été exclue[9].

Tout comme un avocat, qui avait été jugé coupable de trafic d'influence commis dans l'exercice de sa profession et condamné, notamment, à une peine de cinq ans d'interdiction d'exercer la profession d'avocat, peine dont il avait ensuite été partiellement relevé, ayant démissionné de son barreau, a pu légitimement se voir opposer un refus à sa demande d'inscription dans un autre barreau. En effet, le délit de trafic d'influence[10] dont l'intéressé avait été reconnu coupable constituait un manquement à l'honneur et à la probité, d'une particulière gravité ayant jeté le discrédit sur l'ensemble des professionnels de justice. Ainsi, la cour d'appel avait pu en déduire que, malgré les efforts certains qu'il avait fournis pour sa réadaptation, l'intéressé ne remplissait pas les conditions de moralité requises pour reprendre la profession d'avocat, et n'offrait pas des gages suffisants de son amendement[11]. Il en est de même de l'impétrant qui a fait un usage indu du titre d'avocat avant même son inscription au barreau[12].

1. L. n° 71-1130, 31 déc. 1971, art. 11, 5°.
2. L. n° 71-1130, 31 déc. 1971, art. 11, 4°.
3. L. n° 71-1130, 31 déc. 1971, art. 11, 4°.
4. V. ss nos 324.40 s.
5. V. ss nos 324.31 s.
6. L. n° 71-1130, 31 déc. 1971, art. 17, 3°.
7. Civ. 1re, 7 juill. 1987, n° 86-10.729, P I, n° 218.
8. V. ss nos 612.11 s.
9. Civ. 1re, 10 sept. 2015, n° 14-20.775, P ; *D.* 2015. 1846.
10. V. ss nos 922.211 s.
11. Civ. 1re, 30 mai 2013, n° 12-22.253, NP – V. ss nos 324.71 s.
12. Rouen, 1re ch., 7 déc. 2011, RG n° 11/02781 – V. ss nos 612.31 s.

SECTION 3
HONNEUR DANS LE CADRE DE L'EXERCICE DE LA PROFESSION

331.51 **Faute disciplinaire d'une particulière gravité.** Tout manquement aux principes essentiels, toute faute déontologique d'une particulière gravité porte atteinte à l'honneur de la profession d'avocat. Tout manquement délibéré au serment prêté est nécessairement contraire à l'honneur de la profession[1]. Le manquement à l'honneur est toujours caractérisé en sus d'un autre manquement à un principe essentiel ou une règle déontologique, dont la gravité[2] justifie qu'on le qualifie de manquement à l'honneur.

Les manquements à la probité[3] constituent également des manquements à l'honneur de la profession d'avocat.

331.52 **Manquements à l'honneur.** C'est ainsi que constituent des manquements à l'honneur de la profession d'avocat : le mensonge[4], la corruption[5], la complicité de tentative de faux en écriture privée[6], l'aide à l'évasion d'un client[7], l'usurpation d'un titre[8], la violation du secret professionnel[9], tels que l'avocat qui révèle aux services de renseignement des crimes en préparation dont son client lui a révélé l'existence[10], ou encore le fait pour un avocat de :

- refuser d'exécuter une décision de justice définitive prononcée à son encontre, notamment en s'opposant à toute saisie en déclarant que le bureau et le matériel de son cabinet lui étaient loués par un confrère et qu'il habitait chez une amie[11] ;

- publier sur les réseaux sociaux, l'offre de louer son cabinet de 20 heures à 8 heures du matin avec tous les services nécessaires à savoir fax, internet... tout en précisant que « le canapé-lit est installé dans une pièce de cabinet d'avocats et n'est disponible que de 20:00 à 8:00 »[12] ;

- proposer de « s'occuper » des frais d'avoué d'une cliente dont il avait le dossier de divorce, en suggérant la reprise des relations sexuelles qu'ils avaient antérieurement entretenues. La cour précise que, quelles que soient les circonstances dans lesquelles les liens entre la cliente et l'avocat ont pu se nouer, le comportement de ce dernier qui suggère la reprise de relations sexuelles alors que cette personne se tourne vers lui en sa qualité d'avocat afin de l'aider à résoudre un problème important pour elle, commet un manquement grave à la délicatesse et à l'honneur, justifiant une interdiction temporaire d'exercice de six mois[13] ;

- rompre un contrat de collaboration libérale huit semaines après le retour de congé maternité d'une collaboratrice[14] dans un cadre discriminatoire où les conditions de travail se sont brutalement dégradées à compter de l'annonce de la grossesse (pressions sur la quantité de travail à fournir, reproches professionnels, propos désobligeants, contrôle accru, convocations à répétition...), justifiant une interdiction temporaire de neuf mois avec sursis assortie d'une inéligibilité pendant cinq ans[15] ;

- diffuser dans la presse de fausses accusations contre des confrères, et accusé à tort, en le dénonçant au procureur général, un autre confrère, d'opérations illicites de blanchiment, et porté des accusations contre certains confrères, de violences sur sa personne, donnant ainsi une image détestable de la profession et portant atteinte à l'honneur et à la considération de chaque avocat de son barreau ainsi qu'à la réputation de l'ordre lui-même. Ces agissements étant particulièrement graves dans leur retentissement sur la vie professionnelle et personnelle des avocats qui en ont été victimes, leur répétition relevant d'une intention de nuire avérée[16] ;

- entretenir une confusion entre ses fonctions d'avocat et de président de syndicat, en présentant sur un mode affirmatif des faits, qu'il ne pouvait connaître qu'en qualité d'avocat, comme étant constitutifs d'une infraction pénale, en l'occurrence un délit de travail dissimulé, pouvant légitimement être considéré par son destinataire comme une menace, voire une forme de chantage, tout en offrant ses services comme médiateur[17] ;

- participer à un tribunal arbitral ayant rendu une sentence annulée par la suite pour fraude à l'arbitrage contraire à l'ordre public, motifs pris, notamment de ce que l'un des membres du tribunal arbitral ne remplissait pas la condition d'impartialité consubstantielle à l'arbitrage, ayant, de par ses différentes qualités, été associé à la mise en œuvre des actes ayant précisément concouru au différend soumis aux arbitres avait ainsi gravement exposé à la

1. Limoges, 14 janv. 2004, *BICC* 2004, n° 446.
2. Civ. 1re, 23 janv. 2019, n° 17-30.989, NP ; *Gaz. Pal.* 19 févr. 2019, p. 31, obs. C. Berlaud.
3. V. ss nos 324.121 s.
4. V. ss nos 322.51 s.
5. V. ss nos 922.171 s.
6. V. ss nos 453.161 s. et 922.121 s.
7. Aix-en-Provence, 15 mars 1982, *D.* 1984. IR 120, note A. Brunois ; *Gaz. Pal.* 1983. 1. Somm. 186 ; *in* A. Damien, *Les grands arrêts,* Litec, 1991, p. 130.
8. Paris, 23 nov. 1993, *D.* 1995. 164, obs. A. Brunois.
9. V. ss nos 411.63 s.
10. Sur cette affaire, v. ss n° 412.253.
11. Paris, 22 sept. 1993, *D.* 1995. 165, obs. A. Brunois.
12. CD Paris, arr. 22 nov. 2016, n° 277466.
13. Paris, pôle 2, ch. 1, 10 mars 2016, RG n° 15/08746.
14. V. ss n° 812.322.
15. CD Paris, 6 déc. 2016, n° 283071.
16. Toulouse, 6e ch., 1re prés., 12 juill. 2016, RG n° 16/02166 – SUR RENVOI DE : Civ. 1re, 17 févr. 2016, n° 15-15.043, NP.
17. CD Paris, arr. nos 238132, 238184, 238827, 239263, 18 févr. 2014 – V. ss n° 451.55.

critique sa profession et la réputation de son barreau d'appartenance[1].

331.53 Honneur et modération. La nature des propos tenus par un avocat à l'issue d'un verdict d'une cour d'assises et le caractère véhément, voire vindicatif de son comportement à la fin de l'audience peut constituer un manquement à l'honneur, en raison du contenu même des propos.

Par exemple, l'avocat qui s'est, notamment, exclamé : « Après un tel verdict, je me fous de ma profession, je déchire ma robe », démontrant qu'il a manqué à la dignité, la délicatesse et la modération[2] qu'un avocat soucieux de ses devoirs envers les juridictions et sa propre profession doit observer en toutes circonstances[3] ; ou encore celui qui a tenu des propos injurieux envers son bâtonnier et des auxiliaires de justice[4].

331.54 Maniement de fonds. Les règles en matière de maniement de fonds[5] ont été édictées dans l'intérêt du client[6] et de la profession d'avocat et tout maniement de fonds hors Carpa constitue un abus de confiance au préjudice de cette dernière[7], portant atteinte à la profession tout entière et donc constitutif d'un manquement à l'honneur.

331.55 Mensonge d'un bâtonnier lors de la proclamation du résultat des élections. Une cour d'appel a pu considérer que le fait pour un bâtonnier d'avoir énoncé au moment du vote un résultat qui ne correspondait pas à la réalité du scrutin, impliquant qu'il a ainsi sciemment menti en altérant la vérité telle qu'elle résultait du vote de ses pairs, constitue un comportement contraire aux principes d'honneur, de probité et de loyauté prévus par les dispositions de l'article 183 du décret du 27 novembre 1991[8] qui fondent la profession d'avocat, et que le bâtonnier, qualité de l'intéressé, doit en tout premier respecter et faire respecter.

Pour la cour d'appel, un tel manquement est particulièrement grave en ce qu'il porte directement atteinte à la crédibilité du barreau et à la confiance dont il doit normalement jouir auprès du public, ce qui justifie que soit prononcée la sanction de la radiation[9].

331.56 Embauche en qualité de juriste salarié d'un ancien bâtonnier radié. La Cour de cassation a eu à connaître d'une affaire où un avocat qui, envisageant d'embaucher en qualité de juriste salarié un ancien bâtonnier qui avait été radié et qui purgeait une peine d'emprisonnement pour des faits d'abus de confiance commis dans l'exercice de ses fonctions, avait sollicité l'avis de son bâtonnier. Le conseil de l'Ordre avait émis un avis défavorable nonobstant lequel un contrat de travail avait été conclu. L'avocat employeur de l'ancien bâtonnier fit l'objet de poursuites disciplinaires et le conseil de discipline, considérant que l'avocat avait eu un comportement de nature à porter atteinte à la probité, l'honneur et la délicatesse, prononça contre lui la sanction de l'interdiction temporaire.

La Cour de cassation approuve cette analyse en considérant que le recrutement par l'avocat en qualité de secrétaire-juriste d'un ancien bâtonnier de son barreau ayant été récemment radié et condamné pénalement à la suite de faits graves perpétrés dans l'exercice de ses responsabilités et notoirement connus, avait pu légitimement être considéré comme une atteinte à l'honneur de la profession d'avocat, dès lors qu'une telle démarche ne manquerait pas d'être interprétée localement comme le fruit d'une complaisance coupable des avocats[10].

SECTION 4
FAITS RELATIFS À LA VIE PRIVÉE DE L'AVOCAT

331.60 Plan. La vie privée de l'avocat est contrôlée sur le fondement d'un critère fonctionnel : sa réputation liée à sa

1. Civ. 1re, 10 oct. 2019, n° 18-21.966, P I ; *D.* 2019. 2044 ; *Gaz. Pal.* 29 oct. 2019, p. 36, obs. C. Berlaud ; *JCP* 2019. 1111 ; *D.* 2019. 2044 ; *D.* 2020. 115, obs. Th. Wickers ; *Gaz. Pal.* 2 juin 2020, p. 41, obs. D. Landry, J. Villacèque ; – REJETANT POURVOI CONTRE : Paris, pôle 2, ch. 1, 28 juin 2018, RG n° 16/16859 ; *Gaz. Pal.* 6 nov. 2018, p. 27, note Th. Clay ; – MÊME SENS DANS LA MÊME AFFAIRE : Civ. 1re, 30 juin 2021, n° 19-23.722, NP ; – REJETANT POURVOI CONTRE : Paris, pôle 2, ch. 1, 19 sept. 2019, RG nos 16/11977, 18/23915 ; – ET : Paris, pôle 2, ch. 1, 22 mars 2018 RG n° 16/18920 et autres ; – APRÈS : Civ. 1re, 26 sept. 2019, n° 18-17.079, NP : – DÉCLARANT IRRECEVABLE LE POURVOI CONTRE : Paris, pôle 2, ch. 1, 22 mars 2018, RG nos 16/18920 et autres ; – APRÈS : Paris, pôle 2, ch. 1, 27 avr. 2017, RG nos 16/18920, 16/18992, 16/19007 (3 arrêts) – Civ. 1re, 4 nov. 2015, n° 14-22.630, P I, n° 411 ; *D.* 2015. 2326, obs. P. Noual ; *D.* 2015. 2588, obs. Th. Clay ; *D.* 2016. 446, obs. N. Fricero.
2. V. ss nos 337.31 s.
3. Aix-en-Provence, ass. gén., 24 nov. 1989, *Gaz. Pal.* 1990. I. 240, note A. Damien.
4. Civ. 1re, 9 juill. 1996, n° 95-20.876, NP.
5. V. ss nos 483.00 s.
6. V. ss nos 481.00 s.
7. Crim. 23 mai 2013, n° 12-83.677, P n° 112 ; *D.* 2013. 1624 ; *AJ pénal* 2013. 543, obs. C. Porteron ; *RTD com.* 2013. 818, obs. B. Bouloc – V. ss nos 922.54 s.
8. Décr. n° 91-1197, 27 nov. 1991 organisant la profession d'avocat, *JO* 28 nov., p. 15502.
9. Paris, pôle 2, ch. 1, 14 janv. 2016, RG n° 14/22616 ; – POURVOI REJETÉ PAR : Civ. 1re, 6 sept. 2017, n° 16-13.624, NP ; *Gaz. Pal.* 3 oct. 2017, p. 21, note D. Piau ; – SUR RENVOI DE : Civ. 1re, 27 févr. 2013, n° 12-15.338, NP ; – CASSANT : Bordeaux, 8 févr. 2012, NP ; – SUR RENVOI DE : Civ. 1re, 2 avr. 2009, n° 08-12.246, P I, n° 71 ; *D.* 2009. 2011, note M. Roux ; *D.* 2009. 1135, obs. V. Avena-Robardet ; *D.* 2089. 2704, obs. B. Blanchard – ; ANNULANT : Bordeaux, 21 févr. 2007, RG n° 06/03536.
10. Civ. 1re, 26 janv. 1999, n° 96-12.406, NP ; *JCP* 1999. I. 126, n° 24, obs. R. Martin.

crédibilité en justice, l'exposant à la procédure et aux sanctions disciplinaires (§ 1), exigeant toutefois une atteinte à l'honneur de la profession (§ 2).

§ 1
Appréhension de la vie privée par la procédure disciplinaire

331.71 **Portée volontairement large de l'article 183 du décret du 27 novembre 1991.** Les infractions aux lois et règlements, règles professionnelles, les manquements à la probité, à l'honneur et à la délicatesse, exposent l'avocat aux sanctions disciplinaires même s'ils se sont produits en dehors de sa vie professionnelle.

Une définition générale et très large des infractions disciplinaires est donnée par l'article 183 du décret du 27 novembre 1991 indiquant que : « Toute contravention aux lois et règlements, toute infraction aux règles professionnelles, tout manquement à la probité, à l'honneur ou à la délicatesse, même se rapportant à des faits extraprofessionnels exposent l'avocat qui en est l'auteur à des sanctions disciplinaires. ». Ce texte que l'on retrouve chez les notaires et commissaires de justice qui sont des officiers ministériels [1], est une des conséquences de la spécificité de la profession d'avocat. Avocat n'est pas seulement une profession, ou un métier, c'est aussi un état.

Cette question de la vie privée de l'avocat est ancienne, et très contestée. Pour François-Étienne Mollot : « La dignité de l'homme est à lui, la dignité de l'avocat appartient à l'Ordre ; voilà pourquoi, si la vie privée de l'avocat est un sanctuaire impénétrable, la discipline a le droit de lui demander compte de ses actes extérieurs, lorsqu'ils ont une notoriété fâcheuse qui peut compromettre l'honneur et la dignité de l'Ordre. » [2]

331.72 **Données du débat.** Mais il ne faut pas pour autant en déduire que tout manquement à l'un quelconque des principes essentiels, ou des règles professionnelles, dans le cadre de la vie privée est de nature à justifier une sanction disciplinaire. D'autant que si l'avocat exerce une activité professionnelle relevant de la vie publique, il bénéficie néanmoins de la protection de l'article 9 du code civil [3] et on ne peut, dès lors, malgré ce côté public de son existence pénétrer dans l'intimité de sa vie privée [4] et notamment du secret de ses croyances [5].

Le bâtonnier Philippe-Simon Dupin, dit Dupin jeune [6], rédigea, en 1829, une consultation intitulée : « Incompétence du conseil de discipline pour connaître d'un fait étranger à la profession d'avocat », destiné à Pierre Grand [7], avocat qui avait prononcé l'éloge funèbre du conventionnel Joseph-François Laignelot, ayant voté la mort du Roi et avait fait l'objet d'une interdiction temporaire d'un an prononcée par le conseil de l'Ordre, alors compétent en matière disciplinaire, de ce seul fait et nonobstant toute condamnation par une juridiction de droit commun [8]. Pour Dupin jeune, qui aborde l'ensemble des faits relatifs à la vie privée, et pas seulement les « faits politiques », il y a lieu d'en conclure que : « Pour tout ce qui est dit, fait ou écrit dans leur profession, ou à l'occasion de leur profession, les membres de l'ordre sont soumis à la juridiction des conseils de discipline. Pour ce qui est en dehors, l'avocat est sous l'emprise du droit commun. S'il respecte la loi, nul ne peut rien lui dire, s'il la viole, aux tribunaux appartient de le punir ; Le Conseil pourra seulement repousser de son sein celui qu'une condamnation humiliante aurait flétri, et avec qui d'honorables communications ne seraient plus possibles. Mais alors la condamnation serait un motif légal qui ne laisse point de place à l'arbitraire » [9], et Dupin jeune de citer Guy-Jean-Baptiste Target pour lequel : « En tout ce qui ne tient pas à la fonction qui les distingue, les avocats ne sont que citoyens ; en tout ce qui intéresse cette fonction, ils sont soumis à la discipline de l'ordre » [10].

331.73 **Position du Conseil d'État en ce qui concerne le comportement privé de fonctionnaires.** Le Conseil d'État, lorsqu'il doit apprécier les conséquences [11], sur le plan disciplinaire, d'un acte de la vie privée du fonctionnaire, admet que ce dernier, même en dehors du service, continue à incarner une partie de l'imperium et que l'autorité responsable peut donc tenir compte de son comportement privé. Il estimera si ce dernier porte une déconsidération sur le corps auquel appartient l'agent, tel que la

1. Ord. n° 45-1418, 28 juin 1945 relative à la discipline des notaires et de certains officiers ministériels, *JO* 29 juin, p. 3926, art. 2.
2. Mollot, 1re éd., 1842, p. 27.
3. C. civ., art. 9.
4. CEDH 17 mars 2021, *Dupate c/Lituanie*, req. n° 18068/11.
5. Basse-Terre, 14 oct. 1985, *Gaz. Pal.* 1986. 1. 12, p. 10, note A. Damien.
6. Ph.-S. Dupin, bâtonnier de Paris de 1834 à 1836, frère d'A. Dupin, dit Dupin aîné, bâtonnier de Paris en 1830.
7. Pierre Grand [1802-1883].
8. Mollot, 2e éd., 1866, t. II, p. 337-338.
9. Ph. Dupin, « Incompétence du conseil de discipline pour connaître d'un fait étranger à la profession d'avocat » *in* A. Dupin, *Profession d'avocat : Recueil des pièces concernant l'exercice de cette profession,* B. Warée aîné, 1830-1832, p. 573.
10. G.-J.-B. Target, « La censure, Lettre à… 1775 » *in* A. Falconnet, *Le Barreau français moderne, ou choix de plaidoyers, mémoires, consultations*, t. II, Garnery, 1808, p. 464.
11. Ch. Vigouroux, *Déontologie des fonctions publiques*, 2e éd., « Dalloz Référence », 2014, nos 43 s.

conduite en état d'ivresse d'un officier de police[1], s'il est incompatible avec l'honneur professionnel, tel que l'inspecteur des impôts ayant entretenu avec des trafiquants d'alcool des relations étroites[2] ou encore s'il compromet la dignité et l'autorité de la fonction, tel que le président d'université ayant des relations avec une de ses élèves[3].

De même sont approuvées par le Conseil d'État, les sanctions infligées à un instituteur pour intempérance en dehors des locaux de service et sans influence sur celui-ci[4], à un agent qui se livrait en dehors du service au proxénétisme[5], à un douanier participant à un débarquement clandestin de marchandises[6], à un policier conduisant en état d'ivresse[7], à un secrétaire de police dont la vie privée causait du scandale[8], à un fonctionnaire de police ayant hébergé chez lui, hors service, un jeune adolescent en fugue, et ayant l'habitude d'entretenir des relations privées avec des individus défavorablement connus de la justice, comportement qui porte atteinte au bon renom de la police[9].

Certes, le Conseil d'État tient compte de l'évolution des mœurs et de la séparation croissante de la vie publique et de la vie privée mais il estime, en règle générale, qu'un agent ne peut être maintenu en fonction là où la rumeur publique s'alimente des travers de sa vie privée.

331.74 Conception large de l'immixtion dans la vie privée. Dès lors que l'avocat veut être libre pour exercer sa mission dans la société, il doit l'être également dans sa vie privée. Cette dernière fut donc, pendant longtemps, contrôlée sévèrement, non du point de vue de la morale mais uniquement sur le fondement d'un critère fonctionnel : la réputation de l'avocat liée à sa crédibilité en justice. Certaines attitudes dans la vie privée peuvent ainsi entacher l'honneur de la profession : dettes, consommation de drogues et fréquentation d'un milieu délinquant, acte de mendicité...

C'est ainsi que :

- Le 31 mars 1837, le conseil de l'Ordre de Paris, alors compétent en matière disciplinaire, sanctionne de la sanction la plus grave, c'est-à-dire de la radiation, un avocat qui a pris un passeport pour l'étranger pour y faire un séjour avec une veuve désignée comme sa femme. Certes, depuis, il l'a épousée et il a été relaxé des poursuites intentées par le parquet mais il n'en demeure pas moins que l'immoralité du fait qui avait appelé les poursuites entraîne l'obligation d'une sanction sans faiblesse[10].
- De même est radié un avocat qui, avec deux amis, un marchand de vins et un ouvrier peintre, avait pris un fiacre de quatre heures et demie à huit heures du soir pour se promener dans plusieurs quartiers de Paris ; durant ces courses, des devantures de cafés ont été inopinément brisées par des balles de plomb lancées du fiacre. L'avocat proteste qu'il a tout ignoré du jet de ces balles, qu'il a payé la valeur des carreaux cassés, il n'en demeure pas moins qu'il a fréquenté un cabaret et qu'on l'a vu pousser l'oubli des convenances jusqu'à terminer une de ces courses avec deux individus rencontrés au hasard de ses sorties, en outre il a voulu que prît part à ces agapes, le cocher du fiacre qui le conduisait[11].
- En 1852, un avocat qui dirige un cabinet de lecture dans un local par lui ouvert, rue Saint-Jacques, est radié[12].
- Un avocat qui avait pris à son service une femme à la conduite scandaleuse, sur la moralité de laquelle le conseil se déclare pleinement édifié, est radié à Bordeaux le 28 juillet 1881[13].
- Si l'avocat a épousé une femme marchande publique, il n'a choix qu'entre la séparation de corps ou la démission car un tel état de choses, dit un arrêté du conseil de l'Ordre de Paris, alors compétent en matière disciplinaire, du 11 mars 1830[14], est incompatible avec la tranquillité d'esprit et l'indépendance si nécessaires à l'exercice de la profession.
- Un avocat qui, depuis plusieurs années, se livre à des achats et reventes de propriétés foncières, est radié le 25 juin 1833 car ces spéculations constituent par leur nature et leur multiplicité, un commerce[15].
- Un avocat stagiaire qui s'est livré à des opérations de jeu de bourse, par l'intermédiaire d'un courtier, échappe à la radiation compte tenu de sa jeunesse, de ses regrets et du fait qu'il s'est constamment trouvé en perte dans ses opérations[16].
- En 1866, un avocat ne peut plus, en principe, se battre en duel[17]. Ce qui n'empêchera toutefois point,

1. CE 11 mai 1979, *Dupouy*, req. n° 2449, *Lebon T* 781.
2. CE 13 déc. 1968, *min. Finances c/Gomard*, req. n° 72443, *Lebon*.
3. CE 20 juin 1958, *Lebon*.
4. CE 22 déc. 1965, *Vialle*, req. n° 65397, *Lebon*.
5. CE 19 déc. 1970, req. n° 79732, *Lebon T.*
6. CE 24 mars 1971, *Uhart*, req. n° 78427, *Lebon*.
7. CE 5 déc. 1980, *Bluteau*, req. n° 13800, *Lebon*.
8. CE 22 juin 1940, *Lebon*.
9. CE 13 juin 1990, *min. Intérieur c/Occelli*, req. n° 112997, *Lebon T ; Gaz. Pal.* 1990. 7, concl. B. Stirn ; *AJDA* 1990. 837, obs. S. Salon.
10. Mollot, 1re éd., 1842, n° 391, p. 479.
11. Mollot, 2e éd., 1866, t. II, n° 647, p. 406.
12. A. Damien, *Les avocats du temps passé*, Henri Lefebvre, 1973, p. 324.
13. A. Damien, *op. cit.*, p. 324-325.
14. E. Cresson, *Usages et règles de la profession d'avocat*, t. I, Larose et Forcel, 1888, p. 279.
15. Mollot, 1re éd., 1842, n° 386, p. 475.
16. Mollot, 2e éd., 1866, t. II, n° 498, p. 279.
17. Mollot, 2e éd., 1866, t. II, n° 507, p. 284.

notamment, César Campinchi[1], alors avocat et député de Bastia, et Horace de Carbuccia[2], éditeur de *Gringoire* et autre député de Bastia, de se battre en duel le 6 mars 1935 au vélodrome du parc des Princes à cause d'une lettre jugée offensante du premier au second à la suite d'un article de presse. César Campinchi, qui avait parmi ses témoins le bâtonnier Fernand Payen, fut blessé au bras[3].

§ 2
Faits relatifs à la vie privée portant atteinte à l'honneur

331.81 Faible nombre d'illustrations jurisprudentielles. Ainsi, si pendant tout le XIXe siècle et une partie du XXe siècle la jurisprudence a paru admettre une conception large du respect de principes essentiels dans le cadre la vie privée, force est de constater que la période actuelle rend grâce à la sagesse de Guy-Jean-Baptiste Target et Dupin jeune[4] et tend à exiger un manquement grave à l'honneur (de la profession) dans l'attitude privée de l'avocat pour justifier des sanctions disciplinaires[5].

331.82 L'accordéoniste de Bergerac. L'arrêt de la cour d'appel de Bordeaux relatif à l'accordéoniste de Bergerac[6] en est l'illustration éclatante : l'avocat ayant joué de l'accordéon sur la voie publique avec à ses pieds l'étui de son instrument ouvert et rempli de pièces de monnaie, ne pouvait être sanctionné du seul fait d'une prétendue atteinte à la dignité dès lors qu'il ne portait aucun signe extérieur faisant référence à sa profession d'avocat[7]... en d'autres termes ne portait pas atteinte à l'honneur de cette dernière.

Ce faisant, cette rubrique naguère riche en jurisprudence disciplinaire, est devenue plus pauvre.

331.83 Illustrations. Actuellement, peu de cas se réfèrent à des faits relatifs à la vie privée dans la jurisprudence moderne, tout au plus pourrait-on noter des sanctions à la suite de condamnations pénales pour des faits de droit commun et entachant l'honneur de la profession. Tel que l'avocat :

– volant des bouteilles de spiritueux dans un supermarché[8] ;

– ayant entretenu des relations sexuelles avec une mineure placée dans un foyer d'assistance éducative à la suite de la condamnation de son père adoptif dont il avait assuré la défense[9] ;

– condamné pour corruption d'employés et complicité de tentative de faux, nonobstant l'intervention d'une loi d'amnistie[10] ;

– poursuivi pour outrages à agent et s'étant prévalu de sa qualité d'avocat[11] ;

– condamné pour abus de confiance dans le cadre de ses fonctions de président d'une fondation artistique, lequel est radié[12] ;

– condamné, par un jugement devenu définitif, pour agression sexuelle avec violence en état d'ivresse[13] ;

– condamné pour faux et usage de faux pour avoir signé et utilisé un pouvoir lui ayant permis de passer au nom d'un tiers un bail portant sur un immeuble, afin de lui faire supporter le paiement des loyers, ce qui, bien que l'intéressé « continue à nier aux termes d'explications amphigouriques qui lui ont valu d'être pénalement condamné par le tribunal correctionnel », justifie une radiation[14] ;

– condamné pour violences commises, dans un bar, en état d'ivresse manifeste suivie d'incapacité n'excédant pas huit jours[15].

331.84 Violences conjugales. Les faits de violences conjugales constituent des manquements avérés à l'honneur de la profession d'avocat même commis dans un cadre privé.

Tel que l'avocat ayant fait l'objet de trois décisions correctionnelles définitives pour des faits de violence conjugale à l'encontre de sa femme, et a agressé l'avocat de son ex-épouse à la sortie d'une audience, agression qui n'a cessé qu'en raison de l'intervention d'un témoin, de deux magistrats et d'une greffière[16]. Ou encore l'avocat qui a été pénalement condamné à trois mois de prison assortie du sursis pour des faits de violences suivies d'incapacité n'excédant pas huit jours sur son conjoint[17].

331.85 Consommation de cocaïne. Commet une faute l'avocat s'adonnant à la cocaïne, en l'occurrence un avocat avait été condamné à dix mois

1. César Campinchi [1882-1941].
2. Horace de Carbuccia [1891-1975].
3. « Un duel au pistolet entre Monsieur Horace de Carbuccia et Me Campinchi », *Le Journal*, 7 mars 1935, p. 1 et 3 – J.-P. Versini-Campinchi, *Papiers d'identités*, Cerf, 2021, p. 71.
4. V. s^s^ n° 331.72.
5. MÊME CONSTAT S'AGISSANT DES NOTAIRES : Ph. Brun, R. Crône, Ph. Pierre, J. de Poulpiquet, *Responsabilité des notaires*, 3e éd., Dalloz, 2018, n°s 212.291 s.
6. V. s^s^ n° 321.82.
7. Bordeaux, 3 juin 2003, *JCP* 2004. II. 10027, note R. Martin.
8. Civ. 1re, 12 avr. 1983, n° 82-12.517, P I, n° 114 ; *Gaz. Pal.* 1983. 2. 436, note A. Damien ; *in* A. DAMIEN, *Les grands arrêts*, Litec, 1991, p. 139 – RAPPR. : Aix-en-Provence, 12 août 1985 ; *D.* 1987. 106, note A. Brunois.
9. Civ. 1re, 7 févr. 1990, n° 88-20.129, NP ; *D.* 1990. 49 ; *Gaz. Pal.* 1990. 1. pan. 98.
10. Paris, 22 janv. 1992, *D.* 1994. 135.
11. Civ. 1re, 20 oct. 1992, n° 91-10.966, NP ; *D.* 1994. 134.
12. Paris, ch 1., sect. F, 27 sept. 2007, RG n° 07/00004.
13. CD Paris, arr. 31 déc. 2015, n° 267425.
14. Paris, pôle 2, ch. 1, 27 oct. 2016, RG n° 16/00051.
15. CD Paris, arr. 1er mars 2019, n° 300380.
16. CD Paris, arr. 4 oct. 2016, n° 265526.
17. CD Paris, arr. 13 oct. 2015, n° 263397.

d'emprisonnement avec sursis et mise à l'épreuve pendant trois années et fit l'objet d'une procédure disciplinaire qui conduisit à une sanction de deux ans d'interdiction d'exercice de la profession, assortie de l'interdiction pendant cinq ans de se présenter aux élections.

La Cour de cassation approuve la décision dès lors que : « la fréquentation assidue par l'avocat d'un milieu délinquant vis-à-vis duquel, au surplus, la consommation de cocaïne le plaçait en état de dépendance » faisait que les juges disciplinaires avaient pu décider que ces agissements, même s'ils se rapportaient à des faits extraprofessionnels, étaient contraires à l'honneur[1].

331.86 Conduite sous l'empire de l'alcool. Il en est de même de l'avocat qui se serait rendu coupable de conduite sous l'empire d'un état alcoolique dès lors que l'avocat avait : « eu égard à la nature de l'infraction, gravement enfreint la loi pénale » et que : « ces agissements portaient atteinte à la considération due aux avocats et constituaient un manquement à l'honneur »[2].

331.87 Absence de condamnation pénale. Il n'est pas nécessaire qu'une condamnation pénale soit prononcée, si le comportement de l'avocat, dans le cadre de sa vie privée, est tel qu'il est nature à ternir l'image même de la profession. Il en est ainsi de l'avocat ayant de nombreuses dettes qu'il a omis d'apurer malgré ses engagements en ce sens et selon les modalités convenues[3] ou le fait pour deux époux avocats de ne pas payer le solde du coût de leur réception de mariage[4].

Ce sera également le cas d'un avocat devenu l'amant de sa cliente dans le cadre d'une procédure de divorce, la cour d'appel parlant à ce sujet d'une attitude ambiguë durant la procédure qui constitue un manquement à la délicatesse et mérite d'être sanctionnée, de même, ajoute-t-elle, qu'il convient de tenir compte de son attitude devant la juridiction disciplinaire devant laquelle « il a choisi de tricher avec la vérité en déniant faussement ses relations intimes avant le prononcé du divorce »[5], ou encore de celui qui exerce une activité d'agent d'affaires incompatible avec l'exercice de la profession d'avocat[6].

1. Civ. 1re, 1er déc. 1993, no 91-20.777, NP ; *D.* 1995. 164.
2. Civ. 1re, 30 mars 2005, no 03-19.557, P I, no 155 ; *D.* 2005. 1109 ; *D.* 2006. 266, obs. B. Blanchard ; *RSC* 2005. 550, obs. E. Fortis.
3. Civ. 1re, 26 mai 1993, no 91-16.918, P I, no 187 ; *JCP* 1993. IV. 222 – V. ss nos 324.151 s.
4. Paris, 30 avr. 1987, *Gaz. Pal.* 5 juill. 1997, p. 7.
5. Lyon, 6 févr. 1993, RG no 93/04975 ; APPEL DE : Cons. ordre Lyon, 19 juill. 1993, NP.
6. Paris, 1re ch., sect. F, 6 juill. 2006, RG no 05/23942 – DÉJÀ : Req. 25 juill. 1898 ; *D.* 1898. I. 526 – V. ss no 432.13.

331.88 Atteinte à l'honneur du fait de l'invocation de sa qualité d'avocat. La Cour de cassation a eu à connaître d'une affaire où un avocat, accompagné d'un confrère et d'une consœur était entré dans une joaillerie pour y acheter, à l'intention de celle-ci, une bague exposée en vitrine au prix de 2 900 francs, et lorsqu'après remise d'un chèque tiré sur le compte de la société civile professionnelle, le directeur de la joaillerie a fait valoir que le prix réel était de 29 000 francs, celui affiché en vitrine résultant d'une erreur, n'a pas voulu admettre la réalité de cette erreur et, après une discussion de plus d'une heure, a obtenu la remise du reçu sur lequel figurait le numéro de la bague que la consœur a emportée à son doigt. Sur plainte du directeur de la joaillerie ayant dénoncé au procureur de la République l'abus qu'aurait fait l'avocat de sa qualité d'avocat, ce dernier fut sanctionné d'une interdiction temporaire d'exercice de deux mois avec privation du droit de faire partie du conseil de l'Ordre pendant dix ans.

La Cour de cassation approuve la décision notant que la cour d'appel relève que l'avocat, informé par le commerçant de l'erreur existant sur le prix affiché du bijou, s'est montré intraitable en soutenant que « l'erreur n'est pas permise aux joailliers de grand luxe », alors qu'il reconnaissait être un profane en la matière, et avait sinon menacé le directeur de poursuites pénales pour refus de vente et publicité mensongère, du moins impressionné celui-ci par une démonstration juridique dépourvue de pertinence mais « assénée avec une telle assurance » que le vendeur a cru devoir s'incliner provisoirement. En outre, tout en acceptant de restituer la bague après l'intervention du bâtonnier, l'avocat s'était entêté « inutilement » en offrant de la payer à dire d'expert, alors que, manifestement, la somme de 2 900 francs était largement inférieure à la valeur estimée et que le prix de vente ne pouvait être que de 29 000 francs, faisant que les juges ont pu en déduire que le comportement obstiné de l'avocat — que révèle la longueur de la discussion qu'il a eue avec le joaillier — constituait un manquement à l'honneur commis à l'occasion de faits extraprofessionnels justifiant la sanction prononcée[7].

331.89 Propagande exhibitionniste. Le fait pour un avocat, candidat à une élection politique et dont le but peut être respectable et les mobiles sincères, d'avoir utilisé des moyens de propagande et notamment un exhibitionnisme provocateur et indécent, qui n'était ni nécessaire ni même utile à la défense de ses idées, et qui étaient étroitement liés à sa qualité affichée d'avocat, constitue un manquement

7. Aix-en-Provence, 12 août 1985, *D.* 1987. 106, obs. A. Brunois ; – POURVOI REJETÉ PAR : Civ. 1re, 10 mars 1987, no 85-17.562, P I, no 88 ; *D.* 1987. 65 ; *Gaz. Pal.* 1987. Pan. 116.

à la délicatesse, à la dignité, à l'honneur, même s'agissant de faits commis en dehors de la profession, car ces faits entachent la dignité et l'honneur de la profession.

En l'espèce, l'avocat en cause avait publié une brochure de 81 pages intitulée N, candidat pour pouvoir s'expliquer à l'occasion de l'élection présidentielle ; il se domiciliait dans cette brochure à son cabinet d'avocat et, à la page 3, figurait une photo de lui entièrement nu avec un écriteau au-dessus des fesses portant la mention « la justice, mon c... », à la page 61 une autre photographie le représentait vêtu de sa toge, un pistolet à la main avec la légende « Ah, si mon avocat pouvait plaider comme cela, ils comprendraient peut-être ». Puis à l'occasion des législatives de 1981 il avait fait confectionner, distribuer et apposer, une affiche notamment sur les murs du Palais de justice et de la maison d'arrêt, qui le représentait entièrement nu avec un plumeau fiché dans l'anus et ce commentaire : « N... le seul candidat sérieux qui ne se prend pas au sérieux. » À la même époque, il donna une conférence de presse à son cabinet d'avocat en se présentant aux journalistes, tantôt entièrement nu, tantôt avec pour tout appareil une écharpe tricolore nouée autour du sexe[1].

1. Civ. 1re, 1er févr. 1983, no 81-16.676 ; *Gaz. Pal.* 1983. 1. Pan. 172 ; *D.* 1984. 118, obs. A. Brunois *in* A. Damien, *Les grands arrêts*, Litec, 1991, p. 137 – J.-C. Hahn, « Pour défaut de robe... », *Le Monde* 14 juill. 1981.

CHAPITRE

332. Loyauté

SECTION 0 ORIENTEUR

332.00 **Sommaire du chapitre.**

Division. Le principe de loyauté s'articule principalement avec les principes de dévouement et de confraternité (sect. 1), et s'impose à l'avocat tant dans les rapports avec les parties (sect. 2), que dans ses rapports avec ses confrères (sect. 3). La foi du Palais (sect. 4) découle du principe de loyauté mais ne relève pas du secret professionnel et concerne tant les relations entre avocats que celles entre avocats et auxiliaires de justice, notamment magistrats et greffiers.

332.01 **Textes applicables.**

TEXTES TITRÉS

• **Décr. n° 2005-790, 12 juill. 2005**

art. 3 [Liste des seize principes]

art. 16 [Principe du contradictoire]

art. 17 [Relation avec la partie adverse]

• **RIN**

art. 1.3 [Liste des dix-sept principes]

art. 4 [Conflit d'intérêts]

art. 5.1 [Principe du contradictoire]

art. 5.4 [Relations avec la partie adverse]

art. 10.6 [Communication]

332.02 **Jurisprudence de référence.**

> Avocat ayant trompé un tiers sur l'existence d'une créance

• **Rennes, 16 févr. 1982,** NP.

* V. s^{s} n° 332.45.

« Considérant qu'en intervenant directement auprès d'un banquier pour l'inciter à octroyer un prêt à M. L…, Maître Y… a outrepassé le cadre des démarches qu'un avocat peut normalement entreprendre dans l'intérêt de son client. Mais que la faute essentielle consiste à avoir assuré le banquier de l'existence d'une créance de 30 000 francs au profit de M. L…, alors qu'il ignorait si la compagnie d'assurances allait ou non indemniser le sinistre ; qu'il devait d'ailleurs apprendre, trois mois plus tard, qu'elle refusait d'indemniser le sinistre ;

Considérant que Maître Y… a donc commis, tant à l'égard de la banque qu'à l'égard de M. L…, un manquement au devoir de loyauté qui s'impose à l'avocat. »

> Nom de domaine du site internet d'un cabinet d'avocat

• **Civ. 1re, 4 mai 2012,** n° 11-11.180, NP.

* V. s^{s} n° 464.02.

> Avocat usant de manœuvres pour déterminer la partie adverse

• **Civ. 1re, 10 sept. 2014,** n° 13-22.400, NP.

* V. s^{s} n°s 332.41, 412.136.

« L'avocat avait pris l'initiative de la conversation téléphonique qu'il a eue le 8 janvier 2011 avec Mme X…, témoin ou victime potentielle de son client, que cet échange avait duré près de 20 minutes, et que malgré l'étonnement et la défiance manifestés par l'intéressée, il avait cherché, de manière insidieuse et avec insistance, à influencer sa déclaration en lui donnant notamment lecture d'une correspondance de son client, alors incarcéré, faisant naître chez elle un sentiment de culpabilité, la cour d'appel, qui n'était pas tenue de reproduire les termes de la conversation litigieuse ni ceux de la lettre précitée, a caractérisé la faute disciplinaire commise par M. Y... consistant à user de manœuvres contraires à la loyauté, à la délicatesse et à la probité exigées d'un avocat, justifiant ainsi légalement sa décision. »

332.03 Bibliographie indicative.
* Aussi : v. s[s] n° 33.03.

Thèse. M.-E. Boursier, *Le principe de loyauté en droit processuel,* « Nouvelle bibliothèque de thèses », vol. 23, Dalloz, 2003.

Monographie. Collectif, *La loyauté,* Justice & cassation 2014, Dalloz, 2014.

Contributions. A.-E. Credeville, « Vérité et loyauté des preuves », *Rapport annuel de la Cour de cassation*, 2004, p. 51 – P. Lemoine, « La loyauté de la preuve (à travers quelques arrêts récents de la chambre criminelle) », *Rapport annuel de la Cour de cassation*, 2004, p. 165.

Articles. Ph. Conte, « La loyauté de la preuve dans la procédure pénale : fragile essai de synthèse », *Procédures* 2015, dossier 12 – A. Damien, « La foi du Palais », *RT barreau Versailles*, juill.-sept. 1996, p. 9 – A. Leborgne, « L'impact de la loyauté sur la manifestation de la vérité ou le double visage d'un grand principe », *RTD civ.* 1996. 535 – M. Mekki, « Le principe de loyauté probatoire a-t-il encore un avenir dans le contentieux de la concurrence », *D.* 2016. 2355 – D. Piau, « La loyauté de la concurrence entre avocats : états des lieux et prospective au détour de la validité d'une clause », *Gaz. Pal.* 5 janv. 2016, n° 1, p. 27 ; « Déontologie de la gestion de la preuve par l'avocat », *D. avocats* 2017. 55 – E. Robinot-Lafortune et A. Damien, « La foi du Palais, rempart de la confiance confraternelle entre avocats », *Gaz. Pal.* 1994. 1. Doctr. 638.

SECTION 1
DÉFINITION ET ARTICULATION AVEC D'AUTRES PRINCIPES

332.11 Définition. Du latin *legalis*, conforme à la loi, de *lex, legis*, loi. La loyauté c'est la qualité d'une personne qui obéit aux lois de l'honneur et de la probité[1], c'est la fidélité manifestée par la conduite aux engagements pris, au respect des règles de l'honneur et de la probité[2].

C'est le respect des règles et des engagements donnés. L'avocat doit respecter le principe de loyauté, ce qui signifie être fidèle à son engagement et à son serment, obéir aux règles de l'honneur et de la probité. La loyauté va donc au-delà de ce que la loi exige, au-delà du respect du contradictoire[3] (même si elle l'inclut).

1. E. Littré, *Le Dictionnaire de la langue française*, Paris, Hachette, 1874, p. 352.
2. CNRTL.
3. V. s[s] n°s 452.21 s.

332.12 Loyauté, bonne foi, dévouement et confraternité. La loyauté est souvent assimilée à la bonne foi en matière contractuelle, et ce, à juste titre dès lors que dans l'exercice de ses missions, que ce soit en matière de conseil comme de contentieux, l'avocat ne fait qu'exécuter un mandat civil pour le compte de son client envers des tiers, et qu'il se doit de l'exécuter de bonne foi envers toutes les parties et donc de faire preuve d'une attitude loyale envers ces dernières.

La loyauté se distingue du dévouement[4] et de la confraternité[5] en ce sens que la loyauté est un devoir de l'avocat à l'égard de toute personne (clients, parties adverses, auxiliaires de justice, confrères), elle tient d'une attitude générale de l'avocat, tandis que le dévouement est un devoir de l'avocat envers son seul client, et la confraternité un devoir de l'avocat envers ses seuls confrères.

332.13 Liens avec les règles déontologiques. Le principe de loyauté innerve le droit processuel, et notamment le principe du contradictoire[6], et plus généralement, avec la confraternité[7] et la courtoisie[8], les rapports avec la partie adverse[9] et fonde, avec la confraternité[10], les règles en matière de confidentialité des correspondances entre avocats[11], et au côté des principes d'indépendance, de désintéressement[12] et de délicatesse[13], les règles d'appréciation en matière de conflits d'intérêts[14].

SECTION 2
LOYAUTÉ DANS LES RAPPORTS AVEC LES PARTIES

332.20 Plan. Le respect du principe de loyauté s'applique aussi bien dans les rapports avec les clients (§ 1) que dans les rapports avec la partie adverse (§ 2).

§ 1
Dans les rapports avec les clients

332.31 L'avocat doit faire preuve de loyauté à l'égard de son client. L'avocat doit faire preuve de loyauté à l'égard de toutes les parties de manière permanente et en premier lieu à l'égard de son

4. V. s[s] n°s 342.00 s.
5. V. s[s] n°s 335.00 s.
6. V. s[s] n°s 452.00 s.
7. V. s[s] n°s 335.00 s.
8. V. s[s] n°s 338.00 s.
9. V. s[s] n°s 451.00 s.
10. V. s[s] n°s 335.00 s.
11. V. s[s] n°s 421.00 s.
12. V. s[s] n°s 334.00 s.
13. V. s[s] n°s 336.00 s.
14. V. s[s] n°s 44.00 s.

client[1]. Il doit exécuter loyalement le mandat que lui a confié son client, le tenir informé de l'évolution du dossier et est tenu à son égard d'un devoir de vérité[2]. Il doit défendre et préserver l'intérêt de son client en toutes circonstances[3].

C'est ainsi que commet une faute disciplinaire un avocat qui présente une requête en divorce au nom du mari, alors qu'à l'insu du mari il était l'amant de l'épouse[4].

332.32 Charte des principes essentiels de l'avocat européen. La charte des principes essentiels de l'avocat européen précise, à cet égard, que : « La loyauté à l'égard du client est l'essence du rôle de l'avocat. Le client doit pouvoir faire confiance à l'avocat en tant que conseil et représentant. La conséquence en est que l'avocat doit être indépendant [...], éviter les conflits d'intérêts [...] et garder le secret des confidences du client [...]. Certains des aspects les plus sensibles de la déontologie proviennent de l'interaction entre le principe de loyauté envers le client et les principes de dignité, d'honneur et de probité, le respect de la confraternité et, notamment, le respect de l'État de droit et la contribution à une bonne administration de la justice. Dans le cadre de ces questions, l'avocat doit indiquer clairement à son client qu'il ne peut compromettre ses devoirs à l'égard de la cour et du tribunal et de l'administration de la justice pour présenter une affaire malhonnête au nom du client. »[5].

332.33 Conflit d'intérêts. La violation des règles en matière de conflit d'intérêts[6] constitue, le plus souvent, un manquement au principe de loyauté.

C'est ainsi que commet une faute disciplinaire un avocat qui avait constitué une société, dont il était le dirigeant, avec des proches parents, laquelle détenait une participation dans une autre société qu'il avait recommandée à son client pour réaliser une opération de lotissement sans révéler à ce dernier qu'il était personnellement intéressé à l'affaire par société interposée, « trompant ainsi la confiance placée en lui ». En conséquence, les juges disciplinaires en ont exactement déduit qu'il avait ainsi manqué à ses devoirs de délicatesse, de probité et de loyauté[7].

1. Paris 16 déc. 1987 ; *Gaz. Pal.* 1988. 2. 487 – Paris, 27 avr. 1988 ; *Gaz. Pal.* 1988. 2. 488, note A. Damien.
2. V. s^{s} n° 322.53.
3. V. s^{s} n°s 481.10 s.
4. Civ. 1re, 17 juill. 1996, n° 94-11.450, P I, n° 324 ; *D.* 1996. 206 ; *Gaz. Pal.* 1997. Pan. 99 – AUSSI : v. s^{s} n° 441.52.
5. Charte des principes essentiels de l'avocat européen, Principe (e).
6. V. s^{s} n°s 44.00 s.
7. Civ. 1re, 6 déc. 2007, n° 05-18.795, P I, n° 377 ; *RTD civ.* 2008. 431, obs. Ph. Jacques ; *JCP* 2008. I. 123, obs. R. Martin ; *JCP* 2008. I. 140, obs. S. Bortoluzzi ; *BJS* 2008. 464, obs. M. Menjucq – AUSSI : v. s^{s} n° 441.202.

C'est ce même principe de loyauté qui sert de fondement au fait qu'un avocat ne saurait plaider contre son ancien client lorsque l'affaire présente un caractère de connexité étroite avec celles dont il avait été primitivement chargé ou lorsqu'il risquerait de faire usage d'information privilégiée au détriment de son ancien client[8]. La connaissance de la situation d'un client, acquise dans un des dossiers antérieurs contraindrait l'avocat à faire abstraction de cette connaissance dans une nouvelle affaire, sauf à utiliser ces mêmes informations dans cette nouvelle affaire. Dans un cas comme dans l'autre il manquerait à son devoir de loyauté envers son nouveau client ou envers son ancien client.

332.34 Rétention sur les pièces. L'avocat ne doit pas exercer de rétention sur les pièces de son client pour obtenir le paiement des honoraires[9].

§ 2
Dans les rapports avec la partie adverse

332.41 Devoir général de loyauté. L'avocat n'est pas seulement tenu d'être loyal avec son client, mais également tenu de l'être envers la partie adverse[10] et tous autres tiers avec lesquels il est en contact[11].

C'est ainsi que dans chaque affaire et tout au cours du déroulement de celle-ci, l'avocat doit agir avec correction, loyauté et diligence vis-à-vis de la partie adverse.

332.42 Rapports avec la partie adverse. Il est admis qu'au début d'un différend susceptible de recevoir une solution amiable, et avant toute procédure, l'avocat peut, avec l'assentiment de son client, prendre contact avec la partie adverse en lui envoyant une lettre rédigée en termes objectifs, évitant toute présentation déloyale de la situation et s'abstenant de toute menace, lui rappelant l'existence d'un litige et lui demandant le nom de son conseil. Les pourparlers avec l'adversaire, s'ils se poursuivent, ne peuvent avoir lieu que dans le cabinet de l'avocat et en présence de son client, mais l'avocat devra faire preuve de la plus grande prudence et la plus grande circonspection dans ce genre de contact.

Ce principe général doit lui dicter son comportement en dehors même de toute disposition réglementaire. Notamment, l'absence systématique de réponse aux lettres de la partie adverse, le fait de laisser évoquer par défaut des affaires, sont des faits

8. V. s^{s} n°s 441.181 s.
9. V. s^{s} n°s 484.211 s.
10. Civ. 1re, 10 sept. 2014, n° 13-22.400, NP.
11. Rennes, 16 févr. 1982, *Gaz. Pal.* 1982. 1. 167, note A. Damien ; *in* A. DAMIEN, *Les grands arrêts*, Litec, 1991, p. 122.

contraires à la loyauté susceptibles de sanctions disciplinaires. L'avocat ne doit pas non plus déconsidérer la partie adverse ou un témoin par des allégations gratuites. De même, l'avocat doit se souvenir que la chicane n'étant pas un but en soi, il n'a pas à profiter des erreurs purement matérielles que la partie adverse aurait pu commettre dans une procédure[1].

332.43 **Respect du contradictoire.** Le principe de loyauté implique aussi le respect du contradictoire[2].

Avant tout débat contradictoire[3], l'avocat doit communiquer l'ensemble des éléments de droit et de fait sur lesquels il entend fonder sa demande, ainsi que ses pièces. Cette communication doit être complète, préalable et spontanée, et il doit les communiquer dans un délai qui permette une étude sérieuse des pièces et la préparation d'un loyal et complet débat contradictoire à la date des plaidoiries[4].

332.44 **Obtention des moyens de preuve en justice.** Le devoir de loyauté s'impose à l'avocat dans le cadre de l'obtention des preuves produites en justice.

Ainsi, si le client de l'avocat s'est procuré une attestation de son adversaire par des moyens déloyaux, il appartient à l'avocat de lui déconseiller de la produire en justice[5].

332.45 **Exécution du mandat.** Le devoir de loyauté s'applique à l'avocat de manière permanente, dans l'exécution du mandat que lui a confié son client, à l'égard de toute personne.

C'est ainsi que commet un manquement au devoir de loyauté, l'avocat qui intervient directement auprès de banquiers pour les inciter à octroyer des prêts à son client, en assurant la banque de l'existence d'une créance au profit de son client, alors même qu'il ignorait si l'assureur allait ou non indemniser le sinistre. Cette démarche outrepasse le cadre des démarches qu'un avocat peut normalement entreprendre dans l'intérêt de son client, mais la faute essentielle consiste pour l'avocat à avoir manqué ainsi à son devoir de loyauté à l'égard des banques qu'il contactait au nom et pour le compte de son client[6].

1. SUR LES RAPPORTS AVEC LA PARTIE ADVERSE, v. s^s n°s 451.00 s.
2. V. s^s n°s 452.00 s.
3. L. Lévy, « Oralité et contradiction en procédure écrite », *JCP* 1990. I. 3459 – RAPPR. : Civ. 2e, 25 nov. 1981, n° 78-13.880, P II, n° 207 ; *D.* 1982. 371, note A. Bénabent – Com. 27 juin 1989, n° 87-19.361, P IV, n° 200 – Civ. 2e, 17 nov. 1971, n° 70-10.851, P II, n° 313 – Civ. 3e, 4 févr. 1952, P III, n° 49.
4. C. pr. civ., art. 132, 753, 763 et 815 – V. s^s n°s 453.00 s.
5. CNB, Comm. RU, avis n° 2006-071, 29 nov. 2006 ; C. avocat, 2018, s^s décr. 12 juill. 2005, art. 3, avis CNB, note 6 – V. s^s n°s 453.31 s.
6. Rennes, 16 févr. 1982, *Gaz. Pal.* 1982. 1. 167, note A. Damien ; *in* A. DAMIEN, *Les grands arrêts*, Litec, 1991, p. 122.

De même, le fait par un avocat d'apporter sa médiation à la réalisation de la vente d'un bien sur lequel il avait précédemment concouru à la conclusion d'une promesse de vente, non encore résolue, constitue une faute qui porte atteinte à la réputation du barreau et à la confiance qu'inspire dans le public le ministère de l'avocat qui doit, dès lors, être sanctionné disciplinairement[7].

SECTION 3
LOYAUTÉ DANS LES RAPPORTS ENTRE AVOCATS

332.50 **Plan.** Le respect du principe de loyauté s'applique aussi bien dans les rapports professionnels entre avocats (§ 1) que dans la concurrence entre avocats (§ 2).

§ 1
Dans les rapports professionnels entre avocats

332.61 **Publicité.** Le devoir de loyauté s'impose à l'avocat dans le cadre de ses communications qui doivent, notamment, faire une présentation sincère et loyale de son cabinet[8].

C'est ainsi que constitue une faute déontologique le fait d'adresser un tract à ses clients potentiels faisant état d'affirmations inexactes, notamment que l'avocat en cause était associé, qu'il possédait des spécialités dont certaines ne figuraient pas dans les listes limitatives des spécialités et que son cabinet comprenait plusieurs « départements » qui en fait n'existaient pas au moment de l'envoi du mailing[9].

332.62 **Groupement d'exercice.** Le devoir de loyauté s'impose entre avocats appartenant à un même groupement d'exercice dans le cadre de leur activité quotidienne, que ce soit en qualité d'associé, ou dans le cadre d'un contrat de collaboration libérale ou d'un contrat de travail. Il s'applique ainsi, tant de la part du cabinet envers son collaborateur libéral, qu'il ne saurait ainsi laisser dans l'ignorance de l'existence de difficultés entre les associés qui vont conduire à la dissolution de l'association[10], que du collaborateur libéral envers son cabinet, à l'égard duquel il ne saurait ainsi manquer de transparence dans le cadre des activités qu'il déploie pour le compte des clients du cabinet[11].

7. Versailles, 25 mars 1981, *Gaz. Pal.* 1981. 1. 369.
8. V. s^s n°s 461.70 s. et 463.25.
9. Versailles, 3 févr. 1993, *Gaz. Pal.* 8 avr. 1993, 12 – V. s^s n°s 463.00 s.
10. Décision du bâtonnier de Paris, 6 oct. 2017, n° 723-292608.
11. Décision du bâtonnier de Paris, 17 janv. 2018, n° 721-290962 – V. s^s n° 812.201.

Il est expressément affirmé s'agissant des sociétés pluriprofessionnelles d'exercice (SPE)[1] pour lesquelles l'avocat y exerçant est tenu au devoir de loyauté conformément aux dispositions encadrant l'exercice de sa profession[2].

La question du devoir de loyauté dans le cadre des modalités d'exercice va se poser avec acuité avec la possibilité pour les avocats d'exercer suivant plusieurs modalités d'exercice (pluri-exercice)[3]. En effet, dans un tel cadre, le devoir de loyauté a vocation à s'appliquer non seulement entre avocats membre d'un même groupement d'exercice, mais également entre avocats membre de groupements d'exercice différents dès lors qu'ils appartiennent, par ailleurs, au même groupement d'exercice[4].

332.63 Pas de prise de contact avec la partie adverse en dehors du confrère. L'avocat ne doit pas prendre contact avec la partie adverse en dehors de son confrère[5].

332.64 Succession d'avocats dans un dossier. Tout avocat qui reçoit l'offre d'une clientèle ou d'un dossier doit s'assurer, avant d'accepter cette offre, qu'aucun confrère n'a été préalablement chargé des intérêts du client dont la défense lui est proposée dans quelque affaire que ce soit[6].

332.65 Confidentialité des correspondances entre avocats. Les correspondances échangées entre l'avocat et ses confrères, à l'exception des lettres portant la mention « Officiel » sont couvertes par la confidentialité[7].

Le non-respect de la confidentialité des correspondances constitue également un manquement au principe de loyauté[8].

§ 2
Dans la concurrence entre avocats

332.70 Plan – Concurrence loyale entre confrères. La concurrence entre avocats[9], d'une grande actualité (C) est encadrée (B) et doit être loyale.

1. V. s[s] n°s 811.73 s.
2. L. n° 90-1258, 31 déc. 1990, art. 31-10.
3. V. s[s] n°s 811.91 s.
4. COMP. : Saint-Denis de La Réunion, ch. com., 13 mars 219, *JCP* 2019. 614, obs. J.-B. Seube.
5. V. s[s] n°s 451.00 s.
6. Sur la succession d'avocat dans un dossier v. s[s] n°s 484.61 s.
7. V. s[s] n°s 42.00 s.
8. Sur la foi du Palais, et la portée du devoir de loyauté sur le respect des engagements pris, v. s[s] n°s 332.111 s. ; – Sur l'abus de confidentialité, v. s[s] n° 422.96.
9. D. Piau, « La loyauté de la concurrence entre avocats : états des lieux et prospective au détour de la validité d'une clause », *Gaz. Pal.* 5 janv. 2016, n° 1, p. 27.

La méconnaissance des règles déontologiques de la profession est en ce domaine susceptible de fonder, sur le plan civil, une action concurrence déloyale[10] (A).

A.
Actions en concurrence déloyale

332.81 Action en concurrence déloyale. L'action en concurrence déloyale tend ainsi à sanctionner des actes contraires à la loyauté en prenant en compte le caractère libéral de la profession, qui implique que chaque avocat ait la liberté de changer de structure, et que chaque client soit libre de choisir son avocat[11].

En conséquence, il convient d'apprécier l'attitude des avocats à l'aune des principes précités. Il n'est ainsi pas interdit à un avocat de solliciter la clientèle d'un autre avocat[12], mais cela ne doit pas se faire aux termes de manœuvres de détournement de clientèle, manœuvres qui seraient constitutives d'une faute, engageant dès lors la responsabilité de leurs auteurs sur le fondement de l'article 1240 du code civil.

332.82 Lien de causalité. L'appréciation est ici plus stricte que celle d'un simple manquement au devoir de loyauté sur le plan déontologique[13] et il est nécessaire qu'une telle faute soit en lien de causalité avec le préjudice, ce qui ne saurait résulter de la seule violation d'une ou plusieurs règles déontologiques[14].

Comme l'a affirmé sur ce point la Cour de cassation : « Un manquement à une règle de déontologie, dont l'objet est de fixer les devoirs des membres d'une profession et qui est assortie de sanctions disciplinaires, ne constitue pas nécessairement un acte de concurrence déloyale », une faute déontologique ne pouvant constituer un acte de concurrence déloyale que s'il est établi qu'elle est à l'origine du transfert de clientèle[15] impliquant des manœuvres illicites[16].

10. NOT. : Com. 29 avr. 2007, n° 94-21.424, P IV, n° 111 ; *D.* 1997. 459, note Y. Serra ; *JCP* 1997. I. 4068, n° 1, obs. G. Viney – Com. 12 juill. 2011, n° 10-25.386, NP ; *D.* 2011. 2782, note A. Robert ; *D.* 2011. 2961, « Concurrence interdite – Concurrence déloyale et parasitisme », obs. Y. Serra ; *CCC* 2011, n° 211, note M. Malaurie-Vignal.
11. V. s[s] n°s 471.00 s.
12. V. s[s] n°s 465.00 s.
13. D. Piau, « De la portée des règles déontologiques : chronique d'un revirement à l'aune de la causalité oubliée », *D. avocats* 2013. 417 – V. s[s] n°s 312.112 s.
14. V. s[s] n°s 312.103 s.
15. Com. 10 sept. 2013, n° 12-19.356, P IV, n° 128 ; *D. avocats* 2013. 417, note D. Piau ; *D.* 2013. 2165, obs. E. Chevrier ; *D.* 2013. 2812, obs. Centre de droit de la concurrence Yves Serra ; *D. avocats* 2013. 359, obs. L. Dargent – Civ. 1re, 24 oct. 2019, n° 18-23.858, NP.
16. Com. 21 juin 1988, n° 86-19.017, P IV, n° 210.

332.83 Débauchage de clientèle. C'est ainsi que le seul transfert de la clientèle suite à un débauchage ne saurait, en soi, constituer un acte de concurrence déloyale dès lors qu'« en vertu du principe de la liberté du commerce et de l'industrie, le démarchage de la clientèle d'autrui, fût-ce par un ancien salarié, est libre, dès lors que ce démarchage ne s'accompagne pas d'un acte déloyal »[1].

Cette solution est logique : un ancien salarié ou collaborateur est en droit de constituer une société ayant le même objet social, d'exercer la même activité et de démarcher la même clientèle et ce, même si ce dernier était également associé de la société[2].

332.84 Manœuvres frauduleuses. Le client disposant d'une liberté pleine et entière du choix de son avocat, il n'y a concurrence déloyale de la part d'un avocat si et seulement si ce dernier s'est livré à des manœuvres frauduleuses caractérisées par des actes positifs[3] et non une simple abstention ou omission, afin de capter la clientèle d'un autre avocat[4], ce qui ne saurait résulter d'un « simple manque de vigilance et d'une légèreté blâmable » dont il est démontré qu'ils n'ont pas empêché le cabinet d'avocat de poursuivre ses prestations pour le compte de ses clients[5]. De même, le simple fait d'adresser une lettre circulaire informant de son départ en utilisant le fichier client, et d'apposer une plaque précisant ses nouvelles coordonnées, dès lors qu'elle conserve une dimension et un aspect raisonnable, constitue une simple information professionnelle. Ainsi, il ne saurait être fait grief aux avocats retrayants d'avoir averti leurs clients de leur départ, dès lors qu'il n'est pas établi que cette information ait été délivrée à l'ensemble de la clientèle du cabinet[6].

Mais le fait pour un associé d'informer ses clients de son départ en accompagnant cette information d'une offre de service précise et d'une proposition de rencontre caractérise une faute pouvant engager la responsabilité de l'avocat, dès lors qu'il est avéré que plusieurs clients ont demandé le transfert de leur dossier, à condition toutefois que la réalité et le quantum du préjudice subi soient établis[7]. Tout comme le fait pour un avocat postulant de dénigrer son *dominus litis* afin de s'accaparer le client à son profit caractérise une faute engageant la responsabilité du postulant[8].

332.85 Désorganisation du cabinet. Par ailleurs, un débauchage ne doit pas s'accompagner d'une désorganisation du cabinet privant ce dernier de certains de ses associés et collaborateurs, et conduisant à une baisse de ses facturations[9]. Tel ne sera pas le cas du cabinet d'avocat qui n'apporte pas la preuve que l'associé retrayant ait incité des collaborateurs à le suivre et qui a pu reconstituer son équipe dans l'année qui a suivi les départs, démontrant sa capacité à compenser ceux-ci[10].

Inversement, tel sera le cas si les membres d'un cabinet d'avocats viennent débaucher un collaborateur en se rendant, à l'invitation de ce dernier, dans les locaux du cabinet pour y procéder à un véritable audit à la suite duquel deux autres collaborateurs donneront leur démission pour suivre le premier dans sa nouvelle structure, tout en incitant une grande partie de la clientèle du cabinet à rejoindre le nouveau cabinet, justifiant une condamnation à indemniser le préjudice financier lié à la perte de la clientèle ainsi que le préjudice moral[11]. La faute est souvent caractérisée à travers la brutalité du départ, comme l'associé emportant avec lui trois autres associés, une collaboratrice et des clients du cabinet, en ayant pris soin de dissimuler ce projet à ses autres associés[12].

La Cour de cassation a ainsi récemment eu à connaître du cas de deux avocats qui avaient refusé la proposition de retour en France qui leur a été faite par leur propre cabinet comme alternative aux difficultés rencontrées avec les autorités administratives chinoises, faisant le choix d'un retrait avant de s'investir sans délai dans une nouvelle structure créée quelques jours après. De plus, ils avaient attiré certains membres des équipes de l'ancien cabinet, et bénéficié des réseaux constitués depuis des années en Extrême-Orient par ce même cabinet, profitant ainsi de l'investissement de ce dernier et entraînant une désorganisation de ses bureaux en Chine, notamment la fermeture de l'un d'entre eux, situation qui a, en outre, porté atteinte à l'image internationale du cabinet. Ces éléments caractérisent, pour la Cour de cassation, une attitude déloyale fautive en lien de causalité avec le préjudice allégué, justifiant la condamnation des avocats concernés à payer chacun 100 000 euros, au titre du préjudice

1. Com. 10 sept. 2013, n° 12-19.356, P IV, n° 128 ; *D. avocats* 2013. 417, note D. Piau ; *D.* 2013. 2165, obs. E. Chevrier ; *D.* 2013. 2812, obs. Centre de droit de la concurrence et Yves Serra ; *D. avocats* 2013. 359, obs. L. Dargent – Civ. 1re, 28 sept. 2016 n° 15-23.426, NP.
2. Com. 19 mars 2013, n° 12-14.407, NP ; *D.* 2013. 1172, Chron. M. Pietton, H. Guillou, F. Arbellot et J. Lecaroz ; *D.* 2013. 2812, obs. Centre de droit de la concurrence Yves Serra ; *Rev. sociétés* 2013. 358, obs. S. Prévost.
3. Décis. du bâtonnier de Paris, 2 juill. 2015, n° 258242 – Paris, pôle 4, ch. 13, 13 avr. 2021, RG n° 18/23813.
4. Paris, 28 nov. 2012, RG n° 11/00882.
5. Décis. du bâtonnier de Paris, 22 janv. 2014, n° 236955.
6. Versailles, 11 oct. 2012, RG n° 10/05550 – Paris, 28 nov. 2012, RG n° 11/00882.
7. Paris, 21 janv. 2015, RG n° 13/02033.
8. Civ. 1re, 24 oct. 2019, 18-23.858, NP.
9. Paris, pôle 2, ch. 1, 12 févr. 2020, RG n° 18/15568.
10. Paris, 21 janv. 2015, RG n° 12/19304.
11. Paris, 26 oct. 2010, RG n° 09/07022.
12. Décis. du bâtonnier de Paris, 2 juill. 2015, n° 258242.

causé par la désorganisation des bureaux, et 50 000 euros, au titre du préjudice d'image[1].

332.86 Obligation de présentation de clientèle. L'obligation de présentation de sa clientèle doit être exécutée de manière loyale. Mais lorsque l'avocat s'acquitte de son obligation (de moyen) de présentation de la clientèle, celle-ci n'échouant que du seul fait de l'attitude du cabinet, qui avait refusé d'annoncer aux clients le transfert de clientèle devant s'opérer à son profit et omis de mettre en œuvre les moyens nécessaires au succès de l'opération, il ne saurait se voir reprocher d'avoir commis une faute[2].

332.87 Obligation de garantie en cas de cession. En l'absence de toute clause, l'avocat est tenu d'une obligation de garantie[3] en cas de cession de clientèle ou de parts sociales, cession dont l'exécution de bonne foi implique que les cessionnaires s'interdisent de conserver ou reprendre les clients constituant la clientèle cédée.

C'est ainsi que fut condamné pour concurrence déloyale, sur le fondement de l'article 1240 du code civil, un avocat qui avait notamment informé, par voie de presse, le public, de son inscription, fût-ce à un autre barreau, et ce, sans mentionner la cession de clientèle, continué à défendre les intérêts de clients figurant sur la liste annexée à l'acte de cession, et tenté de poursuivre sa relation professionnelle avec un correspondant du cabinet cédé. Ces agissements lui ayant permis de reprendre une partie de la clientèle cédée, et ce, nonobstant le strict respect de la clause de non-rétablissement prévue par ailleurs et dont les effets étaient limités au ressort du barreau d'origine[4]. Il en est de même du fait pour un avocat d'avoir cédé la totalité de ses parts à un confrère avant de se réinstaller dans l'ensemble immobilier où se situe la structure d'exercice dont il a cédé les parts[5].

Tout comme fut condamné pour concurrence déloyale l'avocat qui avait délibérément mis en place un système concerté visant à introduire dans l'idée de la clientèle, non pas une rupture mais une continuité dans de nouveaux locaux, en leur taisant son départ et faisant croire que son cabinet déménageait pour s'agrandir[6]. Dans cette dernière affaire, la cour d'appel avait toutefois rejeté la demande de dommages et intérêts en considérant que la société d'avocats ne démontrait pas que les clients ayant suivi l'ancien associé ont agi du fait de ses manœuvres déloyales[7]. L'arrêt est cassé, sur ce point, par la Cour de cassation motif pris qu'un préjudice s'infère nécessairement d'un acte de concurrence déloyal, générateur d'un trouble commercial, fût-il seulement moral[8]. La cour d'appel accordera des dommages et intérêts en raison du préjudice matériel né du trouble commercial causé par les manœuvres déloyales d'un montant de 751 000 euros, la composante morale de ce trouble commercial justifiant une indemnité supplémentaire de 101 000 euros[9].

B. Encadrement de la concurrence entre avocats

332.91 Encadrement de la concurrence entre avocats. Les avocats peuvent en encadrer les modalités, notamment, à travers des clauses de non-concurrence.

Pour autant, il convient de concilier ce principe avec le principe du libre exercice de la profession d'avocat et, surtout, celui du libre choix de l'avocat par le client[10], ce qui interdit toute clause de non-concurrence qui prévoirait que l'avocat ne pourrait pas, sans l'accord écrit de son ancien cabinet, succéder à celui-ci dans les dossiers ou travaux en cours[11].

332.92 Prohibition en matière de collaboration libérale et salariat. L'équilibre n'est pas toujours simple à trouver et la nécessaire protection des parties faibles justifie que soient prohibées les clauses de non-concurrence[12] s'agissant des contrats de collaborations libérales ou des contrats de travail des avocats salariés[13].

1. Civ. 1re, 16 avr. 2015, nos 13-28.681, 14-10.250, NP.
2. Paris, 2 juill. 2014, RG no 12/15995 – Lyon, 1re ch. civ. A, 28 sept. 2017, RG no 16/07221 – Paris, pôle 4, ch. 13, 12 mai 2021, RG no 20/09186.
3. C. civ., art. 1626 et C. civ., art. 1628 ; – COMP. : Dijon, 9 mai 1974 ; *Gaz. Pal.* 1974. II. 659 ; – *CONTRA* : Bordeaux, 12 juill. 1984 ; *Gaz. Pal.* 1984. II. 662 ; – RAPPR. : Bordeaux, 20 déc. 1985 ; *Gaz. Pal.* 1986. 1. 174 ; *D.* 1987. 106, note A. Brunois.
4. Civ. 1re, 15 oct. 2014, no 13-24.948, NP ; *D.* 2014. 2488, obs. Centre de droit de la concurrence Yves Serra ; *RTD com.* 2015. 226, obs. B. Saintourens ; – DÉJÀ : Civ. 1re, 12 nov. 1985, no 84-15.925, P I, no 294 ; *D.* 1987. Somm. 64, note A. Brunois ; *JCP* 1986. V. 37.
5. Bordeaux, 20 déc. 1985 ; *D.* 1987. 106, obs. A. Brunois.
6. Décis. du bâtonnier de Paris, 6 nov. 2015, no 268162.
7. Paris, pôle 2, ch. 1, 18 janv. 2017, RG no 15/23701.
8. Civ. 1re, 21 mars 2018, no 17-14.582, NP ; *Gaz. Pal.* 17 avr. 2018, p. 37, obs. C. Berlaud ; *D.* 2018. 2334, obs. Y. Picod – B. Ménard, « Le dommage induit de l'acte de concurrence déloyale. Quelle explication ? Quelle application ? », *D.* 2019. 1549 – AUSSI : J.-S. Borghetti, « La présomption du préjudice à l'épreuve du parasitisme », *D.* 2020. 1086 – A. Mendoza-Caminade, « La présomption de préjudice en matière de concurrence déloyale et de parasitisme », *JCP* 2021. 581.
9. Versailles, 1re ch., 1re sect., 10 sept. 2019, RG no 18/04258.
10. V. ss nos 471.81 s.
11. Civ. 1re, 17 févr. 2021, no 19-20.935, NP.
12. Y. Serra, « La prohibition des clauses de non-concurrence dans la nouvelle profession d'avocat », *D.* 1992. 11.
13. L. no 71-1130, 31 déc. 1971, art. 7, al. 5 ; RIN, art. 14.2 – V. ss nos 813.241 s.

332.93 Validité des clauses de non-concurrence. Au-delà de ces interdictions expresses, rien ne s'oppose à ce que des avocats conviennent entre eux d'une clause de non-concurrence.

Il en est ainsi dans le cadre de la conclusion de plusieurs conventions avec une structure d'exercice : l'une dite de successeur moyennant paiement d'une indemnité, une autre dite de collaboration d'une durée de quatre ans pour assurer l'efficacité de la présentation de clientèle, et une troisième dite de non-concurrence pendant trois ans. Un tel montage est classique dès lors que l'efficacité d'un accord de présentation de clientèle implique que l'avocat présentant ne soit pas en mesure de se réinstaller en reprenant cette même clientèle. L'avocat cédant ses parts ou sa clientèle à un autre s'engage à une obligation de non-concurrence vis-à-vis du cessionnaire qu'il doit, le cas échéant, faire respecter dans la structure qu'il rejoindrait par la suite, y compris par ses coassociés[1].

Il a pu être jugé que, dès lors qu'une telle clause est souscrite au profit d'un confrère à l'occasion de la cession des éléments constitutifs de son cabinet, elle doit être, sauf clause contraire expresse, présumée comme étant comprise parmi les droits transmis par le cessionnaire lorsqu'il vient, à son tour, à procéder à la même opération au profit d'un tiers[2].

332.94 Conditions de validité. La mise en œuvre de ces clauses, dont le non-respect peut conduire à l'allocation de dommages et intérêts, suppose leur validité ce qui implique qu'elle soit proportionnée au regard des intérêts légitimes à protéger[3].

La Cour de cassation a ainsi eu l'occasion de préciser, dans une affaire où une cour d'appel avait cru pouvoir annuler la clause de non-concurrence souscrite par l'avocat, pour une durée de trois ans, au motif que faute d'être limitée géographiquement, elle apparaissait disproportionnée au regard de la liberté d'exercice de cet avocat[4], au visa de l'article 1103 du code civil et du principe de la liberté d'exercice de la profession d'avocat, qu'il convenait de rechercher « si cette obligation de non-concurrence était proportionnée aux intérêts légitimes à protéger, dès lors qu'elle ne concernait que les clients de la SCP, définis comme les personnes physiques ou morales destinataires des factures établies par celle-ci au cours des douze derniers mois précédant la signature de la convention de présentation de clientèle, la cour d'appel a privé sa décision de base légale »[5].

En effet, une clause de non-concurrence, même si elle n'est pas limitée géographiquement, n'en demeure pas moins, *a priori* valable dès lors que les clients concernés sont limitativement énumérés ce qui permet de satisfaire le critère de proportionnalité requis[6].

332.95 Inflexion jurisprudentielle. La Cour de cassation avait ainsi opéré une inflexion de sa jurisprudence antérieure aux termes de laquelle elle avait alors considéré, ici encore au visa de l'article 1103 du code civil et du principe de la liberté d'exercice de la profession d'avocat, s'agissant d'une clause qui interdisait au cédant toute forme d'exercice de la profession d'avocat qui viendrait en concurrence du cessionnaire sans limitation de temps, ni de lieu et que la cour d'appel avait cru pouvoir valider au motif que « l'illicéité de la clause de non-concurrence [...] est d'autant moins démontrée qu'il s'agit d'une cession pour départ à la retraite »[7], que « seules sont licites les clauses de non-concurrence limitées dans le temps et l'espace, proportionnées à leur finalité »[8].

Il semble donc que le critère géographique, dont il faut bien reconnaître qu'il appert quelque peu désuet s'agissant de prestations de service intellectuelles qui peuvent, en grande partie, pour un client donné, être exercées en tout point du territoire, soit abandonné en tant que tel[9], au profit d'une appréciation plus subjective de la proportionnalité de la clause aux intérêts légitimes à protéger.

332.96 Libre choix de l'avocat. Dans l'affaire ayant donné lieu à l'arrêt de principe du 10 septembre 2015[10], la cour d'appel de renvoi annulera néanmoins, à nouveau, la clause.

En effet, tout en rappelant qu'une clause de non-concurrence doit être proportionnée aux intérêts légitimes à protéger et que la clause litigieuse était régulière car limitée dans le temps et portant sur des clients limitativement énumérés, elle considère tou-

1. CNB, Comm. RU, avis n° 2005-037, 26 sept. 2005.
2. Civ. 1re, 3 déc. 1996, n° 95-10.913, P I, n° 436 ; *JCP E* 1997. II. 22799, note J.-J. Daigre ; *D.* 1997. 151, rapp. Y. Chartier, note Y. Serra ; *RTD civ.* 1997. 420, obs. J. Mestre.
3. Soc. 14 mai 1992, n° 89-45.300, P V, n° 309 ; *D.* 1992. 350, note Y. Serra ; *Dr. soc.* 1992. 967, note D. Corrignan-Carsin.
4. Civ. 1re, 10 sept. 2015, n° 14-24541, NP ; *Gaz. Pal.* 5 janv. 2016, n° 1, p. 27, note D. Piau.
5. Civ. 1re, 10 sept. 2015, n° 14-24541, NP ; *Gaz. Pal.* 5 janv. 2016, n° 1, p. 27, note D. Piau.
6. Com. 4 janv. 1994, n° 92-14.121, P IV, n° 4 ; *D.* 1995. 205, note Y. Serra ; *RTD civ.* 1994. 349, obs. J. Mestre.
7. Paris, 1er févr. 2010, RG n° 08/20431.
8. Civ. 1re, 6 oct. 2011, n° 10-24.158, NP ; *RTD com.* 2012. 81, obs. B. Saintourens.
9. Civ. 1re, 11 mai 1999, n° 97-14.493, P I, n° 156 ; *D.* 1999. 385, note J. Penneau ; *D.* 2000. 312, obs. Y. Serra – B. Thullier, « Les conditions de licéité des clauses de non-concurrence », *D.* 2003. 1222.
10. Civ. 1re, 10 sept. 2015, n° 14-24541, NP ; *Gaz. Pal.* 5 janv. 2016, n° 1, p. 27, note D. Piau – V. ss n° 332.94.

tefois qu'elle portait atteinte au principe du libre choix de l'avocat[1], auquel seuls des motifs exceptionnels peuvent justifier une restriction, dès lors que la clause interdisait au cédant de « conseiller » « assister » un des clients visés, et qu'elle le contraignait ainsi à refuser un dossier qu'un client souhaite lui confier. En d'autres termes, la clause ne constituait pas seulement une clause de « non-sollicitation de clientèle », mais contraignait l'avocat à refuser un dossier qu'un client souhaitait lui confier[2]. La Cour de cassation rejettera le pourvoi, approuvant la cour d'appel d'avoir déduit de ses constatations que la clause portait une atteinte excessive à la liberté de choix de leur avocat par les clients et n'était pas proportionnée aux intérêts légitimes à protéger[3].

Il convient donc d'être précis et prudent dans la rédaction de telles clauses.

332.97 Exécution des clauses de non-concurrence. Lorsqu'elle est valablement stipulée, la clause de non-concurrence se doit d'être respectée et ne saurait être contournée par l'avocat, tel que celui qui poursuivait son activité professionnelle en constituant une société unipersonnelle et prétendant que l'obligation de non-concurrence ne s'appliquerait pas à ladite société[4].

Ainsi, l'avocat cédant sa part dans une SEL à son confrère, et qui s'engage dans le protocole d'accord à une obligation de non-concurrence vis-à-vis du cessionnaire, est contraint de la respecter ou de la faire respecter dans la structure où il est associé postérieurement. Quand bien même le dossier serait traité par un des coassociés du cessionnaire, il apparaît, sur le plan déontologique, qu'il s'agit d'une violation manifeste du principe de loyauté qui doit présider à la profession d'avocat. Il est en effet déloyal de contourner une obligation librement consentie par la fiction de l'interposition d'un autre confrère[5].

C.
Actualité de la question

332.101 Actualité de la question. La question de la concurrence déloyale au sein de la profession d'avocat, comme celle du dénigrement[6] qui lorsqu'il porte non pas sur les produits et services mais sur un autre confrère relève non pas des dispositions de l'article 1240[7] du code civil mais de celles relatives à la diffamation[8], qu'illustre un contentieux en plein essor, est aujourd'hui prégnante, et au-delà des rapports entre associés, et associés et collaborateurs, s'étend aux rapports entre avocats dans le cadre de leur exercice professionnel même, justifiant que des garde-fous soient posés par voie normative tels que s'agissant des noms de domaine des sites internet[9], ou des dénominations sociales des cabinets d'avocats[10].

Et ce, d'autant que l'usage des nouvelles technologies est devenu un terrain propice aux litiges en la matière.

332.102 Illustrations. C'est ainsi que :

– l'usage de terme générique pour dénommer un site internet[11], qui entretient une confusion à l'égard des clients potentiels et est de nature à détourner une partie de la clientèle a été considéré comme constituant un acte de concurrence déloyale[12] ;

– le recours par un avocat à un site de tiers[13], dont l'activité même n'est pas soumise aux règles de la profession, a pu être jugé comme constitutive d'un acte de concurrence déloyale dès lors que le développement de la clientèle est alors fondé sur des agissements contraires à la déontologie[14], justifiant qu'une injonction soit faite aux avocats concernés de cesser d'utiliser le nom de domaine ou leur collaboration avec le site ;

1. V. s[s] n°s 471.00 s.
2. Versailles, 1re ch., 1re sect., 23 févr. 2017, RG n° 15/08001.
3. Civ. 1re, 21 mars 2018, n° 17-16.762, NP ; *Gaz. Pal.* 17 avr. 2018, p. 37, obs. C. Berlaud ; *D.* 2018. 2327, obs. A. Riera, CRIT.
4. Rennes, 27 janv. 2015, RG n° 13/09.002, *D. avocats* 2015. 195, note Ph. Touzet ; – POURVOI REJETÉ PAR : Civ. 1re, 17 mars 2016, n° 15-15.352, NP.
5. CNB, Comm. RU, avis n° 2005-037, 26 sept. 2005 ; C. avocat 2021, s[s] décr. 12 juill. 2005, art. 3, note 2.
6. J.-P. Gridel, « Le dénigrement en droit des affaires. La mesure d'une libre critique », *JCP* 2017. 543 – Civ. 1re, 24 oct. 2019, n° 18-23.858, NP.
7. C. civ., art. 1382, anc.
8. Cass., ass. plén., 12 juill. 2000, n°s 98-10.160, 98-11.155, P n° 8 ; *D.* 2000. 463, obs. P. Jourdain – Civ. 1re, 11 juill. 2018, n° 17-21.4547 ; *D.* 2018. 2010, note Ch. Bigot ; *D.* 2018. 2333, obs. Y. Picod ; *D.* 2019. 216, obs. E. Dreyer – Com. 26 sept. 2018, n° 17-15.502, NP – Com. 15 janv. 2020, n° 17-27.778, P ; *D.* 2020. 2427, obs. Y. Picod – Ch. Bigot, « Dénigrement et concurrence déloyale : vers un changement de paradigme », *D.* 2019. 319 – V. s[s] n°s 454.201 s.
9. RIN, art. 10.5 ; CNB, Comm. RU, avis n° 2014-036, 4 déc. 2014 ; C. avocat 2021, s[s] RIN, art. 10, note 36 – CNB, Comm. RU, avis n° 2015-008, 27 mars 2015 ; C. avocat, 2018, s[s] RIN, art. 10, note 35 – CNB, Comm. RU, avis n° 2015-07, 27 mars 2015 – CE 9 nov. 2015, req. n° 384728, NP ; *D. avocats* 2015. 378, obs. L. Dargent – CE 23 déc. 2015, req. n° 390792, NP – V. s[s] n°s 462.61 s.
10. RIN, art. 10.6.3. nouveau issu de la DCN n° 2015-002 portant réforme de l'article 10 du RIN visant à encadrer les dénominations des structures d'exercice ou de moyens pour assurer le respect des principes essentiels de la profession et une bonne information du public, CNB, AG 20-21 nov. 2015 – V. s[s] n°s 462.31 s.
11. V. s[s] n° 462.61.
12. Paris, 17 déc. 2014, RG n° 11/19174 ; – CONFIRMANT : Sent. arb. bâtonnier de Paris, 23 sept. 2011, n° 740-213226 ; – COMP. Paris, 18 déc. 2015, RG n° 15/03732.
13. V. s[s] n°s 464.142 s.
14. Décis. du bâtonnier de Paris, 17 sept. 2013, n° 237739.

– le recours à des méthodes de référencement [1] est susceptible de conduire à des actes de concurrence déloyale, tels que l'avocat qui avait inséré un lien entre son site internet et celui d'un autre avocat renommé dans sa matière, lien constitué par le propre nom de ce dernier avocat, impliquant que : « L'évidence d'un lien informatique entre le site du premier avocat et le nom du second comme unique critère de recherche, [...] rapprochement de nature à créer une confusion entre deux avocats ayant la même activité spécialisée, était à l'origine d'un trouble manifestement illicite [...] » [2] qu'il convenait de faire cesser, en référé, sur le fondement des articles 835 du code de procédure civile et 1240 [3] du code civil ;

– l'utilisation d'une dénomination fantaisiste [4], et d'un nom de domaine générique, comprenant le domaine du droit routier, constitue un acte de concurrence déloyale, justifiant une condamnation à cesser l'utilisation de l'expression « SOS MON PERMIS.FR » et de toute déclinaison géographique ou de fantaisie de cette expression, ainsi que le versement d'une indemnité au titre du préjudice moral et du préjudice économique [5] ;

– l'utilisation d'un nom de domaine (avocat-divorce.com) sans qu'y soit nommément désigné le cabinet concerné, situation aboutissant à une appropriation d'un domaine d'activité que se partage l'ensemble de la profession et entretenant la confusion dans l'esprit du public, mis directement en relation avec le site personnel de l'avocat par l'usage de mots-clés aussi généraux, ce qui constitue, notamment : « un acte de concurrence déloyale et, partant, un manquement aux principes essentiels de loyauté, de modération et de discrétion auxquels sont tenus les avocats » [6] ;

– plus généralement, l'utilisation d'une dénomination sociale, d'un nom de domaine ou d'une marque [7], de nature à créer un risque de confusion dans l'esprit du public avec une dénomination, un nom de domaine ou une marque antérieure utilisée par un autre avocat [8], fait de nature à constituer des actes de concurrence déloyale.

332.103 Caractère préventif de la faute déontologique. Il est certain que la libéralisation de la communication des avocats et l'ouverture à la sollicitation personnalisée [9], sollicitation qui peut se faire en direction de clients ayant déjà un conseil, accompagnée d'un renforcement de la transparence [10] liée tant à la généralisation de l'obligation de conclusion préalable d'une convention d'honoraire [11], qu'à l'affirmation de la pleine et entière application du droit de la consommation [12] à la profession d'avocat [13], nécessiteront d'être fermes sur les principes essentiels afin d'éviter autant que possible un accroissement prévisible des litiges en la matière.

Car la faute disciplinaire, de par son autonomie récemment réaffirmée [14], reste plus souple et malléable que la faute civile, et est seule de nature à permettre une régulation préventive efficiente.

SECTION 4
FOI DU PALAIS

332.111 Définition. La « foi du Palais » [15], est une construction déontologique ancienne, découlant du devoir de loyauté, et qui concerne tant les relations entre avocats que celles entre avocats et auxiliaires de justice, notamment magistrats et greffiers.

1. V. s[s] n°s 464.101 s.
2. Civ. 1re, 12 juill. 2012, n° 11-20687, P I, n° 133 ; *JCP* 2012. 1121, n° 11, obs. F. G'Sell.
3. Anc. 1382.
4. V. s[s] n°s 462.61 s.
5. Décis. du bâtonnier du Mans, 25 févr. 2016, n° 271036.
6. Civ. 1re, 4 mai 2012, n° 11-11.180, NP ; *D.* 2012. 1540, obs. C. Manara ; *D.* 2013. 136, obs. Th. Wickers – V. s[s] n°s 462.61 s.
7. V. s[s] n°s 462.31 s.
8. À CE SUJET : CJUE, 10e ch., 2 juill. 2020 *mk advokaten GbR c/MBK Rechtsanwälte GbR*, aff. C 684/19.
9. D. Piau, « Publicité et site internet : l'évolution tranquille » : *Maître*, n° 231, janv. 2015, p. 22 – A. Coignac, « Quand les avocats font leur publicité », *JCP* 2015. 577 – V. s[s] n°s 465.00 s.
10. A. Portmann, « Transparence des honoraires : la Dgccrf pointe des "anomalies" », *D. actu.* 9 sept. 2015.
11. V. s[s] n°s 713.00 s.
12. V. s[s] n°s 711.111 s.
13. CJUE 15 janv. 2015, *Birute Siba c/Arunas Devenas,* aff. C-537/13 ; *D.* 2015. 213 ; *D.* 2015. 588, obs. N. Sauphanor-Brouillaud ; *D. avocats* 2015. 268, note C. Caseau-Roche – CJUE, 3 sept. 2015, *Costea c/SC Volksbank România SA,* aff. aff. C-110/14 ; *JCP* 2015. 1110, note G. Paisant ; *D.* 2015. 1767 – Civ. 2[e], 26 mars 2015, n° 14-11.599, P II n° 74 ; *D.* 2015. 812 ; *D.* 2015. 1791, Chron. H. Adida-Canac, T. Vasseur, E. de Leiris, L. Lazerges-Cousquer, N. Touati, D. Chauchis et N. Palle ; *D.* 2016. 101, obs. Th. Wickers – Civ. 2[e], 26 mars 2015, n° 14-15.013, P II n° 75 ; *D.* 2015. 1791, Chron. H. Adida-Canac, T. Vasseur, E. de Leiris, L. Lazerges-Cousquer, N. Touati, D. Chauchis et N. Palle ; *D.* 2016. 101, obs. Th. Wickers – Civ. 2e, 10 sept. 2015, n° 14-24.301, NP ; *D.* 2015. 1791, Chron. H. Adida-Canac, T. Vasseur, E. de Leiris, L. Lazerges-Cousquer, N. Touati, D. Chauchis et N. Palle ; *D.* 2016. 101, obs. Th. Wickers.
14. D. Piau, « Effets du sursis à statuer et autonomie de la faute disciplinaire : *O tempora. O mores...* », *Gaz. Pal.* 17 oct. 2015, p. 9 – V. s[s] n°s 312.101 s.
15. A. Damien, « La foi du Palais », *in* M.-A. Frison-Roche (dir.), *Secrets professionnels*, Autrement, 1999 – E. Robinot-Lafortune et A. Damien, « La foi du Palais, rempart de la confiance confraternelle entre avocats », *Gaz. Pal.* 1994. 1. Doctr. 638 – J. Danet, « Réflexions sur la foi du palais », *Les Cahiers de la Justice*, vol. 1, n° 1, 2020, p. 115.

Ce concept déontologique s'est développé à une époque où la notion de la confidentialité des échanges entre avocats n'était pas un principe général applicable dans l'ensemble des barreaux français, ce qu'il ne deviendra qu'en 1997 [1]. Si dans les rapports entre avocats la « foi du Palais » a en grande partie été absorbée par la confidentialité des échanges entre avocats, elle demeure vivace dans les échanges avec les auxiliaires de justice, mais encore, y compris entre avocats, dans sa composante, trop souvent obviée, tenant au respect de la parole donnée qui découle du devoir de loyauté.

En effet, cette « foi du Palais », ne consiste pas seulement dans la garantie de pouvoir tenir des échanges confidentiels, mais tient également dans la certitude que les engagements pris dans ce cadre seront respectés.

332.112 **Secret des échanges.** La « foi du Palais » est, en premier lieu, la possibilité pour l'ensemble des « partenaires de justice » [2], avocats, magistrats, greffiers, experts judiciaires..., d'échanger librement leurs impressions sur un dossier, sans avoir à craindre que le contenu de cet échange ne soit ultérieurement révélé.

En effet, tout dossier ne se résume pas à l'audience de plaidoirie ou la séance de signatures. Il comporte un préalable en amont, au cours duquel avocats des parties, magistrats, greffiers, experts judiciaires... sont amenés à échanger, à se rencontrer, s'écouter, s'entendre, se comprendre et peu à peu faire progresser le dossier par leurs observations réciproques [3].

Il en est ainsi de l'avocat qui vient consulter un juge d'instruction sur une éventuelle demande de mise en liberté dont son client pourrait bénéficier ou pour s'entretenir de l'avancement du dossier [4], un substitut sur le renvoi devant le tribunal de son client, un greffier sur une demande de renvoi à une audience de mise en état, l'avocat d'une autre partie afin d'échanger leurs impressions sur le dossier, une éventuelle transaction, le contenu d'un accord, les points litigieux d'un contrat en cours de négociation...

Tous ces échanges de vues, le plus souvent informels, qui ne s'inscrivent pas dans un cadre processuel, participent à l'avancement du dossier.

332.113 **La foi du Palais ne relève pas du secret professionnel.** Pour autant ces mêmes échanges, ne relèvent pas du secret professionnel [5] dès lors qu'ils n'ont pas lieu dans le cadre d'un échange entre l'avocat et son client. Ils relèvent, uniquement s'agissant des échanges entre avocats dans le cadre d'un dossier, de la confidentialité des échanges entre avocats [6], mais cette dernière notion ne recoupe qu'une partie des échanges ayant lieu dans le cadre de la « foi du Palais ».

Il est néanmoins nécessaire que l'ensemble des acteurs d'un dossier puisse échanger, chaque fois que cela s'avère utile, avec d'autres sans craindre d'être trahi par la confiance qu'il met en eux, et en ayant la certitude que ce qui se sera dit restera sous le sceau du secret ou de la « foi du Palais ». C'est en ce sens que devoir de loyauté impose à l'avocat de conserver par de vers lui, et de garder ainsi secret, les échanges qu'il peut avoir, avec toute personne, dans un tel cadre.

Ainsi, à titre de mauvais exemple, on peut citer l'avocat qui avait enregistré un confrère, fait dresser un constat d'huissier transcrivant cet enregistrement et versé le tout au dossier d'instruction d'une procédure d'escroquerie à la charge de l'un de ses clients, et qui fit l'objet d'une interdiction temporaire de trois mois [7]. De même que l'avocat qui révèle à l'audience des conversations privées avec le juge d'instruction ou le substitut, relatives à la cause évoquée, commet un manquement au devoir de loyauté [8].

332.114 **Respect de la parole donnée.** La « foi du Palais » est, en second lieu, non seulement un espace de confiance dans lequel chacun peut s'exprimer librement, mais encore une confiance mutuelle dans la parole de son interlocuteur tant quant au fait que cette parole est sincère, que quant au fait que cette parole sera respectée.

Cela implique de la part des différents interlocuteurs, non seulement un devoir de vérité qui découle du devoir de conscience [9] mais aussi un impérieux devoir de loyauté. Cet aspect de la « foi du Palais », n'a, fort heureusement, pas disparu sur le plan des principes déontologiques, et demeure vivace comme en témoigne le développement de la notion d'abus de confidentialité en matière de confidentialité des correspondances entre avocats [10].

332.115 **Confiance confraternelle.** À cet égard, la Cour de cassation a rendu un intéressant arrêt où sous le terme de « confiance confraternelle » se

1. V. s^{s} n°s 421.21 s.
2. A. Peyrefitte, « Pour une justice moderne », *Le Monde* 9-15 janv. 1979.
3. Sur l'affaire *Clearstream* : R. van Ruymbeke, *Mémoires d'un juge trop indépendant*, Tallandier, 2021, p. 169 s. – CSM, 20 nov. 2007, déc. n° S159 – CSM, 17 oct. 2012, déc. n° S203.
4. Crim. 4 févr. 2004, n° 03-82.494, NP.
5. L. n° 71-1130, 31 déc. 1971, art. 66-5 – V. s^{s} n°s 412.00 s.
6. V. s^{s} n°s 422.10 s.
7. Civ. 1re, 3 janv. 1991, n° 89-12.738, P I, n° 4 ; *D.* 1991. 30 ; *JCP* 1991. IV. 73 ; *Gaz. Pal.* 1991. Pan. 66.
8. Nancy, 3 juill. 1987, *Gaz. Pal.* 1987. 2. 556, note A. Damien.
9. V. s^{s} n°s 322.51 s.
10. V. s^{s} n°s 42.00 s.

trouve qualifié un manquement à la parole donnée et donc au devoir loyauté, ou à la foi du palais, justifiant une sanction disciplinaire.

En l'occurrence, un avocat avait été chargé par les actionnaires d'une société de la cession à un groupe de l'ensemble des titres constituant le capital de cette société. Parmi les actionnaires, l'un d'entre eux n'en était que le porteur apparent, les ayant précédemment cédées à un tiers, sans que le transfert n'ait été enregistré, les parties ayant convenu que l'actionnaire apparent devait conclure la vente des titres restés à son nom, le véritable actionnaire lui versant une rémunération. L'avocat du porteur apparent avait adressé à l'avocat du véritable actionnaire, l'ordre de mouvement des titres, signé par son client, en lui demandant de lui retourner sa lettre visée pour accord accompagnée d'un chèque de 2 300 000 francs correspondant à la rémunération convenue. Dès le lendemain, ce dernier avait conclu la cession de l'ensemble des actions, utilisant l'ordre de mouvement des titres remis par son confrère, mais, invoquant un différend entre les parties sur le montant de la rémunération due au porteur apparent avait refusé de remettre la somme réclamée qu'il a déposée à son compte Carpa[1]. Le conseil de discipline a alors, retenant un manquement à la confiance confraternelle, prononcé une sanction disciplinaire contre l'avocat du véritable actionnaire.

La cour d'appel avait cru pouvoir infirmer la décision, motif pris, notamment, du fait que l'examen des faits de la cause laissait subsister une équivoque sur la réalité de l'engagement qu'aurait pris l'avocat du véritable actionnaire d'adresser un chèque de 2 300 000 francs en contrepartie de la remise de l'ordre de mouvement de titres signé. En outre, il n'était pas établi qu'il ait eu l'intention de tromper la confiance de son confrère, dès lors qu'en raison des circonstances particulières du rachat des actions il avait été contraint de remettre aux acquéreurs l'ordre de mouvement litigieux pour ne pas compromettre l'aboutissement d'une négociation délicate.

La Cour de cassation casse l'arrêt de la cour d'appel en considérant que, dès lors qu'il résultait des énonciations de l'arrêt que l'avocat du véritable actionnaire avait utilisé l'ordre de mouvement de titres sans respecter les conditions auxquelles son confrère avait subordonné cette utilisation, la cour d'appel n'avait pas tiré les conséquences légales de ses propres constatations[2] : l'avocat avait donné sa parole à son confrère, sous couvert d'échanges confidentiels, il ne pouvait pas manquer à cette parole, peu importent les circonstances l'ayant conduit à agir de la sorte, sans manquer à la confiance confraternelle, autrement dit au devoir de loyauté qu'il devait à son confrère.

332.116 **Prudence nécessaire.** Il faut néanmoins rester prudent dans le cadre de tels échanges car la « foi du Palais » s'effiloche au fur et à mesure que les avocats et les auxiliaires de justice deviennent de moins en moins « partenaires de justice ». Trop souvent le secret des échanges est délibérément violé, ou la parole donnée, avec légèreté, n'est pas respectée. Son principe même est remis en cause par les uns comme par les autres, au nom d'autres principes qui lui seraient supérieurs, intérêt du client, loyauté à l'égard de la profession, transparence, suivant ce qui arrange ceux qui les invoquent[3].

Dans ce contexte, où ce qui était naturel hier ne l'est plus aujourd'hui, il est donc prudent, voire même fortement recommandé, de s'assurer, au préalable, que ses intercoluteurs acceptent que des échanges aient lieu sous la « foi du Palais ».

1. V. s[s] n°s 121.31 s.

2. Civ. 1re, 1er déc. 1993, n° 91-20.953, NP ; *Gaz. Pal.* 1994. 1. 191 – V. s[s] n°s 422.115 s.
3. Sur l'affaire *Clearstream* : R. van Ruymbeke, *op. cit.*, Tallandier, 2021, p. 169 s. – CSM, 20 nov. 2007, déc. n° S159 – CSM, 17 oct. 2012, déc. n° S203.

CHAPITRE

333. Égalité et non-discrimination

SECTION 0 ORIENTEUR

333.00 Sommaire du chapitre.

Division. Le principe d'égalité et non-discrimination s'articule avec d'autres principes (sect. 1) et s'applique dans l'exercice de la profession (sect. 2).

333.01 Textes applicables.

TEXTES TITRÉS

• **RIN**

art. 1.3 [Liste des dix-sept principes essentiels]

333.03 Bibliographie indicative.

* Aussi : v. s[s] n° 33.03.

Thèses. J. Rennes, *Le mérite et la nature : Une controverse républicaine – L'accès des femmes aux professions de prestige 1880-1940*, Fayard, 2007 – S. Sereno, *Le défenseur des droits et les discriminations dans l'emploi*, Puam, 2017.

Monographie. J.-L. Mathieu, *L'institution du Défenseur des droits,* « Inter-National », L'Harmattan, 2020.

Article. L. Garnerie, « La grossesse en tête des discriminations pour les avocats parisiens », *Gaz. Pal.* 14 sept. 2021, p. 7.

Rapports. V. Borgia et *alii, Rapport sur l'égalité professionnelle femme / homme au sein de la profession d'avocat,* UJA de Paris, 2012 – Défenseur des droits, *Conditions de travail et expériences des discriminations dans la profession d'avocat en France,* mai 2018 – A.-L. Lebreton, A. Niakate, « Plan d'action de lutte contre le harcèlement et les discriminations dans la profession d'avocat », AG CNB 18 mai 2019.

SECTION 1 DÉFINITION ET ARTICULATION AVEC D'AUTRES PRINCIPES

333.11 Définition. L'égalité, du latin *aequalitatem, d'aequalis,* égal. Qualité de ce qui est égal, qui jouit des mêmes droits[1], c'est le fait de ne pas présenter de différence de droits[2], de traitement.

La discrimination, du latin *discriminationem*, de *discrimen*, distinction, désignait la faculté de discerner, de distinguer[3]. Dans un sens péjoratif, le terme désigne un traitement différencié, inégalitaire, appliqué à des personnes sur la base de critères variables[4].

L'avocat, doit ainsi, dans son exercice professionnel, respecter le principe d'égalité et de non-discrimination[5], ce qui signifie qu'il ne doit opérer aucune différence de traitement qui ne serait pas fondée sur une raison objective.

333.12 Évolution. Ce principe a été rajouté en 2019[6], à l'article 1.3 du RIN.

Cet ajout faisait suite à une enquête réalisée par le Défenseur des droits, à la demande de la Fédération nationale des unions de jeunes avocats (FNUJA), et

1. E. Littré, *Le Dictionnaire de la langue française*, t. II, Paris, Hachette, 1874, p. 1313.
2. CNRTL.
3. E. Littré, *op. cit.*, t. II, Paris, Hachette, 1874, p. 119.
4. CNRTL.
5. RIN, art. 1.3. – DCN n° 2019-001 du 13 juin 2019, *JO* 29 juin.
6. A. Niakate, A.-L. Lebreton, *Principe d'égalité : projet de décision à caractère normatif (DCN) n° 2019-001 portant modification de l'article 1.3 du Règlement intérieur national (RIN) de la profession d'avocat*, AG CNB 17 et 18 mai 2019.

ce à la suite de travaux antérieurs [1], pour caractériser les conditions de travail des avocats (conditions matérielles, perception des relations de travail) et analyser sous quelles formes et selon quelle fréquence se manifestaient les situations de discriminations dont les avocats peuvent faire l'expérience [2]. Il ressortait, notamment, de cette enquête que : « 72 % des femmes et 47 % des hommes rapportent avoir été témoins de discriminations à l'encontre de leurs collègues, principalement de discriminations sexistes (rapportées par 52 % des femmes et 25 % des hommes) » et que : « Moins de 5 % des femmes et des hommes confrontés à une discrimination ont entamé des démarches formelles pour faire valoir leurs droits », pour des motifs tenant à : « L'inutilité d'un recours (29 %), l'insuffisance de preuves (23 %), la peur des représailles (21 %), sont les principaux motifs avancés par les personnes qui n'ont pas cherché à faire reconnaître la discrimination » [3].

C'est afin de pouvoir sensibiliser les acteurs concernés, mobiliser les barreaux sur le sujet et conduire à une réponse plus efficiente des instances, notamment, disciplinaires qu'il est apparu nécessaire de rajouter ce principe à l'article 1.3 du RIN.

333.13 **Principe à valeur constitutionnelle.** Plus que d'un simple devoir, il s'agit ici d'un principe à valeur constitutionnelle, directement applicable aux avocats dans le cadre de leurs activités, notamment en application de l'article 225-1 du code pénal, ou de la loi du 27 mai 2008 [4].

Il prohibe toute discrimination directe ou indirecte, ainsi que tout harcèlement de quelque nature que ce soit, de la part de l'avocat dans le cadre de son exercice professionnel, notamment à l'égard des avocats qui sont amenés à travailler avec lui (associés, collaborateurs libéraux, avocats salariés...).

333.14 **Liens avec d'autres principes essentiels ou règles déontologiques.** Le principe d'égalité et de non-discrimination en tant que son non-respect conduit à la commission d'infraction pénale, est inclus dans les devoirs de probité [5] et d'honneur [6]. Tout manquement en la matière constitue également un manquement aux devoirs de dignité [7], de confraternité [8] et de courtoisie [9].

Son application innerve, tout particulièrement, les rapports entre avocats dans le cadre de leur exercice professionnel [10], notamment en matière de collaboration libérale [11] et de contrat de travail de l'avocat salarié [12].

SECTION 2
ÉGALITÉ ET NON-DISCRIMINATION DANS L'EXERCICE DE LA PROFESSION

333.20 **Plan.** Le non-respect du principe d'égalité et non-discrimination dans l'exercice de la profession fait l'objet de sanctions civiles, disciplinaires (§ 1) et pénales (§ 2).

§ 1
Sanctions civiles et disciplinaires

333.31 **Discrimination et harcèlement.** L'avocat doit, dans son exercice professionnel, respecter le principe d'égalité et de non-discrimination [13], aux termes de l'article 1.3 du RIN.

Constitue une discrimination directe, selon l'article 1er de la loi du 27 mai 2008 [14], la situation dans laquelle, sur le fondement de son origine, de son sexe, de sa situation de famille, de sa grossesse, de son apparence physique, de la particulière vulnérabilité résultant de sa situation économique, apparente ou connue de son auteur, de son patronyme, de son lieu de résidence ou de sa domiciliation bancaire, de son état de santé, de sa perte d'autonomie, de son handicap, de ses caractéristiques génétiques, de ses mœurs, de son orientation sexuelle, de son identité de genre, de son âge, de ses opinions politiques, de ses activités syndicales, de sa capacité à s'exprimer dans une langue autre que le français, de son appartenance ou de sa non-appartenance, vraie ou supposée, à une ethnie, une nation, une prétendue race ou une religion déterminée, une personne est traitée de manière moins favorable qu'une autre ne l'est, ne l'a été ou ne l'aura été dans une situation comparable [15].

En outre, constitue une discrimination indirecte une disposition, un critère ou une pratique neutre en apparence, mais susceptible d'entraîner, pour

1. V. Borgia et *alii*, *Rapport sur l'égalité professionnelle femme / homme au sein de la profession d'avocat*, UJA de Paris, 2012.
2. Défenseur des droits, *Conditions de travail et expériences des discriminations dans la profession d'avocat en France*, mai 2018.
3. Défenseur des droits, *op. cit.*, p. 6.
4. L. n° 2008-496, 27 mai 2008 portant diverses dispositions d'adaptation au droit communautaire dans le domaine de la lutte contre les discriminations, *JO* 28 mai, p. 8801.
5. V. s^s^ n°s 324.00 s.
6. V. s^s^ n°s 331.00 s.
7. V. s^s^ n°s 321.00 s.
8. V. s^s^ n°s 335.00 s.
9. V. s^s^ n°s 338.00 s.
10. V. s^s^ n°s 811.00 s.
11. V. s^s^ n°s 821.00 s.
12. V. s^s^ n°s 812.381 s.
13. RIN, art. 1.3. – DCN n° 2019-001 du 13 juin 2019, *JO* 29 juin.
14. L. n° 2008-496, 27 mai 2008 portant diverses dispositions d'adaptation au droit communautaire dans le domaine de la lutte contre les discriminations, *JO* 28 mai, n° 1.
15. L. n° 2008-496, 27 mai 2008, art. 1er.

l'un des motifs mentionnés au premier alinéa, un désavantage particulier pour des personnes par rapport à d'autres personnes, à moins que cette disposition, ce critère ou cette pratique ne soit objectivement justifiés par un but légitime et que les moyens pour réaliser ce but ne soient nécessaires et appropriés [1].

La discrimination inclut tout agissement lié à l'un des motifs constituant une discrimination et tout agissement à connotation sexuelle, subis par une personne et ayant pour objet ou pour effet de porter atteinte à sa dignité ou de créer un environnement intimidant, hostile, dégradant, humiliant ou offensant, ainsi que le fait d'enjoindre à quiconque d'adopter un comportement prohibé.

Tout harcèlement, notamment sexuel, est ainsi également prohibé.

333.32 Discrimination et collaboration libérale. La prohibition de toute discrimination directe ou indirecte s'applique à tout contrat de collaboration libérale, y compris lors de sa rupture [2], en vertu de la loi du 4 août 2014 [3], qui est venue expressément le préciser, dans un article 18, III, *ter*, de la loi du 2 août 2005 [4], sur le fondement des articles 1er à 4 et 7 à 10 de la loi du 27 mai 2008 [5].

Ainsi, dès lors qu'il existe une présomption de discrimination, tel qu'en lien entre la rupture et l'état de grossesse et le sexe, il appartient au cabinet de justifier que sa décision de rompre le contrat de collaboration est fondée sur des éléments objectifs étrangers à toute discrimination [6].

333.33 Charte de lutte contre les discriminations et le harcèlement. Une charte de lutte contre les discriminations et le harcèlement dans la profession d'avocat a été mise en place le 26 septembre 2019 [7] visant à mettre en place des référents discriminations / harcèlement dans chaque barreau ayant, notamment, pour rôle de recueillir la parole des victimes de harcèlements et de discriminations afin de faire en sorte que des suites disciplinaires soient apportées à ces situations [8].

333.34 Défenseur des droits. Le Défenseur des droits a, notamment, pour objet de : « lutter contre les discriminations, directes ou indirectes, prohibées par la loi ou par un engagement international régulièrement ratifié ou approuvé par la France ainsi que de promouvoir l'égalité » [9]. À cet effet, outre les actions de promotion de l'égalité qu'il peut être amené à mener, notamment au sein de la profession d'avocat [10], il dispose de prérogatives propres afin de traiter de toute plainte dont il serait saisi par : « toute personne qui s'estime victime d'une discrimination, directe ou indirecte, prohibée par la loi ou par un engagement international régulièrement ratifié ou approuvé par la France, ou par toute association régulièrement déclarée depuis au moins cinq ans à la date des faits se proposant par ses statuts de combattre les discriminations ou d'assister les victimes de discriminations, conjointement avec la personne s'estimant victime de discrimination ou avec son accord » [11].

Il peut alors être amené, à l'issue d'une procédure contradictoire avec prérogatives de vérifications sur place [12], faire toute recommandation qui lui apparaît de nature à garantir le respect des droits et libertés de la personne lésée et à régler les difficultés soulevées devant lui ou à en prévenir le renouvellement [13]. Il peut, notamment :

– saisir le bâtonnier des faits dont il a connaissance et qui lui paraissent de nature à justifier une sanction disciplinaire [14]. Le bâtonnier doit alors informer le Défenseur des droits des suites réservées à sa saisine et, s'il n'a pas engagé de procédure disciplinaire, des motifs de sa décision [15] ;

– demander à présenter des observations écrites ou à être entendu par toutes « juridictions civiles, administratives et pénales ». Son audition est alors « de droit » [16].

333.35 Collaboration libérale et discrimination. Les discriminations en matière de collaboration libérale, notamment en raison de l'état de gros-

1. L. n° 2008-496, 27 mai 2008, art. 1er.
2. L. n° 2005-882, 2 août 2005, art. 18, III *ter* – S. Grayot-Dirx, « La part d'ombre de la profession d'avocat », *JCP* 2018. 565 – Défenseur des droits, *Conditions de travail et expériences des discriminations dans la profession d'avocat en France*, mai 2018.
3. L. n° 2014-873, 4 août 2014 pour l'égalité réelle entre les femmes et les hommes, *JO* 5 août, p. 12949, art. 14.
4. L. n° 2005-882, 2 août 2005 en faveur des petites et moyennes entreprises, *JO* 3 août, p. 12639.
5. L. n° 2008-496, 27 mai 2008 portant diverses dispositions d'adaptation au droit communautaire dans le domaine de la lutte contre les discriminations, *JO* 28 mai, p. 8801.
6. L. n° 2008-496, 27 mai 2008, art. 4 – V. s^s n°s 812.381 s.
7. L. Garnerie, « Lutte contre les discriminations et le harcèlement : la profession d'avocat se dote d'une charte », *Gaz. Pal.* 8 oct. 2019, p. 5.
8. M. Lartigue, « Deux ans après la vague #*MeToo*, où en est la profession d'avocat ? », *Gaz. Pal.* 3 mars 2020, p. 5 – A.-L. Lebreton, A. Niakate, « Plan d'action de lutte contre le harcèlement et les discriminations dans la profession d'avocat », AG CNB 18 mai 2019.
9. L. org. n° 2011-333, 29 mars 2011, art. 4, 3°.
10. Défenseur des droits, *Conditions de travail et expériences des discriminations dans la profession d'avocat en France*, mai 2018.
11. L. org. n° 2011-333, 29 mars 2011, art. 5, 3°.
12. L. org. n° 2011-333, 29 mars 2011, art. 18 s. – Décr. n° 2011-904, 29 juillet 2011 relatif à la procédure applicable devant le Défenseur des droits, *JO* 30 juill., n° 26.
13. L. org. n° 2011-333, 29 mars 2011, art. 25.
14. V. s^s n°s 522.10 s.
15. L. org. n° 2011-333, 29 mars 2011, art. 29.
16. L. org. n° 2011-333, 29 mars 2011, art. 33.

sesse[1], ont fait l'objet de nombreuses décisions tant du défenseur des droits, que des juges du fond[2], ainsi que de sanctions disciplinaires[3].

333.36 Collaboration libérale et harcèlement. Le harcèlement en matière de collaboration libérale peut également donner lieu à l'allocation de dommages et intérêts sur le plan civil, tel que s'agissant d'un collaborateur libéral, qui pendant la période précédant la rupture de son contrat de collaboration libérale, a été victime de faits constitutifs de harcèlement moral, ayant subi sur trois mois une alternance d'attaques à répétition pour des motifs peu, voire non justifiés, et de périodes plus positives, celles-ci en corrélation évidente avec le besoin pour le cabinet d'avocat de le voir finaliser les urgences en cours. Pour la cour d'appel, « un tel processus a d'autant plus fortement dégradé les conditions de travail du collaborateur qu'il était contemporain d'un investissement personnel très important au service du cabinet d'avocat, et qu'il était le fait d'un « patron » avec lequel il était en relation quasi quotidienne, qu'il pensait être une relation de confiance, et pour lequel il avait une grande admiration ». En outre, note la cour d'appel, « l'extrême brutalité avec laquelle le collaborateur, au sortir de cette période de travail particulièrement dense et éprouvante, a été remercié du jour au lendemain, son congédiement s'accompagnant de la déconnexion immédiate de son ordinateur et de sa boîte mail, et de l'annonce faite à tous les membres du cabinet des griefs infondés amalgamés pour justifier la décision, [...], tout cela dans le plus complet mépris de son état de santé, est la marque d'un management particulièrement violent de l'entreprise et s'inscrit dans le droit fil du régime de harcèlement », ce qui justifie l'allocation d'une somme de 50 000 euros à titre de dommages-intérêts[4].

333.37 Sanctions disciplinaires. Tout manquement au devoir d'égalité et de non-discrimination, notamment en raison de faits de harcèlement ou de discrimination[5], est susceptible de sanctions disciplinaires, et ce sans qu'il ne soit nécessaire que des poursuites pénales aient été engagées, et même dans cette dernière hypothèse sans qu'il ne soit nécessaire d'attendre l'issue de la procédure pénale[6].

C'est ainsi que fut sanctionné d'une interdiction temporaire de six mois assortie du sursis, en raison notamment de fait de harcèlement sexuel, faits qui contreviennent aux règles professionnelles et aux principes de délicatesse, d'honneur et de probité[7], tout comme fut relaxé de fait de harcèlement sexuel mais sanctionné disciplinairement d'une interdiction temporaire de six mois dont deux mois avec sursis avec publicité de la décision, après l'avoir été sur le plan civil[8], pour discrimination, un avocat qui avait proféré des propos discriminatoires à l'égard d'une collaboratrice en lui disant : « je conçois aisément que la naissance intervenue et votre état précédent celle-ci ces dernières semaines ait pu perturber votre appréciation », faits contraires aux principes de dignité, d'honneur et de délicatesse[9].

De même que fut sanctionné d'une interdiction temporaire d'exercice de la profession d'avocat, pour une durée de six mois dont trois mois assortis du sursis ainsi que d'une inéligibilité pendant dix ans, un avocat qui fut reconnu coupable de faits de harcèlement sexuel et d'attitude discriminatoire vis-à-vis de stagiaires de son cabinet, et notamment un stagiaire Enm, faits contraires aux principes de dignité, d'honneur, de confraternité, de délicatesse, de modération et de courtoisie[10]. Tout comme fut sanctionné d'une interdiction d'exercice de douze mois dont dix avec sursis assortie d'une inéligibilité pendant cinq ans, un avocat reconnu coupable de faits de harcèlement sexuel envers plusieurs membres de son cabinet, faits contraires aux principes d'humanité, de délicatesse, de modération et de courtoisie[11], et fit l'objet d'une radiation un autre avocat reconnu coupable de faits de harcèlement sexuel ayant provoqué un « état de choc post-traumatique » chez sa victime, faits contraires aux principes d'humanité, de dignité, d'honneur et de délicatesse[12].

Tout comme fut sanctionné d'une interdiction temporaire d'exercice de la profession d'avocat, pour une durée de deux mois avec sursis, l'avocat qui avait proposé à une stagiaire âgée de vingt ans de lui faire passer une simulation d'entretien individuel d'embauche, et après l'avoir fait entrer dans une salle de réunion dont il avait fermé la porte à clef et tiré les rideaux pour plonger la pièce dans l'obscurité, l'avait approchée furtivement et embrassée[13].

333.38 Cumul de sanctions disciplinaires et pénales. Les sanctions pénales pour des faits de harcèlement, peuvent donner lieu à des sanctions disciplinaires[14].

1. L. Garnerie, « La grossesse en tête des discriminations pour les avocats parisiens », *Gaz. Pal.* 14 sept. 2021, p. 7.
2. V. s^s n° 812.383.
3. V. s^s n° 812.382.
4. Paris, pôle 4, ch. 13, 13 oct. 2021, RG n° 18/06074.
5. Pour des illustrations en matière de discriminations, v. s^s n°s 812.382 s.
6. V. s^s n°s 312.81 s.
7. Lyon, 11 avr. 2019, RG n° 18/05986.
8. Lyon, 28 sept. 2017, RG n° 16/04122.
9. Lyon, 12 déc. 2019, RG n° 18/04355.
10. CD Paris, arr. 25 sept. 2018, n° 292415.
11. CD Paris, arr. 17 déc. 2019, n° 309421.
12. CD Paris, arr. 31 déc. 2019, n° 309473.
13. CD Paris, 15 déc. 2020, n° 309003.
14. V. s^s n°s 523.411 s.

Il en a été jugé ainsi d'un avocat qui avait fait l'objet d'une condamnation du chef de harcèlement sur deux de ses employées, et a été condamné à une peine de cinq mois d'emprisonnement avec sursis et 10 000 euros d'amende. Il lui était reproché d'avoir proféré des insultes envers l'une de ses salariés (« conne », « vermine à exterminer, », « abrutie », « folle »...), de lui avoir fait sentir ses mains en sortant des toilettes, de l'avoir traitée de voleuse, de l'avoir chargé de taches ne relevant pas de ses attributions professionnelles, et de lui avoir donné des ordres et contre-ordres, tandis que l'autre salariée se faisait hurler dessus et traiter d'imbécile, et qu'il jetait vers elle des dossiers ou des agrafeuses. Il a fait l'objet d'une sanction d'interdiction temporaire d'exercice d'une durée d'un an, dont neuf mois assortis du sursis[1].

§ 2
Sanctions pénales

333.40 **Plan.** La sanction pénale du non-respect du principe d'égalité et non-discrimination dans l'exercice de la profession concerne toute discrimination (§ 1) et tout harcèlement (§ 2) moral comme sexuel.

A.
Discrimination

333.51 **Discrimination – Définition.** La discrimination est définie par l'article 225-1 du code pénal, dans sa rédaction issue de la loi du 24 juin 2016[2], comme toute distinction opérée, entre personnes physiques ou entre personnes morales, s'agissant des membres ou de certains membres de ces personnes morales, sur le fondement de leur origine, de leur sexe, de leur situation de famille, de leur grossesse, de leur apparence physique, de la particulière vulnérabilité résultant de leur situation économique, apparente ou connue de son auteur, de leur patronyme, de leur lieu de résidence, de leur état de santé, de leur perte d'autonomie, de leur handicap, de leurs caractéristiques génétiques, de leurs mœurs, de leur orientation sexuelle, de leur identité de genre, de leur âge, de leurs opinions politiques, de leurs activités syndicales, de leur capacité à s'exprimer dans une langue autre que le français, de leur appartenance ou de leur non-appartenance, vraie ou supposée, à une ethnie, une Nation, une prétendue race ou une religion déterminée.

Constitue également une discrimination toute distinction opérée entre les personnes parce qu'elles ont subi ou refusé de subir des faits de harcèlement ou témoigné de tels faits, y compris si les propos ou comportements n'ont pas été répétés[3].

333.52 **Répression.** La discrimination, qui doit présenter un caractère direct dès lors que la discrimination indirecte n'est pas, comme telle, réprimée par la loi[4], est punie de trois ans d'emprisonnement et de 45 000 euros d'amende, notamment lorsqu'elle consiste à refuser la fourniture d'un service ou à subordonner la fourniture d'un service à une condition fondée sur l'un des éléments susvisés[5].

333.53 **Peine complémentaire.** L'avocat condamné du chef de discrimination encourt également les peines complémentaires prévues à l'article 225-19 du code pénal et notamment celle de l'interdiction de représenter ou d'assister une partie devant la justice, l'exclusion des marchés publics pour une durée de cinq ans au plus, ainsi que l'affichage ou la diffusion de la décision prononcée.

333.54 **Personne morale.** Enfin, aux termes de l'article 225-4 du code pénal, les personnes morales déclarées pénalement responsables, des infractions commises pour leur compte par leurs organes ou représentants, de l'infraction de discrimination encourent, outre une amende de 225 000 euros, les peines complémentaires d'interdiction, à titre définitif ou pour une durée de cinq ans au plus, d'exercer directement ou indirectement l'activité d'avocat, ainsi que l'affichage de la décision prononcée[6].

333.55 **Prescription.** La prescription qui est de six ans[7], court à compter de la date de commission des faits.

333.56 **Discrimination en raison de la particulière vulnérabilité.** Des discriminations peuvent être caractérisées en raison de la particulière vulnérabilité en matière de fixation des honoraires[8].

B.
Harcèlement

333.61 **Harcèlement sexuel – Définition.** Le harcèlement sexuel est défini par l'article 222-33 du code pénal comme le fait d'imposer à une personne, de façon répétée, des propos ou comportements à

1. Paris, pôle 2, ch. 1, 27 oct. 2016, RG n° 16/01106.
2. L. n° 2016-832, 24 juin 2016 visant à lutter contre la discrimination à raison de la précarité sociale, *JO* 25 juin, n° 1, art. unique.
3. C. pén., art. 225-1-1.
4. Crim. 8 juin 2021, n° 20-80.056, P ; *JCP* 2021. 772 ; *D.* 2021. 1409, note E. Dreyer ; *Gaz. Pal.* 31 août 2021, p. 52, obs. S. Detraz.
5. C. pén., art. 225-2.
6. C. pén., art. 131-35.
7. C. pr. pén., art. 8, al. 2.
8. V. s^{s} n° 721.131.

connotation sexuelle ou sexiste qui soit portent atteinte à sa dignité en raison de leur caractère dégradant ou humiliant, soit créent à son encontre une situation intimidante, hostile ou offensante.

Il en est de même lorsque ces propos ou comportements sont imposés à une même victime par plusieurs personnes, de manière concertée ou à l'instigation de l'une d'elles, alors même que chacune de ces personnes n'a pas agi de façon répétée ou lorsque ces propos ou comportements sont imposés à une même victime, successivement, par plusieurs personnes qui, même en l'absence de concertation, savent que ces propos ou comportements caractérisent une répétition.

Est assimilé au harcèlement sexuel le fait, même non répété, d'user de toute forme de pression grave dans le but réel ou apparent d'obtenir un acte de nature sexuelle, que celui-ci soit recherché au profit de l'auteur des faits ou au profit d'un tiers.

333.62 Répression. Le harcèlement sexuel est puni de deux ans d'emprisonnement et de 30 000 euros d'amende.

Ces peines sont portées à trois ans d'emprisonnement et 45 000 euros d'amende lorsque les faits sont, notamment, commis par une personne qui abuse de l'autorité que lui confèrent ses fonctions, sur un mineur de quinze ans ou sur une personne dont la particulière vulnérabilité, due à son âge, à une maladie, à une infirmité, à une déficience physique ou psychique ou à un état de grossesse, est apparente ou connue de leur auteur ou dont la particulière vulnérabilité ou dépendance résultant de la précarité de sa situation économique ou sociale est apparente ou connue de leur auteur. Il en est de même lorsque ces faits sont commis par plusieurs personnes agissant en qualité d'auteur ou de complice, par l'utilisation d'un service de communication au public en ligne ou par le biais d'un support numérique ou électronique, alors qu'un mineur était présent et y a assisté ou par un ascendant ou par toute autre personne ayant sur la victime une autorité de droit ou de fait[1].

333.63 Harcèlement moral - Définition. Le fait de harceler autrui par des propos ou comportements répétés ayant pour objet ou pour effet une dégradation des conditions de travail susceptible de porter atteinte à ses droits et à sa dignité, d'altérer sa santé physique ou mentale ou de compromettre son avenir professionnel, est puni de deux ans d'emprisonnement et de 30 000 euros d'amende[2].

333.64 Peine complémentaire. L'avocat condamné du chef de harcèlement encourt également les peines complémentaires prévues aux articles 222-44 et suivants du code pénal et notamment l'interdiction d'exercer l'activité d'avocat, soit définitive, soit temporaire auquel cas elle ne peut excéder cinq ans[3], cette interdiction pouvant se cumuler avec une sanction disciplinaire[4], l'interdiction de représenter ou d'assister une partie devant la justice[5], ainsi que, dans le cas du harcèlement sexuel, l'affichage de la décision prononcée[6].

333.65 Prescription. La prescription qui est de six ans[7], court à compter de la date de commission des faits.

1. C. pén., art. 222-33.
2. C. pén., art. 222-33-2.
3. C. pén., art. 131-27.
4. Civ. 1re, 17 mai 1988, n° 86-15.067, P I, n° 145 ; *D.* 1991. 302, note A. Brunois ; *Gaz. Pal.* 1989. 2. 491, note G. Flécheux – Civ. 1re, 9 avr. 2015 n° 14-50.012, P I, n° 82 ; *D.* 2015. 1187, note O. Décima ; *D.* 2015. 1187, avis J.-P. Sudre ; *D.* 2015. 2465, obs. G. Roujou de Boubée, T. Garé, C. Ginestet, M.-H. Gozzi et S. Mirabail.
5. C. pén., art. 222-45.
6. C. pén., art. 222-46 et 131-35.
7. C. pr. pén., art. 8, al. 2.

CHAPITRE

334. Désintéressement

SECTION 0
ORIENTEUR

334.00 **Sommaire du chapitre.**

Division. Le respect du principe de désintéressement s'articule principalement avec les principes humanité, loyauté et dévouement (sect. 1) et se traduit, notamment, par la primauté des intérêts du client (sect. 2), les incompatibilités avec certaines activités et fonctions (sect. 3) ainsi que dans la rémunération de l'avocat (sect. 4).

334.01 **Textes applicables.**

TEXTES TITRÉS

• **L. n° 71-1130, 31 déc. 1971**

art. 17, 3° [Missions du conseil de l'Ordre]

• **Décr. n° 2005-790, 12 juill. 2005**

art. 3 [Liste des seize principes]

• **RIN**

art. 1.3 [Liste des dix-sept principes]

334.02 **Jurisprudence de référence.**

> Avocat ayant obtenu de l'un de ses clients, par des moyens d'intimidation, des honoraires excessifs

• **Civ. 1re, 26 avr. 1977,** n° 76-12.024, P I, n° 183.

* V. s^s n°s 312.62, 334.44.

« Une [sanction] de [interdiction temporaire] ayant été prononcée à titre disciplinaire contre un avocat pour avoir obtenu de l'un de ses clients, par des moyens d'intimidation, des honoraires excessifs, il est vainement soutenu qu'aucune sanction fondée sur la perception d'honoraires abusifs ne pourrait intervenir dès lors que les honoraires normaux et légitimes n'ont pas été déterminés selon la procédure adéquate. La cour d'appel a en effet retenu à juste titre que la procédure de taxation […] n'est pas un préalable légal à la procédure disciplinaire, fondée comme en l'espèce sur un manquement à la probité, à l'honneur et à la délicatesse, et non pas seulement sur le caractère abusif des honoraires perçus. »

> Avocat abusant du désarroi moral dans lequel se trouvait un client pour se faire verser des honoraires

• **Civ. 1re, 18 juill. 1977,** n° 77-11.915, P I, n° 336.

* V. s^s n° 334.42.

« Est légalement justifié l'arrêt qui pour prononcer une [sanction] disciplinaire contre un avocat, a retenu que celui-ci avait abusé du désarroi moral dans lequel se trouvait un client pour se faire verser par celui-ci […] une somme de 390 000 francs à titre d'honoraires, lesdits honoraires ayant été obtenus non seulement au mépris des usages professionnels imposant en la matière délicatesse et modération, mais de plus d'une façon déloyale entachant la probité. »

> Avocat se livrant vis-à-vis de ce client qui était aux abois et en plus atteint d'une évidente fragilité mentale, à une pression qui s'apparente à un chantage aux fins de paiement de ses honoraires

• **Civ. 1re, 1er mars 1977,** n° 76-13.060, P I, n° 108.

* V. s^s n° 334.44.

« Statuant sur l'action disciplinaire exercée contre un avocat, la cour d'appel qui retient que celui-ci, pour obtenir l'accord écrit de ses clients sur le montant des honoraires, s'est livré, vis-à-vis de ce client qui était aux abois et en plus atteint d'une évidente fragilité mentale, à une pression qui s'apparente à un chantage, relève encore que cet avocat a reçu une somme importante à titre d'honoraires d'une jeune fille grabataire à peine majeure, à laquelle il a imposé ce règlement […], estime à juste titre qu'en procédant ainsi, cet avocat a gravement manqué aux règles de probité, de désintéressement et de modération qui s'imposent à lui. »

> Avocat entretenant des intelligences dans une prison avec promesse de réduction ou de restitution d'honoraires à certains détenus contre engagement par eux de lui procurer des clients

• **Civ. 1re, 15 nov. 1977,** n° 77-10.481, P I, n° 414.

* V. s^s n° 334.44.

« A pu décider que les faits relevés à la charge d'une avocate constituaient de graves manquements aux règles déontologiques et étaient révélateurs de manœuvres déloyales entachant la probité, la cour d'appel qui, pour prononcer à son encontre une [sanction] disciplinaire, a retenu notamment que cette avocate avait demandé des honoraires élevés à différents clients sous des prétextes fallacieux ou en faisant des promesses non moins fallacieuses, qu'en outre, elle s'était livrée à des manœuvres pour se constituer une clientèle et notamment en entretenant des intelligences dans une prison avec promesse de réduction ou de restitution d'honoraires à certains détenus contre engagement par eux de lui procurer des clients. »

334.03 Bibliographie indicative.

* Aussi : v. s^s n° 33.03.

Monographies. O. Favereau (dir.), *Les avocats entre ordre professionnel et ordre marchand, Gazette du Palais* 2010 – L. Karpik, *Les avocats entre l'État, le marché et le public, 1274-1994,* « Bibliothèque des Sciences Humaines », Gallimard, 1995 ; *L'économie des singularités*, « Bibliothèque des Sciences Humaines », Gallimard, 2007.

Articles. A. Boigeol, « De l'idéologie du désintéressement chez les avocats », *Sociologie du travail*, 1981, n° 1, p. 7 – L. Karpik, « Le désintéressement [des avocats] », *Annales ESC*, 1989, 44e année, n° 3, p. 733-751.

SECTION 1
DÉFINITION ET ARTICULATION AVEC D'AUTRES PRINCIPES

334.11 Définition. Du latin, *interesse*, profiter, importer, de *inter*, entre et *esse*, être. Le désintéressement est le détachement de tout intérêt propre[1]. C'est l'attitude par laquelle une personne néglige ses intérêts propres pour servir ceux d'autrui[2]. L'avocat doit être capable d'agir avec désintéressement, avec abnégation. Il doit faire preuve d'humanité[3] et de conscience professionnelle[4]. Le désintéressement oblige l'avocat à faire primer les intérêts de son client[5] sur les siens.

Comme on a pu l'écrire, le désintéressement tient à la nécessité d'oublier « sans cesse pendant la durée de l'affaire son intérêt personnel » tout en considérant que l'avocat « quand il se souviendra aux termes de ses efforts qu'il peut espérer une rémunération souvent nécessaire aux besoins de son existence, il sera dans la détermination de celle-ci assez scrupuleux pour éviter tout reproche d'avidité ou d'exagération »[6].

1. E. Littré, *Le Dictionnaire de la langue française*, Paris, Hachette, 1874, p. 1105.
2. CNRTL.
3. V. s^s n°s 325.00 s.
4. V. s^s n°s 34.00 s.
5. V. s^s n°s 481.10 s.

Le principe de désintéressement, qui concerne les relations entre un avocat et son client, ne peut être appliqué à la rétrocession d'honoraires ou à la collaboration entre deux avocats[7].

334.12 Évolution. Si le principe de désintéressement s'est modifié avec l'évolution de la profession, il n'a pas disparu pour autant. L'honoraire n'est certes plus le « don spontané de la reconnaissance du client ». Il est devenu une exigence impérieuse imposée par les charges importantes que supportent les cabinets[8].

Il n'en demeure pas moins que l'avocat doit faire preuve, si ce n'est de désintéressement total dans toutes les circonstances, au moins de modération dans la fixation de ses honoraires et exercer sa profession avec diligence et conscience professionnelle. C'est parce que ce principe de désintéressement n'est pas toujours suffisamment respecté que les honoraires font l'objet d'un important contentieux[9].

334.13 Désintéressement, humanité, loyauté et dévouement. Le devoir de désintéressement et le devoir d'humanité sont assez proches[10]. Mais le désintéressement tient à la personne de l'avocat, à ses intérêts financiers ou tout simplement personnels, tandis que l'humanité relève d'une attitude générale, dans son comportement, de la part de l'avocat.

L'effacement de l'intérêt de l'avocat devant celui de son client relève également, tant des devoirs de loyauté[11] que de dévouement[12].

334.14 Liens avec d'autres principes essentiels ou règles déontologiques. Le principe de désintéressement renvoie principalement à la question des honoraires[13], mais est également prégnant, au côté des principes d'indépendance[14] de loyauté[15], et de délicatesse[16], en matière de conflits d'intérêts[17], et, avec le principe d'indépendance[18], relativement aux règles en matière d'incompatibilité[19], quand il n'en justifie par certaines non prévues par les textes.

6. G. Duchaine et E. Picard, *Manuel pratique de la profession d'avocat*, Claassen, Bruxelles, 1869, p. 289.
7. Civ. 1re, 20 févr. 2019, n° 17-27.967, P ; *D.* 2019. 438 ; *JCP* 2019. I. 268 ; *Gaz. Pal.* 19 mars 2019, p. 42, obs. C. Berlaud ; *JCP* 2020. 1238 n° 12, obs. C. Caseau-Roche ; *D.* 2020. 109, obs. Th. Wickers.
8. V. s^s n°s 721.11 s.
9. V. s^s n°s 741.00 s.
10. V. s^s n°s 325.00 s.
11. V. s^s n°s 332.00 s.
12. V. s^s n°s 342.00 s.
13. V. s^s n°s 7.00 s.
14. V. s^s n°s 323.00 s.
15. V. s^s n°s 332.00 s.
16. V. s^s n°s 336.00 s.
17. V. s^s n°s 44.00 s.
18. V. s^s n°s 323.00 s.
19. V. s^s n°s 43.00 s.

SECTION 2
PRIMAUTÉ DES INTÉRÊTS DU CLIENT

334.21 **Conflits d'intérêts.** Le devoir de désintéressement impose à l'avocat de ne pas faire prévaloir ses intérêts au détriment de ceux de son client.

En particulier, il ne doit pas impliquer son client dans une affaire où il aurait un intérêt personnel[1].

SECTION 3
INCOMPATIBILITÉS

334.31 **Incompatibilité de la profession d'avocat avec l'exercice de toute activité commerciale.** Le devoir de désintéressement rend la profession d'avocat incompatible, par principe, avec toute activité commerciale et avec certaines fonctions au sein de sociétés.

Ce principe comprend cependant un certain nombre d'exceptions[2].

SECTION 4
RÉMUNÉRATION DE L'AVOCAT

334.41 **Désintéressement et rémunération de l'avocat.** Le principe de la rémunération des avocats est celui de la liberté de fixation des honoraires. C'est pourquoi les barèmes indicatifs d'honoraires demeurent interdits[3]. Le devoir de désintéressement ne s'est jamais opposé, en soi, à la perception d'honoraires, mais a longtemps fait obstacle à la possibilité pour l'avocat de procéder au recouvrement de ses honoraires à l'encontre de son client[4]. La situation de fortune du client demeure, à cet égard, un des éléments de détermination du montant des honoraires[5].

Le devoir de désintéressement fonde, avec le devoir d'indépendance[6], l'interdiction du pacte de *quota litis*, de la rémunération de l'apport d'affaires et du partage d'honoraires avec des non avocats[7].

334.42 **Perception d'honoraires excessifs.** Le devoir de désintéressement impose toujours, et plus que jamais, l'avocat de ne pas percevoir des honoraires excessifs, ou de mettre en œuvre des moyens répréhensibles aux fins de percevoir des honoraires.

Il en est ainsi du fait pour un avocat d'avoir obtenu d'un de ses clients, par des moyens d'intimidation, des honoraires excessifs[8], ou encore de l'avocat qui abuse du désarroi moral de la mère d'un enfant mineur pour se faire verser par celle-ci, dans une affaire d'infraction à la législation sur les changes, une somme de 390 000 francs à titre d'honoraires[9].

334.43 **Charte des principes essentiels de l'avocat européen.** La charte des principes essentiels de l'avocat européen précise, à cet égard, que : « Les honoraires demandés par un avocat doivent être entièrement expliqués au client, être justes et raisonnables, dans le respect des droits et des règles professionnelles auxquelles l'avocat est tenu. Bien que les codes professionnels [...] soulignent l'importance d'éviter des conflits d'intérêts entre un avocat et son client, la question des honoraires de l'avocat présente un tel danger. Par conséquent, le principe implique la nécessité de règles professionnelles pour veiller à ne pas porter en compte des montants excessifs au client. »[10]

334.44 **Illustrations abondantes.** La jurisprudence est fournie en matière de manquement commis par l'avocat dans le cadre de la perception de sa rémunération[11]. Il s'agit ici de protéger les consommateurs de droit, souvent partie faible, face à des abus dont ils n'ont pas toujours conscience. Tel est le cas :

– de l'avocat qui, malgré l'accord écrit obtenu d'un des clients sur le montant des honoraires, s'est livré vis-à-vis de ces clients qui étaient aux abois et atteints d'une évidente fragilité mentale, à une pression qui s'apparente à un chantage, et qu'il a usé de manœuvres pour que les chiffres réels soient ignorés de son bâtonnier saisi de l'affaire[12] ;

– de l'avocat qui demande des honoraires élevés à différents clients, sous des prétextes fallacieux, ou en faisant des promesses non moins fallacieuses, et se livre à des manœuvres pour se constituer une clientèle, en entretenant des intelligences dans une prison avec promesse de réduction et de restitution d'honoraires à certains détenus, contre engagement par eux de lui procurer d'autres clients détournés frauduleusement d'un de ses confrères[13] ;

1. V. s[s] n°s 441.201 s.
2. V. s[s] n°s 432.00 s.
3. V. s[s] n°s 711.61 s.
4. V. s[s] n°s 711.21 s.
5. V. s[s] n° 721.31.
6. V. s[s] n°s 323.00 s.
7. V. s[s] n°s 711.81 s.
8. V. s[s] n°s 334.02 et 732.71 s.
9. Civ. 1re, 18 juill. 1977, n° 77-11.915, P I, n° 336 ; *Gaz. Pal.* 1977. 2. Somm. 358 ; *in* A. DAMIEN, *Les grands arrêts*, Litec, 1991, p. 123.
10. Charte des principes essentiels de l'avocat européen, principe (f).
11. Civ. 1re, 26 avr. 1977 ; n° 76-12.024, P I, n° 183 ; – AUSSI : v. s[s] n°s 721.121 s.
12. Civ. 1re, 1er mars 1977, n° 76-13.060, P I, n° 108 ; *in* A. DAMIEN, *Les grands arrêts*, Litec, 1991, p. 124.
13. Civ. 1re, 15 nov. 1977, n° 77-10.481, P I, n° 414 ; *Gaz. Pal.* 1978. 1. Somm. 3 ; *in* A. DAMIEN, *Les grands arrêts*, Litec, 1991, p. 124.

– de l'avocat qui prélève des honoraires du compte Carpa[1] sans autorisation du client, ce qui justifie une radiation[2] ;

– de l'avocat qui impute près d'un million d'euros de surfacturations à une dizaine de clients dans des dossiers de divorce, succession ou garde d'enfant, qui pouvaient ainsi être facturés jusqu'à 300 000 euros, ce qui est également sanctionné d'une radiation[3].

334.45 Aide juridique. Le devoir de désintéressement s'illustre également dans l'aide juridique, qu'elle soit sous la forme de l'aide juridictionnelle (aide financière) ou de l'aide à l'accès au droit (consultations gratuites). Les consultations gratuites données par les avocats sont une illustration du devoir de désintéressement[4].

La finalité de l'aide juridictionnelle est ainsi de venir en aide aux personnes les plus démunies en leur permettant d'obtenir gratuitement un défenseur en justice. Elle est donc réservée aux personnes dont les ressources sont insuffisantes[5].

334.46 Spécificité du concours de l'avocat pour les pensions militaires. Jusqu'à la loi du 18 décembre 1998[6], subsistait un cas unique du vieux système de la gratuité du concours de l'avocat : celui des pensions militaires qui n'étaient pas prises en charge dans le cadre de l'aide juridictionnelle.

L'avocat commis d'office ne pouvait recevoir aucun honoraire (le principe était le droit à l'assistance gratuite d'un avocat devant les tribunaux départementaux et les cours régionales des pensions, sans concours financier de l'État[7]), même dans l'hypothèse où il avait été évincé au profit d'un avocat choisi[8].

334.47 Sanctions en matière d'aide juridictionnelle. Le devoir de désintéressement s'applique avec une plus grande sévérité lorsque l'on est en présence de commissions d'office[9] ou d'un client bénéficiaire de l'aide juridictionnelle[10]. Il en est ainsi :

– de l'avocat commis d'office qui refuse de plaider au motif du non-paiement du solde de ses honoraires d'ailleurs réclamés dans des conditions très spéciales[11] ;

– de l'avocat qui perçoit des honoraires de client relevant de l'aide juridictionnelle sans l'accord de son bâtonnier[12] ;

– de l'avocat qui attend de faire l'objet d'une réclamation auprès de son bâtonnier pour restituer un trop perçu de frais alors qu'il avait sollicité le paiement de la contribution qui lui était due au titre de l'aide juridictionnelle[13] ;

– de l'avocat qui sollicitait et obtenait systématiquement un carnet de timbres des clients qu'il assistait au titre de l'aide juridictionnelle[14].

1. V. s[s] n° 483.73.
2. Paris, 23 févr. 1994 ; *D.* 1995. 164.
3. CRD Lyon, 10 févr. 2015, NP.
4. V. s[s] n°s 75.00 s.
5. V. s[s] n°s 751.00 s., 751.141 s.
6. L. n° 98-1163, 18 déc. 1998 relative à l'accès au droit et à la résolution amiable des conflits, *JO* 22 déc., p. 19343, art. 8.
7. CE 28 janv. 1994, *Bosselmeyer*, req. n° 139929, *Lebon*.
8. TGI Lyon, 7 févr. 1981, *Gaz. Pal.* 1981. 1. 280, note A. Damien – Nice, 19 mai 1982, *D.* 1982. 142 – Paris, 12 juin 1990, *D.* 1991. 185, note P. Laroche de Roussane – T. pensions militaires Paris, 27 avr. 1989 ; *Gaz. Pal.* 10 nov. 1992, 14 ; – EN SENS CONTRAIRE : T. pensions militaires Aude, 4 juin 1987, *Gaz. Pal.* 1989. I. 34.
9. V. s[s] n° 751.491.
10. V. s[s] n°s 751.21 s.
11. Civ. 1re, 14 mai 1985, n° 84-13.610, P I, n° 149 ; *Gaz. Pal.* 1985. 1. pan. 294 ; *D.* 1987. 106, note A. Brunois.
12. Civ. 1re, 24 févr. 2004, n° 03-14.530, NP.
13. Civ. 1re, 21 mai 1990, n° 88-19.218, P I, n° 115.
14. Civ. 1re, 3 mai 2018, n° 17-19.933, P I ; *JCP* 2018. 1023, n° 18, obs. F. G'sell ; *D.* 2019. 97, obs. Th. Wickers.

CHAPITRE

335. Confraternité

SECTION 0
ORIENTEUR

335.00 Sommaire du chapitre.

Division. Le respect du principe de confraternité s'articule principalement avec les principes de loyauté et de courtoisie (sect. 1) et s'applique tant dans les relations entre avocats (sect. 2) que dans les relations avec le conseil de l'Ordre et le bâtonnier (sect. 3).

335.01 Textes applicables.

TEXTES TITRÉS

- **L. n° 71-1130, 31 déc. 1971**

art. 17, 3° [Missions du conseil de l'Ordre]

- **Décr. n° 2005-790, 12 juill. 2005**

art. 3 [Liste des seize principes]

- **RIN**

art. 1.3 [Liste des dix-sept principes]

335.02 Jurisprudence de référence.

> Abus d'ancienneté et de confiance

- **Civ. 1re, 12 juin 1990,** n° 89-11.583, NP.

* V. ss n° 335.26.

« Mais attendu que la cour d'appel, qui relève que Mme G... a fait comprendre à Mme C... qu'elle n'avait pas à exiger une provision "eu égard à la mutuelle confiance qui existe entre les membres des barreaux", énonce qu'elle a abusé de son ancienneté, trompé la confiance de l'un de ses pairs, puis s'est "désintéressée de la situation, à plus d'un titre dommageable, dans laquelle s'est trouvée Mme C..., à défaut de mandat ou garantie préalables", violant ainsi, par manque de délicatesse, les lois de la confraternité ; que par ces motifs, la cour d'appel, qui s'est livrée à la recherche qui lui est reproché de ne pas avoir faite, a légalement justifié sa décision ; d'où il suit que le moyen n'est pas fondé. »

> Manque de délicatesse à l'égard d'un confrère

- **Civ. 1re, 11 juill. 1983,** n° 83-11.591, P I, n° 201.

* V. ss nos 314.59, 335.26, 342.23, 622.124.

« Que la juridiction du second degré, qui a également relevé que M. R... savait, lorsqu'il a reçu son client, que le dossier qu'il prenait en charge mettait en cause le fils d'un confrère, et qui a constaté qu'il avait confié ce dossier au dernier moment a M. B... le plaçant ainsi dans une situation très difficile qui devait être à l'origine des complications survenues et des poursuites disciplinaires engagées contre ce confrère, a pu en déduire que ce comportement constituait un manque de délicatesse à l'égard de celui-ci. »

> Le défaut de réponse aux demandes successives du bâtonnier constitue une faute disciplinaire

- **Civ. 1re, 24 févr. 2004,** n° 01-12.473, NP.

* V. ss nos 522.303, 335.33.

« Attendu que l'arrêt retient que s'il était vrai que M. B... ne pouvait être sanctionné pour une mauvaise organisation ou un dysfonctionnement de son cabinet, il était établi qu'il n'avait pas répondu aux demandes successives de celui-ci ce qui constituait bien un manquement à l'article 12-5 du règlement intérieur de l'Ordre pour lequel il a été poursuivi et sanctionné. »

335.03 Bibliographie indicative.

* Aussi : v. ss n° 33.03.

Articles. Y. Avril, « Les égards dus au bâtonnier », *D.* 2008. 2576 – A. Balsan, « Réflexions sur la confraternité », *Gaz. Pal.* 30 juill.-1er août 2000, p. 1346 – G. Deharo, « Discipline de l'avocat : les devoirs de conscience et de confraternité sont conformes au principe de légalité », *D. avocats* 2015. 24 – A.-P.-E. Landrin, « La confraternité chez les avocats », *Le Droit* 9 nov. 1838.

SECTION 1
DÉFINITION ET ARTICULATION AVEC D'AUTRES PRINCIPES

335.11 Définition. Du latin *fraternitatem*, de *fraternus*, fraternel, dérivé de *frater*, frère. Elle désigne des rapports étroits fondés sur une similitude de conditions ou de situations [1] ou les relations amicales entre membres d'un même corps [2]. Elle procède de notions complexes constituant un lien quasi familial, volontairement accepté auxquels des règlements et des usages traditionnels donnent sa force [3].

La confraternité est un principe essentiel qui est au fondement de la profession d'avocat et qui impose à l'avocat de « s'efforcer d'entretenir de bonnes relations avec ses confrères et à ne pas oublier la solidarité qui les unit » [4].

335.12 Confraternité, loyauté et courtoisie. Le principe de confraternité, au côté des principes de loyauté [5] et de courtoisie [6], innerve les rapports avec la partie adverse [7].

SECTION 2
CONFRATERNITÉ DANS LES RELATIONS ENTRE AVOCATS

335.21 Sentiment de confraternité. Tout avocat appartient à un barreau qui a son autonomie, sa discipline, sa hiérarchie, son histoire. Les avocats qui le constituent sont donc entre eux confrères et doivent tempérer par un sentiment d'union, de solidarité et d'attachement aux mêmes règles, au même idéal, les positions opposées qu'ils doivent avoir dans les conflits d'intérêts et les luttes judiciaires de leurs clients.

L'avocat ne doit jamais oublier les liens qui l'unissent à ses confrères, le serment identique [8] qu'ils ont prêté et les valeurs communes sur lesquelles repose leur profession. Il doit donc s'efforcer d'entretenir de bonnes relations avec ses confrères dans une atmosphère d'estime, d'égalité, de courtoisie [9] et de cordialité [10], et ne pas oublier la solidarité qui les unit.

Ce sentiment est la confraternité qui s'apparente à un sentiment familial, il doit animer le comportement professionnel de chaque membre du barreau, mais cette confraternité doit inspirer aussi les rapports des membres de tous les barreaux les uns vis-à-vis des autres, elle est la source de leurs devoirs confraternels.

335.22 Égalité entre les avocats. Pour le bâtonnier Jean Lemaire, « L'égalité la plus parfaite règne entre les avocats : leur robe noire uniforme en est le symbole [11]. Pas de privilège dû à la situation professionnelle politique ou mondaine. Pas de titres de noblesse, pas d'appellations particulières liées à leurs fonctions ministérielles ou diplomatiques. Une égale politesse, une égale courtoisie [12] est la règle. » [13].La confraternité, cette haine vigilante [14], selon l'expression consacrée par le bâtonnier Henri Barboux [15], impose aux avocats de se considérer sur un pied d'égalité, sans autres considérations de quelque nature que ce soit.

335.23 Respect entre les avocats. Le devoir de confraternité impose ainsi le respect dû à tout confrère, quel qu'il soit, quelle que soit la cause qu'il défend.

Un conseil discipline rappelle, à cet égard, que dans les devoirs qui s'imposent aux avocats, il existe l'obligation d'éviter même en conversation particulière et serait-ce sur le ton de la plaisanterie, tout propos ou insinuation de nature à porter atteinte à la réputation d'un confrère ou de sa famille [16].

335.24 Absence de toute mise en cause personnelle. De même, l'avocat ne doit jamais oublier que dans tout litige son adversaire n'est pas son confrère mais le client de ce dernier au nom duquel l'avocat s'exprime [17]. Au titre des qualités que doit avoir tout avocat, Pierre Biarnoy de Merville indique ainsi : « Il ne faut pas qu'un avocat soit malin, malfaisant, dur,

1. CNRTL.
2. E. Littré, *Le Dictionnaire de la langue française*, Hachette, Paris, 1874, p. 731.
3. J. Lemaire, *Les règles de la profession d'avocat et les usages du barreau de Paris*, 4e éd., LGDJ, 1975, no 381, p. 371.
4. A. Damien, *Règles de la profession d'avocat*, 9e éd., 2000, no 328 s.
5. V. ss nos 332.00 s.
6. V. ss nos 338.00 s.
7. V. ss nos 451.00 s.
8. V. ss nos 314.12 s.
9. V. ss nos 338.11 s.
10. J. Lemaire, *Les règles de la profession d'avocat et les usages du barreau de Paris*, 4e éd., LGDJ, 1975, no 381, p. 371.
11. V. ss no 313.15.
12. V. ss nos 338.11 s.
13. J. Lemaire, *Les règles de la profession d'avocat et les usages du barreau de Paris*, 4e éd., LGDJ, 1975, no 382, p. 371 ; – AUSSI : P. Sansas, *Le Barreau de Bordeaux avant et après le 25 novembre 1868 : Examen critique d'une injustifiable innovation et de ses conséquences*, A. Lanefranque, 1870.
14. Cette expression est attribuée, à tort, par certains auteurs à Carmen Tessier (1911-1980), alors qu'elle est bien antérieure et, plus certainement, du bâtonnier Henri Barboux (1834-1910) ; v. G. London, *L'humour au tribunal*, Pichon – Durand – Auzias, 1931, p. 110 – J. Bernard, *La vie de Paris*, Librairie Alphonse Lemerre, vol. 2, 1916, p. 365.
15. Henri Barboux [1834-1910] bâtonnier [1880-1882] G. le Béguec, « Le bâtonnier Barboux (1834-1910) », *in Barreau, politique et culture à la belle époque*, Pulim, 1993, p. 5 s.
16. J.-L. Gazzaniga, « Le barreau de Tarbes aux XIXe-XXe siècles », *Défendre par la parole et par l'écrit : Études d'histoire de la profession d'avocat*, PU Toulouse, 2004, p. 81 s., no 274.
17. V. ss nos 481.10 s.

outrageant, fier, haut, méprisant, médisant, cauteleux, ni déguisé : il ne doit jamais faire de reproche à son confrère, le mépriser, ni le tourner en ridicule. Il faut défendre sa cause, sans insulter le défenseur de la partie adverse »[1].

L'avocat doit donc s'abstenir de toute mise en cause personnelle de son confrère tant dans ses écrits[2] que dans ses paroles ou ses actes[3].

335.25 Confraternité entre générations. Du devoir de confraternité découle un devoir de solidarité, confraternelle, entre les avocats.

Vis-à-vis de leurs aînés, les jeunes avocats doivent manifester la considération qu'on porte à des anciens et tenir compte de leur expérience, de leurs avis et de leurs conseils. C'est ainsi qu'un jeune confrère ne dit pas à un avocat plus ancien « on ne peut pas être et avoir été », ce qui constitue un manquement à la confraternité justifiant une sanction de deux mois d'interdiction temporaire[4].

Vis-à-vis des jeunes, les anciens doivent montrer de la bienveillance, de la sollicitude, se soucier de leurs difficultés et encourager leurs efforts. Un barreau vit et survit non par l'opposition des générations, mais par la volonté de se connaître, de se comprendre et de servir le même idéal. Il n'existe aucun numerus clausus au barreau, les anciens doivent donc se garder de tout ostracisme contre les jeunes qui viennent s'y inscrire, même s'ils leur apparaissent comme des concurrents potentiels. Le conseil de l'Ordre est seul juge de l'admission[5] et les anciens ne sont pas là pour essayer de refouler de la profession ceux que le conseil de l'Ordre a admis, ils se souviendront du mot d'Antoine Loisel : « Il y a place pour tous au barreau »[6].

335.26 Violation du principe de confraternité. L'avocat ne saurait tromper la confiance de l'un de ses confrères[7]. Ainsi, viole les lois de la confraternité, l'avocat qui demande à l'un de ses confrères de le substituer à l'audience des ventes sur saisies immobilières et qui, invoquant la mutuelle confiance entre avocats, évite ainsi de lui verser les garanties habituellement nécessaires[8].

Fut également sanctionné d'une interdiction temporaire d'exercice, un avocat qui avait physiquement agressé un autre avocat en lui écrasant le nez avec son index, à deux reprises, en le bousculant, en marchant sur le bout de sa chaussure et en lui hurlant dessus, lors d'une audience, faits qui n'ont cessé que du fait de l'intervention d'un gendarme[9].

335.27 Attitude confraternelle dans le cadre de leur exercice professionnel. Les avocats doivent avoir entre eux une attitude confraternelle permanente, y compris dans le cadre de leur exercice professionnel. C'est ainsi que l'avocat qui s'installe à la même adresse, et dans le même immeuble qu'un autre confrère, ne peut le faire sans prendre le soin de l'en informer préalablement. Mais l'on ne saurait aller jusqu'à interdire à un avocat de passer outre l'opposition de son confrère sans avoir, au préalable, fait régler le différend l'opposant à ses anciens associés par les autorités ordinales, l'exposant alors à devoir renoncer à son projet d'installation, sous peine de sanction disciplinaire, ce qui porte une atteinte excessive à la liberté fondamentale que l'avocat a d'installer son cabinet où il le désire[10] sous réserve de remplir les conditions propres à tout domicile professionnel[11].

De même, manque à la délicatesse[12], mais en réalité surtout à la confraternité, l'avocat qui n'a pas avisé un confrère l'ayant accueilli dans ses locaux de la menace qui planait sur lui d'une condamnation pénale et n'a pris aucune disposition propre à épargner à ce dernier le désagrément d'un affichage de la décision à la porte du cabinet[13]. Pareillement, un avocat qui fait intervenir dans le cabinet commun avec un de ses confrères des agents de police, au motif qu'un inconnu changeait les serrures de la porte du bureau d'un des confrères appartenant au cabinet groupé, sans indiquer que c'était en présence de celui-ci et sur la demande du confrère bailleur commet une faute disciplinaire[14].

335.28 Avocat justiciable. L'avocat peut plaider contre l'un de ses confrères, qui est alors un simple justiciable, sous réserve de respecter les principes essentiels de la profession.

Les règles de courtoisie[15], de confraternité et de délicatesse[16] doivent l'amener à avertir le confrère mis en cause de la procédure qu'il va engager à son

1. P. Biarnoy de Merville, *Règles pour former un avocat*, 1711 *in* A.-G. Boucher d'Argis, *Règles pour former un avocat*, Durand, 1758 ; Maxtor 2015, p. 387.
2. Sur la procédure du visa, v. s^s n°s 511.141 s.
3. Civ. 1re, 11 juill. 1983, n° 83-11.591, P I, n° 201.
4. J.-L. Gazzaniga, *L'histoire des avocats de Bigorre et des Hautes-Pyrénées*, Barreau de Tarbes, 1996, p. 188.
5. V. s^s n°s 223.11 s.
6. MOLLOT, 2e éd., 1866, t. I, p. 69.
7. Sur la foi du Palais et la confiance confraternelle qui en découle, v. s^s n° 332.115.
8. Civ. 1re, 12 juin 1990, n° 89-11.583, NP.
9. CD Paris, arr. 2 oct. 2018, n° 283363.
10. Amiens, 16 sept. 1985, *Gaz. Pal.* 1985. 2. 720, note A. Damien, CRIT. ; *D.* 1987. 107, obs. A. Brunois ; – CASSÉ PAR : Civ. 1re, 8 déc. 1987, n° 85-18.721, P I, n° 330 ; *Gaz. Pal.* 24 mars 1988, p. 5, note A. Damien.
11. V. s^s n°s 222.00 s.
12. V. s^s n°s 337.11 s.
13. Paris, 24 nov. 1993, *D.* 1995. 165, obs. A. Brunois.
14. Paris, 29 juin 1994, *Gaz. Pal.* 1er sept. 1994, 25 – Sur la loyauté de la concurrence entre avocats, v. s^s n°s 332.70 s.
15. V. s^s n°s 338.11 s.
16. V. s^s n°s 337.11 s.

encontre en lui communiquant l'assignation ou la plainte[1].

335.29 Confidentialité. Les correspondances entre avocats sont couvertes par la confidentialité[2]. Elles ne peuvent par conséquent en aucun cas être produites en justice.

Le fait pour un avocat de s'en affranchir constituera un manquement grave à la confraternité, ainsi qu'à l'honneur[3], la probité[4], la délicatesse[5] et la loyauté[6].

SECTION 3
CONFRATERNITÉ DANS LES RELATIONS AVEC LE CONSEIL DE L'ORDRE ET LE BÂTONNIER

335.31 Devoirs envers le conseil de l'Ordre et le bâtonnier. L'avocat a des devoirs envers le conseil de l'Ordre et le bâtonnier : visite d'usage ou de courtoisie[7].

Il ne doit rien faire qui puisse nuire à leur autorité et il doit respecter leurs décisions.

335.32 Propos tenus à l'égard du bâtonnier. L'avocat doit faire preuve de respect envers les autorités du barreau et notamment envers le bâtonnier[8]. Le fait par un avocat de tenir des propos outrageants envers le bâtonnier par voie téléphonique[9], ou d'employer des termes désobligeants à l'égard du bâtonnier[10] ou ses délégués[11], ou de proférer des propos injurieux[12], constitue une faute disciplinaire.

Il a également pu en être jugé de même du fait d'écrire à son bâtonnier pour lui présenter « avec la déférence qu'il doit à son titre, les remarques suivantes » car il laisse entendre que le signataire vise aussi bien l'homme que la fonction, ce qui démontre un manque de tact, de scrupules et de finesse[13]. Une cour d'appel a, toutefois, pu considérer, à l'inverse, que c'est à tort qu'un conseil de discipline retient comme fautive la formule, similaire à celle de l'exemple précédent, employée par un avocat à l'égard de son bâtonnier : « Avec la déférence que je dois à votre titre ». Cette expression ne constituant, pour la cour d'appel, ni une impertinence inadmissible, ni une insolence vis-à-vis du bâtonnier, la déférence de cet avocat se limitant au seul titre de bâtonnier[14].

335.33 Défaut de réponse aux demandes présentées par le bâtonnier. L'absence de réponse par un avocat aux lettres de son bâtonnier constitue une faute disciplinaire. C'est ainsi que le fait par un avocat interrogé par le bâtonnier à plusieurs reprises, sur des interrogations ou des plaintes de clients, de garder le silence, ou d'y répondre d'une manière incomplète, constitue une faute déontologique[15]. De même, le fait de ne pas répondre ou de répondre de manière incomplète à une demande d'information du bâtonnier peut entraîner pour l'avocat une sanction d'un mois d'interdiction[16].

La cour d'appel de Lyon s'est montrée particulièrement ferme en la matière en indiquant que le fait pour un avocat de laisser sans réponse un grand nombre de demandes d'explications qui lui ont été adressées par son bâtonnier, ce que ne peuvent expliquer les difficultés de secrétariat alléguées, constitue un manquement au devoir de l'avocat à l'égard de son ordre et à ses obligations professionnelles qui présente un caractère de gravité certain, puisqu'il met l'Ordre dans l'impossibilité de régler les litiges et les réclamations qui lui sont soumis, nuisant ainsi à l'image et à la crédibilité du barreau. C'est à juste titre qu'une période d'interdiction temporaire est prononcée contre l'avocat[17].

Il en est de même lorsqu'il s'agit du président de la Carpa[18] ou d'un avocat qui diffère sous de fallacieux prétextes l'exécution d'une transaction conclue devant la commission de conciliation, destinée à mettre un terme à un conflit qui l'opposait à un autre confrère sans qu'il n'ait pu se méprendre quant à sa portée, commettant alors un manque-

1. CNB, Comm. RU, avis n° 2004-072, 3 mai 2004 ; C. avocat 2021, s[s] décr. 12 juill. 2005, art. 3, note 35 – SUR LA PROCÉDURE DE VISA, v. s[s] n°s 511.141 s.
2. Sur la confidentialité des correspondances, v. s[s] n°s 421.00 s.
3. V. s[s] n°s 331.11 s.
4. V. s[s] n°s 324.11 s.
5. V. s[s] n°s 337.11 s.
6. V. s[s] n°s 332.111 s.
7. V. s[s] n°s 338.31 s.
8. V. s[s] n° 331.02.
9. Orléans, 25 sept. 1985, *D.* 1987. 106, note A. Brunois.
10. Civ. 1re, 30 mai 1995, n° 93-16.337, NP ; *JCP* 1996. I. 3948, n° 15.
11. CD Paris, 23 juill. 2020, n° 320751.
12. Civ. 1re, 9 juill. 1996, n° 95-20.875, NP.
13. Civ. 1re, 11 janv. 1977, *Gaz. Pal.* 1977. 1. Somm. 72.
14. Agen, 11 août 1977, *Gaz. Pal.* 1977. 2. 554, note A. Damien.
15. Civ. 1re, 22 nov. 1988, n° 87-11.274, P I, n° 325 ; *D.* 1988. 296 ; *Gaz. Pal.* 1989. Pan. 3 – Paris, 26 mai 1993, *Gaz. Pal.* 16 sept. 1993. 26 – Lyon, 6 déc. 1993, *Gaz. Pal.* 12 mai 1994, p. 21, note A. Damien ; – MÊME SENS : CD Paris, 9 mars 2018, n° 288761.
16. Civ. 1re, 22 nov. 1988, n° 87-11.274, P I, n° 325 ; *D.* 1988. 296 ; *Gaz. Pal.* 1989. Pan. 3 – MÊME SENS : CD Paris, 21 juill. 2020, n° 323645 – CD Paris, 2 oct. 2020, n° 321638 – CD Paris, 2 oct. 2020, n° 307807 – CD Paris, 2 oct. 2020, n° 311508 – AUSSI : v. s[s] n° 511.283.
17. Lyon, 6 déc. 1993, *Gaz. Pal.* 12 mai 1994, p. 21, note A. Damien – Paris, 9 juin 1998, *Gaz. Pal.* 17 sept. 1998, p. 15, note A. Damien.
18. Paris, 27 avr. 1994, *Gaz. Pal.* 12 mai 1994, p. 21, note A. Damien.

ment à la confraternité, ainsi qu'à la probité, la loyauté et la délicatesse[1].

335.34 **Absence de faute disciplinaire.** Un avocat peut continuer à prêter son concours à un journal même si cette publication a mis en cause des confrères et son barreau. Il faudrait, pour admettre l'existence d'une faute de l'avocat, relever en quoi il avait dépassé, par ses relations avec le journal, le cadre professionnel et « cautionné » les articles parus[2]. Cette affaire fut d'ailleurs fertile en rebondissements : tandis que la Cour de cassation cassait l'arrêt de la cour d'appel de Toulouse du 4 juillet 1977[3] par les motifs ci-dessus rapportés, le conseil de discipline poursuivait une deuxième fois l'avocat pour avoir :

1° publié dans la presse l'arrêté du conseil de discipline le sanctionnant, soumis à la censure de la cour d'appel et finalement annulé par la Cour de cassation ;

2° adressé une lettre à la direction du journal dont il était l'avocat lui indiquant qu'il ne pouvait plus être son conseil parce qu'il avait dû se justifier devant le conseil de discipline du « crime d'être votre avocat » ;

3° contesté devant la cour d'appel des propos qu'il avait tenus devant le conseil de discipline.

La Cour de cassation a cassé le second arrêt de cour d'appel de Toulouse, du 17 mai 1978[4], sanctionnant l'avocat d'une sanction d'une année d'interdiction temporaire. Elle a estimé :

- qu'un avocat sanctionné peut publier la décision du conseil de discipline le sanctionnant ;
- que les critiques relevées dans la presse contre cette décision et ceux qui l'ont rendue ne peuvent être reprochées à l'avocat dès lors qu'il n'est pas démontré qu'il les a suscitées ;
- que tout prévenu et partant même un avocat devant le conseil de discipline a le droit d'user de tous les moyens accordés aux justiciables pour se défendre.

En revanche, un avocat n'a pas le droit d'adresser à la presse une lettre destinée à être publiée, affirmant que le conseil de l'Ordre portait atteinte au libre choix d'un avocat par un justiciable[5]. Un tel agissement peut constituer un manquement à la probité ou à la délicatesse. Comme l'écrit le bâtonnier Albert Brunois : « Imputer à autrui une intention immorale c'est manquer de rigueur intellectuelle, en publiant l'imputation on entend porter tort »[6].

335.35 **Une sanction disciplinaire proportionnée : CEDH.** La CEDH a eu l'occasion de considérer qu'une sanction disciplinaire pouvait être infligée en raison d'accusations formulées par un professionnel du droit, en l'occurrence un notaire, à l'encontre de son ordre professionnel, dès lors que cette sanction n'est pas disproportionnée et qu'il est établi que l'intéressé avait dépassé les limites acceptables du droit de critique.

En l'occurrence, l'intéressé s'est vu infliger une sanction disciplinaire en raison de ses propos tenus lors d'un débat télévisé durant lequel il avait dénoncé les taxes professionnelles exigées par l'ordre des notaires et certains actes des présidents des organes de direction de cet ordre. La Cour estime que les accusations proférées, qui étaient formulées de manière générale sans être étayées par le moindre élément factuel ou commencement de preuve, constituaient, de par leur gravité et leur ton, des attaques personnelles gratuites à l'adresse des dirigeants de l'ordre des notaires sans pour autant s'insérer dans le cadre d'un quelconque débat public concernant des questions d'intérêt général relatives à l'ordre des notaires[7].

La CEDH considère à cette occasion qu'il peut s'avérer nécessaire de protéger un ordre professionnel - ordre qui a comme objectif de réguler et promouvoir la profession - contre des attaques préjudiciables afin de maintenir la confiance de l'opinion publique à leur égard[8].

1. Paris, 22 sept. 1993, *Gaz. Pal.* 28 oct. 1993, p. 16 ; *D.* 1995. 165, obs. A. Brunois – Civ. 1re, 24 févr. 2004, n° 01-12.473, NP ; – MÊME SENS s'agissant d'une décision de fixation en restitution d'honoraires : CD Paris, 15 mars 2016, n° 264645.
2. Civ. 1re, 14 févr. 1979, n° 77-14.564, P I, n° 61 ; *Gaz. Pal.* 1979. 1. Somm. 204.
3. Toulouse, 4 juill. 1977, NP.
4. Civ. 1re, 4 déc. 1979, n° 78-13.967, P I, n° 301 ; *JCP* 1980. IV. 66 ; *D.* 1981. 328, note A. Brunois.
5. V. ss nos 47.00 s.
6. Civ. 1re, 4 déc. 1979, n° 78-13.967, P I, n° 301 ; *JCP* 1980. IV. 66 ; *D.* 1981. 328, note A. Brunois – RAPPR. : CE 22 nov. 1989, req. n° 95405, *Lebon* 235.
7. CEDH 21 mars 2017, *Ana Ionita c/Roumanie*, req. n° 30655/09.
8. CEDH 21 mars 2017, *Ana Ionita c/Roumanie*, req. n° 30655/09.

CHAPITRE

336. Délicatesse

SECTION 0
ORIENTEUR

336.00 Sommaire du chapitre.

Division. Le principe de délicatesse s'articule principalement avec les principes de dignité et de modération (sect. 1) et caractérise, par défaut, toute faute déontologique (sect. 2).

336.01 Textes applicables.

TEXTES TITRÉS

• **Décr. n° 2005-790, 12 juill. 2005**

art. 3 [Liste des seize principes]

• **Décr. n° 91-1197, 27 nov. 1991**

art. 183 [Sanctions disciplinaires]

art. 113, al. 3 [Fonctions de directions dans une société commerciale]

• **RIN**

art. 1.3 [Liste des dix-sept principes]

336.02 Jurisprudence de référence.

> Transgression du mandat donné par le client

• **Civ. 1re, 11 juill. 1983,** n° 83-11.590, P I, n° 201.

* V. ss nos 336.21, 622.92, 622.124, 912.181.

« Mais attendu que la cour d'appel a retenu que M. B... savait que le but essentiel de M. S..., en se constituant partie civile, était d'obtenir la condamnation pénale de M. L..., et que, néanmoins, sans instruction de son client, il avait pris l'initiative d'une négociation avec l'avocat de l'inculpé dans le double dessein d'éloigner M. S... et son fils des débats, et d'obtenir une rémunération ; que sans violer les textes visés aux deux premières branches du moyen qui réputent le mandataire *ad litem* avoir reçu pouvoir de transiger à l'égard du juge et de la partie adverse, mais non à l'égard de son client, et sans dénaturer les procès-verbaux d'audition des témoins, la cour d'appel, qui a également constaté que la transaction ne satisfaisait pas les intérêts du client, et qu'une persuasion avait été exercée sur celui-ci avec une telle force qu'en raison de son caractère plutôt simple, il n'avait pas pu faire autrement que d'accepter le dédommagement qui lui était proposé, a pu en déduire que M. B..., en procédant dans de telles conditions à cette négociation, avait transgressé le mandat qu'il avait pris en charge et manqué ainsi aux règles professionnelles et à la délicatesse ;

que, sans se contredire, les juges d'appel ont encore constaté que, si M. B... avait indiqué à M. S... et à son fils qu'ils pouvaient, s'ils le désiraient, assister aux débats, il leur avait également affirmé que le jeune Th... n'aurait aucun ennui s'ils rentraient [...] immédiatement chez eux, et que, eu égard à l'inquiétude manifestée par le mineur à l'idée d'avoir à témoigner devant le tribunal, M. B... savait qu'en s'exprimant ainsi, il provoquerait leur départ immédiat ;

que, sans avoir à prendre en considération l'appréciation de l'avocat quant à l'utilité ou à l'opportunité du témoignage du jeune Th..., la cour d'appel a justement estimé que M. B... avait outrepassé ses droits en écartant des débats un témoin régulièrement cité et avait ainsi manqué aux règles professionnelles ; que la juridiction du second degré, qui n'a pas reproché à M. B... d'avoir réclamé ou retenu des honoraires, mais qui a constaté, sans dénaturer le procès-verbal d'audition de M. S..., que, sans avoir recueilli l'accord préalable de celui-ci sur leur montant, M. B... avait retenu de sa propre autorité une somme de 800 francs sur l'indemnité qu'il avait reçue pour le compte de son client, a justement estimé que cette manière de procéder, contraire au principe selon lequel les honoraires sont librement convenus entre les parties, constituait un manquement à la délicatesse ;

qu'enfin, ayant relevé que M. S... avait fait connaître à son avocat que le but essentiel de sa démarche était d'obtenir la condamnation pénale de M. L..., et ayant retenu que la transaction réalisée par l'avocat ne répondait pas aux intérêts du client, la cour d'appel a pu estimer que, mandaté pour se constituer partie civile à l'occasion d'une poursuite pénale, M. B... avait l'obligation de tenir M. S... informé du jugement rendu sur cette poursuite, et qu'en omettant de satisfaire à ce devoir envers son client il avait manqué à la délicatesse à son égard ;

qu'ainsi la cour d'appel a légalement justifié sa décision et que le moyen n'est fondé en aucune de ses branches. »

> Utilisation de la qualité d'avocat à des fins personnelles

• **Civ. 1re, 16 févr. 1982,** n° 81-11.952, NP.

* V. ss n° 336.26.

« Un avocat ne saurait reprocher à la cour d'appel, d'avoir, pour prononcer à son encontre la sanction disciplinaire de l'avertissement retenu des faits extraprofessionnels. Ayant relevé que pour demander au prêtre desservant une paroisse de reconsidérer le refus opposé aux membres d'une association de célébrer une messe, cet avocat s'était présenté comme mandataire de l'association, que la lettre recommandée avec accusé de réception qu'il avait pris l'initiative d'adresser à ce dernier, sur du papier à en-tête de son cabinet, avait été ressentie à juste titre par son destinataire comme une menace à peine voilée d'occupation éventuelle des bâtiments affectés au culte, et qu'elle constituait un manquement à la délicatesse, l'arrêt attaqué n'encourt pas les critiques du pourvoi. »

336.03 Bibliographie indicative.

* Aussi : v. ss n° 33.03.

Thèse. J. Moret-Bailly, *Les déontologies,* Puam, 2001.

Encyclopédie. *J.-Cl. Civ. Annexes, v° Avocat*, fasc. 30 : avocats, Obligations et prérogatives.

Contribution. G. Canivet, « De la délicatesse du juriste. Éloge d'une pratique désirable », *Mél. Lazerges*, Dalloz, 2014, p. 15 s.

Articles. M. Attal, « Licence de l'avocat dans ses rapports avec les magistrats : l'incertitude de l'obligation de délicatesse », *JCP* 2012. 759 – G. Deharo, « Principes essentiels de la profession d'avocat : délicatesse et modération », *JCP* 2012. 598 – Th. Fourrey et A. Guedj, « De la délicatesse entre avocat et parquetier », *JCP* 2013. 801 – R. Martin, « L'avocat et la délicatesse de l'honneur », *Gaz. Pal.* 30 juill.-1er août 2000, p. 1340 – H. Slim, « Liberté de l'avocat et propos à connotation raciale », *JCP* 2012. 474.

SECTION 1
DÉFINITION ET ARTICULATION AVEC D'AUTRES PRINCIPES

336.11 Définition. Du latin *delicatus, deliquatus*, de *deliquare*, proprement rendre liquide, fondre, figurément expliquer. La délicatesse est la qualité d'une personne qui manifeste dans son activité intellectuelle une finesse de goût et de jugement très sûre, le caractère d'une personne qui manifeste des qualités de réserve, de discrétion et de prévenance envers autrui ou la qualité d'une personne qui est attentive dans son comportement à discerner exactement les valeurs morales[1].

Elle s'entend ici au sens de ménagement et de circonspection[2]. L'avocat doit faire preuve de délicatesse dans ses rapports avec ses clients et avec ses confrères.

336.12 Délicatesse, dignité et modération. La délicatesse peut se rapprocher de la dignité[3] et de la modération[4], mais là où la délicatesse se rapporte à des actes, la dignité tient de l'attitude générale, du comportement, tandis que la modération s'attache aux écrits et aux paroles de l'avocat.

336.13 Liens avec d'autres principes essentiels ou règles déontologiques. Le principe de délicatesse fonde les règles en matière de succession entre avocats dans un dossier[5], et est aussi présent en matière de conflits d'intérêts[6], au côté des principes de loyauté[7], de désintéressement[8] et d'indépendance[9], toutefois les atteintes à la délicatesse ne constituent pas *stricto sensu* des conflits d'intérêts et relèvent plus de la conscience de l'avocat[10].

336.14 Principe « fourre-tout ». Un peu à la manière de l'ancienne « violation du serment »[11], le principe de délicatesse est régulièrement présent dans la jurisprudence disciplinaire, toute faute déontologique pouvant apparaître comme une atteinte à la délicatesse.

Sa présence à l'article 183[12] du décret de 1991[13], au côté de l'honneur et de la probité, peut donner l'impression que c'est « le » principe qu'il convient d'invoquer lorsque l'on n'est pas en présence d'une atteinte à l'honneur ou d'un manquement à la probité.

En réalité, toute faute déontologique est par nature une atteinte à la délicatesse et rares sont les décisions qui invoquent la violation de ce seul principe.

SECTION 2
ILLUSTRATIONS D'ATTEINTES À LA DÉLICATESSE

336.21 Devoir de délicatesse de l'avocat à tous les stades de ses rapports avec les clients. L'avocat doit

1. CNRTL.

2. E. Littré, *Le Dictionnaire de la langue française*, Paris, Hachette, 1874, p. 1035.
3. V. ss nos 321.11 s.
4. V. ss nos 337.11 s.
5. V. ss nos 484.61 s.
6. V. ss nos 44.00 s.
7. V. ss nos 332.00 s.
8. V. ss nos 334.00 s.
9. V. ss nos 323.00 s.
10. V. ss nos 322.00 s.
11. V. ss n° 454.43.
12. Décr. n° 91-1197, 27 nov. 1991, art. 183.
13. Décr. n° 91-1197, 27 nov. 1991 organisant la profession d'avocat, *JO* 28 nov., p. 15502.

faire preuve de délicatesse à tous les stades de ses rapports avec les clients : au moment de la consultation, lors de ses demandes d'information ou de renseignements, lors du compte rendu des débats et de la décision prononcée. Il doit accomplir personnellement la mission qui lui est confiée par son client[1]. Il ne doit pas transgresser le mandat confié par le client.

C'est ainsi que méconnaît le principe de délicatesse, l'avocat dont le client souhaite se constituer partie civile afin d'obtenir la condamnation pénale de l'inculpé, et qui décide, pourtant, sans instruction de celui-ci, de transiger avec l'avocat adverse[2].

336.22 Délicatesse dans l'usage des outils numériques. Le principe de délicatesse a été retenu afin de préciser, dans le cadre de l'exécution des contrats de collaboration libérale, que le cabinet doit respecter, à l'égard de son collaborateur, le principe de délicatesse dans l'usage des outils numériques[3].

Cette disposition affirme ainsi un « droit à la déconnexion »[4] pour le collaborateur libéral[5].

336.23 Poursuites diligentées à l'encontre du client. Le devoir de délicatesse impose à l'avocat créancier de son client (en l'espèce il avait reçu de celui-ci un chèque sans provision) de limiter les poursuites qu'il exerce à l'encontre de celui-ci au strict nécessaire pour la sauvegarde de ses intérêts ; ces poursuites doivent être abandonnées dès que le client a donné des gages sérieux pour garantir l'exécution de ses obligations. L'avocat doit donc se limiter aux poursuites autorisées par le bâtonnier et n'agir qu'avec la plus grande réserve[6].

Notons en revanche que la Cour de cassation estime que le conseil de l'Ordre excède ses pouvoirs en soumettant à une autorisation préalable du bâtonnier une poursuite par voie de saisie immobilière dès lors que les frais prévisibles de cette procédure seraient supérieurs à la créance à recouvrer[7].

336.24 Délicatesse et conflits d'intérêts. La simple atteinte à la délicatesse ne constitue pas en soi un conflit d'intérêts, mais peut justifier qu'il soit recommandé à l'avocat de se déporter d'un dossier alors même qu'aucun conflit d'intérêts n'est caractérisé[8].

Le droit de la famille est riche d'exemples en la matière[9]. Il en est aussi ainsi dans le cas de l'avocat qui serait amené à plaider contre un ancien employeur dans les litiges dont il a pu avoir connaissance et auxquels il a pu directement ou indirectement participer en tant que responsable salarié contentieux de son ancien employeur, ce qu'il ne saurait faire sans manquer à la délicatesse[10].

336.25 Succession d'avocats dans un dossier. En cas de succession d'avocats dans un dossier, le principe de délicatesse impose à l'avocat qui reçoit le client d'un confrère une procédure particulière[11] et à l'avocat dessaisi un certain nombre d'obligations.

Le fait pour un avocat d'écrire à un ancien client qui l'a abandonné, en critiquant l'avocat choisi pour lui succéder, constitue un grave manquement à la délicatesse[12].

336.26 Utilisation de la qualité d'avocat. Le fait par un avocat d'écrire sur du papier à en-tête professionnel à un prêtre desservant une paroisse pour lui demander de reconsidérer le refus par lui apporter à la demande de célébration d'une messe de caractère public pour une association dont l'avocat se présente comme mandataire, et d'y insérer une menace à peine voilée d'occupation du lieu du culte, constitue un manquement à la délicatesse[13], sanctionné d'un avertissement.

De même, l'avocat qui s'est prévalu de sa qualité d'avocat à l'occasion d'un contrôle routier, à la suite duquel il avait été condamné pénalement du chef d'outrage à agent de la force publique, commet un manquement à la délicatesse justifiant la sanction de l'avertissement[14].

Mais le fait qu'un avocat chargé d'une mission d'exécuteur testamentaire[15] écrive au légataire, dans le cadre de cette mission, sur son papier à en-tête d'avocat et non pas sur un papier privé, est considéré par une cour d'appel comme inopérant, cette circonstance banale étant dépourvue de toute signification[16].

336.27 Exercice fautif d'une procédure disproportionnée. Le fait, pour un avocat, d'avoir diligenté une action disciplinaire contre un syndic alors qu'il possédait d'autres voies de droit pour parvenir au

1. V. s[s] n°s 342.11 s.
2. Civ. 1re, 11 juill. 1983, n° 83-11.590, P I, n° 202.
3. RIN, art. 14.2. ; *JCP* 2020. 1433, obs. S. Bortoluzzi ; *JCP* 2021. 272, n° 11, obs. L. Jariel.
4. RIN, art. 14.2. ; *JCP* 2020. 1433, obs. S. Bortoluzzi ; *JCP* 2021. 272, n° 11, obs. L. Jariel.
5. V. s[s] n° 812.291.
6. Aix-en-Provence, 27 juin 1983, *Gaz. Pal.* 1983. 2. 664 – V. s[s] n°s 732.72 et 732.121 s.
7. Civ. 1re, 8 déc. 1987, n° 85-14.813, P I, n° 329 ; *D.* 1988. 19 ; *Gaz. Pal.* 1988 pan. 35.
8. V. s[s] n° 441.52.
9. V. s[s] n°s 441.195 s.
10. Paris, 10 févr. 1993, *Gaz. Pal.* 1994. 2. 547 – Paris, 30 mars 1994 ; *Gaz. Pal.* 23 août 1994, p. 28, note A. Damien – V. s[s] n°s 441.197 s.
11. V. s[s] n°s 484.61 s.
12. Paris, 22 sept. 1993, *Gaz. Pal.* 28 oct. 1993, p. 15.
13. Civ. 1re, 16 févr. 1982, n° 81-11.952, NP ; *Gaz. Pal.* 1982. 2. pan. 229 ; *in* A. Damien, *Les grands arrêts*, Litec, 1991, p. 128.
14. Civ. 1re, 20 oct. 1992, n° 91-10.966, NP ; *D.* 1994. 134.
15. V. s[s] n° 433.106.
16. Paris, 11 juill. 1989, *Gaz. Pal.* 1990. 1. 13.

résultat recherché, mettant ainsi en mouvement une procédure disproportionnée avec les faits reprochés au syndic, est constitutif d'une atteinte au principe de délicatesse[1].

1. Civ. 1re, 24 avr. 1985, no 84-10.235, P I, no 129 ; *Gaz. Pal.* 1985. 1. pan. 295, note S. Guinchard et T. Moussa.

CHAPITRE

337. Modération

SECTION 0
ORIENTEUR

337.00 Sommaire du chapitre.

Division. Le principe de modération s'articule principalement avec les principes de délicatesse et de dignité (sect. 1) et implique, notamment, la recherche d'un délicat équilibre avec la liberté d'expression (sect. 2).

337.01 Textes applicables.

TEXTES TITRÉS

• **L. n° 71-1130, 31 déc. 1971**

art. 17, 3°[Missions du conseil de l'Ordre]

• **Décr. n° 2005-790, 12 juill. 2005**

art. 3 [Liste des seize principes]

• **RIN**

art. 1.3 [Liste des dix-sept principes]

337.02 Jurisprudence de référence.

> Abus dans la liberté d'expression

• **Paris, Ch. 1 F, 27 janv. 1999,** NP.

* V. s[s] n°s 337.33, 454.181

« Considérant que, dans ce contexte particulier, tels qu'ils sont rapportés dans les notes d'audiences et repris dans l'acte de saisine du conseil de l'Ordre, les propos incriminés, ne s'interprètent pas comme une attaque spécifiquement dirigée contre les membres de la chambre d'accusation de la cour d'appel de Fort-de-France dans l'intention de les outrager mais comme une critique d'ordre général du fonctionnement de la justice dans l'affaire sus-évoquée, participant, en tant que telle, de l'exercice des droits de la défense et de la liberté de parole qui en est l'expression ; d'où il suit que la preuve du manquement imputé à Me X... n'est pas apportée ; »

• **Civ. 1re, 10 juill. 2014,** n° 13-19.284, P I, n° 137.

* V. s[s] n°s 337.41, 523.62.

« Les termes de modération et de délicatesse sont suffisamment précis dans la langue française et les usages, spécialement en matière de déontologie, pour exclure tout arbitraire et l'avocat, qui prête serment et qui s'oblige à respecter des principes essentiels dont il ne peut ignorer le sens et la portée, spécialement quant à la modération et à la délicatesse, est en mesure de connaître à l'avance la nature et la cause du manquement qui peut lui être reproché de ce chef. Le propos d'un avocat qui traite un magistrat de « traître génétique », exprimé sans nécessité et ne traduisant aucune idée, aucune opinion ou aucune information susceptible d'alimenter une réflexion ou un débat d'intérêt général, manifeste une animosité personnelle à l'égard du magistrat concerné, de sorte que ce propos, outrageant pour la personne même de l'avocat général en ce qu'il met en cause son intégrité morale, ne peut être justifié par la compassion de l'avocat pour sa cliente, ni par la provocation ressentie dans l'exercice de sa mission de défense, même dans le contexte polémique suscité par un crime odieux, au cours duquel la question de l'antisémitisme était posée ; dès lors l'avocat a manqué à la délicatesse qui s'impose à lui, la restriction apportée à sa liberté d'expression étant nécessaire pour assurer tant la protection des droits d'autrui que l'autorité et l'impartialité de l'institution judiciaire. »

• **Civ. 1re, 29 oct. 2014,** n° 13-27.610, NP.

* V. s[s] n°s 337.33, 512.197.

« Attendu, selon l'arrêt attaqué (Grenoble, 2 décembre 2013), que M. X..., avocat, a été poursuivi disciplinairement notamment pour avoir, en février 2012, lors d'une audience de la chambre des appels correctionnels de la cour d'appel de Chambéry, déposé des conclusions dénonçant "la légèreté et l'incompétence habituelles" du tribunal, et, à l'occasion d'un procès devant la cour d'assises de l'Isère, déclaré à la presse, avant l'ouverture des débats, qu'il saurait "trouver les bons juges", proclamé "dommage" lors du tirage au sort d'un juré qu'il ne pouvait récuser, qualifié un avocat de la partie civile de "roquet", et accusé le président de l'audience de "tricheries" et "mensonges" ; [...]

Mais attendu, d'abord, que si l'avocat a le droit de critiquer le fonctionnement de la justice ou le comportement d'un magistrat ou d'un avocat, sa liberté d'expression, qui n'est pas absolue car sujette à des restrictions qu'impliquent notamment la protection de la réputation ou des droits d'autrui et la garantie de l'autorité et de l'impartialité du pouvoir judiciaire, ne s'étend pas aux propos violents qui, exprimant une animosité personnelle contre le magistrat concerné, mis en cause dans son intégrité morale, ou contre un avocat d'une partie adverse, sans traduire une idée, une opinion ou une information susceptible d'alimenter une réflexion ou un débat d'intérêt général, ne relèvent pas de la protection du droit à la liberté d'expression prévue par l'article 10 de la Convention de sauvegarde des droits de l'homme et des libertés fondamentales ; que la cour d'appel, par une appréciation souveraine des éléments de preuve, a pu retenir que les propos proférés étaient constitutifs d'un manquement au principe essentiel de délicatesse et de modération qui s'impose à l'avocat en toutes circonstances. »

> Limites à la liberté d'expression

- **CEDH 20 mai 1998,** *Schopfer c/Suisse*, req. n° 25405/94.
  * V. s[s] n°s 337.31 s.
- **CEDH 23 avr. 2015,** *Morice c/France*, req. n° 29369/10.
  * V. s[s] n° 454.212.
- **CEDH 15 déc. 2015,** *Bono c/France*, req. n° 29024/11.
  * V. s[s] n° 337.42.
- **CEDH 18 déc. 2017,** *Szpiner c/France*, req. n° 2316/15.
  * V. s[s] n° 337.41.
- **CEDH 19 avr. 2018,** *Ottan c/France*, req. n° 41841/12.
  * V. s[s] n° 337.43

337.03 Bibliographie indicative.

* Aussi : v. s[s] n° 33.03.

Thèses. A. Civar-Racinais, *Le journaliste, l'avocat et le juge : Les coulisses d'une relation ambiguë*, thèse de doctorat en Sciences de l'information et de la communication, L'Harmattan, 2003 – J. Sauvel, *Les immunités judiciaires,* Sirey, 1956.

Monographies. Th. Bouchet, *Noms d'oiseaux, l'insulte en politique de la restauration à nos jours*, Stock, 2010 – F.-X. Testu, *Le bouquin des méchancetés et autres traits d'esprit*, « Bouquins », Robert Laffont, 2014.

Articles. J.-M. Brigant « Pas d'immunité judiciaire pour l'avocat hors du prétoire », *JCP* 2012. 733 – G. Deharo, « Principes essentiels de la profession d'avocat : délicatesse et modération », *JCP* 2012. 598 – L. François, « La liberté d'expression de l'avocat confronté à son obligation de respect du statut professionnel », *D.* 2012. 667 – D. Piau, « La liberté d'expression de l'avocat, anti-mode d'emploi », *D. avocats* 2013. 375.

SECTION 1
DÉFINITION ET ARTICULATION AVEC D'AUTRES PRINCIPES

337.11 Définition. Du latin *moderationem*, de *moderari*, modérer, dérivé de *modus*, mesure. C'est la vertu de celui qui se tient dans la juste mesure[1]. Qualité, comportement d'une personne qui se tient éloignée de tout excès[2].

L'avocat doit montrer de la modération dans son attitude générale et dans ses propos, notamment à l'audience. La modération implique de ne pas interrompre et de respecter le principe de la contradiction dans les débats. Modérer ses propos, c'est ne pas se répandre en grossières exagérations. L'avocat doit rechercher à garder une sage mesure en toutes choses.

337.12 Évolution. Le principe de modération, tant dans les paroles que dans les écrits, est l'un des principes les plus anciens de la profession d'avocat.

On en retrouve trace dans les établissements de Saint Louis en 1269[3]. Une ordonnance de Philippe le Bel de 1291 recommande aux avocats d'être modérés dans leurs propos : « *Ne verbis rixosis et contumeliosis utantur.* »[4] Une ordonnance de Charles VII, en 1453 rappelait ce principe[5], régulièrement repris dans les ordonnances royales en 1363, 1446, 1493, 1507, 1528[6].

337.13 Modération, délicatesse et dignité. La modération peut se rapprocher de la délicatesse[7] et de la dignité[8], mais là où la modération s'attache aux écrits et aux paroles de l'avocat, la délicatesse se rapporte à des actes, tandis que la dignité tient de l'attitude générale, du comportement de l'avocat. La courtoisie[9] relève, pour sa part, d'une attitude générale de l'avocat et non des propos en eux-mêmes.

337.14 Liens avec les règles relatives à la police des audiences. La modération est présente à travers les règles qui gouvernent la police des audiences[10] et tout particulièrement les délits d'audience[11] ainsi que les infractions qui y sont associées, notamment l'injure[12], la diffamation[13] et l'outrage[14].

Ne seront abordées dans le présent chapitre que les atteintes à la modération qui ne font pas, par ailleurs, l'objet de telles incriminations.

1. E. Littré, *Le Dictionnaire de la langue française*, Paris, Hachette, 1874, p. 584.
2. CNRTL.
3. *Établissements de Saint Louis*, Livre II, chap. XIV, 1270 – G. Durand, *Spéculum, Miroir, ou Tableau de la science du droit*, 1271 – V. s[s] n° 023.23.
4. Ord. du Louvre, t. I, p. 320, art. 11.
5. CITÉE PAR J.-A.-J. Gaudry, *Histoire du barreau de Paris,* A. Durand, 1864 ; Slatkine, t. I, 1977, p. 182.
6. B. de la Rocheflavin, *Des Parlements,* Livre III, p. 276.
7. V. s[s] n°s 336.00 s.
8. V. s[s] n°s 321.00 s.
9. V. s[s] n°s 338.11 s.
10. V. s[s] n°s 454.00 s.
11. V. s[s] n°s 454.81 s.
12. V. s[s] n°s 454.221 s.
13. V. s[s] n°s 454.201 s.
14. V. s[s] n°s 454.171 s.

SECTION 2
RECHERCHE D'UN DÉLICAT ÉQUILIBRE AVEC LA LIBERTÉ D'EXPRESSION

337.20 **Plan.** Le respect du principe de modération impose à l'avocat de ménager un juste équilibre entre les divers intérêts en jeu parmi lesquels figure le droit du public d'être informé sur les questions qui touchent au bon fonctionnement du pouvoir judiciaire, les impératifs d'une bonne administration de la justice et de la dignité de la profession d'avocat (§ 1), équilibre dont les critères d'appréciation ont été posés par la jurisprudence de la CEDH (§ 2).

Comme le note la CEDH, le contrôle *ex post facto* des paroles ou des écrits d'un avocat doit être mis en œuvre avec une prudence et une mesure particulières[1]. De plus, s'il appartient aux autorités judiciaires et disciplinaires, dans l'intérêt du bon fonctionnement de la justice, de relever et parfois même de sanctionner certains comportements des avocats, elles doivent veiller à ce que ce contrôle ne constitue pas pour ceux-ci une menace ayant un effet « inhibant »[2], qui porterait atteinte à la défense des intérêts de leurs clients[3].

Pour autant, l'avocat ne doit jamais perdre de vue que si sa liberté de parole est réelle, elle doit être empreinte du nécessaire respect dû tant au rôle attaché à sa qualité de partenaire de justice, qu'aux règles déontologiques et principes essentiels qui le régissent. Il en est de même lorsqu'un avocat s'exprime au sujet d'un confrère, et ce, également, sur le fondement du principe de confraternité[4].

§ 1
Équilibre à ménager entre les divers intérêts en jeu

337.31 **Principes.** Le devoir de modération qui s'impose à l'avocat implique qu'il fasse preuve, en toutes circonstances, de correction à l'audience. L'avocat ne saurait manquer de respect aux auxiliaires de justice, et notamment aux magistrats même s'il doit préserver son indépendance. À l'audience, au cours du débat oral, les avocats qui s'opposent doivent, à tous égards, concilier la consciencieuse défense des intérêts qui leur sont confiés et une entière correction envers leur confrère contradicteur.

En effet, si l'avocat jouit, en principe, d'une grande liberté d'expression et même d'une certaine immunité de parole, cette dernière ne s'applique pas en matière disciplinaire[5]. L'avocat peut ainsi, en cas de manquement au devoir de modération, faire l'objet, en tout état de cause, de sanctions disciplinaires.

337.32 **Modération limite nécessaire à la liberté d'expression (affaire *Schopfer c/Suisse*).** Dans son arrêt fondateur, la Cour européenne des droits de l'homme a eu à connaître d'une affaire où un avocat, au cours d'une conférence de presse, avait exprimé ses doléances au sujet d'une procédure pénale ; d'une manière générale et grave et fit l'objet de sanctions disciplinaires. La CEDH rejette son recours, tout en rappelant le statut spécifique des avocats, qui placés dans une situation centrale dans l'administration de la justice, sont des intermédiaires entre les justiciables et les tribunaux et disposent dès lors d'un rôle clé dans ce domaine.

Elle considère : « qu'on peut attendre [des avocats] qu'ils contribuent au bon fonctionnement de la justice et ainsi à la confiance du public en celle-ci... Il va sans dire également que la liberté d'expression vaut aussi pour les avocats qui ont, certes le droit de se prononcer publiquement sur le fonctionnement de la justice, mais dont la critique ne saurait franchir certaines limites. À cet égard, il convient de tenir compte de l'équilibre à ménager entre les divers intérêts en jeu parmi lesquels figure le droit du public d'être informé sur les questions qui touchent au bon fonctionnement du pouvoir judiciaire, les impératifs d'une bonne administration de la justice et de la dignité de la profession d'avocat »[6].

337.33 **Sanction disciplinaire de l'avocat tenant des propos déplacés.** L'avocat, lorsqu'il s'exprime publiquement, que ce soit à l'audience[7] ou autour de l'audience dans les interviews qu'il est amené à donner à la presse ou les déclarations qu'il peut être amené à faire, doit ainsi faire preuve de prudence et de modération dans ses propos, et ne pas employer des mots incompatibles avec sa dignité ou faire preuve d'animosité personnelle, ce qui exclut toute attaque *ad hominem*.

À défaut, il encourt des sanctions disciplinaires, sur le seul fondement du manquement aux prin-

1. D. Piau, « La liberté d'expression de l'avocat, anti-mode d'emploi », *D. avocats* 2013. 375.
2. POUR UNE RADIATION en raison de phrases prononcées lors d'une audience : CEDH 30 janv. 2020, *Namazov c/Azerbaïdjan*, req. n° 74354/13 ; *JCP* 2020. 278, n° 15, obs. J. Moret-Bailly ; – OU DES PROPOS CONTRE des violences policières tenus lors d'une réunion publique : CEDH 25 juin 2020, *Bagirov c/Azerbaïdjan*, req. n°s 81024/12, 28198/15.
3. CEDH 15 déc. 2015, *Bono c/France*, req. n° 29024/11 ; *D.* 2016. 84 ; *JCP* 2016. Act. 29, obs. F. Sudre ; *JCP* 2016. 238, note J.-P. Marguénaud.
4. V. ss nos 335.00 s.
5. Civ. 1re, 10 janv. 1995, n° 92-20.895, NP – Civ. 1re, 16 déc. 2003, n° 03-13.353, P I, n° 256 ; *D.* 2004. 977, note B. Beignier ; *D.* 2826, obs. B. Blanchard ; *JCP* 2004. I. 117, n° 28, obs. R. Martin – Civ. 1re, 25 mai 2005, n° 03-17.514, P I, n° 227 ; *D.* 2005. 1589 ; *D.* 2006. 266, obs. B. Blanchard – Civ. 1re, 10 sept. 2015, n° 14-24.208, P ; *D.* 2015. 1842 ; *Gaz. Pal.* 23 févr. 2016, p. 35, obs. F. Fourment – Paris, pôle 2, ch. 1, 8 sept. 2016, RG n° 15/15222 – Sur les délits d'audience, v. ss nos 454.81 s.
6. CEDH 20 mai 1998, *Schopfer c/Suisse*, req. n° 25405/94 ; *D.* 1999. 272, obs. N. Fricero.
7. Grenoble, 3 juill. 2014, RG n° 13/05283 – Civ. 1re, 29 oct. 2014, n° 13-27.610, NP – V. ss nos 454.00 s.

cipes essentiels, et notamment au principe de modération, sans qu'il soit nécessaire qu'une condamnation pénale ou civile ne soit préalablement prononcée[1].

C'est ainsi qu'est retenu comme faute le fait d'avoir accusé le juge des enfants de « mauvaise foi », puis d'avoir mis en cause l'impartialité du conseil de discipline à son égard[2]. Si des paroles prononcées à l'audience peuvent être excusées comme étant l'expression incontrôlée d'une certaine nervosité, une lettre adressée six jours après et qui reprend les termes prononcés à l'audience peut justifier une sanction disciplinaire en estimant que l'avocat a ainsi manifesté un manque de modération condamnable[3]. De même, encourt une sanction d'un mois d'interdiction temporaire un avocat qui a procédé à des dénonciations calomnieuses à l'encontre d'un magistrat[4]. Tout comme, fut sanctionné d'une interdiction de huit mois, un avocat qu'il s'était livré au cours de deux émissions d'une station de radio locale, à une critique violente et outrancière du fonctionnement des institutions judiciaires et avait, à cette occasion, tenu des propos injurieux et parfois diffamatoires à l'égard de magistrats, dont certains étaient nominativement désignés[5].

337.34 Critiques des verdicts. L'avocat doit prendre garde à ne pas excéder les limites de la modération lorsqu'il commente « à chaud » un verdict à la sortie d'une salle d'audience[6]. L'exercice peut s'avérer périlleux notamment avec la pression des médias régulièrement à la recherche des premières réactions suite au prononcé du verdict, à un moment où la tension n'est pas encore retombée, et où l'on ne dispose pas du recul nécessaire pour porter une appréciation objective sur celui-ci.

C'est ainsi que fut sanctionné d'un blâme, bien qu'il se fût excusé par la suite, un avocat qui à l'annonce du verdict d'une cour d'assises avait déclaré au président : « Je ne suis pas surpris de la décision de condamnation qui vient d'être rendue envers mon client, car la cour d'assises de l'Hérault n'acquitte jamais, ce dont elle s'enorgueillit, selon les propres termes de son président qui m'a dit qu'il n'était jamais cassé et qu'il n'acquitterait jamais [...] Je plains pour la suite de la session ceux qui vont plaider l'acquittement »[7].

De même, un avocat qui avait eu des propos véhéments, voire vindicatifs à l'issue d'une audience de cour d'assises, revenant en salle d'audience pour s'exclamer : « Après un tel verdict, je me fous de ma profession, je déchire ma robe » puis de retour dans la salle des pas perdues avait déclaré, à l'adresse du président et des jurés « ils sont sortis par là et vous pourrez leur donner des gifles [...] mais foutez leur sur la gueule [...] Ils ont acquitté la semaine dernière, ils sont obligés de condamner aujourd'hui [...]. C'est la pendule de la justice [...] Elle est belle la justice [...] Je vais déchirer ma robe », fut sanctionné par la cour d'appel d'une sanction d'un mois d'interdiction temporaire avec publicité de la décision pour avoir manqué à la dignité, la délicatesse et la modération qu'un avocat soucieux de ses devoirs envers les juridictions et sa propre profession doit observer en toutes circonstances[8].

337.35 Critique ultérieure de la décision de justice. À la suite de la décision rendue, l'avocat ne doit pas se départir des sentiments que, comme tout citoyen, il doit à ceux qui l'ont rendue.

En revanche, il peut immédiatement et ultérieurement, dans ses propos, sa correspondance, la procédure subséquente, critiquer la décision prononcée.

337.36 Critiques *ad hominem*. L'avocat doit, en toutes circonstances éviter toute animosité personnelle ce qui exclut toute attaque *ad hominem*[9]. Dans une affaire où un avocat avait interrompu la lecture du verdict et demandé une suspension pour déposer des conclusions d'incident et qui n'ayant pas répondu à l'interrogation du président sur la nature de cet incident, s'est heurté à un refus et a alors, sur le ton de la colère, déclaré « c'est à l'image de votre présidence », la cour d'appel le sanctionna d'un avertissement. La Cour de cassation approuve cette décision en considérant que : « après avoir énoncé que, si la liberté d'expression de la défense est un principe fondamental du droit, essentiel au bon fonctionnement de l'institution judiciaire, l'avocat ne peut néanmoins revendiquer le bénéfice d'une immunité totale, ni s'affranchir des règles d'une normale bienséance incluses dans le devoir de dignité auquel l'astreint son serment professionnel, la cour d'appel a rappelé les circonstances dans lesquelles avait été proféré, « sur un ton discourtois et agressif », le propos incriminé, et retenu que celui-ci visait à

1. Paris, 24 mars 2011, *D. actu.* 4 avr. 2011, note S. Bigot de la Touane.
2. Civ. 1re, 3 mars 1987, nº 85-12.000, NP ; *D.* 1987. 57.
3. Civ. 1re, 22 janv. 1985, nº 84-10.160, P I, nº 29 ; *Gaz. Pal.* 1985. Somm. 179 ; *Gaz. Pal.* 1985. Pan. 244, note S. Guinchard et T. Moussa – Civ. 1re, 20 oct. 1992, nº 90-17.957, NP ; *D.* 1994. 135.
4. Civ. 1re, 20 oct. 1992, nº 90-17.957, NP ; *D.* 1992. 135 – Paris, 1re ch., 27 janv. 1999, *Gaz. Pal.* 8 avr. 1999. Somm. 23.
5. Civ. 1re, 19 févr. 1991, nº 89-19.819, NP.
6. AUSSI : v. ss nº 337.41.
7. Montpellier, 20 juin 1985, *Gaz. Pal.* 1985. 555, note A. Damien ; *D.* 1987. 105, obs. A. Brunois.
8. Aix-en-Provence, 24 nov. 1989, *Gaz. Pal.* 1990. I. 240, note A. Damien.
9. Nîmes, 1re ch. civ., 20 sept. 2018, RG nº 17/04425 ; *JCP* 2019. 55, obs. Y. Zemrak.

atteindre personnellement le président de la cour d'assises « en suspectant son impartialité » et à le discréditer de manière offensante dans l'exercice de ses fonctions »[1], ce qui justifiait la sanction prononcée.

Tout comme, un avocat, alors, lillois, devenu ministre de la Justice, qui avait, à l'issue d'une audience de la cour d'assises du Nord, qui ne lui avait pas accordé l'un de ses acquittements dont il était coutumier, dans le bureau du président de cette cour, à l'adresse d'un conseiller présent, eu les propos suivants : « Je ne vous supporte plus [...] J'en ai assez de vous voir. Vous me gonflez avec votre sourire en coin. Vous serez responsable de ce gâchis. Ce que vous avez fait est dégueulasse. Je regrette de ne pas avoir, lorsque vous étiez à Lille, déposé plainte contre vous. », fut poursuivi disciplinairement et sanctionné d'un avertissement. La Cour de cassation confirme la sanction au motif que : « les propos adressés ad hominem et manifestant exclusivement une animosité personnelle, sans traduire une idée, une opinion ou une information susceptible d'alimenter une réflexion ou un débat d'intérêt général, ne relèvent pas de la protection du droit à la liberté d'expression prévue par l'article 10 de la Conv. EDH ; que de tels propos tenus par un avocat sont constitutifs d'un manquement à la délicatesse »[2].

Ou encore, fut sanctionné d'un avertissement un avocat qui avait tenu des propos véhéments dirigés contre un juge, mettant en cause son éthique professionnelle, et menaçant de faire en sorte qu'il soit démis de ses fonctions, d'une part, et dont « l'agressivité, la virulence et le volume sonore inhabituel de la plaidoirie » au cours d'une audience, à l'occasion de laquelle il avait mis en cause l'impartialité d'un juge assesseur et qui, par son attitude agressive, exprimait une animosité dirigée contre ce magistrat, visant à le discréditer et à le déconsidérer, d'autre part, caractérisaient des attaques *ad hominem* dépassant le simple droit de critiquer le fonctionnement de la justice ou le comportement de tel ou tel magistrat[3].

337.37 **Écrits.** Les atteintes à la modération peuvent résulter non seulement des propos tenus mais aussi des écrits produits par l'avocat. La lettre d'un avocat à un client peut même être retenue comme base d'une poursuite disciplinaire si cette correspondance contient des imputations injurieuses contre les magistrats qui ont rendu la décision et si elle est légalement parvenue aux mains de la juridiction disciplinaire[4].

C'est ainsi que le fait pour un avocat d'avoir mis en cause une personne dans un mémoire destiné au tribunal administratif en la taxant de « gauchiste » et l'accusant d'avoir « reçu récompense d'une spoliation en étant promue à la présidence d'une fédération départementale de chasseurs », dès lors que même si l'avocat pouvait se prévaloir de l'immunité judiciaire[5] il n'en restait pas moins tenu de satisfaire au devoir fondamental de dignité inscrit dans la formule de son serment, constituait une faute disciplinaire justifiant une sanction. En effet, l'avocat était tombé « dans le genre le plus vulgaire du commérage pamphlétaire »[6].

Tout comme a été radié un avocat qui avait demandé la récusation d'un magistrat, qui se nommait Lévy, en mettant en cause dans ses conclusions son impartialité au motif que « le père de la prévenue s'appelle Moïse », joignant à sa requête les pages *Wikipédia* de « Moïse » et « Lévy » pour en conclure qu'« il y a lieu de s'en tenir à de simples constatations patronymiques et "prénonymiques" »[7]. La Cour de cassation approuve cette radiation en considérant qu'« en relevant la gravité de l'atteinte aux principes essentiels de délicatesse, courtoisie et dignité de la profession, ainsi que l'absence de regret de l'intéressé qui n'a pris conscience ni de l'ineptie de ses propos ni de leur retentissement sur l'ensemble de la profession, ce dont elle a déduit que, par son comportement, celui-ci s'était montré indigne d'exercer la profession d'avocat, la cour d'appel a exercé le contrôle de proportionnalité qui lui incombait ; qu'ayant le choix, dans l'exercice de son pouvoir d'appréciation, de prononcer l'une des sanctions prévues par l'article 184 du décret du 27 novembre 1991, elle a légalement justifié sa décision de prononcer la sanction de la radiation »[8].

De même que doit être approuvée la sanction d'une interdiction temporaire d'une durée de trois mois assortis du sursis prononcée à l'encontre d'un avocat qui est allé jusqu'à comparer, dans deux

1. Civ. 1re, 10 janv. 1995, n° 92-20.895, NP.
2. Civ. 1re, 28 mars 2008, n° 05-18.598, NP ; *JCP* 2008. II. 10123, note J. Lefebvre.
3. Civ. 1re, 10 sept. 2015, n° 14-24.208, P I ; *D.* 2015. 1842 ; *Gaz. Pal.* 23 févr. 2016, p. 35, obs. F. Fourment.
4. Toulouse, 2 mars 1933, *Gaz. Pal.* 1933. 1. 877 – Brive, 9 mars 1979, *Gaz. Pal.* 1979. 1. 157, note A. Damien – Limoges, 11 juill. 1979, *Gaz. Pal.* 1979. 2. 471, note A. Damien ; *in* A. DAMIEN, *Les grands arrêts*, Litec, 1991, p. 134.
5. V. ss nos 454.100 s.
6. Civ. 1re, 11 juill. 1972, n° 71-10.782, P I, n° 181 ; *Gaz. Pal.* 1973. 1. 80, note J. Hamelin ; *in* A. DAMIEN, *Les grands arrêts*, Litec, 1991, p. 148 – RAPPR. : Civ. 1re, 4 déc. 1979, n° 78-13.967, P I, n° 301 ; *D.* 1981. 328, note A. Brunois.
7. CRD Lyon, 16 oct. 2013, NP ; *Libération* 16 oct. 2013 ; – CONFIRMÉ PAR : Paris, pôle 2, ch. 1, 8 sept. 2016, RG n° 15/15222 ; POURVOI REJETÉ PAR : Civ. 1re 6 sept. 2017, n° 16-24664 ; APRÈS CASSATION PAR : Civ. 1re, 1er juill. 2015, n° 14-20.134, NP.
8. Civ. 1re, 6 sept. 2017, n° 16-24.664, NP ; *Gaz. Pal.* 5 déc. 2017, p. 28, obs. D. Landry ; *JCP* 2018. 588, n° 19, obs. F. G'sell.

documents écrits, ce qui suppose une réflexion préalable à la différence de propos d'audience pouvant être tenus sous le coup d'un mouvement d'humeur, le placement d'enfants mineurs jugés en danger avec « un holocauste », alors qu'il ne pouvait ignorer que cette appellation est indissociable du processus d'extermination de six millions de juifs par les nazis pendant la Seconde Guerre mondiale. Pour la cour d'appel, quelle que soit l'émotion ressentie par l'avocat, dont le bien-fondé de l'analyse juridique a été confirmé par la cour d'appel, rien ne saurait justifier un tel rapprochement et l'avocat aurait, à coup sûr, pu aboutir au même résultat en évitant cette outrance[1].

§ 2
Appréciations de la CEDH

337.41 **Sanction disciplinaire proportionnée eu égard au caractère excessif et injurieux des propos tenus hors du prétoire en l'absence de base factuelle (affaire *Szpiner*).** Dans une affaire à rebondissements, un avocat, ayant au passage qualifié les avocats de la défense de « connards d'avocats bobos de gauche » avait tenu des propos injurieux exprimant une animosité dirigée contre la personne même de l'avocat général, qualifié, à l'issue d'une audience de cour d'assises, de « traître génétique », en référence au passé de collaborateur du père de celui-ci, fut renvoyé devant le conseil de discipline par le bâtonnier. L'avocat avait été renvoyé des fins de la poursuite par le conseil de discipline puis par la cour d'appel[2]. Sur pourvoi du parquet général, la Cour de cassation casse l'arrêt au motif que : « si l'avocat a le droit de critiquer le fonctionnement de la justice ou le comportement de tel ou tel magistrat, sa liberté d'expression, qui n'est pas absolue car sujette à des restrictions qu'impliquent, notamment, la protection de la réputation ou des droits d'autrui et la garantie de l'autorité et de l'impartialité du pouvoir judiciaire, ne s'étend pas aux propos violents qui, exprimant une animosité dirigée personnellement contre le magistrat concerné, mis en cause dans son intégrité morale, et non une contestation des prises de position critiquables de ce dernier, constituent un manquement au principe essentiel de délicatesse qui s'impose à l'avocat en toutes circonstances »[3]. La cour d'appel de renvoi le sanctionna d'un avertissement[4]. Sur un nouveau pourvoi, de l'avocat cette fois-ci, la Cour de cassation rejette le pourvoi rappelant que :

– d'une part, les termes de modération et de délicatesse sont suffisamment précis dans la langue française et les usages, spécialement en matière de déontologie, pour exclure tout arbitraire et que l'avocat, qui prête serment et qui s'oblige à respecter des principes essentiels dont il ne peut ignorer le sens et la portée, spécialement quant à la modération et à la délicatesse, est en mesure de connaître à l'avance la nature et la cause du manquement qui peut lui être reproché de ce chef ;

– d'autre part, les propos tenus de « traître génétique », exprimé sans nécessité et ne traduisant aucune idée, aucune opinion ou aucune information susceptible d'alimenter une réflexion ou un débat d'intérêt général, manifestaient une animosité personnelle à l'égard du magistrat concerné, de sorte que ce propos, outrageant pour la personne même de l'avocat général en ce qu'il mettait en cause son intégrité morale, ne pouvait être justifié par la compassion de l'avocat pour sa cliente, ni par la provocation ressentie dans l'exercice de sa mission de défense, même dans le contexte polémique suscité par un crime odieux, au cours duquel la question de l'antisémitisme était posée. Ainsi, la cour d'appel en avait déduit à bon droit que l'avocat avait ainsi manqué à la délicatesse qui s'impose à l'avocat, la restriction apportée à sa liberté d'expression étant nécessaire pour assurer tant la protection des droits d'autrui que l'autorité et l'impartialité de l'institution judiciaire[5].

La Cour européenne des droits de l'homme, saisie à son tour par l'avocat, a considéré le recours comme mal fondé au regard de l'article 10 de la Conv. EDH, dès lors que si les propos s'inscrivaient dans le cadre d'un débat d'intérêt général concernant le déroulement d'un procès dans une affaire médiatique, ils constituaient des jugements de valeur et non des déclarations de fait. Dès lors la sanction disciplinaire apparaissait proportionnée eu égard au caractère excessif et injurieux des propos ainsi que l'absence de base factuelle, ajouté au fait qu'ils ont été tenus hors du prétoire, l'avocat ayant choisi de s'exprimer dans la presse après le procès, et qu'ils ne constituaient ni une possibilité de faire valoir des moyens de défense ni une information du public sur des dysfonctionnements éventuels[6].

1. Paris, pôle 2, ch. 1, 16 janv. 2020, RG n° 16/01097.
2. Paris, pôle 2, ch. 1, 24 mars 2011, RG n° 10/20346.
3. Civ. 1re, 4 mai 2012, n° 11-30.193, P I, n° 96 ; *D. actu.* 23 mai 2012, obs. M. Khébir ; *JCP* 2012. Actu. 598, obs. G. Deharo ; *JCP* 2012. 759, note M. Attal ; *Gaz. Pal.* 24-26 juin 2012, p. 21, obs. B. de Belval et J. Villacèque ; *D.* 2012. 1275 ; *D.* 2013. 136, obs. Th. Wickers.
4. Lyon, 18 avr. 2013, RG n° 12/06282, *D. avocats* 2013. 220, obs. L. Dargent ; T. Fourrey et A. Guedj, *JCP* 2013. 801.
5. Civ. 1re, 10 juill. 2014, n° 13-19.284, P I, n° 137 ; *D.* 2014. 1597.
6. CEDH 18 déc. 2017, *Szpiner c/France*, req. n° 2316/15 ; *JCP* 2018. 588, n° 19, obs. F. G'sell ; *Gaz. Pal.* 5 juin 2018, p. 35, obs. B. de Belval ; *Gaz. Pal.* 13 févr. 2018, p. 34, obs. C. Berlaud.

337.42 Sanction disciplinaire disproportionnée eu égard à l'atteinte excessive à l'exercice des droits de la défense (affaire *Bono*). Un avocat avait été sanctionné par une cour d'appel[1] d'un blâme avec interdiction de se présenter aux élections professionnelles pour avoir, dans le cadre d'une affaire de terrorisme, déposé devant la chambre des appels correctionnels des conclusions comportant les passages suivants : « C'est dans cet aveuglement que les magistrats instructeurs n'ont pas voulu chercher à éviter la torture que subissait M. Saïd Z... entre les mains des services secrets syriens à Damas (page 25) [...] Les magistrats instructeurs français ont laissé sans contrôle les services secrets syriens torturer M. Saïd Y... et il peut même être démontré qu'ils ont favorisé la torture, c'est la délocalisation judiciaire de la torture (page 47) [...] La complicité des magistrats instructeurs français dans l'utilisation de la torture pratiquée à rencontre de M. Saïd Y... en Syrie par les militaires des services secrets (titre du paragraphe de la page 68) [...] Or, les magistrats instructeurs qui avaient estimé dès le début de la procédure que cette dernière devait viser M. Saïd Y... ont laissé utiliser contre lui la torture par les militaires des services secrets Syriens [...] Ils ont choisi d'accepter la délocalisation de la torture (page 69) [...] La commission rogatoire internationale décernée par les magistrats instructeurs français donne aux militaires des services secrets syriens les réponses à obtenir aux questions à poser : elle encourage la torture (page 70) », laissant ainsi entendre que deux juges d'instruction avaient délibérément laissé torturer son client et qu'ils se sont ainsi rendus complices actifs de ces mauvais traitements.

Sur pourvoi de l'avocat, la Cour de cassation approuve l'arrêt de la cour au motif que : « [...] les propos incriminés n'avaient pas simplement pour objet de critiquer la conduite de la procédure d'instruction et de contester la valeur des déclarations faites par le suspect au cours des interrogatoires menés en exécution de la commission rogatoire internationale délivrée par les juges d'instruction français, mais mettaient personnellement en cause ces magistrats dans leur intégrité morale, leur reprochant d'avoir délibérément favorisé l'usage de la torture et de s'être ainsi rendus activement complices des mauvais traitements infligés par les enquêteurs syriens ; qu'ayant relevé que ces graves accusations étaient aussi inutiles au regard des intérêts du client que gratuites, puisque les magistrats, dans le compte rendu de leur mission à Damas, avaient décrit les difficultés rencontrées auprès des autorités syriennes, opposées à ce qu'ils assistent aux interrogatoires, elle en a justement déduit que les propos litigieux ne relevaient pas de la protection de la liberté d'expression, mais constituaient un manquement à l'honneur et à la délicatesse [...] »[2].

Cette affaire a valu à la France d'être condamnée par la CEDH saisie d'un recours de l'avocat. La Cour renvoie aux principes généraux concernant la liberté d'expression tels qu'ils se trouvent énoncés, notamment, dans l'arrêt *Morice c/France*[3]. Pour la CEDH, la condamnation litigieuse s'analyse en une « ingérence » dans l'exercice par le requérant de son droit à la liberté d'expression, ce qui implique d'examiner si cette ingérence était nécessaire dans une société démocratique, ce qui requiert de vérifier si elle était proportionnée au but légitime et si les motifs invoqués par les juridictions internes étaient pertinents. La Cour relève que les propos litigieux, de par leur virulence, avaient, à l'évidence, un caractère outrageant pour les magistrats en charge de l'instruction. Pour autant, au cas d'espèce, la Cour :

– observe que les propos litigieux ont été formulés dans un contexte judiciaire, puisqu'ils ont été communiqués sous forme écrite à l'occasion du dépôt par le requérant de conclusions en défense devant la cour d'appel de Paris. Ils s'inscrivaient dans une démarche tendant à obtenir, avant toute défense au fond, l'annulation par cette juridiction des dépositions de son client obtenues sous la torture en Syrie ;

– relève que les passages retenus par le procureur ne visaient pas nommément les magistrats concernés mais portaient sur la manière dont ils avaient mené l'instruction ;

– considère que les propos relèvent davantage de jugements de valeur, dès lors qu'ils renvoient essentiellement à une évaluation globale du comportement des juges d'instruction durant l'information. En outre, ils reposaient sur une base factuelle, dès lors que si le juge n'a pas pu participer aux interrogatoires, il les a suivis en temps réel, à Damas, sur la base du questionnaire figurant sur la commission rogatoire internationale et des questions complémentaires auxquelles il souhaitait avoir des réponses, en plus de celles qui avaient déjà été enregistrées et que les méthodes des services de police syriens étaient notoirement connues, ainsi qu'en attestent les témoignages produits devant le tribunal correctionnel et, du reste, l'ensemble des rapports internationaux à ce sujet ;

1. Paris, 25 juin 2009 ; *Gaz. Pal.* 2009. 3059, note O. Lambling.

2. Civ. 1re, 14 oct. 2010, n° 09-16.495, NP ; *RJPF* janv. 2011, p. 16, obs. E. Putman.

3. CEDH 23 avr. 2015, *Morice c/France*, req. n° 29369/10, § 124 à 127 ; *D.* 2015. 974 ; *D.* 2016. 225, obs. J.-F. Renucci ; *AJ pénal* 2015. 428, obs. C. Porteron ; *RSC* 2015. 740, obs. D. Roets – V. ss nos 454.212 s.

– retient que les critiques ne sont pas sorties de la « salle d'audience » puisqu'elles étaient formulées dans des conclusions écrites. Elles n'ont donc pas pu porter atteinte ou menacer le fonctionnement du pouvoir judiciaire et la réputation des autorités judiciaires auprès du grand public. Elle observe à cet égard que la cour d'appel de Paris et la Cour de cassation n'ont pas pris en compte cet élément contextuel et n'ont pas tenu compte de l'auditoire restreint à qui les propos avaient été adressés ;

– note, enfin, que le président de la chambre de la cour d'appel avait déjà invité l'avocat au cours de l'audience à mesurer ses propos puis, considérant qu'ils étaient excessifs, fait figurer dans le dispositif de l'arrêt le rejet des conclusions sur ce point au motif qu'elles étaient infamantes. Estimant suffisant ce rappel à l'ordre, ces juges n'avaient pas estimé opportun de demander au procureur général de saisir les instances disciplinaires. Ce n'est que plusieurs mois après le dépôt des conclusions litigieuses devant la cour d'appel, et l'arrêt rendu par celle-ci, que le procureur général initia une procédure disciplinaire.

En conséquence, la CEDH considère qu'en allant au-delà de la position ferme et mesurée de la cour d'appel pour infliger une sanction au requérant, les autorités ont porté une atteinte excessive à l'exercice de la mission de défense de l'avocat, et qu'il y a eu violation de l'article 10 de la Conv. EDH en raison du caractère disproportionné de la sanction infligée à l'avocat[1].

337.43 Sanction disproportionnée, les propos critiques s'inscrivant dans un débat d'intérêt général relatif au fonctionnement de la justice pénale dans le contexte d'une affaire médiatique (affaire *Ottan*). Un avocat, chargé de la défense des intérêts des parents d'un mineur tué par un gendarme au cours d'une poursuite faisant suite à un cambriolage, avait été sanctionné d'un avertissement pour avoir, à l'issue de l'audience, déclaré au journaliste d'une station de radio l'interrogeant sur l'acquittement rendu : « J'ai toujours su qu'il était possible. Un jury blanc, exclusivement blanc où les communautés ne sont pas toutes représentées, avec il faut bien le dire une accusation extrêmement molle, des débats dirigés de manière extrêmement orientée. La voie de l'acquittement était une voie royalement ouverte. Ce n'est pas une surprise » : de tels propos présentant une connotation raciale jetant l'opprobre sur les jurés et la suspicion sur leur probité manquent à la modération et à la délicatesse[2].

Cette affaire a valu à la France d'être également condamnée par la CEDH qui a considéré que les propos reprochés à l'avocat constituaient une critique à l'égard du jury et des magistrats de la cour d'assises ayant prononcé le verdict d'acquittement, propos qui s'inscrivaient dans un débat d'intérêt général relatif au fonctionnement de la justice pénale dans le contexte d'une affaire médiatique.

Pour la CEDH, si les propos étaient susceptibles de choquer, ils n'en constituaient pas moins un jugement de valeur reposant sur une base factuelle suffisante et s'inscrivant dans le cadre de la défense pénale de son client. La CEDH prend en compte dans son analyse, les circonstances particulières de l'affaire qui s'inscrivait dans un contexte de grande tension sociale, à l'occasion d'une instruction qui avait permis d'établir que des collègues du gendarme avaient commis un faux témoignage pour le disculper — ce pour quoi ils ont été condamnés ultérieurement —, et que l'affaire était suivie de près par les médias et l'opinion publique, ce qui a contribué à maintenir un climat tendu tout au long du procès. Cette tension ayant atteint son comble, six ans après les faits, lors du prononcé du verdict d'acquittement du gendarme, auteur des coups de feu mortels. Ce faisant, selon la CEDH, il convenait de replacer les propos, prononcés immédiatement après le prononcé de la décision de la cour d'assises et dans le cadre d'un échange oral rapide, dans le contexte agité dans lequel avait été rendu le verdict[3].

1. CEDH 15 déc. 2015, *Bono c/France*, req. n° 29024/11 ; *D.* 2016. 84 ; *JCP* 2016. Actu. 29, obs. F. Sudre ; *JCP* 2016. 238, note J.-P. Marguénaud.

2. Civ. 1re, 5 avr. 2012, n° 11-11.044, P I, n° 82 ; *Gaz. Pal.* 15-17 avr. 2012, p. 20, note G. Deharo ; *Gaz. Pal.* 24-26 juin 2012, p. 20, obs. B. de Belval et J. Villacèque ; *Gaz. Pal.* 14 juin 2012, p. 12, note C. Michalski ; *JCP* 2012. 474, obs. H. Slim ; *JCP* 2012. 733, note J.-M. Brigant ; *Procédures* 2012, n° 155, note A.-S. Chavent-Leclère ; *D.* 2012. 1017 ; *D.* 2013. 136, obs. Th. Wickers ; *AJ pénal* 2012. 479, obs. C. Porteron.

3. CEDH 19 avr. 2018, *Ottan c/France*, req. n° 41841/12 ; *Gaz. Pal.* 22 mai 2018, p. 45, obs. Ph. Piot ; *Gaz. Pal.* 22 mai 2018, p. 55, obs. C. Berlaud ; *JCP* 2018. 549, obs. H. Surrel ; *D.* 2018. 894 ; *Gaz. Pal.* 4 déc. 2018, p. 34, obs. B. de Belval et J. Villacèque.

CHAPITRE

338. Courtoisie

SECTION 0

ORIENTEUR

338.00 **Sommaire du chapitre.**

Division. Le principe de courtoisie s'articule principalement avec les principes de loyauté, de modération, de délicatesse et de confraternité (sect. 1), et s'impose, notamment, c à l'avocat tant dans ses rapports avec les auxiliaires de justice (sect. 2), que lorsqu'il se déplace hors de son barreau (sect. 3).

338.01 **Textes applicables.**

TEXTES TITRÉS

• **Décr. n° 2005-790, 12 juill. 2005**

art. 3 [Liste des seize principes]

• **RIN**

art. 1.3 [Liste des dix-sept principes]

art. 1 *bis* [Visite de courtoisie]

338.03 **Bibliographie indicative.**

* Aussi : v. s[s] n° 33.03.

Format réduit. J.-Cl. Woog, *Petit lexique du savoir être*, Eyrolles, 2003.

Article. A. Damien, « Éléments de civilité puérile et honnête à l'usage des avocats », *Gaz. Pal.* 1985. Doctr. 222.

SECTION 1

DÉFINITION ET ARTICULATION AVEC D'AUTRES PRINCIPES

338.11 **Définition – Textes applicables.** Du latin *curtis*, *cortis*, cour, dérivé de *cohors*, *cors*, basse-cour, enclos. Civilité relevée d'élégance ou de générosité[1], la courtoisie peut être définie comme une attitude de politesse raffinée conforme à la tradition et à la bonne éducation, aux usages mondains[2]. L'avocat doit faire preuve plus que de politesse et de civilité, de courtoisie. Il doit respecter non seulement les « usages mondains », mais également ceux en vigueur dans sa profession, notamment dans ses relations avec ses confrères et avec les auxiliaires de justice. L'attitude de politesse, de respect des règles de savoir-vivre, mais également du respect des usages et règles de la profession doivent guider l'avocat dans l'exercice de son métier.

La courtoisie impose le respect d'un certain nombre de règles de comportement : l'avocat en tenue de ville cède le pas à celui qui est en robe : « honneur à la robe », déférence à l'égard du bâtonnier, respect à l'égard des confrères plus âgés, des auxiliaires de justice... Par exemple, les rendez-vous ont lieu au cabinet du confrère le plus ancien dans l'ordre du tableau[3].

« Sa parfaite dignité de vie, son sentiment de l'honneur, sa modération, sa clémence et son humanité, ses qualités de juriste, non moins remarquables que ses vertus chevaleresques, cette haute sagesse, cette loyauté avisée, cette fleur de courtoisie, cette éloquence ferme et fine [...] font de lui le type même du "prud'homme", c'est-à-dire du parfait chevalier selon la définition de Saint Louis, et le représentant le plus accompli de la civilisation française en Orient au treizième siècle »[4].

338.12 **Courtoisie, loyauté, modération, délicatesse et confraternité.** Le principe de courtoisie, avec la loyauté[5], la modération[6], la délicatesse[7] et la

1. E. Littré, *Le Dictionnaire de la langue française*, Paris, Hachette, 1874, p. 868.
2. CNRTL.
3. V. s[s] n°s 224.54 s.
4. R. Grousset, *L'Épopée des croisades*, Plon, 1939, p. 342.
5. V. s[s] n°s 332.00 s.
6. V. s[s] n°s 337.00 s.
7. V. s[s] n°s 336.00 s.

confraternité[1], innerve les rapports avec la partie adverse[2].

SECTION 2

COURTOISIE ET RESPECT DÛ AUX AUXILIAIRES DE JUSTICE

338.21 **Devoir général de courtoisie.** La courtoisie à l'égard des juridictions, comme à l'égard de ses confrères, des auxiliaires de justice ou de ses clients, constitue pour un avocat un devoir. À l'audience, il doit faire preuve de correction à l'égard de ses confrères et de respect à l'égard de tous les auxiliaires de justice, dont les magistrats et les greffiers, et doit observer vis-à-vis de ces derniers les égards auxquels ils ont droit (même si le respect a disparu du serment[3]).

Il a également, vis-à-vis du tribunal, un devoir d'exactitude dans la conduite de la procédure[4].

338.22 **Illustrations.** Ainsi, un avocat qui, au cours d'un procès, pendant une suspension d'audience, abandonne la barre sans informer la cour d'assises de sa décision et des motifs de celle-ci, fait preuve à l'égard de cette juridiction d'une « insultante désinvolture » et donc commet une faute disciplinaire[5]. Il en est de même de l'avocat qui écrit à un greffier l'accusant d'avoir démarché un témoin et lui indiquant qu'il se « contrefout » de ses explications et le menaçant de poursuites[6].

Pour autant, l'on ne saurait reprocher à un avocat un manquement à la courtoisie pour ne pas s'être rendu à une convocation de son bâtonnier dans le cadre d'une procédure disciplinaire ouverte à son encontre, dès lors qu'il pouvait, dans un tel cadre, adopter toutes attitudes qu'il estimait les plus appropriées à l'exercice de son droit de défense, et qu'il avait averti oralement puis par mail de sa non-comparution au rendez-vous fixé[7].

SECTION 3

COURTOISIE ET AVOCAT HORS DE SON BARREAU

338.31 **Évolution.** Le devoir de courtoisie, dans le cadre des relations de l'avocat avec les barreaux extérieurs, n'apparaît que très tardivement : aux origines, l'avocat s'abstenait de plaider en dehors de son siège et la question ne pouvait donc se poser.

Il n'est apparu qu'après la Révolution, lorsque « l'ambulance »[8] a commencé à sévir au barreau et encore se rappelle-t-on que les avocats près les cours avaient seuls le droit de plaider à l'extérieur de leur siège. François-Étienne Mollot le mentionne la première fois dans son édition de 1866[9] en se référant à une consultation du bâtonnier Jean-Alexandre Plocque[10], au barreau de Montpellier du 18 janvier 1859, conseillant à un avocat qui va plaider devant un tribunal de province de visiter le bâtonnier, mais rappelant en même temps que le manquement à cette visite ne donne lieu à aucune sanction disciplinaire[11]. Soixante-dix ans après, le bâtonnier Fernand Payen, dans ses *Règles de la profession d'avocat et usages du barreau de Paris*[12], mentionne comme unique référence à ce devoir de la « visite », la consultation du bâtonnier Jean-Alexandre Plocque ainsi que le règlement intérieur du barreau d'Aix-en-Provence de 1877, dans son article 4, mais il ignore même les dispositions de l'article 6 du décret du 20 juin 1920[13] et semble ne pas considérer ce devoir comme susceptible de sanction disciplinaire.

Le devoir de courtoisie apparaît donc avec l'article 6 du décret du 20 juin 1920, précité, repris à l'article 6 de la loi du 26 juin 1941[14], puis à l'article 6 du décret du 10 avril 1954[15] et à l'article 87 du décret du 9 juin 1972[16], et enfin à l'article 158 du décret du 27 novembre 1991[17], qui prévoyait alors que : « L'avocat a l'obligation, lorsqu'il plaide devant une juridiction extérieure au ressort de son barreau, de se présenter au président et au magistrat du ministère public tenant l'audience, au bâtonnier et au confrère plaidant pour la partie adverse. »

L'article 158 a été abrogé par le décret du 12 juillet 2005[18].

1. V. s[s] n°s 335.00 s.
2. V. s[s] n°s 451.00 s.
3. V. s[s] n° 454.43.
4. V. s[s] n°s 343.00 s.
5. Lyon, 14 juin 1993, *BICC* 15 oct. 1993, n° 1165.
6. Civ. 1re, 22 janv. 1985, n° 84-10.160, P I, n° 30.
7. Montpellier, 1re ch., 23 févr. 2017, RG n° 16/07398 – V. s[s] n° 335.33.
8. V. s[s] n°s 023.56 s.
9. MOLLOT, 2e éd., 1866, t. II, n° 765, p. 529.
10. Jean-Alexandre Plocque [1807-1877].
11. *CONTRA* : Angers, 26 oct. 1859, *D.* 1860. 1. 290.
12. F. Payen, *Les règles de la profession d'avocat et les usages du barreau de Paris*, Sirey, 1936, n° 376.
13. Décr. 20 juin 1920 relatif à l'exercice de la profession d'avocat et la discipline des barreaux, *JO* 22 juin, p. 8822.
14. L. 26 juin 1941 instituant le certificat d'aptitude à la profession d'avocat, *JO* 28 juill., p. 3162.
15. Décr. n° 54-406, 10 avr. 1954, art. 6 ; – Rapp. pour l'application de la loi n° 54-390 du 8 avril 1954 sur la profession d'avocat et la discipline du barreau, *JO* 11 avr., p. 3494.
16. Décr. n° 72-468, 9 juin 1972 organisant la profession d'avocat, pris pour l'application de la loi n° 71-1130 du 31 déc. 1971, *JO* 11 juin, p. 5884.
17. Décr. n° 91-1197, 27 nov. 1991 organisant la profession d'avocat, *JO* 28 nov., p. 15502.
18. Décr. n° 2005-790, 12 juill. 2005 relatif aux règles de déontologie de la profession d'avocat, *JO* 16 juill., p. 11688, art. 22.

338.32 Visite de courtoisie (RIN, art. 1 *bis*). Le devoir de courtoisie demeure toutefois inscrit dans l'article 1 *bis* du RIN qui dispose que : « En application du principe de courtoisie, l'avocat doit, lorsqu'il plaide devant une juridiction extérieure au ressort de son barreau, se présenter au président et au magistrat du ministère public tenant l'audience, au bâtonnier et au confrère plaidant pour la partie adverse. ».

338.33 Plaidoirie hors barreau : visite d'usage ou de courtoisie. Par conséquent, lorsqu'il intervient hors de son barreau, l'avocat doit se présenter au président et au magistrat du ministère public tenant l'audience, au bâtonnier et au confrère plaidant pour la partie adverse [1].

L'avocat doit ainsi rendre visite au bâtonnier du barreau du ressort de la juridiction où il intervient, ou au moins déposer sa carte au cabinet du bâtonnier, s'il est absent. Il doit en tout état de cause faire appel à lui en cas de difficulté ou d'incident au cours de l'exercice local de sa profession. Si l'avocat omet cette visite d'usage au bâtonnier et que rappelé à ce devoir, il se montre insolent et désagréable avec ce dernier, il peut encourir des sanctions disciplinaires [2].

338.34 Devoir peu respecté. Apparu tardivement, le devoir de courtoisie se maintient de plus en plus difficilement, en raison de l'agitation et de la rapidité des relations modernes. Nombre de magistrats semblent surpris d'ailleurs de ce genre de visites, la plupart des confrères ne reçoivent plus la visite de leurs contradicteurs et nombre de bâtonniers attendent en vain la visite des avocats qui, si illustres soient-ils, s'en dispensent allégrement.

On cite ce mot d'un bâtonnier d'un barreau de province qui plaidait une affaire contre un grand avocat du barreau de Paris, spécialiste des assises et des grandes causes pénales. À l'invitation du président à venir plaider à la barre, le confrère parisien étant arrivé depuis longtemps, le bâtonnier lui fit répondre que c'était sans doute une erreur car il n'avait point reçu la visite d'usage de ce confrère dont il présumait la courtoisie sans faille et que, dans ces conditions, il continuerait à l'attendre patiemment dans son bureau. L'histoire ne dit pas ce que fit le confrère parisien, illustre...

338.35 Ordre de passage. La détermination de l'ordre de passage des avocats devant les juridictions relève de la seule compétence du règlement intérieur de chaque barreau. À défaut de dispositions du règlement intérieur du barreau auprès duquel ils viennent plaider, les avocats doivent se référer aux usages du barreau d'accueil et respecter les règles de courtoisie et de confraternité.

En cas de difficulté, le bâtonnier du barreau local ou son représentant est seul compétent pour trancher cette question de l'ordre de passage [3].

1. RIN, art. 1 *bis* – RIBP, art. P. 33 al. 4.
2. Civ. 1re, 7 juill. 1987, n° 86-10.729, P I, n° 218 ; *D.* 1987. 320.
3. CNB, Comm. RU, avis n° 2009-030, 17 juin 2009 ; C. avocat 2021, ss décr. 12 juill. 2005, art. 3, note 6.

TITRE

34. Les quatre principes essentiels à l'égard du client

SECTION 0

ORIENTEUR

34.00 **Sommaire du titre.**

Divisions. Vis-à-vis de ses clients, l'avocat a spécifiquement un devoir de compétence (chap. 341), de dévouement (chap. 342), de diligence (chap. 343) et de prudence (chap. 344).

34.01 **Textes applicables.**

TEXTES TITRÉS

• **Décr. n° 2005-790, 12 juill. 2005**

art. 3 [Liste des seize principes]

• **RIN**

art. 1.3 [Liste des dix-sept principes]

34.03 **Bibliographie indicative.**

* Aussi : v. s^{s} n° 3.03.

CHAPITRE

341. Compétence

SECTION 0
ORIENTEUR

341.00 **Sommaire du chapitre.**

Division. Le principe de compétence est un principe qualitatif attaché à la personne de l'avocat (sect. 1) à la portée rigoureuse (sect. 2) et d'où découle un devoir de déport ainsi qu'un devoir de conseil et d'information (sect. 3).

341.01 **Textes applicables.**

TEXTES TITRÉS

- **Décr. n° 2005-790, 12 juill. 2005**

art. 3 [Liste des seize principes]

- **RIN**

art. 1.3 [Liste des dix-sept principes]

341.03 **Bibliographie indicative.**

* Aussi : v. s[s] n° 34.03.

Thèse. R. Bigot, *L'indemnisation par l'assurance de responsabilité civile professionnelle : L'exemple des professions du chiffre et du droit, Defrénois* 2014.

Monographies. P. Biarnoy de Merville, *Règles pour former un avocat*, Paris, 1711, Nouvelle éd., Mesnier, 1741 ; puis A.-G. Boucher d'Argis, *Règles pour former un avocat*, Durand, Pissot, 1753, N[lle] éd., Durand, 1778 – A.-G. Camus, *Lettres sur la Profession d'avocat et Recueil de pièces concernant cette profession* (1772), suivi de *Bibliothèque choisie des livres de droit qu'il est le plus utile d'acquérir et de connaître* (1777), 3e éd., chez Gilbert et compagnie, an XIII-1805 ; 4e éd., revue par A. Dupin, P. Warée, 1818 ; 5e éd., revue par A. Dupin, P. Warée, 1832.

Article. J. Pouyanne, « L'obligation de compétence juridique de l'avocat exerçant dans le domaine judiciaire », *RRJ* 2003-2, p. 865-896.

SECTION 1
DÉFINITION ET ÉVOLUTION

341.11 **Définition.** Du latin *competentia*, de *competens*, de *competere, compéter*, de *cum*, avec et *petere*, demander, proprement aller vers. La compétence, dans son sens figuré, est une habilité reconnue dans certaines matières et qui donne un droit de décider[1]. C'est encore la capacité que possède une personne de porter un jugement de valeur dans un domaine dont elle a une connaissance approfondie[2]. C'est l'habilité.

L'avocat doit faire preuve, à l'égard de ses clients, de compétence professionnelle.

341.12 **Évolution.** Le devoir de compétence, que l'on retrouve dès le XVIIIe siècle dans les premiers ouvrages relatifs à la profession d'avocat qui traitaient tant des règles pour former un avocat que de sa déontologie[3], et que la commission des règles et usages du CNB avait proposé d'inscrire en 1999 à l'article 19 du RIH[4], est, aujourd'hui, un principe en plein développement.

La complexité croissante du droit, la multiplication des mandats spéciaux[5], nécessitant des compétences fines, accompagnées d'une formation conti-

1. E. Littré, *Le Dictionnaire de la langue française*, Paris, Hachette, 1874, p. 698.
2. CNRTL.
3. P. Biarnoy de Merville, *Règles pour former un avocat*, Paris, 1711 – A.-G. Boucher d'Argis, *Règles pour former un avocat*, Durand, Pissot, 1753 – A.-G. Camus, *Lettres sur la Profession d'avocat et Recueil de pièces concernant cette profession* (1772), suivi de *Bibliothèque choisie des livres de droit qu'il est le plus utile d'acquérir et de connaître* (1777), 3e éd., Gilbert et Cie, an XIII-1805 ; 4e éd., revue par A. Dupin, P. Warée, 1818 ; 5e éd., revue par A. Dupin, P. Warée, 1832 – V. s[s] n°s 311.21 s.
4. V. s[s] n° 112.22.
5. V. s[s] n°s 433.60 s.

nue rigoureuse[1] et parfois reconnues par un certificat de spécialisation[2].

SECTION 2

PORTÉE DU DEVOIR DE COMPÉTENCE

341.21 Devoir de compétence de l'avocat envers le client. L'avocat a un devoir de compétence envers son client. Ce devoir de compétence lui impose d'avoir les connaissances, notamment juridiques, ainsi que les techniques nécessaires afin d'assurer la bonne fin de la mission que son client entend lui confier.

C'est afin d'assurer l'effectivité de ce devoir de compétence que l'avocat est non seulement soumis à une obligation de formation initiale[3] mais également, tout au long de sa carrière, à une obligation de formation continue[4] qui assure la mise à jour et le perfectionnement des connaissances nécessaires à l'exercice de la profession.

Ainsi, a-t-il pu être jugé que le non-respect de cette obligation de formation continue expose l'avocat à des poursuites disciplinaires[5].

341.22 Étendue du devoir de compétence. Le devoir de compétence de l'avocat ne se limite pas aux seules connaissances juridiques nécessaires au bon traitement d'un dossier. Il s'étend non seulement aux autres connaissances qui pourraient s'avérer nécessaires (comptabilité...), mais également à la maîtrise des techniques et outils nécessaires à un traitement efficient de ce même dossier.

Au-delà des techniques « traditionnelles » tenant à l'argumentation[6], la rédaction d'actes[7] et l'art oratoire[8], la négociation..., il implique, notamment, l'appréhension par l'avocat des technologies de l'information[9] passant par la compréhension et la maîtrise des outils idoines ainsi que leur prise en compte et intégration dans le cadre de son exercice professionnel[10].

341.23 Valorisation des compétences. La valorisation des compétences au sein de la profession est assurée tant par les spécialisations, et qualifications spécifiques, dont peuvent être titulaires les avocats[11], que par l'encadrement de la publicité de l'avocat relativement la mention des spécialisations, qualifications spécifiques, domaines de compétence et missions dans ses communications[12].

SECTION 2

DEVOIRS DÉCOULANT DU DEVOIR DE COMPÉTENCE

341.31 Devoir de déport. L'avocat ne doit pas accepter une affaire s'il ne possède pas les compétences nécessaires pour traiter le dossier, qui relève d'une spécialité particulière qui lui est étrangère, ou lorsqu'il ne se sent pas en mesure de le traiter au mieux des intérêts de son client[13].

Il doit, si nécessaire, se déporter du dossier ou avoir recours aux services de confrères, voire d'autres professionnels, disposant des compétences nécessaires[14].

341.32 Devoir de conseil et d'information. L'avocat, en tant que professionnel du droit, est tenu, en raison de son devoir de compétence, d'un devoir de conseil et d'information à l'égard de son client, tant sur le plan strictement juridique (interprétation de la loi, incertitudes de la jurisprudence, rédaction d'un acte juridique, devoir d'assurer l'efficacité de cet acte, accomplissement des formalités accessoires...) que sur le plan judiciaire (information quant aux voies de droit nécessaires, aux voies de recours, aux délais de procédure...).

L'avocat doit conseiller ses clients au mieux de leurs intérêts. En outre, il peut engager sa responsabilité civile pour manquement à son devoir de conseil et d'information[15]. Cette responsabilité est renforcée du fait qu'il appartient à l'avocat d'apporter la preuve qu'il a bien exécuté son devoir de conseil[16].

1. V. s[s] n°s 213.00 s.
2. V. s[s] n°s 214.00 s.
3. V. s[s] n°s 211.21 s.
4. V. s[s] n°s 213.00 s.
5. Bordeaux, 14 oct. 2008, *JCP* 2009. I. 120, n° 12, obs. S. Bortoluzzi – Lyon, 6 mai 2010, RG n° 10/00379.
6. F. Martineau, *Petit traité d'argumentation judiciaire et de plaidoirie*, 8e éd., « Praxis », Dalloz, 2019 – L. Olbrechts-Tyteca, C. Perelman, *Traité de l'argumentation*, 6e éd., Éditions de l'Université de Bruxelles – Ublire, 2008.
7. P. Créhange, *Introduction à la rédaction des actes judiciaires et juridiques*, Gazette du Palais, 2e éd., 2019.
8. P. Créhange, *Introduction à l'art de la plaidoirie*, 4e éd., Gazette du Palais, 2019 – B. Périer, *La parole est un sport de combat*, JC Lattès, 2017 – Ch. Haroche, *Briller à l'oral pour les Nuls*, First, 2019.
9. COMP : D. Jaar, F. Sénécal, « Déontologie : les obligations de l'avocat face aux technologies de l'information », Barreau du Québec, *Développements récents en déontologie, droit professionnel et disciplinaire* (2010), Blais, 2010, p. 83 s.
10. NOT. : V. s[s] n°s 412.301 s. et n°s 464.10 s.
11. V. s[s] n[os] n° 214.10 s.
12. V. s[s] n°s 461.141 s.
13. V. s[s] n°s 481.10 s.
14. RAPPR. : Nîmes, 23 mars 1981, *JCP* 1983. IV. 362 – RIN, art. 21.3.1.3.
15. V. s[s] n°s 912.101 s.
16. V. s[s] n° 913.52.

CHAPITRE

342. Dévouement

SECTION 0
ORIENTEUR

342.00 Sommaire du chapitre.

Division. Le principe de dévouement qui renvoie à l'intensité de l'engagement de l'avocat pour le compte de son client (sect. 1), impose à l'avocat l'accomplissement personnel de la mission que lui a confiée son client, posant la question de la faculté de substitution (sect. 2) ainsi qu'un devoir de déport (sect. 3).

342.01 Textes applicables.

TEXTES TITRÉS

• **Décr. 2005-790, 12 juill. 2005**

art. 3 [Liste des seize principes]

• **RIN**

art. 1.3 [Liste des dix-sept principes]

342.02 Jurisprudence de référence.

> Défense personnelle du client

• **Civ. 1re, 11 juill. 1983,** n° 83-11.591, P I, n° 201.

* V. s[s] nos 314.59, 342.23, 622.124.

« Mais attendu que la cour d'appel, qui n'était pas tenue de suivre les parties dans le détail de leur argumentation, a souverainement estimé que M. R... savait, lorsqu'il a reçu M. P. S... et qu'il a accepté de prendre en charge sa constitution de partie civile, qu'il ne pourrait pas se rendre au palais de justice ;

– que, sans dénaturer le procès-verbal d'audition de M. L..., elle a relevé que M. R... avait néanmoins promis à son client d'être présent à l'audience correctionnelle ;

– qu'elle a pu en déduire que, même dans le cadre d'une société civile professionnelle, qui ne supprime pas la relation personnelle entre l'avocat associé et son client, M. R..., en se faisant remplacer par son associé, M. B..., sans l'agrément préalable de M. P. S..., avait trompé la confiance de celui-ci et manqué à la délicatesse à son égard ;

– qu'ayant relevé que M. R... avait été mandaté pour se constituer partie civile à l'audience correctionnelle et qu'il avait accepté ce mandat, les juges d'appel ont pu également estimer qu'en ne se souciant pas des suites de l'affaire, et en ne priant pas son confrère M. B... de tenir informé M. S... du jugement, M. R..., qui avait ainsi manifesté l'indifférence la plus complète à l'égard de son client avait encore manqué à la délicatesse due à celui-ci ;

– que la juridiction du second degré, qui a également relevé que M. R... savait, lorsqu'il a reçu son client, que le dossier qu'il prenait en charge mettait en cause le fils d'un confrère, et qui a constaté qu'il avait confié ce dossier au dernier moment à M. B... le plaçant ainsi dans une situation très difficile qui devait être à l'origine des complications survenues et des poursuites disciplinaires engagées contre ce confrère, a pu en déduire que ce comportement constituait un manque de délicatesse à l'égard de celui-ci ;

– qu'enfin, si la cour d'appel a énoncé que M. R... aurait pu éviter ces difficultés en informant M. P. S... de son refus de prendre en charge un dossier mettant en cause le parent d'un confrère, elle n'a pas tiré de conséquence juridique de cette énonciation et n'a pas tenu pour une faute le fait par M. R..., d'avoir accepté le dossier ;

– qu'ainsi le moyen, qui manque en fait en sa sixième branche, n'est pas fondé en ses autres branches. »

342.03 Bibliographie indicative.

* Aussi : v. s[s] n° 34.03.

SECTION 1
DÉFINITION ET PORTÉE

342.11 Définition. Du latin, de *votum*, vœu, participe passé de *vovere*, qui se rattache au goth *vopjan*, invoquer. Le dévouement désigne par extension une disposition à servir quelqu'un avec une abnégation personnelle[1].

1. E. Littré, *Le Dictionnaire de la langue française,* Paris, Hachette, 1874, p. 1143.

C'est une disposition à servir ; aptitude à se dévouer avec plus ou moins d'abnégation [1]. L'avocat doit se montrer dévoué à l'égard de son client.

342.12 Portée. Le dévouement de l'avocat implique l'accomplissement personnel de la mission qui lui a été confiée et sa présence auprès de son client à chaque fois que cela s'avère nécessaire [2].

SECTION 2
ACCOMPLISSEMENT PERSONNEL DE LA MISSION ET FACULTÉ DE SUBSTITUTION

342.21 Accomplissement personnel de la mission. L'avocat doit personnellement accomplir la mission qui lui a été confiée [3] et ce, avec sérieux, bienveillance, disponibilité et transparence.

Tout manquement au devoir de dévouement expose l'avocat à une sanction disciplinaire.

342.22 Faculté de substitution. Le devoir de dévouement de l'avocat explique pourquoi la faculté de se faire substituer par un ou plusieurs autres avocats obéit à certaines règles impératives.

En effet, si l'avocat est amené à se faire substituer dans l'exécution de la mission que lui a confiée son client, il doit en informer à l'avance son client et obtenir son agrément.

L'essentiel est que le client soit informé par son avocat du recours qui sera fait à un autre associé, à un collaborateur libéral ou un avocat salarié ou à un service extérieur (*outsourcing*) et que l'avocat ne se décharge pas sur un confrère d'une tâche, notamment celle de plaider, qui lui a été personnellement confiée par son client.

342.23 Groupements d'exercice. Il en est de même dans le cadre des groupements d'exercice [4], même si le client qui a affaire à un tel groupement sait, en principe, à l'avance, en s'adressant à ce genre de cabinet, qu'il s'expose à voir l'avocat avec lequel il a primitivement discuté de son affaire, se faire substituer par l'un de ses associés, collaborateurs libéraux ou avocats salariés [5].

Deux arrêts, rendus le 11 mars 1983 par la cour d'appel de Bordeaux, semblaient prohiber toute substitution entre avocats même à l'intérieur d'un groupement d'exercice [6]. Selon la cour d'appel de Bordeaux, l'avocat avait trompé la confiance de son client en acceptant de prendre en charge la défense de ses intérêts, alors qu'il savait dès leur entrevue qu'il ne pourrait se rendre au Palais de justice le jour où l'affaire y serait évoquée, et qu'il s'y ferait substituer par un associé [7].

André Damien avait émis des réserves sur sa formulation qui aurait obligé les avocats à plaider personnellement toutes leurs affaires rendant ainsi illusoire et sans intérêt la pratique de la collaboration avec d'autres confrères ou l'association [8].

La Cour de cassation, par un arrêt du 11 juillet 1983 a rejeté le pourvoi, tout en notant dans ses motifs que le fait d'exercer la profession dans le cadre d'un groupement d'exercice ne supprime pas la relation personnelle existant entre l'avocat et le client ; faisant qu'en se faisant substituer, nonobstant sa promesse, par un associé, sans l'agrément préalable du client, l'avocat avait trompé la confiance que celui-ci avait en lui [9].

342.24 Ligne de conduite en matière de substitution. Il est ainsi possible de déduire des termes de l'arrêt de la Cour de cassation du 11 juillet 1983 [10], une ligne de conduite en ce qui concerne les « substitutions ».

1° Le fait, tout d'abord, pour un avocat d'exercer en groupe [11] – ce dont le client doit être informé – expose ce dernier à ce que son affaire ne soit pas seulement traitée par l'avocat qui l'a reçu mais par un associé, un collaborateur libéral ou un avocat salarié.

2° L'avocat, dans les affaires où rien n'a été précisé entre le client et lui à cet égard, a donc la possibilité soit de traiter lui-même le dossier qui lui est confié, soit de se faire substituer par les membres de son cabinet. Il ne paraît pas nécessaire en l'état des usages de la profession qu'il informe systématiquement le client de cette faculté : elle se déduit de la nature même des choses.

3° En revanche, un avocat n'a pas le droit d'affirmer à son client qu'il sera à ses côtés dans telle ou telle circonstance, ou qu'il traitera personnellement de la mission qu'il lui a confiée, et se faire substituer

1. CNRTL.
2. CD Paris, 25 mars 2020, n° 323652.
3. Nantes, 20 déc. 1977, *D.* 1978. 302 – Bordeaux, 11 mars 1983, *Gaz. Pal.* 1983. 2. 384, note A. Damien ; *D.* 1984. 119, obs. A. Brunois ; *in* A. DAMIEN, *Les grands arrêts*, Litec, 1991, p. 91 – Civ. 1re, 11 juill. 1983, n° 83-11.591, P I, n° 201 ; *JCP* 1983. IV. 955.
4. V. ss nos 811.50 s.
5. COMP. s'agissant de la prise en compte de la « notoriété » de l'avocat dans la détermination des honoraires, v. ss nos 721.61 s.
6. V. ss nos 811.50 s.
7. Bordeaux, 11 mars 1983, 2 esp., *Gaz. Pal.* 1983. 2. 384, note A. Damien ; *D.* 1984. 119, obs. A. Brunois ; *in* A. DAMIEN, *Les grands arrêts*, Litec, 1991, p. 91.
8. A. Damien, note ss Bordeaux, 11 mars 1983, 2 esp. ; *Gaz. Pal.* 1983. 2. 384.
9. Civ. 1re, 11 juill. 1983, n° 83-11.591, P I, n° 201 ; *JCP* 1983. IV. 355 ; *Gaz. Pal.* 1984. 1. 152, note A. Damien.
10. Civ. 1re, 11 juill. 1983, n° 83-11.591, P I, n° 201 ; *JCP* 1983. IV. 355 ; *Gaz. Pal.* 1984. 1. 152, note A. Damien.
11. V. ss nos 811.50 s.

à son insu, sans même l'en aviser. Le fait d'affirmer à un client qui ne demandait pas une prestation personnelle de son avocat, que celui-ci s'occupera personnellement de son dossier sans tenir toutefois cette promesse, équivaut à une tromperie qui constitue une faute déontologique.

4° Le lien *intuitu personae* propre à la profession d'avocat, qui en est un des fondements, et qui a pour corollaire le principe du libre choix de l'avocat par le client[1], suppose le droit pour le client et le devoir pour l'avocat qui accepte cette exigence, de stipuler au préalable, que l'affaire serait traitée personnellement par l'avocat choisi.

5° Dès lors, l'avocat qui a accepté cette stipulation ne peut se faire substituer par quiconque. Sauf bien entendu cas de force majeure.

6° Enfin, un avocat qui a confié à un autre avocat la charge d'un dossier dont il est *dominus litis* demeure responsable de l'affaire et doit prier son confrère qui l'a substitué d'aviser le client de la décision, ou le faire lui-même. Au cas où le client n'est avisé ni par l'avocat qu'il a choisi ni par celui qui l'a substitué, il y a de la part du premier une « indifférence coupable » qui est une faute déontologique. On note également l'exigence manifestée par la Cour de cassation que les dossiers confiés à des collaborateurs libéraux, des avocats salariés ou à des associés, le soient suffisamment à temps pour que l'avocat substituant ne soit pas placé dans une situation très difficile vis-à-vis du dossier qu'il va devoir traiter. À défaut de procéder de cette façon, il y a une faute déontologique non pas vis-à-vis du client mais vis-à-vis du confrère choisi pour le substituer.

1. V. s^s n°s 471.22 s.

342.25 Difficultés en matière pénale. Des difficultés sont apparues, à l'initiative de certains parquets qui considèrent qu'en matière pénale la substitution entre avocats ne serait qu'une simple tolérance à laquelle ils auraient décidé de mettre fin lorsqu'un avocat qui est régulièrement constitué dans un dossier[2] se fait substituer à l'audience du juge des libertés et de la détention ou devant la chambre de l'instruction par un associé ou un collaborateur auquel ils n'autorisent pas à formuler d'observations sous prétexte qu'il ne serait pas lui-même constitué dans le dossier. Afin de mettre fin à ces difficultés, le Conseil national des barreaux a sollicité l'ajout d'un nouveau paragraphe à l'article 5 de la loi du 31 décembre 1971[3] prévoyant que : « L'avocat régulièrement désigné par une partie devant une juridiction civile, pénale, administrative ou disciplinaire peut se faire substituer dans tous les actes et diligences par tout avocat. Le mandat de substitution est présumé. L'avocat substitué agit sur les instructions et sous la responsabilité professionnelle de l'avocat qui l'a mandaté. Aucune irrecevabilité ne peut affecter les actes de procédure ou les recours ordinaires ou extraordinaires effectués par l'avocat substitué et portant mention de cette substitution. »[4]

SECTION 3
DEVOIR DE DÉPORT

342.31 Devoir de déport. Si l'avocat ne s'estime pas ou plus en mesure d'accomplir la mission que son client lui a confiée avec le dévouement nécessaire, il se doit de refuser le dossier ou de s'en déporter en préservant les intérêts du client[5].

2. C. pr. pén., art. 115 – C. Guéry, P. Chambon, *Droit et pratique de l'instruction préparatoire*, 10e éd., « Dalloz Action », 2017, n° 332.21 s.
3. L. n° 71-1130, 31 déc. 1971 portant réforme de certaines professions judiciaires et juridiques, *JO* 5 janv. 1972, p. 131.
4. CNB, Motion pour un cadre légal relatif à la substitution d'avocat, AG 13 nov. 2020.
5. V. s^s n°s 484.21 s.

CHAPITRE

343. Diligence

SECTION 0
ORIENTEUR

343.00 Sommaire du chapitre.

Division. Le principe de diligence qui renvoie à la nature des tâches réalisées par l'avocat pour le compte de son client (sect. 1) doit guider l'avocat dans l'exécution de l'ensemble de ses missions (sect. 2) et lui impose un devoir d'exactitude dans la conduite des procédures (sect. 3).

343.01 Textes applicables.

TEXTES TITRÉS

• **Décr. n° 2005-790, 12 juill. 2005**

art. 3 [Liste des seize principes]

• **RIN**

art. 1.3 [Liste des dix-sept principes]

343.02 Jurisprudence de référence.

> Défaut réitéré de diligence

• **Paris, 25 janv. 2007,** RG n° 06/03893.

* V. s[s] n° 343.26.

« Considérant qu'au soutien de son recours, le Ministère public expose que Maître X... a fait l'objet depuis le 24 février 2004 d'une mesure de suspension provisoire constamment renouvelée au cours de la procédure disciplinaire engagée contre elle en raison de multiples plaintes de ses clients qui ont dénoncé l'abandon de leurs dossiers par cette avocate, qui dans certains cas avait en outre perçu des provisions sur honoraires sans pourtant effectuer aucune diligence ;

Considérant qu'il fait en outre exactement observer que dans certains cas Maître X... a même fait mensongèrement croire à ses clients qu'une procédure avait été engagée ; qu'en outre Maître X... n'a pas donné suite aux convocations du rapporteur chargé de l'instruction de son dossier disciplinaire et n'a pas comparu devant le conseil de l'Ordre ; qu'il est de surcroît constant qu'elle n'a plus de domiciliation professionnelle, qu'elle ne tient plus aucune comptabilité et qu'elle ne répond à aucune correspondance professionnelle ;

Considérant que l'abandon total de ses obligations d'avocat par Maître X... est constant, qu'il caractérise un manquement grave à l'honneur et à la probité et justifie la [sanction] disciplinaire de la radiation requise par le Ministère Public. »

343.03 Bibliographie indicative.

* Aussi : v. s[s] n° 34.03.

SECTION 1
DÉFINITION ET PORTÉE

343.11 Définition. Du latin *diligentia*, de *diligens, diligentem*, proprement qui aime, qui chérit, et, de là, soigneux, avec soin, de *diligere*, aimer avec choix.

Diligent se définit comme un « soin attentif et appliqué »[1]. Ce sont les soins appliqués (mis dans l'exécution d'une tâche)[2].

343.12 Portée. L'avocat doit faire preuve de diligence à l'égard de son client. Il doit montrer une grande disponibilité et apporter un soin appliqué et attentif à sa mission. Il ne doit tout particulièrement pas, pour quelque motif que ce soit, négliger un dossier.

1. E. Littré, *Le Dictionnaire de la langue française*, Paris, Hachette, 1874, p. 1165.
2. CNRTL.

SECTION 2
DEVOIR DE DILIGENCE ET MISSIONS DE L'AVOCAT

343.21 Diligence dans l'accomplissement de sa mission. L'avocat doit effectuer toutes les diligences nécessaires à la parfaite exécution du mandat que lui a confié son client, et y apporter les soins et l'attention nécessaires.

Ainsi, en matière judiciaire, en vertu du mandat *ad litem*, il peut et doit faire tout ce qui est nécessaire ou utile au succès du procès[1]. Il est responsable de la procédure et de son déroulement et doit informer le client de l'évolution de son dossier. Il doit surveiller les délais de recours, en indiquer les modalités au client et lui donner un avis motivé.

343.22 Devoir d'efficacité. Du devoir de diligence de l'avocat découle un devoir d'efficacité dans les actes accomplis par l'avocat pour le compte de son client[2].

Il doit ainsi veiller à la pleine efficacité des actes, y compris de procédure, qu'il réalise pour le compte de son client, ce qui implique, notamment, de veiller à effectuer toutes les formalités requises et prendre toutes les initiatives nécessaires à la préservation des droits et la sauvegarde des intérêts de son client. Ce qui implique également, en application de son devoir de compétence[3], de donner un avis d'opportunité, tel que sur une procédure à mettre en œuvre ou sur la nécessité de signifier un jugement dans les délais[4].

343.23 Pertinence des diligences. Le devoir de diligence implique, du fait du devoir de compétence[5], un devoir de pertinence dans les diligences effectuées : celles-ci doivent être conformes et adaptées au traitement du dossier dont l'avocat à la charge[6].

Au demeurant, si l'appréciation des diligences effectuées constitue l'élément essentiel de l'évaluation des honoraires de l'avocat[7], le juge de l'honoraire, nonobstant le fait qu'il ne soit pas le juge de la responsabilité civile professionnelle, peut ne pas prendre en compte les diligences « manifestement inutiles »[8].

343.24 Devoir de déport. Si l'avocat ne s'estime pas ou plus en mesure d'accomplir la mission avec diligence, il se doit, ici encore, de refuser le dossier ou de s'en déporter en préservant les intérêts du client[9].

343.25 Responsabilité civile et disciplinaire. Tout manquement de l'avocat à son devoir de diligence est de nature à caractériser une faute déontologique, mais encore une faute civile susceptible d'engager sa responsabilité civile professionnelle[10].

C'est ainsi que le fait pour un avocat de rédiger une convention annulée ultérieurement par le tribunal, parce que passée sans l'accord préalable du bailleur, dont le consentement écrit antérieur à toute cession était exigé par le bail, le fait de n'avoir pas mentionné dans l'acte les mentions essentielles à sa validité, et d'avoir rédigé une convention destinée à couvrir une dissimulation, constitue une faute déontologique sanctionnée par une radiation[11].

343.26 Défaut manifeste de diligence. Les juridictions disciplinaires ont régulièrement à connaître de cas d'avocats qui laissent totalement à l'abandon le traitement des dossiers d'un ou plusieurs clients. De tels manquements au principe de diligence portent en outre atteinte à l'image de la profession tout entière, encore plus lorsqu'ils se traduisent par la perception d'honoraires ou de provisions. Est ainsi justifiée la radiation d'un avocat qui faisait l'objet de multiples plaintes de ses clients ayant dénoncé l'abandon de leurs dossiers, qui avait perçu des provisions sur honoraires sans pourtant effectuer aucune diligence et ne répondait à aucune correspondance professionnelle[12].

De même, celui qui a, à de multiples reprises, et ce de manière délibérée, fourni de fausses informations sur le déroulement des procédures à ses clients, à des confrères et au bâtonnier, s'est abstenu d'accomplir les diligences nécessaires au règlement des dossiers et a retenu des dossiers restituables[13].

Pareillement, manque aux principes de dévouement, de diligence et de prudence à l'égard de son client l'avocat qui, malgré les honoraires perçus de la part d'une personne bénéficiaire de l'aide juridictionnelle, n'effectue aucune diligence dans un contentieux aussi lourd de conséquences qu'un litige concernant la résidence habituelle des enfants et la prestation compensatoire[14]. Tout comme, des

1. Sur l'étendue du mandat, v. s^{s} n°s 622.00 s. et 912.41 s. – Sur la postulation, v. s^{s} n°s 622.141 s.
2. Sur le devoir d'efficacité en matière de rédaction d'actes, v. s^{s} n°s 912.161 s.
3. V. s^{s} n°s 341.11 s.
4. V. s^{s} n°s 912.101 s.
5. V. s^{s} n°s 341.11 s.
6. COMP. : A.-A. Hyde, « Avocat et intelligence artificielle : quelles obligations, quelles responsabilités. Réflexions à partir d'une décision de la Cour supérieure de l'Ontario du 22 novembre 2018 », *D.* 2019. 2107.
7. V. s^{s} n°s 721.82 s.
8. V. s^{s} n° 721.94.
9. V. s^{s} n°s 484.21 s.
10. V. s^{s} n°s 912.151 s.
11. Aix-en-Provence, 10 mars 1980, *Gaz. Pal.* 1980. I. 269 ; *in* A. DAMIEN, *Les grands arrêts*, Litec, 1991, p. 81.
12. Paris, 25 janv. 2007, RG n° 06/03893.
13. Limoges, 14 janv. 2004 ; – CITÉ PAR : Y. Avril, *Responsabilité des avocats,* 3e éd., « Dalloz Référence », 2014, n° 51.02.
14. CD Paris, arr. n°s 06.2744, 24.2363, 28 mars 2006.

retards dans la restitution d'honoraires au client en exécution d'une décision de justice ou dans le règlement de sommes revenant au client et ayant fait en effet l'objet d'un prélèvement au compte Carpa sont également susceptibles de constituer des fautes déontologiques[1].

343.27 Erreurs de droit, erreurs professionnelles caractérisées. La simple abstention, négligence, ou désinvolture dans l'exécution de la mission que lui a confiée son client sont ainsi susceptibles de constituer pour l'avocat une « erreur professionnelle caractérisée » entraînant des sanctions tant civiles que disciplinaires.

SECTION 3
DEVOIR D'EXACTITUDE

343.30 Plan. Le principe de diligence impose un devoir d'exactitude dans la conduite des procédures (§ 1) qui est impacté par l'exercice en groupe de la profession d'avocat (§ 2).

§ 1
Devoir d'exactitude dans la conduite des procédures

343.41 Devoir d'exactitude et caractère exceptionnel des demandes de renvoi. L'avocat a, vis-à-vis du tribunal, un devoir d'exactitude dans la conduite des procédures qui découle du devoir de diligence[2]. Notons, à cet égard, que le conseil de l'Ordre est, notamment, chargé : « de veiller à ce que les avocats soient exacts aux audiences »[3].

Il doit donc mener ses procédures en suivant les injonctions qui lui sont adressées par les magistrats et plaider aux dates qui ont été fixées.

Il ne devra solliciter de renvois que de manière tout à fait exceptionnelle.

343.42 Information du magistrat et de la partie adverse. Si l'avocat est contraint, à titre exceptionnel, de solliciter un renvoi par suite d'une fixation d'audience inopinée ou d'obligations simultanées inconciliables ou d'un imprévu, il devra en informer le magistrat aussitôt que possible pour permettre une réorganisation de l'audience.

L'avocat également en informer impérativement ses confrères ou les parties adverses[4].

1. Civ. 1re, 23 oct. 1984, n° 83-14.806, P I, n° 273 ; *Gaz. Pal.* 1985. 1. pan. 98.
2. L. n° 71-1130, 31 déc. 1971 portant réforme de certaines professions judiciaires et juridiques, *JO* 5 janv. 1972, p. 131, art. 17, 4°.
3. L. n° 71-1130, 31 déc. 1971, art. 17, 4°.

343.43 Le juge doit-il attendre l'avocat en retard ? Si les avocats, fussent-ils bâtonniers[5], ne peuvent prétendre à un droit absolu au renvoi d'une affaire lorsqu'ils le sollicitent de la part du tribunal, une autre question est c'est celle de déterminer si le tribunal est contraint, en raison du respect des droits de la défense, d'attendre, pour évoquer une affaire et pour clore les débats et la mettre en délibéré, la venue d'un avocat qui est inscrit dans le dossier pour y prendre la parole et assurer la défense d'un prévenu ou d'un défendeur ; peut-il juger si l'avocat est absent ou retardé dans sa venue ?

Au-delà de la relation réciproque de courtoisie[6] qui permet de répondre à la difficulté dans la vie quotidienne, il y a une question de droit et une question d'organisation judiciaire. En effet, si le magistrat doit manifester sa courtoisie à un avocat dont il sait qu'il plaide en plusieurs lieux à la même heure, et si l'avocat doit s'efforcer d'aviser le magistrat de l'heure de sa venue à l'audience, au-delà de ces attitudes se pose la question de conception de la justice : le droit à la défense d'une part et la nécessité, en revanche, de poursuivre une audience et d'épuiser le rôle de celle-ci.

Il y eut des précédents dans l'histoire judiciaire et notamment le plus célèbre lorsqu'en 1833 le premier président Antoine-Jean-Matthieu Séguier voulut refuser un renvoi devant la première chambre de la Cour au bâtonnier Pierre Marie de Saint-Georges[7] qui plaidait au même instant devant la cour d'assises. Finalement le premier président l'accorda, à la prière de l'avocat mais en l'assortissant de propos si injurieux pour celui-ci que le conseil de l'Ordre de Paris prit un arrêté de protestation contre l'attitude du premier président Séguier. Le conflit s'envenima à tel point qu'on aboutit à une comparution du bâtonnier devant la cour d'appel et à une grève des audiences du premier président[8]. À l'époque d'ailleurs, les affaires étaient évoquées exclusivement dans l'ordre du rôle au civil comme au pénal, ainsi qu'il est encore suivi dans les juridictions administratives[9].

4. AUSSI : v. ss nos 451.21 s.
5. Aix-en-Provence, 24 juin 1988, *Gaz. Pal.* 1988. 2. 703, note A. Damien ; *in* A. DAMIEN, *Les grands arrêts*, Litec, 1991, p. 41 ; – POURVOI REJETÉ PAR : Cass., ass. plén., 24 nov. 1989, n° 88-18.188, P n° 3 ; *D.* 1990. 25, concl. J. Cabannes ; *Gaz. Pal.* 1989. 2. 971, note J.-G. Moore ; *JCP* 1990. II. 21407, note A. Cadiot ; *in* A. DAMIEN, *Les grands arrêts*, Litrec, 1991, p. 41 et 52 ; – AUSSI : Civ. 2e, 6 mai 1987, n° 86-10.581, P II, n° 106 – Paris, 30 mars 1990, *D.* 1990. 429, note P. Julien.
6. V. ss nos 338.00 s.
7. Pierre Marie de Saint-Georges [1797-1870].
8. J. Fabre, *Le barreau de Paris*, J. Delamotte, 1895, p. 425 s.
9. A. Damien, *Les avocats du temps passé*, Lefebvre, 1973, p. 215 s.

343.44 Évolution. Il n'était donc pas question naguère d'attendre un avocat à l'audience d'un tribunal, d'une part en raison de l'organisation du rôle, d'autre part en raison du fait que l'avocat n'avait qu'un rôle subsidiaire et que l'avoué qui, jusqu'à la Restauration[1], demeurait plaidant dans tous les cas, pouvait substituer l'avocat défaillant à tout moment ; et, attaché exclusivement au tribunal, il ne pouvait pas souffrir de ces retards ou de ces empêchements qui pouvaient affecter les avocats[2]. La tradition admettait que le tribunal puisse accorder un renvoi si l'avocat était malade, sa seule affirmation suffisant à justifier de cet empêchement[3], ou s'il plaidait au même moment devant une autre chambre[4]. Mais, hormis ces deux cas, l'avocat absent pouvait être condamné aux frais du renvoi, on parlait alors de « remise », et à des dommages-intérêts envers sa partie pour le retard occasionné par son absence[5].

Ce n'est qu'au XIXe siècle qu'un assouplissement d'ordre coutumier est apparu devant les tribunaux, invitant les magistrats à attendre la présence des avocats pour évoquer une affaire, ce qui ne constituait nullement une obligation pour le juge. Ainsi donc on peut juger, hors la présence de l'avocat même si celle-ci est attendue ou réclamée par le justiciable, sauf lorsque cette présence est nécessaire à la validité de la procédure : débats devant les cours d'assises ou devant le tribunal pour enfants par exemple[6].

343.45 Solution de la jurisprudence administrative. La jurisprudence judiciaire n'apportait que peu de décisions en cette matière qui a suscité cependant tant de querelles, de rivalités, d'incompréhension ou de luttes sourdes et aucune décision, à notre connaissance, n'a été rendue qui annule une procédure pour atteinte aux droits de la défense, du fait que l'avocat n'a pas pu être entendu dans ses explications faute par le tribunal de n'avoir pas attendu sa venue devant la juridiction.

Paradoxalement c'est la juridiction administrative qui va nous apporter les décisions les plus intéressantes et les plus novatrices. Elle admet tout d'abord la nécessité d'une convocation du client pour la validité de la procédure toutes les fois que, en l'absence de cette convocation, il ne pourrait mettre à même son avocat de présenter des observations orales[7] ; mais si le défenseur ne se présente pas à l'audience, cette circonstance n'influe pas sur la validité de la procédure[8]. Toutefois, *a contrario*, deux décisions semblent admettre la nécessité d'attendre l'avocat pour le mettre à même d'exercer sa fonction. Dans la première espèce, il est indiqué qu'il n'est pas allégué que l'avocat ait demandé le report de l'affaire à une séance ultérieure[9]. Dans la seconde, la procédure n'est pas viciée par l'absence de l'avocat, celui-ci n'ayant pas fait connaître au tribunal qu'il avait cessé de défendre son client[10]. Ainsi, il semble que soit née une notion inconnue des juridictions de l'ordre judiciaire ou insuffisamment dégagée par elles, selon laquelle l'absence de l'avocat à l'audience serait de nature à vicier la procédure pour atteinte aux droits de la défense, dès lors que l'avocat avait justifié avant l'audience, de son impossibilité d'y être présent (maladie, accident) ou avait pu justifier durant l'audience, et avant que la décision ne soit rendue, de son impossibilité d'être présent et de prévenir avant l'audience (accident, panne...).

Un arrêt du Conseil d'État[11] a résumé d'une manière très intéressante les différents principes ci-dessus rappelés et semble constituer l'esquisse d'un droit pour l'avocat à être entendu et pour le client à être défendu et dont la violation pourrait entraîner l'annulation des procédures pour atteinte aux droits de la défense[12].

343.46 Solution de la jurisprudence judiciaire. Un arrêt de la cour d'appel de Rennes du 16 avril 1980[13] a pu estimer que l'absence des avocats des parties le jour de l'audience, sans qu'il ait été donné de motifs de cette absence, est une cause grave de révocation de l'ordonnance de clôture au sens de l'article 784 du code de procédure civile et qu'il convient de la reporter dans le but d'assurer le respect des droits de la défense[14].

Toutefois, l'avocat avait, en principe, le droit de revendiquer un débat oral et contradictoire et de ne pas accepter d'être contraint à un dépôt du dossier sans plaidoirie[15].

1. V. ss no 023.71.
2. Décr. 2 juill. 1812 sur la plaidoirie dans les Cours Impériales et dans les tribunaux de première instance, art. 6.
3. A. Liouville, *Abrégé des règles de la profession d'avocat*, Paris, Marchal et Billard, 1883, p. 309.
4. Décr. 2 juill. 1812, art. 7.
5. Décr. 2 juill. 1812, art. 8.
6. V. ss nos 472.171 s.
7. CE 26 juill. 1978, req. no 6629, *Lebon* 366, concl. M. Guillaume.
8. CE 24 févr. 1971, *Sté des téléphériques français et Cne de Guillaumes*, req. nos 76101, 76120, *Lebon* 63.
9. CE 2 févr. 1973, *Jendoubi (Vve)*, req. no 84685, *Lebon* 98.
10. CE 29 janv. 1960, *Lebon* 74.
11. CE 13 mai 1987, req. no 13751, *Lebon T ; RT barr.* Versailles 1987, no 7, oct. 1987, p. 201, concl. B. Stirn, note A. Damien.
12. AUSSI : V. ss nos 471.22 s.
13. Rennes, 16 avr. 1980, *Gaz. Pal.* 1980. 1. 338.
14. Versailles, 26 oct. 1988, *Gaz. Pal.* 1989. 1. 483, note A. Damien ; *in* A. DAMIEN, *Les grands arrêts*, Litec, 1991, p. 52.
15. Paris, 7 janv. 1993, *Gaz. Pal.*, 19 oct. 1993, p. 19 – Sur la question du droit à l'assistance d'un avocat, v. ss nos 471.22 s.

§ 2
Incidence de l'exercice en groupe sur le devoir d'exactitude

343.51 Rareté des renvois grâce à l'exercice en groupe. L'exercice en groupe de la profession permet actuellement, notamment grâce aux collaborateurs libéraux et avocats salariés[1], de ne solliciter de renvois qu'à de très rares occasions.

Ainsi la légende attribuant aux avocats la responsabilité des lenteurs judiciaires pourra-t-elle s'estomper. Les magistrats ont, hormis[2] d'« anormales lenteurs »[3] des expertises judiciaires[4], la responsabilité du cours de la justice, sauf à ce que l'avocat ait commis une faute déontologique en ne se rendant pas à l'audience et en confiant tardivement le dossier à un confrère[5].

343.52 Organisation des audiences. Les magistrats, prenant en compte la multiplicité des tâches et des obligations des avocats, se soucient de plus en plus de leur épargner, ainsi qu'aux justiciables, des pertes de temps en organisant les audiences dans l'intérêt commun de la justice.

Ils évitent ainsi d'appeler, dans les audiences correctionnelles, les prévenus sans avocat avant ceux qui en possèdent au motif que les premiers doivent bénéficier d'un traitement de faveur. Les avocats, que la loi a institués pour assurer le meilleur exercice de la justice[6], doivent pouvoir assumer leur rôle à toutes les audiences et intervenir dans une même journée devant les prétoires divers où les conduit la confiance des justiciables.

343.53 Que faire contre la multiplication des audiences ? La multiplication des appels de cause, conférences de président, audiences du juge unique réparties aux heures les plus variées de la semaine de travail, doit être autant que possible proscrite. La procédure n'est pas un moyen d'affronter des citoyens à des situations pittoresques ou bizarres, elle est un moyen de rendre justice aux usagers du droit.

Les magistrats qui exercent le pouvoir judiciaire assument un service public et les pouvoirs qui leur sont accordés n'ont de sens que parce qu'ils sont au service d'une finalité supérieure prévue par la loi. Tout excès en ces matières doit être signalé au bâtonnier, de façon à lui permettre d'intervenir auprès des autorités judiciaires.

1. V. s[s] n°s 811.221 s.
2. « [...] l'une des causes des lenteurs de la justice devait être recherchée dans les retards engendrés par les expertises, ainsi que dans l'insuffisance du contrôle de celles-ci » : Circ. garde des Sceaux n° 83.06, 2 août 2003 ; – DANS LE MÊME SENS : *Rapport de la commission de réflexion sur l'expertise remis au garde des Sceaux le 31 mars 2011.*
3. T. Moussa (dir.), *Droit de l'expertise,* 4e éd., « Dalloz Action », 2020, n° 131.12, – AUSSI : CEDH 23 janv. 2007, *Cretello c/France,* req. n° 2078/04 ; *D. actu.* 5 févr. 2007.
4. L. Cadiet, E. Jeuland, *Droit judiciaire privé*, 10e éd., « Manuel », LexisNexis, 2017, n° 572 – M. Francès-Magre, « Caractère subsidiaire de l'expertise par rapport aux mesures d'instruction exécutées par un technicien », *JCP* 1975. IV. 6549.
5. Bordeaux, 11 mars 1983, *Gaz. Pal.* 1983. 2. 384, note A. Damien ; *in* A. DAMIEN, *Les grands arrêts*, Litec, 1991, p. 91.
6. L. n° 71-1130, 31 déc. 1971, art. 3 et 67.

CHAPITRE

344. Prudence

SECTION 0
ORIENTEUR

344.00 **Sommaire du chapitre.**

Division. Le principe de prudence est un principe limitatif de l'action de l'avocat (sect. 1), qui s'applique à l'avocat, tant égard de ses clients (sect. 2) qu'à l'égard des tiers (sect. 3).

344.01 **Textes applicables.**

TEXTES TITRÉS

• **Décr. n° 2005-790, 12 juill. 2005**

art. 3 [Liste des seize principes]

• **RIN**

art. 1.3 [Liste des dix-sept principes]

art. 1.5 [Devoir de prudence]

344.02 **Jurisprudence de référence.**

> Avocat acceptant, sans avoir présenté à son client la moindre observation propre à l'éclairer et à le tempérer, de diligenter une procédure d'exécution particulièrement rigoureuse et grave

• **Pau, 11 juin 1981.**

* V. s[s] n°s 344.25, 344.31, 912.263.

« Attendu que s'il est vrai que Maître X... a reçu à chaque fois des instructions du Comptoir des entrepreneurs il n'apparaît pas qu'à aucun moment, alors que la qualité de ses relations avec cet organisme et sa propre notoriété lui en donnaient la possibilité et lui en faisaient même une obligation en raison du devoir de conseil qui pèse sur tout avocat, il ait donné au Comptoir des entrepreneurs un avis personnel de prudence et de modération ; qu'il apparaît d'ailleurs de ses deux lettres du 2 juin et plus encore du 9 juillet 1980, qu'il était au contraire disposé à provoquer de la part du Comptoir des entrepreneurs un maximum de rigueur au-delà même des exigences jusqu'alors formulées par cet organisme, et au-delà de ce qu'une application normale et mesurée du droit permettait ;

Attendu que la jurisprudence reconnaît et sanctionne l'obligation pour un saisissant de ne pas abuser de ses prérogatives et d'observer les précautions compatibles avec l'exercice de son droit (Civ. 1re, 4 juin 1953) ;

Attendu qu'en acceptant, sans avoir présenté à son client la moindre observation propre à l'éclairer et à le tempérer, de diligenter une procédure d'exécution particulièrement rigoureuse et grave dans ses conséquences sur une base juridique manifestement contestable et pour des sommes au début presque dérisoires, Maître X... a bien manqué au devoir de modération et de délicatesse, étant observé que si l'état de frais invoqué au départ était minime, la suite de la procédure (et déjà le dépôt du cahier des charges) était de nature à entraîner son accroissement très notable. »

344.03 **Bibliographie indicative.**

* Aussi : v. s[s] n° 34.03.

Article. Ch. Cutajar, « Le devoir de prudence des avocats et la lutte contre le blanchiment », *D.* 2011. 1960.

SECTION 1
DÉFINITION ET CARACTÈRE LIMITATIF

344.11 **Définition.** Du latin *prudentia*, de *prudens*, prudent, *prudentem*, contracté de *providentem*, prévoyant, de *providere*, prévoir et pourvoir, de *pro*, pour, et *videre*, voir. La prudence peut se définir comme la « vertu qui fait connaître et pratiquer ce qui convient la conduite de la vie »[1] ; ou encore comme la « qualité, attitude d'esprit de celui qui prévoit, calcule les conséquences d'une situation, d'une action qui pourraient être fâcheuse ou dangereuse moralement

1. E. Littré, *Le Dictionnaire de la langue française*, Paris, Hachette, 1874, p. 1372.

ou matériellement, et qui règle sa conduite de façon à les éviter »[1].

L'avocat doit faire preuve de prudence, c'est-à-dire agir avec précaution, en prêtant attention aux conséquences de ses actes. La prudence implique un devoir de vigilance.

344.12 Évolution. Le devoir de prudence qui s'impose de manière générale à l'avocat dans son exercice quotidien. Son importance pour l'avocat s'est accrue sous l'influence de l'extension des obligations particulières imposées à l'avocat soit d'une manière générale (blanchiment[2], maniement de fonds[3]...), soit de manière plus spécifique (mandats spéciaux[4], prestations juridiques en ligne[5]).

Il figure également, depuis 2011, dans une disposition spécifique du RIN à l'article 1.5[6].

344.13 Caractère limitatif du devoir de prudence. La prudence est un principe limitatif en ce sens qu'elle impose à l'avocat de ne pas excéder certaines limites dans l'exécution de ses devoirs de compétence[7], de dévouement[8] et de diligence[9].

Elle impose également à l'avocat des limites dans la prise en compte de l'intérêt de son client[10].

SECTION 2
DEVOIR DE PRUDENCE À L'ÉGARD DES CLIENTS

344.21 Prudence imposant à l'avocat de refuser certains dossiers. L'avocat ne doit pas se charger d'une cause qu'il ne se sent pas en mesure de défendre utilement (diligence)[11] ou à laquelle il n'a pas la possibilité de consacrer le temps voulu (dévouement)[12], ou pour lesquels il manque de compétence ou qui relève d'une spécialité particulière qui lui est étrangère (compétence)[13]. S'il a déjà accepté l'affaire, il doit se déporter s'il ne se sent plus en situation de traiter le dossier avec la compétence, les diligences et le dévouement nécessaires.

Dans tous les cas, il doit en informer le client dans un délai convenable afin que celui-ci ait la possibilité d'organiser par ailleurs la défense de ses intérêts[14].

344.22 Prudence face aux risques de blanchiment. En toutes circonstances, la prudence impose à l'avocat de ne pas conseiller à son client une solution s'il n'est pas en mesure d'apprécier la situation décrite, de déterminer à qui ce conseil ou cette action est destiné, d'identifier précisément son client.

À cette fin, l'avocat est tenu de mettre en place, au sein de son cabinet, une procédure lui permettant d'apprécier, pendant toute la durée de sa relation avec le client, la nature et l'étendue de l'opération juridique pour laquelle son concours est sollicité. Lorsqu'il a des raisons de suspecter qu'une opération juridique aurait pour objet ou pour résultat la commission d'une infraction, l'avocat doit immédiatement s'efforcer d'en dissuader son client. À défaut d'y parvenir, il doit se retirer du dossier[15].

344.23 Prudence dans l'exercice de son activité. L'avocat doit faire preuve de prudence dans le traitement des affaires que lui confie son client. Le conseil donné par l'avocat doit ainsi être inspiré par une « prudence élémentaire »[16]. Il se doit de donner à son client un avis de prudence et de modération, l'éclairer sur les risques d'un procès ou d'un acte juridique, sur les avantages et inconvénients d'une préconisation, et éventuellement le lui déconseiller.

Il doit prendre toutes les dispositions nécessaires pour éviter les erreurs et ne pas inconsidérément engager son client dans des procédures ou des actes hasardeux.

344.24 Prudence face aux incertitudes jurisprudentielles. Il est conseillé à l'avocat de donner une interprétation prudente des textes et de la jurisprudence et, en présence d'hésitations jurisprudentielles, doit, tout en s'aidant des avis de la doctrine, adopter une position prudente et conservatrice. Il doit, ici encore, éclairer son client sur les risques encourus[17]. Il doit savoir recommander la prudence à son client lorsque la jurisprudence est incertaine[18].

Il en est de même lorsque l'interprétation d'une disposition législative ou réglementaire apparaît

1. CNRTL.
2. V. s^{s} n°s 482.00 s.
3. V. s^{s} n°s 483.00 s.
4. V. s^{s} n°s 64.00 s.
5. RIN, art. 19 – V. s^{s} n°s 464.61 s.
6. DCN n° 2011-002, AG Conseil national, 18 juin 2011, publiée au *JO* par décision du 30 juin 2011, *JO* 21 juill.
7. V. s^{s} n°s 341.00 s.
8. V. s^{s} n°s 342.00 s.
9. V. s^{s} n°s 343.00 s.
10. V. s^{s} n°s 481.00 s.
11. V. s^{s} n°s 343.00 s.
12. V. s^{s} n°s 342.00 s.
13. V. s^{s} n°s 341.00 s.
14. C. pr. civ., art. 419 – Décr. n° 2005-790, 12 juill. 2005, art. 13 – Rép. min. QE, n° 27-100, *JOAN Q* 13 mars 1976 – Civ. 1re, 4 oct. 2000, n° 97-18.743, P I, n° 232 ; *D.* 2000. 259 – V. s^{s} n°s 484.21 s.
15. RIN, art. 1.5.
16. Civ. 1re, 27 févr. 2001, n° 98-10.756, NP ; *JCP* 2001. I. 348, n° 26, obs. R. Martin.
17. Paris, 29 mars 1999, *D.* 1999. 120.
18. Civ. 1re, 9 déc. 1997, n°s 95-21.407, 96-10.378, P I, n° 362 ; *AJDI* 1998. 943 ; *AJDI* 1998. 944, obs. G. Teilliais – V. s^{s} n°s 912.51 s.

ambiguë, sujette à interprétation, voire confine à l'absurde[1] ce qui est loin d'être un cas d'école dans un contexte d'instabilité normative et de forte dégradation de la qualité des textes législatifs et réglementaires.

344.25 **Instructions du client.** Le fait d'avoir reçu des instructions de son client ne délivre pas l'avocat, qui doit faire preuve d'indépendance à son égard[2], de son devoir de donner à ce dernier un avis personnel de prudence et de modération[3].

344.26 **Maniement des fonds.** L'avocat doit également faire preuve de prudence lorsqu'il est amené à procéder à des maniements des fonds.

Des précautions doivent être prises afin d'éviter, notamment, l'autorisation donnée avec légèreté de déconsigner les fonds précédemment consignés[4].

344.27 **Causes indéfendables.** L'avocat doit dissuader son client de soutenir une position juridiquement indéfendable[5].

SECTION 3
DEVOIR DE PRUDENCE À L'ÉGARD DES TIERS

344.31 **Faute envers les tiers.** L'avocat engage sa responsabilité pour avoir, par son imprudence, causé un préjudice à un tiers[6].

Il est également susceptible, pour les mêmes raisons, de faire l'objet de sanctions disciplinaires, tel que l'avocat qui diligente une procédure d'exécution particulièrement rigoureuse, grave de conséquence, pour des sommes au début presque dérisoires[7].

344.32 **Publicité.** L'avocat doit faire de prudence dans le cadre des communications qu'il met en œuvre. La prohibition des propos laudatifs dans le cadre de toutes publicités[8] découle de ce devoir de prudence qui est plus général et doit conduire l'avocat à faire preuve de mesure.

C'est ainsi que le fait pour un avocat d'annoncer sur son site internet, ainsi que dans des publicités diffusées dans des journaux, qu'il ne peut que gagner les procès engagés en matière de retrait de points de permis de conduire constitue un manquement avéré à la prudence[9].

1. P. Sargos, « L'interprétation du droit au risque de l'absurde », *JCP* 2017. 922.
2. V. s^s n°s 323.21 s.
3. Pau, 11 juin 1981 ; *Gaz. Pal.* 1981. 2. 641 ; *in* A. DAMIEN, *Les grands arrêts*, Litec, 1991, p. 88.
4. Civ. 1re, 12 juill. 1989, n° 87-15.398, P I, n° 290 ; *JCP* 1989. IV. 346 – V. s^s n°s 483.00 s.
5. Paris, 8 nov. 2000 ; *JCP* 2001. I. 348, n° 24, obs. R. Martin.
6. V. s^s n°s 912.261 s.
7. Pau, 11 juin 1981, *Gaz. Pal.* 1981. 2. 641 ; *in* A. DAMIEN, *Les grands arrêts*, Litec, 1991, p. 88.
8. V. s^s n° 461.84.
9. Paris, ch. 1, sect. F, 19 mars 2009, RG n° 07/19480 et 07/20403 – V. s^s n°s 463.00 s.

LIVRE

4. LES RÈGLES DÉONTOLOGIQUES DE LA PROFESSION D'AVOCAT

SECTION 0
ORIENTEUR

4.00 **Sommaire du livre.**

Division. De nombreuses règles déontologiques s'appliquent à l'exercice de la profession d'avocat tenant au secret professionnel (titre 41), à la confidentialité (titre 42), aux incompatibilités (titre 43), aux conflits d'intérêts (titre 44), aux rapports avec les parties (titre 45), à la communication (titre 46), aux droits à l'assistance et au libre choix de l'avocat (titre 47), à l'intérêt du client (titre 48) et aux modalités d'exercice à l'étranger (titre 49).

4.03 **Bibliographie indicative.**

* Aussi : v. s[s] n° 013.00 s.

TITRE

41. Le secret professionnel

SECTION 0
ORIENTEUR

41.00 Sommaire du titre.

Division. Le secret professionnel de l'avocat qui obéit à des principes généraux (chap. 411), et doit être distingué de la confidentialité des échanges entre avocats[1], est destiné à assurer la protection des confidences entre l'avocat et son client (chap. 412). Sa protection doit, notamment, être assurée tant à l'égard des administrations (chap. 413), que dans le cadre du cabinet et du domicile de l'avocat (chap. 414), ainsi que chez le client (chap. 415). Le secret professionnel implique également le respect, par l'avocat, du secret de l'enquête et de l'instruction (chap. 416).

41.03 Bibliographie indicative.

* Aussi : v. s^{s} n° 4.03.

Thèses. M. Couturier, *Pour une analyse fonctionnelle du secret professionnel*, Th. Lille, 2004 – V. Demaele, *De l'obligation au secret professionnel*, Th. Dijon, 1900 – F. Fau, *Le Secret professionnel et l'avocat,* Th. Toulouse, Carcassone, Gabelle, 1912 – Ch. Muteau, *Du secret professionnel, de son étendue et de la responsabilité qu'il entraîne d'après la loi et la jurisprudence*, Paris, Marescq aîné, 1870 – A. Perraud-Charmantier, *Le secret professionnel, ses limites et ses abus*, LGDJ, 1926 – L. Pimienta, *Le secret professionnel de l'avocat,* Paris, Pedone, 1937 – J.-B. Seghier, *Le secret professionnel de l'avocat (XIXe-XXe siècles)*, Th. Paris XII, 1997.

Encyclopédies. *J.-Cl. Pr. civ.*, fasc. 83-1 : Avocats, Déontologie de l'avocat appliquée au juridique, 2014 – RÉP. PÉN., *V^{o} Secret professionnel*, par B. Py, févr. 2003 ; mise à jour, juin 2012.

Monographies. G.-A. Dal (dir.), *Le secret professionnel de l'avocat dans la jurisprudence de l'union européenne*, Larcier, Bruxelles, 2011 – A. Damien, *Le secret nécessaire*, Desclée de Brouwer, 1989 – R. Floriot et R. Combaldieu, *Le secret professionnel,* Flammarion, 1973 – M.-A. Frison-Roche (dir.), *Secrets professionnels*, Autrement, 1999 – F. Glansdorff (dir.), *L'avocat et la transparence*, Bruylant, Bruxelles, 2006 – P. Lambert, *Le secret professionnel*, Nemesis, 1985 – V. de Moro-Giafferri, P. Cibrie, *Le secret professionnel médical,*

1. V. s^{s} n°s 421.12 s.

« Documents Midy », – Éditée par la Poveinase Midy, 1934 – B. Py, *Le secret professionnel,* « La justice au quotidien », L'Harmattan, 2005.

Formats réduits. CNB, *Guide de sécurité de l'information pour les cabinets*, 2012 – CNB, *Guide de sécurité de l'information pour le management des cabinets*, 2012.

CHAPITRE

411. Principe et protection du secret professionnel

SECTION 0 ORIENTEUR

411.00 **Sommaire du chapitre.**

Division. Le secret professionnel de l'avocat, qui trouve ses fondements dans le respect des droits de la défense et l'intérêt général (sect. 1), a évolué dans le temps (sect. 2) et fait l'objet d'une protection dès lors que sa violation constitue un délit (sect. 3).

411.01 **Textes applicables.**

TEXTES TITRÉS

> Protection conventionnelle du secret des correspondances

• **Conv. EDH,** art. 8 [Droit au respect de la vie privée et familiale]

> Secret professionnel de l'avocat

• **L. n° 71-1130, 31 déc. 1971,** art. 66-5 [Secret professionnel de l'avocat]

• **Décr. n° 2005-790, 12 juill. 2005,** art. 4 [Secret professionnel]

• **RIN,** art. 2 [Secret professionnel]

> Violation du secret professionnel

• **C. pén.,** art. 226-13 [Sanctions de la violation du secret professionnel]

> Recel de violation du secret professionnel

• **C. pén.,** art. 321-1 [Incrimination du recel]

> Révélation possible du secret professionnel

• **C. pén.,** art. 226-14 [Cas de révélation possible du secret professionnel]

• **C. pén.,** art. 434-1 s. [Délit de non-dénonciation]

> Atteinte au secret des correspondances

• **C. pén.,** art. 226-15 [Atteinte au secret des correspondances]

• **C. pén.,** art. 432-9 [Atteintes au secret des correspondances constitutives d'abus d'autorité]

411.03 **Bibliographie indicative.**

* Aussi : V. s^{s} n°s 41.03.

Contributions. B. Bouloc, « Le secret professionnel de l'avocat », *Mél. Gassin,* Puam, 2007, p. 121 – Collectif, « Le secret professionnel », *JCP* 2012, suppl. au n° 47 – Collectif, « Nouvelles menaces sur le secret professionnel », *D. avocats,* Dossier, 2014. 92 – D. Spielmann, « Le secret professionnel dans la jurisprudence de la Cour européenne des droits de l'homme », *Liber amicorum E. Jakhian*, Bruylant, Bruxelles, 2010, p. 455 – M. Vlies, M. Dal, « Le secret professionnel et le devoir de discrétion de l'avocat », *Liber amicorum Georges-Albert Dal : L'avocat*, Larcier, Bruxelles, 2014, p. 231.

Articles. F. Alt-Maes, « Un exemple de dépénalisation : la liberté de conscience accordée aux personnes tenues au secret professionnel », *RSC* 1998. 201 – Y. Avril, « Le secret professionnel de l'avocat, force ou alibi ? » (à propos de Civ. 1re, 22 sept. 2011, n° 10-21.219), P I, n° 148 ; *D.* 2011. 2979 – S. Ben Hadj Yahia, « Secret professionnel de l'avocat, entre levée et respect », *LPA* 27 févr. 2013, n° 42, p. 3 – M. Bénichou, « Le secret professionnel en Europe », *D. avocats* 2014, 99 – Th. Baudesson et P. Roscher, « Le secret professionnel face au légal privilège », *RLDA* janv. 2006 – O. Cachard, « Le secret de l'avocat en Europe », *JCP* 2006. Actu. n° 465, p. 1871 – J. Castelain, « Le secret professionnel de l'avocat face au juge communautaire », *Gaz. Pal.* 23 oct. 2007, p. 3 – R.-V. Catalayud, « L'arrêt du 18 juin 1999 et le secret professionnel de l'avocat », *Gaz. Pal.* 7-8 janv. 2000, p. 13 – J. Chamarre, « Secret professionnel de l'avocat et incitation à la dénonciation », *Gaz. Pal.* 2002. 1. Doctr. p. 782 – V. Cottereau, « Le secret professionnel de l'avocat : entre l'absolutisme et la relativité », *Dr. et patr.* nov. 2000, p. 36 – J. Couturon, « Le secret professionnel ne trouve-t-il à s'exercer qu'en matière de procédure judiciaire ? », *Gaz. Pal.* 1992. 1. Doctr. p. 295 – A. Damien, « Le secret professionnel », *Gaz. Pal.* 1982. I. 136 ; « Le sacré secret », *RT barr.* Versailles n°s 5 et 6, août-sept. 1987, p. 131 s. – P. Decheix, « Un droit de l'homme mis à mal : le secret professionnel », *D.* 1983. Chron. 136 – M. Delmas-Marty, « À propos du secret professionnel », *D.* 1982. Chron. 136 – L. Delprat, « Secret professionnel et obligation de dénonciation », *Dr. pénal* 2008. Étude 13 – Ch. Desurmont, « Le secret professionnel », *RJB* 2000, n° 59/60, p. 166 – F. Doyez, « Avocat et secret professionnel », *AJ pénal* 2004. 144 – Ch. Féral-Schuhl, « Le renforcement du secret professionnel de l'avocat », *D.* 2012. 2584 – J.-M. Février, « Remarques sur un secret professionnel à géométrie variable ; l'avocat, la collectivité publique et l'élu », *JCP A* 2006, n° 1274 – P. Gaté, « Le secret professionnel de l'avocat », *Gaz. Pal.* 1987. 1. Doctr. 199 – P. Hennion-Jacquet, « Que reste-t-il du secret professionnel entre l'avocat et son client ? », *D.* 2013. 1429 – Y. Mayaud, « La condamnation de l'évêque de Bayeux pour non-dénonciation ou le tribut payé à César... », *D.* 2001. Chron. 3454 – V. Nioré, L. Dusseau, « Le cœur de la défense », *Gaz. Pal.* 24-25 avr. 2015, p. 10 – V. Nioré, « Le secret professionnel de l'avocat : un chef-d'œuvre en péril ? », *JCP* 2014. 1095 – V. Nioré, C. de Seze, « La guerre des secrets », *Gaz. Pal.* 21-23 avr. 2013, p. 8 – J.-B. Perrier, « Le secret professionnel de l'avocat », *Gaz. Pal.* 2009. 2848 – E. Pierroux, « Du regrettable art perdu du secret », *Gaz. Pal.* 5 janv. 2016, p. 23 – E. Piwnica, « Justice et secret », *Justice et cassation* 2007. 183 – C. Porteron, « Le secret professionnel de l'avocat », *AJ pénal* 2009. 158 – B. Py, « Secret professionnel : le syndrome des assignats ? », *AJ pénal* 2004. 133 – A. Toulouse, « Le secret professionnel et la liberté de la défense », *Gaz. Pal.* 1951, Doctr. 40 – J.-J. Uettwiller, « Le secret professionnel de l'avocat », *Gaz. Pal.* 4-5 nov. 1998, p. 7 – J.-M. Varaut et L. Ruet, « Secret professionnel et confidentialité dans les professions juridiques et judiciaires », *Gaz. Pal.* 10 au 10 août 1997, p. 2 – J.-Cl. Woog, J. Dejean de la Batie, « Le secret professionnel des avocats », *Dr. et patr.* sept. 1993, p. 68.

SECTION 1

ORIGINES ET FONDEMENTS DU SECRET PROFESSIONNEL

411.11 Origines du secret professionnel. Le secret professionnel de l'avocat est historiquement un des trois grands secrets protégés par la société libérale du monde occidental avec le secret médical et le secret de la confession[1]. Le secret est né médical puisque c'est Hippocrate de Cos qui le formule en ces termes : « Quoi que je voie ou entende dans la société pendant, ou même hors de l'exercice de ma profession, je tairai ce qui n'a jamais besoin d'être divulgué, regardant la discrétion comme un devoir en pareil cas. »[2] Ce fut ensuite le secret de la confession[3] à partir du moment où se multiplia la confession auriculaire. Les avocats puisèrent dans le secret de la confession la protection de leur propre secret ou du moins sa reconnaissance par les pouvoirs publics. Sous l'Ancien Régime d'ailleurs, si on reconnaissait le secret professionnel[4], sa révélation n'était jamais considérée comme un fait punissable. La notion de secret ne servait qu'à protéger ceux qui refusaient de témoigner en justice, en raison des confidences qu'ils avaient reçues[5].

Il a été étendu à d'autres professions[6] qui doivent en bénéficier pour le bien de la société : sages-femmes[7], infirmières[8], travailleurs sociaux[9], affaires[10], bancaire[11], défense nationale[12], fonctionnaires[13], ministres[14], membres et fonctionnaires des institutions de l'Union européenne[15]...

1. RÉP. PÉN., V° Secret *professionnel*, par B. Py, févr. 2003 ; mise à jour, juin 2012.
2. E. Littré, *Œuvres complètes d'Hippocrate*, t. IV, J.-B Baillière, 1844, p. 631-632 ; – L'attribution à Hippocrate de Cos est toutefois discutée : E. Littré, *Œuvres complètes d'Hippocrate*, t. IV, J.-B Baillière, 1844, p. 610 s. et *Œuvres complètes d'Hippocrate*, t. I, J.-B Baillière, 1839, p. 342 s.
3. C. Roca, « Secret de la confession et secret professionnel », *LPA* 2001, n° 69, p. 10 – H. Moutouh, « Secret professionnel et liberté de conscience : l'exemple des ministres du culte », *D.* 2000. 431.
4. P. Biarnoy de Merville, *Règles pour former un avocat, in* A.-G. Boucher d'Argis, *Règles pour former un avocat*, Durand, 1758 ; Maxtor, 2015, p. 399.
5. Req. 20 janv. 1826 *Sourbé* ; Sirey 1827. 76 – Crim. 11 mai 1844 *Chabaudy, S.* 1844. 529 – D. et A. Dalloz (dir.), *Répertoire méthodique et alphabétique de législation et de jurisprudence*, 2e éd., t. V, Paris, 1847, v° *Avocats* par A. Dalloz, n°s 300 s.
6. C. pén., art. 226-13 et 226-14.
7. CSP, art. R. 4127-303.
8. CSP, art. R. 4312-4.
9. NOT. : CASF, art. L. 121-6-2, L. 133-4 ; L. 345-2-10.
10. V. s^s^ n° 453.86.
11. C. mon. fin., art. L. 511-33 et L. 511-34 ; L. 571-4.
12. C. pén., art. 413-9 – Circ. DACG n° CRIM 08-01/G1, 3 janv. 2008 relative au secret de la défense nationale, NOR : JUSD0800121C.
13. CGFP, art. L. 121-6 [L. n° 83-634, 13 juill. 1983 portant droits et obligations des fonctionnaires, *JO* 4 juill., p. 2174, art. 26].
14. CJR 30 sept. 2019, n° 1/2019 ; *JCP* 2019. 1224, note J.-Ch. Saint-Pau.
15. TFUE, art. 339 [TUE-A, art. 287 ; TCE, art. 214] – AUSSI : I. Pingel (dir.), *De Rome à Lisbonne : Commentaire article par article des traités UE et CE* 2e éd., Helbing Lichtenhahn – Dalloz-Bruylant, 2010, p. 1778.

Il ne se confond ni avec le secret professionnel des magistrats[1], ni avec le secret des délibérés[2], ni avec le secret de l'instruction[3], ni avec le secret des policiers[4], ni avec le secret professionnel des journalistes[5] qui n'ont pas reçu une confidence pour la conserver par-devers eux mais uniquement pour la révéler dans les colonnes de leurs journaux et qui est en fait le secret de leurs sources[6].

411.12 Secret professionnel : condition de l'exercice de la profession d'avocat. Le secret professionnel de l'avocat est l'un des éléments essentiels de l'exercice même de la profession d'avocat : le RIN en fait l'une des toutes premières règles de la profession[7]. Par là même, il couvre des fonctions et puise ses fondements dans des libertés et droits fondamentaux qui parfois s'entrechoquent. Il permet, par la protection du secret de la confidence, la confiance nécessaire du client dans son conseil et défenseur : sans la protection du secret de la confidence, les fonctions de défense et de conseil ne peuvent pas exister. Ce n'est pas un hasard : confiance et confidence ont la même origine étymologique (*cum et fier* [foi]) et étaient même synonymes jusqu'à ce que confidence prenne au XVIIe siècle le sens de « communication d'une chose sous le sceau du secret »[8].

Le secret professionnel de l'avocat est ainsi à la fois la garantie pour le client, dans quelque situation que ce soit, que son défenseur ne va pas révéler ce qui lui a été confié et la garantie pour l'avocat et son client qu'un tiers, singulièrement l'État et les autorités administratives ou judiciaires, ne va pas puiser dans ce qui a été transmis sous le secret.

Il constitue donc une obligation lourdement sanctionnée (disciplinairement et pénalement) qui pèse sur l'avocat[9]. Il est aussi un droit du client et de l'avocat de communiquer librement et de s'opposer à la révélation du secret.

411.13 Premier fondement : respect des droits de la défense. Le principe du secret professionnel de l'avocat a été dégagé par la jurisprudence au nom du respect des droits de la défense qui domine toute la procédure criminelle[10] et commande, notamment, de respecter les communications des accusés avec les avocats qu'ils ont choisis, qu'ils désirent choisir comme défenseurs ou qu'ils ont consultés à l'occasion d'une procédure née ou à naître[11]. Le secret est ainsi lié à la confidence nécessaire pour la défense du client. Cette confidence qui est le fruit de cette relation client-avocat que Georges Duhamel (1884-1966) a baptisée, s'agissant du secret médical, d'un mot qui a fait fortune mais qui le mérite : « Le colloque singulier. »[12].

Il est aujourd'hui largement consacré par les textes[13]. Une jurisprudence constante rappelle souvent ce fondement propre à l'activité même de l'avocat[14].

411.14 Second fondement : l'intérêt général. Le secret professionnel n'est en aucun cas, contrairement à une croyance populaire, établi dans l'intérêt de l'avocat, ni même dans l'intérêt de son client, mais dans l'intérêt général et d'ordre public[15], en l'occurrence l'ordre public professionnel. C'est ici à Émile Garçon (1851-1922) que l'on doit d'avoir, dans son code pénal annoté, sous l'article 378, ancien, dégagé une notion d'ordre public à laquelle il a

1. NOT. : Ord. n° 58-1270, 22 déc. 1958 portant loi organique relative au statut de la magistrature, *JO* 23 déc., p. 11551, art. 20, 21-1, 25-3, 41-3 – S. Carré, « La publicité des audiences et la notion du secret », *Gaz. Pal.* 4 août 1994. Doctr. 2.
2. Ord. n° 58-1270, 22 déc. 1958, art. 6 – C. pr. civ., art. 448 – C. pr. pén., art. 357.
3. V. s^s^ n°s 416.00 s.
4. C. pr. pén., art. 11 – Décr. n° 86-592, 18 mars 1986 portant code de déontologie de la police nationale, *JO* 19 mars, p. 4586, art. 11.
5. L. 29 juill. 1881, art. 2 – C. pr. pén., art. 56-2, 60-1, 100-5, 109, 326, 437.
6. Ch. Bigot, *Pratique du droit de la presse*, 3e éd., hc, Dalloz, 2020, n°s 111.00 s.
7. RIN, art. 2.1, al. 1er : « L'avocat est le confident nécessaire du client ».
8. A. Rey (dir.), *Dictionnaire historique de la langue française*, Le Robert.
9. V. s^s^ n° 412.31.
10. V. s^s^ n° 471.42.
11. J. Dechepy-Tellier, « La confidentialité de la correspondance échangée entre un avocat et son client : une exigence du procès équitable », *RID comp.* 2019. 349.
12. G. Duhamel, « Les excès de l'étatisme et les responsabilités de la médecine », *Revue des deux mondes* 15 mai 1934, p. 277 s. – AUSSI : G. Duhamel, *Paroles de médecin*, 2e éd., Éditions du Rocher, Monaco, 1946.
13. L. n° 71-1130, 31 déc. 1971 portant réforme de certaines professions judiciaires et juridiques, *JO* 5 janv. 1972, p. 131., art. 66-5 – Décr. n° 2005-790, 12 juill. 2005 relatif aux règles de déontologie de la profession d'avocat, *JO* 16 juill., p. 11688, art. 4 – RIN, art. 2 – C. pr. pén., art. 100-5 – C. pr. pén., art. 100-7.
14. Crim. 12 mars 1886, *D.* 1887. 1. 89 ; *in* A. DAMIEN, *Les grands arrêts*, Litec, 1991, p. 57 – Versailles, 28 avr. 1982, *Gaz. Pal.* 1982. 1. 310, note A. Damien ; *D.* 1983. 225 ; *in* A. DAMIEN, *Les grands arrêts*, Litec, 1991, p. 62 – Bourges, 19 janv. 1984, *Gaz. Pal.* 1984. I. 344 ; *D.* 1985. 109 – TOUTEFOIS : T. Paris, 24 avr. 1984, *Gaz. Pal.* 1985. I. 82, note J.-M. Darrois et A. Tiraqueau – Crim. 12 mars 1992, n° 91-86.843, P n° 112 ; *D.* 1992. IR 198 ; *D.* 1993. 207, obs. J. Pradel ; *D.* 1994. 134, note A. Brunois ; *Gaz. Pal.* 1992. Somm. 383, note J. Pradel – POSTÉRIEUREMENT : Crim. 13 déc. 2006, n° 06-87.169, P n° 313.
15. Crim. 19 nov. 1985, n° 83-92.813, P n° 364 – TGI Paris, 5 juill. 1996, *D.* 1998. 86, obs. Th. Massis – Paris, 1er juill. 1999, *D.* 1999. 230 – MÊME SENS : Crim. 7 mars 1957, P n° 241 – Crim. 5 févr. 1970, n° 69-90.040, P n° 56 ; *JCP* 1970. II. 16311 – Crim. 9 oct. 1978, n° 76-92.075, P n° 263 – Crim. 13 oct. 2020, n° 19-87.341, P ; *Gaz. Pal.* 19 janv. 2021, p. 53, obs. A. Coviaux ; *D.* 2020. 2010 ; *JCP* 2021. 151, note Ch. Saint-Pau.

donné sa formulation définitive. Le secret professionnel a uniquement pour base un intérêt social. Sans doute sa violation peut causer un préjudice à un particulier, mais cette raison ne suffirait pas pour en justifier l'incrimination. La loi l'a punie[1] parce que l'intérêt général l'exige.

Pour Émile Garçon : « Le bon fonctionnement de la société veut que le malade trouve un médecin, le plaideur un défenseur, le catholique un confesseur, mais ni le médecin, ni l'avocat, ni le prêtre ne pourraient accomplir leur mission si les confidences qui leur sont faites n'étaient assurées d'un secret inviolable. Il importe donc à l'ordre social que ces confidents nécessaires soient astreints à la discrétion et que le silence leur soit imposé sans conditions ni réserves car personne n'oserait plus s'adresser à eux si l'on pouvait craindre la divulgation du secret confié. »[2].

411.15 Fondement alternatif : l'intérêt privé. Parce qu'il est établi au profit du client de l'avocat, et de lui seul, et que ce même client n'y est pas tenu[3], une partie de la doctrine, tout en reconnaissant le caractère déterminant et principal d'intérêt général du secret professionnel de l'avocat, considère qu'un volet de la protection du secret professionnel, le respect de la confidence, est d'intérêt privé[4].

Ce fondement transparaît de la jurisprudence de la chambre criminelle qui accepte d'annuler, par exemple, la saisine de documents en violation du secret professionnel de l'avocat, uniquement si les droits de la défense ont été violés et en application du principe « pas de nullité sans grief »[5].

411.16 Fondements normatifs renforcés. Phénomène somme toute assez exceptionnel, le secret professionnel de l'avocat est fondé sur une multitude de normes impératives : prescriptions légales[6], pénalement sanctionnées[7] et déontologiques, de nature réglementaire[8].

411.17 Secret conventionnellement protégé. Le secret professionnel de l'avocat n'est pas un secret professionnel de droit commun, comme celui de l'expert-comptable ou du salarié, même juriste, d'une entreprise, mais un secret professionnel résultant de principes à valeur constitutionnelle[9] et conventionnellement protégé[10], tant par la Cour européenne des droits de l'homme sur le fondement de l'article 8 de la Conv. EDH[11] que par la Cour de justice de l'Union européenne qui l'a érigé en norme européenne[12].

411.18 Caractères du secret professionnel de l'avocat. Puisque ce secret a pour fondement l'intérêt général, il est donc absolu et d'ordre public[13]. Il est également général et illimité dans le temps, selon l'article 2.1 du RIN. Par principe, il ne saurait être remis en cause pour des raisons d'ordre public, telles que l'enquête de police ou de services fiscaux[14].

Des poursuites pénales[15] fondées sur une violation du secret professionnel peuvent être déclenchées, sans plainte de la victime, par le procureur de la République. C'est la raison pour laquelle, toute tentative de dépénalisation de la divulgation du secret professionnel, ou tendant à subordonner l'action pénale à une plainte d'un particulier, serait contraire à ces principes. Le préjudice que subissent des tiers sera toujours secondaire par rapport à celui qu'a subi l'ordre social du fait de la divulgation du secret.

411.19 Recherche d'un équilibre entre l'intérêt et les droits de l'individu et ceux de la société. Pose ainsi, le régime juridique de la protection du secret professionnel est un équilibre entre la protection de l'intérêt et des droits de l'individu et la protection de la société, par l'action des autorités de poursuites et judiciaires. Si historiquement, sous l'Ancien Régime, le secret professionnel de l'avocat a eu en partie un fondement corporatiste dans le sens où il était l'expression d'un privilège d'une profession, il est indéniablement aujourd'hui un élément clef du fonctionnement moderne de la justice dont la déclinaison et les nuances illustrent la complexité des intérêts en jeu. S'il est toujours et d'abord la garantie de la confidence entre avocat et client il est

1. V. s[s] n°s 411.40 s.
2. E. Garçon, *Code pénal annoté,* t. III, 3 vol., 2e éd., Sirey, 1952-1959, art. 378, n° 7.
3. V. s[s] n°s 412.151 s.
4. R. Martin, *Déontologie de l'avocat*, 9e éd., Litec, 2005, n° 455.
5. V. s[s] n°s 411.21 et 412.244.
6. L. n° 71-1130, 31 déc. 1971, art. 66-5.
7. NOT. : C. pén., art. 226-13 s.
8. Décr. n° 2005-790, 12 juill. 2005, art. 4 – RIN, art. 2.
9. *CONTRA* : Cons. const. 24 juill. 2015, n° 2015-478 QPC, *Association French Data Network,* [Accès administratif aux données de connexion], CONFORMITÉ, *JO* 26 juill., p. 12798 ; *AJDA* 2015. 1514 ; *D.* 2015. 1647 ; *D.* 2016. 1461, obs. N. Jacquinot et A. Mangiavillano ; *Gaz. Pal.* 11-12 déc. 2015, p. 15, obs. B. de Belval.
10. Recomm. n° R (2000)21 du Comité des Ministres aux États membres, 25 oct. 2000 sur la liberté d'exercice de la profession d'avocat en Europe.
11. CEDH 16 déc. 1992, *Niemietz c/Allemagne,* req. n° 13710/88 ; *Rec.* ; *AJDA* 1993. 105, Chron. J.-F. Flauss ; *D.* 1993. 386, obs. J.-F. Renucci ; *RFDA* 1993. 963, Chron. V. Berger, C. Giakoumopoulos, H. Labayle et F. Sudre ; *RTDH* 1993. 467.
12. CJUE 18 mai 1982, *AM & S Europe Limited c/Commission,* aff. n° 155-79 ; *JOCE* 12 juin, p. 3 ; *Gaz. Pal.* 1982. 1. 328, note M. Véron ; *D.* 1983. 386, obs. L. Cartou ; *Gaz. Pal.* 1982. 2. Doctr. 437, ét. A. Damien.
13. Crim. 8 mars 1947, *D.* 1948. 109 – Crim. 22 déc. 1966, n° 66-92.897, P n° 305 ; *D.* 1967. 122 ; *JCP* 1967. II. 15126.
14. CEP. : V. s[s] n°s 413.10 s.
15. V. s[s] n°s 411.40 s.

aussi une obligation de l'avocat envisagée dans l'intérêt collectif de la justice : protection de l'enquête, de l'instruction, des droits des parties adverses...

C'est pourquoi, la question du secret professionnel, du point de vue de l'avocat, englobe, sans en être synonyme, celle du secret de l'enquête et de l'instruction [1] et de la confidentialité des correspondances entre avocats [2].

SECTION 2
ÉVOLUTION DU SECRET PROFESSIONNEL

411.21 **Prudence de la chambre criminelle.** La chambre criminelle de la Cour de cassation a toujours fait preuve d'une extrême prudence dans la protection du secret professionnel de l'avocat. En effet, la chambre criminelle, pour juger de l'étendue du secret professionnel, cherche un équilibre, compréhensible, entre la protection du secret professionnel et l'efficacité répressive (protection de l'enquête et de l'instruction, donc de l'intérêt collectif). Elle s'est ainsi fondée sur la notion relative – et d'intérêt privé – d'atteinte aux droits de la défense (ce qui fait entrer l'intérêt privé pour juger de la protection du secret professionnel, pourtant reconnu par les textes comme d'intérêt général) et avait introduit une distinction dans l'étendue du secret professionnel en fonction de la nature des missions de l'avocat suivant qu'il agissait dans le cadre de missions judiciaires, auxquelles elle accordait la protection pleine du secret professionnel, ou de missions juridiques dans le cadre desquelles elle jugeait qu'il ne pouvait être opposé aux autorités judiciaires qu'un secret relatif [3].

Elle avait ainsi considéré, dans le cadre d'une affaire qui concernait une demande de nullité de l'audition d'un avocat soupçonné d'escroquerie et d'abus de biens sociaux, que : « Attendu que, pour dire n'y avoir lieu à annulation dudit procès-verbal, la chambre d'accusation relève qu'aucune des parties ne s'est prévalue d'une violation du secret professionnel de la part de M..., et constate qu'aucune atteinte n'a été portée à leurs intérêts ; Attendu qu'en cet état, et dès lors que l'audition en cause concernait une mission de rédacteur d'acte ou de négociateur, et non l'exercice des droits de la défense, la chambre d'accusation a justifié sa décision sans encourir les griefs allégués. » [4]. Cela lui permettait de valider le versement au dossier de pièces et d'actes de procédure pénale (audition, perquisition...) qui relevaient de la mission « de rédacteur d'actes ou de négociateur » de l'avocat et non de « l'exercice des droits de la défense », distinction fondée sur l'application de l'article 802 du code de procédure pénale : « pas de nullité sans grief ».

411.22 **Confirmation du principe et du périmètre par les lois du 31 décembre 1990 et du 4 janvier 1993.** En réaction à cette jurisprudence qui reposait sur l'ancien article 378 du code pénal, devenu l'article 226-13 du même code, réprimant, de façon générale, la violation de tout secret professionnel [5], le législateur a dû introduire, par la loi du 31 décembre 1990 [6], un article 66-5 dans la loi du 31 décembre 1971 [7] définissant spécifiquement le secret professionnel de l'avocat et qui précisait de façon générale et sans exclusive que : « Les consultations adressées par un avocat à son client et les correspondances échangées entre le client et son avocat sont couvertes par le secret professionnel. »

Le législateur a ensuite tenu à préciser, par la loi du 4 janvier 1993 [8], en tête de cet article 66-5 [9], que le secret professionnel s'applique « en toutes matières ».

411.23 **Résistance de la chambre criminelle.** Malgré les modifications apportées par les lois du 31 décembre 1990 et 4 janvier 1993, lesquelles étaient d'autant plus nécessaires que la loi du 31 décembre 1990 [10] en fusionnant les professions d'avocat et de conseil juridique, par création de la « nouvelle » profession d'avocat, mettait fin à la distinction judiciaire/juridique qui n'a plus lieu d'être depuis cette date [11], la chambre criminelle a persisté dans sa jurisprudence tout en prenant ostensiblement acte des interventions législatives.

Elle a ainsi considéré, dans une affaire où était en cause le versement dans une procédure pénale des correspondances retraçant un montage juridique et financier mis en place dans le cadre d'accords commerciaux échangés entre le prévenu et son avocat, et saisies au domicile du prévenu, que : « Si, selon les principes rappelés par l'article 66-5 de la loi du 31 décembre 1971, les correspondances échangées entre le client et son avocat sont, en toutes matières, couvertes par le secret professionnel, il demeure que le juge d'instruction tient de

1. V. s^s n°s 416.01 s.
2. V. s^s n°s 422.20 s.
3. R. Martin, *Déontologie de l'avocat*, 9e éd., Litec, 2005, spéc. n°s 472 s.
4. Crim. 30 sept. 1991, n° 91-84.403, P n° 320 ; *D.* 1992. 323, obs. Ch. Gavalda ; *JCP* 1992. II. 21858, note R. Martin.
5. V. s^s n°s 411.40 s.
6. L. n° 90-1259, 31 déc. 1990 portant réforme de certaines professions judiciaires et juridiques, *JO* 5 janv. 1991, p. 219.
7. L. n° 71-1130, 31 déc. 1971, art. 66-5 ; créé par L. n° 90-1259, 31 déc. 1990, art. 26.
8. L. n° 93-2, 4 janv. 1993 portant réforme de la procédure pénale, *JO* 5 janv., p. 215.
9. L. n° 71-1130, 31 déc. 1971, art. 66-5.
10. V. s^s n° 023.105.
11. V. s^s n°s 023.105 s.

l'article 97 du code de procédure pénale le pouvoir de les saisir dès lors qu'elles ne concernent pas l'exercice des droits de la défense. »[1].

Ainsi la chambre criminelle persistait à refuser l'application du secret professionnel de l'avocat en matière juridique aux motifs que le respect des droits de la défense n'était pas en cause[2] lorsque l'avocat conseille son client en matière juridique.

411.24 **Bouleversement apporté par la loi du 7 avril 1997.** Le législateur est alors réintervenu en 1997[3] afin de préciser dans le texte de l'article 66-5 que le secret professionnel s'appliquait : « En toutes matières », que ce soit « dans le domaine du conseil ou dans celui de la défense »[4].

La loi du 7 avril 1997 a constitué un véritable bouleversement : incité par le CNB, le législateur entendait mettre fin à la jurisprudence de la chambre criminelle qui refusait le secret dû aux correspondances adressées dans la mission de conseil d'un avocat. Ces dispositions étant d'ordre public, elles sont applicables à des correspondances antérieures à l'entrée en vigueur de la loi, dès lors qu'elles font l'objet, à cette date, d'un litige quant à leur communication non définitivement tranché[5].

411.25 **Hésitations jurisprudentielles.** La jurisprudence, en raison de la promulgation de la loi du 7 avril 1997[6], s'est manifestée d'une part par une ordonnance du tribunal de grande instance de Nanterre du 1er septembre 1997[7] qui mentionne que, dès lors qu'il ne se rattache pas au principe essentiel des droits de la défense, le secret professionnel cesse devant des impératifs qui lui sont supérieurs et que l'avocat est alors dispensé de le respecter. D'autre part, par un arrêt rendu par la 3e chambre d'accusation de Paris le 5 novembre 1997[8] autorisant la saisie et l'utilisation de pièces et de correspondances découvertes au cabinet d'un avocat et nécessaires, selon l'accusation pour établir l'existence du délit et privilégiant les dispositions de l'article 81[9] du code de procédure pénale par rapport à celles de l'article 66-5 de la loi du 31 décembre 1971.

Mais, la chambre commerciale de la Cour de cassation, par un arrêt du 5 mai 1998[10], a affirmé le caractère absolu du secret professionnel de l'avocat en toutes matières, d'assistance comme de conseil, sauf dans l'hypothèse où l'avocat aurait participé au crime, ou au délit[11].

Toutefois, la chambre criminelle ne semble pas avoir totalement abandonné sa solution fondée sur une appréciation au cas par cas de la violation ou non des droits de la défense au détriment d'une défense objective du secret professionnel, et continue à certains égards à résister à la volonté du législateur[12].

411.26 **Secret professionnel menacé ?** Le secret professionnel paraît menacé aujourd'hui[13]. Il en est ainsi, par exemple, en matière médicale, dans une logique privilégiant la « transparence », le « risque zéro », et ce, par les obligations nombreuses qui pèsent sur les médecins de révéler des secrets qu'ils ont appris dans l'exercice de leur art : déclaration à l'autorité sanitaire des maladies transmissibles[14], déclaration dans le cadre de la lutte contre la toxicomanie[15], déclaration au procureur de la République des sévices constatés permettant de présumer que des violences sexuelles de toute nature ont été commises[16]. On doit considérer avec inquiétude que le nombre de maladies pour lesquelles il y a déclaration obligatoire ou facultative de la part des médecins qui les ont diagnostiquées est proche de la cinquantaine : y figurent la peste, le choléra, la fièvre jaune et la lèpre, la scarlatine, la rougeole, les toxi-infections alimentaires collectives, la coqueluche, le paludisme, la grippe épidémique, les oreillons, la rubéole, la varicelle...

1. Crim. 7 mars 1994, n° 93-84.931, P n° 87 ; *D.* 1994. 188, obs. J. Pradel ; *D.* 1995. 167, obs. A. Brunois ; *JCP* 1994. II. 22251, note R. Martin.
2. Paris, 17 mai 1996, *D.* 1996. 353, note D. Fortin.
3. L. n° 97-308, 7 avr. 1997 modifiant les articles 54, 62, 63 et 66-5 de la loi n° 71-1130, 31 déc. 1971 portant réforme de certaines professions judiciaires et juridiques, *JO* 8 avr., p. 5323.
4. L. n° 71-1130, 31 déc. 1971, art. 66-5.
5. Civ. 1re, 14 mars 2000, n° 97-17.782, P I, n° 91 ; *D.* 2002. 807, obs. B. Blanchard ; *D.* 2000. IR 103 ; *JCP* 2000. I. 2131, n° 15 ; *Gaz. Pal.* 2000. Somm. 1572 – Paris, 15 mars 2001, *D.* 2001. 1770 – AUSSI : Civ. 1re, 27 sept. 2005, n° 03-19.801, P I, n° 344 ; *D.* 2005. 2704 ; *Gaz. Pal.* 2005. Somm. 4233 – Civ. 1re, 3 mai 2006, n° 04-17.259, P I, n° 207 ; *D.* 2006. 1400, obs. P. Guiomard ; *Gaz. Pal.* 2006. Somm. 4033 – V. s^s n° 421.28.
6. L. n° 97-308, 7 avr. 1997 modifiant les articles 54, 62, 63 et 66-5 de la loi n° 71-1130, 31 déc. 1971 portant réforme de certaines professions judiciaires et juridiques, *JO* 8 avr., p. 5323.
7. TGI Nanterre, 1er sept. 1997, *Gaz. Pal.* 18 avr. 1998, p. 18, note A. Damien.
8. Paris, ch. acc., 5 nov. 1997, *Gaz. Pal.* 27 nov. 1997 – RAPPR. : Paris, 17 mai 1996, *D.* 1996. 353, note D. Fortin.
9. C. pr. pén., art. 81 ; mod. par L. n° 2019-222, 23 mars 2019 de programmation 2018-2022 et de réforme pour la justice, *JO* 24 mars, n° 2, art. 54.
10. Com. 5 mai 1998, n° 96-30.116, P IV, n° 147 ; *D.* 1998. 146 ; *D.* 2000. 154, obs. B. Blanchard ; *JCP* 1998. II. 10126, note R. Martin ; *Gaz. Pal.* 1998. Pan. 194 ; *Gaz. Pal.* 1998. Somm. 281 – Com. 9 mars 1999, n° 97-30.029, NP ; *JCP* 1999. I. 126, n° 12, obs. R. Martin.
11. AUSSI : v. s^s n°s 412.243 et 415.41 s.
12. AUSSI : v. s^s n°s 412.244, 414.21, 414.121 et 415.31 s.
13. B. Py, « Secret professionnel : le syndrome des assignats ? », *AJ pénal* 2004. Chron. 133 – F. Doyez, « Avocat et secret professionnel », *AJ pénal* 2004. Chron. 144.
14. CSP, art. L. 3113-1.
15. CSP, art. L. 3412-1.
16. C. pén., art. 226-14, 2°.

Enfin, le secret médical ne peut plus être opposé au patient qui peut avoir accès à son dossier médical[1] depuis la loi du 4 mars 2002[2].

411.27 Secret médical « partagé ». Les évolutions de la justice des mineurs et de la justice pénale, en forte demande de renfort du savoir médical et scientifique, depuis l'enquête jusqu'à l'exécution de la peine, confronte le corps médical non seulement à la question classique de l'opposabilité du secret médical aux autorités de police et judiciaires (prélèvements biologiques en garde à vue, expertise en cours d'instruction...), mais également à une vision nouvelle mettant en avant une possible collaboration entre magistrat et médecin autour du concept de « secret partagé »[3] : il s'agit de considérer que les magistrats pourraient partager le secret médical, non plus pour exercer les poursuites et confondre les auteurs d'infractions, mais pour participer de façon plus efficace, par leur fonction de juger, à la réinsertion et la prévention de la récidive.

La question se pose ainsi plus particulièrement pour le juge de l'application des peines : peut-il partager le secret médical pour prendre des décisions d'aménagement des peines (libération conditionnelle, surveillance judiciaire, placement sous surveillance électronique, obligations de soins...) qui correspondent le mieux à l'évolution, notamment psychique, du condamné dans son intérêt et celui de la société. Le corps médical, particulièrement les psychiatres, est généralement très réservé sur cette évolution[4], voyant dans le secret médical une condition *sine qua non* de la thérapie et donc de l'exercice de la médecine.

411.28 Résistance du secret professionnel des avocats ? Le secret professionnel de l'avocat est l'un de ceux qui a le mieux résisté jusqu'à présent. Peut-être en raison des « mentalités traditionnelles » du barreau, mais surtout parce qu'indéniablement il participe au bon fonctionnement de la justice dans un État démocratique[5]. Cependant, régulièrement des tentatives ont eu lieu pour le faire disparaître ou au moins pour l'amoindrir au profit de l'efficacité répressive.

Il en a été ainsi par exemple en matière fiscale[6], pour permettre aux agents de la Direction générale des impôts de pouvoir dépister les fraudeurs, fût-ce par la consultation des dossiers de leurs avocats et des correspondances qu'ils échangent avec leurs clients. Plus récemment, la lutte contre criminalité a conduit le législateur, en application du droit de l'Union européenne, à étendre certaines obligations de dénonciation pesant sur l'avocat en instituant une procédure de déclaration de soupçon de fonds suspects[7]. Au niveau international, il apparaît même, aux yeux de certains organismes, comme un « privilège » dont il conviendrait de demander « l'abrogation »[8].

De même, concernant le secret professionnel dans sa dimension de droit de la défense, des décisions de la chambre criminelle de la Cour de cassation (notamment concernant les écoutes téléphoniques incidentes de l'avocat[9]) et des interventions législatives (en dernier lieu en matière de renseignement[10]) obligent l'avocat à une grande prudence dans ses communications, tant il pèse malheureusement sur lui le soupçon d'une certaine complicité avec le client qu'il défend.

411.29 Remise en cause du secret professionnel des avocats (2021). Pour autant, le secret professionnel de l'avocat n'est pas à l'abri des attaques, lesquelles se sont multipliées ces dix dernières années[11], prenant parfois des formes insidieuses et indirectes, à travers les projets d'« avocat en entreprise »[12], ou des formes plus directes visant, notamment, à écarter les missions de conseil de l'avocat du champ d'application du secret professionnel. Or ces atteintes sont motivées par des arguments qui procèdent d'une « méconnaissance » du régime du secret professionnel de l'avocat. C'est ainsi que le directeur général de la concurrence, de la consommation et de la répression des fraudes a pu écrire, dans une note du 18 juillet 2021 au ministre de l'économie et des finances, qu' : « Il suffirait ainsi que l'avocat soit en copie de tous les échanges au sein d'une entreprise pour empêcher la saisie de documents nécessaires à la démonstration de la réalisation d'une infraction »[13], et ce,

1. CSP, art. L. 1111-7.
2. L. n° 2002-303, 4 mars 2002 relative aux droits des malades et à la qualité du système de santé, *JO* 5 mars, p. 4118 – D. Piau, « Le praticien du dommage corporel face aux données personnelles, notamment médicales », *Gaz. Pal.* 14 mai 2019, p. 64.
3. Association française de criminologie, *Les soins obligés (ou l'utopie de la triple entente), XXXIIIe Congrès français de criminologie*, « Thèmes et commentaires », Dalloz, 2002.
4. E. Archer, « Les limites structurantes de la relation médecin/magistrat », *AJ pénal* 2004. 147.
5. CEDH 16 déc. 1992, *Niemietz c/Allemagne*, req. n° 13710/88 ; *AJDA* 1993. 105, Chron. J.-F. Flauss ; *D.* 1993. 386, obs. J.-F. Renucci ; *RFDA* 1993. 963, Chron. V. Berger, C. Giakoumopoulos, H. Labayle et F. Sudre ; *RTDH* 1993. 467.
6. V. s^s n° 414.151.
7. V. s^s n°s 482.212 s.
8. Conférence des parties à la convention-cadre de l'OMS pour la lutte antitabac, *Rapport du groupe d'experts sur l'application de l'article 19 de la Convention cadre de l'OMS : « Responsabilité »*, 14 juin 2016.
9. V. s^s n°s 414.201 s.
10. V. s^s n°s 414.274 s.
11. V. Nioré, « Le secret professionnel de l'avocat : un chef-d'œuvre en péril ? », *JCP* 2014. 1095.
12. V. s^s n° 023.202.
13. J.-B. Jacquin, S. Piel, « Inquiétudes autour d'une possible extension du secret professionnel des avocats », *Le Monde* 24 août 2021.

alors même que la jurisprudence est très clairement en sens contraire : de tels courriels ne sont, naturellement, jamais couverts par le secret professionnel[1]. De même que le directeur général des finances publiques, a pu écrire, dans une note du 27 juillet 2021, que : « Le maintien du texte en l'état pourrait obérer toute possibilité de saisir des documents utiles à la démonstration d'une fraude commise ou rendue possible par un avocat et aurait pour effet de faciliter le recours à des montages fiscaux frauduleux. Cela risquerait de transformer les locaux d'avocats en sanctuaires à l'écart de toute saisie fiscale »[2], ici encore alors même que les perquisitions et opérations de visites et saisies sont déjà largement rendues possibles lorsque l'avocat est soupçonné de complicité[3], ce qu'il n'a jamais vocation à être[4], une telle attitude étant antinomique avec sa qualité même d'avocat.

C'est dans ce contexte que la loi pour la confiance dans l'institution judiciaire a prévu de revenir ouvertement sur les acquis de 1997[5] en prévoyant initialement un nouvel *alinéa* à l'article préliminaire du code de procédure pénale aux termes duquel : « Le respect du secret professionnel de la défense est garanti au cours de la procédure dans les conditions prévues par le présent code »[6], écartant ainsi expressément les missions de conseil de son champ d'application, pour finalement se contenter de prévoir, en définitive[7], des exceptions à l'opposabilité du secret professionnel de l'avocat en matière de conseil dans le cadre des mesures d'enquêtes et d'instruction[8].

Cette première brèche ouverte dans le secret professionnel de l'avocat apparaît clairement, si on n'y prend garde, comme un cheval de Troie préparant une remise en cause plus générale de celui-ci.

SECTION 3
PROTECTION DU SECRET PROFESSIONNEL

411.30 **Plan – Sanctions.** La violation du secret professionnel constitue, pour l'avocat, un délit pénal[9] (§ 1) ainsi qu'une faute déontologique susceptible de sanctions disciplinaires[10] (§ 2).

§ 1
Délit de violation du secret professionnel

411.40 **Plan – Protection du secret professionnel par l'article 226-13 du code pénal.** Le secret professionnel était garanti pour les avocats par l'article 378 de l'ancien code pénal de 1810 qui indiquait : « Toute personne dépositaire par état ou profession [...] de secrets qu'on leur confie et qui [...] auront révélé ces secrets, seront punis d'une peine d'emprisonnement d'un mois à six mois et d'une amende. »

Ce texte a été remplacé en 1992[11] par l'article 226-13 du code pénal qui indique que : « La révélation d'une information à caractère secret par une personne qui en est dépositaire soit par état ou par profession, soit en raison d'une mission ou d'une fonction temporaire, est punie d'un an d'emprisonnement et de 15 000 euros d'amende. »

Le délit de violation du secret professionnel s'appréhende à travers ses éléments constitutifs (A), les causes de sa non-imputabilité (B), sa prescription éventuelle (C) et sa répression (D).

A.
Éléments constitutifs

411.51 **Définition du délit de violation du secret professionnel.** Le délit de violation du secret professionnel suppose d'une part la qualité de confident nécessaire chez celui qui l'a reçu et, d'autre part, la simple révélation qui n'est pas nécessairement une divulgation ou publication mais le simple fait de confier à un tiers, même dans la plus grande intimité, les faits confiés sous le sceau du secret.

Il faut en effet que le fait confié constitue un secret, c'est-à-dire qu'il ait été confié avec la recommandation formelle de le taire, soit par la volonté de celui qui le confie, soit dans le cadre de l'exercice d'une profession qui suppose cette obligation au secret. Il faut enfin qu'il ait été reçu par un professionnel dans le cadre de sa profession.

411.52 **Faits couverts par le secret professionnel.** Il convient ainsi d'être prudent et de bien distinguer les confidences couvertes par le secret professionnel de celles qui ne le sont pas, notamment parce qu'obtenues dans un lien amical[12] ou familial[13].

C'est ainsi que, dans une affaire qui fit grand bruit, un évêque fut condamné par le tribunal correctionnel du chef de non-dénonciation d'atteintes sexuelles

1. V. s^s^ n°s 412.156 et 415.47.
2. J.-B. Jacquin, S. Piel, « Inquiétudes autour d'une possible extension du secret professionnel des avocats », *Le Monde* 24 août 2021.
3. V. s^s^ n°s 414.83 et 414.152.
4. V. s^s^ n°s 921.31 s.
5. V. s^s^ n° 411.24.
6. Projet de loi pour la confiance dans l'institution judiciaire, art. 3.
7. L. n° 2021-1729, 22 déc. 2021, art. 3.
8. V. s^s^ n°s 414.21 s. et 415.33.
9. C. pén., art. 226-13 et 226-14 – RÉP. PÉN., *V° Secret professionnel*, par B. Py, févr. 2003 ; mise à jour, juin 2012.
10. RIN, art. 2 – Décr. n° 2005-790, 12 juill. 2005, art. 4.
11. L. n° 92-686, 22 juill. 1992 portant réforme des dispositions du code pénal relatives à la répression des crimes et délits contre la nation, l'État et la paix publique, *JO* 23 juill., p. 9893.
12. Crim. 2 mars 2010, n° 09-88.453, P n° 40 ; *D.* 2011. 552, obs. B. Blanchard ; *AJ pénal* 2010. 286, obs. C. Porteron.
13. Sur cette question, v. s^s^ n° 412.46.

infligées à un mineur de quinze ans[1], dès lors que, bien que tenu au secret professionnel, les informations qu'il avait reçues relativement aux faits de pédophilie d'un prêtre de son diocèse, ne résultaient pas d'une confidence de la part de ce prêtre, l'obligation au secret professionnel impliquant une démarche spontanée de celui qui se confie envers celui qui le reçoit, mais d'une recherche personnelle de la part de l'évêque, faisant qu'il lui appartenait, en conséquence d'en informer les autorités judiciaires ou administratives[2].

411.53 **Une révélation.** La révélation d'un secret au sens de l'article 226-13 du code pénal n'implique pas sa divulgation : la simple révélation de ce secret à une personne unique est condamnable[3], et ce même si cette personne est elle-même tenue au secret[4].

Il en est ainsi de l'avocat révélant à un autre avocat la mise en cause d'un client pour des faits d'abus de biens sociaux et de blanchiment « même si l'information donnée peut paraître insignifiante » alors même qu'il « pouvait parfaitement demander conseil sur le choix d'un avocat pénaliste dans le ressort de Compiègne sans citer le nom de sa cliente, ni préciser qu'elle avait été placée en garde à vue », et qui donne cette même information à deux de ses clients l'ayant appelé pour solliciter des renseignements, ce qui justifie sa condamnation pour violation[5] du secret professionnel à une amende de 2 000 euros[6].

L'intention de nuire n'est pas une condition essentielle du délit de violation du secret professionnel.

411.54 **Élément moral.** Le délit de violation du secret professionnel, au sens de l'article 226-13 du code pénal, est un délit intentionnel nécessitant, au titre de son élément moral, un dol général. La seule conscience que l'on a de révéler un secret dont on a connaissance est donc suffisante à la caractérisation de l'infraction[7], mais le mobile reste indifférent[8].

Ainsi, le bavardage excessif et la volonté de révéler un fait couvert par le secret professionnel dans l'intérêt de son client ou pour contribuer à la vérité historique[9] ne font pas obstacle à la constitution du délit de violation du secret professionnel.

411.55 **Complicité de violation du secret professionnel.** Un avocat peut être condamné au titre de la complicité[10], s'il a œuvré en vue de conduire une autre personne tenue au secret professionnel de violer celui-ci.

Tel est le cas de l'avocat qui aura conduit, par des promesses, machinations ou artifices, un responsable d'organisme de sécurité sociale à lui communiquer, en violation du secret professionnel auquel il est tenu, une liste nominative d'assurés sociaux en difficultés, susceptibles de devenir les clients de son cabinet[11].

411.56 **Secret de l'enquête et de l'instruction – Renvoi.** Sur la violation du secret professionnel par violation du secret de l'enquête et de l'instruction, v. s[s] n°s 416.131 s.

B.
Causes de non-imputabilité

411.61 **Strictes nécessités de la défense de l'avocat.** La violation du secret professionnel, en dehors des cas prévus par la loi, ne peut être justifiée qu'en cas de nécessité afin de se défendre en cas de mise en cause : la violation du secret professionnel cède devant les droits de la défense[12] mais à condition d'être limitée aux strictes nécessités de la défense de l'avocat mis en cause[13], il faut que ce soit une mesure « nécessaire et proportionnée »[14], ce que les juges du fond doivent caractériser et apprécient souverainement[15].

411.62 **Mineur ou majeur à protéger.** Le caractère absolu du secret professionnel a pour conséquence qu'en dénonçant des faits auprès des autorités judiciaires ou administratives, et sauf exceptions

1. V. s[s] n° 411.63.
2. TGI Caen, 4 sept. 2001, *D.* 2011. 2721 ; *D.* 2002. 1803, obs. G. Roujou de Boubée ; *Gaz. Pal.* 2001. 2. 1811, note A. Damien ; *Dr. pénal* 2001, Chron. n° 46, obs. L. Leturmy ; – MÊME SENS : TGI Lyon, 17e ch. corr., 7 mars 2019, n° 17223000041 ; – RÉFORMÉ SUR LE TERRAIN DE LA PRESCRIPTION PAR : Lyon 4e ch. 30 janv. 2020, RG n° 19/01395, *D.* 2020. 1238, note G. Roujou de Boubée – POURVOI REJETÉ PAR : Crim. 14 avr. 2021, n° 20-81.196, P ; *Gaz. Pal.* 15 juin 2021, p. 22, note A. Cappello ; *D.* 2021. 747 ; *D.* 2021. 937, note E. Dreyer ; *JCP* 2021. 55, note H. Matsopoulou ; *D.* 2021. 1569, obs. J.-B. Perrier.
3. Crim. 21 nov. 1874, *S.* 1875. I. 89, rapp. M. Baudouin et note P. Cauwés.
4. Crim. 16 mai 2000 n° 99-85.304, *P n° 192, D. 2002. 858, note B. Blanchard ; Dr. pénal* 2000. 127, obs. M. Véron.
5. Crim. 14 mai 2014, n° 13-82.180, NP.
6. AUSSI : V. s[s] n°s 412.62.
7. Crim. 15 déc. 1885 ; *DP* 1886. 1. 347.
8. Crim. 7 mars 1989, n° 87-90.500, P n° 109 ; *RSC* 1990. 73, obs. G. Levasseur.
9. Crim. 25 janv. 1968, n° 66-93.877, P n° 25 ; *D.* 1968. 153, rapp. J.-L. Costa ; *JCP* 1968. II. 15425 ; *Gaz. Pal.* 1968. 1. 164 ; *RSC* 1968. 344, obs. G. Levasseur.
10. V. s[s] n°s 921.31 s.
11. Crim. 21 janv. 1959, P n° 59.
12. Paris, 11 janv. 1985, *D.* 1985. 276, note P. Decheix – Crim. 29 mai 1989, n° 87-82.073, P n° 218 ; *Gaz. Pal.* 1989. 2. 884, note A. Damien ; *RSC* 1990. 76, obs. G. Levasseur.
13. V. s[s] n°s 412.271 s.
14. Crim. 24 avr. 2007, n° 06-88.051, P n° 108 ; *AJ pénal* 2007. 331, obs. C. Saas ; *RSC* 2007. 815, obs. Y. Mayaud.
15. Crim. 16 mai 2000, n° 99-85.304, P n° 192 ; *D.* 2002. 858, obs. B. Blanchard ; *Dr. pénal* 2000, 127, obs. M. Véron.

légalement prévues[1], l'avocat se rendrait coupable de violation du secret professionnel.

Ainsi, il est prévu expressément par l'article 226-14[2] du code pénal que le délit de violation du secret professionnel n'est pas applicable dans les cas où la loi impose ou autorise la révélation du secret. Surtout, cet article précise qu'il n'est pas non plus applicable à l'avocat qui informerait les autorités judiciaires, médicales ou administratives de privations ou de sévices, y compris lorsqu'il s'agit d'atteintes ou mutilations sexuelles, dont il a eu connaissance et qui ont été infligées à un mineur ou à une personne qui n'est pas en mesure de se protéger en raison de son âge ou de son incapacité physique ou psychique[3].

Le signalement aux autorités compétentes effectué dans ces conditions ne peut faire l'objet d'aucune sanction pénale ou disciplinaire[4].

411.63 Non-application des délits de non-dénonciation. Pour autant, l'avocat ne peut se voir condamner du chef de non-dénonciation en tant qu'il vise le fait, pour quiconque ayant connaissance d'un crime dont il est encore possible de prévenir ou de limiter les effets, ou dont les auteurs sont susceptibles de commettre de nouveaux crimes qui pourraient être empêchés[5], ou ayant connaissance de privations, de mauvais traitements ou d'atteintes sexuelles infligés à un mineur de quinze ans ou à une personne qui n'est pas en mesure de se protéger en raison de son âge, d'une maladie, d'une infirmité, d'une déficience physique ou psychique ou d'un état de grossesse[6], de ne pas en informer les autorités judiciaires ou administratives. Infractions qui sont punies de trois ans d'emprisonnement et de 45 000 euros d'amende, peine portée à cinq ans en cas d'atteinte aux intérêts fondamentaux de la nation ou d'acte de terrorisme[7].

En effet, les personnes astreintes au secret dans les conditions prévues par l'article 226-13 du code pénal, dont fait partie l'avocat, sont également exemptées de ces dispositions[8]. Cette exemption ne s'applique qu'aux seuls faits couverts par le secret professionnel, et non pas nécessairement à tous les faits dont aurait connaissance l'avocat[9].

Il convient d'insister sur le fait que, loin de poser un principe général obligeant les particuliers à dénoncer tous les faits délictueux dont ils ont connaissance, principe qui n'est énoncé nulle part dans le code pénal, les dispositions précitées ne rendent la dénonciation obligatoire que lorsqu'elle est particulièrement nécessaire en raison de certaines circonstances de fait : aussi, la condition tenant à la vulnérabilité de la victime, doit-elle être remplie non seulement au moment où les faits ont été commis, mais encore lorsque la personne poursuivie pour leur non-dénonciation en a pris connaissance. Il en découle que dès lors que les victimes étaient, au moment où les faits ont été portés à la connaissance d'une tierce personne, en état de les dénoncer elles-mêmes, ce seul motif est de nature à justifier la relaxe du chef de non-dénonciation[10]. Ce qui reste parfois difficile à déterminer compte tenu, notamment, de l'emprise psychologique liée au contexte familial qui peut préexister dans ce genre de situation[11].

411.64 Option de conscience. Il est ainsi possible pour un avocat qui aurait, dans le cadre de l'exercice de son activité, connaissance de privations ou de sévices, y compris lorsqu'il s'agit d'atteintes ou mutilations sexuelles, infligées à un mineur ou à une personne qui n'est pas en mesure de se protéger en raison de son âge ou de son incapacité physique ou psychique, d'en informer les autorités judiciaires, médicales ou administratives. S'il le fait, l'avocat ne pourra pas être sanctionné ni pénalement ni disciplinairement, s'il ne le fait pas, il ne pourra pas non plus être sanctionné pénalement et, bien que les textes soient muets sur ce point, il ne devrait pas pouvoir l'être sur le plan disciplinaire.

Il y a ici une option de conscience pour l'avocat, qui doit le conduire à arbitrer entre le secret professionnel et sa conscience[12]. Il lui est possible, et même recommandé, d'en référer à son bâtonnier avant de prendre toute initiative.

C.
Prescription

411.71 Infraction instantanée. Le délit de violation du secret professionnel, au sens de l'article 226-13 du code pénal est un délit instantané, dont la prescription est de six ans à compter de la comission des faits et qui se caractérise autant de

1. V. s[s] n°s 412.260 s.
2. C. pén., art. 226-14 ; mod. par L. n° 2020-936, 30 juill. 2020, art. 12.
3. C. pén., art. 226-14, 1°.
4. C. pén., art. 226-14, al. 3.
5. C. pén., art. 434-1 – CNB, Comm. RU, avis n° 2019-015, 27 mai 2019.
6. C. pén., art. 434-3.
7. C. pén., art. 434-2.
8. C. pén., art. 434-1, al. 2, art. 434-3, al. 3.
9. V. s[s] n°s 411.52 et 412.46.
10. Crim. 14 avr. 2021, n° 20-81.196, P ; *Gaz. Pal.* 15 juin 2021, p. 22, note A. Cappello ; *D.* 2021. 747 ; *D.* 2021. 937 note E. Dreyer ; *JCP* 2021. 55, note H. Matsopoulou ; *D.* 2021. 1569, obs. J.-B. Perrier – E. Dreyer, « Retour sur la non-dénonciation d'infractions commises sur mineur ou personne vulnérable », *Gaz. Pal.* 11 mai 2021, p. 74.
11. C. Kouchner, *La familia grande*, Seuil, 2021.
12. Sur cette question, v. s[s] n°s 322.11 s. et 412.251 s.

fois que l'avocat révèle des informations protégées par le secret professionnel[1].

D. Répression

411.81 **Peines.** La violation du secret professionnel est punie d'un an d'emprisonnement et de 15 000 euros d'amende.

411.82 **Peines complémentaires.** L'avocat condamné du chef de violation du secret professionnel encourt également les peines complémentaires prévues à l'article 226-31 du code pénal et notamment celle de l'interdiction d'exercer l'activité d'avocat, soit définitive, soit temporaire auquel cas elle ne peut excéder une durée de cinq ans[2], cette interdiction peut se cumuler avec une sanction disciplinaire[3], ainsi que l'affichage ou la diffusion de la décision prononcée[4].

411.83 **Intérêt à agir.** La chambre criminelle a eu l'occasion de préciser que l'infraction de violation du secret professionnel est destinée à protéger la sécurité des confidences qu'un particulier est dans la nécessité de faire à une personne dont l'état ou la profession, dans un intérêt général et d'ordre public, fait d'elle un confident nécessaire. En conséquence, la violation du secret professionnel ne porte directement préjudice qu'à l'intérêt général et à l'auteur de ces confidences, faisant que seul le procureur de la République ou l'auteur de ces mêmes confidences serait recevable à se plaindre d'une telle violation ce qui excluait, en l'occurrence, la recevabilité d'une plainte d'un médecin à l'encontre de l'un de ses anciens salariés qui avait versé des correspondances et extraits de dossier médical d'un patient dans le cadre d'un litige prud'homal[5].

La généralité des attendus de principes de l'arrêt de la chambre criminelle, posés au visa du seul article 226-13 du code pénal, nous laisse penser qu'une telle solution devrait être transposable aux cas de violation du secret professionnel de l'avocat, nonobstant leur divergence de régime et le caractère de droit propre au client plus marqué s'agissant du secret professionnel médical[6] que du secret professionnel de l'avocat[7]. Et ce, sous réserve de l'éventualité d'une action des institutions de la profession sur le fondement de la protection de l'ordre public professionnel[8].

§ 2 Recel de violation du secret professionnel

411.91 **Recel.** Un avocat peut également être condamné au titre du recel[9] de violation du secret professionnel, dès lors qu'il aura, en toute connaissance de cause, dissimulé, détenu ou transmis une information obtenue en violation du secret professionnel[10].

La caractérisation du délit implique d'apporter la preuve du fait que la divulgation des informations a été effectuée par une personne astreinte au secret professionnel ou de la détention matérielle de documents couverts par le secret professionnel[11].

C'est ainsi que fut condamné pour recel de violation du secret professionnel, à quatre mois d'emprisonnement avec sursis et à 20 000 francs d'amende, un avocat qui avait communiqué, dans une procédure de divorce, une fiche d'antécédents obtenue par des détectives privés de la préfecture de police[12].

411.92 **Peines.** Le recel est sanctionné plus sévèrement que la simple violation, à savoir cinq ans et 375 000 euros d'amende[13], ou dix ans et 750 000 euros s'il est commis en utilisant les facilités que procure l'exercice d'une activité professionnelle, telle que la profession d'avocat[14].

411.93 **Peines complémentaires.** L'avocat condamné du chef de recel de violation du secret professionnel encourt également les peines complémentaires prévues à l'article 321-9 du code pénal et notamment celle de l'interdiction d'exercer l'activité d'avocat, et l'exclusion des marchés publics, soit à titre définitif, soit à titre temporaire pouvant excéder une durée de cinq ans sauf si le recel n'est pas commis en utilisant les facilités que procure l'exercice d'une activité professionnelle ; auquel cas elle ne saurait excéder une durée de cinq ans[15].

1. Crim. 25 janv. 1968, n° 66-93.877, P n° 25 ; *D.* 1968. 153, rapp. J.-L. Costa ; *JCP* 1968. II. 15425 ; *Gaz. Pal.* 1968. 1. 164 ; *RSC* 1968. 344, obs. G. Levasseur.
2. C. pén., art. 131-27.
3. Civ. 1re, 17 mai 1988, n° 86-15.067, P I, n° 145 ; *D.* 1991. 302, note A. Brunois ; *Gaz. Pal.* 1989. 2. 491, note G. Flécheux – Civ. 1re, 9 avr. 2015 n° 14-50.012 ; *D.* 2015. 1187 avis J.-P. Sudre, note O. Décima.
4. C. pén., art. 131-35.
5. Crim. 13 oct. 2020, n° 19-87.341, P ; *Gaz. Pal.* 19 janv. 2021, p. 53, obs. A. Coviaux ; *D.* 2020. 2010 ; *JCP* 2021. 151, note Ch. Saint-Pau.
6. CSP, art. L. 1110-4.
7. L. n° 71-1130, 31 déc. 1971, art. 66-5.
8. EN CE SENS : Ch. Saint-Pau, note sous Crim. 13 oct. 2020, n° 19-87.341, P ; *JCP* 2021. 151.
9. V. ss nos 921.101 s.
10. C. pén., art. 321-1.
11. Crim. 11 mai 2016, n° 15-82.365, P ; *D.* 2016. 2267, note L. François ; *CCC* 2016, n° 73, note A. Lepage.
12. Crim. 26 oct. 1995, n° 94-84.858, P n° 328 ; *RSC* 1996. 645, obs. B. Bouloc ; *Dr. pénal* 1996. 83, obs. M. Véron.
13. C. pén., art. 321-1.
14. C. pén., art. 321-1.
15. C. pén., art. 321-9 2° et 4°.

Cette interdiction peut se cumuler avec une sanction disciplinaire[1], ainsi que l'affichage ou la diffusion de la décision prononcée[2].

§ 3
Secret des correspondances

411.101 Atteinte au secret des correspondances. Il convient enfin de noter que l'interception de correspondances, y compris émises par voie électronique, couvertes par le secret professionnel constitue une atteinte au secret des correspondances punie d'un an d'emprisonnement et de 45 000 euros d'amende[3].

Lorsque postérieurement à cette interception, (interception ou détournement des correspondances émises, transmises ou reçues par la voie des télécommunications) l'utilisation ou la divulgation du contenu des correspondances, est effectuée, en dehors des possibilités légales, par une personne dépositaire de l'autorité publique ou chargée d'une mission de service public, agissant dans l'exercice ou à l'occasion de l'exercice de ses fonctions ou de sa mission (officier de police judiciaire, magistrat...), il s'agit alors d'une atteinte au secret des correspondances constitutives d'abus d'autorité puni de trois ans d'emprisonnement et de 45 000 euros d'amende[4]. Elle implique que soit démontré que la personne concernée par les poursuites ait eu l'intention de porter atteinte au contenu d'une correspondance couverte par le secret professionnel, sans que l'intention de nuire à la partie civile ne soit requise[5].

411.102 Notion de correspondance. Encore faut-il toutefois, selon la chambre criminelle, pour qu'il y ait correspondance, que soit constaté un élément démontrant la volonté de l'émetteur de la protéger des regards des tiers, ce qui n'est pas le cas d'une simple feuille de papier, pliée en deux, remise par un avocat à un prévenu en attente de première comparution[6].

Dans cette dernière affaire[7] la CEDH a considéré qu'il y avait eu violation de l'article 8 de la Conv. EDH dès lors qu'en l'absence de tout soupçon d'acte illicite, l'interception des papiers en cause ne saurait se justifier, peu importe le contenu des documents interceptés dès lors que, quelle qu'en soit la finalité, les correspondances entre un avocat et son client portent sur des sujets de nature confidentielle et privée, et que l'interception d'une correspondance, que l'avocat avait rédigée et remise à ses clients à la vue du chef d'escorte, sans tenter de dissimuler son action, et son ouverture ne répondaient à aucun besoin social impérieux et n'étaient donc pas « nécessaires dans une société démocratique »[8]. Dans son arrêt la CEDH considère que l'article 8 de la Conv. EDH « protège la confidentialité des communications, quel que soit le contenu de la correspondance dont il est question et quelle que soit la forme qu'elle emprunte »[9].

1. Civ. 1re, 17 mai 1988, n° 86-15.067, P I, n° 145 ; *D.* 1991. 302, note A. Brunois ; *Gaz. Pal.* 1989. 2. 491, note G. Flécheux – Civ. 1re, 9 avr. 2015, n° 14-50.012, P I, n° 82 ; *D.* 2015. 1187 avis J.-P. Sudre, note O. Décima.
2. C. pén., art. 131-35.
3. C. pén., art. 226-15.
4. C. pén., art. 432-9.
5. Crim. 27 févr. 2018, n° 17-81.850, P ; *Gaz. Pal.* 13 mars 2018, p. 38, obs. C. Berlaud ; *D. actu.* 16 mars 2018, note L. Priou-Alibert.
6. Crim. 16 oct. 2012, n° 11-88.136, P n° 216 ; *D.* 2013. 132, obs. M.-L. Divialle ; *D.* 2013. 143, obs. Th. Wickers ; *D.* 2013. 2713, obs. G. Roujou de Boubée, T. Garé, M.-H. Gozzi, S. Mirabail et T. Potaszkin ; *D. avocats* 2013. 26, note G. Royer ; *AJ pénal* 2013. 41, obs. Ph. Belloir ; *Gaz. Pal.* 2012. 2. 3293, note D. Piau ; *Dr. pénal* 2012, n° 159, obs. M. Véron ; *Gaz. Pal.* 18 déc 2012, p. 17, obs. B. de Belval.
7. D. Piau, « Secret des correspondances de l'avocat versus chambre criminelle : sortez couverts ! », *Gaz. Pal.* 2-6 nov. 2012, p. 19.
8. CEDH 24 mai 2018, *Laurent c/France*, req. n° 28798/13 ; *JCP* 2018. 682 ; *D.* 2018. 1159 ; *JCP* 2018. 754, n° 16, obs. F. Sudre ; *Gaz. Pal.* 4 déc. 2018, p. 30, obs. B. de Belval ; *JCP* 2018. 1023, n° 9, obs. L. Jariel.
9. CEDH 24 mai 2018, *Laurent c/France*, req. n° 28798/13, § 35.

CHAPITRE

412. Secret entre l'avocat et son client

SECTION 0

ORIENTEUR

412.00 **Sommaire du chapitre.**

Division. Le secret professionnel de l'avocat est une obligation impérieuse de l'avocat (sect. 1) à l'égard de son client (sect. 2), opposable aux tiers en toutes circonstances (sect. 3) ce qui implique un devoir de protection (sect. 4).

412.01 **Textes applicables.**

TEXTES TITRÉS

> Secret professionnel de l'avocat

- **L. n° 71-1130, 31 déc. 1971**

art. 66-5 [Secret professionnel de l'avocat]

- **Décr. n° 2005-790, 12 juill. 2005**

art. 4 [Secret professionnel]

- **RIN,** art. 2 [Secret professionnel]

> **Société pluriprofessionnelle d'exercice**

• **L. nº 90-1258, 31 déc. 1990**

art. 31-10 [Respect du secret professionnel au sein d'une société pluriprofessionnelle d'exercice]

• **Décr. nº 2017-794, 5 mai 2017**

art. 25 [Modalité de partage d'éléments couverts par le secret professionnel au sein d'une société pluriprofessionnelle d'exercice]

> **Administration pénitentiaire**

• **L. nº 2009-1436, 24 nov. 2009**

art. 25 [Principe de libre communication des personnes détenues avec leurs avocats]

• **C. pr. pén.**

art. R. 57-6-5 s. [Relations des personnes détenues avec leur avocat]

> **Réquisitions judiciaires**

• **C. pr. pén.**

art. 60-1 [Réquisitions judiciaires – Enquête de flagrance]

art. 77-1-1 [Réquisitions judiciaires – Enquête préliminaire]

art. 99-3 [Réquisitions judiciaires – Instruction]

412.02 Jurisprudence de référence.

> **Production spontanée aux débats par le client d'une lettre dont il est l'auteur**

• **Com. 6 juin 2001,** nº 98-18.577, P IV, nº 110.

* V. s^s nº 412.151.

« Mais attendu qu'ayant relevé que la société C… avait spontanément produit aux débats la lettre litigieuse, dont elle était l'auteur, la cour d'appel en a exactement déduit que l'intéressée n'était pas recevable à invoquer un secret professionnel portant sur des informations qu'elle avait elle-même rendues publiques »

> **Enregistrement clandestin d'une conversation entre un avocat et son client**

• **Crim. 31 janv. 2012,** nº 11-85.464, P nº 27.

* V. s^s n°s 412.151, 415.51.

« Attendu que, pour rejeter le moyen de nullité pris du versement au dossier des enregistrements de conversations privées réalisés par le maître d'hôtel de Mme Y à l'insu de celle-ci et de ses interlocuteurs, dont ses avocats, et des pièces subséquentes, l'arrêt relève notamment que ne peut être annulé un document, versé en procédure, qui est produit par un particulier, constitue une pièce à conviction et ne procède, dans sa confection, d'aucune intervention, directe ou indirecte, d'une autorité publique ; que les juges ajoutent qu'il en va également ainsi de la transcription de conversations échangées entre un avocat et un client, l'argumentation prise, d'une part, des dispositions de l'article 100-5 du code de procédure pénale, applicables aux seules interceptions de correspondances ordonnées par une autorité publique et, d'autre part, de l'article 66-5 de la loi du 31 décembre 1971, relatif aux documents couverts par le secret professionnel de l'avocat, étant inopérante ; »

« Attendu qu'en se déterminant ainsi, la chambre de l'instruction a justifié sa décision, dès lors que les enregistrements contestés ne sont pas en eux-mêmes des actes ou des pièces de l'information, au sens de l'article 170 du code de procédure pénale, et comme tels, susceptibles d'être annulés, mais des moyens de preuve qui peuvent être discutés contradictoirement, et que la transcription de ces enregistrements, qui a pour seul objet d'en matérialiser le contenu, ne peut davantage donner lieu à annulation ; »

> **Exigence de la propre défense de l'avocat**

• **Crim. 29 mai 1989,** nº 87-82.073, P nº 218.

* V. s^s n°s 411.61, 412.151, 412.271.

Sur la première branche du moyen ;

Attendu que pour refuser d'écarter des débats des lettres que B…, défendeur à une instance civile, avait reçues de X… et de Y…, avocats, l'arrêt attaqué relève que toutes les lettres figurant au dossier de la procédure pénale suivie contre eux ont été remises spontanément par B… au juge d'instruction ; que les juges énoncent que le secret professionnel de l'avocat ne s'impose pas au client ;

Attendu qu'en l'état de ces constatations et énonciations, la cour d'appel n'a pas encouru les griefs allégués ;

Mais sur la seconde branche du moyen ;

Vu les articles précités ;

Attendu que les juges sont tenus de répondre aux demandes et chefs péremptoires des conclusions dont ils sont régulièrement saisis ;

Attendu qu'il appert de l'arrêt attaqué que X… et Y… ont été renvoyés devant le tribunal correctionnel pour complicité d'escroquerie ;

Attendu que dans leurs conclusions tendant à leur relaxe les prévenus ont fait valoir que les lettres versées aux débats par B…, leur ancien client, ne pouvaient servir de preuve qu'à la condition expresse que fût révélée la totalité de la correspondance qu'ils avaient échangée avec lui, ce que leur interdisait "un secret professionnel intransgressible" ;

Attendu que pour écarter ces conclusions et déclarer les prévenus coupables des faits qui leur étaient reprochés, après avoir déclaré régulièrement produites les pièces ci-dessus, l'arrêt attaqué se borne à exposer les faits et à analyser ces pièces ;

Mais attendu qu'en ne s'expliquant pas sur l'argumentation péremptoire dont elle était saisie, et alors que l'obligation au secret professionnel d'un avocat ne saurait lui interdire, pour se justifier de l'accusation dont il est l'objet et résultait de la divulgation par un client d'une correspondance échangée entre eux, de produire d'autres pièces de cette même correspondance utiles à ses intérêts, la cour d'appel n'a pas mis la Cour de cassation en mesure d'exercer son contrôle au regard du respect des droits de la défense ; »

• **Crim. 16 mai 2000,** nº 99-85.304, P nº 192.

* V. s^s nº 412.274.

« Qu'en effet, d'une part, la révélation d'une information à caractère secret réprimée par l'article 226-13 du code pénal n'en suppose pas la divulgation ; qu'elle peut exister légalement, alors même qu'elle en est donnée à une personne unique et alors même que cette personne est elle-même tenue au secret ;

Que, d'autre part, la connaissance par d'autres personnes, de faits couverts par le secret professionnel, n'est pas de nature à enlever à ces faits leur caractère confidentiel et secret ;

Qu'enfin les juges ont souverainement apprécié les faits et circonstances de la cause d'où ils ont déduit que la violation du secret professionnel n'était pas, en l'espèce, rendue nécessaire par l'exercice des droits de la défense ; »

> Avocat appelé à témoigner.

• **Crim. 24 mai 1862,** *D.* 1862. 545 ; *in* A. DAMIEN, *Les grands arrêts*, Litec, 1991, p. 57.

* V. s[s] n°s 311.61, 412.61, 412.253.

« Attendu que l'avocat a toujours été tenu de garder un secret inviolable sur tout ce qu'il apprend à ce titre ; que cette obligation absolue est d'ordre public ; que l'avocat appelé en témoignage n'a donc dans sa déposition, d'autre règle que sa conscience et qu'il doit s'abstenir des réponses qu'elle lui interdit. »

> Protection des éléments couverts par le secret professionnel.

• **Crim. 12 mars 1886,** *D.* 1887. 1. 89 ; *in* A. DAMIEN, *Les grands arrêts*, Litec, 1991, p. 57.

* V. s[s] n°s 411.13, 412.01, 412.31.

« Attendu que le principe de libre défense domine la procédure criminelle qui commande d'affranchir de toutes entraves les communications des accusés avec leurs conseils ; qu'il est interdit à ces derniers sous les peines portées par l'article 378 du code pénal, de révéler les secrets qui leur ont été confiés et qu'ils sont même dispensés d'en déposer comme témoin devant les tribunaux ; qu'il suit de là qu'il n'est point permis de saisir dans leur domicile les papiers et lettres missives qu'ils ont reçus de leurs clients et que, par une conséquence nécessaire il n'est pas permis de saisir, avant qu'elles soient parvenues, les lettres qui leur sont envoyées puisqu'elles commencent la communication qui doit être respectée et portant la confidence qui doit être sacrée ;

Attendu qu'après avoir avoué le crime dans ses interrogatoires, le demandeur avait renouvelé cet aveu dans une lettre écrite à son avocat, qu'il priait de l'assister devant la cour d'assises et auquel il annonçait l'envoi d'un mémoire donnant des détails de l'affaire ; que cette lettre avait donc le caractère confidentiel d'une communication par un accusé à son défenseur ; que si elle a été expédiée au destinataire il en avait été retenu une copie déposée dans le dossier coté et inventorié et qu'il est établi qu'après la clôture des débats, cette copie a été remise au chef du jury... Attendu que le dépôt de cette copie dans le dossier constitue une violation des droits de la défense qui s'est continuée jusque dans la chambre des délibérations du jury... qu'ainsi les droits et intérêts de la défense ayant été méconnus et manifestement violés, il y a lieu d'annuler la condamnation qui a été prononcée... »

• **Crim. 9 sept. 1897,** *S.* 1898. 1. 146 ; *in* A. DAMIEN, *Les grands arrêts*, Litec, 1991, p. 58.

* V. s[s] n° 412.191.

« Attendu que si le juge d'instruction est, aux termes des articles 89 et 35 du code d'instruction criminelle, investi du pouvoir de saisir tout papier jugé utile à la manifestation de la vérité, ce pouvoir trouve une limite dans le principe de la libre défense qui domine toute la procédure criminelle et qui commande de respecter les communications confidentielles des accusés avec les avocats qu'ils sont choisis ou qu'ils veulent choisir comme défenseurs ;

Attendu qu'une lettre close, clandestinement adressée par L... de la prison où il était détenu, à Me M... avocat et intéressant sa défense, ayant été interceptée et remise au juge d'instruction qui l'a saisie et jointe aux pièces de la procédure, ledit L... a pris devant la cour d'assises des conclusions tendant à ce que cette lettre fût rejetée des débats comme ayant été ouverte et saisie en violation de ses droits ; que par l'arrêt incident contre lequel le pourvoi est dirigé, la cour a repoussé ses conclusions, en se fondant sur ce que ladite lettre avait été écrite et expédiée subrepticement, que Me M... n'avait pas encore été en communication avec l'accusé et que celui-ci lui demandait d'ailleurs un acte criminel ;

Mais attendu que la clandestinité du mode d'envoi ne pouvait autoriser le juge d'instruction à pénétrer dans le secret de la correspondance, alors que rien n'indiquait que sous le couvert du nom de l'avocat la lettre fut en réalité destinée à une autre personne ; qu'il importait peu que Me M... n'ait pas été en communication avec l'accusé, la première démarche de celui-ci pour se procurer un défenseur ne devant pas être moins respectée que les démarches subséquentes ; que les instructions que contenait la lettre ne pouvaient pas d'ailleurs légitimer son ouverture, les instructions n'ayant été connues qu'après qu'elle ait été ouverte ; que c'est donc à tort et par une fausse application de l'article de la loi que cette lettre a été saisie, qu'elle a été maintenue aux débats et qu'elle a été comprise après leur clôture, parmi les pièces remises au jury ; qu'atteinte ayant ainsi été portée aux intérêts et aux droits de la défense, il y a lieu d'annuler tant l'arrêt incident qui a ainsi statué que l'arrêt de condamnation qui a suivi. »

• **Crim. 31 déc. 1897,** *S.* 1898. 1. 247 ; *in* A. DAMIEN, *Les grands arrêts*, Litec, 1991, p. 58.

* V. s[s] n° 412.31.

« Attendu que le principe de la libre défense domine la procédure criminelle et commande le respect des communications confidentielles de l'accusé avec son conseil, qu'il suit de là que les lettres missives adressées à l'avocat par son client détenu ne peuvent être saisie par le magistrat instructeur et que si ces lettres ont été, comme dans l'espèce, écrites en cours d'exécution d'une ordonnance portant interdiction de communiquer, le seul droit qui appartient dans ce cas au juge d'instruction est de les retenir jusqu'à la levée de son ordonnance sans qu'il ne soit permis de les ouvrir, d'en prendre connaissance et d'en faire usage pour les besoins de la procédure ;

Attendu qu'il appartient à l'accusé mis au secret dont les lettres adressées à son défenseur sont momentanément interceptées par le juge d'instruction, d'autoriser ce magistrat à les ouvrir, à les lire et à en prendre copie pour les verser au dossier, mais qu'une telle autorisation qui implique de la part de l'accusé une renonciation partielle aux garanties tutélaires que la loi lui accorde dans l'intérêt de sa défense, ne saurait avoir de valeur légale que si elle est constatée dans des termes explicites et exempts de toutes ambiguïtés par un procès-verbal régulièrement dressé par le juge d'instruction sous la triple garantie des signatures du juge, du greffier et de l'accusé lui-même ;

Attendu que si le demandeur a déclaré autoriser le magistrat instructeur à ouvrir ces deux lettres et à lire la dernière, aucun procès-verbal régulier de cette déclaration n'a été dressé par le juge qui s'est borné à faire apposer par M... sur l'enveloppe de la première lettre une mention ainsi conçue : "Prière à M. le juge d'instruction de l'ouvrir ; je l'ouvre moi-même pour éviter tout. Signé M..." et sur l'enveloppe de la seconde lettre, une autre mention ainsi libellée : "M. le juge d'instruction B... est autorisé et peut décacheter et lire la présente destinée à Me R... Signé M..." ; qu'en procédant ainsi en vertu de ces seules mentions apposées sur les enveloppes des deux lettres et en l'absence de tout procès-verbal régulier précisant l'étendue des pouvoirs que le demandeur entendait lui conférer sur lesdites lettres, le juge d'instruction a commis une violation des droits de la défense ; que par suite l'arrêt attaqué doit être annulé. »

> Protection du contenu d'une correspondance couvert par le secret professionnel

• **Paris, 14e ch., 13 nov. 1979,** *in* A. DAMIEN, *Les grands arrêts*, Litec, 1991, p. 66.

* V. s^s n°s 412.46, 412.242.

« Considérant que la pièce rejetée des débats par le premier juge n'est pas une lettre originale, mais la photocopie d'une lettre du 8 janvier 1979 émanant de Me X... avocat et dont le nom et l'identité du destinataire n'ont pas été reproduits volontairement sur la photocopie ;

Considérant qu'il résulte des termes de cette lettre et des débats qu'il s'agit d'une correspondance entre un avocat et son client dans laquelle Me X... lui soumet les moyens par lesquels il compte saisir les juridictions civile et pénale ; lui expose le montant approximatif des frais à prévoir et lui précise le montant de ses honoraires ;

Considérant que d'évidence cette correspondance est confidentielle par son contenu et que c'est à bon droit que le premier juge l'a rejetée des débats ; que sa décision doit donc être confirmée sur ce point. »

> Pas de communication à un tiers même client par ailleurs

• **Paris, 27 juin 1984,** *in* A. DAMIEN, *Les grands arrêts*, Litec, 1991, p. 59.

* V. s^s n°s 412.194, 414.212, 414.217, 416.135.

« Considérant qu'il a été jugé que le secret professionnel ne peut couvrir des documents que l'avocat avait été amené à recueillir dans des activités qui ont motivé sa propre inculpation [1] ; qu'*a fortiori* le secret professionnel ne peut couvrir des révélations faites par un avocat à un tiers qui sont étrangères à toute défense et qui peuvent constituer à la charge de cet avocat le délit de violation du secret professionnel. »

> Survivance au décès du client

• **Paris, 8 nov. 1971,** *in* A. DAMIEN, *Les grands arrêts*, Litec, 1991, p. 65.

* V. s^s n° 412.141.

« Considérant que comme l'ont relevé les premiers juges, ces lettres adressées à un avocat par un de ses clients, avaient, dans l'intention commune de l'expéditeur et du destinataire, un caractère confidentiel qui subsiste après le décès de l'expéditeur ; qu'elles ne peuvent donc être produites dans un procès pour être opposées à un tiers qu'avec l'autorisation de leur auteur et de leur destinataire ; que même dans le cas où demoiselle P... aurait eu qualité pour autoriser la production de ces lettres, l'avocat qui en était le destinataire n'a pas donné cette autorisation et ne pouvait, d'ailleurs, la donner à raison du secret professionnel auquel il est tenu. »

> Liberté d'utilisation par le client des éléments couverts par le secret professionnel

• **Ch. Acc., Besançon, 24 nov. 1982,** *in* A. DAMIEN, *Les grands arrêts*, Litec, 1991, p. 69.

* V. s^s n°s 412.154, 415.22, 421.22.

« Attendu que cette lettre informe A... des propositions adressées à son avocat par son confrère adverse en vue de la transaction envisagée ;

Attendu qu'il est constant qu'elle intéresse directement les faits qui sont l'objet de l'information en cours et qu'elle émane d'un avocat ; que cependant elle n'est pas adressée à un autre avocat mais à un client ; que, par conséquent cette communication ne met pas en jeu le caractère confidentiel des correspondances échangées entre avocats et ne porte pas "atteinte au secret absolu attaché à l'exercice de cette profession" ;

Attendu que cette lettre était expressément destinée à A... et était assortie de la mention "personnelle" qu'il ne résulte pas de ces termes que l'avocat expéditeur ait recommandé à son correspondant de la tenir pour confidentielle ; que, dès lors l'usage qui en est fait, dans le cadre de la présente procédure, par son propre destinataire qui n'est pas lié par le secret professionnel et qui est libre d'en disposer à sa guise, n'est pas critiquable. »

412.03 Bibliographie indicative.

* Aussi : v. s^s n° 41.03.

Articles. E. Alexander, « La correspondance de l'avocat », *Gaz. Pal.* 1997. 1. Doctr. 212 et *Gaz. Pal.* 1998. 2. Doctr. 873 – F. Baumgartner, « Les opinions juridiques », *JCP* 23 mars 2005 – E. Caprioli, « Confiance dans les communications électroniques de l'avocat », *Dr. et patr.* 2004, p. 26 ; « Aspects juridiques de la conservation et de la confidentialité des communications électroniques », *Guide de l'avocat numérique*, CNB, LexisNexis, 2016, p. 35 – L. François, « La liberté d'expression de l'avocat confrontée à son obligation de respect du secret professionnel », *D.* 2012. 667 – À. Gallois, « Protection du secret professionnel des avocats : les limites du droit français », *D.* 2015. 28 – P.-Y. Gautier, « Secret et liberté d'expression de l'avocat en dehors des salles d'audience », *Légicom* 2013/2, n° 50, p. 75 – V. Nioré, « Du secret professionnel de l'avocat : permanence du triomphe et de la déchéance », *Gaz. Pal.* 29-30 nov. 2014, p. 19 – J. Penneau, « De quelques incidents du secret médical sur l'expertise judiciaire », *AJ pénal* 2009. 169 – D. Piau, « Secret des correspondances de l'avocat versus chambre criminelle : sortez couverts ! », *Gaz. Pal.* 2/6 nov. 2012, p. 19 – B. Py, « Secret professionnel : le syndrome des assignats ? »,

1. Crim. 5 juin 1985, P n° 146, p. 400.

AJ pénal 2004. 133 – G. Sabater, « Le secret professionnel de l'avocat face aux menaces liés aux nouvelles technologies de la communication, mythe ou réalité ? », *D. avocats* 2014. 103 – C. Weber, A. Duchesne, « Le BYOD dans les cabinets d'avocats », *D. avocats* 2014. 191.

Formats réduits. Ch. Thevenet (dir.), *Vade-mecum de la déontologie du numérique*, Barreau de Paris, déc. 2013 – CNB, *Guide de sécurité de l'information pour les cabinets*, 2012 – CNB, *Guide de sécurité de l'information pour le management des cabinets*, 2012 – CNB, *Guide pratique : Les avocats et le règlement général sur la protection des données*, mars 2018.

Rapports. F. Poirier, *Protection du secret professionnel et de la confidentialité des échanges propositions d'amendements aux articles 21 et 66-5 de la loi du 31 décembre 1971 et aux articles 100-5, alinéa 3, et 432 du code de procédure pénale*, CNB, AG 14-15 sept. 2012.

SECTION 1
OBLIGATION IMPÉRIEUSE DE L'AVOCAT

412.10 **Plan – Présentation.** Le secret professionnel de l'avocat est :

1° Une obligation impérieuse de l'avocat (sec. 1).

2° Un droit pour le client (sec. 2).

3° Opposable aux tiers en toutes circonstances (sec. 3).

Le secret professionnel n'est pas :

1° Le secret de l'enquête et de l'instruction (chap. 416), même si les éléments obtenus par l'avocat dans ce cadre, deviennent couverts par le secret professionnel.

2° La confidentialité des correspondances entre avocats (livre 42), même si elle bénéficie de la protection offerte au secret professionnel.

Il y a lieu de déterminer le contour de l'obligation tant au regard de sa finalité (§ 1) que de son périmètre (§ 2).

§ 1
Détermination de l'obligation au regard de sa finalité

412.20 **Plan – Présentation.** Le secret professionnel de l'avocat (A) implique une confidence reçue à raison de son état ou de sa profession par l'avocat (B) dans le strict cadre de son activité d'avocat (C) et dont la portée doit être déterminée eu égard à la mission de l'avocat (D).

A.
Principes

412.31 **Domaine du secret professionnel.** En toutes matières, que ce soit dans le domaine du conseil ou dans celui de la défense, les consultations adressées par un avocat à son client ou destinées à celui-ci, les correspondances échangées entre le client et son avocat, les notes d'entretien et, plus généralement, toutes les pièces du dossier sont couvertes par le secret professionnel [1].

L'article 66-5 [2] de la loi du 31 décembre 1971, pose l'étendue du secret professionnel, dont le respect est une obligation et un devoir pour l'avocat. Le champ concrètement concerné par le secret professionnel de l'avocat est très vaste. On peut envisager ce champ sous différents aspects décrits par les textes [3] :

• **Support.** Le secret professionnel couvre tous les supports du recueil de la confidence du client, matériel ou immatériel. Ainsi des lettres [4], même correspondances clandestines adressées de manière irrégulière par un prévenu à un avocat non encore constitué pour lui, ne peuvent être saisies même si elles contenaient des instructions coupables [5], télégrammes, télex, conversations téléphoniques [6], courriel ou de la messagerie électronique... [7].

• **Actes.** Le secret professionnel couvre toutes les situations et actes liés à l'activité et la fonction de l'avocat : les consultations adressées par un avocat à son client ou destinées à celui-ci ; les correspondances échangées entre le client et son avocat, les notes d'entretien et plus généralement toutes les pièces du dossier, toutes les informations et confidences reçues par l'avocat dans l'exercice de la profession ; le nom des clients et l'agenda de l'avocat [8] ; les règlements pécuniaires et tous maniements de fonds [9] ainsi que les relevés, ou la copie des chèques [10], Carpa [11].

• **Matières concernées.** L'article 66-5 [12] de la loi du 31 décembre 1971 précise sans ambiguïté aucune que le secret professionnel s'applique en « toute matière », que ce soit dans le « domaine du conseil ou celui de la défense », ce qui le rend pleinement opposable aux autorités administratives et juridictionnelles [13].

1. L. n° 71-1130, 31 déc. 1971, art. 66-5.
2. L. n° 71-1130, 31 déc. 1971, art. 66-5.
3. L. n° 71-1130, 31 déc. 1971, art. 66-5 – RIN, art. 2.2.
4. Crim. 12 mars 1886, *D.* 1887. 1. 89 ; *in* A. Damien, *Les grands arrêts,* Litec, 1991, p. 57.
5. Crim. 31 déc. 1897, *S.* 1898. 1. 247 ; *S.* 1898. 1. 480 ; *D.* 1898. 1. 146 ; *in* A. Damien, *Les grands arrêts,* Litec, 1991, p. 58.
6. Crim. 7 mars 1994, n° 93-84.931, P n° 87 ; *D.* 1994. 188, note J. Pradel ; *D.* 1994. 83 ; *D.* 1995. 167, note A. Brunois ; *Gaz. Pal.* 1994. 324 ; jur. 325 ; *JCP* 1994. II. 22251, note R. Martin – Crim. 10 mai 1994, n° 93-81.522, P n° 180 – Crim. 18 janv. 2006, n° 05-86.447 ; *JCP* 2006. II. 10085.
7. RIN, art. 2.2.
8. Civ. 1re, 7 déc. 2004, n° 02-16.562, P I, n° 299.
9. V. ss nos 483.21 s.
10. Aix-en-Provence, 9 sept. 2021, RG n° 19/07025.
11. Civ. 1re, 21 oct. 2003, n° 01-11.169, P I, n° 205 ; *D.* 2003. 2801 – CNB, Comm. RU, avis n° 2004-068, 18 nov. 2004 ; C. avocat 2021, ss L. 31 déc. 1971, art. 66-5, note 49.
12. L. n° 71-1130, 31 déc. 1971, art. 66-5.
13. V. ss nos 412.221 s.

B.
Confidence

412.41 **Confidences reçues par l'avocat.** Le secret professionnel couvre toutes les confidences que l'avocat a pu recevoir à raison de son état ou de sa profession[1]. Il s'agit donc non seulement des confidences du client, mais également des informations reçues de tiers dans le cadre du dossier concernant ledit client[2], mais encore de tout ce qu'il a pu constater, découvrir ou déduire dans le cadre de son activité professionnelle[3], tel qu'un compromis de vente dont il aurait a eu connaissance incidemment à l'occasion de sa fonction de conseil[4].

L'avocat doit ainsi être particulièrement attentif à cette couverture large du secret professionnel lorsqu'il intervient, par exemple, comme négociateur, où il peut être amené à recueillir des confidences des deux parties, ou, sans parler de conflit d'intérêts[5], lorsqu'il est l'avocat de plusieurs clients qui pourraient (ou auraient pu) se connaître ou être en relations.

L'avocat est également tenu au secret professionnel à l'égard des personnes qui lui ont confié des informations en connaissance de cause et à raison même de sa qualité d'avocat[6] ou que l'avocat aurait obtenues en usant de sa qualité d'avocat[7].

412.42 **Caractère secret de l'information ou de la correspondance.** Le secret professionnel couvre les confidences nécessaires qu'une personne fait à son avocat et ne saurait s'appliquer à des événements qui n'ont rien de secret. En conséquence, ne viole pas le secret professionnel l'avocat qui mentionne à deux reprises l'incarcération de sa cliente dans une procédure en référé dirigée par le mari de celle-ci, en vue d'obtenir mainlevée d'une opposition sur un chèque, la circonstance de l'incarcération ne pouvant être considérée comme relevant du secret professionnel[8] ou des faits matériels connus des tiers et dépourvus de liens avec l'exercice des droits de la défense ou une mission de conseil[9].

Mais il convient d'être prudent avec les faits publics dans le cadre d'un dossier que l'on a à connaître, dès lors que sera justifiée la condamnation pour violation du secret professionnel de l'avocat qui révèle un fait connu dans son ensemble mais en divulguant des précisions qu'il était seul à connaître[10].

412.43 **Diffusion des décisions de justice.** N'est dès lors pas couverte par le secret professionnel, la publication ou diffusion de décisions de justice rendues publiquement, étant toutefois rappelé que l'avocat doit veiller à préciser si elles sont ou non définitives[11].

Il en est de même d'une décision rendue en appel d'une sentence arbitrale de bâtonnier qui, nonobstant le fait qu'elle reproduise des courriers échangés entre un conseil et son client, dès lors qu'elle est publique, peut être communiquée sous réserve que les noms des avocats concernés par les courriers confidentiels soient anonymisés[12].

412.44 **Caractère public des propos.** Le secret professionnel ne se conçoit que dans un rapport de confidence. C'est ainsi que, ne commet pas une violation du secret professionnel, l'avocat qui enregistre l'adversaire de son client dans un lieu public, hors de la salle d'audience, serait-ce dans les couloirs du conseil de prud'hommes, et qui produit ensuite en justice cet enregistrement ou sa transcription à l'appui de la défense de son client, dès lors que la conversation avait lieu dans un lieu public et que l'enregistrement ne fait que fixer des propos tenus spontanément et publiquement. Il ne commet pas non plus un manquement à la loyauté[13], dans la mesure où l'enregistrement, loin d'être clandestin, avait été réalisé alors que l'adversaire était parfaitement conscient d'être enregistré[14].

412.45 **Document détenu par la partie adverse.** Le secret professionnel des avocats ne s'étend pas aux documents détenus par l'adversaire de leur client.

Il n'est dès lors pas possible, lorsqu'un litige survient relativement à la communication de pièces saisies dans le cadre d'une ordonnance rendue en application de l'article 145 du code de procédure civile, afin de concilier la protection de secret des affaires[15] et le principe du contradictoire[16], en l'absence de dispo-

1. Civ. 1re, 7 juin 1983 n° 82-14.469, P I, n° 169.
2. Paris, 30 nov. 1994, *D.* 1996. 311, obs. J. Castelain.
3. Paris, 1er juill. 1999, *D.* 1999. 230 – Crim. 2 mars 2004, n° 03-85.295, NP.
4. Crim. 2 mars 2004, n° 03-85.295, NP.
5. V. s[s] n°s 441.00 s.
6. CNB, Comm. RU, avis n° 2006-047, 12 juill. 2006 ; C. avocat 2021, s[s] L. 31 déc. 1971, art. 66-5, note 16.
7. Crim. 18 déc. 2001, n° 01-84.170, P n° 273 ; *JCP* 2002. 1394 ; *D.* 2002. 862 ; – DANS LA MÊME AFFAIRE : Civ. 1re, 30 mars 2005, n° 03-17.907, P n° 156 – Civ. 1re, 30 mars 2005, n° 03-17.907, P I n° 156 ; *D.* 2005. 1047 ; *RSC* 2005. 550, obs. E. Fortis – V. s[s] n°s 412.51 s.
8. CD Paris, arr. n° 236168, 14 déc. 2004.
9. CD Paris, arr. n° 185182, 10 juill. 2009.
10. Crim. 7 mars 1989 n° 87-90.500, P n° 109 ; *RSC* 1990. 73, obs. G. Levasseur.
11. CD Paris, arr. n° 188139, 18 oct. 2011 – Sur cette question, v. s[s] n°s 452.42 et 523.311 s.
12. Paris, avis n° 204519, 10 mai 2010.
13. V. s[s] n°s 453.41 s. et 453.45 s.
14. CD Paris, arr. n° 232779, 16 juill. 2013 – Sur l'étanchéité des rapports avocat/client – avocat/avocat qui doit en découler, et les réunions entre clients assistés de leurs avocats, v. s[s] n°s 422.51 s.
15. Sur le secret des affaires, v. s[s] n° 453.86.
16. V. s[s] n°s 452.00 s.

sitions procédurales spécifiques[1], de procéder à l'examen des pièces en présence des avocats des deux parties[2].

412.46 **Information reçue en dehors d'un lien de clientèle.** Le secret professionnel concerne les seuls rapports de l'avocat avec son client dans le cadre de son activité professionnelle. Il ne saurait dès lors s'étendre, par exemple, aux confidences faites à un ami par ailleurs avocat.

En l'occurrence, un avocat avait reçu des confidences d'un autre avocat dont il avait été le collaborateur puis l'associé, et était devenu l'ami ce qui l'avait conduit à faire connaissance de la famille de ce dernier, avant qu'un conflit n'éclate entre eux dans la gestion du cabinet. Ayant reçu des menaces de mort de la part de son associé, l'avocat avait écrit à son bâtonnier afin de l'informer de faits qui lui avaient été révélés par son associé, en l'occurrence l'existence d'un réseau familial de fabrication de faux meubles d'art. Les confidences ainsi faites portaient sur l'existence de deux ateliers de fabrication, le circuit de revente, ainsi que les mouvements de fonds qui en découlaient. Jugeant les faits suffisamment graves, le bâtonnier avait transmis au Procureur de la République, ce qui avait abouti à l'ouverture d'une information judiciaire des chefs de contrefaçon en bande organisée, escroquerie en bande organisée, recel et association de malfaiteurs. La Cour de cassation considère que l'avocat n'était pas dépositaire, par son état ou sa profession, des informations divulguées, nonobstant le fait qu'il ait été, dans le passé, avocat de son associé et du frère de ce dernier à l'occasion de litiges civils sans aucun rapport avec les faits dénoncés, faisant que ces faits n'étaient pas couverts par le secret professionnel[3].

De même, la Cour de cassation a pu juger qu'il entrait dans le pouvoir souverain des juges du fond d'estimer que les propos tenus à un avocat, ami du couple, par une femme en instance de divorce, ne l'avaient pas été dans le cadre de la profession de ce dernier et qu'il était naturel, au contraire, qu'en raison du désarroi où l'avait jetée la citation en conciliation, cette femme ait cherché appui auprès d'une relation du couple, laquelle par ailleurs avocate pouvait précisément, en raison de ses connaissances et de son expérience, lui apporter utilement une aide amicale[4].

Ces solutions peuvent être rapprochées de celle rendue au sujet du secret de la confession, dans une affaire où une lettre écrite par un correspondant à un ami personnel, qui au surplus était prêtre, exposant non un problème de conscience mais une question d'argent est réputée faite à l'ami et non au prêtre et n'était donc pas couverte par le secret professionnel[5].

C. Dans le cadre de l'activité professionnelle de l'avocat

412.51 **Exclusion des autres activités, fonctions ou professions de l'avocat.** Le secret professionnel s'applique dans les rapports entre l'avocat et son client dans le strict cadre de son activité d'avocat pour l'ensemble des missions qui lui sont confiées à ce titre. S'il n'intervient pas en qualité d'avocat, le secret professionnel ne s'applique plus, sauf dispositions particulières propres à l'activité en cause[6].

Ceci concerne tout particulièrement les activités, fonctions ou professions compatibles avec la profession d'avocat[7] que l'avocat peut exercer mais pas en qualité d'avocat[8], tel que l'avocat exerçant en qualité de fiduciaire[9] ou la commercialisation, à titre accessoire, de biens ou de services connexes à l'exercice de la profession d'avocat[10].

412.52 **Secret professionnel propre à une autre activité, fonction ou profession.** Mais dans le cadre d'une autre activité, fonction ou profession, l'avocat peut être tenu d'un secret professionnel propre à cette dernière, tel que l'avocat exerçant, par ailleurs, une activité d'administrateur judiciaire[11]. Il devra alors veiller au respect de ce secret professionnel dans le cadre de l'exercice de cette autre activité.

C'est ainsi qu'il a pu être prononcé une sanction disciplinaire de trois mois de suspension contre un avocat pour violation au secret professionnel auquel il est tenu en qualité de l'ancienne fonction de mandataire de justice, dès lors qu'il avait l'obligation de réserver au tribunal de commerce qui l'avait commis comme enquêteur, les informations qu'il avait recueillies sur la situation financière d'une

1. E. Py et J.-M. Garinot (dir.), *La protection des secrets d'affaires : enjeux et perspectives,* « Travaux du Credimi », vol. 44, LexisNexis, 2015.
2. Civ. 1re, 25 févr. 2016, n° 14-25.729, P III, n° 948 ; *JCP* 2016. 563, note B. Beignier et A. Andorno ; *Gaz. Pal.* 12 avr. 2016, p. 23, note J.-M. Garinot et S. Grayot-Dirx ; *JCP* 2016. 312, note H. Slim ; *JCP* 2016. 670, n° 11, obs. F. G'sell ; *Gaz. Pal.* 19 avr. 2016, p. 27, obs. B. de Belval ; *D.* 2018. 268, obs. J.-D. Bretzner.
3. Crim. 2 mars 2010 n° 09-88.453, P n° 40 ; *D.* 2011. 552, obs. B. Blanchard ; *AJ pénal* 2010. 286, obs. C. Porteron.
4. Civ. 2e, 21 juin 1973, n° 72-14.799 ; – CONTRA : Toulouse, 22 déc. 1972, *D.* 1974. 16.
5. Crim. 11 mai 1959, *D.* 1959. 312 ; – AUSSI : Toulouse, 14 mars 1928, *S.* 1928. 2. 130.
6. V. ss nos 412.52 s.
7. V. ss nos 433.181 s.
8. CNB, Comm. RU, avis n° 2008-060, 13 oct. 2008.
9. V. ss nos 644.00 s.
10. V. ss nos 432.81 s.
11. V. ss n° 433.182.

société commerciale, et qui avait révélé la teneur d'éléments qu'il avait recueillis au cours de sa mission d'enquête à un client, lui faisant ainsi part des difficultés qu'il aurait à recouvrer sa créance, puis de l'imminence du dépôt de bilan de la société débitrice alors que les nécessités de l'enquête ne justifiaient pas la divulgation de ces informations à un tiers [1].

412.53 **Prudence nécessaire.** Il appartient aux avocats d'être extrêmement vigilants sur ce point, lorsqu'ils sont amenés à exercer une telle activité, fonction ou profession et de bien veiller, en tout état de cause, à une stricte séparation des documents, correspondances et autres échanges réalisés dans ce cadre [2], lesquels doivent faire l'objet d'une identification, d'un rangement et d'un archivage séparés, y compris s'agissant des supports informatiques utilisés qui doivent pouvoir être identifiés distinctement [3].

L'avocat doit, également, dans un tel cadre utiliser un papier à lettres, ainsi qu'une adresse et une signature de ses courriels, distincts de ceux de son activité d'avocat, indiquant expressément en quelle qualité il intervient et ne faisant pas référence à sa qualité d'avocat.

412.54 **Appréciation du contenu de la correspondance.** Lorsque l'on est en présence d'une correspondance, postale ou électronique, il ne convient pas seulement de regarder l'apparence de la correspondance, telle que de vérifier si elle est établie en en-tête d'un cabinet d'avocat ou signée en qualité d'avocat, mais encore de s'assurer que le contenu de celle-ci entre bien dans le champ de l'activité professionnelle de l'avocat.

Il en est ainsi d'une correspondance photocopiée et dont le nom et l'identité du destinataire n'ont pas été reproduits, laquelle, dès lors qu'il est établi qu'il s'agit d'une correspondance entre un avocat et son client compte tenu du fait que son contenu soumet des moyens par lesquels il compte saisir les juridictions civile et pénale et lui expose le montant approximatif des frais à prévoir et lui précise le montant de ses honoraires, doit être considérée comme protégée par le secret professionnel en raison de son contenu même [4].

Tout comme une cour d'appel a pu considérer, en procédant à une analyse *in concreto* du contenu des courriels, que bien que ceux-ci n'émanent pas ou ne soient pas adressés à un avocat, s'agissant d'échanges internes à une société, dès lors qu'ils reprennent une stratégie de défense mise en place par ce même avocat, ils sont couverts par le secret professionnel dès lors que leur communication porterait atteinte aux droits de la défense [5].

D. Relativité du secret professionnel eu égard à la mission de l'avocat

412.61 **Finalité des confidences.** Le propre de l'avocat est de recevoir des confidences non pas pour les garder pour lui-même, mais pour exécuter la mission pour laquelle elles lui ont été confiées. L'avocat doit ainsi pouvoir conseiller et construire une défense dans l'intérêt de son client en puisant dans les confidences de celui-ci. Le secret de l'avocat, s'il est absolu dans son principe, ne l'est pas dans son étendue.

C'est ainsi qu'en matière judiciaire, dans le récit du client, issu du « colloque singulier » [6], l'avocat trie les éléments qui n'ont pas d'intérêt dans l'affaire, les éléments absolument secrets et qu'il ne pourra révéler quoi qu'il arrive, et les éléments qu'il doit révéler. C'est l'avocat qui est seul juge de décider ce qu'il est bon d'exposer pour la défense de son client. C'est pourquoi le secret professionnel de l'avocat n'est pas absolu dans son étendue, mais subordonné au discernement de l'avocat qui « n'a d'autre règle que sa conscience et doit s'abstenir des divulgations qu'elle lui interdit » [7].

412.62 **Relativité de l'étendue du secret professionnel.** Par conséquent, si le secret professionnel est absolu en tant qu'obligation impérieuse pour l'avocat, ce même secret est lui-même généralement relatif, en ce sens qu'il ne fait pas obstacle en soi à ce que l'avocat, dans les cadres prévus par la loi, communique des informations et documents reçus de son client afin de faire valoir les droits de ce dernier ou d'exécuter sa mission dans l'intérêt de son client [8].

C'est ainsi que l'avocat peut communiquer les factures faites à son client au tribunal en vue d'une demande fermée au visa de l'article 700 du code de procédure civile [9]. Il peut également verser aux débats des correspondances échangées avec son client ainsi

1. Civ. 1re, 7 juin 1983, no 82-14.469, P I, no 169 ; *JCP* 1983. 255 ; REJET DU POURVOI CONTRE : Angers, 1re ch., 4 juin 1982 ; *Gaz. Pal.* 1983. Pan. 281 ; – AUSSI s'agissant du mandat *ad hoc* : Com. 13 juin 2019, no 18-10.688, P IV ; *D.* 2019. 1279.
2. Sur le cas du fiduciaire, *cf.* RIN, art. 6.5.
3. NOT. : V. ss nos 432.115 et 644.25.
4. Paris, 14e ch., 13 nov. 1979, *Gaz. Pal.* 1980. 1. 200 ; *in* A. DAMIEN, *Les grands arrêts*, Litec, 1991, p. 66 – Pour une illustration en sens inverse, v. ss no 422.62.
5. Paris, pôle 5, ch. 15, ord. 8 nov. 2017, RG no 14/13384 – AUSSI : v. ss nos 412.137 et 412.155 s.
6. V. ss no 411.18.
7. Civ. 24 mai 1862, *DP* 1862. 1. 545 ; *in* A. DAMIEN, *Les grands arrêts*, Litec, 1991, p. 57.
8. V. ss nos 481.00 s.
9. CNB, Comm. RU, avis no 2011-030, 12 juill. 2011 ; C. avocat 2021, ss L. 31 déc. 1971, art. 66-5, note 71 – V. ss nos 723.231 s.

qu'une note manuscrite établie par celui-ci, avec son accord, et qui est utile à la défense de ses intérêts. Cela ne constitue pas une information à caractère secret, à moins que ces correspondances ne fassent évidemment état d'échanges confidentiels avec l'avocat adverse[1].

De même, les indications fournies par un avocat dans une assignation, destinées de ce fait à être débattues contradictoirement et rendues publiques[2], tout comme l'indication de l'identité des clients et du montant des honoraires afférents aux missions de lobbying sur les registres de transparence[3], ne sont pas couvertes par le secret professionnel, dès lors que l'exercice de telles missions pour le compte du client impose, compte tenu du régime légal et réglementaire applicable au mandat qu'elles induisent, de révéler ces informations[4].

412.63 **Importance de la nature et de la portée du mandat.** La portée du secret professionnel, notamment quant aux informations couvertes par celui-ci, va ainsi dépendre de la nature et de la portée du mandat, ou de la mission, qu'aura confié le client à l'avocat.

Il convient dès lors de se reporter tant au régime légal et réglementaire applicable au mandat en cause, tel qu'un mandat de représentation en justice[5], de mandataire sportif[6], de représentation d'intérêts[7], de représentant fiscal ou social[8], de transaction immobilière[9], d'enquête interne[10]..., qu'au contenu de celui-ci en tant qu'il définit la mission de l'avocat, et notamment ses obligations à l'égard de son client. Dès lors que l'exécution même du mandant impose à l'avocat un certain nombre de révélations ou de déclarations de la part de l'avocat, il appartient à ce dernier d'en informer, préalablement, son client afin que celui-ci soit pleinement informé des conséquences de l'exécution de la mission eu égard aux éléments qu'il aura confiés à son avocat.

412.64 **Avocat séquestre du prix de cession d'un fonds de commerce.** C'est ainsi que l'avocat doit divulguer l'identité du client, le montant, la date et la forme du versement lorsqu'il a été désigné séquestre[11] du prix de cession d'un fonds de commerce et qu'il est interrogé par la direction générale des Finances publiques sur la répartition de ce prix, dès lors que l'article L. 86 du livre des procédures fiscales prévoit une obligation légale de communication de ces renseignements[12].

412.65 **Périmètre du secret professionnel au regard de la mission.** Il appartient, en outre, à l'avocat de veiller au strict périmètre du secret professionnel au regard de la mission en cause et de bien identifier le client seul bénéficiaire du secret professionnel ainsi que les règles particulières propres à la mission qui lui a été confiée. Il en est ainsi, notamment, de l'avocat qui s'est vu confier une mission de justice[13], telle qu'une expertise[14].

C'est ainsi que l'avocat intervenant en qualité d'amiable compositeur dans des dossiers de rupture amiable entre plusieurs salariés et leur employeur n'est pas soumis, à ce titre, dans ses rapports avec les parties au processus de composition amiable, aux règles relatives au secret professionnel de l'avocat[15].

De même que l'avocat qui intervient comme médiateur[16] à l'occasion d'un litige opposant deux mandataires judiciaires, ne peut ultérieurement se retrancher derrière le secret professionnel afin de refuser de communiquer certaines pièces nécessaires pour le chiffrage de l'indemnité de conciliation[17] : il n'est alors, dans ses rapports avec les parties à la médiation, pas soumis au secret professionnel mais à l'obligation de confidentialité des médiateurs[18] et au régime propre à cette dernière[19].

412.66 **Dans le strict cadre de la mission.** L'avocat ne doit jamais mélanger les genres et utiliser des informations couvertes par le secret professionnel obtenues dans le cadre de son activité d'avocat, en vue de l'exercice d'une autre mission que celle dans le cadre de laquelle il les a obtenues, telle que celle de médiateur[20] dont il offrirait ses services à la partie

1. CNB, Comm. RU, avis n° 2010-045, 19 juill. 2010 ; C. avocat 2021, s[s] L. 31 déc. 1971, art. 66-5, note 41 – Civ. 1re, 19 sept. 2019, n° 18-22.042, NP – V. s[s] n°s 422.10 s.
2. Civ. 1re, 16 déc. 2003 n° 01-10.210, P I, n° 257 ; *D.* 2004. 394 ; *JCP* 2004. I. 117, n° 9, obs. R. Martin.
3. V. s[s] n° 433.72.
4. D. Piau, « Décision à caractère normatif n° 2015-001 portant ajout d'un article 6.2.3 nouveau au Règlement intérieur national (RIN) de la profession d'avocat : ajout d'une disposition relative à l'activité de représentation d'intérêts (lobbyiste) », *Rapport de la Commission Règles et usages à l'Assemblée Générale du CNB,* 12 juin 2015.
5. V. s[s] n°s 622.00 s.
6. V. s[s] n°s 645.00 s.
7. V. s[s] n°s 647.00 s.
8. V. s[s] n°s 433.73 s.
9. V. s[s] n°s 646.00 s.
10. V. s[s] n°s 433.82 s.
11. V. s[s] n° 433.52.
12. Paris, avis n° 246310, 25 sept. 2013.
13. V. s[s] n°s 433.21 s.
14. V. s[s] n° 433.54.
15. Paris, avis n° 211706, 1er févr. 2011.
16. V. s[s] n°s 433.41 s.
17. Paris, avis n° 204674, 7 sept. 2010.
18. L. n° 95-125, 8 févr. 1995 relatives à l'organisation des juridictions et à la procédure civile, pénale et administrative, *JO* 9 févr., p. 2175, art. 21-3 ; C. pr. civ., art. 131-14 ; C. mon. fin., art. L. 135-1 – Dir. 2008/52, Parlement européen et Conseil, 21 mai 2008 sur certains aspects de la médiation en matière civile et commerciale, *JOUE L* 24 mai, p. 3, art. 7.
19. M. Lassner, « Les contours de la confidentialité en médiation », *Gaz. Pal.* 17 janv. 2017, p. 31 – F. de Korodi, « La confidentialité de la médiation », *JCP* 2012. 1320.
20. V. s[s] n°s 433.41 s.

adverse, à raison d'informations qu'il ne pouvait connaître qu'en raison des confidences qui lui avaient été faites par son client en vue de mettre en œuvre une procédure en rupture abusive de son contrat de collaboration.

Une telle violation du secret professionnel constitue, en outre, et compte tenu des autres circonstances de l'espèce, un manquement à l'honneur[1].

§ 2
Périmètre de l'obligation

412.70 **Plan.** L'obligation de respecter le secret professionnel s'étend à tous les avocats du cabinet, lequel s'entend tant du groupement d'exercice que des supports de l'exercice professionnel (A), ainsi qu'à toute personne collaborant pour son compte, et notamment son personnel salarié et ses collaborateurs libéraux (B). Il doit, en outre, en faire assurer le respect à l'égard des autres professionnels avec lesquels il peut être amené à collaborer, soit dans le cadre d'une société pluriprofessionnelle d'exercice, soit dans le cadre d'autres types de collaborations interprofessionnelles ou supports d'exercice interprofessionnel (C).

A.
Cabinet de l'avocat

412.81 **Groupement d'exercice.** Lorsque l'avocat exerce dans le cadre d'un groupement d'exercice[2], le secret professionnel s'étend à tous les avocats qui exercent avec lui[3].

Le secret professionnel est dû par l'avocat et l'ensemble du groupement d'exercice au sein duquel il exerce, à savoir non seulement ses associés, mais encore son personnel salarié[4], ses collaborateurs[5], et tous autres tiers collaborant pour le compte du groupement d'exercice qu'il se trouve dans les locaux du cabinet[6] ou en tout autre lieu[7].

412.82 **Supports de l'exercice professionnel.** De la même façon, lorsque l'avocat a recours à des supports de l'exercice professionnel, tels qu'une structure de mise en commun de moyens[8], le secret professionnel s'étend à tous les avocats qui mettent en commun les moyens d'exercice de leur profession[9].

1. CD Paris, arr. n° 239263, 18 févr. 2014 – V. s^s n°s 331.11 s.
2. V. s^s n°s 811.50 s.
3. RIN, art. 2.3.
4. V. s^s n° 412.91.
5. V. s^s n° 412.94.
6. Saint-Denis-de-la-Réunion, 2 juin 2017, RG n° 16/01834.
7. V. s^s n°s 412.102 s.
8. V. s^s n°s 811.230 s.
9. RIN, art. 2.3.

B.
Personnes concernées

412.91 **Toute personne qui coopère avec l'avocat dans son activité professionnelle.** L'avocat doit faire respecter le secret par les membres du personnel de son cabinet et par toute personne qui coopère avec lui dans son activité professionnelle. Le personnel salarié des cabinets d'avocat y est d'ailleurs expressément tenu aux termes de l'article 11 de la convention collective des avocats et de leur personnel[10], dont le deuxième alinéa prévoit qu'il « doit observer la discrétion la plus absolue quant aux affaires et aux frais dont il a pu avoir connaissance en raison de ses fonctions ou même de sa simple présence à l'étude ou cabinet ; il est tenu au secret professionnel et la violation de celui-ci constitue une faute grave »[11].

Tout salarié du cabinet d'avocat qui produirait en justice des éléments couverts par le secret professionnel s'expose lui-même à des poursuites pour violation du secret professionnel[12]. Et, l'avocat répond des violations du secret professionnel qui seraient ainsi commises par ses salariés[13], ainsi que par toute personne présente dans les locaux de son cabinet.

Commet ainsi une violation du secret professionnel[14], l'avocat qui laisse sa secrétaire remettre à un non avocat, collaboratrice et compagne d'un expert-comptable mis en examen ultérieurement dans la même procédure, les dossiers d'une société cliente du cabinet[15], ou celui qui laisse un non avocat, « rabatteur de clientèle », non déclaré comme employé du cabinet, être présent, trois à quatre jours par semaine au sein du cabinet où il disposait d'un bureau, d'un ordinateur ainsi que d'un accès aux dossiers[16].

412.92 **Litige entre un avocat et son ancien salarié.** En cas de litige entre l'avocat et un de ses anciens salariés, la question de la communication de documents couverts par le secret professionnel par l'ancien salarié, se pose avec acuité avec pour ligne directrice le principe de proportionnalité entre l'atteinte portée au secret professionnel et l'intérêt légitime à protéger ainsi que le caractère indispensable des éléments à la résolution du litige[17].

10. Conv. coll. nat. du personnel des cabinets d'avocats, 20 févr. 1979 (IDCC : 1000), Brochure *JO* n° 3078.
11. Conv. coll. nat. du personnel des cabinets d'avocats, 20 févr. 1979 (IDCC : 1000), art. 11.
12. Paris, avis n° 231195, 26 juin 2012 – CNB, Comm. RU, avis n° 2004-051, 25 nov. 2004 ; C. avocat 2021, s^s L. 31 déc. 1971, art. 66-5, note 19.
13. RIN, art. 2.3.
14. V. s^s n°s 411.51 s.
15. Crim. 20 juin 2006, n° 05-83.659, P n° 183 ; *D.* 2007. 825, obs. B. Blanchard ; *D.* 2007. 399, obs. G. Roujou de Boubée, T. Garé et S. Mirabail.
16. Civ. 2e, 28 avr. 2011, n° 10-15.444, NP.
17. V. s^s n° 453.43.

Une cour d'appel a ainsi pu, après avoir rappelé que l'obligation de loyauté à laquelle tout salarié est tenu vis-à-vis de son employeur l'oblige à respecter les règles déontologiques auxquelles son employeur est soumis, juger que le salarié pouvait verser au débat les pièces couvertes par le secret professionnel, dont il n'était pas contredit que le salarié en avait eu connaissance dans l'exercice de ses fonctions et qu'elles étaient nécessaires à la défense de ses intérêts. La cour a toutefois considéré, de manière pertinente, que la conciliation de ces principes d'importance équivalente, requiert que le salarié cancelle ces documents de toutes références permettant d'identifier les noms, adresses des clients et référence des dossiers[1].

412.93 **Élèves avocats.** Les élèves avocats en stage au sein d'un cabinet d'avocats[2] sont expressément tenus au respect du secret professionnel pour tous les faits et actes qu'ils ont à connaître au cours de leur stage.

Ils prêtent d'ailleurs un « petit serment » qui prévoit que : « Je jure de conserver le secret de tous les faits et actes dont j'aurai eu connaissance en cours de formation ou de stage »[3].

412.94 **Collaborateurs libéraux.** Le collaborateur libéral d'un cabinet d'avocat[4] est lui-même tenu, dans les mêmes conditions que tout membre du personnel du cabinet au secret professionnel, mais il est tenu également de sa propre obligation au secret professionnel à l'égard de ses clients personnels, et le contrat de collaboration libérale doit lui garantir les conditions lui permettant de respecter cette obligation[5].

Commettrait ainsi une violation du secret professionnel, l'avocat qui produirait un courriel échangé entre son ancien collaborateur[6] et son conseil, courriel dont il aurait eu connaissance sur le poste informatique de l'une de ses salariées[7].

C. Respect à l'égard des autres professionnels avec lesquels l'avocat collabore

412.101 **Exercice avec d'autres professionnels.** Lorsqu'un avocat est amené à exercer, soit dans le cadre d'un exercice en commun, y compris ponctuel, soit dans le cadre d'une mise en commun de moyens, avec d'autres professionnels non avocats[8], il n'existe pas de « secret professionnel partagé » : l'avocat doit alors impérativement assurer le plus strict respect du secret professionnel auquel il est tenu à l'égard de son client, à l'égard des autres professionnels qui sont, même dans l'hypothèse d'un client commun pour une mission commune, des tiers à l'égard de l'avocat[9].

Un régime particulier de partage d'informations couvertes par le secret professionnel a été mis en place s'agissant de l'exercice professionnel dans le cadre d'une société pluriprofessionnelle d'exercice[10].

412.102 **Collaboration interprofessionnelle.** L'avocat doit, également, prévoir et justifier, dans le cadre de la mise en place de réseaux pluridisciplinaires[11] ou de collaborations interprofessionnelles[12] que la mise en œuvre de missions communes avec d'autres professionnels ne porte aucunement atteinte à son secret professionnel propre[13].

412.103 **Supports d'exercice interprofessionnel.** De la même façon, s'il est amené à partager des supports d'exercice professionnel avec d'autres professionnels, tel que dans le cadre de son domicile professionnel[14], l'avocat doit veiller au strict respect du secret professionnel[15]. Il en découle que si rien ne s'oppose, en principe, à une domiciliation ou à un partage de locaux professionnels par un avocat avec d'autres professionnels non avocats[16], tel un cabinet d'expertise comptable[17], il y a lieu de s'assurer que les conditions matérielles de l'installation : bureaux distincts, salle d'attente distincte, accueils distincts, matériels distincts, secrétariat distinct...[18], sont destinées à assurer un strict respect du secret professionnel[19]. Il en est de même de l'avocat qui souhaite partager des locaux avec une psychothérapeute[20].

1. Versailles, 21e ch., 19 nov. 2020, RG nº 18/01257 – Sur la production d'éléments couverts par le secret professionnel dans le cadre d'un litige entre avocats, v. ss nos 812.216 s.
2. V. ss nos 211.131 s.
3. L. nº 71-1130, 31 déc. 1971, art. 12-2 – V. ss nº 314.58.
4. V. ss nos 812.05 s.
5. RIN, art. 14.2 – AUSSI : V. ss nos 812.214 s.
6. Sur les conséquences en cas de départ du collaborateur, v. ss nos 812.215 s.
7. Paris, avis nº 211302, 18 janv. 2011.
8. V. ss nos 811.230 s.
9. V. ss nos 412.191 s.
10. V. ss nº 811.73.
11. RIN, art. 16.3 – V. ss nº 811.256.
12. RIN, art. 18.5 – V. ss nº 811.257.
13. Sur la portée des échanges dans un tel cadre, v. ss nos 422.221 s.
14. V. ss nos 222.00 s.
15. RIN, art. 15.1. – CNB, Comm. RU, avis nº 2019-040, 25 nov. 2019.
16. Civ. 1re, 27 févr. 1996 nº 94-10.821, NP – CNB, Comm. RU, avis nº 2016-080 du 16 déc. 2016 – CNB, Comm. RU, avis nº 2018-03, 26 juin 2018.
17. CNB, Comm. RU, avis nº 2017-002, 14 févr. 2017.
18. CNB, Comm. RU, avis nº 2014-002, 27 janv. 2014 ; C. avocat 2021, ss décr. 27 nov. 1991, art. 165, note 13 – Paris, pôle 2, ch. 1, 26 mai 2016, RG nº 15/23128.
19. CNB, Comm. RU, avis nº 2014-023, 24 juin 2014.
20. CNB, Comm. RU, avis nº 2012-060, 20 déc. 2012 ; C. avocat 2021, ss décr. 27 nov. 1991, art. 165, note 14.

Ainsi, si les locaux du cabinet de l'avocat et de l'expert-comptable sont particulièrement imbriqués et ne permettent pas un accueil et une réception vraiment indépendants pour l'avocat vis-à-vis de ses clients, les principes essentiels, et notamment le respect du secret professionnel, ne sont pas respectés [1]. Doit ainsi être sanctionné disciplinairement, pour violation du secret professionnel, un avocat qui exerce en commun avec un expert-comptable auquel le système informatique laisse accès à toutes les informations de l'avocat [2].

412.104 Société pluriprofessionnelle d'exercice. Lorsque l'avocat exerce au sein d'une société pluriprofessionnelle d'exercice (SPE) [3], la loi prévoit que l'avocat est tenu à son obligation de secret professionnel. L'avocat doit, ainsi, prévoir et justifier, dans le cadre d'un exercice au sein d'une société pluriprofessionnelle d'exercice [4] que la mise en œuvre d'un tel exercice en commun ne porte aucunement atteinte à son secret professionnel propre [5].

412.105 Société pluriprofessionnelle d'exercice – Exception. Toutefois, les obligations de confidentialité [6] ou de secret professionnel ne font pas obstacle à ce qu'il communique à d'autres professionnels toute information nécessaire à l'accomplissement des actes professionnels et à l'organisation du travail au sein de la SPE dans l'intérêt du client et à condition que ce dernier ait été préalablement informé de cette faculté de communication et y ait donné son accord [7]. L'accord relatif à la communication d'informations est recueilli par écrit, et doit préciser la nature exacte des informations communiquées et déterminer la qualité ou l'identité du ou des professionnels auxquels le client entend limiter la communication de ces informations. Le client peut le dénoncer sans préavis et sans pénalité par tout moyen permettant d'établir la date de réception de cette dénonciation. Dans les mêmes conditions, le client peut modifier à tout moment la nature des informations communiquées ou la qualité ou l'identité du ou des professionnels auxquels le client entend limiter la communication des informations. Le contrat conclu entre la SPE et le client doit faire état de la nécessité d'un accord préalable du client dans le cas où l'avocat envisagerait, au cours de l'exécution du contrat, d'user de cette faculté de communication [8].

Le recours à cette faculté doit être manié avec beaucoup de précaution, dès lors qu'elle n'a pas pour effet de rendre confidentiels les échanges entre l'avocat et les autres professionnels avec lesquels il collabore [9], mais seulement pour effet d'écarter toute violation du secret professionnel [10] en cas de communication d'information directement entre l'avocat et l'autre professionnel avec lequel il collabore, et ce dans les limites, strictes, de l'autorisation donnée, quant aux informations concernées et aux professionnels destinataires, par les clients. En outre, les informations ainsi communiquées ne seront plus protégées par le secret professionnel de l'avocat chez l'autre professionnel qui en aura été rendu destinataire.

SECTION 2
À L'ÉGARD DU CLIENT

412.110 Plan. C'est à l'égard de son client que l'obligation au secret professionnel s'impose à l'avocat (§ 1), sans que le client ne soit tenu par cette même obligation (§ 2).

§ 1
Notion de client

412.120 Plan – Client. Le secret professionnel de l'avocat s'apprécie à l'égard de son client, lequel doit être identifiable et identifié. Il est donc nécessaire que l'avocat s'assure rigoureusement de l'existence et de l'identité de son client [11].

Dans la plupart des cas, cette vérification ne pose pas de difficulté particulière, à condition de la faire, mais elle soustend une détermination du périmètre même du client qui induit le périmètre du secret professionnel (A), étant précisé que ce même secret professionnel survit au décès du client (B).

A.
Périmètre du client

412.131 Périmètre – Personnes physiques. Lorsque le client est une personne physique, la détermination du champ de la relation de secret professionnel ne pose, en principe, pas de difficultés. Pour autant, même dans cette situation l'avocat peut avoir à faire face à plusieurs interlocuteurs.

• **Cas 1 :** l'avocat des deux conjoints, qui conseille et représente le couple dans ses affaires. Lorsqu'un avocat est sollicité par les deux conjoints pour les

1. CNB, Comm. RU, avis n° 2009-082, 16 févr. 2010.
2. Paris, 28 sept. 2006, RG n° 2005/23312.
3. V. s^s n° 811.73.
4. V. s^s n° 412.104.
5. Sur la portée des échanges dans un tel cadre, v. s^s n°s 422.221 s.
6. V. s^s n°s 421.12 s. et 422.221 s.
7. L. n° 90-1258, 31 déc. 1990, art. 31-10 – C. Serlooten, « L'interprofessionnalté, un nouveau mode d'exercice du secret professionnel », *in* H. Simonian-Gineste, S. Torricelli-Chrifi (dir.), *Les professions (dé)réglementées, Bilan et perspectives juridiques*, PU Toulouse, 2018, p. 113 s.
8. Décr. n° 2017-794, 5 mai 2017, art. 25.
9. V. s^s n°s 422.221 s.
10. V. s^s n°s 411.63 s.
11. V. s^s n°s 482.121 s.

conseiller et les représenter dans la gestion de leurs affaires patrimoniales, il est alors l'avocat des deux conjoints desquels il reçoit les confidences et à l'égard desquels il est indivisiblement tenu au secret professionnel. Naturellement, il veillera à adresser ses correspondances à l'attention de ses deux clients afin qu'il n'y ait pas d'ambiguïté. Il n'est pas nécessaire qu'il les reçoive ensemble à chaque fois. La question peut alors se poser que l'un des conjoints fasse une confidence à l'avocat du couple, relatant par exemple des actes qu'il a réalisés et sont préjudiciables à l'autre conjoint ou qu'il lui demande de réaliser pour son propre compte un acte qui n'est pas de l'intérêt des deux. Une question de conflit d'intérêts va alors se poser[1]. Pour autant le secret professionnel ne se divise pas, car c'est en réalité un nouveau lien avocat-client qui se crée, distinct du premier. Dès lors l'avocat ne pourra rapporter ces confidences « solitaires » de l'un des conjoints à l'autre, et il devra même en faire abstraction dans le cadre de sa mission de conseil commun, ce qui est loin d'être évident ;

• Cas 1 *bis* : en cas de procédure de divorce[2], l'avocat unique de deux conjoints décidés à divorcer par consentement mutuel et par requête conjointe, voire les nouveaux avocats de chacune des parties, peut, en cas d'échec de la procédure être en mesure de verser dans les débats la correspondance échangée avec lui et retraçant la recherche de l'accord, voire même l'accord réalisé mais renié ultérieurement devant le juge, en cas de procédure contentieuse subséquente. On a pu soutenir l'inverse au motif que cela remettrait en cause la confiance que pouvaient avoir les conjoints s'adressant à un unique avocat dans l'hypothèse d'une requête conjointe en divorce, s'ils s'exposaient, en cas d'échec des pourparlers, à devenir victimes de leurs confidences à leur avocat[3]. Pour autant, rien ne s'y oppose[4], et l'avocat doit veiller à être prudent dans les correspondances qu'il adresse à ses clients « communs », surtout lorsqu'existe une contrariété d'intérêts.

412.132 Périmètre – Personnes morales. Lorsque le client est une personne morale, la détermination du champ de la relation du secret professionnel se pose avec acuité. En effet, les correspondances de l'avocat à son client sont alors adressées au représentant de la personne morale, gérant, directeur général ou/et à l'un de ses salariés, directeur juridique, directeur des ressources humaines, aux juristes du client... En outre, certaines personnes, même non-destinataires des éléments adressés par l'avocat pourront en avoir communication. Tout dépend des personnes habilitées à avoir accès aux informations adressées par l'avocat au sein de la personne morale en cause et la manière dont ces informations lui ont été librement communiquées[5].

C'est ainsi que la présidente d'un comité d'établissement, qui avait accès, comme tous les autres membres du comité, aux documents et pièces de ce comité, ne saurait se voir opposer le secret professionnel qui couvrait la convention d'honoraires et les facturations y afférentes intervenues entre le cabinet d'avocat et le comité d'établissement pour lequel elle agissait[6] ou encore qu'un salarié, ancien directeur des ressources humaines, est libre de communiquer, dans une procédure l'opposant à son ancien employeur, les courriels qui lui avaient été adressés par l'avocat de ce dernier et dont il était le destinataire[7]. Mais, les correspondances échangées avec des avocats par une personne agissant, fut-ce comme prestataire extérieur, en qualité de représentant d'une société, ne sauraient être produites par cette même personne dans le cadre d'un litige l'opposant à la société qu'il représentait dès lors que les correspondances en cause lui avaient été adressées non à titre personnel mais en sa qualité de représentant de la société[8].

De même que la communication à un administré d'une consultation réalisée par un avocat pour le compte d'une mairie et adressée au maire, bien qu'elle ait le caractère de document administratif entre dans le cadre de l'article L. 311-5[9] du code des relations entre le public et l'administration visant « les secrets protégés par la loi » tels que le secret professionnel visé à l'article 66-5[10] de la loi du 31 décembre 1971 faisant que le maire peut valablement refuser de la communiquer[11]. Mais, dès lors qu'un membre du conseil municipal, ou d'un conseil général, est en droit, dans le cadre de sa fonction, d'être informé des affaires de la commune, ou du conseil général, qui font l'objet d'une délibération[12], il appartient au maire, ou au président du conseil général, sous le contrôle du juge, d'apprécier, d'une part, si cette communication se rattache à une affaire de la commune ou du département faisant

1. V. s[s] n° 441.165.
2. D. Piwnica, « L'avocat face au divorce : quelle déontologie ? », *AJ fam.* 2004. Chron. 344.
3. A. Damien, H. Ader, *Règles de la profession d'avocat*, 14e éd., « Dalloz Action », 2013, n° 37.55.
4. V. s[s] n° 441.154.
5. V. s[s] n°s 412.151 s.
6. Civ. 1re, 13 mars 2008, n° 05-11.314, P I, n° 71 ; *JCP* 2008. I. 140, n° 7, obs. F. G'sell.
7. Paris, avis n° 202939, 29 juin 2010.
8. Com. 21 juin 2017, n° 15-15.359, NP.
9. CRPA, art. L. 311-5 [L. n° 78-753, 17 juill. 1978 portant diverses mesures d'amélioration des relations entre l'administration et le public et diverses dispositions d'ordre administratif, social et fiscal, *JO* 18 juill., p. 2851, art. 6].
10. L. n° 71-1130, 31 déc. 1971, art. 66-5.
11. CE 27 mai 2005, *Yvetot (C[ne])*, req. n° 265494, *Lebon ; D.* 2005. 2425, note B. Blanchard ; *AJDA* 2005. 1450, obs. C. Landais et F. Lenica.
12. CGCT, art. L. 2121-13.

l'objet d'une délibération du conseil municipal ou général, et d'autre part, si eu égard à la nature de ce document aucun motif d'intérêt général ne fait obstacle à sa communication, avant de procéder, le cas échéant, à cette communication selon des modalités appropriées[1].

Tout comme la consultation d'un avocat à une copropriété, portée à la connaissance de l'ensemble des copropriétaires, peut être versée par l'un des copropriétaires dans un litige contre la copropriété[2].

412.133 **Personnes morales – Appréciations.** Ainsi, face à la multiplicité des interlocuteurs, pour le compte d'une même personne morale, auxquels il peut avoir à faire face dans le cadre de son exercice professionnel, l'avocat doit faire preuve de la plus grande prudence.

• **Cas 1 :** l'avocat d'une société. Il reçoit les confidences de la société par l'entremise de ses représentants et de leur personnel. Il peut ainsi être en relation permanente avec le directeur des ressources humaines, pour conseiller la société sur toutes les questions de droit du travail et recevra des confidences de son interlocuteur. Le représentant légal de la société peut souhaiter un beau jour licencier le directeur des ressources humaines, au regard de faits qu'il aurait découverts et dont l'avocat aurait pu être informé du fait de ses conversations régulières avec l'intéressé. Dans une telle situation, la question se pose de savoir s'il peut continuer à recevoir des confidences du représentant légal de la société en faisant abstraction de celle qu'il aurait reçue du directeur des ressources humaines. La question du conflit d'intérêts va se poser. Mais en réalité, avocat de la société, il ne devrait accepter de recevoir des confidences que dans le seul intérêt de la société au sens de son intérêt social[3], et s'abstenir d'en recevoir d'autres ;

• **Cas 1 *bis* :** ce même avocat d'une société peut être appelé un jour à assister le dirigeant social, ou des salariés, en garde à vue pour des faits dont il ignorera presque tout faute d'accès au dossier. Or, ces mêmes faits peuvent avoir été commis au préjudice de la société, sa cliente. Ici encore, il ne devrait pas accepter de recevoir des confidences contraires à l'intérêt de la société ;

• **Cas 2 :** l'avocat d'un groupe de sociétés. Il reçoit des confidences de plusieurs dirigeants ou salariés du groupe. Mais, ici encore, il n'a pas à rapporter les confidences des uns aux autres, et doit agir dans l'intérêt du groupe. Sa situation se rapproche de celle de celui qui conseille un couple[4] ;

• **Cas 2 *bis* :** l'avocat d'un groupe de sociétés doit identifier de manière pertinente le périmètre de ses clients et identifier précisément la ou les sociétés du groupe pour le compte desquelles il réalise sa mission. En effet, si l'une des sociétés transmet, volontairement, à une autre société du groupe, non incluse dans le périmètre du client, une consultation de son avocat, celle-ci pourrait se trouver ne plus être couverte par le secret professionnel[5]. Ce point est d'autant plus important que l'intérêt du client[6] ne sera pas nécessairement le même suivant que l'on intervient pour telle ou telle société, fussent-elles membres d'un même groupe de sociétés[7].

412.134 **Représentant légal d'une personne physique ou morale.** Le représentant légal d'une personne morale est naturellement inclus dans le champ du périmètre du secret professionnel, mais pas les associés de cette même personne morale[8]. La question peut toutefois se poser s'agissant de représentants légaux dont les prérogatives ou les pouvoirs ne recoupent pas totalement ceux de la personne représentée.

• **Cas 1 :** l'avocat d'un majeur protégé. L'avocat d'un majeur protégé, confident de celui-ci, peut se trouver en relation avec l'organe de tutelle désigné pour la protection du majeur (curateur, tuteur, mandataire de protection future...). Or, il ne sera jamais que le confident nécessaire du majeur protégé, qui peut, notamment, vouloir contester les mesures de protection prises et conserve, notamment en matière extrapatrimoniale des droits propres. Il ne saurait en principe, sans violer le secret professionnel, communiquer des confidences reçues de son client à l'un des organes de la protection, même s'il représente le majeur dans certains actes et qui devra, en principe, avoir son propre avocat ;

• **Cas 2 :** mais il convient de faire une appréciation au cas par cas suivant les situations et les pouvoirs du représentant légal en cause. C'est ainsi que le liquidateur qui est investi d'un mandat légal de représentation du débiteur dessaisi pour l'exercice des droits et actions de ce dernier concernant son patrimoine doit pouvoir être en mesure d'obtenir les éléments strictement nécessaires à l'exercice

1. CE 27 mai 2005, *Département de l'Essonne*, req. n° 268564, *Lebon ; AJDA* 2005. 1450, Chron. C. Landais et F. Lenica ; *D.* 2005. 2425, note B. Blanchard ; *Just. & cass.* 2006. 248, concl. M.-H. Mitjavile ; *JCP A* 2005. 1246, concl. M.-H. Mitjavile ; *JCP* 2005. I. 177, n° 12, obs. C. Boiteau ; *Procédures* 2005. comm. 216, obs. S. Deygas ; *Dr. adm.* 2005, comm. 97.
2. CNB, Comm. RU, avis n° 2008-006, 14 janv. 2008 ; C. avocat 2021, ss L. 31 déc. 1971, art. 66-5, note 63 – CONTRA : Grenoble, 1re ch. civ., 9 avr. 2019, RG n° 18/04503.
3. V. ss nos 481.41 s.
4. V. ss n° 412.131.
5. Versailles 17 mars 2020, RG n° 19/00198 – V. ss nos 412.151 s.
6. V. ss nos 481.41 s.
7. Aussi, v. ss n° 441.194.
8. Versailles 17 mars 2020, RG n° 19/00198.

de sa mission, tels que la consistance des droits du débiteur dessaisi dans la succession de son père. Le notaire en charge de la liquidation de la succession ne pouvant ainsi valablement opposer le secret professionnel[1].

412.135 Pluralité de clients communs. La Cour de cassation a censuré une cour d'appel qui avait rejeté des pièces des débats sans avoir recherché, comme elle y était invitée, si les correspondances d'un avocat à l'un de ses clients, adressées en copie à l'autre client, sous une référence identique, ne se rapportaient pas à un seul et même dossier, dans lequel l'avocat intervenait au soutien des intérêts convergents de ses deux clients qui participaient à une opération commune, dont ils connaissaient l'un et l'autre l'ensemble des éléments[2].

En l'occurrence, l'avocat était intervenu au soutien des intérêts d'un client à l'occasion de la saisie immobilière de son immeuble d'habitation, et avait reçu, par l'intermédiaire de celui-ci, un pouvoir d'un autre client pour se porter adjudicataire du bien. Mais le second client n'avait pas respecté son engagement de rétrocéder l'immeuble au premier client, qui avait remis les fonds nécessaires à l'adjudication dès l'apurement de la dette envers le créancier poursuivant. Le premier client a alors assigné l'héritière du second client, décédé, pour obtenir sa condamnation à régulariser l'acte de revente de l'immeuble adjugé, mais avait été débouté de sa demande, l'engagement en cause résultant de courriers de l'avocat qui avait été écarté des débats.

En réalité, l'avocat intervenait conjointement pour ses deux clients dans une seule affaire, faisant que le secret professionnel ne leur était pas opposable entre eux.

412.136 Correspondances échangées entre un avocat et un tiers non couvertes par le secret professionnel. La détermination du périmètre de la notion de client est d'autant plus importante que les correspondances échangées entre un avocat et un tiers à l'affaire en cause ne sont pas couvertes par le secret professionnel[3]. Il en est ainsi de la conversation téléphonique avec un témoin, victime potentielle du client, dès lors qu'un témoin n'est pas le client[4] ou encore de la correspondance envoyée par l'une des parties à l'avocat de la partie adverse[5].

Surtout, la chambre criminelle, dans le cadre des perquisitions et écoutes téléphoniques fait une application stricte de la notion de client pour apprécier l'étendue du secret professionnel[6].

412.137 Prudence nécessaire. L'avocat doit donc être de la plus extrême prudence dans ses rapports avec ses clients, surtout lorsqu'il a plusieurs interlocuteurs, et ne jamais perdre de vue l'intérêt des clients pour le compte desquels il intervient réellement[7], faute de quoi il se retrouvera en situation de conflit d'intérêts[8].

Il lui appartient également de bien identifier ses interlocuteurs et de veiller à ne pas les multiplier, notamment dans les envois de courriels : un courriel ne sera couvert par le secret professionnel que s'il s'inscrit précisément dans une relation avocat-client[9].

Si par erreur, inattention, notamment lors des réponses à un courriel du client en « réponse à tous », l'avocat adresse un courriel à des tiers au lien de clientèle, il fait perdre le bénéfice de la protection du secret professionnel à cet envoi, et pourrait mettre en jeu sa responsabilité civile professionnelle de ce fait[10]. On notera, à cet égard, qu'une cour d'appel a pu considérer que lorsqu'un courriel avait été adressé involontairement par l'avocat à un tiers, en l'occurrence un courriel envoyé par l'avocat d'un salarié à l'employeur de ce dernier, il convenait de vérifier si, au regard de son contenu, le courriel avait bien été envoyé par erreur à l'employeur et que dès lors qu'il s'inscrivait dans le cadre d'une relation entre un avocat et son client, il se trouvait couvert par le secret professionnel[11].

Cette prudence doit aussi conduire l'avocat à s'assurer de la protection du secret professionnel chez son client[12].

B.
Survivance du secret professionnel au décès du client

412.141 Survivance au décès du client. Le secret professionnel survit au décès du client comme de l'avocat : l'avocat ne saurait, du fait du décès de son client violer le secret professionnel en rendant publiques, de quelque manière que ce soit, des confidences reçues de celui-ci[13]. On a pourtant pu

1. Com. 23 oct. 2019, n° 18-15.280 ; P IV ; *D.* 2019. 2086 – V. s[s] n° 412.141.
2. Civ. 1re, 14 déc. 2016, n° 15-27.349, P I ; *JCP* 2017. 660, n° 18, obs. J. Moret-Bailly.
3. Civ. 1re, 13 mars 2008 n° 06-16.740, P I, n° 70 ; *JCP* 2008. I. 140, n° 7, obs. F. G'sell.
4. Civ. 1re, 10 sept. 2014, n° 13-22.400, NP.
5. Civ. 1re, 31 janv. 2008 n° 06-14.303, NP ; *JCP* 2008. I. 140, n° 7, obs. F. G'sell – V. s[s] n° 451.63.
6. Sur ce point, v. s[s] n°s 414.215 s.
7. V. s[s] n°s 481.00 s.
8. V. s[s] n°s 441.151 s.
9. V. s[s] n°s 412.155 s.
10. V. s[s] n°s 912.11 s.
11. Paris, pôle 6 ch. 11, 21 mai 2019, RG n°s 17/06960, 17/06962 – V. s[s] n° 412.54.
12. V. s[s] n°s 415.00 s.
13. Paris, avis n° 313168, 12 nov. 2018 – Aix-en-Provence, ch. 2 et 4, 27 févr. 2019, RG n° 16-17731.

voir paraître des correspondances entre l'avocat et son client, plus de vingt ans après sa mort et quarante ans après leur date et le procès à l'occasion duquel elles ont été adressées, et ce, à la suite d'une communication faite à l'initiative des avocats eux-mêmes en accord avec la veuve du client[1]. Le secret professionnel, général, absolu et illimité dans le temps, se retrouve alors confronté à la liberté d'expression et à l'histoire.

Une affaire qui concernait le secret médical et défraya la chronique illustre toute la difficulté à laquelle nous sommes alors confrontés.

412.142 Affaire du « Grand Secret » au plan civil. En 1996, un médecin avait publié un livre, intitulé *Le grand secret,* qui relatait la façon dont il avait organisé un service médical autour d'un président de la République atteint d'un cancer diagnostiqué dès 1981, quelques mois après sa première élection à la présidence de la République, et les difficultés que lui avait posées la dissimulation de cette maladie, alors que ce même président s'était engagé à être transparent sur son état de santé. L'ouvrage fut diffusé une semaine après le décès du président sur fond de polémique sur la réalité de son état de santé pendant sa présidence. Dans une première procédure, le juge des référés puis la cour d'appel ordonnèrent l'interdiction pure et simple de la diffusion de l'ouvrage motif pris notamment que les révélations qu'il contenait : « ont été faites en violation de textes qui imposent un secret professionnel d'autant plus rigoureux qu'il s'agit du secret médical ». La Cour de cassation rejeta le pourvoi par un attendu aussi clair que bref : « Attendu que la cour d'appel, statuant en référé, a caractérisé le trouble manifestement illicite en retenant que l'ouvrage contenait, sur l'évolution de l'état de santé, des révélations qui violaient le secret médical »[2].

Saisis au fond, le tribunal de grande instance, puis la cour d'appel confirmèrent l'interdiction de l'ouvrage en rappelant qu'aucune circonstance n'affranchit le médecin de son obligation au silence, le secret professionnel étant institué non seulement pour protéger les intérêts de celui qui s'est confié, mais également pour assurer, auprès de la communauté de ceux qui sollicitent le secours de la médecine, le crédit qui doit nécessairement s'attacher à son exercice. La Cour de cassation rejeta le pourvoi en considérant que si le professionnel, mis en cause dans sa compétence ou son intégrité, peut être amené à transgresser le secret pour apporter la preuve de la qualité de son intervention ou de sa bonne foi, c'est à la condition que la révélation se limite aux strictes exigences de sa défense, devant une juridiction, et ne prenne pas, comme en l'espèce, la forme d'une divulgation publique délibérée, et que dès lors que toutes les informations publiées avaient été recueillies par le médecin à l'occasion de son activité de médecin personnel du président, elles relevaient du secret médical et que l'exercice de la liberté d'expression pouvait donner lieu à certaines restrictions, notamment pour la protection des droits d'autrui, justifiant la cessation de la diffusion de l'ouvrage[3].

Saisie de l'affaire, la CEDH condamna la France en considérant que si, dans les circonstances de la cause, la mesure temporaire d'interruption de la diffusion du livre pouvait passer pour « nécessaire dans une société démocratique » à la protection des droits du président et de ses ayants cause, plus la date du décès s'éloignait, plus cet élément perdait de son poids. Parallèlement, plus le temps passait, plus l'intérêt public du débat lié à l'histoire des deux septennats accomplis par le président l'emportait sur les impératifs de la protection des droits de celui-ci au regard du secret médical. La Cour précise qu'il ne s'agit pas pour elle de considérer que les exigences du débat historique peuvent délier un médecin du secret médical, qui, en droit français, est général et absolu, sauf strictes exceptions fixées par la loi elle-même. Mais, à partir du moment où le secret avait été enfreint, ce qui a entraîné pour l'auteur de cette violation des sanctions pénales (et disciplinaires)[4], la Cour, concluant à la violation de l'article 10 de la Conv. EDH consacrant le droit à la liberté d'expression, considère que le passage du temps doit nécessairement être pris en compte pour apprécier la compatibilité avec la liberté d'expression d'une mesure aussi grave que l'interdiction, en l'espèce elle aussi générale et absolue, de la publication d'un livre[5].

412.143 L'affaire du « Grand Secret » au plan pénal et disciplinaire. Précisément, dans son arrêt du 18 mai 2004[6] la CEDH prend le soin de dissocier la question des sanctions pénales et disciplinaires de celle de la publication de l'ouvrage. Car ce même

1. L.-F. Céline, *Lettres à son avocat : 118 lettres inédites à Maître Albert Naud*, La flûte de Pan, 1984 – L.-F. Céline, *Lettres à Tixier : 44 lettres inédites à Maître Tixier-Vignancour,* La flûte de Pan, 1985.
2. Civ. 1re, 16 juill. 1997, nos 96-12.762, 96-12.876, P I, no 249 ; *D.* 1997. 452 ; *D.* 1997. 291, Chron. T. Massis.
3. Civ. 1re, 14 déc. 1999, no 97-15.756, P I, no 345 ; *D.* 2000. 372, note B. Beignier ; *D.* 2000. 266, obs. C. Caron ; *RTD civ.* 2000. 291, obs. J. Hauser ; *RTD civ.* 2000. 342, obs. P. Jourdain.
4. V. ss no 412.143.
5. CEDH 18 mai 2004, *Plon (Sté) c/France,* req. no 58148/00 ; *D.* 2004. 1838, note A. Guedj ; *D.* 2004. 2539, obs. N. Fricero ; *RDSS* 2004. 841, note L. Dubouis ; *RTD civ.* 2004. 483, obs. J. Hauser.
6. CEDH 18 mai 2004, *Plon (Sté) c/France,* req. no 58148/00 ; *D.* 2004. 1838, note A. Guedj ; *D.* 2004. 2539, obs. N. Fricero ; *RDSS* 2004. 841, note L. Dubouis ; *RTD civ.* 2004. 483, obs. J. Hauser – V. Ch. Bigot, *Pratique du droit de la presse*, 3e éd., Dalloz, 2021, no 431.172.

médecin, ayant fait l'objet d'une condamnation par le tribunal correctionnel du chef de violation du secret professionnel à quatre mois d'emprisonnement avec sursis, condamnation dont il ne releva pas appel, fit ensuite l'objet d'une sanction de radiation prononcée par le conseil régional de l'Ordre des médecins. Le Conseil d'État approuva celle-ci en considérant, notamment, que l'obligation de secret professionnel qui s'impose au médecin ne saurait être levée par la circonstance que le patient aurait lui-même publiquement fait part de son état de santé ou de certains aspects de sa vie privée ou que les informations susceptibles d'être diffusées seraient de nature à intéresser l'ensemble des Français au titre de l'histoire de France[1]. À nouveau saisie, la CEDH rejette cette fois-ci le recours fondé, il est vrai, sur la seule question de la partialité de l'instance disciplinaire[2].

L'articulation des deux procédures démontre donc que si le temps peut autoriser la publication au nom de la liberté d'expression d'informations obtenues en violation du secret professionnel, cette même violation n'est pas admissible et justifie des sanctions tant pénales que disciplinaires.

412.144 Secret professionnel et histoire. La question de la confrontation du secret professionnel avec l'histoire est en réalité délicate. Même le secret de la défense nationale finit par céder devant les exigences de l'histoire[3], et de la mémoire. Comme l'écrivait Marc Bloch (1886-1944) en faisant référence au secret professionnel du notaire :

« Voilà où l'historien du présent se trouve nettement à son désavantage : il est presque totalement privé de ces confidences involontaires. Pour compensation, il dispose, il est vrai, des indiscrétions que lui chuchotent à l'oreille ses amis. Le renseignement, hélas, s'y distingue mal du "racontar". Un cataclysme ferait souvent mieux notre affaire. Du moins, en sera-t-il ainsi tant que, renonçant à s'en remettre de ce soin à leurs propres tragédies, les sociétés consentiront enfin à organiser rationnellement, avec leur mémoire, leur connaissance d'elles-mêmes. Elles n'y réussiront qu'en s'attaquant corps à corps aux deux principaux responsables de l'oubli ou de l'ignorance : la négligence, qui égare les documents ; et plus dangereuse encore, la passion du secret — secret diplomatique, secret des affaires[4], secret des familles — qui les cache ou le détruit. Il est naturel que le notaire ait le devoir de ne pas révéler les opérations de son client. Mais qu'il lui soit permis d'envelopper d'un aussi impénétrable mystère les contrats passés par les clients de son bisaïeul — alors que, d'autre part, rien ne lui interdit sérieusement de laisser ces pièces s'en aller en poussière — nos lois, là-dessus, fleurent vraiment le moisi. »[5].

412.145 Mémoire du client. En tout état de cause, ce n'est pas à l'avocat de se faire l'historien ou le mémorialiste de son client.

Il a, cependant, pu être considéré qu'il n'y avait pas violation du secret professionnel à ce qu'un avocat publie des lettres qu'il avait échangées avec son client plus de trente ans après son décès, dès lors, d'une part que le secret professionnel ne se limite qu'aux seules informations strictement en rapport avec l'exercice des droits de la défense, ce dont l'avocat est seul juge sachant que la confiance est indivisible ; et d'autre part, que la défense du client n'est pas limitée au débat judiciaire mais recouvre, notamment, celle de sa mémoire afin de présenter un aspect de sa personnalité autre que celui connu de l'opinion publique. Mais, en l'occurrence, il s'agissait de lettres intimes que lui adressait son client depuis la prison, lesquelles étaient dépourvues de tout lien avec les dossiers dont l'avocat avait la charge[6] : le caractère intime des correspondances dépourvues de tout lien avec les dossiers les faisait, par nature, sortir du champ du secret professionnel[7].

412.146 Héritiers du client. Le secret ne cesse pas non plus à la demande des héritiers de celui qui l'avait confié[8]. La question de la successibilité doit se résoudre au cas par cas suivant les situations, d'autant que l'avocat aura pu être rendu destinataire de confidences de son défunt client qui n'ont pas vocation à être portées à la connaissance de ses héritiers[9] ou de qui que ce soit, mais qu'il peut également être amené à poursuivre des affaires commencées avec le défunt avec ces mêmes héritiers.

L'appréciation des situations est parfois complexe et doit prendre en compte, au cas par cas, la nature des affaires et des parties en présence.

1. CE 29 déc. 2000, req. n° 211240, *Lebon ; D.* 2001. 595 ; *RDSS* 2001. 274, obs. L. Dubouis.
2. CEDH 27 juill. 2006, *Gubler c/France,* req. n° 69742/01 ; *AJDA* 2006. 1526.
3. CE 2 juill. 2021, req. n° 444865, *Lebon T* – Cons. const. 30 juill. 2021, n° 2021-822 *DC, Loi relative à la prévention d'actes de terrorisme et au renseignement*, NON-CONFORMITÉ PARTIELLE, RÉSERVE, *JO* 31 juill. 2021, n° 2.
4. V. s[s] n°s 453.84 s.
5. M. Bloch, *Apologie pour l'histoire ou métier d'historien*, Paris, Armand Colin, 1949, Cahiers des Annales, n° 3, p. 45 – S. Laurent (dir.), *Archives « secrètes », secret d'archives ?, Historiens et archivistes face aux archives sensibles,* CNRS, 2003.
6. CD Paris, arr. n° 185182, 10 juill. 2009.
7. V. s[s] n° 412.46.
8. Paris, 8 nov. 1971, *Gaz. Pal.* 1972. I. 96 ; *in* A. DAMIEN, *Les grands arrêts*, Litec, 1991, p. 65.
9. Paris, avis n° 258313, 10 nov. 2014 – Paris, avis, n° 264872, 19 mars 2015 ; – MÊME SENS : Paris, avis n° 313168, 12 nov. 2018 – Aix-en-Provence, ch. 2-4, 27 févr. 2019, RG n° 16/17731.

§ 2
Liberté du client

412.151 Le secret professionnel ne s'impose pas au client. Le secret professionnel ne s'impose qu'à l'avocat et non au client, la jurisprudence a clairement posé le principe suivant lequel « n'étant pas lui-même tenu au secret, l'auteur d'une lettre destinée à son avocat peut prendre l'initiative de produire cette correspondance en justice »[1]. Le client peut ainsi décider de produire en justice un courrier échangé avec son avocat[2], ou des consultations[3], et sans avoir à solliciter l'autorisation de l'avocat[4]. Toutefois, il appartient au client qui souhaite procéder à une telle communication, par courtoisie envers l'avocat auteur de la correspondance ou consultation, de l'en informer[5].

C'est ainsi que le client peut communiquer les correspondances reçues de son avocat dans le cadre d'une action en responsabilité civile professionnelle[6]. Peu importe, à cet égard, que l'avocat y reconnaisse une faute de la part de son cabinet[7], ce qu'il aurait dû s'abstenir de faire[8]. Le client peut également communiquer les correspondances reçues de son avocat dans le cadre d'une plainte pénale dès lors que les correspondances querellées ont été remises « spontanément » par le client au juge d'instruction[9].

Dès lors qu'il décide de renoncer au secret professionnel, le client ne peut plus invoquer par la suite un secret professionnel portant sur des informations qu'il a lui-même rendues publiques[10].

1. Com. 6 juin 2001, n° 98-18.577, P IV, n° 110 ; *D.* 2001. 2197, obs. X. Delpech – Civ. 1re, 30 sept. 2008, n° 07-17.162, NP ; *D.* 2009. 2704, obs. B. Blanchard – Civ. 1re, 4 avr. 2006, n° 04-20.735, P I, n° 189 ; *D.* 2006. 1184, et 2007. 825, obs. B. Blanchard ; *JCP* 2006. II. 10106, note S. Hocquet-Berg ; *Procédures* 2006, n° 125, obs. R. Perrot – Civ. 1re, 30 avr. 2009 n° 08-13.596 ; *D.* 2009. Pan 2704, obs. B. Blanchard.
2. CNB, Comm. RU, avis n° 2004-065, 30 juin 2004 ; C. avocat 2021, ss L. 31 déc. 1971, art. 66-5, note 43 – Com. 8 déc. 2015, n° 14-20.521, NP – Caen, 19 mai 2020, RG n° 19/02393 – *CONTRA* : Paris, Pole 1, ch. 5, 20 janv. 2021, RG n° 20/16992.
3. CNB, Comm. RU, avis n° 2010-006, 17 mars 2010 ; C. avocat 2021, ss L. 31 déc. 1971, art. 66-5, note 46.
4. Civ. 1re, 13 mars 2008, n° 06-16.740, P I, n° 70 ; *D.* 2008. 9 ; *JCP* 2008. 140, n° 7, obs. F. G'sell.
5. Paris, avis n° 239739, 28 mars 2013.
6. Civ. 1re, 30 mai 2013, n° 12-24.090, NP ; *Dr. et patr.* 2013. 94, obs. B. Chaffois – V. ss nos 912.00 s.
7. CNB, Comm. RU, avis n° 2004-067, 14 oct. 2004 ; C. avocat 2021, ss L. 31 déc. 1971, art. 66-5, note 44.
8. V. ss n° 911.142.
9. Crim. 29 mai 1989, n° 87-82.073, P n° 218 ; *Gaz. Pal.* 1989. II. 884, note A. Damien ; *RSC* 1990. Chron. 76, obs. G. Levasseur.
10. Com. 6 juin 2001, n° 98-18.577, P IV, n° 110 ; *D.* 2001. 2197, obs. X. Delpech ; *Gaz. Pal.* 26-27 juill. 2002, obs. E. du Rusquec.

412.152 Lettre d'opinion[11]. Une « lettre d'opinion » est une correspondance dans laquelle un avocat porte un jugement professionnel sur des questions de droit intéressant le destinataire de la lettre dans le cadre de l'affaire en cause. Elle peut être adressée par l'avocat soit à son client, soit, à la demande ou avec l'accord de son client, au cocontractant ou futur contractant de ce dernier, ou encore à un tiers désigné par son client. La lettre d'opinion adressée à un tiers n'est pas couverte par le secret professionnel[12], se distinguant ainsi notamment des consultations (y compris celles qui prennent l'aspect formel de lettres d'opinion) adressées au seul client. En outre, la lettre d'opinion adressée à un tiers ne fait pas naître de devoir de conseil de la part de l'avocat à l'égard de ce tiers.

L'avocat rédacteur de lettres d'opinion doit se montrer prudent. Il doit être pleinement conscient, lors de leur rédaction, de l'importance qu'il y a à veiller au respect des principes essentiels de sa profession, notamment l'obligation d'indépendance, de loyauté et de délicatesse, ainsi que l'obligation de n'intervenir que dans les domaines dans lesquels il est compétent. Il appartient à l'avocat de déterminer l'étendue qu'il accepte de donner à la lettre d'opinion qui lui est demandée, ainsi que l'étendue de ses diligences, à la lumière des usages français et internationaux et en concertation, s'il l'estime nécessaire, avec son client et le cocontractant ou futur cocontractant de son client ou l'avocat de ce dernier. Il doit également clairement distinguer entre les faits qu'il a lui-même vérifiés, ceux qui lui ont été certifiés par des tiers et ceux qu'il a tenus par hypothèse pour acquis, sans vérification. Les lettres d'opinion peuvent être assorties de réserves, explicites ou implicites. Un avocat doit s'abstenir de suggérer à son client d'obtenir une lettre d'opinion d'un confrère défendant les intérêts d'un tiers si l'avocat estime qu'il ne pourrait lui-même émettre une telle lettre dans des circonstances similaires.

412.153 Publicité assurée par le client. Une lettre adressée à son avocat par le client, que ce dernier avait également affichée dans ses locaux à la vue de tous, n'est pas couverte par le secret professionnel, faisant que l'avocat lui-même peut, par la suite, la produire en justice[13].

412.154 Communication par le client à un tiers. Le client peut également communiquer les corres-

11. P. Chambaz, *Rapport sur Les lettres d'opinion adressées à des tiers*, présenté à la séance, 19 déc. 2006 du comité d'éthique du Barreau de Paris – R. Bordeaux-Groult, F. Baumgartner, « Le conseil de l'Ordre du barreau de Paris s'exprime sur les "lettres d'opinion" adressées par les avocats à des tiers », *Gaz. Pal.* 14-16 janv. 2007, p. 2.
12. V. ss n° 412.136.
13. CD Paris, arr. n° 163093, 23 mars 2010.

pondances reçues de son avocat à un tiers qui sera ensuite libre de les utiliser[1]. La communication d'une lettre adressée par un avocat à son client et remise par celui-ci à son adversaire[2] ou à un tiers, tel qu'une autorité administrative[3], est ainsi possible dès lors qu'aucune ambiguïté n'existe quant aux conditions de la remise.

L'usage qu'en fait le destinataire dans le cadre de la procédure à laquelle il est partie, ne saurait être interdit en raison du respect dû au secret professionnel auquel le destinataire n'est pas lié, il est donc libre d'en disposer à sa guise[4]. Et ce, tant qu'il n'est pas démontré que la remise n'a pas eu lieu sans fraude[5]. Comme le note dans ce dernier arrêt la Cour de cassation : le client ayant « volontairement et en l'absence de toute fraude » remis la lettre de son avocat à son père afin que les honoraires réclamés soient réglés, le secret professionnel ne pouvait pas faire obstacle à la production de la correspondance[6].

412.155 Communication volontaire et sans fraude. Encore faut-il que cette communication intervienne volontairement et sans fraude de la part du client. Il appartient à celui qui souhaite s'en prévaloir d'en apporter la preuve. Toute la difficulté, lorsque la correspondance est entre les mains d'un tiers, sera de déterminer son origine et les conditions de son obtention. Les affaires de divorce sont un terreau inépuisable de litige en la matière. C'est ainsi que la lettre adressée par un époux à son avocat ne saurait être produite en justice sans son accord par son ex-épouse[7], sauf à ce que soit démontré que le destinataire a adressé volontairement copie de la correspondance à son épouse et avec la volonté de les rendre publiques[8] ou qu'elle avait été adressée à l'intention des deux époux. De même que la consultation d'un avocat de la partie adverse qui lui aurait été soustraite dans des conditions indéterminées sans qu'il ne soit établi que son propre client l'ait remise à l'autre partie[9], demeure couverte par le secret professionnel faute pour celui qui s'en prévaut d'apporter la preuve d'une remise volontaire et sans fraude[10].

Ne constitue pas une remise volontaire et sans fraude, la remise spontanée de documents, dont une correspondance adressée par un avocat à son client, dans le cadre de l'exécution d'une ordonnance autorisant un huissier de justice à pratiquer une mesure de saisie contrefaçon. Le retrait des débats de tels documents, protégés par le secret professionnel, peut dès lors être demandé devant le juge du fond[11].

412.156 Communications électroniques. Il a pu être considéré que le fait de diffuser en interne une correspondance à différents salariés par l'option « répondre à tous » constitue un acte rendant public un message d'origine émis par un avocat. En effet, le client de l'avocat est la personne morale et non chacun des salariés de l'entreprise[12].

Tout comme un courriel adressé par une société à l'intention d'une autre société, avec en copie l'avocat de la société émettrice[13] ou les échanges entre deux correspondants avec en copie un avocat[14] ne sont pas couverts par le secret professionnel[15].

Il convient dès lors d'être prudent relativement à l'usage qui est fait par le client des confidences que lui adresse son avocat[16].

SECTION 3
OPPOSABILITÉ AUX TIERS

412.160 Plan. Le secret professionnel est, par principe, opposable aux tiers (§ 1), sauf exceptions expressément prévues ou autorisées par la loi (§ 2).

§ 1
Principe

412.170 Plan. Les informations partagées par le client à son avocat ne peuvent ni être divulguées à des tiers (A) ni être appréhendées par des tiers (B) et ce, sous peine de sanctions tant civiles que pénales et disciplinaires (C). La connaissance de faits délictueux par l'avocat ne permet pas non plus de se dispenser de son obligation au secret professionnel (D).

1. Civ. 1re, 4 avr. 2006, nº 04-20.735, P I, nº 189 ; *D.* 2006. 1184 ; *D.* 2007. 825, obs. B. Blanchard ; *JCP* 2006, nos 10106, note S. Hocquet-Berg – Civ. 1re, 1er mars 2005, nº 02-20.491, NP – Rouen, 11 déc. 2019, RG nº 18/04377.
2. CNB, Comm. RU, avis nº 2008-011, 29 janv. 2008 ; C. avocat 2021, ss L. 31 déc. 1971, art. 66-5, note 44.
3. Paris commission plénière, avis nº 229245, 30 sept. 2013 – Crim. 12 avr. 2016, nº 15-86.802, NP.
4. Besançon, 24 nov. 1982, *Gaz. Pal.* 1983. I. 20, note A. Damien ; *in* A. DAMIEN, *Les grands arrêts*, Litec, 1991, p. 69.
5. Civ. 1re, 30 avr. 2009, nº 08-13.596, NP ; *D.* 2009. 2704, obs. B. Blanchard.
6. Civ. 1re, 30 avr. 2009, nº 08-13.596, NP ; *D.* 2009. 2704, obs. B. Blanchard.
7. Civ. 1re, 30 janv. 2007, nº 03-16.910, NP.
8. Paris, avis nº 227010, 10 juill. 2012.
9. Sur la protection du secret professionnel chez le client, v. ss nos 415.00 s.
10. CNB, Comm. RU, avis nº 2009-048, 22 sept. 2009 ; C. avocat 2021, ss L. 31 déc. 1971, art. 66-5, note 51.
11. Paris, pôle 2, ch. 1, 20 juin 2017, RG nº 16/04649.
12. Poitiers, 27 févr. 2018, RG nº 16/00073 – V. ss nº 412.133.
13. Paris, pôle 5, ch. 15, 4 oct. 2017, RG nº 16/17396.
14. Paris, pôle 5, ch. 15, ord. 22 mai 2019, RG nº 18/08865.
15. AUSSI : v. ss nº 412.54.
16. V. ss nº 415.00 s.

A. Interdiction de toute divulgation à des tiers

412.180 **Plan.** L'avocat ne peut divulguer à des tiers des éléments couverts par le secret professionnel, même avec l'autorisation de son client (1°). L'application de ce principe doit être appréhendée dans le cadre de certaines situations particulières (2°).

1° Principes généraux

412.191 **Droit du client de l'avocat au respect du secret professionnel.** L'obligation au secret professionnel, élément nécessaire à l'exercice même de la profession d'avocat, au bon fonctionnement d'une justice démocratique et donc à l'intérêt général[1], s'impose à l'avocat, hormis les cas où la loi en dispose autrement[2] comme un devoir de son état, elle est générale, absolue et d'ordre public[3], de sorte que l'avocat ne peut en être délié par quiconque[4] même par son propre client[5].

Le secret professionnel constitue un principe qui doit être invoqué en toutes circonstances[6] pour s'opposer, ce qui est du devoir de l'avocat, à toute demande, consultation, sollicitation ou appréhension qui viendrait y porter atteinte. C'est ce qui explique et justifie l'inviolabilité du cabinet de l'avocat[7].

La correspondance entre l'avocat et son client ne peut ainsi être ni saisie ni consultée par des tiers[8] et l'avocat ne saurait faire aucune révélation ou déclaration relativement à des éléments couverts par le secret professionnel[9].

412.192 **Même avec l'autorisation de son client.** Il en découle que même si son client n'est pas tenu au respect du secret professionnel[10], l'avocat ne saurait, même avec l'autorisation de ce même client, produire une correspondance qu'il a échangée avec son client[11], ou révéler à un tiers le contenu d'un entretien qu'ils ont eu[12].

C'est ainsi qu'un avocat ne saurait se faire le « porteur » d'une cassette audiovisuelle que lui aurait remise son client avant sa mort, afin qu'il la remette au ministre des Finances après sa mort : le fait que cette pièce ne lui ait pas été confiée dans le cadre d'une mission d'assistance, dès lors que l'avocat n'était chargé par ce client que des procédures fiscales dont il faisait l'objet, et non de la procédure pénale suivie contre lui, à laquelle se rapportait la cassette litigieuse, n'enlève rien au fait que c'est à l'occasion de sa profession d'avocat et à raison de la confiance même que celle-ci inspirait à son client, que l'intéressé est entré en possession de la cassette, étant observé que l'avocat ne rapportait pas la preuve de l'allégation selon laquelle son client lui aurait laissé toute liberté de disposer de l'enregistrement[13].

De même que l'avocat ne saurait transmettre les pièces de son dossier au fils de son client, même avec l'autorisation de celui-ci : l'avocat doit rendre le dossier à son client auquel il appartient ensuite de le remettre à qui il veut[14].

412.193 **Même au titre du recel.** L'avocat tenu au respect du secret professionnel n'est pas nécessairement celui ayant directement reçu la confidence du client. Il peut s'agir d'un autre avocat, notamment de l'avocat adverse ou du successeur d'un premier avocat[15], lorsqu'il se trouve, légitimement ou non, en possession d'éléments manifestement couverts par le secret professionnel : il ne pourra en aucun cas les divulguer à des tiers, sauf à démontrer que c'est le client auquel le secret professionnel était dû qui a volontairement renoncé à celui-ci[16]. Tel sera le cas de l'avocat dont le client aurait reçu un courrier de son précédent avocat lui expliquant les raisons de son refus de prendre le dossier en raison d'un conflit d'intérêts et faisant allusion à des confidences reçues d'un autre client, en violation du secret professionnel : le nouvel avocat ne saurait communiquer une telle pièce dans la procédure sans commettre un recel de violation du secret professionnel[17].

Tout avocat doit donc être prudent à l'égard des éléments en sa possession et s'assurer qu'ils ne sont pas couverts par le secret professionnel même si ce n'est pas son propre secret professionnel[18].

412.194 **À l'égard de tout tiers.** En dehors du strict périmètre du cabinet de l'avocat[19], le secret

1. V. s^s^ n°s 411.12 s.
2. V. s^s^ n°s 412.260 s.
3. RIN, art. 2.1. – Crim. 12 mars 1886, *D.* 1887. 1. 89 ; *in* A. Damien, *Les grands arrêts*, Litec, 1991, p. 57.
4. Civ. 11 mars 1844, *S.* 1844. I. 520.
5. Civ. 1re, 6 avr. 2004, n° 00-19.245, NP ; *Gaz. Pal.* 2004. 1. 1918, rapp. J. Sainte-Rose.
6. Crim. 19 déc. 1885, *D.* 1886. 1. 947.
7. V. s^s^ n°s 414.21 s.
8. Crim. 9 sept. 1897, *S.* 1898. 1. 146 ; *in* A. Damien, *Les grands arrêts*, Litec, 1991, p. 58.
9. CNB, Comm. RU, avis n° 2019-015 du 27 mai 2019.
10. V. s^s^ n°s 412.151 s.
11. CNB, Comm. RU, avis n° 2004-009, 19 janv. 2004 ; C. avocat 2021, s^s^ L. 31 déc. 1971, art. 66-5, note 8 – CNB, Comm. RU, avis n° 2016-057, 5 août 2016.
12. Crim. 27 oct. 2004, n° 04-81.513, P n° 259, *D.* 2004. 3112 ; *AJ pénal* 2005. 74, obs. J. C – Civ. 1re, 6 avr. 2004, n° 00-19.245, NP.
13. Paris, 1re ch., sect. F, 29 mai 2002, RG n° 2002/02253.
14. Paris, avis n° 254373, 27 mai 2014.
15. V. s^s^ n° 484.112.
16. V. s^s^ n° 412.151.
17. Paris, avis n° 259435, 23 déc. 2014 – V. s^s^ n°s 411.91 s.
18. V. s^s^ n°s 453.31 s.
19. V. s^s^ n°s 412.81 s.

professionnel doit être opposé à tout tiers quel qu'il soit et pour quelque raison que ce soit.

C'est ainsi qu'un avocat ne saurait communiquer la copie intégrale d'une procédure pénale dont il disposait en qualité de conseil de l'une des personnes mises en examen à son frère, serait-ce durant quelques jours [1] ou s'entretenir du fond d'une affaire dont il a été dessaisi avec le secrétaire d'un ancien client [2]. Il en est de même à l'égard des autres clients de l'avocat [3] : un avocat défendant deux salariés contre le même employeur ne peut produire dans la seconde instance des pièces issues de la première instance, sauf à démontrer que ces pièces lui auraient été communiquées par son deuxième client, qui en aurait été lui-même destinataire par le fait du premier client [4], tout comme le secret professionnel interdit à l'avocat de communiquer l'adresse de son client à qui que ce soit [5] y compris au précédent avocat en litige d'honoraire avec ce même client [6].

De même qu'un avocat n'a pas à communiquer les pièces de procédure qu'il a pu recevoir ou établir dans le cadre d'un dossier donné à un autre avocat pour une procédure dont les débiteurs, en l'espèce des cautions, sont différents, et ce, en dépit de la similitude des affaires [7], ou ne saurait utiliser des éléments d'un dossier, fut-ce des actes de procédure, pour les besoins de travaux dirigés en les communiquant à ses étudiants sans masquer l'identité des intervenants, des huissiers et des parties [8].

412.195 À l'égard du public. L'avocat n'est pas plus autorisé à violer le secret professionnel à l'égard du public, notamment, en témoignant dans des émissions radiophoniques ou télévisées sur la base de confidences de son client ou ancien client. Il y a ici un manquement grave et flagrant au secret professionnel, duquel il ne saurait être délié, même avec l'autorisation de son client.

C'est ainsi que viole le secret professionnel, et doit être sanctionné disciplinairement, l'avocat qui, lors d'une interview télévisée, révèle des éléments couverts par le secret professionnel, fruits de son enquête personnelle dans l'une de ses affaires, alors qu'il aurait dû impérativement indiquer que sa qualité d'avocat lui imposait de garder le silence à propos de tout fait couvert par le secret professionnel [9].

Est également sanctionné disciplinairement pour violation du secret professionnel, l'avocat qui révèle dans une interview à la presse avoir été l'intermédiaire entre chefs d'États étrangers et français pour transporter des fonds, « prestation » qui avait donné lieu à l'établissement de notes d'honoraires [10].

2° Situations particulières

412.201 Avocat convoqué en tant que témoin. Un avocat, qui ne peut être relevé du secret professionnel, ne peut témoigner de ce qu'il connaît à ce titre [11]. L'obligation de secret s'oppose à ce qu'un avocat révèle ce qu'il a appris à l'occasion de son activité [12], sauf lorsque sa responsabilité personnelle est mise en cause auquel cas, il ne pourra révéler que ce qui est strictement nécessaire à sa propre défense [13].

C'est ainsi que l'avocat qui reçoit une convocation du juge d'instruction ne peut, en raison du secret professionnel, répondre à aucune question du magistrat instructeur relative à un dossier dont il a eu la charge [14], ou devant des enquêteurs de police [15], de la Dgccrf... Tels que ceux qui lui demanderont d'identifier une personne sur présentation d'une photographie, aux fins de savoir si cette personne a été ou non sa cliente [16] ou encore de répondre à une sollicitation des Urssaf ou des douanes [17].

De même que l'avocat qui donne aux services de police des renseignements sur la partie adverse et qu'il n'a pu obtenir qu'en sa qualité d'avocat, viole le secret professionnel, même s'il n'était pas directement chargé de cette affaire au sein du cabinet où il exerçait en tant que collaborateur [18]. Il ne saurait pas plus être appelé à témoigner, dans les conditions des articles 203 à 221 du code civil, sur les conditions dans lesquelles ont été négociées les conditions

1. CD Paris, arr. n° 178013, 28 oct. 2008.
2. CD Paris, arr. n° 22.2807, 31 déc. 2004.
3. Paris, 27 juin 1984 ; *in* A. Damien, *Les grands arrêts*, Litec, 1991, p. 59.
4. Paris, avis n° 245308, 11 sept. 2013.
5. Paris, avis n° 199097, 9 déc. 2009.
6. CNB, Comm. RU, avis n° 2008-083, 22 déc. 2008 ; C. avocat 2021, s^s L. 31 déc. 1971, art. 66-5, note 56.
7. CNB, Comm. RU, avis n° 2016-084 du 14 févr. 2017.
8. CNB, Comm. RU, avis n° 2017-022 du 26 juin 2017.
9. CD Paris n° 243479, 25 avr. 2006.
10. CD Paris n° 223028, 23 oct. 2012.
11. Req. 20 janv. 1826 *Sourbé ; S.* 1827. 76 – Crim. 11 mai 1844, *Chabaudy, S.* 1844. 529 – Crim. 22 déc. 1966, n° 66-92.897, P n° 305 ; *D.* 1967. 122.
12. sur les héros du secret professionnel des avocats : A. Toulemon, *Gaz. Pal.* 26 janv. 1965 – S. Bonifassi, « Éloge de Joseph Python – Discours lors de la rentrée du barreau de Paris le 18 novembre 1994 », *Gaz. Pal.* 1er-2 mars 1995.
13. *Bull. barr. Paris* 2002, n° 17, p. 124 – V. s^s n°s 412.271 s.
14. Paris, avis, 22 nov. 2005 ; avis n° 217066, 11 sept. 2013 – Civ. 1re, 7 juin 1983, n° 82-14.469, P I, n° 169 ; *JCP* 1983. Pan. 255 ; – rejet du pourvoi contre : Angers, 1re ch., 4 juin 1982, *Gaz. Pal.* 1983. Pan. 281.
15. Paris, avis n° 209966, 5 oct. 2010.
16. Paris, avis n° 232621, 24 juill. 2012.
17. Paris, avis n° 243548, 23 juill. 2013.
18. Paris, 30 nov. 1994, *D.* 1996. 311, obs. J. Castelain.

financières d'intervention d'une société[1] ou être cité à comparaître comme témoin devant un tribunal correctionnel[2].

L'avocat appelé en témoignage n'a, dans sa déposition, d'autre règle à suivre que sa conscience et il doit s'abstenir des réponses qu'elle lui interdit[3]. Ce principe est valable aussi bien lors d'une instance judiciaire que d'un accord amiable ou transactionnel[4]. Il doit en principe refuser de témoigner sans que ce refus ne soit condamnable[5].

Mais un avocat peut, en revanche, témoigner de l'existence et de la nature d'un testament qu'il a aidé à rédiger alors que ce testament a été détruit par les héritiers, ce faisant il ne viole pas le secret professionnel[6].

412.202 Réquisitions judiciaires. Il arrive que les avocats reçoivent des réquisitions judiciaires[7], ou demandes d'informations d'autorités administratives indépendantes[8]. Ici encore, le secret professionnel s'applique pleinement et, sauf dispositions légales contraires, il n'y a pas lieu d'y donner suite[9]. En matière de réquisition judiciaire, quant à la communication de documents se rapportant à une enquête ou une instruction, la loi du 9 mars 2004[10] a modifié le code de procédure pénale afin de permettre de requérir de toute personne pouvant détenir des documents relatifs à une enquête de flagrance[11], une enquête préliminaire[12] ou une instruction[13], la remise de ceux-ci sans que puisse lui être opposé le secret professionnel sans motif légitime.

Mais dans tous les cas, dès lors que ces réquisitions sont adressées à un avocat, un bâtonnier, un barreau ou une Carpa, la remise de ces documents ne peut s'effectuer qu'avec leur accord sans qu'ils n'aient à justifier d'un motif légitime de refus. Si ceux-ci s'abstiennent de répondre à cette réquisition, ils ne peuvent pas être pénalement poursuivis sur le fondement du second alinéa de l'article 60-1 du code de procédure pénale (amende de 3 750 euros). Il en est de même en cas de réquisition d'un officier de police judiciaire destinée à prendre connaissance des mesures appliquées pour protéger les données auxquelles il est permis d'accéder dans le cadre d'une perquisition informatique[14].

412.203 Attestation de l'avocat. Tenu au secret professionnel, l'avocat ne saurait attester à quelque titre que ce soit, de faits, d'éléments qu'il aurait eus à connaître dans le cadre de sa relation de confiance avec son client ou ancien client[15], tel que l'avocat qui atteste d'une négociation ayant eu lieu dans le cadre d'une procédure de divorce, alors qu'il intervenait comme conseil des deux parties, afin de la communiquer à l'un des conjoints pour qu'il la verse dans la procédure, faits qui lui ont valu une condamnation pénale du chef de violation du secret professionnel à une amende de 10 000 euros dont 7 000 euros avec sursis ainsi qu'une sanction disciplinaire d'interdiction temporaire d'exercice de la profession d'avocat d'une durée d'un mois avec sursis[16].

412.204 Lanceur d'alerte. Un statut uniforme pour les lanceurs d'alerte, a été prévu par la loi du 9 décembre 2016[17], définis[18] comme toute « personne physique qui révèle ou signale, de manière désintéressée et de bonne foi, un crime ou un délit, une violation grave et manifeste d'un engagement international régulièrement ratifié ou approuvé par la France, d'un acte unilatéral d'une organisation internationale pris sur le fondement d'un tel engagement, de la loi ou du règlement, ou une menace ou un préjudice graves pour l'intérêt général, dont elle a eu personnellement connaissance »[19].

Pour autant, les faits, informations ou documents, quels que soient leurs formes ou leurs supports, couverts par le secret professionnel de l'avocat sont expressément exclus du régime de l'alerte[20].

Mais il convient de bien distinguer ce qui relève du secret professionnel de ce qui n'en relève pas : les faits liés, par exemple, au fonctionnement ou à

1. Bordeaux, 1re ch. civ., sec. B, 15 sept. 2016, RG n° 14/06.986 – MÊME SENS : Crim. 25 oct. 1995, n° 95-81.724, P n° 323 – AUSSI S'AGISSANT D'UNE SOMMATION DE TÉMOIGNER délivrée à l'encontre d'un journaliste : CEDH 5 oct. 2017, *Becker c/Norvège*, req. n° 21272/12.
2. O. Dufour, « *L'affaire Kerviel soulève la question de l'avocat témoin* », *Gaz. Pal.* 21 juin 2016, p. 5.
3. Civ. 24 mai 1862, *DP* 1862. 1. 545 ; *in* A. DAMIEN, *Les grands arrêts*, Litec, 1991, p. 57.
4. Paris, 17 janv. 1969, *D.* 1969. 316.
5. SUR l'existence d'un emprunt hypothécaire : Paris, 13 juill. 1973, *D.* 1974. 17, note E.-S. de la Marnière.
6. Montpellier, 7 mai 1900, *D.* 1903. I. 93.
7. Sur la protection du secret professionnel face aux prérogatives de contrôle de l'administration, v. ss nos 413.00 s.
8. Sur la protection du secret professionnel face aux pouvoirs de visites et saisies et perquisitions, v. ss nos 414.00 s.
9. CNB, Comm. RU, avis n° 2014-025, 23 juill. 2014.
10. L. n° 2004-204, 9 mars 2004 portant adaptation de la justice aux évolutions de la criminalité, *JO* 10 mars, p. 4567, art. 80.
11. C. pr. pén., art. 60-1.
12. C. pr. pén., art. 77-1-1.
13. C. pr. pén., art. 99-3.
14. C. pr. pén., art. 57-1.
15. Paris, avis n° 313168,12 nov. 2018 – Aix-en-Provence, ch. 2-4, 27 févr. 2019, RG n° 16-17731.
16. CD Paris n° 186533, 22 déc. 2009.
17. L. n° 2016-1691, 9 déc. 2016 relative à la transparence, à la lutte contre la corruption et à la modernisation de la vie économique, *JO* 10 déc., n° 2.
18. E. Alt, « De nouvelles protections pour les lanceurs d'alerte. À propos de la loi n° 2016-1691 du 9 décembre 2016 », *JCP* 2017. 90.
19. L. n° 2016-1691, 9 déc. 2016, art. 6 – V. ss n° 433.84.
20. L. n° 2016-1691, 9 déc. 2016, art. 6, al. 2.

l'organisation interne du cabinet d'avocats et qui révèleraient des comportements relevant, par exemple, du harcèlement ou de la discrimination[1] ne concernent pas les clients de ce même cabinet et ne relèvent pas du secret professionnel[2], ce faisant ils relèvent du régime des lanceurs d'alerte[3].

412.205 **Vidéosurveillance.** L'installation de caméras de surveillance dans des locaux destinés à l'exercice de la profession d'avocat, si elle n'est pas interdite en soi, doit se faire dans des conditions de nature à garantir le respect du secret professionnel.

C'est ainsi qu'a pu être annulée une délibération d'un conseil de l'Ordre approuvant un avenant à une convention de gestion de locaux à usage partagé dès lors que l'emplacement des caméras n'était pas spécifié dans l'avenant, faisant qu'il pouvait être modifié ce qui ne permettait pas d'assurer que celles-ci ne seraient pas en mesure de photographier des documents et pièces échangés ou consultés au cours d'un entretien entre un avocat et son client et couverts par le secret professionnel[4].

412.206 **Relations entre avocat et commissaire aux comptes d'un même client.** Le barreau de Paris a rappelé que les avocats qui reçoivent, à l'occasion de la clôture des comptes sociaux, un courrier émanant de leur client, ou du commissaire aux comptes lui-même, les interrogeant sur l'état des procédures en cours et les risques financiers, sont invités à répondre directement au client. En effet, la commission de déontologie a estimé, à juste raison que, l'avocat ne peut, sans violer le secret professionnel, adresser au commissaire aux comptes ces renseignements.

Il leur appartient de les transmettre au seul client qui en assurera lui-même la divulgation appropriée. Il en est de même des informations qui seraient sollicitées dans le cas d'un audit juridique et fiscal de l'entreprise dont les avocats seraient les conseils[5].

412.207 **Relations entre avocat et assureur protection juridique – Renvoi.** Sur cette question, v. s^s n° 761.92.

B. Interdiction de toute appréhension par des tiers

412.210 **Plan.** Les tiers, peu importe leur qualité, ne peuvent pas porter atteinte au secret professionnel de l'avocat (1°). Ce principe fondamental s'applique à l'égard de tout tiers, y compris de l'administration pénitentiaire lorsque le client de l'avocat se trouve en détention (2°).

1° Principes généraux

412.221 **Principe général et absolu.** Les tiers, quels qu'ils soient, ne sauraient en aucun cas porter atteinte au secret professionnel en prenant connaissance d'informations ou d'éléments couverts par le secret professionnel auprès d'autres tiers, tels que la banque de l'avocat ou tout autre prestataire externe[6]. Ce principe s'applique y compris à l'égard de l'administration[7], des autorités administratives indépendantes ou des juges[8].

La CEDH a ainsi eu l'occasion de rappeler que la collecte, la conservation et la diffusion des relevés des transactions bancaires professionnelles d'un avocat s'analysent en une atteinte à son droit au respect du secret professionnel et de sa vie privée. Si la prévention des infractions pénales ainsi que la protection des droits et libertés d'autrui et de la prospérité économique du pays est légitime, cette recherche de renseignements doit être entourée des garanties procédurales adéquates, et notamment de garanties procédurales spécifiques, à raison de la qualité d'avocat de la personne visée.

En l'occurrence, le parquet avait demandé à la banque de l'avocat, en lui demandant de ne pas prévenir l'intéressé de cette demande, des renseignements sur toutes les transactions passées par son compte bancaire professionnel au cours des deux précédentes années, ainsi que sur d'autres comptes bancaires privés éventuels car l'un des suspects dans une enquête pour escroquerie organisée était un de ses clients. Le parquet soupçonnait notamment que de l'argent viré par la fiancée de l'accusé à l'avocat pour régler ses honoraires provienne d'opérations de blanchiment. L'avocat prit connaissance de ces mesures d'instruction visant son compte bancaire lorsqu'il eut accès au dossier, en tant qu'avocat de l'accusé et demanda, sans succès, au parquet puis aux tribunaux de lui rendre les pièces recueillies.

La CEDH considère que les demandes de renseignements formulées par le parquet étaient extrêmement amples, seulement limitées dans le temps, englobant toutes les informations concernant le compte et les transactions bancaires de l'avocat : les informations fournies par la banque donnaient au parquet et à la police un tableau complet de l'activité professionnelle de l'avocat ainsi que des informa-

1. V. s^s n°s 333.11 s.
2. V. s^s n° 412.46.
3. Défenseur des droits, *Guide. Orientation et protection des lanceurs d'alerte*, juill. 2017.
4. Paris, pôle 2, ch. 1, 13 oct. 2016, RG n° 16/01102.
5. *Bull. bâtonnier Paris*, 5 avr. 1993, p. 99.
6. V. s^s n°s 412.307 s.
7. Sur la protection du secret professionnel face aux prérogatives de contrôle de l'administration, v. s^s n°s 413.00 s.
8. Sur la protection du secret professionnel face aux pouvoirs de visites et saisies et perquisitions, v. s^s n°s 414.00 s.

tions sur ses clients. Or, pour la CEDH, le cadre de la collecte ainsi que de la conservation des informations, n'offrait aucune garantie particulière, les conditions posées pour inspecter le compte de l'avocat n'étaient nullement restrictives et permettant des ingérences dès l'existence de simples soupçons de perpétration d'infractions pénales. En outre, si la protection du secret professionnel peut être suspendue si certains faits permettent de fonder des soupçons de participation à une infraction, la CEDH estime que les soupçons visant le requérant étaient plutôt vagues. Enfin, la mesure n'avait pas été ordonnée par une instance judiciaire et aucune garantie procédurale spécifique n'avait été appliquée pour protéger le secret professionnel, la seule possibilité de contrôle judiciaire de la mesure visant l'avocat n'étant prévue qu'*a posteriori*[1]. La CEDH conclut en la violation de l'article 8 de la Conv. EDH.

412.222 Ordonnances obtenues non contradictoirement (C. pr. civ., art. 145). Un huissier de justice ne saurait se présenter dans un cabinet d'avocat pour y saisir, à la demande d'un tiers sur la base d'une ordonnance en référé, des consultations ou des correspondances adressées par l'avocat à son client[2]. Si l'hypothèse d'une telle tentative envers un cabinet d'avocat est assez rare, et suppose que la vigilance du magistrat ait été surprise sur ce point, l'exécution de telles missions de saisie chez le client, notamment dans le cadre d'ordonnances obtenues non contradictoirement au visa de l'article 145 du code de procédure civile connaît un développement préoccupant nécessitant une mise au point.

En effet, l'article 145 du code de procédure civile ne saurait être utilisé pour rechercher l'existence, la trace ou le contenu d'échanges entre un cabinet d'avocat et son client, du fait du secret professionnel qui est d'ordre public, général, absolu et illimité dans le temps et ne saurait dès lors solliciter la recherche sur des ordinateurs de « tous documents informatiques susceptibles d'apporter la preuve de l'édition ou de la réception en provenance d'un cabinet d'avocats »[3], une telle mesure visant la saisie de pièces soumises au secret professionnel ne pouvant légalement être sollicitées dès lors qu'elle constitue une violation du secret professionnel alors même que seules les mesures d'instruction légalement admissibles peuvent être sollicitées sur le fondement de l'article 145 du code de procédure civile[4]. Une telle ordonnance ne peut qu'être rétractée[5], et les pièces ainsi obtenues ne manqueront pas d'être rejetées des débats[6].

À cet égard, le seul fait de solliciter une telle ordonnance, y compris indirectement tel que par l'usage de mots-clés faisant référence au cabinet d'avocat ou aux dossiers de ce dernier, constitue pour l'avocat une violation du secret professionnel, ainsi qu'un manquement à la loyauté et à la confraternité.

2°
Contrôles de l'administration pénitentiaire

412.231 Secret professionnel et contrôle de l'Administration pénitentiaire. La CEDH a eu l'occasion d'indiquer que, quel que soit le contenu, professionnel ou privé, de la correspondance échangée entre un client, détenu, et son avocat, celle-ci doit demeurer secrète et relève de l'article 8 de la Conv. EDH. Il en résulte que les autorités pénitentiaires ne peuvent ouvrir une lettre échangée entre un détenu et son avocat que si elles ont des motifs plausibles de penser qu'il y figure un élément illicite non révélé par les moyens normaux de détection, mais elles ne peuvent toutefois pas la lire. En tout état de cause, les dérogations au principe de confidentialité de la correspondance d'un détenu avec son défenseur doivent s'entourer de garanties adéquates et suffisantes contre les abus[7].

La CEDH a précisé, par la suite, que si une telle ingérence peut poursuivre un but légitime en vue de la défense de l'ordre public et de la prévention des infractions pénales[8], elle doit également être proportionnée au but poursuivi, en ce sens que la vérification physique de la correspondance des détenus avec leurs avocats, telle que prévue par le droit interne et effectuée par l'administration pénitentiaire, doit être entourée des garanties appropriées (vérification physique par un magistrat indépendant) permettant de préserver la confidentialité du contenu de cette dernière : l'administration pénitentiaire ne devant

1. CEDH 27 avr. 2017, *Sommer c/Allemagne*, req. n° 73607/13 ; *AJ pénal* 2017. 408, obs. P. de Combles de Nayves ; *Gaz. Pal.* 5 déc. 2017, p. 25, obs. B. de Belval.
2. CNB, Comm. RU, avis n° 2006-075, 29 nov. 2006 ; C. avocat 2021, s[s] L. 31 déc. 1971, art. 66-5, note 16.
3. Paris, comm. plén., avis n° 219787, 10 janv. 2013.
4. Paris, avis n° 219787, 3 avr. 2012.
5. Com. 10 févr. 2015, n° 13-14.779.
6. Civ. 1re, 3 nov. 2016, n° 15-20.495, P I ; *D.* 2016. 2289 ; *D.* 2017. 1011, obs. H. Gaudemet-Tallon et F. Jault-Seseke ; *JCP* 2017. 105, note E. Jeuland ; *JCP* 2017. 660, n° 17, obs. J. Moret-Bailly ; *D.* 2018. 627, obs. J.-D. Bretzner.
7. CEDH 25 mars 1992, *Campbell c/Royaume-Uni*, req. n° 13590/88 ; *AJDA* 1992. 416, Chron. J.-F. Flauss – CEDH 5 juill. 2001, *Erdem c/Allemagne*, req. n° 38321/97 – CEDH 23 janv. 2007, *Kepeneklioglu c/Turquie*, req. n° 73520/01.
8. CEDH 28 nov. 1991, *S... c/Suisse*, req. n° 12629/87, 13965/88 – CEDH 14 janv. 1998, *George Kempers c/Autriche*, req. n° 21842/93 – CEDH 16 oct. 2001, Brennan c/Royaume-Uni, req. n° 39846/98 – CEDH 31 janv. 2002, *Lanz c/Autriche*, req. n° 24430/94 – CEDH 2 nov. 2010, *Sakhnovskiy c/Russie*, req. n° 21272/03 ; *D. actu.* 12 nov. 2010, obs. M. Léna.

pas être en mesure de prendre directement connaissance du contenu [1].

412.232 Principe de libre communication entre les personnes détenues et leurs avocats. Le principe de libre communication entre les personnes détenues et leurs avocats [2] est consacré par l'article 25 de la loi du 24 novembre 2009 [3] et les relations des personnes détenues avec leur avocat [4] sont depuis régies par les articles R. 57-6-5 et suivants du code de procédure pénale. Même une fois condamnés, les détenus peuvent communiquer librement, en dehors de la présence d'un surveillant et dans un parloir spécial, avec l'avocat qui les a assistés au cours de la procédure mais également avec tout autre avocat.

Les avocats peuvent correspondre avec les détenus sans que leur correspondance écrite, téléphonique [5] ou électronique ne soit soumise à contrôle [6]. Le secret professionnel est reconnu par l'article D. 69 du code de procédure pénale qui interdit à l'administration pénitentiaire de contrôler les plis fermés adressés par les prévenus en détention provisoire à leur avocat ainsi que les courriers que lui envoie ce dernier. Il faut que la qualité d'avocat et l'adresse professionnelle soient inscrites sur l'enveloppe. Ces dispositions concernent non seulement la correspondance échangée entre l'avocat et le prévenu pour lequel il est constitué mais s'étendent même aux lettres par lesquelles un avocat indique à un prévenu qu'il a été pressenti par sa famille ou ses amis pour assurer sa défense [7].

412.233 Droit des détenus de recevoir des visites de leur avocat. La liberté de communication des détenus avec leurs avocats implique également qu'ils puissent, selon une fréquence qui, eu égard au rôle dévolu à l'avocat auprès des intéressés, ne peut être limitée *a priori*, recevoir leurs visites, dans des conditions garantissant le secret de leurs échanges.

Toutefois, ce droit s'exerce dans les limites inhérentes à la détention. À cet égard, le fait que les avocats doivent obtenir un permis de communiquer pour pouvoir rencontrer leurs clients [8] lorsque ceux-ci sont détenus, afin de préserver le bon ordre et la sécurité des établissements pénitentiaires, n'a ni pour objet ni pour effet de subordonner l'obtention de ce permis à l'exercice par l'autorité chargée de délivrer le permis, d'un contrôle portant sur l'opportunité ou la nécessité de telles rencontres [9].

412.234 Régime du contrôle de l'Administration pénitentiaire. L'avocat qui pénètre dans la prison où est détenu son client est astreint à passer sous des « portiques de détection » semblables à ceux installés dans les aéroports. Cette mesure a été prise en 1981 après qu'un avocat a transmis en prison une arme à son client, condamné à mort, qui s'en servi pour tenter de s'évader, avant d'être gracié, le 25 mai 1981, par François Mitterrand [10]. Cette affaire valu à l'avocat concerné une peine de cinq ans de réclusion criminelle suivie d'une radiation du barreau sur le plan disciplinaire avant de voir sa demande de réinscription au barreau, vingt-huit ans plus tard, rejetée [11] ; et à l'ensemble des avocats de devoir se soumettre à un tel contrôle [12].

Pour autant, l'avocat s'il peut faire l'objet d'une fouille sommaire [13], ne peut être contraint de laisser fouiller sa serviette, ni les documents relatifs à la défense de son client [14]. Le Conseil d'État a, toutefois, considéré que le port d'une alarme portative

1. CEDH 13 déc. 2016, *Eylem Kaya c/Turquie*, req nº 26623/07 ; *Gaz. Pal.* 10 janv. 2017, p. 43, note C. Berlaud – CEDH 21 mars 2017, *Porowski c/Pologne*, req. nº 34458/03.
2. V s^s nº 471.54.
3. L. nº 2009-1436, 24 nov. 2009 pénitentiaire, *JO* 25 nov., p. 20192.
4. NOT. : M. Herzog-Evans, *Droit de l'exécution des peines*, 5e éd., « Dalloz Action », 2016, n°s 534.251 s. et 811.424 s. – Ch. Guéry, P. Chambon, *Droit et pratique de l'instruction préparatoire*, 10e éd., Dalloz, 2017.
5. Contrôleur général des lieux de privation de liberté, avis 10 janv. 2011 relatif à l'usage du téléphone par les personnes privées de liberté, rendu conformément à l'article 10 de la loi du 30 octobre 2007, *JO* 23 janv., nº 25, NOR : CPLX1101658V.
6. C. pr. pén., art. 727-1, I, 1º – L. nº 2009-1436, 24 nov. 2009, art. 39, al. 4.
7. Circ. 27 mars 2012 relative aux relations des personnes détenues avec leur défenseur, *BOMJL* compl., 17 avr., NOR : JUSK1140030C.
8. C. pr. pén., art. R. 57-6-5.
9. CE 3 juin 2019, req. nº 431068, NP ; *Gaz. Pal.* 3 déc. 2019, p. 26, obs. A. Lizop et J. Villacèque.
10. François Mitterrand [1916-1996] ; – AUSSI : R. Badinter, *L'Exécution*, nouv. éd. rev. et augm., Fayard, 1998 ; *L'Abolition*, Fayard, 2000 ; *Contre la peine de mort : Écrits 1970-2006*, Fayard, 2006.
11. SUR CETTE AFFAIRE : P. Robert-Diard, « Brigitte Hemmerlin, la damnée du barreau », Le Monde 14 mars 2014 ; Ph. Douroux, « Brigitte Hemmerlin, attachée au barreau », Libération, 7 mai 2014 – J. Sur, *Une avocate en prison. Pour Birgitte Hemmerlin*, Clancier-Guénaud, 1981 – B. Hemmerlin, *Quartier des condamnés à mort*, Les Presses d'aujourd'hui, Gallimard, 1981 ; *Personne ne peut arrêter une fille qui rêve*, Calmann-Lévy, 2014 – Ph. Maurice, *De la haine à la vie*, Le Cherche Midi, 2001.
12. B.-L. G., « La sécurité dans les prisons. Les portiques de Fresnes (suite) », *Le Monde* 8 avr. 1981 – Notes DAP des 27 févr. 2009 et 14 avr. 2009 relatives aux mesures de sécurité applicables aux personnes accédant à un établissement pénitentiaire – Note DAP du 20 juill. 2021 portant précisions sur les règles encadrant les visites des avocats en établissements pénitentiaires et les modalités d'assistance et de représentation des personnes détenues lors des procédures disciplinaires.
13. Paris, ord. réf., 15 janv. 1982, *Gaz. Pal.* 1982. 1. 143, note A. Damien – V. s^s nº 414.74.
14. Circ. 27 mars 2012 relative aux relations des personnes détenues avec leur défenseur, *BOMJL* compl. 17 avr., NOR : JUSK1140030C – V. s^s n°s 414.74 s.

individuelle rendue obligatoire, pour des raisons de sécurité, pour l'ensemble des intervenants extérieurs, au sein d'un centre de détention, à la supposer même constituer une contrainte disproportionnée aux besoins compte tenu des dispositifs de sécurité déjà existants, n'était pas de nature à porter une atteinte grave et manifestement illégale à la confidentialité des échanges entre les avocats et leurs clients et au droit des personnes détenues de communiquer avec leurs avocats, dès lors que l'équipement mis en cause ne permettait pas à l'administration pénitentiaire d'écouter à leur insu les échanges [1].

412.235 Liberté dans l'intérêt, et pour les nécessités, des droits de la défense. Pour autant cette liberté, dans l'intérêt, et pour les nécessités, des droits de la défense, ne doit en aucun cas conduire l'avocat à jouer le rôle de messager envers son client détenu, et il n'a donc la possibilité, ni de lui apporter des nouvelles de l'extérieur ni d'être son messager vers l'extérieur ; il ne peut de même transmettre des correspondances, ni lui remettre des journaux sauf s'ils constituent des pièces utiles à l'information en cours, ni lui remettre quoi que ce soit, objets, souvenirs de famille, livres, paquets de cigarettes, vêtements, nourriture ou friandises. Il ne peut lui faire signer en prison des chèques, procurations, ou tous autres documents sans passer par l'intermédiaire du juge d'instruction.

Le fait, par un avocat, d'avoir reçu par la poste des lettres de son client détenu, et de les avoir adressées aux destinataires, constitue le délit de sortie ou remise irrégulière de correspondance d'un établissement pénitentiaire [2].

412.236 Absence de contrôle par le directeur d'un hôpital psychiatrique. Le Conseil d'État a admis que nonobstant les dispositions du code de la santé publique qui permettent au directeur d'un hôpital psychiatrique de contrôler la correspondance de ses malades internés [3], l'avocat peut correspondre avec le bénéfice du secret professionnel avec un malade interné, ancien détenu, lorsqu'il satisfait aux formalités prévues par le code de procédure civile (dans ce cas, autorisation de communiquer du procureur de la République) [4].

1. CE 3 juin 2019, req. n° 431068, NP ; *Gaz. Pal.* 3 déc. 2019, p. 26, obs. A. Lizop et J. Villacèque.
2. C. pén., art. 434-35 – Crim. 21 nov. 1979, n° 79-92.192, P n° 332 ; *Gaz. Pal.* 1980. I. 266 – Crim. 12 mai 1992, n° 91-82.973, P n° 184 – Crim. 10 mai 1994, n° 93-81.522, P n° 180 ; *D.* 1994. 197 ; *Gaz. Pal.* 1994. Somm. 553, note J.-P. Doucet – Cons. constit., 24 janv. 2017, n° 2016-608 QPC.
3. CSP, art. L. 3211-3, art. L. 3211-12 – CSP, art. R. 3214-20.
4. CE 12 mars 1980, *CHS Sarreguemines*, req. n° 12572, *Lebon*.

C. Conséquences de la divulgation

412.241 Sanctions civiles, pénales et disciplinaires. En cas de divulgation d'une information couverte par le secret professionnel, l'avocat s'expose à des poursuites pénales pour violation du secret professionnel [5], ainsi que disciplinaires [6] et peut voir sa responsabilité civile mise en cause [7].

Sur le plan procédural, lorsqu'un élément couvert par le secret professionnel a été versé aux débats il y a lieu de solliciter auprès du juge compétent, dans le cadre des règles procédurales applicables à la procédure en cause, qu'il soit procédé au retrait ou à la cancellation des éléments concernés.

Le bâtonnier, ou son délégué, peut être saisi dans le cadre de ses pouvoirs de conciliation en matière de procédure déontologique [8] afin de convaincre l'avocat fautif de procéder volontairement à ce retrait.

412.242 Rejet des débats. Tout magistrat, et particulièrement le juge d'instruction, doit respecter le secret professionnel [9]. Les correspondances entre l'avocat et son client, même si elles ne sont pas revêtues de la mention « confidentielle », sont couvertes par le secret professionnel et le client peut en demander le retrait des débats [10].

C'est ainsi que les juges saisis d'une lettre émanant d'un avocat et produite en photocopie, dans laquelle l'avocat soumet à son client les moyens qu'il entend soutenir, le montant des frais à prévoir ou le montant des honoraires, doivent l'écarter des débats ; cette correspondance étant couverte par le secret professionnel [11].

Il convient toutefois d'être prudent, notamment eu égard aux destinataires des correspondances de l'avocat, dès lors qu'il a pu être admis qu'un salarié pouvait produire en justice des documents de l'entreprise provenant d'un avocat et dont il a la connaissance à l'occasion de l'exercice de ses fonctions, à condition que cela soit strictement nécessaire à l'exercice des droits de sa défense dans le litige l'opposant à son employeur [12].

5. V. s[s] n°s 411.40 s.
6. V. s[s] n°s 521.00 s.
7. V. s[s] n°s 912.00 s.
8. V. s[s] n°s 511.00 s.
9. Civ. 1re, 4 juin 2014, n° 12-21.244 ; P I, n° 101 ; *D.* 2014. 1284 ; *D.* 2014. 2478, obs. J.-D. Bretzner, A. Aynès et I. Darret-Courgeon ; *AJDI* 2014. 721 ; *RTD civ.* 2014. 658, obs. H. Barbier – Civ. 1re, 19 sept. 2019, n° 18-22.042, NP – C. pr. pén., art. 432.
10. Civ. 2e, 7 nov. 1994, n° 92-17.799, P II, n° 218 ; *D.* 1995. 2 ; *JCP* 1995. IV. 57 ; *Gaz. Pal.* 1995. 201, note J.-C. Woog.
11. Paris, 13 nov. 1979, *Gaz. Pal.* 1980. 1. 200, note A. Damien ; *in* A. Damien, *Les grands arrêts*, Litec, 1991, p. 66.
12. Paris, pôle 6, ch. 7, 12 sept. 2019, RG n° 17/12384 – Sur cette question, v. s[s] n°s 453.41 s.

412.243 **Position de la chambre commerciale.** La chambre commerciale, s'est montrée favorable à un domaine élargi des correspondances protégées et a ainsi cassé au visa de l'article 66-5[1] de la loi du 31 décembre 1971, l'ordonnance du premier président d'une cour d'appel qui avait retenu, pour rejeter le recours d'une société contre la régularité du déroulement des opérations de saisies menées par les agents de l'administration fiscale, que les courriels à l'en-tête de l'avocat luxembourgeois de la société pourvus d'un avis de confidentialité se rapportaient non à des missions de défense, mais de gestion, relatives à la domiciliation des installations de la société au Luxembourg, à son raccordement téléphonique, à l'établissement de son bilan, aux retards de paiement de l'impôt au Luxembourg et au paiement des honoraires du commissaire aux comptes, qui auraient pu être exercées par un autre mandataire non protégé[2].

412.244 **Position de la chambre criminelle.** La chambre criminelle, malgré la loi du 7 avril 1997[3], a maintenu une position très peu protectrice du secret professionnel[4], en se fondant sur la notion d'atteinte aux droits de la défense, en l'occurrence écartée, pour valider la saisine de documents objectivement couverts par le secret professionnel, et ce pour les nécessités « de la manifestation de la vérité »[5]. Tout comme, de manière très contestable, elle a admis la recevabilité d'enregistrements de conversations privées réalisées par le maître d'hôtel d'une personne, à l'insu de celle-ci et de ses interlocuteurs, dont ses avocats en considérant que « la chambre de l'instruction a justifié sa décision, dès lors que les enregistrements contestés ne sont pas en eux-mêmes des actes ou des pièces de l'information, au sens de l'article 170 du code de procédure pénale, et comme tels, susceptibles d'être annulés, mais des moyens de preuve qui peuvent être discutés contradictoirement, et que la transcription de ces enregistrements, qui a pour seul objet d'en matérialiser le contenu, ne peut davantage donner lieu à annulation »[6].

Elle laisse toutefois la porte ouverte au fait que les pièces incriminées soient rejetées des débats, une fois débattues contradictoirement. Cette solution est assez pernicieuse dès lors qu'elle conduit à porter à la connaissance de l'ensemble des acteurs aux débats judiciaires des éléments couverts par le secret professionnel qui, même à supposer qu'il soit rejeté des débats dans la décision se prononçant au fond, auront été portés à la connaissance des juges amenés à se prononcer sur le fond du dossier. Elle n'est pas satisfaisante, ni protectrice du secret professionnel, dont elle retarde, au mieux, l'intervention de la protection en la vidant de toute portée. Certaines décisions des juges du fond paraissent plus nuancées[7].

412.245 **Atteinte au respect dû à la vie privée.** La Cour de cassation considère que si la diffusion de l'identité d'une personne et de la nature sexuelle des crimes ou délits dont elle a été victime est poursuivie sur le fondement de l'article 39 *quinquies* de la loi du 29 juillet 1881[8], la divulgation, sans le consentement de l'intéressée, d'informations relatives aux circonstances précises dans lesquelles ces infractions ont été commises est un fait distinct constitutif d'une atteinte à sa vie privée, qui peut être sanctionné sur le fondement de l'article 9 du code civil. En l'espèce, un avocat avait participé à une émission de télévision intitulée *« Faites entrer l'accusé »* à l'occasion de laquelle il avait relaté les faits dont avait été victime son ancien client, et qui avaient donné lieu à une décision de cour d'assises au terme de débats tenus à huis clos. L'ancien client, qui avait refusé de donner suite aux sollicitations du producteur, avait assigné, d'une part, son ancien avocat, et d'autre part, les sociétés de production et de diffusion de l'émission, pour obtenir réparation de l'atteinte portée au respect dû à sa vie privée.

La cour d'appel avait cru pouvoir déclarer l'action irrecevable comme prescrite au motif que l'entier préjudice invoqué par le client au titre de l'atteinte à sa vie privée tenait à la révélation de son identité faisant que son action n'était pas dissociable de celle encadrée par les dispositions spéciales de la loi du 29 juillet 1881. La Cour de cassation casse l'arrêt en considérant qu'en statuant ainsi, alors que, selon ses propres constatations, le client invoquait l'atteinte au respect dû à sa vie privée résultant de la révélation d'informations précises et de détails sordides sur les circonstances des crimes dont il avait été victime, la cour d'appel avait violé les articles 39 *quinquies* de la loi du 29 juillet 1881 et 9 du code civil[9].

1. L. n° 71-1130, 31 déc. 1971, art. 66-5.
2. Com. 3 mai 2012, n° 11-14.008, *Alexandre Holding (Sté) c/ Directeur général des finances publiques*, P IV, n° 87 ; *D.* 2012. 1343 ; *Rev. sociétés* 2012. 721, note E. Steru et E. Dezeuze ; – AUSSI : Com. 5 mai 1998, n° 96-30.116, P IV, n° 147 ; *D.* 1998. 146 ; *D.* 2000. 154, obs. B. Blanchard ; *JCP* 1998. II. 10126, note R. Martin ; *Gaz. Pal.* 1998. Pan. 194 ; Somm. 281 – Com. 9 mars 1999, n° 97-30.029, NP ; *JCP* 1999. I. 126, n° 12, obs. R. Martin – V. ss n° 411.25.
3. V. ss n° 411.24.
4. Aussi : v. ss nos 414.121 s. et 415.31 s.
5. Crim. 30 juin 1999, n° 97-86.318, P n° 172 ; *D.* 1999. jur. 458 et Somm. 322, obs. J. Pradel, APPROBATEUR ; *JCP* 1999. II. 10177, note R. Martin, CRIT. ; *JCP* 2000. I. 207, n° 11, obs. A. Maron ; *JCP* 2000. I. 231, n° 12, obs. R. Martin.
6. Crim. 31 janv. 2010, n° 11-85.464, P n° 27 ; *D.* 2012. 440, obs. M. Léna ; *D.* 2012. 914, obs. F. Fourment ; *AJ pénal* 2012. 224, obs. E. Daoud et P.-Ph. Boutron-Marmion.
7. NOT. : TGI Paris, ord. 7 juill. 2000, *D.* 2002. Somm. 855, obs. B. Blanchard ; *Gaz. Pal.* 29 août 2000, obs. A. Damien – V. ss nos 414.121 s. et 415.31 s.
8. L. 29 juill. 1881 sur la liberté de la presse, *JO* 30 juill., p. 4202.
9. Civ. 1re, 9 sept. 2020, n° 19-16.415, P ; *D.* 2021. 199, obs. E. Dreyer.

En l'occurrence, il y avait violation du secret professionnel de la part de l'avocat [1], mais à partir du moment où le client a fait le choix de poursuivre son ancien avocat non pas sur le terrain pénal mais sur le terrain civil, en raison de l'atteinte au respect dû à sa vie privée [2], il est recevable à obtenir l'indemnisation de l'atteinte ainsi portée par son ancien avocat.

D. Connaissance de faits répréhensibles

412.251 **Cas de conscience de l'avocat.** Vrai cas de conscience de l'avocat qui a connaissance de faits répréhensibles commis par son client ou que son client a l'intention de commettre [3]. Pour autant, même dans ce cas, si l'avocat peut se décharger du dossier, il ne saurait en aucune façon, menacer de révéler une infraction que son client aurait commise [4] ou l'intention de commettre, et l'avocat est expressément écarté de l'application des dispositions de l'article 434-1 du code pénal sanctionnant la non-dénonciation de crime [5].

C'est ainsi qu'un avocat qui transmet au parquet la preuve d'agissements délictueux commis par un ancien client viole le secret professionnel et manque manifestement au devoir de délicatesse qui s'imposait à lui [6].

412.252 **Évolution – Avis des anciens déontologues.** Les auteurs anciens estimaient qu'il était exorbitant de privilégier de manière absolue le secret de l'avocat et soutenaient qu'il pourrait être tenu de déposer sur des faits couverts par le secret professionnel, l'intérêt public devant faire taire, selon eux, les scrupules et les fausses délicatesses de l'homme [7].

Au contraire le bâtonnier Philippe-Simon Dupin [8] et François-Étienne Mollot [9], en se fondant sur les usages de l'ancien barreau, c'est-à-dire de celui de l'Ancien Régime, qui assimile le secret de l'avocat à celui dont bénéficie le confesseur, ont admis que, si choquant que parfois cela puisse paraître, le secret professionnel l'emporte sur l'obligation de dénoncer.

412.253 **Évolution – incertitudes jurisprudentielles.** Alors que l'article 378 de l'ancien code pénal imposait à l'avocat une obligation au secret, l'ancien article 62 du même code punissait la non-dénonciation d'un crime. Un avocat lié par le secret professionnel mais qui apprend d'un client l'imminence d'un acte criminel pouvait-il le révéler aux autorités de police, au parquet, au juge d'instruction ?

Cette question apparaissait comme un cas d'école posé par Émile Garçon dans son code pénal annoté sous l'article 378 [10] et par René Vigo [11] dans son roman *Les hommes en noir* [12]. Elle a trouvé un regain d'intérêt avec une affaire survenue en 1987, à l'occasion de laquelle il est apparu que l'avocat du chef d'une organisation terroriste avait accepté de collaborer avec les services de renseignements afin de les prévenir des projets d'attentats dont il avait connaissance par son client. Cette affaire a fait l'objet de deux arrêts rendus par la cour d'appel de Paris les 16 décembre 1987 et 27 avril 1988 [13] aux termes desquels l'avocat en cause fut radié pour violation du secret professionnel et manquement au principe d'indépendance. À cette occasion, on a vu l'opinion publique, et même des autorités déontologiques, estimer que l'avocat avait le devoir de révéler les faits criminels qu'il avait appris et que les hésitations qu'il pouvait avoir n'étaient que des coquetteries d'intellectuels décadents.

Auparavant, la cour d'appel de Paris, dans un arrêt inédit datant du 30 novembre 1966 avait eu à trancher la question de la hiérarchie qui pouvait exister entre l'article 378 de l'ancien code pénal, d'une part, et les articles 62 et 63 du même code, d'autre part. Selon l'avocat poursuivi, l'obligation de dénonciation l'emportait sur celle relative au secret professionnel car le droit général qui pèse sur tous les citoyens prévaut sur le droit particulier qui régit la seule profession d'avocat. La Cour a estimé, sans trancher toutefois d'une manière nette la hiérarchie entre ces deux séries de dispositions, qu'il y avait lieu de privilégier la qualité particulière de l'avocat par rapport aux obligations générales qui pèsent sur tout citoyen, le droit professionnel constituant une dérogation au droit général [14].

1. V. s^s n°s 412.42 et 412.195.
2. Ch. Bigot, *Pratique du droit de la presse*, 3e éd., Dalloz, 2021, n° 431.00 s.
3. V. s^s n°s 322.00 s.
4. CD Paris, arr. 23 nov. 2010, n° 187477.
5. V. s^s n° 411.63.
6. Aix-en-Provence, 14 juin 1982, *D.* 1984. 119.
7. Ph.-A. Merlin de Douai, *Répertoire universel et raisonné de jurisprudence, V° Avocats*, 4e éd., Garnery, vol. 1, 1812, p. 457 – J.-M.-E. Le Graverend, *Traité de législation criminelle en France*, t. I, Paris, Imprimerie royale, 1816, p. 235 et 237.
8. Philippe-Simon Dupin [1795-1846] ; – Ph.-S. Dupin, *Encyclopédie du droit*, n° 64.
9. François-Étienne Mollot [1794-1870] ; – MOLLOT, 1re éd., 1842, p. 129.
10. E. Garçon, *Code pénal annoté*, n° 193, p. 1108, t. II, 1901.
11. René Vigo [1914-2009].
12. R. Vigo, *Les hommes en noir*, Segep, 1953.
13. Paris, 16 déc. 1987, *Gaz. Pal.* 1988. II. 487 – Paris, 27 avr. 1988, *Gaz. Pal.* 1988. 2 488, note A. Damien – Paris, 22 févr. 1989, *Gaz. Pal.* 1989. 616 ; – SUR CETTE AFFAIRE : A. Damien, *Le secret nécessaire*, Desclée de Brouwer, 1989, p. 115 ; – L. Gally, J.-P Mazurier, *L'Agent noir, une taupe dans l'affaire Abdallah*, Robet Laffont, 1987 ; – P. Tourancheau, « La déchirure de l'avocat », *Libération* 20 juill. 2001.
14. Rapport public, *La transparence et le secret, EDCE*, 1995, n° 47, La Documentation française, 1996, p. 92 ; – AUSSI : v. s^s n°s 411.63 s.

412.254 **Jurisprudence belge.** La jurisprudence belge apporte un cas d'espèce dans la matière. La cour d'appel de Liège avait été amenée à estimer que le secret pouvait céder devant des valeurs supérieures ; le droit pénal lui-même reposant sur une échelle de valeurs, en sanctionnant des atteintes à des valeurs unanimement admises telles que la vie, la propriété, la vérité et l'honneur.

La Cour de cassation belge n'a pas suivi cette motivation mais a estimé que le médecin, en l'espèce, qui avait « trahi » le secret professionnel avait agi sous l'empire d'un état de nécessité constitué par les deux devoirs en conflit et qu'aux termes de l'article 64 du code pénal belge il ne pouvait pas être poursuivi [1].

412.255 **Conscience de l'avocat.** L'avocat doit suivre sa propre conscience, privilégier le secret sur la dénonciation [2], telle est la position que l'on peut adopter [3].

L'avocat peut refuser de déclarer ce qu'il sait, il est seul juge dans sa conscience du point de savoir s'il doit et dans quelle mesure il doit déposer [4].

412.256 **Délicat équilibre.** La question est parfois délicate, notamment lorsque l'avocat a connaissance de faits d'une extrême gravité, ou est témoin, par exemple, de l'extrême état de faiblesse dans lequel se trouve son client.

C'est pour cela, de manière exceptionnelle, que le barreau de Paris a considéré que si l'avocat ne peut produire les courriers que son client lui adresse, ni témoigner de leur état de santé, cela ne lui interdit pas pour autant d'alerter la famille d'un client sur son état et sur la nécessité de mettre en place des mesures de protection particulières, et, en l'absence de tout interlocuteur, d'en avertir le juge des tutelles [5]. Il lui appartient en conscience d'arbitrer entre le respect du secret professionnel et la nécessité de sa révélation [6].

Pour autant, on ne peut permettre à l'avocat de trahir la confiance qu'il a reçue de son client. Ce n'est une protection, ni de l'avocat ni du client, mais l'application d'un principe général du droit qui veut que toute personne trouve un confident qui gardera le secret absolu sur les révélations qui lui sont confiées. D'un autre côté, la pression sociale tend à faire diminuer le crédit apporté à ce principe absolu et dès lors que le secret cède de plus en plus, pour des raisons notamment d'ordre public économique (lutte contre la fraude fiscale), l'on comprend de moins en moins comment l'avocat devenant le confident de crimes en préparation, et notamment d'actes terroristes, pourrait s'abstenir d'agir [7].

412.257 **Rôle du bâtonnier.** Dans de telles situations, l'avocat doit en référer à son bâtonnier avant de prendre toute initiative.

§ 2
Exceptions

412.260 **Plan – Avocat délié du secret professionnel dans des cas définis.** Sous réserve des strictes exigences de sa propre défense devant toute juridiction et des cas de déclaration ou de révélation prévues ou autorisées par la loi, l'avocat ne commet, en toute matière, aucune divulgation contrevenant au secret professionnel [8].

Il en découle que l'avocat ne peut se délier de son secret professionnel que pour « les strictes exigences de sa propre défense » (A) ou dans des cas limitativement définis par la loi (B).

A.
Strictes exigences de sa propre défense

412.271 **Sa propre défense.** L'avocat peut se délier du secret professionnel pour les strictes exigences de sa propre défense. Il ne peut en aucun cas le faire pour les besoins de la défense d'un tiers, mais il peut, afin de répondre à des accusations dont il est l'objet de la part d'un ancien client, communiquer les pièces de la correspondance échangée avec cet ancien client, utiles à la défense de ses intérêts. Pour la Cour de cassation, l'obligation au secret professionnel d'un avocat ne saurait lui interdire, pour se justifier de l'accusation dont il est l'objet et résultant de la divulgation par un client d'une correspondance échangée entre eux, de produire d'autres pièces de cette même correspondance utiles à ses intérêts [9].

L'ancien RIU limitait les cas de relèvement uniquement à la mise en cause de l'avocat dans une procédure pénale, à la recherche de responsabilité civile professionnelle et à la contestation d'honoraires. Cette révélation du secret professionnel pour la propre défense de l'avocat doit être strictement nécessaire, c'est-à-dire qu'il ne s'agit pas d'être

1. Liège, 22 janv. 1987, *Jurispr. de Liège-Mons et Bruxelles* 1987, p. 217 ; *in* A. DAMIEN, *Les grands arrêts*, Litec, 1991, p. 64 ; – POURVOI REJETÉ PAR : Cass. belge 2e, 13 mai 1987.
2. CNB, Comm. RU, avis n° 2019-015, 27 mai 2019.
3. Aussi : V. ss nos 322.41 s.
4. Cons. ordre Paris, 8 mars 1887 ; – RAPPR. EN MATIÈRE MÉDICALE : Crim. 5 juin 1985, n° 85-90.322, P n° 218 ; *D.* 1988. 106, note H. Fenaux – Crim. 8 mai 1947, P n° 124 ; *JCP* 1948. II. 4141, note A. Legal ; *D.* 1948. 109, note P. Gulphe.
5. *Bull. barr. Paris* 2006, n° 4, p. 30 – Sur les mineurs et majeurs à protéger, v. ss n° 411.62.
6. CNB, Comm. RU, avis n° 2008-001, 15 janv. 2008 ; C. avocat 2021, ss L. 31 déc. 1971, art. 66-5, note 77.
7. V. ss n° 412.253.
8. Décr. n° 2005-790, 12 juill. 2005, art. 4.
9. Crim. 29 mai 1989, n° 87-82.073, P n° 218 ; *Gaz. Pal.* 1989. 2. 884, note A. Damien ; *RSC* 1990. 76, obs. G. Levasseur.

objectivement en conflit avec un client pour être autorisé à violer le secret : même dans un cas de défense légitime de ses propres intérêts, l'avocat ne peut révéler que ce qui doit précisément servir à sa propre défense, sans pouvoir aller au-delà.

Ce ne sera pas le cas de l'avocat qui, alors qu'il est lui-même en garde à vue, communique aux services de police, au mépris du secret professionnel, divers éléments destinés à accabler sa cliente et adresse ensuite une lettre au juge d'instruction, pour lui indiquer être prêt à lui communiquer une clé USB sur laquelle figurerait l'ensemble des travaux et courriers établis pour le compte de sa cliente, qu'il qualifie de « grande délinquante »[1]. De même que, si l'avocat est plaignant, notamment dans le cadre d'une plainte pénale, il doit strictement se limiter dans sa plainte aux seuls faits précis lui portant préjudice à l'exclusion de tout autre[2].

412.272 Responsabilité civile professionnelle. L'avocat d'un confrère dont la responsabilité civile professionnelle est mise en cause[3] est en droit de produire, pour les besoins de la défense de ce confrère, des documents couverts par le secret professionnel car émanant de l'avocat du demandeur qui était précédemment intervenu en qualité de signataire de certaines pièces, à condition que ces pièces soient effectivement utiles à la défense de son client[4] et que leur production n'ait pas pour finalité de tenter de discréditer son confrère[5].

Tel sera le cas d'une main courante et d'un constat d'huissier versés par l'avocat dans le litige résultant de la mise en cause de sa responsabilité civile professionnelle par son ancien client, dès lors que le juge du fond a estimé, dans l'exercice de son pouvoir souverain d'appréciation, que ces pièces apportaient un éclairage sur les relations qui existaient entre les parties directement mises en cause dans l'affaire dont l'avocat avait à s'occuper, sans porter une atteinte injustifiée à la vie privée de l'ancien client, et qu'elles étaient nécessaires à sa défense[6]. Et il appartient à l'avocat de justifier de l'intérêt de la communication demandée, ce qui ne sera pas le cas de celles des consultations réalisées par l'associé retrayant d'un cabinet d'avocat dès lors qu'elles n'apparaissent pas nécessaires à la solution du litige, les autres associés faisant justement valoir que les documents comptables pertinents quant à l'objet du litige ont déjà été communiqués dans le cadre de l'expertise relative à l'évaluation des parts sociales[7].

412.273 Contentieux d'honoraire. Dans une procédure en fixation des honoraires[8], il est également possible, en demande comme en défense, de communiquer des pièces remises par le client à son ancien avocat ou adressées par ce dernier au client, mais à condition qu'elles soient, ici encore, strictement nécessaires et indispensables à la satisfaction de la demande[9] ou à sa défense[10].

Et, il appartient au juge de rechercher si la production des correspondances couvertes par le secret professionnel répondait, pour chacune d'entre elles, aux strictes exigences de la défense en justice des intérêts de l'avocat dans le litige d'honoraires l'opposant à son client[11].

412.274 Éléments strictement nécessaires et indispensables. Il convient d'être prudent en la matière et se limiter aux éléments strictement nécessaires et indispensables, étant précisé qu'il n'est pas certain que cette possibilité de se délier du secret professionnel s'étende à des mesures conservatoires que l'avocat souhaiterait mettre en œuvre à l'encontre de son (ancien) client[12].

C'est ainsi que, dans une affaire où un avocat avait fait état de correspondances reçues de son client lui indiquant solliciter des délais de paiement de ses honoraires, et s'en était servi pour faire saisir un aéronef propriété de ce dernier, la Cour de cassation prend soin d'observer que « les circonstances de l'espèce » faisaient suffisamment ressortir que l'avocat avait agi dès qu'il lui était apparu que son client n'entendait pas satisfaire ses demandes de paiement des honoraires convenus, et à un moment où il était fondé à croire sa créance en péril, compte tenu des difficultés financières de son client, difficultés suffisamment établies par les articles de presse produits. Cela a pour conséquence que c'est sans manquer au secret professionnel ou à son obligation de prudence et de discrétion qu'il a pu faire état, dans sa requête, de ces articles de presse et des lettres de son client demandant des délais de paiement[13]. Cette solution est assez logique dès lors que, si l'avocat ne doit pas avoir moins de droits que toute personne cherchant à recouvrer les sommes qui lui sont dues, rien ne justifie non plus qu'il ait plus droit en se

1. CD Paris, arr. n°s 067553, 172671, 28 avr. 2009.
2. Lyon, 17 janv. 1981, *Gaz. Pal.* 1981. 2. 491.
3. V. s^{s} n°s 913.21 s.
4. Paris, pôle 2, ch. 1, 12 nov. 2019, RG n° 17/21837.
5. Paris, avis n° 192279, 10 févr. 2010.
6. Civ. 1re, 22 sept. 2021, n° 19-25.469, NP.
7. Paris, pôle 4, ch. 13, 14 sept. 2021, RG n° 19/12464.
8. V. s^{s} n°s 741.21 s.
9. CD Paris, arr. n° 190495, 21 sept. 2010.
10. CNB, Comm. RU, avis n° 2013-014, 14 juin 2013 ; C. avocat, 2018, s^{s} L. 31 déc. 1971, art. 66-5, avis CNB, note 18 – CNB, Comm. RU, avis n° 2008-001, 15 janv. 2008 ; C. avocat 2021, s^{s} L. 31 déc. 1971, art. 66-5, note 77.
11. Civ. 2e, 13 déc. 2018, n° 17-31.518, NP.
12. Sur le secret professionnel et le droit de la preuve en matière de collaboration libérale, v. s^{s} n° 812.216.
13. Civ. 2e, 5 juill. 2006, n° 03-17.972, NP ; *D.* 2010. 1125, obs. V. Avena-Robardet, note J. Moret-Bailly ; *D.* 2011. 552, obs. B. Blanchard ; *JCP* 2006. I. 188, obs. R. Martin.

prévalant d'éléments qu'il aurait obtenus sous le couvert de la confidence.

De même qu'un avocat, en litige d'honoraire avec un client, ne saurait, sans violer le secret professionnel, déposer une plainte à l'encontre d'un ancien client des chefs de faux et usage, tentative d'escroquerie au jugement et complicité, la violation du secret professionnel n'étant pas, en l'espèce, rendue nécessaire par l'exercice des droits de la défense ce qu'il appartient au juge du fond d'apprécier souverainement [1] et de caractériser expressément [2].

412.275 Son propre secret professionnel. L'avocat peut se délier de son propre secret pour les besoins de sa défense, pas d'un autre secret professionnel dont il serait le dépositaire [3].

C'est ainsi que l'avocat ne saurait, sans l'accord de son client nécessaire en la matière, produire en justice des documents couverts par le secret médical que lui aurait remis son client [4] et le fait que le tribunal ne les aurait pas écarté des débats n'a aucune conséquence sur l'action disciplinaire diligentée contre l'avocat [5].

B. Cas de déclaration ou de révélation prévues ou autorisées par la loi

412.281 Obligation légale de déclaration ou de révélation. L'avocat doit naturellement déférer à une obligation de déclaration ou de révélation expressément prévue par la loi et dans le strict cadre de celle-ci.

En réalité, les cas de déclaration ou de révélation prévues ou autorisées par la loi, sont rares, et ne doivent pas être confondus avec les obligations de déclarations ou de révélations qui sont directement attachées au régime du mandat exécuté par l'avocat pour le compte de son client dans le cadre de la mission que celui-ci lui a confiée [6].

412.282 Conseil de l'Ordre, bâtonnier et Carpa. Le bâtonnier, le conseil de l'Ordre ou la Carpa [7] ne sont pas des tiers par rapport au cabinet d'avocats.

Ainsi, dans le cadre d'un litige déontologique opposant l'avocat et son client, les pièces de la procédure à l'occasion de laquelle le second a sollicité le premier peuvent être présentées au bâtonnier et communiquées à l'avocat [8] de l'ancien client [9].

412.283 Commande publique. Dans les procédures d'appels d'offres publics ou privés et d'attribution de marchés publics [10], l'avocat peut faire mention des références nominatives d'un ou plusieurs de ses clients avec leur accord exprès et préalable. Toutefois, si le nom donné en référence est celui d'un client qui a été suivi par cet avocat en qualité de collaborateur ou d'associé d'un cabinet d'avocat dans lequel il n'exerce plus depuis moins de deux ans, celui-ci devra concomitamment aviser son ancien cabinet de la demande d'accord exprès adressée à ce client et indiquer dans la réponse à appel d'offres le nom du cabinet au sein duquel l'expérience a été acquise [11].

De même que si toutes les consultations, les correspondances et, plus généralement toutes les pièces du dossier sont couvertes par le secret professionnel, ce n'est pas le cas de l'existence même d'un marché de services juridiques conclu avec une personne publique, dont la conclusion ne peut « légalement être confidentielle » sous réserve des cas de secrets protégés par la loi. Il est donc possible de répondre à un appel d'offres en fournissant des références de prestations similaires à celles demandées, c'est-à-dire d'indiquer les marchés de services juridiques similaires conclus par le cabinet d'avocat, sous réserve que les références permettant d'identifier les personnes publiques concernées soient soumises à leur accord préalable et exprès [12].

412.284 Obligation d'informations relative aux dispositifs transfrontières d'optimisation fiscale. À l'occasion de la transposition en droit interne de la directive 2018/822 [13], dite directive DAC6, l'ordonnance du 21 octobre 2019 [14] a ajouté un article 1649

1. Crim. 16 mai 2000, n° 99-85.304, P n° 192 ; *D.* 2002. Somm. 858, obs. B. Blanchard ; *JCP* 2001. I. 284 n° 11, obs. R. Martin.
2. Soc. 12 mai 2017, n° 15-28.943, P ; *D.* 2017. 1132 ; *JCP* 2017. 607 ; *JCP* 2017. 660, n° 14, obs. F. G'sell ; *JCP* 2017. 1104, n° 12, obs. J. Moret-Bailly.
3. V. s^s^ n° 412.271.
4. Civ. 1re, 28 juin 2012, n° 11-14.486, P I, n° 145 ; *JCP* 2012. 846, obs. J.-B. Thierry ; *D.* 2012. 136, obs. Th. Wickers ; *Dr. et patr.* 2013, 81, obs. B. Chaffois.
5. Civ. 1re, 29 mars 1978, n° 76-15.422, P I, n° 127 ; *Gaz. Pal.* 1978. 2. Somm. 248.
6. V. s^s^ n° 412.61.
7. V. s^s^ n° 483.273.
8. Sur cette question des rapports des avocats avec son barreau et bâtonnier au regard du secret, v. s^s^ n°s 422.181 s.
9. Paris, avis n° 204362, 25 mai 2010.
10. V. s^s^ n°s 713.400 s.
11. RIN, art. 2.2.
12. CE 6 mars 2009, *Aix-en-Provence (C^ne^)*, req. n° 314610, *Lebon T ; AJDA* 2009. 458.
13. Dir. 2018/822, Conseil, 25 mai 2018 modifiant la directive 2011/16/UE en ce qui concerne l'échange automatique et obligatoire d'informations dans le domaine fiscal en rapport avec les dispositifs transfrontières devant faire l'objet d'une déclaration, *JOUE L* 5 juin, p. 1.
14. Ord. n° 2019-1068, 21 oct. 2019 relative à l'échange automatique et obligatoire d'informations dans le domaine fiscal en rapport avec les dispositifs transfrontières devant faire l'objet d'une déclaration, *JO* 22 oct., n° 18 – S. Lerond, « DAC 6 : tous les avocats sont concernés », *Gaz. Pal.* 31 mars 2020, p. 56.

AD[1] au code général des impôts aux termes duquel : « Une déclaration d'un dispositif transfrontière est souscrite auprès de l'administration fiscale, sous forme dématérialisée, par l'intermédiaire ayant participé à la mise en œuvre de ce dispositif ou par le contribuable concerné. ». L'article 1649 AE[2], I, du même code prévoit, en outre, que l'intermédiaire soumis à une obligation de secret professionnel, ce qui inclut les avocats, souscrit la déclaration avec l'accord du ou des contribuables concernés par le dispositif transfrontière. À défaut de cet accord, il doit notifier à tout autre intermédiaire l'obligation déclarative qui lui incombe. En l'absence d'autre intermédiaire, la notification d'obligation déclarative est adressée au client concerné par le dispositif transfrontière. L'avocat doit transmettre également à ce dernier, le cas échéant, les informations nécessaires au respect de son obligation déclarative.

La présence d'au moins un marqueur indiquant un risque potentiel d'évasion fiscale suffit à caractériser un dispositif transfrontière de planification fiscale comme agressif et devant être déclaré[3]. Ces dispositions s'appliquent depuis le 1er juillet 2020, les dispositifs transfrontières dont la première étape a été mise en œuvre entre le 25 juin 2018 et le 1er juillet 2020 devant être déclarés au plus tard le 31 août 2020[4].

Les manquements à cette obligation de déclaration entraînent l'application d'une amende qui ne peut excéder 10 000 euros. Le montant de l'amende ne peut excéder 5 000 euros lorsqu'il s'agit de la première infraction de l'année civile en cours et des trois années précédentes. Le montant de l'amende appliquée à un même intermédiaire ne peut excéder 100 000 euros par année civile[5].

Le CNB considérant que ces dispositions, en ce qu'elles obligent l'avocat à divulguer des informations couvertes par le secret professionnel non seulement à des autorités publiques, mais également à d'autres tiers intermédiaires sans considération des règles relatives au secret professionnel, et également à justifier de la date à laquelle il a informé son client des obligations déclaratives qui pèsent sur lui, a demandé à ce qu'elles soient modifiées afin de prévoir que l'avocat, avec l'accord de son client, puisse déposer une déclaration « au nom et pour le compte » de ce dernier, dans le cadre de son mandat général de représentation, et pas en qualité « d'intermédiaire »[6].

Cette solution est à privilégier en ce qu'elle serait respectueuse du secret professionnel en permettant à l'avocat, expressément mandaté à cette fin par son client à l'occasion de la mise en œuvre d'un tel dispositif, de se conformer aux obligations déclaratives dans le cadre de sa mission[7].

412.285 Intermédiaires fiscaux – Avocats intervenant au titre d'une mission juridictionnelle. Saisi d'un recours du Conseil national des barreaux à l'encontre des commentaires administratifs publiés le 25 novembre 2020 au *Bulletin officiel des finances publiques (BOFiP)*[8], le Conseil d'État tout en annulant les alinéas trois à sept du paragraphe 180 de ces commentaires a également renvoyé devant le CJUE la question de savoir si les dispositions de l'article 8 *bis ter*, paragraphe 5, de la Directive 2011/16[9] qui prévoient la faculté, pour les États membres, de prendre les mesures nécessaires pour accorder aux intermédiaires le droit d'être dispensés de l'obligation de fournir des informations concernant un dispositif transfrontière devant faire l'objet d'une déclaration lorsque l'obligation de déclaration serait contraire aux règles nationales en matière de secret professionnel, en ce qu'elles n'excluent pas, par principe, les avocats intervenant au titre d'une mission juridictionnelle du champ des intermédiaires devant fournir à l'administration fiscale les informations nécessaires à la déclaration d'un montage fiscal transnational ou devant notifier cette obligation à un autre intermédiaire, d'une part, méconnaît le droit à un procès équitable garanti par les articles 47 de la charte des droits fondamentaux de l'Union européenne et 6 de la Conv. EDH et d'autre part, méconnaît les droits au respect de la correspondance et de la vie privée garantis par les articles 7 de la charte des droits fondamentaux de l'Union européenne et 8 de la Conv. EDH[10].

On notera que la Commission européenne a lancé, le 10 mars 2021, une consultation publique sur une nouvelle directive de coopération administrative en matière fiscale (dite DAC8). La Commission, « envisage de définir des exigences en matière de déclaration qui garantissent une fiscalité équi-

1. CGI, art. 1649 AD ; créé par ord. n° 2019-1068, 21 oct. 2019, art. 1.
2. CGI, art. 1649 AE, I ; mod. par L. n° 2020-935, 30 juill. 2020, art. 53.
3. CGI, art. 1649 AH ; créé par Ord. n° 2019-1068, 21 oct. 2019, art. 1.
4. Ord. n° 2019-1068, 21 oct. 2019, art. 2.
5. CGI, art. 1729 C *ter* ; créé par ord. n° 2019-1068, 21 oct. 2019, art. 1 – V. *BOI*-CF-CPF-30-40-10.
6. CNB, Résolution sur la transposition de la directive (UE) 2018/822 dite « DAC6 » du Conseil du 25 mai 2018, AG des 15 et 16 nov. 2019 – M. Lartigue, « DAC6 : le CNB demande que le texte de transposition soit modifié » ; *Gaz. Pal.* 3 déc. 2019, p. 7.
7. V. s[s] n° 412.66.
8. *BOI*-CF-CPF-30-40.
9. Dir. 2011/16, Conseil, 15 février 2011 relative à la coopération administrative dans le domaine fiscal et abrogeant la directive 77/799/CEE, *JOUE* 11 mars, p. 1.
10. CE 25 juin 2021, *Conseil national des barreaux*, req. n° 448486, NP.

table tout en évitant une charge administrative excessive et en assurant des conditions de concurrence équitables et l'application d'un règlement commun pour les 27 États membres »[1].

412.286 **Autres cas.** Le secret professionnel de l'avocat ne s'applique pas dans le cas des mineurs et majeurs à protéger[2], ainsi que dans le cadre de certaines obligations déclaratives envers l'administration en matière fiscale[3].

Il peut également y être porté atteinte dans le cadre de perquisitions, visites domiciliaires et d'écoutes téléphoniques visant un avocat[4] ainsi que dans le cadre de la législation relative au blanchiment[5] ou au gel des avoirs[6].

SECTION 4
DEVOIR DE PROTECTION DU SECRET PROFESSIONNEL

412.290 **Plan.** L'avocat est tenu d'un devoir général de protection du secret professionnel qu'il doit à son client (§ 1) et qui induit un devoir particulier lié à la protection des données à caractère personnel (§ 2).

§ 1
Devoir général de protection

412.301 **Devoir de protection de l'avocat.** Le secret professionnel est une obligation de l'avocat à l'égard de son client dont l'avocat a le devoir d'assurer l'efficience. Il lui appartient de prendre les mesures nécessaires, notamment dans le cadre de l'organisation des conditions de son exercice professionnel (tout particulièrement en cas de recours à des prestataires extérieurs), afin d'en assurer la protection[7].

En 2016, un lanceur d'alerte anonyme a ainsi permis la fuite de 11,5 millions de documents édités entre 1977 et 2015 par un cabinet d'avocat panaméen spécialisé dans la création et la gestion de sociétés *offshore* et possédant une quarantaine de filiales dans le monde, « *The Panama Papers* »[8], conduisant l'*International Consortium of Investigative Journalists (Icij)* à analyser ces données et créer un dossier pour chaque société écran auquel ont été rattachés les documents les concernant[9]. Le cabinet d'avocat panaméen a annoncé cesser ses activités, deux ans plus tard, en raison de l'atteinte à sa réputation portée par cette affaire[10], qui met également en cause de nombreux avocats, de par le monde, agissant pour le compte de leurs clients. Au Luxembourg, par sept arrêts en date du 13 juillet 2021, la Cour administrative a ainsi fait injonction à des avocats de fournir, sans pouvoir opposer le secret professionnel, l'identité des bénéficiaires effectifs de toutes les sociétés *offshore* créées en collaboration avec le cabinet d'avocats panaméen[11]. Les conséquences de cette enquête collective, récompensée par le prix *Pulitzer*, demeurent en suspens[12].

En 2017, une fuite de plus de 13,5 millions de documents confidentiels notamment issus d'un cabinet d'avocats, détaillant des informations sur des sociétés offshore, a donné lieu à nouvelle enquête de l'Icij, « *The Paradise Papers* »[13].

412.302 **Protection du secret professionnel et données électroniques**[14]. L'avocat se doit de garantir le plus strict respect du secret professionnel tant au sein de son cabinet[15], qu'à l'égard de tout prestataire extérieur auquel il aurait recours. Cela implique de prendre les mesures appropriées afin d'assurer cette garantie. Un soin particulier doit être apporté à la sécurité informatique du cabinet[16] ainsi qu'à la sauvegarde et la protection des données[17], tant contre les pertes, les vols, mais également contre les intrusions et captations de données de l'extérieur[18]. Tout

1. AUSSI : M. Lartigue, « Fraude fiscale : l'OCDE veut faire la chasse aux "facilitateurs" », *Gaz. Pal.* 2 mars 2021, p. 7.
2. V. s^s n° 411.62.
3. V. s^s n°s 413.41 s.
4. V. s^s n°s 414.21 s.
5. V. s^s n°s 482.61 s.
6. V. s^s n°s 482.301 s.
7. Sur le coffre-fort numérique : CPCE, art. L. 103 et R. 55-1 s. – Th. Douville, « Coffre-fort numérique : publication du décret d'application », *D.* 2018. 1252.
8. M. Vaudano, « "Panama papers" : une plongée inédite dans la "boîte noire" des paradis fiscaux », *Le Monde* 29 mars 2016.
9. https://offshoreleaks.icij.org/
10. J.-B. Chastand, J. Baruch, A. Michel, M. Vaudano, « Comment Mossack Fonseca tente de renaître de ses cendres. », *Le Monde* 20 juin 2018.
11. CA du Grand-Duché du Luxembourg, 13 juill. 2021, n°s 45185C, 45186C, 45187C, 45188C, 45189C, 45190C, 45191C – V. Poujol, « Le "zombie" fiscal qui hante les avocats », *Reporter* 29 juill. 2021.
12. W. Fitzgibbon, A. Michel, M. Vaudano, J. Baruch, « "Panama Papers" : cinq ans après, des milliards récupérés et plusieurs condamnations », *Le Monde* 8 avr. 2021.
13. J. Baruch, J.-B. Chastand, A. Michel, M. Vaudano, « Les "Paradise Papers", nouvelles révélations sur les milliards cachés de l'évasion fiscale », *Le Monde* 5 nov. 2017.
14. J.-Ch. Guerrini et V. Selosse, « La sécurité numérique au sein des cabinets d'avocats », *JCP* 2016. 637 – D. Iweins, « Avocats, sécurisez vos données », *Gaz. Pal.* 24 mai 2016, p. 9.
15. V. s^s n°s 412.81 s.
16. Délib. Cnil n° 81-094, 21 juill. 1981 portant adoption d'une recommandation relative aux mesures générales de sécurité des systèmes informatiques, *JO* 24-25 août – F. Dempuré, « Comment gérer les mots de passe », *JCP* 2019. 499.
17. J. Déroulez, « Protection et sécurité des données personnelles : premiers avertissements de la CNIL », *JCP* 2017. 1095.
18. Ch. Thevenet (dir.), *Vade mecum de la déontologie du numérique*, Barreau de Paris, déc. 2013, p. 3 s. – G. Thierry, « Attaques informatiques : les avocats vulnérables », *D. actu.* 16 sept. 2020.

particulièrement, la multiplication des accès à distance, des réseaux et échanges de données dans le cadre de travaux collaboratifs, doit se faire dans la plus extrême rigueur, notamment au moyen de l'utilisation de techniques de cryptage des données [1].

Il est notamment conseillé d'authentifier les utilisateurs au sein du cabinet, et de prévoir des mots de passe complexes à changer régulièrement ainsi que, si nécessaire, des habilitations à accéder aux données. Il est également conseillé de recourir à des moyens de chiffrement pour les ordinateurs portables et les unités de stockage amovibles et de mettre en place des procédures de sauvegarde des données afin de prévoir la continuité d'activité en cas d'incident.

L'Agence nationale de la sécurité des systèmes d'information (Anssi) élabore et met en ligne sur son site internet [2] de nombreuses recommandations et guides, et procède à la certification de produit (stockage sécurisé, communication et messagerie sécurisées, authentification...) auxquels l'on pourra utilement se référer.

412.303 Protection des données stockées sur un disque dur. Lorsque l'ordinateur ou le serveur informatique d'un cabinet d'avocat est restitué ou cédé, il est important d'en supprimer les données et de s'assurer que les disques durs sont effacés afin d'empêcher la récupération des données couvertes par le secret professionnel. À cet effet, il est recommandé de recourir à des sociétés spécialisées. Les frais afférents doivent pouvoir être mis à la charge de l'avocat concerné ou, à défaut, du barreau dans le cadre de ses missions qu'il tient de l'article 17, 3°, de la loi du 31 décembre 1971 [3].

412.304 Outils mis en place par la profession. Le CNB a élaboré en 2012 des guides de recommandation en matière de sécurité de l'information au sein des cabinets d'avocats [4]. L'avocat ne doit jamais perdre de vue qu'il répond personnellement des violations du secret professionnel qui seraient commises par son imprudence et/ou sa négligence. Il convient donc de faire preuve de la plus grande prudence en la matière.

Le CNB a également mis en place en mars 2016, dans le cadre de la mise en œuvre du plan numérique et du développement de la plateforme e-barreau [5], une solution de *cloud* privé des avocats, interne à la profession d'avocat, clé en main et sécurisée, comprenant une messagerie électronique sécurisée et cryptée (avocat-conseil.fr), qui a vocation à s'étendre à des services d'archivages [6].

412.305 Communication à distance. En cas d'utilisation au sein du cabinet d'outils d'amplification de conversation à l'usage du client ou d'un confrère, ou de visioconférence, permettant ainsi de tenir dans des lieux séparés une conversation à plusieurs, il y a lieu, en tout état de cause, de bien informer le ou les interlocuteurs qui ne sont pas présents dans le cabinet de ce que leur conversation sera audible par des tiers et de leur indiquer lesquels. Suivant la composition de l'auditoire, l'on peut être en présence d'une réunion non couverte par le secret professionnel [7].

De manière plus générale, lors de l'utilisation d'outils de communication à distance, ou de téléconférence, tant pour les consultations et réunions entre avocats et leurs clients ou d'autres personnes que pour la participation aux audiences à distance, il convient d'examiner au préalable les conditions générales des différents fournisseurs de plateformes, notamment en ce qui concerne la conservation des données, leur utilisation éventuelle par le fournisseur, le niveau de surveillance auquel elles peuvent être exposées ainsi que leur niveau de sécurité technique [8]. Les services de vidéoconférence destinés aux consommateurs, tels que *Skype* ou *FaceTime*, ne sont pas adéquats. Le recours à des outils comme *Tixeo* (labellisé par l'Anssi), apparaît plus pertinent.

412.306 *Mark up* et métadonnées [9]. L'utilisation des outils de traitement de textes, associée à celle des

1. F. Dempuré, « Déplacement : assurer la protection des données », *JCP* 2018. 307.
2. https://www.ssi.gouv.fr/
3. CNB, Comm. RU, avis n° 2016-007, 3 févr. 2016.
4. CNB, *Guide de sécurité de l'information pour les cabinets*, 2012 – CNB, *Guide de sécurité de l'information pour le management des cabinets*, 2012 – Ccbe, Conseil du Ccbe pour le renforcement de la sécurité informatique des avocats contre la surveillance illégale, 2017 – Ccbe, Recommandation du Ccbe sur la protection du secret professionnel dans le cadre des activités de surveillance, 2017.
5. *Plan numérique et systèmes d'information de la profession d'avocats*, CNB, AG 21 mars 2014, Axe 5 « Mettre en place le *cloud* privé des avocats ».
6. P. Le Donne, *Rapport d'Étape sur les projets de la Commission Intranet et Nouvelles technologies*, CNB, AG 3-4 juill. 2015.
7. V. s[s] n° 422.52.
8. Ccbe, *Lignes directrices du CCBE sur l'utilisation des outils de travail à distance par les avocats et les procédures judiciaires à distance*, 27 nov. 2020.
9. Barreau du Québec, *Guide des TI, Gestion et sécurité des technologies de l'information pour l'avocat et son équipe*, 2011 : http://guideti.barreau.qc.ca/ – D. Jaar, F. Sénécal, *Pratiques virtuelles – Déontologie réelle*, Barreau du Québec, Développements récents en déontologie, droit professionnel et disciplinaire (2015), Blais, 2015, p. 157 s. – D. Jaar, F. Sénécal, *Déontologie : les obligations de l'avocat face aux technologies de l'information*, Barreau du Québec, Développements récents en déontologie, *Droit professionnel et disciplinaire* (2010), Blais, 2010, p. 83 s. – P. Gingras, F. Sénécal, « Métadonnées : Plaidoyer pour des mal aimées et des incomprises », *Revue du Barreau du Québec*, t. 74, printemps 2015 p. 249 s.

courriels, génère de plus en plus d'imprudence en matière de préservation du secret professionnel. Soit parce que les fichiers adressés le sont directement avec indication des marquages et suivis de modifications qui permettent de reconstituer les échanges ayant eu lieu entre avocats, soit parce que la version adressée n'est pas « propre ». Les fichiers informatiques sont les meilleurs vecteurs de fuites d'éléments couverts par le secret professionnel. Il convient, notamment, de rappeler que les formats *Word, Excel* et *PowerPoint* n'ont pas été conçus pour être utilisés comme format d'échange. Or, parmi les métadonnées qui servent à automatiser divers processus de traitement de l'information, tels que l'organisation et la recherche, permettent de retracer l'historique d'un document stocké, déterminer l'ordinateur utilisé, l'arborescence du fichier... s'y ajoutent les suivis de modifications (*mark up*) qui, même une fois acceptées, demeurent « en mémoire », et sont accessibles avec un simple éditeur hexadécimal. Si plusieurs personnes ont successivement édité le fichier, les informations sont présentes pour chacune d'entre elles.

L'idéal consiste à convertir le document au format pdf (qui a été rendu obligatoire en matière d'échanges Rpva) ce qui permet de retirer les métadonnées, à condition toutefois d'avoir bien configuré le programme qui génère le pdf dans les options d'enregistrement afin de ne pas convertir les métadonnées ou en imprimant au format pdf comme le permettent certains logiciels. Il est également possible de réaliser un copier/coller du texte vers un document vierge ce qui permet d'effacer toute trace des métadonnées et modifications successives ou d'utiliser un add-on (*remove hidden data*) permettant de retirer les informations cachées et les informations de travail en collaboration, telles que le suivi des modifications ou les commentaires. En tout état de cause, dès lors qu'il comporte un échange entre avocats, couvert par la confidentialité et opposable à tous tiers y compris au client, le document est couvert par le secret professionnel et ne saurait être versé aux débats[1].

412.307 Externalisation / *Outsourcing*[2]. Les avocats ont de plus en plus recours à des prestataires extérieurs auxquels ils délèguent des tâches courantes en externalisant, par exemple, l'accueil, le standard téléphonique, le secrétariat, la reprographie, l'entretien/ménage, les services informatiques, et notamment les serveurs de stockage informatique, la comptabilité, la facturation, la paie, l'archivage (physique ou électronique[3]). L'article 2.3. du RIN précise clairement, à cet égard, que l'avocat doit faire respecter le secret non seulement par les membres du personnel de son cabinet, mais encore par « toute personne qui coopère avec lui dans son activité professionnelle ». Par conséquent, lorsque l'avocat a recours à des prestataires extérieurs, il lui appartient impérativement de s'assurer, le cas échéant contractuellement et en veillant à interdire si nécessaire toute sous-traitance sans son accord, que le plus strict respect du secret professionnel sera garanti par le prestataire choisi, qu'il s'agisse de tâches de secrétariat, de légal outsourcing, de conservations des documents, y compris sur un serveur informatique externe (non présent physiquement au sein du cabinet)[4], et ce, y compris à l'égard des autres clients de ce même prestataire qui peuvent être d'autres avocats.

Le recours à des prestataires situés en dehors du territoire français, et qui ne sont pas soumis à la législation française, pose une réelle difficulté faisant qu'il convient, avant toute démarche en ce sens, de s'assurer des conséquences de l'application de la loi nationale sur le secret professionnel de l'avocat[5].

412.308 *Cloud computing*[6]. L'externalisation des serveurs informatiques hébergeant les données recueillies ou créées par l'avocat pose une vraie difficulté en matière de protection du secret professionnel. En Allemagne, les règles de protection sont très strictes et il est interdit d'héberger des données en dehors des frontières nationales. Les données conservées, dans un environnement de « *cloud computing* » ne sont pas exemptes de risques d'accès non autorisé, de manière physique ou électronique, par les employés ou sous-traitants du fournisseur ou par des tiers intrusifs, notamment les autorités locales. Or, la législation du pays où se situe le serveur en matière de traitement des données peut entrer en contradiction avec les exigences déontologiques des avocats, notamment en matière de secret professionnel et les mécanismes de protection juridique peuvent s'avérer moins efficaces que ceux prescrits

1. Paris, commission plénière de déontologie, avis n° 217631, 11 avr. 2013.
2. A. Coignac, « Externalisation des prestations juridiques et services juridiques alternatifs, une réorganisation du marché », *JCP* 2017. 335.
3. Délib. Cnil n° 2005-213, 11 oct. 2005 portant adoption d'une recommandation concernant les modalités d'archivage électronique, dans le secteur privé, de données à caractère personnel, *JO* 23 nov., n° 81.
4. CNB, Comm. RU, avis n° 2009-008, 16 févr. 2009 ; C. avocat 2021, s^s L. 31 déc. 1971, art. 66-5, note 19.
5. Ch. Thevenet (dir.), *Vade mecum de la déontologie du numérique*, Barreau de Paris, déc. 2013, p. 9 s. – Cnil, *Recommandations pour les entreprises qui envisagent de souscrire à des services de Cloud computing*, 2012.
6. B. Fauvarque-Cosson et C. Zolynski (dir.), *Le cloud computing, L'informatique en nuage*, SLC, 2014 – Ccbe, *Étude comparative du Ccbe sur la surveillance gouvernementale des données des avocats hébergées dans le nuage, 2014*.

dans l'Union européenne[1], les fournisseurs d'informatique en nuage pouvant ainsi être soumis à des règles nationales les obligeant à remettre les données conservées aux autorités nationales dont ils dépendent.

Observant que le secret professionnel est un trait commun à tous les avocats de l'Union européenne, le Ccbe a émis en 2012 des recommandations visant à faciliter le « *cloud computing* » tout en garantissant pour les avocats un niveau de protection maximale[2].

412.309 ***Discovery.*** S'il existe un risque que le prestataire de l'avocat puisse être tenu à une obligation de divulgation au regard de la réglementation qui lui est applicable, il y a lieu d'en informer le client et d'obtenir son accord, si possible écrit, avant de recourir au prestataire en cause. Il est même recommandé, en cas de prestataire récurrent, d'y faire mention dans la lettre de mission ou les conditions générales du contrat de prestation de service[3].

Il convient notamment de ne pas perdre de vue qu'aux États-Unis, outre les risques d'ingérences directes, notamment en application du *Patriot Act*[4] ou du *Cloud Act*[5], la procédure de *Discovery* qui y est applicable rend assez illusoire la protection du secret professionnel à raison d'informations couvertes par ce dernier et qui auraient été communiquées à un prestataire situé sur le territoire américain, ce qui est par exemple le cas des serveurs d'hébergement des données des boîtes courriels de fournisseurs d'accès américains tels que *gmail, yahoo...*

§ 2
Devoir particulier lié à la protection des données à caractère personnel

412.310 **Plan.** Le règlement général sur la protection des données (RGPD) s'applique à l'activité de l'avocat (A) qui doit se conformer à l'ensemble des obligations relatives au traitement de données à caractère personnel (B) ainsi qu'aux obligations spécifiques prévues en cas de transferts de données à caractère personnel (C).

A.
Propos liminaires

412.321 **Règlement 2016/679 du Parlement et du Conseil du 27 avril 2016[6], dit RGPD.** La refonte des principes applicables en matière de protection des personnes physiques à l'égard du traitement des données à caractère personnel et à la libre circulation de ces données, par le règlement 2016/679[7], est entrée en vigueur le 25 mai 2018. Le règlement a, notamment, généralisé le principe d'*accountability* qui impose aux avocats de se préconstituer la preuve de la conformité de leur pratique aux règles régissant le traitement des données à caractère personnel, afin de faire face à une responsabilité, notamment pénale[8], accrue en la matière[9].

La mise en cohérence de l'ensemble de la législation applicable à la protection des données à caractère personnel, et notamment de la loi du 6 janvier 1978[10], avec le RGPD a été réalisée par la loi du 20 juin 2018[11], l'ordonnance du 12 décembre 2018[12] ainsi que le décret du 29 mai 2019[13].

412.322 **Champ d'application.** La réglementation relative aux données personnelles s'applique à

1. Code de conduite des fournisseurs d'infrastructures cloud relatif à la protection des données, 9 févr. 2021 – Délib. Cnil n° 2021-065 du 3 juin 2021 portant approbation du code de conduite européen porté par cloud infrastructure service providers europe (Cispe) – L. Archambault, N. Migeon, « Traitement des données et *cloud*. Comprendre les risques d'un outil devenu nécessaire », *Gaz. Pal.* 31 août 2021, p. 14.
2. Ccbe, *Lignes directrices du Ccbe sur l'usage des services d'informatique en nuage par les avocats*, 2012.
3. CNB, Comm. RU, avis n° 2016-016, 18 mars 2016.
4. *Uniting and Strengthening America by Providing Appropriate Tools Required to Intercept and Obstruct Terrorism Act*, 2001, reconduit en 2006.
5. *Clarifying Lawful Overseas Use of Data Act*, 23 mars 2018.
6. E. Le Quellenec, « Le RGPD en pratique pour les avocats », *Gaz. Pal.* 9 oct. 2018, p. 16 – Ch. Feral-Schuhl, *Cyberdroit*, 8e éd., « Praxis », Dalloz, 2020, not. nos 11.00 s. – CNB, Guide pratique : Les avocats et le règlement général sur la protection des données, mars 2018 : https://www.cnb.avocat.fr/fr/actualites/rgpd-telechargez-le-guide-pratique-elabore-pour-la-profession-davocat.
7. Règl. 2016/679, Parlement et Conseil, 27 avr. 2016 relatif à la protection des personnes physiques à l'égard du traitement des données à caractère personnel et à la libre circulation de ces données, et abrogeant la directive 95/46/CE (règlement général sur la protection des données), *JOUE* 4 mai, p. 1.
8. V. ss nos 466.20 s.
9. N. Lenoir, « Protection des données personnelles et responsabilités plurielles », *JCP* 2018. 1059.
10. L. n° 78-17, 6 janv. 1978 relative à l'informatique, aux fichiers et aux libertés, *JO* 7 janv., p. 227.
11. L. n° 2018-493, 20 juin 2018 relative à la protection des données personnelles, *JO* 21 juin, n° 1 ; – N. Martial-Braz, « Quand la french touch contribue à complexifier l'édifice du droit de l'Union européenne ! À propos de la loi sur la protection des données personnelles du 20 juin 2018 », *JCP* 2018. 786 ; – A. Debet, « Liberté et protection des personnes. L. n° 2018-493, 20 juin 2018 », *JCP* 2018. 907.
12. Ord. n° 2018-1125, 12 déc. 2018 prise en application de l'article 32 de la loi n° 2018-493 du 20 juin 2018 relative à la protection des données personnelles et portant modification de la loi n° 78-17 du 6 janvier 1978 relative à l'informatique, aux fichiers et aux libertés et diverses dispositions concernant la protection des données à caractère personnel, *JO* 13 déc., n° 5 – N. Martial-Braz, « Le droit à la protection des données personnelles issu de l'ordonnance n° 2018-1125 du 12 décembre 218 », *JCP* 2019. 5.
13. Décr. n° 2019-536, 29 mai 2019 pris pour l'application de la loi n° 78-17 du 6 janvier 1978 relative à l'informatique, aux fichiers et aux libertés, *JO* 30 mai, n° 16.

toutes les données qui permettent d'identifier directement ou indirectement une personne physique, qu'il s'agisse de celles qui sont collectées dans la gestion des ressources humaines du cabinet (collaborateurs, stagiaires, salariés), des fournisseurs, postulants, correspondants, des utilisateurs du site internet du cabinet[1], ainsi que des clients ou de toute personne physique dont l'avocat a à connaître dans le cadre d'un dossier, ou encore des prospects[2].

Il n'y a pas lieu de distinguer entre les supports papier ou les supports électroniques sur lesquels se trouvent les données en cause : sont visés tous les documents papier, édités, ainsi que les documents constituant un fichier et les documents électroniques de toutes natures, tels que les disques durs, les bandes, les CD, les DVD ou les clés USB, les courriels, les images, les sons, textes et vidéos, ou encore les messages sur les chats ou les réseaux sociaux.

412.323 Devoir impérieux de protection des données à caractère personnel. Le respect par les avocats des règles de protection des données à caractère personnel est un facteur de transparence et de confiance à l'égard de la profession.

C'est également un gage de sécurité juridique pour les avocats eux-mêmes qui, responsables des traitements mis en œuvre, doivent veiller à ce que les obligations Informatique et libertés soient respectées[3].

412.324 Sanctions – Renvoi. Sur les sanctions en matière de protection des données personnelles, v. s[s] n°s 466.20 s.

B. Obligations en matière de traitement de données à caractère personnel

412.331 Principes généraux. Suivant les principes généraux applicables en la matière, les données recueillies par l'avocat doivent faire l'objet d'un traitement licite, loyal, adéquat et proportionné au but poursuivi. Cela implique que leur collecte soit réalisée en vue d'une finalité déterminée, explicite et légitime ; finalité qui devra être scrupuleusement respectée dans le cadre du traitement réalisé[4]. L'exactitude des données, notamment au moyen de leur actualisation, effacement ou rectification doit être assurée.

Par ailleurs, les traitements réalisés doivent obéir aux principes de transparence (intelligibilité du traitement à destination des personnes concernées), de minimisation (adéquation, pertinence et limitation des données collectées) et de proportionnalité.

Il convient, en outre, de limiter la conservation (la conservation étant distincte de l'archivage) de ces données dans le temps au regard du principe de finalité[5].

412.332 Obligation d'information des clients. Les personnes concernées par un traitement de données à caractère personnel doivent donner leur consentement[6], lequel doit être libre, spécifique, éclairé et univoque, et ce préalablement à la réalisation du traitement. C'est ainsi que, conformément aux exigences de l'article 13 du RGPD, les clients de l'avocat doivent être informés :

- de l'identité et des coordonnées du responsable de traitement (le cabinet) ;
- des coordonnées du délégué à la protection des données lorsqu'il y en a un ;
- de l'objectif poursuivi (gestion et suivi des dossiers de ses clients) ;
- de la base juridique du traitement (exécution contractuelle ou précontractuelle à la demande du client) ;
- de l'intérêt légitime s'il s'agit de la base légale du traitement ;
- des destinataires des données (huissiers, experts, médecin-conseil..., et de leur qualité éventuelle de sous-traitant[7]) ;
- des flux transfrontières ;
- de la durée de conservation (une attention particulière devant être portée ici en cas de reprise du dossier dans le cadre d'une rechute ou de procédure distincte pour le compte du même client) ;
- des droits dont ils disposent (rectification, effacement...) ;
- des conditions d'exercice de ces droits ;
- du droit de retirer son consentement s'il s'agit de la base légale du traitement ;
- du droit d'introduire une réclamation auprès d'une autorité de contrôle ;
- des informations sur le caractère réglementaire ou contractuel du traitement lorsqu'il s'agit de la base légale du traitement[8].

Ces informations peuvent figurer au sein de la convention d'honoraires[9]. Elles peuvent également faire l'objet d'une communication par courriel ou à l'occasion de la transmission d'une note d'honoraires, notamment pour régulariser la situation

1. V. s[s] n°s 464.21 s.
2. V. s[s] n°s 465.61 s.
3. D. de Ginestet, L. Dupont (dir.), *Vade-mecum : Communication des avocats*, 2e éd., CNB, 2020, fiche n° 8 : Les obligations de la loi Informatique et Libertés.
4. RGPD, art. 5 ; L. n° 78-17, 6 janv. 1978, art. 4.
5. RGPD, art. 5.
6. Comité européen de la protection des données, *Guidelines 05/2020 on consent under Regulation 2016/679*, 4 mai 2020.
7. RGPG, art. 4, al. 8.
8. RGPD, art. 13.
9. V. s[s] n°s 713.00 s.

auprès des clients qui n'ont pas été correctement informés ou lors de l'accusé de réception des pièces envoyées par le client.

Il convient de porter, en amont, une attention particulière au consentement du client[1], et de viser, le cas échéant, dans les fondements légaux relatifs à la conservation des données « l'archivage » et ce, jusqu'à retrait éventuel du consentement par le client. Le caractère univoque du consentement exclut le recours à des cases pré-cochées ou pré-activées, des consentements « groupés » (un seul consentement pour plusieurs traitements distincts) ainsi que les consentements par défaut de réponse[2].

412.333 **Collecte indirecte de données à caractère personnel.** La même obligation s'impose à l'égard de toute autre personne dont l'avocat recueille des données personnelles : collaborateurs, stagiaires, salariés, fournisseurs, postulants, correspondants, utilisateurs du site internet du cabinet[3], prospects[4], mais aussi de toute personne physique dont l'avocat a à connaître dans le cadre d'un dossier ce qui inclut notamment la partie adverse.

Toutefois, les textes prévoient une exception à l'information des personnes dont les données à caractère personnel sont indirectement collectées (données relatives à la partie adverse notamment), dès lors que lesdites données doivent rester confidentielles en vertu d'une obligation de secret professionnel réglementée[5], telle que le secret professionnel de l'avocat.

412.334 **Collecte de données à caractère sensible.** L'avocat devra également veiller au caractère particulier de certaines données dites « sensibles », telles que les données médicales[6], dont il pourrait être rendu destinataire[7]. De telles données médicales, traitées dans un cadre dérogatoire par exception au principe de l'interdiction de tout traitement de données à caractère personnel concernant la santé[8], au regard du fait que « le traitement est nécessaire à la constatation, à l'exercice ou à la défense d'un droit en justice »[9], constituent des données particulièrement sensibles dont la protection, y compris dans le cadre de l'archivage, doit être assurée de manière efficiente nonobstant la non-application à l'avocat[10] des règles relatives aux données médicales – et la protection de celle-ci dans le cadre de sa mise en conformité avec le RGPD[11].

Il en est de même de toutes données qui révèlent l'origine raciale ou ethnique, les opinions politiques, les convictions religieuses ou philosophiques ou l'appartenance syndicale, ainsi que le traitement des données génétiques, des données biométriques aux fins d'identifier une personne physique de manière unique, ou des données concernant la vie sexuelle ou l'orientation sexuelle d'une personne physique[12].

412.335 **Obligation de conservation et de sécurisation des données.** Les données personnelles qu'un avocat est amené à recueillir dans le cadre de son activité professionnelle, parce qu'elles sont couvertes par le secret professionnel constituent des données sensibles, et doivent en conséquence faire l'objet d'une attention particulière s'agissant de leur conservation et sécurisation[13].

412.336 **Obligation de cartographier et de notifier.** La mise en conformité avec la réglementation en matière de protection des données à caractère personnel impose un certain nombre d'obligations à l'avocat.

En premier lieu, il lui appartient de mettre en place une cartographie des données à caractère personnel traitées par son cabinet. Cette cartographie permet d'avoir une vue d'ensemble des traitements de données à caractère personnel opérés.

En second lieu, l'avocat devra notifier à la Cnil, ainsi qu'à la personne concernée[14], toute violation de données à caractère personnel[15].

412.337 **Analyse d'impact, registre des traitements et DPO.** En outre, lorsqu'un type de traitement est susceptible d'engendrer un risque élevé pour les droits et libertés des personnes physiques, notamment en cas de traitement à grande échelle de catégories particulières de données, ou s'il porte notamment sur des données sensibles, ou sur des données se rapportant à des condamnations et des infractions pénales, l'avocat sera soumis à des obligations supplémentaires. Le RGPD précise, à cet égard, que le traitement de données à caractère personnel de clients par un avocat exerçant à titre individuel ne

1. CJUE 11 nov. 2020 *Orange Romania SA c/Autoritatea Nationala de Supraveghere a Prelucrarii Datelor cu Caracter Personal (ANSPDCP)*, aff. C-61/19 ; *D.* 2020. 2236.
2. G29, *Lignes directrices sur le consentement au sens du règlement 2016/679*, 10 avr. 2018, https://www.cnil.fr/sites/default/files/atoms/files/ldconsentement.wp259.rev.0.1.fr.pdf
3. V. s[s] n°s 464.21 s.
4. V. s[s] n°s 465.61 s.
5. RGPD, art. 14, al. 5, d).
6. D. Piau, « Le praticien du dommage corporel face aux données personnelles, notamment médicales », *Gaz. Pal.* 14 mai 2019, p. 64.
7. V. s[s] n° 412.271.
8. RGPD, art. 9, al. 1.
9. RGPD, art. 9, al. 2, f).
10. L. n° 78-17, 6 janv. 1978, art. 65, 1[o] ; mod. par L. n° 2019-774, 24 juill. 2019, art. 43.
11. CSP, art. R. 1111-8-8 – L. n° 78-17, 6 janv. 1978, art. 64 s.
12. RGPD, art. 9.
13. RGPD, art. 32 – Cnil, *Guide sur la sécurité des données personnelles*, 2017 – V. s[s] n°s 412.302 s.
14. RGPD, art. 34.
15. RGPD, art. 33.

devrait pas être considéré comme constituant un traitement à grande échelle[1].

En premier lieu, l'avocat devra alors effectuer, avant toute mise en œuvre d'un traitement, une analyse d'impact[2]. Une telle analyse d'impact sera également nécessaire dès lors que le traitement envisagé répondra à plus de deux des neuf critères déterminés par le G29 (évaluation/*scoring* ; décision automatique avec effet légal ou similaire ; surveillance systématique ; collecte de données sensibles ; collecte de données à caractère personnel à large échelle ; croisement de données ; personnes vulnérables ; usage innovant ; exclusion du bénéfice d'un droit / contrat).

Deuxièmement, un registre des activités de traitement[3] devra être tenu par l'avocat. La tenue d'un tel registre est, en tout état de cause, fortement recommandée, ne serait-ce qu'afin de pouvoir être en mesure de prouver le respect du principe d'« *accountability* ».

En dernier lieu, l'avocat pourra être amené à désigner un délégué à la protection des données ou *data protection officer* (DPO)[4]. À cet égard, et ce afin d'aider les avocats concernés par cette obligation dans leurs démarches, le CNB a décidé de leur recommander deux offres de DPO qu'il a sélectionnées, à l'issue d'un appel à candidatures, en 2017[5].

C.
Transferts de données à caractère personnel

412.341 Obligation relatives aux tiers destinataires des données. Le client devra, en outre, être informé s'agissant des tiers destinataires de ses données personnelles et qui vont être amenés à intervenir dans la procédure. Si le client n'est pas au courant qu'un tiers (expert, médecin-conseil...) va intervenir en cours de procédure, il est important de l'en informer le plus tôt possible. Cette information peut, par exemple, se faire grâce à une clause précisant que des tiers sont susceptibles d'intervenir en cours de procédure.

Mais cette même information ne saurait se limiter à la seule qualité des tiers susceptibles de recevoir les données de la part de l'avocat : le client doit être mis en mesure de savoir où sont ses données, faisant qu'une fois l'identité du tiers connue, il est toujours préférable d'en informer expressément le client en lui précisant la nature des données personnelles qui vont lui être transmises.

412.342 Obligation de contractualisation du recours à des sous-traitants. L'avocat, lorsqu'il est responsable de traitement, doit contractualiser précisément, tant sur les modalités de traitement que sur la gestion de leurs relations et l'échange d'informations entre eux, ses relations avec tout sous-traitant qui serait amené à traiter des données à caractère personnel pour son compte : expert-comptable, éditeur de logiciel, hébergeur de site internet[6]...

Une appréciation au cas par cas doit être effectuée sur ce point au regard des articles 24 et suivants du RGPD et une contractualisation des relations peut alors s'avérer nécessaire[7].

À cet égard, l'avocat a l'obligation de ne recourir qu'à des sous-traitants qui présentent des garanties suffisantes quant à la mise en œuvre de mesures techniques et organisationnelles appropriées de manière à ce que le traitement réponde aux exigences du RGPD et garantissent la protection des droits de la personne concernée[8].

412.343 Transfert de données à caractère personnel vers des États n'appartenant pas à l'Union européenne. Il convient de rappeler que le transfert de données à caractère personnel vers des États n'appartenant pas à l'Union européenne ne peut se faire, en l'absence de décision d'adéquation prise par la commission européenne, que dans le cadre de conditions très strictes et notamment que l'État d'accueil de l'hébergement assure un niveau de protection suffisant de la vie privée et des libertés et droits fondamentaux des personnes à l'égard du traitement dont ces données font l'objet ou peuvent faire l'objet[9] avec, suivant les cas, un mécanisme d'autorisation[10].

412.344 Décisions d'adéquation. La Commission européenne est amenée, dans ce cadre, à prendre des décisions d'adéquation.

C'est ainsi que le 23 janvier 2019, la Commission européenne a publié une décision reconnaissant l'adéquation de la protection des données à carac-

1. RGPD, consid. 91 – Cnil, délib. n° 2019-118, 12 sept. 2019 portant adoption de la liste des types d'opérations de traitement pour lesquelles une analyse d'impact relative à la protection des données n'est pas requise, *JO* 22 oct., n° 90, NOR : CNIL1927843X ; *JCP* 2020. 278, n° 9, obs. C. Caseau-Roche.
2. RGPD, art. 35.
3. RGPD, art. 30.
4. RGPD, art. 37 – V. s^s n° 433.81.
5. https://www.cnb.avocat.fr/fr/actualites/protection-des-donnees-personnelles-plus-que-5-mois-pour-vous-mettre-en-conformite-avec-la
6. V. s^s n°s 464.21 s.
7. Sur la question du collaborateur libéral, v. s^s n°s 812.217 s.
8. RGPD, art. 28 – V. s^s n°s 412.307 s.
9. RGPD, art. 44 à 49 – CE 19 juill. 2019, *Ass. des Américains accidentels*, req. n° 424216.
10. EX : Cnil, délib. n° 2016-041, 18 févr. 2016 portant autorisation unique de transferts de données à caractère personnel hors Espace économique européen encadrés par les règles internes d'entreprise (BCR) « responsable de traitement » du réseau EY (BCR-026), *JO* 2 mars, n° 79, NOR : CNIL1606038X – https://www.cnil.fr/fr/le-privacy-shield.

tère personnel assurée par les autorités japonaises avec les normes de droit de l'Union européenne [1].

412.345 Transfert de données à caractère personnel vers des États n'appartenant pas à l'Union européenne : *Privacy Shield*. Mais ces décisions d'adéquation peuvent s'avérer fragiles. C'est ainsi que le mécanisme de *Safe Harbor* [2] qui permettait le transfert de données de l'Europe vers les États-Unis sur le fondement d'un mécanisme de certification a été invalidé par la CJUE [3].

Un accord, dénommé *Privacy Shield* [4] a été conclu en 2016 [5] afin de prévoir un cadre juridique aux transferts transatlantiques de données à caractère personnel en vue de protéger les droits fondamentaux de tout citoyen de l'Union européenne et de clarifier les règles juridiques à destination des entreprises qui ont recours à des transferts de données transatlantiques. Il met en place des obligations strictes pour les entreprises qui traitent de ces données, dont le respect fera l'objet d'une surveillance et, le cas échéant, de sanctions. Il soumet également l'accès à ces données par les pouvoirs publics américains à des fins d'ordre public et de sécurité nationale, à des conditions claires, des obligations, des limitations ainsi que des mécanismes de surveillance. Par ailleurs, plusieurs mécanismes accessibles et abordables de traitement des litiges sont mis en place par cette décision en vue d'assurer une protection effective des droits individuels des citoyens, si ces derniers estiment que les données les concernant ont fait l'objet d'une utilisation abusive. L'accord doit faire l'objet d'un mécanisme de réexamen annuel conjoint, permettant de contrôler son fonctionnement et, notamment, le respect des engagements et des assurances concernant l'accès aux données à des fins d'ordre public et de sécurité nationale.

La Commission européenne a présenté, le 18 octobre 2017, son rapport sur la 1re révision annuelle du *Privacy Shield*. Le rapport expose que les autorités américaines ont bien mis en place les structures et procédures nécessaires pour garantir la protection des données personnelles et contient 10 recommandations visant à assurer le maintien du bon fonctionnement du *Privacy Shield* [6]. Un second rapport a été rendu le 19 décembre 2018, estimant que les mesures de protection américaines étaient comparables à celles du RGPD [7].

Toutefois, le mécanisme du *Privacy Shield* a, à son tour, été invalidé par la CJUE le 16 juillet 2020 [8].

412.346 Clauses contractuelles types de contrats de transfert de données personnelles. Des clauses contractuelles types de contrats de transfert de données personnelles [9] ainsi que des règles d'entreprises contraignantes applicables aux groupes d'entreprises (BCR, *binding corporate rules*) [10], applicables à un ensemble d'entreprises qui participent à une activité économique conjointe, ont également été adoptées par la Commission européenne.

1. Décis. exécution 2019/419, Commission, 23 janv. 2019 constatant, conformément au règlement (UE) 2016/679 du Parlement européen et du Conseil, le niveau de protection adéquat des données à caractère personnel assuré par le Japon en vertu de la loi sur la protection des informations à caractère personnel [notifiée sous le numéro C (2019) 304], *JOUE*, 19 mars, p. 1.
2. Décis. 2000/520, Commission, 26 juill. 2000 conformément à la directive 95/46/CE du Parlement européen et du Conseil relative à la pertinence de la protection assurée par les principes de la « sphère de sécurité » et par les questions souvent posées y afférentes, publiés par le ministère du commerce des États-Unis d'Amérique, *JOCE L* 25 août, p. 7.
3. CJUE, gr. ch., 6 oct. 2015, *Maximillian Schrems c/Data Protection Commissioner*, aff. C-362/14 ; *JCP* 2015, act. 1107, obs. D. Berlin ; *D.* 2015. 2011 – A. Debet, « L'invalidation du Safe Harbour par la CJUE : tempête sur les transferts de données vers les États-Unis », *JCP* 2015. 1258.
4. « Safe Harbor : le G29 analyse les conséquences de la décision de la CJUE », Cnil 4 févr. 2016 ; *JCP* 2016. 184.
5. Décis. adéquation, 12 juill. 2016, *Bouclier vie privée UE-EU Privacy Shield EU-US* – C. Castets-Renard, « l'adoption du Privacy Shield sur le transfert des données personnelles », *D.* 2016. 1696 – F. Jault-Seseke et C. Zolynski, « Le règlement 2016-679/UE relatif aux données personnelles – Aspect de droit international privé », *D.* 2016. 1874.
6. Rapport de la commission au parlement européen sur le second examen annuel du fonctionnement du bouclier de protection des données UE-États-Unis, 18 oct. 2017, COM (2017) 611 final – Rapport de la commission au parlement européen sur l'échange et protection de données à caractère personnel à l'ère de la mondialisation, COM/2017/07 final ; – *D.* 2018. 1038, obs. B. Fauvarque-Cosson et B. Maxwell.
7. Rapport de la commission au parlement européen sur le second examen annuel du fonctionnement du bouclier de protection des données UE-États-Unis, 22 déc. 2018, COM (2018) 860 final ; – *D.* 2019. 1683, n° 25, obs. W. Maxwell, C. Zolynski ; – EN DERNIER LIEU : Rapport de la commission au parlement européen sur le troisième examen annuel du fonctionnement du bouclier de protection des données UE-États-Unis, 23 oct. 2019, COM (2019) 495 final.
8. CJUE 16 juill. 2020, *Maximillian Schrems c/Data Protection Commissioner et Facebook Ireland*, aff. C-311/18 ; *JCP* 2020. 1116 note N. Martial-Braz ; *JCP* 2020. 934, obs. D. Berlin ; *D.* 2020. 2432 note C. Castets-Renard.
9. https://www.cnil.fr/fr/les-clauses-contractuelles-types-de-la-commision-europeenne – Décis. 2010/87, Commission, 5 févr. 2010 relative aux clauses contractuelles types pour le transfert de données à caractère personnel vers des sous-traitants établis dans des pays tiers en vertu de la directive 95/46/CE du Parlement européen et du Conseil, *JOUE* 12 févr., p. 5 ; – CJUE 19 déc. 2019, *Maximillian Schrems c/ Data Protection Commissioner*, aff. C-211/18 ; *D.* 2020. 1269, obs. W. Maxwell et C. Zolynski – CJUE 16 juill. 2020, *Maximillian Schrems c/Data Protection Commissioner et Facebook Ireland*, aff. C-311/18.
10. RGPD, art. 47.

Le 4 juin 2021, afin de prendre en compte la jurisprudence de la CJUE, et de prévoir des garanties spécifiques quant aux effets de la législation du pays de destination des données sur le respect des clauses par l'importateur de données et, en particulier, la manière de traiter les demandes contraignantes des autorités publiques du pays tiers concernant la divulgation des données à caractère personnel transférées, la Commission européenne a adopté deux décisions d'exécution relatives aux clauses contractuelles types visant à sécuriser les échanges de données à caractère personnel[1].

Ces nouvelles clauses sont à utiliser dans les rapports entre responsables de traitement et sous-traitants ainsi que dans le cadre du transfert de données à caractère personnel vers des pays tiers. Une période de transition de 18 mois est prévue afin que les responsables de traitement et les sous-traitants puissent les intégrer dans leurs conventions[2].

1. Décis. exécution 2021/915, Commission, 4 juin 2021 relative aux clauses contractuelles types entre les responsables du traitement et les sous-traitants au titre de l'article 28, paragraphe 7, du règlement (UE) 2016/679 du Parlement européen et du Conseil et de l'article 29, paragraphe 7, du règlement (UE) 2018/1725 du Parlement européen et du Conseil, *JOUE* 7 juin, p. 18 ; ET : Décis. exécution 2021/914, Commission, 4 juin 2021 relative aux clauses contractuelles types pour le transfert de données à caractère personnel vers des pays tiers en vertu du règlement (UE) 2016/679 du Parlement européen et du Conseil, *JOUE* 7 juin, p. 31.
2. N. Martial-Braz, « Les clauses contractuelles types sont mortes, vive les clauses contractuelles types ! », *JCP* 2021. 761.

CHAPITRE

413. Secret professionnel et administration

SECTION 0 ORIENTEUR

413.00 Sommaire du chapitre.

Division. Lorsque l'avocat est tenu, comme tout autre professionnel, de justifier du respect de ses obligations fiscales, sociales[1] ou plus généralement de la législation et réglementation applicables à son activité, il doit être en mesure de le faire tout en préservant le secret professionnel qu'il doit à son client et qui demeure, en tout état de cause, opposable à l'administration (sect. 1). Il en est ainsi s'agissant du contrôle fiscal (sect. 2), des contrôles de la Dgccrf (sect. 3) comme de tout autre type de contrôles qui pourrait viser un avocat, notamment en raison de certaines missions ou activités particulières (sect. 4).

1. V. s[s] n°s 811.111 s.

413.01 Textes applicables.

TEXTES TITRÉS

• **L. n° 71-1130, 31 déc. 1971**

art. 66-5 [Protection du secret professionnel de l'avocat]

> Secret professionnel et administration fiscale

• **CGI**

art. 98 [Demandes de renseignement de l'administration fiscale]

art. 99 [Obligations comptables]

art. 1649 *quater* G [Documents comptables AGA]

• **LPF**

art. L. 13-O-A [Vérification fiscale]

art. L. 86 [Identité du client]

art. L. 86 A [Nature des prestations fournies]

art. L. 101 [Communication par l'autorité judiciaire]

> Secret professionnel et Dgccrf

• **L. n° 71-1130, 31 déc. 1971**

art. 10-1 [Information du bâtonnier]

• **C. consom.**

art. L. 511-8 [Convention d'honoraires de l'avocat]

art. L. 512-3 [Enquête Dgccrf]

> Secret professionnel et Hatvp

• **L. n° 2013-907, 11 oct. 2013**

art. 18-6 [Contrôles, visites et saisies Hatvp]

• **Décr. n° 2017-867, 9 mai 2017**

art. 9 [Vérifications sur place – Hatvp]

art. 10 [Vérifications sur place – Hatvp]

art. 11 [Vérifications sur place – Hatvp]

art. 12 [Communication sur pièces]

413.02 Jurisprudence de référence.

> Protection du secret professionnel en matière de vérification fiscale

• **Cons. const., n° 99-424 *DC*, 29 déc. 1999,** Loi de finances pour 2000, *JO* 31 déc., p. 19991.

« SUR L'ARTICLE 91 :

38. Considérant que le II de cet article, auquel s'adressent les griefs des sénateurs requérants, insère dans le livre des procédures fiscales un article L. 13-0A ainsi rédigé : "Les agents de l'administration des impôts peuvent demander toutes informations relatives au montant, à la date et à la forme des versements afférents aux recettes de toute nature perçues par les personnes dépositaires du secret professionnel en vertu des dispositions de l'article 226-13 du code pénal. Ils ne peuvent demander de renseignements sur la nature des prestations fournies par ces personnes" ;

39. Considérant qu'il est soutenu que, "le terme d'informations ayant un champ d'application très large" et la référence à l'article 226-13 du code pénal n'offrant "aucune garantie de confidentialité à la personne bénéficiaire des prestations" d'un dépositaire du secret professionnel, il serait porté une atteinte indirecte au respect de la vie privée ;

40. Considérant qu'il résulte des dispositions précitées, éclairées par les débats parlementaires à l'issue desquels elles ont été adoptées, que le législateur a entendu délimiter strictement le champ des informations demandées, qui ne peuvent porter ni sur l'identité des clients, ni sur la nature des prestations fournies ; que les dispositions de l'article 226-13 du code pénal, auquel renvoie expressément l'article L. 13-0A du livre des procédures fiscales, s'appliqueraient en cas de révélation, par une personne qui en est dépositaire, des informations couvertes par cet article ;

41. Considérant, dès lors, que manque en fait le grief tiré d'une atteinte au respect de la vie privée ; »

> Annulation d'un redressement fiscal opéré en prenant connaissance de la nature des prestations fournies aux clients

• **CE 7 juill. 2004,** *ministre Éco., Fin. et Ind.,* req. n° 253711, *Lebon.*

* V. s[s] n° 413.21.

« Considérant, en premier lieu, que contrairement à ce que soutient le ministre en appel, s'il n'appartient qu'au juge répressif de sanctionner les infractions aux dispositions qui figuraient en l'espèce à l'article 378 du code pénal, il incombe au juge de l'impôt, lorsqu'un contribuable astreint au secret professionnel conteste, devant lui, la régularité de la procédure d'imposition suivie à son égard, au motif que celle-ci aurait porté atteinte à ce secret, d'examiner le bien-fondé d'un tel moyen ;

Considérant, en second lieu, qu'il résulte des dispositions précitées des articles 1649 *quater* G du code général des impôts et L. 86 A du livre des procédures fiscales que la circonstance que l'administration fiscale accède, dans le cadre de son droit de communication, à un document, comptable ou non, fournissant des renseignements sur le paiement des actes effectués par un médecin sur des patients nommément désignés n'est pas de nature à entacher d'irrégularité la vérification en vue de laquelle le droit de communication a été exercé, sous réserve toutefois que ce document ne comporte aucune indication, même sommaire ou codée, concernant la nature des prestations médicales fournies aux patients ;

Considérant qu'il ressort des pièces du dossier que le vérificateur s'est notamment fondé, pour établir les impositions litigieuses, sur des feuilles de soins et des relevés que lui avait communiqués la caisse primaire d'assurance-maladie de Sélestat ; que ces documents ne contenaient pas seulement des renseignements sur le paiement des actes effectués par M. X... et le nom des patients mais comportaient aussi la cotation des actes médicaux effectués pour chacun des patients désignés par leur nom ; que, par suite, le vérificateur a méconnu les dispositions précitées du code général des impôts et du livre des procédures fiscales, qui ne l'autorisaient pas à se faire communiquer des informations sur la nature des prestations médicales fournies aux patients ; Considérant que, par suite, le ministre de l'Économie, des Finances et de l'Industrie n'est pas fondé à se plaindre de ce que, par le jugement du 8 juin 1998, le tribunal administratif de Strasbourg a accordé la décharge des impositions en litige. »

413.03 Bibliographie indicative.

* Aussi : v. s[s] n° 41.03.

Articles. R. Gouyet, « Le secret professionnel de l'avocat à l'épreuve du droit fiscal : l'exemple du droit de communication », *LPA* 10 juin 1999, n° 115, p. 3 – Ch. Lopez, « Secret professionnel de l'avocat et pouvoirs du fisc », *LPA* 1997, n° 38 – A. Marie, « les enquêtes de la Dgccrf en matière de pratiques anticoncurrentielles », *RLC* janv.-mars 2008, n° 14, p. 112 – P. Michaud, « L'enquête fiscale judiciaire sous le contrôle du Parquet », *Gaz. Pal.* 29-30 janv. 2010, n° 29 à 30/2010, p. 13 – V. Nioré, « Notes d'honoraires et conventions d'honoraires : quelle place pour le secret professionnel face à l'intrusion de la Dgccrf chez l'avocat par la réforme "Macron" ? », *D. avocats* 2015. 27 – D. Piau, « Honoraires : Contexte et conséquences de la loi Macron », *Maître,* n° 235, févr. 2016, p. 21 ; « Du (triple...) régime du contrôle des avocats par la Dgccf à un nécessaire droit commun de la protection du secret professionnel de l'avocat », *Gaz. Pal.* 14 févr. 2017, p. 13 ; « Le secret professionnel de l'avocat et le contrôle de son activité économique », *Maître,* n° 245, sept. 2018, p. 15 – P. Vilbert, « À propos du secret professionnel de l'avocat et du droit de communication à l'administration fiscale : la brèche », *Gaz. Pal.* 1987. 2. Doctr. 601.

SECTION 1
PROPOS LIMINAIRES

413.10 Plan – Secret professionnel de l'avocat et administration. Le secret professionnel auquel est astreint l'avocat est régulièrement confronté aux obligations de déclaration ou d'information auxquelles l'avocat, comme dans une large mesure tout autre professionnel, peut être tenu, de par la loi, envers l'administration. L'activité de l'avocat implique des obligations en matière de déclarations de revenus, de facturation[1], de relations avec ses clients, notamment lors-

1. V. s[s] n°s 731.00 s.

que ceux-ci sont des consommateurs, qui génèrent des obligations déclaratives (notamment des revenus, des salaires, de cotisations sociales...)[1], qui doivent pouvoir faire l'objet de contrôle de la part de l'administration dans le cadre prévu par la loi. Pas plus que le secret professionnel ne saurait protéger l'avocat qui réaliserait une activité délictuelle ou criminelle[2], il ne saurait protéger l'avocat contre la non-exécution ou la mauvaise exécution des obligations qui lui incombent à l'égard de l'administration en raison de son activité.

Mais cela doit se faire dans un cadre garantissant la protection du secret professionnel auquel l'avocat est tenu à l'égard de ses clients, les principes dégagés en la matière par les juridictions administratives (§ 1) s'avérant plus protecteurs du secret professionnel que ceux mis en œuvre par les juridictions de l'ordre judiciaire (§ 2).

§ 1
Principes en matière de droit administratif

413.21 **Principes posés en la matière.** C'est en matière médicale que s'est principalement posée la question des relations entre le secret professionnel et les pouvoirs de l'administration, notamment lorsqu'ils conduisent à la mise en œuvre de prérogatives de puissance publique exorbitantes du droit commun. Le Conseil d'État a été amené à préciser, s'agissant des professionnels libéraux, adhérents à un organisme de gestion agréée et soumis de ce fait à des obligations spécifiques, que le secret professionnel s'oppose à ce que les membres des professions auxquelles il s'applique fassent connaître à des tiers le nom des personnes qui ont eu recours à leurs services ou à leurs soins en l'absence de toute disposition législative expresse, et ce, nonobstant le fait que les agents des services fiscaux soient eux-mêmes tenus au secret professionnel[3].

À la suite de cet arrêt du Conseil d'État, une disposition de la loi de finances pour 1983[4] a modifié l'article 1649 *quater* C du code général des impôts afin de prévoir expressément que les documents comptables doivent comporter, quelle que soit la profession exercée, l'identité du client ainsi que le montant, la date et la forme du versement des honoraires. Le Conseil d'État est alors venu préciser, compléter et délimiter la portée de ces dispositions en indiquant la nature et le contenu des documents auxquels a accès le vérificateur à l'occasion des opérations de vérification de comptabilité des membres des professions libérales. Pour le Conseil d'État :

- l'accès aux documents comptables est ouvert non seulement au vérificateur mais également à toutes les personnes auxquelles les dispositions légales donnent mission de concourir à la procédure de redressement, telles que les membres de la Commission départementale de conciliation,

- les dispositions des articles 1649 *quater* G du code général des impôts et L. 86 A du livre des procédures fiscales prévoyant l'accès de l'administration fiscale, dans le cadre de son droit de communication, à un document, comptable ou non, fournissant des renseignements sur le paiement des actes effectués par un médecin sur des patients nommément désignés n'est pas de nature à entacher d'irrégularité la vérification en vue de laquelle le droit de communication a été exercé, sous réserve toutefois que ce document ne comporte aucune indication, même sommaire ou codée, concernant la nature des prestations médicales fournies aux patients.

Ainsi, dès lors que le vérificateur s'est notamment fondé, pour établir les impositions litigieuses, sur des feuilles de soins et des relevés que lui avait communiqués la caisse primaire d'assurance-maladie, documents qui ne contenaient pas seulement des renseignements sur le paiement des actes effectués par le médecin et le nom des patients mais comportaient aussi la cotation des actes médicaux effectués pour chacun des patients désignés par leur numéro, il a méconnu les dispositions précitées qui ne l'autorisaient pas à se faire communiquer des informations sur la nature des prestations médicales fournies aux patients, ce qui justifie l'annulation du redressement fiscal[5].

413.22 **Identification des clients.** Ces règles conduisent à exiger du professionnel libéral qu'il indique la provenance de ses recettes par des mentions permettant l'identification des clients, ce qui constitue une atteinte indirecte au principe du secret professionnel. Mais pas la nature des prestations, ce qui permet de protéger ce même secret professionnel tout en préservant les droits de l'administration fiscale à contrôler la sincérité des déclarations. Ainsi, en principe, le secret professionnel s'oppose à ce que l'avocat fasse connaître à des tiers le nom des personnes qui ont eu recours à ses services et les prestations réalisées pour ces mêmes personnes[6], sauf dispositions législatives expresses

1. Sur les obligations comptables, fiscales et sociales de l'avocat, v. s[s] n°s 811.141 s.
2. Sur les perquisitions et écoutes, v. s[s] n°s 414.21 s.
3. CE, ass., 12 mars 1982, *Conseil national de l'Ordre des médecins,* req. n° 11413, *Lebon* 108.
4. L. n° 82-1126, 29 déc. 1982 de finances pour 1983, *JO* 30 déc., p. 3923, art. 73.
5. CE 7 juill. 2004, *min Éco., Fin. et Ind.,* req. n° 253711, *Lebon ; AJDA* 2004. 1950 – V. s[s] n°s 413.41 s.
6. CE 15 févr. 2016, req. n° 375667, *Lebon T* ; CE 4 mai 2016, req. n° 387466, *Lebon T* ; *JCP* 2016. 620 ; *JCP* 2016. 670, n° 12, obs. Ch. Vautrot-Schwarz ; *AJ fam.* 2016. 287, obs. P. Jolivet.

ou obligation liée à l'exercice même de son mandat par l'avocat[1].

Toutefois, ces principes posés par les juridictions administratives, ne seront pas nécessairement applicables dans le cadre des contrôles d'administration qui ne relèvent pas de la compétence de ces mêmes juridictions administratives, comme nous aurons l'occasion de le voir avec les contrôles de la Dgccrf[2].

§ 2
Principes généraux

413.31 **Difficulté.** La jurisprudence, protectrice, du Conseil d'État, appliquée à l'administration fiscale[3], et qui impose que les textes prévoient expressément les éléments qui peuvent être consultés n'est pas, et c'est éminemment regrettable, applicable s'agissant d'autres administrations dont le contentieux relève de la compétence des juridictions de l'ordre judiciaire, ainsi que de la jurisprudence, la moins respectueuse qui soit du secret professionnel, de la chambre criminelle, en matière de visite et saisie[4].

413.32 **Nature du secret professionnel.** Le secret professionnel de l'avocat n'est pas un secret professionnel de droit commun[5], comme celui de l'expert-comptable ou du salarié, même juriste, d'une entreprise, mais un secret professionnel résultant de principes à valeur constitutionnelle et conventionnellement protégé[6], y compris auprès des tiers prestataires de l'avocat tels que sa banque[7].

Le Conseil constitutionnel a ainsi eu l'occasion de rappeler, s'agissant du secret du délibéré mais la solution peut être étendue au secret professionnel de l'avocat, que : « s'il est loisible au législateur de permettre la saisie d'éléments couverts par le secret du délibéré, il lui appartient de prévoir les conditions et modalités selon lesquelles une telle atteinte au principe d'indépendance peut être mise en œuvre afin que celle-ci demeure proportionnée »[8].

Quant à la CEDH, elle prohibe toute recherche d'informations concernant un avocat qui n'offrirait pas de garanties particulières impliquant, au préalable, la preuve concrète de soupçons de participation de l'avocat à une infraction, ainsi que le contrôle de la mesure par une instance judiciaire et des garanties procédurales spécifiques (voie de recours, protection du bâtonnier) afin d'assurer la préservation du secret professionnel[9].

413.33 **Opposabilité du secret professionnel.** Le secret professionnel, qui est une obligation impérieuse de l'avocat dans l'intérêt et au profit de son client, opposable aux tiers en toutes circonstances[10], ne couvre pas l'activité économique de l'avocat lui-même : le secret professionnel est inhérent à la relation de confidence qui lie l'avocat à son client[11], et ce, dans le strict périmètre de cette dernière[12], et ne saurait couvrir des agissements contraires à l'environnement législatif et réglementaire applicable à son activité.

En outre, ce qui est protégé chez le client[13], tel que les notes d'honoraires jointes à un courrier de l'avocat[14], ne l'est pas forcément chez l'avocat.

413.34 **Finalité des prérogatives de contrôle.** Il découle de ce qui précède que les larges pouvoirs octroyés aux agents de l'administration, y compris en matière de saisie électronique[15], doivent, en tout état de cause, se concilier avec la nécessaire protection du secret professionnel de l'avocat[16].

Il n'en irait autrement que, d'une part, si l'avocat était soupçonné d'avoir commis une infraction ou un manquement, et ce sur la base d'éléments de preuve permettant d'en établir la participation de l'avocat et devant être allégués avant toute opération de visite et saisies[17], mais pas de simple demande de communication ou contrôle et, d'autre part, si les documents saisis étaient de nature à établir la preuve

1. V. s^s n° 413.131.
2. V. s^s n°s 413.50 s.
3. V. s^s n°s 413.21 s.
4. Com. 9 déc. 2014, n°s 13-26.624, 13-26.627, NP – V. s^s n°s 414.121 s.
5. V. s^s n° 411.11.
6. CEDH 24 juill. 2008, *André c/France*, req. n° 18603/03 ; *D.* 2008. 2353.
7. CEDH 27 avr. 2017, *Sommer c/Allemagne*, req. n° 73607/13 ; *AJ pénal* 2017. 408, obs. P. de Combles de Nayves ; *Gaz. Pal.* 5 déc. 2017, p. 25, obs. B. de Belval – V. s^s n° 412.221.
8. Cons. const. 4 déc. 2015, n° 2015-506 QPC, *JO* 6 déc., p. 22502 ; *D.* 2015. 2504 ; AJ *Pénal* 2016. 276, obs. J.-B. Perrier ; *Constitutions* 2015. 650 ; *JCP* 2016. 381, n° 20 note J.-B. Perrier – Crim. 22 mars 2016, n° 15-83.207, P n° 92 ; *D.* 2016. 1733, obs. J. Pradel ; *JCP* 2016. 381, n° 20, obs. J.-B. Perrier ; *RSC* 2016. 364, obs. F. Cordier.
9. CEDH 27 avr. 2017, *Sommer c/Allemagne*, req. n° 73607/13 ; *AJ pénal* 2017. 408, obs. P. de Combles de Nayves ; *Gaz. Pal.* 5 déc. 2017, p. 25, obs. B. de Belval – V. s^s n° 414.24.
10. V. s^s n°s 412.191 s.
11. V. s^s n°s 412.41 s.
12. Civ. 1re, 14 déc. 2016, n° 15-27.349, P – V. s^s n°s 412.120 s.
13. V. s^s n°s 415.00 s.
14. Com. 6 déc. 2016, n° 15-14.554, P ; *D.* 2016. 2575 ; *D. avocats* 2017. 75, article E. Spiridion ; *JCP* 2017. 660, n° 15, obs. J. Moret-Bailly ; *Gaz. Pal.* 6 juin 2017, p. 24, obs. B. de Belval.
15. D. Piau, « Allô, le secret professionnel... non mais allô quoi ! », *Gaz. Pal.* 2-4 juin 2013, p. 10.
16. L. n° 71-1130, 31 déc. 1971, art. 66-5.
17. Com. 9 mars 1999, n° 97-30.029, NP – Crim. 11 déc. 2002 n° 01-85.000, NP.

de la participation de l'avocat à une infraction ou un manquement[1].

413.35 Finalité du secret professionnel. Si en l'absence de précisions textuelles les limites sont plus difficiles à poser entre l'activité économique même de l'avocat et les relations de secret professionnel qui le lient à ses clients, le cabinet de l'avocat doit ainsi demeurer à l'abri des recherches qui n'auraient pour objet que la découverte des indices d'infractions imputés aux clients[2], et ce, au mépris de la confidence faite par le client à l'avocat.

Tant qu'il n'y a pas de relation client[3], il n'y a point de secret professionnel, et hors de la stricte relation client, ce dans les limites du contenu et de la portée du mandat la définissant, il n'y a plus de secret professionnel.

413.36 Bâtonnier, protecteur du secret professionnel. Dès lors qu'une atteinte est susceptible d'être portée au secret professionnel, ce qui est notamment le cas en matière de visites domiciliaires, et même en l'absence de pouvoir de saisie, il est alors impératif de l'encadrer strictement, en prévoyant l'intervention, en amont, du bâtonnier[4]. Ce dernier s'assure qu'aucune atteinte n'est portée au secret professionnel par les communications et informations sollicitées par l'administration auprès de l'avocat et prend, si nécessaire, les mesures destinées à assurer cette protection (cancellation des documents...).

En outre, dès lors que la communication d'un document ou d'une information couverte par le secret professionnel est envisagée et prévue par la loi, elle doit impérativement se faire par l'intermédiaire du bâtonnier « filtre protecteur du secret professionnel »[5].

1. Crim. 5 juin 1975, n° 74-92.792, P n° 146 – Crim. 12 mars 1992, n° 91-86.843, P n° 112 ; *D.* 1993. 207, obs. J. Pradel ; *D.* 1994. 134, note A. Brunois ; *Gaz. Pal.* 1992. Somm. 383, note J. Pradel – Crim. 20 janv. 1993, n° 92-85.548, P n° 29 – Crim. 7 mars 1994, n° 93-84.931, P n° 87 ; *D.* 1995. 167, obs. A. Brunois ; *D.* 1994. 188, obs. J. Pradel ; *RSC* 1994. 576, obs. J.-C. Marin – Crim. 5 oct. 1999, n° 98-80.007, P n° 206 ; *D.* 2000. 155, obs. B. Blanchard – Crim. 27 oct. 2004, n° 04-81.513, P n° 259 ; *D.* 2004. 3112 ; *AJ pénal* 2005. 74, obs. J. C. – Crim. 1er mars 2006, n° 05-87.252, P n° 60 ; *D.* 2006. 1188 ; *AJ pénal* 2006. 304, note P. Remillieux.
2. F. Hélie, *Traité de l'instruction criminelle*, t. IV, *De la police judiciaire*, 2e éd., Henri Plon, 1866, n° 1818.
3. V. s^s n°s 412.20 s.
4. CEDH 24 juill. 2008, *André c/France*, req. n° 18603/03 ; *D.* 2008. 2353.
5. CEDH 6 déc. 2012, *Michaud c/France*, req. n° 12323/11 ; *D.* 2013. 284, note F. Defferrard ; *D.* 2013. 1647, obs. C. Mascala ; *D. actu.* 12 déc. 2012, obs. O. Bachelet ; *D. avocats* 2013. 8, obs. L. Dargent ; *AJDA* 2013. 165, Chron. L. Burgorgue-Larsen ; *AJ pénal* 2013. 160, obs. J. Lasserre Capdeville ; *RFDA* 2013. 576, Chron. H. Labayle, F. Sudre, X. Dupré de Boulois et L. Milano ; *RSC* 2013. 160, obs. J.-P. Marguénaud – V s^s n° 482.44.

SECTION 2
RÉGIME DU CONTRÔLE FISCAL DE L'AVOCAT

413.41 Obligations comptables et fiscales de l'avocat. L'avocat est contraint de tenir une comptabilité[6] qui doit comprendre le livre-journal servi au jour le jour et présentant le détail de ses recettes et de ses dépenses professionnelles dont la tenue est obligatoire et doit comporter l'identité du client ainsi que le montant, la date et la forme du versement des honoraires mais sans aucune indication de la nature des prestations réalisées[7].

Les factures et notes d'honoraires[8] doivent être nominatives, et ne comporter aucun renseignement sur la nature des prestations réalisées, de même que les reçus ou les accusés de réception de virements adressés par le client en paiement de ces mêmes factures[9].

413.42 Droits de communication de l'administration fiscale[10]. L'administration fiscale peut demander à tout avocat tous renseignements susceptibles de justifier l'exactitude des chiffres déclarés et notamment, tous les éléments permettant d'apprécier l'importance de la clientèle[11]. Ils peuvent notamment exiger la communication du livre-journal ainsi que les pièces justificatives[12] et prendre, ainsi, connaissance de l'identité du client, le montant, la date et la forme du versement ainsi que les pièces annexes de ce versement[13]. Ils peuvent exiger que le livre-journal mentionne, eu regard aux sommes encaissées, l'identité du payeur à défaut de quoi la comptabilité perdrait toute pertinence.

Mais, ils ne peuvent en aucun cas solliciter des renseignements quant à la nature des prestations fournies[14], telle que la nature de l'affaire, les pièces relatant la nature du litige, voire même l'identité des diverses parties concernées.

413.43 Interprétation stricte. Le Conseil d'État a eu l'occasion de rappeler que le législateur a entendu délimiter strictement le champ des informations que l'administration fiscale est susceptible de demander à ces professionnels. Ainsi, si ces dispositions ne font pas obstacle à ce que l'administration prenne

6. V. s^s n°s 811.221 s.
7. CGI, art. 99 al. 2 et art. 1649 *quater* G al. 2 – V. s^s n°s 811.221 s.
8. V. s^s n°s 731.00 s.
9. V. s^s n°s 731.21 s.
10. *BOI* fasc. « CF – Droit de communication et procédures de recherche et de lutte contre la fraude – Droit de communication auprès de certains membres de professions non commerciales » – *BOI*-CF-COM-10-40-20131021.
11. CGI, art. L. 98, al. 1er.
12. CGI, art. L. 98, al. 2.
13. LPF, art. L. 86, al. 2.
14. LPF, art. L. 86 A, al. 2.

connaissance, pendant les opérations de contrôle, de factures établies par un avocat pour des prestations destinées à des clients nommément désignés, dès lors que ces documents ne comportent aucune indication, même sommaire, sur la nature des prestations fournies à ces clients, elles font en revanche obstacle à ce que le vérificateur procède à des demandes complémentaires relatives à l'identité des clients concernés ou cherche à obtenir des renseignements sur la nature des prestations fournies. Pour autant, dans l'hypothèse où des discordances entre les mentions figurant sur les pièces comptables dont l'administration a pu régulièrement prendre connaissance quant à l'identité des personnes ayant payé des prestations soumises à la TVA et l'identité des bénéficiaires mentionnés sur les factures de ces prestations, font douter du caractère probant de ces dernières quant à la domiciliation des bénéficiaires effectifs des prestations, ces dispositions ne sauraient être regardées comme interdisant à l'administration de demander à l'avocat qui a effectué ces prestations qu'il fournisse les éléments de nature à établir la domiciliation des payeurs lorsqu'elle est nécessaire à la détermination des règles de territorialité applicables en matière de TVA.

Il en découle que le secret professionnel s'opposait, en l'espèce, à ce que l'administration fiscale demande à la société requérante de produire tout élément permettant d'identifier les preneurs des prestations litigieuses, alors que seuls des éléments relatifs à la domiciliation des entités ayant payé les prestations pouvaient, compte tenu des différences constatées avec les mentions figurant sur les factures, être demandés [1].

413.44 **Factures.** Dès lors qu'elle ne constitue pas un document confidentiel et qu'elle ne reprend pas nécessairement la nature des prestations fournies, une facture n'est pas couverte par le secret professionnel au sens de l'article L. 86-A du livre des procédures fiscales [2]. En principe, la facture des honoraires de l'avocat doit comporter la quantité, la dénomination précise et le prix unitaire hors taxes de la prestation [3]. Or il semble que l'expression « dénomination précise » revient à exiger l'identification du client sur la facture.

Le Conseil d'État a ainsi refusé d'admettre que des fiches auxquelles étaient annexées des indications de caractère médical perdaient leur caractère purement comptable dès lors qu'il n'y avait pas de lien direct entre l'identité des clients du médecin et les prestations réalisées, l'argument tiré de la violation du secret médical a été, pour cette raison, écarté alors qu'il avait été accepté par le tribunal administratif ce qui avait eu pour conséquence de prononcer la décharge des impositions litigieuses [4].

413.45 **Établissement des factures.** Il est donc prudent pour les avocats lors de l'établissement des factures de n'y mentionner aucune référence à l'identité de l'affaire et la nature des prestations fournies [5]. Ces derniers éléments doivent faire l'objet d'un document séparé, joint avec la facture, tel qu'un relevé de diligences qui ne sera pas soumis à l'obligation de communication [6].

D'autant qu'il convient de rappeler que si l'avocat se mettait volontairement hors d'état de pouvoir expliquer l'origine des fonds encaissés, en mêlant à ses documents comptables des documents couverts par le secret professionnel, ce qui lui interdirait de les produire au service des impôts en cas de contrôle, cela pourrait conduire l'administration fiscale à considérer qu'il y a lieu à mettre en œuvre une procédure de taxation d'office pour absence ou insuffisance de réponse aux demandes d'éclaircissements et de justifications [7], ou encore à mettre en œuvre une procédure de visite et saisie de l'article L. 16 B du LPF [8]. Ce sera alors l'avocat lui-même qui risque de se retrouver contraint de verser les éléments initialement demandés, afin de se défendre, et ce dans le cadre des strictes nécessités de sa défense [9], en dévoilant ainsi à l'administration fiscale des éléments (la nature des prestations) qu'il aurait pu s'abstenir de dévoiler si ses pièces comptables étaient tenues avec diligence et prudence.

413.46 **Précision quant à la nature des prestations.** La CJUE a considéré que la directive 2006/112 [10] qui énumère les mentions obligatoires devant figurer sur les factures, impose de préciser l'étendue et la nature des services fournis, sans toutefois préciser qu'il est nécessaire de décrire les services spécifiques fournis de manière exhaustive ainsi que la date à laquelle est effectuée ou achevée la prestation de services [11].

Au cas d'espèce, elle relève que la mention « services juridiques fournis depuis [une certaine date]

1. CE 4 mai 2016, n° 387466, *Lebon T* ; *JCP* 2016. 620 ; *JCP* 2016. 670, n° 12, obs. Ch. Vautrot-Schwarz ; *AJ fam.* 2016. 287, obs. P. Jolivet.
2. Paris, 6 nov. 2012, n° 12/00099.
3. V. s[s] n°s 731.21 s.
4. CE 21 juill. 1972, req. n° 72508, *Lebon* 564.
5. CNB, Comm. RU, avis n° 2016-048, 30 juin 2016.
6. V. s[s] n°s 731.121.
7. LPF, art. L. 16 et L. 69.
8. V. s[s] n°s 414.151 s.
9. V. s[s] n°s 412.271 s.
10. Dir. 2006/112, Conseil, 28 nov. 2006 relative au système commun de taxe sur la valeur ajoutée, *JOUE L* 11 déc., p. 1, art. 226.
11. CJUE 15 sept. 2016, *Barlis 06 – Investimentos Imobiliários e Turísticos SA contre Autoridade Tributária e Aduaneira*, aff. C-516/14 ; *RTD eur.* 2017. 147, Chron. A. Maitrot de la Motte.

jusqu'à aujourd'hui » ou « services juridiques fournis jusqu'à aujourd'hui » ne semble pas indiquer de manière suffisamment détaillée la nature des services en cause. En outre, cette mention est si générale qu'elle ne semble pas faire apparaître l'étendue des services rendus, et, dans le second cas, ne précise aucune date de début de la période de décompte[1].

413.47 Conséquence d'un redressement fiscal effectué sur la base d'éléments couverts par le secret professionnel. Dès lors qu'un redressement fiscal est effectué sur la base d'éléments couverts par le secret professionnel, il y a lieu de l'annuler purement et simplement. Tel celui prononcé dans le cadre d'une vérification de comptabilité effectuée en prenant connaissance d'informations relatives à l'identité des clients et la nature des prestations fournies par l'avocat, indiquées sur les factures[2].

Inversement, il n'y a pas lieu à annulation d'un redressement opéré par l'administration fiscale en se contentant de solliciter des factures et pièces comptables sur lesquelles le nom et l'adresse des clients de l'avocat n'étaient pas occultés, après qu'au cours des opérations de contrôle le vérificateur a eu connaissance des factures d'honoraires établies par l'avocat sur lesquelles l'identité des clients avait été occultée. Le fait que la nature des prestations que l'avocat effectuait pour ses clients apparaisse sur des factures communiquées au vérificateur est sans incidence dès lors qu'il n'est pas établi que l'administration, pour fonder les rectifications en litige, aurait fait usage de factures faisant apparaître la nature des prestations réalisées dont elle a eu connaissance du fait du comportement de l'avocat[3].

413.48 Information du bâtonnier. Aucune disposition ne prévoit que le bâtonnier soit informé des demandes émanant de l'administration fiscale et susceptibles de mettre en cause le secret professionnel au cours d'une vérification fiscale, contrairement à ce qui est prévu à l'article 10-1 de la loi du 31 décembre 1971[4] pour le contrôle de l'établissement de conventions d'honoraires par la Dgccrf[5].

En pratique, suivant les directions concernées, certains services fiscaux en informent le bâtonnier, d'autres non. Dans le doute, il est recommandé à l'avocat d'en référer à son bâtonnier en cas de contrôle fiscal.

413.49 Communication par l'autorité judiciaire[6]. Il convient, par ailleurs, de noter qu'aux termes des dispositions de l'article L. 101 du livre des procédures fiscales, l'autorité judiciaire a l'obligation de communiquer à l'administration fiscale toute indication de nature à faire présumer une fraude commise en matière fiscale, qu'il s'agisse d'une instance civile ou commerciale ou d'une information criminelle ou correctionnelle même terminée par un non-lieu[7]. L'administration fiscale ne peut avoir communication des dossiers de plaidoirie et des pièces qui y sont contenues dans les locaux du greffe du tribunal et pendant une durée de quinze jours, ramenée à dix jours en matière correctionnelle, à compter du prononcé du jugement[8]. Même à l'expiration de ce délai, comme à tout moment de la procédure, l'administration fiscale peut en obtenir communication du ministère public en application de l'article L. 82 C du LPF qui autorise les membres du parquet à communiquer à l'administration fiscale les dossiers en instance devant toute juridiction civile ou criminelle.

Les renseignements recueillis par l'administration fiscale, dans le cadre de ces dispositions, ont pour finalité la détection d'infractions fiscales et la mise en œuvre des mesures de contrôle appropriées pour les sanctionner. En principe, les éléments versés au dossier par les parties ne sont plus couverts par le secret professionnel[9].

SECTION 3
RÉGIME DU CONTRÔLE DE L'AVOCAT PAR LA DGCCRF

413.50 Plan – Honoraires, tarifs et Dgccrf. La loi du 6 août 2015[10] a, d'une part, rendu obligatoire, sauf exceptions, la conclusion d'une convention d'honoraire écrite avec son client pour toute fixation des honoraires[11], convention qui doit préciser, notamment, le montant ou le mode de détermination des honoraires couvrant les diligences prévisibles, ainsi que les divers frais et débours envisagés, et d'autre part, prévu un tarif réglementé applicable aux droits et émoluments de l'avocat en matière de saisie immobilière, de partage, de licitation et de sûretés judiciaires[12].

1. *Ibidem.*
2. CAA Lyon 16 mai 2013, n° 11LY1009, *D. avocats* 2013, 317, obs. L. Dargent – CAA Lyon 18 déc. 2014, n° 13LY01059, *D. avocats* 2015, 27, note V. Nioré.
3. CAA Bordeaux, 5e ch., 4 déc. 2018, req. n° 16BX02165 – V. ss n° 413.43.
4. L. n° 71-1130, 31 déc. 1971 portant réforme de certaines professions judiciaires et juridiques, *JO* 5 janv. 1972, p. 131.
5. V. ss nos 413.61 s.
6. *BOI* fasc. « CF – Droit de communication et procédures de recherche et de lutte contre la fraude – Droit de communication auprès des tribunaux », *BOI*-CF-COM-10-50-20120912.
7. LPF, art. L. 101.
8. LPF, art. R*101-1.
9. V. ss n° 412.61.
10. L. n° 2015-990, 6 août 2015 pour la croissance, l'activité et l'égalité des chances économiques, *JO* 7 août, p. 13537.
11. L. n° 2015-990, 6 août 2015, art. 51 – V. ss nos 713.10 s.
12. L. n° 2015-990, 6 août 2015, art. 50 – V. ss nos 722.31 s.

Afin d'assurer le respect de ces nouvelles obligations, des pouvoirs de contrôle ont été accordés à la Dgccrf, tant au regard de l'existence de la convention d'honoraires (§ 1), que de l'affichage des tarifs (§ 2), sans pour autant exclure la mise en œuvre des prérogatives de contrôle de droit commun (§ 3).

§ 1
Contrôle de l'existence de la convention d'honoraires

413.61 **C. consom., art. L. 511-8, 1°.** Les agents de la Dgccrf peuvent rechercher et constater les manquements commis par un avocat à l'obligation préalable de conclusion d'une convention d'honoraire précisant, notamment, le montant ou le mode de détermination des honoraires couvrant les diligences prévisibles, ainsi que les divers frais et débours envisagés [1].

Ce contrôle de la Dgccrf a pour seul objet de déterminer l'existence d'un manquement à l'obligation pour un avocat de conclure une convention d'honoraires dans les conditions prévues par l'article 10 de la loi du 31 décembre 1971 [2], contrôle qui doit s'exercer dans le respect du secret professionnel [3], rappel pour le moins surabondant. Il est donc limité au seul constat de l'existence matérielle de la convention.

413.62 **Modalités du contrôle.** Les agents de la Dgccrf effectueront alors le contrôle dans les conditions fixées par les articles L. 512-1 à L. 512-22 du code de la consommation [4]. Ces dispositions permettent, notamment, aux agents de la Dgccrf d'accéder à des locaux utilisés à des fins professionnelles ou mixtes par un avocat ou d'exiger la communication par celui-ci de ses livres, factures et autres documents professionnels et obtenir ou prendre copie de ces documents. Pour le contrôle des opérations faisant appel à l'informatique, ils ont accès aux logiciels et aux données stockées ainsi qu'à la restitution en clair des informations propres à faciliter l'accomplissement de leurs missions. Pour le contrôle de la fourniture de services sur internet, ils peuvent faire usage d'une identité d'emprunt.

Les agents de la Dgccrf ne pourront que solliciter la communication des documents, et ne peuvent en aucun cas procéder à une fouille des lieux et à une saisie des documents et fichiers. Ils ne peuvent recueillir que les informations et documents qui leur sont fournis volontairement par l'avocat.

En pratique, la Dgccrf devrait demander un dossier pour attester que la convention a été établie et qu'elle est conforme à la réglementation. La convention lui sera présentée par l'avocat après anonymisation de tout ce qui a trait au secret professionnel.

413.63 **Information du bâtonnier.** Les agents de la Dgccrf devront informer du contrôle le bâtonnier du barreau de l'avocat concerné par écrit, au moins trois jours avant sa réalisation [5].

Cette obligation d'information semble destinée, ce que confirme la pratique actuelle, à permettre au bâtonnier d'assister aux opérations afin de garantir la protection du secret professionnel.

413.64 **Évolution du contrôle.** Il ressort des débats parlementaires que si, dans le cadre d'un contrôle sur place, un avocat lui refuse un document, l'agent rédigera un rapport signalant ce point qui sera transmis au bâtonnier, lequel aura à en tirer les conséquences dans le cadre de son contrôle déontologique [6].

Mais ils pourront aussi dresser un constat d'opposition à contrôle, lequel est puni d'un emprisonnement de deux ans et d'une amende de 300 000 euros [7].

§ 2
Contrôle de l'affichage des tarifs

413.71 **C. com., art. L. 444-4.** Les agents de la Dgccrf peuvent rechercher et constater les manquements commis par des avocats d'afficher les tarifs qu'ils pratiquent en matière de saisie immobilière, partage, licitation et sûretés judiciaires [8], de manière visible et lisible, dans leur lieu d'exercice et sur leur site internet [9].

Les agents de la Dgccrf peuvent également rechercher et constater les manquements commis par un avocat quant à son obligation de communiquer, à la demande de l'Autorité de la concurrence, en vue de donner son avis sur les projets de décret ou sur les tarifs envisagés, ou des ministères de la justice et de l'économie, en vue d'arrêter ou de réviser les tarifs, « toute donnée utile » [10].

1. C. consom., art. L. 511-8, 1°.
2. V. s^{s} n°s 713.10 s.
3. Cons. const. 5 août 2015, n° 2015-715 *DC, Loi pour la croissance, l'activité et l'égalité des chances économiques*, NON-CONFORMITÉ PARTIELLE, *JO* 7 août, p. 13616.
4. C. consom., art. L. 511-8, *in fine*.
5. L. n° 71-1130, 31 déc. 1971, art. 10-1.
6. V. s^{s} n°s 511.21 s.
7. C. consom., art. L. 531-1.
8. V. s^{s} n°s 722.00 s.
9. C. com., art. L. 444-4 – V. s^{s} n°s 712.91 s.
10. C. com., art. L. 444-5 – G. Cousin, Rapport d'information de la Commission règles et usages sur la réforme des tarifs réglementés de postulation des avocats en matière de saisie immobilière, de partage, de licitation et de sûretés judiciaires, État des travaux avec la DGCCRF et la DACS, CNB, AG 2 juill. 2021.

413.72 **Modalités du contrôle.** Les agents de la Dgccrf effectueront alors le contrôle dans les conditions fixées par les articles L. 450-2 à L. 450-8 du code de commerce, et peuvent enjoindre aux avocats et à leurs instances représentatives de se conformer à leurs obligations [1] après une procédure contradictoire, en leur impartissant un délai raisonnable [2].

Les manquements aux obligations précitées ainsi que l'inexécution des injonctions de se conformer à ces dispositions sont passibles d'une amende administrative dont le montant ne peut excéder 3 000 euros pour une personne physique et 15 000 euros pour une personne morale [3]. L'amende est prononcée par l'Autorité de la concurrence dans les conditions prévues à l'article L. 470-2 [4] du code de commerce [5].

Cette procédure ne s'accompagne, contrairement à la première [6], d'aucune garantie expresse, telle que la simple information du bâtonnier, et l'ensemble des règles, y compris la procédure de visite et saisie de la Dgccrf prévue à l'article L. 450-4 [7] du code de commerce est alors applicable [8].

Le contrôle de l'affichage des tarifs, de manière visible et lisible dans les locaux, et sur leur site internet ne devrait toutefois pas poser de difficulté particulière : une simple visite avec constat de la présence ou non de l'affichage devrait suffire.

§ 3
Prérogatives de contrôle de droit commun

413.81 **C. consom., art. L. 511-1 s.** Ce double régime de contrôle des avocats par les agents de la Dgccrf, issu de la loi du 6 août 2015, apparaît pour le moins incohérent et source de difficultés d'application [9]. D'autant que la pleine application du droit de la consommation à la profession d'avocat [10] conduit à donner plénitude de compétence à la Dgccrf en matière de contrôle dans les conditions de droit commun [11], nonobstant les deux procédures spécifiques précitées. Ces mêmes prérogatives pouvant, également, trouver à s'appliquer s'agissant de contrôles de la Dgccrf en matière de pratiques anticoncurrentielles par des avocats, par exemple dans le cadre des dispositions du code de commerce [12].

À cet égard, la Dgccrf a déjà commencé à s'intéresser à d'autres professions libérales soumises au secret professionnel telles que les huissiers de justice [13] ou les dentistes [14], et une première enquête a été lancée en 2014 sur la profession d'avocat [15]. Une seconde enquête de la Dgccrf a été réalisée en 2017 s'agissant des sites de prestations juridiques en ligne, y compris les sites des cabinets d'avocats, conduisant à un constat de manquements aux obligations d'information précontractuelle et d'affichage des prix ainsi que des infractions à la loi du 21 juin 2004 [16] pour la confiance dans l'économie numérique, dite LCEN [17].

Ce contrôle de droit commun [18] s'effectue alors dans le cadre des dispositions du Livre V du code de la consommation [19], avec possibilité de visite et saisies [20].

413.82 **Position de la Cour de cassation.** La Cour de cassation a déjà été amenée à considérer, s'agissant d'un chirurgien esthétique condamné pour n'avoir pas remis de devis de ses prestations à des clients et omis sur d'autres devis son numéro d'inscription au conseil départemental de l'ordre des médecins et sa qualification dans une spécialité, ainsi que les mentions obligatoires relatives au décompte détaillé, en quantité et en prix, de chaque prestation, la durée de validité de l'offre et la durée de l'arrêt de travail éventuel du patient, que si les agents de la Dgccrf avaient contrôlé le chirurgien esthétique en se faisant remettre les dossiers de ses patients, en l'absence de toute autorisation judiciaire et sans s'assurer de la présence d'un magistrat et de la personne responsable de l'ordre des médecins, dès lors qu'ils se sont bornés à demander communication de plusieurs dossiers au médecin

1. C. com., art. L. 444-62.
2. C. com., art. L. 470-1 ; mod. par L. n° 2020-1508, 3 déc. 2020, art. 9.
3. C. com., art. L. 444-6.
4. C. com., art. L. 470-2 ; mod. par ord. n° 2019-698, 3 juill. 2019, art. 2.
5. C. com., art. L. 444-6, II.
6. V. s[s] n°s 413.62 s.
7. C. com., art. L. 450-4 ; mod. par ord. n° 2019-964, 18 sept. 2019, art. 35.
8. C. com., art. L. 444-6 – V. s[s] n°s 414.171 s.
9. D. Piau, « Du (triple...) régime du contrôle des avocats par la Dgccrf à un nécessaire droit commun de la protection du secret professionnel de l'avocat », *Gaz. Pal.* 14 févr. 2017, p. 13.
10. Sur cette question, v. s[s] n°s 711.111 s.
11. C. consom., art. L. 511-1 s.
12. V. s[s] n°s 414.171 s.
13. Enquête de la Dgccrf sur le recouvrement amiable de créances ; Communiqué de presse 3 août 2015.
14. Enquête de la Dgccrf sur le contrôle des devis dentaires ; Communiqué de presse 18 août 2015.
15. M. Babonneau, « Enquête de la Dgccrf sur les honoraires : la « note de cadrage » de la profession », *D. actu.* 27 mai 2014 – A. Portmann, « Transparence des honoraires d'avocats : la Dgccrf pointe des "anomalies" », *D. actu.* 9 sept. 2015.
16. L. n° 2004-575, 21 juin 2004 pour la confiance dans l'économie numérique, *JO* 22 juin, n° 2.
17. Enquête de la Dgccrf sur le Traitement de litiges : assistance juridique sur internet ; Communiqué de presse 11 déc. 2017.
18. D. Fenouillet (dir.), *Droit de la consommation,* « Dalloz Action », 2020, n°s 411.31 s. par F. Gaumeton.
19. V. s[s] n°s 413.101 s.
20. C. consom., art. L. 512-1 s. – V. s[s] n°s 414.171 s.

qui leur a transmis neuf devis où les mentions relatives à l'identité des patients étaient cancellées, les enquêteurs ont opéré dans les limites des pouvoirs qui leur sont attribués sans procéder à une saisie ni porter atteinte au secret médical[1].

Les mêmes principes devront régir l'exercice du droit de communication en matière de contrôle de la Dgccrf[2].

413.83 Dissociation convention d'honoraires, lettre de mission. Il est parfaitement possible, et même fortement recommandé, de dissocier systématiquement la convention d'honoraires, qui ne contiendrait que les dispositions purement financières dans les rapports de l'avocat avec son client[3], de la lettre de mission et du mandat[4] qui feraient référence à la nature des prestations sollicitées, comme les factures du relevé de diligence[5].

Une telle façon de procéder permet de répondre à un légitime souci de transparence, et de respect de la législation, tout en préservant le secret professionnel.

SECTION 4
AUTRES RÉGIMES DE CONTRÔLES

413.90 Plan. De manière générale, tout contrôle qui vise un avocat en raison de son activité ne saurait en aucun cas porter atteinte au secret professionnel que l'avocat doit à son client et qui demeure opposable à l'administration sans que cela ne fasse, pour autant, obstacle à la bonne fin du contrôle (§ 1). Des dispositions particulières, destinées à assurer un équilibre entre les nécessités du contrôle et la protection du secret professionnel, régissent les contrôles afférents à certaines missions ou activités de l'avocat (§ 2).

§ 1
Régimes généraux

413.101 Diversification des contrôles. L'avocat peut faire l'objet de contrôles de la part de diverses administrations en raison de son activité professionnelle même : Urssaf[6], Tracfin[7], Arcep[8], Cnil, les agents de la Dgccrf étant, en outre, habilités à contrôler directement les infractions à la loi Informatique et Libertés[9], et ce concurremment avec les agents de la Cnil[10], défenseurs des droits[11]...

Le Conseil d'État a publié, en avril 2021, une étude, réalisée à la demande du Premier ministre, sur les pouvoirs de contrôle et d'enquête de l'administration. L'étude constate la stratification et la multiplication des pouvoirs donnés aux administrations (services de l'État, autorités indépendantes) et l'absence de vision d'ensemble. Il propose une harmonisation des usages et une simplification des attributions et des compétences, afin d'améliorer le déroulement et l'efficacité de ces contrôles[12]. L'étude, qui inclut la question des opérations de visites et saisies[13], aborde la question de la « protection des secrets »[14] et notamment, bien que de manière imparfaite, celle du secret professionnel de l'avocat dont elle reconnaît qu'il bénéficie d'une protection particulière[15].

413.102 Inopposabilité du secret professionnel à l'administration. Quelle que soit la procédure de contrôle choisie[16], l'on se trouve en face du droit commun relativement aux droits de communication mis en place ces dernières années, et dans le cadre desquels il est expressément prévu, par l'emploi d'une formule de style, que : « le secret professionnel ne peut être opposé aux agents »[17]. Les agents de la Cnil sont, encore à ce jour, les seuls qui peuvent se faire opposer le secret professionnel de l'avocat[18].

C'est opérer une fâcheuse confusion[19] entre des secrets professionnels de nature différente : ceux de droit commun et ceux conventionnellement protégés (avocats[20], journalistes[21], médecins,

1. Crim. 15 oct. 2002, n° 01-88.172, NP.
2. V. s[s] n°s 413.101 s.
3. V. s[s] n°s 713.181 s.
4. V. s[s] n°s 713.351 s.
5. D. Piau, « Honoraires : Contexte et conséquences de la loi Macron », *Maître* févr. 2016, p. 21 – V. s[s] n°s 731.00 s.
6. CSS, art. L. 114-19 s.
7. V. s[s] n°s 482.221 s.
8. CPCE, art. L. 32-4 et L. 32-5.
9. C. consom., art. L. 511-9.
10. L. n° 78-17 du 6 janv. 1978, art. 19 ; mod. par ord. n° 2019-964,18 sept. 2019, art. 35.
11. L. org. n° 2011-333, 29 mars 2011 relative au Défenseur des droits, *JO* 30 mars, p. 5497, art. 20 – Décr. n° 2011-904, 29 juill. 2011 relatif à la procédure applicable devant le Défenseur des droits, *JO* 30 juill., n° 26, art. 3 s.
12. Conseil d'État, *Les pouvoirs d'enquête de l'administration*, avr. 2021.
13. V. s[s] n°s 414.130 s.
14. Conseil d'État, *Les pouvoirs d'enquête de l'administration*, avr. 2021, p. 216 s.
15. Conseil d'État, *Les pouvoirs d'enquête de l'administration*, avr. 2021, p. 221 s.
16. C. consom., art. L. 512-8 et L. 512-10 – C. com., art. L. 450-1 ; mod. par ord. n° 2021-649, 26 mai 2021, art. 2 ; et : art. L. 450-2.
17. C. consom., art. L. 512-3 – C. com., art. L. 450-7 ; mod. par ord. n° 2021-649, 26 mai 2021, art. 2.
18. L. n° 78-17, 6 janv. 1978, art. 19, III ; – A. Debet, J. Massot, N. Metallinos, *Informatiques et libertés*, « Les intégrales », Lextenso, 2015, n°s 2133 s., p. 818 s.
19. V. s[s] n°s 413.32 s.
20. C. pr. pén., art. 56-1 mod. par ord. n° 2019-964, 18 sept. 2019, art. 35.
21. C. pr. pén., art. 56-2.

notaires et huissiers[1], défense nationale[2] et magistrats[3]).

413.103 **Portée de l'inopposabilité.** Cette inopposabilité est, en tout état de cause, relative dès lors qu'elle ne saurait obvier la spécificité du secret professionnel des avocats[4]. La commission des règles et usages du CNB a déjà eu l'occasion de rappeler de manière constante, s'agissant des droits de communication existants au profit des Urssaf ou de la Caf, dans des cas où les administrations concernées utilisaient ce droit de communication non pas pour contrôler l'activité même de l'avocat mais pour solliciter des informations relativement à la situation de leurs clients, que l'avocat ne pouvait qu'opposer son secret professionnel à de telles demandes[5].

Même dans l'hypothèse où ce contrôle viserait l'activité même de l'avocat, ce dernier devra veiller à préserver le strict périmètre du secret professionnel en en référant, le cas échéant, à son bâtonnier avant d'effectuer toute communication de documents justificatifs auprès de l'administration concernée.

§ 2
Régimes spécifiques à certaines missions ou activités

413.110 **Plan.** Les missions de mandataire sportif (A) et de lobbyiste (B) ainsi que l'activité de fiduciaire (C) sont soumises à des obligations de contrôle spécifiques.

A.
Mission de mandataire sportif

413.121 **Obligations des avocats mandataires sportifs.** L'avocat qui exerce une mission de mandataire sportif[6], est soumis, comme tout agent sportif, à l'obligation de transmission de tous les contrats conclus dans le cadre de sa mission de mandataire sportif aux fédérations sportives[7].

Dans ce cadre, la loi du 28 mars 2011[8] a complété l'article 66-5 de la loi du 31 décembre 1971 en précisant expressément que le secret professionnel ne s'oppose pas à ce que l'avocat communique aux fédérations sportives ou aux ligues professionnelles les contrats pour lesquels il agit en sa qualité de mandataire sportif.

En effet, au titre de la délégation de pouvoir qui leur est concédée, les fédérations sportives ou ligues professionnelles veillent à ce que les contrats préservent les intérêts des sportifs, des entraîneurs et de la discipline concernée et soient conformes aux articles L. 222-7 à L. 222-17 du code du sport. Chaque fédération sportive ou ligue professionnelle édicte ses propres règles relatives à la communication des contrats en cause[9].

413.122 **Sanction.** Le refus par un avocat de communiquer aux fédérations sportives ou aux ligues professionnelles les contrats pour lesquels il agit dans le cadre d'une mission de mandataire sportif est passible de deux ans d'emprisonnement et de 30 000 euros d'amende[10].

B.
Mission de lobbyiste

413.131 **Obligation des avocats lobbyistes.** L'avocat qui exerce une mission de représentation d'intérêts[11] auprès d'institutions ou administrations publiques, européennes ou internationales[12], doit, le cas échéant, après en avoir informé ses clients, faire mention dans les registres prévus à cet effet, notamment, de son identité et du montant des honoraires relatifs à sa mission[13].

Les honoraires prévus au titre de cette mission font l'objet d'une convention d'honoraires et d'une facturation, distinctes de toute autre mission ou prestation effectuée pour le compte du même client[14]. Cette obligation de convention d'honoraires, et de facturation, distinctes[15] est destinée à permettre un contrôle par les autorités compétentes de la véracité des déclarations effectuées par l'avocat dans le seul cadre de sa mission de *lobbying*, sans qu'il ne soit de nature à porter sur les autres missions de l'avocat pour le compte du même client.

413.132 **Contrôles et visites de la Hatvp.** La mise en place, depuis le 1er juillet 2017, d'un répertoire numérique des représentants d'intérêts a été prévue

1. C. pr. pén., art. 56-3.
2. C. pr. pén., art. 56-4.
3. C. pr. pén., art. 56-5.
4. V. ss nos 413.31 s.
5. CNB, Comm. RU, avis no 2014-025, 23 juill. 2014 ; – CNB, Comm. RU, avis no 2016-011 du 17 févr. 2016 ; – CNB, Comm. RU, avis no 2016-030 du 19 avr. 2016.
6. V. ss nos 645.00 s.
7. C. sport, art. L. 222-18.
8. L. no 2011-331, 28 mars 2011 de modernisation des professions judiciaires ou juridiques et certaines professions réglementées, *JO* 29 mars, p. 5447.
9. C. sport, art. L. 222-18.
10. C. sport, art. L. 222-20.
11. D. Piau, *Rapport au nom de la Commission des Règles et Usages sur l'activité de représentation d'intérêts – Lobbyiste*, CNB, AG 12 juin 2015 et *Rapport sur le champ d'activité professionnelle de l'avocat*, CNB, AG 9 et 10 déc. 2016.
12. V. ss nos 647.00 s.
13. RIN, art. 6.3.4, al. 1.
14. RIN, art. 6.3.4, al. 2.
15. V. ss no 713.81.

par la loi du 9 décembre 2016[1] et le décret du 9 mai 2017[2]. Cette loi impose la transmission par les avocats exerçant une activité de représentation d'intérêts d'un certain nombre d'informations, tenant, notamment, à l'identité de leurs clients, au type d'actions engagées au regard des questions sur lesquelles elles ont porté, identifiées par leur objet et leur domaine d'intervention, au type de décisions publiques sur lesquelles elles ont porté, aux catégories de responsables publics avec lesquelles il est entré en communication à cette fin, ainsi qu'au montant des dépenses consacrées aux actions de représentation d'intérêts, et au montant du chiffre d'affaires annuel lié à l'activité de représentation d'intérêts[3].

La Haute Autorité pour la transparence de la vie publique (Hatvp)[4] s'assure du respect par les représentants d'intérêts de leurs obligations déclaratives[5] et déontologiques[6]. Le décret du 9 mai 2017[7] précise les conditions de mise en œuvre du contrôle par la Hatvp[8].

413.133 Contrôle sur pièces. La Hatvp peut ainsi se faire communiquer, sur pièce, par les représentants d'intérêts, toute information ou tout document nécessaire à l'exercice de sa mission[9]. Lorsqu'une telle demande de communication est faite à l'intention d'un avocat exerçant une activité de représentant d'intérêts, la demande doit être présentée par la Hatvp au bâtonnier du barreau auprès duquel l'avocat est inscrit. L'avocat transmet au bâtonnier les pièces que la Hatvp lui demande.

C'est le bâtonnier qui, après s'être assuré que le secret professionnel est respecté, les transmet à la Hatvp. À défaut du respect de cette procédure, l'avocat est en droit de s'opposer à la communication des informations et documents demandés par la Hatup[10].

413.134 Contrôle sur place – Autorisation. La Hatvp peut également procéder à des vérifications sur place, mais sans pouvoir de saisie, dans les locaux professionnels des avocats, sur autorisation du juge des libertés et de la détention (JLD) du tribunal judiciaire de Paris[11]. Le JLD statue dans les quarante-huit heures de la demande de contrôle formulée par la Hatvp. L'ordonnance autorisant les vérifications sur place comporte l'adresse des lieux professionnels à visiter, le nom et la qualité du ou des agents habilités à procéder aux opérations de visite et de contrôle ainsi que les heures auxquelles ils sont autorisés à se présenter.

L'ordonnance, exécutoire au seul vu de la minute, est notifiée sur place, au moment de la visite, au responsable des lieux ou à son représentant qui en reçoit copie intégrale contre récépissé ou émargement au procès-verbal de visite. L'acte de notification comporte mention des voies et délais de recours contre l'ordonnance ayant autorisé la visite et contre le déroulement des opérations de visite. Il mentionne également que le JLD ayant autorisé la visite peut être saisi d'une demande de suspension ou d'arrêt de cette visite. En l'absence du responsable des lieux ou de son représentant, l'ordonnance est notifiée, après la visite, par lettre recommandée avec demande d'avis de réception. À défaut de réception de la lettre recommandée, il est procédé à la signification de l'ordonnance par acte d'huissier de justice[12].

413.135 Voie de recours contre l'ordonnance. L'ordonnance autorisant la visite peut faire l'objet d'un appel devant le premier président de la cour d'appel de Paris suivant les règles prévues par les articles 931 et suivants du code de procédure civile. Cet appel est formé par déclaration remise ou adressée par lettre recommandée avec demande d'avis de réception au greffe de la cour dans un délai de quinze jours à compter de la notification de l'ordonnance. Le greffe du tribunal judiciaire transmet sans délai le dossier de l'affaire au greffe de la cour d'appel où les parties peuvent le consulter. Cet appel n'est pas suspensif.

L'ordonnance du premier président est susceptible d'un pourvoi en cassation selon les règles prévues aux articles 974 et suivants du code de procédure civile[13].

413.136 Contrôle sur place – Réalisation. Lorsque la vérification sur place s'effectue dans les locaux professionnels d'un avocat, celle-ci ne peut être effectuée qu'en présence du bâtonnier du barreau auprès duquel l'avocat est inscrit ou de son délégué, informé par écrit au moins trois jours avant la visite.

Le bâtonnier peut saisir le JLD d'une demande de suspension ou d'arrêt de la visite. Le JLD peut, s'il l'estime utile, se rendre dans les locaux pendant l'intervention. À tout moment, il peut décider de la

1. L. n° 2016-1691, 9 déc. 2016 relative à la transparence, à la lutte contre la corruption et à la modernisation de la vie économique, *JO* 10 déc., n° 2, art. 25.
2. Décr. n° 2017-867, 9 mai 2017 relatif au répertoire numérique des représentants d'intérêts, *JO* 10 mai, n° 46.
3. L. n° 2013-907, 11 oct. 2013, art. 18-3 – Décr. n° 2017-867, 9 mai 2017, art. 3.
4. V. s[s] n°s 434.30 s.
5. L. n° 2013-907, 11 oct. 2013, art. 18-3.
6. L. n° 2013-907, 11 oct. 2013, art. 18-5.
7. Décr. n° 2017-867, 9 mai 2017.
8. D. Piau, « Avocats lobbyistes, à votre registre ! », *Gaz. Pal.* 6 juin 2017, p. 12.
9. L. n° 2013-907, 11 oct. 2013, art. 18-6.
10. Décr. n° 2017-867, 9 mai 2017, art. 12.
11. L. n° 2013-907, 11 oct. 2013, art. 18-6.
12. Décr. n° 2017-867, 9 mai 2017, art. 9.
13. Décr. n° 2017-867, 9 mai 2017, art. 10.

suspension ou de l'arrêt de la visite. La saisine du JLD aux fins de suspension ou d'arrêt des opérations de visite et de vérifications n'a pas d'effet suspensif[1]. À défaut du respect de cette procédure, l'avocat est en droit de s'opposer à la vérification de la Hatvp.

413.137 Voie de recours contre le déroulement des opérations. Le premier président de la cour d'appel de Paris connaît des recours contre le déroulement des opérations de visite autorisées par le JLD. Le recours est formé par déclaration remise ou adressée par lettre recommandée avec demande d'avis de réception au greffe de la cour dans un délai de quinze jours à compter de la notification du procès-verbal de la visite. Ce recours n'est pas suspensif.

L'ordonnance du premier président est susceptible d'un pourvoi en cassation selon les règles prévues par les articles 974 et suivants du code de procédure civile. Le délai du pourvoi en cassation est de quinze jours[2].

413.138 Sanctions pénales. Le fait pour un avocat exerçant une activité de représentant d'intérêts, de ne pas communiquer, de sa propre initiative ou à la demande de la Hatvp, les informations qu'il est tenu de communiquer à cette dernière en application de l'article 18-3[3] de la loi du 11 octobre 2013, est puni d'un an d'emprisonnement et de 15 000 euros d'amende[4].

C. Activité de fiduciaire

413.141 Obligations des avocats ayant une activité de fiduciaire. Tout fiduciaire[5] est soumis, afin de prévenir tout risque d'évasion fiscale et de lutte contre le blanchiment de capitaux, à des obligations déclaratives et à des contrôles sur pièces et même sur place. Les avocats exerçant une activité de fiduciaire sont soumis, à ce titre, aux mêmes obligations à l'égard tant de l'Autorité de contrôle prudentiel et de résolution (Acpr), que de Tracfin, de l'administration fiscale et de son bâtonnier.

Il a donc été prévu, par l'ordonnance du 30 janvier 2009[6], que le secret professionnel ne faisait pas obstacle à l'accomplissement par l'avocat ès qualités de fiduciaire des obligations déclaratives liées à l'exercice de cette activité[7]. L'avocat exerçant une activité de fiducie reste soumis à son secret professionnel pour son activité d'avocat, mais doit prendre toutes dispositions permettant aux autorités judiciaires, administratives et ordinales d'effectuer les contrôles et vérifications prévus par la loi et les règlements en matière d'activité de fiduciaire[8].

413.142 Stricte séparation de l'activité de fiduciaire de celle d'avocat. Afin qu'il ne soit porté atteinte au secret professionnel et à la confidentialité des correspondances attachés aux autres activités de l'avocat, il appartient à l'avocat, dans toute correspondance, quel qu'en soit le support, faite dans le strict cadre de sa mission de fiducie, d'indiquer expressément qu'il intervient en sa qualité de fiduciaire, et d'attirer l'attention du destinataire sur l'absence de protection par le secret professionnel, à l'égard des organes de contrôle de la fiducie, des correspondances échangées avec lui au titre de cette mission. Il doit, par ailleurs, utiliser un papier à lettres distinct et veiller à une identification claire et spécifique des dossiers de fiducie, lesquels doivent faire l'objet d'un rangement et d'un archivage séparés des autres dossiers. De même, tous les supports informatiques utilisés dans l'exercice de l'activité de fiducie doivent être consacrés exclusivement à cette activité et identifiés distinctement[9].

Une correspondance dépourvue de la mention « officiel », adressée à l'avocat fiduciaire par un avocat non avisé de cette qualité, demeure confidentielle et couverte par le secret professionnel, y compris, à l'égard des autorités de contrôle précitées[10].

1. Décr. n° 2017-867, 9 mai 2017, art. 9.
2. Décr. n° 2017-867, 9 mai 2017, art. 11.
3. L. n° 2013-907, 11 oct. 2013, art. 18-3.
4. L. n° 2013-907, 11 oct. 2013, art. 18-9.
5. V. s[s] n°s 644.00 s.
6. Ord. n° 2009-112, 30 janv. 2009 portant diverses mesures relatives à la fiducie, *JO* 31 janv., p. 1854.
7. L. n° 71-1130, 31 déc. 1971, art. 66-5 – Rapport au président de la République relatif à l'ord. n° 2009-112, 30 janv. 2009 portant diverses mesures relatives à la fiducie, *JO* 31 janv., p. 44.
8. RIN, art. 6.5.4 – V. s[s] n°s 412.51 s.
9. RIN, art. 6.5.4.
10. L. n° 71-1130, 31 déc. 1971, art. 66-5 – RIN, art. 6.5.3 – V. s[s] n°s 422.10 s.

CHAPITRE

414. Protection du cabinet et du domicile de l'avocat

SECTION 0 ORIENTEUR

414.00 Sommaire du chapitre.

Division. La protection du cabinet et du domicile de l'avocat a été progressivement encadrée par la jurisprudence, jusqu'aux premières interventions législatives en 1985 et 2000 (sect. 1). Les perquisitions ne peuvent viser que ce qui peut constituer « le corps même » de l'acte coupable commis par l'avocat (sect. 2) ; le recueil des informations grâce à des écoutes téléphoniques (sect. 3) ou d'autres techniques de collecte est strictement encadré, voire interdit pour certaines d'entre elles (sect. 5). La saisie des courriels et des données informatiques présente également des spécificités (sect. 4).

414.01 Textes applicables.

TEXTES TITRÉS

• **L. n° 71-1130, 31 déc. 1971**

art. 66-5 [Protection des secret professionnel de l'avocat]

> Perquisitions

• **C. pr. pén.**

art. 56-1 [Modalités de perquisition dans le cabinet ou au domicile d'un avocat]

art. 56-1-2 [Non opposabilité du secret professionnel en matière de conseil]

> Visites et saisies de l'administration fiscale

• **LPF**

art. L. 16 B [Visites et saisies de l'administration fiscale]

> Visites et saisies de l'Autorité des Marchés Financiers

• **C. mon. fin.**

art. 621-12 [Visites et saisies de l'AMF]

> Visites et saisies de la Dgccrf

• **C. com.**

art. L. 450-4 [Visites et saisies de la DGCCRF – Code de commerce]

• **C. consom.**

art. L. 512-61 [Visites et saisies de la DGCCRF – Code de la consommation]

> Écoutes téléphoniques

• **C. pr. pén.**

art. 100 [Interception sur la ligne d'un cabinet d'avocats]

art. 100-5 [Transcription de la correspondance]

art. 100-7 [Information du bâtonnier]

> Procédé d'enquête interdit s'il concerne un avocat

• **C. pr. pén.**

art. 706-96 [Sonorisation et fixations d'images de certains lieux ou véhicules – Enquête]

art. 706-96-1 [Sonorisation et fixations d'images de certains lieux ou véhicules – Information judiciaire]

art. 706-102-5, al. 3 [Captation de données informatiques à distance]

art. 230-34, al. 3 [Géolocalisation]

• **CSI**

art. L. 229-1, al. 2 [Visites et saisies administratives en matière de terrorisme]

art. L. 821-7 [Renseignement]

414.02 Jurisprudence de référence.

> Contrôle de la procédure de perquisition de l'article 56-1 C. pr. pén.

• **Crim. 1er mars 2006,** n° 05-87.252, P 304.

* V. ss nos 414.74, 414.82, 414.122, 416.151.

« [...] Attendu que les juges d'instruction ont effectué, à Toulouse, les 14 et 29 avril 2005, en présence du bâtonnier, une perquisition au cabinet de France X... puis une autre à son domicile, au cours desquelles ont été saisis une cassette provenant d'un dictaphone, un téléphone portable et un message adressé à cette avocate par Georges F..., mis en examen pour blanchiment provenant du trafic de stupéfiants et incarcéré, destiné à informer sa concubine sur le moyen de communiquer avec lui par l'intermédiaire d'un autre détenu ; que France X... a invoqué l'irrégularité de ces perquisitions et des saisies pratiquées, soutenant qu'en violation des articles 56-1 du code de procédure pénale et 66-5 de la loi du 31 décembre 1971, le bâtonnier n'avait pas été préalablement avisé de l'objet de la perquisition et qu'avaient été consultés par les magistrats, en méconnaissance du secret professionnel, des documents étrangers aux faits instruits ;

Attendu que, pour écarter cette argumentation, l'arrêt attaqué énonce qu'informant sur des faits de révélation d'informations issues d'une enquête ou d'une instruction en cours, susceptibles d'être reprochés à France X..., les magistrats instructeurs pouvaient légalement prendre connaissance, en même temps que le bâtonnier, des documents détenus au cabinet ou au domicile, afin de ne saisir que ceux apparaissant en relation directe avec l'infraction poursuivie, susceptibles d'établir la participation éventuelle de France X... à cette infraction et étrangers à l'exercice des droits de la défense ; que les juges relèvent que tel a été le cas en l'espèce, le lien entre les objets saisis et l'infraction poursuivie étant établi ;

Attendu qu'en l'état de ces motifs, qui établissent que les saisies effectuées, en relation directe avec l'infraction objet de la poursuite, étaient destinées à apporter la preuve de la participation éventuelle de France X... à cette seule infraction et ont été limitées aux seuls documents nécessaires à la manifestation de la vérité et, dès lors que les textes en vigueur à l'époque des opérations critiquées n'imposaient pas au juge d'instruction l'information préalable du bâtonnier sur l'objet de la perquisition envisagée au cabinet ou au domicile d'un avocat, la chambre de l'instruction a justifié sa décision. »

> Effectivité du contrôle de la procédure de perquisition de l'article 56-1 C. pr. pén.

• **Crim. 9 févr. 2016,** n° 15-85.063, P n° 34.

* V. ss n° 414.101.

« Vu les articles 56-1 du code de procédure pénale et 8 de la Convention européenne des droits de l'homme ;

Attendu qu'il résulte de ces textes que les perquisitions dans le cabinet d'un avocat ou à son domicile ne peuvent être effectuées que par un magistrat et en présence du bâtonnier ou de son délégué, à la suite d'une décision écrite et motivée prise par ce magistrat, qui indique la nature de l'infraction ou des infractions sur lesquelles portent les investigations, les raisons justifiant la perquisition et l'objet de celle-ci et dont le contenu est porté dès le début de la perquisition à la connaissance du bâtonnier ou de son délégué ; que l'absence, dans la décision prise par le magistrat, des motifs justifiant la perquisition et décrivant l'objet de celle-ci, qui prive le bâtonnier, chargé de la protection des droits de la défense, de l'information qui lui est réservée et interdit ensuite le contrôle réel et effectif de cette mesure par le juge des libertés et de la détention éventuellement saisi, porte nécessairement atteinte aux intérêts de l'avocat concerné ;

Attendu que, pour rejeter le moyen de nullité tiré de ce que la décision de perquisition du 23 mars 2012 ne répondait pas aux exigences de l'article 56-1 du code de procédure pénale précité, l'arrêt énonce qu'elle visait le cadre de la saisine du juge, la nature des faits, les noms des sociétés concernées, les agissements incriminés et l'objet de la perquisition envisagée ; que les juges ajoutent que, si la décision du magistrat instructeur ne comportait pas la désignation du lieu exact des investigations, cette difficulté n'a pas été soulevée lors de la perquisition tant par l'avocat que par le délégué du bâtonnier, qui ne pouvaient se méprendre sur l'objet de cette mesure d'instruction ;

Mais attendu qu'en statuant ainsi, alors que la décision de perquisition, portée à la connaissance de l'autorité ordinale, ne contenait pas les motifs précis justifiant la perquisition et décrivant l'objet de celle-ci ni ne mentionnait le lieu où devaient être effectuées les investigations, la chambre de l'instruction a méconnu le texte susvisé. »

> Finalité des perquisitions et visites domiciliaires en cabinet d'avocats

• **CEDH 24 juill. 2008,** *André a. c/France,* req. n° 18603/03.

* V. ss nos 414.24, 414.123, 414.152.

« 42. Partant, si le droit interne peut prévoir la possibilité de perquisitions ou de visites domiciliaires dans le cabinet d'un avocat, celles-ci doivent impérativement être assorties de garanties particulières. De même, la Convention n'interdit pas d'imposer aux avocats un certain nombre d'obligations susceptibles de concerner les relations avec leurs clients. Il en va ainsi notamment en cas de constat de l'existence d'indices plausibles de participation d'un avocat à une infraction (paragraphe 15 ci-dessus), ou encore dans le cadre de la lutte contre certaines pratiques (paragraphes 17-18 ci-dessus). Reste qu'il est alors impératif d'encadrer strictement de telles mesures, les avocats occupant une situation centrale dans l'administration de la justice et leur qualité d'intermédiaires entre les justiciables et les tribunaux permettant de les qualifier d'auxiliaires de justice.

43. En l'espèce, la Cour note que la visite domiciliaire s'est accompagnée d'une garantie spéciale de procédure, puisqu'elle fut exécutée en présence du bâtonnier de l'Ordre des avocats dont relevaient les requérants. En outre, la présence du bâtonnier et les observations concernant la sauvegarde du secret professionnel que celui-ci estima devoir faire à propos des documents à saisir furent mentionnées dans le procès-verbal des opérations.

44. En revanche, outre l'absence du juge qui avait autorisé la visite domiciliaire, la présence du bâtonnier et les contestations expresses de celui-ci n'ont pas été de nature à empêcher la consultation effective de tous les documents du cabinet, ainsi que leur saisie. S'agissant notamment de la saisie de notes manuscrites du premier requérant, la Cour relève qu'il n'est pas contesté qu'il s'agissait de documents personnels de l'avocat, soumis au secret professionnel, comme le soutenait le bâtonnier.

45. Par ailleurs, la Cour relève que l'autorisation de la visite domiciliaire était rédigée en termes larges, la décision se contentant d'ordonner de procéder aux visites et aux saisies nécessitées par la recherche de la preuve des agissements dans certains lieux où des documents et supports d'information relatifs à la fraude présumée étaient susceptibles de se trouver, et ce en particulier au domicile professionnel des requérants. Dès lors, les fonctionnaires et officiers de police judiciaire se voyaient reconnaître des pouvoirs étendus.

46. Ensuite, et surtout, la Cour constate que la visite domiciliaire litigieuse avait pour but la découverte chez les requérants, en leur seule qualité d'avocats de la société soupçonnée de fraude, de documents susceptibles d'établir la fraude présumée de celle-ci et de les utiliser à charge contre elle. À aucun moment les requérants n'ont été accusés ou soupçonnés d'avoir commis une infraction ou participé à une fraude commise par leur cliente.

47. La Cour note donc qu'en l'espèce, dans le cadre d'un contrôle fiscal d'une société cliente des requérants, l'administration visait ces derniers pour la seule raison qu'elle avait des difficultés, d'une part, à effectuer ledit contrôle fiscal et, d'autre part, à trouver des "documents comptables, juridiques et sociaux" de nature à confirmer les soupçons de fraude qui pesaient sur la société cliente.

48. Compte tenu de ce qui précède, la Cour juge que la visite domiciliaire et les saisies effectuées au domicile des requérants étaient, dans les circonstances de l'espèce, disproportionnées par rapport au but visé.

49. Partant, il y a eu violation de l'article 8 de la Convention. »

> Écoutes téléphoniques d'un avocat participant à une infraction

• **Crim. 15 janv. 1997,** n° 96-83.753, P n° 14.

* V. s[s] n° 414.212.

« Attendu que, si le juge d'instruction est, selon l'article 100 du code de procédure pénale, investi du pouvoir de prescrire, lorsque les nécessités de l'information l'exigent, l'interception, l'enregistrement et la transcription de correspondances émises par la voie des télécommunications, ce pouvoir trouve sa limite dans le respect des droits de la défense, qui commande notamment la confidentialité des correspondances téléphoniques de l'avocat désigné par la personne mise en examen ; qu'il ne peut être dérogé à ce principe qu'à titre exceptionnel, s'il existe contre l'avocat des indices de participation à une infraction ;

Attendu que, pour refuser d'annuler la commission rogatoire du juge d'instruction prescrivant l'écoute des lignes téléphoniques, professionnelles et personnelles, de Me R..., avocat chargé, avant la délivrance de cette commission rogatoire, de la défense de R. O..., et désigné, pendant le cours de son exécution, par A. H..., les juges, après avoir souligné que le respect des droits de la défense ne permet une telle mesure que pour des motifs particulièrement sérieux, énoncent que Me R... a participé au mois de novembre 1993, dans un restaurant de J..., à un déjeuner réunissant, avec A. H..., plusieurs fournisseurs habituels de voitures volées, parmi lesquels deux multirécidivistes qui envisageaient l'achat d'un terrain ; qu'ils ajoutent que l'une des personnes mises en examen a été trouvée en possession d'une carte de visite de cet avocat ;

Que les juges en déduisent que, "sauf si, par extraordinaire, il ignorait le passé de ses convives, le comportement de Me R... apparaît bien peu conforme aux exigences de dignité et de délicatesse de sa profession", et "qu'en tout cas, il est seul responsable par ce comportement, au moins imprudent, d'une mesure qui, si elle n'est pas prohibée, devrait rester tout à fait exceptionnelle" ;

Mais attendu qu'en l'état de ces seuls motifs, qui n'établissent pas que le juge d'instruction ait été, à la date où il a prescrit l'interception, en possession d'indices de participation de Me R... à une activité délictueuse, la chambre d'accusation n'a pas justifié sa décision au regard du principe ci-dessus rappelé. »

• **Crim. 1er oct. 2003,** n° 03-82.909, P n° 177.

* V. s[s] n°s 414.211, 414.216, 414.251, 416.146.

« [...] Attendu que le juge d'instruction, qui avait prescrit, par commission rogatoire, l'interception des correspondances émises ou reçues sur la ligne téléphonique de Christian X..., mesure prolongée après la mise en examen de ce dernier, a saisi la chambre de l'instruction afin qu'elle statue sur la régularité de la transcription, figurant au dossier, de conversations échangées avec ses avocats ;

Attendu qu'ayant annulé certaines de ces transcriptions, au motif que les conversations concernaient l'exercice des droits de la défense, l'arrêt attaqué a refusé d'annuler la transcription d'autres communications en relevant que les propos tenus par l'avocat étaient, pour partie, propres à faire présumer la commission par ce dernier de violations du secret professionnel et, pour les autres, pouvaient constituer un outrage à magistrat ;

Attendu qu'en prononçant ainsi, la chambre de l'instruction a justifié sa décision ;

Que, d'une part, le juge d'instruction tient des articles 81 et 100 du code de procédure pénale, le pouvoir de prescrire, lorsque les nécessités de l'information l'exigent, l'interception, l'enregistrement et la transcription des correspondances émises par la voie des télécommunications par une personne mise en examen, dès lors que n'est pas en cause l'exercice des droits de la défense ;

Que, d'autre part, le principe de la confidentialité des conversations échangées entre une personne mise en examen et son avocat, ne saurait s'opposer à la transcription de certaines d'entre elles, dès lors qu'il est établi, comme en l'espèce, que leur contenu est de nature à faire présumer la participation de cet avocat à des faits constitutifs d'une infraction, fussent-ils étrangers à la saisine du juge d'instruction ».

• **Crim. 18 janv. 2006,** n° 05-86.447, P n° 22.

* V. s^s n°s 412.31, 414.212, 414.215, 415.31.

« [...] Vu les articles 66-5 de la loi du 31 décembre 1971, 100-5 et 206 du code de procédure pénale, 8 de la Convention européenne des droits de l'homme ;

Attendu qu'il résulte de ces textes que, même si elle est surprise à l'occasion d'une mesure d'instruction régulière, la conversation entre un avocat et l'un de ses clients ne peut être transcrite et versée au dossier de la procédure que s'il apparaît que son contenu est de nature à faire présumer la participation de cet avocat à une infraction ; que la violation de ce principe doit être relevée, même d'office, par la chambre de l'instruction chargée d'examiner, en application de l'article 206 du code de procédure pénale, la régularité de la procédure qui lui est soumise ; [...]

• – qu'en statuant ainsi, sans rechercher, comme elle y était tenue, s'il avait été porté atteinte au principe de la confidentialité des conversations téléphoniques entre un avocat et un client, la chambre de l'instruction a méconnu le sens et la portée des textes susvisés et du principe énoncé ci-dessus. »

• **Aix-en-Provence, 16 juin 1982,** *in* A. DAMIEN, *Les grands arrêts,* Litec, 1991, p. 59.

* V. s^s n° 414.217.

« Attendu cependant que ne peuvent être validés des actes d'instruction qui par leur nature ou leur objet ou par leur exécution pourraient porter atteinte soit au principe du secret professionnel de l'avocat dans ses communications avec des clients relatives à des affaires étrangères à la procédure, soit au principe du respect des droits de la défense, Me X... qui n'est pas l'avocat des deux inculpés de la première procédure ayant pu avoir des entretiens téléphoniques avec son client, le docteur C..., partie civile dans la deuxième procédure, ce qui constitue des communications confidentielles de l'avocat avec son client ;

Attendu en conséquence qu'il y a lieu à l'annulation intégrale de la commission rogatoire du 3 mai 1982 (côte 156) ayant pour objet la mise sur écoutes téléphoniques de Me X..., avocat, et en conséquence de la totalité des pièces d'exécution de cette commission rogatoire décrites aux cotes 157 à 178 *bis* du dossier de procédure [...]. »

> Renseignement – Accès aux données de connexion

• **Cons. const. 23 juill. 2015,** n° 2015-713 *DC, Loi relative au renseignement,* NON-CONFORMITÉ PARTIELLE, *JO* 26 juill., p. 12751.

* V. s^s n°s 414.274.

« 9. Considérant que le recueil de renseignement au moyen des techniques définies au titre V du livre VIII du code de la sécurité intérieure par les services spécialisés de renseignement pour l'exercice de leurs missions respectives relève de la seule police administrative ; qu'il ne peut donc avoir d'autre but que de préserver l'ordre public et de prévenir les infractions ; qu'il ne peut être mis en œuvre pour constater des infractions à la loi pénale, en rassembler les preuves ou en rechercher les auteurs ; [...]

31. Considérant que l'article L. 821-7 du code de la sécurité intérieure interdit qu'un parlementaire, un magistrat, un avocat ou un journaliste puisse être l'objet d'une demande de mise en œuvre, sur le territoire national, d'une technique de recueil de renseignement définie aux articles L. 851-1 à L. 853-3 à raison de l'exercice de son mandat ou de sa profession ; qu'il impose un examen en formation plénière par la commission nationale de contrôle des techniques de renseignement d'une demande concernant l'une de ces personnes ou ses véhicules, ses bureaux ou ses domiciles ; qu'il interdit le recours à la procédure dérogatoire prévue par l'article L. 821-5 ; que la commission, qui est informée des modalités d'exécution des autorisations délivrées en application du présent article, et à laquelle sont transmises les transcriptions des renseignements collectés sur ce fondement, veille au caractère nécessaire et proportionné des atteintes portées aux garanties attachées à l'exercice des activités professionnelles ou mandats ;

32. Considérant que, selon les députés requérants, ces dispositions n'assurent pas une protection suffisante contre l'atteinte indirecte au secret des sources des journalistes ainsi qu'à la confidentialité des échanges entre avocats et clients ; qu'il en résulterait une atteinte au droit au respect de la vie privée ainsi que, pour les avocats, aux droits de la défense et au droit à un procès équitable, et pour les journalistes, à la liberté d'expression ; qu'en outre, l'absence d'incrimination pénale des agents qui révéleraient le contenu des renseignements collectés permettrait le contournement des garanties légales de la protection du secret professionnel de ces professions ; [...]

34. Considérant, en premier lieu, que les dispositions contestées prévoient un examen systématique par la commission nationale de contrôle des techniques de recueil de renseignement siégeant en formation plénière d'une demande de mise en œuvre d'une technique de renseignement concernant un membre du Parlement, un magistrat, un avocat ou un journaliste ou leurs véhicules, bureaux ou domiciles, laquelle ne peut intervenir à raison de l'exercice du mandat ou de la profession ; que la procédure dérogatoire prévue par l'article L. 821-5 du code de la sécurité intérieure n'est pas applicable ; qu'il incombe à la commission, qui est destinataire de l'ensemble des transcriptions de renseignements collectés dans ce cadre, de veiller, sous le contrôle juridictionnel

du Conseil d'État, à la proportionnalité tant des atteintes portées au droit au respect de la vie privée que des atteintes portées aux garanties attachées à l'exercice de ces activités professionnelles ou mandats ; qu'il résulte de ce qui précède que les dispositions de l'article L. 821-7 ne portent pas une atteinte manifestement disproportionnée au droit au respect de la vie privée, à l'inviolabilité du domicile et au secret des correspondances ;

35. Considérant, en deuxième lieu, que l'article 226-13 du code pénal incrimine la révélation d'une information à caractère secret par une personne qui en est dépositaire ; que, par suite, le grief tiré de l'absence d'incrimination pénale des agents qui révéleraient les renseignements ou données collectés manque en fait ; [...]

37. Considérant qu'il résulte de tout de ce qui précède que le surplus des dispositions de l'article L. 821-7 du code de la sécurité intérieure, qui ne méconnaissent aucune exigence constitutionnelle, doivent être déclarées conformes à la Constitution. »

414.03 Bibliographie indicative.

* Aussi : v. s^s n° 41.03.

Thèse. Ch. Lopez, *Le droit de visite et de saisie de l'administration fiscale en France et au Canada,* Paris, 1996.

Encyclopédies. *J.-Cl. Civ. Annexes, V° Avocat*, fasc. 30 : avocats, Inviolabilité du cabinet de l'avocat, 2015 – *J.-Cl. Pr. civ.*, fasc. 83-1 : avocats, Déontologie de l'avocat appliquée au juridique, 2014 – RÉP. PÉN., *V° Secret professionnel*, par B. Py, févr. 2003, mise à jour, juin 2012 ; *V° Défense pénale*, par F. Saint-Pierre, oct. 2008, mise à jour, oct. 2013 et Instruction préparatoire, par Ch. Guéry, juin 2013, mise à jour, janv. 2015.

Monographies. Ch. Guéry, P. Chambon, *Droit et pratique de l'instruction préparatoire*, 10e éd., « Dalloz Action », 2017, n°s 542.31 s. – F.-B. Huyghe, *Les écoutes téléphoniques*, « Que sais-je ? », Puf, 2009 – Ch. Lopez, *Droit pénal fiscal,* « Systèmes », LGDJ, 2012 – V. Nioré, *Perquisitions chez l'avocat, Défense des secrets et inviolabilité de l'asile*, « Lamy – Axe Droit », Lamy, 2014 – F. Saint-Pierre, *Pratique de la défense pénale*, LGDJ, 2017, n°s 49 s., p. 64 s.

Articles.

> **Perquisitions.** B. Bouloc, « Plaidoyer pour une autorisation judiciaire et un contrôle effectif des visites et saisies du droit communautaire de la concurrence », *Gaz. Pal.* 28-30 mars 2010, p. 11 – J. Brandeau et P.-P. Barzotti, « Visite domiciliaire et saisie du fisc au cabinet de l'avocat : le service public mis à mal », *LPA* 13 mars 2003, n° 52, p. 3 – E. Daoud et P.-Ph. Boutron-Marmion, « La chambre criminelle valide la violation du secret professionnel de l'avocat » (à propos de Crim. 31 janv. 2012, n° 11-85.464), P n° 27 ; *AJ pénal* 2012. 224 – F. Derrida, « Perquisitions et saisies chez les avocats, avoués et notaire », *RSC* 1953. 223 – G. Junosza-Zdrojewski, « Perquisition au cabinet d'un avocat », *Dr. et patr.* juin 1993, p. 24 – H. Matsopoulou, « Application du régime protecteur des perquisitions aux avocats exerçant leur activité à titre occasionnel en France », *Gaz. Pal.* 11 mai 2010 – D. Mien et J.-F. Luciani, « Nouvelle entaille dans les droits de la défense : la liberté de communication entre l'avocat et son client remise en cause », *AJ pénal* 2003. 64 – V. Nioré, « "Petit Guide" à usage du bâtonnier ou de son délégué en matière de visites domiciliaires, saisies et perquisitions judiciaires au domicile et en cabinet d'avocat », *Gaz. Pal.* 6-8 mars 2011 ; « La force du secret professionnel face aux perquisitions chez l'avocat », *RLDA* oct. 2011, n° 64, p. 66 ; « Première suite au "petit guide" à usage du bâtonnier en matière de visites domiciliaires saisies et perquisitions », *Gaz. Pal.* 20-22 nov. 2011, p. 13 ; « Perquisitions au domicile et en cabinet d'avocats : pleins feux sur le juge des Libertés et de la détention, docteur Jekyll et mister Hide », *Gaz. Pal.* 23-27 déc. 2012, p. 4 ; « Splendeurs et misères de la mission du bâtonnier au cours d'une perquisition chez l'avocat », *D. avocats* 2013. 27 – D. Piau, « Du (triple...) régime du contrôle des avocats par la Dgccrf à un nécessaire droit commun de la protection du secret professionnel de l'avocat », *Gaz. Pal.* 14 févr. 2017, p. 13 – C. Porteron, « Le secret professionnel de l'avocat », *AJ pénal* 2009. 158 – L. Saenko, « Le secret professionnel de l'avocat à l'épreuve des visites et saisies du droit de la concurrence », *CCC* 2014. Ét. 5 – R. Tunc, « Les perquisitions et le secret professionnel », *Rev. adm.* 1951, 300.

> **Sonorisations.** M. Albarède, « Le régime juridique des écoutes téléphoniques judiciaires », *Gaz. Pal.* 4 janv. 1997, p. 2 – J. Buisson, « Conversation téléphoniques entre un avocat et l'un de ses clients », *RSC* 2006. 413 – P. Dourneau-Josette, « La confidentialité des communications entre l'avocat et son client : un (nécessaire) état des lieux », *AJ pénal* 2006. 254 – Ch. Desurmont, « La mise sur écoute d'un cabinet d'avocats », *Gaz. Pal.* 1998, Doctr. 1588 – Th. Lebreton, « Investigation et téléphonie mobile », *Gaz. Pal.* 12 mars 2019, p. 15 – V. Nioré, « Le secret professionnel de l'avocat à l'épreuve de l'interception et de la captation de données informatiques à distance : un secret en lambeaux ? », *D. avocats* 2013. 92 – D. Piau, « Écoutes incidentes, un avocat averti en vaut deux », *Gaz. Pal.* 13 sept. 2016, p. 13 – J. Pradel, « Écoutes téléphoniques et Convention européenne des droits de l'homme », *D.* 1990. 15 – D. Rebut, « Écoutes d'avocats », *JCP* 2015, Doctr. 139 ; « Écoutes incidentes d'avocats. Fin de partie ? », *JCP* 2016. 762 – D. Soulez-Larrivière, « Les écoutes et le secret professionnel de l'avocat », *JCP* 2016. 581.

Rapports. V. Nioré, *Rapport sur la réforme du régime des perquisitions au domicile et en cabinet d'avocat – Commission Liberté et droits de l'homme du Conseil national des barreaux,* AG 6-7 juill. 2012 – F. Poirier, *Protection du secret professionnel et de la confidentialité des échanges propositions d'amendements aux articles 21 et 66-5 de la loi du 31 décembre 1971 et aux articles 100-5, alinéa 3, et 432 du code de procédure pénale*, CNB, AG 14-15 sept. 2012.

SECTION 1
PROPOS LIMINAIRES

414.10 Plan. Le régime des perquisitions chez un avocat a d'abord été défini par la jurisprudence, notamment européenne (§ 1) avant de faire l'objet de dispositions législatives imparfaites au regard de la Conv. EDH (§ 2).

§ 1
Cadre jurisprudentiel

414.21 Conflit entre les pouvoirs du juge d'instruction et le secret professionnel des avocats. Pendant longtemps, aucune disposition particulière n'était venue régir les situations dans lesquelles un juge d'instruction pouvait procéder à des perquisitions[1] au cabinet ou domicile de l'avocat. On connut une époque où les perquisitions pouvaient être effectuées par les seuls officiers de police judiciaire, hors de la présence du juge d'instruction et même du prévenu sur les lieux.

C'est ainsi que dans ce que l'on appela la « conjuration des Treize », renvoyés devant le tribunal correctionnel des chefs de « réunion d'association non autorisée de plus de vingt personnes » (*sic*), se trouvaient plusieurs avocats, Amaury Dréo, Ferdinand Hérold, Jean Clamagéran, Jules Ferry, Louis-Émile Durier, Paul Jozon, Jacques Bory et Charles Floquet, qui firent l'objet, le 16 juin 1864, de plusieurs perquisitions dans ces conditions, ce que l'avocat de Floquet, Henri Didier dénonça vigoureusement dans sa plaidoirie[2]. Mais, la cour d'appel les valida[3] et condamna solidairement les prévenus à 500 francs d'amende chacun. La Cour de cassation rejeta le pourvoi[4].

La question se pose de nouveau, le 3 mai 1870, lorsque l'avocat Eugène Protot, blanquiste qui défendait des opposants au Second Empire, et contre lequel était dirigé un mandat d'amener, comme impliqué dans... un complot contre l'Empereur, fut arrêté à son domicile personnel avec sa serviette contenant le dossier de l'un de ses clients[5], Édmond Mégy[6]. Le barreau de Paris protesta contre cette arrestation, la serviette fut restituée et Eugène Protot[7] bénéficia d'un non-lieu[8]. Devenu délégué à la justice pendant la Commune, Eugène Protot, condamné à mort par contumace par le conseil de guerre, le 19 novembre 1872, « que des haines tenaces poursuivaient »[9], en particulier celle du bâtonnier de Paris au moment de la Commune, Édmond Rousse[10], ne sera jamais réintégré au barreau malgré la loi d'amnistie du 11 juillet 1880[11] et plusieurs demandes en ce sens[12].

414.22 Évolution jurisprudentielle. Par la suite, la jurisprudence va évoluer mais uniquement pour imposer que l'auteur de la perquisition et celui qui l'effectue, aient l'obligation de provoquer préalablement toute mesure utile pour que soit assuré le respect du secret professionnel et des droits de la défense[13]. Ce qui, dans la pratique se traduisait, déjà, par une information faite au bâtonnier afin que lui-même, ou son délégué, assiste à la perquisition[14].

On avait parfois tiré argument de l'article C. 105[15] de la circulaire générale du code de procédure pénale pour dire que le juge d'instruction ne pouvait prendre connaissance personnellement des pièces du dossier de l'avocat. La question a été controversée, elle a d'abord été tranchée par la jurisprudence : un arrêt de la chambre criminelle du 24 mars 1960[16] précisait que le juge d'instruction avait seul qualité pour diriger la perquisition, que le bâtonnier ne pouvait y procéder lui-même et qu'il se bornait à assurer le respect du secret professionnel et des droits de la défense. Mais Louis Crémieu[17], dans sa note, distinguait les opérations de perquisition, seules visées selon lui par l'arrêt, et le droit d'ouvrir les dossiers et de les compulser, confié au bâtonnier qui avait exceptionnellement qualité pour le faire. Cet argument recevait un secours du fait de la rédaction de la circulaire d'application du code de procédure pénale qui précise : « Les droits de la défense seraient violés si l'autorité judiciaire venait à prendre connaissance de documents confiés par des personnes mises en examen à leurs conseils. Cette considération explique la présence du bâtonnier pour éviter que l'autorité judiciaire, en recherchant des documents se rapportant à une infraction ne soit amenée à prendre

1. C. pr. pén., art. 92 s.
2. *Le procès des Treize en appel*, Paris, Compte rendu, A. Lacroix-Verboeckhoven & Cie – Dentu, Versailles, 1865, p. 130.
3. Paris, 7 déc. 1864, *Garnier-Pagès a., DP* 1865. 1. 91.
4. Crim. 11 févr. 1865, *Garnier-Pagès a.*, P n° 36 ; *D.* 1865. 1. 94.
5. M. V., « Une arrestation », *Le Monde illustré* 7 mai 1870, n° 682, p. 1.
6. M. Roux, « Procès de Blois – Plaidorie de Protot », *Le Rappel* 8 août 1870, p. 3.
7. Eugène Protot [1839-1921].
8. E. Lepelletier, *Histoire de la Commune de 1871*, vol. 2, *Mercure de France* 1912, p. 349 s.
9. E. Lepelletier, *op. cit.*, p. 349 s. – M. Vuilaume, *Mes cahiers rouges. Souvenirs de la Commune*, La Découverte, 2011.
10. Édmond Rousse [1817-1906] ; – J.-J. Bernard, *La vie de Paris, 1921*, Librairie Alphonse Lemerre, 1922, p. 70.
11. L. 11 juill. 1880 relative à l'amnistie des individus condamnés pour avoir pris part aux évènements insurrectionnels de 1870-1871 et aux évènements insurrectionnels postérieurs, *JO* 12 juill., p. 7959.
12. NOT. : Paris, ch. réun., 1er févr. 1881 – Th. Grimm, « L'affaire Protot », *Le Petit Journal* 3 févr. 1881, p. 1 – A. Zévaès, « Eugène Protot. Le dernier survivant des membres de la Commune », *L'Éclair* 19 févr. 1921, p. 1 – M. Vuillaume, « Eugène Protot. Délégué à la justice », *Floréal* 19 mars 1921, p. 264 s.
13. C. pr. pén., art. 57 – Instruction générale prise pour l'application du code de procédure pénale, art. C. 105, *JO* 28 févr. 1959, p. 2501.
14. A. Viala, « Infractions pénales en matière fiscale et perquisitions », *Gaz. Pal.* 19 janv. 1993. 11.
15. Instruction générale prise pour l'application du code de procédure pénale, art. C. 105, *JO* 28 févr. 1959, p. 2501.
16. Crim. 24 mars 1960, *D.* 1960. 531, note L. Crémieu ; *JCP* 1960. II. 11672, note P. Mimin.
17. Louis Crémieu [1881-1979].

connaissance de documents étrangers à l'infraction en cours »[1].

414.23 **Affaire de la Garantie foncière.** L'affaire dite de la Garantie foncière[2], qui défraya la chronique judiciaire et politique des années soixante-dix et lança la formule de « l'État UDR » en raison de la proximité des prévenus avec le pouvoir politique d'alors, concernait des dirigeants de SCPI qui avaient employé des manœuvres frauduleuses afin de persuader, par voie de publicité, les épargnants de l'existence d'une entreprise (la Garantie foncière) qui était fausse et disposait d'un crédit imaginaire, et notamment d'un patrimoine immobilier, afin de les conduire à souscrire des parts de SCPI et à leur remettre des sommes en contrepartie de ces parts. L'avocat à l'origine du montage, et qui avait rédigé les statuts de la société, fut condamné à trois ans d'emprisonnement dont dix-huit mois avec sursis pour complicité d'escroquerie avec appel au public, complicité de recel d'abus de confiance avec appel au public. Cet avocat avait fait l'objet d'une perquisition qui était contestée dans le cadre du pourvoi.

La Cour de cassation rejeta le pourvoi en considérant que le juge d'instruction s'était conformé lors de la perquisition et des saisies aux dispositions du code de procédure pénale alors en vigueur qui lui imposaient de provoquer préalablement toutes mesures utiles pour que soit assuré le respect du secret professionnel et des droits de la défense, ce qui avait été le cas dès lors que la perquisition avait eu lieu en présence du représentant du bâtonnier. La Cour de cassation précise que le secret professionnel ne pouvait couvrir des documents que l'avocat avait été amené à recueillir dans le cadre des activités ayant motivé son inculpation étant précisé qu'au moment de la perquisition il n'était le conseil d'aucune des parties et « qu'il s'est révélé qu'aucun des documents saisis n'avait un caractère confidentiel au regard des nécessités de la défense ». Elle précise, en outre qu'il appartient au juge d'instruction seul et non au bâtonnier de rechercher et de saisir les documents utiles à l'information[3].

Cet arrêt, qui appartient aujourd'hui à l'histoire, allait, avec l'influence du droit européen, poser les principes qui seront bientôt fixés dans la loi.

414.24 **Jurisprudence européenne - CEDH.** Pour la CEDH, une perquisition effectuée par un juge au cabinet d'un avocat ou à son domicile, tout en étant prévue par la loi interne, viole l'article 8 de la Conv. EDH lorsqu'elle n'est pas nécessaire dans une société démocratique et n'est pas proportionnée aux objectifs recherchés[4]. Ainsi, si le droit interne peut prévoir la possibilité de perquisitions ou de visites domiciliaires dans le cabinet d'un avocat ou à son domicile, en cas de constat de motifs raisonnables de suspicion de participation d'un avocat à une infraction ou un manquement au moment où elle a été autorisée[5], celles-ci doivent impérativement être assorties de garanties particulières[6] et, il est alors impératif d'encadrer strictement de telles mesures[7], et ce notamment en prévoyant l'intervention d'un « organisme indépendant », tel que le bâtonnier. Elle doit en outre s'accompagner de voies de recours effectives[8],

1. Instruction générale prise pour l'application du code de procédure pénale, art. C. 105, a), *JO* 28 févr. 1959, p. 2501.
2. V. Rochenoir, *Cette vilaine affaire*, Fayard, 1972 – Cl. Lipsky, *L'affaire*, Presses de la cité, 1977,
3. Crim. 5 juin 1975, n° 74-92.792, P n° 146 ; *JCP* 1976. II. 18243, note P. Chambon ; – RAPPR. : Chambéry, 17 mai 1996, *Gaz. Pal.* 6 janv. 1996, 35, note H. Vray.
4. CEDH 16 déc. 1992, *Niemietz c/Allemagne*, req. n° 13710/88 ; *AJDA* 1993. 105, Chron. J.-F. Flauss ; *D.* 1993. 386, obs. J.-F. Renucci ; *RFDA* 1993. 963, Chron. V. Berger, C. Giakoumopoulos, H. Labayle et F. Sudre ; *Gaz. Pal.* 24 juin 1993, Chron. G. Junosza-Zdrojewski – CEDH 19 sept. 2002, *Tamosius c/Royaume-Uni*, req. n° 62002/00 – CEDH 27 sept. 2005, *Petri Sallinen a. c/Finlande*, req. n° 50882/99 – CEDH 5 juin 2007, *Smirnov c/Russie*, req. n° 71362/01 – CEDH 16 oct. 2007, *Wieser et Bicos Beteiligungen GmbH c/Autriche*, req. n° 74336/01 – CEDH 22 mai 2008, *Iliya Stefanov c/Bulgarie*, req. n° 65755/01 – CEDH 22 déc. 2008, *Alexanian c/Russie*, req. n° 46468/06 – CEDH 9 avr. 2009, *Kolesnichenko c/Russie*, req. n° 19856/04 – CEDH 15 févr. 2011, *Heino c/Finlande*, req. n° 56720/09 – CEDH 3 juill. 2012, *Robathin c/Autriche*, req. n° 30457/06 – CEDH 12 févr. 2015, *Yuditskaya a. c/Russie*, req. n° 5678/06 – CEDH 3 sept. 2015, *Sérvulo & Associados – Sociedade de Advogados, RL c/Portugal*, req. n° 30457/06 – CEDH 20 déc. 2016, *Lindstrand Partners Advokatbyrå AB c/Suède*, req. n° 18700/09 – CEDH 27 mars 2018, *Ozgun Oztunc c/Turquie*, req. n° 5839/09 ; *Gaz. Pal.* 3 avr. 2019, p. 39, obs. C. Berlaud – CEDH 20 sept. 2018, *Aliyev c/Azerbaïdjan*, req. n° 68762/14 ; *Gaz. Pal.* 2 oct. 2018, p. 40, obs. C. Berlaud ; *JCP* 2019. 255, n° 13, obs. Ch. Vautrot-Schwarz – CEDH 4 oct. 2018, *Leotsakos c/Grèce*, req. n° 30958/13 ; *D.* 2019. 99, obs. Th. Wickers ; *JCP* 2019. 255, n° 12, obs. S. Bortoluzzi.
5. CEDH 20 déc. 2016, *Lindstrand Partners Advokatbyra AB c/Suède*, req. n° 18700/09 ; *JCP* 2017. 660, n° 16, obs. J. Moret-Bailly.
6. CEDH 17 mai 2018, *Wolland c/Norvège*, req. n° 39731/12 ; *D. actu.* 11 juin 2018, obs. M. Borde ; *JCP* 2018. 1023, n° 8, obs. L. Jariel.
7. CEDH 24 juill. 2008, *André c/France*, req. n° 18603/03 ; *D.* 2008. 2353 – CEDH 23 nov. 2010, *Moulin c/France*, req. n° 37104/06 ; *AJDA* 2011. 889, Chron. L. Burgorgue-Larsen ; *D.* 2011. 338, obs. S. Lavric, note J. Pradel ; *D.* 2010. 2761, édito. F. Rome ; *D.* 2011. 26, point de vue F. Fourment ; *D.* 2011. 277, note J.-F. Renucci ; *RFDA* 2011. 987, Chron. H. Labayle et F. Sudre ; *RSC* 2011. 208, obs. D. Roets – CEDH 27 mars 2018, *Özgün Öztunç c/Turquie*, req. n° 5839/09.
8. CEDH 3 sept. 2015, *Servulo & Associados – Sociedade de Advogados c/Portugal*, req. n° 27013/10 ; *D.* 2016. 228, obs. J-F. Renucci ; *JCP* 2016. 670, n° 10, obs. Ch. Vautrot-Schwarz – CEDH 1er déc. 2015, *Brito Ferrinho Bexiga Villa-Nova c/Portugal*, req. n° 69436/10 ; *D.* 2016. 230, obs. J-F. Renucci ; *JCP* 2016. 670, n° 10, obs. Ch. Vautrot-Schwarz ; *Gaz. Pal.* 19 avr. 2016, p. 23, obs. B. de Belval.

l'avocat devant toujours pouvoir en contester le bien-fondé[1] dès lors qu'une telle mesure peut potentiellement empiéter sur le secret professionnel[2]. La saisie doit être limitée aux seuls objets ou documents nécessaires en relation avec l'infraction poursuivie ou le manquement reproché[3].

En aucun cas, a par ailleurs considéré la CEDH, une perquisition dans un cabinet d'avocat, ou à son domicile, ne saurait avoir pour finalité de rechercher des éléments d'incrimination contre l'un des clients de l'avocat[4].

La CEDH a même étendu cette protection à des conseils juridiques qui ne bénéficiaient pas du secret professionnel, en considérant qu'il serait incompatible avec l'état de droit qu'ils ne jouissent pas de garanties procédurales contre l'arbitraire alors qu'ils peuvent représenter leurs clients devant certains tribunaux[5].

414.25 Encadrement des perquisitions par la jurisprudence européenne (CJUE). La CJUE a également encadré ce droit de saisie, dans un cas où le commissaire de la concurrence de la commission européenne entendait utiliser une consultation donnée par un avocat à une société soupçonnée de pratiques anticoncurrentielles, en considérant que les communications écrites échangées entre l'avocat et son client ne pouvaient être produites devant la Commission, au nom du secret professionnel de l'avocat qui constitue une norme européenne[6].

414.26 Conseil constitutionnel. Le Conseil constitutionnel a été amené à considérer, s'agissant du secret du délibéré des magistrats, que s'il est loisible au législateur de permettre la saisie d'éléments couverts par le secret du délibéré, il lui appartient de prévoir les conditions et modalités selon lesquelles une telle atteinte au principe d'indépendance peut être mise en œuvre afin que celle-ci demeure proportionnée et que les dispositions qui se bornent à imposer à l'officier de police judiciaire de provoquer préalablement à une saisie « toutes mesures utiles pour que soit assuré le respect du secret professionnel et des droits de la défense », dès lors que ni ces mêmes dispositions ni aucune autre disposition n'indiquent à quelles conditions un élément couvert par le secret du délibéré peut être saisi, affectent par elles-mêmes le principe d'indépendance des juridictions[7]. Pour le Conseil constitutionnel, il appartient au législateur de prévoir précisément les conditions dans lesquelles un élément couvert par le secret du délibéré peut être saisi.

Cette position du Conseil constitutionnel est intéressante dans la mesure où, envisagée comme devant s'appliquer aussi à la protection du secret professionnel de l'avocat[8], et mise en application au regard des régimes spéciaux de visites et saisies elle devrait conduire, logiquement, à étendre le régime de droit commun de l'article 56-1[9] à l'ensemble des régimes spéciaux[10], ce qui a été réalisé, comme nous l'avons appelé de nos vœux[11], par la loi du 23 mars 2019[12].

§ 2
Cadre législatif

414.31 Loi du 30 décembre 1985 : encadrement des perquisitions en droit interne (C. pr. pén., art. 56-1). Un encadrement législatif est apparu nécessaire à la suite de l'affaire dite de la Garantie foncière[13], c'est un amendement sénatorial déposé le 10 décembre 1985 à la suite d'une perquisition effectuée chez un avocat qui est venu proposer de préciser dans le code de procédure pénale qu' : « Après que l'autorité concernée a, en présence du bâtonnier, déterminé les dossiers intéressant la poursuite, ce dernier (le bâtonnier) a pour mission d'en retirer les documents couverts par la confidence. » Cette proposition tendait à instituer un système intermédiaire entre celui de la loi et celui désiré par le barreau de Paris qui voulait que le bâtonnier procède personnellement à l'examen des dossiers litigieux pour y découvrir, le cas échéant, les pièces désirées par le juge d'instruction.

1. Conv. EDH, art. 13.
2. CEDH 20 déc. 2016, *Lindstrand Partners Advokatbyra AB c/ Suède*, req. n° 18700/09 ; *JCP* 2017. 660, obs. J. Moret-Bailly.
3. CEDH 3 juill. 2012, *Robathin c/Autriche*, req. n° 30457/06 – CEDH 3 déc. 2019, *Kırdök a. c/Turquie*, req. n° 14704/ 12 ; *D.* 2020. 117, obs. Th. Wickers.
4. CEDH 24 juill. 2008, *André c/France*, req. n° 18603/03 ; *D.* 2008. 2353.
5. CEDH 4 févr. 2020, *Kruglov a. c/Russie*, req. n°s 11264/04 et 15 autres.
6. CJUE 18 mai 1982, *AM & S Europe Limited c/Commission*, aff. C-155/79 ; *JOCE* 12 juin, p. 3 ; *Gaz. Pal.* 1982. 1. 328, note M. Véron ; *D.* 1983. 386, obs. L. Cartou ; *Gaz. Pal.* 1982. 2. Doctr. 437, étude A. Damien.
7. Cons. const. 4 déc. 2015, n° 2015-506 QPC, *JO* 6 déc., p. 22502 ; *D.* 2015. 2504 ; AJ *Pénal* 2016, 276, obs. J.-B. Perrier ; *Constitutions* 2015, 650 ; *JCP* 2016. 381, n° 20 note J.-B. Perrier – J.-H. Robert, « Du savoir-vivre dans le monde judiciaire », *Dr. pénal* 2015, Repère, 10 – Crim. 22 mars 2016, n° 15-83.207, *D.* 2016. 1733, note J. Pradel.
8. EN CE SENS : D. Rousseau, « Interventions avec la salle » *in* J.-Ch. Barjon, J.-Ch. Krebs (dir.), *Le concours de la Carpa à la protection de l'ordre public économique*, « Thèmes et commentaires », Dalloz, 2017, p. 67.
9. V. s^s^ n°s 414.71 s.
10. V. s^s^ n°s 414.130 s.
11. D. Piau, « Du (triple...) régime du contrôle des avocats par la DGCCRF à un nécessaire droit commun de la protection du secret professionnel de l'avocat », *Gaz. Pal.* 14 févr. 2017, p. 13.
12. L. n° 2019-222, 23 mars 2019 de programmation 2018-2022 et de réforme pour la justice, *JO* 24 mars, n° 2, art. 49.
13. V. s^s^ n° 414.23.

Le garde des Sceaux, Robert Badinter, s'est opposé à cet amendement qui fut écarté par l'Assemblée nationale, au profit d'une autre rédaction, aux motifs qu'« il s'agissait là d'un témoignage de défiance extraordinaire vis-à-vis du magistrat instructeur, lui aussi tenu au secret professionnel au même titre que les avocats. Certains ont pensé résoudre cette opposition entre les besoins de la défense et ceux de la recherche criminelle en instituant un juge du secret qui distinct du magistrat instructeur, déterminerait les pièces à ne pas saisir, sans pour autant être chargé du jugement de l'affaire ; ainsi la lecture d'une pièce finalement écartée de la saisie, en raison du secret professionnel, n'influerait pas la décision finale concernant l'instruction en cours ».

Les débats à l'occasion du vote de la loi du 30 décembre 1985 [1] éclairent le texte de l'article 56-1 du code de procédure pénale *a contrario* [2] et furent suivis d'une circulaire de la Dacg du 22 janvier 1986 [3] que le Conseil d'État valida en rappelant, notamment, qu'il résulte clairement des travaux des deux assemblées parlementaires préparatoires au vote de cette disposition que le législateur a entendu ne pas soustraire au magistrat effectuant la perquisition le pouvoir de prendre connaissance lui-même des objets et documents découverts au cours de cette opération, à charge pour lui de se concerter avec le bâtonnier ou son délégué sur la protection par le secret professionnel qu'un document serait susceptible de présenter [4].

414.32 Technique des « filets dérivants ». La technique des « filets dérivants », consiste à entamer une perquisition sur le fondement d'une enquête dirigée contre l'avocat concernant une infraction (éventuellement de peu d'importance) autre que celle qu'ont réellement en tête les magistrats et enquêteurs et qui concerne en fait un client de l'avocat perquisitionné, tel que le 26 janvier 1999 lors de la perquisition menée par les juges d'instruction en charge de l'affaire Elf, Éva Joly et Laurence Vichnievsky, au cabinet de l'avocat de l'un des prévenus [5].

L'on provoque ainsi des procédures incidentes, sur la base de réquisitoires supplétifs, qui relèvent parfois du détournement de procédure.

414.33 Rédaction modifiée de l'article 56-1 du code de procédure pénale. Afin de renforcer l'obligation de motivation des demandes de perquisition en cabinet d'avocat et éviter que les enquêteurs ne consultent des documents sans liens avec la perquisition initiale, l'article 56-1 [6] du code de procédure pénale a alors été modifié par les lois du 15 juin 2000 [7] et du 12 décembre 2005 [8].

La perquisition ne peut avoir lieu, à peine de nullité, qu'à la suite d'une décision écrite et motivée prise par le magistrat, « qui indique la nature de l'infraction ou des infractions sur lesquelles portent les investigations, les raisons justifiant la perquisition et l'objet de celle-ci. Le contenu de cette décision est porté dès le début de la perquisition à la connaissance du bâtonnier ou de son délégué par le magistrat. Celui-ci et le bâtonnier ou son délégué ont seuls le droit de consulter ou de prendre connaissance des documents se trouvant sur les lieux préalablement à leur éventuelle saisie. Aucune saisie ne peut concerner des documents relatifs à d'autres infractions que celles mentionnées dans la décision » [9].

414.34 Régression de la loi pour la confiance dans l'institution judiciaire (2021). La loi pour la confiance dans l'institution judiciaire, tout en prévoyant la protection du secret professionnel de l'avocat dans l'article préliminaire [10] du code de procédure pénale, disposition totalement inutile au regard de l'article 66-5 [11] de la loi du 31 décembre 1971, et imposant l'autorisation préalable du JLD [12], motivée au regard de l'existence de raisons plausibles de soupçonner l'avocat d'avoir commis ou tenté de commettre l'infraction et la proportionnalité de la mesure « au regard de la nature et de la

1. L. n° 85-1407, 30 déc. 1985 portant diverses dispositions de procédure pénale et de droit pénal, *JO* 31 déc., p. 15505.
2. Rép. min. à QE n° 00092 de Ch. Jolibois, *JO* Sénat 17 juill., p. 1012.
3. Circ. 22 janv. 1986 émanant de la direction des affaires criminelles et des grâces, pour l'application de loi n° 85-1407 du 30 déc. 1985 portant diverses dispositions de procédure pénale et de droit pénal.
4. CE 15 mai 1987, *Barreau de Paris*, req. n° 76867, *Lebon* ; *D.* 1987. IR 136 ; *D.* 1989. Somm. 72, note A. Brunois.
5. « Affaire Turcon : l'Ordre des avocats en appelle au garde des Sceaux », *Les échos* 8 avr. 1999 – K. Laske, « La perquisition des deux juges s'achève au tribunal », *Libération* 11 juin 1999.
6. C. pr. pén., art. 56-1 ; mod. par ord. n° 2019-964, 18 sept. 2019, art. 35.
7. L. n° 2000-516, 15 juin 2000 renforçant la protection de la présomption d'innocence et les droits des victimes, *JO* 16 juin, p. 9038, art. 44 – Circ. CRIM 2000-13 F1, 4 déc. 2000 de présentation des dispositions de la loi du 15 juin 2000 renforçant la protection de la présomption d'innocence et les droits des victimes concernant la garde à vue et l'enquête de police judiciaire, *BOMJ* 2000, n° 80 ; NOR : JUSD0030205C.
8. L. n° 2005-1549, 12 déc. 2005 relative au traitement de la récidive des infractions pénales, *JO* 13 déc., p. 19152, art. 37.
9. C. pr. pén., art. 56-1 ; mod. par ord. n° 2019-964, 18 sept. 2019, art. 35.
10. C. pr. pén., art. préliminaire.
11. L. n° 71-1130, 31 déc. 1971 portant réforme de certaines professions judiciaires et juridiques, *JO* 5 janv. 1972, p. 131, art. 66-5.
12. V. s^s n°s 414.81 s.

gravité des faits. »[1], ainsi que le fait que la décision du JLD compétent pour statuer sur les contestations de validité des saisies que peut soulever le bâtonnier pourra faire l'objet d'un recours suspensif dans un délai de 24 heures devant le président de la chambre d'instruction, est surtout venue insérer un nouvel article 56-1-2 au code de procédure pénale[2] aux termes duquel :

« Dans les cas prévus par les articles 56-1 et 56-1-1, sans préjudice des prérogatives du bâtonnier ou de son délégué prévues à l'article 86-1 et des droits de la personne perquisitionnée prévues à l'article 56-1-1, le secret professionnel du conseil n'est pas opposable aux mesures d'enquête ou d'instruction : lorsque celles-ci sont relatives aux infractions mentionnées aux articles 1741 et 1743 du code général des impôts et aux articles 421-2-2, 433-1, 433-2 et 435-1 à 435-10 du code pénal ainsi qu'au blanchiment de ces délits sous réserve que les consultations, correspondances ou pièces, détenues ou transmises par l'avocat ou son client établissent la preuve de leur utilisation aux fins de commettre ou de faciliter la commission desdites infractions. »

Ces dispositions visent les cas de fraude fiscale, d'acte de terrorisme, de corruption et de trafic d'influence ainsi que le blanchiment de ces délits.

Cet article apparaît clairement en contrariété avec la jurisprudence européenne et notamment celle de la CEDH[3] qui ne manquera pas, à plus ou moins long terme, de condamner, à nouveau[4], la France.

SECTION 2
RÉGIMES DES PERQUISITIONS

414.40 **Plan – Principe général en matière de perquisition.** La saisie de documents couverts par le secret professionnel chez l'avocat doit demeurer exceptionnelle. Les perquisitions et saisies ne sont pas interdites chez un avocat mais l'on ne peut y rechercher que ce qui peut constituer « le corps même » de l'acte coupable (par exemple une pièce arguée de faux). Le cabinet de l'avocat doit ainsi demeurer à l'abri des recherches qui n'auraient pour objet que la découverte des indices des délits et crimes imputés aux clients[5].

En 2020 on comptait, au barreau de Paris, 21 avocats ayant fait l'objet d'une mesure de perquisition ou d'une opération de visites et saisies. La moyenne s'établissant à 33 avocats par an sur les dix dernières années[6].

Le régime de droit commun des perquisitions (§ 1) coexiste avec de multiples régimes spéciaux (§ 2).

§ 1
Régime de droit commun

414.50 **Plan.** Les perquisitions au cabinet ou au domicile d'un avocat sont régies par les dispositions de l'article 56-1 du code de procédure pénale[7] (A) dont la portée doit s'apprécier à l'aune de l'appréciation qu'en fait la chambre criminelle (B).

A.
Procédure

414.60 **Plan.** Le champ d'application (1°), les conditions de mise en œuvre (2°) et le déroulement (3°) des perquisitions chez l'avocat sont précisément encadrés. Le bâtonnier doit être informé à l'avance de la procédure afin de pouvoir s'opposer à d'éventuelles saisies attentatoires au secret professionnel (4°) ce qui peut conduire à la saisine du juge des libertés et de la détention (5°).

1°
Champ d'application

414.71 **Notion de perquisition.** La perquisition implique la recherche, à l'intérieur d'un lieu immobilier clos, notamment au domicile d'un particulier, d'indices permettant d'établir l'existence d'une infraction ou d'en déterminer l'auteur[8] (cabinet, domicile, véhicule, coffre-fort...).

Est assimilée à une perquisition la simple prise de clichés photographiques de l'intérieur d'un cabinet d'avocat[9].

414.72 **Exploitation du contenu d'un téléphone portable.** L'exploitation, par la communication à un officier de police judiciaire, sur sa sollicitation, d'une information permettant l'accès à un espace privé préalablement identifié, qu'il soit ou non dématérialisé, tel celui qui d'un téléphone portable[10], n'a pas le caractère d'une audition dès lors que son propriétaire ne fait aucune déclaration et qu'aucune question sur les faits pour lesquels il est placé en garde à vue ne lui a été posée.

1. L. n° 2021-1729, 22 déc. 2021, art. 3.
2. V. s[s] n° 411.29
3. V. s[s] n°s 414.24 et 414.152.
4. DÉJÀ : CEDH 24 juill. 2008, *André a. c/France*, req. n° 18603/03.
5. F. Hélie, *Traité de l'instruction criminelle*, t. IV, *De la police judiciaire*, 2e éd., Henri Plon, 1866, n° 1818.
6. *Bull. du barreau de Paris*, n° 9/2021, 12 mai 2021.
7. Ch. Guéry, P. Chambon, *Droit et pratique de l'instruction préparatoire*, 10e éd., Dalloz, 2017, n°s 542.31 s. – F. Saint-Pierre, *Pratique de la défense pénale*, LGDJ, 2017, n°s 49 s., p. 64 s.
8. Crim. 29 mars 1994, n° 93-84.995, P n° 118 ; *D.* 1995. 144, obs. J. Pradel.
9. Crim. 8 juill. 2005, n° 15-81.179, NP ; *RSC* 2015. 902, obs. F. Cordier.
10. AUSSI : S. Vergnolle, « Clair-obscur autour de la qualification des codes de déverrouillage des téléphones et des personnes pouvant les requérir », *D.* 2021. 606.

Elle est assimilable à une perquisition, dont elle suit le régime, aucune disposition légale ne prévoyant la présence d'un avocat à cette occasion [1].

414.73 **Exclusion des cas de flagrances.** Un transport sur les lieux réalisé dans un cadre privé et dans le cas d'un crime flagrant, en l'occurrence une avouée qui avait accouché, à l'insu de son mari, avocat, d'un enfant adultérin qu'elle a cru mort et dont elle se « débarrassa » au milieu des ordures ménagères où il fut découvert par un voisin, suscitant l'intervention de la police, ne constitue pas une perquisition [2].

414.74 **Fouilles.** La fouille, acte de police judiciaire, consiste en la recherche, en dehors d'un lieu immobilier clos, par exemple sur une personne ou dans un véhicule, d'indices et d'éléments permettant d'établir l'existence d'une infraction ou d'en déterminer l'auteur. La « fouille à corps » [3] ou la fouille d'un portefeuille par un agent des douanes [4], d'une valise [5], d'un sac à main [6], d'une enveloppe [7], tout comme celle d'un téléphone portable en vue d'accéder à son contenu [8], relèvent, hors cas de flagrance, du régime des perquisitions [9].

Lorsque l'on est en présence d'appréhension de données électroniques (saisie des boîtes mails, des données informatiques stockées sur les serveurs, exploitation d'un téléphone portable...), la qualification de l'acte, notamment entre simple interception et véritable perquisition, est parfois source d'ambiguïtés, le législateur ayant, en outre, prévu toute une série de régimes d'exception en la matière [10].

414.75 **Palpations ou fouilles sommaires.** Il en va différemment pour les simples palpations ou fouilles sommaires [11] dites « de sécurité » [12], qui sont des actes de police administrative.

Il en est ainsi s'agissant de la fouille des serviettes des avocats à l'entrée des prisons [13], comme des « portiques de détection » [14] dont il a été admis que l'administration pénitentiaire puisse ordonner ces mesures par circulaire, sur le fondement du code de procédure pénale [15], dès lors qu'elles ont pour objet d'assurer la sécurité de l'établissement et ne portent, par elles-mêmes, atteinte ni à l'organisation des relations des détenus avec l'extérieur ni au libre exercice des droits de la défense, n'entraînant pour les personnes qui y sont soumises qu'une gêne très légère, et n'étant pas hors de proportion avec le but recherché [16].

La CEDH considère, à cet égard, que le pouvoir de la police de contrôler et de fouiller toute personne lors d'un contrôle renforcé constitue une ingérence dans le droit à la vie privée contraire à l'article 8 de la Conv. EDH dès lors qu'elle n'est pas prévue par la loi, avec suffisamment de clarté, compte tenu du but légitime poursuivi par la mesure en question, qui doit indiquer l'étendue du pouvoir discrétionnaire conféré aux autorités compétentes (limite de temps pour l'autorisation des contrôles renforcés, une évaluation et justification de la proportionnalité de la mesure, contrôle de la manière dont le pouvoir d'autorisation est exercé, existence de voies de recours effectives) ainsi que les modalités de son exercice (absence de pouvoir discrétionnaire de prendre des mesures à l'égard de toute personne qui se trouve sur le lieu où un contrôle renforcé est effectué) [17].

La loi du 25 mai 2021 [18] a supprimé l'exigence d'habilitation et d'agrément des agents privés de sécurité pour pouvoir procéder à des palpations de sécurité. Et permis, sous la réserve qu'elle ne saurait s'exercer au-delà des abords immédiats des biens dont les agents privés de sécurité ont la garde [19], aux préfets de leur confier une mission de surveillance des personnes sur la voie publique contre les actes de terrorisme.

414.76 **Nécessité d'invoquer la qualité d'avocat.** Il est nécessaire que la personne visée invoque sa qualité d'avocat et la nécessité de protéger le secret professionnel auquel elle est tenue : une vérification douanière portant sur le véhicule de l'avocat et sa serviette ne saurait conduire à invoquer *a posteriori* le bénéfice du régime dès lors que l'avocat, objet de la vérification, n'avait pas excipé du secret profes-

1. Crim. 12 janv. 2021, n° 20-84.045, P ; *D.* 2021. 82 ; *D.* 2021. 1567, obs. J.-B. Perrier ; *Gaz. Pal.* 11 mai 2021, p. 59, obs. F. Fourment.
2. Crim. 14 sept. 2004, n° 03-83.754, P n° 206 ; *D.* 2005 686, obs. J. Pradel ; *RSC* 2005. 389, obs. J. Buisson.
3. Crim. 21 juill. 1982, n° 82-91.034, P n° 196 ; *D.* 1982. 642, note C.-J. Berr.
4. Crim. 15 oct. 1984, n° 83-93.689, P n° 298.
5. Crim. 5 oct. 2011, n° 1-81.125, P n° 125.
6. Crim. 23 mars 2016, n° 14-87.370 ; P n° 102 – Crim. 21 juin 2017, n° 16-81.743, NP.
7. Crim. 4 mars 1991, n° 92-82.002 ; P n° 105.
8. Th. Lebreton, « Investigation et téléphonie mobile », *Gaz. Pal.* 12 mars 2019, p. 15.
9. V. s[s] n°s 414.81 s.
10. Sur cette question, v. s[s] n°s 414.261 s.
11. CSI, art. L. 613-1 s. et R. 434-14 et s. – C. pr. pén., art. 78-2.
12. Crim. 1er mars 2006, n° 05-87.252, P n° 60 ; *D.* 2006. 1188 ; *D.* 2006. 1188 ; *AJ pénal* 2006. 304, note P. Remillieux.
13. Paris, ord. réf., 15 janv. 1982, *Gaz. Pal.* 1982. 1. 143, note A. Damien – V. s[s] n° 412.234.
14. Paris, 16 févr. 1983, *Gaz. Pal.* 1983. 1. 109.
15. C. pr. pén., art. D. 268.
16. CE 21 oct. 1988, *Syndicat des avocats de France*, req. n° 70066, *Lebon* 373 – V. s[s] n°s 412.231 s.
17. CEDH 14 janv. 2021, *Vig c/ Hongrie*, req. n° 59648/13.
18. L. n° 2021-646, 25 mai 2021 pour une sécurité globale préservant les libertés, *JO* 26 mai.
19. Cons. const. 20 mai 2021, n° 2021-817 *DC, Loi pour une sécurité globale préservant les libertés*, NON-CONFORMITÉ PARTIELLE, RÉSERVE, *JO* 26 mai, n° 2.

sionnel pour interdire la fouille de ses porte-documents[1].

Pas plus que ne constitue une perquisition[2], l'exécution d'une commission rogatoire par un officier de police qui se fait remettre volontairement les documents[3].

414.77 Avocat européen. Le régime de l'article 56-1 du code de procédure pénale s'applique, en France, à toute personne qui a la qualité d'avocat au regard du droit européen[4].

La France a ainsi été condamnée par la CEDH pour avoir refusé à un avocat européen exerçant ponctuellement en France, dans le cadre de la libre prestation de services[5], le bénéfice des garanties lors d'une perquisition dans sa chambre d'hôtel[6].

414.78 Locaux du barreau, des Carpa et cabinet ou domicile du bâtonnier. Les dispositions de l'article 56-1 du code de procédure pénale sont également applicables aux perquisitions effectuées dans les locaux du barreau ou de la Carpa. Dans ce cas, les attributions confiées au juge des libertés et de la détention (JLD) sont exercées par le président du tribunal judiciaire qui doit être préalablement avisé de la perquisition. Il en est de même en cas de perquisition au cabinet ou au domicile du bâtonnier[7].

Il y a lieu de considérer, par analogie et en application de principes dégagés par le droit européen et le Conseil constitutionnel, que les autres organismes de la profession, et notamment le Conseil national des barreaux ou l'Unca, doivent bénéficier du même régime, dès lors que des éléments couverts par le secret professionnel sont en cause.

414.79 État d'urgence. Les perquisitions dites administratives réalisées dans le cadre de l'état d'urgence[8] ne relèvent pas du code de procédure pénale mais de l'article 11 de la loi du 3 avril 1955[9] qui interdit toutefois de réaliser de telles perquisitions « dans un lieu affecté à [...] l'activité professionnelle des avocats ». Aucun régime spécifique n'est prévu dès lors qu'elles viseraient le domicile d'un avocat et ce, alors même que le résultat des investigations auxquelles elles conduisent peut, par la suite, être versé dans une procédure pénale.

Pour autant, d'une part, l'ordre de perquisition doit pouvoir faire l'objet d'un recours effectif devant les juridictions administratives[10] et devant les juridictions de l'ordre judiciaire[11], et d'autre part, les modalités de leur déroulement, qui ne sauraient faire abstraction des principes généraux applicables en la matière[12], et notamment de la nécessaire préservation du secret professionnel de l'avocat, devraient conduire, selon nous, à l'application du régime de l'article 56-1 du code de procédure pénale ou, à tout le moins, à l'intervention du bâtonnier, ou de son délégué, dès lors que la qualité d'avocat est invoquée, afin d'assurer la préservation du secret professionnel.

Il en est de même des opérations de visites et saisies prévues, depuis la loi du 30 octobre 2017[13], par les articles L. 229-1 du code de la sécurité intérieure, permettant sur saisine motivée du représentant de l'État dans le département ou, à Paris, du préfet de police, d'obtenir du JLD de Paris, par une ordonnance écrite et motivée et après avis du procureur de la République de Paris, l'autorisation

1. T. corr. Paris, 24 avr. 1984, *Paribas ; Gaz. Pal.* 1985. 1. 82, note J.-M. Darrois et A. Tiraqueau, p. 7 – Colmar, 23 oct. 1984 ; *Gaz. Pal.* 1985. 2. 429, note A. Damien.
2. Sur les réquisitions judiciaires, v. s^s n° 412.202.
3. Crim. 20 sept 1995, n° 95-81.140, P n° 276 ; *RSC* 1996. 141, obs. J.-P. Dintilhac ; *D.* 1996. 296, obs. M. Penneau ; *D.* 1996. 257, obs. J. Pradel ; *Procédures* 1996, n° 15, obs. J. Buisson.
4. V. s^s n° 231.52.
5. V. s^s n°s 231.51 s.
6. CEDH 21 janv. 2010, *Xavier da Silveira c/France*, req. n° 43757/05 ; *D.* 2010. 383, obs. C. Girault ; *D.* 2011. 552, obs. B. Blanchard ; *AJ pénal* 2010. 233, obs. C. Porteron ; *RSC* 2010. 702, obs. D. Roets.
7. C. pr. pén., art. 56-1, al. 8.
8. EN DERNIER LIEU : L. n° 2016-1767, 19 déc. 2016 prorogeant l'application de la loi n° 55-385 du 3 avril 1955 relative à l'état d'urgence, *JO* 20 déc., n° 1.
9. L. n° 55-385, 3 avr. 1955 relative à l'état d'urgence, *JO* 7 avr., p. 3479.
10. Cons. const. 2 déc. 2016, n° 2016-536 QPC – CE, ass., 6 juill. 2016, n°s 398234, req. n° 399135, *Lebon ; AJDA* 2016. 1364 ; *AJDA* 2016. 1635, Chron. L. Dutheillet de Lamothe et G. Odinet ; *D.* 2016. 1567, obs. M.-C. de Montecler ; *RFDA* 2016. 943, note O. Le Bot ; *Dr. adm.* 2016. comm. 58, G. Eveillard ; *JCP* 2016. 1079, obs. P. Türk ; *Gaz. Pal.* 2017, n° 38, p. 44, obs. S. Roussel.
11. Crim. 13 déc. 2016, n° 16-82.176, P ; *D.* 2016. 2573 – Crim. 28 mars 2017, n° 16-85.073, P ; *AJDA* 2017. 717 ; *D.* 2017. 1169, note P. Cassia ; *D.* 2017. 1557, Chron. G. Guého, E. Pichon, B. Laurent, L. Ascensi et G. Barbier ; *AJ pénal* 2017. 289 – Crim. 28 mars 2017, n° 16-85.072, P n° 88 ; *AJDA* 2017. 717 ; *JCP* 2017. 473, note J.-B. Perrier ; *D.* 2017. 1169, note P. Cassia ; *AJ pénal* 2017. 289, obs. C. Girault ; *D.* 2017. 1677, obs. J. Pradel – Crim. 3 mai 2017, n° 16-86.155, P ; *AJDA* 2017. 910 ; *D.* 2017. 1175, note G. Beaussonie ; *D.* 2017. 1557, Chron. G. Guého, E. Pichon, B. Laurent, L. Ascensi et G. Barbier ; *RSC* 2017. 337, obs. F. Cordier.
12. V. s^s n°s 413.31 s. et 414.24 s.
13. L. n° 2017-1510, 30 oct. 2017 renforçant la sécurité intérieure et la lutte contre le terrorisme, *JO* 31 oct., n° 1 ; – SUR LAQUELLE : E. Dupic, « Sécurité intérieure : une nouvelle loi renforçant les prérogatives du préfet pour lutter contre le terrorisme », *Gaz. Pal.* 7 nov. 2017, p. 14 ; – J.-B. Perrier, « La loi renforçant la lutte contre le terrorisme et l'atteinte à l'État de droit », *D.* 2018. 24 ; – F. Fourment, « La viste de sécurité intérieure, substitut de la perquisition pénale », *Gaz. Pal.* 23 janv. 2018, p. 82 – L. n° 2021-998, 30 juill. 2021 relative à la prévention d'actes de terrorisme et au renseignement, *JO* 31 juill., art. 1.

de visiter un lieu ainsi que d'y saisir des documents, objets ou données qui s'y trouvent, aux seules fins de prévenir la commission d'actes de terrorisme.

Ces opérations ne peuvent en aucun cas concerner non seulement les lieux affectés à l'activité professionnelle des avocats, mais encore leurs domiciles [1].

2°
Conditions de mise en œuvre de la procédure

414.81 **Obligation d'énoncer et de justifier préalablement l'objet précis de la perquisition.** Les perquisitions dans le cabinet d'un avocat ou à son domicile ne peuvent, à peine de nullité [2], être effectuées qu'à la suite d'une décision écrite et motivée prise par le JLD saisit à cette fin, et cette motivation, qui doit préciser « sa proportionnalité au regard de la nature et de la gravité des faits », ne saurait se contenter de faire référence à la requête [3]. Le magistrat demandeur (juge d'instruction [4] ou le magistrat du parquet en cas d'enquête préliminaire [5] ou de flagrance [6]) doit déterminer d'abord les documents qu'il recherche et ne peut procéder à une fouille générale [7].

L'ordonnance autorisant la perquisition doit contenir les motifs précis justifiant la perquisition (nature des infractions sur lesquelles portent les investigations ainsi que les raisons justifiant la perquisition), décrire l'objet de celle-ci et mentionner le lieu où vont être effectuées les investigations [8], faute de quoi il y a lieu d'annuler l'ordonnance et toute la procédure subséquente [9].

La chambre criminelle vérifie la pertinence de la motivation, et a ainsi considéré comme insuffisante une ordonnance de perquisition qui « n'identifie pas les différents marchés publics visés par le réquisitoire introductif, ne contient pas les noms des personnes susceptibles d'avoir été victimes de harcèlement, visées au réquisitoire introductif, ne précise pas le document informatique qui aurait été supprimé de manière illégale, cette précision se trouvant dans le réquisitoire introductif, et n'indique pas la nature des documents qui auraient été falsifiés, ni des faux documents dont il aurait été fait usage. Cette ordonnance ne mentionne pas tous les marchés publics visés par le réquisitoire supplétif, et n'indique pas, en particulier, que la saisine du juge d'instruction s'étendait au projet de Semop, alors que des documents relatifs à ce projet ont été saisis par le juge d'instruction au cours de la perquisition ». Pour la chambre criminelle : « le bâtonnier, chargé de la protection des droits de la défense, n'a pas reçu, au début de la perquisition, les informations lui permettant de connaître les motifs de celle-ci, ainsi que son objet, qui comprenait la recherche de documents portant sur le marché public du projet de Semop, afin de déterminer le degré de participation à celui-ci de l'avocat concerné. Il en résulte que cette imprécision de l'ordonnance de perquisition a porté atteinte aux droits de la défense ». Dès lors, pour la chambre criminelle, en ordonnant le versement, au dossier de l'information, de documents saisis au cours d'une perquisition irrégulière, le juge des libertés et de la détention a excédé ses pouvoirs [10].

414.82 **Indices plausibles de participation de l'avocat à des infractions.** Une perquisition ne peut être ordonnée ou maintenue que si, et seulement si, il existe des raisons plausibles de soupçonner l'avocat d'avoir commis ou tenté de commettre l'infraction qui fait l'objet de la procédure ou une infraction connexe au sens de l'article 203 du code pénal [11] et que les documents dont la saisie est envisagée sont de nature à établir la preuve de cette participation [12].

Dans un tel cas, l'avocat ne peut invoquer l'atteinte portée au secret professionnel pour exiger la restitution des correspondances saisies [13].

1. CSI, art. L. 229-1.
2. C. pr. pén., art. 56-1, al. 1.
3. Crim. 23 nov. 2016, n° 15-83.649, P n° 307 ; *D.* 2016. 2402, obs. N. explicative de la Cour de cassation ; *D.* 2017. 245, Chron. G. Guého, L. Ascensi, E. Pichon, B. Laurent et G. Barbier ; *AJ pénal* 2017. 43, obs. J.-B. Thierry ; *AJ pénal* 2017. 76, note J.-B. Thierry.
4. C. pr. pén., art. 96, al. 4.
5. C. pr. pén., art. 76 ; mod. par ord. n° 2019-964, 18 sept. 2019, art. 35.
6. C. pr. pén., art. 56 ; mod. par L. n° 2020-1672, 24 déc. 2020, art. 18.
7. Crim. 30 juin 1999, n° 97-86.318, P n° 172 ; *D.* 1999. jur. 458, note J. Pradel ; *D.* 1999. Somm. 322, obs. J. Pradel ; *JCP* 1999. II. 10177, note R. Martin ; *Gaz. Pal.* 1999. 569, note A. Damien.
8. Crim. 9 févr. 2016 n° 15-85.063, P n° 34 ; *Gaz. Pal.* 1er mars 2016, p. 33, note V. Nioré ; *D.* 2016. 1729, note J. Pradel.
9. Crim. 18 nov. 2015, n° 15-83.400, P n° 260 ; *D.* 2015. 2444 ; *AJ pénal* 2016. 215, obs. C. Renaud-Duparc.
10. Crim. 8 juill. 2020, n° 19-85.491, P ; *JCP* 2020. 910 ; *D.* 2020. 1463 ; *Gaz. Pal.* 8 sept. 2020, p. 39, obs. C. Berlaud ; *Gaz. Pal.* 6 oct. 2020, p. 39, obs. B. de Belval et J. Villacèque ; *JCP* 2020. 1016, note C. Ambroise-Castérot.
11. C. pr. pén., art. 56-1 – DÉJÀ : Crim. 7 mars 1994, n° 93-84.931, P n° 87 ; *D.* 1995. 167, obs. A. Brunois ; *D.* 1994. 1888, obs. J. Pradel ; *RSC* 1994. 576, obs. J.-C. Marin – Crim. 14 janv. 2003, n° 02-87.062, P n° 16 ; *D.* 2003. 944 ; *RSC* 2003. 884, obs. J.-F. Renucci ; *Procédures* 2003, n° 152, obs. J. Buisson – Crim. 25 juin 2013, n° 12-88.021, P n° 155 ; *AJ pénal* 2013. 539, note L. Belfanti ; *JCP* 2013. 874 ; *Procédures* 2013, n° 260, note A.-S. Chavent-Leclère.
12. Crim. 12 mars 1992, n° 91-86.843, P n° 112 ; *D.* 1993. 207, obs. J. Pradel ; *D.* 1994. 134, note A. Brunois ; *Gaz. Pal.* 1992. Somm. 383, note J. Pradel – Crim. 20 janv. 1993, n° 92-85.548, P n° 29 – Crim. 27 oct. 2004, n° 04-81.513, P n° 259 – Crim. 8 juill. 2015, n° 15-81.179, NP ; *RSC* 2015. 902, obs. F. Cordier.
13. Crim. 1er mars 2006, n° 05-87.252, P n° 60 – Crim. 5 oct. 1999, n° 98-80.007, P n° 206 – Crim. 5 juin 1975, n° 74-92.792, P n° 146.

La notion de connexité est destinée à atténuer le recours à la technique des filets dérivants [1].

414.83 Même au titre de la complicité. Il n'est pas nécessaire que la responsabilité pénale de l'avocat soit recherchée en qualité d'auteur principal, il suffit qu'il le soit au titre de la complicité [2], voire même du recel [3].

Il y a lieu de préciser, à cet égard, que l'avocat n'a pas vocation à conserver certains documents que viendrait lui confier son client à cette seule fin de conservation. Il se rendrait alors complice du crime ou délit de son propre client, au moyen de documents dont il assurerait la conservation et la sauvegarde [4].

414.84 Saisie du matériel informatique. Les papiers ne sont pas les seuls éléments saisissables : lors d'une perquisition, le matériel (notamment le disque dur) et les données informatisées peuvent également être saisies [5].

C'est ainsi que lors d'une enquête préliminaire, une perquisition est menée au cabinet et au domicile d'un avocat à l'encontre duquel il existe des indices de participation à des faits de détention d'images de mineur présentant un caractère pornographique. Le bâtonnier s'est opposé à la saisie d'un ordinateur portable et du disque dur en objectant que le matériel contenait des informations sur l'ensemble de la clientèle du cabinet et que la saisie était par conséquent impossible. Le JLD fut alors saisi par le procureur de la République pour statuer sur la contestation. Ce dernier refusa de se prononcer au motif que l'article 56-1 du code de procédure pénale ne prévoit que la saisie de « documents » et non de « matériel informatique ». La chambre criminelle a annulé l'ordonnance du JLD en décidant que ce dernier devait rechercher si la saisie des données informatiques ne portait pas atteinte au libre exercice de la profession d'avocat, au respect du secret professionnel et à celui des droits de la défense [6].

L'article 97 du code de procédure pénale [7] précise, à cet égard, qu'« Il est procédé à la saisie des données informatiques nécessaires à la manifestation de la vérité en plaçant sous-main de justice soit le support physique de ces données, soit une copie réalisée en présence des personnes qui assistent à la perquisition. Si une copie est réalisée dans le cadre de cette procédure, il peut être procédé, sur ordre du juge d'instruction, à l'effacement définitif, sur le support physique qui n'a pas été placé sous-main de justice, des données informatiques dont la détention ou l'usage est illégale ou dangereux pour la sécurité des personnes ou des biens », consacrant expressément la saisie « virtuelle » des données informatiques en ouvrant la possibilité d'une saisie par simple copie des données (copie sur disquette, CD, DVD, disque externe, clef USB...) [8].

3°
Déroulement de la perquisition

414.91 Perquisition au cabinet ou au domicile de l'avocat. La perquisition doit être effectuée par le magistrat qui l'a sollicitée en présence du bâtonnier (ou de son délégué), qui seuls pourront prendre connaissance des documents avant leur éventuelle saisie. Elle doit commencer entre 6 heures et 21 heures, sauf en matière de criminalité organisée [9], d'infractions en matière de stupéfiants [10] ou de proxénétisme [11].

De façon générale la loi précise que « le magistrat qui effectue la perquisition veille à ce que les investigations conduites ne portent pas atteinte au libre exercice de la profession d'avocat » [12]. Cela peut justifier, selon la Cour de cassation, que plutôt que de prendre connaissance sur place des éléments, une copie du disque dur du système informatique, soit effectuée par l'expert, assistant le magistrat, dès lors qu'elle n'a d'autre but que de perturber le moins possible le fonctionnement du cabinet collectif et que cette copie a été placée sous scellé et que rien n'a été transcrit qui ne concernait la procédure [13].

414.92 Saisies – Pouvoirs du magistrat. Les éléments que le magistrat entend saisir doivent être en relation directe avec l'infraction objet de la poursuite, et limités aux documents nécessaires à la manifestation de la vérité [14], c'est-à-dire révéler de façon intrinsèque la commission par l'avocat d'une infraction en qualité d'auteur principal ou de complice [15]. Ne peuvent être saisis que des documents ou

1. V. s^s n° 414.32
2. C. pr. pén., art. 56-1 – V. s^s n°s 921.31 s.
3. V. s^s n°s 921.101 s.
4. T. corr. Paris, 19 mars 1974, *Gaz. Pal.* 1974. 1. 376 ; *RSC* 1974. 602, obs. P. Bouzat – V. s^s n° 921.32.
5. V. s^s n° 414.261 s.
6. Crim. 8 août 2007, n° 07-84.252, P n° 188 ; *D.* 2007. 2307 ; *D.* 2008. 947, obs. B. Blanchard ; *AJ pénal* 2007. 492, obs. C. Saas.
7. L. n° 2004-575, 21 juin 2004 pour la confiance dans l'économie numérique, *JO* 22 juin, n° 2, art. 43.
8. C. pr. pén., art. 97, al. 3 et 4.
9. C. pr. pén., art. 706-73 et 706-89 s.
10. C. pr. pén., art. 706-28.
11. C. pr. pén., art. 706-35.
12. C. pr. pén., art. 56-1, al. 2 – Crim. 25 juin 2013, n° 12-88.021, P n° 155 ; *AJ pénal* 2013. 539, note L. Belfanti ; *JCP* 2013. 874 ; *D. avocats* 2013. 336, obs. V. Nioré.
13. Crim. 14 nov. 2001, n° 01-85.965, P n° 238.
14. Crim. 18 juin 2003, n° 03-81.979, P n° 129 ; *AJ pénal* 203. 30 ; *Procédures* 2003, n° 222, note J. Buisson ; *Dr. pénal* 2003, n° 116, note A. Maron ; *Gaz. Pal.* 22-23 févr. 2014, p. 22, note J.-G. Moore ; *RSC* 2004. 422, obs. J. Buisson.
15. TGI Paris, ord. 23 janv. 2003, *Gaz. Pal.* 12-13 mars 2003, p. 19.

objets relatifs aux infractions mentionnées dans la décision du magistrat[1].

C'est ainsi que dans le cas d'un avocat soupçonné de trafic d'influence, dès lors que les pièces saisies au cabinet de l'avocat sont susceptibles de se rapporter à l'incrimination de trafic d'influence, l'examen de la nature exacte des rapports qui se sont noués entre tous les protagonistes se révèle nécessaire et doit conduire à l'examen de chacun des scellés afin que seules les pièces dont le contenu est de nature à caractériser l'existence de l'infraction de trafic d'influence à laquelle l'avocat aurait pu participer soient retenues[2].

La comptabilité[3] de l'avocat ainsi que les factures[4] établies, qui en sont l'annexe, peuvent ainsi être saisies dès lors que cette saisie est effectuée en relation directe avec l'infraction objet de la poursuite, et limitée aux documents nécessaires à la manifestation de la vérité : en l'occurrence il s'agissait d'un avocat soupçonné d'avoir cherché à obtenir une transaction en vue du versement d'une importante somme d'argent en réparation d'un préjudice imaginaire, au nom de prétendus clients, la saisie des éléments comptables apparaissant nécessaire pour comparer la liste exhaustive des clients de l'avocat avec celle des prétendus mandants de ce même avocat[5].

4°
Rôle du bâtonnier

414.101 **Information du bâtonnier.** Le bâtonnier doit être informé par le magistrat, et ce suffisamment à l'avance. Rien n'est dit quant aux modalités et contenu de l'information du bâtonnier.

En pratique le magistrat adresse un soit-transmis informant de la date, de l'heure de la perquisition, généralement à l'heure du laitier, et fixant un lieu de rendez-vous, parfois au coin de la rue en face d'un magasin ou à un aéroport ou une gare en cas de perquisition lointaine, et ce n'est que lors de ce rendez-vous que le bâtonnier ou son délégué connaît le lieu exact de la perquisition et prend connaissance de la décision du magistrat[6].

414.102 **Rôle du bâtonnier ou de son délégué.** Il n'appartient pas au bâtonnier, ou à son délégué, de procéder à la fouille des dossiers que lui désignerait le juge d'instruction. Le bâtonnier, ou son délégué, est là pour assister à cette perquisition et faire noter les réserves que lui indique le confrère perquisitionné ou celles qu'il désire émettre lui-même. Le magistrat et le bâtonnier ou son délégué ont seuls le droit de consulter ou de prendre connaissance des documents ou des objets se trouvant sur les lieux préalablement à leur éventuelle saisie. Aucune saisie ne peut concerner des documents ou des objets relatifs à d'autres infractions que celles mentionnées dans la décision ordonnant la perquisition[7]. Le bâtonnier ou son délégué vérifiera systématiquement ce point au regard de l'ordonnance à lui remise.

La Cour de cassation a eu l'occasion de préciser que le bâtonnier n'est pas, au sens de l'article R. 49-21 du code de procédure pénale, une partie lorsqu'il exerce les prérogatives qui lui sont données par l'article 56-1 dudit code à l'occasion d'une perquisition dans un cabinet d'avocat, dès lors qu'il agit dans le cadre d'une mission d'auxiliaire de justice chargé de la protection des droits de la défense[8] et, naturellement du secret professionnel.

414.103 **Opposition par principe du bâtonnier ou de son délégué[9].** En principe, le bâtonnier, ou son délégué, qu'il soit saisi ou non d'observations de l'avocat perquisitionné, doit s'opposer à toutes saisies de documents et objets dans le cabinet de l'avocat, lesquelles sont par nature attentatoire au secret professionnel, et donc irrégulières et faire noter au procès-verbal ses protestations afin qu'il appartienne au JLD de déterminer si les pièces saisies étaient ou non couvertes par le secret professionnel[10].

Si au cours d'une perquisition faite chez un avocat sous le contrôle du bâtonnier, apparaissent des faits répréhensibles imputables à l'avocat, la connaissance de ces faits acquise de cette manière peut autoriser la mise en œuvre de l'action disciplinaire[11].

414.104 **Bâtonnier, protecteur du secret professionnel.** Le bâtonnier, ou son délégué, protecteur du secret professionnel n'est pas le conseil de l'avocat perquisitionné : il intervient dans le cadre d'une mission de service public dans l'intérêt général de la profession et non de l'avocat objet de la perquisition.

Son rôle est d'assurer la défense du secret professionnel, pas celle de l'avocat, lequel peut, le cas échéant, être assisté de son propre avocat.

1. Crim. 3 avr. 2013, n° 12-88.021, P n° 75 ; *D.* 2013. 1005 ; *AJ pénal* 2013. 353, obs. L. Auffret ; *D. avocats* 2013. 240, art. M. Bombled – V. s[s] n° 414.81.
2. TGI Paris, ord., 2 oct. 2000, *Gaz. Pal.* 14 oct. 2000, Chron. P.-A. Iweins.
3. V. s[s] n°s 811.221 s.
4. V. s[s] n°s 731.00 s.
5. Crim. 14 janv. 2003, n° 02-87.062, P n° 6 ; *D.* 2003. 944 ; *Procédures* 2003, n° 152, note J. Buisson ; *RSC* 2003. 884, note J.-F. Renucci.
6. C. pr. pén., art. 56-1, al. 1.
7. C. pr. pén., art. 56-1, al. 1 – V. s[s] n° 414.92.
8. Crim. 8 janv. 2013, n° 12-90.063, NP – Crim. 9 févr. 2016, n° 15-85.063, P n° 34 ; *D.* 2016. 427 ; *D.* 2016. 1727, obs. J. Pradel.
9. V. Nioré, *Perquisitions chez l'avocat : Défense des secrets et inviolabilité de l'asile*, « Lamy – Axe Droit », Lamy, 2014.
10. V. s[s] n°s 414.111 s.
11. V. s[s] n°s 511.21 s.

5°
Saisine du juge des libertés et de la détention

414.111 Placement sous scellés et procès-verbal distinct de l'opération. Dès lors que le bâtonnier ou son délégué s'oppose à la saisie d'un document ou d'un objet qu'il estime irrégulière, le document ou objet (disque dur) saisi doit alors être placé sous scellés et l'opération doit faire l'objet d'un procès-verbal distinct du procès-verbal de perquisition. Le procès-verbal de mise sous scellés mentionnant les objections du bâtonnier ou de son délégué, qui n'est pas joint au dossier de la procédure et est transmis sans délai, avec le document ou objet saisi, au juge des libertés et de la détention (JLD) [1] de la même juridiction que le magistrat ayant ordonné la perquisition [2].

Le JLD doit statuer, dans les cinq jours de la réception. À cette fin, il pourra entendre le magistrat, le bâtonnier, le procureur de la République, l'avocat. S'il décide ne pas y avoir lieu à saisie, le document ou objet est sur le champ restitué à l'avocat et le procès-verbal distinct détruit. Il ordonne alors, le cas échéant, la cancellation de toute référence à ce document, à son contenu ou à cet objet qui figurerait dans le dossier de la procédure. Dans le cas contraire, le document ou objet et le procès-verbal distinct seront versés à la procédure.

414.112 Décision du JLD. Le JLD ne peut refuser de statuer lorsqu'il est saisi à la suite d'une opposition formulée par le bâtonnier ou son délégué. Il ne peut statuer que sur la question de savoir si les documents saisis bénéficient, ou non, de la protection du secret professionnel. Pas plus.

Il ne saurait dès lors se prononcer sur la régularité de la procédure [3]. Mais il lui appartient, fût-ce en recourant lui-même à la mesure technique envisagée, de prendre personnellement connaissance des documents saisis et de décider s'ils doivent être restitués ou versés dans le dossier de la procédure [4]. Généralement, la restitution des éléments saisis qui sont nécessaires à l'activité du cabinet d'avocat, est ordonnée après impression ou photocopie de ceux-ci, le cas échéant avec cancellation de certains passages.

Le JLD rend une ordonnance motivée.

414.113 Voie de recours à l'encontre de la décision du JLD. Jusqu'en 2021, l'ordonnance du JLD n'était pas susceptible de recours selon l'article 56-1 du code de procédure pénale. Elle pouvait toutefois faire l'objet d'un recours en excès de pouvoir devant la Cour de cassation [5]. Constitue un tel excès de pouvoir le fait pour le JLD d'ordonner le versement, au dossier de l'information, de documents saisis au cours d'une perquisition irrégulière en raison de l'insuffisance de motivation de l'ordonnance de perquisition [6].

Depuis le 1er mars 2022 [7], la décision du juge des libertés et de la détention peut faire l'objet d'un recours suspensif dans un délai de vingt-quatre heures, formé par le procureur de la République, l'avocat ou le bâtonnier ou son délégué, devant le président de la chambre de l'instruction. Celui-ci statue dans les cinq jours ouvrables suivant sa saisine, selon la même procédure que devant le JLD [8].

414.114 Disque dur. En cas de saisine d'un disque dur, le JLD ne saurait se contenter de considérer que la restitution des matériels serait de nature à faire obstacle à la manifestation de la vérité, et de décider que l'ouverture des scellés et la lecture des documents seraient effectuées par le magistrat instructeur, assisté de l'expert qu'il aurait commis préalablement, et en présence du bâtonnier ou de son délégué, en ajoutant que ne pourraient être exploités que les documents en relation directe avec les faits objet de l'information en cours et que devraient en être exclus les correspondances ou courriels couverts par le secret professionnel. Il lui appartient en fait de désigner lui-même un expert aux fins d'examiner le disque dur à partir de mots-clés et d'éditer les documents concernés sur papier [9].

Dans une telle situation, le JLD renverra alors l'affaire à une nouvelle audience, après le dépôt du rapport de l'expert [10]. Il n'est pas rare que les

1. TGI Paris, ord., 7 juill. 2000 ; *D.* 2002. Somm. 855, obs. B. Blanchard ; *Gaz. Pal.* 29 août 2000, p. 18, note A. Damien ; *JCP* 2001. I. 284, n° 12, obs. R. Martin – TGI Paris, 2 oct. 2000, *Gaz. Pal.* 13-14 oct. 2000, p. 7.
2. Crim. 22 juin 2005, n° 05-82.759, P n° 190 ; *D.* 2005. IR 2103 ; *Procédures* 2005, n° 237, obs. J. Buisson ; *Dr. pénal* 2005, n° 166, obs. A. Maron.
3. TGI Paris, ord. JLD, 5 avr. 2005, *BICC* 622, n° 1373.
4. Crim. 8 août 2007, n° 07-84.252, P n° 188 ; *D.* 2007. AJ 2307 ; *D.* 2008. 947, obs. B. Blanchard ; *AJ pénal* 2007. 492, obs. C. Saas ; *Dr. pénal* 2007. Chron. 30, obs. A. Lepage ; *Procédures* 2007, n° 264, obs. J. Buisson – Crim. 25 juin 2013, n° 12-88.021, P n° 155 ; *AJ pénal* 2013. 539, note L. Belfanti ; *JCP* 2013. 874 ; *D. avocats* 2013. 336, obs. V. Nioré.
5. Crim. 7 janv. 2020, n° 19-82.011, P.
6. Crim. 8 juill. 2020, n° 19-85.491, P ; *D.* 2020. 1463 ; *JCP* 2020. 910 ; *Gaz. Pal.* 8 sept. 2020, p. 39, obs. C. Berlaud ; *Gaz. Pal.* 6 oct. 2020, p. 39, obs. B. de Belval et J. Villacèque ; *JCP* 2020. 1016 note C. Ambroise-Castérot – V. ss n° 414.81.
7. L. n° 2021-1729, 22 déc. 2021, art. 3.
8. C. pr. pén., art. 56-1 – V. ss n° 414.111 s.
9. Crim. 8 août 2007, n° 07-84.252, P n° 188 ; *D.* 2007. AJ 2307 ; *D.* 2008. 947, obs. B. Blanchard ; *AJ pénal* 2007. 492, obs. C. Saas ; *Dr. pénal* 2007. Chron. 30, obs. A. Lepage ; *Procédures* 2007, n° 264, obs. J. Buisson.
10. TGI Paris, ord., 21 janv. 2014, NP ; cité *in* V. Nioré, *Perquisitions chez l'avocat, Défense des secrets et inviolabilité de l'asile*, « Lamy – Axe Droit », Lamy, 2014, n° 179.

audiences devant le JLD, en cas de saisie de disque dur et lorsqu'il faut examiner un à un tous les fichiers ou courriels contenus dans celui-ci, durent trois à cinq jours en continuité.

414.115 **Recours ultérieur.** La décision du JLD, ne fait pas obstacle à la possibilité ultérieure de demander la nullité de la saisie devant la juridiction de jugement ou la chambre de l'instruction [1].

L'ensemble des éléments saisis, et non pas seulement ceux ayant fait l'objet d'une opposition du bâtonnier ou de son délégué, pourra alors être contesté [2]. La sanction d'une saisie irrégulière est la nullité absolue de l'instruction et des actes irréguliers. Elle peut être demandée aussi bien par l'intéressé que par ses coaccusés, quel que soit leur intérêt dans la cause.

B.
Appréciation de la chambre criminelle

414.121 **Nature des documents saisissables.** Si l'on examine la jurisprudence actuelle de la chambre criminelle [3], il y aurait deux catégories de documents saisissables pour reprendre une formule que l'on retrouve dans les ordonnances des JLD à Paris suivant laquelle « le secret professionnel de l'avocat n'a pas un caractère absolu et l'article 66-5 [4] de la loi du 31 décembre 1971 ne s'oppose pas à la saisie chez l'avocat des pièces qui seraient de nature à démontrer son implication dans l'infraction même s'agissant de pièces liées à l'exercice des droits de la défense, ou celles qui sont nécessaires à la manifestation de la vérité comme susceptible de déterminer l'existence d'une infraction dès lors que celles-ci ne sont pas relatives à l'exercice des droits de la défense », tout en précisant qu'il y a lieu d'apprécier le lien direct avec les faits visés dans l'enquête, des pièces dont la saisie est sollicitée.

En premier lieu, peuvent donc être saisis, les documents quels qu'ils soient de nature à établir la preuve de la participation de l'avocat à une infraction [5]. Ce point ne fait pas de difficulté, et emporte l'adhésion de l'ensemble des chambres de la Cour de cassation : dès lors que l'avocat est soupçonné d'avoir commis une infraction, il est légitime que les éléments de nature à apporter la preuve de la commission de cette infraction par l'avocat puissent être saisis. Les éléments saisis peuvent viser que la recherche du mobile et non des éléments constitutifs de l'infraction, en l'occurrence une subornation de témoins [6].

414.122 **« Résistance » de la chambre criminelle.** En second lieu, peuvent également être saisis, les documents qui ne seraient pas relatifs à l'exercice des droits de la défense et qui sont nécessaires à la manifestation de la vérité comme étant susceptibles de déterminer l'existence d'une infraction. Déjà dans l'affaire de la Garantie foncière [7], la Cour de cassation avait tiré pour conséquence que le secret professionnel ne pouvait couvrir des documents que l'avocat avait été amené à recueillir dans des activités ayant motivé sa propre mise en examen [8].

La chambre criminelle, contrairement à la chambre commerciale [9] semble continuer à privilégier les pouvoirs du magistrat instructeur sur le secret professionnel de l'avocat [10]. Ainsi a-t-elle jugé, par exemple, et de manière très contestable, que le juge d'instruction pouvait s'opposer à la restitution de documents saisis dans le cabinet d'un avocat et couverts par le secret professionnel, en l'occurrence des correspondances, actes ou projets d'actes destinés à la réalisation d'une opération, dès lors que leur maintien sous la main de justice en vue de déterminer l'existence d'infractions pénales était nécessaire à la manifestation de la vérité et ne portait pas atteinte aux droits de la défense [11], ou encore ceux qui étaient en relation directe avec l'infraction objet de la poursuite, et étaient destinés à apporter la preuve de la participation « éventuelle » de l'avocat à cette seule infraction, et ce, dès lors que la saisie est limitée aux seuls documents nécessaires à la manifestation de la vérité [12].

Mais, doivent être restitués, les documents dont aucun élément du dossier ne permet de considérer

1. C. pr. pén., art. 56-1, al. 7.
2. Crim. 25 juin 2013, n° 12-88.021, P n° 155 ; *AJ pénal* 2013. 539, note L. Belfanti ; *JCP* 2013. 874 ; *D. avocats* 2013. 336, obs. V. Nioré.
3. AUSSI : v. s^{s} n°s 412.244 s. et 415.31 s.
4. L. n° 71-1130, 31 déc. 1971, art. 66-5.
5. Crim. 27 juin 2001, n° 01-81.865, P n° 163 ; *D.* 2001. IR 2947 ; *RSC* 2001. 832, obs. D.-N. Commaret ; *Procédures* 2001, comm. n° 220, note J. Buisson – Crim. 18 juin 2003, n° 03-81.979, P n° 129 ; *RSC* 2004. 422, note J. Buisson ; *AJ pénal* 2003. 30.
6. Crim. 8 juill. 2015, n° 15-81.179.
7. V. s^{s} n° 414.23.
8. Crim. 5 juin 1975, n° 74-92.792, P n° 146 ; *JCP* 1976. II. 18243, note P. Chambon.
9. V. s^{s} n° 411.25 et 412.243.
10. Crim. 12 mars 1992, n° 91-86.843, P n° 112 ; *D.* 1993. 207, obs. J. Pradel – Crim. 20 janv. 1993, n° 92-85.548, P n° 29 ; *D.* 2013. 1005 ; *AJ pénal* 2013. 353, obs. L. Auffret ; *D. avocats* 2013. 240, art. M. Bombled – Pour une jurisprudence supplémentaire, v. s^{s} n°s 411.24 et 412.244.
11. Crim. 30 juin 1999, n° 97-86.318, P n° 172 ; *D.* 1999. 458 ; *D.* 1999. 322, note J. Pradel ; *D.* 1999. 213 ; *Gaz. Pal.* 21 sept. 1999. 44, note A. Damien ; *JCP* 1999. II. 10177, note R. Martin ; *Procédures* 1999. Comm. 236, obs. J. Buisson ; *Dr. pénal* 1999, comm. n° 155, obs. A. Maron ; – MÊME SENS : Crim. 23 oct. 2019, n° 18-84738, NP.
12. Crim. 14 janv. 2003 n° 02-87.062, P n° 6 ; *D.* 2003. 944 ; *RSC* 2003. 884, obs. J.-F. Renucci – Crim. 1er mars 2006, n° 05-87.252, P n° 60 ; *AJ pénal* 2006. 304 note P. Remilleux.

qu'ils soient susceptibles de constituer des indices graves et concordants, rendant vraisemblable l'implication directe de l'avocat dans la commission d'une infraction en relation avec les faits instruits par le juge d'instruction[1]. C'est ainsi que, dans une affaire qui concernait une plainte pour chantage dont l'avocat était soupçonné de complicité, la chambre criminelle reproche à la chambre de l'instruction de ne pas avoir recherché elle-même si le contenu des courriels litigieux, entre l'avocat et son client et saisis au cabinet de l'avocat, permettait de faire présumer la participation de l'avocat à une infraction et de s'être bornée à relever que les questions posées par le juge d'instruction à l'avocat, lors de l'interrogatoire de première comparution, qui avait eu lieu après la perquisition, attestent que le contenu des courriels litigieux constitue pour ce magistrat un des indices d'une complicité de l'avocat dans le chantage imputé à son client[2].

Récemment encore, la chambre criminelle a eu l'occasion de rappeler que, si aux termes de l'article 66-5[3] de la loi du 31 décembre 1971, les pièces échangées entre l'avocat et son client sont couvertes par le secret professionnel, aucune disposition légale ou conventionnelle ne fait obstacle à ce que l'officier de police judiciaire, le procureur de la République ou le juge d'instruction, dans l'exercice des pouvoirs qui leur sont reconnus par les articles 56 à 56-4, 76 et 96 du code de procédure pénale, procèdent à la saisie de telles pièces utiles à la manifestation de la vérité lorsque leur contenu est étranger à l'exercice des droits de la défense ou lorsqu'elles sont de nature à établir la preuve de la participation de l'avocat à une infraction[4].

414.123 **Régime à parfaire.** L'appréciation n'est pas toujours facile, et la distinction parfois subtile entre preuve de la participation à une infraction déjà caractérisée, et présomption de commission d'une infraction en relation avec les faits objets de l'instruction. La nuance tenant à l'exercice des droits de la défense apparaît même superfétatoire, relevant même, quelque peu, du byzantinisme.

En réalité, le régime actuel des perquisitions pourrait être acceptable s'il ne souffrait de deux maux[5] : d'une part, l'absence de tout recours effectif à l'encontre de l'ordonnance du JLD[6], et l'impossibilité pour l'avocat perquisitionné et le bâtonnier d'exercer d'autres voies de recours pour contester le versement des documents dans le dossier, sauf à ce qu'il soit mis en cause dans ce même dossier.

D'autre part, le perfectionnement de la technique des filets dérivants[7], qui, lorsqu'ils conduisent le magistrat instructeur à découvrir des éléments faisant présumer la commission d'une infraction, mais sans le moindre lien avec les faits objets de l'enquête initiale et ayants fondé l'ordonnance autorisant la perquisition, de solliciter séance tenante un réquisitoire supplétif afin de pouvoir enquêter sur ces faits « nouveaux » tout en poursuivant la perquisition. Les perquisitions n'ont pas vocation à servir ni à chercher des preuves visant à incriminer exclusivement le client de l'avocat, ni à chercher des éléments visant à incriminer un avocat sans qu'aucune infraction ne lui soit préalablement reprochée, ce qui a déjà valu une condamnation de la France par la CEDH[8].

La loi pour la confiance dans l'institution judiciaire[9] devrait, en principe, mettre un terme à ces imperfections, dès lors qu'elle est venu prévoit, d'une part, la mise en œuvre d'un recours effectif à l'encontre de l'ordonnance du JLD, et d'autre part, la limitation du champ de l'opération de perquisition à « l'infraction qui fait l'objet de la procédure ou une infraction connexe au sens de l'article 203 »[10].

414.124 **Régime de suspicion généralisée à l'encontre des avocats.** La loi pour la confiance dans l'institution judiciaire[11] est surtout venue insérer un nouvel article 56-1-2 au code de procédure pénale aux termes duquel :

« Dans les cas prévus par les articles 56-1 et 56-1-1, le secret professionnel du conseil n'est pas opposable aux mesures d'enquête ou d'instruction : lorsque celles-ci sont relatives aux infractions mentionnées aux articles 1741 et 1743 du code général des impôts et aux articles 421-2-2, 433-1, 433-2 et 435-1 à 435-10 du code pénal ainsi qu'au blanchiment de ces délits, sous réserve que les consultations, correspondances ou pièces, détenues ou transmises par l'avocat ou son client établissent la preuve de leur

1. TGI Paris, ord., 23 janv. 2007, NP – TGI Paris, ord., 23 mars 2007, NP – TGI Paris, ord., 15 avr. 2009, NP – TGI Paris, ord., 19 oct. 2010, NP ; cités *in* V. Nioré, *Perquisitions chez l'avocat : Défense des secrets et inviolabilité de l'asile*, « Lamy – Axe Droit », 2014, n° 257, p. 162.
2. Crim. 27 sept. 2011, n° 11-83.755, NP.
3. L. n° 71-1130, 31 déc. 1971, art. 66-5.
4. Crim. 4 oct. 2016, n° 16-82.308, NP – V. ss nos 412.244 s. et 415.31 s.
5. V. Nioré, *Rapport sur la réforme du régime des perquisitions au domicile et en cabinet d'avocat – Commission Liberté et droits de l'homme du Conseil national des barreaux,* AG 6-7 juill. 2012 – F. Poirier, *Protection du secret professionnel et de la confidentialité des échanges propositions d'amendements aux articles 21 et 66-5 de la loi du 31 décembre 1971 et aux articles 100-5, alinéa 3, et 432 du code de procédure pénale*, CNB, AG 14-15 sept. 2012.
6. V. ss n° 414.112.
7. V. ss n° 414.32.
8. CEDH 24 juill. 2008, *André a. c/France,* req. n° 18603/03 ; *D.* 2008. 2353 – V. ss n° 414.152.
9. L. n° 2021-1729, 22 déc. 2021, art. 3.
10. V. ss n° 414.82.
11. L. n° 2021-1729, 22 déc. 2021, art. 3.

utilisation aux fins de commettre ou de faciliter la commission desdites infractions »[1].

Ces dispositions vise les cas de fraude fiscale, d'acte de terrorisme, de corruption et de trafic d'influence, ainsi que le blanchiment de ces délits, et concerne les consultations, correspondances ou pièces, détenues ou transmises par l'avocat ou son client qui établissent la preuve de leur utilisation (*sic*) aux fins de commettre ou de faciliter la commission desdites infractions.

Cette disposition pose ainsi clairement une atteinte disproportionnée au secret professionnel de l'avocat qui serait alors écarté dans des hypothèses où ce n'est pas l'avocat qui aurait commis une infraction mais son client. Elle légitime ainsi clairement, dans les deux cas, le recours à la technique des filets dérivants[2] afin d'aller chercher chez l'avocat des éléments de preuves incriminant son seul client[3]. Elle apparaît en contradiction totale avec les conditions même de mise en œuvre de la procédure de perquisition chez un avocat[4] allant bien au-delà des seuls cas de complicité[5].

Il conviendra de voir l'usage qui sera fait de cette disposition qui apparaît, en réalité, inapplicable en pratique et, en tout état de cause, contraire à la jurisprudence de la CEDH[6].

§ 2
Régimes spéciaux

414.130 Plan – Options divergentes entre le droit commun et les régimes spéciaux. Ces dernières années ont vu se multiplier les prérogatives de « visites et de saisies », pour ne pas employer le terme de perquisition, accordées à d'autres autorités que des autorités judiciaires, avec des garanties laissant parfois à désirer. Or, dès lors qu'aucun texte ne le prévoyait expressément, les agents des administrations fiscales ou douanières ou ceux de la direction de la concurrence n'étaient pas, en principe[7], contraints de respecter les formalités prescrites par le code de procédure pénale en matière de perquisition[8].

Toutefois, la jurisprudence avait prévu la nécessité de provoquer l'intervention du bâtonnier, ou de son délégué dans le cadre de telles opérations[9].

Depuis la loi du 23 mars 2019[10], les dispositions de l'article 56-1 du code de procédure pénale sont également applicables aux perquisitions ou visites domiciliaires effectuées, sur le fondement d'autres codes ou de lois spéciales, dans le cabinet d'un avocat ou à son domicile ou dans les locaux du barreau ou des Carpa[11].

Trois cas récurrents sont à envisager : les perquisitions ou visites domiciliaires de l'autorité des marchés financiers (A), de l'administration fiscale (B) et de la Dgccrf (C).

A.
Autorité des marchés financiers

414.141 Opérations de visites et saisies de l'AMF (code de procédure pénale, art. 621-12). En matière d'opérations de visites et saisies de l'AMF, il est expressément prévu que, lorsque l'opération de visites et de saisies est effectuée dans le cabinet d'un avocat ou à son domicile, les dispositions de l'article 56-1 du code de procédure pénale sont applicables[12].

C'est donc le droit commun, protecteur du secret professionnel, qui s'applique en la matière[13].

414.142 Voies de recours. On notera qu'outre la saisine du JLD[14], il est également possible de saisir le premier président de la cour d'appel d'un recours à l'encontre de l'ordonnance du JLD ayant ordonné l'opération de visites et de saisies[15] et d'un autre recours à l'encontre du déroulement de l'opération de visites et de saisies sur la base du procès-verbal de déroulement de l'opération[16], et ce par voie d'appel formé par déclaration remise ou adressée, par pli recommandé ou par voie électronique, au greffe de la cour dans un délai de quinze jours. Ce délai court à compter soit de la remise, soit de la réception, soit de la signification de l'ordonnance ou de la remise ou de la réception soit du procès-verbal, soit de l'inventaire. L'ordonnance du premier président de la cour d'appel est susceptible d'un pourvoi en cassation, selon les règles prévues par le code de procédure civile. Le délai du pourvoi en cassation est de quinze jours. En dernier ressort, c'est la chambre

1. C. pr. pen., art 56-1-2.
2. V. s[s] n° 414.32.
3. V. s[s] n° 411.29.
4. V. s[s] n°s 414.82 s.
5. V. s[s] n°s 414.83.
6. V. s[s] n°s 414.24 et 414.152.
7. D. Piau, « Du (triple...) régime du contrôle des avocats par la DGCCRF à un nécessaire droit commun de la protection du secret professionnel de l'avocat », *Gaz. Pal.* 14 févr. 2017, p. 13.
8. Versailles, 28 avr. 1982, *Gaz. Pal.* 1982. 1. 310, note A. Damien ; *D.* 1983. 225 ; *in* A. Damien, *Les grands arrêts*, Litec, 1991, p. 62.
9. Com. 7 mars 1995, n° 93-14.661, P IV, n° 71 ; *D.* 1995. 486, note G. Tixier et T. Lamulle ; *D.* 1995. 103 ; *JCP* 1995. II. 22536, note R. Martin – Com. 20 févr. 1996, n° 94-12.246, NP – Crim. 10 juill. 2002 n° 01-82.457 – Com. 15 juin 2010, n°s 09-66.684, 09-66.707 – Aussi : Com. 9 nov. 1993, n° 91-20.722, P IV, n° 399 ; *D.* 1994. 399, note M. Lombard ; *CCC* 1997, comm. n° 10, note L. Vogel.
10. L. n° 2019-222, 23 mars 2019 de programmation 2018-2022 et de réforme pour la justice, *JO* 24 mars, n° 2, art. 49.
11. C. pr. pén., art. 56-1, al. 9.
12. C. mon. fin., art. 621-12.
13. V. s[s] n°s 414.71 s.
14. V. s[s] n° 414.111.
15. C. mon. fin., art. 621-12, al. 6.
16. C. mon. fin., art. 621-12, al. 14.

commerciale de la Cour de cassation qui est amenée à connaître des difficultés en la matière[1].

La Cour de cassation a pu considérer que l'article L. 621-12[2] du code monétaire et financier prévoit seulement la notification de la décision du JLD, dérogeant ainsi au code de procédure civile. Ainsi, les dispositions de l'article 495 du code de procédure civile ne sont pas applicables lors du déroulement de l'opération de visites et de saisies de l'AMF, le principe du contradictoire ne s'appliquant qu'à l'occasion du recours exercé contre la décision du JLD. Il n'y a donc pas lieu de notifier et remettre à l'occupant des lieux la requête sur la base de laquelle a été rendue la décision du JLD[3].

B. Administration fiscale

414.151 Opérations de visites et saisies en matière fiscale et douanière (LPF, art. L. 16 B). Le régime des opérations de visites et saisies en matière fiscale et douanière est régi par l'article L. 16 B du livre des procédures fiscales, qui permet aux inspecteurs des services fiscaux autorisés, par une ordonnance du président du tribunal judiciaire compétent (ou d'un juge délégué) et au cas où il existe des présomptions qu'un contribuable se soustrait à l'établissement ou au paiement de ses divers impôts, de réaliser des opérations de visites et saisies chez le contribuable, voire chez des tiers et notamment chez l'avocat du contribuable. Le secret professionnel des avocats ne fait pas obstacle à ce que soient autorisées la visite de leurs locaux et la saisie de documents détenus par eux, dès lors que le juge a trouvé, dans les informations fournies par l'administration requérante, les présomptions suffisantes d'infraction pénale mentionnées dans son ordonnance, en l'occurrence de fraude fiscale[4].

Si les éléments saisis doivent être en rapport avec l'infraction reprochée à l'avocat, la saisie doit se limiter aux seuls éléments strictement nécessaires à la caractérisation de l'infraction : doit ainsi être validée la saisie des reçus, relevés de compte et factures émis par un avocat spécialisé en droit des étrangers, dès lors qu'afin de respecter le secret professionnel, les enquêteurs des services fiscaux ont pris toutes les précautions nécessaires pour canceller les éléments qui pourraient permettre d'identifier et de rechercher les étrangers en situation irrégulière, notamment leur date de naissance et leur adresse, à l'exception cependant de leur patronyme, lequel est associé à la facture émise, étant précisé que ce patronyme peut, dans ce type de contentieux, être un *alias* et, qu'en tout état de cause, tout regroupement ou toute transmission par les enquêteurs des services fiscaux auprès des services des étrangers des préfectures s'exposerait aux sanctions de la Cnil[5].

Ce sont, depuis la loi du 23 mars 2019[6], les dispositions de l'article 56-1[7] du code de procédure pénale qui sont applicables[8].

C'est donc le droit commun, protecteur du secret professionnel, qui s'applique en la matière[9].

414.152 Complicité de fraude fiscale. Lors d'opérations de visites et saisies en cabinet d'avocats, visant des faits de complicité de fraude fiscale dont leur client s'est rendu coupable, l'article L. 16 B du livre des procédures fiscales est utilisé par l'administration fiscale. La jurisprudence de la chambre commerciale est ici claire et nette : il résulte des dispositions combinées des articles 66-5[10] de la loi du 31 décembre 1971, et L. 16 B du livre des procédures fiscales qu'en toute matière, les consultations adressées par un avocat à son client sont couvertes par le secret professionnel et qu'une saisie de documents ne peut être autorisée ou maintenue qu'à la condition que les documents saisis soient de nature à établir la preuve de la participation de l'avocat à la fraude présumée[11].

Elle l'a réaffirmé, sur un pourvoi du directeur général des finances publiques qui invoquait le raisonnement de la chambre criminelle[12] et considérait que « le secret professionnel ne s'attache pas aux consultations et avis juridiques, conservés au cabinet de l'avocat ou envoyés aux clients, lorsque les droits de la défense ne sont pas concernés et lorsque, de surcroît, ils se rapportent aux agissements frauduleux visés à l'article L. 16 B du livre des procédures fiscales », pour valider l'annulation d'une saisie dès lors qu'une telle participation de l'avocat au délit de fraude fiscale n'avait pas été alléguée, ce qui justifiait que soit ordonnée la mainlevée de la saisie des correspondances échangées entre les sociétés et l'avocat consulté par lesdites sociétés[13].

1. V. s

1. V. s[s] n°s 411.25 et 412.243.
2. C. mon. fin., art. L. 621-12 ; mod. par ord. n° 2019-964, 18 sept. 2019, art. 35.
3. Com. 11 mai 2017, n° 15-22.173, P IV.
4. Crim. 11 déc. 2002, n° 01-85.000, NP – Paris, pôle 5, ch. 15, 3 avr. 2019, RG n° 18/19390.
5. Paris, pôle 5, ch. 15, 3 avr. 2019, RG n° 18/19390 – V. s[s] n° 413.43.
6. L. n° 2019-222, 23 mars 2019 de programmation 2018-2022 et de réforme pour la justice, *JO* 24 mars, n° 2, art. 49.
7. C. pr. pén., art. 56-1 ; mod. par ord. n° 2019-964, 18 sept. 2019, art. 35.
8. C. pr. pén., art. 56-1, al. 9.
9. V. s[s] n° 414.71 s.
10. L. n° 71-1130, 31 déc. 1971, art. 66-5.
11. Com. 5 mai 1998, n° 96-30.102, P IV, n° 147 ; *JCP* 1998. II. 10126, note R. Martin ; *D.* 2000. 154, obs. B. Blanchard.
12. V. s[s] n°s 414.121 s.
13. Com. 9 mars 1999, n° 97-30.029, NP ; *JCP* 1999. I. 126, n° 12, note R. Martin.

Il est intéressant de noter que la chambre criminelle eut à connaître d'une opération de visites et saisies, sur le fondement de l'article L. 16 B du livre des procédures fiscales, dans le même cabinet d'avocat que celui qui avait donné lieu au premier arrêt de la chambre commerciale, et avait, appliquant sa jurisprudence traditionnelle, validé les saisies au motif que le secret professionnel des avocats ne faisait pas obstacle à ce que soient autorisées la visite de leurs locaux et la saisie de documents détenus par eux, dès lors que le juge avait trouvé, dans les informations fournies par l'administration requérante, les présomptions suffisantes d'infraction pénale mentionnées dans son ordonnance[1].

Cet arrêt de la chambre criminelle valut une sévère condamnation de la France par la CEDH qui, fustigeant la pratique consistant à perquisitionner dans un cabinet d'avocat pour rechercher des informations sur ses clients, a considéré que l'opération de visites et saisies litigieuse avait pour but la découverte chez les requérants, en leur seule qualité d'avocats de la société soupçonnée de fraude, de documents susceptibles d'établir la fraude présumée de celle-ci et de les utiliser à charge contre elle, sans que les avocats n'aient, à aucun moment, été accusés ou soupçonnés d'avoir commis une infraction ou participé à une fraude commise par leur cliente, faisant que la visite domiciliaire et les saisies effectuées au sein du cabinet d'avocat étaient, dans les circonstances de l'espèce, disproportionnées par rapport au but visé[2].

414.153 Voies de recours. Il est possible, outre la saisine du JLD[3], de saisir le premier président de la cour d'appel d'un recours à l'encontre de l'ordonnance du JLD ayant ordonné l'opération de visites et saisies[4] et d'un autre recours à l'encontre du déroulement de l'opération de visite sur la base du procès-verbal de déroulement de l'opération[5], et ce par voie d'appel formé par déclaration remise ou adressée, par pli recommandé ou par voie électronique, au greffe de la Cour dans un délai de quinze jours. Ce délai court à compter soit de la remise, soit de la réception, soit de la signification de l'ordonnance ou de la remise ou de la réception soit du procès-verbal, soit de l'inventaire. L'ordonnance du premier président de la cour d'appel est susceptible d'un pourvoi en cassation, selon les règles prévues par le code de procédure civile. Le délai du pourvoi en cassation est de quinze jours.

En dernier ressort, c'est la chambre commerciale de la Cour de cassation qui est amenée à connaître des difficultés en la matière[6].

C. Dgccrf

414.160 Plan. Le cabinet et le domicile d'un avocat peuvent faire l'objet d'opérations de visites et de saisies de la part des agents de la Dgccrf tant en matière de vérifications afférentes aux obligations d'information relatives à la tarification ou en matière de pratiques anticoncurrentielles (1°), que s'agissant de la recherche de manquements aux dispositions du code de la consommation ou à la loi Informatique et Libertés (2°).

1° Obligations d'information relatives à la tarification et pratiques anticoncurrentielles

414.171 Dgccrf et Autorité de la concurrence (C. com., 450-4). Les agents de la direction générale de la concurrence, de la consommation et de la répression des fraudes (Dgccrf), ainsi que ceux de l'Autorité de la concurrence, peuvent procéder à des opérations de visites et saisies[7], notamment au cabinet de l'avocat, puisque le juge peut autoriser une visite en tous lieux, même privés, où sont susceptibles d'être détenus les documents se rapportant aux agissements frauduleux dont la preuve est recherchée[8].

En cas de recours aux dispositions de l'article L. 450-4[9] du code de commerce, en matière de contrôle des obligations d'information relatives à la tarification[10] ou en matière de pratiques anticoncurrentielles par des avocats, ce sont, depuis la loi du 23 mars 2019[11], les dispositions de l'article 56-1 du code de procédure pénale qui sont applicables[12].

C'est donc le droit commun, protecteur du secret professionnel, qui s'applique en la matière[13].

414.172 Voies de recours. Il est possible, outre la saisine du JLD[14], de saisir le premier président de la cour d'appel d'un recours à l'encontre de l'ordonnance du JLD ayant ordonné la perquisition[15] et d'un autre recours à l'encontre du déroulement de

1. Crim. 11 déc. 2002, n° 01-85.000, NP.
2. CEDH 24 juill. 2008, *André a. c/France,* req. n° 18603/03 ; *D.* 2008. 2353.
3. V. s^s n° 414.111.
4. LPF, art. 16 B II., al. 12.
5. LPF, art. 16 B V., al. 4.
6. V. s^s n°s 411.25 et 412.243.
7. C. com., art. L. 450-1 s.
8. C. com., art. L. 450-4 – Com. 29 oct. 1991, n° 90-12.924, P IV, n° 314 – Com. 15 juill. 1992, n° 90-21.375, P IV, n° 277.
9. C. com., art. L. 450-4 ; mod. par n° 2021-649, 26 mai 2021, art. 2.
10. V. s^s n°s 712.91 s.
11. L. n° 2019-222, 23 mars 2019, art. 49.
12. C. pr. pén., art. 56-1, al. 9.
13. V. s^s n°s 414.71 s.
14. V. s^s n° 414.111.
15. C. com., art. L. 450-4, al. 6.

l'opération de visite sur la base du procès-verbal de déroulement de l'opération[1]. Cette saisine se fait par voie d'appel, formalisé par déclaration au greffe du tribunal judiciaire dans un délai de dix jours à compter de la notification de l'ordonnance, ou à compter de la remise ou de la réception du procès-verbal et de l'inventaire, ou, pour les personnes mises en cause n'ayant pas fait l'objet de l'opération de visites et de saisies, à compter de la date à laquelle elles ont reçu notification du procès-verbal et de l'inventaire et, au plus tard à compter de la notification de griefs. L'ordonnance du premier président de la cour d'appel est susceptible d'un pourvoi en cassation selon les règles prévues par le code de procédure pénale.

En dernier ressort, c'est la chambre commerciale de la Cour de cassation qui est amenée à connaître des difficultés en la matière[2].

2°
Code de la consommation et loi Informatique et Libertés

414.181 Visite domiciliaire de la Dgccrf (C. consom., art. 512-61). En matière d'opérations de visites et saisies de la Dgccrf, s'agissant des manquements aux dispositions du code de la consommation ou à la loi Informatique et Libertés[3], il est expressément prévu que, lorsque l'opération de visites et saisies est effectuée dans le cabinet d'un avocat ou à son domicile, les dispositions de l'article 56-1 du code de procédure pénale sont applicables[4].

C'est donc le droit commun, protecteur du secret professionnel, qui s'applique en la matière[5].

414.182 Voie de recours. Il est possible, outre la saisine du JLD[6], de saisir le premier président de la cour d'appel d'un recours à l'encontre de l'ordonnance du JLD ayant ordonné l'opération de visites et saisies[7] et d'un autre recours à l'encontre du déroulement de l'opération de visite sur la base du procès-verbal de déroulement de l'opération[8]. Cette saisine se fait par voie d'appel, formalisé par déclaration au greffe du tribunal judiciaire dans un délai de dix jours à compter de la notification de l'ordonnance, ou à compter de la remise ou de la réception du procès-verbal et de l'inventaire, ou, pour les personnes mises en cause n'ayant pas fait l'objet de l'opération de visites et de saisies à compter de la date à laquelle elles ont reçu notification du procès-verbal et de l'inventaire et, au plus tard à compter de la notification de griefs. L'ordonnance du premier président de la cour d'appel est susceptible d'un pourvoi en cassation selon les règles prévues par le code de procédure pénale.

En dernier ressort, c'est la chambre commerciale de la Cour de cassation qui est amenée à connaître des difficultés en la matière[9].

SECTION 3
ÉCOUTES TÉLÉPHONIQUES

414.190 Plan. La mise en œuvre d'écoutes téléphoniques[10] à l'encontre d'un avocat, doit faire l'objet d'une décision motivée du JLD et d'une information du bâtonnier (§ 1) et ne peut conduire, sous peine de nullité, à la transcription de conversations entre l'avocat et son client protégées par le secret professionnel (§ 2). Le régime actuel pose question quant à sa conventionnalité (§ 3).

§ 1
Procédure

414.201 Codification (C. pr. pén., art. 100 à 100-7 – Loi du 10 juill. 1991). Le régime des écoutes téléphoniques, codifié aux articles 100[11] à 100-7 du code de procédure pénale, trouve son origine dans la loi du 10 juillet 1991[12], instituée sous l'influence des arrêts *Kruslin*[13] et *Huvig*[14] rendu par la Cour européenne des droits de l'homme (CEDH).

En effet, depuis la condamnation de la France par la CEDH, sur le fondement de l'article 8 de la Conv. EDH, il ne peut être procédé à des écoutes téléphoniques dans le cadre d'une enquête préliminaire ou de flagrance sauf en matière de criminalité organisée et de terrorisme.

1. C. com., art. L. 450-4, al. 11.
2. V. s^s n°s 411.25 et 412.243.
3. D. Piau, « Du (triple...) régime du contrôle des avocats par la DGCCRF à un nécessaire droit commun de la protection du secret professionnel de l'avocat », *Gaz. Pal.* 14 févr. 2017, p. 13 – V. s^s n°s 413.81 s.
4. C. consom., art. 512-61.
5. V. s^s n°s 414.71 s.
6. V. s^s n° 414.111.
7. C. consom., art. 512-63.
8. C. consom., art. 512-64.
9. V. s^s n°s 411.25 et 412.243.
10. Ch. Guéry, P. Chambon, *Droit et pratique de l'instruction préparatoire*, 10e éd., Dalloz, 2017, n°s 562.11 s. – F. Saint-Pierre, *Pratique de la défense pénale*, LGDJ, 2017, n°s 37 s., p. 54 s.
11. C. pr. pén., art. 100 et 100-1 mod. par L. n° 2019-222, 23 mars 2019, art. 44
12. L. n° 91-646, 10 juill. 1991 relative au secret des correspondances émises par la voie des communications électroniques, *JO* 13 juill., p. 9167.
13. CEDH 24 avr. 1990, *Kruslin c/France*, req. n° 11801/85 ; *D.* 1990. 353, note J. Pradel ; *D.* 1990. 187, Chron. R. Koering-Joulin ; *RFDA* 1991. 101, Chron. V. Berger, H. Labayle et F. Sudre ; *RSC* 1990. 615, obs. L.-E. Pettiti ; *RTD civ.* 1991. 292, obs. J. Hauser ; – AUSSI : CEDH 25 mars 1998, *Kopp c/Suisse*, req. n° 13/1997/797/1000.
14. CEDH 24 avr. 1990, *Huvig c/France*, req. n° 11105/84.

414.202 Procédure de mise sous écoutes téléphoniques. En matière criminelle et en matière correctionnelle (y compris en cas de criminalité organisée[1]), si la peine encourue est égale ou supérieure à trois ans d'emprisonnement, en matière de criminalité organisée au stade de l'enquête de flagrance ou préliminaire[2] ainsi que dans le cadre de la recherche d'une personne en fuite[3], il peut, lorsque les nécessités de l'information l'exigent, être ordonné une écoute (interception, enregistrement et transcription) des communications électroniques à l'encontre de toute personne[4]. En cas de délit puni d'une peine d'emprisonnement commis par la voie des communications électroniques sur la ligne de la victime, l'interception peut également être autorisée, si elle intervient sur cette ligne à la demande de la victime[5].

La décision, comportant l'identification de la liaison à intercepter, l'infraction qui motive le recours et la durée de l'interception[6], est prise pour une durée de quatre mois renouvelable au stade de l'instruction sans que la durée totale de l'interception puisse excéder un an ou deux ans en matière de criminalité organisée[7], ou d'un mois, renouvelable une fois, au stade de l'enquête de flagrance ou préliminaire[8]. Elle est insusceptible de recours[9] et doit, depuis la loi du 23 mars 2019[10], être motivée par référence aux éléments de fait et de droit justifiant que ces opérations sont nécessaires[11].

Chaque opération d'interception et d'enregistrement fait l'objet d'un enregistrement placé sous scellés[12] et la correspondance jugée utile à la manifestation de la vérité fait l'objet d'une transcription sur procès-verbal[13]. Le juge doit veiller à ce que l'interception ne comporte la mise en œuvre d'aucun stratagème ni artifice et qu'elle n'ait pas pour résultat de compromettre les conditions d'exercice du droit de la défense[14].

414.203 Conditions de l'écoute de la ligne téléphonique de l'avocat. « Aucune interception ne peut porter sur une ligne dépendant du cabinet d'un avocat ou de son domicile, sauf s'il existe contre l'avocat des raisons plausibles de le soupçonner d'avoir commis ou tenté de commettre l'infraction qui fait l'objet de la procédure ou une infraction connexe au sens de l'article 203 et à la condition que la mesure soit proportionnée au regard de la nature et de la gravité des faits. La décision est alors prise par ordonnance motivée du juge des libertés et de la détention, saisi à cette fin par ordonnance motivée du juge d'instruction, prise après avis du procureur de la République »[15], ou par le procureur de la République dans les cas d'enquête de flagrance ou préliminaire en matière de criminalité organisée ou en cas de recherche d'une personne en fuite[16].

En outre, aucune interception ne peut avoir lieu sur une ligne dépendant du cabinet d'un avocat ou de son domicile sans que le bâtonnier en soit informé par le juge d'instruction[17].

La Cour de cassation a considéré à cet égard, dans une affaire où un avocat avait loué des locaux et pris un abonnement téléphonique au nom et pour le compte d'un client, dès lors que l'enquête réalisée avant la mise sous écoute avait établi que les locaux concernés n'avaient jamais été effectivement occupés par l'avocat, le mis en examen, qui n'avait pas la qualité d'avocat, ne pouvait pas se prévaloir d'une irrégularité affectant ces mesures[18].

414.204 Rôle du bâtonnier. On a pu s'interroger sur le rôle du bâtonnier en la matière dès lors qu'il est destinataire de l'information relative à la mise sous écoutes téléphoniques d'un avocat. Contrairement à ce qui se passe en matière de perquisition[19], le bâtonnier n'a ici qu'un rôle passif : il est informé de la mise sous écoute de l'avocat et ne peut que conserver le soit-transmis du juge d'instruction lui communiquant cette information, dans l'hypothèse où une demande de nullité des transcriptions viendrait à être sollicitée, soit en raison du défaut d'information, mais également en raison d'une information tardive ou d'un défaut de renouvellement de l'information.

Il a, toutefois, pu être soutenu que, parce que la mise sur écoute d'une ligne téléphonique d'un cabinet, notamment lorsque l'avocat écouté exerce sa profession avec d'autres personnes, conduit à une violation répétée du secret professionnel compte tenu du fait que les écoutes vont s'étendre à d'autres personnes qu'elles soient les associés, les collaborateurs, les salariés, ou d'autres clients du cabinet, le

1. C. pr. pén., art. 706-95 ; renvoyant aux art. 100-3 à 100-7.
2. C. pr. pén., art. 706-73 et 706-73-1.
3. C. pr. pén., art. 74-2.
4. C. pr. pén., art. 100.
5. C. pr. pén., art. 100, al. 3.
6. C. pr pén., art. 100-1.
7. C. pr pén., art. 100-2.
8. C. pr. pén., art. 706-95.
9. C. pr pén., art. 100, al. 2.
10. L. n° 2019-222, 23 mars 2019 de programmation 2018-2022 et de réforme pour la justice, *JO* 24 mars, n° 2, art. 44.
11. C. pr pén., art. 100-1.
12. C. pr pén., art. 100-4.
13. C. pr pén., art. 100-5.
14. Crim. 9 oct. 1980, n° 80-93.140, P n° 662 – Crim. 14 avr. 2015, n°s 14-88.515, 14-87.914, P n°s 83 et 87 – V. s^s^ n° 453.45 s.
15. C. pr. pén., art. 100.
16. V. s^s^ n° 414.202.
17. C. pr. pén., art. 100-7.
18. Crim. 18 févr. 2015, n° 14-82.019, P n° 30 ; *D.* 2015. 491 ; *AJ pénal* 2015. 323, obs. J. Lasserre Capdeville.
19. V. s^s^ n°s 414.101 s.

bâtonnier ainsi informé devait en avertir l'avocat mis sur écoute afin de garantir le respect du secret professionnel que le cabinet de l'avocat devait à ses autres clients[1] ou encore que l'exercice des droits de la défense constituerait un fait justificatif de la violation du secret professionnel si bien que rien ne s'opposerait à ce que le bâtonnier avertisse l'avocat[2]. Cette position n'apparaît pas tenable, et nous apparaît, en outre, tomber sous le coup des dispositions relatives au délit de révélation d'informations issues d'une enquête ou d'une instruction[3].

§ 2 Conditions de validité des transcriptions

414.211 Nullité des transcriptions portant atteinte aux droits de la défense. Quelle que soit la ligne écoutée, même de façon incidente, « à peine de nullité, ne peuvent être transcrites les correspondances avec un avocat relevant de l'exercice des droits de la défense et couverts par le secret professionnel »[4]. Cette disposition issue de la loi du 12 décembre 2005[5] était destinée à mettre fin à une certaine jurisprudence qui avait incontestablement affaibli le secret professionnel y compris en matière de défense en considérant, pour refuser d'annuler des écoutes entre un avocat et son client, que l'on pouvait se fonder sur des indices de participation de l'avocat à une infraction sans lien direct avec les faits instruits contre son client. En l'occurrence, des propos tenus par l'avocat à son client lors de la conversation écoutée et transcrite avaient été considérés comme un outrage à magistrat[6].

La violation de ce principe doit être relevée, même d'office, par la chambre de l'instruction chargée d'examiner, en application de l'article 206 du code de procédure pénale, la régularité de la procédure qui lui est soumise[7].

414.212 Participation de l'avocat à une infraction. La conversation entre un avocat et son client ne peut dès lors être transcrite et versée au dossier de la procédure qu'à titre exceptionnel, s'il apparaît que son contenu et sa nature sont propres à faire présumer la participation de cet avocat à une infraction.

Il en est de même, précise l'article 100-5 du code de procédure pénale, s'agissant des missions de conseils dans les cas prévus à l'article 56-1-2 du code de procédure pénale[8].

Doivent ainsi être annulées les transcriptions de conversations entre un avocat et son client, et de toute la procédure subséquente, dès lors que le contenu de la conversation n'est pas de nature à faire présumer la participation de cet avocat à une infraction. Tel que dans une affaire où une personne recherchée avait été placée sous écoute et s'était vue surprendre des conversations avec son avocat où elle lui indiquait qu'elle serait en retard de quinze à vingt minutes à un rendez-vous imminent, puis lui demandait confirmation de l'adresse de son cabinet, à la suite de quoi « s'étant immédiatement rendus aux abords de l'immeuble ainsi localisé, les enquêteurs ont interpellé » l'intéressé[9].

414.213 Indices résultant de la conversation écoutée. Les indices de participation de l'avocat à une infraction doivent résulter de la conversation écoutée elle-même et non d'éléments postérieurs.

Doit ainsi être annulée la transcription de conversations dont le contenu procédait de l'élaboration d'une stratégie de défense et ne révélait pas, au moment de l'écoute, des indices de nature à faire présumer la participation de l'avocat à une infraction. En l'occurrence, il avait fallu la mise en rapport de l'ensemble des interceptions téléphoniques entre elles avec les autres investigations effectuées pendant deux mois, pour que les enquêteurs puissent transmettre au juge d'instruction une synthèse faisant état de faits nouveaux d'abus de biens sociaux susceptibles de pouvoir être relevés à l'encontre de l'avocat. Et ce, alors même qu'aucun élément au moment de l'interception de la conversation ne permettait de déterminer une infraction particulière. La conversation faisait état de la remise, plutôt que d'espèces, d'un chèque faussement causé, de sorte que les enquêteurs qui pouvaient considérer qu'elle était en lien avec les infractions de blanchiment et d'association de malfaiteurs, n'étaient pas en situation de faire le constat de faits nouveaux et d'avoir à en informer le juge d'instruction[10].

1. H. Ader, A. Damien, *Règles de la profession d'avocat*, 14e éd., « Dalloz Action », 2013, nos 37.41, 37.43.
2. V. Nioré, « Le secret professionnel de l'avocat : un chef d'œuvre en péril ? », *JCP* 2014. 1095.
3. V. ss nos 416.151 s.
4. C. pr. pén., art. 100-5, al. 3.
5. L. n° 2005-1549, 12 déc. 2005 relatives au traitement de la récidive des infractions pénales, *JO* 13 déc., p. 19152, art. 38.
6. Crim. 1er oct. 2003, n° 03-82.909, P n° 177 ; *D.* 2004. 671, obs. J. Pradel ; *RSC* 2004. 99, obs. C. Ambroise-Castérot – D. Mien et J.-F. Luciani, « Nouvelle entaille dans les droits de la défense : la liberté de communication entre l'avocat et son client remise en cause », *AJ pénal* 2003. 64.
7. Crim. 18 janv. 2006, n° 05-86.447, P n° 22 ; *D.* 2006. 392, obs. C. Girault ; *AJ pénal* 2006. 126, obs. C. Girault ; *AJ pénal* 2006. 254, obs. P. Dourneau-Josette ; *RSC* 2006. 413, obs. J. Buisson.
8. V. ss n° 414.124.
9. Crim. 17 sept. 2008, n° 08-85.229, P n° 191 ; *AJ pénal* 2008. 467, obs. S. Lavric ; *RSC* 2009. 897, obs. J. Buisson.
10. Crim. 15 juin 2016, n° 15-86.043, P n° 186 ; *D.* 2016. 1375 ; *Gaz. Pal.* 4 oct. 2016, p. 59, note F. Fourment ; *JCP* 2016. 1086, n° 14, obs. J. Moret-Bailly.

414.214 « Résistance » de la chambre criminelle. Comme en matière de perquisitions [1], la chambre criminelle valide toutefois la transcription d'une conversation téléphonique qui n'est pas relative à l'exercice des droits de la défense et apparaît nécessaire à la manifestation de la vérité, comme étant susceptible de déterminer l'existence d'une infraction [2], et ce, même si les faits constitutifs de l'infraction sont étrangers aux faits ayant motivé la mise sur écoutes téléphoniques et la saisine du juge d'instruction [3].

C'est ainsi que pour la chambre criminelle, aucune disposition légale ou conventionnelle ne fait obstacle à la captation, à l'enregistrement et à la transcription des propos d'un avocat intervenant sur la ligne téléphonique d'un tiers régulièrement placé sous écoute, dès lors que, en premier lieu, cet avocat n'assure pas la défense de la personne placée sous surveillance, qui n'est ni mise en examen ou témoin assisté, ni même n'a été placée en garde à vue dans la procédure en cause, et, en second lieu, ses propos, seraient-ils échangés avec un client habituel, dont le contenu est étranger à tout exercice des droits de la défense dans ladite procédure ou dans toute autre, révèlent des indices de sa participation à des faits susceptibles de qualification pénale [4].

414.215 Communications avec les proches du client. Posent également des difficultés les communications avec les proches du client (épouse, maîtresse, famille) qui, dans certains cas, pourraient être soupçonnés de complicité : la jurisprudence de la chambre criminelle, poussée par le législateur, semble légèrement évoluer, vers un plus grand respect du secret professionnel.

• La jurisprudence de la Cour de cassation a d'abord été très restrictive, et a proclamé que « la règle de libre communication entre la personne mise en examen et son avocat, interdit l'interception des correspondances ou communications téléphoniques échangées entre eux, à l'exclusion de tous autres ». Et elle en déduit que c'est à bon droit que les juges d'appel ont refusé d'annuler la retranscription d'une conversation entre l'avocat et la maîtresse du détenu, mère de son enfant, chargé par lui d'assurer la mise en œuvre de sa défense pour laquelle elle a versé des honoraires à l'avocat [5] ; ou entre un avocat et un interprète requis par le juge d'instruction lui-même pour assister le client dans différents actes de l'information [6] ; ou entre la représentante légale du mineur et son avocat, qui faisait également office d'interprète entre les deux, étant précisé que, selon la cour de cassation, « la chambre d'accusation, a souverainement estimé que les communications interceptées étaient étrangères à la fonction d'interprète de la personne concernée » [7] ;

• Mais plus récemment [8], la chambre criminelle a apporté une nuance à sa jurisprudence en annulant des écoutes entre l'avocat et le père de ses deux enfants mis en examen, l'avocat étant – élément important – également celui du père [9].

414.216 Communications d'informations secrètes à un tiers. La difficulté réside dans la définition de la relation avocat-client et particulièrement du client [10]. L'écoute d'une conversation téléphonique entre un avocat et son client pour lequel il intervient dans une affaire est nulle [11].

En revanche « le secret professionnel ne peut couvrir des révélations faites par un avocat à un tiers qui sont étrangères à toute défense et qui peuvent constituer à la charge de cet avocat le délit de violation de secret professionnel » [12].

1. V. s[s] n° 414.122.
2. Crim. 9 oct. 1980, n° 80-93.140, P n° 255 – Crim. 15 janv. 1997, n° 96-83.753, P n° 14 ; *RSC* 1997. 668, obs. J.-P. Dintilhac ; *Procédures* 1997, comm. n° 126, note J. Buisson ; *Dr. pénal* 1997, comm. n° 55, note A. Maron – Crim. 8 nov. 2000, n° 00-83.570, P n° 335 ; *D.* 2001. IR 427 ; *D.* 2002. Somm. 856, obs. B. Blanchard ; *JCP* 2001. IV. 1455 ; *JCP* 2001. I. 348, n° 9, obs. R. Martin ; *Gaz. Pal.* 2001. Somm. 1369, note Y. Monnet – Crim. 14 nov. 2001, n° 01-85.965, P n° 238 – AUSSI : Paris, 27 juin 1984, *Gaz. Pal.* 1984. 2. 514 ; *D.* 1985. 93, note J. Pradel ; *in* A. DAMIEN, *Les grands arrêts*, Litec, 1991, p. 59.
3. Crim. 1er oct. 2003, n° 03-82.909, P n° 177 ; *D.* 2004. 671, obs. J. Pradel ; *RSC* 2004. 99, obs. C. Ambroise-Castérot.
4. Crim. 22 mars 2016, n°s 15-83.205 et 15-83.206, P n°s 87 et 88 ; *Gaz. Pal.* 19 juill. 2016, p. 65, note F. Fourment ; *Gaz. Pal.* 12 avr. 2016, note Ch. Ingrain, R. Lorrain et L. Saenko ; *Procédures* 2016, comm. n° 171, obs. A.-S. Chavent-Leclère ; *Dr. Pénal* 2016. comm. 101, obs. A. Maron et M. Haas ; AJ *Pénal* 2016, p. 261, obs P. Combles de Nayves ; *Gaz. Pal.* 18 oct. 2016, p. 21, note B. de Belval ; *JCP* 2016. 670, n° 9, obs. Ch. Vautrot-Schwarz ; *D.* 2017. 83, obs. Th. Wickers ; *D. actu.* 24 mars 2016, obs. S. Fucini.
5. Crim. 10 mai 1994, n° 93-81.522, P n° 180 ; *D.* 1994. 197 ; *Gaz. Pal.* 1994. Somm. 553, note J.-P. Doucet.
6. Crim. 8 oct. 1997, n° 97-82.481, *Procédures* 1998, comm. n° 46, obs. J. Buisson.
7. Crim. 30 sept. 1998, n° 98-81.951, P n° 243 ; *JCP* 1999. I. 126, obs. R. Martin ; *Procédures* 1999, comm. n° 42, obs. J. Buisson.
8. Crim. 18 janv. 2006, n° 05-86.447, P n° 22 ; *AJ pénal* 2006. 126, obs. C. Girault ; *AJ pénal* 2006. 254, obs. P. Dourneau-Josette.
9. Crim. 18 janv. 2006, n° 05-86.447, P n° 22 ; *AJ pénal* 2006. 126, obs. C. Girault ; *AJ pénal* 2006. 254, obs. P. Dourneau-Josette.
10. SUR CE POINT : Basse-Terre, 14 oct. 1985, *Gaz. Pal.* 1986. 1. 12, note A. Damien – VOIR AUSSI : I. L. « Ces écoutes qui plombent les rapports avocats-magistrats », *Corse Matin* 19 juill. 2018 – V. Lazard, « Corse : une avocate mise sur écoute réclame une véritable enquête », *L'Obs* 29 juin 2021 – V. s[s] n°s 412.131 s.
11. CEP. : Crim. 1er oct. 2003, n° 03-82.909, P n° 177 ; *D.* 2004. 671, obs. J. Pradel ; *RSC* 2004. 99, obs. C. Ambroise-Castérot.
12. Paris, 27 juin 1984, *Gaz. Pal.* 1984. 2. 514 ; *D.* 1985. 98, note J. Pradel ; *in* A. DAMIEN, *Les grands arrêts*, Litec, 1991, p. 59.

En outre, au-delà de ces deux hypothèses extrêmes, se situent les cas où l'avocat a été consulté dans le cadre de la procédure au cours de laquelle l'écoute est ordonnée, ou dans le cadre de procédure connexe et les difficultés sont grandes pour délimiter la nature du lien existant dans cette hypothèse entre l'avocat et le client. Par ailleurs, lorsque l'avocat est complice d'une personne mise en examen dont il n'assure ni la défense ni le conseil ou lorsqu'il a participé à la commission d'une infraction, les écoutes ne peuvent porter atteinte au secret professionnel.

414.217 Écoute antérieure à toute procédure. De même, et par application des principes ci-dessus dégagés, la commission rogatoire du juge d'instruction ayant eu pour objet la mise sur écoute téléphonique d'un avocat, doit être annulée (et par voie de conséquence, la totalité des pièces d'exécution de cette commission rogatoire) si elle a pu avoir pour effet d'écouter et de recueillir une conversation entre un avocat et un client ayant soit déjà constitué l'avocat, soit manifesté l'intention de le faire, soit encore l'ayant précédemment consulté avant toute procédure administrative ou judiciaire et cela, non seulement dans l'affaire dans le cadre de laquelle la commission rogatoire aux fins d'écoute est ordonnée, mais aussi dans toute affaire présentant un lien de connexité ou une relation même ténue avec cette affaire[1].

414.218 Cryptage des conversations téléphoniques. Dans une affaire où une conversation codée avait été interceptée, la chambre d'accusation avait considéré que le cryptage rendait cette conversation suspecte et que la transcription de cette écoute totalement incompréhensible ne portait nullement atteinte aux droits de la défense et à la confidentialité des correspondances.

La Cour de cassation a cassé cet arrêt considérant qu'il ne résultait pas de la conversation transcrite que celle-ci puisse faire présumer la participation de l'avocat à une infraction[2].

§ 3 Difficultés et conventionnalité du régime

414.220 Plan. Deux difficultés naissent des insuffisances du régime des écoutes téléphoniques face à la Conv. EDH (A) : la première se rapporte au recours effectif des personnes écoutées (B), la seconde vise les écoutes incidentes et la technique des filets dérivants (C).

A. Propos liminaires

414.231 Régime insatisfaisant. Le régime actuel des écoutes téléphoniques, notamment à l'encontre d'un avocat, mais pas seulement, pose de nombreuses difficultés, et apparaît d'une conventionnalité douteuse au regard de la Conv. EDH[3].

La chambre criminelle[4] considère que le régime est conforme aux normes européennes dès lors que l'interception est ordonnée et contrôlée par le juge, en sa qualité de gardien des libertés individuelles, et que le pouvoir que ce magistrat tient de l'article 100 du code de procédure pénale de prescrire, lorsque les nécessités de la procédure l'exigent, l'interception, l'enregistrement et la transcription des correspondances émises par la voie des télécommunications, trouve sa limite dans le respect des droits de la défense[5].

Pour la chambre criminelle, si ces dispositions n'excluent pas la possibilité d'une interception inopinée d'une conversation entre un avocat et son client, à l'occasion de l'écoute d'une ligne dont l'avocat n'est pas titulaire (écoute incidente), sa transcription ne peut être réalisée qu'à titre exceptionnel s'il existe contre l'avocat des indices de participation à une infraction. En l'absence de tels indices, l'annulation des actes de transcription doit être prononcée par la chambre de l'instruction ou la formation de jugement saisie à cette fin[6].

414.232 CEDH 16 juin 2016 (affaire *Buffalo Grill*). À la sortie d'une garde à vue où il assistait un salarié de la société, un avocat avait appelé le dirigeant de celle-ci afin de lui rendre compte du déroulement de la garde à vue, alors même que ce

1. Aix-en-Provence, 16 juin 1982, *Gaz. Pal.* 1982. 2. 645, note A. Damien ; *in* A. DAMIEN, *Les grands arrêts*, Litec, 1991, p. 59.
2. Crim. 8 nov. 2000, nº 00-83.570, P nº 335 ; *D.* 2001. IR 427 ; *D.* 2002. Somm. 856, obs. B. Blanchard ; *JCP* 2001. IV. 1455 ; *JCP* 2001. I. 348, nº 9, obs. R. Martin ; *Gaz. Pal.* 2001. Somm. 1369, note Y. Monnet.
3. D. Soulez-Larrivière, « Les écoutes et le secret professionnel de l'avocat », *JCP* 2016. 581.
4. V. s[s] n°s 414.211 s.
5. Crim. 22 mars 2016, nº 15-83.205, P nº 87 ; *Gaz. Pal.* 19 juill. 2016, p. 65, note F. Fourment ; *Gaz. Pal.* 12 avr. 2016, note Ch. Ingrain, R. Lorrain et L. Saenko ; *Procédures* 2016. Comm. 171, obs. A.-S. Chavent-Leclère ; *Dr. Pénal* 2016. Comm. 101, obs. A. Maron et M. Haas ; AJ *Pénal* 2016, p. 261, obs. P. Combles de Nayves ; *Gaz. Pal.* 18 oct. 2016, p. 21, note B. de Belval ; *JCP* 2016. 670, nº 9, obs. Ch. Vautrot-Schwarz ; *D.* 2017. 83, obs. Th. Wickers ; *D. actu.* 24 mars 2016, obs. S. Fucini – Crim. 6 avr. 2016, nº 15-86.043, P nº 125.
6. Crim. 22 mars 2016, nº 15-83.205, P nº 87 ; *Gaz. Pal.* 19 juill. 2016, p. 65, note F. Fourment ; *Gaz. Pal.* 12 avr. 2016, note Ch. Ingrain, R. Lorrain et L. Saenko ; *Procédures* 2016. Comm. 171, obs. A.-S. Chavent-Leclère ; *Dr. Pénal* 2016. Comm. 101, obs. A. Maron et M. Haas ; AJ *Pénal* 2016, p. 261, obs. P. Combles de Nayves ; *Gaz. Pal.* 18 oct. 2016, p. 21, note B. de Belval ; *JCP* 2016. 670, nº 9, obs. Ch. Vautrot-Schwarz ; *D.* 2017. 83, obs. Th. Wickers ; *D. actu.* 24 mars 2016, obs. S. Fucini – Crim. 6 avr. 2016, nº 15-86.043, P nº 125.

dernier, également impliqué dans l'affaire, avait été placé sous écoutes téléphoniques[1]. S'ensuivirent une retranscription des écoutes et une saisine du parquet général aux fins d'ouverture d'une procédure disciplinaire, qui conduisit l'avocat, collaborateur, et son patron, qui assumait pleinement avoir donné instruction à son collaborateur d'agir en ce sens, à faire l'objet d'une sanction d'interdiction d'exercice de la profession d'un an avec sursis pour l'un et de deux ans dont 21 mois avec sursis pour l'autre[2]. Comme souvent en la matière, les sanctions pénales comme disciplinaires intervenaient à la suite d'écoutes téléphoniques incidentes, l'avocat ayant eu la (mauvaise) idée d'appeler une personne déjà placée sous écoutes téléphoniques[3].

L'intérêt de l'affaire tient au fait que précisément, abordant de front cette question des écoutes incidentes, les avocats sollicitaient le retrait de la transcription de la conversation téléphonique, considérant qu'elle constituait une conversation entre un avocat et son client couverte par le secret professionnel et, qu'en outre, aucune infraction n'était reprochée à l'avocat concerné. Initialement la cour d'appel de Paris[4] avait retenu que ces mêmes écoutes téléphoniques ayant déjà été validées, y compris sur la question du secret professionnel, par la Cour de cassation[5], cette décision avait autorité de la chose jugée. Cela valut un sévère rappel de la chambre mixte de la Cour de cassation, rappelant en effet que seules les décisions définitives des juridictions pénales statuant au fond sur l'action publique ont au civil autorité à l'égard de tous, et que les décisions des juridictions d'instruction, qui tranchent un incident de procédure, ne se prononcent pas sur l'action publique et n'ont donc pas autorité de la chose jugée[6].

Sur renvoi après cassation, la cour d'appel, s'alignant sur la jurisprudence de la chambre criminelle, énonce « qu'une conversation téléphonique intervenant entre une personne mise en examen et l'avocat qu'elle a désigné pour l'assister peut être transcrite et versée au dossier dès lors que son contenu et sa nature sont propres à faire présumer la participation de cet avocat à une infraction, les faits constitutifs de cette infraction furent-ils étrangers à la saisine du juge d'instruction et qu'il en est de même, *a fortiori*, d'une conversation téléphonique entre une personne non mise en examen (et dont on ne peut présumer de façon certaine qu'elle le sera) ni même placée en garde à vue et un avocat qui a été son conseil habituel dans des matières non pénales et qui pourrait, éventuellement, être désigné par elle pour l'assister dans l'hypothèse où elle ferait l'objet d'une mise en examen »[7]. Il est éminemment regrettable que la première chambre civile saisie d'un moyen sur ce seul point n'ait pas daigné examiner la question, préférant rendre un arrêt de non-admission comme si la solution lui paraissait relever de l'évidence même. Cette affaire va donner à la CEDH l'occasion de poser quelques jalons en la matière[8].

B.
Première difficulté : recours effectif des personnes écoutées

414.241 Recours effectif à l'encontre de l'ordonnance décidant de la mise sur écoute. La première difficulté tient, comme en matière de perquisition[9], à la question des recours effectifs contre les écoutes téléphoniques et des parties admises à faire ce recours. Le régime actuel des écoutes téléphoniques n'est pas satisfaisant dès lors que l'ordonnance décidant de la mise sur écoute ne peut faire l'objet d'aucun recours (contrairement aux perquisitions) et que seuls les personnes mises en cause dans le dossier pour lequel les écoutes ont été ordonnées peuvent exercer un recours utile devant la chambre de l'instruction.

Au demeurant, la CEDH a déjà condamné, par deux fois, la France au motif que si les dispositions de la loi de 1991 régissant les écoutes téléphoniques répondent aux exigences de l'article 8 de la Convention et à celles des arrêts *Kruslin*[10] et *Huvig*[11], la

1. J.-P. Versini-Campinchi, *Papiers d'identité*, Les Éditions du Cerf, 2020, p. 219 s.
2. Paris, pôle 2, ch. 1, 24 sept. 2009, RG n° 08/21329 – CONFIRMANT : CD Paris 16 déc. 2003, n° 231537 et 231805.
3. DÉJÀ : Paris, 27 juin 1984, *Gaz. Pal.* 1984. 2. 514 ; *D.* 1985. 98, note J. Pradel ; *in* A. DAMIEN, *Les grands arrêts*, Litec, 1991, p. 59.
4. Paris, 1re ch., sect. F, 12 mai 2004, RG n° 04/00658.
5. Crim. 1er oct. 2003, n° 03-82.909, P n° 177 ; *D.* 2004. 671, obs. J. Pradel ; *RSC* 2004. 99, obs. C. Ambroise-Castérot – D. Mien et J.-F. Luciani, « Nouvelle entaille dans les droits de la défense : la liberté de communication entre l'avocat et son client remise en cause », *AJ pénal* 2003. 64.
6. Cass., ch. mixte, 10 oct. 2008, n° 04-16174, P n° 2 ; *D.* 2008. 2604 ; *AJ pénal* 2009. 37, obs. P. Dourneau-Josette ; *RTD civ.* 2009. 168, obs. R. Perrot.
7. Paris, pôle 2, ch. 1, 24 sept. 2009, RG n° 08/21329.
8. CEDH, sect. 5, 16 juin 2016, *Versini-Campinchi et Crasnianski c/France*, req. n° 49176/11, pt 74 ; *Gaz. Pal.* 13 sept. 2016 p. 13, note D. Piau ; *Gaz. Pal.* 18 oct. 2016, p. 23, note B. de Belval ; *JCP* 2016. 762, note D. Rebut ; *D.* 2017. 83, obs. Th. Wickers ; *D.* 2016. 1852, note E. Raschel ; *JCP* 2016. 1086, n° 13, obs. J. Moret-Bailly – V. ss nos 414.242 et 414.252.
9. V. ss nos 414.123 s.
10. CEDH 24 avr. 1990, *Kruslin c/France*, req. n° 11801/85 ; *D.* 1990. 353, note J. Pradel ; *D.* 1990. 187, Chron. R. Koering-Joulin ; *RFDA* 1991. 101, Chron. V. Berger, H. Labayle et F. Sudre ; *RSC* 1990. 615, obs. L.-E. Pettiti ; *RTD civ.* 1991. 292, obs. J. Hauser.
11. CEDH 24 avr. 1990, *Huvig c/France*, req. n° 11105/84.

jurisprudence de la Cour de cassation pourrait conduire à des décisions privant de la protection de la loi un certain nombre de personnes, à savoir toutes celles qui se verraient opposer le résultat d'écoutes téléphoniques réalisées dans des procédures étrangères à la leur, ce qui reviendrait, en pratique, à vider le mécanisme protecteur d'une large partie de sa substance[1]. Plus récemment, la CEDH a condamné la Roumanie dans un dossier où l'avocat, dont la conversation avait été incidemment écoutée, nonobstant le fait que les inculpés, ses clients, auraient pu soulever des arguments liés à la légalité des enregistrements en cause dans le cadre de la procédure pénale ouverte contre eux, ne disposait pas directement de ce droit, celui-ci étant conditionné par le renvoi en jugement de ses clients et par les intérêts de ces derniers dans la procédure.

Dès lors, compte tenu de ce qui précède, la CEDH estime que l'accessibilité de ce recours au requérant était nécessairement rendue incertaine et l'ingérence litigieuse était, dans les circonstances de l'espèce, disproportionnée par rapport au but visé, l'intéressé n'ayant pas bénéficié du « contrôle efficace » requis par la prééminence du droit et apte à limiter l'ingérence à ce qui était « nécessaire dans une société démocratique »[2].

414.242 CEDH 16 juin 2016, *Versini-Campinchi et Crasnianski*. Dans l'affaire Buffalo Grill[3], la CEDH considère, au terme d'une analyse très large de la notion de recours effectif, que « la requérante a fait l'objet de poursuites disciplinaires à raison de ces mêmes propos et sur le fondement de leur transcription. Or, dans le cadre de cette procédure, elle a pu demander que cette transcription soit écartée des débats en raison de son illégalité, en arguant de son caractère déloyal et illicite et en invoquant la liberté de communication entre l'avocat et son client ». La Cour en conclut que « l'écoute et la transcription litigieuses ont été ordonnées par un magistrat et réalisées sous son contrôle, un contrôle juridictionnel a eu lieu dans le cadre de la procédure pénale dirigée contre [son client] et la requérante a obtenu un examen de la légalité de la transcription de cette écoute dans le cadre de la procédure disciplinaire dont elle a été l'objet. Ce faisant, la Cour estime que, même si elle n'a pas eu la possibilité de saisir un juge d'une demande d'annulation de la transcription de la communication téléphonique du 17 décembre 2002, il y a eu dans les circonstances particulières de l'espèce un contrôle efficace, apte à limiter l'ingérence litigieuse à ce qui était nécessaire dans une société démocratique »[4].

Mais la CEDH reste prudente puisqu'elle prend soin de préciser, que son analyse résulte des « circonstances particulières de l'espèce », laissant entendre que dans d'autres circonstances, l'absence de faculté pour la personne écoutée de saisir un juge d'une demande d'annulation de la transcription pourrait être sanctionnée[5].

414.243 Position de la chambre criminelle. Entre-temps, la chambre criminelle a admis qu'une personne mise en examen dans un autre dossier soit en mesure d'exercer un recours effectif[6]. Pour autant, demeure la question des personnes qui ne sont pas mises en cause et celle des recours à l'encontre de l'ordonnance procédant à la mise sous écoute nonobstant le fait qu'elle doive, depuis la loi du 23 mars 2019[7] être motivée[8].

La Cour de cassation a récemment été amenée à considérer que l'ordonnance par laquelle le juge d'instruction autorise les officiers de police judiciaire agissant sur commission rogatoire à mettre en place un dispositif technique de captation et d'enregistrement des paroles prononcées à titre privé ou confidentiel[9], doit être motivée au regard des éléments précis et circonstanciés résultant de la procédure. L'absence d'une telle motivation de cette atteinte à la vie privée, qui interdit tout contrôle réel et effectif de la mesure, fait grief aux personnes dont les propos ont été captés et enregistrés[10], peu

1. CEDH 21 août 1998, *Lambert c/France*, req. n° 23618/94 ; *D.* 1999. Somm. 271, note J.-F. Renucci ; *RSC* 1998. 829, obs. L. Pettiti ; *JCP* 1999. I. 105, obs. J.-P. Sudre – CEDH 29 mars 2005, *Mathéron c/France, req. n° 27752/00 ; D.* 2005. 1755, note J. Pradel ; *RSC* 2006. 662, obs. F. Massias ; *RSC* 2007. 333 Étude R. Filniez.
2. CEDH 3 févr. 2015, *Pruteanu c/Roumanie*, req. n° 30181/05 ; *D.* 2015. 322, obs. A. Portmann – CEDH 7 juin 2016, Cevat Ozel c/Turquie, req. n° 19602/06 ; *JCP* 2016. 1086, n° 15, note J. Moret-Bailly – CEDH 18 juill. 2017, *Sezgin Tanrikulu c/Turquie*, req. n° 27473/06 ; – CEDH 7 nov. 2017, *Dudchenko c/Russie*, req. n° 37717/05.
3. V. s[s] n° 414.232.
4. CEDH, sect. 5, 16 juin 2016, *Versini-Campinchi et Crasnianski c/France*, req. n° 49176/11, p[t] 74 ; *Gaz. Pal.* 13 sept. 2016, p. 13, note D. Piau ; *Gaz. Pal.* 18 oct. 2016, p. 23, note B. de Belval ; *JCP* 2016. 762, note D. Rebut ; *D.* 2017. 83, obs. Th. Wickers ; *D.* 2016. 1852, note E. Raschel ; *JCP* 2016. 1086, n° 13, obs. J. Moret-Bailly.
5. CEDH 3 févr. 2015, *Pruteanu c/Roumanie*, req. n° 30181/05 ; *D.* 2015. 322, obs. A. Portmann.
6. Crim. 7 déc. 2005, n° 05-85.876, P n° 327 ; *D.* 2006. 253 ; *RSC* 2006. 343, note D.-N. Commaret.
7. L. n° 2019-222, 23 mars 2019 de programmation 2018-2022 et de réforme pour la justice, *JO* 24 mars, n° 2, art. 44.
8. C. pr pén., art. 100-1.
9. V. s[s] n° 414.271.
10. Crim. 6 janv. 2015, n° 14-85.448, P n° 5 ; *D.* 2015. 159 ; *D.* 2015. 1740 ; *Gaz. Pal.* 21 févr. 2015, p. 20, note S. Raoult – F. Fourment, « Ingérence dans le droit au respect de la vie privée et nullité des actes de procédure : le grief fait-il la qualité pour agir », *D.* 2015. 1716.

importe qu'elles soient, ou non, mises en cause dans la procédure[1].

C. Seconde difficulté : écoutes incidentes et filets dérivants

414.251 Avocat non visé par la mise sur écoute initiale. La seconde difficulté, déjà présente en matière de perquisition[2] est celle des écoutes incidentes et filets dérivants.

L'affaire d'un ancien président de la République, par ailleurs avocat, mis sur écoute téléphonique dans le cadre d'une affaire de financement politique, et dont la captation des conversations avec son avocat (écoute incidente) conduisit à constater une autre infraction, différente de celle ayant motivé la mise sur écoute de l'intéressé (filets dérivants), ainsi qu'à une mise en examen, dans le cadre de faits totalement distincts, pour corruption active, trafic d'influence actif et recel de violation du secret professionnel, en est l'illustration[3]. Une nouvelle fois[4], l'instruction trouvait sa source dans l'interception de conversations tenues entre un avocat et son client[5].

S'ensuivit, pour faire bonne mesure, la mise sur écoute de l'avocat qui conduisit, cette fois-ci, à enregistrer et retranscrire une conversation qu'il eut avec son bâtonnier[6].

414.252 CEDH 16 juin 2016, *Versini-Campinchi et Crasnianski*. Dans l'affaire Buffalo Grill[7], la CEDH a posé deux principes qui rendent « permissibles » la transcription d'une telle conversation « incidente »[8] :

– d'une part, la conversation doit être de nature à faire présumer la participation de l'avocat à la commission d'une infraction[9] ;

– d'autre part, la conversation ainsi transcrite ne doit pas être utilisée à l'encontre du client de l'avocat. Sur ce deuxième point, comme l'a noté un auteur[10], on relèvera que la CEDH a une approche plus objective que la Cour de cassation qui vise, conformément à l'article 100-5 du code de procédure pénale, le respect des droits de la défense[11] et considère ainsi que l'interdiction de la transcription ne s'applique pas lorsque l'avocat « n'assure pas la défense de la personne placée sous surveillance, qui n'est ni mise en examen ou témoin assisté ni même n'a été placée en garde à vue dans la procédure en cause »[12].

414.253 Position prudente de la CEDH. Se pose la question du délicat équilibre entre la nécessaire protection du secret professionnel - qui est destiné à protéger le client et en aucun cas l'avocat - et la recherche des infractions, qu'il convenait de trouver au regard du cas d'espèce : la conversation téléphonique constituait *per se* une infraction de la part de l'avocat[13].

La difficulté, on la comprend à travers l'analyse que fait la Cour, relève du fait que l'ingérence en cause était prévue par la loi. Pour la cour : « La requérante, professionnelle du droit, pouvait, dans le contexte de l'espèce, prévoir que la ligne téléphonique [du client] était susceptible d'être placée sous écoute [...], que

1. G. Beaussonne et P. Cazalbou, « L'intérêt à bénéficier de l'annulation d'un acte subi par autrui », *D.* 2016. 47 – G. Beaussonne et P. Cazalbou, « L'annulation d'un acte procédural subi par autrui », *Gaz. Pal.* 19 juill. 2017, p. 40.
2. V. s^s n°s 414.32 et 414.123.
3. Crim. 22 mars 2016, n°s 15-83.205. 15-83.206, P n°s 87 et 88 ; *Gaz. Pal.* 19 juill. 2016, p. 65, note F. Fourment ; *Gaz. Pal.* 12 avr. 2016, note Ch. Ingrain, R. Lorrain et L. Saenko ; *Procédures* 2016, comm. n° 171, obs. A.-S. Chavent-Leclère ; *Dr. Pénal* 2016. comm. 101, obs. A. Maron et M. Haas ; AJ *Pénal* 2016, p. 261, obs P. Combles de Nayves ; *Gaz. Pal.* 18 oct. 2016, p. 21, note B. de Belval ; *JCP* 2016. 670, n° 9, obs. Ch. Vautrot-Schwarz ; *D.* 2017. 83, obs. Th. Wickers ; *D. actu.*, 24 mars 2016, obs. S. Fucini.
4. V. s^s n° 414.214.
5. Crim. 1er oct. 2003, n° 03-82.909, P n° 177 ; *D.* 2004. 671, obs. J. Pradel – D. Mien et J.-F. Luciani, « Nouvelle entaille dans les droits de la défense : la liberté de communication entre l'avocat et son client remise en cause », *AJ pénal* 2003. 64.
6. V. s^s n° 422.185.
7. V. s^s n° 414.232.
8. CEDH, sect. 5, 16 juin 2016, *Versini-Campinchi et Crasnianski c/France*, req. n° 49176/11, p^t 74 ; *Gaz. Pal.* 13 sept. 2016, p. 13, note D. Piau ; *Gaz. Pal.* 18 oct. 2016, p. 23, note B. de Belval ; *JCP* 2016. 762, note D. Rebut ; *D.* 2017. 83, obs. Th. Wickers ; *D.* 2016. 1852, note E. Raschel ; *JCP* 2016. 1086, n° 13, obs. J. Moret-Bailly.
9. Crim. 15 janv. 1997, n° 96-83.753 ; P n° 14 ; *RSC* 1997. 668, obs. J.-P. Dintilhac ; *Procédures* 1997, comm. n° 126, note J. Buisson ; *Dr. pén.* 1997, comm. n° 55, note A. Maron – Crim. 8 nov. 2000, n° 00-83.570 ; P n° 335 ; *D.* 2001. 427 ; *D.* 2002. Somm. 856, obs. B. Blanchard ; *JCP* 2001. IV. 1455 ; *JCP* 2001. I. 348, spéc. n° 9, obs. R. Martin ; *Gaz. Pal.* 2001. Somm. 1369, note Y. Monnet – Crim. 1er oct. 2003, n° 03-82.909 ; P n° 177 ; *D.* 2004. 671, obs. J. Pradel ; *RSC* 2004. 99, obs. C. Ambroise-Castérot – Crim. 17 sept. 2008, n° 08-85.229, P n° 191 ; *AJ pénal* 2008. 467, obs. S. Lavric ; *RSC* 2009. 897, obs. J. Buisson ; *Dr. pén.* 2009, Chron. 1, obs. D. Guérin ; *Procédures* 2009, n° 24, obs. J. Buisson.
10. D. Rebut, « Écoutes incidentes d'avocats. Fin de partie ? », *JCP* 2016. 762.
11. Crim. 17 sept. 2008, n° 08-85.229, P n° 191 ; *AJ pénal* 2008. 467, obs. S. Lavric ; *RSC* 2009. 897, obs. J. Buisson.
12. Crim. 22 mars 2016, n° 15-83.205, P n° 87 ; *Gaz. Pal.* 19 juill. 2016, p. 65, note F. Fourment ; *Gaz. Pal.* 12 avr. 2016, note Ch. Ingrain, R. Lorrain et L. Saenko ; *Procédures* 2016, comm. n° 171, obs. A.-S. Chavent-Leclère ; *Dr. Pénal* 2016. comm. 101, obs. A. Maron et M. Haas ; *AJ pénal* 2016. 261, obs. P. Combles de Nayves ; *Gaz. Pal.* 18 oct. 2016, p. 21, note B. de Belval ; *JCP* 2016. 670, n° 9, obs. Ch. Vautrot-Schwarz ; *D.* 2017. 83, obs. Th. Wickers ; *D. actu.* 24 mars 2016, obs. S. Fucini – V. s^s n° 414.214.
13. V. s^s n°s 416.61 s.

ceux des propos qu'elle lui tiendrait sur cette ligne qui seraient de nature à faire présumer sa participation à une infraction pourraient être enregistrés et transcrits malgré sa qualité d'avocate, et qu'elle risquait des poursuites à raison de tels propos. En particulier, elle pouvait prévoir que révéler à cette occasion une information couverte par le secret professionnel l'exposerait à des poursuites [...]. »

Il est vrai qu'en la matière, lorsque l'on assiste un client dans une affaire pénale, il est pour le moins prévisible que ce dernier, ainsi que l'ensemble de son entourage, soit susceptible d'avoir été placé sous écoutes téléphoniques. La plus extrême prudence s'impose alors à l'avocat[1].

414.254 **Solution insatisfaisante.** Il n'en demeure pas moins que ce régime n'est pas satisfaisant. Il conviendrait, pour mieux protéger les droits de la défense, d'interdire l'écoute de la conversation, et pas seulement sa transcription, sauf dans les cas où des indices antérieurs à la conversation laisseraient présumer la participation de l'avocat à l'infraction. En effet, potentiellement, l'avocat doit pouvoir s'entretenir librement avec son client[2] même si ce dernier est sous écoutes téléphoniques. À défaut, il en découle une atteinte à la libre communication de l'avocat avec son client.

La CEDH a toutefois considéré que cette « thèse n'est pas défendable dès lors qu'il s'agit de propos tenus par l'avocat lui-même, susceptibles de caractériser un comportement illégal de celui-ci ». Elle souligne à cet égard qu'« un professionnel du droit tel qu'un avocat est particulièrement bien armé pour savoir où se trouvent les limites de la légalité et, notamment, pour réaliser le cas échéant que les propos qu'il tient à un client sont de nature à faire présumer qu'il a lui-même commis une infraction. Il en va d'autant plus ainsi lorsque ce sont ses propos eux-mêmes qui sont susceptibles de constituer une infraction [...] »[3].

En clair, et comme le rappelle par deux fois la CEDH dans son arrêt, un avocat averti en vaut deux... : c'est donc à lui de prendre ses précautions[4].

414.255 **Arrêt d'espèce.** Cette analyse de la CEDH apparaît toutefois éminemment critiquable, dès lors que les enquêteurs peuvent ainsi écouter la conversation, afin de déterminer si elle révèle la participation de l'avocat à une infraction. Si tel n'est pas le cas, après l'avoir écouté, ils ne peuvent pas la transcrire. Mais il est illusoire de croire qu'ils vont pour autant oublier ce qu'ils ont entendu, et, si la conversation portait sur l'exercice des droits de la défense, ils peuvent acquérir des informations qu'ils n'avaient pas jusqu'alors et qui pourront leur être utiles en vue de l'obtention de nouvelles preuves. D'autant que, le « contexte de l'espèce » auquel fait référence la CEDH pour fonder sa solution, à savoir une affaire pénale à l'occasion de laquelle l'avocat a assisté son client en garde à vue, n'épuise pas les situations dans lesquelles l'avocat n'a aucune raison de soupçonner raisonnablement que son client serait placé sous écoutes téléphoniques, notamment en l'absence de toute procédure pénale en cours dont il aurait connaissance.

L'on peut légitimement s'interroger sur la question de savoir si la CEDH aurait alors la même analyse de la situation ou si elle ne serait pas plutôt encline à conclure à une violation de la conv. EDH pour l'application de la même législation, mais au regard d'un « contexte de l'espèce » différent.

414.256 **Réforme nécessaire.** En définitive, l'arrêt de la CEDH dans l'affaire *Buffalo Grill*[5] doit sa solution aux circonstances très particulières de l'affaire, et sa portée au regard de notre législation demeure incertaine.

On a pu écrire que « Les droits de la défense ne sauraient devenir le bouclier protégeant les avocats des illégalités et indélicatesses qu'ils peuvent commettre. Une réaction judiciaire est donc nécessaire dans l'intérêt général de la société afin que soit préservée l'image de la justice dans l'opinion[6] ». Cette analyse ne nous convainc pas, car il n'appert pas qu'il faille que les quelques fautifs qui ternissent l'image et l'honneur de la profession servent de justificatif à un procédé qui, par sa nature même, empêche les avocats de s'entretenir librement avec leur client. La preuve pénale qui se fonde sur une suspicion généralisée à l'égard d'une profession n'est pas acceptable, ni admissible. Il ne peut y avoir d'écoutes que s'il y a des indices préalables et non dans un cadre préventif à, des fins de recherche

1. D. Piau, « Écoutes incidentes, un avocat averti en vaut deux », *Gaz. Pal.* 13 sept. 2016, p. 13.
2. V. s^s^ n° 471.54.
3. CEDH, sect. 5, 16 juin 2016, *Versini-Campinchi et Crasnianski c/France*, req. n° 49176/11, p^t^ 74 ; *D.* 2017. 83, obs. Th. Wickers ; *D.* 2016. 1852, note E. Raschel ; *Gaz. Pal.* 13 sept. 2016, p. 13, note D. Piau ; *Gaz. Pal.* 18 oct. 2016, p. 23, note B. de Belval ; *JCP* 2016. 762, note D. Rebut ; *JCP* 2016. 1086, n° 13, obs. J. Moret-Bailly.
4. CEDH, sect. 5, 16 juin 2016, *Versini-Campinchi et Crasnianski c/France*, req. n° 49176/11, p^t^ 74 ; *D.* 2017. 83, obs. Th. Wickers ; *D.* 2016. 1852, note E. Raschel ; *Gaz. Pal.* 13 sept. 2016, p. 13, note D. Piau ; *Gaz. Pal.* 18 oct. 2016, p. 23, note B. de Belval ; *JCP* 2016. 762, note D. Rebut ; *JCP* 2016. 1086, n° 13, obs. J. Moret-Bailly.
5. J.-P. Versini-Campinchi, *Papiers d'identité*, Les Éditions du Cerf 2020, p. 219 s.
6. J. Pradel, note s^s^ : Paris, 27 juin 1984 ; *Gaz. Pal.* 1984. 2. 514 ; *D.* 1985. 98 – SUR cette image : Ph. Robert et B. Laffargue, *L'image de la justice criminelle dans la société : Le système pénal vu par ses clients*, Service d'études pénales et criminologiques, 1977.

d'indices : le cadre préventif relève de la police administrative et des dispositions spécifiques prévues en la matière par le code de la sécurité intérieur[1], il y a ici un fâcheux mélange des genres.

Le bâtonnier de Paris, Pierre-Olivier Sur, a proposé en 2014[2] de poser trois principes en la matière :

– Premier grand principe : Toute interception et exploitation téléphonique, électronique, numérique, ne peuvent être ordonnées qu'à l'encontre d'une personne soupçonnée d'avoir participé au crime ou au délit objet de la saisine (filets dérivants[3]).

– Deuxième grand principe : Le JLD et, lorsqu'il s'agit d'un auxiliaire de justice, le président du tribunal judiciaire, sont seuls compétents pour en décider par ordonnance spécialement motivée, après qu'ils en ont contrôlé la nécessité et la proportionnalité, en se fondant sur des considérations objectives, ce afin d'instaurer un contrôle *a priori*.

– Troisième grand principe : aucune interception entre une personne légalement surveillée et un avocat, ne peut être enregistrée, retranscrite, exploitée (écoutes incidentes)[4].

Le ministre de la Justice a annoncé le 30 octobre 2014, dans le cadre de la Convention nationale des avocats à Montpellier, qu'un projet de texte sur les interceptions téléphoniques serait soumis à concertation « très prochainement ». Le « prochainement » attend encore.

414.257 Prudence nécessaire. Il appartient à l'avocat, dans le cadre de son devoir de protection du secret professionnel[5], d'utiliser des techniques de cryptage des conversations téléphoniques, simple mesure de prudence parfaitement admissible[6], ou de messageries cryptées telles que *Telegram*[7] ou *Olvid* (labellisé par l'Anssi), plutôt que d'utiliser des noms d'emprunt, ce qui n'est point recommandé ne serait-ce qu'au regard des principes essentiels, et à parler le moins possible au téléphone, lequel n'est pas un mode de communication exclusif et appert comme étant le moins sûr qui soit.

1. V. s[s] n°s 414.274 s.
2. P.-O. Sur, *Discours à l'occasion de l'audience solennelle de rentrée du barreau de Paris*, Palais de la Mutualité, 12 déc. 2014.
3. Sur les filets dérivants : v. s[s] n°s 414.32 et 414.251 s.
4. CNB, Résolution portant sur les dispositions relatives au secret professionnel de l'avocat dans l'avant-projet de loi pour la confiance dans l'institution judiciaire, AG 12 juin 2021.
5. V. s[s] n°s 412.301 s.
6. Crim. 8 nov. 2000, n° 00-83.570, P n° 335 ; *D.* 2001. IR 427 ; *D.* 2002. Somm. 856, obs. B. Blanchard ; *JCP* 2001. IV. 1455 ; *JCP* 2001. I. 348, spéc. n° 9, obs. R. Martin ; *Gaz. Pal.* Rec. 2001. Somm. 1369, note Y. Monnet – V. s[s] n° 414.218.
7. J. Canard, « Telegram, la messagerie cryptée favorite des terroristes... des ministres et des flics », *Le Canard enchaîné*, 24 août 2016, p. 3.

SECTION 4
COURRIELS ET DONNÉES INFORMATIQUES

414.261 Double aspect. Les courriels posent une difficulté particulière dès lors que, s'ils peuvent être saisis sur l'ordinateur ou le disque dur à l'occasion d'une perquisition, ils peuvent aussi faire l'objet d'une interception dont le régime était pour le moins incertain[8]. La chambre criminelle a considéré, au visa des articles 100 à 100-5 du code de procédure pénale, que, n'entrent pas dans les prévisions de ces textes, l'appréhension, l'enregistrement et la transcription de correspondances émises ou reçues par la voie des télécommunications, désormais communications électroniques[9], antérieurement à la date de la décision écrite d'interception prise par le juge d'instruction, lesquels doivent être réalisées conformément aux dispositions légales relatives aux perquisitions[10].

En l'occurrence, à la suite d'un renseignement communiqué par le service de la douane judiciaire, dont l'exploitation révélait la commission de fraudes par l'utilisation de cartes bancaires contrefaites un juge d'instruction avait délivré au directeur de la police judiciaire une commission rogatoire, au visa des articles 100[11] et suivants du code de procédure pénale, afin qu'il soit procédé à l'interception, l'enregistrement et la transcription des courriers électroniques émis ou reçus sur l'adresse utilisée lors des correspondances échangées par le suspect. Les enquêteurs avaient directement recueilli l'ensemble des données contenues dans les fichiers de cette adresse, y compris celles stockées antérieurement à l'autorisation d'interception.

414.262 Principes applicables. Il en découle que s'il apparaît possible d'utiliser la procédure prévue en matière d'écoutes téléphoniques pour intercepter les courriels d'un avocat[12], la saisie des boîtes mails, comme des données informatiques stockées sur les serveurs, devrait être faite dans le cadre des dispositions protectrices du secret professionnel relatives aux perquisitions[13].

8. V. Nioré, « Le secret professionnel de l'avocat à l'épreuve de l'interception et de la captation de données informatiques à distance : un secret en lambeaux ? », *D. avocats* 2013. 92.
9. L. n° 2016-731, 3 juin 2016 renforçant la lutte contre le crime organisé, le terrorisme et leur financement, et améliorant l'efficacité et les garanties de la procédure pénale, *JO* 4 juin, n° 1, art. 57.
10. Crim. 8 juill. 2015, n° 14-88.457, P n° 176 ; *D.* 2015. 1542 ; *AJ pénal* 2016. 90, obs. G. Roussel – V. s[s] n°s 414.71 s.
11. C. pr. pén., art. 100 ; mod. par L. n° 2019-222 du 23 mars 2019, art. 44.
12. V. s[s] n°s 414.201 s.
13. C. pr. pén., art. 57-1 – V. s[s] n°s 414.71 s.

Toutefois, le législateur a prévu toute une série de régimes d'exception en la matière.

414.263 Interception des correspondances électroniques. En matière de criminalité organisée ou de terrorisme[1], la loi du 9 mars 2004[2] a permis l'enregistrement et la transcription de correspondances émises par la voie des communications électroniques dans le cadre des enquêtes de flagrance et préliminaires. L'autorisation doit faire l'objet d'une ordonnance écrite et motivée du JLD, à la requête du procureur de la République pour une durée maximum d'un mois, renouvelable une fois dans les mêmes conditions de forme et de durée.

La procédure est celle des écoutes téléphoniques[3], les attributions confiées au juge d'instruction ou à l'officier de police judiciaire commis étant exercées par le procureur de la République ou l'officier de police judiciaire requis par ce magistrat. Lorsque l'interception vise les correspondances d'un avocat, les articles 100 et 100-7 du code de procédure pénale[4] sont applicables[5].

414.264 Perquisition informatique à distance. L'article 57-1 du code de procédure pénale prévoit la possibilité pour les officiers de police judiciaire, au cours d'une perquisition, d'accéder, par un système informatique implanté dans les locaux d'un service ou d'une unité de police ou de gendarmerie, à des données intéressant l'enquête en cours et stockées dans un autre système informatique, si ces données sont accessibles à partir du système initial, afin de procéder à leur copie. Les officiers de police judiciaire peuvent également, au cours d'une perquisition, accéder, par un système informatique implanté sur les lieux où se déroule la perquisition, à des données intéressant l'enquête en cours et stockées dans ledit système ou dans un autre système informatique, dès lors que ces données sont accessibles à partir du système initial, ou disponibles pour le système initial[6].

Ils ne peuvent toutefois le faire, à partir ou à l'égard du système informatique d'un cabinet d'avocats, que dans le cadre des dispositions, protectrices du secret professionnel, relatives aux perquisitions[7].

414.265 Captation de données informatiques. La loi du 3 juin 2016[8] permet, en matière de criminalité organisée ou de terrorisme[9], l'interception des données conservées dans un système informatique à l'insu du propriétaire[10], et ce, afin de pouvoir capter à distance les données stockées dans un ordinateur ou sur un serveur de type « cloud », en mettant en place un dispositif technique ayant pour objet, sans le consentement de l'intéressé, d'accéder, en tous lieux, à des données informatiques, de les enregistrer, de les conserver et de les transmettre, telles qu'elles sont stockées dans un système informatique, telles qu'elles s'affichent sur un écran pour l'utilisateur d'un système de traitement automatisé de données, telles qu'il les y introduit par saisie de caractères ou telles qu'elles sont reçues et émises par des périphériques audiovisuels (*Key logger*)[11].

La mise en place d'interception des données informatiques à distance ne peut en aucun cas, depuis la loi du 23 mars 2019[12], concerner, tant au stade de l'enquête préliminaire, qu'au stade de l'instruction, les systèmes de traitement automatisé de données (STAD) se trouvant au cabinet ou domicile d'un avocat, des barreaux ou des Carpa, ni être réalisée dans le véhicule, le bureau ou le domicile d'un avocat[13].

414.266 Accès aux correspondances électroniques. Le législateur a également prévu, en matière de criminalité organisée ou de terrorisme[14], la possibilité pour le parquet avec l'autorisation préalable du JLD[15], et le juge d'instruction[16], de récupérer, à distance et à l'insu de la personne visée, les correspondances électroniques stockées et accessibles au moyen d'un identifiant informatique[17]. La décision doit faire l'objet d'une ordonnance écrite et motivée

1. C. pr. pén., art. 706-73 et 706-73-1.
2. L. n° 2004-204, 9 mars 2004 portant adaptation de la justice aux évolutions de la criminalité, *JO* 10 mars, p. 4567.
3. V. s[s] n°s 414.201 s.
4. C. pr. pén., art. 706-95.
5. V. s[s] n°s 414.202 s.
6. Circ. 5 déc. 2014 de présentation de la loi n° 2014-1353 renforçant les dispositions relatives à la lutte contre le terrorisme – Renforcement de la coordination de la lutte antiterroriste, *BOMJ* 31 déc., NOR : JUSD1429083C.
7. V. s[s] n°s 414.71 s.
8. Circ. 2 déc. 2016 de présentation des dispositions de la loi n° 2016-731 du 3 juin 2016 renforçant la lutte contre le crime organisé, le terrorisme et leur financement, et améliorant l'efficacité et les garanties de la procédure pénale, relative au renforcement du dispositif en matière de lutte contre la délinquance et la criminalité organisée, NOR : JUSD1635582C – O. Décima, « Terreur et métamorphose, À propos de la loi n° 2016-731 du 3 juin 2016 sur la lutte contre le terrorisme », *D.* 2016. 1826 ; – H. Matsopoulou, « Les nouveaux moyens de preuve au service de la criminalité organisée. À propos de la loi n° 2016-731 du 3 juin 2016 », *JCP* 2016. 707.
9. C. pr. pén., art. 706-73 et 706-73-1.
10. C. pr. pén., art. 706-102-1 s.
11. C. pr. pén., art. 706-102-2 s. – O. Décima, « Terreur et métamorphose, À propos de la loi n° 2016-731 du 3 juin 2016 sur la lutte contre le terrorisme », *D.* 2016. 1826, spéc. p. 1832.
12. L. n° 2019-222, 23 mars 2019 de programmation 2018-2022 et de réforme pour la justice, *JO* 24 mars, n° 2, art. 46.
13. C. pr. pén., art. 706-102-5, al. 3.
14. C. pr. pén., art. 706-73 et 706-73-1.
15. C. pr. pén., art. 706-95-1.
16. C. pr. pén., art. 706-95-2.
17. C. pr. pén., art. 706-95-1 s.

insusceptible de recours. Les opérations sont effectuées sous l'autorité et le contrôle du magistrat qui les a autorisées et ne peuvent, à peine de nullité, avoir un autre objet que la recherche et la constatation des infractions visées dans la décision de ce magistrat. Les données peuvent être saisies et enregistrées ou copiées sur tout support.

Lorsque l'identifiant informatique est associé au compte d'un avocat, les articles 100 et 100-7 du code de procédure pénale sont applicables [1].

414.267 **Recours aux IMSI-catcher.** La loi prévoit, dans le cadre des procédures relevant de la criminalité organisée, le recours aux dispositifs techniques dits « IMSI-catcher » tant au stade de l'enquête judiciaire, sur décision du JLD à la requête du procureur de la République [2], qu'au stade de l'information judiciaire sur décision du juge d'instruction, après avis du procureur de la République [3] sauf en cas d'urgence résultant d'un risque imminent de dépérissement des preuves ou d'atteinte grave aux personnes ou aux biens [4]. Il doit faire l'objet d'une ordonnance écrite et motivée insusceptible de recours [5].

Le recours à l'IMSI-catcher, qui imite le fonctionnement d'une antenne-relais de téléphonie mobile, de manière à ce que les appareils situés à proximité s'y connectent [6], permet :

- d'une part, d'identifier les données techniques de connexion permettant l'identification d'un équipement terminal, ou du numéro d'abonnement de son utilisateur (numéros de téléphone et numéros IMEI notamment), ou de localisation de personnes ciblées par l'enquête [7]. L'autorisation est délivrée pour une durée d'un mois renouvelable une fois dans les mêmes conditions [8] ou de quatre mois renouvelables sans pouvoir excéder quatre ans [9] ;

- d'autre part, d'intercepter les correspondances émises ou reçues par un équipement terminal [10]. L'autorisation est alors délivrée pour une durée maximale de quarante-huit heures, renouvelable une fois dans les mêmes conditions [11]. Dans ce cas, si l'équipement est celui d'un avocat, l'article 100-7du code de procédure pénale [12] est applicable [13].

1. C. pr. pén., art. 706-95-3 – V. s^{s} n°s 414.202 s.
2. C. pr. pén., art. 706-95-12.
3. C. pr. pén., art. 706-95-12.
4. C. pr. pén., art. 706-95-15.
5. C. pr. pén., art. 706-95-13.
6. M. Untersinger, « Que sont les IMSI-catchers, ces valises qui espionnent les téléphones portables ? », *Le Monde.fr* 31 mars 2015.
7. C. pr. pén., art. 706-95-20, I.
8. C. pr. pén., art. 706-95-16, al. 1.
9. C. pr. pén., art. 706-95-16, al. 2.
10. C. pr. pén., art. 706-95-20, II.
11. C. pr. pén., art. 706-95-20, II.
12. C. pr. pén., art. 706-95-4, II, et 706-95-5, II.
13. V. s^{s} n°s 414.203 s.

La chambre criminelle a précisé que le fait de procéder à des réquisitions à des opérateurs privés de télécommunications aux fins d'interception, d'enregistrement et de transcription des correspondances des communications des seules lignes téléphoniques identifiées à partir du boîtier d'un téléphone, dont le numéro d'identification IMEI était précisé, et qui avait été désigné par les enquêteurs au juge d'instruction comme étant en possession du suspect, répondait aux exigences des articles 100 et suivants du code de procédure pénale [14] et ne constituait pas un appareil ou un dispositif technique dit « IMSI-catcher » [15].

414.268 **Conventionnalité des dispositions.** La conventionnalité de ces dispositions est fortement discutable et discutée [16]. D'autant qu'il est expressément prévu que le fait que ces opérations révèlent des infractions autres que celles visées dans la décision du magistrat qui les a autorisées ne constitue pas une cause de nullité des procédures incidentes [17].

SECTION 5
AUTRES TECHNIQUES DE RECUEIL D'INFORMATIONS

414.271 **Interdiction de toute sonorisation et fixation d'images des cabinets et domicile de l'avocat.** Les techniques policières de sonorisation ainsi que les enregistrements vidéo de lieux privés ont été légalisés et encadrés par la loi du 9 mars 2004 [18] et ce, uniquement dans le cadre de la lutte contre la criminalité organisée [19].

La loi exclut, sans réserve, en toute matière, la sonorisation du cabinet et du domicile de l'avocat [20].

414.272 **Géolocalisation.** Les techniques policières de géolocalisation ont été légalisées et encadrées par la loi du 28 mars 2014 [21].

14. V. s^{s} n°s 414.201 s.
15. Crim. 28 nov. 2017, n° 17-81.736, P ; *Gaz. Pal.* 23 janv. 2018, p. 63, obs. F. Fourment.
16. O. Décima, « Terreur et métamorphose, À propos de la loi n° 2016-731 du 3 juin 2016 sur la lutte contre le terrorisme », *D.* 2016. 1826 – H. Matsopoulou, « Les nouveaux moyens de preuve au service de la criminalité organisée. À propos de la loi n° 2016-731 du 3 juin 2016 », *JCP* 2016. 707.
17. C. pr. pén., art. 706-95-3, al. 3 – C. pr. pén., art. 706-95-14, al. 4.
18. L. n° 2004-204, 9 mars 2004 portant adaptation de la justice aux évolutions de la criminalité, *JO* 10 mars, p. 4567, dite loi Perben 2.
19. C. pr. pén., art. 706-73.
20. C. pr. pén., art. 706-96-1 al. 3.
21. L. n° 2014-372, 28 mars 2014 relative à la géolocalisation, *JO* 29 mars, p. 6123.

La loi exclut sans réserve, en toute matière, l'utilisation du dispositif de géolocalisation envers le cabinet et le domicile de l'avocat[1].

414.273 Réquisitions relatives aux données de connexion. La loi pour la confiance dans l'institution judiciaire[2], est venue prévoir un nouvel article 60-1-1 au code de procédure pénale aux termes duquel, tant dans le cadre d'une enquête de flagrance, que dans le cadre d'une enquête préliminaire[3] ou d'une instruction[4] : « Lorsque les réquisitions prévues à l'article 60-1[5] portent sur des données de connexion émises par un avocat et liées à l'utilisation d'un réseau ou d'un service de communications électroniques, qu'il s'agisse de données de trafic ou de données de localisation, elles ne peuvent être faites que sur ordonnance motivée du juge des libertés et de la détention, saisi à cette fin par le procureur de la République. Cette ordonnance fait état des raisons plausibles de soupçonner que l'avocat a commis ou tenté de commettre l'infraction qui fait l'objet de la procédure ou une infraction connexe au sens de l'article 203 et de la proportionnalité de la mesure au regard de la nature et de la gravité des faits »[6]. Ces formalités sont prescrites à peine de nullité et le bâtonnier en est avisé comme pour les écoutes téléphoniques[7].

Cette disposition fait suite à un rapport de l'IGJ[8] et est destinée à encadrer l'examen des « fadettes » ou des données de localisation des outils de communication utilisés par un avocat.

414.274 Technique de recueil de renseignement. Il est interdit, en vertu de l'article L. 821-7 du code de la sécurité intérieure[9], qu'un avocat puisse être l'objet d'une demande de mise en œuvre, sur le territoire national, d'une technique de recueil de renseignement définie aux articles L. 851-1 à L. 853-3 du code de la sécurité intérieure à raison de l'exercice de sa profession. Cet article impose par ailleurs un examen en formation plénière par la commission nationale de contrôle des techniques de renseignement (Cnctr) d'une demande, non liée à l'exercice de sa profession, concernant tout avocat ou ses véhicules, bureaux ou domiciles, et ce, sans qu'il ne soit possible d'appliquer à son encontre la procédure dérogatoire prévue par l'article L. 821-5 du code de la sécurité intérieure.

Une demande de mise en œuvre d'une technique de renseignement concernant un avocat ou ses véhicules, bureau ou domicile, ne peut donc pas intervenir à raison de l'exercice même de la profession d'avocat, et il incombe à la Cnctr, qui est destinataire de l'ensemble des transcriptions de renseignements collectés dans ce cadre, de veiller, sous le contrôle juridictionnel du Conseil d'État, au caractère nécessaire et proportionné, tant des atteintes portées au droit au respect de la vie privée que de celles portées aux garanties attachées à l'exercice de l'activité d'avocat[10]. Il n'est pas possible de faire mettre en œuvre une telle mesure avant que le Conseil d'État n'ait statué, et ce même en cas d'urgence dûment justifiée sur ordre du Premier ministre[11].

Le Conseil constitutionnel a par ailleurs précisé que le recueil de renseignement, dans le cadre précité par les services spécialisés de renseignement pour l'exercice de leurs missions respectives, relève de la seule police administrative et il ne peut donc avoir d'autre but que de préserver l'ordre public et de prévenir les infractions, et ne peut dès lors être mis en œuvre pour constater des infractions à la loi pénale, en rassembler les preuves ou en rechercher les auteurs[12].

414.275 Interceptions de sécurité. Il y a lieu de noter que si le code de la sécurité intérieure rappelle que le secret des correspondances émises par la voie des communications électroniques est garanti par la loi, il peut toutefois être porté atteinte à ce secret par l'autorité publique, dans les seuls cas de nécessité d'intérêt public prévus par la loi et dans les limites fixées par celle-ci[13].

C'est ainsi que peuvent être autorisées, à titre exceptionnel, par décision écrite et motivée du Premier ministre[14], les interceptions de correspon-

1. C. pr. pén., art. 230-34, al. 2.
2. L. n° 2021-1729, 22 déc. 2021, art. 3.
3. C. pr. pén., art. 77-1-1.
4. C. pr. pén., art. 99-3.
5. V. s[s] n° 412.202.
6. C. pr. pén., art. 66-1-1.
7. V. s[s] n° 414.204.
8. IGJ, *Inspection de fonctionnement d'une enquête conduite par le parquet national financier,* Rapport définitif n° 069-20, sept. 2020 – R. van Ruymbeke, *Mémoires d'un juge trop indépendant,* Tallandier, 2021, p. 284 s.
9. L. n° 2015-912, 24 juill. 2015 relative au renseignement, *JO* 26 juill., p. 12735.
10. CSI, art. L. 821-7.
11. CSI, art. L. 821-7, al. 2.
12. Cons. const. 23 juill. 2015, n° 2015-713 *DC, Loi relative au renseignement*, NON-CONFORMITÉ PARTIELLE, *JO* 26 juill., p. 12751, considérant 9 ; – AUSSI : Cons. const. 4 août 2017, n° 2017-648 QPC, *La Quadrature du Net a.* [Accès administratif en temps réel aux données de connexion], NON-CONFORMITÉ PARTIELLE, EFFET DIFFÉRÉ, *JO* 8 août, n° 59 ; *D.* 2017. 1657 ; *AJDA* 2017. 1642 – Cons. const. 21 mars 2019, n° 2019-778 *DC, Loi de programmation 2018-2022 et de réforme pour la justice*, NON-CONFORMITÉ PARTIELLE – RÉSERVE, *JO* 24 mars, n° 4 ; *D.* 2019. 592 – M. Verpeaux, « La loi sur le renseignement, entre sécurité et liberté ; À propos de la décision du Conseil constitutionnel n° 2015-713 *DC* du 23 juillet 2015 », *JCP* 2015. 981 – M.-H. Gozzi, « Sed quis cutodiet ipsos custode ? À propos de la loi du 24 juillet 2015 relative au renseignement », *JCP* 2015. 961.
13. CSI, art. L. 241-1.
14. CSI, art. L. 242-1.

dances émises par la voie des communications électroniques ayant pour objet de rechercher des renseignements intéressant la sécurité nationale, la sauvegarde des éléments essentiels du potentiel scientifique et économique de la France, ou la prévention du terrorisme, de la criminalité et de la délinquance organisée et de la reconstitution ou du maintien de groupements dissous comme constituant des groupes de combat et milices privées[1].

Il s'agit de ce que l'on appelle les « écoutes administratives » pour lesquelles aucune garantie particulière n'est prévue s'agissant de la protection du secret professionnel. Certes les renseignements recueillis à cette occasion ne peuvent, en principe, servir en dehors de leur finalité préventive, en matière de police administrative. Mais c'est toutefois sans préjudice de l'application du deuxième alinéa de l'article 40 du code de procédure pénale[2], qui prévoit que toute autorité constituée, tout officier public ou fonctionnaire qui, dans l'exercice de ses fonctions, acquiert la connaissance d'un crime ou d'un délit est tenu d'en donner avis sans délai au procureur de la République et de transmettre à ce magistrat tous les renseignements, procès-verbaux et actes qui y sont relatifs[3]. On rappellera que lors de l'affaire des écoutes téléphoniques de l'Élysée, il est apparu que plusieurs avocats avaient ainsi été ainsi mis sous écoutes téléphoniques[4].

414.276 **Surveillance de masse.** L'avocat ne doit jamais perdre de vue qu'il n'est pas à l'abri des « surveillances de masse » tant de la part des autorités nationales que de la part d'autorités étrangères[5]. La CEDH[6], au regard de l'article 10 de la Conv. EDH, comme la CJUE[7], au regard de la directive du 12 juillet 2002[8], ont pu se montrer très strictes en la matière, tout en réservant, sous certaines conditions, tenant notamment à l'existence d'un contrôle juridictionnel effectif, le cas des situations de menace grave, réelle et prévisible pour la sécurité nationale. Le Conseil d'État a, pour sa part, tant en ce qui concerne l'obligation pour les opérateurs de communications électroniques, fournisseurs d'accès à internet et hébergeurs de conserver, pour une durée d'un an, l'ensemble des données de trafic et de localisation de leurs utilisateurs, lesquelles ne couvrent pas le contenu des communications, les données relatives à leur identité civile, ainsi que certaines informations relatives à leurs comptes et, le cas échéant, aux paiements qu'ils effectuent en ligne[9], qu'en ce qui concerne le recours aux techniques de renseignement mentionnées aux articles L. 851-1 à L. 851-4 du code de la sécurité intérieure, opté pour une position plus souple aux noms des objectifs à valeurs constitutionnelle que constituent la sauvegarde des intérêts fondamentaux de la Nation, la prévention des atteintes à l'ordre public, notamment celle des atteintes à la sécurité des personnes et des biens, la lutte contre le terrorisme, ainsi que la recherche des auteurs d'infractions pénales[10].

Il n'existe pas, en la matière, de dispositions particulières préservant le secret professionnel de l'avocat[11], même si le recours à certaines de ces techniques à l'encontre des avocats est, en principe, interdit[12]. On notera que, s'agissant du secret des sources des journalistes, la CEDH a considéré que : « avant que les services de renseignement ne puissent utiliser des sélecteurs ou des termes de recherche dont on sait qu'ils sont liés à un journaliste ou qui aboutiront en toute probabilité à la sélection pour examen d'éléments journalistiques confidentiels, ces sélecteurs ou termes de recherche doivent avoir été autorisés par un juge ou un autre organe décisionnel indépendant et impartial habilité à déterminer si cette mesure est « justifiée par un impératif

1. CSI, art. L. 241-2 – CEDH 13 sept. 2018, *Big Btother Watch et autres c/Royaume-Uni*, req. n° 58170/13 ; *D.* 2018. 1916.
2. CSI, art. L. 242-8.
3. C. pr. pén., art. 40.
4. J.-M. Pontaut, J. Dupuis, *Les oreilles du président : suivi de la liste des 2 000 personnes « écoutées » par François Mitterrand*, Fayard, 1996.
5. E. Fansten, « Moukhtar Abliazov, les fuites en avant », *Libération* 24 sept. 2014.
6. CEDH 25 mai 2021, *Big Brother Watch et autres c/. Royaume-Uni*, req. n°s 58170/13, 62322/14, 24960/15 ; et : CEDH 25 mai 2021, *Centrum för rättvisa c/. Suède*, req. n° 35252/08, *D.* 2021. 1082, obs. M.-Ch. de Montecler ; *Gaz. Pal.* 6 juill. 2021, p. 25, obs. J. Andriantsimbazovina ; *JCP* 2021. 616, obs. F. Sudre.
7. CJUE 6 oct. 2020 *Privacy International, French Data Network, Fédération des fournisseurs d'accès à internet associatifs, Igwan.net et La Quadrature du Net, Ordre des barreaux francophones et germanophones*, aff. C-511-18, C-512-18 et C-520/18 ; *JCP* 2020. 1183, obs. D. Berlin ; *D.* 2021. 406, note M. Lassalle – CJUE 2 mars 2021 *Prokuratuur (Conditions d'accès aux données relatives aux communications électroniques)*, aff. C-1746/18 ; *JCP* 2021. 328, obs. D. Berlin ; *JCP* 2021. 1323, note D. Berlin – AUSSI : Cour constitutionnelle de Belgique, 22 avr 2021, *Ordre des barreaux francophones et germanophones*, n° 57/2021.
8. Dir. 2002/58, Parlement et Conseil, 12 juill. 2002 concernant le traitement des données à caractère personnel et la protection de la vie privée dans le secteur des communications électroniques (directive vie privée et communications électroniques), *JOUE* 31 juill., p. 37.
9. CPCE, art. L. 34-1 et R. 10-13.
10. CE 21 avr. 2021, *French Data Network*, req. n° 393099, *Lebon* ; *D.* 2021. 797 ; *Gaz. Pal.* 29 juin 2021, p. 20, note A. Bensamoun ; *D.* 2021. 1247, note J. Roux ; *D.* 2021. 1268, note Th. Douville, H. Gaudin ; *JCP* 2021. 659, note A. Iliopoulou-Penot.
11. CEDH 11 janv. 2022, Ekimdzhiev et autres c/ Bulgarie, req. 70078/12.
12. *Idem.*

prépondérant d'intérêt public » et, en particulier, si une mesure moins intrusive suffirait à satisfaire un tel impératif ». De même, si, sans avoir été recherchés spécifiquement, « des éléments journalistiques confidentiels » sont trouvés, la prolongation de leur conservation et la poursuite de leur examen devraient nécessiter une autorisation spécifique[1].

En 2021, *Forbidden Stories*[2], plateforme collaborative de l'association de journalistes *Freedom Voices Network*, a révélé comment un logiciel espion, *Pegasus*, est utilisé, par une cinquantaine de pays, depuis plusieurs années pour surveiller de façon systématique des journalistes, des activistes ainsi que des avocats et d'autres personnalités[3].

1. CEDH 25 mai 2021, *Big Brother Watch a. c/Royaume-Uni*, req. n°s 58170/13, 62322/14 et 24960/15 ; *D.* 2021. 1082, obs. M.-Ch. de Montecler ; *Gaz. Pal.* 6 juill. 2021, p. 25, obs. J. Andriantsimbazovina ; *JCP* 2021. 616, obs. F. Sudre.
2. https://forbiddenstories.org/
3. D. Leloup, M. Untersinger, « "Projet Pegasus" : révélations sur un système mondial d'espionnage de téléphones », *Le Monde* 18 juill. 2021 – W. Bourdon, V. Brengarth, Ch. Deloire, « Projet Pegasus » : « Le droit international doit se saisir des logiciels espions », *Le Monde* 5 août 2021.

CHAPITRE

415. Protection du secret professionnel chez le client

SECTION 0
ORIENTEUR

415.00 Sommaire du chapitre.

Division. Le secret professionnel doit être protégé chez le client qui doit pouvoir bénéficier de garanties à cet effet (sect. 2) mais qui doit aussi organiser, en amont, cette protection de manière efficiente (sect. 1).

415.01 Textes applicables.

TEXTES TITRÉS

• **Conv. EDH**

art. 6 [Droit à un procès équitable]

art. 8 [Droit au respect de la vie privée et familiale]

> Perquisitions

• **C. pr. pén.**

art. 56 [Perquisition]

> Visites et saisies de l'administration fiscale

• **LPF**

art. L. 16 B [Visites et saisies de l'administration fiscale]

> Visites et saisies de l'Autorité des Marchés Financiers

• **C. mon. fin.**

art. 621-12 [Visites et saisies de l'AMF]

> Visites et saisies de la Dgccrf

• **C. com.**

art. L. 450-4 [Visites et saisies de la Dgccrf et de l'Autorité de la concurrence]

• **C. consom.**

art. L. 512-51 s. [Visites et saisies de la Dgccrf]

> Visites et saisies des douanes

• **C. douanes**

art. 64 [Visites et saisies des douanes]

• **LPF**

art. L. 38 [Visites et saisies des douanes]

> Visites et saisies de l'inspection du travail

• **C. trav.**

art. L. 8113-1 s. [Visites et saisies de l'inspection du travail]

> Visites et saisies du Défenseur des droits

• **L.O. n° 2011-333 du 29 mars 2011**

art. 22 [Visites et saisies du Défenseur des droits]

> Visites et saisies de la Cnil

• **Loi n° 78-17 du 6 janvier 1978**

art. 19 [Visites et saisies de la Cnil]

415.02 Jurisprudence de référence.

> Protection du secret professionnel en cas de perquisition chez le client

• **Crim. 24 avr. 2013,** n° 12-80.331, P n° 102.

* V. ss nos 415.41, 415.43, 415.45.

« Vu les articles L. 450-4 du code de commerce et 66-5 de la loi du 31 décembre 1971 ;

Attendu que le pouvoir reconnu aux agents de l'Autorité de la concurrence par l'article L. 450-4 du code de commerce, de saisir des documents et supports informatiques, trouve sa limite dans le principe de la libre défense qui commande de respecter la confidentialité des correspondances échangées entre un avocat et son client et liées à l'exercice des droits de la défense ;

Attendu que, pour refuser de se prononcer sur le contenu des documents listés en pièce n° 8 par la société Medtronic et refuser d'annuler la saisie de la pièce n° 7 dont il admet qu'elle relève véritablement de la correspondance entre avocat et client, le premier président énonce que l'Autorité ne s'oppose pas à la restitution de ce document protégé et que la simple copie réalisée par celle-ci ne saurait constituer une atteinte disproportionnée au regard des intérêts en présence, la pertinence de la saisie ne pouvant s'apprécier que par la prise de connaissance de son contenu ;

Mais attendu qu'en statuant ainsi, alors qu'il lui appartenait de rechercher si les pièces et supports informatiques dont la saisie était contestée par la société étaient ou non couverts par le secret professionnel entre un avocat et son client, et sans annuler la saisie de correspondances dont il a constaté qu'elles relevaient de la protection de ce secret et alors enfin que la violation dudit secret intervient dès que le document est saisi par les enquêteurs, le premier président a méconnu les textes susvisés et le principe ci-dessus rappelés. »

• **CEDH., 2 avr. 2015,** *Vinci construction et GTM génie civil c/ France,* req. n°s 63629/10, 60567/10.

* V. s^s^ n° 415.45.

« [...] 76. En l'espèce, la Cour considère, avec le Gouvernement, que les enquêteurs se sont efforcés de circonscrire leurs fouilles et de ne procéder qu'à des saisies en rapport avec l'objet de leur enquête. De plus, la Cour ne souscrit pas à l'argumentation des requérantes selon laquelle elles n'auraient pas été mises en mesure d'identifier les documents saisis à l'issue des opérations en cause. Elle relève à ce titre qu'un inventaire suffisamment précis, indiquant le nom des fichiers, leur extension, leur provenance et leur empreinte numérique avait été dressé et leur avait été remis, ainsi qu'une copie des documents saisis. Partant, la Cour estime que les saisies pratiquées ne pouvaient être qualifiées de « massives et indifférenciées ».

77. En revanche, la Cour constate que les saisies ont porté sur de nombreux documents informatiques, incluant l'intégralité des messageries électroniques professionnelles de certains employés des sociétés requérantes. Or, il n'est pas contesté que ces documents et messageries comportaient un certain nombre de fichiers et informations relevant de la confidentialité attachée aux relations entre un avocat et son client. Elle note à ce titre que la DGCCRF avait expressément indiqué dans ses conclusions en défense devant le JLD ne pas s'opposer à la restitution des pièces couvertes ainsi par le secret professionnel.

78. La Cour relève ensuite que, pendant le déroulement des opérations en cause, les requérantes n'ont pu ni prendre connaissance du contenu des documents saisis, ni discuter de l'opportunité de leur saisie. Or, de l'avis de la Cour, à défaut de pouvoir prévenir la saisie de documents étrangers à l'objet de l'enquête et a fortiori de ceux relevant de la confidentialité qui s'attache aux relations entre un avocat et son client, les requérantes devaient pouvoir faire apprécier *a posteriori* et de manière concrète et effective leur régularité. Un recours, tel que celui ouvert par l'article L. 450-4 du code de commerce, devait leur permettre d'obtenir, le cas échéant, la restitution des documents concernés ou l'assurance de leur parfait effacement, s'agissant de copies de fichiers informatiques.

79. À cet effet, la Cour estime qu'il appartient au juge, saisi d'allégations motivées selon lesquelles des documents précisément identifiés ont été appréhendés alors qu'ils étaient sans lien avec l'enquête ou qu'ils relevaient de la confidentialité qui s'attache aux relations entre un avocat et son client, de statuer sur leur sort au terme d'un contrôle concret de proportionnalité et d'ordonner, le cas échéant, leur restitution. Or, la Cour constate qu'en l'espèce, si les requérantes ont exercé le recours que la loi leur ménageait devant le JLD, ce dernier, tout en envisageant la présence d'une correspondance émanant d'un avocat parmi les documents retenus par les enquêteurs, s'est contenté d'apprécier la régularité du cadre formel des saisies litigieuses, sans procéder à l'examen concret qui s'imposait.

80. Compte tenu de ce qui précède, la Cour juge que les saisies effectuées aux domiciles des requérantes étaient, dans les circonstances de l'espèce, disproportionnées par rapport au but visé.

81. Il s'ensuit qu'il y a eu violation de l'article 8 de la Convention. »

> Nécessité de se prévaloir des atteintes au secret professionnel.

• **Crim. 27. nov. 2013,** n° 12-85.830, P n° 242.

* V. s^s^ n°s 415.45, 415.46.

« Attendu que, si c'est à tort que l'ordonnance relève que les avocats de la société objet d'une opération de visite et de saisie ne bénéficient pas des droits reconnus à celle-ci et à ses représentants par l'alinéa 8 de l'article L. 450-4 du code de commerce, elle n'encourt cependant pas la censure, dès lors qu'il appartenait à la société et à ses conseils, qui sont intervenus dès le début des opérations de visite et avaient nécessairement connaissance des documents susceptibles d'être appréhendés, de soulever toute contestation utile sur les documents qui leur paraissaient devoir être exclus de la saisie. »

• **Com. 4 nov. 2014,** n° 13-20.322, NP.

* V. s^s^ n°s 412.82, 415.46, 422.221.

« Mais attendu, d'une part, que l'ordonnance constate qu'au cours de la visite, l'examen des données accessibles à partir de l'ordinateur de M. X... avait révélé la présence de documents en rapport avec la fraude présumée et que les agents de l'administration avaient alors procédé à une analyse directe approfondie des données accessibles puis opéré une extraction sélective de fichiers pour les copier en quatre exemplaires dont trois destinés aux trois occupants ; que, répondant aux conclusions, l'ordonnance retient que cette extraction de fichiers avait été faite à partir de répertoires dont l'intitulé était en lien avec l'autorisation de recherche et que l'article L. 16 B du livre des procédures fiscales ne limite pas l'autorisation de saisie aux documents appartenant aux personnes visées par des présomptions de fraude, ou émanant d'elles, mais permet d'appréhender des documents comptables de personnes pouvant être en relation d'affaires avec elles, y compris des pièces pour partie utiles à la preuve des agissements présumés ; que le premier président a pu déduire de ces constatations et appréciations que l'autorisation de saisie n'avait pas été dépassée et qu'il n'était pas démontré que les saisies opérées avaient un caractère massif et indifférencié prohibé par l'article 8 de la Convention de sauvegarde des droits de l'homme et des libertés fondamentales ;

Attendu, d'autre part, que le premier président n'avait pas à s'expliquer sur la circonstance invoquée par la deuxième branche dès lors qu'il n'était pas allégué que les occupants des lieux ou leur représentant s'étaient prévalus du caractère confidentiel de certains documents et avaient fourni aux enquêteurs des éléments propres à établir que les fichiers saisis contenaient des correspondances couvertes par le secret des échanges entre un avocat et son client ;

Attendu, enfin, que selon l'article 66-5 de la loi du 31 décembre 1971, seules sont couvertes par le secret professionnel des avocats les correspondances échangées entre le client et son avocat ou entre l'avocat et ses confrères ; que le premier président en a déduit à bon droit que ce secret professionnel ne couvre pas les correspondances échangées entre un avocat et l'expert-comptable de son client. »

415.03 **Bibliographie indicative.**

* Aussi : v. s[s] n° 41.03.

Encyclopédie. *J.-Cl. Civ. Annexes, v° Avocat*, fasc. 30 : avocats, Obligations et prérogatives.

Monographies. Th. Baudesson, Ch.-H. Boeringer, K. Huberfeld, *Guide pratique des visites inopinées, perquisitions et gardes à vue dans l'entreprise*, 2e éd., « Droit & Professionnels », LexisNexis, 2014 – Th. Bontinck, L. François-Martin, F. Puel, S. Woog, *Conformité aux règles de concurrence et comportements en cas de perquisition*, Larcier, Bruxelles, 2012 – Collectif, *Contrôles et perquisitions dans l'entreprise*, « Thèmexpress », Francis Lefebvre, 2015.

Articles. R. Lorrain, Ch. Ingrain, « Toujours plus de perquisitions mais toujours aussi peu de garantie procédurale », *Gaz. Pal.* 22 mai 2018, p. 12 – V. Nioré, « Perquisitions administratives : le juge des libertés et de la détention, ectoplasme ou garant effectif du secret professionnel de l'avocat et des droits de la défense ? », *D. avocats* 2014. 26 – D. Piau, « Allô, le secret professionnel… non mais allô quoi ! », *Gaz. Pal.* 2/4 juin 2013, p. 10 ; « Perquisitions fiscales et secret professionnel : prudence sera toujours mère de sûreté », *D. avocats* 2015. 29 – L. Saenko, « Le rôle et le secret professionnel de l'avocat à l'épreuve des visites et saisies du droit de la concurrence », *CCC* n° 3, mars 2014, étude 5 (à propos de Crim. 27 nov. 2013, *Boston Scientific (Sté)*, n° 12-85.830) – E. Steru et E. Dezeuze, « Secret professionnel de l'avocat : la chambre commerciale confirme le champ d'application large de la protection large des correspondances échangées entre un avocat et son client » (à propos de Com. 3 mai 2012, n° 11-14.008, *Sté Alexandre Holding c/Directeur général des finances publiques*), *Rev. sociétés* 2012. 721.

SECTION 1
SECRET PROFESSIONNEL FACE AUX PERQUISITIONS CHEZ LE CLIENT

415.10 **Plan.** Le client de l'avocat doit pouvoir bénéficier des garanties liées à la protection du secret professionnel (§ 1) tant au cours des perquisitions pénales (§ 2), qu'au cours d'opérations de visites et saisies (§ 3).

§ 1
Propos liminaires

415.21 **Spécificités.** Les principes directeurs, notamment quant aux modalités et aux conditions dans lesquelles un document ou objet protégé par le secret professionnel peut être appréhendé chez le client, sont les mêmes que ceux déjà abordés, ce compris s'agissant des nuances d'appréciation de la chambre criminelle en la matière[1].

Mais si le client ne bénéficie pas du régime protecteur en matière de perquisition de l'article 56-1, il doit, dans tous les cas, bénéficier de la garantie liée à la protection du secret professionnel, dès lors que les autorités procédant aux opérations de perquisitions ou de visites et saisies se doivent « de provoquer préalablement toutes mesures utiles pour que soit assuré le respect du secret professionnel et des droits de la défense »[2].

Sans aborder ce qui relève de la procédure pénale, du droit fiscal et douanier, du droit bancaire ou du droit de la concurrence, il est important d'insister ici sur les points spécifiques, eu égard au secret professionnel, d'autant qu'il convient de rappeler que le client n'est pas tenu à ce même secret professionnel[3].

415.22 **Le client n'est pas tenu au secret professionnel.** L'avocat ne doit jamais perdre de vue que son client n'est pas tenu au secret professionnel[4], ce faisant, s'il effectue une remise volontaire, ou analysée comme telle, il est considéré comme ayant renoncé à se prévaloir du secret professionnel[5].

C'est ainsi que dans une affaire concernant une information ouverte, notamment, des chefs d'escroqueries en bande organisée et d'association de malfaiteurs, il est apparu qu'un avocat était susceptible d'avoir participé à l'activité frauduleuse d'une société en contraignant des personnes à régler à cette société des sommes indues, en leur adressant des mises en demeure ou en leur demandant dans certains cas d'établir des chèques à son ordre. Agissant sur commission rogatoire, les enquêteurs ont requis auprès des banques dans lesquelles l'avocat avait ouvert ses comptes professionnels, la fourniture de ses relevés et des copies des chèques ayant crédité ces comptes, puis ils ont interrogé les émetteurs de ces chèques, à savoir les clients de l'avocat, afin de déterminer si les règlements qu'ils avaient ainsi effectués étaient en lien avec l'activité de la société bénéficiaire des versements. L'avocat avait par la suite été mis en examen des chefs de blanchiment en bande organisée et complicité

1. V. s[s] n°s 414.121 s. et 412.244 s.
2. NOT. : C. pr. pén., art. 57 ; C. mon. fin., art. 621-12, al. 10.
3. V. s[s] n°s 412.151 s.
4. V. s[s] n°s 412.151 s.
5. Besançon, ch. acc., 24 nov. 1982, *Gaz. Pal.* 1983. 1. 20, note A. Damien ; *in* A. DAMIEN, *Les grands arrêts*, Litec, 1991, p. 69 – CE 12 déc. 2018, req. n° 414088, *Lebon T ; JCP* 2018. 1400 ; *Gaz. Pal.* 28 mai 2019, p. 23, obs. A. Lizop – Versailles 17 mars 2020, RG n° 19/00198.

d'escroquerie en bande organisée, et avait présenté une requête en nullité en faisant valoir que les pièces sollicitées auprès des banques n'avaient pas été remises avec son consentement, et que les réquisitions judiciaires avaient été envoyées à l'ensemble de ses clients en violation du secret de l'instruction.

La Cour de cassation rejette le pourvoi au motif, d'une part, que l'accord de l'avocat, n'est requis par l'article 99-3 du code de procédure pénale que pour la remise des documents détenus par l'avocat lui-même, et que, d'autre part, les réquisitions critiquées ont été adressées dans le cadre de la saisine du juge d'instruction sans qu'il soit porté atteinte au secret professionnel dès lors que les clients, qui n'étaient pas tenus au secret professionnel, y avaient répondus spontanément[1].

415.23 Son propre secret professionnel. Le client n'est recevable à invoquer que le secret professionnel qui lui est propre et non celui qui bénéficierait à un tiers.

La Cour de cassation a ainsi considéré que « faute d'intérêt direct, les clients ne sont pas recevables à invoquer une violation du secret professionnel de leur avocat à l'égard d'autres clients qu'eux-mêmes »[2]. En l'occurrence, les documents avaient été saisis non pas chez le client mais chez leur avocat et concernaient d'autres clients de ce même avocat, mais étaient de nature à établir la preuve de la participation de l'avocat à la fraude fiscale présumée ce qui justifiait l'opération de visites et saisies au sein du cabinet de l'avocat[3].

C'est ainsi qu'une cour d'appel a pu rejeter une demande d'annulation de saisie de pièces qui ne constituaient pas des échanges entre l'avocat et le client demandeur à l'annulation mais étaient des pièces où l'avocat du client apparaissait comme fondé de pouvoir d'une société tierce impliquée dans la fraude fiscale présumée. Rien ne permettait de démontrer que l'ensemble des pièces désignées aient été échangées dans le cadre d'une relation entre le client et son conseil en tant qu'avocat et non en tant que représentant d'une autre société[4]. Les destinataires de correspondances avec un avocat qui seraient saisies, fût-ce dans les locaux d'un tiers, ont, et eux seuls, qualité et intérêt pour contester la régularité de cette saisie[5].

415.24 Secret professionnel de son avocat agissant ès qualité. Ne sont couverts par le secret professionnel que les documents échangés par le client avec son avocat agissant dans le cadre de son activité d'avocat[6].

C'est ainsi que doit être validée la saisie de documents dans les locaux d'une société situés en France, mais domiciliée aux Îles Caïmans, dès lors que ces documents échangés avec un cabinet d'avocat des Îles Caïmans qui servait de domiciliation à la société n'apparaissaient pas bénéficier du secret professionnel de l'avocat, pouvant relever de la gestion d'affaires d'un cabinet à compétences multiples (*Company service provisor*) autres que celles d'un avocat[7].

415.25 Contrôle fiscal chez le client. En matière fiscale, la cour administrative d'appel de Paris avait eu l'occasion de considérer que si la révélation d'une information à caractère secret vicie la procédure d'imposition et entraîne la décharge de l'imposition contestée lorsqu'elle a été demandée par le vérificateur, en méconnaissance des dispositions de l'article L. 13-0 A du livre des procédures fiscales, ou que, alors même qu'elle ne serait imputable qu'au seul contribuable, elle fonde tout ou partie de la rectification, il appartenait à la société vérifiée, ou bien d'extraire de la comptabilité remise à son cabinet d'expertise comptable les documents couverts par le secret professionnel qui s'y trouvaient, ou bien de limiter l'accès du vérificateur aux seuls documents comptables non couverts par le secret professionnel[8].

La cour administrative d'appel de Paris avait également considéré que si les dispositions de l'article 66-5[9] de la loi du 31 décembre 1971 s'opposent à ce que l'administration exige la production d'une consultation d'un avocat pour son client, s'en saisisse et la communique à des tiers, elles ne faisaient pas obstacle à ce que, lors d'une vérification de comptabilité où une telle consultation, destinée à un associé de la société vérifiée, figure parmi les documents transmis par le client au vérificateur, l'administration en prenne connaissance et, le cas échéant, en fasse usage pour redresser les impositions personnelles de cet associé[10].

Ce dernier arrêt a été annulé par le Conseil d'État qui a considéré qu'en jugeant que la procédure était régulière au seul motif que l'information protégée avait été révélée par le bénéficiaire du secret profes-

1. Crim. 17 déc. 2013, n° 13-85.717, P n° 259 ; *AJ pénal* 2014. 141, obs. P. Combles de Nayves.
2. Com., 3 mars 2015, n° 13-27.605, NP.
3. Com., 3 mars 2015, n° 13-27.605, NP.
4. Pau, ch. soc., 29 sept. 2020, RG n° 19/03404.
5. Com. 15 oct. 1996, n° 94-12.383, P IV, n° 240 – Com. 6 déc. 2016, n° 15-14.554, P.
6. V. s[s] n°s 412.51 s.
7. Com. 7 juin 2011, n° 10-19.585, NP – COMP. : V. s[s] n° 412.253 et 422.211 s.
8. CAA Paris, ch. 9, 26 janv. 2017, RG n° 15PA02229 ; *JCP* 2017. 660, n° 15, obs. J. Moret-Bailly.
9. L. n° 71-1130, 31 déc. 1971 portant réforme de certaines professions judiciaires et juridiques, *JO* 5 janv. 1972, p. 131, art. 66-5.
10. CAA Paris, ch. 10, 7 juill. 2017, RG n° 15PA03385 ; *JCP* 2017. 1104, n° 12, obs. J. Moret-Bailly.

sionnel, sans rechercher si le contribuable avait donné son accord préalable à cette révélation, la cour avait commis une erreur de droit. Cette absence d'accord préalable du contribuable contrôlé à la remise du document en cause faisait obstacle à ce que l'administration fiscale utilise, pour le calcul du montant des impositions contestées, les informations protégées par le secret professionnel contenues dans ce document [1].

Mais si le client a préalablement donné son accord, tel que s'agissant d'une consultation de l'avocat au client dont ce dernier ne se serait pas opposé à l'exploitation ni lors de l'entretien de fin de contrôle, ni dans ses observations à la proposition de rectification, ni dans ses deux recours hiérarchiques, ni devant la commission nationale des impôts directs et des taxes sur le chiffre d'affaires, ni dans le cadre de sa réclamation, le fait que l'administration fiscale en ait pris connaissance, pour le calcul du montant des impositions contestées, est sans incidence sur la régularité de la procédure d'imposition [2].

415.26 Communication de pièces de procédure par le client. Le client peut être tenu de communiquer, sur le fondement de l'article 133 du code de procédure civile, des pièces de procédure qu'il détient dans le cadre d'un litige dès lors qu'il s'agit de pièces détenues par l'une des parties au litige, et non de pièces détenues par un tiers et intéressant directement le litige en ce qu'elles contiennent les moyens de droit et de fait développés par le demandeur pour asseoir le principe de sa créance ainsi que les motifs retenus par le juge de l'exécution pour rejeter la requête ainsi que ceux de la cour d'appel pour y faire droit partiellement, de la procédure de la saisie conservatoire diligentée antérieurement et relative à la créance objet du litige en paiement entre les parties à l'instance et dont la communication est nécessaire à la solution du litige [3].

De telles pièces ne sont pas, chez le client, couvertes par le secret professionnel.

415.27 Ordonnances obtenues non contradictoirement (C. pr. civ., art. 145) – Renvoi. Sur la question des ordonnances rendues en application de l'article 145 du code de procédure civile, v. s[s] n° 412.222.

415.28 Nécessité de prévoir des garanties visant à protéger le secret professionnel. La CEDH a eu l'occasion de considérer que les perquisitions chez les clients devaient prévoir des garanties visant à protéger le secret professionnel de leur avocat.

Au cas d'espèce, la perquisition et l'analyse des données en image miroir du téléphone portable d'une victime présumée, y compris les échanges avec son avocat, ont emporté la violation de l'article 8 de la Conv. EDH dès lors que si les décisions relatives à la perquisition et à toute saisie de données disposent d'une base formelle en droit, la procédure de filtrage visant à protéger le secret professionnel de l'avocat ne disposait pas de base claire dans le code de procédure pénale. Elle souligne, notamment, qu'aucune garantie procédurale claire et spécifique n'avait été mise en place pour empêcher que le secret professionnel de l'avocat ne soit compromis par la recherche de la copie en image miroir du téléphone du requérant [4].

§ 2
Client face aux perquisitions pénales

415.31 Principes en matière de procédure pénale. Au cours de l'enquête préliminaire, en cas de crime ou de délit flagrant, l'officier de police judiciaire (OPJ) peut, sur autorisation du JLD, perquisitionner et prendre connaissance de papiers et de documents avant de procéder à leur saisie. En dehors des cas de crimes ou délits flagrants, les perquisitions ou visites domiciliaires avec saisie de pièces ne peuvent être effectuées sans l'assentiment exprès de la personne chez laquelle l'opération a lieu et cet assentiment doit faire l'objet d'une déclaration écrite [5]. À défaut, il y a lieu de recourir au régime des perquisitions qui impose de provoquer toutes les mesures utiles pour que soit assuré le respect du secret professionnel et des droits de la défense [6].

Dès lors, doit être annulée la saisie opérée au domicile d'une personne d'une lettre de son avocat ayant trait à l'exécution de sa condamnation pénale. Dans cette affaire, la chambre de l'instruction avait cru pouvoir considérer que la correspondance adressée par l'avocat ainsi qu'un brouillon manuscrit de réponse du client concernant les réparations civiles au paiement desquelles il avait été condamné dans une instance pénale distincte, n'intéressaient pas les droits de la défense dans le dossier qui lui était soumis ni dans toute autre procédure. La Cour de cassation considère que les courriers en cause, qui portaient sur l'exécution d'une condamnation pénale, en l'espèce un suivi socio-judiciaire, n'étaient pas dépourvus de tout lien avec l'exercice des droits de la défense [7].

1. CE 12 déc. 2018, req. n° 414088, *Lebon T ; JCP* 2018. 1400 ; *Gaz. Pal.* 28 mai 2019, p. 23, obs. A. Lizop.
2. Versailles, 7e ch., 24 sept. 2020, req. n° 19VE00382.
3. Douai, ch. 1, sec. 1, 1er avr. 2021, RG n° 18/02701.
4. CEDH 17 déc. 2020, *Saber c. Norvège*, req. n° 459/18.
5. C. pr. pén., art. 76.
6. C. pr. pén., art. 56 et 96 – Ch. Guéry, P. Chambon, *Droit et pratique de l'instruction préparatoire*, 10e éd., Dalloz, 2017, n° 542.36.
7. Crim. 13 déc. 2006, n° 06-87.169, P n° 313 ; *D.* 2007. 306 ; *D.* 2007. 977, obs. J. Pradel ; *AJ pénal* 2007. 140, obs. C. Girault ; *Dr. pénal* 2007. comm. 64, obs. A. Maron.

Mais, pour la chambre criminelle, il suffit que les éléments saisis soient de nature à faire présumer la participation de l'avocat à une infraction [1], sous réserve toutefois, que le contenu même de la pièce litigieuse permette de faire présumer la participation de l'avocat à une infraction [2].

Dans cette dernière affaire, un avocat avait été mis en examen du chef de complicité du chantage reproché à son client, sur le fondement notamment de courriels échangés avec celui-ci, et saisis lors de l'enquête. La Cour de cassation casse l'arrêt de la chambre de l'instruction qui avait rejeté la demande de retrait de la transcription des courriels. Pour la Cour de cassation, il ne suffit pas de se borner à relever que les questions posées par le juge d'instruction à l'avocat, lors de l'interrogatoire de première comparution à l'occasion duquel il avait découvert cet échange, attestent que le contenu des courriels litigieux est un des indices d'une complicité de l'avocat dans le chantage imputé à son client, mais il convient de rechercher si le contenu même des courriels litigieux permettait de faire présumer la participation de l'avocat à une infraction [3].

415.32 **Notion de droits de la défense.** La chambre criminelle a ainsi une appréciation traditionnelle de la notion de droits de la défense [4], et ce, alors même que dans le cadre de sa mission de conseil l'avocat agit dans l'intérêt de son client et des droits de la défense de ce dernier. Même s'il convient de noter que les juridictions du fond ont, parfois, une position plus respectueuse du secret professionnel.

C'est ainsi qu'il avait pu être jugé qu'était irrégulière la saisie de la photocopie de la lettre d'un avocat, au domicile d'une des sociétés vérifiées, lettre qui constituait une consultation couverte par le secret professionnel dans la mesure où elle est liée à la défense. Le fait que cette lettre litigieuse soit une consultation avant déclenchement des poursuites et même de l'enquête et non une correspondance échangée dans le cadre d'une affaire déjà née et donc d'une défense en justice, ne modifiant en rien son caractère. Le respect des droits de la défense s'instaurant entre l'avocat et le client dès avant le procès, dès lors qu'il est demandé conseil à l'avocat sur le caractère de l'opération envisagée et que celui-ci met en garde son client sur le caractère illicite des actions primitivement envisagées et sur les modifications nécessaires pour qu'elles entrent dans le cadre de la loi. Ce faisant, l'avocat fait un acte de défense. La saisie d'une telle lettre devait donc être annulée car il est un principe général du droit, c'est que le dialogue libre, tant écrit qu'oral, est protégé par le respect des droits de la défense et doit pouvoir s'instaurer à tout moment entre l'avocat et son client. La nullité de l'acte entraînant celle de tous les actes ultérieurs ayant avec lui un rapport de causalité, faisant que la saisine du tribunal était nulle et que celui-ci ne pouvait donc entrer en voie de condamnation contre les prévenus [5].

Cette position, qui fut en son temps confirmée par la cour d'appel [6], n'est pas celle de la chambre criminelle qui maintient une position restrictive relativement à la notion des droits de la défense [7].

415.33 **Saisie de documents couverts par le secret professionnel.** Depuis le 1er mars 2022, la saisie de documents couverts par le secret professionnel chez le client ou toute autre personne peut être contestée devant le JLD comme en matière de perquisition chez les avocats [8]. En effet, la loi pour la confiance dans l'institution judiciaire [9] est venue prévoir un nouvel article 56-1-1 au code de procédure pénale aux termes duquel, « Lorsque, à l'occasion d'une perquisition dans un lieu autre que ceux mentionnés à l'article 56-1, la personne chez qui il est procédé à ces opérations estime qu'il est découvert un document mentionné au deuxième alinéa du même article 56-1, elle peut s'opposer à la saisie de ce document. Le document doit alors être placé sous scellé fermé et faire l'objet d'un procès-verbal distinct de celui prévu à l'article 57.

Ce procès-verbal ainsi que le document placé sous scellé fermé sont transmis sans délai au juge des libertés et de la détention, avec l'original ou une copie du dossier de la procédure. Les quatrième à huitième alinéas de l'article 56-1 [relatifs à la contestation des éléments saisis devant le JLD [10]] sont alors applicables. » [11].

Toutefois, elle précise ensuite, dans un nouvel article 56-1-2 au code de procédure pénale que :

1. V. ss nos 414.121 s. et 412.244 s.
2. Crim. 18 janv. 2006, no 05-86.447, P no 22 ; *RSC* 2006. 413, obs. J. Buisson ; *AJ pénal* 2006. 254, obs. P. Dourneau-Josette ; *D.* 2006. 392, obs. C. Girault – Crim. 27 sept. 2011, no 11-83.755, NP.
3. Crim. 18 janv. 2006, no 05-86.447, P no 22 ; *RSC* 2006. 413, obs. J. Buisson ; *AJ pénal* 2006. 254, obs. P. Dourneau-Josette ; *D.* 2006. 392, obs. C. Girault – Crim. 27 sept. 2011, no 11-83.755, NP.
4. V. ss nos 414.121 s. et 412.244 s.
5. T. corr. Nanterre, 18 déc. 1980, *Gaz. Pal.* 1981. 1. 68, note A. Damien ; *in* A. Damien, *Les grands arrêts*, Litec, 1991, p. 61.
6. Versailles, 28 avr. 1982, *Gaz. Pal.* 1982. 1. 310, note A. Damien ; *D.* 1983. 225 ; *in* A. Damien, *Les grands arrêts*, Litec, 1991, p. 62.
7. V. ss nos 414.121 s. et 412.244 s.
8. V. ss no 414.111 s.
9. L. no 2021-1729, 22 déc. 2021, art. 3.
10. V. ss nos 414.111 s.
11. C. pr. pén., art. 56-1-1.

« Dans les cas prévus par les articles 56-1 et 56-1-1, sans préjudice des prérogatives du batônnier ou de son délégué prévus à l'article 56-1 et de droits de la personne perquisitionnée prévus à l'article 56-1-1, le secret professionnel du conseil n'est pas opposable aux mesures d'enquête ou d'instruction : lorsque celles-ci sont relatives aux infractions mentionnées aux articles 1741 et 1743 du code général des impôts et aux articles 421-2-2, 433-1, 433-2 et 435-1 à 435-10 du code pénal ainsi qu'au blanchiment de ces délits, sous réserve que les consultations, correspondances ou pièces, détenues ou transmises par l'avocat ou son client établissent la preuve de leur utilisation aux fins de commettre ou de faciliter la commission desdites infractions.

Ces dispositions vise les cas de fraude fiscale, d'acte de terrorisme, de corruption et de trafic d'influence, ainsi que le blanchiment de ces délits, et concerne les : « consultations, correspondances ou pièces, détenues ou transmises par l'avocat ou son client qui établissent la preuve de leur utilisation (*sic*) aux fins de commettre ou de faciliter la commission desdites infractions ».

Cette disposition[1] pose ainsi clairement une atteinte disproportionnée au secret professionnel de l'avocat qui serait alors écarté dans des hypothèses où ce n'est pas l'avocat qui aurait commis une infraction mais son client[2].

Il conviendra de voir l'usage qui sera fait de cette disposition qui apparaît, en réalité, inapplicable en pratique et, en tout état de cause, contraire à la jurisprudence de la CEDH[3].

415.34 **Droit à l'assistance d'un avocat.** En l'état actuel des textes, il n'est pas expressément prévu, en matière pénale, de droit pour la personne perquisitionnée de bénéficier de l'assistance d'un avocat[4].

§ 3
Client face aux pouvoirs de visites et saisies

415.41 **Principes en matière de « visites et saisies ».** Les larges pouvoirs octroyés à l'administration en matière de visites et saisies, notamment par l'article L. 450-4 du code de commerce ou dans le cadre de l'article L. 16 B du Livre des procédures fiscales, doivent se concilier avec la nécessaire protection de la correspondance, même électronique, entre un avocat et son client, laquelle est couverte, en toute matière, par le secret professionnel, conformément à l'article 66-5[5] de la loi du 31 décembre 1971, et ne peut, en aucune façon, être saisie. C'est ici la jurisprudence, plus respectueuse du secret professionnel, de la chambre commerciale de la cour de cassation qui a, en règle générale, vocation à s'appliquer[6].

C'est ainsi que les factures jointes à une correspondance d'avocat adressée à son client sont couvertes par le secret professionnel sans qu'il y ait lieu d'opérer une distinction entre la correspondance elle-même et les pièces qui s'y trouvaient jointes, et nonobstant le fait qu'il s'agisse de pièces comptables devant être émises par tout prestataire de services[7], tout comme les documents adressés par des avocats à un client ne sauraient être saisis par les agents des douanes dans les locaux de la société cliente[8].

Il en irait autrement dans l'hypothèse où l'avocat lui-même serait soupçonné d'avoir commis une infraction, et encore, uniquement si le contenu des correspondances litigieuses permet d'établir la preuve de la participation de l'avocat à la fraude présumée qui doit être alléguée avant la perquisition[9]. Dans un tel cas, les agents de l'administration peuvent saisir tous documents en rapport avec les agissements prohibés visés par l'autorisation judiciaire[10]. En outre, et surtout, si le document ou objet (disque dur) est remis spontanément aux enquêteurs, dans les locaux de la société visitée, par le représentant de celle-ci, il ne saurait faire l'objet d'une demande de restitution par la suite[11].

415.42 **L'OPJ, protecteur du secret professionnel.** Les opérations de visites et saisies s'effectuent sous le contrôle d'un officier de police judiciaire dont le rôle n'est pas de mener l'enquête, mais d'assister aux opérations de visite et saisie et en tient

1. V. s[s] n° 414.124.
2. V. s[s] n°s 411.29 et 414.32.
3. V. s[s] n°s 414.24 et 414.152.
4. Crim. 12 janv. 2021, n° 20-84.045, P ; *D.* 2021. 82 ; *D.* 2021. 1567, obs. J.-B. Perrier ; *Gaz. Pal.* 11 mai 2021, p. 59, obs. F. Fourment – Ch. Guéry, P. Chambon, *Droit et pratique de l'instruction préparatoire*, 10e éd., « Dalloz Action », 2017, n° 541.58.
5. L. n° 71-1130, 31 déc. 1971, art. 66-5.
6. V. s[s] n°s 411.25 et 412.243.
7. Com. 6 déc. 2016, n° 15-14.554, P ; *D.* 2016. 2575 ; *D. avocats* 2017. 75, note E. Spiridion ; *JCP* 2017. 660, n° 15, obs. J. Moret-Bailly ; *Gaz. Pal.* 6 juin 2017, p. 24, obs. B. de Belval.
8. Paris, pôle 5, ch. 10, 12 nov. 2018, RG n° 17/20991 ; *JCP* 2018. 1263.
9. Com. 9 mars 1999, n° 97-30.029, NP.
10. Crim. 24 avr. 2013, n° 12-80.331, P n° 102, *D.* 2013. 1124 ; *D.* 2014. 311, Chron. B. Laurent, C. Roth, G. Barbier et P. Labrousse ; *D.* 2014. 893, obs. D. Ferrier ; *JCP E* 2013. 1453, note L. Saenko ; *Gaz. Pal.* 2-4 juin 2013, p. 10, note D. Piau ; *D.* 2013. 1124 ; *D.* 2014. 893, obs. D. Ferrier.
11. Crim. 24 avr. 2013, n° 12-80.331, P n° 102, *D.* 2013. 1124 ; *D.* 2014. 311, Chron. B. Laurent, C. Roth, G. Barbier et P. Labrousse ; *D.* 2014. 893, obs. D. Ferrier ; *JCP E* 2013. 1453, note L. Saenko ; *Gaz. Pal.* 2-4 juin 2013, p. 10, note D. Piau ; *D.* 2013. 1124 ; *D.* 2014. 893, obs. D. Ferrier.

informé le JLD les ayant autorisées et, surtout, « veille au respect du secret professionnel et des droits de la défense »[1] en qualité de représentant du président du tribunal qui a autorisé la visite[2].

Le JLD, s'il peut être saisi en cours d'opération de toute difficulté, n'est pas tenu d'y donner suite : seule la voie du recours nullité devant le premier président de la cour d'appel[3], une fois les opérations achevées, permet d'examiner une contestation liée à la saisie, chez un client, de documents couverts par le secret professionnel[4].

415.43 **Moment de la violation du secret professionnel.** La chambre criminelle de la Cour de cassation a précisé que la violation du secret professionnel intervient dès que le document est saisi par les enquêteurs[5], tout en précisant qu'il n'y a pas violation du secret professionnel à effectuer une fouille sommaire de la messagerie électronique, seule la saisie même de cette messagerie, si elle comporte des éléments couverts par le secret professionnel, emportant violation de ce même secret professionnel[6].

Ainsi, l'élément intentionnel de la violation du secret professionnel est caractérisé précisément par la connaissance que les enquêteurs ont du caractère protégé par le secret professionnel des fichiers. Dès lors, dans le cas où des fouilles sommaires sont pratiquées, ce qui permet de prendre connaissance des documents, mais qu'elles ne donnent pas lieu à une saisie des éléments couverts par le secret professionnel, telle que ceux figurant dans l'ordinateur de la directrice juridique de l'entreprise, il n'y a pas violation du secret professionnel. Et, si les enquêteurs soupçonnent l'existence de documents couverts par le secret professionnel, ou si l'occupant des lieux les alerte, ils placent les données sous scellés et il est ultérieurement procédé, sous le contrôle du juge, à leur restitution[7].

415.44 **Indivisibilité d'un fichier.** Surtout, en matière de saisie de fichiers informatiques, il est possible de procéder à la saisie, soit du support physique de ces données (disque dur), soit d'une copie du fichier qui aura été réalisée en présence des personnes qui assistent à la perquisition. Or, face à la technique, extrêmement fastidieuse et longue, qui consisterait à prendre les courriels électroniques un à un pour identifier ceux qu'il convient de saisir, qui devrait normalement être la règle dès lors que les enquêteurs sont tenus de rechercher des éléments dans les limites de l'objet de l'ordonnance qui les y a autorisés, il existe une technique beaucoup plus radicale, consistant à saisir le ou les fichiers sources où sont enregistrés l'ensemble des messages électroniques[8], afin de pouvoir avoir ensuite tout le loisir d'en explorer les tréfonds et de faire le tri, voire tout le disque dur. La Cour de cassation a validé cette pratique de la « pêche industrielle » au motif tiré de l'indissociabilité du fichier saisi[9].

Cette solution n'est pas propre à l'univers des nouvelles technologies, le Cour de cassation ayant également approuvé le rejet de la demande en restitution d'un cahier à spirales, au motif qu'il constituait une entité non dissociable[10]. Et il n'y a pas lieu pour les juges saisis d'une contestation sur ce point d'ordonner une mesure d'instruction sans rapport concret avec le litige comme tendant à apprécier la possibilité pour les enquêteurs de procéder autrement[11].

415.45 **Portée de l'annulation.** Or, si le caractère indivisible d'un fichier informatique justifie sa saisie intégrale, en la présence d'éléments intéressant l'enquête justifiant son appréhension, s'il existe également des éléments couverts par le secret professionnel, il y aura alors lieu d'annuler la saisie des seuls éléments couverts par le secret professionnel, et non la saisie dans son ensemble[12]. Il en découle que la présence, dans une messagerie électronique, de courriels couverts par le secret professionnel, n'a pas pour effet d'invalider la saisie des autres éléments de cette messagerie[13].

Cette position de la chambre commerciale est partagée par la chambre criminelle qui considère que la présence, parmi les fichiers informatiques susceptibles de contenir des éléments intéressant l'enquête, de pièces insaisissables car couvertes par le secret professionnel ne saurait avoir pour effet d'invalider la saisie de tous les autres documents[14],

1. LPF, L 16, B, III, *in fine*.
2. Com. 10 mars 1992, n° 91-10.554, P IV, n° 112 – Com. 20 févr. 1996, n° 94-13.062, NP.
3. V. s^s n°s 414.142, 414.153 et 414.172.
4. Crim. 9 mars 2016, n° 14-84.566, P n° 76 ; *D.* 2016. 652 ; *D.* 2017. 881, obs. D. Ferrier ; *AJCA* 2016. 251, obs. E. Gautier ; *Dr. Pén.* 2016. comm. 81, obs. J.-H. Robert ; *JCP* 2016. 1190, n° 13.
5. Crim. 13 déc. 2006, n° 06-87.169, P n° 313 ; *D.* 2007. 306, obs. C. Girault ; *D.* 2007. 973, obs. J. Pradel ; *AJ pénal* 2007. 140, obs. C. Girault.
6. Crim. 29 juin 2011, n° 10-85.479, NP – Crim. 24 avr. 2013, n° 12-80.331, P n° 102 ; *D.* 2013. 1124 ; *D.* 2014. 311, Chron. B. Laurent, C. Roth, G. Barbier et P. Labrousse ; *D.* 2014. 893, obs. D. Ferrier.
7. Crim. 29 juin 2011, n° 10-85.479, NP.
8. Le fichier .pst enregistré sous C:\Users\X\AppData\Local\Microsoft\Outlook\Outlook.pst.
9. Crim. 12 sept. 2007, n° 06-81.907, NP – Lyon, 10 juin 2020, RG n° 19/05460.
10. Crim. 9 févr. 2005, n° 03-86.795, P n° 53.
11. Crim. 16 juin 2011, n° 11-80.345, P n° 135 ; *D.* 2011. 1749.
12. Lyon, 10 juin 2020, RG n° 19/05460.
13. Com. 18 janv. 2011, n° 10-11.777, NP.
14. Crim. 27. nov. 2013, n° 12-85.830, P n° 242 ; *D.* 2013. 2844 ; *D.* 2014. 893, obs. D. Ferrier ; *JCP* 2013. Actu 1302, obs B. Ruy ; *JCP E* 2014. 1050, obs. L. Saenko ; *D.* 2014. 323, obs. P. Labrousse.

et qu'il convient de rechercher si les pièces et supports informatiques dont la saisie est contestée sont ou non couverts par le secret professionnel, et, le cas échéant, d'annuler la saisie de ces derniers, et ce même si l'autorité saisissante ne s'oppose pas à la restitution[1].

Mais il y a lieu d'opérer un contrôle concret et effectif de l'ensemble des documents saisis[2]. La CEDH a ainsi récemment eu à connaître d'une affaire qui concernait des visites et saisie en matière de concurrence que la chambre criminelle avait validée en considérant notamment que les sociétés requérantes n'invoquaient, parmi les documents saisis qui émanaient de leurs avocats ou leur ont été adressés, aucune correspondance liée à l'exercice des droits de la défense ce qui rendait le moyen fondé sur le respect du secret professionnel inopérant[3]. La CEDH, condamne la France pour violation de l'article 8 Conv. EDH, essentiellement pour des motifs liés à l'ancienne rédaction des textes du code de commerce, mais surtout elle rappelle que les personnes visitées et saisies doivent bénéficier d'un recours concret et effectif postérieurement à la saisie afin de pouvoir obtenir, suite à un examen de l'ensemble des éléments saisis, que les garanties prévues en la matière dont l'exigence renforcée du respect du secret professionnel qui s'attache aux correspondances échangées entre un avocat et son client, soient appliquées de manière concrète et effective, et non pas théorique et illusoire, notamment au regard du grand nombre de documents informatiques et messages électroniques saisis, et que cet examen conduise, le cas échéant, à la restitution des documents couverts par le secret professionnel ou l'assurance de leur parfait effacement en cas de copie[4].

415.46 Nécessité pour le client de se prévaloir du secret professionnel. La Cour de cassation rappelle régulièrement la nécessité de se prévaloir, au moment même des opérations de visites et de saisies, du caractère couvert par le secret professionnel des documents dont la saisie est envisagée et de fournir aux enquêteurs les éléments pertinents propres à permettre d'établir que les fichiers informatiques en question contiennent de telles correspondances protégées[5].

Il est donc nécessaire de se prévaloir au moment même des opérations de visites et de saisies du caractère couvert par le secret professionnel des documents dont la saisie est envisagée. Il convient, à cet effet, de fournir les éléments permettant d'identifier ces documents[6], et de soulever toute contestation utile sur les documents qui leur paraissent devoir être exclus de la saisie[7].

Il ne suffit pas, pour la Cour de cassation, de produire un tableau récapitulatif des documents faisant l'objet d'une demande de protection très précis indiquant leur localisation et la dénomination. Il convient, en outre, d'apporter, pour chacun d'entre eux, les éléments de nature à établir qu'ils sont en lien avec l'exercice des droits de la défense[8].

415.47 Examen *in concreto* de chaque élément. Il convient d'apprécier *in concreto*, au cas par cas chaque document en identifiant précisément les correspondances en cause et indiquant s'il résulte de leur examen concret qu'elles sont couvertes par le secret professionnel, dès lors que l'autorité saisissante, en l'occurrence l'AMF, contestait la liste des courriels produite en faisant valoir qu'elle ne permettait pas d'identifier précisément qui étaient les auteurs ou les destinataires des courriels en cause et, faute de permettre un examen concret, ne pouvait se substituer à leur production et leur examen concret[9].

En l'occurrence, la cour d'appel s'était contentée de considérer que : « seuls les courriels échangés entre les dirigeants et salariés des entreprises visitées et leurs avocats étaient couverts par le secret, que les échanges entre deux correspondants pour lesquels un avocat était en copie ne pouvaient bénéficier de la protection légale, que seuls les échanges où un avocat était expéditeur ou destinataire du courriel pouvait bénéficier de cette protection et que le fait, pour les sociétés, de divulguer à des tiers des correspondances couvertes par le secret professionnel leur

1. Crim. 24 avr. 2013, n° 12-80.331, P n° 102 ; *D.* 2013. 1124 ; *D.* 2014. 311, Chron. B. Laurent, C. Roth, G. Barbier et P. Labrousse ; *D.* 2014. 893, obs. D. Ferrier – Crim. 24 avr. 2013, n°s 12-80.332, 12-80.346, 12-80.336, 12-80.335, *JCP E* 2013. 1453, note L. Saenko ; *Gaz. Pal.* 2-4 juin 2013, p. 10, note D. Piau ; *D.* 2013. 1124 ; *D.* 2014. 311, Chron. B. Laurent, C. Roth, G. Barbier et P. Labrousse ; *D.* 2014. 893, obs. D. Ferrier.
2. AUSSI : V. s[s] n°s 414.112 s.
3. Crim. 8 avr. 2010, n° 08-87.416, NP – Crim. 8 avr. 2010 n° 08-87.415, NP.
4. CEDH 2 avr. 2015, *Vinci construction et GTM génie civil c/ France*, req. n° 63629/10 et n° 60567/10 ; *AJCA* 2015. 265, note E. Maulin.
5. DÉJÀ : Crim. 30 nov. 2011, n° 10-81.748, P n° 242 ; *D.* 2011. 2989 et Crim. 30 nov. 2011, n° 10-81.749, P n° 243 ; *D.* 2011. 2988 ; *RTD eur.* 2012. 526, obs. F. Zampini – CEDH 21 mars 2017, *Janssen Cilag (S[té]) c/France*, req. n° 33931/12 – Lyon, 10 juin 2020, RG n° 19/05460.
6. Com. 4 nov. 2014, n° 13-20.322 ; *D. avocats* 2015. 29, obs. D. Piau – Com. 8 mars 2016, n° 14-26.929, P IV, n° 1041 ; *D.* 2016. 654.
7. Crim. 27 nov. 2013, n° 12-85.830, P n° 242 ; *D.* 2013. 2844 ; *D.* 2014. 893, obs. D. Ferrier ; *JCP* 2013. Actu. 1302, obs B. Ruy ; *JCP E* 2014. 1050, obs. L. Saenko ; *D.* 2014. 323, obs. P. Labrousse.
8. Crim. 25 nov. 2020, n° 19-84.304, P ; *D.* 2020. 2340 ; *JCP* 2020. 1400 ; *Gaz. Pal.* 1er juin 2021, p. 23, obs. B. de Belval et J. Villacèque ; *JCP* 2021. 272, n° 13, obs. F. G'sell.
9. Crim. 25 nov. 2020, n° 19-84.304, P ; *D.* 2020. 2340 ; *JCP* 2020. 1400 ; *Gaz. Pal.* 1er juin 2021, p. 23, obs. B. de Belval et J. Villacèque ; *JCP* 2021. 272, n° 13, obs. F. G'sell.

faisait perdre la protection attachée au secret », sans procéder à un examen concret de chaque courriel dans sa décision [1].

415.48 **Équilibre.** Se dessine un équilibre cohérent de la jurisprudence actuelle qui peut se schématiser, avec prudence, de la manière suivante :

1° Les éléments couverts par le secret professionnel ne sont pas protégés contre une fouille sommaire.

2° Mais ils ne peuvent pas faire l'objet d'une saisie, dès lors qu'ils ont été identifiés comme tel.

3° S'ils le sont, il y aura alors lieu à annulation de la saisie des éléments couverts par le secret professionnel, mais uniquement de ces éléments et non de l'ensemble du fichier support de ceux-ci.

SECTION 2
ORGANISATION DE LA PROTECTION DU SECRET PROFESSIONNEL CHEZ LE CLIENT

415.51 **Problématique de la protection du secret professionnel chez le client.** Le secret professionnel n'est pas une muraille en soit [2]. Il faut le protéger mais également, et surtout, le faire protéger. Le client est le talon d'Achille du secret professionnel, notamment dans le cadre des opérations dites « de visite et de saisie » [3] dont les autorités administratives sont de plus en plus friandes aux termes de textes légaux souvent votés dans la précipitation et à la conformité douteuse, tels que l'ancien l'article L. 8271-13 [4] du code du travail qui a été déclaré inconstitutionnel faute pour le législateur d'avoir prévu tout recours contre les ordonnances d'autorisation [5]. Il y a ici un enjeu dont l'avocat doit prendre conscience. La fragilité est double, d'une part, parce que l'avocat ne maîtrise plus le sort des informations ainsi détenues par son client et qu'il lui a adressées [6] et, d'autre part, parce que le secret professionnel, s'il lie l'avocat à son client, n'est pas une obligation pour ce dernier [7].

D'autant qu'il convient de ne pas perdre de vue non plus les dispositions, à la conventionnalité douteuse, qui sont venues prévoir des dérogations à l'opposabilité du secret professionnel au profit de certaines autorités administratives [8], telles que celle qui prévoit que le secret professionnel ne peut être opposé aux agents de la Dgccrf agissant dans le cadre des pouvoirs qui leur sont conférés dans le cadre du code de la consommation [9] ou encore celle qui prévoit, au profit du Défenseur des droits, qu'il peut recueillir, sur les faits portés à sa connaissance, toute information qui lui apparaît nécessaire sans que son caractère secret ou confidentiel puisse lui être opposé, sauf en matière de secret concernant la défense nationale, la sûreté de l'État ou la politique extérieure et qui précise que le secret de l'enquête et de l'instruction ne peut lui être opposé et que les informations couvertes par le secret médical ou par le secret professionnel applicable aux relations entre un avocat et son client ne peuvent lui être communiquées qu'à la demande expresse de la personne concernée, en l'occurrence le client [10].

415.52 **Présence de l'avocat lors des opérations de visite et saisie.** Le rôle de l'avocat est d'assister son client lors de toute opération de visite et saisie qui viendrait à être réalisée chez l'un de ses clients [11]. Ce n'est que l'un des droits les plus élémentaires en matière d'exercice des droits de la défense lequel est généralement expressément prévu par les textes [12], sans que pour autant l'avocat puisse prendre connaissance des pièces et documents avant leur saisie.

Mais, ces mêmes textes prévoient aussi que l'exercice de cette « faculté » (sic) par le client n'entraîne pas pour autant la suspension des opérations lesquelles sont mises en œuvre sur simple présentation de l'ordonnance notifiée au début de l'opération de visite et saisie, sur place. Il convient de constater que toute la difficulté qu'il peut y avoir à permettre un exercice effectif des droits de la défense dès lors que se faisant notifier une ordonnance au début même des opérations de visite et saisies, les entreprises objet de l'opération vont pouvoir certes contacter leur avocat mais ce, tout en assistant à la poursuite de ces mêmes opérations, tandis que l'avocat mettra un certain temps à se rendre sur les lieux, prendre connaissance de l'ordonnance et des motifs de la

1. Com. 4 nov. 2020, n° 19-17.911, P.
2. P. Michaud, « Harpocrate versus Astrée : secret de l'avocat, nouvelle jurisprudence » : *Gaz. Pal.* 21 févr. 2012, p. 13.
3. V. s[s] n°s 415.41 s.
4. C. trav., art. L. 8271-13 ; abrogé par Décis. 4 avril 2014, n° 2014-387 QPC, art. 1.
5. Cons. const. 4 avr. 2014, 2014-387 QPC, *M. Jacques J.* [Visites domiciliaires, perquisitions et saisies dans les lieux de travail], NON-CONFORMITÉ TOTALE, EFFET DIFFÉRÉ, *JO* 5 avril, p. 6480.
6. V. s[s] n° 412.155.
7. Com. 6 juin 2001 n° 98-18.577, P IV, n° 110 ; *D.* 2001. 2197, obs. X. Delpech – Civ. 1re, 13 mars 2008, n° 06-16.740 ; P I, n° 70, *D.* 2008. 927 – Civ. 1re, 30 avr. 2009, n° 08-13.596, NP ; *D.* 2009. 2704, obs. B. Blanchard – V. s[s] n°s 412.151 s. et 415.22.
8. V. s[s] n°s 413.31 s.
9. C. consom., art. L. 141-1 IV – V. s[s] n°s 413.50 s.
10. L. org. n° 2011-333, 29 mars 2011 relative au Défenseur des droits, *JO* 30 mars, p. 5497, art. 20, al. 2 et 3.
11. R. Lorrain, Ch. Ingrain, « Toujours plus de perquisitions mais toujours aussi peu de garantie procédurale », *Gaz. Pal.* 22 mai 2018, p. 12.
12. LPF, art. L. 16 B II d. – C. com., art. L. 450-4 en matière de concurrence depuis ord. n° 2008-1161, 13 nov. 2008, portant modernisation de la régulation de la concurrence – Crim. 4 mai 2017, n° 16-81.071, P.

saisie afin de pouvoir conseiller utilement et efficacement son client. La situation devient encore plus complexe en cas de perquisitions multisites simultanées.

415.53 Dangers récurrents. Ainsi, les dangers auxquels doit faire face la protection du secret professionnel chez le client sont, sans que cela ne soit exhaustif :

- la remise volontaire par le client d'éléments couverts par le secret professionnel[1] ;
- la prise de connaissance, notamment dans le cadre d'une fouille sommaire d'éléments couverts par le secret professionnel ;
- le contenu des fichiers supports indifférenciés, et du disque dur qui, lorsque s'ils sont saisis, demeurent entre les mains de l'autorité saisissante, laquelle, même si elle se trouve dans l'impossibilité d'utiliser les éléments couverts par le secret professionnel figurant dans ce même fichier, n'en aura pas moins eu le loisir d'en prendre connaissance, et qui comporte souvent au sein d'un même fichier des éléments couverts par le secret professionnel mélangés avec d'autres[2] ;
- la diffusion au sein d'une même entreprise des éléments couverts par le secret professionnel, non seulement aux interlocuteurs avec lesquels correspond l'avocat, mais également, par la suite, aux collaborateurs de ces mêmes intervenants auxquels ils les auront transférés : plus une diffusion est « large », plus grand est le risque de retrouver ces mêmes éléments dans une multiplicité de fichiers et disques durs, rendant par là même leur localisation par le client lui-même difficile, outre le fait que cela génère un risque de fuites non négligeable[3] ;
- le recours par le client à des ressources externalisées, notamment pour la conservation des données, qui pose les mêmes difficultés que celles rencontrées par les avocats[4] ;
- l'absence de précaution prise par le client afin d'assurer une préservation de ces mêmes éléments et de les isoler de manière à pouvoir en assurer une protection efficiente et pertinente.

415.54 Information et formation. Le secret professionnel n'est pas une formule incantatoire qu'il suffirait de prononcer, et il ne doit pas non plus être un alibi qui servirait à protéger des informations ou des comportements répréhensibles. L'avocat doit comprendre que la prévention, comme la formation, doivent plus que jamais être privilégiées en la matière. Protéger le secret professionnel implique, notamment, de dissocier les fichiers au sein desquels sont enregistrés les échanges avec des avocats des autres, celui (ou ceux) où figurent les autres courriels, de limiter le nombre de destinataires ayant accès aux documents en cause, lesquels plutôt que faire l'objet d'une communication, peuvent faire l'objet d'un simple accès temporaire, et de recourir au chiffrement[5].

Il en découle une nécessité pour les avocats de prendre les devants en informant leurs clients sur le secret professionnel même, afin de leur faire prendre conscience de son importance, alors même qu'ils ont parfois tendance à l'assimiler au secret des affaires[6], ainsi qu'en les formant afin de leur permettre d'en assurer la protection de manière efficiente.

À cet égard, il apparaît nécessaire que l'avocat convienne dès le début de sa relation avec son client, des conditions de transmission des éléments couverts par le secret professionnel, ainsi que, le cas échéant, de leur diffusion en interne par le client, et des conditions de leur conservation.

1. V. s^s n° 415.22.
2. V. s^s n° 415.44.
3. V. s^s n°s 412.155 s.
4. V. s^s n°s 412.307 s.
5. V. s^s n°s 412.301 s.
6. V. s^s n°s 453.84 s.

CHAPITRE

416. Secret de l'enquête et de l'instruction

SECTION 0 ORIENTEUR

416.00 Sommaire du chapitre.

Division. L'enquête et l'instruction sont secrètes (sect. 1), ce que pose la question de la communication du dossier de l'instruction (sect. 2) et celle de la protection du secret de l'enquête et de l'instruction (sect. 3).

416.01 Textes applicables.

* Aussi : v. s[s] n° 41.03.

> Respect du secret professionnel par l'avocat

• **Décr. n° 2005-790, 12 juill. 2005**

art. 5 [Secret de l'enquête et de l'instruction]

• **RIN**

art. 2 *bis* [Secret de l'enquête et de l'instruction]

> Secret de l'instruction

• **C. pr. pén.**

art. 11 [Caractère secret de l'enquête et de l'instruction]

> Copie du dossier d'instruction

• **C. pr. pén.**

art. 114 [Copie du dossier d'instruction]

art. 114-1 [Sanctions de la diffusion des pièces ou actes d'une instruction]

art. D. 15-8 [Copie numérique du dossier]

> Délit de violation du secret professionnel par violation du secret de l'instruction

• **C. pén.**

art. 226-13 [Délit de violation du secret professionnel]

> Interdiction de faire état d'une garde à vue

• **C. pr. pén.**

art. 63-4-4 [Interdiction de faire état d'une garde à vue]

> Délits de violation du secret de l'enquête et de l'instruction

• **C. pén.**

art. 434-7-2 [Violation du secret de l'enquête et de l'instruction]

416.02 Jurisprudence de référence.

> Obligation pour l'avocat de respecter le secret de l'instruction

• **CE 15 nov. 2006,** *Krikorian*, req. n° 283475, *Lebon T.*

* V. s[s] n° 416.61.

« Considérant que l'article 5 du décret se borne à faire du respect du secret de l'instruction, tel qu'il est institué par l'article 11 du code de procédure pénale, une obligation déontologique pour l'avocat ; qu'il réserve l'exercice des droits de la défense et ne méconnaît pas l'article 6, § 1, de la convention européenne de sauvegarde des droits de l'homme et des libertés fondamentales ;

Considérant que si, en vertu du troisième alinéa de l'article 11 du code de procédure pénale, le procureur de la République peut, au cours de l'enquête et de l'instruction, rendre publics certains éléments objectifs tirés de la procédure « ne comportant aucune appréciation sur le bien-fondé des charges retenues contre les personnes mises en cause », pour éviter la propagation d'informations parcellaires ou inexactes ou pour mettre fin à un trouble à l'ordre public, la mission d'intérêt général ainsi assignée au Parquet ne prive pas de justification l'obligation faite à l'avocat de respecter le secret de l'enquête et de l'instruction et ne met pas en cause le principe du procès équitable »

> L'avocat ne doit commettre aucune divulgation contrevenant au secret professionnel et doit notamment respecter le secret de l'instruction en matière pénale

• **Crim. 18 sept. 2001,** n° 00-86.518, P n° 179.

* V. s[s] n°s 416.61.

« Attendu qu'il résulte de l'arrêt attaqué que X... a été choisi comme avocat par Alexis Z..., mis en examen pour l'assassinat de six personnes, dont son père ; que ce dernier, rétractant ses aveux, a déclaré que les crimes avaient été commis par un membre de la « mafia russe » qui l'avait contraint à s'en accuser sous la menace de tuer sa mère et d'autres membres de sa famille ; qu'à la suite du meurtre de l'oncle du jeune homme le juge d'instruction a fait placer sous écoutes téléphoniques la ligne du domicile d'Y..., amie de Raïssa Z..., mère d'Alexis, chez laquelle cette dernière résidait lorsqu'elle venait en France, et qui l'avait occasionnellement assistée comme interprète devant le juge d'instruction ; que des conversations ayant été interceptées au cours desquelles X... révélait à Y... le contenu d'un procès-verbal d'interrogatoire de son client couvert par le secret de l'instruction, cet avocat est poursuivi pour violation du secret professionnel sur le fondement de l'article 226-13 du code pénal ;

Attendu que, pour le déclarer coupable de ce délit, la juridiction du second degré énonce que l'avocat, s'il ne concourt pas à la procédure au sens de l'article 11 du code de procédure pénale, doit, en application de l'article 160 du décret du 27 novembre 1991 organisant la profession d'avocat, respecter le secret de l'instruction en s'abstenant de communiquer, sauf à son client pour les besoins de sa défense, des renseignements ou des pièces du dossier en cours ; qu'après avoir relevé qu'Alexis Z... avait fait le choix de X... comme avocat alors qu'il était devenu majeur, les juges retiennent que le prévenu a, au cours des entretiens téléphoniques, livré à Y..., des passages entiers du procès-verbal d'interrogatoire qui venait d'être dressé par le juge d'instruction et a proposé l'envoi en fax du document, sa correspondante lui promettant de le détruire après lecture ;

Que, pour écarter le moyen de défense du prévenu, qui faisait valoir que les appels téléphoniques étaient destinés à renseigner la mère de son client, les juges relèvent que Raïssa Z... n'était pas présente lors des appels téléphoniques et que la teneur des propos échangés révèle que X... et Y..., avec le concours d'une journaliste, mettaient en œuvre une campagne de presse pour « déstabiliser le juge d'instruction » ; qu'enfin, pour caractériser l'élément intentionnel du délit, la cour d'appel retient qu'au cours d'une conversation téléphonique, X... a évoqué le risque d'une plainte pour violation du secret de l'instruction ;

Attendu qu'en l'état de ces énonciations, procédant de son appréciation souveraine, d'où il résulte que c'est sciemment qu'en méconnaissance des dispositions de l'article 160 du décret du 27 novembre 1991 l'avocat a révélé à un tiers le contenu d'un acte couvert par le secret de l'instruction, les juges ont caractérisé en tous ses éléments le délit de violation du secret professionnel, dont ils ont déclaré le prévenu coupable. »

• **Crim. 27 oct. 2004,** n° 04-81.513, P n° 259.

* V. s[s] n°s 412.192, 414.82, 416.61, 416.131.

« [...] Attendu que, pour déclarer Gilles X... coupable de violation du secret professionnel, l'arrêt énonce que cet avocat, qui avait, dans le cadre de l'exercice de sa profession, reçu des confidences de son client ne pouvait, sans trahir le secret professionnel, révéler à un tiers, fût-ce à la demande de son client, le contenu de leur entretien ; que les juges ajoutent qu'en communiquant à un tiers des informations provenant du dossier de l'instruction auquel il avait eu accès, Gilles X... s'est encore rendu coupable de violation du secret professionnel ;

Attendu qu'en l'état de ces motifs, exempts d'insuffisance et de contradiction, procédant de son appréciation souveraine des faits et circonstances de la cause, la cour d'appel a, sans excéder les limites de sa saisine, caractérisé en tous ses éléments le délit de violation du secret professionnel, dont elle a déclaré le prévenu coupable ;

Qu'en effet, aux termes de l'article 160, alinéa 1er, du décret du 27 novembre 1991, l'avocat, en toute matière, ne doit commettre aucune divulgation contrevenant au secret professionnel. »

> Liberté d'expression et violation du secret professionnel par violation du secret de l'instruction

• **CEDH 15 déc. 2011,** *Mor (Mme) c/France*, req. n° 28198/09.

* V. s[s] n°s 416.73, 454.211.

« [...] La Cour estime qu'au regard des circonstances de l'espèce la protection des informations confidentielles ne pouvait constituer un motif suffisant pour déclarer la requérante coupable de violation du secret professionnel. En particulier, elle considère que la jurisprudence de la Cour de cassation, aux termes de laquelle la connaissance par d'autres personnes de faits couverts par le secret professionnel n'est pas de nature à enlever à ces faits leur caractère confidentiel et secret, ne saurait dispenser les juridictions internes de motiver de façon pertinente et suffisante toute atteinte à la liberté d'expression d'un avocat. La protection de cette liberté doit prendre en compte l'exception prévoyant que l'exercice des droits de la défense peut rendre nécessaire la violation du secret professionnel (§ 57).

[...] Eu égard aux circonstances de l'espèce et aux éléments exposés ci-dessus, et compte tenu du statut spécifique des avocats qui les place dans une situation centrale dans l'Administration de la justice, la Cour estime qu'un juste équilibre n'a pas été ménagé entre la nécessité de protéger le droit de la requérante au respect de sa liberté d'expression et celle de préserver le secret de l'instruction, les droits des personnes mises en cause, et de garantir l'autorité et l'impartialité du pouvoir judiciaire. Les motifs fournis par les juridictions nationales, et plus particulièrement la nécessité de garantir la non-divulgation d'informations confidentielles, pour justifier la condamnation de la requérante ne peuvent passer pour suffisants et ne correspondent dès lors pas à un besoin social impérieux (§ 63).

En conclusion, la Cour estime que la déclaration de culpabilité de la requérante, qui s'exprimait en sa qualité d'avocate pour la défense des intérêts de ses clients, s'analyse en une ingérence disproportionnée dans le droit à la liberté d'expression de l'intéressée. Partant, il y a eu violation de l'article 10 de la Convention (§ 64). »

416.03 Bibliographie indicative.

* Aussi : v. s[s] n° 41.03.

Thèses. M.-C. Gillot, *Secret et publicité dans les procédures juridictionnelles*, Thèse, Paris, 1991 – A. Civard-Racinais, *Le journaliste, l'avocat et le juge : Les coulisses d'une relation ambiguë*, L'Harmattan, 2003.

Encyclopédies. *J.-Cl. Pr. pén*, fasc. : Secret de l'instruction, par F. Desportes – RÉP. PÉN., *V° Défense pénale*, par F. Saint-Pierre, oct. 2008, mise à jour, oct. 2013 – RÉP. PÉN., *V°* Instruction préparatoire, par Ch. Guéry, juin 2013, mise à jour, janv. 2015.

Traité. P. Chambon, Ch. Guéry, *Droit et pratique de l'instruction préparatoire*, 11e éd., « Dalloz Action », 2021, n°s 131.31 s. et 333.00 s.

Monographie. Ch. Bigot, *Pratique du droit de la presse*, 3e éd., Dalloz, 2020, n°s 111.00 s. et 442.71 s. – J.-M. Charon, Cl. Furet, *Un Secret si bien violé : la loi, le juge et le journaliste*, Seuil, 2000 – A. Civard-Racinais, *La Plume et la Balance. Les médias dans la stratégie de défense des avocats pénalistes*, Kimé, 1998 – H. Leclerc, J.-M. Théolleyre (dir.), *Les Médias et la justice. Liberté de la presse et respect du droit*, Éditions du CFPJ, 1996 – F. Saint-Pierre, *Pratique de la défense pénale*, 4e éd., « Les intégrales », Lextenso, 2021.

Manuel. B. Bouloc, *Procédure pénale*, 27e éd., « Précis », Dalloz, 2019.

Format réduit. R. Van Ruymbeke, *Le juge d'instruction*, 6e éd., « Que sais-je ? », PUF, 2016.

Colloque. Collectif, *Droit à l'information et secret de l'enquête et de l'instruction : la cohabitation est-elle possible ?*, Actes du Forum Légipresse - Conseil national des barreaux, jeudi 3 juin 2004, Éd. Victoires, 2005.

Contribution. P. le Monnier de Gouville, « Secret de l'instruction, droit à l'information et présomption d'innocence », *in* Th. Bonneau, A. Lepage (dir.), *Information, numérique et innovations,* Éd. Panthéon-Assas, 2020, p. 397 s.

Articles. P. Auvret, « Le droit au respect de la présomption d'innocence », *JCP* 1994. I. 3802 ; « Les sanctions du non-respect de la présomption d'innocence », *Gaz. Pal.* 1995. 2. Doctr. 1053 ; « Le journaliste, le juge et l'innocent », *RSC* 1996. 625 – J. Bossan, « La protection du secret des sources des journalistes en procédure pénale », *Dr. pénal* 2010. Ét. 14 – J.-M. Charon, « L'impossible secret de l'instruction », Le Temps des médias, vol. 15, n° 2, 2010, p. 87 – S. Chassard, « Numérisation et communication électronique en matière pénale », *AJ pénal* 2014. 156 – C. Cohen, « De la présomption d'innocence au secret de l'instruction : la double impasse », *Gaz. Pal.* 1995. Doctr. 951 – Ph. Conte, « Pour en finir avec une présentation caricaturale de la présomption d'innocence », *Gaz. Pal.* 2-3 juin 1995, Trib. Libre, 2 – J. Dematteis, N. Poulet-Gibot-Leclerc, « Peut-on supprimer l'article 11 du code de procédure pénale relatif au secret de l'instruction ? », *JCP* 2002. Ét. 1781 – E. Derieux, « Secret de l'instruction et droit à l'information », *LPA* 1997, n° 70, p. 6 – R. Dupuy, « Un irritant problème, le secret de l'instruction », *Gaz. Pal.* 1978. Doctr. 379 – L. François, « De la liberté d'expression de l'avocat confronté à son obligation de respect du secret professionnel », *D.* 2012. 667 – E. Garçon, « La communication de l'information pénale », *Dr. pénal* 2008. Ét. 15 – R. Gianno et V. Trévisani, « Secret professionnel de l'avocat et enquête pénale : aperçu du droit des États-Unis d'Amérique », *Gaz. Pal.* 7-8 juill. 1999, p. 18 s. – C. Giudicelli, « Le secret de l'instruction appliqué par le juge de l'instruction », *AJ pénal* 2004. 141– J. Larguier, « Le secret de l'instruction et l'article 11 du code de procédure pénale », *RSC* 1959. 313 – J. Lasserre-Capdeville, « L'avocat et le secret de l'instruction : état des lieux », *Gaz. Pal.* 24 mars 2020, p. 14 – J. Lassaussois, « Les deux secrets de l'instruction », *Gaz. Pal.* 1994. 2. Doctr. 1188 – B. Lavielle et P. Lemonnier, « Polichinelle et son secret : pour en finir avec l'article 11 du code de procédure pénale », *AJ pénal* 2009. 153 – R. Martin, « L'avocat et le secret de l'instruction », *JCP* 2005. 283, Libre propos – D. Mayer, « L'information du public par la presse sur les affaires en cours d'instruction », *D.* 1995. Chron. 80 – V. Nioré, « Plaidoyer pour la libre communication par l'avocat des éléments d'un dossier pénal d'instruction en cours devant une juridiction étatique ou arbitrale », *Gaz. Pal.* 3-5 août 2003, Doctr. 2 – V. Peltier, « Le traitement de l'information pendant l'instruction préparatoire », *Dr. pénal* 2008. Ét. 16 – L.-E. Pettiti, « Droits de la défense : secret de l'instruction et communication du dossier pénal », *Gaz. Pal.* 1989. 2. Doctr. 364 – D. Piau, « La liberté d'expression de l'avocat, une limite salutaire (et diabolique ?) au secret de l'instruction », *Gaz. Pal.* 5-7 févr. 2012, p. 17 – C. Porteron, « La liberté d'expression de l'avocat, la défense de l'intérêt de ses clients et la défense de l'intérêt général » (à propos de CEDH 15 déc. 2011, req. n° 28198/09, *Mor c/ France*), *AJ pénal* 2012. 337 – C. Ribeyre, « La communication du dossier d'instruction aux parties privées », *JCP* 2006. I. 152 – A. Vey, « L'accès aux pièces d'une procédure pénale et leur production dans une autre procédure », *D.* 2021. 752.

Rapports. J. Bérard, Ch. Jolibois, *Rapport d'information fait au nom de la Mission d'information de la Commission des lois constitutionnelles, de législation, du suffrage universel, du règlement et d'administration générale sur le respect de la présomption d'innocence et le secret de l'enquête et de l'instruction*, 1994-1995 – M. Delmas-Marty, S. Lasvignes (dir.), *La Mise en état des affaires pénales*, La Documentation Française, 1991 – E. Guigou (dir.), *La présomption d'innocence : un défi pour l'État de droit. Rapport du groupe de travail sur la présomption d'innocence*, oct. 2021.

SECTION 1
PRINCIPE DU SECRET DE L'ENQUÊTE ET DE L'INSTRUCTION

416.10 **Plan – Domaine.** Le secret de l'enquête et de l'instruction est :

1° Une obligation impérieuse de toute personne qui concourt à la procédure d'enquête et d'instruction (§ 1) ;

2° Une obligation qui ne s'impose pas directement à l'avocat qui ne concourt pas à la procédure d'enquête et d'instruction [1] ;

3° Mais dont les éléments obtenus par l'avocat dans ce cadre, deviennent couverts par le secret professionnel (§ 2).

§ 1
Domaine du secret de l'enquête et de l'instruction

416.20 **Plan.** Le secret de l'enquête et de l'instruction [2] s'impose aux personnes qui concourent à la procédure et couvre toutes les informations collectées à cette occasion et inconnues jusqu'alors (A), son principe même, régulièrement violé, est fortement contesté (B).

A.
Champ d'application

416.31 **Principe du secret de l'enquête et de l'instruction.** Le secret de l'enquête et de l'instruction, dont l'origine remonte à l'article 110 de l'ordonnance de Blois de 1498 [3], est inscrit à l'article 11 du code de procédure pénale qui rappelle que, sans préjudice des droits de la défense, la procédure au cours de l'enquête et de l'instruction est secrète [4], et qu'en conséquence toute personne qui concourt à la procédure est tenue au secret professionnel dans les termes de l'article 226-13 du code pénal [5].

416.32 **Informations couvertes par le secret de l'instruction.** L'instruction générale pour l'application du code de procédure pénale prévoit, à l'article C. 23, que la notion de secret à conserver en matière d'instruction pénale, suppose qu'il s'agisse de renseignements n'ayant reçu aucune publicité organisée ou fortuite [6].

Le secret de l'article 11 du code de procédure pénale ne saurait donc concerner les faits publics que les témoins ont pu voir ou relater et ces faits, dès qu'ils s'extériorisent, cessent d'être couverts par le secret. Il en est de même pour tous faits relatifs non à l'enquête ou à l'instruction proprement dite, mais à la personne mise en examen, son attitude, son passé, sa santé. En somme, n'est couvert par l'obligation de secret que ce qui a été dit au cours de l'enquête ou de l'instruction et qui était inconnu jusqu'alors.

416.33 **Personnes concourant à la procédure, tenues au secret de l'instruction.** Les personnes concourant à la procédure sont tenues au secret de l'enquête et de l'instruction. Il s'agit du magistrat (juge d'instruction) [7], de ses auxiliaires, de son greffier, des experts, interprètes et traducteurs ainsi que des services de police [8].

La divulgation par des agents investis d'un pouvoir de police judiciaire, d'informations permettant d'identifier des personnes mises en cause à l'occasion d'une enquête est en outre constitutive d'une faute lourde [9].

416.34 **Procureur de la République.** Le secret de l'enquête et de l'instruction n'est pas opposable au procureur de la République qui peut utiliser dans une instruction judiciaire tous les éléments indispensables pour exercer les missions que lui attribue la loi [10], tels que solliciter d'un conseil de l'Ordre qu'il prononce une suspension provisoire [11] à l'encontre d'un avocat mis en examen des chefs de complicité de détention, transport et cession de stupéfiants, complicité de détention d'armes et munitions des première et quatrième catégories, facilitation à autrui d'usage de stupéfiants et complicité spéciale de contrebande [12].

416.35 **Communication et commentaires sur une enquête ou instruction en cours [13].** Le procureur de la République peut, dans le cadre de ses attributions légales, d'office ou à la demande de la juridiction d'instruction ou à la demande des parties, et ce, afin d'éviter la propagation d'informations parcel-

1. V. s[s] n° 416.61.
2. P. Chambon, Ch. Guéry, *Droit et pratique de l'instruction préparatoire*, « Dalloz Action », Dalloz, 11e éd., 2021, n°s 131.31 s.
3. Louis XII, ord. Blois, mars 1498, art. 110.
4. Cons. const. 2 mars 2018, n° 2017-693 QPC, *Association de la presse judiciaire* [Présence des journalistes au cours d'une perquisition], CONFORMITÉ, *JO* 3 mars, n° 54 ; *D.* 2018. 462 – CEDH 26 mars 2016, *Bédart c/Suisse*, req. n° 56925/08 ; *JCP* 2016. 507, obs. H. Surrel.
5. V. s[s] n°s 411.40 s.
6. Circ. 27 nov. 1959 modifiant le code de procédure pénale (V[e] partie – Instruction générale), *JO* 5 déc., p. 11620.
7. Rennes, 7 mai 1979, *JCP* 1980. II. 19333, note P. Chambon.
8. Crim. 30 août 1906, *DP* 1907. 1. 419 – Crim. 4 avr. 1924, *DP* 1925. 1. 10 – Crim. 14 mars 1962, P n° 134 – Crim. 13 mai 1991, n° 90-83.520, P n° 200 ; *RSC* 1992. Chron. 312, obs. J.-P. Delmas Saint-Hilaire.
9. Civ. 1re, 9 mars 1999, n° 96-16.560, P I, n° 84 ; *D.* 1999. 104 ; *D.* 2000. Jur. 398, note H. Matsopoulou ; *Procédures* 1999, comm. n° 213, obs. J. Buisson ; *Gaz. Pal.* 1999. Pan. 106 ; *Gaz. Pal.* 1999. Somm. 182 ; *Gaz. Pal.* 2001. Somm. 2108, note S. Petit ; *JCP* 1999. II. 10069, rapp. P. Sargos ; *LPA* 2000. 11, note B. Schall.
10. Com. 15 nov. 1961, *JCP* 1962. II. 12636.
11. V. s[s] n°s 512.00 s.
12. Civ. 1re, 10 juin 1992 n° 91-17.028, P I, n° 176 ; *JCP* 1992. IV. 2282.
13. Sur le droit de réponse de l'avocat, v. s[s] n°s 416.71 s.

laires ou inexactes ou pour mettre fin à un trouble à l'ordre public ou encore lorsque tout autre impératif d'intérêt public le justifie, rendre publics[1] des éléments objectifs tirés de la procédure ne comportant aucune appréciation sur le bien-fondé des charges retenues contre les personnes mises en cause[2].

Il peut ainsi faire des communications à la presse concernant les faits ou la poursuite[3]. Et, seul le ministère public est investi du droit de communiquer sur une enquête ou une instruction en cours, dans les conditions restrictives énoncées par le troisième alinéa de l'article 11 du code de procédure pénale[4], de sorte que la communication de renseignements connus des seuls enquêteurs par un officier de police judiciaire à des journalistes est susceptible de constituer, le cas échéant, la violation du secret professionnel par une personne qui concourt à la procédure, peu importe à cet égard que ces renseignements ne comprennent aucune indication permettant d'identifier les personnes interpellées[5].

Depuis le 24 décembre 2021, une telle communication peut être réalisée par l'intermédiaire d'un officier de police judiciaire agissant avec l'accord et sous le contrôle du procureur[6].

416.36 Personnes ne concourant pas à la procédure. Le secret de l'enquête et de l'instruction ne s'impose pas au mis en examen[7], aux témoins ou encore à la partie civile[8] qui ne concourent pas à la procédure. Il en est de même des journalistes[9], sous réserve des dispositions particulières figurant aux articles 38 et suivants de la loi du 29 juillet 1881 sur la liberté de la presse[10].

Toutefois, dès lors qu'une violation du secret de l'enquête et de l'instruction est caractérisée dans la diffusion de l'information[11], un journaliste peut être condamné du chef de recel de violation du secret de l'enquête et de l'instruction[12].

416.37 Sanction procédurale – Évolution. Aucun texte ne prévoit l'annulation de la procédure en cas de violation du secret de l'enquête et de l'instruction. La Cour de cassation avait toutefois précisé que la violation du secret de l'enquête et de l'instruction pouvait conduire à l'annulation s'il en résultait une atteinte aux intérêts d'une partie[13].

C'est ainsi que, dans une affaire, des journalistes avaient été autorisés par les policiers à filmer des opérations diligentées sur commission rogatoire en vue d'élaborer un reportage qui s'était déroulé dans le cadre d'une garde à vue. Toutefois, ni les suspects ni leurs avocats avec lesquels ils se sont entretenus pendant leur garde à vue n'avaient protesté contre cette intrusion, et la présence du journaliste ne leur avait pas été dissimulée. La Cour de cassation en avait conclu que l'irrégularité résultant de la présence d'un journaliste n'avait pas, au regard des faits de l'espèce, porté atteinte aux droits des demandeurs même si elle était par ailleurs passible de poursuites pénales[14].

Toutefois, depuis 2017, la Cour de cassation considère que constitue une violation du secret de l'enquête et de l'instruction concomitante à l'accomplissement d'une perquisition, l'exécution d'un tel acte par un juge d'instruction ou un officier de police judiciaire en présence d'un tiers, journaliste, qui, ayant obtenu d'une autorité publique une autorisation à cette fin, en capte le déroulement par le son ou l'image. Et surtout, que cette violation porte nécessairement atteinte aux intérêts de la personne qu'elle concerne et donc en justifie l'annulation ainsi que celle des actes subséquents[15].

1. Sur la communication par le parquet des pièces pénales dans une procédure civile, v. s[s] n°s 453.54 s.
2. C. pr. pén., art. 11, al. 3.
3. C. pr. pén., art. 11, al. 3 – F. Saint-Pierre, *Le droit contre les démons de la politique,* Odile jacob, 2019, p. 92 s.
4. C. pr. pén., art. 11, al. 3.
5. Crim. 24 mars 2020, n° 19-80.909, P ; *Gaz. Pal.* 23 juin 2020, p. 38, obs. C. Berlaud ; *Gaz. Pal.* 1er sept 2020, p. 61, obs. F. Fourment ; *Gaz. Pal.* 6 oct. 2020, p. 38, obs. B. de Belval ; *D.* 2020. 1648, obs. J. Pradel.
6. L. n° 2021-1729, 22 déc. 2021, art. 4.
7. Instruction générale prise pour l'application du code de procédure pénale, art. C. 22, *JO* 28 févr. 1959, p. 2493.
8. Com. 7 janv. 1976, n° 72-14.029, P IV, n° 6 – Crim. 9 oct. 1978, n° 76-92.075, P n° 263 ; *D.* 1979. IR 118 ; *D.* 1979. 185, note P. Chambon ; *RSC* 1979. 560, obs. G. Levasseur ; *RSC* 1979. 821, obs. J. Larguier – Civ. 2e, 21 janv. 1981, n° 79-15.686, P II, n° 13.
9. TGI Paris, 31 août 1973, *JCP* 1974. II. 17715 – TGI Paris, 5 juill. 1990, *Gaz. Pal.* 1990. 2. 673.
10. L. 29 juill. 1881 sur la liberté de la presse, *JO* 30 juill., p. 4202, art. 38 s. – Ch. Bigot, *Pratique du droit de la presse,* 3e éd., 2020, n° 325.41 s.
11. Crim. 6 mars 2012 n° 11-80.801, P n° 61 ; *D.* 2012. 816, obs. S. Lavric ; *D.* 2012. 2917, obs. G. Roujou de Boubée, T. Garé, M.-H. Gozzi, S. Mirabail et T. Potaszkin ; *AJ pénal* 2012. 340, obs. J. Lasserre-Capdeville ; *RSC* 2012. 603, obs. J. Francillon ; *JCP* 2012. 897 note S. Detraz.
12. Crim. 25 oct. 2005 n° 05-81.457, P n° 268 ; *D.* 2005. 3037 ; *RTD com.* 2006. 496, obs. B. Bouloc – Ch. Bigot, *Pratique du droit de la presse,* 3e éd., 2020, n° 325.41 s. – S'agissant des avocats, v. n° 411.91 s.
13. Crim. 3 avr. 1997, n°s 95-84.343, 95-80.136, 95-81.637, NP ; *Procédures* 1997, comm. n° 243, obs. J. Buisson – Crim. 27 avr. 2000, n° 00-80.420, P n° 170 ; *D.* 2000. 184.
14. Crim. 25 janv. 1996, n° 95-85.560, P n° 51 ; *D.* 1996. Somm. 258, obs. J. Pradel ; *Dr. pénal* 1996. comm. 200, note A. Maron.
15. Crim. 10 janv. 2017, n° 16-84.740, P ; *D.* 2017. 113 ; *Gaz. Pal.* 21 févr. 2017, p. 20, note R. Mésa ; *Gaz. Pal.* 25 avr. 2017, p. 55, obs. F. Fourment ; *Gaz. Pal.* 23 mai 2017, p. 31, obs. F. Fourment ; *AJ pénal* 2017. 140, obs. J.-B. Thierry ; *RSC* 2017. 334, obs. F. Cordier ; *D.* 2017. 1684, obs. J. Pradel – Crim. 20 janv. 2018, n° 17-84.896, NP ; *Gaz. Pal.* 22 mai 2018, p. 44, obs. Ph. Piot – Crim. 9 janv. 2019, n° 17-84.026 ; P n° 8 ; *JCP* 2019. 275, note J. Pradel ; *Gaz. Pal.* 12 févr. 2019, p. 17, note R. Mesa ; *Gaz. Pal.* 7 mai 2019, p. 67, obs. F. Fourment ; *D.* 2019. 74 – Crim. ▶

B.
Problématique actuelle : un secret dévoyé

416.41 Le secret de l'enquête et de l'instruction : un vœu pieux ? Les violations constantes et répétées du secret de l'enquête et de l'instruction, par des voies mystérieuses et non encore totalement identifiées, les conférences de presse de certains magistrats instructeurs, font que, comme à l'époque du juge Henri Pascal[1] et de l'affaire de Bruay-en-Artois, ou encore dans l'affaire Grégory[2], l'instruction se fait actuellement sur la place publique et les médias sont prévenus avant les parties et les avocats[3]. Ceci est grave car, comme Jean-Paul Sartre l'avait souligné[4] à l'occasion de l'affaire de Bruay-en-Artois, cette médiatisation de l'instruction aboutira à faire désigner par la foule le coupable qu'elle attend, qu'elle réclame et non pas le vrai coupable dont plus personne ne semble se soucier[5]. Le développement des réseaux sociaux, devenus de véritables caisses de résonances, a encore amplifié le phénomène.

En fin de compte[6], il est indispensable qu'une réflexion législative soit faite sur le secret de l'enquête et de l'instruction : ou bien il est maintenu mais alors sa protection doit être sérieuse, ou bien il disparaît, sauf, si le mis en examen, le témoin assisté ou l'accusé demandent que l'instruction soit secrète[7].

416.42 Réforme du secret de l'instruction : une nécessité. Le secret de l'enquête et de l'instruction est devenu une arme pour les parties simplement mises en cause[8], comme pour le parquet, qui s'en sert plus que de raisons pour ouvrir des instructions afin d'enquêter sur les sources de violation du secret de l'enquête et de l'instruction conduisant parfois à bafouer d'autres secrets, tels que le secret des sources des journalistes[9], protégé par l'article 2 de la loi du 29 juillet 1881[10].

On voit poindre un autre risque : celui d'un secret de l'enquête et de l'instruction à deux vitesses, suivant que l'affaire concerne un débat d'intérêt général ou pas, qu'elle soit ou non médiatique[11]. La légitimité même du secret de l'instruction, cette « publicité illégale et frelatée »[12], est de plus en plus contestée[13], et contestable à notre sens.

L'erreur est de croire que le secret de l'enquête et de l'instruction est une fin en soi, alors qu'en réalité, il n'est qu'un moyen, aujourd'hui poussiéreux et inefficace, au service d'une fin légitime qu'est le respect de la présomption d'innocence[14], et d'une autre, d'intérêt général, qu'est l'efficacité de l'enquête[15]. Ce même secret de l'enquête et de l'instruction est devenu un panier percé, au point que l'on connaît des comptes rendus d'auditions réalisés le jour même sans que l'on ne soit en mesure de trouver des solutions[16], à effet boomerang, ce qui n'assure plus, ni le respect de la présomption d'innocence ni l'efficacité de l'enquête, mais sert à d'autres fins, inavouables, de pressions, sur les avocats comme sur les juges d'instruction. Il serait peut-être temps de reconsidérer sérieusement la question.

§ 2
Respect du secret de l'enquête et de l'instruction par l'avocat

416.50 Plan. L'avocat a le devoir de respecter le secret de l'enquête et de l'instruction (A) sans préjudice des droits de la défense (B).

▶ 9 mars 2021, n° 20-83.304, P ; *Gaz. Pal.* 11 mai 2021, p. 22, note P. le Monnier de Gouville ; *Gaz. Pal.* 7 sept. 2021, p. 34, obs. S. Piédelièvre ; *D.* 2021. 528 ; *D.* 2021. 1564, obs. J.-B. Perrier.

1. Henri Pascal [1920-1989].
2. L. Lacour, *Le bûcher des innocents*, 3e éd., Les Arènes, 2016.
3. F. Saint-Pierre, *Un pays qui voulait rester libre*, Odile Jacob, 2021, p. 143 s.
4. J.-P. Sartre, *La Cause du peuple*, nouvelle série, 17 mai 1972, p. 24 – J.-P. Sartre, *La Cause du peuple*, spécial « Bruay, la longue marche de la justice », 5 août 1972.
5. J.-P. Sartre, *La Cause du peuple*, nouvelle série, 17 mai 1972, p. 24 – SUR CE POINT : D. Soulez-Larivière, *Lettre à un jeune avocat*, Balland, 1999.
6. LIRE AUSSI : H. Böll, *L'honneur perdu de Katharina Blum*, Le Seuil, 1975 ; rééd. Points, 2021.
7. M. Delmas-Marty, S. Lasvignes (dir.), *La Mise en état des affaires pénales*, La Documentation Française, 1991 – EN DERNIER LIEU : *Rapport d'information de l'Assemblée nationale sur le secret de l'enquête et de l'instruction*, n° 2540, 20 déc. 2019 ; *JCP* 2020. 126.
8. D. Piau, « La liberté d'expression de l'avocat, une limite salutaire (et diabolique ?) au secret de l'instruction », *Gaz. Pal.* 5-7 févr. 2012, p. 17.
9. Ch. Bigot, *Pratique du droit de la presse*, 3e éd., Dalloz, 2020, n° 111.00 s. et 442.71 s.
10. Crim. 6 déc. 2011, n° 11-83.970, P n° 249 ; *D.* 2012. 17, obs. S. Lavric ; *D.* 2012. 765, obs. E. Dreyer ; *RSC* 2012. 191, obs. J. Danet – Bordeaux, ch. inst., 5 mai 2011, n° 2011/00203.
11. V. ss nos 416.73 s.
12. R. Garraud, *Traité théorique et pratique d'instruction criminelle et de procédure pénale*, t. III, Sirey, 1912, n° 771.
13. R. Dupuy, « Un irritant problème, le secret de l'instruction », *Gaz. Pal.* 1978. 379 – Ph. Léger (dir.), *Rapport du Comité de réflexion sur la justice pénale*, Documentation française, 2009, 7e proposition, p. 28 s. – E. Morain, « Secret d'instruction : le bal des faux-culs », Atlantico, 26 sept. 2011.
14. E. Guigou (dir.), *La présomption d'innocence : un défi pour l'État de droit. Rapport du groupe de travail sur la présomption d'innocence*, oct. 2021.
15. Y. Avril, *Responsabilité des avocats*, 2e éd., « Dalloz Référence », 2008, n° 72.32.
16. J.-M. Coulon (dir.), *La dépénalisation de la vie des affaires*, Documentation française, 2008 – K. Haeri « Réflexions sur le rapport du groupe de travail sur la dépénalisation de la vie des affaires : et le pénal n'appartint plus jamais au justiciable… », *Dr. pén.* mars 2008, dossier 4.

A. Champ d'application

416.61 Avocat tenu de respecter le secret de l'enquête et de l'instruction. L'avocat ne « concourt » pas à l'enquête ou l'instruction au sens de l'article 11 du code de procédure pénale [1]. Il ne devrait donc pas, en principe, être tenu au secret de l'enquête et de l'instruction [2].

Mais, c'est l'article 5 du décret du 12 juillet 2005 [3] qui impose à l'avocat de respecter le secret de l'enquête et de l'instruction en matière pénale, en s'abstenant de communiquer, sauf pour l'exercice des droits de la défense, des renseignements extraits du dossier, ou de publier des documents, pièces ou lettres intéressant une enquête ou une information en cours. L'avocat a donc le devoir de respecter le secret de l'enquête et de l'instruction [4].

416.62 Légalité de l'article 5 du décret du 12 juillet 2005. Une partie de la doctrine considère, non sans quelques solides arguments, que l'article 5 du décret du 12 juillet 2005 serait illégal [5].

Le Conseil d'État a toutefois considéré que cet article se bornait à faire du respect du secret de l'instruction, tel qu'il est institué par l'article 11 du code de procédure pénale, une obligation déontologique pour l'avocat et dès lors qu'il réserve l'exercice des droits de la défense, il ne méconnaît pas l'article 6, § I, de la Conv. EDH [6].

416.63 Conséquence de l'exercice des droits de la défense. En réalité, c'est parce qu'il est, en vue de permettre un exercice effectif des droits de la défense, en mesure d'avoir accès au dossier d'instruction [7], et d'en obtenir copie, que l'avocat est, en contrepartie, tenu de respecter le secret professionnel s'agissant des éléments couverts par le secret de l'enquête et de l'instruction qu'il obtient dans ce cadre, et dont il ne peut, au demeurant, en adresser copie à son client que dans un cadre strictement défini [8].

L'avocat a obtenu les éléments du fait de sa qualité d'avocat dans le cadre de l'exercice de son activité d'avocat pour la défense de son client [9], il ne pourra en communiquer les éléments à son client que sur autorisation du juge d'instruction [10], il est dès lors pleinement soumis au strict respect du secret professionnel à l'égard de tout tiers à raison des éléments du dossier.

416.64 Personnes à l'égard desquelles l'obligation s'applique. Il convient que l'avocat procède à l'identification précise de son client [11], qui est la personne mise en cause ou partie civile dans la procédure en cause et nulle autre.

La notion de client apparaît ici à géométrie variable au regard de celui envers lequel il est tenu au secret professionnel, dès lors que l'avocat ne saurait, sans trahir le secret professionnel, adresser des éléments couverts par le secret de l'enquête et de l'instruction à d'autres personnes que celle directement concernée par ces mêmes éléments, fussent-elles par ailleurs clientes de son cabinet ou interlocutrices habituelles pour le compte de la personne physique ou morale concernée. Il ne saurait communiquer de telles informations à un membre de la famille de son client mis en examen ou partie civile [12].

Plus particulièrement, lorsqu'il est amené à assister un dirigeant ou salarié de société mis en cause, il lui appartiendra d'être prudent s'il est, par ailleurs, l'avocat habituel de la société dès lors que cette dernière pourrait être victime des agissements de son dirigeant et donc avoir vocation à se constituer partie civile [13]. Avocat du dirigeant, ou d'un salarié de la société, il sera tenu de respecter son obligation de secret professionnel à l'égard de tout tiers à son client, et notamment des autres dirigeants ou salariés de la société, y compris s'ils sont ses interlocuteurs habituels au sein de cette dernière [14].

416.65 Abus de la qualité d'avocat. Le seul usage de la qualité d'avocat pour obtenir des informations couvertes par le secret de l'enquête et de l'instruction afin de les communiquer à un tiers est de nature à justifier une condamnation pour violation du secret professionnel. Tel est le cas de l'avocat qui était en litige personnel avec un ancien client, et

1. Crim. 18 sept. 2001, n° 00-86.518, P n° 179 ; *D.* 2001. IR 3171 ; *JCP* 2001. IV. 2921 ; *Gaz. Pal.* 2002. 1330, note Y. Monnet – Crim. 27 oct. 2004, n° 04-81.513, P n° 259, *D.* 2004. 3112.
2. V. s[s] n° 416.36.
3. Décr. n° 2005-790, 12 juill. 2005 relatif aux règles de déontologie de la profession d'avocat, *JO* 16 juill., p. 11688 – ANT. : Décr. n° 91-1197, 27 nov. 1991 organisant la profession d'avocat, *JO* 28 nov., p. 15502, art. 160 – Décr. n° 72-468, 9 juin 1972 organisant la profession d'avocat pris pour l'application de la loi n° 71-1130 du 31 décembre 1971, *JO* 11 juin, p. 5884, art. 89.
4. C. pr. pén., art. 11 – Décr. n° 2005-790, 12 juill. 2005, art. 5, al. 2 – RIN, art. 2 *bis*, al. 2 – F. Saint-Pierre, *Pratique de la défense pénale*, Lextenso, 2016, n° 28 s., p. 47 s.
5. R. Martin, *Déontologie de l'avocat,* 11e éd., « Droit & professionnels », LexisNexis, 2013, n° 467.
6. CE 15 nov. 2006, *Krikorian*, req. n° 283475, *Lebon T ; JCP* 2007. II. 10001, note R. Martin ; *RTD civ.* 2007. 67, obs. R. Encinas de Munagorri.
7. L. 8 déc. 1897 ayant pour objet de modifier certaines règles de l'instruction préalable en matière de crimes et délits, dite loi Constans, *JO* 10 déc., p. 6907.
8. V. s[s] n°s 416.101 s.
9. V. s[s] n°s 416.91 s.
10. V. s[s] n°s 416.101 s.
11. V. s[s] n°s 412.120 s.
12. AUSSI : V. s[s] n° 414.215.
13. V. s[s] n° 441.43.
14. AUSSI : V. s[s] n°s 414.232 s.

dont, à la faveur de sa qualité d'avocat, il a obtenu des services du procureur de la République des renseignements sur des procédures pénales dans lesquelles était impliqué celui-ci et en a révélé l'existence à des tiers dans le cadre du litige les opposant.

Il fut condamné à un mois d'emprisonnement avec sursis du chef de violation du secret professionnel[1], et fit l'objet, par la suite, d'une sanction disciplinaire[2].

B. Limites

416.71 **Limite des droits de la défense.** Le secret de l'enquête et de l'instruction ayant pour seul fondement la protection du mis en examen, il ne devrait pas nuire aux droits de la défense[3], ce que précise l'article 5[4] du décret du 12 juillet 2005 en indiquant que cette obligation de l'avocat s'impose « sans préjudice des droits de la défense ».

416.72 **Portée.** La question de la portée d'une telle exception doit être posée, car au-delà de la stricte nécessité de la défense qui permet à l'avocat de prendre connaissance du dossier avec son client, et sous certaines conditions de lui en remettre une copie de tout ou partie de ses éléments[5], l'avocat peut être amené à vouloir rendre publics des éléments du dossier lorsque le client est l'objet d'articles de presse qui le présentent d'une manière déformée et qu'il demande à son avocat de répliquer à ces mêmes articles (droit de réponse[6]). Il en est de même lorsque le représentant du ministère public, par un communiqué à la presse, dresse un bilan de l'information que l'avocat estime incomplet, inexact, voire tendancieux[7].

L'avocat peut donc faire des déclarations, signer des communiqués de presse, dans la mesure seulement où il agit dans l'intérêt de son client[8]. Ces déclarations doivent donc être non seulement mesurées, mais encore limitées au strict besoin de la défense, et ne pas conduire à publier ou diffuser des documents issus du dossier d'instruction.

En outre, l'article 9-1 du code civil permet d'obtenir que soient prescrites par le juge toutes mesures, telles que l'insertion d'une rectification ou la diffusion d'un communiqué, aux fins de faire cesser toute atteinte à la présomption d'innocence.

416.73 **Secret professionnel, média et défense.** La question se pose régulièrement de la violation d'un secret (secret professionnel au sens strict, secret de l'enquête et de l'instruction...) notamment par l'avocat, lorsqu'est en jeu, par exemple, la défense d'un client injustement mis en cause ou face à l'inertie des magistrats. Des informations objectivement couvertes par le secret de l'enquête et de l'instruction sont régulièrement diffusées par les médias : le secret de l'enquête et de l'instruction, secret de polichinelle[9], violé par des confidences de magistrats ou d'officiers de police judiciaire à des journalistes, par celles parfois imprudentes de l'avocat répandues dans le public ou en parlant à la famille du prévenu sans autorisation de ce dernier, voire parfois volontairement, à tel point que régulièrement le secret de l'enquête et de l'instruction (inconnu sous cette forme par la plupart des pays démocratiques) est remis en cause au profit d'une publicité de la phase de mise en état des affaires pénales et d'un resserrement des obligations des professionnels sur le secret professionnel au sens strict.

Un auteur a pu expliquer que certaines affaires sont manifestement « sorties » grâce à la communication d'informations à la presse par des avocats, les violations du secret de l'enquête et de l'instruction apparaissant alors comme l'exercice d'un contre-pouvoir, au bénéfice donc de la justice[10].

416.74 **Délicat équilibre.** La question de la divulgation dans les médias, d'informations relatives à des affaires en cours, conduit à la confrontation de droits fondamentaux, la liberté de la presse et la liberté d'expression des avocats d'une part, et le droit à la vie privée ou la protection des intérêts de la justice d'autre part. L'équilibre est délicat à trouver[11].

416.75 **Débat d'intérêt général (CEDH 15 déc. 2011, affaire *Mor*).** Par un arrêt du 15 décembre

1. Crim. 18 déc. 2001, n° 01-84.170, P n° 273 ; *JCP* 2002. 1394 ; *D.* 2002. 862 ; – DANS LA MÊME AFFAIRE : Civ. 1re, 30 mars 2005, n° 03-17.907, P n° 156.
2. Civ. 1re, 30 mars 2005, n° 03-17.907, P I, n° 156 ; *D.* 2005. 1047 ; *RSC* 2005. 550, obs. E. Fortis.
3. Sur la question de la communication des pièces pénales dans une procédure civile, v. ss nos 453.51 s.
4. Décr. n° 2005-790, 12 juill. 2005, art. 5.
5. V. ss nos 416.91 s.
6. Comm. nat. dr. réponse, 7 oct. 1980, *Gaz. Pal.* 1980. 2. 720 – Crim. 9 mai 1990, n° 88-83.414, P n° 178 – Civ. 2e, 14 déc. 2000, n° 98-14.949, P II, n° 172 ; *D.* 2011. 283.
7. V. ss n° 416.34.
8. V. ss nos 481.00 s.
9. B. Lavielle et P. Lemonnier, « Polichinelle et son secret : pour en finir avec l'article 11 du code de procédure pénale », *AJ pénal* 2009. 153 – R. Dupuy, « Un irritant problème, le secret de l'instruction », *Gaz. Pal.* 1978. Doctr. 379 – V. Nioré, « Plaidoyer pour la libre communication par l'avocat des éléments d'un dossier pénal d'instruction en cours devant une juridiction étatique ou arbitrale », *Gaz. Pal.* 3-5 août 2003, Doctr. 2.
10. A. Jakubowicz, « La défense et le rôle des parties civiles dans les "grands" procès », *AJ pénal* 2006. Chron. 96.
11. CEDH 29 mars 2016, *Bédat c/Suisse*, req. n° 56925/08 ; *RSC* 2016. 592, obs. J.-P. Marguénaud ; *Gaz. Pal.* 24 mai 2016, p. 32, note Ph. Piot.

2011[1], la CEDH a jugé que la condamnation pour violation du secret professionnel[2] d'un avocat qui s'était exprimé dans la presse en cette qualité, dans le cadre d'un débat d'intérêt général[3], au sujet d'un rapport d'expertise déjà en possession de la presse, pour la défense des intérêts de ses clients et en méconnaissance du secret de l'instruction, constituait une ingérence disproportionnée dans le droit à la liberté d'expression de l'intéressée garanti par l'article 10 de la Conv. EDH.

La Cour a estimé que « la protection des informations confidentielles ne pouvait constituer un motif suffisant pour déclarer la requérante coupable de violation du secret professionnel »[4] et précisé que la protection de la liberté d'expression de l'avocat devait prendre en compte « l'exception prévoyant que l'exercice des droits de la défense peut rendre nécessaire la violation du secret professionnel »[5] étant précisé que si « la connaissance par des tiers à la procédure pénale, en l'espèce des journalistes, de faits couverts par le secret professionnel porte nécessairement atteinte à leur confidentialité, cela n'est pas, en soi, de nature à décharger l'avocat de son devoir de prudence à l'égard du secret de l'instruction en cours lorsqu'il s'exprime publiquement »[6].

1. CEDH 15 déc. 2011, *Mor c/France,* req. n° 28198/09, § 63 ; *AJDA* 2012. 143, Chron. L. Burgorgue-Larsen ; *D.* 2012. 667, obs. S. Lavric, note L. François ; *RSC* 2012. 260, obs. J.-P. Marguénaud ; *AJ pénal* 2012. 337, note C. Porteron ; *Gaz. Pal.* 5-7 févr. 2012, p. 17, note D. Piau.
2. Crim. 28 oct. 2008, n° 08-81.432, P n° 215 ; *D.* 2009. 2238, obs. J. Pradel ; *D.* 2009. 2825, obs. G. Roujou de Boubée, T. Garé et S. Mirabail ; *AJ pénal* 2009. 26, étude C. Porteron ; *RSC* 2009. 97, obs. Y. Mayaud.
3. SUR LA NOTION DE DÉBAT D'INTÉRÊT GÉNÉRAL : CEDH 10 nov. 2015, *Couderc et Hachette Filipacchi Associés c/France,* req. n° 40454/07 ; *D.* 2016. 116, note J.-F. Renucci ; *JCP* 2015. 1332, obs. H. Surrel ; *AJDA* 2016. 143, Chron. L. Burgorgue-Larsen ; *Constitutions* 2016. 476, Chron. D. de Bellescize ; *RTD civ.* 2016. 297, obs. J.-P. Marguénaud ; *RTD civ.* 2016. 81, obs. J. Hauser – Crim. 26 oct. 2016, n° 15-83.774, P ; *D.* 2016. 898 ; *D.* 2016. 2216 ; *Gaz. Pal.* 14 févr. 2017, p. 31, note F. Fourment ; *JCP* 2016. 1314, note G. Beaussonie et B. de Lamy ; *AJ pénal* 2017. 38, obs. N. Verly ; *RSC* 2016. 767, obs. H. Matsopoulou – Crim. 13 déc. 2016, n° 16-80.812, P ; *JCP* 2017. 278, note N. Droin ; *AJ pénal* 2017. 192, obs. C. Girault – Civ. 1re, 1er mars 2017, n° 15-22.946, P ; *D.* 2017. 508 ; *JCP* 2017. 372, note J. Hauser ; *RTD civ.* 2017. 352, obs. J. Hauser – CEDH 17 déc. 2020, *Sellami c/France*, req. n° 61470/15 (s'agissant de la diffusion d'un portrait robot erroné par un journaliste) ; *Gaz. Pal.* 2 févr. 2021, p. 39.
4. CEDH 15 déc. 2011, *Mor c/France,* req. n° 28198/09, § 57.
5. CEDH 15 déc. 2011, *Mor c/France,* req. n° 28198/09, § 55.
6. CEDH 15 déc. 2011, *Mor c/France,* req. n° 28198/09, § 63 ; *AJDA* 2012. 143, Chron. L. Burgorgue-Larsen ; *D.* 2012. 667, obs. S. Lavric, note L. François ; *RSC* 2012. 260, obs. J.-P. Marguénaud ; *AJ pénal* 2012. 337, note C. Porteron ; *Gaz. Pal.* 5-7 févr. 2012, p. 17 note D. Piau.

SECTION 2
CADRE DE LA COMMUNICATION DU DOSSIER DE L'INSTRUCTION

416.80 **Plan.** La communication du dossier de l'instruction[7] à l'avocat est strictement encadrée par les textes[8] (§ 1) ainsi que les modalités suivant lesquelles il peut en délivrer une copie à son client (§ 2). À l'issue de la procédure d'instruction, les parties doivent pouvoir obtenir copie des pièces afin de préparer utilement leur défense (§ 3).

§ 1
Mise à disposition de l'avocat

416.91 **Accès des avocats au dossier de l'instruction.** Seul l'avocat a le droit de consulter le dossier d'instruction au tribunal, et non la personne mise en examen, le témoin assisté ou la partie civile. Cette règle, justifiée par le secret de l'enquête et de l'instruction, n'est pas incompatible avec les principes énoncés par la CEDH[9], laquelle tend toutefois à considérer que le prévenu aurait le droit d'avoir une connaissance personnelle de son dossier, et son avocat, celui d'en prendre copie ou d'en obtenir copie[10]. La loi a strictement encadré, dans l'intérêt des droits de la défense mais aussi dans le souci d'assurer la protection du secret de l'enquête et de l'instruction l'accès au dossier d'instruction et la diffusion de celui-ci. Cela explique pourquoi l'assistance d'un avocat lors de l'interrogatoire de première comparution a été rendue obligatoire[11].

Le premier accès au dossier, en l'état des textes[12], a lieu lors de l'interrogatoire de première comparution devant le juge d'instruction, à l'occasion duquel la procédure doit être mise à la disposition de l'avocat quatre jours ouvrables au plus tard avant chaque interrogatoire de la personne mise en examen ou chaque audition de la partie civile[13]. Le dossier communiqué à l'avocat doit comprendre l'intégralité du dossier. Mais lorsque la personne est déférée devant le juge d'instruction, « l'avocat peut consulter sur-le-champ le dossier »[14]. Après la première

7. A. Vey, « L'accès aux pièces d'une procédure pénale et leur production dans une autre procédure », *D.* 2021. 752.
8. F. Saint-Pierre, *Pratique de la défense pénale,* Lextenso, 2016, n° 97 s., p. 116 s. – P. Chambon, Ch. Guéry, *Droit et pratique de l'instruction préparatoire,* « Dalloz Action », Dalloz, 11e éd., 2021, nos 333.00 s.
9. CEDH 14 juin 2005, *Menet c/France,* req. n° 39553/02 ; *RSC* 2006. 431, obs. F. Massias.
10. CEDH 30 mars 1989, *Lamy c/Belgique,* req. n° 10444/83, n° 16/1987/139/193.
11. V. ss nos 472.91 s.
12. V. ss n° 472.66.
13. C. pr. pén., art. 114.
14. C. pr. pén., art. 116, al. 4.

comparution de la personne mise en examen ou la première audition de la partie civile, la procédure est mise à tout moment à la disposition des avocats, mais seulement les jours ouvrables et sous réserve des exigences du bon fonctionnement du cabinet d'instruction[1].

416.92 **Exigences du bon fonctionnement du cabinet d'instruction.** Le Conseil constitutionnel, saisi d'un moyen tendant à voir prononcer l'inconstitutionnalité du projet de loi adoptant le nouveau code de procédure pénale et tiré du caractère flou de la notion de « bon fonctionnement du cabinet d'instruction » qui risquait, par son imprécision, de limiter l'accès des avocats au dossier de la procédure, en méconnaissance des droits de la défense, a estimé que ces mentions relatives au « bon fonctionnement du cabinet d'instruction », dès lors qu'elles étaient assorties de précisions suffisantes tenant à des délais ou des conditions objectives, n'étaient pas de nature à entraver les droits de la défense. Il a donc déclaré ces dispositions non contraires à la Constitution en précisant toutefois « sous cette réserve d'interprétation »[2].

On doit donc considérer que la volonté du législateur est claire, telle qu'interprétée par le Conseil constitutionnel et que ces exigences de « bon fonctionnement du cabinet d'instruction » ne peuvent être opposées qu'exceptionnellement et à condition d'être justifiées objectivement. À défaut, si cette incise devenait une clause de style ayant pour effet de retarder la communication des dossiers à l'avocat, la nullité de la procédure serait encourue.

416.93 **Sanction.** L'absence de mise à disposition entraîne la nullité de la procédure. Dès lors, si aucune mention de la mise à disposition à l'avocat avant chaque interrogatoire de la procédure ne figure au dossier, il y a lieu d'annuler l'interrogatoire et toute la procédure qui a suivi[3].

416.94 **Étendue de la mise à disposition.** La mise à disposition de la procédure avant chacun des interrogatoires doit être complétée et doit porter sur toutes les pièces de la procédure en l'état où elle se trouve au moment où a lieu la communication[4], à l'exclusion toutefois des actes de procédure qui sont encore en cours d'exécution au moment de la mise à disposition[5]. La mise à disposition de la procédure ne saurait s'étendre aux actes de confrontation que si ces actes ont en réalité le caractère d'interrogatoire[6].

Par ailleurs, si la procédure doit être mise à la disposition de l'avocat du mis en examen la veille de chacun des interrogatoires, il ne s'ensuit pas qu'il soit défendu, à peine de nullité, au juge d'instruction de procéder à la confrontation de la personne mise en examen avec un témoin aussitôt après la déposition de ce témoin. Il peut interroger le même jour plusieurs des mis en examen compris dans une même poursuite[7].

416.95 **Modalités de consultation du dossier.** Le juge d'instruction doit laisser à l'avocat la communication du dossier intégral qui, le cas échéant, devra relever le caractère incomplet du dossier et en formuler la remarque, par un courrier ou par une observation actée au procès-verbal d'interrogatoire. À défaut de telles réserves, la nullité de l'interrogatoire ne sera pas encourue[8].

Le juge d'instruction doit en principe laisser l'avocat consulter le dossier dans un local destiné à cet effet, garantissant à la fois la sécurité des documents du dossier et la liberté de l'avocat. Si l'avocat ne peut pas emporter avec lui le dossier, il peut copier les pièces qu'il désire conserver dans son dossier : sous forme numérisée, par dictée ou notes, par exemple. Le juge d'instruction ne saurait s'opposer à cette demande[9].

416.96 **Reproduction de pièces du dossier.** Après la première comparution ou la première audition devant le juge d'instruction, les avocats des parties peuvent se faire délivrer, à leurs frais, copie, éventuellement sous forme numérisée et adressée via la plateforme *Plex* (Plateforme d'échange externe)[10] et un lien de téléchargement adressé à l'avocat sur leur messagerie e-barreau, de tout ou partie des pièces et actes du dossier. La délivrance de la première copie de chaque pièce ou acte du dossier est gratuite[11].

1. C. pr. pén., art. 114, al. 3.
2. Cons. const. 11 août 1993, n° 93-326 *DC*, loi modifiant la loi n° 93-2, 4 janv. 1993 portant réforme du code de procédure pénale, *JO* 15 août, p. 11599.
3. Crim. 27 juill. 1906, *DP* 1907. 1. 334 – Crim. 3 août 1935, *DP* 1937. 1. 94, note G. Leloir – Crim. 27 févr. 1963, n° 62-92.388, P n° 96 – Crim. 21 déc. 1944, *D.* 1945. 253 – Crim. 29 janv. 2003, n° 02-86.774, P n° 22 ; *D.* 2003. 1730, obs. J. Pradel.
4. Crim. 9 août 1935, *DP* 1937. I. 94, note G. Leloir – Crim. 28 juin 1958, P n° 589.
5. Crim. 12 mars 1991 n° 90-87.733, P n° 122 ; *RSC* 1992. 116, obs. A. Braunschweig – Crim. 30 mai 1996 n° 95-85.954, P n° 226 ; *D.* 1996. 167 ; *RSC* 1996. 880, obs. J.-P. Dintilhac – Crim. 30 juin 1999, n° 99-81.426, P n° 176 ; *D.* 1999. Somm. 536, obs. J. Pradel.
6. Crim. 17 mars 1899, *DP* 1899. 1. 328 – Crim. 3 mars 1921, *DP* 1921. 1. 182.
7. Crim. 5 janv. 1901, *DP* 1901. 1. 113 – Crim. 3 mars 1921, *DP* 1921. 1. 182.
8. Crim. 30 oct. 2001, n° 01-84.779, P n° 223 ; *Gaz. Pal.* 2002. Somm. 1654.
9. Sur l'accès au dossier au stade de la garde à vue, v. s[s] n° 472.66.
10. Protocole du 12 mai 2020 entre le CNB et le ministère de Justice, communiqué CNB, 14 mai 2020 – M. Lartigue, « E-barreau ; le déploiement s'accélère en matière pénale », *Gaz. Pal.* 14 sept. 2021, p. 5.
11. C. pr. pén., art. 114.

Lorsque la juridiction le permet, la demande doit impérativement être faite via la messagerie électronique de la plateforme e-barreau [1].

Toutefois, l'avocat ne saurait obtenir copie, mais simplement être autorisé à visionner, l'enregistrement d'un mineur victime [2], tandis que les enregistrements réalisés en matière criminelle ne peuvent être consultés, au cours de l'instruction ou devant la juridiction de jugement, qu'en cas de contestation sur la portée des déclarations recueillies, sur décision du juge d'instruction ou de la juridiction de jugement, à la demande du ministère public ou d'une des parties [3].

416.97 **Rapports d'expertise.** Une copie de l'intégralité des rapports d'expertise doit être remise ou envoyée aux avocats des parties qui en font la demande [4]. Si, contrairement aux autres pièces du dossier, leur communication à un tiers est possible [5], cette communication ne doit avoir lieu que pour les seuls besoins de la défense, notamment en vue de consulter un expert, spécialiste de la matière, mais seulement à cette fin [6].

Si la preuve venait à être rapportée que la diffusion d'un rapport d'expertise a été faite à un tiers dans un autre but que les strictes nécessités de la défense, il pourrait avoir lieu, à l'égard des parties, à application de l'article 114-1 du code de procédure pénale qui punit d'une peine de trois ans d'emprisonnement et de 45 000 euros d'amende, « le fait, pour une partie à qui une reproduction des pièces ou actes d'une procédure d'instruction a été remise en application de cet article, de la diffuser auprès d'un tiers ».

416.98 **Communication des pièces pénales d'un dossier en cours dans le cadre des procédures civiles et commerciales – Renvoi.** Sur ce point, v. s^s n°s 453.51 s.

§ 2
Transmission par l'avocat au client

416.101 **Droit de communiquer la copie du dossier au client.** Jusqu'en 1996, l'avocat ne devait pas remettre de copies du dossier à son client, lesquelles étaient destinées à son usage exclusif comme était venue le préciser l'Assemblée Plénière de la Cour de cassation [7], ce qui suscita l'intervention du législateur [8] pour permettre la transmission au client de copies de son dossier dans le strict cadre défini par la loi. En toutes circonstances, ce dernier devra faire preuve de prudence notamment en s'abstenant de communiquer, à son client ou à des tiers, toute pièce ou acte de procédure pénale en cours, pour lequel il n'aurait pas reçu l'autorisation préalable exigée par l'article 114 du code de procédure pénale.

En tout état de cause, la Cour de cassation considère que la possibilité de se faire délivrer une copie, et non de simplement consulter, des pièces du dossier d'une information en cours n'est ouverte à l'avocat de la personne concernée qu'après sa première comparution en qualité de personne mise en examen ou sa première audition comme partie civile [9].

416.102 **Transmission du dossier d'instruction par l'avocat au client.** L'avocat peut transmettre, à ses frais, des copies de pièces ou actes du dossier de la procédure d'instruction à son client ou à des tiers, mais il doit le faire dans le strict cadre défini par l'article 114 du code de procédure pénale. Il doit formuler, le cas échéant par voie électronique via e-barreau [10], une demande d'autorisation préalable, en adressant au juge d'instruction la liste des pièces et actes qu'il souhaite transmettre, soit par déclaration auprès du greffier, soit par l'envoi d'une lettre recommandée avec accusé de réception. L'autorisation du juge aux fins de transmission doit faire l'objet d'une ordonnance prise dans les cinq jours de la demande d'autorisation, à défaut de quoi elle est réputée tacitement accordée, l'avocat pouvant alors transmettre à son client les pièces visées dans la demande d'autorisation.

Le juge d'instruction ne peut refuser la remise totale ou partielle que par ordonnance spécialement motivée au regard des risques de pression sur les victimes, personnes mises en examen, leurs avocats, les témoins, enquêteurs, experts, ou toute autre personne concourant à la procédure. Dans ce cas, l'avocat peut former un recours contre la décision de refus dans les deux jours de la notification de l'ordonnance en saisissant, le président de la chambre de l'instruction qui doit statuer dans un délai de cinq jours par décision écrite et motivée non susceptible de recours, à défaut de quoi l'avocat est tacitement autorisé à communiquer à son client les pièces

1. C. pr. pén., art. D. 591.
2. C. pr. pén., art. 706-52.
3. C. pr. pén., art. 116-1.
4. C. pr. pén., art. 167.
5. C. pr. pén., art. 114-1, al. 6 – Civ. 2e, 23 nov. 2006, n° 03-20.490, NP.
6. C. pr. pén., art. 114-1, al. 6.
7. Cass., ass. plén., 30 juin 1995, n°s 94-16.982, 95-13.035, 2 esp., P n° 3 ; *D.* 1995. jur. 417, note J. Pradel ; *D.* 1995. IR 170 ; *D.* 1995. Somm. 319, note J. Pradel ; *Gaz. Pal.* 1995. Pan. 196 ; *JCP* 1995. II. 22479, note P. Chambon ; *RSC* 1995. 833, obs. J.-P. Dintilhac.
8. L. n° 96-1235, 30 déc. 1996 relative à la détention provisoire et aux perquisitions de nuit en matière de terrorisme, *JO* 1er janv. 1997, p. 9, art. 2.
9. Crim. 26 oct. 2011, n° 11-81.677, P n° 217 ; *D.* 2011. 2936 ; *AJ pénal* 2012. 104, obs. S. Lavric ; *RSC* 2012. 195.
10. C. pr. pén., art. D. 591, 10°.

ou actes visés expressément par la demande initiale. Toutefois, lorsqu'il s'agit de l'avocat d'une partie civile dont la recevabilité de la constitution est contestée, la transmission ne peut avoir lieu qu'à la suite d'une autorisation expresse du juge ou de la chambre de l'instruction suivant la même procédure.

416.103 Modalités de remise au client. Si le client est libre, aucune modalité particulière n'est exigée de l'avocat pour remettre à son client la copie des pièces pour lesquelles l'autorisation a été obtenue. Il devra néanmoins agir avec prudence et s'assurer que cette remise est effectuée entre les mains du véritable destinataire, c'est-à-dire de celui pour le compte duquel l'autorisation a été obtenue. Et il conviendra que le client atteste, au préalable, avoir pris connaissance des dispositions relatives à la communication des rapports d'expertise et de l'article 114-1 du code de procédure pénale qui prévoit que, sous réserve des dispositions relatives à la communication des rapports d'expertise[1], le fait, pour une partie à qui une reproduction des pièces ou actes d'une procédure d'instruction a été remise, de la diffuser auprès d'un tiers est puni de 10 000 euros d'amende.

Il est donc prudent de faire signer, avant remise des pièces, une attestation au client avec un récépissé et bordereau détaillé des pièces remises.

416.104 Client détenu. Si le client est détenu[2], l'avocat est tenu de transmettre les pièces par l'intermédiaire du greffe de l'établissement pénitentiaire, en procédant soit par une remise directe au greffe contre récépissé, soit par un envoi par lettre recommandée avec demande d'avis de réception. Dans les trois jours ouvrables de la réception des documents, le greffe a l'obligation de les transmettre au détenu après qu'il a attesté avoir pris connaissance des dispositions relatives à la communication des rapports d'expertise et de l'article 114-1 du code de procédure pénale.

La remise au détenu est de droit, sauf l'hypothèse où le juge d'instruction subordonne l'autorisation de transmission à une conservation des pièces au greffe de l'établissement pénitentiaire. Dans ce cas, le prévenu n'est pas personnellement détenteur des pièces, il ne lui est accordé qu'un droit de consultation dans un local permettant à la fois la consultation et la garantie de la confidentialité.

416.105 Communication du dossier individuel d'une personne détenue. Le dossier individuel d'une personne détenue est tenu au greffe de l'établissement pénitentiaire[3]. Les pièces du dossier individuel comprennent des documents judiciaires (non communicables) et des documents administratifs (communicables à la personne détenue et à son avocat). Si les pièces judiciaires ne sont pas, en principe, communicables, la personne détenue peut consulter au greffe celles dont elle a reçu copie au moment de leur notification (ordonnances du juge d'instruction, expertises, jugements de condamnation).

Les documents administratifs communicables sont, notamment : les permis de visite, la cote discipline, les rapports d'incident n'ayant pas eu de suites et le dossier d'orientation.

S'agissant du dossier du juge de l'application des peines, il peut être consulté par l'avocat du condamné, sous réserve des exigences du bon fonctionnement du cabinet du juge de l'application des peines. L'avocat du condamné peut se faire délivrer copie de tout ou partie des pièces du dossier[4].

416.106 Prévenu ou partie civile non assisté d'un avocat. La chambre criminelle de la Cour de cassation avait considéré que le prévenu non assisté d'un avocat pouvait avoir accès seul à son dossier uniquement devant la juridiction de jugement[5] et qu'il pouvait obtenir à cette occasion, à ses frais, la copie des pièces du dossier soumis à la juridiction devant laquelle il était appelé à comparaître.

Depuis 2014, sous l'influence du droit européen[6], il est possible, dès après la première comparution ou la première audition, pour les parties sans avocat, de se faire délivrer copie de tout ou partie des pièces et actes du dossier, dans les mêmes conditions d'autorisation que s'il s'agit d'une demande faite par un avocat. La délivrance de cette copie doit intervenir dans le mois qui suit la demande. La partie non assistée d'un avocat devant attester par écrit avoir pris connaissance des dispositions relatives à la communication des rapports d'expertise et de l'article 114-1 du code de procédure pénale.

Toutefois, en l'absence d'assistance d'un avocat, le juge d'instruction sera naturellement plus enclin à refuser la communication, ou à limiter celle-ci à certains éléments, par ordonnance spécialement motivée au regard des risques de pression sur les victimes, personnes mises en examen, leurs avocats, les témoins, les enquêteurs, les experts, ou toute autre personne concourant à la procédure[7].

1. V. s[s] n° 416.97.
2. C. pr. pén., art. R. 15-42 s.
3. C. pr. pén., art. D. 155.
4. C. pr. pén., art. D. 49-29.
5. Crim. 12 juin 1996, n° 96-80.219, n° 95-82.735, 2 esp., P n° 248 : *Gaz. Pal.* 1996. Chron. crim. 185, note J.-P. Doucet ; *Gaz. Pal.* 1996. 397 – I. Ferrari, « L'accès au dossier avant jugement par le prévenu non assisté », *Dr. pénal* 1997. Chron. 1.
6. Dir. 2012/13, Parlement européen et du Conseil, 22 mai 2012 relative au droit à l'information dans le cadre des procédures pénales, *JOUE L* 1er juin.
7. Ch. Guéry, *Droit et pratique de l'instruction préparatoire*, 10e éd., « Dalloz Action », 2017, n° 333.34.

Depuis 2017[1], les parties sans avocat peuvent également, en cas d'audience devant la chambre de l'instruction, avoir accès au dossier de la procédure comprenant les réquisitions du ministère public, au greffe de la chambre de l'instruction, et se faire délivrer copie de ces réquisitions sans délai et sur simple requête écrite. La demande de copie de l'entier dossier demeure régie par l'article 114 du code de procédure pénale[2].

Depuis 2019[3], une copie de l'intégralité des rapports d'expertise doit être remise ou envoyée aux parties qui en font la demande si celles-ci ne sont pas assistées par un avocat[4].

§ 3
Après la procédure d'instruction

416.111 **Prévenu ou partie civile.** À l'issue de la procédure d'instruction, les parties doivent obtenir copie des pièces de la procédure afin de pouvoir préparer utilement leur défense[5].

S'il n'y a pas lieu à renvoi devant la juridiction de jugement, les parties peuvent toujours obtenir copie des pièces sur autorisation du parquet et/ou du magistrat instructeur, suivant la procédure prévue à l'article R. 155 du code de procédure pénale[6]. Cet article impose, hors les cas prévus par l'article 114 du code de procédure pénale[7], et sauf pour la plainte ou la dénonciation des ordonnances définitives, des arrêts, des jugements, des ordonnances pénales et des titres exécutoires prévus à l'article 529-2, alinéa 2, du code de procédure pénale, l'autorisation du procureur de la République ou du procureur général selon le cas, pour obtenir une expédition de toutes les autres pièces de la procédure, notamment en ce qui concerne les pièces d'une enquête terminée par une décision de classement sans suite.

L'autorisation doit être donnée par le procureur général[8] lorsqu'il s'agit de pièces déposées au greffe de la cour ou faisant partie d'une procédure close par une décision de non-lieu ou d'une affaire dans laquelle le huis clos a été ordonné. Si l'autorisation n'est pas accordée, le magistrat compétent pour la donner doit notifier sa décision en la forme administrative et faire connaître les motifs du refus.

Toutefois, cette autorisation n'est pas requise lorsque des poursuites ont été engagées ou qu'elles ont fait l'objet d'une médiation ou d'une composition pénale et que la copie est demandée pour l'exercice des droits de la défense ou des droits de la partie civile.

416.112 **Cas des tiers ou témoins assistés.** Les tiers à la procédure pénale n'ont aucune raison d'être en possession de pièces issues de celle-ci. Il leur est toutefois possible, à l'issue de la procédure, d'obtenir des éléments de cette procédure pour les besoins de leur défense dans une autre procédure. Mais ils doivent alors impérativement procéder suivant les règles prévues à l'article R. 156[9] du code de procédure pénale qui impose, sauf pour les arrêts, jugements, ordonnances pénales définitifs et titres exécutoires, l'autorisation du procureur de la République ou du procureur général pour toutes autres pièces, selon le cas, notamment en ce qui concerne les pièces d'une enquête terminée par une décision de classement sans suite.

L'autorisation doit être donnée par le procureur général lorsqu'il s'agit de pièces déposées au greffe de la cour ou faisant partie d'une procédure close par une décision de non-lieu ou d'une affaire dans laquelle le huis clos a été ordonné[10]. Si l'autorisation n'est pas accordée, le magistrat compétent pour la donner doit notifier sa décision en la forme administrative et faire connaître les motifs du refus.

SECTION 3
PROTECTION DU SECRET DE L'ENQUÊTE ET DE L'INSTRUCTION

416.120 **Plan – Sanctions.** Le secret de l'enquête et de l'instruction fait l'objet, outre les sanctions prévues en matière de violation du secret professionnel (§ 1), de dispositions spécifiques destinées à en assurer la protection, tenant d'une part à l'interdiction de faire état d'une garde à vue (§ 2), et d'autre part, au délit autonome de révélation d'informations issues d'une enquête ou d'une instruction (§ 3).

1. L. n° 2017-258, 28 févr. 2017 relative à la sécurité publique, *JO* 1er mars, n° 3, art. 20 – SUITE À : Cons. const. 16 sept. 2016, n° 2016-566 QPC, *Mme Marie-Lou B. a.* [Communication des réquisitions du ministère public devant la chambre de l'instruction], NON-CONFORMITÉ TOTALE – EFFET DIFFÉRÉ, *JO* 18 sept., n° 38 ; *D.* 2016. 1820 ; *AJ pénal* 2016. 540, obs. J. Gallois.
2. C. pr. pén., art. 197, al. 3.
3. L. n° 2019-222, 23 mars 2019 de programmation 2018-2022 et de réforme pour la justice, *JO* 24 mars, n° 2, art. 54 – Cons. const. 15 févr. 2019, n° 2018-765 QPC, *M. Charles-Henri M.* [Droit des parties non assistées par un avocat et accès au rapport d'expertise pénale], NON-CONFORMITÉ TOTALE – EFFET DIFFÉRÉ, *JO* 16 févr., n° 79.
4. V. ss n° 416.97.
5. Crim. 12 juin 1996, nos 96-80.219, 95-82.735, P n° 248 ; *D.* 1996. 207 ; *RSC* 1996. 878, obs. J.-P. Dintilhac.
6. C. pr. pén., art. D. 32.
7. V. ss nos 416.101 s.
8. C. pr. pén., art. R. 156, al. 2.
9. AUSSI : C. pr. pén., art. R. 91 et D. 32.
10. Toulouse, 17 nov. 1937 ; *Gaz. Pal.* 1938. I. 231.

§ 1
Violation du secret professionnel

416.131 **Sanctions pénales.** La violation, par un avocat, du secret de l'enquête et de l'instruction, constitue le délit de la violation du secret professionnel[1] prévu et réprimé par l'article 226-13 du code pénal[2], ou plus précisément de la « violation du secret professionnel par violation du secret de l'instruction »[3].

Ainsi, bien que le secret de l'enquête et de l'instruction soit distinct du secret professionnel, la violation du premier peut entraîner une violation du secret professionnel, lorsque sciemment et en méconnaissance des dispositions de l'article 5[4] du décret du 12 juillet 2005, l'avocat a révélé à un tiers le contenu d'un acte couvert par le secret de l'enquête et de l'instruction, justifiant ainsi sa condamnation du chef de violation du secret professionnel[5].

Il en va de même de l'avocat qui reproduit, dans le cadre d'une citation directe, des extraits de pièces provenant de perquisitions ordonnées par un juge dans le cadre d'une autre affaire où son client était mis en cause : la simple révélation d'informations couvertes par le secret de l'enquête et de l'instruction est suffisante pour justifier une condamnation du chef de violation du secret professionnel[6].

416.132 **Sanctions pénales – Illustrations.** C'est ainsi que fut condamné, non seulement pour violation du secret professionnel, mais encore pour soustraction d'un criminel à l'arrestation ou aux recherches, à 18 mois d'emprisonnement dont 15 mois avec sursis, 7 000 euros d'amende et 2 ans d'interdiction d'exercice de la profession d'avocat, un avocat, que son client surnommait « le chirurgien » et au sujet duquel il affirmait que : « lui, il fait les commissions ; il fait tout », et qui avait, en sortant de l'interrogatoire de première comparution de son client, appelé un complice de celui-ci, qui était sur écoute, pour l'informer du déroulement de l'interrogatoire et du fait que les enquêteurs connaissaient son identité. La cour d'appel a considéré, s'agissant de la violation du secret professionnel, que cet avocat, qui avait, dans le cadre de l'exercice de sa profession, reçu des confidences de son client, ne pouvait, sans trahir le secret professionnel, révéler à un tiers, fût-ce à la demande de son client, le contenu de leur entretien. En communiquant à un tiers des informations provenant du dossier de l'instruction auquel il avait eu accès, il s'est rendu coupable de violation du secret professionnel[7]. Ce qu'approuve la Cour de cassation, en rejetant l'un des arguments avancé dans le cadre du pourvoi suivant lequel la violation de l'article 5 du décret du 12 juillet 2005 ne saurait donner lieu qu'à des sanctions disciplinaires[8].

De même que fut condamné, à 50 000 francs d'amende, pour violation du secret professionnel l'avocat qui, au cours d'entretiens téléphoniques, avait livré à un tiers, qui avait été placé sous écoutes téléphoniques, des passages entiers du procès-verbal d'interrogatoire de son client qui venait d'être dressé par le juge d'instruction, et qui avait proposé l'envoi en fax de ce document. Pour la Cour de cassation, l'avocat a intentionnellement révélé à un tiers le contenu d'un acte couvert par le secret de l'enquête et de l'instruction, caractérisant en tous ses éléments le délit de violation du secret professionnel[9].

Tout comme fut condamné à une peine de quatre mois d'emprisonnement avec sursis et à une amende de 5 000 euros ainsi qu'à une interdiction d'exercer la profession d'avocat pendant une durée de six mois, un avocat qui, dans le cadre d'une subornation de témoins[10], avait livré à des tiers les déclarations de son client ainsi que la teneur de l'alibi qu'il venait de donner aux policiers lors de sa garde à vue[11].

Fut également condamné, non seulement pour violation du secret professionnel, mais encore pour corruption et trafic d'influence actif, à une peine de trois ans d'emprisonnement dont deux avec sursis, et cinq ans d'interdiction d'exercice de la profession d'avocat, un avocat qui avait communiqué à un magistrat de la Cour de cassation un arrêt de la chambre d'instruction concernant son client. Le magistrat, condamné pour recel de violation du secret professionnel, corruption et trafic d'influence passif à une peine de trois ans d'emprisonnement dont deux avec sursis, n'ayant pas vocation à recevoir un acte couvert par le secret de l'instruction même en sa qualité de premier avocat général à la

1. Crim. 20 juin 2006, n° 05-83.659, P n° 183 ; *D.* 2007. Pan. 399, obs. G. Roujou de Boubée ; *D.* 2007, pan. 825, obs. B. Blanchard.
2. V. s^s^ n°s 411.40 s.
3. Crim. 27 oct. 2004, n° 04-81.513, P n° 259, *D.* 2004. 3112 ; *AJ pénal* 2005. 74.
4. Décr. n° 2005-790, 12 juill. 2005, art. 5.
5. Crim. 18 sept. 2001, n° 00-86.518, P n° 179 ; *D.* 2001. IR 3171 ; *JCP* 2001. IV. 2921 ; *Gaz. Pal.* 2002. 1330, note Y. Monnet.
6. Crim. 28 sept. 2004, n° 03-84.003, NP ; *JCP* 2005. II. 10054, note R. Martin.
7. Versailles, 22 janv. 2004, RG n° 2003/01159 – Sur cette affaire : N. P., « Prison ferme pour l'avocat qui avait renseigné un bandit », *Le Parisien* 2 mai 2003.
8. Crim. 27 oct. 2004, n° 04-81.513, P n° 259, *D.* 2004. 3112 ; *AJ pénal* 2005. 74.
9. Crim. 18 sept. 2001, n° 00-86.518, P n° 179 ; *D.* 2001. IR 3171 ; *JCP* 2001. IV. 2921 ; *Gaz. Pal.* 2002. 1330, note Y. Monnet.
10. V. s^s^ n°s 453.151 s.
11. Crim. 3 mars 2020, n° 19-82.073, NP.

Cour de cassation alors même que le document n'avait pas été enregistré sur l'intranet de la Cour de cassation. Le tribunal note que les arguments suivant lesquels le client aurait pu transmettre directement cette décision à qui bon lui semblait et qu'un site internet de presse aurait publié des extraits *in extenso* de l'arrêt, sont inopérants dès lors que la connaissance par d'autres personnes de documents couverts par le secret professionnel n'enlève pas à ces documents leur caractère confidentiel ou secret[1]. Le tribunal note que : « les faits dont s'est rendu coupable l'avocat sont d'une particulière gravité s'agissant d'actes délictueux commis par un avocat, auxiliaire de justice, qui n'a pas hésité à bafouer le secret professionnel auquel il était tenu et a tenté d'influer sur une procédure judiciaire en cours devant la Cour de cassation par l'emploi de procédés illégaux. Les écoutes téléphoniques ont révélé que l'avocat s'était placé ainsi hors du champ de la défense, et même du conseil, et donc des charges de sa profession, de son statut d'auxiliaire de justice et de la protection qui en est le corollaire. Le lien personnel fraternel qu'il a noué avec son client a obscurci, par manque de distance, son discernement professionnel d'avocat. Ce faisant, l'avocat a dressé un pont entre deux amitiés dans son intérêt et celui de son client en s'affranchissant de ses obligations déontologiques et au mépris de la justice »[2]. Cette décision a fait l'objet d'un appel.

416.133 Sanctions disciplinaires. La violation par un avocat du secret de l'enquête et de l'instruction est également une faute professionnelle de nature à justifier des sanctions disciplinaires[3].

416.134 Sanctions disciplinaires – Illustrations. Est sanctionné d'une interdiction d'exercice temporaire de trois mois, assortie du sursis, l'avocat qui, étant intervenu en tant que défenseur d'un client lors d'une première comparution, prend le jour même l'initiative de communiquer à un autre de ses clients des informations relatives à l'instruction en cours, notamment l'identité de la personne à l'origine de la dénonciation ainsi que des éléments d'information le concernant en possession des enquêteurs, et lui transmet des conseils de son premier client pour éviter l'interpellation[4].

De même, un avocat a été condamné à une peine d'interdiction d'exercice temporaire de six mois assortie du sursis, pour avoir communiqué à l'un de ses clients, son fournisseur de stupéfiants, non encore mis en examen ni entendu par les services de police mais impliqué dans la même affaire de trafic de stupéfiants, des informations sur le système de défense d'un autre de ses clients, déjà mis en examen et entendu pour cette même affaire[5].

Enfin, a été sanctionné d'une interdiction d'exercice temporaire d'un mois avec sursis un avocat qui, pour étayer son dossier dans la défense d'une personne dénoncée par une autre dans un premier dossier, joint à un mémoire, des pièces issues d'une autre affaire et révélant le fait que la même personne était à l'origine de dénonciations analogues[6].

416.135 Écoutes téléphoniques fondement des poursuites – Renvoi. Sur cette question, v. s[s] n°s 414.231 s.

§ 2
Interdiction de faire état d'une garde à vue

416.141 Secret absolu de la garde à vue. L'article 63-4-4 du code de procédure pénale interdit à l'avocat de faire état auprès de quiconque pendant la durée de la garde à vue des entretiens avec la personne qu'il assiste, et des informations qu'il a recueillies en consultant les procès-verbaux et en assistant aux auditions et confrontations, et ce, selon la formule classique, « sans préjudice des droits de la défense ».

416.142 Appréciation stricte. Les termes de l'article 63-4-4 du code de procédure pénale sont stricts et exigeants pour l'avocat : il s'agit de maintenir totalement secrets le placement en garde à vue (hormis le cas où l'officier de police judiciaire ne s'oppose pas à ce que soit prévenu un membre de la famille[7]) et les informations issues de l'enquête en cours, quelle que soit la gravité de l'affaire, ce qui signifie qu'aucune révélation de la mesure n'est justifiable, pas même par maladresse, naïveté ou inexpérience de l'avocat. En effet, est passible de sanction un simple coup de téléphone à un membre de la famille pour le rassurer.

Plus encore, il est formellement interdit à l'avocat de témoigner devant les journalistes des propos que lui aurait tenus son client, ou des conditions mêmes dans lesquelles se serait déroulée la garde à vue[8].

416.143 Sanction. Une interdiction stricte est prévue pour l'avocat par l'article 63-4-4 du code de procédure pénale mais qui ne prévoit pas de sanction propre. Pour autant, ce même texte ne fait que rappeler les principes applicables en matière de secret professionnel desquels il découle que l'avocat

1. TJ Paris, 32e ch. corr., 1er mars 2021, n° 14056000872.
2. TJ Paris, 32e ch. corr., 1er mars 2021, n° 14056000872.
3. Décr. n° 2005-790, 12 juill. 2005, art. 5 – RIN, art. 2 *bis*.
4. CD Paris, arr. n° 963047, 14 nov. 2005.
5. CD Paris, arr. n° 250571, 28 mars 2006.
6. CD Paris, arr. n° 233933, 4 nov. 2003.
7. C. pr. pén., art. 63-2.
8. L. Heinich-Luijer, « Thalys : le secret professionnel des avocats à l'épreuve de BFM », *Rue 89* les blogs, 24 août 2015.

ne saurait faire état auprès de tiers d'informations dont il a connaissance dans le cadre de sa relation avec son client[1]. La violation par un avocat du secret de l'enquête et de l'instruction dans le cadre d'une garde à vue constitue dès lors le délit de la violation du secret professionnel[2] prévu et réprimé par l'article 226-13 du code pénal[3].

C'est ainsi que, viole le secret professionnel l'avocat qui, après avoir rencontré son client en garde à vue, prend contact avec un autre client, qui allait être entendu, pour l'informer « de ce qui s'est passé pendant la garde à vue [...] » et « des questions qui ont été posées ». Le fait que la divulgation ait été faite à un client mis en cause dans la même affaire est indifférent car l'interdiction instaurée par l'article 63-4-4 du code de procédure pénale vise « quiconque », autrement dit, toute personne quelle qu'elle soit[4].

416.144 Sanctions disciplinaires. La violation par un avocat du secret de l'enquête et de l'instruction dans le cadre d'une garde à vue est également une faute professionnelle de nature à justifier des sanctions disciplinaires[5].

416.145 Sanctions disciplinaires – Illustrations. C'est ainsi que, fut sanctionné par la radiation un avocat qui avait, entre autres, fait l'objet d'une condamnation pénale définitive du chef de violation du secret professionnel. Il avait été condamné à une peine d'un an d'emprisonnement avec sursis ainsi qu'à une peine complémentaire d'interdiction définitive d'exercer la profession d'avocat pour avoir donné des informations à des tiers sur le déroulement d'une garde à vue de l'un de ses clients auquel il avait, en outre, laissé son téléphone portable, pour qu'il puisse lui-même passer des informations, dans les locaux de brigade de répression du banditisme[6].

A également été puni d'un blâme, l'avocat ayant prêté à son client son téléphone portable pour lui permettre de communiquer avec son fils également mis en cause dans le dossier, étant observé que les circonstances de fait ne permettaient pas d'établir l'intention délibérée de l'avocat d'entraver le déroulement des investigations en cours ou la manifestation de la vérité, dès lors que les faits s'étaient déroulés non dans un parloir dédié à cet effet mais dans un bureau des services de police accessible à tout moment par un tiers à l'entretien, et qu'il avait immédiatement expliqué dans le détail ce qui se passait quand un fonctionnaire de police venait notifier la fin de l'entretien, sans jamais se rétracter pour minimiser d'une manière quelconque les faits reprochés[7].

416.146 Écoutes téléphoniques fondement des poursuites – Renvoi. Sur cette question, v. s[s] n°s 414.231 s.

§ 3
Délit de révélation d'informations issues d'une enquête ou d'une instruction

416.151 Loi du 9 mars 2004. Afin de renforcer la protection du secret de l'enquête et de l'instruction[8], la loi du 9 mars 2004[9] a ajouté dans le code pénal un délit relatif aux « Entraves à l'exercice de la justice ». La rédaction initiale très large était la suivante : « Sans préjudice des droits de la défense, le fait, pour toute personne qui, du fait de ses fonctions, a connaissance, en application des dispositions du code de procédure pénale, d'informations issues d'une enquête ou d'une instruction en cours concernant un crime ou un délit, de révéler, directement ou indirectement, ces informations à des personnes susceptibles d'être impliquées, comme auteurs, coauteurs, complices ou receleurs, dans la commission de ces infractions, lorsque cette révélation est de nature à entraver le déroulement des investigations ou la manifestation de la vérité, est puni de cinq ans d'emprisonnement et de 75 000 euros d'amende. »[10]

La création de cette nouvelle infraction avait suscité une forte opposition des avocats. Bien que rédigée en des termes généraux ne visant pas, *a priori*, spécifiquement les avocats, cette qualification avait été dénoncée comme révélatrice d'un climat de soupçon de « complicité » des avocats avec les clients dont ils assurent la défense. Surtout, il avait été démontré les dangers réels qu'ils représentaient pour l'avocat dans l'exercice concret des droits de la défense. Il apparaissait impossible de s'assurer que, en toute bonne foi, l'avocat ne communique pas « directement ou indirectement » des informations à des personnes « susceptibles d'être impliquées », par exemple en s'entretenant avec l'époux ou l'enfant de son client, dont il peut être également l'avocat, ou même en prenant contact pour les besoins de la défense, par exemple avec de futurs

1. V. s[s] n°s 412.191 s.
2. Crim. 20 juin 2006, n° 05-83.659, P n° 183 ; *D.* 2007. Pan. 399, obs. G. Roujou de Boubée ; *D.* 2007, pan. 825, obs. B. Blanchard.
3. V. s[s] n°s 411.40 s.
4. Paris, 1re ch., sect. F, 12 mai 2004, RG n° 2004/00658.
5. Décr. n° 2005-790, 12 juill. 2005, art. 5 – RIN, art. 2 *bis*.
6. CD Paris, arr. n°s 189787, 193584, 2 mars 2010.
7. Paris, pôle 2, ch. 1, 25 oct. 2012, RG n° 12/10233 – AUSSI : CD Paris, arr. n° 227133, 18 déc. 2012.
8. F. Le Gunehec, « Aperçu rapide de la loi n° 2004-204, 9 mars 2004 », *JCP* 2004. Actu. 657.
9. L. n° 2004-204, 9 mars 2004 portant adaptation de la justice aux évolutions de la criminalité, *JO* 10 mars, p. 4567.
10. L. n° 2004-204, 9 mars 2004, art. 13.

contre-experts. Il était par ailleurs dénoncé la grande sévérité des peines encourues.

La première affaire mettant en cause un avocat sur le fondement de cette nouvelle infraction[1], et qui a valu à l'avocat un placement en détention provisoire, a provoqué une vive émotion publique et en partie confirmé les craintes manifestées lors de l'adoption de la loi. Il convenait de sanctionner uniquement les réelles entraves à la justice[2]. C'est pourquoi, à l'occasion du débat parlementaire sur ce qui allait devenir la loi relative au traitement de la récidive des infractions pénales[3] les avocats ont été en partie entendus : le délit reste inscrit dans la loi[4], mais la définition de son élément moral et les peines encourues sont largement revues.

416.152 **Infraction de révélation d'une information issue d'une enquête ou d'une instruction.** Aux termes du deuxième alinéa de l'article 434-7-2 du code pénal, constitue le délit d'entrave à l'exercice de la justice par la révélation d'une information issue d'une enquête ou d'une instruction, le fait pour une personne de révéler « sciemment » des informations couvertes par le secret de l'enquête et de l'instruction à des personnes « qu'elle sait » susceptibles d'être impliquées, étant précisé que la révélation doit être faite « dans le dessein » d'entraver le déroulement des investigations.

416.153 **Triple exigence quant à l'intention délictuelle.** L'infraction de révélation d'une information issue d'une enquête ou d'une instruction définit une triple exigence quant à l'intention délictuelle :

- tout d'abord, la personne qui révèle une information doit le faire sciemment, ce qui exclut une simple imprudence ou une maladresse (attitude qui demeure éventuellement une faute professionnelle) ;
- ensuite, la révélation de l'information doit l'être à une personne dont on sait qu'elle est susceptible d'être impliquée dans l'affaire ;
- enfin, et surtout, la révélation doit être réalisée dans le dessein d'entraver le déroulement des investigations ou la manifestation de la vérité.

En somme, à la lecture de ces nouvelles conditions, le ministère public aura la charge de prouver très précisément une mauvaise foi manifeste de l'avocat poursuivi qui en définitive n'est pas loin de celle d'un complice, voire un coauteur.

Il faut par ailleurs que les informations révélées soient issues d'une enquête ou d'une instruction en cours, ce qui implique que lesdites informations aient été recueillies par les autorités ayant compétence pour diligenter l'enquête ou l'instruction et qu'elles aient été matérialisées dans un acte de la procédure, ce à quoi ne peuvent correspondre les propos tenus par un gardé à vue à son avocat qui, à ce stade de la procédure, n'avait de surcroît aucun accès aux pièces du dossier[5].

416.154 **Peines.** Les peines encourues sont de cinq ans d'emprisonnement et de 75 000 euros d'amende, sauf si l'enquête ou l'instruction concerne un crime ou un délit puni de dix ans d'emprisonnement et relevant de la criminalité organisée[6], situations dans lesquelles les peines sont portées à sept ans d'emprisonnement et à 100 000 euros d'amende[7].

416.155 **Délit autonome de violation du secret de l'instruction.** La loi pour la confiance dans l'institution judiciaire[8] a créée, en outre, un nouveau délit, résultant du fait, sans préjudice des droits de la défense reconnus à la personne suspectée ou poursuivie ou des droits des victimes pour toute personne qui, en raison de ses fonctions, a connaissance, en application du code de procédure pénale, d'informations issues d'une enquête ou d'une instruction en cours concernant un crime ou un délit de révéler sciemment ces informations à des tiers.

Les peines encourues sont de trois ans d'emprisonnement et de 45 000 euros d'amende[9].

Ce nouveau délit de violation du secret de l'instruction, réprimé plus sévèrement que la violation du secret professionnel[10] à vocation, du fait de la généralité du texte, à s'appliquer aux avocats qui viendrait, à compter du 24 décembre 2021, à violer le secret de l'enquête et de l'instruction, et ce en lieu et place de l'actuelle repression sur le terrain de la violation du secret professionnel[11].

416.156 **Vérifications sommaires.** Les officiers de police judiciaire qui, à l'occasion de l'exécution d'une commission rogatoire, ont connaissance du délit de révélation d'une instruction par un avocat peuvent, avant toute communication au juge d'instruction des procès-verbaux qui les constatent, effectuer d'urgence, en vertu des pouvoirs propres

1. Crim. 1er mars 2006, n° 05-87.252, P n° 60 ; *AJ pénal* 2006. 304.
2. Aussi : V. s[s] n° 482.283.
3. L. n° 2005-1549, 12 déc. 2005 relative au traitement de la récidive des infractions pénales, *JO* 13 déc., p. 19152, art. 36 ; *AJ pénal* 2005, act. 430.
4. L. n° 2005-1549, 12 déc. 2005, art. 36.
5. Orléans, 6e ch. corr., sect. 1, 16 sept. 2008, RG n° 07/00862.
6. C. pr. pén., art. 706-73.
7. C. pr. pén., art. 434-7-2, al. 3.
8. L. n° 2021-1729, 22 déc. 2021, art. 4.
9. C. pén., art. 434-7-2.
10. V. s[s] n° 411.81
11. V. s[s] n°s 416.131 s.

qu'ils tiennent de la loi, les vérifications sommaires qui s'imposent pour en apprécier la vraisemblance, pourvu qu'elles ne présentent pas un caractère coercitif exigeant la mise en mouvement préalable de l'action publique [1].

1. Crim. 27 mars 2012, n° 11-88.321, P n° 82 ; *D.* 2012. 1189 ; *AJ pénal* 2012. 488, obs. L. Ascensi.

TITRE

42. La confidentialité

SECTION 0

ORIENTEUR

42.00 **Sommaire du titre.**

Division. La confidentialité est une notion propre à la profession d'avocat ; elle facilite la correspondance sans compromettre les intérêts du client (chap. 421). Ce principe souffre d'exceptions et implique une grande vigilance lorsque les échanges s'adressent à d'autres interlocuteurs (chap. 422).

CHAPITRE

421. Principe de confidentialité

SECTION 0

ORIENTEUR

421.00 Sommaire du chapitre.

Division. La confidentialité est une construction déontologique (sect. 1) qui a évolué au gré de la jurisprudence (sect. 2).

421.01 Textes applicables.

TEXTES TITRÉS

• **L. n° 71-1130, 31 déc. 1971**

art. 66-5 [Respect du secret professionnel par l'avocat]

• **RIN**

art. 3 [Confidentialité – Correspondances entre avocats]

421.02 Jurisprudences de référence.

> Nature de la confidentialité

• **Civ. 1re, 1er févr. 1983,** n° 82-10.720, P I, n° 44.

* V. ss nos 421.23, 422.93, 522.478.

« Mais attendu que, si l'article 24 du règlement intérieur autorise l'avocat à faire connaître verbalement à son client la teneur des lettres de pourparlers échangés avec un confrère, la cour d'appel retient justement que ce même texte, qui interdit la remise matérielle de ces documents au client, est destiné dans la phase des pourparlers entre avocats en vue d'une solution amiable à permettre à chacun de s'exprimer librement grâce au respect absolu du secret qui entoure un tel échange de lettres ; Qu'elle a pu ainsi, en ce qui concerne la remise matérielle de tels documents, estimer que l'article 24 du règlement intérieur leur conférait un caractère confidentiel et que le moyen n'est pas fondé. »

> Application dans le temps de l'article 66-5 de la loi du 31 décembre 1971

• **Civ. 1re, 14 mars 2000,** n° 97-17.782, P I, n° 91.

* V. ss nos 411.24, 421.28.

« Mais attendu que la loi nouvelle a vocation à régir les effets des situations légales postérieures à son entrée en vigueur ; que les dispositions d'ordre public du nouvel article 66-5 de la loi du 31 décembre 1971, dans sa rédaction issue de la loi du 7 avril 1997, suivant lesquelles les correspondances entre avocats sont couvertes par le secret professionnel, sont dès lors applicables à des correspondances antérieures à cette loi et faisant l'objet à cette dernière date d'un litige quant à leur communication non encore définitivement tranché »

• **Civ. 1re, 3 mai 2006,** n° 04-17.259, P I, n° 207.

* V. ss nos 411.24, 421.28.

« Mais attendu, que [...], la cour d'appel a décidé, à bon droit, que l'article 34 de la loi n° 2004-130 du 11 février 2004 s'appliquait aux correspondances litigieuses échangées avant son entrée en vigueur, dès lors qu'elles n'avaient pas fait l'objet, à cette date, d'un litige quant à leur communication définitivement tranché »

421.03 Bibliographie indicative.

Encyclopédies. *J.-Cl. Pr. civ.,* fasc. 83-1 : avocats, Déontologie de l'avocat appliquée au juridique, 2014 – *J.-Cl. Civ. Annexes,* fasc. 30 : Avocats, Obligations et prérogatives.

Articles. A. Albarian, « La preuve du caractère fautif de la rupture de relations précontractuelles à l'épreuve de la confidentialité des correspondances entres avocats : probation diabolica ? », *RLDC*, suppl. au n° 71, mai 2010, p. 13 – E. Alexander, « La correspondance de l'avocat », *Gaz. Pal.* 1997. 1. Doctr. 212 ; « La correspondance de l'avocat. Confidentialité et secret professionnel. Suite et non fin », *Gaz. Pal.* 1998. 2. Doctr. 873 – Y. Avril, « Lettre entre avocats, la fin d'une querelle », *D.* 2010, Doctr. 1502 – P. Chevalier, « La correspondance entre avocats, confidence ou pas confidence », *Gaz. Pal.* 1958. 1. Doctr. 19 – G.-P. Coulaud, « Protection par le secret professionnel des correspondances entre avocats », *Gaz. Pal.* 1998. Doctr. 136 ; « Réflexions sur la correspondance officielle entre avocats » ; « Correspondances confidentielles échangées entre un avocat et des professionnels n'ayant pas la qualité d'avocats », *Gaz. Pal.* 1998. Doctr. 1586 – O. Lagrave, « La confidentialité tient-elle à un clic ? », *Magazine du barreau de Paris*, avr.-mai 2014, n° 1, 2014 – D. Landry, « La confidentialité des correspondances entre avocats », *Gaz. Pal.* 1998. 1. Doctr. 290 – R. Martin, « La confidentialité des correspondances entre avocats adverses », *JCP* 1994. I. 3787 (et rectif. *JCP* 1994. I. 3792 *bis*) ; « La confidentialité des correspondances entre avocats – Après la loi du 7 avril 1997 », *JCP* 1998. I. 108 – D. Piau, « Unification des règles déontologiques ou guerre picrocholine ? », *Gaz. Pal.* 8-10 janv. 2012, p. 19 ; « Secret professionnel - Confidentialité et… secret défense ? », *Gaz. Pal.* 6-8 nov. 2011, p. 12 ; « De la portée générale et absolue du caractère officiel d'une lettre entre avocats », *Gaz. Pal.* 24-26 juin 2012, p. 7 ; « Comment conclure un accord transactionnel entre avocats sans se faire piéger par la confidentialité ? », *D. avocats* 2013. 90 – D. Piwnica, « Ce que l'on ne peut dire, faut-il le taire ? (à propos des correspondances échangées entre avocats) », *Gaz. Pal.* 2003, Doctr. 2882 – B. Pons, « Correspondances à finalité transactionnelle entre avocats et secret professionnel », *LPA* 26 févr. 2003, n° 41, p. 5 – B. Van de Moortel, « Confidentialité et secret professionnel : pour en finir avec la confusion », *Gaz. Pal.* 6 mai 2003, n° 126, p. 6 ; « Secret professionnel et correspondances entre avocats : la logique de l'absurde », *Gaz. Pal.* 2 mars 2004, n° 62, p. 2 – J.-M. Varaut et L. Ruet, « Secret professionnel et confidentialité dans les professions juridiques et judiciaires », *Gaz. Pal.* 10-12 août 1997, p. 2.

SECTION 1
NATURE DE LA CONFIDENTIALITÉ

421.11 Une construction déontologique. La confidentialité, construction déontologique interne à la profession d'avocat, directement liée aux principes de confraternité[1] et de loyauté[2], a une finalité très claire qui est de permettre et faciliter les échanges entre avocats, quel que soit le support, sans compromettre les intérêts du client et ce dans l'intérêt de ces derniers, notamment afin de pouvoir conduire une négociation en vue d'une transaction, de telle façon à ce qu'en cas d'échec les échanges ne puissent être produits en justice[3]. Elle protège la confidence faite par le confrère adverse et est opposable au client, comme aux tiers.

La confidentialité ne constitue pas un principe général dans tous les pays[4], et l'avocat français doit, avant d'échanger des informations avec un autre avocat dans un cadre international, s'assurer de l'existence, dans le pays où le confrère étranger exerce, de règles permettant d'assurer la confidentialité de la correspondance et, dans la négative, conclure un accord de confidentialité ou demander à son client s'il accepte le risque d'un échange d'informations non confidentielles comme le rappelle l'article 3.3. du RIN, ainsi que l'article 5-3 du code de déontologie des avocats européens[5].

1. V. s^{s} n°s 335.00 s.
2. V. s^{s} n°s 332.00 s.
3. Civ. 1re, 19 mars 1963, *D.* 1963. Jur. 361, note L. Crémieu.
4. V. s^{s} n°s 491.50 s.

421.12 Principe de libre communication et de discrétion. Le principe de libre communication et de discrétion assurée entre avocats, est ancien puisqu'il existait déjà dans l'ancien barreau avant la Révolution et, lorsque les avocats, dits du Marais[6], dispersés pendant cette période se réunirent de manière privée et secrète pour restaurer leurs rapports professionnels, ils les caractérisèrent d'abord par la communication des pièces, c'est-à-dire par la possibilité d'envoyer à un confrère, en toute sécurité quant à sa restitution, la pièce sur laquelle le demandeur fonde son action et pour communiquer entre eux par des lettres confidentielles destinées à justifier vis-à-vis de l'adversaire l'action à intenter contre lui ou la transaction proposée. La question s'est modifiée à partir de l'instant où les avocats devinrent mandataires de leurs clients[7].

En effet, jadis les avocats ne représentaient jamais les parties en raison de l'interdiction d'accepter les mandats qui leur était faite par la déontologie ; les correspondances qu'ils pouvaient donc échanger étaient personnelles et strictement confidentielles. Mais dès lors qu'il fut admis que les avocats pouvaient représenter les clients en certaines matières (tribunaux d'instance, correctionnels, tribunaux administratifs), avant de devenir les mandataires naturels de leurs clients[8], la question devint plus complexe.

La jurisprudence avait donc admis la possibilité de verser aux débats des lettres échangées entre avocats et retraçant un accord définitif, à l'exception de celles confidentielles par nature et ayant trait à la recherche de cet accord[9]. Mais leur portée restait incertaine dès lors que certaines juridictions admettaient que les lettres retraçant des pourparlers et qu'un avocat versait aux débats en violation de ses règles professionnelles pouvaient être retenues à l'appui de leur décision[10].

SECTION 2
ÉVOLUTION DE LA CONFIDENTIALITÉ

421.21 Pratique antérieure. La consultation préalable du bâtonnier avant que ne soit versée une correspondance entre avocats aux débats était sou-

5. Repris à l'article 21.5.3. du RIN – V. s^{s} n°s 422.201 s.
6. J.-M. Varaut, « Les avocats du Marais ou le Barreau sous la Révolution », *La conférence des avocats de Paris : Une école d'éloquence*, Ordre des avocats de Paris, 2010, p. 267 s.
7. V. s^{s} n° 023.76.
8. V. s^{s} n° 431.51.
9. Civ. 1re, 22 mars 1988, n° 86-11.917, P I n° 90 ; *D.* 1988. IR 97.
10. Toulouse, 10 juin 1909, *DP* 1909. 2. 293 ; *in* A. Damien, *Les grands arrêts*, Litec, 1991, p. 68 – T. Seine, 28 janv. 1960, *D.* 1960. 346.

vent requise par les règlements intérieurs[1]. Pour autant elle ne tranchait pas la question, elle ne contraignait pas le tribunal ou la cour à adopter la solution décidée par le bâtonnier et ne mettait pas le confrère qui produisait la lettre à l'abri de poursuites disciplinaires ou pénales. Elle n'interdisait pas non plus à l'avocat qui s'opposait à la production de faire trancher la question par la juridiction saisie. Par exemple, une exception de sursis à statuer jusqu'à ce que le bâtonnier, saisi de l'incident déontologique, ait fait connaître sa décision, ne pouvait être accueillie par la juridiction chargée de juger l'affaire au fond[2].

De plus, la consultation du bâtonnier à cet égard, qui ne constituait pas une décision juridictionnelle, était insusceptible de recours[3]. La jurisprudence consacrait ainsi le principe selon lequel c'est à la juridiction et à elle seule d'apprécier si le caractère confidentiel des lettres entre avocats mettait obstacle à leur production[4].

421.22 Jurisprudence antérieure. Les tribunaux déterminaient si la correspondance échangée et dont ils avaient ordonné qu'elle soit versée aux débats, constituait de simples pourparlers, auquel cas elle demeurait parfaitement confidentielle ou, au contraire, représentait un accord effectif, auquel cas elle pouvait mettre fin au procès et devait être appréciée en justice[5].

Toute utilisation d'une lettre adressée par un avocat qui ne tendrait pas à prouver une convention intervenue, mais seulement à servir d'argument, par exemple dans une discussion relative à une fixation de dommages et intérêts, pouvait constituer une faute professionnelle[6]. En effet, si aucun accord parfait n'avait jamais été conclu entre les parties, cette correspondance devait être rejetée[7].

La limite du système était double. D'une part, il fallait que les avocats recherchant un accord mettant fin au litige aient qualité pour représenter les parties et soient munis d'un mandat exprès à cette fin : dans des matières où existe une obligation d'une représentation par avocat postulant, les avocats plaidants et non chargés de la postulation ne pouvaient échanger de telles lettres retraçant une transaction, susceptibles d'être produites en justice[8]. D'autre part, dans tous les cas où une partie de mauvaise foi demandait et obtenait que soit versée en justice la correspondance échangée entre les avocats, cette correspondance était effectivement versée aux débats et lue par les juges même si sa production était rejetée ultérieurement avec tous les inconvénients que cela pouvait comporter pour le litige en cause.

En outre, s'agissant des correspondances entre avocats ne recherchant pas un accord ou ne faisant pas état des positions de leurs clients respectifs, alors qu'on aurait dû admettre la confidentialité absolue en la matière, la jurisprudence était très large. C'est ainsi qu'elle admettait la production, nonobstant les dispositions du règlement intérieur du barreau, de lettres d'instructions adressées par un avocat à son confrère et le mandatant pour diligenter une procédure. La production de cette correspondance permettant de déterminer l'existence et l'importance d'une faute de négligence de la part de l'avocat mandataire, ce faisant les tribunaux se fondaient sur le droit commun de la preuve et excluaient l'application de la déontologie professionnelle estimant qu'aucun principe d'ordre public, tel que le secret professionnel, n'était réellement en cause[9]. En réalité, la confidentialité des correspondances entre avocats était une véritable peau de chagrin[10].

421.23 Une question controversée. Les règlements intérieurs des barreaux n'adoptaient pas tous les mêmes principes en la matière. Certaines dispositions des règlements intérieurs conféraient aux

1. RIBP, art. 27, 3° – J. Lemaire, *Les règles de la profession d'avocat et les usages du barreau de Paris,* 3e éd., LGDJ, 1975, p. 617 – AUSSI : A. Damien, *Les règles de la profession d'avocats,* 9e éd., Dalloz, 2000, n° 262-1 s.
2. Nanterre, 4 déc. 1975, *Gaz. Pal.* 1976. 1. 181, note A. Damien ; – TOUTEFOIS : Versailles, 28 avr. 1982, *Gaz. Pal.* 1982. 1. 310, note A. Damien ; *D.* 1983. 225 ; *in* A. DAMIEN, *Les grands arrêts*, Litec, 1991, p. 62 – Caen, 25 mars 1987, *Gaz. Pal.* 1987. 2. 448, note A. Damien – Crim. 9 févr. 1988, n° 87-82.709, P n° 63 ; *D.* 1988. 98 ; *Gaz. Pal.* 1988. Somm. 272 ; *JCP* 1988. II. 21056, rapp. J. Dardel.
3. Paris, 27 sept. 1989, *Gaz. Pal.* 1990. 1. 26, note A. Damien – Paris, 16 févr. 1989, *Gaz. Pal.* 1989. 2. 494, concl. M.-A. Lafortune, note A. Damien.
4. Civ. 1re, 12 oct. 1982, n° 81-14.087, P I, n° 282 – PRÉCÉDEMMENT : Civ. 1re, 19 mars 1963, P I, n° 169 – Civ. 1re, 26 juin 1974, n° 72-11.524, PI, n° 210 ; – RAPPR. : Dijon, 10 févr. 1972, *JCP* 1972. II. 17156 – Reims, 3 juill. 1975, *D.* 1976. 52 – Grenoble, 8 déc. 1967, *Journ. de Grenoble* 1968. 40.
5. Soc. 24 avr. 1985, n° 84-60.826, P V, n° 253 ; *D.* 1987. 68, note A. Brunois ; *Gaz. Pal.* 1985. Pan. 293 – Civ. 1re, 22 mars 1988, n° 86-11.917, P I, n° 90 ; *D.* 1988. 97 ; *Gaz. Pal.* 1988. Pan. 31 – Douai, 15 juin 1956, *D.* 1957. 97.
6. Civ. 14 juin 1957, *D.* 1957. 557 – Civ. 1re, 19 mars 1963, P I, n° 169 ; *D.* 1963. 361.
7. Grenoble, 8 déc. 1967, *Journ. de Grenoble* 1968. 40 – Reims, 3 juill. 1975, *D.* 1976. 52 ; – TOUTEFOIS : Besançon, 24 nov. 1982, *Gaz. Pal.* 1983. I. 20 ; *in* A. DAMIEN, *Les grands arrêts*, Litec, 1991, p. 69 – Orléans, 4 mars 1992, *JCP N* 1992. II. 341, note Th. Sanséau ; – RAPPR. : Aix-en-Provence, 18 déc. 1991, *D.* 1994. 134.
8. Versailles, 23 sept. 1982, *Gaz. Pal.* 1983. 1. 174 ; *D.* 1984. 119, note A. Damien ; *in* A. DAMIEN, *Les grands arrêts*, Litec, 1991, p. 54 – POUR un accord parfait : Caen, 6 janv. 1986, *Gaz. Pal.* 1986. 2. 534, note A. Damien – Caen, 23 juin 1988, *Gaz. Pal.* 1988. 2. 715.
9. TGI Tulle, ord. JME, 29 sept. 1983, NP.
10. R. Martin, « La confidentialité des correspondances entre avocats adverses », *JCP* 1994. I. 3787 ; et rectif. *JCP* 1994. I. 3792 *bis*.

lettres un caractère confidentiel qui en interdisait la communication au client[1]. Au cas où les règlements intérieurs de deux barreaux étaient divergents, les tribunaux étaient amenés à trancher. Certains esquivaient la question de la contrariété entre les règlements, jugeant que si la correspondance matérialisait un accord, elle devait être produite aux débats[2]. En outre, les tribunaux n'abandonnaient pas pour autant le pouvoir d'apprécier le caractère confidentiel ou non de la lettre, malgré l'avis du bâtonnier[3].

Cette situation n'était pas satisfaisante et il appartint au CNB, dans le cadre de sa mission d'harmonisation des règles et usages de la profession d'y remédier[4].

421.24 Protection légale du secret professionnel (loi du 7 avr. 1997). La loi du 7 avril 1997[5] vint alors préciser à l'article 66-5 de la loi du 31 décembre 1971 que « les correspondances échangées [...], entre l'avocat et ses confrères, [...] sont couvertes par le secret professionnel ».

L'ancienne pratique de la « levée de confidentialité » devenait lettre morte[6], bien qu'elle soit encore bien présente dans l'esprit des confrères. Elle était au demeurant très dangereuse dans la mesure où, en définitive, la juridiction compétente et elle seule pouvait apprécier si le caractère confidentiel ou non des lettres entre avocats mettait obstacle à leur protection par la confidentialité des correspondances[7].

421.25 Décision d'harmonisation du 17 septembre 1997 et RIH. À la suite de la loi du 7 avril 1997, le CNB prit une décision d'harmonisation en date du 13 septembre 1997, mettant fin aux divergences, sur ce point, entre les différents règlements intérieurs des barreaux, qui fut ensuite intégrée dans le règlement intérieur harmonisé (RIH)[8] en 1999[9].

L'article 3 du RIH posait, à l'instar de la loi[10], le principe de la confidentialité des correspondances entre avocats quel qu'en soit le support[11] : en aucun cas, ces correspondances ne peuvent être saisies, produites en justice ou faire l'objet d'une levée de confidentialité.

Cependant, l'article 3.2 du RIH admettait trois exceptions à ce principe en précisant que n'étaient pas confidentielles :

- les lettres de procédure, c'est-à-dire les correspondances ayant pour unique objet de se substituer à un acte de procédure ; ces lettres ne sont pas en fait des correspondances mais bien des actes de procédure ;
- les correspondances portant la mention « Officiel » ;
- les conventions entre avocats portant la mention « Officiel ».

Bien entendu aucune correspondance portant la mention « Officiel » ne pouvait faire référence à une correspondance confidentielle.

421.26 Exception des courriers « Officiel » (loi du 11 févr. 2004). Toutefois, la loi ne précisant pas l'exception des courriers « Officiel », ces dernières telles que posées par le RIH ont été condamnées par la Cour de cassation qui a considéré que le versement aux débats d'une correspondance entre avocats portant la mention « Officiel » exposait ces derniers à des poursuites sur le fondement de la violation du secret professionnel[12].

C'est la loi du 11 février 2004[13] qui va venir parachever le régime légal de protection de la confidentialité des correspondances entre avocats en précisant qu'elle s'applique « à l'exception pour ces dernières de celles portant la mention "Officiel" ». Les choses devenaient simples :

- soit la lettre ne porte aucune mention et elle est confidentielle, elle ne peut alors faire l'objet, ainsi que ses annexes, d'aucune communication de quelque nature que ce soit, peu importe que les éléments qu'elle contient aient pu figurer dans le cadre d'une lettre officielle.

1. Civ. 1re, 1er févr. 1983, no 82-10.720, P I, no 44 ; *D.* 1984. 118, note A. Brunois ; *JCP* 1983. IV. 118 ; *Gaz. Pal.* 1983. 1. 352, note A. Damien ; pan. 205 ; *in* DAMIEN, *Les grands arrêts*, 1991, p. 71 – Grenoble, 23 déc. 1987, *Gaz. Pal.* 6 déc. 1988, p. 10, note A. Damien.
2. Rennes, 29 janv. 1976, *Gaz. Pal.* 1978. 1. 144 – Paris, 27 nov. 1991, *D.* 1994. Somm. 134 – V. ss no 421.22.
3. Civ. 1re, 12 oct. 1982, no 81-14.087, P I, no 282.
4. G. Augendre, *Rapport final au nom de la Commission des règles et usages du CNB relatif à la confidentialité des correspondances entre avocats*, AG, 17 déc. 1994.
5. L. no 97-308, 7 avr. 1997 modifiant les articles 54, 62, 63 et 66-5 de la loi no 71-1130, 31 déc. 1971 portant réforme de certaines professions judiciaires et juridiques, *JO* 8 avr., p. 5323.
6. Civ. 1re, 7 déc. 2004, no 02-16.562, P I, no 299 ; *D.* 2005. 167, obs. V. Avena-Robardet – Aix-en-Provence, 21 mars 2000, *JCP* 2000. IV. 2902.
7. Civ. 1re, 12 oct. 1982, no 81-14.087, P I, no 282 – V. ss no 421.23.
8. DCN no 1999-001 instituant le règlement intérieur harmonisé, AG 26 et 27 mars 1999.
9. V. ss no 112.22.
10. V. ss no 421.24.
11. POUR UNE OPINION CONTRAIRE : A. Brunois note ss Civ. 1re, 1er févr. 1983, no 82-10.720, P I, no 44 ; *D.* 1984. 118 – AUSSI : J.-M. Varaut et L. Ruet, « Secret professionnel et confidentialité dans les professions juridiques et judiciaires », *Gaz. Pal.* 10-12 août 1997, p. 2.
12. Civ. 1re, 4 févr. 2003, no 00-10.057, P I, no 33 ; *D.* 2003. 601 ; *JCP* 2003. 400 – Angers, 20 avr. 2001, *Gaz. Pal.* 2001. 747, note A. Damien.
13. L. no 2004-130, 11 févr. 2004 réformant le statut de certaines professions judiciaires ou juridiques, des experts judiciaires, des conseils en propriété industrielle et des experts en ventes aux enchères publiques, *JO* 12 févr., p. 2847.

– soit la lettre porte la mention « Officiel », et alors elle ne bénéficie d'aucune protection au titre de la confidentialité, et elle pourra être utilisée et publiée, y compris par un tiers.

Et c'est uniquement dans ce dernier cas qu'une lettre portant la mention « Officiel » peut être « disqualifiée » en lettre confidentielle si elle ne remplit pas les conditions lui permettant d'avoir un caractère officiel.

421.27 Règlement intérieur unifié (RIU) et règlement intérieur national (RIN). À la suite de la loi du 11 février 2004[1], le règlement intérieur unifié (RIU)[2] puis le règlement intérieur national (RIN)[3] sont venus prévoir un article 3.2. du règlement intérieur national dans une rédaction légèrement différente à celle de l'article 3.2. du RIH aux termes de laquelle n'étaient pas confidentielles les correspondances portant la mention « Officiel » et équivalant à un acte de procédure ou ne faisant référence à aucun écrit, propos ou éléments antérieurs confidentiels[4].

421.28 Application de la loi dans le temps. Cet échelonnement de règles a des répercussions en matière d'application de la loi dans le temps. Depuis la loi du 11 février 2004, il faut envisager trois situations : les lettres échangées avant la loi du 7 avril 1997 ; celles postérieures à la loi du 7 avril 1997 mais antérieures à la loi du 11 février 2004 ; et enfin celles échangées depuis la loi du 11 février 2004.

Précisons qu'il a été décidé que la loi du 11 février 2004 ne s'applique pas aux instances pendantes devant la Cour de cassation[5]. En revanche, elle s'applique aux correspondances échangées avant son entrée en vigueur dès lors qu'elles n'ont pas fait l'objet, à cette date, d'un litige quant à leur communication définitivement tranché[6].

Qu'en est-il des correspondances échangées avant la loi du 11 février 2004, mais produites postérieurement ? Dans le cadre d'une instance civile, un avocat produit un échange de lettres concrétisant un accord, dont aucune ne portait la mention « Officiel ». Cet échange est postérieur à la loi du 7 avril 1997 mais antérieur à celle du 11 février 2004. Se pose alors la question de l'application de la loi du 11 février 2004. Le tribunal correctionnel a condamné l'avocat pour violation du secret professionnel, avant que la cour d'appel n'infirme ce jugement et relaxe le prévenu. Pour la cour d'appel, l'exception des correspondances portant la mention « Officiel », n'était pas applicable à la cause puisque la correspondance litigieuse était antérieure à l'entrée en vigueur de la loi du 11 février 2004. Elle est censurée par la Cour de cassation qui leur reproche d'avoir écarté l'application de la loi nouvelle « alors que la production de la correspondance était intervenue postérieurement à l'entrée en vigueur de la loi du 11 février 2004 ». La correspondance litigieuse était donc régie par cette loi et, dans la mesure où les lettres ne portaient pas la mention « Officiel », elles ne pouvaient être produites[7].

1. L. n° 2004-130, 11 févr. 2004 réformant le statut de certaines professions judiciaires ou juridiques, des experts judiciaires, des conseils en propriété industrielle et des experts en ventes aux enchères publiques, *JO* 12 févr., p. 2847.
2. DCN n° 2004-001 instituant le règlement intérieur unifié (RIU) des Barreaux de France, AG 24 avr. 2004 – V. s^s^ n° 112.23.
3. DCN n° 2005-003 portant adoption du règlement intérieur national (RIN) de la profession d'avocat, AG 4 nov. 2005 – V. s^s^ n° 112.25.
4. V. s^s^ n°s 422.10 s.
5. Civ. 1re, 27 sept. 2005, n° 03-19.801, P I, n° 344 ; *D.* 2005. 2704.
6. Civ. 1re, 14 mars 2000, n° 97-17.782, P I, n° 91 ; *D.* 2002. 857, obs. B. Blanchard – Civ. 1re, 3 mai 2006, n° 04-17.259, P I, n° 207 ; *D.* 2006. 1400 – Civ. 1re, 31 janv. 2008, n° 07-12.062, P I, n° 32 ; *JCP* 2008. I. 140, n° 7, obs. F. G'sell.
7. Crim. 4 déc. 2007, n° 06-88.025, P n° 295 ; *BICC* 15 avr. 2008, n° 616 ; *D.* 2008. 301 ; *D.* 2008. 944, obs. B. Blanchard ; *AJ pénal* 2008. 92, obs. G. Royer – DANS LA MÊME AFFAIRE AUSSI : Crim. 8 déc. 2009, n° 09-81.341, NP.

CHAPITRE

422. Confidentialité des correspondances entre avocats

SECTION 0 ORIENTEUR

422.00 Sommaire du chapitre.

Division. La correspondance entre avocats est en principe confidentielle (sect. 1), sauf exception (sect. 2). Cela doit conduire à envisager la question des échanges avec les autorités ordinales (sect. 3), avec un avocat étranger (sect. 4) ou encore avec un professionnel n'ayant pas la qualité d'avocat (sect. 5).

422.01 Textes applicables.

TEXTES TITRÉS

> Confidentialité des correspondances entre avocats

- **L. n° 71-1130, 31 déc. 1971**

art. 66-5 [Protection de la confidentialité par le secret professionnel]

- **RIN**

art. 3 [Confidentialité – Correspondances entre avocats]

> Cas particuliers

- **Décr. n° 2020-1717, 28 déc. 2020**

art. 83 [Intervention d'un avocat au titre de l'aide juridictionnelle]

- **C. pr. civ.**

art. 1560 [Procédure participative]

> Code de déontologie des avocats européens

- **RIN**

art. 21.5.3 [Correspondance entre avocats]

> Autres professions

- **Ord. 10 sept. 1817**

art. 15-2 [Confidentialité – Correspondances avec les avocats au Conseil d'État et à la Cour de cassation]

- **CPI**

art. L. 422-11 [Correspondances avec les conseils en propriété industrielle]

422.02 **Jurisprudences essentielles.**

> Interdiction de la levée de confidentialité par le bâtonnier

• **Civ. 1re, 7 déc. 2004,** no 02-16.562, P I, no 299.

* V. ss nos 412.31, 421.24, 422.93, 422.95.

« [...] Vu l'article 66-5 modifié de la loi du 31 décembre 1971 dans sa rédaction antérieure à la loi no 2004-130 du 11 février 2004 ;

Attendu qu'il résulte de ce texte que toutes les correspondances échangées entre avocats sont couvertes par le secret professionnel ;

Qu'en refusant, dès lors, d'annuler la décision du bâtonnier de l'Ordre des avocats au barreau de la Guyane ayant autorisé la production en justice de correspondances échangées entre avocats alors qu'elle avait été prise en violation du texte susvisé, la cour d'appel a violé ce texte. »

> Pièces jointes à un courrier entre avocats

• **Civ. 1re, 2 oct. 2007,** no 04-18.726, P I, no 314.

* V. ss no 422.63.

« Vu l'article 66-5 de la loi du 31 décembre 1971, dans sa rédaction issue de la loi no 97-308 du 7 avril 1997 ;

Attendu que le secret professionnel couvre l'ensemble des documents faisant l'objet d'une même correspondance échangée entre avocats ; [...]

Attendu que pour déclarer irrecevable l'appel formé par M. X..., l'arrêt attaqué, après avoir considéré que la lettre elle-même n'ayant pas été communiquée et qu'un décompte des sommes dues ainsi qu'un état de frais étaient des actes autonomes, a déduit de ces derniers documents que leur envoi à l'adversaire manifestait la volonté de celui auquel on l'oppose d'accepter la décision intervenue ;

Attendu qu'en opérant ainsi, une distinction entre la lettre elle-même et les pièces qui s'y trouvaient jointes, la cour d'appel a violé le texte susvisé ; »

> Portée d'une lettre entre avocats dépourvue de la mention « Officiel »

• **Civ. 1re, 27 janv. 2004,** no 01-13.976, P I, no 25.

* V. ss no 422.112.

« Attendu que la société Pelat fait grief à l'arrêt attaqué (Paris, 6 juin 2001) d'avoir écarté des débats les correspondances échangées entre les avocats et communiquées par elle sous les numéros 22 à 28 alors, selon le moyen :

1/ que la cour d'appel n'aurait pas répondu au moyen selon lequel la règle "fraus omnia corrumpit" écarte l'application de l'article 66-5 de la loi du 31 décembre 1971 ;

2/ que la confidentialité des lettres entre avocats ne produit aucun effet lorsqu'elle est invoquée pour couvrir la fraude d'une partie réalisée avec la complicité de son conseil ; que la société Pelat soutenait que son propre avocat, M. X..., avait reçu de la SCP Lefèvre, Pelletier et associés, avocat de la société Fideicomi, diverses lettres afin de prolonger artificiellement des négociations qui, dans les prévisions de la société Fideicomi et de son conseil, n'avaient aucune chance d'aboutir et que cette faute dans la négociation se trouvait adroitement occultée par la confidentialité attachée aux lettres entre avocats, ce qui caractérisait une fraude manifeste des parties adverses ; que ces manœuvres caractérisaient également la participation de l'avocat à la fraude de son client et écartaient nécessairement la règle de la confidentialité attachée aux lettres entre avocats ; qu'en décidant pourtant de ne pas ordonner la production des lettres échangées entre avocats, la cour d'appel a violé l'article 66-5 de la loi du 31 décembre 1971, tout aussi bien que la règle "fraus omnia corrumpit" ;

3/ qu'en ne permettant pas la production des pièces litigieuses, la cour d'appel a privé la société Pelat d'un procès équitable et a méconnu le principe de l'égalité des armes, violant ainsi l'article 6.1 de la Convention européenne des droits de l'homme ;

Mais attendu, d'abord, que l'arrêt attaqué, répondant aux conclusions, retient à bon droit, par motifs propres et adoptés, que le principe du secret professionnel est imposé par la loi pour les échanges de correspondances entre avocats de sorte qu'en invoquant ce secret, la société Fideicomi et la SCP d'avocats ne pouvaient encourir le reproche de fraude à la loi ; qu'ensuite, la cour d'appel a décidé à bon droit que le caractère absolu de ce secret ne saurait contrevenir aux dispositions de l'article 6,1, de la Convention européenne des droits de l'homme ; que le moyen, qui ne peut être accueilli en sa première branche, n'est donc pas fondé en ses deux autres branches ».

• **Civ. 1re, 13 déc. 2012,** no 11-12.158, P I, no 257.

* V. ss nos 422.63, 422.96.

« Mais attendu qu'ayant constaté que les décomptes litigieux étaient joints aux courriels adressés par le conseil de M. X... au conseil de la société Axa et faisaient partie de ces correspondances qui ne comportaient pas la mention "officielle", la cour d'appel en a exactement déduit qu'ils étaient couverts par le secret professionnel et, en conséquence, les a, à bon droit, écartés des débats »

> Portée d'une lettre entre avocats portant la mention « Officiel »

• **Civ. 3e, 9 mai 2012,** no 11-15.161, P III, no 74.

* V. ss nos 422.131, 422.151.

« Mais attendu qu'ayant relevé que le conseil de M. X... avait informé le conseil de Mme Z... de l'accord de celui-ci pour la vente du bien immobilier au prix de 310 000 euros par une lettre portant la mention "officielle" à laquelle était jointe une copie de l'offre d'achat signée par M. X... avec la mention "bon pour accord", la cour d'appel, qui a retenu à bon droit que cette lettre n'était pas couverte par le secret professionnel, ce dont il résultait qu'elle pouvait être transmise à M. A..., a pu déduire de ces seuls motifs que l'offre avait été acceptée par tous les coïndivisaires et que la vente était parfaite ».

> Correspondance échangée entre un avocat et un expert-comptable

• **Com. 4 nov. 2014,** no 13-20.322, NP.

* V. ss nos 412.82, 415.46, 422.221.

« Attendu, enfin, que selon l'article 66-5 de la loi du 31 décembre 1971, seules sont couvertes par le secret professionnel des avocats les correspondances échangées entre le client et son avocat ou entre l'avocat et ses confrères ; que le premier président en a déduit à bon droit que ce secret professionnel ne couvre pas les correspondances échangées entre un avocat et l'expert-comptable de son client ».

> Confidentialité des échanges avec le bâtonnier

• **Crim. 22 mars 2016,** n° 15-83.205, P n° 87.

* V. s^s^ n° 422.185.

« Vu les articles 6 de la Convention européenne des droits de l'homme et préliminaire du code de procédure pénale ;

Attendu qu'il se déduit de ces textes que, même si elle est surprise à l'occasion d'une mesure d'instruction régulière, la conversation téléphonique dans laquelle un avocat placé sous écoute réfère de sa mise en cause dans une procédure pénale à son bâtonnier ne peut être transcrite et versée au dossier de la procédure, à moins qu'elle ne révèle un indice de participation personnelle de ce dernier à une infraction pénale ».

422.03 **Bibliographie indicative.**

Encyclopédies. *J.-Cl. Pr. civ.*, fasc. 83-1 : avocats, Déontologie de l'avocat appliquée au juridique, 2014 – *J.-Cl. Civ. Annexes*, fasc. 30 : avocats, Obligations et prérogatives.

Monographies. N. Fricero, *Le Guide des modes amiables de résolution des différends (Mard)*, « Guides Dalloz », 3e éd., 2017 – B. Pons, *Contrat de transaction : Solutions transactionnelles*, « Dalloz Référence », 2013.

Contributions. J.-P. Buyle, « les communications entre l'avocat et son bâtonnier sont couvertes par le secret professionnel », *Liber Amicorum François Glansdorff et Pierre Legros*, Bruylant, 2013, p. 537.

Articles. A. Albarian, « La preuve du caractère fautif de la rupture de relations pré-contractuelles à l'épreuve de la confidentialité des correspondances entres avocats : probation diabolica ? », *RLDC*, suppl. au n° 71, mai 2010, p. 13 – E. Alexander, « La correspondance de l'avocat », *Gaz. Pal.* 1997. 1. Doctr. 212 et *Gaz. Pal.* 1998. 2. Doctr. 873 – Y. Avril, « Lettre entre avocats, la fin d'une querelle », *D.* 2010. Doctr. 1502 – P. Chevalier, « La correspondance entre avocats », *Gaz. Pal.* 1958. 1. Doctr. 19 – G.-P. Coulaud, « Protection par le secret professionnel des correspondances entre avocats », *Gaz. Pal.* 1998. Doctr. 136 ; « Réflexions sur la correspondance officielle entre avocats », *Gaz. Pal.* 1998. 1. Doctr. 464 – O. Lagrave, « La confidentialité tient-elle à un clic ? », *Magazine du barreau de Paris*, avr.-mai 2014, n° 1/2014 – B. Landry, « La confidentialité des correspondances entre avocats », *Gaz. Pal.* 1998. 1. Doctr. 290 – R. Martin, « La confidentialité des correspondances entre avocats adverses », *JCP* 1994. I. 3787 (et rectif. *JCP* 1994. I. 3792 *bis*) ; « La confidentialité des correspondances entre avocats – après la loi du 7 avril 1997 », *JCP* 1998. I. 108 – V. Nioré, « Du secret professionnel de l'avocat : permanence du triomphe et de la déchéance », *Gaz. Pal.* 28-30 nov. 2014, p. 19 – D. Piau, « Unification des règles déontologiques ou guerre picrocholine ? », *Gaz. Pal.* 8-10 janv. 2012, p. 19 ; « Secret professionnel – Confidentialité et… secret défense ? », *Gaz. Pal.* 6-8 nov. 2011, p. 12 ; « De la portée générale et absolue du caractère officiel d'une lettre entre avocats », *Gaz. Pal.* 24-26 juin 2012, p. 7 ; « Comment conclure un accord transactionnel entre avocats sans se faire piéger par la confidentialité ? », *D. avocats* 2013. 90 ; « Le bâtonnier, protecteur et confident nécessaire de ses confrères, là est la victoire, et elle est belle ! », *D. actu.* 6 avr. 2016, « Le droit en débats » – B. Pons, « Correspondances à finalité transactionnelle entre avocats et secret professionnel », *LPA* 26 févr. 2003, n° 41, p. 5 ; « Contrat de transaction, droit de la preuve, et secret professionnel », *Gaz. Pal.* 13-14 févr. 2015, p. 10 – B. Van de Moortel, « Confidentialité et secret professionnel : pour en finir avec la confusion », *Gaz. Pal.* 6 mai 2003, n° 126, p. 6 ; « Secret professionnel et correspondances entre avocats : la logique de l'absurde », *Gaz. Pal.* 2 mars 2004, n° 62, p. 2 – J.-M. Varaut et L. Ruet, « Secret professionnel et confidentialité dans les professions juridiques et judiciaires », *Gaz. Pal.* 10-12 août 1997, p. 2 – C. Weber, A. Duchesne, « Le BYOD dans les cabinets d'avocats », *D. avocats* 2014. 191.

Rapport. F. Poirier, *Protection du secret professionnel et de la confidentialité des échanges propositions d'amendements aux articles 21 et 66-5 de la loi du 31 décembre 1971 et aux articles 100-5, alinéa 3, et 432 du code de procédure pénale*, CNB, AG 14-15 sept. 2012.

SECTION 1
PRINCIPE DE LA CONFIDENTIALITÉ

422.10 **Plan – Définition.** La confidentialité est :

1° Une obligation impérieuse entre avocats (§ 1).

2° Opposable aux tiers ainsi qu'aux clients en toutes circonstances (§ 2).

3° Qui bénéfice de la protection offerte au secret professionnel[1].

La confidentialité n'est pas :

1° Le secret professionnel[2], même si elle bénéfice de la protection de celui-ci.

2° Un accord de confidentialité, qui n'a qu'une valeur contractuelle entre les parties à cet accord et ne bénéficie pas de la protection offerte au secret professionnel[3].

3° La foi du palais[4].

§ 1
Obligation entre avocats

422.20 **Plan – Principe.** En toutes matières, que ce soit dans le domaine du conseil ou dans celui de la défense, les correspondances échangées entre l'avocat et ses confrères sont couvertes par le secret professionnel[5].

Dès lors, tous les échanges entre avocats, verbaux ou écrits quel qu'en soit le support (papier, télécopie, voie électronique…), sont par nature confidentiels[6] (A), mais la portée de cette confidentialité est relative (B).

1. V. s^s^ n°s 422.111 s.
2. V. s^s^ n°s 412.03 s.
3. V. s^s^ n°s 422.53 s. et 451.75 s.
4. V. s^s^ n°s 332.111 s.
5. L. 31 déc. 1971, art. 66-5.
6. RIN, art. 3.1.

A.
Confidence entre avocats

422.30 Plan. Le principe de la confidentialité est conditionné par la qualité d'avocat des parties à l'échange (1°) ce qui implique de préserver une parfaite étanchéité de cette relation à l'égard de tout tiers, y compris des clients (2°).

1°
Condition relative à la qualité d'avocat

422.41 En qualité d'avocat. Il convient que les correspondances aient été échangées entre avocats dans le cadre de leur exercice professionnel. La confidentialité ne se conçoit que dans les rapports entre avocats dans le strict cadre de leur activité d'avocat[1]. S'ils n'interviennent pas en qualité d'avocat, la confidentialité ne s'applique plus[2].

C'est ainsi que n'est pas couvert par la confidentialité, un projet de discussions conduites par l'avocat en qualité de gérant d'une société avec un autre avocat représentant le bailleur, la circonstance que le projet ait été adressé à l'avocat sous la mention « confidentiel » étant insuffisante à le soumettre au devoir de confidentialité de l'avocat[3] ou une attestation demandée par un avocat à son confrère et relatant des faits matériels survenus à une audience ou une expertise, lequel ne saurait être assimilé à une correspondance échangée entre avocats.

Il en est de même de toute correspondance d'un avocat qui n'intervient pas en qualité d'avocat mais en qualité d'employeur d'un salarié de son cabinet, en cas de litige avec ce dernier, ou de patron d'un collaborateur, de président d'une association ou d'un syndicat ou encore celles échangées entre un avocat et un enseignant ès qualités, fut-il par ailleurs avocat[4] : ces correspondances ne sont pas adressées par l'avocat dans l'exercice même de son activité d'avocat et ne sont donc pas couvertes par la confidentialité.

Il en sera, également, de même de l'avocat qui intervient dans le cadre de la commercialisation, à titre accessoire, de biens ou de services connexes à l'exercice de la profession d'avocat[5].

422.42 Activité de fiduciaire. L'avocat qui intervient en qualité de fiduciaire ne peut, dans l'exercice de cette activité, distincte de son activité d'avocat, bénéficier de la confidentialité des échanges entre avocats[6].

1. Pau, 2e ch., 5 nov. 2019, RG n° 17/01713 ; *Gaz. Pal.* 2 juin 2020, p. 37, obs. B. de Belval et J. Villacèque.
2. V. ss nos 412.51 s.
3. CD Paris, arr. n° 24.0065, 31 mai 2005.
4. CNB, Comm. RU, avis n° 2008-060, 13 oct. 2008 ; C. avocat 2021, ss L. 31 déc. 1971, art. 66-5, note 48.
5. V. ss nos 432.81 s.

Par conséquent, dans toute correspondance, quel qu'en soit le support, qu'il établit dans le strict cadre de son activité de fiduciaire, l'avocat doit indiquer expressément sa qualité de fiduciaire. Il doit par ailleurs attirer l'attention du destinataire de sa correspondance sur le caractère non confidentiel, à l'égard des organes de contrôle de la fiducie, des correspondances échangées avec lui au titre de cette mission[7].

Toutefois, une correspondance dépourvue de la mention « Officiel », adressée à l'avocat fiduciaire par un confrère non avisé de cette qualité, demeurera confidentielle[8].

422.43 Signature des correspondances par des salariés non avocats. Seule la signature de l'avocat sur un courrier à destination d'un autre avocat permet de donner au courrier son caractère confidentiel, ce que ne permet pas la signature d'un juriste ou d'un autre salarié du cabinet.

Il est donc recommandé aux avocats de faire apparaître leur signature dans le courrier du salarié, le cas échéant à côté de celle du salarié, pour que celui-ci soit protégé par les garanties liées à la confidentialité[9].

422.44 Avec un avocat au Conseil d'État et à la Cour de cassation. Depuis le 8 août 2015[10], les règles en matière de confidentialité des échanges entre avocats s'appliquent, également, dans les échanges entre avocats et avocat au Conseil d'État et à la Cour de cassation[11].

422.45 Avec un conseil en propriété industrielle. La question est plus délicate s'agissant des échanges entre un avocat et un conseil en propriété industrielle. L'article L. 422-11 du code de la propriété intellectuelle[12] prévoit, en effet, que : « En toute matière et pour tous les services mentionnés à l'article L. 422-1, le conseil en propriété industrielle

6. L. n° 71-1130, 31 déc. 1971 portant réforme de certaines professions judiciaires et juridiques, *JO* 5 janv., art. 66-5, al. 2.
7. RIN, art. 6.2.3.1.
8. L. n° 71-1130, 31 déc. 1971, art. 66-5, al. 2.
9. CNB, Comm. RU, avis n° 2015-043, 31 déc. 2015.
10. L. n° 2015-990, 6 août 2015 pour la croissance, l'activité et l'égalité de chances économiques, *JO* 7 août, p. 13537, art. 58.
11. Ord. 10 sept. 1817 qui réunit, sous la dénomination d'Ordre des Avocats aux Conseils du Roi et à la Cour de cassation, l'Ordre des Avocats aux Conseils et le Collège des Avocats à la Cour de cassation, fixe irrévocablement le nombre des titulaires, et contient des dispositions pour la discipline intérieure de l'Ordre, *Bull. lois,* 7e série, t. V, p. 216, art. 15-2.
12. L. n° 2004-130, 11 févr. 2004 réformant le statut de certaines professions judiciaires ou juridiques, des experts judiciaires, des conseils en propriété industrielle et des experts en ventes aux enchères publiques, *JO* 12 févr., p. 2847, art. 67.

observe le secret professionnel. Ce secret s'étend aux consultations adressées ou destinées à son client, aux correspondances professionnelles échangées avec son client, un confrère ou un avocat, aux notes d'entretien et, plus généralement, à toutes les pièces du dossier ».

La portée du secret professionnel s'agissant des correspondances professionnelles échangées par un conseil en propriété industrielle avec un avocat fait débat. La cour d'appel de Paris a considéré qu'une telle correspondance bénéficiait de la protection attachée au secret professionnel et devait donc être retirée des débats[1], rejoignant en cela d'autres décisions des juges du fond[2]. La Cour de cassation n'a pas encore eu l'occasion de se prononcer sur cette question.

La loi pour la confiance dans l'institution judiciaire est venue prévoir, par voie d'amendement du Sénat, une modification de l'article L. 422-11 afin de préciser que : « En toute matière et pour tous les services mentionnés à l'article L. 422-1, le conseil en propriété industrielle observe le secret professionnel. Ce secret s'étend aux consultations adressées ou destinées à son client, aux correspondances professionnelles échangées avec son client, un confrère ou un avocat, à l'exception pour ces dernières de celles portant la mention "officielle", aux notes d'entretien et, plus généralement, à toutes les pièces du dossier »[3].

Cette disposition devrait mettre un terme aux incertitudes jurisprudentielles et étendre le régime de la confidentialité des échanges entre avocats aux échanges entre avocats et conseils en propriété industrielle.

2°
Condition tenant à la relation entre avocats

422.51 Étanchéité des rapports avocat/client – avocat/avocat. Il convient de veiller scrupuleusement à une parfaite étanchéité des rapports entre l'avocat et son client d'une part, et entre l'avocat et son confrère, d'autre part. En effet, le secret professionnel qui lie l'avocat à son client[4] est opposable à son confrère[5], tandis que la confidentialité qui lie les avocats entre eux est opposable à leurs clients[6].

422.52 Réunions entre clients assistés de leurs avocats. Le secret professionnel ne couvre ainsi que la confidence du seul client à son avocat[7], tandis que la confidentialité ne couvre que les seuls échanges intervenus entre leurs avocats respectifs[8].

Ainsi, lors d'une réunion ou d'un échange de correspondances entre les clients assistés de leurs avocats respectifs, et le cas échéant de tiers (experts...), notamment dans le cadre de processus de négociation, processus collaboratif..., les propos exprimés et documents échangés à cette occasion ne sont en aucun cas couverts par le secret professionnel[9].

422.53 Engagement de confidentialité. Les parties ne sont alors tenues, le cas échéant, que d'une simple obligation, conventionnelle, de confidentialité à condition qu'elles la souscrivent expressément, par un engagement signé avant le début de la réunion[10].

Le barreau de Paris a ainsi recommandé un modèle d'engagement de confidentialité qui peut être soumis à la signature de participants, non avocats, à une réunion de négociation et prévoyant que : « Je m'engage irrévocablement, sauf obligation légale ou injonction de l'autorité légitime, à respecter le caractère strictement confidentiel de l'existence même de ce rendez-vous et de tout ce qui pourrait y être dit ou échangé. Je m'interdis par la présente d'utiliser, de laisser utiliser ou de révéler à quiconque, directement ou indirectement, sous quelque forme que ce soit, notamment à l'occasion d'une procédure judiciaire ou arbitrale, la teneur des propos et, plus généralement, toutes les informations qui auraient pu être échangées verbalement ou par écrit par les participants à cette réunion. J'ai pris note du fait que le non-respect des présentes engagerait ma responsabilité personnelle »[11].

422.54 Engagement de confidentialité – Portée. Les engagements de confidentialité, ou clauses de confidentialité[12], ne bénéficient pas de la protection du secret professionnel[13], et n'ont qu'une nature contractuelle entre les parties audit engagement qui peut se résoudre, en cas de non-respect, par l'allocation de dommages et intérêts, mais en aucun cas par l'impossibilité de produire les éléments en cause[14].

1. Paris, pôle 1, ch. 3, 24 nov. 2015, RG n° 14/16359 ; INFIRMANT : TGI Paris, ord. référé, 4 juill. 2014, RG n° 14/52075.
2. TGI Paris, 3e ch., 1re sect., 7 oct. 2008, RG n° 06/09710 – TGI Paris, 3e ch., 1re sect., 19 juin 2012, RG n° 10/06596 – TGI Paris, 5 juill. 2018, RG n° 15/01623.
3. L. n° 2021-1729, 22 déc. 2021, art. 49.
4. V. ss nos 412.31 s.
5. V. ss nos 412.191 s.
6. V. ss nos 422.81 s.
7. V. ss nos 412.31 s.
8. V. ss nos 422.41 s.
9. CNB, Comm RU, avis n° 2019-023, 19 juin 2019 – CNB, Comm. RU, avis n° 2021-011, 8 avr. 2021 – V. ss n° 451.75.
10. CNB, Comm. RU, avis n° 2021-011, 8 avr. 2021.
11. *Bull. barr. Paris* 2001, n° 33, p. 252 ; *Bull. barr. Paris* 2008, n° 1, p. 6 ; *Bull. barr. Paris* 2011, n° 14, p. 200.
12. A.-S. Lucas-Puget, « La clause de confidentialité », *RCA* 2017, Formule 1.
13. V. ss nos 412.191 s.
14. Soc. 20 nov. 2013, n° 10-28.582, P V, n° 277 ; *JCP S* 2014, n° 20, p. 41, comm. A. Bugada ; *Gaz. Pal.* 22-23 janv. 2004, p. 9, note J.-M. Garinot – Com. 30 juin 2015, n° 13-28.692, NP ; *RDI* 2016. 277, obs. H. Périnet-Marquet ; *AJCA* 2015. 470, note J.-M. Garinot.

Cette solution a d'ailleurs été consacrée, dans le cadre des négociations, par l'article 1112-2 du code civil[1] qui prévoit que : « Celui qui utilise ou divulgue sans autorisation une information confidentielle obtenue à l'occasion des négociations engage sa responsabilité dans les conditions du droit commun »[2].

Il peut être envisagé d'insérer une clause pénale dans l'accord de confidentialité[3].

B.
Portée de la confidentialité

422.61 Relativité de l'étendue de la confidentialité. La confidentialité se caractérise par la même relativité que le secret professionnel[4] mais dans un autre ordre de rapports : lorsque le client fait une confidence à son avocat, dans le but de la révéler à l'adversaire par l'intermédiaire de l'avocat de ce dernier, pour tenter une transaction, une conciliation ou pour formuler des propositions de solution du litige, le secret professionnel ne peut pas jouer dans ce genre d'hypothèse puisque la confidence du client à son avocat est faite pour être révélée mais assortie de certaines conditions de sécurité du dialogue.

Il en est de même pour la confidentialité qui va donc découler du même ordre d'idée mais non plus dans un rapport avocat-client mais dans un rapport avocat-avocat, qui va, entre eux, retracer les propositions de leurs clients et leurs intentions.

422.62 Appréciation du contenu de la correspondance. Il convient en outre d'aller au-delà de l'apparence de la correspondance et de s'attacher à son contenu pour s'assurer qu'il concerne bien un échange afférent à l'exercice de son activité par l'avocat et qu'elle s'attache bien au traitement du dossier[5].

C'est ainsi que ne saurait être couverte par la confidentialité, une correspondance entre avocats qui, si elle mentionne en haut, à gauche, les références d'un dossier, ne contenait aucune allusion à une affaire se contentant de répondre au confrère : « Monsieur, j'ai pris connaissance du contenu de votre nouvelle et délicieuse lettre de dénonciation qui fleure bon celles envoyées au temps de l'occupation allemande à la Gestapo »[6].

De même, qu'il convient de s'assurer, lorsqu'il ne s'agit pas d'une correspondance adressée par un avocat à un autre avocat, que cette correspondance n'implique pas un confrère ou ne révèle pas des échanges entre confrères à des personnes tierces à ces échanges, et notamment aux clients ou à d'autres avocats. Dans ce dernier cas elle sera couverte par la confidentialité dès lors que celui qui s'en prévaudrait se rendrait coupable de recel de violation du secret professionnel[7].

422.63 Documents accessoires à une correspondance entre avocats. La confidentialité couvre l'ensemble des documents faisant l'objet d'une même correspondance échangée entre avocats[8]. Par conséquent, aucune distinction ne doit être faite, dans la correspondance entre deux avocats, entre la lettre couverte par la confidentialité et les documents qui y sont joints[9].

Il en est ainsi dans une affaire où, un avocat avait envoyé à celui de la partie adverse un décompte des sommes dues ainsi qu'un état de ses frais et émoluments de postulation auquel se trouvait jointe une lettre (sans doute d'acquiescement). L'avocat adverse, confirmé dans son analyse par la cour d'appel, avait déduit de ces derniers documents que leur envoi à l'adversaire manifestait la volonté de celui auquel on l'oppose d'accepter la décision intervenue et valait acquiescement ce qui rendait l'appel irrecevable. La partie adverse fit alors valoir que ces documents étaient couverts par la confidentialité s'attachant aux correspondances échangées entre avocats. La cour d'appel, qui avait jugé que les comptes étaient des actes autonomes, non couverts par le secret, est sanctionnée par la Cour de cassation qui décide que c'est l'ensemble de l'envoi qui est couvert par la confidentialité et qu'il n'y a pas lieu d'opérer une distinction entre la lettre elle-même et les pièces qui s'y trouvaient jointes[10].

Tout comme sont confidentiels les décomptes relatifs aux sommes dues entre les parties joints aux courriels adressés par un avocat à son confrère dès lors qu'ils ne comportent pas la mention « Officiel »[11].

1. Ord. n° 2016-131, 10 févr. 2016 portant réforme du droit des contrats, du régime général et de la preuve des obligations, *JO* 11 févr., n° 26.
2. C. civ., art. 1112-2.
3. F. Chénedé, *Le nouveau droit des obligations et des contrats : consolidations – innovations – perspectives,* hc, Dalloz, 2016, n° 22.81.
4. V. s[s] n° 412.62.
5. Aussi : v. s[s] n°s 412.54 et 412.137.
6. Paris, 29 janv. 2009, RG n° 08/00225 – Pour une autre illustration en sens inverse, v. s[s] n° 412.54.
7. V. s[s] n°s 411.91 s.
8. Civ. 1re, 2 oct. 2007, n° 04-18.726, P I, n° 314 ; *JCP* 2008. I. 123, obs. R. Martin ; *JCP* 2008. I. 140, n° 8, obs. F. G'sell ; *D.* 2007. 2678.
9. *Bull. barr. Paris* 2002, n° 27, p. 201 – CNB, Comm. RU, avis n° 2008-091, 18 nov. 2008 ; C. avocat 2021, s[s] L. 31 déc. 1971, art. 66-5, note 22.
10. Civ. 1re, 2 oct. 2007, n° 04-18.726, P I, n° 314 ; *JCP* 2008. I. 123, obs. R. Martin ; *JCP* 2008. I. 140, n° 8, obs. F. G'sell ; *D.* 2007. 2678.
11. Civ. 1re, 13 déc. 2012, n° 11-12.158, P I, n° 257 ; *D.* 2013. 23 ; *D. avocats* 2013. 90, obs. D. Piau ; *RD banc. fin.* 2013, n° 68, note S. Piedelièvre ; *Gaz. Pal.* 2013. 918, note E. Raschel ; *LPA* 23 avr. 2013, p. 8, note R. Laulier – MÊME SENS : Civ. 1re, 1er oct. 2014, n° 13-22.747, NP – V. s[s] n°s 422.131 s.

422.64 **Restitution d'un échange au client.** La confidentialité des correspondances entre avocats, interdit à l'avocat d'adresser à quelque tiers que ce soit, y compris son propre client, les correspondances qu'il reçoit de son contradicteur.

Elle n'interdit pas à l'avocat de restituer le contenu de ces mêmes correspondances à son client à condition de ne pas impliquer son confrère dans cette correspondance.

422.65 **Prudence.** Il incombe aux avocats de respecter le principe de prudence afin de ne pas prendre le risque de voir un échange intervenu entre eux « déconfidentialisé » par le client[1], notamment en remettant à son client une trace écrite du contenu d'une correspondance que lui a adressé son contradicteur[2] ou en adressant directement au client de son contradicteur un courrier, par lequel il prend à partie un confrère en faisant référence à un échange entre avocats, par nature confidentiel[3].

Il appartient également à tout avocat, tenu de respecter la confidentialité des échanges entre avocats, de veiller à ce que des tiers s'abstiennent de verser aux débats une lettre confidentielle dont ils ont été destinataires, en copie, par erreur[4].

§ 2
Opposable aux tiers et aux clients

422.70 **Plan.** La confidentialité des échanges entre avocats bénéficie de la protection offerte au secret professionnel (A) ce qui interdit toute divulgation aux tiers comme aux clients (B), ainsi que toute appréhension par ces derniers (C). La divulgation par un avocat d'un élément confidentiel a des conséquences tant sur le plan civil, pénal que disciplinaire (D).

A.
Bénéficie de la protection offerte au secret professionnel

422.81 **Principe.** La confidentialité des échanges entre avocats bénéficie de la protection offerte au secret professionnel, dès lors que l'article 66-5 de la loi du 31 décembre 1971[5] dispose qu'en toutes matières, que ce soit dans le domaine du conseil ou dans celui de la défense, les correspondances échangées entre l'avocat et ses confrères sont couvertes par le secret professionnel.

Tous échanges entre avocats, verbaux ou écrits quel qu'en soit le support (papier, télécopie, voie électronique...), sont par nature confidentiels, et ne peuvent en aucun cas être produits en justice[6], ni faire l'objet d'une levée de confidentialité[7].

422.82 **Conséquences.** Les correspondances entre avocats ne peuvent être ni saisies ni versées aux débats judiciaires[8], qu'ils soient civils ou pénaux. Elles sont couvertes par le secret professionnel, dans les mêmes termes et suivant les mêmes conditions ainsi que sous les mêmes sanctions[9] : la confidentialité des correspondances entre avocats, quel qu'en soit le support, y compris les courriels[10] ou messages entre avocats via le Rpva, est couverte par le secret professionnel imposé par la loi et sanctionnée pénalement[11].

Peu importe que ces mêmes correspondances, dépourvues de la mention « Officiel » soient relatives à la transmission de l'assignation, au déroulement de la procédure et aux coordonnées d'un avocat intervenant, elles sont couvertes par le secret professionnel et doivent donc être retirées des débats[12].

B.
Interdiction de toute divulgation à des tiers et aux clients

422.91 **Vis-à-vis des clients.** Les clients ne peuvent en aucun cas réclamer à leur avocat la communication ou la restitution de la correspondance échangée avec son confrère adverse durant la procédure[13]. Seules les pièces confiées par le client à l'avocat peuvent être l'objet d'une demande de restitution ainsi que les correspondances portant la mention « Officiel ».

Toute autre pièce, note, correspondance est la propriété exclusive de l'avocat et est couverte par le secret professionnel. Elles ne peuvent donc faire l'objet d'une demande de restitution par le client à l'avocat, et si elles sont transmises au successeur, celui-ci sera alors tenu, notamment à l'égard de son client, du devoir de confidentialité de son prédécesseur[14].

422.92 **Vis-à-vis des magistrats.** Aucune correspondance entre avocats, écrite ou verbale, ne saurait

1. Paris, avis n° 207963, 7 sept. 2010 – Paris, avis n° 207156, 26 oct. 2010.
2. CNB, Comm. RU, avis n° 2008-092, 28 mars 2008 ; C. avocat 2021, ss L. 31 déc. 1971, art. 66-5, note 45.
3. Paris, avis n° 205169, 6 juill. 2010.
4. Paris, avis n° 202360, 9 mars 2010 – Aussi : v. ss n° 412.137.
5. L. n° 71-1130, 31 déc. 1971, art. 66-5.
6. Aix-en-Provence, ch. 1-11 *OP*, 26 mars 2019, RG n° 17/01301.
7. RIN, art. 3.1.
8. Paris, pôle 2, ch. 1, 15 nov. 2011, n° 11/00538.
9. V. ss nos 411.63 s.
10. CNB, Comm. RU, avis n° 2008-010, 23 janv. 2008 ; C. avocat 2021, ss L. 31 déc. 1971, art. 66-5, note 25.
11. V. ss nos 411.63 s.
12. Civ. 1re, 15 oct. 2014, n° 13-22.952, NP – Aussi : v. ss n° 452.62.
13. CNB, Comm. RU, avis n° 2018-026, 25 juin 2018.
14. V. ss n° 484.113 – CD Paris, arr. n° 212544, 24 juin 2014.

être portée à la connaissance d'un magistrat, ce compris celle qui viendrait à indiquer que le client accepterait la décision rendue et donc aurait renoncé à faire appel : une telle correspondance, dépourvue de la mention « Officiel », ne saurait être produite aux débats aux fins de faire déclarer l'appel irrecevable[1].

À cet égard il convient de rappeler qu'une assignation ne saurait faire état de discussions confidentielles entre avocats, tout comme ces mêmes discussions confidentielles ne sauraient être portées à la connaissance d'un magistrat afin de solliciter une demande de renvoi : les avocats doivent alors, simplement, solliciter un renvoi d'un commun accord sans en préciser les raisons. C'est ainsi que, manque au devoir de confidentialité, l'avocat qui écrit une lettre au tribunal dans laquelle il révèle l'existence de pourparlers et d'un projet de protocole reconnu comme confidentiel[2].

422.93 **Même matérialisant un accord.** Même si les échanges entre avocats ont conduit à matérialiser un accord entre leurs clients respectifs, ils ne peuvent en aucun cas être communiqués par la suite afin d'apporter la preuve d'un accord[3], ou pour faire constater qu'une transaction est intervenue[4]. Il en est de même de tous les éléments échangés et de toutes les pièces transmises et obtenues consécutivement à un échange entre avocats dans le cadre de pourparlers lesquels doivent être retirés des débats s'ils y sont versés par la suite[5].

Il en est ainsi d'un protocole d'accord actant l'accord des époux pour la régularisation d'une convention de divorce ainsi que le projet d'état liquidatif établi par notaire qui y est annexé, résultat de négociations intervenues entre avocats mais qui n'ont pas abouti, lesquels demeurent confidentiels et ne peuvent pas être produits en justice[6] ou de lettres de pourparlers échangées entre avocats en vue du règlement amiable d'un divorce qui auraient été remises par l'un des avocats à son client, au motif qu'elles contiendraient la preuve d'une tentative de chantage, dès lors que l'avocat n'est tenu d'aucune obligation de dénoncer un délit de chantage éventuellement constitué par ces lettres, cette prétendue obligation ne pouvant justifier la violation de la confidentialité des échanges entre avocats[7].

422.94 **Principe de loyauté.** Il y a au demeurant lieu de constater qu'il y aurait une certaine déloyauté dans l'obtention des éléments de preuve que d'utiliser des pièces obtenues dans le cadre de pourparlers que l'on savait confidentiels dans une procédure contentieuse ultérieure.

L'efficacité des pourparlers entre avocats implique la pleine confiance des avocats dans leurs relations et la certitude qu'aucun d'entre eux ne manquera à sa parole[8].

422.95 **Absence de pouvoir du bâtonnier pour lever la confidentialité des correspondances entre avocats[9].** Le bâtonnier ne peut en aucun cas lever la confidentialité de correspondances entre avocats[10]. Comme a pu le juger une cour d'appel : « l'obligation au secret professionnel s'oppose à ce que les correspondances échangées entre avocats soient produites aux débats et la levée de la confidentialité par un bâtonnier concerné est inopérante »[11].

La Cour de cassation a eu l'occasion de réaffirmer cette solution en considérant que s'il appartient au bâtonnier de régler les différends entre avocats, il revient à la seule juridiction saisie de la contestation de décider des pièces pouvant être produites devant elle[12].

422.96 **Abus de confidentialité.** L'avocat ne saurait en aucun cas se délier de la confidentialité des échanges qu'il a pu avoir avec un confrère. Pour autant, ce même avocat ne peut, sans manquer aux principes de loyauté et de confraternité, soutenir, notamment dans ses écritures, ce qu'il sait être contraire à la réalité des faits couverts par la confidentialité.

L'abus de confidentialité est une construction déontologique, qui n'a pas de portée sur le plan civil

1. Civ. 2e, 4 déc. 2014, nos 13-25.469, 13-26.096, NP.
2. CD Paris, arr. no 21.4975, 27 mai 2003 – CD Paris, arr. no 23.8472, 25 avr. 2006.
3. Civ. 1re, 4 févr. 2003, no 00-10.057, P I, no 33 ; *D.* 2003. 601 ; *JCP* 2003. II. 10035, concl. J. Sainte-Rose ; *JCP* 2003. I. 128, no 11, obs. L. Cadiet ; *JCP* 2003. I. 140, no 20, obs. R. Martin ; *Gaz. Pal.* 13-15 avr. 2003, p. 8, note Ch. Raoult ; *LPA* 2003, no 41, note Pons – Civ. 1re, 13 nov. 2003, no 01-17.180, P I, no 225 ; *D.* 2003. 2930 – Civ. 1re, 7 déc. 2004, no 02-16.562, P I, no 299 ; *D.* 2005. 167, obs. V. Avena-Robardet – Civ. 1re, 25 mai 2005, no 03-21.022, NP.
4. Civ. 1re, 29 mai 2001, no 99-21.678, NP.
5. Paris, avis no 201046, 4 févr. 2010.
6. Paris, avis no 199369, 7 déc. 2009.
7. Civ. 1re, 1er févr. 1983, no 82-10.720, P I, no 44 ; *D.* 1984. 118, note A. Brunois ; *JCP* 1983. IV. 118 ; *Gaz. Pal.* 1983. 1. 352, pan. 205, note A. Damien ; *in* A. DAMIEN, *Les grands arrêts*, Litec, 1991, p. 71 – V. ss nos 422.161 s.
8. V. ss nos 332.70 s.
9. *Bull. barr. Paris* no 5/2001, p. 37 – Paris, avis no 219437, 3 avr. 2012 – CNB, Comm. RU, avis no 2006-027, 25 avr. 2006 – CNB, Comm. RU, avis no 2005-008, 8 avr. 2005 – CNB, Comm. RU, avis no 2009/046, 27 juill. 2009 ; C. avocat 2021, ss L. 31 déc. 1971, art. 66-5, note 9.
10. Civ. 1re, 7 déc. 2004, no 02-16.562, P I, no 299 ; *D.* 2005. 167, obs. V. Avena-Robardet.
11. Aix-en-Provence, 21 mars 2000, *JCP* 2000. IV. 2902.
12. Civ. 1re, 15 déc. 2011, no 10-25.437, P I, no 213 ; *D.* 2012. AJ 157, obs. Y. Avril ; *RTD civ.* 2011. 148, obs. R. Perrot ; *Gaz. Pal.* 10 janv. 2012, p. 12, obs. D. Piau ; *Gaz. Pal.* 29-31 janv. 2012, p. 15, obs. G. Deharo ; *Gaz. Pal.* 24-26 juin 2012, p. 16, obs. A. Lizop ; *Procédures* 2012, no 41, note L. Weiller ; *Dr. et pr.* 2012. 85.

et a même été expressément écartée par la Cour de cassation au regard des moyens d'un pourvoi [1], mais qui consiste à rappeler à l'avocat qui manquerait à un engagement pris envers l'un de ses confrères qu'un tel manquement constitue une atteinte aux principes de loyauté [2], et de confraternité [3], et qu'il lui appartient de respecter la parole donnée et de ne pas se contredire au regard de ses propres engagements.

À défaut, il serait susceptible de faire l'objet de poursuites disciplinaires au même titre que celui qui violerait la confidentialité en communiquant la correspondance révélant la réalité de la teneur des propos [4].

C.
Interdiction de toute appréhension par des tiers ou le client

422.101 Application des principes posés pour le secret professionnel. Les principes posés pour le secret professionnel sont pleinement applicables ici [5], y compris dans le cadre des perquisitions [6], des écoutes téléphoniques [7] et des relations de l'avocat avec l'administration [8].

422.102 Enregistrement d'un confrère par un autre. Envisagé sous l'angle de la loyauté de la preuve, un tel procédé est *a priori* irrecevable [9]. En outre, un tel enregistrement est couvert par la confidentialité des correspondances même dans l'hypothèse où cet enregistrement, à l'insu d'un confrère, aurait pour objet de disculper l'avocat au nom du droit de se défendre reconnu à tout accusé par la Conv. EDH et des libertés fondamentales. La Cour de cassation, a considéré que les droits de la défense ne justifient pas qu'un avocat puisse, dans l'exercice de ses fonctions, enregistrer à l'insu d'un confrère, une conversation professionnelle en vue de sa divulgation, au prétexte qu'une mise en examen pouvait être prononcée contre lui [10].

Rappelons, en outre, qu'aux termes de l'article 226-1 du code pénal, constitue un délit d'atteinte à la vie privée, le fait au moyen d'un procédé quelconque d'avoir capté, enregistré ou transmis sans le consentement de leur auteur des paroles prononcées à titre privé ou confidentiel. Un tel enregistrement d'un confrère constituerait donc un délit et sur le plan déontologique une grave atteinte au principe essentiel de loyauté [11].

D.
Conséquences de la divulgation

422.111 Rejet des débats. Toute correspondance [12] entre avocats qui viendrait à être produite devant une juridiction ne pourrait qu'être rejetée des débats [13], et ce, qu'il s'agisse d'un courriel joint à un autre courriel entre avocats, par nature confidentiel, et qui emprunte donc la même nature que ce dernier et ne peut, en conséquence, faire l'objet ni d'une communication au client ni d'une production en justice [14], d'une offre effectuée dans le cadre de la procédure d'offre instituée par la loi du 5 juillet 1985 [15] en matière d'accident de la circulation, dès lors que cette offre passe par l'intermédiaire d'un avocat [16] : il appartient aux avocats de faire une telle offre dans le cadre d'une correspondance portant la mention « Officiel » [17].

Il en est de même des courriers échangés avec le *dominus litis*, nonobstant le fait qu'ils ne contiendraient qu'une simple transmission de pièces et conclusions [18].

422.112 Caractère absolu. La Cour de cassation a clairement reconnu le caractère absolu de la confidentialité des échanges entre avocats en considérant que la partie qui invoque la confidentialité pour refuser la production de pièces ne saurait encourir le reproche de fraude à la loi.

C'est ainsi que, dans une affaire où une société qui se plaignait d'une rupture abusive de pourparlers, reprochant à l'autre partie d'avoir mis en œuvre une négociation pour temporiser la conclusion du

1. Civ. 1re, 13 déc. 2012, n° 11-12.158, P I, n° 257 ; *D.* 2013. 23 ; *D. avocats* 2013. 90, obs. D. Piau ; *RD banc. fin.* 2013, n° 68, note S. Piedelièvre ; *Gaz. Pal.* 2013. 918, note E. Raschel ; *LPA* 23 avr. 2013, p. 8, note R. Laulier.
2. V. ss nos 332.65 s.
3. V. ss n° 332.115.
4. V. ss nos 422.115 s.
5. V. ss nos 412.191 s.
6. V. ss nos 414.21 s.
7. V. ss nos 414.201 s.
8. V. ss nos 413.10 s.
9. V. ss nos 453.41 s.
10. Civ. 1re, 3 janv. 1991, n° 89-12.738, P I, n° 4 ; *JCP* 1991. IV. 73 ; *D.* 1991. 30 ; *Gaz. Pal.* 1991. Pan. 66 – RAPPR. : Paris, 4 juill. 1990, 65, 3 août 1991, p. 10 – Pour un cas d'espèce différent, v. ss n° 412.44.
11. V. ss nos 332.00 s.
12. V. ss nos 412.242 et 452.101 s.
13. Douai, ch. 2, sect. 1, 22 févr. 2018, RG n° 16/04859 – Metz, ch. com., 8 nov. 2018, RG n° 16/04270 – Besançon, ch. soc., 13 nov. 2018, RG n° 18/01055 – Aix-en-Provence, ch. 1-3, 28 févr. 2019, RG n° 18-13609 – Bastia, ch. civ., sect. 2, 17 juill. 2019, RG n° 17/00497.
14. Paris, avis n° 209894, 9 nov. 2010.
15. L. n° 85-677, 5 juill. 1985 tendant à l'amélioration de la situation des victimes d'accidents de la circulation et à l'accélération des procédures d'indemnisation, *JO* 6 juill., p. 7584.
16. TGI Paris, 24 avr. 1990, *Gaz. Pal.* 9 avr. 1991, 6.
17. V. ss nos 422.131 s.
18. CNB, Comm. RU, avis n° 2004-023, 1 avr. 2004 ; C. avocat 2021, ss L. 31 déc. 1971, art. 66-5, note 20.

contrat avec une société tierce, et avait voulu fonder son action en indemnisation sur des correspondances échangées entre avocats dans le cadre des pourparlers, la Cour de cassation approuve le retrait de ces correspondances des débats en précisant que la partie qui se prévaut de la confidentialité ne saurait encourir le reproche de fraude à la loi[1].

422.113 Même en vue de poursuites disciplinaires. Les propos tenus dans une correspondance entre un avocat français et un avocat américain (tel juge y étant présenté comme un faussaire), qui n'était pas destinée à être ultérieurement rendue publique et ne l'a été qu'à raison d'un manquement de l'avocat étranger à ses engagements, ne sauraient donner lieu à sanction disciplinaire en raison de la confidentialité attachée, en France, à un tel échange[2].

Il en irait différemment dans l'hypothèse de propos de l'un des avocats envers son contradicteur, destinataire de la correspondance et dont la teneur n'apparaîtrait pas conforme aux principes essentiels, et à condition que les poursuites soient engagées sur le fondement d'un manquement à ces mêmes principes essentiels[3].

Tel ne sera pas le cas si les poursuites sont engagées sur le fondement de la diffamation[4]. En effet, pour la Cour de cassation, dès lors que la lettre litigieuse, non revêtue de la mention « Officiel », a été adressée par un avocat à un autre avocat, à l'occasion d'une procédure judiciaire en cours, elle est couverte par le secret professionnel. Par conséquent, les expressions contenues dans cette correspondance entre avocats, visant son destinataire et des tiers, ne sauraient constituer l'infraction disciplinaire poursuivie, sous la qualification de diffamation non publique[5]. En l'occurrence, un avocat avait dénié à un autre avocat la qualité de confrère pour avoir assuré la défense de la « racaille policière », et refusait de transmettre à son client la demande d'exécution de la condamnation, s'insurgeant contre le fait que, « depuis 1940, la police puisse compter sur la collaboration du barreau pour défendre ses intérêts ».

422.114 Violation du secret professionnel. L'avocat qui communiquerait une correspondance avec un confrère, à un tiers, à son client ou en justice, commettrait le délit de violation du secret professionnel[6] et encourrait des sanctions pénales, et ce quand bien même le contenu de la correspondance aurait pu donner lieu à une lettre officielle[7].

422.115 Manquement à la confraternité. Le fait pour un avocat de s'affranchir de la confidentialité attachée aux correspondances entre avocats, constitue non seulement un manquement au secret professionnel, mais également un manquement aux principes de confraternité et de loyauté ainsi qu'un manquement grave à l'honneur, à la probité et à la délicatesse.

L'ordre ou le fait du client ainsi que les circonstances particulières de l'affaire, une cause étrangère, même impérative, imprévisible, irrésistible ou inévitable[8], ne peuvent être invoqués comme faits justificatifs au manquement à la parole donnée par un avocat à son confrère dans le cadre d'un échange entre avocats. Ce faisant, l'avocat a ainsi abusé de la confiance confraternelle placée en lui, confiance consubstantielle à la profession d'avocat sans laquelle sa mission ne peut s'accomplir et il soutiendrait vainement que les circonstances de l'affaire lui auraient imposé de privilégier les intérêts de son client au détriment de cette même confiance, qu'aucune circonstance de fait ne doit permettre de trahir[9].

422.116 Sanction disciplinaire. Encourt des sanctions disciplinaires l'avocat qui viendrait à manquer aux principes rappelés ci-dessus. C'est ainsi que manque à l'honneur, la loyauté et la confraternité, l'avocat qui verse au débat des lettres à caractère confidentiel revêtues, par ses soins, de la mention « Officiel »[10] ou glisse subrepticement des pièces confidentielles dans un dossier, au mépris de l'honneur de sa condition[11].

Tel est aussi le cas de celui qui, dessaisi de l'affaire, communique à ses anciens clients des lettres reçues de son confrère adverse[12] ou de celui qui remet à son client une lettre non officielle que lui a adressée son confrère et contradicteur, et remet ses conclusions directement à la partie adverse avant de les signifier par Rpva en portant dans celles-ci des accusations graves mettant directement en cause

1. Civ. 1re, 27 janv. 2004, n° 01-13.976, P I, n° 25 ; *D.* 2004. 537 ; *RLDC* 2004/5, n° 166, note E. Jeuland ; *RTD civ.* 2005. 384, obs. J. Mestre et B. Fages – V. ss n° 422.96.
2. Civ. 1re, 14 juin 2007, n° 04-20.396, P I, n° 229 ; *D.* 2007. 3041, obs. F. Bérenger.
3. Aussi : v. ss n° 422.62.
4. V. ss n° 454.201 s.
5. Civ. 1re, 15 juin 2016, n° 15-10.966, NP.
6. V. ss nos 411.63 s.
7. Crim. 4 déc. 2007, n° 06-88.025 ; P n° 295 ; *BICC* 15 avr. 2008, n° 616 ; *D.* 2008. 301 ; *D.* 2008. 944, obs. B. Blanchard ; *AJ pénal* 2008. 92, obs. G. Royer ; – DANS LA MÊME AFFAIRE : Crim. 8 déc. 2009, n° 09-81.341, NP.
8. Civ. 1re, 1er déc. 1993, n° 91-20.953, NP ; *D.* 1995. 162, note A. Brunois ; *Gaz. Pal.* 29 mars 1994, p. 6 – E. Robinot-Lafortune et A. Damien, « La foi du Palais, rempart de la confiance confraternelle entre avocats », *Gaz. Pal.* 29 mars 1994, p. 2.
9. Civ. 1re, 1er déc. 1993, n° 91-20.953, NP ; *D.* 1995. 162, note A. Brunois ; *Gaz. Pal.* 29 mars 1994, p. 6 – V. ss n° 422.96 – S'agissant de la foi du Palais, v. ss nos 332.115 s.
10. CD Paris, arr. n° 241049, 31 déc. 2013.
11. Paris, 22 sept. 1993, *Gaz. Pal.* 28 oct. 1993, p. 14.
12. CD Paris, arr. n° 22.2807, 31 déc. 2004.

son confrère, sans la moindre preuve et sans avoir sollicité le visa du bâtonnier[1].

C'est ainsi que fut sanctionné d'une peine de trois ans d'interdiction d'exercice, l'avocat qui considérant, de sa propre initiative, comme officielles des lettres reçues de son contradicteur les avait reproduites en son intégralité et mot pour mot dans l'assignation dirigée contre le client de ce confrère[2].

SECTION 2
EXCEPTIONS AU PRINCIPE DE LA CONFIDENTIALITÉ

422.120 **Plan.** Par exception, les correspondances portant la mention « Officiel », et répondant à un certain nombre de conditions, ne sont pas couvertes par le principe de confidentialité (§ 1). Des exceptions spécifiques sont prévues en matière d'aide juridictionnelle ou dans le cadre de procédures participatives (§ 2).

§ 1
Échange portant la mention « Officiel »

422.131 **Exception des correspondances portant la mention « Officiel ».** L'article 66-5 de la loi du 31 décembre 1971 pose une exception au principe de confidentialité des correspondances entre avocats : « à l'exception pour ces dernières de celles portant la mention "Officiel" » et dont la portée, dès lors qu'elle en remplit les conditions (A), est générale et absolue (B). Il en va ainsi de l'accord transactionnel « Officiel » (C).

Ainsi, si les avocats peuvent échanger, de manière exceptionnelle, des courriers portant la mention « Officiel », encore faut-il que ces mêmes avocats en aient clairement manifesté la volonté dès l'origine et qu'ils aient expressément porté sur leurs correspondances la mention « Officiel »[3] comme le prévoit la loi.

S'agissant d'une exception[4], l'avocat ne peut y avoir recours de manière abusive ou systématique[5].

A.
Conditions

422.141 **Conditions d'une correspondance « Officiel ».** Conformément à l'article 3.2. du RIN, les correspondances entre avocats doivent, pour pouvoir être officielles, remplir trois conditions cumulatives :

1° Mentionner le terme « Officiel » ;

2° Être équivalentes à un acte de procédure ou[6] ne faire référence à aucun écrit, propos ou éléments antérieurs confidentiels ;

3° Respecter les principes essentiels.

L'article 3 du RIN se borne à préciser les cas dans lesquels s'applique l'article 66-5 de la loi du 31 déc. 1971, sans y ajouter une condition qui serait illégale[7].

Le principe de loyauté[8] impose la plus grande rigueur dans le contenu et la forme des courriers officiels, comme dans l'utilisation qui peut en être faite[9].

422.142 **Première condition : Impérieuse nécessité de mentionner « Officiel ».** Il est impératif que le support de la correspondance ou de l'échange mentionne expressément et sans ambiguïté le terme « Officiel ».

Cette mention doit être claire et ne saurait être rajoutée *a posteriori*. Ainsi, une lettre entre avocats, même qualifiée de lettre en la forme de procédure, ne peut en aucun cas être produite devant le juge, dès lors qu'elle ne revêt pas la mention « Officiel »[10]. Dès lors, même la lettre équivalente à un acte de procédure évident (sommation de communiquer, communication de pièces ou conclusions...) doit, pour ne pas être confidentielle, porter la mention « Officiel »[11].

En aucune manière une correspondance ne comportant pas la mention « Officiel » ne peut évoluer

1. CD Paris, arr. n° 242704, 25 févr. 2014.
2. Civ. 1re, 18 mai 2004 n° 02-10.437, NP.
3. Civ. 3e, 9 mai 2012, n° 11-15.161, P III, n° 74 ; *D.* 2012. 1343 ; *D. actu.* 4 juin 2012, Brève. N. Le Rudulier ; *Gaz. Pal.* 24-26 juin 2012, p. 9 note D. Piau ; *JCP* 2012. 1121, n° 4, obs. C. Caseau-Roche ; *Dr. et patr.* 2013. 80, obs. B. Chaffois.
4. *Bull. barr. Paris* 2002, n° 7, p. 48.
5. Paris, avis n° 218291, 10 avr. 2012 – Paris, avis n° 223137, 20 juin 2012.
6. Civ. 1re, 12 oct. 2016, n°15-14.896, P ; *JCP* 2016. 1165, obs. S. Grayot-Dirx ; *D.* 2016. 2171 ; *Gaz. Pal.* 28 oct. 2016, p. 51, obs. C. Berlaud ; *D* 2017. 635, note A. Andorno ; *Gaz. Pal.* 6 juin 2017, p. 22, obs. B. de Belval.
7. CE 27 mai 2006, *Yvetot (Cne)*, req. n° 265494, *Lebon.*
8. V. ss nos 332.00 s.
9. CNB, Comm. RU, avis n° 2016-084, 14 févr. 2017.
10. CNB, Comm. RU, avis n° 2009-051, 10 sept. 2009 ; C. avocat 2021, ss L. 31 déc. 1971, art. 66-5, note 25 – Civ. 1re, 4 févr. 2003, n° 00-10.057, P I, n° 33 ; *D.* 2003. 601 ; *JCP* 2003. 400 – Civ. 1re, 13 déc. 2012, n° 11-12.158, P I, n° 257 ; *D.* 2013. 23 ; *D. avocats* 2013. 90, obs. D. Piau ; *RD banc. fin.* 2013, n° 68, note S. Piedelièvre ; *Gaz. Pal.* 2013. 918, note E. Raschel ; *LPA* 23 avr. 2013, p. 8, note R. Laulier – Civ. 1re, 15 oct. 2014, n° 13-22.952, NP – Civ. 1re, 15 juin 2016, n° 15-10.966, NP – Douai, ch. 2, sec. 1, 22 févr. 2018, RG n° 16/04859 – Metz, ch. com., 8 nov. 2018, RG n° 16/04270 – Besançon, ch. soc., 13 nov. 2018, RG n° 18/01055 – Bastia, ch. civ., sec. 2, 17 juill. 2019, RG n° 17/00497.
11. CNB, Comm. RU, avis n° 2007-037, 20 juin 2007 – CNB, Comm. RU, avis n° 2007-060, 21 déc. 2007 ; C. avocat 2021, ss L. 31 déc. 1971, art. 66-5, note 24 – Besançon, 18 janv. 2019, RG n° 18/00558 ; – CONTRA : Colmar, 3e ch. A, 3 déc. 2018, RG n° 17/02487 – Aussi : v. ss nos 452.62 s.

par la suite en lettre officielle. Dès lors, doivent être écartées des débats toutes correspondances entre avocats ne comportant pas la mention « Officiel », lesquelles sont confidentielles [1], peu importe que l'absence de cette mention relèverait d'une omission [2], ainsi que les pièces qui y étaient annexées [3].

422.143 Deuxième condition : être équivalent à un acte de procédure ou ne faire référence à aucun écrit, propos ou éléments antérieurs confidentiels. La correspondance pour pouvoir porter la mention « Officiel » doit être équivalente à un acte de procédure : sommation de communiquer [4], communication d'écritures et pièces, demande de communication, notification des voies de recours [5]...

Si elle n'est pas équivalente à un acte de procédure, elle se doit, en tout état de cause, de ne faire référence à aucun écrit, propos ou éléments antérieurs confidentiels : il n'est pas possible de se référer à une lettre confidentielle, ou à des propos confidentiels, dans une lettre portant la mention « Officiel » [6]. Par conséquent, même si la mention « Officiel » est apposée sur la lettre envoyée à un autre avocat, la simple référence directe à une lettre ne portant pas la mention « Officiel », donc confidentielle, enlève au courrier son caractère officiel [7]. Un courrier officiel ne peut pas plus faire référence à un entretien ou à un courrier confidentiel [8], tel que « je fais suite à nos échanges », « comme indiqué lors de notre conversation téléphonique du... » ou « tel que mentionné dans votre correspondance en date du... ». C'est ainsi que doit être considérée comme confidentielle une lettre portant la mention « Officiel » mais faisant référence à l'existence de pourparlers confidentiels, ou celle portant la mention « Officiel » émise en réponse à une mise en demeure dès lors qu'elle fait référence à des échanges confidentiels entre avocats [9].

422.144 Troisième condition : respecter les principes essentiels. La correspondance pour pouvoir porter la mention « Officiel » doit, enfin, respecter, en toutes circonstances, les principes essentiels de la profession [10] ainsi que les règles déontologiques qui en découlent, ce qui s'impose avec d'autant plus de rigueur qu'elle est susceptible d'être produite en justice.

Les principes de probité, de loyauté, de confraternité, de délicatesse et de courtoisie doivent permettre d'éviter les abus et les débordements dans la pratique des correspondances officielles [11] : leur vocation exclusive est de formaliser la position de la partie représentée par l'avocat qui en est l'auteur, faisant que ce dernier doit se limiter à un exposé succinct et objectif des faits ou de la demande, et s'interdire tout commentaire, toute mise en cause, toute polémique et plus généralement tout propos ou argument de nature à être perçu comme un moyen de pression [12]. L'avocat doit impérativement s'abstenir d'y évoquer la position de la partie adverse [13], plus encore de la présumer [14] et, en particulier, proscrire toute référence à celle-ci, même précédée de formules telles qu'« il semble que », et même en utilisant le conditionnel [15] ou des formules équivoques ou prêtant à polémique telle que « vous suggérez » ou « en dépit d'une première demande en ce sens » [16]. La correspondance officielle n'a nullement vocation à servir de moyen de se préconstituer une preuve [17].

Par suite, ne peut être produite, ou communiquée en copie à des tiers, une correspondance qui comporte une présentation des faits méconnaissant les principes d'indépendance, de modération [18] et de délicatesse [19] ou qui fait référence à des infractions en les présentant comme constituées alors qu'aucune juridiction ne s'est prononcée, quand bien même ledit courrier s'appuierait sur les conclusions d'un rapport établi par une administration [20].

1. Riom, 3e ch. civ. et com., 12 nov. 2020, RG n° 20/00203 – Nîmes, 1re ch., 17 déc. 2020, RG n° 19/02178, *Gaz. Pal.* 1er juin 2021, p. 24, obs. B. de Belval.
2. Poitiers, 1re ch. civ., 11 mai 2021, RG n° 19-02242.
3. Civ. 1re, 1er oct. 2014, n° 13-22.747, NP – Civ. 1re, 15 oct. 2014, n° 13-22.952, NP – V. ss n° 422.111 s.
4. Amiens, 10 janv. 2019, RG n° 18/02258.
5. Civ. 2e, 5 févr. 2009, n° 07-13.589, P. II, n° 35 – Aussi : v. ss nos 452.62 s.
6. Bastia, ch. civ., sect. 2, 17 juill. 2019, RG n° 17/00497.
7. *Bull. barr. Paris* 2001, n° 5, p. 3.
8. Paris, avis n° 199254, 22 déc. 2009 – Paris, avis n° 204194, 23 avr. 2011 – Metz, ch. com., 8 nov. 2018, RG n° 16/04270 – Aix-en-Provence, ch. 1-3, 28 févr. 2019, RG n° 18-13609.
9. Paris, avis n° 213884, 15 févr. 2011.
10. RIN, art. 3.2 – Civ. 1re, 12 oct. 2016, n° 15-14.896, P ; *JCP* 2016. 1165, obs. S. Grayot-Dirx ; *D.* 2016. 2171 ; *Gaz. Pal.* 28 oct. 2016, p. 51, obs. C. Berlaud ; *D.* 2017. 635 note A. Andorno ; *Gaz. Pal.* 6 juin 2017, p. 22, obs. B. de Belval.
11. CNB, Comm. RU, avis n° 2007-037, 20 juin 2007 – CNB, Comm. RU, avis n° 2007-060, 21 déc. 2007 ; C. avocat 2021, ss L. 31 déc. 1971, art. 66-5, note 24.
12. Civ. 1re, 12 oct. 2016, n° 15-14.896, P ; *JCP* 2016. 1165, obs. S. Grayot-Dirx ; *D.* 2016. 2171 ; *Gaz. Pal.* 28 oct. 2016, p. 51, obs. C. Berlaud ; *D.* 2017. 635, note A. Andorno ; *Gaz. Pal.* 6 juin 2017, p. 22, obs. B. de Belval – Aix-en-Provence, ch. 1-3, 28 févr. 2019, RG n° 18/13609.
13. Civ. 1re, 12 oct. 2016, n° 15-14.896, P ; *JCP* 2016. 1165. obs. S. Grayot-Dirx ; *D.* 2016. 2171 ; *Gaz. Pal.* 28 oct. 2016, p. 51, obs. C. Berlaud ; *D.* 2017. 635 note A. Andorno ; *Gaz. Pal.* 6 juin 2017, p. 22, obs. B. de Belval.
14. Paris, avis n° 202387, 2 mars 2010 – Paris, avis n° 200173, 12 mars 2010 – Paris, avis, n° 214317, 4 févr. 2011.
15. Paris, avis 213390, 1er févr. 2011.
16. Paris, avis n° 231578, 16 oct. 2012 – COMP. : v. ss nos 451.54 s.
17. Paris, avis n° 199973, 13 janv. 2010 – Paris, avis n° 199254, 22 déc. 2009.
18. Paris, avis n° 218291, 10 avr. 2012.
19. Paris, avis n° 202360, 9 mars 2010.
20. Paris, avis n° 222479, 22 mai 2012.

De même que, dans une affaire où trois correspondances portaient la mention « Officiel », et portaient sommation de communiquer des éléments, de conclure, et transmission d'une correspondance adressée pour solliciter la fixation de l'affaire, doivent être écartées des débats celles qui portaient des appréciations sur le comportement « rigoureusement inacceptable [de la partie adverse] n'ayant de cesse de mener tout le monde en bateau »[1].

B.
Portée

422.151 **Portée de la lettre portant la mention « Officiel ».** La lettre portant la mention « Officiel », qui en remplit les conditions, n'a pas qu'un simple effet relatif entre les parties, mais bien une portée générale et absolue faisant qu'elle ne saurait être rendue confidentielle par la suite.

C'est ainsi que le conseil d'un propriétaire indivis ayant informé le conseil d'un autre propriétaire de l'accord de son client pour la vente d'un bien objet de l'indivision à un certain prix par une lettre portant la mention « Officiel » à laquelle était jointe une copie de l'offre d'achat signée par son client avec la mention « bon pour accord », il en résulte que cette lettre et son annexe ne sont pas confidentielles et qu'elles peuvent être transmises à un tiers, en l'occurrence l'auteur de l'offre d'achat, afin qu'il apporte la preuve de l'acceptation de l'offre par tous les coïndivisaires et donc du caractère parfait de la vente[2].

422.152 **Devoir de prudence.** Les avocats doivent convenir des conditions d'utilisation des correspondances et de leur intention de leur donner un caractère « Officiel ». Les correspondances qui concrétisent des accords projetés ou passés entre des avocats peuvent être soumises à des conditions auxquelles ces avocats ont convenu de subordonner leur utilisation : ils doivent distinguer ce qui est confidentiel de ce qu'il ne l'est pas et en prenant le soin et le temps d'en informer le client, et de recueillir si nécessaire son accord exprès. En effet, une lettre officielle est de nature à engager la responsabilité civile de l'avocat[3]. Il doit impérativement être couvert par un écrit préalable de son client[4].

Si l'on entend adresser à un autre avocat à la fois des éléments auxquels l'on souhaite donner un caractère « Officiel » (des conclusions) et des éléments qui ne sauraient avoir un tel caractère (une réponse à un précédent courrier confidentiel de celui-ci faisant une proposition), alors il y a impérativement lieu de lui adresser deux correspondances distinctes sans faire aucune référence de la correspondance confidentielle par nature dans celle portant la mention « Officiel ».

422.153 **Devoir de diligence.** L'avocat ne doit pas se contenter d'une correspondance d'un confrère ne portant pas la mention « Officiel » s'il estime que son contenu est de nature à devoir être communiqué, le cas échéant par la suite.

Il en est ainsi par exemple si un avocat a reçu un courriel d'un confrère l'informant de l'intention de sa cliente de ne pas interjeter appel, ce qui peut apparaître comme un acquiescement au jugement. Si ce courriel ne porte pas la mention « Officiel », ce dernier sera confidentiel et ne pourra en aucun cas être communiqué au conseiller de la mise en état pour soulever l'irrecevabilité de l'appel n'ayant aucune valeur à l'égard des tiers et donc sur le plan procédural[5]. S'il est communiqué, le magistrat ne pourra que le rejeter des débats et déclarer l'appel recevable[6]. Il appartient donc à l'avocat de solliciter, sans délai, de son contradicteur une confirmation de la teneur de ses propos dans une correspondance portant la mention « Officiel ». Il en est de même en cas d'accord entre les parties annoncées par un avocat.

C.
Exemple de l'Accord transactionnel « Officiel »

422.161 **Difficulté.** Il est possible de faire une offre de contracter ou de transiger à la partie adverse, même résultant d'échanges ayant eu lieu antérieurement entre les avocats, mais sous la stricte condition de ne faire en aucun cas référence aux échanges ayant eu lieu, à leur existence même, comme à leur date, et naturellement de respecter les principes essentiels.

Une cour d'appel a ainsi pu considérer qu'une lettre portant la mention « Officiel » qui faisait référence, en ce qui concerne l'accord qui aurait été conclu entre les parties, à de précédents courriers qui étaient confidentiels, ne peut pas être versée aux débats comme moyen de preuve[7].

De même qu'un courriel, ne portant pas la mention « Officiel », par lequel un avocat transmet

1. Poitiers, 1re ch. civ., 20 mai 2021, RG nº 20/00414.
2. Civ. 3e, 9 mai 2012, nº 11-15.161 ; P III, nº 74 ; *D.* 2012. 1343 ; *D. actu.* 4 juin 2012, Brève N. Le Rudulier ; *Gaz. Pal.* 24-26 juin 2012, p. 9, note D. Piau ; *JCP* 2012. 1121, nº 4, obs. C. Caseau-Roche ; *Dr. et patr.* 2013. 80, obs. B. Chaffois.
3. V. ss nº 912.184.
4. *Bull. barr. Paris* 2002, nº 7, p. 48.
5. Paris, avis nº 253621, 25 juill. 2014.
6. Paris, pôle 4, ch. 3, ord. CME, 9 nov. 2014, RG nº 14/08251.
7. Besançon, ch. civ. 1, 12 mars 2008, RG nº 06/1348.

une offre transactionnelle, ne peut être considéré comme un courrier officiel et ne peut donc pas être communiqué pour apporter la preuve d'un accord. Le fait qu'un accord ait fait l'objet d'un commencement d'exécution ne saurait influer sur cette solution, le commencement d'exécution ne pouvant servir que de faisceau d'indices pour apporter la preuve de son existence[1].

422.162 Accord transactionnel « Officiel ». En cas d'accord entre avocats, consécutif à des échanges confidentiels, il y a donc lieu créer des correspondances qui reprennent, sans y faire référence, les termes de l'accord intervenu entre les parties et d'y porter la mention « Officiel » sans que cet accord ne puisse rétroagir[2]. En pratique[3], l'un des avocats adressera à son contradicteur un courrier portant la mention « Officiel » lui indiquant, sans faire référence à aucune discussion antérieure, que son client entend en terminer dans les termes qu'il précisera et qu'il veuille bien lui confirmer lui-même, par courrier portant la mention « Officiel », l'accord de son propre client[4].

L'accord entre les parties aura alors un caractère « Officiel » et pourra, si nécessaire, être produit en justice. Il convient naturellement avant de faire un tel échange de s'assurer de l'accord écrit préalable de son client[5].

422.163 Prise de contact avec la partie adverse. Sur la prise de contact préalable avec la partie adverse, notamment aux fins de rechercher une solution amiable au litige, préalable obligatoire avant l'engagement de tout contentieux, et dont l'avocat doit pouvoir justifier[6].

§ 2
Autres exceptions au principe de la confidentialité

422.171 Autres exceptions. Les exceptions prévues en matière de secret professionnel, à savoir les strictes exigences de sa propre défense[7] et les cas de déclaration ou de révélation prévues ou autorisées par la loi[8], s'appliquent à la confidentialité des échanges entre avocats.

S'y ajoutent deux exceptions particulières, l'une en matière de procédure participative, l'autre lorsqu'un avocat intervient à l'aide juridictionnelle.

422.172 Procédure participative. En matière de procédure participative, lorsque les parties sont parvenues à un accord partiel et à moins qu'elles ne demandent que la seule homologation de cet accord, elles peuvent saisir le juge afin qu'il statue sur le différend résiduel, soit conformément aux règles régissant la procédure applicable devant lui, soit par une requête conjointe signée par les avocats ayant assisté les parties au cours de la procédure participative. La requête doit alors, notamment, contenir les prétentions respectives des parties relativement aux points sur lesquels elles restent en litige, accompagnées des moyens de fait et de droit sur lesquels chacune de ces prétentions est fondée, avec l'indication pour chaque prétention des pièces invoquées. Elle doit également être accompagnée de la convention de procédure participative, des pièces et informations nécessaires à la résolution du différend indiquées dans cette même convention[9], ainsi que, le cas échéant, du rapport du technicien, et des pièces communiquées au cours de la procédure[10].

La loi autorise la communication des seules pièces concernées devant le juge compétent, à l'exclusion de toutes autres personnes.

422.173 Intervention d'un avocat au titre de l'aide juridictionnelle – Transaction avant l'introduction de l'instance ou accord dans le cadre d'une procédure participative. Lorsqu'un avocat est amené à intervenir à l'aide juridictionnelle en vue de parvenir à une transaction avant l'introduction de l'instance ou à un accord dans le cadre d'une procédure participative, il doit mentionner dans sa lettre que les courriers, pièces et documents élaborés ou échangés au cours des pourparlers transactionnels ou de la procédure participative, pourront être communiqués au président du bureau d'aide juridictionnelle (Baj) et, le cas échéant, au président de la juridiction, à l'exclusion de toute autre personne, lors de l'examen de sa demande de paiement de la contribution qui lui est due par l'État au titre de l'aide juridictionnelle[11].

422.174 Intervention d'un avocat au titre de l'aide juridictionnelle – Divorce par acte sous signa-

1. CNB, Comm. RU, avis n° 2016-017,16 mars 2016 – Nîmes, 1re ch., 17 déc. 2020, RG n° 19/02178, *Gaz. Pal.* 1er juin 2021, p. 24, obs. B. de Belval.
2. CNB, Comm. RU, avis n° 2008-046, 21 juill. 2008 ; C. avocat 2021, ss L. 31 déc. 1971, art. 66-5, note 31.
3. D. Piau, « Comment conclure un accord transactionnel entre avocats sans se faire piéger par la confidentialité ? », *D. avocats* 2013. 90.
4. CNB, Comm. RU, avis n° 2015-039, 6 nov. 2015 – CNB, Comm. RU, avis n° 2016-017,16 mars 2016.
5. Sur ce point, v. ss n° 611.32.
6. CNB, Comm. RU, avis n° 2017-013 du 19 avr. 2017 – V. ss nos 451.51 s.
7. V. ss nos 412.271 s.
8. V. ss nos 412.282 s.
9. C. civ., art. 2063.
10. C. pr. civ., art. 1560.
11. Décr. n° 2020-1717, 28 déc. 2020, art. 83 – V. ss nos 751.341 s.

ture privée contresigné par avocat. Lorsqu'un avocat est amené à intervenir à l'aide juridictionnelle dans le cadre d'un divorce par acte sous signature privée contresigné par avocat, il doit mentionner dans sa lettre que les correspondances portant la mention « Officiel » échangées au cours de la procédure de divorce par consentement mutuel prévue à l'article 229-1 du code civil, pourront être communiquées au président du Baj et, le cas échéant, au président de la juridiction, et à eux seuls, lors de l'examen de sa demande de paiement de la contribution qui lui est due par l'État au titre de l'aide juridictionnelle[1].

Dans ces deux derniers cas, il s'agit de permettre au magistrat de prendre connaissance des diligences effectuées afin de fixer la contribution due à l'avocat.

SECTION 3
CONFIDENTIALITÉ DES CORRESPONDANCES ENTRE L'AVOCAT ET LES AUTORITÉS ORDINALES

422.181 Confidentialité partagée dans l'exécution de leurs missions par le conseil de l'Ordre, bâtonnier et la Carpa. Pour la bonne fin de l'exécution des missions et des prérogatives qu'ils tiennent de la loi[2], le conseil de l'Ordre, le bâtonnier et la Carpa[3] ne sauraient se voir opposer le secret professionnel et sont dans un rapport de confidentialité partagées avec les avocats.

C'est ainsi que le Conseil d'État eut l'occasion de considérer, s'agissant des experts-comptables, que dès lors que le conseil régional de l'Ordre a seul qualité pour surveiller, dans sa circonscription, l'exercice des professions d'expert-comptable et de comptable agréé, pour l'accomplissement de leur mission et dans la seule mesure nécessaire à celle-ci, les experts-comptables, membres de l'Ordre chargés du contrôle interne qui sont eux-mêmes astreints au secret professionnel, peuvent et doivent recevoir communication de toutes pièces et documents de travail et notamment des dossiers de la clientèle et que la restriction apportée au secret professionnel qui en découle est la conséquence nécessaire des dispositions législatives conférant à l'Ordre, dans l'intérêt de la clientèle et dans l'intérêt général, une mission générale de surveillance de la profession[4].

Inversement, s'agissant d'un tiers, en l'occurrence le conciliateur médical, le Conseil d'État a pu considérer que des dispositions, qui ne sont assorties d'aucune garantie particulière et qui permettent aux conciliateurs médicaux, saisis par une personne autre que le malade ou ses ayants droit, de se faire communiquer un dossier médical sans l'accord de ces derniers, sont contraires aux principes qui régissent le secret médical et le respect de la vie privée faute d'avoir pu être édictées par la loi[5], tout comme le service du contrôle médical ne saurait communiquer des informations couvertes par le secret médical à la commission médicale d'établissement, la commission médicale ou la conférence médicale dès lors qu'une telle communication d'informations couvertes par le secret médical sur lesquelles se fondent les conclusions du service du contrôle médical, n'apparaît pas justifiée comme nécessaire au bon accomplissement de leurs missions par ces organismes, et apportent des restrictions au secret médical qui ne sont pas prévues par la loi et qui n'en sont pas la conséquence nécessaire[6].

422.182 Conseil de l'Ordre, bâtonnier et Carpa. Le conseil de l'Ordre, le bâtonnier et la Carpa ne sont ainsi pas des tiers par rapport à l'avocat. Ils sont des confrères qui exécutent une mission qui leur est dévolue par la loi, et ce notamment par l'article 17, 3°, de la loi du 31 décembre 1971 qui leur impose d'exercer la surveillance que l'honneur et les intérêts de ses membres rendent nécessaires[7], et se trouvent, dès lors, et dans la mesure de leur mission, associés au secret professionnel et à la confidentialité dont sont tenus les avocats.

Un règlement intérieur d'un barreau peut donc prescrire un contrôle de la tenue de la comptabilité[8] sans que l'on ne puisse opposer au bâtonnier le secret professionnel auquel l'avocat est astreint, et ce, afin de lui permettre de s'assurer du strict respect par les avocats de toutes les prescriptions légales et réglementaires relatives à la comptabilité professionnelle[9].

De même, le bâtonnier peut désigner à la fonction d'administrateur provisoire d'une SCP un expert-comptable en lui confiant la gestion comptable des dossiers en cours, la bonne tenue des

1. Décret n° 2020-1717, 28 déc. 2020, art. 83 – CE 14 juin 2018, req. n° 408261, *Lebon T* – V. s^s n°s 751.361 s.
2. V. s^s n°s 511.00 s.
3. V. s^s n°s 483.271 s.
4. CE 31 mars 2003, *S^té fiduciaire nationale d'expertise comptable Fiducial*, req. n° 229839, *Lebon ; D.* 2003. 1076 ; *JCP* 2003. IV. 2701.
5. CE 31 mai 1989, *Roujansky (Mme)*, req. n° 35296, *Lebon ; D.* 1991. 178, obs. J. Penneau ; *RDSS* 1990. 55, note L. Dubouis.
6. CE 12 juin 1998, *Conseil national de l'ordre des médecins a.*, req. n°s 183528, 183571, 183572, 183584, 183587, *Lebon T ; RDSS* 1999. 527, concl. C. Maugüé.
7. V. s^s n°s 511.00 s.
8. V. s^s n°s 511.171 s.
9. Paris, 24 mars 1982, *Gaz. Pal.* 1982. 2. 457, note A. Damien – RAPPR. : Lyon, 7 févr. 1977, *Gaz. Pal.* 1979. 2. Somm. 476 – Civ. 1re, 3 oct. 1978, n° 77-11.772, PI, n° 283 ; *Gaz. Pal.* 1979. 1. 120, note A. Damien – Civ. 1re, 20 oct. 1981, n° 80-15.572, P I, n° 297 ; *Gaz. Pal.* 1982. 1. 104.

diverses écritures, l'établissement des bilans, la convocation des assemblées générales et la répartition, à titre provisoire, des bénéfices entre les associés de la SCP en opposition d'intérêts, sans porter pour autant atteinte au secret professionnel auquel cet expert-comptable est au demeurant astreint en tant qu'expert[1], tout comme, les commissaires aux comptes, qui sont eux-mêmes tenus au secret professionnel peuvent et doivent, pour l'accomplissement de leur mission de contrôle des Carpa et dans la mesure strictement nécessaire à celle-ci, recevoir communication de toutes pièces et documents : les restrictions ainsi apportées au secret professionnel ne sont que les conséquences nécessaires des dispositions législatives prévoyant les modalités du contrôle des conditions dans lesquelles les avocats reçoivent des fonds, effets ou valeurs pour le compte de leurs clients[2].

422.183 **Limites** : dérogations strictement nécessaires.

Le conseil de l'Ordre ne saurait apporter au secret professionnel que les dérogations strictement nécessaires à l'organisation du contrôle, tant des dépôts que des retraits opérés sur les comptes ouverts par les avocats auprès de la Carpa, et ne peut, sans excéder les limites de son pouvoir réglementaire, obliger les avocats à produire un justificatif de la cause et de l'objet de toute opération en débit ou crédit sur le compte « maniements de fonds », ouvert auprès de la Carpa[3]. Une telle demande doit en réalité être limitée aux seuls cas où l'opération apparaîtrait suspecte.

422.184 **Confidentialité partagée.** Un avocat peut, à l'occasion d'un litige déontologique l'opposant à son client[4], communiquer les pièces de la procédure à l'occasion de laquelle son client l'a sollicité, à son bâtonnier et au nouvel avocat du client[5].

Tout comme le délit de recel de violation du secret professionnel[6] ne peut être caractérisé à l'encontre d'un avocat qui communique des échanges entre son cabinet et ses clients au bâtonnier, qui a la mission de concilier les différends d'ordre professionnel entre les membres du barreau et d'instruire toute réclamation formulée par des tiers, et ce dans le cadre légal d'un tel différend[7].

422.185 **Le bâtonnier, protecteur et confident nécessaire**[8]. Comme l'a rappelé le président Jean-Michel Hayat : « Quelle que soit la nature de l'affaire, un bâtonnier parce qu'il est bâtonnier ne peut voir soumis à l'investigation, le cœur de son activité de bâtonnier, activité en lien quotidien avec l'ensemble de ses confrères, dans une forme de pêche à la preuve vers laquelle il ne faut pas dériver »[9].

Le président Jean-Michel Hayat avait alors ordonné la restitution à un bâtonnier des téléphones portables qu'un juge d'instruction venait de saisir[10], considérant qu'aucun élément ne venait démontrer que les téléphones portables du bâtonnier avaient été utilisés à des fins délictuelles ou criminelles faisant que : « Dès lors, sur la base des éléments à notre disposition, le magistrat instructeur ne permet pas au président du tribunal de grande instance de Paris exerçant les fonctions de juge des libertés et de la détention, d'exercer un contrôle suffisamment rigoureux de nature à éviter, sous quelque forme que ce soit, que soit portée une quelconque atteinte au libre exercice de la profession d'avocat, au respect du secret professionnel et à celui des droits de la défense mais aussi au respect de la confidentialité qui s'attache aux fonctions de Bâtonnier en exercice, dans sa relation avec l'ensemble des confrères de son barreau. C'est au regard de ces principes, qui fondent les libertés individuelles dans un état de droit, qu'il convient de ne pas procéder à la saisie des deux téléphones portables à usage professionnel appartenant à M. le Bâtonnier [...] »[11].

La chambre criminelle est venue confirmer cette analyse en considérant, au visa de l'article 6 de la Convention européenne des droits de l'homme et de l'article préliminaire du code de procédure pénale, qu'« il se déduit de ces textes que, même si elle est surprise à l'occasion d'une mesure d'instruction régulière, la conversation téléphonique dans laquelle un avocat placé sous écoute réfère de sa mise en cause dans une procédure pénale à son bâtonnier ne peut être transcrite et versée au dossier de la procédure, à moins qu'elle ne révèle un indice

1. C. pr. civ., art. 244, al. 2 – Civ. 1re, 25 oct. 1989, n° 87-16.804, P. I, n° 332 ; *D.* 1989. IR 281 ; *JCP* 1989. IV. 412 ; *Gaz. Pal.* 1990. Pan. 50 ; *Gaz. Pal.* 1990. Somm. 343, note A. Damien.
2. CE 17 mai 1999, *Syndicat des avocats de France a.*, req. n° 181769, n° 182246, n° 182294, *Lebon T* – V. ss nos 483.21 s.
3. Civ. 1re, 21 oct. 2003, n° 01-11.169, P I, n° 205 ; *D.* 2003. 2801 – V. ss nos 483.261 s.
4. V. ss nos 511.111 s.
5. Paris, avis n° 204362, 25 mai 2010.
6. V. ss nos 411.91 s.
7. Crim. 16 déc. 2015, n° 14-85.068, P n° 314 ; *D. avocats* 2016. 67, obs. G. Royer ; *D.* 2017. 83, obs. Th. Wickers ; *Gaz. Pal.* 19 avr. 2016, p. 26, note B. de Belval.
8. D. Piau, « Le bâtonnier, protecteur et confident nécessaire de ses confrères, là est la victoire, et elle est belle ! », *D. actu.*, « Le droit en débats », 6 avr. 2016.
9. CITÉ PAR : P.-O. Sur, *Discours à l'occasion de l'audience solennelle de rentrée du barreau de Paris*, Palais de la Mutualité, 12 déc. 2014.
10. V. ss n° 414.78.
11. TGI Paris, ord. président du 6 oct. 2014, NP.

de participation personnelle de ce dernier à une infraction pénale »[1].

422.186 **Conséquences.** Le lien de confidence qui lie l'avocat à son bâtonnier[2], ou à un membre du conseil de l'Ordre ou son ou ses délégués, dans l'exercice des missions qui leur sont dévolues par la loi et dans le strict cadre de celui-ci, est ainsi couvert par la confidentialité des échanges entre avocats et, par voie de conséquence, protégé par le secret professionnel[3]. Il bénéficie de la même protection[4], sauf dispositions législatives ou réglementaires expresses contraires, telles que celle imposant la communication du rapport d'enquête déontologique au parquet général lorsqu'il a sollicité lui-même cette enquête au bâtonnier[5].

Chaque avocat peut ainsi se confier à son bâtonnier, ou son délégué, protecteur et confident nécessaire, sans que leurs échanges puissent, en principe, être versés par la suite dans une procédure pénale. Un avocat peut toutefois produire ces échanges dans le cadre des « strictes exigences de sa propre défense » conformément à l'article 4 du décret du 12 juillet 2005[6].

422.187 **Limites.** La Cour de cassation a pu donner l'impression de juger du contraire, en considérant que le règlement intérieur d'un barreau ne peut, sans méconnaître les dispositions de l'article 66-5 de la loi du 31 décembre 1971, étendre aux correspondances échangées entre l'avocat et les autorités ordinales, le principe de confidentialité institué par le législateur pour les seules correspondances échangées entre avocats ou entre l'avocat et son client[7]. Cet arrêt d'espèce concernait deux avocats en litige dans le cadre de la gestion d'une association, où la confidentialité des échanges n'était, par nature, pas concernée puisqu'ils n'agissaient pas dans le cadre de leur activité professionnelle[8], et où il ne semble pas que le conseil de l'Ordre ou le bâtonnier aient eu vocation à intervenir dans le cadre de leurs prérogatives légales ou réglementaires[9]. De même, en présence d'un litige d'ordre privé d'un avocat intervenant en qualité de justiciable, la Cour de cassation a jugé que ne sont pas confidentielles « les correspondances adressées directement par une partie, quelle que soit sa profession, à l'avocat de son adversaire ni celles échangées entre un avocat (*sic*) et une autorité ordinale »[10].

Cette analyse a été confirmée par la Chancellerie lorsque la profession avait proposé une modification de l'article 66-5 de la loi du 31 décembre 1971 afin que la règle de confidentialité soit expressément étendue aux échanges entre l'avocat et le bâtonnier et entre l'avocat et les instances professionnelles, dès lors qu'ils font référence à des éléments couverts par le secret professionnel[11]. La Chancellerie avait alors considéré qu'une telle modification n'était pas nécessaire.

422.188 **Principe général.** Dès lors que les échanges entre un avocat et son ordre ou son bâtonnier, dans l'exercice des missions qui leur sont dévolues par la loi et dans le strict cadre de celui-ci, ont lieu dans le cadre de leur activité professionnelle et font état d'échanges confidentiels ou d'éléments couverts par le secret professionnel, les correspondances échangées entre l'avocat et son ordre ou son bâtonnier bénéficient pleinement de la confidentialité, et sont confidentielles par nature[12].

C'est ainsi que dans une affaire où, dans le cadre d'une procédure en fixation des honoraires, les clients avaient versé aux débats une plainte avec constitution de partie civile, déposée par un tiers à la procédure, ainsi que deux plaintes, adressées par un bâtonnier à un autre et lui transmettant des plaintes visant l'avocat pour des faits, notamment, dénoncés

1. Crim. 22 mars 2016, n° 15-83.205, P n° 87 ; *Gaz. Pal.* 19 juill. 2016, p. 65, note F. Fourment ; *Gaz. Pal.* 12 avr. 2016, note Ch. Ingrain, R. Lorrain et L. Saenko ; *Procédures* 2016. comm. 171, obs. A.-S. Chavent-Leclère ; *Dr. Pénal* 2016, comm. 101, obs. A. Maron et M. Haas ; AJ *Pénal* 2016, p. 261, obs. P. Combles de Nayves ; *Gaz. Pal.* 18 oct. 2016, p. 21, note B. de Belval ; *JCP* 2016. 670, n° 9, obs. Ch. Vautrot-Schwarz Schwarz ; *D.* 2017. 83, obs. Th. Wickers ; *D. actu.*, 24 mars 2016, obs. S. Fucin – V. s[s] n° 414.251.
2. D. Piau, « Le bâtonnier, protecteur et confident nécessaire de ses confrères, là est la victoire, et elle est belle ! », *D. actu.*, « Le droit en débats », 6 avr. 2016.
3. CNB, Comm. RU, avis n° 2006-057, 22 sept. 2006 ; C. avocat 2021, s[s] L. 31 déc. 1971, art. 66-5, note 34 – CNB, Comm. RU, avis n° 2009-028, 15 juill. 2009 ; C. avocat 2021, s[s] L. 31 déc. 1971, art. 66-5, note 34 – Comm. RU, avis n° 2017-003, 14 févr. 2017.
4. V. s[s] n°s 422.81 s.
5. Décr. n° 91-1197, 27 nov. 1991, art. 187 – CNB, Comm. RU, avis n° 2011-052, 24 nov. 2011 ; C. avocat 2021, s[s] L. 31 déc. 1971, art. 66-5, note 54 – V. s[s] n°s 511.301 s.
6. CNB, Comm. RU, avis n° 2016-042, 8 juin 2016 – V. s[s] n°s 412.271 s.
7. Civ. 1re, 22 sept. 2011, n° 10-21.219, P I, n° 148 ; *D.* 2011. Actu. 2283 ; *D.* 2011. 2979, note Y. Avril ; *JCP* 2011. 1038 ; *JCP* 2011. 1243, note Y. Repiquet ; *Gaz. Pal.* 9-11 oct. 2011, p. 3, obs. E. Boccara ; *Gaz. Pal.* 2011. 2788, note F.-X. Mattéoli ; *Gaz. Pal.* 2011. 3369, note D. Piau ; *Gaz. Pal.* 2011. 3406, note J.-Ch. Krebs ; *Gaz. Pal.* 11-13 déc. 2011, p. 16, obs. J. Villacèque.
8. V. s[s] n°s 422.41 s.
9. V. s[s] n°s 511.171 s.
10. Civ. 3e, 13 oct. 2016, n° 15-12.860, P ; *D.* 2016. 2171 ; *Gaz. Pal.* 28 oct. 2016, p. 51, obs. C. Berlaud ; *D.* 2017. 82, obs. Th. Wickers ; *Gaz. Pal.* 6 juin 2017, p. 23, obs. B. de Belval.
11. F. Poirier, « Protection du secret professionnel et de la confidentialité des échanges », propositions d'amendements aux articles 21 et 66-5 de la loi, 31 déc. 1971 et aux articles 100-5, alinéa 3, et 432 du code de procédure pénale, CNB, AG 14-15 sept. 2012.
12. Aussi : v. s[s] n°s 511.42 s.

par les clients, une cour d'appel a pu ordonner le retrait de ces pièces des débats dès lors que celles-ci, qui étaient sans lien avec la fixation des honoraires dus à l'avocat, étaient pour l'une couverte par le secret de l'instruction, et pour les deux autres couvertes par le secret professionnel, dont bénéficie la confidentialité des échanges entre avocats, s'agissant des plaintes transmises entre les bâtonniers[1].

SECTION 4
CORRESPONDANCES AVEC UN AVOCAT ÉTRANGER

422.190 **Plan.** Le principe de la confidentialité des échanges entre avocats[2] ne s'étend pas, en principe, aux échanges avec un avocat étranger faisant qu'il convient, le cas échéant, d'obtenir son consentement préalable ou de conclure un accord de confidentialité (§ 1). Se pose aussi la question de l'opposabilité même, en droit interne, de la confidentialité de tels échanges (§ 2).

§ 1
Règles applicables

422.201 **Correspondance avec un avocat de l'Union européenne.** L'article 21.5.3. du RIN pose le principe de la non confidentialité des correspondances entre avocats européens : l'avocat français qui entend s'adresser à un confrère d'un autre État membre, dès lors qu'il souhaite que ces mêmes communications aient un caractère confidentiel ou « *without prejudice* » doit clairement exprimer cette volonté et recueillir préalablement l'accord de son contradicteur, avant l'envoi de la première de ces communications. Si son contradicteur n'est pas en mesure de donner un caractère confidentiel à ses correspondances, il doit alors en informer l'expéditeur sans délai.

Il appartient dès lors à l'avocat français qui écrit à un confrère ressortissant de l'Union européenne (un Allemand par exemple) de se limiter, dans le cadre d'un premier message, à lui demander si ce dernier est d'accord pour que leurs échanges futurs de correspondances soient couverts par la confidentialité, en lui communiquant simplement le nom de l'affaire et du client pour le compte duquel il intervient afin que ce dernier puisse répondre en toute connaissance de cause, mais sans aborder le fond du dossier.

422.202 **Correspondance avec un avocat étranger non européen.** L'article 3.4 du RIN impose à l'avocat français de s'assurer, avant de correspondre avec un confrère étranger non européen, de l'existence de règles déontologiques permettant d'assurer la confidentialité des correspondances entre avocats.

En l'absence de telles règles, les avocats devront conclure un accord de confidentialité[3]. À défaut, l'avocat français devra demander à son client s'il accepte le risque d'un échange d'informations non confidentielles[4].

Il convient d'être extrêmement prudent en la matière, et de s'assurer, au-delà de la seule question des règles déontologiques, de la portée même des échanges ainsi réalisés dans l'état de correspondance, notamment en cas de saisie, demande de communication d'une administration ou de toute autre personne, au regard de la législation locale[5].

§ 2
Opposabilité

422.211 **Portée des règles en matière de secret professionnel en France.** La jurisprudence a déjà eu l'occasion de connaître des cas d'échanges soit transfrontaliers, soit entre avocats étrangers, et d'indiquer la portée qu'il convenait de leur donner en droit interne[6].

C'est ainsi que la Cour de cassation a reconnu le plein effet du bénéfice de la protection du secret professionnel à des correspondances entre un avocat luxembourgeois et une société française, pourvus d'un avis de confidentialité, saisies lors de visites domiciliaires, nonobstant le fait qu'elles ne se rapportaient pas à des activités de défense mais étaient relatives à la domiciliation des installations de la société cliente au Luxembourg, à son raccordement téléphonique, à l'établissement de son bilan, aux retards de paiement de l'impôt au Luxembourg et au paiement des honoraires du commissaire aux comptes[7], ou à des courriers échangés entre des avocats suisses dont la production en justice était contestée comme contraire au code de déontologie des avocats suisses[8].

La Cour de cassation a, par ailleurs, précisé qu'une cour d'appel ne saurait se fonder sur des correspondances confidentielles entre des avocats

1. Paris, pôle 2, ch. 6, 20 nov. 2020, RG n° 16/00532.
2. V. s[s] n°s 491.50 s.
3. V. s[s] n°s 422.53 s. et 451.75 s.
4. RIN, art. 3.4.
5. V. s[s] n°s 491.50 s.
6. Aussi : v. s[s] n° 422.113.
7. Com. 3 mai 2012, n° 11-14.008, P IV, n° 87 ; *D.* 2012. 1343 ; *Rev. sociétés* 2012. 721, note E. Steru et E. Dezeuze ; *D. actu.* 22 mai 2012, obs. M. Kebir ; *Dr. et patr.* 2013. 80, obs. B. Chaffois – V. toutefois : n° 415.24.
8. Civ. 1re, 5 févr. 2009, n° 07-17.525, P I, n° 22 ; *D.* 2009. 572 ; *D.* 2009. 2714, obs. Ph. Delebecque, J.-D. Bretzner et T. Vasseur ; *AJ fam.* 2009. 133, obs. V. Avena-Robardet.

au barreau de Libreville aux motifs que le principe de l'égalité des armes permettrait au défendeur à la preuve de l'existence de la transaction de produire la totalité du dossier couvert par la confidentialité pour faire échec à la demande de son adversaire qui avait fait lever partiellement la confidentialité de correspondances pour ne produire que celles nécessaires au succès de ses prétentions, sans avoir préalablement statué sur la validité même de la production de ces pièces au regard des règles en matière de confidentialité et de secret professionnel[1].

422.212 **Recherche de la règle applicable.** Il incombe au juge français, qui reconnaît applicable un droit étranger, d'en rechercher la teneur, soit d'office, soit à la demande d'une partie qui l'invoque, avec le concours des parties et personnellement s'il y a lieu, et de donner à la question litigieuse une solution conforme au droit positif étranger.

C'est ainsi que la cour de cassation a considéré qu'un juge ne pouvait, pour rejeter la demande tendant à écarter des débats des correspondances échangées entre des avocats inscrits à des barreaux américains et canadiens, se contenter de l'absence de justification de l'existence d'un principe de confidentialité applicable à ces documents, qui ne sont pas régis par les règles déontologiques françaises. Il lui appartenait de rechercher le contenu des lois étrangères pour en faire application[2].

422.213 **Qualité d'avocat.** Dès lors que c'est la loi française qui est applicable, la confidentialité ne peut concerner que les échanges entre avocats, et non des documents couverts par le « *legal privilege* ».

Ainsi, la mise en œuvre, sur le territoire français, de mesures d'instruction, sur le fondement de l'article 145 du code de procédure civile, est soumise à la loi française et n'impose pas au juge de caractériser le motif légitime d'ordonner une mesure d'instruction au regard de la loi susceptible d'être appliquée à l'action au fond qui sera éventuellement engagée. Dès lors, les documents litigieux qui ont été échangés entre des juristes n'ayant pas la qualité d'avocat au regard du droit français ne bénéficient pas du respect du secret des correspondances entre avocats ou entre un avocat et son client édicté par l'article 66-5 de la loi du 31 décembre 1971. Il y a donc lieu d'en ordonner la communication[3].

1. Civ. 1re, 20 janv. 2011, n° 08-20.077, NP.
2. Civ. 1re, 1er juin 2016, n° 15-13.221, P ; *D.* 2016. 1262 ; *D.* 2017. 1011, obs. H. Gaudemet-Tallon et F. Jault-Seseke ; *D.* 2017. 82, obs. Th. Wickers.
3. Civ. 1re, 3 nov. 2016, n° 15-20.495, P ; *D.* 2016. 2289 ; *D.* 2017. 1011, obs. H. Gaudemet-Tallon et F. Jault-Seseke ; *JCP* 2017. 105, note E. Jeuland ; *JCP* 2017. 660, n° 17, obs. J. Moret-Bailly ; *D.* 2018. 627, obs. J.-D. Bretzner – V. ss n° 412.222.

SECTION 5

CORRESPONDANCES AVEC UN PROFESSIONNEL N'AYANT PAS LA QUALITÉ D'AVOCAT

422.221 **Correspondance avec d'autres professionnels.** La question des correspondances échangées avec d'autres professionnels est récurrente, et se pose avec d'autant plus d'acuité s'agissant des sociétés pluriprofessionnelles d'exercice (SPE)[4]. La jurisprudence est claire : sauf cas particuliers des avocats aux conseils et des conseils en propriété industrielle[5], lorsqu'un avocat échange avec un autre professionnel, y compris au sein d'une SPE, pour le compte d'un client commun, et même si ce professionnel est soumis à son propre secret professionnel, cela n'a pas pour effet de faire bénéficier leurs échanges de la confidentialité et de la protection du secret professionnel.

Ainsi, la notion de confidentialité de la correspondance échangée entre avocats ne saurait dès lors être étendue à d'autres correspondants des avocats tels que les experts-comptables[6], les notaires, les experts... ; Elle ne vise en effet que les lettres entre avocats présentant un caractère professionnel en raison de leur nature propre. Les autres correspondants de l'avocat ne peuvent se réclamer du principe de la confidentialité des correspondances entre avocats. Elles peuvent dès lors être saisies chez le client, comme chez l'avocat, sans que celui-ci ne puisse invoquer le secret professionnel[7].

Il en va différemment dans l'hypothèse où l'avocat aurait communiqué à l'expert-comptable une copie « pour information » de la lettre qu'il a adressée à son client, alors même qu'il ne pouvait violer ainsi lui-même le secret professionnel : l'expert-comptable tenant la copie de cette lettre adressée par l'avocat au client, de l'avocat, et non du client lui-même, il ne saurait en aucun cas la produire en justice[8]. Du fait de cette détention, il se rend au demeurant coupable de recel de violation du secret professionnel[9].

4. L. n° 2015-990, 6 août 2015 pour la croissance, l'activité et l'égalité des chances économiques, *JO* 7 août, p. 13537, dite loi Macron, art. 65 – D. Piau, « L'inter-professionnalité est morte, vive la pluri-professionnalité, et salut à toi ! », *Gaz. Pal.* 12 avr. 2016, p. 11.
5. V. ss nos 422.44 et 422.45.
6. Com. 15 juin 2010, n° 09-66.688, NP ; *D.* 2011. 552, n° 8, B. Blanchard.
7. Com. 4 nov. 2014, n° 13-20.322, NP ; *D. avocats* 2015. 29, obs. D. Piau.
8. Civ. 1re, 14 janv. 2010, n° 08-21.854, P I, n° 4 ; *D.* 2010. 1125, obs. V. Avena-Robardet, note J. Moret-Bailly ; *D.* 2010. 2671, obs. Ph. Delbecque, J.-D. Bretzner et I. Gelbard-Le Dauphin ; *D.* 2011. 552, obs. B. Blanchard ; *JCP* 2010. I. 270, n° 7, obs. F. G'sell – Com. 4 nov. 2014, n° 13-20.322, NP ; *D. avocats* 2015. 29, obs. D. Piau – Com. 15 mars 2017, n° 15-25.649, NP.
9. V. ss nos 411.91 s.

Aucun partage n'est possible, ce qui se justifie d'autant plus que les secrets professionnels ne sont pas de même nature [1]. Dès lors si l'expert-comptable a besoin d'informations couvertes par le secret professionnel de l'avocat, il devra les demander directement à leur client commun, l'avocat n'étant en aucun cas autorisé à les lui fournir, sauf cas particulier de la SPE [2], avec l'accord du client [3].

422.222 Collaboration interprofessionnelle [4]. En cas d'échanges entre un avocat et des professionnels non avocats (expert-comptable...) dans le cadre d'une collaboration interprofessionnelle, l'avocat doit, comme lorsqu'il entend correspondre avec un avocat étranger [5], veiller, préalablement à tout échange avec celui-ci, à obtenir de sa part un engagement garantissant le respect du caractère confidentiel des correspondances auxquelles il souhaite donner cette qualité.

Il est important ici d'avoir un engagement écrit du correspondant dès lors que cette confidentialité ne bénéficiera pas de la protection du secret professionnel et n'aura de portée que contractuelle entre les parties [6].

422.223 Collaboration interprofessionnelle – Devoirs de l'avocat. L'avocat doit en tout état de cause respecter le caractère confidentiel des correspondances reçues d'un autre professionnel dès lors qu'il y est fait expressément mention d'un tel caractère par l'apposition de la mention « confidentielle ». Il ne peut en conséquence remettre à quiconque de copie d'une correspondance émanant de l'un des professionnels agissant dans le cadre d'une mission commune dès lors que cette correspondance a été qualifiée de confidentielle par son auteur. Il ne peut davantage faire mention d'une correspondance confidentielle dans un document n'ayant pas ce caractère.

Cette règle s'applique tant à la correspondance elle-même qu'aux documents qui peuvent y être joints, sauf mention contraire expresse. Elle n'a cependant pas, en elle-même, pour effet d'interdire de faire état verbalement des informations ou indications non confidentielles contenues dans les correspondances et documents communiqués [7].

422.224 Sanction. L'avocat qui viendrait à manquer aux dispositions précitées commettrait une faute déontologique de nature à justifier l'engagement de poursuites disciplinaires à son encontre : la divulgation avec légèreté par un avocat d'une lettre émanant d'un de ces professionnels constitue un manquement à la loyauté, à la dignité et à la délicatesse.

422.225 Défenseur syndical. Il en est de même dans les relations de l'avocat avec un défenseur syndical qui n'est tenu qu'à une simple obligation de discrétion à l'égard des informations présentant un caractère confidentiel, et données comme telles par la personne qu'il assiste ou représente ou par la partie adverse dans le cadre d'une négociation [8].

À cet égard, si en cas de manquement du défenseur syndical à ses obligations de secret professionnel et de discrétion celui-ci peut entraîner sa radiation de la liste des défenseurs syndicaux par l'autorité administrative, ainsi que des sanctions pénales du chef de violation du secret professionnel [9], cela n'apparaît pas pour autant donner à leurs échanges un caractère confidentiel [10].

422.226 Secret professionnel propre. L'avocat doit respecter le secret professionnel auquel est tenu tout autre professionnel avec lequel il collabore, faisant qu'il ne saurait, par exemple, produire en justice l'attestation d'un notaire relatant des pourparlers intervenus devant lui et constituant notamment l'aveu par une des parties de l'existence et de la portée de ces pourparlers, dès lors qu'un notaire, même choisi comme négociateur, est soumis au secret professionnel et ne peut pas révéler des pourparlers qui se sont déroulés devant lui [11].

Tout comme un avocat estimant, dans le cadre d'une affaire en responsabilité civile professionnelle, que son client était responsable, de par ses agissements, de ses troubles psychologiques, ne saurait, pour se défendre, produire un certificat médical, tiré d'un autre dossier, attestant de l'antériorité de ces troubles : la Cour de cassation a pu considérer que nonobstant le fait que l'avocat puisse être délié du secret professionnel auquel il est normalement tenu, lorsque les strictes exigences de sa propre défense le justifient [12], ce fait justificatif ne s'étend pas aux documents couverts par le secret médical qui lui ont été remis par son client et qui ne peuvent être produits en justice qu'avec l'accord de ce dernier [13].

1. V. s[s] n°s 411.17 s.
2. V. s[s] n°s 412.104 s.
3. V. s[s] n° 412.192.
4. D. Piau, « Le praticien du dommage corporel face aux données personnelles, notamment médicales », *Gaz. Pal.* 14 mai 2019, p. 64.
5. V. s[s] n°s 422.202 s.
6. V. s[s] n°s 422.52 s.
7. RIN, art. 18.4.
8. C. trav., art. 1453-8.
9. Cons. const. 7 avr. 2017, n° 2017-623 QPC, *Conseil national des barreaux* [Secret professionnel et obligation de discrétion du défenseur syndical], CONFORMITÉ, *JO* 9 avr., n° 37 ; *D.* 2017. 824 ; *Gaz. Pal.* 25 juill. 2017, p. 48, obs. V. Orif – V. s[s] n°s 411.63 s.
10. V. s[s] n° 451.73.
11. Civ. 1re, 18 juin 1985, n° 84-13.159, P I, n° 193 ; *Gaz. Pal.* 1985. 2. 687, note A. Damien – RAPPR. : Basse-Terre, 14 oct. 1985 ; *D.* 1987. 68, note A. Brunois ; *Gaz. Pal.* 1986. 1. 12, note A. Damien.
12. V. s[s] n° 412.275.
13. Civ, 1re, 28 juin 2012, n° 11-14.486, P I, n° 145 ; *Gaz. Pal.* 22-24 juill. 2012, p. 18 ; *Gaz. Pal.* 16-18 déc. 2012, p. 16, note B. Belval et J. Villacèque.

TITRE

43. Les incompatibilités

SECTION 0

ORIENTEUR

43.00 **Sommaire du titre.**

Division. Le régime des incompatibilités, qui a pour finalité de préserver l'indépendance et le caractère libéral de l'exercice de sa profession par l'avocat, et pose la question de son champ d'activité c'est-à-dire des missions que l'avocat peut exercer dans l'intérêt de son client (chap. 431), repose sur un principe d'incompatibilité de certaines activités, fonctions ou professions avec l'exercice de la profession d'avocat (chap. 433), ce qui permet de déterminer les missions, activités, fonctions ou professions compatibles avec l'activité de l'avocat (chap. 432), tandis que l'exercice, présent ou antérieur, de certaines fonctions peut justifier des limitations d'activité (chap. 434).

43.03 **Bibliographie indicative.**

* Aussi : v. s[s] n° 4.03.

Encyclopédies. *J.-Cl. Pr. civ.*, fasc. 83-1 : avocats, Incompatibilités, 2014 – *J.-Cl. Civ. Annexes, v° Avocat*, fasc. 10 : avocats, Incompatibilités, 2014.

Rapports. P. Berger, *Rapport final au nom de la Commission des règles et usages du CNB relatif à la réforme des incompatibilités professionnelles,* AG, 18 et 19 nov. 2011 – C. Glon, *L'incompatibilité de la profession d'avocat avec les actes de commerce et les professions ou fonctions commerciales sens et portée contemporaine d'une telle prohibition*, Rapport Commission règles et usages du CNB, AG 9 et 10 juill. 2010 – D. Piau, *Rapport au nom de la Commission des règles et usages du CNB – Projet de décret relatif à l'exercice de la profession d'avocat sous forme de société ou d'autres entités dotée de la personnalité morale ou de groupement d'exercice régi par le droit d'un autre État membre de l'Union européenne – Incompatibilités d'exercice,* AG, 20 et 21 mai 2016.

CHAPITRE

431. Incompatibilités et champ d'activité de l'avocat

SECTION 0
ORIENTEUR

431.00 **Sommaire du chapitre.**

Division. Les incompatibilités sont fondées sur la préservation de l'indépendance et du caractère libéral de la profession d'avocat (sect. 1), et induisent un régime d'interdictions avec d'autres activités, fonctions ou professions, d'interprétation stricte (sect. 2), ce qui pose la question de la détermination du champ d'activité de l'avocat, autrement dit ce qui lui est possible de faire ou de ne pas faire en tant qu'avocat (sect. 3).

431.01 **Textes applicables.**

TEXTES TITRÉS

• **L. n° 71-1130, 31 déc. 1971**

art. 53 [Respect de l'indépendance de l'avocat et du caractère libéral de la profession]

• **Décr. n° 91-1197, 27 nov. 1991**

art. 111 [Incompatibilités avec les activités et fonctions de caractère commercial]

art. 115 [Incompatibilités avec toute autre profession ou fonction]

431.02 **Jurisprudences essentielles.**

> Nature des incompatibilités

• **CE 28 juin 2004,** *Bessis* req. n° 251897, *Lebon T.*

* V. s[s] n°s 323.35, 431.12, 433.175, 471.113.

« Mais considérant que l'incompatibilité, édictée par l'article 115 du décret du 27 novembre 1991, a pour objet de garantir l'indépendance économique et morale des membres d'une profession réglementée, qui participent, en qualité d'auxiliaire, au service public de la justice ; qu'elle est ainsi justifiée par l'intérêt général ; que, par suite, le moyen tiré de l'incompatibilité de cet article avec les stipulations de l'article 1er du premier protocole additionnel à la convention européenne de sauvegarde des droits de l'homme et des libertés fondamentales doit être écarté. »

> Portée des incompatibilités

• **Civ. 1re, 14 nov. 1995,** n° 94-10.286, P I, n° 411.

* V. s[s] n° 433.60.

« Vu les articles 11 et 17.3° de la loi n° 71-1130 du 31 décembre 1971 mod. par la loi n° 90-259 du 31 décembre 1990 ;

Attendu que M. X..., ancien fonctionnaire des Impôts dans la région de Toulouse, a exercé dans cette ville une activité de « consultant en fiscalité » après sa mise à la retraite en février 1992 ; qu'en novembre 1992 il a sollicité son inscription au barreau de Toulouse en se fondant sur les dispositions de l'article 98.4° du décret n° 91-1197 du 27 novembre 1991 ; que, cette demande ayant été rejetée par le conseil de l'Ordre, M. X... a formé un recours devant la cour d'appel ;

Attendu que pour rejeter ce recours, la cour d'appel a énoncé que si l'article 11 de la loi du 31 décembre 1971 modifiée et l'article 93 du décret du 27 novembre 1991 édictent les conditions à défaut desquelles nul ne peut accéder à la profession d'avocat, il ne s'ensuit pas nécessairement que tout candidat qui satisfait à ces conditions doive être admis au barreau dès lors, notamment, que, au regard des articles 3 et 17.3°, de la loi, sa profession antérieure doit faire craindre des confusions préjudiciables au respect des règles déontologiques ; qu'elle a retenu que, du fait de l'exercice très récent d'importantes responsabilités fiscales dans la circonscription, M. X... avait conservé avec son ancienne administration des liens tels que l'exercice de la profession d'avocat, dans ce barreau, était objectivement incompatible avec l'indépendance de l'avocat et l'intérêt des membres du barreau ;

Attendu qu'en se déterminant ainsi, la cour d'appel, qui n'a fait que préjuger l'absence d'indépendance de M. X... à l'égard de l'administration au sein de laquelle il avait exercé ses précédentes activités, a créé une incompatibilité non prévue par la loi, partant, a violé les textes susvisés. »

431.03 **Bibliographie indicative.**

* Aussi : v. s[s] n° 43.03.

Articles. D. Iweins, « Nouveaux territoires : une conquête hésitante », *Gaz. Pal.* 11-14 nov. 2015, p. 7 – M. Lartigue, « Les nouveaux champs d'activité de la profession d'avocat », *Gaz. Pal.* 22 janv. 2019, p. 13.

Rapports. P. Berger, *Rapport final au nom de la Commission des règles et usages du CNB relatif à la réforme des incompatibilités professionnelles,* AG, 18 et 19 nov. 2011 – C. Glon, *L'incompatibilité de la profession d'avocat avec les actes de commerce et les professions ou fonctions commerciales sens et portée contemporaine d'une telle prohibition*, Rapport Commission règles et usages du CNB, AG 9 et 10 juill. 2010 – D. Piau, *Rapport au nom de la Commission des règles et usages du CNB – Projet de décret relatif à l'exercice de la profession d'avocat sous forme de société ou d'autres entités dotée de la personnalité morale ou de groupement d'exercice régi par le droit d'un autre État membre de l'Union européenne – Incompatibilités d'exercice,* AG, 20 et 21 mai 2016.

SECTION 1
PROPOS LIMINAIRES

431.11 **Préservation du principe d'indépendance et du caractère libéral de la profession.** L'avocat, de par sa fonction, doit faire marque d'indépendance, de désintéressement, de dignité, de dévouement aux causes qui lui sont confiées et respecter le caractère libéral de son activité. L'ancien article 7-I de la loi du 31 décembre 1971[1], après avoir rappelé le caractère libéral et indépendant de la profession d'avocat posait le principe suivant lequel : « Sont incompatibles avec l'exercice de cette profession toutes activités de nature à porter atteinte à l'indépendance de l'avocat et au caractère libéral de la profession ». Il s'agit ici d'un principe ancien, qui a toujours régi la profession d'avocat[2].

En effet, l'indépendance[3] postule que l'avocat n'exerce aucune autre activité, fonction ou profession le plaçant en état de subordination juridique mais également ne s'adonne pas à l'exercice simultané d'une profession comportant des règles différentes, des obligations et des devoirs spéciaux qui feraient obstacle au plein et libre accomplissement des diverses charges et services de la profession d'avocat[4]. Dès lors, la profession d'avocat est, en principe, incompatible avec toutes activités, fonctions ou professions qui exigent le sacrifice même seulement partiel ou seulement moral de cette indépendance, ainsi qu'avec toutes activités, fonctions ou professions dont le lucre est le but ou le mobile principal et dont l'exercice ne permettrait pas à l'avocat de se consacrer aux missions qui sont les siennes.

431.12 **Conformité au droit de l'Union européenne.** La CJUE a admis que la nécessité de préserver, d'une part, l'indépendance de l'avocat et, d'autre part, le secret professionnel ainsi que d'éviter les conflits d'intérêts, fondés sur la nature particulière de la profession d'avocat qui la différencie des autres professions peut justifier des règles d'incompatibilités strictes[5], à la différence, par exemple, des experts-comptables[6].

Le Conseil d'État a ainsi considéré que si le refus opposé à une personne d'accéder à la profession d'avocat ne porte atteinte à aucun bien, il en va différemment de l'omission du tableau[7] qui a pour effet de contraindre un avocat à cesser sa profession alors qu'il a pu constituer un cabinet et une clientèle, laquelle revêt le caractère d'un bien au sens de l'article 1er du premier protocole additionnel à la Conv. EDH. Toutefois, pour le Conseil d'État l'incompatibilité édictée par l'article 115[8] du décret du 27 novembre 1991 a pour objet de garantir l'indépendance économique et morale des membres d'une profession réglementée qui participent, en qualité d'auxiliaire, au service public de la justice. Elle est ainsi justifiée par l'intérêt général[9].

De même, pour la Cour de cassation, si le droit de l'union européenne consacre le principe du libre exercice d'une activité économique et professionnelle, il admet qu'il puisse faire l'objet de restrictions objectivement nécessaires à garantir l'observation des règles professionnelles et à assurer la protection des intérêts qui en constituent l'objectif, telle que la sauvegarde de la dignité[10] de la profession d'avocat au regard de l'exercice d'une activité financière[11].

431.13 **Évolution.** Initialement, les incompatibilités étaient régies par l'article 57 du décret du 9 juin

1. L. n° 71-1130, 31 déc. 1971 portant réforme de certaines professions judiciaires et juridiques, *JO* 5 janv. 1972, art. 7, I.
2. J. Lemaire, *Les règles de la profession d'avocat et les usages du barreau de Paris*, 4e éd., LGDJ, 1975, n° 136.
3. V. s[s] n° 323.21 s.
4. Versailles, 24 oct. 1983, *Gaz. Pal.* 1983. 2. 668.
5. CJUE 19 févr. 2002, *J. C. J. Wouters, J. W. Savelbergh et Price Waterhouse Belastingadviseurs BV contre Algemene Raad van de Nederlandse Orde van Advocaten, en présence de Raad van de Balies van de Europese Gemeenschap,* aff. C-309/99.
6. CJUE 27 févr. 2020, *Commission européenne c/ Royaume de Belgique*, C-384/18.
7. V. s[s] n°s 241.00 s.
8. Décr. n° 91-1197, 27 nov. 1991, art. 115.
9. CE 28 juin 2004, *Bessis c/min. Justice,* req. n° 251897, *Lebon T.; AJDA* 2004. 2334, concl. M. Guyomar.
10. V. s[s] n° 321.11 s.
11. Civ. 1re, 14 mai 2009, n° 08-13.422, P I, n° 91 ; *D.* 2009. 1488 ; *JCP E* 2009. 1768, note R. Mortier ; *RJ com.* 2009. 289, obs. M.-H. Monsèrié-Bon ; *BJS* 2009. 1000, note J.-J. Daigre.

1972[1] qui rappelait que la profession d'avocat était incompatible avec toutes les activités de caractère commercial, avec les fonctions d'associé dans une société en nom collectif, avec des charges d'officier public ou ministériel[2], avec le louage de service et tous les emplois de la fonction publique, sauf des fonctions d'enseignement ou de juge suppléant des tribunaux d'instance ou d'assesseur près des tribunaux pour enfants ou de membre des commissions de première instance de la mutualité agricole, auxquels le décret du 28 novembre 1979[3] avait ajouté la compatibilité avec les fonctions de conseiller prud'hommes.

431.14 Régime libéral du décret du 9 juin 1972. Dans la rédaction du titre III du décret du 9 juin 1972[4], aucune incompatibilité de principe n'était édictée et le texte procédait au cas par cas. Il résultait de sa lecture exégétique que l'exercice de la profession d'avocat était tout à fait compatible avec celui d'une profession libérale honorable, à condition que celle-ci n'absorbe pas toute l'activité de l'avocat et lui interdise d'exercer en fait le métier qu'il voulait exercer en droit.

En somme il pouvait être avocat sans qu'aucun contrôle *a priori* ne tente de vérifier la manière dont il harmonisait l'exercice de ces deux professions. En revanche un contrôle *a posteriori* pouvait établir que même s'il avait la volonté d'exercer la profession d'avocat, il n'en avait pas le loisir, selon la formule de la tradition du barreau de Bordeaux[5], et lui appliquer dans ce cas une mesure d'omission[6] sur le fondement de l'article 104 du Décret de 1991[7].

431.15 Régime libéral du décret du 9 juin 1972 – Illustration. La profession de médecin fut ainsi considérée comme compatible avec celle d'avocat[8], même si elle semblait être regardée par le barreau de Paris comme incompatible à partir de 1913, ce dernier exigeant, pour inscrire un médecin au tableau, un engagement écrit de renoncer à exercer la médecine[9].

Mais, la cour d'appel de Paris considéra qu'en principe la profession médicale, en l'occurrence celle de médecin ophtalmologiste, était compatible avec l'exercice de celle d'avocat tout en précisant qu'était valable la demande du conseil de l'Ordre tendant à ce que le médecin s'engage à ne pas exercer la médecine dans un certain rayon, le refus de souscrire cet engagement justifiant le refus d'inscription au tableau[10].

L'avocat ne s'était pas pourvu en cassation mais avait effectué une nouvelle demande d'inscription dans un autre barreau, qui l'avait lui aussi refusé, décision qui avait été confirmée par la cour d'appel aux motifs tirés d'une incompatibilité de fait résultant de l'impossibilité d'exercer normalement les deux professions[11]. Ce dernier arrêt élargissant la liste des incompatibilités d'alors[12] avait été cassé par la Cour de cassation qui rappela que les limitations sont de droit étroit et que l'exercice de la profession d'avocat et de la profession de médecin à titre libéral, ne portait atteinte ni à l'indépendance de l'avocat ni au caractère libéral de la profession[13]. L'avocat médecin fut ainsi inscrit au tableau.

431.16 Régime de restrictions du décret du 27 novembre 1991. Le décret du 27 novembre 1991[14] est venu modifier cette situation et le nouvel article 115[15] proclame un principe général, totalement différent du principe proclamé par l'ancien article 57[16] du décret du 9 juin 1972, aux termes duquel la profession d'avocat est incompatible avec l'exercice de toute autre profession mettant un terme à cette possibilité de cumul[17].

Le statut des avocats devient ainsi plus précis et la jurisprudence ne peut que l'appliquer.

431.17 Vers une révision du régime des incompatibilités d'exercice ? Dans le prolongement du rapport Darrois qui avait initié une réflexion sur l'extension des champs d'activité de l'avocat en prônant

1. Décr. n° 72-468, 9 juin 1972 organisant la profession d'avocat, pris pour l'application de la loi n° 71-1130 du 31 décembre 1971 portant réforme de certaines professions judiciaires et juridiques, *JO* 11 juin, art. 57.
2. Décr. n° 72-468, 9 juin 1972, art. 61.
3. Décr. n° 79-1014, 28 nov. 1979 relatif à la compatibilité entre les professions d'avocat ou de conseil juridique et les fonctions de conseiller prud'homme et à la possibilité pour les conseils juridiques d'exercer les fonctions de membre assesseur des tribunaux paritaires des baux ruraux, *JO* 30 nov., p. 2978.
4. Décr. n° 72-468, 9 juin 1972.
5. R. Brazier, *La tradition du barreau de Bordeaux, délibérations du Conseil de l'Ordre, 1806-1910*, L. Delbrel, 1910, n° 219 *bis*.
6. V. s[s] n°s 241.11 s.
7. Civ. 1re, 27 févr. 1985, n° 83-17.025, P I, n° 75 ; *Gaz. Pal.* 1985. 2. 577, note A. Damien, S. Guinchard, T. Moussa ; *JCP* 1985. IV. 167 ; *D.* 1987. 65, note A. Brunois – V. s[s] n°s 431.41 s.
8. Cons. ordre Paris, 17 avr. 1855.
9. J. Lemaire, *Les règles de la profession d'avocat et les usages du barreau de Paris*, 4e éd., LGDJ, 1975, n° 167 – Cons. ordre Paris, 9 juin 1925.
10. Paris 1re ch., 28 avr. 1982 ; *Gaz. Pal.* 1982. 2. 401, note A. Damien ; *RDSS* 1982. 581, obs. L. Boulouis ; *D.* 1983. 493, obs. J. Penneau.
11. Versailles, 24 oct. 1983 ; *Gaz. Pal.* 1983. 2. 668, obs A. Damien.
12. V. s[s] n° 431.14.
13. Civ. 1re, 27 févr. 1985, n° 83-17.025, P I, n° 75 ; *Gaz. Pal.* 1985. 2. 577, note A. Damien, S. Guinchard, T. Moussa ; *JCP* 1985. IV. 167 ; *D.* 1987. 65, note A. Brunois.
14. Décr. n° 91-1197, 27 nov. 1991 organisant la profession d'avocat, *JO* 28 nov., p. 15502.
15. Décr. n° 91-1197, 27 nov. 1991, art. 115.
16. Décr. n° 72-468, 9 juin 1972.
17. V. s[s] n° 432.136.

une réforme des incompatibilités commerciales [1], le CNB a engagé une réflexion sur ce sujet. Au cours de ses travaux [2], la commission des règles et usages du CNB a, notamment, constaté que l'extension des champs d'activité de l'avocat était freinée, pour certaines missions, par le régime des incompatibilités d'exercice, en particulier la prohibition des activités commerciales.

Une résolution allant dans le sens d'une révision du régime actuel des incompatibilités d'exercice, définies aux articles 111 [3] et suivants du décret du 27 novembre 1991 afin de développer la présence et l'activité de la profession et d'améliorer la compétitivité des avocats français, a été adoptée par l'assemblée générale du CNB le 10 juillet 2010.

431.18 **Positionnement de la profession.** Dans sa résolution [4], réitérée en 2016 [5], le CNB rappelle que si le régime des incompatibilités d'exercice était à l'origine justifié par des considérations de noblesse personnelle, ses fondements se trouvent aujourd'hui dans les notions d'indépendance [6] et de désintéressement [7].

Dans ce contexte, la déontologie des avocats - et plus précisément cette valeur de désintéressement qui distingue l'avocat, professionnel libéral du commerçant - pourrait présenter un avantage au lieu de constituer un obstacle, dans la mesure où le désintéressement doit obliger l'avocat à faire primer les intérêts de son client [8] sur les siens. Le CNB considère que les textes relatifs aux incompatibilités d'exercice doivent être réexaminés à la lumière de ces principes déontologiques.

431.19 **Propositions de la profession.** Le CNB propose de supprimer la « liste énumérative » des activités, fonctions ou professions compatibles et « de décliner les valeurs fondamentales du statut de l'avocat au premier rang desquelles figure le principe d'indépendance, et par conséquent le strict respect des règles de conflit d'intérêts ». Dans ces conditions, il apparaissait possible d'envisager qu'un avocat puisse se livrer à l'exercice cumulatif d'autres professions, fonctions, ou activités, sous réserve du strict respect des principes essentiels, notamment ceux d'indépendance, et de l'exercice effectif et à titre principal de la profession d'avocat, et à condition de cloisonner les activités, fonctions ou professions dans un souci légitime de transparence.

Dans le même esprit, il avait été proposé que soit, d'une part, présumé incompatible l'exercice d'une activité commerciale avec la profession d'avocat, et d'autre part, présumé compatible le cumul de la profession d'avocat avec une activité commerciale ou artisanale exercée à titre accessoire [9].

Il est probable que, nonobstant les timides avancées du décret du 20 juin 2016 [10], le champ d'activité des avocats évoluera dans le sens d'un élargissement, ce qui est déjà possible en l'état des textes actuels à condition de faire preuve d'innovation et d'entreprenariat.

SECTION 2
PRINCIPES GÉNÉRAUX

431.20 **Plan.** Les incompatibilités prévues par les textes sont d'interprétation stricte (§ 1) et doivent s'apprécier à compter du jour de l'inscription de l'avocat au tableau ce qui emporte un certain nombre de conséquences (§ 2).

§ 1
Régime d'interprétation stricte

431.31 **Maintien d'exceptions au principe.** Un certain nombre d'incompatibilités sont prévues par les articles 111 et 115 du décret du 27 novembre 1991. La profession d'avocat est ainsi incompatible avec l'exercice de toute activité commerciale [11],

1. SUR le rapport Darrois : I. Arnaud-Grossi, « Les obligations de l'avocat à la croisée des chemins », *RLDC* 2009/58. 3355 ; D. Le Prado, « Communication de l'Ordre des avocats aux Conseils, président de l'Ordre des avocats au Conseil d'État et à la Cour de cassation », *D.* 2009. 958 ; *JCP* 2009. 184, Libres propos – Ch. Jamin, « Une rénovation profonde de la profession d'avocat », *D.* 2009. 932 – F. Rome, « Le rapport de l'angoisse », *D.* 2009. 929 – J.-M. Darrois, *JCP* 2009. I. 15, entretien.
2. P. Berger, *Rapport final au nom de la Commission des règles et usages du CNB relatif à la réforme des incompatibilités professionnelles*, CNB, AG 18 et 19 nov. 2011 – C. Glon, *L'incompatibilité de la profession d'avocat avec les actes de commerce et les professions ou fonctions commerciales, sens et portées contemporaines d'une telle prohibition ?*, Rapport Commission règles et usages du CNB, AG 9 et 10 juill. 2010 – D. Piau, *Rapport au nom de la Commission des règles et usages du CNB – Projet de décret relatif à l'exercice de la profession d'avocat sous forme de société ou d'autres entités dotée de la personnalité morale ou de groupement d'exercice régis par le droit d'un autre État membre de l'Union européenne – Incompatibilités d'exercice*, CNB, AG 20 et 21 mai 2016.
3. Décr. n° 91-1197, 27 nov. 1991, art. 111 et s.
4. Résolution sur la réforme des incompatibilités d'exercice, CNB, AG des 17 et 18 juin 2011.
5. Délib. du Conseil National des Barreaux portant sur les projets de décrets pris pour l'application des articles 63 et 67 de la Loi n° 2015-990 du 6 août 2015 pour la croissance, l'activité et l'égalité des chances économiques, adoptée à l'unanimité, CNB, AG des 20 et 21 mai 2016.
6. V. s[s] n°s 323.21 s.
7. V. s[s] n°s 335.11 s.
8. V. s[s] n°s 481.10 s.
9. Résolution sur la réforme des incompatibilités d'exercice adoptée par l'AG du CNB, 17 et 18 juin 2011.
10. V. s[s] n°s 432.81 s.
11. Décr. 27 nov. 1991, art. 111 – V. s[s] n°s 432.11 s.

d'une part, de certaines fonctions au sein de sociétés [1], d'autre part, et enfin de toute autre profession [2].

Cette déclaration de principe ne va pas sans accepter des exceptions maintenues par le texte, et poser plusieurs difficultés d'interprétation, notamment quant à la définition des notions d'activité commerciale et de profession [3].

431.32 Interprétation restrictive des incompatibilités. Les incompatibilités sont de droit étroit et doivent être interprétées, non seulement avec bon sens, cela va de soi, mais de manière restrictive [4]. C'est ainsi que la pratique des ordres a été amenée à préciser certains termes de la loi et à les élargir sur d'autres points.

Mais les juridictions du fond veillent et infirment les décisions des conseils de l'Ordre qui tenteraient de créer des incompatibilités sans texte [5].

431.33 Illustrations. C'est ainsi qu'aussi fondamental qu'il soit, le respect du principe d'indépendance [6] de l'avocat [7] ne saurait justifier qu'il soit ajouté à la loi et qu'on interdise, de manière générale et absolue, par exemple, à un avocat d'exercer sa profession dans le ressort du tribunal où son conjoint est magistrat [8] ou encore qu'on lui impose de s'abstenir de plaider devant un tribunal judiciaire en matière correctionnelle et devant le tribunal de commerce en matière de procédure collective, au prétexte que cet avocat serait le conjoint du substitut du procureur de la république près de ce tribunal [9].

De même, il n'y a pas d'incompatibilité entre l'exercice, par deux conjoints, des fonctions d'avocat pour l'un et d'huissier de justice pour l'autre dans le ressort d'un même tribunal, dès lors qu'on ne peut invoquer aucune disposition légale prévoyant une telle incompatibilité [10].

Mais, il incombe, dans ces situations, de veiller à ce que cet avocat ne commette aucune indélicatesse ou manquement à l'indépendance dans l'exercice de ses fonctions, directement ou indirectement, aucune infraction aux règles déontologiques qui régissent la profession, et d'en tirer, le cas échéant, les conséquences sur le plan disciplinaire mais sur le fondement des principes essentiels et non sur celui des incompatibilités [11].

§ 2
Appréciation et conséquences

431.41 Moment de l'appréciation. Les incompatibilités avec l'exercice de la profession d'avocat doivent s'apprécier à compter du jour de l'inscription au tableau de l'avocat en cause [12].

C'est ainsi qu'un conseil de l'Ordre ne saurait exiger que le candidat à l'inscription au tableau ait cessé toute activité salariée [13] dès avant son inscription au tableau, tel qu'au moment du dépôt ou de l'examen de sa demande d'inscription [14].

431.42 Exercice d'une activité incompatible et accès à la profession. Les incompatibilités n'ont pas pour objet d'interdire à ceux qui exercent des activités incompatibles, telles que des activités à caractère commercial [15], de prétendre pouvoir accéder à la profession d'avocat, sous réserve qu'ils se démettent de leurs anciennes fonctions commerciales au jour de leur inscription effective au tableau [16] : elles ne constituent pas en soi une atteinte à la moralité de nature à faire obstacle à la demande d'inscription [17].

C'est ainsi qu'un ancien négociant peut devenir avocat s'il justifie de l'accomplissement de toutes ses obligations commerciales et du règlement de toutes les dettes contractées, au cours de son activité passée. Mais, ce serait ajouter aux textes que d'exiger d'un commerçant pour l'inscrire au barreau, qu'il ait cessé d'exercer ses fonctions depuis 5 ans au minimum. La disposition d'un règlement intérieur prévoyant ce délai devant être considérée comme nulle, comme contraire à la loi et à l'ordre public [18].

La qualité d'ancien agent d'affaires [19] a fait l'objet de nombreux débats au début du siècle dernier, en vue d'interdire à cette profession l'accès au barreau, alors même qu'elle ne fait pas en soi obstacle à l'inscription au barreau [20]. Si certains conseils de l'Ordre avaient considéré qu'il était prudent de ne pas permettre l'accès à la profession d'avocat à ceux qui, dans l'exercice de la profession d'agent d'affai-

1. Décr. 27 nov. 1991, art. 111 – V. s[s] n°s 432.31 s.
2. Décr. 27 nov. 1991, art. 115, al. 1 – V. s[s] n°s 432.131 s.
3. V. s[s] n°s 432.00 s.
4. Civ. 1re, 27 févr. 1985, n° 83-17.025, P I, n° 75 ; *Gaz. Pal.* 1985. 2. 577, note A. Damien, S. Guinchard, T. Moussa ; *JCP* 1985. IV. 167 ; *D.* 1987. Somm. 65, note A. Brunois.
5. Civ. 12 janv. 1960, *D.* 1960. 47 – Civ. 24 févr. 1981, *Gaz. Pal.* 1982. 2. panor. 218.
6. V. s[s] n°s 323.21 s.
7. V. s[s] n°s 323.00 s.
8. Toulouse, 10 oct. 1994, *D.* 1996. 312, note J.-Y. Dupeux.
9. Sur la question de la limitation d'activité pouvant résulter de cette situation, v. s[s] n° 432.133.
10. Limoges, 24 sept. 1987, *Gaz. Pal.* 1987. 2. 791.
11. Toulouse, 10 oct. 1994, *D.* 1996. 312, note J.-Y. Dupeux – Aussi : v. s[s] n° 432.133.
12. Basse-Terre, 7 juin 1982, *Gaz. Pal.* 1982. 2. 494.
13. V. s[s] n° 432.131.
14. Civ. 1re, 16 mars 1994, n° 92-13.108, P I, n° 98 ; *D.* 1994. 84.
15. V. s[s] n°s 432.11 s.
16. Colmar, 23 nov. 2009, RG n° 09/01456.
17. V. s[s] n°s 221.31 s.
18. Civ. 1re, 9 oct. 1973, n° 71-10.624, P I, n° 266 ; *Gaz. Pal.* 1973. 2. Somm. 257 ; *D.* 1974. 309, note A. Brunois.
19. V. s[s] n° 432.13.
20. Rennes, 26 févr. 1923, *DP* 1923. 2. 79 – Req. 11 nov. 1895, *DP* 1896. 1. 65, note E. Glasson.

res, avaient pris de mauvaises habitudes, la Cour de cassation a précisé qu'il n'appartenait pas aux conseils de l'Ordre de fermer l'accès à la profession en dehors des cas déterminés par la loi [1].

431.43 Incompatibilité et inscription au tableau. L'existence d'une incompatibilité ne saurait justifier un refus d'admission à la prestation de serment en vue de l'inscription au tableau [2], dès lors qu'à la date où le conseil de l'Ordre est amené à statuer, rien ne permet de caractériser la persistance d'une telle incompatibilité, voire la situation même d'incompatibilité supposée, avec l'exercice de la profession d'avocat. Et, la Cour de cassation rappelle ainsi régulièrement que : « [...] ayant justement énoncé que l'article 115 du décret n° 91-1197 du 27 novembre 1991 interdit seulement, sous les réserves qu'il vise, l'exercice simultané de la profession d'avocat et de toute autre profession, en a exactement déduit que cette incompatibilité ne pouvait s'apprécier avant la prestation de serment, à laquelle l'exercice de la profession d'avocat est subordonné, de sorte que la situation statutaire de l'intéressé lors de sa comparution devant le conseil de l'Ordre ne pouvait faire échec à l'inscription préalable qu'il sollicitait, sur le fondement de l'article 98 de ce même décret » [3].

La CJUE, distinguant l'inscription de l'exercice lui-même de la profession d'avocat, a également été amenée à considérer, s'agissant d'une demande d'inscription en tant qu'avocat européen exerçant à titre permanent sous son titre d'origine [4] d'un impétrant ayant par ailleurs la qualité de moine [5], que si le législateur national peut prévoir des garanties pour cet exercice, cette faculté ne lui permet pas de fixer des conditions supplémentaires, par exemple, liées à des exigences professionnelles et déontologiques, à cette inscription [6].

Il est toutefois possible de solliciter du candidat au barreau un engagement de sa part de cesser l'exercice de l'activité ou de la profession considérée comme incompatible à compter de son inscription au tableau [7].

1. Civ. 1re, 12 janv. 1960, n° 58-10.903, *D.* 1960. 47 – RAPPR. : Civ. 1re, 24 févr. 1981, n° 79-15.923, *Gaz. Pal.* 1981. 2. pan. 218.
2. V. ss nos 224.11 s.
3. Civ. 1re, 20 mars 2014, n° 13-14.663, NP ; *JCP* 2014. 597, n° 1, obs. S. Bortoluzzi.
4. V. ss nos 231.10 s.
5. V. ss n° 433.172.
6. CJUE 7 mai 2019, *Monachos Eirinaios (le moine Irénée) c/ Dikigorikos Syllogos Athinon,* aff. C-431/17 ; *D.* 2019. 991 ; *JCP* 2019. 680, note J. Pertek ; *Gaz. Pal.* 3 déc. 2019, p. 21, obs. B. de Belval et J. Villacèque.
7. Paris, 1re ch., 28 avr. 1982, *Gaz. Pal.* 1982. 2. 401, note A. Damien, *RDSS* 1982. 581, obs. L. Boulouis, *D.* 1983. 493, obs. J. Penneau.

431.44 Cas des fonctionnaires. Les fonctionnaires devraient, en principe, ne plus être en fonction à la date de leur inscription au barreau [8]. Comme l'a indiqué la Cour de cassation, seul l'exercice de la profession d'avocat est incompatible avec l'exercice d'une autre profession [9] faisant que le fait de subordonner la demande d'admission au barreau d'un fonctionnaire à la condition d'obtention préalable de sa mise en disponibilité, en déclarant irrecevable une demande d'inscription d'un magistrat en attente de sa mise en disponibilité [10], est contraire aux textes [11]. Tout comme le fait de rejeter la demande d'admission d'un fonctionnaire des impôts retraité en préjugeant de son absence d'indépendance à l'égard de l'administration au sein de laquelle il avait exercé ses précédentes activités [12], doit être censuré comme conduisant à créer une incompatibilité non prévue par la loi [13].

Ainsi, dès lors qu'il a demandé une mise en disponibilité sans solde, faisant qu'il cesse de recevoir une rémunération de l'administration et présente toutes les garanties d'indépendance, notamment financière, un fonctionnaire peut être inscrit au barreau [14]. Et, il peut simplement solliciter sa mise en disponibilité, sans pour autant démissionner dès lors que la mise en disponibilité d'un fonctionnaire a pour effet de le placer hors de son administration [15], cette position qui n'est pas de nature à porter atteinte à l'indépendance de l'avocat, étant compatible avec l'exercice de la profession d'avocat [16] sous réserve d'éventuelles limitations d'activité [17].

Rappelons que la disponibilité est la position du fonctionnaire qui, placé hors de son administration ou service d'origine, cesse de bénéficier, dans cette position, de ses droits à l'avancement et à la retraite [18]. Aussi, si le fonctionnaire en disponibilité est placé hors de son administration, il n'en reste

8. *A CONTRARIO* : Civ. 1re, 15 mars 2017, n° 16-10.525, P ; *D.* 2017. 710.
9. V. ss nos 432.131 s.
10. Agen, 10 févr. 1993, NP.
11. Civ. 1re, 20 juill. 1994, n° 93-11.930, P I, n° 257 ; *D.* 1994. 219 – CNB, Comm. RU, avis n° 2003-020, 20 juin 2003 ; C. avocat 2021, ss décr. 27 nov. 1991, art. 115, note 14.
12. Toulouse, 8 nov. 1993, *Gaz. Pal.* 29 mars 1994, p. 8 s., note A. Damien, CRIT.
13. Civ. 1re, 14 nov. 1995, n° 94-10.286, P I, n° 411 ; *Gaz. Pal.* 6 févr. 1996, p. 8, note A. Damien.
14. CNB, Comm. RU, avis n° 2003-020, 20 juin 2003 ; C. avocat 2021, ss décr. 27 nov. 1991, art. 115, note 14.
15. CGFP, art. L. 514-1 [L. n° 84-16, 11 janv. 1984 portant dispositions statutaires relatives à la fonction publique de l'État, *JO* 12 janv., p. 271, art. 51].
16. Civ. 1re, 30 mai 1995, n° 93-13.573, P I, n° 223 ; *D.* 1995. 158.
17. V. ss nos 434.111 s.
18. CGFP, art. L. 514-1 s. [L. n° 84-16, 11 janv. 1984, art. 51].

pas moins fonctionnaire. Il n'a pas rompu le lien qui l'unit à son corps d'origine et a donc droit à y être réintégré.

431.45 Affaire du chirurgien-dentiste qui voulait être avocat. Dans une affaire où un conseil de l'Ordre [1] avait cru pouvoir rejeter une demande d'inscription d'un postulant par ailleurs également chirurgien-dentiste, la cour d'appel avait rappelé que : « seul l'exercice de la profession d'avocat, subordonné à la prestation de serment après acceptation de la demande est incompatible avec l'exercice d'une autre profession ; que dès lors, en refusant l'inscription au tableau de l'ordre des avocats au motif que l'exercice simultané par celui-ci des activités d'avocat et de chirurgien-dentiste serait incompatible, le conseil de l'Ordre a violé [l'article 115 du décret de 1991] » [2] et ordonné l'admission à la prestation de serment et l'inscription au tableau de l'intéressé.

Toutefois, dans cette même affaire, l'avocat demeuré chirurgien-dentiste avait ensuite fait l'objet d'une procédure d'omission [3] en raison de l'exercice d'une activité incompatible [4], omission qui avait été confirmée par la cour d'appel [5].

431.46 Conséquences d'une incompatibilité : l'omission. La caractérisation d'une situation d'incompatibilité ne peut donc conduire, faute pour l'avocat de cesser l'activité jugée comme incompatible, qu'à la mise en œuvre d'une procédure d'omission [6], sans préjudice de la mise en œuvre d'une éventuelle procédure disciplinaire [7].

431.47 Portée des incompatibilités. Les incompatibilités, règles de nature déontologique, n'ont pas de portée quant à la validité d'une procédure mise en œuvre ou des actes accomplis [8] par un avocat en situation d'incompatibilité, lesquels demeurent valables, tant que celui-ci n'a pas été omis [9].

Les incompatibilités n'ont pas non plus de portée sur le plan juridique. Elles ne sauraient faire obstacle, par exemple, à une demande de requalification en salariat d'une relation d'un avocat avec un journal [10].

Il convient toutefois de noter que dans une affaire où les juges du fond avaient retenu la qualité de « commis commercial », au sens de l'article L. 121-1 du code de commerce, à la secrétaire d'un cabinet d'avocat, ceux-ci ont été censurés par la Cour de cassation qui a considéré que dès lors que l'employeur était avocat, cette qualité étant incompatible avec celle de commerçant cela faisait ainsi obstacle à ce que l'un de ses salariés soit qualifié comme tel [11].

1. CO Paris F2, 3 oct. 1995.
2. Paris, 1re ch., sect. A, 25 sept. 1996, RG n° 95/25279.
3. V. ss nos 241.00 s.
4. CO Paris F2, 29 avr. 1997.
5. Paris, 1re ch., sect. F, 25 févr. 1998, RG n° 97/13306, *Gaz. Pal.* 13 juin 1998, p. 16, note A. Damien.
6. V. ss nos 241.00 s. et 513.00 s.
7. V. ss nos 521.00 s.
8. Poitiers, ch. civ. 1, 3 déc. 2019, RG n° 17/04167 – V. ss nos 312.101 s.
9. TGI Paris, 5 mars 1986, *Gaz. Pal.* 1er sept. 1988. 2. Somm. n° 10.

SECTION 3
DÉTERMINATION DU CHAMP D'ACTIVITÉ DE L'AVOCAT

431.51 Avocat mandataire universel de son client [12]. L'existence d'un régime d'incompatibilité conduit l'avocat à s'interroger en permanence sur son champ d'activité et sur ce qu'il lui est possible de faire ou de ne pas faire.

L'avocat est le mandataire naturel de son client [13], et peut, à ce titre, exercer tout mandat dans l'intérêt de son seul client, fut-ce, lorsque les textes l'exigent expressément en étant muni d'un pouvoir spécial [14]. Le mandat donné à l'avocat est par nature civil.

Le mandataire n'agit que dans l'intérêt exclusif de son mandant, à l'inverse du courtier ou du commissionnaire [15] qui agit dans l'intérêt des deux parties qu'il amène à contracter ensemble.

431.52 L'avocat, mandataire indépendant. L'avocat, gardien des intérêts de son client [16], doit ainsi, dans le cadre de ce mandat, être libre et indépendant de tout conflit avec les intérêts propres de son client.

L'indépendance [17] postule, en outre, que l'avocat n'exerce aucune autre activité le plaçant en état de subordination juridique mais également ne s'adonne pas à l'exercice simultané d'une profession compor-

10. Soc. 19 déc. 2007, n° 07-40.384, P V, n° 217 ; *JCP* 2008. I. 140, n° 6, obs. G. Pillet ; – MÊME SENS : Paris, pôle 6, ch. 2, 15 mai 2014, RG n° 13/04979 ; POURVOI REJETÉ PAR : Soc. 12 mai 2017, nos 15-28.943, 15-29.129, P – V. ss n° 312.103 et 432.137.
11. Soc. 27 juin 2012, n° 11-16.250, NP – Aussi : v. ss nos 312.101 s.
12. D. Piau, *Le champ d'activité professionnelle de l'avocat*, Rapport Commission règles et usages du CNB, AG 9 et 10 déc. 2016.
13. RIN, art. 6.2, al. 1 – Soc. 25 oct. 2017, n° 16-11.092, NP – Soc. 22 nov. 2017, n° 16-12.524, P ; *Gaz. Pal.* 19 déc. 2017, p. 61 – Com. 24 oct. 2018, n° 17-11.431, NP ; *Gaz. Pal.* 28 mai 2019, p. 19, obs. B. de Belval – Crim. 22 janv. 2020, n° 19-84.325, P ; *D.* 2020. 222 ; *Gaz. Pal.* 18 févr. 2020, p. 42, obs. C. Berlaud ; *JCP* 2020. 278, n° 5, obs. S. Grayot-Dirx ; *Gaz. Pal.* 2 juin 2020, p. 36, obs. D. Landry – Crim. 1er sept 2020, n° 19-83.092, 19-86.433, P ; *D.* 2020. 1682 – V. ss n° 023.76.
14. Civ. 2e, 13 mars 2020, n° 20-60.134, P ; *Gaz. Pal.* 7 avr. 2020, p. 40, obs. C. Berlaud.
15. V. ss n° 432.14.
16. V. ss nos 481.10 s.
17. V. ss nos 323.21 s.

tant des règles différentes, des obligations et des devoirs spéciaux qui feraient obstacle au plein et libre accomplissement des diverses charges et services de la profession d'avocat[1].

431.53 Distinctions nécessaires : mission, profession, activité et fonction. Il convient, à cet égard, de bien distinguer :

1° L'exercice d'un simple mandat civil par l'avocat, qui constitue une mission particulière dans le cadre de son activité d'avocat, et dont les possibilités qui lui sont offertes en la matière délimitent son champ d'activité ;

2° L'exercice d'une autre activité, distincte, par nature, de l'exercice de l'activité d'avocat : fiduciaire[2], commercialisation de biens ou de services connexes à l'exercice de la profession d'avocat[3], notamment ;

3° L'exercice d'autres fonctions autorisées à l'avocat, lesquelles ne sont pas, par principe incompatibles avec l'exercice de la profession d'avocat mais nécessitent une analyse au cas par cas : enseignement[4], conseiller du salarié[5], ministre du culte[6], délégué du défenseur des droits[7], notamment ;

4° L'exercice d'une autre profession autorisée à l'avocat : commissaires aux comptes[8], administrateur judiciaire[9], uniquement.

Un champ d'activité n'est pas une activité distincte de celle d'avocat mais une mission particulière que l'avocat peut exercer dans le cadre de son activité d'avocat. Il existe sur ce point de nombreuses confusions de terminologie, dans les textes mêmes qui régissent la profession, ce qui génère d'inutiles difficultés de compréhension des règles en la matière.

431.54 Avocat représentant de son client. L'avocat peut ainsi recevoir mandat de négocier, d'agir et de signer au nom et pour le compte de son client, tel que gérer provisoirement ses biens meubles et immeubles[10], dès lors qu'un tel mandat de représentation est spécifique et ne peut donc avoir un caractère général. En tout état de cause, l'avocat ne peut, sans y avoir été autorisé spécialement et par écrit par son client, l'engager irrévocablement par une proposition ou une offre de contracter[11]. L'avocat s'assure au préalable de la licéité de l'opération pour laquelle il lui est donné mandat. Il respecte strictement l'objet du mandat et veille à obtenir du mandant une extension de ses pouvoirs si les circonstances l'exigent. S'il se trouve dans l'impossibilité d'accomplir le mandat qui lui est confié, il doit en aviser sans délai le mandant[12].

Ces obligations strictes qui s'imposent à l'avocat en matière de représentation sont une réelle garantie, tant pour le client que pour les tiers, notamment au regard du régime de la représentation[13] issu de l'ordonnance du 10 février 2016[14].

431.55 Acte de commerce et activité commerciale[15]. En outre, rien ne saurait faire obstacle à ce qu'un avocat réalise un acte de commerce dès lors que cet acte se situe dans le prolongement, et dans la limite, du mandat civil qu'il aura reçu de son client. En effet, dès lors que l'acte de commerce demeure accessoire, il est, à l'exception de la lettre de change[16], qualifié de civil par accessoire, tant que l'importance et la répétition de la réalisation d'un tel acte ne sont pas de nature à donner à celui qui l'effectue la qualité de commerçant. En effet, pour la Cour de cassation l'activité « revêt un caractère commercial dès lors qu'elle est exercée à titre habituel et lucratif »[17].

L'avocat peut ainsi exercer des actes de commerce, tels que la vente de licence de logiciel, dès lors qu'elle demeure l'accessoire d'une prestation de conseil ou de l'exécution d'un mandat civil[18]. De même que l'interdiction faite aux avocats d'exercer certaines fonctions dans les sociétés commerciales[19] n'interdit en aucun cas ceux-ci d'y être actionnaires.

431.56 Caractère accessoire des actes de commerce. La seule limite, s'agissant des actes de commerce, tient à l'impossibilité qui est faite à l'avocat de dépasser l'accessoire et de faire de telles activités l'une de ses activités principales compte tenu d'un

1. V. s[s] n°s 432.131 s.
2. V. s[s] n° 433.141.
3. V. s[s] n°s 432.91 s.
4. V. s[s] n°s 433.161 s.
5. V. s[s] n° 433.171.
6. V. s[s] n° 433.172.
7. V. s[s] n° 433.172.
8. V. s[s] n° 433.181.
9. V. s[s] n° 433.182.
10. V. s[s] n° 433.124.
11. RIN, art. 6.2.
12. RIN, art. 6.2.
13. F. Chénedé, *Le nouveau droit des obligations et des contrats*, hc, Dalloz, 2016, n°s 23.31 s. ; 2e éd., « Dalloz Référence », 2018, n°s 123.30 s. – G. Wicker, « Le nouveau droit commun de la représentation dans le code civil », *D.* 2016. 1942 – Ph. Didier, « La représentation dans le nouveau droit des obligations », *JCP* 2016. 580.
14. Ord. n° 2016-131, 10 févr. 2016 portant réforme du droit des contrats, du régime général et de la preuve des obligations, *JO* 11 févr., n° 26.
15. C. Glon, *L'incompatibilité de la profession d'avocat avec les actes de commerce et les professions ou fonctions commerciales, sens et portées contemporaines d'une telle prohibition*, Rapport Commission règles et usages CNB, AG 9-10 juill. 2010 – AUSSI : D. Bert, *Essai sur le droit de l'activité professionnelle indépendante*, Institut Universitaire Varenne, 2011.
16. C. com., art. L. 110-1, 10°.
17. Com. 5 déc. 2006, n° 05-21.258, NP.
18. Paris, avis n° 130/250971, commission plénière de déontologie, 24 sept. 2014.
19. V. s[s] n°s 432.31 s.

caractère spéculatif et répétitif dont il tirerait l'essentiel de ses revenus. À cet égard, c'est, par exemple, au regard des principes qui précèdent, que devrait s'apprécier la mise en œuvre par un avocat d'une activité de domiciliation[1] ou de mise à disposition de bureaux avec prestations de services, laquelle est une activité commerciale[2] et doit donc demeurer accessoire et limitée au regard de l'activité du cabinet d'avocats.

L'avocat doit ainsi, dans l'organisation de telles activités, garder un caractère accessoire et limité par rapport à son activité principale au risque de permettre la qualification commerciale de celles-ci par l'importance des moyens mis en œuvre à cette fin : utilisation d'un personnel non avocat en nombre important et dédié à cette seule activité (critère de la spéculation sur le travail d'autrui), mise en œuvre de moyens publicitaires et de démarchages caractéristiques de l'activité commerciale. L'avocat devra, le cas échéant, déléguer à des tiers la réalisation des actes de nature commerciale dans la gestion des biens d'autrui[3].

431.57 **Incidence de la rémunération de l'avocat.** Dans le cadre de l'exercice de ses mandants, l'avocat peut, sauf dispositions particulières telles que celles prévues pour les mandataires sportifs[4], percevoir en contrepartie de sa mission, une rémunération établie suivant les règles qui lui sont applicables[5], y compris s'agissant de la prévision d'un éventuel honoraire de résultat[6].

La rémunération de sa mission ne peut toutefois émaner que de son client[7] : à aucun titre l'avocat ne peut recevoir une quelconque rémunération d'un organisme dont il « placerait » les produits auprès de son mandant (apport d'affaires[8]), tout comme il serait inconcevable que tout ou partie de ses honoraires soit payé par un tiers avec lequel il organiserait la gestion des biens (partage d'honoraires[9]) ou avec lequel il traiterait en tant que vendeur ou acquéreur (entremise[10]).

Mais ces interdictions, visant à préserver l'indépendance de l'avocat, ne constituent pas un obstacle en soi : tout est question du cadre contractuel qui doit nécessairement prévoir un lien de rémunération directe entre l'avocat et son client. En cas d'intervention aux côtés d'un autre professionnel (agent immobilier, conseiller en investissement financier...), rien n'empêche de conclure une convention tripartite avec le client, ni de prévoir une convention de collaboration interprofessionnelle[11].

431.58 **Difficultés actuelles et prétendues « nouvelles activités ».** Les difficultés actuelles sur ce point sont liées à l'extension des réglementations en matière d'activités de mandataire, notamment sous l'impulsion du droit de l'Union européenne et dans une volonté de protéger les consommateurs, ce qui, lorsqu'elle s'accompagne de la mise en place d'organismes de contrôle ou de tutelle pose, de surcroît, une difficulté particulière liée, notamment, à la préservation de l'indépendance de l'avocat, lequel ne doit dépendre que de son ordre, et à la protection du secret professionnel, lequel s'oppose à la divulgation par l'avocat d'information concernant son client[12].

Les avocats risquent de se trouver exclus de missions ayant récemment fait l'objet de réglementation, ou d'une nouvelle réglementation, telles que la mission de mandataire en transaction immobilière que la loi du 2 janvier 1970[13], dite loi Hoguet, lui permettait déjà d'exercer[14], celle de lobbying[15], ou pour parler français, « l'influençage » comme le font les Québécois francophones, ou à se livrer aux missions de délégué à la protection des données (DPO)[16] ou de mandataire judiciaire à la protection des majeurs, activité réglementée dont ils ont été exclus[17].

Il ne s'agit pas, ainsi, de « nouvelles activités » pour l'avocat, terme qu'il convient de cesser d'employer, dès lors que l'avocat n'exerce qu'une seule et même activité : celle d'avocat, mais bien de l'adaptation, à un contexte légal et réglementaire, de l'une de ses missions les plus traditionnelles de mandataire au service de son client[18].

431.59 **Principe.** Tout avocat peut ainsi, ce que l'on a trop souvent tendance à oublier, exercer librement toute mission de mandataire, telle que mandataire en transaction[19], dès lors que cette mission conserve une nature civile ou qu'elle reste

1. V. s[s] n° 432.18.
2. V. s[s] n°s 432.11 s.
3. CNB, Comm. RU, avis n° 2007-036, 24 juill. 2007 ; C. avocat 2021, s[s] décr. 27 nov. 1991, art. 111, note 17.
4. V. s[s] n°s 645.21 s.
5. V. s[s] n°s 711.00 s.
6. V. s[s] n°s 713.251 s.
7. RIBP, art. P. 6.3.0.3.
8. V. s[s] n°s 711.81 s.
9. V. s[s] n°s 711.91 s.
10. V. s[s] n° 432.14
11. V. s[s] n° 811.257.
12. V. s[s] n°s 412.20 s.
13. L. n° 70-9, 2 janv. 1970 réglementant les conditions d'exercice des activités relatives à certaines opérations portant sur les immeubles et les fonds de commerce, *JO* 4 janv., p. 142.
14. V. s[s] n°s 433.121 s.
15. V. s[s] n°s 647.00 s.
16. V. s[s] n° 433.81.
17. L. Janbon, *L'Avocat en protection des majeurs*, Rapport Commission règles et usages CNB, AG 14-15 févr. 2014 – V. s[s] n° 433.101.
18. D. Iweins, « Nouveaux territoires : une conquête hésitante », *Gaz. Pal.* 11-14 nov. 2015, p. 7.
19. V. s[s] n°s 433.111 s.

une activité accessoire et limitée, exercée en vertu d'un mandat de nature civile[1].

Les seules limites tiennent au fait :

- de ne pas tomber dans le courtage, raison pour laquelle l'avocat ne peut pas être, par exemple, agent sportif[2]. La frontière étant ici parfois mince ;

- qu'aucune réglementation spécifique ne vient réserver l'exercice d'un tel mandat à une profession particulière.

Dans ce cadre, tout en étant tenu de respecter les règles particulières applicables aux missions qu'il exerce, l'avocat demeure, en tout état de cause, tenu au respect des principes essentiels et de l'application des règles professionnelles inhérentes à son état d'avocat. Il devra tout particulièrement porter attention aux questions relatives au secret professionnel et à la confidentialité, aux conflits d'intérêts, à la responsabilité civile professionnelle, aux honoraires, à sa rémunération, à la communication, ainsi qu'au respect du principe du contradictoire et du devoir de loyauté.

Car ce qui fait l'unité de la profession d'avocat est sa déontologie, laquelle est sa force, son identité et aussi sa valeur ajoutée. Sa souplesse lui permet de vivre, et son rôle est aussi de protéger les usagers du droit, consommateurs d'une prestation, les services juridiques, dont la technicité et l'importance en termes de conséquences pour lesdits usagers, nécessite des professionnels qualifiés et une protection stricte et rigoureuse et ce, quelle que soit la nature des prestations juridiques concernées ou la complexité du problème juridique posé. Surtout elle est, avant tout, et l'on a trop souvent tendance à l'oublier, un formidable atout concurrentiel dont d'autres acteurs concurrentiels cherchent, eux-mêmes, à s'emparer[3].

1. CNB, Comm. RU, avis n° 2010-063, 6 févr. 2010 – CNB, Comm. RU, avis n° 2011-041, 26 oct. 2011 ; C. avocat 2021, s[s] décr. 27 nov. 1991, art. 111, note 16.
2. Paris, pôle 4, ch. 13, 14 oct. 2021, RG n° 20/11621 – V. s[s] n°s 645.11 s.
3. PAR EX. : L. Garnerie, « Médiateurs : Le Collectif 21 prône une organisation de la profession », *Gaz. Pal.* 22 oct. 2019, p. 9 – L. Mayaux, « Auto-régulation du courtage d'assurance. Le retour des corporations », *JCP* 2021. 483.

CHAPITRE

432. Activités, fonctions et professions incompatibles

SECTION 0 ORIENTEUR

432.00 Sommaire du chapitre.

Division. La profession d'avocat est incompatible avec les activités (sect. 1) et fonctions de caractère commercial (sect. 2) sous réserve de certaines exceptions tenant, notamment, à la commercialisation à titre accessoire des biens ou des services connexes à l'exercice de sa profession (sect. 3). Elle est également incompatible avec toute autre profession ou fonction sauf dispositions législatives ou réglementaires particulières (sect. 4).

432.01 Textes applicables.

TEXTES TITRÉS

• **L. n° 71-1130, 31 déc. 1971**

art. 6 [Fonctions de membre du conseil de surveillance ou d'administrateur d'une société commerciale]

art. 27, al. 4 [Fonctions de membre du conseil de surveillance ou d'administrateur d'une société commerciale – Assurance responsabilité]

• **Décr. n° 91-1197, 27 nov. 1991**

art. 111 [Incompatibilités avec les activités et fonctions de caractère commercial]

art. 112 [Fonctions de membre du conseil de surveillance ou d'administrateur d'une société commerciale – Dispense]

art. 113 [Fonctions de membre du conseil de surveillance ou d'administrateur d'une société commerciale – Obligations déclaratives]

art. 114 [Fonctions de membre du conseil de surveillance ou d'administrateur d'une société commerciale – Voie de recours]

art. 115 [Incompatibilités avec toute autre profession ou fonction]

432.02 Jurisprudences essentielles.

> Société étrangère

• **Civ. 1re, 6 déc. 2007,** n° 05-18.795, P I, n° 377.

* V. ss nos 332.31, 432.35, 441.201.

« Mais attendu, d'abord, que c'est à bon droit que la cour d'appel a retenu que le régime des incompatibilités prévu à l'article 111 du décret du 27 novembre 1991 faisant interdiction à l'avocat français d'exercer certaines fonctions au sein des sociétés énumérées par ce texte, était applicable aux fonctions similaires exercées au sein de sociétés étrangères de même forme ; qu'ensuite, l'arrêt confirmatif attaqué, par motifs propres et adoptés, constate que la société Pivert, constituée par M. Valere X... avec des proches parents et dont il était le dirigeant, était titulaire d'une fraction seulement du capital de la société Levalbon majoritairement détenu par des associés étrangers à la famille de l'avocat, de sorte que les intérêts ainsi gérés ne pouvaient être tenus pour strictement familiaux ; qu'enfin, après avoir relevé que M. Valere X... avait, à des fins personnelles, conseillé une opération de lotissement à M. Y..., lequel avait pour seul projet de racheter les parts de sa sœur au sein de la SCI du Bois Taillis aux termes d'une promesse de vente encore en vigueur à l'époque de l'intervention de l'avocat et recommandé la SCI Levalbon pour la réalisation de l'opération préconisée, sans révéler à son client que par sociétés interposées, il était personnellement intéressé dans l'affaire, trompant ainsi la confiance placée en lui, le juge du fond en a exactement déduit que l'avocat avait ainsi manqué à ses devoirs de délicatesse, de probité et de loyauté ; que le moyen, en aucune de ses branches, ne saurait être accueilli ; »

> Société ayant pour objet la gestion d'intérêts familiaux

• **Civ. 1re, 14 mai 2009,** n° 08-13.422, P I, n° 91.

* V. ss nos 321.33, 431.12, 432.61, 433.175.

« Mais attendu que, répondant aux conclusions dont elle était saisie, la cour d'appel, qui a fait ressortir que la création de la société Watomet, société purement financière, ayant essentiellement pour objet la prise de participation dans une société commerciale, fût-elle encadrée par les pouvoirs publics, répondait à une finalité entrepreneuriale et, partant, excédait la gestion d'intérêts familiaux, et qui, indépendamment du motif surabondant visé par la troisième branche, en se référant à la possibilité prévue au profit des avocats d'exercer certaines fonctions sous le contrôle du conseil de l'Ordre, a ainsi, implicitement mais nécessairement, procédé à la recherche, prétendument omise, relative à la compatibilité entre le refus opposé à M. X… et le droit communautaire, lequel, s'il consacre le principe du libre exercice d'une activité économique et professionnelle, admet qu'il puisse faire l'objet de restrictions objectivement nécessaires à garantir l'observation des règles professionnelles et à assurer la protection des intérêts qui en constituent l'objectif, telle que, en l'espèce, la sauvegarde de la dignité de la profession d'avocat au regard de l'exercice d'une activité financière, a légalement justifié sa décision »

432.03 Bibliographie indicative.

* Aussi : v. ss n° 43.03.

Contribution. M. Fyon, « L'avocat au sein du conseil d'administration », *Mél. G.-A. Dal, L'avocat*, Larcier, Bruxelles, 2014, p. 407 s.

Articles. N. Kouchnir, B. Pitcho, « La réforme du régime des incompatibilités », *Bull. barreau Paris*, n° 13, 12 sept. 2016, p. 8 – D. Piau, « Décrets 63 et 67, Macron, I want your business, Part. 2 : Les incompatibilités », *Gaz. Pal.* 19 juill. 2016, p. 8 ; « Commercialisation, à titre accessoire, de biens ou de services connexes à l'exercice de la profession d'avocat : (essai de) mode d'emploi », *D. avocats* 2017. 269.

Rapports. D. Piau, *Le champ d'activité professionnelle de l'avocat*, Rapport Commission règles et usages du CNB, AG 9 et 10 déc. 2016.

SECTION 1
ACTIVITÉS COMMERCIALES

432.11 Champ d'application. L'article 111 du décret du 27 novembre 1991 prohibe l'exercice simultané de la profession d'avocat et de toutes les activités commerciales, qu'elles soient exercées directement ou par personnes interposées[1]. L'incompatibilité n'est donc pas limitée à la profession de commerçant.

L'association avouée ou occulte avec un commerçant est incompatible avec la profession d'avocat, dès lors qu'elle implique une immixtion dans les affaires commerciales et ne se borne pas à un simple versement de fonds. Mais cela n'interdit pas à l'avocat de réaliser, à titre accessoire, des actes de commerce[2].

432.12 Cas du conjoint commerçant. Le conjoint de l'avocat peut être commerçant, le code de commerce prévoyant expressément que le conjoint d'un commerçant n'est réputé lui-même commerçant que s'il exerce une activité commerciale séparée de celle de son époux[3].

Mais, une prudence particulière s'impose à l'époux avocat, pour ne pas laisser se créer l'apparence d'une immixtion dans l'activité commerciale de son conjoint.

432.13 Agent d'affaires. L'agent d'affaires[4] est un mandataire professionnel qui se charge des affaires d'autrui. Il exerce cette activité de manière habituelle. Il a un statut de commerçant[5].

C'est ainsi que, malgré le silence des textes actuels, doit être considérée comme maintenue, l'incompatibilité de la profession d'avocat avec celle d'agent d'affaires exercée directement ou par personne interposée. Les juges du fond décident souverainement de la question de savoir si une personne exerce ou non la profession d'agent d'affaires[6].

432.14 Courtier. L'article L. 110-1 du code de commerce répute acte de commerce : « Toute opération de change, banque, courtage, activité d'émission et de gestion de monnaie électronique et tout service de paiement ». Dès lors, si rien n'interdit à un avocat de se livrer à des négociations, en qualité d'intermédiaire, pour le compte de ses clients, ce qui n'est que la simple exécution du mandat de représentation que leur confie leur client[7], encore faut-il que celles-ci ne conduisent pas l'avocat à exercer une activité commerciale[8], ce qui sera nécessairement le cas dans l'hypothèse où il exercerait une activité de courtage[9].

1. Décr. n° 91-1197, 27 nov. 1991, art. 111.
2. V. ss n° 431.55
3. C. com., art. L. 121-3.
4. A. Boigeol, Y. Dezalay, « De l'agent d'affaires au barreau : les conseils juridiques et la construction d'un espace professionnel », *Genèses* 1997, vol. 27, n° 1, p. 49.
5. *BOI*-BIC-CHAMP-60-10-20140428.
6. Paris, pôle 5, ch. 6, 27 mai 2016, n° 14-11893.
7. V. ss n° 431.54.
8. Douai, 4 avr. 1986, *Gaz. Pal.* 1986. Somm. 351.
9. Paris, 11 oct. 1991, *Gaz. Pal.* 1992. 374, note J.-R. Farthouat ; – MÊME SENS : Civ. 1re, 15 mars 2005, n° 03-17.835, P I, n° 129.

Ce point est expressément rappelé à l'article 6.2 du RIN qui précise que : « Il est interdit à l'avocat d'intervenir comme prête-nom et d'effectuer des opérations de courtage – toute activité à caractère commercial étant incompatible avec l'exercice de la profession ».

432.15 Courtage – Illustrations. La création d'un fichier de rapprochement d'entreprises est constitutive d'une opération de courtage, activité à caractère commercial incompatible avec l'exercice de la profession d'avocat[1].

De même, l'activité d'agent sportif (mais pas la mission de mandataire sportif[2]), qui consiste, à titre occasionnel ou habituel, moyennant rémunération, à mettre en relation les parties intéressées à la conclusion d'un contrat relatif à l'exercice rémunéré d'une activité sportive[3], est incompatible avec la profession d'avocat[4].

432.16 *Trading.* La cour d'appel de Paris a jugé que l'activité d'intermédiaire financier se manifestant par la conclusion d'un contrat de trading, et qui présente un caractère commercial, est incompatible avec l'activité d'avocat en application des articles 111[5] et suivants du décret de 1991[6]. Il en est de même des activités bancaires[7].

432.17 Loueur professionnel de meublé. Toute entreprise de location de meubles est une activité commerciale par nature aux termes de l'article L. 110-1, 4°, du code de commerce et entraîne l'obligation d'immatriculation au registre du commerce et des sociétés emportant présomption de la qualité de commerçant à celui qui s'y inscrit. Dès lors, et même si cette présomption simple peut être combattue par la preuve contraire, cela rend impossible pour un avocat d'opter pour le statut de loueur professionnel en meublé[8].

Il en est de même pour la possibilité de tenir des chambres d'hôtes[9].

432.18 Activité de domiciliation. L'activité de domiciliation est une activité commerciale. Elle est en outre, au moins lorsqu'il s'agit de domiciliation de personnes physiques ou morales inscrites au registre du commerce et des sociétés (ce qui concerne les structures d'exercice de la profession d'avocat) et au registre des métiers, réglementée depuis 2009[10]. Ce faisant, elle ne peut s'exercer qu'après un agrément délivré par le préfet[11], avant immatriculation au registre du commerce et des sociétés[12], donnant lieu à une tutelle administrative du préfet, ainsi qu'à des prérogatives de contrôle au profit de diverses administrations[13] et des obligations de droit commun en matière de blanchiment[14].

Elle apparaît dès lors incompatible avec l'exercice de la profession d'avocat[15], sauf à avoir un caractère accessoire et limité avec des avocats personnes physiques dans le cadre de conventions de mise à disposition de locaux et de prestations de service de nature civile.

432.19 Autres activités commerciales. Toute personne immatriculée au registre du commerce et des sociétés est présumée avoir la qualité de commerçant.

C'est ainsi que la profession d'avocat est incompatible avec l'activité de démonstratrice à domicile de vêtements sportifs qui, même s'il s'agit d'un statut indépendant, constitue une activité commerciale[16]. De même que l'octroi d'une licence de deuxième catégorie d'entrepreneur de spectacles vivants nécessitant l'immatriculation de la personne au RCS ou, le cas échéant, au répertoire des métiers, sa détention est incompatible avec l'exercice de la profession d'avocat[17].

SECTION 2
FONCTIONS AU SEIN DE SOCIÉTÉS

432.20 Plan. L'exercice de la profession d'avocat est incompatible avec l'exercice de certaines fonctions, exécutives, au sein de sociétés (§ 1), ce qui ne fait pas obstacle, sous certaines conditions, à l'exercice de fonctions de membre du conseil de surveillance ou administrateurs de sociétés commerciale, ni à l'exercice de fonctions au sein de sociétés ayant pour objet la gestion d'intérêts familiaux (§ 2).

1. CNB, Comm. RU, avis n° 2001-032, 11 janv. 2001.
2. V. s^s n°s 645.11 s.
3. C. sport, art. L. 222-7.
4. CNB, Comm. RU, avis n° 2003-010, 24 avr. 2003 – Paris, pôle 4, ch. 13, 14 oct. 2021, RG n° 20/11621.
5. Décr. n° 91-1197, art. 111 s.
6. MÊME SENS : Civ. 2e, 2 juin 2005, n° 04-13.468, NP – Aussi : v. s^s n° 911.102.
7. C. com., art. L. 110-1, 7°.
8. CNB, Comm. RU, avis n° 2002-001, 5 févr. 2002 ; C. avocat 2021, s^s décr. 27 nov. 1991, art. 111, note 9.
9. CNB, Comm. RU, avis n° 2015-029, 9 juill. 2015 ; C. avocat 2021, s^s décr. 27 nov. 1991, art. 111, note 10.
10. Ord. n° 2009-104, 30 janv. 2009 relative à la prévention de l'utilisation du système financier aux fins de blanchiment de capitaux et de financement du terrorisme, *JO* 31 janv., n° 24, art. 9.
11. C. com., art. R. 123-166-1.
12. C. com., art. L. 123-11-3.
13. C. com., art. L. 123-11-6.
14. C. com., art. L. 123-11-5.
15. CNB, Comm. RU, avis n° 2017-017 du 15 mai 2017.
16. CNB, Comm. RU, avis n° 2007-021, 9 mai 2007 ; C. avocat 2021, s^s décr. 27 nov. 1991, art. 111, note 8.
17. Paris, avis n° 255083, 24 juin 2014.

§ 1
Principe

432.31 Champ d'application. L'article 111 du décret du 27 novembre 1991 prohibe l'exercice de la profession d'avocat avec les fonctions :

- d'associé dans une société en nom collectif ;
- d'associé commandité dans les sociétés en commandite simple ou par actions ;
- de gérant d'une SARL ;
- de membre du directoire ou directeur général d'une société anonyme. Les fonctions de président du conseil d'administration d'une SA, dès lors qu'elles sont dissociées[1] des fonctions de directeur général ne sont plus[2] incompatibles avec la profession d'avocat[3] ;
- de gérant d'unc société civile[4].

432.32 Société ayant pour objet l'exercice de la profession d'avocat. Conséquence logique de la faculté offerte de recourir à des sociétés commerciales de droit commun pour exercer la profession d'avocat[5], ces interdictions ne s'appliquent pas aux avocats exerçant leur profession dans un tel cadre[6].

432.33 Nature des interdictions. Les interdictions susvisées concernent, pour l'essentiel, des fonctions exécutives conférant un statut commercial incompatible avec la profession d'avocat, ou des fonctions d'associé qui entraînent une responsabilité au-delà des apports. L'avocat ne saurait les ignorer, y compris dans le cadre de son propre exercice professionnel.

C'est ainsi que l'avocat qui permet, en établissant l'acte de vente du fonds de commerce, l'acte constitutif d'une société à responsabilité limitée, dont l'objet social comprenait : « la restauration, l'épicerie fine, bar, hôtel, salle de jeu, night-club, cave de vins, lavomatic et toutes activités s'y rattachant », et une convention de prêt en compte courant, à deux autres confrères ayant apporté la totalité des fonds, de faire du commerce dans un but spéculatif en dissimulant cette activité derrière une SARL et un gérant qui bien qu'associé n'avait apporté aucun fonds, les deux avocats étant seuls maîtres de l'affaire, commet une faute déontologique ne mettant pas « sérieusement en garde » ses confrères contre la violation par eux des règles déontologiques, justifiant que soit prononcée à son encontre une interdiction temporaire de trois mois[7].

432.34 Portée des interdictions. L'article 111 du décret du 27 novembre 1991 ne fait aucune distinction dans son alinéa b) entre les sociétés anonymes ordinaires à objet commercial et les sociétés anonymes à objet sportif : les alinéas a) et b) sont indépendants, le second n'étant pas une simple application du premier.

En conséquence, l'alinéa b) doit s'appliquer, même lorsque le membre du directoire n'est pas rémunéré et lorsque les bénéfices de la société ne sont pas distribués mais affectés aux réserves, ce qui est obligatoire pour les sociétés anonymes à objet sportif. Il s'ensuit que le conseil de l'Ordre doit être approuvé pour avoir refusé, en raison de cette incompatibilité, l'autorisation à un avocat d'être membre du directoire d'une SA à objet sportif[8].

432.35 Sociétés étrangères. Le régime des incompatibilités, en raison de l'exercice de certaines fonctions au sein d'une société, est applicable aux fonctions similaires exercées au sein de sociétés étrangères de même forme.

La Cour de cassation a ainsi considéré dans une affaire où un avocat exerçait des fonctions de président et d'administrateur délégué d'une société luxembourgeoise que le régime des incompatibilités prévu à l'article 111 du décret du 27 novembre 1991 faisant interdiction à l'avocat français d'exercer certaines fonctions au sein des sociétés énumérées par ce texte, était applicable aux fonctions similaires exercées au sein de sociétés étrangères de même forme[9].

432.36 Présidence d'une caisse de crédit mutuel. L'exercice d'une présidence d'une caisse de crédit mutuel, considérée comme une banque[10], constitue une activité de caractère commercial incompatible avec la profession d'avocat. Dans un premier temps, une telle fonction avait été considérée par une cour d'appel comme compatible avec la profession d'avocat[11]. Cet arrêt a été cassé par la Cour de cassation

1. C. com., art. L. 225-51-1.
2. ANTÉRIEUREMENT : Bourges, 7 avr. 2011, RG n° 10/01610 ; *Gaz. Pal.* 5-7 juin 2011, p. 18, obs. A. Lizop et J. Villacèque.
3. Décr. n° 2020-58, 29 janv. 2020 modifiant l'article 111 du décret n° 91-1197 du 27 novembre 1991 organisant la profession d'avocat, *JO* 30 janv., n° 3 ; *JCP* 2020. 278, n° 8, obs. L. Jariel.
4. Décr. n° 91-1197, 27 nov. 1991, art. 116, b.
5. V. s^{s} n°s 811.71.
6. Décr. n° 2016-882, 29 juin 2016 relatif à l'exercice de la profession d'avocat sous forme d'entité dotée de la personnalité morale autre qu'une société civile professionnelle ou qu'une société d'exercice libéral ou de groupement d'exercice régi par le droit d'un autre État membre de l'Union européenne, *JO* 30 juin, n° 60, art. 4, 2°, b), 3° et 4° ; – Décr. n° 91-1197, 27 nov. 1991, art. 111, b) ; art. 112, al. 1 et 113, al. 1.
7. Civ. 1re, 13 déc. 1988, n° 86-17.735, P I, n° 351 ; *D.* 1989. 2 ; *Gaz. Pal.* 1989. Pan. 35.
8. Bordeaux, 1er déc. 1998, *BICC* 15 juin 1999, n° 773.
9. Civ. 1re, 6 déc. 2007, n° 05-18.795, P I, n° 377 ; *JCP* 2008. I. 123, n° 6, obs. R. Martin ; *JCP* 2009. I. 140, n° 11, obs. S. Bortoluzzi ; *BJS* 2008. 464, note M. Menjucq ; *RTD civ.* 2008. 431, obs. P. Jacques.
10. C. mon. fin., art. 512-1 s.
11. Grenoble, 3 juill. 1979, *Gaz. Pal.* 1979. 2. 451.

qui a considéré que l'exercice d'une telle fonction exécutive au sein d'une caisse de crédit mutuel constituait, nonobstant le caractère coopératif de la société et son but non lucratif, une activité à caractère commercial incompatible avec la profession d'avocat[1].

Le fondement de l'interdiction est ici le a) de l'article 111 du décret du 27 novembre 1991[2] et non le b) du même article.

432.37 Fonctions de présidence d'organismes à caractère semi-commercial ou semi-public. La profession d'avocat est compatible avec la fonction de président d'une caisse d'épargne, président du conseil de surveillance d'une société anonyme et en général avec tous les organismes qui, malgré leur caractère semi-commercial ou semi-public, ne constituent pas une activité principale et ne comportent pas de rémunération au profit de celui qui l'exerce.

Il est également admis que l'avocat puisse être président d'une société d'économie mixte, bien qu'étant constituée sous la forme d'une société anonyme, dès lors que cette désignation en qualité de président n'intervient pas en son nom personnel mais en tant qu'élu de la collectivité, plus précisément en tant que représentant de la personne morale actionnaire de la société d'économie mixte. L'acceptation d'un tel mandat ne porte pas atteinte à l'indépendance de l'avocat, et apparaît compatible avec l'exercice de la profession[3].

432.38 Associé ou administrateur de société. Aucune disposition n'interdit à un avocat d'être actionnaire ou associé d'une société même commerciale (sauf d'une SNC ou commandité dans les sociétés en commandite simple ou par actions[4]).

Un avocat peut ainsi, sous réserve de ne pas être gérant de fait, être l'associé minoritaire d'une SARL dont il n'assume pas la gérance[5] ; ou encore associé unique d'une EURL dont la gérante est son épouse[6].

432.39 Société par actions simplifiées (SAS). La société par actions simplifiées (SAS) n'est pas visée par les textes, étant apparue sans que ceux-ci ne soient modifiés. Il est vrai que le plus souvent, la SAS ne comporte ni conseil d'administration ni conseil de surveillance. L'article L. 227-8 du code de commerce précise que « les règles fixant la responsabilité des membres du conseil d'administration ou du directoire des sociétés anonymes sont applicables au président et au dirigeant de la société par action simplifiée ». Il en découle aussi que c'est la règle de droit commun qui s'applique, laquelle exclut, *a priori*, la responsabilité des membres du conseil de surveillance comme ne participant pas à la gestion de la société.

En conséquence, il existe ainsi une incompatibilité entre l'exercice de la profession d'avocat et la fonction de président de SAS[7] sauf si elle est dissociée de la direction de la société[8] et il est possible à l'avocat (sous réserve de la procédure résultant de son ancienneté dans la profession[9]) de devenir membre du conseil de surveillance d'une SAS.

Mais il appartiendra au conseil de l'Ordre qui serait saisi du cas de fonctions au sein d'une SAS de procéder à une appréciation au cas par cas et de vérifier, notamment, dans les statuts, que la fonction en cause n'a pas pour objet de s'immiscer dans la gestion de la société[10].

§ 2
Exceptions

432.40 Plan. Les fonctions de membres du conseil de surveillance ou d'administrateurs de sociétés font l'objet d'un régime particulier d'autorisation préalable, ouvert aux avocats qui justifient de sept années d'exercice d'une profession juridique réglementée (A). Tout comme est permis l'exercice de fonctions au sein d'une société ayant pour objet la gestion d'intérêts familiaux (B).

A.
Membres du conseil de surveillance ou administrateurs

432.51 Avocats justifiant de sept années d'exercice. L'article 6 de la loi du 31 décembre 1971 permet aux avocats qui justifient de sept années d'exercice d'une profession juridique réglementée, et pas nécessairement de la seule profession d'avocat, de remplir les fonctions de membres du conseil de surveillance ou d'administrateurs de sociétés[11].

Cette dérogation est d'interprétation stricte et ne s'entend que des seules fonctions de membre du conseil de surveillance ou d'administrateur d'une société, ou celles similaires dans une société étrangère, et ne saurait s'étendre au-delà tel l'associé d'une SNC. Ces dispositions s'appliquent aux seuls

1. Civ. 1re, 16 déc. 1980, nº 79-14.544, P I, nº 330 ; *JCP* 1981. IV. 84.
2. V. ss nos 432.11 s.
3. CNB, Comm. RU, avis nº 2002-010, 16 avr. 2002 ; C. avocat 2021, ss décr. 27 nov. 1991, art. 111, note 26.
4. Décr. 27 nov. 1991, art. 111, b).
5. CNB, Comm. RU, avis nº 2007-030, 8 juin 2007 ; C. avocat 2021, ss décr. 27 nov. 1991, art. 111, note 27.
6. CD Paris, arr. nº 20.2002, 19 nov. 2002.
7. CNB, Comm. RU, avis nº 2006-077, 22 déc. 2006 ; C. avocat 2021, ss décr. 27 nov. 1991, art. 111, note 21.
8. Décr. nº 2020-58, 29 janv. 2020 – v. ss nº 432.31.
9. V. ss nos 432.51 s.
10. CNB, Comm. RU, avis nº 2015-015, 14 avr. 2015.
11. L. nº 71-1130, 31 déc. 1971, art. 6, al. 2.

avocats personnes physiques : une Selas d'avocats ne saurait ainsi devenir membre du conseil d'administration ou du conseil de surveillance d'une société anonyme[1].

432.52 **Possibilité de dispense.** L'avocat qui ne peut justifier de sept ans d'exercice d'une profession juridique réglementée, et non pas seulement de la profession d'avocat, peut bénéficier d'une dispense d'une partie de cette durée sur décision du conseil de l'Ordre[2] dont il relève. La demande de dispense est adressée par lettre recommandée avec demande d'avis de réception ou remise contre récépissé au conseil de l'Ordre et comporte en annexe un exemplaire des statuts sociaux et, lorsque la société a au moins une année d'activité, une copie du dernier « bilan ».

Le conseil de l'Ordre peut demander à l'avocat de lui fournir toute explication et tous documents utiles[3].

432.53 **Appréciation de la demande de dispense.** Chaque conseil de l'Ordre doit apprécier si les conditions pour accorder la dispense prévue par l'article 112, alinéa 1er, du décret du 27 novembre 1991, sont réunies[4].

432.54 **Information du barreau.** Dans tous les cas, l'avocat qui est élu aux fonctions de membre du conseil de surveillance ou d'administrateur d'une société commerciale doit en informer par écrit le barreau dont il relève, dans un délai de quinze jours à compter de son élection. Il joint à sa déclaration un exemplaire des statuts et, lorsque la société a au moins une année d'activité, une copie du dernier bilan. Il est délivré à l'avocat un récépissé de sa déclaration. L'avocat doit, également, avertir par écrit le barreau des événements graves pouvant survenir dans le cours de la vie sociale ainsi que de la cessation de ses fonctions par suite de démission, révocation ou non renouvellement de son mandat ou de sa fonction.

Le non-respect des obligations d'informations prévues en la matière constitue une faute disciplinaire de nature à justifier une sanction à l'encontre de l'avocat fautif[5].

432.55 **Contrôle du conseil de l'Ordre.** Le conseil de l'Ordre demande à l'avocat de fournir toutes explications sur les conditions dans lesquelles il exerce ses fonctions de membre du conseil de surveillance ou d'administration d'une société commerciale et de fournir, le cas échéant, tous documents utiles.

Si le conseil de l'Ordre estime que l'exercice de ces fonctions est ou devient incompatible avec la dignité et la délicatesse imposées aux avocats par les règles du barreau[6], il peut, à tout moment, inviter l'intéressé à se démettre de ses fonctions immédiatement[7].

432.56 **Responsabilité civile – Assurance.** L'avocat régulièrement élu aux fonctions de membre du conseil de surveillance ou d'administrateur d'une société commerciale doit justifier d'une assurance couvrant sa responsabilité lorsqu'il agit en cette qualité : les responsabilités inhérentes à ses fonctions au sein de la société sont supportées exclusivement par l'avocat qui les exerce, et non par la responsabilité civile professionnelle de l'avocat.

Il appartient donc à l'avocat concerné de recourir à des polices d'assurance spécifiques qui sont contractées à titre individuel ou collectif dans les conditions fixées par le code des assurances[8].

432.57 **Exercice des fonctions.** L'avocat qui exerce des fonctions de membre du conseil de surveillance ou d'administrateur d'une société commerciale doit faire preuve de prudence dans l'exercice de celles-ci.

432.58 **Conflit d'intérêts.** Conformément aux principes applicables en matière de conflit d'intérêts[9], l'avocat qui exerce des fonctions de membre du conseil de surveillance ou d'administrateur d'une société commerciale ne peut assister, plaider ou conseiller pour cette société[10], dès lors qu'il serait amené à intervenir comme avocat en ce qui concerne une décision prise par le conseil d'administration au sein duquel il a siégé, s'il existe un conflit entre les membres du conseil d'administration, s'il devait assister un groupe d'actionnaires contre un autre groupe, s'il devait défendre un ou des membres du conseil d'administration contre d'autres ou contre la société, si ses intérêts personnels en raison de sa qualité d'actionnaire venaient guider ou perturber ses choix stratégiques en tant qu'administrateur ou avocat, ou encore s'il s'avère qu'il y a confusion, voire risque de confusion entre ses deux fonctions.

1. CNB, Comm. RU, avis n° 2012-055, 20 nov. 2012 ; C. avocat 2021, s^s décr. 27 nov. 1991, art. 112, note 2.
2. L. n° 71-1130, 31 déc. 1971, art. 6, al. 2.
3. Décr. n° 91-1197, 27 nov. 1991, art. 112.
4. V. s^s n°s 513.00 s.
5. CD Paris, arr. n°s 95.5528, 96.3786 et 30.3046, 11 mai 2004.
6. V. s^s n° 321.33 ; – COMP. : M. Fyon, « L'avocat au sein du conseil d'administration », *Mél. G.-A. Dal*, Larcier, Bruxelles, 2014, p. 407 s.
7. Décr. n° 91-1197, 27 nov. 1991, art. 113.
8. V. s^s n°s 911.31 s.
9. V. s^s n°s 441.201 s.
10. CNB, Comm. RU, avis n° 2001-002, 2 avr. 2001 ; C. avocat, 2018, s^s décr. 27 nov. 1991, art. 112, avis CNB, note 1.

D'une manière générale, il lui est recommandé de s'abstenir de toute intervention en tant qu'avocat. Dans l'hypothèse, exceptionnellement, où il interviendrait à ce titre, les honoraires perçus par l'avocat administrateur ou membre du conseil de surveillance sont soumis respectivement aux dispositions des articles L. 225-46 et L. 225-84 du code de commerce (rémunération exceptionnelle et convention réglementée).

432.59 **Prohibition des fonctions exécutives.** Il convient de rappeler qu'en aucun cas l'avocat qui remplit les fonctions d'administrateur ne saurait exercer des fonctions exécutives de direction[1] (président du conseil d'administration sauf si la fonction est dissociée de celle de directeur général, membre du directoire, gérant...), et qu'il lui appartient en conséquence de refuser ou, le cas échéant, cesser d'exercer toute délégation qui lui conférerait, en droit ou en fait, de tels pouvoirs du président du conseil d'administration ou du directeur général[2].

Il lui est possible d'être président ou vice-président d'un conseil de surveillance, sous réserve de l'autorisation préalable du conseil de l'Ordre, mais dans ce dernier cas il ne peut intervenir en qualité d'avocat pour la société au sein de laquelle il l'exerce[3].

B.

Sociétés ayant pour objet la gestion d'intérêts familiaux

432.61 **Inapplicabilité de la prohibition.** L'article 111 du décret du 27 novembre 1991 qui prohibe l'exercice de la profession d'avocat avec certaines fonctions au sein de sociétés ne s'applique pas lorsque la société concernée a pour objet la gestion d'intérêts familiaux.

En effet, la jurisprudence de la plupart des barreaux et notamment du barreau de Paris, à une époque où l'interdiction pour un avocat d'être administrateur de société était absolue, acceptait néanmoins qu'un avocat soit administrateur d'une société de famille. La loi du 31 décembre 1971 est venue admettre expressément la possibilité pour les avocats, sous le contrôle du conseil de l'Ordre, qui peut exiger tout renseignement nécessaire, d'exercer librement des fonctions dans des sociétés ayant pour objet la gestion d'intérêts familiaux[4].

432.62 **Notion d'intérêts familiaux.** Le cas le plus classique en la matière est celui des sociétés civiles immobilières propriétaires d'immeubles appartenant à la famille de l'avocat.

Mais il ne suffit pas que la société en cause soit détenue par les membres de la famille de l'avocat, pas plus que les textes n'exigent que les parts de cette société soient détenues exclusivement par les membres d'une même famille : le partage du capital d'une société civile avec une autre famille n'affecte en rien le fait qu'il s'agit bien pour chaque famille de la gestion d'intérêts familiaux.

La seule question qui se pose est de savoir si la société civile en cause a pour objet social, non seulement statutaire mais également effectif, la gestion d'intérêts familiaux, lesquels sont par nature essentiellement patrimoniaux, la notion « d'intérêts familiaux » se distinguant au regard de la finalité de l'objet de la société qui ne doit pas être entrepreneuriale, telle que la prise de participations financières dans d'autres sociétés[5] ou conduire à l'exercice, au travers de cette société, d'une activité autonome, elle-même incompatible avec la profession d'avocat.

432.63 **Illustrations.** Il a pu être jugé que la création d'une société purement financière, ayant essentiellement pour objet la prise de participation dans une société commerciale, fût-elle encadrée par les pouvoirs publics, répond à une finalité entrepreneuriale et, partant, excède la gestion d'intérêts familiaux[6]. Ainsi, une société purement financière n'entre pas dans le cadre de la gestion d'intérêts familiaux ou professionnels, et est donc incompatible avec la profession d'avocat[7].

Tout comme la souscription de parts de SNC dans le cadre d'un investissement dit Girardin industriel, qui donne la qualité d'associé d'une SNC à l'avocat qui y souscrirait. De même que l'avocat ne saurait devenir le gérant de la SCI de l'un de ses clients décédés, ce qui constitue une faute justifiant une sanction disciplinaire[8].

432.64 **Information du barreau.** L'avocat ou la société d'avocats qui fait usage de cette faculté, doit en informer par écrit le barreau dont il ou elle relève, dans un délai de trente jours suivant le début de l'activité de la société.

Le barreau peut lui demander tous renseignements ou documents utiles pour lui permettre d'apprécier si une telle activité est compatible avec les règles de déontologie de la profession[9].

1. V. s^s n° 432.31.
2. RIBP, art. P. 41.7.
3. RIBP, art. P. 41.7.
4. L. n° 71-1130, 31 déc. 1971, art. 6, al. 2.
5. CNB, Comm. RU, avis n° 2016-077, 7 nov. 2016.
6. Civ. 1re, 14 mai 2009, n° 08-13.422, P I, n° 91 ; *D.* 2009. 1488 ; *JCP E* 2009. 1768, note R. Mortier ; *RJ com.* 2009. 289, obs. M.-H. Monsèrié-Bon ; *BJS* 2009. 1000, note J.-J. Daigre – Paris, 30 juin 2005, RG n° 05/05643.
7. CNB, Comm. SPA, avis technique n° 2014-008, 12 déc. 2014.
8. Paris, pôle 2, ch. 1, 10 déc. 2009, RG n° 09/11498.
9. Décr. n° 91-1197, 27 nov. 1991, art. 116, al. 5.

SECTION 3
COMMERCIALISATION, À TITRE ACCESSOIRE, DE BIENS OU DE SERVICES CONNEXES À L'EXERCICE DE LA PROFESSION D'AVOCAT

432.70 Plan. La possibilité offerte, depuis 2016, à l'avocat d'exercer une activité commerciale, distincte de son activité d'avocat dans le cadre de la commercialisation, à titre accessoire, de biens ou de services connexes à l'exercice de sa profession (§ 1) implique d'en définir le champ d'application (§ 2) ainsi que la portée (§ 3) avant de préciser le cadre dans lequel une telle activité peut être exercée (§ 4) ainsi que les obligations déclaratives, de contrôle et les sanctions qui en découlent (§ 5).

§ 1
Propos liminaires

432.81 Une ouverture à l'exercice d'une activité commerciale distincte de l'activité d'avocat (Décret du 29 juin 2016). Il convient de rappeler ici que les règles posées par la nouvelle rédaction de l'article 111 du décret du 27 novembre 1991 demeurent contraignantes et restrictives. Le Conseil national des barreaux avait appelé de ses vœux un renouvellement du fondement des incompatibilités toujours d'actualité[1]. En l'état, le principe demeure donc celui des incompatibilités : le décret du 29 juin 2016[2] est venu simplement prévoir que les incompatibilités prévues relativement à toutes les activités de caractère commercial, exercées directement ou par personne interposée[3], et à certaines fonctions au sein des sociétés[4], ne font pas obstacle à la commercialisation, à titre accessoire, de biens ou de services connexes à l'exercice de la profession d'avocat si ces biens ou services sont destinés à des clients ou à d'autres membres de la profession[5].

Cette disposition, à la rédaction laborieuse, interpelle quant à sa portée, étant précisé qu'*exceptio est strictissimae interpretationis*, d'où tout l'intérêt qu'il y a à inverser les principes en la matière[6]. En outre, l'exercice de cette activité, distincte de l'activité d'avocat, ne doit pas conduire à l'exercice d'une autre profession qui demeure pleinement incompatible avec l'exercice de la profession d'avocat[7].

432.82 Sociétés ayant pour objet la gestion d'intérêts professionnels. Le recours aux sociétés commerciales ayant pour objet la gestion d'intérêts professionnels a été supprimé par le décret du 29 juin 2016[8]. Ces dernières permettaient[9] à des avocats de s'associer ensemble, en dehors de leur structure d'exercice, afin de développer un projet commun dans le cadre d'une société commerciale (tel que le développement d'un logiciel informatique ou d'une plateforme), sous la seule réserve que l'objet même de la société soit limité en direction de la seule profession d'avocat, soit du cabinet des avocats concernés, soit de l'ensemble des avocats. Ce faisant, la modification opérée par le décret du 29 juin 2016[10] se révèle d'une portée limitée.

432.83 Experts-comptables. Les experts-comptables[11] peuvent, depuis 2010[12], effectuer à titre accessoire des activités commerciales et des actes d'intermédiaire dès lors que « [...] il est réalisé à titre accessoire et n'est pas de nature à mettre en péril l'exercice de la profession ou l'indépendance des associés experts-comptables ainsi que le respect par ces derniers des règles inhérentes à leur statut et à leur déontologie »[13]. Un projet de norme prévoit, en l'état, une liste limitative d'activités commerciales qui pourront être réalisées par les experts-comptables, à savoir : la gestion des dettes et créances, soit par règlement direct pour les dettes fiscales et sociales, soit en passant par le fonds de règlement des experts-comptables pour les autres créances ; la gestion, l'hébergement et le traitement de données des clients ; la domiciliation et la mise à disposition de locaux équipés (salles de réunion...) dans le cadre d'une mission dite de *full service* ; ainsi que la vente ou location en lien avec les prestations comptables ou administratives (vente de fonds de commerce, actions, parts sociales...).

1. V. s[s] n°s 431.17 s.
2. Décr. n° 2016-882, 29 juin 2016, art. 4.
3. V. s[s] n°s 432.11 s.
4. V. s[s] n°s 432.31 s.
5. Décr. n° 91-1197, 27 nov. 1991, art. 111, al. 2 – RIN, art. 6.2, *in fine*.
6. V. s[s] n°s 431.19 s. – D. Piau, « Décrets 63 et 67, Macron, I want your business, Part. 2 : Les incompatibilités », *Gaz. Pal.* 19 juill. 2016, p. 8 – N. Kouchnir, B. Pitcho, « La réforme du régime des incompatibilités », *Bull. barreau de Paris* 12 sept. 2016, p. 8 ; *JCP* 2016. 808, obs. F. G'sell ; *JCP* 2016. 1086, n° 7, obs. L. Jariel – D. Piau, « Commercialisation, à titre accessoire, de biens ou de services connexes à l'exercice de la profession d'avocat : (essai de) mode d'emploi », *D. avocats* 2017. 269.
7. V. s[s] n°s 432.131 s.
8. Décr. n° 2016-882, 29 juin 2016, art. 4.
9. D. Piau, S. Bortoluzzi, Th. Wickers, *Règles de la profession d'avocat*, 16e éd., « Dalloz Action », 2018, n° 432.31.
10. Décr. n° 2016-882, 29 juin 2016, art. 4.
11. J.-L. Scemana, « Exercice d'activités commerciales connexes : l'exemple des experts-comptables », *D. avocats* 2017. 274.
12. L. n° 2010-853, 23 juill. 2010 relative aux réseaux consulaires, au commerce, à l'artisanat et aux services, *JO* 24 juill., n° 17.
13. Ord. n° 45-2138, 19 sept. 1945 portant institution de l'ordre des experts-comptables et réglementant le titre et la profession d'expert-comptable, *JO* 21 sept., p. 5938, art. 22 al. 3.

§ 2
Notion de commercialisation à titre accessoire de biens ou services connexes

432.91 Biens ou services connexes. En premier lieu, est permise la commercialisation de biens ou services connexes à l'exercice de la profession d'avocat, et non l'exercice d'une activité commerciale. Cette commercialisation ne doit ni constituer une autre profession au sens de l'article 115 du décret du 27 novembre 1991, laquelle serait alors incompatible avec l'exercice de la profession d'avocat[1], ni, mais cette précision va de soi, relever de l'activité même de l'avocat ou de ses missions, telle que la médiation[2], la transaction immobilière...[3]. Dans ce dernier cas, elles n'entrent pas dans le régime dérogatoire de la commercialisation de biens ou services connexes dès lors que la connexité[4] fait, par nature, défaut[5].

432.92 Notion de connexité. Cette notion de connexité ne va pas manquer de susciter débats et controverses quant à son interprétation afin de permettre de déterminer quels biens ou services l'avocat pourra ainsi commercialiser. Elle est connue en matière fiscale s'agissant de l'exonération des biens professionnels à l'ISF[6] où la doctrine administrative considère que « La connexité implique des rapports de dépendance étroits »[7], ainsi qu'en matière de déspécialisation des baux commerciaux où le code de commerce admet que « Le locataire peut adjoindre à l'activité prévue au bail des activités connexes ou complémentaires »[8] et où la Cour de cassation se retranche derrière les pouvoirs souverains d'appréciation des juges du fond[9]. La notice du décret vise ainsi « l'édition juridique, la formation professionnelle ou encore la mise à disposition de moyens matériels ou de locaux au bénéfice d'autres avocats ou sociétés d'avocats »[10].

L'appréciation devrait relever d'un ensemble d'éléments concordants démontrant une complémentarité des biens ou services concernés avec l'activité même de l'avocat[11].

432.93 Principes essentiels. La commercialisation des biens et services envisagée devra, également, mais cela va de soi, être conforme aux principes essentiels[12], et notamment à ceux de dignité, d'indépendance, de probité, et d'honneur.

Il convient de rappeler ici que, sur le terrain des principes essentiels, un avocat s'est vu légitimement refuser l'autorisation d'exercer les fonctions de gérant d'une société qui avait acquis l'intégralité des parts représentant le capital social d'une autre société, dont l'objet était la production et la vente d'électricité, dès lors que, nonobstant le caractère familial de la société, le caractère purement financier de l'activité de la société en cause s'opposait, au nom de la dignité[13], à ce que l'avocat concerné puisse exercer les fonctions de gérant de la société[14].

La Cour de cassation rappelle au passage que si le droit européen « [...] consacre le principe du libre exercice d'une activité économique et professionnelle, il admet qu'il puisse faire l'objet de restrictions objectivement nécessaires à garantir l'observation des règles professionnelles et à assurer la protection des intérêts qui en constituent l'objectif, telle que, en l'espèce, la sauvegarde de la dignité de la profession d'avocat au regard de l'exercice d'une activité financière »[15].

432.94 Double appréciation. Il y aura une double appréciation à réaliser, tant au regard des principes essentiels[16], qu'au regard de la connexité[17] à porter sur la commercialisation des biens et services envisagée. Il est ainsi douteux que la vente d'armes, que l'on pourrait considérer comme connexe, soit conforme aux principes essentiels. De même, la vente de boissons n'apparaît guère connexe et encore moins conforme à ces mêmes principes essentiels[18], ou encore l'activité de guide touristique, outre qu'elle constitue l'exercice d'une autre profession, n'apparaît pas connexe à l'exercice de la profession d'avocat[19].

432.95 Biens ou services destinés à des clients ou d'autres avocats. Les biens ou services commerciali-

1. V. s^s n°s 432.131 s.
2. CNB, Comm. RU, avis n° 2017-025, 10 juill. 2017.
3. V. s^s n°s 433.60 s.
4. V. s^s n° 432.92.
5. D. Piau, « Commercialisation, à titre accessoire, de biens ou de services connexes à l'exercice de la profession d'avocat : (essai de) mode d'emploi », *D. avocats* 2017. 269.
6. CGI, art. 885 O *bis* ; Com. 2 mai 2007, n° 06-13.087, P IV, n° 117 ; *D.* 2007. 1429 ; *RTD com.* 2007. 761, obs. C. Champaud et D. Danet.
7. *BOI*-PAT-ISF-30-30-40-10-20130218, §60.
8. C. com., art. 145-47.
9. Com. 24 oct. 1984, n° 83-11.433, P IV, n° 174.
10. Décr. n° 2016-882, 29 juin 2016.
11. N. Kouchnir, B. Pitcho, « La réforme du régime des incompatibilités », *Bull. barreau de Paris* 12 sept. 2016, p. 8.
12. V. s^s n°s 315.00 s.
13. V. s^s n°s 321.00 s.
14. Civ. 1re, 14 mai 2009, n° 08-13.422, P n° 91 ; *D.* 2009. 1488 ; *JCP E* 2009. 1768, note Mortier ; *RJ com.* 2009. 289, obs. M.-H. Monsériè-Bon ; *BJS* 2009. 1000, note J.-J. Daigre.
15. Civ. 1re, 14 mai 2009, n° 08-13.422, P n° 91 ; *D.* 2009. 1488 ; *JCP E* 2009. 1768, note R. Mortier ; *RJ com.* 2009. 289, obs. M.-H. Monsériè-Bon ; *BJS* 2009. 1000, note J.-J. Daigre.
16. V. s^s n° 432.93.
17. V. s^s n° 432.92.
18. D. Piau, « Décrets 63 et 67, Macron, I want your business, part. 2 : Les incompatibilités », *Gaz. Pal.* 19 juill. 2016, p. 8.
19. CNB, Comm. RU, avis n° 2017-026, 10 juill. 2017.

sés doivent être « destinés à des clients ou à d'autres membres de la profession », ce qui exclut, normalement, tout prospect[1] dans le cadre d'une telle commercialisation, ainsi que toute activité de courtage[2]. Dans le premier cas, cela revient à restaurer la notion d'intérêts professionnels[3] supprimée par le décret du 29 juin 2016[4] avec une restriction liée à la connexité de cette même activité[5], et une limitation tenant à l'impossibilité d'offrir ces mêmes services ou biens à d'autres professions, notamment dans le cadre de l'interprofessionnalité.

La possibilité de faire, dans le cadre de cette commercialisation, de la prospection commerciale ou de la publicité en dehors d'un cercle restreint identifié à savoir les clients du ou des cabinets d'avocats et d'autres membres de la profession, qui ne peut s'envisager que dans le cadre d'une activité réellement autonome, pose d'autant plus difficulté qu'une telle interprétation du texte conduirait à devoir considérer que le client ainsi démarché devrait alors devenir également le client du cabinet d'avocat qui ne l'aurait pas démarchés à cette fin[6]. En réalité, à supposer que l'on admette une telle possibilité, l'attraction des clients attachés à l'activité de commercialisation, fût-elle connexe, ne pourrait se faire qu'aux termes d'une (nouvelle) sollicitation personnalisée[7], faite conformément aux règles applicables à l'activité d'avocat[8], de la part de ce dernier à destination des clients de l'activité connexe.

432.96 Activité accessoire. La commercialisation de biens ou de services connexes doit être réalisée à titre accessoire, ce qui doit nécessairement être le cas lorsqu'elle est réalisée au profit d'autres membres de la profession[9], mais apparaîtra plus difficile à apprécier dans le cadre de la commercialisation réalisée au profit des clients. Il convient de rappeler ici que, n'est pas remis en cause, le fait que tout avocat puisse réaliser des actes de commerce, tels que la vente de licences de logiciels, dès lors qu'ils demeurent l'accessoire d'une prestation de conseil ou de l'exécution d'un mandat civil[10]. La seule limite tient à l'impossibilité qui est faite à l'avocat de dépasser l'accessoire et d'en faire l'une de ses activités principales compte tenu d'un caractère spéculatif et répétitif dont il tirerait l'essentiel de ses revenus[11].

Dans le cadre de la présente dérogation, c'est l'activité même de commercialisation qui doit demeurer accessoire à l'activité d'avocat sans que les critères d'appréciation ne soient fixés par les textes : il faudra certainement procéder à une appréciation au cas par cas suivant un faisceau d'indices prenant en compte, notamment, le chiffre d'affaires généré, le temps investi...[12].

§ 3
Portée des dispositions

432.101 Facultés offertes à l'avocat. Il est ainsi possible, comme cela est visé dans la notice du décret, de développer une activité d'édition juridique, de formation professionnelle, étant précisé que ces deux activités ne sont pas des activités commerciales par nature la dérogation n'ayant ici d'intérêt que dans le cadre d'une externalisation, ou encore de mise à disposition de moyens matériels ou de locaux au bénéfice d'autres avocats ou sociétés d'avocats[13]. De même que le développement et la commercialisation de plateformes informatiques, de logiciels...

Il est important d'insister sur le fait que ces dispositions ne sont pas l'*eldorado* affirmé par certains, loin de là, et que bien des projets peuvent s'inscrire dans les autres possibilités, déjà offertes de longue date aux avocats, de structuration de leur activité[14].

432.102 Quelles interprétations ? Les textes présentent une difficulté d'interprétation à résoudre, qui est celle de savoir si la « commercialisation de biens ou services » ainsi développée peut constituer une activité réellement autonome et totalement dissociée ou s'il s'agit d'une activité « restreinte » compte tenu tant de sa connexité que du fait qu'elle n'est destinée qu'au client ou autres avocats. Dans ce dernier cas, il n'y a une commercialisation de biens ou services liés à l'activité même de l'avocat et à son développement et, de manière pragmatique, tout sera question de structuration de cette commercialisation de biens ou services par préférence en *back office* (au profit des avocats) permettant au cabinet d'avocat de l'utiliser pour son développement en direction tant de sa clientèle que de ses prospects, plus qu'en *front office* où les possibilités demeurent limitées au profit des seuls clients

1. *JCP* 2016. Actu. 808, obs. F. G'sell.
2. V. s[s] n° 432.14.
3. D. Piau, S. Bortoluzzi, Th. Wickers, *Règles de la profession d'avocat*, 16e éd. « Dalloz Action », 2018, n° 432.31.
4. Décr. n° 2016-882, 29 juin 2016, art. 4 – V. s[s] n° 432.82.
5. D. Piau, « Décrets 63 et 67, Macron, I want your business, Part. 2 : Les incompatibilités », *Gaz. Pal.* 19 juill. 2016, p. 8.
6. D. Piau, « Commercialisation, à titre accessoire, de biens ou de services connexes à l'exercice de la profession d'avocat : (essai de) mode d'emploi », *D. avocats* 2017. 269.
7. COMP. s'agissant de la formation, v. s[s] n°s 465.24 s.
8. V. s[s] n° 465.21 s.
9. *JCP* 2016. Actu. 808, obs. F. G'sell.
10. Paris, avis n° 130/250971, commission plénière de déontologie, 24 sept. 2014 – V. s[s] n° 431.55.
11. V. s[s] n° 431.56.
12. N. Kouchnir, B. Pitcho, « La réforme du régime des incompatibilités », *Bull. barreau Paris* 12 sept. 2016, p. 8.
13. Décr. n° 2016-882, 29 juin 2016.
14. V. s[s] n°s 431.51 s. et 811.230 s.

comme prestations en inclusions dans le cadre de la prestation de l'avocat[1].

En tout état de cause, il est nécessaire de bien réfléchir à la chaîne contractuelle de l'activité car l'on peut arriver au même résultat, à savoir une commercialisation de biens ou services dans un périmètre le plus large possible, en inscrivant l'activité en *back office* et sans lui donner une totale autonomie, comme ont su le faire de longue date les banques ou les sociétés d'assurance[2].

432.103 **Impacts quant aux règles déontologiques.** Cette question est d'autant plus prégnante qu'elle pose en arrière-plan la question du régime applicable à l'activité et notamment de l'impact des règles déontologiques sur celle-ci.

En effet, s'il s'agit d'une activité réellement autonome et distincte, alors son exercice se fera non seulement dans le strict cadre qui lui est propre, mais ne devra opérer aucune confusion avec l'activité d'avocat : l'on peut se référer alors autant aux activités de fiduciaire[3] ou d'administrateur judiciaire[4], qu'à l'article 4 de l'annexe 4 du règlement déontologique national des huissiers de justice[5], qui impose une stricte séparation des activités, notamment en termes de tenue de comptabilité, lieu d'exercice de l'activité, dénomination dans l'exercice de l'activité accessoire (qui ne doit pas créer de confusion avec la dénomination de l'étude d'huissier de justice), publicité pour l'activité accessoire (qui ne doit pas conduire même indirectement à réaliser un acte de publicité - communication ou démarchage - pour le compte de l'étude d'huissier de justice), site internet, signalétique et rapports avec d'autres professionnels (dès lors que dans l'exercice de son activité accessoire l'huissier de justice peut être amené à collaborer avec des professionnels avec lesquels il ne peut pas collaborer dans le cadre de son activité d'huissier de justice).

Inversement, s'il s'agit d'une activité restreinte, ce qui tend à indiquer tant la notion de connexité que la restriction « au profit des clients et d'autres membres de la profession », la question se pose d'une alternative entre l'application des règles précitées et tout ou partie de celles relatives à la profession : il en serait ainsi, notamment, lorsqu'il s'agit de prestation « en inclusion » qui serait alors soumise également aux règles propres de la profession d'avocat (notamment s'agissant de la publicité et de la sollicitation personnalisée, dès lors que de telles prestations n'ont d'intérêt que si elles peuvent être commercialisées de manière liée avec les propres prestations de l'avocat).

À cet égard, la totale autonomie de l'activité ne permettra pas d'en faire un réel complément aux prestations de l'avocat ou à l'appui du développement de son activité, ce qui est, normalement, le but recherché, mais plus une activité complémentaire, annexe. La situation de *back office* est celle qui pose moins de difficulté dès lors que dans ce cas la commercialisation se fera alors uniquement au profit d'autres avocats qui utiliseront ensuite les biens ou services en cause pour le développement de leurs propres activités (plateforme informatique, application mobile...). La seule question qui se pose alors sera celle du cadre des relations entre les avocats concernés dans le cadre de la commercialisation des biens ou service connexe.

432.104 **Potentialité.** L'on se trouve ainsi entre une triple potentialité de situations :

1° Activité réellement autonome, mais qui implique une appréciation extensive de la notion de « clients », ce que le caractère restrictif de l'interprétation d'un texte dérogatoire n'apparaît pas permettre,

2° Activité de *front office*,

3° Activité de *back office*, qui peut aussi permettre le développement d'une activité autonome à travers le cabinet d'avocat sans constituer en soit une telle activité.

Il peut, ainsi, en définitive, y avoir deux ou trois alternatives possibles qu'il conviendra de sérier au cas par cas suivant l'interprétation que l'on fait des textes et qui conduiront à déterminer les règles applicables qui en découlent[6].

432.105 **Appréciation de la portée des dispositions.** Les réflexions quant à la mise en œuvre de ces dispositions par les avocats se poursuivent et feront l'objet de recommandations de la commission des règles et usages du CNB, au regard, notamment, des cas précis qui lui seront présentés par les bâtonniers, loin de tous débats théoriques, comme cela a été fait en vue de l'élaboration du vade-mecum de la communication des avocats[7].

En effet, il convient de ne pas perdre de vue qu'il s'agit ici, avant tout, de répondre à une demande effective destinée à faire face à des besoins et d'inciter

1. D. Piau, *Le champ d'activité professionnelle de l'avocat*, Rapport Commission règles et usages du CNB, AG, 9 et 10 déc. 2016.
2. D. Piau, « Commercialisation, à titre accessoire, de biens ou de services connexes à l'exercice de la profession d'avocat : (essai de) mode d'emploi », *D. avocats* 2017. 269.
3. V. s[s] n°s 644.00 s.
4. V. s[s] n° 433.182.
5. Th. Guinot, *L'huissier de justice : normes et valeurs*, Éditions juridiques et techniques, 2017, n°s 2040 s.
6. D. Piau, « Commercialisation, à titre accessoire, de biens ou de services connexes à l'exercice de la profession d'avocat : (essai de) mode d'emploi », *D. avocats* 2017. 269.
7. V. s[s] n° 461.03.

à une offre en la matière au regard de ces besoins. Le barreau de Paris a ainsi, sous l'impulsion de Pierre-Olivier Sur et Laurent Martinet, mis en place un incubateur[1] dont le travail sans relâche a permis de constater une croissance significative du nombre de projets déposés par les avocats. Il convient donc de poursuivre et d'unir les efforts en ce sens[2].

§ 4 Cadre de l'activité

432.111 Modes d'exercice de l'activité. Dès lors que les incompatibilités visées aux articles 111 et suivants du décret du 27 novembre 1991 concernent un exercice distinct, et dissocié, de celui de la profession d'avocat, l'avocat, ou la société d'avocats, pourra commercialiser, au titre de cette activité distincte, directement les biens ou services en cause *in situ*, soit en s'inscrivant, si nécessaire, sur les registres prévus à cet effet, notamment au RCS en qualité de commerçant[3].

Il pourra également externaliser cette commercialisation en constituant une société commerciale – ce qui peut être un choix opportun en cas de besoin d'investissements extérieurs, notamment en matière de développement de projet en matière de nouvelles technologies, ce dont les cabinets d'avocats français ne peuvent toujours pas à ce jour bénéficier de manière efficiente – dont il pourra, notamment, être le gérant ou assurer des fonctions de direction. L'avocat pourra, dans ce cadre, procéder à la commercialisation de biens ou services connexes à l'exercice de sa profession, dès lors que cette commercialisation demeurera accessoire, et sera effectuée exclusivement au profit de ses clients ou d'autres membres de la profession.

432.112 Exercice dans le cadre d'une société commerciale. La réalisation de la commercialisation des biens ou services en cause au moyen d'une société commerciale, sous bénéfice de la dérogation à l'article 111, b), du décret du 27 novembre 1991, impliquera que l'objet social de cette dernière soit limité à la vente de biens ou services au profit des clients, les clients s'entendant nécessairement de ceux, actuels au moment de la commercialisation, des avocats ou cabinets d'avocats associés de la société commerciale porteuse de l'activité, ou d'autres membres de la profession. Dans ce dernier cas, il s'agit d'un équivalent aux SPFPL[4], qui peuvent exercer « toute autre activité sous réserve d'être destinée exclusivement aux sociétés ou groupements dont elles détiennent les participations »[5].

En tout état de cause, la société ainsi constituée ne pourra pas faire de prospection commerciale ou de publicité en dehors d'un cercle restreint identifié, à savoir les clients et les autres membres de la profession. On ne voit guère l'intérêt, dès lors, à se placer sous le régime de la dérogation, alors que le principe même de l'article 111, b), du décret du 27 novembre 1991 permet la création, par des avocats, d'une SARL dédiée par exemple à la formation, dès lors qu'ils n'en assument pas la gérance, et ce, sans qu'elle soit limitée à rendre des prestations au profit des seuls clients.

432.113 Opportunité du recours au régime dérogatoire. Il convient donc de bien réfléchir avant de se placer sous le régime de la dérogation alors que le principe même de l'article 111, b), du décret du 27 novembre 1991 permet la création, par des avocats, d'une SARL dédiée, par exemple, à la formation, dès lors qu'ils n'en assument pas la gérance, et ce, sans qu'elle soit limitée à rendre des prestations au profit des seuls clients.

En effet, il convient de rappeler que rien n'interdit à un avocat, ou un cabinet d'avocat, de détenir des participations dans des sociétés commerciales[6]. L'article 111 du décret du 27 novembre 1991 prohibe simplement « les fonctions d'associé dans une société en nom collectif, d'associé commandité dans les sociétés en commandite simple et par actions, de gérant dans une société à responsabilité limitée, de président du conseil d'administration, membre du directoire ou directeur général d'une société anonyme, de gérant d'une société civile ». Et l'article 112 du décret du 27 novembre 1991 permet aux avocats qui justifient de sept années d'exercice d'une profession juridique réglementée de remplir les fonctions de membres du conseil de surveillance ou d'administrateurs de sociétés[7], une dispense pouvant être accordée pour les avocats qui ne justifient pas des sept ans nécessaires[8]. La seule chose qui est ainsi réellement prohibée à l'avocat est en réalité l'exercice de fonctions exécutives de direction (président du conseil d'administration, directeur général, membre du directoire, gérant...)[9], ce que permettent sous (trop de) restrictions les dispo-

1. http://incubateur-barreaudeparis.com/
2. B. Croizat, « Le barreau de Lyon veut créer un écosystème innovant pour les avocats », *Gaz. Pal.* 28 mars 2017, p. 5 – O. Dufour, « Le barreau de Marseille lance son incubateur », *Gaz. Pal.* 4 avr. 2017, p. 5 – A. Coignac, « Les incubateurs des barreaux : une voix nouvelle parfois dissonante », *JCP* 2018. 566.
3. CCRS, avis n° 2017-006, 30 mai 2017 ; *JO* 7 août ; *JCP* 2017. 892.
4. V. s[s] n° 811.243.
5. L. n° 90-1258, 31 déc. 1990, art. 31-1.
6. V. s[s] n° 432.38.
7. L. n° 71-1130, 31 déc. 1971, art. 6, § 2.
8. L. n° 71-1130, 31 déc. 1971, art. 6, § 2 – V. s[s] n° 432.51.
9. V. s[s] n° 432.59.

sitions relatives à la commercialisation à titre accessoire de biens ou services connexes.

432.114 Cadre de l'activité. Cette activité, à la différence des actes de commerce accessoires à la mission de l'avocat [1], s'exercera dans le cadre légal et réglementaire qui lui est propre et non dans le cadre de l'exercice de la profession d'avocat, un peu à la manière de l'exercice par l'avocat d'une activité de fiduciaire [2], ou encore d'administrateur judiciaire [3]. Elle devra, notamment faire l'objet d'une obligation d'assurance distincte de l'assurance responsabilité civile professionnelle de l'avocat ainsi que d'une comptabilité distincte.

La commercialisation de biens ou services devra toutefois être réalisée dans le strict respect des règles déontologiques et des principes essentiels de la profession, qui s'imposent à l'avocat en toutes circonstances [4], et non pas uniquement dans le cadre de son exercice professionnel d'avocat strictement entendu.

432.115 Cloisonnement des activités. Cela implique, que l'exercice soit *in situ* ou externalisé, un nécessaire cloisonnement des deux activités (locaux et réseaux informatiques distincts...). À cet égard, il convient d'insister sur le fait que cette « activité » qui n'entre pas dans « l'exercice de la profession d'avocat » ne bénéficie ni du régime des perquisitions en cabinet d'avocats [5] ni de celui des écoutes téléphoniques [6]. Un juge d'instruction pourrait ainsi parfaitement mettre sous écoutes téléphoniques la ligne de cette société commerciale sans avoir à en avertir le bâtonnier, et perquisitionner les locaux de cette même société hors la présence du bâtonnier ou de son délégué conformément au droit commun.

Il est donc impératif qu'une telle activité soit exercée dans le cadre de locaux séparés et avec une ligne téléphonique distincte de celle du cabinet de l'avocat [7].

432.116 Régime fiscal. La question du régime fiscal et social demeure posée. À cet égard, l'administration fiscale a pu considérer, s'agissant des huissiers de justice dans le cadre de leurs activités accessoires autorisées [8], que toute opération réalisée par un huissier de justice ayant la nature d'une activité de nature commerciale, telle que celle d'administrateur d'immeubles, doit être imposée dans la catégorie des bénéfices industriels et commerciaux [9].

§ 5
Obligations déclaratives, contrôle et sanctions

432.121 Obligations déclaratives. Les avocats ou sociétés d'avocats qui feront usage des dérogations prévues à l'article 111 du décret du 27 novembre 1991, tant s'agissant du recours aux sociétés commerciales ayant pour objet la gestion d'intérêts familiaux ou l'exercice de la profession d'avocat [10], que s'agissant de la commercialisation de biens ou services connexes *in situ* dans le cadre de l'activité de leur cabinet [11], doivent en informer, par écrit, le barreau dont ils relèvent dans un délai de trente jours suivant le début de l'activité concernée. Le barreau pourra leur demander tous renseignements ou documents utiles pour lui permettre d'apprécier si une telle activité est compatible avec les règles de déontologie de la profession [12].

Cette obligation d'information, dans les trente jours du début de l'activité, s'applique aussi, *stricto sensu* et de façon incohérente, aux structures de droit commun utilisées pour l'exercice de la profession d'avocat qui auront déjà fait l'objet, préalablement à leur début d'activité, d'une inscription au tableau dans le cadre de la procédure qui leur est propre [13].

432.122 Contrôle de l'exercice de l'activité. La question du contrôle de l'exercice de l'activité par les autorités ordinales, notamment quant au fait que la commercialisation est réalisée au bénéfice des seuls clients de l'avocat ou du cabinet d'avocat, demeure en suspens. Il sera certainement recommandé aux avocats de mettre en œuvre une facturation commune avec indication de la référence du client.

En tout état de cause, c'est à l'avocat qu'il appartiendra de justifier qu'il exerce bien cette activité en conformité avec les textes [14].

432.123 Conséquences de l'exercice d'une activité non conforme. Dès lors qu'aucune procédure d'approbation préalable n'a été prévue, il n'appar-

1. V. s[s] n°s 431.55 s.
2. V. s[s] n°s 644.00 s.
3. V. s[s] n° 433.182.
4. Décr. n° 91-1197, 27 nov. 1991, art. 183 – V. s[s] n°s 331.71 s.
5. V. s[s] n°s 414.71 s.
6. V. s[s] n°s 414.201 s.
7. D. Piau, « Commercialisation, à titre accessoire, de biens ou de services connexes à l'exercice de la profession d'avocat : (essai de) mode d'emploi », *D. avocats* 2017. 269.
8. Décr. n° 56-222, 29 févr. 1956 pris pour l'application de l'ordonnance du 2 novembre 1945 relative au statut des huissiers de justice, *JO* 3 mars, p. 2214, art. 20 s.
9. CE 2 juill. 1965, req. n° 53618, *Lebon* – *BOI*-BIC-CHAMP-60-10-20140428, n°s 190 s.
10. Décr. n° 91-1197, 27 nov. 1991, art. 111, b).
11. Décr. n° 91-1197, 27 nov. 1991, art. 111, al. 4.
12. Décr. n° 91-1197, 27 nov. 1991, art. 111, al. 5.
13. V. s[s] n°s 811.71.
14. D. Piau, « Décrets 63 et 67, Macron, I want your business, Part. 2 : Les incompatibilités », *Gaz. Pal.*, 19 juill. 2016, p. 8.

tient pas au conseil de l'Ordre ou au bâtonnier de se prononcer sur la compatibilité ou non de l'activité, mais il leur appartient de mettre en œuvre soit une procédure d'omission[1], soit une procédure disciplinaire[2], à l'encontre du ou des avocats en situation d'incompatibilité, le cumul des deux procédures étant possible.

Ce contrôle *a posteriori* est loin d'être idéal et il ne peut qu'être fortement recommandé d'en référer à son bâtonnier ou à ses délégués préalablement à la mise en œuvre du projet.

SECTION 4
INCOMPATIBILITÉ AVEC TOUTE AUTRE PROFESSION

432.131 **Champ d'application.** L'exercice de la profession d'avocat avec toute autre profession est prohibé, en vertu de l'article 115, alinéa 1, du décret du 27 novembre 1991, sous réserve des dispositions législatives ou réglementaires particulières[3]. La difficulté d'application de cet article tient à la définition de la notion de profession qui n'est précisée par aucun texte.

Doivent ainsi être considérées comme des professions et donc comme incompatibles avec l'exercice de la profession d'avocat les charges d'officiers publics et ministériels (huissiers, notaires...), les professions d'expert-comptable, de comptable et de comptable agréé, les fonctions de clerc de notaire[4], la profession de conseil en brevet d'invention[5], de sophrologue[6], mais également le louage de services, autrement dit l'exercice d'une activité dans le cadre d'un contrat de travail en qualité de salarié[7].

432.132 **Fonctionnaires.** L'état de fonctionnaire, même placé en non-activité[8] ou en congé spécial s'il continue de percevoir un traitement ou une solde et si le lien avec son administration n'est pas rompu[9], est, sous réserve du cas particulier des enseignants[10], incompatible avec l'exercice de la profession d'avocat[11]. L'incompatibilité ne joue pas s'il est en disponibilité et ne reçoit plus de traitement de l'État[12].

La tradition du barreau admit, mais à une époque où aucune prohibition de principe de l'exercice de la profession d'avocat avec toute autre profession n'était édictée[13], que des fonctionnaires particuliers tels que le président de la République (Raymond Poincaré, Alexandre Millerand, François Mitterrand), président d'une assemblée (Adolphe Billault, Jules Grevy, Léon Gambetta, Henri Brisson, Charles Floquet, Raoul Péret, André le Troquer, Gaston Monnerville, Edgar Faure), le Premier ministre, les ministres (dont Jules Dufaure[14] qui, après avoir été bâtonnier de Bordeaux puis de Paris, resta membre du conseil de l'Ordre alors qu'il était garde des Sceaux en 1871 et, étant président en cette qualité du Tribunal des Conflits contribua à l'émergence du droit administratif français en faisant valoir sa voix prépondérante lors du délibéré de l'arrêt Ignacia Blanco[15] alors que le tribunal était partagé[16]) ou secrétaires d'État, les ambassadeurs en mission extraordinaire puissent néanmoins demeurer inscrits au barreau, à condition de n'y exercer aucun acte de la profession d'avocat pendant la durée de leur mandat[17]. Depuis la IVème république, seuls les présidents de la République, élus alors qu'ils étaient encore inscrits au barreau de Paris, ont été maintenus symboliquement au tableau du barreau sans pouvoir faire aucun acte de la profession (ni payer de cotisations).

Les anciens fonctionnaires qui deviennent avocats font l'objet de limitations d'activité[18].

432.133 **Fonctionnaires et limitation d'activité d'un avocat.** L'état de fonctionnaire peut également, en raison des règles propres à la fonction publique[19], justifier des limitations dans l'exercice de ses fonctions par le fonctionnaire lorsqu'un membre de sa famille exerce la profession d'avocat. Tel sera le cas d'une inspectrice des impôts chargée du contrôle fiscal dans le ressort du département où son mari

1. V. s[s] n°s 513.00 s.
2. V. s[s] n°s 522.00 s.
3. Décr. 27 nov. 1991, art. 115 – POUR LES EXCEPTIONS V. s[s] n°s 433.00 s. et 434.00 s.
4. Pau, 3 févr. 1982 ; *D.* 1984. 115, obs. A. Brunois.
5. Civ. 1re, 5 oct. 1999, n° 96-19.536, NP ; *JCP* 2000. I. 231, n° 9, obs. R. Martin.
6. CNB, Comm. RU, avis n° 2019-018, 22 mai 2019.
7. Civ. 1re, 18 mars 2003, n° 01-00.356, NP.
8. Rabat, 24 oct. 1950, *D.* 1951. 104.
9. V. s[s] n° 431.44.
10. V. s[s] n°s 434.161 s.
11. CGFP, art. L. 123-1 [L. n° 83-634, 13 juill. 1983 portant droits et obligations des fonctionnaires, dite loi Le Pors, *JO* 14 juill., p. 2174, art. 25 *septies*] – CJUE 2 déc. 2010, *Edyta Joanna Jakubowska*, req. n[o] C-225/09 ; *Europe* 2011. 58, note V. Michel ; *Rev. UE* 2013. 45, Chron. E. Sabatakakis.
12. V. s[s] n° 431.44.
13. V. s[s] n°s 431.13 s.
14. G. Picot, *M. Dufaure. Sa vie et ses discours*, Calmann-Lévy, 1883 – J.-L. Berthet, *Jules Dufaure : L'homme de la République (1898-1881)*, Le Croit Vif, 2017.
15. TC 8 févr. 1873 *Ignacia Blanco*, Rec. 61 conc. R. David ; *GAJA*, n° 1 – F. Rolin, « Elle s'appelait Ignacia », *RFDA* 2021. 413.
16. H. Berthélemy, « La responsabilité des magistrats et des fonctionnaires », *Rev. pénitentiaire* 1906, p. 516.
17. J. Lemaire, *Les règles de la profession d'avocat et les usages du barreau de Paris*, 4e éd., LGDJ, 1975, n° 142.
18. V. s[s] n°s 434.111 s.
19. Ch. Vigouroux, *Déontologie des fonctions publiques*, 2e éd., « Dalloz Référence », 2012, n°s 11.21 s.

exerce la profession d'avocat, et dont la proposition de mutation apparaît dès lors justifiée [1].

De même, les greffiers « ne peuvent être affectés dans une juridiction dans le ressort de laquelle leur conjoint, partenaire d'un pacte civil de solidarité, parent ou allié jusqu'au troisième degré inclusivement, exerce [...] la profession d'avocat, sauf dispense accordée par le garde des Sceaux, ministre de la justice, après avis des chefs de cour [2] ». Cette disposition, qui ne concerne toutefois que l'état de fonctionnaire, lequel peut, en raison des règles propres à la fonction publique [3], justifier des limitations dans l'exercice de ses fonctions lorsqu'un membre de sa famille exerce la profession d'avocat, ne s'applique pas en tant que tel à l'avocat, et ne saurait entraîner une incompatibilité pour ce dernier [4].

Il n'en demeure pas moins qu'il n'apparaîtra pas conforme aux principes de conscience, d'indépendance, de délicatesse et de loyauté, le fait que l'avocat pacsé avec une greffière auprès du tribunal correctionnel ait recours aux services de cette dernière, et notamment plaide à l'occasion des audiences auxquelles elle participe, compte tenu de la force probatoire attachée aux notes d'audience prises par un greffier [5]. C'est, s'agissant de l'avocat, une appréciation au cas par cas qu'il convient d'opérer notamment au regard des règles applicables en matière de conflit d'intérêts [6].

432.134 ***Trustee.*** En aucun cas la fonction de *trustee* ou de co-*trustee* ne peut s'assimiler à celle d'exécuteur testamentaire, fonction qui est autorisée pour l'avocat français.

En effet, le *trust* consiste en un transfert de propriété d'un patrimoine au profit du *trustee* qui le gère. Il y a là une activité en l'état incompatible avec toute autre activité d'assistance, de représentation et de conseil, et qui au surplus pourrait entraîner des causes de responsabilité professionnelle qui ne sont pas garanties par les assurances responsabilité civile professionnelle de la profession d'avocat [7]. L'avocat ne peut invoquer une clause du règlement intérieur de son barreau, autorisant l'exercice d'un avocat en qualité de *trustee*, dès lors que ce même règlement intérieur rappelle l'obligation de respecter les limites fixées par la loi du 31 décembre 1971 et le décret du 27 novembre 1991 [8].

432.135 **Expert immobilier.** La profession libérale d'expert immobilier n'est pas prévue parmi les exceptions limitativement énumérées par l'article 115 du décret du 27 novembre 1991.

Certes, l'avocat peut être investi d'une mission d'expert, mais il s'agit dans ce cas d'une mission de justice [9] et non de l'exercice d'une profession à part entière. L'exercice de la profession d'expert immobilier apparaît donc incompatible avec celle de la profession d'avocat [10].

432.136 **Médecin.** Le cumul de l'exercice de la profession d'avocat avec celle de médecin n'est plus possible [11] dès lors que celle-ci est incompatible avec l'exercice de toute autre profession, sous réserve de dispositions législatives ou réglementaires particulières [12].

432.137 **Journaliste professionnel.** Un avocat ne peut pas, en principe, être journaliste professionnel en raison des liens qui l'attachent à l'organe de presse où il écrit, à plus forte raison un directeur de journal ou un secrétaire de rédaction, ou encore correspondant de presse [13], mais un membre du barreau peut collaborer à un journal ou à une revue périodique s'il exerce cette activité sans aliéner son indépendance et sans devenir un salarié exerçant un emploi régulier. Il a même été admis qu'il pouvait assumer une direction journalistique purement politique, scientifique ou littéraire [14] s'il n'y avait pas ingérence dans l'activité commerciale du journal.

Au-delà du rapport avec leur barreau, certains avocats revendiquent la qualification de journalistes. Mais même collaborant de façon constante et régulière à une entreprise de presse, l'avocat ne peut prétendre à la qualification de journaliste dès lors qu'il ne tire pas de cette activité l'essentiel de ses ressources [15].

432.138 **Avocat exerçant à l'étranger comme conseil juridique.** La commission plénière de déon-

1. CE 19 juill. 1991, *Paloux (Mme)*, req. n° 81865, *Lebon T.*
2. Décr. n° 2015-1275,13 oct. 2015 portant statut particulier des greffiers des services judiciaires, *JO* 15 oct., n° 14, art. 27.
3. Ch. Vigouroux, *Déontologie des fonctions publiques*, 2e éd., « Dalloz Référence », 2012, nos 11.21 s.
4. V. ss n° 431.33.
5. CNB, Comm. RU, avis n° 2016-038, 6 juin 2016.
6. V. ss nos 441.00 s.
7. CNB, Comm. RU, avis n° 2003-025, 3 juin 2003 ; C. avocat 2021, ss décr. 27 nov. 1991, art. 115, note 12 – V. ss n° 911.111.
8. Paris, 1re ch. A, 23 oct. 2001, RG nos 2000/18697, 2000/19615, *Bernard c/SA Le Mans Caution.*
9. V. ss n° 433.54.
10. CNB, Comm. RU, avis n° 2007-039, 10 juill. 2007 ; C. avocat 2021, ss décr. 27 nov. 1991, art. 115, note 8 – CNB, Comm. RU, avis n° 2021-003, 20 janv. 2021.
11. V. ss nos 431.13 s.
12. Décr. n° 91-1197, 27 nov. 1991, art. 115 – V. ss n° 431.45.
13. Rép. min. n° 18204, *JOAN Q* 21 mai 2019, p. 4802.
14. J. Lemaire, *Les règles de la profession d'avocat et les usages du barreau de Paris*, 4e éd., LGDJ, 1975, n° 165.
15. Soc. 19 déc 2007, n° 07-40.384, P V, n° 217 ; *JCP* 2008. I. 140, n° 6, obs G. Pillet – Soc. 7 déc. 2011, n° 10-10.192, P V, n° 293 ; *D.* 2012. 105 ; *Gaz. Pal.* 19-31 janv. 2012, p. 13, obs. G. Deharo ; *JCP S* 2012. 1095, note T. Lahalle – V. ss nos 312.103 et 431.47.

tologie du barreau de Paris a considéré qu'une exception au principe d'incompatibilité entre le salariat et l'exercice de la profession d'avocat s'impose dans l'hypothèse où un avocat ne peut exercer la profession d'avocat dans un pays étranger sous un autre statut que celui de conseil juridique, notamment salarié - situation qui ne se pose pas sur le territoire de l'Union européenne. Il est alors possible à cet avocat d'exercer dans cet autre pays en qualité de conseil juridique[1], y compris en tant que salarié d'une structure exerçant une telle activité, tout en continuant d'exercer la profession d'avocat en France.

432.139 Avocat exerçant à l'étranger comme conseil juridique - Conditions. Il convient toutefois, pour ce faire, qu'il démontre ne pas pouvoir être en mesure d'exercer en qualité d'avocat dans ledit pays en raison de la réglementation locale, et qu'il respecte strictement les règles déontologiques de la profession d'avocat dans l'exercice de cette activité, et notamment qu'il n'exerce pas d'activités incompatibles avec la profession d'avocat en France, en particulier d'activités commerciales, ce qui doit ressortir de l'objet social de la structure d'exercice.

Il lui appartient, en outre, de veiller à une stricte séparation de ses activités d'avocat en France et de conseil juridique ou salarié de conseil juridique à l'étranger, en veillant à ce qu'aucune confusion ne soit possible notamment quant à la qualité au titre de laquelle il intervient dans ses correspondances. Il se doit d'informer son barreau des modalités de son exercice à l'étranger et de toute modification de sa situation[2].

1. V. s[s] n° 492.56.

2. Paris, avis n° 19.8638, commission plénière de déontologie, 25 juin 2013.

CHAPITRE

433. Missions, activités, fonctions ou professions compatibles

SECTION 0 ORIENTEUR

433.00 Sommaire du chapitre.

Division. L'avocat peut exercer des missions de justice (sect. 1), ainsi que toute autre mission dans l'intérêt de son client (sect. 2). Il peut également, mais pas en qualité d'avocat, exercer d'autres activités, fonctions ou professions (sect. 3).

433.01 Textes applicables.

TEXTES TITRÉS

> Principe

- **L. n° 71-1130, 31 déc. 1971**

art. 53 [Respect de l'indépendance de l'avocat et du caractère libéral de la profession]

- **Décr. n° 91-1197, 27 nov. 1991**

art. 111 [Incompatibilités avec les activités et fonctions de caractère commercial]

art. 115 [Incompatibilités avec toute autre profession]

art. 115, al. 2 [Compatibilité avec certaines fonctions]

- **RIN**

art. 6 [Champ d'activité de l'avocat]

> Missions particulières

- **L. n° 71-1130, 31 déc. 1971**

art. 6 *bis* [Missions de justice]

art. 6 *ter* [Mandataire sportif]

- **L. n° 70-9, 2 janv. 1970** [Opérations portant sur les immeubles et les fonds de commerce]

- **Décr. n° 72-678, 20 juill. 1972** [Opérations portant sur les immeubles et les fonds de commerce]

- **Décr. n° 91-1197, 27 nov. 1991**

art. 164 [Opérations portant sur les immeubles et les fonds de commerce]

art. 116 [Missions temporaires de l'État]

> Activité du fiduciaire

- **C. civ.**

art. 2015 [Fiduciaire]

> Autres professions

- **L. n° 71-1130, 31 déc. 1971**

art. 50, III [Commissaire aux comptes]

- **C. com.**

art. L. 811-10 [Administrateur judiciaire]

433.02 **Jurisprudences de référence.**

> Professionnel qualifié

• **Civ. 1re, 19 oct. 2016,** no 15-25.879, P.

* V. ss no 433.51.

« Attendu que M. X… fait grief à l'arrêt du 25 novembre 2010 de confirmer l'ordonnance du juge aux affaires familiales désignant Mme Z… en qualité de professionnel qualifié alors, selon le moyen, que la profession d'avocat est incompatible avec celle d'expert judiciaire ; qu'en désignant un avocat en qualité de professionnel qualifié pour dresser l'inventaire estimatif des biens des époux et faire des propositions de règlement de leurs intérêts pécuniaires, la cour d'appel a violé l'article 115 du décret du 27 novembre 1991, ensemble l'article 255, 9o, du code civil ;

Mais attendu que l'article 115 du décret no 91-1197 du 27 novembre 1991, organisant la profession d'avocat, n'interdit pas la désignation d'un avocat en qualité de professionnel qualifié, au sens de l'article 255, 9o, du code civil, dès lors que l'exercice de ces fonctions, confiées par un juge, ne caractérise pas celui d'une profession ; que le moyen n'est pas fondé. »

> Expert judiciaire

• **Civ. 2e, 6 sept. 2018,** no 17-60.331, P.

* V. ss no 433.54.

« Attendu que l'assemblée générale a rejeté sa demande au motif que « la candidate ne présente pas de garanties d'indépendance permettant l'exercice de missions judiciaires d'expertise en [ce] qu'elle exerce son activité, en totalité ou en partie, en qualité d'avocate » ;

Attendu que l'exercice de la profession d'avocat n'est pas, en soi, incompatible avec l'indépendance nécessaire à l'inscription sur une liste d'experts judiciaires, la condition d'indépendance devant être appréciée au regard de la situation de chaque candidat ; que, lorsque cette condition est vérifiée, il appartient à l'assemblée générale d'apprécier les mérites de la candidature au regard des autres critères prévus à l'article 2 précité ;

D'où il suit qu'en se déterminant comme elle l'a fait, l'assemblée générale a violé le texte susvisé ; qu'il y a lieu en conséquence d'annuler la décision de l'assemblée générale en ce qui concerne Mme Y… ; ».

433.03 **Bibliographie indicative.**

* Aussi : v. ss no 43.03.

Articles. L. Dupont, S. Bortoluzzi, « Champ d'activité professionnelle de l'avocat et prestations juridiques en ligne : les dernières évolutions du RIN », *JCP* 2017. 548 – D. Iweins, « Nouveaux territoires : une conquête hésitante », *Gaz. Pal.* 11-14 nov. 2015, p. 7 – M. Lartigue, « Les nouveaux champs d'activité de la profession d'avocat », *Gaz. Pal.* 22 janv. 2019, p. 13.

Rapports. Collectif, *Rapport au nom de la Commission des règles et usages du CNB de F.-X. Matteoli, B. Van de Moortel et P. Berger sur les nouveaux champs d'activité de l'avocat au regard des principes essentiels de la profession*, AG, 6 et 7 juill. 2007 – L. Janbon, *Avocat en protection des majeurs : propositions d'amendements aux articles 450 du Code civil, L. 472-1 et D. 471-4 du Code de l'action sociale et des familles*, Rapport de la Commission règles et usages du CNB, AG 14 et 15 févr. 2014 – D. Piau, *Rapport au nom de la Commission des règles et usages du CNB sur l'activité de représentation d'intérêts – Lobbyiste*, AG, 12 juin 2015 – D. Piau, *Le champ d'activité professionnelle de l'avocat*, Rapport Commission des règles et usages du CNB, AG 9 et 10 déc. 2016 – D. Piau (dir.), L. Dupont, *Guide de l'avocat mandataire en transaction*, 3e éd., CNB, mars 2016.

SECTION 1
MISSIONS DE JUSTICE

433.10 **Plan.** Tout comme il peut exercer certaines fonctions juridictionnelles[1], l'avocat peut se voir confier des missions par la justice (§ 1), dont le champ est très large et va au-delà des strictes missions qui lui seraient confiées par un magistrat (§ 2).

§ 1
Principe

433.21 **Missions de justice.** L'interdiction[2] faite aux avocats de se voir confier des missions de justice prévue à l'article 62[3] du décret du 9 juin 1972 n'a pas été maintenue par l'article 6 *bis*[4] de la loi du 31 décembre 1971, dans sa rédaction issue de la loi du 31 décembre 1990[5], qui indique que les avocats peuvent recevoir des missions confiées par la justice et notamment des missions d'information donnant lieu à l'établissement d'un rapport[6].

Lorsque l'avocat intervient au titre d'une mission de justice, tel que dans le cadre d'un mandat de représentation, de conseil et de négociation qui lui avait été confié par l'effet d'une délibération susceptible de recours du conseil de famille d'un mineur placé sous tutelle, les actes de conseil, d'assistance et de négociation effectués par l'avocat agissant dans le cadre d'une telle mission confiée par justice sont

1. V. ss nos 434.191 s.
2. J. Lemaire, *Les règles de la profession d'avocat et les usages du barreau de Paris*, 4e éd., LGDJ, 1975, no 139.
3. Décr. no 72-468, 9 juin 1972 organisant la profession d'avocat, pris pour l'application de la loi no 71-1130 du 31 décembre 1971 portant réforme de certaines professions judiciaires et juridiques, *JO* 11 juin, p. 5884, art. 62.
4. L. no 71-1130, 31 déc. 1971, art. 6 *bis*.
5. L. no 90-1258, 31 déc. 1990 relative à l'exercice sous forme de sociétés des professions libérales soumises à un statut législatif ou réglementaire ou dont le titre est protégé et aux sociétés de participations financières de professions libérales, *JO* 5 janv. 1991, p. 216, art. 5 et 67.
6. SUR L'INTERPRÉTATION de cette disposition : M. Olivier, « La nouvelle profession d'avocat et la législation judiciaire », *Gaz. Pal.* 20 févr. 1992, p. 8 s. – F. Ekollo, « *Quid* des missions d'expertise du nouvel avocat », *Vie jud.* 18 oct. 1992, p. 4.

rémunérés par des honoraires, suivant la procédure de droit commun[1].

§ 2
Illustrations

433.30 **Plan.** Un avocat peut exercer des missions, ou fonctions, de médiateur (§ 1), ainsi que toutes autres missions de justice (§ 2).

A.
Missions et fonctions relatives à la médiation

433.41 **Médiateur.** La profession d'avocat est compatible avec celle de médiateur[2], conformément à l'article 115, alinéa 2, du décret du 27 novembre 1991. L'avocat a vocation à intervenir en qualité de médiateur[3], dans tout processus de médiation[4], tant dans le cadre des médiations judiciaires[5] que des médiations conventionnelles[6].

Il peut être inscrit, à cet effet, sur la liste des médiateurs auprès des cours d'appel[7] à condition de remplir les conditions spécifiques, notamment en termes de formation, prévues par les textes[8]. Le CNB a mis en place un référencement national des avocats exerçant comme médiateur, le centre national de médiation des avocats (CNMA)[9].

Mais l'avocat ne peut pas exercer en qualité de médiateur salarié, même à temps partiel, dès lors que cet exercice, dans le cadre d'un lien de subordination avec son employeur, constitue, en fait, l'exercice d'une autre profession incompatible avec l'exercice de la profession d'avocat[10].

1. Civ. 2e, 12 mai 2011, n° 09-17.390, P II, n° 108 ; *D.* 2011. 1425 ; *RTD civ.* 2011. 510, obs. J. Hauser.
2. CNB, Comm. RU, avis n° 2006-038, 27 juin 2006 ; C. avocat 2021, ss L. 31 déc. 1971, art. 6 *bis*, note 7.
3. Th. Garby, « Avocat et résolution amiable des conflits : théorie et histoire de la médiation », *Gaz. Pal.* 10-12 févr. 2013, p. 11.
4. L. n° 95-125, 8 févr. 1995 relative à l'organisation des juridictions et à la procédure civile, pénale et administrative, *JO* 9 févr., p. 2175, art. 21 s.
5. C. pr. civ., art. 131-4 s. – V. Décr. n° 2017-1457, 9 oct. 2017 relatif à la liste des médiateurs auprès de la cour d'appel, *JO* 11 oct., n° 9 – N. Fricero et *alii*, *Le Guide des modes amiables de résolution des différends (Mard)*, 3e éd., « Guides Dalloz », 2017, nos 212.07 s.
6. C. pr. civ., art. 1532 s. – N. Fricero et *alii*, *Le Guide des modes amiables de résolution des différends (Mard)*, 3e éd., « Guides Dalloz », 2017, nos 221.51 s. – V. ss nos 621.21 s.
7. Décr. n° 2017-1457, 9 oct. 2017.
8. Civ. 2e, 6 juin 2019, n° 19-60.046, NP.
9. RIN, art. 6.3.1 – I. Rohart-Messager, F. Vert, « Le choix du médiateur par le juge », *Gaz. Pal.* 18 déc. 2018, p. 13 – V. ss nos 621.27 s.
10. CNB, Comm. RU, avis n° 2020-015, 10 sept. 2020 – v. ss nos 432.131 s.

433.42 **Médiateur de la consommation.** Institué par l'ordonnance du 20 août 2015[11], le médiateur de la consommation doit accomplir sa mission de recherche d'une issue amiable aux litiges opposant un consommateur, nécessairement demandeur, à un professionnel, avec diligence et compétence, en toute indépendance et impartialité, dans le cadre d'une procédure transparente, efficace et équitable.

Le médiateur de la consommation doit posséder des aptitudes dans le domaine de la médiation ainsi que de bonnes connaissances juridiques, notamment dans le domaine de la consommation, ne pas être en situation de conflit d'intérêts et le cas échéant le signaler[12]. Il est inscrit par la commission d'évaluation et de contrôle de la médiation à la consommation, au vu d'un certain nombre d'informations qu'il doit communiquer dans le cadre de sa candidature[13], sur une liste des médiateurs de la consommation[14]. La commission a également compétence pour évaluer le médiateur de la consommation afin de vérifier qu'il remplit de manière permanente les exigences propres à l'exercice de sa mission, et peut, en cas de manquement, lui enjoindre de se mettre en conformité, ou, à défaut, statuer sur son retrait de la liste[15].

L'avocat, qui de par son état est le mieux à même de remplir les critères prévus à cet effet, a naturellement vocation à exercer les fonctions de médiateur de la consommation[16].

433.43 **Conciliateur de justice (non).** L'avocat peut exercer une fonction de conciliateur, précise l'article 115, alinéa 2, du décret du 27 novembre 1991. Mais il aura alors, en réalité, la qualité de médiateur.

En effet, l'avocat ne peut plus, depuis 1996, être conciliateur de justice[17].

B.
Autres missions de justice

433.51 **Professionnel qualifié.** L'article 255-9 du code civil, inséré dans les dispositions concernant le divorce, permet au juge « de désigner tout professionnel qualifié en vue de dresser un inventaire estimatif ou de faire des propositions quant au règlement des intérêts pécuniaires des époux ». Il n'existe aucune définition réglementaire du profes-

11. Ord. n° 2015-1033, 20 août 2015 relative au règlement extrajudiciaire des litiges de consommation, *JO* 21 août, p. 14721.
12. C. consom., art. L. 613-1 et R. 613-1.
13. C. consom., art. R. 614-1 et R. 614-3.
14. C. consom., art. R. 615-5.
15. C. consom., art. R. 615-7.
16. V. aussi ss n° 741.243.
17. V. ss n° 434.223.

sionnel qualifié[1]. Un avocat peut être désigné dans ce cadre[2], dès lors que l'exercice de cette mission, confiée par un juge, ne caractérise pas celui d'une autre profession[3].

La plupart des avocats ayant suivi la formation de « professionnel qualifié » se sont regroupés au sein d'une association, l'Association nationale des avocats mandataires de justice (Anamj). Cette association préconise à ses membres, quand ils interviennent dans le cadre d'une mission confiée par un juge aux affaires familiales sur la base de l'article 255-9 du code civil, d'utiliser un papier à lettres distinct de leur papier à lettres professionnel.

433.52 Séquestre conventionnel ou judiciaire. L'avocat peut exercer une mission de séquestre[4] conventionnel, étant désigné à cet effet par les parties dans les actes ou conventions (cessions de fonds de commerce et de droit au bail, évictions commerciales, cessions d'actions - garanties de passif...) ou être désigné comme séquestre par décision de justice.

Il doit refuser de recevoir à titre de séquestre un acte manifestement illicite ou frauduleux et doit, lorsqu'il reçoit les fonds objets du séquestre, les déposer sans délai à la Carpa[5], avec une copie de la convention de séquestre[6].

433.53 Mandataire successoral. L'avocat peut être désigné par le juge en qualité de « mandataire successoral » en application de l'article 813-1 du code civil pour s'occuper d'une succession, son activité professionnelle étant couverte dans ce cas par la garantie d'assurance responsabilité civile professionnelle[7].

Il devra alors, le cas échéant, déléguer à des tiers la gestion des biens qui compte tenu de leur caractère professionnel ou commercial seraient incompatibles avec l'exercice de la profession[8].

433.54 Expert ou sachant. L'avocat peut se voir confier une mission d'expertise judiciaire[9], ou d'expert en diagnostic d'entreprise[10], dès lors que cette dernière présente un caractère subsidiaire[11] et qu'elle ne constitue pas l'exercice d'une véritable profession à part entière[12]. La Cour de cassation a ainsi considéré qu'un avocat, ancien conseil en marques devenu avocat, pouvait, compte tenu de ses compétences en la matière, être désigné comme sachant par un huissier dans le cadre d'une saisie en matière de contrefaçon[13].

Il peut, à cet effet, solliciter son inscription sur la liste des experts judiciaires[14] établie par les cours d'appel, telle que dans la rubrique traduction en langue roumaine[15].

433.55 Liquidateur amiable. L'avocat peut être investi d'une mission de liquidateur amiable[16], quelle que soit la nature juridique de la société ou personne morale concernée.

Cette désignation l'empêche d'intervenir en qualité d'avocat pour d'autres missions pour le compte de la personne morale lui ayant confié cette mission pendant le cours des opérations de liquidation comme postérieurement à celles-ci[17], une telle situation caractérisant un conflit d'intérêts[18].

433.56 Arbitre. L'avocat peut se voir confier une mission d'arbitre ou être membre d'une juridiction arbitrale. Lorsqu'il est chargé d'une mission d'arbitrage, il doit en outre veiller au respect des règles particulières qui régissent la procédure arbitrale : il doit notamment respecter les délais de procédure et le secret des délibérations, observer lui-même et faire observer le principe du contradictoire[19] et de l'égalité des armes à l'égard de toutes les parties à l'instance[20].

Comme pour toute autre mission, l'avocat se doit, dans l'accomplissement de sa mission d'arbitre, de ne jamais perdre de vue qu'il demeure soumis aux principes essentiels et doit s'assurer,

1. Cl. Lienhard, « L'avocat spécialiste en droit des personnes : professionnel qualifié au titre de l'article 255 9°, du code civil », *AJ fam.* 2006. 24.
2. CNB, Comm. RU, avis n° 2009-052, 20 oct. 2009 ; C. avocat 2021, ss L. 31 déc. 1971, art. 27, note 6.
3. Aix-en-Provence, 6e ch. A, 18 févr. 2009, RG n° 08/01956 ; *AJ fam.* 2009. 258, obs. C. Lienhard ; *RTD civ.* 2009. 515, obs. J. Hauser – Civ. 1re, 19 oct. 2016, n° 15-25.879, P ; *Gaz. Pal.* 3 janv. 2017, p. 65, note V. Darmois ; *D.* 2016. 2167 ; *D.* 2017. 470, obs. M. Douchy-Oudot ; *AJ fam.* 2016. 603, obs. J. Casey ; *RTD civ.* 2017. 105, obs. J. Hauser ; *RTD civ.* 2017. 108, obs. J. Hauser.
4. RIN, art. 6.3.2.
5. V. ss n° 483.131.
6. RIN, art. 6.3.2.
7. V. ss nos 911.31 s.
8. CNB, Comm. RU, avis n° 2009-024, 5 mai 2009 – V. ss nos 431.55 s.
9. T. Moussa (dir.), *Droit de l'expertise,* 4e éd., Dalloz, 2020, not. nos 111.21 s. par O. Salati.
10. C. com., art. L. 813-1.
11. Rép. min. n° 64327, *JOAN Q* 4 janv. 1993 ; *JCP* 1993. V. 37.
12. V. ss n° 432.135.
13. Com. 18 avr. 2000, n° 97-19.631, NP ; *D.* 2001. 370, note P. Véron ; *JCP* 2001. I. 284, n° 2, obs. R. Martin.
14. L. n° 71-498, 29 juin 1971 relative aux experts judiciaires, *JO* 30 juin – Décr. 2004-1463, 23 déc. 2004 relatif aux experts judiciaires, *JO* 30 déc.
15. Civ. 2e, 6 sept. 2018, n° 17-60.331, P ; *JCP* 2018. 969 ; *Gaz. Pal.* 18 sept. 2018, p. 31 ; *JCP* 2018. 1023, n° 10, obs. S. Bortoluzzi ; *Gaz. Pal.* 4 déc. 2018, p. 31, obs. J. Villacèque.
16. RIN, art. 6.3.1.
17. Paris, avis n° 200899, 26 janv. 2010 – Paris, avis, n° 225811, 31 janv. 2012.
18. V. ss nos 441.201 s.
19. V. ss n° 452.00 s.
20. RIN, art. 6.3.1.

tout particulièrement, de son indépendance[1]. L'on ne saurait ainsi admettre qu'un avocat puisse participer à un tribunal arbitral ayant rendu une sentence annulée par la suite pour fraude à l'arbitrage contraire à l'ordre public, motifs pris, notamment de ce que l'un des membres du tribunal arbitral ne remplissait pas la condition d'impartialité consubstantielle à l'arbitrage, ayant, de par ses différentes qualités, été associé à la mise en œuvre des actes ayant précisément concouru au différend soumis aux arbitres[2]. Ayant nécessairement eu connaissance de cette situation, il aurait dû se retirer du tribunal arbitral, en ne le faisant pas il a gravement exposé sa qualité d'avocat et la réputation du barreau auquel il appartient, manquant ainsi à l'honneur, justifiant qu'une sanction disciplinaire soit prononcée à son encontre[3].

SECTION 2
MISSIONS DANS L'INTÉRÊT DE SON CLIENT

433.60 Plan – Notion de missions au sens de l'article 6 du RIN. Les missions visées à l'article 6 du RIN[4], et dont la liste n'est en aucun cas limitative, tiennent pour l'essentiel à l'exercice par l'avocat de mandats de nature civile spécifiques pour le compte de son client et faisant l'objet d'une réglementation particulière[5] ayant nécessité une coordination avec les règles de la profession d'avocat.

La mise en valeur de telles missions par la profession est d'autant plus nécessaire que les avocats les exercent, souvent, en concurrence avec d'autres professionnels non avocats[6].

Lorsqu'un avocat agit dans le strict cadre d'une telle mission, il doit l'indiquer expressément dans toute correspondance[7].

L'on peut ainsi distinguer, au regard des cas qui se sont présentés, les missions de représentation du client (§ 1), d'audit et d'enquêtes internes (§ 2), de certification (§ 3), attachés à la personne du client (§ 4), d'intermédiaires (§ 5) et de mandataire en matière mobilière ou immobilière (§ 6).

§ 1
Missions de représentation du client

433.71 Représentants des responsables du traitement ou des sous-traitants qui ne sont pas établis dans l'Union. Le règlement 2016/679[8] général sur la protection des données (RGPD), prévoit que les responsables du traitement ou les sous-traitants qui ne sont pas établis dans l'Union européenne, à l'exception des autorités publiques ou organismes publics, ou en cas de traitement occasionnel, doivent désigner par écrit un représentant établi dans un des États membres dans lequel se trouvent les personnes physiques dont les données à caractère personnel font l'objet d'un traitement lié à l'offre de biens ou de services, ou dont le comportement fait l'objet d'un suivi[9].

Le représentant est mandaté par le responsable du traitement ou le sous-traitant pour être la personne à qui, notamment, les autorités de contrôle et les personnes concernées doivent s'adresser, en plus ou à la place du responsable du traitement ou du sous-traitant, pour toutes les questions relatives au traitement, aux fins d'assurer le respect du RGPD. Un avocat devrait, selon nous, pouvoir être mandaté à cette fin par son client.

433.72 ***Lobbyiste.*** L'avocat peut être mandaté par son client pour représenter les intérêts[10] de celui-ci

1. RIN, art. 6.3.1, al. 2 – Civ. 1er, 16 déc. 2015, nº 14-26.279, NP ; *D.* 2016. 2589, obs. T. Clay ; *Gaz. Pal.* 12 juill. 2016, p. 27.
2. Paris, pôle 1, ch. 1, 27 mai 2014, RG nº 12/18165 ; POURVOI REJETÉ PAR : Civ. 1re, 4 nov. 2015, nº 14-22.630, P I, nº 411 ; *Gaz. Pal.* 2 févr. 2016, p. 61, note M. Nioche.
3. Civ. 1re, 10 oct. 2019, nº 18-21.966, P I ; *D.* 2019. 2044 ; *Gaz. Pal.* 29 oct. 2019, p. 36, obs. C. Berlaud ; *JCP* 2019. 1111 ; *D.* 2019. 2044 ; *D.* 2020. 115, obs. Th. Wickers ; *Gaz. Pal.* 2 juin 2020, p. 41, obs. D. Landry, J. Villacèque – REJETANT POURVOI CONTRE : Paris, pôle 2, ch. 1, 28 juin 2018, RG nº 16/16859 ; *Gaz. Pal.* 6 nov. 2018, p. 27, note Th. Clay ; – MÊME SENS DANS LA MÊME AFFAIRE : Civ. 1re, 30 juin 2021, nº 19-23.722, NP ; – REJETANT POURVOI CONTRE : Paris, pôle 2, ch. 1, 19 sept. 2019, RG nºs 16/11977, 18/23915 ; – et : Paris, pôle 2, ch. 1, 22 mars 2018, RG nº 16/18920 et autres ; – APRÈS : Civ. 1re, 26 sept. 2019, nº 18-17.079 ; – DÉCLARANT IRRECEVABLE POURVOI CONTRE : Paris, pôle 2, ch. 1, 22 mars 2018, RG nº 16/18920 et autres ; – APRÈS : Paris, pôle 2, ch. 1, 27 avr. 2017, RG nº 16/18920, 16/18992 et 16/19007 (3 arrêts) ; – Civ. 1re, 4 nov. 2015, nº 14-22.630, P I, nº 411 ; *D.* 2015. 2326, obs. P. Noual ; *D.* 2015. 2588, obs. Th. Clay ; *D.* 2016. 446, obs. N. Fricero – V. ss nº 331.52.
4. D. Piau, *Le champ d'activité professionnelle de l'avocat*, Rapport Commission des règles et usages du CNB, AG 9 et 10 déc. 2016 – RIN, art. 6 ; CNB, AG 9 déc. 2016, DCN nº 2016-002 du 26 janv. 2017 portant réforme du règlement intérieur national (RIN) de la profession d'avocat (art. 21-1 de la loi du 31 décembre 1971 modifiée), *JO* 13 avr. 2017, NOR : JUSC1701802S – L. Dupont, S. Bortoluzzi, « Champ d'activité professionnelle de l'avocat et prestations juridiques en ligne : les dernières évolutions du RIN », *JCP* 2017. 548.
5. V. ss nº 431.58.
6. V. ss nºs 461.193 s.
7. RIN, art. 6.3.
8. Règl. 2016/679, Parlement et Conseil, 27 avr. 2016 relatif à la protection des personnes physiques à l'égard du traitement des données à caractère personnel et à la libre circulation de ces données, *JOUE* 4 mai, p. 1.
9. Règl. 2016/679, Parlement et Conseil, 27 avr. 2016, art. 27.
10. J.-F. Kerléo (dir.), *Le lobbying. Influence, contrôle et légitimité des représentants d'intérêts*, LGDJ, 2020.

auprès d'administrations publiques, européennes ou internationales[1].

Il doit alors, le cas échéant[2], après en avoir informé ses clients, faire mention dans les registres de ces institutions ou administrations de leur identité et du montant des honoraires relatifs à sa mission. Les honoraires prévus au titre de cette mission font l'objet d'une convention d'honoraires et d'une facturation distinctes de toute autre mission ou prestation effectuée pour le compte du même client[3].

Il doit en faire la déclaration à son barreau, par lettre ou courriel adressé au bâtonnier[4].

En 2019, 2 179 représentants d'intérêts sont inscrits au répertoire des représentants d'intérêts dont 1 % d'avocats. Ils ont déclaré 12 909 actions de représentation d'intérêts, dont 0,2 % du fait d'avocats, lesquels déclarent en moyenne 5 actions de représentation d'intérêts[5].

433.73 Représentant fiscal. L'article 6.3, alinéa 1, du RIN prévoit la possibilité pour un avocat d'exercer la fonction de représentant fiscal de son client, qui n'est que l'exercice d'un mandat civil[6].

Toutefois, en raison du risque particulier que cette mission génère, en ce qu'elle implique que l'avocat garantisse le paiement des sommes dues par son client à l'administration fiscale, celle-ci est expressément exclue de la garantie d'assurance responsabilité civile professionnelle[7] et il appartient à l'avocat souhaitant exercer cette mission, de souscrire une garantie particulière et d'être en mesure d'en justifier auprès de son barreau[8].

Il en est de même s'agissant de la mission de représentant d'une société étrangère employant des salariés détachés en France[9].

433.74 Tiers de confiance. L'avocat peut exercer une mission de tiers de confiance[10] au sens de l'article 170 *ter* du code général des impôts[11]. Le Conseil national des barreaux, dans le cadre d'une convention nationale approuvée par son assemblée générale les 23 et 24 mars 2012 et signée avec la Direction générale des finances publiques (Dgfip) le 26 mars 2012, a en effet permis la mise en place pour la profession d'avocat du dispositif du « tiers de confiance » en matière fiscale prévu par l'article 170 *ter*[12] du code général des impôts et applicable depuis le 1er avril 2012[13].

Aux termes de la convention nationale conclue avec la Dgfip, annexée à l'arrêté du 1er mars 2012[14], le Conseil national des barreaux doit établir, actualiser et assurer la publicité annuelle d'une liste nationale des avocats exerçant la mission de « tiers de confiance ». Cette liste est transmise à l'administration fiscale avant le 30 avril de chaque année. Ladite liste est accessible en ligne sur le site internet du Conseil national des barreaux. Il lui appartient également de définir la politique de contrôle de qualité des avocats mise en œuvre au plan local par les barreaux.

Il est précisé que le contrôle déontologique effectué par les barreaux constitue en soi un contrôle de qualité ne nécessitant pas la création d'un niveau spécifique de contrôle. À ce titre, les barreaux ne sont pas garants de la perfection des déclarations adressées par les avocats « tiers de confiance » à l'administration fiscale.

433.75 Tiers LCB/FT. L'avocat peut être mandaté pour exercer une mission de tiers LCB/FT au sens de l'article L. 561-7 du code monétaire et financier[15] aux fins de mettre en œuvre certaines obligations de

1. P. Kirch, G. Le Breton, « L'avocat et le lobbying à Bruxelles », *Gaz. Pal.* 26-27 mars 2004, p. 2 – Ph. Portier, « Lobbying et stratégie juridiques, l'avocat lobbyiste : pourquoi ? Comment ? », V. de Beaufort, F. Hacque-Cosson (dir.), *Lobbying : cadre, outils et stratégies*, Larcier, 2015, p. 255 – C. Schornstein, *Les avocats-lobbyistes : Émergence, légitimité et incertitudes*, Mémoire Master II, Université Paris II, 2014.
2. L. n° 2013-907, 11 oct. 2013 relative à la transparence de la vie publique, *JO* 12 oct., p. 16829, art. 18-1 à 18-10 – Décr. n° 2017-867, 9 mai 2017 relatif au répertoire numérique des représentants d'intérêts, *JO* 10 mai, n° 46 – D. Piau, « Avocats lobbyistes, à votre registre ! », *Gaz. Pal.* 6 juin 2017, p. 11.
3. RIN, art. 6.3.4 – DCN n° 2015-001 portant ajout d'un article 6.2.3 nouveau au Règlement intérieur national (RIN) de la profession d'avocat, CNB, AG 12-13 juin 2015, *JO* 4 août, p. 13313 – V. ss nos 647.00 s.
4. RIN, art. 6.4.
5. Hatvp, *Répertoire des représentants d'intérêts : bilan des déclarations d'activités 2019,* 20 nov. 2020 – R. Gauvain, O. Marleix, *Rapport d'information sur l'évaluation de l'impact de la loi n° 2016-1691 du 9 décembre 2016 relative à la transparence, à la lutte contre la corruption et à la modernisation de la vie économique,* Assemblée nationale, 7 juill. 2021 – P. Januel, « Une proposition de loi pour muscler la lutte anti-corruption », Dalloz actualité, 6 sept. 2021.
6. V. ss nos 431.51 s.
7. V. ss n° 911.112.
8. V. ss nos 911.31 s.
9. C. trav., art. L. 1262-2-1, II.
10. RIN, art. 6.3.
11. L'instruction fiscale 5 J-1-12, 22 mars 2012, commentait le dispositif et en précise les conditions et les modalités d'application – V. ss nos 643.00 s.
12. CGI, art. 170 *ter*.
13. Décr. n° 2005-790,12 juill. 2005, art. 9-1.
14. Arr. 1er mars 2012 fixant les modèles de conventions nationales, prévues à l'article 95 ZF de l'annexe II au code général des impôts, conclues entre les organismes représentant au niveau national les membres des professions réglementées d'avocat, de notaire et de l'expertise comptable et la direction générale des finances publiques, et de conventions individuelles, prévues à l'article 95 ZG de l'annexe II au même code, conclues entre un membre de ces trois professions réglementées et la direction départementale ou régionale des finances publiques ou le délégataire du directeur général des finances publiques, *JO* 9 mars, p. 4398, NOR : BCRE1204986A.
15. Ord. n° 2016-1635,1er déc. 2016, art. 3.

vigilance à l'égard de la clientèle, préalables à une relation d'affaires[1] pour le compte des personnes mentionnées aux 1° à 6° de l'article L. 561-2 du code monétaire et financier (établissements bancaires et entreprises d'assurance)[2].

L'avocat doit alors être en mesure de transmettre, à première demande, à son client les informations et la copie des documents recueillis dans le cadre de la mise en œuvre des mesures de vigilance. Les modalités de transmission des informations et documents ainsi que les modalités de contrôle par le client des mesures de vigilance mises en œuvre par l'avocat doivent être précisées dans la lettre de mission[3]. Le client de l'avocat agissant en tant que tiers LCB/FT demeure responsable du respect de ses obligations[4].

433.76 **Représentant permanent LCB/FT.** L'article L. 561-3 du code monétaire et financier prévoit que les établissements de crédit, les établissements de paiement et les établissements de monnaie électronique ayant leur siège social dans un autre État membre de l'Union européenne, ou parties à l'Espace économique européen en tant qu'ils exercent leur activité sur le territoire national en ayant recours aux services d'un ou plusieurs agents pour la fourniture de services de paiement en France ou d'une ou plusieurs personnes en vue de distribuer en France de la monnaie électronique, doivent désigner un représentant permanent résidant sur le territoire national pour être un point de contact central. Si le représentant permanent est une personne morale, celle-ci désigne à son tour une personne physique responsable.

Le représentant permanent procède au nom et pour le compte de son mandant aux déclarations et informations prescrites en matière de lutte contre le blanchiment des capitaux et le financement du terrorisme[5] ainsi qu'aux déclarations de mise en œuvre d'une mesure de gel des avoirs[6]. Il répond aux demandes formulées par Tracfin, ainsi qu'à toute demande émanant de l'Acpr, de la commission de sanctions ainsi que de l'autorité judiciaire et des officiers de police judiciaire. Un avocat devrait, selon nous, pouvoir être mandaté à cette fin par son client.

§ 2
Missions d'audit et d'enquêtes internes

433.81 **Délégué à la protection des données (DPO).** Le règlement 2016/679 (RGPD), entré en vigueur le 25 mai 2018, prévoit la désignation obligatoire d'un délégué à la protection des données[7] (*data protection officer*) en lieu et place du correspondant à la protection des données à caractère personnel (Cil)[8], pour les organismes publics ou privés dont : « les activités de base [...] exigent un suivi régulier et systématique à grande échelle des personnes concernées »[9]. Le délégué est une personne bénéficiant des qualifications requises pour exercer ses missions[10]. Ses principales missions sont de contrôler le respect du règlement, de conseiller le responsable des traitements sur son application et de faire office de point de contact avec l'autorité de contrôle[11], la Cnil.

L'avocat peut être désigné délégué à la protection des données, s'agissant de l'exercice d'un mandat civil[12]. L'article 6.3.3 du RIN est venu encadrer l'exercice d'une telle mission par l'avocat[13]. Il peut solliciter la certification prévue à cet effet[14] auprès des organismes agréés pour la délivrer.

Il doit en faire la déclaration à son barreau, par lettre ou courriel adressé au bâtonnier[15].

433.82 **Auditeur – Enquêteur interne.** D'une manière générale, le droit est omniprésent dans la vie des entreprises[16]. Sa complexité (qui englobe le respect du droit applicable, de la législation non contraignante et des codes de conduite volontaires, étant précisé qu'il est de plus en plus difficile de distinguer le respect du droit matériel des normes volontaires à l'échelle internationale, européenne et nationale) est croissante, et son application contrôlée tant par des sanctions pénales que par des autorités de régulation.

L'obligation de reporting, déclaration de l'entreprise quant à sa conformité au droit (RSE...), comme celle de mise en place de programmes de *compliance*[17], implique le développement des enquêtes

1. C. mon. fin., art. L. 561-5 et L. 561-5-1 – V. s[s] n°s 482.111 s.
2. C. mon. fin., art. L. 561-7, I, 1°.
3. C. mon. fin., art. R. 561-13 – V. s[s] n°s 713.381 s.
4. C. mon. fin., art. L. 561-7, I, al. 5.
5. C. mon. fin., art. L. 561-15 et L. 561-15-1.
6. C. mon. fin., art. L. 562-1 s.
7. A. Bensoussan (dir.), *Le data protection officer, Une fonction nouvelle dans l'entreprise*, 2e éd., Bruylant, Bruxelles, 2018.
8. D. Piau, S. Bortoluzzi, Th. Wickers, *Règles de la profession d'avocat*, 16e éd. « Dalloz Action », 2018, n° 433.51.
9. Règl. 2016/679, Parlement européen et du Conseil, 27 avr. 2016, art. 37.
10. RGPD, art. 37.
11. RGPD, art. 38 et 39.
12. RIN, art. 6.3.3.
13. DCN n° 2009-002, AG du Conseil national, 16 mai 2009, publiée au *JO* par décis., 28 mai 2009, *JO* 11 juin – V. s[s] n°s 642.00 s.
14. Cnil, Délib. n° 2018-318, 20 sept. 2018 portant adoption des critères du référentiel de certification des compétences du délégué à la protection des données (DPO), *JO* 11 oct.
15. RIN, art. 6.4.
16. P.-O. Sur, J.-L. Guitera, « La loi Sapin, une révolution pour le droit des entreprises », *Les échos* 23 mars 2016.
17. M.-E. Boursier, « Qu'est-ce que la *compliance* ? Essai de définition », *D.* 2020. 1419.

internes[1], soit que l'enquête interne soit imposée par un régulateur, soit qu'elle soit décidée par l'entreprise de sa propre initiative dans le souci de se conformer à ses obligations légales. C'est notamment le cas en droit du travail, droit de la concurrence[2], droit de l'environnement, droit de la réglementation bancaire, financière et boursière ou de prévention du risque de corruption.

Face à ces nouveaux enjeux, l'avocat, du fait de ses compétences pointues en matière juridique, est non seulement le conseil privilégié de l'entreprise, afin d'assister cette dernière dans le respect de ses obligations légales et réglementaires et d'assurer la protection des intérêts de l'entreprise, mais encore un acteur majeur en devenir de la *compliance*. Sa déontologie est une garantie fondamentale qui fait qu'il est le mieux placé pour investir pleinement ce champ d'activité. Il est le seul à offrir une garantie d'exécution de ces missions avec indépendance, loyauté, dans le respect des principes essentiels, qui sont ici de première importance, et surtout du secret professionnel. Ce dernier point est un atout majeur pour le client, par exemple lorsqu'il y a lieu de vérifier le respect des normes de RSE obligatoires et volontaires ou le caractère fondé d'une alerte. Les avocats doivent s'y investir et former des groupes d'audit, en fonction des besoins du client, suivant les réglementations concernées[3].

Une cour d'appel a ainsi considéré qu'un avocat pouvait parfaitement être missionné par un client pour effectuer un audit social, à l'issue duquel fut rendu un rapport qui fonda un licenciement pour faute grave, s'agissant d'une simple prestation de conseil et d'assistance telle que définie à l'article 6 du RIN[4].

433.83 Examen de conformité fiscale. L'avocat peut ainsi être missionné pour réaliser un examen de conformité fiscale (ECF) qui consiste en « une prestation contractuelle au titre de laquelle un prestataire s'engage en toute indépendance, à la demande d'une entreprise, à se prononcer sur la conformité aux règles fiscales des points prévus dans un chemin d'audit et selon un cahier des charges définis par arrêté du ministre chargé du budget. »[5].

L'examen de conformité fiscale porte sur un exercice fiscal et fait l'objet d'un compte rendu de mission rédigé par l'avocat, suivant le modèle défini par l'arrêté du 13 janvier 2021[6]. Ce document doit être transmis, par le client, à la direction générale des finances publiques (Dgfip) au plus tard le 31 octobre de l'année du dépôt de la déclaration de résultats, pour les exercices qui coïncident avec l'année civile ou dans les six mois suivant le dépôt de la déclaration de résultats, dans les autres cas.

L'examen de conformité fiscale n'exonère pas l'entreprise de ses obligations mais en cas de contrôle entraînant un rappel d'impôt sur un point audité et validé par l'avocat, l'entreprise peut demander le remboursement de la part des honoraires correspondants. Par ailleurs, si l'entreprise a bien pris en compte les recommandations formulées par l'avocat, la Dgfip pourrait ne pas exiger le paiement de pénalité ni d'intérêt de retard.

La réalisation d'une mission d'examen de conformité fiscale par un avocat doit faire l'objet d'un contrat, en réalité d'une convention d'honoraires[7] et lettre de mission[8], suivant un modèle proposé par l'arrêté du 13 janvier 2021[9], entre l'avocat et son client, prévoyant, notamment, la période sur laquelle porte l'ECF, la liste des points constituant le cheminement d'audit, les droits et obligations des parties, notamment la clause résolutoire pour inexécution ainsi que la rémunération de l'avocat. Il convient d'attirer l'attention des avocats qui proposent ce type de mission sur :

– la nécessité de définir avec le client, de manière la plus minutieuse possible, les points d'audit dans le chemin d'audit, afin de limiter leur responsabilité civile professionnelle ;

– de vérifier leur police d'assurance pour s'assurer qu'ils sont couverts par leur police d'assurance dans l'exercice de cette mission et qu'ils ne dépassent pas le plafond de garantie[10].

433.84 Référent des lanceurs d'alerte. La loi du 9 décembre 2016[11] est venue prévoir un statut uniforme pour les lanceurs d'alerte[12], ces derniers

1. OCDE, *Guide de bonnes pratiques pour les contrôles internes, la déontologie et la conformité*, adopté le 18 février 2010 ; annexé à la recommandation de l'OCDE du 26 nov. 2009 visant à renforcer la lutte contre la corruption d'agents publics étrangers dans les transactions commerciales internationales.
2. Document-cadre du 10 févr. 2012 sur les programmes de conformité aux règles de concurrence.
3. CNB, *L'avocat français et les enquêtes internes*, Guide, juin 2020 ; *JCP* 2020. 811.
4. Pau, ch. soc., 31 août 2017, RG n° 15/02677 ; *D. actu.* 2 oct. 2017, obs. A. Portmann.
5. Décr. n° 2021-25, 13 janv. 2021 portant création de l'examen de conformité fiscale, *JO* 14 janv., n° 45.
6. Arr. 13 janv. 2021 d'application du décret n° 2021-25 du 13 janvier 2021 portant création de l'examen de conformité fiscale, *JO* 14 janv., n° 46 ; NOR : CCPE 2035569A.
7. V. s^s n° 713.91.
8. V. s^s n°s 713.381 s.
9. Arr. 13 janv. 2021, NOR : CCPE 2035569A, ann. 4.
10. CNB, Commissions : Exercice du droit, Droit et entreprise, Règles et usages, *Rapport sur l'examen de conformité fiscale*, AG 15 oct. 2021.
11. L. n° 2016-1691, 9 déc. 2016 relative à la transparence, à la lutte contre la corruption et à la modernisation de la vie économique, *JO* 10 déc., n° 2.
12. E. Alt, « De nouvelles protections pour les lanceurs d'alerte. À propos de la loi n° 2016-1691 du 9 décembre 2016 », *JCP* 2017. 90.

pouvant porter leur signalement à la connaissance de leur supérieur hiérarchique, direct ou indirect, d'un employeur ou d'un référent désigné par celui-ci. Ce référent a pour mission de vérifier, et de procéder à une enquête, indépendante et proportionnée[1], afin de déterminer le bien-fondé du signalement[2]. Les procédures mises en œuvre pour recueillir les signalements garantissent une stricte confidentialité de l'identité des auteurs du signalement, des personnes visées par celui-ci et des informations recueillies par l'ensemble des destinataires du signalement, y compris en cas de communication à des tiers, dès lors que celle-ci est nécessaire pour les seuls besoins de la vérification ou du traitement du signalement[3].

Les éléments de nature à identifier le lanceur d'alerte ne peuvent être divulgués, sauf à l'autorité judiciaire, qu'avec le consentement de celui-ci. Les éléments de nature à identifier la personne mise en cause par un signalement ne peuvent être divulgués, sauf à l'autorité judiciaire, qu'une fois établi le caractère fondé de l'alerte[4].

Un avocat doit pouvoir être mandaté comme référent.

433.85 Référent déontologue (non). La loi du 20 avril 2016 est venue prévoir que tout fonctionnaire a le droit de consulter un référent déontologue, chargé de lui apporter tout conseil utile au respect des obligations et des principes déontologiques mentionnés aux articles L. 121-1 et suivants du code général de la fonction publique[5]. Cette fonction de conseil[6] s'exerce sans préjudice de la responsabilité et des prérogatives du chef de service[7].

Toutefois, le décret du 10 avril 2017[8] est venu réserver l'exercice de cette mission aux « magistrats et fonctionnaires, en activité ou retraités ou agents contractuels bénéficiant d'un contrat à durée indéterminée »[9], ce qui exclut, en principe, les avocats. Il en est de même pour les militaires[10]. Cette exclusion, qui ne repose sur aucune justification objective, est d'autant plus regrettable qu'en pratique, dans le secteur public, le référent déontologue exercera également la mission de référent des lanceurs d'alerte[11].

433.86 *Coporate monitoring*. Une peine de mise en conformité (*coporate monitoring*)[12] a été introduite par la loi du 9 décembre 2016[13] à l'encontre des personnes morales qui peuvent, lorsque la loi le prévoit, être sanctionnées par l'obligation de se soumettre, sous le contrôle de l'Agence française anti-corruption, pour une durée maximale de cinq ans, à un programme de mise en conformité destiné à s'assurer de l'existence et de la mise en œuvre en son sein, d'un code de conduite, d'un dispositif d'alerte interne, d'une cartographie des risques, d'une procédure d'évaluation de la situation des clients et fournisseurs, d'une procédure de contrôle comptable, d'une formation des salariés et d'un régime disciplinaire adapté.

L'Agence française anti-corruption (Afa) peut recourir à des experts ou à des personnes ou autorités qualifiées pour l'assister dans la réalisation d'analyses juridiques, financières, fiscales et comptables, dont le coût est supporté par la personne morale condamnée, sans que le montant de ces frais ne puisse excéder le montant de l'amende encourue pour le délit au titre duquel cette peine est prononcée[14].

L'article 8 du décret du 14 mars 2017[15] est venu prévoir que le recours aux experts et aux personnes ou autorités qualifiées fait l'objet d'un protocole d'accord conclu avec l'Afa qui énonce les missions à mener et précise les conditions dans lesquelles elles doivent être exécutées, notamment le délai de sa réalisation et les honoraires prévisibles correspondants[16]. Afin de prévenir les conflits d'intérêts, ils doivent, lors de leur désignation, communiquer au directeur de l'agence les intérêts qu'ils ont détenus au cours des trois ans précédant leur nomination, qu'ils détiennent ou viendraient à détenir, les fonctions dans une activité économique ou financière qu'ils ont exercées au cours des trois années précédant leur nomination, qu'ils exercent ou vien-

1. Circ. DGT 2008/22, 19 nov. 2008 relatives aux chartes éthiques, dispositifs d'alerte professionnelle et au règlement intérieur, NOR : MTST0880880C.
2. L. n° 2016-1691, 9 déc. 2016, art. 8 – V. s[s] n°s 433.82 s.
3. Décr. n° 2017-564, 19 avr. 2017 relatif aux procédures de recueil des signalements émis par les lanceurs d'alerte au sein des personnes morales de droit public ou de droit privé ou des administrations de l'État, *JO* 20 avr., n° 10, art. 5, II, 2°.
4. L. n° 2016-1691, 9 déc. 2016, art. 9.
5. CGFP, art. L. 12-1 s. [L. n° 83-634, 13 juill. 1983, art. 23 s.].
6. Hatvp, *Guide Déontologique. Manuel à l'usage des responsables publics et des référents déontologues,* déc. 2020.
7. CGFP, art. L. 124-2 [L. n° 83-634, 13 juill. 1983, art. 28 *bis*.].
8. Décr. n° 2017-519, 10 avr. 2017 relatif au référent déontologue dans la fonction publique, *JO* 12 avr., n° 45.
9. Décr. n° 2017-519, 10 avr. 2017, art. 3.
10. C. défense, art. L. 4122-10.
11. Décr. n° 2017-564, 19 avr. 2017, art. 4, III – V. s[s] n° 433.84.
12. C. pén., art. 131-39-2.
13. L. n° 2016-1691, 9 déc. 2016, art. 18 – J.-M. Brigant, « La loi relative à la transparence, à la lutte contre la corruption et à la modernisation de la vie économique. À propos de la loi n° 2016-1691 du 9 décembre 2016 », *JCP* 2017. 3 – E. Daoud et C. Le Corre, « La conformité des entreprises en matière de lutte anti-corruption », *AJ pénal* 2015. 349 – E. Dupic, « La loi Sapin 2 du 9 décembre 2016 et le dispositif français relatif à la transparence et à la lutte contre la corruption », *Gaz. Pal.* 13 déc. 2016, p. 10 – M.-A. Frison-Roche, « Le droit de la *compliance* », *D.* 2016. 1871.
14. C. pén., art. 131-39-2, III.
15. Décr. n° 2017-329, 14 mars 2017 relatif à l'Agence française anticorruption, *JO* 15 mars, n° 31, art. 8.
16. Décr. n° 2017-329, 14 mars 2017, art. 8, III.

draient à exercer ainsi que tout mandat au sein d'une personne morale qu'ils ont détenu au cours des trois années précédant leur nomination, qu'ils détiennent ou viendraient à détenir[1]. Ils ne sauraient réaliser ou participer à la réalisation d'une mission de contrôle au sein d'une société ou d'un établissement dans lequel ils auraient ou auraient eu au cours des trois années précédentes, directement ou par personne interposée, un intérêt[2].

Sous réserve du respect des dispositions précitées un avocat doit pouvoir être mandaté comme expert ou personne qualifiée par l'Afa s'agissant d'une mission assimilable à une mission de justice d'expertise[3].

433.87 **Convention judiciaire d'intérêt public.** La loi du 9 décembre 2016[4] est venue prévoir une procédure de transaction pénale (*deferred prosecution agreement*) permettant la mise en œuvre d'une transaction judiciaire, tant que l'action publique n'a pas été mise en mouvement, au profit des personnes morales mises en cause pour un ou plusieurs délits en matière de corruption, trafic d'influence, blanchiment et fraude fiscale[5]. Outre le versement d'une amende, il est prévu la possibilité de se soumettre, pour une durée maximale de trois ans et sous le contrôle de l'Afa, à un programme de mise en conformité destiné à s'assurer de l'existence et de la mise en œuvre en son sein des mesures et procédures prévues par la peine de mise en conformité[6].

Les frais occasionnés par le recours par l'Afa à des experts ou à des personnes ou autorités qualifiées, pour l'assister dans la réalisation d'analyses juridiques, financières, fiscales et comptables nécessaires à sa mission de contrôle, sont supportés par la personne morale mise en cause, dans la limite d'un plafond fixé par la convention judiciaire d'intérêt public[7].

433.88 **Obligation de prévention en matière de corruption.** La loi du 9 décembre 2016[8] est venue prévoir que les sociétés employant au moins cinq cents salariés, ou appartenant à un groupe de sociétés dont la société mère a son siège social en France et dont l'effectif comprend au moins cinq cents salariés, et dont le chiffre d'affaires ou le chiffre d'affaires consolidé est supérieur à 100 millions d'euros, sont tenues de prendre les mesures destinées à prévenir et à détecter la commission, en France ou à l'étranger, de faits de corruption ou de trafic d'influence comportant un code de conduite intégré au règlement intérieur de l'entreprise, un dispositif d'alerte interne, une cartographie des risques, une procédure d'évaluation de la situation des clients et fournisseurs, une procédure de contrôle comptable, une formation des salariés et un régime disciplinaire adapté ainsi qu'un dispositif de contrôle et d'évaluation interne des mesures mises en œuvre.

L'Afa contrôle le respect des mesures et procédures et peut prononcer des injonctions et sanctions à travers sa commission des sanctions[9].

433.89 **Obligation de vigilance.** La loi du 27 mars 2017[10] est venue prévoir que toute société qui emploie, à la clôture de deux exercices consécutifs, au moins cinq mille salariés en son sein et dans ses filiales directes ou indirectes dont le siège social est fixé sur le territoire français, ou au moins dix mille salariés en son sein et dans scs filiales directes ou indirectes dont le siège social est fixé sur le territoire français ou à l'étranger, doit établir et mettre en œuvre de manière effective un plan de vigilance[11]. Le plan comporte les mesures de vigilance[12] raisonnable propres à identifier les risques et à prévenir les atteintes graves envers les droits humains et les libertés fondamentales, la santé et la sécurité des personnes ainsi que l'environnement, résultant des activités de la société et de celles des sociétés qu'elle contrôle directement ou indirectement, ainsi que des activités des sous-traitants ou fournisseurs avec lesquels est entretenue une relation commerciale établie, lorsque ces activités sont rattachées à cette relation. Le plan comprend une cartographie des risques, des procédures d'évaluation régulière de la situation des filiales, des sous-traitants ou fournisseurs, des actions adaptées d'atténuation des risques ou de prévention des atteintes graves, un mécanisme d'alerte, un dispositif de suivi des mesures mises en œuvre et d'évaluation de leur efficacité.

Un décret en Conseil d'État peut compléter les mesures de vigilance. Il peut préciser les modalités d'élaboration et de mise en œuvre du plan de vigilance.

1. Décr. n° 2017-329, 14 mars 2017, art. 8, I.
2. Décr. n° 2017-329, 14 mars 2017, art. 8, II.
3. V. s^s n° 433.54.
4. L. n° 2016-1691, 9 déc. 2016, art. 22 – Décr. n° 2017-660, 27 avr. 2017 relatif à la convention judiciaire d'intérêt public et au cautionnement judiciaire, *JO* 29 avr., n° 30.
5. C. pr. pén., art. 41-1-2.
6. V. s^s n° 433.86.
7. C. pr. pén., art. 41-1-2, I, 2°.
8. L. n° 2016-1691, 9 déc. 2016, art. 17.
9. V. s^s n° 433.86 – Afa, *Guide pratique. La fonction conformité anticorruption dans l'entreprise*, déc. 2019.
10. L. n° 2017-399, 27 mars 2017 relative au devoir de vigilance des sociétés mères et des entreprises donneuses d'ordre, *JO* 28 mars, n° 1.
11. C. com., art. L. 225-102-4.
12. Dir. 2014/95, Parlement et Conseil, 22 oct. 2014 modifiant la directive 2013/34/UE en ce qui concerne la publication d'informations non financières et d'informations relatives à la diversité par certaines grandes entreprises et certains groupes, Texte présentant de l'intérêt pour l'EEE, *JOUE L* 15 nov., p. 1 – F. Muller, « Le devoir de vigilance : quels contours finalement ? », *JCP* 2017. 92.

§ 3
Missions de certification

433.91 Certification. Dans le même ordre d'idée, l'avocat peut exercer une mission de certificateur dès lors qu'il remplit les conditions fixées par les textes pour être agréé à cette fin[1]. Il sera alors mandaté par son client, demandeur à la certification, pour lui délivrer la certification.

C'est ainsi qu'un avocat peut être inscrit sur la liste des organismes certificateurs de l'Arjel, devenue l'Anj[2], prévue par la loi du 12 mai 2010[3] en vue de réaliser la certification des opérateurs de jeux et paris en ligne[4].

§ 4
Missions attachées à la personne du client

433.101 Gérant de tutelle – mandataire judiciaire à la protection des majeurs (MJPM) (non). L'avocat pouvait auparavant exercer une mission de gérant de tutelle[5] à condition de s'assurer pour cette fonction spécifique et d'informer son bâtonnier dans l'hypothèse où elle l'amènerait à gérer un portefeuille de valeurs mobilières ou d'immeubles[6]. Cette fonction a été supprimée à compter du 1er janvier 2009[7], et remplacée par le mandataire judiciaire à la protection des majeurs (Mjpm)[8].

Actuellement, les avocats sont exclus de cette mission compte tenu du fait que l'avocat ne saurait être soumis à un agrément délivré par le préfet et prêter le serment prévu pour les Mjpm. Le CNB a sollicité une modification des textes, et notamment de l'article L. 471-2 du code de l'action sociale et des familles afin de permettre aux avocats d'exercer librement cette mission[9].

433.102 Mandataire de protection future. Le mandat de protection future est un mandat civil régit par les articles 477 et suivants du code civil qui permet à toute personne majeure ou mineure émancipée ne faisant pas l'objet d'une mesure de tutelle, de charger une ou plusieurs personnes, par un même mandat, de la représenter dans l'hypothèse où elle serait dans l'impossibilité de pourvoir seule à ses intérêts en raison d'une altération médicalement constatée, soit de ses facultés mentales, soit de ses facultés corporelles de nature à empêcher l'expression de sa volonté.

L'avocat peut être désigné par son client en qualité de mandataire de protection future[10].Il doit toutefois veiller à ne pas être le rédacteur du mandat de protection future, et à respecter scrupuleusement les règles en matière de conflit d'intérêts[11]. Il ne doit en aucun cas perdre de vue l'intérêt du client[12] dont il a la charge, lequel en raison de sa particulière fragilité doit bénéficier d'une « protection avisée et rigoureuse »[13].

Un registre des mandats de protection future, instauré par la loi 29 décembre 2015[14], devrait voir le jour prochainement[15].

433.103 Mandataire à effet posthume. L'avocat peut également recevoir mandat d'administrer ou de gérer, sous réserve des pouvoirs confiés à l'exécuteur testamentaire, tout ou partie de la succession de son client pour le compte et dans l'intérêt d'un ou de plusieurs héritiers identifiés[16].

Il devra alors, le cas échéant, déléguer à des tiers la gestion des biens qui, compte tenu de leur caractère professionnel ou commercial, seraient incompatibles avec l'exercice de la profession[17].

433.104 Tiers numérique posthume. La possibilité pour toute personne de définir des directives relatives à la conservation, à l'effacement et à la

1. Aussi : v. ss n° 433.142.
2. Ord. n° 2019-1015, 2 oct. 2019 réformant la régulation des jeux d'argent et de hasard, *JO* 3 oct., n° 18.
3. L. n° 2010-476, 12 mai 2010 relative à l'ouverture à la concurrence et à la régulation du secteur des jeux d'argent et de hasard en ligne, *JO* 13 mai, n° 1, art. 21.
4. Collège de l'autorité de régulation des jeux en ligne, décis. n° 2011-004 du 14 janv. 2011 portant inscription sur la liste des organismes certificateurs – Arjel, décis. n° 2015-0737, 18 déc. 2015 portant inscription sur la liste des organismes certificateurs.
5. CNB, Comm. RU, avis n° 2008-029, 24 avr. 2008 ; C. avocat, 2018, ss L. 31 déc. 1971, avis CNB, art. 6 *bis*, note 6 – N. Peterka, « L'avocat tuteur », *Dr. et patr.* janv. 2009, 28.
6. RIN, art. 6.3 – V. ss n° 433.124.
7. L. n° 2007-308, 5 mars 2007 portant réforme de la protection juridique des majeurs, *JO* 7 mars, p. 4325.
8. C. civ., art. 450 s.
9. L. Janbon, *Avocat en protection des majeurs : propositions d'amendements aux articles 450 du Code civil, L. 472-1 et D. 471-4 du Code de l'action sociale et des familles*, Rapport de la Commission règles et usages du CNB, AG 14-15 févr. 2014.
10. C. civ., art. 477 s. – C. pr. civ., art. 1258 s. – Arr. 23 déc. 2009 relatif à la notice d'information jointe au modèle de mandat de protection future sous seing privé, *JO* 26 déc., p. 22338, NOR : JUSC0914229A.
11. A. Caron-Deglise, F. Arbellot, N. Peterka, *Droit des tutelles : Protection judiciaire des majeurs et des mineurs*, 3e éd., « Dalloz Référence », 2012, n° 91.52 – V. ss nos 44.00 s.
12. V. ss nos 481.00 s.
13. TGI Bordeaux, 5e ch. corr., 28 mai 2018, n° 11627000022 ; – CONFIRMATION PARTIELLE PAR : Bordeaux, 3e ch. corr., 24 août 2016, RG n° 16-85.929 ; pourvoi rejeté par Crim. 30 janv. 2019 n° 16-85.929, NP – CD Paris, 28 avr. 2020, n° 319971 – Sur l'infraction d'abus de faiblesse, v. ss nos 481.100 s.
14. L. n° 2015-1776, 28 déc. 2015 relative à l'adaptation de la société au vieillissement, art. 35.
15. C. civ., art. 477-1.
16. C. civ., art. 812.
17. V. ss nos 431.55 s.

communication de ses données à caractère personnel après son décès, a été prévue par la loi du 7 octobre 2016[1]. Ces directives sont générales ou particulières. Les directives générales concernent l'ensemble des données à caractère personnel se rapportant à la personne concernée et peuvent être enregistrées auprès d'un tiers de confiance numérique certifié par la Cnil. Les directives particulières concernent les traitements de données à caractère personnel mentionnés par ces directives. Elles sont enregistrées auprès des responsables de traitement concernés. Elles font l'objet du consentement spécifique de la personne concernée et ne peuvent résulter de la seule approbation par celle-ci des conditions générales d'utilisation.

La personne concernée peut modifier ou révoquer ses directives à tout moment, et peut désigner une personne chargée de leur exécution qui a alors qualité, lorsque la personne est décédée, pour prendre connaissance des directives et demander leur mise en œuvre aux responsables de traitement concernés[2].

Un avocat devrait pouvoir être mandaté à cette fin par son client.

433.105 ***Protector* / représentant du constituant d'une fiducie.** Le mandat de « *protector* » n'est ni une profession, ni une activité commerciale, faisant qu'il n'y a pas lieu à application des articles 111 et 115 du décret du 27 novembre 1991, et constitue un mandat à objet civil, très proche du tiers désigné par le constituant d'une fiducie[3] en application de l'article 2017[4] du code civil, expressément prévu à l'article 6.5.5 du RIN[5]. Un avocat peut donc recevoir un tel mandat[6].

433.106 **Exécuteur testamentaire.** Les fonctions d'exécuteur testamentaire[7], prévues aux articles 1025 et suivants du code civil[8], ne constituent ni une activité commerciale, ni une profession, mais un mandat ayant une nature civile. Un avocat peut donc accepter un tel mandat.

Il recevra alors, le cas échéant, le « diamant » comme rémunération de ses soins, mais ne pourra pas faire taxer d'honoraires, l'article 1033-1 du code civil prévoyant que : « La mission d'exécuteur testamentaire est gratuite, sauf libéralité faite à titre particulier eu égard aux facultés du disposant et aux services rendus. »[9]

§ 5
Missions d'intermédiaires

433.111 **Mandataire d'un intermédiaire d'assurances.** Dans le respect des principes essentiels, l'avocat peut être missionné en qualité de mandataire d'un intermédiaire d'assurances[10], qui est un mandat à objet civil, uniquement en qualité de mandataire de l'assuré. L'avocat ne peut en aucun cas intervenir pour une compagnie d'assurances[11]. Il ne peut être rémunéré que par son client[12].

Il est alors soumis notamment aux obligations d'immatriculation au registre de l'Orias[13] et de formation prévues par le code des assurances. Il doit en faire la déclaration à son barreau, par lettre ou courriel adressé au bâtonnier[14].

Il convient de rappeler que l'avocat en peut en aucun cas intervenir comme courtier, mandat par nature commercial[15], ni comme agent d'assurances, qui constitue l'exercice d'une autre profession[16].

En outre, ne sont pas constitutifs d'une activité de distribution d'assurance[17], entrant dans le champ d'application de l'article L. 511-1 du code des assurances, tant le simple fait de fournir des informations ou des conseils à titre occasionnel relativement à un contrat d'assurance ou de réassurance dans le cadre de son activité d'avocat[18], que l'exécution d'une mission d'assistance et de conseil à la passation de marchés publics d'assurance qui peut être régulièrement confiée à un cabinet d'avocats dans le cadre de la passation d'un marché public[19].

433.112 **Mandataire sportif.** L'exercice d'une activité d'agent sportif, activité réglementée[20] consistant à mettre en rapport des joueurs et des clubs, constitue une activité de courtage, laquelle est

1. L. n° 2016-1321, 7 oct. 2016 pour une République numérique, *JO* 8 oct., art. 63.
2. L. n° 78-17, 6 janv. 1978, art. 85.
3. V. s^s^ n° 441.222.
4. C. civ., art. 2017 ; mod. par ord. n° 2020-115, 12 févr. 2020, art. 12.
5. CNB, Comm. RU, avis n° 2015-026, 7 juill. 2015.
6. V. s^s^ n°s 431.51 s.
7. RIN, art. 6.3.1.
8. Paris 11 juill. 1989, *Gaz. Pal.* 1990. 1. 13.
9. L. n° 2006-728, 23 juin 2006 portant réforme des successions et des libéralités, *JO* 24 juin, p. 9513.
10. C. assur., art. R. 511-2.
11. RIN, art. 6.3.6.
12. RIN, art. 11.3.
13. C. assur., art. L. 512-1.
14. RIN, art. 6.4.
15. V. s^s^ n°s 431.51 s.
16. V. s^s^ n°s 432.131 s.
17. J Bigot, D. Langé, J Moreau, J.-L. Respaud, *Traité de droit des assurances*, t. II, *La distribution d'assurance*, 3e éd., LGDJ, 2020.
18. C. assur., art. R. 511-1.
19. CE 10 févr. 2014, *Cabinet Henri Abecassis (S^té^)*, req. n° 367262, *Lebon ; AJDA* 2014. 381, obs. D. Poupeau.
20. J.-P. Karaquillo, F. Lagarde (dir.), *Agent sportif*, Juris éditions, 2012.

une activité commerciale incompatible avec l'exercice de la profession d'avocat[1].

L'avocat peut toutefois, conformément à l'article 6 *ter* de la loi du 31 décembre 1971, dans le cadre sa propre réglementation professionnelle, représenter, en qualité de mandataire, l'une des parties intéressées à la conclusion de l'un des contrats mentionnés au premier alinéa de l'article L. 222-7 du code du sport. Il exercera alors un simple mandat civil au nom et pour le compte de son client, duquel il percevra ses honoraires dans les conditions de droit commun[2], dans le cadre d'une mission de mandataire sportif[3].

Il doit en faire la déclaration à son barreau, par lettre ou courriel adressé au bâtonnier[4].

433.113 Mandataire d'artistes et d'auteurs. Dans le respect des principes essentiels, l'avocat peut exercer une mission de mandataire d'artistes et d'auteurs[5], qui constitue l'exercice d'un mandat civil au nom et pour le compte de son client, artiste du spectacle, aux fins de placement et de représentation de ses intérêts professionnels. L'exécution de cette mission, dont l'exercice à titre habituel et principale constitue l'activité d'agent artistique, activité réglementée[6] présentant un caractère commercial[7], doit être pratiquée aux termes d'un contrat qui constitue pour l'avocat une mission accessoire à sa mission principal de conseil pour le compte de son client artiste ou auteur[8].

L'avocat exerçant un tel mandat, par nature civil, peut s'inscrire sur le registre national des agents artistiques[9] qui concerne toute personne qui reçoit mandat à titre onéreux d'un ou plusieurs artistes de spectacle aux fins de placement et de représentation de leurs intérêts professionnels[10]. L'inscription sur ce registre[11] est de droit, sous réserve de ne pas exercer une activité de producteur d'œuvres cinématographiques ou audiovisuelles[12]. Il doit également en faire la déclaration à son barreau, par lettre ou courriel adressé au bâtonnier[13].

1. Rép. min., n° 94961, *JOAN* 1er févr. 2011, p. 1025 ; *D.* 2011, actu. 525 – J.-M. Marmayou, « L'avocat peut-il être agent sportif », *D.* 2007. 746 – Paris, pôle 4, ch. 13, 14 oct. 2021, RG n° 20/11621 – V. ss nos 431.51 s. et nos 645.11 s.
2. V. ss n° 711.104.
3. RIN, art. 6.3. – RIBP, art. P. 6.2.0.3 – Rép. min. n° 26379 ; *JOAN* 19 mai 2020, p. 3553 ; *JCP* 2020. 684.
4. RIN, art. 6.4.
5. C. trav., art. L. 7121-9 s.
6. C. trav., art. L. 7121-9 à L. 7121-13, R. 7121-1 s., D. 7121-14 s. – Décr. n° 2011-517, 11 mai 2011 relatif aux agents artistiques, *JO* 13 mai, p. 8333.
7. C. trav., art. L. 7121-11.
8. RIN, art. P. 6.3.5 – V. ss nos 431.55 s.
9. C. trav., art. L. 7121-10.
10. C. trav., art. L. 7121-9.
11. Formulaire Cerfa 1442*02 de demande d'inscription sur le registre national des agents artistiques.
12. C. trav., art. L. 7121-9.

433.114 Mandataire d'artistes et d'auteurs – Conditions. La commission plénière de déontologie du barreau de Paris[14] est venue préciser que la mission consistant à « placer » les artistes et auteurs auprès des producteurs et autres éditeurs, n'est pas interdite à l'avocat par ses règles professionnelles, dès lors que le démarchage et les actes de promotion du client se font conformément aux principes essentiels, notamment de dignité et de délicatesse. De même, l'usage qui veut qu'un artiste donne un mandat exclusif à un agent n'est pas non plus incompatible avec les règles professionnelles de l'avocat, dès lors que le principe de libre de choix de ce dernier est respecté, ce qui implique, dans ce cadre, que la conclusion d'un contrat à durée indéterminée soit préférable, ce dernier pouvant être rompu à tout moment. Enfin, le principe selon lequel la rémunération au pourcentage des contrats effectivement conclus reste possible, dès lors que ce mode de rémunération qui a la nature d'honoraires pour l'avocat s'inscrit dans le respect des règles relatives à l'honoraire de résultat[15].

§ 6
Missions de mandataire en matière mobilière ou immobilière

433.121 Mandataire en transactions immobilières. L'avocat peut exercer des missions de mandataire en transactions immobilières[16] dans les limites autorisées par la loi[17]. En effet, il ne s'agit ici que de l'exercice d'un mandat civil au nom et pour le compte de son client, mais qui fait l'objet d'une réglementation particulière.

Toutefois, les avocats ne sont pas soumis à la réglementation professionnelle propre aux agents immobiliers. En effet, l'article 2 de la loi du 2 janvier 1970[18] prévoit que ses dispositions ne sont pas applicables aux membres des professions dont la liste sera fixée par décret, en considération du contrôle dont leur activité professionnelle fait l'objet ainsi que des garanties financières qu'ils offrent pour l'exercice de ces missions. Or, tant l'article 95[19] du décret du 20 juillet 1972[20] qui précise que : « Les dispositions réglementant les conditions d'exercice des activités relatives à certai-

13. RIN, art. 6.4.
14. Paris, avis, commission plénière de déontologie, 7 juin 2013.
15. V. ss nos 713.251 s.
16. RIN, art. 6.3.
17. RIBP, art. P. 6.2.0.4.
18. L. n° 70-9, 2 janv. 1970 réglementant les conditions d'exercice des activités relatives à certaines opérations portant sur les immeubles et les fonds de commerce, *JO* 4 janv., p. 142.
19. Décr. n° 72-678, 20 juill. 1972, art. 95.
20. Décr. n° 72-678, 20 juill. 1972.

nes opérations portant sur les immeubles et les fonds de commerce ne sont pas applicables, pour les opérations qu'ils sont régulièrement habilités à réaliser dans le cadre de la réglementation de leur profession, [...], aux avocats, [...] » que l'article 164[1] du décret du 27 novembre 1991 qui prévoit que : « Les dispositions de la loi n° 70-9 du 2 janvier 1970 réglementant les conditions d'exercice des activités relatives à certaines opérations portant sur les immeubles et les fonds de commerce ne sont pas applicables aux avocats », excluent les avocats du champ d'application de la réglementation en la matière.

433.122 Mandataire en transactions immobilières – Conditions. L'avocat est donc parfaitement libre, dans les limites propres à sa réglementation professionnelle, de recevoir un mandat de vente d'un ou plusieurs immeubles au nom et pour le compte de son client[2]. Dans sa mission de mandataire en transactions immobilières, l'avocat reste tenu de respecter les principes essentiels de sa profession et les règles en matière de conflit d'intérêts[3]. Il ne pourra intervenir que pour l'une des parties, son client, et ne percevra des honoraires que de celui-ci.

Il doit en faire la déclaration à son barreau, par lettre ou courriel adressé au bâtonnier[4].

Il appartient à l'avocat de déposer à la Carpa, les fonds, effets ou valeurs reçus par lui, dans le cadre de sa mission de « mandataire en transactions immobilières » soumis au contrôle du barreau. Le barreau de Paris a inséré une annexe XV à son règlement intérieur concernant les règles relatives à la négociation de biens immobiliers à vendre ou à louer, et dont le respect s'impose aux avocats[5].

433.123 Syndic de copropriété. L'avocat peut exercer une mission de syndic professionnel de copropriété[6], dès lors que, comme pour la mission de mandataire en transactions immobilières[7], la loi du 9 janvier 1970[8] ne lui est pas applicable. Il en découle que l'exercice de la mission de syndic est compatible avec celle d'avocat. La Cour de cassation a clairement précisé, à cet égard, que les actes d'un syndic de copropriété, dans la mesure où ils sont accomplis par un non-commerçant, ne ressortissent pas à une activité commerciale, faisant qu'un conseil de l'Ordre, accueillant la demande d'inscription d'un avocat, ne pouvait, en l'absence d'éléments permettant d'établir que celui-ci exerçait une activité prohibée, lui interdire l'exercice de la mission de syndic de copropriété[9].

Il doit en faire la déclaration à son barreau, par lettre ou courriel adressé au bâtonnier[10].

433.124 Gestion de portefeuille ou d'immeuble. L'article 6.3 du RIN prévoit que l'avocat ne peut accepter un mandat de gestion de portefeuille ou d'immeuble qu'à titre accessoire et occasionnel. Il doit en faire la déclaration à son barreau, par lettre ou courriel adressé au bâtonnier[11]. En effet, si la mission de gestionnaire d'immeuble exercée à titre habituel est en principe incompatible avec la profession d'avocat en tant qu'elle constitue une activité commerciale[12], un avocat peut se voir confier un mandat de gestion immobilière afin de délivrer des quittances de loyer, percevoir des chèques pour les déposer sur le compte du propriétaire de l'immeuble et procéder à des réévaluations des loyers ou à la réalisation de travaux.

Ces missions peuvent être dévolues à un avocat uniquement dans la mesure où il intervient dans le cadre d'un mandat spécial de gestion au nom de son client propriétaire de l'immeuble ayant révoqué le mandat donné à un administrateur de biens[13] ou un mandat pour représenter le gérant de plusieurs SCI lors d'assemblées générales et d'exercer à son profit les missions nécessaires à la défense de ses intérêts[14]. La mission de mandataire en gestion immobilière ne peut être exercée par l'avocat que de manière ponctuelle, accessoire et occasionnelle et ce, dans le respect des principes essentiels de conscience, d'indépendance de probité et d'humanité, ce dont il ressort qu'il n'est pas possible de se charger de l'élaboration des avis d'échéance et des quittances des clients de manière permanente[15].

433.125 Teneur de compte-titres, représentant de la masse des obligataires. Est compatible avec la profession d'avocat la mission de teneur de comptes-titres pour le compte d'une société cliente[16], ou encore la qualité de représentant de la masse des obligataires, qui regroupe les porteurs d'obligations d'une même émission pour la défense de leurs intérêts communs et jouit de la personnalité

1. Décr. n° 91-1197, 27 nov. 1991, art. 164.
2. COMP. : CE 20 févr. 2000, req. n°s 187054, 188312, *Lebon*.
3. V. s^s^ n°s 44.00 s.
4. RIN, art. 6.4.
5. RIBP, art. P. 6.2.0.4 – V. s^s^ n°s 646.00 s.
6. RIN, art. 6.3.
7. V. s^s^ n°s 646.11 s.
8. L. n° 70-9, 2 janv. 1970, art. 2.
9. Civ. 1re, 11 juill. 1988, n° 86-18.642, P I, n° 235 ; *D.* 1988. 229 ; *Gaz. Pal.* 1989. 1. Somm. 158, obs. S. Guinchard et T. Moussa, *JCP* 1989. II. 21267, obs. L. Cadiet – Riom, 8 sept. 1986 ; *D.* 1988. 235, note A. Brunois ; *Gaz. Pal.* 1987. 2. 587, *Gaz. Pal.* 1987. 636, Chron. G. Peiffer.
10. RIN, art. 6.4.
11. RIN, art. 6.4.
12. Paris, avis n° 252767, 8 avr. 2014 – V. s^s^ n°s 431.55 s.
13. Paris, avis n° 190417, 20 mai 2010.
14. Paris, avis n° 252767, 8 avr. 2014.
15. Paris, avis n° 255366, 24 juin 2014.
16. Paris, avis n° 219791, 4 oct. 2011.

civile[1], tel que visé aux articles L. 228-47 et suivants du code de commerce, sous réserve que l'avocat ne soit ni le conseil habituel de la société, ni actionnaire de celle-ci ou porteur d'obligations émises par celle-ci[2].

SECTION 3
AUTRES ACTIVITÉS, FONCTIONS OU PROFESSIONS

433.130 **Plan.** La profession d'avocat est compatible avec certaines activités, qui ne présentent pas le caractère d'activité commerciale, sous réserve de la possibilité de commercialiser, à titre accessoire, des biens ou services connexes[3] (§ 1), ainsi qu'avec certaines fonctions, telles que les fonctions d'enseignement (§ 2), ainsi que, de manière dérogatoire, avec les professions de commissaires aux comptes et d'administrateur judiciaire (§ 3).

§ 1
Autres activités

433.141 **Activité de fiduciaire.** Les membres de la profession d'avocat peuvent également, selon L'article 2015, alinéa 2, du code civil, avoir la qualité de fiduciaire. L'article 6.5 du RIN est venu encadrer l'exercice d'une telle activité par l'avocat[4].

433.142 **Organisme habilité à procéder à des évaluations au sens de l'article L. 321-8 du code de l'action sociale et des familles.** Les établissements et services sociaux et médico-sociaux doivent procéder à des évaluations de leurs activités et de la qualité des prestations qu'ils délivrent au regard de diverses procédures de référence et de recommandations de bonne pratique professionnelle. Ces évaluations sont délivrées par des organismes extérieurs qui doivent être habilités par l'Anesm. Cette activité ne peut pas être exercée en qualité d'avocat dès lors que la convention constitutive de l'Anesm prévoit que l'organisme habilité peut faire l'objet d'une mesure de suspension ou d'un retrait d'habilitation sur décision du directeur de l'Anesm avec faculté de recours devant le tribunal administratif. Mais, elle n'est pas non plus incompatible avec la profession d'avocat, s'agissant d'une activité de nature civile, et en principe accessoire, à l'activité principale et qui ne constitue pas une profession.

Dès lors, dans la mesure où l'avocat, dans le cadre de cette activité, respecte les principes essentiels de la profession, notamment le conflit d'intérêts et le secret professionnel, il paraît possible de l'autoriser à être inscrit sur les listes de l'Anesm, mais pas en qualité d'avocat. Il appartiendra au cabinet de l'avocat de prendre des dispositions pour que les activités d'évaluateur et d'avocat soient distinctes afin d'éviter tout risque de violation du secret professionnel[5].

433.143 **Activités agricoles.** L'activité d'exploitant agricole, qui relève des dispositions de l'article L. 311-1 du code rural et de la pêche maritime, est une activité à caractère civil faisant qu'elle ne tombe pas sous le coup de la prohibition de l'article 111[6] du décret du 27 novembre 1991[7] et qu'elle n'est pas incompatible avec la profession d'avocat à condition de rester accessoire et de permettre à l'avocat de poursuivre un exercice effectif de sa profession[8].

Compte tenu des articles L. 323-7 et D. 323-31-1 du code rural et de la pêche maritime, ainsi que de la circulaire du 27 avril 2011[9] de la Direction générale de la performance économique et environnementale des entreprises (Dgpe), un avocat ne peut pas devenir associé d'un Gaec puisqu'alors il ne pourrait pas poursuivre l'exercice de sa profession de façon effective, ni être associé d'une société en nom collectif ou d'une société en commandite simple ou par actions[10].

En revanche, la profession d'avocat est compatible avec celles d'associé[11] d'un GFA, d'une Earl[12], d'une Scea, d'une Sarl, d'une SAS, d'une SA et celles d'associé commanditaire d'une société en commandite simple ou par actions, à condition que l'avocat demeure associé non-exploitant ou, si la forme de la société l'autorise à être exploitant, que son activité agricole soit accessoire de façon à ce qu'il puisse poursuivre effectivement l'exercice de la profession d'avocat[13].

433.144 **Activité d'auteur photographe.** Est compatible avec la profession d'avocat l'activité d'auteur photographe, qu'elle implique la cession de droits sur des photographies ou la vente de tirages de photographies, dans la mesure où l'auteur n'exerce aucune activité de nature commerciale[14].

1. C. com., art. L. 228-46.
2. Paris, avis n° 265713, 14 avr. 2015.
3. V. s[s] n°s 432.81 s.
4. DCN n° 2009-001, AG Conseil national, 3 avr. 2009, publiée au *JO* par décis., 24 avr. 2009, *JO* 12 mai 2009 – V. s[s] n°s 644.00 s.
5. CNB, Comm. RU, avis n° 2013-43, 23 janv. 2014.
6. Décr. n° 91-1197, 27 nov. 1991, art. 111.
7. V. s[s] n°s 432.11 s.
8. CNB, Comm. RU, avis n° 2011-022, 25 mai 2011 ; C. avocat 2021, s[s] décr. 27 nov. 1991, art. 111, note 18.
9. Circ. DGPAAT/SDEA/C2011-3032, 27 avr. 2011 relative aux Conditions de reconnaissance et de fonctionnement des groupements agricoles d'exploitation en commun (GAEC), *BO Agriculture* 2011, n° 18.
10. V. s[s] n°s 432.31 s.
11. V. s[s] n°s 432.38 s.
12. CNB, Comm. RU, avis n° 2020-032, 18 déc. 2020.
13. CNB, Comm. SPA, avis technique n° 2014-007, 12 déc. 2014.
14. Paris, avis n° 224825, 28 févr. 2012.

§ 2
Autres fonctions

433.150 **Plan.** Diverses autres fonctions (B), dont celles d'enseignement (A), sont compatibles avec l'exercice de la profession d'avocat.

A.
Fonctions d'enseignement ou de formation

433.161 **Enseignement.** La profession d'avocat est compatible avec les fonctions d'enseignement[1]. Traditionnellement, la notion d'enseignement vise les enseignants publics, et notamment les professeurs des universités, lesquels sont soumis à des limitations d'activités[2].

La question s'est posée de savoir si les activités d'enseignement exercées pour le compte d'organismes privés (écoles de commerce...), sont compatibles avec la profession d'avocat alors même qu'elles sont, le plus souvent, exercées dans le cadre d'un contrat de travail, et constituent donc une activité salariée en principe incompatible avec la profession d'avocat[3]. Le bâtonnier Jean Lemaire[4] a fait pertinemment observer que, depuis 1972, les textes prévoient que l'avocat est autorisé à exercer des fonctions « d'enseignement » sans aucune restriction, faisant qu'il n'y a pas lieu de distinguer là où les textes ne distinguent pas : dès lors que la fonction exercée par l'avocat consiste dans une activité d'enseignement, peu importe la matière concernée et le statut sous lequel il exerce, elle est compatible avec la profession d'avocat sous réserve, toutefois, que cela demeure une activité secondaire, accessoire et ne constitue l'exercice d'une véritable profession à part entière[5].

433.162 **Formation.** La formation est à classer parmi les activités d'enseignement. L'avocat peut organiser toute action de formation ou y participer[6]. Les cabinets d'avocats peuvent se voir délivrer des agréments en tant qu'organismes de formation dès lors qu'ils remplissent les conditions pour l'obtention de l'agrément en cause.

Si l'avocat entend exercer des fonctions de formateur dans le cadre d'une association ou comme salarié d'un organisme de formation, cette activité est compatible. Un avocat peut également créer une association à but non lucratif dans laquelle il peut intervenir en qualité de formateur, tout en étant rémunéré par cette association[7]. Mais, s'il entend créer une société de formation, il est alors soumis aux règles en matière d'incompatibilités relatives aux fonctions exercées par les avocats dans certaines sociétés commerciales[8], et peut également se placer sous le bénéfice du régime dérogatoire de la commercialisation de services connexes à l'exercice de la profession d'avocat[9].

433.163 **Enseignement non juridique.** Le législateur a admis que l'avocat puisse, à côté de l'exercice de sa profession, donner des cours contre rémunération. Par ailleurs, les textes ne limitent pas cette faculté à l'enseignement du droit.

C'est ainsi qu'un avocat peut donner, contre rémunération, des cours de danse, dès lors que cela reste une activité secondaire, accessoire, et ne constitue pas l'exercice d'une véritable profession[10], ou des cours de ski alpin, de manière occasionnelle et à titre indépendant[11].

B.
Fonctions diverses

433.171 **Conseiller du salarié.** La profession d'avocat est compatible avec une inscription sur les listes des conseillers du salarié établies par les préfectures et chargés d'assister le salarié lors de l'entretien préalable au licenciement dans les entreprises dépourvues d'institutions représentatives du personnel[12]. La seule condition prévue à la désignation étant liée à l'expérience des relations professionnelles et aux connaissances en droit social des conseillers du salarié[13]. Ces fonctions doivent être exercées à titre gratuit[14]. Toutefois, l'avocat ne pourra pas, dans l'exercice de cette fonction bénévole, utiliser son papier à en-tête d'avocat puisqu'il n'interviendra pas en sa qualité d'avocat.

En outre l'avocat qui a été le conseiller d'un salarié ne peut plus intervenir après l'entretien préalable dans le cadre du litige qui suivrait son licenciement, ce qui serait, notamment, contraire aux principes de

1. Décr. n° 91-1197, 27 nov. 1991, art. 115, al. 2.
2. V. s[s] n°s 434.161 s.
3. V. s[s] n° 432.131.
4. J. Lemaire [1904-1986], *Les règles de la profession d'avocat et les usages du barreau de Paris*, 4e éd., LGDJ., 1975, n° 146.
5. Req. 31 mars 1919 ; *D.* 1921. 1. 108.
6. RIN, art. 6.3.
7. CNB, Comm. RU, avis n° 2008-064, 31 oct. 2008 ; C. avocat 2021, s[s] décr. 27 nov. 1991, art. 115, note 9.
8. CNB, Comm. RU, avis n° 2006-018, 4 mai 2006 ; C. avocat 2021, s[s] décr. 27 nov. 1991, art. 115, note 9 – V. s[s] n°s 432.31 s.
9. V. s[s] n°s 432.81 s.
10. CNB, Comm. RU, avis n° 2006-064, 24 nov. 2006 ; C. avocat 2021, s[s] décr. 27 nov. 1991, art. 115, note 19.
11. CNB, Comm. RU, avis n° 2016-005, 3 févr. 2016.
12. C. trav., art. L. 1232-7.
13. C. trav., art. D. 1232-4.
14. C. trav., art. D. 1232-4.

délicatesse et d'indépendance. Cette interdiction s'étend aussi aux avocats exerçant dans son cabinet[1].

433.172 Ministre du Culte. Après avoir été admis sous l'Ancien Régime[2], et vu un ancien avocat Gui Foucois, ami de Saint-Louis, devenir pape sous le nom de Clément IV en 1268[3], les prêtres furent exclus du barreau à sa reconstitution au XIXᵉ siècle, ce fut, notamment, le cas d'Henri-Dominique Lacordaire[4]. À l'époque, on se fondait sur le fait que, compte tenu du régime du concordat alors en vigueur, ils étaient considérés comme des fonctionnaires de l'État, ce qui n'est plus le cas depuis la loi du 9 décembre 1905[5], exception faite toutefois de l'Alsace Moselle toujours sous régime concordataire.

Cette prohibition n'existe plus[6] : le 23 octobre 1906, l'abbé François Lebrun prêta ainsi serment à la cour d'appel de Paris, mais il dut renoncer à solliciter son inscription au stage en raison de l'opposition de l'évêque d'Angers dont il dépendait qui invoquait, pour ce faire, le droit canon, et, notamment, le IIIᵉ concile de Latran qui défendait aux clercs d'exercer leur profession devant les tribunaux laïcs[7]. Par la suite plusieurs barreaux ont admis des prêtres dans leurs rangs tels que, notamment, Épinal en 1923 avec le père Georges Meny[8] qui en deviendra bâtonnier en 1932, Lille, Lyon, ou encore Paris qui admit, en 1967, un dominicain en accord avec le père supérieur de son Ordre[9]. À cet égard, il ne semble pas que l'article 115 du décret du 27 novembre 1991[10] soit contraignant dès lors que l'ordination sacerdotale ne fait pas entrer dans une profession mais dans un état et que l'exercice par un prêtre de la profession d'avocat après autorisation de l'évêque dans le ressort duquel il est incardiné, est tolérable dès lors qu'il n'y a pas exercice simultané de deux fonctions incompatibles en fait[11]. Généralement on leur fait prendre un engagement avalisé par l'autorité hiérarchique dont ils dépendent, reconnaissant leur totale indépendance en ce qui concerne l'exercice de leur fonction d'avocat.

Il en est de même pour des fonctions similaires, tel que co-pasteur au sein d'une assemblée évangélique[12].

433.173 Missions confiées par l'État. Les avocats peuvent être chargés par l'État de missions temporaires même rétribuées mais à la condition de ne faire pendant la durée de leur mission aucun acte de leur profession, ni directement ni indirectement, sauf autorisation du conseil de l'Ordre. S'il entend continuer à accomplir des actes professionnels pendant la durée de sa mission, l'avocat doit en aviser le bâtonnier afin que ce dernier saisisse le conseil de l'Ordre qui décidera si cette mission est compatible avec la poursuite de l'exercice professionnel. Dans l'affirmative, l'avocat intéressé sera maintenu au tableau[13].

Sont visées ici des missions telles qu'observateur d'un gouvernement ou d'une organisation nationale ou internationale[14].

433.174 Volontariat dans les armées, sapeur-pompier, réserve communale de sécurité civile. Les dispositions de l'ancien article 123 du décret du 27 novembre 1991, qui interdisaient à l'avocat d'exercer son activité pendant l'accomplissement du service national, ont été abrogées et remplacées par les dispositions relatives à l'avocat fiduciaire, compte tenu de la suspension du service national[15].

Le volontariat dans les armées[16], comme le statut de militaire[17], relève d'un régime particulier propre à l'état de militaire[18] et proche de celui applicable aux fonctionnaires[19], sans que cela ne fasse obstacle à ce que l'avocat appartienne à la réserve opérationnelle, à la réserve citoyenne[20] ou à la réserve de sécurité nationale[21], dès lors qu'il est en disponibi-

1. CNB, Comm. RU, avis n° 2015-017, 6 mai 2015 ; C. avocat 2021, sˢ décr. 27 nov. 1991, art. 111, note 19.
2. J.-A.-J. Gaudry, *Histoire du barreau de Paris depuis son origine jusqu'à 1830*, A. Durand, Paris, 1864, p. 419 et s. – A.-G. Boucher d'Argis, *Règles pour former un avocat*, nouvelle éd., Durand, 1778, p. 70 s.
3. Son portrait dans le bureau du bâtonnier de Paris date de 1923 et fut offert, le 15 juillet 1924, par Pie XI, qui l'avait fait réaliser par une religieuse italienne, au bâtonnier Manuel Foucarde – P. Jouvenet, « À propos du portrait d'un pape, ancien avocat à Paris », *L'écho de Paris* 11 août 1924, p. 1.
4. Cons. ordre Paris, 15 mars 1831, Lacordaire [1802-1861], *D. jur. gén., V° Avocat*, n° 168 – A. Philibert, Lacordaire, Cerf, 2016 – Cons. ordre Angers, 20 mars 1901, *DP* 1901. 2. 414.
5. L. 9 déc. 1905 concernant la séparation des Églises et de l'État, *JO* 11 déc., p. 7205 – V. J. Molard, *Fernand Rabier, un homme d'État radicalement orléanais,* Éd. A et Z Patrimoine, 2001.
6. J. Lemaire, *Les règles de la profession d'avocat et les usages du barreau de Paris*, 4ᵉ éd., LGDJ, 1975, n° 163.
7. IIIᵉ concile de Latran, 1179.
8. Georges Meny [1877-1940].
9. Cons. ordre Paris, 5 déc. 1967 – « Un dominicain avocat au barreau de Paris », *Le Monde* 23 déc. 1967 – COMP. : CJUE *7 mai 2019, Monachos Eirinaios (le moine Irénée) c/Dikigorikos Syllogos Athinon*, aff. C-431/17 ; *D.* 2019. 991 ; *JCP* 2019. 680, note J. Pertek.
10. V. sˢ nᵒˢ 432.131 s.
11. Paris, 25 févr. 1998, *Gaz. Pal.* 13 juin 1998, note A. Damien.
12. Paris, avis n° 251765, 11 mars 2014.
13. Décr. n° 91-1197, 27 nov. 1991, art. 116.
14. RIBP, art. P. 41.4.
15. L. n° 97-1019, 28 oct. 1997 portant réforme du service national, *JO* 8 nov., p. 16251, art. 2.
16. C. serv. nat., art. L. 121-1 à L. 121-3 – Décr. n° 2008-955, 12 sept. 2008 relatif aux volontariats militaires, *JO* 16 sept., n° 37.
17. C. défense, art. L. 4111-2.
18. C. défense, art. L. 4122-2 et L. 4122-5.
19. V. sˢ nᵒˢ 432.132 s.
20. C. défense, art. L. 4211-1 s.
21. C. défense, art. L. 2171-1 s.

lité de ce fait[1]. L'avocat devra toutefois s'abstenir de tout acte de la profession en cas de rappel, ce qui semble aller de soi, et ce par analogie avec la situation des avocats qui se voient confier une mission par l'État[2].

Il peut également être sapeur-pompier volontaire[3], qui est une fonction bénévole[4] non contraire aux règles de la profession et compatible avec la profession d'avocat[5], ou appartenir à la réserve communale de sécurité civile[6], notamment dans le cadre d'associations agréées de sécurité civile[7] (Croix-Rouge française, Fédération nationale de protection civile, Secours catholique, Société nationale de sauvetage en mer (Snsm...)).

Mais, et même s'il n'a pas nécessairement de statut de fonctionnaire, il n'est pas possible pour un avocat d'être agent secret, compte tenu de l'atteinte portée au principe d'indépendance du fait de l'existence d'une autorité hiérarchique[8].

433.175 Citoyens français consuls ou vice-consuls représentants d'une nation étrangère. Un avocat peut accepter un titre consulaire, tel que consul ou vice-consul représentant d'une nation étrangère, à condition que le titre consulaire n'entraîne aucune rémunération et soit purement honorifique[9].

Ce n'est pas le cas de la fonction d'ambassadeur, qui implique la défense et la représentation d'un État souverain, créant par là un lien de subordination incompatible avec l'exercice de la profession d'avocat[10].

433.176 Délégué du défenseur des droits. Les délégués du défenseur des droits sont des bénévoles ayant bénéficié d'une formation. Ils perçoivent chaque mois une indemnité forfaitaire représentative de frais. Ils représentent le défenseur des droits dans toute la France, et ce, afin d'informer, sensibiliser, orienter, voire proposer une solution amiable ou engager une procédure afin d'améliorer les relations entre les usagers et les services publics par la médiation, de défendre et promouvoir les droits et l'intérêt supérieur de l'enfant, de lutter contre les discriminations et promouvoir l'égalité[11]. Ils ont donc autant un rôle d'information que de médiateur. Les permanences se tiennent majoritairement dans des structures de proximité (maisons de justice et du droit, locaux municipaux, points d'accès au droit, maisons départementales des personnes handicapées...) et dans les établissements pénitentiaires auprès de détenus.

Afin de prévenir les conflits d'intérêts, des règles d'incompatibilité ont été fixées à l'égard de certaines fonctions comme les mandats politiques ou l'exercice de fonctions juridictionnelles, mais pas avec la profession d'avocat. Tout avocat peut exercer une telle fonction[12] qui participe de la mise en œuvre à l'accès au droit[13].

433.177 Organismes de sécurité sociale. La fonction de président du conseil d'administration d'une Urssaf ne relève pas des incompatibilités avec les activités commerciales ou mandats sociaux visés à l'article 111 du décret de 1991[14]. Les Urssaf ne sont pas des sociétés commerciales mais des organismes privés chargés de la gestion d'un service public. Sous les réserves habituelles, et notamment celles relatives à la réelle capacité de l'avocat à rester indépendant, à respecter son secret professionnel et à gérer les éventuels conflits d'intérêts, la présidence du conseil d'administration d'une Urssaf est compatible avec l'exercice de la profession d'avocat[15] tout comme celle d'administrateur ou de président d'un organisme de sécurité sociale.

Il convient d'observer toutefois que, conformément aux dispositions de l'article L. 231-6-1 du code de la sécurité sociale, il leur est interdit de percevoir, à quelque titre que ce soit, des honoraires de la part d'un organisme du régime général de sécurité sociale, et, dans l'exercice de leur activité professionnelle, de plaider, consulter pour ou contre l'organisme où ils siègent. En outre, conformément à l'article L. 218-4 du code de l'organisation judiciaire, ils ne doivent pas exercer la fonction d'assesseur titulaire ou suppléant du pôle social du tribunal

1. C. défense, art. L. 4231-1.
2. CNB, Comm. RU, avis n° 2016-067, 23 sept. 2016 – V. s[s] n° 433.173.
3. CSI, art. L. 723-3 s.
4. CSI, art. L. 723-5.
5. CNB, Comm. RU, avis n° 2003-33, 28 nov. 2003.
6. CSI, art. L. 724-3 s.
7. CSI, art. L. 725-1 s. – https://www.interieur.gouv.fr/Le-ministere/Securite-civile/Documentation-technique/Secourisme-et-associations/Les-associations-agreees-par-la-Securite-civile.
8. Paris, 16 déc. 1987, *Gaz. Pal.* 1988. 2. 487 – Paris, 27 avr. 1988, *Gaz. Pal.* 1988. 2. 488, note A. Damien – Paris, 22 févr. 1989, *Gaz. Pal.* 1989. 616 ; – SUR CETTE AFFAIRE : A. Damien, *Le secret nécessaire,* Desclée de Brouwer, 1989, p. 115 ; – L. Gally, J.-P Mazurier, *L'Agent noir : Une taupe dans l'affaire Abdallah,* Robert Laffont, 1987 ; – P. Tourancheau, « La déchirure de l'avocat », *Libération* 20 juill. 2001 – Sur cette affaire, v. s[s] n° 412.253.
9. J. Lemaire, *Les règles de la profession d'avocat et les usages du barreau de Paris*, 4e éd., LGDJ, 1975, n° 165.
10. Paris, avis n° 227856, 27 mars 2012 – V. s[s] n°s 432.131 s.
11. L. org. n° 2011-333, 29 mars 2011 relative au Défenseur des droits, *JO* 30 mars, n° 1, art. 37.
12. CNB, Comm. RU, avis n° 2008-063, 21 oct. 2008 ; C. avocat 2021, s[s] décr. 27 nov. 1991, art. 115, note 21.
13. A. Coïgnac, « Délégués du défenseur des droits, au service des usagers », *JCP* 2017. 100 – V. s[s] n°s 752.00 s.
14. Décr. n° 91-1197, 27 nov. 1991, art. 111 ; mod. par décr. n° 2020-58, 29 janv. 2020, art. 1 – V. s[s] n°s 432.31 s.
15. CNB, Comm. RU, avis n° 2011-044, 26 oct. 2011 ; C. avocat 2021, s[s] décr. 27 nov. 1991, art. 111, note 28.

judiciaire compétent en matière de contentieux de la sécurité sociale, fonction également compatible avec la profession d'avocat [1].

433.178 Organismes à but non lucratif. Un avocat peut être président d'une association régie par la loi du 1er juillet 1901 [2], à condition que celle-ci ne se livre pas à une activité principalement commerciale [3], ou d'administrateur d'une fondation [4]. Il peut aussi être désigné comme curateur d'une association en application de l'article 14 [5] du décret du 16 août 1901 [6] et de l'article 813 du code civil [7].

Il convient de noter toutefois que s'il n'existe aucune incompatibilité entre la qualité d'avocat et de secrétaire d'une association, le principe d'indépendance et les règles en matière de conflit d'intérêts interdisent à l'avocat qui cumule ces titres d'être le conseil de l'association dont il est le secrétaire [8] ou le président, il en irait autrement s'il n'est que simple membre adhérent de l'association [9].

433.179 Contrôleur d'une procédure collective (non). On notera qu'un avocat ne saurait être contrôleur d'une procédure collective [10] ouverte à l'encontre d'un client dont il est, par ailleurs, créancier, le plus souvent d'honoraires [11]. Il n'y a pas ici une incompatibilité en soi, mais un risque d'atteinte portée au secret professionnel ainsi qu'aux principes essentiels, faisant que ses fonctions de conseil de la société, lors de l'ouverture de la procédure de sauvegarde, sont incompatibles avec celles de contrôleur [12].

§ 3
Autres professions

433.181 Commissaires aux comptes. Les anciens conseils juridiques qui exercent la profession d'avocat et qui, avant le 1er janvier 1992, exerçaient en outre la profession de commissaires aux comptes [13] ont été autorisés, à titre dérogatoire, à poursuivre leur activité à ce titre. Toutefois, ils ne peuvent exercer ni cumulativement ni successivement pour une même entreprise ou pour un même groupe d'entreprises les professions d'avocat et de commissaire aux comptes [14].

Il leur appartient d'utiliser un papier à en-tête différent pour l'exercice de chacune de ces professions et de tenir des comptabilités distinctes [15].

433.182 Administrateur judiciaire. Un avocat peut exercer la profession d'administrateur judiciaire [16], mais pas celle de mandataire judiciaire [17]. Toutefois, la même personne ne peut exercer simultanément ou successivement pour une même entreprise les fonctions d'avocat et d'administrateur judiciaire. Cette interdiction s'applique également aux associés, aux collaborateurs et aux salariés.

En cas de cumul de la profession d'administrateur judiciaire et celle d'avocat, les modalités d'accès à ces professions et leur exercice demeurent soumises aux règles qui les régissent respectivement, l'avocat étant tenu d'utiliser un papier en-tête différent pour l'exercice de chaque profession et de tenir une comptabilité distincte [18].

1. V. ss no 434.214.
2. Paris, avis no 246021, 24 sept. 2013.
3. RIBP, art. P. 41.7.
4. Paris, avis no 252987, 15 avr. 2014.
5. Décr. 16 août 1901 pris pour l'exécution de la loi du 1er juillet 1901 relative au contrat d'association, *JO* 17 août, p. 5250, art. 14.
6. Décr. 16 août 1901, art. 14.
7. CNB, Comm. RU, avis no 2006-041, 27 juin 2006.
8. Paris, avis no 207569, 22 sept. 2010.
9. CNB, Comm. RU, avis no 2012-048, 26 nov. 2012 ; C. avocat, 2018, ss décr. 12 juill. 2005, art. 7, avis CNB, note 8 – V. ss nos 441.201 s., et aussi ss no 451.55.
10. C. com., art. L. 621-10, L. 631-9 et L. 641-1 – V. aussi ss no 811.112.
11. V. ss no 732.116.
12. Besançon, 1re ch. civ. et com., 2 nov. 2016, RG no 16/00664 – CNB, Comm. RU, avis no 2016-023, 24 mars 2016.
13. C. com., art. 820-1 s.
14. L. no 71-1130, 31 déc. 1971, art. 50, III.
15. RIBP, art. P. 41.8.
16. C. com., art. 811-10.
17. C. com., art. 812-8.
18. RIBP, art. P. 41.9.

CHAPITRE

434. Limitations dans l'activité d'avocat

SECTION 0 ORIENTEUR

434.00 Sommaire du chapitre.

Division. L'exercice, simultané ou antérieur, de certaines fonctions par un avocat peut conduire à lui imposer des limitations dans l'exercice de son activité d'avocat : il en est ainsi des mandats électoraux et des fonctions politiques (sect. 1), des fonctionnaires (sect. 2), des fonctions juridictionnelles (sect. 3) et des mandats ordinaux (sect. 4).

434.01 Textes applicables.

TEXTES TITRÉS

> Principe

• **Décr. n° 91-1197, 27 nov. 1991**

art. 115, al. 2 [Compatibilité avec certaines fonctions]

> Mandats électoraux et autres fonctions politiques

• **L. n° 2013-907, 11 oct. 2013**

art. 23 [Contrôle de la Hatvp]

• **Décr. n° 91-1197, 27 nov. 1991**

art. 117 [Député et sénateur]

art. 118 [Conseiller régional ou membre de l'assemblée de Corse]

art. 119 [Conseiller départemental]

art. 120 [Conseiller municipal]

art. 121 [Fonctions de maire, adjoint au maire, conseiller municipal ou d'arrondissement de paris, Lyon et Marseille]

art. 122 [Anciens fonctionnaires]

art. 122-1 [Collaborateur de député ou assistant de sénateur]

art. 282-3 [Conseiller territorial dans la collectivité territoriale de Saint-Pierre-et-Miquelon] art. 283 [Conseil territorial ou du mandat de membre de l'assemblée territoriale des îles Wallis et Futuna]

• **C. élect.**

art. LO 146-1 [Député – activité de conseil]

art. LO 146-2 [Député – activité de conseil]

art. LO 146-3 [Député – activité de lobbying]

art. LO 149 [Député – avocat]

art. LO 297 [Sénateur – avocat]

• **RIBP**

art. P. 41 [Incompatibilités, fonctions publiques et sociales]

• **Décr. nº 2005-790, 12 juill. 2005**

art. 20 [Collaborateur de député ou assistant de sénateur]

> Fonctionnaires

• **CGFP [L. nº 83-634, 13 juill. 1983]**

art. L. 123-3 [Enseignants]

art. L. 124-4 s. [Contrôle de la Hatvp]

• **Décr. nº 2020-69, 30 janv. 2020** relatif aux contrôles déontologiques dans la fonction publique, *JO* 31 janv.

• **RIBP**

art. P. 41.5 [Avocats anciens fonctionnaires]

> Fonctions juridictionnelles

• **Ord. nº 58-1270, 22 déc. 1958**

art. 9-1 [Magistrat devenant avocat]

• **L. nº 71-1130, 31 déc. 1971**

art. 91 [Avocat européen – Incompatibilité avec les fonctions au sein de juridictions]

> Fonctions ordinales

• **RIBP**

art. P. 41.10 [Assistance ou représentation des parties contre le Barreau de Paris]

art. P. 70 [Déontologie du bâtonnier, vice-bâtonnier, ancien bâtonnier, ancien vice-bâtonnier, membre et ancien membre du conseil de l'Ordre et aux délégués du bâtonnier du barreau de Paris]

434.02 Jurisprudences de référence.

> Cumul de fonction juridictionnelle avec l'exercice de la profession d'avocat

• **CEDH 29 mai 2012,** *UTE Saur Vallnet c/Andorre*, req. nº 16047/10.

* V. s[5] nº 434.194.

« [...]

49. Selon la jurisprudence constante de la Cour, lorsqu'il échet de déterminer l'impartialité d'un tribunal au sens de l'article 6 § 1, il faut tenir compte non seulement de la conviction et du comportement personnels du magistrat en telle occasion – ce qui est une démarche subjective –, mais aussi rechercher si ce tribunal offrait objectivement des garanties suffisantes pour exclure à cet égard tout doute légitime (Thomann c/Suisse, 10 juin 1996, § 30, Recueil 1996-III).

[...]

51. Reste donc l'appréciation objective. Elle consiste à se demander si, indépendamment de la conduite personnelle du magistrat, certains faits vérifiables autorisent à douter de l'impartialité de ce dernier. En la matière, même les apparences peuvent revêtir de l'importance. Il y va de la confiance que les tribunaux d'une société démocratique se doivent d'inspirer aux justiciables (*Castillo Algar c/Espagne*, 28 octobre 1998, § 45, Recueil 1998-VIII). Il en résulte que pour se prononcer sur l'existence, dans une affaire donnée, d'une raison légitime de redouter d'un juge un défaut d'impartialité, l'optique de celui qui s'en plaint entre en ligne de compte mais ne joue pas un rôle décisif. L'élément déterminant consiste à savoir si l'on peut considérer les appréhensions de l'intéressé comme objectivement justifiables (Ferrantelli et Santangelo c/Italie, 7 août 1996, § 58, Rec. 1996-III ; Driza c/Albanie, nº 33771/02, § 76, CEDH 2007-V ; Wettstein c/Suisse, préc., § 44).

52. En l'espèce, la Cour relève qu'il n'est pas contesté que le magistrat S. était avocat associé du cabinet espagnol R., qui figurait comme prestataire de services rémunérés de conseil juridique au gouvernement défendeur à l'époque de la procédure en cause. Ceci ressort de la décision du 15 juin 2011 de la chambre pénale du Tribunal supérieur de justice qui précise que dans la période où S. était l'un des associés du cabinet d'avocats en cause, le gouvernement andorran avait versé audit cabinet le montant correspondant à la facturation de divers services rendus. Bien que le Gouvernement soutienne que la facturation par le cabinet d'avocats au gouvernement andorran ait eu lieu à un moment non concomitant au jugement litigieux et que la chambre pénale du Tribunal supérieur de justice aurait commis une erreur à cet égard, la Cour ne saurait passer outre les affirmations de ladite chambre (voir paragraphe 24 ci-dessus) selon lesquelles « [...] la défense de la [requérante] fournit certaines factures entre le cabinet d'avocats R., dont S. est associé, et le gouvernement d'Andorre à l'époque du litige, notamment en 2004, en pleine crise entre [la requérante] et le Gouvernement au sujet de l'EDAR [station d'épuration des eaux usées] », qui font état de « l'existence d'une relation économique, à l'époque du procès, entre le cabinet d'avocats R... [...] et l'une des parties ». En tout état de cause, la Cour note que dans sa lettre du 27 mai 2005 (paragraphe 10 ci-dessus), le ministre de l'Aménagement du territoire avait fait référence à une lettre du 29 juillet 2004 dans laquelle la requérante était informée du mécontentement de l'administration en raison du non-respect par la station d'épuration de La Massana des exigences minimales d'épuration contractuellement requises, ce qui montre que la « crise » à laquelle l'arrêt de la chambre pénale fait référence avait bien commencé au plus tard en 2004.

[...]

55. Les juridictions internes ont par conséquent confirmé les doutes de la requérante quant à l'absence d'impartialité de la chambre administrative du Tribunal supérieur de justice ayant rendu l'arrêt au principal, en raison de la participation du magistrat S.

[...]

57. Pour la Cour, comme l'a d'ailleurs constaté la chambre pénale du Tribunal supérieur de justice dans sa décision du 15 juin 2011, ces éléments justifient objectivement les appréhensions de la requérante au sujet de l'impartialité de S. en tant que magistrat de la chambre administrative du Tribunal supérieur de justice.

58. Dès lors, il y a eu violation en l'espèce de l'article 6 § 1 de la Convention quant à l'exigence d'un tribunal impartial. »

434.03 **Bibliographie indicative.**
* Aussi : v. s[s] n° 43.03.

Monographies. F. Chambon, O. Gaspon, *La déontologie administrative*, 2e éd., LGDJ, 2015 – Ch. Vigouroux, *Déontologie des fonctions publiques*, 2e éd., « Dalloz Référence », 2012.

Articles. J. Barthélémy, « le cumul des profs de droit fait débat », *Liaisons sociales*, déc. 2012, p. 74 – S. Béchaux, « La double vie des profs de droit social », *Liaisons sociales*, oct. 2012, p. 32 – Ph. Blachèr, « Consolider la déontologie à l'Assemblée nationale », *JCP* 2017. 233 – P. Cassia, « Enseignants statutaires des facultés de droit et exercice de la profession d'avocat : quelles limites juridiques au cumul ? », *D.* 2015. 743 – D. Piau, « Transparence de la vie publique, les institutions ordinales seraient-elles hors la loi ? », *D. actu.*, Le droit en débats, 24 janv. 2017 – J.-Y. Plouvin, « L'enseignement public et la profession d'avocat », *Gaz. Pal.* 1977. 1. Doctr. 44 – J.-J. Taisne, « De l'impossibilité pour un avocat conseiller municipal d'agir contre sa commune : domaine et sanction d'une incompatibilité », *D.* 1999. 596.

Rapports. Coll., *Pour une nouvelle déontologie de la vie publique*, Rapport de la Commission de réflexion pour la prévention des conflits d'intérêts dans la vie publique, La documentation française – Collection des rapports officiels, 2011 – *Commission de déontologie de la fonction publique, Accès des agents publics au secteur privé,* Rapport au Premier ministre, Rapport d'activité annuel, en dernier lieu 2017, juin. 2018 – Conseil d'État, Charte de déontologie de la juridiction administrative, Principes et bonnes pratiques, mars 2017 – Hatvp, *Rapport d'activité annuel,* en dernier lieu 2020, juin 2021.

SECTION 1
MANDATS ÉLECTORAUX ET AUTRES FONCTIONS POLITIQUES

434.10 **Plan.** Autorisé par principe, le cumul de responsabilités politiques avec l'exercice de la profession d'avocat a été progressivement encadré pour éviter les risques de conflit d'intérêts et de prise illégale d'intérêts (§ 1). Cette mission de prévention et de contrôle a été confiée, au même titre que pour tout autre fonctionnaire ou agent public (Sec. 2), à la Hatvp (§ 2). Certains mandats électifs font, en outre, l'objet de limitations d'activités spécifiques (§ 3).

§ 1
Principes et évolution

434.21 **Principes généraux.** Les avocats ont naturellement vocation, comme tout citoyen, à participer à la vie publique, et il n'existe aucun principe qui viendrait interdire à ceux-ci d'être titulaires de mandats électoraux locaux, nationaux ou européens. Il s'agit même d'une tradition ancrée dans l'histoire de la profession qui connut ses heures fastes sous la IIIe République, que l'on a pu appeler la « République des Avocats »[1]. Pour autant, le cumul de responsabilités politiques avec l'exercice de la profession d'avocat, outre qu'il nécessite une exigence particulière pour pouvoir mener de front les deux activités, ne manque pas de susciter des débats. En 2015, le parlement comptait, sur 923 élus, 65 avocats, dont 18 qui le sont devenus en cours de mandat, soit au total 6 % des sénateurs et députés.

Les textes sont venus encadrer ce cumul, non pas pour rendre les deux activités incompatibles, mais afin de poser des limitations d'activités destinées, notamment, à prévenir tout risque de conflit d'intérêts. D'une manière générale, il appartient à l'avocat de veiller à ce qu'aucune confusion ne puisse s'établir entre l'exercice de sa profession et l'accomplissement de ses mandats[2].

434.22 **Vers un nouveau cas d'incompatibilité.** En 2013, le projet de loi organique relatif à la transparence de la vie publique[3] avait prévu de créer une nouvelle incompatibilité avec le mandat parlementaire[4], en modifiant l'article LO 146-1 du code électoral qui interdit aux parlementaires d'exercer une fonction de conseil qui n'était pas la sienne avant le début de son mandat afin d'étendre cette interdiction aux membres des professions libérales soumises à un statut législatif ou réglementaire ou dont le titre est protégé qui en étaient expressément exclues.

Cette extension d'incompatibilité visait à permettre d'éviter le risque que des intérêts financiers priment sur la défense de l'intérêt général. Dans son étude d'impact, le gouvernement observait ainsi que « durant ces dernières années, plusieurs parlementaires ont en effet cumulé leur activité d'élu avec des professions qui, bien qu'étant exercées à temps partiel, leur permettaient de percevoir des rémunérations largement supérieures à leurs indemnités de parlementaires, dans des domaines régulièrement évoqués par la représentation nationale », tel que le « droit des affaires » et qu'« il en résulte le risque, pour ces élus, de se sentir contraints de faire primer les intérêts défendus dans le cadre de leur activité la plus rémunératrice ».

L'avis préalable du Conseil d'État avait toutefois mis en garde le gouvernement sur les risques d'inconstitutionnalité que n'aurait pas manqué de créer, au regard de son caractère discriminatoire, une telle mise à l'index d'une profession tout entière.

1. G. Le Béguec, *La République des avocats*, « L'histoire au présent », Armand Colin, 2003 – V. s[s] n° 432.132.
2. RIBP, art. P. 41.2.
3. L. org. n° 2013-906, 11 oct. 2013 relative à la transparence de la vie publique, *JO* 12 oct., p. 16824.
4. L. Dargent, « Prévention des conflits d'intérêts : vers un nouveau cas d'incompatibilité », *D. avocats* 2013. 221.

434.23 Nécessités destinées à prévenir les risques de confusion ou de conflits d'intérêts (décision du Conseil constitutionnel du 9 octobre 2013). Le Conseil constitutionnel saisi a dans sa décision du 9 octobre 2013[1] invalidé les dispositions du nouvel article LO 146-1 du code électoral qui prévoyaient que : « Il est interdit à tout député d'exercer une activité professionnelle qui n'était pas la sienne avant le début de son mandat » ; et que « cette interdiction [...] s'applique à toute activité professionnelle quelle que soit sa nature », au motif que : « le législateur a institué des interdictions qui, par leur portée, excèdent manifestement ce qui est nécessaire pour protéger la liberté de choix de l'électeur, l'indépendance de l'élu ou prévenir les risques de confusion ou de conflits d'intérêts »[2].

434.24 Prise en compte des risques spécifiques de conflit d'intérêts liés aux activités concernées (Loi du 15 septembre 2017). Le débat n'était toutefois pas clos[3]. La question se posant, notamment, d'« interdire à un élu de devenir avocat pendant son mandat, interdire à l'avocat parlementaire d'exercer une fonction de lobbying ou de participer à des arbitrages » ou de prévoir « la création d'une autorité nationale de poursuite, au-dessus des barreaux » qui serait chargée de contrôler les éventuels cas de conflits d'intérêts[4]. Le 1er juin 2017, le ministre de la Justice a présenté un projet de loi organique rétablissant la confiance dans l'action publique, adopté en conseil des ministres le 14 juin 2017, visant, notamment, à modifier l'article LO 146-1 du code électoral afin d'interdire à tout parlementaire de commercer une activité d'avocat en cours de mandat et de poursuivre une telle activité s'il l'a commencé moins d'un an avant la date des élections. Il a abouti à la loi du 15 septembre 2017[5].

Le Conseil constitutionnel a validé ces nouvelles dispositions, en considérant qu'en « excluant l'exercice par un parlementaire de l'activité de représentant d'intérêts et en restreignant celle de conseil, le législateur organique a pris en compte les risques spécifiques de conflit d'intérêts liés à ces activités » et qu'il « n'a pas interdit de manière générale à un parlementaire de poursuivre l'activité de conseil qu'il exerçait auparavant, ni de conserver le contrôle d'une société ayant principalement cette activité. Il a interdit à un parlementaire de débuter une telle activité et d'acquérir un tel contrôle pendant son mandat ou, afin d'éviter tout détournement de la loi, dans les douze mois précédant son entrée en fonction. Par ailleurs, sont seules interdites les activités de conseil présentant un risque particulier de conflit d'intérêts et le contrôle d'une société fournissant principalement une telle prestation de conseil, y compris lorsqu'ils ont débuté plus d'un an avant le mandat »[6].

§ 2
Haute autorité pour la transparence de la vie publique (Hatvp)

434.30 Plan – Haute autorité pour la transparence de la vie publique (Hatvp). La Haute autorité pour la transparence de la vie publique (Hatvp), créée par la loi du 11 octobre 2013[7], est une autorité administrative indépendante chargée de promouvoir la probité et l'exemplarité des responsables publics.

Elle a remplacé la Commission pour la transparence financière de la vie politique, dont les pouvoirs et les ressources étaient limités et insuffisants pour s'assurer efficacement de la probité des responsables publics. Elle a également récupéré, depuis le 1er février 2020[8], les attributions de l'ancienne Commission de déontologie de la fonction publique[9] (Cdfp)[10].

Outre la prévention des conflits d'intérêts (A), l'Hatvp est chargée du contrôle du pantouflage (B).

1. Cons. const. 9 oct. 2013, n° 2013-675 *DC, Loi organique relative à la transparence de la vie publique*, NON-CONFORMITÉ PARTIELLE, RÉSERVE, DÉCLASSEMENT ORGANIQUE, *JO* 12 oct., p. 16838 ; *AJDA* 2013. 1942 ; *D.* 2013. 2483, Chron. A. Laude ; *D.* 2013. 2713, obs. G. Roujou de Boubée, T. Garé, M.-H. Gozzi, S. Mirabail et T. Potaszkin ; *Constitutions* 2013. 542, obs. J. Benetti ; *Constitutions* 2013. 545, obs. P. Bachschmidt.
2. Cons. const. 9 oct. 2013, n° 2013-675 *DC*, ; *AJDA* 2013. 1942 ; *D.* 2013. 2483, Chron. A. Laude ; *D.* 2013. 2713, obs. G. Roujou de Boubée, T. Garé, M.-H. Gozzi, S. Mirabail et T. Potaszkin ; *Constitutions* 2013. 542, obs. J. Benetti ; *Constitutions* 2013. 545, obs. P. Bachschmidt.
3. Th. Baudesson, « L'interdiction totale d'exercer des fonctions d'avocat pendant un mandat parlementaire serait intenable », *JCP* suppl. au n° 52, déc. 2011.
4. *D. actu.* 25 avr. 2013.
5. L. org. n° 2017-1338, 15 sept. 2017 pour la confiance dans la vie politique, *JO* 16 sept. ; et L. n° 2017-1339, 15 sept. 2017 pour la confiance dans la vie politique ; *JO* 16 sept. – S. Braconnier, M. Cornille, « Confiance et renouveau de la vie politique », *JCP* 2017. 1103 ; L. Garnerie, « Moralisation de la vie publique : quel impact pour les députés avocats ? », *Gaz. Pal.* 12 sept. 2017, p. 8 ; Ch. Cutajar, « Les lois du 15 septembre 2017 pour la confiance dans la vie publique : le choix de la transparence et de la prophylaxie », *D.* 2018. 569.
6. Cons. const. 8 sept. 2017, n° 2017-753 *DC, Loi organique pour la confiance dans la vie politique*, NON-CONFORMITÉ PARTIELLE, RÉSERVE, DÉCLASSEMENT ORGANIQUE, *JO* 16 sept., n° 4 ; *AJDA* 2017. 1692 ; *AJCT* 2017. 416, obs. S. Dyens ; *Constitutions* 2017. 399, Chron. P. Bachschmidt ; *Constitutions* 2017. 603, Chron. M. Sztulman.
7. L. n° 2013-907, 11 oct. 2013, art. 19 s.
8. L. n° 2019-828, 6 août 2019 de transformation de la fonction publique, *JO* 7 août, n° 1, art. 94, XII.
9. L. n° 2019-828, 6 août 2019, préc.
10. V. ss nos 434.131 s.

A. Prévention des conflits d'intérêts

434.41 Notion de conflits d'intérêts. La Hatvp a notamment pour objet de prévenir les conflits d'intérêts[1] c'est-à-dire « toute situation d'interférence entre un intérêt public et des intérêts publics ou privés qui est de nature à influencer ou paraître influencer l'exercice indépendant, impartial et objectif d'une fonction »[2].

Pour éviter ces situations, les personnes qui adressent une déclaration de situation patrimoniale à la Hatvp doivent, au début de leur mandat ou de leurs fonctions, également remplir une déclaration d'intérêts. Celle-ci fait notamment apparaître les activités professionnelles passées ou présentes, les différentes participations aux organes dirigeants d'organismes publics ou privés, les activités bénévoles ou la profession du conjoint.

La Hatvp exerce une veille et un contrôle ciblé des déclarations d'intérêts afin de détecter les situations dans lesquelles des intérêts publics ou privés peuvent interférer avec l'exercice d'un mandat ou d'une fonction.

434.42 Pouvoirs de la Hatvp en matière de conflits d'intérêts. Lorsque l'examen d'une déclaration conduit à la détection d'une situation de conflit d'intérêts, la Hatvp dispose de plusieurs moyens pour y mettre fin.

Elle peut en premier lieu recommander des solutions adaptées pour prévenir ou faire cesser un conflit d'intérêts. Il s'agit par exemple de rendre public l'intérêt en cause, de ne pas prendre part aux délibérations dans lesquelles la personne concernée a un intérêt ou, dans certains cas, d'abandonner un intérêt.

Si la situation perdure, la Hatvp peut adopter des mesures contraignantes prenant la forme d'un pouvoir d'injonction[3]. Elle peut ainsi ordonner à toute personne qui entre dans son champ de compétence (sauf le Premier ministre et les parlementaires) de faire cesser un conflit d'intérêts. Cette injonction peut être rendue publique et son non-respect est une infraction pénale punie d'un an d'emprisonnement et de 15 000 euros d'amende[4].

Cette nécessité de prévenir les conflits d'intérêts peut également conduire à restreindre les attributions de la personne publique concernée, tel que s'agissant d'un ancien avocat devenu ministre de la Justice sans pouvoir connaître de tout acte de toute nature relevant de ses attributions relatif à la mise en cause du comportement d'un magistrat à raison d'affaires impliquant des parties dont il a été l'avocat ou dans lesquelles il a été impliqué ou relatives à des personnes morales ou physiques ayant engagé des actions notamment judiciaires contre lui en sa qualité de ministre ou d'avocat[5].

434.43 Avis de la Hatvp concernant la profession d'avocat. Pour qu'il existe un risque de conflit d'intérêts, il doit y avoir une interférence entre l'intérêt détenu et les fonctions publiques exercées, ce qui signifie que l'exercice de ses fonctions par le déclarant doit lui permettre de promouvoir ou de rechercher son intérêt. Constituent notamment, pour la Hatvp, des intérêts au sens de l'article 2 de la loi du 11 octobre 2013[6], l'exercice libéral de la profession d'avocat[7].

C'est ainsi que la Hatvp considère qu'il n'y a pas, en tant que telles, d'interférences entre l'exercice d'une ancienne activité d'avocat et des fonctions de conseiller en cabinet ministériel, dès lors que les professions du droit n'entrent pas dans le champ de compétence de l'intéressé. En revanche, il peut y avoir une interférence entre les fonctions de membre de cabinet et les liens qu'entretient éventuellement l'intéressé avec les entreprises qui étaient clientes de son ancien cabinet[8]. À l'inverse, il existe une interférence entre l'exercice d'une fonction publique et la détention d'un intérêt privé si l'intéressé traite, en tant qu'avocat, des affaires qui intéressent directement ou indirectement la commune dont il est maire[9], les établissements publics qui en dépendent ou les entreprises avec lesquelles la commune entretient des liens contractuels, de quelque nature que ce soit ; soit le conjoint de l'intéressé exerce son activité professionnelle dans un établissement public placé sous la tutelle de l'intéressé, dans la collectivité territoriale dont il est président ou dans une entreprise privée qui entre dans son champ de compétence.

434.44 Recommandation de la Hatvp en matière de cumul. Lorsqu'elle est saisie par un élu local envisageant d'exercer une activité d'avocat en parallèle de son mandat[10], la Hatvp lui recommande par exemple de donner pour consigne aux services de sa collectivité et des organismes qui en dépendent, de s'abstenir de toute relation contractuelle avec le cabinet d'avocat où il exerce.

1. L. n° 2013-907, 11 oct. 2013, art. 20 – V. s[s] n°s 44.00 s.
2. L. n° 2013-907, 11 oct. 2013, art. 2 – Hatvp, *Guide déontologique II. Contrôle et prévention des conflits d'intérêts*, févr. 2021.
3. L. n° 2013-907, 11 oct. 2013, art. 10.
4. L. n° 2013-907, 11 oct. 2013, art. 26 II.
5. Décr. n° 2020-1293, 23 oct. 2020 pris en application de l'article 2-1 du décret n° 59-178 du 22 janvier 1959 relatif aux attributions des ministres, *JO* 24 oct., n° 27.
6. L. n° 2013-907, 11 oct. 2013, art. 2.
7. Hatvp, *Rapport d'activité 2015*, p. 87.
8. Hatvp, *Rapport d'activité 2015*, p. 87-88.
9. V. s[s] n° 434.85.
10. V. s[s] n° 434.81 s.

L'intéressé doit également alerter ses associés sur le fait qu'ils ne doivent pas se porter candidats à un éventuel marché public passé par cette collectivité[1].

B.
Contrôle des pantouflages

434.51 **Pouvoirs de la Hatvp en matière de pantouflage.** La Hatvp est également chargée de contrôler le pantouflage[2] des anciens ministres et de certains élus locaux, c'est-à-dire leur reconversion professionnelle dans le secteur privé à l'issue de leurs fonctions gouvernementales ou de leurs fonctions électives locales.

Pendant une durée de trois ans, tout ancien ministre, ancien maire, ou ancien président d'exécutif local, doit demander l'autorisation de la Hatvp pour commencer ou reprendre l'exercice d'une activité libérale ou d'une activité rémunérée au sein d'une entreprise[3].

434.52 **Saisine et contrôle de la Hatvp en matière de pantouflage.** Afin d'assurer ce contrôle, la Hatvp est saisie soit par la personne concernée, préalablement au début de l'exercice de l'activité envisagée, soit par son président, dans un délai de deux mois à compter de la connaissance de l'exercice non autorisé de l'activité. La Hatvp rend son avis dans un délai de deux mois à compter de sa saisine. Elle met la personne concernée en état de présenter ses observations, sauf lorsqu'elle rend un avis de compatibilité sur saisine de la personne concernée. L'absence d'avis de la Hatvp dans ce délai vaut avis de compatibilité.

La Hatvp vérifie que les activités privées envisagées ne sont pas incompatibles avec les précédentes fonctions, c'est-à-dire que la personne concernée n'a pas profité de ses fonctions publiques pour préparer sa future activité privée et qu'elle n'utilisera pas les liens qu'elle entretient encore avec son ancien service au bénéfice de sa nouvelle activité.

Il convient d'être prudent, et de procéder impérativement à une saisine préalable, car le texte prévoit que les actes et contrats conclus en vue de l'exercice de l'activité d'avocat (telle que le bail des locaux professionnels) cessent de produire leurs effets lorsque la Hatvp a été saisie par l'intéressé et sont nuls de plein droit lorsqu'elle a été saisie d'office par son président[4].

434.53 **Avis d'incompatibilité.** Si la Hatvp estime que l'activité envisagée par l'ancien ministre ou l'ancien élu local n'est pas compatible avec ses anciennes fonctions publiques, elle émet un avis d'incompatibilité dont le non-respect peut faire l'objet d'un signalement à la justice.

Lorsque la Hatvp rend un avis d'incompatibilité, la personne concernée ne peut pas exercer l'activité envisagée pendant une période expirant trois ans après la fin de l'exercice des fonctions gouvernementales ou des fonctions exécutives locales[5].

434.54 **Avis de compatibilité avec réserves.** Les avis de compatibilité peuvent être assortis de réserves dont les effets peuvent s'imposer à la personne concernée pendant une période maximale expirant trois ans après la fin de l'exercice des fonctions gouvernementales ou des fonctions exécutives locales[6]. Si certaines de ces réserves sont communes à tous les avis rendus, la Hatvp les décline de manière adaptée à chaque situation. Par exemple, pour les anciens membres du Gouvernement ayant souhaité exercer une activité d'avocat, les avis donnés ont, en outre, rappelé qu'ils ne pourront pas réaliser des prestations, de quelque nature que ce soit, pour l'ensemble des administrations d'État sur lesquelles ils avaient autorité, ou pour des établissements publics placés sous la tutelle du ministère qu'ils dirigeaient. Et, il est précisé que les réserves s'appliquent sans préjudice des obligations déontologiques propres à la profession d'avocat[7]. Lorsque l'activité envisagée est une création d'entreprise, la saisine se faisant préalablement à la création et donc avant le début d'activité, il est plus complexe de rendre un avis exhaustif et précis : la Hatvp se prononce de manière abstraite, en se fondant sur le projet du demandeur, et émet des réserves générales, qui devront ensuite être appliquées au fur et à mesure du développement de l'activité[8].

La Hatvp considère, de manière discutable selon nous au regard tant des règles relatives au périmètre d'appréciation des conflits d'intérêts[9] que de celles relatives au périmètre d'application des limitations d'activité propres à la profession d'avocat[10], que les réserves émises constituent une obligation personnelle pour l'avocat en cause et ne s'étendent pas à l'ensemble des avocats du cabinet. Néanmoins, elles doivent être portées à la connaissance de ces derniers et l'avocat en cause doit préciser à ses associés et collaborateurs qu'il ne pourra en aucun cas fournir au cabinet des dossiers qui méconnaîtraient la portée des réserves énoncées. De plus, ses associés et collaborateurs devront s'abstenir de lui demander

1. Hatvp, *Rapport d'activité 2015,* p. 100.
2. V. s[s] n°s 434.151 s.
3. L. n° 2013-907, 11 oct. 2013, art. 23.
4. L. n° 2013-907, 11 oct. 2013, art. 23, II, al. 3.
5. L. n° 2013-907, 11 oct. 2013, art. 23 II, al. 2.
6. L. n° 2013-907, 11 oct. 2013, art. 23, II, al. 1.
7. V. s[s] n°s 434.71 s.
8. Hatvp, *Rapport d'activité 2017*, p. 127.
9. V. s[s] n°s 441.71 s.
10. V. s[s] n°s 434.71 s.

des informations, ou de le solliciter de quelque manière que ce soit, sur des dossiers qui le conduiraient à méconnaître les réserves [1].

434.55 Communication et publicité de l'avis de la Hatvp. Depuis 2016, la Hatvp notifie, le cas échéant, un avis d'incompatibilité ou un avis de compatibilité avec réserves à l'ordre professionnel régissant l'activité au titre de laquelle l'avis est rendu [2].

Lorsqu'elle rend un avis d'incompatibilité ou un avis de compatibilité assorti de réserves, la Hatvp peut également, après avoir recueilli les observations de la personne concernée, le rendre public. L'avis ainsi rendu public [3] ne contient aucune information de nature à porter atteinte à la vie privée de la personne concernée, au secret médical, au secret en matière commerciale et industrielle ou à l'un des secrets visés au 2° de l'article L. 311-5 du code des relations entre le public et l'administration [4]. La publicité des avis permet un premier contrôle de ces réserves dont la Hatvp assure un suivi par une veille spécifique sur les intéressés [5].

434.56 Avis de la Hatvp concernant la profession d'avocat. La Hatvp a été amenée à considérer que la reprise d'une activité d'avocat par un élu n'était pas susceptible de constituer une prise illégale d'intérêts dès lors que le cabinet dans lequel l'intéressé compte exercer son activité, d'une part, n'existait pas au moment où il occupait ses fonctions publiques et d'autre part, attestait n'avoir jamais entretenu de relations contractuelles avec l'administration placée sous son autorité [6].

§ 3 Limitations d'activités spécifiques à certains mandats électifs

434.60 Plan. L'exercice d'un mandat parlementaire (A) ou de tout autre mandat électoral (B) par un avocat, conduit l'avocat à devoir respecter un certain nombre de limitations d'activité dans le cadre de l'exercice de son activité d'avocat.

A. Parlement

434.71 Mandat de député, sénateur ou parlementaire européen. La profession d'avocat est compatible avec les mandats parlementaires de députés, sénateurs ou parlementaires européens [7] sous la seule réserve des incapacités édictées par le code électoral [8], qui interdit à tout avocat parlementaire d'accepter directement ou indirectement d'effectuer, qu'il intervienne personnellement ou par l'intermédiaire d'associé, de collaborateur ou de salarié [9], aucun acte de sa profession :

- dans les affaires à l'occasion desquelles des poursuites pénales sont engagées pour crimes et délits contre la nation, l'État et la paix publique, ou en matière de presse ou d'atteinte au crédit ou à l'épargne. Il en va différemment devant la Haute Cour de justice ou la Cour de justice de la République ;

- pour des entreprises nationales, établissements publics nationaux, autorités administratives indépendantes, autorités publiques indépendantes, ainsi que des sociétés, entreprises ou établissements jouissant, sous forme de garantie d'intérêts, de subventions ou sous une forme équivalente, d'avantages assurés par l'État ou une collectivité publique, ni pour celles ayant principalement un objet financier, ou faisant principalement appel à l'épargne ou au crédit, ni pour celles dont l'activité consiste dans l'exécution de travaux, la prestation de fournitures ou de services destinés spécifiquement à l'État ou devant faire l'objet d'une autorisation discrétionnaire de la part de l'État, d'une collectivité ou d'un établissement public ou d'une entreprise nationale dont plus de la moitié du capital social est constitué par des participations de sociétés ou d'entreprises ayant ces mêmes activités, ni pour les sociétés et organismes exerçant un contrôle effectif sur une société, une entreprise ou un établissement précités ou les sociétés d'économie mixte. Cette interdiction s'applique même si le parlementaire avocat a été le conseil habituel de ces mêmes sociétés avant son élection [10] ;

- contre l'État, les sociétés nationales, les collectivités ou établissements publics, à l'exception des actions en responsabilité dirigées contre une personne morale de droit public en raison des dommages causés par un véhicule, dont la connaissance appartient aux tribunaux judiciaires [11]. Ces interdictions s'étendent aux services contrôlés, concédés ou subventionnés [12].

434.72 Mandat parlementaire et empreinte normative. L'avocat parlementaire ne doit figurer à

1. Hatvp, *Rapport d'activité 2017*, p. 126.
2. L. n° 2013-907, 11 oct. 2013, art. 23, II, al. 3.
3. Hatvp, délib. n° 2017-80, 7 juin 2017 relative à la situation de M. Bernard Cazeneuve ; – Hatvp, délib. n° 2017-81, 7 juin 2017 relative à la situation de M. Thierry Braillard ; – Hatvp, délib. n° 2017-217, 29 nov. 2017 relative à la situation de M. Matthias Fekl.
4. L. n° 2013-907, 11 oct. 2013, art. 23.
5. Hatvp, *Rapport d'activité 2017*, p. 127.
6. Hatvp, *Rapport d'activité 2015*, p. 107.
7. Décr. n° 91-1197, 27 nov. 1991, art. 117.
8. C. élect., art. LO 149 et 297.
9. RIBP, art. P. 41.2.
10. L. org. n° 2013-906, 11 oct. 2013 relative à la transparence de la vie publique, *JO* 12 oct., n° 1, art. 2.
11. SUR l'origine de cette interdiction liée au scandale Stavisky : R. Perrot, *Institutions judiciaires*, n° 422, note 16.
12. RIBP, art. P. 41.2.

aucun titre dans les instances pénales, civiles ou administratives qui provoquent l'interprétation et l'application d'une loi dont il a été l'auteur ou le rapporteur, ni s'occuper d'affaires dans lesquelles il aura été consulté comme parlementaire, et ne pas donner aux magistrats l'interprétation personnelle de la loi dont il aura été l'auteur ou le rapporteur[1].

434.73 Mandat parlementaire – Prestations de conseil. À compter du premier renouvellement de l'assemblée à laquelle il appartient suivant le 1er janvier 2019[2], il sera, en outre, interdit à tout parlementaire de commencer à exercer une fonction de conseil qui n'était pas la sienne avant le début de son mandat ou de poursuivre une telle activité lorsque celle-ci a débuté dans les douze mois précédant le premier jour du mois de son entrée en fonction[3].

Il ne pourra pas, en outre fournir des prestations de conseil aux sociétés, entreprises ou établissements jouissant, sous forme de garanties d'intérêts, de subventions ou, sous forme équivalente, d'avantages assurés par l'État ou par une collectivité publique sauf dans le cas où ces avantages découlent de l'application automatique d'une législation générale ou d'une réglementation générale ; ni aux sociétés ayant principalement un objet financier et faisant publiquement appel à l'épargne, ainsi que les sociétés civiles autorisées à faire publiquement appel à l'épargne et les organes de direction, d'administration ou de gestion de ces sociétés ; ni aux sociétés ou entreprises dont l'activité consiste dans l'exécution de travaux, la prestation de fournitures ou de services destinés spécifiquement à ou devant faire l'objet d'une autorisation discrétionnaire de la part de l'État, d'une collectivité ou d'un établissement public ou d'une entreprise nationale ou d'un État étranger ; ni aux sociétés ou entreprises à but lucratif dont l'objet est l'achat ou la vente de terrains destinés à des constructions, quelle que soit leur nature, ou qui exercent une activité de promotion immobilière ou, à titre habituel, de construction d'immeubles en vue de leur vente.

Il en sera de même de toutes prestations de conseil à des sociétés dont plus de la moitié du capital est constituée par des participations de sociétés, entreprises ou établissements précitées ou à des sociétés et organismes exerçant un contrôle effectif sur ces mêmes sociétés, entreprises ou établissements[4] ainsi qu'aux sociétés d'économie mixte. Il ne pourra, en outre, fournir des prestations de conseil à des gouvernements, entreprises publiques, autorités administratives ou à toute autre structure publique étrangère[5].

Ces dispositions, générales aux activités de conseil, recoupent pour l'essentiel[6] celles de l'article LO 149 du code électoral, spécifiques à la profession d'avocat[7]. Leur application cumulative aux avocats parlementaires ne devrait donc pas entraîner de changements en pratique.

434.74 Mandat parlementaire – Fonction sociale. Par ailleurs, depuis le 2 octobre 2017[8], sont incompatibles avec le mandat parlementaire les fonctions de chef d'entreprise, de président de conseil d'administration, de président et de membre de directoire, de président de conseil de surveillance, d'administrateur délégué, de directeur général, directeur général délégué ou gérant exercées dans les sociétés, entreprises ou organismes dont l'activité consiste principalement à fournir des prestations de conseil aux sociétés, entreprises, établissements ou organismes auprès desquels il ne peut pas délivrer de telles prestations[9]. Il est, en outre, interdit à tout parlementaire d'accepter, en cours de mandat, une fonction de membre du conseil d'administration ou de surveillance dans l'un de ces établissements, sociétés ou entreprises[10].

En outre, à compter du premier renouvellement de l'assemblée à laquelle il appartient suivant le 1er janvier 2019[11], il sera, également, interdit à tout parlementaire d'acquérir le contrôle d'une société, d'une entreprise ou d'un organisme dont l'activité consiste principalement dans la fourniture de prestations de conseil. Il en sera de même du contrôle d'une société, d'une entreprise ou d'un organisme dont l'activité consiste principalement dans la fourniture de prestations de conseil, si le parlementaire en a acquis le contrôle dans les douze mois précédant le premier jour du mois de son entrée en fonction ou dont l'activité consiste principalement dans la fourniture de prestations de conseil aux sociétés, entreprises, établissements ou organismes auprès desquels il ne peut pas délivrer de telles prestations[12].

Au plus tard trois mois après son entrée en fonction ou, en cas de contestation de son élection, la date de la décision du Conseil constitutionnel, le parlementaire qui se trouve dans un de ces cas d'incompatibilité devra mettre fin à la situation

1. RIBP, art. P. 41.2.
2. L. org. n° 2017-1338, 15 sept. 2017 pour la confiance dans la vie politique, *JO* 16 sept., art. 20, III et V.
3. C. élect., art. LO 146-1.
4. C. élect., art. LO 146.
5. C. élect., art. LO 146-1.
6. L. Garnerie, « Moralisation de la vie publique : quel impact pour les députés avocats ? », *Gaz. Pal.* 12 sept. 2017, p. 8.
7. V. ss n° 434.71.
8. L. org. n° 2017-1338, 15 sept. 2017, art. 20, III et V,
9. C. élect., art. LO 146, 8°.
10. C. élect., art. LO 146-7.
11. L. org. n° 2017-1338, 15 sept. 2017, art. 20, III et V,
12. C. élect., art. LO 146-2.

d'incompatibilité soit en cédant tout ou partie de la participation, soit en prenant les dispositions nécessaires pour que tout ou partie de celle-ci soit géré, pendant la durée de son mandat, dans des conditions excluant tout droit de regard de sa part[1].

434.75 Activité de représentant d'intérêt. Il est interdit à tout parlementaire d'exercer une activité de représentant d'intérêts à titre individuel ou au sein des personnes morales, établissements, groupements ou organismes inscrits au répertoire des représentants d'intérêts rendu public par la Hatvp[2].

Cette prohibition vise également toute mission de représentant d'intérêt qu'un parlementaire pourrait réaliser en qualité d'avocat[3].

434.76 Champ d'application. Ces dispositions sont également applicables aux représentants à l'assemblée de la Polynésie française[4], aux membres d'une assemblée de province ou du congrès de Nouvelle-Calédonie[5] ainsi qu'aux membres du Parlement européen[6].

434.77 Conflits d'intérêts. On notera que la loi prévoit depuis 2017[7] que chaque assemblée, après consultation de l'organe chargé de la déontologie parlementaire, détermine des règles destinées à prévenir et à faire cesser les conflits d'intérêts entre un intérêt public et des intérêts privés dans lesquels peuvent se trouver des parlementaires.

Dans ce cadre, les règles[8] précisent les conditions dans lesquelles chaque député ou sénateur veille à faire cesser immédiatement ou à prévenir les situations de conflit d'intérêts dans lesquelles il se trouve ou pourrait se trouver, après avoir consulté, le cas échéant, l'organe chargé de la déontologie parlementaire à cette fin. Chaque assemblée veille à la mise en œuvre de ces règles dans les conditions déterminées par son règlement. Elle détermine également les modalités de tenue d'un registre public, publié par voie électronique, dans un standard ouvert, aisément réutilisable et exploitable par un système de traitement automatisé, recensant les cas dans lesquels un parlementaire a estimé devoir ne pas participer aux travaux du Parlement en raison d'une situation de conflit d'intérêts[9].

B. Autres mandats électoraux

434.81 Mandat de conseiller régional ou de membre de l'assemblée de Corse[10]. L'avocat investi d'un mandat de conseiller régional ou de membre de l'assemblée de Corse ne peut, pendant la durée de son mandat, accomplir aucun acte de sa profession directement ou indirectement, contre la région ou la collectivité territoriale, les départements et communes qui en font partie ainsi que les établissements publics de ces collectivités territoriales[11].

Ces interdictions s'étendent aux services contrôlés, concédés ou subventionnés, et s'appliquent, que l'avocat intervienne personnellement ou par l'intermédiaire d'associé, de collaborateur ou de salarié[12].

434.82 Mandat de conseiller départemental[13]. L'avocat investi d'un mandat de conseiller départemental ne peut, pendant la durée de ce mandat, accomplir aucun acte de sa profession, directement ou indirectement, ni contre le département dans lequel il est élu, ni contre les communes qui en font partie, ni contre les établissements publics de ce département ou de ces communes[14].

Ces interdictions s'étendent aux services contrôlés, concédés ou subventionnés, et s'appliquent, que l'avocat intervienne personnellement ou par l'intermédiaire d'associé, de collaborateur ou de salarié[15].

434.83 Mandat de conseiller municipal. L'avocat investi d'un mandat de conseiller municipal ne peut accomplir aucun acte de sa profession, directement ou indirectement, contre la commune et les établissements publics communaux en relevant[16].

Ces interdictions s'étendent aux services contrôlés, concédés ou subventionnés, et s'appliquent, que l'avocat intervienne personnellement ou par l'intermédiaire d'associé, de collaborateur ou de salarié[17].

434.84 Maire, adjoint au maire, conseiller municipal ou conseiller d'arrondissement de Paris, Lyon, Marseille. Les avocats qui remplissent les fonctions de maire, adjoint au maire, conseiller municipal ou conseiller d'arrondissement de Paris, Lyon, Marseille, ne peuvent accomplir aucun acte de leur

1. C. élect., art. LO 151-1.
2. C. élect., art. LO 146-3.
3. V. s[s] n° 433.72.
4. L. org. n° 2004-192, 27 févr. 2004 portant statut d'autonomie de la Polynésie française, *JO* 2 mars, n° 1, art. 111 s.
5. L. org. n° 99-209, 19 mars 1999 relative à la Nouvelle-Calédonie, *JO* 21 mars, p. 4197, art. 196 s.
6. L. n° 77-729, 7 juill. 1977 relative à l'élection des représentants au Parlement européen, *JO* 8 juill., p. 3579, art. 6 s.
7. L. n° 2017-1339, 15 sept. 2017, art. 3.
8. Règl. Ass. nat., art. 80-1-1 s. – Règl. Sénat, art. 91 *bis* s. – Sénat, *Guide déontologique du sénateur*, déc. 2018.
9. Ord. n° 58-1100, 17 nov. 1958 relative au fonctionnement des assemblées parlementaires, *JO* 18 nov., p. 10335, art. 4 *quater*.
10. CE 17 mars 2011, *Briand*, req. n° 346961, NP.
11. Décr. n° 91-1197, 27 nov. 1991, art. 118.
12. RIBP, art. P. 41.2.
13. CE 20 déc. 2011, *Briand*, req. n° 346960, *Lebon T ; AJDA* 2012. 13.
14. Décr. n° 91-1197, 27 nov. 1991, art. 119.
15. RIBP, art. P. 41.2.
16. Décr. n° 91-1197, 27 nov. 1991, art. 120.
17. RIBP, art. P. 41.2.

profession, directement ou indirectement, dans les affaires intéressant la ville et les établissements publics en relevant[1].

Ces interdictions s'étendent aux services contrôlés, concédés ou subventionnés, et s'appliquent, que l'avocat intervienne personnellement ou par l'intermédiaire d'associé, de collaborateur ou de salarié[2]. Il convient de procéder à une appréciation au cas par cas, de la notion d'acte accompli directement ou indirectement, dans les affaires intéressant la ville et les établissements publics en relevant.

434.85 Maire, appréciation au cas par cas. S'agissant d'un maire, il peut être considéré, eu égard à la nature particulière de l'infraction invoquée, en l'occurrence un tapage nocturne dans sa commune, de l'information préalable du maire qui a été réalisée, et des pouvoirs de police qui sont les siens au regard du code général des collectivités territoriales[3], qu'en plaidant contre le ministère public, en qualité d'avocat, il accomplirait un acte de la profession, indirectement, contre la commune[4]. Il en va de même s'il intervient dans une affaire concernant un mineur ou un majeur qu'il a rappelé à l'ordre dans le cadre des prérogatives propres[5] qu'il tient de sa qualité de maire. Pour autant, et sauf circonstances particulières, il ne peut être considéré de façon générale qu'un maire, par ailleurs avocat, ne puisse plaider en présence du ministère public[6].

Enfin, rien ne s'oppose non plus à ce qu'un cabinet d'avocats se charge du divorce des époux que l'un des associés a mariés en sa qualité de maire, étant précisé qu'il y a alors lieu de faire preuve de prudence, notamment en cas de demandes reconventionnelles en nullité du mariage[7] lesquelles pourraient conduire à une situation de conflit d'intérêts compte tenu des pouvoirs du maire[8] en la matière[9]. Mais un avocat, également maire et président du centre communal d'action sociale (Ccas), ne saurait intervenir dans une procédure de divorce entre deux époux agents dudit centre dès lors qu'en tant que président du centre il est le supérieur hiérarchique des deux époux souhaitant divorcer[10].

434.86 Attaché parlementaire ou collaborateur de membre du Parlement. La profession d'avocat est compatible avec la fonction d'attaché parlementaire ou de collaborateur de membre du Parlement. La compatibilité de ces fonctions avec la profession d'avocat est reconnue depuis le décret du 4 mai 2004[11]. Il ne semble pas, par analogie avec les fonctions d'enseignant salarié[12], que cette compatibilité ait été remise en cause par la loi du 15 septembre 2017[13] qui a confirmé le recours obligatoire au contrat de travail pour le recrutement des assistants parlementaires[14] reprenant une obligation qui figurait déjà dans le règlement de l'Assemblée nationale depuis 2014[15], et ce, bien que la profession d'avocat soit, en principe, incompatible avec tout emploi salarié[16].

En tout état de cause, l'article 122-1[17] du décret du 27 novembre 1991 dispose que l'avocat exerçant les fonctions de collaborateur de député ou d'assistant de sénateur, ne peut accomplir aucun acte de sa profession, directement ou indirectement, ni contre un parlementaire, ni contre un ancien parlementaire pour lequel il a exercé ces fonctions, ni contre une association portant sur la gestion des collaborateurs de parlementaires ou de groupes politiques, ni dans l'une des instances visées à l'article 8 de l'ordonnance du 17 novembre 1958[18], ni contre l'État, les collectivités territoriales ou toute autre personne publique. Cette interdiction cesse à l'issue d'un délai de cinq ans courant à partir de la cessation desdites fonctions[19].

En outre, l'avocat exerçant les fonctions de collaborateur de député ou d'assistant de sénateur ne peut accomplir aucun acte de la profession en faveur des personnes reçues dans le cadre de ces fonctions[20].

434.87 Fonction de mandataire financier. La fonction de mandataire financier d'un candidat à une élection, qui consiste à gérer les comptes de campagne, est compatible avec la profession, dans la mesure où, d'une part, cette activité est exercée à titre accessoire et occasionnel et d'autre part, le mandat précise la nature, l'étendue et la durée de la mission et les conditions de celle-ci ainsi que les modalités de sa rémunération.

En tout état de cause, cette fonction ne pouvant être exercée en qualité d'avocat, elle n'est pas couverte par l'assurance civile professionnelle[21].

1. Décr. n° 91-1197, 27 nov. 1991, art. 121.
2. RIBP, art. P. 41.2.
3. CGCT, art. L. 2212-1 et L. 2212-2.
4. CNB, Comm. RU, avis n° 2015-033, 14 sept. 2015.
5. CSI, art. L. 132-7.
6. CNB, Comm. RU, avis n° 2015-037, 28 oct. 2015.
7. C. civ., art. 180, al. 1er.
8. CGCT, art. L. 2122-32.
9. CNB, Comm. RU, avis n° 2015-038, 6 nov. 2015.
10. CNB, Comm. RU, avis n° 2018-029 du 25 juin 2018.
11. Décr. n° 2004-397, 4 mai 2004 modifiant le décret n° 91-1197 du 27 novembre 1991 organisant la profession d'avocat, *JO* 7 mai, p. 8168.
12. V. ss n° 433.161.
13. L. n° 2017-1339, 15 sept. 2017.
14. Ord. n° 58-1100, 17 nov. 1958,. 8 *bis*.
15. Règl. Ass. nat., art. 18.
16. V. ss n° 432.131.
17. Décr. n° 91-1197, 27 nov. 1991, art. 122-1.
18. Ord. n° 58-1100, 17 nov. 1958.
19. Décr. n° 91-1197, 27 nov. 1991, art. 122-1.
20. Décr. n° 2005-790, 12 juill. 2005, art. 20.
21. Paris, avis n° 24.9011, 20 janv. 2014 – V. ss nos 911.102 s.

434.88 **Avocats investis de fonctions ministérielles ou autres mandats publics.** L'avocat investi des fonctions de ministre ou de secrétaire d'État doit s'abstenir d'exercer la profession sous quelque forme que ce soit, pendant la durée de ses fonctions [1].

En effet, il ne s'agit plus ici de l'exercice d'un simple mandat électoral, tel que visé aux articles 121 et suivants du décret du 27 novembre 1991, mais d'un emploi public dont le cumul est incompatible avec la profession d'avocat [2].

434.89 **Constitutionnalité.** Les limitations d'activités ainsi instituées pour les avocats investis de mandats électifs ne portent pas une atteinte disproportionnée à la liberté du commerce et de l'industrie et ne méconnaissent pas davantage le principe d'égalité entre avocats [3].

SECTION 2
FONCTIONNAIRES

434.90 **Plan.** Les fonctionnaires souhaitant exercer la profession d'avocat font l'objet de limitation d'activité dans le cadre de leur nouvelle activité (§ 1), sous réserve des dispositions particulières applicables aux enseignants dont les fonctions sont compatibles avec l'exercice de la profession d'avocat (§ 2).

§ 1
Principes généraux applicables aux fonctionnaires

434.100 **Plan.** Deux types de limitation d'activité s'imposent aux anciens fonctionnaires devenant avocats : celles, générales, propre à l'exercice de la profession d'avocat (A) et celles, spécifiques, liées aux activités que le fonctionnaire a été amené à exercer en cette qualité (B).

A.
Limitation d'activité générale propre à l'exercice de la profession d'avocat

434.111 **Principe.** Un fonctionnaire qui remplit les conditions d'admission au barreau doit démissionner ou se mettre en disponibilité pour demander son inscription au tableau [4].

434.112 **Limitation de l'activité judiciaire des anciens fonctionnaires.** L'exercice de la profession d'avocat par les anciens fonctionnaires n'est pas exclu par l'article 122 du décret du 27 novembre 1991, qui l'encadre strictement afin d'éviter d'éventuels conflits d'intérêts et de garantir ainsi l'indépendance de l'avocat : ceux-ci ne peuvent conclure ou plaider contre l'administration à laquelle ils ont appartenu pendant un délai de cinq années à compter de la cessation de leurs fonctions. Il en est de même pour les avocats anciens fonctionnaires territoriaux à l'égard des collectivités territoriales dont ils ont relevé [5].

Un ancien fonctionnaire qui, à l'issue de sa période de disponibilité, n'a pas réintégré son corps d'origine pour demander son inscription au barreau est soumis à l'interdiction de l'article 122 du décret du 27 novembre 1991. Il doit donc respecter le délai de cinq années à compter de la cessation de ses fonctions, délai pendant lequel il ne pourra ni conclure ni plaider contre son administration d'origine [6].

On notera que la Cdfp [7] avait pu considérer dans l'un de ses avis que les agents contractuels de la fonction publique, ne sauraient se voir imposer cette limitation d'activité dès lors qu'elle ne vise que les seuls fonctionnaires [8].

434.113 **Champ d'application.** L'emploi des termes « conclure et plaider » par l'article 122 du décret du 27 novembre 1991, différents de ceux utilisés par l'article 68 du décret du 9 juin 1972 [9] (d'accomplir aucun acte de la profession), semble limiter l'incompatibilité à la représentation (conclure) et à la plaidoirie devant toutes les juridictions et organismes d'arbitrage. Sinon le décret aurait utilisé les termes « postuler et plaider » s'il avait voulu limiter l'interdiction au seul tribunal judiciaire [10].

434.114 **Périmètre d'application.** Les restrictions ainsi posées s'appliquent non seulement à l'avocat concerné mais également au groupement d'exercice dont il est membre ainsi qu'à l'ensemble de ses membres : cette limitation d'activité s'étend ainsi également aux associés et collaborateurs de l'avocat sur lequel elle pèse [11].

1. RIBP, art. P. 41.3.
2. V. s^s n° 432.132.
3. CE 20 déc. 2011, Briand, req. n° 346960, *Lebon ; AJDA* 2012. 13 ; *BJLC* 01/2012. 8, obs. B. Poujade : refus de transmettre la QPC.
4. CNB, Comm. RU, avis n° 2003-020, 20 juin 2003 ; C. avocat 2021, s^s décr. 27 nov. 1991, art. 115, note 14 – V. s^s n° 431.44.
5. Décr. n° 91-1197, 27 nov. 1991, art. 122 – RIBP, art. P. 41.5.
6. CNB, Comm. RU, avis n° 2012-008, 26 mars 2012 ; C. avocat, 2018, s^s décr. 27 nov. 1991, art. 122, avis CNB, note 1.
7. V. s^s n° 434.142.
8. Avis Cdfp n° 17^{e}1743, 20 juin 2017.
9. Décr. n° 72-468, 9 juin 1972.
10. *Commission de déontologie de la fonction publique, accès des agents publics au secteur privé*, Rapport au Premier ministre, Rapport d'activité 2013, p. 41.
11. Rép. min. QE, n° 54454, *JOAN Q ;* n° 19841, *JO Sénat Q ; Gaz. Pal.* 14 juill. 1992, p. 12 et 13.

À cet égard, l'article 4.1[1] du RIN édicte, par ailleurs, des limitations générales à l'exercice de la profession d'avocat dans des situations de conflits d'intérêts. Ces limitations s'appliquent aux avocats ainsi qu'au groupement d'exercice dont ils sont membres, dans son ensemble, et à tous ses membres. Il convient pour l'application de cette disposition d'examiner, au cas par cas, l'existence d'un éventuel conflit d'intérêts dans les différents dossiers dont le cabinet auquel appartient l'avocat, ancien fonctionnaire, est saisi[2].

B. Limitation d'activité spécifique liée aux activités exercées en tant que fonctionnaire

434.120 **Plan.** Des règles propres à la fonction publique imposent des limitations d'activité aux anciens fonctionnaires devenant avocats (1°), ces limitations pouvant résulter de délibérations de la Hatvp (2°), et dont la violation peut être pénalement sanctionnée dans le cadre du délit de pantouflage (3°).

1° Règles propres à la fonction publique

434.131 **Exercice d'une activité privée par un ancien fonctionnaire.** Les règles propres à la fonction publique imposent également des limitations d'activité aux anciens fonctionnaires devenant avocats, limitation dont le barreau n'a pas toujours eu connaissance, contrairement à celles de la Hatvp[3].

C'est ainsi que ces activités privées, qu'en raison de leur nature un fonctionnaire ne pouvait exercer, ont été définies par un décret en Conseil d'État conformément à l'article 72[4] de la loi du 11 janvier 1984. Tout fonctionnaire ayant cessé ses fonctions a été interdit par le décret du 17 janvier 1991[5] d'exercer une activité privée au profit d'entreprises privées dont il avait été chargé au cours des cinq dernières années précédant la cessation de ses fonctions, de la surveillance ou du contrôle.

La circulaire du 28 janvier 1991 prévoyait que : « l'interdiction prévue à l'article 72 s'applique aux activités lucratives, salariées ou non, dans un organisme ou une entreprise privée ou une activité libérale, lorsque par leur nature ou leurs conditions d'exercice et au regard des fonctions précédemment exercées par l'intéressé, ces activités compromettraient le fonctionnement du service auquel appartenait l'intéressé, mettraient en cause l'indépendance ou la neutralité de ce service, porteraient atteinte à la dignité des anciennes fonctions exercées par le fonctionnaire »[6].

434.132 **Commission de déontologie de la fonction publique (Cdfp).** À la suite des dispositions précitées, la commission de déontologie de la fonction publique (Cdfp)[7] a été instaurée par l'article 87 de la loi du 29 janvier 1993[8]. Depuis 1995, elle a pour rôle de contrôler le départ des agents publics, et de certains agents de droit privé, qui envisagent d'exercer une activité dans le secteur privé et dans le secteur public concurrentiel. Elle examine si les activités privées qu'ils envisagent d'exercer ne sont pas incompatibles avec leurs précédentes fonctions. Ce rôle a été conforté par la loi du 2 février 2007[9], puis celle du 3 août 2009[10], en lui donnant notamment le pouvoir de se saisir elle-même d'un cas lorsque ni l'administration, ni l'agent ne le font.

Elles ont également rendu expressément obligatoire la saisine de la commission pour les membres des cabinets ministériels, les collaborateurs du président de la République et les collaborateurs de cabinet des autorités territoriales. Enfin, les dispositions relatives à la Cdfp ont été inscrites, par la loi du 20 avril 2016[11] dans la loi du 13 juillet 1983, au sein d'un nouveau chapitre IV intitulé « Des obligations et de la déontologie »[12] et rétablissant la saisine obligatoire de la commission en ce qui concerne les départs dans le privé et mentionnant expressément le caractère préalable de cette saisine.

434.133 **Transformation de la fonction publique (loi du 6 août 2019).** La loi du 6 août 2019[13] est venue prévoir, en son article 34, le transfert, à

1. RIN, art. 4. 1.
2. CNB, Comm. RU, avis n° 2012-019, 20 juin 2012 ; C. avocat, 2018, s[s] décr. 27 nov. 1991, art. 122, avis CNB, note 2 – V. s[s] n°s 441.71 s.
3. V. s[s] n°s 434.55 s.
4. L. n° 84-16, 11 janv. 1984 portant disposition statutaire relatif à la fonction publique de l'État, *JO* 12 janv., art. 72.
5. Décr. n° 91-109, 17 janv. 1991 pris pour l'application de l'article 72 de la loi n° 84-16 du 11 janv. 1984 portant dispositions statutaires relatives à la fonction publique de l'État, *JO* 29 janv., p. 1502, art. 1er, § 1er.
6. Circ. 28 janv. 1991 prise pour l'application du décret du 17 juin 1991, *JO* 29 janv., p. 1487, § I, b).
7. *Cdfp, Accès des agents publics au secteur privé*, Rapport au Premier ministre, Rapport d'activité 2014.
8. L. n° 93-122, 29 janv. 1993 relative à la prévention de la corruption et à la transparence de la vie économique et des procédures publiques, *JO* 30 janv., p. 1588.
9. L. n° 2007-148, 2 févr. 2007 de modernisation de la fonction publique, *JO* 6 févr., p. 2160.
10. L. n° 2009-972, 3 août 2009 relative à la mobilité et aux parcours professionnels dans la fonction publique, *JO* 6 août, p. 13116.
11. L. n° 2016-483, 20 avr. 2016 relative à la déontologie et aux droits et obligations des fonctionnaires, *JO* 21 avr., n° 2.
12. L. n° 83-634, 13 juill. 1983, art. 25 s.
13. L. n° 2019-828, 6 août 2019 de transformation de la fonction publique, *JO* 7 août, n° 1.

compter du 1er février 2020[1], des prérogatives de la Cdfp à la Hatvp[2].

La Havtp a depuis cette date comme compétence de : « 2° D'émettre un avis sur le projet d'activité lucrative présenté par un agent public qui souhaite cesser temporairement ou définitivement ses fonctions, en application des articles L. 124-4 et L. 124-5 »[3].

Le champ de compétence et les modalités d'exercice du contrôle de la Hatvp sont régis par le décret du 30 janvier 2020[4] qui a abrogé le décret du 25 janvier 2017[5].

434.134 Compétence de la Hatvp relativement aux agents publics. La Hatvp[6] est ainsi compétente pour l'ensemble des agents publics (et certains agents de droit privé[7]) qui veulent cesser leurs fonctions dans l'administration, de manière temporaire ou définitive, pour, notamment, exercer une activité libérale ou au sein d'une entreprise privée (salarié, collaborateur libéral[8] ou stagiaire en formation[9] de cabinet d'avocat)[10]. Le régime s'applique aux agents des trois versants de la fonction publique, aux membres des cabinets ministériels, aux collaborateurs du président de la République et aux collaborateurs de cabinets des autorités territoriales.

La Hatvp pourra ainsi pleinement apprécier les situations mixtes de personnes ayant à la fois exercé un mandat parlementaire et eu la qualité de fonctionnaire, tel que le cas du fonctionnaire placé en détachement auprès de l'Assemblée nationale en tant que député[11].

434.135 Contrôle subsidiaire de la Hatvp sur les agents publics. Depuis le 1er février 2020[12], la saisine de la Hatvp n'intervient toutefois plus qu'à titre subsidiaire[13] : elle n'est obligatoirement saisie que lorsque le fonctionnaire ou l'agent contractuel qui envisage de rejoindre le secteur privé pour exercer une activité privée lucrative, ou qui change d'activité dans les trois ans de la cessation de ses fonctions, occupait un emploi dont le niveau hiérarchique ou la nature des fonctions le justifient et figure à l'article 2 du décret du 30 janvier 2020[14]. La Hatvp est alors compétente pour se prononcer sur la compatibilité de son projet de reconversion professionnelle tant avec les fonctions justifiant sa saisine directe, qu'avec l'ensemble des fonctions publiques occupées par l'intéressé au cours des trois années précédant le début de l'activité privée[15].

Pour les autres agents publics, ils doivent saisir préalablement l'autorité hiérarchique dont ils relèvent afin qu'elle apprécie la compatibilité l'activité avec les fonctions exercées au cours des trois années précédant le début de cette activité. Lorsque l'autorité hiérarchique a un doute sérieux sur la compatibilité de l'activité envisagée avec les fonctions exercées, elle saisit pour avis, préalablement à sa décision, le référent déontologue[16]. Ce n'est que lorsque l'avis de ce dernier ne permet pas de lever ce doute, que l'autorité hiérarchique doit alors saisir la Hatvp[17].En l'absence de respect de cette procédure, la saisine directe de la Hatvp doit être déclarée irrecevable[18].

Lorsqu'elle est saisie, la Hatvp rend, dans un délai de deux mois à compter de sa saisine, un avis d'incompatibilité ou de compatibilité avec réserves, celui-ci étant prononcé pour une durée de trois ans suivant la cessation des fonctions[19]. Les avis d'incompatibilité, ou de compatibilité avec réserves lient la décision de l'administration quant à l'activité privée envisagée par leurs agents.

434.136 Recevabilité de la demande et portée des limitations d'activités. Pour que la demande soit recevable, et afin que la Hatvp soit en mesure d'apprécier de façon suffisamment précise les conditions dans lesquelles l'ancien fonctionnaire exercera son activité[20], il est nécessaire que le fonctionnaire en cause indique précisément le cabinet d'avocat qu'il entend rejoindre[21].

1. L. n° 2019-828, 6 août 2019, art. 94, XII.
2. V. s^s n°s 434.30 s.
3. CGFP, art. L. 124-10 [L. n° 83-634, 13 juill. 1983, art. 25 *octies*, II, 3° ; mod. par L. n° 2019-828, 6 août 2019, art. 34].
4. Décr. n° 2020-69, 30 janv. 2020 relatif aux contrôles déontologiques dans la fonction publique, *JO* 31 janv., n° 38.
5. Décr. n° 2017-105, 27 janv. 2017 relatif à l'exercice d'activités privées par des agents publics et certains agents contractuels de droit privé ayant cessé leurs fonctions, aux cumuls d'activités et à la commission de déontologie de la fonction publique, *JO* 29 janv., n° 26.
6. V. s^s n°s 434.30 s.
7. CGFP, art. L. 124-24 [L. n° 83-634, 13 juill. 1983, art. 25 *nonies*].
8. Avis Cdfp TC/2014-31, 17 juin 2014 – ANTÉRIEUREMENT EN SENS INVERSE : Avis Cdfp n° 100955, 22 sept. 2010.
9. Avis Cdfp TC/2013-50, 16 juill. 2013.
10. CGFP, art. L. 124-10 [L. n° 83-634, 13 juill. 1983, art. 25 *octies*, III] – Avis Cdfp n° 12A0361 et Avis Cdfp n° 12A0453, 14 mars 2012 – Avis Cdfp n° 12^e0831, 14 juin 2012 – Avis Cdfp n° 14^e1618, 9 oct. 2014.
11. SUR LA SITUATION ANTÉRIEURE : D. Piau, S. Bortoluzzi, Th. Wickers, *Règles de la profession d'avocat*, 16e éd., « Dalloz Action », 2018, n° 434.63.
12. L. n° 2019-828, 6 août 2019, art. 94, XII.
13. V. s^s n° 434.132.
14. CGFP, art. L. 124-5 [L. n° 83-634, 13 juill. 1983, art. 25 *octies*, IV ; mod. par L. n° 2019-828, 6 août 2019, 34] – Décr. n° 2020-69, 30 janv. 2020, art. 2.
15. Hatvp, délib. n° 2020-222, 1er déc. 2020.
16. V. s^s n° 433.85.
17. CGFP, art. L. 124-4 [L. n° 83-634, 13 juill. 1983, art. 25 *octies*, III ; mod. par L. n° 2019-828, 6 août 2019, art. 34].
18. Hatvp, délib. n° 2020-173, 22 sept. 2020.
19. CGFP, art. L. 124-14 [L. n° 83-634, 13 juill. 1983, art. 25 *octies*, IX].
20. Décr. n° 2020-69, 30 janv. 2020, art. 19.
21. Avis Cdfp n° 13^e0167, 14 févr. 2013 – Avis Cdfp n° 12A0007, 11 janv. 2012.

434.137 **Appréciation de la Hatvp.** Lorsqu'elle est amenée à rendre un avis, la Hatvp examine, si par sa nature ou ses conditions d'exercice et eu égard aux fonctions précédemment exercées au cours des trois dernières années qui précèdent le début de l'activité [1], cette activité porte atteinte à la dignité desdites fonctions ou risque de compromettre ou mettre en cause le fonctionnement normal, l'indépendance ou la neutralité du service [2], de méconnaître tout principe déontologique de la fonction publique [3] ou de placer l'intéressé en situation de « pantouflage » [4] et impose, le cas échéant des limitations d'activités [5].

Les avis de la Hatvp en la matière peuvent faire l'objet d'un recours pour excès de pouvoir devant le Conseil d'État [6].

434.138 **Publicité de l'avis.** Lorsqu'elle rend un avis d'incompatibilité ou un avis de compatibilité assorti de réserves en la matière, et après avoir recueilli les observations de l'agent concerné, la Hatvp peut rendre l'avis public.

L'avis ainsi rendu public ne contient aucune information de nature à porter atteinte à la vie privée de la personne concernée, au secret médical, au secret en matière commerciale et industrielle ou à l'un des secrets visés au 2° de l'article L. 311-5 du code des relations entre le public et l'administration [7].

434.139 **Cas particulier des militaires.** Les militaires ne sont pas des fonctionnaires mais relèvent d'un statut à part régi par le code de la défense. Ils font l'objet d'interdiction de cumul d'activité similaire aux fonctionnaires [8] prévues aux articles L. 4122-2 et L. 4122-5 du code de la défense.

Lorsqu'ils quittent l'état de militaire pour aller exercer une activité privée, telle que celle d'avocat (anciens gendarmes ou commissaires des armées notamment), ils font l'objet de limitations d'activité également similaires à celles des fonctionnaires [9] mais leur situation ne relève pas de la Hatvp mais de la Commission de déontologie des militaires qui peut également être amenée à rendre un avis d'incompatibilité ou un avis de compatibilité assorti de réserves [10].

2°
Avis de la Hatvp concernant les fonctionnaires et agents contractuels

434.141 **Avis de la Cdfp antérieurs au 1er février 2020.** La Cdfp a été saisie à compter de 1995 jusqu'au 31 janvier 2020 [11], de nombreuse demande d'avis d'agents publics ayant rejoint la profession d'avocat. Elle a ainsi été amenée à rendre un certain nombre d'avis qui conservent toute leur pertinence et leur actualité nonobstant le transfert de ses prérogatives à la Hatvp.

Les demandes présentées depuis le 1er février 2020 seront examinées par la Hatvp dont les avis rendus s'inscriront très certainement dans la lignée de la doctrine ainsi élaborée par la Cdfp entre 1995 et 2020.

Dans le cadre de ses avis, la Cdfp rappelait régulièrement que l'ancien fonctionnaire est, en tout état de cause, soumis aux dispositions de l'article 122 du décret du 27 novembre 1991 [12].

434.142 **Avis concernant la profession d'avocat – Administration des impôts.** Un chef du service juridique de la fiscalité à la direction générale des finances publiques (Dgfip), ou un chef de bureau du service juridique de la fiscalité [13], peut exercer des fonctions d'avocat dès lors que l'intéressé n'avait eu aucune relation professionnelle avec le cabinet d'avocats qu'il souhaitait rejoindre. Il devra toutefois s'abstenir de toute relation professionnelle, d'une part, avec l'ensemble des services centraux de la Dgfip, et, d'autre part, avec la société et la fondation aux conseils d'administration desquelles il a siégé, ainsi qu'avec les personnes physiques ou morales dont il avait eu à connaître des dossiers dans le cadre de ses fonctions et ce, pour une période de trois ans à compter de la dernière intervention concernant chacune d'entre elles. Pour permettre un contrôle concret de cette réserve, la Cdfp a établi une liste des personnes et entreprises se trouvant ainsi entrer dans le champ de cette réserve [14].

De même, l'ancien adjoint au chef du bureau des agréments et des rescrits du service juridique de la fiscalité de la Dgfip a été autorisé à exercer la profession d'avocat, sous réserve qu'il s'abstienne de toute relation professionnelle avec son ancien bureau pendant une période de trois années et avec les personnes physiques ou morales dont il a eu à connaître les dossiers dans le cadre de ses fonctions

1. Décr. n° 2020-69, 30 janv. 2020, art. 19.
2. CGFP, art. L. 124-12 [L. n° 83-634, 13 juill. 1983, art. 25 *octies*, III].
3. CGFP, art. L. 121-1 et L. 121-2 [L. n° 83-634, 13 juill. 1983, art. 25].
4. V. ss nos 434.151 s.
5. Avis Cdfp n° 11A0017, 12 janv. 2011 – Avis Cdfp n° 11A0490, 16 mars 2011.
6. CE 4 nov. 2020, req. n° 440963, *Lebon*.
7. CGFP, art. L. 124-16 [L. n° 83-634 du 13 juill. 1983, art. 25 *octies*, X].
8. V. ss n° 432.132.
9. C. défense, art. R. 4122-14 s. – Décr. n° 2018-289, 20 avr. 2018 relatif à l'exercice d'activités privées lucratives par certains militaires, *JO* 21 avr., n° 10.
10. C. défense, art. R. 4122-22.
11. L. n° 2019-828, 6 août 2019, art. 94, XII.
12. PAR EX. : Avis Cdfp n° 14E0126, 13 mars 2014 – Avis Cdfp n° 13E2232, 13 févr. 2014 – Avis Cdfp n° T2010-1444, 16 nov. 2010 – V. ss nos 434.111 s.
13. Avis Cdfp n° 14E0844, 15 mai 2014.
14. Avis Cdfp n° 13E2232, 13 févr. 2014.

pendant trois ans à compter de sa dernière intervention concernant chacune d'entre elles, conformément à une liste annexée à l'avis de la Cdfp [1]. Tout comme, un inspecteur des impôts dans un centre des impôts fonciers puis dans un service des impôts des entreprises, placé en disponibilité pour exercer dans un cabinet d'avocats, a été soumis à l'obligation de s'abstenir, pendant une durée de trois ans, de toute relation professionnelle avec le centre des impôts fonciers et le service des impôts des entreprises en cause ainsi qu'avec les contribuables dont il a eu à connaître la situation fiscale au cours de la période où il avait exercé ses fonctions administratives [2].

434.143 Avis concernant la profession d'avocat – Greffier. Il a été décidé, s'agissant d'un greffier en chef, que celui-ci devait s'abstenir de toute activité professionnelle devant le tribunal judiciaire où il exerçait ses fonctions et de toute diligence juridictionnelle (appel et cassation) et non juridictionnelle pour les dossiers dont il a eu à connaître dans l'exercice de ses fonctions, au cours des trois années suivant la date à laquelle il aura effectivement cessé ses fonctions de greffier en chef [3].

Tout comme un greffier en chef au sein du conseil des prud'hommes, devra s'abstenir de toute activité professionnelle devant le conseil des prud'hommes où il exerçait ses fonctions et de toute diligence juridictionnelle (appel et cassation) et non juridictionnelle pour les dossiers dont il a eu à connaître dans l'exercice de ses fonctions, au cours des trois années suivant la date à laquelle il aura effectivement cessé ses fonctions de greffier en chef [4].

434.144 Magistrats de l'ordre judiciaire membre d'un cabinet ministériel. Nonobstant les dispositions propres aux magistrats de l'ordre judiciaire [5], la Cdfp se considère compétente pour examiner la situation d'un magistrat de l'ordre judiciaire, dès lors qu'il a été membre d'un cabinet ministériel et souhaite exercer comme avocat collaborateur après avoir cessé ses fonctions. Elle estime, à cet égard, que cette activité est compatible avec les fonctions de conseiller technique pour les questions judiciaires exercées d'abord au cabinet du ministre de l'Intérieur, puis du ministre de la Défense, sous réserve que l'intéressé s'abstienne, pendant une durée de trois ans, d'une part, de traiter des dossiers contentieux dont il aurait eu à connaître dans l'exercice de ses fonctions de conseiller technique et d'autre part, de toute relation avec les membres qui appartenaient à ces cabinets ministériels lorsque lui-même y était en fonction [6].

De la même façon, la Hatvp a considéré, s'agissant d'un ancien conseiller « relations sociales » du cabinet du Premier ministre qui a souhaité rejoindre un cabinet d'avocats spécialisé en droit du travail, que l'intéressé s'abstienne de toute relation professionnelle avec ceux des membres du cabinet du Premier ministre qui étaient en fonction en même temps que lui lorsqu'il était conseiller et de réaliser des actions de représentation d'intérêt auprès des responsables publics avec lesquels il entretenait des relations professionnelles dans le cadre de ses anciennes fonctions publiques [7].

434.145 Avis concernant la profession d'avocat – Fonctionnaires au maintien de l'ordre. Un capitaine de police peut exercer des fonctions d'avocat, sous réserve de s'abstenir, pendant une durée de trois ans, de toute relation professionnelle avec les commissariats du département où il était affecté ainsi qu'avec les personnes dont il a pu connaître la situation dans le cadre de ses fonctions publiques [8]. De même qu'un ancien directeur adjoint d'une maison d'arrêt puis de la direction interrégionale des services pénitentiaires situés dans le même département que le cabinet d'avocats qu'il rejoint, devra s'abstenir de traiter d'affaires de personnes dont il aurait eu à connaître le dossier pénal à la maison d'arrêt et à la direction interrégionale au cours des trois années précédant sa cessation de fonctions [9].

Enfin, on notera le cas d'un agent contractuel de la direction centrale de la police aux frontières, qui a exercé les fonctions de défenseur de l'administration lors des audiences du contentieux de la rétention des étrangers en qualité de réserviste de la police nationale, et a été autorisé à exercer une activité d'avocat dans un cabinet qui a notamment été retenu pour assurer cette même mission dans les audiences du contentieux de la rétention, dès lors que cette activité n'est pas de nature à risquer de mettre en cause le fonctionnement normal, l'indépendance ou la neutralité du service, qui a externalisé une de ses missions [10].

434.146 Avis concernant la profession d'avocat – Autorités administratives indépendantes. Un agent de l'Amf, ayant été inspecteur expert au sein du service des enquêtes, puis chargé de mission senior au sein du département juridique de la direction des enquêtes et de la surveillance des marchés, est

1. Avis Cdfp nº 14E1787, 13 nov. 2014.
2. Avis Cdfp nº 11A0446, 16 mars 2011.
3. Avis Cdfp nº 10A0561, 18 mai 2010.
4. Avis Cdfp nº 09A0963, 18 nov. 2009.
5. V. s[s] nº 434.231.
6. Avis Cdfp nº 12A0558, 11 avr. 2012.
7. Hatvp, délib. nº 2020-156, 1er sept. 2020.
8. Avis Cdfp nº 12A0361, 14 mars 2012.
9. Avis Cdfp nº 09.0012, 14 janv. 2009.
10. Avis Cdfp nº 11A0490, 16 mars 2011.

autorisé à exercer la profession d'avocat, sous réserve de s'abstenir de toute relation professionnelle avec les enquêteurs du service des enquêtes qui y étaient en fonction au cours de la période durant laquelle il appartenait à ce service ainsi que, à son initiative, avec le département juridique de la direction des enquêtes et de la surveillance des marchés, sauf pour obtenir les informations mises à la disposition des professionnels, et de toute relation professionnelle avec les entreprises qui ont fait l'objet d'enquêtes de l'Amf auxquelles il a participé[1].

De même qu'un conseiller maître à la Cour des comptes, ayant été rapporteur général auprès du Conseil de la concurrence, puis rapporteur spécial auprès de l'Autorité de la concurrence, devra s'abstenir de toutes relations professionnelles avec l'Autorité de la concurrence et ses services, y compris pour les dossiers relatifs à des opérations de concentration et de toute intervention dans les dossiers dont il a eu à connaître dans ses fonctions de rapporteur général[2].Tout comme un agent contractuel, juriste à l'Arafer, a été autorisé à rejoindre un cabinet d'avocat à condition, notamment, de s'abstenir de conclure et plaider contre l'Arafer pendant un délai de trois ans à compter de la cessation de ses fonctions[3].

434.147 Avis concernant la profession d'avocat – Épic. Un directeur général-adjoint de la Caisse des dépôts et consignations (Cdc), peut devenir avocat en matière de fusions-acquisitions et de restructuration d'entreprises, sans que cela ne soit de nature à porter atteinte à la dignité de ses fonctions précédentes, de nature administrative, ou à risquer de compromettre ou mettre en cause le fonctionnement normal, l'indépendance ou la neutralité du service, à condition de s'abstenir de toute relation professionnelle avec les sociétés aux conseils de surveillance ou d'administration desquelles il a eu à siéger, en tant qu'administrateur, chargé par la Cdc de défendre ses intérêts de personne publique. S'agissant du Fonds stratégique d'investissement (Fsi) au conseil d'administration duquel il a eu également à siéger pour le compte de la Cdc en tant qu'administrateur ou président, cette réserve s'étend aux entreprises dont il a accepté la prise de participations pendant une période de trois ans à compter de la prise d'effet de chaque décision. Enfin, s'agissant d'une société anonyme au sein du conseil de surveillance de laquelle le demandeur siège en son nom propre, la commission a considéré que celui-ci n'a pu exercer ce mandat qu'en raison de ses fonctions au sein de la Cdc et que ce mandat était lié à son rôle d'agent public, ce qui a pour conséquence d'assortir les réserves précédentes de l'interdiction de toute relation d'affaires avec cette société pour une période de trois ans à compter de la fin de l'exercice de ses fonctions à la Cdc[4].

De même que les fonctions de conseiller juridique à l'Agence des participations de l'État (Ape) exercées par un agent contractuel sont compatibles avec celles d'avocat, sous réserve que l'intéressé s'abstienne, pendant trois ans, de toute relation professionnelle avec les entreprises au conseil d'administration desquelles il a siégé en qualité de représentant de l'État, et de conclure toute convention à titre onéreux, qui n'aurait pas fait l'objet d'un appel à la concurrence, qui pourrait lui permettre de fournir des prestations juridiques à son ancien service et à tout service du ministère de l'Économie et des Finances, ainsi qu'avec les entreprises dont il a eu à connaître la situation dans le cadre de ses fonctions[5].

434.148 Avis concernant la profession d'avocat – Fonction publique territoriale et hospitalière. Un directeur adjoint d'un centre hospitalier peut devenir avocat, sous réserve que l'intéressé s'abstienne notamment de conclure et de plaider, pendant un délai de cinq ans à compter de la cessation de ses fonctions contre le centre hospitalier dans lequel il exerçait ses fonctions[6].

De même qu'un administrateur contractuel, chef de cabinet du directeur général des services d'une commune, peut exercer une activité d'avocat, sous réserve qu'il s'abstienne, en premier lieu, de toute diligence juridictionnelle ou non juridictionnelle pour les entreprises avec lesquelles il a pu être en relations d'affaires dans l'exercice de ses fonctions publiques et ce durant les trois années suivant la date à laquelle il aura effectivement cessé définitivement ses fonctions à la mairie, et en deuxième lieu, de toute relation professionnelle avec les collectivités dont il a été amené à traiter les dossiers[7].

434.149 Avis concernant la profession d'avocat – Autres administrations. Un directeur départemental du travail, de l'emploi et de la formation professionnelle (Ddtefp), peut devenir avocat, sous réserve que l'intéressé s'abstienne de toute relation professionnelle avec la direction à la tête de laquelle il se trouvait et d'intervenir pour le compte de personnes physiques ou morales sur la situation desquelles il s'est prononcé dans le cadre de ses anciennes fonctions pendant les trois années qui précèdent le début de son activité privée[8]. De même qu'un agent contractuel responsable du pôle juridique et des

1. Avis Cdfp n° 10A0687, 23 juin 2010.
2. Avis Cdfp n° 10A0827, 22 sept. 2010.
3. Avis Cdfp n° 17E1743, 20 juin 2017.
4. Avis Cdfp n° 13E0092, 14 mars 2013.
5. Avis Cdfp n° 13E0365, 14 mars 2013.
6. Avis Cdfp n° 11A0017, 12 janv. 2011.
7. Avis Cdfp n° T2010-1444, 16 nov. 2010.
8. Avis Cdfp n° 09A0723, 9 sept. 2009.

marchés publics de l'Agence technique de l'information sur l'hospitalisation (Atih) ainsi que membre de la commission consultative sur les marchés publics, devra, afin d'éviter que l'intéressé ne puisse avoir un accès privilégié aux demandes de l'agence ou de ses partenaires, hors appel à la concurrence, s'abstenir pendant trois ans de conclure toute convention à titre onéreux lui permettant de fournir des prestations juridiques à l'Atih, aux agences et établissements publics qui ont conclu une convention de partenariat avec cette dernière, ainsi qu'avec les entreprises avec lesquelles l'Atih a signé des marchés au cours des trois dernières années précédant le début de sa nouvelle activité[1].

3°
Délit de pantouflage

434.151 Définition du pantouflage (C. pén., art. 432.13). L'article 432-13 du code pénal, réprime le fait, avant l'expiration d'un délai de trois ans suivant la cessation de ses fonctions, par une personne ayant été chargée, en tant que membre du Gouvernement, membre d'une autorité administrative indépendante ou d'une autorité publique indépendante[2], titulaire d'une fonction exécutive locale, fonctionnaire, militaire[3] ou agent d'une administration publique, de prendre ou de recevoir une participation par travail, conseil ou capitaux dans une entreprise privée, ou dans une autre entreprise privée possédant au moins 30 % de capital commun ou ayant conclu un contrat comportant une exclusivité de droit ou de fait avec cette entreprise, alors que, dans le cadre de ses fonctions, elle a été amenée à :

- assurer la surveillance ou le contrôle de cette entreprise ;
- conclure des contrats de toute nature avec cette entreprise ou formuler un avis sur de tels contrats ;
- proposer directement à l'autorité compétente des décisions relatives à des opérations réalisées par cette entreprise ou formuler un avis sur de telles décisions[4].

Est assimilée à une entreprise privée, toute entreprise publique exerçant son activité dans un secteur concurrentiel et conformément aux règles du droit privé.

Ces dispositions sont applicables aux agents des établissements publics, des entreprises publiques, les sociétés d'économie mixte dans lesquelles l'État ou les collectivités publiques détiennent directement ou indirectement plus de 50 % du capital et des exploitants publics prévus par la loi du 2 juillet 1990[5]. L'infraction n'est, toutefois, pas constituée par la seule participation au capital de sociétés cotées en Bourse ou lorsque les capitaux sont reçus par dévolution successorale[6].

434.152 Peines. La peine encourue est de trois ans d'emprisonnement et d'une amende de 200 000 euros, montant pouvant être porté au double du produit tiré de l'infraction[7].

L'avocat condamné du chef de pantouflage encourt également les peines complémentaires prévues à l'article 432-17 du code pénal et, notamment, celle de l'interdiction d'exercer une fonction publique ou d'exercer l'activité d'avocat, soit définitive, soit temporaire auquel cas elle ne peut excéder une durée de cinq ans[8], cette interdiction pouvant se cumuler avec une sanction disciplinaire[9].

§ 2
Cas particulier des enseignants

434.161 Enseignant[10]. La qualité d'avocat est compatible avec les fonctions d'enseignement[11]. Dans les années quarante, les professeurs et chargés de cours des facultés ou écoles étaient admis au barreau[12], ce qui semblait étendre le bénéfice de cette compatibilité exceptionnelle entre l'état de fonctionnaire et celui d'avocat, non seulement aux enseignants des facultés et écoles de droit, mais à tous les professeurs qui, même dans les lycées techniques ou les CES, enseignaient le droit. Dans les années soixante-dix, le barreau était encore plus large puisqu'il admettait tout enseignant de quelque discipline qu'il relève[13], dès lors qu'il présentait les qualités personnelles nécessaires pour entrer au barreau[14].

1. Avis Cdfp n° 13.E00321, 14 mars 2013.
2. L. n° 2017-55, 20 janv. 2017 portant statut général des autorités administratives indépendantes et des autorités publiques indépendantes, *JO* 21 janv., n° 2, art. 50.
3. L. n° 2016-483, 20 avr. 2016, art. 3.
4. C. pén., art. 432-13.
5. L. n° 90-568, 2 juill. 1990 relative à l'organisation du service public de La Poste et à France Télécom, *JO* 8 juill., p. 8069.
6. C. pén., art. 432-13.
7. C. pén., art. 432-13.
8. C. pén., art. 131-27.
9. Civ. 1re, 17 mai 1988, n° 86-15.067, P I, n° 145 ; *D.* 1991. 302 note A. Brunois ; *Gaz. Pal.* 1989. 2. 491, note G. Flécheux – Civ. 1re, 9 avr. 2015, n° 14-50.012, P I, n° 82 ; *D.* 2015. 1192, note O. Décima ; *D.* 2015. 1187, avis J.-P. Sudre ; *D.* 2015. 2465, obs. G. Roujou de Boubée, T. Garé, C. Ginestet, M.-H. Gozzi et S. Mirabail.
10. S. Béchaux, « La double vie des profs de droit social », *Liaisons sociales*, oct. 2012, p. 32 – J. Barthélémy, « Le cumul des profs de droit fait débat », *Liaisons sociales*, déc. 2012, p. 74.
11. V. ss nos 433.161 s.
12. L. 26 juin 1941, art. 45.
13. Décr. n° 72-468, 9 juin 1972, art. 62.
14. *CONTRA* : TA Lyon, 22 oct. 1971 ; *D.* 1976. 110, note A. Brunois.

Leur situation ne relève pas de la compétence de la Hatvp[1], faisant qu'un maître de conférences en droit public peut, de plein droit, en vertu de ces dispositions, exercer à titre individuel la profession d'avocat, qui découle de la nature de ses fonctions d'enseignement[2].

434.162 Position de l'Administration sous l'empire du décret du 29 octobre 1936. En fait, si la compatibilité est pleinement reconnue par nos règles professionnelles, sans autres restrictions que celles relatives à l'application des principes essentiels et des règles déontologiques notamment en matière de conflit d'intérêts[3], la réciproque n'est pas vraie. L'Administration, en se fondant sur les dispositions de l'article 3[4], alinéa 3, du décret du 29 octobre 1936 qui n'autorisaient les enseignants à exercer les professions libérales qu'à la condition qu'elles découlent de la nature de leurs fonctions, arguait que la profession d'avocat ne pouvait pas être regardée comme découlant de la nature des fonctions d'enseignement[5], tel que dans le cas de professeur de lycée agrégé de sciences sociales, et surtout imposait une limitation d'activité stricte en considérant que l'enseignant ne pouvait librement exercer la profession d'avocat que pour tout litige n'intéressant que des personnes privées, et que dès lors qu'une personne publique était impliquée, son intervention était exclusivement limitée à la défense de cette dernière.

Cette interdiction faite aux membres du personnel enseignant exerçant une profession libérale de plaider en justice dans les litiges intéressant l'État[6] s'appliquait aux universitaires inscrits à un barreau[7].

434.163 Affaire *Badinter - Bredin*. Robert Badinter et Jean-Denis Bredin[8], alors associés, professeurs agrégés des facultés de droit et avocats, avaient souhaité défendre des clients renvoyés du chef de fraude fiscale devant le tribunal correctionnel. Par décision en date du 7 novembre 1973, le ministre de l'Éducation nationale, leur avait fait savoir que les dispositions de l'article 3, alinéa 3, du décret du 29 octobre 1936[9] ne permettaient pas à des professeurs de l'enseignement supérieur exerçant la profession d'avocat de défendre des personnes poursuivies pour fraude fiscale devant les tribunaux répressifs.

Cette décision fut déférée par les intéressés pour excès de pouvoir devant le Conseil d'État, qui rejeta leur recours, en rappelant que si tout procès pénal ne peut être regardé comme étant au nombre des litiges intéressant une administration de l'État, les poursuites engagées pour fraude fiscale entrent dans cette catégorie de litiges, en raison de la nature même de l'infraction qui porte directement atteinte au patrimoine ou à l'autorité de la puissance publique. Dès lors, les avocats, professeurs de droit, n'étaient pas fondés à soutenir qu'en leur déniant le droit d'assurer, devant le tribunal correctionnel, la défense d'une personne prévenue de fraude fiscale, le ministre de l'Éducation nationale avait excédé ses pouvoirs[10].

434.164 Position de l'Administration depuis la loi du 2 février 2007. La complexité de cette réglementation était néanmoins source de difficultés d'interprétation et d'application, comme l'avait souligné le Conseil d'État[11]. La loi du 2 février 2007[12] est venue abroger le décret-loi du 29 octobre 1936 et réformer profondément le régime du cumul d'activités et de rémunérations des agents publics, en modifiant notamment l'article 25 *septies*, V, de la loi du 13 juillet 1983[13].

1. V. s[s] n°s 434.132 s.
2. Avis Cdfp n° 12.A0366, 14 mars 2012 – CGFP, art. L. 123-3.
3. V. s[s] n°s 441.00 s.
4. Décr.-L. 29 oct. 1936 relatif aux cumuls de retraites, de rémunération et de fonctions, *JO* 31 oct., rectif. *JO* 7 nov. et 9 déc. 1936, art. 3, al. 3.
5. J.-Y. Plouvin, « L'enseignement public et la profession d'avocat », *Gaz. Pal.* 1977. 1. Doctr. 44 – CE 13 déc. 1957, *Lebon* 678 – CE 24 nov. 1982, *Burki*, req. n° 27937, *Lebon* 391 ; *Gaz. Pal.* 1983. Somm. 231 – CE 3 déc. 1986, *Vinck*, req. n° 62925, *Lebon* – RAPPR. : CE 4e et 1re s[s]-sect. réunies, 3 déc. 1986, req. n° 62925, *Lebon* – CE 13 févr. 1987, *min. Éduc. nat. c/Sztulman*, req. n° 69497, *Lebon ; D.* 1987. 260, note P. Terneyre.
6. Décr. 29 oct. 1936, art. 3.
7. TA Lille, 22 juin 1999 ; *D.* 2000. 307, note G.-J. Guglielmi ; *JCP* 2001. I. 284, n° 4, obs. R. Martin.
8. R. Badinter, « *In memoriam* : Jean-Denis Bredin (1929-2021) », *JCP* 2021. 943.
9. Décr.-L. 29 oct. 1936 relatif aux cumuls de retraites, de rémunération et de fonctions, *JO* 31 oct., rectif. *JO* 7 nov. et 9 déc. 1936.
10. CE 6 oct. 1976, *Badinter et Bredin*, req. n° 93718, *Lebon ; Gaz. Pal.* 1977. 1. 59, concl. J. Massot, *Lebon* 394 – ANTÉRIEUREMENT : CE 9 nov. 1954, *Bertrand, Lebon* 583 ; – POSTÉRIEUREMENT : CE 6 nov. 1992, *min. Budget c/« Les Hameaux de Perrin » (SCI)*, req. n° 72708, *Lebon ; AJDA* 1992. 797 Chron. C. Maugue et R. Schwartz.
11. « Le cumul d'activités et de rémunérations des agents publics », étude adoptée par l'Assemblée générale du Conseil d'État, 27 mai 1999, « Les études du Conseil d'État », *Documentation française*, 1999.
12. L. n° 2007-148, 2 févr. 2007 de modernisation de la fonction publique, *JO* 6 févr., p. 2160, art. 20 à 25 – Décr. n° 2007-658, 2 mai 2007 relatif au cumul d'activités des fonctionnaires, des agents non titulaires de droit public et des ouvriers des établissements industriels de l'État, *JO* 3 mai, n° 41 – Circ. FP n° 2157, 11 mars 2008 relative au cumul d'activités et portant application de la loi n° 83-634 du 13 juillet 1983 portant droits et obligations des fonctionnaires modifiées, notamment son article 25, et du décret n° 2007-658 du 2 mai 2007 relatif au cumul d'activités des fonctionnaires, des agents non titulaires de droit public et des ouvriers des établissements industriels de l'État.
13. L. n° 83-634, 13 juill. 1983, art. 25 *septies*, V. désormais : CFP, art. L. 123-3.

Toutefois, par un courrier du 10 décembre 2014, le garde des Sceaux est venu rappeler la doctrine antérieure relativement à la limitation d'activités qui découle d'un tel cumul, en indiquant que : « les enseignants-chercheurs peuvent librement exercer la profession d'avocat pour tout litige n'intéressant que des personnes privées ; dès lors qu'une personne publique est impliquée, leur intervention est exclusivement limitée à la défense de cette dernière ».

434.165 Critique de la position de l'administration. Cette position est justement critiquée[1], dès lors que l'article 25, devenu 25 *septies*[2] de la loi du 13 juillet 1983, distinguait l'exercice par tout agent public d'une activité accessoire, après autorisation donnée par l'administration de rattachement, dans les conditions fixées par les articles 4 à 7 du décret du 2 mai 2007[3], seul point où se retrouvait l'interdiction de consulter/plaider contre une personne publique[4], de la situation des enseignants, lesquels peuvent cumuler leurs fonctions de plein droit, sans autorisation préalable de l'établissement de rattachement, avec une profession libérale (dont celle d'avocat), pour autant que cette dernière découle de la fonction d'enseignant[5]. Or, pour ces derniers, l'article 25 ne comportait pas la limite qu'il oppose aux activités accessoires exercées par les agents publics[6], seules les règles de nature déontologique notamment en matière de conflit d'intérêts[7], pouvant alors imposer certaines limites, appréciées au cas par cas et donc moins largement entendues que dans le cadre de la limitation d'activités susvisée[8].

La nouvelle rédaction de l'article 25 *septies*, issue de la loi du 20 avril 2016[9], reprise aux articles L. 123-1 et suivant du code général de la fonction publique ne nous paraît pas avoir modifié cette analyse, sauf à devoir alors en déduire qu'il leur serait également interdit de « créer ou de reprendre une entreprise lorsque celle-ci donne lieu à immatriculation au registre du commerce et des sociétés »[10] et de « participer aux organes de direction de sociétés »[11] ce qui reviendrait à leur imposer, de surcroît, une restriction quant aux choix de leurs modalités d'exercice de la profession.

434.166 Droit commun en matière de conflit d'intérêts. En tout état de cause, encore faut-il qu'une personne publique soit impliquée, c'est-à-dire mise en cause dans le litige, et non qu'elle se soit simplement intéressée au litige en tant qu'intervenant volontaire accessoire[12].

En outre, il y a lieu d'appliquer les règles de droit commun en matière de conflit d'intérêts[13], faisant qu'un professeur, même exerçant régulièrement la profession d'avocat, ne peut, en raison de ses fonctions, ni consulter, ni plaider contre son établissement de rattachement, voire contre son ministère de rattachement, et que dans la mesure où il serait associé dans une structure d'exercice, cette dernière serait elle-même soumise à cette obligation d'abstention[14].

434.167 Règles déontologiques propres à leur statut d'enseignant. Tout en étant soumis aux principes essentiels et règles déontologiques de la profession d'avocat pour leur activité d'avocat, les enseignants demeurent soumis aux règles découlant de leur statut, et aux instances disciplinaires compétentes, pour leurs fonctions d'enseignant.

À cet égard, le collège de déontologie du ministère chargé de l'enseignement supérieur et de la recherche a rendu, le 14 décembre 2020, un intéressant avis relatif la transparence des intérêts portés par certains enseignants à l'occasion d'une publication et à la prévention des risques de conflits d'intérêts[15]. Tout en rappelant que les enseignants peuvent, dès lors qu'ils en remplissent les conditions, exercer comme avocat, il souligne le risque de conflit d'intérêts pouvant se présenter lorsque l'expérience qu'ils en retirent est mobilisée dans le cadre de publications de leur part, tel que lors du commentaire d'une décision de justice rendue dans une affaire dans laquelle l'enseignant est intervenu comme avocat. Le collège considère que la liberté académique[16], doit s'exercer dans le respect des règles de prévention des conflits d'intérêts[17] et des impératifs de l'intégrité scientifique, faisant qu'une

1. P. Cassia, « Enseignants statutaires des facultés de droit et exercice de la profession d'avocat : quelles limites juridiques au cumul ? », *D.* 2015. 743.
2. L. nº 2016-483, 20 avr. 2016, art. 7.
3. Décr. nº 2007-658, 2 mai 2007.
4. CGFP, art. L. 123-1, 3°.
5. CGFP, art. L. 123-3.
6. P. Cassia, « Enseignants statutaires des facultés de droit et exercice de la profession d'avocat : quelles limites juridiques au cumul ? », *D.* 2015. 743.
7. V. s^s n°s 441.00 s.
8. CGFP, art. L. 123-1, 3° [L. nº 83-634, 13 juill. 1983, art. 25 *septies*, I, 3°].
9. L. nº 2016-483, 20 avr. 2016 relative à la déontologie et aux droits et obligations des fonctionnaires.
10. CGFP, art. L. 123-1, 1° [L. nº 83-634, 13 juill. 1983, art. 25 *septies*, I, 1°].
11. CGFP, art. L. 123-1, 2° [L. nº 83-634, 13 juill. 1983, art. 25 *septies*, I, 2°].
12. Paris, avis nº 249025, 19 févr. 2014.
13. V. s^s n°s 441.00 s.
14. V. s^s nº 441.71.
15. Avis, collège de déontologie, 14 déc. 2020 relatif à la transparence des intérêts portés par certains enseignants-chercheurs à l'occasion d'une publication et à la prévention des risques de conflits d'intérêts – B. Stirn, « L'avis du collège de déontologie sur la transparence des publications », *D.* 2021. 624 – B. Mallet-Bricout, E. Untermaier-Kerléo, « L'intégrité scientifique sous les feux de la rampe », *JCP* 2021. 537.
16. C. éduc., art. L. 952-2 ; – AUSSI : C. rech., art. L. 211-2.
17. V. s^s n°s 434.41 s.

publication, en partie inspirée par une expérience d'avocat, qui dissimulerait cette expérience au lecteur méconnaîtrait ces règles et ces impératifs. Par conséquent, il recommande aux enseignants de faire preuve de prudence et de s'interroger suffisamment avant de publier un texte dont le contenu est en lien avec leur activité d'avocat. Il leur rappelle que, s'ils envisagent une telle publication, il leur incombe, à peine de méconnaître leurs obligations déontologiques, de le signaler en toute hypothèse aux éditeurs et de demander à ceux-ci d'indiquer aux lecteurs l'éventuelle activité d'avocat qu'ils ont pu avoir dès lors que cette activité présente un lien quelconque avec leur projet publication.

Il recommande, en outre, aux éditeurs de faire preuve à cet égard de vigilance. En effet, il a pu être constaté, que les pratiques suivies pour répondre aux exigences déontologiques demeurent très souples chez les éditeurs juridiques lesquels, s'ils cherchent à éviter qu'un auteur publie sur une affaire au titre de laquelle il a été consulté, ne demandent pas, pour autant, de déclaration d'intérêts et s'en remettent à la bonne déontologie des auteurs comme à la vigilance de leurs propres directeurs de publications et conseils scientifiques. Et ce, à la différence des pratiques observées à l'étranger, et spécialement dans les pays anglo-saxons, qui sont plus rigoureuses qu'en France et imposent des obligations précises de déclaration de tous les liens d'intérêts au travers de plates-formes qui tracent un chemin préalable à toute publication.

Ces sains principes, ont, au demeurant, vocation à s'appliquer de manière plus générale à tout avocat, même n'ayant pas la qualité d'enseignant, qui publie chez un éditeur. En effet, ils découlent de l'application des principes de conscience[1], de loyauté[2] et de probité[3], qui s'imposent à tout avocat dans l'exercice de sa profession y compris lorsqu'il procède à une publication. La déontologie des avocats est donc, elle-même, en mesure d'en faire assurer le respect, par tous les avocats, et de les sanctionner, le cas échéant.

SECTION 3
FONCTIONS JURIDICTIONNELLES

434.170 **Plan.** L'avocat peut être amené à exercer certaines fonctions juridictionnelles pouvant conduire à lui imposer des limitations d'activité (§ 1), lesquelles peuvent également résulter du fait qu'un magistrat devienne avocat (§ 2).

§ 1
Avocat exerçant des fonctions juridictionnelles

434.180 **Plan.** Des nombreuses dérogations permettent à l'avocat d'exercer des fonctions juridictionnelles induisant des limitations dans son activité d'avocat (A), chacune d'entre elles présente des spécificités qui leur sont propres (B).

A.
Principes généraux

434.191 **Principe.** Si, en principe, les fonctions de magistrats, qui ont la qualité de fonctionnaire, apparaissent incompatibles avec la profession d'avocat[4], les très nombreuses dérogations prévues en la matière atténuent considérablement ce même principe.

Les hypothèses de cumul, même ponctuelles, sont nombreuses mais ne doivent jamais faire perdre de vue la nécessaire préservation des exigences d'indépendance et d'impartialité propres aux magistrats, comme celle du respect de cette même indépendance et des règles en matière de conflit d'intérêts propres à l'avocat.

Les textes sont donc venus, au cas par cas, prévoir des restrictions en la matière, sans que celles-ci ne soient exclusives de l'application, au cas par cas, des principes précités.

434.192 **Limitation d'activité des avocats exerçant des fonctions juridictionnelles.** Ces limitations d'activités sont ainsi précisées par les textes propres à chaque fonction[5]. Pour autant, même en l'absence de précisions à cet égard, l'avocat qui exerce des fonctions juridictionnelles ne devra jamais perdre de vue qu'il doit veiller au strict respect des règles en matière de conflit d'intérêts[6], et exercer ses fonctions de manière indépendante et impartiale.

D'une manière générale, il devra s'abstenir d'intervenir directement ou indirectement, en défense comme en conseil, devant la juridiction dont il est membre. La même restriction s'appliquant au cabinet dont il est membre ainsi qu'à ses collaborateurs.

434.193 **Caractère particulier.** Le règlement intérieur du barreau de Bourges a fort bien résumé cette précaution que le caractère particulier de la profession d'avocat postule lorsqu'un de ses membres assume les fonctions juridictionnelles : « De manière à éviter toute suspicion de partialité, fût-elle imméritée, et à assurer

1. V. s[s] n°s 322.00 s.
2. V. s[s] n°s 332.00 s.
3. V. s[s] n°s 324.00 s.
4. V. s[s] n°s 432.132.
5. V. s[s] n°s 434.211 s.
6. V. s[s] n°s 441.00 s.

pleinement les principes de probité, de désintéressement, de modération et de confraternité, base même de son état, l'avocat ne pourra, soit par lui-même, soit par l'un de ses associés, soit par un collaborateur, soit par un confrère qui le substituerait, plaider ou consulter fut-ce verbalement, dans des affaires venant devant une juridiction ou commission dont il fait partie. La même interdiction est faite aux collaborateurs de se présenter devant une juridiction ou « commission » dont ferait partie son patron même s'il se présentait dans une affaire qui lui serait personnelle »[1].

434.194 Position de la CEDH. La CEDH a eu à connaître d'une affaire où une union d'entreprises se plaignait d'un manque allégué d'impartialité et d'indépendance d'un tribunal en raison du fait que le magistrat rapporteur, était en même temps membre d'un cabinet d'avocats qui prêtait ses services de conseil au gouvernement dans d'autres procédures.

Rappelant que pour déterminer l'impartialité d'un tribunal, au sens de l'article 6 § 1 de la Conv. EDH, il faut tenir compte non seulement de la conviction et du comportement personnels du magistrat en telle occasion, mais aussi rechercher si ce tribunal offre objectivement des garanties suffisantes pour exclure à cet égard tout doute légitime, la Cour a considéré qu'il y avait, dans l'affaire en cause, une raison légitime de redouter du juge un défaut d'impartialité. En effet, le magistrat en cause était également avocat associé d'un cabinet qui figurait, au moment des faits ayant conduits au litige, comme conseil juridique rémunéré du gouvernement défendeur à la procédure en cause, et que cela pouvait, comme l'avaient déjà noté les juridictions nationales dans le cadre de l'exécution de la décision, justifier objectivement les appréhensions du requérant au sujet de l'impartialité du magistrat, et ce, nonobstant l'absence totale d'intérêt direct de sa part dans l'affaire en cause. Dès lors, pour la Cour, il y a eu violation de l'article 6 § 1 de la Conv. EDH quant à l'exigence d'un tribunal impartial[2].

B. Illustrations

434.200 Plan. Les textes prévoient la compatibilité (A) ou l'incompatibilité (B) de certaines fonctions juridictionnelles avec l'exercice de la profession d'avocat.

1° Fonctions juridictionnelles compatibles

434.211 Membre du Conseil supérieur de la magistrature. Les fonctions de membre du Conseil supérieur de la magistrature sont compatibles avec l'exercice de la profession d'avocat.

L'article 65 de la Constitution prévoit du reste, expressément, tant dans la formation compétente à l'égard des magistrats du siège que dans la formation compétente à l'égard des magistrats du parquet, la présence, depuis 2010[3], d'un avocat désigné par le président du Conseil national des barreaux[4], et de six personnalités qualifiées, dont rien n'interdit qu'il s'agisse d'avocats[5].

434.212 Conseiller prud'homal. Les fonctions de conseiller prud'homal sont compatibles avec l'exercice de la profession d'avocat depuis 1979[6].

Toutefois, l'avocat désigné au conseil des prud'hommes ne peut accepter de connaître, en tant que juge, des affaires qu'il aurait eu à connaître en qualité d'avocat. Cette incompatibilité évidente doit être maintenue lorsque l'avocat est associé ou membre d'une structure d'exercice : il paraît difficile d'admettre qu'un avocat puisse faire partie de la formation de jugement devant laquelle plaident ses associés ou ses collaborateurs. En revanche, il ne semble pas qu'on puisse restreindre la liberté de choix de clientèle des associés devant les autres formations de jugement.

La même prudence semble devoir être conseillée lorsque le conseiller prud'homme est un salarié du cabinet d'avocats qui assume la défense d'une des parties : le lien particulier qui unit le personnel du cabinet à la personne de l'avocat, constaté par l'article 11 de la convention collective[7], postule la même prudence que celle réclamée aux associés de l'avocat conseiller prud'homme[8].

434.213 Assesseur des tribunaux pour enfants ou des tribunaux paritaires de baux ruraux. Les fonctions de membre assesseur des tribunaux pour enfants sont compatibles avec l'exercice de la profession d'avocat[9]. Il en va de même des fonctions de

1. RI Bourges, art. 41 *bis*.
2. CEDH 29 mai 2012, *Ute Saur Vallnet c/Andorre*, req. n° 16047/10.
3. L. org. n° 2010-830, 22 juill. 2010 relative à l'application de l'article 65 de la Constitution, *JO* 23 juill., p. 13562, art. 3.
4. L. org. n° 94-100, 5 févr. 1994 sur le Conseil supérieur de la magistrature, *JO* 8 févr., p. 2146, art. 5.1.
5. Constitution 4 oct. 1958, art. 65.
6. Décr. n° 79-1014, 28 nov. 1979 relatif à la compatibilité entre les professions d'avocat ou de conseil juridique et les fonctions de conseiller prud'homme et à la possibilité pour les conseils juridiques d'exercer les fonctions de membre assesseur des tribunaux paritaires des baux ruraux, *JO* 30 nov., p. 2978.
7. Conv. coll. nat. des avocats et de leur personnel, 20 févr. 1979, art. 11.
8. RAPPR. : Poitiers, 13 mai 1980 ; *Gaz. Pal.* 1980. 2. 465 – Rép. min., 22 févr. 1982, *JOAN* p. 10012 ; *Gaz. Pal.* 18 juin 1982, p. 9.
9. Décr. 27 nov. 1991, art. 115 – Paris, avis n° 25.2400, 25 mars 2014.

membre assesseur des tribunaux paritaires des baux ruraux.

Les mêmes limitations d'activité que s'agissant de l'avocat exerçant les fonctions de conseiller prud'homal doivent alors s'appliquer[1].

434.214 Assesseur du pôle social du tribunal judiciaire. Les fonctions d'assesseur du pôle social du tribunal judiciaire de chaque chef-lieu de département[2], qui a remplacé le tribunal des affaires de sécurité sociale (Tass)[3], sont compatibles avec l'exercice de la profession d'avocat, à condition que l'intéressé n'exerce pas la fonction d'administrateur ou de président d'un organisme de sécurité sociale[4], fonction également compatible avec la profession d'avocat[5].

En outre, ce cumul de fonctions n'est pas contraire au devoir de délicatesse pour deux raisons : ce serait faire injure à l'avocat que d'imaginer que ses délibérations puissent être partiales alors qu'il s'agit d'une juridiction collégiale. Par ailleurs, il est important que l'avocat puisse investir de telles fonctions et faire bénéficier les juridictions de son expérience et de ses valeurs[6].

Les mêmes limitations d'activité que s'agissant de l'avocat exerçant les fonctions de conseiller prud'homal doivent alors s'appliquer[7].

434.215 Magistrat à titre temporaire. L'avocat peut également être nommé pour une durée de 5 ans, renouvelable une fois, magistrat à titre temporaire[8], qui a intégré les anciens juges de proximité supprimés depuis le 1er juillet 2017[9]. Il est soumis, dans le cadre de ses fonctions juridictionnelles[10], au pouvoir disciplinaire de la magistrature[11].

Lorsqu'ils sont avocats, les magistrats à titre temporaires ne peuvent exercer des fonctions judiciaires dans le ressort du tribunal judiciaire où ils ont leur domicile professionnel. Pour les avocats inscrits aux barreaux de Paris, Nanterre, Bobigny ou Créteil, la limitation d'activité géographique s'étend cumulativement aux ressorts de ces quatre tribunaux judiciaires. Cette limitation d'activité géographique perdure cinq ans après la cessation de leurs fonctions et s'applique également à leurs salariés[12].

Le magistrat à titre temporaire ne peut ni mentionner sa qualité, ni en faire état, dans les documents relatifs à l'exercice de son activité professionnelle, tant pendant la durée de ses fonctions que postérieurement[13].

434.216 Magistrat à titre temporaire – Limitation d'activité. Le magistrat à titre temporaire ne peut connaître d'un litige présentant un lien avec son activité professionnelle ou lorsqu'il entretient ou a entretenu des relations professionnelles avec l'une des parties. Dans ces hypothèses, le président du tribunal judiciaire ou le magistrat chargé de la présidence de la chambre proximité à laquelle l'intéressé est affecté décide, à la demande de celui-ci ou de l'une des parties, que l'affaire sera soumise à un autre juge de la juridiction ou, s'il exerce des fonctions d'assesseur, qu'elle sera renvoyée à une formation de jugement autrement composée. Cette décision de renvoi n'est pas susceptible de recours[14].

Cette interdiction doit s'entendre comme portant également, le cas échéant, sur l'activité exercée en qualité de membre d'un groupement d'exercice et dans le cadre ou au nom de laquelle exerce l'intéressé[15].

434.217 Avocat pouvant être appelé à compléter la cour ou le tribunal. Lorsque le nombre des conseillers ou des juges est insuffisant[16], l'avocat peut être appelé à compléter la juridiction. Un avocat ne peut compléter que le tribunal devant lequel il est inscrit ou la cour s'il est inscrit au barreau de la ville où siège la cour d'appel[17]. La Cour de cassation précise en effet que, « seul un avocat faisant partie du barreau institué auprès de la juridiction qui statue a qualité pour siéger »[18]. L'avocat appelé à ce service

1. V. ss no 434.212.
2. COJ, art. L. 218-2 s.
3. L. no 2016-1547, 18 nov. 2016 de modernisation de la justice du XXIe siècle, *JO* 19 nov., no 1, art. 12.
4. COJ, art. L. 218-4.
5. V. ss no 433.177.
6. CNB, Comm. RU, avis no 2010-034, 24 juin 2010 ; C. avocat 2021, ss décr. 27 nov. 1991, art. 115, note 23.
7. V. ss no 434.212.
8. Ord. no 58-1270, 22 déc. 1958 portant loi organique relative au statut de la magistrature, *JO* 23 déc., p. 11551, art. 41-10.
9. L. org. no 2016-1090, 8 août 2016 relative aux garanties statutaires, aux obligations déontologiques et au recrutement des magistrats ainsi qu'au Conseil supérieur de la magistrature, *JO* 11 août, no 1, art. 39 et 40 – Cons. const. no 2016-732 *DC*, 28 juill. 2016 – Loi organique relative aux garanties statutaires, aux obligations déontologiques et au recrutement des magistrats ainsi qu'au Conseil supérieur de la magistrature, NON-CONFORMITÉ PARTIELLE – RÉSERVE, *JO* 11 août, no 2.
10. L. org. no 95-64, 19 janv. 1995 en insérant dans l'ordonnance no 58-1270 du 22 décembre 1958 portant loi organique relative au statut de la magistrature, *JO* 20 janv., p. 1042.
11. Ord. no 58-1270, 22 déc. 1958, art. 41-15.
12. Ord. no 58-1270, 22 déc. 1958, art. 9-1 – V. ss no 434.231.
13. Ord. no 58-1270, 22 déc. 1958, art. 41-14 – V. ss no 461.95.
14. Ord. no 58-1270, 22 déc. 1958, art. 41-14.
15. Cons. const. 20 févr. 2003, no 2003-466 *DC*, Loi organique relative aux juges de proximité, *JO* 27 févr., p. 3480.
16. COJ, art. L. 212-4 et L. 312-3.
17. Crim. 3 juin 1991, no 89-86.573, P no 235 ; *Gaz. Pal.* 26 sept. 1991, p. 40 – ANTÉRIEUREMENT : Crim. 11 juin 1980, no 79-93.173, P no 188.
18. Crim. 5 févr. 1970, no 69-92.678, P no 54, p. 128 – Crim. 3 juin 1991, no 89-86.573, P no 235 ; *Gaz. Pal.* 26 sept. 1991, p. 40.

est celui qui, parmi ceux qui sont présents à l'audience, est le plus ancien dans l'ordre du tableau. Les énonciations d'une décision de justice selon lesquelles un avocat a été appelé à suppléer un conseiller pour compléter la cour d'appel font présumer qu'il a été procédé à ce remplacement conformément à la loi [1]. L'avocat qui se déroberait sans raison à cette obligation commettrait une faute professionnelle [2].

L'avocat qui est appelé à compléter le tribunal ou la cour n'est pas tenu de prêter le serment imposé aux magistrats, car il a déjà prêté un serment professionnel [3]. Pendant la période où il siège et délibère, il a les mêmes droits et les mêmes devoirs que les magistrats professionnels. Il est notamment astreint au secret des délibérés, il peut être l'objet d'une récusation comme un magistrat professionnel sur le fondement de l'article 378 du code de procédure civile. Naturellement, un avocat ne peut, dans la même affaire, remplir le rôle d'avocat et celui de juge [4].

L'avocat peut aussi être appelé à siéger comme juré de cour d'assises puisqu'il ne figure pas dans la liste d'incompatibilités de l'article 257 du code de procédure pénale.

434.218 Conseiller d'État en service extraordinaire, membre du Conseil constitutionnel ou du Conseil économique, social et environnemental. La profession d'avocat est compatible avec la fonction de conseiller d'État en service extraordinaire [5]. Une telle compatibilité apparaît toutefois devoir être restreinte aux seuls conseillers d'État en service extraordinaire nommés pour exercer des fonctions consultatives [6], dès lors qu'ils ne participent qu'aux activités de conseil du Conseil d'État, et ne semble pas pouvoir s'étendre aux conseillers d'État en service extraordinaire nommés pour exercer des fonctions juridictionnelles [7]. En tout état de cause, les conseillers d'État en service extraordinaire qui exercent une activité professionnelle privée ne peuvent, dans l'exercice de cette activité, mentionner ou laisser mentionner leur qualité [8].

De même, elle est compatible avec les fonctions de membre du Conseil constitutionnel [9] ou de membre du Conseil économique, social et environnemental (Cese) [10].

2°
Fonctions juridictionnelles incompatibles

434.221 Membre d'une autorité administrative indépendante ou d'une autorité publique indépendante. Lorsqu'il est exercé à temps plein [11], le mandat de membre d'une autorité administrative indépendante ou d'une autorité publique indépendante est, selon la loi du 20 janvier 2017, incompatible avec l'exercice, par les membres de l'autorité, d'une activité professionnelle [12], dont celle d'avocat.

En outre, aucun membre d'une autorité administrative indépendante ou d'une autorité publique indépendante ne peut exercer des fonctions de chef d'entreprise, de gérant de société, de président ou membre d'un organe de gestion, d'administration, de direction ou de surveillance, ou une nouvelle activité professionnelle au sein d'une personne morale ou d'une société qu'elle contrôle au sens de l'article L. 233-16 du code de commerce, si cette personne morale ou cette société a fait l'objet d'une délibération, d'une vérification ou d'un contrôle auquel il a participé au cours des deux années précédentes [13].

434.222 Juge consulaire. Un avocat en exercice ne peut pas être juge consulaire. En effet, bien que rien ne s'oppose à ce qu'un avocat soit élu délégué consulaire [14], il convient d'avoir la qualité de commerçant, laquelle est incompatible avec l'exercice de la profession d'avocat [15], pour pouvoir être élu juge consulaire [16]. En outre, depuis la loi du 18 novembre 2016 [17], l'article L. 722-6-1 du code de commerce prévoit expressément que les juges des tribunaux de commerce ne peuvent pas exercer la profession d'avocat, ni travailler au service d'un avocat pendant la durée de leur mandat.

Il existe donc bien une incompatibilité statutaire entre la fonction de juge consulaire et la profession d'avocat. En entrant dans la profession d'avocat, un juge consulaire se heurte donc à une incompatibilité statutaire d'exercice [18].

434.223 Conciliateur de justice. L'avocat ne peut pas être conciliateur de justice, destiné à rechercher le règlement amiable d'un différend dans les condi-

1. Soc. 7 juill. 1998, n°s 96-41.701, 96-41.821, P V, n° 372.
2. Rennes, 17 mars 1884 ; *S.* 1885. 2. 111.
3. Civ. 26 déc. 1883, *DP* 1884. 1. 169 – Cass., Req. 21 janv. 1884 ; *DP* 1884. 1. 472.
4. Civ. 6 févr. 1934, *DH* 1934, 180.
5. CJA, art. L. 121-4 à L. 121-7 et R. 121-15 et 16.
6. CJA, art. L. 121-4, II.
7. CJA, art. L. 121-4, III – PAR ANALOGIE, v. s^s^ n° 434.221.
8. CJA, art. L. 121-7.
9. J. Lemaire, *Les règles de la profession d'avocat et les usages du barreau de Paris*, 4e éd., LGDJ, 1975, n° 144 – Paris, Comité d'Éthique, avis 11 juin 2012.
10. J. Lemaire, *Les règles de la profession d'avocat et les usages du barreau de Paris*, 4e éd., 1975, n° 144.
11. V. s^s^ n° 433.176.
12. L. n° 2017-55, 20 janv. 2017, art. 10, IV.
13. L. n° 2017-55, 20 janv. 2017, art. 10, III.
14. C. com., art. L. 713-10.
15. V. s^s^ n°s 432.11 s.
16. C. com., art. L. 723-4 s.
17. L. n° 2016-1547, 18 nov. 2016, art. 95.
18. CNB, Comm. RU, avis n° 2006-025, 29 mars 2006 – CNB, Comm. RU, avis n° 2007-028, 29 juin 2007 ; C. avocat 2021, s^s^ décr. 27 nov. 1991, art. 115, note 10.

tions et selon les modalités prévues aux articles 830 et suivants, et 1536 et suivants du code de procédure civile [1].

En effet, les conciliateurs de justice qui sont bénévoles, ne peuvent pas être des personnes qui exercent, à quelque titre que ce soit, des activités judiciaires, ou qui participent au fonctionnement du service de la justice [2], ce qui vise notamment, les avocats [3].

§ 2
Magistrat devenant avocat

434.231 Magistrats de l'ordre judiciaire. Les anciens magistrats de l'ordre judiciaire, lesquels ne relèvent pas de la Hatvp [4], qui deviennent avocats sont soumis à des limitations d'activité aux termes de l'article 9-1 de l'ordonnance du 22 décembre 1958 [5] qui leur interdit, sauf pour les magistrats de la Cour de cassation, d'exercer leurs fonctions ou de travailler au service d'un avocat dans le ressort d'une juridiction où ils ont exercé leurs fonctions depuis moins de cinq ans.

La question de la notion de « ressort d'une juridiction » au sens de l'article 9-1 fait débat. La chancellerie semble considérer que le ressort d'une juridiction s'entend de la juridiction concernée mais également de celles où l'avocat peut postuler en application des règles relative à la multipostulation [6]. Le conseil d'État a approuvé une ordonnance d'un tribunal administratif ayant suspendu une décision en ce sens dès lors qu'il existe un doute sérieux sur la légalité du moyen tiré de ce que l'inscription d'un avocat au barreau de Paris caractériserait un « exercice de la profession d'avocat dans le ressort » du tribunal judiciaire de Nanterre, où le magistrat en cause avait précédemment exercé, alors même que la postulation auprès du tribunal judiciaire de Nanterre est, à titre dérogatoire, ouverte aux avocats inscrits au barreau de Paris [7].

434.232 Caractère suranné des dispositions relatives aux magistrats de l'ordre judiciaire. Le cas d'un ancien procureur du parquet national financier devenu avocat, en s'inscrivant dans un barreau autre que celui de Paris pour travailler pour le compte d'un cabinet d'avocats installé à Paris, a suscité, courant 2020, un certain nombre de protestations [8], protestations qui ne s'étaient point élevées lorsqu'en 2015 un ancien procureur général de Paris était devenu avocat au barreau de Lyon pour travailler, lui aussi, pour un cabinet parisien, et ont, surtout, mis en lumière le caractère suranné des dispositions de l'article 9-1 de l'ordonnance du 22 décembre 1958.

Le critère du « ressort d'une juridiction » est, en effet, dénué de toute pertinence, à une époque où la notion de territorialité n'a plus guère de sens en termes de pratique professionnelle, tant s'agissant des magistrats que des avocats. Il conviendrait d'y substituer une appréciation au cas par cas, eu égard aux fonctions passées du magistrat en cause et aux risques de conflits d'intérêts, ou de prise illégale d'intérêts, qu'il convient de prévenir dans le cadre de sa nouvelle activité comme c'est déjà le cas, par exemple, pour les greffiers [9] ou les magistrats administratifs [10]. Lors de la présentation de son rapport d'activité au titre de l'année 2020 [11], le président de la Hatvp, s'est prononcé [12], à juste titre, en ce sens afin que les magistrats de l'ordre judiciaire soient pleinement soumis aux règles qui régissent l'ensemble des fonctionnaires et agents contractuels [13]. Le Conseil supérieur de la magistrature s'est également prononcé en faveur de la possibilité de : « contraindre le magistrat démissionnaire qui souhaite, dans un délai de cinq années, rejoindre une activité privée à obtenir l'accord d'une instance de régulation » [14].

434.233 Magistrats administratifs. La Cdfp [15] a considéré qu'un conseiller d'État qui cesse ses fonctions pour exercer des fonctions d'avocat ne peut pas, pendant les trois ans qui suivent son départ [16], intervenir sur des dossiers dont il aurait eu connaissance dans le cadre de ses fonctions, ni présenter de requêtes ou mémoires devant le Conseil d'État [17]. La Hatvp a, par la suite, considéré qu'un Conseiller d'État ne saurait, pendant trois ans, présenter, en tant qu'avocat, des requêtes ou mémoires ou

1. Circ. 24 janv. 2011 relative à la présentation du décret n° 2010-1165 du 1er octobre 2010 relatif à la conciliation et à la procédure orale en matière civile, commerciale et sociale, *JO* 3 oct., p. 17986, NOR : JUSC1033666C – V. ss n° 433.43.
2. Décr. n° 78-381, 20 mars 1978 relatif aux conciliateurs de justice, *JO* 23 mars, p. 1265, art. 2.
3. N. Fricero (dir.), *Le guide des modes amiables de résolution des différends (Mard),* 3e éd., « Guides Dalloz », 2017, n° 121.21.
4. V. ss n° 434.144.
5. Ord. n° 58-1270, 22 déc. 1958.
6. V. ss nos 622.161 s.
7. CE 28 déc. 2018, req. n° 409633, NP.
8. « Des avocats à l'assaut d'un haut magistrat », *Le Canard Enchaîné* 21 oct. 2020, n° 5215, p. 2.
9. V. ss n° 434.143.
10. V. ss n° 434.233.
11. Hatvp, *Rapport d'activité annuel 2020,* juin 2021.
12. N. Brimo, « Le début de la fin pour les magistrats pantoufleurs », *Le Canard Enchaîné* 10 févr. 2021, n° 5231, p. 2.
13. V. ss nos 434.111 s.
14. CSM, Formation plénière, Avis au Président de la République, 24 sept. 2021, proposition n° 5.
15. V. ss nos 434.131 s.
16. DÉJÀ : Collège de déontologie des juridictions administratives, avis, 17 juin 2013, n° 6-2013, *JCP* 2013. 789 ; *D. avocats* 2013. 316, obs. L. Dargent.
17. Avis Cdfp n° 14e0126, 13 mars 2014.

paraître à l'audience devant la section du contentieux du Conseil d'État, ni conseiller ou représenter, devant une autre juridiction, des personnes ayant été partie dans une affaire sur laquelle il s'est prononcé en tant que conseiller d'État. En outre, elle considère qu'il doit s'abstenir de toutes démarches auprès des membres de la section du contentieux du Conseil d'État, dans le cadre de sa nouvelle activité d'avocat, notamment pour le compte de clients[1]. Dans cette dernière affaire, l'intéressé s'est toutefois trouvé rapidement en situation de contrariété avec ledit avis en ayant accepté de défendre une filiale d'un client « partie dans une affaire sur laquelle il s'est prononcé en tant que conseiller d'État » avant, finalement, de renoncer à défendre ledit client[2].

On notera que la charte de déontologie de la juridiction administrative[3] prévoit en son point 16 que l'exercice par un ancien magistrat administratif de toute activité libérale, peut être assorti, par la Hatvp de réserves, pour une durée de trois ans tout en précisant qu'en la matière, la déontologie requise des magistrats administratifs est plus exigeante que celle du droit commun. Dès lors, il est ainsi demandé aux membres ou anciens membres du Conseil d'État et du corps des magistrats des tribunaux administratifs et cours administratives d'appel de ne pas intervenir sur des dossiers dont ils auraient eu connaissance dans l'exercice de leurs activités juridictionnelles[4].

En outre, ils doivent, pendant une durée de cinq ans, s'abstenir de présenter des requêtes ou mémoires, ou de paraître à l'audience, devant la juridiction dont ils ont été membres. Les anciens vice-présidents et présidents de du Conseil d'État, ainsi que les anciens présidents adjoints et présidents de chambre de la section du contentieux devant observer cette pratique pendant une durée de dix ans, à compter de la fin de ces fonctions ; il en va de même des anciens chefs de juridiction devant la juridiction qu'ils ont présidée. Un référé suspension à l'encontre de cette disposition de la charte a été rejeté par le Conseil d'État[5] qui a ensuite renvoyé une QPC[6] devant le Conseil constitutionnel[7] avant de rejeter le recours au fond[8].

1. Hatvp, délib. n° 2021-57 du 13 avril 2021 relative au projet de reconversion professionnelle de Monsieur Xavier de Lesquen – même sens : Hatvp, délib. n° 2020-167, 8 sept. 2020.
2. M. Babonneau, « Un avocat passé aux rayons "ex" », *Le Canard Enchaîné* 4 août 2021, p. 3.
3. Charte de déontologie de la juridiction administrative du 14 mars 2017, http://www.conseil-etat.fr/content/download/94218/906715/version/3/file/Charte%20deontologie.pdf.
4. Collège de déontologie des juridictions administratives, avis, 17 juin 2013, n° 6-2013, *JCP* 2013. 789 ; *D. avocats* 2013, 316, obs. L. Dargent et avis n° 2012/10, 1er févr. 2013.
5. CE, ord. réf., 1er juin 2017, req. n° 410913, M. A., NP – CE 15 juin 2017, req. n° 411133, NP.
6. CE 19 juill. 2017, req. n° 411070.
7. Cons. const. 20 oct. 2017, n° 2017-666 QPC.

434.234 Magistrats administratifs, attitude en tant qu'avocat. Au-delà des strictes limitations d'activité, tout magistrat administratif devenant avocat doit faire preuve de vigilance, de prudence et de délicatesse dans ses relations, en qualité d'avocat, avec la juridiction administrative. Il en va a fortiori ainsi lorsqu'il s'inscrit au barreau du siège d'une juridiction au sein de laquelle il a exercé. Et, dans ce cas, l'exigence s'accroît bien plus encore pour un ancien chef de juridiction[9].

Le collègue de déontologie des juridictions administratives est ainsi venu préciser, dans une recommandation relative à l'exercice de la profession d'avocat par un ancien membre de la juridiction administrative, que l'intéressé doit aussi respecter les devoirs qui, de façon générale, s'attachent à la qualité d'ancien magistrat et qui lui imposent notamment de veiller à ne porter atteinte ni à la dignité des anciennes fonctions ni à l'image de la juridiction administrative. Il en découle que s'il peut entretenir des relations privées avec ses anciens collègues, il doit éviter tout comportement ou toute attitude qui irait à l'encontre des règles élémentaires touchant à la discrétion, au secret professionnel et à l'impartialité ou qui pourrait accréditer auprès de tiers l'existence de rapports privilégiés avec la juridiction et ses membres. La recommandation précise ensuite, notamment, que l'ancien magistrat devenu avocat :

– ne peut accéder aux sources documentaires internes à la juridiction administrative. Le cas échéant il doit s'abstenir d'utiliser les informations et documents non publics qu'il aurait pu détenir dans l'exercice de ses fonctions antérieures ;

– ne doit, dans le cadre de sa communication[10], délibérément mettre en relief sa qualité d'ancien magistrat, laquelle peut être invoquée de manière sobre, discrète et dépourvue d'ambiguïté, par exemple en trouvant place parmi d'autres indications biographiques. S'il peut décrire les fonctions exercées au sein de la juridiction, il ne saurait, de ce fait, souligner la particulière expertise qu'il a ainsi pu acquérir dans certaines matières et, d'une façon ou d'une autre, la rapprocher de l'indication du type de dossiers qu'il se propose plus particulièrement de traiter ; ni suggérer implicitement, voire indiquer expressément, que le fait d'avoir eu « de l'intérieur » une connaissance de la juridiction administrative sera un atout pour le client[11].

Les exigences correspondantes s'apprécient en fonction de l'ensemble des circonstances de l'affaire

8. CE 25 mars 2020, req. n° 411070, *Lebon*.
9. Collège de déontologie des juridictions administratives, avis, 10 mars 2017, n° 1-2017.
10. V. ss n° 461.95.
11. Collège de déontologie des juridictions administratives, recomm., 22 nov. 2017, n° 11-2017.

et notamment du contexte local et de la notoriété de l'intéressé[1].

434.235 Magistrats – Cour des comptes. De la même façon, un assistant de vérification auprès de magistrats affectés à la chambre régionale des comptes de la région dans laquelle s'exercera son activité d'avocat, doit s'abstenir de toute relation professionnelle avec les collectivités territoriales et les établissements publics locaux dont il a eu à vérifier les comptes et de toute intervention, de tout conseil, en contentieux, précontentieux, transaction, médiation ou recours divers, à l'encontre des collectivités concernées[2].

434.236 Avocat devenant magistrat. On notera que lorsqu'un avocat souhaite devenir magistrat, il est prévu que nul ne peut être nommé magistrat dans le ressort d'un tribunal judiciaire où il aura exercé depuis moins de cinq ans la profession, cette exclusion pouvant être étendue, pour une nomination déterminée, à un ou plusieurs autres ressorts de tribunaux du ressort de la cour d'appel, dès lors que la commission d'avancement a émis un avis en ce sens[3].

De même que nul ne peut être nommé membre d'un tribunal administratif ou d'une cour administrative d'appel s'il a exercé dans le ressort de ce tribunal ou de cette cour, depuis moins de cinq ans, la profession d'avocat[4], et que les juristes assistants des juridictions administratives ne peuvent être recrutés au sein d'une juridiction dans le ressort de laquelle ils ont exercé la profession d'avocat au cours des deux dernières années[5].

SECTION 4
MANDATS ORDINAUX

434.240 Plan – Questions des Mandats ordinaux. La question de savoir si les élus ordinaux et nationaux doivent être dotés d'un statut et d'une déontologie propre afin de prendre en compte la particularité de leurs fonctions est ancienne, d'autant que l'exercice de ces mêmes fonctions les conduits à juger, rendre des sentences, rendre des avis, dans un cadre qui doit être conforme au regard de l'article 6, 1, Conv. EDH[6].

Les règles actuellement en vigueur, et qui ne concernent que le seul barreau de Paris (A), sont loin d'être suffisantes et posent, de manière plus large, la question du statut des élus ordinaux (B).

§ 1
Règles en vigueur au barreau de Paris

434.251 Rapport Pettiti. Dès 1994, le conseil de l'Ordre de Paris s'était déjà saisi d'un projet de recommandation aux termes de laquelle une interdiction de plaider devant le conseil de l'Ordre était imposée à l'Amco pendant les deux années qui suivent la sortie du Conseil, et l'interdiction de plaider dans une affaire dans laquelle l'ancien membre du conseil peut bénéficier d'informations privilégiées parce qu'il l'a connue lorsqu'il siégeait au conseil. Cette recommandation était restée à l'état de projet.

En 2005, un rapport de Laurent Pettiti[7] avait conduit à l'élaboration d'une règle qui aurait trouvé sa place dans une nouvelle annexe du règlement intérieur intitulée : « La déontologie du Mco et de l'Amco » et prévoyant que pendant la durée de son mandat, le membre du Conseil, les associés et les collaborateurs de son cabinet ne peuvent assister un confrère devant une commission ordinale, déontologique, de règlement des litiges entre avocats et le conseil de discipline. Cette interdiction se serait également appliquée au Mco pendant les deux années suivant la fin de son mandat.

Cette proposition fut rejetée par le conseil de l'Ordre du barreau de Paris en sa séance du 20 décembre 2005, et donna lieu à une simple résolution de principe. Une nouvelle résolution porta la durée de deux à trois ans[8].

434.252 Avis déontologique. Mais les difficultés persistaient[9], et un avis de la commission plénière de déontologie du 6 avril 2009 dû rappeler les principes précités[10].

Toutefois, dans le dossier ayant donné lieu à l'avis, qui n'avait pas été respecté, la cour d'appel de Paris dénia toute portée à celui-ci en considérant que : « Toutes les règles définies par le conseil de l'Ordre du barreau de Paris, dans le cadre des prérogatives qui lui sont conférées par l'article 17 de la loi du 31 décembre 1971 ainsi que les avis déontologiques rendus, qui n'ont pas à eux seuls de caractère contraignant s'ils ne sont pas suivis de poursuite disciplinaire, ne constituent que des

1. Collège de déontologie des juridictions administratives, rec., 22 nov. 2017, n° 11-2017.
2. Avis Cdfp n° 09A0435, 10 juin 2009.
3. Ord. n° 58-1270, 22 déc. 1958, art. 32.
4. CJA, art. L. 231-6.
5. CJA, art. R. 228-3.
6. Civ. 2e, 15 déc. 2005, n° 03-21.066, NP – COMP. : E. Dockes, « Conflits d'intérêts à la chambre sociale de la Cour de cassation et dérive des temps », *D.* 2018. 1930.
7. Rapport de L. Pettiti, Conseils de l'Ordre de Paris des 13 et 20 déc. 2005.
8. CO Paris, 15 janv. 2008.
9. « L'éthique du MCO », *Bull. barr. Paris* 9 janv. 2009, n° 01/2009.
10. Paris, avis n° 18.8921, commission plénière de déontologie, 6 avr. 2009.

recommandations qui ne sauraient faire obstacle au droit fondamental de tout avocat de faire le choix de son avocat devant quelque instance que ce soit. ». D'ailleurs, poursuit la cour d'appel, « le règlement intérieur, dans son article 71. 4. 5 relatif à la procédure d'arbitrage, ne reprend pas la recommandation dont se prévaut l'appelante, et rappelle seulement que les parties comparaissent en personne et peuvent se faire assister par un avocat faisant qu'il n'existe pas de cas d'incompatibilité ou de restriction d'exercice de la profession d'avocat en cette matière, sans qu'il n'y ait lieu d'opérer une distinction entre les différentes procédures d'arbitrage, dès lors qu'il s'agit de l'exercice d'un droit fondamental. »[1].

434.253 Règlement intérieur du barreau de Paris. Il convenait donc d'insérer cette disposition dans le règlement intérieur, ce que fit le conseil de l'Ordre du barreau de Paris en sa séance du 19 février 2013[2], en ajoutant un article P. 41.10 relatif aux incompatibilités spécifiques applicables aux Mco, Amco, et aux délégué(e)s du bâtonnier, au RIBP.

Cette disposition fut refondue, le 21 juillet 2020, au sein de deux articles P. 41.10 et P. 70 du RIBP afin de dissocier, « l'assistance ou représentation des parties contre le Barreau de Paris »[3] de « la déontologie du bâtonnier, vice-bâtonnier, ancien bâtonnier, ancien vice-bâtonnier, membre et ancien membre du conseil de l'Ordre et aux délégués du bâtonnier du barreau de Paris »[4], et de prévoir un caractère perpétuel quant à l'interdiction faite aux anciens bâtonniers de plaider contre le barreau de Paris[5].

Cette dernière modification a donné lieu à un recours devant la cour d'appel, amenant cette dernière à se prononcer sur la validité des dispositions en cause. Sous la seule réserve de l'interdiction perpétuelle faite aux anciens bâtonniers, la cour d'appel les valide en considérant qu' : « Il est constant que la CEDH a pu dire que la liberté de désigner son avocat n'a pas un caractère absolu, en sorte que rien n'interdit au conseil de l'Ordre de prévoir des dispositions visant à concilier ce principe de liberté de choix avec d'autres au moins aussi essentiels, tels le principe d'impartialité et le principe d'indépendance. Le fait d'avoir participé aux travaux [du barreau] pendant la durée d'un mandat au conseil confère sans doute à l'avocat concerné, mais aussi par ricochet à ses associés et collaborateurs, une connaissance privilégiée des rouages et activités du conseil. Cette connaissance est potentiellement de nature à susciter des conflits d'intérêts, et à porter atteinte à l'indépendance et l'impartialité des instances ordinales lors d'une instance où un ancien membre du conseil viendrait devant elles assurer la défense d'un confrère, ce qui justifie le principe de la mesure édictée par l'article P. 70 »[6].

Par conséquent, pour la cour d'appel : « Dès lors que l'interdiction ainsi faite à tous les anciens membres du conseil de l'Ordre et aux bâtonniers vice-bâtonniers, et par extension à leurs collaborateurs ou associés de structure d'exercice dans un but de bonne administration de la justice, est limitée dans le temps aux deux années qui suivent la fin de leur mandat, la mesure concilie de manière équilibrée les principes en jeu, permettant de réduire les risques encourus sans avoir le caractère absolu qui caractériserait une atteinte disproportionnée au principe de libre choix de l'avocat. »[7]

434.254 Règles applicables aux mandats ordinaux (Paris). Pendant la durée de son mandat, le bâtonnier, vice-bâtonnier, membre du conseil de l'Ordre en exercice, ou ancien siégeant dans une commission ordinale, ainsi que tout avocat investi d'une délégation du Bâtonnier, s'interdit d'assister un confrère – directement ou par le biais de ses collaborateurs ou associés – devant une commission administrative, ordinale ou déontologique, dans une procédure disciplinaire ou de conciliation, de médiation ou de règlement des litiges entre avocats ordonnée par la loi ou par le règlement intérieur national.

Dans le cadre des procédures de conciliation, de médiation ou de règlement des litiges entre avocats, il est toutefois possible que les parties se mettent d'accord pour passer outre, soit pour les associés des élus en activité[8], soit pour les anciens élus continuant à siéger ou les délégués du bâtonnier[9].

Cette limitation d'activité s'applique également, sauf pour les associés de l'avocat concerné, pendant les deux années qui suivent la fin de l'année d'achèvement du mandat ou celle de la mission à caractère continu exercée[10].

1. Paris, pôle 2, ch. 1, 21 févr. 2012, RG n° 10/15837.
2. Rapport d'A. Weber et alii, *Recommandations faites aux Mco, Amco et aux délégués du bâtonnier relatives à l'assistance d'un confrère devant une commission ordinale ou déontologique ou dans une procédure d'arbitrage*, Conseils de l'Ordre des 5 et 19 févr. 2013, *Bull. barr. Paris* 26 févr. 2013 n° 07/2013.
3. RIBP, art. P. 41.10.
4. RIBP, art. P. 70.
5. Rapport de V. Borgia et ALII, *Interdictions touchant les membres et anciens membres du conseil de l'Ordre, bâtonniers, vices-bâtonniers et anciens bâtonniers et vices-bâtonniers*, conseil de l'Ordre de Paris du 21 juill. 2020.
6. Paris, pôle 4, ch. 13, 20 mai 2021, RG n° 20/18499.
7. Paris, pôle 4, ch. 13, 20 mai 2021, RG n° 20/18499.
8. RIBP, art. P. 70, 2°.
9. RIBP, art. P. 70, 3°.
10. RIBP, art. P. 70.

434.255 **Règles spécifiques aux consultations.** Enfin, les bâtonniers, vice-bâtonniers et membres du conseil de l'Ordre s'interdisent de rédiger toute consultation déontologique à la demande d'un confrère pour la défense de ses intérêts personnels et aux fins de la produire dans le cadre d'une instance disciplinaire, arbitrale ou déontologique, tant pendant la durée de leur mandat que pendant une durée de deux ans à compter de la fin de leur mandat[1].

434.256 **Assistance ou représentation des parties contre le barreau de Paris.** Enfin, pendant la durée de leur mandat comme pendant les deux années qui suivent la fin de son mandat ou celle de la mission à caractère continu qu'il aura ultérieurement exercée, le bâtonnier et le vice-bâtonnier, et membre du conseil de l'Ordre s'interdisent de représenter ou d'assister - directement ou par le biais de leurs collaborateurs ou associés de structure d'exercice - devant toutes juridictions, une partie dans un litige l'opposant au barreau de Paris[2].

434.257 **Perspectives.** Ces règles de bon sens, qui ne sont que l'application des principes régissant les conflits d'intérêts[3] aux fonctions ordinales, et s'inspirent des principes déjà en vigueur s'agissant tant des mandats électoraux[4] que des fonctions juridictionnelles[5], sont d'autant plus nécessaires qu'il convient d'assurer l'impartialité des fonctions ordinales, tant à l'égard des confrères que du public, et constitue ainsi une restriction au principe du libre choix de l'avocat justifiée par un motif d'intérêt général[6], ce que le bâtonnier de Paris ne manque pas de rappeler[7].

Elles peuvent aisément être rapprochées des limitations d'activités applicables aux élus ou aux anciens fonctionnaires devenant avocats, et à la doctrine développée en la matière tant par la Hatvp[8] que par la Cdfp[9]. L'assimilation est, à cet égard, d'autant plus pertinente que, compte tenu de la nature d'organisme de droit privé chargé d'une mission de service public des barreaux (conseils de l'Ordre et bâtonniers), les élus ordinaux et délégués du bâtonnier ont la qualité de collaborateurs occasionnels du service public[10].

§ 2
Statut de l'élu ordinal

434.261 **Devoirs d'exemplarité et de transparence.** En l'état des textes, les élus délégués, experts, représentants, permanents salariés ou non, œuvrant pour les institutions de la profession (CNB, barreaux, Carpa, Crfp, ainsi que les organismes associés) ne se sont pas vus, sauf à Paris, appliquer cette saine réglementation.

Il découle de l'honneur et de la dignité de la profession, un devoir d'exemplarité des élus ordinaux (Mco, Amco et délégués du bâtonnier...), ce que la Cour de cassation ne manque pas, à juste titre, de rappeler lorsqu'elle a à connaître de poursuites disciplinaires à l'encontre d'élus ou d'anciens élus ordinaux[11].

À cet égard, il a pu être considéré, fort à propos, que compte tenu des prérogatives légales et réglementaires des bâtonniers vis-à-vis de leurs confrères, il était contraire à la délicatesse pour un bâtonnier ou un membre de son cabinet d'intervenir contre un avocat de son barreau dans le cadre d'un litige intéressant cet avocat à titre personnel[12].

Il en découle également un devoir de transparence, tant de la part des élus que de la part des institutions dont la mise œuvre, malgré de timides avancées, tarde à se concrétiser.

434.262 **Attitudes préjudiciables à l'intérêt de la profession.** Il est parfaitement inconcevable que des élus, anciens élus, délégués, experts, représentants ou permanents salariés ou non, qui œuvrent pour le compte des institutions de la profession, y compris nationales, exercent également, directement ou indirectement, une activité de conseil ou d'assistance au profit de confrères devant ces mêmes institutions ou les juridictions de recours, ou encore utilisent des informations, ou des contacts, privilégiés obtenus dans le cadre de leurs mandats à des fins qui ne sont pas les leurs[13].

434.263 **Responsabilité pénale.** D'autant qu'ils sont susceptibles de voir leur responsabilité pénale mise en cause sur le fondement des infractions

1. RIBP, art. P. 70.
2. RIBP, art. P. 41.10.
3. CNB, Comm. RU, avis n° 2018-037 du 12 juill. 2018.
4. V. s[s] n°s 434.71 s.
5. V. s[s] n°s 434.191 s.
6. CE 28 juin 2004, *Bessis*, req. n° 251897, *Lebon T ; AJDA* 2004. 1723 ; *AJDA* 2004. 2334, concl. M. Guyomar – Civ. 1re, 14 mai 2009, n° 08-13.422, P I, n° 91 ; *D.* 2009. 1488 ; *JCP E* 2009. 1768, note R. Mortier ; *RJ com.* 2009. 289, obs M.-H. Monsèrié-Bon ; *BJS* 2009. 1000, note J.-J. Daigre.
7. Paris, avis n° 254491, 3 juin et 16 juill. 2014 – Paris, avis n° 260832, 9 déc. 2014.
8. V. s[s] n°s 434.30 s.
9. V. s[s] n°s 434.132 s.
10. Avis CE, sect. int., 22 oct. 2015, n° 390397, p. 5.
11. NOT. V. s[s] n°s 331.55 s. ; – et AUSSI : Civ. 1re, 26 janv. 1999, n° 96-12.406, NP ; *JCP* 1999. I. 126, n° 24, obs. R. Martin – Civ. 1re, 6 sept. 2017, n° 16-13.624, NP ; *Gaz. Pal.* 3 oct. 2017, p. 21, note D. Piau
12. CNB, Comm. RU, avis n° 2018-037 du 12 juill. 2018.
13. D. Piau, « Transparence de la vie publique, les institutions ordinales seraient-elles hors la loi ? », *D. actu.* « Le droit en débats », 24 janv. 2017.

visant à protéger des atteintes à l'administration publique commises par des personnes exerçant une fonction publique[1], ou atteintes à la probité, dès lors qu'est chargée d'une mission de service public au sens du code pénal la personne qui accomplit, directement ou indirectement, des actes ayant pour but de satisfaire à l'intérêt général[2].

Cela concerne, notamment la corruption[3] et la prise illégale d'intérêts[4] tel qu'un président de conseil régional des notaires qui fut condamné des chefs de prise illégale d'intérêts et détournement de fonds publics[5] pour avoir fait embaucher son propre fils par la chambre régionale dont il assurait la présidence[6].

434.264 **Droit commun.** La mise en œuvre d'un mécanisme de prévention des conflits d'intérêts et la transparence dans la vie publique, est imposée par la loi du 11 octobre 2013[7], qui passe non seulement par une obligation de prévention et traitement des situations de conflits d'intérêts[8] mais encore par une obligation de déclaration d'intérêts et de situation patrimoniale à charge de certaines personnes et, enfin, prévoit des incompatibilités ou limitations d'activité postérieurement à la cessation des fonctions en cause notamment dans le cadre de l'exercice de la profession d'avocat.

Cela devrait conduire à imposer des incompatibilités similaires, tant durant l'exercice du mandat et des fonctions, qu'à l'issue de ceux-ci pour l'ensemble des élus des institutions de la profession (CNB, barreaux, Carpa, Crfp, ainsi que les organismes associés).

434.265 **Application de la loi du 11 octobre 2013.** Au-delà de la seule application des règles professionnelles, il y a matière à s'interroger sur l'application même de la loi du 11 octobre 2013 aux institutions ordinales. En effet, le champ d'application de la loi vise : « [...] les personnes [...] chargées d'une mission de service public »[9], lesquelles « exercent leurs fonctions avec dignité, probité et intégrité et veillent à prévenir ou à faire cesser immédiatement tout conflit d'intérêts »[10].

Dès lors que la qualité d'organisme de droit privé chargé d'une mission de service public[11] est ainsi reconnue aux institutions de la profession, l'on ne voit pas ce qui justifierait qu'elles soient exclues du champ d'application de la loi du 11 octobre 2013, laquelle leur est, en réalité, pleinement applicable.

434.266 **Permanents des institutions.** La question s'accompagne, par ailleurs, d'une autre : doit-on assimiler les permanents de ces mêmes institutions à des : « agents contractuels [...] de droit privé d'une autorité administrative indépendante ou d'une autorité publique indépendante [...] » au sens de L. 124-24 du code général de la fonction publique, ce qui tendrait à leur voir appliquer, sans préjudice des dispositions spécifiques qui peuvent leur être applicables, les dispositions relatives à la déontologie prévue aux L. 121-1 et suivants du code général de la fonction publique, et notamment le contrôle déontologique[12] en cas de « pantouflage » de l'autre côté du miroir qui leur impose, en règle générale, de s'abstenir de tout contact à des fins professionnelles avec leur ancienne administration pendant une durée de trois ans.

À défaut d'assimilation, plus ardue ici, les mêmes règles devraient trouver à s'appliquer par analogie. Car, ici encore, le cas n'est pas d'école.

434.267 **Droit comparé.** La France est, sur ce sujet, encore loin des règles en vigueur dans d'autres pays tels qu'au Québec où les élus ordinaux sont soumis à un code d'éthique et de déontologie[13], en Italie, en Espagne ou encore en Hollande.

434.268 **Conclusion.** La pleine application de ces dispositions aux institutions ordinales apparaît aujourd'hui comme une impérieuse nécessité afin de mettre un terme aux dérives, quoique marginales, mais inacceptables, que l'on peut constater en la matière.

Il appartient à la profession de s'en saisir, sauf à devoir se voir imposer demain un contrôle par un

1. C. pén., art. 432-1 s.
2. Crim. 27 juin 2018, n° 18-80.069, P ; *D.* 2018. 1791, avis Ph. Petiprez, note G. Beaussonie et H. Rasafi-Guibal ; *JCP* 2018. 1129, n° 5, obs. Ch. Claverie-Rousset ; *Gaz. Pal.* 6 nov. 2018, p. 55, note E. Dreyer ; *JCP* 2018. 1148, note M. Segonds – Crim. 11 Juill. 2018, n° 18-80.264, NP ; *JCP* 2018. 1129, n° 5, obs. Ch. Claverie-Rousset ; *Gaz. Pal.* 6 nov. 2018, p. 54, note E. Dreyer.
3. V. s[s] n°s 922.171 s.
4. C. pén., art. 432-12.
5. C. pén., art. 432-15.
6. Crim. 21 sept. 2005, n° 04-85.056, P n° 233 ; *D.* 2005. 2629 ; *RTD com.* 2006. 495, obs. B. Bouloc.
7. L. n° 2013-907, 11 oct. 2013.
8. L. n° 2013-907, 11 oct. 2013, art. 2 – Ord. n° 58-1270, 15 sept. 2017, art. 7-1.
9. SUR CETTE NOTION : Étude du Conseil d'État, 19 déc. 2013 relative à la liberté religieuse, et la jurisprudence citée.
10. L. n° 2013-907, 11 oct. 2013, art. 1er.
11. CE, sec. int., avis, 22 oct. 2015, n° 390397, p. 5 – DÉJÀ : CE 2 avr. 1943, *Bouguen ; D.* 1944. 52 ; – CE 2 févr. 1945, *Moineau, D.* 1945. 269 – CE 29 juill. 1950, *Comité de défense des libertés professionnelles des experts-comptables brevetés par l'État*, req. n° 91366, *Lebon ; RDP* 1951. 212 – CE 7 févr. 1975, *barreau de Lille*, req. n° 88611, *Lebon* – CE 6 juin 1986, *barreau de Pontoise c/Jaugey*, req. n° 57285, *Lebon ; Gaz. Pal.* 7 oct. 1986, p. 8 ; *D.* 1986. 504, note H.-C. Amiel – V. aussi s[s] n°s 511.41 s.
12. CGFP, art. L. 124-4 s. [L. n° 83-634, 13 juill. 1983, art. 25 *quinquies*].
13. Barreau du Québec, *Code d'éthique et de déontologie du Conseil d'administration du Barreau du Québec*, déc. 2018.

organisme indépendant, sur le fondement des textes déjà existant ou dans le cadre d'une extension de leur champ d'application. L'efficience même de la maîtrise de notre déontologie implique, plus que jamais, que l'on s'interroge sur nos règles de bonne gouvernance, y compris et surtout sur le plan éthique, aux fins de conserver la possibilité de décider des modalités d'administration de la profession, de la maîtrise de l'inscription au tableau ou de l'exercice des membres[1].

1. D. Piau, *Rapport sur la réforme des institutions de la profession*, UJA de Paris, 2008 – D. Piau, « Déontologie 2.02.0 : le retour des principes essentiels », *D. avocats* 2016. 243 – Ch.-A. Dubreuil, « L'éthique de la décision publique, garante de l'intérêt général », *Mél. D. Truche*, Dalloz, 2015, p. 187.

TITRE

44. Les conflits d'intérêts

SECTION 0

ORIENTEUR

44.00 Sommaire du titre.

Division. Les intérêts du client doivent être protégés contre toute atteinte qui pourrait y être portée par d'autres intérêts, passé ou présent, d'autres clients de l'avocat (chap. 441) et cette protection doit pouvoir être effective (chap. 442).

44.03 Bibliographie indicative.

* Aussi : v. s^{s} n° 4.03.

Thèses. Th. Douville, *Les conflits d'intérêts en droit privé*, Institut Universitaire Varenne, Th. 2014 – Cl. Ogier, *Le conflit d'intérêts*, Th. Saint-Étienne, 2008 – J. Valiergue, *Les conflits d'intérêts en droit privé : Contribution à la théorie juridique du pouvoir*, préf. G. Wicker, « Bibliothèque de droit privé », t. 589, LGDJ, 2019.

Encyclopédie. *J.-Cl. Pr. civ.*, fasc. 83-1 : avocats, Déontologie de l'avocat appliquée au juridique, 2014.

CHAPITRE

441. Notion de conflit d'intérêts

SECTION 0 ORIENTEUR

441.00 **Sommaire du chapitre.**

Division. La notion de conflit d'intérêts a, chez l'avocat, pour finalité de protéger les intérêts du client dont l'avocat a la charge (sect. 1) et doit s'apprécier *in concreto* au regard de la situation qui se présente (sect. 2). Toutefois, dans certains cas, les textes ont expressément prévu les situations caractérisant un conflit d'intérêts (sect. 3).

441.01 **Textes applicables.**

TEXTES TITRÉS

> Règles en matière de conflit d'intérêts

• **L. n° 71-1130, 31 déc. 1971**

art. 55 [Conflit d'intérêts]

• **Décr. n° 91-1197, 27 nov. 1991**

art. 202-2 [Avocats européens – Libre prestation de service]

• **Décr. n° 2005-790, 12 juill. 2005**

art. 7 [Conflit d'intérêts]

• **RIN,** art. 4 [Conflit d'intérêts]

4.1. Principes.

4.2. Définition.

> Règles particulières en matière de rédaction d'actes

• **Décr. n° 2005-790, 12 juill. 2005**

art. 9 [Rédaction d'actes]

• **RIN**

art. 7 [Rédaction d'actes]

> Règles particulières en matière de ventes judiciaires

• **C. civ.**

art. 1596 [Vente judiciaire – Interdiction d'être adjudicataire]

• **C. pr. exéc.**

art. R. 322-39 [Vente judiciaire – Interdiction d'être enchérisseurs]

• **C. pr. exéc.**

art. R. 322-40 [Vente judiciaire – Nombre de mandats]

• **RIN,** art. 12.2 [Déontologie et pratique de l'avocat en matière de ventes judiciaires]

> Autres règles particulières en matière de conflit d'intérêts

• **C. civ.**

art. 229-1 [Divorce par consentement mutuel sans juge]

art. 250 [Divorce sur requête conjointe]

• **RIN**

art. 6.5.5 [Obligations particulières de l'avocat ayant une activité de fiduciaire]

> Identification des parties

• **RIN**

art. 6.1 [Missions de l'avocat]

art. 6.3.3 [Délégué à la protection des données (DPO)]

art. 19 [Prestations juridiques en ligne]

19.2. Identification des intervenants

441.02 Jurisprudence de référence.

> L'avocat ne peut exploiter des informations confidentielles qu'il tient d'un client au profit d'un autre

• **Civ. 1re, 3 mars 2011,** n° 10-14.012, P I, n° 42.

* V. ss nos 441.185, 442.22.

« Attendu que les époux X... ont contesté la validité de la procédure de saisie immobilière diligentée à leur encontre, faisant valoir que l'avocat de la caisse régionale de Crédit Agricole mutuel Atlantique-Vendée (la CRCAM), créancier poursuivant, avait auparavant assuré la défense de Mme Y..., mère de M. X..., à l'occasion d'une procédure vainement engagée contre la banque pour obtenir l'annulation de l'hypothèque qu'elle avait consentie pour garantir le remboursement de l'emprunt souscrit par son fils et sa belle-fille ;

Attendu que les époux X... reprochent à l'arrêt confirmatif attaqué (Rennes, 12 février 2009) d'avoir rejeté l'exception de nullité de la procédure et ordonné la vente forcée, alors, selon le moyen, que l'avocat membre d'une société civile professionnelle qui a été le conseil d'une partie dans le litige opposant ladite partie à une banque pour la détermination d'une possible créance de cette dernière ne peut, sauf à méconnaître le principe de loyauté, à méconnaître les exigences cumulées de l'article 4 du règlement intérieur national de la profession d'avocat, de l'article 7 du décret n° 2005-790 du 12 juillet 2005 sur la déontologie de l'avocat et celles de l'article 6-1 de la Convention européenne de sauvegarde des droits de l'homme et des libertés fondamentales par rapport toujours à cette exigence de totale impartialité et de loyauté, devenir l'avocat de la partie adverse à savoir d'établissement bancaire s'agissant d'une procédure de saisie immobilière ayant pour objet la créance telle que déterminée par les juges du fond ; qu'en décidant le contraire à la faveur d'une motivation inopérante et insuffisante, les juges du fond violent les textes précités, le principe de loyauté, ensemble l'article 10 du code civil ;

Mais attendu que par motifs propres et adoptés, l'arrêt constate, d'une part, que l'avocat n'avait pas, dans l'exécution de son second mandat, exploité, en violation du secret professionnel, des informations confidentielles obtenues dans l'accomplissement du premier en sorte que la nullité de la procédure n'était pas encourue de ce chef et énonce, d'autre part, à bon droit que les règles déontologiques prévues à l'article 7 du décret du 12 juillet 2005 pour prévenir les conflits d'intérêts entre l'avocat et ses clients ne sont pas sanctionnées par la nullité de la procédure ; que le moyen est mal fondé ; »

> Le règlement intérieur des barreaux peut prévenir les conflits d'intérêts dans le cadre de vente aux enchères

• **CE 5 oct. 2007,** *Ordre des avocats du barreau d'Évreux*, req. n° 282321, *Lebon.*

* V. ss n° 441.264.

« Les al. 2, 3, 7 et 8 de l'art. 12-2 du règlement intérieur du Conseil national des barreaux résultant de l'acte à caractère normatif du Conseil national des barreaux n° 2004-0001 du 24 avril 2004 et qui sont repris dans les mêmes termes aux al. 2 à 5 de l'art. 12.1 du RIN du 12 juill. 2007 se bornant à prévenir les conflits d'intérêts susceptibles de se produire à l'occasion de ventes aux enchères et à organiser le cas échéant l'information du syndic de copropriété, ne mettent en cause ni la liberté d'exercice de la profession d'avocat ni les règles essentielles qui la régissent. Le Conseil national des barreaux n'a donc pas excédé les limites de son pouvoir réglementaire en édictant ces dispositions. »

> Un règlement intérieur peut interdire à l'avocat d'avoir plusieurs mandats pour le même bien

• **Civ. 1re, 26 nov. 2002,** n° 00-18.971, P I, n° 283.

* V. ss nos 441.262, 641.32, 641.41.

« Attendu que l'arrêt retient que les dispositions litigieuses résultant, d'une part, du paragraphe 2 de l'article 12-2, aux termes duquel l'avocat ne peut porter l'enchère pour un même bien pour le compte de plusieurs mandants, et, d'autre part, du paragraphe 7 du même article aux termes duquel lorsqu'un avocat s'est rendu adjudicataire pour le compte d'une personne, il ne peut accepter de former une surenchère au nom d'une autre personne sur cette adjudication, à défaut d'accord écrit de l'adjudicataire initial, étaient complétées par la disposition, explicitant et justifiant l'interdiction de principe, selon laquelle l'avocat ne peut notamment pas porter d'enchères pour des personnes qui sont en conflit d'intérêts ; qu'il relève ensuite qu'en restreignant le nombre de mandats au cas où existe par nature un risque de conflit d'intérêts, le conseil de l'Ordre n'a pas appliqué de manière erronée un principe général contenu dans l'article 155 du décret du 27 novembre 1991, et qu'il n'a pas été commis d'erreur sur l'exactitude matérielle des faits ou de leur qualification juridique, les droits des enchérisseurs étant en eux-mêmes concurrents, tandis que le cas de l'avocat poursuivant demeure réservé par le règlement intérieur compte tenu de la rédaction de l'article 12-2 pris dans son ensemble, dès lors que celui-ci ne peut être assimilé au « porteur d'enchères » après l'ouverture de celle-ci et n'a précisément le bénéfice de l'adjudication qu'en l'absence d'enchère ; que la cour d'appel en ayant déduit à bon droit que les dispositions critiquées ne recelaient pas d'abus de pouvoir ni d'illégalité, le moyen n'est fondé en aucune de ses branches. »

• **Civ. 1re, 23 sept. 2003,** n° 00-18.972, NP.

* V. ss nos 213.122, 441.185, 641.32.

« Attendu que l'arrêt retient que les dispositions litigieuses résultant du paragraphe 2 de l'article 12-2 du règlement intérieur, aux termes duquel l'avocat ne peut porter l'enchère pour un même bien pour le compte de plusieurs mandants, étaient complétées par la disposition selon laquelle l'avocat ne peut notamment porter d'enchères pour des personnes qui sont en conflit d'intérêts ; qu'il relève ensuite qu'en restreignant le nombre de mandats au cas où il existe par nature un conflit d'intérêts, le conseil de l'Ordre n'a pas appliqué de manière erronée un principe général contenu dans l'article 155 du décret du 27 novembre 1991 et qu'il n'a pas commis d'erreur sur l'exactitude matérielle des faits ou de leur qualification juridique, les droits des enchérisseurs étant eux-mêmes concurrents, tandis que le cas de l'avocat poursuivant demeure réservé par le règlement intérieur compte tenu de la rédaction de l'article 12-2 pris dans son ensemble, dès lors que celui-ci ne peut être assimilé au « porteur d'enchères » après ouverture de celle-ci et n'a précisément le bénéfice de l'adjudication qu'en l'absence d'enchère ; que la cour d'appel, en ayant déduit à bon droit que les dispositions critiquées ne recelaient pas d'abus de pouvoir ni d'illégalité, le moyen n'est fondé en aucune de ses branches. »

441.03 **Bibliographie indicative.**

* Aussi : v. ss n° 44.03.

Thèses. Th. Douville, *Les conflits d'intérêts en droit privé*, Institut Universitaire Varenne, Th., 2014 – Cl. Ogier, *Le conflit d'intérêts*, Th., Saint-Étienne, 2008 – J. Valiergue, *Les conflits d'intérêts en droit privé : Contribution à la théorie juridique du pouvoir*, préf. G. Wicker, « Bibliothèque de droit privé », t. 589, LGDJ, 2019.

Traité. S. Guinchard et T. Moussa (dir.), *Droit et pratique des voies d'exécution*, 9e éd., « Dalloz Action », 2018, nos 1360.00 s., par A. Leborgne.

Monographies. L. Athlan, Th. Baudesson, Ch.-H. Boeringer, J.-Ch. Savouré, J.-Y. Trochon, *Les conflits d'intérêts dans l'entreprise*, « Droit et professionnels », LexisNexis, 2016 – F. Saint-Pierre, *Pratique de la défense pénale,* 1re éd., « Les intégrales », LGDJ, 2016, nos 10 s. ; 4e éd., 2021 – M. Hirsch, *Pour en finir avec les conflits d'intérêts*, « Essais – Documents », Stock, 2010 – V. Magnier (dir.), *Les conflits d'intérêts dans le monde des affaires, un Janus à combattre*, « Ceprisca », Puf, 2006 – J. Moret-Bailly, *Les conflits d'intérêts*, « Forum », LGDJ, 2014 – N. Noto-Jaffeux, *Le conflit d'intérêts chez les avocats*, « Bibliothèques de droit », L'Harmattan, 2014 – G. Virassamy (dir.), *Les conflits d'intérêts*, « Travaux du Cerjda », Puam, 2015.

Contributions. J.-F. Arrue, « La contradiction d'intérêts », *in Loyauté du procès et comportements professionnels*, colloque magistrats-avocats, 26-27 sept. 2001, www.enm.justice.fr – Association Henri Capitant, *Les conflits d'intérêts*, « Thèmes et commentaires », Dalloz, 2013 – Coll., « Les conflits d'intérêts », *RJ com.*, hors-série, 2006 – Coll., « Les mouvements du droit face aux conflits d'intérêts », *JCP*, suppl. au n° 52, 26 déc. 2011 – Coll., *Les conflits d'intérêts*, Pouvoirs, n° 147, Seuil, 2013 – Coll., *L'avocat et les conflits d'intérêts*, Anthémis, 2011 – F. Pasqualini (dir.), *Les conflits d'intérêts : fonction et maîtrise*, Colloque du 18 oct. 2012, « Centre français de droit comparé », vol. 15, Société de législation comparée, 2013.

Articles. H. Ader, R. Martin, « Manifeste du 20 janvier 2009 », *D.* 2009. 56 – B. Cahen, « L'avocat face aux conflits d'intérêts », *Dr. et patr.* févr. 1994, p. 84 – S. de Benalcazar, « L'avocat et le conflit d'intérêts : une notion au cœur de la déontologie et de la nouvelle économie », *LPA* 15 mai 2001, n° 96, p. 4 – P.-F. Cuif, « Le conflit d'intérêts – essai sur la détermination d'un principe juridique en droit privé », *RTD Com.* 2005. 1 – B. Dondero, « Le traitement juridique des conflits d'intérêts : entre droit commun et dispositifs spéciaux », *D.* 2012. 1686. 201 – K. Haeri ; « La gestion du conflit d'intérêts dans la déontologie de l'avocat », *D. avocats* 2013. 279 – J. Hauser, « Les devoirs de l'avocat unique en cas de divorce sur requête conjointe », *RTD.* civ. 1993. 331 ; « L'avocat, le mari et l'amant », *RTD.* civ. 1997. 403 – D. Landry, « L'avocat et le conflit d'intérêts », *JCP* 2011. 605 – E. Lazega, « Conflits d'intérêts dans les cabinets américains d'avocats d'affaires : concurrence et auto-régulation », *Sociologie du travail*, 36? année, n° 3, juill.-sept. 1994, p. 315 – R. Martin, « L'avocat et la délicatesse de l'honneur », *Gaz. Pal.* 30 juill. 2000, n° 214, p. 2 – J. Moret-Bailly, « Définir les conflits d'intérêts », Dalloz, 2011, p. 1100 – J. du Parc, « Avocat et conflits d'intérêts », *Gaz. Pal.* 23-24 mai 2012, p. 73 – D. Piwnica, « L'avocat face au divorce : quelle déontologie ? », *AJ fam.* 2004. 344.

Rapport. Coll., *Pour une nouvelle déontologie de la vie publique*, Rapport de la Commission de réflexion pour la prévention des conflits d'intérêts dans la vie publique, La documentation française - Collection des rapports officiels, 2011.

SECTION 1
PROPOS LIMINAIRES

441.10 **Plan.** La notion de conflit d'intérêts ne fait pas l'objet d'une définition univoque (§ 1) et doit être distinguée des notions voisines que sont les incompatibilités, l'indépendance, la délicatesse, et la contradiction d'intérêts (§ 2). Elle implique de préciser le niveau d'appréciation des conflits d'intérêts au regard du cadre professionnel et extra-professionnel de l'avocat (§ 3), et impose à ce dernier un devoir de prévention en la matière (§ 4).

§ 1
Définitions

441.20 **Plan.** La notion de conflit d'intérêts est récente et multiforme (A), elle implique de déterminer l'intérêt du client (B).

A.
Notion de conflit d'intérêts

441.31 **Historique du conflit d'intérêts.** En droit romain, être successivement le conseil de parties adverses constituait une prévarication. Au Moyen Âge, la règle s'applique encore et elle est même consacrée par un texte : l'ordonnance du 30 août 1530. François-Étienne Mollot, rappelant que Démosthène composa, dans la même cause, une oraison pour chaque partie, indique ainsi, dans sa règle n° 72 que : « Si vous avez déjà plaidé pour une partie, il est évident que vous ne devez ni consulter ni plaider contre elle dans le même procès, car elle vous aura révélé le secret de sa défense, elle le prétendra du moins : le doute seul porterait atteinte à la dignité de l'avocat »[1].

Mais, elle tient alors une place limitée dans les premiers traités de déontologie, ne faisant pas l'objet d'une étude particulière en étant abordée sous l'angle des principes essentiels, notamment celui d'indépendance[2] dans une relative à « l'acceptation du dossier » par l'avocat[3]. Elle est toutefois reprise par les règlements intérieurs des barreaux, et sanctionnée, indirectement, toujours sous l'angle des principes essentiels, par la Cour de cassation, notamment, sur le fondement de la violation du secret professionnel[4].

441.32 Apparition de la notion d'opposition d'intérêts (décret du 9 juin 1972). C'est l'article 84 du décret du 9 juin 1972[5] qui vient viser, pour la première fois, la notion d'opposition d'intérêts, et qui prévoyait que : « Les parties ayant des intérêts opposés ne peuvent être ni assistées ni représentées par un même avocat. [...] ».

441.33 Apparition de la notion de conflit d'intérêts (décret du 27 nov. 1991). Puis, à la suite de la fusion des professions d'avocat et de conseils juridiques[6], l'article 155 du décret du 27 novembre 1991[7] devenu l'article 7 du décret du 12 juillet 2005[8], est venu introduire la notion même de conflit d'intérêts en visant expressément deux situations : d'une part celle où l'avocat est le conseil, représentant ou défenseur de plus d'un client dans une même affaire et d'autre part, celle où l'avocat envisage de prendre l'affaire d'un nouveau client.

Elle recouvre en fait deux questions que l'avocat doit se poser en permanence :

1° Puis-je prendre plusieurs clients dans un même dossier[9] ?

2° Puis-je prendre un nouveau client[10] ?

Pour autant, l'article 7 du décret du 12 juillet 2005, ainsi que l'article 55 de la loi du 31 décembre 1971 qui vise la situation où l'avocat aurait un intérêt personnel dans l'affaire[11], ne contiennent aucune définition de la notion de conflit d'intérêts.

441.34 Essai de définition. Terme multiforme, d'apparition récente[12], la notion de conflit d'intérêts n'est nulle part définie en droit interne. Le conflit d'intérêts puise ses sources dans les règles applicables en matière de secret professionnel[13], ainsi que dans les principes d'indépendance, de désintéressement, de délicatesse mais plus encore dans le principe de loyauté[14]. L'avocat doit pouvoir exercer pleinement sa mission dans l'intérêt de son client[15].

Elle peut se définir comme : « les situations dans lesquelles une personne en charge d'un intérêt autre que le sien n'agit pas, ou peut être soupçonnée de ne pas agir, avec loyauté ou impartialité vis-à-vis de cet intérêt, mais dans le but d'en avantager un autre, le sien ou celui d'un tiers »[16] ou encore : « la situation dans laquelle un agent doit trancher, à l'occasion d'une opération déterminée, entre l'intérêt qui lui est confié et son intérêt personnel ou celui d'autrui »[17]. Comme a pu le noter un auteur, si l'on arrive à relier une même personne à deux intérêts antagonistes, il y aura conflit d'intérêts, au moins potentiel[18].

441.35 Définition du RIN.

– Le règlement intérieur national est allé plus loin que l'article 7 du décret du 12 juillet 2005 en ce qu'il a tenté de définir, dans son article 4, les cas de conflit d'intérêts de l'avocat dans sa mission de conseil, d'une part, et dans sa mission de représentation et de défense, d'autre part. L'article 21.3.2 du RIN, intégrant l'article 3.2. du code de déontologie des avocats européens, reprend en substance les mêmes règles.

1. Mollot, 2e éd., 1866, t. I, p. 93.
2. V. ss nos 441.53 s.
3. J. Lemaire, *Les règles de la profession d'avocat et les usages du barreau de Paris*, 4e éd., LGDJ, 1975, n° 420.
4. Cass., req., 19 janv. 1898, *DP* 1898. 1. 80.
5. Décr. n° 72-468, 9 juin 1972 organisant la profession d'avocat, pris pour l'application de la loi n° 71-1130 du 31 déc. 1971, *JO* 11 juin, p. 5884.
6. V. ss nos 023.105 s.
7. Décr. n° 91-1197, 27 nov. 1991 organisant la profession d'avocat, *JO* 28 nov., p. 15502.
8. Décr. n° 2005-790, 12 juill. 2005, relatif aux règles de déontologie de la profession d'avocat, *JO* 16 juill., n° 22.
9. Décr. n° 2005-790, 12 juill. 2005, art. 7, al. 1.
10. Décr. n° 2005-790, 12 juill. 2005, art. 7, al. 3.
11. V. ss nos 441.201 s.
12. A. Bénabent, « La réglementation de l'exercice du droit », *JCP* 27 févr. 1991.
13. V. ss noss 41.00 s.
14. Association Henri Capitant, *Les conflits d'intérêts*, « Thèmes et commentaires », Dalloz, 2013.
15. V. ss nos 481.00 s.
16. J. Moret-Bailly, « Définir les conflits d'intérêts », *D.* 2011. 1100.
17. Th. Douville, *Les conflits d'intérêts en droit privé*, Institut Universitaire Varenne, thèse, 2014, n° 77, p. 113.
18. B. Dondero, « Le traitement juridique des conflits d'intérêts : entre droit commun et dispositifs spéciaux », *D.* 2012. 1686. 201.

Selon le RIN[1], il y a conflit d'intérêts en matière de conseil lorsqu'au jour de sa saisine (ou plus tard en raison d'une évolution ou d'une modification de la situation), l'avocat, qui doit délivrer une information complète, loyale et sans réserve, ne peut mener sa mission sans compromettre les intérêts d'une ou de plusieurs parties, soit par l'analyse de la situation présentée, soit par l'utilisation des moyens juridiques préconisés, soit par la concrétisation du résultat recherché. Il y a conflit d'intérêts dans la mission d'assistance et de représentation, lorsqu'au jour de sa saisine (ou plus tard en raison d'une évolution ou d'une modification de la situation), l'assistance de plusieurs parties conduirait l'avocat à présenter une défense différente (notamment dans son développement, son argumentation, sa finalité) de celle qu'il aurait choisie s'il avait défendu une seule partie.

Ainsi, si le critère du conflit d'intérêts est, en matière juridique la mise en danger des intérêts d'une ou de plusieurs parties, en matière judiciaire, il s'agit de la différence dans la défense suivie par rapport à celle que l'avocat aurait dû suivre.

Le RIN, définit, en outre, le conflit d'intérêts de manière négative en précisant qu'il n'y a pas de conflit d'intérêts dans trois cas :

1° si l'avocat cherche à concilier les différents intérêts après avoir informé les parties et recueilli leur accord ;

2° si l'avocat conseille aux parties une stratégie commune, toujours après avoir recueilli leur accord ;

3° si, dans le cadre d'une négociation, les avocats membres d'une même structure interviennent séparément pour des clients différents, informés de cette commune appartenance.

441.36 **Autres définitions.** Une définition européenne s'agissant des organismes publics précise qu' : « Un conflit d'intérêts implique un conflit entre la mission publique et les intérêts privés d'un agent public, dans lequel l'agent public possède, à titre privé, des intérêts qui pourraient influencer indûment la façon dont il s'acquitte de ses obligations et de ses responsabilités »[2].

441.37 **Fonction publique.** Le conflit d'intérêts, selon la commission de réflexion pour la prévention des conflits d'intérêts dans la vie publique[3], est une situation d'interférence entre une mission de service public et l'intérêt privé d'une personne qui concourt à l'exercice de cette mission, lorsque cet intérêt, par sa nature et son intensité, peut raisonnablement être regardé comme étant de nature à influencer ou paraître influencer l'exercice indépendant, impartial et objectif de ses fonctions. L'intérêt privé d'une personne concourant à l'exercice d'une mission de service public s'entendant d'un avantage pour elle-même, sa famille, ses proches ou des personnes ou organisations avec lesquelles elle entretient ou a entretenu des relations d'affaires ou professionnelles significatives, ou avec lesquelles elle est directement liée par des participations ou des obligations financières ou civiles[4].

Le conflit d'intérêts est défini par l'article 2 de la loi du 11 octobre 2013[5] relative à la transparence de la vie publique comme : « Toute situation d'interférence entre un intérêt public et des intérêts publics ou privés qui est de nature à influencer ou à paraître influencer l'exercice indépendant, impartial et objectif d'une fonction. »[6]. Cette définition est reprise à l'article L. 121-5 du code général de la fonction publique[7], ainsi qu'aux articles L. 131-3 et 231-4 du code de justice administrative[8], L. 120-5 du code des juridictions financières et 7-1 de l'ordonnance du 22 décembre 1958[9]. Elle s'applique aussi au statut général des autorités administratives indépendantes et des autorités publiques[10] indépendantes[11].

B.
Notion d'intérêt du client

441.41 **Détermination de l'intérêt du client.** La notion de conflit d'intérêts, implique de définir ou plutôt de déterminer l'intérêt du client[12]. On doit donc distinguer, comme principe directeur de l'interprétation en cette matière, les intérêts dis-

1. RIN, art. 4.2 – Rapport de la Commission des règles et usages sur le conflit d'intérêts, AG, 1er juin 1996.
2. OCDE, 29e session du comité de la gouvernance publique, Paris, 15-16 avr. 2004.
3. J.-M. Sauvé, D. Migaud et J.-Cl. Magendie, *Pour une nouvelle déontologie de la vie publique*, « Rapports officiels », La Documentation française, 2011.
4. AUSSI : M. Hirsch, *Pour en finir : avec les conflits d'intérêts*, « Essais – Documents », Stock, 2010 – Ph. le Tourneau, *L'éthique des affaires et du management au XXIe siècle*, hc, Dalloz, 2000.
5. L. n° 2013-907, 11 oct. 2013 relatives à la transparence de la vie publique, *JO* 12 oct. 2013, p. 16829, art. 2.
6. Hatvp, *Guide déontologique II : Contrôle et prévention des conflits d'intérêts,* févr. 2021.
7. CGFP, art. L. 121-5 [L. n° 83-634, 13 juill. 1983 portant droits et obligations des fonctionnaires, *JO* 14 juill., p. 2174].
8. L. n° 2016-483, 20 avr. 2016 relative à la déontologie et aux droits et obligations des fonctionnaires, *JO* 21 avr., n° 2, art. 2, 12 et 13.
9. Ord. n° 58-1270, 22 déc. 1958 portant loi organique relative au statut de la magistrature, *JO* 23 déc., p. 11551.
10. Th. Perroud, « Le statut général des autorités indépendantes », *JCP* 2017. 133.
11. L. n° 2017-55, 20 janv. 2017 portant statut général des autorités administratives indépendantes et des autorités publiques indépendantes, *JO* 21 janv., n° 2, art. 9.
12. V. ss nos 481.41 s.

tincts des parties qui peuvent être légitimement acceptés par l'avocat, soit simultanément, soit successivement à condition qu'il n'y ait pas de soupçon de violation éventuelle du secret professionnel ou d'atteinte à son indépendance, et les intérêts opposés, entendus dans le sens le plus large, non pas nécessairement manifestés dans le même procès, mais existant dès lors qu'il y a un lien entre les affaires, si ténu soit-il, révélateur d'une opposition d'intérêts.

En outre, l'avocat doit définir l'intérêt véritable de chaque partie. À cet égard, il pourra faire une autre distinction entre l'intérêt à court terme et l'intérêt à long terme d'un client.

441.42 **Identification du client.** Le développement des nouvelles technologies et l'accélération des échanges ont induit des difficultés dans le processus d'identification et de démonstration des conflits d'intérêts. Une difficulté tient à l'identification même du client.

C'est la raison pour laquelle l'article 19.2 du RIN prévoit, en matière de prestations juridiques en ligne[1], que lorsqu'un avocat est interrogé ou sollicité en ligne par une personne demandant des prestations juridiques, il lui appartient de s'assurer de l'identité et des caractéristiques de la personne à laquelle il répond, afin de respecter le secret professionnel, d'éviter le conflit d'intérêts et de fournir des informations adaptées à la situation de l'interrogateur[2].

Cette vérification rigoureuse de l'identité des clients est une nécessité pour tout avocat[3].

441.43 **Personnes morales.** La question des personnes morales, de leurs membres et de leurs représentants, ainsi que des éventuels bénéficiaires effectifs[4], est l'une des situations les plus problématiques à gérer en matière de conflit d'intérêts[5], d'autant que l'identification même du client peut poser difficulté[6].

En principe, l'avocat ou le conseil d'une personne morale, qui exerce sa mission dans l'intérêt de cette dernière (qui s'entend de son intérêt social), n'est pas l'avocat ni de ses dirigeants, ni de ses membres. Pour autant, il est, dans le cadre de son activité, amené à s'entretenir et échanger avec les dirigeants, les membres ou les salariés de la personne morale cliente[7].

Les appréciations en la matière peuvent donc s'avérer délicates. Très souvent, l'avocat va se trouver en situation de conflit d'intérêts par sa propre imprudence : il en est ainsi de l'avocat habituel d'une société qui assiste son gérant en garde à vue alors même qu'il va s'avérer par la suite que ce même gérant a commis des faits d'abus de biens sociaux préjudiciables à la société. La prudence dans ce genre de situations, commande de ne pas accepter un dossier qui peut être potentiellement source de conflit d'intérêts pour l'avocat, et de ne jamais perdre de vue l'intérêt dont on est le représentant, à savoir en l'occurrence l'intérêt de la société (intérêt social)[8].

§ 2
Notions voisines

441.51 **Conflit d'intérêts et incompatibilités.** Certaines incompatibilités[9] sont destinées à prévenir de manière objective des situations de conflits d'intérêts, il en est ainsi notamment des limitations d'activités[10].

Pour autant, le strict respect des limitations d'activités posées ne saurait obvier le nécessaire respect en sus, au cas par cas, des situations de conflit d'intérêts qui pourraient, par ailleurs, se présenter[11].

En effet, la notion de conflit d'intérêts correspond à une analyse nécessairement subjective, *in concreto*, d'une situation à un instant donné. Elle est susceptible d'évoluer suivant l'évolution du litige, et des parties en présence, ou de la mission de conseil.

441.52 **Conflit d'intérêts et délicatesse.** Une atteinte à la délicatesse[12] ne constitue pas nécessairement un conflit d'intérêts. Comme a pu le noter le bâtonnier Raymond Martin[13] : « certes il est indélicat pour l'avocat de se charger de défendre simultanément des intérêts divergents. Il trahit alors l'un de ses clients, quand ce ne sont pas les deux. Une telle situation fait peser un doute sur son indépendance », mais cela n'en constitue pas pour autant un conflit d'intérêts qui justifierait que l'avocat refuse le dossier ou se déporte[14].

C'est ainsi qu'un avocat ne saurait introduire une procédure de divorce sur requête conjointe en laissant croire au tribunal et au mari qu'il se présentait

1. V. s[s] n°s 464.61 s.
2. RIN, art. 19.2.
3. V. s[s] n°s 412.131 s., 481.31 s. et 482.121 s.
4. V. s[s] n°s 482.112 s.
5. R. Aydogdu, « Conflits d'intérêts et sociétés commerciales : la déontologie dépasse la fiction », *L'avocat et les conflits d'intérêts*, Anthémis, 2011, p. 101.
6. V. s[s] n° 481.43.
7. V. s[s] n° 412.132.
8. V. s[s] n° 481.43.
9. V. s[s] n°s 43.00 s.
10. V. s[s] n°s 434.00 s.
11. Sur le cas des fonctions de maire, v. s[s] n° 434.85.
12. V. s[s] n°s 336.00 s.
13. Raymond Martin (1920-2013).
14. R. Martin, « L'avocat et la délicatesse de l'honneur », *Gaz. Pal.* 30 juill. 2000, n° 214, p. 2.

au nom de deux époux, alors qu'il se trouvait être l'amant de l'épouse dont il défendait les intérêts [1] : mais si cette attitude « caractérise le manquement d'un avocat à la délicatesse portant atteinte à l'honneur et à la dignité de sa profession » [2], le conflit d'intérêts n'est pas pour autant caractérisé [3].

De même, la commission des règles et usages du CNB considère que la poursuite, par un avocat, d'une intervention contre celui qui se révèle être un ancien client [4], dans une affaire touchant à la vie privée et contre le souhait de l'ancien client en question est susceptible de heurter les principes de loyauté et de délicatesse, tant à l'égard de cet ancien client qu'à l'égard de la nouvelle cliente [5] tout comme le conseil de l'Ordre de Paris avait pu considérer qu'un avocat ne peut continuer à plaider contre l'adversaire avec lequel il s'était battu en duel suite à une affaire d'honneur à l'occasion d'une plaidoirie [6]. De même que compte tenu des prérogatives légales et réglementaires des bâtonniers vis-à-vis de leurs confrères, il apparaît comme contraire à la délicatesse pour un bâtonnier ou un membre de son cabinet d'intervenir contre un avocat de son barreau dans le cadre d'un litige intéressant cet avocat à titre personnel [7].

441.53 Conflit d'intérêts et indépendance. La question se pose souvent de savoir si un avocat peut s'occuper d'un dossier d'un membre de sa famille ou encore d'un ami qui se serait confié à lui [8]. Dans une telle situation, il est à craindre que l'avocat manque de recul et d'indépendance pour traiter le dossier dans le meilleur intérêt de son client, et il est donc fortement recommandé de ne pas accepter de tels dossiers.

Pour autant, il n'existe aucun principe d'interdiction pour un avocat d'occuper pour un membre de sa famille (grands-parents) dans le cadre d'une procédure de recouvrement de créance dans la mesure où celle-ci n'est pas liée à des difficultés d'ordre familial concernant l'avocat [9], pas plus que l'existence d'un conflit d'intérêts ne résulte pas de ce qu'un avocat représente son frère dans le cadre d'une procédure de licenciement pour faute, même si le respect du principe d'indépendance [10] doit le conduire à se déporter, ses liens familiaux avec le client étant susceptibles de lui faire perdre la distance nécessaire à une défense sereine [11].

C'est ainsi que doit être sanctionné disciplinairement un avocat qui était intervenu pour le compte de son père et de certains de ses oncles dans un litige de la nature exclusivement familiale, opposant frères et sœurs dans le cadre d'un partage d'actifs successoraux, ce dont il résultait qu'il ne pouvait manifestement pas agir dans l'exercice de son mandat de façon indépendante, étant de surcroît indirectement concerné par le litige [12].

441.54 Conflit d'intérêts et contradiction d'intérêts. La simple existence d'intérêts contradictoires entre les parties n'est pas nécessairement constitutive d'un conflit d'intérêts. Le fait que deux parties aient des intérêts contradictoires entre elles ne conduit pas nécessairement à une situation de conflit d'intérêts, d'autant que de tels intérêts contradictoires peuvent se concilier, sous l'égide de l'avocat, ou être pris en charge par l'avocat en accord avec les clients concernés, ce qui est d'ailleurs expressément prévu par les textes [13].

§ 3
Niveau de l'appréciation des conflits d'intérêts

441.60 Plan. Les conflits d'intérêts s'apprécient au regard du cadre de l'exercice professionnel de l'avocat (A) nécessitant de prendre en compte tant les supports de l'exercice professionnel (B) que la situation antérieure de l'avocat (C), ainsi que, dans certains cas, le cadre extraprofessionnel de l'avocat (B).

A.
Cadre de l'exercice professionnel de l'avocat

441.71 L'avocat et sa structure d'exercice. Le conflit d'intérêts doit s'apprécier au niveau de l'avocat en cause. Comme le rappelle l'article 4.1. du RIN, lorsque des avocats sont membres d'un groupement d'exercice, les dispositions en matière de conflit d'intérêts sont applicables à ce groupement dans son ensemble et à tous ses membres [14]. Cette règle doit être appliquée strictement quelles que soient la taille et l'importance du groupement au sein duquel les avocats exercent en commun et

1. Civ. 1re, 17 juill. 1996, no 94-11.450, P I, no 324 ; *D.* 1996. IR 200 ; *Gaz. Pal.* 1997. Pan. 99.
2. Lyon, 6 déc. 1993 ; CONFIRMÉ PAR : Civ. 1re, 17 juill. 1996, no 94-11.450, P I, no 324 ; *D.* 1996. 200 ; *Gaz. Pal.* 1997. Pan. 99.
3. MÊME SENS : CD Paris, no 251616, 30 déc. 2017.
4. V. ss nos 441.170 s.
5. CNB, Comm. RU, avis no 2009-073, 15 déc. 2009 ; C. avocat 2021, ss décr. 12 juill. 2005, art. 7, note 4.
6. CO Paris, 1er févr. 1859.
7. CNB, Comm. RU, avis no 2018-037, 12 juill. 2018.
8. Paris, avis no 292949, 25 avr. 2017.
9. Paris, avis no 253829, 30 avr. 2014.
10. V. ss nos 323.00 s.
11. Paris, avis no 210005, 26 oct. 2010 – Paris, avis no 299654, 7 nov. 2017.
12. Paris, pôle 2, ch. 1, 22 mars 2018, RG no 17/01850 – Pour une jurisprudence supplémentaire, v. ss nos 441.201 s.
13. V. ss nos 441.152 s. et 442.31 s.
14. Paris, avis no 289708, 7 févr. 2017.

quelle que soit l'étendue géographique où se déploie ce groupement d'exercice en commun[1], y compris au sein des sociétés pluriprofessionnelles d'exercice à l'égard de tous les membres de celles-ci, même si ces membres exercent une autre profession que celle d'avocat[2].

Lorsque l'avocat est en situation de pluralité d'exercice[3], il convient de prendre en compte l'ensemble des modes d'exercice que cumule l'avocat en cause.

441.72 ***Ethical wall.*** Cette appréciation a également vocation à s'appliquer entre différents bureaux en France et/ou à l'étranger appartenant à un même cabinet. La taille de la structure, et notamment son implantation territoriale, peut toutefois conduire à des appréciations plus souples en la matière dès lors que des mesures ont été prises afin de cloisonner les informations et d'empêcher leurs transmissions d'un bureau à un autre (*ethical wall*)[4].

441.73 **Collaborateur.** L'article 4.1. du RIN précise que les règles relatives au conflit d'intérêts s'appliquent entre l'avocat collaborateur, pour ses dossiers personnels, et l'avocat ou la structure d'exercice avec lequel ou laquelle il collabore[5].

Il en découle que le collaborateur libéral peut, et même doit - sans que, ce faisant il trahisse le secret professionnel - communiquer à l'avocat ou à la structure d'exercice avec qui il collabore, les noms de ses clients personnels[6].

441.74 **Collaborateur - appréciation souple du conflit d'intérêts.** L'appréciation doit toutefois être ici plus souple, ce que la Cour de cassation est venue confirmer en considérant qu'aucun conflit d'intérêts n'existe lorsqu'un avocat est constitué pour défendre les intérêts d'une cliente assignée par la caisse régionale d'une banque, alors que, dans le cadre d'un autre litige, ce même avocat est intervenu en qualité de collaborateur du cabinet d'avocat qui représentait les intérêts des créanciers de la liquidation judiciaire de l'époux de la cliente, parmi lesquels figurait ladite caisse régionale : les deux instances étaient distinctes et ne concernaient pas les mêmes parties car le cabinet d'avocat représentait l'ensemble des créanciers et non simplement la caisse régionale. Dans cette dernière affaire, la Cour de cassation prend le soin de préciser dans son attendu, outre le fait que le cabinet d'avocat ne représentait pas la caisse régionale mais l'ensemble des créanciers, que l'avocate n'était que collaboratrice du cabinet d'avocat et non associé de ce même cabinet[7].

441.75 **Correspondant, postulant.** Un arrêt de la cour d'appel d'Aix-en-Provence étend l'appréciation des conflits d'intérêts au correspondant du *dominus litis*. Cette extension a pu être critiquée dès lors que c'est le *dominus litis* seul qui bénéficie d'un lien particulier avec son client, le correspondant qui n'est qu'un intermédiaire, ne saurait se prévaloir de ce lien[8].

En réalité, tout dépendra, ici encore, suivant une analyse au cas par cas, des informations couvertes par le secret professionnel dont aura bénéficié le correspondant dans le cadre de sa mission[9].

B.

Impact des supports de l'exercice professionnel

441.81 **Structures de moyens.** L'article 4 du RIN indique que les groupements d'avocats qui se sont réunis ou rapprochés pour mettre en commun certains moyens tels qu'entre autres, standard téléphonique, photocopieuses, salle d'attente, secrétariat, bibliothèque, locaux communs, sous quelque forme que ce soit, telle que par exemple de cabinet groupé, société civile de moyens, groupement d'intérêt économique, groupe d'intérêt économique européen[10], se voient appliquer les mêmes règles dès lors qu'il existe un risque de violation des règles en matière de secret professionnel conduisant à un partage d'informations.

Tel est le cas d'un cabinet groupé dès lors que les avocats ont la possibilité d'accéder aux bureaux des uns et des autres ou disposent d'un secrétariat commun ou d'une salle d'attente commune[11].

Tout va donc dépendre des modalités concrètes d'organisation au sein de la structure de moyens, du cabinet groupé... et notamment des moyens mis en œuvre afin d'assurer une totale confidentialité des activités de chacun des avocats concernés. Si l'intégration est telle qu'il y a apparence d'une structure

1. RIN, art. 4.1 – Civ. 1re, 14 mars 2000, no 97-15.636, NP.
2. L. no 90-1258, 31 déc. 1990, art. 31-8.
3. V. ss nos 811.91 s.
4. À NE PAS CONFONDRE avec les *chinese wall*, v. ss no 441.155
5. RIN, art. 4.1, al. 5.
6. V. ss no 441.113.
7. Civ. 1re, 4 févr. 2003, no 98-12.112, NP.
8. Aix-en-Provence, 24 oct. 1983, *Gaz. Pal.* 1984. 1. 86, note A. Damien – AUSSI EN MATIÈRE D'ENCHÈRES : Montpellier, 17 avr. 1985, *D.* 1987. 66, note A. Brunois – Civ. 1re, 15 févr. 1983, no 82-11.888, P I, no 59 ; *D.* 1984. 117 – Civ. 1re, 20 janv. 1993, no 91-15.548, P I, no 22 ; *Gaz. Pal.* 5 août 1993. 11 ; *D.* 1993. 35 ; *JCP* 1993. IV. 80 ; *RTD civ.* 1993. 331 – Paris, 20 févr. 1994 – Paris, 30 mars 1994, *Gaz. Pal.* 1994. 549, note A. Damien.
9. Paris, avis no 310040, 18 sept. 2018 – V. ss no 441.185.
10. V. ss nos 811.230 s.
11. CNB, Comm. RU, avis no 2013-012, 25 avr. 2013 ; C. avocat 2021, ss décr. 12 juill. 2005, art. 7, note 9.

d'exercice, l'appréciation se fera alors avec la même rigueur que pour ces dernières[1].

441.82 Structures de moyens – Présomption simple. Il existe ici une présomption de risque d'atteinte au secret professionnel, à charge pour les avocats mis en cause d'apporter la preuve que l'organisation des moyens mis en commun permet d'écarter tout risque en la matière. C'est ainsi que l'associé d'une société civile de moyens ne saurait, en principe, plaider contre le client de l'un des autres associés, fût-ce dans une affaire dont le premier associé n'a pas eu à connaître, l'appartenance à une même structure créant un risque de violation du secret professionnel qui suffit à justifier l'interdiction[2].

De même qu'un avocat, simple sous-locataire, exerçant au sein des mêmes locaux qu'un confrère qui était intervenu pour le compte d'un bailleur ne peut, à raison du risque de violation du secret professionnel, intervenir pour le compte du locataire, d'autant que le contentieux considéré est en lien avec le contrat de bail pour lequel le confrère partageant les locaux était antérieurement intervenu, fût-ce il y a plus de seize ans, en délivrant un commandement de payer puis une assignation aux fins de voir prononcer la résolution du contrat de bail litigieux[3].

441.83 Partage de services. Comporte un risque de conflit d'intérêts la situation dans laquelle un avocat se trouve opposé contre une consœur, du seul fait de partager les services, chacun à mi-temps, d'un même salarié (secrétaire), ce malgré le fait que les cabinets n'aient aucun lien[4]. Ce dernier point est d'une importance accrue à l'heure du recours aux services partagés et externalisés non seulement pour des tâches de secrétariat mais encore pour des tâches d'assistance juridique (externalisation juridique ou *legal outsourcing*[5]).

Ces mêmes principes ont vocation à s'appliquer aux réseaux pluridisciplinaires ou structures interprofessionnelles étant alors précisé que l'appréciation devra alors être portée au niveau de l'ensemble des professionnels concernés et non pas seulement des avocats[6].

C. Impact de la situation antérieure de l'avocat

441.91 Ancien cabinet. Le changement de cabinet par un avocat, de plus en plus courant, génère des situations diffuses relativement aux conflits d'intérêts. C'est ainsi qu'un conflit d'intérêts n'est pas nécessairement établi à l'encontre d'un avocat qui était le collaborateur de celui qui assurait la défense de l'adversaire de son client lors d'une précédente procédure de divorce, s'il n'est pas prouvé que, du fait de cette situation, l'intéressé a pu profiter d'informations privilégiées[7] utilisables dans la procédure actuelle[8]. De même, il n'y a pas de conflit d'intérêts dès lors que le cabinet qui héberge un avocat français en Suisse n'est plus en charge du dossier de la partie adverse depuis plus de deux ans et qu'aucun risque de violation du secret professionnel n'est démontré[9].

Inversement, la connaissance acquise d'un adversaire, client du cabinet où l'avocat était anciennement collaborateur, place ce dernier en situation de conflit d'intérêts[10]. Se trouve également en situation de conflit d'intérêts, l'avocat qui est opposé au client de ses anciens collaborateurs, à l'époque où était élaborée la stratégie de défense de celui-ci, la circonstance qu'ils ne traitaient jamais les mêmes dossiers étant inopérante[11]. Peu importe, à cet égard, que le dossier litigieux ait été clos au moment où l'avocat en cause intégrait le cabinet qui avait eu à connaître de l'affaire[12]. De même que l'avocat qui a défendu une société aux côtés du salarié inventeur à propos de la validité de brevets contre l'administration, alors qu'il exerçait dans un cabinet spécialisé en propriété intellectuelle ne peut, bien qu'il exerce désormais au sein de son propre cabinet, représenter ce salarié dans un litige l'opposant à cette société quant à la rémunération due au titre desdits brevets, peu important que les deux affaires n'aient pas le même objet[13].

441.92 Appréciation au regard des circonstances de faits. Il convient d'être prudent en la matière, d'autant qu'un recrutement peut avoir, du point de vue de l'appréciation des conflits d'intérêts, une incidence sur l'ensemble du cabinet. C'est ainsi que, sauf accord écrit des parties[14], un avocat devra s'abstenir d'intervenir sur les dossiers qu'il a eus à connaître dans son précédent cabinet ou d'assister ou de représenter un nouveau client dans un dossier l'opposant à un ancien client, dès lors que le secret professionnel risque d'être violé et que la connais-

1. V. s^s n°s 441.71 s.
2. Paris, pôle 2, ch. 1, 1er déc. 2009, n° 2008/03039.
3. Paris, avis n° 198438, 13 janv. 2010 ; – MÊME SENS : Paris, avis n° 288757, 9 janv. 2017.
4. Paris, avis n° 228828, 2 mai 2012.
5. V. s^s n°s 412.307 s.
6. RIN, art. 16.4.
7. V. s^s n° 441.185.
8. Paris, avis n° 189031, 26 mai 2010.
9. CNB, Comm. RU, avis n° 2016-017, 21 mars 2016.
10. Paris, avis n° 203863, 5 mai 2010 – CD Paris, n° 210382, 26 oct. 2010 – Paris, avis n° 298591, 19 déc. 2017 – CNB, Comm. RU, avis n° 2017-007, 16 mars 2017.
11. Paris, avis n° 230487, 5 juin 2012.
12. Paris, avis n° 209436, 22 sept. 2010.
13. Paris, avis n° 227759, 27 mars 2012.
14. V. s^s n°s 441.152 s. et 442.31 s.

sance d'informations pourrait potentiellement favoriser le nouveau client, notamment en raison de l'exploitation d'informations qu'il aurait obtenues du seul fait du lien de confidence qui l'unissait à son ancien client [1].

En cas de difficultés, il convient de procéder à une analyse au cas par cas de la situation au regard du dossier en cause [2], et il appartient au bâtonnier d'apprécier en fonction des circonstances de fait la question de savoir si tous les membres de la structure d'exercice devront également se dessaisir des dossiers dans lesquels ce même avocat est intervenu personnellement antérieurement.

L'analyse de ces circonstances doit être faite, notamment, au regard de l'organisation mise en place au sein du second cabinet, et si elle est telle qu'il n'existe aucun risque de violation du secret professionnel [3] (répartition cloisonnée des dossiers litigieux entre associés en toutes circonstances, bureaux indépendants et fermés), les règles en matière de conflit d'intérêts ne s'appliquent qu'à l'avocat concerné et non pas nécessairement à l'ensemble des membres du cabinet.

441.93 Secret professionnel. En tout état de cause, il convient d'attirer l'attention sur le fait que l'avocat est tenu par le secret professionnel [4] et qu'il ne peut dès lors, directement ou indirectement, faire état d'éléments ou d'informations dont il aurait eu connaissance dans le cadre de son exercice professionnel au sein d'une précédente structure [5].

D.
Cadre extraprofessionnel de l'avocat

441.101 Liens non-professionnels entre deux avocats. La question s'est posée de savoir si des avocats, par ailleurs époux, peuvent plaider l'un contre l'autre. La question est controversée. Leurs cabinets personnels peuvent en effet demeurer distincts. Ainsi, la cour d'appel de Chambéry a annulé la délibération prise par le conseil de l'Ordre des avocats d'Albertville qui disposait que : « L'avocat inscrit au barreau d'Albertville ne peut accepter un mandat contre un adversaire défendu par son conjoint ou concubin lui-même avocat » [6] : une telle règle portait une atteinte excessive au principe du libre choix de son avocat [7]. Il peut, plus sûrement, y avoir, éventuellement, une atteinte à la délicatesse [8].

En revanche, chacun de ces deux confrères est tenu de respecter le secret professionnel surtout dans le cadre de sa vie privée avec l'autre sinon il lui appartient de se déporter [9]. Seule une appréciation au cas par cas sera donc de nature à permettre d'établir, notamment en cas de manquement au secret professionnel, si l'on se trouve dans une situation de conflit d'intérêts [10].

§ 4
Devoir de prévention des conflits d'intérêts

441.111 Réflexe de l'avocat. Avant d'accepter un dossier ou une mission, l'avocat qui est tenu d'un devoir de prudence, doit systématiquement s'assurer de la situation de l'affaire qui lui est soumise au regard des risques de conflits d'intérêts. La délicate question du conflit d'intérêts se pose tant en matière juridique qu'en matière judiciaire, même si elle semble toutefois plus fréquente dans l'activité de conseil de l'avocat que dans son activité d'assistance ou de représentation en justice.

À cette fin, il lui appartiendra, notamment, de se renseigner sur son client [11], au-delà de l'identité de celui-ci qui apparaît, ici encore, comme un impératif, mais également sur le périmètre de ce même client (s'il s'agit d'une société, ses associés, dirigeants ainsi que les détentions capitalistiques), ainsi que sur les autres personnes physiques ou morales impactées par le dossier qu'il entend lui confier.

441.112 Prévention des conflits d'intérêts. La prévention des conflits d'intérêts, notamment dans les structures d'exercice, tant dans les rapports entre associés que dans les rapports entre associés et leurs collaborateurs au titre de leur clientèle personnelle, revêt une importance majeure nécessitant la mise en place de mécanismes de détection et de prévention, en amont, des situations potentielles de conflits d'intérêts afin que nul dossier susceptible de générer un tel risque ne soit accepté par un avocat [12].

La vérification n'est jamais univoque mais doit être permanente dès lors qu'elle est susceptible

1. CNB, Comm. RU, avis n° 2017-008, 16 mars 2017.
2. CNB, Comm. RU, avis n° 2017-008, 16 mars 2017.
3. CNB, Comm. RU, avis n° 2017-007, 16 mars 2017 – CNB, Comm. RU, avis n° 2017-008, 16 mars 2017.
4. V. s^s n°s 412.20 s.
5. CNB, Comm. RU, avis n° 2014-007, 30 janv. 2014 ; C. avocat 2021, s^s décr. 12 juill. 2005, art. 7, note 5 – CNB, Comm. RU, avis n° 2017-007, 16 mars 2017 – CNB, Comm. RU, avis n° 2017-008, 16 mars 2017.
6. Chambéry, 12 nov. 1991, RG n° XCHAM121191X, *D.* 1994. 139, obs. A. Brunois – Montpellier, 25 mai 1990, *Gaz. Pal.* nov. 1990, 12, note A. Damien.
7. V. s^s n°s 47.00 s.
8. Versailles, 25 mars 1981, *Gaz. Pal.* 1981. 1. 369.
9. CNB, Comm. RU, avis n° 2010-008, 17 mars 2010.
10. V. s^s n°s 441.196 et 441.198.
11. V. s^s n°s 441.42 s.
12. J.-L. Joris, « La pratique des associations internationales d'avocat en matière de règlement des conflits d'intérêts », *in* Coll., *L'avocat et les conflits d'intérêts*, Anthémis, 2011, p. 77.

d'évoluer dans le temps notamment en fonction de l'évolution d'un dossier donné, de l'arrivée de nouveaux clients ou de nouveaux collaborateurs ou associés.

441.113 **Prévention des conflits d'intérêts – logiciels informatiques.** Le plus souvent, cette prévention passe par le recours à des logiciels informatiques liés au fichier client, mais qui ont vocation aussi à recueillir des informations sur les non-clients (partie adverse, co-contractant...) au sujet desquels le cabinet détient des informations privilégiées. Ces logiciels sont chargés de détecter, en fonction de critères prédéterminés (ce qui implique aussi de déterminer une règle de conflits applicable au sein du cabinet) et compte tenu des renseignements fournis par l'avocat, les risques de conflit d'intérêts. Un tel logiciel, qui conduit à un traitement automatisé de données susceptible d'exclure une personne physique ou morale d'une prestation de service doit être pris en compte dans le cadre de la mise en conformité avec la réglementation relative à la protection des données personnelles[1] et être intégré dans le registre des activités de traitement[2].

Il convient par ailleurs de veiller à ce que les mécanismes mis en œuvre, notamment informatiques, ne soient pas utilisés à d'autres fins que la seule prévention des conflits d'intérêts, tel que la surveillance des collaborateurs du cabinet[3].

441.114 **Traçabilité des informations.** Une difficulté en la matière tient à la traçabilité des informations dont dispose l'avocat, de plus en plus d'informations, tenant notamment au fonctionnement interne des entreprises ou au patrimoine des personnes physiques ou morales, circulent librement, soit dans un cadre parfaitement légal, soit dans des cadres moins réglementaires (*WikiLeaks*...)[4], rendant plus difficile la détermination de la source des informations, alors même que seules les informations obtenues directement de la personne qui invoque le conflit d'intérêts (client actuel ou ancien) par l'avocat en cause, ou son cabinet, sont de nature à permettre de caractériser une situation de conflit d'intérêts.

SECTION 2
APPRÉCIATION DES CONFLITS D'INTÉRÊTS

441.120 **Plan.** L'appréciation des situations de conflit d'intérêts lesquels doivent être avérés, (§ 1), peut se faire à travers trois types de situations : l'existence d'une pluralité de clients dans une même affaire (§ 2), la connaissance par l'avocat des affaires de l'ancien client (§ 3) ou l'existence d'un intérêt personnel de l'avocat dans le dossier (§ 4).

1. V. s[s] n°s 412.321 s.
2. V. s[s] n° 412.337.
3. Paris, commission plénière, avis n° 196796, 15 déc. 2009.
4. Aussi : v. s[s] n° 412.301.

§ 1
Propos liminaires

441.131 **La situation de conflits d'intérêts doit être avérée.** La jurisprudence consacre l'interdiction d'intervenir pour l'avocat en cas de conflit d'intérêts au nom de la délicatesse, de la loyauté, de la dignité, du respect de l'indépendance, soulignant la nécessaire confiance que le client doit avoir en son avocat. L'interprétation du texte doit donc se faire au regard des principes déontologiques intangibles régissant la profession d'avocat, et tout particulièrement du respect du secret professionnel dû au client[5].

Mais, en tout état de cause, la situation de conflits d'intérêts doit être avérée et démontrée par celui qui l'invoque[6]. L'appréciation en la matière est d'autant plus stricte que l'invocation d'un prétendu ou supposé conflit d'intérêts apparaît souvent comme un moyen pour une partie de faire « sortir » un avocat d'un dossier. À défaut, il y aurait atteinte au principe du libre choix de l'avocat[7].

441.132 **Appréciations des juges du fonds.** Une cour d'appel a eu, à cet égard, l'occasion de rappeler que chacun pouvant être défendu par l'avocat de son choix[8], un conseil de prud'hommes ne peut refuser une défense commune de deux parties en l'absence de conflit d'intérêts caractérisé[9].

De même que la cour d'appel de Caen a pu décider qu'un avocat qui est intervenu au soutien des intérêts de deux époux dans le cadre d'une procédure de divorce par consentement mutuel et qui est amené à engager une nouvelle procédure au soutien de la seule ex-épouse ne commet aucun manquement, la cour d'appel tirant argument de ce que l'instance en divorce remonte à plus de dix ans avant la procédure mise en cause et que, entre-temps, l'avocat du divorce est déjà intervenu pour l'une des parties contre l'autre sans qu'aucune critique n'ait été émise, que le grief formulé quelques jours avant l'audience altérerait le bien-fondé d'un reproche fort tardif et que le conflit d'intérêts est évoqué en termes très généraux et sans fait précis[10].

5. V. s[s] n°s 412.20 s.
6. Paris, 1re ch., sect. A, 30 mars 1994.
7. V. s[s] n°s 471.00 s.
8. V. s[s] n°s 471.00 s.
9. Montpellier, ch. soc., 30 juin 2010, RG n° 10/02406.
10. Caen, 25 juin 2010, RG n° 10/00755, *Gaz. Pal.* 2010. 3404, obs. A. Lizop et J. Villacèque.

§ 2
Pluralité de clients dans une même affaire

441.140 **Plan.** Un avocat ne peut pas représenter dans une même affaire des parties ayant des intérêts opposés (A). Les illustrations de cette situation sont nombreuses (B).

A.
Principes

441.151 **Parties ayant des intérêts opposés.** Des parties ayant des intérêts opposés ne doivent être ni assistées, ni représentées par un même avocat. Mais un conflit d'intérêts ne résulte pas du seul fait qu'un avocat représente deux parties dans une même affaire : encore faut-il que ces deux parties aient des intérêts divergents, sinon opposés, et que la défense des intérêts de l'une compromette la défense des intérêts de l'autre ou que les intérêts d'une ou plusieurs parties soient compromis.

Il s'agit ici de la situation visée dans le premier alinéa de l'article 7[1] du décret du 12 juillet 2005 qui prévoit que l'avocat ne peut être ni le conseil ni le représentant ou le défenseur de plus d'un client dans une même affaire s'il y a conflit entre les intérêts de ses clients ou, sauf accord des parties, s'il existe un risque sérieux d'un tel conflit. La règle doit s'entendre d'un principe et d'une exception :

- s'il y a conflit avéré entre les intérêts des clients, l'avocat en peut en aucun cas être le conseil, le représentant ou le défenseur de plus d'un client,
- s'il y a simplement un risque sérieux qu'un tel conflit se produise, l'avocat peut être le conseil, le représentant ou le défenseur de plus d'un client, à condition d'obtenir leur accord préalable et de les avoir pleinement informés de la situation[2].

441.152 **Risque sérieux de conflit d'intérêts.** Ainsi, en cas de risque sérieux de conflit d'intérêts tenant d'une opposition d'intérêt entre les clients, l'avocat peut intervenir nonobstant ce risque à condition de solliciter l'accord des clients en cause, accord qui devra être donné de manière éclairée.

L'article 4.2 du RIN précise qu'il y a un risque sérieux de conflit d'intérêts lorsqu'une modification ou une évolution prévisible de la situation qui lui a été initialement soumise fait craindre à l'avocat une difficulté, telle qu'une défense présentée différemment notamment dans son développement, son argumentation et sa finalité ou la compromission des intérêts d'un client au profit d'un autre[3]. Il en est ainsi, notamment, en matière pénale lorsqu'un même avocat se trouve en charge de la défense de plusieurs coprévenus dans un même dossier[4].

Dans ce cas, et uniquement dans ce cas, l'avocat peut, avec l'accord des parties être leur conseil, représentant ou défenseur et pourra continuer, en recueillant une nouvelle fois leur accord, de s'occuper d'elles lorsque surgira le conflit d'intérêts. Mais, à condition toutefois que le secret professionnel[5] ne soit pas violé ou que l'indépendance de l'avocat[6] ne soit pas compromise[7].

441.153 **Absence de conflit d'intérêts avec l'accord des clients.** Il n'y a pas conflit d'intérêts, aux termes de l'article 4.1. du RIN, lorsqu'après avoir informé ses clients et recueilli leur accord :

- l'avocat dans ses différentes missions cherche à concilier leur contrariété d'intérêts. Dans un tel cas, l'avocat ne peut être le conseil ou le défenseur d'une des parties dans la même affaire en cas d'échec de la conciliation ;
- l'avocat leur conseille, à partir de la situation qui lui est soumise, une stratégie commune ;
- dans le cadre d'une négociation, des avocats, membres d'une même structure, interviennent séparément pour des clients différents, informés de cette commune appartenance[8].

441.154 **Réalisation d'un projet commun, négociation.** L'avocat peut ainsi être le conseil de plusieurs personnes physiques ou morales lorsque celles-ci le sollicitent pour parvenir à la réalisation d'un projet commun ou pour trouver un accord. Il ne peut demeurer conseil d'aucune des parties ou de leurs ayants droit si surgit un conflit devant inéluctablement conduire à un contentieux. Si le désaccord s'avère complexe, il est recommandé à l'avocat d'inviter chacune des parties à faire le choix d'un nouveau conseil. Enfin, si le projet échoue ou la négociation n'aboutit pas, l'avocat ne pourra assister aucune des parties dans l'instance judiciaire qui ferait suite au projet de rapprochement[9].

Lorsque l'avocat est le conseil d'une ou plusieurs personnes et que d'autres parties ne sont pas assistées par un avocat, l'avocat doit alors informer ces dernières de la faculté qu'elles ont de faire choix d'un conseil, et dans le cas où la ou les intéressées décident de faire ce choix, l'avocat est tenu de prendre contact avec son confrère[10]. Ce dernier point est d'autant plus important que dès lors qu'une partie au projet ou à la négociation ne se fait

1. Décr. n° 2005-790, 12 juill. 2005, art. 7, al. 1er.
2. V. ss nos 441.152 s. et 442.31 s.
3. CNB, Comm. RU, avis n° 2010-036, 24 juin 2010 ; C. avocat 2021, ss décr. 12 juill. 2005, art. 7, note 6.
4. V. ss n° 441.163.
5. V. ss nos 412.00 s.
6. V. ss nos 323.00 s.
7. Sur la portée d'un tel accord, v. ss nos 442.31 s.
8. RIN, art. 4.1.
9. Aussi : v. ss n° 441.241.
10. V. ss nos 451.51 s.

pas assister par un avocat, l'avocat de l'autre partie se trouve en situation d'apparaître comme le conseil des deux parties pouvant, en d'échec des négociations et de litige, le conduire à devoir se déporter.

La plus extrême prudence s'impose en la matière, et l'avocat doit toujours se garder d'ambiguïté quant à son rôle à l'égard d'une partie qui ne serait pas assistée par un avocat[1].

441.155 ***Chinese wall.*** Les règles françaises de déontologie ne reconnaissent pas les mécanismes similaires aux « *chinese wall* » mis en place au sein des cabinets d'avocats anglo-saxons et destinés, sans le consentement du client, à assouplir les règles en matière de conflit d'intérêts.

Il convient de ne pas perdre de vue que dans cette hypothèse l'accord préalable des clients n'a pas été sollicité[2].

B. Illustrations

441.161 **Pluralité de clients dans une même affaire.** C'est ainsi que l'avocat ne saurait ainsi représenter, dans le cadre d'une procédure de saisie immobilière les intérêts à la fois de l'adjudicataire et le tiers saisi[3]. De même un avocat ne peut représenter à la fois une société en liquidation judiciaire et son repreneur dès lors que la seule connaissance par l'avocat du repreneur d'éléments d'informations privilégiés sur la société en liquidation génère un conflit d'intérêts[4].

Tout comme se trouve en situation caractérisée de conflit d'intérêts l'avocat, depuis de nombreuses années, de deux époux, qui les avait assignés au nom du syndic aux fins d'une procédure d'extension du règlement judiciaire de la société familiale de travaux publics dont le gérant était le fils du couple tout en les conseillant sur la tactique à suivre dans cette même procédure, notamment en leur recommandant de ne pas faire appel de la décision faisant droit à la demande d'extension[5] ou celui qui agit dans une procédure de divorce en défense des intérêts à la fois de la mère et de ses enfants dès lors que l'intérêt des enfants n'est pas nécessairement de favoriser leur mère au détriment de leur père[6].

1. V. s^s n°s 451.51 s.
2. À NE PAS CONFONDRE avec les *ethical wall*, v. s^s n° 441.72.
3. Paris 11 déc. 2013, *Gaz. Pal.* 20-21 juin 2014, p. 19, obs. B. de Belval.
4. CNB, Comm. RU, avis n° 2008-037, 3 juin 2008 ; C. avocat 2021, s^s décr. 12 juill. 2005, art. 7, note 2.
5. Civ. 1re, 18 mars 1997, n° 95-10.554, P I, n° 95 ; *D.* 1997. 115 ; *Gaz. Pal.* 13 nov. 1997. Pan. 11 ; *Gaz. Pal.* 1999. Somm. 518, note E. du Rusquec ; *JCP* 1998. I. 381, n° 6, obs. R. Martin.
6. CNB, Comm. RU, avis n° 2017-009, 22 mars 2017.

441.162 **Représentation de l'assureur et de l'assuré.** Il arrive régulièrement qu'un même avocat représente à la fois l'assureur et son assuré dans un même litige, tel que celui consécutif à un accident de la circulation provoqué par l'assuré lors d'un déplacement professionnel non couvert par la garantie. Dès lors qu'il n'existe aucun conflit d'intérêts, en l'absence de toute opposition d'intérêt entre les parties, puisque le contrat d'assurance ne couvrait pas les dommages causés à l'occasion de l'utilisation du véhicule à titre professionnel – cette exclusion n'étant pas contestée pas l'assuré – le même avocat peut défendre l'assuré et l'assureur en se bornant, au titre de sa défense de l'assureur, à décliner l'existence de toute obligation de couverture à la charge de celui-ci[7].

Toutefois, s'il venait à survenir un conflit d'intérêts, tel que par exemple la découverte d'une cause d'exclusion de garantie qui pourrait être invoquée par l'assureur à l'encontre de son assuré, l'avocat devra alors se déporter de la défense de ses deux clients[8].

441.163 **Coprévenus et parties civiles en matière pénale.** Une situation classique se présente lorsqu'un avocat est amené à assurer la défense de plusieurs coprévenus, voire parties civiles, dans un dossier pénal, que ce soit au stade de la garde à vue[9], de l'instruction ou du jugement. La difficulté tient au fait qu'un ou plusieurs coprévenus peuvent être amenés à mettre en cause les autres afin de limiter leur responsabilité dans l'affaire[10]. S'il y a bien une défense commune, acceptée par les clients, et qui ne compromet pas les intérêts de l'un ou l'autre des coprévenus, rien ne s'oppose à ce qu'un même avocat les défende.

Mais, il convient d'être toujours prudent en la matière, compte tenu de l'évolution parfois imprévisible du dossier, ou des déclarations des uns et des autres. Et il n'appartient en aucun cas à l'avocat d'imposer une stratégie de défense commune à ses clients.

441.164 **Prévenus et parties civiles réciproques en matière pénale.** Il arrive dans des affaires pénales, notamment en matière de violences réciproques, que les prévenus soient également partie civile dans la même affaire. Cette double qualité n'est pas une source de conflit d'intérêts, même si elle peut conduire parfois à désigner deux avocats pour une même personne, l'un au titre de la qualité de prévenu, l'autre au titre de la qualité de partie civile, pour des raisons de stratégie de défense.

7. Civ. 1re, 29 avr. 1997, n° 95-18.407, NP.
8. V. s^s n° 442.81.
9. V. s^s n° 442.71 s.
10. Paris, avis n° 263039, 5 févr. 2015.

Les situations ne sont pas toujours simples en la matière, telle que celle de Jacques Vergès[1] dans le procès des écoutes téléphoniques de l'Élysée en 2004, à l'occasion desquelles il avait été lui-même mis sur écoutes[2], ce qui aurait pu le conduire à être partie civile à titre personnel, et qui était l'avocat de deux parties civiles, dont l'une, le capitaine Paul Barril, était également prévenu pour une partie de la prévention ayant fait partie de la cellule de sécurité de l'Élysée avant d'en partir et d'être, à son tour placé sous écoutes. Toutefois, la deuxième partie civile avait fait l'objet d'une mise sous écoute postérieurement au départ du capitaine Paul Barril, faisant qu'il n'y avait pas, *stricto sensu*, d'opposition d'intérêts en l'occurrence[3].

441.165 Divorce. En matière de divorce par consentement mutuel, et uniquement dans ce cas, l'article 250 du code civil est venu prévoir expressément la possibilité pour les deux époux d'être représentés par le même avocat. Il est vrai qu'en matière de consentement mutuel il n'y a, en principe, pas d'opposition d'intérêts puisque les deux époux s'entendent sur la rupture du mariage et ses effets[4]. Pour autant, l'avocat devra alors veiller à la préservation des intérêts des deux parties et ne saurait aller au-delà de sa mission au titre de la procédure de divorce par consentement mutuel. Il a été jugé, à cet égard, que dès lors que les deux époux ont sollicité les services d'un seul avocat et participé à l'élaboration des actes, aucun d'eux n'ayant été favorisé par les interventions de l'avocat qui a préservé l'équilibre et les intérêts de chacun, aucun manquement ne peut lui être reproché[5].

Mais la discordance entre les exigences de l'épouse, exprimées dans un courrier adressé à l'avocat par un confrère spécialement consulté par elle, et les énonciations de la convention homologuée par le juge, suffit à caractériser, sinon un conflit d'intérêts entre les deux clients de cet avocat, à tout le moins l'existence d'un risque sérieux de survenance d'un tel conflit, imposant par la suite à l'avocat d'inviter l'épouse à confier la défense de ses intérêts à un autre avocat[6].

La situation de l'avocat est ici, à bien des égards, proche de celle d'un rédacteur unique d'acte conseil des deux parties[7], et il devra se déporter en cas d'échec de la procédure de divorce par consentement mutuel ou du litige subséquent[8].

441.166 Personnes morales. En présence de personnes morales, il convient de faire la part des choses entre les différents intérêts en présence (personne morale, dirigeants, associés, membres, sociétaires, salariés...) au regard de la nature de l'affaire[9].

C'est ainsi qu'un avocat ne saurait être le conseil d'une société et de plusieurs de ses associés dans le cadre d'un litige contre un autre associé retrayant relativement à la valorisation des parts sociales, dès lors que l'intérêt des associés est de les acquérir au prix le plus bas tandis que celui de la société est d'avoir la meilleure valorisation possible[10].

Tout comme, un avocat ne saurait défendre, dans le cadre d'un litige de copropriété, à la fois le syndicat de copropriétaires, le syndic et les huit membres du conseil syndical dès lors que, compte tenu de la nature même du litige, leurs intérêts étaient susceptibles d'être divergents[11]. Il en est de même de l'avocat d'une société d'exploitation de bâtiment et du syndic des immeubles exploités par cette société qui ne saurait assigner en extension de procédure collective les associés de la société d'exploitation de bâtiment[12]. Constitue également un risque suffisamment sérieux pour caractériser une situation de conflit d'intérêts l'hypothèse dans laquelle l'avocat représente à la fois un comité d'entreprise et deux élues dudit comité mises en cause pour leur gestion suite à une expertise comptable, même si, au stade de la procédure, aucune procédure pénale n'a été diligentée contre elles[13].

Inversement, un avocat peut, sans qu'il en résulte un conflit d'intérêts, intervenir pour une personne morale et conseiller ou représenter un ou plusieurs actionnaires de cette dernière dans le cadre d'un différend qui les opposerait, dans la mesure où leurs intérêts ne sont pas contraires[14]. De même que, ne se trouve pas en situation de conflit d'intérêts l'avocat qui, dans le contexte d'un litige opposant les associés au gérant d'une société, représente la société en agissant sur instruction du gérant, si les actes demandés ne sont pas contraires à l'intérêt social[15].

1. Jacques Vergès [1924-2013].
2. J.-M. Pontaut, J. Dupuis, *Les oreilles du président : suivi de la liste des 2 000 personnes « écoutées » par François Mitterrand*, Fayard, 1996.
3. R. Lecadre, « Douze oreilles à la barre et défilé de témoins », *Libération* 16 nov. 2004.
4. C. civ., art. 250.
5. Civ. 1re, 31 oct. 2012, no 11-21.536, NP ; – CONFIRMANT : Paris, pôle 2, ch. 1, 15 mars 2011, RG no 2009/28692.
6. Paris, 1re ch., sect. A, 16 févr. 2000, no 1998/24638.
7. V. ss nos 441.241 s.
8. V. ss no 441.195.
9. Paris, avis no 199240, 23 mars 2010 – Paris, avis no 266997, 9 juin 2015 – Paris, avis no 286170, 7 mars 2017.
10. Paris, avis no 267933, 16 juin 2015 ; – MÊME SENS : Paris, avis no 289679, 23 févr. 2017 – Paris, avis no 287809, 30 mars 2017.
11. Paris, 1re ch., sect. F, 31 janv. 2008, no 07/07846.
12. Civ. 1re, 18 mars 1997, no 95-10.554, P I, no 95 ; *D.* 1997. 115.
13. Paris, avis no 232542, 24 juill. 2012.
14. Paris, avis no 241654, 14 août 2013.
15. Paris, avis no 199240, 23 mars 2010 – V. ss nos 441.43 et 481.43 s.

441.167 **Incapables majeurs.** Il convient également de faire preuve de la plus grande prudence lorsque l'on est en présence d'un incapable majeur, non seulement quant à l'établissement de la relation de clientèle [1], mais également dans la détermination des personnes que l'on va représenter, assister ou conseiller. Les intérêts de l'incapable majeur ne sont, en effet, pas nécessairement ceux des autres membres de sa famille ou de ses organes de protection [2].

C'est ainsi qu'un avocat ne saurait représenter une fille et son père placé sous curatelle renforcée et dont les relations semblent conflictuelles et les intérêts divergents. Il pourrait en aller autrement dans l'hypothèse où l'avocat obtiendrait leurs accords respectifs en considération de la pleine possession de ses facultés mentales du majeur protégé, lui permettant d'exprimer sa volonté pour y consentir [3].

§ 3
Connaissance par l'avocat des affaires de l'ancien client

441.170 **Plan.** Le conflit d'intérêts peut aussi être caractérisé en raison de l'exploitation d'informations privilégiées au détriment d'un ancien client par l'avocat (A). Les appréciations en la matière doivent être strictes et reposer sur des éléments concrets (B).

A.
Principes

441.181 **Secret des informations données par un ancien client ou connaissance par l'avocat des affaires de l'ancien client.** Il s'agit ici de la situation visée dans le troisième alinéa de l'article 7, alinéa 3, du décret du 12 juillet 2005 qui prévoient que l'avocat ne peut accepter l'affaire d'un nouveau client si le secret des informations données par un ancien client risque d'être violé ou lorsque la connaissance par l'avocat des affaires de l'ancien client favoriserait le nouveau client.

Cette interdiction d'accepter une nouvelle affaire lorsque la connaissance par l'avocat des affaires de l'ancien client favoriserait le nouveau client, est une atteinte au libre choix de l'avocat [4] et une restriction à la libre prestation de services mais l'intérêt général qui s'attache à préserver le secret professionnel [5] et à éviter les conflits d'intérêts constitue une raison impérieuse justifiant cette limitation, sachant que la mesure en cause, qui est adaptée à l'objectif poursuivi, n'y porte pas une atteinte excessive [6].

Dans cette situation, l'avocat ne saurait, en aucun cas, solliciter l'accord de son ancien client pour intervenir à son encontre.

441.182 **Notion d'ancien client.** Le terme d'« ancien », s'entend en termes d'ancienneté par rapport au nouveau client qui sollicite l'avocat, peu importe, à cet égard, qu'il soit ou non encore client de l'avocat dans une affaire en cours.

441.183 **Affaires distinctes.** Cette situation vise, notamment, mais de manière plus stricte, l'interprétation large que la jurisprudence avait donnée à la notion d'opposition d'intérêts sous l'empire de l'article 84 du décret du 9 juin 1972 [7], en considérant que l'opposition d'intérêts n'impliquait pas nécessairement identité des affaires (pluralité de clients dans une même affaire), mais pouvait concerner deux dossiers distincts (pluralité de clients dans des affaires distinctes) [8].

La Cour de cassation avait alors considéré, dans le cas d'un avocat qui assignait pour le compte d'une banque en paiement contre un débiteur de celle-ci, lequel le chargea d'exercer des poursuites contre ses propres débiteurs, que le seul fait pour un avocat d'accepter d'assister ou de représenter une partie contre laquelle il exerce, dans un autre dossier en cours, des poursuites pénales pour le compte d'un autre client, situation pouvant conduire l'avocat à une argumentation préjudiciable à l'un des clients, constituait une situation d'opposition d'intérêts et compromettait sa propre indépendance et la confiance que les parties doivent garder entière en leur défenseur [9]. La jurisprudence d'alors n'acceptait pas qu'un avocat plaide contre un client, non seulement dès lors qu'il s'agissait du même procès mais encore d'une autre affaire ayant un lien avec la précédente.

De même que la cour d'appel de Rennes avait donné au terme « intérêts opposés » une signification extensive : il n'est pas synonyme d'identité d'affaire ni même d'affaire étroitement connexe, mais il suffit qu'il y ait un lien entre les affaires, si ténu soit-il, révélateur d'une opposition d'intérêts pour que le conflit d'intérêts puisse être caractérisé [10].

1. V. s[s] n° 713.124.
2. V. s[s] n° 413.141.
3. Paris, avis n° 311668, 31 oct. 2018.
4. V. s[s] n°s 471.00 s.
5. V. s[s] n°s 412.00 s.
6. CE 15 nov. 2006, *Krikorian*, req. n° 283475, *Lebon ; JCP* 2007. II. 10001, note R. Martin ; *RTD civ.* 2007. 67, obs. R. Encinas de Munagorri.
7. Décr. n° 72-468, 9 juin 1972 organisant la profession d'avocat, pris pour l'application de la loi n° 71-1130 du 31 déc. 1971, *JO* 11 juin, p. 5884.
8. Th. Douville, *Les conflits d'intérêts en droit privé*, Institut Universitaire Varenne, thèse, 2014, n°s 219-220.
9. Civ. 1re, 30 juin 1981, n° 80-15.557, P I, n° 237 ; *D.* 1982. 165, note A. Brunois ; *D.* 1981. 468 ; *JCP* 1981. IV. 337 ; *Gaz. Pal.* 1982. 1. pan. 38 ; – REJET DU POURVOI FORMÉ CONTRE : Besançon, 13 mars 1980, *D.* 1981. 468.
10. Rennes, 13 mai 1980, *Gaz. Pal.* 1981. 1. 11, note A. Damien.

En réalité, il ne suffit pas que l'on soit en présence d'une simple opposition d'intérêts entre des clients dans le cadre de deux affaires distinctes, même liées, encore faut-il que[1] :

- soit, que le secret des informations données par un ancien client risque d'être violé ;

- soit, que la connaissance par l'avocat des affaires de l'ancien client favoriserait le nouveau client.

441.184 Appréciation stricte. La commission des règles et usages du CNB considère qu'un avocat ne peut intervenir contre un ancien client que dans des cas très exceptionnels, et certainement pas dans des cas ayant permis à l'avocat une connaissance personnelle de l'ancien client en question. En effet, au-delà de l'interprétation littérale de l'article 7, alinéa 3, du décret du 12 juillet 2005 et de l'article 4.1. du RIN, il convient d'inviter les avocats au respect du secret professionnel dans toute son étendue (ce qui couvre la connaissance que l'avocat a de son client, de son mode de vie, de ses réactions, et pas seulement les renseignements obtenus de lui)[2], ainsi qu'au respect des principes essentiels tels que la délicatesse et la loyauté[3].

Dès lors qu'un avocat aura pu avoir connaissance, notamment au travers de documents qui lui ont été remis par son ancien client, d'informations propres à ce dernier qui ne sont pas publiques (informations portant sur l'organisation juridique, managériale et économique, ses données financières, son patrimoine...) et qui sont de nature à lui conférer un avantage indu dans la défense des intérêts de son nouveau client, il y a lieu de caractériser une situation de conflit d'intérêts.

441.185 Exploitation d'informations privilégiées. Un conflit d'intérêts ne peut ainsi être caractérisé que s'il est effectivement démontré[4] que le secret des informations données par un ancien client risque d'être violé ou que la connaissance par l'avocat des affaires de l'ancien client favoriserait le nouveau client.

La Cour de cassation a considéré qu'il ne peut être fait grief à un avocat d'être intervenu contre un ancien client dès lors qu'il n'a pas, dans l'exécution de son second mandat, exploité, en violation du secret professionnel, des informations confidentielles obtenues dans l'accomplissement du premier[5]. C'est également le cas lorsqu'un avocat a eu un rendez-vous avec un client potentiel, dont il n'a pas accepté le dossier, et qui est, par la suite, contacté pour devenir l'avocat de la partie adverse. Le seul fait d'avoir reçu un client potentiel ne suffit pas à caractériser un conflit d'intérêts si aucune information privilégiée de nature à avantager l'autre partie ne lui a été communiquée à cette occasion.

Tout dépendra ici de la réalité des informations portées par l'ancien client à la connaissance de l'avocat auquel l'on impute une situation de conflit d'intérêts.

441.186 Absence de conflits d'intérêts. Un avocat peut ainsi parfaitement défendre un nouveau client contre un ancien client dès lors qu'il n'est pas démontré que le secret professionnel des informations aurait été violé et que la connaissance qu'il a pu avoir des affaires de l'ancien client ne lui procure aucun élément de nature à avantager le nouveau client[6].

Il peut aussi engager, pour le compte d'un nouveau client, une procédure à l'encontre d'un ancien client, sans lien avec celle pour laquelle il le représenta et qui ne remet pas en cause le secret des relations qu'ils avaient nouées, aucune obligation ne s'imposant à lui de solliciter l'accord de cet ancien client[7]. Il peut également représenter une société dans le cadre de sa demande de cessation des paiements, sans que cela ne l'empêche de représenter par la suite les salariés de cette même société dans leur demande de paiement de salaires, dès lors qu'il n'est pas démontré que son intervention dans le cadre de la déclaration de cessation des paiements a mis cet avocat en possession d'informations lui donnant un avantage indu dans la défense des salariés[8].

B.
Illustrations

441.191 Pluralité de clients dans des affaires distinctes – illustrations. Le conflit d'intérêts, par opposition des intérêts des clients, peut se trouver caractérisé nonobstant l'absence d'identité des affaires, si les affaires sont étroitement liées, interdépendantes, dès lors que dans une telle hypothèse la connaissance par l'avocat des affaires de l'ancien client favoriserait le nouveau client, ce dernier point devant être caractérisé, tel que l'avocat qui agit au

1. EN CE SENS : Paris, avis n° 310040, 18 sept. 2018.
2. V. s[s] n°s 412.31 s.
3. CNB, Com. RU, avis n° 2008-078, 4 déc. 2008 ; C. avocat 2021, s[s] décr. 12 juill. 2005, art. 7, note 3.
4. Paris, avis n° 288287, 14 févr. 2017 – Paris, avis n° 286452, 25 avr. 2017 – Paris, avis n° 290792, 9 mai 2017 – Paris, avis n° 296985, 14 nov. 2017.
5. Civ. 1re, 3 mars 2011, n° 10-14.012, P I, n° 42 ; *D.* 2011. 825 ; *D. actu.* 16 mars 2011, obs. C. Tahri ; *JCP* 2011. 295, obs. S. Bortoluzzi ; *JCP* 2011. 468, n° 8, obs. A. Tanaskovic ; *RLDC* 05/2011, n° 4236, note J.-Ph. Bugnicourt.
6. Aix-en-Provence 2 mai 2013, *Gaz. Pal.* 30-31 août 2013, p. 19, obs. B. de Belval et J. Villacèque.
7. Caen, 25 juin 2010, n° 10/00755, *Gaz. Pal.* 16 nov. 2010, n° 320, p. 15, note A. Lizop et J. Villacèque.
8. Paris, avis n° 252947, 3 juin 2014.

pénal tandis que son associé intervient au civil pour le compte de l'adversaire de son client[1].

Il en sera également ainsi de l'avocat intervenant pour le compte de deux salariés dans deux litiges distincts les opposant au même employeur si, alors que l'audition du premier serait nécessaire à la défense des intérêts du second, il négocie, dans le même temps, au profit du premier, sa renonciation à être auditionné[2].

De même que méconnaît l'interdiction d'assister ou de représenter des parties ayant des intérêts opposés l'avocat qui, chargé par un syndicat d'artisans de rechercher les moyens de maintenir l'activité d'une SARL, dans l'intérêt d'un certain nombre de ses membres, et ayant établi à cet effet un projet auquel tous les membres du syndicat n'ont pas adhéré, accepte, par la suite, une mission du juge enquêteur du tribunal de commerce destinée à rechercher les moyens d'assurer la survie de la même société, laquelle a, entre-temps, déposé son bilan. Tous les membres du syndicat n'étant pas intéressés à la survie de la société puisqu'une partie d'entre eux n'avait pas adhéré au projet élaboré par l'avocat, celui-ci ne pouvait rechercher la survie de cette société à la demande d'un tiers sans entrer en conflit avec l'intérêt du syndicat[3].

441.192 Exploitation d'informations privilégiées – illustrations. Est également en situation de conflits d'intérêts, l'avocat qui intervient à l'encontre d'une commune dont il fut anciennement le conseil, cette circonstance étant de nature à favoriser la défense de ses clients dès lors que, dans le cadre de son intervention antérieure au profit de la commune, il a eu accès à des informations relatives au fonctionnement de cette collectivité dont certaines étaient confidentielles[4]. De même, que le fait d'avoir travaillé, même anciennement, pour le compte de la société adversaire de son actuel client, sur des thématiques au cœur du litige, est constitutif d'une situation de conflit d'intérêts car il permet à l'avocat en cause d'avoir eu connaissance d'informations sur la partie adverse qui ne peuvent que favoriser son client[5].

Tout comme l'avocat qui, après avoir défendu un client, agit contre lui très peu de temps après, en ayant eu connaissance de ce fait d'informations confidentielles utiles à l'action dans laquelle est engagé son ancien client[6] ou qui engage une procédure prud'homale contre un ancien client au sujet duquel il disposait d'informations précieuses sur le fonctionnement de la politique sociale[7].

441.193 Personnes morales. Un avocat ne peut représenter, dans le cadre de son licenciement, l'ancien PDG d'une société, personne morale dont il a été le conseil durant vingt ans, au motif que cette décision est le fait d'une nouvelle direction mise en place par une société qui a pris le contrôle de son ancienne cliente[8].

Inversement, ne se trouve pas en situation de conflit d'intérêts l'avocat qui a toujours représenté une société personne morale prise en la personne de son représentant légal et qui agit, sur ses instructions, contre l'ancien dirigeant social[9].

441.194 Personnes morales – Groupes de sociétés. La question des groupes de sociétés se pose régulièrement notamment lorsque, par exemple, l'avocat d'une société mère est amené à intervenir contre une filiale, ou encore entre sociétés ayant un actionnaire majoritaire commun, personnes morales partageant des ressources communes telles qu'une direction juridique commune au niveau du groupe... En soi, une telle situation ne caractérise pas nécessairement un conflit d'intérêts.

Tout dépendra de la réalité et de la nature des informations dont dispose l'avocat relativement à la partie adverse. Il sera nécessaire qu'il soit démontré que l'avocat dispose d'informations privilégiées de nature à favoriser son client et que ces informations lui ont été transmises par les autres sociétés ou dirigeants du groupe, auxquels il est désormais opposé, à l'occasion de son activité pour ces dernières, et non qu'ils les aient reçues de son propre client.

Les avocats qui travaillent pour de tels groupes devront être vigilants à bien conserver la trace de la source des informations qu'ils sont amenés à recevoir dans le cadre de leurs activités[10].

441.195 Divorce. La matière familiale est souvent sujette à conflits d'intérêts réels ou supposés, notamment parce que bien souvent les avocats choisis par les époux ont souvent, directement ou indirectement des liens, ne serait-ce que d'amitié, avec la famille.

Pour autant, il n'en découle pas nécessairement une situation de conflit d'intérêts, même si l'on peut comprendre que l'un ou l'autre des conjoints soit courroucé par une telle intervention. Il peut y avoir un simple manquement à la délicatesse[11], comme il

1. Paris, avis n° 197720, 13 janv. 2010.
2. Paris, avis n° 201420, 2 mars 2010.
3. Civ. 1re, 30 juin 1980, n° 80-12.642, NP.
4. Paris, avis n° 203149, 14 sept. 2010.
5. Paris, avis n° 199458, 24 mars 2010 – Paris, avis n° 252425, 18 mars 2014.
6. CD Paris, arr. 2 déc. 2014, n° 253414.
7. Paris, 11 avr. 2013, *Gaz. Pal.* 30-31 août 2013, p. 19, obs. B. de Belval et J. Villacèque.
8. Paris, avis n° 21.6364, 14 févr. 2012.
9. Paris, avis n° 22.1259, 13 sept. 2011 – V. ss n° 441.43.
10. V. ss n° 441.43.
11. V. ss nos 336.00 s.

peut y avoir un conflit d'intérêts avéré dans l'hypothèse où l'avocat en cause tirerait de ses liens privilégiés un avantage certain dans le litige. La notion d'informations privilégiées de nature à avantager l'une des parties est très prégnante en la matière.

441.196 Divorce – illustrations.

– Se trouve ainsi en situation de conflit d'intérêts :

– l'avocat qui, en raison de ses liens de concubinage avec le frère du client, est en situation de rencontrer les enfants de celui-ci, lesquels sont par ailleurs susceptibles d'être entendus dans le cadre d'une procédure de divorce dont il est en charge[1] ;

– l'avocat représentant la compagne de son fils dans un litige contre l'ex-époux de celle-ci, étant ainsi amené à fréquenter l'enfant au sujet duquel s'est noué le litige[2] ;

– l'avocat qui, après avoir diligenté la procédure de divorce de l'ancienne épouse contre son conjoint, souhaite représenter la nouvelle concubine de ce dernier dans un litige les opposant[3] ;

– l'avocat qui a participé à l'ébauche d'un projet commun de convention sur l'exercice de l'autorité parentale, et souhaite représenter par la suite l'ex-époux contre son ex-conjoint[4] ;

– l'avocat ayant œuvré à la rédaction d'une convention sur les modalités d'une séparation de fait traitant notamment de la résidence familiale et de la contribution alimentaire et qui souhaite ensuite assurer la défense d'un des époux lors d'une procédure de divorce[5] ;

– l'avocat qui a été conseil commun des deux époux, dans une procédure de divorce par consentement mutuel, ne saurait devenir le conseil de la femme dans une autre procédure de divorce pour faute, puisque les intérêts pécuniaires des deux époux étaient divergents[6] ;

– de même que, l'avocat ayant accepté de recevoir les deux époux dans une procédure de divorce, et qui a estimé ne pas pouvoir intervenir pour les deux dans le cadre d'un divorce par consentement mutuel doit s'abstenir, faute de l'accord de l'épouse, de s'occuper des affaires de l'un ou de l'autre[7].

1. Paris, avis n° 205357, 16 juin 2010 – V. s[s] n°s 441.101 et 441.198.
2. Paris, avis n° 219716, 4 août 2011 – V. s[s] n°s 441.101 et 441.198.
3. Paris, avis n° 228243, 30 mars 2012.
4. Paris, avis n° 218353, 25 mai 2011 – V. s[s] n° 441.165.
5. Paris, avis n° 234790, 19 oct. 2012 – V. s[s] n° 441.165.
6. Civ. 1re, 20 janv. 1993, n° 91-15.548, P I, n° 22 ; *Gaz. Pal.* 5 août 1993. 11 ; *D.* 1993. 35 ; *RTD civ.* 1993. 331, obs. J. Hauser ; *JCP* 1993. IV. 80 – V. s[s] n° 441.165.
7. CNB, Comm. RU, avis n° 2010-020, 12 juill. 2010 ; C. avocat 2021, s[s] décr. 12 juill. 2005, art. 7, note 5 – V. s[s] n° 441.165.

441.197 Ancien employeur. Le cas des avocats qui agissent contre leur ancien employeur est similaire à celui des avocats agissant contre leur ancien client. C'est ainsi que n'est pas en situation de conflit d'intérêts l'avocat qui, ayant été chef du service juridique d'une société, assure la défense de personnes opposées à cette même société trois années après que celle-ci l'ait licencié, dès lors qu'il n'est pas démontré que cet avocat, du temps où il était employé, avait directement ou indirectement traité, à la faveur de ses fonctions, des affaires dans lesquelles il intervient contre son ancien employeur. La seule connaissance théorique des données de principe régissant la matière de tels litiges étant insuffisante pour caractériser un conflit d'intérêts.

Dans cette affaire, après qu'un précédent arrêt de la cour d'appel ait considéré que : « l'obligation de délicatesse imposait à l'avocat de s'abstenir d'assurer la défense de personnes physiques ou morales, opposées à son ancien employeur dans les litiges dont il a pu avoir connaissance et auxquels il a pu directement ou indirectement participer, en tant que responsable salarié du contentieux de cet organisme »[8], la cour d'appel de Paris prend soin de rappeler que : « [...] sauf à interdire à jamais à l'avocat d'occuper contre son ancien employeur, la connaissance directe ou indirecte des litiges ne peut se présumer, alors surtout que près de trois années se sont écoulées entre le licenciement du requérant en juin 1990 et les procédures visées dans les réclamations [...] » et considère que ces dernières : « [...] ne sont étayées par aucune pièce de nature à établir que l'avocat avait eu connaissance, directement ou indirectement, de ces affaires à la faveur de ses fonctions salariées de chef du service juridique de son employeur, étant observé que la connaissance théorique des données de principe régissant la matière de tels litiges est insuffisante pour caractériser la faute déontologique qui lui est reprochée [...] »[9].

Inversement, un avocat ne peut, sans être en situation de conflit d'intérêts, représenter un salarié lors d'un litige prud'homal contre la société qui l'employait autrefois, dès lors qu'il est établi qu'il a obtenu, en tant que consultant de ladite société, fût-ce de manière très occasionnelle et ponctuelle, des informations propres à l'organisation juridique et managériale de celle-ci, la circonstance que le licenciement soit purement technique étant sans effet[10].

441.198 Connaissance amicale. La Cour de cassation a eu à connaître d'une affaire où un avocat qui ayant entretenu une relation d'amitié avec la victime des agissements de son client n'en avait pas

8. Paris, 1re ch., sect. A, 10 févr. 1993.
9. Paris, 1re ch., sect. A, 30 mars 1994.
10. Paris, avis n° 230232, 5 juin 2012.

moins assuré la défense de ce dernier devant les juridictions répressives. Elle a considéré que dès lors que l'avocat avait dans un passé récent, entretenu une relation d'amitié avec la victime des agissements de son client, cette circonstance caractérisait un conflit d'intérêts et une perte d'indépendance de l'avocat au détriment du justiciable dont il avait accepté d'assurer la défense, justifiant le blâme ayant sanctionné l'avocat[1].

§ 4
Intérêts du client et intérêts de l'avocat

441.201 **Principe.** Il s'agit ici de la situation visée à l'article 55[2] de la loi du 31 décembre 1971 en tant qu'il prévoit que toute personne autorisée à donner des consultations juridiques ou à rédiger des actes sous seing privé, pour autrui, de manière habituelle et rémunérée doit s'interdire d'intervenir si elle a un intérêt direct ou indirect à l'objet de la prestation fournie.

Si cette disposition ne vise que la rédaction d'actes et la consultation juridique, elle ne fait que rappeler une situation évidente de conflit d'intérêts avéré, au sens le plus classique de la notion de conflit d'intérêts[3], dès lors que l'avocat a un intérêt direct ou indirect dans le dossier dont il souhaite s'occuper : les intérêts mêmes de l'avocat étant en cause, celui-ci ne saurait, en aucun cas, être autorisé à défendre ou conseiller un client dans une affaire de nature à impacter sa propre situation. La solution découle du principe d'indépendance même[4].

441.202 **Illustrations.** Méconnaît les règles relatives au conflit d'intérêts, l'avocat qui assiste une SARL et le couple de ses associés lors de la procédure de redressement judiciaire ouverte à son égard, alors qu'il est l'unique associé d'une société elle-même associée de la SCI bailleresse de la SARL[5]. De même que l'avocat qui, à des fins personnelles, conseille une opération de lotissement à un client, et recommande une SCI particulière pour la réalisation de l'opération préconisée, sans révéler à son client que, par sociétés interposées, en tant que dirigeant d'une société détenant des parts de la SCI, il est personnellement intéressé dans l'affaire[6], il manque, en outre, à ses devoirs de délicatesse, de probité et de loyauté, et trompe la confiance placée en lui par son client[7].

De même que méconnaît les règles relatives au conflit d'intérêts l'avocat qui, après être intervenu dans l'intérêt d'un client pour la reprise des actifs d'une société dans la gestion de laquelle elle s'était immiscée, comme dans celle d'autres sociétés dans lesquelles son compagnon avait pris des intérêts, substitue à son client une autre personne dans le bénéfice de la cession, en le laissant dans l'ignorance de cette situation, puis en le faisant assigner en référé à cette fin sous le cachet de sa collaboratrice[8].

Tout comme présente un risque sérieux de conflit d'intérêts, l'avocat qui intervient pour son ancien concubin dans une affaire devant le juge aux affaires familiales, en produisant une attestation personnelle à l'appui de la défense de celui-ci[9].

441.203 **Avocat actionnaire/associé d'une société.** Lorsqu'un avocat est actionnaire ou associé d'une société, cet avocat peut se trouver potentiellement en situation de conflit d'intérêts entre la position d'associé et la position de conseil de la société dont il a la charge des dossiers juridiques. Ce risque de manque d'indépendance et de conflit d'intérêts dépend alors de l'objet du contenu de la mission de conseil confiée à l'avocat et de l'importance de sa participation au capital de la société, et il appartient au bâtonnier, ou son délégué, d'apprécier la situation en fonction des circonstances de fait[10]. Tel qu'un avocat qui exercerait des fonctions de direction dans une société commerciale[11], lequel ne peut intervenir en qualité d'avocat dans une procédure mettant en cause cette société[12].

Cette situation se présente, en particulier, lorsqu'un avocat accepte d'être rémunéré en action de la société, si cette méthode de paiement des honoraires est possible[13], il n'en demeure pas moins qu'elle génère une situation potentielle de conflit d'intérêts qu'il appartiendra à l'avocat de prendre en compte.

441.204 **Avocat membre d'une association.** Cette analyse s'applique aussi lorsque l'avocat se trouve intéressé du fait de fonctions qu'il exercerait dans des associations, lequel ne saurait être le conseil de l'association dont il est le secrétaire[14], l'administra-

1. Civ. 1re, 14 juin 2007, n° 05-15.160, NP – AUSSI : TGI Paris, 19 déc. 1990 ; *Rev. arb.* 1996. 325, obs. P. Fouchard.
2. L. n° 71-1130, 31 déc. 1971, art. 55 – V. ss nos 323.00 s.
3. V. ss nos 441.36 s.
4. V. ss nos 323.00 s.
5. Amiens, 28 févr. 1995, RG n° 950228.
6. Civ. 1re, 6 déc. 2007, n° 05-18.795, P I, n° 377 ; *RTD civ.* 2008. 431, obs. P. Jacques.
7. V. ss n° 332.31.
8. Versailles, 22 nov. 2006, RG n° 05/2006.
9. Paris, avis n° 276661, 7 mars 2017.
10. CNB, Comm. RU, avis n° 2011-003, 16 mars 2011 ; C. avocat 2021, ss décr. 12 juill. 2005, art. 7, note 8.
11. V. ss nos 432.31 s.
12. CNB, Comm. RU, avis n° 2014-011, 28 févr. 2014 ; C. avocat 2021, ss RIN, art. 4, note 2.
13. V. ss n° 732.102.
14. Paris, avis n° 207569, 22 sept. 2010.

teur[1], ou le président, il en irait autrement que s'il n'est que simple membre adhérent de l'association[2].

441.205 **Intervention pour son propre compte.** Lorsque la représentation est obligatoire, il y a lieu de considérer que le fait d'intervenir pour son propre compte, ou celui de son cabinet, y compris en se faisant substituer par un associé[3], est de nature à compromettre l'indépendance de l'avocat, laquelle risque de ne plus être entière dès lors que ses intérêts personnels sont en jeu. Il en découle qu'un avocat ne saurait se constituer pour lui-même dans une procédure[4], ou, sauf situations particulières, prendre des mesures conservatoires comme avocat pour son compte en qualité de partie. Il est toujours recommandé que l'avocat partie à un contrat ou un contentieux prenne le soin de se faire assister ou représenter par un autre avocat, tant dans le cadre de la rédaction de l'acte, que dans celui des procédures dans lesquelles il serait, directement ou indirectement partie.

Pour autant, rien ne s'oppose, au regard des conflits d'intérêts, à ce qu'un avocat intervenu non pas comme avocat mais comme époux de la bailleresse es qualité de rédacteur du bail, de représenter ensuite son épouse dans le cadre d'une procédure engagée contre le locataire pour non-paiement de loyers[5].

441.206 **Avocat mis en cause.** En matière pénale, un prévenu ne saurait choisir comme conseil un avocat mis en cause dans la même affaire[6]. C'est ainsi que dans le cadre d'une information ouverte contre personnes non dénommées des chefs de travail dissimulé, fraude fiscale, infraction au code de l'aviation civile et abus de biens sociaux, l'un des prévenus placé en garde à vue puis présenté au juge d'instruction qui a procédé à son interrogatoire de première comparution, s'était vu refuser, à chaque fois, sa demande de se voir assisté par son avocat habituel sur lequel pesaient des charges de recel dans la même affaire[7].

La Cour de cassation note que le juge n'avait pu que s'opposer à la désignation d'un avocat sur lequel pesaient des charges de recel, et observant que le prévenu avait bénéficié de l'assistance effective d'un autre avocat considère, qu'en tout état de cause, l'irrégularité invoquée n'a pas eu pour effet de porter atteinte aux intérêts du demandeur[8].

SECTION 3
CONFLITS D'INTÉRÊTS OBJECTIFS

441.210 **Plan.** Dans certains cas, les textes prévoient expressément des situations qui caractérisent objectivement un conflit d'intérêts (§ 1). Il en est ainsi, notamment, lorsque l'avocat intervient en qualité de rédacteur d'acte (§ 2) ou à l'occasion de ventes judiciaires (§ 3).

§ 1
Propos liminaires

441.221 **Conflits d'intérêts objectifs.** Certains textes spéciaux sont venus poser des règles de conflits d'intérêts objectifs, en interdisant à l'avocat d'intervenir dans des situations précises compte tenu du fait qu'elles caractériseraient nécessairement une situation de conflit d'intérêts.

Ces règles spéciales ne sont pas exclusives de l'application des règles de droit commun en la matière, et par conséquent ne dispensent en aucun cas les avocats concernés d'apprécier, en outre, leur situation au regard des règles de droit commun en matière de conflit d'intérêts[9].

441.222 **Avocat ayant une activité de fiduciaire.** En matière de fiducie[10], l'article 6.5.5 du RIN est venu préciser que les conflits d'intérêts s'apprécient par rapport au constituant et aux bénéficiaires.

Par conséquent, l'avocat désigné par le constituant en qualité de tiers, au sens de l'article 2017 du code civil, ne peut pas appartenir à la même structure d'exercice que celle à laquelle appartient l'avocat exerçant une activité de fiduciaire[11].

441.223 **Délégué à la protection des données.** L'avocat délégué à la protection des données[12] doit refuser de représenter toute personne ou organisme pour lesquels il exerce ou a exercé la mission de correspondant à la protection des données à caractère personnel (CIL)[13] ou de délégué à la protection des données dans le cadre de procédures administratives ou judiciaires mettant en cause le responsable des traitements[14].

1. Paris, avis n° 287587, 2 mai 2017.
2. CNB, Comm. RU, avis n° 2012-048, 26 nov. 2012 ; C. avocat 2021, s^s décr. 12 juill. 2005, art. 7, note 8 – V. s^s n°s 433.178 s. ; et AUSSI : v. s^s n° 451.55.
3. Paris, avis n° 265886, 9 juin 2015.
4. TOUTEFOIS : CEDH 11 févr. 2014, *Masirevic c/Serbie,* req. n° 30671/08.
5. CNB, Comm. RU, avis n° 2019-011, 10 mai 2019.
6. Aussi : v. s^s n° 442.71.
7. V. s^s n°s 921.101 s.
8. Crim. 3 juin 2008, n° 08-81.771, P n° 138 ; *Dr. pénal* 2008, n° 137, note A. Maron et M. Haas ; *AJ pénal* 2008. 379, note G. Royer – TOUTEFOIS, v. s^s n° 416.37.
9. V. s^s n°s 441.131 s.
10. V. s^s n°s 644.00 s.
11. RIN, art. 6.5.5.
12. V. s^s n° 433.81.
13. S. Bortoluzzi, D. Piau, T. Wickers, *Règles de la profession d'avocat,* 16e éd., « Dalloz Action », 2017, n° 433.51.
14. RIN, art. 6.3.3 ; – COMP. : RGPD, art. 38 6.

§ 2
Avocat rédacteur d'acte

441.230 **Plan.** Lorsque l'avocat participe à la rédaction d'un acte, des règles de conflits d'intérêts objectifs ont été posées (A), tandis que des règles particulières régissent le divorce par acte sous signature privée contresigné par avocat (B).

A.
Principes

441.241 **Définition de la qualité de rédacteur d'actes.** L'article 7 du RIN a intégré les dispositions prévues à l'article 9 [1] du décret du 12 juillet 2005 en matière de rédaction d'actes [2], en les précisant.

L'article 7.1 du RIN précise que le rédacteur est l'avocat qui élabore, seul ou en collaboration avec un autre professionnel, un acte juridique pour le compte d'une ou plusieurs parties, assistées ou non de conseils, et qui recueille leur signature sur cet acte. Le seul fait pour un avocat de rédiger le projet d'un acte dont la signature intervient hors de sa présence, ne fait pas présumer de sa qualité de rédacteur [3].

441.242 **Définition de l'avocat rédacteur unique.** Lorsqu'un avocat est le seul rédacteur d'un acte, il est considéré comme rédacteur unique et doit veiller à l'équilibre des intérêts des parties à l'acte [4]. L'avocat qui est intervenu comme rédacteur unique d'un acte n'est pas présumé avoir été le conseil de toutes les parties signataires.

L'avocat n'est pas rédacteur unique dès lors que la partie autre que celle qu'il représente était assistée par un conseil, avocat ou non [5]. Cette disposition envisage l'hypothèse dans laquelle un avocat participe à l'établissement d'un acte en concertation avec un conseil qui peut n'être pas avocat (notaire, banquier, expert-comptable par exemple).

Lorsqu'il a été saisi par une seule des parties, qui a fait accepter par l'autre que son propre avocat soit le rédacteur unique de l'acte litigieux, l'avocat doit informer l'autre partie de la possibilité qu'elle a d'être conseillée et de se faire assister par un autre avocat, et être en mesure de prouver qu'il a exécuté cette obligation. À défaut, il s'expose à se trouver en situation de conflit d'intérêts [6].

441.243 **Mentions dans l'acte.** L'avocat peut faire mention de son nom et de son titre sur l'acte qu'il a rédigé, ou à la rédaction duquel il a participé, s'il estime en être l'auteur intellectuel. Cette mention emporte de plein droit attribution de la qualité de rédacteur à l'avocat [7].

Lorsqu'il s'agit d'un acte sous signature privée contresigné par avocat, ce dernier doit impérativement être signé par l'avocat ou les avocats rédacteurs désignés à l'acte [8].

441.244 **Conflit d'intérêts objectif.** L'article 9 du décret du 12 juillet 2005 pose une règle de conflit d'intérêts objectif, étant précisé que dans tous les cas, l'avocat devra refuser ou interrompre son concours dès lors qu'il apparaît :

- soit que son intervention risque de le conduire à s'ériger en témoin de l'une ou l'autre des parties [9] ;
- soit que sa responsabilité professionnelle est susceptible d'être recherchée ;
- soit que son intervention est de nature à porter atteinte au secret professionnel ou à la confidentialité due aux pourparlers.

441.245 **Rédacteur unique et conseil de toutes les parties.** Si l'avocat est intervenu comme rédacteur unique en qualité de conseil de toutes les parties, il ne peut agir ou défendre sur la validité, l'exécution ou l'interprétation de l'acte qu'il a rédigé, sauf si la contestation émane d'un tiers [10].

C'est ainsi que se trouve en situation de conflits d'intérêts l'avocat qui agit en exécution d'un acte dont il fut chargé en qualité rédacteur unique et de conseil de toutes les parties, la circonstance qu'il soit originellement intervenu à la demande d'une seule partie étant sans effet à cet égard [11].

De même que l'avocat rédacteur unique d'un acte de présentation de clientèle avec clause de non-concurrence, ne peut agir, même en référé, contre le vendeur s'étant réinstallé en contravention de cette clause pour le compte de l'acquéreur, sauf accord écrit de toutes les parties [12]. Tout comme celui qui rédacteur unique de plusieurs actes de prêt engage une procédure en référé pour le compte de l'une des parties à l'acte afin d'obtenir le paiement des sommes dues par l'autre partie [13].

441.246 **Autres cas.** L'avocat peut agir ou défendre sur l'exécution ou l'interprétation de l'acte dont il a été le rédacteur ou à la rédaction duquel il a

1. Décr. n° 2005-790, 12 juill. 2005 relatif aux règles de déontologie de la profession d'avocat, *JO* 16 juill., n° 22, art. 9.
2. V. s^s n°s 632.00 s.
3. RIN, art. 7.1.
4. RIN, art. 7.2. – Civ. 1re, 27 nov. 2008, n° 07-18.142, P I, n° 267 ; *D.* 2009. 706, note Ch. Jamin – V. s^s n°s 912.140 s.
5. RIN, art. 7.3, al. 2.
6. Paris, avis n° 201644, 15 avr. 2010.
7. RIN, art. 7.1.
8. RIN, art. 7.2.
9. Paris, avis n° 292594, 12 mai 2017.
10. RIN, art. 7.3, al. 3.
11. Paris, avis n° 203684, 15 avr. 2010.
12. Paris, avis n° 253727, 30 avr. 2014.
13. Paris, pôle 2, ch. 1, 13 sept. 2018, RG n° 17/07122.

participé ou. défendre sur la validité de cet acte[1], s'il :

- est intervenu en qualité de rédacteur unique de l'acte sans être le conseil de toutes les parties ;
- ou a participé à sa rédaction sans être le rédacteur unique.

441.247 Devoir de prudence. L'avocat doit veiller à ce qu'il n'y ait pas d'ambiguïté, tant quant à sa qualité de rédacteur unique ou non, que quant à sa qualité de conseil de toutes les parties ou non. Tout particulièrement, lorsqu'une partie n'est pas assistée par un avocat, il devra veiller à prendre les précautions nécessaires afin de ne pas apparaître comme son conseil de fait[2].

L'appréciation en la matière, notamment quant à la qualité du ou des rédacteurs de l'acte est très factuelle, le simple fait d'apporter des corrections à l'acte pouvant conduire à avoir la qualité de rédacteur de l'acte. Il est dès lors fortement recommandé, afin d'éviter toute difficulté, de préciser clairement dans l'acte tant l'identité des rédacteurs que celle des conseils des parties[3].

B. Divorce par acte sous signature privée contresigné par avocat

441.251 Protection renforcée du consentement mutuel extrajudiciaire. Alors qu'en matière de divorce par consentement mutuel les deux époux peuvent être représentés par le même avocat[4], en matière de divorce par acte sous signature privée contresigné par avocat, le texte est venu prévoir que les époux « constatent, assistés chacun par un avocat, leur accord dans une convention prenant la forme d'un acte sous signature privée contresigné par leurs avocats »[5].

La circulaire d'application de la chancellerie est venue préciser que : « les avocats choisis ne peuvent pas exercer au sein de la même structure professionnelle afin de prévenir tout risque de conflit d'intérêts, ce qui résulte de l'article 7 du décret du 12 juillet 2005 relatif aux règles de déontologie de la profession d'avocat, repris à l'article 4.1 du RIN »[6].

441.252 Interdiction objective. Cette analyse *ex abrupto* est éminemment contestable, dès lors que la situation en termes d'intérêts est exactement la même qu'en matière de divorce par consentement mutuel homologué par le juge et fait fi des règles applicables en matière de rédaction d'actes.

En réalité, c'est le texte de loi lui-même qui impose, pour des raisons éminemment politiques, que chaque époux soit assisté par son propre avocat, sans qu'il ne soit nécessaire d'invoquer les règles en matière de conflit d'intérêts et encore moins de « prévention des conflits d'intérêts » - aveu de faiblesse du raisonnement de la chancellerie sur ce sujet - le simple risque de conflit d'intérêts n'excluant pas de pouvoir passer outre[7].

Cette disposition, qui témoigne d'un manque de confiance du législateur vis-à-vis des avocats, est éminemment critiquable dès lors que les avocats sont parfaitement à même d'être rédacteur unique de l'acte, et conseil des deux parties souhaitant divorcer, tout en étant le garant de l'équilibre de la convention qui sera ainsi conclue[8].

441.253 Notion de structure professionnelle. La notion de structure professionnelle, à laquelle renvoi l'obligation pour les époux d'être assisté chacun de son avocat, nous semble devoir s'entendre de la même structure professionnelle réelle ou apparente suivant les règles classiques de détermination du périmètre en la matière[9].

441.254 Application des règles de conflit d'intérêts. Naturellement, le fait que les deux avocats appartiennent à des cabinets distincts ne les dispense pas d'apprécier la situation de leur client au regard des règles en matière de conflit d'intérêts[10].

À cet égard, et compte tenu de l'obligation faite par la loi selon laquelle chacun des avocats doit être assisté par un avocat distinct, il n'apparaît pas possible que l'avocat habituel du couple puisse être l'avocat de l'un des époux dans le cadre d'une telle procédure de divorce, dès lors qu'il disposerait d'informations privilégiées sur les deux époux de nature à donner un avantage à l'un d'entre eux[11].

§ 3 Ventes judiciaires

441.261 Conflits d'intérêts objectifs. Comme en matière de rédaction d'actes, les ventes judiciaires[12]

1. RIN, art. 7.3, al. 4.
2. V. s^s n°s 451.51 s.
3. Paris, avis n° 268757, 3 nov. 2015 – Aussi : v. s^s n° 713.451.
4. C. civ., art. 250 – V. s^s n° 441.165.
5. C. civ., art. 229-1.
6. Circ. 26 janv. 2017 de présentation des dispositions en matière de divorce par consentement mutuel et de succession issues de la loi n° 2016-1547 du 18 novembre 2016 de modernisation de la justice du XXIe siècle et du décret n° 2016-1907 du 28 décembre 2016 relatif au divorce prévu à l'article 229-1 du code civil et à diverses dispositions en matière successorale, Fiche 2, p. 2, NOR : JUSC1638274C – CNB, Comm. RU, avis n° 2018-039, 9 oct. 2018.
7. V. s^s n° 441.152.
8. V. s^s n°s 441.241 s.
9. Paris, avis n° 286587, 15 nov. 2016 – V. s^s n°s 441.71 s.
10. V. s^s n°s 441.131 s.
11. V. s^s n°s 412.81 s. et 441.195 s.
12. V. s^s n°s 641.00 s.

font l'objet d'une réglementation spécifique en matière de conflit d'intérêts. En effet, en matière d'enchère, compte tenu de la particularité de la procédure, et des délais qu'elle impose[1], la question des conflits d'intérêts doit être gérée en amont. La question s'est posée de savoir si un avocat pouvait représenter plusieurs clients d'autant qu'il y a alors incontestablement risque de conflit d'intérêts.

Néanmoins, la jurisprudence a, dans un premier temps, admis qu'un avocat puisse représenter plusieurs clients. Cette solution pouvait notamment se comprendre compte tenu des difficultés pratiques auxquelles sont confrontés les petits barreaux[2]. Mais cette possibilité pouvait placer l'avocat dans une situation délicate, de sorte que certains règlements intérieurs sont venus condamner cette pratique.

441.262 Pouvoir normatif. La jurisprudence a considéré que les dispositions légales et réglementaires régissant les ventes judiciaires ne font pas obstacle à ce que les règlements intérieurs précisent les conditions dans lesquelles les avocats exerceront les attributions qui leur sont conférées en la matière, notamment en leur faisant obligation de refuser de prêter simultanément leur concours, lors d'une même vente, à plusieurs enchérisseurs, à condition que le nombre des membres du barreau permette une telle restriction, sans gêne pour les parties et pour les acquéreurs éventuels[3].

C'est ainsi que les dispositions d'un règlement intérieur pouvaient valablement interdire à l'avocat de porter l'enchère pour des personnes en conflit d'intérêts[4].

441.263 Limite au pouvoir normatif. Mais les restrictions en la matière doivent être proportionnées. C'est ainsi que dans une affaire où un conseil de l'Ordre avait cru pouvoir interdire à un même avocat d'être chargé par plusieurs clients distincts de porter des enchères sur la même adjudication et à l'avocat poursuivant la vente de porter enchères pour une personne autre que son client poursuivant, la Cour de cassation a approuvé l'annulation de cette disposition en considérant que si les conseils de l'Ordre peuvent réglementer les conditions d'exercice de la profession d'avocat, c'est dans la mesure où leurs décisions ne sont pas de nature à nuire au bon déroulement des procédures judiciaires, et que la cour d'appel avait, par une appréciation souveraine des circonstances de la cause, estimé que les deux prohibitions litigieuses étaient de nature à entraver les enchères[5].

441.264 Exclusion de la pluralité des pouvoirs. L'article R. 322-40[6] du code des procédures civiles d'exécution est venu prévoir expressément que l'avocat ne peut être porteur que d'un seul mandat. Cette interdiction n'est pas expressément étendue aux autres avocats membres du même cabinet, ou d'un même groupement d'exercice. L'avocat doit néanmoins informer clairement les clients sur la situation du cabinet, vis-à-vis d'autres enchérisseurs et se ménager la preuve écrite de cette information[7].

On notera que cet article n'est pas applicable à la surenchère[8] faisant qu'un avocat porteur d'un mandat pour enchérir dans le cadre d'une procédure de saisie immobilière peut valablement former une déclaration de surenchère pour un autre client lors d'une audience d'adjudication ultérieure.

441.265 Enchères pour des personnes qui sont en conflit d'intérêts (RIN, 12.2). Le RIN précise pour sa part que l'avocat ne peut porter d'enchères pour des personnes qui sont en conflit d'intérêts, il ne peut notamment porter d'enchères pour un même bien pour le compte de plusieurs mandants et, lorsqu'un avocat s'est rendu adjudicataire pour le compte d'une personne, il ne peut accepter de former une surenchère au nom d'une autre personne sur cette adjudication, à défaut d'accord écrit de l'adjudicataire initial[9].

Ce conflit d'intérêts objectif posé par le RIN a été validé par le Conseil d'État qui a considéré que ces dispositions, qui préviennent les conflits d'intérêts susceptibles de se produire à l'occasion de ventes aux enchères, ne mettaient en cause ni la liberté d'exercice de la profession d'avocat ni les règles essentielles qui la régissent[10].

441.266 Critères d'appréciation. L'article R. 322-40 du code des procédures civiles d'exécution ne régissant que les mandats visant à porter les

1. A. Leborgne, dans S. Guinchard et T. Moussa (dir.), *Droit et pratique des voies d'exécution*, 9e éd., « Dalloz Action », 2018, no 1368.71 s.
2. A. Leborgne, dans S. Guinchard et T. Moussa (dir.), *op. cit.*, no 1368.73.
3. Civ. 1re, 15 févr. 1983, no 82-11.888, P I, no 59.
4. Civ. 1re, 26 nov. 2002, no 00-18.971, P I, no 283 ; *D.* 2003. 42 – Civ. 1re, 23 sept. 2003, no 00-18.972, NP.
5. Civ. 1re, 16 juill. 1987, no 85-15.092, P I, no 222 ; *D.* 1988. 257, note A. Brunois ; *D.* 1987. 79 ; *Gaz. Pal.* 1987. Pan. 259 ; *Gaz. Pal.* 1988. 1. pan. 16, note S. Guinchard et T. Moussa ; *Gaz. Pal.* 1988. Somm. 35, note S. Guinchard et T. Moussa.
6. C. pr. civ. exéc., art. R. 332-40 ; anct décr. no 2006-936, 27 juill. 2006, art. 73.
7. CNB, Comm. RU, avis no 2021-023, 12 juill. 2021.
8. Civ. 2e, 8 juill. 2004, no 03-10.560, P II, no 347 ; *AJDI* 2004. 826 – Civ. 2e, 5 déc. 2013, no 10-22.901, P II, no 232 ; *D.* 2013. 2920 – Nîmes, 23 oct. 2014, RG no 14/01304.
9. RIN, art. 12.2.
10. CE, sect., 5 oct. 2007, *Ordre des avocats du barreau d'Évreux*, req. no 282321, *Lebon ; D.* 2007. 2739 ; *AJDA* 2008. 644, note G. Houillon ; *AJDA* 2007. 1900 ; *LPA* 17 avr. 2008, p. 11, concl. Y. Aguila.

enchères, rien n'interdit à l'avocat de se porter enchérisseur pour le compte de son client créancier poursuivant, le même avocat pouvant occuper à la fois pour le poursuivant et pour l'adjudicataire[1]. Il n'y a, en effet, pas de conflit d'intérêts dès lors que le créancier poursuivant a intérêt à ce que la vente se fasse au meilleur prix. En faisant monter les enchères par son propre avocat, le poursuivant participe à la recherche du juste prix qui est le but recherché par la procédure de saisie immobilière. Le mécanisme de l'adjudication protège ainsi les intérêts des uns et des autres. De même que rien n'interdit, en principe, à l'avocat du créancier poursuivant d'être porteur d'un mandat, c'est-à-dire de requérir la vente et ensuite de pousser les enchères pour le compte d'un autre client, à moins que le créancier poursuivant ne lui ait déjà donné mandat de monter les enchères.

Il y a lieu de procéder, à chaque fois, à une analyse au cas par cas de la situation afin de déterminer si oui ou non un conflit d'intérêts est caractérisé suivant les règles de droit commun[2].

441.267 **Exclusion de l'intérêt de l'avocat.** Par ailleurs, l'article R. 322-39 du code des procédures civiles d'exécution, interdit aux avocats, par eux-mêmes ou par personnes interposées, de se porter enchérisseur, lorsqu'ils sont intervenus à un titre quelconque dans la procédure de saisie immobilière[3].

1. Cass., req., 24 oct. 1928 : *D.* 1929. 1. 152 ; S. 1929. 1.

2. CNB, Comm. RU, avis n° 2016-064, 13 mai 2016.
3. Civ. 2e, 26 nov. 1986, n° 85-14.647, P II, n° 117 ; *JCP* 1987. IV. 44 ; *Gaz. Pal.* 1987. 2. Somm. 335, note M. Véron – AUSSI : C. civ., art. 1596.

CHAPITRE

442. Conséquences du conflit d'intérêts

SECTION 0 ORIENTEUR

442.00 **Sommaire du chapitre.**

Division. La portée des conflits d'intérêts découle de leur finalité même qui est de protéger les intérêts du client (sect. 1), ce qui emporte un certain nombre de conséquences pour l'avocat (sect. 2), et a des conséquences sur les modalités de traitement des situations de conflit d'intérêts (sect. 3).

442.01 **Textes applicables.**

TEXTES TITRÉS

> Principe

• **Décr. n° 2005-790, 12 juill. 2005**

art. 7 [Conflit d'intérêts]

• **RIN**

art. 4 [Conflit d'intérêts]

4.1. Principes.

4.2. Définition.

> Règles particulières en matière de représentation

• **C. civ.**

art. 1161 [Règles particulières en matière de représentation]

> Règles particulières en matière de garde à vue

• **C. pr. pén.**

art. 63-3-1, al. 5 et 6 [Règles particulières en matière de garde à vue]

• **C. pr. pén.**

art. 154 [Commissions rogatoires]

• **C. défense**

art. L. 1521-18 [Commissions rogatoires]

> Règles particulières en matière de protection juridique

• **C. assur.**

art. L. 127-3 [Protection juridique]

art. L. 127-4 [Protection juridique]

art. L. 127-5 [Protection juridique]

> Règles particulières en matière de ventes judiciaires

• **C. pr. exéc.**

art. R. 322-48 [Vente judiciaire – Nullité]

442.02 **Jurisprudences essentielles.**

> Lors d'un conflit d'intérêts le juge de droit commun est compétent en cas d'inaction des autorités ordinales

• **Civ. 1re, 27 mars 2001,** n° 98-16.508, P I, n° 89.

* V. ss n° 442.111.

« Attendu que l'Ordre des avocats au barreau de Pau soutient que le principe de la liberté de choix d'un défenseur est essentiel à la garantie d'un procès équitable au sens de la Convention européenne de sauvegarde des droits de l'homme et des libertés fondamentales et qu'il n'appartient à aucune juridiction de faire injonction à une partie de choisir un autre avocat ou à un avocat de se déporter de la défense d'un client ; de sorte qu'en reconnaissant la compétence du juge des référés pour statuer sur une telle demande, la cour d'appel aurait violé, par fausse application, l'article 809 du Nouveau code de procédure civile, ensemble, par refus d'application, l'article 19 du Nouveau code de procédure civile et les articles 6.1 et 6.3 de la Convention précitée ;

Mais attendu que dès lors qu'elle a relevé que le bâtonnier de l'Ordre des avocats du barreau de Pau, saisi de la difficulté soulevée par M. X..., avait rendu un avis qui n'avait pas été suivi d'effet et qu'aucune poursuite disciplinaire ne s'en était suivie, l'arrêt attaqué a exactement déduit, en l'état de cette carence, que le juge compétent pour statuer sur le conflit d'intérêts qui lui était soumis ne pouvait être que le juge des référés eu égard aux dispositions de l'article 809 du Nouveau code de procédure civile ; que le moyen n'est pas fondé. »

442.03 **Bibliographie indicative.**
* Aussi : v. s[s] n° 44.03.

Encyclopédie. *J.-Cl. Pr. civ.*, fasc. 83-1 : avocats, Déontologie de l'avocat appliquée au juridique, 2014.

Traité. S. Guinchard et T. Moussa (dir.), *Droit et pratique des voies d'exécution*, 9e éd., « Dalloz Action », 2018, n°s 1360.00 s par A. Leborgne.

Articles. B. Blanchard, « Conflit d'intérêts entre avocat et ancien client : le juge de droit commun est compétent en cas d'inaction des autorités ordinales », *LPA* 15 mai 2001, n° 96, p. 4 – B. Dondero, « Le traitement juridique des conflits d'intérêts : entre droit commun et dispositifs spéciaux », *D.* 2012. 1686. 201.

SECTION 1
NATURE ET PORTÉE DU CONFLIT D'INTÉRÊTS

442.10 **Plan.** Seul le client, dont les intérêts ont été lésés, a intérêt à invoquer une situation de conflit d'intérêts et en aucun cas un tiers (§ 1). Cette nature particulière du conflit d'intérêts explique que, sous certaines conditions, le client qui en a la libre disposition, peut y renoncer (§ 2). Des dispositions particulières sont, toutefois, venues régir les conséquences d'un conflit d'intérêts en matière de ventes judiciaires, d'assurance protection juridique et de garde à vue (§ 3).

§ 1
Principes

442.21 **Nature du conflit d'intérêts.** Le conflit d'intérêts met en jeu l'intérêt, passé ou présent, du client[1] de l'avocat. Seuls les clients ont intérêt à invoquer un tel manquement et en aucun cas un tiers[2] ou son avocat[3]. Et il leur appartient d'apporter la preuve de la violation de la règle de conflit d'intérêts, et notamment de la violation du secret professionnel qui en résulte[4], l'appréciation se faisant au cas par cas *in concreto* et non, sauf cas particulier de conflit d'intérêts objectifs, *in abstracto*[5]. Cette nature particulière du conflit d'intérêts explique que, sous certaines conditions, le client qui en a la libre disposition, peut y renoncer[6].

1. V. s[s] n°s 481.10 s.
2. Civ. 2e, 22 mai 2008 n° 07-13.335, NP.
3. Civ. 1re, 26 sept. 2012, n° 11-20.071, NP ; *Gaz. Pal.* 2-6 sept. 2012, p. 19, note Y. Avril.
4. Crim. 13 juin 2007, 06-85.780, NP.
5. V. s[s] n°s 441.131 s.

Il en découle que le conflit d'intérêts ne constitue pas une difficulté d'ordre déontologique survenue entre avocats au sens de l'article 20.1 du RIN[7], mais un différend déontologique entre le client et son avocat ou ancien avocat[8].

442.22 **Portée du conflit d'intérêts.** Comme pour les incompatibilités[9], et sauf dispositions particulières, le conflit d'intérêts n'est pas de nature à impacter la validité des actes accomplis par l'avocat en situation de conflit d'intérêts[10]. Elle n'entraîne pas non plus la nullité de la procédure dans laquelle l'avocat était constitué[11]. Elle n'est pas, non plus, de nature à donner lieu à annulation de la procédure d'information en matière pénale[12].

L'avocat lui, est tenu au respect de cette règle sur le plan déontologique et ne peut donc, en principe, être sanctionné que dans le cadre de la procédure disciplinaire[13] s'il refuse de se déporter.

442.23 **Conflit d'intérêts et représentation.** Le droit des obligations est venu prévoir une réglementation des conflits d'intérêts en matière de représentation[14] dans le cas des contrats avec soi-même et des contrats pour le compte de deux parties représentées par la même personne (double représentation). Dans ces deux cas, il est prévu que le contrat ainsi conclu est nul, à moins que la loi ne l'autorise ou que le représenté ne l'ait autorisé ou ratifié[15].

Il convient de rappeler, à cet égard, que si l'avocat peut recevoir mandat de négocier, d'agir et de signer au nom et pour le compte de son client, un tel mandat de représentation doit être spécifique et ne peut en conséquence avoir un caractère général. En tout état de cause, l'avocat ne peut, sans y avoir été autorisé spécialement et par écrit par le mandant, transiger en son nom et pour son compte ou l'engager irrévocablement par une proposition ou une offre de contracter[16].

6. V. s[s] n°s 442.31 s.
7. V. s[s] n°s 511.391 s.
8. CNB, Comm. RU, avis n° 2017-027, 20 juill. 2017.
9. V. s[s] n°s 312.101 s. et 431.32 s.
10. Civ. 2e, 21 oct. 2010, n° 09-12.078, P II, n° 172 ; *D.* 2010. 2590, *JCP* 2011. 235, note J.-M. Brigant.
11. Civ. 1re, 3 mars 2011, n° 10-14.012, P I, n° 42 ; *D.* 2011. 825 ; *JCP* 2011. 295, obs. S. Bortoluzzi ; *RLDC* 05/2011, n° 47236, note J.-Ph. Bugnicourt ; *RTD Civ.* 2011, p. 366, obs. P.-Y. Gautier – TGI Pontoise, 2 avr. 1997, *JCP* 1997. II. 22907, note R. Martin ; CONFIRMÉ PAR : Versailles, 17 sept. 1997, *JCP* 1997. II. 22929, note R. Martin.
12. Crim. 30 oct. 2002, n° 01-87.979, NP.
13. V. s[s] n°s 522.00 s.
14. G. Wicker, « Le nouveau droit commun de la représentation dans le code civil », *D.* 2016. 1942 – Ph. Didier, « La représentation dans le nouveau droit des obligations », *JCP* 2016. 580.
15. C. civ., art. 1161.
16. RIN, art. 6.2.

442.24 **Application à l'avocat.** En principe, l'avocat devrait toujours avoir l'autorisation préalable du ou des représentés avant d'agir pour le compte des deux parties à un contrat. Quant au contrat avec soi-même, il leur est en principe prohibé, compte tenu du conflit d'intérêts lié à l'intérêt personnel que l'avocat trouverait dans une telle convention [1]. La question devrait donc être théorique.

Mais si l'avocat venait à manquer aux règles déontologiques qui s'imposent à lui, les dispositions de l'article 1161 du code civil seraient pleinement applicables [2], étant précisé que l'éventuelle ratification postérieure par le ou les représentés n'effacerait pas la faute déontologique commise par l'avocat, susceptible de sanctions disciplinaires.

442.25 **Pouvoirs des magistrats.** En dehors de dispositions législatives expresses, un juge d'instruction ne saurait refuser un permis de communiquer avec un détenu à un avocat, au motif que ce dernier serait l'avocat d'un autre prévenu en contradiction d'intérêts avec le premier.

Il ne saurait pas plus demander au bâtonnier du barreau du lieu de détention de ce prévenu, la commission d'office d'un avocat, pour suppléer l'avocat choisi auquel il refuse l'accès à son client. Une telle pratique constituerait une immixtion du juge dans le choix du défenseur et constituerait dès lors un contrôle discrétionnaire incompatible avec la liberté de la défense [3].

442.26 **Droits de la défense.** La situation de conflit d'intérêts, si elle n'est pas traitée en amont, peut être préjudiciable au client et notamment porter atteinte aux droits de la défense [4].

C'est ainsi que la CEDH a pu considérer que viole l'article 6 § 3 de la Conv. EDH, justifiant la condamnation de l'État concerné à des dommages et intérêts, l'avocat qui représente trois coïnculpés dont les intérêts étaient contradictoires, dès lors que la juridiction avait fondé la condamnation du requérant sur les aveux des deux autres inculpés [5].

§ 2
Portée de l'accord des parties

442.31 **Conflit d'intérêts nécessairement latent.** En cas de risque sérieux de conflit d'intérêts, l'avocat peut être le conseil, le représentant ou le défenseur de parties ayant des intérêts opposés dans la même affaire, seulement si ces parties en conviennent. Un tel accord n'aurait toutefois aucune portée si le conflit était d'ores et déjà présent [6] ou manifeste [7].Lorsque le conflit est seulement latent, cet accord dispense l'avocat de se déporter et lui permet, de nouveau avec l'accord des parties, si le conflit se réalise, de continuer à s'occuper de l'affaire [8], mais à condition que le secret professionnel ne soit pas violé ou que l'indépendance de l'avocat ne soit pas compromise [9]. À défaut, il doit se déporter de l'ensemble des clients et non pas seulement de ceux qui auraient refusé de donner leur accord à la poursuite de sa mission.

442.32 **Conditions de l'accord des parties.** La possibilité de prévoir un tel accord implique un risque sérieux de conflit d'intérêts et non un conflit d'intérêts déjà caractérisé [10].

C'est ainsi qu'un avocat ne saurait être le conseil à la fois de l'employeur et de son salarié dans le cadre d'une procédure de licenciement, fut-ce en vue de la rédaction du protocole transactionnel, qui s'est avéré faire fi des intérêts du salarié qui avait accepté un montant d'indemnisation au minimum sept fois inférieur à celui normalement attribué dans pareil cas, dès lors que « nécessairement les intérêts des deux parties étaient opposés », l'employeur tentant de donner le moins possible et le salarié espérant avoir une plus forte indemnisation. L'avocat a ainsi enfreint les dispositions de l'article 4 du RIN en acceptant de représenter deux parties aux intérêts opposés [11].

1. V. s^s^ n° 441.201, et par ex. pour le mandat de protection future, s^s^ n° 433.102.
2. F. Chénedé, *Le nouveau droit des obligations et des contrats*, 2e éd., hc, Dalloz, 2018, n°s 123.37 s.
3. V. s^s^ n°s 471.81 s. et 471.22 s.
4. V. s^s^ n°s 471.22 s.
5. CEDH 19 juin 2012, *Mihai Moldoveanu c/Roumanie*, req. n° 4238/03.
6. V. s^s^ n°s 441.152 s.
7. Civ. 1re, 30 juin 2021, n° 19-23.722, NP, considérants, 24 s. ; – REJETANT POURVOI CONTRE : Paris, pôle 2, ch. 1, 19 sept. 2019, RG n°s 16/11977, 18/23915 et Paris, pôle 2, ch. 1, 22 mars 2018, RG n° 16/18920 et autres ; – APRÈS : Civ. 1re, 26 sept. 2019, n° 18-17.079, NP ; – DÉCLARANT IRRECEVABLE POURVOI CONTRE : Paris, pôle 2, ch. 1, 22 mars 2018, RG n° 16/18920 et autres ; – APRÈS : Paris, pôle 2, ch. 1, 27 avr. 2017, RG n°s 16/18920, 16/18992, 16/19007 (3 arrêts) ; – DANS LA MÊME AFFAIRE : Civ. 1re, 10 oct. 2019, n° 18-21.966, P I ; *D.* 2019. 2044 ; *Gaz. Pal.* 29 oct. 2019, p. 36, obs. C. Berlaud ; *JCP* 2019. 1111 ; *D.* 2019. 2044 ; *D.* 2020. 115, obs. Th. Wickers ; *Gaz. Pal.* 2 juin 2020, p. 41, obs. D. Landry, J. Villacèque ; – REJETANT POURVOI CONTRE : Paris, pôle 2, ch. 1, 28 juin 2018, RG n° 16/16859 ; *Gaz. Pal.* 6 nov. 2018, p. 27, note Th. Clay – Civ. 1re, 4 nov. 2015, n° 14-22.630, P I, n° 411 ; *D.* 2015. 2326, obs. P. Noual ; *D.* 2015. 2588, obs. Th. Clay ; *D.* 2016. 446, obs. N. Fricero.
8. Décr. n° 2005-790, 12 juill. 2005, art. 9 – RIN, art. 7.
9. A. Minguet, *Rapport sur le conflit d'intérêts,* Commission règles et usages, CNB, AG 1er juin 2006, p. 3.
10. V. s^s^ n°s 441.152 s.
11. Montpellier, 1er ch., sect. AS, 29 févr. 2016, RG n°s 15/03690, 15/04304 ; *Gaz. Pal.* 24 mai 2016, p. 36 ; *Gaz. Pal.* 19 avr. 2016, p. 30, obs. J.-L. Gaineton.

Dans cette dernière affaire, l'avocat invoquait les dispositions de l'article 22-5 du code de déontologie catalan selon lequel un avocat peut intervenir aux intérêts de toutes les parties dans la préparation de tout document contractuel et que dans ce cas, il s'oblige à une stricte neutralité. La cour rejette cet argument en rappelant que l'avocat intervenant dans cette affaire en sa qualité d'*abogado* inscrit à un barreau français [1] ne pouvait pas revendiquer l'application du code de déontologie catalan, les deux parties étant de nationalité française le lieu de compétence de la juridiction pour connaître de ce litige étant une juridiction française [2].

442.33 Conflit d'intérêts s'effaçant devant l'accord des parties. Dès lors que l'accord des parties rempli les conditions requises, le conflit d'intérêts s'efface devant celui-ci, tel que s'agissant de deux époux assistés par le même cabinet d'avocat dans le cadre d'une procédure de divorce par consentement mutuel [3].

Dans une affaire, un salarié avait été défendu par l'avocat de son employeur lors d'une procédure pénale ayant abouti à l'indemnisation de son préjudice direct découlant d'une agression. Ayant eu par la suite des préjudices indirects, il sollicitait l'application d'un accord collectif prévoyant également l'indemnisation de ces préjudices. Il a par ailleurs intenté une action à l'encontre de son employeur qui était représenté par le même avocat. Les circonstances de l'espèce ne faisaient apparaître qu'un risque de conflit d'intérêts. Toute difficulté sur la possibilité pour l'avocat de représenter l'employeur se trouvait levée par l'accord des parties, le salarié ayant indiqué lors de l'audience qu'il ne voyait pas de difficulté à ce que son employeur soit représenté par son ancien avocat [4].

Mais il appartient à l'avocat de recueillir l'accord de toutes les parties au dossier, et non seulement de celles qui sont ses clients en situation de conflit d'intérêts [5].

442.34 Conflit d'intérêts s'effaçant avec le temps. Il arrive, trop régulièrement, que des parties ou leur avocat, soulèvent très tardivement, par exemple la veille d'une audience de plaidoirie, l'existence d'un conflit d'intérêts dont elles ont connaissance de longue date. L'objectif étant alors, en instrumentalisant la notion de conflit d'intérêts, de sortir un avocat du dossier. Outre qu'une telle attitude n'est pas conforme au devoir de loyauté [6], elle est de surcroît douteuse quant à sa portée.

D'une manière générale, et sauf cas particulier, il y a lieu de considérer que l'éventuel conflit d'intérêts soulevé tardivement, alors même que celui qui l'invoque n'avait pas jugé utile de le soulever lorsqu'il avait tous les éléments de nature à lui permettre d'en apprécier l'existence et la portée, doit être considéré comme ayant été tacitement accepté par les parties qui ont renoncé à s'en prévaloir et ne sauraient dès lors l'instrumentaliser à des fins qui lui sont étrangères. La doctrine de la commission de déontologie du barreau de Paris est en ce sens.

§ 3 Dispositions particulières

442.40 Plan. Des dispositions spécifiques régissent les conséquences d'une situation de conflit d'intérêts, en matière de ventes judiciaires (A), d'assurance protection juridique (B) et de garde à vue (C).

A. Ventes judiciaires

442.51 Portée des conflits d'intérêts en matière d'enchère. Jusqu'en 2006 [7], la jurisprudence considérait qu'il n'y avait pas lieu à nullité des enchères faite par l'avocat poursuivant pour le compte de l'un de ses clients alors même que cet avocat se trouvait en situation de conflit d'intérêts [8], dès lors qu'une telle faute, en matière de surenchère et d'adjudication, était sans effet sur la validité du mandat de représentation accepté par l'avocat en méconnaissance de ses obligations professionnelles [9].

Depuis, 2006 [10], les règles posées par le code des procédures civiles d'exécution aux articles R. 322-39 et R. 322-40 sont prescrites à peine de nullité des enchère, soulevée d'office [11]. Toute nouvelle enchère régulièrement portée couvre la nullité des enchères précédentes. La nullité de la dernière enchère entraîne de plein droit la nullité de l'adjudication [12].

1. V. s[s] n°s 231.10 s.
2. Montpellier, 1er ch., sec. AS, 29 févr. 2016, RG n°s 15/03690, 15/04304 ; *Gaz. Pal.* 24 mai 2016, p. 36 ; *Gaz. Pal.* 19 avr. 2016, p. 30, obs. J.-L. Gaineton – V. s[s] n°s 491.100 s.
3. Nîmes, ch. civ. 1, 14 avr. 2020, RG n° 19/00887.
4. Dijon, ch. soc., 2 févr. 2017, RG n° 16/00054.
5. Paris, avis n° 284710, 30 mars 2017.
6. V. s[s] n°s 332.00 s.
7. S. Guinchard et T. Moussa (dir.), *Droit et pratique des voies d'exécution*, 9e éd., « Dalloz Action », 2018, n°s 1325.81 s. par A. Leborgne.
8. Civ. 2e, 30 nov. 1988, n° 87-18.445, P II, n° 232 – Civ. 2e, 3 nov. 1996, n° 94-21.924, NP.
9. Com. 24 janv. 1989, n° 87-15.858, NP.
10. Décr. n° 2006-936, 27 juill. 2006 relatif aux procédures de saisie immobilière et de distribution du prix d'un immeuble, *JO* 29 juill., p. 11316, art. 81.
11. S. Guinchard et T. Moussa (dir.), *Droit et pratique des voies d'exécution*, 9e éd., « Dalloz Action », 2018, n°s 1368.71 s. par A. Leborgne.
12. C. pr. exéc., art. R. 322-48.

Doit ainsi être déclarée nulle la surenchère formée par un avocat, par ailleurs gérant et unique associé de la société ayant formé surenchère, qui était intervenu comme conseil du débiteur lors de la visite préalable à l'adjudication, intervenant de ce fait en tant qu'auxiliaire de justice dans la procédure de saisie immobilière, peu importe, à cet égard, que l'avocat ait été ou non un spécialiste des saisies immobilières, qu'il ait ou non accompli de véritables actes d'auxiliaire de justice, et que la société, débiteur saisi, soit représentée par un autre avocat. Il suffit, pour que l'article R. 322-39 du code des procédures civiles d'exécution trouve à s'appliquer, que l'avocat se soit présenté en tant que conseil de l'un des associés de la société débitrice[1].

B.
Assurance protection juridique

442.61 Conflit d'intérêts entre l'assureur et l'assuré. En matière d'assurance protection juridique, chaque fois que survient un conflit d'intérêts entre l'assuré et l'assureur protection, l'article L. 127-3 du code des assurances prévoit que l'assuré a la liberté de choisir un avocat ou, s'il le préfère, une personne qualifiée pour l'assister[2].

C.
Garde à vue

442.71 Conflit d'intérêts dans le cadre d'une garde à vue. En matière de garde à vue, l'article 63-3-1 du code de procédure pénale est venu prévoir que s'il constate un conflit d'intérêts, l'avocat doit solliciter la désignation d'un autre avocat. En cas de divergence d'appréciation entre l'avocat et l'officier de police judiciaire ou le procureur de la République sur l'existence d'un conflit d'intérêts, l'officier de police judiciaire ou le procureur de la République saisit le bâtonnier qui peut désigner un autre défenseur.

Le procureur de la République, d'office ou saisi par l'officier de police judiciaire ou l'agent de police judiciaire, peut également saisir le bâtonnier afin qu'il soit désigné plusieurs avocats lorsqu'il est nécessaire de procéder à l'audition simultanée de plusieurs personnes placées en garde à vue[3].

Ces dispositions sont applicables lors de l'exécution des commissions rogatoires, les attributions conférées au procureur de la République étant alors exercées par le juge d'instruction[4].

442.72 Compétence exclusive du bâtonnier. La Cour de cassation a eu l'occasion de préciser que seul le bâtonnier ayant qualité pour désigner un autre défenseur en cas de conflit d'intérêts, le refus d'informer l'avocat choisi de la demande d'assistance de l'un de ses clients porte nécessairement atteinte aux intérêts de la personne concernée, ce qui doit conduire à l'annulation de la garde à vue[5].

Le bâtonnier, et en aucun cas l'officier de police judiciaire ou le procureur de la République[6], est ainsi seul juge de l'appréciation de la situation de conflit d'intérêts et a seul le pouvoir de procéder, le cas échéant à défaut de choix du client, à la commission d'office d'un autre avocat pour assister le ou les clients.

442.73 Nature d'acte ou pièce de procédure. Le courrier par lequel le juge d'instruction saisit le bâtonnier, en application de l'article 63-3-1 du code de procédure pénale, les correspondances échangées à la suite, et la décision du bâtonnier de désigner un autre défenseur, ne peuvent pas être contestés par la voie d'une requête en nullité : la décision du bâtonnier de désigner un autre défenseur, fondée sur la seule prise en considération des règles déontologiques propres à la profession d'avocat, ne constitue pas un acte ou une pièce de procédure au sens des articles 170 et 173 du code de procédure pénale, de sorte que ces documents ne peuvent être contestés par la voie d'une requête en nullité, peu importe qu'ils figurent, le cas échéant, au dossier de l'information[7].

La Cour de cassation précise à cette occasion que, a seule qualité pour invoquer une violation des droits de la défense prise d'une atteinte au libre choix de son avocat, la personne à laquelle est opposé le conflit d'intérêts susceptible de restreindre son choix[8].

442.74 Conformité au droit européen. La CJUE a pu considérer que si l'avocat est indispensable afin de garantir l'effectivité des droits de la défense[9], un avocat ne saurait défendre pleinement et effectivement deux personnes poursuivies dans le cadre de la même procédure si celles-ci ont des intérêts contra-

1. Civ. 2e, 18 oct. 2012, n° 11-23.646, P II, n° 178 ; *D.* 2013. 1574, obs. A. Leborgne.
2. V. s[s] n°s 471.107 et 761.76.
3. C. pr. pén., art. 63-3-1.
4. C. pr. pén., art. 154.
5. Crim. 21 oct. 2015, n° 15-81.032, P n° 229 ; *JCP* 2015. 1206, obs. S. Detraz ; *Dr. pén.* 2015, comm. 169, obs. A. Maron et M. Haas ; *JCP* 2016. 381, n° 21, obs. J.-B. Perrier ; *D.* 2016. 1730, note J. Pradel ; *RSC* 2016. 99, obs. A. Giudicelli ; *AJ pénal* 2016. 218, obs. D. Brach-Thiel.
6. « Affaire Griveaux : pourquoi le parquet n'a pas pu "dessaisir" Juan Branco de la défense de Piotr Pavlenski », *France Info* 17 févr. 2020.
7. Crim. 20 sept. 2016, n° 16-81.638, P ; *D. actu.* 4 oct. 2016, note D. Goetz.
8. Crim. 20 sept. 2016, n° 16-81.638, P ; *D. actu.* 4 oct. 2016, note D. Goetz.
9. V. s[s] n°s 471.51 s.

dictoires, notamment si l'une d'entre elles a fait des déclarations pouvant être utilisées à charge contre l'autre, sans que cette dernière confirme ces déclarations[1]. Dans ces conditions, pour la CJUE, la mise à l'écart d'un avocat en situation de conflit d'intérêts et son remplacement par deux autres avocats mandatés par les personnes poursuivies ou commis d'office apparaissent de nature à garantir l'effectivité des droits de la défense et du droit d'accès à un avocat.

Dès lors, pour la CJUE, la directive du 22 octobre 2013[2] ne s'oppose pas à une réglementation nationale qui impose au juge national d'écarter l'avocat mandaté par deux personnes poursuivies, contre la volonté de ces dernières, au motif que les intérêts de ces personnes sont contradictoires, ni à ce que ce juge permette auxdites personnes de mandater un nouvel avocat ou, le cas échéant, désigne lui-même deux avocats commis d'office, en remplacement du premier avocat[3].

SECTION 2
CONSÉQUENCES DU CONFLIT D'INTÉRÊTS POUR L'AVOCAT

442.81 **Déport de l'avocat ou décharge de l'avocat par son client.** Lorsque l'avocat estime qu'il y a un conflit d'intérêts entre son client et lui-même, il doit se déporter. Si le client a le même sentiment, il doit décharger son avocat de sa mission[4]. L'avocat peut ne pas être fautif si son client ne lui révèle pas tout. Ainsi, l'avocat qui a découvert le mensonge de « son client »[5] ne peut plus l'assister, il doit faire le choix d'un nouvel avocat[6].

L'avocat doit se déporter[7] de l'ensemble des clients concernés et non pas seulement de certains d'entre eux. Il appartient donc d'être vigilant et prudent lorsque l'on accepte de prendre en charge les intérêts de plusieurs clients, car dans l'hypothèse où un conflit d'intérêts viendrait à être caractérisé, l'avocat devra alors se déporter de l'ensemble des clients.

442.82 **Honoraires.** Le bâtonnier, en tant que juge de l'honoraire, ne peut pas se fonder sur une violation des règles en matière de conflit d'intérêts, pour réduire les honoraires demandés par l'avocat en situation de conflit d'intérêts[8].

Il demeure toutefois possible de constater que les diligences accomplies par l'avocat qui se trouvait dans une telle situation, l'ont été en pure perte ou au détriment de l'intérêt du client, ce qui rend leur facturation injustifiée et fonderait, soit une réduction des honoraires demandés si elles s'avèrent « manifestement » inutiles[9], soit une action en responsabilité civile[10].

442.83 **Responsabilité civile.** La situation de conflit d'intérêts, qui conduit un avocat à accepter un dossier malgré une telle situation, est constitutive d'une faute - faute dans la gestion des intérêts de ses clients et défaillance dans les rapports de confiance que l'avocat doit à son client[11] - de nature à engager sa responsabilité civile[12].

442.84 **Devoir de prudence.** Le devoir de prudence de l'avocat, principe essentiel de l'exercice de sa profession[13], lui impose de s'abstenir en présence d'un conflit d'intérêts, alors même que l'avocat aurait reçu l'accord du client.

Ainsi, l'avocat qui avait été le conseil commun de deux époux dans une procédure de divorce sur requête conjointe, devait refuser d'être ensuite le conseil de l'épouse dans une autre procédure de divorce pour faute, puisque les intérêts pécuniaires des époux étaient en opposition. En outre, l'accord allégué de l'époux est sans portée sur le devoir de prudence qui s'imposait à l'avocat[14].

442.85 **Sanctions disciplinaires.** L'avocat qui viendrait à se trouver en situation de conflit d'intérêts sans en tirer les conséquences, manquant ainsi, notamment, aux dispositions de l'article 7 du décret du 12 juillet 2005, pourra faire l'objet de poursuites

1. V. s[s] n° 442.26.
2. Dir. 2013/48, Parlement et Conseil, 22 oct. 2013 relative au droit d'accès à un avocat dans le cadre des procédures pénales et des procédures relatives au mandat d'arrêt européen, au droit d'informer un tiers dès la privation de liberté et au droit des personnes privées de liberté de communiquer avec des tiers et avec les autorités consulaires, *JOUE*, 6 nov., p. 1.
3. CJUE 5 juin 2018 *Nikolay Kolev, Milko Hristov, Stefan Kostadinov c/ Bulgarie*, aff. C-612/15.
4. V. s[s] n°s 484.21 s. -
5. V. s[s] n°s 322.51 s.
6. Versailles, 20 sept. 1995 ; *Gaz. Pal.* 18 nov. 1995, 22 – G. August, « L'avocat de Jérôme Cahuzac :"Je ne pouvais plus le défendre" », *Le Monde* 3 avr. 2013.
7. COMP. S'AGISSANT de la fonction publique : CGFP, art. L. 122-1.
8. Civ. 2e, 21 janv. 2010, n° 06-18.697, P II, n° 12 ; *D.* 2010. 385.
9. V. s[s] n° 721.94.
10. V. s[s] n° 912.424.
11. Civ. 1re, 14 mars 2000, n° 97-15.636, NP.
12. *A CONTRARIO* : Nîmes, ch. civ. 1, 14 avr. 2020, RG n° 19/00887 ; – COMP. S'AGISSANT d'un conflit d'intérêt d'un administrateur de société : T. com. Paris, 1re ch., 10 nov. 2020, RG n° 2019036759 ; *JCP* 2021. 120 note S. Schiller – V. s[s] n°s 912.00 s.
13. V. s[s] n°s 344.00 s.
14. Civ. 1re, 20 janv. 1993, n° 91-15.548, P I, n° 22 ; *Gaz. Pal.* 5 août 1993, p. 11 ; *D.* 1993. 35 ; *RTD civ.* 1993. 331 ; *JCP* 1993. IV. 80.

disciplinaires à l'initiative du bâtonnier[1] dans le cadre de la procédure prévue à cet effet[2].

SECTION 3

TRAITEMENT DE LA SITUATION DE CONFLIT D'INTÉRÊTS

442.90 **Plan.** Les prérogatives du bâtonnier afin de traiter des situations de conflit d'intérêts (§ 1), ne sont pas exclusives du recours aux voies de droit commun (§ 2).

§ 1 Pouvoirs de bâtonnier

442.101 **Absence de pouvoir d'injonction.** À défaut d'intervention du client pour faire le choix d'un nouvel avocat ou d'un retrait spontané de l'avocat en situation de conflit d'intérêts, le bâtonnier peut naturellement être saisi de la difficulté. Mais, sauf cas particulier de la garde à vue[3], le bâtonnier, ou son délégué, ne peut en aucun cas déporter d'office un avocat ou lui enjoindre de se déporter[4].

Un arrêt de la cour d'appel de Paris du 9 juin 1998[5] tout en confirmant que le bâtonnier a le droit et même le devoir de déconseiller à un avocat de plaider ou de conclure dans un dossier, est venu rappeler qu'il ne peut si son conseil demeure sans résultat, lui interdire de plaider et lui adresser une injonction susceptible d'entraîner à elle seule des poursuites disciplinaires, et qu'il ne peut surtout pas le déporter d'office. Et la Cour de cassation a confirmé qu'aucune disposition de la loi du 31 décembre 1971[6] ne conférait au bâtonnier le pouvoir de donner l'injonction à un avocat de se dessaisir d'un dossier[7].

442.102 **Avis déontologique.** Le bâtonnier, ou son délégué, ne peut donc rendre qu'un simple avis déontologique non contraignant et, en principe insusceptible de recours juridictionnel[8]. C'est ainsi que l'avis rendu par un bâtonnier saisi par l'avocat d'une société qui a considéré que l'ancien avocat de cette même société était en situation de conflit d'intérêts, ne saurait faire l'objet d'un recours de la part de l'avocat en situation de conflit d'intérêts[9].

Mais il convient d'être prudent en la matière dès lors que si un simple avis ou une simple recommandation mettant l'avocat en face de ses responsabilités peut se concevoir, il ne doit pas pour autant dégénérer de par sa rédaction, en injonction ni être assorti de menace de saisine de l'autorité de poursuite du fait de son non-respect, faute de quoi l'avocat auquel il cause alors un grief sera recevable à le déférer devant la cour d'appel qui ne pourra que l'annuler sans avoir à en examiner le bien-fondé[10].

§ 2 Voies de recours

442.111 **Compétence du juge de droit commun.** Une cour d'appel[11] avait admis la compétence, sur le fondement de l'article 835[12] du code de procédure civile, du juge, d'une demande d'injonction envers la cliente d'un avocat afin que celle-ci change d'avocat, et à l'avocat de se déporter de sa défense, mais l'en avait débouté estimant que sa demande ne reposait sur aucun élément sérieux.

Sur pourvoi formé par le barreau, la Cour de cassation est venue confirmer, que si le bâtonnier rend un avis qui n'est pas suivi d'effet, que s'il n'ouvre pas de poursuites disciplinaires contre l'avocat à qui il a intimé de se déporter et qui a refusé ce déport, en l'état de cette carence, le juge compétent pour statuer sur le conflit d'intérêts qui lui était soumis ne pouvait être que le juge des référés eu égard aux dispositions de l'article 835 du code de procédure civile.

442.112 **Compétence subsidiaire du juge de droit commun.** Mais encore faut-il qu'une carence soit constatée. C'est ainsi que dans une affaire où l'avocat s'était déporté, alors même que le bâtonnier avait écarté l'existence de tout conflit d'intérêts, tant dans la procédure de saisie immobilière dont était saisie la cour, que dans la procédure pendante devant le tribunal de commerce, relevant qu'il existait plutôt une identité d'intérêts, une cour d'appel, qui avait considéré dans la procédure au fond que le conflit d'intérêts allégué n'était pas démontré, a pu considérer, saisie sur le fondement de l'article 835 du code de procédure civile, qu'il ne

1. TGI Pontoise, 2 avr. 1997, *JCP* 1997. II. 22907, note R. Martin – Versailles, 17 sept. 1997, *JCP* 1997. II. 22923, note R. Martin.
2. V. ss nos 522.00 s.
3. V. ss no 442.71.
4. V. ss nos 511.371 s.
5. Paris, 9 juin 1998, *Gaz. Pal.* 17 sept. 1998, p. 16, note A. Damien.
6. L. no 71-1130, 31 déc. 1971, art. 17.
7. Civ. 1re, 28 avr. 1998, no 95-22.242, P I, no 154 ; *D.* 1998. 131 ; *JCP* 1998. IV. 2316 ; *Gaz. Pal.* 1998. Pan. 227.
8. V. ss nos 511.371 s.
9. Civ. 1re, 26 sept. 2012, no 11-20.071, NP ; *Gaz. Pal.* 2-6 sept. 2012, p. 19 note Y. Avril ; – MÊME SENS : Civ. 1re, 3 mai 2018, no 17-17.717, P I, no 73 ; *Gaz. Pal.* 4 déc. 2018, p. 29, obs. B. de Belval ; *JCP* 2018. 1023, no 13, obs. S. Grayot-Dirx.
10. Paris, pôle 2, ch. 1, 8 déc. 2011, RG nos 11/05268 et 11/05269 – V. ss nos 511.375 s.
11. Pau, 14 janv. 1998, *Gaz. Pal.* 16 avr. 1998, 9.
12. C. pr. civ., art. 835.

peut qu'être constaté qu'aucun trouble manifestement illicite n'était caractérisé et qu'il n'existait pas d'obligation non sérieusement contestable mise à la charge de l'avocat par le bâtonnier[1].

442.113 **Portée de la compétence subsidiaire du juge de droit commun.** Il n'appartient pas au juge du fond saisi d'une affaire, d'intervenir dans le choix des avocats. C'est ainsi qu'une cour d'appel a pu considérer que si le débiteur en sauvegarde n'est pas légalement représenté par le mandataire judiciaire, il n'est pas interdit que tous les deux soient représentés en justice par le même avocat. En outre, quand deux parties sont représentées par le même avocat, les intérêts de ces parties seraient-ils divergents, il n'appartient pas au juge d'intervenir dans leur choix. Ainsi, dès lors qu'il résulte de l'en-tête de l'arrêt que la société et le mandataire judiciaire avaient, en appel, le même avocat, ce qui était possible, la cour d'appel n'avait pas à effectuer d'autres vérifications, notamment en s'assurant elle-même que la société n'était plus représentée devant elle par son avocat de première instance[2].

Cette solution est logique dès lors que l'invocation d'un conflit d'intérêts, en matière civile, est l'affaire des parties et non du juge[3].

442.114 **Droit comparé : barreau du Québec**[4]. Le droit québécois prévoit la possibilité, en cas de conflit d'intérêts, de saisir le juge d'une demande de déclaration d'inhabileté à l'encontre d'un avocat : l'article 193 du code de procédure civile prévoit à cet égard que : « Un avocat peut, à la demande d'une partie, être déclaré inhabile à agir dans une affaire, notamment si l'avocat est en situation de conflit d'intérêts et n'y remédie pas, s'il a transmis ou est susceptible de transmettre à une autre partie ou à un tiers des renseignements confidentiels ou s'il est appelé à témoigner dans l'instance sur des faits essentiels ; dans ce dernier cas, l'inhabilité n'est déclarée que si des motifs graves le justifient. ».

Cette disposition permet ainsi au juge de déclarer, si cela s'avère nécessaire et qu'aucune autre mesure n'apparaît appropriée afin de faire cesser la situation résultant du conflit d'intérêts, un avocat inhabile à intervenir dans une affaire[5].

1. Versailles, 17 mars 2016, RG n° 15/01419.
2. Com. 22 mars 2016, n° 14-20.077, P IV, n° 848 ; *D.* 2016. 702.
3. V. s[s] n° 442.21.
4. V. s[s] n° 492.62.
5. NOT : CA Québec, 16 nov. 2018, *QCCA* 1902. 18387 ; *JCP* 2018. 1390.

TITRE

45. Les rapports avec les parties et auxiliaires de justice

SECTION 0
ORIENTEUR

45.00 Sommaire du titre.

Division. Les rapports de l'avocat avec les parties et auxiliaires de justice, sont guidés par les principes de conscience, indépendance, loyauté, confraternité, délicatesse, modération et courtoisie, desquels découlent un certain nombre de règles relatives aux rapports avec la partie adverse (chap. 451), au respect du contradictoire (chap. 452), à l'administration de la preuve (chap. 453) et à la police des audiences (chap. 454).

45.03 Bibliographie indicative.

* Aussi, v. s^s^ n° 4.03

CHAPITRE

451. Rapports avec la partie adverse

SECTION 0
ORIENTEUR

451.00 Sommaire du chapitre.

Division. Dans ses rapports avec la partie adverse un avocat est tenu d'un devoir de loyauté et d'information envers celle-ci dans les limites des droits de la défense et de l'intérêt du client (sect. 1). Il en découle des règles particulières s'agissant de la prise de contact (sect. 2), des échanges avec l'avocat adverse (sect. 3) et des négociations avec la partie adverse (sect. 4).

451.01 Textes applicables.

TEXTES TITRÉS

> Principes dans les relations avec la partie adverse

• **Décr. n° 2005-790, 12 juill. 2005**

art. 16 [Relations avec la partie adverse]

art. 17 [Prise de contact avec la partie adverse]

art. 18 [Pourparlers]

• **RIN**

art. 5.4 [Relations avec la partie adverse]

• **RIN**

art. 6.2 [Obligations et interdictions concernant les mandats]

art. 8 [Rapports avec la partie adverse]

> Avocat intervenant au titre de l'aide juridictionnelle

• **Décr. n° 91-1266, 19 déc. 1991**

art. 118-1 [Intervention d'un avocat à l'aide juridictionnelle]

art. 118-2 [Prise de contact d'un avocat à l'aide juridictionnelle]

> Mentions obligatoires de l'assignation

• **C. pr. civ.**

art. 56 [Mentions obligatoires de l'assignation]

451.02 Jurisprudence de référence.

> L'exposé de la demande ne saurait prendre la forme d'une menace

• **Paris, 1re ch., 26 févr. 2003,** RG n° 2002/15134.

* V. ss n° 451.23.

« Considérant que c'est à juste titre que le conseil de l'Ordre a retenu, à l'exception du dossier n° 21-2060, que les faits reprochés à Mme X… étaient établis et constituaient par leur répétition, bien qu'ils soient "d'une inégale gravité", des manquements aux principes essentiels de délicatesse, de courtoisie, de confraternité, de modération et de prudence énoncés à l'article 1.3 des règlements intérieurs ancien et actuel du Barreau de Paris ainsi qu'aux dispositions des articles 3.2.11 du règlement intérieur du Barreau de Paris ancien et 156 du décret du 27 novembre 1991 en ce qui concerne le dossier n° 21.2513 ;

Qu'en effet, la requérante ne saurait, tout d'abord, dénier aux faits qui lui sont reprochés, dont elle ne conteste pas la matérialité, le caractère de fautes, alors que la relation qui en est faite dans la citation montre suffisamment son défaut de diligence ou son imprudence (dossiers nos 21-1533 et 21-2513), son manque de courtoisie et de modération allant jusqu'à la menace (dossiers nos 21-2241, 20-5022, 20-4510 et 20-0202), le dossier n° 20-4510 faisant, contrairement à ce qu'elle soutient, ressortir avec précision le grief reproché, qui consiste en un manque de modération résultant d'« un chantage à la plainte pénale », ou encore le non-respect de la règle selon laquelle toute plainte dirigée contre un avocat doit obtenir le visa préalable du bâtonnier, agissements dont elle n'établit pas que la dénonciation qui en a été faite provient d'une violation du secret professionnel ou de l'instruction (dossier 20-2868) […]. »

451.03 Bibliographie indicative.
* Aussi : v. s^s^ n° 45.03.

Encyclopédie. RÉP. PÉN, *V° Chantage*, par Frazier.

Monographies. N. Fricero (dir.), *Le guide des modes amiables de résolution des différends (Mard)*, 3e éd., « Guides Dalloz », 2017 – B. Pons, *Contrat de transaction : Solutions transactionnelles*, « Dalloz Référence », 2013 – J.-Cl. Woog, *Pratique professionnelle de l'avocat*, 4e éd., Litec, 2001, nos 4.5.3, 4.5.4 ; *Petit lexique du savoir être*, Eyrolles, 2003.

Articles. D. Piau, « Comment conclure un accord transactionnel entre avocats sans se faire piéger par la confidentialité ? », *D. avocats* 2013. 90 – B. Pons, « le temps de la négociation transactionnelle face au temps de la procédure judiciaire : comment sécuriser les pourparlers après l'introduction de l'instance », *Gaz. Pal.* 24 juill. 2015, p. 7 ; « Le temps de la négociation transactionnelle face au temps de la procédure judiciaire : comment sécuriser des pourparlers en procédure d'appel », *Gaz. Pal.* 29-30 juill. 2015, p. 7.

Rapport. E. Mulon, Rapport d'information sur la création de l'acte de procédure d'avocats, Commission Textes, CNB, AG 3 et 4 juill. 2015.

451.04 Exemples d'actes et assimilés.

> Exemple de lettre concernant le recouvrement de créance.
* V. ss n° 031.11.

> Exemple de lettre concernant le divorce.
* V. ss n° 031.12

> Exemple de lettre concernant d'autres litiges.
* V. ss n° 031.13

SECTION 1
PRINCIPES GÉNÉRAUX

451.10 Plan – Rappel. Pendant longtemps, il a toujours été considéré comme contraire aux usages que l'avocat prenne directement contact avec la partie adverse, ce qui pouvait apparaître comme une tentative de pression. L'application des règles en la matière était toutefois plus souple lorsque l'avocat recevait la partie adverse à son cabinet ou lui adressait une lettre. Mais cela avait pour conséquence d'obvier toute possibilité de négociation afin d'éviter tout contentieux.

C'est pourquoi, en 1926, le conseil de l'Ordre de Paris, autorisa les avocats à correspondre avec la partie adverse afin de solliciter de cette dernière le nom de son propre avocat tout en lui précisant les règles professionnelles lui interdisaient de discuter du fond de l'affaire avec elle [1]. Cette ouverture sera précisée et complétée en 1955 [2] : désormais les avocats peuvent entrer en contact avec la partie adverse à condition de le faire avec prudence et dans le respect des principes essentiels.

Dans ses rapports avec la partie adverse, l'avocat est tenu d'un devoir de loyauté (§ 1) et d'information (§ 2), qui ont pour limites les droits de la défense et l'intérêt de son client (§ 3).

§ 1
Devoir de loyauté envers la partie adverse

451.21 Devoir général de loyauté à l'égard de la partie adverse. L'avocat est tenu d'un devoir général de loyauté [3], et ce, y compris à l'égard de la partie adverse [4] et de son avocat. C'est ainsi que tout avocat se doit de s'assurer de l'identité de ses clients et donc d'opérer un contrôle rigoureux et sincère de l'identité des personnes physiques ou morales dont ils assurent la défense [5]. Il lui appartient, notamment, de s'assurer de l'identité et de l'existence même de son mandant, faute de quoi il peut être déclaré civilement responsable, même envers la partie adverse, s'il introduit une instance pour le compte d'une société sans avoir vérifié si celle-ci avait une existence légale [6].

De même que :

– l'avocat qui constate, au jour de l'audience, qu'il n'y a pas eu de constitution de postulant, alors qu'il avait été dûment informé du contraire, doit se rapprocher directement de son contradicteur, en sa qualité de *dominus litis*, et non du postulant censé avoir été constitué, sous peine de manquer à ses devoirs de loyauté et de courtoisie [7] ;

– l'avocat qui, ayant eu connaissance d'une erreur matérielle dans les conclusions de son contradicteur, ne doit pas prendre des conclusions lui permettant d'obtenir un jugement déclarant parfaite une vente comportant un lot de plus que ceux prévus au protocole d'accord conclu entre les parties [8] ;

– l'avocat ne doit pas adresser à son contradicteur des conclusions différentes de celle adressées à la juridiction [9] ;

– l'avocat qui constate que la communication par télécopie avec son contradicteur ne fonctionne se doit d'opérer les vérifications nécessaires afin de

1. Cons. ordre Paris, 12 janv. 1926 ; cité *in* J. Lemaire, *Les règles de la profession d'avocat et les usages du barreau de Paris*, 4e éd., LGDJ., 1975, n° 402.
2. Cons. ordre Paris, 24 mai 1955, cité *in* J. Lemaire, *op. cit.*, n° 402.
3. V. ss nos 332.00 s.
4. Décr. n° 2005-790, 12 juill. 2005 relatif aux règles de déontologie de la profession d'avocat, *JO* 16 juill., n° 22, art. 16.
5. Paris, avis n° 188773, 23 juin 2009 – V. ss nos 481.31 s. et 482.121 s.
6. Civ. 1re, 26 sept. 2012, n° 11-16.959, NP ; *D.* 2013. 136, obs. Th. Wickers – V. ss n° 912.263.
7. Paris, avis n° 206631, 7 juill. 2011.
8. Paris, pôle 2, ch. 1, 13 sept. 2012, RG n° 11/17462.
9. Paris, pôle 2, ch. 1, 11 déc. 2014, RG n° 13/20148.

s'assurer de l'exactitude du numéro de télécopie[1], solution qui peut être transposée à l'adresse courriel.

451.22 Devoir de répondre à son contradicteur. Tout avocat doit répondre à son contradicteur et ne pas laisser ce dernier dans l'ignorance de ses intentions et de sa position, et ce quand bien même le courrier adressé par son contradicteur n'appellerait aucune réponse particulière[2].

C'est ainsi qu'est contraire aux principes essentiels de la profession, notamment de délicatesse et de courtoisie, le fait de laisser sans réponse une interrogation adressée, et rappelée à plusieurs reprises, par son contradicteur[3].

451.23 Rapports entre avocats. Les rapports entre avocats de parties adverses doivent s'inspirer, outre du principe de loyauté, des principes de délicatesse, de courtoisie de prudence et de confraternité[4], et ce, tout particulièrement en cours de procédure. L'avocat ne doit jamais perdre de vue que s'il représente une partie, il n'est pas pour autant la partie : sa mission, qu'il se doit exercer avec l'indépendance inhérente à son état, doit le conduire à garder en permanence la distance nécessaire à la bonne fin de celle-ci. À défaut, il manquera de prudence et mettrait en péril les propres intérêts de son client.

C'est ainsi que l'avocat qui dénonce le comportement dolosif de l'adversaire de son client à la caisse d'allocation familiale en vue d'obtenir des éléments de preuve en dehors des moyens judiciaires, manque aux principes de délicatesse, de modération et de prudence[5]. De même que celui qui adresse à son contradicteur, lui-même avocat, une lettre indiquant que : « J'estime que les bavures ont largement dépassé ce que l'on peut appeler « de la bonne guerre ». Vous m'avez adressé un chèque sans provision. Sachez que faute de provision au lundi 9 je déposerai une plainte pénale pour paiement par chèque sans provision », manque aux principes de délicatesse, de courtoisie, de confraternité, de modération et de prudence[6].

451.24 Information du confrère avant l'introduction d'un contentieux. L'avocat chargé d'engager une instance contre une partie dont il connaît le conseil, doit informer au préalable ce conseil[7]. C'est ainsi que constitue un manquement grave au principe de loyauté, ainsi qu'au devoir de respecter en toutes circonstances le principe du contradictoire[8] :

- le fait, pour un avocat, à la suite d'une audience au cours de laquelle le magistrat s'est déclaré incompétent, d'intervenir ultérieurement devant le même juge, sans en avertir son contradicteur, et d'obtenir une décision prise à l'insu de la partie adverse[9] ;

- le fait, alors qu'il est en discussion avec celui-ci à propos d'un projet de requête conjointe de divorce, de s'abstenir de lui révéler que son client prépare une procédure de divorce dans son pays d'origine, la circonstance qu'il ait ignoré les restrictions procédurales résultant du statut personnel de son client ne pouvant justifier son abstention, car il lui appartenait de les connaître[10] ;

- le fait pour l'avocat de prévenir par téléphone son contradicteur de son intention d'assigner sans lui envoyer copie de l'assignation, même s'il pouvait estimer que celui-ci avait alors connaissance de la date de l'audience[11] ;

Mais, ne manque pas aux principes essentiels de la profession, l'avocat qui réinscrit une affaire au rôle sans en informer le conseil de la partie adverse dès lors qu'il en ignorait l'existence, et qu'il avait adressé ses conclusions et pièces directement à la partie adverse, tout en répondant à son courrier qu'il les avait adressés à ses clients en faisant preuve de modération[12].

§ 2
Devoir d'information à l'égard de la partie adverse

451.31 Devoir d'information. Le devoir de loyauté dont est tenu l'avocat s'accompagne d'un devoir d'information de l'avocat à l'égard de la partie adverse qu'elle soit ou non assistée d'un avocat.

C'est ainsi qu'il est du devoir de l'avocat qui en a connaissance d'avertir son contradicteur de l'existence d'une liquidation judiciaire de sa cliente ou des difficultés financières de cette dernière[13].

451.32 Changement de stratégie. Lorsqu'un avocat a, par exemple, demandé à son contradicteur de surseoir à toute procédure contentieuse, et notamment au dépôt d'une assignation, il a le devoir de le prévenir en cas de changement de stratégie[14].

1. Paris, avis n° 187336, 24 mars 2009.
2. Paris, avis n° 215412, 29 nov. 2011 – Paris, avis n° 255726, 2 sept. 2014.
3. Paris, avis n° 188173, 9 juin 2009.
4. RIN, art. 5.4., al. 2.
5. CD Paris, arr. n° 161556, 20 nov. 2007.
6. Paris, 1re ch., sect. F, 26 févr. 2003, RG n° 2002/15134.
7. RIN, art. 5.4, al. 1 et 4 – V. ss nos 451.51 s.
8. V. ss nos 452.00 s.
9. CD Paris, arr. n° 201839, 28 déc. 2001.
10. CD Paris, arr. n° 237349, 19 juill. 2005.
11. Paris, avis n° 208935, 16 déc. 2010.
12. CD Paris, arr. n° 233431, 23 avr. 2013.
13. Paris, avis n° 234281, 18 déc. 2012.
14. Paris, avis n° 20.2544, 16 mars 2010.

451.33 Exercice d'une voie de recours. L'avocat qui exerce une voie de recours, tel qu'un appel ou une requête en nullité, doit en informer, de préférence par écrit[1], ses contradicteurs[2], et ce sans délai, tout particulièrement en matière pénale où le délai d'appel est de dix jours. Cette information doit être faite par écrit chaque fois que les circonstances le permettent[3] et de manière officielle[4]. Il en est de même pour celui qui intervient en défense dans un dossier et qui doit en informer sans délai son contradicteur dès lors qu'il a connaissance de sa présence et ce, même si aucun texte ne l'impose.

On notera que lorsque l'avocat s'est constitué en qualité d'intimé devant la cour d'appel via le Rpva, et qu'il met en copie de sa constitution l'avocat adverse, ce dernier ne saurait se plaindre de ne pas avoir été informé par son confrère : la copie de la constitution ainsi adressée valant information du contradicteur[5].

451.34 Informations non dues au contradicteur. Le devoir d'information sur la mise en œuvre d'une procédure ou d'une voie de recours ne s'applique pas dès lors qu'il s'agit d'une procédure non contradictoire[6]. C'est ainsi que la procédure de récusation d'un magistrat n'étant pas contradictoire[7], il n'y a pas lieu d'en informer préalablement son contradicteur[8]. De même que la procédure de déclaration de créance étant un acte de procédure à l'adresse exclusive du liquidateur judiciaire, elle n'a pas à être transmise de manière contradictoire au conseil du débiteur[9].

Il en est également ainsi en cas de mise en œuvre d'une procédure fondée sur l'article 145[10] du code de procédure civile.

Toutefois, bien que se formant de manière unilatérale, la récusation d'un expert, qui est contradictoire[11], doit être portée à la connaissance de la partie adverse, conformément aux principes de loyauté, de confraternité et de courtoisie[12].

451.35 Devoir d'information postérieur. Mais cette dispense d'information, justifiée par la nature même des procédures mises en œuvre, ne vaut tant que la cause du caractère non contradictoire de la procédure perdure (nécessité de préserver les preuves par exemple). Dès lors que cette dernière a disparu, l'avocat se doit, conformément aux principes de confraternité et de loyauté des débats, d'informer son contradicteur de la procédure mise en œuvre et des actes réalisés.

C'est ainsi que lorsqu'une ordonnance prise au visa de l'article 145 du code de procédure civile a été rendue et que les opérations de saisies ont été mises en œuvre, l'avocat se doit de communiquer à son contradicteur les pièces produites au soutien de sa requête, nonobstant le fait qu'elles soient consultables au greffe[13], ainsi qu'une copie du procès-verbal de constat[14].

451.36 Exécution d'une décision de justice. Avant d'engager une mesure d'exécution d'une décision de justice, l'avocat du créancier doit se rapprocher de son contradicteur afin d'envisager un règlement amiable et vérifier que celui-ci a bien connaissance de l'existence du certificat de non-appel[15].

Il lui appartient, par la suite, et en cas d'impossibilité de règlement amiable d'informer son contradicteur des diligences qu'il met en œuvre dans le cadre d'une exécution forcée et de lui adresser copie des actes délivrés.

451.37 Coaching judiciaire. Dans le cadre d'un « coaching judiciaire », qui consiste, devant les juridictions où la représentation ou l'assistance de l'avocat n'est pas obligatoire, à préparer le client à se présenter seul à l'audience, l'avocat du client « coaché » doit prévenir son contradicteur que son client se présentera seul à l'audience et veiller au strict respect du principe du contradictoire dans la communication des pièces et conclusions[16].

451.38 Dessaisissement de l'affaire. Conformément aux principes de confraternité et de courtoisie, l'avocat dessaisi d'un dossier doit en avertir sans délai son contradicteur[17].

451.39 Courrier officiel entre avocats. En principe, les informations sur l'engagement ou le déroulement de toute procédure doivent être données par l'avocat à son contradicteur, lorsqu'il est avocat, dans le cadre d'une correspondance portant la mention « Officiel », notamment s'il s'agit de l'exercice d'une voie de recours tel qu'un appel[18], et ce, après avoir obtenu l'accord écrit de son client.

1. Paris, avis n° 223137, 20 juin 2012.
2. RIN, art. 5.4., al. 3 et 4 – Paris avis n° 261848, 15 déc. 2015 – Paris, avis n° 276118, 16 févr. 2016.
3. Paris, avis n° 223137, 20 juin 2012.
4. Paris, avis n° 193808, 27 oct. 2009 – V. s^s n°s 422.131 s.
5. Paris, avis n° 251794, 25 mars 2014.
6. CD Paris, n° 316313, 28 févr. 2020.
7. C. pr. civ., art. 342 s. – Civ. 2e, 10 sept 2009, n° 08-14.495, P II, n° 208 ; *D.* 2009. 2224 ; *Procédures* 2010, n° 347, note R. Perrot.
8. Paris, avis n° 194259, 16 févr. 2010.
9. Paris, avis n° 193995, 16 févr. 2010.
10. C. pr. civ., art. 145.
11. C. pr. civ., art. 234 – Civ. 2e, 31 mai 1976, n° 75-12.145, P II, n° 185.
12. Paris, avis n° 233599, 20 déc. 2012.
13. Paris, avis n° 25.7081, 7 août 2014.
14. Paris, avis n° 187825, 10 mars 2009 – V. s^s n° 452.33.
15. Paris, avis n° 189988, 15 sept. 2009.
16. Paris, avis n° 228451, 14 sept. 2012.
17. Paris, avis n° 205930, 20 juill. 2010.
18. Paris, avis n° 193808, 27 oct. 2009.

En effet, si l'article 3.2 du RIN indique que, peuvent porter la mention « Officiel » et ne sont pas couvertes par le secret professionnel, au sens de l'article 66-5 de la loi du 31 décembre 1971, les correspondances équivalant à un acte de procédure, ou celles ne faisant référence à aucun écrit, propos ou éléments antérieurs confidentiels, il n'en demeure pas moins qu'il faut impérativement qu'elle porte expressément la mention « Officiel »[1].

§ 3
Limites des droits de la défense et de l'intérêt du client

451.41 Limites du devoir de loyauté. Les devoirs de loyauté et d'information trouvent leurs limites dans l'intérêt du client[2] et dans le fait qu'il n'appartient pas à l'avocat de délivrer à la partie adverse, même à sa demande, des informations ou des conseils[3].

451.42 Nécessité de ne pas nuire aux intérêts du client. Le devoir de loyauté qui s'impose à l'avocat, ainsi que le devoir quant à la délivrance des informations sur l'engagement ou le déroulement de toute procédure, n'est pas pour autant absolue et doit être donnée avec beaucoup de précaution. En effet, elle trouve ses limites dans le fait qu'elle ne doit pas nuire aux intérêts du client de l'avocat[4]. Il appartient donc à l'avocat de prendre en compte l'intérêt de son client avant d'engager toute démarche, et ce notamment au regard de l'attitude connue ou supposée de la partie adverse.

C'est ainsi, par exemple, que si l'avocat a des raisons légitimes de supposer que la partie adverse mettra tout en œuvre afin de faire échec à la signification d'un acte de procédure, il peut se dispenser d'en avertir préalablement son contradicteur, mais il devra, naturellement, en informer ce dernier une fois la signification réalisée en lui adressant, le cas échéant, la copie de l'acte.

On ne saurait non plus reprocher à un avocat d'attendre, dans l'intérêt de son client, que plus aucune régularisation ne soit possible avant de soulever un moyen de droit tendant à une nullité ou une fin de non-recevoir : l'avocat n'a pas à informer son contradicteur des moyens qu'il envisage de mettre en œuvre tant qu'il n'a pas pris la décision de le faire[5].

1. Sur cette question, v. s^s n°s 422.131 s.
2. V. s^s n°s 481.00 s.
3. Civ. 1re, 26 sept. 2012, n° 11-20.259, NP ; *D.* 2013. 136, obs. T. Wickers – Paris, 29 mars 2011, RG n° 2009/28774.
4. Paris, avis n° 190341, 20 oct. 2009 – V. s^s n°s 481.00 s.
5. COMP. : Paris, Pole 6 ch. 10, 5 févr. 2019, RG n° 18/00495 ; *Gaz. Pal.* 23 avr. 2019 p. 75, obs. H. Herman.

451.43 Recherche d'un équilibre. Tout est question d'équilibre entre une stricte application des principes essentiels et la « mesure appropriée aux nécessités de l'exercice des droits de la défense », pour reprendre l'expression de la Cour de cassation dans une affaire où un avocat fut poursuivi pour avoir manqué aux devoirs de confraternité, de délicatesse, de modération et de courtoisie à l'égard d'un autre confrère, dont le cabinet défendait un salarié, et dont il avait cité l'extrait d'un article paru dans la revue locale du Medef dans des conclusions déposées devant la cour d'appel, pour le compte de son client employeur en soutenant, notamment, que : « vu les positions publiques prises par un représentant du cabinet d'avocats de Mme X..., dans la revue d'un organisme employeur... cette prise de position était gênante pour la parité et particulièrement dans les affaires où ce cabinet défend un salarié ». L'avocat en cause avait fait l'objet d'un avertissement confirmé par la cour d'appel.

La Cour de cassation a cassé, sans renvoi, l'arrêt de la cour d'appel en considérant que la teneur des conclusions incriminées n'excédait pas la mesure appropriée aux nécessités de l'exercice des droits de la défense à l'occasion d'un recours tendant à l'annulation d'un jugement et fondé sur la contestation de l'impartialité de la juridiction dont la décision émanait[6].

SECTION 2
PRISE DE CONTACT AVEC LA PARTIE ADVERSE

451.51 Vérification de la présence d'un avocat. Avant toute prise de contact, l'avocat doit s'assurer de la présence d'un avocat intervenant pour le compte de la partie adverse.

Il n'est pas nécessaire que l'avocat adverse l'ait directement contacté : une telle information peut être contenue dans un courrier adressé par l'avocat adverse à son client mais encore dans l'assignation reçue par le client, un commandement de payer, la déclaration de saisine du tribunal...

451.52 Devoir de vigilance. L'avocat doit opérer les vérifications avec une vigilance particulière, même si son client lui indique ne pas connaître l'avocat intervenant pour le compte de la partie adverse.

C'est ainsi que l'avocat devant faire preuve de prudence et s'assurer de l'existence d'un avocat, auquel cas il doit alors lui écrire directement même si ce dernier ne l'a pas contacté, commet une faute justifiant une sanction disciplinaire l'avocat qui

6. Civ. 1re, 3 juill. 2008, n° 07-15.493, NP ; *D.* 2009. 2704, obs. B. Blanchard.

s'adresse directement à la partie adverse, alors même qu'il ne pouvait sérieusement prétendre ignorer la présence d'un avocat pour le compte de celle-ci dès lors que son nom était mentionné sur le procès-verbal dressé à la suite de la tentative de conciliation devant le bureau de conciliation, et ce, nonobstant le fait que la lettre n'ait été qu'une réponse, rédigée en termes courtois, à une première correspondance envoyée par la partie adverse à ses propres clients [1].

En outre, lorsque la partie adverse indique à l'avocat qu'elle aurait dessaisi son conseil, il appartient à l'avocat, par prudence et à titre confraternel, de vérifier cette information auprès du confrère concerné avant de poursuivre les contacts directement avec la partie adverse, tout en l'invitant à prendre un nouveau conseil [2].

451.53 Nécessité de la prise de contact et rapprochement en vue de trouver une solution amiable. Dès lors qu'il s'est assuré qu'il n'y a pas d'avocat connu intervenant pour le compte de la partie adverse, l'avocat peut, avec l'assentiment de son client, prendre contact avec la partie adverse, soit avant toute procédure, soit en cours de procédure [3].

Lorsque la prise de contact intervient avant toute procédure, il est recommandé, sous réserve de recueillir l'assentiment de son client, d'y inviter la partie adverse à un rapprochement en vue de trouver une solution amiable au différend qui y est exposé [4] afin de satisfaire aux dispositions des articles 56 ou 58 du code de procédure civile ou de l'article 4, 2°, de la loi du 18 novembre 2016 [5].

Il y a désormais une quasi-obligation, sauf lorsqu'il s'agit d'une matière insusceptible d'accord entre les parties [6], lorsque le mode de saisine de la juridiction compétente est l'assignation, de prendre contact avec la partie adverse afin d'envisager une solution amiable. En effet, les dispositions des 56 du code de procédure civile [7] (assignation) et 58 du code de procédure civile [8] (saisine sur requête ou déclaration au greffe), imposent que soit précisé, sauf justification d'un motif légitime tenant à l'urgence ou à la matière considérée, en particulier lorsqu'elle intéresse l'ordre public, les diligences entreprises en vue de parvenir à une résolution amiable du litige. Cette mention n'est toutefois pas exigée à peine de nullité. Et les juges ne sauraient se borner à relever l'absence de justification d'une tentative préalable de conciliation, pour prononcer l'irrecevabilité de la demande, sans rechercher si le demandeur, qui faisait état dans sa déclaration au greffe de l'envoi d'un courrier à la partie adverse en vue d'un accord, ne justifiait pas, notamment eu égard aux termes du courrier, de démarches en vue de parvenir à une résolution amiable du litige [9].

451.54 Modalités de la prise de contact. La « prise de contact » s'effectue par écrit, par courrier ou courriel, qui rappellera au destinataire la faculté dont il dispose de consulter un avocat et qui l'invitera à lui faire connaître le nom de son conseil [10]. Le barreau de Paris en propose des exemples dans différentes matières [11].

La lettre de prise de contact doit comporter un exposé succinct de l'objet de la demande, en se gardant d'en faire une présentation déloyale, et devra être dénuée de tous propos polémiques ou indélicats [12], voire de prendre la forme d'une menace ou d'un chantage [13]. Peu importe, à cet égard, que la communication s'adresse à une personne physique ou morale, même dotée d'un service juridique [14]. À cet égard, si l'emploi du conditionnel est recommandé [15] comme étant de nature à garder de la distance dans la présentation des faits et à permettre une présentation objective de ceux-ci, il ne dispense pas de se restreindre à un rappel succinct de ces derniers [16].

La correspondance doit, notamment, s'abstenir de tous propos excessifs [17] tels que la menace de plaintes pénales ou la mise en cause d'un comportement réel ou avéré [18]. Seule l'éventualité d'une procédure peut y être mentionnée à condition que la présentation de cette dernière et de ses conséquences soit faite de manière objective [19].

Les règles sont identiques pour les communications téléphoniques, dont l'avocat ne peut pas prendre l'initiative sans l'accord de son client [20].

1. Paris, pôle 2, ch. 1, 25 sept. 2014, RG n° 13/10424.
2. Paris, avis n° 337449, 28 déc. 2020.
3. Décr. n° 2005-790, 12 juill. 2005, art. 17 – RIN, art. 8.2.
4. RIN, art. 8.2.
5. L. n° 2016-1547, 18 nov. 2016 de modernisation de la justice du XXIe siècle, *JO* 19 nov., n° 1, art. 4.
6. Soc. 19 déc. 2018, n° 18.60.067, P ; *Gaz. Pal.* 23 avr. 2019, p. 60, obs. S. Amrani-Mekki.
7. Décr. n° 2015-282, 11 mars 2015 relatif à la simplification de la procédure civile à la communication électronique et à la résolution amiable des différends, *JO* 14 mars, p. 4851, art. 18.
8. Décr. n° 2015-282, 11 mars 2015, art. 18.
9. Civ. 2e 15 avr. 2021, n° 20-14.106, P ; *JCP* 2021. 797, note Y. Strickler – Civ. 2e, 1er juill. 2021, n° 20-12.303, P ; *JCP* 2021. 931, note A. Danet.
10. Décr. n° 2015-282, 11 mars 2015, art. 17 ; RIN, art. 8.3 – Paris, avis n° 227124, 20 juin 2012 ; Paris, avis n° 275355, 19 janv. 2016.
11. RIBP, art. P. 8.0.1 – V. ss nos 031.11 s.
12. Paris, avis n° 201658, 25 mai 2010.
13. Paris, avis n° 223002, 17 janv. 2012 – Paris, avis n° 230694, 16 oct. 2012.
14. Paris, avis n° 198901, 26 févr. 2010.
15. CD Paris, n° 306212, 3 mai. 2018.
16. Paris, avis n° 278640, 10 mai 2016.
17. CD Paris, arr. n° 258912, 17 nov. 2015.
18. Paris, avis n° 206640, 1er févr. 2011 – Paris, avis n° 243169, 16 juill. 2013.
19. Paris, avis n° 227756, 27 mars 2012.
20. RIN, art. 8.2 al. 4.

451.55 **Attitudes répréhensibles.** C'est ainsi que dans le cadre de sa prise de contact avec la partie adverse, un avocat ne saurait user de pressions et de menaces en vue d'amener une personne à payer une créance douteuse, et au surplus déjà réglée par celle-ci, et ce dans des conditions s'apparentant à une forme larvée de chantage [1], ou, dans un courrier type adressé pour le compte de son client, propriétaire d'un jeu vidéo, à des internautes, auxquels il est reproché de télécharger illégalement ce même jeu, après les avoir assurés qu'une plainte déposée à leur encontre serait assurée de succès, et les avoir menacés de faire procéder à la saisie de leurs biens en cas d'inexécution des condamnations qui pourraient s'élever à plusieurs milliers d'euros, leur réclamer, outre la suppression du téléchargement déjà effectué et la renonciation à le réitérer, ainsi que le paiement, à son profit, d'une somme de 400 euros pour compensation des pertes et contributions aux frais engagés, usant ainsi d'une présentation déloyale des faits assortie de menace [2].

De même que méconnaît les dispositions précitées, fondées sur les principes essentiels, notamment de courtoisie, de délicatesse et de loyauté, l'avocat :

- qui écrit une lettre à une partie adverse sans l'inviter à se rapprocher de son conseil [3], lui demandant, au contraire, de prendre directement contact avec lui à son cabinet [4] ;

- qui, d'une part, écrit à la partie adverse sans l'informer de la faculté qu'elle a de consulter un avocat et de lui en faire connaître le nom, d'autre part, emploie des formules menaçantes telles l'allégation suivante : « [...] l'étude du dossier laisse apparaître au fond d'autres dysfonctionnements inacceptables [...] que je me réserverai le droit d'apprécier en temps utile » [5] ;

- qui, entretenant une confusion entre ses fonctions d'avocat et de président de syndicat, présente sur un mode affirmatif des faits, qu'il ne pouvait connaître qu'en qualité d'avocat, comme étant constitutifs d'une infraction pénale, en l'occurrence un délit de travail dissimulé, pouvant légitimement être considéré par son destinataire comme une menace, voire une forme de chantage, tout en offrant ses services comme médiateur. Une telle attitude portant de surcroît atteinte à l'honneur de la profession [6].

1. Civ. 1re, 10 janv. 1984, n° 82-16.968, P I, n° 8.
2. CD Paris, arr. n° 167372, 29 janv. 2008.
3. CD Paris, n° 258912, 17 nov. 2015.
4. Paris, 1re ch., sect. F, 28 sept. 2006, RG n° 2005/24130.
5. CD Paris, arr. n° 194751, 12 oct. 2010.
6. CD Paris, arr. nos 238132, 238184, 238827, 239263, 18 févr. 2014 – V. ss n° 331.52.

451.56 **Devoir de prudence.** Il convient de rappeler que la lettre adressée à la partie adverse n'est pas confidentielle, ni couverte par le secret professionnel, ce qui comporte un risque indéniable pour l'avocat qui en est l'auteur ainsi que pour son client.

451.57 **Cas particulier de l'aide juridictionnelle.** Lorsqu'un avocat intervient au titre de l'aide juridictionnelle en vue de parvenir à une transaction avant l'introduction de l'instance, ce qui sera désormais la règle avant toute introduction d'instance conformément aux articles 56 et 58 du code de procédure civile [7], ou à un accord dans le cadre d'une procédure participative [8], il lui appartient, depuis 2012 [9], d'en informer par écrit la partie adverse et, le cas échéant, son avocat et surtout de mentionner expressément dans sa lettre de contact que les courriers, pièces et documents élaborés ou échangés au cours des pourparlers transactionnels ou de la procédure participative pourront être communiqués au président du bureau d'aide juridictionnelle et, le cas échéant, au président de la juridiction et à eux seuls, lors de l'examen de sa demande de paiement de la contribution qui lui est due par l'État au titre de l'aide juridictionnelle [10].

SECTION 3
CORRESPONDANCE AVEC L'AVOCAT ADVERSE

451.61 **Correspondance avec son confrère.** Sauf l'hypothèse de procédures spécifiques, essentiellement en matière de baux commerciaux, dans lesquelles l'avocat peut adresser des lettres valant actes de procédure à la partie adverse et s'y substituant (son avocat étant simultanément le destinataire) [11], dès lors qu'il est informé de l'existence d'un avocat intervenant pour le compte de la partie adverse, l'avocat ne doit correspondre qu'avec son confrère et lui seul, et en aucun cas directement avec la partie adverse [12]. Ce principe est destiné à sauvegarder la confraternité entre avocats et à prévenir toute tentative de prendre un avantage injustifié sur le client d'un autre avocat.

Contrairement à la lettre adressée à la partie adverse, les correspondances entre avocats sont confidentielles (sauf si elles portent la mention « Officiel ») [13], ce qui constitue une garantie [14].

7. AUSSI : L. n° 2016-1547, 18 nov. 2016, art. 4.
8. Décr. n° 2020-1717, 28 déc. 2020, art. 83.
9. Décr. n° 2012-66, 20 janv. 2012 relatif à la résolution amiable des différends, *JO* 22 janv., p. 1280.
10. Décr. n° 2020-1717, 28 déc. 2020, art. 83 – V. ss nos 751.341 s.
11. RIN, art. 8.3, al. 5.
12. RIN, art. 8.3, al. 4.
13. V. ss nos 422.131 s.
14. V. ss nos 422.20 s.

451.62 Attitudes répréhensibles. Il a ainsi été jugé que caractérise un défaut de loyauté et à la confraternité dans la relation avec un confrère, en contravention avec les articles 8.2 et 8.4 du RIN :

– le fait, pour un avocat, de prendre directement contact avec la partie adverse, en connaissance de ce que celle-ci était assistée d'un avocat, dans le dessein de tenter de la dissuader de diligenter une procédure, puis, ultérieurement, d'obtenir d'elle et de son conseil qu'ils renoncent à une réclamation déontologique à son encontre[1] ;

– le fait d'adresser huit courriers directement à la partie adverse alors même qu'il avait connaissance de l'avocat constitué pour le compte de la partie adverse[2] ;

– le fait d'obtenir des attestations favorables à son client de personnes mises en examen dans la même affaire, et ce à l'insu de leur avocat[3] ;

– le fait d'écrire directement à l'auteur d'une attestation défavorable à son client, dans des termes pouvant être considérés comme menaçants, pour lui demander s'il ne souhaite pas modifier ou amender certaines de ses affirmations, sans préciser qu'il se tient à la disposition de son avocat pour en référer avec lui ni informer ce dernier, et de verser aux débats l'attestation en faveur de son client obtenue dans les mêmes circonstances[4] ;

– le fait de contacter directement la partie adverse pour avoir un échange à propos de la procédure engagée[5] ;

– le fait de remettre ses conclusions directement à la partie adverse, avant de les signifier par Rpva à son contradicteur, en portant dans celles-ci des accusations graves mettant directement en cause son confrère, et ce, sans la moindre preuve[6] ;

– le fait de prendre directement contact avec le gérant de la cliente de son contradicteur, afin de discréditer ce dernier[7].

451.63 Répondre à une lettre d'avocat à son client. L'avocat est régulièrement confronté à la question de savoir comment répondre à la lettre de contact, ou de mise en demeure, adressée par l'avocat de la partie adverse à son client. Le plus souvent, l'avocat prend directement attache avec son contradicteur, au moyen d'un courrier entre avocats, couvert par la confidentialité. Il peut user d'une correspondance portant la mention « Officiel », à condition d'en respecter les conditions quant à son contenu[8].

En tout état de cause, il est alors opportun de revêtir de la mention « Officiel » la réponse adressée par l'avocat à son confrère à la suite d'une mise en demeure adressée directement par ce dernier au client du premier, afin que le destinataire ne se méprenne pas sur la nature de cette correspondance[9].

Mais il lui est également loisible, suivant la nature et le contenu de la lettre, et dans l'hypothèse où elle nécessite une réponse dont on souhaiterait pouvoir se prévaloir par la suite, de laisser le soin à son client de répondre à l'avocat adverse, tout en indiquant dans sa réponse le nom de son conseil et lui demandant de prendre contact avec lui.

451.64 Actions interrogatoires. Les mêmes principes ont vocation à s'appliquer dans le cadre de la mise en œuvre des actions interrogatoires[10] au même titre que les actions provocatoires et déclaratoires[11].

SECTION 4
NÉGOCIATIONS AVEC LA PARTIE ADVERSE

451.71 Pourparlers. Que ce soit en matière de conseil ou de contentieux lorsque les parties décident, soit avant tout contentieux, soit en cours de contentieux, d'entamer des négociations entre elles, ou encore en l'absence de tout litige, ces négociations ne peuvent être conduites que par l'avocat en présence de son client ou avec son accord[12], sans que cette règle ne méconnaisse le principe de l'indépendance de l'avocat[13]. Le client peut demander à son avocat de le représenter dans ces pourparlers sans être présent lui-même.

En tout état de cause, l'avocat doit être en possession d'un mandat de négocier, d'agir et de signer au nom et pour le compte de son client et un tel mandat se doit d'être spécifique et ne peut en aucun cas avoir un caractère général[14].

1. CD Paris, arr. n° 237349, 19 juill. 2005.
2. Paris, pôle 2, ch. 1, 25 oct. 2012, RG n° 12/03561.
3. Paris, 30 mars 2006, 1re ch., sect. F, RG n° 2005/17339.
4. CD Paris, arr. n° 204708, 15 mars 2011.
5. Paris, avis n° 206109, 21 juill. 2010.
6. CD Paris, arr. n° 242704, 25 févr. 2014.
7. Paris, avis n° 276129, 9 mars 2016.
8. CNB, Comm. RU, avis n° 2017-013 du 19 avr. 2017 – V. ss nos 422.131 s.
9. *Bull. barr. Paris* 2001, n° 5, p. 37.
10. C. civ., art. 1123, 1158 et 1183 – E. Jeuland, « Les actions interrogatoires en question », *JCP* 2016. 737 – M. de Fontmichel, « Les nouvelles actions interrogatoires », *D.* 2016. 1665 – L. Mayer, « Défense des « actions interrogatoires » introduites par la réforme du droit des contrats », *Gaz. Pal.* 29 nov. 2016, p. 47 – H. Croze, « Une vision procédurale de la réforme des obligations », *Procédures* 2016. 8 – X. Lagarde, « Entre contrat et procédure : les actions interrogatoires », *D.* 2017. 715.
11. S. Guinchard (dir.), *Droit et pratique de la procédure civile*, 10e éd., « Dalloz Action », 2021, nos 211.91 s.
12. Décr. n° 2005-790, 12 juill. 2005, art. 18, al. 1 – RIN, art. 8.4.
13. CE 6e et 1re SSR, 15 nov. 2006, req. nos 283475, 284964, 285065, *Lebon* ; *RTD civ.* 2007. 67, obs. R. Encinas de Munagorri ; *JCP* 2007. II. 10001, note R. Martin ; *JCP* 2007. I. 151, n° 2, obs. S. Bortoluzzi.
14. V. ss nos 611.31 s.

L'avocat devra systématiquement s'assurer de l'accord de son client avant de prendre tout engagement en son nom dès lors qu'il ne peut, sans y avoir été autorisé spécialement et par écrit, par son client, transiger en son nom et pour son compte ou l'engager irrévocablement par une proposition ou une offre de contracter[1]. Naturellement, un tel accord du client pourra résulter d'un simple échange de courriel dès lors que cet échange et dépourvu de toute équivoque quant à son contenu et sa portée[2].

451.72 Tenue des réunions. L'avocat ne peut recevoir la partie adverse, qu'après l'avoir avisée de l'intérêt d'être conseillé par un avocat[3]. Dès lors qu'il a, ou qu'il a eu, connaissance d'un avocat intervenant pour le compte de la partie adverse, il ne peut recevoir cette dernière qu'après avoir invité ce confrère à participer à l'entretien, et ne pourra recevoir seul la partie adverse qu'avec l'accord préalable, et de préférence écrit de son confrère[4].

L'avocat doit rester prudent et user de cette dernière faculté qu'avec beaucoup de précautions dès lors que la partie adverse peut, par la suite, lui prêter des propos qu'il aurait tenus au cours de l'entretien contraire à la vérité.

C'est ainsi que l'avocat qui, se rend à une réunion de conciliation entre les parties, dont son client, en conflit, et constate l'absence de son contradicteur, doit d'abord s'assurer personnellement que les parties adverses étaient prévenues de sa présence lors de la réunion, puis se retirer si les avocats des autres parties ne sont pas présents : la circonstance qu'en début de réunion il ait déclaré qu'il n'interviendrait pas ne saurait l'exonérer d'adopter un tel comportement, seul conforme aux devoirs de loyauté et confraternité[5].

451.73 Relations directes avec la partie adverse. Les relations entre l'avocat et la partie adverse avec laquelle il négocie après qu'elle lui ait déclaré, par écrit, ne pas avoir l'intention de recourir à un avocat, ou d'être simplement assistée d'une autre personne (défenseur syndical, parent...), demeurent soumises au strict respect des principes essentiels de loyauté, de modération et de délicatesse[6].

En revanche, les courriers échangés dans ce cadre ne sont pas couverts par la confidentialité[7] tout comme les correspondances adressées directement par une partie à l'avocat de son adversaire[8].

À cet égard, le défenseur syndical est simplement tenu d'une obligation de discrétion à l'égard des informations présentant un caractère confidentiel et données comme telles par la personne qu'il assiste ou représente ou par la partie adverse dans le cadre d'une négociation[9]. Cette obligation de discrétion, si elle peut conduire, en cas de manquement, à la radiation du défenseur syndical des listes, n'a pas pour effet de rendre confidentiel les échanges avec ce dernier, et n'a pas non plus de conséquences processuelles, contrairement à la confidentialité des échanges entre avocats[10]. Il convient donc d'être extrêmement prudent en la matière.

451.74 Coordination des négociations avec la procédure. Il convient de rappeler qu'en matière judiciaire, en principe, toute négociation entre les parties n'interrompt pas les délais de recours et ne suspend pas le cours de la procédure. Sauf exceptions prévues par les textes, telle qu'en matière de procédure participative[11], ou conventionnellement entre les parties lorsqu'elles recourent à la médiation ou la conciliation s'agissant de la prescription[12], ou en matière de processus collaboratif.

Il appartient par conséquent à l'avocat de faire le nécessaire, nonobstant les négociations parallèlement en cours, non seulement pour préserver les droits de ses clients, mais également pour respecter les délais et calendriers de procédure éventuellement fixés par les juridictions. Le fait de parvenir à un accord à une date proche de l'audience, tant que l'accord n'a pas été finalisé et signé par les parties, ne dispense en aucun cas l'avocat de faire le nécessaire pour être en état en vue de l'audience.

Il convient d'être d'autant plus prudent que même en cas d'accord des parties pour une demande de renvoi d'un commun accord, le juge n'est jamais tenu d'y faire droit.

451.75 Cadre des réunions. Les avocats doivent garder à l'esprit que toute réunion entre les avocats et leurs clients, ou en présence de tiers, n'est pas couverte par la confidentialité, strictement attachée aux seuls échanges et réunions, entre avocats seuls[13], ni par le secret professionnel, attaché aux échanges entre l'avocat et son seul client[14]. La plus grande prudence est de mise en la matière s'agissant, notamment, des propos ou documents échangés à cette occasion.

1. RIN, art. 6.2.
2. V. s^s n°s 422.161 s.
3. RIN, art. 8.3. – Paris, avis n° 333545, 23 juill. 2020.
4. Décr. n° 2005-790, 12 juill. 2005, art. 18, al. 2 – RIN, art. 8.4.
5. Paris, avis n° 190048, 14 avr. 2009.
6. Décr. n° 2005-790, 12 juill. 2005, art. 16.
7. *Bull. barr. Paris* 2002, n° 6, p. 40 et 2003, n° 28, p. 216.
8. Civ. 1re, 31 janv. 2008, n° 06-14.303, NP.
9. C. trav., art. 1453-8.
10. V. s^s n° 422.111.
11. C. civ., art. 2062 s., not. art. 2065 – C. civ., art. 2238 – V. s^s n°s 621.31 s.
12. C. civ., art. 2238.
13. V. s^s n°s 422.61 s.
14. V. s^s n° 422.52.

Il est dès lors prudent, avant tout engagement de négociations ou pourparlers, de bien préciser le cadre dans lequel se dérouleront les négociations ou pourparlers et de faire signer à l'ensemble des parties un accord de confidentialité[1] ou de s'inscrire dans un cadre tel que la procédure participative[2], matérialisée par la signature d'une convention de procédure participative, ou le processus collaboratif[3] matérialisé par la signature d'une charte collaborative[4], et ce, afin de sécuriser les rapports entre les parties aux regards de leurs obligations respectives, notamment en matière de confidentialité, dans le cadre du processus de négociation.

451.76 **Suite des réunions.** Dès lors que la réunion n'est pas confidentielle, les clients peuvent faire état de l'existence de cette réunion, de ce qui aura été dit lors de celle-ci ou des pièces qui auront été échangées à cette occasion. Les avocats devront toutefois s'abstenir de se comporter en témoin de la réunion : un avocat ne pouvant témoigner de faits dont il a eu connaissance dans le cadre de son exercice professionnel. Ils pourront toutefois en faire état dans des conclusions ultérieures.

La prudence impose, ici encore, lorsque des engagements ou un accord ont été convenus entre les parties de faire acter ceux-ci dès la fin de la réunion dans un document, fût-il sommaire, écrit et signé par l'ensemble des personnes présentes à la réunion, ce compris leurs avocats respectifs.

451.77 **Conventions de procédure participative aux fins de mise en état du litige.** Suite aux travaux du Conseil national des barreaux[5], le décret du 6 mai 2017[6] est venu prévoir le recours à l'acte de procédure d'avocat[7], acte contresigné par avocat destiné à permettre, dans le cadre d'une convention de procédure participative, aux parties de déterminer, notamment, les points de droit auxquels elles entendent limiter le débat, dès lors qu'ils portent sur des droits dont elles ont la libre disposition. Les parties peuvent également convenir des modalités de communication de leurs écritures, recourir à un technicien, désigner un conciliateur de justice ou un médiateur[8]. La communication des pièces et informations entre les parties se fait alors par l'intermédiaire de leurs avocats selon les modalités prévues par la convention. Ceux-ci les portent à la connaissance des intéressés par tous moyens appropriés. Un bordereau est établi lorsqu'une pièce est communiquée. Le juge ordonne le retrait du rôle lorsque les parties l'informent de la conclusion d'une convention de procédure participative[9].

Les parties, assistées de leurs avocats, œuvrent ainsi conjointement, dans les conditions fixées par convention, à un accord mettant un terme au différend qui les oppose ou à la mise en état[10] de leur litige[11]. Cela permet aux avocats des parties, dès lors qu'elles sont de bonne foi, d'organiser l'administration de la preuve et les effets de la preuve, et devrait permettre de sécuriser, dans un cadre opposable aux juridictions, les phases de négociations.

451.78 **Attitudes répréhensibles.** Commet une grave entorse aux principes déontologiques l'avocat qui reçoit la partie adverse sans son conseil et lui fait signer un protocole d'accord avec son client, et ce, sans tenter de joindre le confrère pour s'en entretenir avec lui[12], tout comme celui qui reçoit le client d'un confrère sans l'en aviser, puis fait signer aux parties un acte juridique au mépris du principe du contradictoire, sans appeler ni inviter l'avocat constitué dont il connaissait pourtant l'existence[13] ou encore propose directement une transaction aux clients de ses contradicteurs, sans en informer leurs conseils[14].

Inversement, ne commet aucun manquement déontologique l'avocat écrivant directement au client de son contradicteur alors que ce dernier l'a expressément autorisé à discuter avec eux d'une éventuelle transaction[15].

451.79 **Parties adverses qui continuent de s'écrire.** Il arrive régulièrement, notamment en matière de droit de la famille, que les parties adverses continuent d'avoir une relation épistolaire, notamment au sujet du litige en cours, et ce, bien que leurs avocats respectifs soient en principe en charge des négociations ou du litige. C'est même parfois une nécessité lorsqu'il s'agit, par exemple,

1. *Bull. barr. Paris* 2001, n° 33, p. 252 ; *Bull. barr. Paris* 2008, n° 1, p. 6 ; *Bull. barr. Paris* 2011, n° 14, p. 200 – V. s[s] n° 422.52.
2. C. civ., art. 2062 s. – N. Fricero et *alii*, *Le guide des modes amiables de résolution des différends (Mard)*, 3e éd., « Guide Dalloz », 2017, n°s 511.09 s.
3. N. Fricero et *alii*, *Le guide des modes amiables de résolution des différends (Mard)*, 3e ed., « Guide Dalloz », 2017, n°s 421 s.
4. Sur les Mard, v. s[s] n°s 621.00 s.
5. E. Mulon, *Rapport d'information sur la création de l'acte de procédure d'avocats*, Commission Textes, CNB, AG 3 et 4 juill. 2015.
6. Décr. n° 2017-892, 6 mai 2017 portant diverses mesures de modernisation et de simplification de la procédure civile, *JO* 10 mai, n° 114, art. 23 s. ; *D.* 2018. 692, obs. N. Fricero.
7. D. Piau, « L'acte d'avocat, un authentique acte de sécurité juridique en matière probatoire », *AJ fam.* 2016, P. 484 – V. s[s] n°s 632.61 s.
8. C. pr. civ., art. 1546-3.
9. C. pr. civ., art. 1546-1.
10. C. pr. civ., art. 1543.
11. C. pr. civ., art. 1544.
12. Paris, avis n° 185023, 19 oct. 2009.
13. CD Paris, arr. n° 185023, 29 juin 2010.
14. CD Paris, arr. n° 238472, 25 avr. 2006.
15. Paris, avis n° 200506, 14 déc. 2010.

d'organiser au jour le jour les mesures provisoires prévues dans le cadre de l'ordonnance de non-conciliation en matière de divorce. Cette situation peut conduire à deux séries de difficultés.

La première tient au fait que le client n'étant pas tenu au secret professionnel que lui doit son avocat[1], il peut rapporter ou transmettre à la partie adverse ce qu'il a compris ou reçu de son avocat, laquelle partie adverse peut ensuite les transmettre à son propre avocat. L'avocat doit, ainsi, toujours faire preuve de prudence et de vigilance lorsqu'il s'adresse à son propre client.

La seconde tient au fait que, lorsque l'une des parties ne répond plus à l'autre, l'avocat de cette dernière ne doit surtout pas prendre l'initiative d'écrire directement à la partie défaillante. Il ne peut, le cas échéant, le faire qu'avec l'accord écrit de son avocat. Il est, en tout état de cause, fortement déconseillé aux avocats de recourir à des correspondances officielles pour se substituer au défaut de communication entre leurs clients respectifs, dès lors que, d'une part, ce n'est pas le rôle des avocats que de se substituer à leurs clients[2], et d'autre part, il y a souvent en la matière, pour ne pas dire toujours, lieu à constater un abus de lettres officielles, dès lors qu'il s'avère qu'elles n'en remplissent pas les conditions, et dont il y aura lieu d'ordonner le retrait des débats s'agissant de correspondances en réalité confidentielles[3].

1. V. s[s] n°s 412.151 s.

2. *Bull. barr. Paris* 2008, n° 15, p. 117.
3. V. s[s] n°s 422.20 s.

CHAPITRE

452. Respect du contradictoire

SECTION 0 ORIENTEUR

452.00 Sommaire du chapitre.

Division. L'avocat est soumis au respect du contradictoire (sect. 1) qu'il peut mettre en œuvre suivant différentes modalités (sect. 2) et dont le non-respect est sanctionné tant sur le plan processuel que déontologique (sect. 3).

452.01 Textes applicables.

TEXTES TITRÉS

> Convention de sauvegarde des Droits de l'Homme et des Libertés fondamentales

art. 6 [Droit à un procès équitable]

• C. pr. civ.

art. 14 [Principe du contradictoire]

art. 15 [Respect par les parties du principe du contradictoire]

art. 16 [Respect par le juge du principe du contradictoire]

art. 17 [Recours]

art. 748-2 [Utilisation du Rpva et communication électronique de l'avocat]

• Décr. n° 2005-790, 12 juill. 2005

art. 16 [Relations avec la partie adverse]

• RIN

art. 3 [Correspondances portant la mention « Officiel »]

art. 5 [Respect du principe du contradictoire]

> Pouvoirs du juge

art. 133 [Injonction de communiquer]

art. 134 [Pouvoirs du juge]

art. 135 [Sanction]

art. 137 [Liquidation de l'astreinte]

• RIBP, ANNEXE II [Vade-mecum du barreau (juridictions du droit du travail)] [Extraits]

[...]

2) La phase de conciliation

[...]

j) Fixation de la date d'audience de jugement et de communications de pièces

[...]

Il est fortement conseillé aux avocats d'échanger avec le conseil sur les dates fixées au regard du régime de la charge de la preuve (notamment, en matière de licenciement pour faute grave ou pour motif économique, de demande d'heures supplémentaires ou de discrimination), afin que le dossier soit en l'état lors de l'audience de jugement.

[...]

3) La mise en l'état du dossier avant le bureau de jugement

4) La phase de jugement

452.03 Bibliographie indicative.

* Aussi : v. s[s] n° 45.03.

Thèses. L. Ascensi, *Du principe de la contradiction*, préf. L. Cadïet, « Bibliothèque de droit privé », t. 454, LGDJ, 2006 – M. Dochy, *La dématérialisation des actes du procès civil*, Dalloz, 2021 – M.-A. Frison-Roche, *Généralités sur le principe du contradictoire*, Th., Paris II, 1988, LGDJ, 2014 – L. Miniato,

Le principe du contradictoire en droit processuel, préf. B. Beignier, « Bibliothèque de droit privé », t. 483, LGDJ, 2008.

Traité. S. Guinchard (dir.), *Droit et pratique de la procédure civile*, 10e éd., « Dalloz Action », 2020, nos 312.91 s. par N. Fricero.

Monographies. Coll., *La bonne administration de la justice : dossier, Ordre des avocats au Conseil d'État et à la Cour de cassation*, Dalloz, 2013 – J. Gourdou, O. Lecucq et J.-Y. Madec (dir.), *Le principe du contradictoire dans le procès administratif*, « Bibliothèque de droit », L'Harmattan, 2010 – C. Picheral, *Le droit à un procès équitable au sens du droit de l'Union européenne :* actes du colloque des 5 et 6 novembre 2010, Nemesis, 2012 – C. Ribeyre, *Le contradictoire dans le procès pénal – Nouvelles perspectives*, actes du colloque organisé le 8 décembre 2011 par l'Institut de Sciences Criminelles de Grenoble (ISCG), Cujas, 2012 – R. Rouquette, *Petit traité du procès administratif*, 7e éd., « Praxis », Dalloz, 2016.

Manuels. B. Bouloc, *Procédure Pénale*, 26e éd., « Précis », Dalloz, 2017 – L. Cadiet, E. Jeuland, *Droit judiciaire privé*, 10e éd., « Manuels », LexisNexis, 2017 – G. Couchez, X. Lagarde, *procédure civile*, Sirey, 17e éd., 2014.

Contributions. G. Flécheux, « Le droit d'être entendu », *Mél. Bellet*, 1991, p. 149 – R. Martin, « L'avocat auxiliaire de justice », *Mél. P. Julien*, Édilaix, 2003, p. 258.

Articles. Ch. Atias, « Le dossier de plaidoirie et les délais pour conclure devant la cour d'appel », *D.* 2012. 8. 512 ; « Les pièces du dossier de plaidoirie », *D.* 2010. 1028 – A. Blaisse, « Le problème des pièces et conclusions tardives », *JCP* 1988. I. 3317 – N. Carrère, « Respect du contradictoire et procédures pénales », *Bull. barr. Paris* 14 mai 2002, n° 19, p. 139 – P. Estoup, « Le dossier de plaidoirie », *Gaz. Pal.* 1990. 1. Doctr. 202 – Ph. Hoonakker, « L'arrêt de l'exécution provisoire de droit enfin consacré par le législateur ! », *D.* 2004. 2314 – Th. Humbert, D. Nauleau, « Principe du contradictoire : Le principe du contradictoire vs le secret médical », *JCP S* n° 5, 3 févr. 2015, 1043 – H. Letellier, « La dérive du dossier de plaidoirie », *AJ fam.* 2009. 442 – L. Lévy, « Oralité et contradiction en procédure écrite », *JCP* 1990. I. 3459 – J.-Cl. Magendie, « Contradiction, exigence majeure d'une justice de qualité », *Gaz. Pal.* 10-12 déc. 2006, p. 2 – L. Miniato, « La consécration du principe du contradictoire par le décret du 20 août 2004 portant modification de la procédure civile », *D.* 2005. 308 ; « Le principe du contradictoire : nouveau principe directeur du procès (à propos du décret n° 2005-790 du 12 juillet 2005) », *D.* 2005. 2537 – A. Molla, « Avocat et débat contradictoire », *RJB* 2000, n° 59/60, p. 114 – P. Nicolopoulos, « La procédure devant les juridictions répressives et le principe du contradictoire », *RSC* 1989. 1 – J. Sygut, « La défense, le temps et la contradiction », *Gaz. Pal.* 26 sept. 2017, p. 16 – G. Wiederkehr, « Le principe du contradictoire », *D.* 1974. Chron. 95.

SECTION 1
OBLIGATION DE RESPECT DU CONTRADICTOIRE PAR L'AVOCAT

452.10 **Plan.** Obligation processuelle et règle déontologique (§ 1), le principe du contradictoire s'impose aux avocats et parties appelés à se défendre devant une juridiction (§ 2). Il en découle l'obligation de verser aux débats tout élément appuyant les prétentions de chaque partie (§ 3).

§ 1
Propos liminaires

452.21 **Respect du principe du contradictoire et des droits de la défense.** Ce principe n'est pas seulement un devoir pour l'avocat mais une obligation procédurale élevée successivement par le Conseil d'État[1] et le Conseil constitutionnel[2] au rang de principe général de la procédure, quand la Cour européenne des droits de l'homme, tout comme la CJUE[3], en font un élément fondamental du « procès équitable »[4] et de l'« égalité des armes » protégé par l'article 6, §1, Conv. EDH, qui garantissent à chaque partie, la faculté de prendre connaissance des observations ou pièces produites par l'autre, ainsi que d'en discuter[5]. Le droit à une procédure contradictoire implique le droit des parties d'avoir connaissance et de commenter toutes les preuves produites ou observations déposées en vue d'influencer la décision de la juridiction[6].

Le juge doit, en toutes circonstances, faire observer et observer lui-même[7] le principe du contradictoire, selon l'alinéa premier de l'article 16 du code

1. CE 13 déc. 1968, *Assoc. syndicale des propriétaires de Champigny-sur-Marne*, req. n° 71624, 71625, 71626, *Lebon*.
2. Cons. const. 20 janv. 1981, n° 80-127 *DC*, *Loi renforçant la sécurité et protégeant la liberté des personnes*, NON-CONFORMITÉ PARTIELLE, *JO* 22 janv., p. 308 ; *Rec.* 15 ; *GDCC*, 17e éd., Dalloz, 2013 ; *AJDA* 1981. 278, note C. Gournay ; *JCP* 1981. II. 19701, note C. Franck – Cons. const. 23 janv. 1987, n° 86-224 *DC*, *JO* 25 janv., p. 924 ; *Rec. cons. const.* 8 ; *GDCC*, 17e éd., Dalloz, 2013, n° 43 ; *GAJA*, 19e éd., Dalloz, 2013, n° 113 – Cons. const. 13 août 1993, n° 93-325 *DC*, *JO* 18 août, p. 11722 ; *Rec.* 224 ; *D.* 1994. 111, obs. D. Maillard Desgrées du Loû ; *Dr. soc.* 1994. 69, étude J.-J. Dupeyroux et X. Prétot ; *RFDA* 1993. 871, note B. Genevois ; *Rev. crit. DIP* 1993. 597 ; *Rev. crit. DIP* 1994. 1, ét. D. Turpin.
3. CJUE 16 oct. 2019, *Glencore Agriculture Hungary Kft*, aff. C-189/18 ; *JCP* 2019. 1129, obs. D. Berlin.
4. NOT. : CEDH 18 mars 1997, *Mantovanelli c/France*, req. n° 21497/93, *AJDA* 1999. 173, note H. Muscat ; *D.* 1997. 361, obs. S. Perez ; *RTD civ.* 1997. 1007, obs. J.-P. Marguénaud.
5. CEDH 29 mai 1986, *Feldbrugge c/Pays-Bas*, req. n° 8562/79, série A, n° 99 – CEDH 23 juin 1993, *Ruiz Mateos c/Espagne*, req. n° 12952/87, série A, n° 262 – CEDH 28 août 1991, *Brandstetter c/Autriche*, req. n° 11170/84, série A, n° 211 – CEDH 21 mars 2000, *Dulaurans c/France*, req. n° 34553/97, sect. 3 – Cass., ass. plén., 22 déc. 2000, n° 98-15.567, P n° 12 ; *D.* 2001. 356 ; *D.* 2001. 789, Chron. C. Pettiti ; *RDSS* 2001. 325, obs. P.-Y. Verkindt ; *RDSS* 2001. 615, obs. P. Pédrot.
6. CEDH 4 févr. 2021 *Vorotnikova c. Lettonie*, req. n° 68188/13.
7. Civ. 2e, 29 août 2019, n° 17-31.014, P ; *JCP* 2019. 887.

de procédure civile. Il est partie intégrante des principes directeurs du procès. Il s'insère dans un principe plus général du respect des droits de la défense [1] et de celui de la loyauté des débats. Le juge ne peut ainsi fonder sa décision que sur des pièces dont les parties ont été mises à même de débattre contradictoirement [2].

Il est exprimé par les expressions *Audiatur et altera pars* ou *Audi alteram partem* (entendre l'autre côté) signifiant que personne ne doit être jugé sans avoir l'occasion de se défendre et que sa cause soit entendue contradictoirement.

452.22 Personnes handicapées. L'effectivité du principe du contradictoire s'impose non seulement dans le cadre des échanges procéduraux mais également lors de l'audience. C'est ainsi que le Conseil d'État a pu considérer que les principes du caractère contradictoire de la procédure et des droits de la défense impliquent qu'un justiciable atteint de surdité puisse se présenter à l'audience accompagné d'une personne maîtrisant un langage ou une méthode permettant de communiquer avec les personnes sourdes ou équipé d'un dispositif technique permettant cette communication, en vue de bénéficier, dans le respect du bon déroulement de l'audience, de l'assistance de cette personne ou de ce dispositif. Faisant que les juridictions sont tenues de fournir aux personnes présentes à l'instance qui en font la demande en temps utile l'assistance qu'impose leur surdité. La méconnaissance de cette obligation entache en principe d'irrégularité la décision juridictionnelle. Il ne peut en aller autrement que s'il est établi qu'elle n'a pas privé l'intéressé de la possibilité de présenter des observations au cours de l'audience ou une note en délibéré à l'issue de celle-ci [3].

S'agissant des avocats, le Conseil d'État a pu considérer que l'État se devait de faire les aménagements nécessaires afin de leur permettre un exercice normal de leur profession, faisant qu'à défaut, l'avocat handicapé dont l'exercice de la profession serait rendu, de ce fait, plus difficile, sans que les mesures palliatives prises aient pu atténuer suffisamment les difficultés qu'il rencontre, lui causerait un préjudice qui ne saurait, s'il revêt un caractère grave et spécial, être regardé comme une charge incombant normalement à l'intéressé [4].

1. V. s[s] n°s 471.22 s.
2. Civ. 2e, 23 janv. 1980, n° 78-11.492, P II, n° 16 – Soc. 28 mai 1986, n° 85-60.727, P V, n° 252.
3. CE 15 mars 2019, req. n° 414751, *Lebon ; JCP* 2019. 315, obs. C. Friedrich ; *Gaz. Pal.* 17 déc. 2019, p. 27, obs. S. Roussel.
4. CE 22 oct. 2010, req. n° 301572, *Lebon ;* – AUSSI : CJUE 21 oct. 2021 *Komisia za zashtita ot diskriminatsia*, aff. C-824/19

L'article 76 [5] de la loi du 11 février 2005 prévoit, à cet égard que, devant les juridictions administratives, civiles et pénales, toute personne sourde bénéficie du dispositif de communication adapté de son choix. Ces frais sont pris en charge par l'État. Lorsque les circonstances l'exigent, il est mis à la disposition des personnes déficientes visuelles une aide technique leur permettant d'avoir accès aux pièces du dossier selon des modalités fixées par voie réglementaire, qui n'ont toujours pas été fixées à ce jour. Les personnes aphasiques peuvent se faire accompagner devant les juridictions par une personne de leur choix ou un professionnel, compte tenu de leurs difficultés de communication liées à une perte totale ou partielle du langage.

§ 2
Parties et juridictions concernées

452.31 Parties concernées. Toute personne appelée à se défendre devant une juridiction, et pas seulement les avocats, est tenue au respect du principe du contradictoire [6] et en droit de l'invoquer à son profit.

Le principe du contradictoire s'applique ainsi, de la même manière, non seulement entre avocats, mais aussi entre avocat et partie adverse, ou toute personne assistant la partie adverse (défenseur syndical, association, membre de la famille...).

Il s'impose aussi au ministère public [7], y compris dans le cadre des audiences en visioconférence [8], comme au rapporteur public devant les juridictions administratives, faisant que les parties doivent être mises en mesure de répondre à leurs conclusions [9], fut-ce par une note en délibéré [10].

Il s'applique également à la juridiction elle-même lorsqu'elle est, par exemple, amenée à solliciter des avis auprès d'autres organismes ou institutions avant de rendre sa décision : elle se doit alors d'informer les parties à la procédure du fait que des avis ont été recueillis et qu'elles peuvent en prendre connaissance et faire valoir leurs observations [11]. On notera

5. L. n° 2005-102, 11 févr. 2005 pour l'égalité des droits et des chances, la participation et la citoyenneté des personnes handicapées, *JO* 12 févr., n° 1, art. 76.
6. Sur l'application de ce principe dans le cadre de la procédure disciplinaire, v. s[s] n° 521.133.
7. CEDH 22 oct. 2019, *Venet c/Belgique,* req. n° 27703/16 ; *JCP* 2020. 40, n° 9, obs. L. Milano.
8. Crim. 16 oct. 2019, n° 19-84.773, P ; *Gaz. Pal.* 12 nov. 2019, p. 29 ; *Gaz. Pal.* 4 févr. 2020, p. 67, obs. F. Fourment.
9. Civ. 1re, 4 déc. 2001, n° 98-12.598, P I, n° 304 ; *D.* 2002. IR 456.
10. CEDH 21 mars 2002, *Immeubles Groupe Kosser c/France,* req. n° 387/48/97.
11. CEDH 4 févr. 2021 *Vorotnikova c. Lettonie*, req. n° 68188/13.

que la jurisprudence considère toutefois, de manière contestable, que les juges du fond peuvent, dans le cadre de leur pouvoir souverain d'appréciation, se fonder sur un barème qui n'aurait pas été invoqué par les parties sans avoir à provoquer de discussion entre elles [1].

452.32 Juridictions devant lesquelles le contradictoire doit être respecté. Le Conseil d'État a rappelé qu'au nombre des règles générales de procédure qui s'imposent, même en l'absence d'un texte exprès, à toutes les juridictions, figure celle d'après laquelle aucun document ne saurait être régulièrement soumis au juge sans que les parties aient été mises à même d'en prendre connaissance [2].

Le respect du contradictoire s'impose ainsi à l'avocat devant toute juridiction avec ou sans représentation obligatoire, y compris dans les procédures où l'oralité des débats est de règle (conseil de prud'hommes, tribunal judiciaire, tribunal paritaire des baux ruraux...) [3], devant l'Autorité de contrôle prudentiel et de résolution (Acpr) [4], devant l'Autorité des marchés financiers (Amf) [5], le Conseil de la concurrence, la Hatvp [6], et de manière générale devant tout organisme et organe doté d'un pouvoir juridictionnel de quelque nature que ce soit (conseils de discipline des ordres professionnels [7], des fédérations sportives...).

Ce même principe du contradictoire s'applique également à la phase d'expertise [8], y compris médicale sans que le secret médical ne puisse être opposé à l'avocat [9]. Dès lors que l'on n'est pas en présence d'une expertise judiciairement ordonnée, un rapport d'expertise dressé non contradictoirement doit pouvoir être débattu librement par les parties et être corroboré par d'autres éléments versés aux débats [10]. Peu importe, à cet égard, que le rapport d'expertise non judiciaire ait été réalisé en présence de l'autre partie [11]. La jurisprudence admet, de manière assez contestable, qu'un tel rapport d'expertise puisse être corroboré par un autre rapport d'expertise dressé non contradictoirement [12].

452.33 Procédures non contradictoires. Il existe toutefois des exceptions, prévues par les textes, à la mise en œuvre du principe du contradictoire dans le cadre de certaines procédures spécifiques : procédure de récusation ou de renvoi pour cause de suspicion légitime, procédure de déclaration de créance, procédure fondée sur l'article 145 du code de procédure civile [13].

Mais la neutralisation du principe du contradictoire est souvent temporaire, au regard de la finalité de la procédure en cause, et n'exclut pas un devoir d'information postérieur permettant de concrétiser le respect du principe du contradictoire [14].

On notera que s'agissant des procédures fondées sur l'article 145 du code de procédure civile la Cour de cassation a pu considérer que l'article 495, alinéa 3, du code de procédure civile, applicable à toutes les ordonnances sur requête, impose seulement qu'une copie de la requête et de l'ordonnance soit laissée à la personne à laquelle elle est opposée, à l'exclusion des pièces invoquées à l'appui de cette requête, lesquelles sont déposées à greffe, faisant que dès lors qu'il n'était pas soutenu que les mesures

1. Crim. 5 avr. 2016, n° 15-81.349, P n° 120 ; *Gaz. Pal.* 17 mai 2016, p. 24, note S. Gerry-Vernières ; *Gaz. Pal.* 14 juin 2019, p. 81, note J. Bourdoiseau ; *D.* 2016. 2187, obs. M. Bacache – Civ. 2e, 12 sept. 2019, nos 18-13.791, 18-14.724, P ; *Gaz. Pal.* 14 janv. 2020, p. 32, obs. V. Mazeaud.
2. CE 13 déc. 1968, *Assoc. Syndicale des propriétaires de Champigny-sur-Marne*, req. nos 71624, 71624, 71626, *Lebon* – AUSSI, EN MATIÈRE GRACIEUSE : Civ. 1re, 19 sept. 2019, n° 18-19.570, P ; *JCP* 2019. 1048, obs. G. Raoul-Corneil.
3. CNB, Comm. RU, avis n° 2002-037, 26 nov. 2002 ; C. avocat 2021, ss décr. 12 juill. 2005, art. 16, note 2.
4. www.acpr.banque-france.fr/accueil.html/
5. www.amf-france.org/
6. V. ss nos 434.30 s.
7. V. ss nos 521.131 s.
8. CEDH 18 mars 1997, *Mantovanelli c/France*, req. n° 21497/93, *AJDA* 1999. 173, note H. Muscat ; *D.* 1997. 361, obs. S. Perez ; *RTD civ.* 1997. 1007, obs. J.-P. Marguénaud – CE 15 oct. 2018, req. n° 413937, *Lebon T ; Gaz. Pal.* 29 janv. 2019, p. 33.
9. CNB, Comm. RU, avis n° 2017-041, 12 déc. 2017 – D. Piau, « Le praticien du dommage corporel face aux données personnelles, notamment médicales », *Gaz. Pal.* 14 mai 2019, p. 64.
10. Cass., ch. mixte, 28 sept. 2012, n° 11-18.710, P n° 2 ; *D.* 2013. 269, obs. N. Fricero ; *D.* 2013. 2802, obs. J.-D. Bretzner ; *RTD civ.* 2012. 769, obs. R. Perrot ; *JCP* 2012. 1200, note S. Amrani-Mekki – Civ. 2e, 7 sept. 2017, n° 16-15.531, P ; *D.* 2019. 161, obs. J.-D. Bretzner ; *D.* 2018. 692, obs. N. Fricero ; *D.* 2018. 757, obs. E. de Leiris – Civ. 1re, 11 juill. 2018, nos 17-17.441, 17-19.581, P – Civ. 2e, 13 sept. 2018, n° 17-20.099, P ; *D.* 2019. 38, obs. C. Quézel-Ambrunaz ; *D.* 2020. 172, obs. J.-D. Bretzner – Civ. 1re, 28 nov. 2018, n° 17-15.608, NP – Civ. 1re, 28 nov. 2018, n° 17-17.102, NP – Civ. 2e 29 nov. 2018, n° 17-27.681, NP – Civ. 2e 12 déc. 2019, n° 18-12.687 ; *D.* 2021. 210, obs. J.-D. Bretzner – Civ. 3e, 14 mai 2020, nos 19-16.278, 19-16.279, P ; *Gaz. Pal.* 7 juill. 2020, p. 13, note H. Meur ; *Gaz. Pal.* 21 juill. 2020, p. 72, obs. C. Bléry ; *D.* 2021. 210, obs. J.-D. Bretzner – Civ. 1re 9 sept. 2020, n° 19-13.755, P ; *RCA* 2020, n° 203.
11. Civ. 3e, 14 mai 2020, n° 19-16.278, P ; *RCA* 2020, n° 154.
12. Civ. 3e, 15 nov. 2018, n° 16-26.172, P ; *Gaz. Pal.* 29 janv. 2019, p. 65 note N. Hoffschir, CRIT. ; *D.* 2020. 172, obs. J.-D. Bretzner – Civ. 3e, 5 mars 2020, n° 19-13.509, P ; *D.* 2020. 965, note H. Meur, CRIT. ; *JCP* 2020. 708, n° 7, obs. E. Jeuland ; *D.* 2021. 210, obs. J.-D. Bretzner – Com. 6 mars 2020, n° 17-24.851, NP ; *JCP* 2020. 708, n° 7, obs. E. Jeuland – Civ. 1re 9 sept. 2020, n° 19-13.7552 ; *JCP* 2020. 1472, n° 5, obs. E. Jeuland ; *D.* 2021. 210, obs. J.-D. Bretzner.
13. Civ. 2e 10 juin 2021, n° 20-13.803, P ; *Gaz. Pal.* 6 juill. 2021, p. 31, obs. C. Berlaud – V. ss n° 451.34.
14. V. ss n° 451.35.

d'instruction telles que mentionnées dans l'ordonnance n'étaient pas légalement admissibles l'absence de communication des pièces n'entachait pas la régularité de l'ordonnance[1]. Elles devront toutefois être communiquées à l'avocat adverse une fois les opérations de saisies réalisées[2].

452.34 Communication au contradicteur connu. La communication doit être effectuée à tout contradicteur connu qui s'est présenté comme tel à l'avocat, tant que la validité du mandat ou la régularité de l'intervention de son contradicteur, avocat ou non, n'a pas été tranchée. C'est ainsi que manque à la loyauté, à la confraternité et au principe du contradictoire :

- l'avocat qui, d'une part, refuse de communiquer ses pièces à l'avocat de la partie adverse au motif qu'il serait en conflit d'intérêts, sans se soucier de soumettre cette question à son bâtonnier, d'autre part, adresse ses pièces à son contradicteur dans la nuit du jour de l'audience sans avoir pris de conclusions et sans avoir communiqué en temps utile ses moyens et prétentions[3] ;
- l'avocat qui ne signifie pas ses conclusions au confrère dont il était informé de l'intervention, quand bien même la constitution de ce dernier serait irrégulière[4] ;
- l'avocat qui, régulièrement averti de la constitution de l'avocat adverse, ne justifie pas lui avoir communiqué ses pièces et fait prendre un jugement se fondant sur ces mêmes pièces par une décision réputée contradictoire, sans se préoccuper de l'absence de l'avocat adverse, au prétexte que son adversaire avait omis de s'assurer que sa constitution était bien parvenue au greffe et négligé de suivre le développement de sa procédure[5].

452.35 Procédure pénale (RIN, art. 5.3.). Devant la juridiction de jugement, les avocats doivent, en principe, se communiquer dans un délai raisonnable avant l'audience, les pièces et conclusions ainsi que les noms des témoins dont l'audition est demandée. Toutefois, l'article 5.3 du RIN prévoit expressément, en ce qui concerne l'action publique et non les intérêts civils, que les avocats des parties peuvent différer la communication de leurs moyens de droit ou de fait et leurs éléments de preuve jusqu'au moment de la clôture de l'instruction du dossier à l'audience pénale[6].

Cette disposition, qui déroge au principe de la communication en temps utile doit être d'interprétation stricte. Elle trouve sa source dans les usages du barreau[7], et peut se justifier par l'imprévisibilité et l'instabilité des audiences pénales qui peuvent parfois révéler des faits nouveaux ou conduire des parties à changer de position ou de version. Mais elle ne doit pas être invoquée de manière déloyale, étant précisé que les moyens et pièces relatifs à l'action civile doivent, en tout état de cause, être communiqués dans un délai raisonnable[8].

En outre, si le prévenu ou l'accusé soulève une exception ou une fin de non-recevoir, son avocat doit communiquer ses moyens et éléments de preuves sans délai aux autres parties et au ministère public, sauf si cette communication devait compromettre le moyen soulevé[9]. En effet, dans ce dernier cas, l'avocat doit faire primer l'intérêt de son client[10].

§ 3
Portée de l'obligation

452.41 Communications complètes des moyens de fait, des éléments de preuve, des moyens de droit. L'avocat doit communiquer[11] à la partie adverse ses écritures, ainsi que l'ensemble des éléments dont il fait état devant de la juridiction au soutien de sa thèse (ceux qui sont favorables à la thèse soutenue, contrairement au système anglo-saxon où toutes les pièces doivent être communiquées), c'est-à-dire ses pièces, y compris des clichés photographiques[12].

De même que les principes de loyauté et de confraternité exigent que l'avocat, même quelques instants avant l'audience, avertisse son confrère de son intention de faire citer des témoins lors de l'audience afin de les entendre[13].

452.42 Jurisprudence, textes et doctrine. Les textes, décisions de jurisprudence, ou articles de doctrine, doivent être versés aux débats en tant que pièces s'ils n'ont pas été publiés[14] ou sont difficiles d'accès[15]. Sinon, les références de publications, dont il appartient à l'avocat qui les invoque de s'assurer

1. Civ. 2e 14 janv. 2021, n° 20-15.673, P ; *Gaz. Pal.* 27 avr. 2021, p. 65, obs. N. Hoffschir.
2. V. ss n° 451.35.
3. CD Paris, arr. nos 231164, 23.1916, 25 févr. 2014.
4. CD Paris, arr. n° 235139, 25 mars 2014.
5. Aix-en-Provence, 10 déc. 1992, *Gaz. Pal.* 19 oct. 1993, 21, note P. Latil.
6. RIN, art. 5.3. al. 1 – C. pr. pén., art. 460 – CNB, Comm. RU, avis n° 2016-082, 5 déc. 2016.
7. J. Lemaire, *Les règles de la profession d'avocat et les usages du barreau de Paris,* 4e éd., LGDJ, 1975, n° 380 et consultation du bâtonnier F. Labori au bâtonnier de Laon, 1912.
8. Ch. Guéry, B. Lavielle, *Droit et pratique des audiences correctionnelles et de police,* 3e éd., Dalloz, 2018, nos 621.25 s.
9. RIN, art. 5.3. al. 2.
10. V. ss nos 481.00 s.
11. Sur la communication des pièces, v. ss nos 453.81 s.
12. Paris, avis n° 204127, 1er juin 2010.
13. Paris, avis n° 198562, 8 déc. 2009.
14. Paris, avis n° 275351, 9 févr. 2016.
15. CNB, Comm. RU, avis n° 2002/036, 27 mai 2002 ; C. avocat 2021, ss décr. 12 juill. 2005, art. 16, note 3.

de la pertinence et de la réalité[1], permettant d'y accéder doivent impérativement apparaître dans les écritures.

Lorsqu'un avocat invoque des décisions qu'il a obtenues, et qui ne sont pas publiées, il lui appartient de communiquer l'ensemble des décisions invoquées, visées dans les écritures ou qu'il entend remettre à la juridiction. Les décisions doivent être communiquées intégralement avec référence de la décision et de la juridiction qui l'a rendue. Il demeure toutefois possible d'anonymiser l'identité des parties.

La fin progressive des dossiers de plaidoiries[2], qui permettaient d'agrémenter les cotes de plaidoirie des textes applicables et de la jurisprudence et doctrine y afférent, doit conduire à être minutieux dans la sélection des textes, décisions de jurisprudence et articles de doctrine que l'on entend invoquer : ceux qui ont une importance particulière, même publiés, méritent d'être communiqués comme pièces.

452.43 **Procédure pénale.** Devant les juridictions pénales[3], l'avocat doit communiquer les moyens de fait, de droit et les éléments de preuve au ministère public et aux avocats des autres parties[4]. Pendant l'instruction, les avocats doivent se communiquer toute pièce, note ou requête adressée au juge d'instruction, ainsi que les mémoires et leurs annexes déposés devant la chambre de l'instruction.

La loyauté des débats impose que l'avocat qui adresse une lettre au procureur de la République, bien qu'il ne la verse pas par la suite aux débats, communique copie de cette lettre aux autres parties dès lors que celle-ci était en lien direct avec l'affaire jugée et, surtout, pouvait influencer les réquisitions du parquet[5].

452.44 **Dossiers de plaidoirie.** Les dossiers de plaidoirie, ou les côtes de plaidoirie, devraient, en principe, être communiqués à la partie adverse[6]. Ils le sont rarement en pratique alors même que, par exemple, est contraire au principe du contradictoire, le fait de plaider de nouveaux éléments, figurant sous forme d'annotations, en sus des conclusions, sur le dossier de plaidoirie, et qui n'ont pas été communiqués préalablement au confrère[7]. Est également contraire au principe du contradictoire, le fait d'ajouter des pièces et documents, destinés à emporter la conviction de la juridiction, dans le dossier de plaidoirie.

De très nombreuses dérives ont pu être constatées en la matière[8], faisant que les dossiers de plaidoirie ont désormais tendance à ne plus être acceptés par les magistrats, qui sollicitent la remise d'un dossier comportant les dernières écritures et les pièces dans l'ordre de numérotation du bordereau[9].

452.45 **Notes en délibéré.** Les notes en délibéré[10], c'est-à-dire produites après la clôture des débats, généralement pour préciser ou répondre à un point de droit apparu au cours des débats, sont en principe interdites[11] sauf pour répondre aux arguments du ministère public[12] ou à sur autorisation du président de la juridiction dans les cas visés aux articles 442 et 444 (réouverture des débats) du code de procédure civile[13]. Dans ce dernier cas, le juge doit inviter l'autre partie à répondre. Le principe du contradictoire implique que l'avocat adresse toute note en délibéré, même non autorisée, et les pièces qui y sont attachées, à son contradicteur[14].

La seule circonstance que le moyen soulevé figure dans un manuel de droit reproduit tel quel dans la note n'étant pas de nature à le dispenser du respect de cette obligation relativement au document considéré[15], tout comme la possibilité offerte à l'avocat de faire une note en délibéré afin de répondre aux pièces découvertes à l'audience – en l'occurrence, deux jurisprudences dans le dossier de plaidoirie – ne peut excuser la non-communication des pièces, y compris dans une procédure d'urgence[16].

452.46 **Communication mutuelle, spontanée, écrite, en temps utile.** La communication doit être effectuée spontanément, en temps utile et par écrit pour permettre un procès loyal et équitable dans le respect des droits de la défense. La communication du défendeur doit être inspirée par les mêmes considérations. L'article 5 du RIN doit conduire l'avocat à respecter le principe du contradictoire en toute occasion, sans qu'il ne puisse s'en exonérer pour des raisons économiques ou de convenance personnelle[17].

1. L. Andreu, « Des précédents jurisprudentiels imaginaires », *D.* 2021. 581 ; « Réponse à messieurs Laurent Aynès et Pierre-Yves Gautier », *D.* 2021. 817.
2. V. s[s] n° 452.44.
3. RIN, art. 5.3.
4. P. Nicolopoulos, « La procédure devant les juridictions répressives et le principe du contradictoire », *RSC* 1989. 1.
5. Paris, avis n° 225717, 3 mai 2012.
6. Paris, avis n° 236478, 17 sept. 2015.
7. Paris, avis n° 178550, 25 mai 2010.
8. H. Letellier, « La dérive du dossier de plaidoirie », *AJ fam.* 2009. 442.
9. Ch. Atias, « Les pièces du dossier de plaidoirie », *D.* 2010. 1028.
10. C. pr. civ., art. 445 – CJA, art. R. 731-3.
11. Paris, avis n° 275351, 9 févr. 2016.
12. Paris, 3 oct. 1990, *Gaz. Pal.* 1991. 1. 113, note P. Frémond.
13. Com. 13 avr. 1983, n° 81-16.807, P IV, n° 114.
14. Soc. 23 mai 2007, n° 05-42.401, P V, n° 86 ; *D.* 2007. 1667 ; *D.* 2007. 2427, obs. N. Fricero ; *Procédures* 2007, n° 181, obs. R. Perrot ; *RTD civ.* 2007. 638, obs. R. Perrot.
15. Paris, avis n° 206574, 21 déc. 2010.
16. Paris, avis n° 215412, 29 nov. 2011.
17. CNB, Comm. RU, avis n° 2014-014, 16 avr. 2014 ; C. avocat, 2018, s[s] RIN, art. 5, avis CNB, *in fine*.

Toutefois, des conclusions récapitulatives, dans la mesure où elles ne contiennent aucune nouvelle demande, peuvent être transmises la veille de l'audience sans contrevenir au principe du contradictoire[1].

SECTION 2
MODALITÉS DE MISE EN ŒUVRE DU RESPECT DU CONTRADICTOIRE PAR L'AVOCAT

452.50 **Plan.** La mise en œuvre du respect du contradictoire par l'avocat est soumise à des principes généraux (§ 1) et des modalités particulières liées à la communication électronique en fonction des juridictions concernées (§ 2).

§ 1
Principes généraux

452.61 **Charge de la preuve.** L'avocat qui communique ses écritures, ainsi que l'ensemble des éléments dont il fait état devant de la juridiction au soutien de sa thèse, dont ses pièces[2], doit se ménager un moyen de preuve établissant la réalité de cette communication.

Afin d'être en mesure de prouver le respect de ses devoirs déontologiques, l'avocat se doit de conserver une preuve de l'envoi de ses courriers, courriels, pièces et écritures à son contradicteur[3].

Rappelons que la communication par la toque ou case palais de l'avocat ne constitue pas un moyen de communication adapté, spécialement en cas d'urgence ou la veille de l'audience[4], outre le fait qu'elle ne permet pas d'apporter la preuve de la certitude de la communication et de sa date.

452.62 **Courrier ou courriel « officiel ».** La communication entre avocats doit se faire par voie de courrier ou courriel portant impérativement la mention « Officiel ».

En effet, si l'article 3.2[5] du RIN indique que peuvent porter la mention « Officiel » et ne sont pas couvertes par le secret professionnel, au sens de l'article 66-5 de la loi du 31 décembre 1971, les correspondances équivalant à un acte de procédure, il n'en demeure pas moins qu'il ne suffit pas qu'il s'agisse, que ce soit pour l'envoi des conclusions ou des pièces, d'une correspondance équivalant à un acte de procédure pour qu'elle ait un caractère officiel, encore faut-il impérativement qu'elle porte expressément la mention « Officiel »[6].

452.63 **Communication via courriel.** L'article 5.5[7] du RIN prévoit expressément, *in fine*, que la communication peut être faite par voie électronique[8], par la remise de tout support de stockage de données numériques (CD Rom, clé USB notamment), ou l'envoi d'un courrier électronique, s'il est justifié de sa réception effective par le destinataire.

Le meilleur moyen de pouvoir justifier de la réception effective du message, et d'éviter toute difficulté en la matière, est de recourir, même lorsque cela n'est pas obligatoire, à la messagerie du Rpva.

452.64 **Communication via Rpva.** L'avocat ayant adhéré au Rpva[9] est présumé avoir accepté de consentir à l'utilisation de la voie électronique pour les notifications à son égard[10], ainsi que pour les écritures et pièces, l'utilisation du Rpva permettant d'avoir une justification de la réception effective du message par son destinataire[11]. Ce message, dès lors qu'il est adressé entre avocats et non au greffe avec copie à l'avocat adverse, devra, ici encore, porter la mention « Officiel ».

Toute notification via le Rpva, y compris entre avocats fait l'objet d'un avis électronique de réception, indiquant la date de cette réception et valant visa par l'avocat ou le greffe destinataire de l'acte[12]. Il appartient à l'avocat qui envoie un message de s'assurer de la bonne transmission de celui-ci, ainsi que des éléments qu'il contient en pièces jointes, et de surveiller sa messagerie afin de vérifier qu'il reçoit bien un avis de réception en retour de son message. S'il constate un incident (tel qu'un accusé de non-réception du message ou une absence d'accusé de réception), il doit s'en inquiéter[13] et en avertir son contradicteur, ou le greffe, afin de vérifier qu'il a

1. Paris, avis n° 202950, 29 juin 2010.
2. V. s[s] n°s 453.81 s.
3. Paris, avis n° 231250, 4 sept. 2012.
4. Paris, avis n° 187336, 24 mars 2009 – Paris, avis n° 264484, 20 juill. 2015 – Paris, avis n° 274846, 12 janv. 2016 – Paris, avis n° 274334, 19 janv. 2016.
5. RIN, art. 3.2.
6. Amiens 10 janv. 2019, RG n° 18/02258 – Besançon, ch. soc., 13 nov. 2018, RG n° 18/01055 – Besançon 18 janv. 2019, RG n° 18/00558 – V. s[s] n°s 422.131 s.
7. RIN, art. 5.5.
8. S. Guinchard (dir.), *Droit et pratique de la procédure civile*, 10e éd., « Dalloz Action », 2020, n°s 273.01 s. par C. Bléry.
9. V. s[s] n°s 623.00 s.
10. Bordeaux, 5 mars 2012, RG n° 11/4968 ; *Gaz. Pal.* 25 au 27 mars 2012, n° 85, P. 11-13, note J.-G. Moore ; *JCP,* n° 14, 2012, p. 664 à 668, note H. Croze – Civ. 2e, 7 sept. 2017, n°s 16-21756, 16-21762 ; P – C. pr. civ., art. 748-2 ; décr. n° 2015-282, 11 mars 2015 relatif à la simplification de la procédure civile, à la communication électronique et à la résolution amiable des différends, *JO* 14 mars, p. 4851, art. 16.
11. M. Lartigue, « 15 ans après, les nouveaux habits du RPVA », *Gaz. Pal.* 18 juin 2019, p. 15.
12. C. pr. civ., art. 748-3.
13. Civ. 2e, 15 oct. 2015, n° 14-24.322, P ; *Gaz. Pal.* 22 déc. 2015, p. 36, note C. Bléry ; *JCP* 2016. 81, note Ph. Gerbay.

bien reçu les éléments, et dans la négative de les lui renvoyer par tous moyens [1].

Seul l'avis de réception adressé à l'avocat expéditeur du message doit être pris en compte [2], notamment pour faire courir les délais [3], et il emporte présomption de l'envoi des actes que le message est censé contenir, faisant qu'il appartient juge, saisit d'un éventuel incident, de rechercher quel était le contenu précis des pièces jointes au message [4].

Par conséquent, en cas de problème de transmission, dès lors qu'il apparaît qu'une constitution, ou des conclusions [5] ont bien été envoyées au greffe avec copie à son contradicteur au moyen d'un message via le Rpva, le principe du contradictoire et de la délivrance de l'information a bien été respecté, et c'est à l'avocat qui se plaint d'une absence ou mauvaise transmission du confrère de prouver qu'il y a eu un dysfonctionnement technique ayant faussé cette transmission [6].

452.65 Omission de pièce jointe. L'on notera qu'il a pu être considéré qu'était contraire aux principes essentiels de la profession, notamment de délicatesse et de courtoisie, le fait de ne pas informer l'avocat de la partie adverse de l'absence de pièce jointe dans le message d'envoi de ses conclusions [7] ou que manquait aux principes de loyauté et de délicatesse l'avocat qui, constatant l'omission de transmission des conclusions d'appel dans le courrier Rpva, sollicite, une fois le délai passé, l'irrecevabilité ces conclusions [8].

Ces avis rendus dans des affaires où l'avocat avait omis de mettre ses conclusions en pièce jointe de son message Rpva, mais avait également envoyé, par courriel séparé, ces mêmes conclusions à son contradicteur, de sorte que ce dernier ne pouvait pas en ignorer l'existence et la matérialité, suscitent des réserves dans la mesure où en devant informer son contradicteur de cette omission, l'avocat agit ainsi à l'encontre de l'intérêt de son client. La question pourrait ainsi se poser de la mise en cause de la responsabilité civile professionnelle de l'avocat par son client qui viendrait lui reprocher d'avoir renoncé à soulever une cause de caducité de l'appel ou d'irrecevabilité des conclusions adverses en prévenant son contradicteur d'une omission dans l'envoi de son courriel via le Rpva.

Il convient d'insister sur le fait que l'avocat est, en principe, seul responsable de la bonne fin et de l'efficacité des actes de procédure, comme des formalités subséquentes [9], qu'il réalise pour le compte de son client et qu'il lui appartient, en conséquence, de vérifier systématiquement le contenu du message qu'il a envoyé via le Rpva [10].

452.66 Procédure sans représentation obligatoire. Dans les procédures sans représentation obligatoire, où l'oralité est la règle, le principe du contradictoire commande de communiquer à son contradicteur, par tout moyen utile, l'exposé de l'argumentaire des moyens de droit que l'on entend développer lors de l'audience, ce qu'un mail bref n'est pas en mesure de satisfaire [11].

En l'absence d'avocat assistant la partie adverse, il est prudent, même lorsque les textes ne l'imposent pas, de procéder par voie de lettre recommandée avec accusé de réception ou LRE eIDAS [12].

Par ailleurs, lorsqu'une mise en état écrite a été mise en œuvre par le juge [13], il convient de respecter scrupuleusement les dates de communication ainsi prévues.

452.67 Communication sur la numérisation de la justice au sein de l'Union européenne. La Commission européenne a adopté un ensemble d'initiatives visant à accélérer la numérisation des systèmes judiciaires et à stimuler la formation des professionnels de la justice au sein de l'Union européenne [14].Elle prévoit le renforcement de l'aide

1. Paris, avis n° 251794, 25 mars 2014.
2. Civ. 2e, 22 oct. 2020, n° 19-21.978, P – Civ. 2e, 9 sept. 2021, n° 20-22.080, P ; *JCP* 2021. 977, obs. Ph. Gerbay.
3. Civ. 2e, 6 déc. 2018, n° 17-27.206, P ; *JCP* 2019. 132, note R. Laffly – Civ. 2e, 16 mai 2019, n° 18-13.796, NP.
4. Civ. 2e, 4 févr. 2021, n° 19-21.070, NP ; *Gaz. Pal.* 27 avr. 2021, p. 60, obs. C. Bléry.
5. CD Paris, arr. n° 251546, 30 juin 2015.
6. Paris, avis n° 251794, 25 mars 2014 – Civ. 2e, 7 janv. 2016, n° 14-28.887, P ; *D.* 2016. 132 ; *D.* 2016. 449, obs. N. Fricero ; *D.* 2016. 736, Chron. H. Adida-Canac, T. Vasseur, E. de Leiris, G. Hénon, N. Palle, L. Lazerges-Cousquer et N. Touati – Civ. 2e, 21 janv. 2016, n° 14-29.207, P ; *D.* 2016. 263 ; *D.* 2016. 736, Chron. H. Adida-Canac, T. Vasseur, E. de Leiris, G. Hénon, N. Palle, L. Lazerges-Cousquer et N. Touati ; *D.* 2017. 422, obs. N. Fricero.
7. Paris, avis n° 304561, 5 juin 2018.
8. Paris, avis n° 336603, 28 déc. 2020.
9. V. ss nos 912.161 s.
10. COMP. : Civ. 2e, 13 nov. 2014, n° 13-25.035, NP ; *Gaz. Pal.* 8-10 mars 2015, p. 19, note C. Bléry – Paris, pôle 6, ch. 10, 6 févr. 2019, RG n° 18/00495, *Gaz. Pal.* 23 avr. 2019, p. 75, obs. H. Herman, CRIT.
11. Paris, avis n° 257941, 23 sept. 2014.
12. Règl. 910/2014, Parlement et Conseil, 23 juill. 2014 sur l'identification électronique et les services de confiance pour les transactions électroniques au sein du marché intérieur et abrogeant la directive 1999/93/CE, *JOUE L* 28 août, p. 73 – Décr. n° 2018-347, 9 mai 2018 relatif à la lettre recommandée électronique, *JO* 12 mai, n° 16 – F. Dempuré, « Gros plan sur la lettre recommandée électronique », *JCP* 2019. 1100 – CPCE, art. R. 53 à R. 53-4.
13. V. ss n° 452.114.
14. Communication [SWD (2020) 540 final] de la Commission au Parlement européen, au Conseil, au Comité économique et social européen et au Comité des régions, *Numérisation de la justice au sein de l'Union européenne. Une panoplie de possibilités*, 2. déc. 2020 – Ccbe, *Commentaires relatifs à la communication sur la numérisation de la justice dans l'Union européenne*, 26 mars 2021.

apportée par l'Union aux États membres afin d'améliorer la numérisation des systèmes judiciaires et la coopération judiciaire transfrontière entre les autorités compétentes. La Commission envisage, notamment, de faire du système *e-Codex*[1] l'outil de référence en matière de communication numérique sécurisée dans les procédures judiciaires transfrontières et de faciliter l'accès à la justice numérique pour les citoyens.

§ 2
Modalités particulières

452.71 **Portée des protocoles.** Il convient de noter que les protocoles de procédure[2] conclus au niveau des juridictions et qui peuvent imposer des obligations particulières aux avocats sont dénués de toute portée sur le plan procédural en cas de non-respect des obligations particulières qu'ils contiennent et qui ne résulteraient ni du code de procédure civile ni des arrêtés d'application[3].

452.72 **Procédure avec représentation obligatoire – Rpva.** Dans les procédures avec représentation obligatoire, devant le tribunal judiciaire[4] et la cour d'appel[5], l'utilisation du Rpva[6] est obligatoire pour toute remise d'acte de procédure à la juridiction, et bien que facultative entre avocats[7], est fortement recommandée dès lors qu'elle permet d'avoir une justification de la réception effective du message par son destinataire[8].

Lorsqu'un acte ne peut être transmis par voie électronique pour une cause étrangère[9] à celui qui l'accomplit, l'acte peut alors être remis au greffe sur support papier[10], et ce sans qu'il lui soit nécessaire d'attendre l'expiration du délai qui lui est, le cas échéant, imparti pour accomplir la diligence considérée[11]. Il en est ainsi lorsque la remise par la voie électronique s'est avérée impossible en raison de la taille du fichier, supérieure à la limite de quatre mégaoctets imposée par le système Rpvj, dès lors qu'aucune disposition n'impose aux parties de limiter la taille de leurs envois à la juridiction ou de transmettre un acte de procédure en plusieurs envois scindés[12]. De même qu'a pu être considérée comme une cause étrangère, une panne du matériel informatique du cabinet d'avocat, qui avait pour origine la défectuosité d'un câble de la *live box*, rendant impossible la navigation sur internet et donc l'accès au Rpva[13], la cour d'appel étant censuré par la Cour de cassation, pour avoir considéré que cette panne n'affectant pas la clé Rpva, cette dernière pouvait être utilisée sur tout autre poste informatique disposant d'un accès internet, notamment à l'ordre des avocats ou dans un cabinet d'un autre avocat.

La cause étrangère est un fait juridique dont il appartient à celui qui s'en prévaut d'en apporter la preuve[14], il convient donc d'être prudent en la matière et il appartient à l'avocat lorsqu'il est victime d'un incident de se prémunir des attestations et constats qui pourraient lui être nécessaires en cas de difficultés.

452.73 **Procédure sans représentation obligatoire – Rpva.** Dans les procédures sans représentation obligatoire[15], l'arrêté d'application du 20 mai 2020[16] est venu aligner le régime applicable aux procédures

1. M. Dochy, *La dématérialisation des actes du procès civil,* Dalloz, 2021, n°s 334 s., p. 329 s
2. SUR CEUX-CI : S. Guinchard (dir.), *Droit et pratique de la procédure civile,* 10e éd., « Dalloz Action », 2020, n°s 411.00 s. par C. Bléry.
3. Civ. 2e, 19 oct. 2017, n° 16-24.234, P ; *D.* 2017. 2353, note C. Bléry ; *D.* 2018. 695, obs. N. Fricero – Civ. 2e, 1er mars 2018, n° 16-25.462, P ; *D.* 2018. 517 ; *Gaz. Pal.* 3 avr. 2018, p. 31, obs. C. Berlaud ; *Gaz. Pal.* 15 mai 2018. 70, note H. Herman ; *JCP* 2018. 514, note L. Raschel – Civ 2e, 26 sept. 2019, n° 18-14.708, P ; *JCP* 2019. 1005 ; *JCP* 2019. 1185, note L. Weiller.
4. Arr. 7 avr. 2009 relatif à la communication par voie électronique devant les tribunaux de grande instance, *JO* 11 avr., p. 6365, NOR : JUSC0907573A – C. pr. civ., art. 796-1.
5. Arr. 20 mai 2020 relatif à la communication par voie électronique en matière civile devant les cours d'appel, *JO* 21 mai, p. 9041, NOR : JUST2002909A ; *JCP* 2020. 658 – C. pr. civ., art. 930-1.
6. V. s^s^ n°s 623.00 s.
7. Civ. 1re, 15 mai 2019, n° 17-20.072, NP ; *Gaz. Pal.* 23 juill. 2019, p. 56, obs. C. Bléry.
8. V. s^s^ n° 452.63.
9. SUR CETTE NOTION : S. Guinchard (dir.), *Droit et pratique de la procédure civile,* 10e éd., « Dalloz Action », 2020, n°s 273.122 par C. Bléry – D. d'Ambra, *Droit et pratique de l'appel,* 4e éd., Dalloz, 2021, n°s 212.162 s. – M. Dochy, *La dématérialisation des actes du procès civil,* Dalloz, 2021, n°s 261 s., p. 246 s.
10. C. pr. civ., art. 930-1.
11. Civ. 2e, 6 sept. 2018, n° 16-14.056, P ; *D. actu.* 11 sept. 2018, note C. Bléry.
12. Civ. 2e, 16 nov. 2017, n° 16-24.864, P ; *D.* 2018. 52, note C. Bléry ; *D.* 2018. 759, obs. E. de Leiris ; *Gaz. Pal.* 28 nov. 2017, p. 16, note P.-L. Boyer ; *Gaz. Pal.* 6 févr. 2018, p. 54, note H. Herman – « Communication électronique : "si le système ne fonctionne pas, il faut revenir aux textes", Entretien avec Sandrine Vara », *Gaz. Pal.* 21 mai 2019, p. 10 – M. Lartigue, « 15 ans après, les nouveaux habits du RPVA », *Gaz. Pal.* 18 juin 2019, p. 15.
13. Civ. 2e, 10 juin 2021, n° 20-10.522, P ; *Gaz. Pal.* 5 oct. 2021, p. 34, obs. B. de Belval, J. Villacèque.
14. Pau 22 janv. 2014, RG n° 14/271 ; *D.* 2014. 802, obs. N. Fricero.
15. C. Bléry et J.-P. Teboul, « Communication par voie électronique et procédure orale : rencontre du troisième type », *Procédures* 2014, Dossier, p. 4 – C. Bléry, « RPVA : pourquoi pas le droit alors qu'il y a les tuyaux ? », *D. actu.* 14 sept. 2018.
16. Arr. 20 mai 2020 relatif à la communication par voie électronique en matière civile devant les cours d'appel, *JO* 21 mai, p. 9041, NOR : JUST2002909A ; *JCP* 2020. 658.

sans représentation obligatoire, y compris devant le premier président à compter du 1er septembre 2020, sur celui des procédures avec représentation obligatoire[1].

L'usage du Rpva n'est donc plus limité, dans ces procédures, au seul envoi par l'avocat de la déclaration d'appel[2], de l'acte de constitution et des pièces qui leur sont associées, et est désormais possible, notamment, pour les écritures des parties : antérieurement au 21 mai 2020 un tel envoi « non autorisé » était alors sanctionné par l'inexistence même de l'acte[3].

452.74 **Procédure pénale – Rpva.** S'agissant de la communication électronique via la Rpva en matière pénale, celle des juridictions vers les avocats repose sur les textes du code de procédure pénale[4] et l'accord de l'avocat concerné pour être mise en œuvre.

La communication des avocats vers les juridictions[5], y compris via la plateforme d'échanges de fichiers « Plex »[6], implique que la juridiction concernée ait accepté de rejoindre le dispositif de communication électronique et est encadrée par la convention du 5 février 2021 sur la communication électronique pénale conclue entre le ministère de la justice et le CNB[7]. Dans ce cas, il est possible, depuis le 12 mai 2021[8], d'effectuer par voie électronique toutes les demandes, déclarations et observations visées à l'article D. 591 du code de procédure pénale. Il en est de même pour le dépôt de mémoire devant la chambre de l'instruction par voie électronique[9], lequel ne doit plus nécessairement être signé à la main, l'envoi via le Rpva permettant de le signer électroniquement[10].

452.75 **Tribunal de commerce – i-greffe.** Devant le tribunal de commerce, l'article 861-1 du code de procédure civile permet une mise en état électronique dans le cadre de l'application i-greffe accessible depuis la plateforme e-barreau. Une convention-cadre a été signée le 7 mai 2014 entre le Conseil national des barreaux, la Conférence générale des juges consulaires de France et le Conseil national des greffiers des tribunaux de commerce. Elle met en œuvre les dispositions de l'arrêté technique du 21 juin 2013[11] qui fixe les modalités et les conditions d'une communication procédurale par voie électronique entre les avocats[12].

La transmission par voie électronique reste cependant facultative, aucune disposition spéciale ne l'imposant.

452.76 **Conseil de prud'homme.** Le principe du contradictoire s'impose ainsi devant le conseil de prud'homme, comme devant toute autre juridiction. Le barreau de Paris a établi un vade-mecum du barreau afférant aux juridictions prud'homales dont le respect s'impose aux avocats[13]. Les seules règles applicables aux avocats ne sont pas « la pratique devant les juridictions prud'homales », régulièrement invoquée, mais bien celles contenues à l'article 5[14] du RIN, ainsi que s'agissant du barreau de Paris, à l'annexe XIV[15] du RIBP portant vade-mecum de la procédure prud'homale (sur le principe du contradictoire voir notamment les points 2.j) et 3.a))[16].

À cet égard, les dates fixées par le bureau de conciliation et d'orientation[17], ou par le bureau de jugement[18], pour la communication des pièces et écritures constituent des dates butoirs, et doivent

1. V. s[s] n° 452.72.
2. Soc. 18 janv. 2017, n° 14-29.013, P ; *D.* 2017. 221.
3. Civ. 2e, 24 sept. 2015, n° 13-28.017, P ; *D.* 2016. 736, obs. H. Adida-Canac, T. Vasseur, E. de Leiris ; *RLDC* 2015/131, n° 3021, p. 60 ; *JCP* 2015. 1278, note N Fricero – Civ. 2e, 10 nov. 2016, n° 15-25.431, P ; *D.* 2016. 2502, note C. Bléry ; *D.* 2017. 605, Chron. E. de Leiris, N. Palle, G. Hénon, N. Touati et O. Becuwe ; *D. avocats* 2017. 72, obs. C. Lhermitte – Civ. 2e, 10 nov. 2016, n° 14-25.631, P ; *D.* 2016. 2502, note C. Bléry ; *D.* 2017. 607, obs. E. de Leiris ; *JCP* 2017. 660, n° 6, obs. C. Caseau-Roche – MÊME SENS s'agissant d'une requête en récusation : Civ. 2e, 6 juill. 2017, n° 17-01.695 ; P ; *Gaz. Pal.* 31 oct. 2017, p. 61, obs. C. Bléry ; *D.* 2018. 695, obs. N. Fricero – Ou d'une requête au premier président : Civ. 2e, 7 déc. 2017, n° 16-19.336, P ; *JCP* 2018. 45, note Ch. Laporte ; *Gaz. Pal.* 15 mai 2018, p. 77, note N. Hoffschir ; *Gaz. Pal.* 19 déc. 2017, p. 24, note P.-L. Boyer ; *JCP* 2018. 530, n° 9, obs. E Jeuland – Civ. 2e, 6 sept. 2018, n° 17-20.047, P – Civ. 3e, 23 sept. 2020, n° 19-16.092.
4. C. pr. pén., art. 803-1 – Crim. 24 juill. 2019, n° 19-84.412, P ; *Gaz. Pal.* 19 nov. 2019, p. 61, obs. F. Fourment.
5. C. pr. pén., art. A. 53-9 – J.-B. Thiery, « Procédure pénale numérique », *JCP* 2019. 913 – M. Lartigue, « Procédure pénale numérique : on avance », *Gaz. Pal.* 2 juin 2020, p. 5.
6. *JCP* 2020. 678.
7. « Plateforme Plex : la communication électronique pénale entre en vigueur », *JCP* 2021. 563 – M. Lartigue, « e-barreau : le déploiement s'accélère en matière pénale », *Gaz. Pal.* 14 sept. 2021, p. 5.
8. Décr. n° 2020-1792, 30 déc. 2020 relatif à la communication électronique pénale, *JO* 31 déc. ; *JCP* 2021. 14 – Arr. 5 mai 2021 relatif à l'entrée en vigueur de nouvelles modalités de communication électronique pénale, *JO* 7 mai.
9. C. pr. pén., art. D. 592.
10. C. pr. pén., art. 801-1 et D 589-2.
11. Arr. 21 juin 2013 portant communication par voie électronique entre les avocats et entre les avocats et la juridiction dans les procédures devant les tribunaux de commerce, *JO* 26 juin, p. 10526, NOR : JUST1316018A.
12. V. s[s] n°s 623.51 s.
13. RIBP, art. P. 5.5.0.1 et RIBP Annexe XIV – L. Boyer, *Rapport et Chartre Zen Prud'hommes*, CO Paris, 7 juin 2016.
14. RIN, art. 5.
15. RIBP, annexe XIV.
16. Paris, avis n° 247897, 19 févr. 2014 – L. Boyer, *Rapport et Chartre Zen Prud'hommes*, CO Paris, 7 juin 2016.
17. C. trav., art. R. 1454-1.
18. C. trav., art. R. 1454-19.

être considérées comme tardive toute communication postérieure[1]. Par conséquent, dès lors qu'un calendrier de procédure a été établi par le bureau de conciliation et d'orientation, ou par le bureau de jugement, il appartient aux parties de respecter impérativement ce calendrier, et l'ordre de communication qui a été fixé, mais également à la partie qui se plaint du non-respect du calendrier, de sommer son contradicteur de le respecter.

Très souvent, le demandeur conclut tardivement sans que le défendeur ne l'ait sommé de le faire, et ce dernier se trouve contraint de conclure à son tour à une date proche de la date d'audience, provoquant un incident de demande de renvoi aux torts partagés des confrères dont l'attitude, des uns comme des autres, ne permet pas un respect effectif du principe du contradictoire. Il est préférable dans ce genre de situation soit que le défendeur sollicite un renvoi faute pour les parties d'être en état pour l'audience de plaidoirie initialement prévue, soit que le demandeur, s'il veut être certain que l'affaire soit plaidée à la date prévue, respecte scrupuleusement le calendrier de procédure. Le barreau de Paris insiste quant à la stricte et absolue nécessité pour tout avocat de respecter les dispositions de l'Annexe XIV[2] du règlement intérieur du barreau de Paris, seule de nature à permettre d'éviter d'inutile litige déontologique de cette nature.

Par ailleurs, lorsque le bureau de conciliation et d'orientation[3], ou le bureau de jugement[4] dispense une partie de se présenter à une séance ultérieure du bureau, la communication entre les parties est faite par lettre recommandée avec demande d'avis de réception ou par notification entre avocats et il doit en être justifié auprès du bureau dans les délais impartis[5].

En matière d'appel prud'homal, les notifications, notamment de conclusions, entre un avocat et un défenseur syndical, sont effectuées par lettre recommandée avec demande d'avis de réception, LRE eIDAS[6], ou par voie de signification[7].

452.77 Procédure administrative. Devant les juridictions administratives, la procédure de mise en état des dossiers est particulière dès lors que c'est le greffe, auquel les parties envoient leurs mémoires et pièces, accompagnées d'un inventaire détaillé[8], en autant d'exemplaires que de parties adverses, augmentées de deux pour les pièces[9], qui a le devoir de mettre en œuvre le principe du contradictoire[10] et d'assurer la communication aux autres parties des mémoires et pièces qui lui sont remis[11]. Le Conseil d'État considère, en outre, que la communication est valablement faite au seul mandataire désigné, faisant qu'il n'y a pas lieu de communiquer la procédure à un avocat simplement mandaté mais non désigné dans la procédure, une telle communication ne pouvant relever, le cas échéant, que de l'initiative des mandants[12], mais que doit être annulée l'ordonnance rendue sans que le mémoire adverse n'ait été communiqué à l'avocat désigné de la partie adverse, y compris dans une autre instance dès lors que celle-ci en est le prolongement, telle qu'une instance en liquidation de l'astreinte[13].

Néanmoins, lorsqu'une communication tardive est faite au greffe de la juridiction administrative, à une date proche de la clôture, les principes de loyauté et de confraternité doivent conduire l'avocat à communiquer une copie de son mémoire et pièces à son contradicteur ou, à tout le moins, à s'assurer que cette communication a bien été effectuée par le greffe dans des délais qui permettent d'assurer le respect du contradictoire[14]. Il en est de même dans les procédures de référés lorsque l'urgence est invoquée[15].

On notera aussi qu'en matière administrative, seuls la requête, le mémoire complémentaire annoncé dans la requête et le premier mémoire de chaque défendeur sont communiqués aux parties avec les pièces jointes[16]. Les répliques, autres mémoires et pièces ne sont communiqués que s'ils contiennent des éléments nouveaux, ce qui est laissé à l'appréciation de la juridiction administrative. Cette spécificité, résultant du caractère inquisitoire de la procédure, justement critiquée par la CEDH[17], ne va pas sans poser des difficultés au regard du strict respect du principe du contradictoire. Les principes de loyauté et de confraternité commandent que, dans

1. Paris, avis n° 206158, 8 juin 2010.
2. RIBP, annexe XIV.
3. C. trav., art. R. 1454-1.
4. C. trav., art. R. 1454-19-2.
5. D. Piau, « Nouvelle procédure prud'homale : un simple ravalement de façade plutôt qu'une vraie rénovation », *Gaz. Pal.* 7 juin 2016, p. 17.
6. Règl. 910/2014, Parlement et Conseil, 23 juill. 2014, préc. – Décr. n° 2018-347, 9 mai 2018 – F. Dempuré, « Gros plan sur la lettre recommandée électronique », *JCP* 2019. 1100.
7. C. pr. civ., art. 930-3.
8. CJA, art. R. 412-2.
9. CJA, art. R. 411-3, R. 412-1 s.
10. R. Rouquette, *Petit traité du procès administratif*, 9e éd., « Praxis », Dalloz, 2020.
11. CJA, art. R. 611-1 s.
12. CE 28 sept. 2020, *Lavandou (Cne)*, req. n° 423129, *Lebon T ; JCP* 2020. 1157, obs. L. Erstein.
13. CE 24 février 2017, *Crous de Montpellier*, req. n° 401656, *Lebon T ; JCP A* 2017. 172, obs. M. Touzeil-Divina.
14. Paris, avis, n° 25.0916, 25 févr. 2014 – Paris, avis n° 264027, 28 mai 2015.
15. R. Rouquette, *Petit traité du procès administratif*, 9e éd., « Praxis », Dalloz, 2020, n° 411.152.
16. CJA, art. R. 611-1 s.
17. CEDH 18 oct. 2007, *Asnar c/France*, req. n° 12316/04, *AJDA* 2007. 2009, obs. C. Faivre.

l'hypothèse où ils ne seraient pas communiqués aux autres parties par la juridiction, l'avocat prenne alors l'initiative de les adresser à ses contradicteurs[1]. Le Conseil d'État a, en outre, précisé que s'il appartient au juge d'apprécier l'opportunité de joindre des requêtes, il ne peut, sans méconnaître le caractère contradictoire de la procédure, fonder sa décision, à l'égard d'une partie, sur des éléments qui n'auraient pas été communiqués à cette dernière[2].

452.78 Procédure administrative – Télérecours. Depuis le 1er janvier 2017[3], l'utilisation de Télérecours[4] est obligatoire pour les avocats, tant en demande qu'en défense ou en intervention en matière de contentieux administratif[5]. Il n'y a pas lieu d'effectuer de copie du mémoire et des pièces[6]. Le décret du 9 octobre 2020[7] est venu procéder à une refonte de Télérecours[8].

L'inscription sur Télérecours[9] fait que toutes les communications, significations et notifications prévues par le code de justice administrative sont valablement faites par cette voie[10], et sont implicitement mais nécessairement réputées avoir été reçues et ce, dès leur mise à disposition dans l'application Télérecours[11] accessible depuis la plateforme e-barreau.

Toute juridiction administrative peut adresser via Télérecours, à un avocat non encore inscrit dans cette application, toutes les communications et notifications prévues par le code de justice administrative, sous réserve de l'en avertir à chaque fois par un courrier lui indiquant les modalités de connexion à Télérecours. Ce courrier est adressé par lettre remise contre signature ou par tout autre dispositif permettant d'attester la date de sa réception, lorsqu'il avertit son destinataire d'une communication ou d'une des notifications mentionnées au deuxième alinéa de l'article R. 611-3 du code de justice administrative. L'avocat est alors réputé avoir reçu la communication ou la notification à la date de première consultation du document, certifiée par l'accusé de réception délivré par Télérecours, ou, à défaut de consultation dans un délai de quinze jours à compter de la date de réception du courrier, à l'issue de ce délai[12].

Il appartient à celui qui prétend ne pas avoir reçu les éléments de démontrer, par les pièces du dossier, que des dysfonctionnements l'auraient empêché d'accéder aux informations[13].

452.79 Cnda – Télérecours. Devant la cour nationale de droit d'asile (Cnda), les modes de dépôt ou de transmission des recours, des mémoires, des pièces et des actes de procédure peuvent être effectués par voie électronique[14] dans le cadre de l'application Télérecours[15] depuis le 1er mai 2021[16].

Les avocats qui recourent à cette faculté sont réputés avoir reçu la communication ou la notification à la date de première consultation du document qui leur a été ainsi adressé, certifiée par l'accusé de réception délivré par l'application informatique, ou, à défaut de consultation dans un délai de deux jours à compter de la date de mise à disposition du document dans l'application, à l'issue de ce délai. Ils sont, sauf demande contraire de leur part, alertés de toute nouvelle communication ou notification par un message électronique envoyé à l'adresse choisie par eux[17].

Les dispositions du Ceseda précisent les modalités selon lesquelles les requêtes et mémoires transmis par la voie dématérialisée doivent être présentés[18], la communication des pièces devant être effectuée suivant les mêmes modalités que dans le cadre des procédures administratives[19].

SECTION 3
CONSÉQUENCES DU NON-RESPECT DU PRINCIPE DU CONTRADICTOIRE

452.80 Plan – Conséquences procédurales. C'est au juge qu'il appartient, en premier lieu, de faire observer, en toutes circonstances[20], le respect du principe du contradic-

1. Paris, avis n° 264027, 28 mai 2015.
2. CE 28 sept. 2020, *Lavandou (Cne)*, req. n° 423129, *Lebon T ; JCP* 2020. 1157, obs. L. Erstein.
3. CJA, art. R. 414-1 – Décr. n° 2016-1481, 2 nov. 2016 relatif à l'utilisation des téléprocédures devant le Conseil d'État, les cours administratives d'appel et les tribunaux administratifs, *JO* 4 nov.
4. V. ss nos 623.61 s.
5. D. Poupeau, « Généralisation de la communication électronique devant les juridictions administratives », *AJDA* 2013. 15 – CE 17 nov. 2017, req. n° 415439, *Lebon T.*
6. CJA, art. R. 414-3, al. 5.
7. Décr. n° 2020-1245, 9 oct. 2020 relatif à l'utilisation des téléprocédures devant le Conseil d'État, les cours administratives d'appel et les tribunaux administratifs et portant autres dispositions, *JO* 11 oct., n° 18 ; – *JCP* 2020. 1178.
8. C. Bléry, Th. Douville, « Télérecours et télérecours citoyen. Apports et perspectives en matière de justice numérique », *JCP* 2020. 1330.
9. CJA, art. R. 414-1.
10. CJA, art. R. 611-8-2 et R. 611-8-3.
11. CJA, art. R. 522-10-1.
12. CJA, art. R. 611-8-2, al. 3.
13. CE 6 oct. 2014, *Auboué (Cne)*, req. n° 380778, *Lebon ; AJDA* 2014. 1979.
14. Ceseda, art. R. 733-16-1 s.
15. V. ss n° 452.78.
16. Décr. n° 2021-274, 11 mars 2021 relatif à l'utilisation des téléprocédures devant la Cour nationale du droit d'asile, *JO* 13 mars, n° 13 ; *JCP* 2021. 323, obs. C. Bléry.
17. Ceseda, art. R. 733-16-5.
18. Ceseda, art. R. 723-16-1 s.
19. V. ss n° 453.95.
20. C. pr. civ., art. 16.

toire, et ce, dans le cadre des règles de procédures applicables devant sa juridiction et d'en tirer, le cas échéant, les conséquences qui s'imposent (§ 1).

Le bâtonnier, ou son délégué, ne peut intervenir, en amont, que pour rendre un avis[1] tendant à conduire les confrères en cause à adopter une attitude commune, mais ne saurait se substituer à l'office du juge seul décisionnaire en la matière (§ 2).

§ 1
Sur le plan processuel

452.90 **Plan.** Le non-respect du principe du contradictoire peut, sur le plan processuel conduire à une injonction de communication (A), au rejet des écritures et pièces (B) ou à des renvois (C).

A.
Injonctions de communication

452.101 **Pouvoirs d'injonctions des magistrats.** Il peut être demandé au juge d'enjoindre la communication des écritures comme de pièces[2], ce dernier peut imposer un délai, au besoin sous astreinte, pour cette communication[3]. Ce même pouvoir d'injonction peut être utilisé en cas de défaut de restitution des pièces[4].

L'astreinte est liquidée par le juge qui a prononcé l'injonction tant qu'il demeure saisi de l'affaire, ou, à défaut, par le juge de l'exécution[5].

B.
Rejet des écritures et pièces

452.111 **Éléments ayant fait l'objet d'un débat contradictoire.** Le juge ne peut en aucun cas fonder sa décision sur des éléments n'ayant pas fait l'objet d'un débat contradictoire, telle qu'une une pièce non communiquée[6], même si la partie à l'encontre de laquelle la pièce est invoquée en a eu connaissance ou s'il est fait référence à cette pièce dans une autre pièce communiquée[7] : il ne peut retenir les éléments invoqués ou produits par les parties que si celles-ci ont été à même d'en débattre contradictoirement.

C'est ainsi qu'encourt la cassation l'arrêt d'une cour d'appel fondé sur une attestation datée de la veille de l'audience de plaidoirie et qui n'a été produite qu'à cette audience, sans provoquer préalablement les explications des parties[8], ou sur des attestations déposées trois jours avant l'ordonnance de clôture sans que le juge n'ait recherché si elles avaient été régulièrement versées aux débats et soumises à la discussion contradictoire des parties[9], ou encore celui qui se fonde sur une pièce produite, alors qu'il ne ressort ni de la décision elle-même, ni du dossier de la procédure qu'elle ait été communiquée à la partie adverse ou que celle-ci ait eu connaissance de sa production[10] ou qu'elle n'est pas visée dans les conclusions et qu'il ne ressort ni de la décision, ni du bordereau de communication, qu'elle ait été l'objet d'un débat contradictoire[11].

452.112 **Pouvoirs du juge.** Le juge peut ainsi écarter ainsi des débats les écritures ou pièces qui n'ont pas été communiquées en temps utile[12], mais il doit toutefois préciser les circonstances qui auraient empêché le respect du principe du contradictoire.

Il ne peut dès lors écarter des débats des écritures ou pièces communiquées la veille du jour de l'ordonnance de clôture, sans rechercher si la communication de ces pièces était de nature à mettre en échec le principe du contradictoire[13] : il doit caractériser les circonstances particulières qui auraient empêché l'autre partie de répondre à la production ainsi querellée[14].

Mais dès lors qu'il a souverainement constaté[15], dans la motivation de la décision, que les écritures ou pièces n'avaient pas été communiquées en temps

1. V. s[s] n°s 511.371 s.
2. C. pr. civ., art. 133.
3. C. pr. civ., art. 134.
4. C. pr. civ., art. 136.
5. C. pr. civ. exéc., art. L. 131-3.
6. Civ. 1re, 3 mars 1998, n° 96-10.142, NP.
7. Versailles, 29 juill. 1998, *Gaz. Pal.* 24-26 oct. 1999, Somm. 28.
8. Civ. 2e, 23 janv. 1980, n° 78-11.492, P II, n° 16 – Civ. 2e, 8 oct. 1980, n° 79-14.892, P II, n° 202 – Com. 27 mai 1981, n° 79-17.054, P IV, n° 250 – Civ. 2e, 21 oct. 1981, n° 80-14.551, P II, n° 190 ; *Gaz. Pal.* 1982. 1. 21, note J. Viatte, CRIT.
9. Civ. 2e, 30 avr. 2003, n° 01-03.497, P II, n° 124 ; *Gaz. Pal.* 8-10 févr. 2004, 25, obs. E. du Rusquec ; 2003, Somm. 2576.
10. Civ. 2e, 25 nov. 1981, n° 78-13.880, P II, n° 207 ; *D.* 1982. 371, note A. Bénabent ; *RTD civ.* 1982. 653, obs. R. Perrot – Civ. 2e, 22 mars 1995, n° 93-10.599, P II, n° 98 – Civ. 2e, 8 avr. 2004, n° 02-18.769, P II, n° 169 ; *Gaz. Pal.* 2004. Somm. 3320.
11. Com. 5 juill. 1994, n° 92-16.587, P IV, n° 256.
12. C. pr. civ., art. 135 – Cass., ch. mixte, 3 févr. 2006, n° 04-30.592, P n° 2 ; *D.* 2006. 1268, note A. Bolze ; *RTD civ.* 2006. 376, obs. R. Perrot – Paris, 6 janv. 2000, RG n° 1999/11736.
13. Civ. 3e, 21 févr. 2001, n° 99-14.641, P III, n° 21 ; *D.* 2001. 3231, note A. Bolze ; *AJDI* 2001. 1013 ; *Gaz. Pal.* 2001. Somm. 988 ; *Procédures* 2001. comm. 81, obs. R. Perrot – Civ. 2e, 13 déc. 2001, n° 00-11.364, NP – Civ. 3e, 27 févr. 2002, n° 00-19.753, NP.
14. Civ. 2e, 31 mai 2000, n° 98-17.896, P II, n° 93 ; *Gaz. Pal.* 2000. Somm. 2175 – Civ. 2e, 11 janv. 2001, n° 00-80.748, P II, n° 5 – Civ. 3e, 2 juin 1999, n° 97-16.818, NP ; *Procédures* 1999. comm. 244, obs. R. Perrot – CEPENDANT : Cass., ch. mixte, 3 févr. 2006, n° 04-30.592, P n° 2.
15. Civ. 1re, 16 mai 2013, n°s 12-19.078, 12-19.113, P I, n° 99 ; *JCP* 2013. 593, obs. G. Deharo.

utile dans des conditions de nature à assurer le respect du principe du contradictoire, il peut valablement, sans encourir la critique, écarter des écritures ou pièces des débats [1].

Il est toutefois nécessaire que la partie adverse se soit constituée dans le dossier pour qu'une violation du principe du contradictoire puisse être constatée : l'appelant n'étant pas tenu de communiquer ses pièces à l'intimé qui n'a pas constitué avocat, la circonstance que des pièces produites ne figurent pas au bordereau récapitulatif [2] n'autorise pas le juge à les écarter des débats [3].

452.113 Appréciation *in concreto*. L'appréciation doit être effectuée *in concreto* [4], faisant que bien que leur sort soit souvent lié, notamment par les dispositions du code de procédure civile, la sanction ne sera pas nécessairement la même s'agissant d'écritures et pièces qui auraient été communiquées au même moment.

C'est ainsi que si les pièces communiquées et déposées au soutien de conclusions irrecevables doivent être écartées des débats [5], l'irrecevabilité des pièces communiquées tardivement n'impose pas, nécessairement, celle des conclusions qu'elles accompagnent [6].

452.114 Procédures orales. Il convient de noter que désormais en matière de procédure orale, d'une part, lorsqu'une disposition particulière le prévoit, les parties peuvent être autorisées à formuler leurs prétentions et leurs moyens par écrit sans se présenter à l'audience [7], et d'autre part lorsque les débats sont renvoyés à une audience ultérieure, le juge peut organiser les échanges entre les parties comparantes. Après avoir recueilli leur avis, le juge peut ainsi fixer les délais et, si elles en sont d'accord, les conditions de communication de leurs prétentions, moyens et pièces [8].

Il est alors prévu que le juge peut écarter des débats les prétentions, moyens et pièces communiqués sans motif légitime après la date fixée pour les échanges et dont la tardiveté porte atteinte aux droits de la défense. Ces deux conditions étant cumulatives, dans l'hypothèse où elles ne seraient pas réunies, le juge qui constate que le principe du contradictoire n'a pas été respecté ne peut alors que renvoyer l'affaire à une audience ultérieure [9].

C.
Renvois

452.121 Demande de renvois. Dans la plupart des cas, le non-respect du principe du contradictoire conduit celui qui s'en prévaut à solliciter le renvoi à une audience ultérieure, ou un rabat de clôture. C'est pourquoi, en cas de communication tardive des pièces et écritures, l'auteur de cette communication est invité, afin de préserver les droits de la défense, à ne pas s'opposer à une demande de renvoi présentée par son contradicteur [10], il en est de même en cas d'une transmission incomplète des pièces, telle que celle qui résulte d'une erreur de numérotation, quand bien même serait-elle matérielle [11] ou encore en cas d'omission de joindre une table de correspondance à des conclusions d'appel alors qu'il a été procédé à une modification conséquente de la numérotation des pièces depuis l'audience de première instance [12].

Il convient de rappeler qu'en la matière [13], l'avocat qui sollicite un renvoi doit impérativement informer son contradicteur de son intention afin de lui permettre de prendre ses dispositions, au même titre qu'un avocat qui entend solliciter un rabat de clôture doit en informer préalablement son contradicteur et lui adresser une copie de ses conclusions en temps utile avant l'audience, afin qu'il dispose d'un délai lui permettant d'en prendre connaissance et, le cas échéant, d'y répondre [14].

452.122 Procédures orales (C. pr. civ., art. 446-1 s.). Dans les procédures orales [15], il appartient au juge, si cela est nécessaire pour faire respecter le

1. Cass., ch. mixte, 3 févr. 2006, nº 04-30.592, P nº 2 ; *D.* 2006. 1268, obs. A. Bolze ; *RTD civ.* 2006. 376, obs. R. Perrot.
2. V. s[s] n°s 453.81 s.
3. Civ. 2e, 6 juin 2019, nº 18-14.432, P ; *JCP* 2019. 660 ; *Gaz. Pal.* 5 nov. 2019, p. 69, obs. N. Hoffschir.
4. Cass., ch. mixte, 26 mai 2006, nº 03-16.800, P nº 3 ; *JCP* 2006. II. 10129, note H. Croze.
5. Cass., ass. plén., 5 déc. 2014, nº 13-27.501 ; P nº 2 ; *D.* 2015. 287, obs. N. Fricero.
6. Civ. 2e, 6 déc. 2018, nº 17-17.557 ; P ; *Gaz. Pal.* 23 avr. 2019, note H. Herman ; *D.* 2018. 2370 ; *D.* 2019. 581, obs. E. de Leiris ; *JCP* 2018. 1368, obs. G. Deharo ; *Gaz. Pal.* 29 janv. 2019, p. 64, note C. Bléry ; *JCP* 2019. 616, nº 9, obs. L. Mayer.
7. C. pr. civ., art. 446-1.
8. C. pr. civ., art. 446-2.
9. Civ. 2e, 31 janv. 2019, nº 18-12.021, P ; *Gaz. Pal.* 23 avr. 2019, p. 66, note C. Bléry ; *Gaz. Pal.* 26 févr. 2019, p. 45, obs. C. Berlaud – V. s[s] n°s 452.121 s.
10. Paris, avis nº 190043, 15 juill. 2009 – Paris, avis nº 206158, 8 juin 2010.
11. Paris, avis nº 220036, 12 juin 2010.
12. Paris, avis nº 231789, 4 juill. 2012.
13. V. s[s] n°s 452.121 s.
14. Paris, avis nº 184758, 24 mars 2009.
15. C. pr. civ., art. 446-1 s. – B. Travier, *Procédures orales*, Dalloz, 2002 – C. Bléry, J.-P. Teboul, « D'un principe de présence à une libre dispense de présentation ou les évolutions en cours de l'oralité », *Quarantième anniversaire du Code de procédure civile (1975-2015)*, Éd. Panthéon-Assas, 2016, p. 109 s. – J.-L. Gillet, « Faut-il sauver l'oralité ? », in *Justices et droit du procès. Mél. S. Guinchard*, Dalloz, 2010, p. 709 s.

principe du contradictoire, de renvoyer l'affaire à une prochaine audience[1].

En effet, en la matière, le contradictoire s'exerce, faute de mise en état, à l'audience. Les prétentions des parties peuvent être formulées au cours de l'audience et elles sont présumées, sauf preuve du contraire, avoir été contradictoirement débattues[2]. Mais cette présomption, simple, tombe lorsqu'il s'avère que l'une des parties n'était pas présente à l'audience ou qu'il ne ressort ni de la décision, ni des pièces du dossier de procédure que les parties présentes aient été mises en mesure de prendre connaissance et de formuler leurs observations relativement à une pièce, un moyen ou une prétention, tel qu'un moyen soulevé d'office par le juge[3] ou une demande reconventionnelle[4].

Même en cas de mise en état écrite, et sauf cas particulier de procédure sans audience ou de dispense de présence avec l'accord de toutes les parties, seules les conclusions écrites réitérées verbalement à l'audience saisissent valablement le juge[5]. Mais les parties peuvent se contenter d'en référer à leurs écritures à l'audience[6], ce qui n'obéit à aucun formalisme particulier, faisant que, hors le cas d'un refus opposé par le tribunal[7], une partie peut déposer un dossier comportant ses écritures et pièces au cours d'une audience à laquelle elle est présente ou représentée[8].

452.123 Débat contradictoire entre les parties. Un renvoi, comme un rabat de clôture, n'est jamais de droit et doit être motivé et faire l'objet d'un débat contradictoire. Il peut faire l'objet d'une opposition de la part de l'avocat adverse si les intérêts du client l'exigent et qu'aucun cas de force majeure ne le justifie.

En outre, et par principe, il est fortement recommandé à l'avocat, au regard des principes de confraternité et de courtoise, de ne pas solliciter directement une demande de renvoi auprès du président de la juridiction, sans avoir préalablement essayé de convenir avec son contradicteur, au regard du fait que le dossier n'est pas en état d'être plaidé (tel qu'en cas de communication tardive de pièces), d'une demande de renvoi d'un commun accord[9].

452.124 Présence nécessaire à l'audience. En tout état de cause, il est conforme au devoir de prudence[10] que l'avocat soit systématiquement présent à l'audience afin de pouvoir soutenir, contradictoirement ou d'un commun accord, avec la partie adverse le renvoi, voire d'être en mesure de plaider l'affaire pour le cas où elle serait retenue[11]. C'est ainsi que dès lors que, prévenu d'une demande de renvoi de son confrère, l'avocat informe en temps utile ce dernier de sa décision de néanmoins déposer son dossier de plaidoirie, il appartient à celui qui sollicite le renvoi de se présenter à l'audience afin de soutenir sa demande devant le magistrat qui seul peut l'accorder[12]. Et il appartient, à l'avocat qui n'entend pas, ou ne peut pas, se rendre à une audience, d'en informer son contradicteur, conformément aux principes de diligence, de courtoisie et de confraternité[13].

Enfin, en l'absence du contradicteur, dans l'hypothèse où le magistrat aurait décidé de retenir l'affaire, il appartient à l'avocat présent à l'audience, conformément aux principes de confraternité et de loyauté, de tenter de joindre son contradicteur afin de s'enquérir des raisons de son absence[14] et de lui indiquer que l'affaire risque d'être retenue en son absence ou va être plaidé[15].

452.125 Intérêts du client. Dès lors que les intérêts du client sont en périls (obtention d'allocations chômage dans une situation économique précaire), un avocat peut s'opposer à une demande de renvoi, nonobstant le fait qu'elle soit justifiée au regard des articles 15 et 16 du code de procédure civile et 5 du RIN[16]. Lorsque l'affaire a été renvoyée à plusieurs reprises, il ne peut être reproché à l'avocat de vouloir préserver les intérêts de son client en s'opposant à une demande de renvoi[17] ou de réouverture des débats, nonobstant le fait que son contradicteur soit dans l'attente d'une désignation au titre de l'aide juridictionnelle[18].

1. Com. 10 oct. 1989, n° 87-20.141, P IV, n° 249, *D.* 1990. 371, note B. Bouloc – Civ. 2e, 27 janv. 1993, n° 91-15.950, P n° 41 – Soc. 10 juin 1997, n° 95-44.809, NP ; *Procédures* 1997, n° 239, obs. J.-M. Sportouch – V. ss nos 452.121 s.
2. Civ. 1re, 25 nov. 1992, n° 89-16.438, P.
3. Civ. 2e, 22 oct. 2020, n° 19-15.985 ; *D.* 2021. 111, obs. Th. Wickers ; *D.* 2021. 545, obs. N. Fricero.
4. Civ. 2e, 24 janv. 2019, n° 17-28.472 ; *D.* 2020. 576, obs. N. Fricero.
5. Civ. 2e, 26 nov. 2020, n° 19-21.610.
6. Civ. 1re, 13 mai 2015, n° 14-14.904 P ; *D.* 2015. 1569, obs. J.-J. Lemouland, D. Noguéro et J.-M. Plazy ; *D.* 2016. 449, obs. N. Fricero ; *AJ fam.* 2015. 410, obs. T. Verheyde ; *RTD civ.* 2015. 587, obs. J. Hauser ; *RTD civ.* 2015. 938, obs. N. Cayrol.
7. Civ. 2e, 15 mai 2014, n° 12-27.035, P ; *D.* 2014. 1158 ; *D.* 2015. 287, obs. N. Fricero ; *RTD civ.* 2015. 938, obs. N. Cayrol ; *JCP* 2014. 840, obs. C. Bléry, J.-P. Teboul.
8. Civ. 2e, 1er juill. 2021, n° 20-12.303, P ; *JCP* 2021. 931 note A. Danet ; *D. actu.* 15 juill. 2021, note C. Bléry.
9. Paris, avis n° 190035, 23 juin 2009 – Paris, avis n° 203467, 22 juin 2010.
10. V. ss nos 344.00 s.
11. Paris, avis n° 201519, 27 avr. 2010 – Paris, avis n° 256456, 22 juill. 2014 – Paris, avis n° 336037, 12 oct. 2020.
12. Paris, avis n° 256456, 22 juill. 2014.
13. Paris, avis n° 186731, 15 sept. 2009.
14. V. aussi ss nos 343.30 s.
15. Paris, avis n° 203325, 25 mai 2010.
16. Paris, avis n° 210029, 8 oct. 2010.
17. Paris, avis n° 276216, 19 févr. 2016.
18. Paris, avis n° 206211, 8 juin 2010.

De même que, devant le juge aux affaires familiales, lorsque l'avocat a reçu des instructions fermes de son client de plaider, après avoir déjà accordé un premier renvoi [1] ou, en matière de référé, l'urgence et l'intérêt du client pouvant alors justifier à la fois un refus de renvoi et une communication tardive [2].

§ 2
Sur le plan déontologique

452.131 **Intervention du bâtonnier en matière de demande de renvois.** Le bâtonnier, ou ses délégués, n'a vocation à intervenir qu'à l'occasion d'un refus qui heurterait de manière flagrante les principes de loyauté et de confraternité ou le respect du contradictoire (conclusions ou communications de pièces tardives) [3].

Lorsqu'il existe un motif pertinent et fondé de renvoi, tel qu'un motif médical tenant à ce que l'avocat en charge du dossier est aphone, les principes de confraternité, délicatesse et courtoisie, doivent inviter l'avocat à s'associer à cette demande [4], de même, en cas de transmission incomplète des pièces [5], il est conforme aux principes déontologiques de s'associer avec son confrère pour solliciter un renvoi [6].

452.132 **Sanctions disciplinaires.** Tout manquement au principe du contradictoire expose l'avocat contrevenant à la mise en œuvre de poursuites disciplinaires à son encontre [7].

Manque aux devoirs de loyauté et de confraternité, ainsi qu'à l'article 5 [8] du RIN :

- l'avocat qui, sans prévenir son confrère, alors qu'ils avaient convenu du contraire, se rend finalement à l'audience et se retrouve devoir, contre sa volonté, plaider seul l'affaire [9] ;
- l'avocat qui, alors qu'il savait qu'un renvoi devait être sollicité, s'est muni de conclusions dans l'hypothèse où l'affaire serait néanmoins retenue, mais sans les avoir préalablement communiquées à son contradicteur [10] ;
- l'avocat qui, bien qu'informé d'une demande de renvoi de son contradicteur, sollicite la clôture en l'absence de ce dernier, sans l'avoir préalablement averti, peu importe que cette demande soit fondée au regard du calendrier de procédure [11] ;
- l'avocat qui sollicite le renvoi par l'intermédiaire de son client sans avertir préalablement son contradicteur de son absence [12] ;
- l'avocat qui prétendant contre toute évidence n'avoir pas été informé de la demande de renvoi de la part de la partie adverse, plaide néanmoins, sans chercher à en informer son contradicteur préalablement ni ultérieurement, et sans même lui faire connaître la date du délibéré [13].

1. Paris, avis n° 204606, 23 févr. 2011.
2. Paris, avis n° 201699, 27 avr. 2010 – Paris, avis n° 336037, 12 oct. 2020.
3. *Bull. barr. Paris* 2004, n° 43, p. 312 – V. s^s^ n°s 453.81 s.
4. Paris, avis n° 188480, 24 mars 2009.
5. V. s^s^ n° 452.121.
6. Paris, avis n° 225909, 7 févr. 2012.
7. V. s^s^ n°s 522.00 s.
8. RIN, art. 5.
9. Paris, avis n° 197193, 26 févr. 2010.
10. Paris, avis n° 220050, 3 janv. 2012.
11. Paris, avis n° 255172, 8 juill. 2014.
12. Paris, avis n° 215412, 29 nov. 2011.
13. CD Paris n° 238472, 25 avr. 2006.

CHAPITRE

453. Administration de la preuve

SECTION 0

ORIENTEUR

453.00 Sommaire du chapitre.

Division. L'administration de la preuve est régie par le principe de loyauté (sect. 1) et implique la communication des pièces à la partie adverse (sect. 2). Certaines infractions pénales spécifiques sanctionnent, notamment, des manquements pouvant être commis à cette occasion (sect. 3).

453.01 Textes applicables.

TEXTES TITRÉS

> Principes généraux

• **Décr. n° 2005-790, 12 juill. 2005**

art. 16 [Respect du principe du contradictoire et communication des pièces]

> Délivrance de pièces issues d'un dossier pénal

• **C. pr. pén.**

art. R. 155 [Pièces pénales – Délivrance aux parties]

art. R. 156 [Pièces pénales – Délivrance aux tiers]

> Communication des pièces

• **RIN**

art. 3 [Correspondances portant la mention « Officiel »]

art. 5.5. [Communication des pièces]

• **C. pr. civ.**

art. 56 [Assignation]

art. 753 [Conclusions]

art. 906 [Conclusions – Appel]

art. 132 [Communication des pièces entre les parties]

art. 136 [Restitution des pièces]

art. 748-2 [Utilisation du Rpva et communication électronique de l'avocat]

• **CJA**

R. 414-5 [Pièces – Télérecours]

> Infractions pénales

• **C. pén.**

art. 312-10 [Chantage]

art. 434-15 [Subornation de témoins]

art. 441-1 [Faux et usage de faux]

453.02 Jurisprudence de référence.

> Présomption de communication des pièces

• **Civ. 2e, 25 nov. 1981,** n° 78-13.880, P II, n° 207.

* V. ss nos 332.43, 453.114, 452.111.

« Sur le moyen unique, pris en sa première branche : vu l'article 132 du [Nouveau] code de procédure civile, attendu que la partie qui fait état d'une pièce s'oblige à la communiquer à toute autre partie à l'instance ; attendu qu'il n'apparaît ni des mentions de l'arrêt attaqué, ni du dossier de la procédure, que la photocopie de lettre sur laquelle les juges du second degré se sont fondés pour prononcer le divorce des époux I... aux torts de la femme ait été communiquée à Dame I... ou que celle-ci ait eu connaissance de sa production ; que la cour d'appel a ainsi violé le texte susvisé ».

> Subornation de témoin

• **Crim. 12 juin 2019,** n° 18-83.844, P n° 108.

* V. s[s] n°s 453.154, 453.161

« Attendu qu'en l'état de ces énonciations, et dès lors que le fait d'exercer des pressions sur une personne pour l'inciter à déclarer autre chose que ce qu'elle pense être la vérité caractérise le délit de subornation, la cour d'appel a justifié sa décision ; »

453.03 Bibliographie indicative.

* Aussi : v. s[s] n° 45.03.

Thèses. A. Bergeaud, *Le droit de la preuve*, « Bibliothèque de droit privé », t. 525, LGDJ, 2010 – M.-E. Boursier, *Le principe de loyauté en droit processuel*, « Nouvelle Bibliothèque de Thèses », t. 23, Dalloz, 2003 – X. Lagarde, *Réflexion critique sur le droit de la preuve*, préf. J. Ghestin, « Bibliothèque de droit privé », t. 239, LGDJ, 1994.

Traité. S. Guinchard (dir.), *Droit et pratique de la procédure civile*, 10e éd., « Dalloz Action », 2020, n°s 221.00 s. et 451.00 s., par D. Cholet.

Monographies. A. Aynès, X. Vuitton, *Droit de la preuve*, 2e éd., « Droit et Professionnels », LexisNexis, 2017 – Collectif, Dossier « La loyauté », *Justice et cassation*, Dalloz, 2014 – B. Travier, *Procédures orales*, « Dalloz Service », 2002, n°s 12.47 s. – R. Rouquette, *Petit traité du procès administratif*, 9e éd., « Praxis », Dalloz, 2020 – E. Vergès, G. Vial, O. Leclerc, *Droit de la preuve*, « Thémis », Puf, 2015.

Contributions. H. Motulsky, « Le droit naturel dans la pratique jurisprudentielle : le respect des droits de la défense en procédure civile », *Mél. Roubier*, p. 175.

Articles. A. Aynès, « Le droit de la preuve sous la surveillance de la Cour de cassation », *JCP* 2016. 583 – N. Carrère, « Communication des pièces pénales dans le cadre de procédures civiles ou commerciales », *Bull. barr. Paris* 25 juin 2002, n° 25, p. 185 – Ph. Conte, « La loyauté de la preuve dans la procédure pénale : fragile essai de synthèse », *Procédures* 2015. dossier 12 – A.-E. Credeville, « Vérité et loyauté des preuves », *Rapport annuel de la Cour de cassation, 2004*, p. 51 – N. Fricero, « La recevabilité des preuves « déloyales » en matière civile », *Procédures* 2015, Dossier 14 – A. Leborgne, « L'impact de la loyauté sur la manifestation de la vérité ou le double visage d'un grand principe », *RTD civ.*, 1996, p. 535 – P. Lemoine, « La loyauté de la preuve (à travers quelques arrêts récents de la chambre criminelle) », *Rapport annuel de la Cour de cassation*, 2004, p. 165 – R. Lorrain, C. Bonan, « Versement de pièces pénales issues d'une instruction dans une instance civile : focus sur le cas particulier de l'ordonnance de non-lieu », *Gaz. Pal.* 1er mars 2016, p. 18 – M. Mekki, « Le principe de loyauté probatoire a-t-il encore un avenir dans le contentieux de la concurrence », *D.* 2016. 2355 – E. Molin, « La production de pièces pénales dans une instance civile », *Procédures* 2014. Ét. n° 3 – V. Nioré, « Plaidoyer pour la libre communication par l'avocat des éléments d'un dossier pénal d'instruction en cours devant une juridiction étatique ou arbitrale », *Gaz. Pal.* 3-5 août 2003, Doctr, p. 2 – D. Piau, « Déontologie de la gestion de la preuve par l'avocat », *D. avocats* 2017, p. 55 – R. Perrot, « Production et communication de pièces », *RTD civ.* 1977. 369 – E. Vergès, « Loyauté et licéité, deux apports majeurs à la théorie de la preuve pénale », *D.* 2104. 407 ; « Réforme du droit de la preuve civile. Quelle perspective après l'échec de l'ordonnance du 10 février 2016 ? », *JCP* 2017. 510 – A. Vey, « L'accès aux pièces d'une procédure pénale et leur production dans une autre procédure », *D.* 2021. 752.

SECTION 1
LOYAUTÉ DE LA PREUVE

453.10 Plan. Du principe de loyauté de la preuve découle un certain nombre de principes généraux en matière d'obtention des moyens de preuve (§ 1), laquelle doit faire l'objet d'une vigilance particulière lorsque l'on souhaite communiquer des pièces pénales dans une procédure civile (§ 2).

§ 1
Principes généraux

453.20 Plan– Respect des principes essentiels dans l'administration de la preuve. Lorsque l'avocat se trouve face aux éléments de preuves, il se trouve aussi face à ses principes essentiels : il doit mettre en œuvre toutes les diligences nécessaires dans l'intérêt de son client, en faisant preuve de dévouement, certes, mais il doit aussi le faire avec prudence et diligence (A) et ce, dans le respect du principe de loyauté (B).

L'avocat dans le recueil et l'examen des éléments de preuve ne doit jamais perdre de vue le fait qu'il est tenu d'un devoir de vérité au titre de son devoir de conscience[1].

A.
Devoir de prudence et de diligence

453.31 Devoirs de l'avocat dans l'administration de la preuve. L'avocat doit ainsi faire preuve de conscience, prudence et de diligence en la matière car *in fine*, c'est l'office du juge[2] qui se manifestera dans le cadre de l'appréciation des moyens de preuve présentés devant lui, soit en les déclarant irrecevables ou en renvoyant l'affaire, soit en faisant procéder au retrait ou à la cancellation des éléments litigieux. Le bâtonnier peut être saisi dans le cadre de

1. V. s[s] n°s 322.51 s.
2. V. s[s] n°s 452.101 s.

ses pouvoirs de conciliation en matière de procédure déontologique afin de convaincre l'avocat fautif de procéder volontairement à ce retrait[1].

L'avocat doit bien garder à l'esprit qu'il s'expose, en la matière, à des poursuites pénales[2], ainsi qu'à des poursuites disciplinaires[3], tel que celui qui glisse subrepticement des pièces confidentielles dans un dossier[4], et peut voir sa responsabilité civile professionnelle mise en cause[5], y compris à l'égard des tiers[6].

453.32 Vérification de la provenance des pièces. Lorsque l'avocat reçoit des pièces de son client, pour les communiquer, il devra s'assurer de leur provenance, notamment s'il s'agit de photocopies.

La Cour de cassation a ainsi approuvé la condamnation pour vol d'un salarié qui, ayant détenu à l'occasion de l'exercice de ses fonctions deux documents, les a photocopiés pour son usage personnel, et les a versés aux débats. Il conviendra donc que l'avocat, qui peut être ainsi poursuivi pour recel, notamment lorsque des photocopies de documents lui sont apportées par son client, fasse preuve de prudence en vérifiant l'origine des photocopies qui lui sont apportées par des clients et examine les raisons faisant que ces documents étaient entre les mains de ce dernier.

L'avocat aura tout intérêt, en cas de doute, à restituer les documents à son client en lui faisant connaître le danger qu'il encoure lui-même s'il les produit[7].

453.33 Devoir de diligence. L'avocat doit encore, en particulier, s'assurer que les éléments de preuve sont licites[8] et ne sont pas couverts par le secret professionnel, notamment, mais pas seulement[9], celui des avocats. La difficulté ici tient au fait que le client n'est pas tenu au secret professionnel, et peut, notamment, communiquer des éléments couverts par le secret professionnel à un tiers qui sera ensuite libre de les utiliser. Encore faut-il qu'aucune équivoque n'existe quant aux conditions de la remise, qui doit avoir eu lieu volontairement et en l'absence de toute fraude[10], ce qui implique de pouvoir déterminer l'origine et les conditions d'obtention du document.

C'est ainsi que le fait pour un avocat d'avoir révélé publiquement des écrits couverts par le secret médical, qui vise tous les documents relatifs à l'état de santé d'un individu, constitue une faute disciplinaire. La défense des intérêts qui ont été confiés par son client n'étant pas une cause justificative du manquement qui lui est reproché. Tout comme le fait que le tribunal correctionnel n'ait pas écarté des débats la pièce litigieuse, n'a aucune conséquence sur l'action disciplinaire diligentée contre l'avocat[11].

S'agissant de leurs propres correspondances, les avocats doivent convenir des conditions d'utilisation des correspondances et de leur intention de leur donner un caractère « Officiel ». Les correspondances qui concrétisent des accords projetés ou passés entre des avocats peuvent être soumises à des conditions auxquelles ces avocats ont convenu de subordonner leur utilisation : ils doivent distinguer ce qui est confidentiel de ce qu'il ne l'est pas, en prenant le soin et le temps d'en informer le client, et de recueillir son accord préalable. Ils doivent s'assurer que même portant la mention « Officiel », la correspondance répond bien aux critères autorisant une telle qualité, ce qui est loin d'être toujours le cas[12].

453.34 Convention sur la preuve. Le nouvel article 1356 du code civil[13] prévoit que les contrats sur la preuve sont valables lorsqu'ils portent sur des droits dont les parties ont la libre disposition. Il est, dès lors, possible de prévoir un aménagement conventionnel de la preuve, notamment quant aux modes de preuves admissibles et aux modalités d'administration de la preuve[14], sous réserve d'une part, de ne pas contredire les présomptions irréfragables établies par la loi ou établir au profit de l'une

1. V. s[s] n°s 511.00 s.
2. V. s[s] n°s 453.20 s.
3. V. s[s] n°s 522.00 s.
4. CD Paris, arr. n° 241049, 31 déc. 2013.
5. V. s[s] n°s 912.00 s.
6. V. s[s] n°s 912.261 s.
7. M.-F. Bied-Charreton, « L'utilisation par le salarié des documents à des fins probatoires constitue-t-elle un vol ? », *RT barr.* Versailles juin 1989, p. 41 s. (à propos de l'arrêt de la Cour de cassation du 2 décembre 1987) – et : *RT barr.* Versailles avr. 1991, n° 21, p. 129 s. (à propos de l'arrêt de la Cour de cassation du 24 octobre 1990) – J. Ravanas, « La preuve illicite d'une relation défectueuse de travail », *D.* 2003. Chron. 1305 – Crim. 11 mai 2004, n° 03-8.0254 et 03-85.521, P n°s 113 et 117 ; *JCP* 2004. II. 10124, note C. Girault ; *D.* 2004. 2327, note H.-K. Gaba ; *RSC* 2004. 866, obs. G. Vermelle ; *Rev. pénit.* 2004, p. 875, obs. J.-Ch. Saint-Pau ; *Dr. pén.* 2004, comm. 122, obs. M. Véron – J. Lasserre-Capdeville, « Les droits de la défense, nouvelle cause prétorienne d'irresponsabilité pénale », *Rev. pénit.* 2006, p. 537 – Y. Mayaud, « Les droits de la défense, cause d'irresponsabilité pénale », *Mél. Gassin*, Puam, 2007, p. 293.
8. Soc. 27 mars 2019, n° 17-31.715, P ; *Gaz. Pal.* 23 juill. 2019, p. 49, obs. V. Orif.
9. D. Piau, « Le praticien du dommage corporel face aux données personnelles, notamment médicales », *Gaz. Pal.* 14 mai 2019, p. 18.
10. V. s[s] n°s 412.151 s.
11. Civ. 1re, 29 mars 1978, n° 76-15.422, P I, n° 127 ; *Gaz. Pal.* 1978. 2. Somm. 248 – v. aussi : CEDH 13 oct. 2020 *Frâncu c/ Roumanie*, req. n° 69356/13.
12. V. s[s] n°s 422.143 s.
13. Ord. n° 2016-131, 10 févr. 2016 portant réforme du droit des contrats, du régime général et de la preuve des obligations, *JO* 11 févr., n° 26 ; *D.* 2016. 2536, obs. A. Aynès.
14. F. Chénedé, *Le nouveau droit des obligations et des contrats*, hc, Dalloz, 2016, n°s 51.31 s.

des parties une présomption irréfragable[1], ni modifier la foi attachée à l'aveu ou au serment[2], et d'autre part, de ne pas déroger aux règles intéressant l'ordre public, ainsi que, dans les contrats de consommation et d'adhésion, de ne pas créer un déséquilibre significatif entre les droits et obligations des parties[3].

453.35 **Acte d'avocat.** L'avocat a un rôle à jouer en matière probatoire afin de sécuriser les éléments de preuve en ayant recours dans sa pratique quotidienne à l'acte d'avocat[4], authentique acte de sécurité juridique en matière probatoire[5].

B. Devoir de loyauté

453.41 **Loyauté dans l'obtention des moyens de preuve.** L'Assemblée plénière de la Cour de cassation a affirmé, au visa des articles 9 du code de procédure civile et 6 § 1 Conv. EDH, le principe de loyauté dans l'administration de la preuve, rendant ainsi, *a priori* irrecevable, l'enregistrement d'une communication téléphonique réalisé à l'insu de l'auteur des propos[6].

Pour autant, la question de la loyauté dans l'obtention des moyens de preuve est pour le moins instable et source d'hésitations de la part des juges du fond, ce qui conduit le législateur à prévoir, lui-même, des garde-fous en la matière. C'est ainsi qu'en matière de divorce si le principe de la liberté de la preuve est affirmé[7], il est ensuite précisé que les époux ne peuvent verser aux débats un élément de preuve qu'ils auraient obtenu par violence ou fraude[8] et que les constats dressés à la demande d'un époux sont écartés des débats s'il y a eu violation de domicile ou atteinte illicite à l'intimité de la vie privée[9].

453.42 **Appréciation nuancée.** En dehors de dispositions spécifiques, la question est toute en nuance, et tout dépendra des conditions, légitimes ou non, dans lesquelles les pièces ont été obtenues. Un salarié peut ainsi produire en justice des documents de l'entreprise dont il a la connaissance à l'occasion de l'exercice de ses fonctions[10], à condition que cela soit strictement nécessaire à l'exercice des droits de sa défense dans le litige l'opposant à son employeur[11].

Toutefois, pour la Cour de cassation, « Le fait par le détenteur d'un document d'en effectuer la reproduction pour en faire usage constitue un acte d'appropriation frauduleuse de la chose d'autrui, constituant le délit de vol »[12]. Dès lors, si le client avait la possession légitime des documents originaux dont il produit une photocopie, cette production est légitime. Si en revanche il n'avait que la simple détention matérielle du document, le fait de le photocopier suppose, pendant le temps nécessaire à la reproduction, une interversion des titres de détention, un changement d'*animus* et un comportement de propriétaire à l'insu et contre le gré du véritable propriétaire, par là même une soustraction provisoire de la chose d'autrui constitutive du délit de vol. Le document ne peut donc être produit en justice. Mais dès lors que le document en cause constitue un instrument de travail personnel du salarié, il ne constitue pas un document de l'entreprise, faisant qu'il n'y a pas soustraction frauduleuse au préjudice de son employeur[13].

1. Com. 6 déc. 2017, n° 16-19.615, P ; *Gaz. Pal.* 9 janv. 2018, p. 34, note D. Houtchieff ; *D.* 2019. 159, obs. A. Aynès ; *D.* 2018. 371, note M. Mekki – G. Lardeux, « La liberté contractuelle en matière probatoire entre sécurité juridique et vérité judiciaire », *D.* 2018. 327.
2. C. civ., art. 1356.
3. *D.* 2016. 2536, obs. A. Aynès – F. Chénedé, *Le nouveau droit des obligations et des contrats*, hc, Dalloz, 2016, n° 51.34 – Civ. 1re, 5 juin 2019, n° 17-27.066, P ; *D.* 2020. 173, obs. J.-D. Bretzner.
4. P. Le Donne, « États des lieux e-barreau », *Guide de l'avocat numérique*, LexisNexis, 2016, p. 15 s. – M. Lartigue, « Acte contresigné par avocat : où en est-on ? », *Gaz. Pal.* 10 sept. 2019, p. 15 – Tous les éléments sont sur l'espace acte d'avocat mode d'emploi de l'encyclopédie des avocats : http://encyclopedie.avocats.fr/états des lieux e-barreau – V. ss nos 632.61 s.
5. D. Piau, « L'acte d'avocat, un authentique acte de sécurité juridique en matière probatoire », *AJ fam.* 2016. 484.
6. Cass., ass. plén., 7 janv. 2011, n° 09-14.316, P n° 1 ; *D.* 2011. 157, obs. E. Chevrier ; *D.* 2011. 562, note F. Fourment ; *D.* 2011. 618, Chron. V. Vigneau ; *D.* 2011. 2891, obs. P. Delebecque, J.-D. Bretzner et I. Gelbard-Le Dauphin ; *RTD civ.* 2011. 127, obs. B. Fages ; *RTD civ.* 2011. 383, obs. P. Théry ; *RTD eur.* 2012. 526, obs. F. Zampini ; *Gaz. Pal.* 22 mars 2011, obs. S. Amrani-Mekki – DÉJÀ : Civ. 2e, 7 oct. 2004, n° 03-12.653, P II, n° 447 ; *AJ pénal* 2005. 30, obs. S. Enderlin.
7. C. civ., art. 259 – CEDH 10 oct. 2006, *L. L. c/France*, req. n° 7508/02, *D.* 2006. 2692 ; *RTD Civ.* 2007. 95, obs. J. Hauser – CEDH 13 mai 2008, *N. N. et T. A. c/Belgique*, req. n° 65097/01 ; *D.* 2009. 2714, obs. T. Vasseur ; *RTD civ.* 2008. 650, obs. J.-P. Marguénaud ; *JCP* 2008. I. 167, n° 13, obs. F. Sudre.
8. C. civ., art. 259-1.
9. C. civ., art. 259-2.
10. Crim. 29 juin 1993, n° 92-85.848, NP – Soc. 2 déc. 1998, n° 96-44.258, P V, n° 535 ; *D.* 1999. 431, note H.-K. Gaba ; *D.* 2000. 87, obs. S. Frossard ; *JCP* 1999. II. 10166, note E. Bouretz – Soc. 9 nov. 2016, n° 15-10.203, P ; *JCP* 2016. 1281, obs. N. Dedessus-Le-Moustier ; *D.* 2017. 37, note G. Lardeux ; *Gaz. Pal.* 2 mai 2017, p. 66, obs. V. Orif ; *JCP* 2017. 585, n° 12, obs. L. Mayer – Paris, pôle 6, ch. 7, 12 sept. 2019, RG n° 17/12384.
11. Soc. 30 juin 2004, n° 02-71.720, P V, n° 187 ; *D.* 2004. 2326, note H.-K. Gaba – Soc. 9 nov. 2016, n° 15-10.203, P ; *Dr. soc.* 2017. 89, obs. J. Mouly ; *D.* 2018. 263, obs. A. Aynès.
12. Crim. 8 janv. 1979, n° 77-93.038, P n° 13 ; *Gaz. Pal.* 1979. 2. 501 ; *in* A. DAMIEN, *Les grands arrêts*, Litec, 1991, p. 97.
13. Crim. 11 mai 2004, n° 03-85.521, P n° 117 ; *D.* 2004. 2326, note H. K. Gaba ; *D.* 2004. 2760, obs. G. Roujou de Boubée ; *Just. & cass.* 2005. 376, concl. F. Fréchède ; *D.* 2004. 376, rapp. C. Nocquet ; *Dr. soc.* 2004. 938, note F. Duquesne ; *RSC* 2004. 635, obs. E. Fortis ; *RSC* 2004. 866, obs. G. Vermelle ; *RTD com.* 2004. 823, obs. B. Bouloc.

453.43 **Proportionnalité**[1]. Le droit à la preuve implique aussi que l'atteinte portée à un autre droit fondamental[2], tel que la vie privée, soit proportionnée à l'intérêt légitime à protéger et indispensable à la résolution du litige[3]. Tout sera alors question de proportionnalité entre les atteintes portées à la vie privée d'une part, et les droits qu'entend préserver celui qui y a recours, d'autre part. C'est ainsi que la Cour de cassation a posé le principe suivant lequel : « le droit à la preuve ne peut justifier la production d'éléments portant atteinte à la vie privée qu'à la condition que cette production soit indispensable à l'exercice de ce droit et que l'atteinte soit proportionnée au but poursuivi » : mais il ne faut pas que les investigations, par leur durée et leur ampleur, portent une atteinte disproportionnée à la vie privée[4].

C'est ainsi que l'absence de déclaration simplifiée auprès de la Cnil ne rend pas illicite la production en justice des courriels adressés par l'employeur ou par le salarié dont l'auteur ne peut ignorer qu'ils sont enregistrés et conservés par le système informatique de l'entreprise[5]. Tout comme, la production en justice par l'employeur d'une photographie extraite du compte privé *Facebook* d'un salarié, auquel il n'était pas autorisé à accéder, et d'éléments d'identification des « amis » professionnels travaillant dans le même secteur d'activité, publication litigieuse qui avait été spontanément communiquée à l'employeur par un courriel d'un autre salarié de l'entreprise autorisé à accéder comme « ami » sur le compte privé, et destiné à établir le grief de divulgation d'une information confidentielle de l'entreprise auprès de professionnels susceptibles de travailler pour des entreprises concurrentes, n'est pas déloyal dès lors que cette production d'éléments portant atteinte à la vie privée du salarié était indispensable à l'exercice du droit à la preuve et proportionnée au but poursuivi, soit la défense de l'intérêt légitime de l'employeur à la confidentialité de ses affaires[6].

453.44 **Détective privé.** Le recours à des détectives privés est, à cet égard, délicat. La Cour de cassation a ainsi admis, dans une affaire où un assureur avait eu recours à un détective privé, assisté d'un huissier, pour tenter de démontrer qu'un rapport d'expertise était erroné et qu'en conséquence, le préjudice était contestable, que les atteintes portées à la vie privée d'un assuré, sur la voie publique ou dans des lieux ouverts au public, sans provocation aucune, et relatives aux seules mobilité et autonomie de l'intéressé, n'étaient pas disproportionnées au regard de la nécessaire et légitime préservation des droits de l'assureur et des intérêts de la collectivité des assurés[7].

Inversement, une filature organisée par l'employeur pour contrôler et surveiller l'activité d'un salarié, constitue un moyen de preuve illicite dès lors qu'elle implique nécessairement une atteinte à la vie privée de ce dernier, insusceptible d'être justifiée, eu égard à son caractère disproportionné, par les intérêts légitimes de l'employeur[8]. La prudence ne peut être que de mise en la matière.

1. Com. 15 déc. 2009, n° 08-21.906, P IV, n° 1666 ; *D.* 2010. 10, obs. A. Lienhard ; *Rev. sociétés* 2010. 256, note N. Morelli – D. Mazeaud, « Proportionnalité à la une ! », *JCP* 2016. 1028.
2. Sur la question des secrets professionnels face au droit à la preuve : G. Lardeux, « Secrets professionnels et droit à la preuve : de l'opposition déclarée à la conciliation imposée », *D.* 2016. 96.
3. Civ. 1re, 5 avr. 2012, n° 11-14.1777, P I, n° 85 ; *D.* 2012. 1596, note G. Lardeux ; *D.* 2012. 2826, obs. J.-D. Bretzner ; *D.* 2013. 269, obs. N. Fricero ; *D.* 2013. 457, obs. E. Dreyer ; *RTD civ.* 2012. 506, obs. J. Hauser – Civ. 1re, 4 juin 2014, n° 12-21.244, P I, n° 101 ; *D.* 2014. 1284 et 2478, obs. J.-D. Bretzner ; *AJDI* 2014. 721 ; *RTD civ.* 2014. 658, obs. H. Barbier – COMP : CEDH 18 oct. 2016, *Vukota-Bojic c/Suisse*, req. n° 61838/10 ; *Gaz. Pal.* 22 nov. 2016, p. 38 ; *RCA* 2016, Focus n° 29, obs. L. Bloch.
4. Civ. 1re, 25 févr. 2016, n° 15-12.403, P ; *JCP* 2016. 583, note A. Aynes ; *Gaz. Pal.* 17 mai 2016, p. 50, note N. Hoffschir ; *D.* 2016. 884, note J.-Ch. Saint-Pau ; *D.* 2016. 2538, obs. J.-D. Bretzner – Civ. 1re, 22 sept. 2016, n° 15-24.015, P ; *JCP* 2016. 1136, note G. Lardeux ; *D.* 2017. 490, note B. Beignier et S. Ben Hadj Yahia ; *RCA* 2016. 326, Focus n° 29, obs. L. Bloch ; *Gaz. Pal.* 10 janv. 2017, p. 23, obs. J. Traullé.
5. Soc. 1er juin 2017, n° 15-23.522 ; P ; *Gaz. Pal.* 31 oct. 2017, p. 63, obs. V. Orif ; *D.* 2018. 260, obs. A. Aynès – Soc. 25 nov. 2020, n° 17-19.523, P ; *JCP* 2021. 159, note B. Bossu ; *Gaz. Pal.* 9 mars 2021, p. 70, note A. Allouch ; *D.* 2021. 117, note G. Loiseau ; – COMP. : CEDH 5 sept. 2017, *Barbulescu c/Roumanie*, req. n° 61496/08 ; *Gaz. Pal.* 26 sept. 2017, p. 44, obs. C. Berlaud – CEDH 17 oct. 2019 Lopez Ribalda, req. n° 1874/13 et 8567/13 ; *JCP* 2019. 1126, obs. F. Sudre ; *D.* 2021. 208, obs. A. Aynès – Sur la production d'éléments couverts par le secret professionnel dans le cadre d'un litige entre avocat, v. ss nos 812.216 s.
6. Soc. 30 sept. 2020, n° 19-12.058, P ; *JCP* 2020. 1226, note G. Loiseau ; *D.* 2020. 2312, note S. Vernac ; *D.* 2020. 2383, note C. Golhen ; *Gaz. Pal.* 3 nov. 2020, p. 39, obs. C. Berlaud ; *D.* 2021. 208, obs. A. Aynès ; *Gaz. Pal.* 24 nov. 2020, p. 25, note. G. Duchange ; – AUSSI : CEDH 7 sept. 2021, *M. P... c/ Portugal,* req. n° 27516/14.
7. Civ. 1re, 31 oct. 2012, n° 11-17.476, P I, n° 224 ; *D.* 2013. 227, note N. Dupont ; *D.* 2013. 457, obs. E. Dreyer ; *D.* 2013. 2802, obs. P. Delebecque, J.-D. Bretzner et I. Darret-Courgeon ; *RTD civ.* 2013. 86, obs. J. Hauser ; *RTD civ.* 2013. 117, obs. B. Fages – MÊME SENS : Civ. 1re, 5 févr. 2014, n° 12-20.206, NP ; *D.* 2014. 856, note G. Lardeux ; *RTD civ.* 2014. 375, obs. H. Barbier ; *RGDA* 2014. 218, note R. Schulz – Civ. 1re, 10 sept. 2014, n° 13-22.612, P I, n° 143 ; *D.* 2014. 1824 ; *D.* 2015. 342, obs. E. Dreyer ; *D.* 2016. 167, obs. J.-D. Bretzner et A. Aynès ; *RTD civ.* 2014. 856, obs. J. Hauser ; – EN SENS CONTRAIRE : Civ. 1re, 22 sept. 2016, n° 15-24.015, P ; *D.* 2017. 490, note B. Beignier et S. Ben Hadj Yahia ; *D.* 2018. 262, obs. A. Aynès.
8. Soc. 4 févr. 1998, n° 95-43.421, P V, n° 64 ; *D.* 1998. 74 ; *Dr. soc.* 1998. 405, obs. J. Savatier – Soc. 26 nov. 2002, n° 00-42.401, P V, n° 352 ; *D.* 2003. 1858, note J.-M. Bruguière ; *D.* 2003. 394, obs. A. Fabre ; *D.* 2003. 1536, obs. ▶

453.45 **Enregistrement.** Envisagé sous l'angle de la loyauté de la preuve, un tel procédé est *a priori* irrecevable. La deuxième chambre civile de la Cour de cassation considère que l'enregistrement d'une conversation téléphonique privée, effectué et conservé à l'insu de l'auteur des propos invoqués, est un procédé déloyal rendant irrecevable en justice la preuve ainsi obtenue[1].

Tout comme est également irrecevable, le fait d'obtenir un témoignage de personnes préalablement sollicitées, afin de jouer le rôle de clients de l'employeur, pour prêter leur concours à un stratagème visant à piéger la partie adverse, en l'occurrence un salarié soupçonné de percevoir des paiements en liquide des clients au préjudice de son employeur[2].

453.46 **Enregistrement – Position de la chambre criminelle.** La chambre criminelle, dans une logique de plus large admissibilité de principe des preuves au pénal, considère qu'un enregistrement illégalement réalisé, en l'occurrence l'enregistrement effectué de manière clandestine par un gendarme agissant dans l'exercice de ses fonctions, des propos qui lui sont tenus, fût-ce spontanément, par une personne suspecte, en l'occurrence un préfet ayant donné l'ordre de détruire une paillote illégalement installée sur le littoral, peut constituer une preuve admissible, s'il n'est pas l'unique élément probatoire de l'affaire, s'il a été authentifié par expertise et s'il est soumis à la libre discussion des parties[3]. Cette solution est à rapprocher de celle rendue au sujet de l'enregistrement, notamment, d'une conversation entre un avocat et son client[4].

Mais, la Cour de cassation, réunie en assemblée plénière, a pu considérer, s'agissant d'agents de l'autorité publique dans l'exercice de leurs fonctions, qu'au cours d'une mesure de garde à vue, le placement, durant les périodes de repos séparant les auditions, de deux personnes retenues dans des cellules contiguës préalablement sonorisées, de manière à susciter des échanges verbaux qui seraient enregistrés à leur insu pour être utilisés comme preuve, constitue un procédé déloyal d'enquête mettant en échec le droit de se taire et celui de ne pas s'incriminer soi-même, et portant atteinte au droit à un procès équitable[5]. Pour l'assemblée plénière : « Constitue une violation du principe de loyauté de la preuve toute provocation à la commission de l'infraction de la part des agents de l'autorité publique »[6].

La chambre criminelle est toutefois venue préciser qu'une telle participation ne serait se présumer faisant que le versement au dossier d'éléments de preuve ne saurait être déclaré irrégulier au seul motif que les conditions de leur recueil sont restées incertaines[7], mais elle peut être indirecte, tel que s'agissant d'agents de sécurité privée dont l'autorité publique avait requis l'intervention et dont elle doit répondre[8].

453.47 **Stratagème.** L'avocat doit *a fortiori* se garder de participer à tout stratagème de nature à obtenir un moyen de preuve[9], tel que celui qui participerait à l'organisation d'une rencontre, sous la surveillance et l'enregistrement des autorités de police, avec un journaliste sollicitant le paiement d'une somme d'argent contre la promesse de ne pas publier un nouvel ouvrage : nonobstant la jurispru-

▶ A. Lepage ; *RTD civ.* 2003. 58, obs. J. Hauser ; *JCP* 2003. I. 150, n° 1, obs. B. Teyssié – Civ. 1re, 16 oct. 2008, n° 07-15.778, P I, n° 230 ; *D.* 2008. 2726 ; *D.* 2009. 2714, obs. Ph. Delebecque, J.-D. Bretzner et T. Vasseur ; *RTD civ.* 2009. 167, obs. R. Perrot – Soc. 3 déc. 2008, n° 07-43.301, NP – Civ. 2e, 17 mars 2016, n° 15-11.412, P ; *Gaz. Pal.* 30 août 2016, p. 74, obs. L. Mayer ; *Gaz. Pal.* 14 juin 2016, p. 71, obs. J. Colona et V. Renaux-Personnic ; *Procédures* 2016. comm. 148, obs. Y. Strickler ; *D.* 2016. 2538, obs. J.-D. Bretzner – Soc. 9 nov. 2016, n° 15-10.203, P ; *JCP* 2016. 1281, obs. N. Dedessus-le-Moustier ; *D.* 2017. 37, note G. Lardeux ; *Gaz. Pal.* 2 mai 2017, p. 66, obs. V. Orif ; *JCP* 2017. 585, n° 12, obs. L. Mayer.

1. Civ. 2e, 7 oct. 2004, n° 03-12.653, P II, n° 447 ; *D.* 2005. 122, note P. Bonfils ; *D.* 2005. 2643, obs. A. Lepage, L. Marino et C. Bigot ; *AJ pénal* 2005. 30, obs. S. Enderlin ; *RTD civ.* 2005. 135, obs. J. Mestre et B. Fages – Com. 3 juin 2008, n° 07-17.147, P IV, n° 112 ; *D.* 2008. 1687, obs. E. Chevrier ; *D.* 2008. 2476, obs. E. Chevrier, note M.-E. Boursier-Mauderly ; *D.* 2008. 2749, Chron. M.-L. Bélaval et R. Salomon ; *D.* 2008. 2820, obs. P. Delebecque, J.-D. Bretzner et T. Vasseur ; *D.* 2009. 2714, obs. P. Delebecque, J.-D. Bretzner et T. Vasseur ; *RTD com.* 2009. 431, obs. B. Bouloc – Com. 3 mars 2009, n° 08-13.767, P IV, n° 29 ; *D.* 2009. 805, obs. E. Chevrier.
2. Soc. 19 nov. 2014, n° 13-18.749, NP ; *D.* 2015. 829, obs. J. Porta et P. Lokiec ; *D.* 2016. 167, obs. J.-D. Bretzner et A. Aynès ; *Dr. soc.* 2015. 83, obs. D. Boulmier.
3. Crim. 13 oct. 2004, nos 03-81.763, 00-86.727, 01-83.943, 01-83.945, 01-83.944, P n° 243 ; *AJ pénal* 2004. 451, obs. S. Enderlin – SUR la loyauté des preuves : *AJ pénal* 2005. 261, dossier « La preuve : une question de loyauté ? ».
4. V. ss nos 412.244 et 422.102.
5. Cass., ass. plén., 6 mars 2015, n° 14-84.339, P n° 2 ; *D.* 2015. 711, obs. S. Fucini, note J. Pradel ; *D.* 2015. 1738, obs. J. Pradel ; *AJ pénal* 2015. 362, note C. Girault ; *RSC* 2015. 117, obs. P.-J. Delage ; *RSC* 2015. 971, Chron. J.-F. Renucci – Cass., ass. plén., 10 nov 2017, n° 17-82.028 ; *D.* 2018. 103, note O. Décima.
6. Cass., ass. plén., 9 déc. 2019, n° 18-86.767, P ; *D.* 2021. 208, obs. A. Aynès.
7. Crim. 1er déc. 2020, n° 20-82.078, P ; *D.* 2021. 774, note L. Saenko ; *D.* 2021. 379, obs. A.-S. Lamarzelle ; *D.* 2021. 1567, obs. J.-B. Perrier ; *Gaz. Pal.* 11 mai 2021, p. 58, obs. F. Fourment ; *JCP* 2021. 531, n° 13, obs. J. Leroy.
8. Crim. 17 mars 2021, n° 20-82.679, NP ; *Gaz. Pal.* 31 août 2021, p. 56, obs. F. Fourment ; *JCP* 2021. 228, note Ph. Collet ; *Gaz. Pal.* 5 janv. 2021, p. 39, obs. C. Berlaud ; *Gaz. Pal.* 12 janv. 2021, p. 20, note. R. Mésa.
9. Soc. 19 nov. 2014, n° 13-18.749, NP ; *D.* 2015. 829, obs. J. Porta et P. Lokiec ; *D.* 2016. 167, obs. J.-D. Bretzner et A. Aynès ; *Dr. soc.* 2015. 83, obs. D. Boulmier.

dence, très libérale, qui considère qu'en matière pénale le principe de loyauté de la preuve ne serait pas méconnu en l'absence de participation directe ou indirecte de l'autorité publique à l'obtention des éléments de preuve en cause[1], l'attitude de l'avocat n'en porte pas moins atteinte aux principes essentiels[2].

C'est ainsi que dans une affaire, pour la réalisation d'un constat d'huissier dans deux magasins de prêt-à-porter, la personne assistant l'huissier de justice, qui avait pénétré, seule, dans les deux magasins avant d'en ressortir avec les pantalons en jean litigieux, était un « avocat stagiaire » (sic) du cabinet d'avocat de la société requérante. La Cour de cassation casse l'arrêt de la cour d'appel qui avait cru n'y voir « aucun stratagème déloyal », rappelant, au visa des articles 6, § 1, Conv. EDH et 9 du code de procédure civile, et du « principe de loyauté dans l'administration de la preuve », que le droit à un procès équitable commande que la personne qui assiste l'huissier instrumentaire lors de l'établissement d'un procès-verbal de constat soit indépendante de la partie requérante faisant qu'en statuant ainsi, la cour d'appel n'avait pas tiré les conséquences légales de ses propres constatations[3].

453.48 Loyauté et proportionnalité dans les mesures d'instruction *in futurum*. L'avocat doit aussi faire preuve de prudence lorsqu'il a recours à des mesures d'instruction *in futurum*[4] de l'article 145 du code de procédure civile, lesquelles ne doivent pas dégénérer en véritables « perquisitions civiles »[5].

La Cour de cassation a généralisé l'exigence d'un contrôle, *in concreto*, de proportionnalité en la matière en posant le principe suivant lequel : « Il résulte de l'article 145 du code de procédure civile que constituent des mesures légalement admissibles des mesures d'instruction circonscrites dans le temps et dans leur objet et proportionnées à l'objectif poursuivi. Il incombe, dès lors, au juge de vérifier si la mesure ordonnée était nécessaire à l'exercice du droit à la preuve du requérant et proportionnée aux intérêts antinomiques en présence »[6].

La Cour de cassation procède à un contrôle de la motivation des juges du fond et opère à une cassation dès lors qu'il lui apparaît que : « la mesure ordonnée n'était pas nécessaire à l'exercice du droit à la preuve du requérant et était disproportionnée aux intérêts antinomiques en présence », le requérant ayant d'autres moyens à sa disposition pour obtenir les éléments demandés, ou que : « en se déterminant ainsi, par des motifs d'ordre général, sans caractériser ni la nature de l'atteinte ni la disproportion de la mesure au regard des intérêts antinomiques en présence, la cour d'appel n'a pas donné de base légale à sa décision. »[7].

De la même façon, l'atteinte portée, par une telle mesure, à un autre droit fondamental, tel que la vie privée, doit être proportionnée à l'intérêt légitime à protéger et indispensable à la résolution du litige[8]. En outre, la mesure *in futurum* ne saurait porter atteinte à un secret légalement protégé tel que le secret médical[9], le secret professionnel de l'avocat[10], ou le secret des affaires[11].

§ 2
Communication de pièces issues d'un dossier pénal dans une procédure civile

453.51 Pièces pénales, procédure civile. Le secret de l'enquête et de l'instruction[12] doit également être pris en compte par l'avocat[13], ce qui renvoie à la délicate question de la communication de pièces issues d'un dossier pénal dans une procédure

1. Crim. 20 sept. 2016, n° 16-80.820, P ; *D.* 2016. 1863 ; *Gaz. Pal.* 18 oct. 2016, p. 10, note R. Mésa ; *JCP* 2016. 1177, note A. Gallois ; *Gaz. Pal.* 24 janv. 2017 p. 56, obs. F. Fourment – Cass., ass. plén., 10 nov. 2017, n° 17-82.028, P ; *Gaz. Pal.* 21 nov. 2017 p. 39 ; *JCP* 2017. 1376, note C. Ribeyre ; *D.* 2017. 2034 ; *Gaz. Pal.* 19 déc. 2017, p. 26, note R. Mesa ; *JCP* 2017. 1366, note A. Gallois ; *Gaz. Pal.* 23 janv. 2018, p. 57, obs. F. Fourment ; *D.* 2018. 199, obs. G. Barbier ; *JCP* 2018. 469, n° 14, obs. J.-B. Perrier ; *RSC* 2018. 117, note P.-J. Delage ; *D.* 2018. 103, note O. Decima – Cass., ass. plén., 9 déc. 2019, n° 18-86.767, P ; *JCP* 2020. 129, note H. Matsopoulou ; *JCP* 2020. 569, n° 11, obs. J.-B. Perrier ; *Gaz. Pal.* 12 mai 2020, p. 55, obs. F. Fourment.
2. COMP. : CEDH 25 févr. 2020 *Moreira c/Portugal*, req. n° 78108/14, *Gaz. Pal.* 2 juin 2020, p. 42, obs. B. de Belval.
3. Civ. 1re, 25 janv. 2017, n° 15-25.210, P ; *D.* 2017. 304 ; *Gaz. Pal.* 2 mai 2017, p. 69, obs. L. Mayer ; *Dalloz IP/IT* 2017. 335, obs. A. Lecourt ; *RTD civ.* 2017. 489, obs. N. Cayrol ; *RTD com.* 2017. 92, obs. F. Pollaud-Dulian ; *D.* 2018. 261, obs. J.-D. Bretzner.
4. S. Guinchard (dir.), *Droit et pratique de la procédure civile*, 10e éd., « Dalloz Action », 2020, nos 221.151 s., par D. Cholet.
5. Civ. 2e, 5 janv. 2017, n° 15-27.526, NP ; *RTD civ.* 2017. 491, obs. N. Cayrol.
6. Civ. 2e, 25 mars 2021, n° 20-14.309, P ; *JCP* 2021. 708, note X. Vuitton ; *D.* 2021. 1799, n° 4, obs. F. Jollec, E. de Leiris.
7. Civ. 2e, 25 mars 2021, n° 19-20.156, NP ; *JCP* 2021. 708, note X. Vuitton.
8. Civ. 2e, 8 févr. 2006, n° 05-14.198, P II, n° 44 ; *D.* 2006. 532 ; *D.* 2007. 1901, obs. J.-D. Bretzner – Civ. 2e, 25 juin 2015, n° 14-16.435, NP – Civ. 2e, 7 janv. 2016, n° 14-25.781, NP ; *RTD civ.* 2017. 487, obs. N. Cayrol ? Civ. 1re, 22 juin 2017, n° 15-27.845 P ; *D.* 2017. 1370 ; *RTD civ.* 2017. 661, obs. H. Barbier.
9. Civ. 1re, 11 juin 2009, n° 08-12.742, P I, n° 128 ; *D.* 2009. 1760 ; *RTD civ.* 2009. 695, obs. J. Hauser.
10. V. ss n° 412.222.
11. V. ss n° 453.86.
12. V. ss nos 416.00 s.
13. V. ss nos 416.61 s.

civile[1]. Cette question est un point délicat et loin d'être anodin compte tenu de la multiplication des procédures « parallèles ».

La question se pose pour l'ensemble des éléments couverts par le secret de l'enquête et de l'instruction, et tant que dure l'enquête ou instruction. Après la clôture de l'instruction, la Cour de cassation a considéré qu'une partie civile était en droit de communiquer à des tiers pour les besoins de leur défense dans une procédure commerciale, les copies des pièces de la procédure pénale[2].

453.52 **Principe.** En principe, la communication de copies de pièces d'un dossier pénal en cours, dans une autre procédure, est impossible[3].

C'est ainsi que fut condamné, pour violation du secret professionnel, un avocat qui avait, dans une citation directe, mentionné l'existence de documents issus d'une perquisition et procédé à de courtes citations de ces documents, provenant d'une autre procédure dans laquelle son client était constitué partie civile[4]. Tout comme est justifiée la mise en examen pour violation du secret professionnel et du secret de l'instruction d'un avocat qui avait produit, dans une instance civile, des pièces d'une procédure pénale d'instruction distincte en cours sans y avoir été autorisé, ni même sollicité une telle autorisation[5].

453.53 **Exceptions.** Il existe toutefois des exceptions :

- les éléments non couverts par le secret de l'instruction peuvent être communiqués dans une autre procédure, ce qui n'est pas le cas, par exemple, d'une ordonnance de renvoi qui est adressée aux parties, ou d'un procès-verbal qui a été délivré à la partie ès-qualité[6] ;
- la partie civile, qui n'est pas soumise au secret de l'instruction[7], a la faculté, au soutien d'une demande de sursis à statuer présentée au juge civil en application de l'article 4 du code de procédure pénale, de produire, par le moyen de son avocat, les éléments tirés de la procédure pénale strictement nécessaires au besoin de la défense[8], ou pour fonder une demande de sursis à statuer[9] ;
- rien n'interdit d'annexer à une procédure pénale des éléments issus d'une autre procédure pénale dont la production peut être de nature à éclairer les juges et à contribuer à la manifestation de la vérité, à la condition qu'une telle jonction ait un caractère contradictoire[10] ;
- il a été admis, en matière de droit de la presse, que le droit à un procès équitable et la liberté d'expression justifient que la personne poursuivie du chef de diffamation soit admise à produire, pour les nécessités de sa défense, les pièces d'une information en cours de nature à établir sa bonne foi ou la vérité des faits diffamatoires[11] ;
- il a également été jugé qu'un avocat pouvait produire dans une autre procédure une correspondance de pure procédure adressée au juge d'instruction par le conseil de la partie adverse, dès lors que cette communication faite dans l'intérêt de ses clients tendait à l'exercice des droits de la défense et que la correspondance n'apportait aucune révélation et concernait une question de pure procédure[12].

Par ailleurs, il semble être admis que, dès lors que les parties à l'instance civile sont les mêmes que celles à l'instance pénale, une telle communication pourrait avoir lieu[13], en cas d'obtention régulière des éléments[14].

453.54 **Communication par le parquet.** Il est toujours possible à l'avocat, qui estime que ces pièces sont indispensables à la défense dont il a la charge, de solliciter du tribunal, par voie de conclusions, qu'il se fasse communiquer lesdites pièces par le parquet sur le fondement des articles 10 et 138 du code de procédure civile[15]. Ces pièces pourront, dans cette

1. G. Calbairac, « De la communication à un débat civil d'une procédure d'information en cours ou terminée par une ordonnance de non-lieu », *Gaz Pal.* 1938. I. 24 – P. Garraud, « L'utilisation, à titre de preuve, dans un procès civil, de pièces et documents tirés d'une information pénale », *JCP* 1943. I. 317 – E. Molin, « La production de pièces pénales dans une instance civile », *Procédures* 2014, Étude n° 3 – R. Lorrain, C. Bonan, « Versement de pièces pénales issues d'une instruction dans une instance civile : focus sur le cas particulier de l'ordonnance de non-lieu », *Gaz. Pal.* 1er mars 2016, p. 18 – A. Vey, « L'accès aux pièces d'une procédure pénale et leur production dans une autre procédure », *D.* 2021. 752.
2. Civ. 1re, 2 févr. 1994, n° 92-10.311, P I, n° 45 ; *D.* 1994. 55 – Civ. 2e, 7 janv. 2010, n° 08-14.378, P I, n° 3 ; *D.* 2010. 12 ; *Dr. pénal* 2010. 29, obs ; A. Maron et M. Haas.
3. Civ. 1re, 20 oct. 1993, n° 91-20.335, P I, n° 290 ; *D.* 1993. 241 ; *D.* 1995. 166, obs. A. Brunois.
4. Crim. 28 sept. 2004, n° 03-84.003, NP.
5. Crim. 18 mars 2015, n° 14-86.680, P n° 60 ; *AJ pénal* 2015. 557, obs. G. Royer.
6. CD Paris, arr. n° 231117, 16 juill. 2013.
7. V. ss n° 416.36.
8. Crim. 14 oct. 2008, n° 07-88.459, NP.
9. Crim. 20 juin 2017, n° 16-82.908, NP – Aussi : v. ss nos 416.71 s.
10. Crim. 16 mars 1981, nos 80-95.343, 80-95.342, P n° 91 – Crim. 2 oct. 1981, n° 80-90.893, P n° 256.
11. Crim. 11 févr. 2003, nos 01-86.685, 01-86.696, P n° 29 ; *RSC* 2004. 130, obs. J. Francillon ; *D.* 2004. 317, obs. B. de Lamy.
12. Riom, 24 avr. 1975 ; *D.* 1976. 707, note A. Brunois – Crim. 18 oct 1977 ; *D.* 1978. 94, note A. Brunois.
13. R. Lorrain, C. Bonan, « Versement de pièces pénales issues d'une instruction dans une instance civile : focus sur le cas particulier de l'ordonnance de non-lieu », *Gaz. Pal.* 1er mars 2016, p. 18 – Rouen, 17 juin 2010, RG n° 09/03904.
14. V. ss nos 416.91 s.
15. R. Lorrain, C. Bonan, « Versement de pièces pénales issues d'une instruction dans une instance civile : focus sur le cas particulier de l'ordonnance de non-lieu », *Gaz. Pal.* 1er mars 2016, p. 18 – Paris 1re ch. sect. C, 10 sept. 1998, RG n° 96/88551 – Aix-en-Provence, 18 déc. 2008, RG n° 05/23431.

hypothèse, être consultées au greffe par les avocats des parties[1].

Seul le parquet peut être sollicité à cette fin[2] sans que l'on ne puisse l'y contraindre[3] : un autre détenteur légitime des pièces considérées, juge d'instruction[4], partie à la procédure pénale, ou expert, ne pourrait qu'opposer l'existence d'un empêchement légitime au sens de l'article 11 du code de procédure civile[5]. Et, il n'apparaît pas possible pour une partie de solliciter, sur le fondement de l'article 145 du code de procédure civile, une telle communication qui ne constitue pas une mesure légalement admissible au sens du même texte[6].

453.55 Communication par le parquet et égalité des armes. Il a pu être considéré que l'article 11 du code de procédure pénale, tel qu'interprété de façon constante par la Cour de cassation, qui permet au ministère public de produire, dans une instance civile, des pièces tirées d'une information judiciaire en cours, sans que puisse lui être opposé le secret de l'enquête et de l'instruction[7], ne porte pas atteinte au principe d'égalité, au principe du contradictoire et aux droits de la défense.

En effet, selon la Cour de cassation, d'une part, cette faculté relève des missions spécifiques d'intérêt général que la loi attribue au parquet, notamment en matière civile, d'autre part, le secret de l'enquête et de l'instruction ne s'impose, en application de l'article 11 du code de procédure pénale, aux personnes concourant à cette procédure, que sous la réserve des nécessités de l'exercice des droits de la défense[8]. Enfin, les informations transmises par le ministère public sont régulièrement communiquées et soumises à la libre discussion contradictoire de toutes les parties[9].

453.56 Instruction pénale terminée. La communication de copies de pièces d'un dossier pénal terminée, dans une autre procédure, est possible dès lors que les pièces du dossier pénal ont été régulièrement obtenues[10].

Pour la Cour de cassation « lorsqu'une instance pénale est achevée, aucun texte n'interdit à la partie civile de produire dans un procès civil les procès-verbaux qui lui ont été délivrés et qui sont présumés avoir été obtenus régulièrement »[11]. Cette présomption de régularité au profit de la partie civile s'explique par le fait qu'elle n'est pas tenue par le secret de l'instruction[12]. De même qu'après la clôture de l'instruction, la partie civile est en droit de communiquer à des tiers, pour les besoins de leur défense dans une procédure commerciale, les copies des pièces de la procédure pénale[13].

Les prévenus devront, pour leur part, établir la preuve de la régularité de l'obtention des éléments en cause.

453.57 Cas des tiers ou témoins assistés. Les tiers à la procédure pénale n'ont aucune raison d'être en possession de pièces issues de celle-ci. La communication de copies de pièces d'un dossier pénal en cours, dans une autre procédure, est impossible. Toutefois, s'ils les ont régulièrement obtenues[14], ils pourront les verser aux débats. Il leur appartiendra d'établir la preuve de la régularité de l'obtention des éléments en cause.

À défaut, le juge du fond ne pourra qu'écarter les pièces des débats, telles que des expéditions de procès-verbaux d'auditions de témoins, d'interrogatoires, d'auditions ou de confrontations de prévenus, toutes extraites du dossier d'instruction d'une affaire correctionnelle ayant donné lieu à un jugement du tribunal correctionnel, obtenues sans l'autorisation du procureur de la République, qu'exige l'article R. 156 du code de procédure pénale[15].

SECTION 2
COMMUNICATION DES PIÈCES

453.60 Plan. L'administration de la preuve se traduit par la communication des pièces, supports des éléments de preuve, qui doit respecter des modalités précises (§ 1) et dont l'avocat doit se ménager la preuve (§ 2) afin de lui faire produire tous ses effets (§ 3).

1. N. Carrère, « Communication des pièces pénales dans le cadre de procédures civiles ou commerciales », *Bull. barr. Paris* 25 juin 2002, nº 25, p. 185.
2. V. s[s] n°s 416.34 s. – Civ. 1re, 30 juin 2016, nº 15-13.755, P – Civ. 2e, 21 mars 2019, nº 18-14.045, P.
3. Paris, 2e ch., ord. JME, 26 mai 2010, RG nº 09/07571.
4. MAIS UNE AUTORISATION de celui-ci peut caractériser la bonne foi déniant tout caractère intentionnel à une violation du secret de l'instruction : Crim. 23 avr. 2003, nº 02-86.197, NP.
5. R. Lorrain, C. Bonan, « Versement de pièces pénales issues d'une instruction dans une instance civile : focus sur le cas particulier de l'ordonnance de non-lieu », *Gaz. Pal.* 1er mars 2016, p. 18 – Versailles, 1re ch., 1re sect., 22 mars 2007, RG nº 05/06926.
6. TJ Paris, 10 juill. 2020, RG nº 20/52615 ; *D.* 2021. 215, obs. J.-D. Bretzner.
7. V. s[s] n°s 416.34 s.
8. V. s[s] n°s 416.71 s.
9. Crim. 30 sept. 2015, nº 15-90.014, NP ; *Nouv. Cah. Cons. const.* 2016, nº 50, p. 110, obs. E. Bonis-Garçon ; *D.* 2016. 1734, note J. Pradel.
10. V. s[s] n°s 416.91 s.
11. Civ. 2e, 22 oct. 2009, nº 08-15.245, P II, nº 253 ; – DÉJÀ : Soc. 6 juill. 1994, nº 90-43.640, P V, nº 227.
12. V. s[s] nº 416.36.
13. Civ. 2e, 7 janv. 2010, nº 08-14.378, P II, nº 3.
14. V. s[s] n°s 416.91 s.
15. Civ. 2e, 9 avr. 2009, nº 08-12.574, P II, nº 96 ; *D.* 2009. 1212 ; *D.* 2009. 2714, obs. Ph. Delbecque, J.-D. Bretzner et T. Vasseur ; *Dr. pénal* 2009, nº 102, obs. A. Maron et M. Haas.

§ 1
Modalités de la communication des pièces

453.70 **Plan.** La communication des pièces à la partie adverse obéit à des principes généraux (A) nécessitant de prendre en compte certains cas particuliers (B) et de faire preuve de prudence s'agissant du dessaisissement et de la restitution des pièces (C).

A.
Principes

453.81 **Communication des pièces à la partie adverse.** La partie qui fait état d'une pièce doit la communiquer à la partie adverse[1]. Avant tout débat contradictoire les avocats se doivent la communication des pièces qu'ils joindront à leurs dossiers[2]. Il peut toutefois être dérogé à ce principe en matière pénale[3].

La pièce doit donc être communiquée par la partie qui l'invoque : cette communication lui revient, même si la pièce en cause émane de l'autre partie[4]. L'avocat devant communiquer non seulement les pièces qu'il entend produire, mais également celles dont il entend alléguer l'existence[5] c'est-à-dire toute pièce dont il fait état devant la juridiction, peu importe qu'il fonde ou non sa demande sur la pièce litigieuse[6].

453.82 **Demande du confrère adverse.** L'avocat du demandeur qui joint les pièces à l'assignation devra, si un confrère se présente en défense et en fait la demande, communiquer à nouveau ces pièces[7]. Cette demande doit être satisfaite au regard de nos principes essentiels que sont la loyauté[8] et la confraternité[9].

453.83 **Communication en l'absence d'avocat adverse.** En l'absence d'avocat représentant ou assistant la partie adverse, dans les procédures sans représentation obligatoire, la communication des pièces peut se faire par simple lettre, de préférence par lettre, recommandée avec accusé de réception ou LRE eIDAS[10], de l'avocat à la partie adverse ou à la personne qui l'assiste, et dont le double conservé au dossier vaudra justification de la communication des pièces jusqu'à preuve contraire.

Un envoi par courriel peut également être opéré à condition de conserver la preuve de la bonne réception du message et de son contenu par son destinataire.

453.84 **Modalités de la communication de pièces.** Dans tous les cas, y compris dans les procédures sans représentation obligatoire, et en l'absence d'avocat assistant la partie adverse, le règlement intérieur national[11] exige que les pièces, communiquées en original (à déconseiller) ou en photocopie, soient numérotées, portent le cachet de l'avocat et soient accompagnées d'un bordereau de communication de pièces daté et signé par l'avocat en trois exemplaires :

- l'un que l'avocat destinataire retourne à son confrère après l'avoir signé,
- le second destiné au tribunal,
- le troisième que l'avocat auteur de la communication conserve à son dossier.

Une communication respectant le principe du contradictoire implique que la pièce transmise soit numérotée, conformément au bordereau de communication des pièces[12]. Il appartient à l'avocat désigné comme tel par le calendrier de procédure, de communiquer ses pièces en premier, celui-ci pouvant toujours reconclure sur les écritures de son contradicteur[13]. La circonstance que le client ait transmis très tardivement la pièce litigieuse ne libère pas l'avocat de l'obligation, qui lui incombe en vertu de l'article 5 du RIN, de communiquer ses pièces en temps utile[14].

Une partie peut toujours exiger que la communication soit faite avec délivrance d'un récépissé[15].

453.85 **Intégrité des pièces communiquées.** Les principes de loyauté et de prudence imposent à l'avocat de communiquer les pièces produites sans modification d'aucune sorte (mention au crayon à papier effacée, partie de la pièce masquée...) et dans leur état original[16].

1. C. pr. civ., art. 132 – V. s[s] n°s 452.41 s.
2. Civ. 2e, 21 oct. 1981, n° 80-14.551, P II, n° 190 ; *Gaz. Pal.* 1982. 1. 21, note J. Viatte, CRIT. – Civ. 3e, 10 juin 1976, n° 74-14.417, P III, n° 252 ; *RTD civ.* 1977. 369, obs. R. Perrot ; *Gaz. Pal.* 1977. 1. 117, note J. Viatte.
3. V. s[s] n[os] 452.43 s.
4. Civ. 2[e], 10 oct. 1990, n° 89-15.723, P II, n° 192 ; *Gaz. Pal.* 1991. Somm. 356, obs. H. Croze et Ch. Morel.
5. Paris, avis n° 204357, 27 avr. 2010.
6. Paris, avis n° 203928, 28 avr. 2010.
7. CNB, Comm. RU, avis n° 2014-014, 16 avr. 2014 ; C. avocat, 2018, s[s] RIN, art. 5, avis CNB, *in fine.*
8. V. s[s] n°s 332.11 s.
9. V. s[s] n°s 336.11 s.
10. Règl. 910/2014, Parlement et Conseil, 23 juill. 2014 sur l'identification électronique et les services de confiance pour les transactions électroniques au sein du marché intérieur et abrogeant la directive 1999/93/CE, *JOUE L* 28 août, p. 73 – Décr. n° 2018-347, 9 mai 2018 relatif à la lettre recommandée électronique, *JO* 12 mai, n° 16 – F. Dempuré, « Gros plan sur la lettre recommandée électronique », *JCP* 2019. 1100.
11. RIN, art. 5.5.
12. Paris, avis n° 190043, 8 juin 2010 – Paris, avis n° 253364, 6 mai 2014 – V. s[s] n°s 452.112 s.
13. Paris, avis n° 215412, 29 nov. 2011.
14. Paris, avis n° 204650, 25 mai 2010 – Paris, avis n° 215412, 29 nov. 2011.
15. Paris, 25 avr. 1967, *D.* 1967. 521.
16. Paris, avis n° 189131, 26 févr. 2010 – Paris, avis n° 202417, 27 avr. 2010 – Paris, avis n° 281197, 28 juin 2016.

Il peut toutefois y avoir lieu de procéder à l'occultation de certains éléments de la pièce communiquée lorsqu'il existe un motif légitime qui le justifie. Tel peut être le cas en cas de nécessité tenant à la protection de la vie privée de tiers à la procédure et à la protection des données personnelles[1], d'un secret légalement protégé (secret des affaires, secret professionnel...).

Il est également possible dans ces situations, de faire constater la présence de certains éléments par un huissier sans révéler la teneur de l'intégralité de la pièce, ou, en cas d'accord des parties de communiquer ces éléments à un expert qui établira un rapport sans faire mention des éléments en cause, voire de communiquer la pièce en cause au seul juge ce que ce dernier peut néanmoins refuser.

453.86 **Secret des affaires.** Dans le cadre de la transposition de la directive du 8 juin 2016[2] des dispositions particulières[3] ont été prévues, en matière civile et commerciale, relativement à la communication ou production de pièces qui contiendraient des éléments protégés par le secret des affaires[4].

Il est désormais prévu que lorsqu'il est fait état ou est demandée la communication ou la production d'une pièce dont il est allégué par une partie ou un tiers ou dont il a été jugé qu'elle est de nature à porter atteinte à un secret des affaires, le juge peut, d'office ou à la demande d'une partie ou d'un tiers, si la protection de ce secret ne peut être assurée autrement et sans préjudice de l'exercice des droits de la défense prendre connaissance seul de cette pièce et, s'il l'estime nécessaire, ordonner une expertise et solliciter l'avis, pour chacune des parties, d'une personne habilitée à l'assister ou la représenter, afin de décider s'il y a lieu d'appliquer des mesures de protection ; décider de limiter la communication ou la production de cette pièce à certains de ses éléments, en ordonner la communication ou la production sous une forme de résumé ou en restreindre l'accès, pour chacune des parties, au plus à une personne physique et une personne habilitée à l'assister ou la représenter ; décider que les débats auront lieu et que la décision sera prononcée en chambre du conseil ou encore adapter la motivation de sa décision et les modalités de publicité de celle-ci aux nécessités de la protection du secret des affaires[5].

Les articles R. 153-2 et suivants du code de commerce prévoient la procédure applicable aux demandes de communication ou de production de pièces lorsque la protection du secret des affaires est invoquée.

Toute personne ayant accès à une pièce ou au contenu d'une pièce considérée par le juge comme étant couverte ou susceptible d'être couverte par le secret des affaires est tenue à une obligation de confidentialité lui interdisant toute utilisation ou divulgation des informations qu'elle contient[6].

453.87 **Procédure administrative.** Devant les juridictions administratives, une procédure particulière est prévue lorsque la communication d'une pièce serait de nature à heurter un intérêt légitimement protégé. Exceptions tenant à la nature particulière des éléments invoqués. Ainsi, lorsque la loi prévoit que la juridiction statue sans soumettre certaines pièces ou informations au débat contradictoire ou lorsque le refus de communication de ces pièces ou informations est l'objet du litige, la partie qui produit de telles pièces ou informations mentionne, dans un mémoire distinct, les motifs fondant le refus de transmission aux autres parties, en joignant, le cas échéant, une version non confidentielle desdites pièces après occultation des éléments soustraits au contradictoire. Le mémoire distinct et, le cas échéant, la version non confidentielle desdites pièces, sont communiqués aux autres parties.

Les pièces ou informations soustraites au contradictoire ne sont pas transmises au moyen Télérecours[7] mais sont communiquées au greffe de la juridiction sous une double enveloppe, l'enveloppe intérieure portant le numéro de l'affaire ainsi que la mention : *"pièces soustraites au contradictoire-Article R. 412-2-1 du code de justice administrative"*. Si la juridiction estime que ces pièces ou informations ne se rattachent pas à la catégorie de celles qui peuvent

1. Paris, avis n° 299990, 9 mars 2018.
2. Dir. 2016/943 du Parlement européen et du Conseil, 8 juin 2016 sur la protection des savoir-faire et des informations commerciales non divulgués (secrets d'affaires) contre l'obtention, l'utilisation et la divulgation illicites, *JOUE L* 15 juin, p. 1 – S. Schiller, « Secret des affaires : la directive est publiée », *JCP* 2016. 746.
3. L. n° 2018-670, 30 juill. 2018 relatives à la protection du secret des affaires, *JO* 31 juill., n° 1 ; – et : Décr. n° 2018-1126, 11 déc. 2018 relatif à la protection du secret des affaires, *JO* 13 déc., n° 6 ; – S. Pierre-Maurice, « Mesures provisoires et secret des affaires », *D.* 2019. 390 ; – S. Piedelièvre, « La loi du 30 juillet 2018 sur le secret des affaires », *Gaz. Pal.* 9 oct. 2018, p. 13 ; – M. Dhenne, « La loi n° 2018-670 du 30 juillet 2018 relative à la protection du secret des affaires », *D.* 2018. 1817 ; – I. Despres et M. Roy-Zenati, « Secret des affaires et mesures d'instruction in futurum », *Gaz. Pal.* 23 juill. 2019, p. 78.
4. J.-M. Garinot, *Le secret des affaires, « Travaux du Credimi »*, LexisNexis, 2013 – V. Cassiers, S. Gilson (dir.), *L'entreprise et le secret*, Larcier, 2014 – F. G'sell et P. Durand-Barthez, *La protection du secret des affaires*, Lextenso, 2015 – T. Du Manoir de Juaye, S. Marcelin, *Le secret des affaires*, « Droit et professionnels », LexisNexis, 2016.
5. C. com., art. L. 153-1.
6. C. com., art. L. 153-2.
7. V. s[s] n° 452.78.

être soustraites au contradictoire, elle les renvoie à la partie qui les a produites et veille à la destruction de toute copie qui en aurait été faite. Elle peut, si elle estime que ces pièces ou informations sont utiles à la solution du litige, inviter la partie concernée à les verser dans la procédure contradictoire, le cas échéant au moyen de Télérecours. Si la partie ne donne pas suite à cette invitation, la juridiction décide des conséquences à tirer de ce refus et statue sans tenir compte des éléments non soumis au contradictoire.

453.88 **Copies.** Depuis le 1er octobre 2016[1], le nouvel article 1379 du code civil prévoit que la copie fiable a la même force probante que l'original[2]. La fiabilité est laissée à l'appréciation du juge. Néanmoins, est réputée fiable la copie exécutoire ou authentique d'un écrit authentique. Est présumée fiable jusqu'à preuve du contraire toute copie résultant d'une reproduction à l'identique de la forme et du contenu de l'acte, et dont l'intégrité est garantie dans le temps par un procédé conforme à des conditions fixées par le décret 5 décembre 2016[3]. Si l'original subsiste, sa présentation peut toujours être exigée.

B.
Cas particuliers

453.91 **Pièces volumineuses et pièces fragiles.** Le caractère volumineux des pièces, notamment en matière de litige dans le domaine de la propriété intellectuelle, peut justifier une communication par leur dépôt au greffe[4]. Cette pratique, expressément prévue en matière de justice administrative[5], a toutefois vocation à s'amenuiser avec le développement de la communication sur supports numériques.

Par ailleurs, si le client demande à son avocat de ne pas se dessaisir d'un original qu'il lui a confié et si l'avocat de la partie adverse ne se contente pas d'une communication en photocopie, la communication peut se faire aussi par la voie du greffe. Il en est ainsi parfois en matière de succession où la pièce peut être un original fragile qui ne quittera pas le greffe où l'avocat de la partie adverse pourra en prendre connaissance.

453.92 **Pièces en langue étrangère.** Les juges ne peuvent fonder leurs décisions sur des pièces en langue étrangère[6], non accompagnées d'une traduction[7]. De telles pièces doivent donc impérativement être accompagnées d'une traduction libre[8]. En cas d'absence d'une telle traduction libre, il appartient au contradicteur de prendre attache avec son confrère afin de le lui signaler, sauf à faire preuve de légèreté[9].

En outre, il appartient à celui qui conteste la traduction libre de demander à son contradicteur de se rapprocher d'un traducteur juré[10].

453.93 **Procédure avec représentation obligatoire.** Devant le tribunal judiciaire en matière civile, comme devant la cour d'appel, où les avocats postulent, la communication de pièces doit obligatoirement, depuis 1998[11], être faite par bordereau qui doit être annexé à l'assignation[12], les dispositions de l'article 56 du code de procédure civile exigeant que l'assignation comprenne l'indication des pièces sur lesquelles la demande est fondée énumérées sur un bordereau qui lui est annexé, comme aux conclusions[13], les dispositions de l'article 753 du code de procédure civile exigeant que les conclusions comportent en annexe un bordereau énumérant les pièces justifiant les prétentions, et dont une copie est remise au juge.

453.94 **Communication en cause d'appel.** L'avocat qui a produit une pièce en première instance est désormais obligé, en principe, de les communiquer à nouveau en cause d'appel[14]. Et cette communication doit intervenir simultanément à celle de ses conclusions[15]. En réalité la communication doit intervenir en temps utile, et dès lors qu'il est constaté qu'elles l'ont été, il n'y avait pas lieu de les écarter des

1. Ord. n° 2016-131, 10 févr. 2016 portant réforme du droit des contrats, du régime général et de la preuve des obligations, *JO* 11 févr., n° 26 ; *D.* 2016. 2535, obs. A. Aynès – G. Lardeux, « Commentaire du titre IV *bis* nouveau du Livre III du code civil intitulé « De la preuve des obligations » ou l'art de ne pas réformer », *D.* 2016. 850.
2. F. Chénedé, *Le nouveau droit des obligations et des contrats*, hc, Dalloz, 2016, nos 53.61 s.
3. Décr. n° 2016-1673, 5 déc. 2016 relatif à la fiabilité des copies et pris pour l'application de l'article 1379 du code civil, *JO* 6 déc., n° 61 – Th. Douville, « Nouveau droit des contrats (fiabilité des copies) : publication du décret d'application », *D.* 2016. 2517.
4. Paris, 5 et 29 déc. 1978, *Bull. avoués* 1979. 2. 27.
5. CJA, art. R. 412-2.
6. Ord., 25 août 1539 sur le fait de la justice, dite ordonnance de Villers-Cotterêts, art. 111.
7. Civ. 1re, 22 oct. 2009, n° 08-17.525, P I, n° 210 ; *D.* 2009. 2614.
8. RIN, art. 5.5.
9. Paris, avis n° 231686, 23 oct. 2012.
10. Paris, avis n° 257941, 23 sept. 2014.
11. Décr. n° 98-1231, 28 déc. 1998 modifiant le code de l'organisation judiciaire et le nouveau code de procédure civile, *JO* 30 déc., p. 19904.
12. C. pr. civ., art. 56.
13. C. pr. civ., art. 753.
14. C. pr. civ., art. 132 s.
15. C. pr. civ., art. 906.

débats[1] c'est-à-dire de manière à laisser la partie adverse en prendre connaissance et y répondre[2].

Lorsqu'un avocat, entre la décision de première instance et l'audience d'appel, modifie significativement la numérotation du bordereau des pièces (passant ainsi de 109 à 75), il doit joindre à l'intention de son contradicteur un tableau de correspondance entre l'ancienne et la nouvelle numérotation[3].

453.95 Procédure administrative. Le décret du 9 octobre 2020[4] est venu procéder à une refonte de Télérecours[5]. Les pièces sont adressées via Télérecours[6]. Elles doivent être transmises à raison d'un fichier distinct par pièce[7], chaque fichier comportant un numéro dans un ordre continu et croissant, conformément à l'inventaire qui en est dressé sauf à recourir, depuis le 1er juin 2021, à la génération automatique de l'inventaire, avec un libellé suffisamment explicite quant à la description de la pièce[8].

Lorsque l'on entend transmettre un nombre important de pièces jointes constituant une série homogène eu égard à l'objet du litige, il est possible de les regrouper dans un ou plusieurs fichiers, à la condition que le référencement de ces fichiers ainsi que l'ordre de présentation, au sein de chacun d'eux, des pièces qu'ils regroupent soient conformes à l'énumération, figurant à l'inventaire, de toutes les pièces jointes à la requête. Le requérant doit alors impérativement fournir un inventaire détaillé[9].

En tout état de cause, l'irrecevabilité ne peut être opposée qu'après que la juridiction administrative ait adressé à l'intéressé un document indiquant précisément les modalités de régularisation[10] et seules les pièces mal libellées peuvent être écartées[11]. Toutefois, le défaut de production d'une seule pièce par fichier dans la requête initiale continue d'entraîner son irrecevabilité.

Pour les pièces dont les caractéristiques ne permettent pas la transmission électronique, elles sont transmises sur support papier, dans les conditions de droit commun[12]. Leur production doit être annoncée dans la rubrique correspondante de l'application Télérecours[13].

C.
Dessaisissement et restitution des pièces

453.101 Interdiction de l'avocat de se dessaisir des pièces communiquées. L'avocat ne doit pas se dessaisir entre les mains de son client des pièces communiquées. Il a le droit et le devoir de les lui faire connaître à son cabinet, de les examiner avec lui et d'en prendre personnellement copie, a fortiori s'il s'agit d'originaux[14]. Il peut lui communiquer des photocopies de ces pièces à condition qu'elles ne mettent pas en cause des tiers.

L'avocat ne doit pas non plus se dessaisir des originaux des pièces entre les mains du tribunal, se mettant ainsi dans l'impossibilité de remettre en temps utile copie de ces pièces à la partie adverse, ce faisant il manque à ses devoirs de prudence, de compétence et de vigilance[15].

453.102 Restitution des pièces. La restitution des pièces, dans l'hypothèse où le contradicteur l'a sollicité au moment de leur remise, doit avoir lieu dans des délais normaux permettant au confrère la préparation de son dossier pour le jour de l'audience et si possible dans l'ordre de numérotation où elles ont été communiquées.

Il y a une désinvolture coupable à restituer à l'audience même les pièces à un confrère en les lui rendant dans le désordre le plus complet.

§ 2
Preuve de la communication des pièces

453.111 Présomption simple de communication. La Cour de cassation admet une présomption de régularité de communication en l'absence de contestation lorsque les pièces ont été visées dans les conclusions et reprises dans le bordereau de communication[16] ou à défaut lorsque les juges se sont

1. Civ. 2e, 30 janv. 2014, no 12-24.145, P II, no 26 ; *D.* 2014. 429 ; *D.* 2014. 795, obs. N. Fricero ; *RTD civ.* 2015. 201, obs. N. Cayrol.
2. Cass., ass. plén., 5 déc. 2014, no 13-19.674 ; *D.* 2014. 2530 ; *D.* 2015. 287, obs. N. Fricero ; *RDI* 2015. 135, obs. J.-P. Tricoire et O. Tournafond ; *D. avocats* 2015. 80, art. C. Lhermitte ; *RTD civ.* 2015. 201, obs. N. Cayrol.
3. Paris, avis no 231789, 4 juill. 2012.
4. Décr. no 2020-1245, 9 oct. 2020 relatif à l'utilisation des téléprocédures devant le Conseil d'État, les cours administratives d'appel et les tribunaux administratifs et portant autres dispositions, *JO* 11 oct., no 18 ; *JCP* 2020. 1178.
5. C. Bléry, Th. Douville, « Télérecours et télérecours citoyen. Apports et perspectives en matière de justice numérique », *JCP* 2020. 1330.
6. V. ss no 452.78.
7. CJA, art. R. 414-5, al. 2.
8. CJA, art. R. 414-5, al. 3.
9. CJA, art. R. 414-5, al. 5.
10. CJA, art. R. 414-5, al. 4– CE 5 oct. 2018, req. no 418233, *Lebon ; JCP* 2018. 1087.
11. CJA, art. R. 414-5, al. 4 et 5.
12. V. ss no 452.77.
13. CJA, art. R. 414-6.
14. Paris, avis no 210027, 12 oct. 2010.
15. Paris, avis no 224586, 25 sept. 2012.
16. Civ. 2e, 17 oct. 1979, no 78-14.080, P II, no 240 ; *D.* 1981. 80, obs. A. Breton – Civ. 2e, 14 oct. 1982, no 81-14.011, P II, no 127 – Civ. 2e, 18 oct. 2001, no 00-12.600, NP – Civ. 2e, 20 déc. 2001, no 98-21.329, P II, no 204.

fondés sur les documents[1] dont la communication n'a pas donné lieu à contestation[2].

Cette présomption est simple : elle peut donc être renversée par la preuve contraire.

453.112 Pièce non mentionnée dans le bordereau. Dès lors, si le bordereau de communication de pièces n'établit pas la preuve que telle pièce a bien été versée aux débats – pas plus qu'une pièce qui ne figure pas dans le bordereau ne peut, pour cette seule raison, être écartée des débats[3] – il induit une présomption de communication faisant qu'il appartient à celui qui se prévaut d'un défaut de communication d'en apporter la preuve.

C'est ainsi que, dans une affaire où une pièce sur laquelle une cour d'appel s'était fondée pour estimer qu'une créance avait été régulièrement déclarée, ne figurait pas au bordereau et n'aurait pas été communiquée à la partie adverse, la Cour de cassation a considéré que la cour n'avait nullement violé le principe du contradictoire étant donné qu'après qu'il ait été fait état de cette pièce, la partie adverse n'avait pas prétendu devant la cour d'appel que celle-ci ne lui aurait pas été communiquée[4].

Il est dès lors impératif lorsqu'un avocat reçoit des conclusions ou un bordereau de communication de pièces qu'il vérifie sans délai que les pièces qui y sont mentionnées ou invoquées lui ont bien été communiquées.

453.113 Procédures orales. La particularité de la matière a conduit la jurisprudence à user de la présomption du respect du contradictoire[5]. Les pièces sur lesquelles le juge s'est fondé et qui n'ont donné lieu à aucune contestation sont réputées, sauf preuve contraire, avoir été régulièrement produites et soumises à la discussion des parties[6].

Pour éviter qu'une pièce soit présumée avoir été communiquée, la prudence conseille à chaque partie de mentionner dans ses écritures les pièces qui lui ont été communiquées, en y joignant la photocopie du ou des bordereau(x) dont son adversaire a accompagné sa ou ses communications de pièces.

1. Com. 13 nov. 2001, n° 99-11.816, NP – Com. 18 avr. 2000, n° 98-12.765, NP.
2. Civ. 2e, 27 avr. 1974, n° 73-11.533, P II, n° 140 – Civ. 2e, 23 juin 1960, n° 58-10.993 ; CONTRE : Paris, 6 juill. 1957 – Com. 23 janv. 1963, P n° 60.
3. Civ. 2e, 6 juin 2019, n° 18-14.432, P ; *JCP* 2019. 660 ; *Gaz. Pal.* 5 nov. 2019, p. 69, obs. N. Hoffschir.
4. Com. 19 mars 2002, n° 99-13.749, NP.
5. B. Travier, *Procédures orales*, « Dalloz Service », 2002, p. 44 s. – AUSSI : B. Teyssie, A. Chevillard, V. Duboeuf (dir.), *Procédure prud'homale : oralité et contradiction, enquête du Conseil supérieur de la prud'homie, Institut d'études européennes et internationales du travail,* La Documentation française, 1993.
6. EN MATIÈRE prud'homale : Soc. 3 juill. 2001, n° 99-42.179, NP – Soc. 13 juin 2001, n° 99-42.374, NP.

453.114 Limites à la présomption de communication de pièces. La doctrine a justement attiré l'attention sur l'hypothèse où le conseil de l'une des parties aurait glissé dans son dossier de plaidoirie[7], remis au juge, certaines pièces, sans que l'attention de son confrère adverse n'ait été appelée sur leur existence et a en conséquence critiqué la présomption de régularité permettant de couvrir de tels agissements[8]. Force est en effet de constater qu'un certain nombre d'avocats se font encore du combat judiciaire une idée semblable à celle du combat militaire, dans lequel l'effet de surprise serait un atout majeur.

La 3e chambre civile de la Cour de cassation a été la première à réagir : elle a institué, à partir de 1976, une jurisprudence cassant les décisions fondées sur un document dont la production et la communication régulière ne résultaient ni de l'arrêt, ni du dossier de procédure, lorsque ces documents n'avaient pas été invoqués dans les conclusions des parties[9]. Cette initiative a reçu l'adhésion de la 2e chambre civile dans un arrêt de 1981 par lequel elle casse un arrêt de cour d'appel fondé sur une lettre dont il « n'apparaît ni des mentions de l'arrêt, ni du dossier de la procédure (ni aujourd'hui du bordereau de communication de pièces[10]) qu'elle ait été communiquée à l'adversaire ou que celui-ci ait eu connaissance de sa production »[11].

L'arrêt de 1981 conduit à une solution équilibrée : si la production de la pièce a été portée à la connaissance de l'autre partie (c'est-à-dire s'il en a été fait mention dans les conclusions) ou si la communication régulière résulte des mentions de l'arrêt lui-même ou d'une preuve positivement rapportée par la production d'une pièce de procédure (en pratique un bordereau de communication de pièces), aucune violation du principe du contradictoire ne peut être invoquée. En revanche, s'il est impossible de constater l'une de ces circonstances, le risque est grand que l'une des parties ne découvre la pièce qui lui est opposée qu'à la lecture de l'arrêt et la décision qui se fonde sur cette pièce non communiquée encourt la cassation.

7. V. ss n° 452.44.
8. J. Viatte, note *Gaz. Pal.* 1977. I. 117 – R. Perrot, *RTD civ.* 1977. 369 ; – RAPPR. : Aix-en-Provence, 10 déc. 1992, *Gaz. Pal.* 1993, note Ph. Latil.
9. Civ. 3e, 7 juill. 1976, nos 75-13.292, 75-14.013, P III, n° 301 – Civ. 3e, 10 juin 1976, n° 74-14.417, P III, n° 252 ; *Gaz. Pal.* 1977. 1. 117, note J. Viatte ; *RTD civ.* 1977. 369, obs. R. Perrot – Civ. 3e, 30 nov. 1977, n° 76-11.776, P III, n° 419.
10. Civ. 3e, 12 mars 2002, n° 00-19.995, NP.
11. Civ. 2e, 25 nov. 1981, n° 78-13.880, P II, n° 207 – Civ. 2e, 17 oct. 1979, n° 78-14.080, P II, n° 240 ; *D.* 1981. 80, obs. A. Breton.

§ 3
Portée de la communication des pièces

453.121 Effets de la communication de pièces. L'effet de la communication est de rendre commune aux deux parties la pièce communiquée qui est, dès lors, acquise au procès et à partir de laquelle chacune des parties peut puiser des arguments[1].

Il en résulte que celui qui a communiqué une pièce ne peut la retirer des débats sans le consentement de son adversaire.

453.122 Pièce communiquée inexploitable. Le fait que la pièce communiquée soit illisible n'équivaut pas à une absence de connaissance de celle-ci, les principes de loyauté et de confraternité exigeant alors que l'avocat destinataire en demande une nouvelle communication[2].

En cas de transmission manifestement incomplète d'une pièce (par exemple, verso manquant d'un contrat), l'avocat et son contradicteur manquent réciproquement à leur devoir de vigilance, le premier pour son envoi incomplet, le second pour avoir omis de réclamer la pièce complète[3].

En cas de mauvaise communication, il appartient à l'avocat qui s'en prévaut d'en aviser son contradicteur sans délai.

453.123 Production de l'original. En principe, l'avocat n'a pas à se départir de l'original des pièces qu'il communique. Toutefois, si la partie adverse conteste la fidélité de la copie, l'original peut être produit. Lorsqu'un document a été établi en original sur support papier, le juge peut en exiger la production[4].

Il en est de même devant les juridictions administratives en cas de communication par voie électronique[5].

SECTION 3
SANCTIONS PÉNALES EN MATIÈRE D'ADMINISTRATION DE LA PREUVE

453.130 Plan – Risque pénal en matière d'administration de la preuve. En matière d'administration de la preuve, l'avocat s'expose à un risque pénal en raison de l'attitude qu'il peut avoir dans l'obtention des preuves comme de sa simple négligence dans la vérification de celles-ci.

Il peut ainsi faire l'objet de poursuites pénales notamment pour violation du secret professionnel[6], complicité de faux[7], escroquerie au jugement[8], recel[9], mais encore pour chantage (§ 1), subornation de témoin (§ 2) ou faux et usage de faux s'agissant tout particulièrement des fausses attestations (§ 3).

§ 1
Chantage

453.141 Délit de chantage. Toute forme de pression que tenterait d'exercer l'avocat auprès de la partie adverse dépourvue d'avocat est constitutive de chantage en application de l'article 312-10 du code pénal, le chantage étant « le fait d'obtenir, en menaçant de révéler ou d'imputer des faits de nature à porter atteinte à l'honneur ou à la considération, soit une signature, un engagement ou une renonciation, soit la révélation d'un secret, soit la remise de fonds, de valeurs ou d'un bien quelconque ».

La cour d'appel de Paris définit le chantage de la façon suivante : le délit de chantage consiste à menacer quelqu'un de faire connaître à un ou plusieurs tiers, publiquement ou non, des faits portant atteinte à l'honneur ou la considération de la personne concernée, constituant une révélation ou imputation diffamatoire[10], et ce, afin d'obtenir de la part de cette personne une signature (attestation), un engagement, une renonciation, la révélation d'un secret, la remise de fonds, de valeurs ou d'un bien quelconque. Il n'est pas nécessaire que l'imputation ou la révélation ait reçu une certaine publicité[11], ni qu'elle ait été adressée à la personne visée par ces mêmes imputations ou révélations[12], ni que les imputations ou révélations soient fausses[13].

C'est ainsi qu'entre dans les prévisions de l'infraction de chantage, la menace de dénoncer des faits de nature à entraîner des poursuites disciplinaires[14], des poursuites correctionnelles[15], la menace de dénonciation à la sécurité sociale[16], tout comme la simple menace de nature à provoquer une crainte légitime d'une condamnation portant atteinte à l'honneur ou la considération de celui qu'elle vise[17]. Il suffit que la menace soit indirecte, déguisée sous des réticences, dissimulée sous des artifices de langage, pour qu'elle n'en constitue pas moins un des éléments du délit de

1. Civ. 27 juin 1939 ; *DC* 1941. 111, note P. Mimin.
2. Paris, avis n° 205638, 18 mai 2010.
3. Paris, avis n° 225909, 7 févr. 2012.
4. C. pr. civ., art. 748-4.
5. CJA, art. R. 611-8-5.
6. V. s[s] n°s 411.63 s.
7. V. s[s] n° 921.54.
8. V. s[s] n°s 922.101 s.
9. V. s[s] n°s 921.101 s.
10. Paris, 24 mars 1953, *Gaz. Pal.* 1953. 2. 14.
11. Crim. 6 janv. 1923 ; *DP* 1923. 1. 238.
12. Crim. 25 avr. 1896 ; *DP* 1898. 1. 92.
13. Crim. 19 juill. 1895 ; *DP* 1900. 1. 567.
14. Crim. 4 juill. 1874 ; *DP* 1875. 1. 288.
15. Crim. 13 févr. 1957, P n° 142.
16. Crim. 20 déc. 1967, n° 67-91.879, P n° 335 ; *D.* 1968. 611 ; *Gaz. Pal.* 1968. 1. 163.
17. Crim. 18 déc. 1975, n° 75-90.310, P n° 289.

chantage[1], et les juges du fond apprécient souverainement à cet égard le sens et la portée des menaces[2]. C'est ainsi que lorsqu'un employé se prétend à la fois créancier d'un complément de salaire et victime de propos diffamatoires de la part de l'employeur, et menace ce dernier de le dénoncer aux douanes et à l'administration fiscale pour des faits susceptibles d'engager sa responsabilité, le délit de chantage est constitué en l'absence de rapport entre ces faits et les demandes de l'employé[3].

Seule la menace de recourir aux voies légales pour procéder au recouvrement d'une dette ne tombe pas sous le coup des dispositions du délit de chantage[4]. Il en est de même de la possibilité pour la victime d'une infraction de porter plainte, mais uniquement au titre de l'infraction dont elle est victime, et non, par exemple de dénoncer une infraction fiscale, laquelle, par sa nature même est étrangère à un litige entre particuliers[5].

453.142 **Peines.** Le chantage est puni de cinq ans d'emprisonnement et 75 000 euros d'amende, peines portées à sept ans d'emprisonnement et 100 000 euros d'amende lorsque la menace a été mise à exécution[6].

453.143 **Peines complémentaires.** L'avocat condamné du chef de chantage encourt également les peines complémentaires prévues à l'article 312-13 du code pénal, et notamment celle de l'interdiction d'exercer l'activité d'avocat, soit à titre définitif, soit à titre temporaire, auquel cas elle ne saurait excéder une durée de cinq ans[7]. Cette interdiction peut se cumuler avec une sanction disciplinaire[8].

453.144 **Prescription.** Le chantage est une infraction instantanée dont la prescription est de six ans à compter du jour où ont été commis les faits.

§ 2
Subornation de témoin

453.151 **Définition.** Aux termes de l'article 434-15 du code pénal, la subornation de témoin consiste, même si cela n'est pas suivi d'effet, à user de promesses, offres, présents, pressions, menaces, voies de fait, manœuvres ou artifices au cours d'une procédure ou en vue d'une demande ou défense en justice afin de déterminer autrui, soit à faire ou délivrer une déposition, une déclaration ou une attestation mensongère, soit à s'abstenir de faire ou délivrer une déposition, une déclaration ou une attestation[9].

La subornation s'applique également aux interprètes[10] et aux experts[11], ainsi qu'aux attestations visées aux articles 200 et suivants du code de procédure civile[12].

453.152 **Caractérisation.** Le délit de subornation, qui se caractérise par la conscience d'altérer la vérité afin d'influer sur le cours de la justice, implique des actes de nature à peser sur la volonté et qui déterminent directement une personne à adresser une déclaration mensongère[13]. Le seul fait d'exercer des pressions sur une personne pour l'inciter à déclarer autre chose que ce qu'elle pense être la vérité caractérise le délit de subornation, peu importe que la personne auprès de laquelle on sollicite une telle déclaration ait sciemment menti, ce qu'elle peut faire pour assurer sa propre défense, et que la déclaration que l'on souhaitait obtenir était dans un sens conforme à la vérité judiciaire qui sera établie ultérieurement[14]. Il en est ainsi, notamment, des actes visant à déterminer une personne, auteur d'une attestation déjà soumise à une juridiction, d'en établir une nouvelle rétractant ou contredisant la première[15].

Le délit de subornation de témoin ne vise toutefois ni la simple sollicitation, dès lors qu'elle ne s'accompagne pas de promesses, offres, présents, pressions, menaces, voies de fait, manœuvres ou artifices à destination de la personne sollicitée[16], ni de simples recommandations faites à d'éventuels coïnculpés, en vue de se concerter, pour assurer leur défense commune[17]. La frontière pouvant ici être

1. Crim. 20 déc. 1967, P n° 335 ; *D.* 1968. 611 ; *Gaz. Pal.* 1968. 1. 163 – Crim. 18 déc. 1975, n° 75-90.310, P n° 289.
2. Crim. 4 juill. 1874 ; *DP* 1875. 1. 288.
3. Paris, 26 oct. 1956 ; *D.* 1957. 186.
4. Crim. 12 mars 1985, n° 84-90787, P n° 110 ; *Gaz. Pal.* 1985. 2. 626 ; *RSC* 1986. 384, obs. P. Bouzat.
5. Crim. 13 mars 1990, n° 88-87015, P n° 116 ; *D.* 1991. 61, obs. G. Azibert.
6. C. pén., art. 312-11.
7. C. pén., art. 312-13, 2°.
8. Civ. 1re, 17 mai 1988, n° 86-15.067, P I, n° 145 ; *D.* 1991. 302, note A. Brunois ; *Gaz. Pal.* 1989. 2. 491, note G. Flécheux – Civ. 1re, 9 avr. 2015, n° 14-50.012, P I, n° 82 ; *D.* 2015. 1192, note O. Décima ; *D.* 2015. 1187, avis J.-P. Sudre ; *D.* 2015. 2465, obs. G. Roujou de Boubée, T. Garé, C. Ginestet, M.-H. Gozzi et S. Mirabail.
9. C. pén., art. 434-15.
10. C. pén., art. 434-19.
11. C. pén., art. 434-21.
12. Crim. 7 janv. 1970, n° 69-91.065, P n° 16 – Crim. 28 juin 2011, n° 10-88.795, NP.
13. Crim. 2 mars 2016, n° 15-81.787, P n° 66 ; *D.* 2016. 601.
14. Crim. 12 juin 2019, n° 18-83.844, P ; *D.* 2019. 1229 ; *Gaz. Pal.* 2 juill. 2019, p. 27 ; *Gaz. Pal.* 16 juill. 2019, p. 22, note D. Piau ; *JCP* 2019. 892, note J.-Ch. Saint-Pau ; *Gaz. Pal.* 19 nov. 2019, p. 50, obs. S. Detraz ; *Gaz. Pal.* 3 déc. 2019, p. 28, obs. B. de Belval.
15. Crim. 6 nov. 1962, P n° 305 – Crim. 9 déc. 1975, n° 74-91.963, P n° 274 – Crim. 4 avr. 1978, n° 77-93.092, P n° 125 ; *D.* 1978. 512, rapp. E. Robert ; *RSC* 1979. 83, obs. A. Vitu – Crim. 11 déc. 1991, n° 91-80.597, P n° 472.
16. Crim. 22 févr. 1956, P n° 187 ; *D.* 1956. 131 ; *JCP* 1956. II. 9270, note A. Colombini – Crim. 7 mars 1956, P n° 237 – Rouen, 25 févr. 1952 ; *D.* 1952. 806.
17. Crim. 26 janv. 1972, n° 71-90.202, P n° 35 ; *D.* 1972. 92 ; *Gaz. Pal.* 1972. II. 718 ; *RSC* 1972. 867, obs. A. Vitu.

délicate à apprécier entre la simple sollicitation, et les pressions, ce qui doit inciter tout avocat à la plus extrême prudence dans ses rapports avec les tiers.

453.153 **Peines.** La subornation de témoin est punie de trois ans d'emprisonnement et de 45 000 euros d'amende, et ce, même si la subornation n'est pas suivie d'effet.

453.154 **Répression.** Les avocats ne doivent pas user de manœuvres pour déterminer autrui à faire des déclarations mensongères, et ce, quand bien même les clients auraient, au nom des droits de la défense, le droit de mentir. C'est ainsi que :

- un avocat fut condamné à une peine de 5 000 euros d'amende pour avoir fourni un modèle de lettre à recopier et a usé d'appels et messages téléphoniques répétés et insistants afin d'obtenir d'un témoin qu'il adresse au juge d'instruction un courrier dans lequel il modifiait ses déclarations et dénonçait les conditions de son audition par les gendarmes[1] ;

- deux avocats furent condamnés respectivement à seize et vingt mois d'emprisonnement avec sursis, pour avoir l'un en récupérant deux chèques de son client en prison, et l'autre en acceptant de recevoir ces mêmes chèques pour le compte de son client afin que celui-ci donne une version favorable au client du premier avocat devant le juge, se sont rendus coupables de subornation[2]. Dans cette affaire les chèques s'étaient avérés sans provision et le client s'était ravisé de faire un faux témoignage de complaisance. Une telle attitude est d'une particulière gravité, faisant qu'elle peut justifier une mesure de suspension provisoire[3] ;

- un avocat a pu faire l'objet d'une suspension provisoire[4], pour avoir proposé à une partie civile, victime d'un viol, de ce que les personnes poursuivies lui proposaient le versement d'une somme de 300 000 francs en échange de son silence. La Cour de cassation approuve la mesure en considérant que la subornation poursuivie avait été commise par l'avocat dans l'exercice de son activité professionnelle, lequel avocat avait déjà mené des « négociations du même ordre », banalisant une pratique, selon lui habituelle, faisant craindre qu'une nouvelle infraction soit commise[5] ;

- un avocat fut condamné à une peine d'un an d'emprisonnement avec sursis ainsi qu'à une amende de 10 000 euros, outre la somme de 5 000 euros à titre de dommages et intérêts due à la victime en réparation de son préjudice moral, pour s'être rendu à plusieurs reprises au magasin d'un des coprévenus de son client dans une affaire d'association de malfaiteurs en vue de l'inciter à revenir sur les accusations qu'il avait proférées à l'encontre de son client à l'occasion d'une confrontation[6] ;

- un avocat fut condamné à une peine de quatre mois d'emprisonnement avec sursis et à une amende de 5 000 euros ainsi qu'à une interdiction d'exercer la profession d'avocat pendant une durée de six mois, pour avoir fait pression pour obtenir un témoignage d'une personne en vue de confirmer l'alibi de son client, « le ton très directif de l'avocat », « le soin apporté à lui inculquer les détails de la version qu'il devait donner » et « l'insistance sur l'importance de son témoignage qui pouvait suffire à innocenter le mis en cause », et ce en présence de la sœur de celui-ci, caractérisant, outre une violation du secret de l'enquête et de l'instruction[7], une pression psychologique pour déterminer le témoin à faire une déposition mensongère[8].

453.155 **Prescription.** La subornation est une infraction instantanée dont la prescription est de six ans à compter du jour où ont été commis les faits.

§ 3
Faux et usage de faux

453.161 **Fausses attestations.** L'article 441-7 du code pénal réprime le fait d'établir, au profit d'un tiers[9] une attestation ou un certificat faisant état de faits matériellement inexacts, de falsifier une attestation ou un certificat originairement sincère, ou de faire usage d'une attestation ou d'un certificat inexact ou falsifié. Cet article réprime notamment les fausses attestations établies au visa des articles 200 et suivants du code de procédure civile[10], qui peuvent également être réprimées sur le terrain de la subornation[11].

1. Crim. 2 mars 2016, n° 15-81.787, P n° 66 ; *D.* 2016. 601 ; – PQC REJETÉ PAR : Crim. 7 oct. 2015, n° 15-81.787, NP.
2. Crim. 25 janv. 1984, n° 83-90.646, P n° 33 ; *Gaz. Pal.* 1984. II. p. 493, note A. Damien ; *in* DAMIEN, *Les grands arrêts*, 1991, p. 73.
3. V. s[s] n°s 512.20 s.
4. V. s[s] n°s 512.51 s.
5. Crim. 22 oct. 1997, n° 97-84.243, P n° 346 ; *D.* 1998. 5 ; *JCP* 1997. IV. 2485.
6. Crim. 12 juin 2019, n° 18-83.844, P ; *D.* 2019. 1229 ; *Gaz. Pal.* 2 juill. 2019, p. 27 ; *Gaz. Pal.* 16 juill. 2019, p. 22, note D. Piau ; *JCP* 2019. 892 note J.-Ch. Saint-Pau ; *Gaz. Pal.* 19 nov. 2019, p. 50, obs. S. Detraz ; *Gaz. Pal.* 3 déc. 2019, p. 28, obs. B. de Belval.
7. V. s[s] n°s 416.131 s.
8. Crim. 3 mars 2020, n° 19-82.073, NP ; *Gaz. Pal.* 2 juin 2020, p. 43, obs. B. de Belval et J. Villacèque.
9. Crim. 7 mars 2012, n° 11-82.153, P n° 66 ; *D.* 2012. 815 ; *D.* 2012. 2917, obs. G. Roujou de Boubée, T. Garé, M.-H. Gozzi, S. Mirabail et T. Potaszkin ; *AJ fam.* 2012. 405, obs. C. Elkouby Salomon ; *AJ pénal* 2012. 287, obs. J. Gallois ; *RTD com.* 2012. 855, obs. B. Bouloc.
10. Crim. 3 févr. 1982, n° 80-95.073, P n° 40.
11. Crim. 7 janv. 1970, n° 69-91.065, P n° 16.

La complicité de ce délit vise à sanctionner celui qui a coopéré sciemment à la fabrication ou l'élaboration d'une telle attestation[1], ce qui peut viser l'avocat dans le cadre de son exercice professionnel[2].

453.162 **Illustrations.** Les avocats sont susceptibles d'être condamnés pénalement en raison des attestations qu'ils auraient établies ou fait établir pour le compte de leur client. C'est ainsi que furent condamnés à une peine :

- de dix mois d'emprisonnement avec sursis pour établissement et usage d'attestation inexacte, un avocat qui avait fait rédiger par sa secrétaire, sous sa dictée, des attestations destinées à étoffer le dossier de divorce de son client à l'insu duquel elles avaient été versées au dossier[3] ;
- de deux ans d'emprisonnement dont un an avec sursis, pour faux et usage de faux, complicité d'établissement d'attestations inexactes, de contrefaçon ou falsification de chèque, d'usage de chèque contrefait ou falsifié, de tentative d'escroquerie au jugement, un avocat qui avait facilité une escroquerie au jugement en faisant rédiger par de nombreuses personnes des attestations à partir de modèles qu'il avait transmis, et qui faisaient état de faits qu'il savait pertinemment inexacts avant de les produire dans le cadre de litiges au civil et au pénal de l'un de ses clients[4] ;
- d'un mois d'emprisonnement avec sursis du chef d'usage d'attestations inexactes, un avocat qui avait produit, lors d'une audience du bureau de jugement du conseil de prud'homme « deux attestations établissant des faits qu'il savait inexacts et concernant le président dudit bureau »[5].

453.163 **Faux réalisé pour commettre une autre infraction.** Lorsque le faux est réalisé aux fins de commettre une autre infraction, telle qu'une escroquerie, la chambre criminelle considère que le principe *ne bis in idem* ne s'oppose pas à une condamnation du chef des deux infractions dès lors que les faits ne procèdent pas de manière indissociable d'une action unique caractérisée par une seule intention coupable : l'infraction de faux qui consiste en une altération de la vérité dans un support d'expression de la pensée se distingue de son utilisation constitutive du délit d'usage de faux et, le cas échéant, d'un élément des manœuvres frauduleuses de l'infraction d'escroquerie. Dans cette hypothèse, seuls les faits d'usage sont de nature à procéder des mêmes faits que ceux retenus pour les manœuvres frauduleuses.

Par conséquent, une cour d'appel a pu condamner un prévenu des chefs d'escroquerie et de faux dès lors que les juges se sont fondés, au titre du faux, sur des faits de falsification d'ordonnances médicales qui sont distincts des faits d'utilisation de ces documents retenus comme élément des manœuvres frauduleuses de l'escroquerie à des fins de facturation de soins fictifs au préjudice de caisses d'assurance maladie et mutuelles de santé[6].

453.164 **Peines.** La peine est d'un an d'emprisonnement et de 15 000 euros d'amende, portée à trois ans d'emprisonnement et à 45 000 euros d'amende lorsque l'infraction est commise en vue de porter préjudice au Trésor public ou au patrimoine d'autrui.

453.165 **Peines complémentaires.** L'avocat condamné du chef d'établissement ou d'usage d'attestation inexacte encourt également les peines complémentaires prévues à l'article 441-10 du code pénal, et notamment celle de l'interdiction d'exercer l'activité d'avocat, soit définitive, soit temporaire, auquel cas elle ne peut excéder une durée de cinq ans[7]. Cette interdiction peut se cumuler avec une sanction disciplinaire[8], ainsi que l'exclusion des marchés publics[9].

453.166 **Prescription.** L'établissement ou l'usage d'attestation inexacte est une infraction instantanée dont la prescription est de six ans à compter du jour où a été établie l'attestation[10] ou à chaque fois qu'il en est fait usage[11].

1. Crim. 15 janv. 1990, n° 89-82.385, P n° 23 ; *RSC* 1991. 88, obs. P. Bouzat ; *RTD com.* 1990. 652, obs. P. Bouzat – Crim. 24 juin 1997, n° 96-82.424, P n° 251 ; *Gaz. Pal.* 1998. II. 650, note S. Petit ; *D.* 1997. 185 ; *AJFP* 1998. 38 ; *AJFP* 1998. 40, note H. Bonnard ; *RSC* 1997. 835, obs. Y. Mayaud.
2. V. s[s] n° 921.54.
3. Crim. 8 oct. 1996, n° 95-86.146, NP ; *Dr. pénal* 1997, n° 45, obs. M. Véron.
4. Crim. 16 juin 2011, n° 10-85.340, NP ; – REJET DE QPC PAR : Crim. 26 janv. 2011, n° 10-85.340, NP – Aussi : v. s[s] n° 922.92.
5. Crim. 8 janv. 2003, n° 02-81.344, NP.
6. Crim. 9 sept. 2020, n° 19-84.301, P ; *Gaz. Pal.* 20 oct. 2020, p. 18, note R. Mésa ; *JCP* 2020. 1287, note S. Détraz.
7. C. pén., art. 441-10, 2°.
8. Civ. 1re, 17 mai 1988, n° 86-15.067, P n° 145 ; *D.* 1991. 302, note A. Brunois ; *Gaz. Pal.* 1989. 2. 491, note G. Flécheux – Civ. 1re, 9 avr. 2015, n° 14-50.012, P I, n° 82 ; *D.* 2015. 1192, note O. Décima ; *D.* 2015. 1187, avis J.-P. Sudre.
9. C. pén., art. 441-10, 3°.
10. Crim. 25 oct. 1983, n° 83-90.074, P n° 261.
11. Crim. 7 janv. 1970, n° 69-91.065, P n° 16.

CHAPITRE

454. Police des audiences

SECTION 0 ORIENTEUR

454.00 **Sommaire du chapitre.**

Division. La police des audiences a fait l'objet d'importantes évolutions (sect. 1) et implique de bien distinguer : 1° La gestion de la tenue des audiences (sect. 2) ; 2° Les poursuites disciplinaires en raison des manquements commis par l'avocat à l'occasion d'une audience : c'est le régime des délits d'audience (sect. 3) ; 3° Les, poursuites pénales, devant les juridictions de droit commun, en raison des infractions commises à l'occasion d'une procédure, dès lors qu'elles ne bénéficient pas de l'immunité judiciaire (sect. 4).

454.01 **Textes applicables.**

TEXTES TITRÉS

> Principes applicables

• **L. n° 71-1130, 31 déc. 1971**

art. 3 [Serment]

art. 25-1 [Violation des règles de procédure]

> Incidents d'audience

• **C. pr. civ.**

art. 439 [Troubles à l'audience]

• **C. pr. pén.**

art. 321 [Troubles à l'audience]

art. 404 [Troubles à l'audience]

• **RIBP**

art. P. 37 [Incidents d'audience]

> Délits d'audience

• **L. n° 71-1130, 31 déc. 1971**

art. 25 [Délits d'audience]

> Immunité judiciaire

• **L. 29 juill. 1881**

art. 41 [Immunité judiciaire]

• **C. pr. civ.,**

art. 24 [Obligation de réserve]

> Infractions pénales

• **C. pén.**

art. 226-10 [Dénonciation calomnieuse]

art. 434-8 [Menaces ou actes d'intimidations]

art. 434-16 [Pressions en vue d'influer sur le cours de la justice]

art. 434-24 [Outrage à magistrat]

art. 434-25 [Atteinte au crédit de la justice]

• **L. 29 juill. 1881**

art. 29 s. [Diffamation et injure]

• **C. pr. pén.**

art. 675 s. [Jugement des infractions commises à l'audience des cours et tribunaux]

454.02 Jurisprudence de référence.

> Sur l'inconstitutionnalité de l'article 66 de la loi Sécurité et liberté

• **Cons. const. 20 janv. 1981,** n° 80-127 *DC*, Loi renforçant la sécurité et protégeant la liberté des personnes, *JO* 22 janv., p. 308.

* V. s^s n°s 452.21, 454.41.

« En ce qui concerne l'article 66 de la loi relatif à la discipline des avocats et à la police de l'audience :

[...]

51. Considérant qu'il résulte tant des termes que des travaux préparatoires de cette disposition qu'elle permet au président d'une juridiction d'écarter un avocat de la salle d'audience en vertu de ses pouvoirs de police de l'audience et pour préserver la sérénité des débats sans même que, pour autant, l'avocat ait nécessairement manqué aux obligations que lui impose son serment et tombe sous le coup des poursuites disciplinaires visées par l'article 25 de la loi du 31 décembre 1971 tel qu'il résulte du paragraphe 1 de l'article 66 de la loi soumise à l'examen du Conseil constitutionnel.

52. Considérant que, même si la mesure que le président, aux termes de l'article 25-1 précité, pourrait prendre à l'égard d'un avocat dont l'attitude compromettrait la sérénité des débats, avait le caractère d'une simple mesure de police de l'audience et ne revêtait pas celui d'une sanction disciplinaire, il ne demeure pas moins que cette mesure, qui pourrait intervenir alors que l'avocat n'a manqué à aucune des obligations que lui impose son serment et alors qu'il a donc rempli son rôle de défenseur, serait contraire, tant dans la personne de l'avocat que dans celle du justiciable, aux droits de la défense qui résultent des Principes essentiels de la profession reconnus par les lois de la République ; que, dès lors, le paragraphe II de l'article 66 de la loi soumise à l'examen du Conseil constitutionnel est contraire à la Constitution ; »

> Immunité judiciaire

• **Civ. 2e, 8 avr. 2004,** n° 01-12.638, P II, n° 183.

* V. s^s n° 454.116.

« Attendu que l'arrêt attaqué statuant sur les demandes en divorce de M. et Mme X..., a retenu que le passage suivant des conclusions de M. Y... : « on ne peut que remarquer aussi l'étroitesse des relations existant entre Mme Z... et le conseil de Mme Y... (voir attestation A..., attestation B...) pour constater que le manque de crédibilité et de sincérité de ce témoignage divergent, variable, empreint de subjectivité et manifestement dicté par le souci de faire plaisir », était diffamatoire et étranger à la cause, a prononcé sa suppression et a réservé l'action civile ;

[...]

Sur le second moyen, pris en sa première branche :

Attendu que M. Y... fait grief à l'arrêt d'avoir prononcé la suppression du premier alinéa de la page 10 de ses conclusions, des attestations de Mmes B... et A... et du mémoire communiqué avec les conclusions et d'avoir réservé l'action civile de M. C... quant aux faits diffamatoires constitués par la production de ces écrits, alors, selon le moyen, qu'il résulte de l'article 41, alinéa 3, de la loi du 29 juillet 1881 dont les dispositions sont d'ordre public, que les propos injurieux prononcés devant les tribunaux ne peuvent donner lieu à aucune poursuite ; qu'il en va autrement, en application du dernier alinéa de ce texte, lorsque les propos litigieux sont susceptibles de constituer une diffamation publique consistant dans l'imputation d'un fait précis de nature à porter atteinte à l'honneur et à la considération d'une personne déterminée ou d'un groupe auquel elle appartient ; qu'en se bornant à affirmer qu'un passage des conclusions de M. Y... était diffamatoire pour la seule raison qu'il mettait en doute la crédibilité et la sincérité d'une attestation dont l'auteur était connu pour être en relation étroite avec l'avocat de son épouse, ainsi que Mmes B... et A... en avaient elles-mêmes témoigné, la cour d'appel qui n'a caractérisé aucun des éléments constitutifs de la diffamation publique, a violé les articles 29 et 41 de la loi du 29 juillet 1881 ;

Mais attendu que toute expression qui contient l'imputation d'un fait précis et déterminé de nature à porter atteinte à l'honneur où à la considération de la personne visée, constitue une diffamation, même si elle est présentée sous une forme déguisée ou dubitative ou par voie d'insinuation ; que les écrits incriminés, insinuant que l'avocat de Mme Y... aurait obtenu un témoignage de complaisance à la suite des relations qu'il entretenait avec un témoin, portaient atteinte à son honneur et à sa considération professionnelle ; que c'est à bon droit que la cour d'appel a retenu leur caractère diffamatoire ;

Et attendu que l'exercice de la faculté de prononcer la suppression d'écrits injurieux, outrageants ou diffamatoires, reconnue aux juges saisis de la cause et statuant sur le fond, par l'alinéa 4 de l'article 41 de la loi du 29 juillet 1881 relève de leur pouvoir souverain ;

D'où il suit que le moyen n'est pas fondé ;

Mais sur le second moyen, pris en sa seconde branche :

Vu l'article 41 de la loi du 29 juillet 1881 ;

Attendu que l'immunité instituée par cet article, destinée à garantir le libre exercice du droit d'agir ou de se défendre en justice, couvre les discours prononcés ou les écrits produits devant les tribunaux et ne reçoit exception que dans le cas où les faits diffamatoires sont étrangers à la cause ;

Attendu que pour réserver l'action civile, l'arrêt retient que les faits diffamatoires étaient étrangers à la cause ;

Qu'en statuant ainsi, alors que les imputations visaient à contester la crédibilité et la sincérité des attestations produites par Mme Y... à l'appui de sa demande en divorce, la cour d'appel a violé le texte susvisé ; »

• **Civ. 3e, 3 mai 2012,** n° 11-14.964, P III, n° 64

* V. s^s^ n° 454.124.

« Vu l'article 41 de la loi du 29 juillet 1881 ;

Attendu que ne donneront lieu à aucune action en diffamation, injure ou outrage, ni le compte rendu fidèle fait de bonne foi des débats judiciaires, ni les discours prononcés ou les écrits produits devant les tribunaux ; que pourront néanmoins les juges, saisis de la cause et statuant sur le fond, prononcer la suppression des discours injurieux, outrageants ou diffamatoires, et condamner qui il appartiendra à des dommages-intérêts ; que pourront toutefois les faits diffamatoires étrangers à la cause donner ouverture, soit à l'action publique, soit à l'action civile des parties, lorsque ces actions leur auront été réservées par les tribunaux, et, dans tous les cas, à l'action civile des tiers ;

Attendu que pour condamner Mme X... à verser à Mme Y... des sommes au titre du préjudice moral occasionné par ses conclusions en défense signifiées le 2 septembre 2008, la cour d'appel retient, par motifs propres et adoptés, que la référence dans ces écrits au suicide de M. Y... est étrangère au débat concernant les travaux à réaliser dans l'immeuble et présente un caractère infamant pour Mme Y... et en déduit que celle-ci est fondée à demander réparation de son préjudice moral en application des dispositions de l'article 1382 [devenu 1240] du code civil ;

Qu'en statuant ainsi alors que l'article 41 susvisé était seul applicable, la cour d'appel a violé le texte susvisé. »

> Outrage

• **Limoges, 11 juill. 1979,** *in* Damien, *Les grands arrêts,* 1991, p. 134.

* V. s^s^ n°s 337.37, 454.25, 454.181.

« Attendu que [...] c'est à tort que les premiers juges ont suppléé l'absence de preuve concernant l'intention délictuelle du prévenu par une présomption qui ne pouvait être retenue comme suffisante, que s'il ressortait des faits et circonstances de la cause, que Maître X... avait la conviction en prononçant devant dame B... les propos qui lui sont imputés, que celle-ci en transmettrait nécessairement l'expression à celui qui en était l'objet ;

Attendu que l'on ne peut affirmer en effet en l'absence de tout élément autre que les déclarations susvisées, que les propos tenus qui ont pu n'être d'ailleurs que la manifestation excessive et déplacée d'une mauvaise humeur passagère, l'ont été avec cette conviction de leur auteur ; qu'il s'ensuit que les éléments constitutifs du délit [d'outrage] ne sont pas réunis [...]. »

> Diffamation

• **Crim. 16 nov. 1999,** n° 97-84.035, NP.

* V. s^s^ n°s 454.113, 454.206.

« Attendu qu'il résulte de l'arrêt attaqué que A... X..., magistrat, a fait citer devant la juridiction correctionnelle François Saint-Pierre, avocat, pour diffamation publique envers un fonctionnaire, lui reprochant d'avoir, le 11 mars 1996, date d'ouverture du procès de son client A..., tenu sur les ondes de la radio « France Info », les propos suivants :

"Seul A... fait l'objet de ce procès avec B... et C..., ses adjoints. À la différence, à Lyon, de tous les autres groupes municipaux et en France de tous les hommes politiques. Voulez-vous M^e^ dire pourquoi seul A... serait l'objet de ce procès ? Et bien, tout simplement, parce que le parquet de Lyon et le juge d'instruction X... à Lyon ont agi de façon partiale, sur commande politique, pour exécuter un adversaire politique" ;

Attendu que, pour refuser au prévenu le bénéfice de l'immunité judiciaire prévue par l'article 41, alinéa 3, de la loi du 29 juillet 1881, les juges énoncent que, si selon ces dispositions, l'avocat bénéficie de la liberté de parole au cours de l'audience judiciaire, il ne saurait prétendre à cette immunité lorsque, comme c'est le cas en l'espèce, il s'exprime hors de ce cadre ; qu'ils ajoutent que les termes dans lesquels ce magistrat a été mis en cause dépassent manifestement la prudence nécessaire à l'admission de la bonne foi. »

> Dénonciation calomnieuse

• **Crim. 3 mars 2009,** n° 08-85.357, NP.

* V. s^s^ n° 454.249.

« Attendu, enfin, que c'est par une appréciation souveraine des éléments de preuve contradictoirement débattus, que les juges ont constaté qu'il n'était pas établi que les propos incriminés n'étaient que le commentaire de sa plaidoirie ;

Attendu que, pour déclarer les prévenus coupables de dénonciation calomnieuse, l'arrêt retient que ces avocats ont spontanément adressé au procureur de la République une plainte accusant faussement la greffière d'un cabinet d'instruction d'avoir apposé au pied d'une ordonnance renvoyant leur client devant le tribunal correctionnel une mention constitutive, selon eux, d'un faux en écriture publique ;

Attendu qu'en l'état de ces seules énonciations, les juges, qui, en outre, n'avaient pas à motiver mieux qu'ils ne l'ont fait le montant de l'amende et celui des réparations civiles, ont justifié leur décision. »

454.03 Bibliographie indicative.

* Aussi : v. s^s^ n° 45.03.

Thèses. E. Cerdan, *La parole libre de l'avocat (1789-1830)*, Th., Bordeaux, 2016 – J. Sauvel, *Les immunités judiciaires*, Sirey, 1956.

Encyclopédies. *J.-Cl. Civ. Annexes, V° Avocat*, fasc. 30 : avocats, Manquements à l'audience, 2015 – *J.-Cl. Pr. civ.*, fasc. 83-4 : avocats, Manquements à l'audience, 2015 – Rép. pén., *V° Délit d'audience*, n°s 35 s., par F. Saint-Pierre, janv. 2011.

Traités. B. Beignier (dir.), *Traité de droit de la presse et des médias*, « Traités », LexisNexis, 2009 – Ch. Guéry et B. Lavielle, *Le guide des audiences correctionnelles*, 3e éd., « Dalloz Action », 2018 – J.-Ch. Saint-Pau (dir.), *Droits de la personnalité*, « Traités », Lexisnexis, 2013.

Monographies. Ch. Bigot, *Pratique du droit de la presse*, 3e éd., hc, Dalloz, 2020 – A. Civard-Racinais, *La plume et la balance : Les médias dans la stratégie de défense des avocats pénalistes*, Kimé, 1998 – St. Hoebeke, B. Mouffe, *Le droit de la presse : Presse écrite, presse audiovisuelle, presse électronique*, 3e éd., Anthemis, Bruxelles, 2012 – Collectif, Legicom, no 50, 2013/2, *Les renouvellements de la liberté d'expression : Actes du Forum Légipresse du 4 octobre 2012, Maison du Barreau de Paris*, Victoires, 2013 – E. Raschel, *La procédure pénale en droit de la presse*, « Guide pratique », Gazette du Palais, 2019 – F. Saint-Pierre, *Pratique de la défense pénale*, LGDJ, 2016.

Articles. A. Damien, « La liberté de la défense et le délit d'audience », *Gaz. Pal.* 1982. 1. Doctr. 192 ; « Le pavé », *Gaz. Pal.* 1982. 1. Doctr. 196 ; « La répression des délits d'audience commis par des avocats après la loi du 15 juin 1982 », *Gaz. Pal.* 1982. 2. Doctr. 514 – E. Derieux, « Les comptes rendus d'audience », *Légipresse* 1994. II. 25 – V. Renaudie, « La liberté d'expression de l'avocat dans la jurisprudence de la Cour européenne des droits de l'homme », *Gaz. Pal.* 2006. Doctr. 2185 – B. Richard, « Sommes-nous suffisamment immunisés ? », *Gaz. Pal.* 3-5 juill. 2011, p. 17 – L. Saenko, « L'outrage à magistrat : une qualification en danger ? », *Gaz. Pal.* 30 avr. 2018, p. 86 – J. Sauvel, « Les immunités judiciaires », *RSC* 1950. 554.

SECTION 1
PROPOS LIMINAIRES

454.10 **Plan.** La police des audiences confrontées aux libertés, notamment de défense et de parole, de l'avocat repose sur la recherche d'un délicat équilibre (§ 1) qui a connu des évolutions jurisprudentielles (§ 2) ayant nécessité des réformes législatives dans les années 1980 (§ 3).

§ 1
Évolution des textes

454.21 **Affirmation du rôle de l'avocat.** Les exemples ne manquent pas de phrases qui sonnent comme un coup de clairon et qui jalonnent cette indépendance du barreau. De Pierre Antoine Berryer[1] qui défendit le général Cambronne en rappelant aux juges qu' : « Il est indigne d'un roi de ramasser les blessés sur le champ de bataille pour les traîner à l'échafaud » ; à Charles-Maurice Chenu[2] pendant le procès Caillaux[3] : « Qu'on arrache nos toges et qu'on apporte des livrées mais je crains qu'il ne s'en trouve pas une à ma taille » ; à Pierre Loewel[4] rappelant dans l'affaire Stavisky[5] que : « Dans cette affaire le ministère public, c'est le ministère tout court ». Tous ces mots sont présents dans les mémoires.

Mais plus que des mots, des interjections ou des éclairs, il y a une attitude constante du barreau qui exprime sa liberté.

454.22 **Finalité de la police des audiences.** Sans que ne soit altérée la liberté nécessaire à son ministère, l'avocat, dans son activité de plaidoirie et de représentation des parties, notamment par ses écritures produites en justice, n'échappe pas totalement à un certain devoir de réserve, tenant notamment au devoir de modération pesant sur lui[6].

Il peut recevoir des injonctions des juges et voir ses discours supprimés[7], il peut faire l'objet d'un renvoi devant la juridiction disciplinaire ou devant une juridiction pénale dans le cadre de procédures destinées à protéger l'immunité judiciaire dont il est l'objet[8] ; il peut se voir enfin condamner à payer des dommages-intérêts envers ceux qu'il a outragés[9], diffamés ou injuriés[10].

454.23 **Caractère délicat de la question de la police des audiences.** Les textes sont multiples, peu précis, se chevauchent dans une large mesure, les incriminations demeurent vagues et la jurisprudence en a restreint l'application au maximum. Les avocats doivent exercer leur rôle de défenseur sans tomber dans l'outrage ou dans l'excès, la tradition de la liberté de la parole au barreau sait se combiner avec celle de la modération au moins apparente quels que soient les tensions, les rancœurs ou parfois même, très exceptionnellement, les mépris.

La législation française, depuis 1810[11], était restrictive des libertés de l'avocat au prétoire, quoique, à de rares exceptions près, la défense fût peu entravée dans l'histoire judiciaire des XIXe et XXe siècles. C'est là une des gloires de la magistrature française d'avoir été la garante des libertés de la défense, avec d'autant plus de courage que les textes en vigueur ne l'y invitaient point. La magistrature française a ainsi toujours tenu à honneur de considérer comme exceptionnelle l'application de ces textes et à aider au maintien d'une tradition de liberté de la parole à la barre qui dépasse les dispositions légales et qui fait partie intégrante des principes généraux du droit.

Cette tradition peut se résumer ainsi : l'avocat peut dire tout ce qui est dans l'intérêt de son client

1. Pierre Antoine Berryer [1790-1868].
2. Charles-Maurice Chenu [1886-1963].
3. Ch.-M. Chenu, *Le procès de Madame Caillaux*, Fayard, 1960.
4. Pierre Loewel [1890-1955].
5. P. Loewel, *L'affaire Stavisky. Plaidoirie de Me Pierre Loewel*, LGDJ, 1936.
6. V. ss nos 337.00 s.
7. V. ss nos 454.121 s.
8. V. ss nos 454.100 s.
9. V. ss nos 454.171 s.
10. V. ss nos 454.201 s.
11. V. ss nos 023.63 s.

et qui lui permet de le défendre avec efficacité. C'est cette tradition libérale qui différencie la pratique judiciaire française de celle de nombreux pays.

454.24 Devoir de modération. La contrepartie de cette tradition est la modération naturelle dont l'avocat doit faire preuve et le respect qu'il doit manifester à la justice[1]. L'opinion de la doctrine et celle de la presse, sont, en la matière, des régulateurs de la jurisprudence qui l'aident à préciser les principes de liberté nécessaires[2].

Le débat judiciaire a lieu devant des personnes qui cherchent à découvrir la vérité[3] ; ce n'est pas dans une atmosphère de réunions publiques ni de procès de tribunaux populaires que l'on pourra y parvenir. Toutefois, il importe que les règles n'entravent pas non plus la défense dans ce qu'elle a d'essentiel.

454.25 Première difficulté. La première difficulté est venue de la combinaison de l'article 25 de la loi du 31 décembre 1971 et du contenu même du serment, alors en vigueur[4], qui contraignait l'avocat à exercer sa profession « dans le respect des tribunaux » ainsi qu'à s'engager à ne « rien dire de contraire aux lois, aux règlements, aux bonnes mœurs, à la sûreté de l'État et à la paix publique ».

Par application de ces textes, toute faute ou manquement aux devoirs imposés à l'avocat par ce serment et commis à l'audience pouvait être réprimée, d'une sanction disciplinaire, immédiatement par la juridiction saisie de l'affaire, sur les conclusions du ministère public, s'il en existait un devant cette juridiction et après avoir entendu le bâtonnier ou son représentant[5], l'avocat poursuivi pouvant choisir un avocat pour assurer sa propre défense[6].

La décision rendue par un tribunal en matière de délit d'audience était exécutoire par provision et les voies de recours n'étaient exercées que conformément aux règles applicables devant la juridiction qui statuait, ce qui était particulièrement grave devant les juridictions statuant en dernier ressort (cour d'assises, cour militaire de justice, tribunal permanent des forces armées).

454.26 Seconde difficulté. En outre, l'article 41, de la loi du 29 juillet 1881[7] sur la liberté de la presse, relatif aux immunités judiciaires prévoyait que la juridiction devant laquelle les discours étaient prononcés, décidait souverainement s'ils pouvaient être considérés comme servant à justifier les conclusions et avaient quelque utilité pour la solution du litige, et pouvait prononcer la suppression des discours injurieux, outrageants ou diffamatoires, faire des injonctions aux avocats et même les suspendre de leurs fonctions, la durée de cette suspension ne pouvant excéder deux mois et pouvant être toutefois portée à six mois en cas de récidive[8].

§ 2
Évolution de la jurisprudence

454.31 Magistrats, juges et parties. Les magistrats apparaissaient donc à la fois comme juges et parties[9]. Et, même si les tribunaux ont toujours fait preuve d'une modération certaine en la matière[10], certaines affaires qui vont marquer l'opinion publique vont mettre en exergue la nécessité de procéder à une réforme législative.

454.32 *L'affaire du Petit-Clamart.* En 1963, Jean-Louis Tixier-Vignancour[11], Jacques Isorni[12], Richard Dupuy[13] et Bernard le Corroller[14], défenseurs des accusés du Petit-Clamart devant la Cour militaire de justice[15], décident de récuser l'un des juges, le colonel Reboul. Isorni avait reçu d'un des anciens collègues du colonel Reboul une lettre qui indiquait avoir été frappé par son esprit de répression systématique et rapportait une réflexion du colonel Reboul à son adresse : « Qu'êtes-vous venu faire ici si vous ne voulez pas condamner ? ». Après que Tixier-Vignancour ait plaidé sa demande de récusation, Isorni, avec l'autorisation de l'expéditeur, donne à la cour lecture de cette lettre. Sans attendre les commentaires et les réserves qu'il pouvait faire, le colonel Reboul l'interrompt et le président, le général Gar-

1. V. s[s] n°s 337.00 s.
2. NOT. SUR l'affaire Choucq : *Le Monde* 2 avr. 1980, p. 2 ; *Gaz. Pal.* 1980. 1. Doctr. 254.
3. V. s[s] n°s 322.51 s.
4. Décr. n° 72-468, 9 juin 1972 organisant la profession d'avocat, pris pour l'application de la loi n° 71-1130 du 31 décembre 1971, *JO* 11 juin, p. 5884, art. 23 anc. – V. s[s] n° 314.47.
5. Civ. 1re, 16 juin 1976, n° 75-10.926, P I, n° 219 ; *Gaz. Pal.* 1976. 2. Somm. 186 – Civ. 1re, 2 oct. 1975, n° 73-13.764, P I, n° 250 ; *Gaz. Pal.* 1975. Somm. 260 – Civ. 1re, 15 oct. 1975, n° 73-12.628, P I, n° 273 ; *Gaz. Pal.* 1976. 1. 166 – Montpellier, 25 juin 1979, *Gaz. Pal.* 1979. II. 472 – Rennes, 18 déc. 1979, *Gaz. Pal.* 1980. 1. 129.
6. Civ. 18 avr. 1894, *D.* 1898. 1. 493 – Rennes, 14 mai 1960, *Gaz. Pal.* 1980. I. 475.
7. L. 29 juill. 1881 sur la liberté de la presse, *JO* 30 juill., p. 4201.
8. Civ. 1re, 30 juin 1970, n° 68-14.013, P I, n° 226 ; *Gaz. Pal.* 1970. 2. 285 – Seine, 16 avr. 1964, *JCP* 1964. II. 13676 – Paris, 17 févr. 1965, *JCP* 1965. II. 14161.
9. CEDH 22 oct. 2019, *Deli c/République de Moldavie*, req. n° 42010/06, *Gaz. Pal.* 29 oct. 2019, p. 44, obs. C. Berlaud.
10. Limoges, 11 juill. 1979, *Gaz. Pal.* 1979. 2. 471, note A. Damien ; *in* A. DAMIEN, *Les grands arrêts*, Litec, 1991, p. 134.
11. Jean-Louis Tixier-Vignancour [1907-1989].
12. Jacques Isorni [1911-1995].
13. Richard Dupuy [1914-1985].
14. Bernard le Corroller [1924-1968].
15. Ord. n° 62-618, 1er juin 1962 instituant une Cour militaire de justice, *JO* 2 juin 1962, p. 5316.

det lui retire la parole. L'avocat général Gerthoffer demande alors une suspension d'audience avant de revenir avec des réquisitions par lesquelles il demande la radiation d'Isorni. Le lendemain, après que le bâtonnier Marcel Grente[1] ait été entendu en ses observations, Tixier-Vignacour plaide pour Isorni[2].

Dans son délibéré, la Cour militaire de justice considère : « qu'en lisant cette lettre dont les termes outrageants et diffamatoires n'avaient pas pu lui échapper et en l'utilisant précisément en raison de ce caractère afin d'atteindre le but poursuivi, Maître Isorni a gravement manqué aux obligations que lui impose son serment. Ce manquement commis à l'audience doit être réprimé conformément à l'article 41 et qu'il y a lieu d'ordonner à titre de sanction l'interdiction temporaire de Maître Isorni pour une durée de trois ans »[3]. Jean-Marc Varaut[4] succédera alors à Isorni dans la défense de Bastien-Thiry[5].

Aucune voie de recours n'était prévue contre les décisions de la Cour militaire de justice ce qui conduisit le Conseil d'État à annuler l'ordonnance instituant ladite cour[6], laquelle fut toutefois maintenue pour les affaires en cours[7].

454.33 ***L'affaire Isorni - Giscard d'Estaing.*** Il est vrai aussi qu'Isorni avait multiplié les provocations, qu'il reprit dans son livre « *Jusqu'au bout de notre peine* »[8], s'en prenant d'abord au ministre des Finances, Valéry Giscard d'Estaing, accusé d'être un agent de l'OAS sous le nom de code de « 12B », en notant que : « dans les exigences de la vie clandestine restent des traces, et des traces sans contestation possible, de l'amitié fervente qu'avait un ministre pour l'OAS et des renseignements qu'il lui faisait parvenir, qu'ainsi certains sont dans le box contre qui pourra être demandée la peine de mort, tandis que d'autres sont au pouvoir, puissants et satisfaits, c'est merveilleux de savoir que ce ministre, qui faisait le budget de l'OAS, a fait le vôtre, celui de la Cour militaire de justice, il doit y avoir dans la vie publique et parfois judiciaire un minimum de moralité. Elle ne sera pas respectée tant qu'il y aura les uns dans le box et les autres au pouvoir ».

Ces propos lui valurent un renvoi devant le tribunal correctionnel du chef de diffamation dont il sera relaxé par le tribunal puis la cour d'appel qui considéra que cette défense n'était pas étrangère à la cause[9].

454.34 ***L'affaire Isorni - de Gaulle.*** Isorni avait également pris soin de s'attaquer au général Charles de Gaulle lorsqu'il sollicita que soit annexé au dossier du Petit-Clamart celui de Bonnier de la Chapelle, qui assassina l'amiral Darlan, en précisant qu'il « serait bon de savoir l'appréciation que peut avoir du meurtre politique Monsieur le Président de la République. Au cours de son extraordinaire carrière, il a vu d'assez près le meurtre, soit qu'il en ait bénéficié, soit qu'il l'ait ordonné ou réhabilité. Quand l'amiral Darlan fut assassiné, Bonnier de la Chapelle, son meurtrier, fut condamné à mort et exécuté. Mais à quelque temps de là la cour d'appel d'Alger le réhabilitait. C'est donc que l'on n'estimait pas le mobile politique infamant ».

Ces propos lui valurent une plainte du chef d'offense au chef de l'État, mais il fit l'objet d'un non-lieu dans le cadre de l'ordonnance de renvoi au regard du fait que cette défense n'était pas étrangère à la cause[10].

Isorni sera toutefois condamné pour offense au chef de l'État en raison d'autres propos figurant dans l'ouvrage « *Jusqu'au bout de notre peine* »[11], dont la destruction sera ordonnée[12], et réitérés postérieurement à la sortie de l'ouvrage par la diffusion qu'il avait assurée de ces mêmes propos dans la presse ainsi que dans un compte rendu sténographique des débats tenus devant le tribunal correctionnel[13].

454.35 ***L'affaire Choucq.*** À l'occasion d'une audience correctionnelle relative au procès de 9 manifestants contre l'installation d'une centrale nucléaire à Plogoff, Maître Yann Choucq avait déclaré, suite à la lecture par le procureur de la République du témoignage d'un manifestant arrêté puis relâché qui indiquait ne pas avoir été brutalisé : « Je ne veux pas croire qu'un lien de parenté entre M. Le Bras et un représentant du Parquet ait quoi que ce soit à voir dans le fait que M. Le Bras ait été relâché ». Pour le procureur : « C'est un outrage à

1. Marcel Grente [1895-1984].
2. Y.-F. Jaffré, *Le Procès du petit-Clamart*, Les Éditions latines, 1963, p. 143 s.
3. Cour de justice militaire, 6 févr. 1963 ; citée *in* Jaffré, *Le Procès du petit-Clamart*, Les Éditions latines, 1963, p. 159-160.
4. Jean-Marc Varaut [1933-2005].
5. J.-M. Varaut, *Un avocat pour l'Histoire*, Flammarion, 2007, p. 124 s.
6. CE, Ass. 19 oct. 1962, Canal, Robin et Godot, req. n° 58502, *Lebon ; AJDA* 2014. 90, Chron. M. Gentot.
7. L. n° 63-138, 20 févr. 1963 complétant l'article 51 de la loi n° 63-23 du 15 janv. 1963 fixant la composition, les règles de fonctionnement et la procédure de la Cour de sûreté de l'État instituée par l'article 698 du code de procédure pénale, *JO* 21 févr., p. 1723.
8. J. Isorni, *Jusqu'au bout de notre peine*, La Table ronde, 1963.
9. T. Seine, 16 avr. 1964, *JCP* 1964. II. 13676 – Paris, 17 févr. 1965, *JCP* 1965. II. 14161 – J. Isorni, *La défense et la justice : Un procès*, Flammarion, 1965.
10. TOUTEFOIS : V. s[s] n° 454.131.
11. J. Isorni, *Jusqu'au bout de notre peine*, La Table ronde, 1963.
12. T. Seine, 30 janv. 1965 – Paris, 2 juin 1965 – Crim. 21 déc. 1966, n° 65-92.787, P n° 300.
13. J. Isorni, *Compte rendu : L'accusateur public contre Isorni*, La Table ronde, 1965.

magistrat, je demande l'intervention du bâtonnier, une audience et une sanction disciplinaire immédiates ».

Le tribunal considéra qu'en insinuant que le procureur de la République aurait pu mettre fin à une garde à vue pour des motifs de pure complaisance à l'égard de l'intéressé ou de l'un de ses parents, Maître Choucq, même s'il a écarté cette hypothèse, a porté atteinte à l'honneur et à la considération de ce magistrat, que pour ce manquement aux obligations que lui impose son serment, il y a lieu de lui infliger une suspension de dix jours[1]. Sur appel, la cour d'appel va annuler la sanction pour des motifs de procédure[2].

Malgré l'arrêt de la cour d'appel de Rennes, l'affaire Choucq souleva une émotion, d'autant plus forte que l'arène judiciaire se déplaçait dans les médias, et les associations d'avocats demandèrent une réforme. La question de la liberté de la défense s'en trouva ainsi brusquement posée devant l'opinion.

§ 3
Réformes législatives

454.41 Police des audiences et droits de la défense (loi du 2 février 1981). Une première tentative de réforme vint par l'article 66 de la loi du 2 février 1981[3], dite loi sécurité et liberté qui prévoyait que, lorsque l'attitude d'un avocat compromettait la sérénité des débats, le président pouvait, en vertu de ses pouvoirs de police à l'audience écarter cet avocat de la salle d'audience pour une durée qui ne pouvait excéder deux jours. La poursuite disciplinaire échappait certes à la juridiction qui s'estimait injuriée ou diffamée au profit de la juridiction ordinale mais la mesure portait une telle atteinte aux droits de la défense en permettant d'écarter sur-le-champ l'avocat de l'audience.

Le Conseil constitutionnel annula ces dispositions par des motifs qui éclairent sur les principes généraux qui doivent présider en la matière : « La mesure consistant à écarter un avocat des débats, même sans caractère disciplinaire ou pénal, et alors que l'avocat n'a manqué à aucune de ses obligations, qu'il a donc rempli son rôle de défenseur, serait contraire, tant dans la personne de l'avocat que dans celle du justiciable, aux droits de la défense qui résultent des principes essentiels de la profession reconnus par les lois de la République et que, dès lors, le paragraphe 2 de l'article 66 de la loi soumise à l'examen du Conseil constitutionnel était contraire à la Constitution »[4].

454.42 Nécessités en la matière. Robert Badinter, à l'époque avocat du barreau de Paris, avait très finement analysé les nécessités en la matière : « Si l'avocat commet à l'audience une faute telle qu'elle puisse appeler éventuellement une sanction disciplinaire il devra en répondre devant les juridictions disciplinaires et d'abord celles de son barreau, mais la mesure ne devrait, en tout état de cause, intervenir qu'après l'audience ; ce qui, en effet, porte atteinte aux droits de la défense, c'est que les juges devant lesquels l'avocat plaide, puissent décider aussitôt que son comportement à l'audience est fautif et lui interdire d'assumer plus avant la défense. Cette sanction judiciaire frappe sans doute l'avocat mais, au-delà de lui, c'est bien l'accusé qu'elle atteint. »[5].

L'idée se fit alors jour qui consiste à transférer à la juridiction disciplinaire la quasi-totalité du contentieux de la liberté de parole de l'avocat à la barre.

454.43 Allégement du serment et de la notion de respect envers les tribunaux (loi du 15 juin 1982). Cette réforme fut opérée par la loi du 15 juin 1982[6], Robert Badinter étant garde des Sceaux. Elle allège le serment[7], la notion de respect envers les tribunaux, les autorités publiques, les lois, les règlements, les bonnes mœurs, la sûreté de l'État et la paix publique disparaissant sans que cela ne supprime pour autant, *a contrario*, le nécessaire respect du par les avocats envers les tribunaux[8]. En matière de délit d'audience, la juridiction qui estime qu'un avocat a manqué devant elle aux obligations de son serment n'a plus la possibilité de le poursuivre ni de lui infliger une sanction disciplinaire[9]. Enfin, s'agissant des immunités judiciaires, la juridiction ne peut plus adresser des injonctions aux avocats ni les suspendre[10].

Depuis, un avocat ne peut donc plus être responsable sur-le-champ et devant la juridiction devant

1. Quimper, 6 mars 1980, *Gaz. Pal.* 1980. 1. 204, note A. Damien.
2. Rennes, 14 mars 1980, *Gaz. Pal.* 1980. 1. 745, note A. Damien.
3. L. n° 81-82, 2 févr. 1981 renforçant la sécurité et protégeant la liberté des personnes, *JO* 3 févr., p. 415.
4. Cons. const. 20 janv. 1981, n° 80-127 *DC, Loi renforçant la sécurité et protégeant la liberté des personnes,* NON-CONFORMITÉ PARTIELLE, *JO* 22 janv., p. 308 ; *D.* 1981. Chron. 101 ; *AJDA* 1981. 275, note J. Rivero ; *Gaz. Pal.* 1981. 1. 57.
5. R. Badinter, « L'avocat bâillonné », *Le Monde* 15 janv. 1981.
6. L. n° 82-506, 15 juin 1982 relative à la procédure applicable en cas de faute professionnelle commise à l'audience par un avocat, *JO* 16 juin, p. 1899.
7. V. s^s n°s 314.00 s.
8. Montpellier, 20 juin 1985, *Gaz. Pal.* 1985. 2. 555, note A. Damien – Nancy, 3 juill. 1987, *Gaz. Pal.* 1987. 2. 556, note A. Damien.
9. V. s^s n°s 454.81 s.
10. V. s^s n°s 454.100 s.

laquelle il plaide, des troubles qu'il occasionne à l'audience ou des discours qu'il y prononce.

SECTION 2
GESTION DE LA TENUE DES AUDIENCES

454.50 **Plan.** La police des audiences relève, en principe, des prérogatives propres du président ou du juge en charge de l'audience (§ 1), ce qui n'exclut pas, que le bâtonnier joue un rôle de conciliation en tant qu'interlocuteur naturel des présidents des juridictions situées dans le ressort de son barreau (§ 2).

§ 1
Prérogative propre du président ou du juge en charge de l'audience

454.61 **Pouvoirs du président.** La police, ou l'ordre, des audiences relève des prérogatives propres du président ou du juge en charge de l'audience, et de lui seul[1].

454.62 **Devoir de réserve.** L'article 24[2] du code de procédure civile relatif au devoir de réserve, impose, en matière civile, aux « parties » de garder tout le respect dû à la justice et précise que le juge peut, suivant la gravité des manquements, prononcer, même d'office, des injonctions, supprimer les écrits, les déclarer calomnieux, ordonner l'impression et l'affichage de ses jugements.

L'article 24 du code de procédure civile ne vise que les « parties » et la Cour de cassation a eu l'occasion de préciser que l'article 41[3] de la loi du 29 juillet 1881[4] est seul applicable à raison des propos tenus et des écrits produits par un avocat devant les juridictions faisant que l'article 24 du code de procédure civile ne saurait trouver application pour entraîner la suppression de passage incriminé contenu dans les conclusions d'un avocat[5].

454.63 **Expulsion en cas de troubles à l'audience.** L'article 439 du code de procédure civile, précise que les personnes qui assistent à l'audience doivent observer une attitude digne et garder le respect dû à la justice, ce qui leur interdit de parler sans y avoir été invitées, de donner des signes d'approbation ou de désapprobation, et de causer du désordre de quelque nature que ce soit, le président pouvant faire expulser toute personne qui n'obtempère pas à ses injonctions, sans préjudice des poursuites pénales ou disciplinaires qui pourraient être exercées contre elle.

En matière pénale, il est également prévu aux articles 321 et 404 du code de procédure pénale que lorsque, à l'audience, l'un des assistants trouble l'ordre de quelque manière que ce soit, le président ordonne son expulsion de la salle d'audience. Si cet « assistant », résiste à cet ordre ou cause du tumulte, il est, sur-le-champ, placé sous mandat de dépôt, jugé et puni de deux ans d'emprisonnement, sans préjudice des peines portées au code pénal contre les auteurs d'outrages et de violences envers les magistrats. Sur l'ordre du président, il est alors contraint par la force publique de quitter l'audience.

L'on peut se demander si ces dispositions laissent subsister un cas d'intervention immédiate de la juridiction devant laquelle se trouve un avocat.

454.64 **Cas de l'avocat représentant ou assistant une partie à l'audience.** Lorsque l'avocat assiste ou représente une partie devant la juridiction, il n'est pas une « personne qui assiste à une audience », faisant que les dispositions précitées lui sont inapplicables, seul le régime des délits d'audience lui étant applicable[6].

454.65 **Cas de l'avocat assistant à l'audience.** Pour autant, l'avocat peut causer un trouble non pas en tant qu'il représente ou assiste une partie à l'affaire en cours d'examen, mais en tant qu'assistant à l'audience, notamment celui attendant impatiemment son « tour » ainsi que l'évocation de son affaire.

Dans cette hypothèse, il semble alors qu'il puisse seulement faire l'objet d'une expulsion, temporaire par nature, s'il n'obtempère pas aux injonctions du président, mais le droit commun des délits d'audience devrait rester pleinement applicable s'agissant de sanctions pénales ou disciplinaires[7]. Sur ce dernier point, si le code de procédure civile réserve clairement les éventuelles poursuites pénales ou disciplinaires qui pourraient être exercées[8], le code de procédure pénale est plus ambigu en tant qu'il permet à la juridiction de juger sur-le-champ l'avocat qui « assistant » à une audience résisterait à un ordre d'expulsion du président ou causerait du tumulte[9].

La chambre criminelle a eu l'occasion de considérer qu'un mouvement de protestation du barreau et son opposition à la poursuite de l'audience ne constituaient pas un danger pour l'ordre ou les

1. C. pr. civ., art. 438 – C. pr. pén., art. 309 et 401.
2. C. pr. civ., art. 24.
3. Aussi : V. s[s] n° 454.26.
4. V. s[s] n°s 454.81 s.
5. Civ. 2e, 6 févr. 2003, n° 00-20.780, P II, n° 28 ; *D.* 2003. 668 ; – CONTRA : Caen, 1re ch., sect. civ. et com., 10 mars 2011, RG n° 09/03430.
6. V. s[s] n°s 454.81 s.
7. V. s[s] n°s 454.81 s. et 454.150 s.
8. C. pr. civ., art. 439.
9. C. pr. pén., art. 321 et 404.

mœurs justifiant le huis clos, et qu'en cas de trouble apporté à l'ordre par des personnes assistant à l'audience, il appartenait au président de la cour d'assises d'ordonner leur expulsion[1]. Affirmant ainsi l'application de ces dispositions aux avocats « assistant » à l'audience, fut-ce dans le cadre d'un mouvement de protestation du barreau, elle n'a toutefois pas été amenée à se prononcer sur la possibilité pour cette même juridiction de juger sur-le-champ les avocats concernés.

C'est précisément le recours à l'article 404 du code de procédure pénale qui est venu justifier, selon l'inspection générale de la justice, l'expulsion des avocats des prévenus à l'occasion d'une audience correctionnelle, le 22 janvier 2020 à Aix-en-Provence[2], article 404 du code de procédure pénale dont l'IGJ suggère qu'il soit « revu au regard des pratiques admises »[3]. L'analyse de l'IGJ est ici contraire à l'esprit des textes[4], qui ne sauraient recevoir application lorsque les avocats concernés sont ceux des prévenus dont l'audience a à connaître de l'affaire.

§ 2
Rôle du bâtonnier

454.71 Rôle particulier du bâtonnier. Les textes n'assignent pas de rôle particulier au bâtonnier, ou au conseil de l'Ordre, en matière de police des audiences.

Il est toutefois prévu par les textes que le conseil de l'Ordre a, notamment, pour tâches de veiller à ce que les avocats soient exacts aux audiences et se comportent en loyaux auxiliaires de la justice[5]. Le bâtonnier est l'interlocuteur naturel des présidents des juridictions situées dans le ressort de son barreau[6] et, en outre, doté d'une mission de conciliation[7], certes limitée par ce texte aux avocats mais qui peut le conduire à intervenir lorsque l'incident oppose deux avocats[8], et qui, par voie d'assimilation, peut être utile en toute matière. Il peut ainsi procéder à une enquête, notamment, auprès des avocats et magistrats qui ont été témoins de l'incident, demander et obtenir une suspension d'audience, et user de son pouvoir de conciliation pour rétablir la sérénité des débats.

Le règlement intérieur du barreau de Paris prévoit qu'en cas d'incident d'audience, l'avocat doit en avertir sans délai le bâtonnier ou son délégataire[9].

454.72 Intervention du bâtonnier. L'atmosphère d'une audience peut n'être pas sereine, des expressions vives ou mal interprétées, des sensibilités à fleur de peau peuvent voir des incidents renvoyés devant le procureur général alors qu'en fait il n'existe qu'un simple malentendu.

Lorsqu'un incident à l'audience oppose des avocats, il y a lieu en principe de suspendre l'audience, ou de renvoyer l'affaire à une date ultérieure, afin que le bâtonnier soit en mesure de jouer son rôle s'agissant d'un différend déontologique entre avocats dans le cadre de leur exercice professionnel[10].

Lorsqu'un incident à l'audience oppose les magistrats aux avocats, notamment si le président s'estime témoin d'un manquement de l'avocat à ses principes essentiels et règles déontologiques ou outragé, la pratique veut que le président suspende l'audience afin de faire intervenir le bâtonnier. Le président peut, à cet effet, réunir à l'écart les protagonistes à l'incident pour tenter de trouver une solution à la difficulté soulevée ou un apaisement[11]. Le bâtonnier pourra alors être entendu pour apporter son appréciation sur les éléments de la cause. Une telle intervention est d'autant plus nécessaire ne serait-ce que pour que la rédaction du procès-verbal relatant l'incident, ainsi que, le cas échéant, les paroles incriminées, soit faite en toute sérénité, qu'en définitive c'est au bâtonnier, en sa qualité d'autorité de poursuite qu'il appartiendra de tirer, si nécessaire, les conséquences de l'incident sur le plan disciplinaire[12].

454.73 Conseil consultatif conjoint de déontologie de la relation magistrats-avocats. Lors du colloque « Déontologies croisées des magistrats et des avocats » organisé par la Cour de cassation le 30 novembre 2017 et auxquels avaient participé toutes les instances représentatives, y compris syndicales, des avocats et des magistrats, avait été émise l'idée de créer un lieu d'échange traitant de la déontologie dans la relation entre magistrats et avocats.

Cela a conduit, le 26 juin 2019, à la création du conseil consultatif conjoint de déontologie de la

1. Crim. 20 févr. 2019, n° 18-82.915, P ; *D.* 2019. 433.
2. IGJ, Rapport n° 035-21, *Inspection de fonctionnement du tribunal judiciaire d'Aix-en-Provence*, avr. 2021, p. 22.
3. IGJ, Rapport n° 035-21, *Inspection de fonctionnement du tribunal judiciaire d'Aix-en-Provence*, avr. 2021, p. 29.
4. EN CE SENS : Cons. const. 20 janv. 1981, n° 80-127 *DC*, *Loi renforçant la sécurité et protégeant la liberté des personnes*, NON-CONFORMITÉ PARTIELLE, *JO* 22 janv., p. 308 ; *D.* 1981. Chron. 101 ; *AJDA* 1981. 275, note J. Rivero ; *Gaz. Pal.* 1981. 1. 57.
5. L. n° 71-1130, 31 déc. 1971, art. 17, 4°.
6. V. s[s] n° 116.131.
7. L. n° 71-1130, 31 déc. 1971, art. 21.
8. V. s[s] n°s 452.131 s.
9. RIBP, art. P. 37.
10. V. s[s] n°s 452.131 s. et 511.00 s.
11. Ch. Guéry et B. Lavielle, *Droit et pratique des audiences correctionnelles et de police*, 3e éd., « Dalloz Action », 2018, n°s 544.00 s.
12. V. s[s] n°s 522.00 s.

relation magistrats-avocats ayant pour ambition de contribuer à la qualité des relations des magistrats et des avocats, et pour objet d'émettre des avis, strictement consultatifs, portant sur des difficultés d'identification, d'interprétation et d'application des questions déontologiques relatives à la relation magistrats-avocats, de formuler des recommandations, élaborer un référentiel de jurisprudence et un guide de bonnes pratiques en matière de déontologie et d'éthique des relations professionnelles magistrats – avocats[1]. Ce conseil est composé de la Cour de cassation, du Conseil supérieur de la magistrature, de la Conférence nationale des premiers présidents de cours d'appel, la Conférence nationale des procureurs généraux près les cours d'appel, la Conférence nationale des présidents des tribunaux judiciaires, la Conférence nationale des procureurs de la République près les tribunaux judiciaires, l'Ordre des avocats au Conseil d'État et à la Cour de cassation, du Conseil national des barreaux, de la conférence des bâtonniers ainsi que du barreau de Paris[2].

SECTION 3
DÉLITS D'AUDIENCE

454.81 **Caractéristiques des délits d'audience.** Si un avocat commet, lors d'une audience, un manquement aux principes essentiels et règles déontologiques qui s'imposent à lui, il est toujours passible de sanctions disciplinaires, aucune immunité n'existant en la matière[3], mais l'action disciplinaire se déroule exclusivement devant l'instance disciplinaire[4].

Le régime des délits d'audience ne constitue qu'une modalité de saisine particulière de l'instance disciplinaire[5]. Sa particularité tient au fait que c'est la juridiction devant laquelle les manquements ont été constatés qui sollicite que des poursuites disciplinaires soient engagées à l'encontre de l'avocat.

454.82 **Champ d'application.** La juridiction qui entend mettre en œuvre l'article 25 de la loi du 31 décembre 1971 ne peut solliciter l'engagement de poursuites disciplinaires que pour les faits commis à l'audience et non pas pour les faits découverts à l'audience. C'est ainsi que le fait de découvrir à l'audience qu'une pièce produite par un avocat avait été falsifiée ou tronquée[6] n'est pas susceptible de relever des dispositions de l'article 25 de la loi du 31 décembre 1971, mais uniquement de le rendre passible de poursuites disciplinaires suivant la procédure de droit commun[7].

Elle ne peut pas non plus prendre en compte une correspondance entre avocats, couverte par la confidentialité des correspondances[8], laquelle n'est pas destinée à être produite en justice ou rendue publique[9].

454.83 **Procédure.** La juridiction devant laquelle le manquement est commis peut saisir le procureur général en vue de poursuivre l'avocat devant l'instance disciplinaire dont il relève.

Ces plaintes peuvent principalement être formées en raison de manquements aux principes essentiels[10] et règles déontologiques, tel que le secret professionnel[11] ou le secret de l'instruction[12], y compris en raison d'outrages, injures ou diffamations[13] infractions qui, bien que non poursuivies à l'audience, peuvent constituer des fautes disciplinaires et être poursuivies à ce titre[14].

454.84 **Rôle du procureur général.** Comme l'a indiqué Robert Badinter lors du vote de la loi du 15 juin 1982[15], « Le rôle qui est assigné par le texte au procureur général doit lui permettre d'apaiser, chaque fois que cela est possible, les conflits qui ont pu surgir et qui, dans la pratique, sont en fait absolument et heureusement exceptionnels »[16]. Le procureur général saisi par la juridiction a, comme dans le droit commun, la faculté de déférer ou non l'affaire devant l'instance disciplinaire[17].

Le procureur général n'est pas tenu de déférer à cette demande de la juridiction, il peut en effet classer l'affaire malgré cette saisine par le tribunal et dans ce cas la juridiction ne possède aucun moyen de contraindre le procureur général à saisir l'instance disciplinaire dont relève l'avocat.

1. D. de Ginestet, J.-L. Forget, *Rapport sur le Projet de charte portant création d'un conseil consultatif conjoint de déontologie de la relation magistrats-avocats,* AG CNB 12 et 13 avr. 2019.
2. L. Garnerie, « Relations avocats / magistrats : création du *CCC* », *Gaz. Pal.* 2 juill. 2019, p. 8.
3. V. s^s^ n° 454.133.
4. L. n° 71-1130, 31 déc. 1971, art. 25.
5. V. s^s^ n°s 522.101 s.
6. V. s^s^ n°s 453.31 s.
7. V. s^s^ n°s 52.00 s.
8. V. s^s^ n° 422.112.
9. Civ. 1re, 14 juin 2007, n° 04-20.396, P I, n° 229 ; *D.* 2007. 3041, note F. Bérenger.
10. V. s^s^ n°s 315.00 s.
11. V. s^s^ n°s 411.63 s.
12. V. s^s^ n°s 416.00 s.
13. V. s^s^ n°s 454.171 s.
14. L. 29 juill. 1881, art. 41 – V. s^s^ n°s 454.100 s.
15. L. n° 82-506, 15 juin 1982 relative à la procédure applicable en cas de faute professionnelle commise à l'audience par un avocat, *JO* 16 juin, p. 1899.
16. Déclaration du garde des Sceaux devant le Sénat le 3 juin 1982.
17. Paris, 16 déc. 1987, *Gaz. Pal.* 1988. I. 57 ; *in* A. DAMIEN, *Les grands arrêts*, Litec, 1991, p. 34.

454.85 Saisine de l'instance disciplinaire. Si le procureur général déférant au vœu de la juridiction saisit l'instance disciplinaire, il doit le faire par un acte de saisine motivé dont il informe préalablement le bâtonnier dont relève l'avocat, lequel acte est notifié à l'avocat par lettre recommandée avec accusé de réception avec copie au conseil de l'Ordre afin que ce dernier désigne un instructeur[1].

L'« instance disciplinaire » doit alors statuer dans le délai de quinze jours à compter de cette saisine. Lorsque le manquement a été commis devant une juridiction de France métropolitaine et qu'il y a lieu de saisir le conseil de discipline situé dans un département ou territoire d'outre-mer ou de Mayotte, le délai de quinze jours pour statuer est augmenté d'un mois. Il en est de même lorsque le manquement a été commis devant une juridiction située dans un département ou territoire d'outre-mer ou à Mayotte et qu'il y a lieu de saisir le conseil de discipline métropolitain. L'article 25 de la loi du 31 décembre 1971 n'est pas clair, en tant qu'il laisse penser que c'est la juridiction de jugement qui devrait avoir statué dans le délai de quinzaine, ce qui est impossible.

Lorsque le conseil de l'Ordre était l'instance disciplinaire, soit avant 2004[2], il a pu être jugé que le délai de quinzaine était interrompu par une manifestation par le conseil de l'Ordre de son intention de ne pas rester inactif sans que cela n'implique pas qu'une décision soit rendue dans les quinze jours[3]. Il y a, dès lors, lieu de penser que si le conseil de l'Ordre dont relève l'avocat décide de désigner un instructeur, ce qu'il doit faire dans les quinze jours de sa saisine[4], le délai de quinzaine sera valablement interrompu.

En tout état de cause, le principe suivant lequel la décision avant dire droit de l'instance disciplinaire[5] interrompt les délais prévus par le décret du 27 novembre 1991[6], semble devoir également s'appliquer à l'égard du délai de quinze jours[7]. Si aucune décision n'est prise dans le délai de quinzaine, l'instance disciplinaire est réputée avoir rejeté la demande du procureur général et ce dernier peut alors interjeter appel devant la cour d'appel qui statue comme en matière disciplinaire, après avoir invité le bâtonnier ou son représentant à formuler ses observations.

1. Décr. n° 91-1197, 27 nov. 1991 organisant la profession d'avocat, *JO* 28 nov., p. 15502, art. 183.
2. L. n° 2004-130, 11 févr. 2004 réformant le statut de certaines professions judiciaires ou juridiques, des experts judiciaires, des conseils en propriété industrielle et des experts en ventes aux enchères publiques, *JO* 12 févr., p. 2847.
3. Dijon 15 déc. 1998, P n° 905.
4. Décr. n° 91-1197, 27 nov. 1991, art. 183 al. 4.
5. V. s[s] n°s 522.381 s.
6. Civ. 1re, 5 mai 2004, n° 01-18.042, P I, n° 123 ; *D.* 2004. 1559.
7. Paris, 12 juill. 1983, *Gaz. Pal.* 1983. 2. 475 – Nancy, 3 juill. 1987, *Gaz. Pal.* 1987. 2. 556, note A. Damien – Bordeaux, 23 oct. 1987, *Gaz. Pal.* 3 mars 1988, p. 17.

454.86 Saisine aux fins de suspension provisoire. Il ne semble pas que le délai de quinze jours trouve à s'appliquer en cas de saisine du procureur général aux fins de suspension provisoire suite à un délit d'audience.

En effet, la suspension provisoire[8] n'est pas prononcée par l'instance disciplinaire mais par le conseil de l'Ordre dont relève l'avocat. Une telle saisine concomitante du procureur général ne pourra donc qu'être traitée conformément au droit commun de l'article 24 de la loi du 31 décembre 1971 et notamment le conseil de l'Ordre aura à statuer dans le délai d'un mois de sa saisine, et non de quinze jours.

454.87 Procédure et voies de recours de droit commun. L'avocat poursuivi étant renvoyé devant le conseil de discipline, c'est la procédure disciplinaire de droit commun qui s'applique[9].

454.88 Prérogatives de droit commun du procureur général. Le procureur général conserve son pouvoir de déférer à la connaissance du bâtonnier, ou de saisir directement l'instance disciplinaire, en raison des faits commis à l'audience par un avocat et qui lui semblent constituer des fautes déontologiques[10], et ce même si le tribunal ne les a pas ressenties comme telles et n'a pas usé de la faculté de le saisir que lui confère l'article 25 de la loi du 31 décembre 1971[11].

En effet, cette dernière procédure ne limite pas pour autant les pouvoirs du parquet général en matière disciplinaire *ès-qualité* d'autorité de poursuite[12] et ce, non seulement en ce qui concerne le manquement de l'avocat aux principes essentiels et règles déontologiques, mais également en ce qui concerne les poursuites pour injures ou diffamation[13] et outrage à magistrat[14].

Dans cette hypothèse, le procureur général qui saisit le bâtonnier d'une plainte contre un avocat pour des faits commis à l'audience, ou saisit directement l'instance disciplinaire, ne peut invoquer les dispositions de l'article 25 de la loi du 31 décembre 1971 hors le cas de sa saisine par la juridiction, sous peine de voir sa plainte déclarée irrecevable[15]. Il ne

8. V. s[s] n°s 512.00 s.
9. V. s[s] n°s 522.00 s.
10. Civ. 1re, 11 juill. 1972, n° 71-10.782, P I, n° 181.
11. Paris, 16 déc. 1987, *Gaz. Pal.* 3 mars 1988, p. 17.
12. L. n° 71-1130, 31 déc. 1971, art. 23 – V. s[s] n°s 522.10 s.
13. V. s[s] n°s 454.201 s.
14. Civ. 1re, 15 nov. 1989, n° 88-11.413, P I, n° 347 ; *JCP* 1990. IV. 13 ; *D.* 1989. 305 – V. s[s] n°s 454.171 s.
15. Civ. 1re, 22 janv. 1985, n° 84-10.160, P I, n° 29.

peut donc requérir une décision dans le délai de quinzaine prévu par cette loi.

En pratique, sauf à ce que les propos ne bénéficient pas de l'immunité judiciaire[1] et justifient des poursuites pénales[2], c'est cette voie qui est privilégiée par le procureur général faisant que les délits d'audience et la procédure de l'article 25 de la loi du 31 décembre 1971 ne sont plus d'aucune utilité pratique aujourd'hui.

SECTION 4 INFRACTIONS COMMISES À L'OCCASION D'UNE PROCÉDURE

454.90 Plan. Lorsqu'il commet une infraction à l'occasion d'une procédure, l'avocat peut, dans certains cas, bénéficier de l'immunité judiciaire (§ 1), à défaut de laquelle il peut faire l'objet de sanctions pénales (§ 2).

§ 1 Immunité judiciaire (L. 29 juill. 1881, art. 41)

454.100 Plan – Liberté d'expression de l'avocat. La liberté d'expression de l'avocat à la barre est réglementée par l'article 41, alinéa 3 à 6, de la loi du 29 juillet 1881[3].

La règle de l'immunité judiciaire empêche d'engager des poursuites sur le fondement de la diffamation, de l'injure ou de l'outrage à raison des propos tenus et des écrits produits devant les juridictions, que ce soit par les avocats, parties, témoins ou experts[4]. Cette règle ne reçoit exception que dans le cas où les faits sont étrangers à la cause[5]. L'immunité judiciaire, couvrant les discours prononcés et les écrits produits devant les tribunaux et destinée à garantir aussi bien la liberté de la défense que la sincérité des auditions, bénéficie à l'expert appelé à déposer à l'audience des juridictions[6]. Ces dispositions sont également applicables devant les juridictions administratives aux termes de l'article L. 741-2 du code de justice administrative qui prévoit que les dispositions des alinéas 4 à 6 de l'article 41 de la loi du 29 juillet 1881 sont applicables devant les juridictions administratives[7].

Ces dispositions sont d'ordre public[8] et elles peuvent être soulevées en tout état de cause ou relevées d'office par les juges[9].

Le bénéfice de l'immunité judiciaire impose la réunion d'un certain nombre de conditions (A) qui conduisent à la mise en œuvre d'une procédure destinée à prononcer la suppression des discours injurieux, outrageants ou diffamatoires et condamner qui il appartiendra à des dommages-intérêts (B) dont la portée doit être mesurée (C).

A. Conditions de l'immunité judiciaire

454.111 Quatre conditions cumulatives. Le bénéfice de l'immunité judiciaire nécessite la réunion de quatre conditions cumulatives :

1° Que les propos ou écrits soient tenus devant une juridiction ;

2° Que les propos ou écrits soient tenus en audience ;

3° Que les faits ne soient pas étrangers à la cause ;

4° Que les faits constituent des délits d'injure, de diffamation ou d'outrage.

454.112 Nature de la juridiction. La première condition tient à la nature de la juridiction : l'immunité judiciaire s'applique devant toute juridiction affectée par les droits de la défense et soumise au principe du contradictoire. Il en est ainsi des discours et écrits tenus ou produits devant le juge d'instruction[10], devant le juge des référés[11], le juge des tutelles[12], le conseil de prud'hommes[13], le premier président statuant en matière de contestation d'honoraires[14].

Mais, la notion de juridiction est appréciée de manière restrictive. C'est ainsi que, ne constituent pas des juridictions au sens de l'article 41 de la loi

1. V. s[s] n°s 454.100 s.
2. V. s[s] n°s 454.100 s.
3. Ch. Bigot, *Pratique du droit de la presse*, 3e éd., hc, Dalloz, 2020, n°s 333.21 s. – F. Saint-Pierre, *Pratique de la défense pénale*, LGDJ, 2016, n°s 231 s.
4. Crim. 8 juin 1999, n° 96-82-519, P n° 127.
5. Crim. 28 mai 1991, n° 90-83.984, P n° 225 ; *RSC* 1992. 565, obs. A. Vitu.
6. Crim. 21 juill. 1838, P n° 249 : REJET – Crim. 4 avr. 1861, P n° 71 : REJET – Crim. 4 mai 1865, P n° 103 : REJET – Crim. 28 déc. 1876, *DP* 1877. 1. 505 – Crim. 13 déc. 1883, P n° 281 – Crim. 5 août 1884, *D.* 1884. 1. 457 – Crim. 24 juill. 1920, P n° 340 – Crim. 13 mai 1933, P n° 111 – Crim. 22 juin 1950, P n° 197 – Crim. 7 juin 1956, P n° 445 – Crim. 15 févr. 1962, P n° 100 – Crim. 4 mai 1972, 70-90.336, P n° 157 – Crim. 4 juin 1975, n° 73-93.561, P n° 145 – Crim. 4 févr. 1980, n° 77-92.290, P n° 44.
7. M.-A. Granger, « Les écritures diffamatoires devant le juge administratif », *AJDA* 2013. 1041 – R. Gueguen et S. Hul, « La jurisprudence Érostate ou des "discours injurieux, outrageants ou diffamatoires" en contentieux administratif », *in* J.-M. Pontier (dir.), *La dignité*, Puam, 2003, p. 237-248 – J.-P. Pastorel, « Injure, outrage, diffamation en droit administratif », *LPA* 1989, n° 61, p. 8.
8. Civ. 2e, 15 juin 1972, n° 71-12.204, P II, n° 182 ; *D.* 1972. Somm. 186 – Crim. 23 juill. 1984, n° 84-90.183, P n° 265 ; *RSC* 1985. 302, note G. Levasseur.
9. Crim. 9 oct. 1978, n° 77-93.161, P n° 262 ; *RSC* 1979. 566, note G. Levasseur.
10. Crim. 13 mai 1933, *DP* 1933. 1. 172, note G. Leloir – Paris, 27 janv. 1988, *D.* 1988. 840, note P. Mayer.
11. Crim. 4 mai 1972, n° 70-90.336, P n° 157.
12. Civ. 2e, 27 mai 1998, n° 95-15.502, P II, n° 168 ; *D.* 1998. 157.
13. Crim. 8 janv. 2003, n° 02-81.344, NP – Soc. 19 avr. 2005, n° 02-44.866, P IV, n° 144.
14. Civ. 2e, 21 déc. 2006 n° 04-18.174, P II, n° 361 – Civ. 2e, 2 juill. 2009, n° 08-16.479, NP.

du 29 juillet 1881, les arbitres[1], ou experts même commis par décision de justice[2], les commissions d'enquêtes parlementaires[3], ou encore devant le bureau d'aide juridictionnelle[4], le conseil de discipline en matière de poursuites disciplinaires exercées contre un avocat[5] ou le bâtonnier[6]. Il en est de même des propos ou écrits produits devant une autorité non juridictionnelle telle qu'une commission administrative paritaire[7].

454.113 Propos tenus en audience. La seconde condition tient au fait que les propos ou écrits doivent avoir été tenus ou produits devant la juridiction siégeant en audience publique, en chambre du conseil ou en audience de cabinet[8], dans le prétoire et au cours des débats jusqu'à la fin de l'instance[9] ou dans le cadre de la mise en état.

Elle concerne toute parole prononcée à l'audience ainsi que l'ensemble du dossier soumis à l'appréciation des juges tels que l'assignation, les conclusions écrites[10], dès lors qu'elles ont été signifiées dans le cadre de la procédure peu importe qu'elles ne lient pas le juge au moment où il statue[11], les dire adressés à un expert et dont la jonction au rapport d'expertise a été demandée[12], jusqu'aux lettres communiquées aux magistrats[13], tel qu'un courrier adressé à un juge d'instruction par un avocat mis en examen[14].

Les diffamations commises hors audience[15], lors d'interview à la télévision ou radio[16], dans le bureau du président[17] ou dans le couloir du Palais ne relèvent pas de l'article 41 de la loi du 29 juillet 1881[18]. C'est ainsi qu'un communiqué de presse d'un avocat protestant contre les conditions dans lesquelles se tenait un procès ne saurait être regardé comme un écrit produit devant une juridiction[19], pas plus qu'un exploit d'huissier adressé à la seule partie adverse et non produit en justice[20].

454.114 Propos rendus publics. Ne bénéficient pas de l'immunité judiciaire, les propos faisant l'objet d'une publicité étrangère aux débats[21] tel qu'une plainte avec constitution de partie civile, ou des conclusions[22], reproduites sur un site internet[23], ou encore une lettre adressée au garde des Sceaux, dans le but d'obtenir l'ouverture d'une enquête de l'inspection générale des services judiciaires, qui ne constitue pas un acte de saisine du Conseil supérieur de la magistrature et qui a été rendue publique par la reproduction partielle de son contenu dans un journal[24].

454.115 Compte-rendu d'audience. Les comptes rendus d'audience, reprenant les propos de l'avocat,

1. Crim. 6 juin 1902, *S.* 1905. I. 56 – Crim. 6 févr. 1924, *DH* 1924. 160 – EN SENS INVERSE : TI Paris, 15 janv. 2001, *Gaz. Pal.* 2001. 2. Somm. 1635 – TGI Paris 9 mai 2001, *Gaz. Pal.* 2002. 1. 632.
2. Crim. 22 juin 1950, *D.* 1950. 598 – Crim. 11 juin 1979, n° 78-93.237, P n° 203 ; *Gaz. Pal.* 1980. 1. 105 ; *D.* 1980. 562.
3. Civ. 1re, 23 nov. 2004, n° 02-13.293, P I, n° 283 ; *D.* 2005. IR 112.
4. Crim. 15 mai 1972, n° 69-92.239, P n° 168.
5. Civ. 1re, 16 déc. 2003, n° 03-13.353, P I, n° 256 ; *D.* 2004. 977, note B. Beignier ; *D.* 2004. 2826, obs. B. Blanchard ; *JCP* 2004. I. 117, n° 28, obs. R. Martin – Civ. 1re, 14 oct. 2010, n° 09-69.266, NP – Civ. 1re 10 sept. 2015, n° 14-24.208, P – Paris, pôle 2, ch. 1, 8 sept. 2016, RG n° 15/15222 ; – *CONTRA* S'AGISSANT d'un conseil de discipline de l'ordre des médecins : Crim. 23 juin 1980 n° 79-94.190, P n° 201 – CE 22 mai 2015, req ; n° 370429, *Lebon T ; D.* 2015. 2465.
6. Civ. 1re, 25 mai 2005, n° 03-17.514, P I, n° 227 ; *D.* 2005. 1589.
7. Crim. 21 avr. 2020, n° 19-81.172 ; *Gaz. Pal.* 1er sept. 2020, p. 55, obs. CRIT S. Détraz.
8. Crim. 27 févr. 2001, n° 00-82.557, NP ; *CCE* 2001, n° 105, note A. Lepage.
9. Crim. 23 oct. 1914, *DP* 1919. 1. 47.
10. Crim. 11 oct. 2005, n° 05-80.545, P n° 255 ; *D.* 2005. 1272, note B. Beignier ; *JCP* 2009. I. 120, n° 13, note F. G'sell.
11. Civ. 1re, 9 juin 2017, n° 16-17.970, P ; *Gaz. Pal.* 31 oct. 2017 p. 26, obs. F. Fourment ; *D.* 2018. 214, obs. E. Dreyer.
12. Civ. 2e, 1er mars 2001, n° 99-12.302, P II, n° 32 – Civ. 1re, 16 nov. 2016, n° 15-24.248, P.
13. Crim. 3 déc. 1963, n° 61-94109, P n° 346, *D.* 1964. 19.
14. Crim. 8 juin 1999, n° 96-82.519, P n° 127.
15. Montpellier 20 juin 1985, *Gaz. Pal.* 1985. 2. p. 555 – Crim. 29 nov. 1994, n° 93-83.452, P n° 383.
16. Crim. 16 nov. 1999, n° 97-84.035, NP – TGI Paris, 17e ch. 20 oct. 2010, RG n° 10-10.543.
17. Civ. 1re, 28 mars 2008, n° 05-18.598, NP ; *JCP* 2008. II. 10123, note L. Lefebvre.
18. Civ. 1re, 5 avr. 2012, n° 11-11.044, P I, n° 82 ; *Gaz. Pal.* 15-17 avr. 2012, p. 20, note G. Deharo ; *Gaz. Pal.* 24-26 juin 2012, p. 20, obs. B. de Belval et J. Villacèque ; *Gaz. Pal.* 14 juin 2012, p. 12, note C. Michalski ; *JCP* 2012. 474, obs. H. Slim ; *JCP* 2012. 733, note J.-M. Brigant ; *Procédures* 2012, n° 155, note A.-S. Chavent-Leclère ; AJ *Pénal* 2012. 479, obs. C. Porteron ; *D.* 2013. 136, obs. Th. Wickers – DÉJÀ NOT. : Civ. 1re, 28 mars 2008, n° 05-18.598, NP ; *JCP* 2008. II. 10123, note L. Lefèbvre – Montpellier, 20 juin 1985, *Gaz. Pal.* 1985. 2. 555 – Crim. 29 nov. 1994, n° 93-83.452, P n° 383.
19. Crim. 3 déc. 2002, n° 01-85.466, P n° 217 ; *D.* 2003. 314 ; *JCP* 2003. IV. 1259 ; *Légipresse* 2003. III. 38 – Cass., ass. plén., 16 déc. 2016, n° 08-86.295, P ; *D.* 2017. 434, note E. Raschel ; *Gaz. Pal.* 14 févr. 2017, p. 32, note Ph. Piot ; *D.* 2017. 10 ; *Gaz. Pal.* 10 janv. 2017, p. 33 ; *JCP* 2017. 1436 ; *JCP* 2017. 660, n° 13, obs. F. G'sell ; *Gaz. Pal.* 6 juin 2017, p. 29, obs. B. de Belval et J. Villacèque.
20. Crim. 1er déc. 1987, n° 86-92.314, P n° 440 ; *Gaz. Pal.* 1988. II. Somm. 276.
21. Crim. 29 oct. 1920, P n° 409.
22. TGI Paris, 13e ch., 15 avr. 2019, *D. actu.* 17 mai 2019, note S. Lavric.
23. Crim. 26 mars 2008 n° 07-86.406, P n° 79 ; *D.* 2008. 1351 ; *AJ pénal* 2008. 283.
24. Cass., ass. plén., 16 déc. 2016, n° 08-86.295, P ; *D.* 2017. 434, note E. Raschel ; *Gaz. Pal.* 14 févr. 2017, p. 32, note Ph. Piot ; *D.* 2017. 10 ; *Gaz. Pal.* 10 janv. 2017, p. 33 ; *JCP* 2017. 1436 ; *JCP* 2017. 660, n° 13, obs. F. G'sell ; *Gaz. Pal.* 6 juin 2017, p. 29, obs. B. de Belval et J. Villacèque.

tout comme la publication par la presse des extraits d'une assignation[1], peuvent être assimilés à des propos ou écrits devant avoir été tenus ou produits devant la juridiction, à condition qu'ils soient publiés juste après l'audience et réalisés fidèlement et de bonne foi, en reprenant l'intégralité des débats, afin d'en donner une vue impartiale[2].

L'avocat doit veiller aux comptes rendus d'audience réalisés par les journalistes dès lors qu'il est susceptible de voir sa responsabilité pénale recherchée au titre de la complicité. C'est ainsi qu'un avocat fut condamné pour complicité de diffamation publique envers un fonctionnaire public, l'immunité judiciaire étant écartée au motif que ne constituait pas un compte rendu d'audience, un article reproduisant sa plaidoirie, publié presque un mois après les débats judiciaires et plus d'une semaine après le prononcé du jugement[3].

454.116 Des faits non étrangers à la cause. La troisième condition tient au fait que les faits ne doivent pas être étrangers à la cause. On admet en effet que le rappel, fait avec malveillance et sans utilité pour le procès, de condamnations encourues par un adversaire ou d'appréciations sur ses agissements, peut constituer des faits étrangers à la cause[4]. De même, on ne peut pas déconsidérer un témoin par des allégations gratuites[5] ou la partie adverse en produisant des pièces inutiles[6].

Tous les faits servant à justifier les conclusions ou les moyens de défense des parties, les allégations ayant pour objet d'affaiblir le degré de confiance que peut mériter la déposition d'un témoin, les imputations diffamatoires visant à contester la crédibilité et la sincérité des attestations produites à l'appui d'une demande en divorce[7], une demande d'examen mental de la partie adverse eu égard à l'étrangeté de la plainte[8], ne sont pas étrangers à la cause et sont donc couverts par l'immunité judiciaire.

454.117 Faits non étrangers à la cause – appréciation. C'est à la juridiction de jugement saisie par celui qui s'estime injurié ou diffamé, c'est-à-dire soit celle devant laquelle les faits se sont déroulés, soit la juridiction de droit commun, qu'il appartient de décider si les propos incriminés tenus par l'avocat au cours de sa plaidoirie peuvent être considérés comme servant à justifier les conclusions de son client et ont quelque utilité pour la solution du litige soumis au tribunal. De cette appréciation découle l'admission ou le rejet de l'immunité judiciaire[9]. La Cour de cassation exerce un contrôle à cet égard[10].

La jurisprudence tend à adopter une conception restrictive des faits étrangers à la cause et ainsi une conception large de la liberté de la défense, tout en considérant que les faits ne doivent pas excéder la mesure appropriée aux nécessités de l'exercice des droits de la défense[11]. C'est ainsi que ne présentent aucun caractère d'extranéité à la cause et bénéficie de l'immunité judiciaire :

– la mise en cause, dans des conclusions, du président d'une juridiction accusé « d'appartenir à une alliance secrète entre personnes de mêmes intérêts, s'entraidant afin d'obtenir des avantages grâce à un réseau occulte »[12] ;

– l'avocat qui, au cours d'une plaidoirie en défense d'un prévenu accusé d'escroquerie, invoque le nom du ministre de la Justice en affirmant qu'il avait utilisé un faux diplôme pour devenir magistrat. Les propos ainsi tenus ne dépassant pas « les limites d'une défense légitime » et ne pouvant être considérés comme étrangers à la cause défendue. Le tribunal prend soin de mentionner que l'article 10 de la Conv. EDH protège la liberté d'expression au bénéfice de tout avocat « exerçant les prérogatives de sa mission de défense dans le cadre d'un procès pénal »[13] ;

– le fait d'écrire dans des conclusions devant le conseil de prud'homme dans le cadre d'un litige relatif à un licenciement qu'« en prévision du licenciement de M. X..., il est hautement probable que M. Y... leur ait suggéré d'être absents ce jour-là », « or curieusement, le compte rendu versé aux débats porte la signature imitée de M. X..., ce qui constitue un faux et usage de faux, délit passible du tribunal correctionnel » et « il n'en reste pas moins vrai qu'il n'a pu retrouver d'emploi aujourd'hui en raison des mauvais renseignements donnés par Sunclear à son sujet aux employeurs potentiels »[14] ;

– le fait d'avoir dit à l'attention du président, « Vous êtes la honte de cette institution », à la suite

1. Paris 20 nov. 1996, *Légipresse* 1997. I. 84.
2. Crim. 4 nov. 1986, n° 85-92.823, P n° 322.
3. Crim. 28 nov. 2006, n° 01-87.169, P n° 298 ; *AJ pénal* 2007. 86, note G. Royer.
4. Aix-en-Provence, 3 déc. 1864, *DP* 1865. 1. 407.
5. Civ. 1re, 11 juill. 1972, n° 71-10.782, P I, n° 181 ; *Gaz. Pal.* 1973. 1. 80, note J. Hamelin ; *in* A. DAMIEN, *Les grands arrêts*, Litec, 1991, p. 148.
6. Paris 9 déc. 1932, *DH* 1933. Somm. 18.
7. Civ. 2e, 8 avr. 2004 n° 01-12.638, P II, 183, *D.* 2004. 1285.
8. CE 24 juill. 1945, *D.* 1946. 19.
9. Civ. 1re, 30 juin 1970, n° 68-14.013, P I, n° 226 ; *Gaz. Pal.* 1970. 2. 285.
10. Crim. 23 déc. 1986, n° 85-96.046, P n° 391 ; *RSC* 1987. 699, obs G. Levasseur – Crim. 11 oct. 2005, n° 05-80.545, P n° 255 ; *D.* 2005. 1272, note B. Beignier ; *JCP* 2009. I. 120, n° 13, note F. G'sell.
11. Crim. 13 févr. 1975, n° 74-91.435, P n° 54 – Civ. 1re, 3 juill. 2008, n° 07-12.337, NP ; *D.* 2009. 2704, obs. B. Blanchard.
12. Crim. 11 oct. 2005, n° 05-80.545, P n° 255. *D.* 2006. 1272, note B. Beignier.
13. TGI Saint-Pierre, 3 oct. 2008, n° 1312/08, *D.* 2009. 68, note Y. Avril ; *JCP* 2009. I. 120, n° 13, obs. F. G'sell.
14. Soc. 19 avr. 2005, n° 02-44.866, P V, n° 144.

d'un refus opposé à une demande de renvoi devant la Cnda[1] ;

– le fait d'avoir écrit au sujet d'un rapport d'expertise que : « au vu des premiers éléments communiqués, [la SCI] s'interrogeait en effet sur la fiabilité d'éléments comptables découlant des bilans versés aux débats, dès lors que la galerie Enrico X... fait partie du groupe X..., véritable nébuleuse financière au centre de laquelle se trouve M. X... lui-même »[2] ;

– le fait d'avoir dit à l'audience, au sujet d'un avocat qui avait fait citer directement devant le tribunal correctionnel un de ses anciens clients du chef de dénonciation calomnieuse en raison d'un courrier que ce dernier avait adressé au bâtonnier relatif aux honoraires réclamés par ses soins, que : « Me P... aurait estouffé ses anciens clients de 143 000 euros », expliquant par ce biais l'origine de la plainte auprès du bâtonnier[3].

454.118 **Injure, diffamation ou outrage.** La quatrième condition tient au fait que les faits doivent constituer des délits d'injure[4] ou de diffamation[5] au sens de la loi du 29 juillet 1881 ou d'outrage[6] au sens de l'article 434-24 du code pénal[7].

454.119 **Qualifications multiples.** En cas de multiples qualifications, telles qu'une poursuite fondée sur la publication du même écrit et intentée sous la double qualification de diffamation envers un citoyen chargé d'un service public et de violation du secret professionnel[8], celles-ci ne constituent pas la poursuite d'un fait unique sous deux qualifications différentes mais celle de deux infractions simultanées commises par le même moyen caractérisé par des éléments constitutifs différents.

Rien ne s'oppose en conséquence, à ce qu'une juridiction puisse retenir contre l'inculpé le délit de violation du secret professionnel tout en constatant que, pour le délit de diffamation incriminé, l'action publique était irrecevable par application de l'immunité judiciaire prévue par l'article 41 de la loi du 29 juillet 1881[9].

1. Paris, pôle 2, ch. 1, 5 juill. 2013, RG n° 12/10305 ; *D. actu.* 28 mai 2013, note A. Portmann.
2. Civ. 1re, 16 nov. 2016, n° 15-24.248, P.
3. Crim. 3 sept. 2019, n° 18-86.208, NP ; *Gaz. Pal.* 3 déc. 2019, p. 28, obs. B. de Belval ; *JCP* 2020. 1238 n° 11, obs. Ch. Vautrot-Schwarz.
4. V. ss nos 454.221 s.
5. V. ss nos 454.201 s.
6. V. ss nos 454.171 s.
7. Crim. 6 juin 1902, *DP* 1906. 1. 534 – Crim. 7 juin 1956, P n° 445.
8. V. ss n° 411.63.
9. Crim. 25 janv. 1968, n° 66-93.877, P n° 25.

B.
Procédure applicable en cas d'immunité judiciaire

454.121 **Procédure et pouvoir du juge.** Lorsque les conditions sont remplies, l'article 41 de la loi du 29 juillet 1881 permet aux juges de prononcer la suppression des discours injurieux, outrageants ou diffamatoires et de condamner qui il appartiendra à des dommages-intérêts[10]. La suppression des discours est une peine purement morale, insusceptible d'ailleurs d'exécution matérielle, une sorte de blâme porté à l'audience par la juridiction et d'une portée purement théorique.

Les juges du fonds apprécient souverainement s'il y a lieu de prononcer la suppression des écrits[11], comme pour l'allocation de dommages et intérêts qui ne peuvent être accordés que dans le cadre de cette procédure[12].

454.122 **Exception de bonne foi.** En matière de diffamation, l'avocat mis en cause ne peut exciper de sa bonne foi que dans le cadre très spécial de la jurisprudence de la loi sur la presse, qui présume tout d'abord la mauvaise foi du diffamateur, et estime que la bonne foi ne peut résulter de la seule croyance en l'exactitude des faits rapportés[13].

454.123 **Charge de la preuve.** La preuve de la réunion des conditions de l'immunité judiciaire[14] incombe à celui qui en invoque le bénéfice[15] sans qu'il ne soit nécessaire de respecter les conditions de formes et de délais prévues à l'article 55 de la loi du 29 juillet 1881[16].

454.124 **Caractère exclusif de la procédure.** La suppression des écrits injurieux, outrageants ou diffamatoires et l'allocation de dommages-intérêts ne peuvent être accordés par les juridictions civiles ou pénales que sur le seul le fondement de l'article 41 de la loi du 29 juillet 1881, et uniquement sur ce fondement : doit être cassé l'arrêt qui accorderait

10. Crim. 1er déc. 1992, n° 88-85.650, P n° 397.
11. Civ. 21 juill. 1921, *DP* 1923. 1. 196 – CE 15 mars 1939, *DH* 1939. 260 – Civ. 1re, 19 mai 1998, n° 96-13.394, P I, n° 180 – Civ. 2e, 8 avr. 2004, n° 01-12.638, P II, n° 183 ; *D.* 2004. 1285 – Civ. 2e, 22 mars 2006, n° 04-13.933, P II, n° 78 – Paris, 5 juill. 2013, *D. avocats* 2013. 315, obs. L. Dargent ; *Gaz. Pal.* 2013. 3355, note Y. Avril.
12. Crim. 4 juin 1975, n° 73-93.561, P n° 145 ; *D.* 1975. 157.
13. Crim. 24 févr. 1966, n° 64-92.614, P n° 72 – Crim. 3 janv. 1967, n° 66-90.822, P n° 2 – Crim. 3 juin 1975, n° 73-93.645, P n° 142 ; *D.* 1975. 157.
14. Crim. 19 oct. 1982, n° 80-93.260, P n° 225 ; *Gaz. Pal.* 1983. 1. 85, note J.-P. Doucet.
15. Crim. 5 févr. 1985, n° 84-91.152, P n° 62 ; *RSC* 1986. 612, obs. G. Levasseur.
16. Crim. 6 oct. 1992, nos 91-85.434, 91-85.435, P n° 304 – CONTRA : Ch. Bigot, *Pratique du droit de la presse*, 3e éd., hc, Dalloz, 2020, n° 333.25.

de tels dommages et intérêts sur le fondement de l'article 1240 du code civil et non sur celui de l'article 41 de la loi du 29 juillet 1881[1], sauf à démontrer l'existence d'une faute distincte de la diffamation, de l'outrage ou de l'injure commis qui pourrait être imputée à la partie concernée ainsi que le dommage qui en résulte[2], et la suppression des propos[3] ne peut pas plus être prononcée sur le fondement de l'article 24 du code de procédure civile[4].

454.125 Voies de recours de droit commun. L'avocat sanctionné dans le cadre de l'article 41 de la loi du 29 juillet 1881 par une juridiction peut user des voies de recours de droit commun prévues devant cette juridiction.

454.126 Procédure en cas de faits étrangers à la cause. Lorsque les faits sont étrangers à la cause et s'ils concernent une partie ou ses conseils, il leur appartient de demander expressément au tribunal devant lequel les propos ont été tenus ou les écrits produits, d'en déclarer l'extranéité et de leur réserver leurs actions[5]. Et si les conditions sont remplies, le tribunal se doit de réserver l'action des parties[6]. L'avocat peut alors être poursuivi devant les juridictions de droit commun compétentes *ratione loci et materiae*, et autres que celles devant lesquelles les faits se sont déroulés, lesquelles apprécieront les faits de la cause suivant les règles de droit commun, le seul effet de la réserve de l'action étant de lever l'obstacle qui, jusque-là, s'opposait à toute poursuite[7]. Cette disposition ne concerne toutefois pas les tiers[8].

Les victimes ont alors le choix entre l'action civile et l'action publique lorsque les outrages, injures ou faits diffamatoires dont ils ont été victimes ont été jugés par le tribunal, étrangers à la cause et donc non couverts par l'immunité judiciaire.

454.127 Portée de la loi d'amnistie. La loi d'amnistie ne fait pas d'obstacle à ce que, dans une instance civile, il soit fait état d'antécédents judiciaires concernant l'une des parties à condition que la connaissance de ces faits soit indispensable pour éclairer en fait et en droit la situation soumise au tribunal.

Les juges du fond apprécient souverainement la question de savoir si cette condition est remplie dans chaque espèce qui leur est soumise[9].

C.
Portée de l'immunité judiciaire

454.131 Propos tenus à l'audience ou repris dans les comptes rendus d'audience. L'immunité judiciaire joue pour les propos tenus à l'audience[10] ou repris dans les comptes rendus d'audience[11], mais pas pour ceux qui seraient reproduits par la suite dans un journal, même sous la forme de la reprise des comptes rendus sténographiques d'un procès, tel que les propos prononcés par Isorni au sujet du général de Gaulle lors du procès de l'attentat du petit Clamart[12].

Est dès lors justifiée la condamnation du directeur de la publication pour délit d'offense à président de la république, nonobstant le fait que l'avocat ait bénéficié, pour ces mêmes propos, d'un non-lieu dans le cadre de l'ordonnance de renvoi devant le tribunal correctionnel[13].

454.132 Immunité judiciaire et excuse de provocation. L'immunité judiciaire ne fait pas disparaître les propos tenus à l'audience faisant que ceux-ci peuvent, par exemple, être retenus comme excuse de provocation. En l'occurrence, lors d'une audience correctionnelle relative au saccage d'une librairie, l'avocat des prévenus avait établi dans sa plaidoirie « un parallèle entre les actions de boycott des produits israéliens, prôné par la victime, et l'ostracisme des commerces juifs orchestrés par le régime nazi », ce à quoi la victime avait répondu à l'avocat en le traitant de « salaud ». L'avocat poursuivi l'auteur des propos pour injure devant le tribunal correctionnel lequel retint le caractère injurieux des propos mais relaxa la prévenue en retenant l'excuse de provocation.

La cour d'appel confirma ce jugement, et la Cour de cassation rejette le pourvoi en considérant que c'est par une appréciation souveraine des faits et circonstances de la cause, ainsi que des éléments de preuve contradictoirement débattus, que la cour a

1. Civ. 3e, 3 mai 2012, n° 11-14.964, P III, n° 64 ; *D.* 2012. 1335 ; *AJDI* 2012. 537, obs. N. Le Rudulier ; *AJ pénal* 2012. 478, obs. G. Royer.
2. Versailles, 20 mai 1999, *D.* 1999. 172 – Civ. 2e, 24 juin 1998, n° 96-11.905, P II, n° 212 ; *RCA* 1998. Comm. 316 – Civ. 2e, 28 janv. 1999, n° 96-16.992, P II, n° 20 ; *RCA* 1999. Comm. 107 – Civ. 2e, 15 avr. 1999, n° 97-14.684, P II, n° 73 ; *RCA* 1999. Comm. 230 – Civ. 2e, 6 mai 1999, n° 95-18.883, P II, n° 79 ; *RCA* 1999. Comm. 230.
3. Poitiers, ch. civ. 1, 3 déc. 2019, RG n° 17/04167.
4. Civ. 2e, 6 févr. 2003 n° 00-20.780, P II, n° 28 ; *JCP* 2003. II. 10120, note C. Castets-Renard.
5. Crim. 4 juin 1975, n° 73-93.561, P n° 145 – Crim. 19 oct. 1982, n° 80-93.260, P n° 225.
6. Civ. 1re, 25 févr. 2016, n° 15-12.150, P ; *D.* 2016. 546 ; *Gaz. Pal.* 24 mai 2016, p. 30, obs. F. Fourment.
7. Crim. 4 nov. 1993 n° 92-83.485, P n° 326.
8. Crim. 21 juin 2016, n° 15-82.681, NP.
9. Civ. 1re, 30 juin 1970, n° 68-14.013, P I, n° 226 ; *Gaz. Pal.* 1970. 2. 285.
10. V. ss n° 454.113.
11. V. ss n° 454.115.
12. V. ss n° 454.32.
13. Crim. 21 déc. 1966, n° 65-93.288, P n° 301.

pu en déduire que l'injure spontanément proférée par la victime, qui était personnellement visée par la comparaison établie par le conseil des prévenus, répondait directement à des propos qui, eu égard aux circonstances dans lesquels ils avaient été tenus, étaient de nature à porter gravement atteinte à son honneur et à ses intérêts moraux, faisant que l'immunité judiciaire dont bénéficient les discours prononcés devant les tribunaux, en vertu de l'article 41 de la loi du 29 juillet 1881, n'interdit pas de leur attribuer, le cas échéant, le caractère d'une provocation au sens de l'article 33, alinéa 2[1], de la même loi[2].

454.133 Immunités judiciaires et poursuites disciplinaires. Le bénéfice de l'immunité judiciaire ne fait pas obstacle à ce que les propos tenus ou les écrits incriminés donnent lieu à des poursuites disciplinaires[3] sur plainte du procureur général ou de la partie lésée, notamment eu égard au principe de modération[4].

Cette position de la Cour de cassation qui considère que les dispositions de l'article 41 de la loi du 29 juillet 1881 ne sont pas applicables en matière de poursuites disciplinaires exercées contre un avocat pour manquement à la délicatesse à l'égard d'un magistrat, n'est pas partagée par le Conseil d'État qui a considéré, pour sa part, dans le cas d'un médecin qui avait écrit des propos diffamatoires, envers un autre médecin, dans ses écritures devant une juridiction, que les dispositions de l'article 41 de la loi du 29 juillet 1881 sur la liberté de la presse se bornent à instaurer une réserve touchant les actions en diffamation, le libre exercice du droit d'agir et de se défendre en justice fait obstacle à ce qu'un justiciable puisse faire l'objet, au titre de propos tenus ou d'écrits produits par lui dans le cadre d'une instance juridictionnelle, en plus des mesures prévues par cet article, de poursuites disciplinaires fondées sur le caractère diffamatoire de ces propos ou écrits[5].

1. L. 29 juill. 1881, art. 33, al. 2.
2. Crim. 31 mars 2015, n° 13-81.842, P n° 71 ; *D.* 2015. 867 ; *D.* 2015. 2465, obs. G. Roujou de Boubée, T. Garé, C. Ginestet, M.-H. Gozzi et S. Mirabail ; *D.* 2016. 277, obs. E. Dreyer ; *AJ pénal* 2015. 313, note C. Courtin ; *D. avocats* 2015. 192, obs. G. Royer.
3. Civ. 1re, 10 janv. 1995, n° 92-20.895, NP – Civ. 1re, 16 déc. 2003, n° 03-13.353, P I, n° 256 ; *D.* 2004. 977, note B. Beignier ; D. 2826, obs. B. Blanchard ; *JCP* 2004. I. 117, n° 28, obs. R. Martin – Civ. 1re, 25 mai 2005, n° 03-17.514, P I, n° 227 ; *D.* 2005. 1589 ; *D.* 2006. 266, obs. B. Blanchard – Civ. 1re, 10 sept. 2015, n° 14-24.208, P ; *D.* 2015. 1842 ; *Gaz. Pal.* 23 févr. 2016, p. 35, obs. F. Fourment – Paris, pôle 2, ch. 1, 8 sept. 2016, RG n° 15/15222.
4. V. ss nos 337.00 s.
5. CE 22 mai 2015, req. n° 370429, *Lebon ; AJDA* 2015. 1727.

§ 2
Sanctions pénales en raison d'infractions commises à l'occasion d'une procédure

454.140 Plan. L'avocat peut faire l'objet de sanctions pénales en raison d'infractions commises à l'occasion d'une procédure (§ 1), tant s'agissant des délits d'outrage, de diffamation et d'injure lorsqu'il ne bénéficie pas de l'immunité judiciaire (A), que de tous autres crimes ou délits suivant les conditions de droit commun (B).

A.
Infractions relevant du régime de l'immunité judiciaire

454.150 Plan – Absence de bénéfice de l'article 41 de la loi du 29 juillet 1881. S'il ne bénéficie pas de l'immunité judiciaire, l'avocat encourt des condamnations des chefs d'outrage à magistrat (1°), de diffamation (2°) ou d'injure (3°). Mais la juridiction doit s'assurer que le bénéfice de l'immunité judiciaire est bien exclu. À défaut les condamnations prononcées dans ce cadre encourent la critique.

C'est ainsi que dans une affaire où un avocat, furieux de ce qu'un magistrat ait rendu une ordonnance de radiation du rôle, avait pris des conclusions accusant le juge de liaisons suspectes et de connivence. Le parquet saisit la juridiction répressive du chef d'outrage à magistrat. Après condamnation de l'avocat en première instance et en appel, l'affaire vient en cassation. La Cour de cassation casse sans renvoi par application de l'article 41 de la loi du 29 juillet 1881 et au motif que l'avocat était protégé par l'immunité judiciaire car les outrances contenues dans les conclusions n'étaient pas étrangères à la cause pendante devant la juridiction saisie de ses conclusions[6].

1°
Outrage

454.160 Plan. Le délit d'outrage commis par un avocat (a) doit être caractérisé (b).

a.
Définition et répression

454.171 Définition. Le délit d'outrage[7] à un membre d'une juridiction prévu à l'article 434-24 du code pénal, consiste par les paroles, gestes ou menaces, par écrits ou images de toute nature non rendus publics ou par l'envoi d'objets quelconques adressé à un magistrat, un juré ou toute personne siégeant dans une formation juridictionnelle dans l'exercice de ses fonctions ou à l'occasion de cet

6. Crim. 11 oct. 2005, n° 05-80.545, P n° 255 ; *D.* 2006. 1272, note B. Beignier.
7. C. pén., art. 434-24.

exercice, à porter atteinte à sa dignité ou au respect dû à la fonction dont il est investi.

454.172 **Peines.** L'outrage est puni d'un an d'emprisonnement et de 15 000 euros d'amende, sauf si l'outrage a lieu à l'audience d'une cour, d'un tribunal ou d'une formation juridictionnelle, auquel cas la peine est portée à deux ans d'emprisonnement et à 30 000 euros d'amende.

454.173 **Outrage commis à l'occasion d'une audience.** Le code de procédure pénale prévoit, à l'article 677, alinéa 3, une procédure dérogatoire de répression de l'outrage à magistrat commis à l'occasion d'une audience, notamment par un avocat, et qui suppose l'établissement d'un procès-verbal par le président de la juridiction qui doit être transmis au procureur de la République qui apprécie la suite à donner. Dans l'hypothèse où il décide de saisir la juridiction compétente, il est précisé que les magistrats ayant participé à l'audience où l'outrage a été commis ne peuvent pas composer la juridiction de jugement.

L'avocat sanctionné dans le cadre d'un outrage à l'occasion d'une audience peut user des voies de recours de droit commun applicables devant la juridiction qui l'a sanctionné.

454.174 **Ancienne procédure.** On notera que jusqu'en 1993, les avocats connaissaient d'une procédure dérogatoire en matière d'outrage à magistrat, plus protectrice, prévue par l'ancien article 681 du code de procédure pénale[1]. Cette procédure prévoyait que le procureur de la République saisi de l'affaire présentait, sans délai, requête à la chambre criminelle de la Cour de cassation qui statuait comme en matière de règlement de juges et désignait la chambre d'accusation qui pourrait être chargée de l'instruction. S'il estimait qu'il y avait lieu à poursuite, le procureur général près la cour d'appel désignée pouvait requérir l'ouverture d'une information[2] ou faire procéder à une enquête préliminaire[3].

Cette procédure protectrice des droits de la défense, issue de la loi du 18 juillet 1974[4], a été abrogée par la loi du 4 janvier 1993[5]. Les peines encourues étaient alors plus lourdes, et surtout, par le jeu de peines de substitution, un avocat poursuivi de ce chef pouvait alors se voir interdire à ce titre, l'exercice de sa profession pendant une durée déterminée.

454.175 **Outrage à personne chargée d'une mission de service public.** Lorsqu'il n'est pas adressé à un magistrat, l'article 433-5 du code pénal réprime l'outrage envers une personne chargée d'une mission de service public, ce qui vise, notamment les policiers ou les greffiers, d'une peine de 7 500 euros d'amende. Lorsqu'il est adressé à une personne dépositaire de l'autorité publique, il est puni d'un an d'emprisonnement et de 15 000 euros d'amende. Lorsqu'il est commis en réunion, les peines sont alors portées à six mois d'emprisonnement et 7 500 euros d'amende, et deux ans d'emprisonnement et de 30 000 euros d'amende.

L'outrage à personne chargée ou dépositaire d'une mission de service public, s'il est réprimé moins sévèrement, peut toutefois donner lieu, à la différence de l'outrage à magistrat, à l'application des peines complémentaires prévues à l'article 433-22 du code pénal et notamment celle de l'interdiction d'exercer l'activité d'avocat, soit définitive, soit temporaire ; auquel cas elle ne peut excéder une durée de cinq ans[6]. Cette interdiction peut se cumuler avec une sanction disciplinaire[7], ainsi que l'affichage ou la diffusion de la décision prononcée[8].

454.176 **Prescription.** L'outrage est une infraction instantanée dont la prescription est de six ans à compter du jour où ont été commis les faits.

b.
Caractérisation

454.181 **Intention délictuelle.** L'outrage doit viser un ou plusieurs magistrats précisément identifiables. C'est ainsi qu'il a été jugé que n'étaient pas outrageants les propos d'un avocat qui ne s'interprétaient pas comme une attaque spécifiquement dirigée contre les membres d'une chambre d'accusation dans l'intention de les outrager mais comme une critique d'ordre général du fonctionnement de la justice, participant, en tant que telle, de l'exercice des droits de la défense et de la liberté de parole qui en est l'expression[9]. Mais, caractérisera un outrage à magistrat, les termes d'une lettre adressée au procu-

1. L. n° 74-646, 18 juill. 1974 relative à la mise en cause pénale des maires et modifiant les articles 681 et suivants du code de procédure pénale, *JO* 19 juill., p. 7540.
2. Cass., ass. plén., 31 mai 1990, n° 89-86.793, P n° 9 ; *D.* 1990. 155 ; *JCP* 1991. II. 21599, note H. Angevin.
3. Crim. 18 déc. 1984, n° 84-91.654, P n° 409 ; *D.* 1985. 401.
4. L. n° 74-646, 18 juill. 1974 relative à la mise en cause pénale des maires et modifiant les articles 681 et suivants du code de procédure pénale, *JO* 19 juill., p. 7540.
5. L. n° 93-2, 4 janv. 1993 portant réforme de la procédure pénale, *JO* 4 janv., p. 215.
6. C. pén., art. 131-27.
7. Civ. 1re, 17 mai 1988, n° 86-15.067, P I, n° 145 ; *D.* 1991. 302, note A. Brunois ; *Gaz. Pal.* 1989. 2. 491, note G. Flécheux – Civ. 1re, 9 avr. 2015, n° 14-50.012, P I, n° 82 ; *D.* 2015. 1192, note O. Décima ; *D.* 2015. 1187, avis J.-P. Sudre.
8. C. pén., art. 131-35.
9. Paris, 1re ch. F, 27 janv. 1999, *D.* 2000. Jur. 101, note A. Hodebar.

reur général qui, au-delà des critiques visant la juridiction, l'atteignent personnellement[1].

Le délit d'outrage implique, en outre, l'intention de porter à la connaissance du ou des personnes visées les propos outrageants. Lorsque les propos considérés sont tenus devant un tiers ou adressés à un tiers, en l'absence de la personne visée, le délit d'outrage n'est constitué que si, d'une part, leur auteur a l'intention, non pas seulement de prendre à témoin son interlocuteur, mais de voir ses propos rapportés à l'intéressé, et que, d'autre part, en raison de ses liens avec cette personne, ce tiers lui rapportera nécessairement l'outrage[2].

C'est ainsi que ne sauraient être poursuivis du chef d'outrage, faute de l'existence d'un rapporteur nécessaire, des propos à la personne visée par ceux-ci :

- l'avocat qui, à la lecture au greffe d'un jugement rendu par le juge d'instance, dit à la greffière, seule avec lui dans le bureau, que ce jugement était stupide et que le juge qui l'avait rendu l'était également[3] ;

- l'avocat qui aux termes d'un entretien avec son client en garde à vue s'exclame dans les couloirs de la gendarmerie : « Maintenant, je vais aller voir cette grosse connasse de Mme F... », présidente de la chambre d'instruction[4] ;

- l'avocat qui a affirmé, au sujet d'un brigadier de police, « le Z..., on aura sa tête », dès lors que les propos incriminés n'avaient pas été adressés à la personne visée, mais prononcés lors d'une conférence de presse publique, hors la présence de celle-ci, et sans qu'il ne soit établi que l'avocat ait voulu qu'ils lui soient rapportés par une personne présente[5].

454.182 Outrage par parole. La notion outrage bénéficie d'une acceptation extrêmement large, visant toute atteinte à la dignité ou au respect dû à la fonction qui correspondrait au « dépassement des limites que le respect impose envers une personne [...] dès lors qu'une telle attitude paraît inadmissible pour le corps social »[6], faisant du bénéfice au profit de l'avocat de l'immunité judiciaire[7] un contrepoids nécessaire en la matière.

C'est ainsi que dans une affaire où un avocat se plaignait qu'un magistrat ait refusé un renvoi qu'il aurait préalablement accepté par téléphone la veille de l'audience, son bâtonnier avait écrit au président du tribunal afin d'obtenir des explications sur ce qu'il estimait constituer un dysfonctionnement exceptionnel et fortuit de l'administration de la justice, lui écrivant, notamment, que : « ce magistrat, pour n'avoir pas respecté la parole donnée, a manqué au devoir « d'honneur », c'est-à-dire ne s'est pas comporté en vertu de cette disposition morale suivant laquelle il faut agir pour obtenir l'estime d'autrui en conservant le respect de soi-même, qu'il a encore manqué à la « vertu », c'est-à-dire n'a pas agi suivant la disposition morale conduisant à faire le bien et à éviter le mal, et qu'il a enfin manqué à la bonne « éducation », c'est-à-dire à la pratique des usages de politesse, d'attention, de délicatesse, d'élégance, notamment, qu'il est admis de respecter dans un groupe social donné ». Cela valut au bâtonnier un renvoi devant le tribunal correctionnel[8] et une condamnation à 10 000 francs d'amende pour outrage à magistrat[9]. La Cour de cassation approuva cette condamnation considérant, au passage, que les juges avaient souverainement déduit les faits et circonstances de la cause que la volonté de l'auteur de la lettre bien que s'adressant au président de la juridiction était de la faire parvenir à la connaissance du magistrat concerné[10].

Dans une autre affaire, un avocat s'adressant au commissaire du gouvernement qui, devant la Cour de justice, se félicitait des applaudissements qui avaient ponctué son réquisitoire, lui répond, selon le parquet « ce sont les ivrognes qui vous applaudissent », selon l'avocat « si ce sont les applaudissements de deux, trois ivrognes que vous prenez pour ceux de la salle, je vous les laisse bien volontiers ». La cour de Riom jugea que ces propos constituaient un outrage dans l'une et l'autre des versions alléguées et qu'un outrage commis à l'audience par un avocat à l'égard d'un magistrat même si celui-ci appartient au ministère public, n'est en principe jamais de nature à se justifier par les nécessités de la défense et ne peut et ne doit bénéficier d'aucune impunité surtout lorsqu'il ne prend pas sa source dans la discussion même des faits de la cause[11]. Cet

1. Crim. 30 juin 1965, P n° 169.
2. Crim. 23 mai 2018, n° 17-82.355, P ; *JCP* 2018. 898, note A. Serinet ; *D.* 2018. 1153 ; *Gaz. Pal.* 19 juin 2018, p. 52.
3. Brive, 9 mars 1979, *Gaz. Pal.* 1979. 1. 157 ; *in* A. DAMIEN, *Les grands arrêts*, Litec, 1991, p. 134 – Limoges, 11 juill. 1979, *Gaz. Pal.* 1979. 2. 471 ; *in* A. DAMIEN, *Les grands arrêts*, Litec, 1991, p. 134 – Montpellier, 20 juin 1985, *Gaz. Pal.* 1985. 2. 555, note A. Damien ; *in* DAMIEN, *Les grands arrêts*, 1991, p. 150.
4. Crim. 26 oct. 2010, n° 09-88.460, *D.* 2011. 570, obs. E. Dreyer.
5. Crim. 29 mars 2017, n° 16-82.884, P ; *D.* 2017. 818 ; *Gaz. Pal.* 23 mai 2017, p. 28, obs. F. Fourment ; *AJDA* 2017. 1205 ; *AJ pénal* 2017. 278, note D. Luciani-Mien.
6. E. Dreyer, « L'outrage », *Gaz. Pal.* 30 avr. 2018, p. 74.
7. V. s^s^ n°s 454.100 s.
8. P. Nivelle, « Au tribunal de Bordeaux, les avocats serrent les coudes. Un bâtonnier était jugé pour propos outrageants envers un magistrat », *Libération* 17 sept. 1996.
9. T. corr. Bordeaux, 3e ch., 14 oct. 1996, RG n° 014/54412 ; *Gaz. Pal.* 1996. 2. 626, note A. Damien ; *RJB*, févr. 1997, n° 44/45, p. 9, note A. Damien.
10. Crim. 22 juin 1999, n° 97-84.446, NP.
11. Riom, 20 févr. 1947, S. 1947. 2. 87 ; *in* DAMIEN, *Les grands arrêts*, 1991, p. 150.

arrêt nous laisse insatisfaits et les motifs redondants qu'utilise la cour pour nous convaincre, notamment « l'attitude insolente de l'avocat », le « ton d'ironie outrecuidant » avec lequel ces propos furent proférés, ne nous semblent pas suffire à dénoter l'intention délictuelle.

De même, fut condamné du chef d'outrage à magistrat, un avocat qui avait fait part de sa déception à l'énoncé d'un verdict de condamnation [1].

454.183 Conflit de qualification. L'outrage peut porter sur des imputations diffamatoires ou des injures relevant de la loi du 29 juillet 1881.

La Cour de cassation, validant une conception large de la notion d'outrage, a été amenée à considérer que toute expression injurieuse ou diffamatoire, lorsqu'elle s'adresse à un magistrat de l'ordre administratif ou judiciaire dans l'exercice de ses fonctions ou à l'occasion de cet exercice, est qualifiée d'outrage par l'article 434-24 du code pénal et ce, même lorsqu'elle a été proférée publiquement, comme à l'occasion d'une conférence de presse [2], entre dans les prévisions de ce texte [3]. Seuls les écrits et images injurieux ou diffamatoires lorsqu'ils sont publics, ne peuvent pas faire l'objet de poursuites sur le terrain de l'outrage [4].

Pour le Conseil constitutionnel, un même propos proféré publiquement à l'encontre d'une personne chargée d'une mission de service public ou dépositaire de l'autorité publique peut constituer un outrage ou une injure publique. Toutefois, il résulte de la jurisprudence constante de la Cour de cassation que, à la différence de l'injure publique, l'outrage ne peut être constitué que s'il est directement adressé à la personne outragée ou, si elle est absente, qu'il est établi que l'auteur des propos a voulu qu'ils lui soient rapportés par une personne présente. Ce faisant, l'outrage porte à la dignité des fonctions exercées ou au respect qui leur est dû une atteinte différente de celle résultant d'une injure qui, bien que publique, n'est pas directement adressée au titulaire des fonctions ou destinée à lui être rapportée. Il en résulte que l'outrage et l'injure publique punissent des agissements de nature différente [5].

454.184 Outrage par correspondance. L'outrage peut également résulter de correspondances postales ou télégraphiques circulant à découvert, auquel cas si les propos injurieux ou diffamatoires sont contenus dans une correspondance circulant à découvert (carte postale [6], télégramme [7], sur l'enveloppe elle-même [8], s'agissant d'une lettre adressée à un médecin dont le titre de docteur avait été mis entre guillemets ce qui insinuait qu'il usurpait de ce titre et constituait donc une diffamation, mais pas une télécopie qui par nature est transmise sans que le personnel des postes soit susceptible d'en prendre connaissance [9]), ils relèvent alors de la loi du 11 juin 1887 [10] qui sanctionne le fait pour quiconque d'expédier par l'administration des postes et des télégraphes une correspondance à découvert contenant des propos visant notamment un magistrat ou un juré à une peine de six mois d'emprisonnement et une amende de 3 750 euros en cas de diffamation et d'une amende de 1 500 euros prévue pour les contraventions de 5ᵉ classe en cas d'injure et non de l'article 434-24 [11] du code pénal [12].

C'est le tribunal correctionnel qui est compétent en la matière [13].

454.185 Position de la CEDH. La CEDH [14] a été amenée à connaître de recours relatifs à des condamnations pour outrage au regard de l'article 10 Conv. EDH. Elle rappelle que la liberté d'expression des avocats est liée à leur indépendance, cruciale à la bonne administration de la justice mais que leur critique ne doit pas franchir certaines limites [15]. Une distinction claire doit être faite ici entre la critique et l'insulte. C'est ainsi que des remarques qui ont été faites dans le contexte d'une procédure judiciaire, connectées à celle-ci et confinées à la salle d'audience et qui ne relevaient pas de l'insulte mais visaient la manière dont le juge a conduit la procédure, l'avocat qualifiant la conduite du juge à une audience « d'inacceptable », ne dépassent pas les limites de la critique admissible. La condamnation de l'avocat pour outrage de ce fait n'apparaissant pas comme ayant été nécessaire dans

1. Montpellier, 20 juin 1985, *Gaz. Pal.* 1985. 2. 555, note A. Damien ; *D.* 1987. IR 105, note A. Brunois ; *in* Damien, *Les grands arrêts*, 1991, p. 150.
2. Crim. 19 avr. 2000, n° 99-84.886, P n° 154.
3. Crim. 16 oct. 1956, P n° 638 – Crim. 15 févr. 1975, n° 74-91.435, P n° 54 ; *Gaz. Pal.* 1975. 1. 357 ; *RSC* 1976. 101, obs. A. Vitu.
4. Crim. 17 nov. 1944, P n° 182 – Crim. 4 déc. 2001, n° 00-88.094, NP – Crim. 10 mai 2016, n° 15-86.600, NP.
5. Cons. const. 9 avr. 2021, n° 2021-896 QPC ; *D.* 2021. 698 ; *D.* 2021. 1274, note N. Droin.
6. Crim. 23 juill. 1891, *DP* 1891. 1. 489.
7. Crim. 1ᵉʳ juill. 1911, P n° 344, *DP* 1912. 1. 111 – Crim. 7 févr. 1974, n° 73-90.261, P n° 58.
8. Crim. 15 mars 1983, n° 82-92.283, P n° 81.
9. Paris, 13 mars 2003, *JCP* 2003. IV. 3067.
10. L. 11 juill. 1887 concernant la diffamation et l'injure commises par les correspondances postales ou télégraphiques circulant à découvert, *DP* 1887. 4. 53.
11. C. pén., art. 667.
12. Crim. 28 févr. 1874, n° 73-90.400, P n° 90.
13. L. 11 juin 1887, art. 2.
14. V. Renaudie, « La liberté d'expression de l'avocat dans la jurisprudence de la Cour européenne des droits de l'homme. Développements récents et conformité du droit français », *Gaz. Pal.* 9-11 juill. 2006, p. 2 – L. François, « La liberté d'expression de l'avocat en droit européen », *Gaz. Pal.* 20-21 juill. 2007, p. 2.
15. V. sˢ nᵒˢ 337.31 s.

une société démocratique[1]. Il en est de même du fait pour un avocat d'être condamné à cinq jours de prison pour avoir suggéré, s'agissant d'échanges de vues en cours d'audience entre le juge et le procureur, que l'échange [...] constituait un échange de « ravassakia »[2], c'est-à-dire de « billets doux »[3].

Inversement, pour la CEDH, constituent des insultes, l'avocat qui accuse un magistrat d'avoir menti et d'avoir écrit un rapport contenant de fausses informations[4], qui pose la question de la compétence professionnelle du juge[5], qui accuse des magistrats d'être des « tortionnaires en robe »[6], qui écrit à ses juges qu'ils sont des « clowns irresponsables » et « un crétin », « un fou » et une « personne limitée »[7], qui dit d'un procureur que son ordonnance de mise en accusation avait été rédigée « en état d'ébriété »[8] ou qui qualifie de « ridicule » l'opinion d'un magistrat[9].

2°
Diffamation

454.190 Plan. Si l'avocat peut être poursuivi du chef de diffamation (a), la marge d'appréciation de cette infraction reste délicate (b).

a.
Principes

454.201 Définition. Toute allégation ou imputation d'un fait qui porte atteinte à l'honneur ou à la considération de la personne ou du corps auquel le fait est imputé est une diffamation[10]. La publication directe ou par voie de reproduction de cette allégation ou de cette imputation est punissable, même si elle est faite sous forme dubitative ou si elle vise une personne ou un corps non expressément nommés, mais dont l'identification est rendue possible par les termes des discours, cris, menaces, écrits ou imprimés, placards ou affiches incriminés[11].

454.202 Peines. La diffamation publique commise, envers les cours, les tribunaux, les armées de terre, de mer ou de l'air, les corps constitués et les administrations publiques, ou, en raison de leurs fonctions ou qualités, envers les magistrats, le président de la République, un ou plusieurs membres du ministère, un ou plusieurs membres de l'une ou de l'autre Chambre, un fonctionnaire public, un dépositaire ou agent de l'autorité publique, un ministre de l'un des cultes salariés par l'État, un citoyen chargé d'un service ou d'un mandat public temporaire ou permanent, un juré ou un témoin, à raison de sa déposition est punie d'une amende de 45 000 euros[12].

La diffamation contre les mêmes personnes concernant la vie privée et celle commise envers les particuliers sont punies d'une amende de 12 000 euros. La juridiction peut également ordonner l'affichage ou la diffusion de la décision[13].

454.203 Intérêt à agir. Dans le cas d'injure ou de diffamation envers les cours, tribunaux et autres corps constitués[14], la poursuite n'aura lieu que sur une délibération prise par eux en assemblée générale et requérant les poursuites, ou, si le corps n'a pas d'assemblée générale, sur la plainte du chef du corps ou du ministre duquel ce corps relève[15].

Elle ne pouvait avoir lieu qu'à la seule requête du ministère public, mais le Conseil constitutionnel a prononcé l'inconstitutionnalité du dernier alinéa de l'article 48 de la loi du 29 juillet 1881 en tant qu'il ne permettait pas à la partie lésée de mettre elle-même en mouvement l'action publique[16].

454.204 Prescription. L'action publique et l'action civile se prescrivent après trois mois révolus, à compter du jour où les faits ont été commis ou du jour du dernier acte d'instruction ou de poursuite s'il en a été fait. Toutefois, avant l'engagement des poursuites, seules les réquisitions aux fins d'enquête seront interruptives de prescription. Ces réquisitions devront, à peine de nullité, articuler et qualifier les provocations, outrages, diffamations et injures à raison desquels l'enquête est ordonnée[17].

1. CEDH 28 juin 2016, *Radobuljac c/Croatie*, req. n° 51000/11, *JCP* 2016. 1086, n° 15, obs. J. Moret-Bailly ; – MÊME SENS : CEDH 16 janv. 2018, *Ceferi c/Slovenie*, req. n° 409575/08, *Gaz. Pal.* 23 janv. 2018, p. 37, obs. C. Berlaud.
2. CEDH 15 déc. 2005, *Kyprianou c/Chypre*, req. n° 73797/01 ; *D.* 2007. 825, obs. B. Blanchard.
3. V. « Dictionnaire du grec moderne – Spoudi ravassaki ("ravas" slave), lettre d'amour, billet doux ».
4. CEDH 12 janv. 2016, *Rodriguez Ravelo c/Espagne*, req. n° 48074/10.
5. CEDH 27 janv. 2015, *Kincses c/Hongrie*, req. n° 66232/10, *D. actu.* 28 janv. 2015, art. A. Portmann.
6. CEDH 30 mars 2006, *Saday c/Turquie*, req. n° 32458/96.
7. CEDH 27 mai 2003, *Skalka c/Pologne*, req. n° 43425/98.
8. Comm. EDH, 14 janv. 1998, *Mahler c/Allemagne*, req. n° 29045/95.
9. Comm. EDH, 30 juin 1997, *W.R. c/Autriche*, req. n° 26602/95.
10. Ch. Bigot, *Pratique du droit de la presse*, 3e éd., hc, Dalloz, 2020, nos 321.00 s.
11. L. 29 juill. 1881, art. 29.
12. L. 29 juill. 1881, art. 30 et 31.
13. L. 29 juill. 1881, art. 32.
14. Ch. Bigot, *op. cit.*, n° 321.401 s.
15. L. 29 juill. 1881, art. 47.
16. Cons. const. 25 oct. 2013, n° 2013-350 QPC, *Pré-Saint-Gervais (Cne)* [Mise en œuvre de l'action publique en cas d'injure ou de diffamation publique envers un corps constitué], NON-CONFORMITÉ PARTIELLE, *JO* 27 oct., p. 17556 ; *Constitutions* 2014. 503, Chron. D. de Bellescize.
17. L. 29 juill. 1881, art. 65.

En cas d'imputation portant sur un fait susceptible de revêtir une qualification pénale, le délai de prescription est rouvert ou court à nouveau, au profit de la personne visée, à compter du jour où est devenue définitive une décision pénale intervenue sur ces faits et ne la mettant pas en cause[1].

454.205 Solidarité entre les condamnés du chef de diffamation. La victime de la diffamation peut former sa demande de dommages-intérêts contre un seul des prévenus, dès lors que cette demande, assortie du maintien de la plainte contre tous les prévenus, n'implique aucun désistement partiel et que l'auteur ou complice d'une infraction est tenu à la réparation intégrale du dommage qui en résulte même s'il n'en est pas le seul responsable.

Il en est ainsi de l'avocat qui dénonce, à l'occasion d'une conférence de presse, un magistrat instructeur comme abusant de la détention provisoire, pour affaiblir une inculpée, briser sa résistance, démontrer sa culpabilité, le punir avant son jugement, à défaut d'en obtenir des aveux et qui impute à ce magistrat la rigueur du régime pénitentiaire dont il est présenté comme l'instigateur responsable, sinon l'exécutant et qui est condamné, du chef de complicité de diffamation publique envers un fonctionnaire public, à la peine de 10 000 francs d'amende[2].

454.206 Propos tenus en ou hors audience. Les avocats peuvent être condamnés pour diffamation[3], non seulement en raison des propos tenus à l'audience qui n'auraient pas bénéficié de l'immunité judiciaire[4], mais encore en raison de propos tenus hors audience, notamment dans la presse. C'est ainsi que sont justifiées les condamnations pour diffamation :

– d'un avocat qui avait imputé dans une émission télévisée à un magistrat, juge des tutelles, de faire prévaloir un intérêt personnel dans le traitement d'un dossier[5] ;

– d'un avocat qui avait déclaré devant les chaînes de télévision au sujet d'un juge d'instruction : « Seul A... fait l'objet de ce procès avec B... et C..., ses adjoints. À la différence, à Lyon, de tous les autres groupes municipaux et en France de tous les hommes politiques. Voulez-vous M^e^ dire pourquoi seul A... serait l'objet de ce procès ? Et bien, tout simplement, parce que le parquet de Lyon et le juge d'instruction à Lyon ont agi de façon partiale, sur commande politique, pour exécuter un adversaire politique »[6] ;

– d'un avocat qui avait déclaré, à la sortie d'une audience, sur les chaînes de télévision, dans le cadre d'une affaire d'homicides involontaires à la suite d'un accident d'avion, au sujet du chef de district aéronautique qui a procédé à l'analyse des boîtes noires : « Voici la photographie qui démontre que M. Y... a substitué les boîtes, car le boîtier que vous voyez ici sur cette photographie [...] démontre que ce n'est pas le boîtier sous scellé judiciaire », étant précisé, selon la Cour de cassation que d'une part, ne constituent pas un compte rendu fidèle et objectif des débats judiciaires bénéficiant de l'immunité judiciaire, les propos tenus, en dehors de la salle d'audience, et que d'autre part, en accusant la partie civile d'un fait grave alors que les éléments en sa possession, s'ils étaient troublants, n'apportaient aucune certitude, l'avocat a manqué de prudence dans l'expression et excédé les limites admissibles pour la défense de son client[7] ;

– d'un avocat des parties civiles qui, lors du procès de Maurice Papon, avait déclaré à des journalistes, qu'il entendait poser à une personne entendue en qualité de témoin la question suivante : « je voulais lui demander ce qu'il faisait quotidiennement dans les réunions de la Propaganda Staffel lorsqu'il était à « La Petite Gironde », étant précisé que, d'une part, la forme interrogative ou dubitative ne saurait ôter aux propos tenus leur caractère diffamatoire, et que d'autre part, la prudence dans l'expression constitue un des éléments caractérisant la bonne foi »[8] ;

– d'un avocat qui met en cause les pratiques des policiers, les accusant d'avoir tendu un piège à ses clients en mettant de la drogue chez eux et d'avoir commis des violences physiques ou morales envers eux, tout en affirmant qu'il s'agissait de pratiques courantes dans le commissariat concerné[9].

454.207 Bonne foi. Lorsqu'il ne bénéficie pas de l'immunité judiciaire[10], l'avocat qui s'exprime au nom d'un client et dans son intérêt n'est pas dispensé de la prudence et de la circonspection nécessaire à l'admission de la bonne foi en matière de diffamation[11].

La bonne foi[12] peut résulter de ce que l'écrit par lui adresser, au nom de son client, à un expert, se rattache directement à l'objet de l'expertise com-

1. L. 29 juill. 1881, art. 65-2.
2. Crim. 26 janv. 1993, n° 91-82.400, P n° 42.
3. Ch. Bigot, *op. cit.*, n° 321.45.
4. V. s^s^ n°s 454.100 s.
5. Crim. 12 oct. 2010, n° 09-87.578, NP.
6. Crim. 16 nov. 1999, n° 97-84.035, NP.
7. Crim. 6 mai 2003, n° 02-82.037, NP ; *Dr. pénal* 2003. 121, obs. M. Véron.
8. Crim. 27 févr. 2001 n° 00-82.557, NP – TGI Paris, 17e ch., 14 juin 1999, *D.* 1999. 566, note B. Beignier – Paris, 9 mars 2000, *D.* 2000. 138.
9. Crim. 12 nov. 2014, n° 13-82.697, NP.
10. V. s^s^ n°s 454.112 s.
11. Crim. 29 nov. 1994, n° 93-83.452, P n° 383.
12. Crim. 6 juill. 1955, P n° 340.

mun à celui du litige, et ne contient aucune imputation étrangère à l'exercice des droits de la défense dans l'intérêt du client dès lors que l'évocation de ces faits apparaissait utile à l'exposé de la défense, en l'occurrence un dire à expert qui faisait état d'une prétendue liaison entre la partie adverse et un avocat en ces termes : « C... a divorcé d'avec son épouse P..., avocat, qui n'était autre que l'amie intime de B..., gérant de S... ; le climat psychologique - assaisonné de procédures diverses menées par les concubins P..., B... - est devenu tel que C... n'a pu que cesser toutes relations avec la société S » [1].

454.208 ***Exceptio veritatis.*** Pendant longtemps, l'avocat poursuivi du chef de diffamation ne pouvait invoquer l'*exceptio veritatis* qu'à la condition que les faits allégués ne soient ni prescrits ni amnistiés.

Toutefois, le Conseil constitutionnel a successivement déclaré comme contraire à la constitution les b) et c) de l'article 35 de loi du 29 juillet 1881 qui interdisaient de démontrer la vérité des faits diffamatoires soit lorsque l'imputation se référait à un fait constituant une infraction amnistiée ou prescrite, ou qui avait donné lieu à une condamnation effacée par la réhabilitation ou la révision [2], soit lorsque l'imputation se référait à des faits qui remontaient à plus de dix ans [3]. De tels faits peuvent désormais être pleinement invoqués.

b. Diffamation et Cour européenne des droits de l'Homme

454.211 **Abus de la liberté d'expression d'un avocat (Conv. EDH, art. 10).** Le délit de diffamation, comme celui d'outrages [4], est assez régulièrement utilisé à l'encontre des avocats, et s'avère délicat à manier dans l'équilibre qu'il convient de trouver entre le principe de la liberté d'expression, protégée par l'article 10 Conv. EDH, et les abus de celle-ci par un avocat [5].

Pour la CEDH, si les États possèdent une certaine marge d'appréciation pour juger de la nécessité d'une ingérence dans la liberté d'expression, une telle marge se double d'un contrôle portant à la fois sur la loi, et sur les décisions qui l'appliquent [6].

À cet égard, l'examen de l'ingérence doit être réalisé *in concreto*, au regard de l'ensemble de l'affaire, y compris la teneur des propos du requérant et le contexte dans lequel ces propos ont été exprimés, pour déterminer si cette ingérence est fondée sur un besoin social impérieux, si elle est proportionnée au but légitime poursuivi, et si les motifs invoqués par les autorités nationales pour la justifier apparaissent pertinents et suffisants [7].

454.212 **CEDH 23 avril 2015 : affaire Morice.** L'arrêt rendu le 23 avril 2015 par la grande chambre de la CEDH [8], réformant un arrêt de chambre du 11 juillet 2013 [9], illustre le très délicat équilibre qu'il convient de ménager en la matière [10].

En l'occurrence, un avocat avait dénoncé « un comportement parfaitement contraire aux principes d'impartialité et de loyauté », affirmant que les juges, dessaisis du dossier, « avaient gardé par-devers eux cette cassette [...] qu'ils avaient d'ailleurs omis de placer sous scellés, plus d'un mois après leur dessaisissement » et dénonçant une « connivence entre le procureur de Djibouti et les magistrats français » dans un article de presse intitulé « Affaire Borrel : remise en cause de l'impartialité de la juge M... ».

Poursuivi du chef de complicité de diffamation, l'avocat fut condamné aux termes d'une procédure qui aura duré huit ans et donné lieu à deux arrêts de la Cour de cassation [11]. S'ensuit un recours devant la CEDH qui donna lieu à un arrêt de chambre [12] puis à un arrêt de la grande chambre [13], fondamentaux

1. Crim. 11 juin 1979, n° 78-93.237, P n° 203.
2. Cons. const. 7 juin 2013, n° 2013-319 QPC, *Philippe B... (M.)*, [Exception de vérité des faits diffamatoires constituant une infraction amnistiée ou prescrite, ou ayant donné lieu à une condamnation effacée par la réhabilitation ou la révision], NON-CONFORMITÉ TOTALE, *JO* 9 juin, p. 9632 ; *D.* 2013. 1413 ; *AJ pénal* 2013. 410 ; *Constitutions* 2013. 248, obs. D. de Bellescize ; *RSC* 2013. 574, Chron. J. Francillon ; *RSC* 2013. 907, obs. B. de Lamy.
3. Cons. const. 20 mai 2011, n° 2011-131 QPC, *Térésa C... (Mme) a.*, [Exception de vérité des faits diffamatoires de plus de dix ans], NON-CONFORMITÉ TOTALE, *JO* 20 mai, p. 8890 ; *D.* 2011. 1420, obs. S. Lavric ; *D.* 2011. 2823, obs. G. Roujou de Boubée, T. Garé, S. Mirabail et T. Potaszkin ; *D.* 2012. 765, obs. E. Dreyer ; *AJ pénal* 2011. 414, obs. J.-B. Perrier ; *Constitutions* 2011. 388, obs. D. de Bellescize ; *Constitutions* 2011. 537, obs. A. Darsonville ; *RSC* 2011. 401, obs. Y. Mayaud.
4. V. ss nos 454.171 s.
5. Sur le principe de modération, v. ss nos 337.00 s.
6. CEDH 26 nov. 1991, *Sunday Times c/Royaume-Uni*, req. n° 13166/87.
7. F. Sudre, « Le contrôle de proportionnalité de la Cour européenne des droits de l'homme. De quoi est-il question ? », *JCP* 2017. 289 – H. Fulchiron, « Le contrôle de proportionnalité : questions de méthode », *D.* 2017. 656.
8. CEDH 23 avr. 2015, *Morice c/France*, req. n° 29369/10, *D.* 2015. 974 ; *AJ pénal* 2015. 428, obs. C. Porteron ; *D.* 2016. 225, obs. J.-F. Renucci ; *RSC* 2015. 740, obs. D. Roets.
9. CEDH 11 juill. 2013, *Morice c/France*, req. n° 29369/10, *AJ pénal* 2013. 675, obs. C. Porteron ; *D. avocats* 2013. 375, art. D. Piau ; *RSC* 2013. 673, obs. J.-P. Marguénaud.
10. Ch. Bigot, *op. cit.*, n° 321.345 – V. ss nos 337.41 s.
11. Crim. 12 oct. 2004, n° 03-83.306, P n° 240 – Crim. 10 nov. 2009, n° 08-86.295, NP.
12. CEDH 11 juill. 2013, *Morice c/France*, req. n° 29369/10, *AJ pénal* 2013. 675, obs. C. Porteron ; *D. avocats* 2013. 375, art. D. Piau ; *RSC* 2013. 673, obs. J.-P. Marguénaud.
13. CEDH 23 avr. 2015, Morice c/France, req. n° 29369/10, *D.* 2015. 974 ; *AJ pénal* 2015. 428, obs. C. Porteron ; *D.* 2016. 225, obs. J.-F. Renucci ; *RSC* 2015. 740, obs. D. Roets.

quant à la portée de la liberté d'expression de l'avocat.

454.213 Débats d'intérêt général. Le public a un intérêt légitime à être informé et à s'informer, ce qui implique, notamment, le droit de pouvoir librement rendre compte du fonctionnement du système judiciaire qui fait partie des questions d'intérêt général [1], relayées par la presse.

À cet égard, la CEDH considère, d'une part que les limites de la critique admissible sont plus larges pour des fonctionnaires agissant dans l'exercice de leurs fonctions officielles, tels que des magistrats, et d'autre part que l'article 10 de la Conv. EDH ne laisse guère de place pour des restrictions à la liberté d'expression lorsqu'il s'agit de communiquer des idées ou des informations sur des questions d'intérêt général [2].

454.214 Situation particulière des avocats. Le statut des avocats leur confère une position centrale dans l'administration de la justice, faisant qu'ils ont le droit de se prononcer publiquement sur le fonctionnement de la justice [3]. Dès lors, une ingérence dans la liberté d'expression de l'avocat, même au moyen d'une sanction pénale légère, ou d'une simple condamnation à des dommages et intérêts [4], ne pourra qu'exceptionnellement passer pour nécessaire dans une société démocratique [5].

C'est ainsi que la CEDH a pu considérer que le secret de l'instruction ne peut constituer un motif suffisant pour condamner l'avocat s'exprimant pour la défense de l'intérêt de ses clients [6]. Il appartient en conséquence aux juridictions internes de motiver de façon pertinente et suffisante toute atteinte à la liberté d'expression d'un avocat, et ce, notamment, au regard des nécessités liées à l'exercice des droits de la défense [7].

454.215 Limites pertinentes à la liberté de l'avocat. Toutefois, la légitime critique des avocats qui, eux aussi, du fait même de leur statut, contribuent au bon fonctionnement et à l'image de la justice et, ainsi à la confiance du public en celle-ci, ne saurait s'affranchir de certaines limites [8].

À cet égard, pour la CEDH, il convient de tenir compte de juste et nécessaire équilibre à ménager entre le droit du public d'être informé sur les questions qui touchent à l'intérêt général et au fonctionnement de la justice, les impératifs d'une bonne administration de la justice, la dignité de la profession d'avocat et la bonne réputation des magistrats dont l'action a « besoin de la confiance des citoyens pour prospérer » ce qui peut rendre « nécessaire de le protéger des attaques destructrices dénuées de fondement sérieux ».

454.216 Liberté de la presse et droits de la défense : avocat *vs* journaliste. Il est intéressant de noter qu'à l'appui de sa requête, l'avocat invoquait le fait que « la liberté de parole de l'avocat doit être au moins égale à celle accordée au journaliste et à la presse car il est, face à l'obstruction des services de l'état, « l'aiguillon » indispensable pour que la vérité ne soit pas étouffée » [9].

Ainsi, pour un autre article concernant la même affaire, publié le 14 mars 2000 par *Libération* et intitulé « Mort d'un juge : la veuve attaque juges et policiers », et dans lequel le journaliste indiquait que « l'instruction du dossier Borrel a été menée de manière rocambolesque », la CEDH avait alors considéré que les journalistes n'avaient pas eu recours à une dose d'exagération ou de provocation, pourtant permise dans le cadre de l'exercice de la liberté journalistique, les motifs retenus pour conclure à l'absence de bonne foi se conciliant mal avec les principes relatifs au droit à la liberté d'expression et au rôle de « chien de garde » assumé par la presse,

1. SUR LA NOTION DE DÉBAT D'INTÉRÊT GÉNÉRAL : CEDH 10 nov. 2015, *Couderc et Hachette Filipacchi Associés c/France*, req. n° 40454/07, *D.* 2016. 116, note J.-F. Renucci ; *JCP* 2015. 1332, obs. H. Surrel ; *RTD civ.* 2016. 81, obs. J. Hauser – Crim. 26 oct. 2016, n° 15-83.774, P ; *D.* 2016. 898 ; *D.* 2016. 2216 ; *Gaz. Pal.* 14 févr. 2017, p. 31, note F. Fourment ; *JCP* 2016. 1314, note G. Beaussonie et B. de Lamy ; *AJ pénal* 2017. 38, obs. N. Verly ; *RSC* 2016. 767, obs. H. Matsopoulou – Crim. 13 déc. 2016, n° 16-80.812, P ; *JCP* 2017. 278, note N. Droin ; *AJ pénal* 2017. 192, obs. C. Girault – Civ. 1re, 1er mars 2017, n° 15-22.946, P ; *JCP* 2017. 372, note J. Hauser.
2. CEDH 1er juin 2017, *Giesbert c/France*, req. nos 68974/11, 2395/12, 76324/13 – CEDH 8 oct. 2019, *L.P. et Carvalho c/ Portugal*, req. nos 24845/13, 49103/15, *JCP* 2019. 1105 ; *D.* 2020. 116, obs. Th. Wickers ; *Gaz. Pal.* 3 déc. 2019, p. 29, obs. B. de Belval ; – L. François, « La réception du critère européen de « débat d'intérêt général » en droit français de la diffamation », *D.* 2018. 636.
3. CEDH 20 mai 1998, *Schopfer c/Suisse*, req. n° 25405/94, *D.* 1999. 272.
4. CEDH 12 févr. 2019, *Pais Pires de Lima c/Portugal*, req. n° 70465/12 ; *JCP* 2019. 252, obs. H. Surrel ; *Gaz. Pal.* 5 mars 2019, p. 50, obs. C. Berlaud.
5. CEDH 21 mars 2002, *Nikula c/Finlande*, req. n° 31611/96 – CEDH 20 avr. 2004, *Amihalachioaie c/Moldova*, req. n° 60115/00, *AJDA* 2004. 1809, Chron. J.-F. Flauss – CEDH 11 févr. 2010, *Alfantakis c/Grèce*, req. n° 49330/07.
6. V. s^s n° 416.75.
7. CEDH 15 déc. 2011, *Mor c/France*, req. n° 28198/09, *AJDA* 2012. 143, Chron. L. Burgorgue-Larsen ; *D.* 2012. 667, obs. S. Lavric, note L. François ; *RSC* 2012. 260, obs. J.-P. Marguénaud ; *AJ pénal* 2012. 337, note C. Porteron ; *Gaz. Pal.* 5-7 févr. 2012, p. 17, note D. Piau.
8. CEDH 23 avr. 2015, *Morice c/France*, req. n° 29369/10, pt 136, *D.* 2015. 974 ; *AJ pénal* 2015. 428, obs. C. Porteron ; *D.* 2016. 225, obs. J.-F. Renucci ; *RSC* 2015. 740, obs. D. Roets.
9. CEDH 11 juill. 2013, *Morice c/France*, req. n° 29369/10, pt 83, *AJ pénal* 2013. 675, obs. C. Porteron ; *D. avocats* 2013. 375, art. D. Piau ; *RSC* 2013. 673, obs. J.-P. Marguénaud.

pour en conclure que la condamnation des journalistes du chef de diffamation s'analysait en une ingérence non justifiée dans leur droit à la liberté d'expression [1].

454.217 **Statut de l'avocat.** Ce qui distingue fondamentalement l'avocat du journaliste est que le premier est un acteur à part entière du système judiciaire. Comme le rappelle la CEDH [2] : « Les avocats ont pour mission première de défendre leurs clients et disposent de recours juridiques pour tenter de remédier à d'éventuels dysfonctionnements de la justice. ».

L'avocat n'est ni journaliste, ni attaché de presse ou chargé de communication. Il est, de surcroît, tenu au secret professionnel, ce dont même son propre client ne saurait le délier [3], ce qui ne lui donne pas vocation, même si la soif de reconnaissance médiatique est bien (trop) souvent plus forte, à se tromper de rôle. Il est tenu de respecter, en toutes circonstances [4], dans son attitude générale et ses propos, les principes essentiels de la profession [5], notamment de modération et délicatesse, mais aussi de dignité, d'indépendance et de loyauté.

Cette situation particulière de l'avocat et la confiance qui y est attachée expliquent que la tolérance à l'égard de sa liberté d'expression, notamment lorsqu'il s'exprime sur le sujet même de la justice, soit différemment appréciée de celles du journaliste ou de ses clients.

454.218 **Propos hors audience.** La CEDH considère, en outre, qu'il convient de distinguer selon que l'avocat s'exprime dans le prétoire ou en dehors de celui-ci et que si s'agissant des « faits d'audience ».

Ainsi, si la liberté d'expression de l'avocat, qui peut soulever une question sous l'angle du droit de son client à un procès équitable, milite en faveur d'un échange de vues libre, voire énergique, entre les parties à l'audience, il n'en demeure pas moins qu'en ce qui concerne les propos tenus en dehors du prétoire, si la défense d'un client peut se poursuivre avec une apparition dans un journal télévisé ou une intervention dans la presse et, à cette occasion, avec une information du public sur des dysfonctionnements de nature à nuire à la bonne marche d'une instruction, les avocats ne peuvent tenir à cette occasion des propos d'une gravité dépassant le commentaire admissible sans solide base factuelle ou proférer des injures. Sous réserve naturellement du fait qu'un avocat ne saurait être tenu responsable de tout ce que la presse reprend, notamment s'il a, par la suite, démenti ses propos.

454.219 **Appréciation des faits de la cause.** C'est ainsi que dans l'affaire Morice [6], appréciant les faits de la cause et leur contexte, la CEDH qui avait initialement considéré, en 2013, qu'« en s'exprimant comme il l'a fait, l'avocat a adopté un comportement dépassant les limites que les avocats doivent respecter dans la critique publique de la justice » et « susceptibles de saper inutilement la confiance du public à l'égard de l'institution judiciaire », considère dans son arrêt définitif, en 2015, que « les propos reprochés au requérant, qui concernaient également, à l'instar des affaires Floquet et Esménard et July et Sarl Libération [7], le fonctionnement du pouvoir judiciaire et le déroulement de l'affaire Borrel, s'inscrivaient dans le cadre d'un débat d'intérêt général, ce qui implique un niveau élevé de protection de la liberté d'expression allant de pair avec une marge d'appréciation des autorités particulièrement restreinte », que ces propos n'étaient pas de nature à perturber la sérénité des débats judiciaires, compte tenu du dessaisissement des juges visés par les critiques [8] et que, ni le procureur général, ni le bâtonnier ou le conseil de l'Ordre des avocats compétents n'ont estimé nécessaire d'engager des poursuites disciplinaires contre l'avocat en raison de ces même propos, alors qu'ils en avaient la possibilité [9].

La CEDH en conclut qu'il y avait bien violation de l'article 10 Conv. EDH, dans les circonstances particulières de l'espèce, compte tenu de la tonalité générale des propos comme du contexte dans lequel ils ont été tenus, renvoyant principalement à une évaluation globale du comportement des juges d'instruction durant l'information, les propos reprochés à l'avocat ne constituaient pas des attaques gravement préjudiciables à l'action des tribunaux dénuées de fondement sérieux, mais des critiques à l'égard des juges, exprimées dans le cadre d'un débat d'intérêt général relatif au fonctionnement de la justice et dans le contexte d'une affaire au retentissement médiatique important depuis

1. CEDH 14 févr. 2008, July et *SARL Libération c/France*, req. n° 20893/03, *RSC* 2008. 628, obs. J. Francillon – Crim. 14 janv. 2003, n° 01-88.595, NP.
2. CEDH 11 juill. 2013, *Morice c/France*, req. n° 29369/10, p^t^ 148, *AJ pénal* 2013. 675, obs. C. Porteron ; *D. avocats* 2013. 375, art. D. Piau ; *RSC* 2013. 673, obs. J.-P. Marguénaud.
3. V. s^s^ n° 412.192.
4. Décr. n° 91-1197, 27 nov. 1991, art. 183.
5. V. s^s^ n°s 315.00 s.
6. V. s^s^ n° 454.212.
7. CEDH 14 févr. 2008, *July et SARL Libération c/France*, req. n° 20893/03, *RSC* 2008. 628, obs. J. Francillon – Crim. 14 janv. 2003, n° 01-88.595, NP – V. s^s^ n° 454.216.
8. CEDH 23 avr. 2015, *Morice c/France*, req. n° 29369/10, p^t^ 169, *D.* 2015. 974 ; *AJ pénal* 2015. 428, obs. C. Porteron ; *D.* 2016. 225, obs. J.-F. Renucci ; *RSC* 2015. 740, obs. D. Roets.
9. CEDH 23 avr. 2015, *Morice c/France*, req. n° 29369/10, p^t^ 173.

l'origine, qui, s'ils pouvaient certes passer pour virulents, n'en constituaient pas moins des jugements de valeur reposant sur une « base factuelle » suffisante[1].

De la même façon, un tribunal correctionnel a pu relaxer un ancien bâtonnier et un journaliste, poursuivi pour diffamation à raison d'un article[2] relatant une séance du conseil de l'Ordre au cours de laquelle l'ancien bâtonnier avait dit, au sujet d'un ancien candidat au bâtonnat, que : « il n'est rien d'autre qu'un maître chanteur. Chacun sait qu'entre les deux tours au bâtonnat puis un an plus tard, pour monnayer sa non-candidature à l'élection de confirmation de bâtonnier, il m'a demandé trois choses : un statut, une rémunération de 10 000 € et une voiture. Le statut, c'était soit directeur de l'EFB, soit ombudsman… ». Pour le tribunal, l'article répondait à un débat d'intérêt général, puisqu'il s'attachait à s'interroger sur la transparence des élections au bâtonnat et du conseil de l'Ordre, et les propos tenus par l'ancien bâtonnier « n'ayant pas manqué de prudence » relevaient du bénéfice de la bonne foi dans la mesure où ils reposaient sur une base factuelle sérieuse[3].

En réalité l'appréciation en la matière est toujours très factuelle, au terme d'un contrôle de proportionnalité[4], et la CEDH a pu considérer comme justifiées :

– la condamnation du chef de diffamation d'un avocat qui avait accusé un magistrat d'abus de pouvoir, d'erreurs volontaires et de ne pas être impartial, dès lors qu'il s'agissait de jugements de valeur, en l'occurrence étayés par aucun élément factuel, l'avocat s'étant contenté de dénier au juge les qualités d'impartialité, d'indépendance et d'objectivité propres à l'exercice de sa fonction, faisant que ces allégations qui n'étaient fondées que par le rejet des demandes de l'avocat allaient au-delà de la critique acceptable[5] ;

– la condamnation du chef d'insultes d'un avocat qui avait tenu des propos dévalorisants relativement à la probité d'un expert, propos qui portaient atteinte à son honneur et à sa réputation, l'accusant d'avoir falsifié des preuves sans faire aucune critique objective de son travail[6] ;

– la condamnation du chef de diffamation d'un avocat qui avait accusé dans un livre, sans la moindre prudence, une personne d'avoir voulu en assassiner une autre, alors même que les décisions rendues avaient absous cette même personne de tout soupçon aux termes d'une motivation précise[7].

Le 19 décembre 2016, au visa de l'article 10 de la Conv. EDH, l'assemblée plénière de la Cour de cassation, saisie en réexamen du pourvoi par la Cour de révision et de réexamen des condamnations pénales, à la suite de l'arrêt de la CEDH, a considéré, au visa de l'article 10 de la Conv. EDH, que la liberté d'expression ne peut être soumise à des ingérences que dans les cas où celles-ci constituent des mesures nécessaires, faisant que la condamnation de l'avocat pour diffamation, alors que les propos litigieux, qui portaient sur un sujet d'intérêt général relatif au traitement judiciaire d'une affaire criminelle ayant eu un retentissement national et reposaient sur une base factuelle suffisante, à savoir le défaut de transmission spontanée au juge nouvellement désigné d'une pièce de la procédure et la découverte d'une lettre empreinte de familiarité, à l'égard des juges alors en charge de l'instruction, du procureur de Djibouti qui dénonçait le comportement de Mme A… et de ses avocats, ne dépassaient pas les limites admissibles de la liberté d'expression d'un avocat dans la critique et le jugement de valeur portés sur l'action des magistrats, et ne pouvaient être réduits à la simple expression d'une animosité personnelle envers ces derniers[8].

Elle a ordonné la cassation sans renvoi et prononcé la relaxe des fins de la poursuite de l'avocat[9].

3°
Injure

454.221 Définition. Toute expression outrageante, termes de mépris ou invective qui ne renferme l'imputation d'aucun fait est une injure[10], laquelle peut se trouver justifiée par l'excuse légale

1. CEDH 23 avr. 2015, *Morice c/France*, req. n° 29369/10.
2. M. Babonneau, « La relative transparence du bâtonnier de Paris », *D. actu.* 17 mars 2016 – V. aussi s^s^ n°s 434.240 s.
3. TGI Paris, 17e ch. corr., 19 nov. 2019, n° 16159000816 – AUSSI : TGI Paris, ch. 1/1/2, 12 juin 2019, RG n° 17/08936 – Paris, Pole 4, Ch. 13, 16 nov. 2021, req. n° 19/14486.
4. F. Sudre, « Le contrôle de proportionnalité de la Cour européenne des droits de l'homme. De quoi est-il question ? », *JCP* 2017. 289 – A. Tardif, « Les potentialités du contrôle de conventionnalité en matière d'abus de la liberté d'expression », *RCA* 2020. Ét. 2.
5. CEDH 30 juin 2015, *Peruzzi c/Italie*, req. n° 39294/09, *D.* 2016. 225, obs. J.-F. Renucci ; *AJ pénal* 2016. 81, obs. S. Lavric ; *D. avocats* 2015. 272, arrêt G. Royer.
6. CEDH 27 janv. 2015, *Fuchs c/Allemagne*, req. n°s 29222/11, 64345/11, *D.* 2016. 225, obs. J.-F. Renucci.
7. CEDH 3 déc. 2015, *Prompt c/France*, req. n° 30936/12, *D.* 2016. 225, obs. J.-F. Renucci ; *D. actu.* 24 déc. 2015, note N. Devouèze.
8. Cass., ass. plén., 16 déc. 2016, n° 08-86.295, P ; *D.* 2017. 434, note E. Raschel ; *Gaz. Pal.* 14 févr. 2017, p. 32, note Ph. Piot ; *D.* 2017. 10 ; *Gaz. Pal.* 10 janv. 2017, p. 33 ; *JCP* 2017. 1436 ; *JCP* 2017. 660, n° 13, obs. F. G'sell ; *Gaz. Pal.* 6 juin 2017, p. 29, obs. B. de Belval et J. Villacèque.
9. SUR la relaxe consécutive des journalistes : Paris, pôle 2, ch. 7, 27 sept. 2020, RG n° 18/06151, *D. actu.* 13 oct. 2020, note S. Fucini.
10. L. 29 juill. 1881, art. 29, al. 2 – Ch. Bigot, *Pratique du droit de la presse*, 3e éd., hc, Dalloz, 2020, n°s 322.00 s.

de provocation[1] autrement dit quand l'injure riposte directement à une provocation de nature à atteindre l'auteur soit dans son honneur ou sa considération, soit dans ses intérêts pécuniaires ou moraux[2].

La jurisprudence a précisé que pour excuser l'injure[3], la provocation devait être personnelle, injuste et directe. Il doit donc exister un lien de causalité entre la provocation et l'injure qui implique aussi l'immédiateté de la riposte (on parlera de riposte immédiate et irréfléchie[4]) et sa proportionnalité[5].

454.222 **Poursuite et prescription.** Les conditions de la poursuite et la prescription sont les mêmes qu'en matière de diffamation[6].

454.223 **Peines.** L'injure publique est punie d'une amende de 12 000 euros. La juridiction peut également ordonner l'affichage ou la diffusion de la décision[7].

454.224 **Répression.** Les avocats peuvent être condamnés pour injure mais la jurisprudence est pauvre en la matière car généralement c'est le terrain de l'outrage[8] qui est choisi, les peines encourues étant plus sévères.

C'est ainsi que fut condamné pour d'injure publique envers un particulier à 1 000 euros d'amende avec sursis un avocat qui, en sa qualité de président de syndicat d'avocats, avait mis en ligne sur son site internet un article intitulé « le défilé du 1er mai des barreaux » et illustré de trois photographies dont une d'un défilé des jeunesses hitlériennes faisant apparaître, par montage, le sigle d'un autre syndicat d'avocats à la place d'un symbole nazi partiellement effacé[9]. Cette condamnation donna lieu à une sanction disciplinaire, en l'occurrence un avertissement[10], dans le cadre d'une procédure à l'occasion de laquelle la Cour de cassation précisa que, dès lors que la juridiction répressive avait refusé à l'avocat le bénéfice de l'excuse de provocation par un motif qui constitue le soutien nécessaire de la condamnation pénale prononcée, l'autorité de la chose jugée du pénal sur le civil s'opposait à ce qu'une excuse puisse être admise sur le plan disciplinaire[11].

1. L. 29 juill. 1881, art. 33, al. 2.
2. Crim. 26 déc. 1956, P n° 883 – Crim. 10 mai 2006, n° 05-82.971, NP ; *D.* 2006. 2220, note E. Dreyer.
3. V. s^s n° 454.132.
4. Crim. 13 avr. 1999, n° 98-81.625, P n° 77 ; *D.* 2000. 119, obs. B. de Lamy.
5. Crim. 24 nov. 2009, n° 09-83.256, P n° 193 ; *AJ pénal* 2010. 35.
6. V. s^s n°s 454.201 s.
7. L. 29 juill. 1881 sur la liberté de la presse, art. 33.
8. V. s^s n°s 454.171 s.
9. TGI Paris, 17e ch., 3 mai 2007, n° 0615408051.
10. Versailles, aud. sol., 17 nov. 2011, RG n° 11/04074.

B.
Infractions ne relevant pas du régime de l'immunité judiciaire

454.230 **Plan – Autres infractions commises à l'audience.** Les infractions autres que celles d'outrage, de diffamation ou d'injure, commises à l'audience de cours et tribunaux par un avocat, qu'il s'agisse de délit, de crime ou de contravention, demeurent justiciables des articles 675 et suivants du code de procédure pénale. Elle ne saurait bénéficier de l'immunité judiciaire.

Il en ira ainsi, notamment, de la dénonciation calomnieuse (1°), de l'atteinte au crédit de la justice (2°), des entraves à l'exercice de la justice (3°), de la subornation de témoin[12], de faux témoignages, d'apologie d'infraction[13] ou encore de contestation de crime contre l'humanité[14].

De même qu'un avocat qui aurait, dans l'exercice de ses fonctions frappé, blessé ou tué un adversaire ou un assistant, à l'audience où il plaide, peut être jugé pour ces faits par les juridictions selon la procédure de droit commun.

1°
Dénonciation calomnieuse

454.241 **Définition.** Aux termes de l'article 226-10[15] du code pénal, la dénonciation, effectuée par tout moyen et dirigée contre une personne déterminée, d'un fait qui est de nature à entraîner des sanctions judiciaires, administratives ou disciplinaires et que l'on sait totalement ou partiellement inexact, lorsqu'elle est adressée soit à un officier de justice ou de police administrative ou judiciaire, soit à une autorité ayant le pouvoir d'y donner suite ou de saisir l'autorité compétente, soit aux supérieurs hiérarchiques ou à l'employeur de la personne dénoncée, constitue une dénonciation calomnieuse[16].

454.242 **Caractérisation.** Le délit de dénonciation calomnieuse implique la dénonciation spontanée[17], effectuée de mauvaise foi[18], de faits que l'on sait faux[19] ou en dénaturant ceux-ci afin de leur donner une qualification qu'ils n'ont pas[20], et

11. Civ. 1re, 17 févr. 2011, n° 09-72.249, NP.
12. V. s^s n°s 453.151 s.
13. Crim. 16 févr. 1949, P n° 530.
14. TGI Paris, 13e ch., 15 avr. 2019 ; *D. actu.* 17 mai 2019 note S. Lavric.
15. C. pén., art. 226-10 ; mod. par Cons. const. 8 déc. 2016 n° 2016-741 *DC*, art. 4.
16. F. Saint-Pierre, *Pratique de la défense pénale,* LGDJ, 2016, n° 234, p. 273.
17. Crim. 16 oct. 1969, P n° 264 – F. Fourment, « Dénonciation calomnieuse et justification », *Gaz. Pal.* 11 mai 2021, p. 80.
18. Crim. 30 janv. 1979, n° 78-91.947, P n° 41 ; *RSC* 1980, n° 141, obs. G. Levasseur – Civ. 1re 25 mars 2020, n° 19-11.554, P ; *RCA* 2020, n° 144 ; *D.* 2021. 197, obs. E. Dreyer.
19. Crim. 17 févr. 2009, n° 08-85.308, NP ; *Dr. pénal* 2009, n° 76, obs. M. Véron.
20. Crim. 7 janv. 1959, P n° 23.

adressée volontairement à une autorité qualifiée pour y donner suite, ce compris le chef de l'État[1], président d'une autorité administrative indépendante[2], ou un bâtonnier qui est « une autorité ayant le pouvoir d'y donner suite ou de saisir l'autorité compétente »[3], relativement à des faits de nature à constituer des infractions pénales et des fautes disciplinaires ou administratives. La simple intention de nuire[4] comme la témérité ou la légèreté[5] ne suffisent à démontrer la mauvaise foi du dénonciateur.

La chambre criminelle a pu considérer que les faits de dénonciation calomnieuse ne sauraient être justifiés par le droit d'informer le public défini par l'article 10 de la Conv. EDH, lequel prévoit que l'exercice de la liberté de recevoir et de communiquer des informations, comporte des devoirs et des responsabilités et qu'il peut être soumis par la loi à des restrictions ou des sanctions nécessaires à la protection de la réputation des droits d'autrui[6].

454.243 Conflit de qualification. La répression du chef de dénonciation calomnieuse vise les faits dénoncés, elle n'est donc pas exclusive de la présence d'expression outrageante[7] ou injurieuse[8] accompagnant la dénonciation de ces faits et qui pourront donner lieu à des poursuites distinctes[9].

Mais la dénonciation de faits faux à une autorité compétente pour y donner suite constitue une dénonciation calomnieuse et non une diffamation[10].

454.244 Poursuite. Lorsque le fait dénoncé a donné lieu à des poursuites pénales, il ne peut être statué sur les poursuites exercées contre l'auteur de la dénonciation qu'après la décision mettant définitivement fin à la procédure concernant le fait dénoncé[11]. Dès lors, la fausseté du fait dénoncé résulte nécessairement de la décision, devenue définitive, d'acquittement, de relaxe ou de non-lieu, déclarant que le fait n'a pas été commis[12] ou que celui-ci n'est pas imputable à la personne dénoncée. Il faut que la décision mentionne que les faits n'ont pas été commis et non pas simplement qu'ils ne sont pas établis ce que les juges du fond doivent relever[13].

En tout autre cas, tel qu'un classement sans suite qui n'est pas de nature à apporter la preuve de la fausseté des faits dénoncés[14], ce compris lorsque ce classement sans suite est du fait d'un bâtonnier saisi d'une réclamation à l'encontre d'un avocat[15], le décès de la personne dénoncée[16], la prescription[17] ou l'amnistie des faits dénoncés[18], le tribunal saisi des poursuites contre le dénonciateur apprécie la pertinence des accusations portées par celui-ci. Ce faisant, il existe un risque pour celui qui porte plainte pour dénonciation calomnieuse de voir le tribunal reconnaître la pertinence des faits dénoncés bien que les poursuites pénales n'aient pas abouti. Il convient donc d'être prudent dans l'usage de plainte pour dénonciation calomnieuse laquelle peut ainsi se retourner contre ses auteurs.

454.245 Contrôle de proportionnalité. La jurisprudence de la chambre criminelle considérait que dès lors que les éléments constitutifs du délit de dénonciation calomnieuse étaient réunis[19], les faits de dénonciation calomnieuse ne sauraient être justifiés par le droit d'informer le public défini par l'article 10, § 1, Conv. EDH, lequel, dans son second paragraphe, prévoit que l'exercice de la liberté de recevoir et de communiquer des informations comporte des devoirs et des responsabilités et qu'il peut être soumis par la loi à des restrictions ou des sanctions nécessaires à la protection de la réputation des droits d'autrui[20].

Cette position a valu à la France une condamnation par la CEDH qui a considéré que, comme pour le délit de diffamation[21], la nécessité de l'ingérence

1. Crim. 3 juill. 1857, *D.* 1857. 1. 867.
2. Crim. 12 avr. 2016, n° 14-87.124, NP ; *Gaz. Pal.* 19 juill. 2016, p. 52, note E. Dreyer.
3. Crim. 18 sept. 2012 n° 11-87.612, P n° 189 ; *D. actu.* 24 oct. 2012, obs. O. Martineau ; *Dr. pénal* 2012, n° 154, obs. M. Véron – V. s^s n° 511.112.
4. Crim. 30 janv. 1979, n° 78-91.947, P n° 41 ; *RSC* 1980, n° 141, obs. G. Levasseur – Crim. 28 juin 2017, n° 16-83.297, NP ; *Gaz. Pal.* 24 oct. 2017 p. 49, obs. S. Detraz.
5. Crim. 20 juin 1963, n° 62-93.240, P n° 217.
6. Crim. 12 avr. 2016, n° 14-87.124, NP ; *Gaz. Pal.* 19 juill. 2016, p. 52, note E. Dreyer.
7. V. s^s n°s 454.171 s.
8. V. s^s n°s 454.221 s.
9. Crim. 21 juill. 1943, P n° 73 – Civ. 2e, 27 nov. 1974, n° 73-12.711, NP ; *Gaz. Pal.* 1975. 1. Somm. 7 – Crim. 19 janv. 1950, *D.* 1950. Somm. 72.
10. Crim. 13 juill. 1922, *DP* 1922. 1. 174 – Crim. 17 juin 1948, P n° 161 – V. s^s n°s 454.201 s.
11. C. pén., art. 226-11.
12. L. n° 2010-769, 9 juill. 2010 relative aux violences faites spécifiquement aux femmes, aux violences au sein des couples et aux incidences de ces dernières sur les enfants, *JO* 10 juill., p. 12762, art. 16.
13. Crim. 6 mai 2014, n° 13-84.376, P n° 122 ; *AJ pénal* 2014. 477, obs. C. Renaud-Duparc ; *RSC* 2014. 342, obs. Y. Mayaud – Crim. 11 juill. 2017, n° 16-83.932 ; P ; *Gaz. Pal.* 24 oct. 2017 p. 49, obs. S. Detraz.
14. Crim. 12 oct. 2010, n° 10-80.157, P n° 154 ; *D.* 2010. 2706 ; *RSC* 2011, Chron. 93, obs. Y. Mayaud.
15. Civ. 2e, 7 oct. 2004, n° 02-14.264, P II, n° 450 ; *Gaz. Pal.* 2004. 2. Somm. 3948 – V. s^s n°s 511.111 s.
16. Bourges, 21 nov. 1878, S. 1879. II. 81.
17. Crim. 11 mars 2008, n° 06-86.503, P n° 60 ; *RSC* 2008. 907, obs. Y. Mayaud ; *Dr. pénal* 2008. Comm. 81, obs. M. Véron.
18. Crim. 19 oct. 1999, n° 99-82.232, P n° 222 ; *Dr. pénal* 2000, n° 41, obs. M. Véron ; *RSC* 2000. 397, obs. Y. Mayaud.
19. V. s^s n° 454.242.
20. Crim. 12 avr. 2016, n° 14-87.124, NP.
21. V. s^s n°s 454.211 s.

dans le droit à la liberté d'expression résultant d'une condamnation du chef de dénonciation calomnieuse devait en principe être appréciée au regard des circonstances de chaque cause, dans le cadre du contrôle de proportionnalité qu'appelle l'article 10 Conv. EDH entre le droit à la liberté d'expression et le droit au respect de la vie privée[1].

454.246 Prescription. La dénonciation calomnieuse est une infraction instantanée dont la prescription est de six ans à compter du jour où la dénonciation est parvenue à l'autorité compétente et est suspendue lorsque des poursuites concernant les faits dénoncés sont exercées pendant le cours de ces poursuites[2]. La suspension de la prescription cesse au jour où la décision concernant le fait dénoncé est devenue définitive, fut-ce sur les seuls intérêts civils[3].

454.247 Peines. La dénonciation calomnieuse est punie de cinq ans d'emprisonnement et de 45 000 euros d'amende.

L'avocat condamné du chef de dénonciation calomnieuse encourt également les peines complémentaires prévues à l'article 226-31 du code pénal et notamment celle de l'interdiction d'exercer l'activité d'avocat, soit définitive, soit temporaire auquel cas elle ne peut excéder une durée de cinq ans[4], cette interdiction peut se cumuler avec une sanction disciplinaire[5], ainsi que l'affichage ou la diffusion de la décision prononcée[6].

454.248 Plainte de l'avocat pour le compte de son client. Lorsqu'un avocat légalement mandaté par son client, dépose une plainte au nom et pour le compte de celui-ci et avec son accord, il n'est pas en principe en situation de se voir reprocher un délit de dénonciation calomnieuse dès lors qu'il n'a pas excédé le mandat que lui a donné son client. C'est le client qui encourra, le cas échéant des poursuites de ce chef, sans pouvoir se retrancher derrière son avocat[7].

L'avocat doit toutefois être prudent lorsqu'il dépose des plaintes pour le compte de son client, et s'assurer du plein accord de celui-ci sur le contenu de la plainte, émettre les réserves qui s'imposent et, si nécessaire, faire signer la plainte par le client.

1. CEDH 26 mars 2020, *Tête c/France*, req. n° 59636/16, *Gaz. Pal.* 23 juin 2020, p. 3, obs. C. Berlaud.
2. Crim. 1er déc. 1955, P n° 534 ; *D.* 1956. 451 note J. Larguier ; *S.* 1956. 13 – S. Détraz, « La prescription de l'action en matière de dénonciation calomnieuse », *Gaz. Pal.* 11 mai 2021, p. 77.
3. Crim. 21 avr. 2020, n° 19-81.089, P ; *D.* 2020. 876.
4. C. pén., art. 131-27.
5. Civ. 1re, 17 mai 1988, n° 86-15.067, P I, n° 145 ; *D.* 1991. 302 note A. Brunois ; *Gaz. Pal.* 1989. II. 491 note G. Flécheux – Civ. 1re, 9 avr. 2015, n° 14-50.012, P I, n° 82 ; *D.* 2015. 1187 avis J.-P. Sudre, note O. Décima.
6. C. pén., art. 131-35.
7. Crim. 25 avr. 1979, n° 78-91.740, P n° 148.

454.249 Dénonciation calomnieuse commise par l'avocat. L'avocat peut naturellement se voir reprocher personnellement le délit de dénonciation calomnieuse. C'est ainsi que sont justifiées les condamnations pour dénonciation calomnieuse :

– de deux avocats qui ont spontanément adressé au procureur de la République une plainte accusant faussement une greffière d'un cabinet d'instruction d'avoir apposé au pied d'une ordonnance renvoyant leur client devant le tribunal correctionnel une mention constitutive d'un faux en écriture publique[8] ;

– de deux avocats qui adressent au président de la chambre d'instruction une lettre qui se référait à un article de presse faisant état d'une procédure concernant un de leurs clients et dans laquelle ils affirmaient notamment : « qu'il ne fait aucun doute que seul le magistrat instructeur a pu communiquer les procès-verbaux des écoutes téléphoniques aux journalistes » et « qu'il s'agit là manifestement d'une violation grave du secret de l'instruction ». Dans cette dernière affaire, la Cour de cassation précise que la lettre litigieuse constitue un acte spontané, qu'elle a été adressée à un magistrat qui aurait pu la transmettre à une autorité compétente susceptible de lui donner une suite pénale ou disciplinaire et que l'initiative prise par le ministère public de poursuivre du chef de dénonciation calomnieuse implique nécessairement le classement de la dénonciation[9] ;

– l'avocat qui est appelé à se justifier auprès de son bâtonnier sur les raisons pour lesquelles il aurait libéré des fonds détenus en Carpa au profit de la maîtresse de son client sans s'assurer de l'accord de ce dernier, et fait l'objet d'une action en responsabilité civile pour ces faits, dépose, un an après, une plainte avec constitution de partie civile à l'encontre de son ancien client, sur la base de faits qu'il savait totalement inexacts et, sans l'accuser expressément d'avoir commis un abus de confiance, prétend que c'est en réalité en raison de la rupture intervenue avec sa maîtresse que ce dernier aurait entendu récupérer les fonds prétendument prêtés par ses soins à son ancienne maîtresse en raison de l'insolvabilité de laquelle il aurait finalement choisi de s'adresser à un avocat « solvable »[10].

2°
Atteinte au crédit de la justice

454.251 Définition. Aux termes de l'article 434-25 du code pénal, le fait de chercher à jeter le discrédit, publiquement par actes, paroles, écrits ou images de toute nature, sur un acte ou une décision

8. Crim. 3 mars 2009, n° 08-85.357, NP.
9. Crim. 30 mai 2000, n° 99-84.470, P n° 205 ; *RSC* 2000. 821, obs. Y. Mayaud.
10. Crim. 26 mars 2008, n° 06-88.674, NP.

juridictionnelle, dans des conditions de nature à porter atteinte à l'autorité de la justice ou à son indépendance, constitue une atteinte au crédit de la justice. Pour être constitué, le délit de discrédit jeté sur un acte ou une décision juridictionnelle implique que les actes, paroles, écrits ou images incriminés, d'une part, aient fait l'objet d'une publicité, d'autre part, aient été de nature à porter atteinte à l'autorité de la justice ou à son indépendance[1].

C'est ainsi que fut condamné de ce chef un avocat qui avait commenté publiquement un verdict de la cour d'assises en accusant le jury de s'être abandonné à des considérations relevant du racisme[2].

454.252 **Exclusion.** L'atteinte au crédit de la justice ne saurait résulter de commentaires techniques (note de jurisprudence) ou d'actes, paroles, écrits ou images de toute nature tendant à la réformation, la cassation ou la révision d'une décision.

454.253 **Peines.** L'atteinte au crédit de la justice est punie de six mois d'emprisonnement et de 7 500 euros d'amende. La juridiction peut, en outre, ordonner l'affichage ou la diffusion de la décision prononcée dans les conditions[3]. Lorsque l'infraction est commise par la voie de la presse écrite ou audiovisuelle, les dispositions particulières des lois qui régissent ces matières sont applicables en ce qui concerne la détermination des personnes responsables.

454.254 **Prescription.** L'action publique se prescrit par six ans, à compter du jour où l'infraction a été commise, si dans cet intervalle il n'a été fait aucun acte d'instruction ou de poursuite. S'agissant d'une infraction qui a pour objet exclusif la protection de l'intérêt général qui s'attache à l'autorité de la justice, seul le ministère public a qualité pour agir à l'exclusion de toute autre personne telle qu'un syndicat de magistrats[4].

3°
Entraves à l'exercice de la justice

454.261 **Pression en vue d'influer sur le cours de la justice.** Aux termes de l'article 434-16 du code pénal, la publication, avant l'intervention de la décision juridictionnelle définitive, de commentaires tendant à exercer des pressions en vue d'influencer les déclarations des témoins ou la décision des juridictions d'instruction ou de jugement est punie de six mois d'emprisonnement et de 7 500 euros d'amende.

Lorsque l'infraction est commise par la voie de la presse écrite ou audiovisuelle, les dispositions particulières des lois qui régissent ces matières sont applicables en ce qui concerne la détermination des personnes responsables. L'affichage de la décision de condamnation peut être ordonné[5].

454.262 **Menaces ou actes d'intimidations, notamment à l'encontre d'un avocat.** L'article 434-8 du code pénal, prévoit, pour sa part, que toute menace ou tout acte d'intimidation commis envers un magistrat, un juré ou toute autre personne siégeant dans une formation juridictionnelle, un arbitre, un interprète, un expert ou l'avocat d'une partie en vue d'influencer son comportement dans l'exercice de ses fonctions est puni de trois ans d'emprisonnement et de 45 000 euros d'amende.

Cet article a, notamment, vocation à bénéficier aux avocats[6] qui seraient victimes de telles menaces ou actes d'intimidations dans l'exercice de leurs fonctions, y compris de la part d'un autre avocat.

1. Crim. 23 mai 2018, n° 17-82.355, P ; *JCP* 2018. 898 note A. Serinet ; *D.* 2018. 1153 ; *Gaz. Pal.* 19 juin 2018, p. 52.
2. Grenoble, 11 oct. 1995, *Dr. pénal* 1996. 79, obs. M. Véron.
3. C. pén., art. 433-44c.
4. Crim. 7 mars 1988, n° 87-80.931, P n° 113 ; *JCP* 1988. II. 21133, note W. Jeandidier.
5. C. pén., art. 434-44, al. 2.
6. F. Saint-Pierre, *Pratique de la défense pénale,* LGDJ, 2016, n° 236, p. 275.

TITRE

46. La communication

SECTION 0
ORIENTEUR

46.00 **Sommaire du titre.**

Division. Les formes de communication multiples de l'avocat sont régies par des principes généraux (chap. 461). Ils encadrent, notamment, l'usage de dénominations (chap. 462), la publicité personnelle (chap. 463), la communication sur internet (chap. 464) ainsi que la sollicitation personnalisée (chap. 465). Le non-respect des règles en la matière peut faire l'objet de sanctions pénales ou administratives (chap. 466).

46.03 **Bibliographie indicative.**

* Aussi : v. s[s] n° 46.03.

Encyclopédies. *J.-Cl. Civ. Annexes, v° Avocat*, fasc. 30 : avocats, Publicité et démarchage, 2015 – *J.-Cl. Pr. civ.*, fasc. 83-4 : avocats, Publicité et démarchage, 2015 – Rép. Pén. *v° Cybercriminalité*, par F. Chopin.

Monographies. L. Arcelin-Lecuyer, *Droit de la publicité*, PUR, 2011 – A. Bensoussan, *Informatique, Télécom et internet*, F. Lefebvre, 2012 – Cnil, *Les avocats et la loi Informatique et Libertés, Guide*, 2011 – A. Debet, J. Massos, N. Metallinos, *Informatique et libertés*, « Les Intégrales », Lextenso, 2015 – Collectif, *Le cabinet d'avocat à la rencontre du client*, « OBFG », Anthemis, Bruxelles, 2009 – R. Fabre, M.-P. Bonnet-Desplan, N. Genty, N. Sermet, *Droit de la publicité et promotion des ventes*, 4e éd., « Dalloz Référence », 2014 – Ch. Féral-Schuhl, *Cyberdroit : le droit à l'épreuve de l'internet*, 8e éd., « Praxis », Dalloz, 2020 – D. Jensen, *Cabinet d'avocats*, 3e éd., « Dalloz Référence », 2016 – G. Raymond, *Droit de la consommation*, 5e éd., « Droit et professionnels », LexisNexis, 2019.

Essai. Th. Wickers, *La grande transformation des avocats*, « Essai », Dalloz, 2014.

Rapport. D. de Ginestet, L. Dupont (dir.), *Vade-mecum : Communication des avocats*, 2e éd., CNB, 2020.

CHAPITRE

461. Principes généraux et communication institutionnelle

SECTION 0 ORIENTEUR

461.00 Sommaire du chapitre.

Division. La communication de l'avocat ne fait plus l'objet d'une prohibition de principe (sect. 1) mais doit impérativement respecter un certain nombre de principes généraux (sect. 2). Elle se distingue de la communication institutionnelle, réalisée par les institutions de la profession pour promouvoir la profession d'avocat (sect. 3).

461.01 Textes applicables.

TEXTES TITRÉS

> Principes généraux en matière de communication

• **L. n° 71-1130, 31 déc. 1971**

art. 3 *bis* [Publicité personnelle]

• **Décr. n° 2005-790, 12 juill. 2005**

art. 15 [Publicité personnelle]

• **RIN**

art. 10 [Communication]

art. 15.2.4 [Bureau secondaire – communication]

> Titre d'avocat et mentions suivant le titre d'avocat

• **L. n° 71-1130, 31 déc. 1971**

art. 1, al. 4 [Mentions suivant le titre d'avocat]

art. 53 [Spécialisations]

art. 67 [Association, société ou groupement d'avocats]

art. 85 [Avocat européen]

art. 87 [Avocat européen]

art. 90 [Avocat européen]

• **Décr. n° 91-1197, 27 nov. 1991**

art. 124 [Association]

art. 124-1 [Association]

art. 154 [Titre d'avocat]

art. 202, al. 2 [Avocat européen]

> Communication institutionnelle

• **L. n° 71-1130, 31 déc. 1971**

art. 21-1 [Conseil national des barreaux]

• **Décr. n° 91-1197, 27 nov. 1991**

art. 86, al. 2 [Liste des avocats spécialisés]

art. 87 [Usage de la mention de spécialisation]

art. 94 [Usage de la mention de spécialisation]

art. 162 [Publicité fonctionnelle]

• **CNB, Règlement intérieur**

art. 6 [Mission du Conseil national]

• **RIBP**
art. P. 61 [Tableau]
art. P. 62 [Annuaire]

461.02 Jurisprudence de référence.

> Un conseil de l'Ordre ne peut réglementer les formes de publicité que si les restrictions qu'il édicte sont nécessaires à la sauvegarde des principes essentiels de la profession

• **Civ. 1re, 5 févr. 2009,** n° 07-21.644, NP.
* V. ss n° 461.33.

« Vu les articles 15 du décret du 12 juillet 2005 relatif aux règles de déontologie de la profession d'avocat et 10-1 du Règlement intérieur national ;

Attendu qu'aux termes de ces textes, la publicité est permise à l'avocat si elle procure une information au public et si sa mise en œuvre respecte les principes essentiels de la profession ; que cette publicité inclut la diffusion d'informations sur la nature des prestations de services proposées, dès lors qu'elle est exclusive de toute forme de démarchage ;

Attendu que pour rejeter le recours, l'arrêt attaqué retient que le caractère illicite des restrictions adoptées par le conseil de l'Ordre n'était pas établi, dès lors que s'il était loisible aux avocats de faire mention des matières concernées par les prestations offertes et les activités dominantes du cabinet, il pouvait ne pas en être de même des informations dont le conseil de l'Ordre avait interdit la diffusion, relatives à la nature des services proposés, de défense ou de conseil, selon le cas ;

Qu'en statuant ainsi, la cour d'appel a violé les textes susvisés ;

[...]

Vu l'article 15 du même décret ;

Attendu que pour statuer comme elle l'a fait, la cour d'appel énonce encore qu'aucune disposition législative ou réglementaire ne faisait interdiction au conseil de l'Ordre de fixer la couleur et la taille des encarts publicitaires autorisés ;

Qu'en statuant ainsi alors que le conseil de l'Ordre ne peut réglementer les formes de publicité que si les restrictions qu'il édicte sont nécessaires à la sauvegarde des principes essentiels de la profession, la cour d'appel a violé le texte susvisé. »

> Compétence des barreaux pour préciser où se situe, à un moment donné, le juste équilibre à ménager entre les impératifs d'une bonne administration de la justice, la dignité de la profession, le droit de toute personne à recevoir une information sur l'assistance juridique et la possibilité pour un avocat de faire de la publicité pour son cabinet

• **CEDH 24 févr. 1994,** *Casado Coca c/Espagne*, req. n° 15450/89.
* V. ss n° 321.42 et 461.33.

« 46. La Cour n'a pas lieu de douter que les dispositions ordinales incriminées tendaient à protéger les intérêts du public dans le respect des membres du barreau. À cet égard, il faut tenir compte de la nature spécifique de la profession qu'exerce un avocat ; en sa qualité d'auxiliaire de la justice, il bénéficie du monopole et de l'immunité de plaidoirie, mais doit témoigner de discrétion, d'honnêteté et de dignité dans sa conduite. Les limitations à la publicité trouvaient traditionnellement leur source dans ces particularités. Quant à la décision contestée, rien ne montre que l'intention du conseil de l'Ordre à l'époque ne coïncidait pas avec le but reconnu de la législation. Au surplus, les circonstances mentionnées par Me Casado Coca concernent surtout les modalités d'application de ladite législation et touchent donc à l'appréciation de la nécessité de la mesure.

[...]

50. Selon la jurisprudence de la Cour, les États contractants jouissent d'une certaine marge d'appréciation pour juger de la nécessité d'une ingérence, mais elle va de pair avec un contrôle européen portant à la fois sur les normes pertinentes et sur les décisions les appliquant (voir, entre autres, l'arrêt markt intern Verlag GmbH et Klaus Beermann précité, série A n° 165, p. 20, par. 33). Pareille marge d'appréciation s'impose spécialement dans le domaine complexe et fluctuant de la concurrence déloyale (*ibidem*). Il en va de même de la publicité. La tâche de la Cour se limite donc en l'occurrence à rechercher si les mesures prises au niveau national se justifient dans leur principe et sont proportionnées (voir, entre autres, *ibidem* et l'arrêt Barthold précité, série A n° 90, p. 25, par. 55).

51. La publicité constitue pour le citoyen un moyen de connaître les caractéristiques des services et des biens qui lui sont offerts. Néanmoins, elle peut parfois faire l'objet de restrictions destinées, notamment, à empêcher la concurrence déloyale et la publicité mensongère ou trompeuse. Dans certains contextes, même la publication de messages publicitaires objectifs et véridiques pourrait subir des limitations, tendant au respect des droits d'autrui ou fondées sur les particularités d'une activité commerciale ou d'une profession déterminées. Elles appellent cependant un contrôle attentif de la Cour, laquelle doit mettre en balance les exigences desdites particularités avec la publicité en cause et, à cet effet, considérer la sanction incriminée à la lumière de l'ensemble de l'affaire (voir, mutatis mutandis, l'arrêt markt intern Verlag GmbH et Klaus Beermann précité, série A n° 165, p. 20, par. 34).

52. En l'espèce, Me Casado Coca reçut le 6 avril 1983 un avertissement écrit du conseil de l'Ordre des avocats de Barcelone pour avoir enfreint la prohibition de la publicité professionnelle (paragraphes 10 et 22 ci-dessus). En confirmant la sanction, le conseil général des Ordres des avocats d'Espagne estima que par leurs caractéristiques, les annonces en question excédaient les limites fixées par les règles pertinentes de l'Ordre des avocats de Barcelone ; motivation reprise par l'Audiencia Territorial de Barcelone (paragraphes 11, 12, 24 et 25 ci-dessus). La Cour note que lesdites règles autorisaient la publicité dans certains cas – au moment de l'installation d'un cabinet ou lors d'un changement de composition, d'adresse ou de numéro de téléphone –, et sous certaines conditions (paragraphe 25 ci-dessus). L'interdiction n'était donc pas absolue.

53. Requérant et Commission tirent argument du fait qu'en Espagne et dans certains autres pays européens, des entreprises commerciales telles les compagnies d'assurances ne subissent pas de restrictions à la publicité de leurs services de conseil juridique.

54. De l'avis de la Cour, on ne saurait les comparer à un avocat exerçant à titre libéral. Son statut spécifique le place

dans une situation centrale dans l'administration de la justice, comme intermédiaire entre le justiciable et les tribunaux, ce qui explique à la fois les normes de conduite imposées en général aux membres du barreau et les pouvoirs de surveillance et de contrôle dévolus aux conseils des différents Ordres.

Toutefois, la réglementation de la profession d'avocat, notamment dans le domaine de la publicité, varie d'un pays à l'autre en fonction des traditions culturelles. D'autre part, la majorité des États contractants, dont l'Espagne, connaissent depuis quelque temps une évolution vers un assouplissement, en raison des changements dans leurs sociétés respectives et notamment du rôle croissant des médias dans celles-ci. Le Gouvernement mentionne ainsi, à titre d'exemples, le code de déontologie des avocats de la Communauté européenne (Strasbourg, 28 octobre 1988) et les conclusions de la Conférence des grands Ordres d'Europe (Cracovie, 24 mai 1991) ; tout en maintenant le principe de l'interdiction, ces textes autorisent les avocats à s'exprimer devant les médias, à se faire connaître et à participer au débat public. Suivant ces directives, le conseil des Ordres des avocats de Catalogne admet, dans ses nouvelles normes en matière de publicité (4 juillet 1991), la publication de circulaires ou articles, y compris dans la presse (paragraphe 28 ci-dessus). Plus récemment, le gouvernement a commencé d'examiner un projet de nouveau statut des avocats d'Espagne qui libéralise la matière dans une certaine mesure (paragraphe 23 ci-dessus).

55. Ce large éventail de réglementations et les différences de rythme dans les États membres du Conseil de l'Europe montrent la complexité du problème. Grâce à leurs contacts directs et constants avec leurs membres, les autorités ordinales ou les cours et tribunaux du pays se trouvent mieux placés que le juge international pour préciser où se situe, à un moment donné, le juste équilibre à ménager entre les divers intérêts en jeu : les impératifs d'une bonne administration de la justice, la dignité de la profession, le droit de toute personne à recevoir une information sur l'assistance juridique et la possibilité pour un avocat de faire de la publicité pour son cabinet.

56. Eu égard à ce qui précède, la Cour estime que la réaction des autorités compétentes ne pouvait, à l'époque (1982-1983), passer pour disproportionnée au but recherché.

57. En conclusion, aucune violation de l'article 10[1] ne se trouve établie. »

> Interdiction du démarchage – compatibilité avec la Directive Services du 12 déc. 2006

• **CJUE 5 avr. 2011,** *Société fiduciaire nationale d'expertise comptable*, aff. C-119/09, *JOUE* 21 mai, p. 4

* V. s[s] n°s 022.31, 023.213.

« L'article 24 de la directive 2006/123, intitulé "Communications commerciales des professions réglementées", comporte deux obligations pour les États membres. D'une part, son paragraphe 1 exige que les États membres suppriment toutes les interdictions totales visant les communications commerciales des professions réglementées. D'autre part, le paragraphe 2 dudit article oblige les États membres à veiller à ce que les communications commerciales faites par les professions réglementées respectent les règles professionnelles, conformes au droit de l'Union, qui visent notamment l'indépendance, la dignité et l'intégrité de la profession ainsi que le secret professionnel, en fonction de la spécificité de chaque profession. Lesdites règles professionnelles doivent être non discriminatoires, justifiées par une raison impérieuse d'intérêt général et proportionnées. »

[...]

Eu égard à l'ensemble de ces considérations, il convient de répondre à la question posée que l'article 24, paragraphe 1, de la directive 2006/123 doit être interprété en ce sens qu'il s'oppose à une réglementation nationale qui interdit totalement aux membres d'une profession réglementée, telle que la profession d'expert-comptable, d'effectuer des actes de démarchage. »

> Prohibition des interdictions générales et absolues en matière de démarchage

• **CE 13 déc. 2013,** req. n° 361593, NP.

* V. s[s] n°s 461.16, 463.23, 612.91

« Ces dispositions s'opposent à une réglementation nationale qui interdit totalement aux membres d'une profession réglementée de recourir au démarchage ou de proposer à leurs clients une offre personnalisée de services, quels que soient leur forme, leur contenu et les moyens employés, ou prohibe de manière générale le recours à la publicité dans les médias.

[...]

Considérant qu'il résulte de ce qui précède que M. B... est fondé à demander l'annulation de la décision qu'il attaque en tant seulement qu'elle refuse d'abroger les mots "dès lors qu'elle est exclusive de toute forme de démarchage" figurant au deuxième alinéa de l'article 15 du décret du 12 juillet 2005 ainsi que le troisième alinéa de cet article, et, en tant qu'ils s'appliquent aux avocats, les articles 2 et 3 du décret du 25 août 1972, la référence à ces deux articles figurant au premier alinéa de l'article 5 du même décret ainsi que le second alinéa de cet article 5, qui sont divisibles des autres dispositions de ces décrets ; qu'il y a lieu de rejeter le surplus de ses conclusions dirigées contre la décision attaquée. »

461.03 Bibliographie indicative.

* Aussi : v. s[s] n° 46.03.

Monographie. Collectif, *Le cabinet d'avocat à la rencontre du client*, « OBFG collection », Anthemis, 2009.

Articles. M. Chambert, « Le marketing dans la profession d'avocat », *Gaz. Pal.* 1992. 1. Doctr. 355 – A. Coignac, « Quand les avocats font leur publicité », *JCP* 2015. 577 – R. Collin, « La publicité de l'avocat en droit européen », *Gaz. Pal.* 15 oct. 1993, 19 – Commission des Règles et Usages, « Commentaire de la Décision à caractère normatif n° 2010-002 du 20 mai 2010 », cnb.avocat.fr – A. Dotézac de Rosnay, « La publicité de l'avocat et l'accès au droit », *Vie jud.* 2 févr. 1997, p. 2 – J.-Y. Dupeux, G. Le Foyer de Costil, L. Ribadeau-Dumas, « La publicité de l'avocat et la concurrence », *Gaz. Pal.* 29-30 déc. 2000, p. 71 – F. G'sell, « Publicité des avocats : le décret du 28 octobre 2014 est-il compatible avec la directive Services ? », *Procédures*, janv. 2015,

1. Conv. EDH, art. 10.

alerte 1 – D. Iweins, « Publicité des avocats, du rêve à la réalité », *Gaz. Pal.* 21 juin 2016 p. 8 – P. Lambert, « La publicité personnelle de l'avocat en marge de l'arrêt Casado Coca rendu par la CEDH », *Gaz. Pal.* 1994. 1. Doctr. 818 – M. Malaurie-Vignal, « Liberté de l'avocat, démarchage et concurrence », *CCC* 2007. Repère 10 – G. Michel, « Les avocats demain, marchands de droit ou défenseurs ? », *Gaz. Pal.* 13 nov. 2007, p. 2.

Rapports. D. Piau (dir.), L. Dupont, *Vade-mecum de la communication des avocats*, CNB, mars 2016 – F. Poirier, J.-L. Schermann, *Réforme de l'article 10 du RIN, Communication des avocats*, AG du CNB, 10-11 oct. 2014.

SECTION 1
PROPOS LIMINAIRES

461.11 **Évolution de la communication de l'avocat en France.** La publicité était jadis rigoureusement interdite aux avocats ; ils ne pouvaient distribuer des cartes portant leur nom et leur adresse [1] ; les avocats ne pouvaient pas plus signaler l'existence de leur cabinet par une plaque à l'extérieur de l'immeuble ou user d'un papier de type commercial. Il n'y a pas si longtemps que cela, nombre d'avocats de Paris n'usaient que d'un papier à lettres privé portant uniquement leur adresse et faisaient suivre leur signature de leur seul nom [2]. L'avocat pouvait, toutefois, se faire connaître par la presse, par des articles qu'il suscitait, voire qu'il écrivait lui-même à sa gloire. En témoignage la planche XVIII des « Gens de Justice » de Daumier qui paraît avec la légende : « Maître Chapotard, lisant dans un journal judiciaire l'éloge de lui-même par lui-même » [3].

C'est ainsi qu'en 1828, le conseil de discipline de Paris, « Considérant que l'avocat ne doit pas s'offrir aux clients, mais qu'il doit attendre, pour leur prêter l'appui de son zèle et de ses talents, qu'ils soient venus réclamer son ministère », prononça une interdiction temporaire d'un an à l'encontre d'un avocat, il est vrai récidiviste [4].

461.12 **Évolution de la communication de l'avocat à l'étranger.** Il en était de même dans les barreaux étrangers mais les choses ont évolué. Si, en 1936, la *Law Society* interdisait en Angleterre [5], à ses membres, toute forme de publicité de façon à maintenir le caractère digne de la profession par eux exercée, dès 1974 et surtout 1976, cette interdiction était dénoncée comme élevant un mur inopportun entre la profession et le justiciable et elle préconisait une publicité adéquate destinée à procurer une assistance légale à ceux qui en avaient besoin mais qui ignoraient les modalités pour l'obtenir, seule demeurant interdite la publicité mensongère. En 1984, une commission de la *Law Society* envisageait la possibilité d'une publicité libre. La *Law Society*, lorsqu'elle a autorisé la publicité libre, a précisé qu'elle devait se faire avec « *decency* » que l'on peut traduire par « bienséance ».

Aux États-Unis [6], en 1908, l'*American Bar Association*, dans les règles de la profession, réduisait la publicité à la seule diffusion de la carte professionnelle mais la situation évolua vite d'une façon favorable à cette publicité. La tradition anglaise, adoptée par les Américains, l'avait prohibée pendant des siècles, en droit plus qu'en fait d'ailleurs (il est en effet piquant de constater que l'on trouve dans un numéro de la Gazette de Sangamon - Illinois - de 1838 une publicité de type commercial pour un avocat local promis à un bel avenir, Abraham Lincoln). Mais la Cour suprême des États-Unis, saisie d'un recours contre cette interdiction, déclara en 1977 qu'elle était contraire au premier amendement de la Constitution qui proclame comme libertés fondamentales les libertés d'expression, d'associations, de religion et la liberté de la presse [7].

461.13 **Accès progressif des avocats français à la publicité.** En France, l'article 90 du décret du 9 juin 1972 [8] admit pour la première fois le principe d'une publicité fonctionnelle des avocats, pour permettre aux usagers de prendre contact avec des avocats, de connaître leur possibilité d'action, leur technicité, leur méthode et les coûts qu'entraîne le recours à leur ministère.

Puis, le décret du 27 novembre 1991 [9] autorisa la publicité personnelle à l'avocat dans la mesure où elle se bornait à procurer au public une « nécessaire » information, et qu'elle était mise en œuvre « avec discrétion », ce qui est, semble-t-il, antinomique de la conception de publicité.

L'article 15 du décret du 12 juillet 2005 [10] libéralisa un peu plus la question en supprimant le terme « nécessaire », la publicité devenant permise « si elle procure une information au public et si sa mise en

1. A. Damien, *Les avocats du temps passé*, Henri Lefebvre, 1973, p. 332 et 350.
2. Paris, 28 juin 1989, *Gaz. Pal.* 1989. II. 616.
3. Le Charivari, 26 mars 1846.
4. CO Paris, arr., 27 mai 1828, cité *in* MOLLOT, 1re éd., 1842, p. 451.
5. V. ss no 492.92.
6. V. ss no 492.102.
7. Arrêt Beates et Steen, 1977 – Arrêt Obralik et Primus, 1978, tolérant même la sollicitation dès lors qu'elle n'a pas pour objet principal la rémunération mais l'expression d'un engagement idéologique ou politique.
8. Décr. no 72-468, 9 juin 1972 organisant la profession d'avocat, pris pour l'application de la loi no 71-1130, 31 déc. 1971, *JO* 11 juin, p. 5884.
9. Décr. no 91-1197, 27 nov. 1991 organisant la profession d'avocat, *JO* 28 nov., p. 15502, art. 161.
10. R. Martin, *JCP* 2005. Actu. 502.

œuvre respecte les principes essentiels de la profession ». La publicité incluait alors la diffusion d'informations sur la nature des prestations de services proposées, mais elle était exclusive de toute forme de démarchage et toute offre de service personnalisée adressée à un client potentiel.

461.14 L'influence du droit de l'Union européenne. Saisie sur une question préjudicielle du Conseil d'État, la Cour de justice de l'Union européenne (CJUE) jugea, par un arrêt rendu le 5 avril 2011[1], que l'article 24 de la directive 2006/123[2] relative aux services dans le marché intérieur s'oppose à une réglementation nationale qui, sous couvert d'interdiction du démarchage, revient à prohiber tous les moyens de communication permettant la mise en œuvre de cette forme de communication commerciale. Cet arrêt concernait la profession d'expert-comptable[3], qui en tira les enseignements[4] en 2012, mais avait naturellement vocation à s'appliquer à la profession d'avocat.

C'est pourquoi, par courrier du 6 septembre 2012, la Commission européenne interpella officiellement le gouvernement français sur la non-conformité du décret du 25 août 1972[5] avec les dispositions de l'article 24 de la directive 2006/123, dite services[6], ainsi qu'avec l'arrêt de la CJUE précité, concernant la profession d'avocat. La Commission européenne demandait des modifications notables des règles nationales relatives à cette question[7], alors qu'à sa suite, le Conseil de l'Union européenne[8] estimait « nécessaire de réaliser un examen plus horizontal et systématique [...] des comportements restrictifs qui subsistent dans les professions réglementées afin d'apprécier leur nécessité et leur proportionnalité »[9].

461.15 Mise en conformité. Un travail en commun fut alors mené par la commission des règles et usages du CNB avec la direction des affaires civiles et du Sceau du ministère de la Justice (DACS) afin de proposer, dans un premier temps, des amendements aux dispositions de la loi du 31 décembre 1971[10] portant réforme de certaines professions judiciaires et juridiques pour encadrer les actes de démarchage autorisés.

Le Conseil national des barreaux (CNB), réuni en assemblée générale les 19 et 20 octobre 2012, proposa d'insérer à l'article 3 *bis* un principe général d'autorisation de la publicité ou de la sollicitation personnalisée, applicable en toutes matières, et soumis au respect du secret professionnel, de l'intégrité de la profession et aux principes essentiels tels que consacrés par les articles 1er[11] à 3[12] du décret du 12 juillet 2005. Les notions positives de « publicité » et de « sollicitation personnalisée », non définies, ont été préférées à celle de « démarchage ». Il était ensuite suggéré que les missions obtenues à la suite d'une sollicitation personnalisée doivent faire l'objet d'une convention écrite entre l'avocat et son client, afin notamment de permettre un contrôle en cas de doute sur la vulnérabilité de la personne physique sollicitée. Enfin, le CNB, rejetant les sanctions civiles de type annulation du mandat ou de la convention d'honoraires, entendait voir le démarchage soumis au droit disciplinaire, et prônait l'exclusion des avocats de l'incrimination pénale du démarchage en vue de donner des consultations ou de rédiger des actes en matière juridique visée à l'article 66-4[13] de la loi du 31 décembre 1971, et ainsi des peines prévues à l'article L. 121-23[14] [ancien] du code de la consommation, tout en sollicitant le renforcement de la sanction pénale encourue par les illégaux du droit[15]. Enfin, un avant-projet de décret relatif au mode de communication des avocats prévoyait, par ailleurs, de modifier l'article 15[16] du décret du 12 juillet 2005 pour décliner les principes essentiels de la profession dans les moyens de communication utilisés par l'avocat, et donner un cadre objectif au contrôle des bâton-

1. CJUE 5 avr. 2011, *Sté fiduciaire nationale d'expertise comptable c/Min. Budget, Compt. publ. et Fonct. publ.*, aff. C-119/09 ; *JOUE* 21 mai, p. 4 ; *D.* 2011. 1072, obs. X. Delpech ; *D.* 2013. 136, obs. Th. Wickers ; *AJDA* 2011. 1007, obs. M. Aubert, E. Broussy et F. Donnat ; *RTD eur.* 2011. 592, obs. A.-L. Siboni et A. Defossez ; *JCP* 2011. 1098, n° 8, obs. S. Bortoluzzi ; *Dr. et patr.* juin 2011, p. 14, obs. V. Berger ; *LPA* 23 juin 2011, p. 8, note J.-F. Barbiéri ; *CCC* 2011, n° 225, note G. Raymond.
2. Dir. 2006/123, Parlement européen et Conseil, 12 déc. 2006 relative aux services dans le marché intérieur, *JOCE L* 376, 27 déc., p. 36.
3. CE 4 mars 2009, *Sté fiduciaire nationale d'expertise comptable*, req. n° 310979, *Lebon* – CE 22 juin 2011, req. n° 310979, NP ; *RFDA* 2011. 1225, Chron. L. Clément-Wilz, F. Martucci et C. Mayeur-Carpentier.
4. Décr. n° 2012-432, 30 mars 2012 relatif à l'exercice de l'activité d'expertise comptable, *JO* 31 mars, p. 5864, art. 152.
5. Décr. n° 72-785, 25 août 1972 relatif au démarchage et à la publicité en matière de consultation et de rédaction d'actes juridiques, *JO* 29 août, p. 9283.
6. V. ss n° 023.151.
7. Décr. n° 72-785, 25 août 1972, préc.
8. Conseil de l'Union européenne, 10 juill. 2012, aff. C-219/31, *JOUE* 24 juill.
9. COMP. : CJUE 4 mai 2017, *Luc Vanderborght*, aff. C-339/15 ; – Conseil d'État, *Règles applicables aux professionnels de santé en matière d'information et de publicité*, « Études », La Documentation française, 2018.
10. L. n° 71-1130, 31 déc. 1971.
11. Décr. n° 2005-790, 12 juill. 2005 relatif aux règles de déontologie de la profession d'avocat, *JO* 16 juill., n° 22, art. 1er.
12. Décr. n° 2005-790, 12 juill. 2005, art. 3.
13. L. n° 71-1130, 31 déc. 1971, art. 66-4.
14. C. consom., art. L. 242-5 à L. 242-9.
15. SUR ces dernières propositions : *D. avocats* 2013. 71.
16. Décr. n° 2005-790, 12 juill. 2005, art. 15.

niers et aux éventuelles sanctions sur le terrain disciplinaire.

À la suite de ces travaux le gouvernement annonça, lors de la présentation du programme national de réforme pour 2013, au conseil des ministres du 17 avril 2013, que « la réglementation relative aux avocats sera modifiée pour supprimer l'interdiction totale de recourir aux actes de démarchage ».

461.16 Libéralisation de la communication des avocats (loi du 17 mars 2014). C'est dans ce contexte que la loi du 17 mars 2014 [1] a apporté des modifications importantes à la loi du 31 décembre 1971 [2]. Elle autorise l'avocat à recourir non seulement à la publicité [3] ainsi encore à la sollicitation personnalisée, et ce, dans les conditions fixées par décret en Conseil d'État, et renforce les sanctions pénales du démarchage juridique prohibé ainsi que celles de l'exercice illégal du droit et de la profession d'avocat [4].

Le texte est donc venu autoriser les avocats à recourir à la sollicitation personnalisée, sans employer le terme de démarchage, une nuance de taille. Le démarchage consiste à « offrir ses services, en vue de donner des consultations ou de rédiger des actes en matière juridique ou de provoquer à la souscription d'un contrat aux mêmes fins, notamment en se rendant personnellement ou en envoyant un mandataire soit au domicile ou à la résidence d'une personne, soit sur les lieux de travail, de repos, de traitement ou dans un lieu public » [5]. La sollicitation personnalisée relève de la même définition mais constitue une notion plus restrictive, et à connotation moins agressive, d'aucuns diront « commerciale », en ce sens qu'elle permettrait, notamment, d'exclure le « porte à porte » et le démarchage téléphonique. La notion de sollicitation personnalisée vise à permettre de protéger les consommateurs de droit [6], tout en permettant d'être conforme aux principes dégagés par le droit européen en la matière.

461.17 Mise en application des nouvelles dispositions (décret du 28 oct. 2014 et RIN, art. 10 du RIN). La loi du 17 mars 2014 a donné lieu au décret du 28 octobre 2014 [7] qui est venu abroger le deuxième alinéa de l'article 5 du décret du 25 août 1972 et modifier l'article 15 du décret du 12 juillet 2005. Enfin, l'article 10 du RIN, dans sa version de 2010 [8], fut profondément remanié par la décision adoptée à l'AG du CNB du 10 octobre 2014 [9].

Notons que s'agissant du recours à la publicité, celle-ci était jusqu'alors restreinte dans la mesure où l'article 2 du décret du 25 août 1972 précisait qu'elle ne pouvait être faite par voie de « tracts, affiches, films cinématographiques, émissions radiophoniques ou télévisées ». Le Conseil d'État [10] est intervenu, entre-temps, pour préciser que ces interdictions n'avaient pas lieu de s'appliquer aux avocats. *A contrario*, on en déduira donc que la publicité, notamment par voie d'affiche était expressément permise... sauf que le décret du 28 octobre 2014 est venu prévoir, par un étrange cafouillage [11], que « la publicité s'opère dans les conditions prévues par le décret du 25 août 1972 susvisé », opérant une sorte de retour à la case départ qui ne saurait toutefois faire abstraction de l'arrêt du Conseil d'État précité, ce que le ministère de la Justice a confirmé dans un courrier au président du CNB. Le Conseil d'État est venu, par la suite, confirmer qu'il y avait lieu d'abroger le deuxième alinéa de l'article 15 [12] du décret de 2005 en tant qu'il renvoyait à l'intégralité du décret du 25 août 1972 [13] sans prévoir que le renvoi ne portait pas sur l'article 2 [14]. Ainsi, le « changement » sur ce point ne sera pas tant sur le principe que sur les modalités et supports utilisés. S'agissant de la publicité, ne serait-ce qu'indirecte, par voie d'émissions radiophoniques ou télévisées on notera que cela fait longtemps qu'elle était plus que tolérée, bien qu'interdite...

461.18 Restrictions justifiées par une raison impérieuse d'intérêt général. Toute interdiction générale et absolue est interdite par la directive 2006/23 [15] qui n'interdit pas toutefois que les règles professionnelles posent des restrictions justifiées par une raison impérieuse d'intérêt général, au nombre desquelles figure la protection des usagers du droit, proportionnées et non discriminatoires.

1. L. n° 2014-344, 17 mars 2014 relative à la consommation, *JO* 18 mars, p. 5400 – V. s[s] n° 023.213.
2. L. n° 2014-344, 17 mars 2014, art. 13.
3. D. Piau, « Publicité et site internet : l'évolution tranquille », *Maître* janv. 2015, p. 22.
4. V. s[s] n°s 612.11 s.
5. Décr. n° 72-785, 25 août 1972, art. 1er.
6. CJUE 15 janv. 2015, *Birutè Siba c/Arunas Devenas*, aff. C-537/13, *JOUE* 2 mars, p. 6 ; *D.* 2015. 213 ; *D.* 2015. 588, obs. H. Aubry, E. Poillot et N. Sauphanor-Brouillaud ; *D. avocats* 2015. 154, obs. D. Landry.
7. Décr. n° 2014-1251, 28 oct. 2014 relatif aux modes de communication des avocats, *JO* 29 oct., p. 17894 – F. G'sell, « Publicité des avocats : le décret, 28 oct. 2014 est-il compatible avec la directive Services ? », *Procédures* janv. 2015, alerte 1.
8. S. Bortoluzzi, « Nouvelles règles en matière de publicité personnelle », *JCP* 2010. 717.
9. CNB AG 10 oct. 2014, DCN n° 2014-001, décis. 13 nov. 2014, *JO* 5 déc. 2014.
10. CE 13 déc. 2013, req. n° 361593, NP ; *D.* 2014. 169, obs. Th. Wickers.
11. Relevé par F. G'sell, *in JCP* 2014. 1235.
12. Décr. n° 2005-790, 12 juill. 2005, art. 15.
13. Décr. n° 72-785, 25 août 1972.
14. CE 9 nov. 2015, req n° 386296, NP ; *D. avocats* 2015. 378, obs. L. Dargent ; *JCP* 2016. 27, note D. Landry ; *JCP* 2016. 670, n° 14, obs. F. G'sell.
15. Dir. 2006/123, Parlement et Conseil, 12 déc. 2006, art. 24.

461.19 **Appréciation *in concreto*.** Plus que des interdictions génériques, qui sont maintenant proscrites[1], c'est une appréciation, au cas par cas, au regard des principes essentiels, qui tient lieu de guide. Il n'est plus question de discrétion mais de respect, non seulement de la dignité[2], mais, également entre autres, de l'indépendance, de la probité, de l'honneur ainsi que de la modération, de la délicatesse, de la loyauté, de la courtoisie et de la confraternité. Il faudra bien analyser la jurisprudence qui appliquera les nouvelles dispositions afin de percevoir dans quelle mesure elle continuera à assurer le respect des exigences fondamentales de l'état d'avocat et parviendra encore à éviter les regrettables excès qui ont suivi aux États-Unis l'arrêt de la Cour suprême de 1977[3], excès que déplore l'*American Bar Association*[4].

À cet égard, la CEDH a reconnu, dans l'arrêt *Casado Coca*[5], que la publicité personnelle devait prendre en compte les impératifs d'une bonne administration de la justice comme la dignité de la profession. Le même arrêt reconnaît que, grâce à leurs contacts directs et constants avec leurs membres, les autorités ordinales ou les cours et tribunaux du pays se trouvent mieux placés que le juge international pour préciser où se situe, à un moment donné, le juste équilibre à ménager entre ces intérêts et le droit de toute personne à recevoir une information sur l'assistance juridique et la possibilité pour un avocat de faire de la publicité pour son cabinet.

La Cour de cassation elle-même avait déjà eu l'occasion de considérer que le conseil de l'Ordre peut réglementer les formes de publicité dès lors que les restrictions qu'il édicte sont nécessaires à la sauvegarde des principes essentiels de la profession[6].

SECTION 2
PRINCIPES GÉNÉRAUX

461.20 **Plan.** Toute communication de l'avocat (§ 1) doit comporter un certain nombre de mentions obligatoires (§ 2), et ne peut pas comporter certaines mentions prohibées (§ 3).

1. Rennes, 18 sept. 2020, RG n° 20/00380.
2. V. s[s] n°s 321.42 s.
3. V. s[s] n° 461.12.
4. V. s[s] n° 492.102.
5. CEDH 24 févr. 1994, *Casado Coca c/Espagne*, req. n° 15450/89 ; *AJDA* 1994. 511, Chron. J.-F. Flauss – P. Lambert, « La publicité personnelle de l'avocat en marge de l'arrêt Casado Coca rendu par la CEDH », *Gaz. Pal.* 1994. 1. Doctr. 818.
6. Civ. 1re, 5 févr. 2009, n° 07-21.644, NP ; *D.* 2009, Pan. 2704, obs. B. Blanchard ; *JCP* 2009. 295, n° 3, obs. F. G'sell ; *CCE* 2009. Étude 7, n° 18, note E. Dreyer – Civ. 1re, 25 mai 1992, n° 89-10.096, P I, n° 153 ; *JCP* 1993. II. 22156 note S. Woog.

En dehors de ces règles, l'avocat dispose d'une grande liberté en la matière (§ 4).

§ 1
Propos liminaires

461.31 **Définitions.** La publicité personnelle de l'avocat[7] s'entend de toute forme de communication destinée à promouvoir les services de l'avocat ce qui inclut les annuaires[8], la communication sur internet[9], ainsi que la sollicitation personnalisée[10].

La communication collective des avocats ou communication institutionnelle dite « publicité fonctionnelle »[11], est, pour sa part, destinée à faire connaître la profession d'avocat et son organisation auprès du public.

461.32 **Information professionnelle.** L'information professionnelle était une notion issue de la réforme de 2014[12] destinée à permettre de soumettre les documents destinés à la correspondance, ainsi que les plaques professionnelles, à des dispositions plus restrictives, tenant notamment à l'interdiction d'y mentionner les domaines de compétence[13], et ce, compte tenu de leur nature particulière, en ce sens qu'ils représentent « la robe de l'avocat », sa « carte de visite », et donc d'une certaine manière sa dignité[14].

Cette distinction a été supprimée en 2020[15].

461.33 **Principes généraux.** Le cadre général applicable à toute publicité personnelle de l'avocat est posé par l'article 10.2 du RIN. L'avocat doit, dans toute communication, faire état de sa qualité et permettre, quel qu'en soit le support, de l'identifier, de le localiser, de le joindre, de connaître le barreau auquel il est inscrit, la structure d'exercice à laquelle il appartient et, le cas échéant, le réseau dont il est membre.

Sont expressément prohibées : toute publicité mensongère ou trompeuse, toute mention comparative ou dénigrante, toute mention susceptible de

7. V. s[s] n°s 463.00 s.
8. V. s[s] n°s 463.81 s.
9. V. s[s] n°s 464.00 s.
10. V. s[s] n°s 465.00 s.
11. V. s[s] n°s 461.180 s.
12. F. Poirier, J.-L. Schermann, *Réforme de l'article 10 du RIN, Communication des avocats*, CNB, AG 10-11 oct. 2014, p. 8.
13. RIN, art. 10.6.1., al. 4.
14. D. Piau, S. Bortoluzzi, Th. Wickers, *Règles de la profession d'avocat*, 16e éd., « Dalloz Action », 2018, n°s 462.00 s.
15. D. de Ginestet, C. Maury, *Réforme de l'article 10 du RIN, Communication des avocats,* CNB, AG 10-11 oct. 2020 – Décis. n° 2015-005, 28 mai 2020 portant réforme du règlement intérieur national (RIN) de la profession d'avocat (art. 21-1 de la loi du 31 décembre 1971 modifiée), *JO* 13 juin, NOR : JUSC2012913S ; *JCP* 2020. 772, obs. S. Bortoluzzi ; *JCP* 2020. 1294, n° 3, obs. L. Jariel ; *D.* 2021. 106, obs. Th. Wickers.

créer dans l'esprit du public l'apparence d'une structure d'exercice inexistante et/ou d'une qualification professionnelle non reconnue ainsi toute référence à des fonctions ou activités sans lien avec l'exercice de la profession d'avocat ou à des fonctions juridictionnelles[1].

461.34 **Principes essentiels.** Surtout, l'avocat doit veiller au strict respect des principes essentiels de la profession : toute publicité personnelle de sa part, devra distiller des informations véritables et sincères, et être mises en œuvre dans le respect du secret professionnel[2] et des principes essentiels[3], notamment, de loyauté, de délicatesse, mais aussi de dignité, de modération, d'honneur, d'indépendance, et de confraternité.

La Cour de cassation, dans le premier arrêt rendu sous l'emprise du nouveau régime[4], a rejeté un pourvoi à l'encontre d'un arrêt de cour d'appel qui avait approuvé une décision du conseil de l'Ordre sollicitant le retrait de deux panneaux signalétiques, comme portant atteinte, notamment, aux principes essentiels de délicatesse et de modération, d'un mètre sur trois, qu'un cabinet d'avocat avait fait installer sur la voie publique, en considérant, notamment, qu' : « ayant estimé, s'agissant des dimensions des panneaux, qu'implantés, l'un à 100 mètres du cabinet et l'autre aux abords immédiats de son parking, surélevés du sol respectivement de 0,4 mètre et de 0,75 mètre, tous deux larges d'un mètre et hauts de trois mètres, ils étaient démesurés, la cour d'appel a pu en déduire qu'ils enfreignaient les principes essentiels de la profession, notamment les principes de délicatesse et de modération prévus à l'article 10.2 du règlement intérieur national (RIN) qui peuvent concerner les moyens d'information du public »[5]. Bien qu'il ne soit pas directement visé, le devoir de dignité est sous-jacent de l'appréciation portée en la matière.

Et, il appartiendra aux bâtonniers[6], et surtout aux conseils de discipline, de poser les limites de ce qui est admissible ou ne l'est pas en la matière. Le Conseil national des barreaux a sorti, en mars 2016, dans les suites de la réforme de l'article 10 du RIN, un vade-mecum de la communication des avocats[7].

461.35 **Responsabilité personnelle des avocats.** Il y a lieu d'insister sur le fait que les règles en matière de communication sont applicables aux avocats pour toute communication directe ou indirecte, notamment par l'intermédiaire de tiers ou de sites de tiers. L'avocat sera toujours personnellement responsable, notamment sur le plan disciplinaire, du fait de l'usage et de la réalisation de publicités ou sollicitations personnalisées faites, en son nom et pour son compte, par des tiers[8]. De la même façon qu'il pourrait être tenu pour responsable des messages ou commentaires laissés sur son site internet ou réseau social, tel que son mur facebook[9], et dont il ne procéderait pas à l'effacement alors même qu'ils porteraient atteinte aux principes essentiels ou règles déontologiques.

Une cour d'appel a ainsi pu considérer, dans une affaire où un cabinet d'avocats, deux ans après la conclusion d'un contrat avec un prestataire informatique pour la refonte et le référencement de son site internet, avait souhaité mettre fin à leurs relations contractuelles et refusait de payer les sommes dues pour les prestations réalisées au motif que le site ainsi créé contenait des liens hypertextes renvoyant vers un annuaire commercial, qui donnait accès à des sites marchands de divers produits commerciaux (bonbons, linge de maison ou bijoux), qu'il appartenait au cabinet d'avocats d'avertir le prestataire des éventuelles restrictions liées à l'application de la déontologie propre à sa profession[10].

§ 2
Mentions obligatoires

461.40 **Plan – Qualité d'avocat.** Toute communication de l'avocat doit d'une part, expressément faire état de sa qualité d'avocat et le barreau auprès duquel il est inscrit (A), et d'autre part, mentionner, de façon immédiatement visible ou accessible (termes visant les supports électroniques), les éléments permettant, quel qu'en soit le support, de l'identifier, de le localiser, de le joindre[11], et mentionner la structure d'exercice à laquelle il appartient et, le cas échéant, le réseau dont il est membre[12] (B).

A.
Obligation de faire état de la qualité d'avocat et du barreau d'appartenance

461.51 **« Avocat au barreau de ... »** À cet égard, la bonne mention est « avocat au barreau de... »[13],

1. RIN, art. 10.2.
2. V. s[s] n°s 412.00 s.
3. V. s[s] n°s 315.00 s.
4. V. s[s] n°s 461.11 s.
5. Civ. 1re, 3 févr. 2021, n° 19-17.629, NP ; – REJETANT POURVOI CONTRE : Cayenne, ch. civ., 11 mars 2019, RG n° 18/003366 ; *JCP* 2019. 444, obs. P. Lingibé.
6. Civ. 1re, 28 avr. 1993, n° 90-20.949, P I, n° 151 – V. s[s] n°s 511.21 s.
7. D. Piau (dir.), L. Dupont, *Vade-mecum de la communication des avocats*, CNB, mars 2016.
8. CNB, Comm. RU, avis n° 2016-001, 27 janv. 2016.
9. COMP. : CEDH 2 sept. 2021, *Sanchez c/France*, req. n° 45581/15 ; *Gaz. Pal.* 28 sept. 2021, p. 39, obs. C. Berlaud.
10. Versailles, 3 nov. 2016, RG n° 14/07675.
11. CNB, Comm. RU, avis n° 2016-009, 3 févr. 2016.
12. Décr. n° 91-1197, 27 nov. 1991, art. 54.
13. R. Escaich, *Vie jud.* 26 août 1974, p. 5.

l'usage du terme « Avocat à la Cour », outre qu'il était jusqu'à une époque récente de nature à créer une confusion avec le titre d'avoué, est un terme inapproprié dès lors que tout avocat est exclusivement rattaché à un barreau et non à une cour d'appel. La seule exception est celle du régime particulier en vigueur en Alsace Moselle où la procédure devant la cour en matière de représentation obligatoire relève d'avocats ayant opté de postuler devant la cour d'appel de Colmar et de Metz selon les lois des 20 février 1922[1] et 29 juillet 1928[2] en vigueur qui leur ont confié l'exclusivité de postulation et de la plaidoirie en ce qui concerne les appels des jugements des tribunaux de grande instance, chambres civiles et commerciales.

Pour les autres, depuis la suppression de la profession d'avoué par la loi du 25 janvier 2011[3], il est admis qu'un avocat puisse préciser après l'indication de son barreau d'appartenance, la mention « exerçant dans le ressort de la cour d'appel de ... » afin de permettre une parfaite appréhension de son ressort d'intervention en matière judiciaire[4].

Doit être sanctionné d'une interdiction temporaire d'une durée de trois mois avec sursis, l'avocat qui a distribué par courriel une plaquette laissant à penser qu'il exerçait la profession d'avocat dans un barreau autre que celui auprès duquel il était inscrit[5].

461.52 **Mentions suivant le titre d'avocat.** Le titre d'avocat peut également être suivi, le cas échéant, de la mention :

- des titres universitaires (docteur en droit, diplômé de l'institut de criminologie, de l'institut d'études politiques, d'une école de commerce, diplôme supérieur du notariat... ou de titre relevant d'universités étrangères), à condition qu'ils soient sérieux et exacts ;

- des distinctions professionnelles, actuellement ou anciennement exercées, c'est-à-dire visées par la loi du 31 décembre 1971 : membre (Mco) ou ancien membre du conseil de l'Ordre (Amco), bâtonnier ou ancien bâtonnier, secrétaire ou ancien secrétaire de la conférence, membre (Mcnb) ou ancien membre du CNB (Amcnb), président ou ancien président du CNB, ancien président de la chambre des avoués ou du conseil de discipline des agréés ou des conseils juridiques, membre et ancien membre de ces mêmes chambres ou conseils ;

- de la profession juridique réglementée précédemment exercée (anciens avoués ou agréés, ou conseils juridiques[6]), mais à condition de bien préciser « ancien »[7] ;

- d'un titre dont le port est réglementé à l'étranger et permet l'exercice en France des fonctions d'avocat, ce qui n'est pas le cas de la qualité de « membre du barreau pénal international »[8], et ce, à condition que ce titre fasse l'objet d'une inscription validée auprès de l'organisme professionnel dont ils relèvent[9], et qu'il soit en état d'exercer effectivement la profession au regard de la réglementation de l'organisme professionnel dont ils relèvent ;

- ainsi que d'une ou deux mentions de spécialisations[10] régulièrement obtenues et non invalidées[11].

461.53 **Avocats de l'Union européenne.** Les avocats européens exerçant en France sous leur titre d'origine[12] ne sauraient en aucun cas, dans toute communication sur le territoire national, utiliser le terme d'avocat. Ils doivent impérativement utiliser le titre d'origine sous lequel ils exercent en France et ils doivent l'accompagner du nom de l'organisme professionnel dont ils relèvent ou de celui de la juridiction auprès de laquelle ils sont habilités à exercer en application de la législation de leur État membre d'origine[13].

Ils doivent ainsi faire usage de leur titre exprimé dans la ou l'une des langues leur État membre d'origine[14], à savoir :

- en Belgique : avocat, advocaat, rechtsanwalt ;
- en Bulgarie : АДВОКАТ ;
- en République tchèque : advokajt ;
- au Danemark : advokat ;
- en Allemagne : rechtsanwalt ;
- en Estonie : vandeadvokaat ;
- en Grèce : dikigoros ;
- en Espagne : abogado, advocat, avogado, abokatu ;
- en Irlande : barrister, solicitor ;
- en Italie : avvocato ;
- à Chypre : dikigoros ;
- en Croatie : odvjetnik, odvjetnica ;
- en Lettonie : zverinats advokalts ;
- en Lituanie : advokatas ;

1. L. 20 févr. 1922 sur l'exercice de la profession d'avocat et la discipline du Barreau en Alsace et Lorraine, *JO* 4 mars, p. 2542.
2. L. 29 juill. 1928 détachant à Metz une chambre de la cour d'appel de Colmar, *JO* 30 juill., p. 8534.
3. L. n° 2011-94, 25 janv. 2011 portant réforme de la représentation devant les cours d'appel, *JO* 26 janv., p. 1544.
4. V. s[s] n°s 622.00 s.
5. Paris, pôle 2, ch. 1, 11 févr. 2016, RG n° 15/08539.
6. Crim. 7 déc. 2016, n° 16-80.409, NP.
7. Nîmes 11 mai 1993, *Gaz. Pal.* 16 sept. 1993, note A. Damien.
8. Civ. 1re, 19 mars 2009, n° 08-14.734, NP.
9. Crim. 6 déc. 2016, n° 16-80.825, NP – Lyon 12 déc. 2019, RG n° 19/02241.
10. L. n° 71-1130, 31 déc. 1971, art. 1er.
11. V. s[s] n° 214.31.
12. V. s[s] n°s 231.10 s.
13. Décr. n° 91-1197, 27 nov. 1991, art. 202.
14. Décr. n° 91-1197, 27 nov. 1991, art. 201.

- au Luxembourg : avocat ;
- en Hongrie : ügyvéd ;
- à Malte : avukat, prokuratur legali ;
- aux Pays-Bas : advocaat ;
- en Autriche : rechtsanwalt ;
- en Pologne : adwokat, radca prawny ;
- au Portugal : advogado ;
- en Roumanie : avocat ;
- en Slovénie : odvetnik, odvetnica ;
- en Slovaquie : advokajt, komercpn prajvnik ;
- en Finlande : asianajaja, advokat ;
- en Suède : advokat ;
- en Suisse : avocat, advokat, anwalt, fürsprecher, fürsprech, avvocato, rechtsanwalt ;
- en Islande : lögmaour ;
- au Liechtenstein : rechtsanwalt ;
- en Norvège : advokat.

L'utilisation du titre d'avocat par un avocat européen, en contradiction avec ces dispositions constitue une faute pouvant donner lieu, entre autres manquements, à une sanction disciplinaire[1], outre qu'elle est de nature à caractériser le délit d'usurpation du titre d'avocat[2]. La mention du titre d'origine doit être suivie de la mention « exerçant sous son titre d'origine auprès du barreau de... ».

Lorsqu'il obtient le titre d'avocat, et est inscrit au tableau[3], il peut faire suivre son titre d'avocat de son titre professionnel d'origine[4].

Notons que l'usage de ces mêmes titres n'est pas autorisé aux avocats français : il ne s'agit pas de la simple traduction du terme « avocat » mais de titres dont l'usage est protégé dans leur pays d'origine, tel que « *rechtsanwalt* » et « *abogados* », que seuls peuvent revendiquer ceux qui satisfont aux conditions d'obtention de ce titre[5].

461.54 Avocats étrangers hors Union européenne. L'avocat inscrit au barreau d'un État non-membre de l'Union européenne autorisé, par le Conseil national des barreaux, à exercer l'activité de consultation juridique et de rédaction d'actes sous seing privé pour autrui, et qui l'exerce en France, à titre temporaire et occasionnel ou à titre permanent, sous son titre professionnel d'origine[6], doit faire mention de son titre professionnel, suivi, le cas échéant du barreau auprès duquel il est inscrit en France[7], et dans tous les cas de l'énumération de ceux des domaines de droit mentionnés dans lesquels il est habilité à exercer l'activité de consultation juridique et de rédaction d'actes sous seing privé pour autrui[8].

Ces mentions doivent être faites en français et dans la ou l'une des langues officielles de l'État d'origine[9].

461.55 Ancien avocat. L'usage des termes « ancien avocat » constitue une usurpation de titre d'avocat[10] dès lors qu'il s'agit d'un titre tendant à créer, dans l'esprit du public, une confusion avec celui d'avocat nonobstant l'emploi du mot « ancien »[11].

Seul l'emploi des termes « avocat honoraire » peut être autorisé pour les anciens avocats ayant régulièrement été admis à l'honorariat[12].

461.56 Barreau d'appartenance. Toute communication de l'avocat doit impérativement faire suivre le titre d'avocat de la mention du barreau d'appartenance ainsi que, le cas échéant, de celui du barreau étranger auquel il appartient[13].

Cette obligation qui résulte de l'article 154 du décret du 27 novembre 1991 est logique car le but de l'information est de permettre à celui qui « reçoit » la publicité d'être informé de la qualité de la personne et de l'autorité dont elle relève.

B.
Obligation de permettre l'accès à certaines informations

461.61 Coordonnées et structure d'exercice. En outre, l'avocat doit, dans toute communication, de quelque nature que ce soit, impérativement permettre, quelque que soit le support, de l'identifier, de le localiser, de le joindre, de connaître la structure d'exercice à laquelle il appartient[14]. Il est par conséquent nécessaire dans toute communication que les noms (du cabinet et/ou des avocats) prénoms, adresse et coordonnées postales et téléphoniques figurent de manière immédiatement accessible sans qu'il ne soit impératif qu'ils figurent directement sur le support de communication[15]. Il s'agit de permettre au public une bonne identification du cabinet de l'avocat.

1. CD Paris 25. févr. 2014, n° 241770 ; – CONFIRMÉ PAR : Paris, pôle 2, ch. 1, 22 janv. 2015, RG n° 14/08495.
2. Crim. 6 déc. 2016, n° 16-80.825, NP – V. s^s n°s 612.31 s.
3. V. s^s n°s 231.41 s.
4. L. n° 71-1130, 31 déc. 1971, art. 90.
5. Lyon 12 déc. 2019, RG n° 19/02241 ; – MÊME SENS : Paris, pôle 4, ch. 13, 11 févr. 2021, RG n° 19/08545 ; – CONFIRMANT : CD Paris, arr. n° 292991, 26 mars 2019.
6. V. s^s n°s 232.11 s.
7. L. n° 71-1130, 31 déc. 1971, art. 105.
8. L. n° 71-1130, 31 déc. 1971, art. 103 et 105.
9. L. n° 71-1130, 31 déc. 1971, art. 103 et 105.
10. V. s^s n°s 612.31 s.
11. CNB, Comm. RU, avis n° 2015-046, 31 déc. 2015 – CNB, Comm. RU, avis n° 2019-017, 20 mai 2019.
12. CNB, Comm. RU, avis n° 2019-017, 20 mai 2019 – V. s^s n°s 243.00 s.
13. Décr. n° 91-1197, 27 nov. 1991, art. 154.
14. RIN, art. 10.2. – CNB, Comm. RU, avis n° 2012-014, 9 mai 2012 ; C. avocat 2021, s^s L. 31 déc. 1971, art. 66-5, note 46.
15. V. s^s n°s 463.52 s.

L'article 15.1 du RIN impose aux avocats la communication de leur adresse électronique. Le refus de communiquer au bâtonnier ou au barreau son adresse professionnelle électronique expose l'avocat à des poursuites disciplinaires [1].

461.62 **Réseaux.** L'avocat doit également permettre, quel que soit le support, de connaître tout réseau [2] dont il est membre [3] et régulièrement déclaré auprès de son barreau [4].

À cet égard, les associations composées exclusivement de personnes exerçant la profession d'avocat, et dont l'objet est en lien avec l'exercice de la profession d'avocat, peuvent être mentionnées sur le papier à en-tête des avocats concernés, sous réserve qu'il n'y ait pas d'ambiguïté sur le fait qu'il s'agit d'une association, et que le logo choisi, qui devra être conforme aux principes essentiels de la profession, figure de façon discrète et sans que cela puisse créer, dans l'esprit des tiers, une confusion avec la dénomination ou la raison sociale de l'avocat ou de la structure d'exercice qui utilise le logo [5]. Il serait opportun que de telles associations soient déclarées comme réseaux d'avocats auprès du barreau de leur siège social.

461.63 **Bureaux secondaires.** L'avocat peut également mentionner le ou les bureaux ou établissements secondaires de son cabinet [6] et régulièrement déclarés.

Cette mention doit être distincte du barreau d'appartenance : le bureau secondaire, déclaré en tant que tel auprès du barreau dans le ressort duquel il est ouvert, n'emporte pas inscription du ou des avocats auprès de ce même barreau.

461.64 **Structures de moyens, correspondance organique, organisation interne.** L'avocat peut également mentionner des filiales, la participation à des structures de mise en commun de moyens, à un groupement (GIE, GEIE), à des correspondances organiques [7], à la condition toutefois que ces mentions correspondent à des réalités professionnelles et à des conventions déposées au barreau, ou bien encore de l'organisation et des structures internes du cabinet, le tout, toujours dans l'esprit d'une meilleure information du correspondant. Une convention de correspondance organique pourra ainsi être mentionnée sur des sites internet, plaquettes ou tout autre document émanant des signataires de cette convention et la mention de spécialisation de l'avocat avec lequel a été conclue une convention de correspondance organique doit pouvoir apparaître sur le papier à lettres de l'avocat co-contractant sous le nom de ce correspondant.

Mais les mentions de la participation d'un cabinet à une structure autre qu'une structure d'exercice doivent figurer de façon distinctive aussi bien quant à l'emplacement (en bas de page par exemple) que quant à la présentation (membre du réseau appartenant au GIE ou la SCM) afin d'éviter tout risque de confusion avec la mention obligatoire de la structure d'exercice, traditionnellement mentionnée en exergue au centre ou à gauche de l'en-tête [8].

1. CNB, Comm. RU, avis n° 2018-005, 2 févr. 2018.
2. RIBP, art. P. 16.0.1.
3. L. n° 71-1130, 31 déc. 1971, art. 1er – CNB, Comm. RU, avis n° 2012-014, 9 mai 2012 ; C. avocat 2021, ss L. 31 déc. 1971, art. 66-5, note 46.
4. V. ss n° 511.138.
5. CNB, Comm. RU, avis n° 2016-062, 19 sept. 2016.
6. RIN, art. 15.2.4.
7. CNB, Comm. RU, avis n° 2017-005, 4 mars 2017.

§ 3
Mentions prohibées

461.70 **Plan – Mentions prohibées.** Au-delà de ce que les indications figurant sur toute publicité personnelle de l'avocat ne sauraient être contraires à la loi, d'autres interdictions doivent également être signalées, quelle que soit la forme de communication personnelle utilisée par l'avocat.

L'objectif de ces interdictions est clairement affiché : il s'agit d'éviter toute confusion dans l'esprit du public.

Les mentions prohibées visent le contenu de la communication (A) et l'activité de l'avocat (B). Les mentions portant atteinte au secret professionnel sont également interdites (C).

A.
Prohibitions relatives au contenu de la communication

461.81 **Publicité mensongère ou trompeuse.** Est interdite toute publicité mensongère ou contenant des renseignements inexacts ou fallacieux [9]. La prohibition ne vise pas seulement la publicité intentionnellement trompeuse et marque l'exigence du caractère véridique de toutes mentions figurant dans les divers supports de communication [10].

La qualité d'avocat « inactif » d'un barreau étranger, en l'occurrence la qualité d'« *inactive member* » des barreaux de Washington et de l'Oregon, dès lors qu'elle correspond à une situation d'omission dont il résulte que l'avocat ne peut plus exercer la profession dans les États en question, ne saurait valablement permettre de faire figurer sur papier entête, la seule mention des mots « statut inactif », si elle est véridique, n'apparaissant pas suffisante pour donner au public une information compréhensible

8. CNB, Comm. RU, avis n° 2009-034, 7 juin 2009.
9. Décr. n° 72-785, 25 août 1972, art. 4, al. 2 – RIN, art. 10.2.
10. Comm. RU commentaire de la décision à caractère normatif n° 2010-002, 20 mai 2010, disponible sur le site du CNB.

et complète au premier abord[1]. Il en est de même de la mention, relativement à un juriste non avocat d'un cabinet, de « Maître en droit » : cette mention est de nature à induire en erreur le public qui pourrait penser que le juriste concerné aurait la qualité d'avocat. Tout comme la mention « permanence pénale 24h/24h » comporte un risque de confusion avec le système de permanence pénale organisé par le barreau[2] et apparaît comme une publicité mensongère ou trompeuse[3].

De même que si l'intervention d'un avocat lors d'une réunion d'information organisée par une entreprise ne pose pas de difficulté, la lettre d'invitation doit mentionner les moyens de localiser, de joindre l'avocat et de connaître le barreau auquel il est inscrit. En outre, le logo du cabinet d'avocat ne doit pas apparaître aux côtés du logo de la société organisatrice s'il n'est pas le co-organisateur de l'événement sous peine d'induire le public en erreur[4].

Tout comme si rien n'interdit à une SCP interbarreaux de mentionner sur sa plaque le nom des associés et des collaborateurs qui ne sont pas inscrits dans le barreau, sans préciser leur barreau d'origine, la plaque devra obligatoirement préciser qu'il s'agit d'une SCP interbarreaux[5].

Il en est également ainsi des publicités qui pourraient créer une confusion dans l'esprit du public quant au lieu d'exercice effectif de l'activité professionnelle de l'avocat, telle que l'utilisation d'une vitrine de restaurant à des fins publicitaires[6] ou l'apposition d'un support publicitaire sur la façade du domicile personnel de l'avocat[7].

461.82 **Devoir de prudence.** À cet égard, l'avocat doit faire preuve de la plus extrême prudence dans la mise en œuvre de ses communications : le fait pour un avocat d'annoncer sur son site internet ainsi que dans des publicités diffusées dans des journaux, qu'il ne peut que gagner les procès engagés en matière de retrait de points de permis de conduire constitue un manquement avéré à la prudence[8], qui justifie, entre autres manquements, la radiation de cet avocat.

461.83 **Mentions comparatives ou dénigrantes.** La publicité comparative est interdite[9], il en est de même des mentions dénigrantes qui constituent un manquement aux principes de loyauté et de délicatesse.

461.84 **Propos laudatifs.** Si l'usage de propos laudatifs n'est plus expressément interdit par l'article 10.2 du RIN, la plus extrême prudence en la matière demeure, et ce en des principes de dignité, de prudence, de délicatesse et de modération. Un avocat peut vanter la qualité de ses services en avançant qu'il est parfaitement compétent dans certains domaines mais il ne peut pas se vanter d'être le meilleur et s'il peut se présenter sous un jour favorable, les termes employés ne doivent pas être exagérés[10].

Rappelons qu'un conseil de discipline sanctionna un avocat qui se présentait dans la plaquette du cabinet de la façon suivante : « Avocat d'affaires européen, l'homme qui monte, avocat certes, mais avocat d'affaires avant tout, Me X... n'est pas un homme comme les autres. Avec foi et loi, il exerce sa profession avec talent. Tel un magicien, son cabinet se transforme en carrefour d'idées, de projets, de rencontres. Il passe son habit de lumière et devient le chef d'orchestre, le maître d'œuvre. »[11].

461.85 **Devoir de vigilance.** L'avocat doit également se méfier des articles trop élogieux de lui-même qu'il laisserait publier dans la presse ou sur internet et où il tiendrait des propos excessivement laudatifs à son endroit et indirectement péjoratifs envers ses confrères[12]. C'est ainsi qu'un avocat a pu être jugé coupable d'avoir toléré la publication d'un article trop louangeur sur ses relations avec les magistrats, ce qui était incompatible avec les devoirs de dignité, de délicatesse et de discrétion de l'avocat[13]. Cela étant, si les termes élogieux sont imputables au journaliste lui-même, aucune faute ne pourra lui être reprochée[14].

En revanche, il est tout à fait normal qu'un avocat soit, à l'occasion d'événements professionnels ou relatifs à sa vie publique, l'objet d'articles consacrés à sa personne, de laquelle l'activité d'avocat est inséparable.

De même, un avocat peut utiliser son titre dans tous ses écrits même non juridiques[15].

B.
Prohibitions relatives à l'activité de l'avocat

461.91 **Structure d'exercice inexistante.** L'article 10.2 du RIN pose l'interdiction sur un plan général de toutes mentions, de quelque communication que

1. CNB, Comm. RU, avis n° 2005-021, 17 mai 2005 ; C. avocat 2021, s^s L. 31 déc. 1971, art. 1er, note 14.
2. V. s^s n°s 472.241 s.
3. CNB, Comm. RU, avis n° 2020-001, 11 févr. 2020.
4. CNB, Comm. RU, avis n° 2016-079, 9 nov. 2016.
5. CNB, Comm. RU, avis n° 2016-073, 3 oct. 2016.
6. CNB, Comm. RU, avis n° 2020-018, 9 nov. 2020.
7. CNB, Comm. RU, avis n° 2020-034, 22 déc. 2020.
8. Paris, 1re ch., sect. F, 19 mars 2009, RG n°s 07/19480, 07/20403.
9. Décr. n° 2005-790, 12 juill. 2005, art. 15 – RIN, art. 10.2.
10. CNB, Comm. RU, avis n° 2013-044, 16 janv. 2014.
11. CD Paris, 29 juin 1983, NP.
12. Paris, 1re ch., sect. F, 28 mai 2003, RG n° 2003/01476.
13. Toulouse, 27 févr. 1997, RG n° 5460/96.
14. Nancy, 27 janv. 2005, RG n° 04/00072.
15. Civ. 1re, 28 avr. 1993, n° 90-20.949, P I, n° 151 ; *Gaz. Pal.* 10 août 1993, 180 ; *JCP* 1993. II. 22114, note R. Martin.

ce soit, susceptible de créer dans l'esprit du public l'apparence d'une structure d'exercice inexistante.

Ainsi, dans le cadre de la présentation du cabinet, y compris dans le cadre d'une présentation par « départements »[1], il convient, dans toutes communications personnelles, de faire une présentation loyale et véridique de la réalité de l'exercice du ou des avocats concernés : l'avocat, qui a notamment un devoir de loyauté, ne saurait abuser le public, en laissant apparaître qu'il aurait une structure d'exercice ne correspondant pas à la réalité de son exercice professionnel[2].

461.92 Structure de moyens. La situation la plus courante est celle des structures de moyens[3] qui apparaissent comme des structures d'exercice. Pour autant, il n'est pas interdit de faire des sites internet pour des réseaux ou des structures de moyens (SCM, GIE[4]), qui peuvent avoir pour objet la mise en commun des moyens informatiques et/ou la réalisation d'un site internet, mais leur nature et le rôle de chacun de leurs membres doivent apparaître clairement sans qu'il ne soit possible de les confondre avec une structure d'exercice, ni de réaliser un papier en tête au nom de la structure de moyens pour les seuls besoins propres du fonctionnement de cette dernière[5].

Ainsi, dans le cadre du site internet d'un GIE[6], la notion de GIE et son mode de fonctionnement doivent être expliqués[7], il ne saurait être fait référence à la notion d'associé d'une structure d'exercice, de clientèle commune ou de cabinet, celle-ci n'étant pas conforme à la réalité et il convient de bien préciser qu'il s'agit d'un groupement composé de X avocats et que celui-ci a pour objet la mise en commun de moyens[8].

De même toute communication personnelle de l'avocat, telle que le site internet d'un cabinet, ne doit pas le présenter comme plus important qu'il ne l'est au travers de « partenariats »[9] ou autre « collaborations ponctuelles » non formellement déclarées auprès du barreau, où en laissant croire en l'existence de structure dépourvue de toute existence légale[10].

461.93 Qualification professionnelle non reconnue. L'article 10.2[11] du RIN pose l'interdiction sur un plan général de toutes mentions, dans toute communication personnelle de l'avocat, susceptibles de créer, dans l'esprit du public, l'apparence d'une qualification professionnelle non reconnue.

Ainsi, si les titres universitaires et des diplômes et fonctions d'enseignement supérieur français et étrangers[12], peuvent être mentionnés, la mention « ingénieur d'affaires et de projets internationaux » qui ne correspond à aucun diplôme ni à aucun titre professionnel, et est par ailleurs dépourvue de tout lien avec l'exercice de la profession d'avocat et pouvant même correspondre, le cas échéant, à l'exercice d'une profession incompatible avec celle d'avocat, ne peut pas figurer sur le papier à lettres d'un cabinet d'avocat[13], pas plus que celle de « *coach* diplômé d'État »[14].

461.94 Fonctions ou activités sans lien avec la profession d'avocat. La prohibition, jusqu'alors limitée aux plaquettes, est également affirmée s'agissant de toutes références à des fonctions ou activités sans lien avec l'exercice de la profession d'avocat. La notion de lien avec l'exercice de l'activité d'avocat est entendue de manière restrictive et l'interdiction vise toute activité, même compatible avec la profession d'avocat (parlementaire, exploitant agricole...), ancienne ou présente. Il en est ainsi de la mention « d'ancien juriste d'entreprise », profession incompatible avec la profession d'avocat et qui ne constitue pas une information nécessaire au public[15], ou encore « expert auprès de l'Unesco »[16] ou « d'ancien inspecteur des impôts »[17].

Dès lors, sont exclusivement permises dans le cadre de la communication personnelle de l'avocat, les mentions relatives aux « activités entrant dans le champ d'intervention habituel des avocats »[18].

Toutefois, cela n'interdit pas que, dans le cadre d'une biographie de l'avocat, sur un site internet par exemple, il soit fait état de ses activités anciennes ou présentes sans lien avec la profession[19], si la mention n'est pas juxtaposée au titre d'« avocat »[20].

1. CNB, Comm. RU, avis n° 2017-010, 22 mars 2017.
2. Paris, pôle 4, ch. 13, 11 févr. 2021, RG n° 19/08545 ; – confirmant : CD Paris, arr. n° 292991, 26 mars 2019.
3. V. s[s] n°s 811.230 s.
4. Paris, avis n° 239918, 16 juill. 2014.
5. CNB, Comm. RU, avis n° 2008-012, 4 févr. 2008 – CNB, Comm. RU, avis n° 2015-010, 2 avril 2015 ; C. avocat 2021, s[s] RIN, art. 10, note 41.
6. V. s[s] n° 811.242.
7. Ex. : par des rubriques intitulées « présentation du GIE » ou « composition du GIE ».
8. CNB, Comm. RU, avis n° 2016-008 du 3 févr. 2016.
9. CNB, Comm. RU, avis n° 2009-034, 17 juin 2009.
10. Paris, 1re ch., sect. F, 28 mai 2003, RG n° 2003/01476.
11. RIN, art. 10.2.
12. L. n° 71-1130, 31 déc. 1971, art. 1er.
13. CNB, Comm. RU, avis n° 2011-057, 19 déc. 2011 ; C. avocat 2021, s[s] RIN, art. 10, note 45.
14. CNB, Comm. RU, avis n° 2014-006, 27 janv. 2014 ; C. avocat 2021, s[s] RIN, art. 10, note 21.
15. Paris, 1re ch., sect. F, 26 janv. 2006, n° 2005/16482.
16. CD Paris, 12 oct. 2010, n° 194751.
17. CNB, Comm. RU, avis n° 2018-044, 11 oct. 2018.
18. CNB, Comm. RU, avis n° 2009-074, 15 déc. 2009 – V. s[s] n°s 461.141 s.
19. CNB, Comm. RU, avis n° 2015-021, 18 mai 2015 ; C. avocat, 2018, s[s] RIN, art. 10, note 37.
20. CNB, Comm. RU, avis n° 2018-044, 11 oct. 2018.

461.95 Fonctions juridictionnelles. Bien qu'elles aient un lien naturel avec l'exercice de la profession d'avocat, et qu'elles soient, sous conditions, parfois compatibles avec la profession d'avocat[1], il est expressément interdit à l'avocat de faire référence à des fonctions juridictionnelles (conseiller d'État, magistrat, conseiller prud'homal, assesseur du tribunal paritaire des baux ruraux, juge de proximité...), dans ses communications personnelles[2], y compris en qualité « d'ancien... »[3].

Il s'agit ici d'éviter qu'un avocat puisse laisser penser qu'il pourrait avoir une certaine influence dans un dossier du fait de ses fonctions juridictionnelles actuelles ou antérieures[4].

Le collègue de déontologie des juridictions administratives[5] est ainsi venu préciser, dans une recommandation relative à l'exercice de la profession d'avocat par un ancien membre de la juridiction administrative, que l'intéressé ne doit, dans le cadre de sa communication, délibérément mettre en relief sa qualité d'ancien magistrat, laquelle peut être invoquée de manière sobre, discrète et dépourvue d'ambiguïté, par exemple en trouvant place parmi d'autres indications biographiques. S'il peut décrire les fonctions exercées au sein de la juridiction, il ne saurait, de ce fait, souligner la particulière expertise qu'il a ainsi pu acquérir dans certaines matières et, d'une façon ou d'une autre, la rapprocher de l'indication du type de dossiers qu'il se propose plus particulièrement de traiter ; ni suggérer implicitement, voire indiquer expressément, que le fait d'avoir eu « de l'intérieur » une connaissance de la juridiction administrative sera un atout pour le client[6].

C.
Mentions portant atteinte au secret professionnel

461.101 Interdiction des mentions portant atteinte au secret professionnel. Sont interdites toutes mentions susceptibles de porter atteinte au secret professionnel[7].

461.102 Secret professionnel et identité des clients. Il découle de l'article 2 du RIN que l'avocat ne saurait mentionner le nom de ses clients dans ses communications, telles que ses plaquettes[8]. Dès lors, l'avocat ne peut se prévaloir d'être le conseil de tel ou tel prestigieux client, même si cela lui procure une publicité supplémentaire. Il existe toutefois des exceptions :

- une plaquette peut en effet indiquer l'identité des clients du cabinet qui ont donné leur accord pour sa diffusion à l'étranger et uniquement dans les pays autorisant une telle divulgation ;
- les cabinets peuvent faire mentionner des opérations publiques en recensant, dans leur plaquette, une sorte de liste des opérations réalisées par le cabinet ou *track record* ;
- enfin, dans le cadre des marchés publics[9], les avocats peuvent présenter des références professionnelles[10], l'article 2.2 du RIN prévoyant que : « Dans les procédures d'appels d'offres publics ou privés et d'attribution de marchés publics, l'avocat peut faire mention des références nominatives d'un ou plusieurs de ses clients avec leur accord exprès et préalable »[11].

461.103 Précautions relatives à l'identité des clients. Il convient, d'une manière générale d'être prudent lorsque l'on utilise le nom d'un client dans le cadre de sa communication, et, en tout état de cause, de s'assurer de leur accord express.

C'est ainsi qu'un ancien client avait sollicité la réparation de ses préjudices moral et patrimonial du fait des atteintes portées à son droit à l'image et à son nom par le site internet d'un avocat, lequel mentionnait son nom à plusieurs reprises, diffusant plusieurs images de lui et reprenant des articles de presse le concernant. Le site comportait également des liens hypertextes supposés renvoyer le lecteur vers les articles concernés, dans leur version intégrale et l'un des liens orientait vers le site d'un journal à sensation et sur une page sur laquelle se trouvait affichée une femme nue.

La cour d'appel lui accorde des dommages et intérêts en indemnisation de son préjudice moral né des atteintes à son droit à l'image et à son droit au nom. Et ce, tant en raison de l'utilisation du nom et de l'image de l'ancien client sur le site internet

1. V. s[s] n°s 434.191 s.
2. RIN, art. 10.2 – Ord. n° 58-1270, 22 déc. 1958, art. 41-14.
3. Civ. 1re, 3 févr. 2021, n° 19-17.629, NP ; – REJETANT POURVOI CONTRE : Cayenne, ch. civ., 11 mars 2019, RG n° 18/003366 ; *JCP* 2019. 444, obs. P. Lingibé.
4. F. Poirier, J.-L. Schermann, *Réforme de l'article 10 du RIN, Communication des avocats*, CNB, AG 10-11 oct. 2014, p. 12.
5. V. s[s] n° 434.233.
6. Collège de déontologie des juridictions administratives, recomm., n° 11-2017, 22 nov. 2017.
7. RIN, art. 2. et 10.2 – L. n° 71-1130, 31 déc. 1971, art. 66-5 – V. s[s] n°s 41.00 s.
8. Lyon, 14 mars 1994, *Gaz. Pal.* 12 mai 1994, 28, note A. Crémades.
9. CNB, Comm. RU, avis n° 2013-023, 5 sept. 2013.
10. CE 7 mars 2005, *Communauté urbaine de Lyon*, req. n° 274286, *Lebon ; AJDA* 2005. 1128, obs. J.-P. Markus et L. Givord ; *Contrats et marchés publics* 2005, comm. 148, J.-P. Pietri ; *JCP* 2005. I. 175, obs. J. Moreau.
11. DCN n° 2007-001, 28 avr. 2007, *JO* 11 août 2007, p. 13503 – CE 6 mars 2009, *Aix-en-Provence (C[ne])*, req. n° 314610, *Lebon ; AJDA* 2009. 458 – CNB, Comm. RU, avis n° 2019-014, 22 mai 2019 – V. s[s] n° 412.283.

destiné à promouvoir l'activité de l'avocat, sans son consentement, le fait que durant le mandat liant les parties, l'avocat ait pu utiliser l'image de son client étant sans influence, qu'en raison des liens hypertextes[1] donnant accès aux articles, liens dont l'avocat demeure responsable dès lors qu'ils sont accessibles à partir du site internet qu'il a créé[2].

461.104 Mention de l'avis des clients – Renvoi. Sur cette question, v. s^s n° 464.195.

§ 4
Mentions permises

461.110 Plan – Principe. En dehors des mentions obligatoires[3] qui doivent impérativement figurer sur toutes communications, et des mentions prohibées[4], l'avocat conserve une grande liberté pour présenter son cabinet (A) et son activité au public (B) : il n'y a pas de liste exhaustive en la matière.

Il peut présenter notamment, à la condition que les mentions aient un lien avec l'exercice de la profession d'avocat, l'organisation du cabinet, ses structures, les membres qui le composent, tels que les juristes[5]... (C).

A.
Membres du cabinet

461.121 Rôle de chaque membre du cabinet. Le support de communication ne doit pas laisser planer d'ambiguïté sur le rôle exact de chacun de ses membres au sein du cabinet.

Néanmoins, il n'en découle pas nécessairement que la qualité de chacun doive apparaître expressément sur ce même support : il appartient au bâtonnier d'apprécier, au regard des circonstances de fait et du support de communication en cause, si ce dernier permet une présentation sincère et loyale de la structure d'exercice[6].

461.122 Professionnels non avocats. Il est possible de mentionner dans les communications, sous réserve de leur accord, du nom et de la fonction des professionnels non avocats collaborant de manière régulière et significative au sein du cabinet.

Cette possibilité, réservée jusqu'en 2010 aux plaquettes et aux sites internet, vise à assurer une meilleure information du destinataire sur la composition du cabinet et sur l'identité et la qualité de ses éventuels interlocuteurs.

461.123 Avocat honoraire. Il est possible de mentionner dans les communications, de façon distinctive, les avocats qui ont exercé au sein du cabinet, ces derniers contribuant parfois à l'identification voire à la notoriété du cabinet.

Les avocats honoraires[7] qui ont cessé leur activité professionnelle et n'exercent plus la profession d'avocat, peuvent apparaître pendant un certain temps sur la publicité d'un avocat si celle-ci a pour objectif de faciliter la transmission de la clientèle au successeur[8].

Mais il existe une réserve : ne pas laisser croire qu'ils y exercent encore, par exemple, s'agissant de l'avocat honoraire en veillant à ce que sa mention précise expressément sa qualité « d'avocat honoraire »[9]. Un avocat honoraire ne peut ainsi pas faire état de ses anciennes mentions de spécialisations sur le papier à en-tête de son ancien cabinet et ce, même en précisant « ancien spécialiste en... », la mention se trouvant invalidée du fait de sa démission du barreau[10].

461.124 Avocats omis. Quant à l'avocat omis, il n'est plus avocat, ne peut plus exercer aucun acte de la profession et n'est plus inscrit au tableau[11]. Ainsi, en principe, il ne peut pas apparaître dans la publicité d'un avocat. Le maintien peut être seulement autorisé en vue de permettre l'information des clients, mais il doit en ce cas mentionner le nom du suppléant ou de l'administrateur provisoire[12].

Des assouplissements à cette règle peuvent être apportés, notamment en cas d'omission temporaire pour cause de maladie. Ces assouplissements sont laissés à l'appréciation du bâtonnier[13].

B.
Spécialisations, domaines de compétence et missions

461.130 Plan – Groupement d'exercice. Les avocats peuvent faire étant de leurs spécialisations (1°), ainsi que de sa ou ses qualifications spécifiques, domaines d'activités dominantes (2°) et de ses missions (3°).

1. V. s^s n° 464.92.
2. Versailles, 1re ch., 1re sec., 26 janv. 2018, RG n° 16/00669.
3. V. s^s n°s 461.40 s.
4. V. s^s n°s 461.70 s.
5. CNB, Comm. RU, avis n° 2015-010, 2 avr. 2015 ; C. avocat 2021, s^s RIN, art. 10, note 42.
6. CNB, Comm RU, avis n° 2019-010, 23 mai 2019.
7. V. s^s n°s 243.00 s.
8. CNB, Comm. RU, avis n° 2009-056, 12 nov. 2009 ; C. avocat 2021, s^s RIN, art. 10, note 21.
9. CNB, Comm. RU, avis n° 2009-056, 12 nov. 2009 ; C. avocat, 2018, s^s décr. n° 2005-790, 12 juill. 2005, art. 15, avis CNB, note 5.
10. CNB, Comm. RU, avis n° 2016-029, 19 avr. 2016 – V. s^s n° 461.55.
11. D. Piau, « De l'art abstrait de la maîtrise du tableau », *Gaz. Pal.* 6-8 janv. 2013, p. 9.
12. V. s^s n°s 244.00 s.
13. CNB, Comm. RU, avis n° 2009-056, 12 nov. 2009 ; C. avocat, 2018, s^s décr. n° 2005-790, 12 juill. 2005, art. 15, avis CNB, note 5.

L'information relative aux spécialisations, aux qualifications spécifiques, aux domaines d'activités dominantes et/ou aux missions visées à l'article 6 du RIN doit, quel que soit le support, correspondre à celles de l'avocat personne physique membre du groupement d'exercice[1] : il ne saurait s'agir d'un avocat appartenant à une structure de moyens ou un réseau auquel appartiendrait l'avocat utilisateur de la mention, ou lié par une convention de correspondance organique.

1° Spécialisations

461.141 Spécialisations. L'avocat peut faire mention de sa ou de ses spécialisations, ainsi que de sa ou ses qualifications spécifiques, dans la limite de deux, régulièrement obtenues et non invalidées et figurant dans la liste de l'arrêté[2].

Tout avocat titulaire d'une ou deux mentions de spécialisation pourra l'utiliser dans les documents destinés à sa communication personnelle.

461.142 Protection de la référence à une spécialisation. Seul l'avocat titulaire d'un ou de plusieurs certificats de spécialisation, ainsi que de sa ou ses qualifications spécifiques, régulièrement obtenus et non invalidés peut utiliser pour sa communication, quel qu'en soit le support, les mots « spécialiste », « spécialisé », « spécialité » ou « spécialisation » ainsi que le signe distinctif instauré par le Conseil national des barreaux pour symboliser la qualité d'avocat spécialiste[3].

La spécialisation constituant une qualification professionnelle[4], l'avocat ne saurait dès lors utiliser dans ses communications des mentions susceptibles de créer dans l'esprit du public, l'apparence d'une spécialisation telle que : « spécialiste en droit du travail mais non certifié »[5], « Praticien de la publicité foncière, notamment dans le domaine des recherches cadastrales et hypothécaires et dans celui du rang et du fondement des inscriptions d'hypothèques »[6] ou faisant état d'une « expertise » dans tel ou tel domaine ou autres expressions pouvant prêter à confusion, comme « avocat aux affaires familiales », par exemple[7].

461.143 Cabinet de l'avocat. Un groupement d'exercice ne peut en aucun cas être « spécialisé ». En effet, un cabinet ne peut pas être titulaire d'un certificat de spécialisation, la mention de spécialisation étant attachée uniquement à la personne de l'avocat, personne physique, qui en est titulaire[8], sauf à ce que tous les membres du cabinet soient titulaires dudit même certificat.

Par conséquent, si l'on souhaite communiquer sur les domaines de compétence d'un groupement d'exercice, l'usage d'autres termes que ceux de « spécialiste », « spécialité » ou « spécialisation », doit alors être mis en œuvre[9]. Il est ainsi possible pour un cabinet d'avocats de mentionner sur son site internet « Notre équipe d'avocats est qualifiée dans de nombreux domaines », mais pas que l'équipe est « spécialisée » ou « spécialiste » dans de nombreux domaines[10].

2° Domaines de compétence

461.151 Limites à la mention des domaines de compétence. Tous documents destinés à la publicité personnelle[11] de l'avocat peuvent faire mention des domaines de compétence, ou improprement nommés domaines d'activités dominantes, réellement pratiqués[12], et ce dans la limite de trois[13].

La distinction entre une mention de spécialisation et un domaine de compétence n'étant pas, dans l'activité juridique en cause, mais dans la reconnaissance professionnelle, sanctionnée par un diplôme dans le premier cas, et la déclaration sous la seule autorité de l'avocat dans le second[14].

Le libellé des domaines de compétence, réellement pratiqués par l'avocat, peut reprendre celui des spécialisations ou des champs de compétence[15] à condition de ne pas être associé aux mots « spécialiste », « spécialisé », « spécialité » ou « spécialisation », ainsi que tout symbole associé à ces mots, lesquels ne peuvent en aucun cas être utilisé pour définir ou caractériser un domaine de compétence[16]. Et ce, quand bien même que son activité serait exclusive dans une matière, et ce, même de longue date et ne correspondrait pas à une mention de

1. RIN, art. 10.2.
2. L. n° 71-1130, 31 déc. 1971, art. 1, al. 4 – RIN, art. 10.2 – V. s^s n° 214.31.
3. RIN, art. 10.2.
4. V. s^s n° 461.93.
5. CNB, Comm. RU, avis n° 2015-021, 18 mai 2015 ; C. avocat 2021, s^s RIN, art. 10, note 37.
6. Civ. 1re, 10 juin 1997, n° 95-15.644, P I, n° 193, *D.* 1998. 244, note E. Agostini, *JCP* 1997. II. 22923, note R. Martin ; – Arr. 28 déc. 2011 fixant la liste des mentions de spécialisation en usage dans la profession d'avocat, *JO* 29 déc., n° 24, NOR : JUSC1130802A.
7. Comm. RU, commentaire de la décision à caractère normatif n° 2010-002, 20 mai 2010, disponible sur le site du CNB.
8. CNB, Comm. RU, avis n° 2016-010, 5 févr. 2016.
9. CNB, Comm. RU, avis n° 2010-071, 17 janv. 2011.
10. CNB, Comm. RU, avis n° 2016-024, 24 mars 2016.
11. V. s^s n°s 463.00 s.
12. CNB, Comm. RU, avis n° 2010-019, 16 avr. 2010.
13. RIN, art. 10.2.
14. CNB, Comm. RU, avis n° 2012-009, 3 mai 2012, C. avocat 2021, s^s décr. n° 2005-790, 12 juill. 2005, art. 15, note 26.
15. CNB, Comm. RU, avis n° 2006-017, 31 mars 2006 et n° 2004-053, 23 déc. 2004 ; C. avocat 2021, s^s décr. n° 2005-790, 12 juill. 2005, art. 15, notes 12 et 18.
16. CNB, Comm. RU, avis n° 2019-032, 11 oct. 2019.

spécialisation (telle que « spécialiste en droit équin »)[1].

Il n'existe pas de liste des domaines de compétence pouvant être revendiqués par les avocats et il appartient aux barreaux, dans le cadre de leur mission de contrôle, de s'assurer que le vocable utilisé par l'avocat correspond bien à une activité relevant du domaine du droit revendiqué[2].

461.152 **Devoirs de conscience et de loyauté.** L'avocat, qui doit toujours faire preuve de conscience et de loyauté, ne saurait faire valoir un domaine de compétence qu'il ne pratique pas de manière habituelle et effective ou pour lequel il n'a pas les compétences nécessaires[3].

En toute occurrence, toute communication faite par la mention de « domaine de compétence » doit répondre à l'exigence de véracité et il appartient aux bâtonniers de demander, le cas échéant, aux avocats concernés, les justifications qu'ils peuvent apporter au soutien des domaines de compétence, ou domaines d'activités dominantes, ainsi allégués.

3°
Missions de l'avocat

461.161 **Mention des missions de l'avocat.** L'avocat peut faire mention dans ses communications personnelles des missions visées à l'article 6 du RIN[4] qui peuvent lui être confiées[5], dès lors qu'il dispose des qualifications ou de l'expérience nécessaires pour les remplir[6] et qu'il les exerce de manière effective. À défaut, il s'agirait d'une mention trompeuse ou de nature à induire en erreur[7].

461.162 **Mandats pouvant être confiés à l'avocat.** Les missions caractérisent la nature du ou des mandats pouvant être confiés à l'avocat, elles ne constituent ni des spécialisations, ni des domaines de compétence, ni des champs de compétence, et sont insusceptibles de confusion avec ceux-ci. Cette possibilité est affirmée de manière expresse à l'article 10.2[8] du RIN.

Il s'agit, sans que cette liste ne soit limitative[9], des missions de conseil, contentieux, recouvrement de créances, gestion de portefeuilles, syndic de copropriété, mandataire en transaction immobilière, mandataire sportif, tiers de confiance, représentant fiscal, professionnel qualifié[10], arbitre, expert, praticien du droit collaboratif, liquidateur amiable, exécuteur testamentaire, séquestre, délégué à la protection des données, représentation d'intérêts - lobbyiste, mandataire d'artistes et d'auteurs ou intermédiaire en assurances...

461.163 **Individualisation du titre d'avocat.** De telles mentions ne doivent toutefois pas suivre[11] directement le titre d'avocat[12], et il convient donc de veiller à ce qu'elles soient bien individualisées en étant mentionnées en dessous du titre d'avocat[13].

Elles doivent également correspondre à une présentation sincère et loyale du mandat exercé par l'avocat : ainsi si un avocat peut être « mandataire en transaction immobilière », il ne peut pas pour autant utiliser les termes « cabinet de gestion immobilière » dans sa communication[14].

461.164 **Contrôle des missions.** La question du contrôle par le bâtonnier des missions, et plus que de la réalité de leur exercice du fait que l'avocat dispose des qualifications et des compétences nécessaires pour les exercer se pose avec acuité. Lorsque ces missions font l'objet, outre d'une obligation déclarative auprès du bâtonnier[15], d'obligations de qualification ou de déclaration auprès d'une autorité de contrôle, tel que s'agissant des représentations d'intérêts - lobbyiste, un tel contrôle peut aisément reposer sur des critères objectifs. Dans les autres cas, il est plus difficile d'avoir une interprétation uniforme de ces missions.

Afin de faciliter à la fois une interprétation uniforme et une reconnaissance commune au niveau national des missions, le RIN avait ainsi prévu en 2016 que la qualité de médiateur[16] ne pouvait être invoquée par l'avocat dans le cadre de ses communications que dans la mesure où il est référencé auprès du centre national de médiation des avocats (Cnma)[17].

1. V. s[s] n° 461.142.
2. CNB, Comm. RU, avis n° 2020-011, 16 juill. 2020.
3. RIN, art. 10.2.
4. RIN, art. 6 ; CNB, AG 9 déc. 2016, DCN n° 2016-002, 26 janv. 2017 portant réforme du règlement intérieur national (RIN) de la profession d'avocat (art. 21-1 de la loi du 31 décembre 1971 modifiée), *JO* 13 avr. 2017, NOR : JUSC1701802S – L. Dupont, S. Bortoluzzi, « Champ d'activité professionnelle de l'avocat et prestations juridiques en ligne : les dernières évolutions du RIN », *JCP* 2017. 548.
5. V. s[s] n°s 433.60 s.
6. F. Poirier, J.-L. Schermann, *Réforme de l'article 10 du RIN, Communication des avocats*, CNB, AG 10-11 oct. 2014, p. 18.
7. V. s[s] n° 461.81.
8. RIN, art. 10.2.
9. RIN, art. 6.2. – D. Piau, *Le champ d'activité professionnelle de l'avocat*, Rapport Commission des règles et usages du CNB, AG 9 et 10 déc. 2016.
10. CNB, Comm. RU, avis n° 2009-074, 15 déc. 2009 – CNB, Comm. RU, avis n° 2016-027, 19 avr. 2016.
11. Au sens de l'article 1er, alinéa 4, de L. n° 71-1130, 31 déc. 1971.
12. V. s[s] n° 464.92.
13. *Lettre DACS* 23 mars 2015.
14. CNB, Comm RU, avis n° 2019-006, 17 avr. 2019.
15. V. s[s] n°s 511.131 s.
16. V. s[s] n°s 433.41 s.
17. RIN, art. 6.3.1. – D. Piau, *Le champ d'activité professionnelle de l'avocat*, Rapport Commission des règles et usages du CNB, AG 9-10 déc. 2016 – V. s[s] n°s 621.27 s.

Cette disposition a toutefois été censurée par le Conseil d'État qui a considéré qu'elle ne reposait sur aucun fondement légal ou réglementaire, et ne pouvait pas plus être regardé comme une règle figurant au nombre des traditions de la profession [1].

Cette analyse contestable du Conseil d'État, faisant fi de la mission d'unification des règles et usages de la profession confiée, par la loi, au Conseil national des barreaux [2], laisse donc entière la question [3], et il appartient, en l'état, au bâtonnier d'apprécier au cas par cas non seulement le caractère réel et effectif des missions proposées par l'avocat et du fait qu'il dispose des qualifications nécessaires pour ce faire, mais également de la conformité de l'exercice de ses missions par l'avocat aux dispositions légales et réglementaires qui les régissent.

C.
Logos et certifications

461.171 **Logos.** Sont autorisés les logos du cabinet, à condition, qu'ils satisfassent aux exigences de l'article 15 [4] du décret du 12 juillet 2005 et ne contiennent pas de signes ou de significations qui seraient contraires aux principes essentiels. Tel n'était pas le cas d'un logo représentant les « épines du droit » sur un papier à lettres qui a été considéré par la Cour de cassation comme ne constituant pas une « nécessaire » information du public conformément à l'ancien article 161 [5] du décret du 27 novembre 1991 [6]. La disparition du terme, depuis 2010, « nécessaire » dans l'article 15 du décret du 12 juillet 2005 modifié n'apparaît pas devoir modifier cette solution.

Par ailleurs, sous réserve de l'accord du bâtonnier, il peut être fait usage du logo du barreau d'appartenance, étant précisé que, s'agissant du barreau de Paris, il n'est en aucun cas possible d'utiliser le logo du barreau de Paris, qui est sa propriété exclusive, aucune autorisation n'étant donnée en ce sens. Il est également possible d'utiliser les logos mis à disposition par le CNB (logo « Les avocats », mais pas le logo même du CNB).

Toutefois, si l'utilisation du logo de la profession « Les avocats » sur le papier à lettres d'un cabinet ne pose pas de difficulté, son apposition sur des invitations, de manière isolée, ainsi que sur le coupon-réponse, n'est pas permise dès lors qu'elle est de nature à créer une confusion dans l'esprit de ses destinataires qui pourraient être amenés à penser qu'il s'agit d'une manifestation organisée par ou avec l'aval des instances professionnelles [7].

461.172 **Certifications.** Enfin, peut être mentionnée la certification « management de la qualité », comportant exclusivement la référence à la norme ISO et au modèle adoptés, le logo et le nom de l'organisme certificateur et le numéro d'enregistrement auprès de cet organisme. La certification d'un cabinet d'avocat (cabinet individuel ou structure d'exercice), qui ne doit pas être périmée pour pouvoir être valablement mentionnée [8], s'obtient, et se renouvelle, après un audit – réussi – de certification qui peut être réalisé par tout organisme accrédité dans un pays de l'Union européenne (Cofrac, Afaq...).

SECTION 3
COMMUNICATION INSTITUTIONNELLE

461.180 **Plan – Définition.** La publicité fonctionnelle ou communication institutionnelle est destinée à faire connaître la profession d'avocat et son organisation auprès du public.

Elle relève de la compétence des institutions représentatives de la profession comme le rappelle l'article 10.1 du RIN. Traditionnellement, la publicité fonctionnelle est réalisée et assumée collectivement par les barreaux, les associations et syndicats d'avocats, et sa mise en œuvre n'est pas considérée comme les conduisant à exercer une publicité à caractère commercial [9].

Cette publicité collective est non seulement normale mais indispensable. Les barreaux (§ 2), et avant tout le Conseil national des barreaux (§ 1), ont le devoir de faire connaître la profession et ses possibilités et de favoriser l'information du public par tous moyens (presse, communiqué, radio, TV...).

§ 1
Sur le plan national

461.191 **Rôle primordial du Conseil national des barreaux.** Le Conseil national des barreaux, parce qu'il est chargé de représenter la profession d'avocat notamment auprès des pouvoirs publics [10], a pour mission de promouvoir par tous moyens la profession et l'image de l'avocat et de développer la communication institutionnelle. Il dispose à cet effet, depuis

1. CE 25 oct. 2018, req. n° 411373, *Lebon T ; Gaz. Pal.* 6 nov. 2018, p. 34 ; *JCP* 2019. 255, n° 11, obs. Ch. Vautrot-Schwarz ; *JCP* 2018. 1196, obs. S. Grayot-Dirx ; *D.* 2019. 93, obs. Th. Wickers.
2. L. n° 71-1130, 31 déc. 1971, art. 21-1 ; mod. par L. n° 2019-1479, 28 déc. 2019, art. 81.
3. COMP. : S. Amrani-Mekki, « Inscription sur les listes de médiateurs. À la recherche des critères », *JCP* 2018. 1236.
4. Décr. n° 2005-790, 12 juill. 2005, art. 15.
5. Décr. n° 91-1197, 27 nov. 1991, art. 161 ; abrogé par décr. n° 2005-790, 12 juill. 2005, art. 22.
6. Civ. 1re, 29 avr. 1997, n° 95-15.462, NP ; *Gaz. Pal.* 1998. 1. pan. 281 ; *D.* 1998. 281.
7. CNB, Comm. RU, avis n° 2013-024, 23 sept. 2013.
8. Aix-en-Provence 1re ch. A, 31 mai 2016, RG n° 15/16325.
9. T. corr. Lyon, 9 mai 1980, *Gaz. Pal.* 1980. 2. 526.
10. L. n° 71-1130, 31 déc. 1971, art. 21-1.

l'assemblée générale des 23 et 24 septembre 2011, en son sein, d'une commission de la communication institutionnelle. Son premier rôle est de mettre en place des campagnes de communication institutionnelles destinées à promouvoir la profession d'avocat[1] ou de procéder à la création d'un site internet destiné à faciliter le recours à un avocat[2].

Le CNB met également à la disposition des avocats et des barreaux des outils de communication et d'identité visuelle ainsi qu'une charte graphique de la profession[3]. Il développe également des outils et services susceptibles d'aider les barreaux et les avocats tels que des études, mise en place, développement direct ou indirect d'applications informatiques dans l'intérêt de la profession, notamment au sein du Rpva, et accompagnement des avocats sur l'usage et l'intégration des nouvelles technologies dans l'exercice professionnel de l'avocat, l'édition de publications à destination des avocats sur les modes d'exercice ou encore la gestion du cabinet et la pratique quotidienne du métier d'avocat, la réalisation de documentations, cahiers et outils pratiques de type modèles ainsi que l'organisation d'événements et manifestations sur des sujets intéressant la profession (États généraux, Convention nationale...).

461.192 Annuaire national. Le CNB est chargé d'établir, et de mettre à jour, l'annuaire national des avocats inscrits au tableau d'un barreau sur la base des informations communiquées par les barreaux[4]. Cet annuaire est en ligne sur le site du CNB[5].

Sa nécessité est incontestable à l'heure de la sollicitation personnalisée[6] et de la communication sur internet[7], ne serait-ce que pour permettre au public de vérifier aisément, à tout moment, que la personne avec laquelle il est en relation a bien la qualité d'avocat.

461.193 Promotion des missions de l'avocat. Pour être pleinement efficace sur les missions[8] qui s'offrent à lui, dans des domaines où il est loin d'être le seul acteur, il apparaît nécessaire que la profession d'avocat dans son ensemble soit pleinement visible comme acteur de ces mêmes missions auprès de tous ceux qui sont en mesure d'y avoir recours, avec l'atout concurrentiel qu'est celui de sa déontologie.

Or, si le lancement en 2017 du Centre national de médiation des avocats (Cnma)[9] marque un bon début, force est de constater que nous accusons un retard majeur en la matière.

461.194 Mission de mandataire en transaction immobilière. S'agissant de l'avocat qui réalise des missions de mandataire en transaction immobilière, les notaires ont lancé « *Le site officiel de l'immobilier des notaires de France* »[10] qui recense toutes les offres immobilières des notaires en France, tant dans le cadre de ventes de gré à gré, que dans le cadre des ventes immobilières réglementées. Puis, ils ont lancé un réseau national Immobilier.notaires®. L'objectif étant d'unir les offices négociateurs sous une même bannière afin d'affirmer l'expertise des notaires en négociation immobilière[11]. Aujourd'hui, le site arrive en 13ᵉ place[12] des sites immobiliers français dans un marché fortement concurrentiel et en pleine mutation.

La profession d'avocat ne dispose pas d'un tel outil alors même qu'elle dispose, de longue date, du support technique nécessaire pour sa mise en œuvre. La plateforme de ventes immobilières judiciaires[13], *Avoventes*[14], plateforme nationale administrée sous l'égide du Conseil national des barreaux est destinée à dispenser une information claire, impartiale et complète sur les ventes immobilières aux enchères des avocats[15], recenser l'ensemble des biens susceptibles d'être acquis par l'intermédiaire des avocats et permettre la consultation en ligne des cahiers des conditions de vente et des cahiers de charges et des annexes, ainsi que le calcul d'une estimation des frais en fonction du prix envisagé, et qui a été lancée en juillet 2020, constitue toutefois un premier pas en ce sens.

461.195 Plan de communication et de promotion des missions (champs d'activité). L'on pourrait démultiplier les exemples en la matière. Il est plus que jamais nécessaire que, dans les suites du lancement du Centre national de médiation des avocats (Cnma), un vrai plan de communication et de promotion des missions des avocats soit mis en place par le biais de plateformes thématiques à

1. NOT. la campagne TV : « Les avocats. C'est votre droit ! » : cnb.avocat.fr (2010) ; « Nouveau ! » (oct. 2014).
2. NOT. le site avocat.fr.
3. http://cnb.avocat.fr/COMMUNICATION-INSTITUTIONNELLE–ACTUALITÉS.r23.html
4. L. nº 71-1130, 31 déc. 1971, art. 21-1, al. 2 – L. nº 2016-1547, 18 nov. 2016 de modernisation de la justice du XXIᵉ siècle, *JO* 19 nov., nº 1, art. 23 ; *JCP* 2017. 660, nº 19, obs. S. Bortoluzzi – V. sˢ nºˢ 461.202 s.
5. V. aussi sˢ nº 511.71.
6. V. sˢ nºˢ 465.00 s.
7. V. sˢ nºˢ 464.00 s.
8. V. sˢ nºˢ 433.60 s.
9. V. sˢ nº 621.27.
10. https://www.immobilier.notaires.fr/.
11. Conseil supérieur du notariat, communiqué de presse, 9 juin 2016.
12. Conseil supérieur du notariat, communiqué de presse, 9 juin 2016
13. D. de Ginestet, *Rapport d'information de la Commission règles et usages sur la plateforme de ventes immobilières judiciaires,* AG 13 et 14 déc. 2019.
14. https://avoventes.fr/
15. V. sˢ nºˢ 641.00 s.

vocation nationale, qui peuvent parfaitement être à la fois des prescripteurs de services aux avocats que des agrégateurs de services similaires déjà existants afin de respecter les différents acteurs, notamment associatifs, qui œuvrent pour le développement de ces mêmes missions en développant les synergies nécessaires dans l'intérêt de la profession [1].

§ 2
Sur le plan local

461.201 Charge également assumée par les barreaux. La communication institutionnelle réalisée par les barreaux se manifeste par l'inspiration d'articles concernant le barreau en général, l'organisation des fêtes et cérémonies du barreau, la rentrée du barreau et de la conférence, par la publication de plaquettes, la création d'un site internet destiné à faciliter le recours à un avocat, l'organisation d'événements de niveau local (salons des entrepreneurs, partenariats avec les Cci...).

461.202 Tableau et annuaire. La première communication institutionnelle, ou publicité fonctionnelle, organisée par la loi [2], et réalisée par les barreaux qui tiennent de l'article 162 [3] du décret du 27 novembre 1991 le pouvoir de « fixer les dispositions nécessaires pour assurer l'information du public quant aux modalités d'exercice de la profession par les membres de son barreau », dans le cadre du règlement intérieur, est le tableau [4].

Ce tableau imprimé depuis les origines du barreau, en tout cas depuis sa constitution sous l'Empire et qui figure, non seulement dans les locaux judiciaires mais également partout où des personnes cherchent des renseignements et des indications (mairies, bureaux d'aide sociale, locaux de pôle emploi).

Le tableau n'est pas seulement une énumération de noms dans l'ordre d'ancienneté avec l'adresse et le numéro de téléphone, il est également par les mentions qu'il comporte, une véritable communication.

461.203 Suspension provisoire et interdiction temporaire. Dans la mesure où le tableau est un mode de publicité fonctionnelle destiné à renseigner le public, il a pu être soutenu qu'un avocat qui doit s'abstenir de tous les actes de la profession ne pouvait pas figurer au tableau [5]. Pour autant, tout avocat suspendu provisoirement ou interdit temporairement demeure avocat [6], mais interdit d'exercer la profession pour la durée déterminée par la décision disciplinaire [7], et il demeure alors passible de sanction disciplinaire pour les faits qu'il viendrait à commettre pendant la période d'exécution de la peine d'interdiction d'exercice [8]. Ainsi, et dans l'hypothèse où ce même avocat aurait été omis du tableau, volontairement ou sur décision du conseil de l'Ordre, antérieurement à l'entrée en vigueur de l'interdiction d'exercice de la profession, il devra préalablement solliciter sa réinscription [9] afin de pouvoir exécuter sa peine disciplinaire, laquelle demande d'inscription pourra être refusée [10].

Il convient donc de le mentionner au tableau. La Cour de cassation s'est prononcée en ce sens [11].

461.204 Nature des informations devant être portées à la connaissance du public. En réalité, la question n'est pas tant celle de la mention l'avocat au tableau que celle des informations qui doivent pouvoir être portées à la connaissance du public, notamment quant à la situation précise de l'avocat et à l'identité du suppléant ou de l'administrateur provisoire, d'autant que les clients du cabinet doivent pouvoir se tourner vers ce dernier.

Il convient de rappeler, à cet égard, que la Cour de cassation avait admis qu'un barreau puisse imposer l'indication de la qualité d'avocat salarié sur le tableau dès lors que « la décision du conseil de l'Ordre de porter au tableau la mention de salarié après le nom des avocats exerçant en cette qualité était licite, parce que de nature à assurer une complète information du public et à favoriser un choix éclairé de son conseil par le client » [12]. Un décret est venu interdire cette pratique, en insérant un article 95-1 [13] au décret du 27 novembre 1991 afin de prévoir que : « Le tableau ne peut comporter

1. D. Piau, *Le champ d'activité professionnelle de l'avocat*, Rapport Commission règles et usages du CNB, AG 9 et 10 déc. 2016.
2. L. n° 71-1130, 31 déc. 1971, art. 20 – Décr. n° 91-1197, 27 nov. 1991, art. 95.
3. D. n° 91-1197, 27 nov. 1991, art. 162.
4. V. s[s] n°s 224.41 s.
5. A. Damien, H. Ader, *Règles de la profession d'avocat*, 14e éd., « Dalloz Action », 2013, n° 45.42.
6. D. Piau, « De l'art abstrait de la maîtrise du tableau », *Gaz. Pal.* 6-8 janv. 2013, p. 9.
7. Civ. 1re, 4 Jan. 2005, n° 03-16.282, P I, n° 1 ; *D.* 2005. 166 ; *Gaz. Pal.* 16-18 janv. 2005, p. 30 – Civ. 1re, 15 juin 1999, n° 96-19.641, P I, n° 200 ; *D.* 2000. 151, obs. B. Blanchard.
8. Orléans, 14 déc. 2007, RG n° 06/03101 – Paris, pôle 2, ch. 1, 10 mai 2012, RG n° 11/06662 – Y. Avril, *Responsabilité des avocats*, 4e éd., « Dalloz Référence », 2021, n° 222.158.
9. Civ. 1re, 18 mars 2003, n° 01-00.356, NP.
10. Civ. 1re, 6 juill. 2004, n° 02-30.320, NP – V. s[s] n° 523.104.
11. Civ. 1re, 15 juin 1999, n° 96-19.641, P I, n° 200 ; *D.* 2000. 151, obs. B. Blanchard.
12. Civ. 1re, 10 janv. 1995, n° 92-18.762, P I, n° 23 ; *D.* 1995. 41 ; *Gaz. Pal.* 13 avr. 1995, p. 13, note A. Damien ; *Gaz. Pal.* 1995. 198, concl. H. Le Foyer de Costil ; *Gaz. Pal.* 1995. Pan. 51 ; *JCP* 1995. II. 22434, note R. Martin.
13. D. n° 11-1197, 27 nov. 1991, art. 95-1.

la mention "avocat salarié" ou "avocat collaborateur" »[1].

Mais la solution dégagée à cette occasion par la Cour de cassation demeure pleinement d'actualité et pourrait justifier une plus grande transparence de la part des barreaux quant à la situation précise des avocats[2].

461.205 Du tableau à l'e-*Kbis* professionnel. Le tableau à l'ère du numérique s'est dématérialisé et a pris la forme d'annuaires électroniques en accès libre sur les sites des barreaux. La question des informations pertinentes qui doivent pouvoir être portées à la connaissance du public, afin de lui permettre d'avoir une information claire et précise se pose aussi avec acuité : les états d'omission, de démission, de suspension provisoire, d'interdiction temporaire, de radiation, comme les procédures collectives, d'administration provisoire, et de suppléance, ne sont pas, pour l'heure, portés à la connaissance du public, même si des projets abondent en ce sens[3] et ce, dans un souci de nécessaire transparence et clarification vis-à-vis du public.

L'annuaire des avocats du barreau de Paris[4], à la suite des travaux réalisés en 2012[5], indique la mention « Avocat non exerçant depuis le... », pour les avocats omis ou démissionnaire, radié, interdit temporairement, suspendu provisoirement, sans préciser les causes de la cessation d'exercice mais en indiquant l'identité du suppléant ou de l'administrateur provisoire.

1. Décr. n° 95-1110, 17 oct. 1995, art. 8 – V. s[s] n° 813.142
2. V. aussi s[s] n°s 511.43 s. et 511.71.
3. Ch. Thevenet, L. Lauzet, H. Alterman, Rapport sur l'annuaire électronique, *Bull. barr. Paris* n° 25/2012, p. 415.
4. http://www.avocatparis.org/annuaire.
5. Ch. Thevenet, L. Lauzet, H. Alterman, Rapport sur l'annuaire électronique, *Bull. barr. Paris* n° 25/2012, p. 415.

CHAPITRE

462. Dénominations

SECTION 0
ORIENTEUR

462.00 Sommaire du chapitre.

Division. La dénomination des cabinets d'avocats (sect. 1), y compris à travers le nom de domaine (sect. 2), est strictement encadrée.

462.01 Textes applicables.

TEXTES TITRÉS

> Information professionnelle

• **L. n° 71-1130, 31 déc. 1971**

art. 73 [Utilisation du mot « Ordre »]

• **RIN**

art. 10 [Communication]

10.6.3. Dénominations

462.02 Jurisprudence de référence.

> Choix du nom de domaine du site internet de l'avocat – Nom de domaine générique

• **Toulouse, 15 févr. 2001,** RG n°s 2000/01962, 2000/01963.

* V. s^{s} n° 462.66.

« Sur la compétence rationae materiae du barreau de Toulouse : – Aux termes de l'art. 17 de la loi du 31 déc. 1971 il revient au conseil de l'Ordre de traiter toutes questions intéressant l'exercice de la profession et de veiller à l'observation de leurs devoirs par les avocats, spécialement d'assurer l'exécution des décisions prises par le Conseil national des barreaux, sans que l'énumération des diverses tâches énumérées par cet article présente un caractère limitatif. En l'espèce, il appartenait normalement au conseil de l'Ordre de Toulouse, de délibérer sur une dénomination de site internet qui pouvait sembler contraire à son règlement intérieur ainsi d'ailleurs qu'à l'art. 161 du décret du 27 nov. 1991 limitant la publicité à laquelle les avocats peuvent recourir. En conséquence, il convient de rejeter également le moyen tendant à soulever l'incompétence du conseil de l'Ordre de Toulouse au motif qu'il aurait délibéré sur une question étrangère à sa compétence.

[...]

En l'espèce, s'il est vrai que la personne appelant sur son ordinateur le site "avocats-toulouse.com" ne peut accéder au site de la SCPI de même que celle appelant le site "avocat-toulouse.com" ne peut davantage accéder au site du barreau de Toulouse, il n'en demeure pas moins que le site "avocat-toulouse.com" n'est pas conforme au règlement intérieur du barreau de Toulouse. Il est d'ailleurs difficilement concevable que le site professionnel d'un avocat ne comporte pas en premier lieu son nom ou celui de sa structure professionnelle. Aucun auxiliaire de justice ne peut en effet s'approprier, même indirectement, le terme générique de sa profession sur un site internet et laisser ainsi entendre aux tiers non avertis qu'il représente l'intégralité de cette profession. »

• **Paris, 17 déc. 2014,** RG n° 11/19174.

* V. s^{s} n°s 332.101, 462.61, 462.66.

« Considérant qu'au regard de l'article 10-6 du règlement intérieur, le libellé des noms de domaine constitue un vocable générique ; qu'en effet, un avocat ne peut s'approprier, même indirectement, le terme générique de sa profession sur son site internet et laisser entendre aux clients potentiels qu'il représente ainsi l'intégralité de la profession ; qu'il n'est pas possible que le site ne mentionne pas le nom de l'avocat ou celui de sa structure professionnelle ; qu'en s'appropriant les termes permis ou accident de la route avec la seule mention du terme avocat ce qui vise le droit automobile, Maître X... contrevient au texte précité. [...]. »

• **CE 23 déc. 2015,** req. n° 390792, NP.

* V. s^{s} n°s 312.24, 462.61.

« 4. Considérant que les dispositions de l'article 10.5 du règlement intérieur national de la profession d'avocat, contestées par le requérant, prévoient, dans leur version issue de la décision du Conseil national des barreaux du 13 novembre

2014, applicable au litige, que : « L'avocat qui ouvre ou modifie substantiellement un site internet doit en informer le conseil de l'Ordre sans délai et lui communiquer les noms de domaine qui permettent d'y accéder. / Le nom de domaine doit comporter le nom de l'avocat ou la dénomination du cabinet en totalité ou en abrégé, qui peut être suivi ou précédé du mot "avocat". / L'utilisation de noms de domaine évoquant de façon générique le titre d'avocat ou un titre pouvant prêter à confusion, un domaine du droit ou une activité relevant de celles de l'avocat est interdite [...] » ; que ces dispositions n'ont ni pour objet, ni pour effet de subordonner à des conditions nouvelles l'exercice de la profession d'avocat ; que, d'une part, l'intérêt général de la profession d'avocat, dont l'expression est confiée au Conseil national des barreaux, d'autre part, le respect des principes essentiels de la profession et des exigences déontologiques, et enfin le respect des règles relatives à la publicité permettent que celui-ci, au titre de sa mission d'harmonisation des usages et règles de la profession avec les lois et décrets en vigueur, précise, dans les conditions et limites énoncées au point 2, les conditions selon lesquelles un avocat peut choisir un nom de domaine pour son site internet, de manière à éviter l'appropriation directe ou indirecte, via un nom de domaine générique, d'un domaine du droit ou d'un domaine d'activité que se partage la profession ; que le Conseil national des barreaux était, dès lors, compétent, sur le fondement des dispositions citées au point 1, pour édicter les règles contestées, qui ne méconnaissent pas la liberté d'exercice de la profession d'avocat ni les règles essentielles qui la régissent ;

5. Considérant qu'aux termes de l'article 24 de la directive 2006/123/CE du 12 décembre 2006 du Parlement européen et du Conseil relative aux services dans le marché intérieur : « 1. Les États membres suppriment toutes les interdictions totales visant les communications commerciales des professions réglementées. / 2. Les États membres veillent à ce que les communications commerciales faites par les professions réglementées respectent les règles professionnelles conformes au droit communautaire, qui visent notamment l'indépendance, la dignité et l'intégrité de la profession ainsi que le secret professionnel, en fonction de la spécificité de chaque profession. Les règles professionnelles en matière de communications commerciales doivent être non discriminatoires, justifiées par une raison impérieuse d'intérêt général et proportionnées » ; que le paragraphe 12 de l'article 4 de la même directive définit la communication commerciale comme « toute forme de communication destinée à promouvoir directement ou indirectement, les biens, les services ou l'image d'une [...] personne exerçant une profession réglementée » mais précise, dans son a), que « les informations permettant l'accès direct à l'activité de l'entreprise, de l'organisation ou de la personne, notamment un nom de domaine ou une adresse de courrier électronique ne constituent pas en tant que telles des communications commerciales » ; qu'il résulte de ces dispositions que les informations relatives aux noms de domaine ne constituent pas une communication commerciale au sens du paragraphe 12 de l'article 4 de la directive précitée ; que, dès lors, les règles encadrant la dénomination des sites internet des personnes ou des entreprises relevant de professions réglementées ne relèvent pas du champ des dispositions de la directive du 12 décembre 2006 s'imposant aux États membres ; qu'il suit de là que, sans qu'il soit besoin de saisir la Cour de justice de l'Union européenne d'une question préjudicielle, le moyen tiré de ce que les dispositions de l'article 10.6 du règlement intérieur national de la profession d'avocat encadrant les possibilités de dénomination des noms de domaine par les avocats seraient contraires à l'article 24 précité de la directive, ne peut être utilement soulevé ;

6. Considérant que les dispositions de l'article 10.5 du règlement intérieur national de la profession d'avocat, en assurant le respect des exigences déontologiques de la profession, fixées notamment aux articles 3 et 15 du décret du 12 juillet 2005, cités au point 3, poursuivent les objectifs d'intérêt général de protection de l'intégrité de la profession d'avocat, d'une part, et de bonne information du client, d'autre part ; qu'eu égard à ces objectifs, ces dispositions, en prohibant l'utilisation d'un nom de domaine générique par les avocats, ne portent pas d'atteinte disproportionnée ni au droit de propriété des avocats, ni à leur liberté de communication, ni, en tout état de cause, à la liberté d'entreprendre ; »

> Choix du nom de domaine du site internet de l'avocat – Nom de domaine trompeur

• **Civ. 1re, 4 mai 2012,** n° 11-11.180, NP.

* V. s^s n°s 321.42, 332.61, 462.67.

« Mais attendu, d'une part, qu'ayant, par motifs propres et adoptés, constaté que le nom de domaine "avocat-divorce.com" était exploité sans que n'y soit nommément désigné le cabinet concerné, situation aboutissant à une appropriation d'un domaine d'activité que se partage l'ensemble de la profession et entretenant la confusion dans l'esprit du public, mis directement en relation avec le site personnel de Mme X... par l'usage de mots-clés aussi généraux, la cour d'appel a pu en déduire que cette pratique consistant à ne pas faire apparaître l'identité de l'avocat exploitant le domaine constituait une infraction aux règles sur la publicité individuelle, ainsi qu'un acte de concurrence déloyale et, partant, un manquement aux principes essentiels de loyauté, de modération et de discrétion auxquels sont tenus les avocats ; qu'ayant, d'autre part, relevé que Mme X... avait conservé le nom de domaine "avocats-paris.org" en dépit de son admission au barreau des Hauts-de-Seine, faisant ainsi faussement croire au public qu'elle était toujours inscrite au barreau de Paris, le juge du fond, abstraction faite des règles sur la multipostulation en région parisienne, a pu en déduire que la publicité litigieuse, faute d'être véridique, contrevenait à l'article 10-1 du règlement intérieur national ;

Et attendu que pour le choix de la sanction, la juridiction disciplinaire se détermine librement dans les seules limites prévues par les textes législatifs et réglementaires. »

462.03 Bibliographie indicative.

Articles. D. Iweins, « le casse-tête de la gestion d'un cabinet », *Gaz. Pal.* 22 mars 2016, p. 11 – G. Kaufman, « Les noms de domaine du cabinet d'avocat », *Guide de l'avocat numérique*, CNB, LexisNexis, 2016, p. 123 – L. Marino, « Nom d'un cabinet d'avocats ! », *D. avocats* 2014. 241.

Rapports. S. Bracq, *Encadrement de la dénomination des cabinets d'avocats, Modification de l'article 10.1 du RIN,*

Ajout d'un article 10.6.3.au RIN, CNB, AG 20-21 nov. 2015 – D. de Ginestet, L. Dupont (dir.), Commission des règles et usages, *Vade-mecum : Communication des avocats*, 2e éd., CNB, 2020 – F. Poirier, J.-L. Schermann, *Réforme de l'article 10 du RIN, Communication des avocats*, CNB, AG 10-11 oct. 2014.

SECTION 1
DÉNOMINATION DES CABINETS

462.10 **Plan - Définition.** La dénomination des cabinets d'avocats[1], à laquelle il y a lieu d'assimiler le nom de domaine du site internet des cabinets d'avocats[2], constitue un vecteur de sa publicité personnelle[3] et donc un mode de communication (§ 1). À ce titre, elle fait l'objet d'un contrôle ordinal (§ 2).

§ 1
Principes

462.20 **Plan.** Le choix de la dénomination est soumis à des règles (A) qui prennent en compte dans certains cas les modalités d'exercice de l'activité de l'avocat (B).

A.
Choix de la dénomination

462.31 **Définition.** Les dénominations[4] s'entendent du nom commercial, de l'enseigne, de la marque, de la dénomination ou raison sociale ou de tout autre terme par lequel une structure d'exercice est identifiée ou reconnue[5]. La dénomination, quelle qu'en soit la forme, est un mode de communication[6].

Les noms commerciaux ou enseignes, obéissent aux mêmes règles que les dénominations et ne constituent pas une « communication commerciale » au sens de la directive services[7].

462.32 **Encadrement.** Les dénominations ont été réglementées par la DCN n° 2015-002 du 21 novembre 2015[8] : il est apparu nécessaire d'encadrer spécifiquement les dénominations des cabinets tant en raison de la nécessité de fixer des règles claires d'appréciation uniformes à l'ensemble de la profession, qu'afin d'assurer le respect des principes essentiels de la profession ainsi qu'une bonne information du public en empêchant que, par sa dénomination, un cabinet d'avocats cherche à s'approprier, directement ou indirectement, un domaine du droit ou un domaine d'activité que se partage la profession dans des conditions qui seraient de nature à créer la confusion dans l'esprit du public, au détriment des autres avocats[9]. Les principes posés, et le raisonnement qui en découle, sont similaires à ceux relatifs aux noms de domaines[10].

Le Conseil d'État a validé ces dispositions, en considérant qu'en précisant les conditions et limites dans lesquelles peuvent être choisies les dénominations des cabinets d'avocats, elles visent à assurer, dans l'intérêt général de la profession, le respect des principes essentiels qui la régissent et des exigences déontologiques, faisant que ces dispositions, qui ne subordonnent pas à des conditions nouvelles l'exercice de la profession d'avocat et ne méconnaissent ni la liberté d'exercice de la profession d'avocat, ni les règles essentielles qui la régissent, sont par ailleurs exemptes d'erreur manifeste d'appréciation[11].

462.33 **Mise en conformité.** Il appartient aux avocats de se mettre en conformité avec les nouvelles dispositions de l'article 10.6. du RIN, issues de la décision à caractère normatif n° 2015-02 du 21 novembre 2015[12], applicables dès leur publication y compris aux dénominations déjà existantes, aucun droit acquis ne pouvant être invoqué en la matière, au risque de se voir poursuivis disciplinairement si les bâtonniers l'estiment nécessaire[13].

Le Conseil d'État a considéré à cet égard que les dispositions relatives à la déontologie des avocats, dont le RIN, ont, en raison des impératifs d'ordre public sur lesquels elles reposent, vocation à s'appliquer à l'ensemble des membres de la profession En outre, dès lors qu'elles se bornent à préciser les condi-

1. DCN n° 2015-002, CNB, AG 21 nov. 2015, publié au *JO* par décision du 14 janv. 2016, *JO* 16 févr – L. Dupont, « Modification du RIN : dénomination des cabinets et rémunération des avocats », *JCP* 2016. 275.
2. V. ss nos 464.121 s.
3. V. ss nos 463.00 s.
4. S. Bracq, *Encadrement de la dénomination des cabinets d'avocats : Modification de l'article 10.1 du RIN, Ajout d'un article 10.6.3.au RIN*, CNB, AG 20-21 nov. 2015.
5. RIN, art. 10.6. – S. Bracq, *Encadrement de la dénomination des cabinets d'avocats, Modification de l'article 10.1 du RIN, Ajout d'un article 10.6.3. au RIN*, CNB, AG 20-21 nov. 2015.
6. RIN., art. 10.6.
7. CE 6e-1re SSR, 28 avr. 2017, req. n° 400832, *Lebon T* ; *JCP* 2017. 660, n° 21, obs. Ch. Vautrot-Schwarz ; *AJDA* 2017. 912 ; *D. avocats* 2017. 170, obs. L. Dargent ; *Gaz. Pal.* 5 déc. 2017, p. 18, obs. B. de Belval – Dir. 2006/123, Parlement européen et du Conseil, 12 déc. 2006 relative aux services dans le marché intérieur, *JOUE L* 376, 27 déc., art. 4., 12), a), et consid. n° 100.
8. DCN n° 2015-002, CNB, AG du 21 nov. 2015 – Publié par Décis. 14 janv. 2016 au *JO* 16 févr.
9. S. Bracq, *Encadrement de la dénomination des cabinets d'avocats, Modification de l'article 10.1 du RIN, Ajout d'un article 10.6.3.au RIN*, CNB, AG 20-21 nov. 2015.
10. V. ss nos 462.61 s.
11. CE 6e-1re SSR, 28 avr. 2017, req. n° 400832 ; *JCP* 2017. 660, n° 21, obs. Ch. Vautrot-Schwarz ; *AJDA* 2017. 912 ; *D. avocats* 2017. 170, obs. L. Dargent ; *Gaz. Pal.* 5 déc. 2017, p. 18, obs. B. de Belval.
12. DCN n° 2015-002, CNB, AG du 21 nov. 2015, publié par décis. 14 janv. 2016 au *JO* 16 févr.
13. CNB, Comm. RU, avis n° 2016-043, 7 juin 2016.

tions et limites dans lesquelles peuvent être choisies les dénominations par lesquelles les cabinets d'avocats sont identifiés ou reconnus, afin d'assurer le respect des exigences déontologiques qui s'imposent aux avocats, il en découle qu'eu égard à leur objet et à leur portée et aux impératifs d'ordre public sur lesquelles elles reposent, en n'exceptant pas de leur application les structures existantes, il n'a pas été illégalement porté atteinte à des situations contractuelles existantes[1].

De même, précise le Conseil d'État l'absence de période transitoire ne méconnaît pas le principe de sécurité juridique, dès lors que, en tout état de cause, aucune sanction ne pourra, le cas échéant, être prise contre un avocat sans qu'il soit tenu compte du temps nécessaire pour que celui-ci puisse procéder au changement de sa dénomination[2].

462.34 Dénomination et principes essentiels. Le choix de la dénomination d'un cabinet est libre, sous la réserve de ne pas utiliser une dénomination susceptible de faire naître une confusion avec une dénomination déjà utilisée[3] ou incompatible avec les principes essentiels de la profession.

L'utilisation de dénominations évoquant de façon générique le titre d'avocat ou un titre pouvant prêter à confusion, un domaine du droit, une spécialisation ou une mission relevant de celle de l'avocat, est interdite[4] dès lors qu'elles sont susceptibles d'entretenir une confusion à l'égard des clients potentiels de nature à nuire aux confrères, et à être constitutif d'un acte de concurrence déloyale[5].

Sont ainsi interdites les dénominations mensongères, trompeuses, ou qui ne seraient pas conformes aux principes essentiels, ou celles qui, dans le langage courant et professionnel, correspondent à la désignation générique ou usuelle de la prestation juridique, la désignation d'une caractéristique de la prestation juridique ou de la qualité, la destination, la valeur, la provenance géographique de la prestation juridique, ainsi que celles qui sont constituées exclusivement par des termes imposés par la nature ou la fonction de la prestation juridique et qui confère à cette dernière sa valeur substantielle.

1. CE 6e-1re SSR, 28 avr. 2017, req. n° 400832, *Lebon T ; JCP* 2017. 660, n° 21, obs. Ch. Vautrot-Schwarz ; *AJDA* 2017. 912 ; *D. avocats* 2017. 170, obs. L. Dargent ; *Gaz. Pal.* 5 déc. 2017, p. 18, obs. B. de Belval.
2. CE 6e-1re SSR, 28 avr. 2017, req. n° 400832 ; *JCP* 2017. 660, n° 21, obs. Ch. Vautrot-Schwarz ; *AJDA* 2017. 912 ; *D. avocats* 2017. 170, obs. L. Dargent ; *Gaz. Pal.* 5 déc. 2017, p. 18, obs. B. de Belval.
3. F. Pollaud-Dulian, « Du nouveau sur la théorie des homonymes en droit des marques », *D.* 2021. 1435.
4. RIN., art. 10.6.
5. Décis. du bâtonnier du Mans, 25 févr. 2016, n° 271036 – V. ss nos 332.81 s.

462.35 Principes dégagés par la jurisprudence. Cette règle n'est que la stricte application des principes dégagés par la jurisprudence[6], laquelle considère que sont dépourvus de caractère distinctif de nature à constituer une marque, les signes ou dénominations qui, dans le langage courant et professionnel, sont la désignation générique ou usuelle du produit ou du service ; les signes ou dénominations[7] pouvant servir à désigner une caractéristique du produit ou du service ; la quantité, la qualité, la destination, la valeur, la provenance géographique du bien ou de la prestation de service ou les signes constitués exclusivement par des termes imposés par la nature ou la fonction du produit et qui confèrent à ce dernier sa valeur substantielle[8].

B. Prise en compte des modalités d'exercice

462.41 Avocat exerçant à titre individuel. Aucune disposition ne vient interdire à un avocat exerçant à titre individuel d'utiliser une dénomination de fantaisie pour désigner son cabinet. Le fait de réserver une telle dénomination aux structures d'exercice, qui peuvent être unipersonnelles, à l'exclusion des avocats exerçant à titre individuel, constituerait, au demeurant, une différence de traitement qui ne saurait être justifiée par une raison impérieuse d'intérêt général.

Il convient toutefois de veiller à ce que cette dénomination de fantaisie ne puisse s'analyser comme trompeuse ou mensongère, telle que celle qui donnerait l'impression que l'avocat n'exercerait pas effectivement la matière ou les missions auxquels ladite dénomination ferait référence[9]. Il convient, en outre, de s'assurer que la communication de l'avocat avec une telle dénomination ne conduit pas à créer dans l'esprit du public l'apparence d'une structure d'exercice inexistante[10]. En particulier, le papier à en-tête du cabinet de l'avocat devra indiquer le nom de l'avocat exerçant sous une telle dénomination.

Par ailleurs, l'utilisation d'une telle dénomination de fantaisie par un avocat exerçant à titre individuel ne saurait ainsi conduire à l'usage de plusieurs dénominations de fantaisie différentes par un même avocat ce qui tendrait à accroire que ce

6. Marque « monavocat » : TGI Montargis, 12 févr. 2004, RG n° 01/01320.
7. Sur la jurisprudence relative aux noms de domaines, v. ss nos 462.66 s.
8. Marque « monavocat » : TGI Montargis, 12 févr. 2004, RG n° 01/01320.
9. CNB, Comm. RU, avis n° 2016-50, 11 juill. 2016 – CNB, Comm. RU, avis n° 2016-51, 11 juill. 2016.
10. V. ss nos 461.91 s.

même avocat exercerait dans le cadre de plusieurs cabinets d'avocats[1].

462.42 Groupements d'exercice. La dénomination d'une association[2] doit être immédiatement précédée ou suivie, suivant les cas, de la mention « association d'avocats » ou « association d'avocats à responsabilité professionnelle individuelle » ou Aarpi[3].

Il en est de même[4] pour les « sociétés civiles professionnelles » ou SCP[5], « sociétés d'exercice libéral à responsabilité limitée » ou Selarl, « sociétés d'exercice libéral à forme anonyme » ou Selafa, « sociétés d'exercice libéral par actions simplifiées » ou Selas., « sociétés d'exercice libéral en commandite par actions » ou Selca[6], « sociétés à responsabilité limitée » ou SARL, « sociétés anonymes » ou SA, « sociétés par actions simplifiées » ou SAS, « sociétés européennes » ou SE, ou les « sociétés en commandite par actions » ou SCA[7]. Elles doivent également être précédées ou suivies, le cas échéant, de la mention « Société de participations financières de profession libérale »[8], ou « société pluri-professionnelle d'exercice » ou des initiales SPE[9], ainsi que de l'indication des professions exercées et de son capital social.

462.43 Protection de l'appellation « société civile professionnelle ». On notera que l'emploi illicite de l'appellation « société civile professionnelle »[10] ou de toute expression de nature à prêter à confusion avec celle-ci est puni d'un emprisonnement d'un an et d'une amende de 6 000 euros, ou de l'une de ces deux peines seulement.

Le tribunal peut, en outre, ordonner la publication du jugement, aux frais du condamné, dans trois journaux au maximum et son affichage dans les conditions prévues à l'article 131-35 du code pénal[11].

462.44 Emploi du pluriel à « avocat » ou « associé ». Le pluriel attaché à l'emploi dans la dénomination du terme « avocats », ou « cabinet d'avocats », impose au sein du cabinet d'avocat la collaboration ou l'exercice au sein d'une structure d'au moins deux avocats. De même, que le pluriel attaché à l'emploi dans la dénomination du terme « associés », impose la présence au sein de la structure d'exercice d'au moins deux associés[12]. Il s'agit ici d'éviter de donner l'apparence d'une structure d'exercice inexistante[13].

C'est ainsi que l'avocat ne saurait mentionner sur son papier à lettres, l'indication « et associés » alors qu'il exerce désormais seul, bien que cette dénomination soit toujours celle de la raison sociale de son cabinet à raison de l'absence de diligences pour régulariser la situation, celle-ci ne correspondant pas à la réalité de la structure du cabinet et à son mode de fonctionnement. Ainsi, en refusant de faire diligence pour faire disparaître cette dénomination trompeuse, l'avocat a manqué aux principes essentiels[14].

De même qu'une cour d'appel a pu considérer que si, à défaut de prohibition expresse, l'utilisation d'une dénomination sociale dite « de fantaisie », est libre, cette liberté n'est pas sans limite dans la mesure où les associés exercent une profession réglementée et ont un titre protégé. Il importe donc d'éviter de laisser croire au public qu'une personne dépourvue du titre d'avocat ou qui n'a aucune activité dans la société exerce en son sein la profession d'avocat[15].

462.45 Groupements d'exercice – Nom des associés. Le nom d'un ou plusieurs associés peut être compris dans la dénomination. Lorsqu'il quitte celle-ci, il a été jugé qu'il est possible de le conserver dans la raison sociale sous réserve de l'accord de celui qui cesse son activité ou de ses héritiers[16], et ce dans les limites de cet accord qui s'apprécient au regard de la législation en vigueur au moment où il a été donné[17].

Il est toutefois préférable de prévoir dès l'origine le sort de l'usage du nom d'un ou plusieurs associés afin d'éviter toutes difficultés ultérieures, compte tenu des principes applicables en matière de droit des marques et de propriété intellectuelle qui ont

1. CNB, Comm. RU, avis n° 2016-059, 7 août 2016.
2. V. s[s] n° 811.61.
3. Décr. n° 91-1197, 27 nov. 1991, art. 124 – Civ. 1re, 3 févr. 2021, n° 19-17.629, NP ; – REJETANT POURVOI CONTRE : Cayenne, ch. civ., 11 mars 2019, RG n° 18/003366 ; *JCP* 2019. 444, obs. P. Lingibé.
4. V. s[s] n°s 811.71 s.
5. L. n° 66-879, 29 nov. 1966 relative aux sociétés civiles professionnelles, *JO* 30 nov., p. 10451, art. 8.
6. L. n° 90-1258, 31 déc. 1990 relative à l'exercice sous forme de sociétés des professions libérales soumises à un statut législatif ou réglementaire ou dont le titre est protégé et aux sociétés de participations financières de professions libérales, *JO* 5 janv., p. 216, art. 2 et art. 19.
7. C. com., art. L. 238-3.
8. L. n° 90-1258, 31 déc. 1990, art. 31-1.
9. L. n° 90-1258, 31 déc. 1990, art. 31-7.
10. V. s[s] n° 811.71.
11. L. n° 66-879, 29 nov. 1966, art. 29.
12. RIBP, art. P. 10.0.2.
13. RIN, art. 10.2. – CNB, Comm. RU, avis n° 2020-007, 4 juin 2020 – V. s[s] n° 461.91.
14. Aix-en-Provence 1re ch. A, 31 mai 2016, RG n° 15/16325.
15. Pau, 3 avr. 1996, RG n° 1617/96.
16. Civ. 1[re], 1[er] juill. 1997, n° 95-18.928, P I, n° 277 ; *D.* 1997. IR 178 ; *JCP E* 1997. II. 1017 note J.-J. Daigre ; *BJS* 1997. 949, note J.-J. Daigre ; – COMP. : Civ. 1re, 6 sept. 2017, n° 16-15.041, P ; *D.* 2017. 1761 ; *Gaz. Pal.* 26 sept. 2017, p. 37, obs. C. Berlaud.
17. Civ. 1re, 6 sept. 2017, n° 16-15.941, P ; *Gaz. Pal.* 5 déc. 2017, p. 25, obs. J.-L. Gaineton ; – SUR RENVOI : Versailles, 1re ch., 1re sect., 14 sept. 2018, RG n° 17/06848.

pleinement vocation à s'appliquer, en principe, en la matière[1].

462.46 **Cession de marques.** La dénomination d'un cabinet d'avocat peut être déposée à titre de marque, et peut, comme toute marque, faire l'objet d'une cession. Une cession de marque entre avocats, dès lors que la marque ne contrevient pas à la dignité, ne porte pas atteinte aux principes essentiels, et plus généralement n'enfreint pas les dispositions de l'article 10 du RIN, ne saurait encourir de critiques *a priori*.

Il importe surtout que le barreau vérifie que l'utilisation de ces marques est faite de telle façon que sont respectées toutes les règles relatives à l'identification de l'avocat (et spécialement celles concernant les formes de la publicité) ainsi que celles figurant dans le règlement intérieur du barreau concernant le papier à lettres, si elles existent[2].

§ 2
Contrôle ordinal

462.51 **Déclaration au barreau.** Les dénominations n'étant pas assimilées à une publicité au sens de l'article 10 du RIN, elles n'ont pas à faire l'objet, en application de ce même article, d'une déclaration sans délai au barreau[3].

Toutefois, la dénomination d'une structure d'exercice fait l'objet d'obligations déclaratives et d'un contrôle ordinal, afférents aux structures d'exercice, découlant de dispositions qui leur sont propres[4]. Seules les dénominations éventuellement utilisées par les avocats exerçant à titre individuel ne font pas l'objet d'une obligation expresse de déclaration[5].

Il appartient, en conséquence, aux conseils de l'Ordre, dans le cadre des prérogatives propres qu'ils tiennent, d'édicter un règlement intérieur du barreau[6], de prévoir, s'ils estiment opportun, une telle obligation de déclaration. Cette dernière pourrait paraître utile, tant aux fins d'effectivité du contrôle des dénominations ainsi utilisées, qu'aux fins de pouvoir procéder, dans le cadre de l'annuaire, à une information du public[7] qui pourrait être amené à vouloir vérifier la réalité de l'avocat exerçant à travers une telle dénomination[8].

À Paris, le RIBP prévoit que l'utilisation par une structure d'exercice, un réseau ou un avocat exerçant à titre individuel d'une dénomination est autorisée, à condition que la dénomination choisie soit soumise à l'accord préalable du conseil de l'Ordre[9].

462.52 **Contrôle ordinal.** Dans le cadre d'une dénomination de fantaisie, il appartient au bâtonnier[10] de s'assurer, notamment, que celle-ci :

- ne conduit pas à l'utilisation de dénominations évoquant de façon générique le titre d'avocat, un titre pouvant prêter à confusion, un domaine du droit, une spécialisation ou une mission relevant de celle de l'avocat ;
- ne constitue pas une publicité trompeuse ou mensongère ;
- est conforme aux principes essentiels.

462.53 **Illustrations.** C'est ainsi qu'une dénomination « Avocat-défense cabinet d'avocats » apparaît comme étant contraire aux dispositions précitées[11], tout comme la dénomination « IMAGINE AVOCATS ACTION JUDICIAIRE » en ce qu'elle évoque de façon générique un domaine du droit et une mission relevant de celle de l'avocat[12].

Inversement, la dénomination « ACCESS AVOCATS », n'évoque pas de façon générique un domaine du droit, une spécialisation ou une mission relevant de celles de l'avocat et sa traduction n'apparaît pas susceptible de créer une confusion dans l'esprit du public[13] ou la dénomination « MAC AVOCAT », qui contient les initiales de l'avocat et emporte une individualisation et une distinction suffisantes pour ne pas pouvoir être considéré comme étant générique[14]. Il en est de même d'« ALLIÉS AVOCATS », termes qui n'évoquent pas un domaine du droit, une spécialisation ou encore une mission relevant de celles de l'avocat et qui s'ils font référence phonétiquement à un département au sein duquel est situé le barreau dont relève le cabinet, il n'en demeure pas moins que ces deux mots appartiennent à deux champs lexicaux différents et relèvent de deux

1. Com., 12 mars 1985, n° 84-17.163, P IV, n° 95 ; *D.* 1985. 471, note J. Ghestin – Com. 6 mai 2003, n° 00-18.192, P P IV, n° 69 ; *D.* 2003. 2228, note G. Loiseau ; *D.* 2003. 1565, obs. J. Daleau ; *D.* 2003. 2629, obs. S. Durrande ; *D.* 2004. 265, obs. J.-C. Hallouin ; *Rev. sociétés* 2003. 548, note G. Parleani ; *RTD civ.* 2003. 679, obs. J. Hauser ; *RTD com.* 2004. 90, obs. J. Azéma ; *RTD com.* 2005. 346, obs. C. Champaud et D. Danet – Com. 31 janv. 2006, n° 05-10.116, P P IV, n° 27 ; *D.* 2006. 861, obs. P. Allaeys ; *RTD civ.* 2006. 339, obs. P.-Y. Gautier ; *RTD com.* 2007. 340, obs. J. Azéma – CJUE 30 mars 2006, *Elizabeth Florence Emanuel c/Continental Shelf*, aff. C-259/04 ; *D.* 2006. 2109, note D. Poracchia et C.-A. Maetz ; *D.* 2006. 2319, obs. S. Durrande ; *RTD com.* 2007. 340, obs. J. Azéma.
2. CNB, Comm. RU, avis n° 2014-004, 24 janv. 2014.
3. V. s[s] n°s 463.31 s.
4. V. s[s] n°s 513.21 s.
5. V. s[s] n° 462.41.
6. V. s[s] n°s 115.31 s.
7. Civ. 1re, 10 janv. 1995, n°s 92-18.762, 92-44.501, P I, n° 23.
8. V. s[s] n°s 461.201 s.
9. RIBP, art. P. 10.0.2 – V. s[s] n°s 513.21 s.
10. V. s[s] n°s 511.111 s.
11. CNB, Comm. RU, avis n° 2012-057, 20 nov. 2012.
12. CNB, Comm. RU, avis n° 2019-001, 5 févr. 2019.
13. CNB, Comm. RU, avis n° 2016-010, 5 févr. 2016.
14. CNB, Comm. RU, avis n° 2016-002, 28 janv. 2016.

registres très distincts[1]. Tout comme « ANIMALEX – AVOCATS ANIMALISTES » dès lors que les si termes mis ensemble « avocats animalistes » sont des termes génériques désignant un domaine du droit, lesquels sont prohibés, le terme « Animalex » n'évoque pas de façon générique un domaine du droit, une spécialisation ou une mission relevant de celles de l'avocat et peut donc être utilisé comme une dénomination par un avocat[2]. Tout comme la dénomination LANDAVOCAT, bien que phonétiquement la référence à la zone géographique des Landes semble évidente, n'apparaît pas contraire aux dispositions de l'article 10.6 du RIN[3].

Une cour d'appel a aussi pu considérer que la dénomination « AVODROIT », est très dissemblable du mot « avocat » aussi bien scripturalement que visuellement et phonétiquement, faisant qu'elle ne peut dès lors entraîner de confusion avec la profession d'avocat ou le titre d'avocat[4].

462.54 **Dénomination comportant un domaine de compétence.** Rien ne s'oppose, l'article 10.6 du RIN ne renvoyant pas à l'article 10.2 du RIN, à ce que la dénomination d'un cabinet d'avocat comporte un domaine de compétence[5] dès lors qu'elle n'évoque pas de manière générique le titre d'avocat, un titre pouvant prêter à confusion, un domaine du droit, une spécialisation ou une mission relevant de celle de l'avocat[6].

Cela implique qu'elle présente un caractère distinctif ne conduisant pas à l'appropriation de ce domaine de compétence par les avocats concernés. Tel peut être le cas de dénominations comme « Marius avocat culture économie sociale et solidaire »[7] ou « Fanny sports »[8].

Toutefois, il est alors nécessaire que cette dénomination ne puisse s'analyser comme trompeuse ou mensongère ce qui implique de s'assurer que les avocats l'utilisant exercent effectivement leur activité dans le domaine de compétence considéré.

462.55 **Association de dénominations.** Lorsque plusieurs cabinets exerçant distinctement, mais dans un environnement commun (cabinet groupé, structure de moyens, réseaux...)[9], utilisent des dénominations similaires ou proches, notamment du fait de la présence d'un tronc commun dans la dénomination, il conviendra de s'assurer que la communication des structures d'exercice en cause ne crée pas dans l'esprit du public l'apparence d'une structure d'exercice inexistante[10].

462.56 **Appréciation de la conformité aux principes essentiels.** L'emploi du terme « Flash » dans la dénomination sociale d'un cabinet d'avocat a pu être jugé comme étant contraire aux principes essentiels de dignité, de loyauté, de délicatesse et de modération, dès lors qu'il laisse penser que l'avocat agirait avec plus de rapidité ou d'efficacité que ses confrères, et laisserait entendre une « prise de connaissance éclair du litige qui lui est soumis »[11]. La cour d'appel a toutefois considéré que l'emploi du terme « Flash » n'apparaissait pas comme contraire aux principes essentiels dès lors qu'il n'induisait pas que l'avocat prendrait connaissance du dossier de façon « éclair », négligeant ainsi certains devoirs inhérents à la profession. Ce mot n'est pas utilisé seul, mais associé à la dénomination « avocat », elle-même suivie du prénom et du nom du professionnel[12].

Inversement, serait contraire aux principes essentiels, un logo représentant les « épines du droit » sur un papier à lettres qui a été considéré par la Cour de cassation comme ne constituant pas une « nécessaire » information du public conformément à l'ancien article 161 du décret du 27 novembre 1991[13].

SECTION 2
NOM DE DOMAINE

462.61 **Principe.** Le nom de domaine doit comporter, aux termes de l'article 10.5[14] du RIN, le nom de l'avocat ou la dénomination du cabinet en totalité ou en abrégé, cette dernière possibilité étant issue de la rédaction de l'article 10 du RIN lors de la réforme de 2014[15], qui peut être suivi ou précédé du mot « avocat ».

Comme pour la dénomination[16], est interdit l'utilisation de noms de domaine évoquant de façon générique le titre d'avocat[17] ou un titre pouvant prêter à confusion, un domaine du droit ou une mission

1. CNB, Comm. RU, avis n° 2016-070, 22 sept. 2016.
2. CNB, Comm. RU, avis n° 2019-016, 27 mai 2019.
3. CNB, Comm. RU, avis n° 2020-031, 18 déc. 2020.
4. Nouméa, ch. réunies, 29 oct. 20117, RG n° 2007/292.
5. V. s^s n° 461.151.
6. CE 6e-1re SSR, 28 avr. 2017, req. n° 400832, *Lebon T ; JCP* 2017. 660, n° 21, obs. Ch. Vautrot-Schwarz ; *AJDA* 2017. 912 ; *D. avocats* 2017. 170, obs. L. Dargent ; *Gaz. Pal.* 5 déc. 2017, p. 18, obs. B. de Belval.
7. CNB, Comm. RU, avis n° 2016-50, 11 juill. 2016.
8. CNB, Comm. RU, avis n° 2016-51, 11 juill. 2016.
9. V. ss nos 811.251 s.
10. CNB, Comm. RU, avis n° 2016-50, 11 juill. 2016 – CNB, Comm. RU, avis n° 2016-51, 11 juill. 2016 – V. ss n° 461.91.
11. CO Paris, formation restreinte, arr. 17 nov. 2015, NP.
12. Paris, pôle 2, ch. 1, 22 sept. 2016, RG n° 15/24259.
13. Civ. 1re, 29 avr. 1997, n° 95-15.462, NP ; *Gaz. Pal.* 1998. 1. pan. 281 ; *D.* 1998. 281.
14. RIN, art. 10.5.
15. V. ss n° 461.17.
16. V. ss n° 462.32.
17. CNB, Comm. RU, avis n° 2010-021, 16 avr. 2010 – CNB, Comm. RU, avis n° 2010-068, 14 déc. 2010.

relevant de celle de l'avocat, même suivis ou précédés du terme « avocat ».

Cette règle est d'autant plus nécessaire qu'elle vise à éviter l'appropriation d'un générique de nature à créer une distorsion de concurrence entre les avocats et une confusion auprès des usagers du droit. Elle a été transposée en 2019 [1] aux avocats au Conseil d'État et à la Cour de cassation [2], notaires et commissaires de justice [3].

462.62 Nom de domaine. Par conséquent, le nom de domaine du site d'un cabinet d'avocat :

- doit nécessairement comporter le nom de l'avocat ou la dénomination du cabinet en totalité ou en abrégé. Un cabinet d'avocat peut utiliser une dénomination sociale ou une marque de la structure d'exercice régulièrement déposée [4] ;

- peut être suivi ou précédé du mot « avocat ». Le terme « avocat » contenu dans le nom de domaine doit être au singulier si l'avocat exerce seul et au pluriel s'il s'agit d'un cabinet constitué de plusieurs avocats. En effet, le site web de l'avocat est la vitrine de son cabinet et doit par conséquent refléter la réalité de son exercice. Il sera ici rappelé que l'avocat a un devoir de loyauté et que par conséquent, il ne saurait induire en erreur le public, en feignant d'avoir une structure différente, en l'espèce plus importante qu'elle ne l'est en réalité ;

- ne saurait en aucun cas évoquer de façon générique le titre d'avocat ou un titre pouvant prêter à confusion, un domaine du droit ou une mission relevant de celle de l'avocat [5].

462.63 Portée de la règle. Il s'agit d'interdire les noms tels que « avocat-divorce », « retrait-de-permis » « droit-social-paris » ou autres.

Mais tout avocat peut utiliser un terme générique s'il le fait suivre ou précéder de son nom ou de la dénomination de son cabinet en totalité ou en abrégé, telle que « dupont-droit-social.fr » ou « droit-social-dupont.fr » [6].

462.64 Absence de droit acquis. Aucun droit acquis ou existant d'une marque déposée, ou de l'usage d'un nom de domaine non conforme, ne saurait faire obstacle à une demande de cessation d'utilisation de celui-ci dès lors qu'elle est justifiée [7], et ce, sous astreinte laquelle peut ensuite être liquidée au profit de l'avocat qui a sollicité la suppression [8].

462.65 Position du Conseil d'État. Le Conseil d'État, rappelant sa jurisprudence traditionnelle [9], a considéré que les règles relatives à la publicité permettent au CNB de fixer les conditions selon lesquelles un avocat peut choisir un nom de domaine pour son site internet, de manière à éviter l'appropriation directe ou indirecte, via un nom de domaine générique, d'un domaine du droit ou d'un domaine d'activité que se partage la profession.

Il a, dès lors, validé les dispositions de l'article 10.5 du RIN, lesquelles n'ont ni pour objet, ni pour effet, de subordonner à des conditions nouvelles l'exercice de la profession d'avocat, en assurant le respect des exigences déontologiques de la profession, poursuivant les objectifs d'intérêt général de protection de l'intégrité de la profession d'avocat, d'une part, et de bonne information du client, d'autre part, faisant qu'eu égard à ces objectifs, ces dispositions, en prohibant l'utilisation d'un nom de domaine générique par les avocats, ne portent pas d'atteinte disproportionnée, ni au droit de propriété des avocats, ni à leur liberté de communication, ni, en tout état de cause, à la liberté d'entreprendre [10].

462.66 Jurisprudence. Cette règle n'est que la stricte application des principes dégagés par la jurisprudence [11], s'inspirant du droit des marques [12] et de la propriété intellectuelle ainsi que des règles en matière de concurrence déloyale.

C'est ainsi qu'un arrêt de la cour d'appel de Toulouse avait considéré, s'agissant du nom « avocat-toulouse.com » qu'un auxiliaire de justice ne

1. Décr. n° 2019-257, 29 mars 2019 relatif aux officiers publics ou ministériels, *JO* 31 mars, n° 2 – L. Jariel, « Les nouveaux modes de communication de certains officiers publics ministériels », *JCP* 2019. 459 – M. Mekki, « Décret du 29 mars 2019 : ne pas confondre communication et promotion », *JCP N* 2019. 354.
2. Ord. 10 sept. 1817 qui réunit, sous la dénomination d'Ordre des Avocats aux Conseils du Roi et à la Cour de cassation, l'Ordre des Avocats aux Conseils et le Collège des Avocat à la Cour de cassation, fixe irrévocablement le nombre des titulaires, et contient des dispositions pour la discipline intérieure de l'Ordre, *Bull. lois,* 7e série, t. V, p. 216, art. 15-3.
3. Décr. n° 73-1202, 28 déc. 1973 relatif à la discipline et au statut des officiers publics ou ministériels, *JO* 30 déc., p. 14153, art. 44.
4. CNB, Comm. RU, avis n° 2011-042, 25 oct. 2011 ; C. avocat 2021, ss RIN, art. 10, note 33.
5. CNB, Comm. RU, avis n° 2014-036, 4 déc. 2014 ; C. avocat, 2018, ss RIN, art. 10, note 36 – CNB, Comm. RU, avis n° 2015-07, 27 mars 2015 – CNB, Comm. RU, avis n° 2015-008, 27 mars 2015 ; C. avocat 2021, ss RIN, art. 10, note 35.
6. CNB, Comm. RU, avis n° 2015-008, 27 mars 2015 ; C. avocat, 2018, ss RIN, art. 10, note 35.
7. Paris, pôle 2, ch. 1, 17 déc. 2014, RG n° 11/19174.
8. TGI Paris, Jex, 1er déc 2015, *M. S. D. c/M. M. B., legalis.net*
9. V. ss nos 312.24 s.
10. CE 3 déc. 2015, req. n° 390792, NP ; *Dalloz IP/IT* 2016. 153, note G. Haas et J.-P. Souyris ; *D.* 2017. 80, obs. Th. Wickers ; *Gaz. Pal.* 19 avr. 2016, p. 22, obs. J. de Belval et J. Villacèque – CE 9 nov. 2015, req. n° 384728, NP ; *JCP* 2016. 27, note D. Landry ; *AJDA* 2016. 350 ; *D. avocats* 2015. 378, obs. L. Dargent.
11. Paris, pôle 2, ch. 1, 17 déc. 2014, RG n° 11/19174.
12. TGI Montargis, 12 févr. 2004, n° 01-01320.

pouvait s'approprier, même indirectement, le terme générique de sa profession sur son site internet et laisser ainsi entendre aux tiers non avertis qu'il représente l'intégralité de cette profession, et jugeait difficilement concevable que le site professionnel d'un avocat ne comporte pas en premier lieu son nom ou celui de sa structure professionnelle[1].

De même que la cour d'appel de Paris a-t-elle été amenée à considérer, dans une affaire où un avocat utilisait les termes permis ou accident de la route avec la seule mention du terme avocat dans ses noms de domaine, qu'au regard de l'article 10-6 [ancien] du RIN, le libellé des noms de domaine constituait un vocable générique et qu'un avocat ne peut s'approprier, même indirectement, le terme générique de sa profession sur son site internet et laisser entendre aux clients potentiels qu'il représente ainsi l'intégralité de la profession, pour en conclure qu'il n'est pas possible que l'adresse du site ne mentionne pas le nom de l'avocat ou celui de sa structure professionnelle[2].

462.67 Affaire « *avocat-divorce.com* » et « *avocats-paris.org* ». La Cour de cassation, elle-même, a eu l'occasion connaître d'une affaire concernant un avocat qui ayant exercé à titre individuel à Paris avant d'être admis au barreau des Hauts-de-Seine, avait été poursuivi disciplinairement pour avoir créé un site internet consultable aux adresses électroniques « avocats-paris.org », « avocat-divorce.com » et « avocat-maître X... com ».

Elle a considéré, d'une part, que l'utilisation du nom de domaine « avocat-divorce.com », sans faire apparaître l'identité de l'avocat, situation aboutissant à une appropriation d'un domaine d'activité que se partage l'ensemble de la profession et entretenant la confusion dans l'esprit du public, mis directement en relation avec le site personnel de l'avocat par l'usage de mots-clés aussi généraux, constitue une infraction aux règles sur la publicité individuelle, ainsi qu'un acte de concurrence déloyale et partant, un manquement aux principes essentiels de loyauté, de modération et de discrétion auxquels sont tenus les avocats[3], et d'autre part, que l'utilisation du nom de domaine « avocats-paris.org », en dépit de son admission au barreau des Hauts-de-Seine, faisant ainsi faussement croire au public qu'il était toujours inscrit au barreau de Paris, et ce, nonobstant le fait que les coordonnées de l'avocat étaient affichées et qu'il bénéficiait de la multipostulation lui permettant d'exercer ses fonctions dans le ressort du tribunal de grande instance de Paris, et donc que la publicité litigieuse, faute d'être véridique, contrevenait à l'article 10.1 [ancien] du RIN en ce qu'il prévoyait l'exigence d'une publicité véridique et mise en œuvre avec dignité et délicatesse[4].

Le fait que l'avocat bénéficie de la multipostulation était sans incidence à cet égard dès lors que si celle-ci permet aux avocats inscrits aux barreaux des tribunaux de Paris, Bobigny, Nanterre et Créteil de librement postuler dans ces quatre ressorts, c'est à la triple condition d'être avocat plaidant, de ne pas intervenir au titre de l'aide juridictionnelle et de ne pas mener hors de leur barreau une procédure de saisie immobilière, partage et licitation[5]. Conditionnée et donc limitée, cette possibilité ne peut conduire l'avocat d'un barreau de ces quatre ressorts à se présenter comme avocat d'un autre, sauf à déformer la portée de l'institution de la multipostulation. Et la solution n'intéressera pas que les avocats parisiens, dès lors que la loi du 28 mars 2011[6] a créé deux nouvelles zones de multipostulation, d'une part aux avocats inscrits aux barreaux de Bordeaux et Libourne qui peuvent postuler devant chacune de ces juridictions[7] et d'autre part aux avocats inscrits aux barreaux de Nîmes et Alès qui peuvent faire de même[8].

Ce n'est pas le nom de domaine en tant que tel qui entraîne condamnation, mais les conditions de son exploitation et le risque de confusion qu'elle crée dans l'exercice propre de l'activité de l'avocat. Comme le relève un auteur, la question est alors de savoir comment réagiront les autorités ordinales face à l'enregistrement par un membre du barreau de noms de domaine génériques à d'autres fins que l'exercice de la profession d'avocat, tel qu'un journal en ligne consacré aux praticiens du droit dans tel ou tel domaine de spécialité. À suivre la motivation de l'arrêt, il ne semblerait pas que cette hypothèse soit en soi critiquable au regard des règles de la profession[9].

462.68 Protection de l'intégrité de la profession d'avocat et bonne information du client. C'est ainsi qu'un avocat a fait l'objet d'une interdiction temporaire de douze mois dont six avec sursis pour

1. Toulouse, 15 févr. 2001, RG nos 2000/01962, 2000/01963, *D.* 2001. AJ 3345, obs. C. Manara ; *JCP* 2002. I. 136, no 17, obs. R. ; *CCC* 2002, no 25, note L. Grynbaum ; *LPA* 14 mai 2002, p. 9, note Ch. Mas-Bellissent.
2. Paris, pôle 2, Ch. 1, 17 déc. 2014, RG no 11/19174 ; – MÊME SENS : Décis. du bâtonnier du Mans, 25 févr. 2016, no 271036.
3. Civ. 1re, 4 mai 2012, no 11-11.180, NP ; *D.* 2012. 1540, obs. C. Manara ; *D.* 2013. 136, obs. Th. Wickers – E. Boccara, « À l'abordage ! coachingjudiciaire.com et conciergeriejuridique.com », *Gaz. Pal.* 8-10 juill. 2012, p. 3.
4. Civ. 1re, 4 mai 2012, no 11-11.180, NP ; *D.* 2012. 1540, obs. C. Manara ; *D.* 2013. 136, obs. Th. Wickers.
5. L. no 71-1130, 31 déc. 1971 portant réforme de certaines professions judiciaires et juridiques, *JO* 5 janv., p. 131, art. 1er, III, al. 1er à 3.
6. L. no 2011-331, 28 mars 2011 de modernisation des professions judiciaires ou juridiques et certaines professions réglementées, *JO* 29 mars, p. 5447.
7. L. no 71-1130, 31 déc. 1971, art. 1er, IV.
8. L. no 71-1130, 31 déc. 1971, art. 1er, V.
9. *D.* 2012. 1540, obs. C. Manara.

manquement aux principes d'honneur et de probité ainsi qu'en raison de multiples manquements aux règles régissant la communication des avocats, notamment en ayant recours à des noms de domaine génériques tels que frenchattorney.com, franceavocat.com, frenchsolicitor.com et avocat-immigration-X.com, utilisation qui a persisté malgré l'engagement pris par l'intéressé auprès de son bâtonnier d'y mettre fin. Il utilisait en outre des titres ne correspondant à aucune inscription effective auprès d'un barreau étranger (*solicitor*) et faisait référence à des bureaux à l'étranger qui étaient inexistants, créant ainsi dans l'esprit du public l'apparence d'une structure d'exercice inexistante et d'une qualification professionnelle non reconnue.

Pour la cour d'appel, « les dispositions de l'article 10.5. du RIN, en assurant le respect des exigences déontologiques de la profession, poursuivent les objectifs d'intérêt général de protection de l'intégrité de la profession d'avocat, d'une part, et de bonne information du client, d'autre part, et eu égard à ces objectifs, ces dispositions, en prohibant l'utilisation d'un nom de domaine générique par les avocats, ne portent pas une atteinte disproportionnée, ni au droit de propriété des avocats, ni à leur liberté de communication, ni, en tout état de cause, à la liberté d'entreprendre »[1].

462.69 **Risques de confusion.** En tout état de cause, s'il n'a jamais été envisagé d'interdire aux avocats de communiquer sur un nom de domaine et d'améliorer son référencement, ce qui est dénoncé, notamment par le barreau de Paris, ce sont les abus d'une minorité adoptant un vocable générique (avocat-divorce.com, divorce-avocat.com, aide-avocat.com, avocats-droit.com, permis.avocats.org, avocats-permisapoints.com...), à raison notamment de la confusion qu'il créer en laissant croire que les sites émanent des structures représentatives de la profession voire participent directement à l'élaboration et à la mise en œuvre de la norme elle-même (accident-dutravail.net, droitdelasecuritesociale.com, frenchdivorces.com, americanlawyersinparis.com...)[2].

Les mêmes principes ont d'ailleurs vocation à s'appliquer lorsque l'avocat développe un tel site internet dans le cadre de la vente de biens ou services connexes à la profession[3], tels que l'utilisation du nom de domaine www.divorce-amiable.net[4].

1. Paris, pôle 4, ch. 13, 11 févr. 2021, RG n° 19/08545 ; – CONFIRMANT : CD Paris, arr. n° 292991, 26 mars 2019.
2. *Bull. barr. Paris* 2009, n° 19, p. 234 – CD Paris, 26 mars 2019, n° 292991.
3. V. s^s n° 464.23.
4. CNB, Comm. RU, avis n° 2019-051, 18 mars 2020. Sur cette question, v. s^s n° 464.242.

CHAPITRE

463. Publicité personnelle

SECTION 0 ORIENTEUR

463.00 **Sommaire du chapitre.**

Division. La publicité personnelle de l'avocat qui s'entend de toute forme de communication destinée à promouvoir les services de l'avocat, obéit à des principes généraux (sect. 1) et peut être réalisée suivant plusieurs modes (sect. 2).

463.01 **Textes applicables.**

TEXTES TITRÉS

> Publicité personnelle de l'avocat

• **L. n° 71-1130, 31 déc. 1971**

art. 3 *bis* [Publicité personnelle]

• **Décr. n° 2005-790, 12 juill. 2005**

art. 15 [Publicité personnelle]

• **RIN**

art. 10 [Communication]

> Code de la consommation

• art. L. 121-3 [Pratique commerciale trompeuse]

463.02 **Jurisprudence de référence.**

> Distinction de la Publicité personnelle de la simple information à caractère juridique

• **Rennes, 2 juin 1981 ;** *in* A. DAMIEN, *Les grands arrêts*, Litec, 1991, p. 127.

* V. s^s n°s 321.41, 463.10.

« Considérant que la prohibition de déclaration de caractère professionnel à la presse, sauf accord du bâtonnier, est à interpréter en fonction de sa finalité, savoir l'interdiction de tout acte de publicité, celle-ci constituant le principe général dont les rapports de l'avocat avec la presse ne sont que l'application.

Considérant que les propos tenus ne peuvent s'analyser en un désir de publicité de la part de leur auteur ; que celui-ci se contente de signaler l'intérêt des associations de consommateurs et de déplorer pour de nombreux dossiers, la faiblesse des sanctions administratives ; que ses déclarations à cet égard même si l'on considère qu'il est également l'informateur du journaliste en fait de jurisprudence, ne constituent qu'une information de caractère juridique que tout habitué des prétoires aurait pu assurer ; qu'une opinion d'un avocat sur une jurisprudence, au demeurant locale, et son évolution, ne saurait constituer un acte de publicité de la part de celui-ci, d'autant qu'en l'espèce, Maître X... n'indique pas la part qu'il y a prise, ni les affaires dont il a eu à connaître. [...] »

> Distinction de la Publicité personnelle du démarchage

• **Civ. 1re, 12 juill. 2007,** n° 04-14.924, P I, n° 263.

* V. s^s n°s 321.43, 463.10, 466.161.

« Attendu qu'ayant constaté, outre un fait de démarchage interdit, que les articles parus dans des revues hebdomadaires gratuites d'annonces et de publicités, sous la forme de brèves informations juridiques accompagnées de la photographie, du nom et de l'adresse internet de l'auteur, étaient essentiellement destinés à assurer sa promotion personnelle et révélaient une recherche agressive de clientèle, la cour d'appel a ainsi, sans se fonder sur l'absence d'autorisation du bâtonnier et abstraction faite du motif surabondant tiré de l'absence de spécialisation desdites revues, exactement retenu que la publicité personnelle incriminée, effectuée sous le prétexte artificiel d'une information juridique succincte et insérée dans des publications à finalité exclusivement publicitaire et commerciale, ne répondait pas aux exigences de dignité et de délicatesse de la profession d'avocat, et, partant, ayant procédé à la recherche prétendument omise quant au caractère informatif des articles litigieux pour les lecteurs de telles publications, a légalement justifié sa décision. »

463.03 **Bibliographie indicative.**

* Aussi : v. s[s] n° 46.03.

Monographies. L. Arcelin-Lecuyer, *Droit de la publicité,* PUR, 2011 – D. Jensen, *Cabinet d'avocats,* 3e éd., « Dalloz Référence », 2016 – R. Fabre, M.-P. Bonnet-Desplan, N. Genty, N. Sermet, *Droit de la publicité et promotion des ventes,* 4e éd., « Dalloz Référence », 2014.

Articles. Th. Adeline-Delvolvé, « L'avocat soumis aux règles de l'achat public – Des contraintes à assimiler, des libertés à conquérir », *Gaz. Pal.* 2006, n° 40, p. 6 – S. Bortoluzzi, « Nouvelles règles en matière de publicité personnelle », *JCP* 2010. 717 – A. Cadiot-Feidt, « Publicité personnelle des avocats », *Gaz. Pal.* 7-8 janv. 2000, p. 2 – M. Chambert, « Le marketing dans la profession d'avocat », *Gaz. Pal.* 1992. 1. Doctr. 355 – A. Coignac, « La certification des cabinets d'avocats », *D. avocats* 2013. 39 – A. Dotézac de Rosnay, « La publicité de l'avocat et l'accès au droit », *Vie jud.* 2 févr. 1997, p. 2 – B. Grelon, « La certification ne nous apportait pas de « plus-value » en termes de compétence ou de valorisation significative en termes d'image » *JCP* 2012. 1060 – L. Israël, « Un droit de gauche ? Rénovation des pratiques professionnelles et nouvelles formes de militantisme des juristes engagés dans les années 1970 », *Sociétés contemporaines,* 2009/1, p. 47 – P. Lambert, « La publicité personnelle de l'avocat en marge de l'arrêt Casado Coca rendu par la CEDH », *Gaz. Pal.* 1994. 1. Doctr. 818 – B. de Vareilles-Sommières et Th. Geoffroy, « La certification ISO 9001 ou 9002 et son application aux cabinets d'avocats », *JCP* 2000. I. 230 – Th. Wickers, « Nous avons pu intégrer la totalité des aspects de la vie du cabinet à la politique qualité », *JCP* 2012. 1059.

Codes. UFMD, Charte de déontologie « Publicité ciblée et protection des internautes », 2011.

Rapports. D. de Ginestet, L. Dupont (dir.), *Vade-mecum : Communication des avocats,* 2e éd., CNB, 2020 – D. Piau (dir.), L. Dupont, *Guide de l'avocat mandataire en transactions immobilières du CNB,* 3e éd., oct. 2017 – F. Poirier, J.-L. Schermann, *Réforme de l'article 10 du RIN : Communication des avocats,* CNB, AG 10-11 oct. 2014.

SECTION 1
PROPOS LIMINAIRES

463.10 **Plan – Définition.** La publicité personnelle s'entend de toute forme de communication destinée à promouvoir les services de l'avocat. Elle inclut la sollicitation personnalisée[1], qui est un mode de publicité personnelle, ainsi que les annuaires[2] et les sites internet.

Il convient donc, pour savoir si l'on est en présence d'une publicité personnelle, de s'attacher à déterminer si l'avocat cherche à « promouvoir les services » qu'il offre. La distinction est parfois subtile entre la « promotion des services » et la simple « information juridique ». C'est ainsi que :

– n'est pas une publicité personnelle, le fait pour un avocat de se contenter de donner à un journaliste son opinion sur une jurisprudence locale, et son évolution, étant observé qu'il n'indique à aucun moment la part qu'il aurait prise dans cette jurisprudence, ni les affaires dont il a eu à connaître[3] ;

– est une publicité personnelle, le fait pour un avocat de faire paraître des articles dans des revues hebdomadaires gratuites d'annonces et de publicités, sous la forme de brèves informations juridiques accompagnées de sa photographie, son nom et de son adresse internet, dès lors que ces parutions régulières révèlent une « recherche agressive de clientèle », effectuée sous le prétexte artificiel d'une information juridique succincte et insérée dans des publications à finalité exclusivement publicitaire et commerciale[4].

La publicité personnelle de l'avocat obéit à des principes généraux (§ 1) et fait l'objet d'un contrôle ordinal (§ 2).

1. V. s[s] n°s 465.00 s.
2. V. s[s] n°s 463.81 s.

§ 1
Principes généraux

463.21 **Principes.** La publicité personnelle est permise à l'avocat si elles procurent une information sincère sur la nature des prestations de services proposées[5] et si leur mise en œuvre respecte les principes essentiels de la profession[6]. Elle doit satisfaire aux dispositions communes à toutes communications personnelles[7].

Elle devra également respecter les règles particulières applicables en fonction du support utilisé, tel qu'en matière de publicité télévisuelle ou radiophonique[8], du public auquel elle s'adresse, notamment s'il s'agit d'un consommateur[9], ainsi que de la mission en cause, tel que s'agissant de l'avocat mandataire en transaction immobilière[10].

L'appréciation en la matière sera d'autant plus rigoureuse qu'il convient de tenir compte de la finalité spécifique des supports utilisés.

3. V. s[s] n°s 464.00 s. – Rennes, 2 juin 1981, *Gaz. Pal.* 1981. 2. 596, note A. Damien ; *in* DAMIEN, *Les grands arrêts,* 1991, p. 127.
4. Civ. 1re, 12 juill. 2007, n° 04-14.924, P I, n° 263 ; *D.* 2008. 944, obs. B. Blanchard ; *JCP* 2007. I. 206, n° 4, obs. S. Bortoluzzi ; *JCP* 2008. I. 123, n° 14, obs. R. Martin ; *LPA* 18 déc. 2007, p. 13, note N. Morelli.
5. RIN, art. 10.2.
6. V. s[s] n°s 315.00 s.
7. V. s[s] n°s 461.11 s.
8. V. s[s] n° 463.58.
9. CJUE 15 janv. 2015, *Birutè Siba c/Arunas Devenas,* aff. C-537/13 ; *JOUE* 2 mars, p. 6 ; *D.* 2015. 213 ; *D.* 2015. 588, obs. H. Aubry, E. Poillot et N. Sauphanor-Brouillaud ; *D.avocats* 2015. 154, obs. D. Landry – Civ. 2e, 26 mars 2015, n° 14-11.599 ; *D.* 2015. 812 ; *D.* 2015. 1791, Chron. H. Adida-Canac, T. Vasseur, E. de Leiris, L. Lazerges-Cousquer, N. Touati, D. Chauchis et N. Palle – Civ. 2e, 26 mars 2015, n° 14-15.013 ; *D.* 2015. 1791, Chron. H. Adida-Canac, T. Vasseur, E. de Leiris, L. Lazerges-Cousquer, N. Touati, D. Chauchis et N. Palle – Civ. 2e, 26 mars 2015, n° 13-28.359, NP.
10. V. s[s] n°s 463.91 s.

463.22 Sollicitation personnalisée. Il convient, en outre, de ne jamais perdre de vue le fait que l'utilisation d'un mode de publicité personnelle (plaquettes de présentation du cabinet...) peut, suivant les modalités de diffusion, constituer une sollicitation personnalisée et devoir alors respecter les règles prévues en la matière, notamment s'agissant de l'indication des modalités de détermination du coût de la prestation [1].

463.23 Modalité de réalisation de la publicité. L'ancien article 10 du RIN [2] énumérait les moyens de publicité personnelle auxquels pouvait, notamment, avoir recours l'avocat : lettres d'informations générales sur le cabinet, les missions de celui-ci, le droit et la jurisprudence, la publication de faire-part ou annonces destinés à la diffusion d'informations ponctuelles et techniques, la publication dans les annuaires ou dans la presse, d'encarts publicitaires, la diffusion de plaquettes de présentation du cabinet. Cette liste n'était pas limitative, de sorte qu'elle fut supprimée lors la nouvelle rédaction issue de la DCN n° 2014-001 du 10 octobre 2014 [3].

Tout support, ce compris les tracts, affiches, films cinématographiques, émissions radiophoniques ou télévisées [4], peut être envisagé par un avocat aux fins de réaliser une publicité personnelle.

463.24 Légalité des moyens mis en œuvre dans le respect des principes essentiels. Les moyens employés dans le cadre de la publicité personnelle doivent être légaux et mis en œuvre dans le strict et nécessaire respect du secret professionnel [5] et des principes essentiels [6], notamment, de loyauté, de délicatesse, mais aussi de dignité, de modération, d'honneur, d'indépendance, et de confraternité.

L'appréciation se fera, nécessairement, au cas par cas et en tenant compte du contexte.

Il n'est dès lors pas certain que le panneau grand format sur l'autoroute vantant les mérites d'un avocat dans le domaine des accidents de la circulation, ou la diffusion d'une banderole aéro-tractée sur les plages attirant l'attention sur les risques liés à l'usage des crèmes solaires, tout comme les sets de table vantant les mérites d'un cabinet d'avocat et posés sur toutes les tables d'un restaurant, ou encore une publicité aux couleurs vives et utilisant des photographies aguicheuses, soient considérés comme conformes aux principes essentiels [7].

Il a pu être considéré que ne respectait pas les principes essentiels de délicatesse et de dignité, l'avocat qui diffuse en boucle le logo de son cabinet, son image et ses coordonnées sur des écrans situés dans le hall d'attente d'un hôpital, en ce qu'il cible des personnes en situation de faiblesse [8].

463.25 Principe de loyauté. Le principe de loyauté, auquel est tenu l'avocat [9] est un principe directeur en matière de publicité qui « transcende l'ensemble de la matière » [10], il se doit d'être strictement respecté dans le cadre de la mise en œuvre de toute publicité personnelle qui ne doit jamais conduire à constituer un acte de concurrence déloyale [11], mais encore comporter des informations mensongères, trompeuses ou de nature à induire en erreur [12].

463.26 Directive 2005/29, Parlement et Conseil, 11 mai 2005 relative aux pratiques commerciales déloyales des entreprises vis-à-vis des consommateurs. Au demeurant, de manière plus spécifique, la publicité personnelle de l'avocat, et encore plus la sollicitation personnalisée [13] et le recours à des sites internet [14], entre dans le champ d'application de la directive 2005/29 [15] sur les pratiques commerciales déloyales, laquelle définie le professionnel comme toute personne physique ou morale qui agit à des fins qui entrent dans le cadre de son activité libérale, et toute personne agissant au nom ou pour le compte de cette même personne [16].

Il est précisé que ces dispositions s'appliquent sans préjudice des conditions d'établissement ou des régimes d'autorisation ou des codes de déontologie ou de toute autre disposition spécifique régissant les professions réglementées que les États membres peuvent imposer aux professionnels, conformément à la législation de l'Union européenne, pour garantir que ceux-ci répondent à un niveau élevé d'inté-

1. V. s[s] n°s 465.00 s.
2. Comm. RU, commentaire de la décision à caractère normatif n° 2010-002, 20 mai 2010, disponible sur le site du CNB.
3. DCN n° 2014-001, CNB, AG 10 oct. 2014, publié au *JO* par décis. du 13 nov. 2014, *JO* 5 déc.
4. CE 13 déc. 2013, req. n° 361593, NP ; *D.* 2014. 27 ; *D.* 2014. 169, obs. Th. Wickers.
5. V. s[s] n°s 412.00 s.
6. V. s[s] n°s 321.00 s.
7. D. Piau, « La sollicitation personnalisée vise à protéger les usagers d'un démarchage agressif », *LJA*, n° 1155, 31 mars 2014, p. 5.
8. CNB, Comm. RU, avis n° 2016-045, 7 juin 2016.
9. V. s[s] n°s 332.00 s.
10. L. Arcelin-Lecuyer, *Droit de la publicité*, PUR, « Didact », 2011, p. 131 s. – M. Malaurie-Vignal, « Publicité et concurrence déloyale », *Droit de la concurrence et droit de la publicité : Accords et désaccords,* colloque La Rochelle, 27 mai 2011, *RLC*, n° 31/2012.
11. V. s[s] n°s 332.81 s.
12. RIN, art. 10.2.
13. V. s[s] n°s 465.00 s.
14. V. s[s] n°s 464.00 s.
15. Dir. 2005/29, Parlement et Conseil, 11 mai 2005 relative aux pratiques commerciales déloyales des entreprises vis-à-vis des consommateurs dans le marché intérieur et modifiant la directive 84/450/CEE du Conseil et les directives 97/7/CE 98/27/CE et 2002/65/CE du Parlement européen et du Conseil et le règlement (CE) n° 2006/2004 du Parlement européen et du Conseil, *JOCE* 11 juin, p. 22.
16. Dir. 2005/29, Parlement et Conseil, 11 mai 2005, art. 2, b).

grité[1], faisant que les avocats y sont pleinement soumis, aucune exemption en figurant à leur égard. Les avocats sont dès lors soumis aux interdictions en la matière telles que figurant dans le Titre II du livre Ier du code de la consommation et dont l'article L. 121-1 pose le principe suivant lequel les pratiques commerciales déloyales sont interdites[2].

463.27 **Notion de pratique commerciale déloyale.** Une pratique commerciale, à savoir toute action, omission, conduite, démarche ou communication commerciale, y compris la publicité et le marketing, de la part d'un professionnel, en relation directe avec la promotion, la vente ou la fourniture d'un produit aux consommateurs[3], est déloyale lorsqu'elle est contraire aux exigences de la diligence professionnelle et qu'elle altère, ou est susceptible d'altérer de manière substantielle, le comportement économique du consommateur normalement informé et raisonnablement attentif et avisé, à l'égard d'un bien ou d'un service.

Le caractère déloyal d'une pratique commerciale visant une catégorie particulière de consommateurs ou un groupe de consommateurs vulnérables en raison d'une infirmité mentale ou physique, de leur âge ou de leur crédulité s'apprécie au regard de la capacité moyenne de discernement de la catégorie ou du groupe.

Et ce qu'il s'agisse des publicités trompeuses[4] ou de pratiques agressives[5], étant précisé que, lorsqu'une pratique agressive aboutit à la conclusion d'une convention d'honoraires entre l'avocat et son client, celle-ci est nulle et de nul effet[6].

463.28 **Principes essentiels.** En tout état de cause, de telles pratiques n'apparaissent pas conformes aux principes essentiels, notamment de délicatesse, de dignité et de loyauté, que l'avocat se doit de respecter dans la mise en œuvre de toute publicité personnelle.

L'application des seules règles déontologiques aboutit au même résultat, mais les conséquences peuvent aller au-delà de la seule sanction disciplinaire compte tenu des sanctions pénales et administratives qui sont alors encourues[7].

§ 2 Contrôle ordinal

463.31 **Communication sans délai au bâtonnier.** Si l'article 15 du décret du 12 juillet 2005 n'a pas repris l'obligation posée à l'ancien article 161[8] du décret du 27 novembre 1991 de communiquer la publicité au barreau, l'article 10.1 du RIN avait maintenu cette obligation : la publicité devait être communiquée préalablement.

La DCN n° 2014-001 du 10 octobre 2014[9], a remplacé, à l'article 10.3 du RIN, le terme « préalablement » par celui de « sans délai » faisant que, depuis 2015, toute publicité, ce compris les sollicitations personnalisées[10], doit être communiquée sans délai au barreau. Il est en effet parut nécessaire de tenir compte des contraintes liées à la réalisation technique des modes de publicité personnelle et aux délais imposés par les supports, et donc de proposer une rédaction plus souple avec l'emploi du terme « sans délai », qui signifie « dès que possible »[11].

463.32 **Directive services.** Un contrôle au regard de nos règles déontologiques s'impose d'autant plus que l'alinéa 2 de l'article 24 de la directive 2006/123[12] prévoit que : « Les États membres veillent à ce que les communications commerciales faites par les professions réglementées respectent les règles professionnelles, conformes au droit de l'Union européenne, qui visent notamment l'indépendance, la dignité et l'intégrité de la profession ainsi que le secret professionnel, en fonction de la spécificité de chaque profession. »[13].

463.33 **Contrôle *a posteriori*.** Cette communication est destinée à permettre au bâtonnier, non pas de rendre une décision autorisant ou non la publicité, mais de donner éventuellement son avis avant diffusion ou mise en ligne[14] : il n'y a pas de contrôle *a priori* en la matière[15]. Et il appartiendra, en tout état de cause, au bâtonnier d'engager des poursuites disciplinaires[16], s'il le juge utile, en cas de non-respect de cet avis et/ou de manquement aux dispositions du RIN.

1. Dir. 2005/29, Parlement et Conseil, 11 mai 2005, art. 3, p[t] 8.
2. V. s[s] n°s 466.70 s.
3. Dir. 2005/29, Parlement et Conseil, 11 mai 2005, art. 2, d).
4. V. s[s] n°s 466.101 s.
5. V. s[s] n°s 466.131 s.
6. C. consom., art. L. 132-10.
7. V. s[s] n°s 466.00 s.
8. Décr. n° 91-1197, 27 nov. 1991, art. 161 ; abrog. par décr. n° 2005-790, 12 juill. 2005, art. 22.
9. DCN n° 2014-001, CNB, AG 10 oct. 2014, publié par décis. 13 nov. 2014 au *JO* 5 déc. 2014.
10. V. s[s] n°s 465.00 s.
11. Rapport F. Poirier, J.-L. Schermann, *Réforme de l'art. 10 du RIN, Communication des avocats*, CNB, AG 10-11 oct. 2014, p. 13.
12. Dir. 2006/123, Parlement et Conseil, 12 déc. 2006 relative aux services dans le marché intérieur, art. 24.
13. ÉGALEMENT : CEDH 24 févr. 1994, *Casado Coca c/Espagne*, req. n° 15450/89 ; *AJDA* 1994. 511, Chron. J.-F. Flauss – P. Lambert, « La publicité personnelle de l'avocat en marge de l'arrêt Casado Coca rendu par la CEDH », *Gaz. Pal.* 1994. 1. Doctr. 818.
14. V. s[s] n°s 511.371 s.
15. D. de Ginestet, L. Dupont (dir.), *Vade-mecum : Communication des avocats*, 2e éd., CNB, 2020, fiche n° 7 : Le contrôle ordinal – Rennes, 18 sept. 2020, RG n° 20/00380
16. V. s[s] n°s 522.00 s.

On notera que l'argument d'une absence de remarque du bâtonnier ne saurait prospérer en la matière[1] d'autant que certains barreaux peuvent renoncer à se prévaloir des dispositions du RIN, comme l'avait fait celui de Nevers[2].

Les lumières du bâtonnier sont des plus utiles pour éclairer la pratique déontologique des avocats face à des situations nouvelles. Dans ce cadre, le barreau de Paris avait d'ailleurs pu réaliser de telles démarches en vue de « prévenir les avocats qui se sont parfois égarés par inadvertance »[3].

463.34 Publicités télévisées et radiophoniques. Le barreau de Paris a prévu dans son règlement intérieur que les messages et descriptifs complets des publicités télévisées et radiophoniques, ou diffusés par tout autre moyen de communication de masse, devront être préalablement communiqués au barreau dans des délais lui permettant de faire utilement ses observations avant le montage définitif dont la date devra être précisée par l'avocat dans sa saisine[4].

Il s'agit de rendre efficient le contrôle *a priori*, s'agissant de modes de diffusion de publicité pour lesquels les impacts sont loin d'être négligeables, notamment pour l'image même de la profession dans son ensemble.

SECTION 2
MODES DE PUBLICITÉ PERSONNELLE

463.40 Plan. Les modes de publicité personnelle sont variées : publicité au sens large (§ 1), mécénat, parrainage ou *sponsoring* (§ 2), recours aux supports statiques (§ 3) ou encore annuaires (§ 4). L'avocat peut, en outre, être tenu de respecter des règles particulières relatives à la mission qu'il exerce dans l'intérêt de son client, tel que s'agissant de l'avocat exerçant une mission mandataire en transaction immobilière présente des particularités (§ 5).

§ 1
Publicité

463.51 Correspondance. Le terme de correspondance a remplacé, en 2010, le terme « papier à lettres » qui ne permettait pas de tenir compte des modes modernes de correspondance (courriel notamment) et des traitements de texte permettant de moduler le document en fonction notamment du destinataire ou de l'auteur de la correspondance.

La notion de correspondance vise tout échange de lettres ou d'autres messages assimilés (télex, télégramme, courriel...)[5]. Elle inclut les cartes de visite.

Toutes correspondances utilisées par l'avocat dans le cadre de son exercice professionnel se doivent de respecter les dispositions prévues à cet effet, et ce, notamment, celles qui seraient utilisées afin de réaliser des sollicitations personnalisées[6].

463.52 Plaquette de présentation du cabinet. La plaquette de présentation d'un cabinet d'avocat ne peut mentionner le nom des clients[7] ainsi que des activités sans lien avec l'exercice professionnel. Les comparaisons entre cabinets, les mentions qualitatives sont de façon générale interdites.

La plaquette est imprimée et diffusée sous la seule responsabilité de son ou ses auteurs nommément désignés.

463.53 Lettre d'information générale, communiqués de presse. L'envoi, par voie postale ou électronique, de lettres d'information générale sur le cabinet, les missions de celui-ci, le droit et la jurisprudence est un mode de publicité personnelle.

Il convient d'insister sur le fait qu'une telle diffusion, si elle est effectuée par voie de mailing, doit respecter les règles en la matière[8] et qu'il est alors nécessaire de s'assurer de l'inscription préalable de la personne sur l'envoi de telles lettres et de sa possibilité de pouvoir se désabonner à tout moment, notamment lors de l'envoi de chaque lettre d'information.

Par ailleurs, toute publicité, sous quelque forme que ce soit, accessible par un service de communication au public en ligne, doit pouvoir être clairement identifiée comme telle. Elle doit rendre clairement identifiable la personne physique ou morale pour le compte de laquelle elle est réalisée[9].

463.54 Communiqués de presse, faire-part et annonces diverses. La diffusion de communiqués de presse, ou la publication de faire-part ou annonces, destinés à la diffusion d'informations ponctuelles et techniques, telles que l'installation de l'avocat dans de nouveaux locaux, la venue d'un nouvel associé, la participation à un groupement autorisé, ou l'ouverture d'un bureau secondaire[10], ou encore la pratique

1. Civ. 1re, 25 mars 1991, n° 89-14.366, P P I, n° 107 – Civ. 1re, 17 juill. 1990, n° 89-16.116, P P I, n° 198.
2. Bourges, ch., 13 avr. 2006, *barreau de Nevers*.
3. *Bull. barr. Paris* 2009, n° 19, p. 234 – Sur la procédure ordinale, v. ss nos 511.00 s.
4. RIBP, art. 10.0.3.
5. G. Cornu (Dir.) – Association Henri Capitant, *Vocabulaire Juridique*, 5e éd., Puf, 1996, p. 215.
6. V. ss nos 465.00 s.
7. V. ss n° 461.102.
8. V. ss nos 465.111 s.
9. L. n° 2004-575, 21 juin 2004 pour la confiance dans l'économie numérique, *JO* 22 juin, p. 11168, art. 20.
10. CNB, Comm. RU, avis n° 2003-037, 28 nov. 2003.

des vœux du Nouvel an constituent des modes de publicité personnelle.

463.55 **Encart publicitaire.** La publication d'encarts publicitaires dans les annuaires, dans la presse, ou sur tout autre support tel que le véhicule de l'avocat[1], un panneau d'affichage réservé au personnel d'un hôpital, en contrepartie du paiement d'une cotisation d'adhésion au comité d'entreprise dudit personnel[2], sous réserve que leur présentation, leur emplacement ou leur contenu soient conformes aux principes essentiels et ne soient pas de nature à induire le public en erreur est autorisée.

Elle a été admise pour la première fois par un arrêté du conseil de l'Ordre de Paris du 5 janvier 1999[3]. La publicité par voie de presse est licite pour autant qu'elle prenne en compte : la nature du support, le plan média dans son ensemble, la forme du message publicitaire, et les mentions de ce message. En l'espèce, la publicité en cause avait été diffusée dans un quotidien national et était très sobre. En revanche, sous l'empire des textes anciens, la diffusion chaque semaine d'encarts publicitaires dans deux journaux d'annonces gratuits a été considérée en raison de son caractère répétitif, systématique et habituel comme ne répondant pas aux exigences de discrétion et de dignité[4].

D'une manière générale, la présentation, l'emplacement ou le contenu des encarts publicitaires ne doit pas être de nature à induire le public en erreur[5] ou à constituer un acte de concurrence déloyale[6].

463.56 **Publireportage.** Il convient de noter, qu'en cas d'encart dit rédactionnel (publireportage)[7], auquel sont assimilées les « publicités natives », l'article 10 de la loi du 1er août 1986[8] impose que tout article de publicité à présentation rédactionnelle soit précédé de la mention « publicité » ou « communiqué », afin qu'il n'y ait pas d'ambiguïté quant à sa nature.

La CJUE a précisé, à cet égard, que la directive 2005/29[9] interdit les publi-reportages afin de protéger le consommateur contre la publicité cachée, c'est-à-dire contre les contenus rédactionnels pour lesquels les professionnels annonceurs ont fourni des avantages sans le signaler. Par conséquent, la promotion de produits par un professionnel en utilisant une plateforme médiatique en contrepartie d'un avantage économique, sans une indication claire au consommateur, en l'occurrence la mise à disposition gratuite, par le professionnel, d'images protégées par des droits d'utilisation, sur lesquelles sont visibles les locaux commerciaux et des produits commercialisés par celui-ci, est une pratique commerciale déloyale contraire au droit de l'Union européenne[10].

463.57 **Site internet et application.** Le site internet est un support de publicité personnelle admis[11], tout comme une application pour Smartphone ou Iphone dont l'objet consiste à mettre à disposition du public les enregistrements vidéo de diverses présentations de problématiques juridiques ressortissants de la vie quotidienne et faits par les avocats du cabinet émetteur de l'application. Une telle application n'est pas, en soi, critiquable dès lors qu'elle respecte les règles de la profession et notamment les principes essentiels[12].

La publicité par voie de diffusion télévisuelle sera soumise aux dispositions du décret du 27 mars 1992[13], dont l'article 2 définit la publicité comme toute forme de message télévisé diffusé contre rémunération ou autre contrepartie en vue soit de promouvoir la fourniture de biens ou services, y compris ceux qui sont présentés sous leur appellation générique, dans le cadre d'une activité de profession libérale, telle que la profession d'avocat. Il convient de préciser que la mise à disposition de messages publicitaires, ou de parrainage par un éditeur de services de médias audiovisuels à la demande est toutefois régie par le décret du 12 novembre 2010[14]. La publicité par voie de diffusion radiophonique sera, elle, soumise aux dispositions du décret du 6 avril 1987[15].

1. CNB, Comm. RU, avis n° 2015-020, 18 mai 2015 – CNB, Comm. RU, avis n° 2015-023, 26 juin 2015 ; C. avocat 2021, ss RIN, art. 10, note 23.
2. CNB, Comm. RU, avis n° 2019-034, 14 oct. 2019.
3. Cons. ordre Paris, 5 janv. 1999, *D.* 2000. Somm. 149, obs. B. Blanchard ; *JCP* 1999. II. 10080, note R. Martin ; *Gaz. Pal.* 3-7 sept 1999, 43, note A. Damien.
4. Paris, 31 mai 1995, *BICC* 15 sept. 1995, n° 907.
5. V. ss nos 461.81 s.
6. CNB, Comm. RU, avis n° 2012-057, 20 nov. 2012 – V. ss n° 463.83.
7. CNB, Comm. RU, avis n° 2011-010, 30 mars 2011.
8. L. n° 86-897, 1er août 1986 portant réforme du régime juridique de la presse, *JO* 2 août, p. 9529.
9. Dir. 2005/29, Parlement et Conseil, 11 mai 2005.
10. CJUE 2 sept. 2020, *Peek & Cloppenburg KG,* aff. C-371/20.
11. V. ss nos 464.00 s.
12. CNB, Comm. RU, avis n° 2014-024, 30 juin 2014 ; C. avocat 2021, ss RIN, art. 10, note 22.
13. Décr. n° 92-280, 27 mars 1992 pris pour l'application des articles 27 et 33 de la loi n° 86-1067, 30 sept. 1986 et fixant les principes généraux définissant les obligations des éditeurs de services en matière de publicité, de parrainage et de télé-achat, *JO* 28 mars, p. 4313.
14. Décr. n° 92-280, 27 mars 1992, art. 1er al. 2 – Décr. n° 2010-1379, 12 nov. 2010 relatif aux services de médias audiovisuels à la demande, *JO* 14 nov., p. 20315.
15. Décr. n° 87-239, 6 avr. 1987 pris pour l'application de l'article 27-I de la loi n° 86-1067 du 30 septembre 1986 relative à la liberté de communication et fixant pour les services privés de radiodiffusion sonore diffusés par voie hertzienne terrestre ou par satellite le régime applicable à la publicité et au parrainage, *JO* 7 avr., p. 3874.

L'Arcom qui a repris, depuis le 1er janvier 2022, les attributions du Conseil supérieur de l'audiovisuel, exerce un contrôle, par tous moyens appropriés, sur l'objet, le contenu et les modalités de programmation des émissions publicitaires diffusées par les services de communication audiovisuelle. Elle peut prendre en compte les recommandations de l'autorité de régulation professionnelle de la publicité (Arpp)[1]. L'Arpp, anciennement Bvp, est l'organisme de régulation professionnelle de la publicité en France. Elle a pour but de mener toute action en faveur d'une publicité loyale, véridique et saine, dans l'intérêt des consommateurs, du public et des professionnels de la publicité. À cet égard, toute publicité diffusée à la télévision doit obligatoirement être visionnée par l'Arpp qui émet un avis (« favorable », « à modifier », « à ne pas diffuser ») avant diffusion.

463.58 **Publicité ciblée.** La publicité ciblée n'est pas de la sollicitation personnalisée, laquelle implique l'envoi d'un message reçu par un destinataire à des coordonnées de correspondance qui lui sont propres[2]. La publicité ciblée consiste à faire en sorte que la publicité personnelle effectuée par l'avocat, ou une version de cette publicité différente suivant les « cibles », soit portée à la connaissance de certaines personnes sélectionnées en fonction de critères déterminés, recueillis soit par l'avocat lui-même (cookie sur son site[3]), soient par des tiers (autres sites internets, données des profils sur les réseaux sociaux, mots-clés dans les courriels transitant par certaines messageries...), et se distingue de la sollicitation personnalisée par sa technique de diffusion et ses objectifs.

Il convient de distinguer la simple publicité sémantique ou publicité contextuelle qui ne cible pas le destinataire de la publicité mais le seul contexte dans lequel elle est diffusée (contenu textuel d'une page de site internet, salle d'attente d'un aéroport ou salon business de ce même aéroport...), et ne fait pas l'objet de dispositions particulières, de la publicité comportementale, personnalisée ou géo-adaptée, qui est ciblée en fonction du profil même de son destinataire, et des informations propres à ce dernier, lesquelles nécessitent un consentement préalable de l'internaute[4] (bandeau d'information précisant que des traceurs sont utilisés pour l'affichage de publicité ciblée, option permettant d'afficher les publicités sans traçage par défaut et ce tant que l'internaute n'a pas donné son consentement à être tracé, mécanismes permettant de s'opposer à ce traçage ou d'y mettre fin).

La Cnil s'est penchée sur ce mode de diffusion publicitaire[5], qui implique, par nature, un traitement de données personnelles afin de déterminer les modalités de diffusion[6]. Des règles ont été posées en la matière par les professionnels du marketing direct[7], et la Cnil a élaboré un projet de recommandation en 2020[8], tout avocat qui recourt à un tel mode de diffusion publicitaire, afin de promouvoir sa notoriété, son image ou ses services, doit s'assurer de la conformité des supports de diffusion auquel il a recours, à défaut il encourt la mise en jeu de sa responsabilité pénale et disciplinaire.

463.59 **Toutes autres modalités.** Il n'y a pas de limite en la matière, tout support de communication étant envisageable dès lors que sont respectés les principes essentiels de la profession : conférences, séminaires, salons professionnels[9], événementiel, interview, tracts, affiches, films publicitaires, émissions radiophoniques ou télévisées, forums de recrutements (job fair) ou communication dans les annuaires ou revues en vue de recrutement... jusqu'aux prix, trophées, et classements.

Cette dernière catégorie illustre, si besoin était, la nécessaire prudence qu'il convient d'avoir en la matière : il est apparu que certains prix, trophées ou classements ne sont en réalité que des opérations commerciales qui imposent au cabinet d'avocat qui souhaite y participer de rémunérer l'organisateur en achetant des encarts publicitaires ou des tables lors de la soirée de remise des prix, il n'est pas certain que ceci soit conforme aux principes essentiels, et notamment au principe de loyauté.

C'est ainsi qu'il apparaît possible pour un avocat de diffuser une publicité au dos d'un ticket de caisse d'un supermarché, laquelle ne contrevient pas, en soi, aux principes de délicatesse et de dignité dès lors qu'elle n'est pas associée à d'autres annonces publicitaires susceptibles de ternir l'image de la profession. Il revient à l'avocat d'attirer l'attention de la régie publicitaire sur les risques d'association de sa publicité avec d'autres publicités au dos du ticket, qui pourraient porter atteinte à la dignité de la profession d'avocat[10].

1. L. n° 86-1067, 30 sept. 1986 relative à la liberté de communication, *JO* 1er oct., p. 11755, art. 14.
2. CPCE, art. L. 34-5 – C. consom., art. L. 221-16.
3. V. ss n° 464.114
4. CJUE 1er oct. 2019, *Bundesverband der Verbraucherzentralen und Verbraucherverbände – Verbraucherzentrale Bundesverband eV contre Planet49 GmbH*, aff. C-673/17.
5. Cnil *La publicité ciblée en ligne*, 5 févr. 2009.
6. « La Cnil met publiquement en demeure Facebook de se conformer, dans un délai de trois mois, à la loi Informatique et Libertés », Communiqué Cnil, 8 févr. 2016.
7. UFMD, Charte de déontologie *Publicité ciblée et protection des internautes*, 2011.
8. Cnil, « Publicité ciblée en ligne : quels enjeux pour la protection des données personnelles ? », 14 janv. 2020.
9. CNB, Comm. RU, avis n° 2008-033, 3 juin 2008.
10. CNB, Comm. RU, avis n° 2018-019, 13 avr. 2018.

De même qu'aucun texte n'interdit à un avocat d'organiser sur un réseau social de type *Instagram* un jeu-concours ayant pour objet de faire gagner une carte-cadeau dès lors que la présentation dudit jeu-concours respecte une forme d'expression « bienséante », conforme aux règles de la profession. Il appartient à l'avocat de s'assurer de la conformité de son opération à la réglementation applicable aux jeux-concours[1].

§ 2
Mécénat, parrainage ou *sponsoring*

463.61 **Nature particulière.** Certaines formes de publicités personnelles par un cabinet d'avocat revêtent, par leurs modalités de mise en œuvre, une nature particulière dès lors qu'elles présentent un espace restreint en termes de mentions informatives. Rappelons, toutefois, que toute communication de l'avocat doit uniquement, et expressément, faire état de sa qualité d'avocat et du barreau auprès duquel il est inscrit. Elle doit ensuite simplement mentionner de façon immédiatement visible ou accessible, les éléments permettant, quel qu'en soit le support, de l'identifier, de le localiser, de le joindre[2], la structure d'exercice à laquelle il appartient et, le cas échéant, le réseau dont il est membre[3].

Cela est conforme à ce que prévoit le droit de la consommation dans la mesure où les dispositions de l'article L. 221-12 du code de la consommation disposent que : « Lorsque le moyen de communication utilisé impose des limites d'espace ou de temps, il y a lieu, pour apprécier si des informations substantielles ont été omises, de tenir compte de ces limites ainsi que de toute mesure prise par le professionnel pour mettre ces informations à la disposition du consommateur par d'autres moyens »[4]. Ainsi, lorsque le format, la technique ou le support publicitaire ne permet pas d'inscrire toutes les mentions obligatoires dans le cadre du support publicitaire lui-même, elles doivent être rendues directement accessibles par tout moyen, sous réserve que figurent les informations pertinentes permettant d'identifier aisément l'avocat annonceur.

Il en sera ainsi des espaces publicitaires limités dans le temps ou dans l'espace : publicité digitale[5], publicité *display* sur internet ou sur mobile, les liens sponsorisés, la publicité via les réseaux sociaux, les services de média audiovisuel à la demande (SMAd)[6], les objets publicitaires, la radio...[7].

Par conséquent, si les contraintes de temps et/ou d'espace le justifient, l'on peut seulement indiquer sur le support publicitaire utilisé, les éléments pertinents d'identification et de localisation de l'avocat (son nom ou sa dénomination et son barreau d'inscription), tandis que, le cas échéant, les autres mentions obligatoires visées à l'article 10.2 du RIN[8] peuvent faire l'objet d'un renvoi[9].

463.62 **Mécénat, parrainage, sponsoring.** Il est loisible aux cabinets de participer à des opérations de mécénat sportif ou artistique, tels que la réalisation d'un film documentaire sur les valeurs du sport prévoyant la citation du cabinet dans le générique de fin[10], le sponsoring de manifestations culturelles ou sportives avec mention du nom et / ou du logo du cabinet sur les affiches ou autres supports publicitaires. Il convient toutefois de veiller à ne pas se retrouver dans des situations de nature à porter atteinte au principe de dignité ou à l'honneur de la profession.

De même, l'affichage par un cabinet d'avocats d'un panneau publicitaire dans l'enceinte d'un club sportif comprenant le nom et les coordonnées du cabinet, ainsi que l'apposition d'un logo sur des tenues de sport ne sont pas, en soi, interdits[11], tout comme l'apposition par un avocat de son logo et ses coordonnées sur une plaquette et sur un véhicule participant au rallye humanitaire[12]. Il en est de même de la participation à des chaires, fondations, ou des partenariats avec des grandes écoles ou des diplômes universitaires.

Les cabinets d'avocats peuvent, par ailleurs, mettre en place une fondation d'entreprise[13] qui leur est

1. CNB, Comm. RU, avis n° 2021-015, 15 mai 2021.
2. CNB, Comm. RU, avis n° 2016-009, 3 févr. 2016.
3. Décr. n° 91-197, 27 nov. 1991, art. 54 – V. s^{s} n°s 461.40 s.
4. CJUE 29 janv. 2019, *Walbusch Walter Busch*, aff. C-430/17 ; *D.* 2019. 196 ; *D.* 2020. 630, obs. N. Sauphanor-Brouillaud.
5. L. n° 93-122, 29 janv. 1993 relative à la prévention de la corruption et à la transparence de la vie économique et des procédures publiques, *JO* 30 janv., p. 1588, art. 23 – Décr. n° 2017-159, 9 févr. 2017 relatif aux prestations de publicité digitale, *JO* 11 févr., n° 24.
6. http://www.arpp-pub.org/IMG/pdf/Recommandation.mentions.et.renvois-2.pdf
7. http://www.arpp-pub.org/IMG/pdf/Recommandation.comunication.publicitaire.digitale.V4-2.pdf
8. V. s^{s} n°s 461.40 s.
9. D. Piau (dir.), L. Dupont, *Vade-mecum de la communication des avocats*, CNB, mars 2016, fiche n° 2 : Publicité personnelle.
10. CD Paris, arr. n° 223461, 8 nov. 2011.
11. CNB, Comm. RU, avis n° 2011-018, 25 mai 2011 ; C. avocat 2021, s^{s} décr. n° 2005-790, 12 juill. 2005, art. 15, note 24.
12. CNB, Comm. RU, avis n° 2012-049, 27 nov. 2012.
13. Décr. n° 91-1005, 30 sept. 1991 pris pour l'application de la loi n° 90-559 du 4 juillet 1990 créant les fondations d'entreprise et modifiant les dispositions de la loi n° 87-571 du 23 juillet 1987 sur le développement du mécénat relatives aux fondations, *JO* 2 oct., p. 12836.

propre. Dans ce dernier cas, ladite fondation devra naturellement être respectueuse des règles applicables à tout avocat en matière de publicité personnelle.

463.63 **Parrainage télévisuel ou radiophonique.** Constitue un parrainage toute contribution d'une entreprise ou d'une personne morale publique ou privée ou d'une personne physique, n'exerçant pas d'activités d'édition de services de télévision ou de médias audiovisuels à la demande ou de production d'œuvres audiovisuelles, au financement de services de télévision ou de programmes dans le but de promouvoir son nom, sa marque, son image ou ses missions.

Le parrainage par voie de diffusion télévisuelle est soumis aux dispositions des articles 17 [1] et suivants du décret du 27 mars 1992 celui par voie de diffusion radiophonique aux dispositions de l'article 9 [2] du décret du 6 avril 1987.

463.64 **Objet publicitaire.** Rien n'empêche à un cabinet d'avocat, d'avoir recours à des objets publicitaires ou *goodies* : stylos, crayons, jetons de caddies de supermarchés [3] et autres gadgets au nom du cabinet sous réserve, ici encore, que leur nature, leur présentation et leur diffusion soient conformes aux principes essentiels et ne soient pas de nature à induire le public en erreur.

On peut les remettre à des clients, les diffuser à l'occasion de salons, foires, événements sportifs...

463.65 **Annuaires professionnels – Renvoi.** Sur les sites de référencement et annuaire professionnels, v. s[s] n°s 463.81 s.

§ 3
Supports statiques

463.71 **Accès à l'activité de l'avocat.** Les communications de l'avocat qui sont destinées à permettre l'accès direct à l'activité de l'avocat ne constituent pas, au même titre que les dénominations et les noms de domaine, en tant que telles des « communications commerciales » au sens de la directive 2006/123 [4], dite services [5].

Elles sont depuis 2020 [6] soumises aux règles de droit commun en matière de publicité.

1. Décr. n° 92-280, 27 mars 1992, art. 17 s.
2. Décr. n° 87-239, 6 avr. 1987, p. 3874, art. 9.
3. CNB, Comm. RU, avis n° 2015-023, 26 juin 2015 ; C. avocat 2021, s[s] RIN, art. 10, avis CNB, note 23.
4. Dir. 2006/123, Parlement et Conseil, 12 déc. 2006 relative aux services dans le marché intérieur, art. 4, 12), a) et considérant n° 100.
5. V. s[s] n° 462.31.
6. V. s[s] n° 461.32 – SUR LE RÉGIME ANTÉRIEUR : D. Piau, S. Bortoluzzi, Th. Wickers, *Règles de la profession d'avocat*, 17e éd., « Dalloz Action », 2018, n°s 462.11 s.

463.72 **Plaque professionnelle.** La plaque professionnelle s'entend de tout support qui a pour seul objet de signaler l'implantation d'un cabinet d'avocat [7]. Il est admis que plusieurs plaques puissent être disposées afin de signaler l'emplacement d'un cabinet d'avocat, sans que cette multiplicité des plaques et indications n'apparaisse comme contraire aux principes d'honneur, de dignité ou de délicatesse [8]. Il en va de même de l'apposition d'une plaque portant la mention « cabinet d'avocats » en dehors de son immeuble, à l'entrée de l'allée conduisant à son domicile professionnel et à 50 mètres de celui-ci « eu égard aux difficultés d'accès au cabinet » [...] « une telle plaque est de nature à procurer au public une nécessaire information » [9].

Sont ainsi autorisés d'autres supports que la « plaque » proprement dite pour tenir compte de la configuration des lieux, l'important étant de respecter la finalité du support, à savoir la signalisation du cabinet et l'observation d'une taille raisonnable par rapport à cet objet [10]. Une cour d'appel a ainsi approuvé une décision du conseil de l'Ordre sollicitant le retrait de deux panneaux signalétiques, comme portant atteinte, notamment, aux principes essentiels de délicatesse et de modération, d'un mètre sur trois, qu'un cabinet d'avocat avait fait installer sur la voie publique, outre les dimensions du support, la cour d'appel censure, à bon droit, d'une part, le fait que la mention de la forme sociale de la structure était en petits caractères et éloignée de la dénomination [11], et d'autre part que les panneaux mentionnaient d'anciennes fonctions juridictionnelles de l'un des avocats [12].

463.73 **Enseigne.** L'enseigne, est assimilée à une plaque professionnelle et se doit d'être discrète et ne pas ressembler à une enseigne de nature commerciale [13].

Il convient de veiller à ce que les mentions apposées respectent le secret professionnel de l'avocat, l'intégrité de la profession et les principes essentiels, notamment les principes de dignité et de délica-

7. CNB, Comm. RU, avis n° 2010-074, 17 janv. 2011 ; C. avocat 2021, s[s] décr. n° 2005-790, 12 juill. 2005, art. 15, note 25.
8. Limoges, 16 oct. 2013, RG n° 13/00515 ; *Gaz. Pal.* 6-7 déc. 2013, p. 17, obs. B. de Belval.
9. Civ. 1re, 18 mai 1989, n° 87-12.163, P P I, n° 197 ; CASSANT : Fort-de-France, 16 janv. 1987, *D.* 1989. 71, note A. Brunois ; *Gaz. Pal.* 1987. I. 278, note A. Damien.
10. CNB, Comm. RU, avis n° 2010-074, 17 janv. 2011 ; C. avocat 2021, s[s] décr. n° 2005-790, 12 juill. 2005, art. 15, note 25.
11. V. s[s] n° 462.41.
12. Civ. 1re, 3 févr. 2021, n° 19-17.629, NP ; – REJETANT POURVOI CONTRE : Cayenne, ch. civ., 11 mars 2019, RG n° 18/003366 ; *JCP* 2019. 444, obs. P. Lingibé – V. s[s] n° 461.95.
13. CNB, Comm. RU, avis n° 2003-044, 17 janv. 2003 ; C. avocat, 2018, s[s] L. 31 déc. 1970, art. 1er, avis CNB, note 2 – Limoges, 16 oct. 2013, RG n° 13/00515 ; *Gaz. Pal.* 6-7 déc. 2013, n° 340 à 341, p. 17, obs. B. de Belval.

tesse[1]. C'est ainsi qu'un avocat peut ainsi faire figurer sur une enseigne ou/et sur sa vitrine[2] « PENSER VOS DROITS – POSER LES MOTS – PORTER VOS INTÉRÊTS », mention qui ne contrevient pas au principe de dignité régissant la profession d'avocat[3].

Une cour d'appel a ainsi pu considérer que le fait d'apposer de simples bandeaux « AVOCATS » sur les deux façades de l'immeuble visibles de la rue ne constituait pas à l'évidence un manquement aux principes essentiels de la profession et notamment ceux de délicatesse et de modération, dans la mesure où ces bandeaux sobres par eux-mêmes sont simplement destinés à mieux visualiser le cabinet d'avocat pour des personnes passant devant ou à l'arrière de celui-ci mais qui en tout état de cause ne peuvent y pénétrer que par la porte près de laquelle figurent les plaques professionnelles individuelles des avocats exerçant leur activité dans l'immeuble[4]. Tout comme, une autre cour d'appel a pu considérer que « les bandeaux en eux-mêmes ne sont pas contraires aux dispositions du RIN et n'apparaissent pas porter atteinte aux principes essentiels de la profession. Ni la dimension des bandeaux, ni la couleur claire de la mention, ni la taille des lettres qui la constituent, posées sur le fond noir qui constitue l'encadrement de l'ensemble des façades ne sont en effet de nature à véhiculer autre chose qu'une information objective et précise sur l'identification du Cabinet »[5].

463.74 **Interprétation stricte.** La Cour de cassation avait fait une interprétation très stricte des dispositions permettant de disposer d'enseignes afin d'indiquer la présence du cabinet d'avocats. Elle avait, en effet, considéré, dans une affaire ou le cabinet d'avocat souhaitait installer une enseigne non seulement sur le devant de l'immeuble, où se situait l'entrée, mais également sur l'arrière de l'immeuble, que dès lorsque le bâtiment dans lequel la SCP exerçait son activité d'avocat disposait d'une seule entrée située sur le devant et non à l'arrière de l'immeuble, la cour d'appel[6], statuant sur une demande dont l'objet, étranger au domaine de la publicité et de la sollicitation personnalisée, relevait de l'information professionnelle, avait légalement pu rejeter leur demande[7].

Cette décision apparaissait critiquable en soi dès lors que le but est précisément d'indiquer la présence du cabinet de l'avocat et de permettre d'y accéder ce qui inclut, en principe, la possibilité de mettre une telle enseigne sur la façade arrière de l'immeuble où se situe le cabinet de l'avocat. Surtout elle était fondée sur l'ancienne distinction entre la publicité et l'information professionnelle qui a été supprimée en 2020[8]. Une appréciation plus souple tenant compte de la finalité du support devrait dès lors prévaloir conformément aux arrêts de cours d'appel précités[9].

463.75 **Support statique et risque de confusion dans l'esprit du public.** L'utilisation d'un support statique à des fins publicitaires par un avocat ne doit pas conduire à créer une confusion dans l'esprit du public[10] quant au lieu d'exercice effectif de l'activité professionnelle de l'avocat, tel que s'agissant de l'utilisation d'une vitrine de restaurant, et ce même si ce dernier a mentionné son adresse réelle sous son nom, qui peut ne pas être comprise comme telle[11] ou la façade de son domicile personnel situé dans le ressort d'un autre barreau, ou le recours à un support habituellement utilisé comme plaque professionnelle et identifié comme tel par le consommateur normalement avisé est de nature à l'induire en erreur sur le service proposé, lui laissant penser que l'avocat exerce effectivement dans l'immeuble sur lequel est apposée la plaque[12].

§ 4
Annuaire

463.81 **Annuaire professionnel.** Les annuaires, auxquels sont assimilés les sites de référencement ou annuaires électroniques[13], sont considérés comme un support de publicité[14].

À cet égard, il convient de distinguer les encarts publicitaires[15] des insertions non publicitaires dans les annuaires professionnels. Ces dernières concernent uniquement les informations de base selon le

1. CNB, Comm. RU, avis n° 2012-051, 20 nov. 2012 ; C. avocat 2021, s[s] décr. n° 2005-790, 12 juill. 2005, art. 15, note 27.
2. L. Israël, « Un droit de gauche ? Rénovation des pratiques professionnelles et nouvelles formes de militantisme des juristes engagés dans les années 1970 », *Sociétés contemporaines,* 2009/1, p. 47 – L. Israël, *A la gauche du droit. Mobilisations politiques du droit et de la justice en France (1968-1981),* Ehess, 2020, p. 141 s.
3. CNB, Comm. RU, avis n° 2018-034, 11 juill. 2018.
4. Rennes, aud. sol., 23 janv. 2015, RG n° 14/07005.
5. Rouen, 1re ch. civ., 7 sept. 2016, RG n° 16/02218 ; *D. avocats.* 281, obs. Th. Wickers ; *JCP* 2016. 1086, n° 9, obs. F. G'sell ; *D.* 2017. 80, obs. Th. Wickers – Th. Wickers, « Dialogue à propos d'une vitrine », *Gaz. Pal.* 8 nov. 2016, p. 3.
6. Montpellier 1re ch. sect. AS, 17 févr. 2016, RG n° 15/05722 ; – *CONTRA* : Rennes, aud. sol., 23 janv. 2015, RG n° 14/07005.
7. Civ. 1re, 9 juin 2017, n° 16-15.637, P ; *D.* 2017. 1306 ; *Gaz. Pal.* 4 juill. 2017, p. 37, obs. C. Berlaud ; *JCP* 2017. 729 ; *JCP* 2017. 1104, n° 13, obs. F. G'Sell.
8. V. s[s] n° 461.32.
9. V. s[s] n° 463.73.
10. V. s[s] n° 461.81.
11. CNB, Comm. RU, avis n° 2020-018, 9 nov. 2020.
12. CNB, Comm. RU, avis n° 2020-034, 22 déc. 2020.
13. V. s[s] n°s 464.192 s.
14. CNB, Comm. RU, avis n° 2004-053, 23 déc. 2004.
15. V. s[s] n° 463.55.

schéma mis en place par la société éditrice de l'annuaire.

463.82 Principes généraux. Des dispositions complémentaires pour les annuaires professionnels commerciaux. Sont prévues par l'article 10.4[1] du RIN.

Un avocat, ou cabinet d'avocats, peut figurer dans tout annuaire, sous réserve que les mentions qui le concernent et le contenu de l'annuaire ne soient pas contraires aux principes essentiels de la profession et ce, dans le respect des dispositions communes à toute communication. Il peut y faire état de sa ou ses spécialisations régulièrement obtenues et non invalidées, et apparaître dans la rubrique afférente aux spécialisations, domaines de compétence ou missions qui le concernent dans les conditions de droit commun[2].

En cas d'erreur sur un annuaire, en l'espèce l'annuaire des téléphones des départements, par l'insertion de mentions erronées relatives notamment aux spécialisations de certains avocats[3], le conseil de l'Ordre peut demander la rectification des erreurs commises[4].

463.83 Localisation géographique. L'ancienne limite géographique qui figurait à l'article 10 du RIN[5] a été supprimée en 2014[6] : les insertions dans un annuaire sont soumises aux dispositions communes à toute communication[7]. En conséquence, l'annonce d'un avocat peut apparaître dans la rubrique consacrée à un autre département ou ville où se trouve son cabinet principal, ou le cas échéant son bureau secondaire, dès lors que le barreau d'appartenance de l'avocat ou du cabinet de l'avocat est expressément précisé[8].

A contrario, si une telle précision n'est pas apportée, la communication apparaît déloyale, le public n'étant pas correctement informé du barreau d'appartenance de l'avocat et partant, du bâtonnier dont il relève[9].

Ce principe s'applique de la même manière aux encarts publicitaires[10].

1. RIN, art. 10.4.
2. V. s[s] n°s 461.141 s.
3. V. s[s] n°s 461.141 s.
4. Civ. 2e, 12 mars 1997, n° 95-10.426, NP ; *Gaz. Pal.* 16 juin 1997, p. 15, note A. Damien.
5. D. Piau, S. Bortoluzzi, Th. Wickers, *Règles de la profession d'avocat*, 16e éd., « Dalloz Action », 2018, n°s 464.94 s.
6. F. Poirier, J.-L. Schermann, *Réforme de l'article 10 du RIN, Communication des avocats*, CNB, AG 10-11 oct. 2014, p. 14-15.
7. V. s[s] n°s 461.31 s.
8. V. s[s] n°s 461.40 s.
9. V. s[s] n°s 461.51 s.
10. CNB, Comm. RU, avis n° 2016-009, 3 févr. 2016 – V. s[s] n° 463.55.

§ 5
Mandataire en transaction immobilière

463.91 Avocat réalisant des missions de mandataire en transactions immobilières. La question de la publicité par les avocats exerçant des missions de mandataire en transaction immobilière[11] recouvre en fait deux aspects : la publicité de l'avocat pour ses missions de mandataire en transactions immobilières, d'une part, et la publicité spécifique à chaque mandat de transaction immobilière, d'autre part.

• L'avocat a le droit de faire savoir, dans toutes ses communications, que la mission de mandataire en transactions fait partie de ses missions[12]. Il doit simplement veiller à ne pas se présenter comme intervenant exclusivement dans ce domaine : il demeure avant tout un avocat ;

• La publicité spécifique à chaque mandat, ou annonces immobilières, peut être affichée sur l'immeuble objet de la transaction ; un panneau doit impérativement faire apparaître le nom de l'avocat, sa qualité d'avocat, son barreau d'appartenance. Elle peut également être effectuée au sein du cabinet de l'avocat (accueil, salle d'attente, fenêtre, baie vitrée) ou à l'extérieur (panonceau), ou encore sur le site internet du cabinet de l'avocat (onglet dédié). Cette publicité doit satisfaire aux dispositions communes à toutes communications personnelles[13] et à celles relatives à la publicité personnelle[14], ainsi que, le cas échéant celles relatives aux sites internet[15]. Elle doit en outre, respecter les dispositions spécifiques à la matière[16].

463.92 Modalités de mise en œuvre. Les règles régissant la publicité des avocats n'interdisent pas la distribution de publications regroupant les offres d'avocats mandataires en transaction immobilière, ni bien évidemment la création de sites internet[17]. Ne doivent figurer sur ces publications ou sites que les coordonnées des avocats mandataires en transaction immobilière concernés.

En cas de recours à une société commerciale ou un site de tiers, les coordonnées de l'avocat mandataire en transaction immobilière en charge de l'opération doivent impérativement être mentionnées car ce dernier est le seul responsable de toutes les phases du mandat, et les règles spécifiques relatives aux sites de tiers doivent être respectées[18].

11. V. s[s] n°s 433.121 s.
12. V. s[s] n° 461.161.
13. V. s[s] n°s 461.31 s.
14. V. s[s] n°s 463.21 s.
15. V. s[s] n°s 464.21 s.
16. V. s[s] n°s 712.71 s.
17. V. s[s] n° 464.22.
18. V. s[s] n°s 464.142 s.

463.93 **Contrôle ordinal.** S'agissant de publicités personnelles de l'avocat, de telles annonces doivent être communiquées sans délai au barreau afin qu'il exerce ses prérogatives de contrôle[1].

1. V. s^{s} n°s 463.31 s.

CHAPITRE

464. Communication sur internet

SECTION 0

ORIENTEUR

464.00 Sommaire du chapitre.

Division. La communication de l'avocat à travers son site internet fait l'objet de disposition particulière (sect. 1). Elle se distingue de la réglementation applicable à la communication au moyen de sites de tiers (sect. 2), et inclut, dans certains cas, le recours à des blogs ou réseaux sociaux (sect. 3).

464.01 Textes applicables.

TEXTES TITRES

> Dispositions relatives à la publicité personnelle sur internet

• **L. n° 71-1130, 31 déc. 1971**

art. 3 *bis* [Publicité personnelle]

• **Décr. n° 2005-790, 12 juill. 2005**

art. 15 [Publicité personnelle]

• **RIN**

art. 10.5 [Dispositions complémentaires relatives à la publicité par internet]

> Dispositions relatives aux prestations juridiques en ligne

• **RIN**

art. 19 [Prestation juridique en ligne]

• **RIBP**

Annexe XVIII [Recommandations du Barreau de Paris relatives aux prestations juridiques fournies par voie électronique]

464.02 Jurisprudence de référence.

> Concurrence déloyale et trouble manifestement illicite causé par l'usage d'un lien entre deux sites internet d'avocats

• **Civ. 1re, 12 juill. 2012,** n° 11-20.687, P I, n° 133.

* V. ss n° 464.101.

« Attendu, selon l'arrêt attaqué (Versailles, 18 mai 2011), que soutenant que l'existence d'un lien, constitué par son propre nom patronyme, entre son site internet et celui de M. X... lui causait un trouble manifestement illicite, M. de Y... a assigné celui-ci devant le juge des référés d'un tribunal de grande instance qui lui a enjoint de faire procéder à la suppression de ce lien ;

Attendu que M. X... fait grief à l'arrêt de confirmer l'ordonnance, alors, selon le moyen, que saisi sur le fondement d'un trouble manifestement illicite, le juge des référés n'est compétent pour prescrire des mesures de remises en état que s'il caractérise la violation par le défendeur d'une règle de droit ; qu'en relevant que l'existence d'un lien entre le site de M. X... et le nom "de Y..." était, à elle seule, de nature à créer un trouble à l'activité professionnelle de M. de Y... et qu'en conséquence, il importait peu de rechercher quel était l'auteur ou le responsable de ce rapprochement, considérations impropres à caractériser la méconnaissance par M. X... d'une règle de droit, seule susceptible de créer un trouble manifestement illicite, la cour d'appel a violé les articles 809 du code de procédure civile et 1382 du code civil [art. 1240 du code civil à compter du 1er oct. 2016, Ord. nº 2016-131, 10 févr. 2016 portant réforme du droit des contrats, du régime général et de la preuve des obligations, *JO* 11 févr. 2016] ;

Mais attendu qu'ayant constaté, en des motifs non critiqués, l'évidence d'un lien informatique entre le site de M. X... et le nom "de Y..." comme unique critère de recherche et relevé que ce rapprochement, de nature à créer une confusion entre deux avocats ayant la même activité spécialisée, était à l'origine d'un trouble manifestement illicite, c'est dans l'exercice de son pouvoir souverain d'appréciation de la mesure propre à y mettre fin que la cour d'appel a statué comme elle l'a fait. »

> Utilisation du terme avocat par un site internet de tiers

• **TGI Paris, 30 janv. 2015,** RG nº 13/00332

* V. ss nos 464.241, 612.73.

« Est interdit, aux termes de l'article 74 de la loi nº 711130 du 31 décembre 1971, le fait de faire usage, sans remplir les conditions exigées pour le porter, d'un titre tendant à créer, dans l'esprit du public, une confusion avec le titre et la profession d'avocat. Il résulte par ailleurs de l'article L. 121-1 du code de la consommation qu'une pratique commerciale est trompeuse si elle repose sur une présentation de nature à induire en erreur sur une caractéristique essentielle du service. »

> Illicéité de la convention liant un site de tiers au client de l'avocat

• **Paris, 19 févr. 2015,** RG nos 13/20577, 13/20562, 13/20574

* V. ss nº 464.252.

« En application de l'article 1128 du code civil, il n'y a que les choses qui sont dans le commerce qui puissent faire l'objet d'une convention.

C'est ainsi que le contrat ayant pour objet l'exercice d'une activité non agréée est nul en raison du caractère illicite de son objet. [...]

Par ailleurs, en offrant directement dans le cadre de sa prestation les services d'avocats spécialistes, elle [la convention entre la société et les clients] contrevient aux dispositions de l'article 111 du décret du 27 novembre 1991 qui prévoit que la profession d'avocat est incompatible avec toutes activités de caractère commercial, qu'elles soient exercées directement ou par personnes interposées. [...]

Force est de constater ainsi, que l'objet du contrat passé entre la société X... et Mme Y... [...] est manifestement illicite et il convient, par infirmation de la décision entreprise, d'en prononcer la nullité, sans qu'il soit nécessaire d'examiner les autres moyens de nullité invoqués.

Cette nullité emporte l'effacement rétroactif du contrat et l'obligation pour la société X... de restituer les sommes versées au titre du contrat annulé sans qu'il puisse y avoir lieu en l'espèce à restitution de la prestation. »

464.03 Bibliographie indicative.

* Aussi : v. ss nº 46.03.

Thèse. B. Cassar, *La transformation numérique du monde du droit,* Th. Strasbourg, 2020.

Monographies. A. Debet, J. Massos, N. Metallinos, *Informatique et libertés*, « Les Intégrales », Lextenso, 2015 – Ch. Féral-Schuhl, *Cyberdroit : le droit à l'épreuve de l'internet*, 8e éd., Dalloz, 2020 – D. Jensen, *Cabinet d'avocats*, 3e éd., « Dalloz Référence », 2016.

Essai. Th. Wickers, *La grande transformation des avocats*, essai, Dalloz, 2014.

Contributions. J.-P. Buyle, « La présence des avocats sur les réseaux sociaux : questions de déontologie », *in* M. Salmon (dir.), *Les réseaux sociaux et le droit,* Larcier, 2014, p. 34 s. – C. Castets-Renard, « Les plateformes numériques, facteur de rupture des activités des professions réglementées », *in* H. Simonian-Gineste, S. Torricelli-Chrifi (dir.), *Les professions (dé)réglementées : Bilan et perspectives juridiques*, Presses de l'Université de Toulouse 1 Capitole, 2018, p. 11 s.

Articles. D. Adjedj, P. Barret, « Les nouvelles offres de collaboration en ligne », *Guide de l'avocat numérique*, CNB, LexisNexis, 2016, p. 127 – N. Balat, « L'ubérisation et Les faux-courtiers – ou les plateformes numériques rattrapées par le droit des contrats », *D.* 2021. 646 – J.-J. Barbièri, « Mon droit@moi.com. Regards sur le démarchage déontologiquement correct », *D.* 2003. Chron. 983 – E. Boccara, « À l'abordage ! coachingjudiciaire.com et conciergeriejuridique.com », *Gaz. Pal.* 8-10 juill. 2012, p. 3 – S. Challan-Belval, « Le barreau a-t-il encore un sens ? », *Gaz. Pal.* 5 nov. 2019, p. 3 – P.-Y. Gautier, « L'éventuel exercice électronique du droit par un non avocat », *D.* 2014. 1032 – L. Grynbaum, « La directive "Commerce électronique" ou l'inquiétant retour de l'individualisme juridique », *JCP*, G, 2001, I, 307 – J. Lesueur, « www.avocat.fr – Avocat et publicité sur internet : une relation à définir », *JCP* 2010. 175 – G. Loiseau, « La protection contractuelle des travailleurs de plateforme », *D.* 2021. 147 – L. Neuer, « Avocatus numericus : modes d'emploi », *JCP* 2017. 1079 – S. Parier, M. Boisgard, « La conformité du site internet de l'avocat à la réglementation relative à la protection des données personnelles », *Gaz. Pal.* 13 nov. 2018, p. 13 – D. Piau, « Publicité et site internet : l'évolution tranquille », *Maître* janv. 2015, p. 22 – J.-Ch.

Roda, « Les plateformes et la vieille dame », *Gaz. Pal.* 15 déc. 2020, p. 3 – Th. Wickers, « Quelle stratégie face aux plateformes ? », *Gaz. Pal.* 2 févr. 2016, p. 13 ; « Les quatre défis des plateformes », *Gaz. Pal.* 19 avr. 2016 p. 3.

Code. Ufmd, *Charte de déontologie, Publicité ciblée et protection des internautes*, 2011.

Rapports. P. Barret, *Rapport Commission Exercice du droit, La sous-traitance des prestations juridiques : Réflexion sur la sous-traitance de prestations juridiques à des tiers ou par des tiers à la profession – Une pratique incompatible avec le statut d'avocat*, CNB, AG 12-13 déc. 2014 – Cnil, *Les avocats et la loi Informatique et Libertés, Guide*, 2011 – Collectif, *Guide de l'avocat numérique*, CNB, LexisNexis, 2016 – O. Fontibus (dir.), A. Tanaskovic, *Participation des avocats aux plateformes en ligne détenues par des tiers*, « guide pratique », 2e éd., CNB, mars 2020 – D. de Ginestet, L. Dupont (dir.), *Vade-mecum : Communication des avocats*, 2e éd., CNB, 2020 – D. Piau, *Le champ d'activité professionnelle de l'avocat*, Rapport Commission des règles et usages du CNB, AG 9 et 10 déc. 2016 – Ch. Thevenet (dir.), *Vade-mecum de la déontologie du numérique*, Barreau de Paris, déc. 2013.

464.04 Exemples d'actes et assimilés.

> Exemple de mentions légales pour le site internet d'un cabinet d'avocat.

* V. s[s] n° 031.21.

> Exemple de bandeau d'information préalable.

* V. s[s] n° 031.22.

SECTION 1
SITE INTERNET DE L'AVOCAT

464.10 Plan. La communication sur le site internet de l'avocat est régie par les principes généraux applicables à toute communication (§ 1) ainsi que par des règles spécifiques (§ 2). Le site internet de l'avocat doit comporter un certain nombre de mentions obligatoires (§ 3). Le respect de ces règles fait l'objet d'un contrôle ordinal (§ 4).

§ 1
Principes généraux

464.21 Définition. Le site internet est une modalité de réalisation par l'avocat de sa publicité personnelle[1]. Il y a lieu de noter que l'article 10 du RIN distingue — sans que la différence ne soit toujours très claire — le site internet des blogs ou réseaux sociaux[2].

Les sites internet font, en outre, l'objet de dispositions complémentaires aux articles 10.5[3] et 19[4] du RIN. Le site internet de l'avocat, moyen de communication basique par excellence, vitrine de son cabinet, vise à assurer l'information du public, ici encore dans le strict respect des principes essentiels de la profession.

Il se doit naturellement de respecter les dispositions communes à toutes communications[5], ainsi que celles relatives à la publicité personnelle[6].

464.22 Notion de site internet. Il est important de noter que les règles déontologiques de la profession n'interdisent pas à un avocat d'utiliser un site internet distinct de celui de son cabinet pour promouvoir un service qu'il offre : un site internet ou une plateforme en ligne peuvent être mis en place par un avocat de manière spécifique à une catégorie de litige, comme à tout autre service mission particulière (tel que mandataire en transaction immobilière[7]), distinct du site internet du cabinet de l'avocat[8].

Ils peuvent aussi être mis en place par plusieurs avocats, regroupés au sein d'une structure de moyens, d'un réseau, d'une association, d'un GIE...[9] tel que le site internet ou la plateforme en ligne d'un GIE, créant une interface entre les clients potentiels et les avocats membres du GIE, afin de réaliser la mise en relation[10]. Il convient alors de veiller à ce qu'il n'y ait d'ambiguïté sur le fait qu'il ne s'agit pas du site d'un cabinet d'avocats, et naturellement de respecter les règles applicables en la matière, ce compris, le cas échéant, celles relatives aux prestations juridiques en ligne[11] et aux sites de tiers[12].

Dans le cadre de tels sites internet, il est important que l'on soit en mesure d'identifier le ou les avocats qui l'exploitent, ou y proposent leurs services, lesquels doivent faire état de leur qualité et barreau d'appartenance et permettre, quel qu'en soit le support, de les identifier, localiser, joindre, ainsi que de connaître leur structure d'exercice et, le cas échéant, le réseau dont ils sont membres[13].

Si le site internet n'est pas propre à un avocat ou à un cabinet d'avocat donné, mais à plusieurs avocats regroupés soit au sein d'un réseau, soit au sein d'une structure de moyens, il conviendra également que ce point apparaisse clairement sur le site[14].

1. V. s[s] n°s 463.00 s.
2. V. s[s] n°s 464.271 s.
3. RIN, art. 10.5.
4. RIN, art. 19.
5. V. s[s] n°s 461.31 s.
6. V. s[s] n°s 463.10 s.
7. V. s[s] n°s 433.121 s.
8. CNB, Comm. RU, avis n° 2016-078, 8 nov. 2016.
9. V. s[s] n°s 811.251 s.
10. CNB, Comm. RU, avis n° 2016-008, 3 févr. 2016.
11. V. s[s] n°s 464.61 s.
12. V. s[s] n°s 464.142 s.
13. RIN, art. 10.2. – CNB, Comm. RU, avis n° 2016-008, 3 févr. 2016 – CNB, Comm. RU, avis n° 2016-078, 8 nov. 2016 – V. s[s] n° 461.40 s.
14. CNB, Comm. RU, avis n° 2016-008, 3 févr. 2016.

464.23 **Vente de biens ou services connexes à la profession.** Les sites internet ou plateformes, développés dans le cadre de la faculté de commercialiser des biens ou services connexes à la profession d'avocat au profit des clients ou d'autres membres de la profession dès lors que cette activité demeure accessoire [1], sont soumis aux mêmes principes, et mêmes règles qui suivent, ainsi qu'à celles relatives aux noms de domaines [2].

Ils peuvent également devoir être soumis aux règles particulières relatives aux sites de tiers [3], dès lors qu'ils ne se contentent pas de fournir un simple support au site internet de l'avocat (*back office*) mais qu'ils mettent en place un véritable site internet autonome distinct du cabinet de l'avocat (*front office*) [4].

464.24 **Sollicitation personnalisée.** Il convient de noter que la publicité personnelle de l'avocat dans le cadre de son site internet peut être de nature à caractériser une sollicitation personnalisée [5], notamment dans l'hypothèse d'envoi de courriels par mailing avec lien sur le site internet en question.

Mais, ne constitue pas une offre de service personnalisée, le simple affichage sur le site internet d'un avocat du tarif d'une première consultation qui, au demeurant, constitue une mention autorisée dans le site internet [6].

464.25 **Contenu du site.** Il n'y a pas de liste exhaustive de ce qui est autorisé, le contenu du site internet de l'avocat est libre, sous la double réserve, outre les règles spécifiques à la communication sur internet [7] et l'utilisation d'un nom de domaine conforme à la réglementation [8], de satisfaire aux dispositions communes à toutes communications personnelles [9] et à celle relative à la publicité personnelle [10].

Comme toute publicité personnelle, il doit procurer une information sincère sur la nature des prestations de services proposées, et respecter les principes essentiels, notamment de loyauté, dignité et délicatesse [11], et ne pas contenir de mentions susceptibles de porter atteinte au secret professionnel [12]. Il devra également respecter les règles particulières applicables en fonction des modes de communication et du public auquel il s'adresse, notamment s'il s'agit d'un consommateur [13].

Ainsi, outre la présentation complète du cabinet, et de ses membres [14], le site internet de l'avocat peut contenir de nombreuses informations, d'ordre général ou plus ciblées, par matière, par type de contentieux, une actualité jurisprudentielle. Il est possible d'y tenir une revue de jurisprudence [15] à condition toutefois de préciser si elles sont définitives [16] et de respecter l'anonymat des parties à la procédure dès lors que la diffusion du site est, par nature, à destination de tout public [17].

§ 2
Règles spécifiques

464.30 **Plan.** Certaines règles spécifiques ont été prévues relativement au site internet de l'avocat, s'agissant de l'information sur les honoraires (A), la réalisation de prestations juridiques en ligne (B), les encarts, bannières publicitaires et liens hypertextes (C), ainsi que le recours à des techniques de référencement (D).

A.
Information sur les honoraires

464.41 **Information sur les honoraires.** La publication des honoraires pratiqués, le mode de factura-

1. V. s[s] n°s 432.81 s.
2. CNB, Comm. RU, avis n° 2019-051, 18 mars 2020 – V. s[s] n° 464.142.
3. V. s[s] n°s 464.142 s.
4. V. s[s] n°s 432.101 s.
5. V. s[s] n°s 465.00 s.
6. CNB, Comm. RU, avis n° 2009-039, 17 juill. 2009 ; C. avocat 2021, s[s] décr. n° 2005-790, 12 juill. 2005, art. 15, note 22 – V. s[s] n°s 464.41 s.
7. V. s[s] n°s 464.41 s.
8. V. s[s] n°s 462.61 s.
9. V. s[s] n°s 461.31 s.
10. V. s[s] n°s 463.21 s.
11. V. s[s] n°s 315.00 s.
12. CNB, Comm. RU, avis n° 2013-023, 5 sept. 2013 – V. s[s] n°s 461.101 s.
13. CJUE 15 janv. 2015, *Birutè Siba c/Arunas Devenas,* aff. C-537/13, *JOUE* 2 mars, p. 6 ; *D.* 2015. 213 ; *D.* 2015. 588, obs. H. Aubry, E. Poillot et N. Sauphanor-Brouillaud ; *D. avocats* 2015. 154, obs. D. Landry – Civ. 2e, 26 mars 2015, n° 14-11.599, P II, n° 74 ; *D.* 2015. 812 ; *D.* 2015. 1791, Chron. H. Adida-Canac, T. Vasseur, E. de Leiris, L. Lazerges-Cousquer, N. Touati, D. Chauchis et N. Palle ; *D.* 2016. 101, obs. T. Wickers ; *D.* 2016. 449, obs. N. Fricero – Civ. 2e, 26 mars 2015, n° 14-15.013, P II, n° 75 ; *D.* 2015. 1791, Chron. H. Adida-Canac, T. Vasseur, E. de Leiris, L. Lazerges-Cousquer, N. Touati, D. Chauchis et N. Palle ; *D.* 2016. 101, obs. T. Wickers ; *D.* 2016. 617, obs. H. Aubry, E. Poillot et N. Sauphanor-Brouillaud – Civ. 2e, 26 mars 2015, n° 13-28.359, NP.
14. V. s[s] n°s 461.91 s.
15. C. Manara, « Publication sur un site web d'une décision judiciaire remportée contre un concurrent », *D.* 2002. 2867 – L. Grynbaum, « Publication d'une décision de justice sur un site internet et concurrence déloyale », *CCC* 11/2002, comm. 143 ; – AUSSI : E. Sagalovitsch, « De la diffusion des mémoires judiciaires sur internet », *JCP* 2018. 722.
16. CD Paris, arr. n° 188139, 18 oct. 2011.
17. Délib. Cnil n° 01-057, 29 nov. 2001 portant recommandation sur la diffusion de données personnelles sur internet par les banques de données de jurisprudence – CD Paris, arr. n° 209451, 17 juill. 2012 – CNB, Comm. RU, avis n° 2016-054, 20 juill. 2016 – sur la constitution de bases de données jurisprudentielle, v. s[s] n° 523.315.

tion, le tarif horaire et l'obligation, d'établir une convention d'honoraire[1] peuvent être développés sur le site internet.

Il est fortement recommandé de créer une rubrique « Honoraires » sur le site internet de l'avocat afin de se mettre pleinement en conformité tant avec l'obligation de prévisibilité des honoraires qu'avec les dispositions du code de la consommation. Cette rubrique devra faire état de l'obligation de conclure par écrit avec son client une convention d'honoraires précisant, notamment, le montant ou le mode de détermination des honoraires couvrant les diligences prévisibles, ainsi que les divers frais, débours et émoluments[2]. Elle devra également indiquer le mode de facturation des honoraires, la possibilité de saisir le bâtonnier en cas de contestation ainsi que la faculté de recourir à un médiateur de la consommation[3].

464.42 Modalités d'information sur les honoraires. S'agissant de la publication des « tarifs » ou des honoraires pratiqués, dans le marché très concurrentiel d'aujourd'hui, certains avocats n'hésitent pas à avoir de véritables « prix d'appels » telles des promotions commerciales.

Or, précisément, ces pratiques, outre qu'elles sont soumises à des dispositions particulières du code de la consommation, remettent en cause l'essence même de la profession, s'agissant du principe de la fixation de l'honoraire.

464.43 Première consultation gratuite. Il en est de même pour la « première consultation gratuite » affichée par de nombreux sites internet. Si l'avocat est libre de fixer ses honoraires comme il l'entend, voire y renoncer purement et simplement, pour autant, publier une telle proposition est susceptible de constituer un acte de concurrence déloyale vis-à-vis des confrères.

En tout état de cause, il y aura lieu pour l'avocat concerné d'indiquer les modalités de détermination de sa rémunération au-delà de la première consultation gratuite, et ce notamment en application du principe de loyauté[4].

464.44 Possibilité de régler en plusieurs fois. De même, le fait de proposer, sur le site, la possibilité de régler les honoraires en plusieurs fois, si la pratique le tolère et qu'il apparaît même nécessaire pour certains clients, n'en demeure pas moins contraire aux articles L. 312-41 à 312-43 du code de la consommation.

En effet, s'agissant d'un crédit gratuit, dès lors que le paiement de la prestation est échelonné, différé ou fractionné, il a la nature d'opération de crédit à la consommation au sens de l'article L. 312-1 du code de la consommation. Cette nature implique une information précontractuelle particulière portant offre préalable ainsi qu'une faculté de rétractation[5] et l'obligation de prévoir un bordereau de rétraction annexé à la convention d'honoraires, sauf lorsque la somme est inférieure à 200 euros ou la durée du crédit inférieure à trois mois[6].

464.45 Obligations d'affichage. L'avocat qui possède un site internet a l'obligation, dès lors qu'il offre des prestations donnant lieu à application du tarif des droits et émoluments en matière de saisie immobilière, de partage, de licitation et de sûretés judiciaires, de faire figurer ce tarif[7] sur son site internet, de manière visible et lisible, selon des modalités fixées dans les conditions prévues au premier alinéa de l'article L. 112-5[8] du code de la consommation. L'information doit être la plus claire possible pour le justiciable afin de ne pas l'induire en erreur.

Il en est de même pour l'avocat réalisant des missions de mandataire en transaction immobilière[9].

B. Prestations juridiques en ligne dans le cadre du site internet de l'avocat

464.50 Plan. Les prestations juridiques en ligne (1°) sont encadrées par des principes généraux, s'agissant d'une activité de commerce électronique (2°) et font l'objet, en outre, de règles particulières, s'agissant de leur mise en œuvre dans le cadre du site internet de l'avocat (3°).

1° Propos liminaires

464.61 Définition. L'avocat peut être amené à faire le choix d'offrir la possibilité au public de lui poser des questions ou de solliciter des consultations, rédaction d'actes..., contre rémunération, directement sur son site, autrement dit à fournir par transmission électronique des prestations juridiques.

Une enquête de la Dgccrf a été réalisée en 2017 s'agissant des sites de prestations juridiques en ligne, ce compris les sites des cabinets d'avocats, condui-

1. V. s[s] n°s 713.00 s.
2. RIN, art. 11.1.
3. V. s[s] n° 741.241 – Sur les obligations précontractuelles d'information en matière d'honoraires, v. s[s] n°s 712.00 s.
4. CNB, Comm. RU, avis n° 2015-014, 14 avr. 2015 – CNB, Comm. RU, avis n° 2015-028, 19 mars 2015 – V. s[s] n°s 332.00 s.
5. Civ. 1re, 3 juill. 2013, n° 12-20.238, NP.
6. C. consom., art. L. 312-4 – V. s[s] n° 732.52
7. V. s[s] n°s 712.91 s. et 722.31 s.
8. C. com., art. L. 444-4.
9. V. s[s] n°s 463.91 s. et 712.71 s.

sant à un constat de manquements aux obligations d'information précontractuelle et d'affichage des prix ainsi que des infractions à la loi du 21 juin 2004, dite LCEN[1].

464.62 Dispositions spécifiques aux prestations juridiques en ligne. L'article 19[2] du RIN[3] prévoit les conditions dans lesquelles les avocats peuvent offrir des prestations juridiques en ligne, et ce dans le respect du principe d'indépendance et du secret professionnel ainsi que pour éviter tout conflit d'intérêts et plus généralement pour respecter les principes essentiels de dignité, de confiance, de compétence et de prudence[4].

464.63 Consultations juridiques par téléphone au moyen d'un numéro surtaxé. Les consultations juridiques par téléphone au moyen d'un numéro surtaxé de type « 0800 » sont autorisées, sous réserve de respecter un certain nombre d'exigences :

1° conclure préalablement une convention d'honoraires et respecter, le cas échéant, les dispositions relatives à la conclusion de contrats par voie électronique ou hors établissement en présence d'un consommateur[5] ;

2° respecter les dispositions de l'arrêté du 10 juin 2009[6] relatif à l'information sur les prix des appels téléphoniques aux services à valeur ajoutée ;

3° les modalités de rémunération de l'opérateur de téléphonie par l'avocat ne doivent pas être de nature à caractériser un partage d'honoraires prohibé ou la rémunération d'un apport d'affaire prohibé[7].

2°
Principes généraux

464.71 Activité de commerce électronique. L'avocat qui réalise des prestations juridiques en ligne, réalise une activité de commerce électronique soumise comme telle aux dispositions du Titre II de la loi du 21 juin 2004, dite LCEN[8].

Notamment, les mentions légales[9] devront être complétées[10] de l'adresse et du numéro de TVA de l'avocat, ainsi que de la référence aux règles professionnelles applicables, de son titre d'avocat, de l'État membre dans lequel il a été octroyé et le nom du barreau auprès duquel il est inscrit[11].

Une vigilance particulière devra, en outre, être apportée quant à la conservation des preuves liées au respect des obligations en matière de protection des données personnelles[12].

464.72 Identification des intervenants. Dans tous les cas, l'avocat doit, en toutes circonstances, être clairement identifié, avant toute fourniture de prestation juridique, permettant ainsi au public de vérifier notamment son identité et sa qualité, auprès de son barreau.

Lorsqu'un avocat est interrogé ou sollicité en ligne par une personne demandant des prestations juridiques, il doit impérativement s'assurer de pouvoir connaître avec certitude l'identité du client auquel il répond[13], afin de respecter le secret professionnel, d'éviter le conflit d'intérêts, d'assurer le respect des règles relatives à la prévention du blanchiment[14] et de fournir des informations adaptées à la situation de l'intéressé[15].

L'avocat qui répond doit toujours être identifiable[16].

464.73 Communication avec le client. L'avocat qui fournit des prestations juridiques en ligne doit toujours être en mesure d'entrer personnellement et directement en relation avec l'internaute[17], notamment pour poser les questions complémentaires nécessaires conduisant à la fourniture d'un service adapté aux besoins du client.

1. Enquête de la Dgccrf sur le Traitement de litiges : assistance juridique sur internet ; Communiqué de presse 11 déc. 2017.
2. RIN, art. 19.
3. D. Piau, *Le champ d'activité professionnelle de l'avocat*, Rapport Commission des règles et usages du CNB, AG, 9 et 10 déc. 2016 – L. Dupont, S. Bortoluzzi, « Champ d'activité professionnelle de l'avocat et prestations juridiques en ligne : les dernières évolutions du RIN », *JCP* 2017. 548.
4. RIN, art. 1.3.
5. V. s^s n°s 713.141 s.
6. Arr. 10 juin 2009 relatif à l'information sur les prix des appels téléphoniques aux services à valeur ajoutée, *JO* 11 juin, p. 9500, NOR : ECEC0910792A.
7. CNB, Comm. RU, avis n° 2016-040, 8 juin 2016 – V. s^s n°s 464.181 s. et 464.256.
8. L. n° 2004-575, 21 juin 2004 pour la confiance dans l'économie numérique, *JO* 22 juin, p. 11168.
9. V. s^s n°s 464.111 s.
10. C. consom., art. R. 111-2 – CJUE 10 juill. 2019, *Bundesverband der Verbraucherzentralen und Verbraucherverbände – Verbraucherzentrale Bundesverband eV c/Amazon EU Sarl*, aff. C-649/17 ; *Gaz. Pal.* 12 nov. 2019, p. 18, obs. S. Piedelièvre.
11. L. n° 2004-575, 21 juin 2004, art. 19.
12. V. s^s n° 464.112.
13. SUR L'IDENTIFICATION ÉLECTRONIQUE : Règl. 910/2014 du Parlement et Conseil, 23 juill. 2014 sur l'identification électronique et les services de confiance pour les transactions électroniques au sein du marché intérieur et abrogeant la directive 1999/93/CE, *JOUE* 28 août, p. 73 ; – CPCE, art. L. 102 ; – Arr. 8 nov. 2018 relatif au téléservice dénommé « FranceConnect » créé par la direction interministérielle du numérique et du système d'information et de communication de l'État, *JO* 15 nov., n° 3 ; NOR : PRMJ1819224A ; – Th. Douville, « Enfin un cadre juridique pour l'identification électronique ! », *D.* 2018. 686 ; – Ch. Feral-Schuhl, *Cyberdroit : Le droit à l'épreuve de l'internet,* 8e éd., « Praxis », Dalloz, 2020, n°s 522.63 s.
14. V. s^s n°s 482.00 s.
15. RIN, art. 19.2.
16. RIN, art. 19.2.
17. RIN, art. 19.3.

Si le demandeur est anonyme, l'avocat peut lui répondre uniquement s'il s'agit de questions d'ordre général, nécessitant une réponse relevant de la simple information juridique, notamment sur des forums de discussion ou qui seront accessibles à d'autres internautes[1].

464.74 Devoirs de prudence et de diligence. Au-delà de l'identification du client qui peut poser difficulté, dès lors que, dans un monde virtuel, rien ne permet de garantir l'identité de celui qui nous sollicite, se pose aussi la question du consentement même du client, dès lors que l'outil informatique ne permet pas d'en établir la réalité avec certitude.

À titre d'exemple, en matière de divorce, il a été fermement rappelé, à plusieurs reprises, que l'absence de tout rendez-vous entre les époux et l'avocat avant l'audience, l'absence de contact téléphonique entre l'avocat et ses clients, constituaient un manquement au devoir de conseil et de prudence faisant qu'il n'apparaît pas possible, en l'état, de préparer une audience en divorce sur consentement mutuel sans rencontrer préalablement le client, l'interactivité limitée des échanges par le biais de l'internet ne permettant pas le respect de nos principes essentiels[2].

3°
Règles particulières au site de l'avocat

464.81 Honoraires. L'avocat peut librement percevoir toute rémunération des clients de son site, après avoir préalablement conclu une convention d'honoraires avec eux[3], en respectant les conditions particulières prévues pour la conclusion de convention d'honoraires par voie électronique[4].

464.82 Perception de la rémunération. L'avocat peut percevoir sa rémunération par l'intermédiaire de l'un des établissements financiers assurant la sécurité des paiements en ligne, pour autant que l'identification du client reste aussi possible à cette occasion[5].

C.
Encarts, bannières publicitaires et liens hypertextes

464.91 Encarts et bannières publicitaires. Le site de l'avocat ne peut comporter aucun encart ou bannière publicitaire, autres que ceux de la profession, pour quelque produit ou service que ce soit, tel que précisé expressément par l'article 10.5 du RIN. Il s'agit ici, notamment, de préserver le principe de dignité de l'avocat, dont le site internet ne doit pas se transformer en vitrine commerciale.

Il a toutefois été précisé que les encarts ou bannières publicitaires en faveur de réseaux de cabinets d'avocats et de syndicats d'avocats sont autorisés en tant que ceux de la profession[6].

464.92 Lien hypertexte. Enfin, l'usage des liens hypertextes sur le site internet de l'avocat est réglementé par l'article 10.5 du RIN. Un tel site internet ne peut en aucun cas comporter de lien hypertexte permettant d'accéder directement ou indirectement à des sites ou à des pages de sites dont le contenu serait contraire aux principes essentiels de la profession d'avocat.

Il appartient à l'avocat de s'en assurer en visitant régulièrement les sites et les pages auxquels permettent d'accéder les liens hypertextes que comporte son site, et de prendre sans délai toutes dispositions pour les supprimer si ce site devait se révéler contraire aux principes essentiels de la profession. Il s'agit ici d'un des points le plus délicats à gérer d'autant que le RIN vise les « liens hypertextes » permettant d'accéder « directement ou indirectement »[7] à des sites ou à des pages de sites dont le contenu serait contraire aux principes essentiels de la profession d'avocat[8].

Si certains liens ne posent pas de difficultés (notamment les liens vers des sites dits « institutionnels » : Infogreffe, Légifrance, barreaux, CNB...), d'autres peuvent s'avérer plus problématiques dès lors que l'on n'a pas la maîtrise du contenu des sites, et des publicités qui pourraient être faites sur ces mêmes sites, changeants par nature. Cela implique que l'avocat vérifie régulièrement le contenu, non seulement des sites vers lesquels il crée des liens, mais également des sites vers lesquels renverraient ces mêmes sites et ainsi de suite..., et retire les liens hypertextes, le cas échéant, s'il l'un d'entre eux venait à être contraire aux principes essentiels. La plus extrême prudence ne peut donc qu'être de mise en la matière, d'autant qu'il convient de porter attention aux droits de propriété intellectuelle[9], et, il apparaît

1. V. s[s] n° 464.272.
2. Paris, avis n° 230184, commission plénière de déontologie, 2 oct. 2012 – CNB Comm. RU, avis n° 2013-16, 17 juill. 2013 et CNB Comm. RU, avis n° 2013-042, 26 déc. 2013.
3. L. n° 71-1130, 31 déc. 1971, art. 10.
4. V. s[s] n°s 713.141 s.
5. RIN, art. 19.4.1.
6. Rapport F. Poirier, J.-L. Schermann, *Réforme de l'article 10 du RIN, Communication des avocats*, CNB, AG 10-11 oct. 2014, p. 16.
7. RIN, art. 10.5.
8. Versailles, 3 nov. 2016, RG n° 14/07675.
9. Dir. 2001/29, Parlement européen et Conseil, 22 mai 2001 sur l'harmonisation de certains aspects du droit d'auteur et des droits voisins dans la société de l'information, *JOCE* 22 juin, p. 10 – CJUE 8 sept. 2016, *GS Media BV c/Sanoma Media Netherlands BV, Playboy Enterprises International Inc., Britt Geertruida Dekker*, aff. C-160/15 ; *D.* 2016. 1905, note F. Pollaud-Dulian ; *D.* 2016. 2141, obs. J. Larrieu, C. Le Stanc et P. Tréfigny ; *D.* 2017. 697, édito. M. Vivant ; *D. IP/IT* 2016. 543, obs. P. Sirinelli.

préférable de se limiter à des liens hypertextes vers des sites dits « institutionnels » ou de renoncer à de tels liens.

De même que les liens hypertextes vers des pages personnelles de réseaux sociaux peuvent également poser d'importantes difficultés, et ce, notamment au regard du principe de dignité de l'avocat. Ils portent en germe un risque de mélange des genres entre la vie professionnelle et la vie personnelle[1].

464.93 **Clause exclusive de responsabilité.** Il est à noter que souvent, les confrères prévoient dans l'onglet « mentions légales », une exclusion de responsabilité quant au contenu des sites vers lesquels ils ont créé un lien hypertexte. Or, aux termes de l'article 10.5[2] du RIN : « Le site de l'avocat ne peut comporter de liens hypertextes permettant d'accéder directement ou indirectement à des sites ou à des pages de sites dont le contenu serait contraire aux principes essentiels de la profession d'avocat. »

En principe, cette disposition n'a qu'une portée déontologique[3], matière en laquelle aucune exclusion de responsabilité ne saurait être admise. En outre, les dispositions de l'article 10.5 du RIN pourront être prises en compte dans l'appréciation des obligations de l'avocat par les juges du fond. La portée d'une telle clause apparaît donc pour le moins incertaine.

464.94 **Responsabilité.** La jurisprudence a d'ailleurs eu l'occasion de considérer qu'un avocat était personnellement responsable des conséquences liées à un lien hypertexte figurant sur leur site internet, telles que s'agissant d'une atteinte au droit à l'image et au nom de l'un de ses anciens clients[4].

D.
Techniques de référencement

464.101 **Principes généraux.** Le référencement s'apparente à de la publicité. Il prend notamment la forme de liens hypertextes[5], liens sponsorisés (*backlinks*) ou achat de mots-clés, générateur automatique de liens, balises métadonnées, code javascript.

Il est donc soumis aux règles en matière de communication et notamment à l'article 10 du RIN, et doit donc respecter les principes essentiels, notamment celui de loyauté, et ne pas conduire à une concurrence déloyale[6].

464.102 **Principe de loyauté.** Il convient cependant de vérifier que les liens sponsorisés correspondent à une mission et une compétence avérées du cabinet[7].

À cet égard, les liens hypertextes simples sont susceptibles de porter atteinte aux droits d'auteur ou de constituer des pratiques de concurrence déloyale (lien profond ou *deep linking*)[8].

C'est ainsi que la Cour de cassation a eu à connaître d'une affaire où un avocat avait inséré un lien entre son site internet et celui d'un autre avocat renommé en matière de droit pénal routier, lien constitué par le propre nom de ce dernier avocat. Ce dernier intenta, sur le fondement des articles 835 du code de procédure civile et 1240 du code civil, une procédure en référé afin de faire cesser l'utilisation de ce lien qu'il considérait comme constituant un trouble manifestement illicite. Il obtint, à bon droit, gain de cause, dès lors que « l'évidence d'un lien informatique entre le site de Maître X... et le nom "de Y..." comme unique critère de recherche et [...] que ce rapprochement, de nature à créer une confusion entre deux avocats ayant la même activité spécialisée, était à l'origine d'un trouble manifestement illicite, [...] » qu'il convenait de faire cesser[9].

464.103 **Achat de mots-clés.** L'avocat peut acheter des mots-clés mais pas n'importe lesquels. L'utilisation de mots-clés en tant qu'elle induit un rattachement de l'avocat aux mots-clés utilisés ou achetés, ne doit pas porter atteinte aux droits des marques, à la renommée d'autrui, ainsi qu'aux droits d'auteur. Elle ne doit pas conduire non plus à constituer un dénigrement[10], une publicité mensongère ou trompeuse ou encore un acte de concurrence déloyale. L'utilisation de mots-clés de nature à induire en erreur est prohibée.

Tel est le cas si les mots-clés concernés rattachent l'avocat à un département dans le ressort duquel il n'est pas inscrit ou ne possède pas de bureau secondaire, renvoi à une spécialisation dont il n'est pas titulaire. Est ainsi prohibé l'achat de mots-clés tels qu'« barreau de... », « membre du conseil de l'Ordre de... », « meilleur avocat en... », « avocat spécialisé en... », du nom d'un confrère renommé, ou d'un cabinet concurrent...

On notera que si l'achat de mots-clés garantissait initialement un meilleur référencement sur internet, la croissance exponentielle du nombre de sites, a peu à peu diminué l'intérêt d'un tel achat. En effet,

1. CNB, Comm. RU, avis n° 2011-054, 19 déc. 2011 ; C. avocat 2021, s[s] RIN, art. 10, note 34 – Sur l'usage des liens hypertextes à des fins de référencement, v. s[s] n°s 464.101 s.
2. RIN, art. 10.5.
3. V. s[s] n°s 312.51 s.
4. Versailles, 1re, ch., 1re sect., 26 janv. 2018, RG n° 16/00669.
5. V. s[s] n° 464.92.
6. Civ. 1re, 12 juill. 2012, n° 11-20.687, P I, n° 133.
7. CNB, Comm. RU, avis n° 2012-032, 11 juill. 2012.
8. V. s[s] n°s 332.101 s.
9. Civ. 1re, 12 juill. 2012, n° 11-20.687, P P I, n° 133 ; *JCP* 2012. 1121, n° 11, obs. F. G'sell.
10. J.-P. Gridel, « Le dénigrement en droit des affaires. La mesure d'une libre critique », *JCP* 2017. 543.

loi de l'offre et de la demande oblige : de plus en plus de créateurs de sites acquièrent des mots-clés, souvent similaires dans un même secteur d'activité, sans pour autant avoir quelque garantie que ce soit d'obtenir le meilleur et à tout le moins un bon référencement.

§ 3
Mentions obligatoires

464.111 **Mentions légales.** L'onglet comportant les « mentions légales » est obligatoire et ce, en application de l'article 6 [1], III, de la loi du 21 juin 2004 [2].

Il est dès lors nécessaire de prévoir sur tout site internet d'un avocat un onglet « mentions légales » qui doit être facilement accessible [3] (de préférence en pied de page de chacune des pages du site internet), et préciser la dénomination et la raison sociale du cabinet, l'adresse du siège social, les coordonnées postales, téléphoniques et électroniques (adresse mail), les nom et coordonnées du directeur de publication du site (webmaster) et Nom, raison sociale, adresse et coordonnées de l'hébergeur du site. Il doit également mentionner le titre d'avocat, le barreau auquel il appartient [4], et faire référence aux règles professionnelles applicables, en l'occurrence au règlement intérieur national [5].

464.112 **Mentions relatives aux données à caractère personnel.** Dès lors qu'il est procédé à un traitement de données à caractère personnel [6] à travers le site internet de l'avocat [7], par exemple par le biais d'un formulaire de contact, il conviendra de s'assurer que les traitements réalisés sont bien conformes à la réglementation en la matière issue du règlement général sur la protection des données (RGPD) [8], et notamment que les traitements en cause sont nécessaires, et proportionnés au regard de leur finalité, et que les personnes concernées sont bien informées conformément aux dispositions des articles 13 et 14 du RGPD [9].

Il convient, notamment, d'indiquer au visiteur du site internet, de manière la plus claire, précise et simple possible, l'identité et les coordonnées de l'organisme responsable du traitement de données (l'avocat), les coordonnées du délégué à la protection des données ou d'un point de contact, la base juridique du traitement, ainsi que, le cas échéant, de l'intérêt légitime poursuivi (consentement de l'internaute, respect d'une obligation prévue par un texte, exécution d'un contrat...), la finalité de la collecte des données (prise de décisions automatisée, informations sont requises par la réglementation, sollicitation personnalisée...), le caractère obligatoire ou facultatif du recueil des données et les conséquences pour le visiteur en cas de non-fourniture des données, ainsi que le cas échéant de la nécessité de leur consentement [10], les destinataires ou catégories de destinataires des données, la durée de conservation des données ainsi que, le cas échéant, l'existence d'un transfert de ces données à destination d'un État n'appartenant pas à l'Union européenne (notamment si le serveur est situé dans cet État). En cas de données collectées de manière indirecte, l'information devra aussi porter sur la source des données.

Il est également nécessaire d'informer ce même visiteur de ses droits : accès à ses données, possibilité de rectification, d'effacement, ou de retrait de son consentement, et possibilité de formuler une réclamation auprès de la Cnil.

À cet égard, une mention d'information pourra utilement être insérée au sein des mentions légales du site internet [11].

464.113 **Formulaire de contact.** Une mention d'information devra également être portée, en sus de celle figurant avec les mentions légales, sur tous les formulaires de collecte de données à caractère personnel présents sur le site internet de l'avocat.

Il en sera ainsi si l'avocat met en place une page « contact » à des fins d'information ou de communication externe, ou permettant aux internautes de lui adresser des courriels, de lui poser des questions

1. L. n° 2004-575, 21 juin 2004, art. 6.
2. L. n° 2004-575, 21 juin 2004.
3. L. n° 2004-575, 21 juin 2004, art. 19.
4. V. s^s^ n°s 461.56 s.
5. Pour un modèle de mentions légales, v. s^s^ n° 031.21.
6. CNB, *Guide pratique : Les avocats et le règlement général sur la protection des données,* mars 2018 ; https://www.cnb.avocat.fr/fr/actualites/rgpd-telechargez-le-guide-pratique-elabore-pour-la-profession-davocat – Ch. Féral-Schuhl, *Cyberdroit : le droit à l'épreuve de l'internet,* 8e éd., « Praxis », Dalloz, 2020, n°s 121.00 s. ; – COMP. : E. Bendelac, « Les distributeurs de produits d'assurance et le règlement RGPD dans le cadre de la vente à distance », *RCA* 2019, n° 7.
7. S. Parier, M. Boisgard, « La conformité du site internet de l'avocat à la réglementation relative à la protection des données personnelles », *Gaz. Pal.* 13 nov. 2018, p. 13.
8. Règl. 2016/679, Parlement et Conseil, 27 avr. 2016 relatif à la protection des personnes physiques à l'égard du traitement des données à caractère personnel et à la libre circulation de ces données, et abrogeant la directive 95/46/CE (RGPD), *JOUE* 4 mai, p. 1 – V. s^s^ n°s 412.331 s.
9. Règl. 2016/679, Parlement et Conseil, 27 avr. 2016, art. 13 et 14 – CNB, *Guide pratique : Les avocats et le règlement général sur la protection des données,* mars 2018, Fiche n° 7, « Site internet ».
10. Comité européen de la protection des données, *Guidelines 05/2020 on consent under Regulation 2016/679,* 4 mai 2020.
11. V. s^s^ n° 464.111.

ou de lui demander un rendez-vous, sans autre possibilité, ou encore si ce même site internet est interfacé avec un outil de gestion de relation client du cabinet (« GRC » ou *customer relationship management* « CRM »), en particulier avec un module de gestion de clientèle, ou si la page « contact » peut aussi être utilisée à des fins de sollicitation personnalisée[1].

Il conviendra, notamment, de s'assurer du consentement du visiteur du site utilisateur de l'interface à l'utilisation qui sera faite de ses données, et de prévoir les modalités de conservation de la preuve de ce consentement afin de pouvoir documenter, si nécessaire, auprès de la Cnil le respect des obligations qui incombent à l'avocat en la matière.

464.114 ***Cookies.*** Les cookies[2] sont destinés à permettre à l'avocat de reconnaître un internaute, d'une visite à une autre, grâce à un identifiant unique, et peuvent aussi être utilisés pour stocker le contenu d'un panier d'achat, pour enregistrer des informations sur la navigation sur le site internet de l'avocat, et permettent d'en déduire les centres d'intérêt des visiteurs, notamment, pour faire de la publicité ciblée[3]. La réglementation[4] prévoit que les sites internet doivent recueillir le consentement de tout utilisateur du site avant le dépôt de cookies dans l'ordinateur de ce dernier, et de les informer de l'usage qui peut en être fait ainsi que des modalités pour s'y opposer[5]. Le consentement doit permettre à l'utilisateur d'accepter ou de refuser les cookies par finalités (tel que la publicité, les réseaux sociaux, la mesure d'audience) et doit être sollicité à chaque fois qu'une nouvelle finalité vient s'ajouter aux finalités initialement prévues.

En pratique, un message doit apparaître quand l'on se connecte sur le site de l'avocat pour la première fois afin d'indiquer comment accepter ou au contraire refuser les *cookies*[6]. L'information doit être visible, mise en évidence et complète (finalités précises des *cookies* utilisés, possibilité de s'opposer à ces *cookies* et de changer les paramètres en cliquant sur un lien présent dans le bandeau, ainsi que du fait que la poursuite de la navigation vaut accord au dépôt de cookies), rédigée en des termes simples et compréhensibles pour tout utilisateur.

La personne qui refuse un *cookie* doit pouvoir continuer à bénéficier de l'accès au site internet lequel ne saurait être subordonné à l'acceptation d'un *cookie*. Par ailleurs, le consentement peut être oublié par les personnes qui l'ont manifesté à un instant donné, faisant que la Cnil considère qu'il y a lieu de limiter dans le temps la portée de celui-ci et recommande que le délai de validité du consentement au dépôt des *cookies* soit fixé à 13 mois au maximum. À l'expiration de ce délai, le consentement devra être à nouveau recueilli dans les mêmes conditions.

464.115 **Registre de traitement**[7]. Dès lors que le cabinet d'avocats est amené à tenir un registre des activités de traitements, il devra y insérer une fiche dédiée aux traitements de données à caractère personnel de son site internet qui devra comporter l'identité et coordonnées du responsable de traitement, la finalité du traitement des données, les catégories de personnes et de données à caractère personnel concernées par le traitement, les destinataires de ces données, ainsi que le cas échéant l'existence de transferts de ces données à destination d'un État n'appartenant pas à l'Union européenne ou une organisation internationale[8].

Il devra y préciser les délais prévus pour l'effacement des données ainsi que les mesures de sécurité techniques et organisationnelles mise en place dans le cadre du site internet.

464.116 **Responsabilité.** Sur le terrain de la protection des données à caractère personnel, la CJUE a eu l'occasion d'affirmer clairement que le prescripteur comme l'utilisateur d'une plateforme de réseau social, tel que *Facebook*, devait être considéré comme conjointement responsable du traitement des données personnelles opérées par la plateforme, nonobstant le fait qu'il ne serait pas directement l'auteur de la collecte des données personnelles, avec toutes les conséquences qui en découlent en termes de responsabilité ainsi quant aux sanctions, pénales et administratives, encourues en la matière. Dans la première affaire, il s'agissait de l'administration d'une page « fan » de *Facebook* pour une structure offrant des services de formation au

1. V. s[s] n°s 465.111 s.
2. Délib. Cnil n° 2013-378, 5 déc. 2013 portant adoption d'une recommandation relative aux Cookies et aux autres traceurs visés par l'article 32-II de la loi, 6 janv. 1978 – Cnil, Projet de recommandation sur les modalités pratiques de recueil du consentement prévu par l'article 82 de la loi du 6 janvier 1978 modifiée, concernant les opérations d'accès ou d'inscription d'informations dans le terminal d'un utilisateur (recommandation « cookies et autres traceurs »), 14 janv. 2020 – Ch. Féral-Schuhl, *Cyberdroit : Le droit à l'épreuve de l'internet,* 8e éd., « Praxis », Dalloz, 2020, n°s 122.00 s.
3. V. s[s] n° 463.59.
4. Dir. 2002/58, Parlement européen et Conseil, 12 juill. 2002 concernant le traitement des données à caractère personnel et la protection de la vie privée dans le secteur des communications électroniques (directive vie privée et communications électroniques), *JOCE* 31 juill., p. 37, art. 5.
5. L. n° 78-17, 6 janv. 1978 relative à l'informatique, aux fichiers et aux libertés, *JO* 7 janv., p. 227, art. 82.
6. Pour un modèle de message, v. s[s] n° 031.22.
7. V. s[s] n° 412.337.
8. V. s[s] n°s 412.341 s.

moyen de cette page[1]. Dans la seconde affaire, il s'agissait de l'insertion d'un bouton « j'aime » sur le site internet d'une entreprise de vente de vêtements de mode en ligne, renvoyant vers la page *Facebook* de cette même société[2].

Dans les deux cas, le fait de permettre à *Facebook* de placer des cookies sur les ordinateurs des visiteurs, de la page « fan » ou du site interne contenant le bouton « j'aime », et de paramétrer les données des visiteurs à collecter, ou de permettre à *Facebook* de le faire, rendent l'utilisateur conjointement responsable.

§ 4
Contrôle ordinal

464.121 **Communication sans délai au bâtonnier.** L'article 10.5[3] du RIN rappelle enfin que l'avocat qui ouvre ou modifie substantiellement un site internet doit, comme pour toute publicité personnelle, en informer son barreau sans délai et lui communiquer les noms de domaine qui permettent d'y accéder. Il n'y a toutefois plus lieu de communiquer les liens hypertextes.

464.122 **Contrôle du bâtonnier.** Les contrôles du bâtonnier[4] sont, en la matière, particulièrement délicats compte tenu de la rapidité des changements que peuvent connaître les sites internet. Ils s'opèrent, le plus souvent, sur la validité du nom de domaine, le contenu du site (présence de l'onglet « mentions légales » et conformité des mentions, absence de mentions interdites...).

Ainsi, si le texte dit « sans délai », il est préférable et plus prudent de soumettre à son bâtonnier, son site ou sa maquette de site, avant toute mise en ligne, tant pour s'assurer de sa conformité, en amont, que pour éviter des modifications, après la mise en ligne, et le coût y relatif.

En tout état de cause, il n'appartient plus aux bâtonniers ou aux conseils de l'Ordre de valider les sites internet[5], faisant que l'on ne saurait mentionner sur ces derniers que le site aurait été « validé par le barreau de... »[6].

1. CJUE 5 juin 2018, *Wirtschaftsakademie Schleswig-Holstein GmbH et Facebook Ireland Ltd*, aff. C-210/16 ; *JCP* 2018. 810, note D. Berlin ; *JCP* 2019. 993, note F. Mattatia ; *D.* 2018. 2270, obs. P. Tréfigny ; *D.* 2019. 1016, obs. F. Jault-Seseke ; *D.* 2019. 1673, obs. W. Maxwell et C. Zolynski ; *CCE* 2018, n° 67, obs. N. Mettalinos ; *D.* 2018. 1208.
2. CJUE 29 juill. 2019, *Fashion ID GmbH & Co. KG et Facebook Ireland Ltd*, aff. C-40/17 ; *D.* 2019. 1604 ; *JCP* 2019. 993, note F. Mattatia ; *D.* 2019. 2269, obs. P. Tréfigny.
3. RIN, art. 10.5.
4. V. s[s] n°s 511.29 s.
5. V. s[s] n°s 463.31 s.

SECTION 2
Règles particulières aux sites de tiers

464.130 **Plan.** Le recours à des sites de tiers comme support de communication par les avocats s'il n'est pas, par principe, prohibé (§ 1), fait l'objet de règles particulières applicables soit au site internet en cause, soit à l'avocat (§ 2) et impose à l'avocat un devoir de prudence et de vigilance renforcé (§ 3).

§ 1
Propos liminaires

464.141 **Champ d'application.** L'avocat peut figurer sur les sites[7] de référencement ou annuaires électroniques[8]. Il peut aussi être amené à participer à des sites qui lui proposent de lui permettre d'offrir ses prestations de service au public, et de nouer des relations de clientèle, voire de réaliser ses prestations de services à travers leur site (consultations, rédaction d'actes...), contre rémunération.

Il n'existe pas d'interdiction en la matière, et les avocats sont libres de participer à de tels sites, mais il en découle, compte tenu de leur nature même, un devoir de prudence et de vigilance renforcé[9].

464.142 **Principe.** Dès lors que ces sites[10] constituent une modalité de réalisation d'une publicité personnelle par un avocat, même simplement référencé comme « partenaire », « expert » ou encore « spécialiste », qui y est présent et y promeut ses services, les règles en matière de publicité personnelle sont pleinement applicables aux avocats concernés, et ce nonobstant le fait qu'elles ne soient pas opposables à la société éditrice du site internet en cause[11].

464.143 **Vente de biens ou services connexes à la profession.** Les sites internet ou plateformes, développés dans le cadre de la faculté de commercialiser des biens ou services connexes à la profession d'avocat au profit des clients ou d'autres membres de la profession dès lors que cette activité demeure accessoire[12], peuvent devoir être soumis aux règles qui suivent, dès lors qu'ils ne se contentent pas de fournir un simple support au site internet de l'avocat (*back office*) mais qu'ils mettent en place un

6. CNB, Comm. RU, avis n° 2016-078, 8 nov. 2016.
7. O. Fontibus (dir.), A. Tanaskovic, *Participation des avocats aux plateformes en ligne détenues par des tiers : Guide pratique*, 2e éd., CNB, mars 2020.
8. Avis de la Comm. RU sur la participation des avocats à des sites internet de tiers, CNB, AG 11 janv. 2008.
9. V. s[s] n°s 464.241 s.
10. V. s[s] n°s 464.230 s.
11. V. s[s] n°s 312.101 s.
12. V. s[s] n°s 432.81 s.

véritable site internet autonome distinct du cabinet de l'avocat (*front office*) [1].

Le CNB a lancé, en juin 2016, une plateforme de référencement, prise de rendez-vous et de consultation juridique en ligne, avocat.fr, au profit de tous les avocats [2].

§ 2
Publicité de l'avocat dans le cadre d'un site de tiers

464.150 **Plan – Règles applicables.** Ainsi, les avocats inscrits sur un site internet de prestations juridiques en ligne [3] ou une plateforme en ligne de référencement [4] ou de mise en relation [5], doivent le faire conformément aux dispositions communes à toutes communications personnelles [6] et à celles relatives à la publicité personnelle [7], et aux sites internet [8], y compris celles s'agissant du contrôle ordinal [9], ainsi que celles spécifiques qui suivent [10].

Le cadre général de la réglementation particulière applicable aux sites de tiers (A) fait l'objet de dispositions spécifiques s'agissant des sites de référencement et annuaires professionnels (B), ainsi que des prestations de service dans le cadre de sites de tiers (C).

A.
réglementation particulière applicable aux sites de tiers

464.160 **Plan.** Le recours à des sites de tiers comme supports de communication par les avocats est encadré par des règles générales applicables à ces sites internet (1°) et faite l'objet de dispositions spécifiques s'agissant de la rémunération de l'avocat (2°).

1°
Règles générales

464.171 **Équité et transparence des entreprises utilisatrices de services d'intermédiation en ligne (règl. 2019/1150, Parlement et Conseil, 20 juin 2019).** Le règlement 2019/1150 relatif à l'équité et à la transparence des entreprises utilisatrices de services d'intermédiation en ligne [11], transposé en droit interne par la loi du 3 décembre 2020 [12], est venu encadrer les conditions générales des plateformes en lignes, les modalités de résiliation de la participation à de telles plateformes, la transparence et la prévisibilité des paramètres déterminant le classement des résultats comme le traitement différencié des services proposés.

Il met également en place un mécanisme de recours effectifs dans l'ensemble de l'Union européenne, imposant aux plateformes de mettre en place un système interne aisément accessible et gratuit de traitement des plaintes, et prévoyant que les plaintes non résolues doivent pouvoir être soumises à des médiateurs impartiaux et indépendants et qu'en dernier recours, les entreprises utilisatrices, ou tout autre organisme habilité, doivent avoir la possibilité de saisir les juridictions nationales compétentes.

L'article 442-1, III [13], du code de commerce prévoit, en outre, que toute personne proposant un service d'intermédiation en ligne sans respecter les obligations expressément prévues par le règlement 2019/1150 engage sa responsabilité et s'oblige à réparer le préjudice causé.

464.172 **Obligation de loyauté des plateformes.** Tout opérateur de plateforme en ligne, selon l'article L. 111-7 [14] au code de la consommation inséré par la loi du 7 octobre 2016 [15], à savoir toute personne physique ou morale proposant, à titre professionnel, de manière rémunérée ou non, un service de communication au public en ligne reposant sur le classement ou le référencement, au moyen d'algorithmes informatiques de services proposés ou mis en ligne par des tiers ou la mise en relation de plusieurs parties en vue de la fourniture d'un service ou de l'échange ou du partage d'un service, est tenu de délivrer au consommateur une information loyale, claire et transparente sur :

– les conditions générales d'utilisation du service d'intermédiation qu'il propose et les modalités de référencement [16], de classement et de déréférence-

1. V. s^s n°s 432.101 s.
2. O. Dufour, « Avocat.fr : bientôt 10 000 abonnés ! », *Gaz. Pal.* 10 juill. 2018, p. 10.
3. V. s^s n°s 464.61 s.
4. CNB Comm. RU, avis n° 2013-017, 17 juill. 2013.
5. V. s^s n° 464.141.
6. V. s^s n°s 461.11 s.
7. V. s^s n°s 463.25 s.
8. V. s^s n°s 464.25 s.
9. V. s^s n°s 464.121 s.
10. V. s^s n°s 464.142 s.
11. Règl. 2019/1150, Parlement européen et Conseil, 20 juin 2019 promouvant l'équité et la transparence pour les entreprises utilisatrices de services d'intermédiation en ligne, *JO* 11 juill., p. 57 ; *JCP* 2020. 939, n° 2, obs. G. Loiseau – G. Loiseau, « La protection contractuelle des travailleurs de plateforme », *D.* 2021. 147.
12. L. n° 2020-1508, 3 déc. 2020 portant diverses dispositions d'adaptation au droit de l'Union européenne en matière économique et financière, *JO* 4 déc., n° 2.
13. C. com., art. 442-1, III.
14. C. consom., art. L. 111-7.
15. L. n° 2016-1321, 7 oct. 2016 pour une République numérique, *JO* 8 oct., n° 1.
16. Com. 4 déc. 2012, n° 11-27.729, P P IV, n° 221 ; *D.* 2012. 2956, obs. C. Manara ; *D.* 2013. 2487, obs. J. Larrieu, C. Le Stanc et P. Tréfigny.

ment des contenus, des biens ou des services auxquels ce service permet d'accéder ;

- l'existence d'une relation contractuelle, d'un lien capitalistique ou d'une rémunération à son profit, dès lors qu'ils influencent le classement ou le référencement des contenus, des biens ou des services proposés ou mis en ligne ;

- la qualité de l'annonceur et les droits et obligations des parties en matière civile et fiscale, lorsque des consommateurs sont mis en relation avec des professionnels ou des non-professionnels.

464.173 **Conditions de mise en œuvre des obligations des plateformes (C. consom., art. D. 111-6).** Les conditions de mise en œuvre des obligations [1] des plateformes, qui ont vocation à s'appliquer aux sites de prestations juridiques en ligne depuis le 1er janvier 2018, sont précisées par les articles D. 111-6 [2] et suivants du code de la consommation, issus des décrets du 29 septembre 2017 [3].

464.174 **Responsabilité sociale des plateformes.** Lorsqu'une plateforme détermine les caractéristiques de la prestation de service fournie et fixe son prix, elle a, à l'égard des travailleurs concernés, en vertu de la loi du 8 août 2016 [4], une responsabilité sociale [5] ainsi qu'un droit de recevoir et de transférer des données personnelles liées à l'activité des travailleurs des plateformes de mise en relation par voie électronique [6].

La responsabilité sociale se traduit, notamment, par la prise en charge par la plateforme, le cas échéant, de la cotisation afférente aux accidents du travail et de la contribution à la formation professionnelle. La mise en œuvre de cette responsabilité a été précisée par le décret du 4 mai 2017 [7] qui a prévu les modalités de prises en charge par la plateforme des cotisations précitées aux articles D. 7342-1 et suivant du code du travail.

Ces obligations ne devraient toutefois pas avoir vocation à s'appliquer aux avocats dès lors que ceux-ci doivent rester libres dans les déterminations des caractéristiques de leurs prestations et des modalités de fixation de leurs honoraires, conformément aux règles qui leur sont applicables.

2°
Règles relatives à la rémunération du site et de l'avocat

464.181 **Frais de fonctionnement du site.** L'avocat peut uniquement être amené à participer de façon forfaitaire aux frais de fonctionnement du site [8], et ce, à l'exclusion de toute rémunération établie en fonction des honoraires perçus par l'avocat, des clients avec lesquels le site ou la plateforme l'a mis en relation [9].

En effet, il s'agirait alors d'un partage d'honoraires avec un tiers non avocat, prohibé [10].

464.182 **Libre fixation de ses honoraires par l'avocat.** L'avocat devra, à cette occasion, vérifier que la convention (ou les conditions générales d'utilisation du site) ne porte pas atteinte à la liberté de fixation de ses honoraires en accord avec son client, toute fixation forfaitaire des honoraires par un tiers étant contraire au principe d'indépendance de l'avocat.

L'avocat se voyant diriger de façon régulière des clients par le biais d'un site d'intermédiation doit également veiller à conserver son indépendance économique [11] vis-à-vis dudit site [12].

464.183 **Perception de la rémunération.** L'avocat ne peut donner mandat à l'exploitant du site ou de la plateforme de référencement ou de mise en relation de percevoir pour son compte les honoraires qui lui reviennent, sauf à recourir à une entreprise agréée dans les conditions prévues au code monétaire et financier [13].

Les frais forfaitaires de fonctionnement du site [14] peuvent être, à cette occasion, déduits de ses honoraires.

1. E. Poillot, « Plateforme en ligne : portée de l'obligation de loyauté », *D.* 2016. 2056.
2. C. consom., art. D. 111-6 s.
3. Décr. n° 2017-1434, 29 sept. 2017 relatif aux obligations d'information des opérateurs de plateformes numériques, *JO* 5 oct., n° 22 ; *JCP* 2017. 1087 – Décr. n° 2017-1435, 29 sept. 2017 relatif à la fixation d'un seuil de connexions à partir duquel les opérateurs de plateformes en ligne élaborent et diffusent des bonnes pratiques pour renforcer la loyauté, la clarté et la transparence des informations transmises aux consommateurs, *JO* 5 oct., n° 23 ; *JCP* 2017. 1087 – Décr. n° 2017-1436, 29 sept. 2017 relatif aux obligations d'information relatives aux avis en ligne de consommateurs, *JO* 5 oct., n° 24 ; *JCP* 2017. 1087.
4. L. n° 2016-1088, 8 août 2016 relative au travail, à la modernisation du dialogue social et à la sécurisation des parcours professionnels, *JO* 9 août, n° 3, art. 60.
5. C. trav., art. L. 7342-1 – Cons. const. 20 déc. 2019, n° 2019-794 *DC, Loi d'orientation des mobilités,* NON-CONFORMITÉ PARTIELLE, *JO* 26 déc., n° 2 ; *RTD civ.* 2020. 581, obs. P. Deumier ; *RTD civ.* 2020. 586, obs. P. Deumier.
6. Décr. n° 2021-952, 16 juill. 2021 relatif aux données personnelles permettant la valorisation de l'activité professionnelle des travailleurs des plateformes de mise en relation par voie électronique, *JO* 18 juill., n° 11 ; *JCP* 2021. 844.
7. Décr. n° 2017-774, 4 mai 2017 relatif à la responsabilité sociale des plateformes de mise en relation par voie électronique, *JO* 6 mai, n° 45.
8. RIN, art. 19.4.2.
9. RIN, art. 19.4.2.
10. V. s^s n°s 711.91 s.
11. V. s^s n°s 323.21 s.
12. V. s^s n° 464.254.
13. RIN, art. 19.4.2.
14. V. s^s n° 464.181.

B. Sites de référencement et annuaires professionnels

464.191 Principes généraux. Le simple référencement d'un avocat sur un site de tiers, dans le cadre d'un site de référencement, d'un annuaire électronique ou de tout autre site internet, est un mode de publicité soumis, en outre aux dispositions spécifiques aux annuaires [1].

464.192 Affichage préférentiel. L'apparition des annuaires électroniques, tels que pagesjaunes.fr, a conduit à s'interroger sur le cas des avocats qui, ayant souscrit un abonnement spécifique, échappent au système dit du « tri alpha tournant », en d'autres termes du tri aléatoire réservé à tous les avocats, leur annonce devenant alors prioritaire. Un tel tri ne peut alors s'opérer, éventuellement, qu'entre les abonnés payants.

Dans une affaire où il n'existait qu'un seul inscrit pour le ressort du barreau de Nevers, la cour d'appel de Bourges s'était montrée particulièrement sévère, par un arrêt du 13 avril 2006 [2], et avait approuvé le conseil de l'Ordre d'avoir estimé « que l'effet attaché à la souscription d'un encart publicitaire consistant à « se mettre en avant », même si c'est le cas échéant en concours avec d'autres confrères, et apparaître ainsi en priorité sur internet à la vue d'une personne qui recherche un avocat, n'est pas acceptable au regard de la confraternité, de la délicatesse et même de la dignité ».

Cette solution a été censurée par la Cour de cassation qui considère que : « le choix de ce mode de consultation de l'annuaire ne porte pas en lui-même atteinte aux obligations de discrétion et de dignité qui pèsent sur l'avocat » [3].

464.193 Autorisation des affichages préférentiels. La possibilité pour un avocat de recourir à un affichage prioritaire [4], en vue d'apparaître systématiquement à droite de l'écran lorsqu'une recherche est faite sur le site internet des pages jaunes, relève de la publicité personnelle autorisée aux avocats. Cette prestation particulière est la contrepartie d'un coût payé par l'avocat, annonceur, au prestataire pour figurer de manière prioritaire sur son site.

Cette publicité, sous réserve du respect des principes essentiels et de la véracité des mentions, est conforme aux dispositions de l'article 15 du décret du 12 juillet 2005 [5] et à celles de l'article 10.5 du RIN relatives aux annuaires professionnels, et ne peut, en conséquence, être assimilée à un acte de parasitisme ou de concurrence déloyale [6].

464.194 *Pop-up*. Il appartient aux avocats dont les noms apparaîtraient dans les *pop-up*, lesquels sont assimilables à des encarts publicitaires [7], et qui ont payé des redevances à cette fin, de vérifier que la publicité faite sur leur nom n'est pas mensongère, notamment, en termes de spécialisation [8].

464.195 Mention de l'avis des clients et notations [9]. La question se pose quant à la possibilité pour un avocat de permettre sur sa fiche sur un annuaire, ou sur son site internet, la mention de commentaires de satisfaction émanant de ses clients, ou une notation.

La diffusion de commentaires en ligne ou de notations des internautes sur les prestations réalisées par des avocats n'apparaît pas conforme aux principes essentiels, notamment de délicatesse, modération, dignité et de loyauté.

En effet, le caractère sincère, et donc loyal, de l'information ne peut être garanti, d'une part, en raison du risque de faux avis [10] et, d'autre part en raison du risque de n'afficher que des commentaires positifs des internautes. Par ailleurs, l'avis d'un internaute sur l'expérience personnelle et subjective que constitue la relation d'un client avec son avocat ne répond pas à un objectif d'information du public et contrevient aux règles du secret professionnel [11], outre que ce dernier fait obstacle à son contrôle par la Dgccrf au titre des pratiques commerciales trompeuses [12].

464.196 Affaire avocats.net / alexia.fr. La cour d'appel de Paris avait validé cette analyse s'agissant d'un système d'avis conforme à la norme Afnor n° NF-Z

1. V. s[s] n°s 463.81 s.
2. Bourges, 13 avr. 2006 *barreau de Nevers, LPA* 29 janv. 2007, 10.
3. Civ. 1re, 6 déc. 2007, n° 06-16.072, NP ; *JCP* 2008. I. 123, n° 15, obs. R. Martin ; *JCP* 2008. I. 140, n° 5, obs. S. Bortoluzzi ; *CCE* 2008, n° 23, obs. A. Debet – V. s[s] n° 464.172.
4. V. s[s] n° 464.172.
5. Décr. n° 2005-790, 12 juill. 2005, art. 15.
6. CNB, Comm. RU, avis n° 2011-013, 31 mars 2011 – CNB, Comm. RU, avis n° 2011-047, 24 nov. 2011 ; C. avocat 2021, s[s] décr. 12 juill. 2005, art. 15, note 19.
7. V. s[s] n° 463.55.
8. CNB, Comm. RU, avis n° 2014-003, 27 janv. 2014 – V. s[s] n°s 461.141 s.
9. J.-F. Julliard, « Sur le web, comparaison (des prix) n'est pas toujours raison », *Le canard enchaîné*, 7 oct. 2015 – Note Dgccrf, « Annuaires professionnels : attention aux arnaques », 17 déc. 2015.
10. M. Tual, « Faux commentaires : dans la nébuleuse des faussaires du web », *Le Monde* 31 mai 2015.
11. CNB, Comm. RU, avis n° 2015-019, 18 mai 2015 – A. Portmann, « Pas de commentaires des clients sur les sites internet des avocats », *D. actu.* 24 juill. 2015 – CNB, Comm. RU, avis n° 2016-078, 8 nov. 2016 – V. s[s] n°s 412.00 s.
12. Enquête de la Dgccrf sur les faux avis de consommateurs, note Dgccrf, 21 juin 2016 – V. *Les annuaires professionnels, Les conseils pour ne pas se laisser piéger,* Fiche technique, févr. 2016 – V. s[s] n°s 466.101 s.

74-501 en considérant, après avoir observé que l'article 10.2 du RIN prohibe toute mention comparative et que la relation entre le client et son avocat qui est une relation de nature personnelle ne peut reposer sur des critères purement objectifs tels que le montant des honoraires, cette relation particulière étant exclusive de tout comparateur à finalité commerciale. Elle avait jugé que « Cette notation des avocats, par les internautes, selon ses desiderata qui correspondent à ses propres critères, contraires à leur déontologie, porte atteinte à l'intérêt collectif de la profession » [1].

La Cour de cassation a toutefois cassé l'arrêt de la cour d'appel rendu sur le terrain de l'interdiction d'une pratique commerciale trompeuse [2], au motif que les tiers ne sont pas tenus par les règles déontologiques de cette profession [3], et qu'il leur appartient seulement, dans leurs activités propres, de délivrer au consommateur une information loyale, claire et transparente [4].

En réalité, d'une part, c'est sur le fondement de l'article 1240 du code civil, et de la concurrence déloyale, qu'il convient de se placer, dès lors que les avocats concernés commettent ainsi une faute susceptible d'engager leur propre responsabilité [5], et d'autre part, ces mêmes avocats en laissant de tels sites procéder à des notations ou insérer des avis de clients, commettent, en outre, une faute déontologique susceptible d'entraîner des sanctions disciplinaires. Le débat n'est pas clos, pour autant, contrairement à ce que certains auteurs ont pu écrire, il n'est pas possible, et quelque peu prématuré, de voir dans l'arrêt de la Cour de cassation une « généralisation de l'évaluation en ligne des avocats » [6].

Sur renvoi, sur le seul terrain du droit de la consommation, la cour d'appel de Versailles, a considéré qu'antérieurement au 18 décembre 2015 il ne résultait pas qu'une information loyale, claire et transparente sur les conditions générales d'utilisation du service d'intermédiation et sur les modalités de référencement, de classement et de déréférencement des offres mises en ligne ait été délivrée aux consommateurs conformément à ce qu'exigeait l'article L. 111-5-1 du code de la consommation faisant que le service de notation des avocats exploité sur le site avocats.net, devenu depuis alexia.fr [7], présentait un caractère trompeur en ce qu'il délivrait une information qui n'était ni loyale, ni claire ni transparente, pratique qui portait atteinte à l'intérêt collectif de la profession de sorte que le Conseil national des barreaux était fondé à réclamer une indemnité d'un euro en réparation de son préjudice [8].

464.197 **Référencement à l'insu des avocats.** Il convient de signaler qu'il existe sur internet de prétendus annuaires professionnels, qui n'en sont pas et sur lesquels les avocats sont inscrits à leur insu, avec parfois des coordonnées incomplètes ou erronées, mais surtout avec des numéros de téléphone qui renvoient à des plateformes téléphoniques aux numéros surtaxés, et l'obligation pour le confrère de s'inscrire et de payer pour pouvoir modifier sa fiche. Cette situation est illégale dès lors qu'il s'agit de données personnelles [9], et que le consentement express et préalable de toute personne est nécessaire afin de pouvoir la mentionner sur un tel site [10].

Suite à des plaintes d'avocats qui ne parvenaient pas à obtenir l'effacement de leurs données, malgré plusieurs demandes et relances en ce sens contre l'un de ces sites, la Cnil a prononcé une sanction pécuniaire de 10 000 euros à l'encontre de l'association gestionnaire du site. Pour la Cnil, il est certain que les noms, qualités et coordonnées de professionnels constituent des données à caractère personnel au sens de la loi, y compris, comme en l'espèce, des professionnels du droit dont les coordonnées sont publiquement disponibles. En outre, le fait que les données des plaignants soient librement accessibles sur internet ne fait pas obstacle à leur droit d'obtenir leur rectification ou leur effacement. Ce droit demeure applicable quelle que soit l'origine des données, lesquelles n'ont, en tout état de cause, pas pu être clairement déterminées en l'espèce [11].

1. Paris, pôle 5, ch. 2, 18 déc. 2015, RG n° 15/03732 ; *JCP* 2016. Act. 4, obs. F. G'sell ; *JCP* 2016. 670, n° 21, obs. F. G'sell ; *D. avocats* 2016. 27, note Th. Wickers ; *D.* 2017. 75, obs. Th. Wickers.
2. C. consom., art. L. 121-1.
3. V. s[s] n°s 312.111 s.
4. Civ. 1re, 11 mai 2017, n° 16-13.669, PP ; *JCP* 2017. 660, n° 32, obs. F. G'sell ; *D.* 2017. 1054 ; *D. avocats* 2017. 234, obs. A. Bolze ; *Dalloz IP/IT* 2017. 410, obs. A. Lecourt ; *Gaz. Pal.* 5 déc. 2017, p. 19, obs. D. Landry et J. Villacèque ; *D.* 2017. 2453, obs. Y. Auguet – V. s[s] n° 464.242.
5. Civ. 1re, 26 avr. 2017, n°s 16-14.036, 16-15.278, P P ; *D.* 2017. 988.
6. F. G'sell, « Vers la généralisation de l'évaluation en ligne des avocats ? », *JCP* 2017. 758 ; – SUR CETTE QUESTION : A. Coignac, « La notation des avocats en ligne, vers un tripadvisor de la profession », *JCP* 2018. 884 – O. Dufour, « Notation des avocats, attention terrain miné ! », *Gaz. Pal.* 22 oct. 2019, p. 7 – CNB, résolution sur la notation des avocats, AG 12 oct. 2019, *JCP* 2019. 1140.
7. V. s[s] n° 464.242.
8. Versailles, 1re, ch., 1re sect., 7 déc. 2018, RG n° 17/05324, *JCP* 2019. 255, n° 18, obs. F. G'sell ; *JCP* 2018. 1399 ; *D.* 2019. 2272, obs. Ch. Le Stanc.
9. CJCE 6 nov. 2003, *Bodil Lindqvist*, aff. C-101/2001 – CE 20 déc. 2015, n° 376845 ; *JCP* 2016. 1086, n° 8, obs. F. G'sell ; *D.* 2017. 75, obs. Th. Wickers.
10. Règl. 2016/679, Parlement et Conseil, 27 avr. 2016, art. 13 et 14.
11. Cnil, Délib. de la formation restreinte n° 2014-041, 29 janv. 2014 prononçant une sanction pécuniaire à l'encontre de l'Association X – ANT. : Cnil, Délib. n° 2009-329 du 4 juin 2009 mettant en demeure la société SERVTEL 3000.

Le Conseil d'État a confirmé cette analyse considérant que, dès lors que ces données sont des coordonnées professionnelles des personnes physiques en cause, et qu'elles sont le cas échéant rendues publiques, cela est sans incidence sur leur qualification de données à caractère personnel [1]. Cette même association a, par la suite, été condamnée, avec injonction de procéder au déréférencement [2], pour traitement illégal de données à caractère personnel sur le fondement de l'article 226-18-1 du code pénal [3].

La jurisprudence judiciaire est également en ce sens dès lors qu'une telle manière de procéder caractérise un traitement de données à caractère personnel ayant pour finalité la prospection commerciale, malgré l'opposition de la personne concernée, infraction figurant à l'article 226-18-1 du code pénal [4]. Une décision, isolée, a toutefois considéré que l'atteinte au droit des données à caractère personnel n'était toutefois manifestement pas démontrée, et que « l'identification de chaque professionnel concerné, comme sujet d'un forum sur lequel les internautes postent leurs avis, relève d'un intérêt légitime d'information du consommateur, étant précisé que les droits de la personnalité des professionnels en cause sont protégés par les droits de la personnalité, non contestés ici, de signaler les propos dépassant les limites admissibles de la liberté d'expression » [5].

C.
Prestations de service dans le cadre de sites de tiers

464.201 **Prestations du site.** L'avocat référencé ou mis en relation avec un client, ou qui réalise des prestations de service pour le compte d'un site internet ou d'une plateforme d'intermédiation, pour les clients de ce dernier, doit impérativement s'assurer que les prestations ainsi fournies par le site ou la plateforme de référencement ou de mise en relation sont conformes au Titre II [6] de la loi du 31 décembre 1971 [7], c'est-à-dire, relèvent de la seule information juridique [8].

464.202 **Prestations de l'avocat.** Si l'avocat fournit une prestation juridique au sens des dispositions du Titre II de la loi du 31 décembre 1971 [9], il doit alors le faire directement auprès du client et ce dans le respect du secret professionnel et des règles en matière de conflit d'intérêts [10] : l'avocat ne doit pas être le prestataire du site de tiers, mais c'est bien le site de tiers qui permet à l'avocat d'être mis en relation avec la clientèle et de délivrer la consultation juridique.

Il convient de rappeler qu'en aucun cas un site de tiers ne peut collecter des données personnelles ou des documents d'un client et les transmettre à l'avocat référencé sur ce site. Il s'agirait d'une immixtion du site d'intermédiation dans la relation entre le client et l'avocat et constituerait une violation du secret professionnel [11]. Un site d'intermédiation ne peut que mettre l'avocat en relation avec un client mais non contribuer, d'une quelconque façon, à la réalisation de la prestation de l'avocat qui doit en avoir la complète maîtrise.

Une fois que la mise en relation entre l'internaute et l'avocat a été réalisée, l'avocat doit se retrouver dans la configuration normale de la relation avec son client, à l'exclusion de toute intervention d'un tiers.

§ 3
Devoir de prudence et de vigilance renforcé lié au recours à des sites de tiers

464.210 **Plan.** Lorsqu'il a recours à des sites de tiers, l'avocat doit faire preuve de prudence et de vigilance (A). En effet, ces pratiques soulèvent de nombreuses problématiques juridiques (B) qui ne sont pas sans enjeux pour la profession d'avocat (C).

A.
Propos liminaires

464.221 **Devoir de vigilance renforcé.** D'une façon générale [12], l'avocat qui propose ses diligences en ligne par l'intermédiaire d'un site internet ou de la plateforme en ligne d'un tiers, y est référencé ou visé par un lien hypertexte, doit toujours s'interroger sur la conformité d'une telle pratique, eu égard à l'encadrement de la publicité et de la sollicitation personnalisée, aux principes essentiels de sa profession et notamment à ceux de prudence, de dignité,

1. CE 20 déc. 2015, n° 376845, NP ; *JCP* 2016. 1086, n° 8, obs. F. G'sell ; *D.* 2017. 75, obs. Th. Wickers.
2. Th. Douville, « Les variations du droit au déréférencement », *D.* 2020. 515.
3. TGI Paris, 17e ch. corr., 16 juin 2016, RG n° 141015000805 ; *D. actu.* 1er juill. 2016, obs. M. Babonneau ; *JCP* 2016. 1086, n° 8, obs. F. G'sell ; *D.* 2017. 75, obs. Th. Wickers.
4. TGI Paris, ord., 6 avr. 2018, *legalis.net* – Versailles, 14e ch. 7 nov. 2019, *legalis.net* ; – IMPLICITEMENT : TGI Metz, 1re ch. civ., ord., 16 juill. 2019, RG n° 19/00167, *D.* 2019. 2273, obs. Ch. Le Stanc.
5. TGI Paris, ord., 12 avr. 2019, RG n° 17/60436, *D.* 2019. 1678, obs. Ch. Le Stanc.
6. L. n° 71-1130, 31 déc. 1971, art. 54 s.
7. RIN, art. 19.4.2.
8. V. ss nos 631.11 s.
9. RIN, art. 19.4.2 – V. ss nos 631.11 s.
10. RIN, art. 19.4.2.
11. V. ss nos 412.00 s.
12. V. ss n° 461.35.

et aux règles en matière de secret professionnel et de conflit d'intérêts.

Cette obligation de vérification de l'avocat doit le conduire à effectuer un contrôle permanent du contenu du site et de son mode de fonctionnement, ce compris de la publicité qui en est faite par l'entreprise gestionnaire.

Si tel n'est pas ou plus le cas, l'avocat doit cesser sans délai son concours au site et en informer son barreau[1].

464.222 **Prudence.** Les avocats qui s'engagent dans des partenariats conduisant des sites internet à les mettre en relation avec le public, ce qui caractérise une activité d'intermédiation ou de courtage de prestations juridiques, doivent prendre en compte le fait que la légalité et la conformité aux règles déontologiques de tels montages apparaissent, bien souvent pour le moins discutables, ce qui tend à être confirmé et conforté par la jurisprudence naissante.

La prudence est d'autant plus de mise que tant la nature même que le régime juridique de ces sites ne sont pas encore clairement établis[2].

La CJUE, suivant les conclusions de son avocat général[3], a ainsi considéré que la plateforme *Uber* devait être considérée comme indissociablement lié à un service de transport et donc comme relevant de la qualification de service dans le domaine des transports au sens du droit de l'Union. En effet, les caractéristiques mêmes de la plateforme excluent qu'elle puisse être considérée comme un simple intermédiaire entre les chauffeurs et les passagers. De surcroît, dans le cadre du service mixte offert par la plateforme, c'est indubitablement le transport (donc le service non fourni par voie électronique) qui est la principale prestation et qui lui confère son sens économique. Dès lors, Uber ne bénéficie pas du principe de libre prestation des services garanti par le droit de l'Union aux services de la société de l'information et peut être obligée de posséder les licences et agréments requis par le droit national pour exercer la profession de taxi[4].

Pour autant, la CJUE a également considéré que la plateforme *Airbnb* relevait de la notion de « service de la société de l'information », définie comme tout service presté normalement contre rémunération, à distance, par voie électronique et à la demande d'un destinataire de services, et, dès lors, entre dans le champ d'application de la directive commerce électronique[5], l'activité d'*Airbnb* consistant essentiellement à mettre à disposition « un instrument de présentation et de recherche des logements mis à la location et facilitant la conclusion de futurs contrats de location », et ne tendant pas à la réalisation immédiate d'une prestation d'hébergement ni n'étant indispensable à l'exécution d'une telle prestation. La Cour, qui relève qu'*Airbnb* ne fixe pas ni ne plafonne le montant des loyers réclamés par les loueurs ayant recours à sa plateforme, retient que les autres prestations proposées par la société sont dissociables et accessoires au service d'intermédiation fourni. Dès lors *Airbnb* pouvait s'opposer à ce que lui soient appliquées les dispositions de la loi du 2 janvier 1970[6] restreignant la libre prestation des services de la société de l'information fournis par un opérateur à partir d'un autre État membre, en lui imposant de détenir une carte professionnelle d'agent immobilier, dès lors que cette loi n'a jamais été notifiée par la France à la Commission européenne[7]. Mais elle a admis qu'un État membre peut imposer un régime d'autorisation préalable à la mise en location saisonnière d'un bien immobilier dès lors que le régime est justifié par une raison impérieuse d'intérêt général, à savoir les tensions sur le marché de l'immobilier pour la location longue durée, que la réglementation est proportionnée à l'objectif poursuivi car elle ne concerne que quelques zones particulièrement tendues et les résidences secondaires[8].

464.223 **Une régulation en suspens.** La question du régime juridique, et d'une régulation, de ce que

1. RIN, art. 19.1.
2. AUSSI : Coll., *Conseil d'État, Puissance publique et plateformes numériques : accompagner l'« ubérisation »*, Étude annuelle 2017, La Documentation française, 2017 – F. G'sell, « Le Conseil d'État et les plateformes : de l'"ubérisation" à un programme d'action », *JCP* 2017. 1117.
3. Conclusions de l'avocat général, M. Szpunar, dans CJUE 11 mai 2017, *Asociación Profesional Elite Taxi c/Uber Systems Spain S*, aff. C-434/15
4. CJUE 20 déc. 2017, *Asociación Profesional Elite Taxi c/Uber Systems Spain SL*, aff. C-434/15 ; *JCP* 2018. 85, obs. D. Berlin – CJUE 10 avr. 2018, *Uber France*, aff. C-320/16 ; *JCP* 2018. 491, obs. D. Berlin ; *D.* 2018. 796 – N. Balat, « Les apports des arrêts "Uber Pop" au droit des transports », *D.* 2018. 934 – N. Balat, « L'ubérisation et Les faux-courtiers – ou les plateformes numériques rattrapées par le droit des contrats », *D.* 2021. 646 – G. Loiseau, « La protection contractuelle des travailleurs de plateforme », *D.* 2021. 147.
5. Dir. 2000/31, Parlement et Conseil, 8 juin 2000 relative à certains aspects juridiques des services de la société de l'information, et notamment du commerce électronique, dans le marché intérieur, *JOCE L* 17 juill., p. 1.
6. L. n° 70-9, 2 janv. 1970 réglementant les conditions d'exercice des activités relatives à certaines opérations portant sur les immeubles et les fonds de commerce, *JO* 4 janv., p. 142.
7. CJUE 19 déc. 2019, *YA et Airbnb Ireland UC c/ Hôtelière Turenne SAS, Assoc. pour un hébergement et un tourisme professionnel (Ahtop) et Valhotel*, aff. C-390/18 ; *D.* 2020. 11 ; *D.* 2020. 2266, obs. J. Larrieu.
8. CJUE 22 sept. 2020, *Cali Apartments et ville de Paris c/ France*, aff. j[tes] C-724/18, C-727/18 – Civ. 3e, 15 nov. 2018, n° 17-26.156 – Civ. 3e, 15 nov. 2018, n° 17-26.158 – Civ. 3e, 24 sept. 2020, n° 18-22.142, NP ; *Gaz. Pal.* 27 oct. 2020, p. 33, obs. C. Berlaud.

beaucoup appellent « l'économie numérique »[1] est prégnante, et se trouve à travers l'élaboration d'un « marché unique numérique » visant à « permettre aux particuliers et aux entreprises, quels que soient leur nationalité et leur lieu de résidence, d'accéder et de se livrer à des activités en ligne dans un cadre garantissant une concurrence loyale et un niveau élevé de protection des consommateurs et des données à caractère personnel »[2].

L'« économie numérique », ou le commerce électronique, qui fait l'objet d'une réglementation progressive au niveau européen[3], et national[4], n'est pas exclusive du respect des règles afférentes aux biens ou services ainsi commercialisées, et, notamment, s'agissant de la profession d'avocat aux règles régissant cette dernière, comme au respect de la réglementation relative à la consultation juridique et la rédaction d'actes[5].

Le Conseil d'État a ainsi eu l'occasion de considérer, s'agissant du « commerce électronique de médicaments », qui fait l'objet d'une règlementation spécifique au niveau européen[6], que par les dispositions de l'article L. 5125-33[7] du code de la santé publique, le législateur a entendu que l'activité de commerce électronique de médicaments soit exercée à partir du site internet d'une officine de pharmacie afin, d'une part, de lutter contre le risque de commercialisation de médicaments falsifiés par le moyen de la vente à distance et, d'autre part, de garantir le respect par le pharmacien de son devoir particulier de conseil, impliquant notamment qu'il assure dans son intégralité l'acte de dispensation du médicament et agisse, lorsqu'il délivre un médicament qui ne requiert pas de prescription médicale, avec la même vigilance que le médicament soit délivré dans l'officine ou à distance[8]. La CJUE, a par ailleurs, considéré que l'interdiction du référencement en ligne par les pharmacies fournissant un service de vente en ligne de médicaments ne peut être restreinte que si cela est justifié. Elle souligne qu'une interdiction générale de toute publicité serait disproportionnée à l'objectif de santé publique, mais qu'une interdiction d'offres promotionnelles sur les médicaments peut être justifiée par la prévention d'une consommation excessive de médicaments. Elle considère, en l'espèce, que la France ne semble pas avoir démontré en quoi l'interdiction du référencement en ligne était adéquate et proportionnée à l'objectif de santé publique de répartition équilibrée des officines sur le territoire national[9]. Le Conseil d'État est venu annuler les dispositions de l'article L. 5125-39 du code de la santé publique en tant qu'elles interdisaient la recherche de référencement dans des moteurs de recherche ou des comparateurs de prix contre rémunération aux officines situées en France[10]. Ce référencement demeure toutefois encadré et réservé aux seules officines de pharmacie.

Dans le même ordre d'idées, la Cour de cassation a pu considérer qu'était constitutif d'un trouble manifestement illicite le fait, à l'occasion de dîners rémunérés, organisés pour des convives s'inscrivant par l'intermédiaire d'une plateforme numérique, de servir des boissons alcooliques sans être titulaire d'aucune des licences prévues par les articles L. 3331-1 et L. 3331-2 du code de la santé publique[11].

Surtout la régulation de ce qui constitue avant tout un support à une activité donnée, plus qu'une

1. C. Castets-Renard, V. Ndior, L. Rass-Masson, « Le marché unique numérique : quelles réalités matérielles et conceptuelles », *D.* 2019. 956 – C. Castets-Renard, « Les plateformes numériques, facteur de rupture des activités des professions réglementées », *in* H. Simonian-Gineste, S. Torricelli-Chrifi (dir.), *Les professions (dé)réglementées, Bilan et perspectives juridiques*, PU Toulouse 1 Capitole, 2018, p. 11 s. – Autorité de la concurrence, *Concurrence et commerce en ligne*, « Études », La Documentation française, mai 2020 – C. Castets-Renard, V. Ndior, L. Rass-Masson, *Enjeux internationaux des activités numériques. Entre logique territoriale des États et puissance des acteurs privés*, Larcier, 2020 – V. AUSSI : N. Dissaux, « Les franchisés, vitrines de la mode ? », *D.* 2021. 1295 ; – AUSSI : B. Patino, *La civilisation du poisson rouge. Petit traité sur le marché de l'attention*, Grasset, 2019 – V. aussi s[s] n° 491.73.
2. Communication de la commission au parlement européen, au conseil, au comité économique et social européen et au comité des régions, Stratégie pour un marché unique numérique en Europe, COM (2015) 19 final, 6 mai 2015.
3. Commission européenne, *Rapport final sur la politique de concurrence à l'ère du numérique, 4 avr. 2019 – Commission européenne, Propositions de l'Union européenne en matière de règlementation internationale sur le e-commerce,* 26 avr. 2019 – Accord sur une vision commune des autorités de concurrence du G7 sur "Concurrence et économie numérique", Paris, 5 juin 2019.
4. V. s[s] n°s 464.142 s.
5. TGI Paris, 30e, ch. corr., 13 mars 2014, n°s 13248000496, 13248000544, *JCP* 2014. 597, n° 14, obs. Ch. Jamin ; *JCP* 2014. 578, note C. Bléry, J.-P. Teboul ; – CONFIRMÉ PAR : Paris, pôle 5, ch. 12, 21 mars 2016, RG n° 14/04307, *JCP* 2016. 394, obs. H. Slim ; *JCP* 2016. 670, n° 20, obs. F. G'sell ; – POURVOI REJETÉ PAR : Crim. 21 mars 2017, n° 16-82.437, NP ; – ET : Paris, pôle 2, ch. 1, 6 nov. 2018, RG n° 17/04957, *JCP* 2019. 10, note H. Slim ; *JCP* 2018. 1228 ; *JCP* 2018. 255, n° 19, obs. F. G'sell – TJ Paris, JEX, 29 janv. 2020, RG n° 19/82171, *JCP* 2020. 278, n° 17, obs. F. G'sell – V. s[s] n°s 611.12 s.
6. Dir. 2001/83, Parlement et Conseil, 6 nov. 2001 instituant un code communautaire relatif aux médicaments à usage humain, 28 nov., p. 67.
7. CSP, art. L. 5125-33 ; mod. par L. n° 2020-1525, 7 déc. 2020, art. 89.
8. CE 26 mars 2018, req. n°s 408886, 407289, NP ; *D.* 2018. 674 ; *D.* 2018. 1475, note Th. Douville – Com. 19 juin 2019, n° 18-12.292, P.
9. CJUE 1er oct. 2020, *Arrêt A (Publicité et vente de médicaments en ligne) c/France*, aff. C-649/18.
10. CE 17 mars 2021, req. n° 440208.
11. Com. 2 sept. 2020, n° 18-24.863, P ; *Gaz. Pal.* 27 oct. 2020, p. 17, note M.-L. Guinamant.

activité autonome et distincte, et qui ne va pas sans difficulté compte tenu, notamment, de la coexistence de plusieurs professionnels soumis à des réglementations différentes sur un même segment de marché[1], est tout sauf exclusive du strict respect par les professionnels concernés, en l'occurrence les avocats, des règles, notamment déontologique, propre à leur activité professionnelle[2].

B. Problématiques posées par les sites de tiers

464.230 Plan – Site de tiers. La question des « sites de tiers » concerne des sites internet qui ne sont pas ceux des avocats eux-mêmes ou des institutions de la profession, mais ceux de tiers, souvent des sociétés commerciales qui font, entre autres, la promotion d'avocats, mais pas seulement et peuvent même, tel que le site meilleuravocat.com, faire la promotion de personnes n'ayant pas la qualité d'avocat et usurpant ainsi du titre pour se livrer, à travers ce même site, à un exercice illégal de la profession d'avocat[3].

Plusieurs difficultés naissent liées soit au droit pénal et au droit de la concurrence (1°), soit aux règles déontologiques de la profession (2°).

1° Difficultés liées au droit pénal et au droit de la concurrence

464.241 Risques pénaux. Du fait de leurs noms, repris dans leurs url, de leurs contenus, qui révèlent le plus souvent non seulement une offre d'intermédiation, mais également une offre de prestations juridiques proposées par le site lui-même, et de leurs méthodes de référencement, ces sites internet sont susceptibles de se voir reprocher plusieurs infractions pénales et notamment : démarchage prohibé en vue de donner des consultations juridiques[4] ; usage de titre prêtant à confusion avec un titre ou une profession judiciaire[5] ; pratiques commerciales trompeuses[6], consultation juridique ou rédaction d'acte sous seing privé sans respect des conditions ; exercice illégal de la profession d'avocat[7] voire même escroquerie[8].

Les avocats qui sont impliqués, sans toujours avoir une appréhension globale du fonctionnement du système dans lequel ils s'engagent, du fait de leur rôle plus ou moins actif, dans l'exploitation de ces sites, mais également du fait qu'ils en retirent une rémunération, parfois directement versée par ces derniers, sont susceptibles d'être reconnus comme complices[9] ou receleurs[10] des délits susmentionnés[11].

464.242 Noms de domaine prêtant à confusion. Ces mêmes acteurs sont, au demeurant, parfaitement conscients de la nécessité qu'il y a pour eux de se fondre dans le paysage en usant et abusant de dénominations et noms de domaine entretenant la confusion, utilisant jusqu'au mot « avocat » alors même que cet usage, comme celui de tout autre terme prêtant à confusion[12], dans une marque ou le nom de domaine d'un site internet autre que celui d'un cabinet d'avocats ne saurait être toléré s'agissant d'un titre dont l'usage est protégé[13].

La Cour de cassation a ainsi confirmé l'interdiction pour de tels sites d'utiliser des noms de domaine prêtant à confusion et caractérisant une usurpation de titre et une pratique commerciale trompeuse[14].

464.243 Concurrence déloyale. En outre, sur le terrain du droit de la concurrence, plusieurs procédures ont été lancées par des avocats afin d'obtenir la cessation de l'activité des sites d'intermédiation et de solliciter la condamnation des avocats travaillant en lien avec ces sites, sur le fondement d'actes de concur-

1. V. Lasserre, « Les failles de la régulation des services en ligne de médiation ou de conciliation », *JCP* 201., 502 – Décr. n° 2019-1089, 25 oct. 2019 relatif à la certification des services en ligne de conciliation, de médiation et d'arbitrage, *JO* 27 oct.
2. V. s[s] n°s 464.142 s.
3. T. corr. Bourges 18 nov. 2015, n° 12193000038 – T. corr. Bourges 19 déc. 2012, n° 11238000035 – V. s[s] n°s 611.12 s.
4. V. s[s] n°s 466.161 s. et 612.91 s.
5. V. s[s] n°s 612.31 s.
6. V. s[s] n°s 466.101 s.
7. V. s[s] n°s 612.11 s.
8. M. Tanneau, « Faux avocat, le véritable escroc a fait 244 victimes », *Ouest France* 26 juin 2012 – V. s[s] n°s 922.60 s.
9. V. s[s] n°s 921.31 s.
10. V. s[s] n°s 921.101 s.
11. SUR LE CAS d'un expert-comptable condamné des chefs de complicité d'exercice illégal de la profession d'expertise comptable : Crim. 6 sept. 2011, n° 11-80.317, NP.
12. T. com. Paris, 6 déc. 2013 ; *RLDI* févr. 2014, n° 111, obs. J. de Romanet – Com. 16 avr. 2013 n° 12-17.633, P IV, n° 63 ; *D.* 2013. 1061 ; *D.* 2013. 2551, Chron. A.-C. Le Bras, H. Guillou, F. Arbellot et J. Lecaroz ; *D.* 2014. 326, obs. J.-P. Clavier, N. Martial-Braz et C. Zolynski ; *RTD com.* 2013. 691, obs. J. Azéma – D. Iweins, « Plateformes juridiques en ligne, la stratégie des noms de domaine », *Gaz. Pal.* 28 juin 2016, p. 8 – V. s[s] n°s 464.195 s.
13. TGI Paris, 3e ch., 3e sect., 30 janv. 2015, RG n° 13/00332 – F. G'sell, « Les débuts périlleux d'un comparateur d'avocats », *JCP* 2015. 1417 – D. Piau, « L'exercice illégal de la profession d'avocat ou la "Peau de chagrin" à la lumière d'un rappel au règlement », *Gaz. Pal.* 24-26 mars 2013, p. 17 – V. s[s] n°s 612.31 s.
14. Civ. 1re, 11 mai 2017, n° 16-13.669, P ; *JCP* 2017. 660, n° 32, obs. F. G'sell ; *D.* 2017. 1054 ; *D. avocats* 2017. 234, obs. A. Bolze ; *Dalloz IP/IT* 2017. 410, obs. A. Lecourt ; *Gaz. Pal.* 5 déc. 2017, p. 19, obs. D. Landry et J. Villacèque ; *D.* 2017. 2453, obs. Y. Auguet ; – CASSANT SUR CE POINT : Paris, pôle 5, ch. 2, 18 déc. 2015, RG n° 15/03732 ; *JCP* 2016. Actu. 4. obs. F. G'sell ; *JCP* 2016. 670, n° 21, obs. F. G'sell ; *D. avocats* 2016. 27, note Th. Wickers ; *D.* 2017. 75, obs. Th. Wickers ; – MÊME SENS : TGI Paris, ord. réf., 17 nov. 2016, RG n° 16/59393 ; *D. avocats* 2017. 25, art. Th. Wickers – V. s[s] n°s 466.101 s.

rence déloyale[1], dès lors que le développement de leur clientèle est basé sur des agissements contraires à notre déontologie et constitutifs de délits pénaux. Un ancien bâtonnier de Paris et ancien président du CNB a partagé cette analyse dans une sentence arbitrale[2].

Une cour d'appel avait, par ailleurs, pu considérer que les références à une mise en relation avec un avocat, figurant sur un site internet, étaient constitutives d'actes de concurrence déloyale, dès lors qu'il résulte de la combinaison de l'article 15 du décret du 12 juillet 2005 et de l'article 111, a), du décret du 27 novembre 1991 que seuls les membres de la profession d'avocat sont autorisés à promouvoir la publicité de leur activité ou à démarcher les justiciables sans pouvoir les déléguer à des personnes ou à des membres étrangers à leur profession, et ceci, pour garantir les règles de cette profession, qui portent sur l'indépendance, le secret professionnel, la prérogative de donner des consultations ou de rédiger des actes en matière juridique, et enfin, particulièrement, celle de représenter les justiciables devant les juridictions. Pour la cour, le site internet ne désignant pas les avocats avec lesquels il est offert de mettre les internautes en relation pour les prestations dont il fait la promotion, il en résultait une violation de règles communes pour la publicité et le démarchage de la profession d'avocat ainsi qu'une désorganisation de l'accès au marché[3].

L'arrêt est toutefois, logiquement, cassé par la Cour de cassation au motif que les textes susvisés ne régissent que la profession d'avocat et ne peuvent être opposés à des tiers étrangers à cette profession[4]. L'action était en effet dirigée contre la société gestionnaire du site et non contre les avocats bénéficiaires de l'activité de ce même site, elle ne pouvait donc fonder son raisonnement sur des textes propres à la profession d'avocat.

2°
Difficultés liées aux règles déontologiques de la profession

464.251 Atteintes aux principes essentiels et règles déontologiques. Surtout, indépendamment des risques pénaux[5] et de la question de la concurrence déloyale[6], les avocats participant à l'animation de site d'intermédiation et mis par ce biais en relation avec des clients, sont susceptibles de se voir reprocher plusieurs manquements déontologiques à raison de leur participation aux activités de ces sites : manquement à l'obligation d'indépendance, non-respect du secret professionnel, exercice d'une activité commerciale incompatible[7], manquement, notamment, aux principes de loyauté et de confraternité par la commission d'agissements constitutifs de concurrence déloyale[8] mais encore de conseil de prudence et de diligence.

464.252 Activité commerciale incompatible. La cour d'appel de Paris a considéré qu'en offrant directement, dans le cadre de sa prestation, les services d'avocats, la convention entre la société éditrice du site et le client, contreviennent aux dispositions de l'article 111 du décret du 27 novembre 1991 qui prévoit que la profession d'avocat est incompatible avec toutes activités de caractère commercial[9], qu'elles soient exercées directement ou par personnes interposées[10], annulant ainsi ladite convention.

De même, un tribunal de commerce a eu l'occasion de préciser que : « Le contrat passé entre deux sociétés commerciales, dont l'objet pour l'une d'elles consiste à s'entremettre dans une relation avec un avocat, objet de nature commerciale, est contraire aux dispositions relatives à l'exercice de la profession d'avocat selon l'article 111 du décret du 27 novembre 1991. La réalisation de la mission d'audit prévue au contrat, ne peut se concevoir sans consultation juridique compte tenu de son objet. Or, la société incriminée ne rapporte pas la preuve d'être habilitée à donner de telles consultations, conformément aux articles 54 et suivants de la loi du 31 décembre 1971. Le tribunal juge que la cause impulsive et déterminante des contrats réside dans l'exercice de consultations juridiques, ceci étant en contradiction avec les dispositions légales et réglementaires édictées dans l'intérêt général et qu'à ce titre, elle est illicite, ce qui entraîne leur nullité »[11].

Ces décisions trouvent leur écho dans une ordonnance rendue par le président du tribunal de grande

1. J.-Ch. Roda, « Les plateformes et la vieille dame », *Gaz. Pal.* 15 déc. 2020, p. 3.
2. Décis. du bâtonnier de Paris, 17 sept. 2013, RG n° 237739 – V. s[s] n°s 312.113 s.
3. Versailles, 12e ch., 14 nov. 2017, RG n° 16/03656 ; *JCP* 2017. 1299 ; *JCP* 2017. 1319, obs. D. Landry ; *JCP* 2018. 588, n° 24, obs. F. G'sell.
4. Civ. 1re, 22 mai 2019, n° 17-31.320, P ; *JCP* 2020. 1230, n° 19, obs. F. G'sell ; *CCC* 2019, n° 139, obs. M. Malaurie-Vignal ; *D.* 2019. 1181 ; *D.* 2020. 108, obs. Th. Wickers ; *JCP* 2019. 631 ; *Gaz. Pal.* 2 juill. 2019, p. 27, obs. C. Berlaud – V. s[s] n°s 312.111 s.
5. V. s[s] n°s 464.241 s.
6. V. s[s] n°s 464.243 s.
7. TI Courbevoie, 11 juill. 2013, n°s 11-13-000137, 11-13-000107 – TI Courbevoie, 6 févr. 2014, n° 11-13000669 – TI Courbevoie, 20 févr. 2014, n° 11-13000794 – TI Courbevoie, 30 avr. 2014, n° 11-13-000855 – 13 nov. 2014, n° 11-14-000170.
8. V. s[s] n°s 332.70 s.
9. V. s[s] n°s 432.11 s.
10. Paris, pôle 4, ch. 9, 19 févr. 2015, RG n°s 13/20574, 13/20562, 13/20577, *D. actu.* 25 févr. 2015, note A. Portmann ; *Gaz. Pal.* 11 juill. 2015, p. 7, obs. D. Landry.
11. T. com. Lyon, 19 avr. 2004, *JurisData* n° 259579.

instance d'Aix-en-Provence, mettant clairement en évidence l'instrumentalisation par la société commerciale du rôle de l'avocat dans les procédures de divorce qu'il proposait, sans : « personnalisation indispensable de la rédaction de la convention de divorce », ni : « qu'aucun conseil ou avis n'est donné aux époux souhaitant divorcer sur les conditions et les conséquences de leur démarche », ce qui caractérise un manquement par l'avocat à son devoir de conseil, dénonçant ainsi : « l'artifice consistant à faire supporter à l'avocat peu scrupuleux ou abusé par [la société commerciale] la responsabilité éventuelle des conséquences, pour un client qu'il n'a jamais rencontré avant l'audience, d'un acte qu'il n'a pas rédigé est ainsi purement chimérique », faisant que l'activité du site apparaît ainsi préjudiciable aux intérêts de ses potentiels clients comme de l'institution judiciaire et à la profession d'avocat[1]. Il en découle dès lors un trouble manifestement illicite qu'il y a lieu de faire cesser. Cette ordonnance a été confirmée par la cour d'appel[2].

464.253 **Démarchage juridique.** Les actions de démarchage réalisées par ces sites ne constituent pas une sollicitation personnalisée[3]. En effet, la sollicitation personnalisée dont il s'agit est celle réalisée directement par l'avocat lui-même et non par une société commerciale faisant intervenir, au mieux, un avocat : elle procède nécessairement d'une initiative personnelle de l'avocat. L'article 10.3 du RIN précise, au demeurant, qu'il est interdit à l'avocat d'utiliser les services d'un tiers dans le but de contourner ces interdictions. La société commerciale titulaire du site se livre alors à un démarchage juridique prohibé[4] et l'avocat, bien qu'il ne soit plus passible de cette infraction, peut toujours être sanctionné comme complice[5].

Comme l'a noté la cour d'appel de Paris, sur le fondement du trouble manifestement illicite dans le cadre d'une procédure de référé : « [...] la publicité ainsi faite pour des prestations juridiques, par une société commerciale qui ne figure pas au rang des personnes morales autorisées à donner des consultations juridiques, est manifestement illicite [...], les offres de services en vue de donner des consultations ou de rédiger des actes en matières juridiques, ou de provoquer à la souscription d'un contrat aux mêmes fins, contient, avec la même évidence des actes de démarchage interdits [...] »[6].

De même que le tribunal de grande instance de Lille avait déjà eu l'occasion de considérer que : « la publicité ainsi faite au travers de ce site pour des prestations juridiques par la société *Class Action.fr*, société commerciale distincte des membres qui l'animent et qui ne figure pas au rang des personnes morales autorisées à donner des consultations juridiques, est manifestement illicite. Les offres de service contenues dans ses messages en vue de donner des consultations ou de rédiger des actes en matière juridique ou de provoquer à la souscription d'un contrat aux mêmes fins ou encore de proposer son assistance en matière juridique, constituent avec la même évidence des actes de démarchage interdits[7]. Ces pratiques qui s'adressent à la clientèle des avocats, caractéristiques envers eux d'actes de concurrence déloyale sont génératrices d'un trouble manifestement illicite »[8].

464.254 **Indépendance.** Les avocats qui se mettent au service de telles sociétés commerciales, dont ils retirent l'essentielle de leur activité et la plupart de leurs clients, se trouvent souvent en situation de dépendance économique à l'égard de celles-ci, sans avoir aucune maîtrise sur la clientèle ainsi développée[9]. La question de l'indépendance[10] ainsi soulevée n'est ici pas neutre dès lors que la société commerciale peut aussi, notamment, et ce n'est pas théorique, donner des instructions à l'avocat qui ne seront pas nécessairement de l'intérêt du client de ce même avocat, ou décider d'abandonner des procédures « non rentables » contre la volonté des clients concernés.

Et ce, sans qu'aucun garde-fou n'existe ce compris s'agissant de sources de financement et de détention du capital de ces mêmes sociétés commerciales, avec en arrière-plan la question de la traçabilité des financements qui n'est pas négligeable et se posera avec acuité, notamment dans le cadre du financement de procès par des tiers.

1. TGI Aix-en-Provence, ord. réf., 24 déc. 2013, n° 13/1182 ; – CONFIRMÉ PAR : Aix-en-Provence, 1re ch. C, 2 avr. 2015, RG n° 14/00449 ; *Gaz. Pal.* 11 juill. 2015, p. 11, obs. B. de Belval et J. Villacèque.
2. Aix-en-Provence, 2 avr. 2015, RG n° 14/00449.
3. V. ss nos 465.00 s.
4. V. ss nos 466.161 s.
5. V. ss n° 466.165.
6. Paris, pôle 1, ch. 2, 14 mars 2012, RG n° 11/11118.
7. V. ss nos 612.91 s.
8. TGI Lille, ord. réf., 14 juin 2005, www.legalis.net ; – SUR LA MÊME AFFAIRE : TGI Paris, 6 déc. 2005, *D.* 2006. AJ 141, obs. V. Avena-Robardet ; *JCP* 2006. II. 10019, note R. Martin ; – CONFIRMÉ PAR : Paris, 17 oct. 2006, RG nos 2005/23835, 23835 ; *CCE* 2007, comm. 27, note Ph. Stoffel-Munck ; – AUSSI À PROPOS du site de l'Association d'aide aux victimes d'accidents corporels : Civ. 1re, 21 juin 2005, n° 03-13.633.
9. Soc. 28 nov. 2018, n° 17-20.079, *Take Eat Easy*, P ; *D.* 2019. 169, avis C. Courcol-Bouchard ; *D.* 2019. 177, note M.-C. Escande-Varniol ; *JCP* 2018. 1347, obs. N. Dedessus-Le-Moustier ; *JCP* 2019. 46, note V. Roche – Soc. 4 mars 2020, n° 19-13.316, *Uber*, P ; *JCP* 2020. 901, note B. Bossu – Cons. const. 20 déc. 2019, 2019-794 *DC, Loi d'orientation des mobilités,* NON-CONFORMITÉ PARTIELLE, *JO* 26 déc., n° 2 ; *RTD civ.* 2020. 581, obs. P. Deumier ; *RTD civ.* 2020. 586, obs. P. Deumier.
10. V. ss nos 323.00 s.

Au surplus, aucune garantie n'existe de ce fait s'agissant de la prévention et la gestion des conflits d'intérêts [1].

464.255 **Secret professionnel.** Dans le cadre de ces sites internet, le client va fournir un certain nombre de renseignements concernant son état civil et la question qui le préoccupe (situation familiale pour un divorce, éléments de l'infraction relevée contre lui dans le cas d'un délit routier...). Le site internet le mettra ensuite en relation avec un avocat, en transmettant à ce dernier les éléments recueillis auprès du particulier.

Certains sites se réservent même la possibilité de filtrer les dossiers adressés aux avocats, ou de vérifier la solvabilité du particulier. Cette situation [2], fréquente en pratique, caractérise une violation du secret professionnel [3], le site de tiers devenant intermédiaire dans le secret qui uni l'avocat à son client [4].

464.256 **Partage d'honoraires et apport d'affaires.** Il n'est pas inutile ici de s'intéresser aussi aux modalités financières de fonctionnement de tels sites. En l'occurrence, le plus souvent :

- soit, l'accès se fait à titre gracieux ou moyennant le paiement d'une somme forfaitaire, le client étant est mis en relation via le site internet considéré, avec un avocat et s'entend directement avec lui pour la transmission des pièces de son dossier et le versement d'honoraires que l'avocat détermine librement ;

- soit les honoraires sont fixés par un tarif communiqué par le site. Ce tarif peut être propre à l'avocat concerné ou être un tarif général auquel les avocats référencés sur le site sont assujettis.

Dans ce dernier cas de figure, l'avocat doit généralement verser au site soit un forfait technique correspondant aux frais de référencement, en apparence conforme à l'article 19.4.2 du RIN [5], en apparence seulement car la logique économique de ces sites et toutes autres, et le plus souvent le réel intérêt se situe dans des prestations « à la carte » (prestations supplémentaires, référencement préférentiel...) faisant l'objet de conventions particulières occultes ; soit clairement une commission sur les honoraires qu'il perçoit des clients que lui adresse le site ;

- soit, le particulier verse au site internet une participation financière pour être mis en relation avec un avocat, les sommes versées comprenant également des frais de dossiers, conservés par le site, et les honoraires de l'avocat.

Enfin, certains sites prétendument « gratuits » prennent en réalité, au moins, 30 % des gains finaux, ce qui révèle, en outre, indirectement pour l'avocat, un pacte de *quota litis* prohibé [6].

Or, dans bien des cas, si on regarde l'opération économique globale ainsi réalisée, les sommes demandées par les sites internet en cause rapportées à ce que l'avocat perçoit, cela révèle un partage d'honoraires [7] ou une rémunération d'apport d'affaires [8] prohibé [9].

C. Conclusion et enjeux

464.261 **Illégalité.** En définitive, de tels sites réalisent des prestations juridiques hors le contrôle de l'avocat, tout en bénéficiant de la légitimité procurée par la mention du nom du ou des avocats liés au site. La « conscience de louage » devient un « louage de conscience » [10]. Ces mêmes avocats qui utilisent ces sites afin d'exercer, à travers eux, la profession l'avocat en s'affranchissant de tout ou partie de nos règles déontologiques qui ne sont nullement applicables à ces sites de tiers et sur lesquels les barreaux n'ont aucun pouvoir de contrôle.

Ce qui ne va pas sans poser une énième difficulté au regard du fait que, tant la publicité qui doit distiller des informations véritables et sincères, que la sollicitation personnalisée qui doit être mise en œuvre conformément aux principes essentiels de la profession, font qu'il est douteux que l'avocat puisse se présenter comme exerçant dans le cadre d'une société commerciale dont les offres de plusieurs avocats peuvent être de nature à créer la confusion dans l'existence d'un cabinet d'avocats qu'elles ne sont point [11].

Tirant les conséquences logiques de cette stricte application des règles déontologiques, la Commission Exercice du Droit du Conseil national des barreaux en est arrivée à la conclusion, un peu excessive selon nous, que nos règles professionnelles et déontologiques doivent conduire à l'inscription, dans le RIN, d'un principe d'interdiction générale de la sous-traitance des prestations relevant des missions juridiques et judiciaires de l'avocat [12]. D'autant que l'intermédiation comme modalité de l'exercice

1. V. s[s] n°s 441.00 s.
2. TGI Aix-en-Provence, ord. réf., 24 déc. 2013, RG n° 13/1182 ; – CONFIRMÉ PAR : Aix-en-Provence, 1re ch. C, 2 avr. 2015, RG n° 14/00449 ; *Gaz. Pal.* 11 juill. 2015, p. 11, obs. B. de Belval et J. Villacèque.
3. V. s[s] n°s 411.40 s.
4. V. s[s] n°s 412.00 s.
5. V. s[s] n°s 464.191 s.
6. L. n° 71-1130, 31 déc. 1971, art. 10.
7. RIN, art. 11.5.
8. Décr. n° 2005-790, 12 juill. 2005, art. 10.
9. V. s[s] n°s 711.81 s.
10. V. s[s] n° 322.51.
11. L. n° 71-1130, 31 déc. 1971, art. 7 – V. s[s] n° 461.91.
12. P. Barret, Rapport Commission exercice du droit, *La sous-traitance des prestations juridiques : réflexion sur la sous-traitance de prestations juridiques à des tiers ou par des tiers à la profession : une pratique incompatible avec le statut d'avocat*, CNB, AG 12 et 13 déc. 2014.

de la profession est un concept totalement inconnu de l'article 7 de la loi du 31 décembre 1971[1].

464.262 **« Avocat, *startuper* du droit ».** Il n'y a rien à attendre des sites de tiers, si ce n'est qu'un avilissement et un asservissement et en définitive un appauvrissement de notre profession. La déontologie de l'avocat est sa force, son identité et aussi sa valeur ajoutée. Sa souplesse lui permet de vivre, et son rôle est aussi de protéger les usagers du droit, consommateurs[2] certes, mais consommateurs d'une prestation, les services juridiques, dont la technicité et l'importance en termes de conséquences pour lesdits usagers, nécessite des professionnels qualifiés et une protection stricte et rigoureuse et ce, quelle que soit la nature des prestations juridiques concernées ou la complexité du problème juridique posé[3].

Rien ne justifie que les avocats abandonnent l'innovation et l'investissement dans les nouvelles technologies à des sociétés commerciales dont ils deviendraient totalement dépendants. Sauf à vouloir perdre toute crédibilité et banaliser définitivement les prestations juridiques[4].

Les avocats ne doivent pas, et ne peuvent pas, laisser à des sociétés commerciales, le soin de faire ce qu'ils doivent, et peuvent, faire en interne, au sein de la profession, afin de se (ré)approprier les bénéfices d'une activité dont il n'est pas inutile de rappeler la très grande rentabilité. L'argument entendu suivant lequel, au regard du développement de leur clientèle généré par leur partenariat avec ces sites d'intermédiation, la présence des avocats concernés sur ces sites serait bénéfique à la profession et, qu'à défaut d'y être, les avocats seraient vite remplacés par d'autres acteurs du droit, sans que l'on ne sache lesquels, ne tient pas dès lors que précisément il appartient aux avocats de s'approprier ces modes de développement de leur activité, et non d'exercice de la profession, et qu'aucun autre acteur ne saurait valablement investir un tel marché[5].

464.263 **Initiatives de la profession.** Tant le Conseil national des barreaux[6], que le barreau de Paris[7], sur ce point en totale communion, ont bien compris le danger de se laisser aller sur une telle pente glissante et la nécessité pour la profession de se prendre en main en étudiant le lancement de plateformes destinées à développer la communauté de moyens par, et non pour, les avocats, ce qui n'exclut pas le recours à des prestataires techniques extérieurs pour la conception et le développement des outils, unique moyen de garantir le strict et nécessaire respect des règles professionnelles et principes essentiels et de faire réellement et effectivement bénéficier la profession d'avocat de nouvelles opportunités.

C'est ainsi que, sous l'impulsion du bâtonnier Pierre-Olivier Sur, le barreau de Paris a lancé, en novembre 2015, la plateforme avocats.actions-conjointes.com destinée à permettre aux avocats de proposer des actions en justices pouvant intéresser un grand nombre de justiciables potentiels[8]. Le CNB a ensuite lancé, en juin 2016, une plateforme de référencement et de consultation juridique en ligne, avocat.fr, au profit de tous les avocats.

464.264 **Initiatives des avocats.** Les avocats ne sont pas en reste, même si l'innovation en la matière demeure encore timide[9], et qu'il convient plus que jamais de les inciter et les aider en ce sens, à condition que ce soit une innovation en interne, développée par les avocats avec le concours des institutions de la profession[10].

Cela implique naturellement, de trouver les financements nécessaires, ce à quoi tant l'ouverture aux capitaux extérieurs que la mutualisation au sein de la profession, sont des outils parmi d'autres qui doivent être mis en œuvre.

1. V. s^s n° 811.31.
2. CJUE 15 janv. 2015, *Birutè Siba c/Arunas Devenas,* aff. C-537/13 ; *JOUE* 2 mars, p. 6 ; *D.* 2015. 213 ; *D.* 2015. 588, obs. H. Aubry, E. Poillot et N. Sauphanor-Brouillaud ; *D. avocats* 2015. 154, obs. D. Landry – Civ. 2e, 26 mars 2015 n° 14-11.599 ; *D.* 2015. 812 ; *D.* 2015. 1791, Chron. H. Adida-Canac, T. Vasseur, E. de Leiris, L. Lazerges-Cousquer, N. Touati, D. Chauchis et N. Palle – Civ. 2e, 26 mars 2015, n° 14-15.013, P P I, n° 75 ; *D.* 2015. 1791, Chron. H. Adida-Canac, T. Vasseur, E. de Leiris, L. Lazerges-Cousquer, N. Touati, D. Chauchis et N. Palle – Civ. 2e, 26 mars 2015, n° 13-28.359, NP.
3. Civ. 1re, 15 nov. 2010, n° 09-66.319, P P I, n° 230 ; *D.* 2010. 2780.
4. Th. Wickers, *La grande transformation des avocats*, « essai », Dalloz, 2014.
5. M. Lartigue, « L'échec d'Atrium est-il aussi celui d'un modèle », *Gaz. Pal.* 10 mars 2020, p. 5 – M. Lartigue, « Quel avenir pour l'écosystème de la legaltech à l'horizon 2030 ? », *Gaz. Pal.* 4 déc. 2018, p. 6.
6. P. Barret (dir.), A. Tanaskovic, « Participation des avocats à des sites de tiers : guide pratique », CNB, déc. 2014 – P. Barret, « La sous-traitance des prestations juridiques : réflexion sur la sous-traitance de prestations juridiques à des tiers ou par des tiers à la profession : une pratique incompatible avec le statut d'avocat », CNB, AG 12-13 déc. 2014 – L.-G. Barret, « Financement du procès par les tiers », CNB, AG 12-13 déc. 2014.
7. Ch. Thevenet (dir.), *Vade-mecum de la déontologie du numérique*, Barreau de Paris, déc. 2013.
8. CO Paris 10 déc. 2013 – D. Pujos « Les actions conjointes menées par des avocats », CO Paris 28 oct. 2014, *Bull.* n° 19-2014 – O. Dufour, « Actions de groupe : la riposte du barreau de Paris », *Gaz. Pal.* 27-28 nov. 2015, p. 3 – Aussi : v. s^s n° 432.105.
9. Th. Wickers, *La grande transformation des avocats*, « Essai », Dalloz, 2014.
10. *M. Lartigue, « Legaltechs : le CNB entend jouer un rôle actif dans le domaine de la jurimétrie », Gaz. Pal.* 3 nov. 2020, p. 8.

Il y a ici un double mouvement nécessaire, tant des institutions de la profession au service des avocats que des avocats dans leur développement personnel[1].

SECTION 3
BLOGS ET RÉSEAUX SOCIAUX

464.271 **Nature.** L'avocat participant à un blog ou à un réseau social[2] en ligne (*Facebook, Twitter* ou autres), dont la nature même est ambivalente[3], doit, en vertu de l'article 10.5 du RIN *in fine*, respecter les principes essentiels de la profession. Le profil *Facebook* est, en principe, réservé aux individus et ne peut être utilisé par un cabinet d'avocat ou une organisation professionnelle. Mais, si à titre privé, l'avocat peut naturellement créer un tel profil, dès lors qu'il l'utilise non pas seulement en faisant référence à sa qualité d'avocat mais également en y faisant la promotion de ses services, il s'agit alors nécessairement d'un support destiné à sa publicité personnelle[4].

Il doit alors satisfaire aux dispositions communes à toutes communications personnelles[5] ainsi qu'à celles relatives à la publicité personnelle[6] et aux sites internet[7] : la réglementation applicable à la page *Facebook* est alors celle des sites internet[8].

464.272 ***Live tweet.*** La mise en place par un avocat d'un *live tweet* pour répondre à des questions d'ordre juridique posées par les autres utilisateurs du réseau social s'analyse en une publicité personnelle, au même titre qu'un avocat qui répondrait aux questions des auditeurs à l'occasion d'une émission radiophonique ou télévisée[9], mais ne constitue pas une sollicitation personnalisée, en l'absence de toute sollicitation en direction d'une personne physique ou morale déterminée[10]. Une telle modalité de publicité n'a donc pas lieu, en soi, d'apparaître comme répréhensible, dès lors que l'identité de l'avocat et de son barreau d'appartenance sont connus, au regard de nos règles professionnelles ou principes essentiels.

À cet égard, l'avocat concerné doit se limiter à donner aux autres utilisateurs du réseau social des réponses qui relèvent du seul domaine de l'information juridique[11]. Il ne peut donc réaliser, dans un tel cadre, des consultations juridiques dès lors qu'en tout état de cause, le secret professionnel ne saurait être préservé compte tenu du caractère public du réseau social[12]. Il convient donc d'inciter les avocats à la plus grande prudence dans la mise en œuvre de cette communication, d'autant que, d'une part, eu égard au caractère intuitif d'un tel réseau social, ils pourraient être amenés à contrevenir aux principes essentiels, notamment de délicatesse et de modération, et, que, d'autre part, ils ne seront pas en mesure de s'assurer de l'identité de la personne qui les interroge[13].

464.273 **Clients, relations professionnelles.** Il convient de rappeler que l'avocat ne saurait faire état, en principe, du nom de ses clients dans ses communications[14].

Ainsi, dans l'hypothèse où une liste de « contact clients » existerait, il appartient à l'avocat de protéger celle-ci au même titre que le secret professionnel. Il n'est donc pas possible de faire figurer le nom de ses clients comme tel sur un réseau social.

De même, s'il n'est pas interdit de mentionner comme contact (« ami »[15] sur *Facebook* par exemple) le nom d'un magistrat ou tout autre professionnel (expert agréé, notaire...), cela doit être fait de façon neutre, sans mise en avant par l'avocat des fonctions ou professions de ses contacts. En tout état de cause, la mention du nom et *a fortiori* de la qualité d'une personne présentée comme un contact ne peut être faite qu'avec son accord express[16].

464.274 **Communication sans délai au bâtonnier ?** Il ne semble pas, compte tenu du fait que

1. S. Challan-Belval, « Le barreau a-t-il encore un sens ? », *Gaz. Pal.* 5 nov. 2019, p. 3 – L. Neuer, « Avocatus numericus : modes d'emploi », *JCP* 2017. 1079 – B. Deffains, « Transformation numérique et *legal project management* », *JCP* 2018. 1033.
2. J.-P. Buyle, « La présence des avocats sur les réseaux sociaux : questions de déontologie », *in* M. Salmon (dir.), *Les réseaux sociaux et le droit,* Larcier, 2014, p. 34 s.
3. E. Pierroux, « Facebook, Twitter et autres réseaux sociaux : petites injures entre "amis" », *Gaz. Pal.* 2-3 déc. 2015, p. 4.
4. CNB Comm. RU, avis n° 2016-014, 7 mars 2016 – POUR les professionnels du secteur financier : Acpr, Recommandation 2016-R-01 sur l'usage des médias sociaux à des fins commerciales du 14 nov. 2016.
5. V. s[s] n°s 461.31 s.
6. V. s[s] n°s 463.25 s.
7. V. s[s] n°s 464.25 s.
8. CNB Comm. RU, avis n° 2011-054, 19 déc. 2011 ; C. avocat 2021, s[s] RIN, art. 10, note 34.
9. V. s[s] n° 463.10.
10. V. s[s] n° 465.22.
11. RIN, art. 19.4.2.
12. V. s[s] n°s 464.61 s.
13. CNB Comm. RU, avis n° 2016-014, 7 mars 2016.
14. V. s[s] n°s 461.101 s.
15. SUR CETTE NOTION : Civ. 2e, 5 janv. 2017, n° 16-12.394, P ; *JCP* 2017. 74, obs. F. G'sell ; *Gaz. Pal.* 17 janv. 2017, p. 46, obs. C. Berlaud ; *D.* 2017. 62 ; *Gaz. Pal.* 2 mai 2017, p. 65, obs. L. Mayer ; *JCP* 2017. 660, n° 23, obs. S. Grayot-Dirx ; *Gaz. Pal.* 6 juin 2017, p. 28, obs. J.-L. Gaineton ; *Dalloz IP/IT* 2017. 350, obs. G. Desgens-Pasanau – P.-Y. Gautier, « L'amitié en droit : Montaigne à la Cour de cassation », *D.* 2017. 208 – B. Périer, « Des limites de l'amitié virtuelle », *Gaz. Pal.* 17 janv. 2017, p. 3.
16. Ch. Thevenet (dir.), *Vade-mecum de la déontologie du numérique*, Barreau de Paris, 2013 – Sur les commentaires et notation des clients, v. s[s] n° 464.195

l'alinéa 1er de ce même article 10.5 du RIN mentionne cette obligation pour les seuls sites internet, que les blogs ou la participation à un réseau social doivent faire l'objet d'une déclaration au barreau.

Pour autant, dès lors que ceux-ci constituent une publicité personnelle, s'ils font la promotion des services de l'avocat, ils doivent alors faire l'objet d'une déclaration au barreau au titre de l'article 10.3.

464.275 Page personnelle. La présence d'un avocat sur un réseau social sort de la publicité personnelle lorsque l'avocat y présente une autre de ses passions [1], ou est anonyme. Mais, même dans ce dernier cas, l'avocat doit faire preuve de prudence dans ses propos, et toujours veiller à respecter les principes essentiels notamment quant au contenu des messages. D'autant qu'il y a lieu de rappeler que tout manquement, même se rapportant à des faits extraprofessionnels, expose l'avocat à des sanctions disciplinaires [2].

C'est ainsi que le fait de dénigrer un confrère sur *Facebook* en s'interrogeant sur le point de savoir si le confère « savait lire et écrire, parce qu'il a fait est grave », « ce qui fait honte à notre profession » a été jugé comme portant atteinte aux principes de confraternité et de délicatesse et passible de sanctions disciplinaires [3].

À cet égard, le pseudonymat, comme l'anonymat, n'est pas en soi de nature à faire échapper l'avocat à d'éventuelles sanctions disciplinaires, même se rapportant à des faits extraprofessionnels [4], comme a pu en juger le Conseil d'État s'agissant de la discipline des militaires [5].

464.276 Devoir de prudence renforcé. L'avocat est donc tenu d'un devoir de prudence renforcé sur les réseaux sociaux, tant en raison des informations ou écrits qu'il pourrait y publier, qu'en raison de ceux qui pourraient être publiés par des tiers sur sa propre page ou des liens qui pourraient être diffusés vers sa page, tout en étant libre de s'y exprimer publiquement [6].

Cela vise tant les pages cabinet, purement professionnelles, que les pages personnelles, ou les pages mixtes.

464.277 Usage des réseaux sociaux par les magistrats. La Charte de déontologie de la juridiction administrative [7] comporte des dispositions précises sur l'usage des réseaux sociaux par les magistrats administratifs [8] aux termes desquelles elle leur recommande, notamment, d'observer : « la plus grande retenue (...) dans l'usage des réseaux sociaux sur internet lorsque l'accès à ces réseaux n'est pas exclusivement réservé à un cercle privé aux accès protégés », et que : « dans tous les cas, il convient de s'abstenir de prendre part à toute polémique qui, eu égard à son objet ou à son caractère, serait de nature à rejaillir sur l'institution ».

Le Conseil d'État a validé ces recommandations lesquelles, formulées à titre de bonnes pratiques, visent, s'agissant de l'expression sur les réseaux sociaux et eu égard aux caractéristiques techniques de ces modes d'expression, à assurer le respect de l'obligation de réserve à laquelle les membres de la juridiction administrative sont tenus, laquelle vise à éviter que la diffusion de leurs propos porte atteinte à la nature et à la dignité des fonctions qu'ils exercent et à garantir l'indépendance, l'impartialité et le bon fonctionnement de la juridiction administrative [9].

Le recueil des obligations déontologiques des magistrats de l'ordre judiciaire comporte des recommandations similaires [10]. Si ces principes ne sauraient pleinement s'appliquer aux avocats, lesquels ne sont point tenus d'un devoir de réserve et disposent d'une grande liberté d'expression [11], il n'en demeure pas moins que leur esprit devrait inspirer l'attitude à adopter dans un tel cadre, notamment eu égard à certains propos ou attitudes sur les réseaux sociaux, qui se multiplient de façon préoccupante ces dernières années, et dont la teneur ne manque pas de rejaillir sur la profession tout entière, et donc de porter atteinte à l'honneur [12].

1. PAR EX. : larobeetlefouet.com
2. Décr. n° 91-1197, 27 nov. 1991, art. 184 – V. ss nos 331.71 s.
3. CD Paris, arr. 28 juin 2016, n° 273809.
4. Décr. n° 91-197, 27 nov. 1991, art. 183.
5. CE 27 juin 2018, req. n° 412541, *Lebon T ; AJDA* 2018. 1362 ; *AJDA* 2018. 2260, note M. Lavaine ; *AJFP* 2018. 365, comm. F. Tesson ; *AJCT* 2018. 587, obs. S. Dyens.
6. Crim. 8 janv. 2019, n° 17-81.396, NP ; *D.* 2019. 512, note E. Raschel.
7. Charte de déontologie de la juridiction administrative du 14 mars 2017, http://www.conseil-etat.fr/content/download/94218/906715/version/3/file/Charte%20deontologie.pdf.
8. Charte de déontologie de la juridiction administrative du 14 mars 2017, nos 47 s.
9. CE 25 mars 2020, req. n° 421149, *Lebon ; Gaz. Pal.* 19 mai 2020, p. 36, obs. Ph. Piot.
10. CSM, *Recueil des obligations déontologiques des magistrats,* La Documentation française, 2019, p. 73 s.
11. V. ss nos 337.11 s. et 454.171 s.
12. V. ss nos 331.11 s.

CHAPITRE

465. Sollicitation personnalisée

SECTION 0 ORIENTEUR

465.00 Sommaire du chapitre.

Division. Mode de publicité personnelle, la sollicitation personnalisée (sect. 1) qui ne peut être effectuée que par courrier ou courriel est strictement réglementée (sect. 2).

465.01 Textes applicables.

TEXTES TITRES

> Principes en matière de sollicitation personnalisée

• **L. n° 71-1130, 31 déc. 1971**

art. 3 *bis* [Sollicitation personnalisée]

• **Décr. n° 2005-790, 12 juill. 2005**

art. 15 [Sollicitation personnalisée]

• **L. n° 2016-1547, 18 nov. 2016**

art. 3 [Sollicitation personnalisée]

• **L. n° 2004-575, 21 juin 2004**

art. 20 [Sollicitation personnalisée par internet]

• **RIN**

art. 10 [Communication]

465.02 Jurisprudence de référence.

> Distinction de la sollicitation personnalisée de la publicité personnelle

• **Civ. 1re, 12 juill. 2007,** n° 04-14.924, P I, n° 263.

* V. ss n° 463.02.

465.03 Bibliographie indicative.

* Aussi : v. ss n° 46.03.

Monographies. A. Bensoussan, *Informatique, Télécom et internet*, F. Lefebvre, 2012 – Cnil, *Les avocats et la loi Informatique et Libertés,* Guide, 2011 – A. Debet, J. Massos, N. Metallinos, *Informatique et libertés*, « Les Intégrales », Lextenso, 2015 – R. Fabre, M.-P. Bonnet-Desplan, N. Genty, N. Sermet, *Droit de la publicité et promotion des ventes*, 4e éd., « Dalloz Référence », 2014 – Ch. Féral-Schuhl, *Cyberdroit : Le droit à l'épreuve de l'internet*, 8e éd., « Praxis », Dalloz, 2020 – D. Jensen, *Cabinet d'avocats*, 3e éd., « Dalloz Référence », 2016 – G. Raymond, *Droit de la consommation*, 5e éd., « Droit et Professionnels », LexisNexis, 2019.

Contribution. A. Delvaux, « Sollicitation de clientèle, mise en concurrence et déontologie de l'avocat », *Mél. E. Jakhian*, Bruylant, Bruxelles, 2010 p. 105.

Articles. J.-J. Barbièri, « Mon droit@moi.com. Regards sur le démarchage déontologiquement correct », *D.* 2003. 983 – I. Beyneix, « Le traitement des données personnelles par les entreprises : big date et vie privée, état des lieux », *JCP* 2015. 1260 – A. Coignac, « Quand les avocats font leur publicité », *JCP* 2015. 577 – F. G'sell, « Libéralisation programmée du démarchage – Propos vindicatifs sur le détournement déontologique de la profession d'avocat », *JCP* 2014. 594, n° 3 ; « La libéralisation du démarchage ou sollicitation personnalisée : perspective comparative », *Guide de l'avocat numérique*, CNB, LexisNexis, 2016, p. 65 – M. Malaurie-Vignal, « Liberté de l'avocat, démarchage et concurrence », *CCC*

2007. Repère 10 – D. Piau, « la sollicitation personnalisée électronique », *Guide de l'avocat numérique*, CNB, LexisNexis, 2016, p. 59 – J.-P. Vergès, « La sollicitation personnalisée : une pratique à inventer », *Gaz. Pal.* 28-29 mars 2014, p. 9.

Codes. Fevad, Code de déontologie des professionnels du marketing direct vis-à-vis de la protection des données à caractère personnel, 2003 – Code déontologique du e-commerce et de la vente à distance, 2012 – Sncd, Code de déontologie de la communication directe électronique, 2005 – Code général de déontologie de la communication directe, 2011 – Ufmd, Code relatif à l'utilisation de coordonnées électroniques à des fins de prospection directe, 2012.

Rapports. D. de Ginestet, L. Dupont (dir.), *Vade-mecum : Communication des avocats*, 2e éd., CNB, 2020 – F. Poirier, J.-L. Schermann, *Rapport sur la réforme de l'article 10 du RIN, Communication des avocats*, CNB, AG 10-11 oct. 2014.

465.04 Exemples d'actes et assimilés.

> Exemple de mentions générales d'information.

* V. s^s n° 031.31.

> Exemple de cases à cocher pour exprimer le consentement en cas de prospection par voie électronique[1] :

* V. s^s n° 031.32.

SECTION 1
PROPOS LIMINAIRES

465.10 Plan. La sollicitation personnalisée qui s'entend de toute forme de communication directe ou indirecte, dépassant la simple information, destinée à promouvoir les services d'un avocat à l'attention d'une personne physique ou morale déterminée (§ 1) fait l'objet d'une règlementation particulière répondant à des principes généraux (§ 2).

§ 1
Notion de sollicitation personnalisée

465.21 Définition. La sollicitation personnalisée[2], qui est un mode de publicité personnelle, s'entend de toute forme de communication directe ou indirecte, dépassant la simple information, destinée à promouvoir les services d'un avocat à l'attention d'une personne physique ou morale déterminée[3].

Là où la publicité tend à laisser le client venir vers l'avocat, la sollicitation personnalisée consiste à permettre à l'avocat de s'adresser à des personnes physiques ou morales déterminées, y compris si elles sont déjà clientes de son cabinet[4], afin de leur proposer ses services de manière personnalisée sans avoir été préalablement sollicité par ces mêmes personnes.

465.22 Distinction de la publicité personnelle. La frontière est parfois ténue entre la simple publicité personnelle et la sollicitation personnalisée, d'autant que la sollicitation personnalisée peut être indirecte et résulter des conditions dans lesquelles une publicité personnelle est présentée au regard de son contenu dès lors qu'il est démontré qu'elles s'adressent à des personnes qui ne sont pas encore clientes de l'avocat[5] en vue de nouer une relation de clientèle avec elles.

Il a ainsi été considéré que l'avocat qui adresse à des contacts rencontrés lors d'un salon de la franchise, une lettre circulaire à laquelle était joint un arrêt favorable qu'il avait obtenu pour l'un de ses clients et précisant que : « les choses sont finalement claires : si vous avez des dossiers juridiques sérieux vous gagnerez vos procès [...] dans l'attente d'avoir le plaisir de vous revoir »[6] réalise une sollicitation personnalisée, tout comme celui qui contacte une personne qui avait témoigné sur un scandale médical à la télévision pour lui proposer une action collective en vue de rechercher la responsabilité du laboratoire mis en cause et affiche sur la page *Facebook* de son cabinet une information selon laquelle le cabinet était déjà en charge d'un certain nombre de dossiers en rapport avec ce scandale en invitant les éventuelles victimes à se rapprocher de son cabinet[7] ou encore l'avocat qui contacte une personne dont il vient d'apprendre l'assassinat d'un proche[8].

Constitue également des sollicitations personnalisées le fait pour un avocat, alors même que le bâtonnier s'était commis d'office à la défense d'un prévenu, d'approcher directement ce dernier en ces termes : « En tant qu'avocat pénaliste, spécialiste dans les affaires criminelles et proche de Maître X..., avec qui j'ai l'honneur de travailler, je suis choqué par la qualification juridique retenue à votre encontre qui n'a pour seule finalité que de paralyser le jeu de la prescription légale », avant de lui adresser une autre lettre à lui retourner, portant « désignation officielle »[9].

465.23 Formation – Conférence. La question la plus délicate qui va se poser sera relative à la caractérisation d'une sollicitation personnalisée en cas de

1. D. de Ginestet, L. Dupont (dir.), *Vade-mecum : Communication des avocats*, 2e éd., CNB, 2020, fiche n° 8 : Les obligations de la loi Informatique et Libertés.
2. L. n° 2014-344, 17 mars 2014 relative à la consommation, *JO* 18 mars, p. 5400, art. 13.
3. RIN, art. 10.2.
4. V. s^s n° 465.116.
5. Douai, 3e ch., 4 févr. 2010, RG n° 2009/05646.
6. Paris, 1re ch. sect. F, 28 mai 2003, RG n° 2003/01476 ; *Gaz. Pal.* 7-9 sept. 2003, p. 14.
7. CD Paris, arr. n° 211668, 17 juill. 2012.
8. CD Paris, arr. n° 226905, 17 déc. 2013.
9. CD Paris, arr. n° 211075, 30 oct. 2001.

participation d'un avocat à l'organisation de colloques, conférences ou formations.

En principe, dès lors que l'avocat n'intervient pas dans un objectif ou un caractère exclusivement publicitaire, lequel ne saurait être présumé, en vue de nouer des liens de clientèles avec les participants, il n'y aura pas lieu de caractériser une sollicitation personnalisée. Tel sera le cas lorsqu'un avocat participe à l'animation d'une formation, dès lors que cette intervention est bien celle d'un formateur, qui, en l'occurrence, s'inscrivait dans le cadre d'une association spécialisée dans la formation, la circonstance que cette association fût une émanation du cabinet dont l'intéressé était associé étant sans incidence, et que le stage fut ponctuel, portait sur un sujet d'actualité très technique et destiné à des chefs d'entreprises demandeurs d'une telle formation[1].

465.24 Volonté de proposer ses services. Mais, s'il est établi, ou si l'attitude postérieure de l'avocat démontre, une volonté de proposer ses prestations aux personnes participant ou ayant participé au colloque, à la conférence, ou à la formation, ce qui est souvent favorisé par le fait que l'avocat y récupère systématiquement les coordonnées des participants, il peut y avoir lieu à caractériser une sollicitation personnalisée.

Il en est ainsi de l'avocat qui laisse un cabinet d'expertise comptable distribuer un tract indiquant, notamment : « Maître X..., notre fiscaliste, qui animait notre conférence, assurera le suivi des dossiers jusqu'à l'obtention de tous les dégrèvements »[2], ou de celui qui, lors d'une réunion organisée par son client, à laquelle avaient été conviées les autres sociétés créancières du même débiteur, de leur exposer sa stratégie puis de leur adresser un rapport de synthèse complété de la proposition de lui retourner des lettres de mission en vue de l'action qu'il avait présentée[3].

Il en sera de même de l'avocat qui laisse l'organisme de formation adresser un courriel à l'ensemble des participants leur offrant la possibilité, pour toutes questions consécutives à la formation, de prendre contact avec l'avocat par l'intermédiaire d'un numéro de téléphone indiqué dans le courriel. Il y aura ici une sollicitation personnalisée effectuée par un tiers prescripteur[4], l'organisme de formation, pour le compte de l'avocat ; laquelle devra respecter les conditions applicables en la matière, notamment quant au contenu du message[5] et à l'information préalable des participants qu'ils pourront faire l'objet d'une sollicitation de la part de l'avocat intervenant et qu'ils sont en droit de s'y opposer[6].

465.25 Absence de sollicitation personnalisée. Dès lors que l'avocat ne s'adresse pas à une personne déterminée afin de lui proposer ses services, il n'y a pas lieu à caractériser une sollicitation personnalisée.

Ce sera le cas des annonces simplement informatives, tel que l'annonce dans la presse de l'ouverture d'un cabinet[7] ou de l'avocat qui publie, dans un quotidien régional, une annonce ainsi rédigée : « Maître X, avocat, ancien bâtonnier, fait part de la cessation de ses activités dans le département des Ardennes et de son installation depuis le..., en qualité d'avocat à la cour, rue... à Reims » : une telle insertion est purement informative et ne comporte aucune démesure ni ambiguïté dès lors que, si la typographie mettait en valeur les nom, prénom et nouvelle adresse de l'intéressé, ce résultat était le fait d'une initiative du directeur du journal qui a choisi, pour les nom et adresse, des caractères plus importants alors que, dans sa commande, l'avocat avait indiqué que le texte devrait être imprimé en caractères d'imprimerie normaux[8].

Il en est de même de la simple notification informative du départ d'un avocat salarié[9] ou d'un collaborateur[10] ou associé[11] d'un cabinet, laissant au client le choix de la personne à laquelle il souhaite s'adresser[12], laquelle ne constitue pas un acte de sollicitation personnalisée.

465.26 Réponse à un appel d'offres. La réponse à un avis d'appel à concurrence pour la conclusion d'un marché de services juridiques ne constitue pas une sollicitation personnalisée[13].

Une réponse ministérielle est, par ailleurs, venue préciser que dans l'hypothèse où un acheteur public était destinataire d'une sollicitation personnalisée

1. Besançon 1re ch. civ., 9 juin 1993 RG n° 135-93.
2. Poitiers, ch. civ., 1re sect., 29 juin 1994 RG n° 3879-93 ; – CONFIRMÉ PAR : Civ. 1re, 26 nov. 1996, n° 94-20.209, NP.
3. Civ. 1re, 28 mars 2000, n° 97-18.696, NP.
4. V. ss nos 465.151 s.
5. V. ss nos 465.51 s.
6. V. ss nos 465.111 s.
7. Bordeaux, 1re ch., 17 juill. 1990, RG n° 1572-90.
8. Reims, ch. du conseil, 23 oct. 1990, RG n° 1098-90.
9. Civ. 1re, 7 déc. 2004, n° 02-21.245, NP.
10. Civ. 1re, 31 oct. 2012, n° 11-25.677, P P I, n° 220 ; *D.* 2012. 2671 ; *JCP* 2012. 1256 note H. Slim ; *Dr. et patr.* mars 2013, n° 223, p. 100, obs. B. Chaffois.
11. Versailles, 23 juin 2011, RG n° 10/09858 – Versailles, 11 oct. 2012, RG n° 10/05550.
12. V. ss n° 812.364.
13. CE 9 juill. 2007, *Synd. EGF-BTP a.*, req. n° 297711, *Lebon ; AJDA* 2007. 1383 ; *AJDA* 2007. 1593, note J.-D. Dreyfus ; *D.* 2007. 2033, obs. G. Royer ; *RDI* 2007. 423, obs. J.-D. Dreyfus ; *RDI* 2008. 44, obs. R. Noguellou ; *RTD eur.* 2008. 835, obs. D. Ritleng, A. Bouveresse et J.-Ph. Kovar ; *Gaz. Pal.* 12-13 oct. 2007, p. 17 ; *JCP, A,* 2007/69, note L. Richer ; *BJCP* 2007. 366, concl. N. Boulouis ; *Contrats et marchés publics,* 2007, n° 240, obs. W. Zimmer ; *JCP adm.* 2007. 2213, note F. Linditch – V. ss nos 713.411 s.

d'un avocat, une telle sollicitation par démarchage d'un acheteur public soumis au code de la commande publique est assimilable à une candidature spontanée. À cet égard, les offres spontanées ne permettent pas à l'acheteur public de contracter directement avec les entreprises qui en sont à l'origine. S'il souhaite donner suite à un tel projet, il doit alors organiser une mise en concurrence de tous les opérateurs économiques potentiellement intéressés par sa mise en œuvre, offrant toutes les garanties d'impartialité de sélection[1].

Il devra, en outre, veiller à éviter, d'une part, de porter atteinte à l'égalité entre les candidats en reprenant dans le cahier des charges des indications techniques directement inspirées de celles présentées dans la sollicitation, et d'autre part de diffuser des informations commerciales ou techniques protégées par le secret des affaires[2].

465.27 Consultation gratuite. La consultation juridique, gratuite ou rétribuée, au sein d'une municipalité, ne constitue pas une offre de service personnalisée adressée à un client potentiel, dans la mesure où l'avocat concerné respecte les principes essentiels de la profession, même s'il est préférable que les consultations gratuites soient données dans le cadre de conventions locales passées entre les conseils départementaux d'accès au droit (Cdad) et les barreaux[3], il n'en demeure pas moins que l'avocat peut donner hors de son cabinet des consultations gratuites lorsque le service de consultation poursuit un but social et lorsque l'organisation de ce service satisfait par ailleurs à la dignité professionnelle et à la déontologie, notamment en ce qu'elle interdit toute publicité excessive, ainsi que tout acte de sollicitation personnalisée[4]. L'article 6[5], alinéa 2, du décret du 12 juillet 2005 a d'ailleurs introduit un droit de suite au profit de l'avocat qui donne une consultation juridique gratuite, mais ce droit de suite ne saurait constituer une sollicitation personnalisée.

La cour de cassation a ainsi eu l'occasion d'affirmer clairement, que « tout avocat régulièrement inscrit à un barreau peut donner des consultations juridiques gratuites en mairie, sans que l'exercice de cette activité soit subordonné à l'autorisation préalable du conseil de l'Ordre ni que cet avocat soit tenu de démontrer l'existence d'un besoin particulier ou d'un intérêt public local ; qu'il a l'obligation, à l'occasion de ces consultations et sous le contrôle du conseil de l'Ordre, de respecter les principes essentiels qui gouvernent sa profession »[6].

§ 2
Principes généraux

465.31 Principes. La sollicitation personnalisée est permise à l'avocat si elle procure une information sincère sur la nature des prestations de services proposées par l'avocat et si sa mise en œuvre respecte les principes essentiels de la profession.

Elle doit naturellement satisfaire aux dispositions communes à toutes communications personnelles[7] ainsi qu'à celles relatives à la publicité personnelle[8] et, le cas échéant, aux sites internet[9].

465.32 Communication sans délai au barreau. Comme toute publicité personnelle de l'avocat, toute sollicitation personnalisée, y compris celles réalisées par l'intermédiaire d'un tiers (prestataire extérieur, routeurs, organisme de formation...)[10], doit être communiquée sans délai au barreau[11].

SECTION 2
MODALITÉS DE LA SOLLICITATION PERSONNALISÉE

465.40 Plan. La sollicitation personnalisée ne peut être effectuée que par courrier ou courriel (§ 1) adressé à des destinataires y ayant, en principe, consenti préalablement (§ 2). Le contenu du message (§ 3) comme ses modalités d'envoi (§ 4) sont encadrés. Le recours à des tiers pour effectuer une sollicitation personnalisée doit faire l'objet d'une attention particulière (§ 5).

§ 1
Modes de sollicitation personnalisée

465.51 Moyens autorisés : courriers et courriels. La sollicitation personnalisée telle que visée par les textes s'entend de l'envoi d'un courrier ou d'un courriel à un ou plusieurs destinataires afin de leur faire une offre de service personnalisée[12].

1. V. s[s] n°s 713.421 s.
2. Rép. min. n° 01750, *JO Sénat* 1er févr. 2018, p. 435 ; *JCP* 2018. 195.
3. CNB, Comm. RU, avis n° 2007-046, 17 sept. 2007 ; C. avocat 2021, s[s] décr. 12 juill. 2005, art. 15, note 23 – CNB, Comm. RU, avis n° 2011-049, 24 nov. 2011 – V. s[s] n°s 752.51 et 752.55.
4. Civ. 1re, 4 juin 1985, n° 84-11.748, P P I, n° 177 ; *Gaz. Pal.* 1985. Pan. 293, obs. S. Guinchard et T. Moussa ; *Gaz. Pal.* 1985. 2. 688, note A. Damien ; *D.* 1987. Somm. 67, obs. A. Brunois.
5. Décr. n° 2005-790, 12 juill. 2005, art. 6.
6. Civ. 1re, 5 juin 2019, n° 18-13.843, P ; *D.* 2019. 1235 ; *D.* 2020. 111, obs. Th Wickers ; *Gaz. Pal.* 16 juill. 2019, p. 37, obs. C. Berlaud.
7. V. s[s] n°s 461.31 s.
8. V. s[s] n°s 463.25 s.
9. V. s[s] n°s 464.25 s.
10. V. s[s] n°s 465.141 s.
11. RIN, art. 10.3 – V. s[s] n°s 463.31 s.
12. Décr. n° 2005-790, 12 juill. 2005, art. 15, al. 3.

Dès lors qu'elle est réalisée par voie de courriel, la sollicitation personnalisée doit pouvoir être clairement identifiée comme telle [1].

465.52 **Moyens interdits.** Les articles 15 du décret du 12 juillet 2005 et 10.3 du RIN, excluent expressément les démarches physiques ou téléphoniques, y compris les SMS, MMS ou de messages vocaux envoyés par le biais d'un automate d'appel. De telles modalités de sollicitation sont en effet apparues comme ne satisfaisant pas aux principes de dignité et de délicatesse en ce qu'elles seraient susceptibles de surprendre le justiciable à un moment où il ne s'y attend pas ou alors qu'il se trouve en état de faiblesse [2].

Le Conseil d'État a validé cette restriction dès lors qu'elle tient compte, d'une part du caractère intrusif de ces « minimessages » qui s'apparentent à du démarchage téléphonique, lui-même prohibé par les obligations déontologiques de la profession d'avocat [3], d'autre part, de ce que, par leurs caractéristiques, ces « minimessages » ne permettent pas d'assurer, dans tous les cas, un contenu respectant les obligations d'information posées par le RIN [4], faisant que ces restrictions, qui relèvent du pouvoir d'appréciation laissé aux États membres par l'article 24 de la directive 2006/123 [5] sont proportionnées aux raisons impérieuses d'intérêt général de protection de l'indépendance, de la dignité et de l'intégrité de la profession d'avocat, d'une part, et de la bonne information du public, d'autre part [6].

§ 2
Destinataires de la sollicitation personnalisée

465.61 **Principes.** La sollicitation personnalisée, parce qu'elle s'adresse à des personnes déterminées, qu'il s'agisse des clients actuels [7] ou futurs de l'avocat (prospects), nécessite de cibler les destinataires en fonction de critères (centre d'intérêt, localisation géographique, situation particulière...) et induit, par nature, un traitement de données à caractère personnel aux fins de détermination des destinataires, lesquels figurent dans un fichier contenant leurs coordonnées postales et/ou électroniques ainsi que, le cas échéant, d'autres informations qui permettront de déterminer les destinataires du message de sollicitation.

465.62 **Protection des données à caractère personnel.** De telles modalités ne peuvent s'exécuter que dans le plus strict respect du cadre légal et réglementaire prévu en la matière, tel qu'il résulte du règlement 2016/679 [8] relatif à la protection des personnes physiques à l'égard du traitement des données à caractère personnel et à la libre circulation de ces données (RGPD), entré en vigueur le 25 mai 2018, et de la loi du 6 janvier 1978 [9] relative à l'informatique, aux fichiers et aux libertés [10], qui protège les personnes contre l'utilisation de leurs données à caractère personnel sans leur consentement.

465.63 **Principe de la nécessité du consentement préalable du destinataire.** Les avocats doivent être particulièrement vigilants en la matière et ne jamais perdre de vue que le principe général est celui de l'impossibilité de solliciter une personne, ne serait-ce une seule, de quelque manière que ce soit, dès lors qu'elle n'aurait pas préalablement consenti, en toute connaissance de cause [11], à recevoir une telle sollicitation [12].

465.64 **Données publiques.** Le fait que des données à caractère personnel soient librement accessibles dans les espaces publics (annuaires, sites web, forum de discussion, décisions d'octroi de permis de construire, rôle d'un tribunal, rues...), ne signifie en aucun cas qu'elles peuvent être utilisées à des fins de sollicitation personnalisée : une telle sollicitation personnalisée à partir d'adresses de courriers électroniques collectées dans les espaces publics est interdite [13].

Il en est de même des données qui seraient issues d'un dossier d'instruction, tel que l'identité et les

1. L. n° 2004-575, 21 juin 2004 pour la confiance dans l'économie numérique, *JO* 22 juin, p. 11168, art. 20.
2. Rapport F. Poirier, J.-L. Schermann, *Réforme de l'article 10 du RIN, Communication des avocats*, CNB, AG 10-11 oct. 2014, p. 6.
3. RIN, art. 10.3.
4. RIN, art. 10.2.
5. Dir. 2006/123, Parlement européen et Conseil, 12 déc. 2006, art. 24.
6. CE 9 nov. 2015, *Krikorian*, req. n° 386296, NP ; *D. avocats* 2015. 378, obs. L. Dargent.
7. V. s^s n° 465.116.
8. Règl. 2016/679 du Parlement européen et du Conseil, 27 avr. 2016 relatif à la protection des personnes physiques à l'égard du traitement des données à caractère personnel et à la libre circulation de ces données, et abrogeant la directive 95/46/CE (RGPD), *JOUE* 4 mai, p. 1.
9. L. n° 78-17, 6 janv. 1978 relative à l'informatique, aux fichiers et aux libertés, *JO* 7 janv., p. 227.
10. D. de Ginestet, L. Dupont (dir.), *Vade-mecum : Communication des avocats*, 2e éd., CNB, 2020, fiche n° 8 : Les obligations de la loi Informatique et Libertés – Ch. Féral-Schuhl, *Cyberdroit : Le droit à l'épreuve de l'internet*, 8e éd., « Praxis », Dalloz, 2020, not. n°s 123.00 s. et 212.00 s. – V. s^s n°s 412.301 s.
11. CJUE 11 nov. 2020, *Orange România SA*, aff. C-61/19 ; *D.* 2020. 2236.
12. Dgccrf, Fiche pratique, *Opposition à l'utilisation de ses données personnelles à des fins de prospection commerciale*, févr. 2017.
13. CNB, Comm. RU, avis n° 2016-015, 30 mars 2016 – CNB, Comm. RU, avis n° 2016-019, 30 mars 2016.

coordonnées des victimes, et dont la communication à l'avocat n'est faite que pour les stricts besoins de la défense de son client[1]. De telles données n'ont pas vocation à être utilisées à des fins de sollicitation personnalisée, les personnes concernées n'ayant pas, par nature, consenti à une telle sollicitation.

465.65 **Constitution d'un fichier de contact par l'avocat.** Dès lors qu'ils sont susceptibles de porter sur les données à caractère personnel de leurs clients[2], ou de prospects personnes physiques, les recueils des coordonnées, électroniques ou postales, de quelques personnes que ce soient, afin de leur adresser des sollicitations personnalisées, entraînent la constitution d'un fichier et traitement de données à caractère personnel.

Les données recueillies par l'avocat à cette fin devront faire l'objet d'un traitement licite, loyal, adéquat et proportionné au but poursuivi. Cela implique que leur collecte soit réalisée en vue d'une finalité déterminée, explicite et légitime ; finalité qui devra être scrupuleusement respectée dans le cadre du traitement réalisé[3]. Il conviendra, le cas échéant, de prévoir dans le registre des activités de traitement[4], une fiche relative la gestion des clients, ainsi que si nécessaire à la gestion des prospects, qui devra comporter l'identité et les coordonnées du responsable de traitement, sa finalité, les catégories de personnes et de données à caractère personnel concernées, les catégories de destinataires de ces données à caractère personnel, l'existence de transferts de ces données vers un pays tiers ou une organisation internationale. Les fiches devront également mentionner les délais prévus pour l'effacement de ces données à caractère personnel, en ce notamment la durée de leur conservation ainsi qu'une description générale des mesures de sécurité techniques et organisationnelles.

465.66 **Recueil du consentement.** En tout état de cause, lorsque cela s'avère nécessaire, l'avocat devra s'assurer que les personnes concernées en ont été informées de manière appropriée. Le recueil du consentement préalable[5] des personnes (*opt-in*) est exigé pour les courriels de sollicitation destinés à des particuliers, dit *b to c*[6]. Les modalités de recueil du consentement des personnes sont libres, à la condition toutefois que le consentement soit libre, spécifique et éclairé. Ainsi, par exemple, le recueil du consentement ne saurait être subordonné à l'acceptation des conditions générales de vente. De même, les cases « pré-cochées », qui permettent de présumer du consentement de la personne, sont prohibées[7].

Le recueil du consentement peut être effectué selon les modèles fournis par les codes de déontologie du Sncd[8], de la Fevad[9] ou de l'Ufmd[10], qui prévoient que le consentement peut être obtenu par le biais d'une case à cocher sur chaque formulaire de collecte, ce qui constitue une préconisation constante de la Cnil[11].

465.67 **Obligation d'information.** Le règlement général relatif à la protection des données à caractère personnel (RGPD), prévoit, en outre, que les personnes auprès desquelles sont collectées des données à caractère personnel soient informées sur chaque formulaire de collecte d'informations : de l'identité du responsable de traitement, ainsi que le cas échéant du délégué à la protection des données, de l'objectif poursuivi par la collecte des données, de la base juridique du traitement de ces données, des destinataires des informations collectées (notamment en cas de recours à un prestataire pour l'envoi des courriels), l'existence de transferts de ces données vers un pays tiers ou une organisation internationale.

Ils devront également être informés de la durée de conservation des données, de leurs droits (droit d'accès, de rectification, d'effacement), et des conditions d'exercice de ceux-ci ainsi que de leur droit d'introduire une réclamation auprès de la Cnil, aux données collectées, du caractère obligatoire ou facultatif des informations collectées, des conséquences d'un défaut de réponse[12].

§ 3
Contenu du message de sollicitation personnalisée

465.70 **Plan.** Le contenu du message de sollicitation personnalisée doit répondre aux principes généraux en matière

1. V. s[s] n°s 416.61 s.
2. CNB, *Guide pratique : Les avocats et le règlement général sur la protection des données,* mars 2018, fiche n° 2 : Gestion des clients.
3. RGPD, art. 5 – L. n° 78-17, 6 janv. 1978, art. 4 – V. s[s] n°s 412.301 s.
4. V. s[s] n°s 412.201 s.
5. Comité européen de la protection des données, *Guidelines 05/2020 on consent under Regulation 2016/679,* 4 mai 2020.
6. V. s[s] n°s 465.111 s.
7. Cnil, délib., formation restreinte, 21 janv. 2019, n° SAN-2019-001 ; *D.* 2019. 1676, obs. W. Maxwell et C. Zolynski.
8. Sncd, Code général de déontologie de la communication directe, 2011.
9. Fevad, Code déontologique du e-commerce et de la vente à distance, 2012.
10. Ufmd, Code relatif à l'utilisation de coordonnées électroniques à des fins de prospection directe, 2012.
11. Pour un modèle de formulaire de consentement, v. s[s] n° 031.32.
12. RGPD, art. 13 – V. s[s] n° 031.31.

de communication et respecter les principes essentiels (A). Il doit, en outre, préciser les modalités de détermination du coût de la prestation (B).

A.
Principes généraux

465.81 Contenu du message. Le message de sollicitation personnalisée devra respecter les principes essentiels de la profession, et notamment de dignité, de délicatesse, de modération, de loyauté, et procurer une information sincère sur la nature des prestations de service proposées et les conditions de leur mise en œuvre. Tout élément comparatif ou dénigrant est exclu.

Comme pour toute communication de l'avocat [1], il est important que le message permette d'identifier le ou les avocats qui y proposent leurs services, lesquels doivent faire état de leur qualité et barreau d'appartenance et permettre, quel qu'en soit le support, de les identifier, localiser, joindre, ainsi que de connaître leur structure d'exercice et, le cas échéant, le réseau dont ils sont membres. L'avocat ou le cabinet d'avocat pour le compte duquel est réalisée la sollicitation personnalisée devant, en toutes circonstances, être clairement identifiable [2].

L'avocat pourra y proposer les services de son cabinet, en mettant en avant ses compétences, soit pour des problématiques données, notamment dans un domaine particulier (droit du travail, responsabilité pénale des dirigeants, conformité de l'entreprise dans le cadre de la Responsabilité sociétale, RSE...) susceptibles de concerner les personnes auxquelles il s'adresse, soit de manière plus fine pour une prestation particulière compte tenu d'une situation donnée dont il a eu connaissance (personne victime d'une infraction ou d'un préjudice, proposition d'intervention dans le cadre des déclarations annuelles d'impôts, de la mise en œuvre d'une nouvelle loi...).

465.82 Prudence dans la rédaction du message. La sollicitation personnalisée en tant qu'elle s'adresse à des personnes déterminées doit être rédigée avec retenue et délicatesse.

Les personnes sollicitées peuvent, par ailleurs, avoir déjà un avocat et si rien n'interdit, en soi, à un avocat de solliciter une personne, physique ou morale, qui a déjà un avocat, cette sollicitation ne doit pas être de nature, notamment eu égard à son contenu, à caractériser un acte de concurrence déloyale [3] ce qui constituerait non seulement une faute susceptible d'engager la responsabilité civile de l'avocat à l'égard de l'autre avocat, mais également une faute disciplinaire pouvant donner lieu à la mise en œuvre d'une procédure disciplinaire [4].

À cet égard, lorsque le collaborateur libéral utilise le papier à entête de sa structure d'exercice d'appartenance pour solliciter ses anciens clients [5], il le fait au nom et pour le compte de cette même structure d'exercice, civilement responsable d'éventuels actes de concurrence déloyale suivant les règles du droit commun, et non en son nom personnel [6].

B.
Modalité de détermination du coût de la prestation

465.91 Modalité de détermination du coût de la prestation. Toute sollicitation personnalisée doit préciser les modalités de détermination du coût de la prestation. À l'occasion d'une sollicitation personnalisée, l'avocat ne connaît pas, par définition, le dossier exact susceptible de lui être confié par la ou les personnes auxquelles il s'adresse dans l'hypothèse où elles viendraient à lui confier un dossier. Il va de soi que les honoraires ne seront formalisés que dans le cadre de la convention d'honoraires obligatoire [7] préalablement à l'engagement des diligences [8]. Cette convention d'honoraires est, notamment, destinée à s'assurer du consentement du client [9].

Pour autant, il n'est pas possible de se contenter d'indiquer que les honoraires seront librement négociés, et il convient, d'y indiquer un minimum d'éléments de nature à permettre aux personnes sollicitées d'appréhender le coût de la prestation, en d'autres termes la méthode de détermination des honoraires et des frais complémentaires ou un devis suffisamment détaillé [10].

465.92 Sollicitation personnalisée accompagnée d'une offre électronique. Si la sollicitation personnalisée conduit à proposer directement de conclure une convention d'honoraires à distance au moyen d'un formulaire électronique, elle devra, en outre, respecter les obligations spécifiques prévues en la matière [11].

1. V. s^s n°s 461.40 s.
2. Décr. n° 2005-790, 12 juill. 2005, art. 15, al. 3.
3. V. s^s n°s 332.70 s.
4. Paris, pôle 2, ch. 1, 21 janv. 2015, RG n° 13/02033 – V. s^s n°s 522.00 s.
5. V. s^s n°s 332.70 s. et 461.110 s.
6. CNB, Comm RU, avis n° 2019-010, 23 mai 2019 – V. s^s n° 465.82.
7. L. n° 71-1130, 31 déc. 1971, art. 3 *bis* et 10.
8. V. s^s n°s 713.00 s.
9. V. s^s n°s 713.121 s.
10. C. consom., art. R. 111-3 – V. s^s n°s 712.21 s.
11. V. s^s n°s 713.141 s.

465.93 **Premier rendez-vous.** Dans l'hypothèse où la sollicitation personnalisée vise à proposer un premier rendez-vous, il apparaît nécessaire que le coût de celui-ci soit mentionné.

En outre, s'il apparaît que l'avocat peut proposer un premier rendez-vous gratuit, les principes de fixation du montant des honoraires, en cas de poursuite de la relation à l'issue du premier rendez-vous, devront figurer dans la sollicitation personnalisée [1].

465.94 **Aide juridictionnelle et assurance protection juridique.** Par ailleurs, il y a lieu de considérer que le message devra aussi préciser la possibilité pour la personne sollicitée de bénéficier de l'aide juridictionnelle [2] ou d'une assurance protection juridique [3] dès lors que ces informations doivent nécessairement être fournies et examinées avec le client, avant toute conclusion de convention d'honoraires [4].

465.95 **Offres promotionnelles.** Même lorsqu'elles sont adressées à des professionnels [5], les publicités, et notamment les offres promotionnelles, telles que les rabais, les primes ou les cadeaux, ainsi que les concours ou les jeux promotionnels, adressés par courrier électronique, doivent pouvoir être identifiés de manière claire et non équivoque dès leur réception par leur destinataire, ou en cas d'impossibilité technique, dans le corps du message. Ces messages doivent indiquer une adresse ou moyen électronique permettant effectivement au destinataire de transmettre une demande visant à obtenir que ces publicités cessent [6].

Sans préjudice des dispositions réprimant les pratiques trompeuses [7], les conditions auxquelles est soumise la possibilité de bénéficier d'offres promotionnelles ainsi que celle de participer à des concours ou à des jeux promotionnels, lorsque ces offres, concours ou jeux sont proposés par voie électronique, doivent être clairement précisées et aisément accessibles [8].

§ 4
Modalités d'envoi du message de sollicitation personnalisée

465.100 **Plan.** L'avocat ne peut recourir qu'au courriel (A) ou au courrier (B) pour adresser des sollicitations personnalisées.

A.
Courriel

465.111 ***Mailing.*** C'est le système dit de *l'opt-in* qui prévaut en la matière, dès lors qu'en matière d'envoi de courriel [9] dans le cadre d'une sollicitation personnalisée, est interdite toute prospection directe au moyen de système automatisé de communications électroniques [10], d'un télécopieur ou de courriers électroniques utilisant, sous quelque forme que ce soit, les coordonnées d'une personne physique, abonné ou utilisateur, qui n'a pas exprimé préalablement son consentement à recevoir des prospections directes par ce moyen [11].

465.112 **Information préalable.** Seules peuvent ainsi être utilisées à des fins de sollicitation personnalisée, les adresses de courriels collectées de manière loyale et licite, c'est-à-dire lorsque la personne a été expressément informée d'une telle utilisation et mise en mesure, au moment de la collecte de son adresse électronique, soit d'exprimer son consentement préalable à l'envoi de prospections par l'avocat, soit dans certains cas spécifiques de s'y opposer [12].

L'avocat prescripteur doit par conséquent s'assurer, sauf exception dans des conditions strictement déterminées [13], que le principe du consentement préalable des personnes concernées à la réception de communications par courrier électronique est respecté, faute de quoi sa responsabilité peut être engagée [14].

465.113 **Droit d'opposition.** En toute hypothèse, la personne concernée doit se voir offrir un moyen de s'opposer à recevoir des messages de prospection directe lors de chaque envoi d'un tel message.

465.114 **Faculté de désinscription.** L'avocat devra ainsi prévoir, dans tout message de sollicitation personnalisée, une possibilité de désinscription par tous moyens qu'il s'agisse de retrait en ligne de la liste des adresses de courriers électroniques utilisées, par envoi d'un message qui pourra être suivi d'un accusé de réception, ou sur une page web accessible d'un simple « clic » figurant dans le message de sollicitation personnalisée. Une fois la désinscription demandée par le destinataire de la

1. CNB, Comm. RU, avis n° 2015-014, 14 avr. 2015 – V. s^s n° 464.43.
2. V. s^s n°s 751.00 s.
3. V. s^s n°s 761.00 s.
4. V. s^s n° 712.26.
5. C. consom., art. L. 122-10.
6. C. consom., art. L. 122-8.
7. V. s^s n°s 466.101 s.
8. C. consom., art. L. 122-9.
9. D. Piau, *La sollicitation personnalisée électronique : Guide de l'avocat numérique*, CNB – LexisNexis, 2016, p. 59.
10. CPCE, art. L. 32, 6° ; mod. par ord. n° 2021-650, 26 mai 2021, art. 1.
11. CPCE, art. L. 34, 5° ; mod. par L. n° 2019-1063, 18 oct. 2019, art. 3.
12. V. s^s n°s 465.61 s.
13. V. s^s n° 465.116.
14. V. s^s n°s 465.62 s.

sollicitation, l'effacement de ses données doit s'effectuer dans les plus brefs délais.

Enfin, la page de désinscription doit contenir le nom et les coordonnées du responsable du traitement et du propriétaire du fichier source s'il est différent du responsable du traitement. L'action de désinscription ou d'opposition devra être répercutée au responsable du traitement par l'avocat à l'origine de la sollicitation lorsque cette demande s'adresse à l'avocat dont l'identité devra être indiquée dans chaque message de sollicitation personnalisée[1].

465.115 **Exercice du droit d'opposition.** En cas d'exercice de ce droit d'opposition, l'avocat, responsable du traitement, devra informer tout tiers destinataire (bureaux secondaires, cabinets partenaires...) ayant eu accès aux coordonnées de la personne pour qu'il prenne en compte l'exercice de ce droit d'opposition sauf si la personne concernée en décide expressément autrement[2].

465.116 **Exceptions.** Il n'existe que deux exceptions où le recueil du consentement préalable n'est pas nécessaire[3], seule la possibilité d'exercer un droit d'opposition devant être effective (« *opt-out* ») :

- d'une part, dans le cadre d'une relation client-avocat existante, l'avocat peut adresser des messages à ses clients pour assurer la promotion de ses prestations, à la condition toutefois que celles-ci soient analogues à celles dont le client avait antérieurement bénéficié, mais l'avocat doit alors lui offrir la possibilité, au moment la première prestation, de s'opposer à recevoir de la publicité de sa part et ce, gratuitement et de manière simple ;

- d'autre part, dans le cas d'une prospection par courrier électronique dans le cadre professionnel, dit *B to B*, telle qu'entre avocats. Il n'est alors pas nécessaire d'obtenir l'accord du destinataire lorsque l'adresse électronique est de type générique[4] ou l'adresse électronique nominative est professionnelle[5] à la double condition que le professionnel ait été informé lorsqu'il a communiqué son adresse électronique de la possibilité de s'opposer gratuitement à toute utilisation commerciale de ses coordonnées, et que l'objet de la sollicitation soit en rapport avec les fonctions exercées à titre professionnel par le destinataire du message.

1. RIN, art. 10 – L. n° 2004-575, 21 juin 2004 pour la confiance dans l'économie numérique, *JO* 22 juin, p. 11168, art. 20.
2. Décr. n° 2005-1309, 20 oct. 2005 pris pour l'application de la loi n° 78-17 du 6 janvier 1978 relative à l'informatique, aux fichiers et aux libertés, *JO* 22 oct., n° 31, art. 97.
3. V. s[s] n° 465.111.
4. Par ex. : info@..., contact@..., commande@...
5. Par ex. : nom.prénom@nomdelasociete.fr

B.
Courrier

465.121 **Courrier postal.** En matière d'envoi par la poste de lettres de sollicitation ou plaquette de présentation[6], il est interdit de prospecter des personnes qui ont explicitement exprimé leur refus d'être démarchées[7]. C'est le système dit de *l'opt-out.*

L'envoi de publicité par voie postale est ainsi possible à condition que les adresses aient été collectées de manière loyale et licite[8] et que la personne soit, au moment de la collecte de ses coordonnées, informée de leur utilisation à des fins de prospection et mise en mesure de s'opposer à cette utilisation de manière simple et gratuite.

465.122 **Droit d'opposition.** L'avocat doit mettre la personne concernée en mesure de pouvoir exercer son droit d'opposition à la réception de sollicitations par voie postale, en insérant par exemple en bas de son courrier une mention par laquelle il invite la personne à lui signifier son opposition à la réception de nouvelles sollicitations personnalisées par voie postale et /ou par voie électronique[9].

En toute hypothèse, les personnes concernées doivent pouvoir exercer leur droit d'opposition à tout moment, et préciser à cette occasion à quel type de communication elle s'oppose (prospection, newsletter...).

465.123 **Exercice du droit d'opposition.** En cas d'exercice de ce droit d'opposition, il reviendra à l'avocat de prendre les mesures techniques nécessaires pour s'assurer que la personne concernée ne reçoit plus aucune prospection de sa part, notamment en prenant soin d'informer tout tiers destinataire ayant eu accès aux coordonnées de la personne (bureaux secondaires, cabinets partenaires...) pour qu'il prenne en compte l'exercice de ce droit d'opposition sauf si la personne concernée en décide expressément autrement[10].

§ 5
Recours à des tiers

465.130 **Plan.** Le recours à des tiers pour la réalisation de sollicitation personnalisée par l'avocat doit faire l'objet d'une attention particulière de la part de l'avocat qu'il s'agisse de routeurs (A) ou de tiers prescripteurs (B).

6. V. s[s] n°s 463.52 s.
7. CPCE, art. L. 34.
8. V. s[s] n°s 465.62 s.
9. CNB, Comm. RU, avis n° 2016-015, 30 mars 2016 – CNB, Comm. RU, avis n° 2016-019, 30 mars 2016.
10. Décr. n° 2005-1309, 20 oct. 2005, art. 97.

A. Routeurs

465.141 **Recours à des routeurs.** Il n'est pas interdit, et même recommandé, à l'avocat d'avoir recours à un tiers pour assurer l'envoi des publicités ou sollicitations personnalisées, dans le respect des règles qui sont applicables à l'avocat, par messages électroniques ou d'utiliser un fichier d'adresses de courriers électroniques à des fins de prospection loué et/ou acheté auprès de prestataires spécialisés.

Mais, il doit alors impérativement s'assurer contractuellement que les adresses postales ou électroniques utilisées ont été collectées de manière régulière et que le fichier des destinataires utilisé à cette fin est licite et est utilisé conformément à sa finalité[1], faute de quoi sa responsabilité, notamment sur le plan disciplinaire, peut être engagée.

465.142 **Obligation d'information des tiers prestataires.** De même, s'agissant d'une sollicitation personnalisée, l'avocat doit informer son prestataire des obligations déontologiques qu'il doit respecter[2], et notamment veiller à ce que son message rappelle les informations obligatoires que celui-ci doit contenir[3].

465.143 **Obligation d'information sur l'origine des données.** De nombreuses sociétés collectent des données directement auprès des personnes, que ce soit sur des formulaires en ligne ou papier, puis transmettent ces informations auprès de « partenaires commerciaux » ou plus généralement auprès d'autres organismes, pour que ceux-ci envoient puissent les solliciter, notamment, par courriel.

Il convient de ne jamais perdre de vue que l'utilisation de tels fichiers n'est possible que si les modalités suivant lesquelles ont été recueillies les données à caractère personnel sont en conformité avec les dispositions du RGPD. Il y a lieu, en particulier de s'assurer que les personnes concernées ont donné leur consentement avant toute transmission à des partenaires, et ont été en mesure d'identifier les partenaires, destinataires des données à caractère personnel et susceptibles de les solliciter, depuis le formulaire à partir duquel la collecte des données a été réalisée.

Cela implique dès lors qu'une liste exhaustive régulièrement mise à jour soit visible directement sur le formulaire de collecte ou qu'un lien renvoie vers cette même liste avec les politiques de confidentialité de ces mêmes partenaires. Les personnes doivent être informées des évolutions de la liste des partenaires et notamment de l'arrivée de nouveaux partenaires.

Les partenaires sollicitant à leur tour les personnes concernées doivent indiquer, lors de leur première communication, la manière d'exercer leurs droits, ainsi que la source d'où proviennent les données utilisées.

B. Tiers prescripteur

465.151 **Définitions.** Il y a lieu de préciser, à cet égard, que :

- d'une part, la notion de « tiers » au sens de l'article 10.3, al. 3, du RIN doit s'entendre de toute personne effectuant de la sollicitation personnalisée directement à destination de clients potentiels au nom et pour le compte de l'avocat ;
- d'autre part, la notion de sollicitation personnalisée doit s'entendre d'un message adressé par un avocat directement ou indirectement à une personne physique ou morale, fût-elle son client, afin de lui proposer ses services pour une prestation donnée. Peu importe que cette personne physique ou morale ait vocation à devenir le client de l'avocat ou simplement à être un prescripteur de ce dernier : la simple sollicitation d'une personne déterminée pour lui proposer directement ou indirectement ses services suffit à caractériser l'existence d'une sollicitation personnalisée[4].

465.152 **Tiers prescripteur.** L'avocat peut vouloir adresser une sollicitation personnalisée à des organismes et associations de défense des consommateurs[5], à des sociétés d'assurance protection juridique[6], à une association dont il est membre[7], ou à toute autre personne qui serait susceptible de la répercuter à d'autres personnes physiques ou morales.

Si l'avocat adresse une correspondance qui dépasse la simple information et s'accompagne d'une offre de service à destination de personnes physiques ou morales déterminées ou déterminables (les membres d'une association[8], les assurés d'un agent d'assurance[9], les patients d'un hôpital[10]...), cette correspondance doit nécessairement remplir les conditions prévues pour la sollicitation personnalisée, et notamment préciser les modalités de détermi-

1. V. s[s] n°s 465.61 s.
2. Versailles, 3 nov. 2016, RG n° 14/07675 – V. s[s] n° 461.35.
3. CNB, Comm. RU, avis n° 2015-013, 13 avr. 2015 ; C. avocat 2021, s[s] RIN, art. 10, note 24 – V. s[s] n°s 465.81 s.
4. CNB, Comm. RU, avis n° 2016-001, 27 janv. 2016 – CNB, Comm. RU, avis n° 2016-056, 29 juill. 2016 – CNB, Comm. RU, avis n° 2016-063, 25 août 2016.
5. CNB, Comm. RU, avis n° 2016-001, 27 janv. 2016.
6. CNB, Comm. RU, avis n° 2016-056, 29 juill. 2016.
7. CNB, Comm. RU, avis n° 2019-044, 15 janv. 2020.
8. CNB, Comm. RU, avis n° 2016-001, 27 janv. 2016.
9. CNB, Comm. RU, avis n° 2016-056, 29 juill. 2016.
10. CNB, Comm. RU, avis n° 2016-063, 25 août 2016.

nation du coût de la prestation ainsi que le fait qu'elle fera l'objet d'une convention d'honoraires [1].

465.153 **Obligations du tiers prescripteur.** Par ailleurs, dès lors que le prescripteur va ensuite recommander les services de l'avocat à d'autres personnes physiques ou morales, il s'agira d'une nouvelle sollicitation personnalisée (sollicitation dite de deuxième niveau) effectuée au nom et pour le compte de l'avocat par le tiers prescripteur.

À cet égard, l'article 10.3 [2], alinéa 3, du RIN – en tant qu'il prohibe le recours à un tiers pour contourner les interdictions posées en matière de sollicitation personnalisée par les avocats – oblige en conséquence l'avocat à veiller à ce que le tiers prescripteur respecte lui-même scrupuleusement les règles imposées à l'avocat dans le cadre d'une sollicitation personnalisée [3].

Le tiers prescripteur ne pourra donc pas réaliser une sollicitation personnalisée de deuxième niveau sous forme de démarche physique ou téléphonique (y compris par messages textuels envoyés sur un terminal téléphonique mobile) et cette sollicitation de deuxième niveau réalisée par le tiers prescripteur, sera effectuée au nom et pour le compte de l'avocat, sous la responsabilité notamment disciplinaire de ce dernier, faisant qu'elle doit naturellement respecter les conditions prévues par l'article 10 du RIN et être conforme à ces dernières [4].

465.154 **Obligations de l'avocat.** Il appartient en conséquence à l'avocat, d'indiquer au tiers prescripteur [5] les modalités suivant lesquelles il peut lui-même faire état de l'offre de service auprès de tiers. Il lui appartiendra ainsi de préciser au tiers prescripteur d'une part, qu'il ne peut pas relayer la sollicitation personnalisée sous forme de démarche physique ou téléphonique ou de messages textuels envoyés sur un terminal téléphonique mobile, et qu'il ne saurait procéder autrement que par envoi postal ou courrier électronique dès lors qu'ils respectent les dispositions du règlement général sur la protection des données (RGPD) [6] et de la loi du 6 janvier 1978 [7] relative à l'informatique, aux fichiers et aux libertés [8], et les principes essentiels de la profession ; et d'autre part, qu'ils doivent indiquer les modalités de détermination du coût de la prestation ainsi que le fait qu'elle fera l'objet d'une convention d'honoraires [9].

465.155 **Responsabilité de l'avocat.** Il y a lieu d'insister sur la responsabilité personnelle de l'avocat du fait de l'usage de la sollicitation personnalisée qui serait fait, en son nom et pour son compte, par des tiers [10].

1. V. s^s^ n°s 465.31 s.
2. RIN, art. 10.3.
3. V. s^s^ n°s 465.31 s.
4. CNB, Comm. RU, avis n° 2016-001, 27 janv. 2016 – CNB, Comm. RU, avis n° 2016-056, 29 juill. 2016 – CNB, Comm. RU, avis n° 2016-063, 25 août 2016 – V. s^s^ n°s 465.31 s.
5. V. s^s^ n° 461.35.
6. Règl. 2016/679, Parlement et Conseil, 27 avr. 2016.
7. L. n° 78-17, 6 janv. 1978 relative à l'informatique, aux fichiers et aux libertés, *JO* 7 janv., p. 227.
8. D. de Ginestet, L. Dupont (dir.), *Vade-mecum : Communication des avocats*, 2e éd., CNB, 2020, fiche n° 8 : Les obligations de la loi Informatique et Libertés – Ch. Feral-Schuhl, *Le droit à l'épreuve de l'internet*, 8e éd., « Praxis », Dalloz, 2020, not. n°s 123.00 s. et 212.00 s.
9. CNB, Comm. RU, avis n° 2016-001, 27 janv. 2016 – CNB, Comm. RU, avis n° 2016-056, 29 juill. 2016 – CNB, Comm. RU, avis n° 2016-063, 25 août 2016 – V. s^s^ n°s 465.31 s.
10. CNB, Comm. RU, avis n° 2016-001, 27 janv. 2016 – CNB, Comm. RU, avis n° 2016-056, 29 juill. 2016 – CNB, Comm. RU, avis n° 2016-063, 25 août 2016 – V. s^s^ n° 461.35.

CHAPITRE

466. Sanctions en matière de communication

SECTION 0 ORIENTEUR

466.00 Sommaire du chapitre.

Division. Des infractions pénales et administratives sont prévues en cas de violation des règles de communication (sect. 1). L'avocat pouvant, en outre, toujours être condamné du chef de démarchage juridique prohibé au titre de la complicité (sect. 2).

466.01 Textes applicables.

TEXTES TITRÉS

> Démarchage juridique prohibé

• **L. n° 71-1130, 31 déc. 1971**

art. 66-4 [Démarchage]

• **Décr. n° 72-785, 25 août 1972**

art. 5 [Sanction de démarchage juridique]

466.02 Jurisprudence de référence.

> Subsidiarité du code de la consommation par rapport la loi du 31 décembre 1971

• **Crim, 23 janv. 2001,** n° 00-80.600, P n° 20.

* V. s^s n° 466.10.

« Attendu que, pour écarter l'argumentation du prévenu et confirmer le jugement entrepris, la cour d'appel énonce que le fait pour le prévenu de s'être déplacé, même à la demande de l'intéressée, à l'hôpital pour proposer une prestation de services, sous forme d'un contrat de mandat, est constitutif d'une opération de démarchage prohibé par un avocat, au sens de l'article L. 121-21 du code de la consommation ;

Mais attendu qu'en prononçant ainsi sans constater que le prévenu avait accepté de comparaître volontairement sous la nouvelle prévention de démarchage illicite prévue et réprimée par les articles L. 121-21 et suivants du code de la consommation et alors, au demeurant, que ces dispositions ne sont pas applicables au démarchage de l'avocat prévu et réprimé par l'article 66-4 de la loi du 31 décembre 1971 modifiée, la cour d'appel a méconnu le texte susvisé et le principe ci-dessus rappelé. »

> Objet de la répression du démarchage juridique

• **Crim. 5 déc. 2012,** n° 12-90.062, NP.

* V. s^s n°s 464.253, 466.161.

« L'article 66-4 précité prive les associations, comme toute autre personne physique ou morale, du droit de se livrer au démarchage en vue de donner des consultations ou de rédiger des actes en matière juridique, et ce dans le but d'intérêt général de protéger les usagers du droit. »

> **Infraction de démarchage juridique prohibé**

• **Civ. 1re, 21 juin 2005,** n° 03-13.633, NP.

* V. ss nos 464.253, 466.161.

« Mais attendu, d'une part, qu'après avoir constaté qu'il n'était pas démontré que l'AAVAC avait effectivement prodigué des conseils personnalisés à ses adhérents, l'arrêt attaqué retient, sans contradiction, ni violation de la loi par fausse application, que le trouble dont il convenait d'ordonner la cessation ne résidait pas dans l'exercice consommé d'une activité illicite de consultation juridique, mais résultait de faits constitutifs d'un démarchage en vue de donner des consultations juridiques ; que, d'autre part, en application des dispositions générales de l'article 66-4 de la loi du 31 décembre 1971 modifiée, le démarchage en matière juridique est interdit ; qu'enfin, ayant constaté que, sur son site internet, l'AAVAC proposait à ses adhérents d'étudier leurs dossiers d'indemnisation, de se prononcer sur les offres transactionnelles faites par les assureurs, de négocier des réparations et de les conseiller sur les voies de recours envisageables, la cour d'appel a caractérisé une situation manifestement illicite de démarchage en vue de donner des consultations juridiques ou de rédiger des actes en matière juridique ; que le moyen, qui manque en fait en ses deux premières branches et qui est inopérant en ses troisième et quatrième griefs, est mal fondé en sa dernière branche. »

466.03 **Bibliographie indicative.**

* Aussi : v. ss n° 46.03.

Traité. D. Fenouillet (dir.), *Droit de la consommation*, « Dalloz Action », 2020, nos 12.00 s. par H. Aubry.

Monographies. A. Debet, J. Massot, N. Metallinos, *Informatique et libertés*, « Les Intégrales », Lextenso, 2015 – R. Fabre, M.-P. Bonnet-Desplan, N. Genty, N. Sermet, *Droit de la publicité et promotion des ventes*, 4e éd., « Dalloz Référence », 2014 – Ch. Féral-Schuhl, *Cyberdroit : Le droit à l'épreuve de l'internet*, 8e éd., « Praxis », Dalloz, 2020 – G. Raymond, *Droit de la consommation*, 5e éd., « Droit et Professionnels », LexisNexis, 2019.

Articles. Ph. Conte, « Brèves observations à propos de l'incrimination des pratiques agressives », *Dr. pénal* 2008. Chron. 3 – Fournier, « De la publicité fausse aux pratiques commerciales trompeuses », *Dr. pénal* 2008. Chron. 4 – J.-E. Francillon, « Loi informatique, fichiers et liberté du janvier 1978 à l'épreuve de la jurisprudence pénale », *RSC* 1996. 676 – D. Freyssinet, « La confidentialité sur internet : du secret professionnel à la protection des données personnelles », *Gaz. Pal.* 2002. 1. Doctr. 507 – Ch. Goyet, « La gratuité dans la promotion des ventes en droit pénal », *RTD com.* 1975. 35 – D. Père et D. Forest, « L'arsenal répressif du *phishing* », *D. Affaires*, 2006. 2666.

Rapport. D. de Ginestet, L. Dupont (dir.), *Vade-mecum : Communication des avocats*, 2e éd., CNB, 2020.

SECTION 1
SANCTIONS PÉNALES ET ADMINISTRATIVES

466.10 **Plan – Principes.** Les avocats étant exclus du champ d'application du décret du 25 août 1972[1], et ne peuvent donc plus être sanctionnés, en tant qu'auteur, du chef de démarchage et publicité en matière de consultation juridique ou de rédaction d'actes. Les manquements qu'ils pourraient commettre dans le cadre de leur communication personnelle relèvent de la compétence du pouvoir disciplinaire[2].

Pour autant, cela ne signifie pas qu'ils échappent nécessairement à toute sanction pénale ou administrative. On rappellera ici que, sous l'emprise des textes antérieurs la Cour de cassation avait considéré que l'infraction de démarchage à domicile prévue et réprimée par le code de la consommation n'était pas applicable aux avocats dès lors qu'ils relevaient d'une infraction spécifique prévue et réprimée[3] par l'article 66-4 de la loi du 31 décembre 1971[4].

Or, les sanctions disciplinaires et les sanctions pénales n'étant pas de même nature[5], et dès lors que les avocats ne relèvent plus de l'infraction spécifique de démarchage juridique, il en découle la pleine application des dispositions des articles L. 121-1 et suivants et L. 241-1 et suivants du code de la consommation aux avocats.

Deux types d'infraction sont à envisager : celles découlent de la loi du 6 janvier 1978 (§ 1) et celles prévues par le code de la consommation (§ 2).

§ 1
Infractions à la loi du 6 janvier 1978, dite Informatique et Libertés (Cnil)

466.20 **Plan – Constatation des infractions.** Outre les plaintes directes des victimes ou celles d'un autre avocat, la Dgccrf s'est vue attribuer depuis 2014[6], des prérogatives aux fins de contrôle et de constatation des infractions en la matière[7], et peut communiquer ces constatations à la Cnil[8].

C'est ainsi qu'en matière de fichiers informatiques, les manquements aux dispositions en matière de mailing sont recherchés et constatés soit par les agents de la Cnil dans les conditions fixées par les articles 25[9] et suivants du décret du

1. Décr. n° 72-785, 25 août 1972.
2. V. ss nos 522.00 s.
3. Crim. 23 janv. 2001, n° 00-80.600, P n° 20 ; *JCP* 2001. I. 346, note J.-H. Robert ; *Dr. pénal* 2001. Comm. 62, obs. J.-H. Robert.
4. L. n° 71-1130, 31 déc. 1971.
5. Cons. const. 18 mars 2015, nos 2014-453/454 QPC, 2015-462 QPC, *M. John L. et autres* [Cumul des poursuites pour délit d'initié et des poursuites pour manquement d'initié], NON CONFORMITÉ PARTIELLE – EFFET DIFFÉRÉ – RÉSERVE TRANSITOIRE, *JO* 20 mars, p. 5183 ; *AJDA* 2015. 1191, ét. P. Idoux, S. Nicinski et E. Glaser ; *D.* 2015. 894, note A.-V. Le Fur et D. Schmidt ; *D.* 2015. 874, point de vue O. Décima ; *D.* 2015. 1506, obs. C. Mascala ; *D.* 2015. 1738, obs. J. Pradel ; *Rev. sociétés* 2015. 380, note H. Matsopoulou ; *RSC* 2015. 374, obs. F. Stasiak ; *RTD com.* 2015. 317, obs. N. Rontchevsky.
6. L. n° 2014-344, 17 mars 2014 relative à la consommation, *JO* 18 mars, p. 5400, art. 76.
7. L. n° 78-17, 6 janv. 1978 relative à l'informatique, aux fichiers et aux libertés, *JO* 7 janv., p. 227.
8. C. consom., art. L. 511-9.
9. Décr. n° 2019-536, 29 mai 2019 pris pour l'application de la loi n° 78-17 du 6 janvier 1978 relative à l'informatique, aux fichiers et aux libertés, *JO* 30 mai, n° 16, art. 25 s.

29 mai 2019, soit par les agents de la Dgccrf dans les conditions fixées par les articles L. 512-1 et suivants du code de la consommation, avec pouvoir de visite et de saisie[1].

A. Sanctions pénales

466.30 **Plan.** En matière de communication, l'avocat peut, notamment, faire l'objet de poursuites pénales pour atteinte aux droits de la personne résultant des fichiers ou des traitements informatiques (1°) ou pour défaut de mentions légales (2°).

1° Atteinte résultant des fichiers ou des traitements informatiques

466.41 **Informatique et liberté.** Les articles 226-16 et suivants du code pénal traitent des atteintes aux droits de la personne résultant des fichiers ou des traitements informatiques. Ces dispositions sont pleinement applicables aux avocats dans le cadre de leur communication personnelle. Elles n'exigent pas le franchissement d'un seuil de données ou de fichiers, un seul traitement de données étant de nature à caractériser l'infraction[2].

Il en est ainsi du seul fait, y compris par négligence, de procéder ou de faire procéder à des traitements de données à caractère personnel sans qu'aient été respectées les formalités préalables à leur mise en œuvre[3] prévues par le règlement général sur la protection des données (RGPD)[4] et la loi du 6 janvier 1978[5], ou de procéder ou de faire procéder à un traitement qui a fait l'objet d'une mise en demeure ou d'une injonction de cesser le traitement par le président ou la commission restreinte de la Cnil[6].

Il en est de même, notamment, du fait :

– de ne pas tenir le registre des activités de traitement ou le journal des opérations de collecte, de modification, de consultation, de communication, y compris les transferts, d'interconnexion et d'effacement des données[7] ;

– de faire procéder à un traitement de données à caractère personnel sans prendre[8] toutes précautions utiles, au regard de la nature des données et des risques présentés par le traitement, pour préserver la sécurité des données et, notamment, empêcher qu'elles soient déformées, endommagées, ou que des tiers non autorisés y aient accès[9] ;

– de ne pas procéder à la notification d'une violation de données à caractère personnel à la Cnil ou à la personne concernée[10] ;

– de collecter des données à caractère personnel par un moyen frauduleux, déloyal ou illicite[11] ;

– de procéder à un traitement de données à caractère personnel concernant une personne physique malgré l'opposition de cette personne, lorsque ce traitement répond à des fins de sollicitation personnalisée, ou lorsque cette opposition est fondée sur des motifs légitimes[12] ;

– de mettre ou de conserver en mémoire informatisée, hors les cas prévus par la loi, sans le consentement exprès de l'intéressé, des données à caractère personnel qui, directement ou indirectement, font apparaître les origines raciales ou ethniques, les opinions politiques, philosophiques ou religieuses, ou les appartenances syndicales des personnes, ou qui sont relatives à la santé ou à l'orientation sexuelle ou à l'identité de genre de celles-ci[13] ;

– de conserver des données à caractère personnel au-delà de la durée prévue par la loi ou le règlement, par la demande d'autorisation ou d'avis, ou par la déclaration préalable adressée à la Cnil[14] ;

– de détourner du principe de finalité l'utilisation des fichiers, c'est-à-dire, le fait, à l'occasion de leur enregistrement, de leur classement, de leur transmission ou de toute autre forme de traitement, de détourner les informations contenues dans le fichier de leur finalité telle que définie par la disposition législative, l'acte réglementaire ou la décision de la Cnil autorisant le traitement automatisé, ou par les déclarations préalables à la mise en œuvre de ce traitement[15] ;

– le fait de procéder ou de faire procéder à un transfert de données à caractère personnel faisant l'objet ou destinées à faire l'objet d'un traitement

1. V. s[s] n°s 413.50 s.
2. Crim. 8 sept. 2015, n° 13-85.587, P n° 191 ; *D.* 2015. 1896 ; *AJ pénal* 2016. 33.
3. D. de Ginestet, L. Dupont (dir.), *Vade-mecum : Communication des avocats*, 2e éd., CNB, 2020, fiche n° 8 : Les obligations de la loi Informatique et Libertés – Ch. Feral-Schuhl, *Cyberdroit : Le droit à l'épreuve de l'internet*, 8e éd., « Praxis », Dalloz, 2020, not. n°s 123.00 s. et 212.00 s. – V. s[s] n°s 465.61 s.
4. Règl. 2016/679 du Parlement européen et du Conseil, 27 avril 2016 relatif à la protection des personnes physiques à l'égard du traitement des données à caractère personnel et à la libre circulation de ces données, et abrogeant la directive 95/46/CE (RGPD), *JOUE* 4 mai, p. 1.
5. L. n° 78-17, 6 janv. 1978 relatives à l'informatique, aux fichiers et aux libertés, *JO* 7 janv., p. 227 – V. s[s] n°s 465.61 s.
6. C. pén., art. 226-16 – L. n° 78-71, 6 janv. 1978, art. 20.
7. C. pén., art. 226-17.
8. L. n° 78-17, 6 janv. 1978, art. 34.
9. C. pén., art. 226-17.
10. C. pén., art. 226-17-1 – RGPD, art. 33 et 34 – L. n° 78-71, 6 janv. 1978, art. 83 et 102.
11. C. pén., art. 226-18.
12. C. pén., art. 226-18-1.
13. C. pén., art. 226-19.
14. C. pén., art. 226-20.
15. C. pén., art. 226-21.

vers un État n'appartenant pas à l'Union européenne ou à une organisation internationale en violation des règles prévues en la matière[1].

466.42 **Peines.** Toute atteinte aux droits de la personne résultant des fichiers ou des traitements informatiques par un avocat est passible des sanctions prévues par l'article 226-16 du code pénal (cinq ans d'emprisonnement et 300 000 euros d'amende).

466.43 **Peines complémentaires.** L'avocat condamné dans le cadre d'une atteinte aux droits de la personne résultant des fichiers ou des traitements informatiques encourt également les peines complémentaires prévues à l'article 226-31 du code pénal et notamment celle de l'interdiction d'exercer l'activité d'avocat, soit définitive, soit temporaire auquel cas elle ne peut excéder une durée de cinq ans[2], cette interdiction peut se cumuler avec une sanction disciplinaire[3], ainsi que l'affichage ou la diffusion de la décision prononcée[4].

466.44 **Personnes morales.** Enfin, aux termes de l'article 226-24 du code pénal, les personnes morales déclarées pénalement responsables, des infractions commises pour leur compte (ce qui sera le cas lorsque la communication litigieuse aura été réalisée pour le compte d'une structure d'exercice ou de moyens) par leurs organes ou représentant[5], des infractions précitées encourent, outre une amende de 1 500 000 euros[6], les peines complémentaires d'interdiction, à titre définitif ou pour une durée de cinq ans au plus, d'exercer directement ou indirectement l'activité d'avocat, l'exclusion des marchés publics, ainsi que l'affichage de la décision prononcée[7].

466.45 **Prescription.** Les atteintes aux droits de la personne résultant des fichiers ou des traitements informatiques constituent des infractions instantanées dont la prescription est de 6 ans à compter du jour où ont été commis les faits.

2°
Défaut de mentions légales

466.51 **Incrimination.** Le fait de ne pas avoir respecté les prescriptions relatives aux mentions légales d'un site internet[8] est, aux termes de l'article 6, VI, de la loi du 21 juin 2004[9], puni d'un an d'emprisonnement et de 75 000 euros d'amende.

Les personnes morales déclarées pénalement responsables, des infractions commises pour leur compte (ce qui sera le cas lorsque la communication litigieuse aura été réalisée pour le compte d'une structure d'exercice ou de moyens) par leurs organes ou représentant[10], des infractions précitées encourent, outre une amende de 375 000 euros, les peines complémentaires d'interdiction, à titre définitif ou pour une durée de cinq ans au plus, d'exercer directement ou indirectement l'activité d'avocat, l'exclusion des marchés publics, ainsi que l'affichage de la décision prononcée[11].

B.
Sanctions administratives de la Cnil et de l'Autorité de la Concurrence

466.61 **Sanction administrative de la Cnil.** La Cnil dispose, en outre, de pouvoirs de sanctions propres, distincts des sanctions pénales précitées et non exclusifs de ces dernières[12], prévus à l'article 20 de la loi du 6 janvier 1978 et lui permettant, en cas de manquement aux dispositions de la loi Informatique et Liberté de prononcer, le cas échéant après une mise en demeure restée infructueuse[13], et à l'issue d'une procédure contradictoire, outre un rappel à l'ordre, une sanction pécuniaire allant jusqu'à 20 000 000 euros et 4 % du chiffre d'affaires, ainsi qu'une injonction de cesser ou de limiter le traitement[14]. Le Conseil d'État a ainsi confirmé la pleine compétence de la Cnil en la matière, et approuvé la condamnation de Google à une amende de 50 millions d'euros pour ne pas avoir délivré une information suffisamment claire et transparente à ses utilisateurs et ne les a pas mis à même de donner un consentement libre et éclairé au traitement de leurs données personnelles aux fins de personnalisation des annonces publicitaires[15].

1. C. pén., art. 226-22-1 – L. n° 78-71, 6 janv. 1978, art. 112 s.
2. C. pén., art. 131-27.
3. Civ. 1re, 17 mai 1988, n° 86-15.067, P I, n° 145 ; *D.* 1991. Somm. 302, note A. Brunois ; *Gaz. Pal.* 1989. 2. 491, note G. Flécheux – Civ. 1re, 9 avr. 2015 n° 14-50.012 ; *D.* 2015. 1192, note O. Décima ; *D.* 2015. 1187, avis J.-P. Sudre.
4. C. pén., art. 131-35.
5. C. pén., art. 121-2.
6. C. pén., art. 131-38.
7. C. pén., art. 131-35.
8. V. ss nos 464.111 s.
9. L. n° 2004-575, 21 juin 2004 pour la confiance dans l'économie numérique, *JO* 22 juin, p. 11168.
10. C. pén., art. 121-2.
11. C. pén., art. 131-35.
12. Cons. const. 18 mars 2015, nos 2014-453/454 QPC, 2015-462 QPC, *M. John L. et autres* [Cumul des poursuites pour délit d'initié et des poursuites pour manquement d'initié], NON CONFORMITÉ PARTIELLE – EFFET DIFFÉRÉ – RÉSERVE TRANSITOIRE, *JO* 20 mars, p. 5183 ; *AJDA* 2015. 1191, ét. P. Idoux, S. Nicinski et E. Glaser ; *D.* 2015. 894, note A.-V. Le Fur et D. Schmidt ; *D.* 2015. 874, point de vue O. Décima ; *D.* 2015. 1506, obs. C. Mascala ; *D.* 2015. 1738, obs. J. Pradel ; *Rev. sociétés* 2015. 380, note H. Matsopoulou ; *RSC* 2015. 374, obs. F. Stasiak ; *RTD com.* 2015. 317, obs. N. Rontchevsky – L. n° 78-17, 6 janv. 1978, art. 22.
13. CE 17 avr. 2019, req. n° 422575, *Lebon T ; JCP* 2019. 464, obs. C. Friedrich.
14. L. n° 78-17, 6 janv. 1978, art. 20.
15. CE 19 juin 2020 *None of Your Business, La Quadrature du Net et UFC – Que choisir c/Google LLC,* req. n° 430810.

Il peut en être ainsi, à titre d'exemple, en cas de prospection commerciale (sollicitation personnalisée) sans que les personnes contactées aient explicitement donné leur accord pour être démarchées, au moment de la collecte des données [1] ou encore le fait de ne pas faire figurer sur un site internet et ses divers supports de collecte de données à caractère personnel les mentions d'information prévues par la réglementation [2].

Il en est de même en cas de non-respect de la sécurité des données, dès lors que le responsable du traitement doit prendre toutes précautions utiles, au regard de la nature des données et des risques présentés par le traitement, pour préserver la sécurité des données et, notamment, empêcher qu'elles soient déformées, endommagées, ou que des tiers non autorisés y aient accès [3].

En cas d'urgence et de violation des droits et libertés, la formation restreinte de la Cnil peut également, sur saisine de son président, prendre des sanctions similaires en application des articles 21 et 22 de la loi du 6 janvier 1978.

466.62 Sanction administrative de l'autorité de la concurrence. Le fait d'utiliser, dans le cadre d'une sollicitation personnalisée, un système automatisé de communications électroniques, un télécopieur ou des courriels en ayant recours à des coordonnées d'une personne physique, abonné ou utilisateur, qui n'a pas exprimé préalablement son consentement à recevoir des prospections directes par ce moyen, quel que soit le mode d'accès à ces données (démarchage à distance sans consentement), peut faire l'objet d'une sanction administrative, sans préjudice des sanctions pénales, prononcée par l'Autorité de la concurrence dans les conditions prévues aux articles L. 522-1 et suivants du code de la consommation, consistant en une amende dont le montant peut aller jusqu'à 3 000 euros pour une personne physique et 15 000 euros pour une personne morale [4].

§ 2
Infractions au code de la consommation (Dgccrf)

466.70 Plan – Constatation des infractions. Les pratiques trompeuses ou agressives [5] sont recherchées et constatées dans les conditions fixées par les articles L. 512-1 et suivants du code de la consommation avec pouvoirs de visite et saisie [6].

Les agents de la Dgccrf sont ainsi habilités à constater les infractions, au moyen de procès-verbaux sur l'ensemble du territoire national [7] et peuvent, après une procédure contradictoire, enjoindre à tout avocat, en lui impartissant un délai raisonnable, de se conformer à ces dispositions, de cesser tout agissement illicite ou de supprimer toute clause illicite ou interdite [8]. Ils peuvent exiger de l'avocat la mise à leur disposition ou la communication de tous les éléments propres à justifier les allégations, indications ou présentations inhérentes à cette pratique. Ils peuvent également exiger de l'avocat, annonceur, de l'agence de publicité ou du responsable du support la mise à leur disposition des messages publicitaires diffusés [9].

Le tribunal compétent saisi par la Dgccrf peut demander tant aux parties qu'à l'annonceur, en l'occurrence l'avocat, la communication de tous documents utiles. En cas de refus, il peut ordonner la saisie de ces documents ou toute mesure d'instruction appropriée. Il peut en outre prononcer une astreinte pouvant atteindre 4 500 euros par jour de retard à compter de la date qu'il a retenue pour la production de ces documents [10].

466.71 Enquête de la Dgccrf. Une enquête de la Dgccrf a été réalisée en 2017 s'agissant des sites de prestations juridiques en ligne, ce compris les sites des cabinets d'avocats, conduisant à un constat de manquements aux obligations d'information précontractuelle et d'affichage des prix ainsi que des infractions à la loi du 21 juin 2004 [11], dite LCEN [12].

Les sanctions en la matière peuvent être de nature pénale (A) ou administrative (B).

A.
Sanctions pénales

466.80 Plan. Les principales sanctions pénales encourues en la matière sont celles relatives aux publicités trompeuses (1°) ou aux publicités agressives (2°), d'autres pratiques pouvant être sanctionnées, telles que l'abus de faiblesse (3°).

1. Cnil, délib. n° 2011-384, 12 janv. 2012 – Cnil, délib. n° 2015-155, 1er juin 2015 – Cnil, délib., formation restreinte, 21 janv. 2019, n° SAN-2019-001 ; *D.* 2019. 1676, obs. W. Maxwell et C. Zolynski – V. ss nos 465.111 s.
2. Cnil, Délib. n° 2014-261, 26 juin 2014 – V. ss nos 464.111 s.
3. Cnil, délib. n° 2014-238, 12 juin 2014 – Cnil, délib. n° SAN-2017-012, 16 nov. 2017 ; – CONFIRMÉ PAR : CE 17 avr. 2019, req. n° 422575, *Lebon T ; JCP* 2019. 464, obs. C. Friedrich.
4. CPCE, art. L. 34-5 – C. consom., art. L. 522-3.
5. D. Fenouillet (dir.), *Droit de la consommation,* « Dalloz Action », 2020, nos 127.00 s. par H. Aubry.
6. V. ss nos 413.50 s.
7. C. consom., art. L. 511-3.
8. C. consom., art. L. 521-1 s.
9. C. consom., art. L. 512-15.
10. C. consom., art. L. 132-6.
11. L. n° 2004-575, 21 juin 2004 pour la confiance dans l'économie numérique, *JO* 22 juin, n° 2.
12. Enquête de la Dgccrf sur le Traitement de litiges : assistance juridique sur internet ; Communiqué de presse 11 déc. 2017 ; – Sur l'articulation des pouvoirs des agents de la Dgccrf avec le secret professionnel de l'avocat lors d'un contrôle, v. ss nos 413.50 s. ou lors d'une opération de visite et saisie, v. ss nos 414.171 s.

1°
Publicité trompeuse

466.90 **Plan.** L'incrimination (a) et la répression (b) de la publicité trompeuse sont prévues par le code de la consommation. Une pratique commerciale trompeuse peut être également qualifiée d'escroquerie (c).

a.
Incrimination

466.101 **Pratique commerciale trompeuse.** Les articles L. 121-2 et L. 121-3 du code de la consommation définissent et incriminent les pratiques commerciales trompeuses [1] à l'égard de toutes personnes, consommateurs, comme professionnel ou non-professionnel [2], la publicité n'étant qu'une pratique commerciale parmi d'autres [3], et qui découlent de l'obligation de loyauté attachée à toute publicité personnelle [4].

466.102 **Pratique commerciale trompeuse (C. consom., art. L. 121-2).** Une pratique commerciale est considérée comme trompeuse, dès lors que la publicité personnelle effectuée par l'avocat conduit à communiquer de manière à créer une confusion avec un autre service, une marque, un nom commercial, ou un autre signe distinctif d'un autre avocat.

Elle est également trompeuse si elle conduit à communiquer sur des allégations, indications ou présentations fausses ou de nature à induire en erreur et portant sur l'existence, la disponibilité ou la nature de la prestation de service, ses caractéristiques essentielles (qualités substantielles, propriétés et les résultats attendus de son utilisation, résultats et les principales caractéristiques des tests et contrôles effectués sur le service), la rémunération ou le mode de calcul de la rémunération, son caractère promotionnel éventuel et les conditions générales de prestation de service, de paiement et de livraison de la prestation par l'avocat, la portée des engagements pris par l'avocat sans sa publicité personnelle, la nature, le procédé ou le motif de la prestation de services, l'identité, les qualités, les aptitudes et les droits de l'avocat ainsi que le traitement des réclamations et les droits du client.

Enfin, sera une pratique commerciale trompeuse le fait pour l'avocat pour le compte duquel la communication est mise en œuvre de ne pas être clairement identifiable dans cette communication [5].

466.103 **Pratique commerciale trompeuse – Mensonge par omission (C. consom., art. L. 121-3).** Une pratique commerciale est également trompeuse si, compte tenu des limites propres au moyen de communication utilisé et des circonstances qui l'entourent, elle omet, dissimule ou fournit de façon inintelligible, ambiguë ou à contretemps, une information substantielle ou lorsqu'elle n'indique pas sa véritable intention commerciale dès lors que celle-ci ne ressort pas déjà du contexte.

Lorsque le moyen de communication utilisé impose des limites d'espace ou de temps, il y a lieu, pour apprécier si des informations substantielles ont été omises, de tenir compte de ces limites ainsi que de toute mesure prise par le professionnel pour mettre ces informations à la disposition du consommateur par d'autres moyens.

Dans toute communication commerciale constituant une invitation à l'achat et destinée au consommateur mentionnant le prix et les caractéristiques de la prestation de service proposée, sont considérées comme substantielles : les caractéristiques principales de la prestation de service, l'adresse et l'identité de l'avocat, la rémunération toutes taxes comprises, ou son mode de calcul si elle ne peut être établie à l'avance, les modalités de paiement, de livraison, d'exécution et de traitement des réclamations, dès lors qu'elles sont différentes de celles « habituellement pratiquées » dans la profession d'avocat, ainsi que l'existence d'un droit de rétractation, si ce dernier est prévu par la loi [6].

466.104 **Pratique commerciale réputée trompeuse.** L'article L. 121-4 du code de la consommation répute trompeuse un certain nombre de pratiques et, notamment, le fait de proposer une prestation de service à un prix donné sans révéler les raisons plausibles que pourrait avoir l'avocat de penser qu'il ne pourra pas réaliser lui-même, ou faire réaliser par un autre professionnel, les prestations de services en question ou son équivalent au prix indiqué, pendant une période et dans des quantités qui soient raisonnables compte tenu de la prestation de service, de l'ampleur de la publicité faite pour celle-ci et du prix proposé.

Il en sera encore ainsi du fait d'utiliser un contenu rédactionnel dans les médias pour faire la promotion d'une prestation de service alors que l'avocat a financé celle-ci lui-même, et ce sans l'indiquer clairement dans le contenu [7] ou à l'aide d'images ou de sons clairement identifiables par le consommateur ; ou de décrire une prestation de service comme étant « gratuite », « sans frais » ou autres termes similaires si le client doit payer quoi

1. D. Fenouillet (dir.), *Droit de la consommation*, « Dalloz Action », 2020, n°s 124.00 s. par H. Aubry.
2. C. consom., art. L. 121-5.
3. G. Raymond, *Droit de la consommation*, 5e éd., « Droit et Professionnels », LexisNexis, 2019, n° 207.
4. V. s^{s} n° 463.25.
5. C. consom., art. L. 121-2 – V. s^{s} n°s 461.81 s.
6. C. consom., art. L. 121-3 – V. s^{s} n° 713.152.
7. V. s^{s} n° 463.56.

que ce soit d'autre que les coûts inévitables liés à la réponse à la publicité et au fait d'être livré[1].

466.105 Annonces en matière de transaction immobilière. L'avocat exerçant une mission de mandataire en transaction immobilière, qui diffuse des informations sous la forme d'annonces pour un bien à vendre ou à louer[2], est à ce titre soumis aux dispositions de droit commun, notamment pour ce qui concerne les pratiques commerciales trompeuses.

Peut notamment relever d'une telle qualification :

- le fait de proposer à la vente un bien déjà vendu ou loué ;
- la diffusion d'annonces sans détenir préalablement un mandat à cet effet ;
- la présentation de biens comme étant exclusifs alors qu'ils font l'objet d'un mandat simple ;
- l'existence d'une différence entre le prix de vente indiqué sur le mandat et celui indiqué sur l'annonce ;
- une erreur sur la surface indiquée sur l'annonce[3].

466.106 Caractérisation du délit. Le délit est constitué dès lors que la pratique commerciale trompeuse est mise en œuvre ou qu'elle produit ses effets en France[4].

Il est également constitué en cas de refus de communication des éléments de justification ou des publicités diffusées, demandés par les agents de la Dgccrf, de même qu'en cas d'inobservation des décisions ordonnant la cessation de la publicité litigieuse ou de non-exécution dans le délai imparti des annonces rectificatives ordonnées[5].

b.
Répression

466.111 Peines. Les pratiques commerciales trompeuses sont punies d'un emprisonnement de deux ans et d'une amende de 300 000 euros[6].

Le montant de l'amende peut être porté, de manière proportionnée aux avantages tirés du manquement, à 10 % du chiffre d'affaires moyen annuel, calculé sur les trois derniers chiffres d'affaires annuels connus à la date des faits, ou à 50 % des dépenses engagées pour la réalisation de la publicité ou de la pratique constituant le délit[7].

466.112 Peines complémentaires. L'avocat condamné du chef de pratique commerciale trompeuse encourt également les peines complémentaires[8] de l'interdiction d'exercer l'activité d'avocat, soit définitive, soit temporaire auquel cas elle ne peut excéder une durée de cinq ans[9], cette interdiction peut se cumuler avec une sanction disciplinaire[10], ainsi que l'affichage ou la diffusion de la décision prononcée[11].

En cas de condamnation, le tribunal peut ordonner, par tous moyens appropriés, l'affichage ou la diffusion de l'intégralité ou d'une partie de la décision ou d'un communiqué informant le public des motifs et du dispositif de celle-ci. Il peut, de plus, ordonner la diffusion, aux frais de l'avocat condamné, d'une ou de plusieurs annonces rectificatives. Le jugement fixe les termes de ces annonces et les modalités de leur diffusion et impartit au condamné un délai pour y faire procéder, étant précisé qu'en cas de carence il sera procédé à cette diffusion à la diligence du ministère public aux frais de l'avocat condamné[12].

466.113 Personnes morales. Enfin, les personnes morales déclarées pénalement responsables, des infractions commises pour leur compte (ce qui sera le cas lorsque la publicité litigieuse aura été réalisée pour le compte d'une structure d'exercice ou de moyens) par leurs organes ou représentant[13], des infractions précitées encourent, outre une amende de 1 500 000 euros[14], les peines complémentaires d'interdiction, à titre définitif ou pour une durée de cinq ans au plus, d'exercer directement ou indirectement l'activité d'avocat, l'exclusion des marchés publics, ainsi que l'affichage de la décision prononcée[15].

466.114 Prescription. La prescription est de six ans à compter du jour ou la commission du délit est apparue et a pu être constatée, c'est-à-dire de la date à laquelle les parties civiles avaient eu la possibilité de constater la fausseté du contenu de la publicité incriminée[16], sans toutefois que le délai de prescription ne puisse excéder douze années révolues à compter de la commission des faits[17].

1. C. consom., art. L. 121-4.
2. V. s[s] n°s 463.91 s.
3. Dgccrf, *Fiche technique relative à l'information des consommateurs par les professionnels intervenant dans une transaction immobilière,* févr. 2017.
4. C. consom., art. L. 132-1.
5. C. consom., art. L. 32-5 et L. 132-7.
6. C. consom., art. L. 132-2 et L. 454-1.
7. C. consom., art. L. 132-2 et L. 454-1.
8. C. consom., art. L. 132-3.
9. C. pén., art. 131-27.
10. Civ. 1re, 17 mai 1988, n° 86-15.067, P I, n° 145 ; *D.* 1991. 302, note A. Brunois ; *Gaz. Pal.* 1989. 2. 491, note G. Flécheux – Civ. 1re, 9 avr. 2015, n° 14-50.012 ; *D.* 2015. 1192, note O. Décima ; *D.* 2015. 1187, avis J.-P. Sudre.
11. C. pén., art. 131-35.
12. C. consom. L. 132-4.
13. C. pén., art. 121-2.
14. C. pén., art. 131-38.
15. C. pén., art. 131-35.
16. Crim. 20 févr. 1986, n° 84-91.600, P n° 70 ; *D.* 1986. 398, note G. Roujou de Boubée.
17. C. pr. pén., art. 9-1.

466.115 **Injonction aux fins de cessation.** La cessation de la pratique commerciale trompeuse peut être ordonnée par le juge d'instruction ou par le tribunal saisi des poursuites, soit sur réquisition du ministère public, soit d'office. La mesure ainsi prise est exécutoire nonobstant toutes voies de recours. Mainlevée peut en être donnée par la juridiction qui l'a ordonnée ou qui est saisie du dossier. La mesure cesse d'avoir effet en cas de décision de non-lieu ou de relaxe.

Les décisions statuant sur les demandes de mainlevée peuvent faire l'objet d'un recours devant la chambre de l'instruction ou devant la cour d'appel selon qu'elles ont été prononcées par un juge d'instruction ou par le tribunal saisi des poursuites. La chambre de l'instruction ou la cour d'appel statue dans un délai de dix jours à compter de la réception des pièces[1].

c.
Cumul d'infraction avec l'escroquerie

466.121 **Escroquerie.** Une pratique commerciale trompeuse peut être qualifiée d'escroquerie[2] lorsqu'elle conduit, par des manœuvres frauduleuses, à la remise de fonds, de valeurs ou d'un bien quelconque à l'avocat[3].

L'attribution à une prestation de service de qualité qu'elle n'a pas, qui est une pratique commerciale trompeuse, va ainsi être utilisée dans le cadre de manœuvre frauduleuse afin d'obtenir la remise de fonds de la part d'une ou plusieurs personnes.

466.122 **Cumul d'infractions.** Le cumul d'infractions est alors possible comme a eu à le juger la Cour de cassation dans une affaire qui concernait une société dénommée « Juris-assistance » qui proposait de résoudre les problèmes d'endettement des particuliers conduisant, notamment à la signature d'un « mandat-pouvoir » en vue d'établir un plan de remboursement des dettes moyennant le paiement de frais de gestion, service présenté comme plus économique que le recours au crédit et qui s'était en réalité avéré plus onéreux conduisant à un accroissement de l'endettement et aboutissant majoritairement à des échecs de plan de remboursement.

La Cour de cassation approuve la condamnation des gérants de la société tant du chef de publicité mensongère que du chef d'escroquerie, dès lors que la publicité incriminée avait effectivement induit en erreur les personnes endettées ainsi victime de manœuvres frauduleuses constitutives d'escroquerie mais était également de nature à induire en erreur le public d'une façon générale, indépendamment de tout préjudice, caractérisant une pratique commerciale trompeuse, faisant qu'il y avait bien deux délits matériellement distincts et caractérisés par des éléments différents, la mauvaise foi n'étant plus exigée en matière de pratique commerciale trompeuse[4].

2°
Publicité agressive

466.131 **Pratique commerciale agressive.** Une pratique commerciale agressive constitue[5] un délit pénal incriminé à l'article L. 121-6 du code de la consommation. Une pratique commerciale est agressive lorsque du fait de sollicitations répétées et insistantes ou de l'usage d'une contrainte physique ou morale, et compte tenu des circonstances qui l'entourent elle altère ou est de nature à altérer de manière significative la liberté de choix d'un consommateur, vicie ou est de nature à vicier son consentement ou entrave l'exercice de ses droits contractuels.

Afin de déterminer si une pratique commerciale recourt au harcèlement, à la contrainte, y compris la force physique, ou à une influence injustifiée, il est pris en considération le moment et l'endroit où la pratique est mise en œuvre, sa nature et sa persistance ; le recours à la menace physique ou verbale, l'exploitation, en connaissance de cause, par l'avocat, de tout malheur ou circonstance particulière d'une gravité propre à altérer le jugement du consommateur, dans le but d'influencer la décision du consommateur ; tout obstacle non contractuel important ou disproportionné imposé par l'avocat lorsque le consommateur souhaite faire valoir ses droits contractuels, et notamment celui de mettre fin au contrat ou de changer de produit ou de fournisseur ainsi que toute menace d'action alors que cette action n'est pas légalement possible[6].

466.132 **Pratique commerciale réputée agressive.** Sont, notamment, réputées agressives[7], les pratiques commerciales qui ont pour objet de donner au consommateur l'impression qu'il ne pourra quitter les lieux avant qu'un contrat n'ait été conclu ; d'effectuer des visites personnelles au domicile du consommateur, en ignorant sa demande de voir l'avocat quitter les lieux ou de ne pas y revenir, de se livrer à des sollicitations répétées et non souhaitées par téléphone, télécopieur, courrier électronique ou tout autre outil de communica-

1. C. consom., art. L. 132-8.
2. V. s^{s} n°s 922.60 s.
3. C. pén., art. 313-1.
4. Crim. 10 mai 1978, n° 77-91.445, P n° 148 ; *D.* 1978. 348, obs. G. Roujou de Boubée ; *Gaz. Pal.* 1979. 1. 182.
5. D. Fenouillet (dir.), *Droit de la consommation,* « Dalloz Action », 2020, n°s 125.00 s. par H. Aubry.
6. C. consom., art. L. 121-6.
7. C. consom., art. L. 121-7.

tion à distance ; d'obliger un consommateur qui souhaite demander une indemnité au titre d'une police d'assurance à produire des documents qui ne peuvent raisonnablement être considérés comme pertinents pour établir la validité de la demande ou s'abstenir systématiquement de répondre à des correspondances pertinentes, dans le but de dissuader ce consommateur d'exercer ses droits contractuels ; d'informer explicitement le consommateur que s'il n'accepte pas la prestation de service proposée, l'emploi ou les moyens d'existence de l'avocat seront menacés ou de donner l'impression que le consommateur a déjà gagné, gagnera ou gagnera en accomplissant tel acte un prix ou un autre avantage équivalent, alors que, en fait soit il n'existe pas de prix ou autre avantage équivalent, soit l'accomplissement d'une action en rapport avec la demande du prix ou autre avantage équivalent est subordonné à l'obligation pour le consommateur de verser de l'argent ou de supporter un coût.

466.133 Peines. Les pratiques commerciales agressives sont punies, en vertu de l'article L. 132-11 du code de la consommation, d'un emprisonnement de deux ans et d'une amende de 300 000 euros [1].

Le montant de l'amende peut être porté, de manière proportionnée aux avantages tirés du manquement, à 10 % du chiffre d'affaires moyen annuel, calculé sur les trois derniers chiffres d'affaires annuels connus à la date des faits [2].

466.134 Personnes morales. Les personnes morales déclarées pénalement responsables [3], des infractions commises pour leur compte (ce qui sera le cas lorsque la publicité litigieuse aura été réalisée pour le compte d'une structure d'exercice ou de moyens) par leurs organes ou représentant [4], des infractions précitées encourent, outre une amende de 1 500 000 euros [5], les peines complémentaires d'interdiction, à titre définitif ou pour une durée de cinq ans au plus, d'exercer directement ou indirectement l'activité d'avocat, l'exclusion des marchés publics, ainsi que l'affichage de la décision prononcée [6].

3°

Autres pratiques sanctionnées

466.141 Autres pratiques interdites sanctionnées. Le code de la consommation réprime d'autres pratiques [7] qui peuvent intéresser les avocats, notamment, le fait de subordonner la prestation d'un service à celle d'un autre service ou à l'achat d'un produit dès lors que cette subordination constitue une pratique commerciale déloyale [8], le paiement immédiat ou différé de prestations de services fournis par un avocat sans commande préalable (ventes forcées) [9], ainsi que le fait pour un avocat de solliciter ou de percevoir d'un consommateur des frais de recouvrement dans des conditions contraires au deuxième alinéa de l'article L. 111-8 du code des procédures civiles d'exécution [10].

466.142 Abus de faiblesse – Renvoi. Sur l'abus de faiblesse, v. s^{s} n°s 481.121 s.

B.

Sanctions administratives de l'Autorité de la concurrence

466.151 Sanction administrative de l'Autorité de la concurrence. L'Autorité de la concurrence dispose depuis 2014 [11], en outre, de pouvoirs de sanctions propres, distincts des sanctions pénales précitées, et non exclusifs de ces dernières [12], prévus à l'article L. 522-1 du code de la consommation et qui lui permettent, en cas de manquement aux dispositions visées aux articles L. 511-5 à L. 511-7, et notamment relatives aux contrats conclus hors établissement [13] ou celles relatives à la possibilité de bénéficier d'offres promotionnelles ainsi que celle de participer à des concours ou à des jeux promotionnels, lorsque ces offres, concours ou jeux sont proposés par voie électronique [14], de prononcer une amende administrative dont le montant ne peut, pour les manquements précités, excéder 15 000 euros pour une personne physique et 75 000 euros pour une personne morale [15].

1. C. consom., art. L. 132-2 et L. 132-3.
2. C. consom., art. L. 132-11.
3. C. consom., art. L. 132-12.
4. C. pén., art. 121-2.
5. C. pén., art. 131-38.
6. C. pén., art. 131-35.
7. D. Fenouillet (dir.), *Droit de la consommation,* « Dalloz Action », 2020, n°s 126.00 s. par H. Aubry.
8. C. consom., art. L. 121-11.
9. C. consom., art. L. 132-17 et L. 132-18.
10. C. consom., art. L. 132-23.
11. L. n° 2014-344, 17 mars 2014 relative à la consommation, *JO* 18 mars, p. 5400.
12. Cons. const. 18 mars 2015, n°s 2014-453/454 QPC, 2015-462 QPC, *John L... (M.) a, Cumul des poursuites pour délit d'initié et des poursuites pour manquement d'initié,* NON-CONFORMITÉ PARTIELLE – EFFET DIFFÉRÉ – RÉSERVE TRANSITOIRE, *JO* 20 mars, p. 5183 ; *AJDA* 2015. 1191, étude P. Idoux, S. Nicinski et E. Glaser ; *D.* 2015. 894, note A.-V. Le Fur et D. Schmidt ; *D.* 2015. 874, point de vue O. Décima ; *D.* 2015. 1506, obs. C. Mascala ; *D.* 2015. 1738, obs. J. Pradel ; *Rev. sociétés* 2015. 380, note H. Matsopoulou ; *RSC* 2015. 374, obs. F. Stasiak ; *RTD com.* 2015. 317, obs. N. Rontchevsky.
13. C. consom., art. L. 242-10 – V. s^{s} n°s 713.141 s.
14. C. consom., art. L. 132-26.
15. C. consom., art. L. 242-10 – C. consom., art. L. 132-26.

L'amende est prononcée par l'Autorité de la concurrence dans les conditions prévues articles L. 522-1 et suivants du code de la consommation[1].

466.152 Non-respect d'une injonction de la Dgccrf. Lorsque l'avocat n'a pas déféré à une injonction dans agents de la Dgccrf dans le délai imparti, l'Autorité de la concurrence peut prononcer à son encontre, dans les conditions prévues aux articles L. 522-1 et suivants, une amende administrative dont le montant ne peut excéder 1 500 euros pour une personne physique et 7 500 euros pour une personne morale lorsque l'infraction ou le manquement ayant justifié la mesure d'injonction est sanctionné par une amende au plus égale à celle prévue pour une contravention de la cinquième classe ou par une amende administrative dont le montant est au plus égal à 3 000 euros pour une personne physique et 15 000 euros pour une personne morale ; ou de 3 000 euros pour une personne physique et 15 000 euros pour une personne morale lorsque l'infraction ou le manquement ayant justifié la mesure d'injonction est sanctionné par une peine délictuelle ou une amende administrative dont le montant excède 3 000 euros pour une personne physique et 15 000 euros pour une personne morale[2].

L'amende est prononcée par l'Autorité de la concurrence dans les conditions prévues articles L. 522-1 et suivants du code de la consommation[3].

SECTION 2
INFRACTION DE DÉMARCHAGE JURIDIQUE

466.161 Démarchage et publicité en matière de consultation juridique ou de rédaction d'actes. La définition du démarchage est posée par l'article 1er du décret du 25 août 1972[4] qui dispose que « constitue un acte de démarchage le fait d'offrir ses services, en vue de donner des consultations ou de rédiger des actes en matière juridique ou de provoquer à la souscription d'un contrat aux mêmes fins, notamment en se rendant personnellement ou en envoyant un mandataire soit au domicile ou à la résidence d'une personne, soit sur les lieux de travail, de repos, de traitement ou dans un lieu public »[5].

Pour caractériser le démarchage, la jurisprudence privilégie la méthode du faisceau d'indices[6]. Elle a notamment pu considérer que l'offre de services émise par la SARL Class action.fr, derrière laquelle opéraient des avocats, destinée à proposer au public de se joindre par une inscription en ligne à une action en justice déjà entamée, constitue un acte de démarchage juridique illicite[7].

466.162 Interprétation extensive. L'interprétation de ces textes doit être faite de manière extensive. Ainsi, est coupable du délit de démarchage, la société qui propose par lettre-circulaire une prestation globale (diagnostic gratuit, examen approfondi du dossier de taxe professionnelle jusqu'à l'obtention du dégrèvement par voie contentieuse et suivi du dossier). L'étude proposée pouvant aller jusqu'à l'introduction d'une procédure devant le juge de l'impôt, elle implique nécessairement « une consultation juridique réservée par la loi à la profession d'avocat »[8].

466.163 Infraction autonome. L'infraction de démarchage est autonome et peut être caractérisée en l'absence d'exercice illicite du droit, permettant ainsi d'appréhender l'activité juridique de certains professionnels réglementés ou agréés, sans pour autant que les conditions posées par l'infraction de l'exercice illégal de la profession d'avocat ne puissent être réunies[9]. Comme l'a récemment rappelé la Cour de cassation : « l'article 66-4 précité prive les associations, comme toute autre personne physique ou morale, du droit de se livrer au démarchage en vue de donner des consultations ou de rédiger des actes en matière juridique, et ce dans le but d'intérêt général de protéger les usagers du droit »[10].

466.164 Sanction. L'article 130 de la loi du 17 mars 2014[11] a renforcé les sanctions pénales du démarchage juridique prohibé en remplaçant, à l'article 66-4 de la loi du 31 décembre 1971, les peines prévues au décret du 25 août 1972[12] par celles prévues aux articles L. 242-5 et L. 242-8 du code de la consommation relatif au démarchage, également modifié par la nouvelle loi : quiconque se

1. C. consom., art. L. 132-26.
2. C. consom., art. L. 532-1.
3. C. consom., art. L. 532-1.
4. Décr. n° 72-785, 25 août 1972 relatif au démarchage et à la publicité en matière de consultation et de rédaction d'actes juridiques, *JO* 29 août, p. 9283.
5. Décr. n° 72-785, 25 août 1972, art. 1er.
6. NOT. : Civ. 1re, 30 sept. 2008, n° 06-21.400, NP – Civ. 1re, 12 juill. 2007, n° 04-14.924, P P I, n° 263 ; *D.* 2007. 2170 ; *D.* 2008. 944, obs. B. Blanchard.
7. S'AGISSANT DU SITE classaction.fr : Paris, 17 oct. 2006, RG n° 05/23835 ; *CCE* 2007, comm. 27, note Ph. Stoffel-Munck ; – TGI Paris, 6 déc. 2005, *D.* 2006. 141, obs. V. Avena-Robardet ; *JCP* 2006. II. 10019, note R. Martin – S'AGISSANT DU SITE de l'Association d'aide aux victimes d'accidents corporels : Civ. 1re, 21 juin 2005, n° 03-13.633, NP – V. ss nos 612.91 s.
8. Crim. 13 déc. 1995, n° 95-80.286, NP ; *JCP* 1996. II. 22681, note R. Martin.
9. V. ss nos 612.11 s.
10. Crim. 5 déc. 2012, n° 12-90.062, NP.
11. L. n° 2014-344, 17 mars 2014 relative à la consommation, *JO* 18 mars, p. 5400.
12. Décr. n° 72-785, 25 août 1972, art. 1er.

livrant au démarchage en vue de donner des consultations ou de rédiger des actes en matière juridique sera passible d'une peine d'emprisonnement de deux ans et d'une amende de 150 000 euros [1].

466.165 **Complicité.** Même si ces sanctions ne sont plus applicables aux avocats qui sont exclus du champ d'application du décret du 25 août 1972 [2], il convient toutefois d'insister sur le fait qu'un avocat prête son concours à une personne physique ou morale qui serait coupable de démarchage juridique prohibé peut-être sanctionné en tant que complice [3] et encoure alors les mêmes peines que l'auteur principal [4].

1. C. consom., art. L. 242-5 s. – V. s^{s} n° 612.92.
2. V. s^{s} n° 466.10.
3. Crim. 6 sept. 2011, n° 11-80.317, NP.
4. V. s^{s} n°s 921.31 s.

TITRE

47. Le droit à l'assistance et le libre choix de l'avocat

SECTION 0
ORIENTEUR

47.00 Sommaire du titre.

Division. Chacun doit pouvoir choisir librement son avocat, et il ne saurait être porté atteinte à ce principe que pour des motifs impérieux d'intérêt général (chap. 471). Ce principe est une composante du droit à un procès équitable, au même titre que le droit à l'assistance d'un avocat, dont l'effectivité est, notamment, assurée par les désignations et commissions d'office (chap. 472).

47.03 Bibliographie indicative.

* Aussi : v. s^{s} n° 4.03.

Encyclopédies. *J.-Cl. Pr. civ.*, fasc. 83-1 : avocats, Déontologie de l'avocat appliquée au juridique, 2014 – *J.-Cl. Civ. Annexe, v° Assurances*, fasc. 60 : Assurances terrestres, Obligation du libre choix de l'avocat, 2011.

Traité. R. Rodière, *Traité de droit européen des droits de l'homme*, LGDJ, 2007, n°s 279 s.

Monographies – Colloques. Collectif, *Les nouveaux développements du procès équitable au sens de la Convention européenne des droits de l'homme,* Bruylant, Bruxelles, 1996 – Collectif, Agence des droits fondamentaux de l'Union européenne et Conseil de l'Europe, *Manuel de droit européen en matière d'accès à la justice*, 2016 – V. Donier et B. Lapérou-Scheneider (dir.), *La régulation par le juge de l'accès au prétoire*, « Thèmes et commentaires », Dalloz, 2013 – B. Favreau (dir.), *Le procès équitable et la protection juridictionnelle du citoyen,* Bruylant, Bruxelles, 2001 – E. Putman (dir.), *L'accès à la justice*, « Laboratoire de théorie du droit », Puam, 2007 – F. Saint-Pierre, *Pratique de la défense pénale*, 3e éd., « Les intégrales », LGDJ, 2020.

Format réduit. A. Rials, *L'accès à la justice*, « Que sais-je ? », Puf, 1993.

Rapport. M. Picot, *Réforme de l'accès au droit, Commission accès au droit et à la justice*, CNB, AG 22-23 mars 2013.

CHAPITRE

471. Principes du droit à l'assistance et du libre choix de l'avocat

SECTION 0
ORIENTEUR

471.00 **Sommaire du chapitre.**

Division. Le droit à l'assistance d'un avocat (sect. 1) et le libre choix de l'avocat (sect. 2) sont des principes fondamentaux destinés à assurer l'équité des procédures et à préserver l'indépendance de l'avocat.

471.01 **Textes applicables.**

TEXTES TITRÉS

> Droit à l'assistance d'un avocat

• **CEDH**

art. 6 [Équité globale de la procédure]

> Charte des droits fondamentaux de l'Union européenne

art. 47 [Droit à une protection juridictionnelle effective]

• **Dir. 2013/48, Parlement et Conseil, 22 oct. 2013**

> Libre choix de l'avocat

• **C. pr. civ.**

art. 19 [Libre choix de l'avocat]

> Convention de sauvegarde des Droits de l'Homme et des Libertés fondamentales

• art. 6 [Droit à un procès équitable]

• **Dir. 87/344, Conseil, 22 juin 1987**

art. 4 [Liberté de le choisir l'avocat]

• **C. assur.**

art. L. 127-3 [Liberté de le choisir l'avocat]

471.02 **Jurisprudence de référence.**

> Droit au bénéfice de l'assistance effective d'un avocat

• **Cons. const. 30 juill. 2010,** n° 2010-14/22 QPC.

* V. s^s^ n° 471.23

« [...] 25. Considérant qu'en elles-mêmes, les évolutions rappelées ci-dessus ne méconnaissent aucune exigence constitutionnelle ; que la garde à vue demeure une mesure de contrainte nécessaire à certaines opérations de police judiciaire ; que, toutefois, ces évolutions doivent être accompagnées des garanties appropriées encadrant le recours à la garde à vue ainsi que son déroulement et assurant la protection des droits de la défense ;

[...] 28. Considérant, d'autre part, que les dispositions combinées des articles 62 et 63 du même code autorisent l'interrogatoire d'une personne gardée à vue ; que son article 63-4 ne permet pas à la personne ainsi interrogée, alors qu'elle est retenue contre sa volonté, de bénéficier de l'assistance effective d'un avocat ; qu'une telle restriction aux droits de la défense est imposée de façon générale, sans considération des circonstances particulières susceptibles de la justifier, pour rassembler ou conserver les preuves ou assurer la protection des personnes ; qu'au demeurant, la personne gardée à vue ne reçoit pas la notification de son droit de garder le silence ;

29. Considérant que, dans ces conditions, les articles 62, 63, 63 1, 63-4, alinéas 1er à 6, et 77 du code de procédure pénale n'instituent pas les garanties appropriées à l'utilisation qui est faite de la garde à vue compte tenu des évolutions précédemment rappelées ; qu'ainsi, la conciliation entre,

d'une part, la prévention des atteintes à l'ordre public et la recherche des auteurs d'infractions et, d'autre part, l'exercice des libertés constitutionnellement garanties ne peut plus être regardée comme équilibrée ; que, par suite, ces dispositions méconnaissent les articles 9 et 16 de la Déclaration de 1789 et doivent être déclarées contraires à la Constitution. »

> Portée du droit au bénéfice de l'assistance effective d'un avocat

• **Cass., ass. plén., 30 juin 1995,** n° 94-20.302, P n° 4.

* V. s^{s} n° 471.23

« Vu le principe du respect des droits de la défense ;

Attendu que la défense constitue pour toute personne un droit fondamental à caractère constitutionnel ; que son exercice effectif exige que soit assuré l'accès de chacun, avec l'assistance d'un défenseur, au juge chargé de statuer sur sa prétention ;

Attendu que, pour dire n'y avoir lieu à la commission d'office d'un avocat pour la présentation, par M. X..., d'une requête en rabat d'arrêts, le conseil de l'Ordre des avocats au Conseil d'État et à la Cour de cassation a énoncé, par une décision du 23 juillet 1992, que la demande, tendant à engager une procédure hors des cas où elle est limitativement admise, alors que, de surcroît, l'irrégularité invoquée n'existait pas, se trouvait dépourvue d'objet ;

En quoi il a méconnu le principe susvisé. »

> Présence de l'avocat en garde à vue

• **Cons. const. 17 févr. 2012,** *Barreau de Bastia,* n° 2011-223 QPC.

* V. s^{s} n° 471.81.

« 7. Considérant que, si la liberté, pour la personne soupçonnée, de choisir son avocat peut, à titre exceptionnel, être différée pendant la durée de sa garde à vue afin de ne pas compromettre la recherche des auteurs de crimes et délits en matière de terrorisme ou de garantir la sécurité des personnes, il incombe au législateur de définir les conditions et les modalités selon lesquelles une telle atteinte aux conditions d'exercice des droits de la défense peut être mise en œuvre ; que les dispositions contestées se bornent à prévoir, pour une catégorie d'infractions, que le juge peut décider que la personne gardée à vue sera assistée par un avocat désigné par le bâtonnier de l'ordre des avocats sur une liste d'avocats habilités établie par le bureau du Conseil national des barreaux sur propositions des conseils de l'ordre de chaque barreau ; qu'elles n'obligent pas à motiver la décision ni ne définissent les circonstances particulières de l'enquête ou de l'instruction et les raisons permettant d'imposer une telle restriction aux droits de la défense ; qu'en adoptant les dispositions contestées sans encadrer le pouvoir donné au juge de priver la personne gardée à vue du libre choix de son avocat, le législateur a méconnu l'étendue de sa compétence dans des conditions qui portent atteinte aux droits de la défense ; que par suite, l'article 706-88-2 du code de procédure pénale doit être déclaré contraire à la Constitution ; »

> Libre choix de l'avocat en matière d'assurance protection juridique

• **CJUE 10 sept. 2009,** *Erhard Eschig c/Uniqa Sachversicherung AG*, aff. C-199/08.

* V. s^{s} n° 471.101.

« 68. Par conséquent, il y a lieu de répondre à la première question que l'article 4, paragraphe 1, sous a), de la directive 87/344 doit être interprété en ce sens que l'assureur de la protection juridique ne peut pas se réserver le droit, lorsqu'un grand nombre de preneurs d'assurance sont lésés par un même événement, de choisir lui-même le représentant légal de tous les assurés concernés. »

> Libre choix de l'avocat en matière d'assurance protection juridique

• **CJUE 7 nov. 2013,** *Sneller,* aff. C-442/12.

* V. s^{s} n° 471.102.

« 29. Eu égard aux considérations qui précèdent, il convient de répondre à la première question que l'article 4, paragraphe 1, sous a), de la directive 87/344 doit être interprété en ce sens qu'il s'oppose à ce qu'un assureur de la protection juridique, qui prévoit dans ses contrats d'assurance que l'assistance juridique est en principe assurée par ses collaborateurs, prévoie également que les coûts d'assistance juridique d'un avocat ou d'un représentant choisi librement par le preneur d'assurance ne sont susceptibles d'être pris en charge que si l'assureur estime que le traitement de l'affaire doit être délégué à un conseil externe.

[...]

32. Eu égard à ces considérations, il convient de répondre à la seconde question que le caractère obligatoire ou non de l'assistance juridique en vertu du droit national dans la procédure judiciaire ou administrative en cause n'a pas d'incidence sur la réponse apportée à la première question. »

> Limitation du principe du libre choix de l'avocat en raison de l'intérêt de la justice

• **CEDH 25 sept. 1992,** *Croissant c/Allemagne*, req. n° 13611/88.

* V. s^{s} n° 471.81.

« À la vérité, l'article 6 par. 3 c)[1] reconnaît à tout accusé le droit à l'assistance d'un défenseur de son choix (arrêt Pakelli c/Allemagne du 25 avril 1983, série A n° 64, p. 15, par. 31). Néanmoins, et malgré l'importance de relations confiantes entre avocat et client, on ne saurait prêter à ce droit un caractère absolu. Il est forcément sujet à certaines limitations en matière d'assistance judiciaire gratuite et lorsque, comme en l'espèce, il appartient aux tribunaux de décider si les intérêts de la justice exigent de doter l'accusé d'un défenseur d'office. En désignant un tel avocat, les juridictions nationales doivent assurément se soucier des vœux de l'accusé ; le droit allemand le leur prescrit du reste (article 142 du code de procédure pénale ; paragraphe 20 ci-dessus). Elles peuvent cependant passer outre s'il existe des motifs pertinents et suffisants de juger que les intérêts de la justice le commandent. »

• **Paris, pôle 4, ch. 13, 20 mai 2021,** RG n° 20/18499.

« Il est constant que la CEDH a pu dire que la liberté de désigner son avocat n'a pas un caractère absolu, en sorte que rien n'interdit au conseil de l'Ordre de prévoir des dispositions visant à concilier ce principe de liberté de choix avec

1. Conv. EDH, art. 6, 3, c.

d'autres au moins aussi essentiels, tels le principe d'impartialité et le principe d'indépendance.

Le fait d'avoir participé aux travaux [du barreau] pendant la durée d'un mandat au conseil confère sans doute à l'avocat concerné, mais aussi par ricochet à ses associés et collaborateurs, une connaissance privilégiée des rouages et activités du conseil.

Cette connaissance est potentiellement de nature à susciter des conflits d'intérêts, et à porter atteinte à l'indépendance et l'impartialité des instances ordinales lors d'une instance où un ancien membre du conseil viendrait devant elles assurer la défense d'un confrère, ce qui justifie le principe de la mesure édictée par l'article P. 70.

Dès lors que l'interdiction ainsi faite à tous les anciens membres du conseil de l'Ordre et aux bâtonniers vice-bâtonniers, et par extension à leurs collaborateurs ou associés de structure d'exercice dans un but de bonne administration de la justice, est limitée dans le temps aux deux années qui suivent la fin de leur mandat, la mesure concilie de manière équilibrée les principes en jeu, permettant de réduire les risques encourus sans avoir le caractère absolu qui caractériserait une atteinte disproportionnée au principe de libre choix de l'avocat ».

471.03 **Bibliographie indicative.**

* Aussi : v. s[s] n° 47.03.

Thèses. Y. Capdepon, *Essai d'une théorie générale des droits de la défense*, Th., Bordeaux, 2011 – L. Milano, *Le droit à un tribunal au sens de la Convention européenne des droits de l'homme*, Dalloz, 2006 – A. Nedelcheva, *Le droit au juge dans l'Union européenne*, Th., Nice, 2015.

Contributions. N. Fricero, « Procès civil équitable et juge judiciaire », *Mél. Julien*, Edilaix, 2003, p. 182 s. – F. Glansdorff, F. Tulkens, « L'avocat est-il toujours librement choisi », *Mél. G.-A. Dal : L'avocat*, Larcier, Bruxelles, 2014, p. 439 s. – W.-J. Ganshof van des Meersch, « Le droit de la défense, principe général du droit », *Mél. Dabin*, Bruylant – Sirey, 1963, p. 569 – L.-E. Pettiti, « Les droits de l'inculpé et de la défense selon la jurisprudence de la Cour européenne des droits de l'homme », *Mél. Levasseur*, La Gazette du Palais – Litec, 1992, p. 249.

Articles. A. Balsan, « L'aide judiciaire et le libre choix de l'avocat », *La Gazette du Palais*, 1987, t. 1, Doctr., p. 260 – J. Bonnard, « L'assurance de protection juridique et la portée du principe du libre choix de l'avocat par l'assuré », *D.* 2000. 343 – B. Cerveau, « Protection juridique : libre choix de l'avocat », *Gaz. Pal.* 2000. Doctr. 1686 ; « Relations entre les assureurs protection juridique et les avocats » *Gaz. Pal.* 1988. Doctr. 680 – J. Léauté, « Les principes généraux relatifs aux droits de la défense », *RSC* 1953. 47 – Ch. Lefort, « Les droits de la défense », *Gaz. Pal.* 1999. Doctr. 375 – L.-F. Lienard, « L'avocat et la garde à vue : le malaise », *Gaz. Pal.* 2012, n° 78, p. 14 – A. Maron et M. Haas, « Neutralisation d'avocats – Audition du mis en examen en présence de l'avocat de la partie civile », *Dr. pénal 2012*, n° 12 – V. Montourcy, F. Fresnel, « Lettre ouverte aux femmes et hommes de bonne volonté : pour la présence obligatoire de l'avocat auprès des majeurs protégés », *Gaz. Pal.* 12 janv. 2016, p. 14 – P. Pélissier, « Le régime disciplinaire des détenus, un progrès inachevé », *Gaz. Pal.* 19 juin 1997, p. 2 – J.-F. Renucci, « L'avocat et la garde à vue : exigences européennes et réalités nationales », *D.* 2009. 2897 – C. Ribeyre, « De la question du libre choix de l'avocat au débat sur les honoraires », *Dr. et patr.* mai 2002, p. 6 – G. Roujou de Boubée, « Garde à vue et exigences européennes », *D.* 2010. 72 – F. Saint-Pierre, « La nature juridique des droits de la défense », *D.* 2007. Chron., p. 260 – X. Salvat, « Actualité de la garde à vue : des précisions et des nouveautés », *RSC* 2013. 887 – J. Stuyck, « Assurance de protection juridique, action de groupe et libre choix de l'avocat », *D.* 2010. 100 – B. Rajot ; « La Commission confirme la liberté de choix de l'avocat par l'assuré », *RCA* 2011. Alerte 2 – P.-F. Veil et D. Père, « La renonciation à l'assistance d'un avocat en garde à vue est-elle conforme aux exigences du procès équitable ? », *D.* 2012. 36.

SECTION 1
DROIT À L'ASSISTANCE D'UN AVOCAT

471.10 **Plan.** Le droit à l'assistance et à une représentation effective par un avocat à tous les stades d'une procédure (§ 1) est un droit pour les citoyens (§ 2) qui a pour corollaire le devoir pour les avocats d'assurer l'effectivité de cette assistance (§ 3).

§ 1
Principe fondamental

471.21 **Droit à l'assistance d'un avocat affirmé par la Cour européenne des droits de l'homme (CEDH).** Le droit à l'assistance et à une représentation effective par un avocat, inscrit à l'article 6 6 3. C) de la Conv EDH qui prévoit que : « Tout accusé a droit notamment à : (...) se défendre lui-même ou avoir l'assistance d'un défenseur de son choix et, s'il n'a pas les moyens de rémunérer un défenseur, pouvoir être assisté gratuitement par un avocat d'office, lorsque les intérêts de la justice l'exigent », et ce à tous les stades d'une procédure[1] a été clairement affirmé par la CEDH[2], même si elle admet, avec de nombreuses réserves, que l'on puisse rejeter une

1. CEDH 27 nov. 2008, *Salduz c/Turquie*, req. n° 36391/02 ; *AJDA* 2009. 872 Chron. J.-F. Flauss ; *JCP* 2009. I. 104, n° 5, obs. F. Sudre ; *RPDP* 2009. 705, obs. A Gouttenoire ; *RTDH* 2010. 663, obs. D. Holzapfel – CEDH 29 janv. 2015, *Yevgeniy Petrenko c/Ukraine*, req. n° 55749/08.
2. CEDH 9 oct. 1979, *Airey c/Irlande*, req. n° 6289/73 – CEDH 24 nov. 1993, *Imbrioscia c/Suisse*, req. n° 13972/88 ; *RSC* 1994. 144, obs. L.-E. Pettiti ; *RSC* 1994. 362, obs. R. Koering-Joulin – CEDH 13 févr. 2003, *Bertuzzi c/France*, req. n° 36378/97 – CEDH 12 juin 2003, *Gutfreund c/ France*, req. n° 45681/99 ; *D.* 2003. 2268, obs. N. Fricero – CEDH 9 oct. 2007, *Saoud c/France*, req. n° 9375/02 ; *RSC* 2008. 140, obs. J.P. Marguénaud et D. Roets – CEDH 18 nov. 2014, *Aras c/Turquie*, req. n° 15065/07.

demande d'assistance dès lors que le moyen évoqué n'apparaît pas sérieux[1].

471.22 Droit à l'assistance d'un avocat – droit européen. L'article 47 de la charte des droits fondamentaux de l'Union européenne prévoit expressément que toute personne a la possibilité de se faire conseiller, défendre et représenter. Une aide juridictionnelle est accordée à ceux qui ne disposent pas de ressources suffisantes, dans la mesure où cette aide serait nécessaire pour assurer l'effectivité de l'accès à la justice[2].

De même que la directive 2013/48[3] a posé le principe suivant lequel les États membres veillent à ce que les suspects et les personnes poursuivies disposent du droit d'accès à un avocat dans un délai et selon des modalités permettant aux personnes concernées d'exercer leurs droits de la défense de manière concrète et effective[4], peu importe la gravité des sanctions encourues[5]. La CJUE fait une interprétation très stricte des dérogations au droit à l'assistance à un avocat prévues par la directive[6].

Ce droit est ainsi été reconnu comme principe général du droit de l'Union européenne par la jurisprudence de la CJUE[7].

471.23 Droit à l'assistance d'un avocat – droit interne. Le droit interne a également affirmé le droit à l'assistance d'un avocat[8], notamment quant à la nécessité de son caractère concret et effectif[9], et ce, y compris devant les juridictions administratives[10].

Un arrêt de l'assemblée plénière de la Cour de cassation rappelle que la défense constitue pour toute personne un droit fondamental à caractère constitutionnel[11] dès lors son exercice effectif[12] exige que soit assuré l'accès de chacun, avec l'assistance d'un avocat, au juge chargé de statuer sur sa prétention, même si la procédure qu'il désire engager est irrégulière[13]. Il en est de même en présence de toute personne chargée de recueillir des déclarations de la part d'un suspect ou gardé à vue sur les faits qui lui sont reprochés, tel que l'enquêteur désigné pour réaliser une enquête de personnalité[14] ou les officiers de police judiciaire réalisant une perquisition[15].

1. CEDH 19 sept. 2000, *Gnahoré c/France,* req. n° 40031/98 ; *D.* 2001. 725, note F. Rolin ; *D.* 2001. 1063, obs. N. Fricero – V. s^s n°s 751.161 s.
2. Charte des droits fondamentaux de l'Union européenne, art. 47.
3. Dir. 2013/48, Parlement et Conseil, 22 oct. 2013 relatives au droit d'accès à un avocat dans le cadre des procédures pénales et des procédures relatives au mandat d'arrêt européen, au droit d'informer un tiers dès la privation de liberté et au droit des personnes privées de liberté de communiquer avec des tiers et avec les autorités consulaires, *JOUE* 6 nov., p. 1 – Dir. 2016/343, Parlement et Conseil, 9 mars 2016 portant renforcement de certains aspects de la présomption d'innocence et du droit d'assister à son procès dans le cadre de procédures pénales, *JOUE* 11 mars, p. 1.
4. Dir. 2013/48, Parlement et Conseil, 22 oct. 2013, art. 3.1.
5. CEDH 19 nov. 2015, *Mikhaylova c/Russie*, req. n° 46998/08.
6. CJUE 12 mars 2020 *VW c/Espagne*, aff. C-659/18 ; *D.* 2020. 1649, obs. J. Pradel.
7. CJUE 28 mars 2000, *Dieter Krombach c/André Bamberski*, aff. C-7/98 ; *D.* 2000. 122 ; *Rev. crit. DIP* 2000. 481, note H. Muir Watt ; *RSC* 2000. 686, obs. L. Idot ; *RTD civ.* 2000. 944, obs. J. Raynard – CJUE 26 juin 2007, *Ordre des barreaux francophones et germanophone et autres c/Conseil des ministres*, aff. C-305/05 ; *AJDA* 2007. 2248, Chron. E. Broussy, F. Donnat et C. Lambert ; *D.* 2007. 1972 ; *D.* 2008. 944, obs. B. Blanchard ; *RFDA* 2008. 575, concl. M. Guyomar ; *RSC* 2008. 168, obs. L. Idot.
8. Civ. 2e, 12 mars 1997, n° 95-10.727, NP ; *D.* 1997. 89 ; *JCP* 1997. II. 22884, note E. du Rusquec ; *Rev. proc.* 1998. 91, obs. J. Héron – Civ. 3e, 7 mai 2003, n° 01-16.936, P III, n° 98 ; *D.* 2003. 1476 ; *JCP* 2003. IV. 2159 ; *Gaz. Pal.* mars-avr. 2004, p. 1227, obs. E. du Rusquec – Civ. 2e, 17 nov. 2005, n° 03-04.186, P II, n° 292 ; *D.* 2005. IR 2967 ; *Gaz. Pal.* 2005. 4128 ; *Gaz. Pal.* 2006. Somm. 511 – Civ. 1re, 30 sept. 2009, n° 08.15174, P I, n° 188 ; *D. actu.* 13 oct. 2009, obs. L. Dargent ; *AJ fam.* 2009. 457, note L. Pécaut-Rivolier ; *RTD civ.* 2009. 713, obs. J. Hauser.
9. Civ. 1re, 20 févr. 2008, n° 07-12.650 ; P I, n° 53 ; *D.* 2008. 791 ; *D.* 2009. Pan. 54, obs. M. Douchy-Oudot ; *JCP* 2008. 140, n° 17, obs. F. G'sell ; *Gaz. Pal.* 13 janv. 2008, p. 27, note E. du Rusquec.
10. CE 28 nov. 2008, *Mecherouh*, req. n° 292772, *Lebon ; AJDA* 2008. 2252 ; *LPA* 28 janv. 2009, p. 11, concl. J.-Ph. Thiellay.
11. Cons. const. 30 juill. 2010, n° 2010-14/22 QPC, *Daniel W… (M.) a., Garde à vue,* NON-CONFORMITÉ PARTIELLE, EFFET DIFFÉRÉ, *JO* 31 juill., p. 14198, n° 105 ; *Rec.* 179 ; *AJDA* 2010. 1556 ; *D.* 2010. 1928, entretien C. Charrière-Bournazel ; *D.* 2010. 1949, point de vue P. Cassia ; *D.* 2010. 2254, obs. J. Pradel ; *D.* 2010. 2696, entretien Y. Mayaud ; *D.* 2010. 2783, Chron. J. Pradel ; *D.* 2011. 1713, obs. V. Bernaud et L. Gay ; *AJ pénal* 2010. 470, étude J.-B. Perrier ; *Constitutions* 2010. 571, obs. E. Daoud et E. Mercinier ; *Constitutions* 2010. 58, obs. S. de La Rosa ; *RSC* 2011. 139, obs. A. Giudicelli ; *RSC* 2011. 165, obs. B. de Lamy ; *RSC* 2011. 193, Chron. C. Lazerges ; *RTD civ.* 2010. 513, obs. P. Puig ; *RTD civ.* 2010. 517, obs. P. Puig – Cons. const. 6 mai 2011, n° 2011-125 QPC, *Abderrahmane L… (M.), déferement devant le procureur de la République,* CONFORMITÉ – RÉSERVE, *JO* 7 mai, p. 7850, n° 76 ; *Rec.* 218 ; *D.* 2012. 1638, obs. V. Bernaud et N. Jacquinot ; *AJ pénal* 2011. 471, obs. J.-B. Perrier ; *Constitutions* 2011. 525, obs. E. Daoud et A. Talbot ; *RSC* 2011. 415, obs. J. Danet – Cons. const. 23 déc. 2016, n° 2016-569 QPC, *Syndicat de la magistrature et a. Transaction pénale par officier de police judiciaire – Participation des conseils départementaux de prévention de la délinquance et des zones de sécurité prioritaires à l'exécution des peines,* NON-CONFORMITÉ PARTIELLE – RÉSERVE, *JO* 25 sept., n° 29, consid., n°s 8 et 9 ; *AJDA* 2016. 1779 ; *D.* 2016. 2545, note J.-B. Perrier ; *AJ pénal* 2017. 198, obs. M. Medjkane ; *AJ pénal* 2016. 546, obs. F. Engel ; *Constitutions* 2016. 541, Chron. ; *Constitutions* 2016, 642, Chron. A. Ponseille ; *RSC* 2017. 389, obs. B. de Lamy.
12. V. s^s n° 471.51.
13. Cass., ass. plén., 30 juin 1995, n° 94-20.302, P n° 4 ; *D.* 1995. 513, note R. Drago ; *D.* 1995. 166 ; *JCP* 1995. II. 22478, note A. Perdriau ; *JCP.* II. 22478, concl. M. Jéol ; *Gaz. Pal.* 1995. Pan. 196 ; *Gaz. Pal.* Somm. 307 ; *Gaz. Pal.* 1996. Somm. 430.
14. Crim. 12 avr. 2016, n° 15-86.298, P n° 129 ; *Gaz. Pal.* 19 juill. 2016, p. 67.
15. Crim. 10 mars 2015, n° 14-86.950, NP ; *Gaz. Pal.* 11 août 2015, p. 32, obs. F. Fourment.

La Cour de cassation a rappelé, au visa de l'article 6 de la Conv. EDH, que toute personne poursuivie, qui ne souhaite pas se défendre elle-même, a droit à l'assistance de l'avocat de son choix faisant qu'une juridiction correctionnelle ne saurait rejeter une demande de renvoi formulé par télécopie sollicitant la désignation d'un avocat et statuer par décision contradictoire à signifier à l'égard du prévenu[1]. De la même façon, elle a pu considérer que la seule assistance d'un avocat en appel ne pouvait suffire à rapporter la preuve de l'exercice effectif des droits pendant le maintien à disposition de la justice d'un étranger en situation irrégulière, ayant fait l'objet d'une décision portant obligation de quitter le territoire et d'un arrêté de placement en rétention administrative, alors que durant la période pendant laquelle l'étranger est maintenu à la disposition de la justice jusqu'à ce que l'ordonnance du premier président statuant sur l'effet suspensif de l'appel du ministère public soit rendue et, si elle donne un tel effet, jusqu'à ce qu'il soit statué sur le fond, cette personne doit pouvoir, si elle le souhaite, contacter son avocat et un tiers, rencontrer un médecin et s'alimenter[2].

471.24 Droit à l'assistance d'un avocat – jurisprudence administrative. Un juge administratif a pu considérer que libre exercice de la profession d'avocat, qui implique une mission d'assistance et de conseil, et le droit pour un administré d'être accompagné par un avocat dans ses démarches, constituent des libertés fondamentales, ce qui justifiait qu'il puisse enjoindre, en référé, à un préfet de permettre aux avocats d'accompagner leurs clients dans leurs démarches auprès de la préfecture. Le préfet justifiait cette restriction d'accès aux administrés accompagnés de leur avocat par le contexte sanitaire lié à la Covid-19 et au caractère peu complexe des dossiers pour lesquels les usagers avaient été convoqués. Pour le juge des référés, si le préfet est habilité, dans le cadre de l'état d'urgence sanitaire, à interdire, restreindre ou réglementer l'accès aux établissements recevant du public lorsque les circonstances locales le justifient. Ces mesures de police doivent être nécessaires, adaptées et proportionnées à l'objectif de sauvegarde de la santé publique poursuivi. En l'occurrence, d'une part, le préfet ne pouvait, sans entraver gravement l'exercice de la profession d'avocat, décider de manière discrétionnaire de l'utilité de la présence d'un avocat en fonction de la complexité supposée du dossier, et d'autre part, le préfet ne justifiait pas de l'impossibilité d'assurer le respect des règles de distanciation physique lors des dépôts de demande de titre de séjour ni avoir mis en œuvre d'autres méthodes – telles que le réaménagement des conditions et des horaires d'accueil – pour réguler le flux des usagers. L'interdiction d'accès aux locaux n'étant ainsi ni adaptée, ni nécessaire aux buts poursuivis de préservation de la santé publique et de lutte contre la propagation du virus Covid-19[3].

De la même façon le Conseil d'État a pu considérer que l'interdiction de toute dérogation spécifique pour consulter un professionnel du droit et en particulier un avocat au-delà de 18 heures était de nature à rendre difficile voire, dans certains cas, impossible en pratique l'accès à un avocat dans des conditions, notamment en termes de respect effectif du secret des échanges entre l'avocat et son client, conformes aux exigences du respect des droits de la défense pour les personnes qui sont astreintes à des contraintes horaires notamment en raison de leur profession, la consultation par téléconférence depuis son domicile, même lorsqu'elle est matériellement possible, pouvant ne pas être de nature à répondre à ces exigences en particulier s'agissant de différend de nature familiale ou personnelle. Dès lors, pour le Conseil d'État, l'absence, dans le décret du 29 octobre 2020[4], de toute dérogation permettant de se rendre chez un professionnel du droit et notamment un avocat pour un acte ou une démarche qui ne peut être réalisé à distance au-delà de 18 heures porte une atteinte grave et manifestement illégale à la liberté fondamentale d'exercer un recours effectif devant une juridiction dans des conditions assurant un respect effectif des droits de la défense et du droit à un procès équitable[5].

471.25 Dépens. Par ailleurs, c'est dans le sens d'une reconnaissance d'un véritable droit à l'assistance d'un avocat que s'inscrit la jurisprudence aux termes de laquelle la rémunération de l'avocat est comprise dans les dépens[6], même dans les procédures sans représentation obligatoire[7].

§ 2
Droit pour les citoyens

471.30 Plan. Le droit à l'assistance d'un avocat constitue un droit fondamental (A) dont l'effectivité doit être assurée de manière concrète (B).

1. Crim. 25 févr. 2014 n° 13-81.554, P n° 52 ; *D.* 2014. 609 ; *AJ pénal* 2014. 376, obs. D. Luciani-Mien.
2. Civ. 1re, 14 oct. 2020, n° 19-19.021, P.
3. TA Cergy-Pontoise 10 déc. 2020 *Préfet du Val-d'Oise,* req. n° 2012496 ; *JCP* 2021. 272, n° 10, obs. Ch. Vautrot-Schwarz ; *D. actu.* 17 déc. 2020, note P. Lingibé.
4. Décr. n° 2020-1310 du 29 octobre 2020 prescrivant les mesures générales nécessaires pour faire face à l'épidémie de covid-19 dans le cadre de l'état d'urgence sanitaire, *JO* 30 oct., n° 23.
5. CE 3 mars 2021, *Barreau de Montpellier*, req. n° 449764, NP ; *Gaz. Pal.* 27 avr. 2021, p. 30, obs. O. Fuchs.
6. V. ss nos 723.81 s.
7. Civ. 2e, 2 juill. 2009, n° 08-14.586, P II, n° 180 ; *JCP* 2009. 295, obs. S. Bortoluzzi.

A.
Affirmation du droit à l'assistance d'un avocat

471.41 Droit naturel. On s'est parfois demandé si la présence d'un avocat ne constituait pas un rouage supplémentaire inutile, empêchant le juge d'avoir un contact direct avec le prévenu ou l'accusé et risquant de conseiller à celui-ci des réticences contraires à la vérité [1].

Il s'agit là d'un faux débat, dès lors que l'organisation d'une société civilisée veut que chaque personne, soupçonnée ou accusée d'un crime ou d'un délit et considérée comme innocente jusqu'à ce qu'elle soit déclarée coupable, puisse être assistée d'un technicien indépendant pour organiser sa défense au moment où la société la poursuit. Il s'agit, en effet, de rétablir l'égalité entre la personne poursuivie et la société, qui recherche la manifestation de la vérité pour exercer la justice vindicative.

La Cour de cassation, dans un arrêt fort ancien du 7 mai 1828, a rappelé que, la défense étant un droit naturel, personne ne doit être condamné sans avoir été interpellé et mis en demeure de se défendre [2].

471.42 Droits de la défense. Toute personne poursuivie devant les tribunaux répressifs a le droit de se défendre, et également le droit, et parfois même l'obligation, d'être assistée d'un avocat. Les droits de la défense sont consacrés dans le droit positif français par de multiples textes du code de procédure pénale [3].

Ces dispositions sont destinées à assurer à toute personne, aux différents stades de la procédure, l'organisation de sa défense et l'assistance d'un défenseur. La loi a énoncé des règles nombreuses, souvent détaillées et minutieuses, concernant les droits de la défense tant à l'instruction qu'à l'audience.

La violation ou l'omission de ces prescriptions constituent une atteinte aux droits de la défense et, par-là, une cause de nullité de la procédure ou d'irrégularité de la décision.

471.43 Procès équitable. La notion de « défense » n'apparaît qu'en matière pénale. En matière civile, il est question de « procès équitable » : toute personne a droit à avoir l'assistance de l'avocat de son choix [4]. Encore que, très souvent, il n'est fait aucune différence entre les deux notions, l'expression de « droits de la défense » étant aussi bien utilisée pour le procès civil ou administratif que pour le procès pénal.

En matière civile, comme administrative, elle s'applique de l'introduction de l'action jusqu'à l'exécution du jugement [5] ainsi que dans le cadre des voies de recours.

471.44 Obligation impérieuse. Allant au-delà d'un simple droit, la Conv. EDH fait même de l'assistance d'un avocat une impérieuse obligation.

En effet, l'article 6, 3, c), de la Conv. EDH exige la « présence » d'un avocat aux côtés d'un accusé qui le demande afin de satisfaire aux exigences du droit à un procès équitable.

471.45 Caractère nécessaire et indispensable. L'assistance d'un avocat est donc une nécessité, quand elle ne se révèle pas indispensable à un accès effectif au juge, soit parce que la personne concernée n'est pas en mesure de faire correctement valoir ses droits [6], notamment en raison de sa vulnérabilité (personnes handicapées, mineurs, majeurs protégés [7], migrants [8]), soit compte tenu de la complexité de la procédure ou de la cause [9], ce qui justifie alors qu'elle devienne une obligation et que l'on ne puisse pas y renoncer [10].

471.46 Restriction temporaire. Il est admis que des restrictions temporaires puissent être portées au droit à l'assistance d'un avocat dès lors que l'on est en présence de circonstances exceptionnelles et de raisons impérieuses qui justifient de telles restrictions [11]. L'accès à un avocat peut ainsi être retardé

1. V. s[s] n°s 322.51 s.
2. Civ. 7 mai 1828, *D.* 1828. 1. 93.
3. C. pr. pén., art. 114, 116, 274, 394, 396, 397, al. 1er, 411, 417, 460 – Résolution du Conseil, 30 nov. 2009 relative à la feuille de route visant à renforcer les droits procéduraux des suspects ou des personnes poursuivies dans le cadre des procédures pénales, *JOUE* 4 déc.
4. Conv. EDH, art. 6 – Charte des droits fondamentaux, art. 47 – v. s[s] n°s 471.81 s.
5. CEDH 9 oct. 1979, *Airey c/Irlande*, req. n° 6289/73 – CEDH 16 juill. 1971, *Ringeisen c/Autriche*, req. n° 2614/65 – CEDH 16 déc. 1999, *T. c/Royaume-Uni*, req. n° 24724/94 ; – et : CEDH 16 déc. 1999, *V. c/Royaume-Uni*, req. n° 24888/94.
6. CEDH 13 févr. 2003, *Bertuzzi c/France*, req. n° 36378/97 – EN CAS D'ALTÉRATION des facultés mentales d'un prévenu : Crim. 11 juill. 2017, n° 16-82.960, P ; *D.* 2017. 1532 ; *Gaz. Pal.* 19 sept. 2017, p. 39.
7. Commission européenne, Recomm. n° 2013/C 378/02, 27 nov. 2013 relative à des garanties procédurales en faveur des personnes vulnérables soupçonnées ou poursuivies dans le cadre des procédures pénales, *JOUE* 24 déc., p. 8.
8. Dir. 2013/48, Parlement et Conseil, 22 oct. 2013, art. 13 – CEDH 12 mai 1992, *Megyeri c/Allemagne*, req. n° 13770/88 – CEDH 15 juin 2004, *S.C. c/Royaume-Uni*, req. n° 60958/00 – CEDH 11 déc. 2008, *Panovits c/Chypre*, req. n° 4268/04 ; *Rev. UE* 2015. 353, étude M. Mezaguer.
9. CEDH 7 mai 2002, *McVicar c/Royaume-Uni*, req. n° 46311/99 – CEDH 15 févr. 2005, *Steel et Morris c/Royaume-Uni*, req. n° 68416/01 ; *AJDA* 2005. 1886, Chron. J.-F. Flauss – CEDH 10 juill. 2008, *Blandeau c/France*, req. n° 9090/06.
10. CEDH 11 déc 2008, *Panovits c/Chypre*, req. n° 4268/04 ; *Rev. UE* 2015. 353, étude M. Mezaguer – CE 28 mars 2018, *Patrice Parmentier automobiles (S[té])*, req. n° 406802, *Lebon* ; *AJDA* 2018. 653 ; *JCP* 2018. 588, n° 11, obs. F. G'sell.
11. CEDH 27 nov. 2008, *Salduz c/Turquie*, req. n° 36391/02 ; *AJDA* 2009. 872 Chron. J.-F. Flauss ; *JCP* 2009. I. 104, n° 5, obs. F. Sudre ; *RPDP* 2009. 705, obs. A Gouttenoire ; *RTDH* 2010. 663, obs. D. Holzapfel.

afin de prévenir une atteinte grave à la vie, à la liberté ou à l'intégrité physique, par exemple en matière d'interrogatoire de sécurité dans le cadre de la lutte contre le terrorisme, dès lors qu'une telle restriction est prévue et strictement encadrée par la loi[1], et est proportionnée à l'objectif poursuivi.

Ainsi, si la CEDH a pu valider le fait que certains accusés aient pu, dans de telles circonstances, avoir eu accès à leur avocat avec du retard, et vu leurs déclarations faites en son absence et admises lors de leur procès, elle constate qu'il y a eu violation de l'article 6 de la Conv. EDH, s'agissant de celui qui avait été initialement interrogé en qualité de témoin, donc en l'absence d'avocat, interrogatoire au cours duquel il est apparu qu'il avait aidé l'un des poseurs de bombes. Ses droits auraient alors dû lui être immédiatement signifiés et un avocat aurait dû lui être proposé, dès lors que la police le considérait comme un suspect et non plus comme un témoin[2].

471.47 **Équité globale de la procédure.** La CEDH apprécie toutefois les effets de l'atteinte portée au droit à l'assistance d'un avocat, même lorsqu'il n'existe pas de « raisons impérieuses » de restreindre ce droit, sur l'équité globale de la procédure mise en œuvre[3], considérant qu'il n'y a pas violation de l'article 6 de la Conv. EDH si la restriction au droit à l'avocat n'a pas porté une atteinte irrémédiable à la procédure pénale[4].

Cette analyse amorcée par un arrêt du 12 mai 2017 à propos de l'absence d'assistance d'un avocat au cours d'une garde à vue[5] a ensuite été confirmée dans une seconde affaire concernant un requérant qui avait fait l'objet d'une enquête préliminaire sous le statut de témoin pendant près de sept ans sans avoir été mis en mesure de se faire assister d'un avocat. Pour la CEDH, bien qu'il n'ait pas été en mesure d'invoquer les droits reconnus aux suspects par le droit national, le requérant avait pu bénéficier d'autres garanties procédurales, notamment, être informé tout au long de l'enquête de ses droits en tant que témoin, exercer son droit de contester les éléments à charge et faire appel à un avocat dès qu'il avait été officiellement inculpé, faisant que le déroulement de l'enquête préliminaire n'avait pas porté une « atteinte irrémédiable à l'équité globale de la procédure pénale »[6]. Toutefois, la CEDH a eu l'occasion de rappeler que le préjudice causé à l'équité globale de la procédure par la restriction du droit à un avocat ne peut être annulé par la simple confirmation par un requérant de ses déclarations antérieures faites en l'absence d'un avocat à un stade ultérieur et en présence d'un avocat, à moins que cette lacune ne soit suffisamment traitée et corrigée par les juridictions nationales, c'est-à-dire par l'exclusion des déclarations faites en l'absence d'un avocat[7].

Cette évolution, portée par l'air du temps[8], dans un sens moins protecteur des droits de la défense et conduisant à une analyse de la proportionnalité des effets de la restriction au droit à l'assistance d'un avocat sur « l'équité globale de la procédure », même si elle apparaît attacher une importance décisive au fait que pendant la période concernée aucun élément de preuve qui aurait pu incriminer la personne mise en cause n'aurait été obtenu et versé au dossier, apparaît pour la moins préoccupante[9].

Mais la Cour EDH a eu l'occasion de rappeler qu'en l'absence de raisons impérieuses justifiant les restrictions à l'article 6 §3 de la Conv. EDH, elle est appelée à opérer un contrôle très strict pour apprécier l'équité de la procédure pénale dans son ensemble, tel que s'agissant d'un requérant qui avait été

1. CEDH 16 déc. 2014, *Ibrahim et autres c/Royaume-Uni*, req. n°s 50541/08, 50571/08, 50573/08, 40351/09, *D. actu.* 19 déc. 2014, obs. A. Portmann ; *RDP* 2015. 829 – CEDH 13 sept. 2016, *Ibrahim et autres c/Royaume-Uni*, req. n°s 50541/08, 50571/08, 50573/08, 40351/09, *Gaz. Pal.* 22 nov. 2016, p. 34 ; *JCP* 2016. 1010, obs. L. Milano ; *D.* 2016. 162.
2. CEDH 13 sept. 2016, *Ibrahim et autres c/Royaume-Uni*, req. n°s 50541/08, 50571/08, 50573/08, 40351/09 ; *Gaz. Pal.* 22 nov. 2016, p. 34 ; *JCP* 2016. 1010, obs. L. Milano ; *D.* 2016. 162.
3. L. Milano, « Le critère de "l'équité globale du procès", un critère régressif », *JCP* 2019. 253.
4. CEDH 4 avr. 2018, *Correia de Matos c/Portugal,* req. n° 56402/12 ; *JCP* 2018. 488, obs. L. Milano – CEDH 11 juill. 2019, *Olivieri c/France,* req. n° 62313/12 ; – et : CEDH 11 juill. 2019, *Bloise c/France,* req. n° 30828/13 ; *JCP* 2019. 821 – CEDH 23 mai 2019, *Doyle c/Irlande,* req. n° 51979/17 ; *Gaz. Pal.* 25 juin 2019, p. 40, obs. C. Berlaud.
5. CEDH 12 mai 2017, *Simeonovi c/Bulgarie,* req. n° 21980/04 ; *JCP* 2017. 804, n° 7, obs. F. Sudre ; *JCP* 2017. 1104 n° 25, obs. Ch. Vautrot-Schwarz ; – COMP. : CEDH 9 nov. *2018, Beuze c/Belgique, req. n° 71409/10* ; *JCP* 2018. 1249, obs. F. Sudre ; *Gaz. Pal.* 8 janv. 2019, p. 40, obs. C. Berlaud ; *JCP* 2019. 255, n° 16, obs. F. G'sell – CEDH 14 janv. 2020, *Stephens c/Malte,* req. n° 35989/14.
6. CEDH 5 oct. 2017, *Kaleja c/Lettonie*, req. n° 22059/08 ; *Gaz. Pal.* 24 oct. 2017, P. 35, obs. C. Berlaud ; – AUSSI : Cons. const. 6 déc. 2019, n° 2019-818 QPC, *Saisda C... (Mme), Assistance de l'avocat dans les procédures de refus d'entrée en France et de maintien en zone d'attente,* CONFORMITÉ, *JO* 7 déc., n° 93 ; *AJDA* 2019. 2520 ; *D.* 2019. 2356 ; *D.* 2020. 298, obs. O. Boskovic, S. Corneloup, F. Jault-Seseke, N. Joubert et K. Parrot ; *Constitutions* 2019. 590, Décision ; *JCP* 2019. 1354.
7. CEDH 28 janv. 2020, *Mehmet Zeki Çelebi c/Turquie,* req. n° 27582/07 ; *Gaz. Pal.* 11 févr. 2020, p. 41, obs. C. Berlaud.
8. F. Sureau, *Sans la liberté,* Gallimard, 2019 – F. Saint-Pierre, *Un pays qui voudrait rester libre,* Odile Jacob, 2021 – R. Kempf, *Ennemis d'État : Les lois scélérates, des anarchistes aux terroristes,* La Fabrique, 2019.
9. F. Sudre, obs. s^{s} CEDH 12 mai 2017, *Simeonovi c/Bulgarie,* req. n° 21980/04 ; *JCP* 2017. 804, n° 7.

privé du droit d'accès à un avocat pendant sa garde à vue et en particulier durant l'interrogatoire récapitulatif au cours duquel il a fait des déclarations l'incriminant. Pour la CEDH, la restriction du droit d'accès à un avocat ne reposait sur aucune raison impérieuse et la procédure pénale considérée dans son ensemble apparaissait comme inéquitable dès lors qu'elle n'avait pas permis de remédier aux lacunes procédurales survenues au stade préliminaire de la procédure[1].

471.48 Faculté de renonciation libre et éclairée. Le justiciable a toujours la possibilité de renoncer expressément à la présence de son conseil[2].

Mais la renonciation à un tel droit ne peut se faire que si la personne concernée a reçu, oralement ou par écrit, des informations claires et suffisantes, dans un langage simple et compréhensible, sur la teneur de son droit à l'assistance d'un avocat et les conséquences éventuelles d'une renonciation à celui-ci, et qu'elle soit formulée de plein gré et sans équivoque[3]. Ce qui implique, notamment, une protection supplémentaire lorsque la personne concernée est en situation de faiblesse ou de handicap tel que s'agissant d'une personne illettrée[4]. Il en découle que toute décision conduisant à juger une personne hors de sa présence, et de celle de son avocat, ou à retenir des déclarations faites hors de la présence de son avocat, doit être expressément motivée[5].

Critiquable, eu égard à ces principes est la position de la Cour de cassation qui considère qu'en cas de grève d'un barreau dans les commissions d'office, que la décision d'un barreau de suspendre pour une durée indéterminée sa participation aux audiences constitue une circonstance insurmontable justifiant, au regard des impératifs de l'espèce, que l'affaire fût retenue sans la présence d'un avocat[6]. Mais, ne constitue pas une circonstance insurmontable, permettant de dépasser les délais, l'afflux massif de demandes de mise en liberté, dont le dépôt est un droit pour toute personne placée en détention provisoire[7].

Inversement, doit être approuvée la position de la Cour de cassation qui considère que, dès lors qu'une personne dûment avisée par le suspect a pris l'initiative de lui désigner un avocat, nonobstant le fait que la personne mise en cause ait refusé à plusieurs reprises d'être assistée par un avocat, il appartenait à l'officier de police contacté par l'avocat et désigné par le tiers, d'informer la personne placée en garde à vue de cette désignation afin de la mettre en mesure de dire si elle l'acceptait[8]. Ou celle qui approuve l'annulation d'une audition, réalisée en présence de l'avocat après notification d'une extension de la garde à vue à d'autres faits, sans que la personne gardée à vue n'ait pu s'entretenir confidentiellement avec son avocat sur les nouveaux faits, dès lors que le droit à un entretien confidentiel ne résultait pas de façon évidente de la lettre des articles 65, 63-3-1 et 63-4 du code de procédure pénale, ce qui s'opposait à ce que l'absence de demande d'entretien confidentiel avec son client de l'avocat et l'acceptation de la personne d'être entendue sans un tel entretien soient interprétées comme une renonciation tacite à un tel entretien[9].

471.49 Droit de se défendre soi-même. Corollaire de la renonciation libre et éclairée au droit à l'assistance d'un avocat, une personne peut se défendre elle-même, à moins que les intérêts de la justice exigent qu'il en soit autrement, par exemple pour protéger les droits de la personne poursuivie ou soupçonnée, ou si une représentation est exigée

1. CEDH 14 sept. 2021, *Brus c/Belgique*, req. n° 18779/15.
2. Crim. 24 janv. 2018, n° 17-86.317, P ; *JCP* 2018. 245.
3. Dir. 2013/48, Parlement et Conseil, 22 oct. 2013, art. 9.1. – CEDH 11 déc. 2008, *Panovits c/Chypre*, req. n° 4268/04 ; *Rev. UE* 2015. 353, ét. M. Mezaguer – CEDH 24 sept. 2009, *Pishchalnikov c/Russie*, req. n° 7025/04 – CEDH 2 nov. 2010, *Sakhnovskiy c/Russie*, req. n° 21272/03 – CEDH 5 avr. 2011, *Saman c/Turquie*, req. n° 35292/05 – CEDH 9 avr. 2015, *A.T. c/Luxembourg*, req. n° 30460/13 ; *D.* 2016. 225, obs. J.-F. Renucci ; *AJ pénal* 2015. 380, obs. S. Lavric ; *RSC* 2015. 736, obs. D. Roets – CEDH 18 juill. 2017, Skylar c/Russie, req. n° 45498/11 – CEDH 5 sept. 2017, *Bayram Koç c/Turquie,* req. n° 38907/09 – CEDH 5 sept. 2017, *Bozkaya c/Turquie,* req. n° 46661/09 ; – et : CEDH 5 sept. 2017, *Türk c/Turquie*, req. n° 22744/07 – CEDH 30 juill. 2019, *Harun Gürbüz c/Turquie,* req. n° 68556/10 – CEDH 14 janv. 2021 *Fariz Ahmadov c/Azerbaïdjan,* req. n° 40321/07.
4. CEDH 17 sept. 2019 *Akdag c/Turquie,* req. n° 75460/10 ; *Gaz. Pal.* 1er oct. 2019, p. 42, obs. C. Berlaud ; *JCP* 2020. 40, n° 12, obs. L. Milano.
5. CEDH 25 juill. 2013, *Rivière a. c/France,* req. n° 46460/10 ; *RSC* 2014. 172, obs. D. Roets – CEDH 17 sept. 2019, *Akdag c/Turquie,* req. n° 75460/10 ; *Gaz. Pal.* 1er oct. 2019, p. 42, obs. C. Berlaud ; *JCP* 2020. 40, n° 12, obs. L. Milano.
6. Crim. 9 mai 1994, n° 94-80.802, P n° 174 ; *D.* 1995. 145, obs. J. Pradel – Crim. 23 mai 2013, n° 12-83.721, P n° 114 – Crim. 8 juill. 2015, n° 14-86.400, P n° 177 ; *D.* 2015. 1601 ; *RTD eur.* 2016. 374, obs. B. Thellier de Poncheville ; *AJ pénal* 2016. 40, obs. J. Andrei – Civ. 1re, 13 sept. 2017, n° 16-22.819 ; P ; *D. actu.* 25 sept 2017 note N. Peterka ; *JCP* 2017. 1104, n° 24, obs. F. G'sell ; – AUSSI : Crim. 20 avr. 2020, n° 20-80.950, P ; *Gaz. Pal.* 30 juin 2020, p. 42, obs. C. Berlaud.
7. Crim. 13 oct. 2020, n° 20-82.016, P ; *JCP* 2020. 1235 ; *JCP* 2021. 81, note A. Botton ; *JCP* 2021. 272, n° 9, obs. C. Caseau-Roche.
8. Crim. 4 oct. 2016, n° 16-81.778, P ; *AJ pénal* 2016. 598, obs. J.-B. Perrier ; *RSC* 2016. 802, obs. F. Cordier.
9. Crim. 2 mars 2021, n° 20-85.491, P ; *Gaz. Pal.* 4 mai 2021, p. 19 note A. Didot-Seïd Algadi ; *D.* 2021. 471.

pour la bonne administration de la justice[1]. Les restrictions au droit de se défendre soi-même sont question de proportionnalité et doivent être édictées avec prudence et circonspection[2].

Il a pu être jugé, s'agissant d'une personne objet d'une demande de mise sous tutelle, que dès lors qu'elle avait été informée de son droit à faire le choix d'un avocat ou à demander à la juridiction saisie que le bâtonnier lui en désigne un d'office, et qu'elle a comparu sans user de cette faculté, l'intéressée n'avait pas été privée des droits tirés de l'article 6 de la Conv. EDH[3]. Cette décision est critiquable, tant au regard du caractère libre et éclairé que doit avoir la renonciation, qu'au regard de la nécessité affirmée de protéger, par l'obligation d'assistance d'un avocat, certaines personnes en raison de leur état[4], tel que, comme c'était le cas en l'occurrence, les majeurs protégés[5].

B.
Effectivité du droit à l'assistance d'un avocat

471.51 Effectivité. Il est donc nécessaire que, dans toute société démocratique, le droit à l'assistance d'un avocat soit effectif et qu'en conséquence les personnes qui ne sont pas en mesure de bénéficier d'un avocat puissent en obtenir un[6].

Ce qui implique, notamment, que lorsque l'on est en présence de mineurs ou de majeurs protégés, leurs représentants légaux (parents, tuteur, curateur...) soient dûment informés de la mesure envisagée[7].

C'est ici la raison d'être de l'aide juridictionnelle[8] que de tendre à assurer l'effectivité du droit à l'assistance d'un avocat.

471.52 Concrétisation de l'effectivité. Le caractère effectif du droit à l'assistance d'un avocat et du respect des droits de la défense, impose que l'avocat désigné ou commis soit en mesure d'exercer pleinement son rôle et sa mission[9], et ne soit pas contraint pas des dispositions procédurales qui restreindraient son action. C'est tout particulièrement vrai en matière pénale et encore plus de défense d'urgence ; domaine dans lequel l'avocat est souvent amené à intervenir au moment même de l'audience.

La CEDH l'a expressément rappelé dans une affaire où un berger italien de San Venanzo avait été condamné à dix-huit mois de prison et à une forte amende pour différents délits. En appel, alors que le berger était emprisonné pour d'autres faits, la Cour le rejugea par défaut, ne lui ayant pas signifié la date de l'audience. Un avocat fut commis d'office au tout dernier moment. La CEDH a, pour ce fait, condamné l'État italien à verser une indemnité de

1. CEDH 1er juill. 1992, *Philis c/Grèce*, req. nº 16598/90 – CEDH 15 nov. 2001, *Correia de Matos c/Portugal*, req. nº 48188/99 – CJUE 26 févr. 2013, *Stefano Melloni c/ Ministerio Fiscal*, aff. C-399/11 ; *AJDA* 2013. 1154, Chron. M. Aubert, E. Broussy et H. Cassagnabère ; *D.* 2013. 711 ; *AJ pénal* 2013. 350, obs. J. Lelieur ; *Constitutions* 2013. 184, obs. A. Levade ; *RTD eur.* 2013. 267, note D. Ritleng ; *RTD eur.* 2013. 812, Chron. P. Beauvais ; *RTD eur.* 2015. 166, obs. F. Benoît-Rohmer ; *RTD eur.* 2015. 235, obs. L. d'Ambrosio et D. Vozza ; *Rev. UE* 2015. 277, étude D. Ritleng ; *Rev. UE* 562, ét. S. Van Raepenbusch.
2. CEDH 15 nov. 2007, *Galstyan c/Arménie*, req. nº 26986/03 ; – S'AGISSANT DE L'ACCÈS AU RAPPORT D'EXPERTISE : Cons. const. 15 févr. 2019, nº 2018-765 QPC, *Charles-Henri M... (M.), Droit des parties non assistées par un avocat et accès au rapport d'expertise pénale,* NON-CONFORMITÉ TOTALE, EFFET DIFFÉRÉ, *JO* 16 févr., nº 79 ; *D.* 2019. 312 ; *AJDI* 2019. 715, obs. H. Heugas-Darraspen ; *Constitutions* 2019. 150, Décision ; *JCP* 2019. 199.
3. Civ. 1re, 27 janv. 2016, nº 15-11.002, P ; *D.* 2016. 312 ; *D.* 2016. 1523, obs. J.-J. Lemouland, D. Noguéro et J.-M. Plazy ; *AJ fam.* 2016. 166, obs. V. Montourcy ; *RTD civ.* 2016. 322, obs. J. Hauser.
4. V. ss nº 471.45.
5. V. Montourcy, F. Fresnel, « Lettre ouverte aux femmes et hommes de bonne volonté : pour la présence obligatoire de l'avocat auprès des majeurs protégés », *Gaz. Pal.* 12 janv. 2016, p. 14.
6. CEDH 9 avr. 1984, *Goddi c/Italie*, req. nº 8966/80 – CEDH 24 mai 1991, *Quaranta c/Suisse*, req. nº 12744/87 – CEDH 8 févr. 1996, *John Murray c/Royaume-Uni*, req. nº 18731/91 ; *AJDA* 1996. 1005, Chron. J.-F. Flauss ; *AJDA* 1997. 977, Chron. J.-F. Flauss ; *RSC* 1997. 476, obs. R. Koering-Joulin ; *RSC* 1997. 481, obs. R. Koering-Joulin – CEDH 27 nov. 2008, *Salduz c/Turquie*, req. nº 36391/02 ; *AJDA* 2009. 872 Chron. J.-F. Flauss ; *JCP* 2009. I. 104, nº 5, obs. F. Sudre ; *RPDP* 2009. 705, obs. A Gouttenoire ; *RTDH* 2010. 663, obs. D. Holzapfel – CEDH 24 sept. 2009, *Pishchalnikov c/Russie*, req. nº 7025/04 – CEDH 13 oct. 2009, *Dayanan c/Turquie*, req. nº 7377/03 ; *D.* 2009. 2897, note J.-F. Renucci ; *AJ pénal* 2010. 27, étude C. Saas ; *RSC* 2010. 231, obs. D. Roets – CEDH 29 janv. 2015, *Yevgeniy Petrenko c/Ukraine*, req. nº 55749/08 – CEDH 9 avr. 2015, *A.T. c/Luxembourg*, req. nº 30460/13 ; *D.* 2016. 225, obs. J.-F. Renucci ; *AJ pénal* 2015. 380, obs. S. Lavric ; *RSC* 2015. 736, obs. D. Roets.
7. Cons. const. 14 sept. 2018, nº 2018-730 QPC, *Mehdi K... (M.), Absence d'obligation légale d'aviser le tuteur ou le curateur d'un majeur protégé de son placement en garde à vue,* NON-CONFORMITÉ TOTALE, EFFET DIFFÉRÉ, *JO* 15 sept., nº 56 ; *D.* 2018. 1757 ; *D.* 2019. 1257, obs. E. Debaets et N. Jacquinot ; *JCP* 2018. 1149, note J. Garrigue.
8. V. ss nos 751.00 s.
9. Dir. 2012/13, Parlement et Conseil, 22 mai 2012 relative au droit à l'information dans le cadre des procédures pénales, *JOUE L* 142, 1er juin, p. 1 – CEDH 28 juin 1984, *Campbell et Fell c/Royaume-Uni*, nos 7819/77, 7878/77 – CEDH 24 nov. 1993, *Imbrioscia c/Suisse*, req. nº 13972/88 ; *RSC* 1994. 144, obs. L.-E. Pettiti ; *RSC* 1994. 362, obs. R. Koering-Joulin – CEDH 12 mai 2005, *Öcalan c/Turquie*, req. nº 46221/99 ; *AJDA* 2006. 466, Chron. J.-F. Flauss ; *RFDA* 2006. 308, ét. H. Labayle ; *RSC* 2006. 431, obs. F. Massias – CEDH 13 oct. 2009, *Dayanan c/Turquie*, req. nº 7377/03 ; *D.* 2009. 2897, note J.-F. Renucci ; *AJ pénal* 2010. 27, ét. C. Saas ; *RSC* 2010. 231, obs. D. Roets – CEDH 12 janv. 2012, *Iglin c/Ukraine*, req. nº 39908/05 – CEDH 18 nov. 2014, *Aras c/Turquie*, req. nº 15065/07.

5 millions de lires au berger, au motif que les droits de la défense n'avaient pas été respectés. Son arrêt relève que le défaut de notification a contribué à priver le requérant d'une défense concrète et effective. L'absence de l'avocat de son choix constituait un fait d'autant plus préoccupant qu'elle se doublait de celle du prévenu : « L'avocat commis d'office, dans l'ignorance des motifs de la non-comparution du prévenu, ne pouvait demander un renvoi. Il existait un risque qui se réalisa, d'aggravation des peines infligées en première instance ». L'arrêt souligne également que l'avocat d'office n'a pas joui du temps et des facilités dont il aurait eu besoin pour étudier le dossier, préparer sa plaidoirie et prendre contact avec son client. La cour d'appel aurait dû, tout en respectant l'indépendance du barreau, adopter des mesures positives destinées à permettre à l'avocat de remplir sa tâche dans les meilleures conditions. L'Italie a donc été condamnée pour cette violation des droits de la défense[1].

471.53 **Absence de concrétisation de l'effectivité.** C'est ainsi que, n'assure pas cette effectivité, la désignation tardive de l'avocat, et la privation du requérant de l'accès à certaines pièces du dossier[2], l'impossibilité de déposer un mémoire ampliatif[3], la comparution du prévenu à l'audience, alors que la décision lui accordant l'aide juridictionnelle et désignant un avocat commis d'office ne lui a pas été notifiée[4] ou qu'il n'a pas pu préparer sa défense en appel[5], ou encore celui qui n'a pas été mis en mesure de préparer utilement sa défense avec son avocat et un interprète, ce dernier ne lui ayant été accordé qu'avant l'ouverture des débats et non, comme il l'avait sollicité, dans le cadre d'une demande d'entretien avec son avocat à la maison d'arrêt[6].

471.54 **Droit de s'entretenir librement avec son avocat.** La CEDH a eu l'occasion de rappeler l'importance fondamentale du droit de s'entretenir librement avec ses avocats, lequel est une condition préalable à un procès équitable dans une société démocratique, dans la mesure où si un avocat était dans l'incapacité de pouvoir consulter son client et recevoir des instructions confidentielles, son assistance ne serait pas effective. Elle a ainsi considéré qu'il y avait violation de l'article 6 de la Conv. EDH s'agissant d'un ancien membre des services secrets inculpé de divulgation de secret d'État dont l'accès aux documents versés dans la procédure avait fait l'objet de restrictions et qu'il avait été avisé par l'administration que le fait de discuter d'informations couvertes par son devoir de silence, y compris avec ses avocats, serait constitutif d'une infraction pénale. Pour la cour les communications, entre le requérant et ses avocats, étaient soumises à des restrictions, lesquelles ont irrémédiablement compromis le caractère équitable de la procédure[7]. Elle en a jugé de même dans une autre affaire où, malgré le réexamen de l'affaire, les requérants n'avaient pas pu s'entretenir avec leur avocat avant la tenue de l'audience ou n'ont eu l'occasion de s'entretenir avec leur avocat que par vidéo-conférence. La Cour estimant, dès lors, que le temps octroyé aux communications avec leurs avocats était insuffisant et émettant des doutes sur le respect de la confidentialité de ces communications[8].

La chambre criminelle considère, à cet égard, que dès lors que l'avocat s'est vu délivrer un permis de communiquer, il lui appartient de prendre possession de celui-ci[9], et de faire le nécessaire pour entrer en communication avec son client. Dès lors, pour la chambre criminelle, le choix opéré quant au mode de communication relevant de la seule responsabilité de la défense, il ne saurait être retenu une quelconque atteinte à l'exercice des droits de la défense, au seul motif allégué de l'absence d'un échange téléphonique dont rien ne permet de s'assurer qu'il résultait bien d'une intention commune, l'avocat, destinataire du permis de communiquer, n'ayant, en outre, pas justifié ni même allégué qu'il avait été dans l'impossibilité de se rendre à la maison d'arrêt où était détenu son client[10]. Elle en déduit que le mis en examen et son conseil ont été mis en mesure de communiquer de manière effective[11].

471.55 **Formalisme procédural.** Il y a lieu d'éviter un excès de formalisme portant une atteinte disproportionnée à l'équité de la procédure[12], telle que la disposition qui prévoyait que la recevabilité d'un pourvoi en cassation en matière pénale était subor-

1. CEDH 9 avr. 1984, *Goddi c/Italie*, req. n° 8966/80 ; *Vie jud.* 22 avr. 1984, p. 3.
2. CEDH 10 mai 2007, *Seris c/France*, req. n°s 38208/03, 2810/05 ; *JCP* 2007. I. 2006, obs. F. G'sell.
3. CEDH 9 oct. 2007, *Saoud c/France*, req. n° 9375/02 ; *RSC* 2008. 140, obs. J.-P. Marguénaud et D. Roets.
4. CEDH 28 nov. 2006, *Flandin c/France*, req. n° 77773/01.
5. CEDH 4 nov. 2010, *Katritsch c/France*, req. n° 22575/08 ; *AJ pénal* 2011. 137, obs. C. Porteron.
6. Crim. 14 juin 2016, n° 16-81.833, P n° 179 ; *D.* 2016. 1433 – Dir. 2010/64, Parlement et Conseil, 20 oct. 2010 relative au droit à l'interprétation et à la traduction dans le cadre des procédures pénales, *JOUE L* 280, 26 oct., p. 1.
7. CEDH 25 juill. 2017, *M... c/Pays-Bas*, req. n° 2156/10 ; *JCP* 2017. 1104, n° 26, obs. F. G'sell ; *Gaz. Pal.* 26 sept. 2017, p. 44, obs. C. Berlaud.
8. CEDH 4 juill. 2017, *Ichetovkina et autres c/Russie*, req. n° 50446/09.
9. Crim. 10 mars 2020, n° 19-87.757, P ; *Gaz. Pal.* 1er sept. 2020, p. 65, note F. Fourment.
10. V. s^{s} n°s 412.231 s.
11. Crim. 13 avr. 2021, n° 21-80.989, NP ; *D.* 2021. 800.
12. CEDH 4 mai 2000, *Bertogliati c/France*, req. n° 40195/98 – CEDH 13 mai 2003, *Marschner c/France*, req. n° 51360/99 – CEDH 24 avr. 2008, *Kemp et autres c/Luxembourg*, req. n° 17140/05 – CEDH 29 mars 2011, *RTBF c/Belgique*, req. ▶

donnée à un mandat spécial, qui ne pouvait pas être remis à l'avocat avant que l'arrêt de la cour d'appel ne soit rendu[1].

C'est ainsi que la Cour de cassation a pu considérer, dans une affaire où un avocat qui avait régulièrement déclaré sa désignation au juge d'instruction mais dont la personne mise en examen n'avait pas confirmé son choix dans les quinze jours conformément à l'article 115 du code de procédure pénale, et se plaignait que bien que présent, il n'ait pas été entendu lors du débat contradictoire relatif à la détention provisoire, que le formalisme édicté par cet article pour les désignations d'avocats au cours de l'information, qui assure une juste conciliation entre le respect des droits de la défense et la bonne administration de la justice, n'est pas contraire à la Convention européenne des droits de l'homme[2]. La CEDH n'est pas de cet avis et a, trois semaines après l'arrêt de la chambre criminelle, condamné la France en raison précisément de la rigueur procédurale de l'article 115 du code de procédure pénale, dans une affaire où la désignation de l'avocat avait été rejetée, car faite par lettre recommandée avec accusé de réception et non par déclaration au greffier[3].

De même que s'il a pu être jugé que la brièveté d'un délai procédural, tel que le délai de pourvoi en cassation en matière pénale, justifiée par l'exigence de célérité, ne porte pas atteinte à la substance même du droit à un procès équitable, c'est sous la précision que le requérant avait été informé de la date à laquelle serait rendu l'arrêt de la cour d'appel, que celui-ci a été rendu publiquement et qu'il était disponible au greffe[4]. Précisément, dans un autre arrêt du même jour, la CEDH condamne la France, pour violation de l'article 6 de la Conv. EDH, en raison de la communication tardive, quinze mois après son prononcé, d'un jugement de condamnation pénale. Pour la Cour, bien qu'il ne se soit pas trouvé privé de l'exercice de son droit d'appel, le requérant a été confronté au choix, soit d'interjeter appel en prenant le risque d'un appel incident du ministère public susceptible de conduire à l'aggravation de sa peine, soit de ne pas interjeter appel en renonçant à la possibilité d'une relaxe ou d'une atténuation de sa peine. Or, une telle évaluation ne peut se faire sans la connaissance de l'intégralité des motifs de la décision ayant prononcé la condamnation[5].

471.56 Adaptation des règles de procédure. Le caractère effectif doit être rendu possible par l'adaptation des règles de procédure, dès lors que celles-ci ne garantissent pas l'absence d'effet suspensif de l'aide juridictionnelle sur le délai d'appel[6].

Il aura fallu attendre le décret du 27 décembre 2016[7], soit cinq ans après la condamnation de France[8], pour qu'il soit expressément prévu qu'une demande d'aide juridictionnelle présentée à l'intérieur du délai de recours contentieux, interrompt ce délai[9].

En cas d'admission, un nouveau délai de même durée court à compter de la date à laquelle la décision d'admission est devenue définitive[10] ou en cas d'admission, de la date, si elle est plus tardive, à laquelle la désignation initiale, par le bâtonnier, de l'avocat chargé de prêter son concours au bénéficiaire de l'aide juridictionnelle a été portée à la connaissance de celui-ci par une notification permettant d'attester la date de réception[11].

471.57 Exigence d'effectivité et demande d'aide juridictionnelle. Cette exigence d'effectivité implique, qu'informées d'une demande d'aide juridictionnelle[12], les juridictions attendent la décision d'aide juridictionnelle, y compris si un recours à l'encontre de la décision du bureau d'aide juridictionnelle (Baj) a été exercé, avant de se prononcer

▶ n° 50084/06 – CEDH 29 nov. 2016, *Paroisse gréco-catholique Lupeni a. c/Roumanie*, req. n° 76943/11 – CEDH 15 mars 2018, *Naït-Liman c/Suisse*, req. n° 51357/07 – CEDH 5 avr. 2018, *Zubac c/Croatie*, req. n° 40160/12 – CEDH 25 juin 2018, *Nicolae Virgiliu Tanase c/Roumanie*, req. n° 41720/13 – CEDH 31 mars 2020, *Dos Santos Calado e.a. c/Portugal*, req. n°s 55997/14, 68143/16, 78841/16, 3706/17 – CEDH 23 sept. 2021 *Dylus c/Pologne*, req. n° 12210/14.

1. CEDH 12 juill. 2016, *Reichman c/France*, req. n° 50147/11 ; *D.* 2016. 1652 ; – MÊME SENS : Crim. 27 nov. 2018, n° 18-80.465, P.
2. Crim. 7 juin 2016, n° 16-81.694, P n° 172 ; *D.* 2016. 1313 ; *Gaz. Pal.* 5 juill. 2016, p. 40.
3. CEDH 30 juin 2016, *Duceau c/France*, req. n° 29151/11 ; *AJ pénal* 2016. 484, note S. Lavric ; – SUITE À : Crim. 26 oct. 2010, n° 10-80.912, NP.
4. CEDH 9 sept. 2021, *Lachaud c/France*, req. n° 20635/17.
5. CEDH 9 sept. 2021, *Garcia y Rodriguez c/France*, req. n° 31051/16.
6. CEDH 9 oct. 2007, *Saoud c/France*, req. n° 9375/02 ; *JCP* 2007. II. 10012, note J.-B. Thierry – CEDH 6 oct. 2011, *Staszkow c/France*, req. n° 52124/08.
7. Décr. n° 2016-1876, 27 déc. 2016 portant diverses dispositions relatives à l'aide juridique, *JO* 28 déc., n° 50, art. 8.
8. TOUTEFOIS : Civ. 2e, 2 juill. 2020, n° 19-13.347, P ; *JCP* 2020. 1294, n° 16, obs. F. G'sell – Civ. 2e, 19 mars 2020, n°s 19-12.990, 18-23.923, P ; *JCP* 2020. 1294, n° 16, obs. F. G'sell.
9. TOUTEFOIS : CE, avis, 12 juill. 2017, *Nishori*, req. n° 410186, *Lebon* ; *AJDA* 2017. 1481 ; *JCP* 2017. 872, obs. L. Erstein – CE 29 nov. 2019, req. n° 415837, *Lebon T* – CE 10 juin 2020, req. n° 422471, *Lebon T.*
10. Décr. n° 2020-1717, 28 déc. 2020, art. 43 – Civ. 2e, 28 juin 2018, n°s 17-16.578, 17-16.658, P ; *JCP* 2018. 1023, n° 17, obs. F. G'sell.
11. Civ. 2e, 27 févr. 2020, n° 18-26.239, P ; *D.* 2020. 492 ; *Gaz. Pal.* 17 mars 2020, p. 29, obs. C. Berlaud ; *Gaz. Pal.* 21 juill. 2020, p. 77, obs. M. Guez ; *JCP* 2020. 1294 n° 16, obs. F. G'sell.
12. V. s^{s} n°s 751.00 s.

sur le litige dont elles sont saisies, et ce même si la juridiction en cause n'a pas été avisée de la demande d'aide juridictionnelle [1].

C'est ainsi qu'un premier président ne saurait statuer au fond, en matière de contestation d'honoraires, alors qu'il avait reçu une demande de renvoi en vue de pouvoir déposer une demande d'aide juridictionnelle. Il appartenait au premier président, de transmettre cette demande au Baj et de surseoir à statuer jusqu'à la décision [2]. De même que ne saurait statuer au fond, le juge informé d'un recours contre une décision de rejet de demande d'aide juridictionnelle, non encore jugée [3]. Mais il peut statuer dès lors que la demande d'aide juridictionnelle a été rejetée [4] ou frappée d'une décision de caducité insusceptible de recours, et que le demandeur s'était abstenu de former une nouvelle demande d'aide juridictionnelle [5].

Il suffit qu'une demande ait été déposée pour que l'affaire doive être renvoyée [6], ou qu'il soit sursis à statuer [7], dans l'attente de la décision du bureau de l'aide juridictionnelle. Et le juge, informé de la demande d'aide juridictionnelle, doit, avant de statuer, s'assurer que le demandeur a été informé de la décision rendue sur cette demande et du nom de l'avocat désigné à ce titre [8]. La Cour de cassation va même parfois jusqu'à exiger que le juge s'assure que le bénéficiaire soit effectivement assisté d'un avocat [9].

1. Civ. 2e, 14 nov. 2013, no 12-21.538, P ; *D.* 2013. 2706 ; *D.* 2014. 571, obs. H. Adida-Canac ; *D.* 2014. 795, obs. N. Fricero – CE 30 mars 2015, req. no 369381, *Lebon ; AJDA* 2015. 722 – Crim. 21 nov. 2017, no 17-81.591, P ; *D.* 2017. 2428 ; *D.* 2018. 204, obs. G. Guého.
2. Civ. 2e, 7 avr. 2011, no 10-18.298, NP.
3. Civ. 2e, 16 mai 2011, no 11-14.449, P II, no 86 ; *D.* 2013. 1574, obs. A. Leborgne.
4. Crim. 15 janv. 2008, no 07-86.624, P no 4 ; *JCP* 2008. I. 140, no 17, obs. F. G'sell ; *D.* 2008. 550, obs. M. Léna ; *AJ pénal* 2008. 196, obs. M.-E. C. ; *RSC* 2008. 356, obs. R. Finielz – CE 6 mai 2009, *Khan,* req. no 322713, *Lebon ; JCP* 2009. 272, obs. M.-Ch. Rouault ; *JCP* 601, obs. B. Mathieu et M. Verpeaux ; *Gaz. Pal.* 2010. Jur. 3853 et la note ; *AJDA* 2009. 957 ; *AJDA* 2009. 1898, note B. Arvis.
5. Civ. 2e, 14 nov. 2013, no 12-24.945, P II, no 217.
6. Civ. 2e, 12 mars 1997, no 95-10.727, NP ; *D.* 1997. 89 ; *JCP* 1997. II. 22884, note E. du Rusquec ; *RGDP* 1998. 91, obs. J. Héron – Civ. 1re, 20 févr. 2008, no 07-12.650, P I, no 53 ; *D.* 2008. 791 ; *D.* 2009. 53, obs. M. Douchy-Oudot – Civ. 2e, 22 sept. 2016, no 15-21.625, NP – Civ 1re, 3 nov. 2016, no 15-26.320, 15-26.316, 15-26.322, 15-26.319, 15-26.317, 15-26.323, 15-26.322, 15-26.321, 15-26.318, 15-26.315, 10 arrêts, NP – Civ. 2e, 23 févr. 2017, no 16-10.910, NP.
7. Civ. 2e, 18 janv. 2007, no 06-10.294, P II, no 9 ; *D.* 2007. 380, obs. V. Avena-Robardet ; *D.* 2007. 2336, obs. V. Vigneau ; *Procédures* 2007. Comm. 54, obs. R. Perrot ; *JCP* 2007. Actu. 56, obs. J. Bougrab ; *JCP* 2007. I. 139, no 1, obs. L. Cadiet ; *JCP* 2007. I. 151, no 7, I, obs. F. G'sell ; *Dr. et pr.* 2007. 210, note Ch. Lefort.
8. Civ. 2e, 24 juin 2010, no 08-19.974, P II, no 120 ; *D.* 2010. 1800 ; *D.* 2011. 265, obs. N. Fricero ; *D.* 2011. 1509, obs. A. Leborgne ; *Gaz. Pal.* 10 oct. 2010, p. 20, note N. Fricero.

471.58 Exigence d'effectivité et disqualification de l'avocat choisi. Cette exigence d'effectivité explique également que l'on ne saurait raisonnablement être privé de l'assistance de son avocat sans avoir été mis en mesure de remédier à cette situation.

C'est ainsi que dans une affaire où des justiciables avaient été privés d'office de l'avocat qu'ils avaient choisi pour les représenter par un tribunal en raison de l'absence d'habilitation de celui-ci pour les représenter devant le tribunal en cause, la CEDH considère qu'il y a eu violation de l'article 6 § 1 de la Conv. EDH dès lors que les requérants n'avaient pas été informés, ni entendus et mis en condition de remédier à l'irrégularité [10].

§ 3
Devoir pour les avocats

471.61 Obligation d'exécuter la mission. L'effectivité du droit à l'assistance d'un avocat implique aussi que l'avocat désigné ou commis d'office [11] soit tenu d'une obligation d'exécuter sa mission, sauf motif légitime d'excuse ou d'empêchement admis par le bâtonnier, ou, dans certains cas [12] par le juge [13] si c'est ce dernier qui a désigné l'avocat [14].

Dès lors qu'il ne justifie pas avoir été valablement déchargé de sa mission [15], l'avocat est donc tenu de prêter son concours au justiciable [16].

471.62 Devoir absolu. Cette obligation pour l'avocat est stricte : un avocat commis d'office en matière pénale, ne saurait en aucun cas subordonner l'accomplissement de ses diligences au versement d'une provision [17].

Allant plus loin dans l'obligation en la matière, une cour d'appel a même pu juger que dès lors que pouvait légitimement être ordonnée la participation de tous les avocats d'un barreau aux permanences qu'exige le service public de la défense pénale, il était du devoir des avocats concernés de consentir, au titre de leur obligation de formation continue, les efforts nécessaires pour qu'ils puissent intervenir avec la compétence requise [18].

9. Soc. 17 juill. 2007, no 06-40.390, NP ; *JCP* 2007. I. 2006, obs. F. G'sell ; *RDT* 2007. 606, obs. P. Waquet.
10. CEDH 22 janv. 2019 *Rivera Vazquez et Calleja Delsordo c/ Suisse*, req. no 65048/13 ; *Gaz. Pal.* 5 févr. 2019, p. 37, obs. C. Berlaud.
11. V. ss nos 472.10 s.
12. Décr. no 2005-790 du 12 juill. 2005, art. 6.
13. L. no 71-1130, 31 déc. 1971, art. 9.
14. Civ. 1re, 28 nov. 1995, nos 93-16.564, 93-18.766, 2 esp., P I, no 433 ; *D.* 1996. 2 et 4 ; *Gaz. Pal.* 1996. Pan. 131 – V. ss nos 472.160 s.
15. V. ss nos 472.260 s.
16. Civ. 2e, 20 oct. 2016, no 15-24.889, NP.
17. Civ. 1re, 27 févr. 2001, no 97-22.216, NP.
18. Angers, 25 oct. 2011, no 11/01782 *Gaz. Pal.* 7 févr. 2012, no 38, p. 20, note J.-G. Moore – v. ss nos 472.321 s.

471.63 Travail forcé obligatoire. Une telle obligation ne saurait être assimilée à un travail forcé obligatoire prohibé par la Déclaration universelle des droits de l'homme de 1948[1], ni apparaître comme portant atteinte à la liberté de conscience de l'avocat, compte tenu des dérogations prévues par le texte[2].

471.64 Défaillance de l'avocat désigné. L'avocat tenu d'exécuter sa mission peut s'avérer défaillant et ne pas avoir pris soin de se faire valablement remplacer.

S'il est incontestable qu'une telle attitude constitue une faute susceptible de donner lieu à des sanctions disciplinaires[3], mais encore à engager la responsabilité civile de l'avocat[4], elle apparaît aussi comme étant de nature à faire échec à l'effectivité du droit à l'assistance d'un avocat.

Les juridictions sont toutefois partagées sur cette question.

471.65 Jurisprudence judiciaire[5]. Pour les juridictions de l'ordre judiciaire, l'absence, à l'audience des débats, de l'avocat désigné au titre de l'aide ne fait pas, en soi, obstacle à ce qu'il soit statué sur le litige au fond, dès lors que le demandeur qui avait obtenu l'aide juridictionnelle et la désignation d'un avocat, avait été régulièrement convoqué mais n'avait pas comparu et ne s'était pas fait représenter à l'audience[6], ou n'avait pas conclu[7].

Mais le refus de renvoyer l'affaire en l'absence de l'avocat doit être motivé[8] et doit, notamment, conduire à s'assurer de la renonciation non équivoque de la partie à bénéficier de l'assistance d'un avocat au cours de l'audience, dès lors que le bénéficiaire de l'aide juridictionnelle a droit à l'assistance d'un avocat et que cette assistance doit constituer un droit concret et effectif[9]. Tout comme doit être annulée l'audition d'un mineur en garde à vue dès lors que les représentants légaux du mineur n'ont pas été mis en mesure de choisir un avocat pour l'assister lors de ses auditions, sous le régime de la garde à vue, lorsqu'il est apparu qu'il ne pourrait être assisté d'un avocat commis d'office, en raison de la carence de ce dernier, et que le service de permanence du barreau n'a pas été avisé de l'horaire de la seconde audition[10].

471.66 Jurisprudence administrative. Les juridictions administratives ont une tout autre approche sur ce point puisqu'elles considèrent que, dès lors qu'un requérant a obtenu la désignation d'un avocat au titre de l'aide juridictionnelle et si son avocat n'a pas produit de mémoire, il appartient au juge, afin d'assurer le bénéfice effectif du droit à un avocat, de surseoir à statuer en mettant l'avocat désigné pour le représenter en demeure d'accomplir les diligences qui lui incombent ou en portant sa carence à la connaissance du requérant, afin de le mettre en mesure de choisir un autre représentant[11] mettant, si nécessaire, en demeure l'avocat désigné d'accomplir, dans un délai qu'il détermine, les diligences qui lui incombent[12].

Tout comme, devant les tribunaux administratifs et les cours administratives d'appel, les parties qui sont représentées par un avocat et qui ont présenté des conclusions écrites doivent, lorsque leur avocat est absent le jour de l'audience, être mises à même, si elles sont présentes, de présenter elles-mêmes des observations orales[13].

Le Conseil d'État a eu l'occasion de poser les principes suivant lesquels le bénéficiaire de l'aide juridictionnelle a le libre choix de son avocat, faisant qu'à défaut de choix ou en cas de refus de l'avocat choisi de lui prêter son concours, il a le droit d'obtenir qu'il lui en soit désigné un. En outre, les décisions que le bâtonnier peut être amené à prendre à cette fin peuvent faire l'objet d'un recours devant le juge judiciaire. Dès lors, en cas de refus de désignation, il appartient au juge administratif, afin de garantir au requérant admis à l'aide juridictionnelle le bénéfice effectif du droit à l'assistance d'un avocat, de surseoir à statuer en portant le cas échéant ce refus de désignation à la connaissance de l'intéressé et en lui impartissant un délai raisonnable à l'issue duquel il pourra statuer, sauf pour le requérant à avoir justifié de l'obtention du concours d'un avocat ou de sa contestation devant le juge

1. CAA Douai, 20 sept. 1993 ; *Gaz. Pal.* 25 juin 1994, p. 11, note A. Damien – Versailles, 23 nov. 1994 ; *Gaz. Pal.* 1995. 1. 28, note A. Damien – Civ. 1re, 24 juin 1997, n° 95-13.100, NP ; *JCP* 1998. II. 10035, note R. Martin – Civ. 1re, 9 juill. 1996, n° 94-19.008, P I, n° 301 ; *D.* 1996. IR 190 ; *Gaz. Pal.* 8 mai 1997. Pan. 12 ; *Gaz. Pal.* 1997. Pan. 100.
2. CE 15 nov. 2006, *Krikorian*, req. n° 283475, *Lebon T ; JCP* 2007. II 10001, note R. Martin ; *RTD civ.* 2007. 67, obs. R. Encinas de Munagorri.
3. V. ss nos 472.271 s.
4. V. ss nos 912.00 s.
5. V. aussi ss nos 472.272 s.
6. Civ. 2e, 9 juill. 2009, n° 08-16.997, NP – Civ. 2e, 6 janv. 2011, n° 09-17.375, NP – Civ. 2e, 20 oct. 2016, n° 15-24.889, NP.
7. Civ. 2e, 10 nov. 2010, n° 09-17.172, P II, n° 179.
8. Crim. 20 janv. 2015, n° 14-82.468, NP ; *Dr. pénal* 2015. comm. 40, note A. Maron et M. Haas ; *D.* 2015. 1738, obs. J. Pradel.
9. Crim. 22 mars 2017, n° 16-83.928, P ; *JCP* 2017. 660, n° 25, obs. F. G'sell ; *AJ pénal* 2017. 292, obs. J. Gallois.
10. Crim. 8 sept. 2021, n° 21-80.260, NP.
11. CE 28 nov. 2008, req. n° 292772, *Lebon*.
12. CE 28 déc. 2012, *Hamlat*, req. n° 348472, *Lebon T ; AJDA* 2013. 14 – CE 9 avr. 2015, req. n° 378595, *Lebon T* – CE 19 juill. 2016, 5e ch., *Mme B.*, req. n° 386590 ; NP ; *Gaz. Pal.* 27 sept. 2016, p. 41, obs. Ph. Graveleau.
13. CJA, art. R. 732-1 – CE 27 févr. 2019, req. n° 404966, *Lebon ; AJDA* 2019. 487 ; *Gaz. Pal.* 12 mars 2019, p. 37.

judiciaire du refus de désignation du bâtonnier. Dans cette affaire, où le bâtonnier avait refusé de désigner un avocat au bénéficiaire de l'aide juridictionnelle, auteur du recours, le Conseil d'État a annulé la décision du tribunal administratif qui avait rejeté la requête, et, ainsi que le demandait le requérant qui avait bénéficié de l'assistance d'un avocat aux conseils, a, statuant au fond, rejeté la requête comme étant infondée[1].

471.67 Jurisprudence de la Cour européenne des droits de l'homme (CEDH). La CEDH considère, à cet égard, que si une « carence manifeste » de la part de l'avocat est « suffisamment » signalée à l'attention des autorités compétentes, tel que le bâtonnier, et que celles-ci n'ont pas pris de mesure adéquate[2], si cette défaillance est imputable aux pouvoirs publics, alors il peut y avoir une violation de l'article 6 de la Conv. EDH[3].

La CEDH a, en outre, considéré que le but et de l'objet de l'article 6 §1 de la Conv. EDH est également qu'une personne poursuivie pour une infraction pénale ait le droit de prendre part à l'audience. Et que, si sa présence n'a pas la même importance selon les procédures, il convient de prendre en compte les spécificités de la procédure en cause, les intérêts de la personne à comparaître et la nature des questions soulevées à l'audience. En l'occurrence, l´avocat du requérant avait accepté une audience à une date à laquelle le requérant ne pouvait pas être présent. La juridiction nationale a refusé la demande d'ajournement de l'audience présentée en conséquence. Pour la CEDH, si un État ne peut être tenu responsable pour le manquement d'un avocat, l'intérêt d'une bonne administration de la justice doit toutefois être mis en balance avec les intérêts de la personne poursuivie à assister à l'audience. La CEDH constate, au cas d'espèce, que le requérant n'avait pas renoncé à son droit d'assister à l'audience et estime que le rejet de la demande d'ajournement n'était pas suffisamment motivé[4].

SECTION 2
PRINCIPE DU LIBRE CHOIX DE L'AVOCAT

471.70 Plan. Défini par la jurisprudence, le principe du libre choix de l'avocat (§ 1) est confirmé par de multiples illustrations législatives et règlementaires (§ 2) et est, notamment, en matière de protection juridique (§ 3), sans qu'il ne soit pour autant absolu, ce qui peut justifier que des atteintes, strictement nécessaires, y soient portées (§ 4).

§ 1
Définition du principe

471.81 Principe du libre choix de l'avocat : droits de la défense et accès effectif à la justice. Le principe du libre choix de l'avocat implique que toute personne soit en mesure de se défendre avec l'avocat de son choix[5]. Car, l'avocat n'est pas seulement le garant des droits de la défense, c'est aussi et avant tout celui d'un accès effectif à la justice.

Ce principe fondamental, reconnu par le Conseil constitutionnel, sans qu'il n'ait pour autant entendu lui conférer un caractère constitutionnel[6], est une composante du droit à un procès équitable[7], et se doit, en principe, d'être respecté, notamment en matière d'assurance protection juridique[8].

471.82 Domaine d'application. Le principe du libre choix de l'avocat est un principe processuel qui s'applique devant toute juridiction[9], mais ne saurait être étendu au-delà.

Tel n'est pas le cas, par exemple, devant l'assemblée générale d'une société qui aurait révoqué un associé de ses fonctions de gérant et prononcé son exclusion : dès lors qu'il ne s'agit pas d'un organisme juridictionnel ou disciplinaire, mais un organe de gestion interne à une société, dont la décision relève du contrôle juridictionnel du tribunal judiciaire, puis de la cour d'appel, devant lesquels le gérant révoqué peut être assisté par un

1. CE 22 juill. 2020, *Conseil départemental de la Seine-Maritime*, req. n° 425348, *Lebon T* ; *Gaz. Pal.* 15 déc. 2020, p. 27, obs. S. Roussel.
2. CEDH 24 nov. 1993, *Imbrioscia c/Suisse*, req. n° 13972/88 ; *RSC* 1994. 144, obs. L.-E. Pettiti ; *RSC* 1994. 362, obs. R. Koering-Joulin – CEDH 21 avr. 1998, *Daud c/Portugal*, req. n° 22600/93 ; *RSC* 1999. 384, obs. R. Koering-Joulin – CEDH 10 oct. 2002, *Czekalla c/Portugal*, req. n° 38830/97 – CEDH 9 avr. 2015, *Vamvakas c/Grèce*, req. n° 2870/11.
3. CEDH 13 mai 1980, *Artico c/Italie*, req. n° 6694/74 – CEDH 22 févr. 1994, *Tripodi c/Italie*, req. n° 13743/88 ; *RSC* 1994. 615, obs. L.-E. Pettiti ; – CONTRA : CEDH 9 juin 1998, *Twalib c/Grèce*, req. n° 24294/94 ; *RSC* 1999. 384, obs. R. Koering-Joulin.
4. CEDH 27 juill. 2021 *X... c/Pays-Bas*, req. n° 72631/17.
5. CEDH 25 avr. 1983, *Pakelli c/Allemagne*, req. n° 8398/78 – CEDH 25 sept. 1992, *Croissant c/Allemagne*, req. n° 13611/88 – CEDH 20 oct. 2015, *Dvorski c/Croatie*, req. n° 25703/11 ; *D.* 2016. 225, obs. J.-F. Renucci.
6. Cons. const. 17 févr. 2012, *Barreau de Bastia*, n° 2011-223 QPC, *JO* 18 févr., p. 2846 ; *D.* 2013. 1584, obs. N. Jacquinot et A. Mangiavillano ; *AJ pénal* 2012. 342, obs. J.-B. Perrier ; *Constitutions* 2012. 316, Chron. A. Darsonville ; *Gaz. Pal.* 25 mars 2012, n° 85, p. 14, note V. Nioré ; *Procédures* 2012. 27, note A.-S. Chavent-Leclere ; *RPDP* 2012. 384, note C. Ribeyre.
7. Conv. EDH, art. 6, 3°, c) ; – Sur lequel, v. ss nos 471.41 s.
8. V. ss nos 471.101 s.
9. C. pr. civ., art. 19.

avocat, il n'en résulte aucun trouble manifestement illicite[1].

471.83 Relativité du principe. Le principe du libre choix de l'avocat doit être regardé au regard de la finalité de l'article 6 de la CEDH qui est d'assurer le droit à un procès équitable, ce qui implique que la défense du justiciable soit effective et qu'il ait effectivement pu bénéficier d'un procès équitable[2], ce compris en son absence[3].

Mais, il n'a pas pour autant un caractère absolu et doit s'apprécier à l'aune de la notion de procès équitable ou de droits de la défense[4] : il peut ainsi être passé outre lorsqu'il existe des motifs pertinents et suffisants de juger que les intérêts de la justice le commandent[5]. Ce qui est le cas eu égard aux règles de procédure, à la réglementation relative à l'accès à la profession[6], aux ressources financières du justiciable ou aux règles de déontologie[7].

471.84 Désignations et commissions d'office. Le principe du libre choix de l'avocat ne fait pas obstacle à ce qu'il existe des motifs pertinents et suffisants de juger que les intérêts de la justice commandent qu'un avocat soit imposé[8], à défaut de choix[9], tel que lorsque l'altération du discernement du client justifiant alors qu'un avocat lui soit commis d'office par le bâtonnier[10]. Dans ce dernier cas, il n'offre pas non plus le droit de changer d'avocat[11].

En outre, il ne s'applique pleinement que si le client a les moyens de recourir à un avocat. À défaut, l'assistance d'un avocat au titre de l'aide juridique peut y être utilement substituée[12] : dès lors que l'assistance effective à un avocat est ainsi assurée, il ne saurait y avoir d'atteinte au droit à un procès équitable[13].

471.85 Prééminence de l'avocat librement choisi. Le principe du libre de l'avocat implique que le ou les avocats librement par le client s'imposent *primus inter pares* à tous les autres acteurs de la procédure, sans qu'il ne puisse, notamment, y être substitué un avocat commis d'office[14] ou opéré une sélection entre les différents avocats désignés par le justiciable.

C'est ainsi que la Cour de cassation, rappelant que l'avocat choisi par le mis en examen doit être avisé des actes de la procédure, notamment d'un débat contradictoire sur l'éventuel placement en détention provisoire de son client après révocation de son contrôle judiciaire, a sanctionné un arrêt de la chambre de l'instruction qui avait rejeté une exception de nullité de l'ordonnance du juge des libertés et de la détention, en considérant que l'absence au débat contradictoire préalable à cette décision de l'avocat désigné par le mis en examen pour l'assister tout au long de la procédure n'avait pas porté atteinte aux droits de la défense, ce dernier ayant été assisté par un avocat de permanence, qui avait pu consulter la procédure, s'entretenir avec lui, n'avait formulé aucune remarque particulière et n'avait pas sollicité un délai supplémentaire pour préparer sa défense alors qu'il lui appartenait à la chambre de l'instruction de vérifier si le juge des libertés et de la détention, avant de faire appel à l'avocat de permanence, s'était trouvé dans l'impossibilité de joindre l'avocat désigné par le mis en examen ou avait relevé l'empêchement de ce dernier[15].

Tout comme la délivrance d'un permis de communiquer[16], indispensable à l'exercice des droits de la défense, doit être effectué à chacun des avocats désignés par la personne mise en examen, et ce quand bien même seul l'un d'entre eux est désigné pour recevoir les convocations et que l'avocat concerné par l'omission de délivrance ait fait savoir qu'il ne pourrait se rendre au prochain débat contradictoire fixé en vue d'une éventuelle prolongation de la détention provisoire[17], le défaut de délivrance de cette autorisation, en temps utile, à un avocat désigné faisant nécessairement grief à la personne mise en examen[18].

1. Com. 10 mai 2006, nº 05-16.909, P IV, nº 120 ; *D.* 2006. 1533, obs. A. Lienhard ; *Rev. sociétés* 2007. 70, note L. Godon ; *RTD com.* 2007. 145, obs. Cl. Champuad et D. Danet.
2. CEDH 9 avr. 1984, *Goddi c/Italie*, req. nº 8966/80.
3. CEDH 22 sept. 1994, *Pelladoah Lala c/Pays-Bas*, req. nº 16737/90.
4. CEDH 28 nov. 2013, *Dvorski c/Croatie*, req. nº 25703/11.
5. CEDH 26 juill. 2002, *Meftah a. c/France*, req. nºs 32911/96, 35237/97, 34595/97.
6. Crim. 8 févr. 2012, nº 11-88.044, P nº 39 – Crim. 7 janv. 2015, nº 14-86.751, NP.
7. V. s[s] nº 471.111.
8. V. s[s] nºs 471.44 s.
9. CEDH 25 sept. 1992, *Croissant c/Allemagne*, req. nº 13611/88.
10. Civ. 1re, 23 nov. 2011, nº 10-16367, NP.
11. CEDH 1er mars 1991, *Ostergren c/Autriche* – CEDH 14 janv 2003, *Langerblom c/Suède*, req. nº 26891/95.
12. CEDH 15 juill. 1983, *M... c/Royaume-Uni – Sur lequel, v. s[s] nºs 471.22 s. et 751.71 s.*
13. CEDH 26 févr. 1997, *Dewet et Lorthioir c/France*, req. nº 25089/94.
14. CEDH 5 sept. 2019, *Rizzotto c/Italie*, req. nº 20983/12 – CEDH 27 févr. 2020, *Lobzhanidze et Peradze c/Géorgie*, req. nºs 21447/11, 35839/11 – Civ. 1re, 20 nov. 2019, nº 18-25.107, P ; *Gaz. Pal.* 10 déc. 2019, p. 41 – Crim. 10 mars 2021, nº 20-86.919, P ; *JCP* 2021. 338.
15. Crim. 13 févr. 2019, nº 18-86.559, P ; *Gaz. Pal.* 7 mai 2019, p. 71, obs. F. Fourment ; *Gaz. Pal.* 26 févr. 2019, p. 46 ; *JCP* 2019. 198 ; *RSC* 2019. 426, obs. F. Cordier ; *JCP* 2019. 340, note Ph. Collet.
16. V. s[s] nº 471.54.
17. Crim. 12 déc. 2017, nº 17-85.757, P ; *Gaz. Pal.* 30 avr. 2018, p. 73, obs. F. Fourment ; *Gaz. Pal.* 16 janv. 2018, p. 38 ; *D.* 2018. 11.
18. Crim. 7 janv. 2020, nº 19-86.465, P – Crim. 10 mars 2021, nº 20-86.919, P ; *JCP* 2021. 338.

§ 2
Illustrations du principe

471.91 Aménagement de la relation avocat client. L'encadrement contractuel de la relation avocat-client[1], au-delà de la seule question des honoraires, afin de prévoir, en cas de relations pérennes, notamment, d'une part un préavis de résiliation, et d'autre part, une indemnité de résiliation, dont la jurisprudence a admis qu'ils pouvaient être dus du seul fait de la rupture brutale des relations avocat-client[2], répond à un intérêt légitime.

Il peut toutefois être vu comme portant atteinte au libre choix de l'avocat dès lors qu'il peut apparaître comme étant de nature à limiter la faculté du client de changer d'avocat. La Cour de cassation a été amenée à valider de telles conventions, en considérant, notamment, que le principe de libre choix de l'avocat ne s'applique pas à un mandat d'intérêt commun encadrant les relations entre les parties[3] : un tel mandat, qui ne relève pas du juge des honoraires, est distinct des mandats donnés à l'avocat pour telle ou telle affaire donnée, lesquels ne sont pas des mandats d'intérêt commun, faisant que le mandant tient de l'article 2004 du code civil le droit de le révoquer unilatéralement[4], et peut librement choisir un nouvel avocat sans pour autant devoir manquer à ses autres engagements contractuels envers son ancien avocat.

471.92 Clause de non-concurrence. La prohibition des clauses de non-concurrence au sein de la profession d'avocat[5] obéit à la même logique de respect du principe du libre choix de l'avocat.

C'est ainsi que, dans une affaire qui concernait des contrats de travail d'avocats salariés qui comportaient un chapitre intitulé « respect de la clientèle » prévoyant, notamment, une clause aux termes de laquelle l'avocat ne pouvait, sans accord écrit du cabinet, succéder à celui-ci dans des dossiers ou des travaux en cours, ce qu'une cour d'appel, saisie par le cabinet d'avocats à la suite du refus du conseil de l'Ordre, avait validé. La Cour de cassation casse l'arrêt de la cour d'appel en tant qu'il a validé cette clause dès lors que celle-ci subordonnait la succession de l'avocat dans les dossiers ou travaux en cours, à l'accord écrit de son ancien employeur, ce qui portait une atteinte excessive au principe du libre choix de l'avocat[6].

471.93 Clause de non-concurrence – Intérêt légitime à protéger. Le principe du libre choix de l'avocat fait partie des « intérêts légitimes » à protéger qui doivent être pris en compte afin d'apprécier le caractère proportionné d'une clause de non-concurrence entre avocats[7].

Ainsi, une clause de non-concurrence, même limitée dans le temps, et portant sur des clients limitativement énumérés, a pu être considérée comme non proportionnée aux intérêts légitimes à protéger dès lors qu'elle ne constituait pas seulement une simple non-sollicitation de clientèle, mais interdisait expressément à l'avocat, notamment de « conseiller » ou « assister » un des clients visés. Pour la cour d'appel, seuls des motifs exceptionnels peuvent justifier l'atteinte au principe du libre choix de l'avocat, motifs qui ne peuvent résulter de l'opération de cession de clientèle intervenue faisant que « la clause est donc nulle en ce qu'elle porte atteinte au droit fondamental de choisir l'avocat de son choix »[8].

471.94 Départ du collaborateur. Le principe du libre choix de l'avocat justifie, au même titre que le secret professionnel[9] qu'à la suite du départ d'un collaborateur du cabinet, outre le fait que les nouvelles coordonnées postales, téléphoniques et électroniques de l'ancien collaborateur, dès lors qu'elles sont connues du cabinet, doivent être transmises à toute personne qui en fait la demande.

En outre, les courriels adressés sur l'adresse nominative de l'ancien collaborateur doivent faire l'objet d'une réponse automatique auprès de l'expéditeur indiquant la nouvelle adresse électronique de l'ancien collaborateur et une adresse générale du cabinet[10], à charge pour l'expéditeur de réadresser le courriel à l'adresse de son choix. En effet, il n'appartient en aucun cas au cabinet de prendre l'initiative de trier les courriels qui viendraient à être envoyés à l'adresse, même fournie par le cabinet, du collaborateur après son départ, et il appartient au client et à lui seul, expéditeur du courriel, de faire le choix de la personne à laquelle il entend adresser celui-ci[11].

471.95 Succession d'avocat dans un dossier. Dans le même ordre d'idée, les règles applicables en matière de succession entre avocats dans un dos-

1. V. s^s n°s 484.281 s.
2. Bordeaux, 15 janv. 2008, RG n° 07/000353 ; POURVOI NON ADMIS PAR : Civ. 1re, 11 juin 2009, n° 08-13.039 – Paris, 6 déc. 2011, RG n° 10/01555 – TGI Bordeaux, 16 févr. 2012, RG n° 09/10400.
3. Civ. 2e, 28 avr. 2011, n° 10-17.405, NP.
4. Civ. 1re, 24 janv. 1995, n° 92-21.727, NP.
5. V. s^s n°s 813.241 s.
6. Civ. 1re, 17 nov. 1998, n° 96-17.749, NP.
7. V. s^s n°s 332.93 s.
8. Versailles, 1re ch., 1re sect., 23 févr. 2017, RG n° 15/08001, SUR RENVOI APRÈS CASSATION PAR : Civ. 1re, 10 sept. 2015, n° 14-24.541, NP.
9. V. s^s n° 412.94.
10. RIN, art. 14.4.3.
11. V. s^s n° 812.364.

sier[1], et notamment la prohibition de tout droit de rétention de l'avocat dessaisi sur le dossier de son client, obéissent à la même logique de respect du principe du libre choix de l'avocat.

471.96 Marchés publics. Le principe du libre choix de l'avocat, ne s'oppose pas à ce que les collectivités publiques soient contraintes de procéder à une mise en concurrence préalablement au choix de leur avocat dès lors que les prescriptions nécessaires sont édictées pour que ces contrats soient, lorsqu'ils ont trait à la représentation en justice, conclus et exécutés dans des conditions assurant le respect de ce principe[2].

C'est ainsi que le Conseil d'État a eu l'occasion de considérer, au visa du principe du libre choix de l'avocat[3], que par elle-même, la soumission de la passation des marchés de services juridiques à des formalités de publicité et de mise en concurrence ne porte pas atteinte à la liberté pour la personne publique concernée de choisir l'avocat auquel elle entend confier une mission de conseil juridique. Pour le Conseil d'État, si le code des marchés publics impose à la personne publique de choisir l'offre économiquement la plus avantageuse, celle-ci est libre de choisir à cette fin les critères d'attribution du marché et de retenir, notamment, les qualités et capacités professionnelles des candidats.

En outre, l'obligation faite d'aviser les candidats non retenus du rejet de leurs candidatures, n'a nullement pour effet de limiter indirectement cette faculté en la dissuadant de retenir certains critères, dès lors qu'il précise que ne peuvent donner lieu à communication les renseignements dont la divulgation serait contraire à la loi, et notamment au respect du secret professionnel ; tandis que l'obligation de communiquer, à tout candidat écarté qui en fait la demande, des motifs du rejet de sa candidature ou de son offre ainsi que les caractéristiques et des avantages relatifs à l'offre retenue, le montant du marché attribué et le nom de l'attributaire, ne s'applique pas aux marchés de prestations juridiques. Le Conseil d'État observe, au surplus, que les marchés supérieurs à un certain montant sont attribués par une commission d'appel d'offres qui est un simple organe de la collectivité amenée à passer ces marchés, faisant qu'il n'y a pas d'atteinte à la liberté de choix de cette même collectivité[4].

1. V. s[s] n°s 484.61 s.
2. CE 9 avr. 1999, *Toubol-Fischer et Bismuth*, req. n° 196177, *Lebon ; D.* 1999. jur. 399, note Ph. Terneyre – V. s[s] n°s 713.61 s.
3. CE 9 août 2006, *Assoc. ACE, SELARL Cabinet Philippe Petit et associés*, req. n° 286316, *Lebon T ; AJDA* 2006. 1532 ; *D.* 2006. 2347.

§ 3
Protection du principe du libre choix de l'avocat en matière de protection juridique

471.101 Problématique en matière de protection juridique. En matière d'assurance protection juridique, les intérêts de l'assureur et de l'assuré sont opposés : l'assureur ne doit qu'une prise en charge de frais liés à une procédure judiciaire, qu'il peut espérer la plus faible, tandis que l'assuré cherche à faire valoir ses droits au mieux de ses intérêts. L'assureur, qui n'est pas intéressé au résultat de l'affaire de l'assuré, est dès lors fortement tenté d'imposer à son assuré le choix d'un avocat, avec lequel il aura préalablement négocié les honoraires et ce, au détriment du libre choix de l'avocat par l'assuré.

Il a donc fallu prévoir expressément dans les textes, que lorsqu'il est fait appel à un avocat ou à toute autre personne qualifiée par la législation ou la réglementation en vigueur pour défendre, représenter ou servir les intérêts de l'assuré, celui-ci a la « liberté de le choisir », selon l'article L. 127-3 du code des assurances[5].

471.102 Libre choix de l'avocat une fois l'accord pour la prise en charge. Cela signifie que l'assureur donne son accord sur le principe de la saisine d'un avocat, mais que, une fois cet accord obtenu, l'assuré est libre de choisir son avocat. Le libre choix de l'avocat a été imposé, sous l'influence du droit européen[6], dans trois circonstances par la loi du 19 février 2007[7] : en cas de procédure judiciaire ou administrative[8], en cas de conflit d'intérêts entre l'assureur et l'assuré[9] et lorsque l'adversaire de l'assuré est lui-même conseillé par un avocat[10].

Deux de ces circonstances pouvant intervenir en dehors de toute procédure contentieuse, on peut en déduire que la liberté de choix de l'avocat s'exerce dès la phase amiable et pas uniquement en cas de contentieux[11].

4. CE 9 août 2006, *Assoc. ACE, SELARL Cabinet Philippe Petit et associés*, req. n° 286316, *Lebon T ; AJDA* 2006. 1532 ; *D.* 2006. 2347.
5. Sur l'assurance protection juridique, v. s[s] n°s 761.00 s.
6. Dir. 87/344, Conseil, 22 juin 1987 portant coordination des dispositions législatives, réglementaires et administratives concernant l'assurance-protection juridique, *JOCE* 4 juill., p. 77.
7. L. n° 2007-210, 19 févr. 2007 portant réforme de l'assurance de protection juridique, *JO* 21 févr., p. 3051.
8. C. assur., art. L. 127-3, al. 1er.
9. C. assur., art. L. 127-3, al. 2.
10. C. assur., art. L. 127-2-3.
11. CJUE 7 nov. 2013, *Sneller*, aff. C-442/12 ; *D.* 2013. 2644 ; *Gaz. Pal.* 3 déc. 2013, p. 36, obs. B. Cerveau.

471.103 Droit général et autonome. En toute occurrence, le droit de choisir librement son avocat dans les procédures judiciaires et administratives est un droit propre et autonome conféré à un assuré titulaire d'un contrat de protection juridique. C'est ce que rappelle un arrêt de la CJUE du 10 septembre 2009[1] qui précise par ailleurs, qu'il ne saurait être dérogé à ce principe en cas de recours collectif, dans une affaire où la compagnie d'assurance refusait de prendre en charge les honoraires de l'avocat librement choisi en se fondant sur une clause du contrat qui l'habilitait, dans le cas où les actions de plusieurs preneurs d'assurance étaient dirigées contre les mêmes opposants et fondées sur une cause identique ou similaire, à limiter sa prestation à la conduite du procès « pilote » ou, le cas échéant, à des recours collectifs ou autres formes collectives de défense par des représentants légaux choisis par lui.

Interprétant l'article 4, § 1er, sous a), de la directive 87/344, la CJUE précise ainsi que l'assureur de protection juridique ne peut pas se réserver le droit, lorsqu'un grand nombre de preneurs d'assurance sont lésés par un même événement, de choisir lui-même le représentant légal de tous les assurés concernés. Elle juge en effet que l'on ne peut déduire de l'article 5 de la directive 87/344 la possibilité de restreindre le libre choix d'un avocat en cas de sinistre collectif. Si cet article autorise les États membres à exempter de l'application de l'article 4, paragraphe 1er de cette directive, certaines affaires résultant de l'utilisation des véhicules routiers, cette exemption au droit de choisir librement son représentant doit être interprétée de manière restrictive et ne saurait dès lors servir de fondement à un raisonnement par analogie[2].

De même, un assureur protection juridique ne saurait prévoir dans ses contrats d'assurance que l'assistance juridique est en principe assurée par ses propres salariés, et que les coûts d'assistance juridique d'un avocat ou d'un représentant choisi librement par l'assuré ne sont susceptibles d'être pris en charge que si l'assureur estime que le traitement de l'affaire doit être délégué à un conseil externe[3].

La CJUE a enfin précisé que cette liberté de choix de l'avocat s'exerce dès la phase préalable au contentieux, tel que s'agissant du recours préalable devant un organisme public dans le cadre duquel ce dernier va rendre une décision susceptible de recours juridictionnel[4] ou en cas de recours à la médiation[5].

471.104 Désignation exceptionnelle de l'avocat par l'assureur. En principe, l'assureur ne peut, en aucun cas, proposer le nom d'un avocat à l'assuré sans demande écrite de sa part[6]. Dans la pratique, cela se passe souvent différemment. On notera que la Cour de cassation est venue préciser que le droit pour le client de révoquer le mandat de l'avocat qui lui a été proposé par l'assureur n'impose pas à ce dernier de leur en désigner un autre[7].

471.105 Impossibilité de limiter conventionnellement le libre choix de l'avocat[8]. Toute clause portant atteinte au droit pour l'assuré de choisir son avocat est interdite, dans les limites de la garantie, par l'article L. 127-3 du code des assurances. Aucune clause du contrat ne doit y porter atteinte. Les seules limites que peuvent contenir les contrats, concernent le remboursement des honoraires, les franchises et seuils d'intervention.

C'est ainsi que la clause qui, d'une part, fait bénéficier l'assuré d'une garantie illimitée s'il laisse l'assureur choisir l'avocat, ou si l'assureur agréer l'avocat que son assuré propose et, d'autre part, stipule une garantie plafonnée en considération de la juridiction saisie[9] si l'assuré choisit son avocat sans agrément de l'assureur, ne porte pas atteinte à la liberté de choix de l'assuré[10].

471.106 Possibilité de limiter la prise en charge. La Cour de justice de l'Union européenne a également précisé que « la liberté de choix au sens de

1. CJUE 10 sept. 2009, *Erhard Eschig c/Uniqa Sachversicherung AG*, aff. C-199/08 ; *JOUE* 7 nov., p. 19 ; *D.* 2009. AJ 2344 ; *JCP* 2010. 546, n° 1, obs. Th. Clay ; *RCA* 2009. Focus 19, obs. B. Rajot ; *Gaz. Pal.* 2010. Somm. 3859, note B. Cerveau ; *RGDA* 2010. 154, note B. Cerveau – J. Stuyck, « Assurance de protection juridique, action de groupe et libre choix de l'avocat », *D.* 2010. Chron. 100.
2. CJUE 10 sept. 2009, *Erhard Eschig c/Uniqa Sachversicherung AG*, aff. C-199/08 ; *JOUE* 7 nov., p. 19 ; *D.* 2009. AJ 2344 ; *JCP* 2010. 546, n° 1, obs. Th. Clay ; *RCA* 2009. Focus 19, obs. B. Rajot ; *Gaz. Pal.* 2010. Somm. 3859, note B. Cerveau ; *RGDA* 2010. 154, note B. Cerveau – J. Stuyck, « Assurance de protection juridique, action de groupe et libre choix de l'avocat », *D.* 2010. Chron. 100.
3. CJUE 7 nov. 2013, *Sneller*, aff. C-442/12 ; *D.* 2013. 2644 ; *Gaz. Pal.* 3 déc. 2013, p. 36, obs. B. Cerveau.
4. CJUE, 10e ch., 7 avr. 2016, *Johannes Evert Antonius Massar c/DAS Nederlandse Rechtsbijstand Verzekeringsmaatschappij NV*, aff. C-460/14 – CJUE, 10e ch., 7 avr. 2016, *Gökhan Büyüktipi c/Achmea Schadeverzekeringen NV et Stichting Achmea Rechtsbijstand*, aff. C-5/15 ; *Gaz. Pal.* 8 nov. 2016, p. 68, obs. B. Cerveau ; *RGDA* 2016. 329, note G. Brunel.
5. CJUE 14 mai 2020, *Ordre des barreaux francophone et germanophone c/Ministerraad*, aff. C-667/18 ; *JCP* 2020. 681 ; *JCP* 2020. 1294 n° 17, obs. F. G'sell.
6. C. assur., art. L. 127-3, al. 4.
7. Civ. 2e, 18 mai 2017, n° 16-17.528, NP ; *Gaz. Pal.* 17 oct. 2017, p. 78, obs. B. Cerveau.
8. CCA, Recomm. n° 02-03 relative aux contrats d'assurance de protection juridique, *BOCCRF* 30 mai 2002.
9. Civ. 2e, 18 mai 2017, n° 16-17.528, NP ; *Gaz. Pal.* 17 oct. 2017, p. 78, obs. B. Cerveau.
10. Civ. 1re, 15 juill. 1999, n° 97-10.725, P I, n° 233 ; *D.* 2000. Somm. 343, obs. J. Bonnard ; *D.* 2001. 1057, note D. Krajeski ; *Gaz. Pal.* 2000, Doctr. 1686, note B. Cerveau – Civ. 2e, 6 oct. 2011, n° 10-25.547, NP.

l'article 4, paragraphe 1er, de la directive 87/344 n'implique pas l'obligation pour les États membres d'imposer aux assureurs, en toutes circonstances, la couverture intégrale des frais exposés dans le cadre de la défense d'un assuré » et que cette liberté de choix ne doit tout simplement pas être vidée de sa substance, ce qui « serait le cas si la limitation apportée à la prise en charge de ces frais rendait impossible *de facto* un choix raisonnable, par l'assuré, de son représentant »[1].

Autrement dit, « l'article 4, paragraphe 1er, de la directive 87/344 doit être interprété en ce sens qu'il ne s'oppose pas à une disposition nationale en vertu de laquelle il peut être convenu que l'assuré en protection juridique ne peut choisir, pour la représentation de ses intérêts dans les procédures administratives ou judiciaires, qu'une personne professionnellement habilitée à cet effet qui a son cabinet au lieu du siège de la juridiction ou de l'Administration compétente en première instance, pour autant, afin de ne pas vider de sa substance la liberté du choix, par l'assuré, de la personne mandatée pour le représenter, que cette limitation ne concerne que l'étendue de la couverture, par l'assureur de la protection juridique, des frais liés à l'intervention d'un représentant et que l'indemnisation effectivement payée par cet assureur soit suffisante, ce qu'il revient à la juridiction de renvoi de vérifier »[2].

471.107 **Conflit d'intérêts entre l'assuré et l'assureur.** En tout état de cause, l'article L. 127-3 du code des assurances prévoit que l'assuré a la liberté de choisir un avocat ou, s'il le préfère, une personne qualifiée pour l'assister, chaque fois que survient un conflit d'intérêts entre lui-même et l'assureur[3]. L'avocat étant indépendant par rapport à l'assureur, il sera plus à même de résoudre ce conflit d'intérêts.

471.108 **Partie adverse défendue par un avocat.** Enfin l'assuré doit, selon l'article L. 127-2-3 du code des assurances, être assisté ou représenté par un avocat lorsque son assureur ou lui-même est informé de ce que la partie adverse est défendue dans les mêmes conditions.

471.109 **Non-application à l'assurance responsabilité civile professionnelle.** Le principe du libre choix de l'avocat ne s'applique pas à l'assurance responsabilité civile professionnelle[4]. En effet, l'assureur de responsabilité civile, qui prévoit généralement une clause de direction de procès, intervient pour la défense ou la représentation de son assuré, en même temps que dans son propre intérêt[5] : l'intérêt de l'assuré et l'intérêt de l'assureur sont alors, en principe, identiques[6].

§ 4
Atteintes au principe du libre choix de l'avocat

471.111 **Atteintes possibles.** Si le principe du libre choix de l'avocat se doit d'être garanti et effectif, il n'est pas pour autant absolu[7].

En particulier, s'il implique que le client soit en mesure de choisir librement son avocat. Il n'implique pas que le client soit en droit de conserver son avocat ou de choisir un avocat dont le choix heurterait d'autres principes essentiels ou règles de la profession dès lors que la restriction ainsi apportée répond à un motif impérieux d'intérêt général.

471.112 **Succession d'avocats dans un dossier.** En matière de succession entre avocats dans un dossier[8], l'avocat qui succède à un autre avocat ne peut défendre son client contre l'avocat dessaisi, sauf accord préalable du bâtonnier[9].

Cette restriction ne porte pas atteinte à l'exercice des droits de la défense, ni à la liberté d'entreprendre, donc au libre choix de l'avocat, dès lors que le client qui entend satisfaire ses intérêts peut recourir à un autre avocat[10]. Elle est justifiée par un motif impérieux d'intérêt général dès lors qu'il s'agit de protéger le secret professionnel ainsi que le principe d'indépendance, et laisse, en outre, au bâtonnier la possibilité, en cas de difficulté avérée à trouver un avocat pour une procédure distincte contre le prédécesseur, d'autoriser le successeur à agir contre le prédécesseur[11].

471.113 **Incompatibilités.** Les règles relatives aux incompatibilités[12] sont de nature à porter atteinte au principe du libre choix de l'avocat dans la mesure

1. CJUE 26 mai 2011, *Stark*, aff. C-293/10, *JOUE* 16 juill., p. 5 ; *CJUE* I-04711 ; *Gaz. Pal.* 29-30 juill. 2011, p. 35, note B. Cerveau ; *JCP E* 2011. Actu. 292 ; *RCA* 2011. Focus 16, obs. B. Rajot ; *Europe* 2011, n° 253, obs. V. Michel.
2. CJUE 26 mai 2011, *Stark*, aff. C-293/10, *JOUE* 16 juill., p. 5 ; *CJUE* I-04711 ; *Gaz. Pal.* 29-30 juill. 2011, p. 35, note B. Cerveau ; *JCP E* 2011. Actu. 292 ; *RCA* 2011. Focus 16, obs. B. Rajot ; *Europe* 2011, n° 253, obs. V. Michel – V. ss nos 761.75 s.
3. V. ss n° 442.61.
4. V. ss nos 911.31 s.
5. Civ. 2e, 18 mars 2010, n° 09-12.981, NP.
6. TOUTEFOIS : v. ss n° 441.162.
7. V. ss nos 471.81 s.
8. V. ss nos 484.61 s.
9. Décr. 12 juill. 2005, art. 19, al. 1 – RIN, art. 9.3, al. 1.
10. CE 15 nov. 2006, *Krikorian*, req. n° 283475, *Lebon ; JCP* 2007. II. 10001, note R. Martin ; *JCP* 2007. I. 151, n° 2, obs. S. Bortoluzzi ; *RTD civ.* 2007. 67, obs. R. Encinas de Munagorri.
11. V. ss nos 484.101 s.
12. V. ss nos 43.00 s.

où, s'agissant notamment des limitations d'activité[1], elles restreignent les choix offerts au justiciable. Toutefois, dès lors qu'elles ont pour objet de garantir l'indépendance économique et morale des membres d'une profession réglementée qui participent, en qualité d'auxiliaire, au service public de la justice, de prévenir les conflits d'intérêts, elles apportent une restriction qui est justifiée par un motif impérieux d'intérêt général[2].

De la même façon, l'interdiction faite à tous les anciens membres du conseil de l'Ordre et aux bâtonniers vice-bâtonniers, et par extension à leurs collaborateurs ou associés de structure d'exercice dans un but de bonne administration de la justice, limitée dans le temps aux deux années qui suivent la fin de leur mandat[3], concilie de manière équilibrée les principes en jeu, permettant de réduire les risques de conflits d'intérêts, d'atteinte à l'indépendance et l'impartialité des instances ordinales lors d'une instance où un membre ou ancien membre du conseil viendrait devant elles assurer la défense d'un confrère, sans avoir le caractère absolu qui caractériserait une atteinte disproportionnée au principe de libre choix de l'avocat[4].

Mais un barreau ne saurait, sans porter atteinte au principe du libre choix de l'avocat, refuser à un avocat d'assigner un autre avocat du même barreau et inviter la partie à se faire représenter par un confrère d'un autre barreau, une telle restriction n'étant justifiée par aucun motif impérieux d'intérêt général[5].

471.114 Conflit d'intérêts. La mise en œuvre des règles en matière de conflit d'intérêts[6], peut conduire un avocat à devoir se retirer d'un dossier et s'abstenir d'y intervenir. Il y a ici une atteinte au principe du libre choix de l'avocat légitimé par la nécessité de préserver l'intérêt des parties et notamment celui du client[7].

Pour autant, il ne saurait, ici encore, être porté une atteinte excessive au principe, notamment en édictant des conflits d'intérêts objectifs qui ne seraient pas justifiés par un motif impérieux d'intérêt général, et proportionnés à l'objectif poursuivi (tel qu'en matière de rédaction d'actes[8] et de ventes judiciaires[9]).

C'est ainsi qu'un conseil de l'Ordre ne saurait valablement prévoir dans son règlement intérieur qu'un avocat ne peut accepter un mandat contre un adversaire défendu par son conjoint ou concubin, lui-même avocat dans le même barreau : une telle règle, sans considération de la situation de fait du dossier en cause, porte une atteinte excessive au principe du libre choix de l'avocat[10]. Et la question des conflits d'intérêts doit être réglée dans le cadre des règles prévues à cet effet[11].

De même qu'il n'appartient pas au juge saisi d'un litige dans lequel il constate que deux parties dont les intérêts sont partiellement divergents, en l'occurrence un assuré et son assureur qui avait invoqué avec succès une clause de limitation de garantie, d'ordonner que chacune des parties prenne un avocat différent[12], ni d'exiger qu'une partie soit représentée par un avocat déterminé ainsi que la comparution personnelle de cette même partie[13] : dans un cas, comme dans l'autre, il porte ainsi une atteinte au principe fondamental du libre choix de l'avocat.

471.115 Action de groupe, *class action*. La question des *class action* pose également celle du libre choix de l'avocat avec acuité, et dans les mêmes termes que pour l'assurance protection juridique[14], dès lors qu'elle permet à plusieurs personnes de faire valoir leur droit en justice dans le cadre d'une action commune qui sera mise en œuvre par des associations agréées par les pouvoirs publics ou qui remplissant des conditions prédéterminées, c'est donc cette dernière qui choisira l'avocat chargé de représenter l'ensemble du « groupe »[15].

Rappelant qu'aux termes de l'article 16 de la Déclaration des droits de l'homme et du citoyen de

1. V. s^s n°s 434.00 s.
2. CE 28 juin 2004, *Bessis*, req. n° 251897, *Lebon T* 698 ; *AJDA* 2004. 2334, concl. M. Guyomar – CJUE 19 février 2002 J. *C. J. Wouters, J. W. Savelbergh et Price Waterhouse Belastingadviseurs BV contre Algemene Raad van de Nederlandse Orde van Advocaten, en présence de Raad van de Balies van de Europese Gemeenschap*, aff. C-309/99.
3. V. s^s n°s 434.240 s.
4. Paris, pôle 4, ch. 13, 20 mai 2021, RG n° 20/18499.
5. Aix-en-Provence, 23 févr. 1994, *BICC* 1994, n° 507.
6. V. s^s n°s 44.00 s.
7. CJUE 5 juin 2018, *Nikolay Kolev, Milko Hristov, Stefan Kostadinov c/Bulgarie*, aff. C-612/15 – V. s^s n°s 481.00 s.
8. V. s^s n°s 441.241 s.
9. V. s^s n°s 441.261 s.
10. Chambéry, 12 nov. 1991, RG n° XCHAM121191X, *D.* 1994. Somm. 139, obs. A. Brunois – Montpellier, 25 mai 1990, *Gaz. Pal.* nov. 1990, 12, note A. Damien.
11. V. s^s n°s 442.00 s.
12. Civ. 3e, 31 oct. 1989, n°s 86-14.466, 86-14.810, P III, n° 199.
13. Montpellier, 30 juin 2010, *Gaz. Pal.* 5-7 juin 2011, p. 16, obs. J.-L. Gaineton et J. Villacèque.
14. CJUE 10 sept. 2009, *Erhard Eschig c/Uniqa Sachversicherung AG*, aff. C-199/08 ; *JOUE* 7 nov., p. 19 ; *D.* 2009. AJ 2344 ; *JCP* 2010. 546, n° 1, obs. Th. Clay ; *RCA* 2009. Focus 19, obs. B. Rajot ; *Gaz. Pal.* 2010. Somm. 3859, note B. Cerveau ; *RGDA* 2010. 154, note B. Cerveau – V. s^s n°s 471.101 s.
15. J. Stuyck, « Assurance de protection juridique, action de groupe et libre choix de l'avocat », *D.* 2010. Chron. 100 – H. Boularbah, « Des actions groupées vers l'action de groupe : quelle valeur ajoutée pour l'avocat ? », *in* J.-M. Jottrand (dir.), *La valeur ajoutée de l'avocat*, Anthémis, Bruxelles, 2011 p. 33 s.

1789 : « Toute société dans laquelle la garantie des droits n'est pas assurée, ni la séparation des pouvoirs déterminée, n'a point de Constitution » et que sont garantis par cette disposition le droit des personnes intéressées à exercer un recours juridictionnel effectif ainsi que le respect des droits de la défense qui implique en particulier l'existence d'une procédure juste et équitable garantissant l'équilibre des droits des parties, le Conseil constitutionnel a considéré que les dispositions de la loi du 17 mars 2014[1] ne méconnaissaient pas les droits de la défense dès lors que, notamment, après que les consommateurs aient adhéré au groupe, ils conservent la faculté, lors de la troisième étape de la procédure, de faire valoir devant le juge saisi en application des dispositions de l'article L. 423-12 du code de la consommation, tous les autres moyens de défense relatifs à leur indemnisation individuelle propre[2].

La Cour de cassation a pour sa part considéré, au visa des articles 6 §1 de la Conv. EDH, 1984[3] du code civil, 131-21, alinéa 2, du code pénal et 591, 593 et 710[4] du code de procédure pénale ainsi que de la règle « nul ne plaide par procureur », contrairement à ce qu'avait jugé la cour d'appel, que l'existence d'un mandat individuel d'agir en restitution, donné à une association par chacun des adhérents nommément désignés, permettait à cette même association d'exercer, en leur lieu et place, leur droit à demander la restitution de sommes placées sous-main de justice, cette demande s'apparentant à une class action[5].

471.116 Désignation et commission d'office. Les règles en matière de désignations et de commissions d'offices[6] portent également atteinte au libre choix de l'avocat.

Mais ici, elles n'interviennent qu'à défaut d'avocat choisi par celui qui en bénéficie[7].

471.117 Financement de l'aide juridictionnelle. On notera, enfin, non sans ironie, que selon un ministre de la Justice, la participation de tous les membres de la profession d'avocat au dispositif d'aide juridictionnelle soit en temps, soit par le biais d'une contribution financière, telle que suggérée par le rapport du Luart[8], et dont l'idée de la mise en œuvre effective revient depuis chaque année à l'occasion du vote de la loi de Finances[9], se heurterait au principe du libre choix de l'avocat par le bénéficiaire de l'aide[10].

1. L. n° 2014-344, 17 mars 2014 relative à la consommation, *JO* 18 mars, p. 5400 – C. consom., art. L. 423-1 à L. 423-26 – COJ, art. 2.
2. Cons. const. 13 mars 2014, n° 2014-690 *DC, loi relative à la consommation*, NON-CONFORMITÉ PARTIELLE – RÉSERVE, *JO* 18 mars, p. 5450 ; *AJDA* 2014. 589 ; *D.* 2014. 1297, obs. H. Aubry, E. Poillot et N. Sauphanor-Brouillaud ; *D.* 2014. 2423, obs. G. Roujou de Boubée, T. Garé, M.-H. Gozzi, S. Mirabail et C. Ginestet ; *D.* 2015. 943, obs. D. Ferrier ; *Constitutions* 2014. 166, Chron. P. Bachschmidt ; *RTD com.* 2014. 163, obs. D. Legeais.
3. C. civ., art. 1984.
4. C.pr. pén., art. 710 ; mod. par L. n° 2019-222, 23 mars 2019, art. 85.
5. Crim. 20 mai 2015, n° 14-81.147, P I, n° 122 ; *JCP* 2015. 831, note J.-B. Perrier ; *D.* 2015. 1419, note N. Dissaux.
6. V. s^s n°s 472.00 s.
7. V. s^s n°s 471.84.
8. R. du Luart, *L'aide juridictionnelle : réformer un système à bout de souffle*, Rapport d'information fait au nom de la commission des finances, n° 23 (2007-2008), Sénat, 9 oct. 2007.
9. V. s^s n°s 751.34 s.
10. Rép. min. à QE n° 10392, *JOAN Q* 27 janv. 2009, p. 816.

CHAPITRE

472. Désignations et commissions d'office

SECTION 0 ORIENTEUR

472.00 **Sommaire du chapitre.**

Division. Distinction désignation/commission d'office. Destinées à assurer l'effectivité du droit à l'assistance d'un avocat les désignations à l'aide juridictionnelle (sect. 1), ou les commissions d'office (sect. 2), font l'objet d'une organisation selon des modalités encadrées par les textes mais variable suivant les barreaux (sect. 3).

La tradition parisienne considère que la commission d'office au pénal est obligatoirement gratuite, en ce qu'elle ne saurait conduire à percevoir des honoraires de la personne assistée dans ce cadre. Dans l'hypothèse où elle ne serait pas éligible à l'aide juridictionnelle, seule la rétribution prévue par le règlement intérieur du barreau étant versée à l'avocat, et ce nonobstant le fait que la loi du 10 juillet 1991 [1] ait mis fin à

1. L. n° 91-647, 10 juill. 1991 relative à l'aide juridique, *JO* 13 juill., p. 9170.

la distinction entre désignation au civil et commission au pénal[1].

Pour autant, en l'absence de disposition légale particulière, la commission d'office d'un avocat n'exclut pas le droit pour celui-ci d'obtenir la juste rémunération de ses services et la jurisprudence est en ce sens[2].

La seule différence tient au fait qu'une désignation intervient à la suite de l'attribution, y compris à titre provisoire, de l'aide juridictionnelle, alors que la commission d'office est indépendante de l'aide juridictionnelle[3] étant faite sans considération de l'obtention de l'aide juridictionnelle : il y a obligation pour le bâtonnier ou le juge de désigner un avocat sans, ni octroi corrélatif de l'aide juridictionnelle, ni subordination de l'intervention de l'avocat au paiement de ses honoraires[4]. Un dispositif dit de « l'AJ garantie » a été mis en œuvre en 2021[5] afin de garantir à l'avocat commis ou désigné d'office ayant effectivement accompli sa mission d'être indemnisé[6].

472.01 Textes applicables.

TEXTES TITRÉS

> Obligation de déférer aux commissions ou désignations d'office.

• L. n° 71-1130, 31 déc. 1971

art. 8-1, al. 5 [Bureau secondaire]

art. 9 [Avocat commis d'office]

• Décr. n° 2005-790, 12 juill. 2005

art. 6 [Avocat désigné ou commis d'office, droit de suite]

• L. n° 91-647, 10 juill., 1991

art. 25 [Désignation par le bâtonnier]

art. 26 [Avocat désigné en cas d'appel]

• Décr. n° 2020-1717, 28 déc. 2020

art. 75 [Acceptation de l'avocat d'une mission à l'aide juridictionnelle]

art. 76 [Procédure de désignation d'un avocat]

art. 77 [Procédure de désignation]

art. 78 [Modalité de décharge d'un avocat désigné à l'aide juridictionnelle]

art. 79 [Choix de l'avocat pour un autre auxiliaire de justice précédemment désigné]

art. 80 [Bénéfice de l'aide juridictionnelle en cas de commission d'office]

art. 85 [Désignation d'un nouvel avocat en cas d'appel]

> Organisation des commissions ou désignations d'office

• L. n° 91-647, 10 juill. 1991

art. 29, al. 4 [Convention de temps partiel]

• Décr. n° 2020-1717, 28 déc. 2020

art. 88 [Protocoles article 88]

472.02 Jurisprudence de référence.

> Libre organisation des commissions ou désignations d'office par les barreaux

• Civ. 1re, 29 juin 2004, n° 03-16.599, P I, n° 184.

* V. s[s] n° 472.222

« Vu l'article 17 de la loi du 31 décembre 1971 ;

Attendu que le conseil de l'Ordre des avocats tient de ce texte le pouvoir d'organiser la stricte observation par ses membres de leurs devoirs et charges au titre des commissions ou désignations d'office ;

Attendu que le conseil de l'Ordre des avocats au barreau de Lille a organisé, en vue de garantir à tous les justiciables l'assistance d'un avocat, des permanences auxquelles sont appelés à tour de rôle et par ordre alphabétique tous les membres de ce barreau ; que, par délibération du 2 septembre 2002, il a décidé, durant une période d'essai, de limiter à quinze par an le nombre de permanences supplémentaires pouvant être refusées ou acceptées par les avocats qui s'y trouvaient astreints ;

Attendu que pour annuler cette délibération, l'arrêt attaqué retient que cette mesure porte atteinte au libre exercice du métier d'avocat et au libre choix du défenseur, en quoi la cour d'appel a violé le texte susvisé. »

> Pouvoir discrétionnaire du bâtonnier en matière de choix de l'avocat commis d'office

• Civ. 1re, 27 févr. 2013, n° 12-12.878, NP

* V. s[s] n°s 472.221, 523.23.

« Sur le moyen unique, pris en sa première branche :

Vu les articles 183, 184 et 197 du décret 91-1197 du 27 novembre 1991 ;

Attendu que pour annuler la décision de M. X..., bâtonnier de l'ordre des avocats au barreau de Mamoudzou, de retirer de la liste des commissions d'office le nom de M. Y..., avocat, l'arrêt retient que, bien qu'elle n'ait pas été prise par le conseil de discipline de l'ordre des avocats de Mayotte mais par le bâtonnier seul qui ne dispose plus du pouvoir disciplinaire sur ses confrères, cette décision constitue d'évidence une mesure de nature disciplinaire et que le bâtonnier n'a pas le pouvoir d'exclure un avocat qui ne le souhaite pas du tableau de permanence et de le remplacer dans les dossiers où il avait été désigné ;

Qu'en statuant ainsi, alors que la désignation des avocats commis d'office, instituée en faveur des justiciables, relève des prérogatives propres du bâtonnier auquel revient la responsabilité du choix de l'avocat et que seules sont susceptibles de recours les décisions et délibérations du conseil de l'Ordre ou du conseil de discipline ; la cour d'appel a violé, par fausse application, les textes susvisés ; »

472.03 Bibliographie indicative.

Traités. A. Caron-Déglise, N. Peterka, *Droit des tutelles : Protection judiciaire des mineurs et des majeurs*, 5e éd., « Dalloz

1. Décr. n° 91-1266, 19 déc. 1991 portant application de la loi n° 91-647 du 10 juillet 1991 relative à l'aide juridique, *JO* 20 déc., p. 16609, art. 159.
2. V. s[s] n° 751.491.
3. Cass., avis, n° 16002, 29 févr. 2016, n° 15-70.005.
4. Civ. 1re, 14 mai 1985, n° 84-13.610, P I, n° 149 ; *JCP* 1985. IV. 257.
5. Décr. n° 2021-810, 24 juin 2021 portant diverses dispositions en matière d'aide juridictionnelle et d'aide à l'intervention de l'avocat dans les procédures non juridictionnelles, *JO* 26 juin, n° 11 ; *JCP* 2021. 754, obs. S. Bortoluzzi.
6. V. s[s] n°s 751.494 s.

Référence », 2020 – Ch. Guéry, B. Lavielle, *Droit et pratique des audiences correctionnelles et de police,* 3e éd., « Dalloz Action », 2018 – Ch. Guéry, *Droit et pratique de l'instruction préparatoire,* 11e éd., « Dalloz Action », 2021.

Monographies. Collectif, FNUJA, *Guide de survie du jeune avocat en garde à vue,* 2e éd., mai 2019 – Collectif, *Guide de l'avocat commis d'office,* 3e éd., « Guides », LexisNexis, 2019 – J.-Ch. Crocq, *Le guide des infractions, Le Guide pénal,* 23e éd., « Guides », Dalloz, 2022 – L. del Forno, R. Lorrain, *Nullitator. 300 nullités efficaces en procédure pénale,* Books on Demand, 2021 – F. Martineau, *Petit traité d'argumentation judiciaire et de plaidoirie,* 9e éd., « Praxis », Dalloz, 2022 – F. Saint-Pierre, *Pratique de la défense pénale,* 3e éd., « Les intégrales », LGDJ, 2020 – D. Seguin, *Guide du contentieux du droit des étrangers,* « Guides », LexisNexis, 2015.

Documents – Non fictionnel. E. Arfi, *Pirate n° 7,* Éditions Anne Carrière, 2018 – F. Aubenas, *L'inconnu de la poste,* Éditions de l'Olivier, 2021 – M. Bernard-Requin, *Chroniques de prétoire : Histoires drôles et moins drôles,* Scrineo, 2011 – D. Bisaccia-Bernstein, K. Bourdié, L. Heinich, C. Lepetit, *Les 50 règles d'or de l'éloquence,* Larousse, 2020 – J.-D. Bredin, Th. Lévy, *Convaincre. Dialogue Sur L'éloquence,* Odile Jacob, 1997 – H. Cayre, *Commis d'office,* Métailié, 2005 – M. Delahousse, *La chambre des innocents,* Flammarion, 2017 – F. Epstein, *Un génocide pour l'exemple,* Cerf, 2019 – Ch. Haroche, *Briller à l'oral pour les nuls,* First éditions, 2019 – S. Hecquet, *L'homme accusé,* Nagel, 1952 – L. Heinich, *Porter leur voix : Un avocat sans effets de manches,* Fayard, 2014 – Th. Moser, *Parole d'avocat,* La Valette – Le Noyer Éditeurs, 2021 – J.-Y. Moyart, *Le livre de maître Mô,* Les Arènes, 2021 – D. Simonnot, *Coups de barre,* Seuil, 2019 – D. Verdeilhan, *L'audience est ouverte. Chroniques d'une justice défaillante,* Éditions du Rocher, 2021 – E. Vigoureux, *Le journal de Frank Berton,* Flammarion 2019.

Articles. J.-A. Lathoud, « L'avocat des pauvres en Savoie (1430-1860) : une magistrature charitable ou un service public novateur ? », Histoire de la justice n° 28, Justice et oubli, La documentation française, 2017, p. 251 – D. Piau, « Aide juridictionnelle : quand l'abus justifie le refus de désignation d'un avocat par le bâtonnier », *Gaz. Pal.* 8 janv. 2019, p. 17 – C. Saas, « Les insuffisances de la procédure de comparution immédiate sur la sellette », *AJ pénal* 2012. 9 – E. Touret, « Des structures conventionnées pour sauver l'accès au droit ? », *D. actu.* 3 avr. 2013.

Films documentaires. R. Depardon, *Délits flagrants,* 1994 ; *10e chambre, instants d'audience,* 2004.

SECTION 1
DÉSIGNATION À L'AIDE JURIDICTIONNELLE

472.10 Plan. En la matière le principe est celui du libre choix de son avocat par le bénéficiaire de l'aide juridictionnelle, et ce n'est qu'à défaut de choix qu'il est procédé à une désignation par le bâtonnier (§ 1), sauf dans certaines procédures spécifiques où une telle désignation est obligatoire même en l'absence de demande du justiciable (§ 2).

§ 1
Principes généraux

472.21 Principe du libre choix de l'avocat. L'aide juridictionnelle emporte le concours des auxiliaires de justice, et notamment de l'avocat[1]. L'article 25 de la loi du 10 juillet 1991 prévoit la liberté de choix de l'avocat par le client et ce n'est qu'à défaut de choix ou en cas de refus de l'avocat que celui-ci est désigné par le bâtonnier. Le droit à l'avocat de son choix, consubstantiel au droit au procès équitable, a pour conséquence qu'il n'est pas possible, sauf motif exceptionnel, de désigner ou commettre un avocat à une personne qui a fait le choix de son propre avocat, fut-ce un majeur protégé, dès lors que le choix de son avocat est libre et éclairé.

Doit donc être annulée la décision de désignation faite par un bâtonnier alors que le justiciable avait déjà fait le choix de son propre avocat[2].

Il convient de préciser que l'avocat qui prêtait son concours au bénéficiaire de l'aide juridictionnelle avant que celle-ci n'ait été accordée, est soumis aux mêmes obligations que tout avocat intervenant au titre de l'aide juridictionnelle à partir du moment où elle est accordée : il lui appartient donc en conséquence de continuer d'exécuter sa mission[3], sauf à s'en faire décharger par le bâtonnier[4].

472.22 Exception : désignation par le bâtonnier. Ce n'est qu'à défaut de choix, soit parce que le bénéficiaire de l'aide juridictionnelle ne connaît aucun avocat ou qu'aucun n'a accepté son dossier[5], soit parce que l'avocat précédemment choisi a refusé d'assumer la charge de l'aide juridictionnelle et a été valablement déchargé de sa mission par le bâtonnier[6], que ce dernier intervient pour désigner un avocat au titre de l'aide juridictionnelle[7].

Il s'agit ici d'une obligation pour le bâtonnier dont le non-respect ou le caractère tardif est susceptible d'engager sa responsabilité et celle de son barreau[8].

472.23 Moment de la demande. Dès lors qu'une demande de désignation d'un avocat implique une demande d'aide juridictionnelle, elle peut être formulée jusqu'au jour de l'audience[9].

1. V. ss n° 751.231.
2. Versailles, 1re ch., 1re sect., 31 mars 2017, RG n° 16/09293 ; *AJ fam.* 2017. 303, obs. V. Montourcy.
3. V. ss nos 471.61 s.
4. L. n° 91-647, 10 juill. 1991, art. 25, al. 4 – V. ss n° 472.260.
5. Décr. n° 2020-1717, 28 déc. 2020, art. 75.
6. V. ss n° 472.260.
7. V. ss nos 751.181 s.
8. Reims, 21 nov. 2014, RG n° 12/02575 – V. ss nos 911.251 s.
9. Civ. 2e, 10 déc. 2009, n° 08-20.507, P II, n° 282 ; *JCP* 2010. 270, obs. F. G'sell ; *JCP S* 2010. 1021, note Th. Tauran ; *Dr. et pr.* 2010. 88, note L. Lauvergnat – V. ss n° 751.201

§ 2
Procédures spécifiques

472.31 Majeur protégé. L'article 1214[1] du code de procédure civile prévoit que, dans toute instance relative à l'ouverture, la modification ou la mainlevée d'une mesure de protection, le majeur à protéger ou protégé peut faire le choix d'un avocat, il peut également demander à la juridiction saisie que le bâtonnier lui en désigne un d'office. La désignation doit intervenir dans les huit jours de la demande.

C'est le juge qui va alors solliciter le bâtonnier afin qu'il soit procédé à la commission d'office d'un avocat. Ce dernier aura pour mission d'assister ou de représenter la personne à protéger durant toute la phase de la procédure de protection. Mais, il ne saurait aller au-delà de son mandat, et n'a pas compétence, par exemple, pour représenter ou assister l'incapable majeur dans le cadre d'une procédure relative à ses droits extrapatrimoniaux.

Il y a ici un vide juridique de nature à poser des difficultés lorsque le majeur protégé n'est plus en mesure de choisir librement et de manière éclairée son propre avocat[2].

472.32 Mineur. L'article 388-1 du code civil[3] prévoit expressément le droit pour tout enfant mineur, capable de discernement, d'être entendu par le juge ou, lorsque son intérêt le commande, par la personne désignée par le juge à cet effet, dans toute procédure le concernant. Il peut être entendu seul, avec un avocat ou une personne de son choix. Si ce choix n'apparaît pas conforme à l'intérêt du mineur, le juge peut procéder à la désignation d'une autre personne. Le juge s'assure que le mineur a été informé de son droit à être entendu et à être assisté par un avocat.

Si le mineur demande à être entendu avec un avocat et s'il ne choisit pas lui-même celui-ci, le juge requiert, par tout moyen, la désignation d'un avocat par le bâtonnier[4]. Le bâtonnier désigne alors un avocat et en avise l'avocat désigné, le juge et la Carpa[5].

Il en est de même lorsque le mineur est entendu par le tribunal dans le cadre d'une procédure d'adoption[6].

1. C. pr. civ., art. 1214.
2. V. Montourcy, F. Fresnel, « Lettre ouverte aux femmes et hommes de bonne volonté : pour la présence obligatoire de l'avocat auprès des majeurs protégés », *Gaz. Pal.* 12 janv. 2016, p. 14.
3. Décr. n° 2009-572, 20 mai 2009 relatif à l'audition de l'enfant en justice, *JO* 24 mai, p. 8649.
4. C. pr. civ., art. 338-7 – Décr. n° 2020-1717, 28 déc. 2020, art. 76.
5. Décr. n° 2020-1717, 28 déc. 2020, art. 77.
6. C. civ., art. 353.

472.33 Assistance éducative. En matière d'assistance éducative, le mineur capable de discernement, les parents, le tuteur ou la personne ou le représentant du service à qui l'enfant a été confié peuvent faire choix d'un conseil ou demander au juge que le bâtonnier leur en désigne un d'office. La désignation doit intervenir dans les huit jours de la demande. Ce droit est rappelé aux intéressés lors de leur première audition[7]. Ces dispositions sont applicables aux procédures relatives à la délégation, au retrait total ou partiel de l'autorité parentale, les pouvoirs et obligations du juge des enfants étant assumés, selon le cas, par le tribunal ou le juge des affaires familiales[8].

La consultation du dossier le concernant par le mineur capable de discernement ne peut se faire qu'en présence de ses parents ou de l'un d'eux ou de son avocat.

En cas de refus des parents et si l'intéressé n'a pas d'avocat, le juge saisit le bâtonnier d'une demande de désignation d'un avocat pour assister le mineur ou autorise le service éducatif chargé de la mesure à l'accompagner pour cette consultation[9].

472.34 Mesure judiciaire d'aide à la gestion du budget familial. L'allocataire ou l'attributaire des prestations familiales qui sollicite une mesure judiciaire d'aide à la gestion du budget familial[10] devant le juge des enfants peut choisir un avocat ou demander au juge que le bâtonnier lui en désigne un d'office[11].

La désignation demandée doit intervenir dans les huit jours de la demande. Le droit d'être assisté par un avocat est rappelé à l'intéressé lors de la première audience.

472.35 Fin de mandat de représentation obligatoire. Sur la désignation à l'aide juridictionnelle en cas de décharge de l'avocat constitué et de défaut de constitution d'un nouvel avocat[12].

SECTION 2
COMMISSION D'OFFICE

472.40 Plan – Principe du libre choix de l'avocat. Comme en matière civile, mais plus encore en matière pénale, et en matière de droit des étrangers, compte tenu des conséquences que peuvent avoir les décisions sur la situation des personnes concernées, l'exigence d'avoir un avocat est un droit, et même une obligation dans de nombreux cas,

7. C. pr. civ., art. 1186 – I. Coppart, « Nouvelle tentative de désignation systématique d'un avocat pour les mineurs visés par des mesures d'assistance éducative », *JCP* 2021. 702.
8. C. pr. civ., art. 1209.
9. C. pr. civ., art. 1187.
10. C. civ., art. 375-9-1.
11. C. pr. civ., art. 1200-5.
12. V. s[s] n°s 484.31 s.

et elle doit être assurée à tous les stades de la procédure, tant au stade de l'interrogatoire de police[1], de la garde à vue[2] ou de l'audience de fond[3], et l'effectivité de ce droit doit être assurée même si celui qui en bénéficie n'est pas éligible à l'aide juridictionnelle[4].

§ 1
Commissions d'office par le bâtonnier

472.50 **Plan.** Les commissions d'office par le bâtonnier concernent l'essentiel des procédures pénales, qu'il s'agisse des procédures non juridictionnelles, et notamment de la garde à vue (A), des ordonnances pénales, comparution sur reconnaissance préalable de culpabilité et transaction pénale (B), des comparutions immédiates (C), de l'instruction (D), de l'application des peines (E), de la défense des victimes d'une infraction pénale (F), des mineurs délinquants (G), des majeurs protégés (H) ou encore des étrangers (I).

A.
Procédures non juridictionnelles

472.61 **Intervention de l'avocat dans les procédures non juridictionnelles[5].** Le bâtonnier est amené à commettre d'office des avocats aux fins d'assister :

– les personnes soupçonnées, à l'occasion des auditions libres[6] ou confrontations en audition libre[7], ou à l'occasion des auditions libres par l'administration fiscale[8], de retenue douanière[9], ou faisant l'objet d'un mandat d'arrêt européen[10] ;

– les personnes gardées à vue au cours de la garde à vue, des auditions libres ou confrontations[11], de la retenue ou de la rétention dans les conditions prévues par le code de procédure pénale[12], ou au cours de la retenue douanière[13], ou au cours de la retenue d'un étranger aux fins de vérification du droit de circulation ou de séjour[14], des retenues dans le cadre de la vérification du contrôle judiciaire[15], de la recherche des personnes condamnées à des peines d'emprisonnement ou de réclusion[16], de la présentation devant un magistrat dans le cadre d'une instruction[17], de l'exécution d'un mandat d'arrêt européen ou d'une demande d'extradition[18] ;

– les suspects, plaignants et victimes, à l'occasion d'une opération de reconstitution de l'infraction, ou lors d'une séance d'identification des suspects dont ils font partie[19] ;

– les victimes lors d'une confrontation avec une personne gardée à vue[20] ou suspectée[21] ;

– les personnes mises à disposition de la justice pour être déférées devant le procureur de la République en vue de leur convocation par procès-verbal ou de leur comparution immédiate[22] ou à délai différé[23] ;

1. CEDH 24 nov. 1993, *Imbrioscia c/Suisse*, req. n° 13972/88 ; *RSC* 1994. 144, obs. L.-E. Pettiti ; *RSC* 1994. 362, obs. R. Koering-Joulin – CEDH 27 nov. 2008, *Salduz c/Turquie*, req. n° 36391/02 ; *AJDA* 2009. 872 Chron. J.-F. Flauss ; *JCP* 2009. I. 104, n° 5, obs. F. Sudre ; *RPDP* 2009. 705, obs. A. Gouttenoire ; *RTDH* 2010. 663, obs. D. Holzapfel.
2. CEDH 13 oct. 2009, *Dayanan c/Turquie*, req. n° 7377/03 ; *D.* 2009. 2897, note J.-F. Renucci ; *AJ pénal* 2010. 27, étude C. Saas ; *RSC* 2010. 231, obs. D. Roets – CEDH 14 oct. 2010, *Brusco c/France*, req. n° 1466/07 ; *D.* 2010. 2950, note J.-F. Renucci ; *D.* 2010. 2425, édito. F. Rome ; *D.* 2010. 2696, entretien Y. Mayaud ; *D.* 2010. 2783, Chron. J. Pradel ; *D.* 2010. 2850, point de vue D. Guérin ; *RSC* 2011. 211, obs. D. Roets – Cass., ass. plén., 15 avr. 2011, n°s 10-17.049, 10-30.313, 10-30.316, 10-30.242, P n° 1 – RAPPR. : F. Bardy et avis C. Petit, *D.* 2011. Actu. 1080 ; *D.* 2011. 1128, entretien G. Roujou de Boubée ; *D.* 2011. 1713, obs. V. Bernaud et L. Gay ; *D.* 2012. 390, obs. I. Passet ; *AJ pénal* 2011. 311, obs. J. Mauro ; *Constitution* 2011. 326, obs. A. Levade ; *RSC* 2011. 410, obs. A. Giudicelli ; *RTD civ.* 2011. 725, obs. J.-P. Marguénaud.
3. CEDH 23 nov. 1993, *Poitrimol c/France*, req. n° 14032/88 ; *D.* 1994. 187, obs. J. Pradel ; *RSC* 1994. 362, obs. R. Koering-Joulin ; *JDI* 1994. 821, obs. P. Tavernier ; *AFDI* 1994. 684, obs. R. Pelloux – CEDH 13 févr. 2001, *Krombach c/France*, req. n° 29731/96 ; *D.* 2001. 3302, note J.-P. Marguénaud ; *RSC* 2001. 429, obs. F. Massias.
4. V. s^{s} n°s 751.00 s.
5. L. n° 91-647, 10 juill. 1991, art. 64 s.
6. C. pr. pén., art. 61-1 – Circ. CRIM-2014-27, 19 déc. 2014 sur l'assistance de l'avocat en audition libre, NOR : JUSD1430472C – S. Pellé, « L'audition libre : réflexion sur quelques angles morts des droits de la défense », *D.* 2021. 356.
7. C. pr. pén., art. 61-2.
8. LPF, art. L. 39.
9. C. douanes, art. 67 F.
10. C. pr. pén., art. 695-17-1.
11. C. pr. pén., art. 63-4-2.
12. V. s^{s} n°s 472.62 s.
13. C. douanes, art. 323-5 – Circ. 31 mai 2011 relative à présentation des dispositions de la loi n° 2011-392, 14 avr. 2011 autres que celles relatives à la garde à vue, NOR : JUSD1114853C.
14. V. s^{s} n° 472.145.
15. C. pr. pén., art. 141-4.
16. C. pr. pén., art. 716-5.
17. C. pr. pén., art. 133-1 et 135-2.
18. V. s^{s} n° 472.151.
19. C. pr. pén., art. 61-3 – S. Pellé, « Garde à vue et audition libre : acte final ? Bilan d'un cycle de réformes (lois du 14 avril 2011, 27 mai 2014 et 3 juin 2016) », *D.* 2017. 359 – Circ. 10 nov. 2016 de présentation des dispositions de la loi du 3 juin 2016 et du décret du 28 octobre 2016 transposant la directive 2013/48/UE du 22 octobre 2013 relative au droit d'accès à un avocat dans le cadre des procédures pénales, NOR : JUSD1632747C.
20. C. pr. pén., art. 63-4-5.
21. C. pr. pén., art. 61-2 – V. s^{s} n° 472.114.
22. C. pr. pén., art. 803-3 – Cons. const. 17 déc. 2010, n° 2010-80 QPC, *Michel F… (M.)*, Mise à la disposition de la justice, CONFORMITÉ – RÉSERVE, JO 19 déc., p. 22374, n° 50 ; Rec., p. 408 ; *D.* 2011. 1713, obs. V. Bernaud et L. Gay ; *Constitutions* 2011. 525, obs. E. Daoud et A. Talbot ; *RSC* 2011. 193, Chron. C. Lazerges – V. s^{s} n°s 472.81 s.
23. C. pr. pén., art. 397-1-1.

– les personnes mises en cause ou les victimes au cours des missions de médiation entre l'auteur des faits et la victime[1], de composition pénale[2] y compris en matière contraventionnelle[3] ou de proposition au mineur d'une mesure ou une activité d'aide ou de réparation à l'égard de la victime ou dans l'intérêt de la collectivité[4], et ordonnées par le procureur de la République ;

– les personnes détenues faisant l'objet d'une procédure disciplinaire en relation avec la détention devant la commission de discipline de l'établissement[5], étant précisée que si elle est mineure elle doit obligatoirement être assistée d'un avocat[6] ;

– les personnes détenues faisant l'objet d'une mesure d'isolement d'office ou de prolongation de cette mesure, ou placées à l'isolement à leur demande et faisant l'objet d'une levée de ce placement sans leur accord[7] ;

– les personnes détenues devant la commission d'application des peines en vue d'une libération sous contrainte[8] ;

– les personnes retenues dans un centre socio-médico-judiciaire de sûreté, s'agissant des décisions prises à leur encontre pour assurer le bon ordre du centre[9].

472.62 Présence de l'avocat en garde à vue. Depuis 2011[10], l'article préliminaire du code de procédure pénale prévoit le droit à toute personne placée en garde à vue de s'entretenir avec un avocat[11] et d'être assistée par lui.

En cas de prolongation, ou d'extension[12], de la garde à vue, la personne pourra demander à s'entretenir à nouveau avec un avocat[13].

472.63 Report de l'intervention de l'avocat. Il est possible de reporter l'intervention de l'avocat[14] pour des raisons impérieuses tenant aux circonstances particulières de l'enquête ou de l'instruction, s'appréciant *in concreto*, soit pour permettre le bon déroulement d'investigations urgentes tendant au recueil ou à la conservation des preuves, soit pour prévenir une atteinte grave et imminente à la vie, à la liberté ou à l'intégrité physique d'une personne[15], telle qu'une personne soupçonnée d'enlèvement et dont les déclarations doivent être immédiatement recueillies pour tenter de retrouver la victime en vie.

L'intervention de l'avocat ne peut alors être différée que pendant une durée maximale de 12 heures, durée portée à 24 heures lorsque la personne est gardée à vue pour un crime ou un délit puni d'une peine d'emprisonnement supérieure ou égale à cinq ans[16], à 48 heures dans le cadre de gardes à vue en matière de criminalité organisée relevant des JIRS, et à 72 heures en matière de trafic de stupéfiants et de terrorisme[17].

472.64 Désignation de l'avocat. Si la personne gardée à vue a choisi un avocat, les officiers ou agents de police judiciaire le contactent ou procèdent aux recherches nécessaires pour le contacter.

Si la personne gardée à vue n'est pas à même de désigner un avocat ou si l'avocat désigné ne peut être avisé, ou s'il ne peut ou ne veut assister la personne gardée à vue (car il est libre de refuser cette désignation), la personne retenue peut demander à ce qu'il lui soit commis un avocat d'office par le bâtonnier. Le bâtonnier doit être informé par tous moyens et sans délai[18].

1. C. pr. pén., art. 41-1, 5°.
2. C. pr. pén., art. 41-2 – Circ. 8 avr. 2019 relative à la présentation des dispositions immédiatement applicables de la loi n° 2019-222 du 23 mars 2019 de programmation 2018-2022 et de réforme pour la justice relatives aux alternatives aux poursuites, aux poursuites et au jugement, NOR : JUSD1910286 C.
3. C. pr. pén., art. 41-3.
4. CJPM, art. L. 112-8.
5. Circ. 9 juin 2011 relative au régime disciplinaire des personnes détenues majeures, NOR : JUSK1140024C.
6. C. pr. pén., art. R. 57-7-16.
7. C. pr. pén., art. R. 57-7-62 s. – Circ. 14 avr. 2011 relative au placement à l'isolement des personnes détenues, NOR : JUSK1140023C.
8. C. pr. pén., art. 720 – Circ. 26 sept. 2014 de présentation des dispositions de la loi n° 2014-896 du 15 août 2014 relative à l'individualisation des peines et renforçant l'efficacité des sanctions pénales instituant la contrainte pénale, NOR : JUSD 1422852C – Circ. 26 déc. 2014 de présentation des dispositions de la loi n° 2014-896 du 15 août 2014 relative à l'individualisation des peines et renforçant l'efficacité des sanctions pénales applicables au 1er janvier 2015 et portant sur la libération sous contrainte, l'examen obligatoire des peines d'emprisonnement supérieures à 5 ans en vue de l'octroi d'une libération conditionnelle, la suppression de la procédure simplifiée d'aménagement de peine et de la surveillance électronique de fin de peine ainsi que sur la suppression de certains régimes spécifiques applicables aux récidivistes, NOR : JUSD1431153C.
9. C. pr. pén., art. R. 53-8-66 s. – Circ. DACG CRIM 08-17/E8, 17 déc. 2008 relative à la présentation générale des dispositions relatives à la surveillance de sûreté et à la rétention de sûreté, NOR : JUSD0830031C.
10. L. n° 2011-392, 14 avr. 2011 relative à la garde à vue, *JO* 15 avr., p. 6610.
11. DÉJÀ S'AGISSANT DU SEUL ENTRETIEN : L. n° 93-2, 4 janv. 1993 portant réforme de la procédure pénale, *JO* 4 janv., p. 215 et L. n° 2000-516, 15 juin 2000 renforçant la protection de la présomption d'innocence et les droits des victimes, *JO* 11 avr., p. 9038.
12. Crim. 2 mars 2021, n° 20-85.491, P ; *Gaz. Pal.* 4 mai 2021, p. 19, note A. Didot-Seïd Algadi ; *D.* 2021. 471.
13. C. pr. pén., art. 63-4, al. 4 – Circ. 23 mai 2011 relative à l'application des dispositions relatives à la garde à vue de la loi n° 2011-392, 14 avr. 2011 relative à la garde à vue, NOR : JUSD1113979C.
14. V. s^s n° 471.46.
15. C. pr. pén., art. 63-4-2.
16. C. pr. pén., art. 63-4-2.
17. C. pr. pén., art. 706-88.
18. C. pr. pén., art. 63-3-1.

Si l'avocat ne s'est pas encore présenté, les officiers ou agents de police judiciaire respectent un délai d'attente de deux heures durant lequel ils ne peuvent, en principe, débuter les auditions[1].

472.65 Conflit d'intérêts. Sur la gestion des conflits d'intérêts dans le cadre de la garde à vue[2].

472.66 Absence d'accès au dossier. L'entretien confidentiel[3] d'une durée de 30 minutes[4] permet à l'avocat de consulter le procès-verbal constatant la notification du placement en garde à vue, le certificat médical ainsi que les procès-verbaux d'auditions[5]. Cependant, l'avocat ne peut consulter l'intégralité du dossier d'enquête pour des raisons tenant à la recherche de la vérité[6], sans que cette limitation soit de nature à priver la personne gardée à vue d'un droit effectif et concret à un procès équitable, dès lors que l'accès à ces pièces est garanti devant les juridictions d'instruction et de jugement[7].

Le Conseil d'État a également considéré que l'accès limité au dossier n'était pas de nature à porter atteinte au principe d'égalité des armes, au rôle du défenseur de l'avocat ni à l'effectivité des droits de la défense garantis par l'article 6 de la Conv. EDH[8].

472.67 Modalités des auditions et confrontations. Dans le cadre de ces auditions et confrontations, la présence de l'avocat est essentielle afin de garantir qu'aucune atteinte ne soit portée à la dignité de la personne gardée à vue[9], de lui rappeler ses droits et notamment celui de garder le silence, de veiller à la parfaite retranscription par les officiers ou agents de police judiciaire des dépositions, quitte à conseiller de refuser de signer les procès-verbaux et en faire acter la raison.

L'avocat peut assister aux auditions et confrontations de la personne gardée à vue, ainsi qu'aux opérations de reconstitution de l'infraction, ou séances d'identification des suspects[10], à l'exclusion de tout autre acte de la procédure[11]. Il ne peut donc assister aux perquisitions qui intéressent son client[12].

472.68 Rôle de l'avocat lors des auditions. L'audition ou la confrontation est menée sous la direction de l'officier ou de l'agent de police judiciaire qui peut à tout moment, en cas de difficulté, y mettre un terme et en aviser immédiatement le procureur de la République qui informe, s'il y a lieu, le bâtonnier aux fins de désignation d'un autre avocat[13].

L'avocat peut directement poser des questions à la personne gardée à vue, mais seulement à l'issue de chaque audition ou confrontation : l'officier ou agent de police judiciaire pourra s'opposer aux questions de nature à nuire au bon déroulement de l'enquête (ce refus sera mentionné au procès-verbal). L'avocat peut également relire le procès-verbal d'audition. Enfin, il peut, à l'issue de chaque audition ou confrontation, présenter des observations écrites qui seront jointes à la procédure. L'avocat doit faire signer par le responsable du lieu de détention une attestation de son intervention et de l'heure à laquelle il l'a effectuée[14].

472.69 Criminalité et délinquance organisées. Il convient de noter qu'en matière de criminalité et délinquance organisées devant les JIRS[15], la personne qui a été placée en garde à vue six mois auparavant et a fait l'objet d'une mesure de surveillance, infiltration, enquête sous pseudonyme, perquisitions, interceptions de correspondances émises par la voie des télécommunications et qui n'a pas fait l'objet de poursuites peut interroger le procureur de la République dans le ressort duquel la garde à vue s'est déroulée sur la suite donnée ou susceptible d'être donnée à l'enquête. Cette demande est adressée par lettre recommandée avec demande d'avis de réception.

Lorsque le procureur de la République décide de poursuivre l'enquête préliminaire et qu'il envisage

1. C. pr. pén., art. 63-4-2.
2. V. s[s] n°s 442.71 s.
3. CEDH 27 oct. 2015, *R. E. c/Royaume-Uni*, req. n° 62498/11 ; *D.* 2016. 228, obs. J.-F. Renucci.
4. C. pr. pén., art. 63-4.
5. C. pr. pén., art. 63-4-1.
6. Cons. const. 18 nov. 2011, n° 2011-191/194/195/196/197 QPC, *Élise A... (Mme) a. Garde à vue II*, CONFORMITÉ – RÉSERVE, ; *JO* 19 nov., p. 19480 ; *Rec.* 544 ; *D.* 2011. 3034, H. Matsopoulou ; *JCP* 2011. 1452, note J. Pradel ; *RLDA* mars 2012. 85 – COMP. : CEDH 12 janv. 2012, *Trymbach c/ Ukraine*, req. n° 44385/08 – CEDH 28 août 2012, *Simons c/ Belgique*, req. n° 71407/10 ; *D.* 2012. 2644, note F. Fourment – CEDH 9 avr. 2015, *A. T. c/Luxembourg*, req. n° 30460/13 ; *D.* 2016. 226, obs. J.-F. Renucci.
7. Crim. 19 sept. 2012, n° 11-88.111, P n° 194 ; *JCP* 2012. Actu. 1038 ; *D.* 2012. 2246, C. Girault ; *Gaz. Pal.* 30 sept. 2012. 10, note O. Bachelet – Crim. 4 oct. 2016, n° 16-82.309, P ; *Gaz. Pal.* 15 nov. 2016, p. 29, note R. Mésa ; *D.* 2016. 2003 ; *D.* 2017. 245, Chron. G. Guého, L. Ascensi, E. Pichon, B. Laurent et G. Barbier ; *AJ pénal* 2017. 42, obs. S. Lavric ; *RTD eur.* 2017. 336-17, obs. B. Thellier de Poncheville.
8. CE 6e – 1re s[s] sect., 11 juill. 2012, req. n° 349752, *Lebon ; D.* 2011. 2044 ; *RSC* 2012. 185, obs. J. Danet.
9. C. pr. pén., art. 63-5.
10. C. pr. pén., art. 61-3 – Circ. 10 nov. 2016 de présentation des dispositions de la loi du 3 juin 2016 et du décret du 28 octobre 2016 transposant la directive 2013/48/UE du 22 octobre 2013 relative au droit d'accès à un avocat dans le cadre des procédures pénales, NOR : JUSD1632747C.
11. C. pr. pén., art. 63-4-2.
12. V. s[s] n° 415.34.
13. C. pr. pén., art. 63-4-3.
14. Décr. n° 2020-1717, 28 déc. 2020, art. 105.
15. C. pr. pén., art. 706-73 et 706-74.

de procéder à une nouvelle audition ou à un nouvel interrogatoire de la personne au cours de cette enquête, cette personne est informée, dans les deux mois suivants la réception de sa demande, qu'elle peut demander qu'un avocat désigné par elle ou commis d'office à sa demande par le bâtonnier puisse consulter le dossier de la procédure. Le dossier est alors mis à la disposition de l'avocat au plus tard dans un délai de quinze jours à compter de la demande et avant, le cas échéant, toute nouvelle audition ou tout nouvel interrogatoire de la personne concernée[1].

B.
Ordonnance pénale, comparution sur reconnaissance préalable de culpabilité (CRPC) et transaction pénale

472.71 Procédure simplifiée de l'ordonnance pénale. Dans le cadre de la procédure simplifiée de l'ordonnance pénale où le prévenu est informé qu'il dispose d'un délai de quarante-cinq jours à compter de cette notification pour former opposition à l'ordonnance et qu'elle permettra que l'affaire fasse l'objet d'un débat contradictoire et public devant le tribunal correctionnel, au cours duquel il pourra être assisté par un avocat, dont il pourra demander la commission d'office[2].

472.72 Comparution sur reconnaissance préalable de culpabilité (CRPC). L'assistance de l'avocat est ici obligatoire et le justiciable ne peut pas renoncer à son droit d'être assistée par un avocat. Les déclarations par lesquelles le prévenu reconnaît les faits qui lui sont reprochés sont recueillies, et la proposition de peine est faite par le procureur de la République, en présence de l'avocat de l'intéressé choisi par lui ou, à sa demande, désigné par le bâtonnier, l'intéressé étant informé que les frais seront à sa charge sauf s'il remplit les conditions d'accès à l'aide juridictionnelle.

L'avocat doit pouvoir consulter sur-le-champ le dossier[3]. Le prévenu peut librement s'entretenir avec son avocat hors la présence du procureur avant de lui transmettre sa décision quant à la proposition qui lui est faite. Le prévenu peut, en outre, bénéficier d'un délai de réflexion de dix jours. L'acceptation de la proposition est donnée en présence de l'avocat. Le prévenu est alors présenté au président du tribunal judiciaire ou le juge délégué aux fins d'homologation de la peine. Celui-ci entend le prévenu et son avocat et vérifie la réalité des faits et leur qualification juridique.

472.73 Transaction pénale. Il en est de même de la transaction pénale qui permet à l'officier de police, pour certains délits, sur autorisation du procureur de la République, et tant que l'action publique n'a pas été mise en mouvement, de proposer à l'auteur de l'infraction, personne physique ou personne morale, si ce dernier l'accepte, de transiger sur la poursuite. Cette transaction doit être homologuée par le président du tribunal judiciaire ou par un juge par lui désigné, après avoir entendu, s'il y a lieu, l'auteur de l'infraction, assisté, le cas échéant, par son avocat[4].

Le Conseil constitutionnel a eu l'occasion de préciser que, pour que les droits de la défense soient assurés dans le cadre d'une procédure de transaction pénale, elle doit reposer sur l'accord libre et non équivoque, avec l'assistance éventuelle de son avocat, de la personne à laquelle la transaction est proposée. Dès lors, la mise en œuvre de ces dispositions ne saurait, sans méconnaître les droits de la défense, autoriser qu'une transaction soit conclue sans que la personne suspectée d'avoir commis une infraction ait été informée de son droit à être assistée de son avocat avant d'accepter la proposition qui lui est faite, y compris si celle-ci intervient pendant qu'elle est placée en garde à vue[5].

C.
Comparution immédiate

472.81 Définition. La procédure de flagrant délit, qui s'est peu à peu instaurée pour permettre la saisine directe du tribunal et le jugement rapide de délits mineurs où les délinquants avaient été pris sur le fait, a été légalisée et aménagée en 1981 par la loi du 2 février 1981[6], dite loi sécurité et liberté. Cette procédure vise en réalité deux hypothèses nettement distinctes :

– d'une part, la comparution immédiate devant le tribunal hors le cas de flagrant délit, et uniquement dans le cas où la peine encourue est au moins égale

1. C. pr. pén., art. 706-105.
2. C. pr. pén., art. 495-3, al. 3.
3. C. pr. pén., art. 495-8.
4. C. pr. pén., art. 41-1-1.
5. Cons. const. 23 déc. 2016, n° 2016-569 QPC, *Syndicat de la magistrature a. Transaction pénale par officier de police judiciaire – Participation des conseils départementaux de prévention de la délinquance et des zones de sécurité prioritaires à l'exécution des peines*, NON-CONFORMITÉ PARTIELLE, RÉSERVE, *JO* 25 sept., n° 29, consid., n°s 8 et 9 ; *AJDA* 2016. 1779 ; *D.* 2016. 2545, note J.-B. Perrier ; *AJ pénal* 2017. 198, obs. M. Medjkane ; *AJ pénal* 2016. 546, obs. F. Engel ; *Constitutions* 2016. 541, Chron. ; *Constitutions* 2016, 642, Chron. A. Ponseille ; *RSC* 2017. 389, obs. B. de Lamy.
6. L. n° 81-82, 2 févr. 1981 renforçant la sécurité et protégeant la liberté des personnes, *JO* 3 févr., p. 415.

à deux ans lorsque le procureur estime que, compte tenu des preuves rassemblées, des procès-verbaux de police, que les charges réunies sont suffisantes et que l'affaire est en l'état d'être jugée, une information n'est pas nécessaire[1] ;

– d'autre part, au cas où le prévenu a été appréhendé au cours d'une enquête de flagrant délit, mais uniquement dans le cas où la peine encourue est au moins égale à six mois et que s'il estime que les éléments de l'espèce le justifient[2].

472.82 Comparution le jour même. Le prévenu est retenu jusqu'à sa comparution qui doit avoir lieu le jour même, sauf si la réunion du tribunal est impossible le jour même, auquel cas, le procureur peut traduire le prévenu devant le juge des libertés et de la détention qui statue, après avoir recueilli les observations éventuelles du prévenu ou de son avocat, sur la détention provisoire jusqu'à sa comparution devant le tribunal au plus tard le troisième jour ouvrable suivant[3].

472.83 Comparution immédiate (CI). Lorsque le tribunal est saisi en matière de comparutions immédiates, le président doit avertir le prévenu qu'il ne peut être jugé le jour même qu'avec son accord et que cet accord ne peut être recueilli qu'en présence de son avocat ou, si celui-ci n'est pas présent, d'un avocat commis d'office sur sa demande par le bâtonnier[4].

472.84 Convocation par procès-verbal (CPV). Le procureur de la République peut également inviter la personne déférée à comparaître devant le tribunal dans un délai qui ne peut être inférieur à dix jours, sauf renonciation expresse de l'intéressé en présence de son avocat, ni supérieur à deux mois.

Si le procureur de la République décide de soumettre le prévenu jusqu'à sa comparution devant le tribunal à une ou plusieurs obligations de contrôle judiciaire, il le traduit sur-le-champ devant le JLD qui peut après audition du prévenu, son avocat ayant été avisé et entendu en ses observations, s'il le demande, prononcer cette mesure[5].

472.85 Comparution à délai différé (CDD). Le procureur de la République peut enfin, s'il existe contre la personne des charges suffisantes pour la faire comparaître, au plus tard dans un délai de deux mois, devant le tribunal correctionnel, mais que l'affaire n'est pas en état d'être jugée selon la procédure de comparution immédiate parce que n'ont pas encore été obtenus les résultats de réquisitions, d'examens techniques ou médicaux déjà sollicités, si le prévenu est assisté par un avocat choisi par lui ou désigné par le bâtonnier, le poursuivre devant le tribunal correctionnel selon la procédure de comparution à délai différé[6].

Si le procureur de la République décide de soumettre le prévenu jusqu'à sa comparution devant le tribunal à une ou plusieurs obligations de contrôle judiciaire, d'assignation à résidence avec surveillance électronique ou de détention provisoire (si la peine d'emprisonnement encourue est égale ou supérieure à trois ans), il le traduit sur-le-champ devant le JLD qui peut après audition du prévenu, son avocat ayant été avisé et entendu en ses observations, s'il le demande, prononcer cette mesure. Les réquisitions du procureur précisent les raisons justifiant le recours à cette procédure, en indiquant s'il y a lieu les actes en cours dont les résultats sont attendus. Les procès-verbaux ou autres pièces résultant des réquisitions, examens techniques ou médicaux mentionnés au premier alinéa du présent article sont versés au dossier de la procédure dès leur accomplissement et mis à la disposition des parties ou de leur avocat. Jusqu'à l'audience de jugement, le prévenu ou son avocat peuvent demander au président du tribunal la réalisation de tout acte qu'ils estiment nécessaire à la manifestation de la vérité, conformément aux dispositions de l'article 388-5 du code de procédure pénale[7].

D.
Juge d'instruction

472.91 Juge d'instruction – Première comparution. Depuis 1897[8], le bâtonnier est amené à commettre d'office des avocats aux fins d'assister tout témoin assisté en vue de son audition[9] ou personne comparant devant le juge d'instruction en vue de sa mise en examen et qui n'a pas déjà été entendue comme témoin assisté[10] étant précisé que si l'avocat choisi ne peut être contacté ou ne peut se déplacer, la personne est avisée de son droit de demander qu'il lui en soit commis un d'office pour l'assister au cours de la première comparution.

472.92 Modalités des auditions. L'avocat ne peut prendre la parole qu'après y avoir été autorisé par le magistrat, et si cette autorisation lui est refusée, mention en est faite au procès-verbal. Le magistrat n'a pas à prendre une ordonnance pour motiver son

1. C. pr. pén., art. 395 al. 1.
2. C. pr. pén., art. 395 al. 2.
3. C. pr. pén., art. 396.
4. C. pr. pén., art. 397.
5. C. pr. pén., art. 394.
6. C. pr. pén., art. 397-1-1.
7. C. pr. pén., art. 397-1-1.
8. L. 8 déc. 1897 ayant pour objet de modifier certaines règles de l'instruction préalable en matière de crimes et délits, dite loi Constans, *JO* 10 déc., p. 6907, art. 3.
9. C. pr. pén., art. 113-3.
10. C. pr. pén., art. 116 al. 5.

refus alors même qu'il serait saisi par l'avocat de conclusions écrites tendant à ce que la parole lui soit donnée[1].

L'avocat n'a pas non plus le droit, par une intervention sans cesse renouvelée, d'enlever aux réponses de son client, des autres mis en examen ou des témoins confrontés, la spontanéité qui est le meilleur garant de leur sincérité[2].

472.93 **Détention provisoire.** Si le juge d'instruction envisage d'ordonner la détention provisoire de la personne, il l'informe que sa décision ne pourra intervenir qu'à l'issue d'un débat contradictoire devant le juge des libertés et de la détention (JLD) et qu'elle a le droit de demander un délai pour préparer sa défense. Si cette personne n'est pas déjà assistée d'un avocat, le juge l'avise qu'elle sera défendue lors du débat par un avocat de son choix ou, si elle ne choisit pas d'avocat, par un avocat commis d'office. Si l'avocat choisi ne peut se déplacer, il est remplacé par un avocat commis d'office[3]. Si le mis en examen ou son avocat sollicite un délai pour préparer sa défense, le JLD ne peut ordonner le placement en détention mais seulement l'incarcération de la personne mise en examen pendant une durée qui ne saurait excéder quatre jours. Il fait comparaître, à l'expiration de ce délai, la personne mise en examen et procède ainsi qu'il est dit ci-dessus.

Mais, dans la mesure où l'article 145 du code de procédure pénale ne dispose pas que le débat doit impérativement avoir lieu « en présence » d'un avocat, il faut en déduire que si le texte impose au juge, en l'absence d'avocat choisi, de solliciter la commission d'office d'un avocat en remplacement de l'avocat choisi et d'aviser ce dernier du débat, il ne semble pas lui interdire de procéder à ce débat si l'avocat commis d'office n'est pas en mesure de se déplacer[4].

472.94 **Détention provisoire – Rôle de l'avocat.** L'avocat devra veiller à ce que la détention provisoire soit réduite au minimum conformément à la volonté du législateur en la matière. La détention provisoire doit être conçue comme une mesure strictement nécessaire d'application subsidiaire, provisoire et proportionnelle aux fins qui constitutionnellement la justifient et la délimitent, afin de ne porter qu'une atteinte exceptionnelle à la présomption d'innocence.

En conséquence, la motivation quasi automatique et stéréotypée de maintien en détention est ouvertement contraire au principe qui veut que la détention provisoire soit exceptionnelle, subsidiaire et provisoire[5].

472.95 **Faculté après la première comparution.** Si, en première comparution, et lors de l'éventuel débat qui suit devant le JLD, l'assistance de l'avocat est en principe obligatoire[6], par la suite, la loi laisse à la personne mise en examen la liberté d'apprécier souverainement quel est son intérêt sans jamais être forclos pour choisir un défenseur.

À tout moment de l'information, elle peut faire connaître au juge d'instruction le nom du conseil qu'elle a choisi et en désigner plusieurs. Elle doit lui faire connaître celui d'entre eux auquel seront adressées les convocations et notifications[7]. Et lorsqu'un nouvel avocat a été désigné, sa désignation doit faire l'objet d'une déclaration auprès du greffier du juge d'instruction. À défaut, il ne pourra exercer aucun de ses droits et pouvoirs, et notamment il ne pourra faire exercer tout recours utile devant la chambre de l'instruction[8].

E.
Application des peines

472.101 **Juge et tribunal d'application des peines (Jap et Tap).** Lors des procédures d'application des peines privatives de liberté, les condamnés bénéficient de l'assistance de leur avocat[9]. Cette assistance est facultative, excepté pour les mineurs[10].

La personne condamnée choisit librement son avocat, en indiquant son nom au juge de l'application des peines ou en lui adressant un courrier afin que lui soit commis un avocat d'office par le bâtonnier[11].

472.102 **Surveillance judiciaire de personnes dangereuses condamnées pour crime ou délit.** Lorsque le tribunal de l'application des peines est amené à se prononcer sur une demande de placement sous surveillance judiciaire dès sa libération d'une personne qui a été condamnée à une peine privative de liberté d'une durée égale ou supérieure à sept ans pour un crime ou un délit pour lequel le

1. Douai, 20 déc. 1897, *DP* 1898. 2. 16.
2. Crim. 10 déc. 1897, *DP* 1897. 4. 129.
3. C. pr. pén., art. 145 al. 4 et 5.
4. Circ. Dacg n° 2007-10, 22 juin 2007 – C. pr. pén., art. 145.
5. Décl. DHC – Pacte New York, 19 déc. 1966 ; – AUSSI : B. Bouloc, « Le silence de la personne mise en examen peut-il justifier sa mise en détention ? », *D.* 1995. 315.
6. Crim. 11 mai 2004, n° 04-81.039, P n° 114 ; *D.* 2004. 1865 ; *AJ pénal* 2004. 289, obs. J. Leblois-Happe ; *Gaz. Pal.* 2004. Somm. 4006, note Y. Monnet.
7. C. pr. pén., art. 115.
8. Crim. 9 janv. 2007, n° 06-84.738, P n° 3 ; *D.* 2007. 579 ; *AJ pénal* 2007. 136, obs. C. Saas ; *RSC* 2007. Chron. 324, obs. R. Finielz ; *Dr. pénal* 2007. Comm. 65, obs. A. Maron ; *LPA* 17 déc. 2007, 13, obs. C. Porteron.
9. C. pr. pén., art. 712-6 s.
10. V. s[s] n° 472.126.
11. C. pr. pén., art. D. 49-14.

suivi socio-judiciaire est encouru ou d'une durée supérieure ou égale à cinq ans pour un crime ou un délit commis une nouvelle fois en état de récidive légale[1], la personne concerne doit obligatoirement être assistée par un avocat choisi par elle, ou, à sa demande, commis par le bâtonnier[2].

F.
Victimes

472.111 Information des victimes de la possibilité de se constituer partie civile. Les victimes bénéficient à tous les stades la procédure d'une information[3] leur indiquant que si elles souhaitent se constituer partie civile, elles pourront se voir commettre d'office un avocat par le bâtonnier du barreau près la juridiction compétente.

472.112 Victime au stade de l'enquête. Il en est ainsi, tant au stade de l'enquête[4] que de l'enquête préliminaire[5]. Lorsque la victime souhaite se constituer partie civile et demande la désignation d'un avocat après avoir été informée de ce droit, le procureur de la République, avisé par l'officier ou l'agent de police judiciaire, s'il décide de mettre l'action publique en mouvement, en informe sans délai le bâtonnier afin qu'il procède à la commission d'office. Dans le cas contraire, il indique à la victime, en l'avisant du classement de sa plainte, qu'elle peut directement adresser sa demande de désignation auprès du bâtonnier si elle maintient son intention de se constituer partie civile et d'obtenir la réparation de son préjudice[6].

472.113 Victime au stade de l'instruction. Au stade de l'instruction, il appartient, dès le début de l'information, au juge d'instruction d'avertir la victime d'une infraction de l'ouverture d'une procédure, de son droit de se constituer partie civile et de la possibilité de se voir commettre d'office un avocat par le bâtonnier. Lorsque le juge d'instruction est informé par la victime qu'elle se constitue partie civile et qu'elle demande la désignation d'un avocat, il en informe sans délai le bâtonnier[7].

472.114 Assistance de la victime de la personne gardée à vue. Si la victime (partie civile ou non) est confrontée avec une personne gardée à vue, ou amenée à participer à une opération de reconstitution de l'infraction ou une séance d'identification des suspects[8], elle peut demander à être également assistée par un avocat choisi par elle ou son représentant légal si elle est mineure, ou commis par le bâtonnier à sa demande[9].

472.115 Mineur victime. En matière d'infractions de nature sexuelle commises à l'égard d'un mineur[10], tout mineur victime d'une telle infraction doit être assisté par un avocat lorsqu'il est entendu par le juge d'instruction.

À défaut de désignation d'un avocat par les représentants légaux du mineur ou par l'administrateur *ad hoc*, le juge avise immédiatement le bâtonnier afin qu'il commette un avocat d'office[11].

G.
Mineur délinquant

472.121 Assistance du mineur délinquant. L'obligation pour tout mineur[12], poursuivi ou condamné, d'être assisté d'un avocat à chaque étape de la procédure est proclamée par l'article L. 12-4[13] du code de la justice pénale des mineurs.

À défaut de choix d'un avocat par le mineur ou ses représentants légaux, le procureur de la République, le juge des enfants ou le juge d'instruction fait commettre par le bâtonnier un avocat d'office.

472.122 Mineur devenu majeur. La Cour de cassation a considéré, dans un avis, que le majeur, qui comparaît devant le tribunal pour enfants pour une infraction commise alors qu'il était mineur, doit être assisté d'un avocat, lequel sera rémunéré, soit par des honoraires, soit par l'aide juridictionnelle, dans les conditions prévues pour les mineurs par les articles 2 à 6 de la loi du 10 juillet 1991[14], et il ne peut pas y renoncer[15].

1. C. pr. pén., art. 723-29.
2. C. pr. pén., art. 723-32.
3. Dir. 2012/29, Parlement et Conseil, 25 oct. 2012 établissant des normes minimales concernant les droits, le soutien et la protection des victimes de la criminalité, *JOUE* 14 nov., p. 57.
4. C. pr. pén., art. 53-1.
5. C. pr. pén., art. 75.
6. C. pr. pén., art. 40-4.
7. C. pr. pén., art. 80-3.
8. C. pr. pén., art. 61-3 – S. Pellé, « Garde à vue et audition libre : acte final ? Bilan d'un cycle de réformes (lois du 14 avril 2011, 27 mai 2014 et 3 juin 2016) » ; *D.* 2017. 359 – Circ. 10 nov. 2016 de présentation des dispositions de la loi du 3 juin 2016 et du décret du 28 octobre 2016 transposant la directive 2013/48/UE du 22 octobre 2013 relative au droit d'accès à un avocat dans le cadre des procédures pénales, NOR : JUSD1632747C.
9. C. pr. pén., art. 63-4-5.
10. C. pr. pén., art. 706-47.
11. C. pr. pén., art. 706-51-1.
12. Dir. 2016/800, Parlement et Conseil, 11 mai 2016 relative à la mise en place de garanties procédurales en faveur des enfants qui sont des suspects ou des personnes poursuivies dans le cadre des procédures pénales, *JOUE* 21 mai, p. 1.
13. CJPM, art. L. 12-4.
14. Cass., avis, n° 16002, 29 févr. 2016, n° 15-70.005.
15. Cass., avis, n° 17009, 26 mai 2017, n° 17-70.006.

472.123 Mineur délinquant en garde à vue. En cas de placement en retenue[1] ou en garde à vue d'un mineur, le procureur de la République, le juge chargé de l'instruction ou l'officier de police judiciaire doit, dès le début de la retenue ou de la garde à vue, informer par tout moyen et sans délai le bâtonnier afin qu'il commette un avocat d'office[2].

Les mêmes principes ont vocation à s'appliquer en cas d'audition libre d'un mineur[3].

472.124 Mineur délinquant au stade de l'instruction. De même le juge d'instruction avise les parents du mineur, son tuteur, ou la personne ou le service auquel il est confié des poursuites dont le mineur fait l'objet. Cet avis est fait verbalement avec émargement au dossier ou par lettre recommandée. Il mentionne les faits reprochés au mineur et leur qualification juridique. Il précise également qu'à défaut de choix d'un défenseur par le mineur ou ses représentants légaux, le juge d'instruction ou le juge des enfants fera commettre par le bâtonnier un avocat d'office[4].

Lors de la première comparution, lorsque le mineur ou ses représentants légaux n'ont pas fait le choix d'un avocat ni demandé qu'il en soit désigné un d'office, le juge d'instruction saisi fait commettre sur-le-champ par le bâtonnier un avocat d'office.

472.125 Mineur délinquant au stade du jugement. Lorsque le procureur de la République ordonne la présentation d'un mineur devant lui, il doit solliciter du bâtonnier la désignation d'un avocat commis d'office dans le cas où le mineur ou ses représentants légaux n'ont pas désigné d'avocat[5].

Lorsque le mineur est poursuivi suivant la procédure de présentation immédiate devant la juridiction pour mineurs, le procureur de la République notifie les faits qui lui sont reprochés en présence de l'avocat de son choix ou d'un avocat commis par le bâtonnier à la demande du procureur de la République si le mineur ou ses représentants légaux n'ont pas fait le choix d'un avocat[6].

En cas de convocation en justice devant le tribunal pour enfants la convocation précise que le mineur doit être assisté d'un avocat et que, à défaut de choix d'un avocat par le mineur ou ses représentants légaux, le procureur de la République ou le juge des enfants font commettre par le bâtonnier un avocat d'office[7].

472.126 Mineur délinquant devant le juge et le tribunal d'application des peines (Jap et Tap). Le mineur condamné doit être assisté d'un avocat au cours des débats contradictoires devant le juge d'application des peines ou le tribunal d'application des peines. Il en est de même lorsque, en acceptant un aménagement de l'exécution de sa peine, le mineur est susceptible de renoncer à la tenue de ce débat. Le mineur ne peut en aucun cas renoncer à l'assistance d'un avocat.

À défaut de choix d'un avocat par le mineur ou ses représentants légaux, le juge des enfants ou le tribunal pour enfants fait désigner par le bâtonnier un avocat commis d'office[8].

H. Majeur protégé délinquant

472.131 Assistance du majeur protégé délinquant. En cas d'infractions commises par des majeurs protégés, tant au stade de la poursuite, de l'instruction et du jugement des infractions, le majeur protégé poursuivi doit être assisté par un avocat.

Il s'agit d'une obligation faisant que, à défaut de choix d'un avocat par la personne poursuivie ou son curateur ou son tuteur[9], il appartient au procureur de la République ou le juge d'instruction d'en faire commettre un par le bâtonnier un avocat, l'intéressé étant informé que les frais seront à sa charge sauf s'il remplit les conditions d'accès à l'aide juridictionnelle[10].

Cette obligation ne s'applique pas au stade de la garde à vue où la loi prévoit simplement que le tuteur,

1. CJPM, art. L. 413-5
2. CJPM, art. L. 413-9 – Crim. 20 déc. 2017, nº 17-84.017, P ; *Gaz. Pal.* 30 avr. 2018, p. 65, obs. F. Fourment ; *D.* 2018. 1671, obs. Ph. Bonfils et A. Gouttenoire – Cons. const. 16 nov. 2018, nº 2018-744 QPC, *Murielle B... (Mme) Régime de la garde à vue des mineurs,* NON-CONFORMITÉ TOTALE, *JO* 17 nov., nº 48 ; *D.* 2018. 2190 ; *D.* 2019. 1257, obs. E. Debaets et N. Jacquinot – Crim. 16 oct. 2019, nº 19-81.084, P ; *Gaz. Pal.* 22 oct. 2019, p. 33, obs. C. Berlaud ; *Gaz. Pal.* 4 févr. 2020, p. 63, obs. F. Fourment.
3. CJPM, art. L. 412-2 – Cons. const. 8 févr. 2019, nº 2019-762 QPC, Berket S... (M.), *Régime de l'audition libre des mineurs,* NON CONFORMITÉ TOTALE, EFFET DIFFÉRÉ, *JO* 9 févr., nº 68 ; *D.* 2019. 259 – Circ. 27 mai 2019 relative à la présentation des dispositions de la loi nº 2019-222 du 23 mars 2019 de programmation 2018-2022 et de réforme pour la justice et du décret nº 2019-507 du 24 mai 2019 relatives à la procédure pénale applicables aux mineurs, *BOMJ* 12 juin – V. Tellier-Cayrol, « Audition libre et garde à vue des personnes vulnérables : deux pas en avant, un pas en arrière », *Gaz. Pal.* 3 sept. 2019, p. 66.
4. CJPM, art. L. 431-1.
5. CJPM, art. L. 423-6.
6. CJPM, art. L. 423-7.
7. CJPM, art. L. 423-8.
8. CJPM, art. L. 612-1 – C. pr. pén., art. D. 49-50.
9. Cons. const. 14 sept. 2018, nº 2018-730 QPC, Mehdi K... (M.), *Absence d'obligation légale d'aviser le tuteur ou le curateur d'un majeur protégé de son placement en garde à vue,* NON-CONFORMITE TOTALE – EFFET DIFFÉRÉ, *JO* 15 sept., nº 56 ; *D.* 2018. 1757 ; *D.* 2019. 1257, obs. E. Debaets et N. Jacquinot ; *JCP* 2018. 1149, note J. Garrigue.
10. C. pr. pén., art. 706-116.

curateur ou mandataire spécial doit être informé de la mesure afin de pouvoir, s'il le souhaite, désigner un avocat[1]. Il en est de même en cas d'audition libre mais uniquement s'agissant du tuteur et du curateur[2]. Le régime applicable en la matière, qui exclut en outre le cas des mandats de protection future et de l'habilitation familiale, reste donc imparfait en termes d'effectivité des droits de la défense[3] s'agissant de personnes qui ne sont pas pleinement en mesure d'exercer seules leurs droits[4].

472.132 Majeur protégé devant la chambre des appels correctionnels. Les textes prévoient expressément que lorsqu'en cas d'appel, la chambre des appels correctionnels constate que le prévenu a été jugé sans être assisté par un avocat, son président fait commettre par le bâtonnier un avocat. La chambre doit alors renvoyer l'affaire à une audience ultérieure à laquelle le prévenu sera assisté par un avocat, puis annuler le jugement, évoquer et statuer sur le fond[5].

472.133 Majeur protégé devant la chambre de l'instruction. De même que lorsque la chambre de l'instruction est amenée à examiner si le majeur protégé doit être renvoyé devant la juridiction de jugement compétente dès lors que les charges sont suffisantes et qu'il n'y a pas lieu de la considérer comme irresponsable au sens du premier alinéa de l'article 122-1 du code pénal, il appartient au président, si le majeur protégé n'est pas assisté d'un avocat, de solliciter que le bâtonnier en commette un d'office.

L'avocat ainsi commis représente le majeur protégé même si celui-ci ne peut pas comparaître[6].

I.
Étrangers (ord. 2 nov. 1945, 35 *bis*, 22 *bis*)

472.141 Prolongation de la rétention d'un étranger (ord. 2 nov. 1945, 35 *bis*). En matière de droit des étrangers, le Juge des libertés et de la détention intervient pour prolonger ou non la durée de maintien en zone d'attente, ou celle de rétention dans les lieux d'hébergement[7], et ce dernier peut demander au juge qu'il lui soit commis d'office un avocat[8]. Si l'étranger est mineur, il doit être obligatoirement assisté d'un avocat choisi par l'administrateur *ad hoc* ou, à défaut, commis d'office[9].

Dans les lieux d'hébergement dits « centre de rétentions », les textes imposent qu'un espace permettant aux avocats de s'entretenir confidentiellement avec les étrangers soit prévu, et qu'il soit, sauf en cas de force majeure, accessible en toutes circonstances sur demande de l'avocat[10].

472.142 Décision administrative en matière de droit des étrangers (ord. 2 nov. 1945, 22 *bis*). Les requêtes dirigées contre les décisions portant obligation de quitter le territoire français[11], les décisions relatives au séjour notifiées avec les décisions portant obligation de quitter le territoire français, les décisions relatives au délai de départ volontaire[12], aux interdictions de retour sur le territoire français[13], en fixation du pays de renvoi[14], en interdiction de circulation sur le territoire[15], en renvoi de l'examen de la demande d'asile vers un autre État membre de l'Union européenne[16], ainsi que les arrêtés de reconduite à la frontière et les décisions de placement en rétention et d'assignation à résidence[17] prises par l'autorité administrative[18] relèvent de la compétence du tribunal administratif[19] et l'étranger peut demander au président du tribunal administratif l'annulation de ces décisions.

472.143 Recours devant le tribunal administratif (TA). Il peut alors, au plus tard avant le début de l'audience, demander au président du tribunal administratif ou au magistrat désigné à cette fin qu'un avocat lui soit commis d'office[20]. Il en est informé par le greffe du tribunal au moment de l'introduction de sa requête.

Quand l'étranger a demandé qu'un avocat soit commis d'office, le président du tribunal administratif ou le magistrat désigné en informe aussitôt le bâtonnier du barreau près le tribunal judiciaire dans le ressort duquel se tiendra l'audience. Le bâtonnier effectue la désignation sans délai[21].

1. C. pr. pén., art. 706-112-1.
2. C. pr. pén., art. 706-112-2.
3. V. s[s] n°s 471.51 s.
4. V. Tellier-Cayrol, « L'assistance du majeur protégé placé en garde en vue, encore un effort... À propos de l'article 48 de la loi n° 2019-222 du 23 mars 2019 », *D.* 2019. 1241 ; « Audition libre et garde à vue des personnes vulnérable : deux pas en avant, un pas en arrière », *Gaz. Pal.* 3 sept. 2019, p. 66 – V. s[s] n° 471.45.
5. C. pr. pén., art. D. 47-26.
6. C. pr. pén., art. 706-122.
7. Ord. n° 45-2658, 2 nov. 1945 relative à l'entrée et au séjour des étrangers en France et portant création de l'office national d'immigration, *JO* 4 nov., p. 7225, anc. art. 35 *bis*.
8. Ceseda, art. 552-1 et 552-7.
9. Ceseda, art. 222-3.
10. Ceseda, art. 221-2.
11. Ceseda, art. 511-1, I et 511-3-1.
12. Ceseda, art. 511-1, II.
13. Ceseda, art. 511-1, III.
14. Ceseda, art. 513-3.
15. Ceseda, art. 511-3.2.
16. Ceseda, art. 742-1 s.
17. Ceseda, art. 561-2.
18. Ord. n° 45-2658, 2 nov. 1945, anc. art. 22 *bis*.
19. CJA, art. R. 776-1 s. – Ceseda, art. L. 512-1 s.
20. Ceseda, art. 512-1, III.
21. CJA, art. R. 776-22.

472.144 Recours devant la cour administrative d'appel (CAA). Lorsqu'un étranger est condamné en première instance à une peine d'interdiction du territoire français à titre de peine principale assortie de l'exécution provisoire et que l'éloignement du territoire a lieu avant la date de l'audience d'appel, son avocat doit être entendu lors de l'audience d'appel s'il en fait la demande.

Il en est de même de l'avocat commis d'office lorsque l'étranger a demandé le bénéfice d'un conseil dans sa requête d'appel[1].

472.145 Retenue pour vérification d'identité d'un étranger. En cas de retenue à la suite d'un contrôle afin que l'étranger justifie de son droit de circuler ou de séjourner en France, il peut être conduit dans un local de police ou de gendarmerie et y être retenu par un officier de police judiciaire de la police nationale ou de la gendarmerie nationale aux fins de vérification de son droit de circulation ou de séjour sur le territoire français. Dans ce cas, l'officier de police judiciaire ou, sous le contrôle de celui-ci, un agent de police judiciaire met l'étranger en mesure de fournir par tout moyen les pièces et documents requis et procède, s'il y a lieu, aux opérations de vérification nécessaires. Le procureur de la République est informé dès le début de la retenue.

L'officier de police judiciaire ou, sous le contrôle de celui-ci, un agent de police judiciaire informe aussitôt l'étranger, dans une langue qu'il comprend ou dont il est raisonnable de supposer qu'il la comprend, des motifs de son placement en retenue et de la durée maximale de la mesure ainsi que du fait qu'il bénéficie du droit d'être assisté par un avocat désigné par lui ou commis d'office par le bâtonnier, qui est alors informé de cette demande par tous moyens et sans délai[2].

J. Remise et extradition

472.151 Assistance en matière de procédure de remise et d'extradition. Le bâtonnier est également amené à commettre d'office des avocats aux fins d'assister :

- toute personne appréhendée en vertu d'une demande d'arrestation aux fins de remise par la CPI[3] ainsi que lors de sa comparution devant la chambre de l'instruction[4] ;

- toute personne appréhendée dans le cadre de l'exécution d'un mandat d'arrêt européen décerné par les juridictions étrangères[5], ou qui a été appréhendée dans un autre État membre de l'Union européenne en exécution d'un mandat d'arrêt européen, si le ministère public est informé par l'autorité judiciaire de l'État membre d'exécution d'une demande de la personne arrêtée tendant à la désignation d'un avocat sur le territoire national[6] ;

- toute personne appréhendée à la suite d'une demande d'extradition[7] ;

- toute personne appréhendée dans le cadre de l'exécution des décisions de condamnation à une peine ou à une mesure de sûreté privative de liberté en application de la décision-cadre 2008/909/JAI du Conseil du 27 novembre 2008 concernant l'application du principe de reconnaissance mutuelle aux jugements en matière pénale prononçant des peines ou des mesures privatives de liberté aux fins de leur exécution dans l'Union européenne[8]. Lorsqu'un appel est formé à l'encontre d'une décision de reconnaissance d'une condamnation comme étant exécutoire sur le territoire français devant la chambre des appels correctionnels[9] ou à l'initiative du procureur contre une décision de refus de reconnaissance[10].

§ 2 Commissions d'office par le magistrat

472.160 Plan – Pouvoir de désignation subsidiaire des magistrats. Que ce soit devant la cour d'assises ou la cour criminelle (A), le tribunal correctionnel, de police (B) ou en matière d'hospitalisation d'office (C), le bâtonnier conserve la possibilité de commettre d'office un avocat à la demande de la personne intéressée, et c'est le principe en la matière.

Toutefois, son pouvoir va s'exercer concurremment avec la possibilité offerte, dans ces cas, au magistrat de commettre lui-même d'office un avocat sans avoir à solliciter le bâtonnier.

A. Cour d'assises et cour criminelle

472.171 Cour d'assises et cour criminelle et droits de la défense. Dès notification à l'accusé de l'arrêt de renvoi devant la cour d'assises ou la cour criminelle, le président de cette juridiction invite l'accusé à lui communiquer l'identité de son avocat ou alors à en choisir un pour l'assister dans sa défense. S'il ne choisit pas d'avocat le président, ou son délégué, lui en désigne un d'office. Cette désigna-

1. Ceseda, art. L. 555-3.
2. Ceseda, art. 611-1-1.
3. C. pr. pén., art. 627-5 et 627-6.
4. C. pr. pén., art. 627-14.
5. C. pr. pén., art. 695-27 et 695-46.
6. C. pr. pén., art. 695-17-1.
7. C. pr. pén., art. 696-10.
8. C. pr. pén., art. 728-64 et 728-65.
9. C. pr. pén., art. 728-48.
10. C. pr. pén., art. 728-49.

tion devient non avenue si, par la suite, l'accusé choisit un avocat[1]. L'avocat peut prendre sur place communication de toutes les pièces du dossier sans que cette communication puisse provoquer un retard dans la marche de la procédure[2]. Dès lors que l'avocat initialement choisi ou désigné lors de la notification ne se présente pas à l'audience, ou ne se présente plus, le président se doit[3] d'en commettre un d'office[4].

À titre exceptionnel, le président peut autoriser l'accusé à prendre pour conseil un de ses parents ou amis[5].

472.172 **Refus par l'accusé d'être assisté par un avocat.** L'accusé devant la cour d'assises ou la cour criminelle doit être assisté d'un avocat[6], et ce pour la validité même des débats[7], l'absence de conseil pendant tout ou partie des débats entraînant la nullité de la procédure dès lors que cette absence est le fait de la cour, du président ou du ministère public[8]. D'où, régulièrement, devant ces cours, des stratégies dites de « récusation » de l'avocat par les accusés.

De telles stratégies de défense sont souvent mises en œuvre dans le cadre de dossiers à connotation politique, et les présidents n'hésitent pas, ce qui est leur droit[9], à commettre d'office l'avocat qui vient juste d'être dessaisi, lequel a eu le temps de prendre connaissance du dossier et de préparer la défense de l'accusé, ce qui permet à l'audience de se poursuivre.

472.173 **Commission d'office de l'avocat dessaisi.** Or, si l'accusé peut non pas « récuser » son avocat, le terme étant impropre[10], mais dessaisir son avocat ou refuser l'assistance d'un avocat, il appartient alors au président de lui en commettre un pour assurer sa défense, sans qu'il ne puisse se décharger ou être dessaisi de sa mission, sauf à ce qu'il soit autorisé par le président[11].

Il ne peut dès lors plus quitter la barre et ce, même au cas où l'accusé, ayant renoncé à se défendre lui a interdit de demeurer à la barre[12].

472.174 **Rôle muet de l'avocat.** Toutefois, dans ce dernier cas, l'avocat ne peut plaider, il doit demeurer silencieux pour ne pas contredire la volonté de l'accusé, seul maître d'organiser sa propre défense. L'avocat doit alors, au moment où la parole lui est donnée, se lever, expliquer qu'il ne peut rien dire et se rasseoir sans rien ajouter.

Il doit se contenter d'être présent à la barre et d'offrir son ministère par une assistance silencieuse[13].

B.
Tribunal correctionnel ou de police

472.181 **Comparution devant le tribunal correctionnel.** Le prévenu qui comparaît a la faculté de se faire assister par un défenseur. Si le prévenu n'a pas fait choix d'un défenseur avant l'audience, le président l'informe, s'il n'a pas reçu cette information avant l'audience, qu'il peut, à sa demande, bénéficier d'un avocat commis d'office. Si le prévenu formule cette demande, le président commet un défenseur d'office. Le défenseur ne peut être choisi ou désigné que parmi les avocats inscrits à un barreau.

L'assistance d'un défenseur est obligatoire quand le prévenu est atteint d'une infirmité de nature à compromettre sa défense[14].

472.182 **Comparution devant le tribunal de police.** Les dispositions applicables[15] devant le tribunal correctionnel[16] sont applicables devant le tribunal de police[17].

C.
Hospitalisation d'office

472.191 **Hospitalisation d'office.** En matière de contentieux devant le juge de la liberté et de la détention lorsque l'admission en soins psychiatriques a été effectuée à la demande d'un tiers ou en cas de péril imminent, a été ordonnée par le préfet, ou par une juridiction[18], la personne qui fait l'objet de soins psychiatriques est avisée qu'elle sera assistée

1. C. pr. pén., art. 274.
2. C. pr. pén., art. 278.
3. C. pr. pén., art. 274 – Civ. 1re, 15 nov. 1989, no 88-11.413, P I, no 347 ; *D.* 1989. 705 ; *D.* 1991. 300, note A. Brunois ; *JCP* 1990. IV. 13 – Crim. 10 janv. 1990, no 89-84.168, P no 17 ; *Gaz. Pal.* 1990, Chron. dr. crim., p. 10 ; *Gaz. Pal.* 1990. Somm. 374, note J.-P. Doucet – Crim. 23 nov. 1994, no 94-81.219, P no 374.
4. C. pr. pén., art. 317.
5. C. pr. pén., art. 275.
6. C. pr. pén., art. 274 et 317.
7. C. pr. pén., art. 317.
8. Crim. 21 juin 1950, *D.* 1950. 501 – Crim. 14 oct. 1976, no 76-92.137, P no 291.
9. Crim. 19 févr. 1986, no 85-93.429, P no 68 – Crim. 18 mai 1989, no 88-84.576, P no 209.
10. S. Durand-Souffland, « Jugé en appel, Carlos récuse ses avocats », *Le Figaro* 13 mai 2013.
11. V. ss nos 472.271 s.
12. V. ss nos 472.271 s.
13. Lyon, 14 juin 1993, *Gaz. Pal.* 1993. 2. 495.
14. C. pr. pén., art. 417.
15. Ch. Guéry et B. Lavielle, *Droit et pratique des audiences correctionnelles et de police,* 3e éd., « Dalloz Action », 2018.
16. V. ss no 472.181.
17. C. pr. pén., art. 535 et 536.
18. Circ. 21 juill. 2011 relative à la présentation des principales dispositions de la loi no 2011-803, 5 juill. 2011 relative aux droits et à la protection des personnes faisant l'objet de soins psychiatriques et aux modalités de leur prise en charge et du décr. no 2011-846, 18 juill. 2011 relatif à la procédure judiciaire de mainlevée ou de contrôle des mesures de soins psychiatriques, NOR : JUSC1120428C.

par un avocat choisi, désigné au titre de l'aide juridictionnelle ou, le cas échéant, commis d'office par le juge ou qu'elle sera représentée par un avocat si le magistrat décide de ne pas procéder à son audition[1].

À l'audience, le juge commet, si cela s'avère nécessaire, un avocat d'office pour assurer la défense de la personne faisant l'objet de soins psychiatriques[2].

SECTION 3
ORGANISATION DES DÉSIGNATIONS ET COMMISSIONS D'OFFICE

472.200 **Plan.** L'organisation des désignations et commissions d'office répond à des principes généraux (§ 1) conduisant à des aménagements organisationnels par les barreaux (§ 2).

§ 1
Principes généraux

472.210 **Plan.** Les désignations en matière et commissions d'office constituent un pouvoir propre du bâtonnier qui s'accompagne d'une faculté d'encadrement par le conseil de l'Ordre (A), d'où découlent les modalités du choix de l'avocat (B), ainsi que du changement d'avocat (C).

A.
Prérogatives ordinales

472.221 **Un pouvoir propre au bâtonnier.** En matière de désignation à l'aide juridictionnelle et de commissions d'office pénales et de droit des étrangers, mis à part les cas exceptionnels de compétence des magistrats[3], les textes attribuent cette prérogative au bâtonnier. C'est au bâtonnier qu'appartient d'assurer la mise en œuvre de l'accès effectif à un avocat au profit des justiciables en assurant la désignation des avocats dans les cas prévus par la loi, à toute personne qui en fait la demande.

Les décisions du bâtonnier en la matière, tant de désignation que de refus d'inscription ou de retrait sur les listes prévues à cet effet, sont des mesures d'administration judiciaire insusceptibles de tout recours[4].

C'est donc au seul bâtonnier que revient la responsabilité du choix de l'avocat[5]. S'il ne le fait pas, le bâtonnier commet une faute qui susceptible d'engager sa responsabilité[6].

472.222 **Une faculté d'encadrement par le conseil de l'Ordre.** Le conseil de l'Ordre tient de l'article 17[7] de la loi du 31 décembre 1971 le pouvoir d'organiser la stricte observation par ses membres de leurs devoirs et charges au titre des commissions ou désignations d'office[8].

Dans le cadre de ces attributions, le conseil de l'Ordre est donc habilité à organiser le système des permanences pénales dans des conditions qui lui paraissent les plus conformes d'une part, aux intérêts des justiciables les plus démunis, et d'autre part, des objectifs de formation des avocats volontaires pour accomplir ces missions, sans que les prérogatives propres du bâtonnier, auquel il revient, *in fine*, de désigner ou non l'avocat commis d'office ne soient pour autant limitées.

472.223 **Litiges.** Les litiges relatifs à la désignation d'un avocat chargé de prêter son concours au bénéficiaire de l'aide juridictionnelle par le bâtonnier relèvent, dans tous les cas, de la compétence du juge judiciaire[9].

Le Tribunal des conflits a pu, en effet, juger que les décisions prises par le bâtonnier dans l'exercice de ses fonctions relèvent en principe du juge judiciaire, et les décisions qu'il peut être appelé à prendre afin de désigner un avocat chargé de prêter son concours au bénéficiaire de l'aide juridictionnelle, en application de l'article 25 de la loi du 10 juillet 1991, n'impliquent aucune appréciation du fond du litige pour lequel a été formée la demande d'aide juridictionnelle s'agissant, en l'espèce, d'une procédure administrative[10].

B.
Modalités du choix de l'avocat

472.230 **Plan.** Les modalités du choix de l'avocat commis ou désigné d'office sont laissées, en grande partie, à la libre appréciation du bâtonnier (1°) avec des dispositions particulières s'agissant des bureaux secondaires, de la Cour nationale du droit d'asile (Cnda) et des pôles d'instruction spécialisés (JIRS) (2°).

1. CSP, art. R. 3211-13.
2. CSP, art. R. 3211-15.
3. V. s[s] n°s 472.160 s.
4. Paris, pôle 2, ch. 1, 10 déc. 2009 – Paris, pôle 2, ch. 1, 26 mai 2016, RG n° 15/18480.
5. Civ. 1re, 27 févr. 2013, n° 12-12.878, NP.
6. Reims, 21 nov. 2014, RG n° 12/02575 ; – DÉJÀ : Civ. 1re, 26 sept. 2012 n° 11-17.774, NP – V. s[s] n°s 911.251 s.
7. L. n° 71-1130, 31 déc. 1971, art. 17.
8. Civ. 1re, 29 juin 2004, n° 03-16.599, P I, n° 184.
9. Versailles, 1re ch., 1re sect., 31 mars 2017, RG n° 16/09293 ; *AJ fam.* 2017. 303, obs. V. Montourcy.
10. T. confl. 2 avr. 2012, *barreau de Lille*, req. n° 3830, *Lebon* ; *AJDA* 2012. 737 ; *Gaz. Pal.* 25-26 avr. 2012, p. 22, note M. Guyomard ; *LPA* 13 juin 2012, p. 13, note M.-Ch. Rouault.

1°
Principes

472.241 Choix de l'avocat. Les critères de choix de l'avocat commis ou désigné ne sont pas précisés par les textes.

472.242 Moment de la désignation. L'avocat doit être désigné par le bâtonnier dès l'octroi de l'aide juridictionnelle[1]. Le plus souvent, ce sera le représentant des avocats au Baj, mandaté à cet effet par le bâtonnier, qui désignera l'auxiliaire de justice au cas où le justiciable n'en a pas encore choisi ou s'est vu opposer un refus par l'avocat précédemment choisi[2].

472.243 Avocat inscrit au barreau compétent. L'avocat désigné ou commis par le bâtonnier, ou son délégué, ne peut être qu'un avocat inscrit au barreau dont relève le Baj auprès duquel la demande est effectuée. Il s'agit, en principe, du Baj de la juridiction compétente[3], sauf si aucune juridiction n'est saisie ou que le demandeur à l'aide juridictionnelle saisit le Baj de son domicile[4]. Dans ce dernier cas, le Baj enregistre la demande, et, le cas échéant, rend une décision d'incompétence et transfère le dossier au Baj compétent[5]. Si la décision d'aide juridictionnelle nécessite la saisine d'une juridiction hors ressort du Baj, sans avocat préalablement choisi, le Baj va alors demander au bâtonnier près la juridiction compétente de désigner un avocat.

Parfois, la juridiction effectivement compétente va se révéler incompétente après étude du dossier par l'avocat désigné. C'est une cause de relèvement de l'avocat désigné. Le bâtonnier, qui décharge l'avocat[6], en informe alors le Baj et lui demande de modifier la juridiction à saisir et de renvoyer au bâtonnier compétent pour procéder à la désignation.

472.244 Avocat extérieur. Le bénéficiaire de l'aide juridictionnelle peut être assisté par un avocat inscrit à un autre barreau, dès lors qu'il l'a choisi et que celui-ci a accepté de prêter son concours[7] : mais il n'y a alors pas lieu à désignation. Le choix d'un avocat extérieur n'entraîne donc plus le retrait de l'aide juridictionnelle, considéré comme une renonciation tacite à son bénéfice[8]. Il en est, également, ainsi lorsque l'avocat est commis d'office avant toute demande d'aide juridictionnelle[9], et qu'il dépose la demande en lieu et place de son client[10].

Si le ministère d'un avocat postulant est obligatoire devant la juridiction concernée, c'est le *dominus litis* qui est indiqué sur la décision d'aide juridictionnelle, mais ce dernier devra solliciter du Baj la désignation d'un postulant, que le Baj demandera au bâtonnier près la juridiction compétente, et il n'y aura qu'une seule contribution d'aide juridictionnelle[11] à partager entre les avocats suivant les règles prévues en la matière[12].

Un avocat européen exerçant dans le cadre de la libre prestation de service[13] doit également pouvoir être désigné par son client dans un tel cadre.

472.245 Commission d'office. En matière de commission d'office, le bâtonnier dont dépend la juridiction concernée, désigne un avocat parmi les membre de son barreau.

2°
Cas particuliers

472.251 Bureau secondaire. Depuis 2015[14], les avocats sont tenus de satisfaire à leurs obligations en matière d'aide à l'accès au droit, d'aide à l'intervention de l'avocat dans les procédures non juridictionnelles et de commission d'office au sein du barreau dans le ressort duquel est établie sa résidence professionnelle ainsi qu'au sein du barreau dans le ressort duquel il dispose d'un bureau secondaire[15].

Cette disposition est, en l'état, d'application délicate dès lors que si l'esprit de la loi semble avoir été de permettre que les avocats puissent être désignés ou commis d'office par le bâtonnier de l'un ou l'autre des barreaux où ils exercent, sa lettre même se contente d'indiquer qu'ils doivent « satisfaire à leurs obligations » en matière d'aide à l'accès au droit, d'aide à l'intervention de l'avocat dans les procédures non juridictionnelles et de commission d'office, ce qui implique que de telles obligations existent[16].

Or, la loi relative à l'aide juridique[17], comme celle du 31 décembre 1971, ne prévoit une telle obligation pour les avocats qu'à l'égard du barreau auprès duquel ils sont inscrits, ce qui n'est pas le cas du

1. CEDH 10 mai 2007, *Seris c/France*, n°s 38208/03, 2810/05 ; *JCP* 2007. I. 2006, obs. F. G'sell.
2. Décr. n° 2020-1717, 28 déc. 2020, art. 76.
3. Décr. n° 2020-1717, 28 déc. 2020, art. 34, al. 2.
4. Décr. n° 2020-1717, 28 déc. 2020, art. 32.
5. Décr. n° 2020-1717, 28 déc. 2020, art. 35.
6. V. s^s n°s 472.260 s.
7. Décr. n° 2020-1717, 28 déc. 2020, art. 34.
8. Reims, 25 avr. 1979 ; *Gaz. Pal.* 1980. 30, note P. Laroche de Roussane – EN SENS CONTRAIRE : Versailles, 17 janv. 1991 ; *Gaz. Pal.* 11 avr. 1992, 12.
9. Décr. n° 2020-1717, 28 déc. 2020, art. 39.
10. Décr. n° 2020-1717, 28 déc. 2020, art. 34. – V. s^s n° 751.204.
11. V. s^s n° 751.251.
12. V. s^s n°s 484.201 s.
13. V. s^s n°s 231.51 s.
14. L. n° 2015-990, 6 août 2015 pour la croissance, l'activité et l'égalité des chances économiques, *JO* 7 août, p. 13537, art. 51.
15. L. n° 71-1130, 31 déc. 1971, art. 8-1, al. 5.
16. TOUTEFOIS : CNB, Comm. RU, avis n° 2018-022, 16 mai 2018.
17. L. n° 91-647, 10 juill. 1991, préc.

barreau auprès duquel ils ont un bureau secondaire, seul ce dernier, qui ne se confond pas avec l'avocat, étant inscrit sur une liste spéciale du tableau[1]. En outre, les dotations des barreaux destinées à financer les missions d'aide juridictionnelle sont calculées en fonction du nombre d'avocats inscrits auprès de ces mêmes barreaux[2], ce qui n'inclut pas les bureaux secondaires.

Une clarification législative apparaît donc s'imposer.

472.252 Cour nationale du droit d'asile (Cnda). Pour les affaires portées devant la Cour nationale du droit d'asile, située à Montreuil, lorsque le demandeur à l'aide juridictionnelle ne produit pas de document attestant l'acceptation d'un avocat, celui-ci est désigné par le Baj sur une liste établie par le bâtonnier du barreau dans le ressort duquel le demandeur a son domicile[3].

472.253 Pôles d'instruction spécialisés (JIRS). Dans l'hypothèse où la commission d'office doit être faite devant le juge d'instruction d'une juridiction dans laquelle il y a un pôle de l'instruction[4], au cours d'une information concernant des faits relevant initialement de la compétence d'un tribunal judiciaire dans laquelle il n'y a pas de pôle, le juge d'instruction informe d'abord par tout moyen le bâtonnier du barreau près ce tribunal, aux fins de désignation d'un avocat de ce barreau.

Si le bâtonnier ne procède pas à cette désignation, la commission d'office est faite par le bâtonnier du barreau de la juridiction dans laquelle se trouve le pôle, qui est alors informé sans délai par le juge d'instruction[5].

C.
Changement d'avocat

472.260 Plan – Fin de mission. L'avocat désigné au titre de l'aide juridictionnelle (désignation), ou qui prêtait son concours au bénéficiaire de l'aide juridictionnelle avant que celle-ci n'ait été accordée (commission d'office)[6], est tenu de prêter son concours, et demeure valablement mandatée, et donc chargé d'assister ou de représenter le justiciable[7], tant qu'il ne justifie pas avoir été valablement déchargé de sa mission et remplacé[8].

La fin de mission[9] est ici particulière puisqu'elle implique un remplacement effectif de l'avocat désigné au titre de l'aide juridictionnelle ou commis d'office[10]. Ce changement peut intervenir à la demande de l'avocat (1°) ou du client (2°).

1°
Demande de décharge par l'avocat

472.271 Demande de décharge par l'avocat. L'avocat désigné peut solliciter auprès de son bâtonnier, ou du juge, l'autorisation d'être déchargé de sa ou ses missions[11], à condition de justifier de motifs légitimes dûment approuvés par le bâtonnier, ou par le juge si c'est ce dernier qui a désigné l'avocat[12], qui doit rendre une décision motivée[13].

La notion de « motif légitime d'excuse ou d'empêchement »[14], qui ne doit conduire à accorder des décharges qu'« exceptionnellement »[15], relève des pouvoirs souverains d'appréciation du bâtonnier[16], ou du juge si c'est ce dernier qui a désigné l'avocat[17].

472.272 Appréciation des motifs d'excuse par le magistrat. Lorsque c'est le juge qui a commis d'office l'avocat, notamment devant la cour d'assises ou la cour criminelle[18], la Cour de cassation considère de façon constante que le président de la cour d'assises ou de la cour criminelle est seul compétent, sous réserve de motiver sa décision[19], pour apprécier les motifs d'excuse invoqués par l'avocat qu'il a commis d'office, et que l'absence de l'accusé et de son avocat pendant tout ou partie des débats, n'entraîne la nullité de la procédure qu'autant qu'elle est le fait de la cour, du ministère public ou du président[20].

1. V. s[s] n°s 223.00 s.
2. V. s[s] n° 751.481.
3. Décr. n° 2020-1717, 28 déc. 2020, art. 76.
4. Décr. n° 2008-54, 16 janv. 2008 modifiant le code de procédure pénale et relatif aux pôles de l'instruction, *JO* 18 janv., p. 949.
5. C. pr. pén., art. D. 15-4-6.
6. L. n° 91-647, 10 juill. 1991, art. 25, al. 4.
7. Civ. 2e, 24 mars 2016, n° 14-24.576, NP.
8. Décr. n° 2005-790, 12 juill. 2005, art. 6.
9. V. s[s] n°s 484.21 s.
10. Sur les devoirs des avocats en cas de fin de mission en matière de désignations et commission d'office, v. s[s] n°s 484.61 s. – Sur leur rémunération, v. s[s] n°s 484.161 et 751.491.
11. L. n° 71-1130, 31 déc. 1971, art. 9.
12. Civ. 1re, 28 nov. 1995, n°s 93-16.564, 93-18.766, 2 esp., P I, n° 433 ; *D.* 1996. 2 et 4 ; *Gaz. Pal.* 1996. Pan. 131.
13. Décr. n° 2020-1717, 28 déc. 2020, art. 78.
14. Décr. n° 2005-790, 12 juill. 2005, art. 6.
15. L. n° 91-647, 10 juill. 1991, art. 25, al. 4.
16. L. n° 91-647, 10 juill. 1991, art. 25, al. 4.
17. Civ. 1re, 9 févr. 1988, n° 86-17.786, P I, n° 31.
18. V. s[s] n°s 472.172 s.
19. Crim. 24 mai 2006, n° 05-85.685, P n° 147 ; *D.* 2006. 1704 ; *D.* 2007. 973, obs. J. Pradel ; *AJ pénal* 2006. 412, obs. J. Leblois-Happe ; *RSC* 2006. 847, obs. R. Finielz. – ANTÉRIEUREMENT : Crim. 13 oct. 1987, n° 87-83.153, P n° 348.
20. Crim. 9 févr. 1957, n° 6857/57, P n° 614 – Crim. 14 oct. 1976, n° 76-92.137, P n° 291 – Crim. 12 nov. 1997, n° 96-82.498, P n° 381 – Crim. 17 sept. 2014, n° 13-84.971, P n° 191 ; *D.* 2014. 1879 ; *D.* 2015. 1738, obs. J. Pradel – Crim. 26 nov. 2014, n° 13-84.914, NP – Crim. 24 juin 2015, n° 14-84.221, P n° 167 ; *D.* 2015. 1443 ; *AJ pénal* 2016. 38, obs. J.-B. Perrier ; *Gaz. Pal.* 11-12 sept. 2015, p. 8, note G. Pitti ; *JCP* 2015. 998 note C. Ribeyre – Crim. 29 mars 2017, n° 15-86.300, P ; *AJ pénal* 2017. 294, obs. J.-B. Thierry.

Ainsi, si le code pénal et l'article 6 de la Conv. EDH reconnaissent à l'accusé le droit de choisir librement son défenseur, la nécessité d'assurer la continuité du cours de la justice, et celle de permettre le jugement des accusés dans un délai raisonnable, font obstacle à ce que l'absence du défenseur choisi entraîne nécessairement le renvoi de l'affaire[1].

Dès lors, la Cour de cassation a considéré que les droits de la défense avaient été sauvegardés lorsque :

– un accusé s'était vu commettre un avocat, à cause de l'absence de son avocat choisi, à une première audience devant la cour d'assises, et avait obtenu un renvoi pour que ce dernier prépare sa défense, puis avait fait le choix d'un nouvel avocat en vue de la seconde audience, lequel ne s'était pas plus présenté que le premier, faisant que l'avocat initialement, et toujours, commis d'office, qui n'avait pu obtenir un nouveau renvoi, mais avait obtenu un délai et eu accès au dossier pour préparer la défense de l'accusé et était présent, ce qui était une obligation pour lui, pendant toute la durée des débats[2] ;

– les deux avocats désignés par l'accusé avaient décidé de quitter l'audience ainsi que la défense de leur client, lequel avait manifesté également son intention de se retirer, et que l'un des deux avocats, commis d'office, avait ensuite refusé sa mission en invoquant des motifs d'excuse non retenus par le président, et avait, nonobstant ce refus, quitté le prétoire. Les débats s'étaient alors déroulés en l'absence de l'accusé, qui n'avait pas obtempéré aux sommations de comparaître qui lui avaient été régulièrement faites, et de son avocat, régulièrement commis d'office[3] ;

– l'avocat, après le rejet d'une demande de renvoi de l'affaire, avait indiqué qu'il n'assurait plus la défense de son client, ce qui avait conduit le président de la cour d'assises à le commettre d'office et l'avocat à demander à être déchargé de sa mission. Le président de la cour d'assises avait alors refusé de dispenser l'avocat de cette commission d'office, au motif que les demandes de renvoi de l'affaire ayant été rejetées par la cour, les débats allaient se tenir et qu'il était obligatoire que l'accusé soit assisté d'un avocat lors de son procès. En outre, pour le président, l'avocat, connaissait l'affaire, avait défendu l'accusé devant la cour d'assises en première instance, avait pu s'entretenir avec lui à de nombreuses reprises, et ne faisait valoir aucun motif d'empêchement matériel, ni aucune excuse insurmontable. Pour la chambre criminelle : « En l'état de ces motifs, le président de la cour d'assises a justifié la décision qu'il lui revenait de prendre, afin de garantir l'exercice des droits de la défense, et d'assurer à l'accusé un procès équitable, sans retarder davantage le jugement de l'affaire, dans l'intérêt d'une bonne administration de la justice. L'avocat ainsi commis d'office n'ayant pas déposé de conclusions écrites pour exposer les motifs de sa demande de décharge de sa mission, il ne peut être reproché au président de ne pas s'être expliqué davantage sur son refus, dont la régularité n'est pas contestée »[4]. Dans cette dernière affaire, la Cour de cassation valide ainsi la condamnation par une cour d'assises, à une peine vingt-huit ans de réclusion criminelle, d'un accusé, non-comparant, ayant été jugé en l'absence de défenseur, après que le président ait rendu une décision « ne retenant pas les motifs invoqués » par l'avocat commis d'office.

472.273 **Refus de l'avocat d'exercer sa mission.** L'avocat, régulièrement commis d'office, ne peut ainsi refuser son ministère sans faire approuver ses motifs d'empêchement et d'excuses[5], et celui qui l'a désigné est seul fondé à admettre ou refuser le motif d'empêchement ou d'excuse invoqué par l'avocat[6].

Si l'avocat persiste dans son refus d'exercer sa mission ce qui constitue pour lui un impérieux devoir[7], il commet une faute justifiant une sanction disciplinaire[8]. Mais il appartient à la cour d'appel, saisie d'une procédure disciplinaire, pour apprécier le caractère fautif du refus de l'avocat de déférer à la commission d'office, de procéder elle-même à l'examen des motifs d'excuse ou d'empêchement invoqués par l'avocat afin de se prononcer sur la régularité de la décision du président de la cour

1. Crim. 5 déc. 1990, n° 90-81.761, P n° 419 ; *Gaz. Pal.* 8 mai 1991, 17 – Lyon, 14 juin 1993 ; *Gaz. Pal.* 16 nov. 1993, 8, note A. Damien – Crim. 17 janv. 1996, n° 95-82.114, P n° 29.
2. Crim. 5 déc. 1990, n° 90-81.761, P n° 419 ; *Gaz. Pal.* 8 mai 1991, 17.
3. Crim. 24 juin 2015, n° 14-84.221, P n° 167 ; *D.* 2015. 1443 ; *AJ pénal* 2016. 38, obs. J.-B. Perrier ; *Gaz. Pal.* 11-12 sept. 2015, p. 8, note G. Pitti.
4. Crim. 12 mai 2021, n°s 20-83.166, 20-83.172, 20-83.175, 20-83.421, P.
5. L. n° 71-1130, 31 déc. 1971, art. 9 – Décr. 12 juill. 2005, art. 6 – Civ. 1re, 2 mars 1994, n° 92-15.363, NP ; *D.* 1995. 165 – Lyon, 14 juin 1993, *Gaz. Pal.* 31 juill. 1993, 7 – Lyon, 16 nov. 1993, p. 8, note A. Damien.
6. Civ. 1re, 9 févr. 1988, *Gaz. Pal.* 1988. 2. Somm. 317, obs. S. Guinchard et T. Moussa ; *D.* 1988. 274, note H. Angevin – Paris 16 déc. 1987 ; *Gaz. Pal.* 1988. 1. 57 ; *in* A. DAMIEN, *Les grands arrêts*, Litec, 1991, p. 34 – Bordeaux 23 oct. 1987, *Gaz. Pal.* 1988. 1. 159, note A. Damien ; *in* A. DAMIEN, *Les grands arrêts*, Litec, 1991, p. 34.
7. V. ss nos 471.61 s.
8. Civ. 1re, 9 févr. 1988 n° 86-17.786, P I, n° 31 – Civ. 1re, 15 nov. 1989, n° 88-11.413, P I, n° 347 – Civ. 1re, 2 mars 1994, n° 92-15.363, NP ; *D.* 1995. 165, obs. A. Brunois – Civ. 1re, 8 juill. 1997, n° 95-10.667, NP ; – COMP. : CEDH 30 oct. 2018, *Gestur Jonsson et Ragnar Halldor Hall c/ Islande*, req. nos 68273/14, 68282/14 ; *Gaz. Pal.* 13 nov. 2018, p. 39, obs. C. Berlaud.

d'assises rejetant les motifs d'excuse ou d'empêchement qu'il avait présentés pour refuser son ministère[1].

L'on notera que la CEDH a pu considérer que l'amende infligée par un tribunal à des avocats en raison du refus d'assurer la défense d'accusés dans un procès pénal à la suite de leur désignation par ce même tribunal ne constituait pas une peine infligée à la suite d'une accusation en matière pénale. Pour la CEDH, le statut spécifique des avocats leur fait occuper une position centrale dans l'administration de la justice et le public doit pouvoir avoir confiance dans la capacité des avocats de représenter effectivement les justiciables. Elle considère que « malgré la gravité du manquement aux obligations professionnelles reproché aux requérants », la nature pénale ou disciplinaire des infractions dont ceux-ci ont été reconnus coupables n'est pas claire. La CEDH observe que dans beaucoup d'États lorsqu'un tribunal refuse de relever un avocat de son mandat, il est prévu la possibilité de prononcer une condamnation de l'avocat à une amende. Elle note, en outre, que le type de comportement pour lequel les requérants ont été condamnés ne pouvait pas être sanctionné par une peine d'emprisonnement, que les amendes ne pouvaient pas être converties en privation de liberté en cas de non-paiement et qu'elles n'ont pas été inscrites au casier judiciaire. Ainsi, le montant des amendes infligées et l'absence de plafond légal ne permettent pas, à eux seuls, de considérer que la nature et la gravité de la sanction font relever cette dernière de la sphère pénale au sens de l'article 6 de la Conv. EDH[2].

472.274 Contrôle des motifs d'excuse ou d'empêchement et secret professionnel. Le pouvoir discrétionnaire ainsi donné au juge de contrôler les motifs d'excuse ou d'empêchement invoqués par l'avocat a été jugé conforme à la constitution.

Le conseil constitutionnel a en effet considéré qu'en donnant compétence au juge pour se prononcer sur les motifs d'excuse ou d'empêchement de l'avocat qu'il a commis d'office, les dispositions de l'article 317 du code de procédure pénale lui permettent d'apprécier si, compte tenu de l'état d'avancement des débats, de la connaissance du procès par l'avocat commis d'office et des motifs d'excuse ou d'empêchement invoqués, il y a lieu, au nom des droits de la défense, de commettre d'office un autre avocat au risque de prolonger le procès. Selon le conseil constitutionnel, en permettant ainsi au juge d'écarter des demandes qui lui paraîtraient infondées, ces dispositions mettent en œuvre l'objectif de bonne administration de la justice ainsi que les exigences qui s'attachent au respect des droits de la défense[3].

Considérant qu'une telle situation conduit à interdire à l'avocat de faire valoir un motif d'excuse qui serait couvert par le secret professionnel, afin de refuser son ministère auprès d'un magistrat qui va présider l'audience et participer au jury de jugement, le CNB a appelé de ses vœux à une modification des textes afin que seul le bâtonnier, garant du secret professionnel, puisse être juge des motifs d'excuse présentés par un avocat refusant d'être commis d'office[4].

472.275 Responsabilité civile de l'avocat. L'avocat doit veiller, d'une part, à obtenir préalablement l'autorisation de mettre un terme à sa mission, et d'autre part, à informer ensuite son client de la fin de sa mission suivant les règles de droit commun[5], notamment en veillant à préserver les intérêts de son client.

Une cour d'appel a ainsi rejeté une action en responsabilité intentée par un justiciable contre son ancien avocat et le bâtonnier, en considérant, d'une part que si l'avocat avait mis fin à sa mission de manière prématurée et qu'il ne pouvait unilatéralement décider sans autorisation préalable de son bâtonnier de se décharger du dossier, manquant ainsi manqué à son obligation de déférer aux désignations et commissions d'office, son client ne rapporte pas la preuve d'un préjudice d'autant que la désignation d'un nouvel avocat est intervenue avant l'expiration du délai de trois mois dans lequel il devait déposer ses écritures d'appelant, faisant qu'il n'est pas démontré que les droits du client aient été en péril dans le cadre de cette procédure d'appel et d'autre part, que le bâtonnier n'avait commis aucune faute en désignant le successeur de l'avocat

1. Civ. 1re, 20 mai 2020, nos 18-25.136, 19-10.868, P ; *D.* 2020. 1115 ; *JCP* 2020. 774 ; *Gaz. Pal.* 30 juin 2020, p. 40, obs. C. Berlaud ; *JCP* 2020. 917, note A. Botton ; *Gaz. Pal.* 6 oct. 2020, p. 43, obs. B. de Belval, J. Villacèque ; – CASSANT : Douai, ch. réunies 21 nov. 2018, RG no 18/03942.
2. CEDH 22 déc. 2020 *Gestur Jonsson et Ragnar Halldor Hall c/ Islande*, req. nos 68273/14, 68271/14 ; *JCP* 2021. 57, obs. L. Milano ; *JCP* 2021. 272, no 16, obs. L. Jariel.
3. Cons. const. 4 mai 2018, no 2018-704 QPC, *M. Franck Berton a., Obligation pour l'avocat commis d'office de faire approuver ses motifs d'excuse ou d'empêchement par le président de la cour d'assises*, CONFORMITÉ, *JO* 30 mai, no 108, consid. no 9 ; *JCP* 2018. 588, no 17, obs. Ch. Vautrot-Schwarz ; *D.* 2019. 1254, obs. E. Debaets ; *JCP* 2019. 1129, no 17, obs. J.-B. Perrier ; *JCP* 2018. 771 note C. Ribeyre ; *D.* 2018. 1021 ; *JCP* 22018. 571 ; – DANS CETTE MÊME AFFAIRE : Crim. 7 févr. 2018, no 17-90.025, NP ; *JCP* 2018. 234 – Crim. 24 juin 2015, no 14-84.221, P no 167 ; *D.* 2015. 1443 ; *AJ pénal* 2016. 38, obs. J.-B. Perrier ; *Gaz. Pal.* 11-12 sept. 2015, p. 8, note G. Pitti ; *JCP* 2015. 998, note C. Ribeyre.
4. CNB, AG, délib. 8-9 févr. 2019.
5. V. ss nos 484.21 s.

rapidement, dans un délai de quatorze jours. Ce dernier doit, en outre, être indemnisé au titre de la procédure abusive engagée à son encontre, laquelle a porté atteinte à la crédibilité et à la notoriété du bâtonnier. Pour la cour : « il ressort des propres écrits de l'intéressé qu'il revendique précisément l'engagement de plusieurs procédures judiciaires à l'encontre des conseils désignés pour l'assister et la virulence et le caractère inadapté des propos tenus à leur égard atteste [...] de la malveillance de ses intentions »[1].

2°
Décharge de mission par le client

472.281 **Décharge de mission par le client et aide juridictionnelle.** En principe, seul l'avocat peut solliciter auprès de son bâtonnier l'autorisation d'être déchargé de sa ou ses missions.

Cependant, il est un cas où il est prévu que le client peut décharger son avocat. La seule hypothèse où le bénéficiaire de l'aide juridictionnelle peut décharger l'avocat qui lui a été désigné apparaît être celle prévue à l'article 85[2] du décret du 28 décembre 2020 qui prévoit qu'en cas d'appel, si le bénéficiaire de l'aide juridictionnelle refuse l'assistance de l'avocat qui lui prêtait son concours en première instance, il en informe le Baj dès le dépôt de sa demande d'aide juridictionnelle.

472.282 **Libre choix de l'avocat.** Pour autant, tant le principe du libre choix de l'avocat[3] que celui de l'intérêt du client[4], apparaissent conduire à considérer que le bénéficiaire de l'aide juridictionnelle demeure libre de révoquer le mandat de l'avocat qui lui a été désigné et ce, sans qu'il n'ait à justifier de motifs légitimes.

C'est en ce sens que se prononce la jurisprudence qui, au nom du droit à l'assistance d'un avocat, rappelle que la défense constitue pour toute personne un droit fondamental à caractère constitutionnel, et que son exercice effectif implique que le bâtonnier désigne un nouvel avocat lorsque le bénéficiaire de l'aide juridictionnelle ne souhaite plus de celui qui lui a été initialement désigné.

L'article 81[5] du décret du 28 décembre 2020 prévoit qu'à compter de la deuxième demande du bénéficiaire tendant à la désignation d'un nouvel avocat, celle-ci est soumise à l'accord du bâtonnier.

472.283 **Abus de droit.** Cela ne manque pas de poser de sérieuses difficultés avec certains justiciables procéduriers et quérulents qui changent sans cesse d'avocats. Il semble que l'abus en la matière pourrait être sanctionné par le refus de désignation, sans que cela ne porte une atteinte excessive aux droits de la défense, compte tenu de l'attitude du justiciable concerné, lequel conserve, en outre, la possibilité de trouver lui-même son propre avocat.

Une cour d'appel a ainsi pu considérer que « comme l'exercice de tout droit, celui à l'assistance d'un avocat au profit de la personne admise à l'aide juridictionnelle, ne saurait, lorsqu'il dégénère en abus, être reconnu »[6]. Appréciant les faits de la cause, s'agissant d'un justiciable qui faisait des « demandes répétitives », et « avait manifesté sa volonté de ne pas accepter la désignation de Me E... » après les dessaisissements des avocats précédemment désignés, sur sa demande ou sur celle des avocats, la cour considère fort à propos que par ses exigences non fondées, il a en réalité refusé les deux dernières décisions de désignation prises par le bâtonnier et abusé du droit que lui conférait la loi, en tant que bénéficiaire de l'aide juridictionnelle, d'être assisté « gratuitement » [*sic*] par un avocat, faisant que « par ces refus réitérés conjugués à son hostilité exprimée, tant envers les experts que les avocats et la juridiction de Saint-Malo », l'intéressé s'est de lui-même mis dans la situation d'être privé de défenseur, abusant de l'exercice de son droit d'en avoir un. En effet, pour la cour d'appel, en exigeant d'obtenir au titre de l'aide juridictionnelle l'avocat de son choix, alors qu'il avait bénéficié de l'assistance d'au moins l'un d'entre eux pendant quatre années, il a contraint le conseil de l'Ordre à décider de ne plus désigner un autre avocat qui aurait comme ses confrères, été dans l'incapacité d'exercer sa mission[7].

La cour de cassation rejette le pourvoi et approuve le raisonnement de la cour d'appel en considérant que : « ayant constaté que, par ses refus réitérés d'être assisté gratuitement [*sic*] par un conseil, conjugués à son hostilité exprimée à l'encontre des avocats, M. X... s'était de lui-même mis dans la situation d'être privé de défenseur, la cour d'appel a, par ces seuls motifs faisant ressortir qu'aucun trouble manifestement illicite ne résultait de la décision du conseil de l'Ordre, légalement justifié sa décision »[8].

472.284 **Autres cas d'abus de droit.** Dans une autre affaire, une cour d'appel a pu refuser d'annuler un jugement, au motif que « par une analyse

1. Nîmes, 1re ch. civ., 17 sept. 2020, RG n° 18/000717.
2. D. n° 2020-1717, 28 déc. 2020, art. 85.
3. V. s^{s} n°s 471.81 s.
4. V. s^{s} n°s 481.41 s.
5. D. n° 2020-1717, 28 déc. 2020, art. 81.
6. Rennes, 1re ch., 14 févr. 2017, RG n° 16/02618 ; *JCP* 2017. 452, obs. Ch. Blondel-Angebault.
7. Rennes, 1re ch., 14 févr. 2017, RG n° 16/02618 ; *JCP* 2017. 452, obs. Ch. Blondel-Angebault.
8. Civ. 2e, 18 oct. 2018, n° 17-22.662, NP ; *Gaz. Pal.* 8 janv. 2019, p. 17, note D. Piau ; – MÊME SENS : TI Chateauroux, 11 janv. 2019, RG n° 11-18/00318.

pertinente que la cour fait sienne, le premier juge a relevé que, si le bénéficiaire de l'aide juridictionnelle a droit à l'assistance d'un avocat, une telle assistance ne peut toutefois être effective que si le bénéficiaire de l'aide juridictionnelle adopte une attitude correcte envers l'auxiliaire de justice, ce qui n'est pas le cas au vu des désignations successivement intervenues, de sorte que l'affaire doit être retenue en l'état, au vu des explications fournies par la seule défenderesse »[1]. Le courrier du bâtonnier était motivé comme suit : « la violence verbale dont vous faites preuve et votre attitude menaçante ne me permettent plus de désigner un avocat en votre faveur tant que vous n'aurez pas modifié votre comportement ».

La CEDH semble avoir adopté une position similaire, en considérant que le refus par le requérant des services de deux avocats commis d'office, ce qui l'a obligé à assurer sa propre défense en première instance, n'a pas eu pour effet de restreindre ses droits de la défense ni de saper l'équité globale de son procès. En effet, il avait été averti que ses demandes répétées tendant à voir écarter un avocat de l'aide judiciaire, jugées infondées par les tribunaux, risquaient en fin de compte de l'obliger à engager un avocat de son choix à ses propres frais, ou à assurer sa propre défense. Dès lors, il aurait pu prévoir que le fait d'écarter le second avocat commis d'office risquait de le priver de toute assistance juridique[2].

472.285 **Refus de substitution.** Lorsqu'un justiciable sollicite un nouvel avocat, le bâtonnier n'est pas nécessairement dépourvu de tout pouvoir d'appréciation. Il nous apparaît qu'il peut, en l'absence de tout motif légitime justifiant un changement d'avocat, raisonnablement procéder à la désignation du même avocat, en refusant ainsi la substitution d'avocat demandée par le bénéficiaire de l'aide juridictionnelle. Un tel refus, sauf à ce qu'il soit abusif, n'apparaît pas de nature à engager la responsabilité du bâtonnier ou du barreau, dès lors que le droit à un avocat n'est pas compromis, l'avocat initialement désigné devant poursuivre sa mission jusqu'à son terme.

Il appartiendra à l'avocat ainsi désigné de conseiller le bénéficiaire de l'aide juridictionnelle quant à l'opportunité de l'action envisagée et, à défaut de pouvoir convaincre ledit client de renoncer à son action, de lui adresser une lettre recommandée avec accusé de réception pour décliner sa responsabilité en cas d'échec, en le prévenant de toutes les conséquences possibles (dépens, dommages et intérêts...).

1. Reims, 1re ch. civ., sect. inst., 11 mars 2016, RG n° 14/02795 – DÉJÀ : Civ. 1re, 26 sept. 2012, n° 11-17.774, NP.
2. CEDH 6 oct. 2016, *Jemeljanovs c/Lettonie*, req. n° 37364/05.

472.286 **Gestion des cas difficiles.** Il est par ailleurs d'usage que le bâtonnier s'auto-désigne quand les avocats ont tous été « épuisés ».

À cet égard, il peut être recommandé que lorsqu'un bénéficiaire de l'aide juridictionnelle s'est déjà vu désigner deux avocats par le bâtonnier, ce dernier procède, s'il l'estime utile, à la désignation d'un nouvel avocat, choisi parmi une liste d'avocats ayant l'expérience de ce genre de situations et ayant pour mission de mener le dossier à son terme.

472.287 **Retrait de l'aide juridictionnelle.** Cette situation est en grande partie due à la défaillance des bureaux d'aide juridictionnelle dans le traitement des demandes et l'usage de la faculté qu'ils ont de rejeter les demandes dont l'action apparaît manifestement irrecevable ou dénuée de fondement[3].

Reste la possibilité pour les juridictions saisies du litige de sanctionner les procédures abusives en ordonnant le retrait de l'aide juridictionnelle[4], ce qui ne peut se faire qu'*a posteriori*[5].

472.288 **Québec : déclaration de quérulence.** Le droit français pourrait ici s'inspirer du droit québécois qui prévoit que lorsque l'abus résulte de la quérulence d'un justiciable, le tribunal peut interdire à un justiciable d'introduire une demande en justice ou de présenter un acte de procédure dans une instance déjà introduite sans l'autorisation préalable du juge et selon les conditions que celui-ci détermine[6].

Ce texte permet de présenter une demande en « déclaration de quérulence » permettant au juge d'assujettir un justiciable à une autorisation préalable à toute démarche judiciaire, faute de quoi l'acte de procédure est réputé inexistant et donc irrecevable. La liste des « plaideurs quérulents » fait l'objet d'un registre, public, accessible sur le site internet du ministère de la Justice du Québec[7].

On notera que le Conseil d'État a pu considérer que : « la présente requête n'est qu'une illustration du comportement de requérant, qui se distrait à encombrer le Conseil d'État de requêtes manifestement infondées ou irrecevables et l'a à cet effet saisi en vain d'au moins 297 requêtes depuis le mois d'août 1998, sans d'ailleurs que les multiples amendes dont ont été assorties les décisions rendues sur ces requêtes abusives aient freiné cette quérulence ; que dans ces conditions, la présente requête doit être regardée comme tendant unique-

3. L. n° 91-647, 10 juill. 1991, art. 7 – V. ss nos 751.161 s.
4. L. n° 91-647, 10 juill. 1991, art. 50.
5. V. ss nos 751.221 s.
6. C. pr. civ., Québec, art. 55.
7. https://www.justice.gouv.qc.ca/programmes-et-services/registres/registre-public-des-personnes-declarees-querulentes-de-la-cour-du-quebec/

ment à tester les limites de la patience des magistrats ; qu'un tel objet n'étant pas de nature à justifier la saisine d'une juridiction, la présente requête ne peut qu'être rejetée », outre la condamnation du requérant quérulent à une, nouvelle, amende pour procédure abusive sur le fondement de l'article R. 741-12 du code de justice administrative[1].

§ 2
Aménagements organisationnels par les barreaux

472.290 **Plan.** Un cadre général offre des outils afin de faciliter l'encadrement des désignations et commissions d'office (A) tout en laissant une grande liberté au bâtonnier, et au conseil de l'Ordre, pour les organiser ce qui permet de prendre en compte les spécificités propres au ressort territorial de chaque barreau (B).

A.
Cadre de l'organisation

472.300 **Plan – Incitations à l'encadrement.** Afin de faciliter l'encadrement et l'organisation des désignations et commissions d'office, et en dehors du cas d'expériences pilotes de structures conventionnées (1°), les textes ont prévu deux dispositifs, que sont les conventions locales relatives à l'aide juridique (2°), anciennement dénommées protocoles « articles 91 » jusqu'au 31 décembre 2019[2], et les conventions de temps partiel (3°). Si les premiers sont abondamment utilisés, les secondes n'ont qu'un intérêt anecdotique.

1°
Propos liminaires

472.311 **Structures conventionnées.** Inspirées des Centres communautaires juridiques régionaux mis en place au Québec[3] dans le cadre de la loi sur l'aide juridique de 1972[4], lesquels disposent d'avocats salariés à temps plein pour effectuer des missions au titre de l'aide juridique, les structures conventionnées, ou structures dédiées, reviennent régulièrement au premier plan ces dernières années[5], et font l'objet de vifs débats au sein de la profession.

Dans une motion de 2013, le CNB avait souligné que le regroupement des moyens est une évolution à envisager et propose la mise en place d'expériences pilotes de structures conventionnées[6] avec des barreaux volontaires[7].

472.312 **Projet pilote avorté.** C'est dans ce cadre qu'une convention signée par le barreau de Lyon avec le tribunal de grande instance de Lyon, le 10 septembre 2013, était venue prévoir, pendant l'année 2014, la mise en place financière et matérielle d'une « structure conventionnée » en matière de garde à vue, en réalité un groupe de défense pénale régi dans le cadre d'un protocole « article 91 »[8], et composé d'avocats volontaires, sélectionnés par le barreau afin d'assurer les permanences en matière de garde à vue. L'expérience s'est cependant arrêtée au bout d'un an. La structure ainsi mise en place n'était pas intrinsèquement une structure conventionnée.

Il est prévu, à compter du 1er janvier 2020, de relancer les expérimentations, dans le cadre de conventions de temps partiel[9] incluses dans les nouvelles conventions locales relatives à l'aide juridique[10].

2°
Convention locale relative à l'aide juridique

472.321 **Convention locale relative à l'aide juridique et aide juridictionnelle.** Afin de favoriser l'organisation, notamment en matière pénale, des désignations et commissions d'office, la loi sur l'aide juridique a prévu la possibilité pour les barreaux de conclure, avec les juridictions, des conventions locales relatives à l'aide juridique[11] portant des engagements d'objectifs assortis de procédures d'évaluation visant à assurer, non plus « une meilleure organisation de la défense pénale » mais une « défense de qualité des bénéficiaires de l'aide juridique »[12].

Les rétributions allouées pour les missions d'aide juridictionnelle afférentes aux procédures concer-

1. CE 20 avr. 2006, *René Georges Hoffer*, req. n° 292572 ; NP.
2. S. Bortoluzzi, D. Piau et T. Wickers, *Règles de la profession d'avocats*, 16e éd., « Dalloz Action », 2018, nos 472.271 s.
3. V. ss n° 492.62.
4. Québec, Loi sur l'aide juridique et sur la prestation de certains autres services juridiques, sect. V. – Sénat, *L'aide juridique*, Étude de législation comparée, n° 137, juill. 2004.
5. M. Picot, *Réforme de l'accès au droit, Commission accès au droit et à la justice*, Rapport présenté à CNB, AG 22-23 mars 2013.
6. B. Marsigny, *Rapport de la commission accès au droit du CNB, La refonte de l'aide juridictionnelle*, Rapport n° 3, CNB, AG 8-9 février 2008.
7. Motion du CNB, AG des 22-23 mars 2013.
8. S. Bortoluzzi S., D. Piau, Th. Wickers T., *Règles de la profession d'avocats*, 16e éd., « Dalloz Action », 2018, nos 472.271 s.
9. V. ss n° 472.331.
10. V. ss nos 472.321 s.
11. Décr. n° 2019-1505, 30 déc. 2019 simplifiant le barème de l'aide juridictionnelle et fusionnant les protocoles et les conventions matérielles d'organisation de la garde à vue, *JO* 31 déc., n° 5 ; *JCP* 2020. 43 – Ministère de la Justice, *Guide méthodologique des conventions locales relatives à l'aide juridique*, déc. 2019.
12. Décr. n° 2020-1717, 28 déc. 2020, art. 88.

nées par la convention peuvent alors être majorées dans une proportion maximum de 20 %[1].

472.322 Champ des conventions. Le champ des conventions inclut les procédures correctionnelles, y compris celles d'assistance d'une partie civile en matière d'instruction, et d'une partie civile ou d'un civilement responsable devant une juridiction de jugement de premier degré ou d'application des peines (sauf contraventions de police de la 1re à la 4e classe, cour d'assises, la cour d'assises des mineurs ou le tribunal pour enfants statuant au criminel). Il inclut également les procédures d'assistance éducative devant le juge des libertés et de la détention[2], de mainlevée et de contrôle des mesures de soins psychiatriques (hospitalisation d'office)[3], relatives à l'entrée et au séjour des étrangers[4], en matière de baux d'habitation et d'ordonnance de protection[5].

Il inclut, enfin, l'intervention de l'avocat dans les procédures non juridictionnelles[6].

472.323 Passation et homologation des conventions. Les conventions sont passées avec le tribunal judiciaire près lequel le barreau est établi. Les conventions sont homologuées par un arrêté du garde des Sceaux, ministre de la justice, qui fixe le montant de la majoration appliquée lors de la liquidation de la dotation annuelle[7].

Il s'agit de documents administratifs qui doivent être communiqués aux avocats qui en font la demande[8].

472.324 Évaluation des protocoles. La convention fait l'objet d'un bilan triennal cosigné par le barreau et la juridiction compétents, transmis au ministère de la justice, au CNB et à l'Unca[9].

Alors que seulement 43 protocoles « article 91 »[10] avaient été signés par les barreaux en 2012, 126 barreaux avaient conclu une convention locale relative à l'aide juridique (Claj) en 2021[11].

472.325 Convention locale relative à l'aide juridique du Barreau de Paris. C'est ainsi que, dans ce cadre, le tribunal judiciaire de Paris a signé le 17 juillet 2020 avec le barreau de Paris une convention locale relative à l'aide juridique, à effet du 1er janvier 2020, qui prévoit, notamment, des obligations en matière de formation, la mise en place de référents coordinateurs, l'organisation du système de défense d'urgence pour les prévenus ou victimes, majeurs ou mineurs (permanences pénales, référents, astreintes)[12].

Les avocats participant à ces permanences sont indemnisés forfaitairement par le barreau selon un barème figurant en annexe du règlement intérieur du barreau[13].

3°

Convention de temps partiel

472.331 Convention de temps partiel. Par ailleurs, la loi prévoit que pour l'ensemble des missions d'aide juridictionnelle, ce compris pour les interventions dans les procédures non juridictionnelles[14], le règlement intérieur du barreau peut prévoir que les avocats prêtent, à temps partiel, leur concours à l'aide juridictionnelle selon des modalités fixées par convention avec le barreau[15].

La mise en place d'une telle organisation, qui suppose un volume d'activité à l'aide juridictionnelle significatif, doit, pour les barreaux volontaires, être intégrée dans la convention locale relative à l'aide juridique[16].

B.

Pratique de l'organisation

472.340 Plan – Absence d'unicité de système. Les textes laissent ainsi une grande liberté au bâtonnier, et au conseil de l'Ordre, pour organiser les désignations et commissions d'office. Il y a ainsi autant de modalités d'organisation que de barreaux, ce qui est nécessaire en la matière dès lors que chaque bâtonnier doit pouvoir prendre en compte les spécificités propres au ressort territorial de son barreau, notamment s'agissant du nombre d'avocats, et la composition sociodémographique de la population.

Et ce, afin de permettre aux barreaux qui le souhaitent d'intervenir au soutien des populations les plus fragiles, là où les avocats ne sont actuellement pas, ou très peu présents, dans des lieux au plus près d'eux et sur des questions qui leur sont spécifiques. Cela conduit à la mise en place de « groupes de défense », notamment dans le cadre des conventions locales relatives à l'aide juridique reposant sur des exigences de qualité et de formation des avocats appartenant à ces « groupes de défense ».

1. Décr. n° 2020-1717, 28 déc. 2020, art. 88 – V. ss n° 751.411.
2. V. ss n° 472.33.
3. V. ss n° 472.221.
4. Décr. n° 2020-1717, 28 déc. 2020, art. 88 – V. ss nos 472.141 s.
5. C. civ., art. 515-9 s.
6. Décr. n° 2020-1717, 28 déc. 2020, art. 88 – V. ss nos 472.61 s.
7. Décr. n° 2020-1717, 28 déc. 2020, art. 88.
8. Cada, avis n° 20144112, 13 nov. 2014, Barreau de Lyon.
9. Décr. n° 2020-1717, 28 déc. 2020, art. 88.
10. S. Bortoluzzi, D. Piau, Th. Wickers, *Règles de la profession d'avocats*, 16e éd., « Dalloz Action », 2018, nos 472.271 s.
11. CNB, Commission accès au droit et à la justice, *Rapport sur l'état des travaux de la commission,* AG 15 oct. 2021, p. 7.
12. V. ss nos 472.364 s.
13. V. ss n° 751.412.
14. L. n° 91-647, 10 juill., 1991, art. 64-4 – V. ss nos 472.61 s.
15. L. n° 91-647, 10 juill. 1991, art. 29.
16. V. ss nos 472.321 s.

Les pouvoirs d'encadrement du conseil de l'Ordre en la matière[1] ne sauraient porter atteinte aux prérogatives exclusives du bâtonnier afin de procéder aux désignations et commissions d'office : le bâtonnier doit, en tout état de cause, pouvoir exercer la mission légale qui est la sienne en procédant aux désignations et substitutions nécessaires en la matière[2].

Des traits communs régissent l'organisation des commissions d'office par les barreaux (1°) que l'on retrouve, par exemple, dans le cadre de leur organisation par le barreau de Paris (2°).

1° Principes généraux

472.351 Désignations au civil. En matière de désignation au civil, chaque barreau organise la participation des avocats aux missions d'aide juridictionnelle, et leur désignation par le bâtonnier, en fonction de critères qu'il détermine, ou suivant un simple « tour de rôle » tournant.

Selon les barreaux, la participation des avocats à l'aide juridictionnelle n'est pas toujours obligatoire et peut reposer sur divers critères, comme le volontariat, le nombre d'années d'anciennetés dans la profession, la spécialisation professionnelle, la proximité géographique...

472.352 Matières plus spécifiques. Pour certaines matières plus spécifiques, telles que l'assistance des mineurs, le volontariat et la spécialisation se cumulent, avec une sectorisation géographique, au sein de barreaux fortement impliqués dans un processus de professionnalisation de la défense.

Le volontariat et la spécialisation, ainsi que l'ancienneté sont les critères de désignation les plus fréquents qui permettent l'établissement de listes nominatives quotidiennes ou hebdomadaires.

472.353 Organisation des permanences pénales. En matière pénale, la multiplication des lieux d'intervention de la défense pénale, voulue par le législateur et engendrée par la diversification des réponses judiciaires à la délinquance, oblige les avocats à organiser un tour de permanence, tant en divers endroits du palais de justice (débat contradictoire, présentation au juge délégué, comparution immédiate, assistance des mineurs, audience correctionnelle), que sur les lieux de la garde à vue, retenue douanière...

Ce système lourd, même pour les grands barreaux, est à la limite du supportable dans les petits barreaux, dont les commissariats et gendarmeries sont parfois très éloignés du lieu d'installation du cabinet ou du domicile des avocats.

472.354 Astreintes. En outre, l'urgence dans laquelle ils doivent intervenir impose de mettre en place des permanences ou des astreintes. La loi impose en effet une obligation morale pour le bâtonnier d'être en mesure de répondre à la commission d'un avocat dans le court délai qui assurera l'efficacité dans la mesure sollicitée de lui. Cette réponse du bâtonnier suppose donc que les avocats astreints puissent être touchés à tout moment, même en dehors des heures ouvrables.

Aucune disposition ne s'oppose à une désignation à l'avance par le bâtonnier, dans le cadre d'une permanence, des avocats commis d'office, et de telles astreintes, même imposées à l'ensemble des avocats d'un même barreau, ne sauraient être considérées ni comme un travail forcé et obligatoire[3], au sens de l'article 4 de la Conv. EDH, ni à une réquisition, faisant que la Cour de cassation a pu approuver un blâme dont fut sanctionné un avocat qui avait refusé de déférer à une permanence en matière de garde à vue[4].

472.355 Coordination. Une coordination des permanences peut être assurée par des avocats volontaires, désignés par le bâtonnier pour une durée limitée, dont le rôle de gestion de la répartition des affaires et d'encadrement des équipes nécessite la présence quotidienne au palais, et qui sont les interlocuteurs des magistrats du parquet et de ceux qui assurent l'audiencement des affaires. Ces coordonnateurs, généralement dotés d'une certaine ancienneté, peuvent prendre en charge une partie de la formation des avocats ou celle de futures équipes d'encadrement.

D'autres barreaux préfèrent à l'inverse que soit laissé aux équipes de permanence le soin d'organiser la permanence sous le contrôle d'un membre du conseil de l'Ordre.

2° Barreau de Paris

472.361 Désignation au titre de l'aide juridictionnelle. Au barreau de Paris, les avocats qui souhaitent être désignés au titre de l'aide juridictionnelle doivent solliciter leur inscription sur une liste des volontaires, après avoir préalablement signé la charte de l'avocat intervenant dans le cadre de l'accès au droit et de l'aide juridictionnelle, et le livret « Pratique de l'aide juridictionnelle »[5], en précisant leurs préférences ou qualifications dans deux des matières.

1. V. s[s] n° 472.222.
2. CNB, Comm. RU, avis n° 2017-032, 16 oct. 2017.
3. V. s[s] n° 471.63.
4. Civ. 1re, 24 juin 1997, n° 95-13.100, NP ; *JCP* 1998. II. n° 10035, note R. Martin.
5. RIBP, ann. VIII.

L'avocat s'engage à respecter les dispositions de la charte, et, afin de demeurer inscrit sur les listes des volontaires, à suivre une formation continue dans ses domaines d'interventions et en justifier. Il s'engage également, au début de la mission qu'il remplit au titre de l'aide juridictionnelle, à remettre au justiciable une charte qui lui est spécifiquement destinée[1].

472.362 Permanence pénale parisienne. Le barreau de Paris organise, devant certaines juridictions, un système de permanences pour assurer la défense des personnes souhaitant l'assistance d'un avocat[2].

472.363 Secrétaires de la conférence. S'agissant des commissions d'office en matière criminelle, celles-ci sont généralement attribuées aux secrétaires de la conférence qui ont vocation à être commis d'office dans les affaires criminelles et, plus généralement, à prendre une part prépondérante dans la défense pénale, tout comme tout autre candidat qui se serait distingué dans les épreuves du concours[3], ce qui est laissé à l'appréciation du bâtonnier dans le cadre de ses pouvoirs discrétionnaires en la matière[4].

Les secrétaires de la conférence sont désignés par le conseil de l'Ordre sur proposition du bâtonnier à la suite d'un concours d'éloquence organisé par la promotion sortante[5].

472.364 Barreau pénal. Pour les autres permanences pénales, ainsi qu'en matière de garde à vue, un barreau pénal a été mis en place en 2014, dans le cadre d'une convention locale relative à l'aide juridique[6], afin de garantir une défense d'excellence et de qualité, notamment par un encadrement et des obligations de formation.

Les avocats qui souhaitent intégrer le barreau pénal doivent suivre une formation préalable à l'école de défense pénale (comparutions immédiates, mises en examen, CRPC, application des peines et droit des étrangers) à l'issue de laquelle ils doivent effectuer une journée de tutorat, à l'occasion de laquelle le tuteur (un avocat membre du barreau pénal) l'évaluera. S'il estime son niveau insuffisant, le tuteur peut renouveler ce tutorat d'une journée deux fois.

Une fois l'avocat inscrit celui-ci est astreint à une obligation de formation continue spécifique de douze heures par an.

472.365 Référent-tuteur. Passé sept ans d'inscription au barreau pénal, les avocats qui souhaitent y rester doivent solliciter à pouvoir devenir référent-tuteur en adressant une lettre de motivation au bâtonnier.

En cas de rejet de leur candidature par le bâtonnier, l'avocat a la possibilité de saisir une délégation composée de deux avocats de « moins de sept ans », de deux avocats de « plus de sept ans », du bâtonnier ou de son représentant et d'un membre du bureau pénal. La décision de nomination comme référent tuteur est, comme toute décision de commission d'office par le bâtonnier, insusceptible de tout recours[7].

Les référents-tuteurs, assurent une mission de formation auprès des jeunes avocats, et sont autorisés à figurer sur les listes d'astreinte (notamment celles de la 24e chambre, qui englobe les mandats d'arrêt européens, et celles devant la cour d'appel), ainsi que sur la liste d'urgence[8].

472.366 Équipes spécialisées. Des équipes spécialisées d'avocats assurent également, suivant les mêmes principes, la défense des mineurs[9] (mineurs déférés ou convoqués par le juge ou le tribunal pour enfants en matière pénale, mineurs faisant l'objet d'une procédure d'assistance éducative)[10] ou des victimes[11] ainsi que les personnes faisant l'objet d'une procédure de mainlevée et de contrôle des mesures de soins psychiatriques (hospitalisation d'office)[12].

1. RIBP, art. P. 40.5.
2. RIBP, art. P. 40.2.
3. RIBP, ann. V, art. 5.
4. V. s^s n° 472.221.
5. S. Lataste (dir.), *La Conférence des avocats de Paris : Une école d'éloquence*, Barreau de Paris, 2010.
6. V. s^s n° 472.321.
7. Paris, pôle 2, ch. 1, 25 juin 2015, RG n° 15/04364 – Paris, pôle 2, ch. 1, 26 mai 2016, RG n° 15/18480.
8. E. Lesage, *Du bureau pénal au barreau pénal*, Rapport CO Paris, juill. 2014 – SUR les prémices de cette réforme : L. Dusseau, « Rapport sur le Bureau pénal », *Bull. barr. Paris* 16 sept. 2008, 31/2008, p. 295.
9. V. la Chartre de défense des droits de l'enfant à destination des groupements d'avocats d'enfants, CNB, 2017 – Résolution du Conseil Nation des Barreaux pour une meilleure visibilité des avocats d'enfants, AG 7 juill. 2017.
10. V. s^s n°s 471.61 s.
11. V. s^s n°s 472.111 s.
12. V. s^s n° 472.221.

TITRE

48. L'intérêt du client

SECTION 0

ORIENTEUR

48.00 Sommaire du titre.

Division. L'avocat est le gardien des intérêts de son client : toute action de sa part doit être guidée par cet intérêt (chap. 481), ce qui induit, notamment, un devoir de prudence face au blanchiment (chap. 482) ainsi que des règles strictes en matière de maniement de fonds (chap. 483). La fin de mission de l'avocat doit également permettre la préservation de l'intérêt du client, ce qui n'exclut pas la possibilité pour l'avocat d'être indemnisé des conséquences de celle-ci (chap. 484).

48.03 Bibliographie indicative.

* Aussi : v. s[s] n° 4.03.

Encyclopédies. *J.-Cl. Pr. civ.*, fasc. 83-1 : avocats – Généralités. Fonctions – Fonctions de l'avocat, 2014.

Traités. J. Huet (dir.), *Les principaux contrats spéciaux*, 3e éd., « Traités », LGDJ, 2012, nos 31000 s. – Ph. le Tourneau (dir.), *Droit de la responsabilité et des contrats : Régimes d'indemnisation,* 12e éd., « Dalloz Action », 2020.

Documents et non-fiction. J. Vergès, *De la stratégie judiciaire,* Éditions de minuit, 1968 – M. Willard, *La défense accuse*, Paris, Éditions sociales internationales, 1938.

CHAPITRE

481. Avocat et intérêt du client

SECTION 0 ORIENTEUR

481.00 **Sommaire du chapitre.**

Division. L'avocat doit faire primer, en toutes circonstances, l'intérêt de son client à l'égard de toute personne, y compris de lui-même (sect. 1). Ce principe n'est, toutefois pas absolu, et s'efface dans certains cas face à d'autres intérêts (sect. 2) et doit conduire l'avocat à en tirer les conséquences lorsqu'il risque d'y porter atteinte (sect. 3). L'abus de faiblesse est une infraction qui réprime certaines atteintes portées à cet intérêt (sect. 4).

481.01 **Textes applicables.**

TEXTES TITRÉS

• **Décr. n° 2005-790, 12 juill. 2005**

art. 8 [Mandat de l'avocat]

art. 9 [Rédaction d'actes]

art. 13 [Fin de mission]

• **RIN**

art. 6.2 [Mission]

art. 7 [rédaction d'actes]

art. 19 [Prestation juridique en ligne]

• **C. pr. civ.**

art. 417 [Pouvoirs en matière de représentation obligatoire]

• **CJA**

art. R. 635-1 [Désaveu de l'avocat]

art. R. 635-3 [Désaveu devant le Conseil d'État]

• **C. pén.**

art. 223.15-2 [Abus de faiblesse]

481.03 **Bibliographie indicative.**

* Aussi : v. ss n° 48.03.

Traités. J. Huet (dir.), *Les principaux contrats spéciaux*, 3e éd., « Traités », LGDJ, 2012, nos 31000 s. – Ph. le Tourneau (dir.), *Droit de la responsabilité et des contrats : Régimes d'indemnisation,* 12e éd., « Dalloz Action », 2020, nos 3325.00 à 3325.61.

Documents et non-fiction. J. Vergès, *De la stratégie judiciaire,* Éditions de minuit, 1968 – M. Willard, *La défense accuse*, Paris, Éditions sociales internationales, 1938.

Contribution. C. Malherbe, « L'avocat désavoué », *Mél. G.-A. Dal, L'avocat*, Larcier, Bruxelles, 2014, p. 597 s.

Articles. A. Damien, « L'avocat et la vérité », *Gaz. Pal.* 1984. II. 543 – Ph. Delebecque, « Les obligations des mandataires *ad litem* », *Justices* janv.-mars 1997, n° 5, p. 57 – M.-A. Frison-Roche, « Compliance et personnalité », *D.* 2019. 604 – J. Hamelin, « L'avocat et sa plaidoirie », *Gaz. Pal.* 1956. 2. Doctr. 50 – J. Lassaussois, « Couper la langue aux avocats », *Gaz. Pal.* 1987. Doctr. 140 – J.-M. Varaut, « Ce que plaider veut dire », *Gaz. Pal.* 2000. Doctr. 419 – J. Viatte, « Le mandat *ad litem* », *Gaz. Pal.* 1976. 1. Doctr. 392.

SECTION 1
PRIMAUTÉ DE L'INTÉRÊT DU CLIENT

481.10 **Plan – Principe.** La notion d'intérêt du client ne figure pas en tant que telle dans les textes internes, car elle découle des règles même du mandat[1], et des principes essentiels, notamment de loyauté[2], de dévouement[3], de conscience[4] et de diligences[5]. C'est le code de déontologie des avocats européens qui est venu, le premier, formaliser expressément cette notion en prévoyant que, sous réserve du strict respect des règles légales et déontologiques, l'avocat a l'obligation de toujours défendre au mieux les intérêts de son client, même par rapport à ses propres intérêts ou à ceux de ses confrères[6].

L'intérêt du client innerve la plupart des règles déontologiques auxquelles est soumis l'avocat, lequel est, de par ses fonctions mêmes, le gardien des intérêts de son client. Cela implique qu'il détermine qui est son client, qu'il apprécie l'intérêt de celui-ci, avant d'agir dans un sens conforme à celui-ci.

La primauté de l'intérêt du client exige de déterminer l'intérêt de ce dernier (§ 1), et d'agir dans le sens de cet intérêt (§ 2).

§ 1
Détermination de l'intérêt du client

481.20 **Plan.** L'avocat doit être en mesure d'identifier son client (A) et d'apprécier précisément son intérêt (B).

A.
Identification du client

481.31 **Vérification de l'identité du client.** L'avocat doit systématiquement vérifier l'identité de son client, son existence, lequel doit être identifié et identifiable. Il se doit d'opérer un contrôle rigoureux et sincère de l'identité des personnes physiques ou morales[7], ainsi que de leurs bénéficiaires effectifs[8].

Cette obligation d'identification est générale et résulte également des règles de prudence et de vigilance qui s'imposent à l'avocat en matière de blanchiment qui ont prévu des obligations strictes en la matière[9] qui peuvent utilement être utilisées comme norme à l'égard de tout client par l'avocat[10].

Ainsi s'il s'agit d'une personne morale, il sollicitera un extrait d'inscription dans un registre du commerce et au répertoire Sirene, la copie d'un identifiant bancaire, une lettre de référence bancaire (*letter of good standing*), les statuts, justificatif de domicile, justificatif d'activité (compte de résultat, bilan, approbation des comptes...), ainsi que l'identité des éventuels bénéficiaires effectifs, personnes physiques ultimes qui bénéficient directement ou indirectement de la société[11], et pour ces derniers, comme pour tout client personne physique, un justificatif d'identité et de domicile, un avis d'imposition, et une description du patrimoine.

481.32 **Ensemble des parties.** Dans la plupart des cas, l'identification du client[12] ne pose pas de difficulté particulière. Mais il convient de ne pas s'arrêter à la seule personne qui a sollicité l'avocat[13], et qui sera son contact sur le dossier mais de déterminer très précisément le périmètre du client (couple, société et filiale...).

Il lui appartient, en outre, de se renseigner sur l'environnement de la mission qu'entend lui confier son client, et notamment quant aux autres parties à la procédure qu'il va mettre en œuvre ou aux actes qu'il va élaborer[14].

481.33 ***Know your customer*** **(KYC).** En effet, au-delà de la simple identification de son client, et des éventuels bénéficiaires effectifs, l'avocat doit apprendre à bien le connaître : activité, liens, patrimoine, projets... et a prendre la mesure exacte de ses besoins, il doit s'enquérir de la nature des prestations qu'il attend de lui et de leur finalité[15].

481.34 **Prestations juridiques en ligne.** C'est la raison pour laquelle, dans le cadre des prestations juridiques en ligne, il est expressément prévu par le RIN que lorsqu'un avocat est interrogé ou sollicité en ligne par une personne demandant des prestations juridiques, il lui appartient de s'assurer de l'identité et des caractéristiques de la personne à laquelle il répond et d'être lui-même toujours identifiable[16].

481.35 **Ventes judiciaires.** En matière de ventes judiciaires, il est également expressément prévu par le RIN que l'avocat doit s'enquérir auprès du client

1. C. civ., art. 1984 s. – J. Huet (dir.), *Les principaux contrats spéciaux*, 3e éd., « Traités », LGDJ, 2012, nos 31000 s. – Ph. le Tourneau (dir.), *Droit de la responsabilité et des contrats : Régimes d'indemnisation*, 12e éd., « Dalloz Action », 2020, nos 3321.00 s.
2. V. ss nos 332.00 s.
3. V. ss nos 342.00 s.
4. V. ss nos 322.00 s.
5. V. ss nos 343.00 s.
6. RIN, art. 21.2.7.
7. Paris, avis no 188773, 23 juin 2009.
8. V. ss nos 482.112 s.
9. V. ss nos 482.00 s.
10. V. ss nos 482.111 s.
11. V. ss nos 482.112 s.
12. V. ss no 482.122.
13. V. ss no 741.91.
14. V. ss nos 482.111 s.
15. V. ss no 482.123.
16. RIN, art. 19.2.

et sur déclaration de celui-ci, de sa capacité juridique, de sa situation juridique, et s'il s'agit d'une personne morale, de la réalité de son existence, de l'étendue de son objet social et des pouvoirs de son représentant [1].

481.36 **Incidence.** Cette détermination précise du client, de l'environnement de la mission et des besoins du client va, notamment, avoir une incidence sur le périmètre du secret professionnel [2] ainsi que sur les appréciations en matière de conflits d'intérêts [3]. Elle va également déterminer la portée et l'étendue du mandat de l'avocat [4].

481.37 **Vérification des données de l'état civil.** Afin de faciliter les vérifications que tout avocat doit opérer relativement à l'identité de son client, le CNB [5] a sollicité l'extension au profit des avocats des facilités prévues par le décret du 3 août 1962 [6], devenu décret du 6 mai 2017 [7], qui permettent aux notaires, administrations publiques, organismes de sécurité sociales de vérifier, via la plateforme Comedec [8], les données à caractère personnel contenues dans les actes d'état civil à partir des informations recueillies auprès de l'usager ou du client, sous réserve que celui-ci en ait été préalablement informé [9], et ce nonobstant le fait que cette identité peut toutefois être établie par tout document justificatif. La Chancellerie, en l'état, s'y refuse.

B.
Appréciation de l'intérêt du client

481.41 **Appréciation constante de l'intérêt du client.** L'intérêt du client peut être économique, moral, tendre à la reconnaissance d'un droit ou au contraire s'y opposer... cet intérêt n'est pas nécessairement figé de sorte qu'il peut évoluer au cours du temps en fonction des paramètres du dossier, de l'évolution de l'affaire, des données et pièces connues, et il appartient à l'avocat de le réévaluer en permanence.

L'avocat doit être en mesure d'appréhender l'intérêt de son client au regard de la mission que celui-ci entend lui confier.

481.42 **Intérêt objectif.** L'intérêt du client [10] n'est pas nécessairement ce que le client croit être son intérêt, l'intérêt subjectif, mais celui qui résulte d'une analyse du dossier, et de l'environnement du client, et que l'avocat doit restituer de manière objective au regard notamment des textes, de la jurisprudence... dont il a connaissance et qu'il est en mesure d'affecter à la situation de son client.

L'indépendance de l'avocat [11] est à cet égard fondamentale : l'avocat n'est pas le client, il doit avoir le recul nécessaire à l'égard de celui-ci afin de pouvoir apprécier ses intérêts en toute objectivité, à froid et déterminer ainsi l'intérêt objectif de son client qui doit être pris en compte.

À cet égard, les intérêts du client peuvent être multiples et pas nécessairement univoques. Lorsque l'avocat est en charge du dossier de son client, il doit le faire part de son analyse de l'intérêt de celui-ci, de même que lorsque cette appréciation est amenée à évoluer.

481.43 **Personne morale.** Lorsque le client de l'avocat est une personne morale, c'est l'intérêt social [12] de celle-ci, et non celui de ses dirigeants ou de ses interlocuteurs au sein de cette même personne morale, qu'il doit apprécier et garder à l'esprit en permanence.

Lorsque l'avocat est en charge de plusieurs clients dans un même dossier (copropriétaire, indivisaire...) en vue de parvenir à un objectif commun, il doit chercher l'intérêt collectif de ses clients, mais il ne doit pas non plus perdre de vue les intérêts particuliers de chacun d'entre eux, car de cette confrontation des intérêts en présence pourra naître une situation de conflit d'intérêts dont il devra tirer les conséquences [13].

481.44 **Prudence et diligence dans l'appréciation.** L'avocat doit faire preuve de prudence et de diligence

1. RIN, art. 12.2 – S. Bortoluzzi, « Déontologie de l'avocat en matière de ventes judiciaires », *JCP* 2019. 294.
2. V. s^{s} n°s 412.131 s.
3. V. s^{s} n° 441.111 s. et 441.166.
4. V. aussi s^{s} n°s 912.41 s.
5. Ch. Charrière-Bournazel, « Qu'on nous donne les moyens d'exercer notre devoir de vigilance », Éditorial du Président, 9 août 2012.
6. Décr. n° 62-921, 3 août 1962 modifiant certaines règles relatives aux actes de l'état civil, *JO* 9 août, p. 7918, art. 13-2 et 13-3.
7. Décr. n° 2017-890, 6 mai 2017 relatif à l'état civil, *JO* 10 mai, n° 110, art. 11 s.
8. *Arr. 19 janv. 2016* relatif aux échanges par voie électronique des données à caractère personnel contenues dans les actes d'état civil, *JO* 28 janv., n° 7, NOR : JUST1532312A.
9. Décr. n° 2017-890, 6 mai 2017, art. 39.
10. Aussi : v. s^{s} n° 441.41.
11. V. s^{s} n°s 323.00 s.
12. L. Athlan, Th. Baudesson, Ch.-H. Boeringer, J.-Ch. Savouré, J.-Y. Trochon, *Les conflits d'intérêts dans l'entreprise*, « Droit et professionnels », LexisNexis, 2016, n°s 71 s. – PH. Bissara, « L'intérêt social », *Rev. sociétés* 1999. 5 – D. Martin, « L'intérêt des actionnaires se confond-il avec l'intérêt social ? », *Mél. D. Schmidt,* Joly, 2005, p. 359 s. – A. Pirovano, « La boussole de l'intérêt social – intérêt commun, intérêt social, intérêt de l'entreprise ? », *D.* 1997. Chron. 189 – D. Poracchia et D. Martin, « Regard sur l'intérêt social », *Rev. sociétés*, 2012, p. 475 – J. Schapira, « L'intérêt social », *RTD com.* 1971. 970 – D. Schmidt, « De l'intérêt social », *JCP E* 1994. I. 488 – G. Sousi, « Intérêt du groupe et intérêt social », *JCP* 1974. II. 11816.
13. V. s^{s} n°s 442.00 s.

dans l'appréciation de l'intérêt de son client : il ne saurait se contenter de ce que ce même client lui dit ou des pièces qu'il lui fournit. Il doit au contraire interroger son client et solliciter de lui tous les éléments qui lui paraissent nécessaires afin de pouvoir appréhender avec précision cet intérêt.

Une erreur dans l'appréciation de l'intérêt du client, qui conduira à des erreurs dans la gestion du dossier, est de nature à engager la responsabilité civile de l'avocat [1].

§ 2 Action dans l'intérêt du client

481.50 **Plan.** L'avocat doit faire tout ce qui est de l'intérêt de son ou ses clients (A) y compris dans le cadre de ses plaidoiries (B).

A. Principes

481.61 **Agir dans le sens des intérêts de son client.** L'avocat doit faire tout ce qui est de l'intérêt de son ou ses clients, mais il doit le faire avec compétence [2], prudence [3], dévouement [4] et diligence [5]. Lorsqu'il a plusieurs clients dans une même affaire, tel que dans le cadre de négociations, il doit agir en préservant les intérêts de l'ensemble de ses clients sans chercher, volontairement ou non, à favoriser les intérêts de l'un au détriment des autres [6].

Naturellement, pour ce faire, il faut que l'avocat ait les compétences nécessaires à défaut de quoi il doit refuser de prendre en charge les intérêts d'un client qu'il ne serait pas à même de prendre en compte [7].

481.62 **Liberté de l'avocat dans la défense.** La défense est libre vis-à-vis du client, dans la limite des lois et des convenances. L'avocat a le choix des moyens de défense qu'il estime utiles et de la forme sous laquelle il entend les présenter. Il n'en répond que devant sa conscience [8].

Cependant il doit s'assurer préalablement qu'il n'est pas en désaccord avec son client sur les moyens de défense qu'il entend soutenir.

481.63 **Libre communication du client avec son avocat.** Les avocats doivent toujours pouvoir s'entretenir librement avec leur client [9]. Le cas échéant, ces derniers doivent être libérés de leurs menottes et entraves, notamment lors de l'audience [10]. L'avocat devra veiller à ce que, conformément aux dispositions de l'article 803 du code de procédure pénale [11], son client ne soit pas soumis au port des menottes et entraves en dehors des cas prévus par la loi, c'est-à-dire à la condition qu'il soit considéré comme dangereux pour autrui ou pour lui-même, ou comme susceptible de prendre la fuite [12].

La faculté offerte au juge d'instruction, lorsque la personne mise en examen est placée en détention provisoire, de prescrire à son encontre une interdiction de communiquer [13] pour une période de dix jours renouvelable, ne s'applique à l'avocat de la personne mise en examen [14].

C'est ici une des raisons d'être du secret professionnel, édicté dans l'intérêt du client, que de permettre cette libre communication entre l'avocat et son client au nom des droits de la défense [15].

481.64 **Obligations de l'avocat.** Lorsque la charge d'une défense a été acceptée, elle doit être assurée avec conscience [16] et loyauté, tant vis-à-vis du client que vis-à-vis du tribunal [17] : notamment l'avocat ne doit, par son attitude, ni troubler les débats, ni nuire à la bonne administration de la justice [18].

Cela à des conséquences, notamment, quant à l'administration de la preuve [19], la police des audiences [20] et au rôle de l'avocat pendant les commissions d'office [21].

B. Cas des plaidoiries

481.71 **Limitation de la durée des plaidoiries.** Le temps de parole du défenseur à l'audience ne peut pas, en principe, être limité, mais la plaidoirie devant tendre essentiellement à la conviction du juge, elle est destinée au tribunal et non pas au public. Même devant la chambre de l'instruction, il

1. V. s[s] n°s 912.00 s.
2. V. s[s] n°s 341.00 s.
3. V. s[s] n°s 344.00 s.
4. V. s[s] n°s 342.00 s.
5. V. s[s] n°s 343.00 s.
6. V. s[s] n°s 441.151 s.
7. V. s[s] n°s 341.31 s.
8. Crim. 14 févr. 1961, P n° 91.
9. C. pr. civ., art. 278.
10. C. pr. pén., art. 318, 803, D. 283-3.
11. AUSSI : C. pr. pén., art. D. 283-4.
12. Circ. Chancellerie, 1er mars 1993, NP – *J.-Cl. pr. pén.*, art. 803 – Crim. 30 nov. 1976, n° 76-92.088, P n° 344.
13. V. s[s] n° 471.54.
14. C. pr. pén., art. 145-4 ; L. n° 2016-1547, 18 nov. 2016 de modernisation de la justice du XXIe siècle, *JO* 19 nov., n° 1, art. 108.
15. V. s[s] n° 411.13.
16. V. s[s] n°s 322.00 s.
17. V. s[s] n°s 332.00 s.
18. Crim. 15 avr. 1935, P n° 49.
19. V. s[s] n°s 453.00 s.
20. V. s[s] n°s 454.00 s.
21. V. s[s] n°s 472.61 s.

n'est plus tenu, comme par le passé, de se limiter à la présentation « d'observations sommaires »[1].

Toutefois, le tribunal, en déclarant la cause suffisamment éclairée, peut mettre fin à la discussion et notamment refuser d'entendre une nouvelle plaidoirie[2]. Il semble même que le président puisse limiter par avance la durée d'une plaidoirie[3]. Car, si libre qu'il soit, l'avocat ne l'est pas jusque dans ses excès et ses écarts ; c'est aux magistrats qu'il appartient de maintenir la décence dans les débats et, le cas échéant, de faire régner l'ordre à l'audience[4].

481.72 L'avocat peut-il se faire remplacer aux audiences par un confrère ? L'avocat, surtout lorsqu'il est associé ou dispose de collaborateurs salariés ou non-salariés, peut se faire substituer à l'audience pour assister son client par un de ses associés ou collaborateurs sans que celui-ci puisse en tirer un grief contre lui. Il n'en serait autrement que si l'avocat n'avait été choisi par le client qu'à titre personnel aux termes d'un contrat *intuitu personae* et qu'il avait expressément accepté cette situation[5]. L'avocat qui ne se présenterait pas à une audience pour assister son client et qui ne s'y ferait pas substituer commettrait une faute à la fois civile et disciplinaire à l'encontre de ce dernier.

L'avocat commis d'office ne peut se substituer un confrère sans l'accord de celui qui l'a commis d'office (bâtonnier ou magistrat selon les cas)[6].

481.73 L'avocat peut-il mentir à l'audience ? L'avocat ne peut mentir à l'audience, même pour sauver son client et affirmer le contraire de ce que celui-ci lui confie[7]. S'il lui appartient de souligner le doute ou les contradictions de l'instruction, voire de faire libérer un coupable pour des motifs de procédure, l'avocat étant le gardien des règles de droit, il ne peut plaider le faux lorsqu'il sait le vrai. Le secret professionnel lui interdisant de faire état de ses confidences, il aura à cœur, dans l'intérêt même du client, de l'amener à choisir un conseil qui pourra plaider pour lui avec la foi nécessaire à une vraie défense[8].

La Cour de cassation semble bien partager cette opinion sur la nécessité pour l'avocat de ne pas mentir aux juges : « Si [les prévenus] ne sont pas tenus de dire la vérité et peuvent organiser leur défense par des déclarations mensongères, les avocats ne peuvent invoquer les droits de la défense pour user de procédés prohibés[9] pour défendre leurs clients et les faire acquitter à tout prix. »[10]

481.74 Stratégies de défense. On parle souvent de défense de connivence et de défense de rupture. En réalité, c'est là un faux problème, car l'avocat qui accepte une cause doit défendre jusqu'au bout celui qui lui a confié cette mission.

481.75 Défense de connivence. Ce que l'on appelle faussement une défense de connivence est la situation dans laquelle les faits sont reconnus et le délit accepté dans son caractère d'atteinte à un ordre public, auquel le client se réfère, et que l'avocat partage les mêmes principes que son client, le procureur et le juge.

481.76 Défense de rupture. À l'inverse, si l'accusé récuse la notion d'ordre établi en vertu de laquelle il est poursuivi, l'avocat peut « rompre » l'unanimité morale qui régnait jusqu'alors et critiquer la loi ou le climat social de l'époque à laquelle il plaide ou encore les institutions[11]. Il doit pour cela avoir la certitude que le client accepte bien ce type de défense, peut-être dangereux pour son sort, et l'assumer alors avec dignité, c'est-à-dire selon les règles de son barreau mais également avec courage[12].

Un précédent a été constitué devant la Haute Cour de justice siégeant à Versailles et chargée de juger les auteurs des faits en relation avec la tentative de prise du pouvoir par l'extrême gauche par Alexandre Ledru-Rollin et quelques députés de la Montagne lors de la journée du 13 juin 1849 et où les avocats des accusés considérant que le préambule de la Constitution précisait que « la République n'emploie jamais ses forces contre la liberté d'aucun peuple »[13] entendaient plaider le droit à l'insurrection en cas de violation de la constitution. Devant le refus de la Haute Cour de se laisser entraîner sur ce terrain, ils refusèrent alors de plaider[14].

Plus récemment l'on peut citer, parmi tant d'autres exemples, la plaidoirie de Léon Gambetta, véritable charge contre le régime bonapartiste de l'époque,

1. L. n° 2007-291, 5 mars 2007 tendant à renforcer l'équilibre de la procédure pénale, *JO* 6 mars, p. 4206.
2. Toulouse, 17 janv. 1951, *D.* 1951. 146 ; *S.* 1951. 2. 89, note L. Hugueney.
3. Crim. 18 nov. 1852, P n° 375.
4. Sur la police des audiences, v. s^s^ n°s 454.00 s.
5. V. s^s^ n°s 343.41 s.
6. V. s^s^ n°s 471.61 s. et 472.160 s.
7. V. s^s^ n° 322.51.
8. A. Damien, *Être avocat aujourd'hui*, Apil, 1976, p. 83 – A. Damien, « L'avocat et la vérité », *Gaz. Pal.* 1984. 2. 543.
9. V. s^s^ n°s 322.51 s.
10. Crim. 25 janv. 1984, n° 83-90.646P n° 33 ; *Gaz. Pal.* 1984. II. 493.
11. M. Willard, *La défense accuse*, Éditions sociales internationales, Paris, 1938 – J. Vergès, *De la stratégie judiciaire*, Éditions de minuit, 1968 – J. Danet, « Sur la notion de défense de rupture : Willard, Vergès, et après ? », D. Salas (dir.), *Le procès politique*, AFHJ, n° 29, La Documentation française, 2017, p. 177.
12. A. Damien, *Être avocat aujourd'hui*, Apil, Versailles, 1976, p. 119.
13. Constitution de 1848, Préambule, V.
14. S. Commissaire, *Mémoires et souvenirs*, Lyon, Garcet et Nisius, Paris, 1888, 2 vol.

dans l'affaire Delescluze[1], ou, plus symbolique puisqu'il n'y eut point de plaidoirie, le cas des avocats de Pierre Laval qui, devant le comportement du jury qui menaça leur client, notamment, de « douze balles dans la peau », refusèrent de plaider en signe de protestation[2].

481.77 **Prise en compte de la volonté du client.** Mais l'avocat doit prendre en compte la volonté de son client, et ne saurait, s'il n'arrive pas à le convaincre de la réalité de son intérêt, aller à l'encontre de celle-ci : il est avant tout le mandataire de son client. Il lui appartient alors de se retirer du dossier, ou si cela ne lui est pas possible, parce que sa présence est rendue obligatoire et nécessaire, telle que devant une cour d'assises[3], il doit alors adapter son attitude en conséquence.

C'est ainsi que lors du procès de Louise Michel, après la Commune, devant le Conseil de Guerre siégeant à Versailles, celle-ci refusa l'assistance de son avocat, commis d'office, Georges Haussmann[4], lequel invité à prendre la parole en sa plaidoirie déclara que « devant la volonté formelle de l'accusée de ne pas être défendue, il s'en rapporte simplement à la sagesse du conseil »[5].

SECTION 2
EFFACEMENT DE L'INTÉRÊT DU CLIENT

481.81 **Limite à l'intérêt du client.** L'avocat ne saurait, même dans l'intérêt de son client, aller à l'encontre des prescriptions légales ou des règles déontologiques. Ainsi, si l'avocat ne doit rien faire qui irait à l'encontre de l'intérêt de son client, et il ne peut pas faire tout ce qui est de l'intérêt de son client dès lors qu'il convient que ce soit légal, ce qui interdit formellement à l'avocat d'être le complice de son client[6], de l'assister dans une opération de blanchiment[7], de tenir des propos à l'audience qui excéderaient les limites posées par l'immunité de la défense[8] ou hors audience qui constitueraient des infractions pénales[9] ou des atteintes au principe de modération[10], ou encore de commettre une infraction pénale pour le compte de son client[11].

L'intérêt du client s'entend ainsi de l'intérêt légal de celui-ci, ce qui doit systématiquement conduire l'avocat à dissuader son client de toute initiative ou action qui irait à l'encontre de la loi.

481.82 **Conflit d'intérêts.** L'intérêt du client à conserver un avocat donné, peut s'effacer lorsque ce dernier se trouve en situation de conflit avec d'autres intérêts, d'autres clients ou de l'avocat lui-même[12]. Une telle situation peut avantager le client, notamment lorsqu'elle va se traduire par une violation du secret professionnel dû à un autre client à son profit, ou lorsqu'elle va conduire l'avocat à privilégier l'intérêt d'un client au détriment d'un autre. Elle peut aussi, précisément, porte atteinte à son intérêt propre.

Dans un cas comme dans l'autre, l'avocat doit alors se retirer du dossier, non pas nécessairement dans l'intérêt de son client, mais au nom de l'intérêt général mais aussi afin de protéger les intérêts des autres clients ou anciens clients que ce même avocat est tenu de respecter.

481.83 **Choix entre intérêts opposés.** L'intérêt du client de l'avocat va, nécessairement, à l'encontre des intérêts d'autres parties et notamment des clients de ses contradicteurs. Il peut y porter une atteinte dans le respect des règles légales et déontologiques, mais il ne saurait y porter une atteinte excessive qui irait au-delà de ce qui est strictement nécessaire.

Cela explique, par exemple, qu'en matière de demande de renvoi il y a lieu d'apprécier les intérêts en présence afin de déterminer si un renvoi peut ou non être accordé[13]. L'intérêt du client n'est ainsi jamais absolu.

481.84 **Secret professionnel.** L'avocat ne saurait violer le secret professionnel, ainsi que le secret de l'enquête et de l'instruction ou la confidentialité des échanges entre avocats qui bénéficient de la même protection, même dans l'intérêt de son client : la seule exception qui est admise tient des strictes nécessités de la défense[14] lesquelles ne se confondent pas avec l'intérêt du client. Il n'est dès lors, en principe, pas possible pour un avocat de communiquer un document couvert par le secret professionnel même si cette communication lui apparaît devoir être faite dans le seul intérêt de son client.

481.85 **Défiance.** Dès lors que le client fait preuve d'une défiance injustifiée à l'encontre de son

1. Affaire de la souscription Baudin, appel, Plaidoiries de Léon Gambetta pour Delescluze et de Jules Favre pour Duret. Réquisitoire de Grandpierret, A. Le Chevalier, Paris, 1869.
2. A. Naud, *Pourquoi je n'ai pas défendu Pierre Laval*, Arthème Fayard, 1948.
3. V. s[s] n°s 472.171 s.
4. Georges Haussmann [1847-1902].
5. Audience, 16 déc. 1871, citée *in* L. Michel, *Mémoires*, La Découverte, 2002.
6. V. s[s] n°s 921.31 s.
7. V. s[s] n°s 482.61 s.
8. V. s[s] n°s 454.100 s.
9. V. s[s] n°s 454.150 s.
10. V. s[s] n°s 337.31 s.
11. V. s[s] n°s 92.00 s.
12. V. s[s] n°s 441.00 s.
13. V. s[s] n°s 452.121 s.
14. V. s[s] n°s 412.271 s.

avocat, celui-ci est en droit de renoncer à défendre ses intérêts, nonobstant le fait qu'il se soit engagé à traiter les dossiers jusqu'à leur terme[1]. Comme a pu le juger le Conseil d'État lors de l'examen d'un recours contre l'un des décrets d'application de la législation relative au blanchiment, il est inhérent à l'exercice même de la profession d'avocat que les avocats apprécient librement s'ils doivent mettre fin à la relation contractuelle les unissant à leur client[2].

Mais il devra le faire de manière dépourvue de toute ambiguïté et avec prudence[3].

SECTION 3
CONSÉQUENCES DES ATTEINTES À L'INTÉRÊT DU CLIENT

481.91 **Principes.** Lorsque l'avocat ne peut plus agir dans le sens de ce qu'il considère comme étant l'intérêt de son client, faute de le convaincre du bien-fondé de son analyse ou de le dissuader de faire quelque chose de contraire à son intérêt, ou lorsque l'avocat lui-même agit à l'encontre de l'intérêt de son client, ou porte atteinte à celui-ci, la conséquence naturelle est la fin de la relation qui lie l'avocat à son client, à l'initiative de l'une ou l'autre des parties[4].

Elle va aussi se traduire par l'exercice de voie de droit du client à l'encontre de son avocat, même si, en principe, le client ne pourra pas remettre en cause les actes réalisés en son nom par son avocat dans le cadre du mandat qu'il lui avait conféré.

481.92 **Action en désaveu en matière administrative**[5]. En droit administratif, il est expressément prévu que le client peut désavouer les actes ou procédures faits en son nom par son avocat lorsqu'ils peuvent influer sur le sens du jugement[6]. Le Conseil d'État a même fait du désaveu un principe en considérant que l'action en désaveu d'avocat est possible, même sans texte, devant toute juridiction de l'ordre administratif, tant que la décision n'est pas devenue définitive[7]. L'action doit être présentée par le client, ou son nouvel avocat, devant la juridiction qui a instruit la procédure en cause et tend à faire déclarer nulle cette procédure[8].

L'action en désaveu d'avocat ne peut être engagée qu'à raison d'un acte effectivement accompli, tel un désistement, un consentement, un aveu, un acquiescement ou une offre, mais non à raison d'une simple carence, omission ou abstention[9]. Elle implique d'apporter la preuve que l'avocat, qui a qualité pour représenter les parties devant les juridictions administratives et n'a pas à justifier de son mandat et peut donc introduire une requête ou s'en désister sans justifier du consentement de son client, n'avait pas ce consentement et a outrepassé ses prérogatives en allant au-delà de son mandat[10].

481.93 **Autres procédures.** Il n'y a pas de procédure de désaveu concernant les avocats en dehors des procédures administratives, et notamment en matière de représentation obligatoire, à la différence de celle qui est prévue pour les avocats au Conseil d'État et à la Cour de cassation en application du IX de la deuxième partie du règlement du Roi du 28 juin 1738[11], concernant la procédure au Conseil, maintenu par l'article 90 du titre VI de la loi du 27 Ventôse an VIII [18 mars 1800][12].

481.94 **Responsabilité de l'avocat.** L'avocat qui fait fi de l'intérêt de son client, en outrepassant son mandat, peut toutefois être personnellement condamné aux dépens afférents aux instances, actes et procédures d'exécution accomplis en dehors des limites de son mandat[13].

Il engage également sa responsabilité civile professionnelle envers son client[14] et peut faire l'objet de poursuites disciplinaires[15].

1. Paris 15 févr. 1983, *Gaz. Pal.* 1983. 329, note A. Damien ; *in* DAMIEN, *Les grands arrêts*, 1991, p. 94 – Douai, 2 mai 1988, *JCP* 1989. IV. 6.
2. CE 14 oct. 2011, *Barreau de Paris,* req. n° 332126, *Lebon T ; RFDA* 2012. 377, Chron. L. Clément-Wilz, F. Martucci et C. Mayeur-Carpentier ; *JCP* 2011. 1209, obs. Ch. Cutajar ; *Gaz. Pal.* 2011. 3502, concl. M. Guyomar ; *Europe* 2011. Chron. 2 par G. Kalflèche.
3. V. s^s n°s 484.21 s.
4. V. s^s n°s 484.00 s.
5. *R. Godet, « L'action en désaveu d'avocat devant les juridic*tions administratives et judiciaires », *Gaz. Pal.* 27-29 oct. 2002, p. 3.
6. CJA, art. R. 635-1.
7. CE 1er juill. 2009, req. n° 312181, NP.
8. CE 15 oct. 1975, req. n°s 95062, 95064, *Lebon* 513 – CE 13 nov. 2002, *Gidrol,* req. n° 225232, *Lebon T.*
9. CE 6 févr. 2004, *Frugier,* req. n° 255007, *Lebon ; AJDA* 2004. 606, concl. F. Séners – CE, sect., 5 juin 1992, *Op AJDA* 1992. 775, obs. L. Richer ; – RAPPR. : CE, sect., 14 mars 1958, *Jolivot (D^me), Lebon* 167.
10. CE 25 févr. 1960, *Lebon* 755.
11. V. Lamanda, « Introduction », « Cassation et évocations : le conseil du roi et des parlements XVIIIe siècle », *Histoire, économie & société*, 3/2010 (29e année), p. 5-8.
12. Civ. 3e, 19 janv. 1994, n° 91-13.335, P III, n° 9 ; *D.* 1994. 45 ; *Gaz. Pal.* 1994. Pan. 131 – Civ. 1re, 17 juin 2015, n° 13-28.391, NP – Civ. 3e, 23 janv. 2020, n° 18-23.688, P ; *D.* 2020. 222. ; – COMP. : C. Malherbe, « L'avocat désavoué », *Mél. G.-A. Dal,* Larcier, Bruxelles, 2014, p. 597 s.
13. C. Pr. civ., art. 697 – V. s^s n° 723.189.
14. TGI Dinan 15 juin 1982, *Gaz. Pal.* 1983. 1. 289, note Y. Avril – V. s^s n°s 912.00 s.
15. Bordeaux, 11 mars 1983, *Gaz. Pal.* 1983. 2. 384, note A. Damien ; *in* DAMIEN, *Les grands arrêts*, 1991, p. 91 – Civ. 1re, 11 juill. 1983, *Gaz. Pal.* 1984. 1. 152, note A. Damien – V. s^s n°s 522.00 s.

481.95 **Devoir de prudence.** L'avocat doit donc toujours faire preuve de prudence dans ses rapports avec son client[1], en s'assurant systématiquement de l'accord écrit de celui-ci avant d'agir, même s'il n'a pas à justifier de son mandat pour le faire, et en se retirant d'un dossier dès qu'il s'aperçoit qu'il n'est plus en mesure de le mener convenablement dans l'intérêt de son client.

Dans beaucoup trop de cas, privilégiant le maintien de la relation de clientèle, les avocats tardent à mettre un terme à leur intervention, soit en poursuivant celle-ci en allant à l'encontre de l'intérêt de leur client, soit en le faisant dans l'intérêt voulu par celui-ci alors même qu'ils ont conscience que ce n'est pas son intérêt réel.

SECTION 4
INFRACTION D'ABUS DE FAIBLESSE

481.100 **Plan – Concurrence d'infractions.** Tout comme l'abus de confiance[2] et l'escroquerie[3], lorsqu'ils sont commis au préjudice du client, l'abus de faiblesse porte par nature atteinte à l'intérêt du client lorsqu'il est commis par l'avocat. Une telle attitude, qui est hautement répréhensible, est aussi parfois le résultat des difficultés à gérer une relation avec des clients en état de faiblesse et notamment des majeurs protégés.

L'abus de faiblesse est doublement sanctionné, d'une part par le code pénal, et d'autre part par le code de la consommation. Les deux infractions qui se distinguent de par leurs éléments constitutifs ont vocation à s'appliquer de manière conjointe et concurrente[4].

L'infraction visée par le code pénal concernera essentiellement les relations entre l'avocat et son client au cours de leur relation d'affaires, tandis que celle visée par le code de la consommation vise plus les situations dans lesquelles va se nouer le lien de clientèle, et notamment la sollicitation personnalisée[5].

L'abus de faiblesse fait l'objet de dispositions du code pénal (§ 1) et du code de la consommation (§ 2).

§ 1
Abus de faiblesse dans le code pénal

481.111 **Définition.** L'abus de faiblesse consiste, conformément à l'article 223-15-2 du code pénal, en l'abus frauduleux de l'état d'ignorance ou de la situation de faiblesse soit d'un mineur, soit d'une personne dont la particulière vulnérabilité, due à son âge, à une maladie, à une infirmité, à une déficience physique ou psychique ou à un état de grossesse, est apparente ou connue de son auteur, soit d'une personne en état de sujétion psychologique ou physique résultant de l'exercice de pressions graves ou réitérées ou de techniques propres à altérer son jugement, pour conduire ce mineur ou cette personne à un acte ou à une abstention qui lui sont gravement préjudiciables.

481.112 **Peines.** L'abus de faiblesse est puni de trois ans d'emprisonnement et de 375 000 euros d'amende.

481.113 **Peines complémentaires.** L'avocat condamné du chef d'abus de faiblesse encourt également les peines complémentaires prévues à l'article 223-15-3 du code pénal et notamment celle de l'interdiction d'exercer l'activité d'avocat, soit à titre définitif, soit à titre temporaire ne pouvant excéder une durée de cinq ans, cette interdiction peut se cumuler avec une sanction disciplinaire[6], ainsi que l'affichage de la décision[7].

481.114 **Personnes morales.** Enfin, aux termes de l'article 324-9 du code pénal, les personnes morales déclarées pénalement responsables, des infractions commises pour leur compte par leurs organes ou représentant[8], des infractions précitées encourent, outre une amende de 1 875 000 euros[9], les peines complémentaires d'interdiction, à titre définitif ou pour une durée de cinq ans au plus, d'exercer directement ou indirectement l'activité d'avocat, l'exclusion des marchés publics, ainsi que l'affichage de la décision prononcée[10].

481.115 **Prescription.** La prescription qui est de six ans[11], court à compter de la date du premier versement, toutefois, en cas de dissimulation, elle ne court qu'à compter du jour où l'infraction est apparue et a pu être constatée dans les conditions permettant l'exercice des poursuites[12], sans toutefois que le délai de prescription puisse excéder douze années révolues à compter de la commission des faits[13].

1. V. s[s] n°s 344.00 s.
2. V. s[s] n°s 922.31 s.
3. V. s[s] n°s 922.60 s.
4. G. Raymond, *Droit de la consommation*, 3e éd., « Droit et professionnels », LexisNexis, 2014, n° 307, p. 171 – G. Raymond, « Les abus de faiblesse », *Gaz. Pal.* 2002. Doctr. 399.
5. V. s[s] n°s 465.00 s.
6. Civ. 1re, 17 mai 1988, n° 86-15.067, P I, n° 145 ; *D.* 1991. 302, note A. Brunois ; *Gaz. Pal.* 1989. 2. 491, note G. Fléchеux – Civ. 1re, 9 avr. 2015, n° 14-50.012, P I, n° 82 ; *D.* 2015. 1187, avis J.-P. Sudre, note O. Décima.
7. C. pén., art. 223-15-3, 7°.
8. C. pén., art. 121-2.
9. C. pén., art. 223-15-4.
10. C. pén., art. 131-35.
11. C. pr. pén., art. 8 al. 2.
12. Crim. 19 mars 2008, n° 07-82.124, P n° 71 ; *Dr. pénal* 2008, n° 102, obs. M. Véron ; *D.* 2008. 1063, obs. S. Lavric ; *AJ pénal* 2008. 319, note J. Lelieur ; *RTD com.* 2008. 878, obs. B. Bouloc.
13. C. pr. pén., art. 9-1.

La chambre criminelle applique au délit d'abus de faiblesse la théorie de « l'infraction continuée » et considère que la prescription ne commence à courir qu'à partir du dernier prélèvement effectué sur le patrimoine de la victime lorsque l'abus frauduleux procède d'un mode opératoire unique : chaque abus successif formant un tout indivisible constitutif d'une seule infraction d'abus de faiblesse[1].

481.116 **Répression.** C'est ainsi qu'un avocat a pu faire l'objet d'une condamnation à une peine de quinze mois d'emprisonnement assortie du sursis et une interdiction d'exercer l'activité d'avocat pour une durée de cinq ans du chef d'abus de faiblesse, en l'occurrence pour avoir abusé de l'état d'ignorance ou de la situation de faiblesse d'une veuve qu'il savait particulièrement vulnérable en raison de son âge, de sa faible capacité d'évaluation de l'argent et de sa détresse face à la longue maladie et au décès de son compagnon, pour la conduire à lui remettre par le biais de plusieurs chèques et virements bancaires, une somme représentant l'ensemble de ses économies accumulées au cours de sa vie. Il fut, en outre, sanctionné disciplinairement d'une interdiction temporaire d'exercice de la profession de trois ans, la cour d'appel précisant que la peine d'interdiction de se livrer à son activité professionnelle, prononcée par le tribunal correctionnel, et la sanction disciplinaire d'interdiction temporaire d'exercice étant de nature différente, aucune confusion ne saurait être ordonnée entre ces deux peines qui doivent donc être exécutées successivement[2].

De même que s'agissant d'un avocat qui avait été condamné pénalement pour complicité d'abus frauduleux de l'ignorance ou de la faiblesse d'une personne vulnérable pour la conduire à un acte ou à une abstention préjudiciable en profitant du lien de confiance qui l'unissait depuis de très nombreuses années à la famille de la victime pour se faire désigner comme tuteur de la mère à la mort du père de famille et laisser à la disposition du fils du défunt, les chéquiers dont il était détenteur en sa qualité de tuteur, permettant ainsi à celui-ci d'opérer des détournements sur le compte bancaire de sa mère. Le fait que les sommes détournées aient été rapportées à la succession ne peut atténuer la gravité des manquements commis par un avocat dans l'exercice de ses fonctions, nonobstant la faiblesse du montant des détournements et du fait qu'il s'était retrouvé pris dans un imbroglio familial, ce qui justifie que soit prononcée une interdiction temporaire d'exercice[3].

Dans une autre affaire, un avocat fut condamné à une peine de douze mois de prison avec sursis et 250 000 euros d'amende pour complicité d'abus de faiblesse, pour avoir abusé de la faiblesse de l'une de ses clientes, dont il ne pouvait pas ignorer la particulière vulnérabilité, afin d'obtenir d'elle des mandats de droit commun ainsi que la régularisation de protocole d'accords aux fins de réaliser un investissement, préjudiciable à ses intérêts, dans la société d'un autre de ses clients, la cour notant que « l'infraction commise par le prévenu est grave tant par sa nature même que par la qualité éminente d'avocat qui est la sienne et la confiance que cette qualité a fait naître dans l'esprit de [sa cliente] »[4]. Il fera l'objet, par la suite, d'une sanction disciplinaire d'interdiction temporaire avec sursis[5].

481.117 **Sanction disciplinaire.** La sanction pénale n'est pas nécessaire dès lors qu'il est avéré que l'attitude de l'avocat qui a profité de l'état de faiblesse d'un client pour abuser de celui-ci en obtenant de lui des sommes d'argent ou des honoraires excessifs, portant ainsi atteinte à ses intérêts, justifie qu'il soit sanctionné disciplinairement dès lors qu'une telle attitude porte fondamentalement atteinte aux principes essentiels, notamment de dignité, de loyauté, mais encore de probité et d'honneur.

481.118 **Sanction disciplinaire – Illustrations.** C'est ainsi que fut sanctionné, nonobstant toutes poursuites pénales, d'une interdiction temporaire d'exercice pour une durée de deux ans dont un an assorti du sursis, un avocat qui avait abusé de la faiblesse d'une cliente, mise par la suite sous curatelle, en percevant de sa part des honoraires excessifs dont il avait été condamné par une décision définitive à les rembourser, décision qu'il s'était refusé à exécuter[6].

Tout comme la radiation a pu être prononcée à l'encontre d'un avocat qui avait abusé de la vulnérabilité de plusieurs clients (maladie, divorce, situation familiale difficile...) au regard de leur âge avancé, en leur faisant miroiter des placements sérieux auprès de banquiers de sa connaissance alors qu'il s'agissait d'accroître son endettement personnel, et ce afin de leur emprunter d'importantes sommes d'argent qu'il n'a jamais remboursées, si ce n'est qu'en faisant des chèques sans provision à ces mêmes clients, le caractère réitéré de ces pratiques témoignant, en outre, d'un système de cavalerie[7].

Fut également sanctionné de la radiation un avocat qui avait abusé de la situation de faiblesse de sa cliente, qu'il savait particulièrement vulnérable

1. Crim. 18 sept. 2019, n° 18-85.038, P ; *D.* 2019. 2335, note A. Dejean de la Batie.
2. Paris, pôle 2, ch. 1, 10 déc. 2009, RG n° 09/12162.
3. CD Paris, arr. 2 déc. 2014, n° 251782.
4. Bordeaux, 3e, ch. corr., 24 août 2016, RG n° 15/01272 ; – INFIRMANT PARTIELLEMENT : TGI Bordeaux 5e ch., 25 mai 2015, RG n° 11627000022 ; – POURVOI REJETÉ PAR : Crim. 30 janv. 2019, n° 16-85.929, NP.
5. CD Paris, arr. n° 319971, 20 avr. 2021.
6. CD Paris, arr. 18 oct. 2011, n° 209469.
7. Paris, pôle 2, ch. 1, 28 mars 2013, RG n° 12/23277.

compte tenu d'un état psychologique fragile aggravé par les récents décès de son mari et suicide de sa sœur, pour orienter de sa part des versements de fonds et placements considérables à son bénéfice ou au bénéfice de sociétés dans lesquelles il avait des intérêts importants, et dont l'une était obérée financièrement et l'autre propriétaire d'un actif d'une cessibilité aléatoire voire hypothétique. L'avocat avait également obtenu de sa cliente un mandat de protection future ainsi que la mise en place de testaments croisés, et n'hésitait pas, en outre, à établir à son insu des chèques tirés sur ses comptes bancaires [1].

§ 2 Abus de faiblesse dans le code de la consommation

481.121 **Définition.** Est également un abus de faiblesse, au sens de l'article L. 121-8 du code de la consommation [2], le fait d'abuser de la faiblesse ou de l'ignorance d'une personne, lorsque les circonstances montrent que cette personne n'était pas en mesure d'apprécier la portée des engagements qu'elle prenait ou de déceler les ruses ou artifices déployés pour la convaincre à y souscrire, ou font apparaître qu'elle a été soumise à une contrainte.

481.122 **Moyens.** L'abus de faiblesse doit avoir été commis dans le cadre d'une visite à domicile [3], à la suite de démarchages par téléphone ou télécopie ; d'une sollicitation personnalisée [4] (sans que cette sollicitation soit nécessairement nominative) à se rendre sur un lieu de vente, effectuée à domicile et assortie de l'offre d'avantages particuliers ; à l'occasion de réunions ou d'excursions organisées par l'auteur de l'infraction ou à son profit ; dans des lieux non destinés à la commercialisation du bien ou du service proposé, ou dans le cadre de foires ou de salons, ou, enfin dans une situation d'urgence ayant mis la victime de l'infraction dans l'impossibilité de consulter un ou plusieurs professionnels qualifiés, tiers au contrat [5].

481.123 **Buts.** L'abus de faiblesse, au sens du code de la consommation, doit conduire à faire souscrire des engagements au comptant ou à crédit sous quelque forme que ce soit [6], à se faire remettre, sans contreparties réelles, des sommes en numéraire ou par virement, des chèques bancaires ou postaux, des ordres de paiement par carte de paiement ou carte de crédit ou bien des valeurs mobilières [7].

481.124 **Peine.** L'abus de faiblesse est puni de trois ans d'emprisonnement et de 375 000 euros d'amende. Le montant de l'amende peut être porté, de manière proportionnée aux avantages tirés du manquement, à 10 % du chiffre d'affaires moyen annuel, calculé sur les trois derniers chiffres d'affaires annuels connus à la date des faits [8].

Elle peut s'appliquer concurremment, pour les mêmes faits, avec d'autres infractions au code de la consommation [9], tel que le délit de démarchage à domicile, l'abus de faiblesse défendant un intérêt distinct tenant à la protection des personnes vulnérables, et non à celles des consommateurs [10].

481.125 **Peines complémentaires.** L'avocat condamné du chef d'abus de faiblesse encourt également les peines complémentaires prévues à l'article 132-15 du code de la consommation et notamment celle de l'interdiction d'exercer l'activité d'avocat à titre temporaire ne pouvant excéder une durée de cinq ans, cette interdiction peut se cumuler avec une sanction disciplinaire [11].

481.126 **Personnes morales.** Enfin, les personnes morales déclarées pénalement responsables, des infractions commises pour leur compte par leurs organes ou représentant [12], des infractions précitées encourent, outre une amende de 1 875 000 euros [13], les peines complémentaires d'interdiction pour une durée de cinq ans au plus, d'exercer directement ou indirectement l'activité d'avocat, l'exclusion des marchés publics, ainsi que l'affichage de la décision prononcée [14].

481.127 **Nullité de toute convention.** Lorsqu'un contrat, tel qu'une convention d'honoraires, est conclu à la suite d'un abus de faiblesse, au sens de l'article L. 121-8 du code de la consommation, celui-ci est nul et de nul effet [15].

1. Paris, pôle 2, ch. 1, 19 sept. 2019, RG n° 16/11977 ; – POURVOI REJETÉ PAR : Civ. 1re, 30 juin 2021, n° 19-23.722, NP.
2. E. Bazin, « L'abus de faiblesse dans le code de la consommation », *Dr. pén.* 2015. Ét. 19 – D. Fenouillet (dir.), *Droit de la consommation*, « Dalloz Action », 2020, nos 423.93 s. par M. Leroux-Campello, Ch. Dubois.
3. C. consom., art. L. 121-8.
4. V. ss nos 465.00 s.
5. C. consom., art. L. 121-9.
6. C. consom., art. L. 121-8.
7. C. consom., art. L. 121-10.
8. C. consom., art. L. 132-14.
9. V. ss n° 466.70 s.
10. Crim. 9 mars 2016, n° 14-84.566, P n° 76 ; *D.* 2016. 652 ; *D.* 2017. 881, obs. D. Ferrier ; *AJCA* 2016. 251, obs. E. Gautier.
11. Civ. 1re, 17 mai 1988, n° 86-15.067, P I, n° 145 ; *D.* 1991. Somm. 302, note A. Brunois ; *Gaz. Pal.* 1989. 2. 491, note G. Flécheux – Civ. 1re, 9 avr. 2015, n° 14-50.012, P I, n° 82 ; *D.* 2015. 1192, note O. Décima ; *D.* 2015. 1187, avis J.-P. Sudre.
12. C. pén., art. 121-2.
13. C. pén., art. 223-15-4.
14. C. pén., art. 131-35.
15. C. consom., art. L. 132-13 – D. Fenouillet (dir.), *Droit de la consommation*, « Dalloz Action », 2020, nos 127.81 s. par D. Fenouillet.

CHAPITRE

482. Devoir de prudence face au blanchiment

SECTION 0
ORIENTEUR

482.00 Sommaire du chapitre.

Division. Les risques de blanchiment des capitaux et de financement du terrorisme, auxquels les avocats sont particulièrement exposés, leur imposent un devoir particulier de prudence dans l'exécution de leurs missions, afin de respecter les règles régissant la matière dans le respect du secret professionnel auquel ils sont tenus à l'égard de leur client d'où découle un régime spécifique (sect. 1) dont la mise en œuvre leur impose des obligations d'identification, de vigilance constante, ainsi que, le cas échéant, d'abstention et de déclaration à leur bâtonnier, et dont le non-respect peut conduire non seulement à des sanctions disciplinaires (sect. 2), mais également à des sanctions pénales du chef de blanchiment (sect. 3).L'avocat est également tenu de mettre en œuvre les règles relatives aux mesures de gel des avoirs (sect. 4).

482.01 Textes applicables.

TEXTES TITRÉS

> Obligations des avocats relativement à la lutte contre le blanchiment des capitaux et le financement des activités terroristes

• **RIN**

art. 1.5 [Devoir de prudence]

• **C. mon. fin.**

art. L. 561-2 [Personnes assujetties Obligations relatives à la lutte contre le blanchiment des capitaux et le financement du terrorisme]

art. L. 561-2-1 [Définition de la relation d'affaires]

art. L. 561-2-2 [Définition du bénéficiaire effectif]

art. L. 561-3 [Activités soumises à déclaration]

art. L. 561-4-1 [Mesures de vigilance]

art. L. 561-5 [Identification du client]

art. L. 561-5-1 [Identification de l'objet et de la nature de la relation d'affaires]

art. L. 561-6 [Vérification préalable et permanente]

art. L. 561-8 [Devoir d'abstention]

art. L. 561-9 [Exceptions au devoir de vigilance]

art. L. 561-10 [Devoir de vigilance complémentaire]

art. L. 561-10-1 [Devoir de vigilance renforcée]

art. L. 561-10-2 [Devoir de vigilance renforcée]

art. L. 561-12 [Conservation des archives]

art. L. 561-15 [Obligations de déclaration de soupçon]

art. L. 561-15-1 [Obligations de déclaration de soupçon]

art. L. 561-16 [Suspension de l'opération]

art. L. 561-20 II [Information des avocats appartenant à la même structure]

art. L. 561-21 [Information des personnes intervenant pour un même client]

art. L. 561-24 [Droit d'opposition]

art. L. 561-26 [Désignation des risques par Tracfin]

art. L. 561-32 [Systèmes d'évaluation et de gestion des risques]

art. L. 561-34 [Formation et information du personnel]

art. L. 561-35 [Information par Tracfin]

> Rôle du bâtonnier et des barreaux relativement à la lutte contre le blanchiment des capitaux et le financement des activités terroristes

• **C. mon. fin.**

art. L. 561-17 [Communication de la déclaration de soupçon au bâtonnier]

art. L. 561-25 [Droit de communications Tracfin]

art. L. 561-30-2 [Information en cas de saisine du procureur de la République]

> Confidentialité, immunités et sanctions

• **C. mon. fin.**

art. L. 561-18 [Confidentialité de la déclaration de soupçon]

art. L. 561-19, al. 2 [Communication à l'autorité judiciaire]

art. L. 561-22 [Immunité pénale, civile et disciplinaire]

art. L. 574-1 [Sanctions]

> Infraction de blanchiment

• **C. pén.**

art. L. 324-1 [Blanchiment]

482.02 Jurisprudence de référence.

> Obligation de déclaration de soupçon (conformité aux droits fondamentaux)

• **CJUE 26 juin 2007,** *Ordre des barreaux francophones et germanophones a. c/Conseil des ministres*, aff. C-305/05.

* V. s^{s} n° 482.41.

« […] L'avocat ne serait pas en mesure d'assurer sa mission de conseil, de défense et de représentation de son client de manière adéquate, et celui-ci serait par conséquent privé des droits qui lui sont conférés par l'article 6 de la CEDH, si l'avocat, dans le cadre d'une procédure judiciaire ou de sa préparation, était obligé de coopérer avec les pouvoirs publics en leur transmettant des informations obtenues lors des consultations juridiques ayant eu lieu dans le cadre d'une telle procédure […].

Étant donné que les exigences découlant du droit à un procès équitable, impliquent, par définition, un lien avec une procédure judiciaire, et compte tenu du fait que l'article 6, paragraphe 3, second alinéa, de la directive 91/308 exonère les avocats, lorsque leurs activités sont caractérisées par un tel lien, des obligations d'information et de coopération visées à l'article 6, paragraphe 1, de ladite directive, lesdites exigences se trouvent préservées. »

• **Cour constitutionnelle belge, n° 10/2008, 23 janv. 2008**

* V. s^{s} n° 482.42.

« B. 5.3. La Cour examine les moyens en tenant compte de l'arrêt de la Cour de justice des Communautés européennes précité […].

B. 7.1. L'effectivité des droits de la défense de tout justiciable suppose nécessairement qu'une relation de confiance puisse être établie entre lui et l'avocat qui le conseille et le défend. Cette nécessaire relation de confiance ne peut être établie et maintenue que si le justiciable a la garantie que ce qu'il confiera à son avocat ne sera pas divulgué par celui-ci. Il découle que la règle du secret professionnel, dont la violation est sanctionnée notamment par l'article 458 du code pénal, est un élément fondamental des droits de la défense […].

B. 8. La lutte contre le blanchiment de capitaux et le financement du terrorisme, qui exercent une influence évidente sur le développement du crime organisé, lequel constitue une menace particulière pour la société, est un objectif légitime d'intérêt général. Toutefois, cet objectif ne saurait justifier une levée inconditionnelle ou illimitée du secret professionnel de l'avocat, car, pour les motifs rappelés en B. 6.1 à B. 6.3, les avocats ne peuvent être confondus avec les autorités chargées de la recherche des infractions […].

B. 9.2. Il ressort clairement de cette disposition que toutes les informations portées à la connaissance de l'avocat dans le cadre d'une procédure judiciaire dans les matières énumérées par l'article 2 *ter* de la loi du 11 janvier 1993 précitée sont et demeurent couvertes par son secret professionnel et « il importe peu que les informations aient été reçues ou obtenues avant, pendant ou après la procédure » [1] […].

1. CJUE 26 juin 2007, *Ordre des barreaux francophones et germanophone a. c/Conseil des ministres,* aff. n° C-305/05 ; *JOUE* 25 août, p. 6.

B. 9.3. Le secret professionnel de l'avocat ne saurait toutefois être limité à sa seule activité de défense et de représentation en justice. C'est pourquoi l'article 14 *bis*, § 3, précité interdit également que les informations qui sont portées à la connaissance de l'avocat « lors de l'évaluation de la situation juridique de ce client », y compris dans les matières énumérées par le même article 2 *ter*, fassent l'objet d'une communication aux autorités. La même disposition précise que les informations reçues ou obtenues « dans le cadre de conseils relatifs à la manière d'engager ou d'éviter une procédure » ne sont pas communiquées non plus aux autorités [...].

B. 9.6. Il découle de ce qui précède que les informations connues de l'avocat à l'occasion de l'exercice des activités essentielles de sa profession, y compris dans les matières énumérées à l'article 2 *ter* précité, à savoir l'assistance et la défense en justice du client, et le conseil juridique, même en dehors de toute procédure judiciaire, demeurent couvertes par le secret professionnel, et ne peuvent pas être portées à la connaissance des autorités. Ce n'est que lorsque l'avocat exerce une activité, dans les matières énumérées à l'article 2 *ter*, en dehors de sa mission spécifique de défense et de représentation en justice et de celle de conseil juridique, qu'il peut être soumis à l'obligation de communication aux autorités des informations dont il a connaissance [...].

B. 14.3. Dès lors que l'intervention du bâtonnier est considérée comme une garantie essentielle pour la sauvegarde du secret professionnel de l'avocat et des droits fondamentaux des personnes concernées par la transmission d'informations lors du premier contact entre l'avocat et les autorités, il n'est pas justifié de ne pas prévoir le même « filtre » lorsque, ce contact étant établi, de plus amples informations sont demandées à l'avocat auteur de la déclaration. Le risque d'atteinte injustifiée au secret professionnel de ce dernier n'est en effet pas moindre lors d'échanges d'informations ultérieurs au sujet des faits ou indices de blanchiment ou de financement du terrorisme que lors du premier contact [...]. »

482.03 Bibliographie indicative.

* Aussi : v. s[s] n° 48.03.

Encyclopédies. *J.-Cl. Pr. civ.*, fasc. 83-1 : avocats, Déontologie de l'avocat appliquée au juridique, 2014 – Rép. Com. *V° Blanchiment de capitaux et financement du terrorisme* par C.-J. Berr.

Monographies. Ch. Cutajar, *Blanchiment d'argent : Prévention et répression*, « Thèmexpress », F. Lefebvre, 2019 – Ch. Cutajar (dir.), *Blanchiment et profits illicites*, « Collections de l'Université Robert Schuman. Institut de recherches Carré de Malberg », PU Strasbourg, 2000 – A. Risopoulos (dir.), *Les avocats face au blanchiment*, « Conférence du Jeune Barreau de Bruxelles », Larcier, 2011 – M. Van Molle (dir.), *Blanchiment de capitaux et professions juridiques*, ULB – Anthemis, Bruxelles, 2014 – Y. Repiquet, *Le secret professionnel de l'avocat et la lutte contre le blanchiment d'argent : Études à la mémoire de F. C. Jeantet*, 2010, LexisNexis.

Contribution. Y. Ochinsky, « Le blanchiment et l'arrêt Michaud », *Mél. G.-A. Dal*, Larcier, Bruxelles, 2014, p. 697 s.

Articles. F. Baumgartner et P. Mousseron, « Blanchiment, contrats et opinions juridiques », *JCP E* 2006, n° 40, p. 1671 – N. Belzidsky, « Quelques propos sur le blanchiment de fraude fiscale », *RJ com.* 2011. 539 – M. Bénichou et F. Teitgen, « Rôle des ordres dans la lutte contre le blanchiment et la sauvegarde du secret professionnel », *Gaz. Pal.* 2000. Doctr. 724 – B. Bouloc, « Quelques aspects du délit de blanchiment », *RD banc. fin.* 2002. 151 ; « L'avocat conseil d'entreprises et le blanchiment : L'infraction de blanchiment », *Gaz. Pal.* 23-24 janv. 2004, n° 23-24, p. 11 – B. Cahen, « Secret professionnel et lutte contre la corruption », *Gaz. Pal.* 2001. Doctr. 246 – Collectif Dossier, « Quelles incidences pratiques pour les professionnels ? », *Dr. et patr.* juin 2009, p. 59 s. – Ph. Conte, « Aspect pénal des obligations de vigilance tendant à prévenir le blanchiment », *JCP* 2005. 605 – Ch. Cutajar et M. Beaussier, « Les avocats et la lutte contre le blanchiment », *JCP* 2009. 474 – Ch. Cutajar, « Blanchiment d'argent – quel risque pénal en cas d'inobservation par les professionnels des obligations de vigilance », *Gaz. Pal.* 25-26 févr. 2005, n°s 58 à 60, p. 16 ; « La prévention du blanchiment par l'approche fondée sur le risque après le décret du 2 sept. 2009 », *JCP* 2009. 338 ; « Mise en œuvre des obligations du dispositif de lutte contre le blanchiment », *JCP* 2010. 62 ; « Le devoir de prudence des avocats et la lutte contre le blanchiment », *D.* 2011. 1960 ; « Rapport Tracfin 2015 : des risques émergents non maîtrisés », *JCP* 2017. 42 ; « Rapport Tracfin 2016. Un appel aux professionnels à améliorer la qualité des déclarations de soupçons », *JCP* 2017. 883 ; « Rapport d'analyse des risques de blanchiment de capitaux et de financement du terrorisme 2016. À propos du rapport Tracfin du 12 décembre 2017 », *JCP* 2018. 72 ; « Le décret d'application de l'ordonnance du 1er décembre 2016 transposant la quatrième directive enfin publié », *JCP* 2018. 538 – F. Defferrard, « Les métamorphoses de la législation française "anti-blanchiment" », *Gaz. Pal.* 2009. 2953 ; « Sur la circulaire du 12 janv. 2010 », *Gaz. Pal.* 7-9 mars 2010, p. 17 ; « L'avocat, le secret et le blanchiment », *D.* 2013. 284 – E. Daoud, « La fraude fiscale, le blanchiment et l'avocat » *AJ pénal* 2013. 648 – C. Ducouloux-Favard, « Recel et blanchiment : deux délits de conséquence », *Gaz. Pal.* 2003, Doctr., 1, p. 15 – C. Ghrénassia, « Blanchiment et avocat : de la confiance au soupçon », *RLDA* 2013. 96 – C. Mascala, « Les évolutions du droit pénal en matière de blanchiment », *RLDA* sept. 2011, p. 18 – H. Matsopoulou, « Obligation de déclaration : du secret à la révélation », *Gaz. Pal.* 2004. Doctr. 1825 – F.-X. Mattéoli, « Avocats : le bon sens en partage », *Dr. et patr.* nov. 2011, p. 52 – P. Michaud, « Trafic, blanchiment et fraude fiscale : les déclarations de soupçon », *JCP E* 2009, n° 42, p. 11 ; « L'avocat et la prévention du blanchiment : une déontologie responsable de l'intérêt général », *Gaz. Pal.* 26-27 juill. 2013, p. 11 – P. Mousseron, « Et si le Conseil national des barreaux unifiait les règles et usages en matière de déclaration de soupçon », *D.* 2020. 898 – J.-B. Perrier, « Le secret professionnel de l'avocat et la transposition de la troisième directive anti-blanchiment » *Gaz. Pal.* 23-24 sept. 2009, n° 266 à 267, p. 2 – H. Robert, « Obligation de déclaration de soupçon », *LPA* 17 juill. 2008 ; « Les nouvelles normes de détection », *RLDA* mai 2009. 71 ; « Les aspects juridiques de la lutte anti-blanchiment », *Dr. et patr.* juin 2009, p. 59 ; « Professions juridiques et prévention du blanchiment », *JCP* 2010. 202 – M. Stasi, « La transposition en France de la directive du 4 décembre 2001 relative à la lutte contre le blanchiment de capitaux - La loi et le secret », *Gaz. Pal.* 19 mars 2004, libres propos, p. 7.

Rapports. Barreau de Paris, *Rapport d'activité LCB-FT 2020*, avr. 2021 – CNB, *Guide pratique. Lutte contre le blanchiment de capitaux et le financement du terrorisme. Inclus mesure de gel des avoirs*, 3e éd., oct. 2020 – CNB, Analyse des risques de blanchiment de capitaux et de financement du terrorisme pour la profession d'avocat, févr. 2020 – COLB, Analyse nationale des risques de blanchiment de capitaux et de financement du terrorisme en France, Sept. 2019 – Tracfin, *Rapport annuel d'activité 2018*, juill. 2019 – Tracfin, *Rapport Tendances et analyse des risques de blanchiment de capitaux et de financement du terrorisme en 2015*, mai 2017 ; Rapport Tendances et analyse des risques de blanchiment de capitaux et de financement du terrorisme en 2016, déc. 2017 ; *Rapport Tendances et analyse des risques de blanchiment de capitaux et de financement du terrorisme en 2017 et 2018*, nov. 2018 ; *Rapport Tendances et analyse des risques de blanchiment de capitaux et de financement du terrorisme en 2019 et 2020*, avr. 2021.

SECTION 1
PRINCIPES EN MATIÈRE DE LUTTE CONTRE LE BLANCHIMENT

482.10 **Plan.** Alors que la lutte contre le blanchiment et le financement du terrorisme s'affirme comme une priorité au niveau international, certains principes qu'elle dégage inquiètent la profession d'avocats en raison, notamment, des atteintes qu'ils portent au secret professionnel (§ 1). La législation applicable est issue d'une série de directives européennes (§ 2) qui doivent s'analyser, en ce qui concerne les avocats, à l'aune d'une jurisprudence venue concilier les objectifs de ces textes avec la spécificité de leur profession (§ 3).

§ 1
Propos liminaires

482.21 **Importance du blanchiment des capitaux d'origine criminelle.** Le blanchiment d'argent consiste à donner un aspect légal à des capitaux afin de masquer leur origine délictueuse[1]. Les chefs d'État ou de gouvernement européens, estimant que le blanchiment d'argent est au cœur même de la criminalité organisée, ont exprimé leur volonté de « l´éradiquer partout où il existe ». Selon le Conseil de l'Union européenne, le blanchiment du produit d'activités criminelles prend une telle importance qu'il risque de compromettre gravement la solidité et la stabilité des institutions ainsi que la fiabilité du système financier en général, qui perdrait ainsi la confiance du public.

La lutte contre le blanchiment de capitaux et le financement du terrorisme repose essentiellement, depuis 1991, sur cinq directives[2]. La question du blanchiment de capitaux et du financement du terrorisme pose un véritable dilemme entre, d'une part, la nécessaire et légitime lutte contre le blanchiment des capitaux et le financement du terrorisme et, d'autre part, la sauvegarde de l'indépendance des avocats et du secret professionnel[3].

482.22 **Vigilance envers la profession d'avocat.** Le législateur de l'Union européenne fait preuve d'une certaine vigilance envers la profession d'avocat, considérant qu'elle est particulièrement exposée aux risques du blanchiment des capitaux d'origine illicite en raison de la nature même de ses activités. Le système de blanchiment est devenu d'une telle complexité que l'avocat ou son client peuvent être impliqués involontairement, par ignorance ou imprudence.

Les avocats sont conscients de ce danger et reconnaissent la nécessité de lutter contre la grande criminalité et le terrorisme, mais ils soulignent les risques corrélatifs que ces directives font peser sur les droits fondamentaux des citoyens, et en particulier sur l'indépendance de l'avocat. Le débat prend parfois la forme d'une dialectique entre liberté et sécurité. La liberté offerte par les institutions démocratiques peut être utilisée par des personnes malveillantes qui menacent à la fois l'économie et les personnes. Mais la réaction sécuritaire a pour corollaire une surveillance accrue des citoyens et menace leur liberté.

482.23 **Position de la profession d'avocat.** Cette législation a mis à l'ordre du jour le conflit entre le secret professionnel et l'obligation de dénoncer les faits délictueux[4], en l'occurrence ceux des blanchisseurs de capitaux. Tout en admettant l'objectif des directives européennes en ce qu'elles cherchent à lutter contre la grande criminalité et le terrorisme, la profession ne cache pas sa méfiance et son inquiétude face à cette réglementation qui tend à faire des avocats « des agents de la police économique et financière ».

1. Conv. du Conseil de l'Europe, 16 mai 2005 relative au blanchiment, au dépistage, à la saisie et à la confiscation des produits du crime et au financement du terrorisme, art. 9 – Décr. n° 2016-499, 22 avr. 2016 portant publication de la convention du Conseil de l'Europe du 16 mai 2005 relative au blanchiment, au dépistage, à la saisie et à la confiscation des produits du crime et au financement du terrorisme (ensemble une annexe), signée par la France à Strasbourg le 23 mars 2011, *JO* 24 avr., n° 1 – Ch. Cutajar, « Publication de la Convention relative au blanchiment du 16 mai 2005 : quelles avancées ? », *JCP* 2016. 560.

2. V. ss nos 482.31 s.
3. V. ss nos 41.00 s.
4. V. ss nos 412.251 s.

La profession d'avocat ne saurait admettre que la mise en œuvre de ces textes puisse avoir pour but, en tant que tel, de donner à Tracfin un libre accès aux informations que les avocats détiennent : « Si l'objectif de lutte contre la criminalité et le terrorisme est légitime, la profession d'avocat considère que les directives anti-blanchiment, en soumettant l'avocat à une obligation de dénonciation, menacent les droits fondamentaux des citoyens, l'indépendance de l'avocat, le secret professionnel et la confidentialité des échanges entre l'avocat et son client. »[1]

En effet, obliger l'avocat, confident nécessaire de son client, à s'en faire le délateur, fait fi du secret professionnel[2] et de l'indépendance de l'avocat[3].

§ 2
Législation applicable

482.31 Première directive (dir. 91/308, Conseil, 10 juin 1991). La première directive 91/308[4] s'appliquait à la lutte contre le blanchiment dans le seul secteur bancaire.

482.32 Deuxième directive (dir. 2001/97, Parlement et Conseil, 4 déc. 2001). Le contrôle renforcé dans le secteur financier a poussé les blanchisseurs de capitaux à rechercher de nouvelles méthodes pour dissimuler l'origine des produits de la criminalité. C'est dans ce contexte que la deuxième directive 2001/97[5] a étendu les contrôles au-delà du secteur bancaire, et notamment aux professions juridiques, susceptibles d'être utilisées à des fins de blanchiment de capitaux. Cette deuxième directive 2001/97 a été transposée en France par la loi du 11 février 2004[6] modifiant les articles L. 562-1 et suivants du code monétaire et financier et par le décret du 26 juin 2006[7]. Elle impose de mettre en place un dispositif de lutte contre le blanchiment comportant une double obligation :

- d'une part, une obligation de déclaration de soupçon, leur imposant de déclarer spontanément les faits pouvant être l'indice d'un blanchiment ;
- d'autre part, une obligation de répondre aux demandes d'informations adressées par la cellule Tracfin.

482.33 Troisième directive (dir. 2005/60, Parlement et Conseil, 26 oct. 2005). La troisième directive 2005/60[8] est venue étendre le champ d'application de la déclaration de soupçon, de manière à couvrir toutes les infractions punies d'une peine supérieure à un an d'emprisonnement.

Elle a été transposée par l'ordonnance du 30 janvier 2009[9] aux articles L. 561 et suivants du code monétaire et financier, et ses décrets d'application des 16 juillet[10] et 2 septembre 2009[11] définissant, notamment, les critères de la fraude fiscale pouvant conduire à faire une déclaration de soupçon[12].

L'ordonnance du 30 janvier 2009 est venue, suite à l'arrêt du Conseil d'État du 10 avril 2008[13], d'une part, exclure les avocats du dispositif pour la plupart de leurs activités[14], et d'autre part, prévoir le « filtre protecteur » du bâtonnier seul habilité à transmettre une déclaration de soupçon à Tracfin qui ne saurait avoir la moindre relation directe avec l'avocat[15].

1. Th. Wickers, CNB. avocat.fr, Actu. 11 févr. 2009 – AUSSI, C. Charrière-Bournazel, « L'indépendance de l'avocat et la lutte contre le blanchiment », Discours au 57e congrès de l'UIA, 31 oct. 2013.
2. V. ss nos 412.00 s.
3. V. ss nos 323.00 s.
4. Dir. 91/308, Conseil, 10 juin 1991 relative à la prévention de l'utilisation du système financier aux fins du blanchiment de capitaux, *JOCE* 28 juin, p. 77.
5. Dir. 2001/97, Parlement et Conseil, 4 déc. 2001 modifiant la directive 91/308/CEE du Conseil relative à la prévention de l'utilisation du système financier aux fins du blanchiment de capitaux – Déclaration de la Commission, *JOCE* 28 déc., p. 76.
6. L. no 2004-130, 11 févr. 2004 réformant le statut de certaines professions judiciaires ou juridiques, des experts judiciaires, des conseils en propriété industrielle et des experts en vente aux enchères publiques, *JO* 12 févr., p. 2847.
7. Décr. no 2006-736, 26 juin 2006 relatif à la lutte contre le blanchiment de capitaux et modifiant le code monétaire et financier (partie réglementaire), *JO* 27 juin, p. 9625.
8. Dir. 2005/60, Parlement européen et Conseil, 26 oct. 2005 relative à la prévention de l'utilisation du système financier aux fins du blanchiment de capitaux et du financement du terrorisme, *JOCE* 25 nov., p. 15.
9. Ord. no 2009-104, 30 janv. 2009 relative à la prévention de l'utilisation du système financier aux fins de blanchiment de capitaux et de financement du terrorisme, *JO* 31 janv., p. 1819.
10. Décr. no 2009-874, 16 juill. 2009 pris pour application de l'article L. 561-15 II du code monétaire et financier, *JO* 18 juill., p. 11978.
11. Décr. no 2009-1087, 2 sept. 2009 relatif aux obligations de vigilance et de déclaration pour la prévention de l'utilisation du système financier aux fins de blanchiment de capitaux et de financement du terrorisme, *JO* 4 sept., p. 14660.
12. Circ. DACS/DACG no CIV/02/10/M1/03, 14 janv. 2010 relative à la présentation des dispositions issues de la transposition de la directive 2005/60/CE 26 oct. 2005 relative à la prévention de l'utilisation du système financier aux fins de blanchiment des capitaux et de financement du terrorisme, NOR : JUSC1000814C.
13. CE 10 avr. 2008, *CNB a.*, req. no 296845, *Lebon ; AJDA* 2008. 730 ; *AJDA* 2008. 1085, Chron. J. Boucher et B. Bourgeois-Machureau ; *D.* 2008. 2322, obs., note Ch. Cutajar ; *D.* 2008. 1047 ; *D.* 2008. 1573, obs. C. Mascala ; *RFDA* 2008. 575, concl. M. Guyomar ; *RFDA* 2008. 603, Chron. A. Roblot-Troizier et Th. Rambaud ; *RFDA* 2008. 711, obs. H. Labayle et R. Mehdi ; *RFDA* 2008. 780, Chron. T. Haas et C. Santulli ; *RTD civ.* 2008. 444, obs. P. Deumier.
14. V. ss no 482.201.
15. V. ss no 482.216.

482.34 Quatrième directive (dir. 2015/849, Parlement et Conseil, 20 mai 2015). La quatrième[1] directive 2015/849[2], se rapporte à la prévention de l'utilisation du système financier aux fins de blanchiment de capitaux et du financement du terrorisme et d'un règlement sur les informations accompagnant les virements de fonds afin de faciliter le traçage de transferts de fonds[3]. Elle prévoit que les personnes soumises à obligations en la matière, dont les avocats, étant les plus à même d'identifier les risques de blanchiment de capitaux et de financement du terrorisme, peuvent, sous certaines conditions, moduler les mesures de vigilance afin de les adapter à chaque relation d'affaires nouée. Elle contraint, pour la première fois, les États membres à tenir des registres centraux reprenant les informations liées aux propriétaires « effectifs » finaux de sociétés et autres entités légales, ainsi que de fiducies (trusts). Ces registres centraux n'avaient pas été envisagés dans la proposition de la Commission mais furent inclus dans les négociations par les eurodéputés.

Elle a été complétée par une directive 2016/2258[4] renforçant la coopération administrative entre les États membres en garantissant aux autorités fiscales l'accès aux informations, procédures, documents et mécanismes relatifs à la lutte contre le blanchiment de capitaux qui sont détenus par les entités soumises à la directive blanchiment afin de lutter plus efficacement contre l'évasion et la fraude fiscales.

En outre, la réflexion est axée autour des suites des révélations des *Panama Papers*, qui ont conduit le Parlement européen à mettre en place une commission d'enquête parlementaire, dite « commission PANA », et à adopter, le 13 décembre 2017, une série de recommandations à l'intention du Conseil et de la Commission visant essentiellement la lutte contre la fraude et l'évasion fiscale.

1. Tracfin, « Les principales innovations de la 4e directive anti-blanchiment et financement du terrorisme en 12 points », La lettre d'information de Tracfin, n° spécial, oct. 2015.
2. Dir. 2015/849, Parlement et Conseil, 20 mai 2015 relative à la prévention de l'utilisation du système financier aux fins du blanchiment de capitaux ou du financement du terrorisme, modifiant le règlement (UE) n° 648/2012 du Parlement européen et du Conseil et abrogeant la directive 2005/60/CE du Parlement européen et du Conseil et la directive 2006/70/CE de la Commission, *JOCE* 5 juin, p. 75 – Règl. 2015/847, Parlement et Conseil, 20 mai 2015 sur les informations accompagnant les transferts de fonds et abrogeant le règlement (CE) n° 1781/2006, *JOCE* 5 juin, p. 1.
3. Ch. Cutajar, « Identification du bénéficiaire réel, un leurre au sein de la 4e directive blanchiment ? », *JCP* 2015. 554.
4. Dir. 2016/2258, Conseil, 6 déc. 2016 modifiant la directive 2011/16/UE en ce qui concerne l'accès des autorités fiscales aux informations relatives à la lutte contre le blanchiment de capitaux, *JOUE* 16 déc., p. 1.

L'ordonnance du 1er décembre 2016[5] ainsi que le décret du 18 avril 2018[6] sont venus, à la suite de la loi du 3 juin 2016[7], transposer la quatrième directive 2015/849 en procédant à une refonte des articles L. 561-1 et suivants du code monétaire et financier dans un souci de clarification et de modernisation[8].

Ils clarifient la définition de la relation d'affaires[9], qui sert de fondement aux mesures de vigilance, ainsi que la définition des « bénéficiaires effectifs », et renforcent les dispositions sur l'évaluation des risques[10] ainsi que les procédures de contrôle et d'échange d'informations à mettre en place, avec une exigence accrue en matière d'informations à collecter sur le bénéficiaire effectif. Enfin, ils renforcent le dispositif de supervision et de sanctions (sanctions pécuniaires plafonnées au minimum à un million d'euros ; possibilité de sanctionner les personnes physiques responsables du manquement d'une personne morale ; publicité des sanctions), et prévoient un droit de communication de Tracfin auprès des Carpa[11].

482.35 Cinquième directive (dir. 2018/843, Parlement et Conseil, 30 mai 2018). La cinquième directive 2018/843[12] a renforcé l'accès aux registres nationaux des bénéficiaires effectifs qui seront interconnectés afin d'accroître la transparence en matière de propriété des sociétés, des fiducies et des trusts. Elle contient, également, des dispositions sur le traitement des risques liés aux cartes prépayées et aux monnaies virtuelles ainsi que sur le renforcement de la coopération entre les cellules de renseignement financier des États membres. La directive améliore les contrôles relatifs aux pays tiers dont les régimes présentent des carences en matière de prévention du blanchiment.

5. Ord. n° 2016-1635, 1er déc. 2016 renforçant le dispositif français de lutte contre le blanchiment et le financement du terrorisme, *JO* 2 déc., p. 11.
6. Décr. n° 2018-284, 18 avr. 2018 renforçant le dispositif français de lutte contre le blanchiment de capitaux et le financement du terrorisme, *JO* 20 avr., n° 28 – Ch. Cutajar, « Le décret d'application de l'ordonnance du 1er décembre 2016 transposant la quatrième directive enfin publié », *JCP* 2018. 538.
7. L. n° 2016-731, 3 juin 2016 renforçant la lutte contre le crime organisé, le terrorisme et leur financement, et améliorant l'efficacité et les garanties de la procédure pénale, *JO* 4 juin, n° 1.
8. NOT. : L. n° 2016-731, 3 juin 2016, art. 118.
9. V. ss n° 482.111.
10. Ch. Cutajar, « La prévention du blanchiment par l'approche fondée sur le risque après le décret du 2 sept. 2009 », *JCP* 2009. 338.
11. V. ss nos 483.281 s.
12. Dir. 2018/843, Parlement et Conseil, 30 mai 2018 modifiant la directive (UE) 2015/849 relative à la prévention de l'utilisation du système financier aux fins du blanchiment de capitaux ou du financement du terrorisme ainsi que les directives 2009/138/CE et 2013/36/UE, *JOUE* 19 juin, p. 43.

Enfin, elle prévoit que les organismes d'autorégulation des professions soumises aux obligations anti-blanchiment devront publier un rapport annuel contenant certaines informations relatives, notamment, à leurs actions en matière de lutte contre le blanchiment et aux différentes données en la matière.

Elle a été complétée par la directive 2018/1673 [1] visant à lutter contre le blanchiment de capitaux au moyen du droit pénal qui prévoit, notamment, l'uniformisation de la définition des activités criminelles constitutives d'infractions principales en matière de blanchiment de capitaux et vise à ériger en infraction pénale tout acte de blanchiment de capitaux lorsque celui-ci est commis intentionnellement et en sachant que les biens provenaient d'une activité criminelle, directement ou indirectement ainsi que par le règlement 2018/1672 [2] relatif aux contrôles de l'argent liquide entrant dans l'Union ou sortant de l'Union visant à permettre aux autorités d'agir lorsque les montants concernés sont inférieurs au seuil de 10 000 euros prévu par la déclaration en douane, et lorsque ces autorités soupçonnent une activité criminelle ainsi qu'à permettre aux autorités d'améliorer l'échange d'informations entre autorités et États membres, et d'étendre les contrôles douaniers aux envois d'argent liquide par colis postal ou par fret, ainsi qu'aux matières précieuses.

Les ordonnances du 12 février 2020 [3] et du 9 décembre 2020 [4] ainsi que les décrets du 12 février 2020 [5] et du 15 avril 2021 [6] sont venus, à la suite de la loi du 22 mai 2019 [7], transposer la cinquième directive 2018/843 en procédant à quelques retouches des dispositions des articles L. 561-1 et suivants du code monétaire et financier.

Ces dispositions sont venues assujettir le conseil fiscal ainsi que les Carpa aux obligations LCB/FT, étendre expressément l'obligation de vigilance à la consultation juridique et aux activités juridictionnelles et imposer une obligation de reporting des ordres quant à l'effectivité de leurs contrôles [8].

482.36 Vers un règlement européen (2020). L'année 2020 est par ailleurs marquée par la préparation de l'évaluation du dispositif LCB/FT français par le Gafi, réalisé sur place en juillet 2021 et qui prendra fin lors de l'examen du rapport d'évaluation de la France en session plénière du Gafi en février 2022. D'ici à cette échéance, Tracfin participera à la démonstration de la conformité du cadre légal français aux 40 recommandations du Gafi [9] et à l'efficacité du dispositif français de LCB/FT [10].

La Commission européenne a, par ailleurs, publié, le 12 février 2020, une consultation publique visant à préparer une initiative en vue de la mise à jour du cadre juridique européen en matière de lutte contre le blanchiment en considérant que les récents scandales en matière de blanchiment de capitaux ont démontré le besoin d'une approche globale et effective de lutte contre le blanchiment et le financement du terrorisme. Cette consultation publique, qui fait suite à une série de rapports de la Commission européenne, rendue le 24 juillet 2019 [11], souligne l'existence de divergences majeures dans la mise en œuvre du cadre législatif de l'Union européenne en matière de lutte contre le blanchiment de capitaux et le financement du terrorisme et vise à l'adoption d'un règlement permettant d'établir un cadre réglementaire harmonisé et directement applicable dans tous les États membres.

1. Dir. 2018/1673, Parlement et Conseil, 23 oct. 2018 visant à lutter contre le blanchiment de capitaux au moyen du droit pénal, *JOUE* 12 nov., n° 22.
2. Règl. 2018/1672, Parlement et Conseil, 23 oct. 2018 relatif aux contrôles de l'argent liquide entrant dans l'Union ou sortant de l'Union et abrogeant le règlement (CE) n° 1889/2005, *JOUE* 12 nov., n° 6.
3. Ord. n° 2020-115, 12 févr. 2020 renforçant le dispositif national de lutte contre le blanchiment de capitaux et le financement du terrorisme, *JO* 13 févr., n° 12 ; *D.* 2020. 332 ; *JCP* 2020. 227 ; *JCP* 2020. 278, n° 6, obs. S. Bortoluzzi.
4. Ord. n° 2020-1544, 9 déc. 2020 renforçant le cadre de la lutte contre le blanchiment de capitaux et le financement du terrorisme applicable aux actifs numériques, *JO* 10 déc.
5. Décr. n° 2020-118, 12 févr. 2020 renforçant le dispositif national de lutte contre le blanchiment de capitaux et le financement du terrorisme, *JO* 13 févr., n° 16 – Décr. n° 2020-119, 12 févr. 2020 renforçant le dispositif national de lutte contre le blanchiment de capitaux et le financement du terrorisme, *JO* 13 févr., n° 17.
6. Décr. n° 2021-446, 15 avr. 2021 renforçant le cadre de lutte contre le blanchiment de capitaux et le financement du terrorisme, *JO* 16 avr., n° 7.
7. L. n° 2019-486, 22 mai 2019 relative à la croissance et la transformation des entreprises, *JO* 23 mai, n° 2, art. 203.
8. M. Lartigue, « Anti-blanchiment : de nouvelles obligations pour la profession d'avocat », *Gaz. Pal.* 25 févr. 2020, p. 5.
9. Gafi, *Les 40 Recommandations,* oct. 2016.
10. M. Lartigue, « Lutte contre le blanchiment : la profession d'avocat auditionnée par les évaluateurs du Gafi », *Gaz. Pal.* 27 juill. 2021, p. 5.
11. COM (2019) 360 final, *Vers une meilleure mise en œuvre du cadre réglementaire de l'UE en matière de lutte contre le blanchiment de capitaux et le financement du terrorisme,* 25 juill. 2019 – COM (2019) 370 final, *Rapport sur l'évaluation des risques de blanchiment de capitaux et de financement du terrorisme pesant sur le marché intérieur et liés aux activités transfrontières,* 24 juill. 2019 – COM (2019) 371 final, *Rapport portant évaluation du cadre pour la coopération entre les cellules de renseignement financier,* 24 juill. 2019 – COM (2019) 372 final, *sur l'interconnexion des mécanismes automatisés centralisés nationaux (registres centraux ou systèmes électroniques centraux de recherche de données) des États membres concernant les comptes bancaires,* 24 juill. 2019 – COM (2019) 373 final, *Rapport sur l'évaluation des récents cas présumés de blanchiment de capitaux impliquant des établissements de crédit de l'Union européenne,* 24 juill. 2019.

À cet égard, le rapport sur l'évaluation supranationale des risques affectant l'Union en matière de blanchiment de capitaux et de financement du terrorisme [1] identifie les services vulnérables aux risques dans onze secteurs, dont les services fournis par les avocats. Il fait état de vulnérabilités communes à tous les secteurs évalués, à savoir l'anonymat des transactions financières, l'identification et l'accès aux informations sur les bénéficiaires effectifs, le manque de contrôle, d'orientations et d'information des professionnels du droit, ainsi que la coopération entre les cellules de renseignement financier. La Commission recommande aux organismes d'autorégulation d'accroître les inspections sur place et les inspections thématiques, le niveau des déclarations de soupçon et de continuer à organiser des formations continues et initiales pour les professionnels du droit afin de mieux comprendre les risques et mieux lutter contre les pratiques visées. Les organismes d'autorégulation sont encouragés à adopter une démarche proactive dans les contrôles en matière de lutte contre le blanchiment. Les autres documents présentés par la Commission concernent les affaires récentes de blanchiment impliquant les établissements de crédit de l'Union, la coopération des cellules de renseignement financier ainsi que l'interconnexion des registres centraux des comptes bancaires.

482.37 Proposition de législatives de la commission européenne (2021). Le 20 juillet 2021, la Commission européenne a publié quatre propositions législatives pour refondre et renforcer le cadre européen en matière de lutte contre le blanchiment d'argent et le financement du terrorisme :

1° Un règlement visant à créer d'une nouvelle autorité européenne qui aurait pour mission de superviser le respect des règles LCB/FT par les autorités nationales de contrôle ainsi que les entités agissant dans certains secteurs économiques. Cette nouvelle autorité devrait avoir une compétence de supervision directe pour les entités financières et de supervision indirecte pour les entités non financières, dont les cabinets d'avocats ;

2° Un règlement contenant des règles directement applicables, notamment en ce qui concerne la vigilance à l'égard de la clientèle et les bénéficiaires effectifs ;

3° Une directive qui remplacerait la quatrième directive et contenant des dispositions pour lesquelles une marge de manœuvre a été laissée aux États membres et qui seront transposées dans le droit national, telles que des règles relatives aux autorités nationales de surveillance et aux cellules de renseignement financier dans les États membres ;

4° Une proposition de règlement spécifique aux transferts de fonds afin de garantir la traçabilité des transferts de crypto-actifs.

§ 3
Jurisprudence d'interprétation

482.41 Atteinte injustifiée aux principes du secret professionnel et de l'indépendance (CJUE 26 juin 2007 *Ordres des barreaux belges, francophones et germanophones*). Les avocats soutenaient que les obligations d'information et de coopération imposées aux avocats par la seconde directive 2001/97 [2] portaient une atteinte injustifiée aux principes du secret professionnel et de l'indépendance de l'avocat, éléments constitutifs du droit fondamental de tout justiciable à un procès équitable, et au respect des droits de la défense. Ils considéraient, en conséquence, que leur profession ne devait pas être soumise aux obligations fixées par la directive.

Dans un arrêt du 26 juin 2007 [3], la CJUE a considéré que le droit à un procès équitable ne s'opposait pas à ces obligations, dès lors que sont protégées les informations reçues d'un client, ou obtenues sur un client lors d'une consultation ou dans l'exercice de leur mission de défense ou de représentation de ce client dans une procédure judiciaire, que ces informations soient reçues ou obtenues avant, pendant ou après cette procédure. Les avocats n'étant tenus de telles obligations que lorsqu'ils agissent dans un cadre n'ayant aucun lien avec une procédure judiciaire, tel que lorsqu'ils assistent leur client dans la préparation ou la réalisation de transactions concernant l'achat et la vente de biens immeubles ou d'entreprises commerciales, la gestion d'actifs appartenant au client, l'ouverture ou la gestion de comptes bancaires ou d'épargne ou de portefeuilles, l'organisation des apports nécessaires à la constitution de sociétés, la constitution, la gestion ou la direction de fiducies, de sociétés ou de structures similaires... [4].

La CJUE insiste sur le fait qu'il incombe « aux États membres non seulement d'interpréter leur droit

1. COM (2019) 370 final, *Rapport sur l'évaluation des risques de blanchiment de capitaux et de financement du terrorisme pesant sur le marché intérieur et liés aux activités transfrontières,* 24 juill. 2019.

2. Dir. 2001/97 du Parlement et Conseil, 4 déc. 2001 – V. s[s] n°s 482.32 s.
3. CJUE 26 juin 2007, *Ordre des barreaux francophones et germanophone et autres*, aff. n° C-305/05 ; *AJDA* 2007. Chron. 2248, obs. E. Broussy, F. Donnat et Ch. Lambert ; *D.* 2007. 1972, *D.* 2008. 944, obs. B. Blanchard ; *RFDA* 2008. 575, concl. M. Guyomar ; *RSC* 2008. 168, obs. L. Idot.
4. CJUE 26 juin 2007, *Ordre des barreaux francophones et germanophone a.,* aff. n° C-305/05 ; *AJDA* 2007. Chron. 2248, obs. E. Broussy, F. Donnat et Ch. Lambert ; *D.* 2007. 1972 ; *D.* 2008. 944, obs. B. Blanchard ; *RFDA* 2008. 575, concl. M. Guyomar ; *RSC* 2008. 168, obs. L. Idot.

national d'une manière conforme au droit européen mais également de veiller à ne pas se fonder sur une interprétation d'un texte du droit dérivé qui entrerait en conflit avec les droits fondamentaux protégés par l'ordre juridique européen ou avec les autres principes généraux du droit européen »[1].

482.42 Application de l'obligation de divulgation relative au blanchiment (Cour constitutionnelle de Belgique, 23 janv. 2008). Suite à l'arrêt de la CJUE, la Cour constitutionnelle de Belgique[2] a partiellement annulé la loi belge de transposition de la seconde directive. Elle a réduit significativement le champ d'application de l'obligation de divulgation relative au blanchiment en faisant prévaloir le secret professionnel de l'avocat. Pour la Cour, le secret professionnel est un élément fondamental des droits de la défense, faisant que les règles y dérogeant doivent être d'interprétation stricte et la lutte contre le blanchiment et le financement du terrorisme ne peut en aucun cas justifier une levée inconditionnelle ou illimitée du secret professionnel. Dès lors, si l'avocat est tenu par la loi à une obligation de dénonciation lorsqu'il assiste ou représente ses clients dans certaines transactions financières ou immobilières, il en est exonéré dans ses activités essentielles de défense, de représentation en justice et de conseil juridique, peu important que les informations aient été reçues ou obtenues avant, pendant ou après la procédure.

La Cour insiste, en outre, sur le fait que l'intervention du bâtonnier est « considérée comme une garantie essentielle pour la sauvegarde du secret professionnel de l'avocat et des droits fondamentaux des personnes concernées par la transmission d'informations »[3].

La Cour constitutionnelle de Belgique a également partiellement annulé la loi belge de transposition de la cinquième directive en raison, notamment, d'une part, de la soumission des consultations juridiques, y compris lorsque le client renonçait à l'opération projetée, à l'obligation de déclaration de soupçon, et d'autre part, de l'ambiguïté du texte sur la question de savoir si les salariés de cabinet d'avocats étaient également soumis à une telle obligation de déclaration[4].

482.43 Obligations imposées aux avocats dans un sens conforme au respect du secret professionnel (Conseil d'État, 10 avr. 2008). Le Conseil d'État a eu à connaître de la transposition de la troisième directive[5]. Il a interprété les obligations imposées aux avocats dans un sens conforme au respect du secret professionnel, en jugeant que la directive devait être interprétée comme obligeant les États à exonérer les avocats des obligations de vigilance et déclaratives qu'elle prévoit, lorsqu'ils exercent leurs missions de défense et de représentation en justice ainsi que de conseil et de consultation juridique, sous les seules réserves des cas où l'avocat prend lui-même part à des activités de blanchiment de capitaux et lorsque sa consultation juridique est fournie à des fins de blanchiment, ou qu'il sait que son client souhaite obtenir des conseils juridiques aux fins de blanchiment[6].

Le Conseil d'État a ainsi censuré certaines dispositions du décret du 26 juin 2006[7], à savoir :

– celle prévoyant que Tracfin pouvait directement demander à l'avocat de lui communiquer des informations sans mettre en œuvre le filtre du bâtonnier, confortant ainsi le rôle du bâtonnier et protégeant la relation de confiance entre l'avocat et son client ;

– celle qui, bien que se bornant à rappeler, s'agissant des activités non juridictionnelles des avocats, les obligations de vigilance qui leur étaient imposées par les dispositions législatives, compromettait le respect du secret professionnel en omettant de rappeler les exceptions visant à exclure des obligations de vigilance les informations détenues ou reçues dans le cadre d'une consultation juridique.

482.44 Obligation de déclaration de soupçon ne portant pas une atteinte disproportionnée au secret professionnel des avocats (CEDH 6 déc. 2012, *Patrick Michaud*). Par un arrêt du 6 décembre 2012[8], la CEDH a estimé que, « telle que mise en œuvre en France et eu égard au but légitime poursuivi et à la

1. CJUE 26 juin 2007, *Ordre des barreaux francophones et germanophone a.*, aff. n° C-305/05, p^{nt} 28 ; – DÉJÀ : CJUE 6 nov. 2003, *Bodil Lindqvist*, aff. n° C-101/0, point 87.
2. C. const. Belgique, n° 10/2008, 23 janv. 2008, *Gaz. Pal.* 1er févr. 2008, 4.
3. C. const. Belgique, n° 10/2008, 23 janv. 2008, *Gaz. Pal.* 1er févr. 2008, 4.
4. C. const. Belgique, n° 114/220, 24 sept. 2020 *Ordre des barreaux francophones et germanophone, Ordre van Vlaamse balies et Institut des experts-comptables et des conseils fiscaux, D.* 2021. 112, obs. Th. Wickers.
5. V. s^{s} n° 482.33.
6. CE 10 avr. 2008, *CNB a.*, req. n° 296845, *Lebon ; AJDA* 2008. 730 ; *AJDA* 2008. 1085, Chron. J. Boucher et B. Bourgeois-Machureau ; *D.* 2008. 2322, obs., note Ch. Cutajar ; *D.* 2008. 1047 ; *D.* 2008. 1573, obs. C. Mascala ; *RFDA* 2008. 575, concl. M. Guyomar ; *RFDA* 2008. 603, Chron. A. Roblot-Troizier et Th. Rambaud ; *RFDA* 2008. 711, obs. H. Labayle et R. Mehdi ; *RFDA* 2008. 780, Chron. T. Haas et C. Santulli ; *RTD civ.* 2008. 444, obs. P. Deumier.
7. Décr. n° 2006-736, 26 juin 2006 relatif à la lutte contre le blanchiment de capitaux et modifiant le code monétaire et financier (partie réglementaire), *JO* 27 juin, p. 9625.
8. CEDH 6 déc. 2012, *Michaud c/France*, req. n° 12323/11 ; *D.* 2013. 284, note F. Defferrard ; *D. actu.* 12 déc. 2012, obs. O. Bachelet ; *D. avocats* 2013. 8, obs. L. Dargent ; *AJDA* 2013. 165, Chron. L. Burgorgue-Larsen ; *D.* 2013. 1647, obs. C. Mascala ; *D.* 2014. 169, obs. T. Wickers ; *AJ pénal* 2013. 160, obs. J. Lasserre Capdeville ; *RFDA* 2013. 576, Chron. H. Labayle, F. Sudre, X. Dupré de Boulois et L. Milano ; *RSC* 2013. 160, obs. J.-P. Marguénaud ; *RTD eur.* 2013. 664, obs. F. Benoît-Rohmer ; *Rev. UE* 2015. 353, ét. M. Mezaguer – Y. Ochinsky, « Le blanchiment et l'arrêt Michaud », *Mél. G.-A. Dal*, Larcier, Bruxelles, 2014, p. 697 s.

particulière importance de celui-ci dans une société démocratique, l'obligation de déclaration de soupçon ne porte pas une atteinte disproportionnée au secret professionnel des avocats »[1].

Pour cela, la Cour s'est appuyée sur deux principaux éléments, à savoir, d'une part le fait que l'obligation de déclaration de soupçon, qui concerne des activités éloignées de la mission de défense confiée aux avocats, ne touche pas à l'essence même de cette mission qui constitue le fondement du secret professionnel des avocats, et d'autre part, le fait que la loi mette en place un filtre protecteur du secret professionnel : les avocats ne communiquent pas les déclarations directement à Tracfin mais à leur bâtonnier[2].

SECTION 2
RÉGIME APPLICABLE AUX AVOCATS

482.50 **Plan.** Dans la lutte contre le blanchiment, les avocats disposent d'un régime spécifique (§ 1) dont il convient de cerner le champ d'application (§ 2). Ils sont soumis à des obligations d'identification et de vigilance constante (§ 3) ainsi que, le cas échéant, à des obligations d'abstention et de déclaration (§ 4).

§ 1
Propos liminaires

482.61 **Un régime à double détente.** Les articles L. 561-1 et suivants du code monétaire et financier soumettent les avocats à des obligations, d'une part d'identification et de vigilance[3], et d'autre part, pour certaines de leurs missions, d'abstention et de déclaration[4].

Si les avocats exécutent correctement la première série d'obligations, qui découlent de leurs principes essentiels même, notamment d'indépendance, de prudence, de diligence, et de probité[5], la deuxième série d'obligations, pour certaines de leurs missions, ne devrait pas avoir à être déclenchée[6].

482.62 **Outils pratiques spécifiques à la profession.** Un vade-mecum complet a été publié en 2012 par la CNB, afin de permettre aux avocats de se doter de règles strictes et de ne pas être instrumentalisés par un client malhonnête et à repérer une opération douteuse ou délictueuse. Ces conseils ont pour finalité de fournir un outil pratique à l'ensemble des avocats, quelles que soient leurs spécialités ou leurs formes d'exercice professionnel[7]. Il a fait l'objet d'une troisième édition en 2020[8].

Le CNB a publié, en février 2020, une l'analyse sectorielle des risques de blanchiment de capitaux et de financement du terrorisme pour la profession d'avocat[9]. Ce document est destiné à permettre aux avocats d'identifier et d'évaluer le niveau de risque de blanchiment de capitaux et de financement du terrorisme (LCB/FT) auquel ils sont exposés dans le cadre de leur exercice professionnel.

Le CNB a, enfin, mis à la disposition des avocats, en février 2020, un outil de cartographie et de classification des risques de blanchiment de capitaux et de financement du terrorisme adapté aux spécificités de la profession d'avocats[10].

482.63 **Contrôle du respect des obligations.** Le contrôle du respect des obligations en matière de LCB/FT par les avocats est assuré par les barreaux[11] et lorsque, par suite soit d'un grave défaut de vigilance, soit d'une carence dans l'organisation de ses procédures internes de contrôle, un avocat a omis de respecter les obligations en matière de LCB/FT, il y a lieu de mettre en œuvre une procédure disciplinaire à son encontre, suivant les règles de droit commun[12], pouvant donner lieu à des sanctions spécifiques[13].

482.64 **Rôle des Carpa.** Les Carpa jouent un rôle majeur dans le contrôle du respect des obligations en matière de risques de blanchiment de capitaux et de financement du terrorisme[14].

La Carpa de Paris a mis en place en avril 2020 un service complet afin d'aider les avocats à prévenir les risques en la matière, avec la création d'une espace e-LCB/FT intégrant, notamment, un formulaire de recherche leur permettant de vérifier que les personnes physiques ou morales qui sollicitent leurs services ne font pas l'objet de sanctions, et ce dans le cadre d'un abonnement à la base de données *Dow Jones Risk & Compliance.*

1. CEDH 6 déc. 2012, *Michaud c/France*, req. n° 12323/11, § 131.
2. CEDH 6 déc. 2012, *Michaud c/France*, req. n° 12323/11, § 129.
3. V. s[s] n°s 482.91 s.
4. V. s[s] n°s 482.201 s.
5. V. s[s] n°s 482.91 s.
6. V. s[s] n°s 482.212 s.
7. CNB, *Cahier blanchiment, Dissuader pour ne pas dénoncer : conseils de prudence, vigilance et dissuasion*, janv. 2012.
8. CNB, *Guide pratique. Lutte contre le blanchiment de capitaux et le financement du terrorisme : Inclus mesure de gel des avoirs*, 3e éd., oct. 2020.
9. CNB, Analyse des risques de blanchiment de capitaux et de financement du terrorisme pour la profession d'avocat, févr. 2020.
10. https://www.cnb.avocat.fr/fr/groupe-de-travail-sur-la-lutte-contre-la-fraude-et-le-blanchiment-dargent
11. V. s[s] n°s 511.211 s.
12. V. s[s] n°s 522.10 s.
13. V. s[s] n°s 523.261 s.
14. V. s[s] n°s 483.261 s.

À compter de juillet 2021, l'Unca a pris la décision de substituer à la base de *Dow Jones*, celle mise à disposition par la direction générale du trésor[1]. Cette dernière si elle offre des conditions d'accès identiques à celles de la base de *Dow Jones*, comporte une liste plus restreinte d'alertes. Le recours au portail *Dow Jones* demeure possible lorsqu'une affaire appellerait des vérifications particulières.

§ 2
Champ d'application

482.71 **Dans le cadre de l'activité d'avocat.** Le régime spécifique propre à la profession d'avocat en matière de LCB/FT s'applique dans le strict cadre de son activité d'avocat. S'il n'intervient pas en qualité d'avocat, ce régime n'a pas vocation à s'appliquer, et il est alors pleinement soumis au droit commun en la matière[2] dans le cadre de cette activité.

Ceci concerne tout particulièrement les activités ou professions compatibles avec la profession d'avocat[3] que l'avocat peut exercer mais pas en qualité d'avocat, tel que l'avocat exerçant en qualité de fiduciaire[4] ou la commercialisation, à titre accessoire, de biens ou de services connexes à l'exercice de la profession d'avocat[5].

482.72 **Régime de l'avocat fiduciaire.** C'est ainsi que l'avocat agissant en qualité de fiduciaire[6] ne bénéficie pas du régime spécifique propre à la profession d'avocat. Il est soumis au droit commun en la matière, et doit correspondre directement avec Tracfin[7], sans pouvoir opposer le secret professionnel dans l'exercice de son activité de fiduciaire[8] dès lors que ce dernier ne fait pas obstacle, à compter de la conclusion d'un contrat de fiducie, à l'application de la réglementation spécifique à cette activité, sauf pour les correspondances, dépourvues de la mention « Officiel », adressées à cet avocat par un confrère non avisé qu'il agit en qualité de fiduciaire[9].

Il doit toutefois informer son bâtonnier des correspondances qu'il adresse ou reçoit de Tracfin[10].

1. V. s[s] n° 482.305.
2. Ch. Cutajar, *Blanchiment d'argent : Prévention et répression,* « Thèmexpress », F. Lefebvre, 2019.
3. V. s[s] n°s 433.181 s.
4. V. s[s] n° 482.72.
5. V. s[s] n°s 432.81 s.
6. C. mon. fin., art. L. 561-3, I, 1° – V. s[s] n°s 644.00 s.
7. C. mon. fin., art. L. 561-25, II, al. 4.
8. V. s[s] n° 412.52.
9. L. n° 71-1130, 31 déc. 1971 portant réforme de certaines professions judiciaires et juridiques, *JO* 5 janv. 1972, p. 131, art. 66-5, al. 2 – V. s[s] n° 422.42.

§ 3
Obligations d'identification et de vigilance constante

482.80 **Plan.** L'avocat doit avant tout tenu d'un devoir de prudence dans l'exercice de ses missions (A). Il est soumis des obligations d'identification (B) et de vigilance constante (C), qui lui imposent, le cas échéant, des devoirs de dissuasion et de déport (D).

A.
Propos liminaires

482.91 **Devoir (impérieux) de prudence.** L'assemblée générale du CNB a pris, en mai 2007[11] une décision à caractère normatif portant adoption d'un règlement relatif aux procédures internes aux cabinets d'avocats destinées à mettre en œuvre les obligations en matière de blanchiment.

Elle a été complétée, en 2011[12], par un nouvel article 1.5[13] du RIN intitulé « devoir de prudence »[14] rappelant qu'au titre des principes essentiels, les avocats sont, de manière générale, tenus à une obligation de prudence, et à une obligation particulière de vigilance dans le cadre de la lutte contre le blanchiment de capitaux et le financement du terrorisme. Il impose également aux cabinets un dispositif de contrôle interne destiné à assurer le respect des procédures.

482.92 **Champ d'application.** Ainsi, lorsqu'il intervient dans le cadre de son activité d'avocat, l'avocat ne doit pas perdre de vue que les obligations d'identification, de vigilance et d'abstention qui s'imposent, en tout état de cause, à lui en la matière, tenant à un impérieux devoir de prudence, ne sont que la conséquence des principes essentiels qui s'imposent à lui à l'égard de ses clients[15] et la nécessité pour l'avocat d'apprécier l'intérêt de son client[16], et la portée de sa responsabilité, civile comme pénale[17].

10. CNB, *Guide pratique. Lutte contre le blanchiment de capitaux et le financement du terrorisme. Inclus mesure de gel des avoirs,* 3e éd., oct. 2020, p. 15.
11. DCN n° 2007-002 portant adoption d'un règlement relatif aux procédures internes destinées à mettre en œuvre les obligations de lutte contre le blanchiment des capitaux et le financement du terrorisme ; Dispositif de contrôle interne destiné à assurer le respect des procédures, 25-26 mai 2007, *JO* 9 août 2007.
12. DCN n° 2011-002, CNB, AG 18 juin 2011.
13. RIN, art. 1.5.
14. Ch. Cutajar, « Le devoir de prudence des avocats et la lutte contre le blanchiment », *D.* 2011. 1960.
15. V. s[s] n°s 34.00 s.
16. V. s[s] n°s 481.00 s.
17. V. s[s] n°s 912.00 s. et 921.00 s.

En toutes circonstances, la prudence impose à l'avocat d'identifier précisément son client[1] et de ne pas conseiller à son client une solution s'il n'est pas en mesure d'apprécier la situation décrite, de déterminer à qui ce conseil ou cette action est destiné[2].

Les règles de prudence qui suivent doivent par conséquent être entendues comme s'appliquant en tout état de cause à l'égard de tout client, ce qui tend à permettre de mettre en place des processus pertinents de gestion uniformisée des clients au sein du cabinet et ce, dans l'intérêt même de l'avocat.

B. Obligations d'identification

482.100 **Plan.** L'obligation d'identification implique de définir les notions de relation d'affaires et de bénéficiaire effectif (1°), et impose le recueil d'un certain nombre d'éléments par des moyens adaptés (2°), les informations ainsi recueillies devant faire l'objet d'une actualisation régulière et d'une conservation (3°).

1° Définitions

482.111 **Notion de relation d'affaires.** Une relation d'affaires est nouée lorsqu'un avocat engage avec le client, et le cas échéant le bénéficiaire effectif, une relation professionnelle qui est censée, au moment où le contact est établi, s'inscrire dans une certaine durée. La relation d'affaires peut être prévue par un contrat (convention d'honoraires, lettre de mission), selon lequel plusieurs opérations successives seront réalisées entre l'avocat et son client, ou qui crée à ceux-ci des obligations continues.

Une relation d'affaires est également nouée lorsqu'en l'absence d'un tel contrat, un client bénéficie de manière régulière de l'intervention d'un avocat pour la réalisation de plusieurs opérations ou d'une opération présentant un caractère continu[3].

La notion de relation d'affaires s'entend également, s'agissant des avocats, de la relation qui est nouée à l'occasion du dépôt en Carpa de fonds pour le compte de leurs clients en application des règles relatives aux maniements de fonds[4].

482.112 **Notion de bénéficiaire effectif.** Le bénéficiaire effectif s'entend de la personne physique qui contrôle, en dernier lieu, directement ou indirectement, le client, ou de celle pour laquelle une opération est exécutée ou une activité exercée[5].

Lorsque le client est une société, il s'agit de la ou les personnes physiques qui soit détiennent, directement ou indirectement, plus de 25 % du capital ou des droits de vote de la société, soit exercent, par tout autre moyen, un pouvoir de contrôle sur la société au sens du code de commerce[6]. Si aucune personne physique n'a pu être identifiée, il y a lieu de s'assurer qu'il n'existe pas de soupçon de blanchiment et de considérer que le bénéficiaire effectif est là ou les personnes physiques qui représentent légalement la société[7].

Des précisions similaires sont apportées s'agissant des placements collectifs[8], des personnes morales qui ne sont ni une société ni un placement collectif (association, fondation, fonds de dotation, GIE)[9], et des fiducies[10].

482.113 **Registre des bénéficiaires effectifs.** Le décret du 12 juin 2017[11] est venu mettre en place un registre des bénéficiaires effectifs[12] des personnes morales précisant aux articles R. 561-55 et suivants du code monétaire et financier les modalités de dépôt et le contenu du document relatif au bénéficiaire effectif instauré par l'article L. 561-46 du même code. Ce document peut être communiqué aux autorités compétentes, et notamment au bâtonnier et, le cas échéant sur sa délégation, à un ou plusieurs membres du conseil de l'Ordre individuellement désignés et spécialement habilités par lui ainsi qu'aux personnes individuellement désignées et spécialement habilitées par le Conseil national des barreaux pour assister le conseil de l'Ordre dans ses opérations de vérifications et de contrôles[13].

Il peut également être communiqué à tout avocat qui en ferait la demande dans le cadre de la mise en œuvre d'au moins une des mesures de vigilance prévue en la matière[14].

Une procédure est en outre prévue afin que toute personne justifiant d'un intérêt légitime puisse être autorisée à obtenir communication du document relatif au bénéficiaire effectif par voie de requête auprès du juge commis à la surveillance du registre du commerce et des sociétés[15].

1. V. s[s] n°s 481.31 s.
2. RIN, art. 1.5. – RIN, art. 19.2.
3. C. mon. fin., art. L. 561-2-1.
4. C. mon. fin., art. L. 561-2-1, al. 3 – V. s[s] n°s 483.00 s.
5. C. mon. fin., art. L. 561-2-2 – Acpr, Lignes directrices sur les bénéficiaires effectifs, Sept. 2011.
6. C. com., art. L. 233-3 3°) et 4°).
7. C. mon. fin., art. R. 561-1.
8. C. mon. fin., art. R. 561-2
9. C. mon. fin., art. R. 561-3.
10. C. mon. fin., art. R. 561-3-0.
11. Décr. n° 2017-1094, 12 juin 2017 relatif au registre des bénéficiaires effectifs définis à l'article L. 561-2-2 du code monétaire et financier, *JO* 14 juin, n° 16.
12. R. Mortier, S. Bol, « Le registre des bénéficiaires effectifs », *JCP* 2017. 1354.
13. C. mon. fin., art. R. 561-57, 7° – V. s[s] n°s 511.211 s.
14. C. mon. fin., art. R. 561-58.
15. C. mon. fin., art. R. 561-59 s.

Des discussions sont en cours entre les représentants d'Infogreffe et l'Unca, d'une part pour définir les conditions dans lesquelles le registre des bénéficiaires effectifs pourrait être consulté par les avocats en dehors de l'accès payant et, d'autre part, afin d'automatiser l'échange de ces informations via le portail www.avocarpa.fr.

En outre, les informations collectées par Infogreffe sont désormais mises à disposition de l'Inpi [1] et, tout avocat peut, après avoir ouvert sans frais un compte utilisateur sur le portail de l'Inpi, disposer d'un accès libre au registre des bénéficiaires effectifs [2].

2°
Identifications à opérer

482.121 Identification des parties. Avant d'entrer en relation d'affaires [3] avec son client, ou de l'assister dans la préparation ou la réalisation d'une transaction, l'avocat doit identifier son client et, le cas échéant, le bénéficiaire effectif [4] de la relation d'affaires, par des moyens adaptés [5].

Cette obligation s'impose aussi bien lorsque le client est présent, éloigné ou représenté, que lorsqu'il s'agit d'une personne physique ou morale.

482.122 Modalités d'identification. L'avocat doit recueillir et analyser les éléments d'information nécessaires à la connaissance de son client [6] et, le cas échéant, du bénéficiaire effectif (pour les personnes physiques : justification de l'adresse du domicile à jour au moment où les éléments sont recueillis, activités professionnelles actuellement exercées, revenus ou tout élément permettant d'estimer les autres ressources, ainsi que tout élément permettant d'apprécier le patrimoine ; pour les personnes morales : justification de l'adresse du siège social, statuts, mandats et pouvoirs ainsi que tout élément permettant d'apprécier sa situation financière [7]) et du bénéficiaire effectif [8].

L'avocat doit impérativement vérifier ces éléments sur présentation de tout document écrit probant, en ce notamment l'une des cinq modalités prévues par les articles R. 565-5-1 ou R. 565-5-2 du code monétaire et financier.

L'avocat doit également recueillir tout autre élément d'information pertinent sur le client et, le cas échéant, le bénéficiaire effectif [9]. Cela implique d' :

1° Identifier le client et vérifier son identité au moyen de documents, données et informations provenant de sources fiables et indépendantes ;

2° Identifier le bénéficiaire effectif, et prendre des mesures raisonnables pour vérifier son identité. Pour les personnes morales, cela suppose que l'avocat prenne également des mesures raisonnables pour comprendre les liens capitalistiques et la structure qui contrôle la personne morale ;

3° Obtenir des informations sur l'objet et la nature des prestations demandées à l'avocat [10].

L'avocat doit, en outre, identifier les personnes agissant pour le compte du client (représentants légaux, intermédiaires, mandataires...) [11] ainsi que vérifier leurs pouvoirs [12].

482.123 Identification de la nature et de l'objet de la relation d'affaires. Avant d'entrer en relation d'affaires, l'avocat doit aussi recueillir les informations relatives à l'objet et à la nature de la relation d'affaires (montant et nature des opérations envisagées, provenance des fonds, destination des fonds, justification économique déclarée par le client [13]), et tout autre élément d'information pertinent pour évaluer le risque de blanchiment.

Il en résulte, par principe, que l'avocat doit toujours envisager la cause juridique de l'opération qu'il est amené à traiter, en s'assurant qu'il n'existe pas de risque de commettre un délit à travers les conseils qu'il est appelé à donner.

482.124 Exceptions. Lorsque le client est une société dont les titres sont admis à la négociation sur un marché réglementé en France, dans un autre État membre de l'Union européenne, dans un autre État partie à l'accord sur l'Espace économique européen ou qui est soumise à des obligations de publicité conformes au droit de l'Union ou qui est soumise à des normes internationales équivalentes garantissant une transparence adéquate des informations relatives à la propriété du capital, ce dont l'avocat doit être en mesure de justifier, l'obligation d'identifier le bénéficiaire effectif de la relation d'affaires ne s'applique pas [14].

1. https://data.inpi.fr/
2. https://www.inpi.fr/fr/beneficiaires-effectifs
3. V. s[s] n° 482.111.
4. V. s[s] n° 482.112.
5. C. mon. fin., art. L. 561-5, I, 1°.
6. C. mon. fin., art. R. 561-5 s.
7. C. mon. fin., art. R. 561-5-1 ; – ANTÉRIEUREMENT : Arr. 2 sept. 2009 pris en application de l'article R. 561-12 du code monétaire et financier et définissant des éléments d'information liés à la connaissance du client et de la relation d'affaires aux fins d'évaluation des risques de blanchiment de capitaux et de financement du terrorisme, *JO* 4 sept., p. 14667, NOR : ECET0918201A.
8. C. mon. fin., art. R. 561-7 à R. 561-9.
9. C. mon. fin., art. L. 561-5-1.
10. « Le blanchiment de capitaux », Recommandations adoptées par le conseil de l'Ordre, *Bull. barreau Paris* 27 juill. 2004, n° 29/2004, p. 208.
11. C. mon. fin., art. R. 561-5-1.
12. C. mon. fin., art. R. 561-5-4.
13. C. mon. fin., art. R. 561-12, 1°.
14. C. mon. fin., art. R. 561-8.

Lorsque le risque de blanchiment paraît faible, et que c'est nécessaire pour ne pas interrompre l'exercice normal de l'activité, il peut être procédé, uniquement pendant, et non avant l'établissement de la relation d'affaires, à la vérification de l'identité du client et, le cas échéant, du bénéficiaire effectif[1]. L'avocat doit être en mesure de justifier sa décision. Dans ce cas, en cas de conclusion d'un contrat, la vérification de l'identité aura lieu au plus tard au moment de cette conclusion ou avant le début de l'opération qui est l'objet du contrat, ou en cas d'opération liée au financement d'actifs physiques dont la propriété n'est pas transférée ou ne l'est qu'à la cessation de la relation contractuelle, la vérification de l'identité du bénéficiaire du contrat aura lieu au plus tard au moment de la conclusion du contrat ou le début de l'opération objet du contrat[2].

482.125 Clients occasionnels. L'avocat doit identifier dans les mêmes conditions ses clients occasionnels, c'est-à-dire, toute personne qui s'adresse à lui dans le but exclusif de préparer ou de réaliser une opération ponctuelle, ou d'être assisté dans la préparation ou la réalisation d'une telle opération, que celle-ci soit réalisée en une seule opération ou en plusieurs opérations apparaissant comme liées entre elles[3], et, le cas échéant, le bénéficiaire effectif de la relation d'affaires, lorsque :

- il soupçonne, ou a de bonnes raisons de soupçonner qu'une opération, ou tentative d'opération, pourrait participer au blanchiment des capitaux ou au financement du terrorisme, c'est-à-dire que les fonds proviennent d'une infraction passible d'une peine privative de liberté supérieure à un an, ou participent au financement du terrorisme ou d'une fraude fiscale lorsque l'on est en présence d'au moins un des seize critères d'indice de fraude fiscale[4],

- lorsque les opérations sont d'une certaine nature ou dépassent un certain montant[5]. Il s'agit, notamment, des opérations de transmission de fonds, de toute opération ou opérations liées qui sont réglées en espèce ou en monnaie électronique pour un montant excédant 10 000 euros ou pour toutes autres opérations dont le montant dépasse 15 000 euros[6].

1. C. mon. fin., art. L. 561-5 IV.
2. C. mon. fin., art. R. 561-6.
3. C. mon. fin., art. R. 561-10.
4. Instr. Dgfip, 26 juill. 2010 *BOI* n° 73, 5 août 2010 – Ch. Cutajar, « Blanchiment et fraude fiscale : publication de la liste blanche de l'administration fiscale », *JCP* 2010. 864.
5. C. mon. fin., art. L. 561-5 II.
6. C. mon. fin., art. R. 561-10 II.

3°
Actualisation et documentation

482.131 Actualisation de la documentation pendant la durée de la relation d'affaires. L'avocat actualise ces informations pendant toute la durée de la relation d'affaires[7]. La nature des informations collectées et la fréquence de leur mise à jour ainsi que l'étendue des analyses opérées doivent être adaptées aux risques de blanchiment présentés par la relation d'affaires[8].

L'avocat doit consigner par écrit les caractéristiques de l'opération et conserver les renseignements sur l'objet de l'opération, l'identité des parties ainsi que celle des bénéficiaires effectifs et, le cas échéant, l'origine et la destination des fonds objets des flux financiers[9]. Il doit être en mesure de justifier de la mise en œuvre des mesures de vigilance et de leur adéquation au risque de blanchiment de capitaux et de financement du terrorisme présenté par la relation d'affaires[10].

482.132 Délai de conservation. Sous réserve de dispositions plus contraignantes, notamment en matière de prescription, l'avocat doit conserver pendant cinq ans à compter de la clôture de ses comptes ou de la cessation de ses relations avec le client, les documents relatifs à l'identité de ses clients habituels ou occasionnels.

Il conserve également, pendant cinq ans à compter de leur exécution, les documents relatifs aux opérations faites par ses clients, ainsi que les documents consignant les caractéristiques des opérations ayant nécessité un examen renforcé[11].

482.133 Traitement de données à caractère personnel. Lorsque des données à caractère personnel font l'objet d'un traitement[12] aux seules fins de l'application de la législation relative au blanchiment par un avocat, le droit d'accès s'exerce auprès de la Cnil qui désigne l'un de ses membres appartenant ou ayant appartenu au Conseil d'État, à la Cour de cassation ou à la Cour des comptes pour mener les investigations utiles et faire procéder aux modifications nécessaires. Les données peuvent être communiquées à la personne concernée qui en fait la demande lorsque la Cnil constate, en accord avec Tracfin et après avis de l'avocat, que leur communication n'est susceptible ni de révéler l'existence d'une déclaration de soupçon ou des suites qui lui

7. C. mon. fin., art. L. 561-5-1, L. 561-6 et R. 561-11 et R. 561-12, 2°.
8. C. mon. fin., art. R. 561-12 *in fine* – V. s^s n°s 482.161 s.
9. C. mon. fin., art. R. 561-5-4, al. 2.
10. C. mon. fin., art. R. 561-12.
11. C. mon. fin., art. L. 561-12, v. s^s n° 482.177.
12. V. s^s n°s 412.331 s.

ont été données, ou l'exercice par Tracfin de son droit de communication, ni de mettre en cause la finalité de lutte contre le blanchiment lorsque les données sont relatives au demandeur et détenues dans le cadre de la mise en œuvre des dispositions des obligations de vigilance. Lorsque la communication des données est susceptible de mettre en cause la finalité du traitement, la Cnil, saisie par le demandeur, l'informe qu'il a été procédé aux vérifications nécessaires sans les lui communiquer[1].

Pour effectuer ces vérifications, la Cnil dispose des pouvoirs qu'elle tient de l'article 19 de la loi du 6 janvier 1978[2] sans que l'on puisse lui opposer la confidentialité des informations communiquées à Tracfin[3].

482.134 Échanges d'informations avec la Carpa. Les avocats et les Carpa peuvent se communiquer mutuellement les informations recueillies pour la mise en œuvre de leurs obligations d'identification et de vigilance[4].

C. Obligation de vigilance constante

482.140 Plan. L'obligation de vigilance est une obligation permanente incombant à l'avocat dans l'exercice de ses fonctions (1°), qui se manifeste notamment par la mise en place d'un plan établi, *via* des procédures internes (2°), permettant d'apprécier le degré de risque encouru (3°).

1° Propos liminaires

482.151 Une prudence permanente. L'obligation de vigilance, qui découle du devoir de prudence[5], a pour objectif la mise en œuvre des obligations d'identification et leur actualisation en fonction de l'évaluation des risques présentés par leurs activités en matière de blanchiment de capitaux et de financement du terrorisme. Elle tend à s'assurer de la cohérence des opérations réalisées par l'avocat avec les activités professionnelles du client, le profil de risque présenté par la relation d'affaires, ainsi que, le cas échéant, l'origine et la destination des fonds concernés par les opérations.

Elle doit conduire l'avocat à définir et mettre en place des dispositifs d'identification et d'évaluation des risques de blanchiment des capitaux et de financement du terrorisme auxquels il est exposé dans le cadre de son activité propre ainsi qu'une politique adaptée à ces risques[6].

482.152 Une obligation personnelle. L'avocat ne saurait en aucun cas déléguer à un prestataire externe la réalisation de tout ou partie des obligations qui lui incombent au titre du devoir de vigilance en matière de blanchiment[7].

2° Plan de vigilance

482.161 Plan de vigilance dans le cadre d'une organisation et de procédures internes écrites. L'avocat doit établir un plan de vigilance[8], dans le cadre d'une organisation et de procédures internes écrites[9] adaptées à la taille du cabinet, la nature de ses activités ainsi qu'aux risques identifiés[10], en vue d'appliquer les mesures de vigilance destinées à la mise en œuvre de ses obligations en cohérence avec le volume et la nature de son activité, et ce en fonction de l'évaluation des risques qu'elle présente[11].

À cette fin, l'avocat doit :

- définir et mettre en place des dispositifs d'identification (clients, bénéficiaires effectifs), d'évaluation (analyse de la relation d'affaires, de la nature et l'étendue de l'opération juridique pour laquelle son concours est sollicité[12], des opérations dites « complexe »...) et de gestion (cadre de la communication des documents au bâtonnier), des risques de blanchiment auxquels il est exposé ainsi qu'une politique adaptée à ces risques. Il détermine, dans ce cadre, un profil de la relation d'affaires permettant d'exercer la vigilance constante[13] ;

- élaborer une classification des risques[14] en fonction de la nature des produits ou services offerts, des conditions de transaction proposées, des canaux de distribution utilisés, des caractéristiques des clients, ainsi que du pays ou du territoire d'origine ou de destination des fonds ;

- prévoir des procédures de contrôle interne de la bonne application du plan de vigilance afin de veiller à la cohérence et à l'efficacité du dispositif[15].

1. C. mon. fin., art. L. 561-45.
2. L. n° 78-17, 6 janv. 1978 relative à l'informatique, aux fichiers et aux libertés, art. 19.
3. C. mon. fin., art. L. 561-30 et L. 561-18 – V. s[s] n° 482.222.
4. C. mon. fin., art. L. 561-7-1.
5. V. s[s] n°s 482.91 s.
6. C. mon. fin., art. L. 561-4-1.
7. C. mon. fin., art. R. 561-38-2.
8. Ch. Cutajar, « La prévention du blanchiment par l'approche fondée sur le risque après le décret du 2 septembre 2009 », *JCP* 2009. 338.
9. C. mon. fin., art. L. 561-32.
10. C. mon. fin., art. R. 561-38 s.
11. C. mon. fin., art. L. 561-4-1.
12. RIN, art. 1.5.
13. C. mon. fin., art. L. 561-32, I – V. s[s] n° 482.172.
14. F. Kerebel et D. Dedieu, « Procédure interne de lutte anti-blanchiment et cartographie des risques », *JCP E* 2010. 1929.
15. Décis. 12 juill. 2007, art. 12 – C. mon. fin., art. L. 561-32, II.

Il doit également assurer la formation et l'information régulières de son personnel en vue du respect de ces obligations[1].

482.162 Lignes directrices d'identification des risques. Pour l'identification et l'évaluation des risques de blanchiment auxquels il est exposé, l'avocat doit tenir compte des facteurs inhérents aux clients, aux produits, services, transactions et canaux de distribution, ainsi qu'aux facteurs géographiques, précisés par arrêté du ministre chargé de l'économie, ainsi que par des recommandations de la Commission européenne issues du rapport prévu par l'article 6 de la quatrième directive[2] et l'analyse des risques effectuée au plan national[3].

Ces facteurs peuvent tenir à la complexité, la nature ou le montant de l'opération, la valeur des actifs sous-jacents, l'implantation géographique du lieu de traitement de l'opération ou des personnes et des actifs, le secteur d'activité, la localisation du siège et la résidence fiscale des acteurs de l'opération, les opérations transfrontalières, la multiplicité des intervenants, le lien entre les intervenants, l'opacité dans la fourniture des informations, les sanctions financières et les mesures de gel des avoirs...

482.163 Structures d'exercice : avocat responsable. Les structures d'exercice doivent désigner par écrit un avocat responsable comme responsable de la mise en œuvre du dispositif[4]. Les conditions de mise en œuvre des procédures et des mesures de contrôle interne ont été définies par le CNB dans sa décision normative du 12 juillet 2007[5] et peuvent être précisées par les conseils de l'Ordre dans le cadre des règlements intérieurs[6].

Le vade-mecum contient un certain nombre de modèles dont les cabinets d'avocat peuvent s'inspirer en les adaptant à leurs besoins spécifiques[7].

482.164 Succursales et filiales étrangères. Les cabinets d'avocats doivent appliquer des mesures au moins équivalentes à celles qui leur incombent en matière de vigilance à l'égard du client et de conservation des informations, dans toutes leurs succursales situées à l'étranger ainsi que dans leurs filiales dont le siège est à l'étranger. Lorsque le droit applicable localement ne leur permet pas de mettre en œuvre des mesures équivalentes, ils doivent veiller à ce que ces succursales et filiales appliquent des mesures de vigilance spécifiques, et en informer Tracfin et leur bâtonnier[8].

S'il estime que les mesures spécifiques sont insuffisantes, le bâtonnier peut imposer des mesures de surveillance supplémentaires, en exigeant notamment que le cabinet d'avocat n'établisse pas de relations d'affaires ou qu'il y mette fin, qu'il n'effectue pas d'opérations et le cas échéant qu'il cesse ses activités dans le pays tiers concerné[9].

Dans les succursales et filiales situées dans un autre État membre de l'Union européenne ou partie à l'accord sur l'espace économique européen, ils doivent aussi veiller à ce que ces dernières respectent les dispositions applicables dans cet État[10].

482.165 Plan de vigilance – Échelle. Lorsqu'ils appartiennent à un groupe défini comme un ensemble de sociétés dont l'une contrôle les autres au sens de l'article L. 233-3 du code de commerce, et que l'entreprise mère du groupe a son siège social en France, l'avocat met en place un dispositif d'identification et d'évaluation des risques existant au niveau du groupe ainsi qu'une politique adaptée.

482.166 Prévention. Il est recommandé d'apporter une attention particulière aux opérations d'un montant supérieur à 150 000 euros qui se présentent dans des conditions inhabituelles de complexité et n'ont pas d'objet économique ou licite apparent. Tel est notamment le cas des opérations relatives aux nouvelles technologies favorisant l'anonymat[11].

Tracfin publie régulièrement des informations[12] sur les mécanismes appelant à une vigilance particu-

1. C. mon. fin., art. L. 561-34 – Ch. Cutajar, « Rapport Tracfin 2015 : des risques émergents non maîtrisés », *JCP* 2017. 42.
2. Dir. 2015/849, Parlement européen et Conseil, 20 mai 2015 relative à la prévention de l'utilisation du système financier aux fins du blanchiment de capitaux ou du financement du terrorisme, modifiant le règlement (UE) n° 648/2012 du Parlement européen et du Conseil et abrogeant la directive 2005/60/CE du Parlement européen et du Conseil et la directive 2006/70/CE de la Commission, *JOUE* 5 juin, p. 73, art. 6.
3. CNB, *Analyse des risques de blanchiment de capitaux et de financement du terrorisme pour la profession d'avocat,* févr. 2020 – COLB, *Analyse nationale des risques de blanchiment de capitaux et de financement du terrorisme en France,* sept. 2019.
4. C. mon. fin., art. L. 561-32, I, al. 4.
5. CNB, décis. 12 juill. 2007 portant adoption d'un règlement relatif aux procédures internes destinées à mettre en œuvre les obligations de lutte contre le blanchiment des capitaux et le financement du terrorisme et dispositif de contrôle interne destiné à assurer le respect des procédures, *JO* 9 août 2007, p. 13331.
6. C. mon. fin., art. R. 561-38-8.
7. CNB, Guide pratique, *Lutte contre le blanchiment de capitaux et le financement du terrorisme. Inclus mesure de gel des avoirs,* 3e éd., oct. 2020, Ann. 3, p. 91.
8. C. mon. fin., art. L. 561-33, II, 2°.
9. C. mon. fin., art. L. 561-33, II, 2°.
10. C. mon. fin., art. L. 561-33, II, 3° – V. ss nos 491.10 s.
11. « Le blanchiment de capitaux », Recommandations adoptées par le conseil de l'Ordre, *Bull. barr. Paris* 27 juill. 2004, n° 29/2004, p. 208.
12. C. mon. fin., art. L. 561-35.

lière, tel que la dissimulation du bénéficiaire réel lors d'un achat immobilier, les fraudes de type « cavalerie », les investissements immobiliers par une personne « politiquement exposée », l'utilisation d'une structure étrangère à des fins patrimoniales[1], l'utilisation suspecte de crypto-monnaies[2] ainsi que sur les secteurs, tels que le secteur de l'art[3], l'immobilier, le sport professionnel[4], ou pays, tels que l'Ukraine[5], exposés à un fort risque en la matière.

3°
Niveaux de vigilance

482.171 **Approche par les risques.** L'approche par les risques[6] va conduire l'avocat, à partir d'un profil type de la relation d'affaires et d'un standard d'obligations de vigilance, établis dans le cadre de son plan de vigilance[7] à appliquer à ses clients des obligations qu'il pourra faire varier en fonction des situations, en les simplifiant, en les complétant ou en les renforçant.

Dans ce cadre, la cartographie s'entend de l'identification et de l'évaluation des risques intrinsèques auxquels l'avocat peut être exposé, tandis que la classification s'entend de l'évaluation du risque brut attaché à une affaire en particulier.

482.172 **Vigilance constante.** Pendant toute la durée de la relation d'affaires, l'avocat doit exercer une vigilance constante et pratiquer un examen attentif des opérations effectuées en veillant à ce qu'elles soient cohérentes avec la connaissance actualisée qu'il a de son client[8].

482.173 **Exécution de l'obligation.** À cette fin, l'avocat est tenu de mettre en place, au sein de son cabinet, dans le cadre de son plan de vigilance[9], une procédure lui permettant d'apprécier, pendant toute la durée de sa relation avec le client, la nature et l'étendue de l'opération juridique pour laquelle son concours est sollicité[10].

À cet effet, l'avocat doit :

1° Pendant toute la durée de la relation d'affaires, recueillir, mettre à jour et analyser les éléments d'information (à savoir pour les personnes physiques : justification de l'adresse du domicile à jour au moment où les éléments sont recueillis, activités professionnelles exercées, revenus et tout élément permettant d'estimer les autres ressources ou d'apprécier le patrimoine, pour les personnes morales : la justification de l'adresse du siège social, les statuts, les mandats et pouvoirs ainsi que tout élément permettant d'apprécier sa situation financière) qui permettent de conserver une connaissance appropriée de son client. La collecte et la conservation de ces informations doivent être réalisées en adéquation avec les objectifs d'évaluation du risque de blanchiment et de surveillance adaptée à ce risque.

Lorsque l'avocat a de bonnes raisons de penser que l'identité du client et les éléments d'identification précédemment obtenus ne sont plus exacts ou pertinents, il doit procéder à nouveau à l'identification du client[11] ;

2° À tout moment, être en mesure de justifier auprès du conseil de l'Ordre et de son bâtonnier de l'adéquation des mesures de vigilance mises en œuvre[12].

482.174 **Mesures de vigilances simplifiées.** Lorsque le risque de blanchiment lui paraît faible, ou que les personnes ou les produits présentent un faible risque de blanchiment de capitaux ou de financement du terrorisme et qu'il n'existe pas de soupçon de blanchiment ou de financement du terrorisme, l'avocat peut mettre en place des mesures de vigilance simplifiées[13] dans des conditions précisées aux articles R. 561-14 et suivants du code monétaire et financier.

482.175 **Dérogation.** L'avocat peut, notamment, mettre en place des mesures de vigilances simplifiées, pour autant qu'il n'existe pas de soupçon de blanchiment, à condition de recueillir des informations suffisantes sur son client à l'égard des personnes suivantes :

1° Clients qui sont des sociétés cotées ou autorités publiques remplissant certaines conditions[14] ainsi que certains produits qui présentent un faible risque de blanchiment, tel que les financements d'actifs corporels ou incorporels à usage professionnel dont la propriété n'est pas transférée au client ou ne peut l'être qu'à la cessation de la relation contractuelle et dont le loyer financier ne dépasse pas 15 000 euros hors taxes par an[15].

1. Tracfin, *Rapport annuel 2017,* p. 68.
2. Tracfin, *Rapport annuel 2018,* p. 78.
3. Tracfin, *Lettre d'information de Tracfin,* n° 16, juin 2018.
4. *Rapport Tendances et analyse des risques de blanchiment de capitaux et de financement du terrorisme en 2019 et 2020,* avr. 2021.
5. *Lettre d'information de Tracfin,* n° 12, oct. 2015.
6. Ch. Cutajar, « La prévention du blanchiment par l'approche fondée sur le risque après le décret du 2 septembre 2009 », *JCP* 2009. 338.
7. V. s^{s} n° 482.161.
8. C. mon. fin., art. L. 561-6.
9. V. s^{s} n°s 482.161 s.
10. RIN, art. 1.5.
11. C. mon. fin., art. R. 561-11 – V. s^{s} n°s 482.121 s.
12. C. mon. fin., art. R. 561-12, 2° et 3° – V. s^{s} n°s 511.211 s.
13. C. mon. fin., art. L. 561-9.
14. C. mon. fin., art. R. 561-15, 3°, b) et c).
15. C. mon. fin., art. R. 561-16, 5°.

2° Client qui est un établissement bancaire, une société d'assurance, une mutuelle, une institution de prévoyance, un intermédiaire d'assurance, ou une entreprise d'investissement financier, soumis lui-même à l'obligation de déclaration de soupçon, établi ou ayant son siège en France, dans un autre État membre de l'Union européenne ou dans un pays tiers imposant des obligations équivalentes de lutte contre le blanchiment et le financement du terrorisme, à savoir l'Afrique du Sud, l'Australie, le Brésil, le Canada, la Corée du Sud, les États-Unis, la Fédération de Russie, Hong Kong, l'Inde, le Japon, le Mexique, Singapour et la Suisse [1].

3° Bénéficiaire effectif des sommes déposées sur les comptes détenus pour le compte de tiers par les notaires, les huissiers de justice ou les membres d'une autre profession juridique indépendante établis en France, dans un État partie à l'accord sur l'Espace économique européen ou dans un pays tiers imposant des obligations équivalentes en matière de lutte contre le blanchiment et le financement du terrorisme, à savoir l'Afrique du Sud, l'Australie, le Brésil, le Canada, la Corée du Sud, les États-Unis, la Fédération de Russie, Hong Kong, l'Inde, le Japon, le Mexique, Singapour et la Suisse [2], pour autant que les informations relatives à l'identité du bénéficiaire effectif soient mises à la disposition des établissements agissant en qualité de dépositaires pour ces comptes, lorsqu'ils en font la demande [3].

482.176 **Mesures de vigilance complémentaires.** L'avocat applique des mesures de vigilance complémentaires à l'égard de ses clients, lorsque :

1° Le client ou son représentant légal n'est pas physiquement présent aux fins de l'identification au moment de l'établissement de la relation d'affaires ;

2° Le client est une personne résidant dans un autre État membre de l'Union européenne ou un pays tiers et qui est exposée à des risques particuliers en raison des fonctions politiques, juridictionnelles ou administratives qu'elle exerce ou a exercé pour le compte d'un autre État ou de celles qu'exercent ou ont exercé des membres directs de sa famille ou des personnes connues pour lui être étroitement associées [4].

S'il n'existe pas de soupçon de blanchiment des capitaux ou de financement du terrorisme, l'avocat peut ne pas appliquer les mesures de vigilance complémentaires envers les personnes précitées lorsque la relation d'affaires est établie dans des conditions permettant de mettre en œuvre des mesures de vigilance simplifiées [5] ;

3° Le produit ou l'opération présente, par sa nature, un risque particulier de blanchiment de capitaux ou de financement du terrorisme, notamment lorsqu'ils favorisent l'anonymat. Il s'agit de bons et titres anonymes ainsi que les opérations portant sur ces bons, titres et contrats au porteur [6] ;

4° L'opération est une opération pour compte propre ou pour compte de tiers effectuée avec des personnes physiques ou morales, y compris leurs filiales ou établissements, domiciliées, enregistrées ou établies dans un État ou un territoire figurant sur les listes des pays tiers à haut risque et non coopératifs publiées par le Gafi [7] ou par la Commission européenne [8].

En juin 2021, il s'agissait des pays suivants : Afghanistan, Albanie, Bahamas, Barbade, Botswana, Burkina Faso, Iles Caïmans, Cambodge, République populaire démocratique du Corée (RPDC – Corée du Nord), Ghana, Haïti, Île Maurice, Iran, Iraq, Jamaïque, Malte, Maroc, Myanmar (Birmanie), Nicaragua, Ouganda, Pakistan, Panama, Philippines, Sénégal, Soudan du Sud, Syrie, Trinité-et-Tobago, Vanuatu, Yémen, et Zimbabwe.

Dans ces cas, l'avocat doit mettre en place deux mesures de vigilance complémentaires parmi celles prévues à l'article R. 561-20 du code monétaire et financier.

482.177 **Mesures de vigilances renforcées.** Lorsque le risque de blanchiment présenté par un client, un produit ou une opération lui paraît élevé,

1. C. mon. fin., art. R. 561-15, 3°, a) – Arr. 27 juill. 2011 relatif à la liste des pays tiers équivalents en matière de lutte contre le blanchiment de capitaux et le financement du terrorisme mentionnée au 2° du II de l'article L. 561-9 du code monétaire et financier, *JO* 30 juill., p. 13031, NOR : EFIT1119562A.
2. C. mon. fin., art. R. 561-15, 3°, a) – Arr. 27 juill. 2011, NOR : EFIT1119562A, préc.
3. C. mon. fin., art. R. 561-15, d).
4. C. mon. fin., art. R. 561-18.
5. C. mon. fin., art. L. 561-10, al. 2 – V. s^s n° 482.174.
6. C. mon. fin., art. R. 561-19.
7. http://www.fatf-gafi.org/fr/pays/#high-risk/.
8. Dir. 2015/849, 20 mai 2015, art. 9 – Règl. délégué 2016/1675, Commission, 14 juill. 2016 complétant la directive (UE) 2015/849 du Parlement européen et du Conseil par le recensement des pays tiers à haut risque présentant des carences stratégiques, *JOUE* 20 sept., p. 1 – Règl. délégué 2018/105, Commission, 27 oct. 2017 portant modification du règlement délégué (UE) 2016/1675, *JOUE* 24 janv., p. 1 – Règl. délégué 2018/212, Commission, 13 déc. 2017 portant modification du règlement délégué (UE) 2016/1675 complétant la directive (UE) 2015/849 du Parlement européen et du Conseil, *JOUE* 14 févr., p. 4 – Règl. délégué 2018/1467, Commission, 27 juill. 2018 portant modification du règlement délégué (UE) 2016/1675, *JOUE* 2 oct., p. 1 – Règl. délégué 2020/855, Commission, 7 mai 2020 modifiant le règlement délégué (UE) 2016/1675 complétant la directive (UE) 2015/849 du Parlement européen et du Conseil, *JOUE* 19 juin, p. 1 – Règl. délégué 2021/37, Commission, 7 déc. 2020 modifiant le règlement délégué (UE) 2016/1675 complétant la directive (UE) 2015/849 du Parlement européen et du Conseil, *JOUE* 18 janv. 2021, p. 1.

l'avocat doit mettre en œuvre ses obligations sous forme de mesures de vigilances renforcées [1].

Il doit, notamment, effectuer un examen renforcé de toute opération particulièrement complexe ou d'un montant inhabituellement élevé ou ne paraissant pas avoir de justification économique ou d'objet licite. Dans ce cas, il se renseigne auprès du client sur l'origine des fonds et la destination de ces sommes ainsi que sur l'objet de l'opération et l'identité de la personne qui en bénéficie [2] et vérifie la cohérence des informations ainsi recueillies au regard de l'opération projetée.

482.178 Désignation par Tracfin. Tracfin peut, pour une durée maximale de six mois renouvelable, désigner aux avocats, pour la mise en œuvre de leurs obligations de vigilance à l'égard de la clientèle :

1° Les opérations qui présentent, eu égard à leur nature particulière ou aux zones géographiques déterminées à partir desquelles, à destination desquelles ou en relation avec lesquelles elles sont effectuées, un risque important de blanchiment de capitaux ou de financement du terrorisme ;

2° Des personnes qui présentent un risque important de blanchiment de capitaux ou de financement du terrorisme [3].

482.179 Modalités de la désignation. La désignation est faite par un écrit, et par tout moyen de nature à conférer date certaine et à garantir sa sécurité et sa conservation, adressée au bâtonnier du barreau auprès duquel l'avocat est inscrit. Ce dernier transmet sans délai les informations transmises par Tracfin aux avocats à qui elles sont destinées. Tracfin fait connaître dans les mêmes conditions le renouvellement de la durée d'une désignation [4].

Il est interdit aux avocats, au bâtonnier du barreau auprès duquel l'avocat est inscrit, de porter à la connaissance de leurs clients ou à la connaissance de tiers, autres que le conseil de l'Ordre ou le CNB, les informations transmises par Tracfin lorsqu'il procède à une telle désignation individuelle, sous peine d'une amende de 22 500 euros [5].

D.
Devoirs liés aux obligations d'identification et de vigilance

482.181 Devoir de dissuasion. L'article 1.5 du RIN précise que l'avocat ne doit pas se contenter d'une vigilance passive mais doit, lorsqu'il a des raisons de suspecter qu'une opération juridique aurait pour objet ou pour résultat la commission d'une infraction, d'une opération de blanchiment de capitaux ou de financement du terrorisme, immédiatement s'efforcer d'en dissuader son client, lequel n'a pas nécessairement conscience du caractère illicite de l'opération projetée.

Le fait, pour un avocat, de s'efforcer de dissuader son client de prendre part à une activité illégale ne constitue pas une divulgation de l'existence ou des suites d'une déclaration de soupçons [6], ou d'un droit de communication par Tracfin [7].

482.182 Devoir impérieux de déport. L'avocat doit impérativement se retirer du dossier lorsqu'il a des raisons de suspecter qu'une opération juridique aurait pour objet ou pour résultat la commission d'une infraction, et qu'il n'a pas réussi à en dissuader son client [8]. Il s'agit ici d'un impérieux devoir : s'il n'a pas réussi à dissuader son client d'effectuer l'opération, l'avocat n'est plus en mesure d'exercer sa mission conformément à ses règles déontologiques et ses principes essentiels, et se trouve dès lors en situation de faire l'objet d'une sanction disciplinaire [9].

Ainsi, à partir du moment où l'avocat a mis en place au sein de son cabinet un plan de vigilance et exécuté ses obligations de vigilance, le conduisant, le cas échéant à dissuader son client d'effectuer l'opération pour laquelle il l'a sollicité, s'il n'y parvient pas, il doit se retirer du dossier sans qu'il y ait lieu pour lui d'être soumis aux obligations qui suivent, d'abstention [10] et de déclaration de soupçon [11]. La relation de confidence qui le lie avec son client est donc préservée.

§ 4
Obligations d'abstention et de déclaration

482.190 Plan. Les obligations d'abstention et de déclaration s'imposent à l'avocat dans le cadre de certaines de ses missions (A) où il peut alors être tenu, suivant les cas, d'une obligation d'abstention et/ou de déclaration de soupçon (B). Dans les mêmes cas, Tracfin peut être amené à mettre en œuvre un droit de communication de reconstituer l'ensemble des opérations faites par une personne physique ou morale liées à une opération (C). L'exécution de ces obligations doit être articulée avec le sort de la mission de l'avocat et les immunités dont il bénéficie alors (D).

1. C. mon. fin., art. L. 561-10-1.
2. C. mon. fin., art. L. 561-10-2.
3. C. mon. fin., art. L. 561-26.
4. C. mon. fin., art. L. 561-36-1.
5. C. mon. fin., art. L. 574-1.
6. C. mon. fin., art. L. 561-18, al. 3.
7. C. mon. fin., art. L. 561-25, III, al. 2.
8. RIN, art. 1.5.
9. V. s^s n°s 512.00 s.
10. V. s^s n° 482.211.
11. V. s^s n°s 482.212 s.

A. Champ d'application

482.201 **Champ d'application des obligations à la charge de l'avocat.** Les avocats sont soumis aux obligations en la matière lorsque, dans le cadre de leur activité professionnelle, ils participent au nom et pour le compte de leur client à toute transaction financière ou immobilière, leur fournissent, directement ou par personne interposée, des conseils en matière fiscale [1], ou lorsqu'ils assistent leur client dans la préparation ou la réalisation des transactions concernant :

a) L'achat et la vente de biens immeubles ou de fonds de commerce, et ce même si l'avocat se borne à un simple rôle de conseil dans l'opération alors que l'acte de vente est rédigé par un notaire [2] ;

b) La gestion de fonds, titres ou autres actifs appartenant au client ;

c) L'ouverture de comptes bancaires, d'épargne ou de titres ou de contrats d'assurance ;

d) L'organisation des apports nécessaires à la création des sociétés ;

e) La constitution, la gestion ou la direction des sociétés ;

f) La constitution, la gestion ou la direction de fiducies, régies par les articles 2011 à 2031 du code civil ou de droit étranger, ou de toute autre structure similaire ; L'intervention de l'avocat n'est pas ici celle de fiduciaire mais de conseil du constituant, de l'organisme lui-même, de ses gestionnaires ou de ses bénéficiaires ;

g) La constitution ou la gestion de fonds de dotation [3].

482.202 **Procédure juridictionnelle.** Même lorsqu'il intervient dans une de ces opérations, l'avocat n'est pas tenu des obligations d'abstention et de déclaration dès lors que sa mission se rattache à une procédure juridictionnelle, et que les informations dont ils disposent sont reçues ou obtenues avant, pendant ou après cette procédure, y compris dans le cadre de conseils relatifs à la manière d'engager ou d'éviter une telle procédure [4].

482.203 **Notion de procédure juridictionnelle.** La notion de la procédure « juridictionnelle » est plus large que le terme « judiciaire ». Selon le CNB, elle doit donc être interprétée comme englobant les procédures judiciaires et administratives.

Cela concerne par conséquent la conciliation, la médiation, l'arbitrage national et international, les ventes à la barre du tribunal et les procédures devant certaines autorités administratives ou autres, en particulier toutes les formes de procédures disciplinaires [5].

482.204 **Consultation juridique.** L'avocat n'est pas tenu de ces mêmes obligations d'abstention et de déclaration lorsqu'il donne des consultations juridiques [6]. Sauf lorsqu'il fournit directement ou par toute personne interposée à laquelle il est lié, des conseils en matière fiscale [7].

Une importante exception à cette dispense doit cependant être soulignée : lorsque la consultation juridique est fournie à des fins de blanchiment de capitaux ou de financement du terrorisme, ou en sachant que le client la demande à des fins de blanchiment de capitaux ou de financement du terrorisme [8].

482.205 **Définition de la consultation.** La consultation juridique [9] consiste en une prestation intellectuelle personnalisée tendant, sur une question posée, à la fourniture d'un avis ou d'un conseil fondé sur l'application d'une règle de droit en vue, notamment, d'une éventuelle prise de décision [10].

Ainsi, elle se définit par son contenu et par sa finalité, elle peut être écrite ou orale et elle ne nécessite ni d'être qualifiée comme telle, ni une forme de rédaction particulière. Ensuite, la consultation répond aux besoins d'un client dans un contexte juridique propre à celui-ci (c'est en ce sens qu'elle est personnalisée). Enfin, elle suppose un raisonnement juridique pour aboutir à des avis ou à des conseils. En fonction des échanges avec un client, la consultation peut donner lieu à des rédactions successives [11].

B. Abstention et déclaration de soupçon

482.211 **Obligation d'abstention.** L'avocat est tenu d'une obligation d'abstention dans trois cas :

1. C. mon. fin., art. L. 561-3, 3°) – Ch. Cutajar, « Avocats et blanchiment. Une sur-transposition de la 5e directive problématique », *JCP* 2020. 946 – CE 3 mars 2021, req. n° 447504 et CE 5 mai 2021, req. n° 447504.
2. CNB, Comm. RU, avis n° 2004-020, 1er avr. 2004.
3. C. mon. fin., art. L. 561-3.
4. C. mon. fin., art. L. 561-3, II.
5. CNB, *Guide pratique. Lutte contre le blanchiment de capitaux et le financement du terrorisme. Inclus mesure de gel des avoirs,* 3e éd., oct. 2020, p. 21.
6. V. ss nos 631.00 s.
7. C. mon. fin., art. L. 561-3, 3°) – Ch. Cutajar, « Avocats et blanchiment. Une sur-transposition de la 5e directive problématique », *JCP* 2020. 946 – CE 3 mars 2021, req. n° 447504 et CE 5 mai 2021, req. n° 447504.
8. C. mon. fin., art. L. 561-3, II.
9. V. ss nos 631.00 s.
10. Résolution du CNB en vue de l'adoption d'une définition de la consultation juridique, CNB, AG 17-18 juin 2011.
11. CNB, *Guide pratique. Lutte contre le blanchiment de capitaux et le financement du terrorisme. Inclus mesure de gel des avoirs,* 3e éd., oct. 2020, p. 18 s.

- lorsqu'il n'est pas en mesure d'identifier son client ou d'obtenir des informations sur l'objet et la nature de la relation d'affaires. Il ne doit alors exécuter aucune opération, quelles qu'en soient les modalités, et n'établir, ni ne poursuivre, aucune relation d'affaires, et faire la déclaration de soupçon[1] ;

- lorsqu'il n'a pas été en mesure d'identifier son client ou d'obtenir des informations sur l'objet et la nature de la relation d'affaires et que celle-ci a néanmoins été établie, dans les cas où le risque de blanchiment paraissait faible[2]. L'avocat doit alors y mettre un terme[3] et faire la déclaration de soupçon[4] ;

- lorsqu'il soupçonne, ou a de bonnes raisons de soupçonner, que l'opération est liée au blanchiment. Il doit alors s'abstenir d'effectuer l'opération jusqu'à ce qu'il ait fait la déclaration de soupçon[5].

Dans tous les cas, il ne pourra alors procéder à la réalisation de l'opération que si aucune opposition de Tracfin n'est valablement formée[6].

482.212 Obligation de déclaration en cas de doute sur l'origine des fonds. Lorsque l'avocat a un doute sur l'origine des sommes utilisées pour financer une opération entrant dans le champ d'application *a minima*[7], à laquelle il participe en assistant son client soit dans sa préparation, soit dans sa réalisation, il est tenu de procéder à une déclaration de soupçon[8].

482.213 Périmètre de l'obligation de déclaration. L'obligation de procéder à une déclaration de soupçon porte sur les opérations, ou tentatives d'opérations[9], portant sur des sommes dont l'avocat sait, soupçonne ou a de bonnes raisons de soupçonner[10] :

- qu'elles proviennent d'une infraction passible d'une peine privative de liberté supérieure à un an (trafic de stupéfiants, de la fraude aux intérêts financiers de l'Union européenne, corruption, activités criminelles organisées...) ou participent au financement du terrorisme[11] ;

- qu'elles proviennent d'une fraude fiscale[12] lorsque l'avocat se trouve en présence d'au moins un des seize critères[13] visés à l'article D. 561-32-1[14] du code monétaire et financier[15], parmi lesquels, se trouvent, notamment : le retrait fréquent d'espèces d'un compte professionnel ou leur dépôt sur un tel compte non justifié par le niveau ou la nature de l'activité économique, le refus du client de produire des pièces justificatives quant à la provenance des fonds reçus ou quant aux motifs avancés des paiements, l'impossibilité de produire ces pièces ou encore le transfert de fonds vers un pays étranger suivi de leur rapatriement sous la forme de prêts[16].

482.214 Autres cas d'obligation de déclaration. L'avocat doit également effectuer, sans délai, une telle déclaration, le cas échéant :

- lorsque l'avocat a établi une relation d'affaires puis exercé son devoir d'abstention[17] ;

- le cas échéant, à l'issue de l'examen renforcé de toute opération particulièrement complexe, ou d'un montant inhabituellement élevé, ou ne paraissant pas avoir de justification économique ou d'objet licite[18] ;

- lorsqu'une opération devant faire l'objet de la déclaration a déjà été réalisée, soit parce qu'il a été impossible de surseoir à son exécution, soit parce que son report aurait pu faire obstacle à des investigations portant sur une opération suspectée de blanchiment, soit parce qu'il est apparu postérieurement à sa réalisation qu'elle était soumise à cette déclaration[19].

482.215 Déclaration complémentaire. Toute information de nature à infirmer, conforter ou modifier les éléments contenus dans la déclaration doit faire l'objet d'une déclaration complémentaire[20].

482.216 Modalité de déclaration. La déclaration[21] doit être établie par écrit[22] et adressée au bâtonnier. Le bâtonnier doit la transmettre à Tracfin dans un délai maximum de huit jours francs à compter de sa réception, dès lors qu'elle est régulière[23].

Lorsqu'un avocat adresse directement une déclaration à Tracfin, Tracfin doit en refuser la réception et informer dans les meilleurs délais, le bâtonnier dont relève l'avocat[24]. Lorsque la déclaration lui a

1. V. s^{s} n°s 482.212 s.
2. V. s^{s} n° 482.124.
3. C. mon. fin., art. L. 561-8.
4. V. s^{s} n°s 482.212 s.
5. V. s^{s} n°s 482.212 s.
6. C. mon. fin., art. 561-16 – V. s^{s} n°s 482.231 s.
7. V. s^{s} n° 482.201.
8. C. mon. fin., art. L. 561-16, al. 2.
9. C. mon. fin., art. L. 561-15, V.
10. CE 3 déc. 2003, req. n° 247985, NP – CE 3 déc. 2003, req. n° 244084, NP – CE 12 janv. 2004, req. n° 245750, NP – CE 31 mars 2004, req. n° 256355, *Lebon T.*
11. C. mon. fin., art. L. 561-15, I.
12. C. mon. fin., art. L. 561-15, II.
13. C. mon. fin., art. L. 561-15.
14. C. mon. fin., art. D. 561-32-1 ; mod. par décr. n° 2020-119, 12 févr. 2020, art. 1er.
15. CE 14 oct. 2011 req. n° 343662, NP ; *JCP* 2011. 1209, obs. Ch. Cutajar ; *Gaz. Pal.* 2011. 3502, concl. M. Guyomar ; *Europe* 2011. Chron. 2 par G. Kalflèche.
16. C. mon. fin., art. D. 561-32-1.
17. C. mon. fin., art. L. 561-5 et L. 561-8, II – V. s^{s} n° 482.124.
18. mon. fin., art. L. 561-15, III – V. s^{s} n° 482.177.
19. C. mon. fin., art. L. 561-16, al. 2.
20. C. mon. fin., art. L. 561-15, IV.
21. C. mon. fin., art. R. 561-31.
22. C. mon. fin., art. L. 561-15, VI.
23. C. mon. fin., art. R. 561-32.
24. C. mon. fin., L. 561-17.

été transmise par le bâtonnier, Tracfin informe celui-ci de la transmission éventuelle d'une note blanche au procureur de la République suite à la déclaration [1].

En 2019, il y avait eu 12 déclarations de soupçons, et en 2020, 16 déclarations de soupçons effectuées par les bâtonniers auprès de Tracfin, essentiellement dans le cadre des contrôles de la Carpa [2].

482.217 **Forme et contenu de la déclaration.** Le système d'échanges dématérialisé Ermes mis en place par Tracfin ne prend pas en compte les spécificités liées aux échanges avec les avocats [3], il appartient dès lors à l'avocat de recourir au formulaire dématérialisé, complété de façon dactylographiée et disponible sur le site de Tracfin [4], de le remplir et de l'adresser à son bâtonnier.

La déclaration dûment signée, doit comporter les éléments d'identification et les coordonnées de l'avocat, les éléments d'identification et de connaissance du client et, le cas échéant, du bénéficiaire effectif, l'objet et la nature de la relation d'affaires, le descriptif des opérations concernées ainsi que les éléments d'analyse qui ont conduit l'avocat à nouer cette relation. Elle est accompagnée de toutes pièces ou document justificatif utile à son exploitation par Tracfin. Lorsqu'elle porte sur une opération qui n'a pas encore été exécutée, elle indique, le cas échéant, son délai d'exécution. Lorsqu'elle porte sur une tentative de blanchiment, la déclaration comporte l'identité du client ainsi que les autres informations qui ont pu être recueillies [5].

C.
Droit de communication

482.221 **Droit de communication de Tracfin.** Tracfin peut, dans le but de reconstituer l'ensemble des opérations faites par une personne physique ou morale liées à une opération ayant fait l'objet d'une déclaration de soupçons, ou à une information reçue au titre des échanges d'informations [6], demander que les pièces soumises à l'obligation de conservation [7] lui soient communiquées, quel que soit le support utilisé pour leur conservation et dans les délais qu'il fixe.

Les demandes de communication de pièces sont effectuées auprès du bâtonnier dont relève l'avocat [8]. L'avocat communique les pièces demandées à son bâtonnier qui les transmet à Tracfin, dans le délai maximum de huit jours francs à compter de leur réception [9]. À défaut de respect de cette procédure, l'avocat peut s'opposer à la communication des documents, informations ou données demandés [10].

Ce droit de communication ne saurait s'exercer lorsque la mission de l'avocat se rattache à une procédure juridictionnelle, que les informations dont ils disposent soient reçues ou obtenues avant, pendant ou après cette procédure, y compris dans le cadre de conseils relatifs à la manière d'engager ou d'éviter une telle procédure, ou à une consultation juridique, à moins qu'elle n'ait été fournie à des fins de blanchiment de capitaux ou de financement du terrorisme ou en sachant que le client la demande aux fins de blanchiment de capitaux ou de financement du terrorisme [11].

482.222 **Confidentialité.** La déclaration de soupçons, tout comme l'exercice par Tracfin de son droit de communication [12], est confidentielle [13]. Il est interdit, sous peine d'une amende de 22 500 euros [14], au bâtonnier ou à l'avocat, de porter à la connaissance de son client, du bénéficiaire effectif ou de tous tiers, autres que le conseil de l'Ordre ou le CNB, l'existence et le contenu d'une déclaration de soupçons et de donner des informations sur les suites qui y ont été réservées [15], ou l'exercice de son droit de communication par Tracfin [16].

La déclaration de soupçons n'est accessible à l'autorité judiciaire que sur réquisition auprès de Tracfin et dans les seuls cas où cette déclaration est nécessaire à la mise en œuvre de la responsabilité de l'avocat, ou de ses préposés, ou de celle du bâtonnier, et lorsque l'enquête judiciaire fait apparaître qu'ils peuvent être impliqués dans le mécanisme de blanchiment de capitaux ou de financement du terrorisme qu'ils ont révélé [17].

482.223 **Avocats exerçant en commun ou ayant un client commun.** Les avocats situés en France, ou dans un autre État membre de l'Union européenne, ou partie à l'accord sur l'Espace économique euro-

1. C. mon. fin., art. L. 561-30-2, al. 2.
2. V. s[s] n°s 483.265 s.
3. Arr. 6 juin 2013 fixant les modalités de transmission de la déclaration effectuée en application de l'article L. 561-15 du code monétaire et financier et d'information du déclarant de l'irrecevabilité de sa déclaration, *JO* 8 juin, p. 9557, NOR : EFIZ1234360A, art. 3.
4. http://www.economie.gouv.fr/tracfin/declarer
5. C. mon. fin., art. R. 561-31.
6. C. mon. fin., art. L. 561-27 s.
7. V. s[s] n° 482.132.
8. C. mon. fin., art. L. 561-25, I et II.
9. C. mon. fin., art. R. 561-32.
10. C. mon. fin., art. L. 561-25, II.
11. C. mon. fin., art. L. 561-3, II.
12. C. mon. fin., art. L. 561-25, III.
13. C. mon. fin., art. L. 561-18, al. 1.
14. C. mon. fin., art. L. 574-1.
15. C. mon. fin., art. L. 561-18, al. 2.
16. C. mon. fin., art. L. 561-25, III.
17. C. mon. fin., art. L. 561-19, al. 2.

péen, ou dans un pays tiers imposant des obligations équivalentes de lutte contre le blanchiment et le financement du terrorisme, à savoir l'Afrique du Sud, l'Australie, le Brésil, le Canada, la Corée du Sud, les États-Unis, la Fédération de Russie, Hong Kong, l'Inde, le Japon, le Mexique, Singapour et la Suisse [1], à condition que, dès lors que l'échange d'informations implique des personnes qui ne sont pas situées en France, celles-ci soient soumises à des obligations équivalentes en matière de secret professionnel et que le traitement des informations réalisé dans le pays concerné garantit un niveau de protection suffisant de la vie privée et des libertés et droits fondamentaux des personnes conformément aux dispositions applicables en matière de transfert de données personnelles à l'étranger [2], peuvent toutefois s'informer de l'existence et du contenu de la déclaration effectuée :

– s'ils appartiennent à un même réseau ou une même structure d'exercice professionnel soumis à l'obligation de déclaration de soupçon, lorsque les informations divulguées sont nécessaires à l'exercice, au sein du réseau ou de la structure d'exercice professionnel, des obligations de vigilance en matière de lutte contre le blanchiment, et seront exclusivement utilisées à cette fin [3] ;

– s'ils interviennent pour un même client et dans une même opération, ou lorsqu'ils ont connaissance, pour un même client, d'une même opération, et par tout moyen sécurisé, les informations ainsi échangées devant être utilisées exclusivement à des fins de prévention du blanchiment [4].

482.224 Droit de communication de l'Administration fiscale. On notera que l'article L. 88 du LPF est venu prévoir [5] que pour l'application de la directive 2011/16 [6], les avocats sont tenus de communiquer à l'administration fiscale, sur sa demande, les documents et informations qu'ils détiennent dans le cadre de leurs obligations de vigilance [7].

Toutefois, s'agissant d'un droit de communication propre de l'administration fiscale, au même titre que celui des articles L. 86 et L. 86 A du LPF [8], il ne semble pas que celui-ci puisse porter atteinte au secret professionnel, lequel devrait pouvoir être opposé à l'administration fiscale conformément au droit commun applicable en la matière [9], la légalité du texte étant, au demeurant, en tout état de cause douteuse au regard des principes dégagés par le Conseil d'État en matière de contrôles fiscaux [10].

D. Conséquences de l'exécution des obligations déclaratives

482.231 Opposition de Tracfin. Tracfin peut s'opposer à l'exécution d'une opération non encore exécutée, dont il a eu connaissance à l'occasion des informations qui lui ont été communiquées dans le cadre de ses missions, notamment par une déclaration de soupçon [11]. Son opposition est notifiée, par tout moyen, au bâtonnier dont relève l'avocat chargé de l'opération [12]. Dans ce cas, l'opération est reportée d'une durée de dix jours ouvrables à compter du jour d'émission de cette notification [13]. Le président du tribunal judiciaire de Paris peut, sur requête de Tracfin, après avis du procureur de la République, proroger ce délai ou ordonner le séquestre provisoire des fonds, comptes ou titres, concernés par la déclaration. Le procureur de la République peut présenter une requête ayant le même objet. L'ordonnance qui fait droit à la requête est exécutoire sur minute avant toute notification à l'auteur de la déclaration de soupçon [14].

L'opération qui a fait l'objet de la déclaration peut être exécutée si Tracfin n'a pas notifié d'opposition ou si, au terme du délai ouvert par la notification de l'opposition, aucune décision du président du tribunal judiciaire de Paris n'est parvenue au bâtonnier [15].

482.232 Immunité en raison de la déclaration. Une immunité pénale, civile et disciplinaire protège l'avocat ou son salarié en cas de déclaration de soupçon faite de bonne foi : aucune poursuite des chefs de dénonciation calomnieuse [16] ou de violation du secret professionnel [17] ne peut être intentée contre un avocat ou son salarié lorsqu'ils ont effectué, de bonne foi, une déclaration de soupçon dans les conditions prescrites par les dispositions législatives ou réglementaires applicables ou lorsqu'ils ont communiqué des informations au bâtonnier dans le cadre d'un contrôle du respect de leurs obligations

1. Arr. 27 juill. 2011 relatif à la liste des pays tiers équivalents en matière de lutte contre le blanchiment de capitaux et le financement du terrorisme mentionnée au 2° du II de l'article L. 561-9 du code monétaire et financier, *JO* 30 juill., p. 13031, NOR : EFIT1119562A.
2. L. n° 78-17, 6 janv. 1978 relatives à l'informatique, aux fichiers et aux libertés, *JO* 7 janv., p. 227, art. 68 s. – V. s[s] n° 412.343
3. C. mon. fin., art. L. 561-20, II.
4. C. mon. fin., art. L. 561-21.
5. L. n° 2017-1837, 30 déc. 2017 de finances pour 2018, *JO* 31 déc., art. 109.
6. Dir. 2011/16, Conseil, 15 févr. 2011 relative à la coopération administrative dans le domaine fiscal et abrogeant la directive 77/799/CEE, *JOUE* 11 mars, p. 1.
7. LPF, art. L. 88 – C. mon. fin., art. L. 561-22-1.
8. V. s[s] n°s 413.42 s.
9. V. s[s] n°s 413.31 s.
10. V. s[s] n°s 413.21 s.
11. C. mon. fin., art. L. 561-24, al. 1 – V. s[s] n°s 482.212 s.
12. C. mon. fin., art. R. 561-36.
13. C. mon. fin., art. L. 561-24, al. 2.
14. C. mon. fin., art. L. 561-24, al. 3.
15. C. mon. fin., art. L. 561-24, al. 4.
16. V. s[s] n°s 454.241 s.
17. V. s[s] n°s 411.63 s.

de prudence et de vigilance par Tracfin et ce, même si la preuve du caractère délictueux des faits à l'origine de la déclaration ou de l'exercice du droit de communication n'est pas rapportée ou si les poursuites engagées en raison de ces faits ont été closes par une décision de non-lieu, de relaxe ou d'acquittement. En cas de préjudice résultant directement d'une telle déclaration ou communication, l'État répond du dommage subi [1].

Cette immunité s'applique également au bâtonnier.

482.233 Immunité en raison de la réalisation de l'opération. Lorsque l'opération a été exécutée en l'absence d'opposition de Tracfin [2], et sauf concertation frauduleuse avec le propriétaire des sommes ou l'auteur de l'opération, l'avocat est dégagé de toute responsabilité, et aucune poursuite pénale ne peut être engagée à son encontre [3] du chef des infractions relatives au trafic de stupéfiants, recel, blanchiment, acte de terrorisme ou blanchiment en matière de délits douaniers [4].

Il en est de même, lorsqu'à la suite d'une désignation individuelle effectuée par Tracfin [5], l'avocat poursuit la relation d'affaires, sauf concertation frauduleuse avec le propriétaire des sommes ou l'auteur de l'opération, et sous réserve de la mise en œuvre de bonne foi, des obligations de vigilance et de déclaration de soupçon [6].

SECTION 3
INFRACTION DE BLANCHIMENT

482.240 Plan. L'infraction de blanchiment (§ 1) est une infraction « à risque » pour les avocats (§ 2).

§ 1
Incrimination et répression

482.250 Plan. Le blanchiment est une infraction complexe (A) qui fait l'objet d'une répression sévère (B).

A.
Incrimination

482.261 Définition. En vertu de l'article 324-1 du code pénal, le blanchiment [7] est le fait de faciliter, par tout moyen, la justification mensongère de l'origine des biens ou des revenus de l'auteur d'un crime ou d'un délit ayant procuré à celui-ci un profit direct ou indirect ou d'apporter un concours à une opération de placement, de dissimulation ou de conversion du produit direct ou indirect d'un crime ou d'un délit.

Les biens ou les revenus sont présumés être le produit direct ou indirect d'un crime ou d'un délit dès lors que les conditions matérielles, juridiques ou financières de l'opération de placement, qui peut résulter de la seule mise en circulation dans le système financier des biens provenant de la commission d'un crime ou d'un délit tel que le dépôt des fonds sur un compte bancaire [8], de dissimulation ou de conversion, ne peuvent avoir d'autre justification que de dissimuler l'origine ou le bénéficiaire effectif de ces biens ou revenus [9].

482.262 Infraction de conséquence. Pour qu'il y ait blanchiment, il convient que soient préalablement relevés les éléments d'un crime ou d'un délit principal ayant procuré à son auteur un profit direct ou indirect qui va faire l'objet de l'opération de blanchiment [10], mais sans qu'il ne soit nécessaire que celui-ci ait été condamné de ce chef [11] : l'infraction de blanchiment est une infraction générale, distincte et autonome faisant qu'il n'est pas nécessaire qu'une condamnation ait été prononcée, ni même que des poursuites aient été engagées s'agissant du délit de rattachement [12], lequel peut faire l'objet d'une immunité de juridictions comme ne relevant pas de la compétence des tribunaux français sans que cela ne fasse obstacle à une condamna-

1. C. mon. fin., art. L. 561-22, I, a), L. 561-22, II, a).
2. V. s^s n°s 482.231 s.
3. C. mon. fin., art. L. 561-22, IV.
4. C. douanes, art. 415.
5. V. s^s n° 482.178.
6. C. mon. fin., art. L. 561-22, VI.
7. Circ. 96-11 G, 10 juin 1996 portant commentaire de la loi n° 96-392, 13 mai 1996 relative à la lutte contre le blanchiment et le trafic des stupéfiants et à la coopération internationale en matière de saisie et de confiscation des produits du crime, *BOMJ*, n° 96/62, p. 53 – Convention relative au blanchiment, au dépistage, à la saisie et à la confiscation des produits du crime, 8 nov. 1990, art. 1er.
8. Crim. 18 mars 2020, n° 18-85.542, P ; *D.* 2020. 654 ; *D.* 2020. 1809, obs. C. Mascala ; *D.* 2020. 1754. Obs. M. Fouquet.
9. C. pén., art. 324-1-1 – AUSSI : D. douanes, art. 415-1 et Crim. 9 déc. 2020, n° 19-86.955, P ; *D.* 2021. 1653, obs. C. Mascala.
10. Crim. 25 juin 2003 n° 02-86.182, NP ; *Dr. pén.* 2003. comm. 142, obs. M. Véron ; *RSC* 2004. 350, obs. R. Ottenhof – Crim. 18 mars 2020, n° 18-86.491, P ; *D.* 2020. 654 ; *JCP* 2020. 415 ; *JCP* 2020. 490.
11. Crim. 14 janv. 2004 n° 03-81.165, P n° 12 ; *D.* 2004. 1377, note Ch. Cutajar ; *RSC* 2004. 350, obs. R. Ottenhof ; *RTD com.* 2004. 623, obs. B. Bouloc – Crim. 7 mai 2004, n° 03-84.889, P n° 92 – Crim. 10 mai 2005, n° 04-85.743, NP.
12. Crim. 20 févr. 2008, n° 07-82.977, P n° 43 ; *D.* 2008. 1585, note Ch. Cutajar ; *D.* 2008. Pan., 1577, obs. C. Mascala ; *RSC* 2008. 607, obs. H. Matsopoulou ; *AJ pénal* 2008. 234, obs. A. Darsonville ; *JCP* 2008. II. 10103, note J. Lasserre-Capdeville.

tion pour blanchiment si les faits propres à celui-ci ont eu, pour tout ou partie, lieu en France[1].

482.263 **Infractions sœurs.** Le blanchiment est également sanctionné à travers des infractions spécifiques :

1° Lorsqu'il a trait aux produits issus du trafic de stupéfiants[2] avec des peines propres[3], et des peines complémentaires[4] ;

2° En matière de proxénétisme[5], avec des peines complémentaires[6] ;

3° En matière de terrorisme[7] sévèrement réprimé[8] et assorti de peines complémentaires[9] ;

4° Ainsi qu'en matière de délits douaniers ou d'infraction à la législation sur les substances ou plantes vénéneuses classées comme stupéfiants[10], ici encore assorti de peines complémentaires[11].

482.264 **Cumul d'infractions.** Il y a lieu de préciser que la Cour de cassation a pu considérer que bien que voisines par leur élément matériel, les infractions de blanchiment et de blanchiment de produits issus de trafic de stupéfiants reprochées à un avocat n'en demeurent pas moins distinctes et peuvent être poursuivies cumulativement dans la mesure où elles n'assurent pas la protection d'une valeur sociale unique, le délit de blanchiment du produit d'un trafic de stupéfiants répondant à un objectif de protection de la santé publique auquel est étranger le délit général de blanchiment qui a pour objet d'assurer la moralisation de l'activité économique[12].

482.265 **Blanchiment ou recel.** La chambre criminelle a considéré, au visa du principe *non bis in idem*, que des faits qui procèdent de manière indissociable d'une action unique caractérisée par une seule intention coupable ne peuvent donner lieu, contre le même prévenu, à deux déclarations de culpabilité de nature pénale, fussent-elles concomitantes[13], faisant que ne saurait être déclaré coupable de recel[14], le prévenu qui a reçu sur son compte, des fonds provenant de l'escroquerie commise par sa compagne, dès lors que le versement effectué sur le compte du prévenu ne constituait, au moins en partie, qu'une opération préalable nécessaire à l'achat du bien réalisé par ses soins et pour lequel il a été déclaré coupable de blanchiment[15].

Le recel et le blanchiment protégeant la même valeur, le droit de propriété, l'on ne peut donc retenir les deux qualifications pour les mêmes faits[16].

482.266 **Auto-blanchiment.** La CJUE a pu considérer qu'une réglementation nationale qui prévoit que l'infraction de blanchiment de capitaux peut être commise par l'auteur de l'infraction de rattachement qui a généré les capitaux concernés et dont il a procédé, lui-même, au blanchiment n'est pas contraire au principe *ne bis in idem.*

Pour la CJUE, le blanchiment de capitaux est constitué par un acte distinct de l'acte ayant généré ces capitaux, de telle sorte que toute législation nationale condamnant l'auteur unique de ces deux infractions n'est pas contraire au principe *ne bis in idem*[17].

B.
Répression

482.271 **Peine.** En vertu de l'article 324-1 du code pénal, le blanchiment est puni de cinq ans d'emprisonnement et de 375 000 euros d'amende.

Le blanchiment est puni est puni, en vertu de l'article 324-2 du code pénal, de dix ans d'emprisonnement et de 750 000 euros d'amende lorsqu'il est commis de façon habituelle ou en utilisant les facilités que procure l'exercice d'une activité profes-

1. Crim. 24 févr. 2010, n° 09-82.857, P n° 37 ; *JCP* 2010, n° 23, note Ch. Cutajar ; *Gaz. Pal.* 2010. II. 2322, note J. Morel-Maroger – Crim. 16 janv. 2013, n° 11-83.689, P n° 17 ; *D.* 2013. 1647, obs. C. Mascala ; *RTD civ.* 2013. 359, obs. B. Bouloc – Crim. 1er avr. 2020, n° 19-80.875, P ; *D.* 2020. 879 ; *Gaz. Pal.* 16 juin 2020, p. 41, obs. C. Berlaud ; *D.* 2020. 1564, note G. Daïeff et G. Poissonnier ; *Gaz. Pal.* 1er sept. 2020, p. 55, obs. S. Détraz ; *D.* 2020., 1811, obs. C. Mascala – Crim. 21 oct. 2020, n° 19-87.076, P ; *D.* 2021. 1655, obs. C. Mascala.
2. C. pén., art. 222-38.
3. C. pén., art. 222-34 à 222-37.
4. C. pén., art. 222-44.
5. C. pén., art. 225-5 s.
6. C. pén., art. 225-19.
7. C. pén., art. 421-1, 6°.
8. C. pén., art. 421-3 s.
9. *C. pén., art. 422-3.*
10. C. douanes, art. 415.
11. C. douanes, art. 432 *bis.*
12. Crim. 20 mai 2009, n° 08-86.786, NP.
13. DÉJÀ : Crim. 11 mars 2004, n° 03-85.925, P n° 115 ; *AJ pénal* 2004. 285, obs. J. Leblois-Happe ; *RSC* 2004. 878, obs. Y. Mayaud – Crim. 8 mars 2005, n° 04-83.341, P n° 78 ; *D.* 2005. 1052 ; *AJ pénal* 2005. 325, obs. G. Royer ; *RSC* 2005. 549, obs. E. Fortis ; *RSC* 2005. 557, obs. Y. Mayaud.
14. V. ss nos 921.101 s.
15. Crim. 26 oct. 2016, n° 15-84.552, P ; *D.* 2016. 2217 ; *AJ pénal* 2017. 35, obs. J. Gallois ; *RSC* 2016. 778, obs. H. Matsopoulou ; *JCP* 2017. 16, note N. Catelan ; *Gaz. Pal.* 24 janv. 2017, p. 51, obs. S. Detraz ; *JCP* 2017. 355, n° 2 ; *Dr. pén.* 2017. comm. 1, obs. Ph. Conte.
16. Crim. 26 oct. 2016, n° 15-84.552, P ; *D.* 2016. 2217 ; *AJ pénal* 2017. 35, obs. J. Gallois ; *RSC* 2016. 778, obs. H. Matsopoulou ; *JCP* 2017. 16, note N. Catelan ; *Gaz. Pal.* 24 janv. 2017, p. 51, obs. S. Detraz ; *JCP* 2017. 355, n° 2 ; *Dr. pén.* 2017. comm. 1, obs. Ph. Conte.
17. CJUE 2 sept. 2021, *LG et MH (Autoblanchiment) c/Roumanie*, aff. C 790/19.

sionnelle, telle que la profession d'avocat, ou lorsqu'il est commis en bande organisée.

L'on parle alors de blanchiment aggravé lequel s'appliquera, en principe, par nature, à l'avocat.

Dans tous les cas, les peines d'amende peuvent être élevées jusqu'à la moitié de la valeur des biens ou des fonds sur lesquels ont porté les opérations de blanchiment [1]. La chambre criminelle a précisé, à cet égard, que l'assiette de l'amende ainsi définie ne peut être calculée qu'en prenant pour base le montant du produit direct ou indirect de l'infraction d'origine : ainsi s'agissant d'un blanchiment de fraude fiscale, le produit de la fraude fiscale est constitué de l'économie qu'elle a permis de réaliser et dont le montant est équivalent à celui des impôts éludés [2].

482.272 **Emprunt de criminalité.** Lorsque le crime ou le délit dont proviennent les biens et les fonds sur lesquels ont porté les opérations de blanchiment est puni d'une peine privative de liberté d'une durée supérieure à celle de cinq ou dix ans d'emprisonnement encouru, le blanchiment est puni des peines attachées à l'infraction dont son auteur a eu connaissance et, si cette infraction est accompagnée de circonstances aggravantes, des peines attachées aux seules circonstances dont il a eu connaissance [3].

482.273 **Peines complémentaires.** L'avocat condamné du chef de blanchiment encourt également les peines complémentaires prévues à l'article 324-7 du code pénal et notamment celle de l'interdiction d'exercer l'activité d'avocat, soit à titre définitif, soit à titre temporaire pouvant excéder une durée de cinq ans sauf en cas de blanchiment simple commis sans utiliser les facilités que procure l'exercice d'une activité professionnelle auquel cas elle ne saurait excéder une durée de cinq ans [4], cette interdiction peut se cumuler avec une sanction disciplinaire [5].

482.274 **Personnes morales.** Enfin, aux termes de l'article 324-9 du code pénal, les personnes morales déclarées pénalement responsables, des infractions commises pour leur compte par leurs organes ou représentant [6], des infractions précitées encourent, outre une amende de 1 875 000 euros ou 3 750 000 euros en cas de blanchiment aggravé [7], les peines complémentaires d'interdiction, à titre définitif ou pour une durée de cinq ans au plus, d'exercer directement ou indirectement l'activité d'avocat, l'exclusion des marchés publics, ainsi que l'affichage de la décision prononcée [8].

482.275 **Prescription.** Le blanchiment se prescrit, indépendamment de l'infraction de rattachement [9], par six ans à compter de la date du dernier acte de placement ou de dissimulation [10] ou de la révélation des faits si ceux-ci ont été dissimulés, sans toutefois que le délai de prescription puisse excéder douze années révolues à compter de la commission des faits [11].

La chambre criminelle a eu l'occasion de préciser que, contrairement au recel [12], le blanchiment, « qui s'exécute en un trait de temps », constitue une infraction instantanée. Toutefois, lorsqu'il consiste à faciliter la justification mensongère de l'origine de biens ou de revenus ou à apporter un concours à une opération de dissimulation du produit direct ou indirect d'un crime ou d'un délit, le blanchiment, qui a pour objet de masquer le bénéficiaire ou le caractère illicite des fonds ou des biens sur lesquels il porte, notamment aux yeux de la victime et de l'autorité judiciaire, constitue également en raison de ses éléments constitutifs une infraction occulte par nature [13]. Dans ce cas, le délai de prescription ne court qu'à compter du jour où elle est apparue et a pu être constatée dans des conditions permettant la mise en mouvement ou l'exercice de l'action publique.

L'on peut raisonnablement en déduire, *a contrario*, que lorsque le blanchiment consiste à apporter son concours à une opération de placement ou de conversion du produit direct ou indirect d'un crime ou d'un délit, il ne constitue pas une infraction occulte par nature. Tout comme des opérations répétées de dissimulation, de placement ou de conversion, portant en particulier sur des mêmes

1. C. pén., art. 324-3.
2. Crim. 11 sept. 2019, n° 18-81.040, P ; *Gaz. Pal.* 22 oct. 2019, p. 14, note E. Dezeuze et M. Horion ; *Gaz. Pal.* 22 oct. 2019, p. 72, obs. J. Morel-Maroger ; *Gaz. Pal.* 17 sept. 2019, p. 28, obs. C. Berlaud ; *D.* 2019. 1712 ; *RTD com.* 2019. 1021, obs. B. Bouloc ; *D.* 2020. 571, obs. M. Fouquet.
3. C. pén., art. 324-4.
4. C. pén., art. 321-7, 1°.
5. Civ. 1re, 17 mai 1988, n° 86-15.067, PI, n° 145 ; *D.* 1991. 302, note A. Brunois ; *Gaz. Pal.* 1989. 2. 491, note G. Flécheux – Civ. 1re, 9 avr. 2015, n° 14-50.012, P I, n° 82 ; *D.* 2015. 1187 avis J.-P. Sudre, note O. Décima.
6. C. pén., art. 121-2.
7. C. pén., art. 131-38.
8. C. pén., art. 131-35.
9. Crim. 31 mai 2012, n° 12-80.715, P n° 139 ; *D.* 2012. 1678, obs. S. Lavric ; *RTD com.* 2012. 628, obs. B. Bouloc ; *RSC* 2012. 868, obs. H. Matsopoulou.
10. Crim. 16 janv. 2013, n° 11-83.689, P n° 17 ; *D.* 2013. 1647, obs. C. Mascala ; *RTD civ.* 2013. 359, obs. B. Bouloc.
11. C. pr. pén., art. 9-1.
12. V. ss nos 921.101 s.
13. Crim. 11 sept. 2019, n° 18-81.040, P ; – ET : Crim. 11 sept. 2019, n° 18-83.484, P ; *Gaz. Pal.* 22 oct. 2019, p. 14, note E. Dezeuze et M. Horion ; *Gaz. Pal.* 22 oct. 2019, p. 72, obs. J. Morel-Maroger ; *Gaz. Pal.* 17 sept. 2019, p. 28, obs. C. Berlaud ; *D.* 2019. 1712 ; *RTD com.* 2019. 1021, obs. B. Bouloc ; *D.* 2020. 571, obs. M. Fouquet.

fonds, exécutées sur une longue période, peuvent être considérées comme formant un tout indivisible, la prescription ne commençant alors à courir qu'à partir de la dernière opération.

§ 2
Application à l'avocat

482.281 **Risques pour les avocats.** Le blanchiment est une infraction « à risque » pour les avocats, et certainement l'une de celle qui fait l'objet du plus de condamnations ces dernières années au sein de la profession. D'autant que sa caractérisation nécessite la simple connaissance de l'origine frauduleuse des fonds ou produits de l'infraction, laquelle est souvent déduite des relations antérieures entre l'avocat et le délinquant.

L'avocat saurait d'autant plus difficilement prétendre avoir sérieusement pu ignorer l'origine frauduleuse des fonds qu'il est tenu d'une stricte obligation de vigilance et de prudence en la matière [1] : « la logique "*know your client*" et l'approche par les risques de la prévention du blanchiment aident à la démonstration de l'intention » [2].

482.282 **Rédaction d'actes.** Plus que donner des conseils ou rédiger une consultation aux fins de réaliser une opération de blanchiment, l'avocat va, le plus souvent, réaliser des actes (cessions de fonds de commerce, constitution de sociétés, acquisitions de parts sociales, conclusions de contrats...), facilitant, permettant ou servant de support juridique à une opération de blanchiment. Une telle attitude n'est pas admissible et justifie les sévères sanctions pénales et disciplinaires [3] qui sont prononcées en la matière, d'autant que cela constitue des manquements caractérisés aux principes de probité [4] et d'honneur [5].

482.283 **Illustrations.** C'est ainsi que fut condamné à une peine d'emprisonnement d'une durée de dix-huit mois, entièrement assortie du sursis « pour tenir compte d'une réputation professionnelle jusque-là sans tache », ainsi qu'à une amende de 60 000 euros, un avocat qui avait accepté de conserver dans le coffre-fort de son cabinet, en vue de les soustraire à une éventuelle perquisition, une partie des espèces, qui portaient des traces de produits stupéfiants, issues des activités délictuelles de l'un de ses clients, dès lors qu'il ne pouvait ignorer que son client, un numismate, qui achetait auprès d'un réseau de fournisseurs, avec des espèces, des métaux précieux qui n'étaient ni facturés ni enregistrés en comptabilité, et revendait ces mêmes métaux en échange de liquidités provenant de la cession de produits stupéfiants, avait été interpellé et mise en examen pour blanchiment du produit d'un trafic de stupéfiants, et se livrait à des activités commerciales illicites de grande ampleur, et donc que ces sommes provenaient précisément d'un trafic de stupéfiants [6].

De même que fut condamné à une peine d'un an d'emprisonnement avec sursis et 50 000 euros d'amende un avocat, « professionnel de justice, rompu aux règles des transactions commerciales », qui n'ignorant pas que son client, « escroc d'envergure internationale ayant eu recours à plusieurs reprises dans le cadre d'affaires pénales aux services de cet avocat », avait été condamné pour escroquerie dans plusieurs États, lui avait sciemment apporté son concours dans une opération de dissimulation du produit du délit d'escroquerie en s'y prêtant et y jouant un rôle actif, d'intermédiaire, dans le rapatriement de fonds [7] peu importe que l'intéressé ait prétendu avoir ignoré l'origine frauduleuse de ces fonds [8].

Tout comme dans un des volets, dit Marseillais, de la fraude à la taxe carbone [9], un avocat qui était intervenu, en toute connaissance de cause du caractère illicite des sommes, dans la mise en œuvre d'un montage de structures offshore étrangères destinées à dissimuler les fonds, a été condamné à une peine de cinq ans d'emprisonnement, dont trois ans avec sursis en appel [10], et 500 000 euros d'amende ainsi qu'à une interdiction définitive d'exercer la profession, le tribunal considérant que « l'ensemble de ces agissements commis par un avocat, auxiliaire de justice, qui a fait le choix d'apporter pendant plus de six ans son concours à la dissimulation de sommes provenant d'une vaste escroquerie à la TVA commise en bande organisée au préjudice de l'État français, doit nécessairement être sanctionné par une peine d'une grande sévérité » [11].

Fut également condamné à une peine de trois ans de prison avec sursis et 50 000 euros d'amende, ainsi qu'à une interdiction définitive d'exercer la profession, un avocat « auxiliaire de justice expéri-

1. V. s[s] n°s 482.91 s.
2. N. Catelan, note s[s] Crim. 26 oct. 2016, n° 15-84.552, P ; *JCP* 2017. 16, p. 27 – V. Crim. 8 avr. 2010, n° 09-84.525, NP ; *Rev. Pénit.* 2010, p. 917, obs. M. Segonds.
3. V. s[s] n°s 523.261 s.
4. V. s[s] n°s 324.11 s.
5. V. s[s] n°s 331.11 s.
6. Crim. 20 mai 2009, n° 08-86.786, NP – Aussi : v. s[s] n°s 416.151 s.
7. Crim. 23 mai 2013, n° 12-80.733, NP.
8. « Prison avec sursis et 50 000 euros d'amende pour un avocat », DNA 27 janv. 2011.
9. F. Arfi, *D'argent et de sang*, Seuil, 2018.
10. Paris 6 mars 2020.
11. TGI Paris, 32e ch., 23 mai 2018, RG n° P15107000512.

menté exerçant au sein d'un cabinet réputé de la place de Paris, et [qui] ne pouvait ignorer la nature potentiellement illégale du dessein ultime poursuivi par des individus recherchant à acheter un immeuble par le truchement d'une société écran implantée au Panama et possédant un compte bancaire à Singapour »[1].

482.284 **Sanctions pénales et disciplinaires.** Les sanctions pénales en matière de blanchiment s'accompagnent, le plus souvent, de poursuites disciplinaires et de sanctions disciplinaires tout aussi sévères. C'est ainsi que :

– un avocat avait été condamné à un an d'emprisonnement avec sursis, 75 000 euros d'amende, non seulement du chef de blanchiment aggravé mais aussi de détournement de fonds placés sous main de justice dans une affaire où dans le cadre de la liquidation judiciaire de sociétés[2], les comptes de celles-ci avaient été bloqués par le juge d'instruction, et transférés à la Caisse des dépôts et consignations. Le liquidateur des sociétés avait demandé à l'avocat, qui avait une parfaite connaissance de la situation juridique des fonds transférés à la Caisse des dépôts et consignations, et n'avait pas présenté de requête aux fins de main levée de la mesure judiciaire de blocage, de procéder au transfert des fonds, sous le couvert d'opérations sur fonds de commerce après les avoir fait transiter par la Carpa, alors même que la procédure collective était clôturée, sur des comptes ouverts aux noms des associés ou des gérants de ces sociétés[3]. Sur le plan disciplinaire, prenant compte du fait que l'avocat n'est intervenu que tardivement dans le dossier et qu'il a reçu les fonds d'un administrateur judiciaire, qui lui-même les détenait de la banque, ce qui a pu lui laisser penser qu'il n'y avait pas d'obstacles à répartir le boni de liquidation, il fit l'objet d'une interdiction temporaire avec sursis[4] ;

– que fut condamné à une peine de deux ans de prison dont seize mois avec sursis et 500 000 euros d'amende, à la fois du chef de recel et du chef de blanchiment aggravé, un avocat qui avait apporté son concours à une opération de placement, dissimulation ou conversion du produit ayant pour origine une activité de commerce d'armes illicite dès lors qu'elles auraient été vendues à l'étranger sans l'autorisation de l'État français[5], sommes qui auraient dû à ce titre faire l'objet d'une imposition en France, ce qu'il ne pouvait ignorer en sa qualité d'avocat fiscaliste connaissant l'origine illicite des fonds, et qui avaient été utilisées pour des acquisitions immobilières, notamment à travers des sociétés civiles immobilières, réalisées par l'intermédiaire de l'avocat[6]. Il fera également l'objet d'une interdiction temporaire avec sursis par la suite[7] ;

– qu'a été sanctionné, nonobstant le fait que la procédure pénale soit encore en cours, d'une peine de trois ans d'interdiction d'exercer assortie d'un sursis de dix-huit mois, un avocat qui avait servi d'intermédiaire pour mettre en relation deux clients dont l'un a prêté de l'argent, produit de délits commis dans le cadre d'une association de malfaiteurs, à l'autre, ce qui caractérise, notamment, un manquement aux principes de dignité, de probité, et d'honneur[8].

482.285 **Tentative de blanchiment.** La simple tentative de blanchiment est répréhensible[9]. C'est ainsi qu'un avocat a été condamné pénalement pour tentative de blanchiment aggravé, du délit de contrebande d'or, à une peine de deux ans d'emprisonnement avec sursis total et une interdiction définitive d'exercice de la profession d'avocat, pour avoir, en toute connaissance de l'origine frauduleuse des fonds, rédigé des faux matériels affirmant la réalité de l'existence d'or qui allait faire l'objet, par son intermédiaire, de transactions conduisant à la remise de sommes d'argent pour l'achat de cet or fictif[10]. Nonobstant la condamnation à une interdiction définitive d'exercice de la profession d'avocat prononcée par les juridictions répressives, le conseil de discipline y ajoute une interdiction temporaire sans sursis pour des faits qui « constituent de toute évidence un manquement grave à l'honneur et à la probité »[11].

482.286 **Suspension provisoire.** Les infractions de blanchiment aggravé, réalisées dans le cadre de l'exercice de l'activité d'avocat, et dont il y a lieu de craindre que l'avocat poursuive ses actions en ce sens, font régulièrement l'objet de suspensions provisoires[12].

C'est ainsi qu'une cour d'appel a pu confirmer la suspension provisoire infligée à un avocat, mis en examen et mis sous contrôle judiciaire avec interdic-

1. TGI Paris, 32e ch., 18 oct. 2019, RG no P13309000273 ; – DANS LA MÊME AFFAIRE : Paris, pôle 5, ch. 14, 27 mai 2020, RG no 19/12444 – Crim. 30 juin 2021, no 20-83.355, P.
2. M. Semo, « Les blanchisseurs chinois ferment boutique », *Libération* 1er juill. 2000.
3. Crim. 4 mai 2011, no 10-84.456, P no 90 ; *RSC* 2011. 840, obs. H. Matsopoulou ; *Dr. pén.* 2011. 101, obs. M. Veron.
4. CD Paris, arr. 16 oct. 2012, no 066172.
5. A. Guilloux, *Vengeance d'État*, Albin Michel, 2001.
6. Crim. 16 janv. 2013, no 11-83.689, P no 17 ; *D.* 2013. 1647, obs. C. Mascala ; *RTD civ.* 2013. 359, obs. B. Bouloc.
7. CD Paris, arr. 14 oct. 2014, no 218227.
8. Lyon, 3 avr. 2014, RG no 13/08559, *D. actu.* 11 avr. 2014 note A. Portmann.
9. C. pén., art. 324-6.
10. P. Tourancheau, « Le blanchiment d'or foireux de Bazin "l'Africain" », *Libération* 23 oct. 2004.
11. CD Paris, arr. 31 déc. 2012, no 198532.
12. V. ss nos 512.00 s.

tion de se mettre en rapport avec les autres personnes impliquées dans une affaire de blanchiment d'argent, pour avoir transféré des sommes très importantes vers plusieurs États africains. La cour souligne que si la définition du caractère délictuel de ces transferts appartient à la juridiction pénale, nonobstant le fait que les faits reprochés seraient de nature extraprofessionnelle comme le soutenait l'avocat, la mesure de suspension prise à l'encontre de l'avocat apparaît nécessaire à la protection du public, et ce d'autant plus que ce même avocat avait déjà fait l'objet d'une condamnation pénale des chefs d'abus de biens sociaux, d'usage de faux et d'escroquerie [1].

SECTION 4
GEL DES AVOIRS

482.290 **Plan.** Le gel des avoirs est un mécanisme juridique mis en place dans le cadre de la lutte contre le blanchiment et le financement du terrorisme (§ 1) qui impose un certain nombre d'obligations à l'avocat et peut avoir une incidence quant au paiement de ses honoraires (§ 2).

§ 1
Régime du gel des avoirs

482.301 **Droit interne modifié.** Le régime du gel des avoirs a été réformé par l'ordonnance du 24 novembre 2016 [2] et le décret du 9 avril 2018 [3] à la suite de la déclaration d'inconstitutionnalité du régime antérieur [4]. Il a été renforcé par l'ordonnance du 4 novembre 2020 [5]. Il participe de la lutte contre le blanchiment de capitaux et le financement du terrorisme.

Il pose quelques difficultés, dans la mesure où il conduit à appliquer en droit interne, des décisions d'inscriptions sur les listes de gel prises au niveau international, notamment par le Conseil de sécurité de l'ONU ou le Conseil de l'Union européenne [6], sans que ne soit nécessairement respecté le caractère contradictoire de la décision [7]. Le Conseil de l'Union européenne est ainsi tenu de s'appuyer sur un faisceau d'indices suffisamment concrets, précis et concordants ainsi qu'issus de sources fiables pour justifier l'inscription d'une personne sur les listes des personnes visées par des mesures restrictives et se doit de motiver sa décision au regard de ces éléments afin de permettre aux juridictions d'apprécier, au regard du contexte, le bien-fondé des motifs qui, en cas d'erreurs, entachent la légalité au fond de l'acte litigieux [8]. La CJUE a eu l'occasion de préciser l'obligation de motivation est une formalité procédurale qui se distingue du bien-fondé de la motivation, obligation substantielle seule apte à engager la responsabilité de l'Union [9]. Les décisions du Conseil peuvent prévoir des critères d'inscription dès lors qu'ils sont objectifs, autonomes et suffisants, tel que celui des « celui des femmes et hommes d'affaires influents exerçant leurs activités en Syrie » [10]. L'inscription sur la liste des personnes visées par les mesures restrictives n'est pas disproportionnée, notamment car celle-ci fait l'objet d'une révision périodique et qu'il est possible de demander un dégel

1. Paris, pôle 2, ch. 1, 17 juin 2010, RG n° 10/03339 ; – MÊME SENS : Paris, pôle 2, ch. 1, 27 nov. 2014, RG n° 13/13621.
2. Ord. n° 2016-1575, 24 nov. 2016 portant réforme du dispositif de gel des avoirs, *JO* 25 nov., n° 7 ; *JCP* 2016. 1311.
3. Décr. n° 2018-264, 9 avr. 2018 relatif au dispositif de gel des avoirs, *JO* 13 avr., n° 35 ; *D.* 2018. 1730, obs. J.-B. Perrier.
4. Cons. const. 2 mars 2016, n° 2015-524 QPC, *Abdel Manane M... K... (M.), Gel administratif des avoirs,* NON-CONFORMITÉ PARTIELLE, *JO* 4 mars, n° 121 ; *JCP* 2016. 589, note C. Mauro ; *D.* 2016. 540.
5. Ord. n° 2020-1342, 4 nov. 2020 renforçant le dispositif de gel des avoirs et d'interdiction de mise à disposition, *JO* 5 nov., n° 10 ; *D.* 2021. 1656, obs. C. Mascala – Ch. Cutajar, « Mise en conformité des procédures de gel des avoirs et d'interdiction aux recommandations du Gafi », *JCP* 2021. 4.
6. Règl. 2580/2001, Conseil, 27 déc. 2001 concernant l'adoption de mesures restrictives spécifiques à l'encontre de certaines personnes et entités dans le cadre de la lutte contre le terrorisme, *JO* 28 déc., p. 70 – Décis. 2017/154, Conseil, 27 janv. 2017 portant mise à jour de la liste des personnes, groupes et entités auxquels s'appliquent les articles 2, 3 et 4 de la position commune 2001/931/PESC relative à l'application de mesures spécifiques en vue de lutter contre le terrorisme, et abrogeant la décision (PESC) 2016/1136, *JOUE*, 28 janv. 2017.
7. TOUTEFOIS, s'agissant de la décision 2013/255/PESC du Conseil du 31 mai 2013 concernant des mesures restrictives à l'encontre de la Syrie : TPUE, 5e ch., 18 mai 2017, *Rami Makhlouf c/Conseil,* aff. T-410/16 ; – CONFIRME PAR : CJUE 14 juin 2018, aff. C-458/17 – S'AGISSANT du règlement d'exécution 125/2014 du Conseil du 10 février 2014 mettant en œuvre l'article 2, paragraphe 3, du règlement 2580/2001 concernant l'adoption de mesures restrictives spécifiques à l'encontre de certaines personnes et entités dans le cadre de la lutte contre le terrorisme, et abrogeant le règlement d'exécution 714/2013 : TPUE, 3e ch., 15 nov. 2018 *Kurdistan Workers' Party (PKK) c/Conseil*, aff. T-410/16 – S'AGISSANT de la décision 2011/172/PESC du Conseil du 21 mars 2011 concernant des mesures restrictives à l'encontre de certaines personnes, entités et organismes au regard de la situation en Égypte : TPUE, 5e ch., 22 nov. 2018, *Suzanne Saleh Thabet e.a. c/Conseil,* aff. T-274/16 et T-275/16 ; – TPUE, 1re, ch., 6 mars 2019, *Hamas c/Conseil,* aff. T-289/15, *D.* 2019. 644, obs. G. Poissonnier ; – CONFIRMÉ PAR : CJUE 10 sept. 2020, aff. C-386/19 P.
8. TPUE 2 déc. 2020 *Nader Kalai c/Conseil,* aff. T-178/19.
9. CJUE 6 oct. 2020 *Bank Refah Kargaran c/Conseil,* aff. C-134/19 P.
10. S'AGISSANT de la décision (PESC) 2015/1836 du Conseil du 12 octobre 2015 modifiant la décision 2013/255/PESC concernant des mesures restrictives à l'encontre de la Syrie : TPUE 2 déc. 2020, *Nader Kalai c/Conseil,* aff. T-178/19 ; – TPUE 16 déc. 2020, *Maen Haikal c/Conseil,* aff. T-189/19.

exceptionnel des fonds[1]. La brièveté des délais de recours en la matière est toutefois justifiée par le fait que Conseil examine les listes des personnes et entités visées à intervalles réguliers faisant que rien ne s'oppose à ce que la personne concernée présente une demande de réexamen ou des observations à tout moment[2].

Mais lorsqu'il se fonde sur des procédures ou décisions prises par un État tiers, le Conseil de l'Union européenne se doit de vérifier que les décisions de l'autorité de l'État tiers en cause sur lesquelles il fonde sa propre décision ont été prises dans le respect des droits de la défense et du droit à une protection juridictionnelle effective[3]. Il ne saurait se baser sur la seule existence de dispositions garantissant les droits de la défense dans le droit national pour considérer que ces dispositions avaient été respectées, alors même que la décision nationale n'était pas susceptible d'appel, que l'intéressé n'était pas inscrit sur la liste des personnes recherchées par Interpol, et que sa cause n'avait pas été entendue dans un délai raisonnable[4].

Cette insécurité juridique des décisions fondant les mesures de gel des avoirs a valu à un État qui ne faisait qu'appliquer les normes internationales, d'être condamné pour violation de l'article 6 Conv. EDH[5], l'impossibilité pour les personnes concernées par ces sanctions de présenter des preuves démontrant que leur inscription sur la liste est injustifiée constituant une violation du droit à un procès équitable.

482.302 **Cadre européen.** Au niveau européen, la directive 2014/42[6] et le règlement 2018/1805[7], fixent les règles applicables en la matière.

Un instrument juridique unique pour la reconnaissance, tant des décisions de gel que des décisions de confiscation dans les autres États membres, a été mis en place par le règlement 2018/1805. Il fixe les règles selon lesquelles un État membre reconnaît et exécute sur son territoire des décisions de gel et des décisions de confiscation émises par un État membre dans le cadre de procédures pénales, et prévoit que ces décisions sont exécutées sans contrôle de la double incrimination des faits ayant donné lieu à de telles décisions si ces faits sont passibles, dans l'État d'émission, d'une peine privative de liberté d'une durée maximale d'au moins trois ans et constituent une ou plusieurs infractions listées par le règlement[8], telles que la participation à une organisation criminelle, le terrorisme, la corruption, le blanchiment, l'aide à l'entrée et au séjour irréguliers, l'escroquerie, la falsification de documents administratifs et le trafic de faux[9].

482.303 **Définition du gel des avoirs.** Le gel des avoirs s'entend comme toute action visant à empêcher tout mouvement, transfert ou utilisation de fonds, instruments financiers et ressources économiques qui aurait pour conséquence un changement de leur montant, de leur localisation, de leur propriété ou de leur nature, ou toute autre modification qui pourrait en permettre l'utilisation par les personnes faisant l'objet de la mesure de gel des avoirs[10].

482.304 **Catégories de gels des avoirs.** Il existe deux catégories de gels des avoirs[11] qui appartiennent à des personnes physiques ou morales, organismes ou entités : le gel des avoirs dans le cadre de la lutte contre le financement du terrorisme[12] et le gel des avoirs dans le cadre des sanctions financières internationales décidées par le Conseil de sécurité des Nations unies ou par le Conseil de l'Union européenne[13].

482.305 **Registre national des personnes faisant l'objet d'une mesure de gel des avoirs.** Un registre national de l'ensemble des personnes, entités et navires faisant l'objet d'une mesure de gel des avoirs a été mis en place par le décret du 9 avril 2018[14] et refondu en mars 2021. Ce registre, tenu par le ministre chargé de l'économie, est destiné à l'information du public et est ouvert à la consultation de celui-ci. Il comporte les noms, prénoms, alias, date, lieu de naissance, raison sociale, ainsi que toute autre information contenue dans les actes ou décisions relatifs à la mesure de gel, tels qu'ils ont été

1. TPUE 16 déc. 2020, *George Haswani c/ Conseil*, aff. T-521/19.
2. TPUE 22 sept. 2021, *Al-Imam c/Conseil*, aff. T-203/20.
3. TPUE 9 juin 2021, *Oleksandr Viktorovych Yanukovych c/ Conseil*, aff. T-302/19 et T-303/19 – TPUE 7 juill. 2021 *Sergej Arbuzov c/Conseil*, aff. T-267/20 ; *Artem Viktorovych Pshonka c/ Conseil*, aff. T-268/20 et *Viktor Pavlovych Pshonka c/ Conseil*, aff. T-269/20.
4. TPUE 16 déc. 2020, *Mykola Yanovych Azarov c/Conseil*, aff. T-286/19.
5. CEDH 21 juin 2016, *Al Dulimi et Montana Mangement c/ Suisse*, req. nº 5809/08 ; *D.* 2016. 1985, note M. Grange ; *AJDA* 2016. 1738, Chron. L. Burgorgue-Larsen ; *AJ pénal* 2016. 488, obs. G. Poissonnier ; – AUSSI : CJUE 26 juill. 2017, *Hamas c/Conseil de l'Union européenne*, aff. C-79/15 P.
6. Dir. 2014/42, Parlement et Conseil, 3 avr. 2014 concernant le gel et la confiscation des instruments et des produits du crime dans l'Union européenne, *JOUE L* 127, 29 avr., p. 39.
7. Règl. 2018/1805, Parlement et Conseil, 14 nov. 2018 concernant la reconnaissance mutuelle des décisions de gel et des décisions de confiscation, *JOUE* 28 nov., p. 1.
8. Règl. 2018/1805, Parlement et Conseil, 14 nov. 2018, art. 3.
9. Règl. 2018/1805, Parlement et Conseil, 14 nov. 2018, art. 3.
10. C. mon. fin., art. L. 562-2 et L. 562-3.
11. P. Bouteiller, « Procédure administrative de gel des avoirs bancaires », *RLDA* mars 2006, p. 29 – Ch. Cutajar, « Le gel des avoirs terroristes », *BJB* 2006. 352.
12. C. mon. fin., art. L. 562-2.
13. C. mon. fin., art. L. 562-3.
14. Décr. nº 2018-264, 9 avr. 2018 relatif au dispositif de gel des avoirs, *JO* 13 avr., nº 35 ; *D.* 2018. 1730.

publiés au journal officiel de la République française ou au *Journal officiel de l'Union européenne* ou figurent dans les résolutions du Conseil de sécurité des Nations unies. Ces mentions sont supprimées du registre à l'expiration de la mesure de gel[1].

Ce registre (2 496 personnes physiques, morales ou États au mois de septembre 2021) est tenu à jour par la direction générale du Trésor[2]. Une liste unique de gels des avoirs est, par ailleurs, tenue à jour par l'Union européenne[3].

Il est possible de s'abonner sur le site de la direction générale du Trésor à une liste de diffusion permettant d'être informé, en temps réel, des modifications apportées au registre.

482.306 **Décision de gel des avoirs.** Le ministre chargé de l'économie, conjointement avec le ministre de l'Intérieur en matière de terrorisme, peut décider d'interdire, pour une durée de six mois renouvelable, tout mouvement ou transfert de fonds, instruments financiers et ressources économiques qui appartiennent à, sont possédés, détenus ou contrôlés par des personnes physiques ou morales, organismes ou entités, ou par des personnes morales ou toute autre entité elles-mêmes détenues ou contrôlées par ces personnes ou agissant sciemment pour le compte ou sur instructions de celles-ci :

1° Qui commettent, tentent de commettre, facilitent ou financent des actes de terrorisme, y incitent ou y participent[4] ;

2° Qui commettent, tentent de commettre, facilitent ou financent des actions sanctionnées ou prohibées par les résolutions adoptées le Conseil de sécurité des Nations unies ou les actes pris par le Conseil de l'Union européenne, y participent ou qui sont désignées sur le fondement de ces résolutions ou ces actes[5]. ; Ces mesures s'appliquent également aux mouvements ou transferts de fonds, instruments financiers et ressources économiques dont l'ordre d'exécution a été émis antérieurement à la date de publication de la décision[6] par extrait au *Journal officiel*[7].

De la même façon, le ministre chargé de l'économie arrête, conjointement avec le ministre des Affaires étrangères, la liste des résolutions adoptées par le Conseil de sécurité des Nations unies sur le fondement desquelles les personnes et entités désignées font l'objet d'un gel sans délai. Les fonds et ressources économiques des personnes physiques ou morales ou de toute autre entité désignée sur le fondement de ces résolutions sont alors gelés, pour une période de dix jours ouvrables, ou, si elle intervient avant le terme de cette période, jusqu'à l'entrée en vigueur du règlement européen d'exécution rendant applicables ces désignations, à compter de la publication par le ministre chargé de l'économie des éléments d'identification de ces personnes ou entités au registre national des personnes faisant l'objet d'une mesure de gel[8].

§ 2
Incidence du gel des avoirs pour les avocats

482.310 **Plan.** L'existence de mesure de gel des avoirs doit conduire l'avocat à des obligations de vigilance et de déclaration (A). Elle peut, en outre, avoir une incidence quant au paiement de ses honoraires à l'avocat si son client fait l'objet d'une telle mesure (B).

A.
Obligation de vigilance et de déclaration

482.321 **Obligation des avocats.** L'avocat qui détient ou reçoit des fonds, instruments financiers et ressources économiques, ce qui s'entend des avoirs de toute nature, corporels ou incorporels, mobiliers ou immobiliers, acquis par quelque moyen que ce soit, et les documents ou instruments légaux sous quelque forme que ce soit, y compris sous forme électronique ou numérique, qui prouvent un droit de propriété ou un intérêt ou un contrôle sur ces avoirs, incluant, notamment, les crédits bancaires, les chèques de voyage, les chèques bancaires, les mandats, les actions, les titres, les obligations, les traites et les lettres de crédit[9], est tenu d'appliquer sans délai les mesures de gel des avoirs ou d'interdiction prises et d'en informer immédiatement le ministre chargé de l'économie[10].

482.322 **Procédures internes.** Comme en matière d'obligation de vigilance en matière de LCB/FT, l'avocat devra mettre en place une organisation et des procédures internes afin d'appliquer les mesures de gel des avoirs ou d'interdiction prises qui

1. C. mon. fin., art. R. 562-2.
2. https://gels-avoirs.dgtresor.gouv.fr/ – Direction générale du Trésor, *Guide de bonne conduite – Foire à questions relatives à la mise en œuvre des sanctions économiques et financières,* 15 juin 2016 – Direction générale du Trésor et Acpr, *Lignes directrices conjointes de la Direction générale du Trésor et de l'Autorité de contrôle prudentiel et de résolution sur la mise en œuvre des mesures de gel des avoirs,* 17 juin 2019.
3. https://eeas.europa.eu/topics/sanctions-policy/8442/consolidated-list-of-sanctions.en
4. C. mon. fin., art. L. 562-2.
5. C. mon. fin., art. L. 562-3.
6. C. mon. fin., art. L. 562-10.
7. C. mon. fin., art. L. 562-9.
8. C. mon. fin., art. L. 562-3-1.
9. C. mon. fin., art. L. 562-1.
10. C. mon. fin., art. L. 562-4, I.

devront être adaptées à la taille ainsi qu'à la nature de son activité et dotées de moyens matériels et humains suffisants.

L'avocat devra veiller à ce que le personnel de son cabinet qui participe à la mise en œuvre des mesures bénéficie de formations appropriées et ait accès aux informations nécessaires à l'exercice de ses missions, et mettre en place un dispositif de contrôle interne de la mise en œuvre de ces mesures dans les mêmes conditions et modalités que celles prévues en matière de LCB/FT[1].

482.323 **Devoir de vigilance.** Dans son activité courante, l'avocat va devoir déterminer, au regard des listes de gels des avoirs, si une relation d'affaires, une transaction ou tout acte juridique est de nature à porter atteinte aux règles en la matière[2].

À cette fin, il lui appartiendra d'identifier toutes les parties prenantes aux transactions : client (et son actionnariat), intermédiaire, logisticien, société de transport, banque notamment, et de vérifier dans le registre national des personnes faisant l'objet d'une mesure de gel[3] si certaines de ces parties sont sanctionnées par des mesures de gel des avoirs. Il se doit de conserver les traces et résultats des recherches effectuées, même si celles-ci se sont avérées infructueuses.

Si le résultat de la recherche est positif, l'avocat devra s'abstenir de réaliser l'opération projetée dès lors qu'elle est de nature à permettre à la personne concernée de se soustraire aux obligations résultant de la mesure de gel des avoirs ou de faire obstacle à sa mise en œuvre[4].

482.324 **Obligation d'information.** Dès lors qu'il est amené à appliquer une mesure de gel des avoirs ou d'interdiction, l'avocat doit en informer immédiatement le ministre chargé de l'économie[5].

L'information du ministre chargé de l'économie porte sur les fonds et ressources économiques ayant fait l'objet d'une mesure de gel des avoirs, toute opération portée au crédit d'un compte dont les fonds sont gelés, ainsi que, le cas échéant, toute opération considérée comme étant contraire à une mesure de gel des avoirs ou d'interdiction de mise à disposition de fonds ou de ressources économiques. Le ministre chargé de l'économie doit également être informé de la mise en œuvre effective de toute autorisation de déblocage ou de mise à disposition d'une partie des fonds ou ressources économiques prises en application d'une mesure de gel des avoirs ainsi que des opérations qui auraient pour but ou pour effet de contourner les mesures de gel des avoirs ou d'interdiction[6].

Un téléservice a été mis en place par la direction générale du Trésor à cette fin[7].

482.325 **Secret professionnel.** Le secret professionnel de l'avocat[8] ne fait pas obstacle à l'échange d'informations entre les avocats et les services de l'État chargés de préparer et de mettre en œuvre une mesure de gel des avoirs ou d'interdiction de mouvement ou de transfert des fonds, d'instruments financiers et des ressources économiques lorsque ces informations peuvent permettre de vérifier l'identité des personnes concernées directement ou indirectement par cette mesure et de surveiller les opérations portant sur les fonds, les instruments financiers et les ressources économiques desdites personnes. Les informations fournies ou échangées ne peuvent être utilisées qu'à ces fins[9].

En outre, les services de l'État chargés de mettre en œuvre une mesure de gel des avoirs ou d'interdiction de mouvement ou de transfert des fonds, d'instruments financiers et de ressources économiques, le conseil de l'Ordre, le bâtonnier ou le CNB sont autorisés à échanger les informations nécessaires à l'exercice de leurs missions respectives.

482.326 **Responsabilité de l'État.** L'État est responsable des conséquences dommageables de la mise en œuvre de bonne foi, par un avocat ou ses préposés, des mesures de gel ou d'interdiction.

Aucune sanction disciplinaire ne peut être prononcée à l'encontre d'un avocat qui aurait appliqué, de bonne foi, une mesure de gel des avoirs ou d'interdiction de mouvement ou de transfert des fonds, d'instruments financiers et des ressources économiques[10].

482.327 **Sanctions.** Est puni d'une peine d'emprisonnement de cinq ans, de la confiscation du corps du délit, de la confiscation des biens et avoirs qui sont le produit direct ou indirect de l'infraction et d'une amende égale au minimum au montant et au maximum au double de la somme sur laquelle a porté l'infraction ou la tentative d'infraction[11], le fait, pour un avocat, de se soustraire aux obligations résultant d'une mesure de gel des avoirs ou d'interdiction de mouvement ou de transfert des fonds, d'instruments financiers et des ressources économiques ou de faire obstacle à sa mise en œuvre.

1. C. mon. fin., art. R. 562-1 – V. s[s] n°s 482.161 s.
2. CD Paris, arr. 24 avr. 2018, n° 272308.
3. V. s[s] n° 482.305.
4. C. mon. fin., art. L. 562-5 et L. 562-6.
5. C. mon. fin., art. L. 562-4, I.
6. C. mon. fin., art. R. 562-3.
7. https://sanctionsfinancieres.dgtresor.gouv.fr/
8. V. s[s] n°s 412.00 s.
9. C. mon. fin., art. L. 562-12.
10. C. mon. fin., art. L. 562-13.
11. C. douanes, art. 459.

Les poursuites sont alors engagées dans le cadre des dispositions relatives à la constatation des infractions, aux poursuites, au contentieux et à la répression des infractions des titres II et XII du code des douanes sous réserve des articles 453 à 459 du même code.

482.328 **Contrôle du respect des obligations.** Le contrôle du respect par les avocats des obligations en matière de gels des avoirs, est assuré, depuis l'ordonnance du 12 novembre 2020[1], par les barreaux[2], comme pour les obligations en matière de LCB / FT[3], et lorsque, par suite soit d'un grave défaut de vigilance, soit d'une carence dans l'organisation de ses procédures internes de contrôle, un avocat a omis de respecter les obligations en matière de gel des avoirs, il y a lieu de mettre en œuvre une procédure disciplinaire à son encontre, suivant les règles de droit commun[4], pouvant donner lieu à des sanctions spécifiques[5].

B.
Incidence d'une mesure de gel des avoirs sur les honoraires

482.331 **Honoraires.** En principe une mesure de gel des avoirs empêche d'être rendu destinataire d'un paiement ou d'un virement de la part de la personne concernée, ce qui est de nature à faire obstacle au paiement des honoraires de l'avocat[6] d'une personne physique ou morale faisant l'objet d'une mesure de gel des avoirs.

Pour autant les textes précisent qu'une mesure de gel ne remet pas en cause le droit à une défense réelle et effective.

482.332 **Droit de dégel pour les « frais d'assistance juridique ».** Les règlements de l'Union européenne et les arrêtés ministériels accordent un droit à dégel pour les « frais d'assistance juridique » qui doivent être préalablement justifiés[7]. Il convient de se rapporter précisément à la norme applicable.

En règle générale, les États membres peuvent autoriser le déblocage ou la mise à disposition de certains fonds ou ressources économiques gelés, aux conditions qu'elles jugent appropriées, après avoir établi que ces fonds ou ressources économiques sont destinés exclusivement au règlement d'honoraires d'un montant raisonnable et au remboursement de dépenses engagées pour s'assurer les services de juristes.

Le texte n'autorise donc pas le dégel de sommes forfaitaires ou non justifiées, telle qu'une demande de provision[8].

482.333 **Procédure de dégel.** Il est nécessaire pour ce faire de solliciter l'autorisation du ministre chargé de l'économie[9], et d'établir la réalité des frais engagés à l'aide d'une copie du mandat donné par le client, de la copie des pièces rendues publiques (demandes, recours gracieux, introductions d'instances...) ou tout autre document jugé utile, d'un devis estimatif du temps passé et une communication de la facturation de l'avocat, ainsi que, le cas échéant, de la copie des factures réglées si on invoque un remboursement ou de la copie des billets d'avion et des frais d'hôtel.

L'avocat peut valablement communiquer sa demande, qui doit être adressée à la direction générale du Trésor, par l'intermédiaire de son bâtonnier[10].

Le silence gardé par l'administration, au terme d'un délai de quinze jours commençant à courir à compter de la date de réception du dossier de la demande[11], vaut décision implicite de rejet[12].

1. C. mon. fin., art. L. 561-36 I.
2. V. s^s n°s 511.211 s.
3. V. n° 482.63.
4. V. s^s n°s 522.10 s.
5. V. s^s n°s 523.261 s.
6. V. s^s n°s 732.00 s.
7. C. mon. fin., art. R. 562-1.
8. V. s^s n°s 731.111 s.
9. C. mon. fin., art. L. 562-11 et R. 562-6.
10. Direction générale du Trésor, *Guide de bonne conduite : Foire aux questions relatifs à la mise en œuvre des sanctions économiques et financières*, 15 juin 2016, point 30, p. 34.
11. C. mon. fin., art. R. 562-9.
12. C. mon. fin., art. R. 562-8.

CHAPITRE

483. Maniement de fonds

SECTION 0
ORIENTEUR

483.00 Sommaire du chapitre.

Division. L'avocat peut être amené à détenir temporairement des fonds pour le compte de son client dès lors qu'ils sont l'accessoire des actes juridiques ou judiciaires accomplis par l'avocat dans le cadre de son exercice professionnel. Il est alors tenu de déposer impérativement ces fonds en Carpa (sect. 1), et de procéder au maniement suivant des règles strictes (sect. 2) dans le cadre desquelles la Carpa opère des contrôles (sect. 3).

483.01 Textes applicables.

TEXTES TITRÉS

- **Décr. n° 91-1197, 27 nov. 1991**

art. 229 [Régime des règlements pécuniaires]
art. 230 [Formes des règlements]
art. 231 [Règles et documents comptables]
art. 232 [Présentation de la comptabilité par l'avocat]
art. 233 [Accusé de réception des versements et remises]
art. 234 [Défaut de dérogation]
art. 235 [Vérification du conseil de l'Ordre]
art. 235-2 [Recours obligatoire à la Carpa]
art. 240 [Recours obligatoire à la Carpa]
art. 240-1 [Recours obligatoire à la Carpa]
art. 241 [Recours obligatoire à la Carpa]
art. 241-1 [Recours obligatoire à la Carpa]
art. 242 [Recours obligatoire à la Carpa]

- **Arr. 5 juill. 1996**

art. 8 [Contrôles de la Carpa]
art. 11 [Signature sur le compte de l'avocat]
art. 12 [Délai de dépôt des fonds]
art. 13 [Délai de reversement des fonds]
art. 14 [Dépôt de fonds d'un montant supérieur à la garantie]
art. 15 [Encaissement du chèque Carpa par le bénéficiaire]

- **RIN**

art. 6.2 [Mandats]

art. 6.3.2 [Séquestre]

- **RIBP**

art. P. 75.1 [Règlements pécuniaires]

art. P. 75.2 [Carpa]

art. P. 75.3 [Obligations comptables]

ANNEXE IX [Règlement intérieur de la Carpa relatif aux maniements de fonds liés à l'activité professionnelle des avocats]

483.02 Jurisprudence de référence.

> Obligation de respecter les règles en matière de maniement de fonds

- **Civ. 1re, 16 juin 1981,** n° 80-13.074, P I, n° 215.

* V. ss nos 324.136, 632.24, 483.71.

« Mais attendu que si le rôle de l'avocat n'est pas limité à l'assistance de ses clients devant une juridiction, les activités qu'il peut exercer hors du domaine judiciaire ne le dispensent pas de respecter les dispositions protectrices prévues par le barreau auquel il appartient spécialement à l'occasion des maniements de fonds, et de s'abstenir des actes qui excèdent sa mission d'assistance juridique et compromettent en même temps la dignité de la profession d'avocat, que tels sont les faits retenus contre Maître G... par la cour d'appel qui, après avoir relevé, notamment que les irrégularités de la rédaction de l'acte de cession de bail étaient manifestement destinées à couvrir une dissimulation, a retenu à bon droit que Maître G... s'était livré à un ensemble d'opérations incompatibles avec les qualités d'honneur et de probité exigées par la profession d'avocat. »

> Caractère accessoire des maniements de fonds

- **Civ. 1re, 29 nov. 2005,** n° 02-20.904, P I, n° 448.

* V. ss n° 483.52.

« Sur le moyen relevé d'office, après avis donné aux parties :

Vu les articles 53. 9 de la loi du 31 décembre 1971 et 229 du décret du 27 novembre 1991 ;

Attendu qu'il résulte de ces textes que l'avocat ne peut recevoir de fonds que pour le compte de ses clients et procéder à des règlements pécuniaires qu'accessoirement aux actes juridiques ou judiciaires qu'il accomplit dans le cadre de son exercice professionnel ;

Attendu que M. X... a remis à Mlle Y... deux chèques établis à l'ordre de la Carpa, l'un daté du 19 février 1998 d'un montant de 600 000 francs, l'autre daté du 11 mars 1998, d'un montant de 200 000 francs ; que Mlle Y... a remis ces chèques à M. Le Z..., avocat, qui les a endossés avant de libérer les fonds au profit de sa cliente ; qu'en juillet 1998, M. X... a écrit à cet avocat que « dans le cadre d'une négociation en vue d'un prêt que j'envisageais de consentir à Mlle Sabrina Y..., je vous ai adressé une somme totale de 800 000 francs déposée sur votre compte Carpa en attendant la finalisation d'un accord éventuel [...] Or, vous auriez libéré cette somme au bénéfice de Mlle Y... sans la moindre autorisation de ma part et, à tout le moins, sans prendre, semble-t-il, les précautions les plus élémentaires pour préserver mes droits et intérêts [...]. Je me vois contraint de vous mettre en demeure de me restituer sous huitaine les fonds que vous avez séquestrés sur votre compte Carpa » ; que M. Le Z... ayant éludé cette demande, M. X... a assigné celui-ci et Mlle Y... en remboursement du montant des chèques ;

Attendu que pour débouter M. X... de sa demande, l'arrêt attaqué retient qu'il n'était pas établi que l'intéressé fut le client de M. Le Z... pour la rédaction d'un acte de prêt ou la constitution de garanties ;

Qu'en se prononçant ainsi, alors qu'il résulte de ses propres constatations que M. Le Z... avait reçu les fonds litigieux par l'entremise de Mlle Y... et disposait de ceux-ci au profit de cette dernière sans justifier d'un lien entre ce règlement et un acte juridique ou judiciaire accompli dans le cadre de son exercice professionnel, la cour d'appel a violé les textes susvisés ; »

> Saisie-attribution sur compte Carpa

- **Civ. 2e, 9 janv. 2003,** n° 00-13.887, P II, n° 4.

* V. ss nos 121.43, 483.171, 483.174

« Mais attendu qu'il résulte des articles 237 et suivants du décret du 27 novembre 1991, 8 et 11 de l'arrêté du 5 juillet 1996 que la caisse des règlements pécuniaires des avocats (Carpa) est titulaire d'un compte, ouvert auprès d'une banque, sur lequel les avocats ont l'obligation légale de déposer les fonds remis par leurs clients ; que si chaque avocat est titulaire, auprès de la Carpa, d'un compte individuel et de sous-comptes-affaires, il ne dispose de la signature sur son compte individuel qu'en qualité de mandataire du président de la Carpa ; qu'en cas de signification d'une saisie portant sur les fonds déposés par un avocat au nom de son client, la Carpa a seule la qualité de tiers saisi pour l'application des articles 44 de la loi du 9 juillet 1991 et 59 du décret du 31 juillet 1992 ; que la nécessité d'interroger l'avocat titulaire du compte individuel peut constituer un motif légitime au sens de l'article 60 du même décret ;

Et attendu que l'arrêt retient à bon droit que seule la caisse avait la qualité de tiers saisi et que la saisie n'avait pas à être dénoncée à l'avocat. »

> Obligation de représentation des fonds

- **Civ. 1re, 4 mai 1982,** *in* DAMIEN, *Les grands arrêts*, 1991, p. 125.

* V. ss nos 121.42, 324.142, 483.205

« Mais attendu que l'avocat titulaire d'un compte à la caisse des règlements pécuniaires de son barreau, compte alimenté par les fonds, effets ou valeurs reçus par l'avocat à l'occasion de l'exercice de sa profession, doit être en mesure de représenter à tout moment les fonds au versement desquels ses clients peuvent prétendre et qu'il ne peut prélever sur ce compte que les honoraires qui lui sont dus, avec l'accord de ses clients ;

Que la cour d'appel a relevé que la situation débitrice du compte de Me R... provenait de ce que, pendant plusieurs années et de façon continue, celui-ci avait utilisé les fonds de ses clients pour ses besoins personnels, notamment en prélevant partie d'une indemnité d'accident de 265 000 francs destinée à un de ses clients et en faisant domicilier à ce compte les échéances mensuelles d'une dette qu'il avait contractée pour l'achat d'un appartement ainsi que ses factures d'électricité et de téléphone et autres dettes personnelles dont la cause n'a pu être précisée ;

Qu'elle ajoute que, malgré l'engagement pris le 9 janvier 1980 de combler sous huitaine le déficit de son compte qui s'élevait à 183 608,70 francs, Me R... n'a versé le 17 janvier 1980 qu'une somme de 115 000 francs et a attendu le 11 juin 1980, soit quelques jours avant sa comparution devant la cour d'appel, pour verser le solde ;

Que les juges du second degré ont pu déduire de ces énonciations que Me R... avait manqué aux règles professionnelles ainsi qu'à ses obligations d'honneur, de probité et de délicatesse ;

Qu'elle a, ainsi, légalement justifié sa décision et que le moyen n'est fondé en aucune de ses branches ; »

> Un conseil de l'Ordre peut imposer à l'avocat de joindre, pour toute opération de crédit ou de débit sur le compte Carpa, le justificatif de la cause et de l'objet de ce dépôt ou retrait

• **Civ. 1re, 21 oct. 2003,** n° 01-11.169, P I, n° 205.

* V. s^s^ n°s 412.31, 422.183, 483.22, 483.235.

« Mais attendu que l'article 17 de la loi du 31 décembre 1971 donne mission au conseil de l'Ordre de traiter toutes questions intéressant l'exercice de la profession et de veiller à l'observation des devoirs des avocats ainsi qu'à la protection de leurs droits, de maintenir les principes de probité, de désintéressement, de modération et de confraternité sur lesquels repose la profession et d'exercer la surveillance que l'honneur et l'intérêt de ses membres rendent nécessaire ; que l'article 53 du même texte renvoie à des décrets en Conseil d'État la précision des modalités de contrôle des conditions dans lesquelles les avocats reçoivent des fonds, effets ou valeurs pour le compte de leurs clients, les déposent dans une caisse créée obligatoirement et en effectuent le règlement ; que l'article 229 du décret d'application édicte que l'avocat procède aux règlements pécuniaires liés à son activité professionnelle en observant les règles fixées par ce texte et par le règlement intérieur du barreau ; que les articles 241 et 241-1 du même texte, relatifs, le premier aux opérations de retrait, le second aux dépôts et maniements de ces fonds, effets ou valeurs, renvoient à un arrêté ministériel, lequel prescrit que la caisse des règlements pécuniaires des avocats doit être en mesure de contrôler, notamment lors des opérations de retrait de fonds, la provenance de ceux-ci et la justification du lien entre les règlements pécuniaires des avocats et les actes juridiques ou judiciaires accomplis par ceux-ci dans le cadre de leur exercice professionnel ; que, dès lors, la cour d'appel, qui n'avait pas à surseoir à statuer sur l'exception d'illégalité de l'article 8 de l'arrêté ministériel du 5 juillet 1996, dépourvue de tout caractère sérieux au regard des textes donnant compétence au conseil de l'Ordre pour fixer les règles applicables aux règlements pécuniaires liés à l'activité professionnelle des avocats, a exactement jugé que le conseil de l'Ordre du barreau de Nice, ainsi investi, par ces dispositions législatives et réglementaires, du pouvoir d'apporter au secret professionnel les dérogations strictement nécessaires à l'organisation du contrôle relatif aussi bien aux dépôts qu'aux retraits opérés sur les comptes ouverts par les avocats auprès de la caisse des règlements pécuniaires, pouvait, sans excéder les limites de son pouvoir réglementaire, obliger les membres de ce barreau à produire un justificatif de la cause et de l'objet de toute opération en débit ou crédit sur le compte "maniements de fonds" ouvert auprès de la caisse des règlements pécuniaires des avocats ; qu'ainsi, le moyen ne peut être accueilli. »

483.03 Bibliographie indicative.

* Aussi : v. s^s^ n° 48.03.

Thèse. J.-Ch. Marrigues, *Le statut juridique des* Carpa, « Droit et Sciences politiques », Connaissances et savoirs, 2016.

Traités. J. Huet (dir.), Les principaux contrats spéciaux, 3e éd., « Traités », LGDJ, 2012, n°s 33100 s. – Ph. Le Tourneau (dir.), *Droit de la responsabilité et des contrats : Régimes d'indemnisation,* 12e éd., « Dalloz Action », 2020, n°s 3390.00 s.

Monographies. J.-Ch. Barjon, J.-Ch. Krebs (dir.), *Le concours de la* Carpa *à la protection de l'ordre public économique*, « Thèmes et commentaires », Dalloz, 2017 ; *La sécurité économique et la régulation des maniements de fonds par les avocats*, « Thèmes et commentaires », Dalloz, 2019.

Articles. H. Ader, « Brève histoire de l'Union nationale des Carpa », Unca – J.-Ch. Barjon, « Maniement de fonds dans le cadre de l'activité d'avocat mandataire en transaction immobilière », *Gaz. Pal.* 7-8 mai 2010, p. 30 – J. Ch. Barjon, J.-Ch. Krebs, « La Carpa : une réalité bien éloignée des fantasmes », *Gaz. Pal.* 23-24 oct. 2015, p. 12 – M. Bérenger, « Carpa : leur rôle consacré par le code monétaire et financier », *D.* 2017. 400 – Ch. Cohen, « Les problèmes soulevés par la saisie-arrêt entre les mains de l'avocat », *Gaz. Pal.* 1983. 1. Doctr. p. 32 – J.-P. Forestier, « Le maniement de fonds par l'avocat mandataire en transaction immobilière », *Gaz. Pal.* 9-10 oct. 2009, p. 3 – J.-Ch. Krebs, « Saisies et comptes Carpa », *Gaz. Pal.* 9-13 nov. 2003, act. p. 23 ; « La Carpa et la protection du secret professionnel en matière juridique », *D.* 2016. 2006 – Cl. Lussan, « La Carpa – Une œuvre collective du barreau », *Gaz. Pal.* 19-21 janv. 1997, p. 22 – J.-Ch. Marrigues, « Loi relative à la fraude fiscale : les Carpa épargnées, mais pour combien de temps », *Gaz. Pal.* 22-23 nov. 2013, p. 9 – J.-Cl. Woog, « Le tiers saisi, Docteur Jekyll ou Mister Hyde », *CCC* avr. 2002, n° 4, p. 14.

Rapports. Unca, Carpa de Paris, *La* Carpa, *outil d'autorégulation de la profession d'avocat et de lutte contre le blanchiment*, oct. 2010 – *Les maniements de fonds, Guide pratique*, Carpa de Paris, 2015 – Unca, *Guide des maniements de fonds client à l'usage des avocats*, janv. 2013.

483.04 Exemples d'actes et assimilés.

> Modèle de mandat de recouvrement établi en accord avec le Conseil national des administrateurs et mandataires judiciaires et Unedic / AGS dans le cadre des règlements à intervenir en Carpa au titre des procédures prud'homales et qui concernent les AGS.

* V. s^s^ n° 031.41.

> Séquestre juridique : Clause à insérer dans les actes (ventes de fonds).

* V. s^s^ n° 031.42.

SECTION 1
OBLIGATIONS EN MATIÈRE DE MANIEMENTS DE FONDS

483.10 **Plan.** Les avocats sont habilités, depuis 1954, à manier des fonds (§ 1) à condition, d'une part, de justifier d'un mandat spécial dans les cas où il est exigé et d'autre part que ces règlements pécuniaires soient l'accessoire des actes juridiques ou judiciaires accomplis dans le cadre de son exercice professionnel (§ 2). Les obligations en la matière sont impératives et sévèrement sanctionnées (§ 3).

§ 1
Propos liminaires

483.21 **Évolution de la réglementation du maniement de fonds.** La possibilité pour l'avocat de manier les fonds a été reconnue par le décret du 10 avril 1954[1]. La matière était auparavant laissée à l'appréciation des règlements intérieurs des barreaux qui interdisaient à l'avocat d'effectuer ce type d'opérations. La loi du 31 décembre 1971[2] a confirmé cette autorisation en ses articles 27 et 53, 9°. Les modalités en sont définies aux articles 229 à 242 du décret du 27 novembre 1991[3], lesquels ont été modifiés par le décret du 15 juillet 1996[4] et par un arrêté de la même date[5] modifié par ceux des 25 décembre 1996 et 19 août 1997[6].

Lors de l'adoption du règlement intérieur harmonisé, la commission des règles et usages du CNB a décidé : « de ne pas inclure dans ses travaux les règles et usages concernant le maniement des fonds. L'harmonisation indispensable en cette matière est acquise depuis les textes législatifs et réglementaires de 1996 »[7].

1. Décr. n° 54-406, 10 avr. 1954 portant règlement d'administration publique sur l'exercice de la profession d'avocat et la discipline du barreau, *JO* 11 avr., p. 3494 – V. s[s] n° 023.97.
2. L. n° 71-1130, 31 déc. 1971 portant réforme de certaines professions judiciaires et juridiques, *JO* 5 janv. 1972, p. 131.
3. Décr. n° 91-1197, 27 nov. 1991 organisant la profession d'avocat, *JO* 28 nov., p. 15502.
4. Décr. n° 96-610, 5 juill. 1996 modifiant le décret n° 91-1197 du 27 novembre 1991 organisant la profession d'avocat, *JO* 9 juill., p. 10335.
5. Arr. 5 juill. 1996 fixant les règles applicables aux dépôts et maniements des fonds, effets ou valeurs reçus par les avocats pour le compte de leurs clients, *JO* 9 juill., p. 10337, NOR : JUSC9620492A ; mod. par arr. 19 août 1997, *JO* 22 août 1997.
6. Arr. 19 août 1997 modifiant l'arrêté du 5 juillet 1996 fixant les règles applicables aux dépôts et maniements de fonds, effets ou valeurs reçus par les avocats pour le compte de leurs clients, *JO* 22 août, p. 12439, NOR : JUSC9720564A.
7. Règlement intérieur harmonisé (RIH), CNB, AG 26-27 mars 1999, DCN n° 1999-001, 26-27 mars 1999.

483.22 **Règlement intérieur des barreaux.** Les dispositions légales et réglementaires[8] donnent compétence au conseil de l'Ordre[9] de chaque barreau pour fixer les règles applicables aux règlements pécuniaires liés à l'activité professionnelle des avocats, faisant qu'un conseil de l'Ordre, ainsi investi, par ces dispositions législatives et réglementaires, du pouvoir d'apporter au secret professionnel les dérogations strictement nécessaires à l'organisation du contrôle relatif aussi bien aux dépôts qu'aux retraits opérés sur les comptes ouverts par les avocats auprès de la Carpa, peut, sans excéder les limites de son pouvoir réglementaire, obliger les membres de ce barreau à produire un justificatif de la cause et de l'objet de toute opération en débit ou crédit sur le compte « maniements de fonds » ouvert auprès de la Carpa[10].

§ 2
Champ d'application

483.30 **Plan – Définition.** Doivent être considérés comme des maniements de fonds, les règlements pécuniaires, c'est-à-dire le fait pour un avocat de détenir temporairement des fonds, en vue de les transmettre à son client, pour le compte de son client à la partie adverse comme à toute autre personne (A), et ce en exécution d'une décision judiciaire ou d'un acte juridique (B).

A.
Un maniement de fonds

483.41 **Notion de maniement de fonds.** Le maniement de fonds comprend tous les fonds, effets ou valeurs reçus d'un client ou d'un tiers par les avocats à l'occasion de l'exercice de leur activité professionnelle, quelle qu'en soit leur destination, et quelles que soient les missions qu'ils exercent pour le compte de leur client[11], tel que mandataire en transaction immobilière[12].

Ainsi, dès lors qu'une somme transite par le compte de l'avocat et y demeure le temps nécessaire pour faire signer une quittance ou obtenir une mainlevée, il y a maniement de fonds. Tout comme l'avocat qui, à la requête des parties qui l'avaient

8. RIBP, ann. X.
9. V. s[s] n° 115.31.
10. Civ. 1re, 21 oct. 2003, n° 01-11.169, P I, n° 205 ; *D.* 2003. 2801 ; *JCP* 2004. I. 117, obs. R. Martin – V. s[s] n°s 121.31 s.
11. V. s[s] n°s 433.21 s.
12. J.-Ch. Barjon, « Maniement de fonds dans le cadre de l'activité d'avocat mandataire en transaction immobilière », *Gaz. Pal.*, 7-8 mai 2010, p. 30 – J.-P. Forestier, « Le maniement de fonds par l'avocat mandataire en transaction immobilière », *Gaz. Pal.*, 9-10 oct. 2009, p. 3 – V. s[s] n° 433.121.

constitué, a engagé une procédure de saisie immobilière contre un adversaire débiteur de ses clients, puis accepte ce dernier dans sa clientèle, fait accepter aux parties la conversion de la procédure de saisie en cours en vente volontaire, et reçoit des fonds en exécution de cet accord, effectuant donc un maniement de fonds. En effet, les fonds qu'il détient, à charge de les distribuer aux créanciers, le sont bien dans le cadre d'une transaction intervenue entre des clients. Les fonds ainsi séquestrés doivent donc être soumis aux dispositions relatives aux maniements de fonds [1].

483.42 **Maniement de deniers publics.** Il convient de rappeler que lorsqu'une personne morale de droit public est dotée d'un comptable public [2], ce dernier est seul habilités pour réaliser les maniements des fonds, en ce notamment de procéder aux opérations de recouvrement des créances qu'il s'agisse de créances constatées par un contrat, un titre de propriété ou un titre exécutoire [3] et que la quasi-totalité des fonds pouvant transiter par un avocat sont, en de telles circonstances, des deniers publics.

Les maniements de fonds comprennent aussi les deniers publics : la cour des comptes a eu l'occasion de considérer que les avocats étaient dans leur rôle en recevant des fonds issus de décisions judiciaires pour le compte de leurs clients [4], sans qu'il y ait lieu en l'espèce de distinguer entre personnes de droit privé ou de droit public, et que le recours aux comptes Carpa ne permettait pas de parler de gestion de fait [5] dès lors que les avocats n'ont que la détention matérielle des fonds, et aucune possibilité d'en disposer faisant « qu'ils n'ont ainsi joué qu'un rôle passif dans ladite détention et n'ont dès lors ni manié, ni détenu irrégulièrement des fonds publics ». [6]. Cette décision ne concerne que le recouvrement de sommes résultant de l'exécution d'une décision judiciaire, rien n'indique que la solution serait identique en cas de transaction.

La prudence impose toutefois aux avocats, agissant pour des personnes morales de droit public dotées d'un comptable public, de veiller à respecter la répartition des rôles entre l'ordonnateur et le comptable public et de s'assurer qu'ils sont bien en relation avec le comptable public dans le cadre d'un mandat *ad litem*.

1. Aix-en-Provence, 17 mai 1976, NP ; – RAPPR. : Civ. 1re, 1er déc. 1993 ; *Gaz. Pal.* 29 mars 1994, note E. Robinot-Lafortune et A. Damien, p. 2.
2. Décr. n° 62-1587, 29 déc. 1962 portant règlement général sur la comptabilité publique, *JO* 30 déc., p. 12828 – Décr. n° 2012-1246, 7 nov. 2012 relatif à la gestion budgétaire et comptable publique, *JO* 10 nov., n° 6.
3. C. comptes, ch. réunies, 12 avr. 2019, Oniam, RG n° S 2019-812 – O. Dufour, « La Carpa protège l'avocat, c'est la cour des comptes qui (indirectement) le dit », *Gaz. Pal.* 7 mai 2019, p. 5.
4. C. pr. civ., art. 420.
5. L. n° 63-156, 23 févr. 1963 de finances pour 1963, (2e partie, Moyens des services et dispositions spéciales), *JO* 24 févr., p. 1818, art. 60 XI.
6. C. comptes, ch. réunies, 12 avr. 2019, *Oniam,* RG nos 2019-812 – O. Dufour, « La Carpa protège l'avocat, c'est la cour des comptes qui (indirectement) le dit », *Gaz. Pal.* 7 mai 2019, p. 5.

483.43 **Mandat de recouvrement des deniers publics.** À cet égard, les établissements publics, groupements d'intérêt public nationaux et autorités publiques indépendantes dotés d'un agent comptable peuvent confier, après avis conforme de leur comptable public et par convention écrite, l'encaissement de recettes ou le paiement de dépenses à un organisme public ou privé, tel qu'un avocat [7].

Ce mandat de recouvrement obéit à des conditions [8] tenant tant au contenu même du mandat [9] et aux modalités de mise en œuvre du recouvrement [10]. L'agent comptable doit donner un avis conforme dans un délai maximum d'un mois à compter de la date de réception de la saisine. Un refus d'avis conforme de l'agent comptable doit être motivé et adressé par écrit à l'ordonnateur de l'organisme mandant. Lorsque des informations complémentaires ou des modifications de la convention sont demandées par l'agent comptable, il les sollicite par écrit auprès de l'ordonnateur. Le délai maximum d'un mois à compter de la date de réception de la saisine est alors suspendu jusqu'à la production des informations ou la prise en compte des modifications demandées [11]. L'absence d'avis conforme formulé dans le délai vaut acceptation du mandat par l'agent comptable [12].

Il emporte mandat donné à l'avocat d'assurer l'encaissement de recettes ou le paiement de dépenses au nom et pour le compte de l'État, de l'établissement public, du groupement national d'intérêt public ou de l'autorité publique indépendante mandant. Il prévoit une reddition au moins annuelle des comptes et des pièces correspondantes, ainsi que, le cas échéant, le paiement par l'organisme mandataire du remboursement des recettes encaissées à tort et le recouvrement et l'apurement des éventuels indus résultant des paiements [13].

7. L. n° 2014-1545, 20 déc. 2014, art. 40.
8. Décr. n° 2016-544, 3 mai 2016 portant dispositions relatives aux conventions de mandat conclues par les établissements publics et les groupements d'intérêt public nationaux et les autorités publiques indépendantes avec des tiers, *JO* 5 mai, n° 11.
9. Décr. n° 2016-544, 3 mai 2016, art. 2.
10. Décr. n° 2016-544, 3 mai 2016, art. 3.
11. Décr. n° 2016-544, 3 mai 2016, art. 5.
12. Décr. n° 2016-544, 3 mai 2016, art. 5.
13. L. n° 2014-1545, 20 déc. 2014, art. 40 III.

Des dispositions similaires sont prévues par le code des collectivités territoriales, s'agissant des collectivités territoriales et de leurs établissements[1].

Les avocats doivent, dès lors que cela s'avère nécessaire, recourir au mandat de recouvrement des deniers publics.

483.44 **Exclusion.** Ne sont pas considérés comme des maniements de fonds, les versements effectués à titre de paiement d'honoraires et émoluments, de remboursement de frais, droits et débours, et de provision sur honoraires, émoluments, frais, droits et déboursés[2].

Par exception, les débours, au sens fiscal tels qu'ils sont définis par l'article 267, II, 2°, du code général des impôts[3], peuvent être assimilés à un règlement pécuniaire et être traités en Carpa[4].

483.45 **Règlement direct du client à la partie adverse.** Si le client de l'avocat reçoit ou paie directement au moyen d'un chèque à l'ordre de l'adversaire, mais pas de son avocat, il n'y a pas maniement de fonds au sens de la loi.

483.46 **Présomption de lien avec l'activité professionnelle.** En cas de dépôt auprès de la Carpa, l'avocat est présumé avoir reçu les fonds dans l'exercice de ses activités professionnelles, ce dont il suit qu'il n'appartient pas au client de rapporter cette preuve[5].

B. Accessoire d'un acte juridique ou judiciaire

483.51 **Double condition relative au mandat.** L'avocat peut effectuer des règlements pécuniaires, c'est-à-dire recevoir des fonds pour le compte de son client, à condition, d'une part, de justifier d'un mandat spécial dans les cas où il est exigé et d'autre part que ces règlements pécuniaires soient l'accessoire des actes juridiques ou judiciaires accomplis dans le cadre de son exercice professionnel.

483.52 **Caractère accessoire des maniements de fonds.** Les règlements pécuniaires ne peuvent être que l'accessoire des actes juridiques ou judiciaires accomplis par l'avocat dans le cadre de son exercice professionnel[6] : le sous-compte Carpa d'un avocat ne peut contenir que des fonds litigieux ou en relation avec une affaire confiée à un avocat.

L'avocat doit toujours être en mesure de justifier d'un lien entre ce règlement et un acte juridique et judiciaire[7]. Ce caractère accessoire ne peut résulter de la seule rédaction par l'avocat, du mandat qui lui est donné d'effectuer le maniement de fonds, ou de l'exécution à titre principal d'une prestation d'assistance en matière financière[8], notamment des opérations de prêt pour le compte de son client[9].

En matière judiciaire, le mandat *ad litem* emporte mandat en vue de réaliser pour le compte du client l'exécution du jugement sans nouveau pouvoir pourvu que celle-ci soit entreprise moins d'un an après que ce jugement soit passé en force de chose jugée[10].

Dans tous les autres cas, le mandat doit indiquer précisément les conditions, vérifications et justifications auxquelles le dessaisissement des fonds est subordonné[11].

483.53 **Accord du client.** La jurisprudence a précisé que les règles propres à la profession d'avocat prohibent toute opération de compensation, de délégation de créance, ou de paiement indirect[12] et d'une manière générale, tout maniement de fonds sur un compte Carpa sans l'accord express du client. L'avocat ne peut disposer de fonds, effets ou valeurs, ou aliéner les biens du mandant que si le mandat le stipule expressément ou, à défaut, après y avoir été autorisé spécialement et par écrit par le mandant[13].

Il est interdit aux avocats de recevoir un mandat ayant pour objet ou pour effet de leur permettre de disposer des fonds déposés sur un compte ouvert au nom de leur client ou d'un tiers, autre que l'un des sous comptes Carpa[14].

S'ils se trouvent dans l'impossibilité d'accomplir le mandat qui leur est confié, ils doivent en aviser sans délai le mandant[15].

483.54 **Chaîne de mandats.** L'avocat doit dès lors veiller à bien disposer d'un mandat express de son client fondant le maniement de fonds qu'il va être amené à réaliser.

Cela implique, notamment, de veiller lorsque l'on réalise une mission particulière, tel que mandataire en transaction immobilière[16], dans le cadre d'un mandat plus général donné par le client, tel qu'une mission de

1. CGCT, art. L. 1611-7-1, A et D. 1611-18 s.
2. RIBP, art. P. 75.1. – CONTRA : Aix-en-Provence, 17 déc. 1973 ; *Gaz. Pal.* 1974. 1. 271, note B.-V. Dubois.
3. V. s[s] n°s 731.131 s.
4. RIBP, ann. X, I-2.
5. Civ. 1re, 13 mars 2007, n° 05-18.944, P I, n° 104 ; *D.* 2008. 944, obs. B. Blanchard.
6. Décr. n° 91-1197, 27 nov. 1991, art. 229.
7. Civ. 1re, 29 nov. 2005 n° 02-20.904 ; P I, n° 448 ; *D.* 2006. 96 ; *JCP* 2006. II. 10030, obs. R. Martin.
8. RIBP, ann. X, art. I-4.
9. Aix-en-Provence, 10 mars 1980 ; *Gaz. Pal.* 1980. 1. 269, note A. Damien.
10. C. pr. civ., art. 420.
11. RIBP, ann. IX, art. I-4.
12. RIBP, ann. X, art. 3-8.
13. RIN, art. 6.2, al. 8 – V. s[s] n° 622.123
14. Décr. n° 91-1197, 27 nov. 1991, art. 235-2.
15. RIN, art. 6.2., al. 5.
16. V. s[s] n° 433.121.

conseil en matière immobilière, de bien veiller à obtenir de son client le mandat spécifique nécessaire et non à se contenter d'un mandat général.

483.55 **Séquestre conventionnel ou judiciaire.** L'avocat peut accepter une mission de séquestre conventionnel ou judiciaire [1]. Il doit refuser de recevoir à titre de séquestre un acte manifestement illicite ou frauduleux [2].

Lorsque le séquestre est conventionnel [3], il doit impérativement être formalisé par un écrit. Le mandat écrit doit déterminer la nature, l'étendue, la durée de la mission de l'avocat, les conditions et modes d'exécution de la fin de celle-ci, et ce notamment les vérifications et justifications auxquelles le dessaisissement des fonds est subordonné [4], ainsi que les modalités de sa rémunération [5].

Le séquestre ne se présume pas : le dépôt sur un compte Carpa de sommes dont le versement conditionne la poursuite d'une procédure n'implique pas que le déposant se comporte en séquestre de fait [6].

483.56 **Garantie en matière d'exécution provisoire.** Le rejet de la demande tendant à voir écarter ou arrêter l'exécution provisoire de droit, laquelle est, depuis le 1er janvier 2020 [7], le principe, à moins que la loi ou la décision rendue n'en dispose autrement [8], et le rétablissement de l'exécution provisoire de droit peuvent être subordonnés, à la demande d'une partie ou d'office, à la constitution d'une garantie [9]. Au même titre que, lorsqu'elle et facultative, l'exécution provisoire peut être subordonnée à la constitution d'une garantie suffisante pour répondre de toutes restitutions ou réparations [10].

Lorsque la garantie consiste en une somme d'argent, celle-ci est déposée à la Caisse des dépôts et consignations ; elle peut aussi l'être, à la demande de l'une des parties, entre les mains d'un tiers commis à cet effet, tel que le bâtonnier en qualité de séquestre [11]. Dans ce dernier cas, le juge, s'il fait droit à cette demande, constate dans sa décision les modalités du dépôt [12].

483.57 **Opérations de trésorerie.** N'étant pas un établissement financier ou une banque, la Carpa ne peut intervenir dans la gestion des opérations de trésorerie courante des clients des avocats, telles que la réception ou l'émission de chèques en provenance ou au profit de tiers étrangers au dossier. Il leur est par conséquent interdit de recevoir une procuration leur permettant de disposer de fonds déposés sur un compte ouvert au nom de leur client ou d'un tiers, autre que leur sous-compte Carpa [13].

De telles opérations peuvent d'ailleurs dissimuler des faits de blanchiment [14] ou des infractions, telles que la fraude fiscale ou l'abus de biens sociaux. Elles ne sauraient être justifiées par le fait que le client n'aurait pas, ou ne pourrait avoir de compte bancaire, toute personne physique ou morale domiciliée en France ayant droit à l'ouverture d'un tel compte, même les interdits bancaires [15].

§ 3
Caractère impératif des règles en matière de maniement de fonds

483.60 **Plan.** Les avocats ne peuvent en aucun cas déroger aux obligations en matière de maniement de fonds (A), sous peine de sanctions pénales et disciplinaires (B).

A.
Une obligation impérieuse

483.71 **Obligation impérieuse de passer par la Carpa.** Sauf lorsqu'il agit en qualité de fiduciaire [16], l'avocat qui manie des fonds, effets ou valeurs, de manière accessoire à une opération juridique ou judiciaire, y compris dans le cadre des actions de groupe [17], doit alors procéder aux règlements pécuniaires, en observant impérativement les règles fixées par les articles 229 et suivants du décret du 27 novembre 1991 et par le règlement intérieur du barreau [18], et en déposant sans délai les sommes auprès de la Carpa [19].

L'avocat ne saurait ainsi se dispenser de recourir aux services de la Carpa pour un maniement de fonds, au motif que ceux-ci auraient transité par son cabinet quelques heures seulement et que les parties étaient des amis de longue date [20]. Ces règles

1. C. civ., art. 1961 s. – V. ss no 433.52.
2. V. ss nos 482.91 s.
3. C. civ., art. 1956 s.
4. RIBP, ann. X, I-4.
5. RIN, art. 6.3.2.
6. Paris, pôle 2, ch. 1, 29 mars 2011, RG no 2009/28774.
7. Décr. no 2019-1333, 11 déc. 2019 réformant la procédure civile, *JO* 12 déc., art. 3.
8. C. pr. civ., art. 514.
9. C. pr. civ., art. 514-5.
10. C. pr. civ., art. 517.
11. V. ss no 483.134.
12. C. pr. civ., art. 519.
13. RIBP, ann. X, art. 1.1.
14. V. ss nos 482.281 s.
15. *Bull. barr. Paris*, 23 avr. 2010, no 15/2010 – C. mon. fin., art. L. 312-1.
16. V. ss nos 644.00 s.
17. C. consom., art. L. 623-10 et C. pr. civ., art. 826-23 – CJA, art. L. 77-10-5 et R. 77-10-21.
18. RIBP, art P 75.1 et annexe X.
19. Décr. no 91-1197, 27 nov. 1991, art. 229 et 235-2 – RIN, art. 6.2., al. 7 – Civ. 1re, 16 juin 1981, no 80-13.074, P I, no 215.
20. CD Paris, arr. 25 juin 2013, no 213443.

s'appliquent avec la même rigueur, et sous les mêmes sanctions, pour les avocats exerçant au sein d'une société pluriprofessionnelle d'exercice (SPE) [1].

483.72 Avocat également inscrit auprès d'un barreau étranger. Un avocat également inscrit auprès d'un barreau étranger est tenu de déposer à la Carpa tous les fonds, effets ou valeurs reçus par lui au titre des actes et opérations qu'il réalise en sa qualité d'avocat inscrit auprès d'un barreau français [2].

Il ne peut effectuer aucun transfert de fonds, effets ou valeurs entre son sous-compte Carpa et un compte ouvert au titre de son activité professionnelle à l'étranger [3].

Ce principe s'applique tant aux avocats français inscrits auprès d'un barreau étranger, qu'aux avocats étrangers inscrits auprès d'un barreau français, notamment dans le cadre de l'exercice permanent sous son titre d'origine pour un avocat européen [4], ou de l'inscription en qualité de consultant juridique étranger [5].

483.73 Indifférence de la créance d'honoraires. Les fonds doivent transiter par la Carpa même si l'avocat prétend retenir sur ces fonds, ses honoraires [6], et même pendant la période où il attend la décision du bâtonnier sur le sort de cette somme [7].

483.74 Obligation de conservation des documents attestant de la régularité des maniements de fonds. Les avocats sont tenus de conserver pendant tout le temps où leur responsabilité civile peut être engagée [8], l'ensemble des documents attestant de la régularité des maniements de fonds effectués par eux.

Ces documents doivent être communiqués à la Carpa sur simple demande de sa part [9].

B.
Sanctions pénales et disciplinaires

483.81 Abus de confiance au préjudice de la Carpa. Le fait de procéder à des maniements de fonds pour le compte de son client hors Carpa constitue un abus de confiance au préjudice de la Carpa [10].

483.82 Abus de confiance au préjudice du client. Le fait d'encaisser les fonds reçus pour le compte de ses clients sur son compte personnel, au lieu de les consigner sur un compte séquestre ou de les restituer, constitue un abus de confiance au préjudice du client [11].

483.83 Maniement de fonds hors la vue de la Carpa. Le maniement de fonds hors la vue de la Carpa, notamment par leur dépôt sur les comptes personnels [12] ou professionnels [13] de l'avocat, constitue un manquement grave aux règles déontologiques et aux principes essentiels, notamment au devoir de probité, disciplinairement sanctionné, et justifiant, dans de nombreux cas, que la sanction de la radiation soit prononcée [14]. Tel est le cas de l'avocat qui :

– détourne à son profit une somme remise par un client pour être reversée à son adversaire [15] ;

– perçoit directement le chèque adressé par l'huissier pour le compte d'un client dans le cadre d'un recouvrement de pension alimentaire, la circonstance que la cliente lui en ait donné l'autorisation étant indifférente [16] ;

– encaisse sur son compte personnel un chèque représentant la somme due à son client puis se déclare en cessation des paiements sans inclure dans le passif de la procédure la dette envers son client, et fait l'objet d'une radiation [17] ;

– accomplit des actes en vertu d'un mandat général prohibé tout en ne déclarant pas à l'ordre ses activités de mandataire immobilier, et manie des fonds de clients sur son compte personnel au mépris et dans l'ignorance reconnue de la pratique obligatoire des comptes Carpa, et fait l'objet d'une radiation [18] ;

1. Décr. n° 2017-794, 5 mai 2017, art. 29.
2. V. s[s] n°s 491.50 s.
3. RIBP, ann. X, art. 2-7.
4. V. s[s] n°s 231.10 s.
5. V. s[s] n°s 232.13 s.
6. V. s[s] n° 483.204.
7. Lyon, 7 févr. 1977, *Gaz. Pal.* 1979. 2. Somm. 436 – Paris, 23 févr. 1994 ; *D.* 1995. 154 – V. s[s] n°s 741.00 s.
8. V. s[s] n°s 913.61 s.
9. RIBP, ann. X, 4-6.
10. Crim. 4 nov. 2004, n° 04-82.001, NP – Crim. 23 mai 2013, n° 12-83.677, P n° 112 ; *D.* 2013. 1624 ; *AJ pénal* 2013. 543, obs. C. Porteron ; *RTD com.* 2013. 818, obs. B. Bouloc – V. s[s] n° 922.54
11. Crim. 25 mars 2015, n° 14-80.428, NP – V. s[s] n° 922.53
12. Paris, pôle 2, ch. 1, 24 févr. 2011, RG n° 10/09928 – CD Paris, arr. 25 mars 2014, n°s 233788, 240369, 242411 – Paris, pôle 2, ch. 1, 24 nov. 2016, RG n° 16/06574 – CD Paris, arr. 5 déc. 2017, n° 291260 – Paris, pôle 2, ch. 1, 11 janv. 2018, RG n°s 16/11973, 16/14393 – CD Paris, arr. 24 avr. 2018, n°s 284658, 289093.
13. CD Paris, arr. 1er oct. 2013, n°s 207988, 230423, 231157, 232033 – CD Paris, arr. 26 mai 2015, n° 261234 – Paris, pôle 2, ch. 1, 27 sept. 2018, RG n° 17/16165 – Paris, pôle 2, ch. 1, 16 janv. 2020, RG n° 19/02280.
14. Aussi : v. s[s] n°s 324.141 s.
15. CD Paris, arr. 19 oct. 2010, n° 201287.
16. Paris, 1re ch., sect. F, 29 sept. 2004, RG n° 2004/05965 ; – MÊME SENS : CD Paris, arr. 27 nov. 2018, n° 283016.
17. CD Paris, arr. 25 mars 2008, n° 166175 ; – MÊMES SENS : CD Paris, arr. 29 janv. 2008, n° 167372 – CD Paris, arr. 15 juill. 2008, n° 170043 – CD Paris, arr. 25 nov. 2008, n° 170064 – CD Paris, arr. 30 déc. 2008, n° 173054 – CD Paris, arr. 6 mai 2009, n° 182200 – CD Paris, arr. 5 févr. 2013, n° 236473 – CD Paris, arr. 31 déc. 2015, n° 218016.
18. CD Paris, arr. 28 oct. 2014, n° 220121.

– appréhende plusieurs indemnités d'immobilisation, voire d'éviction, au titre de la libération des immeubles objets desdites promesses, en les déposant, non sur un compte Carpa ou sur un compte séquestre, mais sur ses comptes professionnels ou personnels, et manque de restituer ces indemnités aux bénéficiaires des promesses alors qu'aucune d'entre elles n'a donné lieu à réalisation de vente et réitération devant notaire, et fait l'objet d'une radiation[1] ;

– retient des sommes à l'occasion de la distribution du prix de vente d'une perle rare, objet de son mandat, au motif que ses honoraires s'élèveraient, nonobstant le forfait convenu, à 15 % du prix de la vente, et ne dépose ni sur un compte Carpa, ni sur un compte de tiers à Bruxelles, une somme provenant d'une succession et détenue pour le compte de la fille du défunt, refusant de représenter la somme à cette dernière, et fait l'objet d'une radiation[2] ;

– ordonne le virement de sommes au bénéfice d'une société qui n'en est pas la destinataire et dont il est le gérant, contrefait la signature de ses clients et encaisse les sommes destinées à ces derniers sans en assurer la restitution, détourne des sommes versées pour leur séquestre par ses clients et ne les restitue pas, falsifie un chèque initialement libellé à l'ordre de la Carpa, et enfin invite ses clients à verser des fonds séquestrés sur un compte qui ne correspond pas à celui des personnes concernées, et fait l'objet d'une radiation[3] ;

– reçoit des fonds dans le cadre de séquestre afférent à des cessions de fonds de commerce en détournant ceux-ci sans procéder à leur dépôt à la Carpa, et fait l'objet d'une radiation[4] ;

– détourne une partie du prix de vente, dont il était séquestre, d'un fonds de commerce, sans avoir déposé les fonds à la Carpa et ce à l'insu de son client, et fait l'objet d'une radiation[5] ;

– avait adressé à la Carpa un document douteux, qui ne pouvait échapper à sa vigilance, pour obtenir une remise de fonds à titre personnel[6].

483.84 **Suspension provisoire.** La gravité des manquements aux règles en matière de maniement de fonds justifie que soit prononcée la suspension provisoire[7] de l'avocat auquel il est reproché de ne pas avoir versé sur son compte Carpa la somme de 234 000 euros, qu'il avait reçue à titre de séquestre, et de n'avoir pas restitué cette somme, remettant à cette fin un chèque sans provision.

De tels faits établissent l'urgence qu'il y a à le suspendre afin d'assurer la protection du public en l'attente de l'issue de la procédure disciplinaire, en prévenant le renouvellement de ces pratiques, et préservant l'intérêt des personnes ayant remis des fonds à l'avocat concerné[8].

SECTION 2
MODALITÉS DES MANIEMENTS DE FONDS

483.90 **Plan – Principes généraux.** La réalisation des opérations de maniement de fonds est effectuée par la Carpa sur instructions de l'avocat titulaire du sous-compte Carpa ou de l'avocat ayant une délégation de signature sur le sous-compte Carpa.

Les instructions relatives aux opérations de maniement de fonds sont données par écrit, au moyen de formulaires sont mis à la disposition des avocats par la Carpa, ou par télétransmission. La télétransmission des instructions s'opère par l'intermédiaire de « e-Carpa » accessible au moyen de la clé de signature électronique sécurisée de l'avocat.

Le ou les avocats titulaires de la délégation de signature du bâtonnier sur le sous-compte Carpa sont seuls habilités à donner des instructions relatives au fonctionnement du sous-compte Carpa sous réserve des délégations de signature enregistrées par la Carpa en conformité avec la procédure de délégations « Avoclé »[9].

Lors de maniement de fonds, l'avocat procède avec prudence au dépôt des fonds (§ 1) ainsi qu'à leur retrait (§ 2) dans le respect des obligations comptables (§ 3).

§ 1
Dépôt des fonds

483.100 **Plan – Devoir de prudence.** L'avocat doit s'assurer au préalable de la licéité de l'opération pour laquelle il lui est donné mandat. Il doit s'assurer de l'identité de la, ou des personnes, pour le compte desquelles il agit et, en particulier, du bénéficiaire effectif de l'opération, et détenir à son dossier les justificatifs des vérifications effectuées à ce titre[10]. Les avocats doivent faire preuve de prudence en la matière, notamment en s'assurant bien de l'origine et de la destination des fonds, ainsi que de la validité du moyen de paiement que leur remet leur client.

1. CD Paris, arr. 10 avr. 2012, nos 218892, 212162, 215103.
2. CD Paris, arr. 20 déc. 2011, nos 211112, 209968.
3. CD Paris, arr. 17 déc. 2013, nos 238137, 240053, 240051, 240896, 238899, 240049.
4. CD Paris, arr. 7 nov. 2017, nos 280330, 285997, 293372.
5. CD Paris, arr. 27 nov. 2018, no 295680.
6. Civ. 1re, 31 janv. 2018, no 16-21.614, NP.
7. V. ss nos 512.00 s.
8. CO Paris, arr. 31 oct. 2008, no 175650 ; – MÊME SENS : CO Paris, arr. 20 déc. 2016, no 286533 – CO Paris, arr. 14 nov. 2017, no 299374 – CO Paris, arr. 19 déc. 2017, no 301010 – CO Paris, arr. 11 déc. 2018, no 286533 – CO Paris, arr. 29 nov. 2019, no 286533.
9. RIBP, ann. X, art. 3-1.
10. RIBP, ann. X, art. I-5 – Sur les obligations en matière de blanchiment, v. ss nos 482.91 s.

Doit ainsi être sanctionné disciplinairement, l'avocat qui par le biais de son compte Carpa, d'une part, réalise des maniements de fonds irréguliers pour une transaction dont il ignore tout, et d'autre part, reçoit et encaisse un chèque dont la falsification est détectable[1].

Tous les fonds, valeurs ou effets reçus par les avocats doivent être déposés à la Carpa dès réception et sans délai (A) selon des modalités précises (B) et peuvent faire l'objet de saisies ou avis à tiers détenteur (C).

A. Obligation de dépôt

483.110 **Plan.** L'avocat a l'obligation de déposer, dès réception, les fonds, valeurs ou effets, reçus dans le cadre de sa mission, en compte Carpa (1°) ou lorsqu'il s'agit d'un séquestre sur un compte séquestre à la Carpa avec une copie de la convention de séquestre (2°).

1° Dépôt en compte Carpa

483.121 **Dépôt des fonds.** Les fonds, valeurs ou effets reçus par les avocats dans le cadre de son activité professionnelle, doivent être déposés à la Carpa dès réception, sans délai[2], et ce sans préjudice de l'encaissement des fonds dont la réalité sera vérifiée par la Carpa[3].

L'avocat ne saurait dès lors justifier une absence de dépôt au motif que son client lui aurait indiqué, en présence de l'émetteur des fonds, que les chèques n'étaient pas provisionnés[4] ou qu'il s'agirait d'un chèque en blanc alors remis qu'il lui a été remis par son client aux fins de paiement d'une condamnation prononcée par une décision de justice[5].

483.122 **Paiement pour compte de tiers.** Si le paiement provient d'un compte dont le titulaire n'est pas le débiteur légal ou contractuel du paiement, l'avocat doit se faire communiquer et conserver à son dossier la preuve que le paiement est effectué d'ordre et pour compte du débiteur.

Cette obligation s'applique notamment aux chèques dits « de banque » pour lesquels l'avocat doit être en possession d'un document attestant du lien entre l'émission du chèque et l'opération[6]. Si le chèque lui a été remis par un confrère, il doit inviter celui-ci à lui transmettre ce justificatif et, en cas de difficulté, en référer au bâtonnier[7].

483.123 **Nature juridique.** Le dépôt effectué auprès de la Carpa s'analyse en un dépôt irrégulier[8], à charge pour la Carpa, propriétaire des fonds ainsi confiés, de laisser à la disposition du bénéficiaire ou de son ayant droit une somme équivalente jusqu'à prescription[9].

483.124 **Compte collectif.** Les fonds, valeurs ou effets reçus par les avocats, sont déposés sur un compte collectif ouvert au nom de la Carpa dans les écritures d'une banque[10].

La Carpa assure la gestion bancaire et comptable du compte unique ainsi que la gestion en ses livres des sous-comptes ouverts au nom des avocats exerçant à titre individuel et des structures d'exercice en commun[11].

483.125 **Sous-compte individuel de l'avocat.** Les écritures afférentes à l'activité de chaque avocat sont retracées dans un sous-compte individuel de l'avocat ou de sa structure d'exercice[12]. Chaque avocat ne peut ouvrir de compte Carpa qu'auprès de la Carpa de son barreau d'inscription[13].

Lorsque l'avocat exerce au sein d'une structure d'exercice, il opère les maniements de fonds dans le cadre du sous-compte de sa structure d'exercice à condition d'être titulaire d'une délégation de signature[14] sur celui-ci. S'il exerce au sein de plusieurs structures d'exercice, il disposera d'autant de sous-compte individuel au sein de sa Carpa que de structures d'exercice dont il dispose de la délégation de signature[15].

Ainsi, toute structure d'exercice ayant pour objet l'exercice de la profession d'avocat[16] doit être titulaire d'un compte ouvert auprès de chacune des Carpa instituées par les barreaux sur la liste desquels ses associés habilités sont inscrits. Les fonds reçus à l'occasion d'une opération devront être déposés sur le compte ouvert auprès de la Carpa instituée par le barreau où est inscrit l'associé habilité ayant été

1. CD Paris, arr. 15 juill. 2014, n° 249390.
2. Arr. 5 juill. 1996, NOR : JUSC9620492A, art. 12 – RIN, art. 6.2., al. 7.
3. V. s[s] n°s 483.271 s.
4. CD Paris, arr. n° 201919, 31 déc. 2010.
5. Paris, pôle 2, ch. 1, 10 déc. 2009, RG n° 09/11498.
6. CD Paris, arr. 24 avr. 2018, n° 272308 – CD Paris, arr. 25 juin 2019, n° 308678.
7. RIBP, ann. X, 4-5.
8. C. civ., art. 1932. – J. Huet (dir.), *Les principaux contrats spéciaux,* 3e éd., « Traités », LGDJ, 2012, n°s 33501 s. – Ph. le Tourneau (dir.), *Droit de la responsabilité et des contrats : Régimes d'indemnisation,* 12e éd., Dalloz, 2020, n° 3391.19.
9. Civ. 1re, 30 mai 2012, n° 11-13.898, NP – Civ. 1re, 30 sept. 2015, n° 14-21.111, P ; – MÊME SENS : Crim. 23 mai 2013, n° 12-83.677, P n° 112 ; *D.* 2013. 1624 ; *AJ pénal* 2013. 543, obs. C. Porteron ; *RTD com.* 2013. 818, obs. B. Bouloc.
10. Arr. 5 juill. 1996, art. 1.
11. RIBP, ann. X, art. 2-2.
12. Décr. n° 91-1197, 27 nov. 1991, art. 240 et 241 – Arr. 5 juill. 1996, art. 2 – RIBP, ann. X, 2-3.
13. Décr. n° 91-1197, 27 nov. 1991, art. 240-1.
14. V. s[s] n° 483.126.
15. V. s[s] n° 483.126.
16. V. s[s] n°s 811.71 s.

mandaté pour les recevoir, qu'il s'agisse d'une personne physique ou d'une personne morale.

Lorsque des avocats exercent au sein d'une société pluriprofessionnelle d'exercice (SPE), cette dernière devra disposer d'un compte Carpa ouvert au sein de la Carpa de l'un des associés exerçant la profession d'avocat. Le maniement des fonds détenus par la SPE pour le compte de tiers est un acte relevant de la profession au titre de laquelle la remise des fonds est intervenue[1].

Lorsque l'avocat exerce suivant plusieurs modalités d'exercice, il disposera d'autant de sous-compte au sein de sa Carpa que de modalités d'exercice. Le mandat maniement de fonds devra toujours préciser expressément au titre de quelle modalité d'exercice de l'avocat il est demandé.

483.126 Délégation de signature. L'avocat titulaire du sous-compte Carpa, ou le représentant légal de la structure d'exercice titulaire du sous-compte Carpa, bénéficie d'une délégation de signature du président de la Carpa. Cette délégation emporte habilitation à donner des instructions relatives au fonctionnement du sous-compte Carpa[2] et pouvoir de signer les chèques et ordres de paiement émis sur le sous-compte Carpa ouvert à son nom ou au nom de la structure d'exercice dont il est membre.

À la demande du titulaire du sous-compte Carpa, le président de la Carpa peut également accorder une délégation de signature à un ou plusieurs autres avocats exerçants comme associés au sein de la structure d'exercice[3].

En cas d'indisponibilité ou d'absence de l'avocat bénéficiaire de la délégation, seul le président de la Carpa ou son délégué est habilité à autoriser, à titre temporaire, un autre avocat à donner des instructions relatives au fonctionnement du sous-compte Carpa du cabinet et à signer les chèques ou ordres de paiement émis pour leur exécution[4].

483.127 Sous-compte affaire. Chaque sous-compte Carpa est lui-même subdivisé en sous-comptes « affaire », chacun retraçant les opérations d'un même dossier[5].

Un sous-compte Carpa et un sous-compte « affaire » ne peuvent jamais être débiteurs[6].

483.128 Souscription de capital de sociétés en formation. Lors de la souscription de capital d'une société commerciale (ou d'une augmentation de capital), les fonds correspondant aux apports en numéraire doivent, dans les huit jours de leur réception[7], être déposés pour le compte de la société, par les personnes qui les ont reçus, soit à la Caisse des dépôts et consignations, soit chez un notaire, soit auprès d'un établissement de crédit[8]. Ces obligations sont respectées lorsque le dépôt de ces fonds est effectué en Carpa : les fonds déposés par les avocats sont, en fait, placés dans un établissement de crédit et, par conséquent, les obligations posées par le code du commerce sont respectées lorsque le dépôt est effectué en Carpa[9].

Il convient alors de procéder de la manière suivante :

– le dépôt des fonds est effectué par l'avocat sur son sous-compte Carpa accompagné des éléments permettant d'identifier l'opération, dont une copie des statuts ainsi que les nom, prénom usuel et domicile des souscripteurs ;

– la banque de la Carpa délivre un reçu à chaque versement et, lorsque le capital social est libéré, la Carpa établit une attestation de dépôt ;

– la Carpa émet le règlement sur instructions de l'avocat et sur présentation de l'extrait K *bis* du registre du commerce et des sociétés de la société nouvellement immatriculée.

2°
Dépôt en compte séquestre

483.131 Séquestre conventionnel ou judiciaire. Lorsque le séquestre[10] porte sur des fonds, effets ou valeurs, ceux-ci doivent être déposés sans délai à la Carpa sur un compte séquestre avec une copie de la convention de séquestre[11].

La remise des fonds à un séquestre vaut paiement à l'égard du débiteur, mais elle n'a pas pour effet de faire entrer les sommes ainsi remises dans le patrimoine du créancier. Le versement d'une somme à un séquestre interdit toutefois au saisissant d'en disposer jusqu'à la libération du séquestre[12].

483.132 Fonds indisponibles. En matière de séquestre conventionnel (notamment en matière de cession de fonds de commerce, cession de droit au bail, garantie de passif venant en substitution de la mise en place d'une caution bancaire...), il peut être prévu une rémunération des fonds au profit du client.

1. Décr. n° 2017-794, 5 mai 2017, art. 29.
2. RIBP, ann. X, art. 3-1.
3. RIBP, ann. X, art. 2-4.
4. RIBP, ann. X, art. 2-4.
5. RIBP, ann. X, art. 2-2.
6. RIBP, ann. X, 2-2.
7. C. com., art. R. 223-3.
8. C. com., art. R. 225-6.
9. Rép. min. QE n° 1802, *JO Sénat Q* 6 nov. 1997, p. 3077.
10. C. civ., art. 1955 s. – Ph. Le Tourneau (dir.), *Droit de la responsabilité et des contrats : Régimes d'indemnisation*, 12e éd., « Dalloz Action », 2020, n°s 3391.17 s.
11. RIN, art. 6.3.2 – RIBP, ann. X, 4-3.
12. CE 29 mai 2019, req. n° 414617, *Lebon T.*

La Carpa de Paris propose aux clients des avocats, aux conditions qu'elle détermine, un mécanisme financier de placement à capital garanti permettant la rémunération des fonds indisponibles, et procédera alors aux opérations de placement de fonds[1]. Les conventions particulières liant la Carpa à la banque prévoient généralement des conditions ouvrant droit au bénéfice d'un tel service. À Paris, le montant minimal des fonds doit être de 75 000 euros, ou peut être inférieur si la durée d'indisponibilité des fonds est supérieure à cinq mois[2].

483.133 **Séquestre « domicilié ».** Il est interdit aux avocats de procéder à des opérations dites de séquestre « domicilié », prévoyant le dépôt des fonds séquestrés dans une banque, tout en confiant à l'avocat la mission de recevoir les oppositions et de procéder à la répartition du prix de vente de fonds commerce. L'avocat peut alors vouloir exécuter un mandat ayant pour objet ou pour effet de lui permettre de disposer des fonds déposés sur un compte ouvert au nom de son client, autre que l'un des sous comptes Carpa, ce qui est prohibé[3].

483.134 **Séquestre bâtonnier.** Ce que l'on appelle le « compte "séquestre" du bâtonnier », n'est pas à proprement parler un sous-compte Carpa, mais un compte ouvert au nom du bâtonnier afin de gérer les séquestres où il est désigné dans l'exercice de ses fonctions[4].

Dans ce cas, c'est le bâtonnier, désigné comme séquestre, qui a la qualité de tiers saisi[5] en cas de saisie-attribution et de saisie conservatoire[6]. La responsabilité de la Carpa ne peut en outre être recherchée au titre des obligations pesant sur le tiers saisi[7].

483.135 **Devoir de diligence.** L'avocat doit toujours vérifier précisément si le mandat qu'il tient de son client lui impose d'ouvrir un compte séquestre et, le cas échéant, de solliciter une rémunération des fonds, et non de se contenter d'un simple dépôt sur son compte Carpa.

Doit ainsi être sanctionné disciplinairement l'avocat qui, chargé de négocier la cession d'un droit au bail puis de rédiger l'acte, y insère une stipulation de séquestre d'une fraction du prix au profit du barreau puis dépose les fonds à la Carpa sans ouvrir un compte séquestre[8].

Doit également être sanctionné disciplinairement, l'avocat qui omet de placer en compte rémunéré des sommes importantes dont il avait été désigné séquestre, alors même que l'acte de cession du fonds de commerce prévoyait expressément la possibilité d'investir les fonds séquestrés en titres émis par un organisme de placement collectif agréé par la Carpa[9].

B.
Modalités de dépôt

483.140 **Plan.** Le dépôt des fonds par l'avocat doit être réalisé dans le respect de principes généraux relatifs au maniement des fonds (1°) et suivant des modalités spécifiques à la nature du fonds (2°).

1°
Principes généraux

483.151 **Sous-compte correspondant à l'affaire.** L'avocat doit déposer les fonds dans le sous-compte correspondant à l'affaire pour laquelle ils lui ont été remis. Il commet un manquement aux règles en matière de maniement de fonds justifiant une sanction disciplinaire, s'il encaisse des fonds reçus pour le compte du client en exécution d'un jugement dans un sous-compte général intitulé « recouvrement des créances » et non dans le compte spécifique à l'affaire[10], ou dans un sous-compte sans relation avec la procédure pour laquelle le client avait remis les fonds[11].

Aucune compensation ne peut se faire entre les sous-comptes « affaire » d'un même sous-compte Carpa. Tout transfert de fonds d'un sous-compte « affaire » à un autre sous-compte « affaire » à l'intérieur d'un même sous-compte Carpa est soumis à l'autorisation préalable du président de la Carpa ou de son délégué[12].

483.152 **Décompte du sous-compte affaire.** La Carpa enregistre les opérations de chaque sous-compte « affaire » et fournit régulièrement ou sur demande de l'avocat un relevé comportant les informations relatives aux opérations réalisées. Seul l'avocat titulaire du sous-compte Carpa ou ayant une délégation de signature sur le sous-compte Carpa peut obtenir le relevé d'un sous-compte « affaire » qui en dépend[13]. Ce décompte, couvert par le secret professionnel[14], permet à l'avocat de justifier auprès de

1. RIBP, ann. X, art. 7-1.
2. *Les maniements de fonds*, Guide pratique, Carpa de Paris, 2015, p. 32.
3. Décr. n° 91-1197, 27 nov. 1991, art. 235-2.
4. CNB, Motion relative à l'harmonisation de la gestion des fonds de tiers, AG 12 juin 2020.
5. V. s^s n°s 483.171 s.
6. V. s^s n° 483.171.
7. Civ. 2e, 17 mars 2016, n°s 14-16.985, 14-18.692, P.
8. CD Paris, arr. 18 juill. 2016, n° 12.964.
9. CD Paris, arr. 25 avr. 2006, n° 06.3278.
10. CD Paris, arr. 20 févr. 2001, n° 20.2713.
11. CD Paris, arr. 11 juill. 2006, n° 62.639.
12. RIBP, ann. X, 2-6.
13. RIBP, ann. X, art. 3-6.
14. V. s^s n°s 412.31 s.

son client de la réalisation des opérations de maniement de fonds pour son compte.

Encourt une sanction disciplinaire, l'avocat qui présente un faux décompte à son client afin de lui faire croire en la correcte exécution du mandat de séquestre [1].

483.153 **Paiement pour compte de tiers.** Un avocat ne peut pas, sauf circonstances particulières dûment justifiées [2], opérer un maniement de fonds faisant intervenir une personne sans relation juridique apparente avec les parties concernées par l'affaire. De même, un paiement destiné à une personne morale doit normalement être libellé à son ordre, et non pas à l'ordre d'un associé, fût-il unique, ou d'un dirigeant. Pour accepter de recevoir un paiement pour compte de tiers ou, à l'inverse, d'effectuer un paiement à une tierce personne d'une somme devant revenir à un bénéficiaire identifié, et ce quand bien même le client aurait autorisé l'opération, l'avocat doit justifier qu'il dispose d'un écrit établissant la cause du paiement (contrat de prêt, mission de séquestre, mandat...).

Dans le cadre de ses obligations de contrôle [3], la Carpa doit donc refuser d'exécuter un paiement en provenance ou à destination d'une personne étrangère au dossier, sauf justification par l'avocat de la cause juridique de ce paiement et de son lien avec la mission qui lui a été confiée [4].

483.154 **Caution bancaire irrévocable.** Le dépôt d'une somme sur un compte Carpa ne constitue pas la caution bancaire irrévocable prévue par l'article R. 322-41 [5] du code des procédures civiles d'exécution en matière de ventes judiciaires [6].

483.155 **Dépôt d'un montant supérieur à la garantie.** Chaque avocat appelé à recevoir des fonds, effets ou valeurs d'un montant supérieur à la limite de garantie de la police d'assurance souscrite par le barreau pour garantir la représentation des fonds [7], doit avertir immédiatement le président de la Carpa, afin qu'une garantie complémentaire soit souscrite avant la réception des fonds, effets ou valeurs [8].

2°
Modalités spécifiques

483.161 **Remise de chèques.** Il appartient à l'avocat de vérifier, notamment, que le chèque remis à l'encaissement est libellé, de préférence au nom de l'avocat ou de la structure d'exercice, précédé ou suivi de l'acronyme Carpa, à défaut au nom de la Carpa ou du cabinet [9], qu'il est signé, qu'il ne comporte pas de surcharges susceptibles d'entraîner son rejet, que la date d'émission (un an et huit jours) est valide, et que le montant en chiffres est bien identique au montant en lettres.

Doit être sanctionné disciplinairement, l'avocat qui ne dépose pas sur le compte Carpa les fonds qui lui ont été confiés, et les utilise à des fins personnelles après les avoir déposés sur son compte professionnel, le caractère prémédité de ces manœuvres résultant de ce que l'avocat demandait à ses clients de lui remettre des chèques libellés non à l'ordre de la Carpa mais à l'ordre de « Carpa-Cabinet X... », sans qu'il soit toujours possible de déterminer si la mention « Cabinet X... » avait été initialement ou ultérieurement apposée [10]. Il en est de même de celui qui falsifie un chèque établi à l'ordre de ses clients aux fins d'encaissement sur son compte personnel par surcharge et apposition de son propre nom [11].

483.162 **Délai de garantie de bonne fin.** La Carpa a l'obligation, avant de permettre le retrait des fonds [12] de s'assurer du caractère définitif de leur encaissement, c'est ce que l'on appelle la « garantie de bonne fin » [13]. Il n'existe en la matière aucun délai légal et il appartient aux Carpa de prévoir, dans le cadre de la convention les liant à la banque, les modalités selon lesquelles est garantie, après expiration des délais contractuels, l'irrévocabilité du crédit des sommes déposées, dès lors qu'il s'agit de chèques émis et payables sur le territoire français.

En conséquence, lorsque l'avocat dépose un chèque, la Carpa enregistre immédiatement la remise au crédit du sous-compte « affaire » correspondant, et indique sur les relevés, la date de disponibilité résultant du délai de garantie de bonne fin. En cas de nécessité et dans la mesure du possible, compte tenu de la qualité de la signature et après l'assurance d'un encaissement définitif, la Carpa analysera la demande de l'avocat de réduction de délai et s'efforcera d'y donner une suite favorable selon les circonstances. En ce qui concerne les fonds provenant de l'étranger, tenant compte de la diversité des législations existantes, il est difficile d'obtenir rapidement une garantie absolue des délais d'encaissement pour les chèques qui peuvent être longs et aléatoires.

Il convient dès lors de privilégier le virement.

1. CD Paris, arr. 24 juin 2008, n° 166899.
2. V. s[s] n° 483.203.
3. V. s[s] n°s 483.271 s.
4. *Bull. barr. Paris*, 23 avr. 2010, n° 15/2010.
5. C. pr. civ. exéc., art. R. 322-41.
6. Civ. 2e, 18 févr. 2016, n° 14-29.052, P ; *D.* 2016. 1288 ; *D.* 2016. 1279, obs. A. Leborgne – Sur cette question, v. s[s] n°s 641.23 s.
7. RIBP, ann. X, art. 7-2 – V. s[s] n°s 911.160 s.
8. Arr. 5 juill. 1996, NOR : JUSC9620492A, art. 14.
9. RIBP, ann. X, art. 3-4.
10. CD Paris, arr. 27 nov. 2007, n° 152157 – CD Paris, arr. 25 mars 2014, n° 241459.
11. CD Paris, arr. 29 avr. 2008, n° 01.2992.
12. V. s[s] n° 483.271.
13. RIBP, ann. X, art. 3-7.

483.163 **Remise par virement.** La remise des fonds au moyen d'un virement bancaire doit se faire au moyen d'un RIB spécifique affecté à l'opération concernée qui ne peut être utilisé à une autre fin [1], et non propre au sous-compte de l'avocat. Il y a lieu de solliciter ce RIB pour chaque virement en indiquant le nom et la nature de l'affaire, le montant approximatif attendu, le nom de l'émetteur et de la banque émettrice et le pays d'origine. Ce RIB indique le numéro attribué par la Carpa au sous-compte « affaire » correspondant à l'opération concernée.

483.164 **Mandat cash.** Le mandat a une durée de validité courte (trois mois), et doit être valide pour que la Carpa puisse procéder à son encaissement, ce qu'il appartient à l'avocat de vérifier. La Carpa doit être désignée comme bénéficiaire.

483.165 **Effets de commerce.** L'avocat ne peut recevoir d'effets de commerce (lettre de change et billet à ordre) libellés à son ordre ou à celui de la Carpa. En revanche, il peut recevoir des effets libellés à l'ordre de son client et endossés par ce dernier pour encaissement par la Carpa [2].

Afin d'éviter tout retard, l'avocat doit impérativement vérifier que toutes les mentions utiles et obligatoires sont bien portées sur les documents avant remise à la Carpa, notamment la domiciliation bancaire complète du tiré. L'avocat doit également veiller à ce que le bénéficiaire a bien procédé à son endossement au profit de la Carpa. Dans le cas du paiement d'un prix de vente de fonds de commerce, la chaîne d'effets doit être déposée dans son intégralité, même si les échéances s'échelonnent sur plusieurs années.

483.166 **Effets de commerce – suivi.** Sur simple demande de l'avocat, en fonction des impératifs de gestion de son dossier, les effets de commerce lui seront retournés, soit immédiatement pour ceux qui ne sont pas encore dans le circuit bancaire, soit après intervention de la Carpa auprès de la banque pour interrompre le processus d'encaissement et en obtenir le retour. Étant endossataire des effets par procuration, la Carpa restitue ceux non encore échus à la date où la mission de l'avocat prend fin après annulation de l'endos qui lui profite [3].

La Carpa tient informé l'avocat du bon encaissement des effets de commerce ou des incidents de paiement, et si tel est le cas, reste dans l'attente des instructions de l'avocat pour la suite à donner. Les droits et actions d'un effet impayé endossé à l'ordre de la Carpa sont exercés en son nom par le bénéficiaire du règlement pécuniaire auquel l'effet impayé est restitué pour lui permettre d'exercer les voies d'exécution pouvant être mises en œuvre, tant en vertu du droit cambiaire qu'en vertu du droit commun [4].

483.167 **Valeurs.** Les valeurs déposées en Carpa peuvent être ou non de libre disposition, au porteur ou à ordre. Leur dépôt en Carpa doit être assorti d'un mandat de gestion [5].

483.168 **Espèces.** Les espèces ne doivent, en aucun cas, être remises par l'avocat à la Carpa. Les dépôts en espèces sont effectués, dans la limite de 150 euros [6], directement par le déposant, accompagné de l'avocat, auprès de l'agence bancaire où le compte spécial a été ouvert par la Carpa à cette fin. L'avocat communique au président de la Carpa les raisons de ce dépôt en espèces. Ce n'est qu'après validation que le sous-compte affaire sera crédité de la somme correspondante.

Au-delà de la somme de 150 euros, aucun dépôt d'espèces ne peut être effectué directement sur le sous-compte Carpa de l'avocat qui doit alors inviter le déposant à procéder par virement [7] ou mandat cash [8] après avoir déposé les espèces auprès d'un établissement de crédit [9].

C. Saisie et avis à tiers détenteur

483.171 **Saisie des sommes en compte.** La possibilité de saisir entre les mains d'un tiers les créances de son débiteur portant sur une somme d'argent (saisie conservatoire ou saisie-attribution) est prévue par l'article L. 211-1 [10] du code des procédures civiles d'exécution. Le tiers saisi doit réunir les qualités de tiers et de débiteur par rapport au premier débiteur saisi [11].

L'avocat ne détenant une signature sur les comptes de la Carpa qu'en qualité de mandataire de celle-ci [12], c'est la Carpa qui constitue le véritable détenteur des fonds et a donc la qualité de tiers détenteur des fonds, dénommé aussi « tiers saisi » [13].

1. RIBP, ann. X, art. 3-5.
2. RIBP, ann. X, art. 5-1.
3. RIBP, ann. X, art. 5-1.
4. RIBP, ann. X, art. 5-2.
5. RIBP, ann. X, art. 5-3.
6. Décr. n° 91-1197, 27 nov. 1991, art. 230.
7. V. s^s n° 483.163.
8. V. s^s n° 483.164.
9. RIBP, ann. X, art. 3-2.
10. C. pr. civ. exéc., art. L. 211-1.
11. J.-Cl. Woog, « Le tiers saisi, Docteur Jekyll ou Mister Hyde », *CCC*, avr. 2002, n° 4, p. 14.
12. V. s^s n° 483.126.
13. Civ. 2ᵉ, 9 janv. 2003, n° 00-13.887, P II, n° 4 ; *JCP* 2004. I. 117, n° 17, obs. R. Martin ; *D.* 2003. 314 ; *D.* 2004. 1495, obs. G. Taormina ; *D.* 2004. 2825, obs. B. Blanchard ; *Gaz. Pal.* 2003. I. 467, note E. Bonnet – Com. 12 avr. 2005, n° 02-13.352, P IV n° 88 ; *D.* 2005. 1178 ; *RTD civ.* 2005. 615, obs. P.-Y. Gautier.

En effet, dès lors que la loi interdit aux avocats de détenir des fonds pour le compte de leurs clients et leur impose de les déposer entre les mains de la Carpa, un créancier du client ne peut utilement pratiquer une saisie entre les mains de l'avocat. Les avocats n'ont pas la qualité de tiers détenteurs des fonds, puisqu'ils n'en sont que détenteurs précaires [1].

483.172 Saisie entre les mains de l'avocat. Si la saisie de fonds de tiers est pratiquée entre les mains de l'avocat, celle-ci est nulle. L'avocat appréciera s'il doit répondre à l'huissier ou si, en sa qualité de conseil du débiteur saisi, il conseille à son client d'en poursuivre la nullité devant le juge de l'exécution.

483.173 Saisie entre les mains de la carpa. Si la saisie de fonds de tiers est pratiquée entre les mains de la Carpa [2], il ne peut être fait obstacle à l'exercice régulier des voies d'exécution et mesures conservatoires sur les fonds de tiers déposés sur les sous-comptes affaires [3], et cette dernière doit s'enquérir auprès de l'avocat des éléments justifiant de l'appartenance ou la disponibilité des fonds pour faire aliment à la saisie [4], dès lors que : « l'acte de saisie emporte, à concurrence des sommes pour lesquelles elle est pratiquée, attribution immédiate au profit du saisissant de la créance saisie disponible entre les mains du tiers ainsi que tous ses accessoires » [5].

La Carpa informe donc l'huissier que la réponse sera faite après interrogation de l'avocat titulaire du sous-compte.

483.174 Devoir de diligence. L'avocat doit répondre « sans délai » aux interrogations de la Carpa [6] afin de fournir les renseignements nécessaires pour répondre à l'huissier pratiquant la saisie. À cette fin, la Carpa transmet à l'avocat en cause l'acte accompagné d'une correspondance rappelant les obligations légales en la matière de donner une réponse « sans délai ». La responsabilité d'une réponse sans délai auprès de la Carpa incombe à l'avocat. La nécessité d'interroger l'avocat titulaire d'un compte individuel constitue un motif légitime au sens de l'article R. 211-5 du code des procédures civiles d'exécution [7].

L'absence de réponse constitue, d'une part, une faute déontologique de nature à faire l'objet de sanction disciplinaire [8] et, d'autre part, une faute civile de nature à engager la responsabilité civile professionnelle de l'avocat [9].

483.175 Séquestre des fonds saisis. Dès lors que la Carpa a reçu de l'avocat les renseignements utiles concernant les sommes détenues sur l'affaire concernée et la désignation de son détenteur le cas échéant, elle doit avertir l'huissier [10]. S'il apparaît que la saisie porte sur des fonds disponibles pour le débiteur tiers saisi, elle transfère les fonds sur un compte séquestre [11], ce qui a pour effet de rendre la somme indisponible. Si le sous-compte de l'affaire présente un solde disponible, pour le débiteur saisi, supérieur au montant de la somme pour laquelle est pratiquée cette saisie, le montant prélevé pour transfert sur le compte bloqué de la Carpa est limité au montant pour lequel est pratiquée cette saisie.

En cas de conversion d'une saisie conservatoire en saisie-attribution, la carpa transmet une copie de l'acte à l'avocat.

483.176 Voies de recours. Le tiers saisi, la Carpa, et non le barreau [12] ou le bâtonnier, doit rester objectif sur les causes et justifications de la saisie, et ne peut contester la procédure de saisie que sur sa régularité formelle. La Carpa a ainsi un intérêt à se prévaloir de l'inefficacité de la saisie conservatoire pratiquée entre ses mains, dès lors que cette dernière est caduque faute d'avoir été dénoncée au débiteur dans le délai de huit jours, et que la Carpa, tiers saisi, n'est plus tenue des causes de la saisie [13].

Sur le fond, c'est le débiteur saisi qui à intérêt à saisir le juge de l'exécution pour contester la saisie et il appartient à son avocat d'apprécier, avec son client, toutes contestations utiles qu'il entend faire valoir, et de faire diligence à cet effet.

483.177 Dénouement de la saisie-attribution. En cas de saisie-attribution, lorsque le certificat de non-contestation, l'acquiescement du client de l'avocat, ou la décision du juge de l'exécution, est

1. Civ. 1re, 30 mai 2012, n° 11-13.898, NP – Civ. 1re, 30 sept. 2015, n° 14.21.111, P ; – TOUTEFOIS : TGI Périgueux, JEX, 2 mars 1995, NP ; *Gaz. Pal.* 1995. 2. Somm. 603 – TGI Grenoble, JEX, 20 mars 1995 ; *Rev. huiss.* 1995. 1269 ; J-Ch. Marrigues, *Le statut juridique des Carpa*, « Connaissances et savoirs », 2016, nos 86 s., p. 124 s.
2. J.-Ch. Krebs, « Saisies et comptes Carpa », *Gaz. Pal.* 9-13 nov. 2003, act. p. 23.
3. RIBP, ann. X, art. 6-1.
4. RIBP, ann. X, art. 6-3.
5. C. pr. exéc., art. L. 211-2.
6. RIBP, ann. X, art. 6-4 – Civ. 2e, 9 janv. 2003, n° 00-13.887, P II, n° 4 ; *JCP* 2004. I. 117, n° 17, obs. R. Martin ; *D.* 2003. 314 ; *D.* 2004. 1495, obs. G. Taormina ; *D.* 2004. 2825, obs. B. Blanchard ; *Gaz. Pal.* 2003. I. 467, note E. Bonnet.
7. Civ. 2e, 9 janv. 2003, n° 00-13.887, P II, n° 4 ; *JCP* 2004. I. 117, n° 17, obs. R. Martin ; *D.* 2003. 314 ; *D.* 2004. 1495, obs. G. Taormina ; *D.* 2004. 2825, obs. B. Blanchard ; *Gaz. Pal.* 2003. I. 467, note E. Bonnet.
8. V. ss nos 522.00 s.
9. V. ss nos 912.00 s.
10. C. pr. exéc., art. L. 211-3.
11. V. ss nos 483.131 s.
12. Com. 12 avr. 2005, n° 02-13.352, P IV n° 88 ; *D.* 2005. 1178 ; *RTD civ.* 2005. 615, obs. P.-Y. Gautier.
13. Civ. 2e, 26 sept. 2013, n° 12-21.488, NP.

délivrée à la Carpa, celle-ci procède alors à la transmission des fonds et en informe l'avocat, en lui transmettant la quittance et la mainlevée.

483.178 **Avis à tiers détenteur.** L'administration fiscale dispose, pour le recouvrement de ses créances privilégiées, d'une procédure de saisie simplifiée, que le livre des procédures fiscales désigne sous le terme d'avis à tiers détenteur[1].

Le processus de traitement par la Carpa des avis à tiers détenteur est similaire à celui de la saisie attribution.

§ 2
Retrait des fonds

483.180 **Plan – Retrait.** Les fonds doivent être reversés, « représentés », au bénéficiaire dès la justification de l'encaissement définitif et dans le respect des conventions de délais de bonne fin conclues entre la Carpa et l'établissement de crédit dépositaire des fonds[2]. Aucun retrait de fonds par l'avocat ne peut intervenir sans un contrôle préalable de la caisse[3].

Aucun paiement ne saurait être effectué par l'avocat dans le cadre de son activité professionnelle, autrement que par un décaissement de fonds déposé en Carpa. Commet ainsi une faute, justifiant des sanctions disciplinaires, l'avocat qui règle une partie de la dette à laquelle ses clients ont été condamnés au moyen d'un chèque tiré sur son compte personnel, la circonstance que, ce faisant, il ait remboursé un prêt que lui auraient consenti ses clients ne pouvant valider la méconnaissance de l'intermédiation obligatoire de la Carpa, dès lors qu'aucun maniement de fonds ne saurait être réalisé par substitution de débiteurs ou par délégation de créance[4].

Le retrait des fonds obéit à des principes généraux (A), s'effectue suivant des modalités précisément définies (B), et impose à l'avocat un devoir de vigilance dans le suivi du maniement des fonds qu'il réalise (C).

A.
Principes généraux

483.190 **Plan.** La procédure de retrait des fonds n'obéit pas aux mêmes règles selon s'il s'agit d'un retrait en compte Carpa (1°) ou d'un retrait en compte séquestre (2°).

1°
Retrait en compte Carpa

483.201 **Demande de retrait.** L'avocat doit présenter à la caisse une demande de retrait avec les justifications de ce retrait[5]. Le créancier ne peut être réputé avoir reçu paiement aussi longtemps que la somme due n'est pas mise à sa disposition par un transfert au sous-compte de son mandataire ouvert à la caisse des règlements pécuniaires des avocats[6].

Des précautions doivent être prises afin d'éviter, notamment, l'autorisation donnée avec légèreté de déconsigner les fonds précédemment consignés[7].

483.202 **Devoir de vigilance.** L'avocat doit s'assurer de l'identité de toutes les parties intervenant dans un règlement pécuniaire effectué par son intermédiaire. Pour tout chèque ou ordre de paiement porté à l'encaissement en Carpa, l'avocat doit être en mesure de justifier que l'émetteur ou le donneur d'ordre est le débiteur légal ou contractuel du paiement effectué. L'avocat ne peut accepter de paiement pour compte sans détenir l'acte justifiant de la cause et de la régularité d'un tel paiement. Il doit notamment s'assurer avant toute remise de fonds, effets ou valeurs, par un tiers autre que le débiteur légal ou contractuel du paiement, que cette remise n'encourt aucun risque de qualification pénale.

S'il ne peut obtenir les justificatifs lui permettant d'acquérir cette certitude, il doit refuser de prêter son concours à l'opération et de recevoir les fonds, effets ou valeurs[8].

483.203 **Règlements en faveur de tiers.** Pour les règlements en faveur de tiers, il convient de préciser leur qualité (huissier, notaire...), ou le lien du bénéficiaire du règlement avec l'affaire au titre de laquelle sont détenus les fonds.

En outre, doivent être communiqués par l'avocat à la Carpa, pour les personnes physiques, leur prénom, date et lieu de naissance et pour les personnes morales, leur raison sociale, ainsi que leur numéro RCS ou Sirene.

483.204 **Règlements des honoraires de l'avocat.** Lorsque les fonds déposés à la Carpa comprennent pour partie des honoraires ou des remboursements de frais, ceux-ci ne peuvent être prélevés par l'avocat que sur présentation d'une autorisation écrite signée et datée par le client. Sur demande de la Carpa, cette autorisation doit être accompagnée de la copie de la facture ou de la note d'honoraires afférente[9].

1. LPF, art. L. 262 et L 263.
2. Arr. 5 juill. 1996, NOR : JUSC9620492A, art. 13 – V. s[s] n° 483.162
3. Décr. n° 91-1197, 27 nov. 1991, art. 241 – V. s[s] n°s 483.271 s.
4. CD Paris, arr. 31 mars 2009, n° 177419.
5. Arr. 5 juill. 1996, NOR : JUSC9620492A, art. 8.
6. Civ. 1re, 3 déc. 1991, n° 89-21.672, P I, n° 338 – Civ. 3e, 26 mai 2009, n° 08-15.772, P III, n° 119 ; *Loyers et copr.* 2009, n° 174, note E. Chavance ; *Gaz. Pal.* 2009. Jur. 3067, note Ph.-H. Brault.
7. Civ. 1re, 12 juill. 1989, n° 87-15.398, P I, n° 290 ; *JCP* 1989. IV. 346.
8. RIBP, ann. X, 4-4.
9. Décr. n° 91-1197, 27 nov. 1991, art. 241 – RIBP, ann. X, art. I-3.

À défaut d'avoir obtenu l'accord préalable et écrit de son client aux fins de prélèvement, il appartient à l'avocat, sous peine de sanctions disciplinaires, de déposer à la Carpa la somme revenant à son client[1] et d'exercer sur cette somme, le cas échéant, une mesure conservatoire[2].

483.205 **Devoir de diligence.** L'avocat doit faire diligence et procéder au versement des fonds, sans délai, et en respectant scrupuleusement leur destination. À défaut, il commet une faute disciplinaire, notamment lorsqu'il utilise les fonds déposés sur son sous-compte Carpa à des fins personnelles[3].

C'est ainsi que doit être sanctionné l'avocat qui :

- s'abstient de transférer au Trésor public la somme qu'il avait reçue de son client afin de permettre le paiement de la caution judiciaire de celui-ci[4] ;
- n'emploie pas les fonds remis aux fins de la formation d'un pourvoi en cassation[5] ;
- ne restitue pas les sommes reçues pour le compte de son client et correspondant aux causes d'un jugement[6] ;
- met quatre ans à restituer les fonds à son client[7] ;
- conserve sciemment sur son compte Carpa une somme appartenant à son client pour ne la restituer qu'après que le conseil de discipline l'y ait incité[8] ;
- restitue les fonds séquestrés à l'un des associés de la société cliente au lieu de cette dernière[9] ;
- utilise une partie des fonds Carpa pour le règlement d'une dette personnelle et falsifie un document destiné à la Carpa[10].

2°
Retrait en compte séquestre

483.211 **Séquestre.** En matière de séquestre, il convient, lors de la libération des fonds, de faire preuve de prudence et de vigilance compte tenu de la technicité et de la spécificité du mandat de séquestre ainsi confié à l'avocat.

L'avocat doit garder une trace de l'ensemble des diligences accomplies, notamment pour préserver les droits des créanciers, et veiller scrupuleusement à la parfaite exécution de sa mission de séquestre.

483.212 **Sanctions disciplinaires.** À défaut, l'avocat engage sa responsabilité civile professionnelle, pour des montants parfois importants, tant à l'égard de son client qu'à l'égard des tiers[11], mais commet également une faute susceptible de sanctions disciplinaires.

C'est ainsi que doit être sanctionné l'avocat :

- séquestre du prix de vente d'un fonds de commerce qui remet seulement six des vingt-quatre billets à ordre sur un compte Carpa, effectue des règlements à lui-même et à une société depuis ce compte au moyen d'une fausse autorisation de prélèvement, ne répond pas aux demandes d'explications de son client, des services de la Carpa, et fait perdre aux créanciers inscrits la garantie de recouvrer leurs créances sur le prix de cession du fonds[12] ;
- qui libère des fonds séquestrés afin de réaliser une augmentation de capital à une date à laquelle les délais prévus par l'accord conclu entre les associés et les candidats à l'augmentation de capital étaient expirés[13], et alors que les formalités requises n'avaient pas été accomplies[14] ;
- séquestre d'une indemnité d'immobilisation qui la transfère à l'acquéreur alors qu'il existe une contestation relative à la validité de la promesse, dont il a été averti par le conseil de l'acquéreur, ayant conduit ce dernier à demander la restitution de l'indemnité[15] ;
- qui fait verser une partie du prix de cession d'un fonds de commerce dont il était séquestre à une personne qui n'était ni son client, ni le destinataire des fonds, sans vérifier leur destination et avant même tout enregistrement de la cession[16] ;
- qui dispose, à son profit et au profit de tiers, des sommes dont il était séquestre, alors qu'il connaissait la créance de la société ayant formé une opposition signifiée à son cabinet[17] ;
- qui omet de désigner un séquestre répartiteur alors que les fonds séquestrés ne permettaient pas de faire face aux avis à tiers détenteurs et aux oppositions et saisies[18] ;
- qui n'est pas en mesure de justifier des précautions prises pour garantir les droits du cédant et ceux de ses créanciers inscrits sur le fonds[19].

1. CD Paris, arr. 26 mars 2013, n° 232108 – CD Paris, arr. 4 oct. 2016, n° 270433 – Paris, pôle 2, ch. 1, 27 avr. 2017, RG n° 16/23028 – CD Paris, arr. 27 mars 2018, n° 280082.
2. Civ. 1re, 3 oct. 1978, n° 77-11.772, P I, n° 283 ; *Gaz. Pal.* 1979. 1. 120, note A. Damien – CD Paris, arr. 20 févr. 2001, n° 202713 – v. ss nos 732.122 s.
3. Civ. 1re, 4 mai 1982, [*], *in* A. Damien, *Les grands arrêts*, Litec, 1991, p. 125.
4. CD Paris, arr. 10 févr. 2009, n° 178891.
5. CD Paris, arr. 10 févr. 2009, n° 180343.
6. CD Paris, arr. 18 oct. 2011, n° 198709.
7. CD Paris, arr. 26 mai 2009, n° 167465 ; – même sens : CD Paris, arr. 25 juin 2019, n° 289209.
8. CD Paris, arr. 9 oct. 2012, n° 203658.
9. CD Paris, arr. 24 juin 2008, n° 166899.
10. CD Paris, arr. 28 mai 2013, n° 226692.
11. V. ss nos 912.00 s.
12. CD Paris, arr. 28 mai 2014, n° 241464.
13. V. ss n° 483.128.
14. CD Paris, arr. 27 oct. 2009, n° 170414.
15. CD Paris, arr. 15 juill. 2008, n° 170043.
16. CD Paris, arr. 16 déc. 2014, n° 242187.
17. Paris, pôle 2, ch. 1, 25 nov. 2010, RG n° 09/21539.
18. CD Paris, arr. 30 déc. 2008, n° 17.1741.
19. CD Paris, arr. 31 déc. 2010, n° 201919.

483.213 **Service de séquestre juridique.** La Carpa de Paris a mis en place un service de séquestre juridique qui est habilité à gérer le séquestre en lieu et place de l'avocat désigné comme séquestre[1].

B.
Modalités de retrait

483.221 **Modes de règlements.** Les règlements pécuniaires ne peuvent avoir lieu que par chèques, le cas échéant dématérialisés, émis par la Carpa qui comporte un code aléatoire situé après le nom du bénéficiaire constituant le sceau électronique du bâtonnier, et doivent être signés par l'avocat avant remise au bénéficiaire, ou virements bancaires, qui peuvent être multidevises, postaux, ou réalisés sous forme de virement instantané entre comptes bancaires (*Instant payment*)[2].

En cas de virements internationaux, des frais sont prélevés par les banques lors des transferts à l'étranger et sont, par défaut, à la charge des bénéficiaires. Il est toutefois possible de laisser les frais à la charge de l'émetteur mais, dans ce cas, il convient de le préciser sur le bordereau d'instructions.

Le règlement par mandat cash est limité à 1 500 euros. En principe, aucun retrait ne peut être effectué en espèces[3], sauf dans la limite de 150 euros[4], et après accord de la Carpa, par le client accompagné de son avocat auprès de la banque[5].

483.222 **« Chèques certifiés ».** Il résulte de la « garantie de bonne fin »[6] que les chèques Carpa sont assimilés à des « chèques certifiés », conformément à l'instruction de la Direction générale des impôts du 28 juillet 1978[7].

483.223 **Cautionnement judiciaire.** L'article R. 21 du code de procédure pénale prévoit que lorsque le cautionnement judiciaire est fourni par chèque, celui-ci doit être certifié et établi au nom du régisseur de recettes de la juridiction compétente.

Les chèques Carpa ont la nature de chèques certifiés et peuvent être utilisés aux fins de règlement d'une caution judiciaire[8].

483.224 **Cautionnement judiciaire par un tiers.** Lorsque les fonds destinés au règlement de la caution pénale du client proviennent d'un tiers, même s'il n'existe aucune interdiction de principe, la plus grande prudence s'impose. Si le tiers est une personne morale, il convient de rappeler que les règlements provenant d'une personne morale au bénéfice d'un mis en examen, susceptibles de caractériser un abus de bien social, sont en tout état de cause prohibés. Si le tiers est une personne physique, il est nécessaire d'exercer une vigilance extrême sur l'origine déclarée des fonds et la nature de la convention conclue entre le tiers et le client, notamment sur les conditions d'un éventuel remboursement.

En raison de ces contraintes, il est fortement recommandé de ne pas recourir à l'usage du sous-compte Carpa et d'inviter le tiers intervenant à verser directement auprès de la régie de la juridiction compétente, les sommes destinées au règlement de la caution[9].

483.225 **Règlement de créance salariale par la Carpa.** Dans le cadre du règlement des créances salariales dues par les employeurs défaillants et qui sont garanties par l'association pour la gestion du régime de créances des salariés (Ags), le Conseil national des administrateurs judiciaires et mandataires judiciaires et l'Unca[10] ont convenu de faciliter le versement des fonds aux salariés bénéficiaires, tout en assurant une traçabilité des opérations comptables et garantissant un versement effectif dans les meilleurs délais.

Une convention a été conclue le 11 juin 2010 à cette fin. Il est convenu que le mandataire judiciaire établisse le chèque à l'ordre de la Carpa dont relève l'avocat du salarié ainsi qu'une procédure de contrôle allégée permettant la délivrance des fonds dans un délai de 8 jours ouvrés. Un modèle de mandat de recouvrement a été établi[11].

C.
Obligations de suivi des maniements de fonds

483.231 **Devoir de vigilance de l'avocat quant à l'encaissement du chèque.** L'avocat doit également s'assurer du sort des règlements qu'il effectue, en contrôlant l'encaissement dans des délais normaux des chèques émis sous sa signature ou en notifiant, en cas de perte ou de vol d'un chèque en circulation une opposition, non seulement à l'établissement bancaire, mais aussi à la Carpa. Lorsqu'un avocat constate qu'un chèque émis n'est pas présenté au débit par son bénéficiaire dans un délai normal d'encaissement, il doit s'enquérir auprès du bénéficiaire des raisons de ce retard. En cas de perte ou vol

1. V. s[s] n° 483.132.
2. Décr. n° 91-1197, 27 nov. 1991, art. 230.
3. RIBP, ann. X, art. 3-3.
4. Décr. n° 91-1197, 27 nov. 1991, art. 230.
5. *Les maniements de fonds*, Guide pratique, Carpa de Paris, 2015, p. 21.
6. V. s[s] n° 483.162.
7. DGI, Instruction 12 A-11-78 du 29 juill. 1978, BODGI, n° 129, 31 juill. 1978.
8. Lettre Dgfip, 30 mai 2011.
9. *Bull. barr. Paris*, 26 janv. 2010, n° 3/2010, p. 29.
10. V. s[s] n° 031.41.
11. V. Ann. 1, n° 483.173.

du chèque, la Carpa doit notifier à l'établissement de crédit une opposition au paiement[1].

Il incombe personnellement à l'avocat de s'assurer que les fonds qu'il perçoit pour le compte de ses clients leur sont transmis en temps et en heure, et il ne saurait, à cet égard, s'en remettre à une secrétaire pour le suivi des comptes Carpa[2].

483.232 Devoir de vigilance – Contrôle des encaissements. La Carpa transmet régulièrement à l'avocat le relevé des affaires comportant des chèques émis non débités et éventuellement périmés. L'avocat peut obtenir ce relevé de façon plus fréquente sur simple demande. L'avocat doit vérifier ce relevé et identifier les raisons du non-débit des chèques émis. Dès lors :

– si le chèque n'a pu être remis au bénéficiaire des fonds en cas de non-conformité (par exemple nom du bénéficiaire erroné), l'avocat doit le restituer à la Carpa pour qu'il soit procédé à son annulation, et donner de nouvelles instructions, en vue de la délivrance d'un nouveau chèque ;

– si le chèque a bien été remis à son destinataire et que le client l'a perdu, la Carpa devra procéder à une opposition auprès de la banque en demandant une lettre de décharge du client de l'avocat. Dès l'opposition enregistrée, un nouveau chèque sera émis au profit du client ;

– enfin, si le chèque a bien été remis au client et que l'avocat en est sans nouvelles, une opposition devra être régularisée auprès de la banque, et l'on procédera au transfert des fonds sur le compte « article 15 »[3].

483.233 Obligation de solder le sous-compte affaire. L'avocat doit impérativement solder le sous-compte affaire lorsque l'affaire est terminée, en transmettant les fonds au client, ou le cas échéant, à ses ayants droit.

Les affaires pour lesquelles un solde subsiste sans pouvoir être reversé, doivent faire l'objet d'instructions spécifiques. L'avocat devant impérativement prévenir la Carpa lorsque le client a disparu ou ne peut être joint afin qu'elle procède au transfert des fonds sur le compte « article 15 »[4].

En aucun cas, ces fonds ne peuvent être perçus à titre de solde d'honoraires, sauf en cas de mesure conservatoire[5], de procédure de recouvrement régulière[6], ou d'accord du client[7].

483.234 Impossibilité de remise des fonds au bénéficiaire (Arr. 5 juill. 1996, art. 15). Si les fonds déposés au titre d'une affaire ne peuvent être remis au bénéficiaire, notamment en raison d'un défaut d'identification de celui-ci, l'avocat en informe la Carpa. La Carpa doit enregistrer ces fonds sur un compte spécial « article 15 ». L'origine des fonds portés au compte spécial « article 15 » doit être précisément identifiée de manière à pouvoir répondre à tout moment à une demande de restitution[8].

Les fonds restent à la disposition de l'intéressé ou de tout ayant droit jusqu'à prescription[9]. Une fois cette prescription acquise, laquelle a, s'agissant d'un dépôt s'analysant en un dépôt irrégulier, pour seul effet d'éteindre l'obligation qui pesait, jusque-là, sur la Carpa, de représenter les fonds par équivalent, l'avocat déposant n'est pas fondé à en réclamer la restitution[10].

483.235 Justificatifs. Tous les versements de fonds et remises de valeurs à un avocat donnent lieu à délivrance ou à l'envoi d'un accusé de réception s'il n'en a pas été donné quittance[11].

Un conseil de l'Ordre peut imposer à l'avocat de joindre, pour toute opération de crédit ou de débit sur le compte Carpa, le justificatif de la cause et de l'objet de ce dépôt ou retrait[12].

§ 3 Obligations comptables

483.241 Écritures en compte Carpa. Les écritures référentes à l'activité de chaque avocat sont retracées dans un compte individuel ouvert à son nom :

– chaque compte individuel est lui-même divisé en autant de sous-comptes qu'il y a d'affaires traitées par l'avocat ;

– tout mouvement de fonds entre sous-comptes est interdit, sauf autorisation spéciale préalable et motivée du président de la caisse ;

– aucun sous compte ne doit présenter de solde débiteur[13].

483.242 Documents comptables. L'avocat doit tenir des documents comptables retraçant les opérations qu'il réalise, qu'il s'agisse des versements qu'il reçoit ou des opérations concernant ces versements. Toutes les opérations de maniements de fonds sont

1. Arr. 5 juill. 1996, art. 15.
2. CD Paris, arr. 4 nov. 2003, n°s 226971, 230353, 231433, 233382, 233745.
3. V. s^{s} n° 483.234.
4. V. s^{s} n° 483.234.
5. v. s^{s} n°s 732.122 s.
6. V. s^{s} n° 741.351.
7. V. s^{s} n° 483.73.
8. RIBP, ann. X, art. 7-3.
9. Arr. 5 juill. 1996, NOR : JUSC9620492A, art. 15.
10. Civ. 1re, 30 mai 2012, n° 11-13.898 ; *JCP* 2012. 1121, n° 10, obs. C. Caseau-Roche ; *Dr. et patr.* 2013. 86, obs. B. Chaffois.
11. Décr. n° 91-1197, 27 nov. 1991, art. 233.
12. Civ. 1re, 21 oct. 2003, n° 01-11.169, P I, n° 205.
13. Décr. n° 91-1197, 27 nov. 1991, art. 240-1.

retracées dans des documents comptables destinés à constater les versements de fonds et remises d'effets ou valeurs qui sont faits au titre des opérations professionnelles ainsi que les opérations portant sur ces versements ou remises[1]. Cette comptabilité est tenue dans les conditions prévues à l'article 235 du décret du 27 novembre 1991, c'est-à-dire selon le règlement fixé par le conseil de l'Ordre qui y détermine les mesures propres à assurer les vérifications prévues par l'article 17-9° de la loi du 31 décembre 1971[2] et qui informe le procureur général, au moins une fois par an, du résultat de ses vérifications[3].

483.243 Livre de comptes. Une cour d'appel a été amenée à préciser les règles en matière de maniement de fonds par l'intermédiaire des Carpa. L'avocat doit tenir un livre de comptes sur le modèle qui lui est fourni par la Carpa ou sur un modèle similaire. Les fiches clients ne sont pas susceptibles de remplacer ce livre de comptes[4]. Tant que cette comptabilité était tenue manuellement, il était recommandé de disposer des documents suivants :

- un livre journal mentionnant par ordre chronologique toutes les opérations, qu'elles soient effectuées en espèces, chèques, virements ou autrement. Il indique notamment pour chaque opération la date, le nom de la partie pour laquelle l'opération est effectuée, le libellé clair et succinct de l'opération ainsi que son montant et le mode de règlement ;
- une comptabilité clients des fonds reçus retracée dans un livre de comptes clients qui reprend les écritures du livre journal. Ce livre contient le compte de chaque client par le relevé de toutes les recettes et dépenses effectuées pour lui ;
- une comptabilité clients des valeurs et effets reçus.

Un relevé est établi pour chaque client pour toutes les entrées et sorties de valeurs et effets.

Les quittances délivrées aux clients doivent comporter la date, le nom de l'avocat, le nom et l'adresse de la partie versante, le montant, la cause du versement ou la remise, ainsi que pour les fonds le mode de versement.

483.244 Informatisation des obligations comptables. Le très strict encadrement des mouvements de fonds, qui a conduit à renforcer les obligations pesant sur les Carpa et à leur imposer de se doter d'outils informatiques pour le suivi des comptes a cependant beaucoup simplifié le travail des cabinets eux-mêmes.

En outre, pour les cabinets qui disposent d'un logiciel de gestion, c'est souvent ce logiciel qui assurera la tenue de la comptabilité des fonds Carpa.

483.245 Présentation de la comptabilité au bâtonnier. L'avocat est tenu de présenter sa comptabilité à toute demande du bâtonnier[5].

SECTION 3
CONTRÔLE DES MANIEMENTS DE FONDS

483.250 Plan. Les opérations de maniements de fonds font l'objet d'un contrôle accru par la Carpa, notamment, dans le cadre de la lutte contre le blanchiment et le financement du terrorisme (§ 1). Ce contrôle s'exerce ans un cadre définit par les textes (§ 2) et s'accompagne d'un droit de communication Tracfin à l'égard de la Carpa (§ 3).

§ 1
Propos liminaires

483.261 Protection de l'ordre public. Les Carpa assurent la gestion et le contrôle des opérations de règlements pécuniaires pour l'activité de conseil et d'assistance en justice des avocats[6], et protègent le secret professionnel[7].

Elles ont vu leur rôle accru avec l'évolution sans cesse croissante des obligations en matière de LCB/FT et s'inscrivent pleinement, au service des avocats, dans le processus de sécurisations des opérations de maniement de fonds[8].

483.262 Contrôle de conformité. L'article 8 de l'arrêté du 5 juillet 1996 impose aux Carpa de contrôler les opérations réalisées par les avocats, en ce qui concerne la provenance des fonds crédités, l'identité du bénéficiaire des règlements, notamment la justification du lien entre les règlements pécuniaires des avocats et les actes juridiques ou

1. Décr. n° 91-1197, 27 nov. 1991, art. 231.
2. V. s[s] n°s 511.171 s.
3. Décr. n° 91-1197, 27 nov. 1991, art. 234, 235.
4. Aix-en-Provence, 10 mars 1980, *Gaz. Pal.* 1980. 1. 269, note A. Damien.
5. V. s[s] n°s 511.171 s.
6. J.-Ch Barjon, J.-Ch. Krebs, *Le concours de la Carpa à la protection de l'ordre public économique*, Dalloz, 2017.
7. CE 10 avr. 2008, *CNB a.*, req. n° 296845, *Lebon ; AJDA* 2008. 730 ; *AJDA* 2008. 1085, Chron. J. Boucher et B. Bourgeois-Machureau ; *D.* 2008. 2322, note Ch. Cutajar ; *D.* 2008. 1047 ; *D.* 2008. 1573, obs. C. Mascala ; *RFDA* 2008. 575, concl. M. Guyomar ; *RFDA* 2008. 603, Chron. A. Roblot-Troizier et Th. Rambaud ; *RFDA* 2008. 711, obs. H. Labayle et R. Mehdi ; *RFDA* 2008. 780, Chron. T. Haas et C. Santulli ; *RTD civ.* 2008. 444, obs. P. Deumier.
8. J.-Ch. Barjon, J.-Ch. Krebs, *Le concours de la Carpa à la protection de l'ordre public économique,* « Thèmes et commentaires », Dalloz, 2017 – M. Lartigue, « Anti-blanchiment : la profession reste mobilisée » ; *Gaz. Pal.* 15 oct. 2019, p. 15 ; « Anti-blanchiment : de nouvelles obligations pour la profession d'avocat », *Gaz. Pal.* 25 févr. 2020, p. 5.

judiciaires accomplis par ceux-ci dans le cadre de leur activité professionnelle.

483.263 Prévention et détection LCB/FT. L'arrêt du Conseil d'État du 10 avril 2008[1] avait conduit à admettre que les comptes Carpa sont soumis au secret professionnel[2] et n'étaient pas assujettis au dispositif LCB/FT.

L'Ordonnance du 12 février 2020[3] est venue prévoir l'assujettissement des Carpa au dispositif de prévention et détection du blanchiment de capitaux et du financement du terrorisme, dans les mêmes conditions que les avocats[4], avec obligations d'abstention et de déclaration dans le cadre des maniements fonds opérés accessoirement à certaines opérations pour lesquelles les avocats sont soumis à ces mêmes obligations[5]. Il leur appartient dès lors de mettre en place, dans le cadre de leur contrôle de conformité, des dispositifs d'identification et d'évaluation des risques de blanchiment de capitaux et de financement du terrorisme auxquels elles sont exposées, ainsi qu'une politique adaptée à ces risques[6].

483.264 Échanges d'informations avec les avocats. Les avocats et les Carpa peuvent se communiquer mutuellement les informations recueillies pour la mise en œuvre de leurs obligations d'identification et de vigilance[7].

483.265 Mise en œuvre de dispositifs adéquats. Il appartient aux bâtonniers et aux présidents de Carpa de veiller à ce que les dispositifs adéquats soient mis en place, de prévenir et empêcher les opérations frauduleuses pour lesquelles les avocats, bien qu'ayant exécuté leurs propres obligations de vigilance[8], peuvent être instrumentalisés par les clients sans en être eux-mêmes les initiateurs[9].

Prévention et sensibilisation des avocats, mais également moyens techniques et informatiques, permettent aux bâtonniers et aux présidents de Carpa de mener à bien leurs missions[10] pour, le cas échéant, bloquer et rejeter tout mouvement apparaissant irrégulier, afin que l'avocat ne puisse se rendre complice d'une opération de blanchiment, même à son insu.

483.266 Déclaration de soupçon de la Carpa. Lorsque la Carpa est amenée à effectuer une déclaration de soupçon[11], la transmission de celle-ci est confiée au bâtonnier du barreau d'inscription de l'avocat ayant déposé les fonds qui procédera à la transmission auprès de Tracfin dans les mêmes conditions que pour les avocats[12].

La Carpa pourra informer l'avocat de la déclaration à laquelle elle procède[13], sans que celui-ci ne puisse la porter à la connaissance de son client[14].

483.267 Gel des avoirs. La Carpa est également soumise, dans les mêmes conditions que pour les avocats au dispositif relatif au gel des avoirs[15].

§ 2
Contrôle par la Carpa

483.271 Obligations de la Carpa. Aucun retrait de fonds du compte Carpa ne peut intervenir sans un contrôle préalable effectué selon des modalités définies par l'arrêté du 5 juillet 1996[16]. La Carpa doit être en mesure de contrôler, notamment, avant tout retrait de fonds, les éléments suivants :

1° la position bancaire et comptable des sous-comptes affaires ;

2° l'intitulé et la nature des affaires ;

3° la provenance des fonds crédités sur les sous-comptes affaires. Les Carpa procèdent à un traitement automatisé de confrontation des donnés permettant d'identifier toute provenance ou destination suspecte des fonds confiés aux avocats[17] ;

4° l'identité des bénéficiaires des règlements ;

5° les affaires dont le montant des crédits est supérieur au plafond des assurances garantissant la représentation des fonds ;

6° la justification du lien entre les règlements pécuniaires des avocats et les actes juridiques ou

1. CE 10 avr. 2008, *CNB a.*, req. n° 296845, *Lebon ; AJDA* 2008. 730 ; *AJDA* 2008. 1085, Chron. J. Boucher et B. Bourgeois-Machureau ; *D.* 2008. 2322, note Ch. Cutajar ; *D.* 2008. 1047 ; *D.* 2008. 1573, obs. C. Mascala ; *RFDA* 2008. 575, concl. M. Guyomar ; *RFDA* 2008. 603, Chron. A. Roblot-Troizier et Th. Rambaud ; *RFDA* 2008. 711, obs. H. Labayle et R. Mehdi ; *RFDA* 2008. 780, Chron. T. Haas et C. Santulli ; *RTD civ.* 2008. 444, obs. P. Deumier.
2. Aix-en-Provence, ch. 1-9, 9 sept. 2021, RG n° 19/07025.
3. Ord. n° 2020-115, 12 févr. 2020 renforçant le dispositif national de lutte contre le blanchiment de capitaux et le financement du terrorisme, *JO* 13 févr., n° 12 ; *D.* 2020. 332 ; *JCP* 2020. 227 ; *JCP* 2020. 278, n° 6, obs. S. Bortoluzzi ; *D.* 2020. 1811, obs. C. Mascala.
4. C. mon. fin., art. L. 561-2, 18° – V. s[s] n°s 482.91 s.
5. V. s[s] n°s 482.201 s.
6. V. s[s] n°s 482.161 s.
7. C. mon. fin., art. L. 561-7-1.
8. V. s[s] n°s 482.91 s.
9. J.-Ch. Krebs, « La *Carpa* et la protection du secret professionnel en matière juridique », *D.* 2016. 2006.
10. J-Ch. Marrigues, *Le statut juridique des Carpa,* « Connaissances et savoirs », 2016, n°s 268 s., p. 311 s.
11. V. s[s] n°s 482.212 s.
12. C. mon. fin., art. L. 561-17 – V. s[s] n° 482.216.
13. C. mon. fin., art. L. 561-21.
14. C. mon. fin., art. L. 561-18 – V. s[s] n° 482.222.
15. V. s[s] n°s 482.324 s.
16. Décr. n° 91-1197, 27 nov. 1991, art. 241 et 241-1.
17. J.-Ch. Krebs, « La *Carpa* et la protection du secret professionnel en matière juridique », *D.* 2016. 2006.

judiciaires accomplis par ceux-ci dans le cadre de leur exercice professionnel ;

7° l'absence de mouvement sur un sous-compte affaires[1].

483.272 **Réalisation du contrôle.** Le président de la Carpa, ou son délégué, s'assure à tout moment du respect par les avocats de leurs obligations et procède au contrôle *a priori* des opérations de maniement de fonds. Le contrôle a notamment pour objet l'identification des parties concernées par l'opération, leur qualité à effectuer ou à recevoir le paiement et le caractère accessoire du maniement de fonds au regard de la prestation professionnelle de l'avocat.

La Carpa peut refuser toute opération ou instruction non conforme aux exigences de ce contrôle *a priori*. En cas de refus de l'opération, les fonds effets ou valeurs, sont retournés à la personne ou à l'organisme financier mentionné sur l'avis d'opération[2].

483.273 **Demande de communication.** Dès lors qu'une opération apparaîtrait suspecte, le président de la Carpa, ou son délégué, peut se faire communiquer ou remettre par l'avocat tout document en rapport avec les maniements de fonds, sans qu'il puisse lui être opposé le secret professionnel[3].

Le défaut de réponse aux demandes d'explications et de justifications du président de la Carpa ou de son délégué constitue un manquement déontologique[4]. Doit ainsi être sanctionné disciplinairement l'avocat qui s'abstient de répondre aux responsables de la Carpa qui l'ont interrogé à plusieurs reprises sur des mouvements de fonds[5].

483.274 **Retrait de la délégation de signature.** Le président de la Carpa peut à tout moment retirer sa délégation de signature à un avocat[6]. Le retrait de la délégation est de droit, en cas d'interdiction bancaire d'émettre des chèques prononcée contre l'avocat. L'avocat se trouvant dans cette situation doit en avertir sans délai le président de la Carpa.

Toute signature de chèque ou ordre de paiement intervenant postérieurement au retrait de la délégation de signature est irrégulière et peut donner lieu à un refus de paiement[7].

483.275 **Impossibilité de délégation.** La Carpa ne peut déléguer à un tiers la surveillance et le contrôle des mouvements de fonds transitant par les comptes individuels ouverts au nom des avocats[8].

1. Arr. 5 juill. 1996, art. 8.
2. RIBP, ann. X, 4-1.
3. Civ. 1re, 21 oct. 2003, n° 01-11.169, P I, n° 205 ; *D.* 2003. 2801 – V. ss n° 422.183.
4. RIBP, ann. X, 4-2.
5. CD Paris, arr. 30 déc. 2008, n° 171741.
6. V. ss n° 482.112.
7. RIBP, ann. X, art. 2-5.

483.276 **Contrôle des Carpa par la commission de contrôle.** Afin de veiller au respect par les Carpa de l'ensemble des règles et obligations qui leur incombent, ont été instituées, d'une part, une commission de régulation[9] chargée d'observer, d'orienter et de contrôler les Carpa et de définir le programme annuel de contrôle et, d'autre part, une commission de contrôle[10] chargée de la mise en œuvre des contrôles, y compris en matière de prévention et détection du blanchiment de capitaux et du financement du terrorisme[11], et, le cas échéant, des sanctions applicables aux Carpa défaillantes[12].

En outre, chaque Carpa a un commissaire aux comptes, désigné par le ou les conseils de l'Ordre dont elle relève, et dont le contrôle doit porter sur le respect par la Carpa de l'ensemble des règles et obligations qui s'imposent à elle. Le commissaire aux comptes peut se faire communiquer tous documents et renseignements utiles à sa mission[13].

§ 3 Droit de communication de Tracfin

483.281 **Droit de communication Tracfin (Carpa).** La directive du 20 mai 2015[14] est venue généraliser l'obligation de traçabilité des maniements de fonds pour toute opération financière entre opérateurs économiques. Paradoxalement, alors que les Carpa contribuent à la sécurisation des opérations financières[15], l'originalité du système Carpa qui repose sur un compte de groupe, peut conduire à faire perdre le « fil bancaire » reliant une entrée de fonds à sa sortie.

Pour autant, il convenait d'assurer le respect du secret professionnel qui lie l'avocat à son client[16] tout en permettant d'assurer la traçabilité des opérations bancaires. L'ordonnance du 1er décembre

8. Arr. 5 juill. 1996, art. 3.
9. V. ss nos 121.101 s.
10. V. ss nos 121.81 s.
11. C. mon. fin., art. L. 561-36, I. 15°.
12. Décr. n° 91-1197, 27 nov. 1991, art. 241-3.
13. Décr. n° 91-1197, 27 nov. 1991, art. 241-2 – V. ss nos 121.61 s.
14. Dir. 2015/849, Parlement et Conseil, 20 mai 2015 relative à la prévention de l'utilisation du système financier aux fins du blanchiment de capitaux ou du financement du terrorisme, modifiant le règlement (UE) n° 648/2012 du Parlement européen et du Conseil et abrogeant la directive 2005/60/CE du Parlement européen et du Conseil et la directive 2006/70/CE de la Commission, *JOCE* 5 juin, p. 75 – Règl. 2015/847, Parlement et Conseil, 20 mai 2015 sur les informations accompagnant les transferts de fonds et abrogeant le règlement (CE) n° 1781/2006, *JOCE* 5 juin, p. 1 – V. ss n° 482.34.
15. J.-Ch. Barjon, J.-Ch. Krebs, « La Carpa : une réalité bien éloignée des fantasmes », *Gaz. Pal.*, 23-24 oct. 2015, p. 12.
16. V. ss nos 412.20 s.

2016[1] est donc venue mettre en place un droit de communication au profit de Tracfin destiné à lui permettre d'avoir accès aux informations relevant de la seule traçabilité bancaire tout en assurant le plus strict respect du secret professionnel de l'avocat[2].

483.282 **Mise en œuvre du droit de communication.** Tracfin peut demander aux Carpa, les informations strictement limitées au montant, à la provenance et à la destination des fonds, effets ou valeurs déposés par un avocat, à l'identité de l'avocat concerné et à l'indication de la nature de l'affaire enregistrée par la Carpa.

La Carpa communique alors les informations au bâtonnier du barreau auprès duquel l'avocat concerné par l'opération est inscrit[3], lequel, après avoir vérifié la régularité de la réponse, notamment quant à l'absence d'atteinte au secret professionnel de l'avocat, transmet celle-ci à Tracfin.

Il est interdit à la Carpa, au bâtonnier ou à l'avocat concerné, de porter à la connaissance de quiconque les informations provenant de l'exercice par Tracfin de ce droit de communication[4] sous peine d'une amende de 22 500 euros[5].

1. Ord. n° 2016-1635 du 1er déc. 2016 renforçant le dispositif français de lutte contre le blanchiment et le financement du terrorisme, *JO* 2 déc., NOR : ECFT1628231R.
2. M. Bérenger, « Carpa : leur rôle consacré par le code monétaire et financier », *D.* 2017. 400.
3. C. mon. fin., art. L. 561-25-1, I.
4. C. mon. fin., art. L. 561-25-1, II.
5. C. mon. fin., art. L. 574-1.

CHAPITRE

484. Fin de mission de l'avocat

SECTION 0

ORIENTEUR

484.00 Sommaire du chapitre.

Division. La mission de l'avocat peut prendre fin en raison de l'achèvement de la mission de l'avocat, ou par son dessaisissement de sa propre initiative ou à l'initiative de son client (sect. 1). Lorsque la mission n'est pas terminée, il y a lieu de procéder à la transmission du dossier au successeur (sect. 2) ou, à défaut, de procéder à sa restitution au client (sect. 3). La fin de mission de l'avocat peut être délicate à gérer, et ses circonstances peuvent engager la responsabilité civile de l'avocat comme du client, faisant qu'il est souvent nécessaire de prévoir un encadrement contractuel de la relation entre l'avocat et son client (sect. 4).

484.01 Textes applicables.

TEXTES TITRES

- **Décr. n° 2005-790, 12 juill. 2005**

art. 13 [Retrait de l'avocat]

art. 14 [Restitution des pièces]

- **C. civ.,**

art. 2004 [Révocation du mandataire]

• **C. pr. civ.**

art. 418 [Révocation du mandat *ad litem*]

art. 419 [Fin de mission en cas de représentation obligatoire]

art. 420 [Poursuite du mandat *ad litem* jusqu'à l'exécution de la décision]

> Principes en matière de succession d'avocats dans un dossier

• **Décr. 12 juill. 2005**

art. 19 [Succession d'avocats dans un dossier]

• **RIN**

art. 9 [Succession d'avocats dans un dossier]

> Spécificités en matière d'aide juridictionnelle

• **Décr. n° 2020-1717, 28 déc. 2020**

art. 89 [Succession d'avocats à l'aide juridictionnelle]

art. 110 [Succession d'avocats à l'aide juridictionnelle – Attestation de mission]

484.02 Jurisprudence de référence.

> Obligations de l'avocat qui souhaite se décharger d'une mission

• **Civ. 1re, 4 oct. 2000,** n° 97-18.743, P I, n° 232.

* V. s^s n°s 344.21, 484.23, 912.45.

« Vu les articles 419 du nouveau code de procédure civile et 156 du décret du 27 novembre 1991 ;

Attendu qu'il résulte du premier de ces textes que l'avocat qui entend mettre fin à son mandat en est déchargé après avoir informé son mandant, le juge et la partie adverse ; que selon le second de ces textes, l'avocat qui décide de ne pas poursuivre sa mission doit prévenir le client en temps utile pour qu'il puisse pourvoir à la défense de ses intérêts ;

Attendu que M. X..., avocat, avait été chargé par M. Y..., armateur-pêcheur, de la défense de ses intérêts dans une instance en cours devant un tribunal de commerce, l'opposant à un constructeur de bateau et à l'assureur de celui-ci ; qu'en avril 1991, les relations entre l'avocat et son client se sont rompues ; que M. X... a alors informé M. Y... de la date de l'audience de plaidoirie, fixée au 14 mai 1991, puis, eu égard à l'absence de réponse de ce dernier, s'est présenté à cette audience pour en demander le report jusqu'à désignation d'un nouveau conseil, ce qui a été refusé par le tribunal de commerce qui, le 2 juillet 1991, a débouté M. Y... de l'action directe qu'il avait formée contre l'assureur ; qu'appel n'a pas été relevé de ce jugement ;

Attendu que la cour d'appel pour condamner M. X..., après avoir relevé que les correspondances échangées les 11, 13 et 29 avril 1991 traduisaient assurément le désir commun de MM. X... et Y... de mettre un terme au mandat de l'avocat, a retenu néanmoins la responsabilité de celui-ci pour n'avoir pas fait, au bénéfice de son client, une analyse du contenu du jugement du 2 juillet 1991, accompagnée de son avis motivé sur l'opportunité d'un appel ;

Attendu qu'en statuant ainsi, alors que M. X... avait fait le nécessaire pour préserver les intérêts de son ancien client lors de l'audience du 14 mai 1991 et qu'il n'était plus tenu d'une obligation de conseil quant au jugement rendu le 2 juillet 1991, la cour d'appel a violé les textes susvisés. »

> Impossibilité de se décharger d'une mission dans le cadre d'une représentation obligatoire en l'absence de successeur effectivement constitué en ses lieux et place

• **Civ. 2e, 21 févr. 2008,** n° 07-11.487, P II, n° 42.

* V. s^s n°s 484.33, 484.34.

« Vu l'article 419, alinéa 2, du code de procédure civile ;

Attendu que, lorsque la représentation est obligatoire, l'avocat [...] ne peut se décharger de son mandat de représentation tant qu'il n'est pas remplacé par un nouveau représentant effectivement constitué en ses lieux et place ;

Attendu, selon l'ordonnance attaquée rendue par le premier président d'une cour d'appel, que M. X... a formé un recours contre une décision rendue par le bâtonnier du barreau d'Ajaccio fixant les honoraires de M. Y..., avocat constitué par M. X... dans une instance introduite devant le tribunal de grande instance de cette ville ;

Attendu que, pour considérer que l'avocat n'était plus chargé des intérêts de M. X... et fixer à une certaine somme le montant de ses honoraires, l'ordonnance retient que, si le nouvel avocat désigné par le bâtonnier, qui avait initialement accepté sa mission, a ensuite déclaré ne pas vouloir poursuivre sa collaboration, cette circonstance n'a pas pour effet de faire revivre le mandat de M. Y... ;

Qu'en statuant ainsi, alors qu'il constatait que l'avocat désigné par le bâtonnier n'avait pas formalisé de constitution aux intérêts de M. X..., de telle sorte que M. Y... n'était pas déchargé de son mandat, le premier président a violé le texte susvisé. »

> Le conseil de l'Ordre ne peut empêcher le nouvel avocat d'assurer la défense des intérêts de son client, ni mettre à sa charge les honoraires de l'avocat dessaisi

• **Civ. 1re, 16 déc. 2003,** n° 01-10.210, P I, n° 257.

* V. s^s n°s 115.52, 412.62, 484.81, 511.144, 641.24.

« Vu l'article 34 de la Constitution, ensemble l'article 17 de la loi du 31 décembre 1971 ;

Attendu qu'il n'entre pas dans les pouvoirs réglementaires du conseil de l'Ordre des avocats d'investir le bâtonnier d'un pouvoir de décision de nature à paralyser, même sous certaines conditions, l'usage par une partie de voies de droit qui lui sont légalement ouvertes ;

Attendu qu'en refusant d'annuler la disposition figurant à l'article 9-3 du règlement intérieur du barreau de Nice selon laquelle « si des sommes restent dues à un avocat précédemment saisi du dossier, le nouvel avocat ne peut, sauf autorisation du bâtonnier, accomplir de diligences tant que ces sommes ne seront pas réglées », la cour d'appel a violé les textes susvisés ;

Et sur la troisième branche du même moyen :

Vu l'article 34 de la Constitution, ensemble l'article 17 de la loi du 31 décembre 1971 ;

Attendu qu'il n'entre pas dans les pouvoirs réglementaires du conseil de l'Ordre des avocats d'imposer à ses membres une obligation civile les constituant débiteurs de la dette d'un tiers, dès lors qu'elle est étrangère au fonctionnement des institutions dont l'Ordre a la charge ;

Attendu que pour refuser d'annuler la disposition prévoyant qu'en cas d'inobservation par le nouvel avocat des dispositions des deux précédents alinéas de l'article 9-3 du règlement intérieur, il s'expose à être déclaré personnellement débiteur des sommes dues à son ou ses prédécesseurs, l'arrêt attaqué considère que le pouvoir essentiellement incitatif du bâtonnier ne fait qu'exposer le nouvel avocat à être déclaré personnellement débiteur des sommes dues à son prédécesseur et que cette formule vague n'est pas de nature à créer une nouvelle obligation civile dont le fondement comme la mise en œuvre ne sont au demeurant pas spécifiés ;

Attendu qu'en statuant ainsi, alors que la disposition critiquée pose le principe d'une nouvelle obligation civile à la charge des membres du barreau de Nice et que la circonstance que ni son fondement ni sa mise en œuvre ne soient spécifiés n'est pas de nature à la justifier, la cour d'appel a violé les textes susvisés. »

> Conditions de la rupture du mandat de l'avocat

• **Civ. 2e, 24 janv. 1995,** n° 92-21.727, NP.

* V. s^s n°s 471.91, 484.261.

« Mais attendu que, le mandat donné à un avocat n'étant pas un mandat d'intérêt commun, le mandant tient de l'article 2004 du code civil le droit de le révoquer unilatéralement, même s'il s'agit d'une convention à durée déterminée, sauf au mandataire à prouver que son mandant a abusé du droit de révocation et lui a causé un préjudice dont il lui doit réparation ; que le premier président qui a retenu que M. X... ne rapportait pas cette preuve a, par ces seuls motifs, justifié sa décision ; d'où il suit que le moyen n'est fondé en aucune de ses branches ; »

> Conditions de la rupture de la relation de clientèle.

• **Civ. 2e, 28 avril 2011,** n° 10-17.405, NP.

* V. s^s n°s 471.91, 484.286.

« Qu'en statuant ainsi, alors que le principe du libre choix d'un avocat ne s'appliquait pas à un tel mandat d'intérêt commun, le premier président a violé le texte susvisé ; »

• **Civ. 2e, 13 juin 2013,** n° 12-21.300, NP.

* V. s^s n°s 484.286, 713.276.

« Qu'en statuant ainsi, alors que l'indemnité prévue au contrat en cas de résiliation unilatérale de la convention par le client et dessaisissement de l'avocat constitue une clause de dédit non susceptible de réduction judiciaire, le premier président a violé le texte susvisé ; »

484.03 Bibliographie indicative.

* Aussi : v. s^s n° 48.03.

Thèse. Ch. Pigache, *Le mandat d'intérêt commun : Élément d'une théorie générale du contrat d'intérêt commun*, Th., Paris, 1991.

Traités. J. Huet (dir.), *Les principaux contrats spéciaux*, 3e éd., « Traités », LGDJ, 2012, n°s 31000 s. – F. Labarthe, C. Noblot, *Le contrat d'entreprise*, 1re éd., « Traités », LGDJ, 2008 – Ph. le Tourneau (dir.), *Droit de la responsabilité et des contrats : Régimes d'indemnisation*, 12e éd., « Dalloz Action », 2020.

Contributions. J. Ghestin, « Le mandat d'intérêt commun », *Les activités et les biens de l'entreprise : Mélanges offerts à Jean Derruppé*, GLN – Joly – Litec, 1991, p. 105 s.

Articles. T. Hassler, « L'intérêt commun », *RTD com.* 1984. 581 – S. Lataste, « L'aménagement », *in* « L'aménagement de la prescription : Enjeux et perspectives pour les avocats », Cahiers de Droit et Procédure, 2009 – S. Lequette, « La réforme du droit des contrats et contrats d'intérêt commun », *D.* 2016. 1148 – N. Mathey, « L'avocat victime d'une rupture brutale de relations commerciales », *CCC* 2014, n° 222 – D. Piau, « Rupture d'une relation de clientèle : les histoires d'A finissent mal, en général », *Gaz. Pal.* 15 mars 2016, p. 27 – J. Rochfeld, « Le mode temporel d'exécution du contrat », *RDC* 2004. 47.

SECTION 1
MODALITÉS DE L'ACHÈVEMENT DE LA MISSION DE L'AVOCAT

484.10 **Plan.** La fin de mission de l'avocat répond à des principes généraux (§ 1) et fait l'objet de dispositions spécifiques lorsqu'il s'agit d'une procédure avec représentation obligatoire (§ 2).

§ 1
Principes généraux

484.21 **Fin de mission de l'avocat.** La fin de mission de l'avocat est liée soit à l'achèvement de la mission qui lui avait été confiée, du fait de la bonne fin de la procédure, de la conclusion de la transaction ou du contrat... soit par le dessaisissement de l'avocat de sa propre initiative ou à l'initiative de son client.

Dans tous les cas, il appartient à l'avocat d'en informer son client ou d'en prendre acte, et ce même si un nouvel avocat lui succède.

484.22 **Charge de la preuve.** L'avocat qui a accepté la mission de se constituer pour une partie en demande ou en défense, doit conduire sa mission jusqu'à son terme, sauf si le client l'en décharge ou si lui-même décide de ne pas poursuivre sa mission. Il convient d'insister sur le fait que c'est à l'avocat d'apporter la preuve du fait qu'il s'est valablement déchargé de sa mission, et non au client de démontrer que l'avocat est toujours son conseil[1]. S'il n'est pas en mesure d'apporter la preuve de la fin de sa mission, l'avocat encourt la mise en jeu de sa responsabilité civile[2].

En outre, l'avocat ne saurait se considérer comme déchargé de sa mission par la seule intervention d'une décision dans la procédure dont il est en charge, et ce d'autant plus qu'il est expressément

1. Civ. 1re, 16 janv. 2013, n° 12-12.647, P I, n° 1 ; *D.* 2013. 315.
2. V. s^s n°s 912.00 s.

prévu par les textes qu'il doit remplir les obligations de son mandat sans nouveau pouvoir jusqu'à l'exécution du jugement pourvu que celle-ci soit entreprise moins d'un an après que ce jugement soit passé en force de chose jugée[1].

Il convient en outre de rappeler que lorsque l'avocat a été désigné à l'aide juridictionnelle il ne saurait être déchargé de sa mission tant qu'il ne l'a pas valablement été par le bâtonnier, ou le magistrat, qui l'a désigné[2].

484.23 **Notification de la fin de mission.** Lorsque l'avocat souhaite mettre un terme à sa mission ou que celle-ci est terminée, il lui appartient d'en informer son client, en précisant expressément qu'il met fin à sa mission et, le cas échéant, dégage toute responsabilité pour l'avenir et qu'il appartient au client de désigner un nouvel avocat pour qu'il se constitue en ses lieux et place, ou reprenne le dossier. Cette information doit bien préciser les éventuels délais procédure, et être faite suffisant tôt, en temps utile[3], afin de ne pas mettre en péril les intérêts du client[4].

Il appartient, en outre, à l'avocat de bien préciser dans sa lettre, qu'il est prudent d'adresser sous forme de lettre recommandée AR doublée d'une lettre simple, quelles seront les limites de son intervention et dégageant sa responsabilité quant aux conséquences dommageables qui pourront en résulter du fait de l'absence de désignation d'un nouvel avocat choisi. L'avocat dessaisi ne manquera pas d'informer le tribunal et son confrère. Et ce, conformément à l'article 419, alinéa 1er, du code de procédure civile qui prévoit que le représentant qui entend mettre fin à son mandat n'en est déchargé qu'après avoir informé de son intention son mandant, le juge et la partie adverse[5].

La notification doit être dépourvue de toute équivoque et ne saurait se déduire du seul fait que l'avocat est impayé de ses honoraires et aurait cessé d'effectuer les diligences requises et de l'attitude passive du client[6].

1. C. pr. civ., art. 420.
2. Civ. 1re, 16 janv. 2013, no 12-12.647 ; P I, no 1 ; *JCP* 2013, act. 99, obs. S. Guinchard – V. ss nos 471.61 s. et 472.260 s.
3. Civ. 1re, 4 oct. 2000, no 97-18.743, P I, no 232 ; *D.* 2000. 259 ; *JCP* 2001. I. 284, no 9, obs. R. Martin ; *Gaz. Pal.* 2002. I. Somm. 437, obs. E. du Rusquec.
4. Marseille, 7 févr. 1975, *Gaz. Pal.* 1975. 297 ; – S'AGISSANT D'UN avocat aux Conseil : Civ. 1re, 21 mars 2018, no 16-50.060, P ; *JCP* 2018. 442 ; *JCP* 2018. 588, no 20, obs. S. Gratot-Dirix.
5. V. ss nos 484.31 s.
6. Civ. 1re, 15 févr. 2005, no 03-10.707, P I, no 81 ; *D.* 2005. 665 – Versailles, 1re ch., 1re sect., 26 mai 2016, RG no 14/02903.

484.24 **Dessaisissement par le client.** Si le dessaisissement par le client n'est soumis à aucune condition de forme[7] et peut résulter d'une simple lettre faisant suite à une conversation téléphonique[8], l'avocat doit, ici encore, se ménager la preuve de ce dessaisissement. Ce dernier ne saurait résulter de la simple attitude passive du client[9].

Dès lors, lorsque c'est le client qui informe l'avocat qu'il met un terme à sa mission, les obligations précitées s'appliquent avec la même rigueur : l'avocat doit, de préférence suivant lettre recommandée avec accusé de réception, prendre acte de la fin de sa mission et donner les informations nécessaires à son client, ainsi que lui rappeler les dispositions de l'article 418 du code de procédure civile qui prévoient que la partie qui révoque son mandataire doit immédiatement soit pourvoir à son remplacement, soit informer le juge et la partie adverse de son intention de se défendre elle-même si la loi le permet, faute de quoi son adversaire est fondé à poursuivre la procédure et à obtenir jugement en continuant à ne connaître que le représentant révoqué. En pareil cas, il n'y a pas lieu d'assigner en constitution de nouvel avocat et la procédure demeure contradictoire.

Il s'ensuit que, si un avocat n'a pas été remplacé, et que la partie n'a pas fait connaître son souhait de se défendre seule, la partie adverse peut, à bon droit, requérir clôture et jugement en l'état et qu'il y a lieu de statuer sur le fond par jugement rendu contradictoirement[10].

484.25 **Responsabilité du client.** Dès lors que la procédure a été respectée, l'avocat qui a mis fin à sa mission ne saurait se voir enjoint de continuer de défendre un client dont il a souhaité se séparer dès lors qu'il « avait la liberté de le faire sans avoir à en justifier auprès de son client, ni de quiconque », la liberté de choix de son avocat par le client bien qu'entière « ne lui imposant pas moins d'en changer si son choix n'a pas été agréé par la personne qu'il a élue, ou si l'ayant été, il est ultérieurement remis en cause par celle-ci ». Le refus de l'avocat de continuer sa mission ne pouvant ainsi constituer un trouble manifestement illicite.

Par ailleurs, la procédure a été respectée lorsqu'un avocat a été désigné d'office par le bâtonnier ; le client dispose d'un avocat qui est en mesure de le représenter ou de l'assister « pour autant qu'il

7. TGI Bobigny, ch. 7, sect. 2, 23 nov. 2018, RG no 16/03581.
8. J. Jeannin et M. Mahy-Ma-Songa, « La notion de fin de mission de l'avocat », *D. avocats* 2013. 93.
9. Civ. 1re, 15 févr. 2005, no 03-10.707, P I, no 81 ; *D.* 2005. 665 ; *D.* 2006. 266, obs. B. Blanchard.
10. TGI Paris, 11 mars 1981, *Gaz. Pal.* 1981. 1. Somm. 78 – TGI Bergerac, 21 déc. 1990, *Gaz. Pal.* 11 juin 1991, note A. Brendel.

veuille bien ne pas l'ignorer ou le récuser, par entêtement à souhaiter être assisté par un avocat qui lui a signifié son refus dans un délai largement utile » et dont « le déni d'être assisté d'un avocat commis d'office, outre que cette situation n'a rien qui soit objectivement péjoratif, il lui est loisible d'en échapper en faisant le choix d'un conseil » font qu'il « ne justifie d'aucun préjudice sinon celui, encore potentiel, qui pourrait advenir s'il persistait dans son attitude, c'est-à-dire entièrement de son fait »[1].

484.26 Fin de mission en cas de désignation ou commission d'office – Renvoi. Sur le cas particulier de la fin de mission en cas de désignation ou commission d'office, v. s[s] n°s 472.21 s.

§ 2
Procédures avec représentation obligatoire

484.31 Procédure avec représentation obligatoire et mandat de représentation. Lorsque la représentation est obligatoire, l'avocat ne peut se décharger de son mandat de représentation qu'à compter du jour où il est remplacé par un nouveau représentant constitué par le client[2]. Il demeure donc constitué jusqu'à la constitution en ses lieux et place d'un nouveau confrère, et il ne peut se décharger de son mandat de représentation avant cette date[3]. Il en est de même pour l'avocat désigné au titre de l'aide juridictionnelle tant que, même déchargé de sa mission par le bâtonnier[4], il n'est pas remplacé par un nouvel avocat constitué[5].

Il en découle que, même après avoir notifié la fin de sa mission au client, et tant qu'un nouvel avocat ne s'est pas constitué, il lui appartient :

- d'informer son ancien client des écritures adverses et lui transmettre en copie les pièces nouvelles communiquées ;
- de l'aviser des dates d'audience et du jugement rendu.

Il demeure constitué dans la procédure faisant que l'avocat adverse se doit de lui adresser les actes de procédure, à défaut, le fait pour la partie adverse de faire signifier un jugement directement à partie, sans faire précéder cet acte d'une signification à avocat, entraîne la nullité de la signification qui n'a pu valablement faire courir le délai d'appel[6]. Il sera en droit de solliciter des honoraires pour les diligences accomplies dans l'attente de la constitution d'un nouvel avocat[7].

484.32 Procédure avec représentation obligatoire – Juridictions administratives. De la même façon, le Conseil d'État a considéré que lorsque la représentation est obligatoire devant les juridictions administratives, il résulte d'une « règle générale de procédure » que la révocation d'un avocat par sa partie ou la décision d'un avocat de mettre fin à son mandat est sans effet sur le déroulement de la procédure juridictionnelle et ne met un terme aux obligations professionnelles incombant à cet avocat, jusqu'à la lecture de la décision, que lorsqu'un autre avocat s'est constitué pour le remplacer, le cas échéant après qu'une invitation à cette fin a été adressée à la partie concernée par la juridiction[8].

484.33 Défaut d'interruption d'instance. Il n'est pas possible à l'avocat qui souhaite se décharger de son mandat de représentation obligatoire, de faire signifier des conclusions aux fins d'interruption de l'instance jusqu'à la constitution d'un nouvel avocat.

En effet, selon l'article 369[9] du code de procédure civile, l'instance est interrompue par la cessation de fonctions de l'avocat lorsque la représentation est obligatoire[10] : seule la cessation de fonctions (décès[11], démission) de l'avocat emporte interruption de l'instance[12]. L'instance n'est pas interrompue, en cas de suppléance, dès lors que le suppléant exerce en lieu et place de l'avocat suppléé[13]. Elle ne l'est pas plus lorsque, sans cesser ses fonctions, l'avocat entend mettre fin à son mandat de représentation obligatoire ou est déchargé du dossier par son client.

484.34 Désignation par le bâtonnier. Le fait qu'en matière de procédure avec représentation obligatoire, la décharge de l'avocat ne prend effet que du jour où un nouvel avocat se sera effective-

1. TGI Paris, ord. référé, 22 mars 2016, RG n° 16/52684.
2. C. pr. civ., art. 419 – AUSSI : min. QE, n° 27.100, *JOAN Q* 13 mars 1976.
3. C. pr. civ., art. 419, al. 2 – Civ. 2e, 16 févr. 1984 n° 82-13.572, P II, n° 31 ; *Gaz. Pal.* 1985. I. note E. du Rusquec.
4. Civ. 2e, 21 févr. 2008, n° 07-11.487, P II, n° 42 ; *D.* 2008. 697 – v. s[s] n°s 471.61 s. et 472.260.
5. Civ. 2e, 16 févr. 1984, n° 82-13.572, P II, n° 31 ; *Gaz. Pal.* 21 mars 1985, n° 79-80, note E. du Rusquec.
6. Colmar, 19 janv. 1979, *Rev. Alsace-Lorraine* 1979, 118 ; *Gaz. Pal.* tables 1977-1979, *V° Appels civils*, n° 78 – Civ. 2e, 15 avr. 1991, n° 90-12.068, NP ; *D.* 1991. 154.
7. Civ. 2e, 21 févr. 2008, n° 07-11.487, P II, n° 42 ; *D.* 2008. 697.
8. CE 23 mars 2018, *Patrice Parmentier automobiles (SAS)*, req. n° 406802, *Lebon ; Gaz. Pal.* 12 juin 2018, p. 31, obs. B. Sellier ; *JCP* 2018. 588, n° 11, obs. F. G'sell.
9. C. pr. civ., art. 369.
10. Civ. 2e, 8 juill. 2004, n° 02-15.374, P II, n° 378 ; *JCP* 2004. IV. 2898.
11. Civ. 2e, 25 mars 1992, n° 90-20.925, P II, n° 103 ; *RTD civ.* 1992. 641, obs. R. Perrot.
12. Civ. 2e, 21 févr. 1990, n° 89-10.840, P II, n° 39 ; *RTD civ.* 1990. 559, obs. R. Perrot ; *Gaz. Pal.* 1990. Pan. 98.
13. Civ. 2e, 21 févr. 1990, P II, n° 39 ; *RTD civ.* 1990. 559, obs. R. Perrot – Paris, pôle 1, ch. 1, 11 oct. 2016, RG n° 16/18130.

ment constitué en ses lieux et place[1], est de nature à générer des difficultés dès lors que le client ne désignerait aucun avocat à cet effet, notamment lorsque l'initiative de rupture de la relation vient de l'avocat ou que le client souhaite ne pas se défendre ou refuser de comparaître.

Il appartient alors au bâtonnier, saisi par l'avocat de cette difficulté, et après s'être assuré de la réalité de l'exécution des obligations qui lui incombaient, de désigner un nouvel avocat avec pour mission de se constituer en lieu et place de l'avocat souhaitant se décharger de sa mission[2]. Le choix de l'avocat procède du seul imperium du bâtonnier, l'avocat initialement choisi par le client pouvant être désigné d'office à cette fin[3].

484.35 **Rôle de l'avocat désigné.** Dès l'instant où un avocat est désigné en remplacement de son confrère, les obligations de l'avocat sont rigoureusement identiques à celles de tout avocat. Il lui appartient, au préalable, de négocier ses honoraires avec le client concerné, sauf à ce que ce dernier bénéficie de l'aide juridictionnelle[4], et de se constituer en lieu et place dans la procédure. Il ne peut être déchargé de sa mission, qu'il est tenu d'exécuter comme toutes désignations et commissions d'office, que par le bâtonnier qui l'a désigné[5]. La responsabilité de l'avocat désigné est couverte par le barreau ou à titre individuel[6].

484.36 **Pratique.** En pratique, il appartient au bâtonnier de rappeler à l'avocat qui souhaite se décharger de sa mission, les dispositions de l'article 419 du code de procédure civile, en l'invitant à lui communiquer le courrier adressé à son client - précisant expressément qu'il dégage dès lors toute responsabilité pour l'avenir, qu'il appartient à son client de désigner un nouvel avocat pour qu'il se constitue en ses lieux et place et indiquant les éventuels délais de procédure en temps utile - ainsi que l'accusé de réception, les courriers adressés au juge et aux parties adverses, ainsi que le courrier du client indiquant qu'il n'a pas de nouvel avocat. Il lui revient, ensuite, d'écrire au client afin de lui rappeler qu'il doit désigner un nouvel avocat à défaut de quoi il lui en désignera un[7], en lui donnant, le cas échéant, pour mission de déposer le dossier en l'état sans accomplir aucun acte de procédure ou la moindre plaidoirie.

Si le client refuse de prendre un nouvel avocat, cela permet de désigner l'avocat déchargé avec une mission précise lui permettant de se dégager de toute responsabilité. Les bâtonniers doivent inviter les avocats qu'ils désignent par application de l'article 419 du code de procédure civile à les tenir informés de l'évolution du dossier[8].

SECTION 2
SUCCESSION D'AVOCATS DANS UN DOSSIER

484.40 **Plan.** Lorsque l'avocat est dessaisi avant l'achèvement de sa mission il doit, en principe, transmettre l'entier dossier à son successeur, ce qui implique un certain nombre d'obligations à la charge de l'avocat nouvellement saisi (§ 1), comme de l'avocat dessaisi (§ 2) avec des dispositions spécifiques en matière aide juridictionnelle (§ 3). Les difficultés rencontrées en la matière doivent pouvoir être traitées soient par le bâtonnier soit par les juridictions de droit commun (§ 3).

§ 1
Obligations de l'avocat saisi

484.50 **Plan.** L'avocat saisi d'un dossier à la suite d'un autre avocat a pour obligation de solliciter la transmission du dossier (A), de s'assurer du règlement des sommes dues à son prédécesseur (B) et de s'interdire d'agir pour le compte de son client contre l'avocat dessaisi (C).

A.
Solliciter la transmission du dossier

484.61 **Procédure.** Avant toutes diligences, l'avocat qui est saisi d'un nouveau dossier doit s'assurer qu'aucun avocat n'en a été chargé antérieurement. Dès lors qu'il identifie un confrère en charge du dossier, il lui appartient, avant toutes diligences, de prévenir le confrère dessaisi par écrit et de s'enquérir par la même occasion des sommes qui pourraient lui rester dues[9], et de lui demander la transmission du dossier.

Méconnaît ainsi les dispositions de l'article 9 du RIN, justifiant le prononcé d'un avertissement, l'avocat qui s'abstient volontairement d'avertir son prédécesseur dès sa saisine et avant toute diligence[10].

484.62 **Lettre portant la mention « Officiel ».** La demande peut être formulée par lettre portant la

1. Civ. 2e, 21 févr. 2008 n° 07-11487, P II, n° 42 ; *Procédures* 2008, n° 168, note R. Perrot ; – CONTRA : TGI Bobigny, ch. 7, sect. 2, 23 nov. 2018, RG n° 16/03581.
2. C. pr. civ., art. 419.
3. CNB, Comm. RU, avis n° 2004-22, 1er avr. 2004.
4. V. ss nos 472.260 s.
5. V. ss nos 472.260 s.
6. Aussi : v. ss nos 472.260 s. et 484.161.
7. CNB, Comm. RU, avis n° 2015-12, 13 avr. 2015.
8. CNB, Comm. RU, avis n° 2016-006, 2 févr. 2016.
9. Décr. n° 2005-790, 12 juill. 2005 relatif aux règles de déontologie de la profession d'avocat, *JO* 16 juill., p. 11688, art. 19 – RIN, art. 9.2.
10. Paris, 1re ch., sect. F, 26 janv. 2006, n° 2005/16335.

mention « Officiel » dès lors que les critères propres à cette dernière sont respectés[1] et que l'on se contente de prévenir le confrère, de solliciter la transmission du dossier et de s'enquérir des honoraires restant dus[2], et que l'on n'accompagne pas la lettre de menaces diverses ou en relayant sans réserve les griefs formulés par le client à l'encontre de son prédécesseur[3].

484.63 Rencontre d'un futur client ayant déjà un avocat. Il ne saurait être interdit à un avocat de recevoir un client ayant confié ses intérêts à un autre avocat, ce qui constituerait une atteinte au principe du libre choix de l'avocat[4], comme de solliciter des personnes ayant déjà un avocat[5], dès lors que la sollicitation ne s'accompagne d'aucun acte de dénigrement ou de concurrence déloyale[6]. L'avocat peut donc recevoir une première fois le client d'un autre avocat. Mais, s'il accepte de prendre le dossier, il doit aussitôt en aviser son confrère et ne peut continuer à recevoir clandestinement le client d'autrui.

C'est ainsi que, ne commet aucun manquement au principe de délicatesse, l'avocat qui rencontre un client, fût-ce dans un lieu public, avant de prendre la décision de l'assister ou non, sans en informer le (futur) prédécesseur dont il connaît le nom, l'avocat ayant seulement pour obligation, en cette matière, de ne pas dénigrer son confrère et de n'entreprendre aucune diligence avant d'avoir informé ce dernier de la substitution décidée par le client[7].

484.64 Mise en cause du prédécesseur. Il convient de rappeler également que le successeur ne saurait indûment mettre en cause le prédécesseur. Manque ainsi à la délicatesse et à la confraternité envers le prédécesseur, justifiant la sanction d'un blâme, un avocat qui avait mis en cause publiquement son prédécesseur, en se présentant, le lendemain de l'envoi d'une lettre demandant à son confrère s'il voyait un inconvénient à ce qu'il lui succédât dans la défense de ses clients, dans un article de presse illustré par sa photo et celle des clients, comme « le nouvel avocat des X » et en tenant, notamment, les propos suivant : « L'ancien avocat des parties civiles n'a manifestement pas assez insisté sur ce point », et ce, alors même qu'il ne connaissait rien du dossier au moment où il s'en est entretenu avec le journaliste, sinon par ce que lui en avaient dit ses clients[8].

Il en est de même de l'avocat qui adresse à son prédécesseur une lettre lui indiquant, notamment : « Quant au surplus, vous aurez largement le temps et le loisir de vous expliquer, puisque je suis chargé d'engager votre responsabilité tant pénale que civile. Enfin je vous conseille de prendre connaissance de mon livre "*Justice, Franc-maçonnerie Corruption*" »[9].

484.65 Concurrence déloyale. Il est interdit à un nouvel avocat d'user de manœuvres ou d'adopter un comportement contraire aux principes essentiels au détriment de son confrère pour parvenir à inciter un client a se détourner de ce dernier ou à se maintenir dans la défense des intérêts dudit client. En pareille hypothèse, l'avocat dessaisi est alors en droit d'engager à l'encontre de son successeur une action en concurrence déloyale[10], qui tend à faire sanctionner, sur le terrain d responsabilité civile, des actes contraires notamment à la loyauté, la confraternité, la délicatesse et la courtoisie qui s'imposent entre confrères, pour se voir allouer une indemnisation de son préjudice sur le fondement de l'article 1240 du code civil[11].

C'est alors la procédure de règlement des différends entre avocats dans le cadre de leur exercice professionnel qui est applicable[12].

B.
S'assurer du règlement des sommes restant dues à son prédécesseur

484.70 Plan. L'avocat saisi a pour obligation de tout mettre en œuvre afin d'obtenir règlement des sommes restant dues à l'avocat dessaisi (1°). Ces sommes s'entendent non seulement du paiement des honoraires, frais et débours de l'avocat mais aussi des sommes dues par ce dernier au titre de son obligation dite « ducroire » (2°).

1°
Principes

484.81 Règlement des sommes dues à l'avocat dessaisi. Le successeur doit s'enquérir des sommes qui pourraient rester dues à son prédécesseur[13]. Si

1. V. s^s n°s 422.131 s.
2. V. s^s n°s 484.81 s.
3. CNB, Comm. RU, avis n° 2006-059, 22 sept. 2006 ; C. avocat 2021, s^s L. 31 déc. 1971, art. 66-5, note 32.
4. Rennes, 18 déc. 1979, *Gaz. Pal.* 1980. 271, note A. Damien ; *in* DAMIEN, *Les grands arrêts*, 1991, p. 50 – V. s^s n°s 471.00 s.
5. V. s^s n°s 465.00 s.
6. Sur la sollicitation personnalisée adressée à des personnes ayant déjà un avocat, v. s^s n° 465.82
7. CD Paris, arr. 25 janv. 2011, n° 195024.
8. CD Paris, arr. 25 sept. 2001, n° 20.3197.
9. Versailles, 23 juin 2004, RG n° 13/2003 ; – SUR RENVOI DE : Civ. 1re, 16 déc. 2003, n°s 03-13.353, 03-14.649, P I, n° 256 ; *D.* 2004. 977, note B. Beignier ; *D.* 2004. 2826, obs. B. Blanchard ; *JCP* 2004. I. 117, n° 28, obs. R. Martin ; – CASSANT : Paris, 1re ch., sect. F, 2 avr. 2003, RG n° 02/16518.
10. V. s^s n°s 332.70 s.
11. Civ. 1re, 24 oct. 2019, n° 18-23.858, NP.
12. V. s^s n°s 822.00 s.
13. RIN, art. 9.3.

des sommes restent dues, il doit alors tout mettre en œuvre afin d'obtenir règlement des sommes restant dues à l'avocat dessaisi[1]. Cette obligation s'entend d'une obligation de moyens mais doit être effective[2]. Naturellement, si une procédure de contestation d'honoraires est pendante, cette obligation est suspendue jusqu'à l'issue de la contestation.

C'est ainsi que manque aux dispositions de l'article 9.3 du RIN, ainsi qu'au principe de confraternité, l'avocat qui se borne à inviter oralement son client à régler les honoraires de son prédécesseur puis s'en désintéresse, s'abstenant même de répondre à la relance de son confrère et critiquant les modalités selon lesquelles celui-ci avait géré le dossier[3].

484.82 Étendue de l'obligation. La notion de « sommes [...] dues à un confrère précédemment saisi du dossier »[4], s'entend non seulement du paiement des honoraires, frais et débours dus au prédécesseur, mais aussi de celui des honoraires, frais et débours dus aux avocats sollicités par le prédécesseur, dès lors que ce dernier en est ducroire en application de l'article 11.8 du RIN et qu'il doit se les faire rembourser auprès de son ancien client en tant que frais[5].

Il en est de même pour tout autre correspondant (huissier, notaire, expert, traducteur, professeur...) qui aura été consulté ou auquel aura été confiée une mission par le prédécesseur[6].

484.83 Consignation des honoraires. Dans un souci de confraternité[7], si le prédécesseur n'a pas été réglé de tous ses honoraires, s'il y a litige avec le client et si la solvabilité du client est incertaine, le barreau de Paris invite le nouvel avocat à inciter le client qui conteste le montant des honoraires demandés par le prédécesseur à faire consigner la somme sur un compte bâtonnier séquestre[8], et ce, d'autant plus qu'il percevrait des honoraires[9].

Mais, il s'agit ici d'une simple recommandation et non d'une obligation : la Cour de cassation a rappelé que le conseil de l'Ordre ne pouvait empêcher le nouvel avocat d'assurer la défense des intérêts de son client, ni mettre à sa charge les honoraires de l'avocat dessaisi, annulant ainsi les anciennes dispositions du RIH qui interdisaient à l'avocat successeur toute diligence tant que son confrère dessaisi n'avait pas été réglé de ses honoraires sauf autorisation du bâtonnier[10].

484.84 Information du bâtonnier quant aux paiements reçus. Le successeur qui reçoit du client un paiement, alors que des sommes restent dues à son prédécesseur, doit en informer le bâtonnier.

Cette obligation de l'avocat successeur envers le bâtonnier n'est pas destinée à faire connaître au prédécesseur le montant des honoraires perçus par son successeur mais uniquement à permettre au bâtonnier de rappeler au successeur son obligation de s'assurer du désintéressement de son prédécesseur. Le bâtonnier ne pourra qu'user de son influence sans pouvoir interdire à l'avocat de faire tel ou tel acte[11].

2°
Sort de l'obligation dite « ducroire »

484.91 Sort de l'obligation ducroire pour le passé[12]. Il convient de rappeler qu'aux termes de l'article 11.8 du RIN, l'avocat qui, ne se bornant pas à mettre en relation un client avec un autre avocat, confie un dossier à un autre avocat, ou le consulte, est personnellement tenu au paiement des honoraires, frais et débours dus à cet avocat au titre des prestations accomplies à sa demande par celui-ci[13]. Il s'évince de cet article que l'obligation dite « ducroire » pèse sur l'avocat ayant sollicité l'autre avocat, et ce, pour l'ensemble des prestations accomplies à sa demande[14].

Ces dispositions s'appliquent également dans les rapports entre un avocat et tout autre correspondant qui est consulté ou auquel est confiée une mission (huissier, professeur de droit, serrurier...)[15].

484.92 Non-transmission de l'obligation. Dès lors, si l'avocat mandant ou donneur d'ordre vient à être déchargé de sa mission, son successeur ne saurait être tenu pour ducroire des honoraires, frais et débours dus en exécution de missions confiées à des tiers par le prédécesseur et pour les prestations accomplies à la demande de ce dernier[16].

484.93 Sort de l'obligation ducroire pour l'avenir. En principe, dans l'hypothèse où le tiers sollicité par le prédécesseur poursuivrait sa mission pour le compte du successeur, les honoraires, frais et débours

1. Décr. n° 2005-790, 12 juill. 2005, art. 19 – RIN, art. 9.3.
2. Paris, avis n° 322096, 18 nov. 2020.
3. Paris, 1re ch., sect. F., 29 juin 2006, RG n° 2005/24131.
4. Décr. n° 2005-790, 12 juill. 2005, art. 19 – RIN, art. 9.3.
5. V. ss nos 743.32 s.
6. Paris, avis n° 242529, 23 juill. 2013 – Paris, avis n° 242592, 29 juill. 2013.
7. V. ss nos 335.00 s.
8. V. ss n° 483.134.
9. *Bull. barr. Paris* 2007, n° 1, p. 10.
10. Civ. 1re, 16 déc. 2003, n° 01-10.210, P I, n° 257 ; *D.* 2004. 394 ; *Gaz. Pal.* 2004. Somm. 586.
11. EN CE SENS : R. Martin, *Déontologie de l'avocat*, 10e éd., Litec, 2008, n° 53.
12. Paris, avis n° 242529, 23 juill. 2013 – Paris, avis n° 242592, 29 juill. 2013.
13. V. ss nos 743.32 s.
14. S'AGISSANT D'UNE cession de cabinet : Paris, pôle 2, ch. 1, 6 déc. 2017, RG n° 15/05304.
15. RIN, art. 11.8, al. 2 – V. ss n° 743.32.
16. Paris, avis n° 242529, 23 juill. 2013 – Paris, avis n° 242592, 29 juill. 2013.

afférents à la poursuite de cette mission ne constituent pas des « prestations accomplies à la demande du prédécesseur » l'ayant sollicité, et ne sauraient donc être intégrés dans l'obligation ducroire pesant sur ce dernier.

Il appartient toutefois au prédécesseur d'informer ses prestataires de son dessaisissement, et de les inviter à prendre contact avec son successeur[1].

484.94 **Ambiguïté.** Il peut aussi être considéré que le successeur ne saurait être tenu au titre de l'obligation dite « ducroire » pour les honoraires, frais et débours dus postérieurement à sa saisine, dès lors que cela implique qu'il « confie un dossier » au tiers précédemment sollicité par le prédécesseur à cet effet, conformément à l'article 11.8 du RIN. Cette question peut nécessiter une interprétation de la volonté des parties[2].

484.95 **Obligation du correspondant.** Il ne peut dès lors qu'être fortement recommandé, dans cette hypothèse, au tiers, notamment avocat, précédemment sollicité par le prédécesseur de demander par écrit au successeur, non seulement de bien vouloir lui confirmer la poursuite de sa mission, mais également de lui confirmer qu'il se portera ducroire de ses honoraires, frais et débours à venir[3].

En tout état de cause, il apparaît nécessaire que le tiers précédemment sollicité par le prédécesseur établisse une facture récapitulative des honoraires, frais et débours dus pour la période antérieure au dessaisissement au titre des prestations accomplies à la demande du prédécesseur.

484.96 **Facturation forfaitaire.** En cas de facturation forfaitaire, il y a lieu de considérer que l'obligation dite « ducroire » afférente au paiement du forfait pèse sur l'avocat ayant demandé la prestation, fait générateur de la facturation du forfait, peu importe que celle-ci ne soit pas achevée lors du dessaisissement de ce dernier.

Pour autant, il appartiendra, en principe, au tiers ainsi sollicité par le prédécesseur, de poursuivre la prestation pour laquelle il a facturé le forfait jusqu'à son terme avec le successeur[4].

C. Ne pas défendre son client contre son prédécesseur

484.101 **Procédure contre le prédécesseur.** L'avocat qui succède à un autre avocat ne peut défendre son client contre l'avocat dessaisi, sauf accord préalable du bâtonnier[5]. Cette restriction, édictée par l'alinéa 1er de l'article 19, alinéa 1er, du décret du 12 juillet 2005 et reprise par le premier alinéa de l'article 9.3, alinéa 1er, du RIN, ne méconnaît ni le principe de l'indépendance de l'avocat, ni le caractère libéral de la profession. Elle ne porte pas non plus atteinte à l'exercice des droits de la défense, ni à la liberté d'entreprendre, dès lors que le client qui entend satisfaire ses intérêts peut recourir à un autre avocat[6].

484.102 **Finalité de la règle.** Cette obligation est inspirée par les devoirs de délicatesse et de confraternité, ainsi que la nécessité d'assurer la protection du secret professionnel[7] et de préserver le principe d'indépendance.

484.103 **Étendue de la règle.** Elle interdit à l'avocat successeur de représenter son client et de défendre ses intérêts dans un litige contre l'avocat prédécesseur, qu'il s'agisse de la contestation de ses honoraires[8], de l'engagement de sa responsabilité professionnelle[9], d'une plainte pénale[10] ou de tout autre litige.

Cette interdiction est d'une portée générale et concerne l'intégralité des dossiers s'agissant d'un même et unique client, que les dossiers soient en cours ou clôturés[11], et ce, sauf accord préalable du bâtonnier. À Paris, aucune dérogation n'est accordée, sauf circonstances exceptionnelles dont il doit être dûment justifié[12].

484.104 **Successeur apparent.** Dès lors qu'un avocat s'est présenté comme successeur auprès d'un autre avocat, afin d'obtenir la transmission du dossier, il ne saurait ensuite agir à son encontre en prétendant avoir simplement souhaité prendre connaissance du dossier avant de se déterminer quant à la nature de la mission qu'il entendait exercer pour le compte du client[13].

Une telle attitude constitue, au surplus, un manquement avéré au principe de loyauté[14].

1. Paris, avis n° 242529, 23 juill. 2013 – Paris, avis n° 242592, 29 juill. 2013.
2. Paris, avis n° 242529, 23 juill. 2013 – Paris, avis n° 242592, 29 juill. 2013.
3. Paris, avis n° 242529, 23 juill. 2013 – Paris, avis n° 242592, 29 juill. 2013.
4. Paris, avis n° 242529, 23 juill. 2013 – Paris, avis n° 242592, 29 juill. 2013.
5. RIN, art. 9.3.
6. CE 15 nov. 2006, *Krikorian*, req. n° 283475, *Lebon T ; JCP* 2007. II. 10001, note R. Martin ; *JCP* 2007. I. 151, n° 2, obs. S. Bortoluzzi ; *RTD civ.* 2007. 67, obs. R. Encinas de Munagorri – V. ss nos 471.81 s.
7. V. ss nos 422.91 s. et 484.113 s.
8. V. ss nos 471.00 s.
9. V. ss nos 913.00 s.
10. V. ss nos 921.00 s.
11. CNB, Comm. RU, avis n° 2010-004, 16 avr. 2010 ; C. avocat 2021, ss décr. 12 juill. 2005, art. 19, note 4.
12. *Bull. barr. Paris* 2002, n° 10, p. 40.
13. Paris, avis n° 230417, 5 oct. 2012.
14. CD Paris, arr. 29 juill. 2014, n° 236965 – Paris, pôle 2, ch. 1, 10 sept. 2015, RG n° 14/21889 – Civ. 1re, 16 nov. 2016, n° 15 26.725, P ; *D.* 2016. 2412 ; *D. avocats* 2016. 343, obs. L. Dargent ; *Gaz. Pal.* 10 janv. 2017, p. 12, note D. Piau – V. ss nos 332.00 s.

484.105 **Portée.** La Cour de cassation rappelle, conformément à sa jurisprudence classique en la matière [1], que l'interdiction faite à l'avocat succédant à un autre, de défendre, sauf accord du bâtonnier, les intérêts de son client contre son prédécesseur, est une règle de nature déontologique, éventuellement passible de sanctions disciplinaires, et non un motif d'irrecevabilité de la procédure [2].

Ainsi, considère-t-elle que le fait d'être assisté dans une procédure de contestation d'honoraires par le successeur, ne porte pas atteinte à l'exigence du procès équitable, dès lors que le prédécesseur avait pu présenter sa cause devant le premier président, dans des conditions ne le plaçant pas dans une situation de « net désavantage » par rapport à son adversaire, et ayant permis d'assurer le respect du principe de l'égalité des armes [3].

Mais sur le plan disciplinaire, l'avocat qui assiste son client dans un contentieux d'honoraires à l'encontre de son prédécesseur, méconnaît les règles en matière de succession d'avocat et s'expose à une sanction disciplinaire pour violation manifeste des principes essentiels, faute de respecter notamment le principe de délicatesse dû envers le confrère auquel il succède [4].

§ 2
Obligations de l'avocat dessaisi

484.111 **Restitution du dossier.** L'avocat dessaisi doit transmettre, sans délai, « tous les éléments nécessaires à l'entière connaissance du dossier » [5] de façon à ne pas nuire à la défense des intérêts du client dont il avait la charge [6].

Il ne peut, sauf cas particulier du droit de rétention en matière de saisie immobilière, partage, licitation et sûretés judiciaires pour le paiement du tarif [7], exercer aucun droit de rétention sur celui-ci, en ce compris les pièces de procédure [8].

484.112 **Dossier transmis.** Les éléments à transmettre par le prédécesseur au successeur s'entendent de l'ensemble des éléments nécessaires à l'entière connaissance du dossier [9]. Le dossier doit ainsi comporter l'ensemble des pièces de procédure, ainsi que les documents remis par le client au soutien de sa demande [10]. Il doit également comporter la communication des pièces faite par l'adversaire, les consultations, études, jurisprudences, les lettres qualifiées d'officielles... [11]. De même, les consultations demandées à des professeurs et dont les honoraires ont été réglés par le client doivent être transmises avec le dossier.

La restitution du dossier s'entend également de celle du solde du sous-compte Carpa du client [12].

484.113 **Cote « correspondances ».** La cote « correspondances » pose une difficulté particulière s'agissant des correspondances échangées avec d'autres avocats ou adressées à des tiers. Elles ne devraient pas, en principe, être transmises, dès lors qu'elles sont la propriété du confrère et, pour certaines, couvertes par la confidentialité des correspondances entre avocats [13].

Toutefois, elles sont souvent nécessaires à la compréhension du dossier, telles que des échanges ayant eu lieu dans le cadre de pourparlers confidentiels, ou des échanges ayant eu lieu entre confrères dans le cadre de l'exécution d'une décision. Il en découle que, dès lors qu'elles sont présumées nécessaires à l'entière connaissance du dossier par le successeur, les correspondances échangées entre l'avocat auquel il est succédé et l'avocat adverse, doivent être communiquées dans le cadre de la transmission du dossier [14]. Le successeur sera alors, naturellement, soumis aux règles de confidentialité de son prédécesseur, notamment à l'égard du client [15], lequel ne saurait en aucun cas réclamer la restitution de la correspondance échangée avec le confrère adverse et même en prendre connaissance [16].

1. V. s[s] n°s 312.51 s.
2. Civ. 2e, 21 oct. 2010, n° 09-12.078, P II, n° 172 ; *D.* 2010. Actu. 2590 ; *D. actu.* 5 nov. 2010, obs. V. Avena-Robardet ; *JCP* 2010. 253, note J.-M. Brigant ; *Gaz. Pal.* 13-15 mars 2011, p. 13, note Y. Avril – Civ. 2e, 3 mars 2011, n° 10-14.443, NP.
3. Civ. 2e, 27 mars 2003, n° 01-15.410, P II, n° 78 ; *D.* 2003. 1076.
4. CNB, Comm. RU, avis n° 2010-004, 16 avr. 2010 ; C. avocat 2021, s[s] décr. 12 juill. 2005, art. 19, note 4.
5. RIN, art. 9.2.
6. Décr. n° 2005-790, 12 juill. 2005, art. 14 – Civ. 2e, 9 oct. 2008, n° 07-12.174, P II, n° 205 ; *D.* 2008. AJ 2605 ; *JCP* 2009. I. 150, n° 20, obs. Ph. Simler et Ph. Delebecque.
7. C. com., art. R. 444-15 – V. s[s] n° 722.62.
8. RIN, art. 9.2. – CNB, Comm. RU, avis n° 2006-011, 28 févr. 2006 ; C. avocat 2021, s[s] décr. 12 juill. 2005, art. 14, note 1 – Reims, 18 déc. 1979 ; *Gaz. Pal.* 1980. I. 275, note A. Damien – Civ. 1re, 5 juill. 2017, n° 16-21.768, P ; *Gaz. Pal.* 25 juill. 2017, p. 26, obs. C. Berlaud ; *JCP* 2017. 857.
9. CD Paris, arr. n° 234640, 29 avr. 2014 – CD Paris, arr. n° 258822, 19 juill. 2016 – CD Paris, arr. n° 278187, 11 juill. 2017.
10. CNB, Comm. RU, avis n° 2005-015, 15 mars 2005 ; C. avocat 2021, s[s] décr. 12 juill. 2005, art. 19, note 8.
11. V. s[s] n°s 422.131 s.
12. CD Paris, arr. 8 nov. 2005, n° 23.6190 – Paris, 1re ch., sect. F, 27 janv. 2005, RG n° 04/14394 – Paris, pôle 2, ch. 1, 27 avr. 2017, RG n° 16/23028 – V. s[s] n°s 483.171 s., 484.192 et 732.122 s.
13. V. s[s] n°s 422.00 s.
14. CNB, Comm. RU, avis n° 2003-029, 29 oct. 2003.
15. CNB, Comm. RU, avis n° 2011-011, 31 mars 2011 ; C. avocat 2021, s[s] L. 31 déc. 1971, art. 66-5, note 39 – V. s[s] n°s 422.91 s.
16. V. s[s] n°s 422.91 s.

484.114 **Dossier pénal.** L'avocat prédécesseur ne saurait se retrancher derrière le fait que son successeur serait en mesure d'obtenir l'entier dossier par ses propres moyens [1] pour refuser de lui transmettre l'entier dossier en sa possession.

C'est ainsi qu'a été jugée comme étant contraire aux principes de délicatesse, de loyauté et de confraternité, en ce qu'elle était de nature à compromettre l'exercice des droits de la défense à quelques jours du début d'une session d'assises, la rétention de dossier pratiquée par l'avocat qui refuse de transmettre au confrère lui succédant les pièces d'un dossier pénal, au seul motif qu'il avait prétendument payé les pièces de ce dossier (alors qu'une attestation de remise à titre gratuit émanant du greffier de la cour d'assises figure au dossier disciplinaire) et que son confrère pouvait se procurer le dossier sans frais au greffe [2].

484.115 **Délai de remise du dossier.** La remise du dossier au successeur doit être effectuée sans délai. Dès lors que l'avocat a été contacté par son successeur, il doit faire parvenir l'entier dossier à ce dernier et non au client, ce qui serait alors un manquement à la délicatesse [3].

C'est ainsi que méconnaît les obligations qui s'imposent au prédécesseur, l'avocat qui met plus de neuf mois [4], ou encore plus de dix mois à transmettre le dossier à son successeur en n'apportant d'autre explication que le fait qu'il était débordé et inorganisé, [5] ou encore plus de vingt mois [6].

484.116 **Modalités de transmission.** Afin d'éviter tout incident ultérieur, et de pouvoir apporter la preuve de la transmission du dossier [7], il est recommandé de transmettre les pièces sous bordereau en double exemplaire. L'un des exemplaires sera retourné revêtu de la signature du nouvel avocat à son prédécesseur.

L'avocat dessaisi se doit de conserver par-devers lui une copie du dossier en cas de litige ultérieur, notamment en matière d'honoraires ou de responsabilité civile professionnelle, mais il doit impérativement transmettre à son successeur les pièces en original en mentionnant expressément leur qualité d'original sur le bordereau de transmission.

Il peut, si le dossier est volumineux, inviter son successeur à venir recueillir le dossier à son cabinet, mais en principe, c'est au prédécesseur qu'il appartient de prendre en charge l'acheminement et les frais afférents de l'entier dossier à son successeur. Il lui sera toutefois possible de refacturer les frais, y compris d'éventuelles photocopies, à son client, ce point méritant d'être précisé par prudence dans la convention d'honoraires [8] ou les conditions générales de prestation de services [9].

484.117 **Devoir de prudence.** Il convient d'être extrêmement prudent lorsque l'on succède à un avocat afin de s'assurer, avant d'accepter le dossier du client, d'avoir tous les éléments en main, notamment quant à l'état de la procédure en cours et aux échéances à venir.

Il est ainsi imprudent pour un avocat d'accepter un dossier alors qu'une clôture est intervenue, ou lorsque le délai pour conclure à peine de caducité de la déclaration d'appel ou d'irrecevabilité des conclusions, expire à une date rapprochée.

484.118 **Faute déontologique.** La cour d'appel de Paris a considéré que le défaut de transmission d'un dossier, ou des seules écritures prises dans l'intérêt du client en l'attente du paiement des honoraires dus [10], à son successeur en dépit de ses demandes répétées, ainsi que l'absence de réponse aux sollicitations du bâtonnier, sont constitutifs d'une faute déontologique justifiant qu'une sanction disciplinaire soit prononcée [11].

En réalité, tout dépendra d'une appréciation, au cas par cas, des circonstances et conditions dans lesquelles se sera déroulée la succession, et d'éventuels autres manquements, notamment aux principes de délicatesse, de modération et de loyauté, qui pourraient être caractérisés à cette même occasion [12].

§ 3
Obligations spécifiques en cas d'aide juridictionnelle

484.120 **Plan.** Lorsqu'une le client bénéficie de l'aide juridictionnelle, les obligations générales en cas de succession entre avocats s'appliquent (A). Toutefois, la contribution de l'État étant versée au dernier avocat intervenant, il lui appartient de la partager avec son prédécesseur (B), sauf renonciation expresse du client à l'aide juridictionnelle (C), ces règles s'appliquant même en cas de désignation ou commission d'office (D).

1. V. s[s] n°s 416.91 s.
2. Paris, 1re ch., sect. F, 26 févr. 2003, n° 2002/13074.
3. CD Paris, arr. 19 déc 2001, n° 21.2107.
4. Paris, 1re ch., sect. F, 27 nov. 2002, RG n° 2002/12918.
5. CD Paris, arr. 28 mai 2002, n°s 98.5628, 99.4342 – CD Paris, arr. 29 avr. 2014, n° 214283 – CD Paris, arr. 16 juin 2015, n° 245919.
6. Paris, pôle 2, ch. 1, 27 janv. 2011, RG n° 10/08319.
7. CD Paris, arr. 22 nov. 2016, n° 273460.
8. Paris, avis n° 285839, 25 janv. 2017 – V. s[s] n°s 713.00 s.
9. V. s[s] n°s 712.161 s.
10. Paris, pôle 2, ch. 1, 19 nov. 2020 ; RG n° 18/27657.
11. Paris, 1re ch., sect. F, 25 févr. 2004, RG n° 2003/17586.
12. CD Paris, arr. 23 févr. 2016, n°s 268869, 250949. – CD Paris, arr. 15 mars 2016, n° 264645 – CD Paris, arr. 19 juill. 2016, n° 258822.

A. Propos liminaires

484.131 **Application du droit commun.** Sous réserve des spécificités qui suivent, l'ensemble des règles applicables en cas de succession entre avocats est également applicable en cas succession entre avocats dans le cadre de l'aide juridictionnelle [1].

484.132 **Dessaisissement de l'avocat intervenant au titre de l'aide juridictionnelle.** Le seul exercice de la liberté de choix de son avocat par le bénéficiaire de l'aide juridictionnelle ne saurait valoir en soi renonciation rétroactive du client au bénéfice de l'aide juridictionnelle [2] : en principe le nouvel avocat qui accepte un client bénéficiaire de l'aide juridictionnelle intervient lui-même à l'aide juridictionnelle dans la continuité de la mission précédente, et ne saurait percevoir d'autres rémunérations que la contribution due au titre de l'aide juridictionnelle [3].

Le règlement intérieur d'un barreau ne saurait dès lors prévoir la renonciation rétroactive à l'aide juridictionnelle du bénéficiaire qui substitue ou associe un autre avocat [4].

484.133 **Obligations de l'avocat saisi.** L'avocat qui succède à un confrère intervenant au titre de l'aide juridictionnelle doit informer de son intervention son confrère précédemment mandaté, le bureau d'aide juridictionnelle et le bâtonnier [5].

B. Succession d'avocats à l'aide juridictionnelle

484.141 **Succession d'avocats à l'aide juridictionnelle pour raison légitime.** Si l'avocat nouvellement choisi n'a pas fait renoncer le client à l'aide juridictionnelle, ou lorsqu'un nouvel avocat est remplacé pour raison légitime par un autre avocat pour intervenir au titre de l'aide juridictionnelle [6], y compris lorsque le remplacement a lieu au cours de pourparlers transactionnels, il n'est dû qu'une seule contribution de l'État pour l'ensemble de la procédure.

484.142 **Partage de la contribution.** Cette contribution est versée au dernier avocat intervenant [7], à charge pour lui de la partager avec le ou les autres avocats précédemment intervenus dans le dossier au titre de l'aide juridictionnelle [8], dans une proportion que les avocats doivent déterminer entre eux, généralement en fonction de la part des diligences effectuées par chacun des avocats [9].

C. Renonciation du client à l'aide juridictionnelle

484.151 **Obligations de l'avocat saisi.** L'avocat qui succède à un confrère intervenant au titre de l'aide juridictionnelle ne peut réclamer des honoraires à son client que si ce dernier a expressément renoncé, de préférence par écrit, au bénéfice de l'aide juridictionnelle [10].

Il lui appartient, préalablement à la renonciation, informer son client des conséquences de cette renonciation quant à la cessation des effets de l'aide juridictionnelle [11] et la nécessité de convenir d'une convention d'honoraires afin de déterminer la rémunération qui lui sera due [12].

484.152 **Conséquence de la renonciation à l'aide juridictionnelle.** Dès lors que l'avocat nouvellement choisi fait renoncer le client à l'aide juridictionnelle, cette renonciation n'est pas rétroactive. Il en découle que l'avocat dessaisi qui était intervenu au titre de l'aide juridictionnelle ne saurait en aucun cas solliciter une rémunération sur la base d'une convention d'honoraires ou dans les conditions prévues par l'article 10 de la loi du 31 décembre 1971 [13] : pour la cour de cassation, l'avocat désigné au titre de l'aide juridictionnelle n'ayant pas mené sa mission jusqu'à son terme ne peut pas prétendre à la perception d'honoraires s'il n'est pas justifié que son client avait renoncé rétroactivement au bénéfice de l'aide juridictionnelle [14].

Il ne devrait donc avoir droit qu'à la seule contribution prévue au titre de l'aide juridictionnelle pour les diligences accomplies jusqu'à son dessaisissement [15].

1. V. s^s^ n°s 484.61 s.
2. Civ. 2e, 15 févr. 2007, n° 05-16.244, NP – Civ. 2e, 3 juill. 2008, n° 07-13.036, P II, n° 159 ; *D.* 2008. 2086.
3. Civ. 1re, 1er juin 1999, n° 96-20.406, P I, n° 179 ; *D.* 1999. 197 – V. s^s^ n° 751.441
4. Civ. 2e, 4 avr. 2005, n° 93-10.818, P I, n° 156.
5. Décr. n° 2005-790, 12 juill. 2005, art. 19 – RIN, art. 9.
6. V. s^s^ n°s 472.260 s.
7. Rép. min., QE n° 7916, 24 nov. 1986 ; *JCP* 1987. IV. 13.
8. Civ. 2e, 11 févr. 2010, n° 09-65.078, NP.
9. V. s^s^ n°s 484.201 s.
10. Décr. n° 2005-790, 12 juill. 2005, art. 19 – RIN, art. 9.
11. RIN, art. 9.3.
12. V. s^s^ n°s 713.00 s.
13. Civ. 2e, 16 nov. 2006, n° 04-20.662, NP – Civ. 2e, 21 déc. 2006, n° 04-19.789, NP – Civ. 2e, 15 févr. 2007, n° 05-16.244, NP – Civ. 2e, 3 juill. 2008, n° 07-13.036, P II, n° 153 ; *D.* 2008. 2086 – Civ. 2e, 11 févr. 2010, n° 09-65.210, NP – Civ. 2e, 11 févr. 2010, n° 09-65.078, NP – Civ. 2e, 12 juin 2014, n° 13-15.579, NP.
14. Civ. 2e, 14 juin 2018, n° 17-21.318, P ; *D.* 2018. 1317 ; *D. actu.* 9 juill. 2018, note J.-D. Pellier ; *JCP* 2018. 1023, n° 18, obs. F. G'sell – Civ. 2e, 5 juill. 2018, RG n° 17-22.029, NP ; *JCP* 2018. 1023, n° 18, obs. F. G'sell – Civ. 2e, 22 nov. 2018, n° 17-28.997, NP.
15. Civ. 1re, 1er juin 1999, n° 96-20.406, P I, n° 179 ; *D.* 1999. 197 – Civ. 2e, 21 déc. 2006, n° 04-19.789, NP ; *JCP* 2007. I. 174, n° 26, obs. R. Martin – Aix-en-Provence, 20 janv. 2010, RG n° 09/12203 – V. s^s^ n°s 751.271 s.

484.153 **Fixation de la contribution.** Toutefois, comme il n'a pas achevé sa mission, il ne pourra pas obtenir l'attestation de mission qui conditionne en principe le paiement de l'aide juridictionnelle [1].

Sa contribution devrait alors être, en principe, fixée par le président de la juridiction saisie en application de l'article 110 [2] du décret du 28 décembre 2020. Ce dernier devrait rendre, à la demande de l'avocat, une ordonnance lui accordant un montant d'UV correspondant au travail qu'il a effectué dans le dossier.

484.154 **Clause de dessaisissement.** Il nous semble également possible, comme semble l'y inviter les arrêts rendus par la cour de cassation en 2018 [3], de prévoir dans le cadre d'une convention d'honoraire, une clause de dessaisissement, aux termes de laquelle : « Si le client change d'avocat et règle des honoraires librement convenus avec son nouveau conseil, sans reprise par ce dernier de l'aide juridictionnelle, avant ou pendant l'instance, il est alors acté que le client renonce expressément et rétroactivement au bénéfice de l'aide juridictionnelle et une facturation sera établie en fonction des diligences accomplies ».

Dans ce cas, l'avocat dessaisi et dont le client aurait renoncé au bénéfice de l'aide juridictionnelle avec son nouvel avocat pourrait percevoir des honoraires suivant les conditions de droit commun.

D.
Désignations et commissions d'office

484.161 **Dessaisissement de l'avocat en matière de commission d'office.** Il n'existe pas de règle particulière s'agissant des désignations ou commissions d'office [4] faisant que lorsqu'un avocat succède à un autre en la matière, avant que le prédécesseur n'ait été en mesure d'achever sa mission, il convient d'appliquer les dispositions précitées dès lors que le client peut être bénéficiaire de l'aide juridictionnelle.

Par conséquent, il appartient à l'avocat dessaisi de déposer, si cela n'a pas déjà été fait, un dossier de demande d'aide juridictionnelle pour le compte du client qu'il a assisté [5]. Dès lors, de deux choses :

- soit le client est éligible au bénéfice de l'aide juridictionnelle, et l'on procédera comme en matière d'aide juridictionnelle, avec, suivant les cas, soit une fixation de la contribution par le président de la juridiction [6], soit un partage de celle-ci entre les avocats par le bâtonnier [7] ;

- soit le client n'est pas éligible au bénéfice de l'aide juridictionnelle, et il appartiendra alors à l'avocat dessaisi de solliciter le paiement de ses honoraires, frais et débours, suivant le droit commun applicable en la matière, en les faisant, le cas échéant, fixer par le bâtonnier [8].

§ 4
Traitement des difficultés en matière de successions entre avocats

484.170 **Plan.** La succession d'avocats dans un même dossier peut entraîner des difficultés dans la transmission du dossier au successeur (A), lors du règlement de ses honoraires (B) ou du partage de la contribution à l'aide juridictionnelle (C).

A.
Transmission du dossier au successeur

484.181 **Visite domiciliaire.** La question de la transmission des dossiers, parfois urgente, notamment dans le cadre d'une procédure d'appel, peut être difficile à gérer lorsque l'avocat dessaisi, soit persiste dans une rétention abusive du dossier, soit n'est plus joignable ou ne répond à aucune demande. Le bâtonnier ne dispose d'aucun pouvoir d'injonction en la matière [9], simplement de recommandation, et en cas de non-respect de ces recommandations, l'avocat peut faire l'objet de poursuites disciplinaires relativement aux conditions dans lesquelles s'est déroulée la succession.

Il demeure toutefois possible pour le bâtonnier, sur le fondement des pouvoirs propres, distincts de toute procédure disciplinaire, qu'il détient en matière d'enquête déontologique, de faire procéder par son délégué ou de procéder lui-même à une visite domiciliaire au cabinet de l'avocat, dès lors que cette visite constitue la seule manière d'obtenir les informations nécessaires et la restitution des dossiers, ce qui, a eu l'occasion de préciser la Cour de cassation, « loin d'être critiquable, constitu[e] pour le bâtonnier un impérieux devoir » [10].

1. V. s^s n°s 751.482 s.
2. Décr. n° 2020-1717, 28 déc. 2020, art. 110.
3. Civ. 2e, 14 juin 2018, n° 17-21.318, P ; *D.* 2018. 1317 ; *D. actu.* 9 juill. 2018, note J.-D. Pellier ; *JCP* 2018. 1023, n° 18, obs. F. G'sell – Civ. 2e, 5 juill. 2018, RG n° 17-22.029, NP ; *JCP* 2018. 1023, n° 18, obs. F. G'sell – Civ. 2e, 22 nov. 2018, n° 17-28.997, NP.
4. V. s^s n°s 472.21 s. et 751.491.
5. V. s^s n° 751.204.
6. Décr. n° 2020-1717, 28 déc. 2020, art. 110 – V. s^s n° 484.153.
7. Décr. n° 2020-1717, 28 déc. 2020, art. 89 – V. s^s n°s 484.201 s.
8. V. s^s n°s 741.00 s. et 751.491.
9. Civ. 1re, 28 avr. 1998, n° 95-22242, P I, n° 154 ; *D.* 1998. 131 – V. s^s n°s 511.371 s.c
10. Civ. 1re, 17 oct. 2012, n° 11-17.999, P I, n° 203 ; *D.* 2012. 2528 ; *D.* 2013. 136, obs. Th. Wickers ; *Gaz. Pal.* 2-6 nov. 2012, p. 17, note Y. Avril ; *D. avocats* 2013. 26, obs. G. Royer – v. s^s n°s 511.303 s.

484.182 **Décision du bâtonnier.** Les dispositions de l'article 19 du décret du 12 juillet 2005 précisent que les difficultés relatives à la rémunération de l'avocat initialement saisi ou à la restitution par ce dernier des pièces du dossier sont soumises au bâtonnier.

Mais s'il échoue dans sa mission de conciliation, il convient de recourir à la procédure de règlement des différends entre avocats dans le cadre de leur exercice professionnel[1], comme prévu à l'article 21, alinéa 3, de la loi du 31 décembre 1971, dès lors que tout différend entre avocats à l'occasion de leur exercice professionnel est, en l'absence de conciliation, soumis au bâtonnier[2]. La décision du bâtonnier peut être déférée à la cour d'appel par l'une des parties[3].

B. Honoraires de l'avocat dessaisi

484.191 **Honoraires.** L'avocat dessaisi, non réglé du montant de ses honoraires, doit saisir le bâtonnier « à bref délai » d'une demande de fixation de ses honoraires en application des dispositions des articles 174 et suivants du décret du 27 novembre 1991[4], en lui remettant une réclamation d'honoraires détaillée avec justificatifs. La notion de « bref délai » n'est pas précisée, mais il est fortement conseillé, dès lors que l'on a été dessaisi d'un dossier, de ne pas tarder à introduire une procédure au demeurant extrêmement simple[5].

En cas de conflit sur le montant des honoraires restant dus à l'avocat dessaisi, si le client veut s'assurer le concours d'un avocat, il ne peut en aucun cas prendre comme avocat le successeur. Il convient de rappeler que le dessaisissement rend inefficaces les conventions d'honoraires, sauf clauses expresses contraires prévues dans la convention d'honoraires[6].

484.192 **Mesures conservatoires.** L'avocat dessaisi d'un dossier, tout comme celui qui se décharge de sa mission, peut légitimement craindre des difficultés en vue de recouvrer les honoraires qui lui resteraient dus de la part de son ancien client.

Il lui est possible de prendre toute mesure conservatoire dans le cadre des procédures de droit commun[7]. Mais il ne peut pas exercer de sa propre initiative un « droit de rétention » sur les fonds dont il dispose sur son compte Carpa pour le compte de son client[8].

C. Partage de contribution à l'aide juridictionnelle

484.201 **Modalités de partage.** Les difficultés relatives au partage de la contribution due au titre de l'aide juridictionnelle, dès lors que les avocats ne sont pas arrivés à se mettre d'accord sur les conditions du partage de la contribution versée au second (ou dernier) avocat[9], sont soumises au bâtonnier[10].

Il appartient alors au bâtonnier de rendre une décision, ou, lorsque les avocats appartiennent à des barreaux différents, de prendre une décision conjointe avec le ou les bâtonniers dont relèvent le ou les autres avocats[11].

484.202 **Procédure.** Les textes sont sibyllins sur la procédure à mettre en œuvre, qui n'est pas celle du règlement des différends entre avocats dans le cadre de leur exercice professionnel, et sur ce qu'il convient de faire dans l'hypothèse où les bâtonniers n'arrivent pas à se mettre d'accord pour prendre une décision conjointe. Aucune condition de forme n'est prévue.

Il n'est toutefois pas douteux que la décision du ou des bâtonniers doive respecter le principe du contradictoire, et l'article 6 de la Conv. EDH, faisant qu'il appartient au bâtonnier de solliciter, au moins, un échange contradictoire entre les avocats en cause quant à leurs positions respectives. Le ou les bâtonniers rendront ensuite une décision.

484.203 **Voie de recours.** Aucune voie de recours contre la décision du bâtonnier n'a été prévue. Pour autant, et même si au regard des montants en jeu l'hypothèse demeure, en l'état du niveau dérisoire des contributions à l'aide juridictionnelle, assez théorique, il y a tout lieu de penser que s'agissant d'une décision faisant nécessairement grief, cette dernière doit naturellement pouvoir faire l'objet d'un recours effectif qui devrait être la voie de l'appel suivant la procédure d'appel avec représentation obligatoire[12] dans les conditions de droit com-

1. Sur la procédure de règlement des différends, v. s^s n°s 822.00 s.
2. Sur la restitution du dossier au client en l'absence de successeur, v. s^s n°s 484.217 s.
3. Civ. 2e, 10 juin 2010, n° 08-21.561, P II, n° 110 ; *D.* 2010. 1566 ; *D.* 2010. Chron. C. cass. 2105, obs. J.-M. Sommer et L. Leroy-Gissinger ; *D.* 2011. 552, obs. B. Blanchard ; *JCP* 2010. 1068, n° 4, obs. S. Bortoluzzi.
4. RIBP, art. P. 9.0.3.
5. V. s^s n°s 741.21 s.
6. Civ. 2e, 4 juill. 2007, n° 06-14.555, P II, n° 186 ; *D.* 2007. 2110, obs. V. Avena-Robardet ; *D.* 2008. 944, obs. B. Blanchard Sur les clauses de dessaisissement, v. s^s n°s 713.361 s.
7. V. s^s n°s 732.122 s.
8. V. s^s n°s 483.171 s.
9. V. s^s n°s 484.141 s.
10. Décr. n° 2020-1717, 28 déc. 2020, art. 89.
11. Décr. n° 2020-1717, 28 déc. 2020, art. 89.
12. C. pr. civ., art. 527 et 899 s.

mun[1], faute de procédure particulière prévue par les textes[2].

Cela n'est pas satisfaisant, et il serait souhaitable que cette procédure soit en réalité soumise au processus de règlement des différends entre avocats dans le cadre de leur exercice professionnel des articles 179-1 et suivants du décret du 27 novembre 1991[3].

SECTION 3
RESTITUTION DU DOSSIER AU CLIENT

484.211 **Principe.** Les règles qui suivent présentent un caractère subsidiaire par apport à celles relatives à la succession d'avocats dans un dossier[4], lorsque l'avocat est déchargé d'une mission et qu'un nouvel avocat s'est fait connaître pour reprendre le dossier, il y aura lieu d'appliquer impérativement les règles relatives à la succession entre avocats dans un dossier[5].

À défaut de successeur désigné, ainsi que lorsque sa mission est terminée, l'avocat doit restituer à son client les pièces dont il est dépositaire, et ce sans délai et sans pouvoir, sauf cas particulier du droit de rétention en matière de saisie immobilière, partage, licitation et sûretés judiciaires pour le paiement du tarif[6], exercer un quelconque droit de rétention[7].

484.212 **Restitution du dossier au client.** Tant les pièces de fond, y compris les pièces adverses, que les actes de procédure constituent les éléments d'un même dossier qui est la propriété du client et non celle de l'avocat, tous les originaux des pièces devant être restitués.

En cas de remise du dossier au client, il est recommandé à l'avocat dessaisi dans la mesure du possible de remettre le dossier en établissant un bordereau portant décharge.

484.213 **Pièces de procédure.** Par ailleurs, en ce qui concerne les pièces de procédure, il convient de faire une distinction selon que la procédure est pendante devant une juridiction où la constitution est obligatoire ou devant une juridiction où elle n'existe pas.

Lorsqu'il s'agit d'une procédure avec représentation obligatoire, l'avocat reste constitué jusqu'à la constitution en ses lieux et place d'un confrère ultérieurement choisi[8]. Il doit donc conserver les pièces de procédure jusqu'à l'intervention d'un nouvel avocat, sauf à remettre à son ancien client la photocopie de ces pièces. Dans les autres cas, les pièces de procédure doivent être jointes au dossier restitué.

484.214 **Cote correspondance.** La cote correspondance demeure la propriété de l'avocat et ne doit en aucun cas être restituée au client, notamment s'agissant des correspondances entre avocats qui sont couvertes par la confidentialité des correspondances entre avocats, laquelle est opposable au client[9].

484.215 **Dossier de plaidoirie.** Il est de pratique courante qu'après la plaidoirie et en fin des débats, l'avocat remette au magistrat le dossier qu'il a préparé et utilisé pour sa plaidoirie, mais ces notes de plaidoirie ne constituent pour lui qu'une méthode de travail, un moyen de classement des pièces et l'avocat n'a de ce chef aucune obligation professionnelle, ni d'en établir, ni de les remettre, ni de justifier au client de leur établissement, encore moins de les lui confier[10].

484.216 **Vol du dossier par le client.** À partir du moment où le client a dessaisi son avocat, celui-ci n'est plus dépositaire du dossier de son client, où plus précisément des éléments de ce dossier revenant au client, il ne saurait être reproché au client de venir en personne récupérer son dossier au cabinet de son avocat, sauf à ce qu'en emportant le dossier le client prenne possession d'éléments devant rester à l'avocat, telles que les correspondances entre avocats.

C'est ainsi que dans une affaire où une cliente était venue rechercher son dossier, elle était poursuivie, suite à une plainte de son avocat, et condamnée pour avoir, « frauduleusement soustrait le dossier professionnel concernant sa procédure de divorce », et condamnée à une amende de 1 000 euros avec sursis. Saisie d'un pourvoi, la Cour de cassation casse l'arrêt de la cour d'appel au motif qu'en se déterminant ainsi, sans répondre aux conclusions la cliente qui invoquait les dispositions, alors applicables, de l'article 157 du décret du 27 novembre 1991 prescrivant à l'avocat de restituer sans délai les pièces dont il est dépositaire lorsque l'affaire est terminée ou qu'il en est déchargé, ni rechercher quelles pièces appartenant à l'avocat avaient pu être

1. IMPLICITEMENT : Civ. 2e, 10 juin 2010, no 08-21.561, P II, no 110 ; *D.* 2010. 1566 ; *D.* 2010. Chron. C. cass. 2105, obs. J.-M. Sommer et L. Leroy-Gissinger ; *D.* 2011. 552, obs. B. Blanchard ; *JCP* 2010. 1068, no 4, obs. S. Bortoluzzi.
2. Décr. no 91-1197, 27 nov. 1991, art. 277.
3. V. ss nos 822.00 s.
4. V. ss nos 484.40 s.
5. V. ss nos 484.61 s.
6. C. com., art. R. 444-15 – V. ss no 722.62.
7. CNB, Comm. RU, avis no 2006-011, 28 févr. 2006 ; C. avocat 2021, ss décr. 12 juill. 2005, art. 14, note 1.
8. V. ss nos 484.31 s.
9. V. ss nos 422.81 s. et s'agissant de la succession entre avocats v. ss nos 484.113 s.
10. Civ. 1re, 2 avr. 1963, P I, no 199 ; *D.* 1963. 439 ; *in* DAMIEN, *Les grands arrêts*, 1991, p. 90.

frauduleusement soustraites par la prévenue, la cour d'appel n'avait pas caractérisé les motifs propres à justifier la décision [1].

484.217 Litige relatif à la non-restitution des pièces – Compétence du bâtonnier. La question de la restitution des pièces du dossier au client est réglée par l'article 14 du décret du 12 juillet 2005 qui prévoit que les contestations concernant la restitution des pièces sont réglées suivant la procédure prévue en matière de montant et de recouvrement des honoraires [2].

Ainsi, les difficultés relatives la non-restitution des pièces par l'avocat à son client sont tranchées par le bâtonnier suivant la procédure prévue en matière de fixation des honoraires [3]. Il appartient au demandeur d'apporter toutes les informations utiles et précises sur les dossiers concernés, leur nature, leur état procédural, ainsi que, le cas échéant, quant aux pièces remises à l'avocat [4].

484.218 Dualité procédurale – Compétence du juge des référés. L'article ne vise que les « pièces dont l'avocat est dépositaire » et ne semble pas s'étendre à l'entier dossier restituable. C'est ainsi qu'une cour d'appel a pu considérer que si le client était fondé à solliciter devant la juge de l'honoraire la restitution des pièces qu'il a personnellement confiées à son avocat, il ne peut en revanche demander la restitution des pièces adverses, ou des minutes et copies exécutoires des décisions intervenues... : seules les pièces qu'il a personnellement confiées à son avocat peuvent lui être restituées [5].

Une autre cour d'appel [6] a par ailleurs confirmé une ordonnance en référé qui avait condamné un avocat à transmettre sous astreinte « l'entier dossier [...] et, en tant que de besoin, les pièces afférentes à une troisième procédure » [7]. Il semble ressortir de cette jurisprudence que seules les pièces confiées par le client peuvent être restituées dans le cadre de la procédure précitée, le juge de droit commun étant compétent pour tout litige relatif à la restitution de l'ensemble du dossier.

En réalité, la plénitude de compétence du juge des référés n'apparaît guère contestable, dès lors que le bâtonnier ne dispose pas de pouvoir propre en la matière et, en tout état de cause, ne peut pas rendre de décision exécutoire [8].

SECTION 4
Encadrement de la relation avec le client

484.220 Plan. Il est possible d'encadrer la responsabilité de l'avocat (§ 1) ou d'aménager plus globalement la relation avec le client par le biais de diverses conventions (§ 2).

§ 1
Encadrement de la responsabilité de l'avocat

484.231 Notification de la prescription. Lorsqu'il met un terme à sa mission, l'avocat se doit de préciser dans sa lettre de fin de mission que celle-ci fera courir le délai de prescription pour toute action à son encontre [9].

Si cela peut apparaître, notamment en cas de fin de mission conflictuelle, comme une incitation pour le client à engager une procédure à l'encontre de l'avocat, c'est aussi une source de sécurité juridique pour l'avocat qu'il lui appartient de mettre en œuvre [10].

484.232 Clause limitative de responsabilité. L'avocat ne peut en aucun cas limiter sa responsabilité en matière disciplinaire. S'agissant de sa responsabilité civile, la question de la validité des clauses limitatives de responsabilité, et de leur portée, notamment à l'égard des tiers, est plus délicate. Elle sera abordée avec l'étude de la responsabilité civile [11].

§ 2
Aménagement de la relation avec le client

484.240 Plan. L'avocat peut subir un préjudice en raison de la révocation de son mandat (A) ce qui doit le conduire à envisager, en amont, un encadrement contractuel de sa relation avec son client (B).

1. Crim. 20 juin 2006, n° 05-80.776, P n° 190 ; – MÊME SENS : Paris, 8 févr. 2011, *Gaz. Pal.* 13-15 mars 2011, p. 16, note G. Deharo.
2. Civ. 2e, 9 oct. 2008, n° 07-12.174, P n° 205 ; *D.* 2008. 2605 ; *JCP* 2009. I. 150, obs. Ph. Simler et Ph. Delebecque.
3. V. ss nos 741.21 s.
4. Toulouse, 29 août 2002, *Gaz. Pal.* 27-29 oct. 2002, p. 35, notes J.-G. Moore et B. Delsol.
5. Versailles, 15 juill. 2016, RG n° 15/08931.
6. Aix-en-Provence, 1re ch. C, 24 nov. 2016, RG n° 16/12117.
7. TGI Nice, ord. réf., 26 mai 2016, RG n° 16/00345.
8. V. ss nos 741.351 s. ; s'agissant de la transmission du dossier entre avocats, v. ss n° 484.182.
9. S. Amrani-Mekki, « Liberté, simplicité, efficacité, la nouvelle devise de la prescription », *JCP* 2008. I. 160 – S. Lataste, « L'aménagement », *in L'aménagement de la prescription : Enjeux et perspectives pour les avocats*, Cahiers de Droit et Procédure, 2009 – V. ss nos 741.211 s. et 913.61 s.
10. Sur l'aménagement de la prescription, v. ss n° 713.274.
11. V. ss nos 913.81 s.

A. Conditions de la révocation

484.250 **Plan.** Il convient de distinguer les conditions de la rupture du mandat (1°) de l'éventuelle rupture d'une relation de clientèle établie (2°).

1° Rupture du mandat

484.261 **Conditions de la révocation par le client.** La révocation d'un avocat dans une affaire donnée ou en tant que correspondant habituel est toujours possible pour le mandant, dès lors qu'il ne s'agit pas d'un mandat d'intérêt commun, faisant que le mandant tient de l'article 2004 [1] du code civil le droit de le révoquer unilatéralement, même s'il s'agit d'une convention à durée déterminée, sauf à l'avocat à prouver que son mandant a abusé du droit de révocation et lui a causé un préjudice dont il lui doit réparation [2].

Par conséquent, le client ne s'expose pas à une action en dommages-intérêts de la part de l'avocat pour obtenir la réparation du préjudice qu'il subit de ce fait, dès lors qu'il n'y a pas eu d'abus de droit fautif de la part du client [3]. N'ouvre ainsi pas droit à indemnité au profit de l'avocat, mandataire :

- La rupture anticipée d'un mandat à durée indéterminée, sans préavis, lorsque l'on constate une dégradation des relations entre les parties, incompatible avec la relation de confiance qui doit prévaloir entre un cabinet d'avocats et un client institutionnel [4] ;
- Le fait par le client de ne pas donner suite à une procédure envisagée, en ne venant pas avec son épouse signer une requête conjointe en divorce [5].

484.262 **Rupture fautive du mandat.** Il en ira autrement dans l'hypothèse où la révocation, et les conditions qui l'entourent, est effectuée dans une intention purement malveillante et vexatoire [6].

Ainsi, tout client peut parfaitement retirer tous ses dossiers à un avocat. Il ne fait qu'exercer le droit absolu de retrait dont tout client dispose à l'égard de ses conseils. Aucune indemnisation n'est donc due de ce chef dès lors que la preuve n'est pas rapportée que le client avait promis un volume d'affaires déterminé ou qu'il avait exigé de son avocat des investissements spécifiques.

2° Rupture d'une relation de clientèle établie

484.271 **Rupture d'une relation de clientèle établie de longue date, et dommages-intérêts.** La jurisprudence a admis, qu'indépendamment de toute convention [7], l'avocat qui se plaignait de la rupture brutale d'une relation de clientèle établie de longue date, pouvait solliciter des dommages-intérêts en raison des conditions de cette rupture [8]. C'est ainsi que :

- un avocat dont le client avait rompu une collaboration de vingt-cinq ans, sans le moindre préavis de nature à lui permettre d'anticiper une perte substantielle d'activité, manquant à son obligation de bonne foi et révoquant de manière abusive le mandat d'intérêt commun, obtient dix-huit mois de préavis à titre de dommages-intérêts [9]. La non-admission du pourvoi laissant entendre que la Cour de cassation s'en remet à la libre appréciation par les juges du fond des circonstances de la rupture [10] ;
- un autre avocat obtient douze mois de préavis pour la rupture d'une relation de dix-sept ans avec une société [11] ;
- un tribunal a également pu accorder un mois de préavis à un avocat dont le client avait rompu une relation professionnelle de huit années, et dont « le préjudice résulte non de la rupture du mandat que [le client] avait le pouvoir de rompre à tout moment, mais du caractère brutal de celle-ci, rendant impossible toute possibilité pour la société d'avocats de se réorganiser » [12].

Inversement, même si le cabinet d'avocats était, à l'égard de son client, en état de dépendance économique, dès lors que le client n'avait pas retiré à son avocat les dossiers en cours, ce qui confirme l'absence d'arrêt brusque ou massif des relations contractuelles qui ont été manifestement réduites progressivement, il a pu être considéré que la rupture brutale des relations contractuelles n'était pas établie et que l'avocat avait disposé de quatre années pour réorienter son activité et rechercher une nouvelle clientèle compensant le désengagement progressif de sa cliente principale [13].

1. C. civ., art. 2004.
2. Civ. 1re, 24 janv. 1995, n° 92-21.727, NP.
3. Civ. 1re, 2 mai 1984, n° 83-12.056, P I, n° 143 ; *Gaz. Pal.* 1984. Pan. 275.
4. Poitiers, 1re ch. civ., 8 avr. 2016, RG n° 14/04355.
5. Civ. 1re, 7 mars 1984 ; *D.* 1985. 112, note A. Brunois.
6. *TGI Paris 2 mai 1984* ; *D.* 1985. 113, obs. A. Brunois ; – CONFIRMÉ PAR : Paris, 9 oct. 1985 ; *D.* 1985. flash n° 37 ; *D.* 1987. Somm. 65, obs. A. Brunois – Civ. 1re, 24 janv. 1995, n° 92-21.727, NP.
7. V. ss nos 484.281 s.
8. Paris, 6 déc. 2011, RG n° 10/01555 – N. Mathey, « L'avocat victime d'une rupture brutale de relations commerciales » : *CCC* 2014, n° 222 ; – AUSSI : C. civ., art. 1211 et 1780.
9. Bordeaux, 15 janv. 2008, RG n° 07/000353.
10. Civ. 1re, 11 juin 2009, n° 08-13.039, NP.
11. TGI Bordeaux, 16 févr. 2012, RG n° 09/10400.
12. TGI Nanterre, 1re, ch., 12 avr. 2018, RG n° 16/13977 ; *RTD civ.* 2019. 128, obs. P.-Y. Gautier ; *D. actu.* 28 oct. 2018 note C.-S. Pinat.
13. Poitiers, 1re ch. civ., 8 avr. 2016, RG n° 14/04355.

484.272 **Litiges.** C'est ici la procédure de droit commun, devant les juridictions compétentes, qui s'applique.

Il convient de préciser, à cet égard, que la profession d'avocat étant incompatible avec toutes les activités de caractère commercial[1], les dispositions de l'article L. 442-1, I, 2°[2], du code de commerce ne sont pas applicables à la relation nouée entre l'avocat et son client, la réparation du préjudice économique devant être sollicitée sur le fondement des articles 1103, 1104 et 1231-1 du code civil[3].

484.273 **Preuve du mandat d'intérêt commun.** Mais c'est à l'avocat qu'il appartient d'apporter la preuve du caractère d'intérêt commun de la relation avec son client.

C'est ainsi qu'une cour d'appel a pu considérer qu'il n'y avait pas de convention cadre nonobstant le fait que les liens entre les parties étaient caractérisés par : « la constance de leurs relations communes qui s'est traduite par un flux de dossiers pendant une trentaine d'années, rien ne venant démontrer l'existence d'un mandat général suivant lequel la banque se serait obligée à confier au cabinet d'avocats, qui recevait mandat dossier par dossier de représenter et de défendre les intérêts de la banque, l'ensemble de ses affaires à caractère contentieux ». La cour d'appel note que : « cette relation, chaque fois renouvelée, répond exactement aux exigences du principe fondamental du libre choix du défendeur » et que : « contreviendrait à cette règle, l'obligation qui serait mise à la charge d'un justiciable, en dehors de toute stipulation expresse librement consentie par lui, de confier systématiquement ses intérêts à un avocat particulier, en l'empêchant à l'occasion d'une nouvelle affaire de faire le choix d'un de ses confrères » dès lors que : « le lien qui unit l'avocat à son client étant avant tout un lien de confiance, lorsque celuici, à tort ou à raison, est rompu, la relation fondée sur l'*intuitu personae* qui en découle ne peut perdurer »[4].

B. Contractualisation de la relation avocat-client

484.281 **Conventions liant l'avocat à son client.** L'encadrement contractuel de la relation avocat-client n'a pas uniquement vocation à régir la seule fixation des honoraires[5] mais bien au contraire à encadrer l'ensemble de la relation de prestation de services liant les parties, notamment lorsque cette relation est, ou a vocation à être pérenne.

En réalité, comme il faut distinguer la convention d'honoraires du mandat ou de la lettre de mission de l'avocat[6], il faut également distinguer ce même mandat de l'encadrement contractuel des relations entre l'avocat et son client, qui peut constituer un mandat d'intérêt commun[7] distinct du mandat *ad litem*[8].

Et le caractère d'intérêt commun de la relation entre l'avocat et son client ne se présumant point, il y a lieu de contractualiser clairement les rapports entre les parties, afin d'éviter les incertitudes de la charge probatoire[9].

484.282 **Contenu des conventions.** Ces conventions tendent, notamment, à prévoir, d'une part, un préavis de résiliation, et d'autre part, une indemnité de résiliation, et répondent à un intérêt légitime. Elles peuvent également envisager un aménagement de la responsabilité professionnelle de l'avocat[10].

Leur contenu est alors essentiellement régi par les règles du droit des contrats ainsi que les articles 1103 et 1104 du code civil, mais doit également être conforme aux principes essentiels et règles déontologiques, ce qui implique de préserver le libre choix de l'avocat et de ne pas intégrer une rémunération d'apport d'affaire[11].

484.283 **Présence d'un client ayant la qualité de consommateur.** En présence d'un client ayant la qualité de consommateur ou de non-professionnel, il conviendra d'être prudent dans la rédaction de telles conventions, et dans leur équilibre, dans la mesure où certaines clauses qu'elles contiennent habituellement figurent dans les listes « noires » (délai de préavis[12], indemnité de résiliation[13]) et « grise » (indemnité d'inexécution[14], équilibre des conditions de résiliation[15]) des clauses abusives[16].

1. V. s^s n°s 432.11 s.
2. C. com., art. L. 442-1.
3. Com. 24 nov. 2015, n° 14-22.578, NP ; *D.* 2016. 462, note Cl. Mouly-Guillemaud – Civ. 1re, 27 févr. 2013, n° 12-22.075, NP ; – SUR RENVOI : Angers, ch. com., sect. A, 17 juin 2014, RG n° 13/01182 – Paris, pôle 5 ch. 4, 29 juin 2016, RG n° 14/07291 : application partielle de l'article L. 442-1, I, 2°, pour la période où le cabinet d'avocat s'était transformé en SARL – POUR un chirurgien-dentiste : Com. 31 mars 2021, n° 19-16.139, P ; *D.* 2021. 693.
4. Com. 24 nov. 2015, n° 14-22578, NP, 2e moyen ; *D.* 2016. 462, note C. Mouly-Guillemaud.
5. V. s^s n°s 713.00 s.
6. D. Piau, « Honoraires : portée des clauses de dessaisissement et étendue de la compétence du juge de l'honoraire, des précisions bienvenues » : *Gaz. Pal.* 16 févr. 2016, p. 14 – V. s^s n°s 713.381 s.
7. Ph. le Tourneau (dir.), *Droit de la responsabilité et des contrats : Régimes d'indemnisation*, 12e éd., « Dalloz Action », 2020, n°s 3321.490 s.
8. Civ. 1re, 24 janv. 1995, n° 92-21727, NP.
9. D. Piau, « Rupture d'une relation de clientèle : les histoires d'A finissent mal, en général » ; *Gaz. Pal.* 15 mars 2016, p. 27.
10. V. s^s n°s 913.81 s.
11. V. s^s n° 711.81.
12. C. consom., art. R. 212-1, 10°.
13. C. consom., art. R. 212-1, 11°.
14. C. consom., art. R. 212-2, 3°.
15. C. consom., art. R. 212-2, 8°.
16. V. s^s n°s 713.311 s.

Même en présence d'un professionnel, la prudence sera de mise compte tenu des nouvelles dispositions des articles 1170 et 1171 du code civil[1].

484.284 **Validité.** Il n'existe pas d'obstacle sur le plan déontologique à la conclusion et à la mise en œuvre de telles conventions, dès lors qu'elles n'emportent pas fixation de la rémunération d'un apport d'affaires avec un non avocat ou d'un pacte de *quota litis* prohibés[2].

484.285 **Exécution des conventions.** Elles se doivent d'être exécutées de bonne foi entre les parties et dans le respect des règles déontologiques régissant le rapport entre l'avocat et son client et entre l'avocat et son ou ses successeurs et, notamment, les dispositions de l'article 9.2 du RIN qui imposent la transmission immédiate des éléments du dossier, et que les sommes restant dues au prédécesseur, dont le successeur doit s'efforcer d'obtenir le paiement[3] incluent les sommes dues au titre de la mise en œuvre de la résiliation d'une telle convention[4].

484.286 **Jurisprudence.** La Cour de cassation a été amenée à valider de telles conventions et à considérer d'une part, que l'indemnité prévue en cas de résiliation unilatérale de la convention par le client et dessaisissement de l'avocat constitue une clause de dédit non susceptible de réduction judiciaire[5], et d'autre part, que le principe de libre choix de l'avocat[6] ne s'applique pas à un tel mandat d'intérêt commun[7].

C'est ainsi que dans une affaire, deux sociétés avaient conclu deux conventions régissant leurs rapports avec un cabinet d'avocats, intitulées : « Lettre annuelle de mission d'intérêt commun, de documentation, veille et conseils juridiques », qui prévoyaient une mission de cinq et sept ans et une clause intitulée « Intérêt commun », précisant que le mandat était d'intérêt commun et qu'il ne pouvait donc être résilié avant son terme que d'un commun accord, sauf à verser par la partie qui souhaitait y mettre fin, une indemnité égale à 75 % des émoluments en vigueur dus jusqu'aux termes du contrat. Ces conventions avaient été résiliées avant terme par les clients et le cabinet d'avocats réclama le paiement des sommes dues en application de la clause précitée. La cour d'appel avait cru pouvoir annuler la clause, motif pris qu'elle tendait à priver le client du libre choix de son avocat, qui suppose la liberté de mettre fin à la mission qui lui est confiée. La Cour de cassation casse l'arrêt d'appel, en considérant que : « le principe du libre choix d'un avocat ne s'appliquait pas à un tel mandat d'intérêt commun »[8]. La cour de renvoi accordera les sommes sollicitées au cabinet d'avocats[9].

484.287 **Précision rédactionnelle.** Mais il convient d'être précis dans la rédaction de la clause. En premier lieu, car il convient de veiller à ce que la clause de dédit[10] ne soit pas susceptible de s'analyser en une clause pénale en raison de son caractère comminatoire[11] : la cour de cassation a ainsi pu considérer qu'une clause stipulant une indemnité équivalente au montant dû en paiement de la prestation si elle avait été menée à son terme devait être qualifiée de clause pénale[12].

En second lieu, car la nature[13] et les modalités de détermination de l'indemnité doivent être clairement précisées et déterminables : si une telle clause se contente de prévoir que pendant la durée du préavis l'avocat continuera de facturer ses honoraires forfaitairement convenus, il ne saurait avoir droit à une quelconque somme en l'absence de toute prestation effectivement réalisée[14]. Tout comme la cour de cassation a pu considérer que l'imprécision sur un montant déterminable et précis des honoraires, base de calcul de l'indemnité de rupture anticipée du mandat, faisait que la nullité tant de la convention de mandat sportif que de la convention d'honoraires à laquelle elle renvoyait était encourue[15].

484.288 **Litiges.** En cas de litige, dès lors que les sommes ne sont pas des honoraires au sens de l'article 10 de la loi du 31 décembre 1971[16], les

1. F. Chénedé, *Le nouveau droit des obligations et des contrats*, hc, Dalloz, 2016, n°s 23.321 s. – V. s^{s} n°s 713.291 s.
2. V. s^{s} n°s 711.101 s.
3. V. s^{s} n° 484.81.
4. Paris, avis n° 251347, 18 févr. 2014.
5. Civ. 2e, 13 juin 2013, n° 12-21.300, NP ; *RTD civ.* 2013. 601, obs. H. Barbier ; *D. avocats* 2013, 316 ; *JCP* 2013. 1087, n° 4, obs. Ch. Jamin – E. Seifert, « Retour sur la clause de dédit », *RCA* 2020, formule n° 3.
6. V. s^{s} n°s 471.00 s.
7. Civ. 2e, 28 avr. 2011, n° 10-17.405, NP – ET SUR RENVOI : Limoges, Ord. 4 juin 2013, RG n° 12/00946.
8. Civ. 2e, 28 avr. 2011, n° 10-17405, NP.
9. Limoges, Ord. 4 juin 2013, RG n° 12/00946.
10. E. Seifert, « Retour sur la clause de dédit », *RCA* 2020, formule n° 3.
11. Com. 5 déc. 2018, n° 17-22.346, NP ; *JCP* 2019. 167, note Ch.-E. Bucher.
12. Com. 25 sept. 2019, n° 18-14.427, NP ; *RCA* 2020, comm. n° 6 ; *CCC* 2019, comm. n° 193, obs. L. Leveneur – V. s^{s} n° 913.81.
13. Paris, pôle 2, ch. 6, 19 oct. 2020, RG n° 17/00512.
14. Paris, pôle 2, ch. 6, 15 mai 2018, RG n° 14/00488.
15. Civ. 2e, 20 févr. 2019, n° 17-27.129, P ; *JCP* 2019. 297 ; *JCP* 2019. 287, n° 24, obs. R. Boffa ; *Gaz. Pal.* 19 mars 2019, p. 42, obs. C. Berlaud ; *D.* 2019. 438 ; *D.* 2020. 415, obs. F. Lagarde ; *AJ contrat* 2019. 199, obs. F. Buy ; *JCP* 2019. 1238, n° 9, obs. C. Caseau-Roche ; – CASSANT : Bordeaux, 1re ch. civ., 5 sept. 2017, RG n° 16/02312 – V. s^{s} n° 713.61.
16. Civ. 2e, 13 juin 2013, n° 12-21.300, NP ; *RTD civ.* 2013. 601, obs. H. Barbier ; *D. avocats* 2013, 316 ; *JCP* 2013. 1087, n° 4, obs. Ch. Jamin

litiges en la matière apparaissent relever des juridictions de droit commun[1] ou des juridictions arbitrales si une clause compromissoire a été convenue entre les parties[2], ce qui est possible entre professionnels[3] et dans un cadre non-professionnel si le cocontractant n'en soulève pas l'inopposabilité[4], et non de la procédure spéciale prévue en matière de fixation des honoraires[5].

1. Aix-en-Provence, 7 févr. 2013, RG n° 11/04575 – Paris, pôle 2, ch. 6, 3 déc. 2019, RG n° 16/00741.
2. Civ. 1re, 24 févr. 2016, n° 14-26.964, P ; *D.* 2016. 548 ; *AJCA* 2016. 245, obs. M. Boucaron-Nardetto ; *Gaz. Pal.* 15 mars 2016, p. 27, note D. Piau.
3. C. civ., art. 2061.
4. C. civ., art. 2061, al. 2 ; L. n° 2016-1547, 18 nov. 2016, art. 11 – J.-G. Betto, « L'arbitrage : nouvelle arme du consommateur ? », *JCP* 2017. 426.
5. EN CE SENS : Paris, pôle 2, ch. 6, 3 déc. 2019, RG n° 16/00741.

TITRE

49. La déontologie internationale et comparée

SECTION 0

Orienteur

49.00 **Sommaire du titre.**

Division. L'appréhension de l'exercice de la profession d'avocat à l'international implique de déterminer les conditions, les modalités et les effets d'un tel exercice, c'est la déontologie internationale (chap. 491), et de prendre connaissance des principes essentiels et règles déontologiques applicables dans l'autre État, c'est la déontologie comparée (chap. 492).

CHAPITRE

491. Déontologie internationale

SECTION 0 ORIENTEUR

491.00 Sommaire du chapitre.

Division. Si les législations des États sont souvent très diverses, et il convient dès lors de s'y reporter afin de déterminer dans quelles conditions et suivant quelles modalités l'on peut réaliser des prestations de services juridiques dans un autre État, il existe un certain nombre d'instruments internationaux qui encadrent la libre prestation de service des avocats à l'international (sect. 1). Dans tous les cas, cela doit conduire l'avocat à déterminer les principes essentiels et règles déontologiques applicables à sa situation, suivant le principe de la « double déontologie » (sect. 2), et à prendre en compte les éventuelles procédures disciplinaires qui pourraient lui être applicables (sect. 3).

491.01 Textes applicables.

TEXTES TITRÉS

> Accord général sur le commerce des services (Agcs)

art. II [Traitement de la nation la plus favorisée]

art. V [Intégration économique]

art. XVI [Accès aux marchés]

art. XX [Listes d'engagements spécifiques]

• **Dir. 77/249, Conseil, 22 mars 1977** tendant à faciliter l'exercice effectif de la libre prestation de services par les avocats

art. 4 [Règles déontologiques applicables]

• **Dir. 98/5, Parlement et Conseil, 16 févr. 1998** visant à faciliter l'exercice permanent de la profession d'avocat dans un État membre autre que celui où la qualification a été acquise

art. 6 [Règles déontologiques applicables]

art. 7 [Procédures disciplinaires]

• **RIN**

art. 21 [Code de déontologie des avocats européens]

491.02 Jurisprudence de référence.

> Principe de « double déontologie »

• **CJUE 19 janv. 1988,** *Claude Gullung c/Conseil de l'ordre des avocats du barreau de Colmar et de Saverne*, aff. 292/86.

* V. s[s] n° 491.10

« [s'agissant de la libre prestation de service]

[...]

18. Il découle de ces dispositions que les avocats prestataires de services sont tenus d'observer les règles déontologiques telles qu'elles sont en vigueur dans l'État membre d'accueil.

[...]

22. Il s'ensuit que la directive 77/249 doit être interprétée en ce sens que ses dispositions ne peuvent pas être invoquées par un avocat établi dans un État membre en vue d'exercer, sur le territoire d'un autre État membre, ses activités en tant que prestataire de services lorsque, dans ce dernier État membre, l'accès à la profession d'avocat lui avait été interdit pour des raisons tenant à la dignité, à l'honorabilité et à la probité.

[...]

[s'agissant du libre établissement]

[...]

29. Il convient d'ajouter que l'obligation d'inscription des avocats à un barreau imposée par certains États membres doit être considérée comme licite par rapport au droit communautaire, à la condition, toutefois, qu'une telle inscription soit ouverte aux ressortissants de tous les États membres sans discrimination. En effet, cette obligation vise, notamment, à garantir la moralité et le respect des principes déontologiques ainsi que le contrôle disciplinaire de l'activité des avocats ; elle poursuit donc un objectif digne de protection.

30. Il résulte de ce qui précède que les États membres dont la législation impose l'obligation d'être inscrit à un barreau à ceux qui veulent s'établir sur leur territoire en tant qu'avocat, au sens de leur législation nationale, peuvent prévoir la même exigence à l'égard des avocats provenant d'autres États membres qui invoquent le droit d'établissement prévu par le traité en vue de se prévaloir de cette même qualité.

31. Dès lors, il convient de répondre à la seconde question préjudicielle que l'article 52 du traité doit être interprété en ce sens qu'un État membre dont la législation impose aux avocats l'inscription à un barreau peut prévoir la même exigence à l'égard des avocats d'autres États membres qui bénéficient du droit d'établissement garanti par le traité pour s'établir en tant qu'avocat sur le territoire du premier État membre. »

491.03 Bibliographie indicative.

Thèse. C. Castres Saint-Martin, *Les conflits d'intérêts en arbitrage commercial international*, « Logiques juridiques », L'Harmattan, 2016.

Monographies. M. Benichou (dir.), *Innovation and Future of the Legal Profession in Europe / L'innovation et l'avenir de la profession d'avocat en Europe*, Bruylant, Bruxelles, 2017 – Collectif, *Les déontologies des professions du droit : Quel avenir ? Droit interne : droit comparé*, Lamy, 2010 – Collectif, L'Europe des professions, Puam, 1992 – R. Danovi, *Essais sur la déontologie, Bruylant*, Bruxelles, 2002 – G. Gadbin-George, *Déréglementation et profession du droit Outre-manche*, « Essai », Dalloz, 2016 – U. Draetta, *Counsel as Client's First Enemy in Arbitration ?*, JurisNet, Huntington, New York, 2014 ; *The Dark Side of Arbitration*, JurisNet, Huntington, New York, 2018 – B. Favreau (dir.), *L'avocat dans le droit européen*, « IDHAE », Bruylant, Bruxelles, 2008 – Ph. Fouchard, E. Gaillard, B. Goldman, *On International Commercial Arbitration*, Kluwer Law International, 1999 – E. Gaillard, *Aspects philosophiques du droit de l'arbitrage international*, « ADI – Poche », Martinus Nijhoff, 2008 – G. Keutgen (dir.), *L'éthique dans l'arbitrage*, « Francarbi », Bruylant, Bruxelles, 2011 – OCDE, *Pour l'ouverture des marchés de services : L'Accord général sur le commerce des services*, 2002 – J. Pertek, *Les avocats en Europe*, « Systèmes », LGDJ, 2000 – M. Rubino-Sammartano, Arbitrage international, 2 vol., « Arbitrage », Bruylant, Bruxelles, 2019 – A. Sarvarian, *Professionnal ethic at the international bar*, OUP, Oxford, 2013.

Manuels. J. Ortscheidt, C. Seraglini, *Droit de l'arbitrage interne et international*, 2e éd., « Domat », LGDJ, 2019 – L. Terry, *Manuel de l'Agcs pour les barreaux membres de l'Association internationale du barreau*, IBA, 2012 – L. Vogel, *Droit européen des affaires*, 2e éd., « Précis », Dalloz, 2019.

Contributions. O. Andreea-Macovei, « Les aspects européens des professions réglementées », *in* H. Simonian-Gineste, S. Torricelli-Chrifi (dir.), *Les professions (dé)réglementées : Bilans et perspectives juridiques*, PU de Toulouse I Capitole, 2019, p. 89 s. – G.-A. Dal, D. Matray, « L'éthique des conseils », *in* G. Keutgen (dir.), *L'éthique dans l'arbitrage*, « Francarbi », Bruylant, Bruxelles, 2011, p. 37 s. – L. Defalque, E. Schwaller, « L'apport de la profession d'avocat à la jurisprudence de l'Union européenne », *Mél. G.-A. Dal*, Larcier, Bruxelles, 2014, p. 327 s. – F. Mollet-Viéville, « Le barreau français face à l'internationalisation du droit des professions juridiques et des échanges », *Mél. A. Plantey*, Pedone, 1995, p. 105 s.

Articles. G. August, « L'internationalisation de la profession d'avocat », *Pouvoirs*, vol. 140, n° 1, 2012, p. 49 – M. Bénichou, « Le consultant juridique étranger, acteur de la mondialisation », *D. avocats* 2018. 239 – R. Collin, « La prestation de service des avocats communautaires », *Gaz. Pal.* 5 mai 1992, p. 32 – A.-Y. Le Dain, A. Wehlau, « La libre circulation des avocats dans la Communauté européenne, les modalités de pratique et d'installation à l'étranger », *Revue juridique de l'Ouest* 1992, n° 3, p. 329 – P.-Y. Monjal, « La profession d'avocat en France et le droit communautaire des services », *Gaz. Pal.* 16-17 janv. 2008, p. 4 ; « Remarques sur les limites communautaires à la libéralisation des activités de conseil juridique », *Gaz. Pal.* 9-11 mars 2008, p. 2 – G. Philipps, « Is creeping legalisation infecting Arbitration ? », *Dispute Resolution Journal*, vol. 58 (2003), n° 1.

Code. Ccbe, Code de déontologie des avocats européen, 2008.

Rapports. Ccbe, *Guide du CCBE à l'intention des barreaux sur la libre circulation des avocats dans l'Union européenne*, 2021 – IBA, *Les principes internationaux de déontologie de la profession juridique de l'Association internationale du barreau (IBA)*, 2011 – J. McBride, sous la supervision du Comité européen de coopération juridique (CDCJ), *Protection des avocats : Étude de faisabilité d'un nouvel instrument juridique européen*, 2020 – Université de Maastricht / Cabinet Panteia, *Évaluation of the Legal Framework for the Free Movement of Lawyers*, 2012 – C. Gauthier, L. Grard (dir.), *Rapport pour le Groupement d'intérêt public Mission droit et justice : Les professions juridiques et judiciaires en Europe*, Université de Bordeaux – CRDEI, 2014.

491.05 **L'avocat exerçant à l'international.**

L'on peut distinguer plusieurs situations conduisant l'avocat à se trouver dans une situation d'exercice international, ces différentes situations pouvant se recouper :

1° L'avocat traite un dossier avec une équipe d'avocats appartenant à des pays différents, voire avec des personnes qui n'ont pas la qualité d'avocat dans le pays en cause ;

2° L'avocat traite d'un dossier avec comme contradicteurs des avocats appartenant à des pays différents, voire avec des personnes qui n'ont pas la qualité d'avocat dans le pays en cause ;

3° L'avocat offre ses services par-delà les frontières sur le territoire d'un autre État (prestation transfrontière, libre prestation de services) ;

4° Le client acquiert les services d'un avocat situé dans un autre État (consommation à l'étranger, libre prestation de services) ;

5° L'avocat souhaite établir, gérer ou étendre un établissement stable dans un autre pays, telle qu'une succursale, une agence ou une filiale dont le capital est détenu en totalité (présence commerciale, exercice permanent) ;

6° L'avocat souhaite être admis temporairement sur le territoire d'un autre pays en vue de réaliser sa prestation de service (présence de personnes physiques).

SECTION 1
AVOCAT EXERÇANT À L'INTERNATIONAL

491.10 **Plan – Une libéralisation en trompe-l'œil.** Lorsque l'avocat français peut envisager d'offrir ses prestations de service en dehors du territoire national, afin de conseiller, voire d'assister ou de représenter, des entreprises, des particuliers, des consommateurs, des salariés…, confrontés à un problème juridique dans leur pays d'origine, en France ou dans un autre pays, l'avocat français conserve, en toutes circonstances, son État et sa déontologie et, quand il exerce dans un autre pays, il va à la rencontre de ses homologues étrangers, avec leur déontologie, leur droit professionnel, et est amené à entrer en contact avec les juridictions et administrations locales.

Or, si la notion de libre prestation de services, et le principe de confraternité entre avocats de tous pays, peuvent apparaître, en la matière, insensibles aux frontières, la réglementation de l'exercice du droit est, elle aussi, universelle et la réalité s'avère bien différente, au-delà des simples différences de principes essentiels et règles déontologiques applicables, l'avocat pouvant être confronté à la portée de ces mêmes règles dans le pays d'accueil ainsi qu'aux règles relatives à l'exercice même de la profession d'avocat qui y sont en vigueur.

L'appréciation n'est pas toujours aisée compte tenu de la diversité des situations qui peuvent se présenter, et du fait que derrière les apparences se cachent bien souvent des réalités juridiques très différentes :

– de nombreux cabinets internationaux ne sont, en réalité, que des groupements d'exercice de droit local dotés d'une dénomination différente et exerçant sous l'enseigne[1] de la structure qu'ils représentent ;

– ces mêmes cabinets, où les avocats n'exercent pas nécessairement la profession d'avocat dans certains pays tiers car l'accès à celle-ci leur est fermé, notamment parce que réservé aux nationaux, mais la profession, distincte de conseil juridique, notamment salarié[2] ou dans le cadre d'une licence de *foreign legal consultant*.

La libre prestation de service, comme la liberté d'établissement, des avocats à l'international sont encadrées par l'accord général sur le commerce des services (Agcs) (§ 1), au niveau européen par des directives européennes (§ 2), ainsi que, dans certains cas, par divers « accords » internationaux (§ 3).

§ 1
Accord général sur le commerce des services (Agcs)

491.21 **Accord général sur le commerce des services (Agcs) et activité de fournisseur de services.** L'activité d'avocat est considérée comme une activité de fournisseur de services[3] au sens de l'accord général sur le commerce des services (Agcs), annexé à l'accord instituant l'Organisation mondiale du commerce (OMC) signé à Marrakech le 15 avril 1994, et entré en vigueur le 1er janvier 1995[4].

Il constitue, avec la création de l'Organisation mondiale du commerce (OMC), l'une des principales réalisations du cycle de négociations commerciales d'Uruguay (1986-1994), et répond à des objectifs semblables, pour l'essentiel, à ceux de l'instrument qui lui fait pendant pour le commerce des marchandises, l'accord général sur les tarifs douaniers et le commerce (*General agreement on tariffs and trade* ou Gatt) du 30 octobre 1947, entré en vigueur le 30 juin 1948 : établir un système crédible et fiable de règles pour le commerce international, assurer à tous les participants un traitement juste et équitable (principe de non-discrimination), stimuler l'activité économique grâce à des consolidations garanties et promouvoir le commerce et le développement par le biais d'une libéralisation progressive.

1. V. ss no 463.73.
2. V. ss nos 432.138 s.
3. Civ. 1re, 16 janv. 2007, no 06-12.122, P I, no 16 ; *JCP* 2007. II. 151, obs. C. Jamin.
4. Accord général sur le commerce des services (Agcs), annexe 1B de l'accord instituant l'Organisation mondiale du commerce (OMC) signé à Marrakech le 15 avril 1994.

Il s'agit d'un traité-cadre de l'OMC pour le commerce des services, entre les 153 États signataires de l'accord, qui énonce les principes de la libéralisation et les exceptions qui sont autorisées. Il reproduit les engagements pris par chaque pays pour réduire les droits de douane et d'autres obstacles au commerce, et pour ouvrir et maintenir ouverts les marchés de services.

491.22 Principe du traitement de la nation la plus favorisée (traitement NPF) (Agcs, art. II). Le principe du traitement de la nation la plus favorisée, ou traitement NPF, est posé par l'article II de l'Agcs qui prévoit que :

1° En ce qui concerne toutes les mesures couvertes par l'Agcs, chaque État signataire accordera immédiatement et sans condition aux services et fournisseurs de services de tout autre état signataire un traitement non moins favorable que celui qu'il accorde aux services similaires et fournisseurs de services similaires de tout autre pays.

2° Un État signataire pourra maintenir une mesure incompatible avec le 1° pour autant que celle-ci figure à l'annexe sur les exemptions des obligations et satisfasse aux conditions qui sont indiquées dans ladite annexe.

3° Les dispositions l'Agcs ne seront pas interprétées comme empêchant un état signataire de conférer ou d'accorder des avantages à des pays limitrophes pour faciliter les échanges, limités aux zones frontières contiguës, de services qui sont produits et consommés localement.

En vertu de l'article II de l'Agcs, les États signataires de l'Agcs sont ainsi tenus d'accorder immédiatement et sans condition aux services et fournisseurs de services de tout autre État signataire de l'accord : « un traitement non moins favorable que celui qu'il[s] accorde[nt] aux services similaires et fournisseurs de services similaires de tout autre pays »[1].

Cette disposition vise ainsi à interdire, en principe, les arrangements préférentiels entre des groupes d'États signataires de l'Agcs dans des secteurs déterminés ou les clauses de réciprocité réservant les avantages en matière d'accès aux partenaires qui accordent un traitement similaire.

Il en découle que les dispositions de l'article II de l'Agcs doivent conduire à accorder une dispense de conditions de réciprocité, figurant à l'article 11, 1°, de la loi du 31 décembre 1971[2], dans le cadre d'une demande d'inscription sur la liste des candidats admis à subir l'examen de contrôle des connaissances prévues à l'article 11, *in fine*, dernier alinéa, de la loi du 31 décembre 1971, afin de pourvoir s'inscrire à un barreau français et exercer la profession d'avocat en France, cette condition de réciprocité étant réputée acquise et n'appelant aucune justification ou vérification particulière[3].

491.23 Accès aux marchés des services juridiques (Agcs, art. XVI). Pour autant, l'article II de l'Agcs n'implique en aucun cas que l'« accès aux marchés » de chaque État signataire, en l'occurrence celui des prestations de services juridiques, soit totalement libre : cet accès aux marchés se fait dans le cadre d'un engagement négocié dans des secteurs déterminés qui peut être assujetti à divers types de limitations dénommés « engagements spécifiques ».

À cet égard, la partie III de l'Agcs, intitulée « engagements spécifiques », prévoit en son article XVI, « accès aux marchés » que dans le cadre de l'accès aux marchés, chaque États signataires de l'Agcs accordera aux services et fournisseurs de services de tout autre États signataires de l'Agcs un traitement qui ne sera pas moins favorable que celui qui est prévu en application des modalités, limitations et conditions convenues et spécifiées dans sa liste d'engagements[4].

491.24 Liste d'engagements spécifiques. Chaque État signataire de l'Agcs est ainsi tenu, conformément à l'article XVI de l'Agcs, d'avoir une liste d'engagements spécifiques qui recense les services pour lesquels l'État signataire garantit l'accès aux marchés, ainsi que toute éventuelle limitation qui y sont associés[5].

Et, les États signataires de l'Agcs sont, à cet égard, libres de déterminer comme ils l'entendent la portée sectorielle et la teneur de fond de ces engagements.

C'est ainsi que la France, lors de l'adhésion de l'Union européenne au texte, a établi une liste d'engagements spécifiques, tenant, notamment, aux services juridiques : celle-ci comporte une limitation d'accès aux marchés qui, s'agissant de la présence des personnes physiques sur le marché en cause, prévoit que : « La fourniture de conseils juridiques et la rédaction de documents juridiques en tant qu'activité principale s'adressant au public en général sont réservés aux membres des professions juridiques et judiciaires réglementées [L'accès à ces professions est régi en France par la loi du 31 décembre 1990[6] qui ouvre l'accès à tout l'éventail des activités juridiques et judiciaires]. Ces activités peuvent également être exercées secondairement

1. Agcs, art. II.
2. L. n° 71-1130, 31 déc. 1971 portant réforme de certaines professions judiciaires et juridiques, *JO* 5 janv.
3. Civ. 1re, 22 nov. 2007, n° 05-19.128, PI, n° 362 ; *D.* 2008. 944, obs. B. Blanchard – V. ss nos 221.11 s.
4. Agcs, art. XVI.
5. Agcs, art. XVI.
6. L. n° 90-1259, 31 déc. 1990 portant réforme de certaines professions judiciaires et juridiques, *JO* 5 janv., p. 219.

à l'activité principale par des membres d'autres professions réglementées ou par des personnes qualifiées »[1].

Il découle de cette limitation que l'accès au marché des services juridiques en France par les personnes physiques qui souhaitent s'y implanter doit se faire dans le strict respect des dispositions législatives et réglementaires en vigueur, et notamment celles de l'article 11, dernier alinéa, de la loi du 31 décembre 1971 qui imposent aux avocats inscrits aux barreaux d'États non-membres de l'Union européenne qui souhaitent s'inscrire à un barreau français, et exercer la profession d'avocat en France, de remplir un certain nombre de conditions et de subir un examen de contrôle des connaissances[2].

491.25 Accords de reconnaissance mutuelle (Arm) (Agcs, art. VII) et accords d'intégration économique (Agcs, art. V). En outre, l'Agcs autorise expressément les États signataires de l'accord à négocier, avec d'autres pays, soit des accords de reconnaissance Mutuelle (Arm)[3], soit des accords d'intégration économique[4], prévoyant un traitement plus favorable, par dérogation au principe du traitement NPF, entre les États parties auxdits accords.

À cet égard, l'article V de l'Agcs, relatif à l'intégration économique, précise que l'Agcs n'empêche aucun des États signataires de l'accord d'être partie ou de participer à un accord libéralisant le commerce des services entre deux parties audit accord ou plus, à condition de respecter un certain nombre de conditions tenant au nombre de secteurs couverts, et à l'absence ou l'élimination pour l'essentiel de toute discrimination, entre deux parties ou plus, dans ces secteurs[5].

491.26 Accords de reconnaissance mutuelle (Arm) (Agcs, art. VII) et accords d'intégration économique (Agcs, art. V). C'est dans ce cadre dérogatoire au principe du traitement de la nation la plus favorisée résultant de l'article II de l'Agcs[6], prévu par l'article V de l'Agcs, que s'inscrivent certains accords conclus par l'Union européenne et prévoyant, notamment, la possibilité pour les ressortissants des États parties auxdits accords d'être autorisés à exercer l'activité de consultation juridique et de rédaction d'actes sous seing privé pour autrui, en droit international et en droit de l'État dans lequel il est inscrit et des États dans lesquels il est habilité à exercer l'activité d'avocat, à l'exception du droit de l'Union européenne et du droit des États membres de l'Union européenne, que ce soit à titre temporaire et occasionnel ou à titre permanent[7].

Ces accords sont nés de l'échec du cycle de négociations commerciales de Doha (2001-2011), qui n'a pas permis à l'Organisation mondiale du commerce (OMC) d'établir un cadre de libre-échange universel et qui a conduit, notamment, l'Union européenne à négocier et conclure des accords de libre-échange bilatéraux comportant, parfois, l'établissement d'une zone de libre-échange, ainsi que des dispositions ouvrant le marché de la prestation de services juridiques des États membres aux fournisseurs de services juridiques des États tiers parties à l'accord, dans le cadre d'un statut particulier de consultant juridique étranger (*foreign legal consultant*)[8].

C'est ainsi que l'accord de libre-échange entre l'Union européenne et la République socialiste du Viêt Nam, prévoit en son article 1.1., « établissement d'une zone de libre-échange » que : « les parties établissent une zone de libre-échange, en conformité avec l'article XXIV du Gatt et avec l'article V de l'Agcs »[9]. Ce même accord ouvre, en ses articles 8.13 et suivants, la possibilité pour les ressortissants européens d'être autorisés à exercer l'activité de consultation juridique et de rédaction d'actes sous seing privé pour autrui au Viêt-Nam[10].

Tout comme l'Accord économique et commercial global (Aecg) entre le Canada, d'une part, et l'Union européenne et ses États membres, d'autre part, prévoit en son article 1.4, « Établissement d'une zone de libre-échange » que : « Les parties établissent une zone de libre-échange, en conformité avec l'article XXIV du Gatt et avec l'article V de l'Agcs »[11]. Et, ce même accord ouvre, en ses articles 10.1 et suivants, la possibilité pour les ressortissants européens d'être autorisés à exercer l'activité de consultation juridique et de rédaction d'actes sous seing privé pour autrui au Canada[12].

1. Liste GATS/SC/157 d'engagements spécifiques de l'Union européenne, 7 mai 2019.
2. V. s^s n°s 212.181 s.
3. Agcs, art. VII (sur l'arrangement de reconnaissance mutuelle avec le Québec, V. s^s n° 212.193).
4. Agcs, art. V.
5. Agcs, art. V.
6. Agcs, art. II.
7. V. s^s n°s 232.11 s.
8. M. Bénichou, « Le consultant juridique étranger, acteur de la mondialisation », *D. avocats* 2018. 239.
9. Accord de libre-échange entre l'Union européenne et la République socialiste du Viêt-Nam, *JOUE L* 186/4, 2 juin 2020.
10. Accord de libre-échange entre l'Union européenne et la République socialiste du Viêt-Nam, *JOUE L* 186/4, 2 juin 2020.
11. Accord économique et commercial global (Aecg) entre le Canada, d'une part, et l'Union européenne et ses États membres, d'autre part, *JOUE L* 11/27, 4 janv. 2017.
12. Accord économique et commercial global (Aecg) entre le Canada, d'une part, et l'Union européenne et ses États membres, d'autre part, *JOUE L* 11/27, 4 janv. 2017.

Cette même architecture se retrouve dans l'ensemble des accords ouvrant une telle faculté[1] et conduisant, en France, à la mise en œuvre des dispositions des articles 101 et suivants de la loi du 31 décembre 1971[2].

491.27 Mise en œuvre des accords d'intégration économique (Agcs, art. V). L'avocat français peut ainsi exercer l'activité de consultation juridique et de rédaction d'actes sous seing privé pour autrui, en droit international et en droit de l'État dans lequel il est inscrit et des États dans lesquels il est habilité à exercer l'activité d'avocat (ceux de l'Union européenne notamment), à l'exception du droit de l'État d'accueil, que ce soit à titre temporaire et occasionnel ou à titre permanent, et ce, dans le cadre des traités internationaux conclus par l'Union européenne.

Il devra alors se référer aux dispositions prévues dans la législation de l'État membre d'accueil afin de mettre en œuvre, en droit interne, cette faculté offerte par l'article V de l'Agcs[3].

491.28 Statut de *foreign legal consultant* ou consultant juridique étranger. Le statut de *foreign legal consultant* ou consultant juridique étranger, n'est pas, dans tous les pays, nécessairement lié à l'existence d'un tel accord de libre-échange. Les licences *of legal consultants* ou *foreign legal consultant,* sont accordées de longue date dans certains États américains ou autres pays étrangers suivants des conditions variables dans les États en cause.

En Californie, par exemple, il est ouvert à tout avocat ou conseil juridique qui, outre une bonne moralité, a été admis à pratiquer le droit et a été en règle en tant qu'avocat ou conseil juridique ou équivalent dans un pays étranger pendant au moins quatre des six années précédant immédiatement la demande, et a effectivement pratiqué le droit de ce pays. Un *foreign legal consultant* enregistré en Californie, peut ainsi pratiquer le droit de son pays d'origine en Californie mais ne peut pas pratiquer le droit californien[4].

§ 2
Directives de l'Union européenne

491.31 Cadre européen de l'exercice transfrontalier de la profession d'avocat. Au niveau européen, le cadre de l'exercice de la profession d'avocat entre les différents États membres est clairement posé par plusieurs directives, soit de portée générale, soit de portée sectorielle.

491.32 Exercice transfrontalier de la profession d'avocat (dir. 2006/123, Parlement et Conseil, 12 déc. 2006, dite services). La directive 2006/123[5], dite Services, ne prohibe pas les autorisations d'exercice d'une profession, dès lors que le régime d'autorisation n'est pas discriminatoire et est justifié par une raison impérieuse d'intérêt général[6], ni l'édition de règles professionnelles dès lors qu'elles sont non discriminatoires, justifiées par une raison impérieuse d'intérêt général et proportionnées.

La directive 2018/958[7] est, en outre, venue prévoir que lorsque de telles règles touchent à l'accès à la profession ou à son exercice, il y a lieu que soit effectué un examen *ex ante* de proportionnalité des nouvelles dispositions conduisant à ce que les motifs pour lesquels une disposition est jugée justifiée et proportionnée soient étayés par des éléments probants qualitatifs et, dans la mesure du possible et lorsque cela est pertinent, quantitatifs[8]. Les modalités de mise en œuvre de ce contrôle en droit interne, incluant l'élaboration des décisions des ordres professionnels à caractère réglementaire[9], ont été précisées par une circulaire du 29 juillet 2020[10].

491.33 Directives sectorielles. Ce sont trois directives plus sectorielles relatives aux professions réglementées en général et à la profession d'avocat en particulier, qui régissent directement la matière :

1° La directive 77/249[11] tendant à faciliter l'exercice effectif de la libre prestation de services par les avocats permettant l'exercice de la profession d'avo-

1. Sur l'Accord de commerce et de coopération entre l'Union européenne et la Communauté européenne de l'énergie atomique, d'une part, et le Royaume-Uni de Grande-Bretagne et d'Irlande du Nord, d'autre part, V. s^s^ n° 811.83.
2. V. s^s^ n°s 232.11 s.
3. Agcs, art. V.
4. State Bar of California, *Rules of the State Bar*, Title 3 Div. 1, 2, 3, 4, 5 : *Registered Foreign Legal Consultant Rules*.
5. Dir. 2006/123, Parlement et Conseil, 12 déc. 2006 relative aux services dans le marché intérieur, *JOCE L* 376, 27 déc., p. 36.
6. Dir. 2006/123, Parlement et Conseil, 12 déc. 2006, art. 9.
7. Dir. 2018/958, Parlement et Conseil, 28 juin 2018 relative à un contrôle de proportionnalité avant l'adoption d'une nouvelle réglementation de professions, *JOUE L* 173, 9 juill., p. 125.
8. Dir. 2018/958, Parlement et Conseil, 28 juin 2018, art. 4 – M. Dal et A. Guillerme, « La déontologie contre les droits de l'homme ? », in Y. Kevers (dir.), *La déontologie contre le droit ?,* Larcier, Bruxelles, 2018, p. 142 s., not. p. 160 s., n°s 81 s. – Th. Bontinck et F. Puel, « Ordres professionnels et droit de la concurrence – Plaidoyer pour une entente cordiale », *in Mél. G.-A. Dal : L'avocat,* Larcier, Bruxelles, 2014, p. 141 s. – Sur cette question, v. s^s^ n°s 312.111 s.
9. Circ. Premier ministre, n° 6197/SG, 29 juill. 2020, obligation de mise en œuvre d'un examen de proportionnalité dans l'évaluation des projets de normes relatifs à l'accès ou l'exercice d'une profession réglementée, NOR : PRMX2020450C, p. 3.
10. Circ. Premier ministre n° 6197/SG 29 juill. 2020, NOR : PRMX2020450C, préc.
11. Dir. 77/249, Conseil, 22 mars 1977 tendant à faciliter l'exercice effectif de la libre prestation de services par les avocats, *JOCE L* 78, 26 mars, p. 17 – V. s^s^ n°s 231.51 s.

cat dans un autre État membre sous le titre professionnel d'origine, à titre occasionnel, dans le cadre de la libre prestation de services, dite directive libre prestation ;

2° La directive 98/5[1] relative au droit d'établissement institue une reconnaissance mutuelle des titres professionnels permettant l'exercice de la profession d'avocat dans un autre État membre sous le titre professionnel d'origine à titre permanent, dite directive liberté d'établissement ;

3° La directive 2005/36[2] sur la reconnaissance des qualifications professionnelles, permet aux avocats ressortissants de l'Union européenne de demander leur inscription au barreau sans être détenteurs des diplômes nécessaires dans l'État membre d'accueil et qui a été modifiée par la directive 2013/55[3] qui a introduit l'« accès partiel » à une ou plusieurs activités d'une profession réglementée, offrant, en outre, la possibilité, pour un ressortissant de l'Union européenne, d'accéder à une ou plusieurs activités d'une profession réglementée sur le territoire national de l'État d'accueil pour laquelle ou lesquelles il est déjà qualifié dans son État d'origine[4], dite directive qualifications professionnelles.

491.34 Distinction exercice permanent / libre prestation de services. À cet égard, la distinction entre libre prestation de service et établissement n'est pas très claire. Pour la Cour de cassation, « Il ressort de la jurisprudence [de la CJUE] que le ressortissant d'un État membre de l'Union européenne qui, de façon stable et continue, exerce une activité dans un autre État membre où, à partir d'un domicile professionnel, il s'adresse, entre autres, aux ressortissants de cet État, relève des dispositions du chapitre relatif au droit d'établissement et non de celui relatif aux services[5] ».

Pour la CJUE, la distinction doit se faire en déterminant si l'opérateur économique est établi ou non dans l'État membre dans lequel il offre le service en question. Lorsqu'il est établi dans l'État membre dans lequel il offre ce service, il s'agit d'un établissement. Lorsque, en revanche, l'opérateur économique n'est pas établi dans l'État membre de destination, il est un prestataire transfrontalier relevant du principe de la libre prestation des services[6]. La notion d'« établissement » impliquant l'exercice effectif d'une activité économique au moyen d'une installation stable dans l'État membre d'accueil pour une durée indéterminée. Elle suppose par conséquent une implantation réelle de l'opérateur concerné dans cet État membre et l'exercice d'une activité économique effective dans celui-ci[7].

Pour autant, pour la CJUE, la notion d'« exercice de façon temporaire et occasionnelle » peut couvrir des services de nature très différente, y compris des services qu'un opérateur économique établi dans un État membre fournit de manière plus ou moins fréquente ou régulière à des personnes établies dans un ou plusieurs autres États membres, et ce même sur une période prolongée. En effet, les traités ne prévoient pas de durée ou de fréquence à partir de laquelle la fourniture d'un service dans un autre État membre ne peut plus être considérée comme une prestation de services[8]. La Cour rappelle en outre que le caractère temporaire de la prestation de services n'empêche pas le prestataire de se doter, dans l'État membre d'accueil, d'une certaine infrastructure indispensable à l'accomplissement de la prestation en cause[9].

La CJUE a ainsi considéré qu'une réglementation nationale ne peut empêcher un professionnel établi dans un autre État membre d'exercer sa profession, de façon temporaire et occasionnelle, sur le territoire de l'État membre d'accueil, aux motifs que ce professionnel disposait par le passé d'un établissement dans cet État membre, qu'il possède des infrastructures dans l'État membre d'accueil et qu'il s'y déplace pour réaliser ses prestations[10].

491.35 Directives transversales. Naturellement, dans le cadre de son exercice professionnel, l'avocat sera tenu au niveau européen, comme au niveau national par un certain nombre de directives qui affectent son exercice professionnel. Il en est, notamment, ainsi de :

1. Dir. 98/5, Parlement et Conseil, 16 févr. 1998 visant à faciliter l'exercice permanent de la profession d'avocat dans un État membre autre que celui où la qualification a été acquise, *JOCE L* 77, 14 mars, p. 36 – V. s[s] n°s 231.01 s.
2. Dir. 2005/36, Parlement et Conseil, 7 sept. 2005 relative à la reconnaissance des qualifications professionnelles, *JOCE L* 255, 30 sept., p. 22 – V. s[s] n°s 231.41 s.
3. Dir. 2013/55, Parlement et Conseil, 20 nov. 2013 modifiant la directive 2005/36/CE relative à la reconnaissance des qualifications professionnelles et le règlement (UE) n° 1024/2012 concernant la coopération administrative par l'intermédiaire du système d'information du marché intérieur, *JOCE L* 354, 28 déc., p. 132.
4. V. s[s] n°s 613.11 s.
5. S'AGISSANT des vétérinaires : Civ. 1re, 16 avr. 2015, n° 13-27.690, P ; *Rev. crit. DIP.* 2015/4, p. 865, note M. Toni.
6. CJUE 11 déc. 2003, *Schnitzer*, aff. C-215/01 – CJUE 10 mai 2012, *Duomo Gpa e.a.*, aff. C-357/10 à C-359/10 – CJUE 22 nov. 2018 *Vorarlberger Landes- und Hypothekenbank*, aff. C-625/17.
7. CJUE 12 sept. 2006, *Cadbury Schweppes et Cadbury Schweppes Overseas*, aff. C-196/04.
8. CJUE 11 déc. 2003, *Schnitzer*, aff. C-215/01 – CJUE 10 mai 2012 *Duomo Gpa e.a.*, aff. C-357/10 à C-359/10.
9. CJUE 30 nov. 1995, *Reinhard Gebhard c/Consiglio dell'Ordine degli Avvocati e Procuratori di Milano*, aff. C-55/94.
10. CJUE 2 sept. 2021, *Institut des Experts en Automobiles*, aff. C-502/20.

1° La directive 2002/8[1] qui vise à améliorer l'accès à la justice dans les affaires transfrontalières par l'établissement de règles minimales communes relatives à l'aide judiciaire accordée dans le cadre de telles affaires ;

2° La directive 2018/843[2], relative au régime juridique applicable à la profession d'avocat en matière de lutte contre le blanchiment des capitaux et le financement du terrorisme (LCB-FT) ;

3° La directive 2005/29[3] sur les pratiques commerciales déloyales ;

4° La directive 2000/31[4] relative au commerce électronique ;

5° La directive 2019/770[5] relative à certains aspects concernant les contrats de fourniture de contenus numériques et de services numériques ;

6° La directive 1993/13[6] relative aux clauses abusives ;

7° Le règlement 2016/679[7] relatif à la protection des personnes physiques à l'égard du traitement des données à caractère personnel et à la libre circulation de ces données (RGPD), notamment s'agissant de son aspect relatif aux transferts de données à caractère personnel[8] ;

[...].

Ces textes, s'appliquent à l'avocat dans son exercice transfrontalier quel que soit l'État membre dans lequel il se trouve ou où il preste. Ils ont le mérite d'instaurer un cadre commun, ou relativement semblable, dans l'ensemble des pays de l'Union européenne pour tous les acteurs du marché.

§ 3
Autres « accords » internationaux

491.41 **Diversités des accords internationaux.** En dehors de l'Agcs et des accords d'intégration économique qui en dérivent, et du cadre européen, il existe de nombreux accords internationaux qui peuvent impacter, directement ou non, l'exercice de la profession d'avocat.

491.42 **Convention de Genève du 28 juillet 1951.** Il y a lieu de mentionner la convention du 28 juillet 1951 relative au statut des réfugiés[9], dite convention de Genève. Cette convention prévoit, en effet, des dispositions spécifiques relativement aux professions libérales, et donc aux avocats, imposant que le traitement accordé aux réfugiés désireux d'exercer une profession libérale dans un État signataire, soit « non moins favorable »[10] que celui accordé, « dans les mêmes circonstances », aux étrangers en général, ce qui exclut, *per se*, notamment, les traitements particuliers dont bénéficient certains étrangers résultant de traités ou d'accords internationaux spécifiques[11].

Les dispositions de la convention de Genève peuvent, et doivent, ainsi conduire à accorder aux réfugiés une dispense de la condition de réciprocité, telle que celle figurant à l'article 11, 1°, de la loi du 31 décembre 1971, dans le cadre d'une demande d'inscription sur la liste des candidats admis à subir l'examen de contrôle des connaissances prévu à l'article 11, dernier alinéa, de la loi du 31 décembre 1971, afin de pourvoir s'inscrire à un barreau français et exercer la profession d'avocat en France sans pour autant conduire à leur accorder les avantages particuliers dont bénéficient les ressortissants d'autres États liés par un accord ou traité international[12].

491.43 **Charte sociale européenne du 3 mai 1996.** La charte sociale européenne du 3 mai

1. Dir. 2002/8, Conseil, 27 janv. 2003 visant à améliorer l'accès à la justice dans les affaires transfrontalières par l'établissement de règles minimales communes relatives à l'aide judiciaire accordée dans le cadre de telles affaires, *JOUE L* 26, 31 janv., p. 41 – V. s^{s} n°s 751.21 s.
2. Dir. 2018/843, Parlement et Conseil, 30 mai 2018 modifiant la directive (UE) 2015/849 relative à la prévention de l'utilisation du système financier aux fins du blanchiment de capitaux ou du financement du terrorisme ainsi que les directives 2009/138/CE et 2013/36/UE, *JOUE L* 156, 19 juin, p. 43 – V. s^{s} n°s 482.21 s.
3. Dir. 2005/29, Parlement et Conseil, 11 mai 2005 relative aux pratiques commerciales déloyales des entreprises vis-à-vis des consommateurs dans le marché intérieur et modifiant la directive 84/450/CEE du Conseil et les directives 97/7/CE 98/27/CE et 2002/65/CE du Parlement européen et du Conseil et le règlement (CE) n° 2006/2004 du Parlement européen et du Conseil, *JOCE* 11 juin, p. 22 – V. s^{s} n°s 463.26 s.
4. Dir. 2000/31, Parlement et Conseil, 8 juin 2000 relative à certains aspects juridiques des services de la société de l'information, et notamment du commerce électronique, dans le marché intérieur, *JO* 17 juill., p. 1 – V. s^{s} n°s 464.21 s.
5. Dir. 2019/770, Parlement et Conseil, 20 mai 2019 relative à certains aspects concernant les contrats de fourniture de contenus numériques et de services numériques (Texte présentant de l'intérêt pour l'EEE.), *JOUE* 22 mai.
6. Dir. 93/13, Conseil, 5 avr. 1993 concernant les clauses abusives dans les contrats conclus avec les consommateurs, *JOCE* 21 avr., p. 29 – V. s^{s} n°s 711.112 s.
7. Règl. 2016/679, Parlement et Conseil, 27 avr. 2016 relatif à la protection des personnes physiques à l'égard du traitement des données à caractère personnel et à la libre circulation de ces données, et abrogeant la directive 95/46/CE (*règlement général sur la protection des données*) (Texte présentant de l'intérêt pour l'EEE), *JOUE* 4 mai, p. 10225 – V. s^{s} n°s 412.321 s.
8. V. s^{s} n°s 412.341 s.
9. Décr. n° 54-1055, 14 oct. 1954 portant publication de la convention de Genève du 28 juillet 1951 sur le statut des réfugiés, signée le 11 septembre 1952 à New York, *JO* 29 oct., p. 10225.
10. Conv. de Genève, 28 juill. 1951, art. 6.
11. Conv. de Genève, 28 juill. 1951, art. 19.
12. Civ. 1re, 3 févr. 1993, n° 91-14.046, P.

1996[1] est un traité du Conseil de l'Europe qui garantit les droits sociaux et économiques fondamentaux, et est le pendant de la Conv. EDH, qui, pour sa part, se réfère aux droits civils et politiques.

Elle prévoit, notamment, l'engagement réciproque des États signataires de favoriser par tous les moyens utiles, la réalisation des conditions propres à assurer l'exercice effectif du droit d'exercer sur le territoire d'un autre État signataire toute activité lucrative, ce qui inclut l'exercice de la profession d'avocat, sur un pied d'égalité avec ses nationaux, sous réserve des restrictions fondées sur des : « raisons sérieuses de caractère économique ou social »[2].

À cet effet, il y est prévu qu'en vue d'assurer l'exercice effectif du droit à l'exercice d'une activité lucrative sur le territoire de tout autre État signataire, les États s'engagent à appliquer les règlements existants dans un esprit libéral, à simplifier les formalités en vigueur et à réduire ou supprimer les droits de chancellerie et autres taxes payables par les travailleurs étrangers ou par leurs employeurs et à assouplir, individuellement ou collectivement, les réglementations régissant leur situation[3].

Il en découle, notamment, un engagement réciproque des États signataires de favoriser l'accès et l'exercice d'une profession lucrative même réglementée entre leurs ressortissants sur leurs territoires respectifs, faisant que ces dispositions doivent conduire à présumer l'existence de conditions de réciprocité visée à l'article 11, 1°, de la loi du 31 décembre 1971[4].

491.44 Accords d'association ou de partenariat économiques. Certains accords conclus par l'Union européenne, souvent sous le nom d'accords d'association, ou de partenariat, ressemblent aux accords d'intégration économique, et s'inscrivent, au moins partiellement dans le cadre prévu à cet effet par l'Agcs, sans pour autant comporter de zone de libre-échange relativement aux prestations de services juridiques. Il en est ainsi, par exemple, de :

– l'accord euro-méditerranéen du 30 mars 1998 établissant une association entre l'Union européenne et la République tunisienne[5] ;

– l'accord de Cotonou du 23 juin 2000[6], qui a pris la suite de la convention de Lomé du 28 février 1975[7], entre l'Union européenne et 79 pays d'Afrique, des Caraïbes et du Pacifique (dits pays ACP) ;

– l'accord euro-méditerranéen du 10 octobre 2005 établissant une association entre l'Union européenne et la République algérienne démocratique et populaire[8].

Ces accords en tant qu'ils ne comportent pas de dispositions directement applicables à l'exercice de la profession d'avocat, bien que comportant, parfois, des dispositions relatives à la coopération judiciaire et l'exécution transfrontalière des décisions de justice et surtout des dispositions relatives à la coopération commerciale, n'ont pas vocation à créer des droits pour les avocats relativement à l'exercice dans l'un ou l'autre des pays partis à l'accord.

491.45 Conventions judiciaires. Certains accords internationaux, sous les vocables, de « protocole judiciaire », « convention judiciaire », « convention d'entraide judiciaire »..., peuvent prévoir des dispositions relatives à l'exercice de la profession d'avocat. Tel que :

– le *modus vivendi* par échange de lettres des 6 et 27 décembre 1934[9] entre le ministre français des Affaires étrangères et le haut-commissaire de France à Beyrouth relatif à l'établissement des Syriens et Libanais en France ;

– le décret du 1er février 1958[10] portant publication de la convention judiciaire entre la France et la Tunisie ;

– l'accord de coopération en matière de justice signé entre la France et la Côte d'Ivoire[11] le 24 avril 1961[12] ;

1. *Charte sociale européenne, Recueil de textes*, 7e éd., Conseil de l'Europe, 2015 – Décr. n° 2000-110, 4 févr. 2000 portant publication de la Charte sociale européenne (révisée) (ensemble une annexe), faite à Strasbourg le 3 mai 1996, *JO* 12 févr.
2. Charte sociale européenne, art. 18 I.
3. Charte sociale européenne, art. 18 II.
4. EN CE SENS : Rennes, aud. sol., 5 févr. 2016, RG n° 15/09205 – Angers, ch. A civ., 18 mai 2021, RG n° 21/00225.
5. Accord euro-méditerranéen établissant une association entre la Communauté européenne et ses États membres, d'une part, et la République tunisienne, d'autre part, *JOUE L* 97, 30 mars 1998, p. 2.
6. Accord 2000/483/CE de partenariat entre les membres du groupe des États d'Afrique, des Caraïbes et du Pacifique, d'une part, et la Communauté européenne et ses États membres, d'autre part, signé à Cotonou le 23 juin 2000, *JOUE L* 317, 15 déc., p. 3.
7. Convention ACP-CEE de Lomé (28 févr. 1975), *JOCE* 30 janv. 1976, n° L 25, p. 2.
8. Accord euro-méditerranéen établissant une association entre la Communauté européenne et ses États membres, d'une part, et la République Algérienne démocratique et populaire, d'autre part, *JOUE L* 265, 10 oct. 2005, p. 2.
9. *Modus vivendi* par échange de lettres des 6 et 27 décembre 1934 entre le ministre français des Affaires étrangères et le haut-commissaire de France à Beyrouth relatif à l'établissement des Syriens et Libanais en France, *JO* 25 mai 1935.
10. Décr. n° 58-86, 1er févr. 1958 portant publication de la convention judiciaire entre la France et la Tunisie, signée à Tunis le 9 mars 1957, *JO* 25 janv., p. 1266.
11. Paris, pôle 2, ch. 1, 26 janv. 2017, RG n° 16/15764.
12. Décr. n° 62-136, 23 janv. 1962 portant publication des traités et accords de coopération et de défense signés le 24 avril 1961 entre la République française et la République de Côte-d'Ivoire, *JO* 6 févr., p. 1261 – Décr. n° 89-585, 23 août 1989 portant publication de l'accord sous forme d'échange de lettres entre le Gouvernement de la République française et le Gouvernement de la République de Côte- ▶

– le décret du 29 août 1962 [1] portant publication des protocoles, conventions et accords signés le 28 août 1962 entre le Gouvernement de la République française et l'Exécutif provisoire algérien pris en application de la loi [2] concernant les accords à établir et les mesures à prendre au sujet de l'Algérie sur la base des déclarations gouvernementales du 19 mars 1962 ;

– le décret du 31 décembre 1965 [3] portant publication de l'accord entre la France et le Maroc modifiant les dispositions de la convention judiciaire, de ses annexes et du protocole relatif aux professions libérales judiciaires et aux activités d'ordre juridique, du 20 mai 1965.

En principe, au même titre que les accords d'association, les accords de coopération judiciaire n'ont pas vocation à créer des droits pour les avocats relativement à l'exercice dans l'un ou l'autre des pays partis à l'accord.

Il existe toutefois des dispositions très spécifiques dans certains de ces accords, à savoir ceux précités, anciens, qui ont été conclus dans le cadre de processus d'accession à l'indépendance de certains États, relatifs à l'exercice de la profession d'avocat.

Il y est ainsi alors prévu que les avocats inscrits au barreau de l'un des États parties à l'accord pourront être autorisés par les autorités compétentes de l'autre État à assister ou représenter, ponctuellement, les parties devant les juridictions. Ainsi que les ressortissants de chacun des deux pays pourront demander leur inscription à un barreau de l'autre pays sous réserve de satisfaire aux conditions requises pour ladite inscription dans le pays où l'inscription est demandée et sans qu'aucune mesure discriminatoire puisse être prise à leur égard.

Ici encore, ces dispositions tendent d'une part, à leur permettre de s'inscrire dans un barreau de l'autre pays, sans avoir à justifier de la condition de nationalité et donc de réciprocité [4], mais en devant, pour le surplus, respecter les autres conditions prévues par la réglementation [5]. Et d'autre part, à pouvoir plaider, sur autorisation de l'autorité compétente, de manière occasionnelle devant les juridictions de l'autre État.

491.46 Conventions de jumelages, parrainages... Il existe également divers accords dits de jumelage, parrainage ou autres... conclus entre le Conseil national des barreaux ou les barreaux et des barreaux étrangers [6].

De tels accords n'ont pas vocation à impacter l'exercice même de la profession d'avocat dès lors qu'ils ne sauraient, en tout état de cause être créateurs de droits. Ils peuvent toutefois, parfois, organiser les modalités pratiques de mise en œuvre de certaines dispositions, ou des échanges d'informations et des engagements de coopérations dans le cadre de la mise en œuvre de ces mêmes dispositions. Leur portée demeure, en tout état de cause, purement formelle.

SECTION 2
PRINCIPE DE LA « DOUBLE DÉONTOLOGIE »

491.50 Plan – Définition jurisprudentielle. Le principe dit de la « double déontologie » peut se résumer de la manière suivante :

1° L'avocat parce qu'il appartient à un barreau, est tenu de respecter, en toutes circonstances, les principes essentiels et règles déontologiques de son barreau de rattachement. À défaut, il peut faire l'objet d'une procédure disciplinaire dans son État d'origine ;

2° L'avocat parce qu'il exerce ou preste dans un État tiers, est tenu, qu'il y soit inscrit auprès d'un barreau local (double inscription) ou pas (libre prestation de service), de respecter les principes essentiels et règles déontologiques de l'État tiers. À défaut, il peut, le cas échéant, faire l'objet d'une procédure disciplinaire dans cet État tiers.

Ce principe issu du droit de l'Union européenne [7], ou plus précisément de l'interprétation qui en a été faite par la plupart des États membres (§ 1), n'apparaît pas absolu même s'il semble devoir s'appliquer, par défaut, dans toutes les situations d'échanges internationaux (§ 2).

► française et le Gouvernement de la République de Côte-d'Ivoire relatif à l'interprétation de l'accord de coopération en matière de justice du 24 avril 1961, signé à Paris le 13 juillet 1989, *JO* 24 août, p. 10613.

1. Décr. n° 62-1020, 29 août 1962 portant publication des Protocoles, Conventions et Accords signés le 28 août 1962 entre le Gouvernement de la République française et l'Exécutif provisoire algérien pris en application de la loi n° 62-421 concernant les Accords à établir et les mesures à prendre au sujet de l'Algérie sur la base des déclarations gouvernementales du 19 mars 1962, *JO* 30 août, p. 8506.
2. L. n° 62-421, 13 avr. 1962 concernant les accords à établir et les mesures à prendre au sujet de l'Algérie sur la base des déclarations gouvernementales du 19 mars 1962, *JO* 14 avr., p. 3843.
3. Décr. n° 65-1167, 31 déc. 1965 portant publication de *l'accord entre la France et le Maroc modifiant les dispositions* de la convention judiciaire, de ses annexes et du protocole relatif aux professions libérales judiciaires et aux activités d'ordre juridique, du 20 mai 1965, *JO* 1er janv. 1966, p. 22.
4. Civ 1re 28 janv. 1992, n° 90-12.071, NP ; *D.* 1994. Somm. 132, obs. A. Brunois – Civ. 1re, 16 févr. 1994, n° 92-10.397, PI, n° 66 ; *D.* 1995. Somm. 161, obs. A. Brunois – Civ. 1re, 22 oct. 1996, n° 94-18.965, P I, n° 361.
5. V. ss nos 221.14 s. – CJUE 24 nov. 1977, *Jean Razanatsimba c/Barreau de Lille*, aff. C-65/77 ; *Rec.* 2229 ; *Gaz. Pal.* 1978. 1. 195 – Civ. 1re, 19 juin 2019, n° 18-12.671, P.
6. PAR EX., « Conventions de réciprocité professionnelle entre les barreaux de Paris et anglais et la Law Society », *RIDC* 1976, n° 28-3, p. 588.
7. CJUE 19 janv. 1988 *Claude Gullung c/Conseil de l'ordre des avocats du barreau de Colmar et de Saverne*, aff. 292/86.

§ 1
Principe de droit européen

491.60 **Plan.** Le principe de la « double déontologie » a été posé en droit européen tant dans le cadre de la libre prestation de services (A), que dans le cadre de la liberté d'établissement (B), mais s'avère relatif et contesté (C).

A.
Dans le cadre de la libre prestation de services

491.71 **En cas de libre prestation de services (dir. 77/249, Conseil, 22 mars 1977, dite prestations, art. 4).** L'article 4 de la directive 77/249[1], qui est d'effet direct[2], prévoit que :

1° Les missions relatives à la représentation et l'assistance d'un client en justice ou devant des autorités publiques sont exercées dans chaque État membre d'accueil dans les conditions prévues pour les avocats établis dans cet État, à l'exclusion de toute condition de résidence ou d'inscription à une organisation professionnelle dans ledit État ;

2° Dans l'exercice de ces missions, l'avocat respecte les règles professionnelles de l'État membre d'accueil, sans préjudice des obligations qui lui incombent dans l'État membre de provenance ;

3° Lorsque ces missions sont exercées en Irlande, on entend par règles professionnelles de l'État membre d'accueil celle des *barristers*, pour autant qu'il s'agisse des règles professionnelles régissant la présentation orale d'une affaire au tribunal. Dans tous les autres cas, les règles professionnelles des *solicitors*, sont applicables ;

4° Pour l'exercice de missions autres que celles visées au 1°, l'avocat reste soumis aux conditions et règles professionnelles de l'État membre de provenance sans préjudice du respect des règles, quelle que soit leur source, qui régissent la profession dans l'État membre d'accueil, notamment de celles concernant l'incompatibilité entre l'exercice de la profession d'avocat et celui d'autres activités ou missions dans cet État, le secret professionnel, les rapports confraternels, l'interdiction d'assistance par un même avocat de parties ayant des intérêts opposés et la publicité.

Ces règles ne sont applicables que si elles peuvent être observées par un avocat non établi dans l'État membre d'accueil et dans la mesure où leur observation se justifie objectivement pour assurer, dans cet État, l'exercice correct de la profession d'avocat, la dignité de la profession et le respect des incompatibilités[3].

1. Dir. 77/249, Conseil, 22 mars 1977, art. 4.
2. CJUE 21 juin 1974, *Jean Reyners c/État belge*, aff. 2/74.
3. Dir. 77/249, Conseil, 22 mars 1977, art. 4.

491.72 **Mission de représentation ou d'assistance d'un client.** En ce qui concerne la représentation de clients dans des procédures judiciaires, l'avocat exerce ainsi ces missions « dans les conditions prévues » pour les avocats établis dans l'État membre d'accueil[4]. Ce qui inclut tant le droit processuel que les règles déontologiques spécifiques liées aux procédures devant certaines juridictions[5].

Il convient de garder à l'esprit que des règles considérées comme règles de droit processuel dans certains États membres peuvent être considérées comme des règles déontologiques dans d'autres États membres. Dans tous les cas, les avocats réalisant une mission de représentation ou d'assistance dans le cadre de la libre prestation de service se doivent de respecter ces règles, qu'elles soient qualifiées de règles déontologiques ou de procédure.

491.73 **Missions extrajudiciaires.** En ce qui concerne les missions extrajudiciaires, l'avocat : « reste soumis aux conditions et règles professionnelles de l'État membre de provenance »[6]. Mais en même temps les règles déontologiques de l'État membre d'accueil lui sont applicables : « dans la mesure où leur observation se justifie objectivement pour assurer, dans cet État, l'exercice correct de la profession d'avocat, la dignité de la profession et le respect des incompatibilités »[7].

À cet égard, l'on notera que si le principe du régime du pays d'origine est applicable en matière de services transfrontaliers dans le cadre du commerce électronique, il y a lieu d'observer, à cet égard, que la directive 2000/31[8] permet aux États membres de prendre, à l'égard d'un service donné de la société de l'information, des mesures dérogatoires dès lors que ces mesures sont justifiées, notamment, par la protection des consommateurs, et proportionnées à l'objectif à atteindre[9]. En outre, s'agissant, plus spécifiquement, des professions réglementées, l'article 8 prévoit que les États membres veillent à ce que l'utilisation de communications commerciales qui font partie d'un service de la société de l'information fourni par un membre d'une profession réglementée, ou qui constituent un tel service, soit

4. Dir. 77/249, Conseil, 22 mars 1977, art. 4, 1.
5. PAR EXEMPLE, sur le conflit d'intérêts, v. s[s] n°s 441.31 s. ; – Sur le principe du contradictoire, v. s[s] n°s 452.21 s. ; – Sur la loyauté dans l'administration de la preuve, v. s[s] n°s 453.20 s. ; – Sur la police des audiences, v. s[s] n°s 454.21 s.
6. Dir. 77/249, Conseil, 22 mars 1977, art. 4, 4°).
7. Dir. 77/249, Conseil, 22 mars 1977, art. 4, 4°), *in fine*.
8. Dir. 2000/31, Parlement et Conseil, 8 juin 2000 relative à certains aspects juridiques des services de la société de l'information, et notamment du commerce électronique, dans le marché intérieur, « directive sur le commerce électronique », *JOUE L* 178, 17 juill., p. 1 – V. s[s] n°s 464.61 s.
9. Dir. 2000/31, Parlement et Conseil, 8 juin 2000, art. 4.

autorisée sous réserve du respect des règles professionnelles visant, notamment, l'indépendance, la dignité et l'honneur de la profession ainsi que le secret professionnel et la loyauté envers les clients et les autres membres de la profession [1]. Il est, en outre, précisé que, sans préjudice de l'autonomie des organismes et associations professionnels, les États membres et la Commission européenne encouragent les associations et les organismes professionnels à élaborer des codes de conduite au niveau communautaire pour préciser les informations qui peuvent être données à des fins de communications commerciales [2] et que la directive commerce électronique s'applique en sus des directives communautaires régissant l'accès aux activités des professions réglementées et l'exercice de celles-ci [3].

491.74 **Droit interne.** Le droit interne a prévu, expressément, que lorsqu'un avocat exerçant dans le cadre de la libre prestation de services assure la représentation ou la défense d'un client en justice ou devant les autorités publiques, il exerce ses fonctions dans les mêmes conditions qu'un avocat inscrit à un barreau français. Lorsque la représentation est obligatoire devant une juridiction, il ne peut se constituer qu'après avoir élu domicile auprès d'un avocat habilité à représenter les parties devant elle et auquel les actes de la procédure sont valablement notifiés [4]. Il joint à l'acte introductif d'instance ou à sa constitution, un document, signé par cet avocat, attestant l'existence d'une convention qui autorise l'élection de domicile pour l'instance considérée. À tout moment, l'un ou l'autre des avocats signataires de la convention portant élection de domicile peut y mettre fin par dénonciation notifiée à son confrère ainsi qu'aux avocats représentant les autres parties, sous réserve qu'un autre avocat ait été désigné par l'avocat prestataire de services. La partie la plus diligente en avise la juridiction en lui communiquant le nom de l'avocat chez qui il a temporairement élu domicile [5]. Il respecte les règles professionnelles françaises, sans préjudice des obligations non contraires qui lui incombent dans l'État dans lequel il est établi.

En toute autre matière, les avocats exerçant dans le cadre de la libre prestation de services restent soumis aux conditions d'exercice et aux règles professionnelles applicables à leur profession dans l'État dans lequel ils sont établis. Ils sont aussi tenus au respect des règles déontologiques françaises, notamment celles concernant les incompatibilités [6], le secret professionnel [7], les rapports confraternels [8], l'interdiction d'assistance par un même avocat de parties ayant des intérêts opposés [9] et la publicité [10]. Ces règles ne leur sont applicables que si elles peuvent être observées alors qu'ils ne disposent pas d'un établissement en France et dans la mesure où leur observation se justifie objectivement pour assurer, en France, l'exercice correct de la profession d'avocat, la dignité de la profession et le respect des incompatibilités [11].

B.
Dans le cadre de la liberté d'établissement

491.81 **En cas d'exercice permanent (dir. 98/5, Parlement et du Conseil, 16 févr. 1998, dite établissement, art. 6).** La CJUE a eu l'occasion de poser le principe selon lequel, en la matière, il y avait lieu de concilier la liberté d'établissement avec l'application des règles professionnelles nationales justifiées par l'intérêt général, notamment les règles d'organisation, de qualification, de déontologie, de contrôle et de responsabilité, à condition que cette application soit faite de manière non discriminatoire [12].

À cet égard, l'article 6 de la directive 98/5 [13], dite établissement, qui est d'effet direct [14], prévoit qu'indépendamment des règles déontologiques auxquelles il est soumis dans son État membre d'origine, l'avocat exerçant sous son titre professionnel d'origine est soumis aux mêmes règles que les avocats exerçant sous le titre professionnel de l'État membre d'accueil pour toutes les missions qu'il exerce sur le territoire de celui-ci.

La CJUE, distinguant l'inscription au tableau de l'exercice même de la profession d'avocat, a également été amenée à considérer, s'agissant d'une

1. Dir. 2000/31, Parlement et Conseil, 8 juin 2000, art. 8.1.
2. Dir. 2000/31, Parlement et Conseil, 8 juin 2000, art. 8.2.
3. Dir. 2000/31, Parlement et Conseil, 8 juin 2000, art. 8.4.
4. SUR CETTE QUESTION de « l'avocat de concert » : CJUE 27 févr. 1988, *Commission c/Allemagne*, aff. 427/85 – CJUE 10 juill. 1991, *Commission c/France*, aff. C-294/89 – *CJUE 10 mars 2021 VK c/An Bord Pleanála*, aff. C-739/19 ; – COMP. : CJUE 1er juill. 1993, *Anthony Hubbard (Testamentvollstrecker) c/Peter Hamburger*, aff. C-20/92.
5. Décr. n° 91-1197, 27 nov. 1991, art. 202-1.
6. V. ss nos 431.11 s.
7. V. ss nos 412.20 s.
8. NOT., V. ss nos 451.10 s.
9. V. ss nos 441.31 s.
10. V. ss nos 461.11 s.
11. Décr. n° 91-1197, 27 nov. 1991, art. 202-2.
12. CJCE 28 avr. 1977, *Jean Thieffry c/Conseil de l'ordre des avocats à la cour de Paris*, aff. C-71/76, *Rec.* I-00765, pt 12, *Gaz. Pal.* 1977. I. 26, note L.-E. Pettiti ; – COMP. : CJUE 19 sept. 2006 *Commission c/Grand-Duché de Luxembourg*, aff. C-193/05 – CJUE 19 sept. 2006 *Graham J. Wilson c/Ordre des avocats du barreau du Luxembourg*, aff. C-506/04 – CJUE févr. 2011 *Donat Cornelius Ebert c/Budapesti Ügyvédi Kamara*, aff. C-359/09.
13. Dir. 98/5, Parlement et Conseil, 16 févr. 1998, art. 6.
14. CJUE 3 déc. 1974, *Johannes Henricus Maria van Binsbergen c/Bestuur van de Bedrijfsvereniging voor de Metaalnijverheid*, aff. 33/74.

demande d'inscription en tant qu'avocat européen exerçant à titre permanent sous son titre d'origine[1] d'un impétrant ayant par ailleurs la qualité de moine[2], que si le législateur national peut prévoir des garanties pour cet exercice, cette faculté ne lui permet pas de fixer des conditions supplémentaires, par exemple liées à des exigences professionnelles et déontologiques, à cette inscription[3].

491.82 Cas particulier de l'exercice salarié (dir. 98/5, Parlement et du Conseil, 16 févr. 1998, dite établissement, art. 8). L'une des disparités majeures relative à l'exercice la profession d'avocat au sein de l'Union européenne réside dans la possibilité pour les avocats d'exercer en qualité de salarié soit d'autres avocats, soit d'entreprises. Les avocats salariés en entreprise ne sont pas reconnus dans tous les pays européens comme étant des avocats pouvant s'inscrire à un barreau[4].

L'article 8 de la directive 98/5[5] permet aux avocats salariés, qu'ils soient employés par des avocats ou des non avocats, de bénéficier des dispositions de la directive seulement dans la mesure où l'État d'accueil autorise une telle pratique. Si un avocat peut être à la fois salarié et inscrit à son barreau d'origine, il sera seulement en mesure de s'établir dans un État d'accueil reconnaissant également l'avocat salarié d'une entreprise comme membre du barreau.

Le Ccbe a donné une interprétation de cet article en considérant qu'il donne le droit à un avocat exerçant dans un État membre d'accueil sous son titre professionnel d'origine d'avoir accès aux formes d'exercice salarié dont disposent les avocats de l'État d'accueil, indépendamment de toute restriction à l'exercice salarié applicable dans son État membre d'origine. Toutefois, lorsqu'il exerce dans son État d'origine, l'avocat employé reste soumis à toutes les restrictions sur l'exercice salarié applicables aux avocats dans son État d'origine, y compris, le cas échéant, l'interdiction de représenter ou d'assister, dans son État d'origine, un client qui l'emploie[6].

La CJUE a, pour sa part, jugé que l'article 8[7] de la directive 98/5 permet à l'État membre d'accueil d'imposer aux avocats qui y sont inscrits et employés – que ce soit à temps plein ou à temps partiel – par un autre avocat, une association ou une société d'avocats, ou une entreprise publique ou privée, des restrictions à l'exercice concomitant de la profession d'avocat et dudit emploi, dès lors que ces restrictions ne vont pas au-delà de ce qui est nécessaire pour atteindre l'objectif de prévention de conflits d'intérêts et s'appliquent à l'ensemble des avocats inscrits dans ledit État membre[8].

491.83 Droit interne. L'avocat européen, qui exerce en France son activité professionnelle à titre permanent sous son titre professionnel d'origine est soumis aux mêmes principes essentiels et règles déontologiques que tous avocats français[9] pour toutes les missions qu'il exerce sur le territoire de celui-ci.

L'article 91 de la loi du 31 décembre 1971, leur interdit, toutefois, toute participation, même à titre occasionnel, à l'exercice de fonctions au sein d'une juridiction[10].

C. Principe relatif et contesté

491.91 Double principe de « double déontologie ». Il découle des principes ainsi posés par le droit européen que :

1° Un avocat établi dans un État membre d'accueil dans le cadre d'un exercice permanent sous son titre d'origine, ou qui exerce des missions de représentation ou d'assistance dans le cadre de la libre prestation de services, doit toujours, en principe, respecter les principes essentiels et règles déontologiques applicables aux avocats de cet État[11], et ce, sans préjudice des obligations qui lui incombent dans l'État membre de provenance ;

2° Un avocat réalisant des missions extrajudiciaires dans le cadre de la libre prestation de service reste soumis aux principes essentiels et règles déontologiques de son État d'origine mais ce, sans préjudice du respect des règles, quelle que soit leur source, qui régissent la profession d'avocat dans l'État où est réalisée la prestation, notamment celles concernant les incompatibilités[12], le secret professionnel[13], les rapports confraternels[14], l'interdic-

1. V. s[s] n°s 231.10 s.
2. V. s[s] n° 433.172.
3. CJUE 7 mai 2019, *Monachos Eirinaios (le moine Irénée) c/ Dikigorikos Syllogos Athinon*, aff. C-431/17 ; *D.* 2019. 991 ; *JCP* 2019. 680, note J. Pertek ; *Gaz. Pal.* 3 déc. 2019, p. 21, obs. B. de Belval et J. Villacèque.
4. Sur cette question, v. s[s] n°s 022.12, 323.97 s.
5. Dir. 98/5, Parlement et Conseil, 16 févr. 1998, art. 8.
6. Ccbe, *Guide du Ccbe à l'intention des barreaux sur la libre circulation des avocats dans l'Union européenne*, 2021.
7. Dir. 98/5, Parlement et Conseil, 16 févr. 1998, art. 8.
8. CJUE 2 déc. 2010, *Edyta Joanna Jakubowska c/Alessandro Maneggia*, aff. C-225/09, *JOUE C* 30, 29 janv. 2011, p. 5 ; *RMCUE* 2013. 45, Chron. Ekaterini Sabatakakis ; *Europe* 2011, n° 58, note F. Michel.
9. Décr. n° 91-1197, 27 nov. 1991, art. 203.
10. V. s[s] n°s 434.191 s.
11. CJUE 7 nov. 2000, *Grand-duché de Luxembourg c/Parlement et Conseil*, aff. C-168/98.
12. V. s[s] n°s 431.11 s.
13. V. s[s] n°s 412.20 s.
14. NOT. : v. s[s] n°s 451.10 s.

tion d'assistance par un même avocat de parties ayant des intérêts opposés [1] et la publicité [2]. Toutefois, ces mêmes règles, ne sont applicables que si elles peuvent être observées par un avocat non établi dans l'État membre d'accueil et dans la mesure où leur observation se justifie objectivement pour assurer, dans cet État, l'exercice correct de la profession d'avocat, la dignité de la profession et le respect des incompatibilités.

Il est important de souligner que le principe de « double déontologie », tel qu'il résulte des directives européennes, prévoit, d'emblée, une hiérarchisation des priorités suivant les situations : dans certains cas ce sont les principes essentiels et règles déontologiques de l'État d'accueil qui priment « par principe », dans d'autres ce sont ceux de l'État membre d'origine. Il n'est dès lors pas absolu mais bien relatif.

La CJUE a eu l'occasion de préciser que les dispositions relatives à la liberté d'établissement s'opposent à ce que les autorités compétentes d'un État membre refusent, conformément à leur législation nationale et aux règles de déontologie qui y sont en vigueur, à un ressortissant d'un autre État membre le droit d'accéder à la profession d'avocat et d'exercer celle-ci du seul fait qu'il maintient en même temps un domicile professionnel d'avocat dans un autre État membre [3].

491.92 Conflit de règles. Il a pu être constaté que les règles professionnelles et déontologiques des avocats au sein de l'Union européenne ne se contredisaient pas vraiment. Et qu'elles se différenciaient dans une certaine mesure en ce qui concerne leur champ d'application, leur degré de précision et l'existence d'un moyen de mise en œuvre ou d'application [4].

Pour autant des conflits de règles peuvent se produire, notamment en matière de rémunération [5], de conflit d'intérêts [6] ou de secret professionnel [7] et de confidentialité [8], de sorte que l'application tant des règles du pays d'origine que des règles du pays d'accueil peut conduire soit à une analyse différente de la situation soit à une incompatibilité pure et simple.

1. V. s[s] n°s 441.31 s.
2. V. s[s] n°s 461.11 s.
3. CJUE 12 juill. 1984, *Barreau de Paris c/Onno Klopp*, aff. 107/83.
4. J. McBride, sous la supervision du Comité européen de coopération juridique (CDCJ), *Protection des avocats : étude de faisabilité d'un nouvel instrument juridique européen*, 2020, p. 81 – Conseil de l'Europe, Recommandation n° R (2000)21 sur la liberté d'exercice de la profession d'avocat, 25 oct. 2000.
5. V. s[s] n°s 711.21 s.
6. V. s[s] n°s 441.31 s.
7. V. s[s] n°s 412.20 s.
8. V. s[s] n°s 422.10 s.

Le Ccbe [9] considère qu'un avocat exerçant sous son titre professionnel d'origine reste soumis aux règles professionnelles et déontologiques de son État d'origine uniquement dans la mesure où elles ne sont pas explicitement ou implicitement incompatibles avec les règles professionnelles et déontologiques de l'État d'accueil. En cas de conflit de règles, les règles de l'État d'accueil prévalent sur les règles de l'État d'origine [10].

491.93 Travail en équipe. En outre, toujours selon le Ccbe, les problèmes pratiques qui peuvent surgir lorsqu'un dossier est traité par une équipe d'avocats relevant de différents États ne peuvent pas être résolus par une règle de conflit en faveur des règles du pays d'origine, mais par l'application des règles les plus strictes.

C'est ainsi que lorsqu'un groupe d'avocats relevant de différents États gère le dossier d'un client, les règles nationales en matière de conflit d'intérêts peuvent varier d'un État à l'autre. Les cabinets d'avocats appliquent dans ce cas la règle la plus stricte et peuvent par conséquent devoir refuser le dossier d'un client, ou s'en déporter, alors même que leurs propres règles ne le leur imposeraient pas [11].

491.94 Code de déontologie des avocats européens (RIN, art. 21). C'est pour pallier les difficultés pouvant résulter d'une mise en œuvre trop stricte du principe de la « double déontologie » que le Ccbe a élaboré le code de déontologie des avocats européens [12] dont l'un des buts majeurs est : « de réduire, et si possible d'éliminer, les problèmes qui peuvent naître de la « double déontologie », c'est-à-dire de l'application de deux ou plusieurs règles nationales éventuellement discordantes applicables à une situation particulière » [13].

Son champ d'application est ainsi défini : « Sans préjudice de la recherche d'une harmonisation progressive des règles déontologiques applicables dans le seul cadre national, les règles ci-après s'appliquent aux activités transfrontalières de l'avocat à l'intérieur de l'Union européenne et de l'Espace économique européen. Par activité transfrontalière, on entend : (a) tout rapport professionnel avec un avocat d'un autre État membre, (b) les activités professionnelles de l'avocat dans un autre État membre, que l'avocat y soit présent ou non » [14].

9. V. s[s] n°s 132.41 s.
10. Ccbe, *Guide du Ccbe à l'intention des barreaux sur la libre circulation des avocats dans l'Union européenne*, 2021.
11. Ccbe, *Guide du Ccbe à l'intention des barreaux sur la libre circulation des avocats dans l'Union européenne*, 2021.
12. V. s[s] n°s 312.31 s. – R. Danovi, « Le code de déontologie des avocats européens », *in Essais sur la déontologie*, Bruylant, Bruxelles, 2002, n° 6, p. 105 s.
13. Code de déontologie des avocats européens, art. 1.3.1.
14. Code de déontologie des avocats européens, art. 1.5.

Ledit code de déontologie des avocats européens, tout au moins dans son esprit, a ainsi pour objectif de dépasser le principe de la « double déontologie » en posant des règles transfrontalières ou supranationales en la matière[1].

491.95 **Principe alternatif.** Une étude réalisée, en 2012, par l'université de Maastricht et le cabinet de consultants Panteia, pour le compte de la commission européenne conclut que la difficulté de respecter en même temps deux ensembles de règles déontologiques différentes et parfois contradictoires peut empêcher les avocats de fournir des services transfrontaliers temporaires.

Le rapport final propose de surmonter les difficultés liées à la double déontologie par l'introduction d'une règle simple : tandis que les avocats établis doivent respecter les règles du pays d'accueil uniquement, les avocats offrant leurs services temporairement devraient uniquement respecter les règles de leur pays d'origine[2].

491.96 **Principe de territorialité.** Le code de déontologie des avocats italiens prévoyait, depuis 1999, que l'avocat italien qui exerce à l'étranger doit respecter les règles déontologiques du pays dans lequel l'activité est exercée, posant ainsi une règle de territorialité, comme le souhaitait le président Remo Danovi qui considère, également, que ce même principe de territorialité devrait s'appliquer sur le plan disciplinaire[3].

Toutefois, il est revenu sur cette règle, en 2014, en prévoyant que : « Dans l'exercice de l'activité professionnelle à l'étranger, l'avocat italien doit respecter les règles déontologiques nationales ainsi que celles du pays d'exercice de l'activité professionnelle. En cas de conflit entre les deux systèmes de règles, celui du pays d'accueil va prévaloir pour autant qu'il ne soit pas contraire à l'intérêt général d'assurer l'exercice correct des activités de l'avocat. L'avocat étranger, dans l'exercice de l'activité professionnelle en Italie, est tenu au respect des règles déontologiques italiennes. »[4].

À l'inverse, la thèse de la règlementation du pays d'origine a eu les faveurs de Commission européenne dans les années 2000 : le projet de directive services prévoyait ainsi que : « [l]es États membres veillent à ce que les prestataires soient soumis uniquement aux dispositions nationales de leur État membre d'origine »[5]. Son article 3 § 2 précise, finalement, que la directive « ne porte pas sur les règles du droit international privé »[6].

§ 2
Portée du principe de la « double déontologie »

491.100 **Plan – Portée du principe de la « double déontologie ».** La difficulté pour pouvoir apprécier la portée du principe de la « double déontologie » tient au fait que son caractère relatif impose, en premier lieu, d'en sérier le champ d'application (A), et en second lieu de le confronter à la situation réelle face à laquelle l'on se trouve en examinant comment il est reçu en droit interne (B), ce qui pose la question de son incidence quant à l'appréciation de la faute déontologique (C).

A.
Champ d'application du principe de la « double déontologie »

491.111 **Universalité du principe de « double déontologie » ?** Si le droit européen a précisément réglementé le régime applicable, il n'existe pas de textes comparables en dehors de l'Union européenne.

Pour autant, les situations étant identiques que l'on exerce dans ou hors de l'Union européenne, la règle applicable devrait donc, logiquement, être la même.

491.112 **Consultants juridiques étrangers – Droit interne.** C'est ainsi que pour l'exercice en qualité de consultant juridique étranger, le droit interne a repris les mêmes principes que pour les avocats européens, suivant qu'il exerce en libre prestation de service ou à titre permanent sous son titre d'origine en étant rattaché à un barreau.

L'avocat autorisé à exercer l'activité de consultation juridique et de rédaction d'actes sous seing privé pour autrui sous le titre professionnel de l'État d'origine dans le cadre de la libre prestation de service reste soumis aux conditions d'exercice et aux

1. R. Danovi, « Réflexion sur la double déontologie », in *Essais sur la déontologie*, Bruylant, Bruxelles, 2002, n° 7, p. 118 s. et not. pp. 123-124.
2. Université de Maastricht / Panteia, *Evaluation of the Legal Framework for the Free Movement of Lawyers*, 2012, p. 230.
3. R. Danovi, « Réflexion sur la double déontologie », in *Essais sur la déontologie*, Bruylant, Bruxelles, 2002, n° 7, p. 127.
4. Codice deontologico forense, 2014, art. 3.
5. CITÉ PAR : M. Toni, note sous Civ. 1re, 16 avr. 2015, n° 13-27.690, P ; *Rev. crit. DIP* 2015/4, p. 865 – AUSSI : L. G. Radicati di Brozolo, « L'influence sur les conflits de lois des principes de droit communautaire en matière de liberté de circulation », *Rev. crit. DIP* 1993. 401 – V. Heuzé, « De la compétence de la loi du pays d'origine en matière contractuelle ou l'anti-droit européen », *in Mél. Paul Lagarde*, Dalloz, 2005, p. 393 – H. Muir Watt, « Concurrence d'ordres juridiques et conflits de lois de droit privé », », *in Mél. Paul Lagarde*, Dalloz, 2005, p. 615.
6. Dir. 2006/123, Parlement et Conseil, 12 déc. 2006 relative aux services dans le marché intérieur, art. 3 § 2.

règles professionnelles applicables à la profession d'avocat dans son État d'origine.

Il est aussi tenu au respect des règles qui s'imposent aux avocats inscrits à un barreau français, notamment celles concernant les incompatibilités [1], le secret professionnel [2], les rapports confraternels [3], la discipline [4] et la publicité [5]. Ces règles ne lui sont applicables que si elles peuvent être observées alors qu'il ne dispose pas d'un établissement en France et dans la mesure où leur observation se justifie objectivement pour assurer, en France, l'exercice correct des activités de consultation juridique et de rédaction d'actes sous seing privé pour autrui et le respect des incompatibilités [6].

L'avocat autorisé à exercer l'activité de consultation juridique et de rédaction d'actes sous seing privé pour autrui sous le titre professionnel de l'État d'origine à titre permanent est tenu au respect des règles qui s'imposent aux avocats inscrits à un barreau français [7].

491.113 **Incidence de la nature et de la portée des règles en cause.** Le principe de « double déontologie » n'a ainsi pas vocation à s'appliquer à des règles qui ne sont pas de simples devoirs mais constituent des obligations civiles ou relèvent du droit processuel.

L'on retrouve ici l'importance d'une distinction, qui peut varier quant à son contenu suivant les États en cause, que nous avons déjà eu l'occasion de souligner quant à la portée des règles déontologiques [8], distinction qu'il n'est pas toujours aisé de faire tant en raison des confusions régulièrement opérées entre les deux termes, qu'en raison du fait que certaines règles peuvent avoir une nature ambivalente voire bivalente.

491.114 **Qualité au titre de laquelle un avocat intervient dans un dossier.** À cet égard, il est fondamental que l'avocat lorsqu'il intervient dans un dossier, précise bien en quelle qualité (avocat de tel barreau, *foreign legal consultant*, conseiller juridique dépendant de tel organisme...) il intervient dans le dossier en cause. Ce point est d'autant plus important qu'il peut avoir une incidence notable tant qu'à la nature des règles applicables à sa situation, tel qu'en matière de confidentialité des échanges entre avocats [9], qu'à l'identité de l'organe de régulation compétent pour connaître, à tout le moins à titre principal, de sa situation et donc l'interprétation des règles auxquelles il est soumis dans le cadre du dossier en cause.

Doivent ainsi être bannis l'usage des signatures professionnelles qui mentionnent, régulièrement, plusieurs titres ou qualité, ne permettant pas de déterminer avec précision en quelle qualité un avocat intervient dans un dossier.

B. Réception du principe de la « double déontologie » en droit interne

491.121 **Analyse du droit positif.** Il est, en outre, nécessaire d'opérer une analyse du droit positif et donc d'examiner comment est reçu et interprété le principe de « double déontologie » par le droit des États.

491.122 **Honoraires.** C'est ainsi, par exemple, qu'en ce qui concerne la rémunération de l'avocat, et notamment les règles applicables à la convention d'honoraires qu'il va être amené à conclure avec son client, ou avec d'autres avocats, l'on se trouve sur le seul terrain des obligations civiles, et du droit international privé.

La Cour de cassation a ainsi pu faire application du règlement du 12 décembre 2012 [10] pour déterminer, eu égard du lieu de la fourniture principale des services découlant de l'exécution effective du mandat de l'avocat, la compétence des juridictions de l'État où avaient été réalisées les prestations de service [11] ou celui dont relève le barreau avec lequel l'avocat et son client ont les relations les plus étroites, ce qui doit être déterminé *in concreto* [12].

Tout comme il a pu être décidé que la prohibition, en droit interne, du pacte de *quota litis*, bien que prohibé, ne paraît pas contraire à l'ordre public international [13], faisant que les conventions d'honoraires se rattachant à un arbitrage international [14], ou à la négociation d'un contrat international [15], doivent recevoir exécution [16].

1. V. s[s] n°s 431.11 s.
2. V. s[s] n°s 412.20 s.
3. NOT. v. s[s] n°s 451.10 s.
4. V. s[s] n°s 511.21 s.
5. V. s[s] n°s 461.11 s.
6. *L. n° 71-1130, 31 déc. 1971*, art. 103.
7. L. n° 71-1130, 31 déc. 1971, art. 104.
8. V. s[s] n° 312.106.
9. V. s[s] n°s 422.201 s.
10. Règl. 1215/2012, Parlement et Conseil, 12 déc. 2012 concernant la compétence judiciaire, la reconnaissance et l'exécution des décisions en matière civile et commerciale, *JOUE L* 351, 20 déc. p. 1.
11. Civ. 1re, 30 janv. 2019, n° 17-31.132, NP – V. s[s] n°s 741.383, 743.42.
12. RIN, art. 21.3.4.2 – Paris, 1re ch., sect. K, 22 févr. 2008, RG n° 0700074 – Paris, pôle 2, ch. 6, 28 mai 2019, RG n° 16/00360.
13. Civ. 1re, 28 févr. 1984, n° 83-10.041, P I, n° 74 ; *Gaz. Pal.* 7 juin 1984, 159, note J. Mauro ; *Gaz. Pal.* 7 juin 1984. 350 ; *Gaz. Pal.* 7 juin 1984. Pan. 222 ; *Rev. crit. DIP* 1985. 131, note E. Mezger.
14. TGI Paris, 19 sept. 1991, *D.* 1992. 43, note Ch. Jarrosson ; *Gaz. Pal.* 1992. 1. 252, note A. Damien ; CONFIRMÉ PAR : Paris, 10 juill. 1992, *D.* 1992. 459, note Ch. Jarrosson ; *Rev. Arb.* 1992, 609, note Ph. Leboulanger.
15. Paris, 10 juill. 1992, *D.* 1992. 459, note Ch. Jarrosson.
16. V. s[s] n°s 711.105 et 741.73.

Lorsque le litige oppose un avocat étranger à un avocat exerçant en France, il y a lieu d'appliquer les règles spécifiques au recouvrement de leur rémunération contractuellement convenues entre eux[1], à défaut desquelles il conviendra de saisir la juridiction compétente en application du droit commun soit en raison de l'accord des parties (clauses d'arbitrage), soit en application des règles de droit international privé[2].

491.123 **Responsabilité civile.** Il en est de même s'agissant de la responsabilité civile professionnelle des avocats, ici encore l'on se trouve sur le seul terrain des obligations civile, et du droit international privé.

La CJUE a ainsi eu l'occasion de faire application de la convention du 27 septembre 1968, dite convention de Bruxelles[3], dans le d'un litige opposant une société établie aux Pays-Bas, à trois avocats, résidants respectivement en Roumanie, au Canada et en République tchèque, au sujet d'une négligence de la part de l'avocat tchèque lors de la rédaction, en République tchèque, d'un contrat d'achat d'actions[4].

Elle a considéré qu'il y avait lieu de déterminer le « lieu où le fait dommageable s'est produit » au regard des éléments de l'affaire, y compris, le cas échéant, les contestations émises sur le fond par le défendeur[5], étant précisé que lorsque ce préjudice consiste exclusivement en une perte financière qui se matérialise directement sur le compte bancaire du demandeur et qui résulte directement d'un acte illicite commis dans un autre État membre il ne saurait être, en l'absence d'autres points de rattachement, le lieu situé dans l'État membre où le préjudice est survenu[6].

Dans les deux cas, qu'il s'agisse de la question de la rémunération des avocats que de leur responsabilité civile, nous sommes sur le seul terrain des obligations civiles, la question de la « double déontologie » ne se pose donc pas. La problématique se règle en application des principes du droit international privé.

1. V. s[s] n° 743.41 s.
2. CNB, Comm. RU, avis n° 2016-085, 9 nov. 2016 – Civ. 1re, 14 nov. 2013, n° 12-28.763, P I, n° 219 ; *D.* 2013. 2705 ; *D.* 2014. 169, obs. Th. Wickers ; *D. avocats* 2014. 28, obs. G. Royer ; *Gaz. Pal.* 22-23 nov. 2013, p. 15, note D. Piau.
3. Conv. du 27 sept. 1968 concernant la compétence judiciaire et l'exécution des décisions en matière civile et commerciale, dite Convention de Bruxelles, art. 5 – Règl. 44/2001, Conseil, 22 déc. 2000 concernant la compétence judiciaire, la reconnaissance et l'exécution des décisions en matière civile et commerciale, *JOUE L* 12, 16 janv. 2001, p. 1, art. 5.
4. V. s[s] n°s 913.43.
5. CJUE 16 juin 2016, aff. C-12/15, *Universal Music International Holding BV c/Michael Tétreault Schilling, Irwin Schwartz, Josef Brož ; D.* 2016. 2156, note O. Boskovic ; *D.* 2016. 2025, obs. L. d'Avout et S. Bollée ; *RTD com.* 2017. 233, obs. A. Marmisse-d'Abbadie d'Arrast ; *RTD eur.* 2016. 805, obs. E. Guinchard.
6. V. s[s] n° 913.43.

491.124 **Publicité.** La question de la publicité des avocats, laquelle fait l'objet non seulement de règles professionnelles, mais encore d'une réglementation propre, en partie d'origine européenne, apparaît devoir s'en tenir, en tout état de cause, au principe de territorialité de la prestation. Cette solution est logique dans la mesure où la finalité même de ces règles est d'assurer la protection des consommateurs au sein de l'État où la prestation est réalisée, et, en outre, d'assurer une concurrence loyale et égalitaire entre les acteurs sur un même marché. La législation en la matière est, au demeurant, fortement empreinte d'ordre public. Les règles en la matière sont d'ailleurs expressément visées comme s'appliquant et entrent, en tout état de cause, dans le cadre dérogatoire général visant la protection des consommateurs, à condition que lesdites règles soient proportionnées à l'objectif à atteindre. Une cour d'appel a ainsi pu approuver une sanction disciplinaire prononcée à l'encontre d'un avocat français, également inscrit aux États-Unis, en raison de manquements relatifs aux règles relatives à la communication des avocats sur ses sites internet, en considérant que l'avocat : « tente, vainement, de s'exonérer de tout manquement en considérant qu'il explore ces sites aux États-Unis et que le conseil de discipline français est incompétent pour sanctionner sa pratique d'avocat américain alors que ces sites litigieux sont accessibles en France et exploités par [l'intéressé], avocat inscrit au barreau de Paris et que les manquements lui sont reprochés à ce seul titre, le lieu de l'enregistrement du nom de domaine et de son administration étant sans incidence »[7].

C'est ainsi que les avocats européens exerçant en France sous leur titre d'origine ne peuvent pas, dans toute communication sur le territoire national, utiliser le terme d'avocat, mais doivent impérativement utiliser le titre d'origine sous lequel ils exercent en France et ils doivent l'accompagner du nom de l'organisme professionnel dont ils relèvent[8]. De même que l'usage de ces mêmes titres n'est pas autorisé aux avocats français : il ne s'agit pas de la simple traduction du terme « avocat » mais de titres dont l'usage est protégé dans leur pays d'origine, tel que *rechtsanwalt* et *abogados,* que seuls peuvent revendiquer ceux qui satisfont aux conditions d'obtention de ce titre[9]. Les mêmes règles s'appliquant pour les consultants juridiques étrangers[10].

7. Paris, pôle 4, ch. 13, 11 févr. 2021, RG n° 19/08545 ; – CONFIRMANT : CD Paris, arr. n° 292991, 26 mars 2019.
8. V. s[s] n°s 461.53 s.
9. Lyon 12 déc. 2019, RG n° 19/02241.
10. L. n° 71-1130, 31 déc. 1971, art. 105 – V. s[s] n°s 232.11 s.

Ici c'est la finalité même de la règle, qui a, au demeurant, en partie la nature d'obligation civile mais qui comporte également un certain nombre de devoirs spécifiques, qui justifie l'application, en tout état de cause, d'un principe de territorialité.

491.125 Confidentialité des correspondances. L'article 21.5.3 du code de déontologie des avocats européens pose le principe de la non confidentialité des correspondances entre avocats européens : l'avocat français qui entend s'adresser à un confrère d'un autre État membre, dès lors qu'il souhaite que ces mêmes communications aient un caractère confidentiel ou *without prejudice* doit clairement exprimer cette volonté et recueillir préalablement l'accord de son contradicteur, avant l'envoi de la première de ces communications [1]. Si son contradicteur n'est pas en mesure de donner un caractère confidentiel à ses correspondances, il doit alors en informer l'expéditeur sans délai [2].

En outre, en l'absence de telles règles, les avocats devront conclure un accord de confidentialité [3]. À défaut, l'avocat français devra demander à son client s'il accepte le risque d'un échange d'informations non confidentielles [4].

Or, au-delà de la seule question des règles déontologiques, la question de la portée même des échanges ainsi réalisés dans l'État où la correspondance viendrait à être produite, notamment en cas de saisie, demande de communication d'une administration ou de toute autre personne, au regard de la législation locale, se pose : en Allemagne, par exemple, l'avocat peut être libéré de son secret professionnel si son client y renonce expressément [5], faisant qu'il peut alors être condamné à une peine d'amende pour refus de témoignage [6] sans que cela ne porte atteinte à l'article 8 de la Conv. EDH [7].

En droit interne, la Cour de cassation a ainsi reconnu le plein effet du bénéfice de la protection du secret professionnel à des correspondances entre un avocat luxembourgeois et une société française, pourvues d'un avis de confidentialité, saisi lors de visites domiciliaires, nonobstant le fait qu'elles ne se rapportaient pas à des activités de défense mais étaient relatives à la domiciliation des installations de la société cliente [8], ou à des courriers échangés entre des avocats suisses dont la production en justice était contestée comme contraire au code de déontologie des avocats suisses [9].

La Cour de cassation a, par ailleurs, précisé qu'une cour d'appel ne saurait se fonder sur des correspondances confidentielles entre des avocats au barreau de Libreville aux motifs que le principe de l'égalité des armes permettrait au défendeur à la preuve de l'existence de la transaction de produire la totalité du dossier couvert par la confidentialité pour faire échec à la demande de son adversaire qui avait fait lever partiellement la confidentialité de correspondances pour ne produire que celles nécessaires au succès de ses prétentions, sans avoir préalablement statué sur la validité même de la production de ces pièces au regard des règles en matière de confidentialité et de secret professionnel [10].

Tout comme, les propos tenus dans une correspondance entre un avocat français et un avocat américain (tel juge y étant présenté comme un faussaire), qui n'était pas destinée à être ultérieurement rendue publique et ne l'a été qu'à raison d'un manquement de l'avocat étranger à ses engagements, ne sauraient donner lieu à sanction disciplinaire en raison de la confidentialité attachée, en France, à un tel échange [11].

De même que, la Cour de cassation a considéré qu'un juge ne pouvait, pour rejeter la demande tendant à écarter des débats des correspondances échangées entre des avocats inscrits à des barreaux américains et canadiens, se contenter de l'absence de justification de l'existence d'un principe de confidentialité applicable à ces documents, qui ne sont pas régis par les règles déontologiques françaises. Il lui appartenait de rechercher le contenu des lois étrangères pour en faire application [12].

En tout état de cause, dès lors que c'est la loi française qui est applicable, la confidentialité ne peut concerner que les échanges entre avocats, et non des documents couverts par le *legal privilege* [13].

Cette analyse du droit interne sur la question de la confidentialité des échanges entre avocats implique ainsi la plus grande prudence en la matière. Naturel-

1. RIN, art. 21.5.3.
2. Sur cette question, v. s^{s} n°s 422.201 s.
3. V. s^{s} n°s 422.53 s., 451.75 s.
4. RIN, art. 3.4.
5. V. s^{s} n° 412.192.
6. V. s^{s} n° 412.201.
7. CEDH 19 nov. 2020, *Klaus Müller c/ Allemagne*, req. n° 24173/18, *Gaz. Pal.* 1er juin 2021, p. 22, obs. A. Lizop.
8. Com. 3 mai 2012, n° 11-14.008, P IV, n° 87 ; *D.* 2012. 1343 ; *Rev. sociétés* 2012. 721, note E. Steru et E. Dezeuze ; *D. actu.* 22 mai 2012, obs. M. Kebir ; *Dr. et patr.* 2013, 80, obs. B. Chaffois.
9. Civ. 1re, 5 févr. 2009, n° 07-17.525, PI, n° 22 ; *D.* 2009. 572 ; *D.* 2009. 2714, obs. Ph. Delebecque, J.-D. Bretzner et T. Vasseur ; *AJ fam.* 2009. 133, obs. V. Avena-Robardet.
10. Civ. 1re, 20 janv. 2011, n° 08-20.077, NP.
11. Civ. 1re, 14 juin 2007, n° 04-20.396, P I, n° 229 ; *D.* 2007. 3041, obs. F. Bérenger.
12. Civ. 1re, 1er juin 2016, n° 15-13.221, P ; *D.* 2016. 1262 ; *D.* 2017. 1011, obs. H. Gaudemet-Tallon et F. Jault-Seseke ; *D.* 2017. 82, obs. Th. Wickers.
13. Civ. 1re, 3 nov. 2016, n° 15-20.495, P ; *D.* 2016. 2289 ; *D.* 2017. 1011, obs. H. Gaudemet-Tallon et F. Jault-Seseke ; *JCP* 2017. 105, note E. Jeuland ; *JCP* 2017. 660, n° 17, obs. J. Moret-Bailly ; *D.* 2018. 627, obs. J.-D. Bretzner – V. s^{s} n°s 412.222, 422.213 s.

lement, par nature la « double déontologie » n'a pas vocation à s'appliquer : il est nécessaire de déterminer, entre les différents avocats échangeant dans un même dossier une règle commune acceptable par tous dont il convient d'analyser la portée qui sera la sienne. Il peut être, parfois, pertinent de recourir à un correspondant local qui se chargera des échanges entre les différents conseils afin de sécuriser le régime juridique qui leur y sera applicable.

491.126 **Conflit d'intérêts.** Dans une affaire où un avocat espagnol exerçant en France, à titre permanent, sous son titre professionnel d'origine avait fait l'objet de poursuite disciplinaire en raison de son attitude dans un litige devant une juridiction française, il lui était, notamment, reproché, d'avoir accepté de représenter deux parties aux intérêts opposés, en violation des règles en matière de conflits d'intérêts [1].

La cour d'appel prononce sa radiation rappelant, alors même qu'il invoquait le fait qu'en Espagne, où il était, par ailleurs, inscrit, un avocat pouvait parfaitement représenter deux parties ayant des intérêts opposés, qu'intervenant dans cette affaire en sa qualité d'*abogado* inscrit à un barreau français, il ne pouvait pas revendiquer l'application du code de déontologie catalan alors même que les deux parties étaient de nationalité française et que le lieu de compétence de la juridiction pour connaître de ce litige était une juridiction française [2].

Cette solution est conforme à la primauté de la règle du pays d'accueil en cas d'exercice à tire permanent sous son titre d'origine, tant précisé les règles en la matière (sous le vocable de règle relative à l'interdiction d'assistance par un même avocat de parties ayant des intérêts opposés) font partie de celles qui sont visées comme devant s'appliquer en toutes circonstances eu égard au pays de délivrance de la prestation de service. Cette solution se comprend d'autant plus qu'en la matière, les règles déontologiques ne sont pas exclusives des principes du droit processuel, et que les juridictions nationales peuvent disposer de prérogatives propres afin de faire cesser une situation de conflits d'intérêts [3].

C.
Incidence quant à l'appréciation de la faute déontologique

491.131 **Impact sur l'appréciation de la faute déontologie.** Le contexte international dans lequel un avocat serait amené à intervenir nous parait ainsi, nécessairement, devoir impacter quant à l'appréciation de la faute déontologique [4] : cette dernière ne saurait résulter du seul constat d'un manquement aux principes essentiels et règles déontologiques applicables en droit interne, dès lors que, eu égard au contexte dans lequel l'avocat est intervenu, l'attitude qui a été la sienne apparaissait conforme et strictement nécessaire.

491.132 **La double déontologie, une finalité plus qu'un principe.** La notion de double déontologie apparaît ainsi plus comme une finalité, un objectif que l'on se doit de chercher à atteindre, que comme un principe, en tout état de cause relatif. Elle doit s'imposer comme précepte de départ, devant conduire à s'interroger quant à l'impossibilité ou non de le respecter en cas de conflit de règles, à condition qu'un tel conflit soit bien caractérisé.

§ 3
Question de l'arbitrage international

491.141 **Situation des avocats dans le cadre d'un arbitrage international.** L'arbitrage international conçu comme l'affaire des parties à la procédure arbitrale, s'est progressivement autonomisé, conduisant à la reconnaissance d'un ordre juridique arbitral distinct des ordres juridiques nationaux [5], bien qu'encore contesté, et ce, en commençant par acquérir son autonomie sur le terrain du droit processuel et de la loi applicable à la procédure arbitrale faisant primer la volonté des parties et la liberté des arbitres de conduire les opérations d'arbitrage dans le seul respect des principes d'égalité procédurale et du contradictoire [6]. Selon la formule désormais consacrée : « La procédure devant le tribunal arbitral est régie par le règlement [de la chambre d'arbitrage] et, dans le silence de ce dernier, par les règles que les parties, ou à défaut le tribunal arbitral, déterminent, en se référant ou non à une loi nationale de procédure applicable à l'arbitrage. » [7]

Devant les tribunaux arbitraux, l'avocat, sauf à ce qu'il y soit interdit en raison de particularité du droit local ou de la jurisprudence locale des chambres d'arbitrage [8], ne bénéficie pas de monopole d'assis-

1. V. s[s] n°s 441.161 s.
2. Montpellier, 1re ch., 29 févr. 2016, RG n°s 15/03690, 15/04304 ; *Gaz. Pal.* 19 avr. 2016, p. 30, obs. J.-L. Gaineton.
3. V. s[s] n°s 442.51 s., 442.71 s., 442.111 s.
4. V. s[s] n°s 312.51 s.
5. E. Gaillard, *Aspects philosophiques du droit de l'arbitrage international*, « ADI – Poche », Brill, 2008.
6. SUR CETTE QUESTION : E. Gaillard, *Aspects philosophiques du droit de l'arbitrage international*, « ADI – Poche », Brill, 2008, n°s 68 s., p. 101 s., not. p. 146 s., n°s 96 s. ; – COMP. : C. pr. civ., art. 1442 s.
7. ICC arbitration rules / Règlement d'arbitrage de la CCI, 2021, art. 19.
8. SUR CETTE QUESTION : M. Rubino-Sammartano, *Arbitrage international*, t. II, *Partie générale (suite) et partie spéciale*, Bruylant, Bruxelles, 2019, n°s 22.34 s.

tance ou de représentation, même s'il s'est imposé, non seulement en tant que conseil mais également en tant qu'arbitre [1], de par précisément la force de sa déontologie professionnelle, à laquelle il reste soumis devant les tribunaux arbitraux [2]. Pour autant les règles, comme la doctrine en la matière, ont essentiellement été conçues à l'aune du rapport tripartite arbitre / parties / chambre d'arbitrage. Et si la déontologie, l'on parle plus volontiers d'éthique ou *etic* en la matière, s'est progressivement imposée s'agissant des arbitres, elle demeure embryonnaire, s'agissant des avocats, l'on parle plus volontiers de conseil ou de représentant en la matière, des parties dans leur mission de conseil, d'assistance et de représentation.

Leur situation est particulière dans la mesure où les avocats qui interviennent en tant que conseil dans une procédure d'arbitrage internationale se retrouvent attrait devant une juridiction arbitrale située, parfois, dans un pays où aucun des avocats intervenant à la procédure n'est inscrit au barreau, ou admis à exercer, dans ce même pays.

Leur appliquer les règles professionnelles de l'État d'exercice temporaire, soit celui où est située la procédure arbitrale, n'a pas de sens, tandis que leur appliquer leurs seuls principes essentiels et règles déontologiques propres peut conduire à des discordances de traitements qui peuvent créer un déséquilibre entre les parties à la procédure arbitrale, notamment eu égard à certains principes essentiels ou règles professionnelles qui peuvent s'avérer fondamentalement différents (tel qu'en matière de conflits d'intérêts [3], de devoir de loyauté, en particulier dans sa dimension relative à l'administration de la preuve [4], de devoir de conscience, notamment dans sa dimension relative au devoir de vérité [5], de confidentialité des échanges entre avocats… [6]). À cet égard, leur situation est à rapprocher de celle des avocats qui peuvent être amenés à intervenir devant des juridictions internationales qui possèdent chacune leurs propres règles de procédure mais également de déontologie et de discipline, telles que la Cour de justice de l'Union européenne (CJUE) [7], la Cour européenne des droits de l'homme (CEDH) [8] ainsi que la Cour pénale internationale (CPI) [9].

1. V. s^s n° 433.56.
2. G.-A. Dal, D. Matray, « L'éthique des conseils », *in* G. Keutgen (dir.), *L'éthique dans l'arbitrage*, « Arbitrage », Bruylant, Bruxelles, 2011, p. 37 s.
3. V. s^s n°s 441.31 s.
4. V. s^s n°s 453.20 s.
5. V. s^s n°s 322.51 s.
6. V. s^s n°s 422.201 s.
7. V. s^s n°s 523.372 s.
8. V. s^s n° 523.374.
9. V. s^s n°s 523.375 s.

491.142 Prérogatives (limitées) des arbitres. Mais le tribunal arbitral ne dispose que rarement de moyens pour répondre à l'inadéquation du comportement d'un avocat, aux regards des principes essentiels et des règles déontologiques qui s'imposent à lui, en dehors de solutions purement processuelles, le principe de l'égalité des armes pouvant conduire le tribunal arbitral à aplanir les différences notamment en ce qui concerne les modes de preuve, leur admissibilité, leur force probante…, tels que la condamnation d'une partie à tout ou partie des frais de l'arbitrage, le rejet des demandes, moyens ou des demandes de preuve.

Il lui est également possible de prendre des mesures appropriées pour prévenir ou réparer le dommage causé par la déloyauté de l'avocat de l'une des parties, et la Cour de cassation a admis, à cet égard, la validité en droit interne de dommages-intérêts punitifs prononcés dans le cadre d'un arbitrage international, à condition qu'ils ne soient pas « manifestement disproportionnés » au regard du préjudice subi et du manquement aux obligations contractuelles [10]. Mais il est sans pouvoir pour prononcer une sanction disciplinaire : la clause d'arbitrage l'investit de la mission de trancher le différend qui oppose les parties, pas de sanctionner leur avocat [11].

491.143 Déontologie à rebours, l'exemple des conflits d'intérêts. Les problématiques déontologiques se sont également posées sous l'angle de l'impartialité de l'arbitre et de l'obligation de révélation, exprimé en droit interne par l'article 1456 [12] code de procédure civile qui prévoit que : « Il appartient à l'arbitre, avant d'accepter sa mission, de révéler toute circonstance susceptible d'affecter son indépendance ou son impartialité. Il lui est également fait obligation de révéler sans délai toute circonstance de même nature qui pourrait naître après l'acceptation de sa mission ».

Tel que s'agissant des liens qui unissait l'arbitre au cabinet d'avocat de l'une des parties dont il était « *of counsel* » [13] ou de l'arbitre qui avait été consultant interne d'un cabinet d'avocats pendant plusieurs années et avait par la suite continué à donner des consultations juridiques occasionnelles en tant que professeur alors que l'un des collaborateurs du cabinet était avocat à titre personnel d'une des parties à l'arbitrage [14], à condition que cela soit de nature à caractériser des éléments de nature à

10. Civ. 1re déc. 2010, n° 09-13.303, P.
11. G.-A. Dal, D. Matray, « L'éthique des conseils », *in* G. Keutgen (dir.), *L'éthique dans l'arbitrage*, « Arbitrage », Bruxelles, 2011, p. 37 s.
12. C. pr. civ., art. 1456.
13. Paris, 1re ch., sect. C, 12 févr. 2009, RG n° 07/22164.
14. Paris, pôle 1, ch. 1, 10 mars 2011, RG n° 09/28537.

provoquer dans l'esprit des parties un doute raisonnable quant à l'impartialité et l'indépendance de l'arbitre [1].

Mais la conséquence en la matière ne repose jamais sur l'avocat, conseil de l'une des parties, mais sur l'arbitre lui-même qui est conduit à devoir se déporter.

491.144 Lignes de conduite de l'*International bar association* (IBA). L'*International bar association* [2] partant de la conclusion que : « À la différence des règles applicables à la conduite de procédures arbitrales internationales, qui sont adaptées au caractère complexe des litiges concernés ainsi qu'à la présence de parties ayant des cultures différentes, celles qui régissent la représentation des parties devant les tribunaux sont en revanche conçues pour être appliquées dans le cadre de règles de procédure nationales et en fonction de cultures judiciaires spécifiques », a élaboré une série de règles et directives en matière d'arbitrage international tenant à la représentation des parties dans l'arbitrage international [3] ainsi qu'à la question des conflits d'intérêts [4] et à l'obtention des preuves [5]. Mais ces recommandations sont, pour l'essentiel, de nature purement processuelles et ne présentent pas de caractère contraignant.

Le point 26 des lignes directrices relatives à la représentation des parties dans l'arbitrage international précise que : « Si le tribunal arbitral, après en avoir informé les parties et leur avoir donné une occasion raisonnable d'être entendues, constate que le représentant d'une Partie a commis une violation, le tribunal arbitral peut, selon les cas : (a) admonester ce représentant d'une partie ; (b) en tirer les conclusions qui s'imposent dans son appréciation de la preuve invoquée raisonnable quant à l'évaluation des preuves visées ou des arguments juridiques avancés par ce représentant d'une partie ; (c) prendre en compte la violation commise par ce représentant d'une partie dans la répartition des coûts de l'arbitrage en indiquant au besoin comment et dans quelle mesure cette violation a conduit le tribunal à une répartition différente de ces coûts ; (d) prendre toute autre mesure appropriée afin de préserver l'équité et l'intégrité de la procédure. Le tribunal arbitral, lorsqu'il sanctionne une violation, doit prendre en compte : (a) la nécessité de préserver l'intégrité et l'équité de la procédure arbitrale ainsi que le caractère exécutoire de sa sentence ; (b) l'impact potentiel de sa décision relative à une violation sur les droits des parties ; » [6]. L'on retrouve ici les solutions déjà admises par la pratique des juridictions arbitrales.

491.145 Nécessité de disposer de règles internationales de conduite professionnelle des avocats. La difficulté devient ainsi prégnante lorsque les conseils des parties appartiennent à des barreaux différents et sont soumis à des règles déontologiques différentes [7]. La nécessité de disposer de règles internationales de conduite professionnelle des avocats dans le cadre d'arbitrages internationaux a été soulignée [8], une procédure « sur mesure » inspirée à la fois de la *common law et* de la tradition civiliste est envisageable [9].

Surtout, l'évolution des pratiques contentieuses récentes, en droit interne comme dans l'arbitrage international, où l'on assiste au développement de stratégies contentieuses relevant plus de la *guérilla* par l'accroissement des attitudes dilatoires (contestation des arbitres à plusieurs reprises dans la même procédure, mensonge devant le tribunal arbitral, fausses preuves...), a conduit les chambres d'arbitrage à s'impliquer de plus en plus dans la réglementation du rôle et du comportement des conseils des parties dans les procédures d'arbitrage international [10].

C'est ainsi que le règlement suisse d'arbitrage international est venu prévoir, en 2021, que si les parties peuvent être représentées ou assistées par les personnes de leur choix, une preuve des pouvoirs d'un représentant peut être demandée à tout moment, et, surtout, le tribunal arbitral peut

1. Civ. 1re 10 oct. 2012, n° 11-20.299, P ; – CASSANT : Paris, pôle 1, ch. 1, 10 mars 2011, RG n° 09/28537 – C. Castres Saint-Martin, *Les conflits d'intérêts en arbitrage commercial international*, « Logiques juridiques », L'Harmattan, 2016.
2. V. ss n° 132.114.
3. IBA Guidelines on Party Representation in International Arbitration / Lignes directrices de l'IBA sur la représentation des parties dans l'arbitrage international, 25 mai 2013 ; – AUSSI : IBA, *International Principles on Conduct for the Legal Profession, 28* mai 2011.
4. IBA *Guidelines on Conflicts of Interest in International Arbitration / Lignes directrices de l'IBA sur les conflits d'intérêts dans l'arbitrage international,* 23 oct. 2014.
5. IBA *Rules on the Taking of Evidence in International Arbitration / Règles de l'IBA sur l'obtention des preuves dans l'arbitrage international,* 17 déc. 2020.
6. IBA *Guidelines on Party Representation in International Arbitration / Lignes directrices de l'IBA sur la représentation des parties dans l'arbitrage international,* 25 mai 2013, p. 26.
7. G.-A. Dal, D. Matray, « L'éthique des conseils », *in* G. Keutgen (dir.), *L'éthique dans l'arbitrage*, « Arbitrage », Bruylant, Bruxelles, 2011, p. 37 s.
8. M. Rubino-Sammartano, *Arbitrage international,* t. II : *Partie générale (suite) et partie spéciale*, Bruylant, Bruxelles, 2019, n° 22.43.
9. G.-A. Dal, D. Matray, « L'éthique des conseils », *in* G. Keutgen (dir.), *L'éthique dans l'arbitrage*, préc., 2011, p. 37 s.
10. G. Philipps, « Is creeping legalisation infecting Arbitration ? », *Dispute Resolution Journal,* vol. 58 (2003), n° 1 – Ugo Draetta, *Counsel as Client's First Enemy in Arbitration ?,* JurisNet, Huntington, New York, 2014 ; *The Dark Side of Arbitration*, JurisNet, Huntington, New York, 2018.

s'opposer à la nomination d'un nouveau représentant lorsque cela risque de mettre en péril l'impartialité ou l'indépendance du tribunal arbitral[1]. Cette disposition étant destinée à éviter qu'une partie à la procédure ne fasse intervenir un nouveau conseil avec pour seul dessein d'obliger l'arbitre à se déporter.

491.146 L'exemple de la *London Court of International Arbitration* (LCIA). Un remarquable exemple de cette évolution se trouve dans le règlement de la *London Court of International Arbitration* (LCIA)[2]. La *London court of international arbitration* (LCIA) est l'une des institutions d'arbitrage les plus importantes au monde, avec l'*International chamber of commerce* ou Chambre de commerce internationale (ICC / CCI) à Paris, le *Dubai international arbitration centre* (DIAC) à Dubaï, le *Singapore international arbitration centre* (SIAC) à Singapour, le *Hong Kong international arbitration centre* (HKIAC) à Hong Kong et l'*International centre for dispute resolution* (ICDR) aux États-Unis.

L'apport le plus notable de la modification de son règlement, en 2014, a précisément été de prévoir, pour la première fois, des règles de conduite applicables aux conseils des parties à la procédure arbitrale. Le règlement d'arbitrage de la *The London Court of International Arbitration* (LCIA) pose ainsi un certain nombre de règles auxquelles les avocats représentants les parties doivent se conformer[3] et prévoit expressément un mécanisme de sanctions à l'encontre des avocats en cas de violation de ces mêmes règles. Les directives pour les représentants légaux des parties figurent dans une annexe au règlement[4]. Il y est, au préalable, indiqué que : « Ces directives ne doivent pas non plus déroger à des lois obligatoires, règles de droit, règles ou codes de conduite professionnels si et dans la mesure où il en est démontré qu'ils s'appliquent à un représentant légal apparaissant dans l'arbitrage. »[5]. Il y est ensuite précisé que l'avocat ne doit pas : « s'engager dans des activités visant injustement à entraver l'arbitrage ou à compromettre le caractère définitif d'une sentence, y compris les contestations répétées de la nomination d'un arbitre ou de la compétence ou de l'autorité du tribunal arbitral réputées non fondées »[6], ni : « sciemment faire de fausse déclaration au tribunal arbitral ou à la cour LCIA. »[7], ou : « se procurer ou aider à la préparation ou s'appuyer sur de faux éléments de preuve présentés au tribunal arbitral ou à la cour LCIA »[8], ni : « sciemment cacher ou aider à dissimuler un document (ou une partie de celle-ci) dont la production est ordonnée par le tribunal arbitral »[9]. L'avocat ne doit pas non plus : « délibérément engager ou tenter d'engager avec un membre du tribunal arbitral ou avec un membre de la cour LCIA qui rend une décision ou une décision concernant l'arbitrage (mais sans inclure le registraire) tout contact unilatéral relatif à l'arbitrage ou au différend entre les parties, qui n'a pas été divulguée par écrit avant ou peu de temps après un tel contact à toutes les autres parties, tous les membres du tribunal arbitral (s'il est composé de plus d'un arbitre) et le greffier »[10].

Surtout, il y est ensuite précisé que le tribunal arbitral peut décider si un avocat a violé ces directives générales et, si c'est le cas, comment exercer son pouvoir discrétionnaire de sanctionner l'avocat[11] en cas de plainte d'une partie ou d'autosaisine. Le tribunal arbitral peut alors décider, après consultation des parties et de leurs représentants, que l'avocat a enfreint les directives générales. Si une telle violation est constatée par le tribunal, il peut alors prononcer à l'encontre de l'avocat tout ou partie des sanctions consistant en une réprimande écrite, une mise en garde écrite quant à la conduite future de l'arbitrage et toute autre mesure nécessaire pour remplir dans le cadre de l'arbitrage les devoirs généraux, tenant au devoir d'agir équitablement et impartialement entre toutes les parties et à l'obligation d'adopter des procédures adaptées aux circonstances de l'arbitrage, évitant retards et dépenses inutiles, afin de fournir un moyen juste, efficace et rapide pour le règlement définitif du différend entre les parties[12], requis du tribunal[13] :

491.147 Une autre « double déontologie » ? L'on assiste ainsi en matière d'arbitrage international au développement d'une autre « double déontologie », non plus entre les principes essentiels et règles déontologiques qui s'appliquent à plusieurs avocats

1. Règlement suisse d'arbitrage international (Swiss Rules), juin 2021, art. 4.
2. LCIA arbitration rules, 2014 (Règlement d'arbitrage de la LCIA).
3. LCIA arbitration rules, 2014, art. 18 – Legal Representatives.
4. Annex to the LCIA Rules General, Guidelines for the Parties Legal Representatives (articles 18.5 and 18.6 of the LCIA Rules).
5. LCIA, Guidelines for the Parties Legal Representatives, 2014, §1.
6. LCIA, Guidelines for the Parties Legal Representatives, 2014, §2.
7. LCIA, Guidelines for the Parties Legal Representatives, 2014, §3.
8. LCIA, Guidelines for the Parties Legal Representatives, 2014, §4.
9. LCIA, Guidelines for the Parties Legal Representatives, 2014, §5.
10. LCIA, Guidelines for the Parties Legal Representatives, 2014, §6.
11. LCIA, Guidelines for the Parties Legal Representatives, 2014, §7.
12. LCIA arbitration rules, 2014, art. 14.4.
13. LCIA arbitration rules, 2014, art. 18.6.

intervenant dans un même dossier, mais entre les principes essentiels et règles déontologiques qui s'appliquent à l'avocat et ceux qui résultent d'une déontologie de l'arbitrage, propre et autonome[1].

Inversement, la situation de l'avocat dans le cadre d'un arbitrage international n'est pas exclusive d'une adaptation, au regard des circonstances de faits de la situation, de la teneur des principes essentiels et règles déontologiques qui lui sont applicables dans son État d'origine. C'est ainsi que, s'agissant de la *cross-examination*, bien qu'elle ne soit pas, en principe, conforme aux principes essentiels et règles déontologiques internes, le conseil de l'Ordre de Paris a pu considérer que : « [d]ans le cadre des procédures arbitrales internationales, situées en France ou à l'étranger, il entre dans la mission de l'avocat de mesurer la pertinence et le sérieux des témoignages produits au soutien des prétentions de son client, en s'adaptant aux règles de procédure applicables. Dans cet esprit, la préparation du témoin par l'avocat avant son audition ne porte pas atteinte aux principes essentiels de la profession d'avocat et s'inscrit dans une pratique communément admise où l'avocat doit pouvoir exercer pleinement son rôle de défenseur »[2].

491.148 **Appréciation de la faute déontologique à l'aune du contexte de l'intervention de l'avocat.** Ici encore, le contexte international, en l'occurrence la procédure d'arbitrage international, dans lequel un avocat intervient nous paraît ainsi, nécessairement, avoir une incidence quant à l'appréciation de la faute déontologique[3].

Cette dernière ne saurait résulter du seul constat d'un manquement aux principes essentiels et règles déontologiques applicables en droit interne, dès lors que, eu égard au contexte dans lequel l'avocat est intervenu, l'attitude qui a été la sienne apparaissait conforme et strictement nécessaire.

SECTION 3
PROCÉDURES DISCIPLINAIRES APPLICABLES

491.150 **Plan.** La portée du principe de la « double déontologie » doit également s'examiner à l'aune de la procédure disciplinaire éventuellement applicable à l'avocat exerçant dans un contexte international, laquelle fait l'objet de règles supranationales au niveau européen (§ 1), mais relève du droit local au niveau international (§ 2).

1. AUSSI : A. Sarvarian, *Professionnal ethic at the international bar*, OUP, Oxford, 2013.
2. CO Paris, 26 févr. 2008, *Bulletin du Barreau de Paris* 2008, n° 9 – C. Sanchez Saëz, *Usages et arbitrage*, th., Montpellier, 2017.
3. V. s^s n°s 312.51 s.

§ 1
Au niveau de l'Union européenne

491.161 **Définition européenne.** L'article 7 de la directive du 16 février 1998[4] prévoit que :

1° En cas de manquement de l'avocat exerçant sous son titre professionnel d'origine aux obligations en vigueur dans l'État membre d'accueil, les règles de procédure, les sanctions et les recours prévus dans l'État membre d'accueil sont d'application[5] ;

2° L'autorité compétente de l'État membre d'origine décide des suites à donner en application de ses propres règles de forme et de fond à la décision prise par l'autorité compétente de l'État membre d'accueil à l'égard de l'avocat exerçant sous son titre professionnel d'origine[6] ;

3° Bien qu'il ne soit pas un préalable à la décision de l'autorité compétente de l'État membre d'accueil, le retrait temporaire ou définitif de l'autorisation d'exercer la profession par l'autorité compétente de l'État membre d'origine, entraîne automatiquement pour l'avocat concerné l'interdiction temporaire ou définitive d'exercer sous son titre professionnel d'origine dans l'État membre d'accueil[7].

491.162 **Double procédure disciplinaire.** La double déontologie à laquelle il est tenu a pour conséquence que l'avocat peut faire l'objet de poursuites disciplinaires à la fois par le barreau d'accueil et par le barreau d'origine, la sanction disciplinaire appliquée par chaque autorité compétente dans une telle hypothèse pouvant être différente, eu égard aux circonstances[8].

Il en est de même en cas de libre prestation de services, sous réserve que la législation de l'État membre le prévoie aux termes de l'article 7.2. de la directive du 22 mars 1977[9]. L'État membre d'accueil peut aussi (comme certains le font) décider de ne pas exercer de pouvoir disciplinaire à l'égard des avocats rendant des services temporaires, laissant ainsi le soin aux autorités compétentes de l'État membre d'origine d'exercer le pouvoir disciplinaire en cas de violation des règles professionnelles dans l'État membre d'accueil.

491.163 **Coopération des instances disciplinaires.** Des dispositions sont prévues en matière de coopération entre les États membres tant s'agissant de l'inscription[10] que s'agissant de la procédure

4. Dir. 98/5, Parlement et Conseil, 16 févr. 1998, art. 7.
5. Dir. 98/5, Parlement et Conseil, 16 févr. 1998, art. 7.1.
6. Dir. 98/5, Parlement et Conseil, 16 févr. 1998, art. 7.4.
7. Dir. 98/5, Parlement et Conseil, 16 févr. 1998, art. 7.5.
8. V. s^s n°s 522.46, 522.103, 523.106.
9. Dir. 77/249, Conseil, 22 mars 1977, art. 7.2.
10. Dir. 98/5, Parlement et Conseil, 16 févr. 1998, art. 3.

disciplinaire en aux termes des articles 7.2, 7.3. et 13 de la directive 98/5[1] et 7.2. de la directive 77/249[2].

Avant d'ouvrir une procédure disciplinaire à l'encontre de l'avocat, l'autorité compétente de l'État membre d'accueil en informe dans les plus brefs délais l'autorité compétente de l'État membre d'origine en lui donnant toutes les informations utiles. Si une procédure disciplinaire est engagée par l'autorité compétente de l'État membre d'origine contre l'avocat, il doit en informer l'autorité compétente de l'État membre hôte de la même manière[3].

Les deux autorités compétentes doivent collaborer étroitement et s'accorder une assistance mutuelle tout en assurant la confidentialité des informations qu'elles échangent, et notamment prendre les dispositions nécessaires pour que l'autorité compétente de l'État membre d'origine puisse faire, le cas échéant, des observations devant les instances de recours.

491.164 **Absence de réciprocité des sanctions disciplinaires.** Le retrait temporaire ou définitif de l'autorisation d'exercer la profession par l'autorité compétente de l'État membre d'origine entraîne automatiquement pour l'avocat concerné l'interdiction temporaire ou définitive d'exercer sous son titre professionnel d'origine dans l'État membre d'accueil[4].

Mais il n'existe pas, même au niveau européen, de dispositions relativement à la réciprocité des sanctions disciplinaires sur le tableau de l'État membre d'origine[5], ni à la reconnaissance de l'effet de ces mêmes sanctions dans un autre État que celui où elles ont été prononcées[6].

§ 2
Au niveau international

491.171 **En cas de multi-inscriptions à un barreau.** Si le droit européen a précisément réglementé les règles applicables, tout en laissant une grande marge de manœuvre aux États membres, il n'existe pas de textes comparables en dehors de l'Union européenne.

En principe, dès lors que l'on est pleinement inscrit à un barreau étranger, dans le cadre d'un exercice permanent, l'on est pleinement soumis à la discipline de ce même barreau suivant la réglementation applicable dans l'État en cause.

491.172 **En l'absence d'inscriptions à un barreau.** Dans le cas contraire, si l'on a effectué une prestation de service juridique dans un État tiers, ou au profit d'un ressortissant d'un État tiers, l'on n'est pas, en principe, soumis à la discipline du barreau de cet État.

Mais il convient de vérifier, au cas par cas, si une telle intervention n'est pas susceptible de fonder la mise en œuvre d'une procédure disciplinaire dans un État autre que son État de rattachement.

491.173 **Consultant juridique étranger – Droit interne.** C'est ainsi que les avocats inscrits à un barreau d'un État non-membre de l'Union européenne et autorisés à exercer l'activité de consultation juridique et de rédaction d'actes sous seing privé pour autrui, que ce soit dans le cadre d'un exercice permanent ou dans le cadre d'une libre prestation de services[7], sont soumis, en cas de manquement, à la discipline des avocats inscrits à un barreau français, et peuvent ainsi faire l'objet de sanctions de la part des conseils de discipline[8].

491.174 **Sanction à finalité disciplinaire devant les juridictions internationales.** Les avocats français peuvent faire l'objet de sanctions à finalités disciplinaires devant certaines juridictions internationales, telles que la Cour européenne des droits de l'homme (CEDH), la Cour de justice de l'Union européenne (CJUE) ou la Cour pénale internationale (CPI)[9].

Ils peuvent, en outre, relever des juridictions, notamment pénales, d'un État tiers en cas d'infraction commise sur le territoire de cet État.

1. Dir. 98/5, Parlement et Conseil, 16 févr. 1998, art. 7.2., 7.3., 13.
2. Dir. 77/249, Conseil, 22 mars 1977, art. 7.2.
3. Dir. 98/5, Parlement et Conseil, 16 févr. 1998, art. 7.
4. Dir. 98/5, Parlement et Conseil, 16 févr. 1998, art. 7.5. – Paris, pôle 2, ch. 1, 26 févr. 2015, RG n° 14/07064.
5. COMP. RÉSERVANT L'HYPOTHÈSE d'une pratique abusive : CJUE 17 juill. 2014, *Angelo Alberto Torresi et Pierfrancesco Torresi c/Consiglio dell'Ordine degli Avvocati di Macerata*, aff. j[tes] C-58/13, C-59/13.
6. Sur la question de la portée extraterritoriale des sanctions disciplinaires, v. s[s] n° 523.182.
7. V. s[s] n°s 232.11 s.
8. Décr. n° 91-1197, 27 nov. 1991, art. 204-20 – V. s[s] n°s 522.47 et 523.107.
9. Sur cette question, v. s[s] n°s 523.371 s.

CHAPITRE

492. Déontologie comparée

SECTION 0

ORIENTEUR

492.00 **Sommaire du chapitre.**

Division. Les travaux en la matière demeurent rares, et pour la plupart son désormais anciens, ce qui pose la question des sources (sect. 1) et nous conduit à un essai de cartographie comparée qui se veut comme une porte d'entrée vers des études approfondies (sect. 2).

492.01 **Textes applicables.**

TEXTES TITRÉS

• **RIN**

art. 21 [Code de déontologie des avocats européens]

492.03 **Bibliographie indicative.**

Traité. J. Le Berquier, *Le barreau moderne français et étranger*, 2e éd., Marchal – Billard, Paris, 1882.

Monographies. R. L. Abel, Ph. S. C. Lewis, *Lawyers in Society : Vol. 1. The Common Law World,* Berkeley, University of California. Press, 1988 ; *Lawyers in Society :* Vol. 2. *The Civil Law World,* Berkeley : University of California Press, 1988 ; *Lawyers in Society :* Vol. 3. *Comparative theories, Berkeley,* University of California Press, 1989 ; *Lawyers in Society : An Overview,* Berkeley, University of California Press, 1995 – M. Cappelletti, *Access to justice*, 6 vol., A. Giuffrè, Milan, 1978 – G.-A. Dal (dir.), *Le secret professionnel de l'avocat dans la jurisprudence de l'union européenne*, Larcier, Bruxelles, 2011 – Y. Dezalay, *Marchands du droit : La restructuration de l'ordre juridique international par les multinationales du droit*, Fayard, 1992 – G. Gadbin-George, *Déréglementation et profession du droit Outre-manche*, « Essai », Dalloz, 2016 – J.-L. Halpérin, *Histoire des droits en Europe : De 1750 à nos jours*, « Champs », 2e éd., Flammarion, 2020 ; *Avocats et notaires en Europe. Les professions judiciaires et juridiques dans l'histoire contemporaine*, « Droit et société », LGDJ, 1996 – D. Iweins, *L'influence insoupçonnée des avocats d'affaires*, Enrick B. Éditions, 2020 – S.-P. Laguette, *L'avocat dans les neuf États de la Communauté européenne*, April, 1978 – S.-P. Laguette, P. Latham, *Lawyers in the European Community,* European Perspectives series, 1987 – A. Tinayre, D. de Ricci (dir.), *Au service de la Justice : La profession juridique de demain*, Livre Bleu, Dalloz, 1967.

Contributions. J.-P. Buyle, « La déontologie est un trésor », avant-propos du *Recueil des règles professionnelles du Barreau de Bruxelles*, 2010, p. 3 – J.-L. Halpérin, « Les professions judiciaires et juridiques dans l'histoire contemporaine : modes d'organisation dans divers pays européens », *Droit et société*, n° 26, 1994, p. 109 ; – R. Danovi, « Le code de déontologie des avocats japonais », *Essais sur la déontologie*, Bruylant, Bruxelles, 2002, p. 214 s., n° 14.

Articles. M. Ancel, « La fonction judiciaire et le droit comparé », *RIDC*, vol. 1, nos 1-2, janv.-mars 1949. p. 57 s. – Th. Baudesson, P. Roscher, « Le secret professionnel face au légal privilège », *RLDA* janv. 2006 – B. Bernabé, « L'héritage historique de la profession d'avocat. Quelques observations de droit comparé », *Gaz. Pal.* 26-27 sept. 2007 – O. Cachard, « Le secret de l'avocat en Europe », *JCP* 2006. 465 – R. Cheng, « La déontologie des avocats chinois, à la recherche de l'esprit fondamental de la profession, au carrefour du passé et de l'avenir », *Jurisdoctoria,* n° 11, 2014 – E. Lazega, « Conflits d'intérêts dans les cabinets américains d'avocats d'affaires : concurrence et autorégulation », *Sociologie du travail,* 36? année n° 3, juill.-sept. 1994, p. 315 – D. Piau, « Indépendance, j'écris ton nom... », *Gaz. Pal.* 12 mars 2020, p. 25 – Th. Wickers, « L'Australie c'est loin... », *Gaz. Pal.* 9 juill. 2013, p. 8.

Rapports. Cepej, *Systèmes judiciaires européens : Efficacité et qualité de la justice*, Études de la Cepej, n° 23, 6e éd.,

2016 ; *Rapport Systèmes judiciaires européens : Rapport d'évaluation de la Cepej*, Cycle d'évaluation 2020 (données 2018), 9 nov. 2020 – C. Gauthier, L. Grard, *Les professions juridiques et judiciaires en Europe*, Rapport pour le Groupement d'intérêt Mission droit et justice, 2014.

Ouvrages de déontologie étrangers.

> **Afrique.** A. Fénéon, M. Konaté, *L'avocat dans l'espace Ohada*, 1re éd., « Droits africains », EJA -LGDJ, 2020.

> **Belgique.** J.-P. Buyle, D. Matthys (dir.), *#Advocaat : Avocat*, Larcier, 2017 – Collectif, *Nouveau recueil des règles professionnelles*, 2 vol., Barreau de Bruxelles, 2014 – Collectif, *Mél. G.-A. Dal : L'avocat*, Larcier, 2014 – Collectif, *Mél. P. Henry – Luttons*, Larcier, Bruxelles, 2019 – Collectif, *Code de déontologie de l'avocat*, Anthemis, 2013 – J. des Cressonnières, *Entretiens sur la profession d'avocat et les règles professionnelles*, Larcier, Bruxelles, 1911 – G.-A. Dal, R. de Baerdemaeker, P. Henry, J. Stevens, *La déontologie de l'avocat belge*, 1re éd., Larcier, Bruxelles, 2021 – M. Dal (dir.), *La déontologie en pratique*, Questions choisies, 1re éd., Larcier, Bruxelles, 2017 – G. Duchaine, E. Picard, *Manuel pratique de la profession d'avocat en Belgique*, Durand et Pedone-Lauriel, Bruxelles, 1869 – P. Lambert, *Règles et usages de la profession d'avocat du barreau de Bruxelles*, 3e éd., Bruylant, Bruxelles, 1994 – M. Vlies, F. Bruyns, G. Cruysmans, M. Dal, *Recueil des règles professionnelles du barreau de Bruxelles*, Anthemis, Bruxelles, 2020.

> **Hollande.** Collectif, *Vademecum Advocatuur 2021. Wet- en regelgeving*, Boom juridisch, 2021 – E. Janssens, *Deontologie Juridische beroepen : advocatuur*, Larcier, Bruxelles, 2015 – D. de Wolff, *Kernwaarden van de advocatuur*, Uitgeverij Kluwer BV, 2020.

> **Italie.** L. del Paggio, *La professione forense*, 3e éd., Wolters Kluver, Milan, 2017 – Ubaldo Perfetti, *Deontologia dell'avvocato, ordinamento forense, amministrazione della Giustizia*, G. Giappichelli editore, Torino, 2013.

> **Luxembourg.** Conférence du Jeune Barreau de Luxembourg, *Guide du jeune avocat au Luxembourg*, Larcier, Bruxelles, 2019 – M. Thewes, *La profession d'avocat au Grand-Duché de Luxembourg*, 3e éd., Larcier, 2021.

> **Québec.** Barreau du Québec, *Recueil de documentation professionnelle*, 2020, École du barreau du Québec, Collection de droit 2021-2022, vol. 1, *Éthique, déontologie et pratique professionnelle*, Yvon Blais, Montréal, 2021 – E. Vanchestein, M. Cournoyer-Proulx, G. Ouimet, *Code des professions annoté*, 4e éd., Yvon Blais, Montréal, 2019.

> **Suède.** Collectif, *Regler för advokatverksamhet*, 4e éd., Sveriges advokatsamfund, 2020 – L. Bentelius, K. Agneklev, *God Advokatsed*, Sveriges advokatsamfund, Stockholm, 1998 – C. Peyron, *Advokatetik. En praxisgenomgång*, 2e éd., Sveriges advokatsamfund, 2017 – H. Wiklund, *God advokatsed*, Sveriges advokatsamfund, 1973.

> **Suisse.** F. Bohnet, *Professions d'avocat.e, de notaire et de juge*, 4e éd., Helbing Lichtenhahn, Bâle, 2021 – F. Bohnet, B. Chappuis, *Les grands arrêts de la profession d'avocat*, 4e éd., Helbing Lichtenhahn, Bâle, 2020 – B. Chappuis, J. Gurtner, *La profession d'avocat*, 3e éd., Schulthess, 2021.

SECTION 1
SOURCES EN MATIÈRE DE DÉONTOLOGIE COMPARÉE

492.11 Propos liminaires. Les sources et les travaux en la matière sont rares. Si l'on excepte quelques travaux publiés désormais anciens [1], et notamment le *Livre bleu de la profession d'avocat* qui avait réalisé, en 1967, un remarquable travail d'étude comparative de différents pays (Allemagne, Belgique, Italie, Luxembourg, Pays-Bas, États-Unis, Angleterre et Canada), tant sur le plan de l'organisation professionnelle que des principes essentiels et des règles déontologiques applicables [2], les analyses comparées relatives à la profession d'avocat, ou aux professions similaires, sont désormais beaucoup plus confidentielle, souvent dans le cadre d'études particulières sur des points précis [3], telle que sur leur organisation [4], ou sur des règles déontologiques précises (conflits d'intérêts, secret professionnel et *legal privilege*...), ou réalisées en « creux » dans le cadre de rapports concluant à l'existence, ou l'absence, de différences notables sur tel ou tel point sans pour autant détailler et expliciter leur raisonnement [5].

Ce vide doctrinal est pour le moins regrettable. D'une part car les approches comparatives sont toujours riches d'enseignement quant à la pertinence et l'efficience d'un système juridique donné, bien les connaître, mieux les comprendre permet aussi d'envisager certaines évolutions de notre propre système ou de nos propres analyses [6], outre le fait qu'on lit aujourd'hui, trop souvent, des affirmations pour le moins péremptoires en la matière, tout particulièrement s'agissant de la situation américaine, alors même que la réalité s'avère bien différente et plus complexe : il y a, bien souvent, un vrai travail de *fact checking* à effectuer dans ce domaine,

1. S.-P. Laguette, *L'avocat dans les neuf états de la Communauté européenne*, Apil, 1978 – S.-P. Laguette, P. Latham, Lawyers in the European Community, European Perspectives series, 1987 – A. Tinayre, D. de Ricci (dir.), *Au service de la Justice : La profession juridique de demain, Livre Bleu*, Dalloz, 1967.
2. A. Tinayre, D. de Ricci (dir.), *Au service de la Justice : La profession juridique de demain, Livre Bleu*, Dalloz, 1967.
3. Sénat, Service des études juridiques, Étude de législation comparée, *L'aide juridique*, n° 137, juill. 2004.
4. Cepej, *Systèmes judiciaires européens : Efficacité et qualité de la justice*, Études de la Cepej, n° 23, 6e éd., 2016 ; *Rapport Systèmes judiciaires européens : Rapport d'évaluation de la Cepej*, Cycle d'évaluation 2020 (données 2018), 9 nov. 2020.
5. EN DERNIER LIEU : J. McBride, sous la supervision du Comité européen de coopération juridique (CDCJ), *Protection des avocats : Étude de faisabilité d'un nouvel instrument juridique européen*, 2020, p. 81 s.
6. M. Ancel, « La fonction judiciaire et le droit comparé », *RIDC*, vol. 1, nos 1-2, janv.-mars 1949, p. 57 s.

travail rendu difficile par l'absence de sources fiables. D'autre part, parce que les avocats, au quotidien, dans un contexte d'internationalisation croissante de leur activité ne trouvent pas, de façon aisément accessible, les informations qui pourraient leur être utiles en la matière.

On notera que sur le terrain de la sociologie du droit, un groupe de travail international pour les études comparatives des professions juridiques (*International working group for comparative studies of legal professions*) a été créé dans les années 80 par Richard L. Abel, de l'université de Californie (Ucla), et Philip Lewis [1] (1933-2019) de l'université d'Oxford, pour mener un projet de recherche international sur les avocats [2], qui reste à ce jour l'étude la plus complète sur le sujet et offre un outil bibliographique précieux, et a pérennisé ses travaux dans le cadre du RCSL (*Research committee on sociology of law*), fondé en 1962, par William M. Évan (1922-2009) et Adam Podgórecki (1925-1998), ainsi que, notamment, le doyen Jean Carbonnier (1908-2003).

492.12 Absence de définition commune de la notion d'avocat. La difficulté en la matière est accentuée par le fait qu'il n'existe pas de notion commune d'« avocat » de par le monde. Au seul niveau européen, cette même notion d'avocat recouvre des situations et des dénominations différentes tenant à l'existence de régimes différents, notamment quant aux missions exercées, à la capacité de représentation des parties, aux modes d'exercice permis..., au sein des États membres.

Ce constat a d'ailleurs conduit la CJUE à considérer, nonobstant le fait que les directives 98/5 [3] et 77/249 [4] aient expressément reconnu la qualité d'avocat au sens du droit européen à un certain nombre de professionnels dans chaque pays de l'Union, qu'« il découle des exigences tant de l'application uniforme du droit communautaire que du principe d'égalité que les termes d'une telle disposition du droit communautaire, en l'occurrence le terme « avocat », doivent normalement trouver dans toute la Communauté une interprétation autonome et uniforme, qui doit être recherchée en tenant compte du contexte de la disposition et de l'objectif poursuivi par la réglementation en cause » [5]. La CJUE a ainsi développé sa propre définition de l'avocat et considère que « l'exigence imposée par l'article 19 du statut de la CJUE trouve sa raison d'être dans le fait que l'avocat est considéré comme un collaborateur de la justice, appelé à fournir, en toute indépendance et dans l'intérêt supérieur de celle-ci, l'assistance légale dont le client a besoin. Cette protection a pour contrepartie la discipline professionnelle, imposée et contrôlée dans l'intérêt général par les institutions habilitées à cette fin. Une telle conception répond aux traditions juridiques communes aux États membres et se retrouve également dans l'ordre juridique communautaire » [6].

492.13 Absence de réglementation uniforme de l'exercice du droit. En outre, il n'existe pas non plus d'uniformité quant à la réglementation de l'exercice du droit, y compris au sein de l'Union européenne. Si les missions d'assistance ou de représentation des parties [7] constituent, le plus souvent, des missions dont l'exercice est, en tout ou partie, réservé aux avocats, les missions autres, notamment le conseil juridique [8], la rédaction d'actes [9], ou les missions de mandataires [10] ne sont pas nécessairement réglementées, et lorsqu'elles le sont, ne sont pas nécessairement réservées aux avocats voire leurs sont interdites.

Tout comme, la mission d'authentification des actes, réservée en France aux notaires, est, en fonction des pays, soit inexistante, soit réservée à une profession de notaire à laquelle les avocats peuvent, dans certains cas, accéder (Allemagne par exemple), ou encore accessible sur simple agrément.

Cette grande disparité des périmètres réglementés de l'exercice du droit, rend les comparaisons pour le moins complexes, tout en permettant, en fonction des réglementations locales, des implantations à l'étranger pour y exercer le droit sans nécessairement que ce soit sous le titre d'avocat local.

Il est donc toujours nécessaire de s'assurer précisément de la qualité de son interlocuteur, fut-il associé ou collaborateur d'une implantation étrangère d'un cabinet d'avocat, et de son champ d'intervention en cette même qualité, y compris des limites de celle-ci eu égard aux principes essentiels ou règles déontologiques qui lui seraient applicables.

1. AUSSI : R. Dingwall, Ph. Lewis, *The sociology of the professions : lawyers, doctors and others,* St. Martin's Press, 1983.
2. R. L. Abel, Ph. S. C. Lewis, *Lawyers in society : Vol. 1. The common law world,* Berkeley, University of California. Press, 1988 ; *Lawyers in society : Vol. 2. The civil law world,* Berkeley : University of California Press, 1988 ; *Lawyers in society : Vol. 3. Comparative theories,* Berkeley, University of California Press, 1989 ; *Lawyers in society : an overview,* Berkeley, University of California Press, 1995.
3. Dir. 98/5, Parlement et Conseil, 16 févr. 1998, art. 1.2.
4. Dir. 77/249, Conseil, 22 mars 1977, art. 1.2.
5. CJUE 4 févr. 2020, *Uniwersytet Wrocławski c/ REA*, aff. C-515/17 P, C-561/17 P, pt 57 ; *Gaz. Pal.* 12 mai 2020, p. 25, note D. Piau ; *Gaz. Pal.* 2 juin 2020, p. 38, obs. B. de Belval ; *Gaz. Pal.* 2 juin 2020, p. 39, obs. A. Lizop ; *D.* 2021. 109, obs. Th. Wickers.
6. CJUE 6 sept. 2012, *Prezes Urzedu Komunikacji Elektronicznej c/Commission*, aff. C-422/11 P, C-423/11 P.
7. V. ss nos 622.21 s.
8. V. ss nos 631.11 s.
9. V. ss nos 632.10 s.
10. V. ss nos 433.60 s. et 641.11 s.

492.14 Sources relatives aux avocats européens (Ccbe). Le Ccbe[1] a élaboré, en 2018, un tableau récapitulatif permettant d'accéder aux informations essentielles relatives aux règles nationales et à leurs références pertinentes applicables aux avocats qui souhaitent fournir des services ou s'établir dans un autre pays de l'Union européenne. Les règlements nationaux sont disponibles en ligne[2].

SECTION 2
CARTOGRAPHIE COMPARÉE

492.20 Plan. La présente section a pris le parti de s'intéresser à une vingtaine de pays parmi les plus importants en termes de produit intérieur brut (PIB) ainsi que parmi les partenaires économiques de la France, afin de poser les sources de la réglementation applicable à la profession d'avocat et le régime disciplinaire dont ceux-ci relèvent.

Cela conduit à distinguer trois systèmes : les systèmes corégulés (§ 1) , les systèmes autorégulés (§ 2) et les systèmes non ordinaux (§ 3).

§ 1
Systèmes corégulés

492.30 Plan. Les systèmes corégulés, que l'on peut qualifier de traditionnels, à l'image de celui qui prévaut en France, demeurent largement majoritaires et se dissocient, suivant la nature, nationale ou non, de l'institution qui procède, en tout ou partie, à la réglementation et au contrôle de l'accès à la profession, entre les barreaux nationaux (A), et les barreaux locaux (B). L'organisation de la procédure disciplinaire est le point qui présente le plus de différences notables entre les différents systèmes existants.

A.
Barreaux nationaux

492.40 Plan. Le système des barreaux nationaux, le plus commun, se retrouve tant en Europe (1°), qu'en Amérique (2°) ou encore en Asie (3°).

1°
Europe

492.51 Pays-Bas. Le *Nederlandse orde van advocaten* (NOvA) est l'organisation professionnelle de droit public de la profession d'avocat. Sur la base de l'*advocatenwet*[3], la NOvA a été créée le 1er octobre 1952. Tous les avocats (*advocaat*) des Pays-Bas forment ensemble la NOvA. Il s'agit d'un barreau, et d'un tableau, national.

La NOvA promeut la bonne pratique des avocats, fixe les règles de la profession d'avocat[4], assure la formation professionnelle des avocats et contribue à la qualité et au contrôle de la profession.

Les règles professionnelles auxquelles sont soumis les avocats[5] sont, outre l'*advocatenwet*[6], le décret sur les exigences professionnelles pour la profession d'avocat[7] et le règlement sur la profession d'avocat[8].

Tous les avocats qui ont leurs bureaux dans un district (Amsterdam – La Haye (La Haye, Gouda, Leyde) – Limbourg (Maastricht, Roermond) – Centre des Pays-Bas (Almere, Amersfoort, Lelystad, Utrecht) – Hollande du Nord (Alkmaar, Haarlem, Haarlemmermeer, Zaanstad) – Pays-Bas du Nord (Assen, Groningen, Leeuwarden) – Brabant oriental (Eindhoven,'s-Hertogenbosch) – Gueldre (Apeldoorn, Arnhem, Nimègue, Zutphen) – Overijssel (Almelo, Enschede, Zwolle) – Rotterdam (Dordrecht, Rotterdam) – Zeeland-West-Brabant (Bergen *op* Zoom, Breda, Middelburg, Tilburg) forment ensemble le barreau de ce district. Ce barreau local est régi par le conseil du barreau, présidé par le doyen. Ce doyen supervise les avocats qui ont des bureaux dans le district et traite les plaintes concernant les avocats. Le doyen traitera la plainte, enquêtera et tentera de régler le problème à l'amiable. Après l'enquête préliminaire, la plainte peut, et doit à la demande du plaignant, être transmise au conseil de discipline.

Il existe quatre conseils de discipline (un par juridiction) et un tribunal disciplinaire. Il est possible de faire appel d'une décision du conseil de discipline devant le tribunal disciplinaire. Les frais de justice sont à la charge du plaignant.

L'accompagnement, et le financement, des procédures disciplinaires est assuré par la NOvA qui a créé, à cette fin, une fondation d'appui aux tribu-

1. V. ss nos 132.41 s.
2. https://www.Ccbe.eu/fr/documents/reglements-professionnels/
3. Loi du 23 juin 1952 portant création du barreau néerlandais et règles relatives à l'ordre et à la discipline des avocats et des procureurs (Wet van 23 juni 1952, houdende instelling van de Nederlandse orde van advocaten alsmede regelen betreffende orde en discipline voor de advocaten en procureurs) ou « advocatenwet ».
4. Advocatenwet, art. 28.
5. Collectif, *Vademecum Advocatuur 2021. Wet-en regelgeving*, Boom juridisch, 2021 – E. Janssens, *Deontologie Juridische beroepen : advocatuur*, Larcier, Bruxelles, 2015 – D. de Wolff, *Kernwaarden van de advocatuur*, Uitgeverij Kluwer BV, 2020.
6. Advocatenwet, art. 46.
7. Besluit beroepsvereisten advocatuur, 27 janv. 2005.
8. Décision du collège des représentants du 4 décembre 2014 adoptant le règlement sur la profession d'avocat (Besluit van het college van afgevaardigden van 4 december 2014 tot vaststelling van de verordening *op* de advocatuur [Verordening *op* de advocatuur]).

naux disciplinaires de la profession d'avocat (SOTA), le 1er juin 2015.

Toutes les décisions disciplinaires sont disponibles de façon non anonymisée sur un site internet dédié, les justiciables peuvent, en outre, rechercher un avocat via le moteur de recherche « trouver un avocat » du site de la NOvA, les informations présentées sur l'avocat incluent alors toujours la référence à une éventuelle décision disciplinaire ainsi que la possibilité d'accéder directement à l'intégralité de la décision du tribunal ou du conseil de discipline.

492.52 **Suède.** La *Sveriges advokatsamfund*, ou association du barreau suédois, créée de sa propre initiative en 1887, est un barreau national auprès duquel tous les avocats (*advokat*) exerçant en Suède doivent être inscrits après accord de son conseil d'administration. La *Sveriges advokatsamfund*, est divisée en sept départements, chacun avec des opérations locales et un conseil départemental. Les conseils départementaux émettent des avis au conseil d'administration de la *Sveriges advokatsamfund*, entre autres sur les questions concernant les demandes d'adhésion au barreau.

La profession d'avocat est régie par l'article 8 du code de procédure judiciaire suédois [1]. Selon le code de procédure judiciaire suédois [2], un avocat est tenu de respecter les « bonnes pratiques juridiques ». Ces dernières sont déterminées par le comité de discipline et le conseil d'administration de la *Sveriges advokatsamfund* ce sont les *Vägledande régler om god advokatsed* (Règles d'orientation sur les bonnes pratiques juridiques) [3]. L'une des pierres angulaires des règles directrices est que l'avocat est tenu d'être loyal envers son client et de ne travailler que dans son meilleur intérêt. Ces règles font l'objet de commentaires non contraignants, mais qui doivent être considérés comme un guide supplémentaire pour comprendre chaque règle individuelle. Les statuts de la *Sveriges advokatsamfund* [4] contiennent également des règles déontologiques sur les devoirs professionnels des avocats [5] et des dispositions relatives à la procédure disciplinaire [6].

L'avocat qui enfreint les bonnes pratiques juridiques [7] peut faire l'objet d'une procédure disciplinaire qui relève de la compétence de la commission de discipline de la *Sveriges advokatsamfund*.

Le Chancelier de justice, qui exerce un contrôle sur le barreau suédois, peut dans certains cas demander le réexamen ou le réexamen des décisions par la commission de discipline. L'avocat peut faire appel de la décision devant la Cour suprême de Suède.

En principe, les décisions importantes des commissions disciplinaires sont publiées sur le site internet de la *Sveriges advokatsamfund* et dans la revue *Advokaten*.

492.53 **Allemagne.** Il existe deux organisations professionnelles nationales en Allemagne :

1° La *Deutscher Anwaltverein e.V.* (DAV) qui représente, depuis 1871, la profession juridique allemande et vise à réunir les 160 000 avocats en Allemagne et les avocats allemands à l'étranger. Elle à une vocation de défense des intérêts de la profession d'avocat et non de régulation.

2° La *Bundesrechtsanwaltskammer* (BRAK) qui est, depuis 1959 [8], l'association fédérale des barreaux, et représente les intérêts de la profession dans son ensemble. Sa tâche principale est d'aider à façonner le cadre juridique de la profession. Elle a élaboré le code de déontologie professionnelle des avocats (BORA) [9] et le règlement sur les spécialisations des avocats (FAO) [10].

Les règles professionnelles auxquelles sont soumis les avocats (*rechtsanwalt*) relèvent pour l'essentiel de la législation fédérale, et non de celle des lands, et ont donc une portée nationale. Les plus importantes sont la loi fédérale sur la profession d'avocat (BRAO) [11], la loi sur les honoraires des avocats (RVG) [12] ainsi que la loi sur les activités des avocats européens en Allemagne (EuRAG) [13].

Les avocats [14], dont l'autorisation d'exercice est donnée auprès d'un tribunal particulier de la juridiction de première instance (*landgericht*), sont inscrits auprès d'un *rechtsanwaltskammer* (RAK), barreau local, mais dont le règlement intérieur ne comporte pas de prescription de nature déontologique, juste organisationnelle.

Les obligations professionnelles, dont les chambres du barreau contrôlent le respect, résultent de la loi fédérale sur les avocats (BRAO) et du code des profes-

1. Rättegångsbalk (1942:740), art. 8.
2. Rättegångsbalk (1942:740), art. 8.
3. Vägledande regler om god advokatsed Antagna och utfärdade, med kommentarer, av Sveriges advokatsamfunds styrelse den 29 augusti 2008, att gälla från och med den 1 januari 2009. Reviderade senast juni 2020.
4. Stadgar för Sveriges advokatsamfund, 1962.
5. Stadgar för Sveriges advokatsamfund, art. 34 s.
6. Stadgar för Sveriges advokatsamfund, art. 12 s. et 40 s.
7. Collectif, *Regler för advokatverksamhet*, 4e éd., Sveriges advokatsamfund, 2020.
8. Ch. Wolf, F. L. Schäfer, R. Stürner, *Festschrift 60 Jahre Bundesrechtsanwaltskammer, 1959-2019*, Ottoschmidt, 2019.
9. Berufsordnung für Rechtsanwälte, 1er juill. 2015.
10. Fachanwaltsordnung, 1er janv. 2008.
11. Bundesrechtsanwaltsordnung, 1er août 1959, BGBl. I S. 565.
12. Rechtsanwaltvergütungsgesetz, 25 juin 2021, BGBl. I S. 2154.
13. Gesetz über die Tätigkeit europäischer Rechtsanwälte in Deutschland, 9 mars 2000, BGBl. I S. 182.
14. J.-L. Halpérin, *Histoire de l'état des juristes : Allemagne XIXe-XXe siècles*, Classiques Garnier, 2015.

sions des avocats (BORA). Si la culpabilité de l'avocat est mineure, la procédure disciplinaire relève du conseil d'administration du barreau. En cas de violations graves, des poursuites judiciaires relèvent de la compétence du parquet général, et le conseil d'administration du barreau peut intervenir dans la procédure.

Il existe un tribunal disciplinaire des avocats ou *anwaltsgerichts* (AnwG) pour chaque État fédéral, qui décide des sanctions en cas de violation des obligations professionnelles par les avocats [1] à charge d'appel devant le tribunal supérieur des avocats ou *anwaltsgerichtshofes* (AGH) [2], avec possibilité de recours auprès du Sénat pour les questions juridiques de la Cour fédérale de justice ou *Sénat für anwaltssachen des Bundesgerichtshofs* [3] de Karlsruhe. La jurisprudence de ces juridictions est publiée sur le site des *rechtsanwaltskammer* (RAK).

492.54 **République tchèque.** La *Ceská Advokátní Komora* (ČAK) ou Chambre des avocats tchèques est un barreau national. Il protège et garantit la qualité des services juridiques fournis par les avocats (*advokajt*) [4]. Il est, notamment, composé d'un conseil d'administration (*Představenstvo*), qui possède les pouvoirs réglementaires et de gestion du tableau (inscription suspension...), d'un conseil de surveillance (*Kontrolní rada*) qui surveille le respect des dispositions législatives et réglementaires par la *Ceská Advokátní Komora* (ČAK) et ses membres et peut, dans certains cas, suspendre une décision du conseil d'administration et demander la convocation de l'assemblée générale. Le conseil d'administration peut établir des bureaux régionaux permanents du barreau (*Regionální střediska komory*), dirigé par un représentant régional du barreau, et qui assurent les activités de la Chambre sur le plan local. Il existe 9 bureaux régionaux.

Les avocats, regroupés par bureaux régionaux, sont notamment régis par la loi du 13 mars 1996 [5] ainsi que le décret du 4 juin 1996 sur les honoraires et la rémunération des avocats pour la prestation de services juridiques (tarif des avocats) [6] et le décret du 20 août 1996 sur le code disciplinaire du barreau (code de déontologie) [7], textes pris après avis de la *Ceská Advokátní Komora* (ČAK).

En cas de manquements aux principes essentiels ou règles déontologiques, les avocats peuvent faire l'objet, à l'initiative du président du conseil de surveillance ou de tout plaignant, d'une procédure disciplinaire devant une commission de discipline nationale (*Kárná komise*), avec voie de recours devant une commission disciplinaire d'appel (*Odvolací kárná komise*), également instituée au niveau de la Chambre nationale mais autrement composée. Les décisions disciplinaires sont publiées.

492.55 **Pologne.** En Pologne, les avocats (*adwokat*) coexistent au côté des conseils juridiques (*radca prawna*), organisé dans le cadre de deux ordres professionnels distincts, le *Naczelna rada adwokacka* et le *Krajowa izba radcow prawnych*. La différence essentielle tenant au fait que contrairement aux *adwokat*, les *radca prawna* peuvent être employés par des tiers. Les deux professions, dont les membres peuvent représenter leurs clients devant les juridictions polonaises, ont la qualité d'avocat au sens des directives européennes : un *radca prawna* polonais peut ainsi parfaitement, sous la seule réserve des règles relatives à la postulation territoriale, représenter et assister un client devant les juridictions françaises.

Le *Naczelna rada adwokacka* (NRA) est un barreau national, auprès duquel tout avocat (*adwokat*) doit être inscrit, et désigne son siège professionnel et en informe le barreau d'arrondissement compétent. Au niveau local se trouvent 25 chambres des avocats de district (*Izba adwokacka*), avec un conseil de barreau (*Okręgowa rada adwokacka*), dont le périmètre territorial est déterminé par le Conseil supérieur des barreaux, compte tenu notamment de la division territoriale de l'administration judiciaire. Le *Naczelnej rady adwokackiej* (Conseil suprême du barreau), dont l'autonomie est garantie par la Constitution, qui prévoit que : « Peuvent être créées en vertu de la loi des organisations d'autogestion professionnelle représentant les personnes qui exercent des professions fondées sur la confiance du public et veillant au bon exercice de ces professions dans les limites de l'intérêt public et en vue de protéger celuici » [8], établit, notamment, les règles d'exercice de la profession, de fonctionnement des barreaux, contrôle des activités des barreaux de district, et connaît des recours contre les décisions des barreaux d'arrondissement.

Les avocats sont soumis à la loi sur le barreau du 26 mai 1982 [9] et au code de déontologie des avocats : le *Zbiór zasad etyki adwokackiej i godno?ci*

1. BRAO, art. 92 s.
2. BRAO, art. 100 s.
3. BRAO, art. 106 s.
4. E. Tarabrin, *Nástin vývoje advokacie v zemích Koruny ceské (XIII-XVIII. stol.)*, Praha, 1936 – S. Balík, *Dejiny advokacie v Cechách na Morave a ve Slezsku*, Linde, Praha, 2009.
5. Zakon c. 85/1996 Sb. ze dne 13. brezna 1996, o advokacii.
6. Vyhlaska Ministerstva spravedlnosti c. 177/1996 Sb. ze dne 4. cervna 1996, o odmenách advokátu a náhradách advokátu za poskytování právních služeb (advokátní tarif).
7. Vyhlaska Ministerstva spravedlnosti c. 244/1996 Sb. ze dne 20. srpna 1996 kterou se podle zákona c. 85/1996 Sb., o advokacii, stanoví kárný rád (advokátní kárný rád).
8. Constitution polonaise, art. 17.1.
9. Ustawa z dnia 26 maja 1982 r. – Prawo o adwokaturze, Dz.U. 1982 Nr 16, poz. 124.

zawodu (Recueil des principes de déontologie des avocats et dignité de la profession) [1].

Les avocats s'exposent à une responsabilité disciplinaire pour : « comportement contraire à la loi, aux principes déontologiques ou à la dignité de la profession ou pour manquement à leurs devoirs professionnels [...] » [2].

Chaque chambre est dotée d'un porte-parole disciplinaire (*Rzecznik dyscyplinarny*) qui est une autorité de poursuite indépendante relevant du tribunal disciplinaire. Les recours sont portés devant le tribunal disciplinaire supérieur (*Wyższy sąd dyscyplinarny*) qui connait des recours, avec un porte-parole disciplinaire du barreau (*Rzecznik dyscyplinarny adwokatury*) en charge des poursuites. À défaut de dispositions particulières dans la loi, les règlements et résolutions du Conseil supérieur du barreau, ce sont les dispositions du code de procédure pénale et du code pénal qui s'appliquent.

Le *Krajowa izba radcow prawnych* (KIRP) est également un barreau national, auprès duquel tout conseil juridique (*radca prawna*) doit être inscrit. L'organisation est identique à celle des avocats, avec, au niveau national, un Conseil national des conseillers juridiques (*Krajowej rady radców prawnych*), un tribunal disciplinaire supérieur (*Wyższy sąd dyscyplinarny*) et un porte-parole en chef de la discipline (*Główny rzecznik dyscyplinarny*), et au niveau local, 19 chambres des conseillers juridiques de district (*Okręgowa izba radców prawnych*), un tribunal disciplinaire de district et un porte-parole disciplinaire de district.

Les conseils juridiques sont soumis à la loi du 6 juillet 1982 sur les conseils juridiques [3], et au *Kodeks etyki radcy prawnego* (code d'éthique du conseil juridique) [4].

492.56 Monaco. Mentionnons, compte tenu tant de sa proximité frontalière avec la France, que du fait que les problématiques rencontrées en matière d'implantation locale se retrouvent dans de nombreux autres pays [5], l'existence de l'Ordre des avocats de la Principauté de Monaco, barreau national.

La profession d'avocat et d'avocat-défenseur, dont l'accès est réservé aux seuls titulaires de la nationalité monégasque, y est régie par loi du 28 juillet 1982 sur l'exercice des professions d'avocat-défenseur et d'avocat [6] et ses ordonnances d'application [7]. Un conseil de l'Ordre, de 3 membres, assure la tenue du tableau, tandis que c'est le procureur général qui assure la surveillance de l'exercice professionnel des avocats, et peut saisir la cour d'appel aux fins de prononcé de sanctions disciplinaire. L'avertissement ou la réprimande pouvant être également prononcés par le conseil de l'Ordre, réuni en formation disciplinaire et saisi par le procureur général, le bâtonnier ou la partie lésée [8].

Les étrangers ne peuvent pas y exercer la profession d'avocat, et les directives européennes ne sont pas applicables à Monaco. Ils peuvent toutefois plaider devant les juridictions monégasques à condition d'y avoir été préalablement autorisés par le président de la juridiction saisie et que la représentation des parties soit assurée par un avocat-défenseur pour la procédure et les conclusions, sauf en matière pénale [9].

Il leur est toutefois possible d'exercer en qualité de « conseiller juridique », lequel emploie un conseil, juriste ou *legal counsel* qui n'ont pas eux-mêmes la qualité de conseiller juridique mais parfois celle d'avocat dans un autre pays [10]. Les conseillers juridiques ne constituent pas une profession réglementée à Monaco : il s'agit d'une profession, non soumise à immatriculation au registre du commerce monégasque, mais dont l'exercice est régi par la loi du 26 juillet 1991 concernant l'exercice de certaines activités économiques et juridiques [11], qui évoque la profession de « consultant » au sens large. L'exercice de la profession de conseiller juridique à Monaco, y compris par les nationaux, est ainsi soumis à une autorisation administrative du ministre d'État, un master de droit étant exigé. Il s'agit ici d'une autorisation administrative d'exercer la profession de conseiller juridique sur le territoire monégasque [12], à l'exclusion des missions de représentation et d'assistance réservées par la loi aux avocats [13]

1. Zbiór Zasad Etyki Adwokackiej i Godnosci Zawodu, adopté par Conseil du barreau polonais du 10 octobre 1998 (résolution n° 2 / XVIII / 98).
2. L. sur le barreau, art. 80.
3. Ustawa z dnia 6 lipca 1982 r. – O radcach prawnych.
4. Kodeks etyki radcy prawnego, annexe à la résolution n° 3/ 2014 du Congrès national extraordinaire des conseillers juridiques du 22 novembre 2014.
5. NOT. : Hong Kong et Singapour : D. Iweins, *L'influence insoupçonnée des avocats d'affaires*, Enrick B. Éditions, 2020, p. 35 s.
6. L. n° 1.047, 28 juill. 1982 sur l'exercice des professions d'avocat-défenseur et d'avocat, *Journal de Monaco* du 30 juill.
7. NOT. : ord. n° 8.089 du 17 sept. 1984 portant application de la loi n° 1.047 du 28 juillet 1982 sur l'exercice des professions d'avocat-défenseur et d'avocat, *Journal de Monaco* 21 sept.
8. L. n° 1047, 28 juill. 1982 sur l'exercice des professions d'avocat-défenseur et d'avocat, art. 29 s.
9. L. n° 1047, 28 juill. 1982 sur l'exercice des professions d'avocat-défenseur et d'avocat, art. 19.
10. V. s^s n°s 432.138 s.
11. L. n° 1.144, 26 juill. 1991 concernant l'exercice de certaines activités économiques et juridiques.
12. L. n° 1.144, 26 juillet 1991 concernant l'exercice de certaines activités économiques et juridiques, art. 5.
13. L. n° 1.047, 28 juill. 1982 sur l'exercice des professions d'avocat-défenseur et d'avocat, art. 18.

et sans qu'il n'y ait d'unité sur le périmètre d'intervention des personnes concernées : certains exerçant le strict conseil juridique au même titre que le fait un avocat en France et dans les mêmes conditions[1], d'autres exerçant dans un cadre beaucoup plus large, ce compris des activités commerciales, et ce concurremment et sur le même marché que des structures qui n'ont pas la qualité de conseillers juridiques, comme les structures d'administration et de gestion d'entreprises (*Company service provisor*), ou encore les experts-comptables[2] qui peuvent y exercer ces mêmes activités de conseil juridique. Certains cabinets internationaux implantés sur place le sont soit à travers cette dernière catégorie de structures, soit dans le cadre d'accords de partenariat ou de réseau avec des structures de conseillers juridiques.

Certains conseillers juridiques monégasques se sont regroupés, en 2009, au sein de la chambre des conseils juridiques de Monaco, association de droit commun, qui n'est pas une autorité de régulation.

2°
Amérique

492.61 **Canada.** Le Canada est un État fédéral, la profession d'avocat, dont la reconnaissance et l'implantation en 1765, y compris au Québec, sont dues aux Anglais et non aux Français[3], y est organisée dans le cadre de 14 barreaux provinciaux (Barreau de la Colombie-Britannique, de l'Alberta, de la Saskatchewan, du Manitoba, de l'Ontario, du Québec, du Nouveau-Brunswick, de l'Île-du-Prince-Édouard, de Terre-Neuve-et-Labrador, des Territoires du Nord-Ouest, du Yukon, du Nunavut, Société des avocats de la Nouvelle-Écosse, ainsi que la Chambre des notaires du Québec). Chaque barreau établi ses normes d'admission à la profession et de conduite des membres dans leur province ou territoire. Il enquête également sur les plaintes et sanctionne les membres de la profession qui violent les normes de conduite requises. La Fédération des ordres professionnels de juristes du Canada - *Fédération of law societes of Canada*, est leur organisme national de coordination. Elle élabore, notamment, des normes de réglementation à l'échelle nationale, sous forme de codes types de déontologie professionnelle[4], repris ensuite par chaque barreau, ainsi que des normes d'admission nationale. La mobilité des avocats à l'échelle nationale est régie par des accords entre les barreaux[5].

Deux traditions juridiques coexistent au niveau du droit privé civil. Au Québec, en droit privé et dans les autres matières relevant de la compétence provinciale, le droit romano-civiliste d'origine française prévaut. Cependant, en droit public et dans les autres matières relevant de la compétence fédérale, c'est la *common law* qui s'applique. Pour ce qui est des autres provinces, la *common law* est appliquée en droit privé comme en droit public.

Ottawa possède deux barreaux dans son ressort, le barreau de l'Ontario (*Law society of Ontario*) et la section de barreau de l'Outaouais, anciennement dénommée d'Ottawa puis de Hull[6], qui relève du barreau du Québec.

L'*Association du barreau canadien - Canadian bar association* (et ses divisions provinciales et territoriales) est une association professionnelle d'avocats, qui joue le rôle de défenseurs de la profession, offre une formation juridique continue et des avantages aux membres. Elle n'intervient cependant pas dans la réglementation de la profession.

Un accord économique et commercial global (Aecg) entre l'Union européenne et le Canada[7] prévoit, depuis 2017, la possibilité, sous certaines conditions et réserves, pour les avocats européens d'offrir des prestations de services juridiques au Canada, soit dans le cadre de la libre prestation de service, soit dans le cadre de la liberté d'établissement, en qualité de consultant juridique étranger[8].

492.62 **Québec.** Le barreau du Québec[9] est l'ordre professionnel des avocats du Québec, il s'agit d'un barreau national qui a pour mission d'assurer la protection du public. Il a été fondé le 30 mai 1849 sous le nom de barreau du Bas-Canada. Le barreau du Québec est composé de 15 subdivisions juri-

1. V. s[s] n°s 631.00 s.
2. L. n° 1.231, 12 juill. 2000 relative aux professions d'expert-comptable et de comptable agréé, *Journal de Monaco* 21 juill.
3. A. Sinclair, « L'avocat au Québec : 209 ans d'histoire », *Les Cahiers de droit,* vol. 16, n° 3, 1975, p. 690 s.
4. Normes de discipline nationale, avr. 2014 – Code type de déontologie professionnelle, oct. 2019 – Règlements types pour lutter contre le blanchiment d'argent et le financement des activités terroristes, oct. 2018.
5. Accord (cadre) de libre circulation nationale, 16 août 2002 – Accord de libre circulation au Québec, 15 oct. 2009 – Accord de libre circulation territoriale (Yukon, Territoires du Nord-Ouest, Nunavut), nov. 2011.
6. Ch. Berniquez, L. Villemaire, *Histoire du Barreau de Hull des origines à nos jours : 1889-1989,* Barreau de Hull, 1989.
7. Accord économique et commercial global (Aecg) entre le Canada, d'une part, et l'Union européenne et ses États membres, d'autre part, *JOUE L* 11/27, 4 janv. 2017.
8. V. s[s] n°s 232.11 s.
9. J.-M. Doyon, *Les avocats et le Barreau, une histoire...*, Barreau du Québec, 2009 – Ch. Veilleux, *Les gens de justice à Québec, 1760-1867*, Th., Université Laval, 1990 – G. Gallichan, *Les Québécoises et le barreau, l'histoire d'une difficile conquête 1914-1941*, Sillery, Septentrion, 1999. G.-E. Rinfret, *Histoire du Barreau de Montréal*, Dovarsville, Les Éditions Yvon Biais Inc., 1989 – J.-E. Roy, *L'ancien barreau au Canada,* C. Théoret, Montréal, 1897 – P.-G. Roy, *Les avocats de la région de Québec*, Lévis, Le Quotidien, 1936.

diques, appelées « barreaux de section ». Chaque barreau de section est doté de son propre bâtonnier et conseil d'administration. Tous les avocats du Québec sont membres à la fois d'un barreau de section et du barreau du Québec.

L'exercice de la profession[1] est réglementé par la loi sur le barreau, le code des professions[2] et le code de déontologie des avocats adopté par le conseil d'administration barreau du Québec en application de l'article 87 du code des professions qui prévoit que : « un ordre professionnel doit adopter, par règlement, un code de déontologie imposant au professionnel des devoirs d'ordre général et particulier envers le public, ses clients et sa profession, notamment celui de s'acquitter de ses obligations professionnelles avec intégrité »[3]. S'y ajoutent des guides, recommandations, lignes directrices du barreau ou de la section de barreau à laquelle appartient l'avocat, tels que le guide de courtoisie professionnelle de la section de Montréal[4].

Le traitement des plaintes déontologiques relève de la compétence du bureau du syndic du barreau du Québec. Le bureau du syndic, avec possibilité de révision devant un comité de révision, est un service du barreau indépendant qui procède aux enquêtes et qui, lorsque cela lui apparaît approprié, saisit le conseil de discipline du barreau du Québec et sera alors chargé de défendre les poursuites devant le conseil discipline. Le conseil de discipline du barreau du Québec peut également être saisi directement par le plaignant, et ses décisions sont susceptibles de recours auprès du Tribunal des professions. Les décisions rendues en matière disciplinaire sont publiées de manière non anonymisées.

L'accès des avocats français au barreau du Québec est facilité à travers l'arrangement de reconnaissance mutuelle existant entre la France et le Québec[5].

492.63 **Brésil.** L'*Orden de abogados del Brasil* (OAB), service public, doté de la personnalité juridique et de la forme fédérative, est l'organe de représentation nationale des avocats brésiliens. Il s'agit d'un barreau national.

La profession d'avocat (*abogado*) est régie par la loi du 4 juillet 1994[6] et le règlement général (*Regulamento geraldo estatuto da advocacia e da OBA*)[7] ainsi que le code d'éthique et de discipline des avocats (*Codigo de etica e disciplina da OAB*) élaborés par l'*Orden de abogados del Brasil* (OAB)[8].

L'*Orden de abogados del brasil* (OAB) est organisé autour d'un conseil fédéral, avec des conseils de section, qui traite des demandes relatives l'exercice de la profession d'avocat, dans les États et le district fédéral ainsi que des sous-sections dans les communes importantes.

Le pouvoir disciplinaire appartient exclusivement au conseil de section dans l'assise territoriale duquel l'infraction a été commise, à moins que l'infraction ne soit commise devant le conseil fédéral[9]. L'avocat relève d'un tribunal d'éthique et de discipline dans le ressort de ce conseil, à charge d'appel devant le conseil fédéral.

3°
Asie

492.71 **Corée du Sud.** La *Korean bar association* (KBA), créée en 1952, est l'autorité de régulation de la profession d'avocat en Corée-du-Sud. La KBA a, notamment, pour rôle de procéder à l'examen des demandes d'inscription des avocats (lawyer), et l'enregistrement des consultants juridiques étrangers, des bureaux juridiques étrangers et des cabinets d'avocats en co-entreprise en Corée-du-Sud (FLC Registration review committee). C'est la *Korean bar association* (KBA) qui définit, avec l'approbation du ministre de la Justice, et fait respecter les normes professionnelles (*The association rules of the Korean bar association*).

La profession d'avocat est régie par la loi sur les avocats (Attorney-at-Law Act)[10] et le *Korean attorneys'code of ethics* élaboré par la *Korean bar association* (KBA)[11]. Cette dernière a également élaboré, en 2018, une série de règlements applicables aux consultants juridiques étrangers (*Regulations for the joint handling of cases and related matters for the foreign legal consultant office ; Registration regulations for foreign legal consultant ; Disciplinary regulations for foreign legal consultant ; Code of ethics for foreign legal consultant ; Advertisement regulations for foreign*

1. Barreau du Québec, *Recueil de documentation professionnelle*, 2020 – École du barreau du Québec, Collection de droit 2021-2022, vol. 1, *Éthique, déontologie et pratique professionnelle*, Yvon Blais, Montréal, 2021.
2. E. Vanchestein, M. Cournoyer-Proulx, G. Ouimet, *Code des professions annoté*, 4e éd., Yvon Blais, Montréal, 2019.
3. Code des professions, art. 87.
4. Barreau de Montréal, *Guide de courtoisie professionnelle*, 2e éd., Montréal, août 2016.
5. V. ss no 212.193.
6. Lei no 8906/1994 Dispõe sobre o Estatuto da Advocacia e a Ordem dos Advogados do Brasil (OAB), de 4 de julho de 1994.
7. Regulamento geraldo estatuto da advocacia e da OBA, 16 oct. et 6 nov. 1994, Publicado no Diário de Justiça, Seção I, do dia 16.11.94, págs. 31.210/31.220.
8. OAB, Resolução n. 02/2015, Codigo de etica e disciplina da OAB, 13 févr. 1995, Publicado no Diário da Justiça, Seção I, do dia 01.03.95, pp. 4.000/4004.
9. Lei no 8906/1994, art. 70.
10. Attorney-at-Law Act, act no 8321, 29 mars 2007.
11. Korean Attorneys' Code of Ethics, 2014.

legal consultant ; Detailed regulations of enforcement for the joint handling of cases and related matters).

Afin de : « préserver la dignité des avocats, d'améliorer et de développer la pratique des avocats et de mener les affaires liées à l'orientation et à la supervision des avocats »[1], un barreau local doit être établi dans la juridiction de chaque tribunal de district (*Seoul bar association*...). Ces barreaux locaux peuvent établir, avec l'approbation de la KBA, un règlement intérieur et font le lien entre les plaignants et les autorités disciplinaires compétentes.

C'est la *Korean bar association* (KBA) qui enquête sur les plaintes et impose des sanctions disciplinaires (Investigation committee, Attorneys disciplinary committee[2] et FLC disciplinary committee), une voie de recours est prévue devant une commission disciplinaire des avocats du ministère de la justice (*Attorney disciplinary committee of the ministry of justice*)[3].

Un accord de libre-échange entre l'Union européenne et la Corée du Sud[4] prévoit, depuis 2011, la possibilité, sous certaines conditions et réserves, pour les avocats européens d'offrir des prestations de services juridiques en Corée du Sud, soit dans le cadre de la libre prestation de service, soit dans le cadre de la liberté d'établissement, en qualité de consultant juridique étranger[5].

492.72 **Japon.** La *Japan federation of bar associations* (JFBA), a été créée en 1949, en même temps que des associations du barreau ont été établies dans chaque juridiction de 49 tribunaux de district à l'échelle nationale (sauf à Tokyo où il y a trois associations dont l'association du barreau de Tokyo ou *Tokyo bar association*). C'est une organisation à adhésion obligatoire, qui regroupe les 52 « associations du barreau » à l'échelle nationale et des « avocats » et « sociétés d'avocats » individuels, ainsi que les « avocats étrangers », qui représente tous les avocats du Japon.

La législation nationale comporte trois textes relatifs à l'exercice de la profession d'avocat : la loi sur l'avocat[6], la loi sur les mesures spéciales concernant le traitement des services juridiques par des avocats étrangers[7] ainsi que l'ordonnance d'exécution de la loi sur les mesures spéciales concernant le traitement des services juridiques par les avocats étrangers.

La loi sur les avocats (*bengoshi*), profession introduite au Japon lors de la restauration de Meiji en 1872 sous le nom de *daigennin* en s'inspirant du modèle français[8], précise que la mission des avocats est de « protéger les droits humains fondamentaux et d'assurer la justice sociale ». En d'autres termes, les avocats doivent non seulement rendre des services dans l'intérêt de leurs clients, mais aussi s'efforcer de protéger les droits de l'homme et de parvenir à la justice sociale à travers leurs pratiques.

Tous les avocats au Japon sont enregistrés auprès de la *Japan federation of bar associations* (JFBA). Celle-ci est compétente, de manière totalement autonome par rapport à l'État, pour examiner l'enregistrement des avocats, ainsi que les mesures disciplinaires à prendre à leur encontre... C'est également elle qui établit les règles (règles de base sur les devoirs des avocats en exercice ou code de déontologie des avocats japonais[9], règles concernant la divulgation des dossiers disciplinaires, règles de base sur les devoirs des membres spéciaux étrangers, règles de base sur les devoirs des avocats étrangers enregistrés (*gaikokuhi jimu bengoshi*), règles sur le nom du bureau des avocats étrangers enregistrés et règlements, règlement concernant la vérification de l'identité du client et la conservation des dossiers...), régissant l'activité des avocats.

En outre, il existe des qualifications voisines pour des domaines de pratique spécialisés tels que les conseils fiscaux (*zeirishi*), les conseils en brevets (*benrishi*) et les rédacteurs judiciaires (*shiho sho-shi*).

Un accord de partenariat économique entre l'Union européenne et le Japon[10] prévoit, depuis 2019, la possibilité, sous certaines conditions et réserves, pour les avocats européens d'offrir des prestations de services juridiques en Japon, soit dans le cadre de la libre prestation de service, soit dans le cadre de la liberté d'établissement, en qualité de consultant juridique étranger[11].

492.73 **Chine.** Supprimée pendant la révolution culturelle, en 1957, la profession d'avocat (*lawyer* ou en chinois *lvshi* 律师)[12] a progressivement été réta-

1. Attorney-at-Law Act, art. 64.
2. Attorney-at-Law Act, art. 92 et 93.
3. Attorney-at-Law Act, art. 100.
4. Accord de libre-échange entre l'Union européenne et ses États membres, d'une part, et la République de Corée, d'autre part, *JOUE L* 127, 14 mai 2011, p. 6.
5. V. s[s] n°s 232.11 s.
6. Attorney Act, act n° 205 of 1949.
7. Act on Special Measures Concerning the Handling of Legal Services by Foreign Lawyers ("Foreign Lawyers Act") in 1987.
8. A. de La Mazelière, *Le Japon : Histoire et civilisation*, Plon, 1910, p. 236.
9. R. Danovi, « Le code de déontologie des avocats japonais », *in Essais sur la déontologie*, Bruylant, Bruxelles, 2002, p. 214 s., n° 14.
10. Accord entre l'Union européenne et le Japon pour un partenariat économique, *JOUE L* 330, 27 déc. 2018, p. 3.
11. V. s[s] n°s 232.11 s.
12. J. Bourgon, « L'émergence d'une communauté de juristes à la fin de l'empire (1840-1930) », *in* M. Delmas-Marty, P.-E. Will (dir.), *La Chine et la démocratie*, Fayard, 2007, p. 157 s.

blie, essentiellement en raison des contraintes nées des engagements commerciaux et internationaux, à partir de 1979 avec les cabinets d'État, puis les cabinets coopératifs, en 1988, les cabinets en partenariat en 1993, et enfin les cabinets privés, en 1997[1].

Amorcée dès 1989, la rédaction d'une loi sur la profession d'avocat a conduit à la promulgation en 1996 de la loi de la République populaire de Chine sur les avocats[2]. Les avocats doivent passer un concours national unique puis obtenir auprès du ministère de la justice, chaque année, une licence d'exercice.

Les avocats chinois doivent adhérer à une association d'avocats locale[3] établie à l'échelon des provinces, régions autonomes et municipalités relevant de l'autorité centrale et chargée de traiter des réclamations à l'encontre des avocats qui en relèvent. Au niveau national, la profession d'avocat est représentée par l'*All China lawyers association* (ACLA), fondée en 1986, et qui est l'association professionnelle officielle des avocats de la République populaire de Chine et exerce l'administration professionnelle des avocats.

En 2004, l'*All China lawyers association* (ACLA) a élaboré la norme sur l'exercice professionnel des avocats, laquelle a été modifiée novembre 2011, et adoptée par le ministère de la justice. L'avocat chinois doit se conformer au code de déontologie des avocats ainsi qu'aux règles et directives d'application. Les officiels chinois insistent régulièrement sur le fait que les avocats doivent respecter la ligne politique du parti communiste chinois.

La procédure disciplinaire, établie suivant un règlement du ministère de la justice, relève des juridictions situées aux échelons des préfectures ou municipalités, dans le cadre d'un comité de discipline, composé d'avocats en exercice, de salariés de l'association des avocats et de membres de l'administration judiciaire. L'*All China lawyers association* (ACLA) a le droit de recommander des sanctions à la juridiction compétente. Toutefois, si l'avocat en cause est membre du parti communiste chinois, ou d'un groupe créé par le parti, l'*All China Lawyers Association* (ACLA) conseille à l'organisation du parti communiste chinois de le traiter conformément à la discipline et aux règlements, mais la procédure disciplinaire relève du parti communiste chinois.

Notons que les avocats étrangers peuvent exercer leur profession en Chine à condition d'être titulaires d'une licence d'exercice délivrée par le ministère de la justice, de ne pas avoir pour collaborateurs, ni pour associés, des avocats chinois et de ne pratiquer que le droit international ou leur droit national, avec interdiction formelle de pratiquer le droit chinois. Leur situation est régie par des règlements formulés par le Conseil des affaires de l'État[4], tel que le règlement provisoire relatif à l'établissement sur le territoire chinois de bureaux de représentation des cabinets d'avocats étrangers promulgué par le ministère de la justice, le bureau d'État chargé de l'administration de l'industrie et du commerce entré en vigueur en octobre 1992[5].

492.74 **Turquie.** Le *Türkiye barolar birligi baskanligi* (TBB) est né avec la loi sur les avocats du 19 mars 1969[6], et constitue une organisation professionnelle supérieure dotée d'une personnalité juridique en tant qu'institution publique, formée avec la participation de tous les barreaux.

Les avocats (*avukat*), dont les autorisations d'exercice sont délivrées par le *Türkiye barolar birligi baskanligi* (TBB), appartiennent à des barreaux locaux, créés en 1924, qui comportent des commissions disciplinaires compétentes pour prononcer des sanctions en cas de manquement à la loi sur les avocats, ou aux principes et règles de la profession d'avocat, posées par le règlement professionnel de la *Türkiye barolar birligi baskanligi*[7] ainsi que par plusieurs règlements spécifiques (tels que relatifs à « l'interdiction » de la publicité ou au partenariat), ou encore à l'encontre de « ceux qui ne remplissent pas correctement leurs devoirs dans leur travail professionnel ».

Les décisions des commissions disciplinaires des barreaux locaux peuvent faire l'objet d'un recours devant le Conseil de discipline du *Türkiye barolar birligi baskanligi* (TBB).

B.
Barreaux locaux

492.81 **Belgique.** En Belgique la profession d'avocat relève, depuis la scission en 1998 de

1. M. Lin, *L'avocat d'intérêt public en Chine : un nouveau type de « Cause lawyer » ?*, Th. de sociologie, Université Paris Saclay / East China normal university (Shanghai), 2017 – L. Yuwen, A. Séverin, « Avocat : une profession « florissante » ? », *Perspectives chinoises*, n° 56, 1999, p. 20 – R. Cheng, « La déontologie des avocats chinois, à la recherche de l'esprit fondamental de la profession, au carrefour du passé et de l'avenir », *Jurisdoctoria*, n° 11, 2014 – Ch. Shan, *Être avocat en Chine*, th., Aix-Marseille, 2014.
2. Loi de la République populaire de Chine sur les avocats, adoptée lors de la 19e réunion du Comité permanent de la Huitième Assemblée populaire nationale le 15 mai 1996.
3. Loi de la République populaire de Chine sur les avocats, art. 39.
4. Loi de la République populaire de Chine sur les avocats, art. 58.
5. R. Guillaumond, Xie Zhao Hua, *Code chinois du droit des affaires*, Larcier, Bruxelles, 1995, p. 417 s.
6. Avukatlik Kanunu n° 1136 du 19 mars 1969 ; Tarih : 7/4/1969, Sayı : 13168.
7. Turkiye barolar birligi meslek kurallar, adopté par l'Assemblée générale du TBB en date du 26 janvier 1971.

l'Ordre national du barreau de Belgique, de deux ordres professionnels [1] :

1° L'Ordre des barreaux francophone et germanophone (Avocats.be) qui réunit les dix barreaux francophones (Bruxelles, Brabant-Wallon, Namur, Charleroi, Dinant, Luxembourg, Tournai, Mons, Verviers, Liège-Huy) ainsi qu'un barreau germanophone (Eupen).

Son rôle, défini par la loi, est de représenter et défendre les intérêts de la profession d'avocat, mais également de défendre les intérêts des justiciables. Il élabore le code de déontologie de l'avocat ;

2° L'*Orde van vlaamse balies* (OVB) qui réunit les neuf barreaux flamands. Il élabore des règlements qui s'appliquent à tous les avocats flamands. Ceux-ci sont rassemblés dans le *codex deontologie voor advocaten*.

L'*Orde van vlaamse balies* s'est doté, en 2020, d'un conseil de surveillance qui a pour objet de contrôler de manière indépendante l'exercice des sanctions disciplinaires par les bâtonniers et les présidents des conseils de discipline, d'en rendre compte et de donner des avis ou aux bâtonniers et aux présidents des conseils de discipline sur les questions liées aux mesures disciplinaires et à leur exécution.

Bruxelles possède un seul barreau mais deux ordres depuis 1984, le rattachement dépendant de l'arrondissement administratif où se situe le domicile professionnel de l'avocat : l'Ordre français des avocats du barreau de Bruxelles et le *Nederlandse Orde van Advocaten bij de Balie te Brussel* (NOAB).

Les avocats (suivants les cas, avocat, *advocaat* ou *rechtsanwalt*) appartiennent à des barreaux de leurs communautés respectives, à raison d'un dans le ressort de chaque tribunal de première instance.

Toutes les obligations légales des avocats figurent dans le code Judiciaire de 1967 [2]. Ils sont en outre soumis, suivant les cas au code de déontologie de l'avocat [3] ou au *codex deontologie voor advocaten* [4], ainsi qu'aux éventuelles règles déontologiques particulières élaborées par le barreau dont ils relèvent, tel que le règlement déontologique bruxellois (RDB) [5] dont les dispositions ne s'appliquent qu'aux avocats de l'Ordre français des avocats du barreau de Bruxelles [6].

En cas de manquements à leurs principes essentiels ou règles déontologiques [7], les avocats peuvent être poursuivis des conseils de discipline établis aux sièges des cours d'appel. C'est au bâtonnier qu'il appartient de traiter les réclamations déontologiques et de saisir, le cas échéant, le conseil de discipline.

492.82 **Luxembourg.** Le Grand-Duché de Luxembourg comporte deux barreaux : le barreau de Luxembourg et le barreau de Diekirch qui surveillent, dans leurs ressorts respectifs, l'exercice de la profession d'avocat et du monopole de la représentation en justice. Si les règles applicables y sont désormais similaires, les pratiques y demeurent différentes [8].

Le conseil de l'Ordre y tient le tableau des avocats et arrête les règlements d'ordre intérieur qui déterminent les règles professionnelles applicables aux avocats.

La profession d'avocat est, essentiellement, régie par la loi du 10 août 1991 sur la profession d'avocat [9], et, suivant le cas, le règlement intérieur du barreau de Luxembourg [10] ou de Diekirch [11].

Les manquements aux principes essentiels et règles déontologiques relèvent de la compétence d'un conseil disciplinaire et administratif des avocats, compétent dans le ressort des deux barreaux, qui est également l'instance d'appel à l'encontre des décisions rendues en matière administrative par les conseils de l'Ordre, et qui peut être saisi par le conseil de l'Ordre, les tribunaux ou le ministère public, à charge d'appel devant le conseil disciplinaire et administratif d'appel des avocats, de composition différente. C'est le bâtonnier qui traite les réclamations déontologiques et instruit les dossiers disciplinaires dont il est saisi soit par le procureur d'État ou le procureur général d'État, un tribunal, le conseil de l'Ordre, une plainte d'un plaignant, ou encore dont il se saisit d'office. Il peut, lorsque

1. J.-P. Buyle, D. Matthys (dir.), *#Advocaat – Avocat*, Larcier, 2017.
2. Code judiciaire, 10 oct. 1967.
3. Code de déontologie de l'avocat, adopté par le règlement du 12 novembre 2012 de l'Ordre des barreaux francophones et germanophone de Belgique, *Moniteur belge* 17 janvier 2013.
4. Codex deontologie voor advocaten, *Belgian Official Journal* 30 september 2014.
5. Règlement déontologique bruxellois (RDB), adopté par le conseil de l'Ordre français des avocats du barreau de Bruxelles le 11 février 2014 et entré en vigueur le 1er mars 2014.
6. M. Vlies, F. Bruyns, G. Cruysmans, M. Dal, *Recueil des règles professionnelles du barreau de Bruxelles*, Anthemis, Bruxelles, 2020.
7. G.-A. Dal, R. de Baerdemaeker, P. Henry, J. Stevens, *La déontologie de l'avocat belge*, 1re éd., Larcier, Bruxelles, 2021.
8. M. Thewes, *La profession d'avocat au Grand-Duché de Luxembourg*, 3e éd., Larcier, Bruxelles, 2021.
9. Loi du 10 août 1991 sur la profession d'avocat, Mémorial : A58, 27 août 1991.
10. Conseil de l'Ordre du barreau du Luxembourg, Règlement intérieur de l'Ordre des Avocats du Barreau de Luxembourg, 10 janv. 2013.
11. Conseil de l'Ordre du barreau de Diekirch, Règlement intérieur de l'Ordre des Avocats du Barreau de Diekirch, 22 avr. 2005.

l'affaire n'apparaît pas justifier la saisine du conseil disciplinaire et administratif, prononcer directement certaines sanctions disciplinaires, à charge d'appel devant le conseil disciplinaire et administratif des avocats.

492.83 **Espagne.** Le *Consejo general de la abogacía española*, est l'organisme de représentation, de coordination et de direction des 83 barreaux en Espagne [1]. L'adhésion à un seul barreau, qui entraine adhésion au *Consejo general de la abogacía española*, suffit pour exercer sur tout le territoire national.

Les avocats espagnols sont soumis, au niveau national, pour l'essentiel au statut général des avocats espagnols (*abogado, advocat, avogado* ou *abokatu*) dont les nouvelles dispositions sont entrées en vigueur le 1er juillet 2021 [2] ainsi que par le code de déontologie de la profession d'avocat, adopté par le *Consejo general de la abogacía española*, et entré en vigueur le 8 mai 2019 [3], et le règlement de la procédure disciplinaire [4].

Au niveau régional, les *colegio* dont font partie les avocats font partie de conseils régionaux : c'est ainsi que l'Illustre *colegio de la abogacía de Barcelona* (ICAB) fait partie du *Consell dels Ilustres collegis d'advocats de Catalunya* (CICAC), organe qui représente l'ensemble des barreaux catalans et a, notamment, pour fonction d'élaborer les règles relatives à l'exercice de la profession et au régime disciplinaire commun (Règlement du barreau de Catalogne). Il sert de médiateur dans les conflits pouvant survenir entre les *colegio* de son ressort ou, le cas échéant, les résoudre par voie d'arbitrage, et exerce de fonction disciplinaire à l'égard des personnes qui composent les organes directeurs des *colegio*. Il s'assure que leur action est conforme aux règles régissant l'exercice de la profession. Il lui appartient également d'élaborer et de tenir à jour un code de déontologie et de bonnes pratiques pour la bonne pratique de la profession. Cette fonction doit être exercée dans le respect des dispositions générales établies dans ces domaines.

Au sein de leur *colegio*, les avocats qui y appartiennent sont, en outre, soumis aux statuts et au code de déontologie du *colegio*.

Lorsque l'avocat vient à commettre un manquement aux principes essentiels ou aux règles déontologiques auxquels il est soumis, la procédure disciplinaire relève de la compétence du *colegio* auquel appartient l'avocat, et en appel du conseil régional.

492.84 **Italie.** Le *Consiglio nazionale forense* (CNF) est l'institution nationale qui a la responsabilité de la représentation institutionnelle du barreau au niveau national. Il dispose d'un pouvoir réglementaire pour la mise en œuvre de nombreuses dispositions législatives et exerce la discipline sur les avocats.

Les règles professionnelles des avocats [5] (*avvocato*) sont fixées par la loi 31 décembre 2012 [6], entrée en vigueur le 2 février 2013, ses règlements d'application [7] ainsi que les règlements du *Consiglio nazionale forense* (CNF) et notamment le règlement relatif à la procédure disciplinaire [8] et le code de déontologie des avocats contenant le règlement de la profession d'avocat [9].

Les avocats appartiennent à l'un des 165 barreaux d'arrondissement (*Ordine avvocati Venezia, Ordine degli avvocati di Firenze...*). Ces derniers, qui peuvent créer des unions régionales ou interrégionales, ont notamment en charge la tenue du registre (tableau), une fonction de conciliation entre membres ou entre avocats et clients, le contrôle de la conduite des membres et sont, également, dotés d'un pouvoir réglementaire dans le cadre de leurs règlements internes et pour celles des matières non réglementées par le *Consiglio nazionale forense* (CNF). Les barreaux doivent transmettre au Conseil de discipline de district toute information relative aux violations des règles déontologiques commises par un avocat de leur ressort.

La discipline des avocats relève de l'un des 26 conseils de discipline de district (*Consigli distrettuali di disciplina* ou CDD), dont les décisions sont publiées sur leurs sites internet, qui sont constitués par circonscription, garantissant un contrôle disciplinaire en toute impartialité. Le *Consiglio nazionale forense* (CNF) se prononce, en appel, sur les plaintes contre les mesures disciplinaires ainsi que sur les registres, listes et registres et la délivrance d'un certificat d'exercice, sur les conflits de juridiction entre les ordres de district et exerce des fonctions

1. Ley 2/1974, de 13 de febrero, sobre Colegios Profesionales, BOE-A-1974-289.
2. Real Decreto 135/2021, de 2 de marzo, por el que se aprueba el Estatuto General de la Abogacía Española, Miércoles 24 de marzo de 2021.
3. Código Deontológico de la Abogacía Española, Aprobado por el Pleno del Consejo General de la Abogacía Española el 6 de marzo de 2019.
4. Reglamento de Procedimiento Disciplinario, 2009.
5. Ubaldo Perfetti, *Deontologia dell'avvocato, ordinamento forense, amministrazione della Giustizia*, G. Giappichelli editore, Torino, 2013.
6. Legge n° 247/12, 31 dicembre 2012 Nuova disciplina dell'ordinamento della professione forense, *Gazzetta Ufficiale* 18 gennaio 2013, n. 15.
7. L. del Paggio, *La professione forense*, 3e éd., Wolters Kluver, Milan, 2017.
8. Regolamento 2/2014 Procedimento disciplinare, 21 febbraio 2014.
9. Codice deontologico forense, approvato dal Consiglio nazionale forense nella seduta del 31 gennaio 2014, *e pubblicato nella Gazzetta Ufficiale Serie Generale*, n. 241, 16 ottobre 2014.

disciplinaires envers ses propres membres, lorsque le conseil de discipline de district compétent a approuvé l'ouverture de la procédure disciplinaire[1].

492.85 **Suisse.** La *Swiss bar association* (SAV) ou fédération Suisse des avocats (FSA) représente les avocats (*avocat, advokat, anwalt, fürsprecher, fürsprech, avvocato* ou *rechtsanwalt*) suisses, défend leurs droits et intérêts, assure leur indépendance et veille à leur réputation, en Suisse comme à l'étranger. La fédération Suisse des avocats est l'organisation faîtière des avocats qui exercent en Suisse. Elle fixe les principes de l'exercice de la profession d'avocat en Suisse, dans le but d'unifier, sur tout le territoire de la Confédération, les règles déontologiques en édictant un code de déontologie, dont les règles s'imposent à tous ses membres[2].

Les avocats sont soumis à la loi fédérale sur la libre circulation des avocats (LLCA)[3] qui contient l'essentiel du droit fédéral applicable à la profession d'avocat. Ce texte unifie certains aspects de l'exercice de la profession, en particulier les règles professionnelles et les règles essentielles de la surveillance disciplinaire, tout en laissant une certaine latitude au droit cantonal pour réglementer certains points. Les cantons sont également compétents pour adopter des règles de procédure et pour prendre les dispositions nécessaires à la mise en œuvre de la loi fédérale.

Les avocats appartiennent à un barreau établit dans le ressort de chaque canton. C'est ainsi que les avocats du barreau de Genève, sont, outre les textes précités, également soumis à la loi genevoise sur la profession d'avocat (LPAv)[4], au règlement d'application de la loi genevoise sur la profession d'avocat (RPAv)[5] ainsi qu'aux « Us et coutumes de l'Ordre des avocats de Genève »[6].

Les manquements commis par les avocats relèvent d'un conseil ou commission de discipline établit auprès du barreau. Les décisions disciplinaires rendues peuvent être attaquées, par la voie du recours de droit administratif, devant le tribunal administratif du canton, ainsi que le cas échéant, devant le Tribunal fédéral en cas de violation du droit fédéral.

Les décisions d'exclusion définitives, ainsi que, le cas échéant, celles d'exclusions temporaires, font l'objet d'une publication.

492.86 **Russie.** La *Federal Chamber of Lawyers of the Russian Federation* regroupe, depuis 2003, les différents barreaux de la Fédération de Russie. La chambre fédérale des avocats de la Fédération de Russie est une organisation non gouvernementale à but non lucratif panrusse fondée sur l'adhésion obligatoire aux chambres des avocats des entités constitutives de la Fédération de Russie. Conformément au paragraphe 2 de l'article 35 de la loi sur le barreau, elle est l'organe d'autonomie des avocats de la Fédération de Russie et ne fait l'objet d'aucune tutelle ou contrôle de la part de l'État[7]. Elle établit un code de déontologie de l'avocat (*Кодекс профессиональной этики адвоката - Code of professional ethics of lawyers*)[8] qui fixe les principes essentiels et règles professionnelles applicables aux avocats.

La profession d'avocat (*advokat*)[9] est régie par deux lois fédérales, la loi sur le plaidoyer et la profession juridique[10] et la loi sur l'aide juridictionnelle[11].

Les avocats sont regroupés au sein de barreaux constitués dans chaque État de la Fédération de Russie, qui édictent également des règles déontologiques propres. La procédure disciplinaire relève de la compétence du conseil du barreau de l'État de la Fédération de Russie auquel appartient l'avocat conformément aux règles de procédure disciplinaire prévues par le code de déontologie de l'avocat[12].

L'activité de conseil juridique n'étant pas réglementée en Russie et les avocats n'y disposant d'un

1. Legge n° 247/12, 31 dicembre 2012, art. 36.
2. SAV / FSA, Code suisse de déontologie, 10 juin 2005 – B. Chappuis, J. Gurtner, *La profession d'avocat*, 3e éd., Schulthess, 2021.
3. Assemblée fédérale de la Confédération suisse, Loi fédérale sur la libre circulation des avocats du 23 juin 2000 (LLCA ; RS 935.61).
4. Grand conseil de la République du canton de Genève, Loi genevoise sur la profession d'avocat (LPAv) du 26 avril 2002.
5. Conseil d'État de la République du canton de Genève, Règlement d'application de la loi genevoise sur la profession d'avocat (RPAv), 7 déc. 2010.
6. Barreau de Genève, Us et coutumes de l'Ordre des avocats de Genève, 3 déc. 2003.
7. SUR LA SITUATION ANTÉRIEURE : J. Cadiot, « Avocat sous Staline. Profession accessoire, profession témoin (1945-1953) », *Annales. Histoire, sciences sociales,* 2016/1 (71e année), p. 163 s. – E. Huskey, *Russian Lawyers and the Soviet State : The Origins and Development of the Soviet Bar, 1917-1939,* Princeton University Press, Princeton, 1986, p. 36 s. – M. Tissier, « Les sociétés juridiques dans l'Empire russe au tournant du xxe siècle. Professionnalisation des juristes et culture juridique », *Cahiers du Monde Russe,* 51/1, 2010, p. 5 s. – M. Fridieff, « Le nouveau règlement sur l'exercice de la profession d'avocat en URSS », *Revue internationale de droit comparé,* 1963, n° 15-2, p. 371 – N. Marie-Schwartzenberg, « Les avocats et le droit à la défense en Union soviétique », *Revue d'études comparatives Est-Ouest,* 1981, n° 12-4, p. 115.
8. Code de déontologie de l'avocat, adopté par le 1er Congrès panrusse des avocats, 31 janv. 2003.
9. M.N. Gernet, *Istorija russkoj advokatury*, 3 vol., Moskva, Sovet prisjaznych poverennych, 1914-1916 ; réimp., Izdatel'stvo V. Sekacev, 2015.
10. Loi fédérale n° 63-FZ « Sur l'activité d'avocat et le barreau dans la Fédération de Russie », 31 mai 2002.
11. Loi fédérale n° 324-FZ « Sur l'aide juridictionnelle gratuite dans la Fédération de Russie », 2011.
12. Code de déontologie de l'avocat, art. 19 s.

monopole que pour les seules missions d'assistance et de représentation en matière de droit pénal, administratif et devant la Cour suprême, la plupart des cabinets internationaux y sont implantés non pas dans le cadre d'une activité d'avocat mais dans le cadre d'une activité de conseil juridique avec des juristes[1] qui peuvent avoir la qualité d'avocats dans un autre pays.

492.87 **Argentine.** La *Federación Argentina de colegios de abogados* (FACA) est l'entité représentative des avocats (*abogado*) de la République argentine, instaurée par la loi[2] et composée de quatre-vingt-un barreaux et associations de tout le pays.

La réglementation dépend, en grande partie, des prérogatives des États provinciaux.

Les avocats sont, en principe, regroupés au sein d'associations locales, tel que *I colegio de abogados de la ciudad de Buenos Aires,* qui ont la charge de la réglementation professionnelle et de la discipline. Dans ces associations locales, le conseil d'administration élabore les règles d'éthique professionnelle à travers un code d'éthique et de déontologie[3] et d'autres règlements plus spécifiques, qui régissent l'exercice de la profession dans le ressort de la province, et qui prononcent les sanctions disciplinaires, à travers un *Tribunal de Ética*, à l'encontre des avocats qui en sont membres et viendraient à manquer à leurs devoirs[4].

Les associations disposent ainsi d'une très grande autonomie, et les avocats sont soumis au pouvoir disciplinaire exercé par l'association, en application de ses statuts, en vertu d'une compétence administrative déléguée par l'État provincial.

492.88 **Inde.** Le *Bar council of India* (BCI) est un organe statutaire établi par la loi de 1961 sur les avocats qui réglemente la pratique juridique et l'édition juridique en Inde[5]. Il représente le barreau indien, prescrit des normes de conduite professionnelle et d'étiquette, fixe la procédure à suivre par les comités de discipline. Il établit également des normes pour l'éducation juridique, détermine les universités dont le diplôme en droit sera une qualification pour l'inscription en tant qu'avocat, et reconnaît les diplômes étrangers en droit obtenus en dehors de l'Inde pour l'admission en tant qu'avocat.

Conformément à la loi sur les avocats, le *Bar council of India* (BCI) se compose de membres élus de chaque conseil du barreau d'État, ainsi que le Procureur général de l'Inde et le Solliciteur général de l'Inde qui en sont *ex officio* membres.

Les avocats (*lawyer* ou *vakeel*) sont membres d'un barreau institué dans chaque État. La loi de 1961 sur les avocats habilite les conseils du barreau des États à définir leurs propres règles concernant l'inscription des avocats. Les personnes admises comme avocats par tout conseil du barreau d'État sont éligibles pour passer, depuis 2010, un examen du barreau de toute l'Inde qui est organisé, tous les deux ans, par le *Bar council of India* (BCI) et permet à l'avocat inscrit dans un État de pratiquer le droit en tant qu'avocat dans n'importe quelle Haute Cour et tribunal inférieur sur le territoire de l'Inde.

Un Comité disciplinaire au sein du *Bar council of India* (BCI) est chargé d'examiner les recours des plaignants contre le rejet sommaire de leurs plaintes contre un avocat par les conseils du barreau d'État et les recours des avocats contre les décisions des comités de discipline des conseils du barreau d'État.

Il n'y a pas d'exigence formelle pour devenir membre d'un barreau[6]. Les avocats sont, par ailleurs, membres de diverses associations locales ou nationales : *Supreme court bar association, Delhi high court bar association, Bombay bar association, Delhi bar association, National bar association of India, All India bar association*... mais qui n'ont pas la qualité d'organisme professionnel.

§ 2
Systèmes dérégulés

492.91 **Une dérégulation anglo-européenne.** Au moment où l'Union européenne a lancé, au début du XXIe siècle, une offensive contre la co-régulation[7] certains pays européens ont pris l'initiative de décliner les conséquences du rapport Monti[8] et d'aller plus loin que les principes posés par l'arrêt *Wouters*[9] en déréglementant davantage la profession d'avocat[10].

1. D. Iweins, *L'influence insoupçonnée des avocats d'affaires*, Enrick B. Éditions, 2020, p. 55 s.
2. Lei estatuto del colegio de abogados.
3. Reglas de Ética Profesional del Colegio de Abogados de la Ciudad de Buenos Aires, 2005.
4. Estatuto del Colegio de Abogados de la Ciudad de Buenos Aires.
5. Loi de sur les avocats (Advocates Act), 1961, art. 4.
6. U. Majumdar, « En Inde, la pandémie des avocats escrocs », *Courrier international* 27 avr. 2017.
7. V. ss nos 023.121 s.
8. V. ss no 023.122.
9. V. ss no 023.133.
10. C. Chaserant, S. Harnay, « Déréglementer la profession d'avocat en France ? Les contradictions des analyses économiques », *Revue internationale de droit économique*, 2010/2, (t. XXIV), p. 147 s. ; « Régulation de la qualité des services juridiques et gouvernance de la profession d'avocat », *Revue internationale de droit économique*, 2015/3 (t. XXIX), p. 333 s. ; « Rationalité et (dé)réglementation de la profession d'avocat : une analyse de la concurrence sur le marché des services juridiques », *Revue économique*, 2016/HS1 (vol. 67), p. 171 s. ; – AUSSI : L. Avril, « Pour une sociohistoire de l'État régulateur européen. Du gouvernement administratif à la régulation judiciarisée de la concurrence (1962-1982) », *Revue française de science politique*, 2020/6 (vol. 70), p. 773 s.

C'est ainsi qu'en décembre 2004, David Clementi déposait le rapport qui lui avait été demandé d'établir par le Gouvernement pour l'Angleterre et le Pays de Galles relativement à l'adaptation des services juridiques dans ces deux pays[1]. Le projet de loi a été adopté le 24 novembre 2006[2] et a créé le *Legal Services Board* (LSB), organe de supervision indépendant du gouvernement mais dans lequel les avocats sont minoritaires. Cette autorité a la possibilité d'établir les règles professionnelles. Le LSB doit fixer les objectifs que les régulateurs agréés – que demeurent la *Law Society* et le *Bar Council* – doivent atteindre, avec le risque d'une condamnation au paiement d'une amende, en cas d'infraction avec ses directives. La loi a créé un bureau disciplinaire et indépendant chargé d'examiner les plaintes[3].

Si cette évolution, d'inspiration libérale, s'est également étendue à l'Australie, à partir de 2006, et à Irlande en 2015, elle tend à demeurer cantonnée à certains pays de *common law* et, plus précisément, à la sphère d'influence du *Commonwealth of Nations*, et ne s'est pas étendue au-delà, malgré quelques tentatives en ce sens, notamment, au sein de l'Union européenne tel qu'en Italie où le Gouvernement de... Mario Monti essaiera, sans succès, de faire passer un système similaire lors de la réforme de la loi sur la profession d'avocat en 2012[4].

492.92 Royaume-Uni de Grande-Bretagne et d'Irlande du Nord. Dans la plupart des États de *common law*[5], à l'exception toutefois des États-Unis et du Canada, la profession d'avocat est divisée entre le *solicitor*[6] qui représente et conseille ses clients, et postule pour leur compte, et le *barrister* (avocat plaidant) qui, par l'intermédiaire du solicitor, assiste les plaignants devant les tribunaux, a le monopole de la plaidoirie et rend des avis et consultations[7].

Le Legal Services Act 2007[8] a profondément remanié la régulation de la profession d'avocat en Angleterre et au Pays de Galles, mais a eu une incidence moindre en Écosse et en Irlande du Nord qui ont conservé une organisation traditionnelle.

En Angleterre et au Pays de Galles, les plaintes du public sont traitées par un *Legal Ombudsman* qui est un portail unique pour les plaintes du public déposées contre tous les prestataires de services juridiques, y compris le barreau, les agents de transport agréés..., mais à l'exclusion des rédacteurs testamentaires non qualifiés.

Les solicitors sont regroupés au sein de la *Law society of England and Wales*, organisation représentative de la profession. Leur organisme de réglementation est la *Solicitors regulation authority* (SRA) qui réglemente de façon totalement indépendante du barreau. Leur discipline relève du *Solicitors disciplinary tribunal* (SDT) qui publie l'ensemble des jugements rendus sur son site de façon non anonymisé.

Les barristers sont eux regroupés au sein du *General council of the bar of the England and Wales*, organisation représentative de la profession. Leur réglementation, et notamment leurs normes de conduite, ainsi que les autorisations d'exercice et leur discipline relève du *Bar standards board* (BSB) qui publie également l'ensemble des jugements rendus sur son site de façon non anonymisée.

La *Solicitors regulation authority* (SRA) comme le *Bar standards board* (BSB) ont la nature d'organisme de réglementation agréé, qui sont supervisés par le *Legal services board*.

En Écosse, les solicitors sont regroupés au sein de la *The law society of Scotland* qui, en application du Solicitors (Scotland) act de 1980[9], émet son propre code de conduite (*Rules and guidance, 2011*) et réalise sa propre discipline à travers *The regulatory committee*, qui est un comité indépendant composé que pour moitié de solicitors[10]. Les barristers sont quant à eux regroupés au sein de la *Faculty of advocates of Scotland* qui émet, également, son propre code de conduite (*Guide to professional conduct*) et ses propres règles disciplinaires en application du *Legal services (Scotland) act* de 2010[11] lesquels relèvent du *Disciplinary tribunals*.

1. D. Clementi, *Report of the Review of the Regulatory Framework for Legal Services in England and Wales*, déc. 2004.
2. Legal Services Act 2007.
3. Note du CREA, n° 2008/4, « Legal services act 2007 » – G. Gadbin-George, *Déréglementation et profession du droit Outre-manche*, « Essai », Dalloz, 2016.
4. Legge n° 247/12, 31 dicembre 2012 Nuova disciplina dell'ordinamento della professione forense, *Gazzetta Ufficiale* 18 gennaio 2013, n° 15 – V. s^s n° 492.84.
5. A. J. Bullier, *La common law*, 4e éd., « Connaissance du droit », Dalloz, 2016.
6. Sur l'origine du terme, v. ss n° 023.28.
7. E.-D. Glasson, *Histoire du droit et des institutions politiques, civiles et judiciaires de l'Angleterre comparés au droit et aux institutions de la France depuis l'origine jusqu'à nos jours*, t. VI, Durand – Pedone-Lauriel, 1883, p. 499 s. – W. R. Prest, *The Rise of the Barristers. A Social History of the English Bar 1590-1640*, Clarendon Press, Oxford, 1986 – D. Lemmings, *Gentlemen and Barristers : The Inns of Court and the English Bar 1680-1730*, Oxford, 1990 – R. L. Abel, *The Legal Profession in England and Wales (1800-1988)*, Oxford, New York, Basil Blackwell, 1988 ; rééd., Beard Books, 2005 – B. P. Levack, *The Civil Lawyers in England, 1603-1641 : A Political Study*, Clarendon Press, Oxford, 1973 – J.-R.-V. Marchant, *Barrister-at-law : an Essay on the legal position of Counsel in England*, William Clowes and Sons, London, 1905.
8. Legal Services Act 2007 – G. Gadbin-George, *Déréglementation et profession du droit Outre-manche*, « Essai », Dalloz, 2016.
9. Solicitors (Scotland) Act 1980.
10. Legal Services (Scotland) Act 2010.
11. Legal Services (Scotland) Act 2010.

Il en est de même en Irlande du Nord, s'agissant des solicitors regroupés au sein de la *Law society of Northern Ireland*[1] qui a son propre code de conduite (*Solicitors' practice regulations*, 1987) et les barristers au sein de *The bar of Northern Ireland*[2] qui dispose de son propre code de conduite (*Code of conduct for the bar of Northern*) et gère la discipline de ses membres à travers un comité indépendant, le *Professional conduct committee of the bar council of Northern Ireland.*

Un accord de commerce et de coopération entre l'Union européenne et le Royaume-Uni de Grande-Bretagne et d'Irlande du Nord[3], prévoit, depuis 2021[4], la possibilité, sous certaines conditions et réserves, pour les avocats européens d'offrir des prestations de services juridiques au Royaume-Uni de Grande-Bretagne et d'Irlande du Nord, soit dans le cadre de la libre prestation de service, soit dans le cadre de la liberté d'établissement, en qualité de consultant juridique étranger[5].

492.93 **Irlande.** En Irlande, la réglementation est, depuis 2015[6], proche de celle en vigueur en Angleterre et au Pays de Galles. Les solicitors sont regroupés au sein de la *Law society of Ireland et* les barristers au sein du *Bar council of Ireland.* Ce sont les organisations représentatives des professions, mais qui ont conservé la faculté d'émettre un code de conduite : le *Guide to good professional conduct for solicitors*, 2013 et *The code of conduct for the bar of Ireland*, 2021.

La *Legal services regulatory authority* (LSRA) est le régulateur indépendant des prestataires de services juridiques. La LSRA est l'organisme de réglementation de la profession de solicitors et de barristers. Il a le pouvoir de publier des codes de pratique pour les professionnels du droit lorsque cela est nécessaire pour établir et améliorer les normes de prestation de services juridiques. Après avoir examiné un code des professions, il peut également émettre un avis enjoignant à l'ordre professionnel concerné de modifier le code.

Depuis le 7 octobre 2019, la *Legal services regulatory authority* (LSRA) traite les plaintes contre les solicitors et les barristers et peut les renvoyer, suivant les cas, au *Solicitors disciplinary tribunal* ou *The legal practitioners disciplinary tribunal* (LPDT), qui sont des juridictions disciplinaires paritaires indépendantes nommées par le président de la Haute-Cour et peuvent également être directement saisies par le plaignant. Le tribunal peut renvoyer sa conclusion et sa recommandation au président de la Haute-Cour, qui décidera en dernier ressort de la nature de la sanction.

Les sanctions disciplinaires prononcées sont rendues publiques.

492.94 **Australie.** En Australie, la réglementation est proche de celle en vigueur en Angleterre et au Pays de Galles ainsi qu'en Irlande[7]. Toutefois, l'Australie étant un État fédéral, les prérogatives de réglementation en la matière relèvent, pour l'essentiel, des compétences propres des sept États fédérés. La situation n'est donc pas totalement uniforme. Si une procédure disciplinaire est engagée, à l'encontre d'un *barrister* ou d'un *solicitor* elle relève, dans tous les cas, de la compétence du Tribunal disciplinaire ou *Legal practitioners disciplinary tribunal.* Les *barristers* australiens sont regroupés au sein d'une association nationale, l'*Australian Bar Association* (ABA) qui a un simple rôle de représentation et défense des intérêts professionnels et non de régulation.

Sur le Territoire de la capitale australienne (*Australian capital territory*) (Canberra), c'est le *Legal profession act* de 2006[8], qui prévoit que les barristers au sein de *l'ACT bar association* et les *solicitors* au sein de *l'ACT law society* qui conservent leurs prérogatives réglementaires s'agissant de l'élaboration de la réglementation de leurs membres (*Solicitors rules de la law society*), et disciplinaire.

En Nouvelle-Galles du Sud (*New south Wales*) (Sydney), qui représente les trois quarts des avocats australiens, le Legal profession uniform law (NSW) de 2014[9], a créé un marché commun de services juridiques à travers la Nouvelle-Galles du Sud et le Victoria, en harmonisant les obligations réglementaires. La loi uniforme réglemente la profession juridique dans les deux juridictions, régissant des questions telles que les types et conditions de certificat d'exercice, la tenue et l'audit des comptes en fiducie, les exigences de développement professionnel continu, les processus de traitement des plaintes, les modalités de facturation et les questions de discipline professionnelle.

Les barristers sont regroupés au sein de la *NSW bar association* et les solicitors au sein de *Law society of NSW*. C'est le *Legal services board* qui procède à la

1. Solicitors (Northern Ireland) Order 1976.
2. The Government of Ireland Act 1920.
3. Accord de commerce et de coopération entre l'Union européenne et la Communauté européenne de l'énergie atomique, d'une part, et le Royaume-Uni de Grande-Bretagne et d'Irlande du Nord, d'autre part, *JOUE L* 149/10, 30 avr.
4. M. Lartigue, « Brexit : la nouvelle vie sans directives des avocats britanniques », *Gaz. Pal.* 19 janv. 2021, p. 5 – D. Berlin, « L'accord entre le Royaume-Uni et l'Union européenne. Le pire n'est jamais certain ou l'illusion de la souveraineté », *JCP* 2021. 173.
5. V. s^s n°s 232.11 s.
6. Legal Services Regulation Act 2015.
7. Th. Wickers, « L'Australie c'est loin… », *Gaz. Pal.* 9 juill. 2013, p. 8.
8. The Legal Profession Act 2006.
9. Legal profession uniform law (NSW) n° 16 a of 2014.

réglementation professionnelle et publie des lignes directrices et des directives dans un souci de cohérence et l'*Office of the legal services commissioner* (OLSC) qui traite les plaintes, et qui lorsqu'une enquête est nécessaire les renvoie, suivant les cas, à la *Law society of NSW* ou à la *NSW bar association*.

Dans l'État de Victoria (Melbourne), le *Legal profession uniform law* (LPUL) de 2014[1] prévoit, de la même façon, que les barristers sont regroupés au sein de la *Victorian bar* et les solicitors au sein de la *Law institute of Victoria*. C'est le *Legal services board* qui procède à la réglementation et le *Legal services commissioner* qui procède au traitement des plaintes déposées contre les avocats victoriens.

Dans le Queensland (Brisbane), depuis 2007[2], les barristers sont regroupés au sein de la *Bar association of Queensland* et les solicitors au sein de la *Queensland law society*. Le *Legal services commissioner* réglemente la conduite en élaborant des codes de conduite[3], reçoit et traite les plaintes déposées contre les avocats.

En Australie occidentale (*Western Australia*) (Perth), depuis 2008[4], la *Law society of Western Australia* est l'organisme représentatif des solicitors et des barristers en Australie-Occidentale qui établit le code de conduite[5]. Le *Legal practice board of Western Australia* est responsable de l'admission, de la supervision et de la discipline de tous les praticiens du droit en Australie-Occidentale.

Dans les Territoire du Nord (*Northern Territory*) (Darwin), en application du Legal profession act de 2006[6], les barristers appartiennent à *The Northern territory bar association* et les solicitors à *The law society of the Northern Territory* cette dernière exerçant les prérogatives réglementaires et établissant un code de conduite pour les deux professions intégrant des règles de conduites proposées par les barristers. Les associations traitent les réclamations à l'encontre de leurs membres.

En Australie du Sud (*South Australia*) (Adélaïde), les barristers appartiennent à *South Australian bar association* et les solicitors à la *Law society of South Australia*, cette dernière exerçant les prérogatives réglementaires et établissant un code de conduite pour les deux professions (*Rules of professional conduct and practice*). Le *Legal profession conduct commissioner* est chargé, depuis 2002[7], de traiter les plaintes déposées contre les avocats en Australie du Sud.

Enfin, en Tasmanie (Hobart), aux termes du *Legal Profession act* de 2007[8], les barristers appartiennent à la *Tasmanian bar* et les sollicitors à la *Law society of Tasmania*, cette dernière exerçant les prérogatives réglementaires et établissant un code de conduite pour les deux professions. Le *Legal profession board of Tasmania* est un organisme statutaire indépendant chargé de recevoir et d'enquêter sur les plaintes concernant la conduite des avocats en Tasmanie.

§ 3
Systèmes non ordinaux

492.101 Contrôle direct par l'État de la réglementation. Les systèmes non ordinaux, se caractérisent par un contrôle direct par l'État de la réglementation et du contrôle de l'accès à la profession, ainsi que de la procédure disciplinaire. Même s'ils peuvent comporter des structures associatives regroupant les avocats et dotées de prérogatives, notamment, en matière de réglementation, la régulation de la profession d'avocat y est, avant tout, une prérogative gouvernementale.

492.102 États-Unis. Les États-Unis sont un État fédéral, où la réglementation de la profession d'avocat[9] dépend pour l'essentiel des États fédérés. Chaque État a son propre régime juridique hérité de la *common law*, sauf la Louisiane qui a gardé le droit privé du code civil français mais a reçu le droit public de la *common law*. Pour exercer dans un État, il suffit de réussir l'examen de l'État où l'on entend exercer ou disposer d'un domicile professionnel et de payer les cotisations annuelles en contrepartie d'un permis d'exercice délivré par la juridiction compétente. La

1. Legal profession uniform law (V), 2014.
2. Legal Profession Act 2007.
3. Legal Profession (Australian Solicitors Conduct Rules) 2012.
4. Legal Profession Act 2008.
5. Ethical & Practice Guidelines, 2019.
6. Legal Profession Act 2006 – Legal Profession Regulations 2007.
7. Legal Practitioners Act 1981 – Legislation Revision and Publication Act 2002.
8. Legal Profession Act 2007 (N°. 24 of 2007) – Legal Profession (Disciplinary Tribunal) Rules 2010.
9. T. C. Halliday, *Beyond monopoly. Lawyers, state crises, and professional empowerment*, University of Chciago Press, Chicago, 1987 – R. L. Abel, *American lawyers*, OUP, New York, 1989 – J. S. Auerbach, *Unequal justice lawyers and social change in modern america*, OUP, New York, 1976 – A.-H. Chroust, *The rise of the legal profession in America*, 2. Vol., Norman, University of Oklahoma Press, 1965 – J. dos Passos, *The american lawyer : as it was-as it is-as it can be*, Beard Books, New York, 2000 – L. M. Friedman, *History of american law*, Simon & Schuster, New York, 1985 – L. M. Friedman, H. N. Scheiber (dir.), *Legal culture and the legal profession*, Boulder, Westview Press, 1996 – J. W. Hurst, *The growth of the american law : the law makers*, Little, Brown & Company, Boston, 1950 – R. Pound, *The lawyer from antiquity to modern times with particular reference to the development of bar association in the United States*, St. Paul, West Publishing, Minneapolis, 1953 – F. Bonaventure, « La naissance de l'avocat médiatique aux États-Unis », Vingtième Siècle. *Revue d'histoire*, 2012/3 (n° 115), p. 45 s.

mobilité entre États est favorisée dans le cadre d'accords entre les États, notamment à travers l'*Uniform Bar Examination* adopté par 40 États.

Les barreaux ne sont pas légalement organisés au niveau fédéral aux États-Unis, les avocats (*lawyer*) dépendant de la Cour suprême auprès de laquelle ils ont été admis à exercer.

Les avocats admis à exercer dans un État peuvent se regrouper au sein d'associations professionnelles. C'est ainsi qu'un avocat de Chicago peut être adhérent à la *Chicago bar association,* fondée en 1874, qui regroupe des avocats et des juges du comté de Cook et de l'État de l'Illinois, mais également des avocats hors de l'État, qui souhaitent profiter des nombreux services et avantages offerts aux membres de l'association ou à l'*Illinois state bar association*, fondée en 1877, qui est la première association juridique de l'État. Tout comme les avocats exerçant à New York peuvent être membre de la *New York city bar association*, fondée en 1870, de la *New York state bar association* fondée en 1877, de la *New York county lawyers association* fondée en 1908... Ces associations, même lorsqu'elles sont agréées par les États, demeurent, d'abord, des associations à vocation d'aide, d'entraide, de promotion, de lobbying de leurs membres qui ne sont pas toujours que des avocats... et non des autorités de régulation.

Il en est de même au niveau national avec des associations comme la *Federal bar association* (FBA) ou *l'American bar association* (ABA), fondée le 21 août 1878, et qui a pour but d' : « Établir et maintenir l'honneur et la dignité de la profession d'avocat et promouvoir le bien-être général de ses membres, notamment en parrainant et en soutenant des programmes de formation juridique continue couvrant les nouveaux développements dans tous les domaines du droit ». Elle a toutefois adopté un modèle de code de conduite [1] repris dans de nombreux États [2].

Depuis 1921, certains États ont toutefois accordé un monopole, souvent temporaire, à une association donnée, l'adhésion y étant alors obligatoire, pour regrouper les avocats exerçant dans leur ressort : Alabama, Alaska, Arizona, Californie, Floride, Géorgie, Hawaï, Idaho, Kentucky, Louisiane (la *Louisiana State Bar Association* distincte, notamment, de l'Association du barreau de Louisiane, francophone), Maine, Michigan, Mississippi, Missouri, Montana, Nebraska, Nevada, New Hampshire, Nouveau-Mexique, Dakota du Nord, Oklahoma, Oregon, Rhode Island, Caroline du Sud, Dakota du Sud, Texas, Utah, Virginie, État de Washington, Virginie occidentale, Wisconsin et Wyoming. Le district de Colombie, les îles Vierges américaines, Guam et les îles Mariannes du Nord en ont fait de même.

L'on parle alors de *State bar association* (association du barreau d'État), qui exerce ainsi, suivant la teneur et l'étendue de leur délégation, les fonctions d'un *State board*, l'État en cause leur déléguant le pouvoir de réglementer l'admission des avocats à exercer dans cet État et, parfois, de réglementer la pratique, voire d'engager des poursuites disciplinaires en tant qu'autorité de poursuite. La Californie a même inscrit l'existence du barreau de l'État dans sa Constitution, et confié à la *State bar of California* (SBC) [3] le soin de délivrer elles-mêmes les licences d'avocats [4].

Mais, dans tous les cas, ces mêmes associations, ou comités professionnels, si elles peuvent s'assurer, dans leur cadre statutaire propre, du respect par leurs membres des normes professionnelles et éthiques et construire un corpus de jurisprudence statutaire et réglementaire, tel que le *California rules of professional conduct and the state bar Act* [5], leurs codes de conduite sont, lorsqu'ils existent, soumis à approbation de la Cour Suprême [6], et elles n'ont, en principe, que la possibilité d'émettre des recommandations pour avis sur les sanctions disciplinaires, lesquelles relèvent de la compétence de la Cour suprême de l'État parfois dans le cadre d'un tribunal spécialisé organisé par cette dernière, tel que *The state bar court of California*. Les informations sur les sanctions disciplinaires figurent, généralement, sur le profil officiel de l'avocat tenu par le *State board* ou le *State bar* et les décisions, non anonymisées, y sont, généralement, accessibles ainsi que sur le site de la juridiction. Dans certains États, tel qu'en Californie, la copie des dossiers officiels de discipline des avocats est même disponible sur demande.

Il convient donc d'être extrêmement prudent lorsque l'on se réfère à la « déontologie des avocats américains » ou aux positions de telle ou telle association, souvent l'ABA ou une association newyorkaise, qui n'est jamais « le barreau de New York », le système juridique américain étant infiniment plus complexe [7] avec des situations très diver-

1. *Model Rules of Professional Conduct*, adoptées par la Chambre des délégués de l'American Bar Association le 2 août 1983.
2. D. Iweins, *L'influence insoupçonnée des avocats d'affaires*, Enrick B. Éditions, 2020, p. 22.
3. California State, *The State Bar Act*, in *Business and Professions Code*, sections 6000 et seq.
4. *California Business and Professions Code*.
5. State bar of California, *California Rules of Professional Conduct and The State Bar Act*.
6. EX. : State bar of California, *Rule 1.0 Purpose and Function of the Rules of Professional Conduct* (Rule Approved by the Supreme Court, Effective November 1, 2018) ; *California Rules of Professional Conduct*, 2021.
7. A. Levasseur, *Le droit américain*, 2e éd., « Connaissance du droit », Dalloz, 2018.

ses, y compris quant aux modes d'exercice, et New York étant, rarement, en politique comme ailleurs, la synthèse des États-Unis dans leurs diversités et leurs nuances. Une analyse de la situation, État par État s'impose en toutes circonstances.

492.103 **Mexique.** Le système mexicain se rapproche de celui, originel, des États-Unis. La loi fédérale relative à l'exercice des professions dans le district fédéral[1] réglemente l'exercice de la profession d'avocat (*abogados*) sur l'ensemble des États et du district fédéral de la république du Mexique. La réglementation en matière d'autorisations d'exercice relève des États et du district fédéral. Les licenciés en droit peuvent obtenir du ministère fédéral de l'éducation du Mexique (SEP) un permis (*cédula profesional*) sur lequel apparaît le numéro personnel de l'individu au registre national des professionnels (*Registro nacional de profesionistas*) ou encore auprès des États qui émettent aussi leurs propres permis (*cédula estatal*). L'admission à la pratique est, dans tous les cas, nationale et les avocats peuvent exercer dans tous les États. Un avocat doit cependant être inscrit au registre d'un État fédéré pour pouvoir exiger des frais pour le travail exécuté dans cet État ; de même, il doit détenir un permis émis par le SEP s'il désire recevoir une rémunération au district fédéral.

Pour autant, les avocats, en raison de la liberté d'exercice des professions garantie par la Constitution[2], ne sont pas tenus de devenir membre d'un barreau ou d'une association professionnelle.

Les barreaux, ou associations professionnelles d'avocats, existent dans la plupart des États, tels que *la Barra mexicana colegio de abogados* ou *Mexican bar association*, à Mexico, fondée en 1922, mais très peu d'avocats en sont membres. Ces barreaux ou associations professionnelles, ont souvent un code de déontologie, et des procédures disciplinaires internes, dont la portée demeure toutefois limitée eu égard au caractère volontaire des adhésions.

492.104 **Arabie saoudite.** Pendant longtemps les diplômés en droit n'étaient autorisés qu'à servir de consultations juridiques en Arabie saoudite. Il n'existe pas de barreau en tant que tel et seule une association professionnelle s'est récemment constituée.

Les avocats doivent être de nationalité saoudienne et avoir une licence saoudienne octroyée par le ministre de la justice lorsqu'ils plaident les cas auprès des cours locales. Cependant, les avocats auprès de la commission de règlement des disputes reçoivent leur licence auprès du ministère du Commerce et de l'Industrie. La réglementation professionnelle n'existe pas, et la discipline relève de la compétence du ministère qui a accordé la licence.

Les règles judiciaires saoudiennes réservent peu de place à l'intervention de l'avocat. Sa présence n'est pas obligatoire en matière pénale, y compris pour les poursuites pouvant conduire au prononcé de la peine capitale.

Les avocats étrangers ne sont donc pas admis à exercer en Arabie saoudite, comme dans la plupart des États de la région, et ils ne s'implantent localement que dans le cadre d'une intervention de concert avec un cabinet d'avocat saoudien dans le cadre d'accord de coopération, de franchise, ou des licences de conseil juridique sous statut de *foreign legal consultant...*

492.105 **Indonésie.** La profession d'avocat en Indonésie est régie par la loi n° 18 du 5 avril 2003 concernant les avocats (*advokat* ou *pengacara*)[3].

La loi est, notamment, venue rendre obligatoire l'adhésion des avocats à une association professionnelle unique. Pour autant, chaque avocat adhère encore à l'association professionnelle de son choix, soit depuis 2003, la Persatuan advokat Indonesia (Peradin) ou l'association des avocats indonésiens (Peradi), résultat de la formation du Comité de travail des avocats indonésiens (Kkai) qui se compose de huit organisations de défense des droits qui existaient avant la loi sur les avocats, à savoir : l'association des avocats indonésiens (Ikadin), l'association indonésienne des avocats (Aai), l'association indonésienne des conseillers juridiques (Iphi), l'association des avocats et avocats indonésiens (Hapi), l'association du barreau indonésien (Spi), l'association des consultants juridiques indonésiens (Akhi), l'association des conseillers juridiques du marché des capitaux (Hkhpm), l'association indonésienne des avocats de la charia (Apsi). Ce sont ces associations qui supervisent les avocats qui en sont membres, tant s'agissant de l'organisation de l'examen professionnel, du code de déontologie, que de la discipline.

En 2008, considérant que le processus de formation de Peradi n'était pas démocratique, et ne représentait pas tous les avocats, d'autres avocats ont décidé de tenir une conférence nationale pour avocats à Jakarta, et de fonder le congrès indonésien des avocats (Kai).

La Cour suprême de la République d'Indonésie a alors ordonné aux chefs des tribunaux de toute l'Indonésie de ne pas faire prêter serment aux candidats avocats de Peradi, Kai et Peradin avant que

1. Ley Reglamentaria del Artículo 5o. Constitucional, Relativo al Ejercicio de las Profesiones en el Distrito Federal, Nueva Ley publicada en el Diario Oficial de la Federación el 26 de mayo de 1945.
2. Constitution des États-Unis mexicains, 5 févr. 1917, art. 5.
3. Nomor 18 tahun 2003 tentang advokat.

les trois organisations d'avocats ne soient réunies en une seule association, conformément à la loi concernant les avocats, tout en indiquant qu'elle ne s'immiscerait pas dans les affaires internes de l'organisation des avocats. À cela, s'ajoute l'incertitude de l'orientation de l'organisation d'avocat unique que le gouvernement indonésien souhaite. Des scissions ont, par la suite, eurent lieu à la fois à Peradi et à Kai, de même que de nouvelles associations sont apparues, dont la fédération des avocats de la République d'Indonésie (Ferari).

En juin 2021, afin d'essayer de mettre un terme à ces péripéties, a été créée l'association indonésienne des conseillers juridiques et consultants (Perhakhi) laquelle a été officiellement ratifiée par le gouvernement de la République d'Indonésie par l'intermédiaire du ministère du droit et des droits de l'homme.

LIVRE

5. LA DISCIPLINE DES AVOCATS

SECTION 0

ORIENTEUR

5.00 Sommaire du livre.

Division. La discipline des avocats est mise en œuvre tant dans le cadre des procédures ordinales (titre 51) que dans le cadre de la procédure disciplinaire (titre 52).

5.03 Bibliographie indicative.

* Aussi : v. s[s] n°s 013.00 s.

TITRE

51. Les procédures ordinales

SECTION 0

Orienteur

51.00 Sommaire du titre.

Division. Les procédures ordinales, en tant qu'elles relèvent de la compétence du bâtonnier et du conseil de l'Ordre, comportent le traitement des réclamations déontologiques par le bâtonnier (chap. 511), ainsi que la mise œuvre de la suspension provisoire (chap. 512) et la procédure administrative devant le conseil de l'Ordre (chap. 513).

51.03 Bibliographie indicative.

* Aussi : v. s^{s} n° 5.03.

CHAPITRE

511. Réclamations déontologiques

SECTION 0 ORIENTEUR

511.00 Sommaire du chapitre.

Division. Les réclamations déontologiques, qui s'inscrivent dans le cadre de la mise en œuvre par le barreau, et le bâtonnier, d'un service public administratif, obéissent à des principes généraux (sect. 1), se traduisent par l'ouverture d'une procédure ordinale (sect. 2), conduisant à une instruction de la réclamation (sect. 3), pouvant, notamment, conduire à un avis déontologique ou une admonestation (sect. 4). Une procédure particulière de traitement des réclamations déontologiques interbarreaux est également prévue (sect. 5).

511.01 Textes applicables.

TEXTES TITRÉS

> Prérogatives générales du bâtonnier

• **L. n° 71-1130, 31 déc. 1971**

art. 21, al. 2 [Compétence du bâtonnier dans l'instruction de toute réclamation]

• **Décr. n° 91-1197, 27 nov. 1991**

art. 7 [Délégation de pouvoirs du bâtonnier]

art 187 [Enquête déontologique]

• **RIN**

art. 20.1 [Règlement des litiges déontologiques entre avocats de barreaux différents]

> Visa

• **RIBP**

art. P. 74.1 [Obligation de visa, Barreau de Paris]

> Contrôle de comptabilité

• **L. n° 71-1130, 31 déc. 1971**

art. 17, 9° [Autorisation du conseil de l'Ordre pour effectuer un contrôle de comptabilité]

• **Décr. n° 91-1197, 27 nov. 1991**

art. 232 [Présentation de la comptabilité au bâtonnier]

> Contrôle des obligations en matière de blanchiment

• **L. n° 71-1130, 31 déc. 1971**

art. 17, 13° [Autorisation du conseil de l'Ordre pour effectuer un contrôle en matière d'obligations LCB/FT]

511.02 Jurisprudence de référence.

> Pouvoirs du bâtonnier en matière d'enquête déontologique

• **Civ. 1re, 17 oct. 2012,** n° 11-17.999, P I, n° 203.

* V. s^s n° 511.311.

« Mais attendu que le bâtonnier tient des dispositions de l'article 187 du décret 91-1197 du 27 novembre 1991 la faculté de faire procéder ou de procéder lui-même, de sa propre initiative à une enquête sur le comportement d'un avocat de son barreau ; qu'après avoir constaté que la visite par M. Y... du cabinet de M. X... avait été motivée par diverses réclamations dont celle du bailleur du local professionnel de ce dernier se déclarant impayé de loyers et charges ainsi que par l'impossibilité de le joindre, la cour d'appel qui a relevé que cette visite constituait la seule manière d'obtenir une information sur la réalité du fonctionnement du cabinet faute de ligne téléphonique, a exactement retenu que cette mesure, loin d'être critiquable, constituait pour le bâtonnier un impérieux devoir ; que régulière, l'enquête déontologique n'a pu entacher la validité de la procédure disciplinaire. »

> Information du bâtonnier (visa)

• **Civ. 1re, 16 déc. 2003,** n° 01-10.210, P I, n° 257.

* V. s^s n° 511.144.

« Mais attendu, d'abord, que les indications fournies à un avocat par son client, dès lors qu'elles figurent dans une assignation et sont ainsi destinées à être publiquement débattues, ne sauraient revêtir aucun caractère confidentiel ; qu'ensuite la disposition critiquée, en ce qu'elle vise "toute assignation délivrée à un avocat" répond à l'exigence de précision prescrite par les textes visés au moyen ; qu'enfin la seule exigence de la communication préalable de ce document au bâtonnier, qui s'inscrit dans le pouvoir disciplinaire et de conciliation attribué à celui-ci, n'entrave en rien le libre accès à un tribunal ; que le moyen n'est fondé en aucune de ses branches ; »

> Contrôle de comptabilité

• **CE 15 nov. 2006,** *Krikorian*, req. n° 283475, *Lebon T.*

* V. s^s n°s 023.172 , 112.24, 511.182, 712.21.

« Considérant que le législateur a, par le 9° de l'article 17 de la loi du 31 décembre 1971, confié au conseil de l'Ordre l'attribution de vérifier la tenue de la comptabilité des avocats ; qu'en donnant au bâtonnier la possibilité de demander la production du compte détaillé de l'avocat, le pouvoir réglementaire s'est borné à assurer l'exécution de la loi, sans en méconnaître les dispositions ; qu'une telle demande, qui s'inscrit dans une phase préparatoire, ne porte aucune atteinte aux droits de l'avocat, dès lors que celui-ci est tenu d'établir un compte détaillé ; que le requérant n'invoque aucun principe ni aucune règle de nature à mettre en cause l'absence de voie de recours contre l'obligation pour un avocat de présenter sa comptabilité ; que la circonstance que le décret ne prévoie pas d'autorité compétente pour demander la production d'un compte au bâtonnier est sans incidence sur la légalité de la disposition contestée. »

> Absence de recours à l'encontre d'un avis déontologique

• **Civ. 1re, 8 mars 2012,** n° 10-26.892, NP.

* V. s^s n°s 511.372, 822.13 .

« Mais attendu que les textes invoqués n'ouvrant de recours que contre les délibérations ou décisions du conseil de l'Ordre, et la commission de déontologie agissant comme délégataire du bâtonnier ne rendant qu'un simple avis qui ne revêt pas le caractère d'une délibération ou d'une décision du conseil de l'Ordre, la cour d'appel en a exactement déduit que s'agissant d'avis, mesure qui ne relève pas des principes édictés par l'article 6 de la Convention européenne des droits de l'Homme, le recours était irrecevable. »

> Admonestation du bâtonnier

• **Civ. 1re, 16 mai 2012,** n° 11-13.854, P I, n° 107.

* V. s^s n°s 511.385, 511.387.

« Mais attendu qu'ayant constaté que l'admonestation infligée à M. X... n'avait pas été inscrite au dossier individuel de l'avocat, la cour d'appel en a exactement déduit que la mesure ne constituait pas une sanction qui, comme telle, ferait grief, mais une simple remontrance que le bâtonnier est en droit d'adresser à un avocat pris en défaut sans condition de forme ou de procédure particulière ; que c'est, partant, à bon droit que le recours a été jugé irrecevable ; qu'aucun des moyens n'est fondé. »

> Le bâtonnier n'a pas le pouvoir de prononcer des injonctions contraignantes à l'égard d'un avocat

• **Civ. 1re, 28 avr. 1998,** n° 95-22.242, P I, n° 154.

* V. s^s n°s 442.101, 511.372, 511.386.

« Vu l'article 17 de la loi n° 71-1130 du 31 décembre 1971 ;

Attendu, qu'aucune disposition de ce texte ne confère au bâtonnier le pouvoir de donner injonction à un avocat de se dessaisir d'un dossier ; Attendu qu'en infligeant une [sanction] disciplinaire à un avocat au seul motif qu'il n'avait pas obtempéré à une telle injonction, la cour d'appel a violé le texte susvisé. »

> Compétence des juridictions de l'ordre judiciaire s'agissant des décisions prises par le bâtonnier

• **T. confl. 2 avr. 2012,** *Barreau de Lille*, req. n° C3830, *Lebon*.

* V. s[s] n°s 511.379

« Considérant qu'il ressort de l'ensemble des dispositions de la loi du 31 décembre 1971 portant réforme de certaines professions judiciaires et juridiques que les décisions prises par le bâtonnier dans l'exercice de ses fonctions relèvent en principe du juge judiciaire. »

> Compétence des juridictions administrative s'agissant de la communication des documents

• **CE 27 sept. 1985,** Barreau de Lyon c/Bertin, req. n° 56543, *Lebon*.

* V. s[s] n°s 511.62

« Sur la compétence de la juridiction administrative :

Considérant qu'il résulte des dispositions combinées des articles 2, 6 *bis* et 7 de la loi du 17 juillet 1978 que le recours formé contre le refus opposé par une administration publique ou un organisme privé chargé de la gestion d'un service public à une personne ayant fait, en invoquant cette loi, une demande de communication d'un document de caractère nominatif la concernant doit être déféré au juge administratif auquel il appartient d'apprécier si, en raison de la nature du document dont la communication était demandée, cette demande entrait ou non dans le champ d'application de la loi ; »

511.03 **Bibliographie indicative.**

* Aussi : v. s[s] n° 51.03.

Code. J.-H. Stahl (dir.), Code des relations entre le public et l'administration, 6e éd., Dalloz, 2021.

Articles. Y. Avril, « Feu l'admonestation (paternelle) du bâtonnier », *D.* 2008. 1735 ; « La licéité de l'admonestation du bâtonnier », *D.* 2012. 1868 – A. Brunois, « Le barreau et la jurisprudence », *D.* 1984. IR 113 – D. Piau, « Unification des règles déontologiques ou guerre picrocholine ? », *Gaz. Pal.* 8-10 janv. 2012, p. 19 ; « Unification des règles déontologiques (suite…) : Divide ut regnes ? », *Gaz. Pal.* 21-22 févr. 2014, p. 7 – D. Pujos, O. Lagrave, « Barreau de Paris et déontologie : état des lieux », *Gaz. Pal.* 3-4 avr. 2015, p. 7.

Rapports. Barreau de Paris, *Rapport d'activité LCB-FT 2020*, avr. 2021 – D. Piau, *Rapport sur la réforme des institutions de la profession*, UJA de Paris, nov. 2008.

SECTION 1
PROPOS LIMINAIRES

511.10 **Plan.** Les réclamations déontologiques obéissent à des principes généraux (§ 1) qui posent la question de leur nature juridique (§ 2), notamment au regard de l'accès aux documents administratifs.

§ 1
Principes généraux

511.21 **Autorégulation.** Commençant par le signalement d'un manquement déontologique auprès du bâtonnier[1], amenant le bâtonnier à exercer ses prérogatives[2] le conduisant, à l'issue de la procédure, soit à concilier les parties, soit à donner un avis pour donner son interprétation de la règle déontologique ou dire si un manquement a été commis par un avocat, soit à classer, soit à délivrer une admonestation, soit, enfin, à ouvrir une procédure disciplinaire[3], la procédure ordinale, et les outils mis à disposition du bâtonnier pour la mettre en œuvre, est mal connue[4].

Elle est pourtant fondamentale en tant qu'outil majeur d'exercice de l'autorégulation de la profession. C'est à travers elle que s'effectue l'essentiel de la mise en œuvre de la discipline au sens large, la procédure disciplinaire[5] ne concernant qu'une partie résiduelle des réclamations initiales.

511.22 **Enjeux.** Comme a pu l'écrire Christian Vigouroux : « La sanction est un échec. La déontologie est une ambition. »[6]

D'autant qu'il ne faut pas perdre de vue que, si la voie déontologique n'aboutit à aucune solution, le juge de droit commun peut, dans de nombreux cas, être amené à connaître de la difficulté[7], tel qu'en matière de conflits d'intérêts où la Cour de cassation considère que dès lors qu'elle a relevé que le bâtonnier avait rendu un avis qui n'avait pas été suivi d'effet et qu'aucune poursuite disciplinaire ne s'en était suivie, une cour d'appel en a exactement déduit, en l'état de cette carence, que le juge compétent pour statuer sur le conflit d'intérêts qui lui était soumis ne pouvait être que le juge des référés eu égard aux dispositions[8] de l'article 835 du code de procédure civile[9].

Ainsi, sous réserve, depuis l'entrée en vigueur du décret 11 décembre 2009[10], des litiges entre avocats dans le cadre de leur exercice professionnel[11] pou-

1. V. s[s] n°s 511.111 s.
2. V. s[s] n°s 511.270 s.
3. V. s[s] n°s 511.361 s.
4. COMP. S'AGISSANT DES NOTAIRES : Ph. Brun, R. Crône, Ph. Pierre, J. de Poulpiquet, *Responsabilité des notaires*, 3e éd., Dalloz, 2018, n°s 211.110 s.
5. V. s[s] n°s 522.00 s.
6. Ch. Vigouroux, *Déontologie des fonctions publiques*, 2e éd., « Dalloz Référence », 2012, n° 01.72.
7. AUSSI : D. Piau, « Unification des règles déontologiques ou guerre picrocholine ? », *Gaz. Pal.* 8-10 janv. 2012, p. 19.
8. V. s[s] n°s 442.111 s.
9. Civ. 1re, 27 mars 2001, n° 98-16.508, P I, n° 89 ; *JCP* 2001. II, n° 10549, note R. Martin ; *D.* 2002. 848, obs. B. Blanchard.
10. Décr. n° 2009-1544, 11 déc. 2009 relatif à la composition du Conseil national des barreaux et à l'arbitrage du bâtonnier, *JO* 13 déc., p. 21545.
11. D. Piau, « Le règlement des litiges entre avocats dans le cadre de leur exercice professionnel », Congrès FNUJA, mai 2007.

vant être réglés en application des dispositions des articles 21 de la loi de 1971 et 179-1 et suivant du décret du 27 novembre 1991[1], il est impératif que le bâtonnier soit en mesure de jouer pleinement le rôle qui est le sien.

511.23 Éléments statistiques. À Paris, le bâtonnier délègue les prérogatives en la matière à une commission de déontologie à la tête de laquelle se trouve un secrétaire de la déontologie, fonction instituée par le bâtonnier Guy Danet (1933-2004) en 1984, et composée de sous-commissions thématiques confiées à des membres, ou anciens membres, du conseil de l'Ordre. À Paris, ce sont près de 5 000 dossiers par an dont ils ont à connaître qui se répartissent de la manière suivante :

ÉVOLUTION DES RÉCLAMATIONS DÉONTOLOGIQUES (PARIS)

	2010	2011	2012	2013	2014	2015	2016
Carpa séquestre	169	169	142	145	94	104	99
Rédaction d'actes	24	45	17	15	22	8	18
Conflits d'intérêts et incompatibilité	291	307	272	340	321	304	283
Contradictoire	530	538	623	512	592	586	628
Publicité – Communication	293	285	290	289	297	324	316
Secret professionnel	377	345	305	385	438	452	448
Succession et honoraires	420	374	402	414	490	391	409
Ducroire	567	554	526	552	584	529	487
Difficultés avec les juridictions	159	135	191	190	152	125	135
Réclamations générales avocats	458	399	622	513	518	486	409
Réclamations générales clients	1 112	997	1 053	1 058	1 019	967	947
Réclamation procureur général	18	52	49	23	20	18	24
Réclamations officiers ministériels	21	26	28	20	27	27	19
Visites domiciliaires					14	21	8
Enquêtes déontologiques					23	23	19
Contrôles 17-9°)	28	18	21	17	43	29	17
Total	**4 467**	**4 305**	**4 541**	**4 473**	**4 713**	**4 475**	**4 341**
Transmis à l'Autorité de Poursuite		67	72	90	117	201	226

La répartition des dossiers entre ceux opposant des avocats parisiens et ceux opposants des avocats parisiens à un avocat d'un barreau extérieur est de l'ordre de deux tiers et un tiers. En 2016, 16 dossiers ont fait l'objet d'un recours au tiers arbitrage[2]. Seuls trois avis déontologiques ont fait l'objet d'une contestation et 759 dossiers ont fait l'objet d'une convocation devant une commission soit 17 % de l'ensemble des dossiers.

À cela s'ajoute le traitement, en 2016, de 2 942 demandes de Visas[3].

511.24 Qualité de traitement. Depuis 2011, les services du barreau de Paris, dont celui de la déontologie, sont certifiés ISO 9001, certification renouvelée en 2014[4] et 2017, qui implique le respect de normes et conditions de traitement très strictes des réclamations selon un cahier des charges précis. Le travail du secrétaire de la déontologie, du délégué général à la déontologie, des membres du conseil impliqués ainsi que des assistants déontologiques, tout comme la vigilance accrue apportée au traitement des dossiers, s'organise dans le cadre d'un contrôle mensuel par le service de la déontologie de tous les dossiers en cours dans chacune des commissions. Des notes sont régulièrement diffusées aux collaborateurs du service pour assurer la meilleure information possible et la cohérence des actions.

C'est ainsi qu'en 2016, 38 % des dossiers ont été traités sous 30 jours (24 % des dossiers interbarreaux), 18 % des dossiers ont été traités en moyenne entre 1 et 2 mois (16 % des dossiers interbarreaux), 44 % ont été traités au-delà de 2 mois (60 % des dossiers interbarreaux).

511.25 Prérogative propre au bâtonnier. Le traitement des réclamations déontologiques est une prérogative propre au bâtonnier[5], ce qui n'est pas

1. V. s^s n°s 822.00 s.
2. V. s^s n°s 511.392 s.
3. V. s^s n°s 511.141 s.
4. D. Pujos, O. Lagrave, « barreau de Paris et déontologie : état des lieux », *Gaz. Pal.* 3-4 avr. 2015, p. 7.
5. V. s^s n°s 116.05 s.

sans risque pour ce dernier[1], et auquel la loi a confié le pouvoir de prévenir et concilier les différends d'ordre professionnel entre les membres du barreau et d'instruire toute réclamation formulée à l'encontre d'un avocat[2].

511.26 Faculté de délégation en la matière pour le bâtonnier. Le bâtonnier peut déléguer une partie de ses pouvoirs dans le traitement des réclamations déontologiques au vice-bâtonnier, ainsi que, pour un temps limité, à un ou plusieurs membres du conseil de l'Ordre[3].

Il ne faut pas confondre :

1° les délégations de pouvoirs administratifs du bâtonnier, visées à l'article 7 du décret du 27 novembre 1991[4], que ce dernier ne peut accorder, en principe, qu'au vice-bâtonnier ou à des membres du conseil de l'ordre en exercice, sauf cas particuliers tel qu'en matière d'enquête déontologique où il peut également déléguer ses pouvoirs à des anciens membres du conseil de l'ordre[5] ;

2° les délégations juridictionnelles du bâtonnier en matière de règlement des litiges entre avocats dans le cadre de leur exercice professionnel, visées aux articles 7 et 21 de la loi du 31 décembre 1971[6] : ces dernières peuvent être accordées non seulement au vice-bâtonnier ou à des membres du conseil de l'ordre en exercice mais également à des anciens membres du conseil de l'ordre.

En matière déontologique, le bâtonnier n'exerce pas de fonctions juridictionnelles, mais des prérogatives purement administratives, et n'a pas le pouvoir de rendre des décisions[7].

511.27 Pouvoir d'encadrement du conseil de l'Ordre. Le conseil de l'Ordre peut, dans le cadre du règlement intérieur du barreau[8], encadrer les modalités de mises en œuvre du traitement des réclamations déontologiques[9], et doit parfois autoriser le bâtonnier à mettre en œuvre certains contrôles[10].

Pour autant, l'ensemble du processus relatif au traitement des réclamations déontologiques relève des pouvoirs propres du bâtonnier, et les membres, ainsi que le cas échéant anciens membres, du conseil de l'Ordre, qui sont amenés à intervenir dans ce cadre le font non pas ès qualité de membres du conseil de l'Ordre mais toujours ès qualité de délégataires du bâtonnier.

511.28 Nécessaire respect des prérogatives du bâtonnier par le conseil de l'Ordre. Il convient de veiller à la stricte répartition des compétences entre le bâtonnier et le conseil de l'Ordre : le conseil de l'Ordre ne saurait aller au-delà des prérogatives qu'il tient de la loi et du décret, s'agissant de la suspension provisoire[11] ou des procédures administratives et ce dans le strict cadre de celles-ci[12] et de l'étendue de sa saisine[13]. Il ne relève ainsi pas de la compétence du conseil de l'Ordre de se prononcer sur la conformité de la situation ou des actes d'un avocat au regard des principes essentiels et règles déontologiques, tel qu'en matière de publicité[14], y compris s'agissant des sites internet[15], ou de conflit d'intérêts[16].

Ce point est d'autant plus important qu'il peut influer, notamment, sur la validité de la désignation du rapporteur en cas d'ouverture d'une procédure disciplinaire quant aux faits dont le conseil de l'Ordre aurait été amené à connaître[17].

511.29 Action nécessaire. L'action du bâtonnier, et des membres du conseil de l'Ordre agissant par délégation de ce dernier, dans le traitement des réclamations déontologiques, avec célérité et efficience, est d'autant plus nécessaire que l'inaction en la matière pourrait conduire un avocat à causer, par la poursuite de ses agissements ou de son activité, un préjudice à ses clients ou à des tiers, ce qui serait de nature à engager la responsabilité civile du barreau à l'égard de ces derniers[18].

L'action du bâtonnier n'est ni exclusive ni subsidiaire des autres actions ouvertes. Elle doit être utilisée à bon escient et au moment opportun.

Dans le cadre du processus de traitement des réclamations déontologiques, le bâtonnier ne dispose pas de pouvoir de décision, ni d'injonction[19], et l'éventuelle mise en œuvre subséquente d'une procédure administrative[20] et/ou disciplinaire[21] assortie, le cas échéant, d'une suspension provisoire[22], n'a ni pour objet, ni pour effet, de faire cesser ou d'indem-

1. V. O. Millot, *Le candidat idéal*, Stock, 2021.
2. L. n° 71-1130, 31 déc. 1971 portant réforme de certaines professions judiciaires et juridiques, *JO* 5 janv. 1972, p. 131, art. 21.
3. Décr. n° 91-1197, 27 nov. 1991 organisant la profession d'avocat, *JO* 28 nov., p. 15502, art. 7.
4. Décr. n° 91-1197, 27 nov. 1991, art. 7.
5. Décr. n° 91-1197, 27 nov. 1991, art. 187 – V. s^{s} n° 511.321.
6. L. n° 71-1130, 31 déc. 1971, art. 7 et 21 – V. s^{s} n°s 822.00 s.
7. V. s^{s} n°s 511.375 s.
8. V. s^{s} n°s 115.31 s.
9. RIBP, art. P. 63.
10. V. s^{s} n°s 511.171 s.
11. V. s^{s} n°s 512.31 s.
12. V. s^{s} n° 513.21.
13. V. s^{s} n° 513.71.
14. V. s^{s} n° 463.31.
15. V. s^{s} n°s 464.121 s.
16. V. s^{s} n°s 442.101 s.
17. V. s^{s} n° 522.151.
18. V. s^{s} n°s 511.379 et 911.251 s.
19. V. s^{s} n°s 511.361 s.
20. V. s^{s} n°s 513.00 s.
21. V. s^{s} n°s 522.00 s.
22. V. s^{s} n°s 512.00 s.

niser les conséquences du manquement déontologique constaté, mais d'en tirer les conséquences sur la situation de l'avocat au sein de la profession.

La mise en œuvre d'une procédure ordinale ne dispense donc en aucun cas d'utiliser également, dans les délais impartis et suivant les modalités qui leur sont propres, les voies de droit commun existantes afin de faire valoir ses droits : qu'il s'agisse sur le plan civil (mise en œuvre de la responsabilité civile de l'avocat [1]), pénal (mise en œuvre de la responsabilité pénale de l'avocat [2]), procédural (incident de procédure aux fins de faire trancher un incident de communication de pièces [3], action en référé [4], conservation des preuves en vue d'un litige éventuel [5]), des mesures conservatoires [6] ou encore des règles professionnelles (engagement d'une procédure de fixation des honoraires [7], en restitution des pièces [8], règlement des différends entre avocat dans le cadre de leur exercice professionnel [9])...

§ 2
Nature juridique

511.30 **Plan.** Le traitement des réclamations déontologiques par le bâtonnier caractérise la mise en œuvre d'un service public administratif (A) ce qui a des impacts, notamment s'agissant de la question de l'accès aux documents administratifs (B).

A.
Mise en œuvre d'un service public administratif

511.41 **Nature des réclamations déontologiques au regard de la notion de service public.** La question de la nature des réclamations déontologiques, et plus généralement des procédures ordinales, est prégnante, notamment au regard de l'accès aux documents administratifs, d'une part, et du secret professionnel, d'autre part [10].

Elle est aussi ambiguë compte tenu de la spécificité des dispositions qui encadrent ces procédures soumises, par défaut, « comme en matière civile », notamment au code de procédure civile [11], en l'absence de toute disposition spécifique dans la loi du 31 décembre 1971 [12] ou le décret du 27 novembre 1991 [13], faisant l'objet d'une compétence spéciale attribuée à la cour d'appel du ressort dont relève le barreau concerné [14] ainsi que, pour une large part, d'un contrôle du procureur général de cette même cour d'appel qui dispose de prérogatives de recours à l'encontre de nombreuses décisions [15], et a, au même titre que le bâtonnier, la qualité d'autorité poursuite dans le cadre de la procédure disciplinaire [16].

Pour autant, le Conseil d'État a considéré, sans pour autant se prononcer expressément quant à leur nature même, que les ordres professionnels, en l'occurrence les barreaux, concourraient au fonctionnement du service public du fait de l'organisation et du contrôle de la profession règlementée qui leur est confié par l'État [17], reconnaissant ainsi les barreaux comme des personnes morales de droit privé chargées d'une mission de service public [18].

Cela n'est pas sans conséquence, tel que s'agissant du statut des élus ordinaux [19], ou de l'application résiduelle du droit de la concurrence lorsque les ordres interviennent par leurs décisions hors de leur mission de service public ou ne mettent en œuvre aucune prérogative de puissance publique [20], mais également s'agissant des règles mêmes applicables aux procédures ordinales.

511.42 **Répartition de la nature des prérogatives des institutions ordinales (CRPA).** Dans son avis du 25 octobre 2015, le Conseil d'État est venu préciser la répartition de la nature des prérogatives des institutions ordinales entre celles qui se rattachent au fonctionnement du service public de la justice

1. V. s[s] n°s 912.00 s.
2. V. s[s] n°s 921.00 s.
3. V. s[s] n°s 412.242 et 452.101 s.
4. V. s[s] n°s 442.111 s.
5. V. s[s] n° 812.216.
6. V. s[s] n°s 732.122 s.
7. V. s[s] n°s 741.00 s.
8. V. s[s] n° 484.217.
9. V. s[s] n°s 821.00 s.
10. V. s[s] n°s 422.141 s.
11. Décr. n° 91-1197, 27 nov. 1991, art. 277.
12. L. n° 71-1130, 31 déc. 1971 portant réforme de certaines professions judiciaires et juridiques, *JO* 5 janv. 1972, p. 131.
13. Décr. n° 91-1197, 27 nov. 1991 organisant la profession d'avocat, *JO* 28 nov., p. 15502.
14. L. n° 71-1130, 31 déc. 1971, art. 14.
15. V. s[s] n° 513.182.
16. V. s[s] n°s 522.81 s.
17. CE 2 avr. 1943, *Bouguen, Lebon* 86 ; *GAJA*, 22e éd., Dalloz, 2019, n° 49 ; DEPUIS : 1re éd., 1956, n° 70 ; *D.* 1944. 52, concl. M. Lagrange, note J. Donnedieu de Vabres ; *S.* 1944. 3. 1, concl., note A. Mestre ; *JCP* 1944. II. 2565, note Ch. Célier – CE 2 févr. 1945, *Moineau, Lebon* 27 ; *GAJA*, 22e éd., Dalloz, 2019, n° 51 ; DEPUIS : 1re éd., 1956, n° 74 ; *D.* 1945. 269, note C.-A. Colliard ; *S.* 1946. 3. 9, note J. l'Huillier ; – CE 29 juill. 1950, *Comité de défense des libertés professionnelles des experts comptables brevetés par l'État, Lebon* 492 ; *GAJA*, 22e éd., Dalloz, 2019, n° 58 ; DEPUIS : 1re éd., 1956, n° 93 ; *RDP* 1951. 212, concl. R. Odent, note M. Waline ; *Dr. soc.* 1950. 391, note J. Rivero ; *Rev. adm.* 1950. 471, note G. Liet-Veaux.
18. CE 7 févr. 1975, *barreau de Lille*, req. n° 88611, *Lebon* – CE 6 juin 1986, *barreau de Pontoise c/Jaugey*, req. n° 57285, *Lebon* ; *Gaz. Pal.* 1986. 617 concl. J. Massot et note A. Damien ; *D.* 1986. 504, note H.-C. Amiel ; *D.* 1987. Somm. 65, obs. A. Brunois.
19. V. s[s] n°s 434.240 s.
20. V. s[s] n°s 312.24 s.

(procédure disciplinaire, règlements des litiges entre avocats dans le cadre de leur exercice professionnel y compris en matière de contrat de collaboration ou de contrat de travail, désignation ou commission d'office au titre de l'aide juridictionnelle), et celles qui relèvent d'un service public administratif comme se rattachant à l'organisation de ce même service public de la justice (décisions individuelles ou collectives des conseils de l'ordre liées à l'accès et à l'exercice de la profession) [1].

Il découle de cette nature d'organisme de droit privé chargé d'une mission de service public des conseils de l'Ordre et du bâtonnier, la pleine application, lorsqu'ils agissent dans le cadre de la mise en œuvre d'un service public administratif, du code des relations entre le public et l'administration [2].

511.43 ***Open data* des données publiques.** L'accès aux documents administratifs [3], qui a été démocratisé par la loi du 7 octobre 2016 dans le cadre du déploiement de l'*Open data* des données publiques [4], ainsi que la mise en œuvre de la réglementation relative à la protection des données à caractère personnel issue du règlement 2016/679 [5] dit RGPD, va avoir un impact certain sur l'organisation même des processus de régulation au sein des barreaux, au moment même où la CEDH reconnaît qu'un droit à l'accès à l'information peut exister dès lors qu'il est déterminant pour l'exercice par l'individu de son droit à la liberté d'expression [6].

Au nombre des documents administratifs pouvant être rendus publics, sans faire l'objet d'un processus d'anonymisation [7], figure les documents relatifs aux conditions d'organisation des professions réglementées et des activités professionnelles soumises à la règlementation, notamment celles relatives à l'exercice des professions d'avocat [8].

Un guide pratique de la publication en ligne et de la réutilisation des données publiques élaboré par la Cada et la Cnil en collaboration avec Étabab [9] a été publié en octobre 2019 rappelle les dispositions applicables en la matière et les modalités de mises en œuvre, en particulier lorsque les données diffusées ou traitées présentent le caractère de données personnelles.

511.44 **Archives publiques.** À cet égard, demeure une question qui n'a pas été tranchée par la jurisprudence à ce jour et tenant à la nature même des archives des barreaux (conseil de l'Ordre et bâtonnier). L'article L. 211-4 du code du patrimoine inclut, en effet, dans la définition des archives publiques [10], « les documents qui procèdent de la gestion d'un service public ou de l'exercice d'une mission de service public par des personnes de droit privé » [11].

Cette nature d'archives publiques des archives des barreaux induit un régime de conservation [12] et un régime de communication, dans les mêmes conditions que pour les documents administratifs [13], avec des règles de communicabilité spécifiques destinées, notamment, à préserver certains secrets professionnels [14], mais pas, en l'état des textes, le secret professionnel de l'avocat [15].

B.
Accès aux documents administratifs

511.50 **Plan.** Droit constitutionnel, l'accès aux documents administratifs (1°), conduit à poser les principes du droit de communication (2°), qui font l'objet d'exceptions

1. CE, avis sect. int., 22 oct. 2015, n° 390397, p. 5.
2. CE, avis sect. int., 22 oct. 2015, n° 390397 – V. s[s] n°s 513.23 s.
3. L. n° 2016-1321, 7 oct. 2016 pour une République numérique, *JO* 8 oct., n° 1 – L. Grynbaum, « Loi pour un République numérique. Ouverture des données et nouvelles contraintes », *JCP* 2016. 1129.
4. Dir. 2013/37, Parlement et Conseil, 26 juin 2013 modifiant la directive 2003/98/CE concernant la réutilisation des informations du secteur public, *JOUE L* 175, 27 juin, p. 1 – L. n° 2016-1321 du 7 oct. 2016, art. 1 s. – CRPA, art. L. 321-1 s. – Décr. n° 2016-1922, 28 déc. 2016 relatif à la publication en ligne des documents administratifs, *JO* 30 déc. n° 14.
5. Règl. 2016/679, Parlement et Conseil, 27 avr. 2016 relatif à la protection des personnes physiques à l'égard du traitement des données à caractère personnel et à la libre circulation de ces données, *JOUE L* 175, 4 mai, p. 1.
6. CEDH 8 nov. 2016, *Magyar Helsinki Bizottsag c/Hongrie*, req. n° 18030/11 ; *Gaz. Pal.* 14 févr. 2017, p. 32, note Ph. Piot ; *AJDA* 2017. 157, Chron. L. Burgorgue-Larsen.
7. CRPA, art. L. 312-1-2.
8. CRPA, art. D. 312-1-3.
9. Cnil, Cada, *Etalab, Guide pratique de la publication en ligne et de la réutilisation des données publiques (« Open data »)*, oct. 2019.
10. COMP. : CE 13 avr. 2018, *Assoc. du musée des lettres et manuscrits*, req. n° 410939, *Lebon* ; *Gaz. Pal.* 30 avr. 2018, p. 45, obs. Ph. Graveleau – CE 4 oct. 2019, req. n° 416030, *Lebon T*, *Gaz. Pal.* 15 oct. 2019, p. 36, obs. Ph. Graveleau - G. Braibant, *Les Archives en France : rapport au Premier ministre,* La Documentation Française, 1996 – Note AD/DEP 1207 du 7 juill. 1998 relative au versement aux archives départementales des archives des conseils départementaux et régionaux de l'Ordre des médecins pour la période 1940-1945 – v. Archives départementales de Loire-Atlantique, *Répertoire du fonds de l'ordre des avocats du barreau de Nantes*, 83 J – P. Suissa, « Archives du barreau de Nantes : état des lieux. XIXe et XXe siècle », *RSIHPA* 1991, n° 3, p. 99 s. – A. Durieux, « Réflexion sur les moyens de préparer les archives de nos ordres à devenir sources d'histoire », *Rsihpa* 1991, n° 3, p. 89 s. – Recomm. n° R (2000) 13 du Comité des Ministres aux États membres sur une politique européenne en matière de communication des archives, 13 juill. 2000.
11. C. patrimoine, art. L. 211-4, 2°.
12. C. patrimoine, art. L. 212-2 s.
13. C. patrimoine, art. L. 213-1 – CRPA, art. L. 311-9.
14. C. patrimoine, art. L. 213-2.
15. Sur la confrontation du secret professionnel et de l'histoire, v. s[s] n°s 412.141 s.

(3°), et posent la question de leur application aux réclamations déontologiques (4°).

1°
Propos liminaires

511.61 Distinction. Le droit d'accès aux documents administratifs est un droit constitutionnel auquel le législateur peut apporter des limitations liées à des exigences constitutionnelles ou justifiées par l'intérêt général, à la condition qu'il n'en résulte pas d'atteintes disproportionnées au regard de l'objectif poursuivi [1].

Il convient de bien distinguer la question des documents administratifs induite par l'exercice de missions de service public administratif par les conseils de l'Ordre et bâtonniers, de celle des actes juridictionnels induite par l'exercice de missions se rattachant au fonctionnement du service public de la justice [2], tel que le dossier disciplinaire d'un avocat [3], suivant la distinction qui a été opérée par le Conseil d'État dans son avis de 2015 [4].

511.62 Compétence des juridictions administratives. La nature de documents administratifs [5], des documents échangés dans le cadre de la mission de service public administratif des barreaux, ne prête plus à débats et est régie par les articles L. 311-1 et suivants du code des relations entre le public et l'administration.

Le Conseil d'État, même si certains barreaux semblent encore, vainement, contester cette compétence [6], a clairement affirmé, de longue date, que le recours formé contre le refus opposé par un barreau, organisme privé chargé de la gestion d'un service public administratif, à une personne ayant fait une demande de communication d'un document de caractère nominatif la concernant devait, faute de procédures spécifiques prévues à cette fin devant les juridictions de l'ordre judiciaire, être déféré au juge administratif auquel il appartient d'apprécier si, en raison de la nature du document dont la communication est demandée, cette demande entrait ou non dans le champ d'application du code des relations entre le public et l'administration [7].

2°
Principe du droit de communication

511.71 Principe du droit de communication des documents ayant nature de documents administratifs. Dès lors que les documents échangés dans le cadre de la mission de service public administratif des barreaux ont la nature de documents administratifs, l'article L. 311-1 du code des relations entre le public et l'administration impose aux barreaux de les publier en ligne [8] ou de les communiquer aux personnes qui en font la demande [9].

Il en est ainsi du règlement intérieur d'un barreau, du contrat en vertu duquel un vote électronique est organisé à l'occasion des élections ordinales [10], ou encore du tableau des avocats inscrits [11] mais pas de l'annuaire national des avocats tenus par le Conseil national des barreaux dès lors que la loi elle-même [12] a organisé une procédure spéciale d'accès aux coordonnées des avocats [13] ce qui conduit à écarter les dispositions du CRPA, l'annuaire mis en ligne par le Conseil national des barreaux étant suffisant pour satisfaire les obligations légales qui sont les siennes aucune règle ne lui imposant de diffuser ces mêmes coordonnées dans un standard ouvert facilement réutilisable et exploitable [14]. Il en découle, en outre, que l'établissement volontaire par un barreau d'un annuaire public dans son ressort ne

1. Cons. const. 3 avr. 2020, n° 2020-834 QPC, *Union nationale des étudiants de France, Communicabilité et publicité des algorithmes mis en œuvre par les établissements d'enseignement supérieur pour l'examen des demandes d'inscription en premier cycle,* CONFORMITÉ – RÉSERVE, *JO* 4 avr., n° 34 ; *AJDA* 2020. 759 ; *D.* 2020. 769 ; *D.* 2020. 1262, obs. W. Maxwell et C. Zolynski ; *JA* 2020, n° 618, p. 13, obs. E. Autier ; *Dalloz IP/IT* 2020. 516, obs. T. Douville ; *JCP* 2020. 1155, n° 4, obs. G. Eveillard ; *JCP* 2021. 1001, n° 6, obs. M. Verpeaux, A. Macaya.
2. V. s^s n° 523.311 – Cada, avis n° 20192781, 25 juin 2020, *barreau d'Aix-en-Provence* – Cada, avis n° 20211526, 15 avr. 2021, *barreau de Paris* – Cada, avis n° 20212082, 6 mai 2021, *barreau de Saint-Denis de La Réunion*.
3. Cada, avis n° 20070024, 25 janv. 2007, *barreau de Bordeaux* – V. s^s n° 522.174.
4. CE, avis, sect. int., 22 oct. 2015, req. n° 390397 – CE 31 mai 2017, req. n° 408348, *Lebon T ; AJDA* 2017. 718 ; *Gaz. Pal.* 25 juill. 2017, p. 22, obs. S. Roussel – CE 19 juin 2017, req. n° 396089, *Lebon T* ; – AUSSI : CEDH 18 juill. 2017, *Commission c/Breyer*, req. C-213/15 P, *Rec. N.*
5. CRPA, art. L. 300-2.
6. CAA Versailles, 14 mai 2019, req. n° 17VE03962 ; *D.* 2021. 106, obs. Th. Wickers – TA Paris 8 oct. 2020, *barreau de Paris*, req. n° 1822476/5-1 ; *D.* 2021. 105, obs. Th. Wickers.
7. CE 27 sept. 1985, *barreau de Lyon c/Bertin*, req. n° 56543, *Lebon ; Gaz. Pal.* 1986. II. 394 ; *Lebon* 267 ; *RFDA* 1986. 183 s., concl. R. Denoix de Saint-Marc ; *D.* 1986. 504, note H.-C. Amiel – CE 6 juin 1986, *barreau de Pontoise c/Jaugey*, req. n° 57285, *Lebon ; Gaz. Pal.* 1986. 617 concl. J. Massot et note A. Damien ; *D.* 1986. 504, note H.-C. Amiel ; D. 187. Somm. 65, obs. A. Brunois ; – RÉFORMANT : TA Versailles, 15 déc. 1983 ; *Gaz. Pal.* 1984. II. 480, note Y. Gaudemet ; *D.* 1984. Somm. 105, note A. Brunois.
8. V. s^s n°s 511.42 s.
9. CRPA, art. L. 311-1.
10. Cada, avis n° 20060532, 16 févr. 2006, *barreau de Lyon*.
11. Cada, avis n° 20020492, 7 févr. 2002, *barreau de Lille* – Cada, avis n° 20135066, 16 janv. 2014, *barreau de Besançon* – Cada, avis n° 20145059, 5 févr. 2015, *barreau de Bordeaux*.
12. L. n° 71-1130, 31 déc. 1971, art. 21-1.
13. V. s^s n° 461.192.
14. TA Paris 15 janv. 2021, *Conseil national des barreaux*, req. n° 1917016/5-2 ; *JCP* 2021. 272 n° 12, obs. Ch. Vautrot-Schwarz.

peut être regardé comme présentant un lien suffisamment direct avec les missions de service public que le législateur lui a confiées en matière d'organisation de la profession, dès lors que l'obligation de mettre en ligne un tel annuaire a été confiée au Conseil national des barreaux [1].

511.72 Mission de service public et gestion interne du barreau. La doctrine de la Cada tend à distinguer les documents qui relèvent des missions de service public même du barreau, qui sont communicables à toute personne qui en fait la demande, sous réserve de l'occultation des mentions ne relevant pas de ces missions de service public ; des documents relatifs à la gestion interne du barreau, qu'elle considère comme n'étant pas de nature administrative et dont la question de la communicabilité ne relèverait pas de sa compétence [2]. Seraient, notamment, inclus dans cette seconde catégorie les documents relatifs à la gestion du barreau (comptes, éléments comptables...) [3].

Dans cette affaire, le tribunal administratif, tout en considérant que les comptes ainsi que le rapport de présentation des comptes présentaient, par leur nature et leur objet, le caractère de documents administratifs communicables, a exclu d'autres documents, tel que divers rapports d'audit sur les finances de l'ordre, comme relevant du fonctionnement interne du barreau et ne présentant pas un lien suffisamment direct avec les missions de service public exercées par le barreau pour être qualifiés de documents administratifs [4].

511.73 Détermination de la nature de document administratif. Le Conseil d'État a pu considérer, s'agissant d'un justiciable qui sollicitait une copie de la lettre adressée au bâtonnier par un avocat en vue d'être dessaisi d'une commission d'office [5], que, ni la lettre par laquelle le bâtonnier intervient, à la demande d'un justiciable, auprès d'un avocat désigné au titre de l'aide juridictionnelle à propos des conditions dans lesquelles il exécute son mandat, ni la réponse de l'avocat à ce courrier, qui ne sont pas des pièces de la procédure juridictionnelle que se propose d'engager le justiciable, ne peuvent être regardés comme des documents indissociables de cette procédure, faisant qu'elles ont bien le caractère d'un document administratif [6].

Le Conseil d'État a ensuite considéré qu'il se devait d'être éclairé sur le caractère administratif du document dont la communication est demandée, appréciation qui dépend de la question de savoir s'il se rattache à une mission de service public administratif exercée par l'Ordre et, dans l'affirmative, s'il est communicable, ordonnant avant-dire droit sa production sans que, compte tenu de l'objet même du litige, la communication soit donnée au requérant [7]. Après examen, il a considéré qu'en raison de son objet, qui ne se rattache ni à la mission du service public de l'aide juridictionnelle pour laquelle l'avocat avait été désigné, ni à aucune autre mission de service public assurée par l'Ordre, le document ne présentait pas le caractère d'un document administratif [8].

511.74 Jurisprudence administrative. Devrait être maintenue la jurisprudence qui a pu considérer qu'une délibération du conseil de l'Ordre relative à un litige opposant le barreau à un conseil juridique n'était pas, par sa nature et son objet, au nombre des documents qui doivent être communiqués sur leur demande aux personnes qu'ils concernent [9].

Mais le dossier administratif d'un avocat, qui se rattache à la fonction administrative du barreau consistant notamment en la tenue du tableau des avocats et relève ainsi de sa mission de service public, est un document administratif communicable à l'intéressé s'il en fait la demande [10].

3°
Exceptions au droit de communication

511.81 Exceptions au droit de communication des documents ayant nature de documents administratifs. Toutefois, ne sont pas communicables les documents administratifs dont la consultation ou la communication porterait atteinte à la sécurité des personnes [11], au déroulement des procédures engagées devant les juridictions ou d'opérations préliminaires à de telles procédures, sauf autorisation donnée par l'autorité compétente [12] et, surtout, aux

1. Cada, avis n° 20192701, 26 sept. 2019, *barreau de Paris*.
2. Cada, avis n° 20183847, *barreau de Paris*, 10 janv. 2019 ; *D. actu.* 13 mars 2019, obs. Th. Coustet.
3. SUR CETTE QUESTION : Civ. 1re, 4 oct. 2017, n° 16-15.418, NP ; *D.* 2019. 95, obs. Th. Wickers – Paris, pôle 2, ch. 1, 24 mai 2018, RG nos 16/23049, 16/25810, *JCP* 2018. 1023, n° 15, obs. F. G'sell.
4. TA Paris 8 oct. 2020, *barreau de Paris*, req. n° 1822476/5-1 ; *D.* 2021. 105, obs. Th. Wickers ; – COMP. S'AGISSANT de notes de frais : Cada, avis n° 20180976, 12 juill. 2018, *Mairie de Paris* ; – CONFIRMÉ PAR : TA Paris 11 mars 2021, req. nos 1910674/5-1 et 1910661/5-1.
5. DÉJÀ : CE 29 nov. 1991, *barreau de Nancy*, req. n° 125297 – V. ss nos 471.44 s. et 472.260 s.
6. CE 14 mars 2003, *barreau de Paris*, req. n° 231661, *Lebon T.*
7. CE 14 mars 2003, *barreau de Paris*, req. n° 231661, *Lebon T.*
8. CE 30 juill. 2003, *barreau de Paris*, req. n° 231661, NP.
9. CE 6 juin 1986, *barreau de Pontoise c/Jaugey*, req. n° 57285, *Lebon ; Gaz. Pal.* 1986. 614, concl. J. Massot et note A. Damien ; *D.* 1986. 504, note H.-C. Amiel ; *D.* 1987. Somm. 65, obs. A. Brunois ; – RÉFORMANT : TA Versailles, 15 déc. 1983 ; *Gaz. Pal.* 1984. II. 480, note Y. Gaudemet ; *D.* 1984. Somm. 105, note A. Brunois.
10. Cada, avis n° 20170592, 6 avr. 2017, *barreau d'Angers*.
11. CRPA, art. L. 311-5, d) – CE 8 nov. 2017, req. n° 375704, *Lebon ; D.* 2017. 2306.
12. CRPA, art. L. 311-5, f).

autres secrets protégés par la loi, ce qui inclut, naturellement, le secret professionnel[1].

En outre, ne sont communicables qu'à l'intéressé, les documents nominatifs dont la communication porterait atteinte à la protection de la vie privée[2], ou qui portent une appréciation ou un jugement de valeur sur une personne physique, nommément désignée ou facilement identifiable[3] ou encore qui font apparaître le comportement d'une personne, dès lors que la divulgation de ce comportement pourrait lui porter préjudice[4].

511.82 **Examen *in concreto.*** Mais, il convient alors de déterminer *in concreto* si les « documents administratifs » en cause, ce compris s'ils résultent d'un traitement automatisé de données[5], entrent dans une des catégories précitées de non-communication ou de communication restreinte en fonction de la nature mais aussi du contenu de ces mêmes documents : dès lors qu'il est possible d'occulter ou de disjoindre les mentions qui ne sont pas communicables, le document doit être communiqué au demandeur après occultation ou disjonction de ces mentions[6].

Le juge administratif peut considérer sur ce point, après avoir ordonné avant dire droit la communication des documents[7], qu'il n'y a pas lieu à communication dès lors que l'occultation des passages non communicables, car protégés par le secret professionnel[8], était de nature à dénuer de toute portée la communication sollicitée[9].

511.83 **Demandes abusives.** Doivent également être rejetées, les demandes considérées comme abusives. Une demande de communication de documents administratifs pouvant être considérée comme abusive lorsqu'elle vise, de façon délibérée, à perturber le fonctionnement d'une administration. Tel peut être le cas des demandes récurrentes[10], portant sur un volume important de documents[11] traitant, le cas échéant, de la même affaire, des demandes que le service sollicité est manifestement dans l'incapacité matérielle de traiter, ou encore des demandes portant sur des documents auxquels le demandeur a déjà eu accès.

Tout comme doivent être rejetées les demandes générale et indéterminée, telle que celle de : « de faire des recherches en vue de collecter l'ensemble des documents éventuellement détenus par lui et le concernant », dès lors qu'il ne résulte pas des pièces versées au dossier que le barreau ait effectivement constitué un dossier au nom du requérant, ce qu'il n'était pas normalement appelé à faire et n'y était, en tout cas, nullement tenu[12] ; ou encore celle dont : « eu égard à la généralité de sa formulation, qui ne fait pas le départ entre ce qui relève ou non des missions de service public du barreau ou ce qui a d'ores et déjà fait l'objet d'une diffusion publique », apparaît comme étant imprécise[13].

L'appréciation doit prendre en compte le contexte dans lequel s'inscrit la demande et aux motivations qui la sous-tendent[14].

4°
Application aux réclamations déontologiques

511.91 **Réclamations relatives aux désignations au titre de l'aide juridictionnelle.** La jurisprudence, comme doctrine de la Cada[15], considère de façon

1. CRPA, art. L. 311-5, h) – V. s^s n°s 412.20 s.
2. CRPA, art. L. 311-6, 1°.
3. CRPA, art. L. 311-6, 2°.
4. CRPA, art. L. 311-6, 3°.
5. CE 30 déc. 2015, *S^té les laboratoires Servier*, req. n° 372230, *Lebon ; Gaz. Pal.* 31 mai 2016, p. 24, note S. Roussel ; *AJDA* 2016. 9 ; *D. IP/IT* 2016. 148, obs. R. Perray et P. Salen.
6. CRPA, art. L. 311-7.
7. TA Paris, 17 juill. 2013, *barreau de Paris*, n°s 1012282, 1211432/6-2.
8. CRPA, art. L. 311-5, h).
9. TA Paris, 29 oct. 2013, *barreau de Paris*, n°s 1012282, 1211432/6-2.
10. Cada, avis n° 20154862, 5 nov. 2015, *barreau d'Aix-en-Provence* – Cada, avis n° 20150824, 2 avr. 2015, *barreau de Pontoise* – Cada, avis 20152376, 18 juin 2015, *barreau de* Paris – Cada, avis n° 20170388, 23 mars 2017, *barreau de Paris* – Cada, avis n° 20183103, 22 nov. 2018, *barreau de Beauvais* – Cada, avis n° 20191594, 19 déc. 2019, *barreau de Montpellier* – Cada, avis n° 20191906, 19 déc. 2019, *barreau de Montpellier* – Cada, avis n° 20191903, 19 déc. 2019, *barreau de Toulouse*.
11. Cada, avis n° 20192701, 26 sept. 2019, *barreau de Paris*.
12. CE 27 sept. 1985, *barreau de Lyon c/Bertin*, req. n° 56543, *Lebon* 267 ; *Gaz. Pal.* 1986. II. 394 ; *RFDA* 1986. 183 s., concl. R. Denoix de Saint-Marc ; *D.* 1986. 504, note H.-C. Amiel – AUSSI : CE 9 mars 1983, *SOS Défense c/barreau de Lyon*, req. n° 43501, *Lebon T ; AJDA* 1983. 431 – CE 21 déc. 1994, *SOS Défense c/barreau de Lyon*, req. n° 122914.
13. Cada, avis n° 20192701, 26 sept. 2019, *barreau de Paris*.
14. Cada, avis n° 20155249, 3 déc. 2015, *barreau de Pontoise* – Cada, avis n° 20170657, 6 avr. 2017 et avis n° 20172599, 14 sept. 2017 *barreau de Pontoise*.
15. Cada, avis n° 20134148, 7 nov. 2013, *barreau de Meaux* – Cada, avis n° 20135360, 30 janv. 2014, *barreau de Meaux* – Cada, avis n° 20140190, 13 févr. 2014, *barreau de Paris* – Cada, avis n° 20141705, 5 juin 2014, *barreau de Limoges* – Cada, avis n° 20142705, 18 sept. 2014, *barreau de Melun* – Cada, avis n° 20143806, 30 oct. 2014, *barreau de Pontoise* – Cada, avis n° 20155451, 17 déc. 2015, *barreau des Pyrénées-Orientales* – Cada, avis n° 20160867, 14 avr. 2016 *barreau de Paris* – Cada, avis n° 20162129, 23 juin 2016, *barreau de Saintes* – Cada, avis n° 20162087, 23 juin 2016, *barreau de Bordeaux* – Cada, avis n° 20175340, 8 mars 2018, *barreau de Versailles* – Cada, avis n° 20181963, 27 sept. 2018, *barreau de Marseille* – Cada, avis n° 20184105, 7 févr. 2019, *barreau d'Aix-en-Provence* – Cada, avis n° 20192701, barreau de Rennes – Cada, avis n° 20195217, 2 avr. 2020, *barreau de Paris* – Cada, avis n° 20201034, 8 oct. 2020, *barreau de Paris* – Cada, avis n° 20202398, 8 oct. 2020, barreau de *Paris*.

constante que les demandes formulées auprès de son bâtonnier par un avocat en vue d'être déchargé d'une mission d'aide juridictionnelle[1] doivent être communiquées au justiciable bénéficiaire de l'aide juridictionnelle[2], à condition toutefois qu'elles ne fassent apparaître le comportement d'une personne physique nommément désignée ou aisément identifiable, dont la divulgation pourrait lui porter préjudice[3], et ce, sous réserve, le cas échéant, de l'occultation des mentions relatives à d'autres personnes ou d'autres affaires[4].

511.92 **Réclamations déontologiques.** Plus spécifiquement, s'agissant des réclamations déontologiques, en principe une telle demande de communication des éléments du dossier déontologique, et notamment des réponses apportées par l'avocat à la réclamation le visant, devrait, au moins, pouvoir être considérée comme portant atteinte au secret professionnel, protégé par la loi[5]. En outre, un rapport réalisé dans le cadre d'un litige d'ordre déontologique devrait pouvoir être considéré comme portant : « nécessairement une appréciation sur le respect par l'avocat de ses obligations déontologiques », ce dont la divulgation pourrait lui porter préjudice[6].

Pour autant, la question est prégnante, et les saisines de Cada récurrentes, lorsque la réclamation déontologique émane d'un client de l'avocat, dont il a pu être considéré que la réponse de l'avocat devait être communiquée au plaignant[7]. Et ce, à moins qu'elle ne fasse apparaître le comportement d'une personne physique nommément désignée ou aisément identifiable, dont la divulgation pourrait lui porter préjudice[8], telle qu'une lettre de plainte, ainsi que les témoignages qu'elle contient, retraçant des menaces dont l'avocat fait l'objet de la part d'un client, dès lors que leur auteur est identifiable : une telle lettre n'est pas communicable à des tiers, y compris lorsque ceux-ci y sont visés[9].

1. V. s[s] n°s 472.260 s.
2. TA Montreuil, 25 sept. 2015, *barreau de Bobigny*, n° 1303934.
3. CRPA, art. L. 311-6 – Cada, avis n° 20171342, 22 juin 2017, *barreau de Melun*.
4. Cada, avis n° 20155507, 17 déc. 2015, *barreau de Saintes*.
5. CRPA, art. L. 311-5 – V. s[s] n°s 412.20 s.
6. Cada, avis n° 20194923, 2 avr. 2020, *barreau des Pyrénées-Orientales ; – CONTRA* : Cada, avis n° 20192391, 28 nov. 2019, *barreau de Metz*.
7. Cada, avis n° 20144179, 27 nov. 2014, *barreau de Paris* – Cada, avis n° 20161508, 26 mai 2016, *barreau de Paris* – Cada, avis n° 20163594, 15 sept. 2016, *barreau de Cherbourg* – Cada, avis n° 20171548, 8 juin 2017, *barreau de Bobigny* – Cada, avis n° 20174465, 30 nov. 2017, *barreau de Paris*.
8. Cada, avis n° 20171761, 8 juin 2017, *barreau de Versailles* – Cada, avis, n° 20181756, 6 sept. 2018, *barreau de Paris*.
9. Cada, avis n° 20162023, 9 juin 2016, *barreau de Clermont-Ferrand*.

511.93 **Prudence.** Il appartient dès lors aux bâtonniers d'être prudents dans le cadre du traitement de ces réclamations, lorsque ces réclamations n'émanent pas d'un avocat[10], et de solliciter, dans cette hypothèse, systématiquement, de l'avocat mis en cause des observations sous forme de lettre portant la mention « officiel » afin de pouvoir les communiquer au plaignant et que l'avocat les établisse en toute connaissance de cause[11].

Cette manière de procéder permet, en outre, d'assurer le caractère contradictoire du traitement de la réclamation[12].

511.94 **Autres éléments de la procédure ordinale.** Le Conseil d'État a déjà eu l'occasion de considérer que l'enquête déontologique[13], diligentée sur le comportement professionnel d'un avocat présente le caractère d'un document nominatif, qui ne pouvait, en tout état de cause, être communiqué à un tiers fut-ce le plaignant[14].

La Cada a pour sa part considéré s'agissant du contrôle de comptabilité[15], que le rapport établi à l'issue de ce contrôle se rattache à une mission de service public et a donc le caractère d'un document administratif faisant qu'il devait être communiqué à l'un des associés de la structure d'exercice contrôlée, sous réserve que soient disjoints ou occultés les éléments, autres que ceux concernant le demandeur, qui portent une appréciation ou un jugement de valeur sur une personne physique, nommément désignée ou facilement identifiable, qui font apparaître d'une personne physique ou morale un comportement dont la divulgation pourrait lui porter préjudice, ou dont la communication porterait atteinte à la protection de la vie privée[16].

SECTION 2
OUVERTURE DE LA PROCÉDURE ORDINALE

511.100 **Plan – Saisine par l'avocat.** Les sources du signalement d'un manquement déontologique commis par un avocat tiennent pour l'essentiel de plaintes déontologiques (§ 1), mais elles peuvent aussi résulter d'obligations déclaratives imposées à l'avocat (§ 2) ou de la mise en œuvre, par le bâtonnier, de prérogatives de contrôle (§ 3).

10. V. s[s] n°s 422.181 s.
11. CNB, Comm. RU, avis n° 2017-029, 26 sept. 2017.
12. V. s[s] n°s 511.281 s.
13. V. s[s] n°s 511.301 s.
14. CE 18 févr. 1994, *barreau de Paris*, req. n° 116307, NP – CNB, Comm. RU, avis n° 2009-022, 10 avr. 2009 – C. avocat 2021, s[s] L. 31 déc. 1971, art. 66-5, note 52 – *CONTRA* : Cada, avis n° 20192391, 28 nov. 2019, *barreau de Metz* – Sur le statut du plaignant, v. s[s] n°s 521.91 s.
15. V. s[s] n°s 511.171 s.
16. Cada, avis n° 20170254, 6 avr. 2017, *barreau de Paris* ; – AUSSI : Paris, pôle 2, ch. 1, 11 févr. 2016, RG n° 15/06396.

L'avocat lui-même peut saisir son bâtonnier de ses interrogations. Il peut solliciter aide et conseil auprès de celui-ci et lui demander son avis sur la conduite à tenir dans un dossier.

§ 1
Plainte déontologique

511.111 **Plainte auprès du bâtonnier.** La procédure ordinale commence, le plus souvent, par une plainte auprès du bâtonnier dont relève l'avocat concerné, que cette plainte soit à l'initiative d'un client de l'avocat, d'un autre avocat, du parquet général, ou de toute autre personne, tel que la partie adverse ou un justiciable rendu destinataire d'une sollicitation personnalisée d'un avocat [1].

511.112 **Nature de la plainte.** Le bâtonnier constitue une autorité, au sens de l'article 226-10 du code pénal [2], ayant le pouvoir de donner suite ou de saisir l'autorité compétente, en conséquence une telle plainte est de nature à constituer une dénonciation calomnieuse [3] dès lors qu'elle porte sur des faits de nature à constituer des infractions pénales ou des fautes disciplinaires [4].

Il en fut jugé ainsi dans une affaire où des justiciables avaient dénoncé des manquements déontologiques de l'avocat de leurs adversaires auprès de son bâtonnier lequel, après enquête déontologique, avait saisi le conseil de discipline qui avait prononcé la radiation de l'avocat. Or, la radiation fut annulée en cause d'appel, et l'avocat poursuivi avait fait citer devant le tribunal correctionnel les auteurs du courrier adressé au bâtonnier, du chef de dénonciation calomnieuse. Il avait obtenu gain de cause au fond, mais la décision est cassée sur une question de compétence car l'avocat aurait dû saisir, soit le tribunal judiciaire situé dans le ressort duquel est domicilié le bâtonnier qui avait été destinataire de la dénonciation soit, au titre du lieu de commission de l'infraction, celui dans le ressort duquel avait été rédigée la lettre de dénonciation, ce qu'il n'avait pas fait [5].

511.113 **Obligation de dénonciation au bâtonnier ?** La Cour de cassation a eu à connaître d'une affaire dans laquelle les associés d'un cabinet d'avocat avaient adressé un courrier, avec copie à leur bâtonnier, à un ancien associé du cabinet devenu avocat honoraire afin de lui demander des explications à la suite de la réception, par le cabinet, d'une lettre d'un client répondant à un courrier envoyé à celui-ci par leur ancien associé, sur un papier du cabinet légèrement différent de celui habituellement utilisé et dont la copie ne figurait pas dans les archives du cabinet. L'ancien associé avait alors déposé une plainte du chef de dénonciation calomnieuse [6] ayant fait l'objet d'une ordonnance de non-lieu de la part du juge d'instruction confirmée par la chambre de l'instruction.

La Cour de cassation approuve ce non-lieu en considérant que, dès lors que les associés du cabinet avaient constaté que leur ancien associé avait adressé une lettre à un client du cabinet, alors qu'il n'était plus en exercice et n'établissait pas qu'il y avait été autorisé par l'un des associés ni que ces derniers en avaient été informés, ils avaient l'obligation de dénoncer ces faits au bâtonnier comme constituant un « manquement au code de déontologie » [*sic*], susceptible d'engager la responsabilité dudit cabinet [7].

511.114 **Plainte abusive.** Si le client peut engager la responsabilité civile de son avocat [8], il s'expose lui-même à une condamnation à lui verser des dommages-intérêts pour procédure abusive, s'il l'accuse avec légèreté de graves négligences ou de faute professionnelle, commettant ainsi une faute constitutive d'un abus du droit. Il en est de même du client qui a « maltraité » son conseil, dans les correspondances qu'il lui a adressées et a déposé à son encontre une plainte avec constitution de partie civile du chef d'abus de confiance [9], lui causant ainsi un préjudice moral [10].

L'abus dans le cadre d'une réclamation déontologique peut ainsi engager la responsabilité civile de son auteur dans les conditions de droit commun [11]. Il peut également être de nature à constituer un abus de position dominante, pénalement réprimé [12], si de telles actions venant de plaintes d'un avocat à l'encontre d'autres avocats venaient à être manifestement dépourvues de tout fondement et n'auraient pour objet que d'écarter des concurrents [13].

§ 2
Obligations déclaratives de l'avocat

511.120 **Plan.** L'avocat a l'obligation de déclarer à son bâtonnier certains actes ou missions qu'il réalise (A) et peut

1. V. s[s] n°s 465.00 s.
2. C. pén., art. 226-10.
3. V. s[s] n°s 454.241 s.
4. Crim. 18 sept. 2012, n° 11-87.612, P n° 189 – Crim. 30 oct. 2001, n° 00-84.940, NP.
5. Crim. 12 mai 2015, n° 14-82.645, NP.
6. V. s[s] n°s 454.241 s.
7. Crim. 1er sept. 2020, n° 19-84.442.
8. V. s[s] n°s 912.00 s.
9. V. s[s] n°s 922.31 s.
10. Nîmes, 22 févr. 2001, NP.
11. COMP. S'AGISSANT d'un orthodontiste : Civ. 2e, 17 janv. 2019, n° 17-27.408, NP ; *RCA* 2019, n° 92.
12. C. com., art. L. 420-6.
13. comp. s'agissant d'une entreprise de contrôle habilitée par le Ministère de l'Intérieur en raison de plaintes et de recours contre d'autres société habilitées dans le même secteur : Crim. 9 sept. 2020, n° 18-82.746, *Gaz. Pal.* 16 mars 2021, p. 58, obs. N. Catelan.

également est tenu à une procédure de visa qui ne constitue qu'une simple obligation d'information (B).

A. Déclaration au bâtonnier

511.131 Déclaration au bâtonnier de certains actes. Dans certains cas les textes prévoient expressément que l'avocat doit informer son barreau de certains actes qu'il entend réaliser. Le bâtonnier devra alors en accuser réception et, le cas échéant, faire part de ses observations à l'avocat concerné, voire mettre en œuvre une procédure disciplinaire [1].

Ces simples obligations déclaratives participent de l'exercice de ses pouvoirs de contrôle par le bâtonnier et peuvent être prévues dans le règlement intérieur du barreau [2]. La seule limite tient au fait qu'il n'est pas possible, hors cas où la loi le prévoit dans le cadre des procédures administratives prévues à cet effet [3], de prévoir une obligation d'approbation préalable dans le cadre d'un contrôle *a priori* : le contrôle ainsi exercé est nécessairement un contrôle *a posteriori* [4]. Un contrôle *a priori* peut toutefois s'exercer dans le cadre d'un avis déontologique [5], si une obligation de déclaration est prévue suffisamment en amont afin de permettre de rendre celui-ci [6].

511.132 Publicité. C'est ainsi que toute publicité, y compris les dénominations utilisées par l'avocat dans le cadre de son exercice professionnel [7], doit être communiquée sans délai au bâtonnier [8].

De même que l'avocat qui ouvre ou modifie substantiellement un site internet doit en informer son bâtonnier sans délai et lui communiquer les noms de domaine qui permettent d'y accéder [9].

511.133 Incompatibilités. L'avocat qui fait usage de la dérogation prévue à l'article 111 [10] du décret du 27 novembre 1991 et entend commercialiser, à titre accessoire, des biens ou services connexes à l'exercice de la profession d'avocat [11] doit en informer, par écrit, son bâtonnier, dans un délai de trente jours suivant le début de l'activité concernée.

Le bâtonnier peut lui demander tous renseignements ou documents utiles pour lui permettre d'apprécier si une telle activité est compatible avec les règles de déontologie de la profession [12].

511.134 Missions de l'avocat. L'avocat qui entend exercer certaines missions [13], à savoir celles de mandataire en transaction immobilière, gestion de portefeuille ou d'immeubles, mandataire sportif, mandataire d'artistes et d'auteurs, intermédiaire en assurances, lobbyiste, syndics de copropriété et de délégué à la protection des données, doit en faire la déclaration par lettre ou courriel adressé à son bâtonnier [14].

Le règlement intérieur du barreau [15] peut ajouter d'autres obligations déclaratives relativement aux missions, dès lors que celles-ci sont compatibles avec l'exercice de la profession d'avocat.

511.135 Formation continue. Les avocats déclarent, au plus tard le 31 janvier de chaque année civile écoulée, à leur bâtonnier, les conditions dans lesquelles ils ont satisfait à leur obligation de formation continue [16] au cours de l'année écoulée.

Les justificatifs utiles à la vérification du respect de cette obligation sont joints à cette déclaration [17].

511.136 Bureau secondaire. L'avocat peut établir un ou plusieurs bureaux secondaires [18] dans le ressort de son barreau, sur simple déclaration à son bâtonnier [19], contrairement aux bureaux secondaires établis hors du ressort du barreau qui font, pour leur part, l'objet d'une procédure d'autorisation par le conseil de l'Ordre compétent [20].

511.137 Composition du capital des structures d'exercice. Afin de permettre de contrôler la conformité de la détention du capital social des structures d'exercice aux règles professionnelles [21], il est prévu qu'un état de la composition du capital social de chaque structure d'exercice doit être adressé une fois par an au bâtonnier dont elle relève [22]. Il est également informé des modifications apportées à la liste des associés extérieurs au barreau [23] et au montant de leur participation au capital [24].

511.138 Réseaux et autres conventions pluridisciplinaires. Les avocats ou cabinets d'avocats membres d'un réseau pluridisciplinaire [25] doivent adres-

1. V. s^s n°s 522.00 s.
2. V. s^s n°s 115.31 s.
3. V. s^s n°s 523.00 s.
4. EN CE SENS : Aix-en-Provence, 26 janv. 2021, RG n° 19/13002.
5. V. s^s n°s 511.371.
6. RIPB, art. P. 10.0.4.
7. AUSSI : RIBP, art. P. 10.0.2 – V. s^s n°s 461.51 s.
8. RIN, art. 10.3 – V. s^s n° 463.31.
9. RIN, art. 10.5 – V. s^s n° 464.121.
10. Décr. n° 91-1197, 27 nov. 1991, art. 111.
11. V. s^s n°s 432.121 s.
12. Décr. n° 91-1197, 27 nov. 1991, art. 111.
13. V. s^s n°s 433.60 s.
14. RIN, art. 6.4.
15. V. s^s n°s 115.31 s.
16. V. s^s n°s 213.21 s.
17. Décr. n° 91-1197, 27 nov. 1991, art. 85-1.
18. V. s^s n°s 223.00 s.
19. L. n° 71-1130, 31 déc. 1971, art. 8-1.
20. V. s^s n°s 513.21 s.
21. L. n° 71-1130, 31 déc. 1971, art. 8 – L. n° 90-1258, 31 déc. 1990, art. 5.
22. L. n° 90-1258, 31 déc. 1990, art. 3, al. 3.
23. L. n° 90-1258, 31 déc. 1990, art. 5 B.
24. Décr. n° 93-492, 25 mars 1993, art. 8, al. 2.
25. V. s^s n° 811.256.

ser au bâtonnier dont ils relèvent, l'ensemble des accords ou documents sociaux permettant à celui-ci de disposer, au cas par cas, d'une information nécessaire et adéquate sur l'ensemble de la structure juridique, économique et financière du réseau [1].

De même que l'avocat qui entend conclure une convention de groupement transnational entre avocats de plusieurs barreaux en France et à l'étranger doit en faire préalablement la déclaration au barreau auprès duquel il est inscrit, par lettre ou courriel adressée au bâtonnier [2].

511.139 Règlement intérieur du barreau. Les dispositions particulières propres du règlement intérieur de chaque barreau [3] peuvent imposer aux avocats appartenant au barreau des obligations de déclaration supplémentaires.

C'est le cas s'agissant du barreau de Paris pour les déclarations d'affectation de patrimoine dans le cadre du régime de l'entrepreneur individuel à responsabilité limitée « EIRL » [4], des interventions publiques de l'avocat concernant des affaires en cours ou des questions générales en rapport avec l'activité professionnelle [5], ainsi qu'avec une obligation d'approbation préalable par le bâtonnier, ou le service de l'exercice professionnel, pour les conventions de domiciliation [6], de sous-location [7], de cabinets groupés [8], de correspondance organique nationales [9], de correspondance organique internationale et réseaux internationaux [10].

Le règlement intérieur du barreau de Paris prévoit, en outre, une approbation par le conseil de l'Ordre s'agissant des dénominations [11], des conventions de groupements transnationaux entre avocats de plusieurs barreaux en France et à l'étranger [12], de réseau national entre avocats [13] ainsi que les contrats de constitution d'un GIE ou d'un GEIE [14] et les sociétés civiles de moyens [15].

B. Procédure du visa

511.141 Principe du visa à portée informative. Le visa est un outil essentiel qui permet au bâtonnier d'exercer les prérogatives de prévention des différends entre avocats, mais également de surveillance du respect par les avocats des principes essentiels et règles déontologiques auxquels ils sont tenus, qu'il tient de la loi [16].

L'omission de cette formalité, lorsqu'elle est prévue par le règlement intérieur du barreau [17], constitue une faute déontologique de nature à justifier une sanction disciplinaire [18].

511.142 Absence d'uniformité au niveau national. Constatant que le processus du visa avait un intérêt primordial, non seulement aux fins de préventions et de détection des éventuels manquements déontologiques mais également aux fins de détection des situations de difficultés financière des avocats [19], ou de conciliation préalable, notamment en cas de mise en cause de la responsabilité civile [20], la commission des règles et usages du Conseil national des barreaux avaient établi un rapport afin d'instaurer une telle obligation *a minima* qui aurait été insérée au sein d'un article 8.5. du RIN.

Il a finalement été décidé de laisser chaque barreau libre en la matière d'imposer ou non une telle obligation [21].

511.143 Communication au bâtonnier de tout acte judiciaire sur d'éventuels manquements déontologiques (RIBP, art. P. 74). C'est ainsi que le règlement intérieur du barreau de Paris, prévoit que tout acte judiciaire, extrajudiciaire ou lettre en tenant lieu, établi par un avocat ou sur ses instructions et dirigé contre un avocat ainsi que contre tout membre du corps judiciaire, un magistrat, un membre du gouvernement, un officier ministériel, un auxiliaire de justice, un expert judiciaire, ou les mettant en cause et ce, quelle que soit la forme juridique sous laquelle ces derniers exercent, doit être préalablement communiqué au bâtonnier pour son information sur d'éventuels manquements déontologiques et permettre, le cas échéant, une tentative de conciliation ou de modération d'expression [22].

Il est précisé que l'avis du bâtonnier, ou son invitation à la conciliation, ne constitue ni une

1. RIN, art. 16.8.
2. RIN, art. 16-1 – RIBP, art. P. 49.4.
3. V. s^s n°s 115.31 s.
4. RIBP, art. P. 48.10.
5. RIBP, art. P. 10.0.1.
6. RIBP, art. P. 48.1.
7. RIBP, art. P. 48.3.
8. RIBP, art. P. 48.4.
9. RIBP, art. P. 48.7.
10. RIBP, art. P. 49.3.
11. RIBP, art. P. 10.0.2.
12. RIBP, art. P. 49.4.
13. RIBP, art. P. 16.0.1.
14. RIBP, art. P. 48.5.
15. RIBP, art. P. 46.1.
16. L. n° 71-1130, 31 déc. 1971, art. 21, al. 2.
17. V. s^s n°s 115.31 s.
18. Paris, pôle 2, ch. 1, 10 avr. 2014, RG n° 13/15463 – CD Paris, 31 déc. 2019, n° 309861.
19. V. s^s n°s 811.112 s.
20. V. s^s n°s 912.00 s.
21. J.-L. Schermann, *Proposition d'introduction dans le RIN d'une disposition prévoyant l'information du bâtonnier lors de la mise en cause d'un avocat : projet de décision à caractère normatif n° 2013-001 portant ajout d'un article 8.5 nouveau au Règlement intérieur national (RIN)*, Rapport présenté à l'Assemblée générale, 17-18 janv. 2014.
22. RIBP, art. P. 74.1.

autorisation, ni une décision, ni une approbation, mais une recommandation que l'avocat est en droit d'écarter, sauf à répondre de tout manquement aux principes essentiels.

511.144 **Validité et nature du visa.** Le visa constitue une simple obligation d'information, et en aucun cas une demande d'approbation de l'acte soumis au visa. Ceci a pour conséquence que, dès lors qu'il ne conditionne pas la délivrance de l'acte à une autorisation du bâtonnier [1], il ne saurait pas plus valoir approbation préalable de l'acte par le bâtonnier ou son délégué [2], mais oblige simplement l'avocat à communiquer son projet au bâtonnier afin que ce dernier puisse exercer, le cas échéant, sa mission de modération et de conciliation, et viser l'acte afin d'apporter la justification de la réalité de la communication exigée de l'avocat. Cette formalité n'est pas de nature à paralyser l'action de l'avocat qui n'est en aucun cas contraint d'attendre l'approbation de son acte pour le délivrer, faisant qu'il confère au bâtonnier les « moyens d'assurer sa mission auprès de ses pairs en veillant au respect des obligations de dignité, de délicatesse, et de courtoisie qui constituent les principes essentiels de la profession, tout en ne contrevenant pas au principe de l'indépendance de l'avocat », ce qui justifie la validité de la procédure du visa et le rejet de la demande d'annulation de la délibération d'un conseil de l'Ordre ayant instauré une telle procédure [3].

La Cour de cassation, elle-même, a validé le principe de la procédure du visa en considérant que la seule exigence de la communication préalable au bâtonnier, qui s'inscrit dans le pouvoir disciplinaire et de conciliation attribué à celui-ci, n'entrave en rien le libre accès à un tribunal [4].

511.145 **Visa particulier en matière civile.** Il existe en outre un certain nombre d'actes qui, de par leur nature particulière, et en application des règles de procédure civile, sont soumis à une obligation de visa du bâtonnier : en matière de ventes immobilières, et avant dépôt au greffe, le cahier des conditions de vente et les dires et actes d'avocat [5] en matière de ventes judiciaires [6], ainsi que les requêtes et dispositifs de partage, d'homologation et de liquidation, les requêtes à fin d'adoption, en légitimation post nuptias, en rectification d'état civil, en changement de régime matrimonial, aux fins de nomination d'un curateur à succession vacante, aux fins de changement de prénom, ainsi que les requêtes relatives aux locations-gérances et plus généralement, toutes les requêtes en chambre du conseil [7].

§ 3
Prérogatives de contrôle

511.150 **Plan – Obligations légales de contrôle.** Outre les contrôles qu'il peut être amené à réaliser dans le cadre des simples obligations déclaratives des avocats [8], des conventions d'honoraires en matière d'aide juridictionnelle partielle [9], ou de la procédure du visa [10], le bâtonnier est également amené à réaliser un certain nombre de contrôles expressément prévus par la loi, parfois de façon périodique et obligatoire et / ou après autorisation à cette fin par le conseil de l'Ordre.

Il va ainsi être amené à contrôler la comptabilité des avocats (A), le respect par ceux-ci de leurs obligations de vigilance en matière de blanchiment (B), la mise en œuvre des procédures collectives à leur encontre (C), le fonctionnement des sociétés de participations financières de professions libérales (SPFPL) (D), ou encore les modalités de mise en œuvre des contrats de collaboration libérale (E).

A.
Contrôle de comptabilité

511.160 **Plan.** L'exécution par le bâtonnier (3°) du contrôle de la comptabilité de l'avocat (1°) fait l'objet, au préalable, d'une décision de contrôle du conseil de l'Ordre (2°).

1°
Propos liminaires

511.171 **Principe.** La comptabilité de l'avocat, dont la tenue est une obligation [11], est un élément essentiel du contrôle de l'activité de l'avocat : au-delà du seul respect de l'obligation de tenue d'une comptabilité, elle permet de s'assurer du respect des règles en matière de maniement de fonds [12], en matière de blanchiment [13], mais encore des principes essentiels, notamment d'honneur [14] et de probité [15].

Les infractions disciplinaires constatées en la matière (détournement de fonds au préjudice du client, cavalerie, blanchiment...), sont les plus gra-

1. Versailles, 19 déc. 2013, RG n° 13/02228.
2. Paris, ch. 1, sect. F, 25 oct. 2007, RG n° 06/19598.
3. Paris, pôle 2, ch. 1, 7 mai 2015, RG n° 13/23933 ; – DÉJÀ : Paris, 27 oct. 1999, *Gaz. Pal.* 17-19 déc. 1999, 53, note G. Flécheux.
4. Civ. 1re, 16 déc. 2003, n° 01-10.210, P I, n° 257 ; *D.* 2004. 394.
5. RIBP, art. P. 12.0.3.
6. V. ss nos 641.00 s.
7. RIBP, art. P. 74.2.
8. V. ss nos 511.131 s.
9. V. ss n° 713.44.
10. V. ss nos 511.141 s.
11. V. ss nos 813.121 s.
12. V. ss nos 483.00 s.
13. V. ss nos 482.00 s.
14. V. ss nos 331.11 s.
15. V. ss nos 324.11 s.

ves et celles qui donnent lieu aux sanctions les plus sévères [1].

L'effectivité du contrôle doit donc pouvoir être assurée afin de permettre au bâtonnier d'exercer pleinement sa mission.

511.172 Présentation de la comptabilité au bâtonnier. En premier lieu, l'avocat est tenu de présenter sa comptabilité [2] à toute demande du bâtonnier [3]. Un refus de présenter sa comptabilité expose l'avocat à des sanctions disciplinaires [4]. Il est également tenu de présenter tous extraits nécessaires de cette comptabilité lorsqu'il en est requis par le président du tribunal judiciaire ou le premier président de la cour d'appel, saisi d'une contestation en matière d'honoraires ou débours (procédure de fixation des honoraires) [5], ou de taxe [6] (procédure de recouvrement des dépens ou de la rémunération tarifée) [7].

Cette obligation de présentation de la comptabilité au bâtonnier s'entend de vérifications ponctuelles et précises destinées à éclaircir un point particulier, tel que les maniements de fonds opérés dans un dossier donné [8], le respect de ses obligations fiscales et sociales par l'avocat... [9]

Une cour d'appel a ainsi pu considérer, s'agissant d'un bâtonnier qui avait enjoint à un avocat de lui transmettre « la fiche comptable de chacun des dossiers, les pièces justificatives des entrées et sorties (extraits de relevés de compte) pour tous les mouvements financiers concernant chacun des dossiers, les comptes de 2013 à 2017, ainsi que des rapprochements bancaires reprenant pour chaque année l'historique et le détail des mouvements opérés avec identification, des dossiers concernés au sein du cabinet et des écritures passées en débit par le nom des bénéficiaires des règlements émis », qu'une telle demande, de par la nature, l'ampleur et la complexité des pièces réclamées, ne pouvait relever d'une simple présentation de la comptabilité et constituait véritablement un contrôle de comptabilité qui ne pouvait être ordonnée que sur délibération du conseil de l'Ordre [10].

511.173 Contrôle de comptabilité (loi du 31 déc. 1971, art. 17, 9°). En second lieu, au-delà de l'obligation de présentation de sa comptabilité qui s'impose à l'avocat, il convenait de prévoir la possibilité d'un contrôle approfondi de la comptabilité et des éléments comptables, dont les comptes bancaires de l'avocat. C'est à cette fin que l'article 17, 9°, de la loi du 31 décembre 1971 [11] permet au bâtonnier de solliciter du conseil de l'Ordre qu'il ordonne un contrôle de comptabilité.

Ce contrôle de la comptabilité ne peut avoir d'autre limite que la mission de surveillance quant aux manquements de nature à porter une atteinte directe ou indirecte aux principes d'honneur et de probité de la profession [12].

2°
Décision de contrôle de comptabilité

511.181 Conditions de mise en œuvre. Le règlement intérieur du barreau [13] détermine les modalités de mise en œuvre du contrôle de comptabilité [14] tel que prévu par l'article 17-9 [15], et peut imposer la tenue des documents destinés à lui permettre d'effectuer ces contrôles [16].

Ainsi, le règlement intérieur du barreau de Paris énonce que l'avocat est tenu de présenter sa comptabilité à toute demande du bâtonnier et doit satisfaire aux demandes qui lui sont faites dans le cadre de tout contrôle de comptabilité et de communiquer au représentant du bâtonnier les pièces comptables et documents justificatifs se rapportant aux opérations effectuées [17].

Au surplus, l'adhésion par l'avocat à une association agréée [18] emporte de plein droit autorisation pour celle-ci de fournir au bâtonnier toutes les informations nécessaires à l'exercice de sa mission [19]. Pesant sur les seuls membres des associations agréées, ce contrôle n'est pas une mesure discriminatoire puisqu'il ne fait que leur appliquer les principes généraux régissant une surveillance que le conseil de l'Ordre est tenu d'exercer à l'égard de tous les avocats [20].

1. V. s^s n°s 324.142 s. et 483.83.
2. Décr. n° 91-1197, 27 nov. 1991, art. 232 – CE 15 nov. 2006, *Krikorian*, req. n° 283475, *Lebon T ; RTD civ.* 2007. 67, obs. R. Encinas de Munagorri.
3. Lyon, 7 févr. 1977, *Gaz. Pal.* 1979. II. 120. Somm. 14 – Civ. 1re, 3 oct. 1978, n° 77-11.772, P I, n° 283 ; *Gaz. Pal.* 1979. I. p. 12.
4. Paris, 1re ch. A, 27 avr. 1994, NP.
5. V. s^s n°s 741.21 s.
6. Décr. n° 91-1197, 27 nov. 1991, art. 232.
7. V. s^s n°s 742.151 s.
8. V. s^s n°s 483.241 s.
9. V. s^s n°s 811.141 s.
10. Caen, 3 avril 2019, RG n° 18/03320.
11. L. n° 71-1130, 31 déc. 1971, art. 17, 9°.
12. Civ. 1re, 20 oct. 1981, n° 80-15.572, P I, n° 297 ; *Gaz. Pal.* 1982. I. p. 104, note A. Damien ; *JCP* 1982. IV. 11 – REJET d'une QPC : Paris, pôle 2, ch. 1, 14 avr. 2016, RG n° 14-11528.
13. V. s^s n°s 115.31 s.
14. Rennes, 13 mai 2016, RG n° 15/06140.
15. Décr. n° 91-1197, 27 nov. 1991, art. 187, al. 235.
16. Civ. 1re, 20 oct. 1981, n° 80-15.572, P I, n° 297 ; *Gaz. Pal.* 1982. I. 104, pan. 99.
17. RIBP, art. P. 75.5.
18. V. s^s n°s 142.11 s.
19. RIBP, art. P. 75.5.
20. Paris, 24 mars 1982, *Gaz. Pal.* 1982. II. 457.

511.182 **Motivation de la décision.** Le contrôle de comptabilité doit faire l'objet d'une délibération du conseil de l'Ordre l'autorisant et susceptible de recours suivant les conditions de droit commun [1].

Saisie d'un recours en annulation contre une décision d'un conseil de l'Ordre ayant ordonné un contrôle de comptabilité envers un avocat, une cour d'appel a pu valider celle-ci dès lors que le bâtonnier justifiait de raisons objectives justifiant l'ouverture de la procédure, ce dont il avait informé l'avocat, à savoir l'absence de contrôle antérieur, des retards récurrents de cotisations auprès de la Cnbf avec défaut de déclaration, trois plaintes ouvertes au bâtonnier, et des courriers s'y rapportant restés sans réponse, ainsi que la justification avec beaucoup de retard du respect des obligations en matière de formation continue [2]. La cour a considéré que ces éléments présentaient un caractère suffisamment objectif justifiant l'ouverture d'un contrôle de comptabilité.

Mais une autre cour d'appel a pu considérer que le contrôle de la comptabilité s'exerce dans le cadre de la mission générale de surveillance qui est confiée au conseil de l'Ordre par la loi, faisant qu'il n'a pas à motiver spécialement les choix qu'il opère entre les cabinets dès lors que la loi ne soumet ce contrôle à aucune condition ou circonstance particulière dont il devrait justifier, mais le laisse décider de l'opportunité de son organisation. Elle en déduit que la notification faite à l'avocat de la décision d'effectuer un contrôle de sa comptabilité doit être de nature à lui permettre de vérifier la qualité et le nombre de personnes ayant participé à la décision et d'en contrôler la régularité formelle, sans qu'il ne soit nécessaire qu'elle comporte une motivation [3].

La Cour de cassation n'a pas eu l'occasion de se pencher sur cette question. Il nous semble toutefois que la prudence impose, comme pour l'enquête déontologique [4], de motiver les décisions individuelles de contrôle de comptabilité par l'existence d'éléments objectifs de nature à laisser supposer des négligences fautives dans la gestion du cabinet de l'avocat, sans que cela ne fasse obstacle, également, à la mise en place de contrôles aléatoires, par tirage au sort, destinés à permettre au barreau de remplir ses obligations de contrôle générales, et annuelles, qu'il tient de la loi [5].

511.183 **Contrôle de comptabilité des sociétés interbarreaux et des cabinets secondaires.** La comptabilité des sociétés interbarreaux [6] et des cabinets ayant ouvert un bureau secondaire dans le ressort d'un barreau distinct [7] est contrôlée, en vertu de l'article 235 du décret du 27 novembre 1991, par le barreau du lieu du siège social ou de l'établissement principal. Celui-ci peut se faire communiquer les documents comptables correspondant à l'activité accomplie dans les autres barreaux [8]. Le bâtonnier de ce barreau informe les bâtonniers des autres barreaux concernés du déroulement du contrôle, ainsi que de son résultat [9].

Le barreau qui réalise le contrôle peut déléguer aux barreaux locaux certaines opérations du contrôle s'appliquant à leurs membres [10].

511.184 **Contrôle de comptabilité des sociétés pluriprofessionnelles d'exercice.** Les sociétés pluriprofessionnelle d'exercice (SPE) sont également soumises aux contrôles s'agissant de la comptabilité afférente à l'exercice de la profession d'avocat en leur sein [11].

L'article 235 du décret du 27 novembre 1991 précise, en outre, que lorsque la SPE, dont le siège ne se situe pas dans le ressort du barreau au tableau duquel elle est inscrite, c'est le conseil de l'Ordre de ce dernier qui est compétent pour décider du contrôle [12].

511.185 **Information du procureur général.** Le bâtonnier doit informer le procureur général, au moins une fois par an, du résultat des contrôles de comptabilité effectués [13].

3°
Exécution du contrôle de comptabilité

511.191 **Exécution du contrôle par le bâtonnier ou son délégué.** Le contrôle de comptabilité est effectué par le bâtonnier ou son délégué, généralement assisté, compte tenu de la technicité du contrôle, d'un expert-comptable ou d'une personne compétente en la matière. Le contrôle est, par principe, contradictoire [14] dans la mesure où les irrégularités pouvant être relevées à cette occasion entraînent obligatoirement des demandes d'explications auprès de l'avocat [15].

La Cour de cassation a eu l'occasion de préciser, à cet égard, qu'un avocat ne saurait s'opposer, au nom du secret professionnel, à l'intervention d'un

1. V. s[s] n°s 513.181 s.
2. Rennes, 13 mai 2016, RG n° 15/06140.
3. Paris, pôle 2, ch. 1, 10 janv. 2019, RG n° 17/15782.
4. V. s[s] n°s 511.301 s.
5. Décr. n° 91-1197, 27 nov. 1991, art. 235.
6. V. s[s] n° 511.183.
7. V. s[s] n°s 223.00 s.
8. Décr. n° 91-1197, 27 nov. 1991, art. 235, al. 3.
9. Décr. n° 91-1197, 27 nov. 1991, art. 235, al. 4.
10. Décr. n° 91-1197, 27 nov. 1991, art. 235, al. 5.
11. Décr. n° 91-1197, 27 nov. 1991, art. 235, al. 3.
12. Décr. n° 91-1197, 27 nov. 1991, art. 235, al. 3.
13. Décr. n° 91-1197, 27 nov. 1991, art. 235, al. 2.
14. V. s[s] n° 511.323.
15. Paris, 24 mars 1982, *Gaz. Pal.* 1982. II. 457 – Paris, pôle 2, ch. 1, 26 mai 2016, RG n° 15/23128.

expert-comptable délégué par le bâtonnier, pour effectuer un tel contrôle[1], le conseil de l'Ordre tenant de l'article 17-9 le pouvoir d'apporter au secret professionnel les dérogations strictement nécessaires à l'organisation de ce contrôle qu'exigent l'honneur et l'intérêt de la profession[2].

511.192 **Étendue de la mission.** Le contrôle de comptabilité s'étend non seulement au comportement de l'avocat dans l'exercice de son activité professionnelle, mais à tous manquements de nature à porter une atteinte directe ou indirecte aux principes d'honneur[3] et de probité[4] qu'exige la profession d'avocat. Il en découle que le contrôle, qui n'est pas une simple vérification formelle, ne saurait être limité aux seuls comptes bancaires professionnels de l'avocat et qu'il est loisible à l'auteur du contrôle d'exiger la communication des comptes bancaires personnels de l'avocat[5].

Outre que la distinction entre compte bancaire professionnel et compte bancaire personnel n'a aucune existence légale ou réglementaire, la Cour de cassation elle-même a admis la validité d'une disposition du règlement intérieur d'un barreau prévoyant, pour les avocats, l'obligation de communiquer aux contrôleurs leurs livres de comptes personnels[6].

511.193 **Irrégularité du contrôle de comptabilité.** Il a pu être précisé que d'éventuelles irrégularités d'un contrôle de comptabilité seraient de nature à priver partiellement de fondement les poursuites disciplinaires, engagées à la suite de celui-ci et au regard d'éléments révélés à son occasion, mais n'affecteraient pas la régularité de ces dernières dès lors qu'elles sont distinctes et postérieures au contrôle[7].

511.194 **Opposition à contrôle de comptabilité.** Le fait de se dérober à un contrôle de comptabilité tout comme celui de ne pas communiquer les documents ou justificatifs demandés par le contrôleur[8], constitue une atteinte indirecte au principe d'honneur[9] et de probité[10] qu'exige la profession d'avocat[11].

C'est ainsi qu'un avocat fut sanctionné d'une interdiction temporaire d'un mois pour refus de contrôle de sa comptabilité et tenue de propos discourtois à l'égard du bâtonnier[12]. De même que fut sanctionné d'une interdiction temporaire avec sursis un avocat qui n'avait pas déféré à un contrôle de sa comptabilité, au motif erroné qu'il était assujetti au régime micro BNC et n'était pas contraint de tenir une comptabilité[13], nonobstant le fait qu'il ait régularisé sa situation en acceptant de tenir sa comptabilité et en ayant accepté un contrôle de la part du bâtonnier, contrôle qui s'est révélé négatif[14].

B.
Contrôle des obligations de vigilance en matière de LCB / FT et de gel des avoirs

511.200 **Plan.** L'exécution par le bâtonnier (3°) du contrôle des obligations d'identification, de vigilance, d'abstention et de déclaration qui s'imposent à l'avocat en matière de LCB/FT ainsi qu'en matière de gel des avoirs (1°) fait l'objet, au préalable, d'une décision de contrôle par le conseil de l'Ordre (2°).

1°
Propos liminaires

511.211 **Contrôle des obligations en matière de LCB/FT et de gel des avoirs (loi du 31 déc. 1971, art. 17, 13°).** Le contrôle du strict respect des obligations d'identification, de vigilance, d'abstention et de déclaration qui s'imposent à l'avocat en matière de LCB/FT[15] ainsi qu'en matière de gel des avoirs[16] est assuré par les barreaux[17].

511.212 **Rôle des Carpa.** Les Carpa[18] assurent le contrôle des opérations de maniement de fonds des

1. Civ. 1re, 25 oct. 1989, n° 87-16.804, P I, n° 332 ; *D.* 1989. 281 ; *RTD com.* 1990. 217, obs. E. Alfandari et M. Jeantin ; *JCP* 1989. IV. 412 – V. ss nos 422.182 s.
2. REJET d'une QPC : Paris, pôle 2 ch. 1, 14 avr. 2016, RG n° 14-11528.
3. V. ss nos 331.11 s.
4. V. ss nos 324.11 s.
5. Civ. 1re, 3 oct. 1978, n° 77-11.772, P I, n° 283 ; *Gaz. Pal.* 1979. I. 120, note A. Damien ; – AUSSI : Lyon, 7 févr. 1977 ; *Gaz. Pal.* 1979. II. 120 – Paris, 24 mars 1982, *Gaz. Pal.* 1982. II. 457.
6. Civ. 1re, 3 oct. 1978, n° 77-11.772, P I, n° 283 ; *Gaz. Pal.* 1979. I. 120, note A. Damien ; – AUSSI : Lyon, 7 févr. 1977 ; *Gaz. Pal.* 1979. II. 120 – Paris, 24 mars 1982, *Gaz. Pal.* 1982. II. 457.
7. Paris, pôle 2, ch. 1, 26 mai 2016, RG n° 15/23128 – ; AUSSI : Caen, 3 avril 2019, RG n° 18/03320 – ; COMP. ; CE 23 déc. 2011, *Danthony*, req. n° 335033, *Lebon*.
8. CD Paris, 16 mars 2018, n° 260130 – CD Paris, 26 juin 2018, n° 278540.
9. V. ss nos 331.11 s.
10. V. ss nos 324.11 s.
11. Civ. 1re, 20 oct. 1981, n° 80-15.572, P I, n° 297 ; *Gaz. Pal.* 1982. I. 104, note A. Damien ; *JCP* 1982. IV. 11 – Dijon, 1re ch. civ., 4 nov. 2013, RG n° 13/01042 – Besançon, 10 juin 2016, RG n° 16/00253 – CD Paris, 17 juill. 2018, n° 291771 – CD Paris, 18 déc. 2018, n° 291679 – CD Paris, 18 déc. 2018, n° 290417.
12. Civ. 1re, 6 janv. 1993, n° 90-21.679, NP.
13. V. ss n° 811.221.
14. Paris, pôle 2, ch. 1, 10 sept. 2015, RG n° 14/20727.
15. V. ss nos 482.00 s.
16. V. ss nos 482.301 s.
17. C. mon. fin., art. L. 561-36, I, 3° ; art. mod. par ord. n° 2020-1342, 4 nov. 2020, art. 2 – L. n° 71-1130, 31 déc. 1971, art. 17, 13°.
18. V. ss nos 121.11 s.

avocats[1] et participent, de ce fait, pleinement, et de manière complémentaire avec le contrôle effectué par les barreaux, au respect de leurs obligations en matière LCB/FT et de gel des avoirs par les avocats[2].

511.213 **Rapport annuel.** Le bâtonnier informe le procureur général et le président du CNB, au moins une fois par an, du résultat de ces contrôles[3].

Il doit publier chaque année un rapport annuel relatif à son activité de contrôle et de sanction. Ce rapport contient des éléments quantitatifs, rendus anonymes, relatifs aux échanges d'informations avec Tracfin[4], tenant au nombre de signalements obtenu dans le cadre du dispositif d'alerte[5], au nombre d'informations[6] et de déclarations de soupçon[7] reçues et transmises à Tracfin ainsi qu'au nombre et à la description des mesures de surveillance prises pour contrôler le respect de leurs obligations par les avocats. Il contient également les sanctions prononcées par le conseil de discipline en raison des éventuels manquements commis par les avocats aux obligations en la matière[8]. Ce rapport annuel doit être publié sur le site internet du barreau[9].

2°
Décision de contrôle

511.221 **Dispositif d'alerte.** Le bâtonnier doit mettre en place des procédures permettant que lui soit signalé par des canaux de communication sécurisés, et garantissant l'anonymat des auteurs du signalement, tout manquement aux obligations en matière de LCB/FT ou de gel des avoirs commis par un avocat[10].

511.222 **Conditions de mise en œuvre.** Les barreaux se doivent de déterminer la fréquence et l'intensité des contrôles sur pièces et sur place, en vertu de l'article L. 561-36[11] du code monétaire et financier, en tenant compte notamment du profil de risque des avocats[12] et des risques de blanchiment de capitaux et de financement du terrorisme[13].

Il appartient aux règlements intérieurs du barreau[14] de déterminer, comme pour les contrôles de comptabilité[15], les modalités de mise en œuvre de cette obligation de contrôle annuel. Elles doivent comporter à la fois des contrôles ciblés, suite à un signalement relatif à un manquement commis par un avocat à ses obligations en matière de LCB/FT ou de gel des avoirs, ainsi que des contrôles aléatoires.

511.223 **Délibération du conseil de l'Ordre.** Comme pour le contrôle de comptabilité, la décision d'opérer un contrôle des obligations de vigilance en matière de LCB/FT ou de gel des avoirs à l'encontre d'un ou de plusieurs avocats devra faire l'objet d'une délibération du conseil de l'Ordre.

Il apparaît possible, et même souhaitable, de coupler systématiquement un contrôle de comptabilité[16] avec un contrôle des obligations de vigilance en matière de LCB/FT et de gel des avoirs compte tenu de la complémentarité qu'il peut y avoir entre les deux contrôles.

511.224 **Autocontrôle.** La Carpa de Paris, dans le cadre du service e-LCB/FT lancé en avril 2020[17], a élaboré un questionnaire d'autocontrôle afin de permettre aux avocats d'évaluer la conformité de leur dispositif et de leur organisation interne aux obligations qui s'imposent à eux.

Ce questionnaire est également mis à disposition des avocats hors barreau de Paris par l'Unca sur le site avocarpa.fr.

3°
Exécution du contrôle

511.231 **Exécution du contrôle des obligations de vigilance en matière de LCB/FT et de gel des avoirs.** Le contrôle des obligations de vigilance en matière de LCB/FT et de gel des avoirs est effectué par le bâtonnier, ou son délégué, généralement assisté, compte tenu de la technicité du contrôle, d'une personne compétente en la matière. Le contrôle est, par principe, contradictoire[18] dans la mesure où les irrégularités qu'il peut conduire à relever entraînent

1. V. s[s] n°s 483.261 s.
2. J.-Ch. Barjon, J.-Ch. Krebs (dir.), *Le concours de la Carpa à la protection de l'ordre public économique*, « Thèmes et commentaires », Dalloz, 2017.
3. Décr. n° 91-1197, 27 nov. 1991, art. 157.
4. C. mon. fin., art. L. 561-36, V.
5. V. s[s] n° 511.221.
6. V. s[s] n°s 482.221 s.
7. V. s[s] n°s 482.212 s.
8. V. s[s] n° 511.236.
9. C. mon. fin., art. R. 561-41-1 ; créé par décr. n° 2020-118, 12 févr., art. 11 – barreau de Paris, *Rapport d'activité LCB-FT 2020*, avr. 2021 : https://www.avocatparis.org/sites/bdp/files/2021-06/RAPPORT.CO.LCBFT.pdf
10. C. mon. fin., art. L. 561-36-4 ; créé par ord. n° 2020-115, 12 févr., art. 7.
11. C. mon. fin., art. L. 561-36 ; mod. par ord. n° 2020-1342, 4 nov., art. 2.
12. CNB, *Analyse des risques de blanchiment de capitaux et de financement du terrorisme pour la profession d'avocat*, févr. 2020 – COLB, *Analyse nationale des risques de blanchiment de capitaux et de financement du terrorisme en France*, sept. 2019.
13. C. mon. fin., art. L. 561-36, IV.
14. V. s[s] n°s 115.31 s.
15. V. s[s] n° 511.181.
16. V. s[s] n°s 511.171 s.
17. V. s[s] n° 482.63.
18. V. s[s] n° 511.323.

obligatoirement des demandes d'explications auprès de l'avocat concerné[1].

Dans le cadre de ce contrôle, les avocats doivent communiquer au bâtonnier, ou à son délégué[2], sur simple demande de sa part, tous documents dont la conservation est obligatoire en matière de LCB/FT[3] ou de gel des avoirs.

511.232 Étendue de la mission. Le bâtonnier doit examiner les évaluations des risques mises en place par les avocats[4] ainsi que la mise en œuvre et le caractère adéquat, selon une approche par les risques, de l'organisation, des procédures internes et des mesures de contrôle interne que les avocats mettent en place à cette fin[5].

À cet effet, et ce pour la bonne fin de sa mission de contrôle, le bâtonnier doit disposer d'une bonne compréhension des risques de blanchiment de capitaux et de financement du terrorisme. Dans le cadre de ses contrôles sur pièces et sur place, il a notamment accès à toutes les informations relatives aux risques nationaux et internationaux liés aux clients et à l'activité des avocats[6]. Il doit évaluer le profil de risques de blanchiment de capitaux et de financement du terrorisme des avocats[7], y compris les risques de non-respect par ceux-ci de la réglementation, et procéder au réexamen de cette évaluation de façon périodique ou lorsque des changements majeurs interviennent dans la gestion ou les activités des avocats[8].

511.233 Avocat d'un autre État membre de l'Union européenne. Lorsque le contrôle concerne un avocat ou cabinet d'avocat ayant son siège social dans un autre État membre de l'Union européenne, ou parties à l'Espace économique européen, mais qui exploite des établissements sur le territoire national[9] au titre desquels est effectué le contrôle, le bâtonnier reçoit de l'autorité de contrôle situé dans l'État membre du siège, ou communique à celui-ci, les informations nécessaires à l'accomplissement de sa mission[10].

511.234 Assistance du CNB et de Tracfin. Le bâtonnier peut être assisté dans sa mission de contrôle par le CNB[11], qui peut désigner soit l'un de ses membres, soit toute personne qualifiée, pour l'assister, à sa demande, dans ses opérations de contrôle[12].

Tracfin échange avec le conseil de l'Ordre, le bâtonnier et le CNB, toute information utile à l'accomplissement de leurs missions respectives[13].

511.235 Issue du contrôle des obligations de vigilance en matière de LCB/FT ou de gel des avoirs. Lorsque, dans l'accomplissement de ses missions, le conseil de l'Ordre ou le bâtonnier découvre des faits susceptibles d'être liés au blanchiment des capitaux ou au financement du terrorisme ou de toute somme ou opération devant faire l'objet d'une déclaration de soupçon, le bâtonnier en informe sans délai Tracfin qui en accuse réception et peut, sur leur demande, les tenir informés des suites qui ont été réservées à ces informations[14].

De même, s'ils ont connaissance de faits susceptibles d'être liés au blanchiment des capitaux ou au financement du terrorisme, le bâtonnier en informe le procureur général qui transmet cette information sans délai à Tracfin[15].

511.236 Procédure disciplinaire. Lorsque par suite, soit d'un grave défaut de vigilance, soit d'une carence dans l'organisation de ses procédures internes de contrôle, un avocat a omis de respecter les obligations en matière de blanchiment ou de gel des avoirs, il y a lieu de mettre en œuvre une procédure disciplinaire à son encontre, suivant les règles de droit commun[16], pouvant donner lieu à des sanctions spécifiques[17].

C.
Contrôle des procédures collectives

511.241 Principe. Le bâtonnier a un rôle de contrôle important dans le cadre de toute procédure collective visant un avocat, et ce à tous les stades de celle-ci. Ce rôle est d'autant plus important qu'en la matière la sanction de la faillite personnelle encourue en cas de poursuite abusive d'une exploitation déficitaire ne pouvant conduire qu'à la cessation des paiements ou de détournement ou dissimulation de tout ou partie de son actif ou augmentation fraudu-

1. V. s^s n° 511.191.
2. Décr. n° 91-1197, 27 nov. 1991, art. 7.
3. Décr. n° 91-1197, 27 nov. 1991, art. 155 – V. s^s n° 482.132.
4. V. s^s n°s 482.171 s.
5. C. mon. fin., art. L. 561-36, IV – V. s^s n^os n° 482.80 s.
6. V. s^s n° 511.234.
7. CNB, *Analyse des risques de blanchiment de capitaux et de financement du terrorisme pour la profession d'avocat*, févr. 2020 – COLB, *Analyse nationale des risques de blanchiment de capitaux et de financement du terrorisme en France*, sept. 2019.
8. C. mon. fin., art. L. 561-36, IV.
9. V. s^s n^os n° 231.51 s.
10. C. mon. fin., art. L. 561-36, III.
11. C. mon. fin., art. L. 561-36, I, 3° – L. n° 71-1130, 31 déc. 1971, art. 21-1, al. 6.
12. Décr. n° 91-1197, 27 nov. 1991, art. 156.
13. C. mon. fin., art. L. 561-28, I.
14. C. mon. fin., art. L. 561-28, II – V. s^s n°s 482.212 s.
15. C. mon. fin., art. L. 561-28, III.
16. C. mon. fin., art. L. 561-36, II – V. s^s n°s 522.10 s.
17. C. mon. fin., art. L. 561-36-3 ; mod. par ord. n° 2020-1342, 4 nov. 2020, art. 2 – V. s^s n°s 523.261 s.

leuse de son passif[1] n'est pas applicable aux avocats[2].

Dès lors, si de tels faits venaient à être constatés, il y a lieu de mettre en œuvre une procédure disciplinaire à l'encontre de l'avocat concerné, suivant les règles de droit commun[3].

511.242 Intervention du bâtonnier dans les procédures collectives. Le bâtonnier, ou son délégué[4], est systématiquement associé aux procédures collectives[5] visant un avocat.

C'est ainsi que :

- dans le cadre de la procédure d'alerte, le bâtonnier est informé par le président du tribunal judiciaire sur les difficultés portées à sa connaissance relativement à la situation économique, sociale, financière et patrimoniale de tout avocat[6] ;

- au cours de la procédure de conciliation, le bâtonnier est associé aux négociations en vue de l'accord. Il reçoit, à cet effet, communication sans délai de la décision du président du tribunal judiciaire ouvrant la procédure de conciliation[7] et peut prendre connaissance de l'accord de conciliation au greffe du tribunal judiciaire[8]. Puis il est entendu par le tribunal judiciaire lorsque celui-ci statue, le cas échéant sur l'homologation de l'accord[9] ;

- au moment de l'ouverture de la procédure collective, le bâtonnier doit être entendu ou dûment appelé avant que le tribunal judiciaire ne puisse statuer sur l'opportunité d'ouvrir ou non une procédure de sauvegarde[10], redressement[11] ou de liquidation judiciaire[12]. L'absence de convocation du bâtonnier vicie la procédure et entraîne la nullité du jugement d'ouverture de la procédure collective[13] ;

- il est consulté par l'administrateur judiciaire dans le cadre de l'élaboration du bilan économique, social et environnemental en cas de sauvegarde[14] ou de redressement judiciaire[15], ainsi que sur le projet de plan[16] ;

- en cas de plan de cession, il reçoit copie des offres de cessions[17] ;

- en cas de liquidation judiciaire, il est chargé d'accomplir les actes de la profession[18], et peut solliciter la désignation comme liquidateur d'une autre personne que le mandataire judiciaire[19].

511.243 Rôle de contrôleur du bâtonnier. Par ailleurs, le bâtonnier est d'office contrôleur dans les procédures collectives (sauvegarde[20], redressement[21] ou liquidation judiciaire[22]), visant un avocat, ce qui lui permet d'être étroitement associé à la procédure et d'y jouer un rôle actif. Dans le cadre de cette mission, il assiste le mandataire judiciaire dans ses fonctions et le juge-commissaire dans sa mission de surveillance[23], tout en assurant la préservation du secret professionnel[24]. Il peut prendre connaissance de tous les documents transmis à l'administrateur et au mandataire judiciaire[25].

La responsabilité du bâtonnier, comme celle de tout contrôleur, ne peut ici être, le cas échéant, engagée, dans le cadre du régime de responsabilité en raison du fonctionnement défectueux du service public de la justice, qu'en cas de faute lourde ou de déni de justice[26].

D.
Contrôle du fonctionnement des sociétés de participations financières de professions libérales (SPFPL)

511.251 Contrôle au moins une fois tous les quatre ans de la composition du capital et l'étendue des activités. Les Sociétés de participations financières de professions libérales[27] (SPFPL) d'avocats doivent faire l'objet, au moins une fois tous les quatre ans, d'un contrôle portant sur le respect des dispositions législatives et réglementaires qui régissent la composition de leur capital social et l'étendue de leurs activités.

1. C. com., art. L. 653-3.
2. C. com., art. L. 653-1.
3. Versailles, 12 nov. 2019, RG n° 19/00551, *Gaz. pal.* 2 juin 2020, p. 42, obs. B. de Belval – V. s^s^ n°s 522.10 s.
4. C. com., art. R. 621-21, mod. par décr. n° 2019-1333, 11 déc. 2019, art. 16 – ET : R. 662-11.
5. D. Jensen, *Cabinet d'avocats*, 3e éd., « Dalloz Référence », 2016, n°s 362.00 s.
6. C. com., art. L. 611-2-1 ; mod. par ord. n° 2019-964, 18 sept. 2019, art. 35.
7. C. com., art. L. 611-6, al. 3 mod. par L. n° 2019-486, 22 mai 2019, art. 68 ; ET : R. 611-25.
8. C. com., art. R. 611-40.
9. C. com., art. L. 611-9.
10. C. com., art. L. 621-1.
11. C. com., art. L. 631-7 ; mod. par L. n° 2019-486, 22 mai 2019, art. 57.
12. C. com., art. L. 641-1, I ; mod. par L. n° 2019-486, 22 mai 2019, art. 57.
13. Aix-en-Provence, 8^e^ ch. A, 22 sept. 2016, RG n° 15/17501, *Rev. proc. coll.* nov. 2016, n° 6, p. 207, comm. C. Lebel.
14. C. com., art. L. 623-3.
15. C. com., art. L. 631-18.
16. C. com., art. L. 626-8.
17. C. com., art. L. 642-2.
18. C. com., art. R. 641-36.
19. C. com., art. L. 641-1.
20. C. com., art. L. 621-10.
21. C. com., art. L. 631-9 ; mod. par L. n° 2019-486, 22 mai 2019, art. 58.
22. C. com., art. L. 641-1.
23. C. com., art. L. 621-11.
24. V. s^s^ n°s 412.20 s.
25. C. com., art. L. 621-10, al. 4.
26. V. s^s^ n° 521.71.
27. D. Jensen, *Cabinet d'avocats,* 3e éd., « Dalloz Référence », 2016, n°s 132.151 s.

Ce contrôle est assuré par le bâtonnier du barreau dans le ressort duquel la SPFPL a son siège social, ou son délégué, dans les conditions définies par le règlement intérieur du barreau[1].

511.252 Règlement intérieur du Barreau de Paris. Le RIBP est venu prévoir que le contrôle en la matière consiste, notamment, à vérifier que les mandataires sont ceux déclarés au barreau, le montant du capital social et sa répartition, la liste des participations détenues, et analyser les flux financiers et leur nature[2].

Il prévoit que la SPFPL devra adresser au contrôleur, délégué du bâtonnier, après l'avoir dûment rempli un document dit « trame de contrôle » comportant un certain nombre de questions. À ce document devront être notamment annexés la liasse fiscale du dernier exercice clos, l'extrait du grand livre faisant apparaître les écritures relatives aux produits du dernier exercice clos et la copie des conventions conclues avec des tiers au titre des activités exercées par la SPFPL[3].

511.253 SPFPL pluriprofessionnelles. Lorsque la SPFPL comporte des professionnels appartenant à plusieurs professions[4], elle fait l'objet de contrôles par les autorités compétentes à l'égard des professionnels associés des sociétés dans lesquelles elle détient des participations[5].

Chaque autorité de contrôle communique les rapports de contrôle qu'elle a établis aux autres autorités de contrôle. Ces rapports peuvent être communiqués, le cas échéant, aux autorités de poursuite et aux organismes ou juridictions compétents en matière disciplinaire à l'égard des professionnels associés des sociétés détenues par la SPFPL[6].

E.
Contrôle de la mise en œuvre du contrat de collaboration libérale

511.261 Principe du contrôle des conditions d'exécution de la collaboration libérale. Le contrat de collaboration libérale fait l'objet, lors de sa conclusion d'un contrôle opéré par le conseil de l'Ordre dans le cadre de ses fonctions administratives[7].

Mais ce même contrat de collaboration libérale doit aussi, depuis 2020, faire l'objet, de manière régulière, d'un contrôle quant à ses conditions d'exécution[8].

511.262 Règlement intérieur de chaque barreau. Il appartient au conseil de l'Ordre de prévoir dans le règlement intérieur du barreau[9] les modalités (rythme, nombre de visites, modalités de détermination des cabinets contrôlés, outils de contrôle...) du contrôle de la mise en œuvre des contrats de collaboration libérale[10].

Le bâtonnier et ses délégués devront assurer la mise en œuvre effective de ces dispositions destinées à permettre de s'assurer du respect par les cabinets d'avocats des règles régissant la collaboration libérale[11].

Le CNB a mis à la disposition des barreaux, en septembre 2021, un modèle de questionnaire à envoyer aux collaborateurs afin de servir de base à de tels contrôles, sans préjudice du recours à d'autres moyens de vérification[12].

SECTION 3
INSTRUCTION DES RÉCLAMATIONS DÉONTOLOGIQUES

511.270 Plan – Instruction de la plainte. Les modalités de traitement des réclamations déontologiques sont extrêmement variables suivant les barreaux, et parfois encadrées par le règlement intérieur du barreau. Si une simple instruction contradictoire (§ 1) peut, dans la plupart des cas, largement suffire au traitement d'une réclamation déontologique, le bâtonnier dispose de la faculté de faire procéder à une enquête déontologique (§ 2), et peut solliciter l'avis au Conseil national des barreaux (§ 3).

§ 1
Instruction contradictoire

511.281 Instruction contradictoire non encadrée par les textes. L'organisation du traitement des réclamations déontologiques est assez libre et n'est pas encadrée par les textes.

1. Décr. n° 93-492, 25 mars 1993, art. 48-9-1 ; mod. par décr. n° 2019-966, 18 sept. 2019, art. 8 – V. s^s n°s 115.31 s.
2. RIBP, art. P. 47.
3. RIBP, art. P. 47.
4. D. Jensen, *Cabinet d'avocats*, 3e éd., « Dalloz Référence », 2016, n°s 143.21 s.
5. Décr. n° 2014-354, 19 mars 2014, art. 9.
6. Décr. n° 2014-354, 19 mars 2014, art. 10.
7. V. s^s n°s 812.151 s. et 513.21 s.
8. RIN, art. 14.2 ; *JCP* 2020. 1433, obs. S. Bortoluzzi ; *JCP* 2021. 272, n° 11, obs. L. Jariel – V. s^s n°s 812.155 s.
9. V. s^s n°s 115.31 s.
10. RIN, art. 14.2 ; *JCP* 2020. 1433, obs. S. Bortoluzzi ; *JCP* 2021. 272, n° 11, obs. L. Jariel.
11. V. s^s n°s 812.10 s.
12. M. Lartigue, « Un modèle de questionnaire pour contrôler les conditions d'exécution de la collaboration », *Gaz. Pal.* 28 sept. 2021, p. 5.

Le bâtonnier accuse réception de la réclamation, en informe l'avocat mis en cause et invite celui-ci à présenter ses observations[1].

En pratique, le bâtonnier, ou le membre du conseil de l'Ordre qui aura reçu délégation à cet effet, sollicitera les observations de l'avocat mis en cause, et procédera ainsi, *a minima*, à une instruction contradictoire du dossier afin d'instruire la réclamation formulée.

511.282 **Conciliation.** Lorsque la nature de la réclamation le permet, et sous réserve des réclamations abusives ou manifestement mal fondées, le bâtonnier peut organiser une conciliation entre les parties. Un avocat au moins prend part à la conciliation[2].

Le bâtonnier devra chercher, en premier lieu, à concilier les avocats ou l'avocat et le plaignant[3] afin de trouver une position qui soit acceptée par tous.

Il peut, à cet effet, convoquer les parties afin de les entendre, et mettre en place des commissions[4], présidées par un membre du conseil de l'Ordre, pour ce faire.

511.283 **Défaut de réponse au bâtonnier.** Le fait pour un avocat de ne pas répondre aux interrogations du bâtonnier, ou de son délégué, relativement à une réclamation déontologique constitue une faute déontologique[5].

La Cour de cassation a pu considérer, à cet égard, qu'en laissant sans réponse, de manière récurrente, les demandes d'explications du bâtonnier, ce qui empêchait son intervention pour le règlement des litiges et portait atteinte à l'image et à la crédibilité du barreau, un avocat a manqué au respect dû aux institutions ordinales, faisant que la cour d'appel a pu, sans contradiction, confirmer la décision du conseil de discipline qui avait retenu un manquement de l'avocat poursuivi aux principes de modération et de courtoisie pour le même motif, tout en estimant que les termes fermes et vifs de ses correspondances adressées à son barreau et au bâtonnier ne caractérisaient pas un défaut de courtoisie à leur égard[6].

1. L. n° 71-1130, 31 déc. 1971, art. 21, II.
2. L. n° 71-1130, 31 déc. 1971, art. 21, II.
3. L. n° 71-1130, 31 déc. 1971, art. 21, al. 2.
4. RIBP, art. P. 63.
5. V. s^s^ n°s 335.31 s.
6. Civ. 1re, 5 juill. 2017, n° 16-21.768, P ; *Gaz. Pal.* 25 juill. 2017, p. 26, obs. C. Berlaud ; *JCP* 2017. 857 ; – MÊME SENS : Paris, pôle 4, ch. 13, 17 juin 2021, RG n° 20/11880 ; – SUR RENVOI APRÈS CASSATION PAR : Civ. 1re, 1er juill. 2020, n° 19-16666, P ; – CASSANT : Lyon 5 juill. 2018, RG n°s 17/04496, 17/4722, 17/5915 ; – SUR RENVOI APRÈS CASSATION PAR : Civ. 1re, 24 mai 2017, n° 15-13038, 15-13925, P ; – CASSANT : Lyon 1er déc. 2014.

§ 2
Enquête déontologique

511.290 **Plan.** Selon la complexité de l'affaire ou la situation de l'avocat (A), le bâtonnier peut, sous réserve de motiver sa décision, ordonner l'ouverture (B) d'une enquête déontologique, dont la réalisation (C), conduit à un rapport d'enquête (D) menant s'il y a lieu à l'ouverture d'une instance disciplinaire.

A.
Propos liminaires

511.301 **Prise en compte du comportement de l'avocat mis en cause.** Lorsque la complexité de l'affaire, ou la situation de l'avocat (multiplicité des plaintes, défaut de réponse...), le justifie, le bâtonnier peut[7] ordonner une enquête déontologique afin de faire procéder à une enquête sur le comportement d'un avocat de son barreau. Cette enquête a pour but de permettre au bâtonnier de se rendre compte personnellement du comportement de l'avocat mis en cause et de prendre, en connaissance de cause, la décision de classer ou de poursuivre.

Lorsque le conseil de l'Ordre est saisi directement par le procureur général aux fins de désignation d'un instructeur disciplinaire[8], le bâtonnier, qui n'a pas eu l'initiative des poursuites, ne peut procéder à une enquête déontologique[9].

511.302 **Absence d'uniformité quant au recours par les bâtonniers à l'enquête déontologique.** Il n'existe pas d'uniformité quant au recours à la procédure de l'enquête déontologique par les bâtonniers dans le cadre du processus de traitement des réclamations déontologiques.

À Paris, où il y a plus de 5 000 réclamations déontologiques par an à traiter en moyenne, le recours à l'enquête déontologique est strictement limité aux cas où elle apparaît nécessaire afin d'éclaircir et d'apprécier la situation ou le comportement d'un avocat. Elle présente alors un caractère exceptionnel.

Dans d'autres barreaux, où le volume des réclamations déontologiques est moindre, toute réclamation déontologique à l'encontre d'un avocat donne lieu à l'ouverture d'une enquête déontologique. Elle apparaît alors comme le cadre normal de traitement des réclamations déontologiques.

511.303 **Visite domiciliaire.** La visite domiciliaire n'est qu'une modalité particulière de l'enquête

7. Angers, 5 févr. 2007, arrêt n° 42 ; – POURVOI REJETÉ PAR : Civ. 1re, 16 oct. 2008, n° 07-11.810, P I, n° 225 ; *D.* 2008. 2727.
8. V. s^s^ n°s 522.10 s.
9. Civ. 1re, 16 janv. 2001, n°s 98-10.355, 98-10.722, P I, n° 2 ; *JCP* 2001. I. 348. n° 31, obs. R. Martin.

déontologique qui permet au bâtonnier ou à son délégué, de se rendre au domicile professionnel de l'avocat, afin de vérifier la conformité de ses conditions d'exercice. Elle peut être réalisée dans le cadre d'une enquête déontologique, ou ordonnée sur le même fondement et dans les mêmes conditions que cette dernière.

C'est ainsi que l'avocat a l'obligation de disposer d'un domicile professionnel [1] qui soit effectif et apte à garantir l'exercice de la profession dans le respect des principes essentiels et du secret professionnel, en particulier lorsque les locaux sont partagés entre plusieurs personnes exerçant d'autres activités professionnelles [2]. Une telle vérification, telle que dans un centre d'affaires, nécessite souvent la mise en œuvre d'une visite domiciliaire, dès lors qu'elle ne peut être réalisée sur la présentation d'une simple brochure, et que l'existence d'un contrat de location ou mise à disposition permettant de vérifier la durée pendant laquelle serait mis à disposition de l'avocat un local pour recevoir sa clientèle peut s'avérer insuffisante [3].

B. Ouverture de l'enquête déontologique

511.311 Condition du recours à une enquête déontologique. La Cour de cassation a eu l'occasion de préciser que la décision de mettre en œuvre une enquête déontologique doit être justifiée par des raisons légitimes et ne pas constituer un excès de pouvoir de la part du bâtonnier. Elle a rejeté le recours d'un avocat qui arguait de la nullité de la visite domiciliaire ayant conduit à la mise en œuvre d'une procédure disciplinaire à son encontre en considérant que le bâtonnier a la faculté de faire procéder ou de procéder lui-même, de sa propre initiative à une enquête sur le comportement d'un avocat de son barreau et qu'il n'avait, en l'espèce, pas commis d'excès de pouvoir en rendant une visite au cabinet de l'avocat poursuivi, après diverses réclamations dont celle du bailleur du local professionnel de ce dernier se déclarant impayé de loyers et charges ainsi que par l'impossibilité de le joindre.

Pour la Cour de cassation, cette visite constituait la seule manière d'obtenir une information sur la réalité du fonctionnement du cabinet faute de ligne téléphonique et constituait même, pour le bâtonnier un impérieux devoir [4].

Saisie d'un recours dans le cadre de cette affaire, la CEDH a rejeté celui-ci, en considérant que si, dans l'exercice de leur profession, les avocats doivent bénéficier d'une protection particulière, il est légitime que des normes de conduite s'imposent à eux, sous la surveillance et le contrôle dévolus aux conseils des différents ordres sans qu'une atteinte au secret professionnel ne puisse être caractérisée dans un tel cadre. Dès lors, la visite du bâtonnier, garant de la déontologie de son barreau, s'inscrivait notamment dans le cadre de la défense et de la préservation de la relation de confiance entre un avocat et ses clients. La Cour relève, par ailleurs, qu'au vu du dossier, rien n'indique que les conditions du droit à un procès équitable n'aient pas été respectées [5].

511.312 Motivation de la décision. Prise par le bâtonnier, la décision de mettre en œuvre une enquête déontologique doit toutefois être motivée, afin que soient justifiées les raisons objectives, liées notamment aux réclamations déontologiques reçues ou à l'impossibilité pour le bâtonnier de contacter l'avocat [6], fondant sa mise en œuvre.

511.313 Enquête visant le bâtonnier. Le bâtonnier le plus ancien dans l'ordre du tableau, membre du conseil de l'Ordre, peut ordonner et faire réaliser une enquête déontologique sur le bâtonnier en exercice, lorsque des informations portées à la connaissance du barreau le mettent en cause [7].

C. Réalisation de l'enquête déontologique

511.321 Réalisation de l'enquête déontologique par le bâtonnier ou par un enquêteur déontologique. Le bâtonnier peut réaliser lui-même l'enquête déontologique, mais le plus souvent il désignera un enquêteur déontologique, parmi les membres ou anciens membres du conseil de l'Ordre [8], afin de la réaliser.

511.322 Conditions de forme de l'enquête déontologique. Les textes n'encadrent pas les conditions de réalisation de l'enquête déontologique, lesquelles demeurent assez libres, l'enquête déontologique

1. V. s[s] n°s 222.00 s.
2. V. s[s] n°s 412.102 s.
3. Paris, pôle 2, ch. 1, 26 mai 2016, RG n° 15/23128.
4. Civ. 1re, 17 oct. 2012, n° 11-17.999, P I, n° 203 ; *Gaz. Pal.* 2-6 nov. 2012, p. 17, note Y. Avril ; *D.* 2012. 2528 ; *D.* 2013. 136, obs. Th. Wickers ; *D. avocats* 2013. 26, note G. Royer ; *JCP* 2012. 1304, note A. Bolze.
5. CEDH 28 août 2018, *Tuheiava c/France,* req. n° 25038/13 ; *Gaz. Pal.* 2 oct. 2018, p. 41 ; *Gaz. Pal.* 4 déc. 2018, p. 36, obs. D. Landry et J. Villacèque ; *D.* 2019. 100, obs. Th. Wickers.
6. Civ. 1re, 17 oct. 2012, n° 11-17.999, P I, n° 203 ; *Gaz. Pal.* 2-6 nov. 2012, p. 17, note Y. Avril ; *D.* 2012. 2528 ; *D.* 2013. 136, obs. Th. Wickers ; *D. avocats* 2013. 26, note G. Royer ; *JCP* 2012. 1304, note A. Bolze.
7. Décr. n° 91-1197, 27 nov. 1991, art. 187, al. 4 – CNB, Comm. RU, avis n° 2019-027, 5 sept. 2019.
8. Décr. n° 91-1197, 27 nov. 1991, art. 187.

n'étant soumise à aucune condition de forme[1], ni de délai.

Cette absence de délai est importante dès lors qu'elle permet, dans le cadre de l'enquête déontologique, de recueillir les éléments nécessaires à la mise en œuvre d'une procédure disciplinaire afin de pouvoir envisager cette dernière de manière sereine, compte tenu des délais contraints auxquels elle est soumise[2].

511.323 **Caractère contradictoire.** Les textes ne prévoient pas que l'enquête déontologique soit contradictoire. La jurisprudence est partagée : une cour d'appel ayant pu considérer qu'elle pouvait ne pas être contradictoire[3], une autre a considéré, à l'inverse, qu'elle devait être exécutée de manière contradictoire afin de permettre à l'avocat qui en est l'objet de répondre aux griefs formés contre lui[4]. La Cour de cassation est venue approuver une cour d'appel d'avoir justement énoncé que l'enquête déontologique ne fait pas partie de la procédure disciplinaire et qu'elle n'a pas nécessairement un caractère contradictoire[5].

La Cour de cassation avait, également, considéré, s'agissant des notaires, que l'assistance d'un défenseur n'est pas requise pour l'inspection prévue par le décret du 12 août 1974[6], qui constitue une phase administrative préalable concernant des droits et obligations de caractère civil, sous la condition, remplie en l'espèce, que les poursuites disciplinaires fondées sur le rapport d'inspection soient soumises à un recours ultérieur de pleine juridiction[7].

Le Conseil constitutionnel a également considéré, s'agissant des pouvoirs d'enquête du rapport de la Cour de discipline budgétaire et financière, que les pouvoirs conférés au rapporteur s'exercent au cours d'une phase d'enquête administrative préalable à la décision du procureur général de classer l'affaire par décision motivée, ou de la renvoyer devant la Cour avec des conclusions motivées, faisant qu'en n'organisant ni une procédure contradictoire ni un contrôle juridictionnel à ce stade de la procédure, les dispositions relatives à cette phase d'enquête ne méconnaissent pas la garantie des droits des personnes pouvant faire l'objet d'enquêtes ou d'investigations préalables au renvoi d'une affaire devant la Cour de discipline budgétaire et financière[8]. Il en est de même, s'agissant des magistrats, de l'enquête administrative réalisée par l'inspection générale de la justice (IGJ)[9], distincte de l'enquête disciplinaire réalisée, après la saisine du conseil supérieur de la magistrature, par un rapporteur désigné parmi les membres de la formation disciplinaire[10].

En réalité, tout dépend si l'avocat va être entendu sur les griefs qui lui sont reprochés ou pas. Dès lors qu'il est envisagé d'entendre l'avocat afin qu'il s'explique sur les griefs qui lui sont reprochés, il n'apparaît pas possible de ne pas respecter le principe du contradictoire et de ne pas assurer l'effectivité des droits de la défense[11].

511.324 **Encadrement dans le règlement intérieur du barreau.** Le règlement intérieur du barreau[12] peut encadrer les modalités de mise en œuvre de l'enquête déontologique.

À Paris, le RIBP a ainsi sommairement encadré l'enquête déontologique quant à son déroulement, en prévoyant qu'un délai est fixé par le bâtonnier à l'enquêteur déontologique pour l'exécution de sa mission, délai qui peut être prorogé par le bâtonnier à la demande de l'enquêteur déontologique. Il est prévu que l'enquête déontologique doit être réalisée dans le respect des droits de la défense, notamment quant à la possibilité pour l'avocat objet de l'enquête déontologique d'avoir accès au dossier et de se faire assister par un avocat. Il est en outre prévu que l'enquêteur déontologique n'a pas l'obligation de dresser procès-verbal des auditions auxquelles il peut être amené à procéder, ni d'entendre contradictoirement l'avocat concerné[13]. En pratique, tout dépend de la nature de l'enquête déontologique, la souplesse prévue en la matière laissant une grande liberté d'action à l'enquêteur même s'il est souhaitable que, dans la mesure du possible, ce dernier

1. Aix-en-Provence, 27 juin 1983, *Gaz. Pal.* 1983. II. p. 664 – Rennes, 13 mai 2016, RG n° 15/10025.
2. V. s[s] n°s 522.331 s.
3. Aix-en-Provence, 27 juin 1983, *Gaz. Pal.* 1983. II. p. 664.
4. Rennes, 13 mai 2016, RG n° 15/10025.
5. Civ. 1re, 30 juin 2021, n° 19-23.722 – REJETANT POURVOI CONTRE : Paris, pôle 2, ch. 1, 19 sept. 2019, RG n°s 16/11977, 18/23915.
6. Décr. n° 74-737,12 août 1974 relatif aux inspections des études de notaires, *JO* 25 août, p. 8857 – Ph. Brun, R. Crône, Ph. Pierre, J. de Poulpiquet, *Responsabilité des notaires*, 3e éd., Dalloz, 2018, n° 211.110 s.
7. Civ. 1re, 14 janv. 2016, n° 14-23.100, P ; *D.* 2016. 207 ; *Gaz. Pal.* 17 mars 2016, p. 67, note E. Piwnica.
8. Cons. const. 24 oct. 2014, n° 2014-423 QPC ; *AJDA* 2014. 2097 ; *D.* 2014. 2116 ; *D.* 2015. 2465, obs. G. Roujou de Boubée, T. Garé, C. Ginestet, M.-H. Gozzi et S. Mirabail ; *Constitutions* 2014. 492, Chron. O. Le Bot – AUSSI : Com. 6 févr. 2007, n° 05-20.811 ; P IV, n° 19 ; *D.* 2007. 587 ; *D.* 2007. 2418, obs. B. Le Bars et S. Thomasset-Pierre – COMP. CJUE 8 déc. 2020, *Staatsanwaltschaft Wien (Ordres de virement falsifiés),* aff. C-584/19.
9. PAR EX. : IGJ, *Inspection de fonctionnement d'une enquête conduite par le parquet national financier,* Rapport définitif n° 069-20, sept. 2020.
10. J. Joly-Hurard, *Déontologie du magistrat*, Dalloz, 3e éd., 2014 p. 51 s.
11. CNB, Comm. RU, avis n° 2017-019, 15 mai 2017 – Sur les principes généraux en la matière, v. s[s] n°s 471.23 s.
12. V. s[s] n°s 115.31 s.
13. RIBP, art. P. 72.2.

réalise son enquête dans le strict respect des droits de la défense.

511.325 Opposition à enquêteur. Le fait de se dérober aux différentes démarches effectuées par l'enquêteur déontologique pour obtenir de l'avocat des explications sur les plaintes déposées contre lui constitue, alors même que le bâtonnier est investi de pouvoirs, y compris d'enquête, sur le comportement d'un avocat de son barreau, notamment sur la plainte de toute personne intéressée, des manquements graves et répétés aux devoirs de délicatesse et de loyauté d'un avocat vis-à-vis du bâtonnier[1], justifiant une sanction disciplinaire.

511.326 Irrégularité de l'enquête déontologique. Il a pu être précisé que dès lors que le rapport d'instruction disciplinaire, qui est mis en œuvre après l'ouverture de l'instance disciplinaire[2], et est donc indépendant de l'enquête déontologique éventuellement ordonnée en amont, les griefs formés contre l'enquête déontologique ne peuvent être source d'irrégularités de la procédure disciplinaire[3].

D.
Issue de l'enquête déontologique

511.331 Issue de l'enquête déontologique sur le fondement du rapport de l'enquêteur. Au vu des éléments recueillis au cours de l'enquête déontologique, l'enquêteur déontologique désigné par le bâtonnier établit un rapport, qu'il remet au bâtonnier et au regard duquel ce dernier décide, en sa qualité d'autorité de poursuite, de l'issue de la procédure ordinale[4], et notamment s'il y a lieu d'exercer l'action disciplinaire[5].

511.332 Information du plaignant et du parquet général. Le bâtonnier informe le plaignant, ainsi que le parquet général lorsqu'il est à l'origine de la demande d'enquête déontologique, de sa décision d'ouvrir une enquête[6], et des suites qu'il entend donner au rapport d'enquête[7].

Mais le rapport d'enquête déontologique n'a pas à être communiqué au plaignant[8]. Seul le parquet général, lorsqu'il est à l'origine de la demande d'enquête déontologique, doit être rendu destinataire du rapport d'enquête[9].

§ 3
Demande d'avis au Conseil national des barreaux

511.341 Principe. La commission des règles et usages du Conseil national des barreaux, dont le président est élu par l'assemblée générale, est chargée non seulement de préparer les textes relatifs à l'unification des règles et usages de la profession d'avocat, et d'élaborer toute proposition en vue de leur évolution, mais également de répondre aux avis déontologiques sollicités par les bâtonniers[10].

Son rôle, en la matière, est similaire à celui du Conseil d'État qui, au-delà des avis rendus sur les projets de texte (loi, ordonnance, décret) que le Gouvernement est tenu de lui demander, rend des avis sur questions du Gouvernement au sujet de difficultés qui s'élèvent en matière administrative[11].

511.342 Procédure. La commission des règles et usages du Conseil national des barreaux est ainsi saisie de nombreuses demandes d'avis formulées exclusivement par les bâtonniers ou membres des conseils de l'ordre en exercice[12], non seulement sur l'interprétation du RIN, mais également sur toutes les questions déontologiques posées par la pratique quotidienne. Dans ce cadre, elle rend de nombreux avis sur les questions de principe dont elle est saisie, ou peut leur adresser une réponse simple lorsque la question posée ne nécessite pas de rendre un avis.

Les avis sont rendus après élaboration de ceux-ci par un rapporteur, membre de la commission, et délibération collective de l'ensemble des membres de la commission.

511.343 Portée des avis. Les avis rendus dans le cadre de sa fonction consultative par la commission des règles et usages ne préjugent jamais les solutions qui pourraient être retenues par le bâtonnier, le conseil de discipline ou la cour d'appel[13].

Ils ont simplement vocation à permettre au bâtonnier d'avoir les éléments de réponse nécessaires afin de traiter la réclamation dont il est saisi. Ils ne revêtent en aucun cas un caractère de dispositions générales et impératives, ni n'énoncent des

1. Rennes, 13 mai 2016, RG n° 15/10025 ; – DÉJÀ : Rennes, 23 mai 2008 ; *D.* 2008. 2576, note Y. Avril.
2. V. s^s n°s 522.141 s.
3. Paris, pôle 2, ch. 1, 19 sept. 2019, RG n°s 16/11977, 18/23915 ; – POURVOI REJETÉ PAR : Civ. 1re, 30 juin 2021, n° 19-23.722, NP – Versailles, 12 nov. 2019, RG n° 19/00551.
4. V. s^s n°s 511.361 s.
5. Décr. n° 91-1197, 27 nov. 1991, art. 187, al. 2.
6. Décr. n° 91-1197, 27 nov. 1991, art. 187, al. 1.
7. Décr. n° 91-1197, 27 nov. 1991, art. 187, al. 2.
8. V. s^s n°s 521.91 s.
9. Décr. n° 91-1197, 27 nov. 1991, art. 187, al. 3 – CONTRA : Cada, avis n° 20192391, 28 nov. 2019 *barreau de Metz*.
10. Règlement intérieur du CNB, annexe, p^t 2 – V. s^s n° 312.24.
11. CJA, art. L. 112-2.
12. CNB, Comm. RU, avis n° 2001-088, 19 nov. 2001.
13. CE 28 déc. 2017, *Syndicat des avocats de France,* req. n° 401665, NP ; *AJDA* 2018. 774 ; *Gaz. Pal.* 23 janv. 2018, p. 34, obs. Ph. Graveleau.

prescriptions individuelles dont le Conseil national des barreaux pourrait ultérieurement censurer la méconnaissance, pas plus qu'ils ne sont de nature à produire des effets notables, notamment de nature économique, ou ont pour objet d'influer de manière significative sur les comportements des personnes auxquelles ils s'adressent, au sens de la jurisprudence *Fairvesta*[1], mais constituent de simples recommandations[2].

511.344 Portée des guides et recommandations. Outre des avis déontologiques, le Conseil national des barreaux établit régulièrement des guides pratiques, ou *vademecum*, comportant des recommandations relativement à la mise en œuvre des principes essentiels et règles déontologiques.

Saisi d'un recours à l'encontre d'une fiche de la 3e édition du guide pratique *Lutte contre le blanchiment de capitaux et le financement du terrorisme*[3], le Conseil d'État a été amené à considérer que : « eu égard à leur contenu, ces énonciations, qui se bornent à rappeler le droit applicable, à signaler des difficultés d'interprétation et à souhaiter des clarifications jurisprudentielles quant à la portée des nouvelles dispositions du 3° du I de l'article L. 561-3 introduites par l'ordonnance du 12 février 2020, sont en elles-mêmes dépourvues de toute portée et de tout effet. Elles ne présentent pas, dès lors, le caractère d'un acte administratif faisant grief »[4]. On notera qu'en cas d'annulation pour excès de pouvoir du refus opposé à une demande tendant à l'abrogation ou à la modification d'une recommandation de bonne pratique, qui présenterait le caractère d'un acte administratif faisant grief, le juge administratif peut prescrire d'office, en vertu des dispositions de l'article L. 911-1 du code de justice administrative, l'obligation de l'abroger, d'engager les travaux nécessaires à son actualisation ou de prendre les mesures utiles pour entourer sa publication des avertissements appropriés. Il s'ensuit que le Conseil d'État doit apprécier la légalité des recommandations litigieuses au regard des règles de droit et des circonstances de fait applicables à la date de sa décision[5].

SECTION 4
ISSUE DE LA PROCÉDURE ORDINALE

511.350 Plan. Le bâtonnier est seul en matière de discipline pleinement maître de l'issue de la procédure ordinale pouvant conduire à un classement de la réclamation (§ 1) ou un avis déontologique n'ayant qu'une valeur d'opinion (§ 2), à une admonestation (§ 3), ou encore à l'ouverture d'une instance disciplinaire.

§ 1
Propos liminaires

511.361 Principe. En matière de discipline, le bâtonnier, et lui seul, est pleinement maître de l'issue de la procédure ordinale, sans que le conseil de l'Ordre ne puisse s'immiscer dans ses prérogatives ou s'y substituer dans sa décision[6].

Il peut choisir de classer la réclamation ou d'ouvrir une procédure disciplinaire[7]. Entre ces deux extrêmes, il peut également se contenter de rendre un avis déontologique[8] ou de délivrer une admonestation[9].

511.362 Prérogatives du bâtonnier. Les pouvoirs du bâtonnier en la matière sont assez larges, dès lors qu'il peut également déposer plainte pour abus de confiance au préjudice de la Carpa en cas de révélation par une enquête déontologique de détournement de fonds[10], ou encore saisir le conseil de l'Ordre, ou la formation restreinte compétente en matière administrative, pour solliciter l'omission de l'avocat[11], tel que celui qui ne justifierait plus de la réalité de ses conditions d'exercice ou se serait révélé en situation d'incompatibilité[12].

Les choix ne sont pas exclusifs les uns des autres.

1. CE 21 mars 2016, *Fairvesta*, req. n° 368082, *Lebon* 76, concl. S. Van Coester ; – et : CE 21 mars 2016, *Numericable*, req. n° 390023, *Lebon* 76, concl. V. Daumas ; *JCP* 2016. 971, n° 3 ; – AUSSI : CE 10 oct. 2016, *A... (Mme) a.*, req. nos 384691, 384692, 394107, *Lebon T* – CE 19 juill. 2017, *Menarini France (Sté) a.*, req. nos 399766 s., *Lebon T* – CE 13 déc. 2017, *Bouygues Télécom (Sté) a.*, req. nos 401799, 401830, 401912, *Lebon* – CE 19 juill. 2019, *Marine Le Pen*, req. n° 426389, *Lebon* – CE 12 juin 2020, *Gisti*, req. n° 418142, *Lebon ; AJDA* 2020. 1196 ; *AJDA* 2020. 1407, Chron. C. Malverti et C. Beaufils ; *AJ fam.* 2020. 426, obs. C. Bruggiamosca ; *AJCT* 2020. 523, Arrêt du mois S. Renard et E. Pechillon, Arrêt du mois S. Renard et E. Pechillon ; *RFDA* 2020. 785, concl. G. Odinet ; *RFDA* 2020. 801, note F. Melleray.
2. COMP. S'AGISSANT des recommandations du défenseur des droits : CE 22 mai 2019, req. n° 414410, *Lebon ; AJDA* 2019. 1134.
3. V. ss n° 482.03.
4. CE 5 mai 2021 *Conseil national des barreaux*, req. n° 447504.
5. CE 23 déc. 2020 *Haute Autorité de la Santé*, req. n° 428284 ; *Gaz. Pal.* 26 janv. 2021 p. 36, obs. B. Seiller – AUSSI : CE 3 mars 2021 *Conseil national des barreaux*, req. n° 431286.
6. V. ss nos 522.141 et 522.151.
7. V. ss nos 522.00 s.
8. V. ss nos 511.371 s.
9. V. ss nos 511.270 s.
10. Crim. 23 juin 2013, n° 12-83.677, P n° 112 ; *D.* 2013. 1624 ; *AJ pénal* 2013. 543, obs. C. Porteron ; *RTD com.* 2013. 818, obs. B. Bouloc – V. ss n° 922.54.
11. V. ss nos 513.21 s.
12. V. ss n° 431.43.

511.363 Classement de la plainte. En cas de classement de la plainte par le bâtonnier, le plaignant ne saurait exercer un recours contre une telle décision de classement[1] et il n'appartient pas plus aux juridictions administratives de connaître d'un recours contre une décision du bâtonnier refusant de donner suite à une plainte déposée par un client contre son avocat[2].

Il en est de même si le plaignant est lui-même avocat. Une cour d'appel a ainsi rejeté le recours qu'un avocat dirigeait contre un avis déontologique en considérant que la réclamation adressée au bâtonnier contre un avocat a la nature d'une plainte déontologique, la décision de l'ouverture d'une procédure disciplinaire n'appartenant qu'à l'autorité de poursuite et non à l'avocat auteur d'une réclamation. Dès lors, le classement de la réclamation n'est qu'un avis déontologique[3], faisant que l'avocat plaignant ne peut en demander l'annulation, même partielle, cette décision ne lui faisant pas grief et ne pouvant pas le léser dans ses intérêts professionnels, au seul motif qu'il n'aurait pas obtenu l'ouverture d'une procédure disciplinaire à l'encontre du confrère dont il se plaint[4].

511.364 Information sur les suites de la réclamation. La loi pour la confiance dans l'institution judiciaire[5] a prévu que désormais le plaignant, auteur de la réclamation, et l'avocat mis en cause sont informés des suites réservées à la réclamation. En l'absence de conciliation[6] ou de poursuite disciplinaire[7], le plaignant, auteur de la réclamation, est informé sans délai de la possibilité de saisir le procureur général près la cour d'appel de sa réclamation ou de saisir directement la juridiction disciplinaire[8].

Il résulte de ces dispositions que dans l'hypothèse où le bâtonnier serait amené à délivrer une admonestation[9] à l'avocat mis en cause, cela ne ferait pas obstacle à une éventuelle saisine du conseil de discipline par le plaignant, auteur de la réclamation.

1. Paris, pôle 2, ch. 1, 27 mai 2010, RG n° 09/29034 – Montpellier, 13 janv. 2014, RG n°s 13/01016, 13/01012 ; *Gaz. Pal.* 24-25 oct. 2014, p. 20, obs. D. Landry et J. Villacèque – Paris, pôle 2, ch. 1, 9 avr. 2015, RG n° 14/17300 – Paris, pôle 2, ch. 1, 26 mai 2016, RG n° 15/15880 – Rennes, 1re ch., 11 juin 2019, RG n° 19/00838 – Paris, pôle 4, ch. 13, 11 févr. 2021, RG n° 20/07946 – Paris, pôle 4, ch. 13, 11 févr. 2021, RG n° 19/19669.
2. CE 12 oct. 1988, *Pincet*, req. n° 97778, *Lebon T ; Gaz. Pal.* 1990. II. 411.
3. MÊME SENS : Rennes, 1re ch., 11 juin 2019, RG n° 19/00838 – V. s^s n°s 511.371 s.
4. Paris, pôle 2, ch. 1, 8 déc. 2011, RG n° 11/12.226 – V. s^s n° 522.101.
5. L. n° 2021-1729, 22 déc. 2021, art. 42.
6. V. s^s n° 511.282.
7. V. s^s n°s 522.10 s.
8. L. n° 71-1130, 31 déc. 1971, art. 21 II.
9. V. s^s n°s 511.381 s.

§ 2 Avis déontologique

511.371 Principe. Lorsqu'un avocat ou un plaignant (client, tiers...) dépose une réclamation contre un avocat auprès du bâtonnier, ce dernier peut rendre un avis déontologique portant sur les faits reprochés à l'avocat.

511.372 Portée de l'avis du bâtonnier ou de son délégué. Les avis déontologiques n'ont que valeur d'opinions, sans autre portée, et ne sauraient avoir de caractère contraignant, ni fonder à eux seuls une sanction disciplinaire, faute d'être rendus dans le cadre d'une procédure disciplinaire et dans le respect des règles la régissant. Ils sont destinés, comme le rappelle le Conseil d'État, à permettre aux avocats d'obtenir un avis quant à la portée ou à l'interprétation d'une règle déontologique et quant à son application dans l'exécution de leur mandat[10] et jouent un rôle essentiel de régulateur des avocats dans leurs rapports professionnels.

Ne revêtant pas le caractère d'une délibération ou d'une décision du conseil de l'Ordre, et ne constituant pas une mesure relevant des principes édictés par l'article 6 de la Conv. EDH, ils ne sauraient, dès lors, en principe, faire l'objet d'un quelconque recours[11].

511.373 Portée au regard de la faute déontologique. En effet, l'avis déontologique ne dispose d'aucun caractère contraignant, et la Cour de cassation a rappelé, à cet égard, qu'aucune disposition ne confère au bâtonnier le pouvoir de donner injonction à un avocat de se dessaisir d'un dossier. Ainsi, une cour d'appel ne pouvait pas infliger une sanction disciplinaire à un avocat au seul motif qu'il n'avait pas obtempéré à une telle injonction[12].

De même que dès lors que son client lui a donné des instructions contraires, il ne saurait être repro-

10. CE 29 janv. 2014, req. n° 366083, NP.
11. Rennes, 14 juin 2011, RG n° 10/05773 – Paris, pôle 2, ch. 1, 8 déc. 2011, n° 11/12226 – Civ. 1re, 8 mars 2012, n° 10-26.892, NP – Civ. 1re, 26 sept. 2012, n° 11-20.071, NP ; *Gaz. Pal.* 2-6 sept. 2012, p. 19, note Y. Avril – Paris 11 avr. 2013, RG n° 12/23228 – Paris, pôle 2, ch. 1, 14 janv. 2016, RG n° 15/05328 – Civ. 1re, 15 juin 2016, n° 15-19.681, NP – Paris, pôle 2, ch. 1, 22 nov. 2018, RG n° 16/19500 – Paris, pôle 2, ch. 1, 23 mai 2019, RG n° 18/02552 – Paris, pôle 2, ch. 1, 23 mai 2019, RG n° 18-02.619 ; – MÊME SENS S'AGISSANT d'un appel-nullité : Civ. 1re, 3 mai 2018, n° 17-17.717, P I, n° 73 ; *Gaz. Pal.* 4 déc. 2018, p. 29, obs. B. de Belval ; *JCP* 2018. 1023, n° 13, obs. S. Grayot-Dirx ; *D.* 2019. 96 obs Th. Wickers.
12. Civ. 1re, 28 avr. 1998, n° 95-22.242, P I, n° 154 ; *D.* 1998. 131.

ché *per se* à un avocat d'avoir refusé d'exécuter les avis rendus par la commission de déontologie lui demandant de retirer des débats une attestation [1]. Mais si le fait de ne pas se conformer à un avis de la commission de déontologie, agissant par délégation du bâtonnier, ne constitue pas, par lui-même, une infraction disciplinaire, encore faut-il que la résistance manifestée soit fondée [2].

511.374 **Absence de caractère exécutoire.** L'avis déontologique n'a pas non plus de caractère exécutoire, c'est pourquoi, le conseil de discipline conserve sa pleine et entière liberté d'appréciation dans l'hypothèse où un avocat aurait refusé, puis tardé, à exécuter un avis du bâtonnier qui consistait au remboursement de sommes à une ancienne collaboratrice et a pu considérer que même s'il est regrettable que ce remboursement ait tardé, il n'en demeure pas moins que l'avis du bâtonnier n'a pas de caractère exécutoire et qu'ainsi, cet avocat n'a commis aucune infraction disciplinaire [3].

En d'autres termes, ce n'est pas le non-respect de l'avis déontologique qui peut faire l'objet de poursuites disciplinaires, mais les faits ayant donné lieu à l'avis déontologique qui doivent être soumis, le cas échéant, et indépendamment de cet avis, à l'appréciation du conseil de discipline [4].

511.375 **Cas des avis faisant grief.** Il arrive toutefois qu'un avis, notamment en raison de sa rédaction même, apparaisse comme faisant grief à l'avocat visé par cet avis, ce qui tend à rendre recevable un recours de sa part.

C'est ainsi qu'une cour d'appel a pu déclarer recevable le recours d'un avocat contre un avis de son bâtonnier qui avait jugé que l'avocat adverse, bien qu'il ait été chargé par sa cliente de la procédure d'adoption pouvait, en l'absence de conflit d'intérêts, être constitué pour diligenter la procédure de révocation de cette même adoption [5].

On notera qu'il existe une certaine confusion en la matière, certaines cours d'appel ayant eu à connaître de recours à l'encontre d'avis déontologiques [6], et même d'avis de tiers bâtonnier [7], sans que la question de la recevabilité même du recours ne soit, manifestement, discutée. La question de la portée de tels arrêts, notamment en cas de procédure disciplinaire subséquente, se pose. Il ne nous semble pas que leur portée puisse aller au-delà de celle de l'avis dont la cour d'appel est ainsi amenée à connaître, faisant que l'arrêt ne devrait avoir, en lui-même, que la portée d'une simple recommandation [8].

511.376 **Appréciation *in concreto* du contenu de l'avis.** Une cour d'appel a pu préciser que le bâtonnier a le droit et même le devoir de déconseiller à un avocat de plaider ou de conclure dans un dossier lorsqu'il lui apparaît que la poursuite de sa mission pourrait constituer un manquement aux principes essentiels ou règles professionnelles [9].

Néanmoins, poursuit la cour, les termes employés par le bâtonnier dans l'avis adressé à l'avocat lui faisant « interdiction » de poursuivre sa mission, et qui vise les textes applicables pour former un recours devant la cour d'appel, ne peuvent s'analyser comme un simple avis déontologique, mais comme une véritable décision « disciplinaire ». Par conséquent, ces termes qui vont au-delà de la simple recommandation entachent l'avis d'excès de pouvoir [10].

511.377 **Précision rédactionnelle.** La différence est parfois mince entre un avis déontologique et une décision de nature à faire grief et à léser l'avocat dans ses intérêts professionnels [11], tout réside dans l'art et la manière de rendre et rédiger un avis déontologique. Il doit se borner à donner une analyse de la règle déontologique et de son application aux faits portés à la connaissance de son rédacteur, et laisser les avocats qui en sont destinataires prendre leurs responsabilités.

Il ne saurait apparaître comme ayant une portée contraignante, et notamment enjoindre ou porter injonction de faire en des termes comminatoires [12], sauf à préciser alors clairement qu'il ne s'agit que d'un simple avis et qu'il soit demandé qu'il en soit référé au bâtonnier en cas de non-respect de l'avis

1. CD Paris 15 mars 2011, n° 204708.
2. CD Paris 19 juill. 2005, n° 22.5992.
3. CD Paris 27 juill. 2010, n° 170791.
4. Paris, pôle 2, ch. 1, 22 mars 2018, RG n° 17/01850 – V. s[s] n°s 522.00 s.
5. Reims, 8 juill. 2014, RG n° 14/00224.
6. Rouen, 26 mai 2021, n° 20/01750 ; *Gaz. Pal.* 5 oct. 2021, p. 31, obs. B. de Belval ; qui fonde la recevabilité du recours sur les articles 142 s. du décret n° 91-1197 du 27 nov. 1991 relatifs règlement des litiges nés à l'occasion d'un contrat de collaboration ou d'un contrat de travail...
7. Toulouse, 4 nov. 2020, RG n° 20/01137 ; *Gaz. Pal.* 1er juin 2021, p. 27, obs. D. Landry.
8. V. s[s] n°s 511.372 s.
9. Reims, aud. sol., 19 juin 2013, RG n°s 12/01293 et 12/01294 ; – COMP. : J.-F. van Drooghenbroeck, J. van Compernolle, « Les recours contre les injonctions du bâtonnier », *Mél. G.-A. Dal* : L'avocat, Larcier, Bruxelles, 2014, p. 821 s.
10. Reims, aud. sol., 19 juin 2013, RG n°s 12/01293 et 12/01294 ; – COMP. : J.-F. van Drooghenbroeck, J. van Compernolle, « Les recours contre les injonctions du bâtonnier », *Mél. G.-A. Dal* : L'avocat, Larcier, Bruxelles, 2014, p. 821 s.
11. Paris, pôle 2, ch. 1, 8 déc. 2011, RG n°s 11/055268, 11/05269.
12. Paris, pôle 2, ch. 1, 8 déc. 2011, RG n°s 11/055268, 11/05269.

afin d'en tirer les conséquences disciplinaires qui s'imposeraient[1].

511.378 Personne contre laquelle doit être dirigé le recours. Il s'agit d'une compétence propre du bâtonnier, ou de ses délégués[2], faisant qu'en toute hypothèse, un éventuel recours ne peut être dirigé que contre le bâtonnier et non le conseil de l'Ordre, auquel cas le recours devrait alors être déclaré comme étant purement et simplement irrecevable[3].

511.379 Juridiction compétente et responsabilité pécuniaire du bâtonnier. La détermination de la juridiction compétente pour connaître des éventuels recours contre les décisions du bâtonnier, ou de ses délégués, dans l'exercice de ses missions pose aussi la question de l'éventuelle responsabilité de ce même bâtonnier, ou ses délégués, dans la mesure où leur action est susceptible de faire naître un préjudice dont l'avocat, l'auteur de la réclamation ou un tiers pourrait être tenté de demander réparation[4].

Or, si les dispositions des articles 19 et 20 de la loi du 31 décembre 1971[5] et L. 311-3 2° du code de l'organisation judiciaire attribuent compétence à la cour d'appel pour connaître des : « recours contre les décisions ou délibérations du conseil de l'Ordre », et les articles 21 de la loi du 31 décembre 1971[6] et L. 311-3 4° du code de l'organisation judiciaire attribuent compétence à cette même cour d'appel s'agissant des décisions du bâtonnier en matière de différends entre avocats dans le cadre de leur exercice professionnel, tandis que l'article L. 311-7 2° du code de l'organisation judiciaire attribue compétence au premier président s'agissant des : « recours contre la décision du bâtonnier prise sur contestation des honoraires d'avocat », les textes sont muets pour le reste...

Pour autant, le Tribunal des conflits a posé le principe suivant lequel : « il ressort de l'ensemble des dispositions de la loi du 31 décembre 1971 portant réforme de certaines professions judiciaires et juridiques que les décisions prises par le bâtonnier dans l'exercice de ses fonctions relèvent en principe du juge judiciaire »[7]. La généralité de l'attendu posé par le Tribunal des conflits laisse ainsi entendre que l'ensemble des litiges qui pourraient naître de l'exercice de ses fonctions par le bâtonnier ressortissent de la compétence des juridictions de l'ordre judiciaire[8], sauf dispositions expresses en sens contraire.

En outre, le Tribunal des conflits tend à lier le contentieux de la responsabilité à celui de la décision et à considérer que l'action en responsabilité, qui tend à contester les conditions dans lesquelles la décision administrative a été prise, relève de la compétence de la juridiction compétente pour en connaître[9]. Ce qui devrait conduire à considérer que les juridictions de l'ordre judiciaire sont bien compétentes pour connaître d'une action en responsabilité dirigée à l'encontre du bâtonnier en raison des décisions[10] prises par celui-ci. Le Conseil d'État a ainsi pu considérer que la juridiction administrative était incompétente pour connaître de la demande formée par des justiciables tendant à la condamnation du bâtonnier de l'ordre à réparer le préjudice subi à la suite du silence gardé par ce dernier sur la plainte déposée par eux contre un avocat[11].

Dès lors, sur le terrain de la mise en œuvre de la responsabilité, il y a lieu de distinguer suivant que les prérogatives décisionnelles se rattachent au fonctionnement du service public de la justice, auquel cas c'est le régime spécifique de responsabilité en raison du fonctionnement défectueux du service public de la justice qui doit s'appliquer[12], ou à l'organisation de ce même service. C'est ainsi que le Conseil d'État a ainsi pu considérer les décisions du bâtonnier en matière d'aide juridictionnelle[13] se rattachent au fonctionnement du service public de la justice[14]. Il nous semble que le régime de l'enquête déontologique[15], en tant qu'elle est incluse de par les textes dans la procédure disciplinaire, devrait également relever de la responsabilité en raison du fonctionnement défectueux du service public de la justice[16].

1. Civ. 1re, 3 mai 2018, n° 17-17.717, P I, n° 73 ; *Gaz. Pal.* 4 déc. 2018, p. 29, obs. B. de Belval ; *JCP* 2018. 1023, n° 13, obs. S. Grayot-Dirx ; *D.* 2019. 96, obs Th. Wickers.
2. V. ss nos 511.25 s.
3. Paris, pôle 2, ch. 1, 22 janv. 2015, RG n° 14/01614 ; – TOUTEFOIS SUR POURVOI : Civ. 1re, 15 juin 2016, n° 15-19.681, NP.
4. COMP. : CE 21 févr. 1973, *Cottes c/Association interprofessionnelle de la médecine du travail*, req. n° 81893 – CE 12 juin 1987, *Conseil de l'Ordre départemental des médecins de la Corse*, req. n° 71126 – V. ss n° 513.204.
5. L. n° 71-1130, 31 déc. 1971, art. 19 et 20.
6. L. n° 71-1130, 31 déc. 1971, art. 21.
7. T. confl., 2 avr. 2012, *barreau de Lille*, req. n° C3830, *Lebon ; AJDA* 2012. 737 ; *Gaz. Pal.* 25-26 avr. 2012, p. 22, note M. Guyomard ; *LPA* 13 juin 2012, p. 13, note M.-Ch. Rouault.
8. Civ. 1re 3 mai 2018, n° 17-16.454, P I, n° 74.
9. T. confl. 14 déc. 2009, *Université de Montpellier I*, req. n° C3720, *Lebon T* – T. conf. 6 juill. 2015, *CAF du Bas-Rhin*, req. n° C4013, *Lebon T.*
10. COJ, art. L. 311-3 – L. n° 71-1130, 31 déc. 1971, art. 19 et 20.
11. CE 7 mars 1986, *Belgacem*, req. n° 73440, NP ; *D.* 1987. 66, note A. Brunois ; *RDP* 1987. 1485.
12. V. ss n° 521.71.
13. V. ss nos 472.223 s.
14. CE, avis, sect. int., 22 oct. 2015, req. n° 390397 – déjà : CE 22 janv. 1990, *barreau de Nancy*, req. n° 109589 – CE 17 déc. 2018, *barreau de Lyon*, req. n° 414488, NP.
15. V. ss nos 511.301 s.
16. *CONTRA* TOUTEFOIS, s'agissant de la responsabilité des inspecteurs en matière d'inspection des offices de notaires, Ph. Brun, R. Crône, Ph. Pierre, J. de Poulpiquet, *Responsabilité des notaires*, 3e éd., « Dalloz Référence », 2018, nos 211.151 s. – V. ss n° 521.71.

En dehors de ces cas, ce sont les règles de la responsabilité civile de droit commun, devant les juridictions de l'ordre judiciaire, qui doivent trouver à s'appliquer, notamment, par exemple, en cas de défaillance du bâtonnier ou de ses délégués dans les obligations de contrôle qui leur incombent[1].

§ 3 Admonestation

511.381 **Admonestation ne constituant pas une sanction disciplinaire.** Anciennement dénommée admonestation paternelle[2], l'admonestation ne constitue pas une sanction disciplinaire mais une mesure de mise en garde contre les négligences. Elle est prononcée par le bâtonnier, en dehors de toute poursuite disciplinaire.

La plupart des barreaux connaissent cette mesure non prévue par la loi mais non interdite par elle, dès lors qu'il ne s'agit pas d'une véritable sanction disciplinaire mais de l'exercice par le bâtonnier de son pouvoir général en matière de discipline au sein de son barreau. Elle permet de reprendre les conduites défaillantes et de conseiller ses confrères en les morigénant si besoin est, en précisant que la conduite de l'avocat n'est pas exempte de reproches.

Elle peut être purement verbale ou concrétisée par une lettre, notamment dans le cadre d'un avis. Elle ne peut être prononcée que par le bâtonnier, ou son délégué[3].

511.382 **Utilité de l'admonestation.** Elle permet au bâtonnier, lorsqu'il constate un écart d'un avocat mais qu'il considère que cet écart ne mérite pas un renvoi devant le conseil de discipline, d'informer le confrère que s'il avait mis à mal les règles et usages de la profession, c'est-à-dire quelques règles de déontologie, cette erreur, pourvu qu'elle ne se renouvelle pas, ne fera pas l'objet d'une demande de sanction.

511.383 **Question de l'inscription au dossier.** Pour bien marquer qu'il ne s'agissait pas d'une sanction, à partir de 1924, le conseil de l'Ordre du barreau de Paris ne faisait aucune allusion à « l'avertissement paternel » dans ses procès-verbaux. En revanche, qu'il soit mandaté par le conseil de l'Ordre ou agisse de sa propre initiative, le bâtonnier classait l'admonestation dans le dossier administratif individuel de l'avocat. Cette insertion dans le dossier permettait, en cas de poursuites disciplinaires, de constituer un précédent qui pouvait être avancé comme une circonstance aggravante.

Plus précisément, le bâtonnier pouvait montrer, au niveau des antécédents, que le dossier de l'avocat n'était pas vierge, ce qui pouvait peser, sinon dans le principe, du moins dans le quantum de la condamnation[4].

511.384 **Nature administrative.** Or, l'admonestation ne doit pas apparaître comme une sanction disciplinaire, faute de quoi elle devrait être prononcée suivant la procédure disciplinaire et prévue dans la liste des sanctions disciplinaires, ce qui la rend alors sans utilité.

La Cour de cassation est ainsi venue préciser que le bâtonnier, dans le silence des textes, ne dispose pas du pouvoir d'infliger à un avocat une admonestation dès lors qu'elle est inscrite au dossier individuel, laquelle constitue alors une véritable sanction faisant grief et, partant, soumise à recours[5]. La difficulté tenait au fait que cette admonestation du bâtonnier constituait une « véritable sanction » au motif : « qu'elle serait inscrite au dossier individuel » « faisant ainsi grief » à l'avocat[6].

511.385 **Validité de l'admonestation.** L'admonestation reste néanmoins possible dès lors qu'elle n'est pas inscrite au dossier administratif individuel de l'avocat. C'est ce que rappelle la Cour de cassation dans un arrêt du 16 mai 2012 dans lequel elle juge qu'une telle mesure ne constitue pas une sanction qui, comme telle, ferait grief, mais une simple remontrance que le bâtonnier est en droit d'adresser à un avocat pris en défaut sans condition de forme ou de procédure particulière, le recours à son encontre étant dès lors irrecevable[7].

Elle reconnaît ainsi au bâtonnier le droit d'adresser à un avocat une « remontrance » et ceci « sans condition de forme et de procédure particulière » sous réserve qu'aucune trace de celle-ci ne figure au dossier administratif de l'avocat[8].

511.386 **Portée de l'admonestation.** En premier lieu, elle ne liera pas la juridiction disciplinaire. Elle n'est qu'un simple avis du bâtonnier. Si elle contient une recommandation ou une instruction, le refus d'obtempérer ne saurait constituer, ici encore, en lui-même une faute disciplinaire[9].

1. V. s[s] n°s 911.35 s.
2. Y. Avril, « Feu l'admonestation (paternelle) du bâtonnier », *D.* 2008. 1735 ; « La licéité de l'admonestation du bâtonnier », *D.* 2012. 1868.
3. J. Lemaire, *Les règles de la profession d'avocat et les usages du barreau de Paris*, LGDJ, 1966, n° 529.
4. J. Lemaire, *Les règles de la profession d'avocat et les usages du barreau de Paris*, LGDJ, 1966, n° 529.
5. Civ. 1re, 7 mai 2008, n° 07-10.864, P I, n° 124 ; *D.* 2008. 1735, obs. Y. Avril ; *JCP* 2008. I. 184, n° 16, obs. S. Bortoluzzi.
6. Y. Avril, « Feu l'admonestation (paternelle) du bâtonnier », *D.* 2008. 1735.
7. Civ. 1re, 16 mai 2012, n° 11-13.854, P I, n° 107 ; *D.* 2012. Actu. 1412 ; *D.* 2012. 1868, note Y. Avril.
8. Nancy, 5 déc. 2016, RG n° 16/02363.
9. Civ. 1re, 28 avr. 1998, n° 95-22.242, P I, n° 154 ; *D.* 1998. 131.

En second lieu, se pose la question de savoir si cette admonestation, cette remontrance ou ces reproches, peuvent être produits dans le cas d'une instance disciplinaire, soit par des observations orales, soit par la production du courrier s'il existe.

La réponse devrait être négative si l'on considère que l'admonestation, quelle qu'en soit la forme, ne peut figurer au dossier administratif de l'avocat[1].

511.387 **Recours à l'encontre d'une admonestation.** La mesure prise par un bâtonnier qui adresse par lettre à un avocat « une admonestation écrite » en indiquant qu'un exemplaire de ce courrier sera annexé à son dossier administratif, constitue une sanction soumise à recours[2].

En revanche, une admonestation infligée à un avocat, non inscrite à son dossier administratif individuel, ne constitue pas une sanction faisant grief et est donc insusceptible de recours[3].

SECTION 5

TRAITEMENT DES RÉCLAMATIONS DÉONTOLOGIQUES INTERBARREAUX

511.391 **Traitement des réclamations entre avocats de barreaux différents soumises si nécessaire à un bâtonnier d'un barreau tiers.** Les bâtonniers n'ont de compétence qu'à l'égard des seuls membres de leur barreau, avocats inscrits à leur tableau. Lorsque la réclamation déontologique oppose des avocats de barreaux différents, l'avocat plaignant doit écrire à son bâtonnier, et lui seul, et c'est ce dernier qui prendra attache avec le bâtonnier dont relève l'autre avocat. Chaque bâtonnier, ou son délégué, va alors solliciter les observations de l'avocat qui relève de son autorité et se rapprocher ensuite de son homologue afin de parvenir à une position commune sur le sort de la réclamation.

Le RIN leur donne un délai de quatre semaines à compter de la saisine afin de trouver une position commune[4].

511.392 **Divergence d'avis.** Lorsque les bâtonniers ne parviennent pas à établir une position commune, il peut alors apparaître nécessaire de trancher une divergence d'interprétation entre eux.

Les modalités en la matière connurent diverses péripéties. Ce fut, d'abord, l'article 19 du règlement intérieur unifié (RIU) de 2004, repris à l'article 20 du règlement intérieur national (RIN) d'origine[5], et qui prévoyait que : « Si une difficulté survenue entre avocats de barreaux différents n'a pu être réglée par l'accord de leurs bâtonniers respectifs, ceux-ci choisissent un troisième bâtonnier. Le différend sera résolu par l'avis conjoint des trois bâtonniers ou de leurs délégataires respectifs siégeant collégialement. Les bâtonniers intéressés veilleront à l'application de l'avis rendu ».

Puis, ce fut, ensuite, la convention du 28 novembre 2008, signée entre le président du CNB, le barreau de Paris et la conférence des bâtonniers, et qui était venue prévoir une procédure « d'arbitrage » : un bâtonnier tiers arbitre pouvait décider de la règle déontologique à appliquer et, par voie de conséquence, imposer à un autre bâtonnier une règle au regard de laquelle il lui appartiendra d'engager, le cas échéant, des poursuites disciplinaires. Ces « arbitrages déontologiques » furent sanctionnés par la Cour de cassation qui leur dénia toute portée[6].

511.393 **Procédure actuelle.** Si une difficulté d'ordre déontologique, et non un différend dans le cadre de leur exercice professionnel[7], survenue entre avocats de barreaux différents n'a pu être réglée par l'avis commun de leurs bâtonniers respectifs dans les quatre semaines de leur saisine, ceux-ci soumettent cette difficulté, en vertu de l'article 20.1 du RIN[8], au bâtonnier d'un barreau tiers dans un délai de huit jours.

À défaut d'accord sur le choix de ce bâtonnier, celui-ci est désigné par le président du Conseil national des barreaux à la requête du bâtonnier concerné le plus diligent.

511.394 **Avis d'un bâtonnier tiers.** Le bâtonnier ainsi choisi ou désigné fait connaître son avis par écrit, dans les quatre semaines de sa propre saisine, aux avocats concernés ainsi qu'à leurs bâtonniers respectifs qui veilleront à l'application de cet avis, en ouvrant, le cas échéant, une procédure disciplinaire.

Ces délais peuvent être réduits de moitié en cas d'urgence expressément signalée par le bâtonnier premier saisi.

1. Y. Avril, « La licéité de l'admonestation du bâtonnier », *D.* 2012. 1868.
2. Civ. 1re, 7 mai 2008, no 07-10.864, P I, no 124 ; *D.* 2008. 1735, note Y. Avril ; P I, no 124 – Agen, ch. civ., 4 nov. 2009, RG no 09/01150.
3. Civ. 1re, 16 mai 2012, no 11-13.854, P I, no 107 ; *D.* 2012. 1868, note Y. Avril.
4. RIN, art. 20.1.
5. Décis. 12 juill. 2007 portant adoption du règlement intérieur national de la profession d'avocat, *JO* 11 août, no 30.
6. Civ. 1re, 15 déc. 2011, no 10-25.437, P I, no 213 ; *D.* 2012. 157, obs. Y. Avril ; *RTD civ.* 2012. 148, obs. R. Perrot ; *Gaz. Pal.* 10 janv. 2012, p. 19, I8422, note D. Piau.
7. V. ss no 822.00.
8. Décis. CNB, 21 oct. 2010 portant réforme du RIN de la profession d'avocat, *JO* 7 janv. 2011.

511.395 **Portée de la procédure de règlement.** Le Conseil d'État a été amené à préciser que :

- d'une part, le recours à la procédure de règlement a un caractère facultatif[1]. Cette réserve ne ressort pas d'évidence à la lecture de l'article 20.1. du RIN, qui indique, au contraire, que le recours à ladite procédure serait obligatoire en cas de divergence d'avis déontologique entre bâtonniers de deux barreaux différents ;

- d'autre part, que l'avis déontologique du bâtonnier tiers, lorsqu'il est rendu, n'est pas susceptible de recours[2] et ne lie pas les bâtonniers des barreaux des avocats concernés quant à l'engagement d'éventuelles poursuites disciplinaires[3].

511.396 **Limites du système.** Ces réserves marquent les limites du dispositif actuel dans la mesure où son efficience repose sur la seule volonté des bâtonniers concernés, tant d'avoir recours à ladite procédure que de faire le nécessaire pour mettre en application l'avis qui viendrait à être rendu par le bâtonnier tiers. À défaut, l'on se trouve dans une situation de blocage.

Une réflexion se doit d'être menée afin d'améliorer les modalités et l'efficience du traitement de litiges déontologiques entre avocats de barreaux différents.

511.397 **Incidence de la loi pour la confiance dans l'institution judiciaire.** La loi pour la confiance dans l'institution judiciaire[4] a prévu que le plaignant, auteur de la réclamation, pourra désormais saisir le conseil de discipline[5].

Cette disposition n'opère pas de distinction suivant que le plaignant, auteur de la réclamation, à la qualité d'avocat ou non. Il en découle, en notre sens, qu'un avocat appartenant à un barreau différent de celui de l'avocat mis en cause, voire même le bâtonnier dont relève l'avocat qui se plaint du comportement d'un avocat appartenant à un autre barreau dont rien ne semble s'opposer à ce que lui-même ait la qualité de plaignant, auteur de la réclamation, pourra désormais saisir directement le conseil de discipline dont relève l'avocat mis en cause.

Il n'est pas certain, eu égard à cette évolution, que le maintien de la faculté de recourir à l'avis d'un bâtonnier tiers demeure pertinent.

511.398 **Vers un rescrit déontologique ?** À cet égard, la question de la sécurité juridique dans le cadre de l'appréciation de l'application des normes déontologiques se pose avec acuité, dès lors qu'actuellement, 164 bâtonniers et 26 procureurs généraux sont susceptibles d'avoir des avis divergents sur la même question. Même si le Conseil national des barreaux dispose, à travers sa commission des règles et usages, de la possibilité de rendre des avis pour chercher à unifier les appréciations, il n'en demeure pas moins que ceux-ci ne présentent pas de caractère contraignant[6]. Cette situation, qui peut être un frein à l'initiative des avocats dans un marché de plus en plus concurrentiel, apparaît difficilement tenable, compte tenu de l'évolution du contexte de l'exercice professionnel ces 20 dernières années, notamment avec le développement de la communication[7] et la libéralisation du régime des incompatibilités[8].

L'idée a ainsi été lancée, par l'incubateur du Barreau de Paris, en 2016, de mettre en place un dispositif de rescrit déontologique[9]. La réflexion, qui passe par une nécessaire refonte de la gouvernance de la profession[10], doit se poursuivre afin d'assurer aux avocats la légitime sécurité juridique à laquelle ils sont en droit d'aspirer dans l'application des règles déontologiques et des principes essentiels à leur exercice professionnel[11].

1. CE 29 janv. 2014, req. n° 366083, NP ; *JCP* 2014. 490, note S. Bortoluzzi ; *Gaz. Pal.* 21-22 févr. 2014, p. 7, note D. Piau ; *Gaz. Pal.* 27 févr. 2014, note M. Guyomar.
2. Rennes, 14 juin 2011, RG n° 10/05773 – Paris, pôle 2, ch. 1, 8 déc. 2011, n° 11/12226 – Civ. 1re, 8 mars 2012, n° 10-26.892, NP – Civ. 1re, 26 sept. 2012, n° 11-20.071, NP ; *Gaz. Pal.* 2-6 sept. 2012, p. 19, note Y. Avril – Paris, 11 avr. 2013, RG n° 12/23228 – Paris, pôle 2, ch. 1, 14 janv. 2016, RG n° 15/05328 – Civ. 1re, 15 juin 2016, n° 15-19.681, NP.
3. CE 29 janv. 2014, req. n° 366083, NP ; *JCP* 2014. 490, note S. Bortoluzzi ; *Gaz. Pal.* 21-22 févr. 2014, p. 7, note D. Piau ; *Gaz. Pal.* 27 févr. 2014, note M. Guyomar.
4. L. n° 2021-1729, 22 déc. 2021, art. 42.
5. L. n° 71-1130, 31 déc. 1971, art. 23 – V. ss n° 522.42.
6. V. ss nos 511.373 s.
7. V. ss nos 461.00 s.
8. V. ss nos 432.81 s.
9. L. Garnerie, « Déontologie : un rescrit pour fixer les avis », *Gaz. Pal.* 13 déc. 2016, p. 5.
10. V. ss n° 023.131.
11. D. Piau, *Rapport sur la réforme des institutions de la profession*, UJA de Paris, nov. 2008.

CHAPITRE

512. Suspension provisoire

SECTION 0 ORIENTEUR

512.00 Sommaire du chapitre.

Division. La mise en œuvre de la suspension provisoire (sect. 2) est soumise à des conditions strictes (sect. 1) et produit les mêmes effets que l'interdiction temporaire pour une durée, renouvelable une seule fois, qui ne peut excéder six mois, (sect. 3).

512.01 Textes applicables.

TEXTES TITRÉS

> Droit commun

• **L. n° 71-1130, 31 déc. 1971**

art. 24 [Principe de la suspension provisoire]

• **Décr. n° 91-1197, 27 nov. 1991**

art. 198 [Procédure de mise en œuvre de la suspension provisoire]

art. 199 [Voie de recours contre la décision de suspension provisoire]

> Contrôle judiciaire

• **C. pr. pén.**

art. 138, al. 2, 12° [Obligation pour le juge d'instruction de saisir le conseil de l'Ordre]

512.02 Jurisprudence de référence.

> Le conseil de l'Ordre est seul compétent pour prononcer et lever la suspension provisoire

• **Civ. 1re, 22 mai 2002,** n° 01-13.116, P I, n° 137.

* V. ss nos 512.93, 512.102.

« Vu les articles 138, alinéa 2.12°, et 139 du code de procédure pénale dans leur rédaction résultant de la loi du 15 juin 2000, ensemble l'article 23 de la loi n° 71-130 du 31 décembre 1971 ;

Attendu qu'il résulte de la combinaison de ces textes que le conseil de l'Ordre, saisi par le juge d'instruction, a, seul, le pouvoir de prononcer à l'encontre d'un avocat qui fait l'objet d'un placement sous contrôle judiciaire, une mesure de suspension provisoire de l'exercice de sa profession ainsi que d'y mettre fin ;

Attendu que pour annuler l'arrêté du conseil de l'Ordre des avocats au barreau de Paris ayant mis fin, sur la requête de M. X..., à la mesure d'interdiction provisoire d'exercice professionnel qu'il avait précédemment prononcée à son encontre, la cour d'appel a considéré que la mise en œuvre de la mesure d'interdiction temporaire, en tant qu'elle constituait l'une des obligations du contrôle judiciaire, relevait, en principe, de la seule autorité judiciaire et que s'il était dérogé à ce principe par l'article 138, alinéa 2, 12°, du code de procédure pénale, cette dérogation était limitée au prononcé de ladite mesure d'interdiction par le conseil de l'Ordre sur saisine du juge d'instruction ; qu'ainsi, sauf à méconnaître les pouvoirs spécialement reconnus à ce magistrat par l'article 139, alinéa 2, du code de procédure pénale, le seul renvoi aux dispositions des articles 23 et 24 de la loi du 31 décembre 1971 ne pouvait être regardé comme emportant dévolution au conseil de l'Ordre du pouvoir de supprimer l'obligation à laquelle était astreinte la personne placée sous contrôle judiciaire ; de sorte que ce pouvoir appartenait exclusivement aux juridictions d'instruction ;

Qu'en statuant ainsi la cour d'appel a violé les textes susvisés. »

• **Crim. 15 mai 2002,** n° 02-81.116, P n° 113.

* V. s^s n° 512.93.

« Vu les articles 138, alinéa 2.12°, et 139 du code de procédure pénale, ensemble l'article 23 de la loi du 31 décembre 1971 ;

Attendu qu'il résulte de la combinaison de ces textes que le conseil de l'Ordre a seul le pouvoir de prononcer une mesure d'interdiction provisoire de l'exercice de la profession d'un avocat placé sous contrôle judiciaire, ainsi que d'y mettre fin ;

Attendu qu'il résulte des pièces de la procédure que, par arrêté du 31 octobre 2000, le conseil de l'Ordre des avocats au barreau de Paris, saisi par le juge d'instruction, en application de l'article 138, alinéa 2.12°, du code de procédure pénale, a prononcé, à l'encontre de X..., placé sous contrôle judiciaire, la suspension provisoire de ses fonctions d'avocat ; que, par ordonnance du 15 novembre 2001, le juge d'instruction a rejeté la demande de l'intéressé tendant à la mainlevée partielle du contrôle judiciaire, notamment en ce qui concerne l'interdiction d'exercice de sa profession ; que l'arrêt attaqué confirme, en toutes ses dispositions, la décision du magistrat instructeur ;

Mais attendu qu'en retenant sa compétence, la chambre de l'instruction a méconnu le sens et la portée des textes susvisés ; »

> Conditions de la suspension provisoire

• **Civ. 1re, 13 nov. 2014,** n° 13-25.614, NP.

* V. s^s n°s 512.32, 512.34, 922.141.

« Mais attendu, d'abord, que la suspension provisoire des fonctions prévue à l'article 24 de la loi n° 71-1130 du 31 décembre 1971 modifiée est une mesure de sûreté conservatoire dont le prononcé n'implique pas qu'il soit pris parti sur l'imputabilité d'une quelconque faute pénale ou disciplinaire de l'avocat ; que, partant, les motifs par lesquels le juge, vérifiant la réunion des conditions légales qui lui ouvrent la faculté d'ordonner cette mesure, constate l'existence de poursuites pénales en cours, ne sauraient enfreindre la présomption d'innocence ;

Qu'ensuite, c'est sans méconnaître l'exigence d'impartialité que, procédant à l'analyse des faits reprochés à M. X..., la cour d'appel, après avoir relevé que ces agissements dénotaient une participation active à l'aide à l'entrée et au séjour en France de personnes de nationalité philippine en situation irrégulière, a estimé, par une appréciation propre, que la protection du public, et plus précisément celle de ces ressortissants étrangers qui attirés sur le territoire national contre rémunération, s'exposent à être reconduits à la frontière, après une rétention et des mesures coercitives de nature pénale, imposait la suspension provisoire qu'elle a, dans l'exercice de son pouvoir discrétionnaire, décidé d'ordonner ; »

> Effets de la suspension provisoire

• **Civ. 1re, 7 nov. 2006,** n° 05-19.367, P I, n° 456.

* V. s^s n° 512.193.

« Mais attendu qu'il résulte des articles 173 et 186 du décret n° 91-1197 du 27 novembre 1991, organisant la profession d'avocat, textes visés par la cour d'appel et pris par l'autorité publique en vue de la protection des intérêts des clients de l'avocat suspendu d'exercice, que ce dernier, remplacé dans l'exercice de ses fonctions par l'administrateur, doit s'abstenir de tout acte professionnel ; qu'elle en a exactement déduit que l'expédition à l'administrateur, pour traitement et sélection éventuelle, du courrier libellé à l'adresse du cabinet administré, ressortit à la seule gestion de celui-ci ; d'où il suit que le moyen dirigé contre La Poste n'est pas fondé ; »

512.03 **Bibliographie indicative.**

* Aussi : v. s^s n° 51.03.

Encyclopédies. *J.-Cl. Civ. Annexes, v° Avocat*, fasc. 30 : avocats, Suspension provisoire, 2015 – *J.-Cl. Pr. civ.*, fasc. 83-4 : Avocats, Suspension provisoire, 2015 – *J.-Cl. Pr. pén.*, art. 137 à 150, fasc. 20 : Contrôle judiciaire, interdiction d'exercice de la profession d'avocat, 2014.

Traité. Ch. Guéry, P. Chambon, *Droit et pratique de l'instruction préparatoire,* 11e éd., « Dalloz Action », 2021, n° 421.23.

Monographie. Y. Avril, *Responsabilité des avocats*, 4e éd., « Dalloz Référence », 2021, n°s 221.51 s.

Article. Y. Avril, « La procédure de l'interdiction provisoire dans la profession d'avocat », *D.* 1983. 43.

SECTION 1
CONDITIONS DE LA SUSPENSION PROVISOIRE

512.10 **Plan.** La suspension provisoire d'un avocat dans l'exercice de ses fonctions ne peut être prononcée que par le conseil de l'Ordre et au regard de conditions strictement définies (§ 1) et ce, même en cas de contrôle judiciaire ordonné à l'encontre d'un avocat (§ 2).

§ 1
Propos liminaires

512.20 **Plan.** Mesure de sûreté conservatoire d'une durée limitée (A), la suspension provisoire, implique à la fois l'existence de poursuites pénales ou disciplinaires (B), et une stricte exigence de la protection du public ou tenant à l'urgence (C). Elle doit également être proportionnée aux faits reprochés et à l'objectif poursuivi par son prononcé (D).

A.
Mesure de sûreté conservatoire d'une durée limitée

512.31 Origine. La suspension provisoire, inspirée de certains droits disciplinaires, avait fait, avant son établissement par la loi, l'objet d'une timide tentative jurisprudentielle[1]. Elle a vu le jour en matière de délit d'audience[2] devant certaines juridictions dans le cadre de la répression des infractions commises en vue d'apporter une aide directe ou indirecte aux rebelles des départements algériens[3].

512.32 Principe. La suspension provisoire, mesure initialement prévue sous le terme d'interdiction provisoire par l'article 23 de la loi du 31 décembre 1971[4], figure sous sa dénomination actuelle à l'article 24 de la loi depuis la réforme du 11 février 2004[5].

Seul le bâtonnier ou le procureur général peuvent la demander. Seul le conseil de l'Ordre est compétent pour la prononcer, avec possibilité d'appel devant la cour d'appel.

512.33 Urgence ou protection du public (loi du 31 déc. 1971, art. 24). Lorsque l'urgence ou la protection du public l'exigent, le conseil de l'Ordre peut, à la demande du procureur général ou du bâtonnier, aux termes de l'article 24 de la loi du 31 décembre 1971[6], suspendre provisoirement de ses fonctions un avocat lorsque ce dernier fait l'objet d'une poursuite pénale ou disciplinaire.

Il s'agit d'une mesure exceptionnelle qui doit être maniée avec beaucoup de prudence dans la mesure où elle consiste à frapper un avocat avant même qu'une juridiction ne se soit prononcée sur sa culpabilité.

512.34 Mesure de sûreté. Pour la Cour de cassation, la suspension provisoire, mesure de sûreté conservatoire, d'une durée limitée à celle des actions pénale ou disciplinaire engagées contre l'avocat, dont le prononcé ne suppose pas qu'il soit pris parti sur l'imputabilité d'une quelconque faute pénale ou disciplinaire de l'avocat et que le juge peut prononcer lorsque l'urgence ou la protection du public l'exigent[7], a pour objet de préserver le cadre déontologique rigoureux de la profession d'avocat et de garantir sa crédibilité, et poursuit ainsi un motif d'intérêt général[8].

Ce faisant, elle ne porte aucune atteinte disproportionnée à l'exercice du droit de propriété de l'avocat suspendu compte tenu, tant de l'exigence de renouvellement rapide dont elle est assortie, à peine de mainlevée immédiate, permettant à la fois son encadrement dans le temps et un contrôle réel de la persistance des conditions de son prononcé, que des mesures d'administration provisoire que cette décision déclenche de plein droit et qui en limitent l'incidence patrimoniale[9]. En outre, l'avocat suspendu conserve l'exercice des voies juridictionnelles de recours après que la suspension ait cessé, disposant d'un recours subséquent, de sorte que son droit à un recours juridictionnel effectif[10], lequel n'implique pas, à lui seul, que toute voie de recours soit suspensive d'exécution, ne subit aucune atteinte qui ne soit pas justifiée par les impératifs d'urgence et de protection du public découlant des poursuites pénales ou disciplinaires dont il est l'objet[11].

Elle ne porte pas non plus atteinte ni à la présomption d'innocence, ni aux droits de la défense et au libre choix de l'avocat, lequel est nécessairement limité aux avocats autorisés à exercer, s'agissant d'une profession réglementée[12].

B.
Existence de poursuite pénale ou disciplinaire

512.41 Première condition : l'avocat doit faire l'objet d'une poursuite pénale ou disciplinaire. Il est nécessaire que l'avocat mis en cause fasse personnellement l'objet de poursuites pénales ou disciplinaires[13] au moment où la mesure est prononcée[14].

1. Colmar, 27 juill. 1945, *D.* 1946. 6.
2. V. s[s] n°s 454.81 s.
3. Ord. n° 60-1067, 6 oct. 1960 modifiant le code de procédure pénale et le code de justice militaire pour l'armée de terre et relative à certaines règles de procédure : déposition de témoins devant la Cour d'assises et le Tribunal correctionnel, *JO* 7 oct., p. 9108, art. 9 – L. n° 63-23, 15 janv. 1963 fixant la composition, les règles de fonctionnement et la procédure de la Cour de sûreté de l'État instituée par l'article 698 du code de procédure pénale, *JO* 16 janv., p. 508, art. 34.
4. L. n° 71-1130, 31 déc. 1971 portant réforme de certaines professions judiciaires et juridiques, *JO* 5 janv. 1972, p. 131.
5. L. n° 2004-130, 11 févr. 2004 réformant le statut de certaines professions judiciaires ou juridiques, des experts judiciaires, des conseils en propriété industrielle et des experts en ventes aux enchères publiques, *JO* 12 févr., p. 2847 – V. s[s] n° 521.26.
6. Rejet de QPC : Civ. 1re, 21 mai 2014, RG n° 13/25.614, NP – Civ. 1re, 20 janv. 2016, n° 15-40041, NP.
7. Civ. 1re, 20 janv. 2016, n° 15-40.041, NP.
8. Civ. 1re, 21 mai 2014, n° 13-25.614, NP ; *D. avocats* 2014. 210, obs. L. Dargent.
9. V. s[s] n° 512.193.
10. V. s[s] n[os] 512.161 s.
11. Civ. 1[re], 21 mai 2014, n° 13-25.614, NP ; *D. avocats* 2014. 210, obs. L. Dargent.
12. Civ. 1re, 20 janv. 2016, n° 15-40.041, NP.
13. CO Paris F2, arr. 24 juin 2014 n° 254290.
14. Civ. 1re, 17 oct. 1995, n° 94-19.400, P I, n° 364.

L'existence de simples plaintes ne saurait suffire en l'absence d'engagement effectif de poursuites pénales ou disciplinaires [1], mais peu importe que les faits reprochés soient de nature extraprofessionnelle [2].

512.42 **Nécessité d'une procédure en cours.** La mesure peut être prononcée à tout moment de la procédure et pas seulement au moment où l'information pénale ou disciplinaire est ouverte [3]. Elle peut être prononcée tant que la décision pénale ou disciplinaire n'est pas devenue exécutoire, ce qui permet, en matière disciplinaire, de suspendre un avocat nonobstant l'appel interjeté à l'encontre d'une sanction disciplinaire, compte tenu du caractère suspensif de ce dernier [4].

Mais, dès lors que l'avocat a fait l'objet d'une sanction disciplinaire devenue exécutoire, telle qu'une interdiction temporaire d'exercice, il n'y a plus lieu de se prononcer sur une demande de suspension provisoire [5].

512.43 **Défaut d'appréciation de la culpabilité.** Le prononcé de la suspension provisoire n'implique pas qu'il soit pris parti sur l'imputabilité d'une quelconque faute pénale ou disciplinaire de l'avocat mis en cause, mais qu'il soit procédé à l'analyse des faits reprochés, et apprécié les nécessités de l'urgence ou de la protection du public.

C.
Exigence de la protection du public ou tenant à l'urgence

512.51 **Deuxième condition : l'urgence ou la protection du public.** Il faut qu'il y ait urgence ou que la protection du public l'exige : la mesure de suspension provisoire peut être prononcée à l'encontre de tout avocat qui enfreint les principes essentiels ou règles professionnelles et a pour seul objectif de sauvegarder les intérêts des justiciables [6].

Il en est ainsi des intérêts de ressortissants étrangers qui, attirés sur le territoire national contre rémunération, s'exposent à être reconduits à la frontière, après une rétention et des mesures coercitives de nature pénale, impliquant que le juge du fond décide, dans l'exercice de son pouvoir discrétionnaire, d'ordonner, s'agissant d'un avocat qui avait commis des agissements dénotant une participation active à l'aide à l'entrée et au séjour en France de personnes en situation irrégulière, une telle suspension provisoire [7].

512.52 **Efficience de la mesure.** Il est nécessaire que l'urgence ou la protection du public soient actuelles et certaines [8] : ainsi, le fait que l'autorité de poursuite ne rapporte pas d'incident récent, postérieur aux deux plaintes déposées à l'encontre d'un avocat, ne permet pas de caractériser l'urgence ou le péril pour des tiers justifiant une mesure de suspension provisoire [9].

Le conseil de l'Ordre a l'obligation de vérifier, avant d'ordonner une suspension provisoire, d'une part sa nécessité absolue, et d'autre part, le trouble que l'amoralité des faits reprochés à l'avocat entraînerait. Il se doit, à cette fin, d'examiner les pièces de la procédure disciplinaire ou pénale dont il peut avoir communication, sans que ne puisse être lui opposé, en cas d'instruction en cours, l'article 11 du code de procédure pénale [10].

D.
Proportionnalité de la mesure

512.61 **Proportionnalité.** La mesure doit être proportionnée aux faits reprochés et à l'objectif poursuivi, à savoir l'urgence ou la protection du public.

Et il y a lieu d'opérer ce contrôle de proportionnalité dans la motivation de la décision du conseil de l'Ordre s'agissant d'une mesure qui « porte irréversiblement atteinte à l'honneur et aux intérêts de celui qui en est l'objet, en raison de la publicité même qui s'y attache, par l'interdiction de continuer l'exercice de la profession et l'obligation de désigner un suppléant de l'avocat suspendu, faisant qu'elle ne doit être utilisée qu'avec beaucoup de précautions et que sa nécessité doit être appréciée de manière très stricte, de façon à ce que la sanction ne se révèle pas disproportionnée avec les fautes démontrées » [11].

1. Grenoble, aud. Sol., 23 nov. 2020, RG n° 20/02544 ; *Gaz. Pal.* 1er juin 2021, p. 28, obs. B. de Belval.
2. Paris, pôle 2, ch. 1, 17 juin 2010, RG n° 10/03339.
3. Civ. 1re, 4 juin 1991, n° 90-13.891, P I, n° 177 ; *Gaz. Pal.* 1991. Pan. 243 ; *D.* 1991. 167 – Civ. 1re, 15 juin 2004, n° 02-15.984, NP.
4. Décr. n° 91-1197, 27 nov. 1991, art. 16 – Paris, pôle 2, ch. 1, 11 déc. 2014, RG n° 14/17305.
5. CO Paris F2, arr. 17 févr. 2015, n° 253889 – Civ. 1re, 15 janv. 2002, n° 99-10.776, NP – Civ. 1re, 24 mai 2017, n° 16-24.662, P ; *D.* 2017. 1133 ; *Gaz. Pal.* 5 déc. 2017, p. 28, obs. J.-L. Gaineton.
6. Paris, pôle 2, ch. 1, 11 déc. 2014, RG n° 14/17305 – Civ. 1re, 28 janv. 1976, n° 74-11.766, P I, n° 34 – Aix-en-Provence, 10 mars 1980, NP ; *Gaz. Pal.* 1980. I, jur. p. 269 – Civ. 1re, 3 mars 1993, n° 91-17.380, NP ; *D.* 1994. 193 – Civ. 1re, 17 oct. 1995, n° 94-19.400, P I, n° 364 ; *D.* 1995. 339.
7. Civ. 1re, 13 nov. 2014, n° 13-25.614, NP ; *D. avocats* 2014. 379, obs. L. Dargent.
8. Paris, pôle 2, ch. 1, 26 nov. 2015, RG n° 15-13150.
9. CO Paris F2, arr. 19 juill. 2016, n° 280870.
10. V. ss nos 416.10 s.
11. TGI Versailles, 9 déc. 1976 ; *Gaz. Pal.* 1977. I. 64 ; *in* A. Damien, *Les grands arrêts*, Litec, 1991, p. 146.

512.62 **Préservation du principe de dignité.** La cour d'appel de Riom [1] souligne que le fondement de la suspension provisoire ne doit pas être recherché dans les risques que la poursuite des activités de l'avocat mis en cause ferait courir à ses clients, mais dans l'amoralité que les faits qui lui sont reprochés manifestent et qui font perdre à cet avocat tout crédit, de la part des tribunaux et portent atteinte à la dignité de la justice.

En outre, la nécessité de faire cesser le trouble que causerait, au sein des juridictions, l'auxiliaire de justice qui, faisant l'objet de poursuites pour des actes apparemment illicites, n'en continuerait pas moins à plaider, à consulter, notamment au siège de la juridiction où ces poursuites sont exercées, doit éclairer le juge sur la nécessité de prescrire une telle mesure [2].

512.63 **Impact de la gravité des faits reprochés.** La mesure de suspension provisoire peut, ainsi, être justifiée par la gravité des faits qui sont reprochés à l'avocat. C'est ainsi que le principe de la présomption d'innocence ne fait pas obstacle à ce que le conseil de l'Ordre, au vu des éléments de fait souverainement appréciés par lui, prononce une suspension provisoire, sans attendre l'issue des poursuites pénales ou disciplinaires, s'agissant d'un avocat :

- qui fait l'objet d'une information pénale des chefs de faux, usage de faux et abus de biens sociaux [3], ou des chefs d'escroquerie, faux, blanchiment à titre habituel de délits de fraude fiscale [4], de blanchiment d'argent [5] ;

- qui procède à des détournements de fonds Carpa au détriment de plusieurs clients qui ont déposé des plaintes auprès du bâtonnier [6] ;

- qui a été mis en examen à deux reprises pour avoir détenu, diffusé, fixé, enregistré, transmis des images à caractère pornographique de mineur puis, des chefs de faux et usage de faux document administratif constatant un droit, une identité ou une qualité en accordant une autorisation [7] ;

- qui a été condamné pénalement pour avoir apporté son concours à une opération de placement, de conversion ou de dissimulation de délits, en l'espèce les délits d'extorsion et d'escroquerie commis en bande organisée, commis par son concubin, et fait l'objet de poursuites disciplinaires [8] ;

- qui a établi des fausses factures au titre de frais et débours indus, destinées à obtenir leur règlement à son profit exclusif par le client de l'association d'avocats dans laquelle il exerçait, agissements qui, « reconnus comme étant avérés », « sont d'une particulière gravité » [9] ;

- qui a adressé des lettres « on ne peut plus vindicatives et outrancières » à des magistrats et avocats [10] ;

- qui avait collecté une importante somme d'argent qu'il avait convoyé en train de France jusqu'en Allemagne pour la remettre à un intermédiaire pour permettre la sortie d'un territoire étranger d'une personne affiliée à une organisation terroriste [11] ;

- qui avait continué à exercer alors qu'il était en interdiction temporaire d'exercice et faisait, par ailleurs, l'objet d'une radiation prononcée par le conseil de discipline et pendante devant la cour d'appel [12].

512.64 **Multiplicité des plaintes.** La multiplicité des plaintes venant des clients peut justifier une mesure de suspension provisoire, dès lors que, comme pu le noter une cour d'appel, « les faits reprochés à l'intéressée, outre leur multiplicité, démontrent chez celle-ci une grave, voire totale, méconnaissance de la déontologie de la profession d'avocat et traduisent des comportements contraires aux intérêts de ses clients contre lesquels il convient dès lors de les protéger » [13].

Il en sera ainsi de l'avocat :

- qui fait l'objet de six plaintes dans le cadre de la procédure disciplinaire en cours d'instruction, lui reprochant un nombre important d'infractions et de manquements aux règles de déontologie dans un laps de temps très court et qui avait déjà été sanctionné d'une interdiction temporaire [14] ;

- auquel il est reproché un défaut de diligence persistant dans le traitement des dossiers de clients, l'absence de toute réponse à son bâtonnier sur ses comportements, ce qui est « gravement contraires

1. Riom, 8 juill. 1980, *Gaz. Pal.* 1981. I. 21 ; *in* A. DAMIEN, *Les grands arrêts*, Litec, 1991, p. 146.
2. Civ. 1re, 3 mars 1993, n° 91-17.380, NP ; *D.* 1994. Somm. 139, note A. Brunois ; – COMP. : Civ. 1re, 12 avr. 1983, n° 82-12.517, P I, n° 114 ; *Gaz. Pal.* 1983, jur. p. 436, note A. Damien.
3. Civ. 1re, 17 oct. 1995, n° 94-19.400, P I, n° 364 ; *D.* 1995. 239.
4. Paris, pôle 2, ch. 1, 27 nov. 2014, RG n° 13/13621.
5. Paris, pôle 2 ch. 1, 17 juin 2010, RG n° 10-03339.
6. CO Paris F2, arr. 20 déc. 2016, n° 286533 – Paris, 1re ch., sect. F, 22 févr. 2007, RG n° 06/05082 – Aussi : v. ss n° 483.84.
7. Douai, ch. réunies, 3 oct. 2016, RG n° 16/02588 – PROLONGATION CONFIRMÉE PAR : Douai, ch. réunies, 3 avr. 2017, RG n° 16/05020.
8. Grenoble, 1re ch. civ., 7 oct. 2014, RG n° 14-03702.
9. CO Paris F2, arr. 24 juin 2014, n° 255092.
10. Paris, pôle 2, ch. 1, 28 oct. 2010, RG n° 10/17445 – Paris, pôle 2, ch. 1, 25 mars 2010, RG n° 09/24251.
11. CO Paris F2, arr. 1er févr. 2019, n° 315594.
12. CO Paris F2, arr. 23 avr. 2019, n° 318435 ; – MÊME SENS : CO Paris F2, arr. 11 déc 2018, n° 254288.
13. Paris, pôle 2, ch. 1, 11 déc. 2014, RG n° 14/17305 – CO Paris F2, arr. 15 oct. 2014, n° 253889 – CO Paris F2, arr. 31 déc. 2014, n° 260773.
14. Montpellier, 1re ch., 29 févr. 2016, RG n° 15-09397.

aux intérêts des clients et exige en conséquence que soit assurée la protection du public pour éviter qu'ils ne perdurent ou ne se renouvellent »[1].

512.65 **Impact du contrôle judiciaire.** Les modalités du contrôle judiciaire[2] auquel est, par ailleurs, astreint l'avocat, peuvent fonder un rejet de la demande de suspension provisoire, dès lors qu'il résulte de celles-ci que la protection du public est suffisamment assurée[3] ou que l'urgence et la nécessité de protection du public ne sont pas caractérisées[4].

§ 2
Cas particulier en cas de contrôle judiciaire

512.70 **Plan.** En cas de contrôle judiciaire, toute demande tendant à interdire à l'avocat d'exercer sa profession doit être soumise au conseil de l'Ordre (A) ce qui n'empêche pas à la mise en œuvre d'autres mesures de contrôle judiciaire pouvant aboutir, indirectement, au même résultat (B).

A.
Interdiction d'exercice de la profession en cas de contrôle judiciaire

512.80 **Plan.** L'enjeu de la question est de protéger les droits de la défense incarnés par l'avocat contre l'arbitraire du juge (1°), selon une procédure conduisant le conseil de l'Ordre à se prononcer sur une telle demande (2°).

1°
Enjeux de la question

512.91 **Nécessité de protéger les droits de la défense.** Le débat est ici le même que celui relatif aux délits d'audience[5] : il s'agit de protéger la liberté de la défense et de protéger l'avocat contre l'arbitraire du juge toujours possible.

Ces émotions sont tout à fait légitimes dans la mesure où le pouvoir ainsi confié au juge d'instruction pourrait devenir abusif. Des juges d'instruction interdisent aujourd'hui à un prévenu de conserver son avocat au motif d'un soupçon d'entente entre l'avocat et d'autres mis en examen ou des parties civiles. Une augmentation importante du contentieux relatif à la « délicatesse » est constatée amenant les avocats ou les clients à demander, non seulement au bâtonnier mais même à des juridictions civiles et particulièrement des référés, d'écarter un avocat de la barre, la tentation risquerait d'être grande pour un juge d'instruction d'écarter un avocat en lui interdisant d'exercer sa profession.

512.92 **Décision non subordonnée à une approbation ou à une décision identique du conseil de l'Ordre (avant la loi du 15 juin 2000).** La difficulté[6] est venue de la question de savoir si le juge d'instruction, qui souhaite, dans le cadre d'un contrôle judiciaire, suspendre un avocat mis en examen du droit d'exercer sa profession, était tenu de saisir le conseil de l'Ordre d'une telle demande, ou simplement de l'en informer.

La chambre criminelle considéra que dès lors que l'avocat avait été effectivement *inculpé* dans le cadre d'une infraction commise à l'occasion de l'exercice de son activité professionnelle de l'avocat, le juge d'instruction pouvait prendre sa décision sans être subordonné à une approbation ou à une décision identique du conseil de l'Ordre[7].

512.93 **Mesure prononcée par le conseil de l'Ordre (loi du 15 juin 2000).** La loi du 15 juin 2000 est alors venue prévoir que le conseil de l'Ordre : « a seul le pouvoir de prononcer » une mesure de suspension provisoire, interdisant à un avocat mis en examen d'exercer sa profession, à charge d'appel[8], en vertu de l'article 138 du code de procédure pénale[9].

Puis, face à une certaine résistance des juges du fond[10], la Cour de cassation a clairement affirmé le principe selon lequel seul le conseil de l'Ordre peut prononcer la mesure de suspension provisoire et y mettre fin[11], le juge d'instruction tenant cependant des dispositions de l'article 179 du code de procédure pénale celui de maintenir la mesure de contrôle judiciaire comportant cette interdiction[12].

1. Paris, pôle 2, ch. 1, 14 janv. 2016, RG n° 15-14563 ; – MÊME SENS : CO Paris F2, arr. 28 févr. 2019, n° 311939 ; – CO Paris F2, arr. 2 avril 2019, n° 313886.
2. V. s[s] n°s 512.91 s.
3. CO Paris F2, arr. 5 juill. 2016, n° 281744 – Paris, 1re ch., sect. F, 29 sept. 2005, RG n° 05/10556.
4. Paris, pôle 2, ch. 1, 11 févr. 2010, RG n° 09/24250.
5. V. s[s] n°s 454.25 s.
6. SUR CETTE QUESTION : H. Ader, A. Damien, *Règles de la profession d'avocat*, 14e éd., « Dalloz Action », 2013, n°s 85.11 s.
7. Crim. 30 juin 1993, n° 93-81.845, P n° 231 ; *JCP* 1998. 384 ; *Gaz. Pal.* 1993. 494 ; *Gaz. Pal.* 1997. Doctr. 1435.
8. C. pr. pén., art. 138.
9. L. n° 2000-516, 15 juin 2000 renforçant la protection de la présomption d'innocence et les droits des victimes, *JO* 16 juin, n° 1, art. 45.
10. Paris, 4 juill. 2001, *Gaz. Pal.* 9 sept. 2001, p. 20, note A. Damien ; *JCP* 2001. II. 10627, note R. Martin.
11. Crim. 15 mai 2002, n° 02-81.116, P n° 113 ; *D.* 2002. 1957 ; *Gaz. Pal.* 2002. 1072 ; *Gaz. Pal.* 2002. Somm. 769 – Civ. 1[re], 22 mai 2002, n° 01-13.116, P I, n° 137 ; *D.* 2002. 2580 ; *JCP* 2002. I. 172, n° 23, obs. R. Martin ; *Gaz. Pal.* 2002. 1072, note O. Lambling ; *Gaz. Pal.* 2002, Somm. 769 ; *JCP* 2002. II. 10153, note R. Martin – Paris, 27 nov. 2002, *Gaz. Pal.* 10-11 janv. 2002, p. 11 – Bourges, 6 nov. 2001, *JCP* 2002. I. 136, obs. R. Martin ; *Gaz. Pal.* 2002. 327, note D. Landry.
12. Crim. 21 janv. 2004, n° 03-86.358, P n° 16 ; *D.* 2004. 539 ; *D.* 2005. 686, obs. J. Pradel.

2°
Procédure

512.101 **Procédure.** Le juge d'instruction ou le juge des libertés et de la détention, lorsqu'il laisse en liberté un avocat mis en examen, peut, en vertu de l'article 138 du code de procédure pénale, ordonner que ce dernier reste en liberté sous contrôle judiciaire.

Lorsque, dans le cadre de ce contrôle, ils souhaitent astreindre l'avocat de ne pas exercer sa profession, ils doivent saisir le conseil de l'Ordre qui a seul le pouvoir de prononcer cette mesure, à charge d'appel, dans les conditions de droit commun prévues pour la suspension provisoire [1].

512.102 **Saisine obligatoire du conseil de l'Ordre.** Le conseil de l'Ordre [2] est seul compétent pour ordonner [3] et mettre un terme à cette mesure [4], même en cas d'interdiction partielle limitée à un champ d'activité de l'avocat [5] ou un ressort territorial déterminé [6], et doit être obligatoirement saisi à cette fin par le juge d'instruction ou le juge des libertés et de la détention, à défaut de quoi une telle mesure ordonnée par le juge d'instruction ou le juge des libertés et de la détention est nulle [7].

Et le conseil de l'Ordre a la possibilité et non l'obligation d'ordonner une telle suspension provisoire à la demande du juge d'instruction ou le juge des libertés et de la détention [8].

512.103 **Formes de la saisine.** La saisine du conseil de l'Ordre aux fins de suspension provisoire par le juge d'instruction ou le juge des libertés et de la détention, doit être faite, non par une simple indication d'intention par une conversation téléphonique ou une lettre au bâtonnier, mais par un document écrit, remis d'une manière certaine au bâtonnier et comportant à l'appui, l'intégralité des pièces de la procédure afin de permettre au conseil de l'Ordre de statuer en toute connaissance de cause [9].

Le fait de déposer ultérieurement devant la chambre de l'instruction, les éléments de la procédure d'information ne peut pas entrer en ligne de compte dans la mesure où, en procédant ainsi, on supprime le premier degré de juridiction [10].

512.104 **Délai pour statuer.** Le conseil de l'Ordre est tenu de statuer dans un délai de quinze jours à compter de sa saisine.

S'il n'a pas statué, il est réputé avoir refusé la suspension provisoire et le parquet général peut saisir la cour d'appel dans les conditions de droit commun [11].

512.105 **Durée de la mesure.** Lorsque le conseil de l'Ordre est saisi par le juge d'instruction ou le juge des libertés et de la détention, il statue dans les conditions de droit commun, faisant que la suspension provisoire ne peut être prononcée que pour une durée de six mois [12].

512.106 **Demande de renouvellement.** Il appartiendra au juge d'instruction ou au juge des libertés et de la détention, de demander, s'il le souhaite, au conseil de l'Ordre de prolonger la mesure dans le cadre d'une demande de renouvellement. Il n'appartient pas au conseil de l'Ordre de statuer d'office sur une demande de renouvellement, puisqu'il ne détient aucun élément lui permettant de l'apprécier, hormis ceux qui seront transmis par le juge demandeur.

Si le magistrat ne demande pas ce renouvellement, ce à quoi le bâtonnier ne saurait suppléer [13], la mesure de suspension provisoire tombe [14].

B.
Autres mesures de contrôle judiciaire

512.111 **Interdiction de fait de l'exercice de la profession d'avocat (C. pr. pén.art., 138, 12°).** La mise en œuvre du régime précité implique qu'il s'agisse bien d'une demande d'interdiction d'exercer la profession d'avocat sollicitée au titre du 12° de l'article 138 du code de procédure pénale.

Or, en pratique, le juge d'instruction peut, en usant des autres mesures prévues par l'article 138 du code de procédure pénale, interdire de fait à l'avocat l'exercice de sa profession. Ainsi, il peut lui

1. C. pr. pén., art. 138, 12° – V. s[s] n°s 512.161 s.
2. V. s[s] n°s 115.91 s.
3. Crim. 15 mai 2002, n° 02-81.116, P n° 113 ; *D.* 2002. 1957 ; *Gaz. Pal.* 2002. 1072 ; *Gaz. Pal.* 2002. Somm. 769 – Civ. 1re, 22 mai 2002, n° 01-13.116, P I, n° 137 ; *D.* 2002. 2580 ; *JCP* 2002. I. 172, n° 23, obs. R. Martin ; *Gaz. Pal.* 2002. 1072, note O. Lambling ; *Gaz. Pal.* 2002. Somm. 769 ; *JCP* 2002. II. 10153, note R. Martin – Paris, 27 nov. 2002, *Gaz. Pal.* 10-11 janv. 2002, p. 11.
4. Civ. 1[re], 22 mai 2002, n° 01-13.116, P I, n° 137 ; *D.* 2002. 2580 ; *JCP* 2002. I. 172, n° 23, obs. R. Martin ; *Gaz. Pal.* 2002. 1072, note A. Damien et O. Lambling ; *Gaz. Pal.* 2002. Somm. 769 ; *JCP* 2002. II. 10153, note R. Martin ; – CASSANT : Paris, 4 juill. 2001, *Gaz. Pal.* 2001. 1461, note A. Damien ; *JCP* 2001. II. 10627, note R. Martin.
5. Bordeaux, Ch. instr., 13 sept. 2018, RG n° 2018/00777.
6. Crim. 28 sept. 2010, n° 10-85.142, P.
7. Bordeaux, Ch. instr., 13 sept. 2018, RG n° 2018/00777.
8. Civ. 1re, 18 déc. 2001, n° 99-11.545, NP.
9. CO Paris F2, arr. 21 juill. 2015, n° 268286 – CO Bordeaux 25 sept. 2018, NP.
10. Bordeaux, 14 févr. 1997, *Gaz. Pal.* 15 mai 1977, 10.
11. V. s[s] n°s 512.161 s.
12. V. s[s] n°s 512.181 s.
13. Paris, pôle 2, ch. 1, 12 nov. 2020, RG n° 18/21433.
14. CNB, Comm. RU, avis n° 2005-070, 8 juill. 2005 ; C. avocat 2021, s[s] L. 31 déc. 1971, art. 24, note 10.

interdire de se rendre en certains lieux, s'abstenir de recevoir ou de rencontrer certaines personnes spécialement désignées, le juge d'instruction faisant alors figurer sur sa liste tous les clients de l'avocat[1].

512.112 Interdiction de se rendre dans certains lieux (C. pr. pén.art., 138, 3°). L'interdiction faite à un avocat de se rendre dans des lieux situés hors du ressort du barreau où il est inscrit, prononcée en application de l'article 138, 3°, du code de procédure pénale, ne constitue pas une mesure s'assimilant à l'interdiction d'exercer l'activité d'avocat, prévue au 12° du même article et relevant de la compétence exclusive du conseil de l'Ordre[2].

512.113 Interdiction de rencontrer certaines personnes (C. pr. pén.art., 138, 9°). L'obligation faite à un avocat de s'abstenir de rencontrer ou recevoir certaines personnes spécialement désignées, fussent-elles ses clients, mises en examen dans la même information, ou d'entrer en relation avec elles de quelque façon que ce soit a pour objet d'empêcher toute concertation entre eux afin de rechercher leur implication respective dans les faits qui leur sont reprochés et ne saurait s'assimiler à une interdiction d'exercer l'activité d'avocat[3].

512.114 Absence de garanties spéciales (C. pr. pén.art., 138, 12°). L'absence de garanties supplémentaires pour les avocats qui seraient placés sous contrôle judiciaire, en dehors du 12° de l'article 138 du code de procédure pénale, a fait l'objet d'une QPC qui a été rejetée, par la Cour de cassation, s'agissant de celle de rencontrer ses clients, au motif qu'en s'abstenant de prévoir d'autres garanties, notamment de donner au conseil de l'Ordre du barreau dont relève l'intéressé, compétence pour prononcer ladite interdiction, qui ne peut être assimilée à une interdiction, même partielle, de l'exercice de la profession d'avocat, le législateur a procédé à une conciliation qui apparaît équilibrée entre le principe du respect des droits de la défense et la prévention des atteintes à l'ordre public, et la recherche des auteurs d'infractions, qui constituent des objectifs de valeur constitutionnelle[4], dès lors que :

- d'une part, l'interdiction est fondée sur l'existence, à son encontre, d'indices graves ou concordants rendant vraisemblable qu'il ait pu participer, comme auteur ou comme complice, à la commission des infractions qui sont l'objet d'une information judiciaire ;

- d'autre part, la décision du juge d'instruction ou du juge des libertés et de la détention de prononcer à l'encontre de l'intéressé une telle interdiction doit faire l'objet d'une ordonnance, désignant avec une précision suffisante les personnes qu'elle concerne, et est susceptible d'appel devant la chambre de l'instruction qui, si elle la confirme, doit préciser les circonstances qui, en raison des nécessités de l'instruction ou à titre de mesure de sûreté, la justifient, ainsi que le rapport entre les personnes désignées et les faits reprochés[5].

512.115 Avocat inscrit à un barreau étranger (C. pr. pén.art., 138, 12°). La mise en œuvre du régime du 12° de l'article 138 du code de procédure pénale n'est applicable que lorsque la personne concernée est un avocat inscrit à un barreau français : elle n'interdit pas à ce que soit prononcée une mesure d'interdiction professionnelle concernant une personne inscrite à un barreau étranger, et exerçant sur le sol français l'activité d'avocat sans être inscrite à un barreau français, de telle sorte qu'aucun organe disciplinaire relevant d'un barreau français ne pourrait prononcer cette mesure à son égard.

En l'occurrence, il s'agissait d'un avocat qui avait été radié du barreau de Paris puis s'était inscrit au barreau d'Alger. Il avait fait l'objet d'une mise en examen des chefs d'abus de confiance[6] et exercice illégal de la profession d'avocat en France[7], et fut placé sous contrôle judiciaire avec interdiction d'exercer en France la profession d'avocat. Pour la Cour de cassation, ces infractions qui auraient été commises par l'intéressé dans l'exercice ou à l'occasion de l'exercice de ses activités d'avocat et dont il était à redouter qu'une nouvelle infraction d'exercice illégal de la profession d'avocat soit commise, dès lors que l'intéressé soutenait avoir le droit d'exercer la profession d'avocat en France, bien qu'ayant été radié du barreau de Paris, justifiaient que soit prononcée à son encontre la mesure d'interdiction professionnelle qui n'apparaissait pas disproportionnée au vu des circonstances de l'espèce, l'intéressé pouvant exercer la profession d'avocat hors du territoire français[8].

1. Toulouse, 15 mars 2001 ; *Gaz. Pal.* 2001. I. 742, note A. Damien ; *JCP* 2002. I. 136, n° 28, obs. R. Martin.
2. Crim. 9 mars 2011, n° 10-88.756, P n° 51 ; *D.* 2011. Actu. 1083 ; *D. actu.* 15 avr. 2011, obs. C. Girault ; *AJ pénal* 2011. 419, obs. C. Porteron ; *Dr. pénal* 2012. Chron. 1, obs. V. Georget.
3. Crim. 12 oct. 2011, n° 11-85.885, P n° 205 ; *D. actu.* 18 nov. 2011, obs. C. Fleuriot ; *D.* 2011. Actu. 2731 ; *AJ pénal* 2011. 597, note E. Allain.
4. Crim. 20 sept. 2016, n° 16-90.017, P ; *Gaz. Pal.* 11 oct. 2016, p. 35, obs. C. Berlaud.
5. Crim. 20 sept. 2016, n° 16-90.017, P ; *Gaz. Pal.* 11 oct. 2016, p. 35, obs. C. Berlaud.
6. V. ss nos 922.31 s.
7. V. ss nos 612.11 s.
8. Crim. 7 févr. 2018, n° 17-86.767, NP ; – COMP. CJUE 19 janvier 1988 *Claude Gullung c/Conseil de l'ordre des avocats du barreau de Colmar et de Saverne,* aff. 292/86.

SECTION 2
MISE EN ŒUVRE DE LA SUSPENSION PROVISOIRE

512.120 **Plan.** La mise en œuvre de la suspension provisoire, qui relève de la compétence exclusive du conseil de l'Ordre, se déroule selon une procédure qui emprunte à la procédure suivie devant le conseil de discipline (§ 1) et dont les décisions prises peuvent être déférées à la cour d'appel par l'avocat intéressé, le bâtonnier, ou le procureur général (§ 2).

§ 1
Procédure

512.130 **Plan.** Le conseil de l'Ordre dont relève l'avocat concerné est la juridiction compétente à l'exclusion de toute autre instance (A) pour statuer sur la demande de suspension provisoire, selon des modalités de procédure qui emprunte à la procédure suivie devant le conseil de discipline (B).

A.
Juridiction compétente

512.141 **Compétence du conseil de l'Ordre.** Il appartient au conseil de l'Ordre de statuer sur la demande de suspension provisoire, à la demande du procureur général ou du bâtonnier, ou encore du juge d'instruction ou du juge de la liberté et de la détention [1].

Il est seul compétent pour ce faire : un tribunal correctionnel ne saurait prononcer une suspension provisoire à l'encontre d'un avocat dont il est amené à connaître l'affaire au fond et ce, même si la cour d'appel a été, par ailleurs, saisie d'une telle demande par le procureur général à la suite du rejet implicite par le conseil de l'Ordre d'une demande de prolongation de la mesure de suspension provisoire formulée par le juge d'instruction [2].

Le conseil de l'Ordre compétent est celui dont relève l'avocat concerné.

512.142 **Composition du conseil de l'Ordre.** Le conseil de l'Ordre siège dans sa composition plénière aux conditions de *quorum* et de majorité prévues par les textes [3].

Toutefois, lorsque le conseil de l'Ordre siège en vue de se prononcer sur une demande de suspension provisoire, les membres titulaires ou suppléants du conseil de discipline [4] ne peuvent siéger même s'ils sont membres en exercice au sein du conseil de l'Ordre. Pour Paris, les membres du conseil de l'Ordre qui siègent dans une formation ayant à connaître d'une demande de suspension provisoire ne peuvent siéger ensuite dans la formation disciplinaire appelée à se prononcer au fond [5].

512.143 **Incompétence du conseil de discipline.** C'est au conseil de l'Ordre, du barreau dont relève l'avocat mis en cause, et à lui seul, et non au conseil de discipline [6], qu'il appartient de statuer sur la suspension provisoire.

512.144 **Incompétence de la formation restreinte.** La formation restreinte du conseil de l'Ordre n'a de compétence que pour statuer sur l'inscription au tableau du barreau ou sur l'omission du tableau, soit sur l'autorisation d'ouverture de bureaux secondaires ou le retrait de cette autorisation [7], ce qui n'inclut pas la suspension provisoire laquelle ne constitue pas une omission du tableau [8].

Il ne nous semble donc pas possible, en l'état, de soumettre une demande de suspension provisoire à une formation restreinte du conseil de l'Ordre [9].

B.
Déroulement de la procédure

512.151 **Convocation de l'avocat.** La mesure de suspension provisoire ne peut être prononcée sans que l'avocat mis en cause ait été entendu ou appelé au moins huit jours à l'avance. L'avocat mis en cause est convoqué ou cité dans les conditions prévues en matière de procédure disciplinaire [10].

Dès lors, l'avocat mis en cause doit être convoqué au moins huit jours à l'avance par lettre recommandée avec demande d'avis de réception ou LRE eIDAS [11]. En cas de retour du recommandé avec la mention « non réclamé » ou « n'habite pas à l'adresse indiquée », il y a lieu de procéder par voie de signification [12], ou directement par citation d'huissier de justice.

1. V. s[s] n° 512.102.
2. Civ. 1re, 24 mai 2017, n° 16-24.662, P ; *JCP* 2017. 667 ; *D.* 2017. 1133.
3. Décr. n° 91-1197, 27 nov. 1991, art. 4 *in fine.*
4. V. s[s] nos 118.41 s.
5. L. n° 71-1130, 31 déc. 1971, art. 24.
6. Civ. 1re, 12 avr. 1983, n° 82-12.517, P I, n° 114 ; *D.* 1984. 115, note A. Brunois ; *D.* 1983. 43, note Y. Avril ; *Gaz. Pal.* 1983. 2. 436, note A. Damien.
7. L. n° 71-1130, 31 déc. 1971, art. 17, al. 3.
8. V. s[s] nos 241.00 s.
9. CONTRA : CO Paris F2, arr. 7 juin 2016, n° 278618.
10. Décr. n° 91-1197, 27 nov. 1991, art. 198 – V. s[s] nos 522.201 s.
11. Règl. 910/2014, Parlement et Conseil, 23 juill. 2014 sur l'identification électronique et les services de confiance pour les transactions électroniques au sein du marché intérieur et abrogeant la directive 1999/93/CE, *JOUE L* 257/73, 28 août – Décr. n° 2018-347, 9 mai 2018 relatif à la lettre recommandée électronique, *JO* 12 mai, n° 16 – F. Dempuré, « Gros plan sur la lettre recommandée électronique », *JCP* 2019. 1100 – CPCE, art. R. 53 à R. 53-4.
12. C. pr. civ., art. 670-1.

512.152 Contenu de la convocation. La convocation ou la citation comporte, à peine de nullité, l'indication précise des faits à l'origine de la demande de suspension provisoire ainsi que la référence aux dispositions législatives ou réglementaires précisant les obligations auxquelles il est reproché à l'avocat poursuivi d'avoir contrevenu [1].

512.153 Audience. L'audience se déroule devant le conseil de l'Ordre dans les conditions fixées en matière de procédure disciplinaire [2]. L'avocat mis en cause comparaît en personne. Il peut se faire assister par un avocat. Le bâtonnier donne la parole au procureur général si ce dernier a pris l'initiative de solliciter la mesure [3]. Les débats sont publics.

Toutefois, le conseil de l'Ordre peut décider que les débats auront lieu où se poursuivront en chambre du conseil à la demande de l'une des parties ou s'il doit résulter de leur publicité une atteinte à l'intimité de la vie privée [4].

L'avocat mis en cause est tenu de fournir au bâtonnier, ou à son délégué, toutes les informations et pièces nécessaires à l'instruction de son cas [5] et ne peut se retrancher derrière le secret de l'instruction pour refuser de fournir au conseil de l'Ordre les éléments nécessaires pour statuer sur une éventuelle suspension provisoire [6].

512.154 Respect du contradictoire. La CEDH a eu à juger qu'une telle mesure devait respecter le principe du contradictoire, non seulement pour examiner le caractère sérieux des infractions alléguées contre l'avocat, mais également pour évaluer, en équité, quelles conséquences la mesure de suspension provisoire aurait sur la carrière de l'intéressé [7].

Ainsi, si la procédure est en principe orale et que rien n'interdit au bâtonnier ou au procureur général de conclure oralement, il y a lieu de préciser, en tout état de cause, dans la décision, si des conclusions écrites ont été déposées préalablement à l'audience et, dans ce cas, si l'avocat poursuivi en avait reçu communication afin de pouvoir y répondre utilement [8].

512.155 Délais pour statuer. Si, dans le mois d'une demande de suspension provisoire, le conseil de l'Ordre n'a pas statué, la demande est réputée rejetée et, selon le cas, le procureur général ou le bâtonnier peut saisir la cour d'appel [9].

Le conseil de l'Ordre ne peut pas interrompre ce délai d'un mois par une décision avant dire droit, aussi justifiée qu'elle puisse apparaître.

512.156 Notification de la décision. Toute décision prise en matière de suspension provisoire est notifiée [10] à l'avocat poursuivi, au procureur général et au bâtonnier, dans les huit jours de son prononcé, par lettre recommandée avec demande d'avis de réception [11] ou LRE eIDAS [12]. En cas de retour du recommandé avec la mention « non réclamé » ou « n'habite pas à l'adresse indiquée », il y a lieu de procéder par voie de signification [13].

En d'absence de mention ou de mention erronée dans l'acte de notification de la voie de recours ouverte, de son délai ou de ses modalités, telle que celui qui portait la mention inexacte que le recours pouvait être formé « soit par déclaration au secrétariat-greffe de la cour d'appel, soit par lettre recommandée avec accusé de réception au secrétariat-greffe de la cour d'appel » [14], le délai d'appel ne saurait valablement courir à l'encontre de celui auquel la décision a été notifiée [15].

§ 2
Voies de recours

512.161 Voies de recours. Les décisions prises par le conseil de l'Ordre en matière de suspension provisoire peuvent être déférées à la cour d'appel par l'avocat intéressé, le bâtonnier dont il relève, ou le procureur général [16]. Le conseil de l'Ordre, juridiction de premier degré n'est pas partie à l'instance d'appel [17].

Les formes et modalités de l'appel, ainsi que la procédure suivie devant la cour d'appel, sont les mêmes que celles prévues en matière disciplinaire [18]. Notamment, l'appel doit être formé par lettre recommandée avec demande d'avis de réception, ou LRE eIDAS [19], adressée au secrétariat-greffe de la cour d'appel ou remis contre récépissé au greffier en chef et non par simple déclaration verbale [20], tout

1. Décr. n° 91-1197, 27 nov. 1991, art. 192.
2. Décr. n° 91-1197, 27 nov. 1991, art. 198 – V. s[s] n°s 522.231 s.
3. Décr. n° 91-1197, 27 nov. 1991, art. 193.
4. Décr. n° 91-1197, 27 nov. 1991, art. 194.
5. RIBP, art. P. 72.8.
6. Cons. ordre Paris, 21 juill. 1993, *Bull. bâtonnier* Paris 16 juill. 1993, p. 219.
7. CEDH 5 avr. 2016, *Blum c/Autriche*, req. n° 33060/10.
8. Civ. 1re, 8 févr. 2017, RG n° 16-12.612, NP.
9. Décr. n° 91-1197, 27 nov. 1991, art. 198.
10. Décr. n° 91-1197, 27 nov. 1991, art. 198.
11. Décr. n° 91-1197, 27 nov. 1991, art. 196.
12. CPCE, art. R. 53 à R. 53-4.
13. C. pr. civ., art. 670-1.
14. V. s[s] n° 512.161.
15. Civ. 1re, 21 mars 2018, n° 17-50.016, NP.
16. L. n° 71-1130, 31 déc. 1971, art. 24 – Décr. n° 91-1197, 27 nov. 1991, art. 198.
17. Civ. 1re, 3 nov. 2016, n° 15-26.319, NP.
18. V. s[s] n°s 522.451 s.
19. CPCE, art. R. 53 à R. 53-4.
20. Paris, pôle 2, ch. 1, 9 févr. 2017, RG n° 16/16404.

comme le bâtonnier doit avoir été invité à présenter ses observations [1].

La cessation de la suspension provisoire, du fait de l'extinction de la procédure disciplinaire en considération de laquelle la mesure, exécutoire de droit nonobstant appel, a été prise, ne prive pas l'avocat mis en cause du bénéfice de la voie de recours exercée contre la décision de suspension provisoire [2].

512.162 Absence d'effet suspensif. L'appel, exceptionnellement, ne suspend pas l'exécution de la décision laquelle est exécutoire de droit [3].

512.163 Arrêt de l'exécution provisoire. Jusqu'en 2005, il n'était pas possible de solliciter du premier président d'une demande d'arrêt de l'exécution provisoire qui résulte de la loi et n'a pas à être ordonnée [4]. Le décret du 20 août 2004 [5] avait ouvert, à compter du 1er janvier 2005, la possibilité d'obtenir, en cas d'appel, l'arrêt de l'exécution provisoire par le premier président statuant en référé en cas de violation manifeste du principe du contradictoire ou de l'étendue de l'office du juge [6] et lorsque l'exécution risque d'entraîner des conséquences manifestement excessives [7]. Ces deux conditions étaient cumulatives et il n'y avait pas lieu de rechercher si la seconde condition, tenant aux conséquences manifestement excessives qu'entraînerait l'exécution provisoire, était établie dès lors que l'avocat n'invoquait aucune violation manifeste du principe du contradictoire ou de l'étendue de l'office du juge [8], le premier président n'ayant alors pas le pouvoir d'apprécier le bien-fondé de la décision assortie de l'exécution provisoire, de sorte que les moyens soulevés relatifs à l'infirmation certaine, totale ou partielle, de celle-ci étaient inopérants [9].

Depuis le 1er janvier 2020 [10], en cas d'appel, le premier président peut être saisi afin d'arrêter l'exécution provisoire de la décision lorsqu'il existe un moyen sérieux d'annulation ou de réformation et que l'exécution risque d'entraîner des conséquences manifestement excessives [11]. La demande l'avocat qui a comparu devant le conseil de l'Ordre sans faire valoir d'observations sur l'exécution provisoire n'est recevable que si, outre l'existence d'un moyen sérieux d'annulation ou de réformation, l'exécution provisoire risque d'entraîner des conséquences manifestement excessives qui se sont révélées postérieurement à la décision de première instance [12].

512.164 Demande de sursis à exécution. Il semble avoir été admis que la mesure de suspension provisoire puisse faire l'objet d'une demande de sursis à exécution auprès de la cour d'appel, après autorisation d'assigner à cette fin, donnée par le premier président [13].

La cour d'appel n'a toutefois pas eu l'occasion de se prononcer sur le fond de la demande, l'assignation ayant été annulée car délivrée à l'encontre du conseil de l'Ordre et non du bâtonnier, seule partie à l'instance [14].

512.165 Pourvoi en cassation. Les arrêts intervenus en matière de suspension provisoire sont susceptibles d'un recours en cassation pour les causes légales de pourvoi : excès de pouvoir, vice de forme, violation ou fausse interprétation de la loi, contrariété de jugements, violation des droits de la défense [15].

Les règles de forme et des effets du pourvoi en matière de suspension provisoire sont celles du pourvoi en matière civile. Le délai de pourvoi en cassation, qui est de deux mois, et le pourvoi ne sont pas suspensifs [16]. Le ministère d'un avocat aux conseils est obligatoire sauf pour le procureur général qui doit former son recours par déclaration remise au greffe de la Cour de cassation, mais non par lettre simple [17].

L'auteur du pourvoi ne peut être qu'une partie à l'instance d'appel, ce qui ne sera pas le cas du bâtonnier s'il n'avait pas la qualité d'intimé devant la cour d'appel, et doit impérativement être dirigé à l'encontre des autres parties à cette même instance d'appel.

SECTION 3
DURÉE ET EFFETS DE LA SUSPENSION PROVISOIRE

512.170 Plan. La durée de la suspension provisoire est de six mois, pouvant faire l'objet d'un seul renouvellement (§ 1), pendant lesquels elle produit des effets identiques à ceux de la sanction disciplinaire de l'interdiction temporaire (§ 2).

1. Civ. 1re, 11 mai 2017, no 16-16.428, NP.
2. Civ. 1re, 6 oct. 2011, no 10-20.721, P I, no 155 ; *BICC* 1er févr. 2012, no 79 ; *D.* 2011. 2482 ; *Gaz. Pal.* 13 déc. 2011, p. 21, note J.-L. Gaineton et J. Villacèque – Civ. 1re, 6 oct. 2011, no 10-18.109, NP.
3. Décr. no 91-1197, 27 nov. 1991, art. 199.
4. Paris, 22 janv. 2003, *Annonces de la Seine* 30 janv. 2003, p. 22 – Versailles, ord. réf., 27 févr. 2004, RG no 39.04.
5. Décr. no 2004-836, 20 août 2004 portant modification de la procédure civile, *JO* 22 août, no 7.
6. C. pr. civ., art. 12.
7. C. pr. civ., art. 524.
8. C. pr. civ., art. 12.
9. Paris, pôle 1, ch. 5, 17 juill. 2019, RG no 19/10542.
10. Décr. no 2019-1333, 11 déc. 2019 réformant la procédure civile, *JO* 12 déc., no 3.
11. C. pr. civ., art. 514-3.
12. C. pr. civ., art. 514-3, al. 2.
13. C. pr. civ., art. 956.
14. Paris, pôle 1, ch. 5, 8 juin 2010, RG no 10/07417.
15. Civ. 1re, 1er déc. 1952, *D.* 1953. 89.
16. Décr. no 91-1197, 27 nov. 1991, art. 270.
17. Civ. 1re, 22 oct. 2003, no 01-03.714, NP.

§ 1
Durée de la suspension provisoire

512.181 Durée de la suspension provisoire : six mois, renouvelable une seule fois. Jusqu'en 2021, la suspension provisoire ne pouvait pas excéder une durée de quatre mois, renouvelable [1], et le nombre de renouvellements n'était pas limité par les textes.

La loi pour la confiance dans l'institution judiciaire [2] est venue prévoir que la suspension provisoire ne peut être prononcée que pour une durée de six mois renouvelable une seule fois, soit un maximum de douze mois [3] ou, au-delà de cette limite, lorsque l'action publique a été engagée contre l'avocat à raison des faits qui fondent la suspension.

Pour la CEDH, la durée d'une telle mesure peut être liée à la durée de la procédure pénale, notamment si elle est longue eu égard à la complexité de l'affaire, sans que cela ne constitue une violation de l'article 6 de la Conv. EDH [4].

512.182 Exécution de la décision. La décision suspendant provisoirement de ses fonctions l'avocat qui fait l'objet d'une poursuite pénale ou disciplinaire est exécutoire nonobstant appel, et entre en vigueur à compter de sa notification à l'intéressé. Le procureur général assure et surveille l'exécution de la mesure de suspension provisoire [5].

En appel, si le conseil de l'Ordre a explicitement ou implicitement (n'ayant pas statué dans le mois de la saisine) rejeté la demande de suspension provisoire, et si la cour la prononce, le délai de six mois commence le jour où l'arrêt de la cour est notifié à l'avocat.

512.183 Renouvellement. La suspension provisoire peut être renouvelée, une seule fois, pour une durée de six mois par le conseil de l'Ordre s'il a prononcé la suspension provisoire [6] ou par la cour quand elle l'a prononcée.

Elle peut être renouvelée plusieurs fois lorsque l'action publique a été engagée soit par la saisine d'un juge d'instruction soit par la saisine de la juridiction pénale par le procureur de la République [7].

Les conditions d'urgence et/ou de protection du public devront être réexaminées et justifiées lors du renouvellement.

512.184 Cessation. La mesure de suspension provisoire cesse de plein droit :

– dès la fin du sixième mois écoulé depuis qu'elle a été prononcée. Les textes ne disent rien de l'hypothèse où en cas d'appel, la cour n'a pas statué dans les six mois du jour où la suspension provisoire a été notifiée à l'avocat mis en cause. Nous pensons que, appel ou non, la suspension provisoire cesse à la fin de ces six mois ;

– ou dès que les actions pénale et disciplinaire sont éteintes [8], ou ont donné lieu à une décision devenue définitive [9]. L'extinction de l'action pénale ne met pas fin à la suspension provisoire si des poursuites disciplinaires sont engagées après cette extinction.

La cassation de l'arrêt d'une cour d'appel qui ordonne une mesure de suspension provisoire entraîne l'annulation, par voie de conséquence, de l'arrêt qui prolonge la mesure de provisoire ordonnée par la décision cassée, s'y rattachant par un lien de dépendance nécessaire [10].

512.185 Cas du contrôle judiciaire. En cas de contrôle judiciaire [11], la suspension provisoire est liée à la mesure de contrôle judiciaire [12], impliquant que, si seul le juge d'instruction peut solliciter le maintien du contrôle judiciaire, y compris jusqu'à la comparution devant la juridiction de jugement, sous réserve de solliciter le renouvellement de la suspension provisoire si nécessaire [13], cette dernière cesse de produire effet si le contrôle judiciaire est levé.

C'est ainsi que dans une affaire où un avocat avait été mis en examen et placé sous contrôle judiciaire des chefs d'escroquerie, faux, blanchiment à titre habituel de délits de fraude fiscale par les sociétés d'un client, de blanchiment habituel de délits, notamment de fraude fiscale commise par les clients du groupe, le conseil de l'Ordre avait décidé qu'il n'y avait pas lieu de prononcer la suspension provisoire. La cour d'appel avait infirmé cette décision et ordonné la suspension provisoire de l'avocat [14]. Parallèlement, l'avocat avait saisi la chambre de l'instruction et demandé la mainlevée du contrôle judiciaire, ce qu'il obtint en considération du fait que les motifs ayant présidé au prononcé de cette mesure ne sont plus d'actualité à ce jour, « l'intéressé ayant reconnu les faits, ayant participé à l'avancement de l'instruction, ayant pris toute disposition pour rompre avec la situation dans laquelle il s'était fourvoyé ce qui laisse penser qu'il n'existe plus de risque caractérisé de renouvellement

1. L. n° 71-1130, 31 déc. 1971, art. 24.
2. L. n° 2021-1729, 22 déc. 2021, art. 42.
3. L. n° 71-1130, 31 déc. 1971, art. 24.
4. CEDH 5 avr. 2016, *Helmut Blum c/Autriche*, req. n° 33060/10.
5. Décr. n° 91-1197, 27 nov. 1991, art. 199.
6. CO Paris, 28 avr. 2015, n° 260773.
7. L. n° 71-1130, 31 déc. 1971, art. 24.
8. L. n° 71-1130, 31 déc. 1971, art. 24, al. 4 – Paris, 1re ch., sect. F, 28 mai 2009, RG n° 08/19988.
9. Civ. 1re, 8 févr. 2017, RG n° 16-17.332, NP – Civ. 1re, 8 févr. 2017, RG n° 16-12.612, NP.
10. Civ. 1re, 8 févr. 2017, RG n° 16-17.332, NP – Civ. 1re, 8 févr. 2017, RG n° 16-12.612, NP.
11. V. ss nos 512.91 s.
12. Civ. 1re, 24 mai 2017, n° 16-24.662, P ; *D.* 2017. 1133 ; *Gaz. Pal.* 5 déc. 2017, p. 28, obs. J.-L. Gaineton.
13. Crim. 21 janv. 2004, n° 03-86.358, P n° 16 ; *D.* 2004. 539 ; *D.* 2005. 684, obs. J. Pradel – V. ss n° 512.105.
14. Paris, pôle 2, ch. 1, 27 nov. 2014, RG n° 13/13621.

de l'infraction »[1]. La mainlevée du contrôle judiciaire a ainsi mis un terme à la mesure de suspension provisoire[2].

512.186 Mainlevée de la suspension provisoire. Le conseil de l'Ordre peut ordonner, dans les mêmes conditions, la mainlevée de la mesure de suspension provisoire, à la requête de l'intéressé ou du bâtonnier, en y mettant fin, hors le cas où la mesure a été ordonnée en appel par la cour d'appel qui demeure alors seule compétente[3].

La décision ordonnant la mainlevée de la mesure de suspension provisoire cette décision n'est pas exécutoire de plein droit[4] mais peut être assortie de l'exécution provisoire par une disposition expresse[5].

512.187 Information du procureur général. Lorsque le conseil de l'Ordre envisage la mainlevée de la suspension provisoire, le procureur général, qui est investi du pouvoir de prendre des réquisitions pour saisir le conseil de l'Ordre aux fins de prononcer une mesure de suspension provisoire doit, en sa qualité de partie principale, être informé de la saisine d'office envisagée par le conseil de l'Ordre de mettre fin à une telle mesure[6].

Il lui appartient, en outre, de préciser expressément s'il entend que la mainlevée de la suspension provisoire soit exécutoire par provision[7].

§ 2
Effets de la suspension provisoire

512.191 Effets identiques à l'interdiction temporaire. La suspension provisoire produit les mêmes effets que l'interdiction temporaire[8].

Le bâtonnier Jean Lemaire résume excellemment les effets de cette mesure de sûreté : « L'avocat interdit temporairement [depuis la loi du 31 décembre 1990 lire "suspendu provisoirement"] demeure un avocat mais il ne saurait faire acte de son ministère. Il reste d'autre part un juriste. Donc avocat il demeure justiciable du conseil et soumis aux incompatibilités qui régissent la profession. Il ne peut ni plaider ni consulter [et depuis la réforme ni postuler] ; mais il peut travailler chez un avoué [un avocat], accepter une mission d'arbitre, donner des consultations orales à toute personne qui lui soumet un problème juridique et recevoir des clients »[9].

512.192 Maintien de l'inscription au tableau. Comme pour l'interdiction temporaire[10], la suspension provisoire n'entraîne pas le retrait de l'avocat du tableau[11], mais il ne peut accomplir aucun acte de la profession, pas plus qu'il ne saurait solliciter l'ouverture d'un bureau secondaire[12]. Il encourt dès lors des sanctions disciplinaires pour les faits commis pendant la période de suspension provisoire, notamment s'il ne respecte pas la mesure de suspension en réalisant des actes de la profession[13], ainsi que des sanctions pénales.

La cour d'appel de Bourges a ainsi été approuvée par la Cour de cassation pour avoir jugé qu'un avocat bien que suspendu, possède toujours la qualité d'avocat du barreau, même s'il subit nombre d'interdictions professionnelles, que son cabinet a toujours une existence légale et continue à fonctionner, tant dans la poursuite des dossiers anciens que dans le traitement d'affaires nouvelles sous l'administration provisoire d'un de ses confrères et que la non-inscription au tableau constituerait de ce fait une sanction s'ajoutant à celle de la suspension provisoire prononcée contre lui et, ordonné le rétablissement sur le tableau de l'avocat suspendu[14].

512.193 Administration provisoire. Dès lors que, par l'effet de la suspension provisoire, l'avocat est dans l'impossibilité d'exercer ses fonctions d'avocat, il est remplacé, si cela s'avère nécessaire[15], dans l'exercice de ses fonctions par un ou plusieurs administrateurs provisoires désignés comme en matière d'interdiction temporaire[16].

En effet, le cabinet de l'avocat suspendu provisoirement continue à fonctionner, dans les mêmes conditions qu'en cas d'interdiction temporaire[17], tant dans la poursuite de dossiers anciens que dans le traitement d'affaires nouvelles sous administration provisoire[18]. L'administration provisoire cesse de plein droit dès que la suspension provisoire a pris fin[19].

1. Paris, pôle 7, 2e ch. instr., 29 janv. 2015, RG n° 14/07385.
2. MÊME SENS : Civ. 1re, 24 mai 2017, n° 16-24.662 ; P ; *JCP* 2017. 1104, n° 19, obs. J. Moret-Bailly.
3. L. n° 71-1130, 31 déc. 1971, art. 24.
4. Décr. n° 91-1197, 27 nov. 1991, art. 16.
5. Civ. 1re, 28 sept. 2004, n° 03-14.415, P I, n° 211 ; *D.* 2004. IR 2832 ; *JCP* 2004. IV. 3098 ; *Gaz. Pal.* 20 oct. 2004, p. 19.
6. Civ. 1re, 12 oct. 2004, n° 02-21.611, P I, n° 222 ; *D.* 2004. 2971 ; *JCP* 2005. I. 112, obs. R. Martin.
7. Civ. 1re, 28 sept. 2004, n° 03-14.415, P I, n° 211 ; *D.* 2004. 2832 ; *JCP* 2005. I. 112, obs. R. Martin.
8. V. ss nos 523.101 s.
9. J. Lemaire, *Les règles de la profession d'avocat et les usages du barreau de Paris*, LGDJ, 1966, p. 467, n° 534.
10. V. ss nos 523.101 s.
11. V. ss nos 461.202 s.
12. Versailles, 8 nov. 2017, RG n° 17/03492.
13. Paris, pôle 2, ch. 1, 10 mai 2012, RG n° 11/06627 – V. ss n° 522.43.
14. Civ. 1re, 15 juin 1999, n° 96-19.641, P I, n° 200 ; *D.* 1999. 197 ; *D.* 2000. 151, obs. B. Blanchard ; *Gaz. Pal.* 1999. Pan. 244 ; *JCP* 1999. IV. 2480.
15. V. ss n° 512.196.
16. V. ss nos 523.121 s.
17. V. ss nos 523.101 s.
18. Civ. 1re, 15 juin 1999, n° 96-19.64, P I, n° 200 ; *D.* 2000. 151, obs. B. Blanchard.
19. Décr. n° 91-1197, 27 nov. 1991, art. 173.

512.194 Jurisprudence administrative. Le Conseil d'État a considéré que la mesure de suspension prononcée à l'égard d'un avocat qui avait formé une requête sommaire annonçant la production d'un mémoire complémentaire a, par application de l'article R. 634-1 du code de justice administrative, suspendu le cours du délai de production dudit mémoire, un nouveau délai commençant à courir à compter de la constitution d'un nouvel avocat[1].

512.195 Mission de l'administrateur provisoire. L'administrateur provisoire désigné pour assurer l'activité du cabinet de l'avocat suspendu provisoirement peut continuer la gestion des dossiers et accepter des dossiers nouveaux. Il assure la gestion du cabinet et se substitue à l'avocat qu'il remplace dans toutes les décisions en relation avec l'exercice professionnel, y compris le recouvrement des honoraires[2].

Comme l'a noté la cour cassation, il résulte des articles 173 et 186 du décret du 27 novembre 1991, textes pris par l'autorité publique en vue de la protection des intérêts des clients de l'avocat suspendu d'exercice, que ce dernier, remplacé dans l'exercice de ses fonctions par un administrateur, doit s'abstenir de tout acte professionnel[3].

Dès lors, l'expédition à l'administrateur provisoire, pour traitement et sélection éventuelle du courrier libellé à l'adresse du cabinet administré, ressortit à la seule gestion de celui-ci[4]. L'administrateur provisoire perçoit à son profit les rémunérations relatives aux actes qu'il a accomplis. Il paie à concurrence de ces rémunérations les charges afférentes au fonctionnement du cabinet.

512.196 Structure d'exercice. En cas de suspension provisoire d'un ou plusieurs associés d'une structure d'exercice, il y a lieu de mettre en œuvre les dispositions prévues en cas d'interdiction temporaire[5]. L'associé provisoirement suspendu conserve pendant la durée de sa suspension sa qualité d'associé avec tous les droits et obligations qui en découlent.

Toutefois, sa participation dans les bénéfices, ou ses revenus liés à l'exercice professionnel, est uniquement réduite de moitié, l'autre moitié est attribuée par parts égales aux administrateurs provisoires, associés ou non, et s'il n'est pas commis d'administrateur provisoire, à ceux des associés qui n'ont pas fait l'objet d'une mesure de suspension provisoire[6].

512.197 Non-imputation sur une sanction disciplinaire. La durée de la « suspension provisoire », mesure de sûreté, ne peut s'imputer sur la durée de l'interdiction temporaire[7] qui est une sanction disciplinaire, mais elle cesse à la date où cette dernière passe en force de la chose jugée[8].

Après avoir fait l'objet d'une suspension provisoire, un avocat condamné à la sanction disciplinaire d'interdiction temporaire pour une durée de trois ans a formé un recours en interprétation à l'encontre de cette décision, tendant à voir préciser que la durée de la suspension provisoire déjà effectuée s'imputerait sur la sanction d'interdiction temporaire. Il invoquait, à l'appui de sa demande, le fait que le droit d'exercer sa profession constituerait un bien protégé par l'article 1er du premier protocole additionnel à la Conv. EDH et le caractère disproportionné de l'atteinte qui y serait portée. La Cour de cassation rejette le pourvoi en précisant que le droit d'exercer la profession d'avocat ne constitue pas, par lui-même, un bien protégé par l'article 1er du premier protocole additionnel à la Conv. EDH en dehors de toute atteinte à la valeur patrimoniale qui pourrait s'y trouver attachée[9].

512.198 Pratique. La suspension provisoire, destinée notamment à contrebalancer le caractère suspensif des recours contre les décisions du conseil de discipline[10], est d'un maniement délicat : sa courte durée (six mois), durée portée à douze mois en cas de renouvellement sans possibilité d'aller au-delà, aux termes d'une procédure pointilleuse et lourde, ce qui lui fait perdre l'efficacité que l'on serait en droit d'attendre d'une mesure de sûreté.

Il serait peut-être opportun d'augmenter le délai de six mois, qui apparaît particulièrement court, comme le nombre de renouvellements, d'autant que la mainlevée peut toujours être ordonnée, et de laisser plus de latitude dans la modulation de la durée de la mesure au conseil de l'Ordre.

1. CE 31 déc. 2019, req. n° 426831, *Lebon ; AJDA* 2020. 11 ; *JCP* 2020. 150.
2. CNB, Comm. RU, avis n° 2013-013, 13 avr. 2013 ; C. avocat, 2018, ss décr. 27 nov. 1991, art. 173, note 6 – V. ss nos 244.21 s.
3. Civ. 1re, 7 nov. 2006, n° 05-19.367, P I, n° 456 ; *D.* 2006. 2872 – AUSSI : Civ. 1re, 1er déc. 2011, n° 10-26.026, NP.
4. Civ. 1re, 7 nov. 2006, n° 05-19.367, P I, n° 456 ; *D.* 2006. 2872 – AUSSI : Civ. 1re, 1er déc. 2011, n° 10-26.026, NP.
5. V. ss nos 523.130 s.
6. Décr. n° 92-680, 20 juill. 1992, *JO* 22 juill., p. 9799, art. 55 – Décr. n° 93-492, 25 mars 1993, *JO* 27 mars, p. 4930, art. 31.
7. V. ss nos 523.80 s.
8. Paris, ch. 1, sect. F, 27 févr. 2002, *Gaz. Pal.* 24-25 mai 2002, p. 21 – Paris, ch. 1, sect. F, 18 mai 2006, RG n° 06/02516.
9. Civ. 1re, 22 nov. 2007, n° 06-17.048, P I, n° 365 ; *D.* 2008. 27 ; *D.* 2008. 944, obs. B. Blanchard ; *JCP* 2008. I. 140, n° 14, obs. Ch. Jamin.
10. Décr. n° 91-1197, 27 nov. 1991, art. 16.

CHAPITRE

513. Procédure administrative

SECTION 0
ORIENTEUR

513.00 Sommaire du chapitre.

Division. L'engagement d'une procédure administrative (sect. 1), aboutit à une décision (sect. 2) en respectant un certain formalisme, pouvant faire l'objet de voies de recours (sect. 3).

513.01 Textes applicables.

TEXTES TITRÉS

• **L. n° 71-1130, 31 déc. 1971**

art. 17 [Pouvoirs du conseil de l'Ordre et formation restreinte du conseil de l'Ordre]

art. 19 [Voie de recours contre les délibérations du conseil de l'Ordre]

art. 20 [Voie de recours contre les décisions individuelles du conseil de l'Ordre]

• **Code de l'organisation judiciaire**

Art. L. 311-3 [Compétence de la cour d'appel pour connaître des recours contre les décisions ou délibérations du conseil de l'Ordre]

• **Décr. n° 91-1197, 27 nov. 1991**

art. 4, al. 2 [Condition de *quorum*]

art. 4-1 [Pouvoirs de la formation restreinte du conseil de l'Ordre]

art. 14 [Droit de recours du procureur général]

art. 15 [Recours gracieux contre les délibérations du conseil de l'Ordre]

art. 16 [Procédure devant la cour d'appel pour les recours contre les décisions et délibérations du conseil de l'Ordre]

art. 101 s. [Procédure d'inscription]

art. 104 s. [Procédure d'omission]

art. 277 [Renvoi aux règles de procédure civile]

513.02 Jurisprudence de référence.

> Nature des décisions prises par le conseil de l'Ordre

• **Civ. 1re, 27 févr. 2001,** n° 98-13.003, P I, n° 47.

* V. ss n° 513.23.

« Vu les articles 17.1°, et 20 de la loi du 31 décembre 1971, ensemble les articles 16 et 184 du décret du 27 novembre 1991 ;

Attendu que, tout en considérant que le conseil de l'Ordre était partie à l'instance, la cour d'appel a estimé que la délibération litigieuse refusant la démission d'un avocat revêtait un caractère disciplinaire ;

Qu'en statuant ainsi, alors que le refus d'accepter la démission d'un avocat qui emporte son maintien au tableau a un caractère réglementaire, la cour d'appel a violé les textes susvisés ; »

• **Civ. 1re, 10 déc. 2002,** n° 00-21.316, P I, n° 300.

* V. ss nos 241.21, 241.31, 513.23, 513.51, 513.56.

« [...]

Vu les articles 101 et 108 du décret n° 91-1197 du 27 novembre 1991, organisant la profession d'avocat ;

Attendu que la décision d'omission du tableau, qui ne constitue pas une [sanction] disciplinaire, ne peut être prononcée qu'en suivant la procédure prévue par ces textes ;

[...]. »

> Toute décision ou délibération faisant grief à un avocat peut être frappée d'appel

• **Civ. 1re, 28 juin 1961,** P I, n° 349.

* V. ss nos 224.52, 224.54, 224.74, 513.181.

« Vu les articles 2 et 16 du décret du 10 avril 1954 ;

Attendu qu'il résulte de ces textes que le conseil de l'Ordre, qui statue sur les inscriptions au tableau des avocats, doit procéder à ces inscriptions d'après le rang d'ancienneté ;

Qu'à raison des effets que la loi attache dans divers domaines à la date de l'inscription, celle-ci a un caractère d'ordre public ;

Que ce caractère implique que l'inscription au tableau rétroagit au jour de l'admission au stage lorsque ce stage a été normalement accompli ;

Attendu que l'arrêt attaqué se fonde pour décider que le tableau est dressé en prenant en considération la date même de l'inscription, sur ce que rien, dans les textes légaux, "ne permet de faire rétrograder", cette date à la date de l'admission au stage ;

Qu'il a ainsi violé les textes susvisés. »

• **Civ. 1re, 19 janv. 1994,** n° 91-21.821, P I, n° 26.

* V. ss nos 115.41, 513.161, 523.103.

« Vu l'article 19, alinéa 2, de la loi n° 71-1130 du 31 décembre 1971 ;

Attendu que, selon ce texte, peuvent être déférées à la cour d'appel, à la requête de l'intéressé, les délibérations ou décisions du conseil de l'Ordre de nature à léser les intérêts professionnels d'un avocat ;

Attendu que, pour se déclarer "incompétente" pour statuer sur le recours formé par M. X... contre les décisions prises par le conseil de l'Ordre les 8 et 15 avril 1991, la cour d'appel a énoncé que ces délibérations, qui ne faisaient que fixer la période d'interdiction de cet avocat, dont le principe et l'exécution ne pouvaient être remis en cause, avaient un caractère administratif et non juridictionnel, ne relevant pas du contentieux de la discipline ;

Attendu qu'en statuant ainsi, alors que le recours ouvert par le texte susvisé n'est pas limité aux délibérations ou décisions de caractère juridictionnel, la cour d'appel a violé ces dispositions. »

> Nature administrative des décisions du conseil de l'Ordre et pouvoir de rétraction

• **Civ. 1re, 22 mars 1983,** n° 82-11.758, P I, n° 103.

* V. ss n° 513.241.

« Mais attendu que la cour d'appel, après avoir retenu que la décision d'admission au tableau constituait un acte administratif, énonce à bon droit que, si, en principe, une décision administrative individuelle, créatrice de droits, ne peut pas être rapportée par l'autorité qui l'a prise, après l'expiration du délai de recours contentieux, il en va autrement lorsqu'elle a été obtenue, en violation d'une condition légale, à la suite de procédés frauduleux, un acte obtenu en fraude n'ayant pu créer un droit au profit de l'auteur de cette fraude. »

513.03 Bibliographie indicative.

* Aussi : v. ss n° 51.03.

Traité. S. Guinchard (dir.), *Droit et pratique de la procédure civile*, 10e éd., « Dalloz Action », 2021.

Monographie. S. Roux, *Le silence de l'administration : Décisions implicites de rejet ou d'acceptation*, Anne Rideau, 2016.

Code. J.-H. Stahl (dir.), *Code des relations entre le public et l'administration*, Dalloz, 6e éd., 2021.

Contribution. J. Massot, « Décisions non formalisées et contrôle du juge de l'excès de pouvoir », *L'État de droit : Mélanges en l'honneur de Guy Braibant*, Dalloz, 1996. 521.

Articles. P. Cassia, « Silence de l'administration : le « choc de la complexification » », *D.* 2015. 201 – Cl. Demunck, « Silence vaut acceptation, silence vaut rejet, saisine par voie électronique : le grand ramdam », *AJCT* 2015. 609 – D. Piau, « De l'art abstrait de la maîtrise du tableau », *Gaz. Pal.* 6 janv. 2013, p. 9 – B. Seiller, « Quand les exceptions confirment (heureusement) la règle : le sens du silence de l'administration », *RFDA* 2014. 35.

513.05 **Propos préliminaire.** La procédure disciplinaire n'est pas le seul moyen pour le barreau d'exercer la discipline à l'encontre de ses membres. Dans le cadre du traitement des réclamations déontologiques[1], le bâtonnier peut ainsi être amené à saisir le conseil de l'Ordre, ou la formation restreinte compétente en matière administrative, pour solliciter l'omission de l'avocat[2], tel que celui qui ne justifierait plus de la réalité de ses conditions d'exercice ou se serait révélé en situation d'incompatibilité[3].

Le recours aux prérogatives administratives du conseil de l'Ordre n'est pas exclusif de la possibilité de mettre en œuvre, par ailleurs, une procédure disciplinaire[4]. Il s'avère, dans bien des cas, plus efficient afin de faire cesser une situation qui n'est pas conforme aux règles professionnelles ou aux principes essentiels.

1. V. ss nos 511.21 s.
2. V. ss nos 114.28 et 241.21 s.
3. V. ss n° 431.43.
4. V. ss nos 522.00 s.

513.06 **Absence d'unité des procédures.** Les prérogatives du conseil de l'Ordre en la matière se retrouvent à travers plusieurs dispositions éparses de la loi du 31 décembre 1971 [1] et du décret du 27 novembre 1991 [2] sans qu'il n'y ait, en l'état, un véritable régime unitaire des procédures administratives, même si la procédure de l'inscription au tableau constitue le droit commun de la matière auquel renvoi, à des degrés divers, la plupart des autres textes.

L'articulation de ces règles spéciales avec celle du code de procédure civile, applicables à défaut de dispositions contraires [3], et, depuis 2015, celles du code des relations entre le public et l'administration [4] nécessite d'en faire une étude transversale afin de pouvoir pleinement les maîtriser.

SECTION 1
ENGAGEMENT DE LA PROCÉDURE ADMINISTRATIVE

513.10 **Plan.** De nombreuses prérogatives décisionnelles sont attribuées au conseil de l'Ordre (§ 1) qu'il lui appartient de mettre en œuvre selon des procédures qui obéissent à des règles communes (§ 2).

§ 1
Principes

513.21 **Prérogatives propres du conseil de l'Ordre.** Le conseil de l'Ordre peut être amené à statuer sur :

- l'inscription au tableau [5] des avocats [6], l'omission de ce tableau décidée d'office ou à la demande du procureur général [7], sur la réinscription au tableau [8] ainsi que sur l'autorisation d'ouverture de bureaux secondaires ou le retrait de cette autorisation [9] ;

- la convention de domiciliation à titre temporaire, et pour une fixée par le conseil, soit au sein de locaux affectés par l'Ordre, soit dans les locaux du cabinet d'un autre avocat dans le ressort du même barreau [10] ;

- la dispense nécessaire pour les avocats justifiant de moins de sept ans d'exercice d'une profession réglementée qui souhaitent être élus aux fonctions de membre du conseil de surveillance ou d'administrateur d'une société commerciale [11] ;

- la poursuite de leur activité professionnelle pendant la durée de la mission des avocats à qui l'État a confié une mission temporaire, rétribuée ou non [12] ;

- l'inscription au tableau des sociétés civiles professionnelles [13], des sociétés d'exercice libéral ou sociétés de droit commun [14], ainsi que des sociétés pluriprofessionnelles d'exercice (SPE) [15] et des sociétés de participations financières des professions libérales SPFPL mono [16] ou pluriprofessionnelles [17].

- Lorsque ces structures d'exercice comportent des associés appartenant à plusieurs barreaux, et sont alors qualifiées de structures interbarreaux, les conseils de l'ordre des associés appartenant à un barreau autre que celui du siège social de la société doivent également être consultés pour avis [18] ;

- les contrats d'association, ce qui inclut les Aarpi [19], de collaboration [20], de travail [21] ;

- l'attribution de l'honorariat [22] y compris le refus de cette attribution [23], mais pas sur le retrait de l'honorariat qui relève de la compétence exclusive du conseil de discipline [24].

513.22 **Règlement intérieur du barreau.** Les dispositions particulières propres du règlement intérieur de chaque barreau prévoient parfois l'obligation pour les avocats appartenant au barreau de faire approuver certains actes par le conseil de l'Ordre.

C'est le cas s'agissant du barreau de Paris qui prévoit une obligation d'approbation préalable par le conseil de l'Ordre des dénominations [25], pour les conventions de groupements transnationaux entre

1. L. n° 71-1130, 31 déc. 1971.
2. Décr. n° 91-1197, 27 nov. 1991.
3. Décr. n° 91-1197, 27 nov. 1991, art. 277.
4. V. s^{s} n°s 511.42 s.
5. V. s^{s} n°s 224.00 s.
6. Décr. n° 91-1197, 27 nov. 1991, art. 102.
7. Décr. n° 91-1197, 27 nov. 1991, art. 104 – V. s^{s} n°s 241.00 s.
8. Décr. n° 91-1197, 27 nov. 1991, art. 96 – V. s^{s} n°s 224.00 s.
9. L. n° 71-1130, 31 déc. 1971, art. 17, 1° – Décr. n° 91-1197, 27 nov. 1991, art. 95 – V. s^{s} n°s 223.00 s.
10. RIN, art. 15.1.
11. Décr. n° 91-1197, 27 nov. 1991, art. 112 – V. s^{s} n°s 432.51 s.
12. Décr. n° 91-1197, 27 nov. 1991, art. 116 – V. s^{s} n° 433.173.
13. Décr. n° 92-680, 20 juill. 1992, art. 5 et 6 – V. s^{s} n°s 811.71 s.
14. Décr. n° 93-492, 25 mars 1993, art. 5 et 6 – V. s^{s} n°s 811.71 s.
15. Décr. n° 2017-794, 5 mai 2017, art. 2 et 5, al. 2.
16. Décr. n° 93-492, 25 mars 1993, art. 48-3 et 48-4.
17. Décr. n° 2014-354, 19 mars 2014, art. 2 et 3.
18. V. s^{s} n° 513.42.
19. Décr. n° 91-1197, 27 nov. 1991, art. 125 – V. s^{s} n° 513.123.
20. Décr. n° 91-1197, 27 nov. 1991, art. 133 – V. s^{s} n°s 812.151 s.
21. Décr. n° 91-1197, 27 nov. 1991, art. 139 – V. s^{s} n°s 813.141 s.
22. Décr. n° 91-1197, 27 nov. 1991, art. 109 – V. s^{s} n°s 243.00 s.
23. Civ. 1re, 22 janv. 2020, n° 19-10.939, P ; *Gaz. Pal.* 28 janv. 2020, p. 33, obs. C. Berlaud ; *JCP* 2020. 148, obs. H. Slim ; *D.* 2020. 222 ; *JCP* 2020. 278, n° 14, obs. S. Grayot-Dirx ; *Gaz. Pal.* 2 juin 2020, p. 40, obs. J. Villacèque ; *D.* 2020. 1509, note B. Beignier.
24. L. n° 71-1130, 31 déc. 1971, art. 22 – Décr. n° 91-1197, 27 nov. 1991, art. 184, 4° – Civ. 1re, 6 févr. 2019, n° 17-28.878, P ; *D.* 2019. 314 ; *JCP* 2019. 187 ; *Gaz. Pal.* 12 mars 2020, p. 32, obs. C. Berlaud ; *JCP* 2019. 509, note B. Beignier ; *JCP* 2019. 1238, n° 14, obs. S. Bortoluzzi ; *Gaz. Pal.* 28 mai 2019, p. 28, obs. J. Villacèque ; *D.* 2020. 115, obs. Th. Wickers.
25. RIBP, art. P. 10.0.2.

avocats de plusieurs barreaux en France et à l'étranger[1], de réseau national entre avocats[2] ainsi que les contrats de constitution d'un GIE ou d'un GEIE[3] et les sociétés civiles de moyens[4].

513.23 Nature des prérogatives du conseil de l'Ordre. Lorsqu'il statue en vertu de pouvoirs qui lui sont propres, tel qu'en matière d'omission, le conseil de l'Ordre ne rend pas une décision disciplinaire, la procédure disciplinaire n'étant pas applicable[5], mais statue en matière administrative[6]. Ses décisions ne sont pas des décisions juridictionnelles, de telle sorte qu'elles n'ont pas l'autorité de la chose jugée[7], mais elles ont l'autorité de la chose décidée[8].

En outre, la qualité d'organisme de droit privé chargé d'une mission de service public du conseil de l'Ordre et du bâtonnier conduit à devoir leur appliquer le code des relations entre le public et l'administration[9], ce qui impacte, notamment, sur les modalités de la saisine et les modalités pour rendre les décisions. L'articulation des obligations dudit code avec la loi du 31 décembre 1971, le décret du 27 novembre 1991[10] et le code de procédure civile n'est pas une chose aisée.

513.24 Frais de dossiers. Il a pu être jugé que des frais de dossiers, liés aux traitements des procédures administratives, pouvaient être exigés par les barreaux, dès lors qu'ils sont la contrepartie réelle des frais afférents au traitement du dossier par le barreau[11].

Ces frais de dossiers, qui sont distincts des cotisations, relèvent de la répartition de charges de fonctionnement du barreau entre ses membres[12]. N'ayant pas la nature de droit ou taxe, une telle contribution ne doit pas être excessive eu égard aux frais réellement exposés et aux pratiques des autres barreaux[13].

§ 2
Mise en œuvre

513.30 Plan. La mise en œuvre des procédures administratives pose la question de la détermination du conseil de l'Ordre compétent (A), des parties à la procédure (B), ainsi que des modalités de la saisine (C), et d'instruction de la demande (D).

A.
Compétence

513.41 Conseil compétent. C'est le conseil de l'Ordre du barreau auprès duquel l'avocat est inscrit qui est compétent, ou celui du lieu du siège social de la structure, qui doit, en principe, être le barreau où est inscrit l'un au moins des associés exerçant en son sein[14].

513.42 Structures interbarreaux. En cas de constitution d'une société entre avocats relevant de barreaux différents, alors qualifiée de structures interbarreaux[15], chaque associé appartenant à un barreau autre que celui de la société doit adresser par lettre recommandée avec demande d'avis de réception, ou LRE eIDAS[16], au bâtonnier du barreau auquel il appartient, ou par déclaration remise contre récépissé, le projet des statuts de la société.

Le bâtonnier saisit alors le conseil de l'Ordre qui dispose d'un délai d'un mois à compter de la

1. RIBP, art. P. 49.4.
2. RIBP, art. P. 16.0.1.
3. RIBP, art. P. 48.5.
4. RIBP, art. P. 46.1.
5. Civ. 1re, 10 déc. 2002, n° 00-21.316, P I, n° 300 ; *D.* 2003. 737 – AUSSI : Civ 1re, 18 oct. 2000, n° 98-15.528, P I, n° 164 ; *D.* 2002. 850, obs. B. Blanchard.
6. Civ. 1re, 22 mars 1983, n° 82-11.758, P I, n° 103 ; *Gaz. Pal.* 1984. 1. 175, note Y. Avril ; *D.* 1985. 107, obs. A. Brunois – Civ. 1re, 27 févr. 2001, n° 98-13.003, P I, n° 47 ; *D.* 2002. 847, obs. B. Blanchard – Civ 1re, 10 juill. 2001, n° 99-12.577 ; *JCP* 2002. I. 136, n° 6, obs. R. Martin – Civ. 1re, 15 févr. 2005, n° 03-11.269, NP – Civ. 1re 12 avr. 2005, n° 03-13.684, P I, n° 165 ; *D.* 2005. 1109 ; *JCP* 2005. 1849, obs. L. Jean ; *JCP* 2006. 81, obs. R. Martin – Civ. 2e, 20 sept. 2005, n° 03-12.444, P II, n° 222.
7. Civ. 1re, 14 févr. 2018, n° 16-27.909, P I, n° 27 ; *Gaz. Pal.* 13 mars 2019, p. 38, obs. C. Berlaud ; *JCP* 2018. 304 ; *JCP* 2018. 588, n° 18, obs. S. Bortoluzzi ; *Gaz. Pal.* 5 juin 2018, p. 28, obs. D. Landry ; *Gaz. Pal.* 5 juin 2018, p. 29, obs. B. de Belval ; *D. actu.* 6 mars 2018, note J. Jourdan-Marques.
8. Civ. 1re, 28 sept. 2004, n° 02-10.997, P I, n° 210.
9. CE, avis, sect. int., 22 oct. 2015, n° 390397 – CE 6 juin 1986, *barreau de Pontoise c/Jaugey*, req. n° 57285, *Lebon* ; *D.* 1986. 504, note H.-C. Amiel ; *Gaz. Pal.* 1986. 617 concl. J. Massot et note A. Damien ; *D.* 1987. Somm. 65, obs. A. Brunois – CE 7 févr. 1975, *barreau de Lille*, req. n° 88611, *Lebon* ; – DÉJÀ AUSSI TROIS ARRÊTS (préc., v. ss n° 511.41) : CE 2 avr. 1943, *Bouguen*, *Lebon* 86 ; *GAJA*, 22e éd., Dalloz, 2019, n° 49 – CE 2 févr. 1945, *Moineau*, *Lebon* 27 ; *GAJA*, 22e éd., Dalloz, 2019, n° 51 – CE 29 juill. 1950, *Comité de défense des libertés professionnelles des experts-comptables brevetés par l'État*, *Lebon* 492 ; *GAJA*, 22e éd., Dalloz, 2019, n° 58 – V. ss nos 511.42 s.
10. Décr. n° 91-1197, 27 nov. 1991, art. 277.
11. Orléans, 25 avr. 2016, RG n° 15/02725.
12. L. n° 71-1130, 31 déc. 1971, art. 17, 6°.
13. Orléans, 25 avr. 2016, RG n° 15/02725.
14. Décr. n° 92-680, 20 juill. 1992, art. 3 – Décr. n° 93-492, 25 mars 1993, art. 3 – V. ss nos 811.50 s.
15. V. ss nos 811.50 s.
16. Règl. 910/2014, Parlement et Conseil, 23 juill. 2014 sur l'identification électronique et les services de confiance pour les transactions électroniques au sein du marché intérieur et abrogeant la directive 1999/93/CE, *JOUE L* 257/73, 28 août – Décr. n° 2018-347, 9 mai 2018 relatif à la lettre recommandée électronique – F. Dempuré, « Gros plan sur la lettre recommandée électronique », *JCP* 2019. 1100 – CPCE, R. 53 à R. 53-4.

réception de la lettre recommandée contenant notification de la demande, ou de la déclaration remise contre récépissé, pour faire connaître au bâtonnier saisi de la demande d'inscription de la société, son avis sur la conformité des statuts avec les dispositions législatives et réglementaires. Le silence gardé par le conseil de l'Ordre pendant un mois équivaut à un avis favorable[1].

513.43 **Sociétés en participation.** S'agissant des sociétés en participation[2], dans la quinzaine de la publication au journal d'annonces légales, une copie de l'avis et un exemplaire de la convention qui fonde la société en participation sont remis contre récépissé ou expédiés par lettre recommandée avec demande d'avis de réception, ou LRE eIDAS[3], à chaque bâtonnier concerné qui peut, dans un délai d'un mois, mettre en demeure les associés, par lettre recommandée avec demande d'avis de réception, ou LRE eIDAS[4], de modifier la convention pour la mettre en conformité avec les règles applicables à la profession[5].

Le conseil de l'Ordre est saisi de toute difficulté[6].

513.44 **Formations restreintes.** Lorsqu'un barreau comprend au moins cinq cents avocats disposant du droit de vote, ce qui inclut les avocats honoraires[7], le conseil de l'Ordre peut siéger en formation restreinte.

Chaque formation doit comporter cinq membres et être présidée par le bâtonnier ou un ancien bâtonnier. Il peut être fait appel, pour composer ces formations, à d'anciens membres du conseil de l'Ordre ayant quitté leurs fonctions depuis moins de huit ans. Ils sont choisis, en vue de chacune des séances de la formation restreinte, sur une liste arrêtée chaque année par le conseil de l'Ordre. Lorsqu'il existe plusieurs formations restreintes au sein d'un même conseil de l'Ordre, la répartition des affaires est effectuée selon les modalités fixées par le règlement intérieur du barreau[8]. La délibération du conseil de l'Ordre fixant la composition des formations restreintes doit être notifiée au procureur général par lettre recommandée avec demande d'avis de réception ou LRE eIDAS[9].

La ou les formations restreintes ont compétence pour statuer sur l'inscription ou sur l'omission du tableau ainsi que sur l'autorisation d'ouverture de bureaux secondaires ou le retrait de cette autorisation[10].

B.
Parties à la procédure

513.51 **Parties à la procédure : l'avocat concerné et parfois le procureur général.** En principe les parties à la procédure sont l'avocat concerné par la procédure ainsi que, dans certains cas, lorsqu'il peut saisir le conseil de l'Ordre *ès qualités*, le procureur général[11]. Le conseil de l'Ordre, organe décisionnel en première instance, ne deviendra partie à la procédure que devant la cour d'appel en cas d'appel[12].

Un tiers ne saurait valablement saisir le conseil de l'Ordre, et être partie à la procédure administrative, telle qu'une lettre adressée à un conseil de l'Ordre par la caisse nationale des barreaux français (Cnbf) qui ne saurait constituer une « demande »[13]. Dans ce dernier cas, elle doit être traitée comme une réclamation déontologique[14] avant d'aboutir à la mise en œuvre, le cas échéant, d'une procédure administrative telle qu'une procédure d'omission.

513.52 **Saisine par l'avocat concerné.** Le conseil de l'Ordre est saisi d'une demande d'inscription, ou de réinscription[15], au tableau de l'ordre[16] qu'il s'agisse de la procédure de droit commun, ou des procédures art. 97 et suivants (dispense de diplôme ou de formation théorique et pratique), art. 99 (personnes ayant acquis la qualité d'avocat dans un État de l'UE ou de l'EEE), art. 100 (personnes ayant acquis la qualité d'avocat dans un État tiers hors UE, EEE et Confédération suisse) ou des avocats exerçant sous-titre professionnel d'origine qui justifient d'une activité effective et régulière sur le territoire national d'une durée au moins égale à trois ans en droit français[17], d'omission sur demande de l'avocat[18], d'honorariat[19] ou d'ouverture de bureaux secondaires[20].

1. Décr. n° 92-680, 20 juill. 1992, art. 5 – Décr. n° 93-492, 25 mars 1993, art. 5.
2. L. n° 90-1258, 31 déc. 1990, art. 22 – V. s^s n°s 811.62 s.
3. CPCE, art. R. 53 à R. 53-4.
4. CPCE, art. R. 53 à R. 53-4.
5. Décr. n° 93-492, 25 mars 1993, art. 46.
6. Décr. n° 93-492, 25 mars 1993, art. 47.
7. *L. n° 71-1130, 31 déc. 1971, art.* 15.
8. L. n° 71-1130, 31 déc. 1971, art. 17 1° – Décr. n° 91-1197, 27 nov. 1991, art. 4-1.
9. CPCE, art. R. 53 à R. 53-4.
10. L. n° 71-1130, 31 déc. 1971, art. 17 1° – Décr. n° 91-1197, 27 nov. 1991, art. 4-1.
11. Décr. n° 91-1197, 27 nov. 1991, art. 106 – Bordeaux, 20 déc. 1985 ; *Gaz. Pal.* 1986. 174, note A. Damien – V. s^s n° 513.54.
12. V. s^s n° 513.211.
13. Civ. 1re, 10 déc. 2002, n° 00-21.316, P I, n° 300 ; *D.* 2003. 737 – Orléans, 20 janv. 2017, RG n° 16/02246.
14. V. s^s n°s 511.111 s.
15. Décr. n° 91-1197, 27 nov. 1991, art. 108.
16. L. n° 71-1130, 31 déc. 1971, art. 17 – V. s^s n°s 224.00 s.
17. L. n° 71-1130, 31 déc. 1971, art. 89.
18. V. s^s n°s 241.00 s.
19. Décr. n° 91-1197, 27 nov. 1991, art. 109 – V. s^s n°s 243.00 s.
20. Décr. n° 91-1197, 27 nov. 1991, art. 166 – V. s^s n°s 223.00 s.

Il en est de même pour l'avocat européen souhaitant s'inscrire sous son titre d'origine sur la liste spéciale [1], ou l'avocat inscrit au barreau d'un État non-membre de l'Union européenne autorisé par le CNB à exercer à titre permanent l'activité de consultation juridique et de rédaction d'actes sous seing privé pour autrui et souhaitant s'inscrire sous son titre d'origine sur la liste spéciale [2], ainsi que de l'avocat justifiant de moins de sept années d'exercice d'une profession juridique réglementée qui veut être élu aux fonctions de membre du conseil de surveillance d'une société commerciale ou d'administrateur de société [3].

513.53 **Saisine par le bâtonnier.** L'avocat chargé de mission pour l'État [4] en avise le bâtonnier. Celui-ci saisit le conseil de l'Ordre, qui décide si cette mission est compatible avec la poursuite de l'exercice professionnel. Dans l'affirmative, l'avocat intéressé est maintenu au tableau [5].

Le bâtonnier doit également saisir le conseil de l'Ordre à la demande de leurs associés ou d'un mandataire commun suivant les cas, pour l'inscription des sociétés et autres entités dotées de la personnalité morale [6], les groupements d'avocats européens, ainsi que des sociétés pluriprofessionnelles d'exercice (SPE) [7] et des sociétés de participation financières des professions libérales SPFPL mono [8] ou pluri [9] -professionnelles, ainsi qu'en cas de modification des statuts [10], fusion, scission [11], ou changement de l'actionnariat [12].

513.54 **Saisine par le procureur général.** En matière d'omission [13], le procureur général peut saisir directement le conseil de l'Ordre d'une demande d'omission à l'encontre d'un avocat [14].

513.55 **Saisine par le conseil de l'Ordre.** En matière d'omission [15], le conseil de l'Ordre peut se saisir d'office [16] dès lors qu'il est informé de la situation d'un avocat entrant dans un cas d'omission [17].

513.56 **Qualité de l'auteur de la saisine.** Il convient de respecter la qualité de l'auteur de la saisine : c'est ainsi qu'en aucun cas, la Cnbf n'a qualité pour prendre l'initiative d'une procédure d'omission [18], et que si le conseil de l'Ordre peut se saisir d'office quel que soit le motif d'ouverture de la procédure d'omission et que le bâtonnier doit convoquer l'avocat à comparaître, après avoir consulté le conseil de l'Ordre, la saisine d'office appartient bien au conseil de l'Ordre et non pas au bâtonnier, lequel ne fait qu'exécuter la décision du conseil de se saisir d'office [19].

C.
Modalités de la saisine

513.61 **Saisine de droit commun.** En principe, la saisine est faite par lettre recommandée avec demande d'avis de réception, ou LRE eIDAS [20], ou remise contre récépissé au bâtonnier, et qui est accompagnée des justifications utiles [21], ainsi que le cas échéant des pièces listées par les textes [22].

Il a pu être jugé que l'exigence d'un récépissé ou d'un recommandé n'a qu'une simple fonction probatoire relative à la date de saisine faisant courir le délai pour statuer, le demandeur pouvant prouver la date de réception de sa demande par le barreau par tout autre moyen [23].

513.62 **Saisine par voie électronique (SVE).** Depuis le 7 novembre 2016 [24], toutes les administrations peuvent et doivent pouvoir être saisies par voie électronique (SVE) [25]. La notion d'administra-

1. L. nº 71-1130, 31 déc. 1971, art. 84 à 86 – Décr. nº 91-1197, 27 nov. 1991, art. 93-1 – V. s[s] n°s 231.10 s.
2. L. nº 71-1130, 31 déc. 1971, art. 106 – Décr. nº 91-1197, 27 nov. 1991, art. 204-16 s. – V. s[s] nº 232.11.
3. Décr. nº 91-1197, 27 nov. 1991, art. 112 – V. s[s] n°s 432.51 s.
4. V. s[s] nº 433.173.
5. Décr. nº 91-1197, 27 nov. 1991, art. 116.
6. Décr. nº 92-680, 20 juill. 1992, art. 4 – Décr. nº 93-492, 25 mars 1993, art. 4.
7. Décr. nº 2017-794, 5 mai 2017, art. 2 et 5, al. 2.
8. Décr. nº 93-492, 25 mars 1993, art. 48-3 et 48-4.
9. Décr. nº 2014-354, 19 mars 2014, art. 2 et 3.
10. Décr. nº 92-680, 20 juill. 1992, art. 9 – Décr. nº 93-492, 25 mars 1993, art. 8.
11. Décr. nº 93-492, 25 mars 1993, art. 7.
12. Décr. nº 93-492, 25 mars 1993, art. 8.
13. V. s[s] n°s 241.00 s.
14. Décr. nº 91-1197, 27 nov. 1991, art. 106.
15. V. s[s] n°s 241.00 s.
16. Décr. nº 91-1197, 27 nov. 1991, art. 106.
17. Décr. nº 91-1197, 27 nov. 1991, art. 105.
18. Civ. 1re, 10 déc. 2002, nº 00-21.316, P I, nº 300 ; *D.* 2003. 737 – Orléans, 20 janv. 2017, RG nº 16/02246 – V. s[s] n°s 241.00 s.
19. Orléans, 20 janv. 2017, RG nº 16/02246.
20. Règl. 910/2014, Parlement et Conseil, 23 juill. 2014 – Décr. nº 2018-347, 9 mai 2018 relatif à la lettre recommandée électronique, *JO* 12 mai, nº 16 – F. Dempuré, « Gros plan sur la lettre recommandée électronique », *JCP* 2019. 1100 – CPCE, art. R. 53 à R. 53-4.
21. Décr. nº 91-1197, 27 nov. 1991, art. 101, 112, 125, 133 et 139 – Décr. nº 92-680 du 20 juill. 1992, art. 4 – Décr. nº 93-492, 25 mars 1993, art. 4.
22. Décr. nº 92-680, 20 juill. 1992, art. 4 – Décr. nº 93-492, 25 mars 1993, art. 4 – RIN, art. 16.8.
23. Limoges, 23 mars 2017, RG nº 16/1170 ; *JCP* 2017. 746 – Rennes 16 mai 2017, RG nº 16/09862.
24. Décr. nº 2016-1411, 20 oct. 2016 relatif aux modalités de saisine de l'administration par voie électronique, *JO* 22 oct., nº 1.
25. Circ. 10 avr. 2017 relative à la mise en œuvre de la saisine par voie électronique, NOR : ARCB1711345C ; *JCP* 2017. 479.

tion s'entend, notamment, de tout organisme chargé de la gestion d'un service public administratif[1], ce qui inclut les conseils de l'Ordre[2].

Toute personne, dès lors qu'elle s'est identifiée préalablement auprès d'une administration, peut adresser à celle-ci, par voie électronique, une demande, une déclaration, un document ou une information, ou lui répondre par la même voie. Cette administration est régulièrement saisie et traite la demande, la déclaration, le document ou l'information sans lui demander la confirmation ou la répétition de son envoi sous une autre forme[3].

L'administration met en place un ou plusieurs téléservices, dans le respect des dispositions de loi du 6 janvier 1978[4] et des règles de sécurité et d'interopérabilité prévues aux chapitres IV et V de l'ordonnance du 8 décembre 2005[5]. Lorsqu'elle met en place un ou plusieurs téléservices, l'administration rend accessibles leurs modalités d'utilisation, notamment les modes de communication possibles. Ces modalités s'imposent au public. Lorsqu'elle a mis en place un téléservice[6] réservé à l'accomplissement de certaines démarches administratives, une administration n'est régulièrement saisie par voie électronique que par l'usage de ce téléservice[7].

513.63 Saisine par voie électronique (SVE). Tout envoi à une administration par voie électronique ainsi que tout paiement opéré dans le cadre d'un téléservice au sens de l'article 1er de l'ordonnance du 8 décembre 2005[8] fait l'objet d'un accusé de réception électronique et, lorsque celui-ci n'est pas instantané, d'un accusé d'enregistrement électronique. Ils sont émis selon un procédé conforme aux règles fixées par le référentiel général de sécurité mentionné au I de l'article 9 de l'ordonnance du 8 décembre 2005[9].

513.64 Dispense de lettre recommandée. Lorsqu'une personne doit adresser un document à l'administration par lettre recommandée, cette formalité peut être accomplie par l'utilisation d'un téléservice au sens de l'article 1er de l'ordonnance du 8 décembre 2005[10] ou d'un procédé électronique, accepté par cette administration, permettant de désigner l'expéditeur et d'établir si le document lui a été remis.

Lorsque l'administration doit notifier un document à une personne par lettre recommandée, cette formalité peut être accomplie par l'utilisation d'un procédé électronique permettant de désigner l'expéditeur, de garantir l'identité du destinataire et d'établir si le document a été remis[11]. L'accord exprès de l'intéressé doit être préalablement recueilli[12].

513.65 Mise en œuvre de ces dispositions par les barreaux. Ces dispositions ont vocation à être pleinement mises en œuvre par les barreaux tant dans leurs relations avec les avocats que dans celle avec le public.

Le barreau de Paris a déjà déployé, depuis 2014, un tel système de téléservices dans ses rapports avec les avocats qui y sont inscrits. Le décret de 20 août 2019[13] est venu prévoir la mise en place, depuis le 1er octobre 2019[14], d'une téléprocédure s'agissant des demandes d'admission des avocats étrangers faites auprès du CNB[15].

513.66 Délai de saisine. Certains textes prévoient un délai de saisine. C'est ainsi que l'avocat qui est élu aux fonctions de membre du conseil de surveillance d'une société commerciale ou d'administrateur d'une société commerciale[16] doit en informer par écrit le conseil de l'Ordre dont il relève dans un délai de quinze jours à compter de la date de son élection. Il est délivré à l'avocat un récépissé de sa déclaration[17].

De même que, dans la quinzaine de la conclusion du contrat d'association[18], de collaboration[19] ou de

1. Ord. n° 2005-1516, 8 déc. 2005 relative aux échanges électroniques entre les usagers et les autorités administratives et entre les autorités administratives, *JO* 9 déc., n° 9, art. 1er.
2. CE, avis, sect. int., 22 oct. 2015, n° 390397 – CE 7 févr. 1975, *barreau de Lille*, req. n° 88611, *Lebon* – CE 6 juin 1986barreau de *Pontoise c/Jaugey*, req. n° 57285, *Lebon ; Gaz. Pal.* 1986. 617 concl. J. Massot et note A. Damien ; *D.* 1987. Somm. 65, obs. A. Brunois ; *D.* 1986. 504, note H.-C. Amiel ; – DÉJÀ AUSSI TROIS ARRÊTS (préc., v. ss n° 511.41) : CE 2 avr. 1943, *Bouguen, Lebon* 86 ; *GAJA*, 22e éd., Dalloz, 2019, n° 49 – CE 2 févr. 1945, *Moineau, Lebon* 27 ; *GAJA*, 22e éd., Dalloz, 2019, n° 51 – CE 29 juill. 1950, *Comité de défense des libertés professionnelles des experts comptables brevetés par l'État, Lebon* 492 ; *GAJA*, 22e éd., Dalloz, 2019, n° 58 – V. ss nos 511.42 s.
3. CRPA, art. L. 112-8.
4. L. n° 78-17, 6 janv. 1978.
5. Ord. n° 2005-1516, 8 déc. 2005, art. 9 s.
6. AUSSI : dir. 2016/2102, Parlement et Conseil, 26 oct. 2016 relative à l'accessibilité des sites internet et des applications mobiles des organismes du secteur public, *JOUE L* 327, 2 déc., p. 1.
7. CRPA, art. L. 112-9.
8. Ord. n° 2005-1516, 8 déc. 2005, art. 1er.
9. CRPA, art. L. 112-11 – Ord. n° 2005-1516, 8 déc. 2005, art. 9.
10. Ord. n° 2005-1516, 8 déc. 2005, art. 1er.
11. CRPA, art. R. 112-16 s.
12. CRPA, art. L. 112-15.
13. Décr. n° 2019-849, 20 août 2019 portant diverses dispositions relatives à la profession d'avocat, *JO* 22 août, n° 4.
14. Décr. n° 2019-849, 20 août 2019, art. 12.
15. https://admission.cnb.avocat.fr/
16. V. ss nos 432.51 s.
17. Décr. n° 91-1197, 27 nov. 1991, art. 113.
18. Décr. n° 91-1197, 27 nov. 1991, art. 125 – V. ss nos 513.123 s.
19. Décr. n° 91-1197, 27 nov. 1991, art. 133 – V. ss nos 812.151 s.

travail[1], un exemplaire de la convention est remis contre récépissé ou expédié par lettre recommandée avec demande d'avis de réception à chaque bâtonnier concerné.

Aucune sanction n'est prévue en cas de non-respect du délai de saisine, si ce n'est que la possibilité de faire l'objet de sanctions disciplinaires[2].

D. Instruction de la demande

513.71 Étendue de la saisine. Le conseil de l'Ordre, lorsqu'il statue en matière administrative, doit rester dans les limites de l'étendue de sa saisine et ne saurait aller au-delà.

C'est ainsi si le conseil de l'Ordre est amené à examiner l'exercice des fonctions de membre du conseil de surveillance d'une société commerciale ou d'administrateur d'une société commerciale par un avocat[3], il doit regarder si celui-ci est ou devient incompatible avec la dignité et la délicatesse imposées aux avocats, et peut alors, à tout moment, inviter l'intéressé à se démettre de ses fonctions immédiatement[4].

De même que lors de l'examen des demandes d'inscription[5], il y a lieu de vérifier la recevabilité de celles-ci au regard tant de l'article 11 que de l'article 17, 3°, de la loi du 31 décembre 1971, ou en cas d'omission si l'on entre bien dans l'un des cas d'omission expressément définis par les textes[6].

Tout comme s'agissant des structures d'exercice, le contrôle du conseil de l'Ordre se limite à la conformité des statuts aux dispositions législatives ou règlementaires ainsi qu'à la composition du capital social[7].

513.72 Principe du contradictoire. Aucune disposition ne fixe les règles procédurales à suivre pour l'instruction des demandes. Chaque barreau a donc la possibilité d'organiser cette instruction en respectant le principe fondamental de la contradiction[8].

Elles sont, le plus souvent, prévues dans le règlement intérieur du barreau[9] même si ce n'est pas une obligation[10].

513.73 Désignation d'un rapporteur. Le conseil de l'Ordre peut désigner un rapporteur choisi parmi ses membres, ou ancien membre dès lors qu'il ne délibère pas[11], pour instruire la demande. L'avocat ou l'impétrant est informé de cette désignation et entendu, le cas échéant, par son rapporteur. Celui-ci peut, si nécessaire, se rendre au domicile professionnel de l'intéressé et vérifier les conditions de son installation professionnelle. Il peut solliciter tous éléments utiles à l'instruction de la demande, dans les limites de l'étendue de sa saisine.

Une enquête déontologique, et notamment une visite domiciliaire[12] peut servir de fondement à la mise en œuvre d'une procédure administrative telle qu'une omission[13].

513.74 Objet de l'instruction de la demande. L'instruction de la demande doit être aussi complète que possible. Le rapporteur doit réclamer les justifications qui lui paraissent utiles et procéder aux vérifications qui s'avèrent nécessaires.

Tout dépend des circonstances de la demande et de l'objet de la procédure. Ainsi, lors d'une demande de dispense du Capa[14], il y a lieu d'interroger l'impétrant sur son parcours et ses activités effectives justifiant sa demande et lui demander tous justificatifs nécessaires. Si l'impétrant a antérieurement exercé une profession, il y a lieu de vérifier les conditions dans lesquelles il y a mis fin et si les comptes qu'il a pu être amené à tenir ont été apurés. S'il est ancien magistrat, ancien avoué, ancien agréé (sauf pour ces derniers dans le cas de l'article 1, I de la loi du 31 décembre 1971 qui prévoit une inscription d'office), ancien huissier, ancien fonctionnaire, les renseignements peuvent et doivent être demandés aux personnes ou organismes professionnels dont l'impétrant relevait.

513.75 Limites de l'instruction de la demande. L'instruction du dossier devra être menée en gardant bien à l'esprit que seuls les points qu'il y a lieu de soumettre à l'appréciation du conseil de l'Ordre doivent être examinés.

Une cour d'appel a pu rappeler qu'il était « naturel » que le conseil de l'Ordre, appelé à se prononcer sur l'omission du tableau d'un avocat, s'informât de sa situation financière personnelle, mais encore de celle de la société sous couvert de laquelle il exerçait son activité professionnelle, et que, bien évidemment, la situation financière de l'un reflétait celle de l'autre et réciproquement[15]. Tout comme le refus d'un cabinet d'avocats de justifier de ses conditions d'exercice et de son fonctionnement au sein du

1. Décr. n° 91-1197, 27 nov. 1991, art. 139 – V. s[s] n°s 813.141 s.
2. V. s[s] n°s 522.00 s.
3. V. s[s] n°s 432.51 s.
4. Décr. n° 91-1197, 27 nov. 1991, art. 113.
5. V. s[s] n°s 224.00 s.
6. V. s[s] n°s 241.00 s.
7. Décr. n° 92-680, 20 juill. 1992, art. 5 – Décr. n° 93-492, 25 mars 1993, art. 6 et 48-5.
8. Rouen, 1re ch., 17 janv. 2012, RG n° 11/04128.
9. V. s[s] n°s 115.31 s.
10. RIBP, art. P. 68.1 et P. 73.4.
11. Limoges 9 janv. 2019, RG n° 18/00018 ; *JCP* 2019. 255, n° 7, obs. L. Jariel.
12. V. s[s] n°s 511.301 s.
13. V. s[s] n°s 241.00 s.
14. V. s[s] n°s 212.00 s.
15. Orléans, 20 janv. 2017, RG n° 16/02246.

cabinet secondaire peut fonder un rejet d'autorisation d'ouverture [1].

SECTION 2
DÉCISION

513.80 **Plan.** La décision de la formation administrative du conseil de l'Ordre (§ 3) est forcément précédée par une convocation (§ 1) et la tenue d'une audience (§ 2) afin de garantir le caractère contradictoire de la décision.

§ 1
Convocation

513.91 **Convocation de l'avocat devant le conseil de l'Ordre.** L'avocat doit, en principe, être régulièrement convoqué devant le conseil de l'Ordre. La jurisprudence a eu ainsi l'occasion de rappeler qu'au préalable à toute décision du conseil de l'Ordre à son égard, l'avocat doit être convoqué devant le conseil de l'Ordre pour pouvoir présenter ses observations [2]. La convocation doit indiquer l'objet de la demande, les pièces sur lesquelles elle repose et préciser comment l'avocat ou l'impétrant peut avoir accès à son dossier et à l'éventuel rapport, y compris d'enquête déontologique [3], versée au dossier ainsi que les raisons qui fonderaient un éventuel refus de sa demande de façon à pouvoir en récuser les motivations.

C'est ainsi que la lettre de convocation de l'avocat à une procédure de retrait de l'autorisation d'un cabinet secondaire [4] doit, dans le respect des conditions d'un débat contradictoire, obligatoirement mentionner les motifs pour lesquels est envisagé le maintien ou le retrait de l'autorisation par le conseil de l'Ordre [5].

513.92 **Auteur de la convocation de l'avocat.** C'est le bâtonnier qui doit signer la convocation. Le bâtonnier ne peut déléguer, pour un temps limité, ses pouvoirs en la matière qu'au vice-bâtonnier ou à d'autres membres du conseil de l'Ordre [6].

Doit donc être annulée une citation signée par un ancien membre du conseil de l'Ordre, affectée d'une nullité qui faisait nécessairement grief dès lors que l'avocat mis en cause n'avait pu procéder à la vérification de la réalité de la délégation donnée, si celle-ci avait été donnée pour un temps limité et si le signataire avait la qualité de membre du conseil de l'Ordre [7].

513.93 **Délai de convocation.** En matière d'inscription [8], d'omission [9] et de réinscription [10] la convocation doit être adressée au moins huit jours avant l'audience par lettre recommandée avec demande d'avis de réception [11] ou LRE eIDAS [12]. En tout état de cause, elle doit être adressée en temps utile afin de permettre à l'intéressé de préparer sa défense.

En cas de non-respect du délai de convocation, il a pu être jugé que si le requérant a disposé seulement de deux jours (et non des huit jours prévus par le texte) pour préparer sa défense, un tel délai n'est pas suffisant et qu'il y a donc lieu d'annuler la décision du conseil de l'Ordre, et d'évoquer afin de statuer sur le fond [13].

513.94 **Remise de la convocation.** La Cour de cassation a précisé que la convocation, par lettre recommandée, doit avoir été remise au destinataire, faute de quoi la procédure doit être annulée [14]. Ainsi, en cas de retour de la lettre comme étant non réclamée ou « n'habite pas à l'adresse indiquée », il y a lieu de procéder par voie de signification [15].

513.95 **Nécessité d'un grief.** Il convient que l'irrégularité invoquée ait causé un grief à l'avocat concerné, faisant que s'il a pu comparaître sans demander de renvoi, et faire valoir son argumentation, il n'y a pas lieu à annulation [16]. De même que, s'il est établi qu'il a été régulièrement convoqué et connaissait les motifs de sa convocation, a pu prendre connaissance de son dossier et du rapport du délégué du bâtonnier et y répondre [17], et ainsi pu préparer sa défense, il ne peut arguer d'une violation de ses droits [18].

Cette obligation de convocation ne concernera, en pratique, que les situations dans lesquelles il est envisagé, notamment au regard du rapport, de rendre une décision défavorable à l'avocat concerné,

1. Limoges 9 janv. 2019, RG n° 18/00018 ; *JCP* 2019. 255, n° 7, obs. L. Jariel.
2. Paris, 22 sept. 1993 ; *Gaz. Pal.* 1993. 2. Somm. 422 – Civ. 1re, 26 nov. 1996, n° 94-20.846, P I, n° 417 ; *Gaz. Pal.* 9 sept. 1997. Pan. 7 ; *JCP* 1997. IV. 125 ; – RAPPR. : Civ. 1re, 7 avr. 1987, n° 85-17768, P I, n° 122.
3. V. ss nos 511.301 s.
4. V. ss nos 223.00 s.
5. CNB, Comm RU, avis n° 2006-024, 25 avr. 2006 ; C. avocat 2021, ss décr. 27 nov. 1991, art. 166, note 12.
6. Décr. n° 91-1197, 27 nov. 1991, art. 7.
7. Paris, pôle 2, ch. 1, 25 sept. 2014, RG n° 14/08510.
8. V. ss nos 224.00 s.
9. V. ss nos 241.00 s.
10. V. ss nos 224.00 s.
11. Décr. n° 91-1197, 27 nov. 1991, art. 103.
12. CPCE, art. R. 53 à R. 53-4.
13. Grenoble, 1re ch. civ., 28 oct. 2014, RG n° 14/00276.
14. Civ. 1re, 17 juin 2015, n° 14-14.472, P I, n° 143.
15. C. pr. civ., art. 670-1.
16. Toulouse, 30 oct. 1997 ; *BICC* 1er avr. 1998, n° 387 – Orléans, 20 janv. 2017, RG n° 16/02717.
17. Paris, pôle 2, ch. 1, 28 avr. 2011, RG n° 10/24361.
18. Orléans, 20 janv. 2017, RG n° 16/02246.

soit parce qu'elle rejetterait une demande de sa part, soit parce qu'elle conduirait à son retrait du tableau (omission...). Dans les autres cas, le défaut de convocation ne sera pas préjudiciable à l'avocat concerné.

§ 2
Audience

513.101 **Respect du contradictoire.** La procédure orale suivie devant la formation administrative du conseil de l'Ordre, ne concerne pas une instance disciplinaire, et par conséquent n'entre ni dans le champ d'application de l'article 6 de la Conv. EDH ni dans les prescriptions des articles 187 et suivants du décret du 27 novembre 1991.

Pour autant il y a lieu d'assurer, en toutes circonstances, en application des règles du code de procédure civile applicable en la matière [1], le respect du contradictoire [2].

Il convient donc de veiller à ce que les explications données par l'avocat soient recueillies au cours d'un débat contradictoire devant le conseil de l'Ordre [3]. Il doit résulter expressément du dossier de procédure devant le conseil de l'Ordre et des notes d'audiences ou de la décision elle-même que l'intéressé a été appelé à s'expliquer [4].

513.102 **Code des relations entre le public et l'administration.** On notera que le code des relations entre le public et l'administration prévoit expressément qu'exception faite des cas où il est statué sur une demande, les décisions individuelles qui doivent être motivées [5], ainsi que les autres décisions qui sont prises en considération de la personne, sont soumises au respect d'une procédure contradictoire préalable [6].

Les décisions individuelles [7] n'interviennent qu'après que la personne intéressée a été mise à même de présenter des observations écrites et, le cas échéant, sur sa demande, des observations orales. Cette personne peut se faire assister par un conseil ou représenter par un mandataire de son choix [8].

513.103 **Accès au dossier.** L'intéressé doit pouvoir accéder à son dossier, et prendre connaissance de l'éventuel rapport rendu par le rapporteur [9].

513.104 **Formation restreinte.** En cas de mise en place de formation restreinte du conseil de l'Ordre [10], aucune disposition réglementaire n'exige que le conseil de l'Ordre fasse connaître, avant d'effectuer le choix des membres de la formation restreinte, la liste des avocats remplissant les conditions pour devenir membres de la formation restreinte.

En effet, la seule obligation est celle faite au bâtonnier de notifier au procureur général la délibération du conseil de l'Ordre qui fixe la composition de la formation restreinte, par lettre recommandée avec demande d'avis de réception ou LRE eIDAS [11]. Le seul intérêt des avocats membres du barreau est qu'eux-mêmes connaissent la composition de la formation restreinte et ainsi le choix des membres effectué par le conseil de l'Ordre de manière à pouvoir vérifier si les membres désignés remplissent bien les conditions pour siéger à la formation restreinte et dans le cas contraire, demander leur remplacement. Aussi, le fait que le conseil de l'Ordre n'ait pas d'abord arrêté la liste de personnes parmi lesquelles il devait opérer son choix n'a pu causer aucun grief à l'avocat qui a seulement dénoncé l'absence d'établissement d'une liste préalable [12].

L'avocat doit toutefois pouvoir examiner la régularité de l'existence et de la composition de la formation restreinte appelée à statuer sur son cas [13], afin d'être en mesure d'en récuser les membres suivant les mêmes modalités qu'en matière disciplinaire [14].

513.105 ***Quorum.*** Le conseil de l'Ordre, comme la formation restreinte [15], ne peuvent siéger que si plus de la moitié de leurs membres sont présents [16].

513.106 **Bâtonnier, président mais pas membre de la formation administrative.** Il convient de rappeler que le bâtonnier, qui préside le conseil de l'Ordre, n'en est pas membre [17] et ne doit donc pas prendre part au vote de la formation plénière du conseil. Il en est de même de celui qui se substitue au bâtonnier en exercice en cas d'absence de celui-ci, même s'il est, par ailleurs, membre du conseil de l'Ordre [18].

Les mêmes règles s'appliquent devant la formation restreinte [19].

1. Décr. n° 91-1197, 27 nov. 1991, art. 277.
2. Pau, 3 avr. 1996, RG n° 1617/96 – Paris, pôle 2, ch. 1, 10 mars 2016, RG n° 15/09405.
3. Civ. 1re, 26 nov. 1996, n° 94-20.846, P I, n° 417.
4. Civ. 1re, 1er févr. 1983, n° 81-11.302, P I, n° 43 ; *D.* 1984. 115, obs. A. Brunois.
5. CRPA, art. L. 211-2.
6. CRPA, art. L. 121-1.
7. CRPA, art. L. 211-2.
8. CRPA, art. L. 122-1.
9. Paris, pôle 2, ch. 1, 9 févr. 2017, RG n° 16/11396.
10. V. ss nos 513.44 s.
11. CPCE, art. R. 53 à R. 53-4 – V. ss n° 513.44.
12. Rennes, 17 mars 2017, RG nos 16/3659, 16/5051.
13. Paris, pôle 2, ch. 1, 25 sept. 2014, RG n° 14/08510.
14. V. ss nos 522.301 s.
15. V. ss n° 513.44.
16. Décr. n° 91-1197, 27 nov. 1991, art. 4-1.
17. V. ss nos 116.131 s.
18. Paris, pôle 2, ch. 1, 12 mai 2016, RG n° 15/11959.
19. V. ss n° 513.44.

513.107 **Règles de procédure civile.** Les dispositions du code de procédure civile étant applicables à défaut de dispositions spécifiques de la loi du 31 décembre 1971 ou du décret du 27 novembre 1991 [1], il y a lieu de s'y référer, avec les mêmes applications qu'en matière disciplinaire, pour ce qui concerne les incidents de procédure [2], le sursis à statuer [3], la question prioritaire de constitutionnalité [4]... et plus généralement, les règles applicables en matière de procédure orale sans représentation obligatoire.

§ 3
Décision de la formation administrative

513.110 **Plan.** La formation administrative du conseil de l'Ordre est tenue de statuer dans un délai restreint (A), sa décision devant être formalisée par une délibération écrite et motivée (B), et faire l'objet d'une notification par lettre recommandée avec demande d'avis de réception, ou LRE eIDAS (C).

A.
Délai pour statuer

513.121 **Délai pour statuer – Silence vaut acceptation.** Le principe, aux termes duquel le « *silence gardé pendant deux mois par l'autorité administrative sur une demande vaut décision d'acceptation* » [5], est posé par la loi du 12 avril 2000 [6] relative aux droits des citoyens dans leurs relations avec les administrations. Ce principe s'applique aux actes pris par les collectivités territoriales et leurs établissements publics, ainsi qu'aux actes des organismes de sécurité sociale et des autres organismes chargés de la gestion d'un service public administratif.

Le Conseil d'État a, notamment, estimé, à l'occasion d'un avis rendu le 22 octobre 2015 [7], que les conseils de l'Ordre devaient être regardés comme des organismes chargés de la gestion d'un service public administratif au sens de l'article 1er de la loi du 12 avril 2000 lorsque leurs décisions se rattachaient à l'organisation du service public de la justice. En outre, le Conseil d'État a également estimé que relevaient du champ d'application de la règle « *silence vaut acceptation* » [8], les décisions liées à l'accès et à l'exercice de la profession d'avocat (inscriptions, équivalence, certification, formations, honorariat...) lorsqu'elles font suite à une demande s'inscrivant dans une procédure prévue par une loi, un décret ou un règlement édictés par une de ces instances [9].

513.122 **Délai de principe de deux mois.** Il en découle que la règle selon laquelle le silence gardé pendant deux mois sur une demande vaut décision d'acceptation a vocation à s'appliquer aux décisions rendues par le conseil de l'Ordre. Au terme de ce délai, les demandeurs n'ayant pas obtenu de réponse pourront solliciter la délivrance d'une attestation de décision implicite d'acceptation leur permettant de faire valoir leurs droits [10].

Sont concernées les demandes de :

- admission à l'honorariat [11] ;
- dispense d'une partie de la durée d'exercice requise pour pouvoir remplir les fonctions de membre du conseil de surveillance ou d'administrateur [12] ;
- maintien de l'inscription malgré une mission temporaire pour l'État [13].

Les décisions d'autorisation d'ouverture d'un bureau secondaire [14] situé dans un ressort différent de celui de la résidence professionnelle de l'avocat restent soumises aux dispositions de délai d'un mois à l'expiration duquel le silence vaut acceptation [15]. Au terme de ce délai, l'avocat pourra solliciter la délivrance d'une attestation de décision implicite d'acceptation lui permettant de faire valoir ses droits [16].

513.123 **Contrat d'association, de collaboration ou de travail.** Le conseil de l'Ordre peut, dans un délai d'un mois à compter de la remise du récépissé ou de la réception de la lettre, mettre en demeure, par lettre recommandée avec demande d'avis de réception ou LRE eIDAS [17], les avocats de modifier le

1. Décr. n° 91-1197, 27 nov. 1991, art. 277.
2. V. s[s] n°s 522.261 s.
3. V. s[s] n°s 522.401 s.
4. V. s[s] n°s 522.281 s.
5. CRPA, art. L. 231-1.
6. L. n° 2000-321, 12 avr. 2000 relative aux droits des citoyens dans leurs relations avec les administrations, *JO* 13 avr., p. 5646, art. 21.
7. Avis CE, sect. int., 22 oct. 2015, n° 390397 – CE 7 févr. 1975, *barreau de Lille,* req. n° 88611, *Lebon* – CE 6 juin 1986, *barreau de Pontoise c/Jaugey*, req. n° 57285, *Lebon ; Gaz. Pal.* 1986. 617 concl. J. Massot et note A. Damien ; *D.* 1987. Somm. 65, obs. A. Brunois ; *D.* 1986. 504, note H.-C. Amiel. ; – DÉJÀ AUSSI TROIS ARRÊTS (préc., v. s[s] n° 511.41) : CE 2 avr. 1943, *Bouguen, Lebon* 86 ; *GAJA,* 22e éd., Dalloz, 2019, n° 49 ; – CE 2 févr. 1945, *Moineau, Lebon* 27 ; *GAJA*, 22e éd., Dalloz, 2019, n° 51 ; – CE 29 juill. 1950, *Comité de défense des libertés professionnelles des experts comptables brevetés par l'État, Lebon* 492 ; *GAJA*, 22e éd., Dalloz, 2019, n° 58 – V. s[s] n°s 511.42 s.
8. CNB, Décrets SVA-SVR, Fiche pratique, novembre 2015.
9. CE, avis, sect. int., 22 oct. 2015, req. n° 390397, NP.
10. CRPA, art. L. 232-3.
11. L. n° 71-1130, 31 déc. 1971, art. 17 – V. s[s] n°s 243.11 s.
12. Décr. n° 91-1197, 27 nov. 1991, art. 112 – V. s[s] n°s 432.51 s.
13. Décr. n° 91-1197, 27 nov. 1991, art. 116 – V. s[s] n° 433.173.
14. V. s[s] n°s 223.00 s.
15. L. n° 71-1130, 31 déc. 1971, art. 8-1.
16. L. n° 2000-321, 12 avr. 2000 relative aux droits des citoyens dans leurs relations avec les administrations, *JO* 13 avr., p. 5646, art. 21.
17. CPCE, art. R. 53 à R. 53-4.

contrat d'association[1], de collaboration[2] ou de travail[3] pour le mettre en conformité avec les règles professionnelles. Pour les réseaux, le délai est de deux mois[4].

513.124 **Dérogations.** Cette règle fait cependant l'objet de dérogations en application desquelles le silence vaut rejet. Les dérogations générales concernent, notamment, les demandes qui ne présentent pas de caractère individuel, les demandes qui ne s'inscrivent pas dans une procédure prévue par un texte législatif ou réglementaire[5], les demandes présentant le caractère d'une réclamation ou d'un recours ou encore les demandes présentant un caractère financier.

Le silence gardé pendant deux mois sur de telles demandes vaut décision de rejet[6].

513.125 **Dérogations spécifiques.** Des dérogations spécifiques sont prévues[7] eu égard à l'objet de la décision ou pour des motifs de bonne administration. Un décret du 10 novembre 2015[8] concerne les conseils de l'ordre et liste les procédures pour lesquelles, par dérogation au principe, le silence vaut rejet. Ils précisent également les délais aux termes desquels interviendra la décision implicite de rejet lorsque l'urgence ou la complexité de la procédure le justifie. L'ensemble de ces dispositions s'appliquent aux demandes présentées depuis le 12 novembre 2015.

Le silence gardé pendant trois mois sur une demande vaut décision de rejet dans les cas suivants :

- inscription au tableau du barreau[9], qu'il s'agisse de la procédure de droit commun, ou des procédures spécifiques (de dispense de diplôme ou de formation théorique et pratique[10], personnes ayant acquis la qualité d'avocat dans un État de l'UE ou de l'EEE[11], personnes ayant acquis la qualité d'avocat dans un État tiers hors UE, EEE et Confédération suisse)[12], des ressortissants européens après exercice sous leur titre d'origine[13] ou des avocats inscrits au barreau d'un État non-membre de l'Union européenne autorisés par le CNB à exercer à titre permanent l'activité de consultation juridique et de rédaction d'actes sous seing privé[14] ;
- omission du tableau du barreau sur demande de l'avocat[15] ;
- réinscription au tableau[16].

513.126 **Structure interbarreaux.** Le délai est porté à quatre mois en cas de structures interbarreaux[17].

513.127 **Point de départ du délai.** Le point de départ du délai est en principe celui du dépôt de la demande par l'avocat.

513.128 **Interruption du délai.** Toutefois, encore faut-il que le dossier de demande soit complet et comporte tous les justificatifs nécessaires à son traitement : le dépôt ultérieur des justificatifs nécessaires à l'examen de la demande constitue une nouvelle demande, faisant que le délai ne commence à courir qu'à compter de cette dernière[18].

Mais l'avocat doit être informé, dans le délai initialement imparti, de tout événement destiné à interrompre le délai telle qu'une demande de pièces complémentaires[19] ou la nomination d'un rapporteur par le conseil de l'Ordre. À défaut, une cour d'appel a pu considérer que faute pour le conseil de l'Ordre d'avoir informé le demandeur de la nomination d'un rapporteur dans le délai d'un mois imparti pour statuer, l'autorisation d'ouverture d'un bureau secondaire devait être réputée avoir été accordée, rendant nulle toute décision de refus ultérieur[20].

B.
Contenu de la décision

513.131 **Renvoi en formation plénière.** La formation restreinte peut renvoyer l'affaire à la formation plénière, mais ce renvoi ne peut être décidé qu'après audition de l'avocat qui comparaît[21].

1. Décr. n° 91-1197, 27 nov. 1991, art. 125.
2. Décr. n° 91-1197, 27 nov. 1991, art. 133 – V. s[s] n°s 812.151 s.
3. Décr. n° 91-1197, 27 nov. 1991, art. 139 – V. s[s] n°s 813.141 s.
4. RIN, art. 16.6.
5. CE 26 juill. 2018, *Fnac-Darty*, req. n° 414654, *Lebon T ; JCP* 2018. 927.
6. CRPA, art. L. 231-4.
7. CRPA, art. L. 231-5.
8. Décr. n° 2015-1458, 10 nov. 2015 relatif aux exceptions à l'application du principe « silence vaut acceptation » sur le fondement du II de l'article 21 de la loi n° 2000-321 du 12 avril 2000 relative aux droits des citoyens dans leurs relations avec les administrations (ordres professionnels), *JO* 11 nov., p. 21049.
9. L. n° 71-1130, 31 déc. 1971, art. 17 – Décr. n° 91-1197, 27 nov. 1991, art. 102 – V. s[s] n°s 224.00 s.
10. Décr. n° 91-1197, 27 nov. 1991, art. 97 s.
11. Décr. n° 91-1197, 27 nov. 1991, art. 99.
12. Décr. n° 91-1197, 27 nov. 1991, art. 100.
13. Décr. n° 91-1197, 27 nov. 1991, art. 89 – V. s[s] n°s 212.00 s.
14. L. n° 71-1130, 31 déc. 1971, art. 106 – Décr. n° 91-1197, 27 nov. 1991, art. 106, 204-16 s. – V. s[s] n°s 232.11 s.
15. Décr. n° 91-1197, 27 nov. 1991, art. 104 à 108 – V. s[s] n°s 241.00 s.
16. Décr. n° 91-1197, 27 nov. 1991, art. 106 et 107 – V. s[s] n°s 224.00 s.
17. Décr. n° 92-680, 20 juill. 1992, art. 6 – Décr. n° 93-492, 25 mars 1993, art. 6 – V. s[s] n° 513.42.
18. Paris, pôle 2, ch. 1, 25 mars 2010, RG n° 09/21488.
19. CE 30 oct. 1998, req. n° 155137, *Czekaj (Ép[x]), Lebon ; AJDA* 1999. 179 ; *AJDA* 1999. 122, Chron. F. Raynaud et P. Fombeur.
20. Rennes 16 mai 2017, RG n° 16/09862.
21. L. n° 71-1130, 31 déc. 1971, art. 17, 1°.

513.132 **Sursis à statuer.** Dans les mêmes conditions qu'en matière disciplinaire, un sursis à statuer doit pouvoir être ordonné [1].

Il devrait aussi, en principe, produire les mêmes effets qu'en matière de procédure disciplinaire [2], notamment relativement aux délais impartis pour statuer.

Il convient toutefois d'être prudent en la matière, faute de jurisprudence : le sursis à statuer emprunte aux règles de procédure civile alors que les délais impartis en la matière ressortent du droit administratif [3].

513.133 **Motivation de l'arrêté.** La décision de refus doit être motivée [4], notamment eu égard à l'étendue de la saisine du conseil et aux motifs de refus prévus par les textes, notamment lorsque, par exemple, l'inscription est de plein droit [5], et les motifs doivent être fondés sur des bases légales.

Doit ainsi être annulée, la décision qui n'a pas été formalisée par une délibération écrite et motivée, le simple extrait de la séance du conseil de l'Ordre mentionnant que le requérant pouvait accéder à la profession ne comportant aucune motivation, et ne permettant pas d'établir qu'il a été délibéré sur la demande [6].

C. Notification de la décision

513.141 **Notification de la décision par lettre recommandée avec demande d'avis de réception ou LRE eIDAS.** La décision du conseil de l'Ordre est notifiée par lettre recommandée avec demande d'avis de réception, ou LRE eIDAS [7], à l'intéressé. Certaines décisions, dont les décisions d'inscription [8], d'omission [9], ou de réinscription [10] doivent également être notifiées par lettre recommandée avec demande d'avis de réception, ou LRE eIDAS [11], dans les quinze jours de leur date, au procureur général [12]. Le délai imparti pour refus implicite d'inscription n'est pas exclusif de l'ouverture du délai de recours en cas de notification d'une décision expresse [13].

Il convient d'indiquer la voie et le délai de recours, ainsi que les modalités selon lesquelles celui-ci peut être exercé [14], dans la notification de la décision faute de quoi il sera considéré comme n'ayant pas valablement commencé à courir [15], et le délai devrait être, en principe, le délai de deux ans prévu en matière de péremption [16]. En cas de retour de la lettre comme étant non réclamée ou « n'habite pas à l'adresse indiquée », il y a lieu de procéder par voie de signification [17].

513.142 **Notification de la décision - Bureau secondaire.** Les décisions autorisant l'ouverture d'un bureau secondaire [18] prises par le conseil de l'Ordre d'un barreau dont ne relève pas l'avocat sont portées par ce conseil à la connaissance du bâtonnier du barreau auquel appartient l'avocat, qui en informe le procureur général compétent [19].

Lorsque le conseil de l'Ordre n'a pas statué dans le délai imparti et que l'autorisation d'ouverture du bureau secondaire est ainsi réputée accordée, l'ouverture du bureau est portée, par l'avocat, à la connaissance du bâtonnier du conseil de l'Ordre auquel il appartient qui en informe le procureur général compétent, et du bâtonnier du barreau dans le ressort duquel le bureau est ouvert [20].

513.143 **Date d'effet des décisions.** Le conseil de l'Ordre n'a pas à se prononcer sur la date de prise d'effet de ses délibérations, en vertu des dispositions de l'article 17, 1°, de la loi du 31 décembre 1971. Elles devraient donc, en principe, prendre effet le jour de la délibération du conseil de l'Ordre, ou de l'expiration du délai « silence vaut acceptation », ou une date postérieure si l'impétrant l'a sollicité, sans rétroactivité possible à une date antérieure [21].

Toutefois, *« le délai d'appel suspend l'exécution de la décision du conseil de l'Ordre. L'appel exercé dans ce délai est également suspensif »* [22], aux termes de l'arti-

1. EN CE SENS : Civ. 1re, 19 janv. 1994, n° 91-21.088, NP.
2. V. ss nos 522.401 s.
3. V. ss nos 513.121 s.
4. CRPA, art. L. 211-2 – Paris, pôle 2, ch. 1, 27 oct. 2011, RG n° 11/06320.
5. Civ. 1re, 28 juin 2012, n° 11-15.370, P I, n° 144 ; *D.* 2012. 1749 ; *D.* 2013. 136, obs. T. Wickers ; *D.* 2013. 324, obs. O. Boskovic, S. Corneloup, F. Jault-Seseke, N. Joubert et K. Parrot – D. Piau, « De l'art abstrait de la maîtrise du tableau », *Gaz. Pal.* 6 janv. 2013, p. 9.
6. Paris, pôle 2, ch. 1, 27 sept. 2012, RG n° 11/19162.
7. CPCE, art. R. 53 à R. 53-4.
8. V. ss nos 224.00 s.
9. V. ss nos 241.00 s.
10. V. ss nos 224.00 s.
11. CPCE, art. R. 53 à R. 53-4.
12. Décr. n° 91-1197, 27 nov. 1991, art. 102, al. 2.
13. Reims, 11 sept. 2001 ; *Gaz. Pal.* 18 oct. 2001, note A. Damien ; *JCP* 2002. I. 136, n° 5, obs. R. Martin.
14. C. pr. civ., art. 680 – Montpellier, 2 juin 2014 ; *Gaz. Pal.* 10-11 déc. 2014, p. 20.
15. Montpellier, 1re ch., sect. AS, 2 juin 2014, RG n° 13/05240.
16. C. pr civ., art. 386 ; – *CONTRA*, EN MATIÈRE ADMINISTRATIVE : CE, ass., 13 juill. 2016, req. n° 387763 ; *Lebon* ; *JCP* 2016. 1396, note X. Souvignet ; *AJDA* 2016. 1479 ; *AJDA* 2016. 1629, Chron. L. Dutheillet de Lamothe et G. Odinet ; *AJFP* 2016. 356 ; *AJCT* 2016. 572, obs. M.-C. Rouault ; *RDT* 2016. 718, obs. L. Crusoé ; *RFDA* 2016. 927, concl. O. Henrard ; *RTD com.* 2016. 715, obs. F. Lombard.
17. C. pr. civ., art. 670-1.
18. V. ss nos 223.00 s.
19. Décr. n° 91-1197, 27 nov. 1991, art. 167.
20. Décr. n° 91-1197, 27 nov. 1991, art. 168.
21. Civ. 1re, 1er févr. 2005, n° 03-14.860, P I, n° 210.
22. Décr. n° 91-1197, 27 nov. 1991, art. 16.

cle 16 du décret du 27 novembre 1991. Or, le fait que le délai d'appel suspende l'exécution de la décision du conseil de l'Ordre a pour conséquence que celle-ci ne produira en réalité ses effets qu'à l'expiration du délai d'appel d'un mois, ou à une date postérieure à cette même expiration du délai si l'impétrant en a fait la demande.

L'application des dispositions de l'article 16 du décret du 27 novembre 1991 aux délibérations du conseil de l'Ordre apparaît délicate, ces dernières n'ayant de sens qu'à l'égard des décisions disciplinaires, d'autant qu'il convient alors de prendre en compte la date exacte de notification de la décision pour calculer précisément le délai.

SECTION 3
VOIES DE RECOURS

513.150 **Plan.** Les décisions de la formation administrative du conseil de l'Ordre peuvent faire l'objet, suivant les cas, d'un recours préalable (§ 1) et sont, dans tous les cas, susceptibles d'appel devant la cour d'appel (§ 2) puis d'un pourvoi en cassation (§ 3). Elles peuvent également, dans certaines circonstances, donner lieu à rétractation (§ 4)

§ 1
Recours préalable

513.161 **Principe.** Parfois certaines décisions du conseil de l'Ordre peuvent léser l'avocat dans ses intérêts professionnels, ou être prise en application de textes, notamment du décret du 27 novembre 1991 (tel que pour l'avocat chargé d'une mission par l'État[1]) ou du règlement intérieur national[2] ou celui du barreau, sans qu'une voie de recours ne soit expressément ouverte[3].

De telles décisions peuvent, naturellement faire l'objet d'un recours[4] devant la cour d'appel, l'article L. 311-3, 2°, du code de l'organisation judiciaire prévoyant que : « La cour d'appel connaît, en ce qui concerne les avocats [...] des recours contre les décisions ou délibérations du conseil de l'Ordre »[5].

513.162 **Recours préalable.** Elles doivent toutefois, en principe, faire l'objet d'un recours préalable auprès du bâtonnier prévu à l'article 15 du décret du 27 novembre 1991[6]. L'avocat saisit alors préalablement de sa réclamation le bâtonnier par lettre recommandée avec demande d'avis de réception, ou LRE eIDAS[7], dans le délai de deux mois à compter de la date de notification ou de publication de la délibération ou de la décision. Le non-respect de cette formalité constitue un simple vice de forme qui ne cause la nullité de la procédure qu'en cas de grief[8].

La réclamation doit alors être soumise par le bâtonnier au conseil de l'Ordre qui doit statuer sur le recours préalable et notifier sa décision à l'avocat intéressé, par lettre recommandée avec demande d'avis de réception, ou LRE eIDAS[9], dans le délai d'un mois à compter de la réception du recours.

En cas de décision de rejet du recours préalable, l'avocat peut la déférer à la cour d'appel dans les conditions prévues à l'article 16[10].

Si, dans le délai d'un mois aucune décision n'a été notifiée, la réclamation est considérée comme rejetée et l'avocat peut déférer dans les mêmes conditions à la cour d'appel le rejet de son recours préalable[11].

513.163 **Conséquence de l'absence de recours préalable.** La jurisprudence est partagée, mais il a pu être jugé que l'absence de recours préalable ne rendait pas irrecevable un recours direct devant la cour d'appel dans le délai d'un mois de l'article 16[12], faisant que l'avocat ne saurait faire grief à la notification de la décision initiale de ne pas avoir mentionné les voies de recours et l'obligation de faire un recours préalable[13].

513.164 **Recours direct.** L'obligation de recours préalable ne s'applique pas dès lors que les textes ont prévu un recours direct devant la cour d'appel, tel qu'en matière d'inscription[14].

Lorsque la voie de l'appel est expressément prévue le recours doit être exercé directement devant la cour d'appel, dans le délai d'un mois, sans recours préalable, à défaut de quoi il est irrecevable[15].

1. Décr. n° 91-1197, 27 nov. 1991, art. 116 – V. s[s] n° 433.173.
2. *Cf.* RIN, art. 15 et 16.
3. V. s[s] n° 513.183.
4. L. n° 71-1130, 31 déc. 1971, art. 19, al. 2 – Civ. 1re, 19 janv. 1994, n° 91-21.821, P I, n° 26 ; *D.* 1995. 167, obs. A. Brunois – Sur le cas des avis déontologiques faisant grief, v. s[s] n°s 511.375 s.
5. CE 4 sept. 2013 req. n° 371721 ; *JCP* 2013. 964, obs. L. Erstein.
6. Décr. n° 91-1197, 27 nov. 1991, art. 15.
7. CPCE, art. R. 53 à R. 53-4.
8. Civ. 1re, 17 janv. 2008, n° 06-14.380 ; P I, n° 13.
9. CPCE, art. R. 53 à R. 53-4.
10. Décr. n° 91-1197, 27 nov. 1991, art. 16.
11. Décr. n° 91-1197, 27 nov. 1991, art. 167 – Montpellier, 16 nov. 2015, RG n° 15/05722 ; *Gaz. Pal.* 19 avr. 2016, p. 28, obs. J.-L. Gaineton – V. s[s] n°s 513.181 s.
12. Décr. n° 91-1197, 27 nov. 1991, art. 16.
13. Rennes, 17 mars 2017, RG n° 16/03659 – *CONTRA* : Paris, 25 mars 1998 ; *Gaz. Pal.* 10-11 juill. 1998, p. 31 – Lyon, 26 juill. 1993 ; *Gaz. Pal.* 16 sept. 1993, p. 4, note A. Damien.
14. Fort de France, 10 janv. 2017, RG n° 16/00299 – V. s[s] n°s 513.181 s.
15. Civ. 1re, 17 juill. 2011, n° 10-19.467, NP.

§ 2
Appel

513.170 **Plan.** Toutes les décisions prises en matière administrative par le conseil de l'Ordre peuvent faire l'objet d'un appel de la part de personnes précises (A), suivant des modalités de formes et des délais similaires à la procédure disciplinaire (B), conduisant à devoir déterminer précisément les parties à l'instance d'appel (D), ainsi que la procédure mise en œuvre devant la cour d'appel (E), laquelle produit un effet dévolutif et suspend l'exécution de la décision administrative.

A.
Auteur du recours

513.181 **Avocat intéressé par la décision ou délibération du conseil de l'Ordre.** Toutes les décisions ou délibérations prises en matière administrative par le conseil de l'Ordre peuvent faire l'objet de recours de la part de l'avocat visé par la décision ou délibération ou lorsque celle-ci est de nature à léser ses intérêts professionnels, selon les modalités prévues à l'article 16 du décret du 27 novembre 1991 [1].

L'appel de la décision du conseil de l'Ordre en matière d'inscription peut être formé non seulement pour refus d'inscription mais également en raison du rang fixé pour cette inscription [2].

513.182 **Droit de recours général du procureur général.** Les textes prévoient expressément que les décisions ou délibérations prises par le conseil de l'Ordre relatives à l'inscription [3], à l'omission [4] ou la réinscription [5], ainsi que celles relatives à l'autorisation d'ouverture de bureaux secondaires ou à la fermeture de tels bureaux [6], peuvent également être déférées à la cour d'appel par le procureur général [7].

Mais indépendamment de ces dispositions particulières, l'article 19 de la loi du 31 décembre 1971 attribue un droit de recours général au procureur général en prévoyant que : « Toute délibération ou décision du conseil de l'Ordre étrangère aux attributions de ce conseil ou contraire aux dispositions législatives ou réglementaires est annulée par la cour d'appel, sur les réquisitions du procureur général » [8].

Il en découle que même lorsque les textes ne prévoient pas expressément de faculté de recours du procureur général à l'encontre d'une décision du conseil de l'Ordre, tel que s'agissant des décisions du conseil de l'Ordre relatives à l'exercice des fonctions de membre du conseil de surveillance ou d'administrateur par un avocat [9] ou en matière d'honorariat [10], le procureur général a toujours la possibilité de saisir la cour d'appel d'un recours en annulation.

513.183 **Honorariat.** Bien que les textes soient muets sur la procédure et les recours auxquels est soumise la demande d'honorariat [11], est recevable le recours de l'avocat contre la décision du conseil de l'Ordre lui refusant l'honorariat [12].

Ce même recours est ouvert au procureur général, aux termes des dispositions de l'article 19 de la loi du 31 décembre 1971 [13].

513.184 **Bâtonnier et conseil de l'Ordre.** Ni le bâtonnier, ni le conseil de l'Ordre, n'ont intérêt à agir pour interjeter appel des décisions rendues en matière administrative par le conseil de l'Ordre.

513.185 **Tiers.** Les tiers ne sont pas recevables à agir pour poursuivre l'annulation des décisions ou délibérations rendues par le conseil de l'Ordre en matière administrative, telles que celle admettant un avocat au tableau [14].

Au nombre des tiers, il faut admettre les membres du barreau non visés par la décision ou délibération du conseil de l'Ordre [15], fussent-ils les anciens associés de l'avocat sollicitant l'inscription de sa nouvelle structure [16] ou encore les élèves-avocats [17].

1. COJ, art. L. 311-3 2°.
2. Civ. 1re, 28 juin 1961, n° 59-11.977 ; *D.* 1961. 643, note L. Crémieu – Aix-en-Provence, 28 avr. 1975 ; *Gaz. Pal.* 1975. 2. 849, note A. Damien – Aix-en-Provence, 17 mai 1976 ; *Gaz. Pal.* 1976. 2. 524, note A. Damien – Rennes, 24 mai 1977 ; *Gaz. Pal.* 1977. 2. 437, note A. Damien – Rennes, 24 févr. 1981 ; *D.* 1981. 317, note A. Brunois – V. ss nos 224.52 s.
3. V. ss nos 224.00 s.
4. V. ss nos 241.00 s.
5. V. ss nos 224.00 s.
6. V. ss nos 223.00 s.
7. L. n° 71-1130, 31 déc. 1971, art. 20.
8. L. n° 71-1130, 31 déc. 1971, art. 19.
9. V. ss nos 432.51 s.
10. V. ss n° 513.183.
11. V. ss nos 243.11 s.
12. Civ. 1re, 7 avr. 1987, n° 85-17.768, P I, n° 122 ; *Gaz. Pal.* 1987. 2. Somm. 457 ; *Gaz. Pal.* 8 août 1987, p. 8, note A. Damien ; *JCP* 1987. IV. 210 ; *D.* 1987. 483, note B. Beignier – Civ. 1re, 27 mars 2001, n° 98-15.922, P I, n° 84 ; *D.* 2001. IR 1280 – Civ. 1re, 22 janv. 2014, n° 13-10.471, NP – Civ. 2e, 26 avr. 2017, n° 16-10.816, P ; *Gaz. Pal.* 23 mai 2017, p. 42, obs. C. Berlaud ; *D. avocats* 2017. 193, note D. Landry ; – CONTRA : Caen, 18 oct. 1985 ; *Gaz. Pal.* 1986. 58, note A. Damien, CRIT.
13. L. n° 71-1130, 31 déc. 1971, art. 19 – V. ss n° 513.182.
14. V. ss nos 221.00 s.
15. Cass., ass. plén., 18 nov. 1988, n° 87-11.605, P n° 8 ; *Gaz. Pal.* 1989. 1. jur. p. 187, note A. Damien – Civ. 1re, 5 juill. 1989, nos 87-17.712, 87-17.715, P I, n° 270 – Paris 26 nov. 1986 ; *Gaz. Pal.* 1987. 1. 58 – Saint-Denis de La Réunion, 16 déc. 1991 ; *Gaz. Pal.* 1992. 1. jur. p. 250, note A. Damien – Civ. 1re, 25 juin 1985, n° 84-13.478, P I, n° 202 ; *D.* 1985. 517, note E. Agostini ; *D.* 1987. Somm. 63, obs. A. Brunois.
16. Colmar, 1er juin 2016, RG n° 15/04361 ; *D.* 2017. 77, obs. Th. Wickers.
17. Civ. 1re, 8 avr. 2021, n° 20-20.185 QPC, NON-LIEU À RENVOI AU CONSEIL CONSTITUTIONNEL, P ; *Gaz. Pal.* 11 mai 2021, p. 33, obs. C. Berlaud ; *D. actu.* 19 mai 2021, note C. Caseau-Roche ; – SUR POURVOI DE : Douai, 9 juill. 2020, RG n° 19/05808 ; *D. avocats* 2020. 422, étude Y. Avril ; BJT 2020, n° 09, p. 13, note G. Loiseau ; *Gaz. Pal.* 6 oct. 2020, p. 41, obs. J. Villacèque ; *JCP* 2020. 1294 n° 12, obs. J. Moret-Bailly.

B.
Formes et délais de l'appel

513.191 **Forme du recours.** Le recours est formé est formé par lettre recommandée avec demande d'avis de réception, ou LRE eIDAS[1], adressée au secrétariat-greffe de la cour d'appel ou remis contre récépissé au greffier en chef[2] auquel est assimilé le directeur des services de greffe judiciaire[3].

Est irrecevable le recours formé par simple déclaration verbale[4], par lettre remise au secrétariat-greffe et non au greffier en chef[5], par lettre recommandée avec demande d'avis de réception adressée au greffier en chef et non au secrétariat-greffe[6] ou encore par lettre simple au greffe de la cour qui porte le timbre d'arrivée au greffe mais dont il ne résulte d'aucune autre mention sur ce simple courrier qu'il a été remis contre récépissé[7].

L'auteur du recours doit en aviser sans délai, par lettre recommandée avec demande d'avis de réception, ou LRE eIDAS[8], le procureur général et le bâtonnier[9]. Lorsque le procureur général défère une décision à la cour d'appel, il en avise le bâtonnier[10].

513.192 **Délais du recours.** Le délai de recours est d'un mois à compter de la notification de la décision par le conseil de l'Ordre, ou de l'expiration du délai valant décision de rejet ou d'acceptation implicite du conseil de l'Ordre[11].

Une question demeure en suspens s'agissant du délai de recours en cas d'absence de notification valable de la décision ou de publication de la délibération, dès lors que dans ces cas les délais de recours sont considérés comme n'ayant pas valablement commencé à courir. La question se pose d'autant plus que dans certains cas, tel que s'agissant des décisions du conseil de l'Ordre relatives à l'exercice des fonctions de membre du conseil de surveillance ou d'administrateur par un avocat[12], il n'est pas prévu d'obligation expresse de notification de la décision au procureur général[13] alors même qu'il dispose d'un droit de recours général[14].

Notons que le Conseil d'État considère qu'un requérant dispose, sauf circonstances particulières, d'un délai d'un an pour contester par la voie de l'excès de pouvoir une décision administrative qui oublierait de mentionner les voies et délais de recours, sauf circonstances particulières dont il pourrait se prévaloir[15]. Ce délai de forclusion, qualifié de délai raisonnable, est commandé par le principe de sécurité juridique, ce dernier faisant obstacle à ce que puisse être contestée indéfiniment une décision administrative individuelle qui a été notifiée à son destinataire, ou dont il est établi, à défaut d'une telle notification, que celui-ci en a eu connaissance, eu égard à la consolidation des situations par l'effet du temps. Il s'applique même aux décisions implicites de rejet[16].

513.193 **Indication de la décision attaquée.** Le recours doit indiquer précisément quelle décision ou délibération du conseil de l'Ordre il entend soumettre à la cour. Doit ainsi être déclaré irrecevable un recours dirigé à l'encontre d'une décision « en date du 27 janvier 2016 » alors que cette date concerne uniquement la notification de la décision prise le 26 janvier 2016 et non le 27 janvier 2016[17].

513.194 **Cour d'appel compétente.** Les dispositions spéciales édictées par la loi du 31 décembre 1971 et le décret du 27 novembre 1991, qui confèrent attribution exclusive de compétence, en premier ressort au conseil de l'Ordre dont dépend l'avocat concerné et, sur recours, à la cour d'appel dans le ressort de laquelle le barreau est établi. Elles échappent, par leur nature, aux dispositions générales de l'article 47 du code de procédure civile[18].

En cas de renvoi après cassation, la cour, désignée comme cour de renvoi par la Cour de cassation, est compétente pour connaître du litige, et il appartient, le parquet étant indivisible, au procureur général

1. CPCE, art. R. 53 à R. 53-4.
2. Décr. n° 91-1197, 27 nov. 1991, art. 16.
3. Civ. 1re, 12 déc. 2018, n° 17-25.813, P ; *Gaz. Pal.* 22 janv. 2019, p. 36, obs. C. Berlaud ; *JCP* 2019. 9 ; *D.* 2019. 23 – Décr. n° 2015-1273, 13 oct. 2015 portant statut particulier du corps des directeurs des services de greffe judiciaires, *JO* 15 oct., art. 4.
4. Civ. 1re, 18 févr. 2015, n° 14-50.040, P I, n° 42 ; *D.* 2015. 494 ; *RLDC* mai 2015, p. 73, obs. C. Bléry.
5. Civ. 1re, 29 juin 2016, n° 15-19.589, P ; *D.* 2017. 74, obs. Th. Wickers ; *JCP* 2016. 1086, n° 18, obs. S. Bortoluzzi.
6. Paris, pôle 4, ch. 13, 11 févr. 2021, RG n° 19/06336.
7. Nîmes, 1re ch. A, 29 nov. 2011, RG n° 10/05776.
8. CPCE, art. R. 53 à R. 53-4.
9. Décr. n° 91-1197, 27 nov. 1991, art. 102 et 114.
10. Décr. n° 91-1197, 27 nov. 1991, art. 102.
11. Décr. n° 91-1197, 27 nov. 1991, art. 16 – Civ. 1re, 11 janv. 2017, n° 15-29.336, P – V. ss nos 513.121 s.
12. V. ss nos 432.51 s.
13. Décr. n° 91-1197, 27 nov. 1991, art. 114.
14. V. ss n° 513.182.
15. CE 13 juill 2016, *Czabaj*, req. n° 387763, *Lebon ; D. actu.*, 19 juill. 2016, obs. M.-C. de Montecler ; *AJDA* 2016. 1479 ; *AJDA* 2016. 1629, Chron. L. Dutheillet de Lamothe et G. Odinet ; *AJFP* 2016. 356, et les obs. ; *AJCT* 2016. 572, obs. M.-C. Rouault ; *RDT* 2016. 718, obs. L. Crusoé ; *RFDA* 2016. 927, concl. O. Henrard ; *RTD com.* 2016. 715, obs. F. Lombard.
16. CE 18 mars 2019, n° 417270, *Lebon ; AJDA* 2019. 609 ; *AJCT* 2019. 345, obs. C. Otero – CE 3 juin 2020, req. n° 428222 ; *Gaz. Pal.* 13 oct. 2020, p. 25, obs. B. Seiller.
17. Paris, pôle 2, ch. 1, 9 févr. 2017.
18. Civ. 1re, 18 janv. 2005, n° 03-11.740, NP.

près la cour d'appel de renvoi, seul représentant du ministère public auprès de cette juridiction, de saisir, le cas échéant, la cour d'appel désignée[1].

C.
Effets de l'appel

513.201 **Effet suspensif de l'appel.** Le délai d'appel suspend l'exécution de la décision du conseil de l'Ordre. L'appel exercé dans ce délai est également suspensif[2].

513.202 **Effet dévolutif.** L'objet de l'appel a été redéfini par le décret du 6 mai 2017[3], dont il est précisé qu'il s'agit d'une voie de recours visant à critiquer la décision des premiers juges. Il précise la portée, à compter du 1er septembre 2017, de l'effet dévolutif de l'appel, qui n'impose de statuer à nouveau en fait et en droit, que dans les limites des chefs de jugement que l'appel critique expressément et de ceux qui en dépendent, sauf si l'appel tend à l'annulation du jugement ou si l'objet du litige est indivisible[4].

L'appel général ne devrait plus être possible[5]. La jurisprudence considère toutefois qu'il y a lieu de distinguer entre, d'une part, les modalités de saisine de la cour d'appel, et, d'autre part, le déroulement de la procédure, qui est instruite et jugée selon les règles applicables en matière contentieuse à la procédure sans représentation obligatoire. Ce faisant les modalités de saisine relèveraient des seules dispositions spécifiques de l'article 16 du décret du 27 novembre 1991, excluant l'application des dispositions de l'article 277 du même décret, et exigeant seulement que le recours soit effectué par lettre recommandée avec demande d'avis de réception adressée au secrétariat-greffe de la cour d'appel ou remise contre récépissé au greffier en chef sans prévoir la moindre exigence quant à son contenu, et notamment que soit expressément visés les chefs de la décision critiquée, l'effet dévolutif opérant pour le tout[6].

La Cour de cassation est venue confirmer cette analyse en écartant l'application de l'article 562 du code de procédure civile dans les procédures sans représentation obligatoire[7].

513.203 **Évocation.** Si la cour d'appel annule la décision du conseil de l'Ordre, elle peut, après avoir constaté que l'appelant a conclu au fond, statuer sur la demande[8]. La cour doit alors inviter, si nécessaire, l'avocat mis en cause à conclure sur le fond afin d'assurer le respect du contradictoire[9].

Elle doit statuer au regard des circonstances de fait connues au jour où elle statue, et non au jour de la demande ou de la décision du conseil de l'Ordre[10].

513.204 **Responsabilité pécuniaire du barreau.** En cas d'infirmation par la cour d'appel d'une décision d'un conseil de l'Ordre rejetant la demande d'un avocat, la responsabilité pécuniaire du barreau[11] peut-elle être mise en cause de ce fait ? La question pose un problème de compétence, entre les juridictions de l'ordre judiciaire et les juridictions administratives[12].

En effet, certaines décisions purement administratives, rendues par un conseil de l'Ordre, notamment en matière d'inscription ou de rang au tableau, sont susceptibles de faire naître un préjudice dont l'avocat concerné peut être tenté de demander réparation[13].

La responsabilité du barreau a ainsi été recherchée, devant la juridiction judiciaire, par un avocat qui se plaignait de ce que sa demande d'inscription ait été rejetée de manière injustifiée et qu'il en était résulté pour lui un préjudice. Au cas d'espèce, la cour d'appel, tout en ordonnant l'inscription a refusé de faire droit à la demande de dommages et intérêts, mais seulement après avoir relevé qu'au regard de la singularité du cas, de sa complexité et du nombre d'interrogations qu'il soulevait, la faute du barreau n'était pas établie[14]. Une autre cour d'appel a pu considérer, de manière contestable selon nous

1. Civ. 1re, 12 mai 2016, no 15-18.739, NP ; *Gaz. Pal.* 18 oct. 2016, p. 19, obs. J.-L. Gaineton ; *D.* 2017. 81, obs. Th. Wickers.
2. Décr. no 91-1197, 27 nov. 1991, art. 16.
3. Décr. no 2017-891, 6 mai 2017 relatif aux exceptions d'incompétence et à l'appel en matière civile, *JO* 10 mai, no 113.
4. C. pr. civ., art. 562.
5. C. pr. civ., art. 562.
6. Paris, pôle 4, ch. 13 11 févr. 2021, RG no 19/08545 – Paris, pôle 4, ch. 13, 8 avr. 2021, RG no 19/06870 – Paris, pôle 4, ch. 13, 8 avr. 2021, RG no 18-02601 – TOUTEFOIS : Paris, pôle 2, ch. 1, 12 nov. 2020, RG no 18/21433.
7. Civ. 2e, 9 sept. 2021, nos 20-13.662, 19-25.187 (2 arrêts), P ; *D.* 2021. 1680 ; *D.* 2021. 1798, no 3, obs. F. Jollec, E. de Leiris ; *JCP* 2021. 1050, note N. Fricero.
8. Civ. 1re, 24 juin 2003, no 01-00.264, NP ; *JCP* 2004. I. 117, no 7, obs. R. Martin – Civ. 1re, 1er déc. 2011, no 10-16.544, P I, no 207 ; *D.* 2011. 3003 – Agen, ch. civ., 31 oct. 2011, RG no 10/02164 – Paris, pôle 2, ch. 1, 27 oct. 2011, RG no 11/06320.
9. Civ. 1re, 1er déc. 2011, no 10-16.544, P I, no 207 ; *D.* 2011. 3003.
10. Civ. 1re, 23 nov. 1999, no 96-21.627, P I, no 316 ; *D.* 1999. IR 275 – Versailles, 3 févr. 1993 ; *Gaz. Pal.* 1993. 1. 168, note A. Damien – Civ. 1re, 7 avr. 1999, no 96-13.749, P I, no 119 ; *D.* 1999. IR 120 – Civ. 1re, 14 févr. 2018, no 16-27.909, P I, no 27 ; *Gaz. Pal.* 13 mars 2019, p. 38, obs. C. Berlaud ; *JCP* 2018. 304 ; *JCP* 2018. 588, no 18, obs. S. Bortoluzzi.
11. V. ss nos 911.252 s.
12. DÉJÀ : A. Damien, *Les règles de la profession d'avocat*, 9e éd., Dalloz, 2000, no 227.
13. Aussi : v. ss no 511.379.
14. Versailles, 1re ch., 1re sect., 23 janv. 2013, RG no 12/05898 ; *D.* 2014. 169, obs. T. Wickers ; *D. avocats* 2013. 119, obs. L. Dargent.

dès lors que lorsque le conseil de l'Ordre rend une décision en matière administrative sa mission relève d'un service public administratif comme se rattachant à l'organisation du service public de la justice et non du fonctionnement de ce même service [1], que la responsabilité d'un barreau ne pouvait être recherchée que sur le fondement de la faute lourde au sens de l'article L. 141-1 du code de l'organisation judiciaire [2], faute lourde qui ne peut résulter du prononcé d'une décision judiciaire susceptible de recours. Elle rejette la demande de l'avocat dès lors qu'il avait forcément eu connaissance de la décision du conseil de l'Ordre ayant prononcé son omission, puisqu'il a été par la suite poursuivi disciplinairement pour non-respect de celle-ci, et qu'il aurait alors dû mettre en cause l'irrégularité de la notification de la décision et contester celle-ci. Il est dès lors responsable de son propre préjudice ayant attendu plusieurs années pour se décider à soulever cette irrégularité qu'il n'avait visiblement pas remarquée auparavant, dans le but, atteint, d'échapper à toute sanction disciplinaire [3].

Pour autant, la question demeure posée, notamment quant à la juridiction compétente pour connaître d'une telle demande : en principe les décisions administratives des ordres professionnels, caractérisant la mise en œuvre de prérogatives de puissance publique, sont susceptibles d'entraîner leur responsabilité en application des règles générales de la responsabilité publique [4], tel que s'agissant de l'action en responsabilité résultant de l'illégalité d'une décision de rejet d'une demande d'inscription [5].

Toutefois, le Tribunal des conflits tend à lier le contentieux de la responsabilité à celui de la décision et à considérer que l'action en responsabilité, qui tend à contester les conditions dans lesquelles la décision administrative a été prise, relève de la compétence de la juridiction compétente pour en connaître [6]. Ce qui doit conduire à considérer que les juridictions de l'ordre judiciaire sont bien compétentes pour connaître d'une action en responsabilité dirigée à l'encontre d'un conseil de l'Ordre en raison des décisions [7] prises par celui-ci dans le cadre de la mise en œuvre de ses prérogatives de puissance publique [8].

D.
Parties à l'instance d'appel

513.211 Avocat concerné et procureur général. Devant la cour d'appel, les parties à la procédure sont l'avocat concerné par la procédure ainsi que, lorsqu'il est l'auteur de la saisine initiale ou du recours devant la cour, le procureur général.

513.212 Conseil de l'Ordre. Le conseil de l'Ordre, auteur de la décision soumise à l'appréciation de la cour d'appel, est également, contrairement à la procédure disciplinaire [9], partie à l'instance d'appel [10].

513.213 Bâtonnier entendu en ses observations. La cour d'appel doit inviter le bâtonnier ès qualités à présenter ses observations, « en tant que garant, élu par ses pairs, du respect des règles déontologiques de la profession » [11], peu importe que des conclusions aient été déposées au nom du conseil de l'Ordre, partie à l'instance, représenté par le bâtonnier, et ce point doit être expressément précisé dans la décision [12].

E.
Procédure devant la cour d'appel

513.221 Procédure devant la cour d'appel contre les décisions rendues en matière administrative. Le recours est instruit et jugé selon les règles applicables en matière contentieuse à la procédure sans représentation obligatoire. et en chambre du conseil [13].

Il en découle, notamment, que les exceptions de procédure peuvent n'être soulevées qu'à l'audience devant la cour d'appel [14].

1. CE, avis sect. int., 22 oct. 2015, n° 390397, p. 5.
2. V. s[s] n° 521.54.
3. Aix-en-Provence, 1re ch. B, 19 avr. 2012, RG n° 11/09773.
4. CE 5 déc. 1947 *Froustey,* req. n° 74256, *Lebon* 464.
5. CE 1er oct. 1954 *Costier (D[lle]), Lebon* 504 ; *Dr. soc.* 1955. 81, concl. P. Laurent ; *JCP* 1954. 2. 8446, note R. Savatier – CE 12 juin 1987 *Preyval, Lebon* 210 ; *D.* 1988. SC 165, obs. F. Moderne et P. Bon.
6. T. conf. 14 déc. 2009, *Université de Montpellier I,* req. n° C3720 – T. confl. 6 juill. 2015, *CAF du Bas-Rhin*, req. n° C4013.
7. COJ, art. L. 311-3 2° – L. n° 71-1130, 31 déc. 1971, art. 19 et 20.
8. V. s[s] n°s 911.252 s.
9. V. s[s] n°s 522.471 s.
10. Décr. n° 91-1197, 27 nov. 1991, art. 16.
11. Civ. 2e, 26 avr. 2017, n° 16-10.816, P ; *Gaz. Pal.* 23 mai 2017, p. 42, obs. C. Berlaud ; *D. avocats* 2017. 193, note D. Landry ; *Gaz. Pal.* 5 déc. 2017, p. 27, obs. B. de Belval.
12. Civ. 1re, 15 nov. 2010, n° 09-16.587, NP – Civ. 1re, 8 mars 2012, n° 10-27.563, NP – Civ. 1re, 31 oct. 2012, n° 11-21.556, NP – Civ. 1re, 10 juill. 2013, n° 12-26.006, NP ; *Gaz. Pal.* 7 déc. 2013, p. 16, obs. J.-L. Gaineton – Civ. 1re, 11 mars 2014, n° 13-12.349, NP ; *D. avocats* 2014, 136 – Civ. 1re, 12 oct. 2016, n° 15-21.820, 15-24.335, 15-24.596, NP – Civ. 1re, 25 févr. 2016, n° 14-29.537, NP – Civ. 1re, 8 févr. 2017, n° 16-12.650, NP – Civ. 2e, 26 avr. 2017, n° 16-10.816, P ; *Gaz. Pal.* 23 mai 2017, p. 42, obs. C. Berlaud ; *D. avocats* 2017. 193, note D. Landry ; *Gaz. Pal.* 5 déc. 2017, p. 27, obs. B. de Belval – Civ. 1re, 26 févr. 2020, n° 18-21.941, NP – V. s[s] n°s 522.473 s.
13. Décr. n° 91-1197, 27 nov. 1991, art. 16.
14. Civ. 2e, 1er oct. 2009, n° 08-14.135, P II, n° 233 ; *RTD civ.* 2010. 153, obs. R. Perrot.

513.222 Publicité des audiences administratives devant la cour. Le principe est ici inverse de celui qui prévaut en matière disciplinaire devant la cour[1]. La cour statue en audience solennelle dans les conditions prévues à l'article R. 312-9, alinéa 3, du code de l'organisation judiciaire et en la chambre du conseil.

À la demande de l'intéressé, faite devant la cour[2], les débats doivent se dérouler en audience publique[3].

513.223 Procédure écrite. Dans l'hypothèse où toutes les parties sont assistées par un avocat, il apparaît qu'il y a alors lieu de faire application des dispositions de l'article 446-1 du code de procédure civile, aux termes desquelles lorsque toutes les parties comparantes formulent leurs prétentions et moyens par écrit et sont assistées ou représentées par un avocat, les conclusions doivent formuler expressément les prétentions ainsi que les moyens en fait et en droit sur lesquels chacune de ces prétentions est fondée, avec indication pour chaque prétention des pièces invoquées et de leur numérotation. Un bordereau énumérant les pièces justifiant ces prétentions est annexé aux conclusions. Les conclusions comprennent distinctement un exposé des faits et de la procédure, une discussion des prétentions et des moyens, ainsi qu'un dispositif récapitulant les prétentions. Les moyens qui n'auraient pas été formulés dans les écritures précédentes doivent être présentés de manière formellement distincte. Le juge ne statue que sur les prétentions énoncées au dispositif et n'examine les moyens au soutien de ces prétentions que s'ils sont invoqués dans la discussion. Les parties doivent reprendre dans leurs dernières conclusions les prétentions et moyens présentés ou invoqués dans leurs conclusions antérieures. À défaut, elles sont réputées les avoir abandonnés et le juge ne statue que sur les dernières conclusions déposées[4].

En appel[5], la cour peut mettre en œuvre des dispositions de l'article 446-1 du code de procédure civile[6] et autoriser les parties, lorsqu'elles ne sont pas assistées ou représentées par un avocat, à formuler leurs prétentions et leurs moyens par écrit sans se présenter à l'audience. Le jugement rendu dans ces conditions est contradictoire. Néanmoins, la cour a toujours la faculté d'ordonner que les parties se présentent devant lui. Dans ce cas, la cour qui a dispensé une partie de comparaître, sur le fondement de l'article 446-1 du code de procédure civile, à l'audience, en raison de son état de santé, ne peut écarter les conclusions écrites qu'elle a présentées[7]. Cette disposition n'est pas applicable devant le conseil de l'Ordre.

513.224 Respect du contradictoire. Il doit résulter du dossier que le demandeur a été appelé à s'expliquer sur les faits invoqués par le procureur général et doit connaître les raisons qui, selon lui, s'opposent à sa demande de façon à pouvoir récuser les motivations principales et secondaires[8].

513.225 Notification de l'arrêt. L'arrêt de la cour d'appel est notifié par le secrétariat-greffe par lettre recommandée avec demande d'avis de réception, ou LRE eIDAS[9], au procureur général, au bâtonnier et à l'intéressé[10].

§ 3
Pourvoi en cassation

513.231 Pourvoi en cassation contre les arrêts intervenus en matière administrative. Les arrêts intervenus en matière administrative sont susceptibles d'un recours en cassation pour les causes légales de pourvoi : excès de pouvoir, vice de forme, violation ou fausse interprétation de la loi, contrariété de jugements, violation des droits de la défense[11].

Les règles de forme et des effets du pourvoi en la matière sont celles du pourvoi en matière civile. Le délai de pourvoi en cassation et le pourvoi ne sont pas suspensifs[12]. Le délai de pourvoi est celui de droit commun, soit deux mois, avec ministère d'un avocat aux conseils[13] sauf pour le procureur général qui doit former son recours par déclaration remise au greffe de la Cour de cassation, mais non par lettre simple[14].

1. V. s^s n° 522.503.
2. Civ. 1re, 6 avr. 2004, n° 00-19.245, NP ; *Gaz. Pal.* 30 mai 2004, p. 6, avis J. Sainte-Rose.
3. Décr. n° 91-1197, 27 nov. 1991, art. 16 – Civ. 1re, 27 sept. 2007, n° 05-15.712, P I, n° 311 – Civ. 1re, 8 mars 2012, n° 11-12.331, NP.
4. C. pr. civ., art. 446, al. 2.
5. C. pr. civ., art. 946.
6. C. pr. civ., art. 446, al. 3 – Décr. n° 2010-1165, 1er oct. 2010 relatif à la conciliation et à la procédure orale en matière civile, commerciale et sociale, *JO* 3 oct., p. 17986 – S. Guinchard (dir.), *Droit et Pratique de la procédure civile*, 10e éd., « Dalloz Action », 2021, nos 431.111 s., not. nos 431.131 s.
7. Civ. 2e, 25 juin 2015, n° 14-22.158, P II, n° 166 ; *D.* 2016. 449, obs. N. Fricero ; *RTD civ.* 2015. 939, obs. N. Cayrol.
8. Pau, 7 nov. 1991 ; *Gaz. Pal.* 17 sept. 1993, p. 18 – Paris, 28 nov. 2001 ; *Gaz. Pal.* 2002, jur. p. 685, concl. B. Gizardin.
9. CPCE, art. R. 53 à R. 53-4.
10. Décr. n° 91-1197, 27 nov. 1991, art. 16.
11. Civ. 1re, 1er déc. 1952, *D.* 1953. 89.
12. Décr. n° 91-1197, 27 nov. 1991, art. 270.
13. Civ. 1re, 30 oct. 2013, n° 13-60.158, P I, n° 210 ; *D.* 2013. 2585.
14. Civ. 1re, 22 oct. 2003, n° 01-03.714, NP.

L'auteur du pourvoi ne peut être qu'une partie à l'instance d'appel, et doit impérativement être dirigé à l'encontre des autres parties à cette même instance d'appel[1].

§ 4
Rétractation

513.241 **Possibilité de rapport d'une décision.** La décision administrative du conseil de l'Ordre, telle qu'une décision d'admission au tableau, constitue un acte administratif individuel, créateur de droits qui, en principe, ne peut pas être rapporté par l'autorité qui l'a prise après expiration du délai de recours contentieux, soit un mois.

513.242 **Acte obtenu par la fraude.** Mais il en va autrement lorsque cette décision a été obtenue en violation d'une condition légale et à la suite de procédés frauduleux, un acte obtenu par la fraude ne pouvant créer de droits au profit de l'auteur de cette fraude[2]. Elle peut alors être rapportée, à la demande du bâtonnier ou de son délégué, ou du procureur général. Le code des relations entre le public et l'administration prévoit d'ailleurs, expressément, qu'un acte administratif unilatéral obtenu par fraude peut être à tout moment abrogé ou retiré[3].

Mais il convient que les faits aient bien été sciemment omis et qu'il ne s'agisse pas d'un défaut de vigilance du rapporteur qui aurait dû solliciter des éléments complémentaires au regard des indications du dossier[4].

Le bâtonnier peut, ainsi, dans cette hypothèse, à la fois engager une procédure disciplinaire à l'encontre de l'intéressé[5], pour manquement à la probité par défaut de loyauté, et solliciter que la décision d'inscription soit rapportée suivant la même procédure que celle ayant donné lieu à la décision rapportée[6].

513.243 **Illustrations.** Il a en été jugé ainsi à propos d'un avocat qui avait obtenu son inscription au barreau en omettant de mentionner qu'il avait fait l'objet, avant son inscription, d'une liquidation judiciaire en raison d'un passif de plus de 2 000 000 de francs, constitué pour l'essentiel de dettes à caractère professionnel, faits ne pouvant donner lieu à sanction disciplinaire en raison de la date de leur commission.

La Cour de cassation approuve la décision du conseil de l'Ordre de rapporter l'inscription dès lors que ni le principe *non bis in idem* ni l'autorité de la chose jugée, qui ne trouvaient pas à s'appliquer ne pouvaient être invoqués pour faire obstacle à ce que le conseil de l'Ordre fût fondé à se prononcer sur le retrait de la décision d'inscription, l'intéressé ayant été auteur de faits établissant son inaptitude à l'exercice de la profession d'avocat dans le respect des exigences de loyauté, d'honorabilité et de probité sur lesquelles elle repose[7].

513.244 **Initiative de l'avocat concerné.** L'avocat omis à l'initiative du conseil de l'Ordre peut solliciter la levée de son omission en justifiant de la disparition des causes de l'omission, mais il devra alors solliciter sa réinscription au tableau dans les conditions prévues par l'article 107 du décret du 27 novembre 1991[8] : il n'y a pas alors rétraction de la décision initiale, mais mise en œuvre d'une nouvelle procédure d'inscription suivant les conditions de droit commun[9].

1. V. s[s] n° 513.211.
2. Civ. 1re, 22 mars 1983, n° 82-11.758, P I, n° 103 ; *Gaz. Pal.* 1984. 1. 175, note Y. Avril ; *D.* 1985. 107, obs. A. Brunois – Civ 1re, 10 juill. 2001, n° 99-12.577 ; *JCP* 2002. I. 136, n° 6, obs. R. Martin – Civ. 1re, 15 févr. 2005, n° 03-11.269, NP.
3. CRPA, art. L. 241-2.
4. Paris, pôle 2, ch. 2, 26 févr. 2015, RG n° 14/14498.
5. V. s[s] n° 522.72.
6. Grenoble, 31 janv. 2017, RG n° 16/02000 ; *Gaz. Pal.* 6 juin 2017, p. 22, obs. J. Villacèque.
7. Civ. 1re, 15 févr. 2005, n° 03-11.269, NP.
8. Civ. 1re, 6 juill. 2004, n° 02-30.320, NP.
9. Besançon, aud. Sol., 15 déc. 2020, RG n° 20/01137 ; *Gaz. Pal.* 1er juin 2021, p. 20, obs. B. de Belval – V. s[s] n°s 324.31 s.

TITRE

52. La procédure disciplinaire

SECTION 0

ORIENTEUR

52.00 **Sommaire du titre.**

Division. La procédure disciplinaire obéit à des principes généraux (chap. 521), qui la conduisent à devoir respecter des modalités précises, tant lors de la phase d'instruction que lors de la phase de jugement, quant à sa mise en œuvre (chap. 522), et peut aboutir au prononcé de sanctions disciplinaires (chap. 523).

52.03 **Bibliographie indicative.**

* Aussi : v. s^{s} n°s 5.03.

CHAPITRE

521. Principes généraux de la procédure disciplinaire

SECTION 0
ORIENTEUR

521.00 Sommaire du chapitre.

Division. La procédure disciplinaire respecte la séparation des organes de la procédure (sect. 1), les droits de la défense et le principe du contradictoire (sect. 2) et échappe à toute prescription en raison des qualités exigées d'un avocat (sect. 3).

521.01 Textes applicables.

TEXTES TITRÉS

• **Décr. n° 91-1197, 27 nov. 1991,**

art. 190 [Respect du contradictoire]

art. 194 [Publicité des débats]

art. 277 [Renvoi aux règles de procédure civile]

521.02 Jurisprudence de référence.

> L'avocat poursuivi doit être entendu ou appelé devant le conseil de discipline

• **Civ. 1re, 25 mai 1992,** n° 90-16.461, P I, n° 152.

* V. ss nos 521.134, 522.243.

« Mais attendu que la procédure contradictoire instituée devant le conseil de l'Ordre, statuant disciplinairement par les articles 111 et suivants du décret n° 72-468 du 9 juin 1972, impose que l'avocat soit appelé ou entendu devant ledit conseil, quelle que soit la décision de celui-ci, et ce même après audition de l'avocat au cours de l'instruction préparatoire ; que, dès lors, c'est à bon droit que la cour d'appel a estimé qu'eu égard au vice substantiel affectant la décision du conseil de l'Ordre, il y avait lieu de constater la nullité de toute la procédure subséquente, sans qu'il lui soit possible de statuer au fond ; d'où il suit qu'en aucune de ses deux branches, le moyen n'est fondé. »

> L'exigence d'impartialité s'impose aux rapporteurs

• **Civ. 1re, 2 avr. 2009,** n° 08-12.246, P I, n° 71.

* V. ss nos 521.41, 522.141, 522.145, 522.151, 522.152, 522.154, 522.311.

« Vu les articles 188 et 189 du décret du 27 novembre 1991 modifié par le décret du 14 mai 2005, ensemble l'article 6, § 1 de la Convention européenne des droits de l'homme ;

Attendu que pour rejeter la requête en récusation que Mme D.-L. avait formée à l'encontre de MM. E. et B., le premier arrêt attaqué retient que le principe d'impartialité n'était pas applicable aux rapporteurs désignés par le conseil de l'Ordre qui, chargés de la seule instruction de l'affaire, ne participent pas à la formation de jugement ;

Qu'en statuant ainsi, alors que l'exigence d'impartialité s'impose aux rapporteurs qui ont pour mission de procéder à une instruction objective et contradictoire de l'affaire et dont le rapport, obligatoire, est déterminant du sort ultérieurement réservé aux poursuites par la formation de jugement, la cour d'appel a violé les textes susvisés, par fausse application des premiers et refus d'application du dernier. »

> La personne poursuivie ou son avocat doit, à l'audience, avoir la parole en dernier

• **Civ. 1re, 25 févr. 2010,** n° 09-11.180, P I, n° 46.

* V. ss n° 521.131.

« Vu l'article 6 de la convention européenne des droits de l'homme ;

Attendu que l'exigence d'un procès équitable implique qu'en matière disciplinaire la personne poursuivie ou son avocat soit entendu à l'audience et puisse avoir la parole en dernier ;

Attendu que l'arrêt attaqué prononce à l'encontre de Mme X... la [sanction] de l'interdiction temporaire pendant trois ans ;

Qu'en statuant ainsi, sans constater que cette dernière ou son conseil avait été invité à prendre la parole en dernier, la cour d'appel a violé le texte susvisé. »

> Principes généraux

• **Civ. 1re, 4 mai 2012,** n° 12-40.017, NP.

* V. ss nos 521.74, 522.281, 522.303.

« Et attendu, d'autre part, que la question ainsi posée ne présente pas un caractère sérieux ; qu'en effet, aucune règle ni aucun principe à valeur constitutionnelle n'interdit à la loi de confier à un organisme composé de représentants d'une profession organisée en ordre la mission de siéger comme conseil de discipline, dès lors que les dispositions législatives relatives à sa composition et aux principes essentiels de procédure applicables devant lui offrent des garanties sérieuses d'impartialité ; que tel est le cas en l'espèce, puisqu'en application des articles 23 et 24, alinéa 2, de la loi du 31 décembre 1971 modifiée, l'ancien bâtonnier qui a engagé la procédure au titre de ses fonctions antérieures et qui, en cette qualité d'autorité de poursuite, ne peut être tenu à un devoir d'impartialité, ainsi que les membres du conseil de l'Ordre qui se sont prononcés sur la suspension provisoire ne peuvent siéger au sein de la formation disciplinaire, laquelle, saisie par acte motivé, statue par décision motivée, après instruction contradictoire et à charge d'appel suspensif ; qu'enfin, le rôle et le statut, contestés, du rapporteur ne sont pas régis par les textes législatifs précités, mais par des dispositions réglementaires, notamment l'article 191 du décret n° 91-1197 du 27 novembre 1991 modifié ; »

> Respect du contradictoire par le ministère public

• **Civ. 1re, 3 juill. 2013,** n° 12-23.553, P I, n° 153.

* V. ss nos 521.131, 521.133, 522.471, 522.507.

« Attendu que l'arrêt attaqué condamne M. X..., avocat, à la [sanction] disciplinaire de la radiation ;

Sur le premier moyen pris en sa première branche :

Vu l'article 6 de la Convention européenne des droits de l'homme ;

Attendu que l'exigence d'un procès équitable implique qu'en matière disciplinaire la personne poursuivie ou son avocat soit entendu à l'audience et puisse avoir la parole en dernier ;

Attendu que l'arrêt ne mentionne pas que le professionnel poursuivi ou son conseil a été invité à prendre la parole en dernier ;

Qu'en procédant ainsi, la cour d'appel a violé le texte susvisé ;

Sur le premier moyen pris en sa deuxième branche :

Vu les articles 6 de la Convention européenne des droits de l'homme et 16 du code de procédure civile ;

Attendu que l'arrêt mentionne que le ministère public a, dans un avis du 4 juin 2012, conclu à la confirmation de la décision déférée sur la responsabilité disciplinaire, mais à sa réformation sur la [sanction] ;

Qu'en procédant ainsi, sans constater que le professionnel poursuivi avait reçu communication de cet avis afin d'être en mesure d'y répondre utilement, la cour d'appel a privé sa décision de base légale ;

Et sur les troisième et quatrième branches du même moyen :

Vu les articles 16, alinéa 3, et 197 du décret n° 91-1197 du 27 novembre 1991 modifié ;

Attendu qu'en matière disciplinaire, ni l'ordre des avocats ni le conseil de discipline ayant statué comme juridiction disciplinaire du premier degré ne sont parties à l'instance ;

Attendu que l'arrêt désigne le conseil de discipline comme défendeur au recours formé par le professionnel condamné et énonce que l'ordre des avocats, reçu en son appel incident, a conclu à la radiation de l'avocat ;

Qu'en procédant ainsi, la cour d'appel a violé les textes susvisés ; »

> Absence de prescription

• **Cons. const. 11 oct. 2018,** n° 2018-738 QPC, *JO* 12 oct., n° 75.

« 10. En premier lieu, d'une part, la faculté reconnue au procureur général ou au bâtonnier, par les dispositions contestées, de poursuivre un avocat devant le conseil de discipline, quel que soit le temps écoulé depuis la commission de la faute ou sa découverte ne méconnaît pas, en elle-même, les droits de la défense. Le grief tiré de leur méconnaissance doit être écarté.

11. D'autre part, si les exigences constitutionnelles qui découlent de l'article 8 de la Déclaration de 1789, impliquent que le temps écoulé entre la faute et la condamnation puisse être pris en compte dans la détermination de la sanction, aucun droit ou liberté que la Constitution garantit n'impose que les poursuites disciplinaires soient nécessairement soumises à une règle de prescription, qu'il est loisible au législateur d'instaurer.

12. En deuxième lieu, la profession d'avocat n'est pas placée, au regard du droit disciplinaire, dans la même situation que les autres professions juridiques ou judiciaires réglementées. Dès lors, la différence de traitement instaurée par les dispositions contestées entre les avocats et les membres des professions judiciaires ou juridiques réglementées dont le régime disciplinaire est soumis à des règles de prescription repose sur une différence de situation. En outre, elle est en rapport avec l'objet de la loi. Le grief tiré de la méconnaissance du principe d'égalité devant la loi doit donc être écarté. ».

521.03 Bibliographie indicative.

* Aussi : v. ss nos 52.03.

Thèses. H. Buteau, *L'ordre des avocats, ses rapports avec la magistrature*, Paris, Larose, 1895 – G. Massonié, *La juridiction du barreau : Étude théorique et pratique*, A. Rousseau, 1912 – Ph. Ramon, *La procédure disciplinaire à l'aune de la procédure pénale*, Th. Montpellier, 2006 – A. Randoux, *L'accès de la profession d'avocat et les pouvoirs du conseil de discipline*, L. Larose et L. Tenin, 1912.

Monographies. Y. Avril, *Responsabilité des avocats*, 4e éd., « Dalloz Référence », 2021 – J. Castiaux, J. Alardin, *Le droit disciplinaire dans la jurisprudence : une analyse des arrêts de la cour de Strasbourg, de la cour constitutionnelle et de la Cour de cassation*, Larcier, 2014 – Coll., *Les procédures disciplinaires des barreaux européens au regard de la CEDH*, Bruylant, Bruxelles, 1999 – Coll., *Le droit disciplinaire*, Anthemis, 2009 – G.-A. Dal (dir.), *Actualité du droit disciplinaire*, CUP vol. 167, Larcier, Bruxelles, 2016 – J.-P. Markus, *Les juridictions ordinales*, « Systèmes », LGDJ, 2003 – J. Moret-Bailly, *Vers un droit commun disciplinaire*, Publ. Université de Saint-Étienne, 2007 – F. Saint-Pierre, *Pratique de défense pénale*, 4e éd., « Les intégrales », LGDJ, 2021.

Contribution. G. Flécheux, « Le Convention EDH et la procédure disciplinaire des avocats », *Mél. Ph. Lafarge,* Pédone, 2000.

Articles. Y. Avril, « Discipline des professions du droit et du chiffre : l'IGJ rend son rapport », *D. actu.* 18 déc. 2020 – O. Bachelet, « La procédure disciplinaire applicable aux avocats et le droit à un procès équitable », *Profession Avocat*, juill.-août 2009 – J.-M. Braunschweig, « La discipline des avocats. L'exigence : un procès équitable », *Revue juridique des barreaux*, juill.-déc. 2000, no 61-62, p. 191 – J.-M. Brigant, « Rapport sur la discipline des professions du droit et du chiffre. Aux grands maux, les grands remèdes », *JCP* 2021. 37 – C. Chasserant, S. Harnay, « La déontologie professionnelle en pratique. Enquête sur l'activité disciplinaire de la profession d'avocat », *Revue française de socio-économie*, no 16, 2016/1, p. 288 – D. Commaret, « Une juste distance ou réflexions sur l'impartialité du magistrat », *D.* 1998. 262 – J. Couturon, « La discipline et l'ordre des avocats », *Archives de politique criminelle*, 1984, no 7, p. 96 – L. Crémieu, « La nature juridique de l'action disciplinaire dans la profession d'avocat », *D.* 1949. 29 – D. Piau, « La procédure disciplinaire dans tous ses états à l'aune de l'article 6 de la Convention européenne des droits de l'Homme », *Gaz. Pal.* 14-16 avr. 2013, p. 16 – J. Pralus-Dupuy, « Les principes du procès pénal et leur mise en œuvre dans les procédures disciplinaires », *RIDP* 2003. 922.

Rapports. D. Luciani (dir.), *Rapport de l'IGJ sur la discipline des professions du droit et du chiffre*, déc. 2020 – F. Poirier, *Rapport de la commission des règles et usages sur la réforme de la procédure et de l'instance disciplinaires des avocats*, AG du CNB, 18-19 janv. 2013 – D. de Ginestet, G. Bouissinet, *Rapport propositions de la commission des règles et usages sur les propositions d'adaptation et de réforme de la procédure disciplinaire applicable aux avocats*, AG du CNB 4 avr. 2020.

521.05 **Projet de réforme.** À la suite de propositions faites par le rapport Darrois en 2009[1], et en réponse à un projet de décret de la Chancellerie, le Conseil national des barreaux, réuni en assemblée générale les 18 et 19 janvier 2013 avait adopté à l'unanimité les propositions suivantes :

En premier lieu, proposition d'adopter une réforme des dispositions du décret du 27 novembre 1991 relatives à la discipline des avocats visant notamment à :

• Renforcer la place du plaignant dans la procédure disciplinaire afin d'en améliorer la transparence à l'égard du public, sans pour autant lui donner le statut d'une partie à la procédure. En d'autres termes, le plaignant doit être informé du déroulement de la procédure. Il doit être entendu notamment dans le cadre des enquêtes déontologiques et disciplinaires et peut être entendu lors de l'audience de jugement (articles 187, 189, 191, 193, 194 et 196 du décret).

• Distinguer l'enquête déontologique de l'instruction disciplinaire par la création d'un chapitre III nouveau comprenant un article 187 unique du décret, les autres dispositions relatives à la procédure disciplinaire passant sous un chapitre IV intitulé « La procédure disciplinaire ».

• Permettre au bâtonnier de notifier à l'avocat poursuivi ayant commis un manquement déontologique sans gravité un « rappel à la loi » qui ne sera pas inscrit au dossier.

• Permettre à l'autorité de poursuite de renoncer aux poursuites si elle considère qu'il n'y a pas de fait suffisant permettant de saisir l'autorité de jugement.

• Permettre à l'autorité de poursuite de saisir le conseil de discipline dans sa formation restreinte en vue de prononcer une admonestation à l'encontre de l'avocat poursuivi si elle estime que les faits établis ne sont pas d'une gravité suffisamment importante pour le prononcé d'autres sanctions, cette admonestation s'ajoutant à la liste des sanctions disciplinaires actuellement prévues et figurant au dossier de l'avocat.

• Permettre à l'instance disciplinaire de prononcer, en cas de faute de gestion constatée ou de violation d'une obligation déontologique dans le cadre d'une procédure collective, une interdiction d'exercice temporaire qui ne peut excéder trois ans, limitée à l'exercice en tant qu'entrepreneur libéral ou dirigeant de structure ou associé de structure individuelle, et/ou collective ; lui permettre en outre de prononcer, à titre accessoire, l'obligation de suivi d'une formation complémentaire à la gestion de cabinet dans le cadre de la formation continue obligatoire.

• Permettre à l'instance disciplinaire d'ordonner la transmission du jugement au plaignant ; à défaut,

1. J.-M. Darrois, *Vers une grande profession du droit*, La Documentation française, avril 2009.

le plaignant n'étant destinataire que du dispositif de la décision.

• Permettre à l'instance disciplinaire, lorsqu'elle retient l'existence d'une faute disciplinaire, d'ajourner le prononcé de la sanction en enjoignant à l'avocat poursuivi de cesser le comportement jugé fautif dans un délai n'excédant pas quatre mois.

• Prévoir la désignation des membres du conseil de discipline pour une période de quatre années avec un renouvellement par moitié tous les deux ans.

En second lieu, proposition de poursuivre ses travaux sur les réformes législatives nécessaires à une réforme complète de la procédure et de l'instance disciplinaires des avocats permettant notamment :

• La création au sein du conseil de discipline d'une formation à juge unique composée uniquement du président ou de son délégataire laquelle serait susceptible d'être saisie en vue d'un éventuel prononcé d'une admonestation.

• La désignation d'un instructeur parmi les anciens bâtonniers ou les anciens membres du conseil de l'Ordre ayant quitté leurs fonctions depuis moins de huit ans.

• La tenue, par le Conseil national des barreaux, d'un « fichier national des sanctions disciplinaires », fichier nécessaire à la connaissance précise des décisions rendues par les conseils régionaux de discipline, voire par les juridictions d'appel.

• L'échevinage au niveau de la juridiction d'appel.

Ces propositions d'amendements aux dispositions du décret du 27 novembre 1991 avaient été adressées à la DACS le 29 janvier 2013[1].

521.06 **Réforme de la procédure disciplinaire.** En 2020, soulignant « l'impérieuse nécessité pour la profession d'avocat de proposer dans les meilleurs délais une réforme de la procédure disciplinaire aux fins de la rendre plus fluide, plus lisible, plus en adéquation avec les exigences de transparence et moins exposée à interprétations jurisprudentielles », le Conseil national des barreaux avait, de nouveau, décidé d'engager et de poursuivre des discussions avec la Chancellerie sur les orientations d'une réforme de la procédure disciplinaire[2].

En décembre 2020, un Rapport de l'Inspection générale de la Justice sur la discipline des professions du droit et du chiffre[3], tirant le constat que les juridictions disciplinaires de ces professions seraient rarement saisies et prononceraient peu de sanctions, est venu proposer une refonte complète de la procédure disciplinaire des professions juridiques (avocats, commissaires de justice, notaires, avocats aux conseils, greffiers des tribunaux de commerce et administrateurs / mandataires judiciaires) dans le cadre d'un régime unique. L'IGJ a formulé, sur la base d'une analyse purement quantitative et statistique de l'activité disciplinaire des professions du droit, dans l'air du temps de la logique « comptable » qui régit les politiques publiques, une série de propositions, rejoignant celles formulées en octobre 2020 par un rapport parlementaire[4], et prévoyant :

– la création d'un bureau de déontologie et de la discipline des professions du droit au sein de la DACS ;

– la création d'un régime disciplinaire commun à l'ensemble des professions du droit ;

– l'engagement d'un processus d'élaboration d'un code des professions du droit[5] avec un volet consacré à la déontologie et à la discipline regroupant les règles déontologiques communes, la règlementation et la procédure disciplinaire ;

– de centrer la procédure disciplinaire sur la protection du public, en accordant une place accrue au plaignant dans la procédure disciplinaire ;

– d'élaborer une nouvelle échelle de sanctions identique à l'ensemble des professions et intégrant la faculté de prononcer des sanctions pécuniaires ;

– la création d'un fichier national des sanctions disciplinaires commun aux professions du droit et du chiffre ;

– l'attribution aux parquets généraux d'une plénitude de compétence en matière de discipline des professions juridiques ;

– l'élaboration d'une typologie des manquements et d'une hiérarchisation de ceux-ci selon leur gravité ;

1. F. Poirier, *Rapport de la commission des règles et usages sur la réforme de la procédure et de l'instance disciplinaires des avocats*, AG CNB 18-19 janv. 2013.
2. Résolution du CNB, « Propositions d'adaptation et de réforme de la procédure disciplinaire applicable aux avocats », AG 3 avr. 2020 – D. de Ginestet, G. Bouissinet, *Rapport de la commission des règles et usages sur les propositions d'adaptation et de réforme de la procédure disciplinaire applicable aux avocats*, AG CNB 4 avr. 2020.
3. D. Luciani (dir.), *Rapport de l'IGJ sur la discipline des professions du droit et du chiffre*, déc. 2020 ; *JCP* 2020. 1437 – Y. Avril, « Discipline des professions du droit et du chiffre : l'IGJ rend son rapport », *D. actu.* 18 déc. 2020 – J.-M. Brigant, « Rapport sur la discipline des professions du droit et du chiffre. Aux grands maux, les grands remèdes », *JCP* 2021. 37 – L. Garnerie, « La discipline des professions du droit sur le grill de l'IGJ », *Gaz. Pal.* 12 janv. 2021, p. 8.
4. F. Matras, C. Untermaier, *Mission « flash » sur la mise en place d'un collège de déontologie des officiers publics ministériels*, Rapport AN, 7 oct. 2020 ; *D. actu.* 9 oct. 2020, note P. Januel – MÊME SENS : C. Untermaier, B. Questel, *Rapport d'information, mission d'information sur l'évaluation de la loi n° 2015-990 du 6 août 2015 pour la croissance, l'activité et l'égalité des chances économiques*, Rapport AN, 28 nov. 2018.
5. DÉJÀ : J.-M. Varaut, *Mission de réflexion et de propositions en vue de l'élaboration d'un code des professions judiciaires et juridiques*, La Documentation française, 1998.

– de donner aux bâtonniers le pouvoir de délivrer de simple « rappel à l'ordre » ;

– la mise en place d'un échevinage des instances disciplinaires tant en première instance qu'en appel.

À la suite de ce rapport, la loi pour la confiance dans l'institution judiciaire[1] est venu concrétiser une partie de ces propositions en procédant en une refonte des procédures disciplinaires des professions juridiques, tout en maintenant un régime spécifique pour la profession d'avocat au sein de la loi du 31 décembre 1971.

Les modifications apportées à la procédure disciplinaire par ce texte seront abordées au fur et à mesure des développements impactés.

SECTION 1
PRINCIPE DE LA SÉPARATION DES ORGANES DE LA PROCÉDURE

521.10 **Plan.** Du principe (§ 1) de respect du droit à un procès équitable dans la procédure disciplinaire se dégage la stricte séparation des organes de la procédure disciplinaire (§ 2) des parties à cette même procédure (§ 3).

§ 1
Principe

521.21 **Respect du droit à un procès équitable dans la procédure disciplinaire.** La procédure disciplinaire a la particularité d'être au croisement de la procédure civile, dont elle emprunte les voies[2], et de la procédure pénale, dont elle tient son inspiration de par sa nature même.

Historiquement, les avocats étaient maîtres de leur action disciplinaire, et la procédure relevait de la compétence du conseil de l'Ordre présidé par le bâtonnier, lui-même autorité de poursuite. Le seul organe d'appel des décisions du Conseil était l'assemblée générale des avocats[3], elle-même présidée par le bâtonnier.

Lors du rétablissement des barreaux, l'on vit apparaître l'immixtion du pouvoir judiciaire dans la discipline des avocats, avec d'une part la création d'une voie d'appel devant la cour d'appel, et la soumission du caractère définitif des sanctions à leur approbation par le premier président et le procureur général, ainsi que la possibilité pour les tribunaux eux-mêmes de prononcer des sanctions disciplinaires[4] et, d'autre part, le pouvoir accordé au ministre de la Justice de prononcer *proprio motu* une sanction disciplinaire à l'encontre d'un avocat[5].

Cette dernière prérogative fut supprimée par l'ordonnance du 20 novembre 1822[6], puis ce fut l'ordonnance du 27 août 1830[7] qui allait poser les bases du système qui allait perdurer près de deux siècles : la discipline relevait du conseil de l'Ordre présidé par le bâtonnier, lui-même autorité de poursuite, élus l'un comme l'autre par leurs pairs, à charge d'appel devant la cour d'appel[8].

521.22 **Respect du droit à un procès équitable dans la procédure disciplinaire.** Or, la Cour européenne des droits de l'homme considère comme étant contraire à l'article 6 de la Conv. EDH le fait pour une même personne d'instruire et juger une même affaire. La question du domaine d'application de l'article 6 de la Conv. EDH a pu être posée à propos des juridictions ordinales[9].

La Cour européenne des droits de l'homme s'est expressément prononcée sur ce point relativement au contentieux ordinal des médecins. Elle a jugé, dans l'arrêt *le Compte, van Leuven et de Meyere contre Belgique* rendu le 23 juin 1981, que le droit, pour des médecins pratiquant l'art de guérir à titre libéral, de continuer à exercer est mis en œuvre dans une relation d'ordre privé avec leurs clients ou patients, qui revêt la forme de relations contractuelles ou quasi contractuelles, qui se nouent directement entre individus sur un plan personnel sans qu'aucune autorité publique intervienne de manière essentielle ou déterminante dans leur établissement. Il ressort de ces éléments, d'après la Cour, que ce droit est un droit de caractère privé, et ceci malgré la nature spécifique et d'intérêt général de la profession de médecin et des devoirs particuliers qui s'y rattachent, ce qui rend l'article 6 § 1 pleinement applicable aux contentieux qui le mettent en cause. La Cour conclut ainsi à la pleine applicabilité de l'article 6 § 1 de la Conv. EDH au contentieux disciplinaire des méde-

1. L. n° 2021-1729, 22 déc. 2021, art. 42.
2. Décr. n° 91-1197, 27 nov. 1991 organisant la profession d'avocat, *JO* 28 nov., p. 15502, art. 277.
3. V. s[s] n°s 117.00 s.
4. V. s[s] n°s 454.23 s.
5. Décr. impérial, 14 déc. 1810 contenant règlement sur l'exercice de la profession d'avocat et la discipline du Barreau, art. 40 et 14, *in* A. Dupin, *Profession d'avocat : Recueil des pièces concernant l'exercice de cette profession,* B. Warée aîné, 1830-1832, p. 591.
6. Ord. du Roi, 20 nov. 1822 contenant règlement sur l'exercice de la profession d'avocat, et la discipline du Barreau, art. 38, *in* A. Dupin, *Profession d'avocat : Recueil des pièces concernant l'exercice de cette profession,* B. Warée aîné, 1830-1832, p. 610.
7. Ord. Royale, 27 août 1830 contenant des dispositions sur l'exercice de la profession d'avocat, *in* MOLLOT, 2e éd., Joubert, 1866, t. II, p. 488.
8. DÉJÀ : A. Damien, *Les règles de la profession d'avocat,* 6e éd., Dalloz, 1989, n°s 353 s.
9. J.-P. Pralus-Dupuy, « L'applicabilité de l'article 6 de la Convention européenne de sauvegarde des droits de l'homme aux contentieux disciplinaires : états des lieux », *RFDA* 2008. 317.

cins, particulièrement lorsque l'enjeu du litige est la possibilité de continuer à exercer la profession [1].

521.23 Arrêtés du conseil de discipline qualifiés de jugements. La Cour européenne des droits de l'homme leur reconnaît ce caractère par un arrêt qui rappelle qu'il s'agit bien d'un organisme juridictionnel, cette fonction étant dans le prolongement naturel de sa tâche en matière disciplinaire et les membres élus par leurs pairs ne relevant d'aucune autorité et étant soumis à leur propre conscience. Elle a ainsi considéré qu'il n'y avait pas procès équitable devant les conseils de discipline, au sens que donne à ce mot la Conv. EDH, dès lors que l'avocat poursuivi n'avait pas pu se faire entendre par un véritable tribunal au sens de l'article 6 paragraphe 1er de la Conv. EDH [2].

La Cour européenne des droits de l'homme a ainsi clairement affirmé la pleine application de l'article 6, paragraphe 1, de la Conv. EDH à l'ensemble de la matière disciplinaire [3].

521.24 Évolution de la position de la Cour de cassation. De cette situation, certains esprits éclairés s'étaient émus depuis de nombreuses années, mais la Cour de cassation s'était toujours refusée à considérer que les textes régissant la matière n'étaient pas conformes à la Conv. EDH.

Au fil du temps, cette jurisprudence devenait de plus en plus difficile à justifier, et la Cour de cassation a fini par franchir le pas. Elle a fait ainsi application du droit conventionnel de préférence au droit interne. Elle commença, au visa de l'article 6, 1° de la Conv. EDH, par exclure de la participation au délibéré du conseil de l'Ordre statuant en matière disciplinaire le rapporteur désigné par le bâtonnier pour enquêter sur les faits objet de la poursuite [4]. Puis elle décida, parce qu'il dispose du pouvoir d'instruction et de poursuite, que le bâtonnier ne pouvait ni présider le conseil de l'Ordre statuant en matière disciplinaire, ni participer au délibéré sauf à méconnaître la règle conventionnelle selon laquelle toute personne a droit à ce que sa cause soit entendue par un tribunal objectivement impartial [5].

521.25 Nécessité d'une réforme. La procédure disciplinaire des avocats se devait d'évoluer afin d'être mise en conformité avec les impératifs du procès équitable tels qu'énumérés dans l'article 6 de la Conv. EDH.

La structure de la procédure disciplinaire, telle qu'elle existe aujourd'hui, résulte d'une pression exercée par la Cour européenne des Droits de l'homme.

La procédure est soumise aux principes du procès équitable, d'indépendance et d'impartialité des juridictions [6], tels le principe du contradictoire, celui de la publicité des débats [7] ou encore celui de l'indépendance des formations disciplinaires de poursuite de celles de jugement [8]. Surtout, elle pose comme principe la distinction très nette entre autorité de poursuite, autorité d'instruction, et autorité de jugement.

521.26 Séparation des rôles des autorités de poursuite et de jugement (loi du 11 février 2004). La procédure disciplinaire a été réformée en profondeur par la loi du 11 février 2004 [9] afin, notamment, de séparer les rôles des autorités de poursuite et de jugement mettant en place les conseils régionaux de discipline dans le ressort de chaque cour d'appel, à l'exception du barreau de Paris, lequel demeure régi par des dispositions spécifiques [10]. Depuis : « Un conseil de discipline institué dans le ressort de chaque cour d'appel connaît des infractions et fautes com-

1. CEDH 23 juin 1981, *Le Compte, Van Leuven et De Meyere c/Belgique*, req. n° 6878/75, *JDI* 1982. 216, obs. P. Rolland, *Afdi* 1982. 495, obs. R. Pelloux ; *Cah. dr. eur.* 1982. 201, obs. G. Cohen-Jonathan. ; *Gaz. Pal.* 1981. 2. 775, note G. Delamarre.
2. CEDH 30 nov. 1987, *H... c/Belgique*, req. n° 8950/80, série A, n° 127-B – SUR LA NOTION DE TRIBUNAL AU SENS de l'article 6 § 1 de la CEDH : N. Fricero, dans S. Guinchard (dir.), *Droit et pratique de la procédure civile*, 10e éd., « Dalloz Action », 2021, n° 311.31.
3. CEDH 18 oct. 2011, *Tomasovic c/Croatie*, req. n° 53785/09, *AJ pénal* 2013. 27 – CEDH 31 oct. 2017, *Karmemos c/Chypre*, req. n° 147/07 ; *Gaz. Pal.* 14 nov. 2017, p. 44, obs. C. Berlaud – CEDH 12 mars 2020, *Aslan Ismayilov c/Azerbaijan*, req. n° 18498/15, *Gaz. Pal.* 16 juin 2020, p. 48 ; – AUSSI : CEDH 2 oct. 2018, *Mutu et Petchstein c/Suisse*, req. n° 40575/10, *JCP* 2018. 1121, obs. L. Milano – CEDH 5 mars 2020, *Peleki c/Grèce*, req. n° 69291/12 – CJUE 8 avr. 2020, *Commission c/République de Pologne*, aff. C-791/19 R.
4. Civ. 1re, 5 oct. 1999, n° 96-19.291, P I, n° 257 ; *D.* 2000. 312, note. B. Blanchard ; *JCP* 1999. II. 10203, concl. J. Sainte-Rose ; *JCP* 2000. I. 221, n° 13, obs. L. Cadiet ; *RTD civ.* 2000. 618, obs. J. Normand – V. ss n° 521.41.
5. Civ. 1re, 23 mai 2000, n° 97-19169 ; P I, n° 151 ; *JCP* 2001. I. 284, obs. R. Martin – Civ. 1re, 9 avr. 2002, n° 99-19.717, NP ; *Dr. et patr.* 5 juin 2002, n° 429 ; *D.* 2002. 859 ; *D.* 2002. 1730, note B. Blanchard ; – COMP. : Cons. const. 2 févr. 2018, n° 2017-688 QPC, *Axel N... (M.), saisine d'office de l'agence française de lutte contre le dopage et réformation des sanctions disciplinaires prononcées par les fédérations sportives,* NON-CONFORMITÉ TOTALE – EFFET DIFFÉRÉ – RÉSERVE TRANSITOIRE, *JO* 6 févr., n° 46 ; *D.* 2019. 400, obs. Centre de droit et d'économie du sport (OMIJ-CDES) ; *JCP* 2018. 212, obs. A. Bouvet ; *JS* 2018, n° 189, p. 35, étude C. Dudognon.
6. Conv. EDH, art. 6, § 1er ; – AUSSI : Cour de cassation, « Procès équitable et disciplinaire », *Rapport annuel 1999,* La Documentation française, 1999, p. 207.
7. CE 2 oct. 2006, req. n° 281632, NP.
8. Civ. 1re, 7 nov. 2006, n° 05-16.791, NP.
9. L. n° 2004-130, 11 févr. 2004 réformant le statut de certaines professions judiciaires ou juridiques, *JO* 12 févr., p. 2847 – V. ss n° 023.171.
10. Cons. const. 29 sept. 2011, n° 2011-179 QPC, *D.* 2012. 1638, obs. V. Bernaud et N. Jacquinot ; *D.* 2013. 136, obs. Th. Wickers – Cons. const. 19 mai 2017, n° 2017-630 QPC ; *JCP* 2017. 629 ; *JCP* 2017. 660, n° 22, obs. Ch. Vautrot-Shwarz ; *D. avocats* 2017. 215, obs. L. Dargent.

mises par les avocats relevant des barreaux qui s'y trouvent établis. Toutefois, le conseil de l'Ordre du barreau de Paris siégeant comme conseil de discipline connaît des infractions et fautes commises par les avocats qui y sont inscrits [...]. », aux termes de l'article 22 de la loi du 31 décembre 1971 [1].

L'autorité de poursuite est, elle, exercée par le bâtonnier de chacun des barreaux concernés, ainsi que par le procureur général de la cour d'appel, aux termes de l'article 23 de la loi du 31 décembre 1971 qui prévoit que : « L'instance disciplinaire compétente en application de l'article 22 est saisie par le procureur général près la cour d'appel dans le ressort de laquelle elle est instituée ou le bâtonnier dont relève l'avocat mis en cause. » [2]

§ 2
Organes de la procédure disciplinaire

521.30 **Plan.** Les organes de la procédure disciplinaire sont le rapporteur en charge de la phase d'instruction du dossier (A) et le conseil de discipline en charge de la phase de jugement du dossier (B).

A.
Rapporteur

521.41 **Un rapporteur désigné par le conseil de l'Ordre parmi ses membres.** Désigné par le conseil de l'Ordre, le rapporteur est choisi parmi ses membres. À Paris, la formation d'instruction est composée de membres du conseil de l'Ordre dont l'un d'eux est désigné en qualité de secrétaire [3]. Ce rapporteur disciplinaire aura un délai de quatre mois pour déposer son rapport, délai éventuellement prorogé de deux mois sur décision du président du conseil de discipline à la suite d'une requête motivée, et devra procéder à une instruction objective et impartiale de l'affaire [4].

Une instruction objective signifie que le rapporteur disciplinaire doit instruire le dossier qui lui a été soumis en examinant et en recherchant tous les éléments à charge ou à décharge permettant ainsi à l'autorité de jugement de pouvoir statuer en pleine connaissance de cause [5].

521.42 **Devoir de neutralité du rapporteur.** Le rapporteur ne doit pas assister au débat devant le conseil de discipline ou devant la cour d'appel.

C'est ainsi que la Cour de cassation a cassé, au visa de l'article 6 de la Conv. EDH, un arrêt de cour d'appel, en considérant qu'en ayant admis la présence, lors des débats, après avoir accueilli la demande l'avocat poursuivi qu'ils fussent tenus en chambre du conseil, d'un avocat extérieur à la cause et dont la qualité de successeur désigné du bâtonnier en exercice ne lui conférait aucun titre à y assister mais dont la circonstance qu'il avait procédé à l'instruction contradictoire de l'affaire était de nature à influer sur le déroulement des débats, la cour avait violé les droits de la défense [6].

B.
Conseil de discipline

521.51 **Création du conseil de discipline.** Un conseil de discipline a été institué dans le ressort de chaque cour d'appel pour connaître des infractions et fautes commises par les avocats appartenant aux barreaux qui y sont établis [7].

Par dérogation, le conseil de l'Ordre du barreau de Paris, statuant comme conseil de discipline, reste compétent à l'égard des avocats appartenant à ce barreau [8]. À Papeete [9], Saint-Pierre-et-Miquelon [10] et Nouméa [11], incluant les avocats des îles Wallis et Futuna [12], c'est également le conseil de l'Ordre qui statue comme conseil de discipline.

521.52 **Constitutionnalité.** Le Conseil constitutionnel a jugé l'article 22 de la loi du 31 décembre 1971 conforme à la Constitution [13]. Il considère notamment qu'en instituant un conseil de discipline unique dans le ressort de chaque cour d'appel, le législateur a entendu garantir l'impartialité de l'instance disciplinaire des avocats en remédiant aux risques de proximité entre les membres qui composent cette instance et les avocats qui en sont

1. L. n° 71-1130, 31 déc. 1971 portant réforme de certaines professions judiciaires et juridiques, *JO* 5 janv. 1972, p. 131.
2. L. n° 71-1130, 31 déc. 1971, art. 22.
3. RIBP, art. P. 72.1.3.
4. Civ. 1re, 21 mars 2018, n° 15-28.630, NP – Paris, pôle 2, ch. 1, 24 mai 2018, RG n° 16/01830 – Civ. 1re, 13 mars 2019, n° 18-11.755, NP ; *Gaz. Pal.* 9 avr. 2019, p. 25, obs. C. Berlaud – V. ss nos 522.141 s.
5. Civ. 1re, 2 avr. 2009, n° 08-12.246, P I, n° 71 ; *D.* 2009. 1135, obs. V. Avena-Robardet ; *D.* 2009. 2011, note M. Roux ; *D.* 2009. 2704, obs. B. Blanchard ; *JCP* 2009. Actu. 212, obs. O. Salati ; *JCP* 2009. II. 10090, note E. Putman ; *Gaz. Pal.* 17-18 juin 2009, note Th. Douville et L. Rachel.
6. Civ. 1re, 24 sept. 2009, n° 08-14.542, NP ; *D.* 2009. 2704, obs. B. Blanchard.
7. V. ss nos 118.00 s.
8. L. n° 71-1130, 31 déc. 1971, art. 22 – V. ss n° 118.13.
9. L. n° 71-1130, 31 déc. 1971, art. 81, IV.
10. L. n° 71-1130, 31 déc. 1971, art. 81, II.
11. L. n° 71-1130, 31 déc. 1971, art. 81, V.
12. L. n° 71-1130, 31 déc. 1971, art. 81, III.
13. Cons. const. 29 sept. 2011, n° 2011-179 QPC ; *D.* 2012. 1638, obs. V. Bernaud et N. Jacquinot ; *D.* 2013. 136, obs. Th. Wickers.

justiciables. En maintenant le conseil de l'Ordre du barreau de Paris dans ses attributions disciplinaires, il a, d'une part, tenu compte de la situation particulière de ce barreau qui, au regard du nombre d'avocats inscrits, n'est pas exposé au même risque de proximité et, d'autre part, entendu assurer une représentation équilibrée des autres barreaux relevant de la cour d'appel de Paris au sein d'un conseil de discipline commun. Dès lors, la différence de traitement établie par le législateur repose sur des critères objectifs et rationnels, poursuit un but d'intérêt général et est en rapport direct avec l'objet de la loi[1].

La Cour de cassation prenant acte de cette déclaration de conformité refuse depuis de renvoyer au Conseil constitutionnel toute question prioritaire de constitutionnalité critiquant cet article au regard du droit au juge indépendant et impartial, du principe de l'égalité des armes, des droits de la défense, et du principe d'égalité devant la justice[2].

521.53 **Statut des juges disciplinaires.** La Cour de cassation a, en outre, refusé de renvoyer une QPC relative à l'article 22-1 de la loi du 31 décembre 1971 tiré du motif que le législateur n'a pas prévu de statut des juges disciplinaires y siégeant et, en particulier, d'obligation préalable de prêter serment. Pour la Cour de cassation, les membres du conseil de discipline, siégeant dans le ressort de chaque cour d'appel, sont soumis au statut des avocats fixé par la loi du 31 décembre 1971, selon lequel ils exercent une profession libérale et indépendante et sont des auxiliaires de justice astreints au secret professionnel et à une prestation de serment. En cette qualité, ils concourent au service public de la justice. Ainsi, même lorsqu'en application de l'article L. 212-4, alinéa 1er, du code de l'organisation judiciaire, ils sont appelés, dans l'ordre du tableau, à suppléer les juges pour compléter le tribunal judiciaire, ils n'ont pas à prêter le serment prévu par l'article 6[3] de l'ordonnance du 22 décembre 1958. Il s'en déduit que l'absence de statut spécifique des avocats siégeant au conseil de discipline ne porte pas atteinte aux droits et libertés garantis par la Constitution[4].

521.54 **Responsabilité pécuniaire des Conseils de discipline (non).** Les décisions des conseils de discipline sont considérées comme étant de nature juridictionnelle, et se rattachent au fonctionnement du service public de la justice[5].

Par conséquent, dès lors que cette fonction juridictionnelle est assurée non pas sous le contrôle du Conseil d'État mais sous celui de la Cour de cassation, il y a lieu de considérer[6] que leur responsabilité éventuelle relève du régime prévu par l'article L. 141-1 du code de l'organisation judiciaire aux termes duquel l'État est tenu de réparer le dommage causé par le fonctionnement défectueux du service public de la justice. Sauf dispositions particulières, cette responsabilité n'est engagée que par une faute lourde[7] ou par un déni de justice[8], et ce, exclusivement à l'encontre de l'agent judiciaire de l'État[9].

En outre, conformément à l'article L. 141-2 du code de l'organisation judiciaire, la responsabilité des juges disciplinaires à raison de leur faute personnelle, dès lors qu'ils n'ont pas la qualité de magistrats du corps judiciaire, auquel cas ils relèvent du statut de la magistrature qui prévoit une action récursoire de l'État devant la Cour de cassation[10], apparaît devoir être régie, faute de texte spécifique, par la procédure de prise à partie[11]. Les juges disciplinaires peuvent être pris à partie soit s'il y a dol, fraude, concussion ou faute lourde, commis soit dans le cours de l'instruction, soit lors des jugements, soit s'il y a déni de justice. Il y a déni de justice lorsque les juges refusent de répondre aux requêtes ou négligent de juger les affaires en état et en tour d'être jugées. L'État, et donc l'agent judiciaire de l'État, est civilement responsable des condamnations en dommages et intérêts qui sont

1. Cons. const. 29 sept. 2011, n° 2011-179 QPC ; *D.* 2012. 1638, obs. V. Bernaud et N. Jacquinot ; *D.* 2013. 136, obs. Th. Wickers.
2. Civ. 1re, 6 oct. 2011, n° 11-14.054, NP – Lyon, 20 oct. 2011, RG n° 11/02040, *Gaz. Pal.* 2011. 3373, note L. Briand – Civ. 1re, 8 juin 2017, n° 16-26.080, NP Civ. 1, 1er juillet 2021, n° 21-10.732, NP.
3. Ord. n° 58-1270, 22 déc. 1958, art. 6.
4. Civ. 1re, 1er juill. 2021, n° 21-10.732, NP.
5. CE, avis, sect. int., 22 oct. 2015, req. n° 390397.
6. A CONTRARIO DE : CE 27 févr. 2004, *Popin, Lebon* 86, concl. R. Schwartz ; *RDP* 2005. 559, obs. Ch. Guettier.
7. Civ. 1re, 9 mars 1999, n° 96-16.560, P n° 84 ; *JCP* 1999. II. 10069, rapp. P. Sargos ; *D.* 2000. 398, note H. Matsopoulou – Cass., ass. plén., 23 févr. 2001, n° 99-16.165 ; P n° 7 ; *JCP* 2001. II. 1119, concl. R. de Gouttes, note E. Collomp ; *D.* 2001. 1752, note Ch. Debbasch.
8. COJ, art. L. 141-1. – O. Renard-Payen, Y. Robineau, « La responsabilité de l'État pour faute du fait du fonctionnement défectueux du service public de la justice judiciaire et administrative », *Rapport annuel de la Cour de cassation 2002*, La Documentation française, 2003, p. 59 s. – S. Gaboriau, H. Pauliat (dir.), *La responsabilité des magistrats*, Pulim, 2008 – G. Kerbaol, *La responsabilité personnelle des magistrats de l'ordre judiciaire*, Th. Montpellier I, 2003 ; *La responsabilité des magistrats*, Puf, 2006 – L. Favoreu, *Du déni de justice en droit public interne*, LGDJ, 1964 – J. Joly-Hurard, *Déontologie du magistrat*, 3e éd., « Connaissance du droit », Dalloz, 2014, p. 62 s. – AFHJ, *Juger les juges*, La Documentation française, 2000.
9. Versailles, ass. ch., 15 déc. 2004, RG n° 13/2003 – Paris, 1re ch., sect. A, 16 juin 2009, RG n° 07/14568 ; *Gaz. Pal.* 2009. Jur. 3137, note J.-G. Moore – POURVOI REJETÉ PAR : Civ. 1re, 17 juin 2010, n° 09-67.311.
10. Ord. n° 58-1270, 22 déc. 1958, art. 11-1 – COJ, art. L. 411-4.
11. COJ, art. L. 141-2.

prononcées à raison de ces faits contre les juges, sauf son recours contre ces derniers[1]. La procédure de prise à partie, qui relève de la compétence de la cour d'appel après autorisation du premier président, doit alors être mise en œuvre suivant les dispositions des articles 366-1 et suivants du code de procédure civile.

§ 3
Parties à la procédure disciplinaire

521.60 **Plan.** Les parties à la procédure disciplinaire sont l'autorité de poursuite, représentée à la fois par le bâtonnier et le procureur général (A), l'avocat poursuivi (B), tandis que la place du plaignant, auteur de la réclamation devrait le conduire à devenir une partie à cette même procédure (C).

A.
Autorité de poursuite

521.71 **Une partie, deux représentants.** L'autorité de poursuite est en charge de mettre en œuvre les poursuites disciplinaires, et de conclure aux audiences disciplinaires[2]. Elle peut déférer à la cour d'appel la décision du conseil de discipline[3] ou de se pourvoir en cassation.

Elle est ici une partie particulière, Hydre de Lerne s'il en est[4], dès lors qu'elle est représentée par deux personnes distinctes : le bâtonnier du barreau dont relèvent l'avocat concerné et le procureur général de la cour d'appel du ressort de ce même barreau.

Cette dualité de représentation de l'autorité de poursuite implique un minimum de coordination entre les intéressés.

521.72 **Bâtonnier.** Le bâtonnier est l'autorité de poursuite en matière disciplinaire. Il peut se faire représenter devant le conseil de discipline ou la cour d'appel par un délégué à la poursuite, autrement dit un avocat[5].

À Paris, l'autorité de poursuite est assurée par le bâtonnier en exercice assisté, pour avis, par un membre du conseil de l'Ordre dénommé coordinateur de l'autorité de poursuite et par d'anciens membres du conseil de l'Ordre[6], désignés par le bâtonnier le principe de séparation de l'autorité de poursuite de la formation de jugement excluant que le conseil de l'Ordre puisse désigner les personnes qui exerceront les poursuites au nom du bâtonnier[7], et qui représentent le bâtonnier aux audiences disciplinaires[8].

521.73 **Procureur général.** Le procureur général, dont le décret du 6 juillet 1810 avait prévu qu'il devait, lors de l'audience solennelle annuelle de rentrée de la cour, tracer « aux avocats et aux avoués le tableau de leurs devoirs »[9], est également autorité de poursuite en matière disciplinaire et peut également demander l'ouverture d'une procédure disciplinaire, sans que le bâtonnier ne puisse s'y opposer[10].

521.74 **Récusation et impartialité de l'autorité de poursuite.** En matière disciplinaire, le bâtonnier, comme le procureur général dès lors que : « l'exigence d'impartialité objective ne s'applique qu'aux juges et non au ministère public »[11], parties à la procédure, ne sont pas des autorités juridictionnelles dans leurs fonctions d'autorité de poursuite[12], faisant qu'ils ne peuvent pas faire l'objet d'une requête en récusation[13].

Toutefois, après avoir pu affirmer que le bâtonnier : « [...] en cette qualité d'autorité de poursuite, ne peut être tenu à un devoir d'impartialité [...] »[14], la Cour de cassation a pu considérer que le bâton-

1. COJ, art. L. 141-3.
2. RIBP, art. P. 72.1.4.
3. L. n° 71-1130, 31 déc. 1971, art. 23.
4. D. Piau, « De quelques clarifications autour de la procédure disciplinaire au détour d'une entourloupe électorale d'un bâtonnier sortant », *Gaz. Pal.* 3 oct. 2017, p. 21.
5. Civ. 1re, 10 mars 1987, n° 84-17.458, P I, n° 87 ; *D.* 1989. 72, note A. Brunois ; *Gaz. Pal.* 1987. 1. pan. 117 – Civ. 1re, 3 juin 2015, n° 14-16.426, P I, n° 126 ; *D.* 2015. 1280 – Civ. 1re, 23 janv. 2019, n° 17-30.989, NP.
6. RIBP, art. P. 72.1.3.
7. Paris, pôle 2, ch. 1, 27 avr. 2017, RG n° 16/09979 – Paris, pôle 2, ch. 1, 27 sept. 2018, RG n° 17/10285.
8. Civ. 1re, 23 janv. 2019, n° 17-30.989, NP.
9. Décret Impérial, 6 juill. 1810 contenant règlement sur l'organisation et le service des cours impériales, des cours d'assises et des cours spéciales, art. 34.
10. V. ss n° 522.10.
11. Civ. 1re, 22 mai 2002, nos 99-13.871, 99-13.872, P I, n° 140 ; *JCP* 2002. IV. 2140 ; *D.* 2002. 2578 ; – AUSSI : CEDH 29 mars 2010, *Medvedyev et autres c/France*, req. n° 3394/03 – CEDH 23 nov. 2010, *Moulin c/France*, req. n° 37104/06 ; *AJDA* 2011. 889, Chron. L. Burgorgue-Larsen ; *D.* 2011. 338, obs. S. Lavric, note J. Pradel ; *D.* 2010. 2761, édito. F. Rome ; *D.* 2011. 26, point de vue F. Fourment ; *D.* 2011. 277, note J.-F. Renucci ; *RFDA* 2011. 987, Chron. H. Labayle et F. Sudre ; *RSC* 2011. 208, obs. D. Roets – CJUE 24 nov. 2020 *Openbaar Ministerie (Faux en écritures)*, aff. C-510/19 – CJUE 12 déc. 2019 *Parquet général du Grand-Duché de Luxembourg ; Openbaar Ministerie (procureurs de Lyon et de Tours) ; Openbaar Ministerie (parquet de Suède) ; Openbaar Ministerie (procureur du Roi de Bruxelles)*, Aff. C-566/19 PPU et C-626/19 PPU ; C-625/19 PPU et C-627/19 PPU – CJUE 2 mars 2021, *H. K. c/Prokuratuur*, aff. N°C-746/18 ; *Gaz. Pal.* 1er juin 2021, p. 15, note M. Nicolas ; *D.* 2021. 1566, obs. J.-B. Perrier – CJUE 10 mars 2021, PI, aff. C-648/20 PPU.
12. Civ. 1re, 25 mai 2005, n° 03-17.514, P I, n° 227 ; *D.* 2005. 1589 ; *D.* 2006. 266, obs. B. Blanchard.
13. Pau, ch. 1, 3 mai 2010, RG n° 10/01392 – Civ. 2e, 28 sept. 2017, n° 16-17.583, NP – V. ss n° 522.501.
14. Civ. 1re, 4 mai 2012, n° 12-40.017, NP.

nier poursuivant devait faire preuve de : « l'impartialité requise dans l'exercice des fonctions d'autorité de poursuite »[1], laissant entendre que bien que ne pouvant pas faire l'objet d'une requête en récusation, il soit quand même soumis à l'exigence d'impartialité découlant de l'article 6 de la Conv. EDH. Dans cette dernière affaire la Cour de cassation approuve la cour d'appel qui après : « avoir justement énoncé qu'il est de la nature de l'autorité de poursuite de soutenir une thèse [...] a souverainement estimé [...] que les faits invoqués par [l'avocat poursuivi] étaient insuffisants à caractériser la volonté de lui nuire »[2]. Il semble qu'il faille y voir une évolution, par analogie, qui nous apparaît éminemment critiquable, liée à l'affirmation, en 2013[3], de la nécessité pour le ministère public d'exercer l'action publique : « dans le respect du principe d'impartialité auquel il est tenu »[4], ce devoir d'impartialité, déjà posé par le conseil supérieur de la magistrature[5], s'imposant aux magistrats du ministère public : « dans l'exercice de l'action publique et des réquisitions qu'il prend pour l'application de la loi »[6].

B.
Avocat poursuivi

521.81 Avocat faisant l'objet des poursuites disciplinaires. L'avocat objet des poursuites disciplinaires, qu'il s'agisse d'un avocat inscrit, honoraire, étranger inscrit au tableau dans le cadre d'un exercice permanent sous son titre d'origine, ou européen exerçant dans le cadre de libre prestation de service[7], est naturellement une partie à cette même procédure.

Une structure d'exercice peut également faire l'objet de poursuites disciplinaires[8] et être ainsi partie à cette même procédure.

521.82 Statut de l'avocat poursuivi. Durant l'instance disciplinaire, l'avocat poursuivi n'est plus seulement un avocat soumis aux contraintes attachées à l'exercice de la profession et aux devoirs qu'elle lui impose, notamment de probité et de conscience, mais une personne mise en cause. Il a donc légalement le droit de déguiser la vérité dans sa réponse sans que ceci puisse lui être imputé à faute[9].

En effet, un accusé en droit français n'est jamais tenu à la vérité, n'étant pas, à la différence du droit anglo-saxon, témoin dans sa propre affaire et astreint, de ce fait, au devoir de vérité sous peine de se rendre coupable d'un *contempt of court*[10].

C.
Plaignant, auteur de la réclamation

521.91 Absence traditionnelle du plaignant. L'action disciplinaire étant une des formes de l'action publique qui tend à mettre en œuvre une sanction au nom de l'intérêt collectif, en l'occurrence l'intérêt professionnel, elle excluait, en l'absence de dispositions spéciales l'autorisant, toute intervention des tiers, fut-ce le plaignant, aussi bien devant le conseil de discipline que devant la cour d'appel : il n'était pas admis qu'il puisse exercer les droits des parties devant les instances disciplinaires et, notamment, pas plus que le plaignant ne pouvait pas exercer un recours à l'encontre d'un classement de sa plainte par le bâtonnier[11], il ne pouvait pas interjeter appel ou se pourvoir en cassation à l'encontre d'une décision disciplinaire.

Cette exclusion des tiers se justifiait également par le caractère professionnel de la juridiction disciplinaire. La sanction disciplinaire n'entraîne aucune conséquence pour le plaignant, lequel n'était pas partie à l'instance disciplinaire[12]. L'action ne peut lui apporter aucun avantage tangible car ce n'est pas l'atteinte au droit d'une personne qui est réprimée mais l'atteinte à un devoir commun de tous les avocats. La sanction disciplinaire correspond à l'atteinte au bien commun professionnel[13], à l'honneur de la profession[14]. Une partie civile n'intervient que pour demander réparation d'un préjudice alors que le conseil de discipline n'a aucune qualité pour l'accorder, l'affaire restant devant lui d'ordre purement disciplinaire[15].

1. Civ. 1re, 30 juin 2021, n° 19-23.722, NP ; – REJETANT POURVOI CONTRE : Paris, pôle 2, ch. 1, 19 sept. 2019, RG nos 16/11977, 18/23915 ; – Paris, pôle 2, ch. 1, 22 mars 2018, RG nos 16/18920 et autres.
2. Civ. 1re, 30 juin 2021, n° 19-23.722, NP ; – REJETANT POURVOI CONTRE : Paris, pôle 2, ch. 1, 19 sept. 2019, RG nos 16/11977, 18/23915 ; – Paris, pôle 2, ch. 1, 22 mars 2018, RG nos 16/18920 et autres.
3. L. n° 2013-669, 25 juillet 2013 relative aux attributions du garde des Sceaux et des magistrats du ministère public en matière de politique pénale et de mise en œuvre de l'action publique, *JO* 26 juill., art. 3.
4. C. pr. pén., art. 31.
5. CSM, parquet, 30 mai 1997, cité *in* J. Joly-Hurard, *La déontologie du magistrat*, 3e éd., « Connaissance du droit », Dalloz, 2014, p. 120.
6. CSM, *Recueil des obligations déontologiques des magistrats*, La Documentation française, 2019, n° 17, p. 23.
7. V. ss nos 522.42 s.
8. V. ss nos 522.48.
9. V. ss nos 322.11 s.
10. Civ. 1re, 4 déc. 1979, n° 78-13.967, P I, n° 301 ; *D.* 1981. 328, note A. Brunois.
11. V. ss n° 511.363.
12. Orléans, 29 juin 1983, *Gaz. Pal.* 1983. 2. 512.
13. Y. Avril, *Responsabilité des avocats*, 4e éd., « Dalloz Référence », 2021.
14. V. ss nos 331.11 s.
15. F. Payen, *Les règles de la profession d'avocat et les usages du barreau de Paris*, 2e éd., LGDJ, 1966, n° 542.

521.92 Irrecevabilité des demandes reconventionnelles du plaignant. Le conseil de discipline ne peut statuer sur une demande de dommages-intérêts formée par le plaignant à l'occasion de la plainte qu'il a portée entre les mains du bâtonnier contre un avocat.

Il lui appartient de saisir les voies de droit à sa disposition à cet effet, sur le terrain de la contestation d'honoraires[1], de la responsabilité civile[2] ou encore de la procédure pénale[3], pour faire valoir ses droits.

521.93 Absence d'effet du retrait de la plainte. Pas plus qu'il ne peut intervenir dans la procédure, ni faire appel, le plaignant ne peut pas agir sur le cours de la procédure une fois sa plainte communiquée au bâtonnier ou au procureur général.

C'est ainsi que dans une affaire où un plaignant avait indiqué par la suite se « désister de sa plainte ayant conduit à la procédure disciplinaire », une cour d'appel, saisie d'un appel de la part de l'avocat poursuivi à la suite de cette même plainte, ne saurait se contenter de déclarer qu'il n'y avait pas lieu de maintenir une sanction disciplinaire alors que le principal intéressé, plaignant, administrateur judiciaire, avait lui-même souhaité une mesure d'apaisement[4].

521.94 Information du plaignant. Le plaignant était simplement informé du dispositif de la décision disciplinaire lorsque celle-ci est passée en force de chose jugée[5], et ce, même si la décision n'est pas assortie de la sanction accessoire de la publicité.

Dès lors que celle-ci est devenue définitive et passée en force de chose jugée, son dispositif devait être communiqué au plaignant[6].

521.95 Évolution. Ainsi, en matière disciplinaire, le plaignant, qu'il soit avocat ou non, ne savait pas toujours ce que devient sa plainte et n'est généralement pas entendu par le conseil de discipline. Il ne connaissait la décision que très longtemps plus tard, après qu'elle soit passée en force de chose jugée, et ne pouvait pas intervenir dans la procédure.

Au regard de l'évolution des esprits et des règles européennes et nationales, cette situation est apparue comme une forme d'opacité laissant nécessairement planer le doute sur l'objectivité de la procédure disciplinaire, et le bien-fondé et la régularité des décisions rendues en la matière, alors même que tel n'est pas le cas. Il est dès lors apparu nécessaire d'instituer une clarification et transparence à l'égard du plaignant de la procédure disciplinaire afin de faire disparaître tout doute quant à son équité et sa crédibilité[7].

521.96 Loi pour la confiance dans l'institution judiciaire. Initialement, il ne s'agissait pas pour autant d'en faire une partie à la procédure, mais uniquement de renforcer sa place dans la procédure disciplinaire afin d'en améliorer la transparence à l'égard du public. Le projet de réforme envisagé[8] visait ainsi à permettre au plaignant d'être informé du déroulement de la procédure disciplinaire, ainsi que d'être entendu dans le cadre de l'instruction et lors de l'audience de jugement[9].

La loi pour la confiance dans l'institution judiciaire va, profondément, modifier les équilibres qui avaient ainsi régi la procédure disciplinaire depuis l'origine.

Le plaignant, auteur de la réclamation, doit désormais être informé des suites données à sa réclamation par le bâtonnier[10]. Surtout, il peut, au même titre que le bâtonnier ou le procureur général, saisir directement le conseil de discipline afin de mettre en mouvement l'action disciplinaire[11]. Le président du conseil de discipline pourra toutefois rejeter les réclamations irrecevables, manifestement infondées ou qui ne sont pas assorties des précisions permettant d'en apprécier le bien-fondé[12].

On notera, toutefois, la loi n'a pas expressément prévu la possibilité pour ce même plaignant, auteur de la réclamation, d'interjeter appel de la décision du conseil de discipline comme des ordonnances du président du conseil de discipline[13]. La situation du plaignant, auteur de la réclamation, apparaît ainsi ambiguë, mais dans la mesure où il se verrait reconnaître la qualité de partie à l'instance disciplinaire, l'on voit mal comment il ne pourrait pas, comme toute partie, interjeter appel, de la décision ou se pourvoir en cassation comme a pu le décider le Conseil d'État s'agissant de la procédure disciplinaire des chirurgiens-dentistes et sages-femmes[14].

1. V. s^s n°s 741.21 s.
2. V. s^s n°s 913.00 s.
3. V. s^s n°s 92.00 s.
4. Civ. 1re, 16 déc. 2003, n°s 03-13.353, 03-14.649, P I, n° 256 ; *D.* 2004. 977, note B. Beignier ; *D.* 2826, obs. B. Blanchard.
5. Décr. n° 91-1197, 27 nov. 1991, art. 196.
6. Décr. n° 91-1197, 27 nov. 1991, art. 196 – V. s^s n°s 523.311 s.
7. F. Poirier, *Rapport de la commission des règles et usages sur la réforme de la procédure et de l'instance disciplinaires des avocats,* AG CNB 18-19 janv. 2013.
8. V. s^s n° 521.05.
9. F. Poirier, *Rapport de la commission des règles et usages sur la réforme de la procédure et de l'instance disciplinaires des avocats,* AG CNB 18-19 janv. 2013.
10. V. s^s n° 511.364.
11. V. s^s n°s 522.101 s.
12. L. n° 71-1130, 31 déc. 1971, art. 23.
13. L. n° 71-1130, 31 déc. 1971, art. 23 *in fine.*
14. CE 1er juill. 2019, req. n° 411263, *Lebon.*

521.97 **Évolution – Autres professions.** Cette exclusion du plaignant de l'action disciplinaire se retrouvait dans le droit disciplinaire des médecins où l'article 22 du décret du 26 avril 1948[1] excluait les plaignants du droit d'interjeter appel de la décision du conseil régional de l'Ordre des médecins rendue sur leur plainte. Cette disposition ne méconnaissait pas le principe du double degré de juridiction, dont le Conseil d'État reconnaît qu'il s'agit « d'une règle à laquelle seule la loi peut porter atteinte car si la personne dont la plainte a provoqué la saisine du conseil régional peut être entendue par ledit conseil et est informée par écrit de la décision prise par celui-ci elle n'a pas la qualité de partie devant le juge du fond et n'est, en conséquence, pas recevable à faire appel de la décision »[2].

Le pouvoir de l'auteur de la plainte de faire appel des décisions des chambres disciplinaires de première instance[3], a été reconnu par loi du 4 mars 2002[4]. Cette évolution a conduit le Conseil d'État à reconnaître la qualité de partie à l'auteur d'une plainte dans le cadre d'une instance disciplinaire, et donc à avoir qualité et intérêt à se pourvoir en cassation contre la sanction infligée au médecin par la chambre disciplinaire d'appel bien que les textes ne le prévoient pas expressément[5]. Le Conseil d'État en avait également décidé ainsi s'agissant des procédures devant la chambre de discipline de la Compagnie nationale des conseils en propriété intellectuelle[6] ou des juridictions disciplinaires de l'Ordre des pharmaciens[7].

Pour autant les plaignants ne jouent aucun rôle dans de nombreuses procédures disciplinaires, telles dans celles relatives aux notaires[8] et aux commissaires de justice[9] où les poursuites sont exercées par un syndic, comme dans celles relatives aux magistrats où elles sont exercées par une commission d'admission des requêtes dont les décisions sont insusceptibles de tout recours[10].

SECTION 2

DROITS DE LA DÉFENSE ET RESPECT DU CONTRADICTOIRE

521.100 **Plan.** La procédure disciplinaire relève de la procédure civile tout en étant soumise aux règles protectrices des droits de la défense (§ 1) ce qui implique, notamment, le droit de connaître (§ 2) et de contester (§ 3) l'accusation, comme celui de pouvoir contester ses juges (§ 4).

§ 1

Propos liminaires

521.111 **Principe : la procédure suivie devant le conseil de discipline est la procédure civile.** La procédure suivie est la procédure civile[11], ce qui résulte expressément, depuis 1991, des dispositions de l'article 277 du décret du 27 novembre 1991.

Antérieurement à 1991, un arrêt isolé avait pu laisser entendre que : « La juridiction disciplinaire est libre en l'absence de toute disposition légale lui imposant de recourir à des formes déterminées d'instruction, de faire usage du mode de procédure qui lui paraît le plus propre à lui permettre de prendre sa décision. »[12] Mais, il s'agissait seulement d'une hypothèse où la cour, statuant sur appel d'une décision de conseil de discipline, avait eu recours, avant de statuer, à la formalité du rapport, mesure d'instruction prescrite par la loi dans la procédure des appels correctionnels. La Cour de cassation, dans cet arrêt de rejet, ayant estimé que la cour d'appel ne pouvait être considérée, en ayant eu recours à la procédure pénale en ce cas d'espèce, comme ayant porté atteinte aux droits de la défense d'un avocat poursuivi disciplinairement.

Désormais les textes sont clairs, et la Cour de cassation a rappelé qu'il est procédé comme en matière civile pour tout ce qui n'est pas réglé par le décret du 27 novembre 1991[13]. Il s'agit, au demeurant, d'un principe général en la matière, puisque, dans une matière parallèle, le Conseil d'État a jugé,

1. Décr. n° 48-1671, 26 oct. 1948 relatif au fonctionnement des conseils de l'ordre des médecins, des chirurgiens-dentistes et des sages-femmes et de la section disciplinaire du conseil national de l'ordre des médecins, *JO* 29 oct., p. 10515.
2. CE 30 juill. 1949, *Faucon, Lebon* 409 – CE 19 oct. 1979, *Giaconia*, req. n° 12176, *Lebon* – CE 30 mars 1990, *Fédération générale des fonctionnaires CFDT*, req. n° 76961, *Lebon ; RFDA* 1991. 279, concl. C. de La Verpillère – Aussi : v. s^s n° 511.363.
3. CSP, art. L. 4122-3.
4. L. n° 2002-303, 4 mars 2002 relative aux droits des malades et à la qualité du système de santé, *JO* 5 mars, p. 4118.
5. CE 1er juill. 2019, req. n° 420987, *AJDA* 2019. 1370 ; *Lebon ; AJDA* 2019. 1744, Chron. C. Malverti, C. Beaufils ; *JCP* 2019. 1062, note L. Seurot ; *RDSS* 2019. 945, obs. P. Curier-Roche.
6. CE 17 mai 1999, *Chéreau*, req. n° 180537, *Lebon ; D.* 1999. 157.
7. CE 9 avr. 1993, req. n° 84014, *Lebon*.
8. Ord. n° 45-1418, 28 juin 1945, art. 6 – TOUTEFOIS : L. n° 2021-1729, 22 déc. 2021, art. 36.
9. Décr. n° 56-222, 29 févr. 1956, art. 96-3 – TOUTEFOIS : L. n° 2021-1729, 22 déc. 2021, art. 36.
10. Ord. n° 58-1270, 22 déc. 1958, art. 50-3.
11. Req. 7 mars 1949, *D.* 1949. 457, note L. Crémieu.
12. Civ. 7 mars 1951, *D.* 1951. 291 – AUSSI : Aix-en-Provence, 24 oct. 1983, *Gaz. Pal.* 1984. 1. 86, note A. Damien – Civ. 1re, 12 avr. 1983, n° 82-12.517, P I, n° 114 ; *Gaz. Pal.* 1983. 436, note A. Damien ; *D.* 1984. 115, obs. A. Brunois.
13. Civ. 1re, 1er juill. 2015, n° 14-18.149, P I, n° 22 ; *JCP* 2015. 1059, note D. Piau.

s'agissant des chirurgiens-dentistes, que les dispositions du code de procédure pénale sont inapplicables à la procédure disciplinaire [1].

521.112 Atténuation : elle est soumise aux règles protectrices des droits de la défense. Toutefois, lorsqu'il est statué sur la culpabilité et sur la peine, mais uniquement dans ce cas comme l'a rappelé la Cour de cassation en refusant l'application du principe suivant lequel l'avocat poursuivi doit avoir la parole en dernier dans le cadre du jugement des contestations relatives à la désignation du rapporteur [2], il y a alors lieu de faire application des principes protecteurs qui trouvent leur source, non pas dans le code de procédure pénale qui n'est jamais visé dans les arrêts rendus en la matière, mais tout simplement dans l'article 6 de la Conv. EDH rendue applicable aux « procédures disciplinaires menées devant des organes corporatifs et dans lesquelles le droit de pratiquer une profession se trouve en jeu » [3].

Il en découle un certain nombre de conséquences tenant, notamment eu égard aux apports de la réforme de 2004, au droit de connaître [4] et de contester [5] l'accusation et à celui de contester ses juges [6].

§ 2
Droit de connaître l'accusation

521.121 Droit de communication du dossier. L'avocat mis en cause a la possibilité de prendre connaissance de son dossier qui doit comprendre, non seulement le dossier spécial établi à l'occasion de l'infraction poursuivie et qui comprend la plainte, les procès-verbaux d'audition de témoins, le rapport du rapporteur, mais également son dossier personnel administratif comportant, notamment, les sanctions disciplinaires dont il a été l'objet dans le passé [7]. Ce dossier peut avoir, en effet, une influence sur la décision du conseil de discipline et doit donc lui être communiqué.

Toutefois, si le dossier doit être constamment tenu à la disposition de l'avocat poursuivi afin de respecter le contradictoire, il appartient à celui-ci d'en prendre connaissance dès qu'il le souhaite : il n'y a aucune nécessité d'informer préalablement l'avocat poursuivi de l'accomplissement d'une diligence, ni de communiquer au fur et à mesure de leur accomplissement les actes du dossier d'instruction [8].

521.122 Copie du dossier. Le droit à communication du dossier n'est pas un simple droit à la consultation de celui-ci et entraîne celui d'en effectuer des copies.

Dans une matière voisine, le Conseil d'État avait refusé ce droit dans le cadre d'une procédure disciplinaire relevant de sa juridiction [9] mais par un revirement de jurisprudence, il a admis par la suite que le droit de prendre communication de son dossier dans le cadre d'une procédure disciplinaire comporte celui d'en prendre copie, à moins que la demande ne présente un caractère abusif [10].

§ 3
Droit de contester l'accusation

521.131 Droit d'avoir la parole en dernier. Pendant longtemps, la Cour de cassation jugeait que dès lors qu'en l'absence de disposition spéciale il y avait lieu, en application de l'article 277 du décret du 27 novembre 1991, de procéder comme en matière civile [11], il en résultait que l'avocat poursuivi était appelant, son conseil était à juste titre entendu avant le ministère public, partie principale intimée dans la poursuite disciplinaire, sans que soit aucunement portée atteinte aux droits de la défense [12]. De même, avait-il été jugé qu'il n'était pas nécessaire que l'arrêt mentionne que l'avocat ou son défenseur ait eu la parole le dernier [13].

Puis la Cour de cassation a considéré que si l'exigence d'un procès équitable posée par l'article 6 § 1er de la Conv. EDH implique qu'en matière disciplinaire l'avocat poursuivi soit admis à prendre la parole en dernier, c'est à la condition que ce droit ait été revendiqué devant la haute juridiction [14] ;

1. CE 20 juin 1980, *Mazouz*, req. n° 4397, *Lebon T.*
2. Civ. 1re, 12 juin 2012, n° 11-16.408, P I, n° 128 ; *D.* 2012. Actu 1623 ; *JCP* 2012. 1121, n° 12, obs. C. Caseau-Roche.
3. CEDH 23 juin 1981, req. nos 6878/75, 7238/75, *Gaz. Pal.* 1981. 2. 775, note G. Delamarre – CEDH 26 sept. 1995, *Diennet c/France*, n° 25/1994/472/553 – CEDH 27 juin 1997, *Philis c/Grèce*, req. n° 19773/92 – CEDH 15 déc 2005, *Hureter c/Suisse*, req. n° 53146/99 – V. ss nos 521.22 s.
4. V. ss n° 521.121.
5. V. ss n° 521.131.
6. V. ss nos 521.141 s.
7. V. ss nos 522.174 s.
8. CNB, Comm. RU, avis n° 2008-035, 21 mai 2008 ; C. avocat 2021, ss décr. 27 nov. 1991, art. 188, note 9 – V. ss nos 522.141 s.
9. CE 14 mars 1956, *Baudot (Dme), RD Publ.* 1956, p. 920, *Lebon* – CE 27 nov. 1968, *Reynaud (Dme)*, req. n° 71908, *Lebon.*
10. SOL. IMPLICITE : CE 27 janv. 1982, *Pelletier*, req. n° 29738, *Lebon* – CE 2 avr. 2015, *Villecerf (Cne)*, req. n° 370242, *Lebon T ; AJDA* 2015. 723 ; *AJFP* 2016. 42 ; *AJCT* 2015. 482, obs. N. Josselin – CE 3 oct. 2018, req. n° 411900, *Lebon T ; AJDA* 2018. 1936 ; *JCP* 2018. 1097 ; *Gaz. Pal.* 16 déc. 2018, p. 28, obs. S. Roussel.
11. V. ss n° 521.112.
12. Civ. 1re, 7 mars 1995, n° 92-21.519, P I, n° 113.
13. Civ. 2 févr. 1948, *D.* 1948. 226.
14. NOT. : Civ. 1re, 9 juill. 1996, n° 94-19.008, P I, n° 301 ; *D.* 1996. 190 – Civ. 1re, 26 janv. 1999, n° 96-16.696, NP ; *JCP* 1999. I. 126, n° 25, obs. R. Martin – Civ. 1re, 13 mai 2003, n° 01-02.085, P I, n° 112 – Civ. 1re, 3 juill. 1962, P I, n° 332 ; *D.* 1962. 4.

avant de poser le principe que la personne poursuivie doit avoir la parole en dernier, à charge pour les juges du fond, de s'assurer, sous peine de violation de l'article 6 § 1er de la Conv. EDH, du respect de cette exigence.

Toute décision en la matière doit désormais expressément mentionner que l'avocat poursuivi ou son avocat ont été entendus en dernier à l'audience [1], et le dépôt ultérieur d'une note en délibéré par ce même avocat poursuivi ne saurait être de nature à supprimer cette exigence [2].

521.132 Publicité des débats. L'avocat qui fait l'objet d'une procédure disciplinaire a le droit à ce que sa cause soit entendue publiquement [3]. Devant le conseil de discipline, comme devant la cour d'appel [4], les débats sont en principe publics, le conseil de discipline gardant la faculté de décider que les débats auront lieu ou se poursuivront en chambre du conseil à la demande de l'une des parties ou s'il doit résulter de leur publicité une atteinte à l'intimité de la vie privée [5].

Auparavant, dans la législation antérieure à la loi du 31 décembre 1990 [6], les débats avaient lieu à huis clos, aux termes de l'article 15 du décret du 9 juin 1972 [7].

Ce principe de la non-publicité des débats avait été jugé contraire à l'article 6 Conv. EDH par certaines juridictions [8], bien que d'autres juridictions aient pu juger en sens contraire en déniant la qualité de juridiction au conseil de discipline [9]. La Cour européenne des droits de l'homme avait considéré, par un arrêt du 23 juin 1981 [10], qu'un texte réglementaire excluant toute publicité en matière disciplinaire était contraire à l'article 6, paragraphe 1er, de la Conv. EDH et des libertés fondamentales. Par la suite, la Cour de cassation s'est clairement prononcée en faveur de la publicité des débats dès lors que l'avocat poursuivi en fait la demande [11].

On notera que le Conseil constitutionnel a pu considérer que ne méconnaissait pas le « principe de publicité des audiences devant les juridictions civiles et administratives » l'absence de publicité des audiences devant le Conseil supérieur de la magistrature dans le cadre du prononcé d'une interdiction temporaire d'exercice d'un magistrat, assimilable à la suspension provisoire d'un avocat [12], dès lors que celle-ci, qui étant temporaire par nature, ne constitue pas une sanction ayant le caractère de punition, n'a pas pour objet de statuer sur le bien-fondé des faits reprochés au magistrat, mais a pour objet, dans l'intérêt du service et, le cas échéant, du magistrat intéressé, d'écarter temporairement celui-ci de ses fonctions en cas d'urgence et lorsque des faits paraissant de nature à entraîner des poursuites disciplinaires lui sont reprochés, faisant qu'en privant de publicité l'audience relative à une telle décision, le législateur a entendu éviter que soient rendus publics des faits dont la réalité n'est pas encore établie et dont la divulgation est de nature à porter atteinte au fonctionnement de la justice [13].

521.133 Droit d'être en mesure de répondre utilement. L'avocat poursuivi doit être mis en mesure de pouvoir répondre utilement aux arguments avancés par l'autorité de poursuite. C'est ainsi

1. Civ. 1re, 25 févr. 2010, no 09-11.180, P I, no 46 ; *D.* 2010. 658, obs. L. Dargent ; *JCP* 2010. 1068, no 5, obs. G. Pillet ; *JCP* 2010. 546, no 13, obs. Y.-M. Serinet – Civ. 1re, 16 mai 2012, no 11-17.683, P I, no 108 ; *D. act.* 1er juin 2012, obs. L. Dargent ; *D.* 2012. 1411*D.* 2013. 144, obs. Th. Wickers – Civ. 1re, 3 juill. 2013, no 12-23.553, P I, no 143 ; *D.* 2013. 1840 ; *D. avocats* 2013. 318, obs. L. Dargent ; *JCP* 2013. 1087, no 13, obs. G. Pillet – Civ. 1re, 3 juill. 2013, no 12-23.553, P I, no 143 ; *D.* 2013. 1840 – Civ. 1re, 10 juill. 2014, no 13-20.638, NP – Civ. 1re, 15 janv. 2015, no 14-10.683, NP – Civ. 1re, 17 févr. 2016, no 15-15.043, NP – Civ. 1re, 14 févr. 2018, no 17-11.865, NP ; *Gaz. Pal.* 20 mars 2018, p. 31, obs. C. Berlaud – Civ. 1re, 13 mars 2019, no 18-12.468, NP ; *Gaz. Pal.* 3 avr. 2019, p. 26 ; – COMP. : CE 26 juin 1963, *Chariot, Lebon* 973.
2. Civ. 1re, 20 févr. 2019, no 18-12.298, P ; *JCP* 2019. 298 ; *D.* 2019. 438 ; *Gaz. Pal.* 19 mars 2019, p. 42, obs. C. Berlaud ; *JCP* 2019. 1238, no 15, obs. Ch. Vautrot-Schwarz ; *Gaz. Pal.* 8 mai 2019, p. 28, obs. B. de Belval – V. ss nos 522.243 s. et 522.507.
3. Civ. 1re, 6 nov. 2001, no 99-13.659, P I, no 262 ; *D.* 2001. 3394.
4. Décr. no 91-1197, 27 nov. 1991, art. 197.
5. Décr. no 91-1197, 27 nov. 1991, art. 194 ; – COMP. : CE 14 févr. 1996, *Maubleu*, req. no 132369, *Lebon ; AJDA* 1996. 403 ; *AJDA* 1996. 358, Chron. J.-H. Stahl et D. Chauvaux ; *RFDA* 1996. 1186, concl. M. Sanson – V. ss nos 522.233, 522.503.
6. DÉJÀ : J. Hamelin, A. Damien, *Les règles de la profession d'avocat*, 6e éd., Dalloz, 1989, nos 373 s.
7. Décr. no 72-468, 9 juin 1972 organisant la profession d'avocat, *JO* 11 juin, p. 5884.
8. Aix-en-Provence, 24 oct. 1983, *Gaz. Pal.* 1984. 86, note A. Damien ; *JCP* 1985. II. 20324, note ch. Larroque et J.-L. Charrier – Poitiers, 3 oct. 1994, *D.* 1995. 596, note J.-P. Lay ; *JCP* 1996. II. 22591, note R. Martin ; *RTDH* 1997. 135, note P. Lambert.
9. Nîmes, 16 févr. 1988, *Gaz. Pal.* 1988. 387, note A. Damien.
10. CEDH 23 juin 1981, *Le Compte, Van Leuven et De Meyere c/Belgique*, req. no 6878/75, *JDI* 1982. 216, obs. P. Rolland, *AFDI* 1982. 495, obs. R. Pelloux ; *Cah. Dr. eur.* 1982. 201, obs. G. Cohen-Jonathan ; *Gaz. Pal.* 1981. 2. 775, note G. Delamarre – V. ss no 521.22.
11. Civ. 1re, 6 nov. 2001, no 99-13.659, P I, no 262 ; *D.* 2001. 3394 – Civ. 1re, 22 mai 2002, nos 99-13.871, 99-13.872, P I, no 140 – Civ. 1re, 6 avr. 2004, no 00-19.245, NP ; *Gaz. Pal.* 30 mai 2004, p. 6, avis J. Sainte-Rose.
12. V. ss nos 512.31 s.
13. Cons. const. 25 juin 2021, no 2021-922 QPC, *M. Jérôme H.*, [Absence de publicité de la décision d'interdiction temporaire d'exercice des fonctions prononcée à l'encontre d'un magistrat du siège], CONFORMITÉ, *JO* 26 juin, no 91 ; *D.* 2021. 1246 ; *JCP* 2021. 756 ; *JCP* 2021. 760, note B. Mathieu.

que la Cour de cassation a jugé, au visa de l'article 6 de la Conv. EDH, que la décision du conseil de discipline, lorsqu'elle mentionne que le bâtonnier, ou son délégué, a été entendu en ses observations à l'audience, doit également indiquer si le bâtonnier, ou son délégué, a déposé des conclusions écrites et, dans ce dernier cas, si l'avocat poursuivi en a reçu communication en temps utile et a pu y répliquer[1].

Il en est de même devant la cour d'appel s'agissant du bâtonnier comme du procureur général : un arrêt de cour d'appel statuant en matière de discipline des avocats ne peut se contenter de mentionner que le bâtonnier a été entendu en ses observations à l'audience, il doit préciser si des conclusions ont été déposées et si l'avocat poursuivi a été en mesure de pouvoir y répondre[2].

Ainsi, une cour d'appel qui omet de constater que l'avocat poursuivi avait reçu communication des conclusions écrites du ministère public afin d'être en mesure d'y répondre utilement prive sa décision de base légale au regard de l'article 6 § 1er Conv. EDH[3]. Mais ces constatations peuvent ne pas figurer expressément dans la décision, dès lors qu'il résulte des pièces de la procédure, du registre d'audience ou de tout autre moyen de preuve que les prescriptions légales ont été, en fait, observées[4].

521.134 Droit de discuter contradictoirement de tout élément. Le caractère contradictoire de la procédure tant devant le conseil de discipline que devant la cour d'appel, et qui doit être respecté même par le bâtonnier, autorité de poursuite[5], s'impose alors même que l'avocat concerné aurait été entendu au cours de l'instruction préparatoire[6].

Ainsi, durant l'instruction disciplinaire ou lors de l'instruction à l'audience, selon le décret du 27 novembre 1991, toute personne susceptible d'éclairer l'instruction peut être entendue contradictoirement. Il est dressé procès-verbal de toute audition, le procès-verbal est signé par la personne entendue[7] et toutes les pièces constitutives du dossier disciplinaire et qui accompagnent le rapport d'instruction doivent être cotées et paraphées. Copie en est délivrée à l'avocat ou à son conseil, sur sa demande[8]. L'avocat poursuivi peut également faire citer des témoins afin qu'il soit procédé à leur audition[9].

C'est ainsi que respecte le droit à un procès équitable la procédure au cours de laquelle l'avocat cité à comparaître a eu accès à son dossier et a pu faire valoir de façon contradictoire l'ensemble de ses arguments[10]. À cet égard, les règles édictées par le règlement intérieur du barreau, quant aux formalités tendant à protéger les droits de l'avocat poursuivi, doivent être respectées même si elles ne sont pas prévues ni exigées par la loi[11]. Inversement, ne respecte pas le caractère contradictoire des débats, le conseil de discipline qui, après avoir entendu les avocats poursuivis, procède ensuite, hors de leur présence, à l'audition de témoins, et ne les invite pas à faire valoir leurs observations sur des auditions dont ils ignoraient la teneur[12].

Dans une matière voisine, le Conseil d'État a annulé, pour violation des droits de la défense, une procédure disciplinaire dans laquelle le professionnel sanctionné n'avait pas eu connaissance de témoignages recueillis par le rapporteur, dont le rapport ne permettait d'ailleurs pas de connaître l'identité des témoins entendus ni la teneur de leur témoignage[13]. En revanche, ce même Conseil d'État a jugé que le refus d'entendre des témoins, dont l'audition est réclamée par le comparant, n'entache pas la procédure de nullité, tout comme le fait que le juge disciplinaire chargé du rapport à l'audience réponde, après l'audition du professionnel poursuivi, aux arguments avancés par ce dernier ou réponde à des questions posées par les membres du conseil de discipline, n'entraîne pas une violation des droits de la défense, dès lors que le professionnel poursuivi a été en mesure, avant de se retirer, de s'expliquer sur les éléments nouveaux qui auraient pu être formulés à son encontre[14].

1. V. s[s] n° 522.246.
2. Civ. 1re, 14 janv. 2010, n° 08-21.051, NP ; *D.* 2011. 552, obs. B. Blanchard – Civ. 1re, 31 mars 2011, n° 10-15.321, NP – Civ. 1re, 3 juill. 2013, n° 12-23.553, P I, n° 133 ; *D.* 2013. 1840 – Civ. 1re, 3 juin 2015, n° 14-16.426, P I, n° 126 ; *D.* 2015. 1280 – Civ. 1re, 17 févr. 2016, n° 15-15.043, NP – Civ. 1re, 24 mai 2017, nos 15-13.038 et 15-13.925, NP – Civ. 1re, 14 févr. 2018, n° 17-11.865, NP ; *Gaz. Pal.* 20 mars 2018, p. 31, obs. C. Berlaud – Civ. 1re, 7 mars 2018, n° 17-16.057, NP – Civ. 1re, 26 sept. 2018, n° 17-26.831, NP ; *Gaz. Pal.* 16 oct. 2018, p. 26, obs. C. Berlaud – V. s[s] n° 522.507.
3. Civ. 1re, 14 janv. 2010, n° 08-21.051, NP ; *D.* 2011. 552, obs. B. Blanchard.
4. C. pr. civ., art. 459 – Civ. 1re, 10 oct. 2019 n° 18-21.966, P ; *D.* 2019. 2044 ; *Gaz. Pal.* 29 oct. 2019, p. 36, obs. C. Berlaud ; *JCP* 2019. 1111 ; *D.* 2019. 2044 ; *D.* 2020. 115, obs. Th. Wickers ; *Gaz. Pal.* 2 juin 2020, p. 41, obs. D. Landry, J. Villacèque ; – DEJA : Civ. 1re, 14 juin 1988, n° 86-19.184, P I, n° 187 ; *Gaz. Pal.* 1989. Somm. 159, note S. Guinchard et T. Moussa.
5. Paris, pôle 2, ch. 1, 17 déc. 2020, RG n° 18/03954.
6. Civ. 1re, 25 mai 1992, n° 90-16.461, P I, n° 152.
7. Décr. n° 91-1197, 27 nov. 1991, art. 193, Lyon, 20 oct. 2011, RG n° 11/02040.
8. Décr. n° 91-1197, 27 nov. 1991, art. 194, Lyon, 20 oct. 2011, RG n° 11/02040 – V. s[s] nos 522.174 s.
9. CE 14 févr. 1996, req. n° 132369, *Lebon* – V. s[s] n° 522.245.
10. CD Paris, 18 oct. 2011, n° 18.8139.
11. CO Paris, 26 mai 1987 – RAPPR. : Paris, 27 avr. 1988, *Gaz. Pal.* 12 juill. 1988, p. 14.
12. Rouen, 9 févr. 1988, *Gaz. Pal.* 1989. Somm. 89 – V. s[s] nos 522.245 s.
13. CE 23 avr. 1975, *Dupont*, req. n° 89897, *Lebon*.
14. CE 30 sept. 1984, *Barré*, req. n° 29318, *Lebon*.

§ 4
Droit de contester les juges

521.141 Droit d'être entendu par un tribunal indépendant et impartial. C'est un des éléments majeurs qui conduisit à la refonte de la procédure disciplinaire en 2004 [1]. Le principe d'impartialité, et le droit de récuser ses juges qui en découle, s'impose tant au rapporteur chargé de l'instruction disciplinaire [2], qu'au conseil de discipline et aux juges qui le compose [3].

À cet égard, le fait, pour une juridiction statuant en matière disciplinaire, d'être composée de juges qui, pour des faits différents, avaient antérieurement prononcé des sanctions disciplinaires contre la même personne, n'est pas constitutif d'une violation du droit de toute personne, reconnu par l'article 6-1 de la Conv. EDH, à ce que sa cause soit entendue par un tribunal impartial [4].

Tout comme ne constitue pas une violation des droits de la défense ou du principe de la contradiction la prise en compte, par le conseil de discipline, d'un rapport rédigé par un membre du conseil de discipline afin que l'avocat poursuivi justifie de l'exécution de ses engagements, dès lors que son auteur ne siégeait pas au conseil de discipline et que l'avocat poursuivi n'établissait pas, ni même d'ailleurs n'alléguait, que le rapporteur ait assisté à l'audience du conseil de discipline ou qu'il n'en aurait pas eu connaissance préalablement et n'aurait pas été en mesure de le discuter [5].

521.142 Effectivité de l'indépendance et de l'impartialité du conseil de discipline. L'indépendance et l'impartialité du conseil de discipline doivent être assurées de manière effective au moment de sa composition, tout particulièrement à Paris, afin qu'aucun membre de ses formations n'ait vocation à être rapporteur dans le cadre de l'instruction disciplinaire, ou encore enquêteur déontologique ou délégué du bâtonnier en charge de la déontologie.

À cet égard, les fonctions de délégué du bâtonnier à la déontologie [6], lequel bâtonnier est autorité de poursuite, sont intrinsèquement incompatibles avec celle de membre d'une formation de jugement d'un conseil de discipline. Cette situation, qui se rencontre encore parfois au sein du barreau de Paris, porte atteinte à l'esprit même de la réforme opérée par la loi du 11 février 2004 [7], et se trouve en contrariété avec les dispositions de l'article 6 de la Conv. EDH, conduisant à rendre ineffectives l'impartialité et l'indépendance du conseil de discipline à l'égard du bâtonnier, autorité de poursuite [8].

SECTION 3
PRESCRIPTION

521.151 Défaut de prescription. L'action disciplinaire n'est soumise ni à la prescription civile, ni à la prescription pénale et échappe à toute prescription en raison des qualités exigées d'un avocat [9]. Cette absence de prescription de l'action disciplinaire n'avait guère passionné la doctrine jusqu'à une époque récente.

La Cour de cassation s'était même refusée à renvoyer une QPC sur cette question en considérant que le caractère imprescriptible de l'action disciplinaire ne portait atteinte ni à l'article 16 de la Déclaration des droits de l'Homme et du citoyen, ni à aucun autre texte ou principe à valeur constitutionnelle [10], le Conseil constitutionnel ayant eu l'occasion de considérer, s'agissant des vétérinaires, « qu'aucune loi de la République antérieure à la Constitution du 27 octobre 1946 n'a fixé le principe selon lequel les poursuites disciplinaires sont nécessairement soumises à une règle de prescription » [11].

Ainsi, l'autorité de poursuite, dispose d'un pouvoir discrétionnaire pour choisir le moment le plus opportun afin d'engager les poursuites [12].

521.152 Autres professions. Cette situation se rencontre dans de nombreux autres droits disciplinaires tel que dans l'administration publique aux termes d'une jurisprudence constante du Conseil d'État [13],

1. V. s[s] n° 521.26.
2. V. s[s] n° 522.151.
3. V. s[s] n°s 522.301 s.
4. Civ. 1re, 7 mars 1995, n° 92-21.519, P I, n° 113.
5. Paris, 18 mai 2006, RG n° 2005/21821 – V. s[s] n°s 522.381 s.
6. V. s[s] n°s 511.24 s.
7. L. n° 2004-130, 11 févr. 2004 réformant le statut de certaines professions judiciaires ou juridiques, *JO* 12 févr., p. 2847.
8. EN CE SENS S'AGISSANT de la discipline des agents des collectivités territoriales : CE 26 mars 2018, *Conseil général de Meurthe-et-Moselle*, req. n° 403168, NP ; *Gaz. Pal.* 17 avr. 2018, p. 42, obs. Ph. Graveleau.
9. Toulouse, 12 juill. 2016, RG n° 16/02166 – Paris, pôle 2, ch. 1, 14 déc. 2017, RG n°s 16/11972, 17/0963 – Lyon, 12 déc. 2019, RG n° 18/04355.
10. Civ. 1re, 28 juin 2012, n° 12-40.034, NP.
11. Cons. const. 25 nov. 2011, n° 2011-199 QPC, *JO* 26 nov., p. 20016 ; *AJDA* 2011. 2317 ; *AJDA* 2012. 578, Chron. M. Lombard, S. Nicinski et E. Glaser ; *Constitutions* 2012. 337, obs. O. Le Bot ; *RSC* 2012. 184, obs. J. Danet.
12. V. s[s] n°s 522.404 s.
13. CE, ass., 27 mai 1955, *Deleuze*, req. n° 95027, *Lebon ; AJDA* 1955. 275, concl. D. Laurent – CE 14 juin 1991, *Aliquot*, req. n° 86294, *Lebon T ; AJDA* 1991. 506, Chron. Ch. Maugüé et R. Schwartz ; *AJDA* 1991. 575 – CE 12 mars 2014, *Établissement public départemental CAT foyer Louis Philibert*, req. n° 367260, NP ; *AJDA* 2014. 1446, note F. Melleray ; *AJFP* 2014. 285 – CE 13 juill. 2016, req. n° 387763, *Lebon ; AJDA* 2016. 1479 ; *AJDA* 2016. 1629, Chron. L. Dutheillet de Lamothe et G. Odinet ; *AJFP* 2016. 356 ; *AJCT* 2016. 572, obs. M.-C. Rouault ; *RDT* 2016. 718, obs. L. Crusoé ; *RFDA* 2016. 927, concl. O. Henrard ; *RTD com.* 2016. 715, obs. F. Lombard.

jusqu'à ce que la loi du 20 avril 2016 [1], ne vienne prévoir, pour les fonctionnaires et les militaires, une prescription de 3 ans « à compter d'une connaissance effective de la réalité, de la nature et de l'ampleur des faits passibles de sanctions » [2] ainsi que la loi du 8 août 2016 [3] pour les magistrats [4].

Dans certaines professions des règles de prescription ont été prévues, telles que de dix ans pour les greffiers de tribunal de commerce et commissaires aux comptes [5], administrateurs judiciaires et mandataires judiciaires [6], de trente ans pour les notaires et commissaires de justice [7]. Pour autant, pour la majorité d'entre elles, l'action disciplinaire n'est enfermée dans aucun délai : médecin, pharmacien, architecte, expert-comptable, chirurgiens-dentistes, avocats aux conseils d'État et à la Cour de cassation, géomètres-experts, experts foncier et agricole, sages-femmes, infirmières, masseurs-kinésithérapeutes, vétérinaires...

521.153 Marge d'appréciation des États selon la jurisprudence de la CEDH. La CEDH elle-même n'a jamais considéré que l'existence d'une règle de prescription serait un droit découlant de la Conv. EDH. Elle a, au contraire, toujours considéré que les États disposaient en la matière d'une certaine marge d'appréciation [8], rappelant que, d'une part, l'introduction d'un délai de prescription ne devait pas avoir pour effet de limiter ou de restreindre le droit d'accès à un tribunal, de telle façon ou à un degré tel qu'il s'en trouverait atteint dans sa substance même [9], et d'autre part que si la fixation d'un tel délai n'était pas, en soi, incompatible avec la Conv. EDH, il y avait lieu de déterminer, au cas par cas, si la nature de ce délai et/ou la manière dont il est appliqué se concilie avec la Convention [10].

En réalité, comme a eu l'occasion de le considérer la CEDH dans une affaire concernant une procédure disciplinaire visant un magistrat, la problématique n'est pas tant celle de la prescription, que celle de la proportionnalité des peines. La CEDH, a en effet considéré dans cette affaire que : « les garanties procédurales requises pour prévenir l'application arbitraire du droit matériel pertinent étaient absentes », ce qui visait non seulement le fait que : « le droit interne ne prévoyait pas de délais de prescription » mais également : « ne comprenait pas d'échelle appropriée des sanctions disciplinaires et ne prévoyait pas de règles assurant la conformité de leur application au principe de proportionnalité » [11].

521.154 Faux débat. La question de la prescription est ainsi en réalité un faux débat qui a rebondi dans le cadre d'affaires où, paradoxalement, la prescription des faits n'était pas intrinsèquement en cause, et conduisit la Cour de cassation à renvoyer une QPC au Conseil constitutionnel eu regard au principe d'égalité des citoyens devant la loi dès lors que : « les poursuites disciplinaires contre divers autres professionnels en raison de faits commis dans leurs fonctions, tels les notaires, les huissiers de justice, les administrateurs judiciaires ou les fonctionnaires, se trouvant soumises à un délai de prescription » [12].

Le Conseil constitutionnel rejeta, logiquement, cette question, considérant – tout en écartant le motif tiré d'une éventuelle rupture d'égalité dès lors que la profession d'avocat n'est pas placée, au regard du droit disciplinaire, dans la même situation que les autres professions juridiques ou judiciaires réglementées – que la faculté de poursuivre un avocat, quel que soit le temps écoulé depuis la commission de la faute ou sa découverte ne méconnaît pas, en elle-même, les droits de la défense et que si les exigences constitutionnelles qui découlent de l'article 8 de la Déclaration de 1789, impliquent que le temps écoulé entre la faute et la condamnation puisse être pris en compte dans la détermination de la sanction, aucun droit ou liberté que la Constitution garantit n'impose que les poursuites disciplinaires soient nécessairement soumises à une règle de prescription, qu'il est loisible au législateur d'instaurer [13].

1. L. n° 2016-483, 20 avr. 2016 relative à la déontologie et aux droits et obligations des fonctionnaires, *JO* 21 avr., n° 2.
2. L. n° 83-634, 13 juill. 1983 portant droits et obligations des fonctionnaires, *JO* 14 juill., art. 19 – C. défense, art. L. 4137-1.
3. L.O. n° 2016-1090, 8 août 2016 relative aux garanties statutaires, aux obligations déontologiques et au recrutement des magistrats ainsi qu'au Conseil supérieur de la magistrature, *JO* 11 août.
4. Ord. n° 58-1270, 22 déc. 1958 portant loi organique relative au statut de la magistrature, *JO* 23 déc., art. 47.
5. C. com., art. L. 743-4.
6. C. com., art. L. 811-14.
7. Ord. n° 45-1418, 28 juin 1945 relative à la discipline des notaires et de certains officiers ministériels, *JO* 29 juin, art. 47.
8. CEDH 22 oct. 1996, *Stubbings a. c/Royaume-Uni*, req. n°s 22083/93, 22095/93.
9. CEDH 11 mars 2014, *Howald Moor a. c/Suisse*, req. n°s 52067/10, 41072/11 – V. s^s^ n° 471.55.
10. CEDH 20 déc. 2007, *Phinikaridou c/Chypre*, req. n° 23890/02 – CEDH 7 juill. 2009, *Stagno c/Belgique*, req. n° 1062/07.
11. CEDH 9 janv. 2013, *Oleksandr Volkov c/Ukraine*, req. n° 21722/11.
12. Civ. 1re, 11 juill. 2018, n° 18-40.019, P ; *Gaz. Pal.* 4 sept. 2018, p. 32, obs. C. Berlaud ; *JCP* 2018. 882 ; *JCP* 2018. 1023, n° 16, obs. Ch. Vautrot-Schwarz.
13. Cons. const. 11 oct. 2018, n° 2018-738 QPC, *Pascal D... (M.) [Absence de prescription des poursuites disciplinaires contre les avocats]*, CONFORMITÉ, *JO* 12 oct., n° 75 ; *JCP* 2018. 1132 ; *D.* 2018. 1976 ; *D.* 2019. 1248, obs. E. Debaets et N. Jacquinot ; *JCP* 2019. 11, note Ch. Vautrot-Schwarz ; *Gaz. Pal.* 27 nov. 2018, p. 16, note J.-M. Brigant ; *JCP* 2019. 255, n° 14, obs. S. Grayot-Dirx ; *Gaz. Pal.* 4 déc. 2018, p. 35, obs. B. de Belval ; *D.* 2019. 96, obs. Th. Wickers ; *D. actu.* 5 nov. 2018, note Y. Avril.

521.155 Respect des droits de la défense. La question du respect des droits de la défense, et plus généralement de l'équité de la procédure[1], qui doit conduire de veiller à ce que l'ancienneté des faits ne conduise pas à entraver leur exercice effectif et soit prise en considération dans la détermination de la sanction disciplinaire dans le cadre du contrôle de proportionnalité[2], ne saurait ainsi être épuisée par l'instauration d'une prescription.

C'est ainsi que le Conseil d'État a réaffirmé dans un arrêt récent que : « le respect de l'équité du procès implique notamment que le temps écoulé entre la faute et la sanctionne porte pas atteinte aux droits de la défense. Il appartient, dès lors, à l'autorité disciplinaire compétente, sous le contrôle du juge, de veiller à ce que l'ancienneté des faits pris en compte ne conduise pas à entraver l'exercice effectif des droits ainsi garantis »[3].

521.156 Prise en compte de l'ancienneté des faits. En réalité, l'ancienneté des faits objet des poursuites disciplinaires doit naturellement être prise en compte afin qu'elle ne conduise pas à porter atteinte aux droits de la défense de l'avocat poursuivi et que la sanction éventuelle soit proportionnée[4], notamment, à cette même ancienneté des faits.

En outre, l'ancienneté des faits ne doit pas être confondue avec la connaissance de ceux-ci dans des conditions permettant l'exercice, de manière pertinente, de l'action disciplinaire. C'est ainsi que la Cour de cassation a approuvé une cour d'appel, d'avoir procédé, comme il le lui incombait, à une analyse *in concreto* des faits à elle soumis dont elle a déduit que, même à supposer qu'il faille appliquer, au regard des exigences de la Conv. EDH, un délai de prescription de trois ans, l'action disciplinaire engagée par le bâtonnier, le 30 novembre 2015, n'était pas prescrite, les conditions exactes de l'arbitrage litigieux, datant de 1995, n'ayant été portées avec certitude à la connaissance de l'autorité de poursuite qu'à l'occasion de l'annulation de la sentence arbitrale par l'arrêt du 27 mai 2014[5] *[en réalité l'arrêt de la Cour de cassation est du 4 novembre 2015*[6]]. Dans cette même affaire, mais concernant un autre avocat, la Cour de cassation a, par la suite, considéré que : « si les faits reprochés dans l'affaire sont anciens, l'affaire a connu un rebondissement essentiel avec la décision de la cour d'appel de Paris annulant pour fraude l'arbitrage aux fins de réduction des donations et qu'en prenant en considération la date de l'arrêt de la Cour de cassation rejetant le pourvoi contre cet arrêt comme étant la date à laquelle le dommage est apparu dans toute son ampleur, le délai écoulé entre cette date et l'engagement de la poursuite disciplinaire n'apparaît pas excessif et contraire aux exigences d'une procédure équitable »[7].

521.157 Prescription inopportune. Pour autant l'instauration d'une prescription dans la mise en œuvre de l'action disciplinaire n'apparaît pas opportune[8]. Elle porte en germe le risque d'alourdir et complexifier notre procédure disciplinaire, et de faire perdre de sa souplesse à la maîtrise de notre discipline.

En effet, l'action disciplinaire n'est soumise ni à l'action civile[9], ni à l'action pénale[10], elle s'inscrit dans un processus de contrôle déontologique plus large[11], comme *ultima ratio regum* lorsqu'il n'existe d'autres solutions que de sanctionner un avocat[12], parfois pour un ensemble de faits s'étalant dans le temps.

L'inscrire dans le carcan de la prescription, avec ses insécurités juridiques propres tenant aux causes d'interruption, de suspension, à la détermination de son point de départ..., porterait atteinte à l'esprit même de notre discipline professionnelle, et à son équilibre, sans pour autant rendre la procédure disciplinaire plus équitable et respectueuse des droits de la défense qu'elle ne l'est déjà.

La loi pour la confiance dans l'institution judiciaire n'a pas prévu de modifier l'état du droit sur ce point et donc d'instaurer la moindre règle de prescription en la matière[13].

1. V. s[s] n° 471.43.
2. V. s[s] n° 523.31.
3. CE 7 juin 2017, *Vaillance Courtage (S[té])*, req. n° 393509, *Lebon* ; *AJDA* 2017. 1756.
4. V. s[s] n° 523.31.
5. Civ. 1re, 10 oct. 2019, n° 18-21.966, P ; *D.* 2019. 2044 ; *Gaz. Pal.* 29 oct. 2019, p. 36, obs. C. Berlaud ; *JCP* 2019. 1111 ; *JCP* 2019. 1111 ; *D.* 2019. 2044 ; *D.* 2020. 115, *obs.* Th. Wickers ; *Gaz. Pal.* 2 juin 2020, p. 41, obs. D. Landry, J. Villacèque ; – REJETANT POURVOI CONTRE : Paris, pôle 2, ch. 1, 28 juin 2018, RG n° 16/16859.
6. Civ. 1re, 4 nov. 2015, n° 14-22.630, P I, n° 411 ; *D.* 2015. 2326, obs. P. Noual ; *D.* 2015. 2588, obs. T. Clay ; *D.* 2016. 446, obs. N. Fricero – AUSSI : Crim. 15 janv. 2020, n° 18-86.714, P.
7. Civ. 1re, 30 juin 2021, n° 19-23.722, NP ; – REJETANT POURVOI CONTRE : Paris, pôle 2, ch. 1, 19 sept. 2019, RG n°s 16/11977, 18/23915 ; – Paris, pôle 2, ch. 1, 22 mars 2018, RG n°s 16/18920 et autres ; – APRÈS : Civ. 1re, 26 sept. 2019, n° 18-17.079 ; – DÉCLARANT IRRECEVABLE LE POURVOI CONTRE : Paris, pôle 2, ch. 1, 22 mars 2018, RG n°s 16/18920 et autres ; – APRÈS : Paris, pôle 2, ch. 1, 27 avr. 2017, RG n°s 16/18920, 16/18992, 16/19007 (3 arrêts).
8. SUR L'IDÉE d'un « délai raisonnable » dans l'engagement des poursuites : J.-M. Brigant note s[s] Cons. const. 11 oct. 2018, n° 2018-738 QPC, *Gaz. Pal.* 27 nov. 2018, p. 16.
9. V. s[s] n°s 312.101 s.
10. V. s[s] n°s 312.81 s.
11. V. s[s] n°s 511.00 s.
12. V. s[s] n° 511.22.
13. L. n° 2021-1729, 22 déc. 2021, art. 42.

CHAPITRE

522. Mise en œuvre de la procédure disciplinaire

SECTION

ORIENTEUR

522.00 **Sommaire du chapitre.**

Division. L'ouverture de la procédure disciplinaire (sect. 1), est suivie par l'instruction (sect. 2), et le jugement (sect. 3) et les voies de recours (sect. 4).

522.01 Textes applicables.

TEXTES TITRÉS

• **L. n° 71-1130, 31 déc. 1971**

art. 22 [Compétence du conseil de discipline]

art. 23 [Saisine, jugement et voie de recours]

art. 88 [Modalité particulière de saisine, avocat européen]

• **Décr. 91-1197, 27 nov. 1991**

art. 183 [Définition de la faute disciplinaire]

art. 188 [Modalité de saisine et désignation du rapporteur]

art. 189 [Pouvoirs du rapporteur]

art. 190 [Dossier disciplinaire]

art. 191 [Transmission du rapport d'instruction et fixation de l'audience]

art. 192 [Citation devant le conseil de discipline]

art. 193 [Tenue de l'audience du conseil de discipline]

art. 194 [Publicité des débats]

art. 195 [Délai imparti pour statuer]

art. 196 [Notification de la décision du conseil de discipline]

art. 197 [Appel de la décision du conseil de discipline]

art. 202-3 [Dispositions particulières, avocats européens exerçant en libre prestation de services]

art. 203-1 [Dispositions particulières, avocats européens exerçant à titre permanent]

art. 277 [Renvoi aux règles de procédure civile]

522.02 Jurisprudence de référence.

> Le conseil de discipline est compétent pour sanctionner un avocat ayant dissimulé des sanctions disciplinaires et pénales antérieures à sa demande d'inscription au barreau

• **Paris, 1re ch., 29 mai 2002,** RG n° 2002/03850.

* V. ss nos 324.105, 522.71.

« Considérant que M. X..., bien que radié au barreau de Bruxelles par une décision définitive du 26 mars 1990 pour des faits dont la gravité a été justement relevée dans la décision déférée, a malgré cela, postérieurement à cette sanction, demandé – et obtenu –, son inscription au Barreau de Paris en dissimulant tant sa situation disciplinaire que sa situation pénale en Belgique ;

Qu'un tel comportement constitue un abus qui, de la part *d'un avocat, relève de la sanction disciplinaire la plus sévère ;*

Considérant que c'est par une exacte appréciation des faits et du droit que le conseil de l'Ordre des Avocats à la cour de Paris a dit que M. X... a ainsi gravement manqué à l'honneur et à la probité qui constituent des Principes essentiels de la profession d'avocat et a, en conséquence, prononcé sa radiation de l'Ordre. »

> Le procureur général peut demander communication du dossier pénal

• **Civ. 1re, 10 juin 1992,** n° 91-17.028, P I, n° 176.

* V. ss nos 416.34, 522.167, 522.245.

« Vu l'article 11 du code de procédure pénale ;

Attendu que pour rejeter la proposition de communication intégrale du dossier d'instruction faite par le ministère public, la cour d'appel énonce que "l'article 11 du code de procédure pénale exclut une telle communication, le ministère public concourant à la procédure pénale" ;

Attendu qu'en se prononçant par de tels motifs, alors que le secret de l'instruction n'est pas opposable au ministère public qui, dans l'exercice des missions que la loi lui attribue – notamment en matière de discipline des avocats – a qualité pour apprécier l'opportunité de communiquer au juge une procédure judiciaire de nature à l'éclairer, et que la cour d'appel ne pouvait, dès lors, rejeter la proposition du ministère public, les juges du second degré ont, par fausse application, violé le texte susvisé. »

> Requête en suspicion légitime et évocation au fond

• **Civ. 1re, 7 nov. 2000,** n° 97-21.883, P I, n° 278.

* V. ss nos 522.303, 522.316.

« Vu l'article 6.1 de la Convention européenne de sauvegarde des droits de l'homme ;

Attendu que Mme X... et M. Y..., avocats au barreau de Paris, faisant l'objet de poursuites disciplinaires, ont saisi la cour d'appel de Paris d'une requête en suspicion légitime à l'encontre du conseil de l'Ordre du barreau de Paris ; que l'arrêt attaqué a rejeté cette requête, sans en examiner l'éventuel bien-fondé, au motif que chaque Ordre d'avocats ne reçoit en matière disciplinaire que la compétence de connaître de la discipline des avocats inscrits à son barreau et qu'il n'existe de ce fait aucune juridiction de même nature, au sens de l'article 358 du nouveau code de procédure civile, devant laquelle il soit possible de renvoyer l'examen de l'affaire en cas d'accueil de la demande de renvoi pour suspicion légitime ; et que, par ailleurs, l'évocation de ces poursuites disciplinaires directement par la cour d'appel, non prévue par les textes, aurait pour effet de priver les parties du double degré de juridiction ;

Attendu, cependant, qu'il ne peut être dérogé à l'exigence d'impartialité qui s'impose à toute juridiction ; qu'il appartenait dès lors à la cour d'appel de rechercher si la requête en suspicion légitime contre le conseil de l'Ordre était fondée, et, si tel était le cas, et en l'absence de disposition légale permettant le renvoi devant un autre conseil de l'Ordre, d'évoquer et de statuer au fond ; »

> Statut du bâtonnier à cause d'appel

• **Civ. 1re, 22 oct. 2009,** n° 08-18.369, NP.

* V. ss nos 522.451, 522.472.

« Mais attendu que le bâtonnier à l'origine des poursuites, disposant des mêmes facultés pour l'exercice des voies de recours que l'avocat poursuivi, la cour d'appel lui a à bon droit reconnu la qualité de partie intimée dès lors qu'il n'avait pas participé au jugement de la procédure disciplinaire dont il n'était pas appelant ; »

> Statut du bâtonnier devant la Cour de cassation

• **Civ. 1re, 14 oct. 2010,** n° 09-16.495 et 09-69.366, NP.

* V. ss nos 337.42, 522.473, 522.523.

« Vu l'article 609 du code de procédure civile ;

Attendu que le bâtonnier qui, en application des articles 193 et 16 du décret du 27 novembre 1991 modifié, s'est borné à formuler devant les juridictions disciplinaires du premier et du second degré des observations sur les mérites de poursuites engagées par le procureur général n'est pas partie à la procédure ; que son pourvoi est irrecevable ; »

522.03 Bibliographie indicative.

* Aussi : v. ss n° 52.03.

Traité. S. Guinchard (dir.), *Droit et pratique de la procédure civile*, 10e éd., « Dalloz Action », 2021.

Monographies. Y. Avril, *Responsabilité des avocats*, 4e éd., « Dalloz Référence », 2020, n° 22.00 s. – Conférence des bâtonniers, *Guide de la procédure disciplinaire*, 2015 – G.-A. Dal (dir.), *Actualité du droit disciplinaire*, CUP vol. 167, Larcier, Bruxelles, 2016 – J.-P. Markus, *Les juridictions ordinales*, « Systèmes », LGDJ, 2003 – J. Moret-Bailly, *L'accès à la justice disciplinaire*, Cercrid, 2002.

Articles. F. Bueb, « Poursuites disciplinaires et publicité des débats », *Gaz. Pal.* 1984. Doctr. 456 – D. Landry, « la procédure disciplinaire applicable aux avocats », *JCP* 2010. 521 – R. Martin, « L'ouverture de l'action disciplinaire des avocats », *JCP* 2001, n° 31-35, Actualité – D. Piau, « La procédure disciplinaire dans tous ses états à l'aune de l'article 6 de la Convention européenne des droits de l'Homme », *Gaz. Pal.* 14-16 avr. 2013, p. 16 ; « Articulation de la requête en renvoi pour cause de suspicion légitime et sursis à statuer en matière disciplinaire », *JCP* 2015. 1059 ; « Effets du sursis à statuer et autonomie de la faute disciplinaire : *O tempora. O mores...* », *Gaz. Pal.* 16-17 oct. 2015, p. 9 ; « La procédure disciplinaire sous les fourches caudines de la procédure civile : dans un clair-obscur », *Gaz. Pal.* 10 janv. 2017, p. 12 ; « De quelques clarifications autour de la procédure disciplinaire au détour d'une entourloupe électorale d'un bâtonnier sortant », *Gaz. Pal.* 3 oct. 2017, p. 21 – M. Roux, « Le rapport d'instruction, "pierre angulaire" de la procédure disciplinaire des avocats », *D.* 2009. 2011.

Rapport. F. Poirier, *Rapport de la commission des règles et usages sur la réforme de la procédure et de l'instance disciplinaires des avocats*, AG du CNB, 18-19 janv. 2013.

522.05 Constitutionnalité. Le législateur a confié au pouvoir réglementaire le soin de déterminer la procédure disciplinaire, selon les termes de l'article 53 2° de la loi du 31 décembre 1971. Cette délégation de compétence ne porte pas atteinte à l'article 34 de la Constitution, dès lors que la procédure disciplinaire ne relève pas de la procédure pénale au sens de ce texte, a jugé le Conseil constitutionnel, dans une décision du 29 septembre 2011[1].

SECTION 1
OUVERTURE DE LA PROCÉDURE DISCIPLINAIRE

522.10 Plan – Saisine du conseil de discipline. Le conseil de discipline est saisi :

– soit à l'initiative du bâtonnier[2], à la suite de la mise en œuvre d'une procédure ordinale[3] ;

– soit à la demande du procureur général, et ce procureur est le seul à pouvoir saisir juridiquement le conseil de discipline c'est-à-dire à le contraindre à ouvrir une instruction. Le procureur de la République n'a pas cette possibilité.

On notera qu'avant la loi du 11 février 2004, le conseil de discipline pouvait se saisir d'office[4]. Cette possibilité a été supprimée par cette loi, aussi bien pour le conseil de l'Ordre de Paris maintenu en tant que conseil de discipline pour les avocats appartenant au barreau de Paris, que pour les conseils de discipline créés par la loi pour les avocats appartenant aux autres barreaux.

522.11 Saisine du conseil de discipline par le plaignant. La loi pour la confiance dans l'institution judiciaire[5] a prévu que le plaignant, auteur de la réclamation, peut désormais saisir le conseil de discipline.

Le président du conseil de discipline pourra toutefois rejeter les réclamations irrecevables, manifestement infondées ou qui ne sont pas assorties des précisions permettant d'en apprécier le bien-fondé[6].

La question va se poser de la nature des plaignants qui pourront valablement saisir le conseil de discipline, lesquels ne sont pas, nécessairement, les seuls clients de l'avocat. C'est sous l'angle de la notion d'intérêt à agir qu'il conviendra d'examiner ce point. Le Conseil d'État, en matière de discipline des professions médicales, considère qu'ont intérêt à agir « toutes personnes lésées de manière suffisamment directe et certaine » par le comportement reproché admettant ainsi, par exemple, la recevabilité d'une plainte d'un employeur à l'encontre d'un médecin du travail à raison des certificat ou attestation qu'ils établissent dans l'exercice de leurs fonctions[7], pas celle de

1. Cons. const. 29 sept. 2011, *Conseil de discipline des avocats*, n° 2011-179 QPC, *JO* 30 sept., p. 16472 ; *D.* 2012. 1638, obs. V. Bernaud et N. Jacquinot ; *D.* 2013. 136, obs. Th. Wickers – Cons. const. 19 mai 2017, n° 2017-630 QPC ; *JCP* 2017. 629 ; *D. avocats* 2017. 215, obs. L. Dargent – Civ. 1re, 8 juin 2017, n° 16-26.080, NP – V. ss nos 523.21 s.
2. L. n° 71-1130, 31 déc. 1971, art. 23 – Décr. n° 91-1197, 27 nov. 1991, art. 180 s.
3. V. ss nos 51.00 s.
4. Civ. 1re, 4 janv. 2005, n° 01-16.464, P I, n° 3 ; *D.* 2005. 241 – Civ. 1re, 13 nov. 1996, n° 94-15.252, P I, n° 391 ; *JCP* 1997. II. 22816 ; *D.* 1997. 2.
5. L. n° 2021-1729, 22 déc. 2021, art. 42.
6. L. n° 71-1130, 31 déc. 1971, art. 23.
7. CE 11 oct. 2017, req. n° 403576 *Syndicat national des médecins du travail des mines et des industries électriques et gazières et a., Lebon T* – CE 6 juin 2018, *Orys*, req. n° 405453, *Lebon T.*

l'époux cocufié par le masseur-kinésithérapeute de son épouse[1].

L'admissibilité des saisines par un plaignant pourrait ainsi être large et concerner non seulement le client de l'avocat mais également tout autre tiers à la relation entre l'avocat et son client justifiant d'un intérêt à agir : partie adverse, avocat adverse, associé ou collaborateur libéral de l'avocat, tout autre avocat, bâtonnier d'un barreau qui n'est pas celui auquel appartient l'avocat visé par les poursuites, administration fiscale, Dgccrf, Urssaf... Faute de précisions de la loi sur ce point, il appartiendra à la jurisprudence de déterminer, au cas par cas, la recevabilité des saisines.

522.12 Données statistiques des saisines[2].

Conseil de discipline	Nombre de saisines en 2019	Nombre de saisines en 2018	Nombre de saisines en 2017	Nombre de saisines en 2016	Nombre de saisines en 2015	Nombre de saisines en 2014	Nombre de saisines en 2013
Hors Paris	53	44	64	62	64	64	80
Paris	57	77	106	71	81	90	75
total	110	121	170	133	145	154	155

§ 1
Détermination de la juridiction compétente

522.20 Plan. La compétence du conseil de discipline peut être matérielle ou territoriale (A), la recevabilité des poursuites disciplinaires est conditionnée par le fait incriminé.

A.
Compétence du conseil de discipline

522.30 Plan – Principes. La compétence matérielle (1°) du conseil de discipline est déterminée par la qualité de l'auteur de la faute au moment où les faits incriminés ont été commis et non par sa qualité au moment où la poursuite est engagée[3].

La compétence territoriale (2°) du conseil de discipline est déterminée en fonction du barreau d'appartenance de l'avocat au moment de l'ouverture de l'instance disciplinaire[4] et non au moment de la commission des faits objets de la saisine[5] ou du lieu de commission des faits[6].

1°
Compétence matérielle

522.41 Caractère déterminant de la qualité de l'auteur de l'infraction au moment des faits. La compétence matérielle du conseil de discipline est déterminée par la qualité de l'auteur de la faute au moment où les faits incriminés ont été commis et non par sa qualité au moment où la poursuite est engagée[7].

522.42 Avocat soumis au droit disciplinaire. Seuls les avocats inscrits au tableau d'un barreau ou les avocats honoraires, tels que l'avocat honoraire qui se prévalait néanmoins de sa qualité d'avocat pour rendre visite à un ancien client détenu et auquel l'honorariat fut retiré en conséquence à la suite d'une procédure disciplinaire[8], sont soumis au droit disciplinaire de leur barreau. Le conseil de discipline est, à cet égard, seul compétent pour décider du retrait de l'honorariat[9].

Les élèves avocats qui préparent le Capa sont soumis aux dispositions particulières des articles 63 à 67 du décret du 27 novembre 1991 qui prévoient, à leur égard, une juridiction spéciale, le conseil de discipline du Centre de formation des avocats, et des sanctions disciplinaires particulières, prévues par l'article 67 du même décret[10].

522.43 Avocat faisant l'objet d'une suspension provisoire ou d'une interdiction temporaire. L'avocat frappé d'une interdiction temporaire[11], ou fai-

1. CE 6 mai 2021, req. n° 429075, *Lebon T.*
2. Conseil national des barreaux/Observatoire/Enquête Conseils de Discipline, 2020 – Conseil national des barreaux/Observatoire/Enquête Conseils de Discipline, 2017 – Conseil national des barreaux/Observatoire/Enquête Conseils de Discipline, avr. 2020.
3. Paris, 29 janv. 1947, *S.* 1947. 2. 122 – V. s[s] n°s 522.41 s.
4. Civ. 1re, 12 févr. 2002, n° 00-13.841, P I, n° 50 ; *D.* 2002. 2216, note B. Beignier ; *JCP* 2002. I. 172, n° 19, obs. R. Martin ; CASSANT : Paris, 23 févr. 2000, *Gaz. Pal.* 2000. 1574.
5. Bordeaux, 20 juin 2008, RG n° 07/05925.
6. Civ. 1re, 12 avr. 1983, n° 82-12.517, P I, n° 114 ; *Gaz. Pal.* 1983. 2. p. 436, note A. Damien – V. s[s] n°s 522.51 s.
7. Paris, 29 janv. 1947, *S.* 1947. 2. 122.
8. Civ. 1re, 10 déc. 2002, n° 00-11.091, P I, n° 301 – Aussi : v. s[s] n° 324.122.
9. L. n° 71-1130, 31 déc. 1971 portant réforme de certaines professions judiciaires et juridiques, *JO* 5 janv., p. 131, art. 22 – Décr. n° 91-1197, 27 nov. 1991 organisant la profession d'avocat, *JO* 28 nov., art. 184, 4° – Civ. 1re 6 févr. 2019, n° 17-28.878, P ; *D.* 2019. 314 ; *JCP* 2019. 187 ; *Gaz. Pal.* 12 mars 2020, p. 32, obs. C. Berlaud ; *JCP* 2019. 509, note B. Beignier ; *JCP* 2019. 1238, n° 14, obs. S. Bortoluzzi ; *Gaz. Pal.* 28 mai 2019, p. 28, obs. J. Villacèque ; *D.* 2020. 115, obs. Th. Wickers.
10. V. s[s] n°s 211.211 s.
11. Civ. 1re, 4 janv. 2005, n° 03-16.282, P I, n° 1 ; *D.* 2005. 166 ; *Gaz. Pal.* 16-18 janv. 2005, p. 30 – Civ. 1re, 10 mars 2021, n° 19-21.877 ; *Gaz. Pal.* 1er juin 2021, p. 30, obs. J. Villacèque – V. s[s] n°s 523.80 s.

sant l'objet d'une suspension provisoire [1], dès lors que les textes [2] ne prévoient pas qu'il soit retiré du tableau [3] faisant qu'il demeure avocat, est inscrit au tableau mais interdit d'exercer la profession pour la durée déterminée par la décision [4], et demeure alors passible de sanction disciplinaire pour les faits qu'il viendrait à commettre pendant la période d'exécution de la sanction d'interdiction temporaire ou de la suspension provisoire [5].

Il en sera ainsi, notamment, s'il vient à exercer, nonobstant l'interdiction, la profession d'avocat en réalisant des actes de la profession, notamment en recevant des clients, sans qu'il ne puisse faire, par ailleurs, l'objet de poursuites pénales pour exercice illégal de la profession d'avocat [6] : contrairement à ce qui est prévu pour les médecins [7], l'exercice illégal de la profession d'avocat implique d'être retiré du tableau et non simplement suspendu ou interdit temporairement. Il pourra toutefois, sur le plan pénal, faire l'objet d'une condamnation pour escroquerie [8], résultant de l'abus de qualité vraie d'avocat et non de l'usage d'une fausse qualité [9], ou pour usurpation de titre [10].

522.44 Avocat retiré du tableau. L'avocat retiré du tableau après avoir été omis [11] ou donné sa démission [12], n'est plus passible de sanction disciplinaire pour les faits qu'il viendrait à commettre pendant sa période d'omission.

Mais, un avocat, même après avoir été omis [13] ou donné sa démission [14], peut faire l'objet d'une sanction disciplinaire pour des faits commis alors qu'il était avocat [15].

522.45 Manquements aux obligations de vigilance en matière de blanchiment. Depuis 2017 [16], le conseil de discipline est naturellement compétent pour sanctionner les manquements commis par les avocats à leurs obligations en matière de blanchiment [17], que le bâtonnier viendrait à constater dans le cadre de ses prérogatives de contrôle en la matière [18]. Le texte précise qu'une telle procédure est « engagée dans tous les cas lorsqu'il existe des faits susceptibles de constituer des manquements graves, répétés ou systématiques à ces obligations » [19].

Le texte précise que le bâtonnier peut également engager des poursuites à l'encontre des dirigeants de la personne morale (associés de la structure d'exercice) et des « autres personnes physiques salariées, préposées, ou agissant pour le compte de cette personne, du fait de leur implication personnelle » [20]. Cette dernière faculté apparaît se heurter aux dispositions de l'article 22 de la loi du 31 décembre 1971 qui ne donnent compétence au conseil de discipline que pour connaître des fautes commises par les avocats appartenant aux barreaux établis dans leur ressort et n'habilitent donc pas les conseils de discipline à connaître des fautes commises par les salariés des cabinets d'avocats [21].

522.46 Avocat d'un État de l'Union européenne. L'avocat de l'Union européenne qui exerce en France, à titre permanent, sous son titre professionnel d'origine [22] relève, en cas de manquement commis dans le cadre de son exercice en France, de la procédure disciplinaire [23], sous réserve d'aménagement au niveau de la saisine [24] et peut se voir soumis aux mêmes sanctions que celles visant un avocat français [25], y compris celles de l'interdiction temporaire et de la radiation [26].

L'avocat de l'Union européenne qui exerce en France dans le cadre de la libre prestation de

1. Grenoble, 31 janv. 1986, *D.* 1987. 105 – V. s^{s} n°s 512.181 s.
2. Décr. n° 91-1197, 27 nov. 1991, art. 186 – L. n° 71-1130, 31 déc. 1971, art. 24.
3. D. Piau, « De l'art abstrait de la maîtrise du tableau », *Gaz. Pal.* 6-8 janv. 2013, p. 9.
4. Civ. 1re, 15 juin 1999, n° 96-19.641, P I, n° 200 ; *D.* 2000. 151, obs. B. Blanchard.
5. Orléans, 14 déc. 2007, RG n° 06/03101 – Paris, pôle 2, ch. 1, 10 mai 2012, RG n° 11/06662 – Paris, pôle 2, ch. 1, 11 févr. 2016, RG n° 15/06398 – Civ. 1re, 10 mars 2021, n° 19-21.877 ; *Gaz. Pal.* 1er juin 2021, p. 30, obs. J. Villacèque.
6. V. s^{s} n°s 612.11 s.
7. CSP, art. L. 4161-1 – Crim. 9 févr. 2010, n° 09-83.545, NP.
8. CD Paris, 2 mars 2010, n°s 189787, 193584 – V. s^{s} n°s 922.60 s.
9. Crim. 15 nov. 2016, n° 15-86.990, NP.
10. D. Piau, « L'exercice illégal de la profession d'avocat ou la « Peau de chagrin » à la lumière d'un rappel au règlement... », *Gaz. Pal.* 24/26 mars 2013, p. 17 – V. s^{s} n°s 612.71 s.
11. V. s^{s} n°s 241.00 s.
12. V. s^{s} n°s 242.00 s.
13. V. s^{s} n°s 241.00 s.
14. V. s^{s} n°s 242.00 s.
15. Paris, 28 avr. 1948, *D.* 1949. 23 – Civ. 1re, 24 avr. 1974, n° 72-13.400, P I, n° 111 ; *D.* 1974. 93 – CNB, Comm. RU, avis n° 2008-028, 18 avr. 2008 ; C. avocat 2021, s^{s} L. 31 déc. 1971, art. 22, note 6.
16. Ord. n° 2016-1635, 1er déc. 2016 renforçant le dispositif français de lutte contre le blanchiment et le financement du terrorisme, *JO* 2 déc., n° 14.
17. V. s^{s} n°s 482.91 s.
18. V. s^{s} n°s 511.211 s.
19. C. mon. fin., art. L. 561-36, II.
20. C. mon. fin., art. L. 561-36, II.
21. L. n° 71-1130, 31 déc. 1971, art. 22.
22. V. s^{s} n°s 231.10 s.
23. Civ. 1re, 14 déc. 2016, n° 15-27.395, NP – CJUE 19 sept. 2006, *Graham J. Wilson c/barreau de Luxembourg*, aff. C-506/04 ; *AJDA* 2006. 2271, Chron. E. Broussy, F. Donnat et C. Lambert ; *D.* 2006. 2479 ; *RTD eur.* 2007. 75, Chron. C. Prieto.
24. V. s^{s} n° 522.103.
25. L. n° 71-1130, 31 déc. 1971, art. 88 – Décr. n° 91-1197, 27 nov. 1991, art. 203.
26. Montpellier, 29 févr. 2016, RG n°s 15/03690 15/04304, *Gaz. Pal.* 24 mai 2016, p. 36 ; *Gaz. Pal.* 19 avr. 2016, p. 30, obs. J.-L. Gaineton – V. s^{s} n° 523.186.

service[1] relève également de la procédure disciplinaire en cas de manquement commis dans le cadre de son exercice en France. Toutefois, et uniquement pour ce dernier, les sanctions de l'interdiction temporaire et de la radiation sont remplacées par la sanction de l'interdiction provisoire[2] ou définitive[3] d'exercer, en France, des activités professionnelles[4].

À cette fin, le bâtonnier pourra demander à l'autorité compétente de l'État d'origine communication des renseignements professionnels concernant les avocats intéressés. Il informe cette dernière autorité de toute décision prise. Ces communications ne portent pas atteinte au caractère confidentiel des renseignements fournis[5].

522.47 Avocat étranger d'un État non-membre de l'Union européenne. L'avocat inscrit au barreau d'un État non-membre de l'Union européenne autorisé, par le Conseil national des barreaux, à exercer l'activité de consultation juridique et de rédaction d'actes sous seing privé pour autrui, et qui l'exerce en France, à titre temporaire et occasionnel ou à titre permanent, sous son titre professionnel d'origine[6] relève, en cas de manquement commis dans le cadre de son exercice en France, de la procédure disciplinaire[7]. Toutefois, pour celui autorisé à exercer à titre temporaire et occasionnel, la sanction de la radiation[8] est remplacée par la sanction de l'interdiction définitive d'exercer, en France, l'activité de consultation juridique et de rédaction d'actes sous seing privé pour autrui[9].

Le conseil de l'Ordre doit alors informer, sans délai, le Conseil national des barreaux de la décision du conseil de discipline[10].

On notera que l'avocat étranger hors Union européenne qui exerce l'activité de consultation juridique et de rédaction d'actes sous seing privé pour autrui à titre temporaire et occasionnel[11], n'est pas, contrairement à celui qui l'exercice à titre permanent[12], inscrit sur une liste spéciale du tableau d'un barreau. Faute de rattachement de celui-ci à un barreau, la question de la détermination du conseil de discipline compétent va poser une difficulté, les textes étant muets sur cette question.

522.48 Structure d'exercice. Une structure d'exercice de la profession ne peut faire l'objet de poursuites disciplinaires indépendamment de celles qui peuvent être exercées contre les associés. La société est alors poursuivie devant le conseil de discipline auprès duquel est établi son siège. Lorsque les associés poursuivis sont inscrits à des barreaux autres que celui auprès duquel la société est inscrite, le conseil de discipline ne peut se prononcer qu'après avoir recueilli l'avis des conseils de discipline des barreaux dont les associés relèvent. Les associés étant poursuivis devant les conseils de discipline du ressort des barreaux dont ils relèvent respectivement[13].

En pratique les poursuites disciplinaires sont toujours engagées contre les avocats ès qualité, et aucune procédure disciplinaire n'a, à notre connaissance, été mise en œuvre à l'encontre d'une structure d'exercice.

2°
Compétence territoriale

522.51 Barreau auquel appartient l'avocat au moment de la saisine. La compétence territoriale du conseil de discipline est déterminée en fonction du barreau d'appartenance de l'avocat au moment de l'ouverture de l'instance disciplinaire[14] et non au moment de la commission des faits objets de la saisine[15] ou du lieu de commission des faits[16].

Ce n'est que dans l'hypothèse où l'avocat n'appartient plus à un barreau au moment de la saisine, pour des faits commis alors qu'il était encore avocat[17], que le conseil de discipline compétent sera celui dont relève le barreau auquel il appartenait à l'époque des faits objet des poursuites disciplinaires[18].

522.52 Conseil de discipline dont relève le barreau auquel appartient l'avocat. Le conseil de discipline connaît des infractions et fautes, même se rapportant à des faits extraprofessionnels[19], commises par les avocats appartenant, au moment de

1. V. s^s n°s 231.51 s.
2. V. s^s n° 523.106.
3. V. s^s n° 523.186.
4. Décr. n° 91-1197, 27 nov. 1991, art. 202-3.
5. Décr. n° 91-1197, 27 nov. 1991, art. 202-3 – D. Voillemot, « Inscription de l'avocat communautaire auprès d'un barreau d'accueil : conditions et contentieux », *in* B. Favreau (dir.), *L'avocat dans le droit européen*, Bruylant, 2008.
6. V. s^s n° 232.11.
7. Décr. n° 91-1197, 27 nov. 1991, art. 204-20.
8. V. s^s n°s 523.160 s.
9. Décr. n° 91-1197, 27 nov. 1991, art. 204-20.
10. Décr. n° 91-1197, 27 nov. 1991, art. 204-21.
11. V. s^s n° 232.22
12. L. n° 71-1130, 31 déc. 1971, art. 104.
13. Décr. n° 92-680, 20 juill. 1992, art. 51 – Décr. n° 93-492, 25 mars 1993, art. 27.
14. Civ. 1re, 12 févr. 2002, n° 00-13.841, P I, n° 50 ; *D.* 2002. 2216, note B. Beignier ; *JCP* 2002. I. 172. n° 19, obs. R. Martin ; CASSANT : Paris, 23 févr. 2000, *Gaz. Pal.* 2000. 1574.
15. Bordeaux, 20 juin 2008, RG n° 07/05925.
16. Civ. 1re, 12 avr. 1983, n° 82-12.517, P I, n° 114 ; *Gaz. Pal.* 1983. 2. p. 436, note A. Damien.
17. Nancy, 10 janv. 1875, *DP* 1876. 5. 60 – V. s^s n°s 522.43 s.
18. L. n° 71-1130, 31 déc. 1971, art. 22.
19. Décr. n° 91-1197, 27 nov. 1991, art. 183 – V. s^s n°s 331.71 s.

l'ouverture de l'instance disciplinaire, aux barreaux qui sont établis dans leur ressort[1]. Si des fautes sont commises dans son ressort par des avocats appartenant à un autre barreau, le bâtonnier doit saisir le bâtonnier du barreau auquel appartient l'avocat en cause qui sera seul décisionnaire de l'opportunité d'engager des poursuites[2].

Dans le ressort de la cour d'appel de Paris, il y a deux conseils de discipline. Le conseil de l'Ordre du barreau de Paris statuant comme conseil discipline est compétent à l'égard des avocats appartenant au barreau de Paris. Le conseil régional de discipline des barreaux du ressort de la cour d'appel de Paris hors Paris connaît lui des fautes commises par les avocats appartenant aux autres barreaux du ressort de la cour d'appel de Paris.

522.53 Difficultés de mise en œuvre. Cette procédure était certes suffisante pour assurer la discipline à l'époque où les avocats plaidaient principalement devant le tribunal où ils étaient inscrits et ne profitaient que de manière exceptionnelle de la liberté qui leur était accordée, depuis 1830[3], de plaider devant toutes les juridictions françaises, elle se révèle singulièrement inefficace si l'on songe qu'en vertu des règles régissant les sociétés civiles professionnelles, un avocat inscrit à un barreau déterminé peut être membre d'une société professionnelle composée d'avocats appartenant à d'autres barreaux et exercer simultanément et librement la consultation, la plaidoirie, en un mot exercer réellement sa profession dans un barreau où il n'est pas inscrit.

On arrivera donc, si cet avocat s'écarte des bons principes, à un singulier paradoxe : son bâtonnier ne le voyant jamais n'aura aucun reproche particulier à lui adresser et le bâtonnier du barreau où il exerce en fait, n'ayant aucun pouvoir sur lui, devra impérativement porter les faits reprochés à cet avocat à la connaissance du bâtonnier du barreau où est inscrit ledit avocat.

522.54 Faits commis postérieurement à l'omission de l'avocat. Les faits commis postérieurement au retrait du tableau de l'avocat du fait de son omission ou de sa démission ne relèvent pas du conseil de discipline[4], mais ils pourront servir de fondement à un refus de demande de réinscription[5].

C'est ainsi que le conseil de discipline est incompétent pour se prononcer sur les faits reprochés à un avocat, condamné pour exercice illégal de la profession d'avocat et usurpation de titre[6], dès lors qu'il n'était ni établi, ni inscrit à aucun barreau à l'époque des faits[7].

Si les faits ont été commis alors que l'avocat n'était pas inscrit au barreau mais ont perduré alors même qu'il était inscrit au barreau, le conseil de discipline dont relève le barreau auquel il appartenait à l'époque des faits objet des poursuites disciplinaires est alors compétent[8].

522.55 Engagement de poursuites disciplinaires et démission. Lorsque les poursuites sont engagées contre un avocat et que celui-ci offre sa démission, celle-ci ne saurait être refusée[9], sauf pour le barreau à prendre le risque d'engager sa responsabilité civile en empêchant l'avocat de démissionner[10].

Il arrive ainsi qu'un avocat puisse démissionner d'un barreau alors que le bâtonnier envisage d'engager des poursuites disciplinaires à son encontre, pour solliciter son inscription dans un autre barreau. Il peut ainsi chercher à échapper aux poursuites disciplinaires dans son nouveau barreau, si ce dernier accepte de l'inscrire à son tableau ce qu'il n'est pas tenu de faire[11]. Une telle démission ne pouvant être refusée, il appartient au bâtonnier d'ouvrir sans délai des poursuites disciplinaires, avant de faire acter la démission par le conseil de l'Ordre.

522.56 Pas de dépaysement pour une procédure disciplinaire. L'article 47 du code de procédure civile, qui permet de demander le renvoi d'un litige dans lequel est partie un auxiliaire de justice devant une juridiction située dans un ressort limitrophe, n'est pas applicable à une procédure disciplinaire ouverte contre un avocat[12], qui échappe « par nature » à ces dispositions[13].

1. L. n° 71-1130, 31 déc. 1971, art. 22.
2. V. s^s n° 522.101.
3. V. s^s n° 023.73.
4. V. s^s n°s 522.43 s.
5. V. s^s n°s 224.54 et 324.31 s.
6. V. s^s n°s 612.11 s.
7. CD Paris, 16 juill. 2013, n° 229226.
8. Paris, ch. 1, sect. F, 30 sept. 1998 ; *Gaz. Pal.* 13 déc. 1998, Somm. 20 – V. s^s n° 522.51.
9. Paris, 12 juill. 1978, *D.* 1979. 191.
10. Paris, 19 avr. 2005, *Gaz. Pal.* 2005. Pan. 4233 ; – SUITE À : Rennes 19 févr. 1999, n° 92 ; cité par Y. Avril, *Responsabilité des avocats*, 4e éd., « Dalloz Référence », 2021, n° 221.81 – V. s^s n° 242.13.
11. V. s^s n°s 223.61 et 324.91 s.
12. Civ. 1re, 12 févr. 1991, n° 89-16.142, P I, n° 60 ; *D.* 1991. 57 – Versailles, 4 juin 2014, RG n° 14/09827 – Versailles, 6 oct. 2017, RG n° 16/03498 – CE 14 févr. 1996, *Maubleu*, req. n° 132369, *Lebon ; AJDA* 1996. 403 ; *AJDA*. 358, Chron. J.-H. Stahl et D. Chauvaux ; *RFDA* 1996. 1186, concl. M. Sanson.
13. Civ. 1re, 12 févr. 1991, n° 89-16.142, P I, n° 60 ; *Gaz. Pal.* 1991. Somm. 12 ; *JCP* 1991, n° 14, IV, p. 137 ; *D.* 1991. 27 – CE, ass., 14 févr. 1996, *Maubleu*, req. n° 132369, *Lebon ; JCP* 1996. IV. 902 ; *AJDA* 1996. 403 ; *AJDA*. 358, Chron. J.-H. Stahl et D. Chauvaux ; *RFDA* 1996. 1186, concl. M. Sanson – Amiens, 29 mars 1995, *JCP* 1996. I. 3948, R. Martin, n° 14 – Civ. 1re, 18 janv. 2005, n° 03-11.740, NP – Civ. 1re, 27 févr. 2013, n° 12-15.828, NP ; *D. avocats* 2013. 293, note P. Duprat et B. Saintourens.

B.
Recevabilité des poursuites disciplinaires

522.60 Plan. La question de la recevabilité des poursuites disciplinaires se pose lorsque l'on est en présence de faits dissimulés au moment de l'inscription (1°), out ayant déjà donné lieu à des poursuites disciplinaires (2°), ou encore constituant une cause d'omission (3°).

1°
Fait dissimulé au moment de l'inscription

522.71 Dissimulation de faits antérieurs à l'inscription au barreau. La dissimulation par un candidat au barreau de faits antérieurs à l'admission au barreau constitue une faute déontologique, portant notamment atteinte au principe de probité[1], pouvant donner lieu à sanction disciplinaire[2].

Compte tenu des termes de l'article 22 de la loi du 31 décembre 1971 qui n'incriminent que les faits commis par un avocat postérieurement à son inscription dans un barreau, on retiendra que ce ne sont pas les faits antérieurs à l'admission au barreau qui sont retenus comme fondement de l'action disciplinaire, mais bien leur dissimulation fautive ou leur « dissimulation frauduleuse lors de la procédure d'inscription »[3], laquelle dissimulation porte atteinte au principe de probité par défaut de loyauté[4].

522.72 Alternative. En cas de dissimulation de faits antérieurs à l'inscription, le conseil de l'Ordre qui inscrit un avocat, et dont la décision constitue un acte administratif individuel, créateur de droits et qui, comme tel, ne peut, en principe, être rapporté par l'autorité qui l'a prise après l'expiration du délai de recours contentieux, peut toutefois la rapporter, à la demande du bâtonnier ou de son délégué, lorsqu'elle a été obtenue en violation d'une condition légale, à la suite de procédés frauduleux[5].

Le bâtonnier peut, ainsi, dans cette hypothèse, à la fois engager une procédure disciplinaire à l'encontre de l'intéressé[6] et solliciter que la décision d'inscription soit rapportée[7].

2°
Fait ayant déjà donné lieu à des poursuites disciplinaires

522.81 Fait ayant conduit à une décision de rejet. Est irrecevable, l'action disciplinaire engagée à l'encontre d'un avocat au titre de faits ayant donné lieu à une précédente procédure disciplinaire ayant conduit à une décision de rejet à raison d'un défaut de décision dans les huit mois suivants l'ouverture de l'instance disciplinaire[8].

La circonstance que le parquet général n'a pas été partie à la première instance ne pouvant, à cet égard, avoir pour effet de rendre recevable la seconde action engagée au titre des mêmes faits, dès lors que le parquet général a été rendu destinataire de la première décision, ce qui lui a conféré la qualité de partie intervenante, et qu'en vertu de l'article 197 du décret du 27 novembre 1991, il disposait de la faculté de former appel à l'encontre de la décision implicite de rejet[9].

522.82 Fait ayant conduit à une procédure disciplinaire annulée. En cas d'annulation d'une procédure disciplinaire, la question est tangente quant à avoir si, compte tenu de l'absence de prescription en la matière[10], il est possible d'engager des poursuites sur les mêmes faits, le cas échéant au regard de qualification différente[11]. Au regard de la stricte application des règles du code de procédure civile, elle n'apparaît pas inenvisageable, pour autant, elle semble se heurter aux principes généraux du droit disciplinaire[12] ainsi qu'au principe *non bis in idem*[13].

La Cour de cassation, a toutefois eu l'occasion de considérer que le bâtonnier, autorité de poursuite, qui n'était pas tenu d'agir dans un délai déterminé,

1. V. s[s] n°s 324.101 s.
2. Req. 22 nov. 1938, *DP* 1939. 1. 52 – Civ. 1re, 22 mars 1966, P I, n° 202 ; *D.* 1966. 376.
3. Civ. 1re, 6 oct. 2011, n° 10-21.884, NP ; *D.* 2012. 337, note Y. Avril ; – DANS CETTE MÊME AFFAIRE : Crim. 15 juin 2010, n° 09-84.034, NP ; *Gaz. Pal.* 28 oct. 2010, p. 18, note L. Marino ; *CCE* 2010, n° 95, obs. Ch. Caron ; *Rev. jur. Ouest* 2011, n° 1, p. 115, note J. Larrieu – Civ. 1re, 28 mai 2009, n° 08-13.089, NP ; – SUR RENVOI APRÈS CASSATION : Bordeaux, 4 juin 2010, RG n° 09/05453 ; *D.* 2010. 2348, note Y. Avril ; – SUR SECOND RENVOI APRÈS CASSATION : Toulouse, 6[e] ch., 23 mai 2013, RG n° 32/2013 ; – POURVOI NON ADMIS PAR : Civ. 1re 10 juill. 2014, NP – CEDH 27 juin 2017, *Jankauska c/Lituanie*, req. n° 50446/09 ; *JCP* 2017. 1104, n° 20, obs. J. Moret-Bailly.
4. V. s[s] n° 324.105.
5. Civ. 1re, 22 mars 1983, n° 82-11.758, P I, n° 103 ; *Gaz. Pal.* 1984. 1. 175, note Y. Avril – Civ. 1re, 15 févr. 2005, n° 03-11.269, NP – V. s[s] n°s 513.241 s.
6. Paris, pôle 2, ch. 1, 8 nov. 2018, RG n° 18/07288.
7. CONTRA s'agissant des magistrats : CE 6 juill. 2016, req. n°s 392728, 394484, *Lebon ; Gaz. Pal.* 28 oct. 2016, p. 49 ; *JCP* 2016. 1086, n° 20, obs. J. Moret-Bailly ; *AJDA* 2016. 1427 ; *AJFP* 2017. 52 – V. s[s] n°s 513.241 s.
8. Décr. n° 91-1197, 27 nov. 1991, art. 195.
9. CD Paris 25 mars 2008 n° 158329 – V. s[s] n°s 522.441 s.
10. V. s[s] n° 521.151.
11. EN CE SENS ET PAR ANALOGIE : Civ. 1re, 16 nov. 2016, n° 15-26.725, P ; *D.* 2016. 2412 ; *Gaz. Pal.* 10 janv. 2017, p. 12, note D. Piau ; *D.* 2016. 2412 ; *D. avocats* 2016. 343, obs. L. Dargent.
12. V. s[s] n°s 521.00.
13. COMP. en matière administrative : CE 30 déc. 2016, *Autorité de contrôle des nuisances aéroportuaires (Acnusa)*, req. n° 395681, *Lebon ; JCP* 2017. 53, obs. F. Tesson ; *AJDA* 2017. 6.

pouvait valablement saisir à nouveau le conseil de discipline après annulation de toutes les décisions rendues sur les poursuites initiales. La Cour de cassation considère à cet égard qu'« en engageant une nouvelle procédure disciplinaire, après annulation de toutes les décisions rendues sur les poursuites initiales, le bâtonnier n'avait pas méconnu la règle *ne bis in idem* »[1].

Cet arrêt semble ainsi, pour la première fois, autoriser l'engagement de nouvelles poursuites disciplinaires en cas d'annulation de toutes les décisions rendues sur les poursuites initiales. Il semble toutefois qu'il convienne de réserver le cas où l'irrégularité ayant motivé l'annulation d'une décision d'un conseil de discipline n'est pas de nature à affecter la validité de la procédure antérieure ni des actes de saisine, auquel cas il appartient à la cour d'appel, en vertu de l'effet dévolutif du recours[2], de se prononcer sur le fond de l'affaire qui lui est soumise, faute de quoi son arrêt aura pour effet de mettre fin aux poursuites[3].

522.83 Fait ayant conduit à un désistement. En cas de désistement d'instance d'une procédure disciplinaire[4], la difficulté se pose dans les mêmes termes que pour l'annulation d'une telle procédure.

La même solution apparaît devoir prévaloir, tel qu'en cas de désistement de l'autorité de poursuite d'une procédure disciplinaire mal engagée, à condition toutefois que ce désistement soit limité en un simple désistement d'instance et non en un désistement d'instance et d'action.

3°
Fait constituant une cause d'omission

522.91 Poursuite disciplinaire et cause d'omission. Un fait de nature à justifier une omission[5] n'échappe pas pour autant à une action disciplinaire distincte.

C'est ainsi que le refus de régler ses cotisations au barreau par un avocat, malgré plusieurs réclamations et sans aucun motif de nature à lui faire mériter l'obtention de délais, doit être considéré comme contraire à la délicatesse qu'un avocat doit observer dans ses rapports avec son barreau et justifie dès lors, outre son omission, la mise en œuvre à son encontre d'une procédure disciplinaire[6].

§ 2
Engagement de la procédure

522.101 Opportunité des poursuites. Le bâtonnier, comme le procureur général, décide de l'opportunité des poursuites. Et leur décision en la matière et insusceptible de recours.

C'est ainsi que la décision du bâtonnier de ne pas saisir le conseil de discipline, à la suite d'une réclamation d'un client à l'encontre de son avocat ayant donné lieu à une enquête déontologique, n'est pas susceptible de recours de la part du plaignant[7], et ce, même si le plaignant est avocat[8].

Il a pu être décidé par une cour d'appel qu'une décision de classement prise par un précédent bâtonnier ne faisait pas obstacle à ce qu'un autre bâtonnier, faisant une appréciation différente du dossier, notamment au regard d'éléments nouveaux, décide d'ouvrir une procédure disciplinaire[9].

522.102 Information préalable à la saisine. Si le bâtonnier décide qu'il y a lieu d'exercer l'action disciplinaire, il en informe le procureur général[10].

De même si le procureur général décide qu'il y a lieu d'exercer l'action disciplinaire, il doit en informer préalablement le bâtonnier. L'inobservation de cette formalité, qui fait grief à l'avocat poursuivi, entraîne la nullité des poursuites dès lors qu'elle prive le bâtonnier de toute marge de manœuvre et fait ainsi perdre à l'intéressé une chance d'échapper aux poursuites[11]. Toutefois, s'il omet d'en informer le bâtonnier, mais que ce dernier saisit à son tour, quelques jours plus tard, le conseil de discipline, la Cour de cassation a pu considérer que l'inobservation de cette formalité n'avait alors point privé l'avocat d'une chance d'échapper aux poursuites,

1. Civ. 1re, 6 sept. 2017, n° 16-13.624, NP (cinquième moyen) ; *Gaz. Pal.* 3 oct. 2017, p. 21, note D. Piau ; – DANS LA MÊME AFFAIRE : Civ. 1re, 2 avr. 2009, n° 08-12.246, P I, n° 71 ; *D.* 2009. 2011, note M. Roux ; *D.* 2009. 1135, obs. V. Avena-Robardet ; *D.* 2009. 2704, obs. B. Blanchard.
2. V. ss n° 522.462.
3. EN CE SENS, S'AGISSANT de la Commission des sanctions de l'AMF : Com. 24 oct. 2018, n° 16-15.008, P ; *JCP* 2018. 1378, note Y. Paclot.
4. V. ss n° 522.204.
5. V. ss nos 241.11 s.
6. Civ. 5 mai 1936, *DP* 1937. 1. 59 ; – MÊME SENS : Civ. 1re, 5 juill. 2017, n° 16-21.768, P ; *Gaz. Pal.* 25 juill. 2017, p. 26, obs. C. Berlaud ; *JCP* 2017. 857.
7. Paris, pôle 2, ch. 1, 27 mai 2010, RG n° 09/29034 – Montpellier, 13 janv. 2014, RG nos 13/01016, 13/01012 ; *Gaz. Pal.* 24-25 oct. 2014, p. 20, obs. D. Landry et J. Villacèque – Paris, pôle 2, ch. 1, 9 avr. 2015, RG n° 14/17300 – Paris, pôle 2, ch. 1, 26 mai 2016, RG n° 15/15880 – Rennes, 1re ch., 11 juin 2019, RG n° 19/00838.
8. Paris, pôle 2, ch. 1, 8 déc. 2011, RG n° 11/12.226 – V. ss nos 511.361 s.
9. Lyon, 12 déc. 2019, RG n° 18/04355 ; – COMP. : CEDH 8 juill. 2019, *Mihalache c/Roumanie*, req. n° 54012/10.
10. Décr. n° 91-1197, 27 nov. 1991, art. 188 – C. mon. fin., art. L. 561-36 II.
11. Civ. 1re, 17 févr. 2011, n° 10-30.334, NP ; *JCP* 2011. 468, n° 17, obs. G. Pillet – CNB, Comm. RU, avis n° 2010-016, 16 avr. 2010 ; C. avocat 2021, ss décr. 27 nov. 1991, art. 188, note 2.

faisant que l'irrégularité n'avait causé aucun grief à l'intéressé[1].

La simple information du bâtonnier par le procureur général sur des infractions pénales contrevenant également aux principes déontologiques de la profession d'avocat n'impose pas au bâtonnier de demander l'ouverture d'une procédure disciplinaire au conseil de l'Ordre, mais constitue une simple saisine du bâtonnier donnant lieu à un traitement dans le cadre de la procédure ordinale[2].

522.103 Cas particulier de la saisine visant un avocat d'un État membre de l'Union européenne et assimilés exerçant de manière permanente. Lorsqu'un avocat de l'Union européenne et assimilés exercent de façon permanente sous leur titre d'origine et sont inscrits sur la liste spéciale du tableau prévue à cet effet[3], le bâtonnier doit adresser, avant l'engagement de poursuites disciplinaires[4], à l'autorité compétente de l'État dans lequel le titre professionnel a été acquis, les informations utiles sur la procédure disciplinaire envisagée. Ces informations portent notamment sur les faits reprochés, les règles professionnelles en cause, la procédure disciplinaire applicable et les sanctions encourues. Les dispositions des articles 88 de la loi du 31 décembre 1971 et 203-1 du décret du 27 novembre 1991 sont également portées à la connaissance de l'autorité compétente. Il doit mettre en mesure l'autorité compétente de formuler ses observations écrites à ce stade et lors du déroulement, le cas échéant, de la procédure disciplinaire.

Le conseil de discipline est saisi dans un délai qui ne peut être inférieur à un mois à compter de l'accomplissement de cette formalité. Lorsque les poursuites disciplinaires sont engagées sur le fondement des délits d'audience[5], ce délai est porté à deux mois. Après l'ouverture de l'instance disciplinaire, l'autorité compétente pourra présenter à tout moment ses observations écrites[6].

522.104 Saisine. La saisine s'entend de l'ouverture de l'instance disciplinaire par l'autorité de poursuite, la désignation du rapporteur en charge de l'instruction du dossier n'intervenant qu'après cette saisine[7].

Elle fait courir le délai imparti au conseil de discipline pour statuer[8].

1. Civ. 1re, 6 sept. 2017, n° 16-24.664, NP ; *Gaz. Pal.* 5 déc. 2017, p. 28, obs. D. Landry ; – DANS CETTE MÊME AFFAIRE : Civ. 1re, juill. 2015, n° 14-20.134, NP.
2. V. ss nos 511.00 s.
3. V. ss nos 231.10 s.
4. L. n° 71-1130, 31 déc. 1971, art. 88.
5. V. ss nos 454.81 s.
6. L. n° 71-1130, 31 déc. 1971, art. 88.

522.105 Contenu de l'acte de saisine. La saisine, par le bâtonnier ou le procureur général, est faite par un acte de saisine motivé[9]. L'acte de saisine détermine précisément l'objet des poursuites en fait et en droit, s'agissant des textes visés et des manquements auxquels les faits se rattachent, afin de permettre une information claire quant à la nature et la cause de l'accusation portée.

Il informe du droit à l'accès au dossier disciplinaire et de la possibilité de se faire assister par un avocat de son choix[10].

522.106 Notification de l'acte de saisine à l'avocat poursuivi. L'acte de saisine est notifié, par le bâtonnier ou le procureur général, à l'avocat poursuivi par lettre recommandée avec demande d'avis de réception ou LRE eIDAS[11].

Cette notification doit intervenir préalablement à la désignation du rapporteur par le conseil de l'Ordre[12].

522.107 Communication au conseil de l'Ordre. L'acte de saisine est communiqué, par le bâtonnier ou le procureur général, au conseil de l'Ordre aux fins de désignation d'un rapporteur[13].

522.108 Cas particulier de la saisine sur délit d'audience – Renvoi. V. ss nos 454.85 s.

SECTION 2
INSTRUCTION

522.110 Plan. L'ouverture, obligatoire, d'une instruction (§ 1) commence par la désignation par le conseil de l'Ordre, dont relève l'avocat, de l'un de ses membres comme rapporteur (§ 2), qui procède à une instruction (§ 3) en réalisant toute mesure d'instruction nécessaire à une véritable information, à charge et à décharge afin d'établir son rapport (§ 4), pierre angulaire de la procédure disciplinaire des avocats, permettant au conseil de discipline de statuer en pleine connaissance de cause.

7. CNB, Comm. RU, avis n° 2005-042, 23 nov. 2005 ; C. avocat 2021, ss décr. 27 nov. 1991, art. 188, note 1 – V. ss nos 522.141 s.
8. Civ. 1re, 20 mars 2013, n° 12-19.710, NP – V. ss nos 522.331 s.
9. Décr. n° 91-1197, 27 nov. 1991, art. 188.
10. RIBP, art. P. 72.3.2.
11. Règl. 910/2014, Parlement et Conseil, 23 juillet 2014 sur l'identification électronique et les services de confiance pour les transactions électroniques au sein du marché intérieur et abrogeant la directive 1999/93/CE – Décr. n° 2018-347, 9 mai 2018 relatif à la lettre recommandée électronique – F. Dempuré, « Gros plan sur la lettre recommandée électronique », *JCP* 2019. 1100 – CPCE, art. R. 53 à R. 53-4.
12. V. ss nos 522.141 s.
13. V. ss nos 522.141 s.

§ 1
Propos liminaires

522.121 Caractère obligatoire de l'instruction. L'ouverture d'une instruction est obligatoire. En effet, l'instance disciplinaire statue par décision motivée, après instruction contradictoire, aux termes de l'article 23, alinéa 3, de la loi du 31 décembre 1971[1].

L'opportunité même de cette disposition est discutée dès lors qu'en cas d'infraction disciplinaire manifeste, il serait possible, après enquête déontologique éventuelle[2], de juger l'avocat sur citation directe devant le conseil de discipline, l'instruction se faisant alors à l'audience, comme c'est le cas en matière de comparution immédiate[3].

522.122 Conséquence de l'absence d'instruction. Sans s'attarder sur la validité d'un procès-verbal de carence, la Cour de cassation a eu l'occasion de préciser que « si selon l'article 188 du décret du 27 novembre 1991, le conseil de l'Ordre désigne un rapporteur, qui a pour mission de procéder à une instruction objective et contradictoire de l'affaire et d'établir un rapport avant la comparution de l'avocat poursuivi devant le conseil de discipline, cette exigence n'est pas requise, lorsque l'autorité poursuivante, constatant que le conseil de discipline n'a pas statué dans le délai imparti, saisit la cour d'appel d'un recours contre la décision implicite de rejet, dans les conditions édictées par l'article 195 du même décret ». Dans ce cas, la cour d'appel peut valablement se prononcer sur les poursuites disciplinaires, malgré l'absence de rapport d'instruction, en tenant compte des éléments d'investigation versés aux débats, résultant notamment de la procédure pénale[4].

La Cour de cassation neutralise ainsi les effets de l'absence de rapport d'instruction lorsqu'il n'a pas été possible de désigner un rapporteur[5] dans le délai imparti au conseil de discipline pour statuer[6] et que la cour d'appel a été saisie d'un recours à l'encontre d'une décision implicite de rejet[7].

§ 2
Rapporteur

522.130 Plan. Le conseil de l'Ordre dont relève l'avocat désigne (A) l'un de ses membres pour procéder à l'instruction, auquel s'impose l'exigence d'impartialité, d'autant plus que l'avocat poursuivi est en droit d'en solliciter la récusation (B).

A.
Désignation du rapporteur

522.141 Désignation du rapporteur par le conseil de l'Ordre. Dans les quinze jours de la notification de l'acte de saisine à l'avocat poursuivi, le conseil de l'Ordre dont relève l'avocat désigne l'un de ses membres pour procéder à l'instruction[8].

522.142 Devoir de neutralité du conseil de l'Ordre. Le rôle du conseil de l'Ordre se limite à procéder à la désignation d'un rapporteur, et non à apprécier de l'opportunité des poursuites. Il convient d'être prudent en la matière, dès lors que le fait pour un conseil de l'Ordre, « certes superfétatoirement » consulté par le bâtonnier pour émettre une recommandation quant à l'opportunité d'engager des poursuites, de se prononcer sur ce point est de nature à conduire ses membres, rapporteurs potentiels, à prendre une position constituant un « préjugement » sur les poursuites conduisant, par la suite, à considérer que le rapporteur désigné au sein de ce même conseil comme impartial[9].

Ainsi, lorsque tous les membres du conseil de l'Ordre ont participé à la délibération ayant présenté l'avocat concerné comme coupable des faits poursuivis, la procédure risque d'être systématiquement annulée puisque le rapporteur doit obligatoirement être désigné parmi les membres du conseil de l'Ordre[10].

Le conseil de l'Ordre doit donc impérativement s'abstenir de toute délibération, relativement à l'opportunité des poursuites, susceptible de vicier toute la procédure subséquente[11].

522.143 Rapporteur désigné parmi les membres du conseil de l'Ordre. Le rapporteur doit être désigné parmi les membres du conseil de l'Ordre dont relève l'avocat poursuivi. Le rapporteur désigné doit présenter les garanties d'impartialité inhérentes à ses fonctions[12].

Il en découle qu'il ne saurait en aucun cas participer à la formation de jugement du conseil de

1. TOUTEFOIS : v. s[s] n° 522.122.
2. V. s[s] n°s 511.301 s.
3. F. Poirier, *Rapport de la commission des règles et usages sur la réforme de la procédure et de l'instance disciplinaires des avocats,* AG CNB 18-19 janv. 2013 – V. s[s] n° 472.83.
4. Civ. 1re, 6 sept. 2017, n° 16-13.624, NP (6e moyen) ; *Gaz. Pal.* 3 oct. 2017, p. 21, note D. Piau.
5. V. s[s] n°s 522.141 s.
6. V. s[s] n°s 522.331 s.
7. V. s[s] n° 522.333.
8. Décr. n° 91-1197, 27 nov. 1991, art. 188.
9. Besançon, 27 févr. 2013, RG n° 13/208, *Gaz. Pal.* 30-31 août 2013, p. 21, obs. J. Villacèque.
10. Décr. n° 91-1197, 27 nov. 1991, art. 188.
11. E. Putman, obs. s[s] Civ. 1re, 2 avr. 2009, n° 08-12.246, P I, n° 71 ; *JCP* 2009. II. 10090 ; *D.* 2009. 2011, note M. Roux ; *D.* 2009. 1135, obs. V. Avena-Robardet ; *D.* 2009. 2704, obs. B. Blanchard.
12. V. s[s] n°s 521.41 s.

discipline ayant à connaître de l'affaire[1]. En outre, il conviendra de veiller à ce que les membres de cette même formation n'aient pas des liens avec le rapporteur désigné de nature à justifier leur propre récusation par la suite, tels que la proximité d'une juge disciplinaire avec le rapporteur dans l'instance disciplinaire, qui est son associé depuis 30 ans et ami de près de 50 ans, ce qui serait de nature, au regard des exigences d'objectivité et d'impartialité apparentes, à faire naître chez l'avocat poursuivi disciplinairement un doute légitime quant à la parfaite indépendance d'esprit de juge disciplinaire, justifiant la demande de récusation[2].

Enfin, le rapporteur dont la désignation est envisagée, doit s'abstenir de prendre part au vote du conseil de l'Ordre sur cette désignation. Par prudence, il convient aussi de veiller à ce que les membres de la formation de jugement, lorsqu'ils sont également membres du conseil de l'Ordre, n'aient pas participé à la désignation des rapporteurs chargés de l'instruction, ce qui pourrait conduire à établir des circonstances permettant de douter objectivement de leur impartialité pour statuer sur la validité de ces désignations[3].

522.144 Qualité de membre du conseil de l'Ordre. Le rapporteur doit avoir la qualité de membre du conseil de l'Ordre, non seulement au moment de sa désignation mais également au moment du dépôt du rapport[4].

Une cour d'appel a ainsi pu considérer que le défaut de qualité de membre du conseil de l'Ordre d'un rapporteur au moment du dépôt de son rapport ne constitue pas un vice procédural de pure forme mais une inobservation des règles de fond régissant la procédure disciplinaire. De sorte que, en application de l'article 118 du code de procédure civile, cette exception de nullité peut être proposée en tout état de cause et même pour la première fois devant la cour d'appel, et qu'elle doit conduire à annuler non seulement le rapport déposé mais encore l'intégralité de la procédure disciplinaire subséquente[5].

522.145 Pluralité de rapporteurs. La question se pose de savoir si l'on peut désigner plusieurs rapporteurs, et dans l'affirmative, s'ils doivent tous être membres du conseil de l'Ordre. Il a pu être considéré qu'il « importe qu'un avocat rapporteur soit membre du conseil de l'Ordre. Le texte n'interdit pas au conseil de l'Ordre de désigner deux rapporteurs, par précaution. Cette précaution ne porte aucunement grief à l'avocat poursuivi »[6], validant ainsi la nomination de deux rapporteurs, dont un seulement était membre du conseil de l'Ordre.

La Cour de cassation n'a pas eu l'occasion de se prononcer sur cette question qui présente un intérêt pour les affaires complexes ou nécessitant des compétences ou expertises particulières[7].

522.146 Intervention du premier président de la cour d'appel. Si le conseil de l'Ordre refuse de procéder à la désignation, ou s'il ne procède pas à la désignation dans la quinzaine de jours de la notification de l'acte de saisine à l'avocat poursuivi[8], le premier président de la cour d'appel saisi par le bâtonnier ou le procureur général désigne un rapporteur parmi les membres du conseil de l'Ordre.

522.147 Recours contre la désignation du rapporteur. Dans une affaire ayant connu de multiples rebondissements[9], la Cour de cassation est venue mettre un terme à une controverse jurisprudentielle quant au recours ouvert à l'encontre de la désignation du rapporteur. En effet, si des cours d'appel avaient pu déclarer irrecevable un tel recours[10], d'autres avaient pu en juger différemment et admettre sa recevabilité[11], parfois en limitant ce recours à la seule question de la régularité même de la désignation du rapporteur par le conseil de l'Ordre[12].

1. Civ. 1re, 5 oct. 1999, nos 97-15.277, 96-19.291, P I, no 257 ; *JCP* 1999. II. 10203, concl. J. Sainte-Rose ; *D.* 1999. 312, note B. Blanchard ; *Gaz. Pal.* 2000. 59, concl. J. Sainte-Rose et note A. Damien ; *RTD civ.* 2000. 618, obs. J. Normand – Civ. 1re, 23 mai 2000, no 97- 19.169, P I, no 151 ; *JCP* 2000. II. 10400, note R. Martin ; *RTD civ.* 2000. 622, obs. J. Normand ; *AJDA* 2000. 762, obs. P. Sargos ; *D.* 2002. 859, obs. B. Blanchard – Civ. 1re, 10 déc. 2002, no 00-11.091, P I, no 301 ; *JCP* 2003. I. 140, obs. R. Martin.
2. Papeete, 3 juin 2015, RG no 15/00011.
3. Paris, pôle 2, ch. 1, 5 oct. 2016, RG no 16/09356 ; – AUSSI : *Civ. 2e, 21 janv. 2016, no* 15-01.541, P ; *Gaz. Pal.* 17 mai 2016, p. 70, note L. Mayer.
4. V. ss no 522.173.
5. Angers, 25 févr. 2014, RG no 13/02184.
6. Aix-en-Provence, 25 juin 2015, RG no 14/23780 – Aix-en-Provence, 26 juin 2015, RG no 15/01102 ; – MÊME SENS : Paris, pôle 2, ch. 1, 14 janv. 2016, RG no 14/22616 ; – SUR RENVOI DE : Civ. 1re, 27 févr. 2013, no 12-15.338, NP ; – CASSANT : Bordeaux, 8 févr. 2012, NP ; – SUR RENVOI DE : Civ. 1re, 2 avr. 2009, no 08-12.246, P I, no 71 ; *D.* 2009. 2011, note M. Roux ; *D.* 2009. 1135, obs. V. Avena-Robardet ; *D.* 2009. 2704, obs. B. Blanchard – ANNULANT : Bordeaux, 21 févr. 2007, RG no 06/03536.
7. IMPLICITEMENT : Civ. 1re, 5 juill. 2017, no 16-21.768, P ; *Gaz. Pal.* 25 juill. 2017, p. 26, obs. C. Berlaud ; *JCP* 2017. 857.
8. V. ss no 522.106.
9. D. Piau, *in JCP* 2015. 1059.
10. Agen, 8 nov. 2006, RG no 1064/06 – Paris, pôle 2, ch. 1, 25 juin 2015, RG no 14/25328.
11. Colmar, 29 nov. 2009, RG no 09/00347 ; *Gaz. Pal.* 8 juin 2010, no 11406, p. 9, obs B. Richard – Colmar, 25 janv. 2011, RG nos 10/02950, 10-02951 – Aix-en-Provence, 27 juin 2013, no 12/15665 – Aix-en-Provence, 25 juin 2015, RG no 14/23780.
12. Grenoble, 16 sept. 2014, RG no 14/02027.

Est ainsi affirmé[1] le fait que la désignation d'un rapporteur est un simple acte d'administration insusceptible de recours fondé sur l'article 15 du décret du 27 novembre 1991, mais qui peut uniquement être contesté, non pas devant la formation disciplinaire de jugement, mais uniquement devant la cour d'appel en cas d'appel contre la décision du conseil de discipline, sauf hypothèse de récusation[2].

522.148 **Remplacement du rapporteur.** Les textes sont muets sur la possibilité de remplacer un rapporteur en cours de procédure disciplinaire en l'absence de toute récusation de ce dernier[3].

Il nous semble que, sauf existence d'une cause légitime de remplacement (cessation du mandat de membre de conseil de l'Ordre par exemple), le rapporteur désigné initialement ne saurait faire l'objet d'un remplacement par un autre rapporteur en cours de procédure. Un arrêt semble avoir implicitement admis que le conseil de l'Ordre pouvait procéder au remplacement d'un rapporteur en cas d'indisponibilité de celui-ci[4].

B. Récusation du rapporteur

522.151 **Récusation du rapporteur par exigence d'impartialité.** L'exigence d'impartialité s'impose aux rapporteurs qui ont pour mission de procéder à une instruction objective et contradictoire de l'affaire et dont le rapport, obligatoire, est déterminant du sort ultérieurement réservé aux poursuites par la formation de jugement.

C'est ainsi que dans une affaire où le bâtonnier sortant était soupçonné d'avoir orchestré une importante fraude électorale en sa faveur[5], le conseil de l'Ordre, limité à quatre membres, avait pris une délibération qui présentait les faits comme « flagrants », en informait le ministère public et chargeait le nouveau bâtonnier d'y donner les suites disciplinaires qui allaient aboutir à sa radiation, le bâtonnier poursuivi avait, en cours de procédure, vainement tenté de récuser les deux rapporteurs, qui avaient participé à la délibération du conseil de l'Ordre dénonçant la fraude. Or, comme le jugea la Cour de cassation, le bâtonnier poursuivi avait le droit de les récuser et, cette récusation lui ayant été refusée à tort, la procédure disciplinaire est entachée de nullité[6].

Il en découle que l'avocat poursuivi est en droit de solliciter la récusation du rapporteur désigné par le conseil de l'Ordre.

522.152 **Procédure de récusation du rapporteur.** En l'absence de disposition expresse, la procédure de récusation du rapporteur suit les conditions de fond et de forme de droit commun des articles 341 et suivants du code de procédure civile[7].

La demande de récusation ne saurait reposer sur de simples rumeurs qui ne constituent pas une preuve suffisante pour établir la partialité du rapporteur[8].

522.153 **Effets de la procédure de récusation sur la réalisation de l'instruction.** Avant le décret du 6 mai 2017[9], dès lors qu'une requête en récusation était déposée, le rapporteur récusé devait s'abstenir de tout acte de procédure, audition, rédaction ou dépôt du rapport, tant qu'il n'avait pas été statué sur les mérites de la récusation[10].

La requête présentée au premier président[11], ne dessaisit plus le rapporteur récusé. Toutefois, le premier président peut, après avis du procureur général, ordonner qu'il soit sursis à toute décision juridictionnelle jusqu'à la décision sur la demande de récusation ou de renvoi pour cause de suspicion légitime[12]. Le texte prévoit que les actes de procédure accomplis par un rapporteur avant que la décision accueillant la demande de récusation ou de renvoi pour cause de suspicion légitime n'ait été

1. Civ. 1re, 12 oct. 2016, n° 15-24.450, P ; *Gaz. Pal.* 10 janv. 2017, p. 12, note D. Piau ; *D.* 2016. 2171 ; *D.* 2017. 77, obs. Th. Wickers ; *Gaz. Pal.* 28 oct. 2016, p. 51, obs. C. Berlaud ; *Gaz. Pal.* 6 juin 2017, p. 27, obs. B. de Belval – Colmar 26 oct. 2020, RG n° 19/0242.
2. Paris, pôle 2, ch. 1, 8 sept. 2016, RG n° 16/05163 – Paris, pôle 2, ch. 1, 23 mars 2017, RG n° 15/23854 – V. ss nos 522.151 s.
3. V. ss nos 522.151 s.
4. Civ. 1re, 5 juill. 2017, n° 16-21.768, P ; *Gaz. Pal.* 25 juill. 2017, p. 26, obs. C. Berlaud ; *JCP* 2017. 857 ; – MÊME SENS : Paris, pôle 2, ch. 1, 14 déc. 2017, RG nos 16/11972, 17/0963.
5. V. ss n° 331.55.
6. Civ. 1re, 2 avr. 2009, n° 08-12.246, P I, n° 71 ; *D.* 2009. 1135, obs. V. Avena-Robardet ; *D.* 2009. 2011, note M. Roux ; *D.* 2009. 2704, obs. B. Blanchard ; *JCP* 2009. Actu. 212, obs. O. Salati ; *JCP* 2009. II. 10090, note E. Putman ; *Gaz. Pal.* 17-18 juin 2009, note Th. Douville et L. Rachel.
7. Décr. n° 91-1197, 27 nov. 1991, art. 277 – Civ. 1re, 2 avr. 2009, n° 08-12.246, P I, n° 71 ; *D.* 2009. 1135, obs. V. Avena-Robardet ; *D.* 2009. 2011, note M. Roux ; *D.* 2009. 2704, obs. B. Blanchard ; *JCP* 2009. Actu. 212, obs. O. Salati ; *JCP* 2009. II. 10090, note E. Putman ; *Gaz. Pal.* 17-18 juin 2009, note Th. Douville et L. Rachel – V. ss nos 522.311 s.
8. Civ. 1re, 12 juin 2012, n° 11-16.408, P I, n° 128 ; *D.* 2012. 1623 ; *JCP* 2012. 1121, n° 12, obs. C. Caseau-Roche – V. ss nos 522.301 s.
9. Décr. n° 2017-892, 6 mai 2017 portant diverses mesures de modernisation et de simplification de la procédure civile, *JO* 10 mai, n° 14.
10. D. Piau, Th. Wickers, S. Bortoluzzi, *Règles de la profession d'avocat*, 16e éd., « Dalloz Action », 2017, nos 522.68 s.
11. V. ss nos 522.318 s.
12. C. pr. civ., art. 345.

portée à sa connaissance, ne peuvent être remis en cause[1].

Il nous semble donc que, sauf à ce que le premier président ait prononcé un sursis à statuer, le rapporteur peut valablement poursuivre l'instruction du dossier dans l'attente de la décision statuant sur sa récusation. Cette solution est opportune, compte tenu des délais qui lui sont impartis pour remettre son rapport[2].

522.154 Remplacement du rapporteur en cas de récusation. Si la procédure de récusation aboutit, le rapporteur devra être remplacé par le conseil de l'Ordre qui a procédé à sa désignation, et ce dans les mêmes conditions.

Il apparaît possible de renvoyer devant un autre conseil de l'Ordre que celui dont relève l'avocat pour qu'il procède à la désignation d'un rapporteur[3].

§ 3 Forme de l'instruction

522.161 Pouvoirs du rapporteur. Le rapporteur procède en réalisant toute mesure d'instruction nécessaire[4] à une véritable information, à charge et à décharge[5], le conduisant à investiguer, se faire communiquer toute pièce nécessaire[6], entendre le plaignant, l'avocat poursuivi, ainsi que tous témoins utiles en vue de la manifestation de la vérité. Il peut procéder à des confrontations. Le rapporteur doit en outre les interroger, si nécessaire, afin d'éclairer le conseil de discipline sur la signification exacte des termes employés par un témoin ou l'avocat poursuivi lors de leur audition[7].

522.162 Droits de l'avocat poursuivi. L'avocat poursuivi exerce dès le stade de l'instruction tous les droits propres à lui permettre d'assurer sa défense. Il peut être assisté d'un conseil. Il a, naturellement, le droit de garder le silence, de refuser de répondre aux questions, de faire toute déclaration qu'il juge utile, et n'est pas tenu, compte tenu de son statut de mis en cause, à un devoir de vérité[8].

Il peut verser toutes pièces qu'il estime utiles à la défense de ses intérêts, y compris si elles sont couvertes par le secret professionnel dès lors qu'elles sont strictement nécessaires et indispensables à sa défense[9]. Il peut également user de la faculté dont il dispose en tout état de cause, de faire citer des témoins afin qu'il soit procédé à leur audition[10].

522.163 Caractère contradictoire de l'instruction. L'instruction est contradictoire[11], cette obligation impose au rapporteur disciplinaire d'établir un rapport contradictoire à l'égard de l'avocat poursuivi, notamment lors de toute audition de personnes susceptibles d'éclairer l'instruction. Ce contradictoire doit d'ailleurs être appliqué en toutes matières afin que l'avocat poursuivi puisse, lors de la procédure d'instruction, intervenir et faire connaître sa position.

Doit ainsi être annulé un rapport d'instruction réalisé, alors même que l'avocat n'a pas été convoqué par le rapporteur et n'a pas été à même de présenter ses observations avant le dépôt du rapport sur les faits qui lui étaient reprochés. Le rapporteur s'étant contenté de lui adresser son rapport une fois achevé sans l'entendre au préalable[12].

Il appartient au juge du fond de rechercher, lorsque cela le lui était demandé, si le rapporteur n'a pas manqué à l'obligation d'instruire l'affaire contradictoirement, tel que par une communication tardive, voire une absence de communication de certaines pièces à l'avocat poursuivi[13].

522.164 Forme des auditions. Le rapporteur n'est pas tenu de suivre les règles du code de procédure civile[14] pour l'audition des témoins, d'autant qu'il ne peut pas leur faire prêter serment[15].

En cas de fausses déclarations, ils ne peuvent pas non plus être poursuivis pour faux témoignage[16].

Il est dressé procès-verbal de toute audition. Les procès-verbaux sont signés par la personne entendue. Le rapporteur doit procéder à la rédaction du procès-verbal d'audition à la manière dont le greffier du juge d'instruction ou du tribunal correctionnel le fait par la prise sous la dictée du juge d'un procès-

1. C. pr. civ., art. 347.
2. V. s[s] n° 522.173.
3. EN CE SENS : Paris, pôle 2, ch. 1, 14 janv. 2016, RG n° 14/22616 ; – SUR RENVOI DE : Civ. 1re, 27 févr. 2013, n° 12-15.338, NP ; – CASSANT : Bordeaux, 8 févr. 2012, NP ; – SUR RENVOI DE : Civ. 1re, 2 avr. 2009, n° 08-12.246, P I, n° 71 ; *D.* 2009. 2011, note M. Roux ; *D.* 2009. 1135, obs. V. Avena-Robardet ; *D.* 2009. 2704, obs. B. Blanchard – ANNULANT : Bordeaux, 21 févr. 2007, RG n° 06/03536.
4. Décr. n° 91-1197, 27 nov. 1991, art. 189.
5. V. s[s] n° 521.41.
6. V. s[s] n° 522.175.
7. Bordeaux, 12 août 1984, *Gaz. Pal.* 1984. II. 662.
8. V. s[s] n° 521.82.
9. V. s[s] n° 412.271.
10. CE 14 févr. 1996, *Maubleu*, req. n° 132369, *Lebon ; AJDA* 1996. 403 ; *AJDA* 358, Chron. J.-H. Stahl et D. Chauvaux ; *RFDA* 1996. 1186, concl. M. Sanson.
11. L. n° 71-1130, 31 déc. 1971, art. 23, al. 3 – Aix-en-Provence, 24 oct. 1983, *Gaz. Pal.* 1984. I. 86 – V. s[s] n° 521.134.
12. Paris, pôle 2, ch. 1, 26 mai 2016, RG n° 14/26271.
13. Civ. 1re, 21 mars 2018, n° 15-28.630, NP.
14. V. s[s] n° 521.111.
15. Req. 25 avr. 1932, *DH* 1932. 298 – Req. 6 juin 1932 ; *S.* 1932. 1. 368.
16. Aix-en-Provence, 5 févr. 1985, *Gaz. Pal.* 1985. I. 350, note A. Damien ; *in* A. DAMIEN, *Les grands arrêts*, Litec, 1991, p. 120.

verbal ou par la rédaction de notes d'audience. Il doit rapporter textuellement les déclarations de l'avocat poursuivi lorsqu'elles sont essentielles à l'affaire jugée par le conseil de discipline ainsi que celles des témoins entendus.

L'absence de procès-verbal d'audition est de nature à entraîner la nullité de la procédure disciplinaire [1]. En effet, elle prive l'avocat poursuivi de la possibilité de prendre connaissance des déclarations du plaignant et de s'en expliquer [2].

Toute convocation est adressée à l'avocat poursuivi par lettre recommandée avec demande d'avis de réception [3] ou LRE eIDAS [4].

522.165 **Refus de l'avocat de comparaître ou de s'expliquer.** Si l'avocat poursuivi refuse de comparaître, ou de fournir au rapporteur ses observations écrites sur les documents du dossier, il ne saurait se plaindre, par la suite, de ce que l'instruction contradictoire n'ait lieu que lors de la séance devant le conseil de discipline [5].

En pratique, si l'avocat ne défère pas à une convocation, le rapporteur établira un procès-verbal de carence [6].

522.166 **Présence de l'avocat aux auditions d'autres personnes.** Le caractère contradictoire de la procédure impose *a minima* que l'avocat poursuivi ait connaissance des procès-verbaux d'audition du plaignant, des témoins et de toute autre personne de nature à éclairer l'instruction en temps utile, et qu'il puisse être entendu, s'il le demande, par le rapporteur disciplinaire à la suite de ces auditions [7].

Une incertitude subsiste quant à la nécessité de lui permettre d'être présent lors de l'audition de ces mêmes personnes. Un auteur fait pertinemment observer qu'il s'agirait alors « plus, à ce stade de la procédure d'instruction, d'une simple audition contradictoire, mais à n'en pas douter d'une véritable confrontation » et répond par la négative en s'appuyant sur l'arrêt de la Cour de cassation du 2 avril 2009 [8].

Une cour d'appel a pu, toutefois, en juger différemment en considérant que dès lors que le rapporteur avait entendu des témoins sans convoquer l'avocat poursuivi afin de lui permettre d'assister aux auditions, il y avait lieu d'annuler les auditions en cause, mais pas l'intégralité du rapport d'instruction [9]. La Cour de cassation a toutefois considéré, dans une autre affaire, que l'absence, dans le dossier de l'enquête, des procès-verbaux d'audition des parties, prive l'avocat poursuivi de la possibilité de prendre connaissance des déclarations des plaignants et de s'en expliquer [10], laissant entendre que ces mêmes auditions ne doivent pas nécessairement être contradictoires [11].

522.167 **Communication du dossier de l'instruction pénale.** Le rapporteur doit pouvoir obtenir communication par le parquet ou par les juges d'instruction des dossiers dont l'examen lui paraît nécessaire, au cas où la procédure disciplinaire est en liaison avec une instance pénale en cours ou une affaire de droit commun déjà jugée, mais sous réserve des dispositions de l'article 11 du code de procédure pénale relatives au secret de l'enquête et de l'instruction auxquelles il n'est nullement dérogé du fait de l'ouverture d'une instance disciplinaire [12].

Faute de communication du dossier, notamment dans le cas où une instruction pénale en cours, il peut être amené à recommander à la juridiction de jugement de surseoir à statuer [13]. Toutefois il ne résulte d'aucun texte de loi ou de règlement, ni des principes généraux applicables en matière disciplinaire, qu'il en ait l'obligation [14].

En cas de procédure pénale pendante, le Conseil d'État, dans un domaine voisin, a estimé qu'en l'absence de disposition le prévoyant expressément, le secret de l'enquête et de l'instruction ne peut faire obstacle au pouvoir et au devoir qu'a la juridiction disciplinaire de joindre au dossier les éléments d'information recueillis dans le cadre d'une procédure pénale et de statuer au vu de l'ensemble de ces pièces après en avoir ordonné la communication pour permettre la discussion contradictoire [15].

522.168 **Effet de la nullité de la procédure d'instruction.** Les effets des nullités en cours de procé-

1. CRD Bordeaux, 22 déc. 2011, NP.
2. Civ. 1re, 24 janv. 1995, n° 92-20.966, P I, n° 49.
3. Décr. n° 91-1197, 27 nov. 1991, art. 189.
4. Règl. 910/2014, Parlement et Conseil, 23 juill. 2014 sur l'identification électronique et les services de confiance pour les transactions électroniques au sein du marché intérieur et abrogeant la directive 1999/93/CE, *JOUE L* 257, 28 août, p. 73 – Décr. n° 2018-347, 9 mai 2018 relatif à la lettre recommandée électronique, *JO* 12 mai, n° 16 – F. Dempuré, « Gros plan sur la lettre recommandée électronique », *JCP* 2019. 1100 – CPCE, art. R. 53 à R. 53-4.
5. Civ. 1re, 24 avr. 1985, n° 84-10.235, P I, n° 129 ; *Gaz. Pal.* 1985. Pan. 295, note S. Guinchard et T. Moussa.
6. RIBP, art. P. 72.4.3.
7. Civ. 1re, 24 janv. 1995, n° 92-20.966, P I, n° 49 – V. ss nos 522.164.
8. M. Roux, « Le rapport d'instruction, "pierre angulaire" de la procédure disciplinaire des avocats », *D.* 2009. 2011.
9. Orléans, 14 déc. 2007, RG n° 06/03.101.
10. Civ. 1re, 9 avr. 2002, n° 99-19.717, NP ; *D.* 2002. 1730.
11. EN CE SENS : Lyon, 12 déc. 2019, RG n° 18/04355.
12. Civ. 1re, 10 juin 1992, n° 91-17.028, P I, n° 176 ; *JCP* 1992. IV. 251 ; *D.* 1994. 140, note A. Brunois ; *Gaz. Pal.* 1992. Pan. 226 – V. ss nos 416.10 s. et 453.51 s.
13. V. ss nos 522.401 s.
14. CE 9 juill. 1948, *Houssais, Lebon* 324 – V. ss nos 312.81 s. et 522.405.
15. CE 9 avr. 1975, *Krivine, Rousset et Werber (Sieurs),* req. n° 92676, *Lebon.*

dure d'instruction demeurent diversement appréciés par les juridictions du fond. Une cour d'appel a ainsi considéré qu'il appartient à l'avocat poursuivi d'apporter la preuve d'un grief causé par les manquements dans la conduite de la procédure d'instruction [1].

Mais si le rapport est annulé, il a pu être considéré que l'annulation du rapport d'instruction a pour conséquence nécessaire la nullité de la décision du conseil de discipline, qui a été fondée sur les constatations et les termes de celui-ci [2] ou dès lors que celui-ci est le support des poursuites disciplinaires [3].

La Cour de cassation est venue mettre un terme aux incertitudes jurisprudentielles, en considérant qu'il résulte de l'article 195 du décret du 27 novembre 1991 que, si le rapport d'instruction est obligatoire devant le conseil de discipline, la cour d'appel peut se prononcer sur les poursuites disciplinaires malgré l'absence de ce rapport, en tenant compte des éléments de fait et de preuve contradictoirement débattus [4]. En d'autres termes, pour la Cour de cassation, si le rapport d'instruction est annulé par la Cour, comme c'était le cas en l'espèce, il appartient à cette même cour d'appel, non pas de déclarer irrégulière la procédure disciplinaire subséquente mais de statuer sur le bien-fondé des poursuites disciplinaires eu égard aux éléments de fait et de preuve contradictoirement débattus en faisant abstraction du rapport ainsi annulé.

Elle avait déjà pu considérer que l'exigence d'établir un rapport d'instruction n'était pas requise, lorsque l'autorité poursuivante, constatant que le conseil de discipline n'a pas statué dans le délai imparti, saisit la cour d'appel d'un recours contre la décision implicite de rejet [5].

§ 4 Rapport d'instruction

522.171 Rapport d'instruction à charge et à décharge. Le rapport d'instruction est la « pierre angulaire de la procédure disciplinaire des avocats » [6]. Il appartient donc au rapporteur d'établir son rapport en examinant et en recherchant tous les éléments à charge ou à décharge permettant ainsi au conseil de discipline de pouvoir statuer en pleine connaissance de cause.

Le rapporteur doit être, en toutes circonstances, d'une parfaite objectivité et impartialité, et son rapport doit ainsi porter sur l'ensemble des considérations de fait et de droit permettant au conseil de discipline de rendre une décision parfaitement éclairée. Les conclusions mêmes du rapport doivent rester neutres : ce n'est pas au rapporteur d'apprécier le caractère fautif ou non des faits reprochés [7], ce qu'il doit laisser à l'appréciation du conseil de discipline.

Ainsi, il ne doit pas donner son assentiment aux poursuites engagées, tel qu'en indiquant à l'avocat poursuivi « je ne pense pas que tu es poursuivi injustement » [8] ou en concluant à la culpabilité disciplinaire de l'intéressé, laissant ainsi douter de son impartialité, ce qui entache le rapport de nullité [9].

522.172 Transmission du rapport. Une fois qu'il a établi son rapport, le rapporteur transmet le rapport d'instruction au président du conseil de discipline et, à Paris, au bâtonnier doyen, membre du conseil de l'Ordre [10]. Copie en est adressée au bâtonnier et au procureur général si ce dernier a pris l'initiative de l'action disciplinaire.

Bien que le texte ne le précise pas de manière formelle, il apparaît souhaitable, afin de respecter les principes du procès équitable prévus par la Conv. EDH, que le rapporteur avise le confrère poursuivi, et son éventuel conseil, de la fin de l'instruction en l'invitant à prendre connaissance complète du dossier disciplinaire [11] et en lui laissant un délai raisonnable pour faire valoir ses observations [12].

522.173 Délai pour transmettre le rapport. Le rapport doit être transmis au plus tard dans les quatre mois de la désignation du rapporteur.

Ce délai peut, à la demande du rapporteur, être prorogé dans la limite de deux mois par décision motivée du président du conseil de discipline ou, à Paris, du bâtonnier doyen, membre du conseil de

1. Montpellier, 1re ch., 23 févr. 2017, RG n° 16/07398.
2. Besançon, 27 févr. 2013, RG n° 13/208 – Paris, pôle 2, ch. 1, 26 mai 2016, RG n° 14/26271 ; – AUSSI : Angers, 25 févr. 2014, RG n° 13/02184 – EN SENS CONTRAIRE : Paris, pôle 2, ch. 1, 25 juin 2015, RG n° 14/14470.
3. Paris, pôle 2, ch. 1, 22 sept. 2016, RG n° 14/26273.
4. Civ. 1re, 12 nov. 2020, n° 19-14.599, P ; *JCP* 2021. 272, n° 15, obs. S. Bortoluzzi ; *Gaz. Pal.* 1er juin 2021, p. 28, obs. B. de Belval et J. Villacèque ; – CASSANT : Paris, pôle 2, ch. 1, 25 juin 2015, RG n° 14/14470.
5. Civ. 1re, 6 sept. 2017, n° 16-13.624, NP ; *Gaz. Pal.* 3 oct. 2017, p. 21, note D. Piau ; – REJETANT POURVOI CONTRE : Paris, pôle 2, ch. 1, 14 janv. 2016, RG n° 14/22616 – SUR RENVOI DE : Civ. 1re, 27 févr. 2013, n° 12-15.338, NP ; – CASSANT : Bordeaux, 8 févr. 2012, NP ; – SUR RENVOI DE : Civ. 1re, 2 avr. 2009, n° 08-12.246, P I, n° 71 ; *D.* 2009. 2011, note M. Roux ; *D.* 2009. 1135, obs. V. Avena-Robardet ; *D.* 2089. 2704, obs. B. Blanchard ; – ANNULANT : Bordeaux, 21 févr. 2007, RG n° 06/03536 – V. ss nos 522.122.
6. M. Roux, « Le rapport d'instruction, est la "pierre angulaire" de la procédure disciplinaire des avocats », *D.* 2009. 2011.
7. Paris, pôle 2, ch. 1, 13 juin 2019, RG nos 17/21296, 18/02674.
8. Civ. 1re, 4 mai 2012, n° 10-27.520, NP.
9. Civ. 1re, 6 avr. 2016, n° 15-17.116, NP ; *Gaz. Pal.* 18 oct. 2016, p. 27, obs. B. de Belval.
10. RIBP, art. P. 72.1.3. – RIBP, art. P. 72.4.5 – Paris, pôle 2 ch. 1, 27 avr. 2017, RG n° 16/09979 – Paris, pôle 2, ch. 1, 27 sept. 2018, RG n° 17/10285.
11. V. ss n° 522.174.
12. CNB, Comm. RU, avis n° 2008-035, 21 mai 2008 ; C. avocat 2021, ss décr. 27 nov. 1991, art. 188, note 9.

l'Ordre et, s'il est empêché, par le plus ancien bâtonnier, membre du conseil de l'Ordre [1].

Cette décision est notifiée aux parties par lettre recommandée avec demande d'avis de réception [2] ou LRE eIDAS [3]. Le texte ne prévoit pas que cette notification doit intervenir dans les huit jours du prononcé de la décision et avant l'expiration du délai initial de quatre mois, l'article 196 du décret du 27 novembre 1991 n'étant applicable qu'aux décisions statuant sur le fond des poursuites disciplinaires [4].

Le délai, même prorogé, est inclus dans le délai imparti à l'instance disciplinaire pour statuer [5] et ne saurait proroger ce dernier, sauf au conseil de discipline à proroger le délai de huit mois qui lui est imparti pour statuer, dans la limite de quatre mois [6].

522.174 **Dossier disciplinaire.** Le dossier disciplinaire, préparé par le rapporteur [7], comporte la plainte, pièces à l'appui, le rapport d'enquête déontologique dans l'hypothèse où celui-ci aurait été établi [8], les éléments nécessaires du dossier administratif de l'avocat [9] tels que réunis par l'autorité de poursuite ou par le rapporteur, l'acte de saisine [10] ainsi que les courriers d'information préalable à la saisine [11], et tous les actes à venir dans le cadre de l'instruction, lesquels sont immédiatement versés au dossier dès leur accomplissement [12].

Toutes les pièces constitutives du dossier disciplinaire, et notamment les rapports d'enquête et d'instruction, sont cotées et paraphées [13], sans qu'il ne soit nécessaire de parapher chaque page du dossier [14]. Le dossier disciplinaire est coté avant toute consultation [15].

Copie en est délivrée à l'avocat poursuivi sur sa demande [16].

522.175 **Éléments de preuve versés au dossier disciplinaire.** Dès lors que les éléments de preuve ont été obtenus de façon licite [17], loyale, ils peuvent être versés au dossier disciplinaire [18].

Il en est ainsi de courriers d'un avocat poursuivi, communiqués par son associé, et dont les conditions, convenues entre les associés, du traitement du courrier reçu dans le cabinet d'avocats, rendaient licite l'ouverture par ce dernier des correspondances personnellement adressées à l'avocat poursuivi, dont celles contenant les relevés de prestations sociales, étant précisé que ces relevés ne portaient aucune indication sur les affections dont souffrait avocat poursuivi, ni aucun renseignement sur l'état de ses comptes ou sur les mouvements de fond, et ne faisaient que rappeler les arrêts de travail, lesquels étaient notoires. De sorte que l'associé n'avait commis aucune atteinte à sa vie privée en informant l'autorité ordinale de ce qui était susceptible de constituer un manquement déontologique révélé par le rapprochement des pièces entrées en sa possession avec les éléments connus du fonctionnement interne du cabinet [19].

522.176 **Dossier administratif.** Le dossier administratif de l'avocat [20] qui comporte l'ensemble des éléments relatifs à la carrière de l'avocat (dossier d'inscription, d'omission, de réinscription, sanctions disciplinaires antérieures mais pas les éventuelles admonestations [21], mandats ou fonctions professionnelles exercés, déclarations faites aux bâtonniers [22], conditions d'exercice successives...) est en principe versé en tout ou partie dans le dossier disciplinaire en tant qu'il participe à la compréhension de la personnalité de l'avocat poursuivi.

S'il le souhaite l'avocat poursuivi peut, après demande écrite faite au bâtonnier, consulter son dossier administratif en présence d'un membre de l'autorité de poursuite ou de la formation d'instruction, et obtenir qu'une ou plusieurs pièces de celui-ci soient versées au dossier disciplinaire [23].

SECTION 3
JUGEMENT

522.180 **Plan.** La décision du conseil de discipline (§ 3) est précédée par la citation de l'avocat mis en cause (§ 1) et la tenue d'une audience disciplinaire (§ 2).

1. RIBP, art. P. 72.1.3. – Paris, pôle 2, ch. 1, 27 avr. 2017, RG n° 16/09979 – Paris, Pôle 2, ch. 1, 27 sept. 2018, RG n° 17/10285.
2. Décr. n° 91-1197, 27 nov. 1991, art. 191.
3. CPCE, art. R. 53 à R. 53-4.
4. Civ. 1re, 5 juill. 2017, n° 16-21.768, P ; *Gaz. Pal.* 25 juill. 2017, p. 26, obs. C. Berlaud ; *JCP* 2017. 857.
5. V. ss nos 522.331 s.
6. V. ss n° 522.332.
7. RIBP, art. P. 72.1.4.
8. V. ss nos 511.301 s.
9. Cada, avis n° 20170592, 6 avr. 2017, *barreau d'Angers* – V. ss n° 511.74.
10. V. ss n° 522.105.
11. V. ss n° 522.102.
12. RIBP, art. P. 72.3.3.
13. CNB, Comm. RU, avis n° 2008-035, 21 mai 2008 ; C. avocat 2021, ss décr. 27 nov. 1991, art. 188, note 9.
14. Montpellier, 1re ch., 23 févr. 2017, RG n° 16/07398.
15. RIBP art. P. 72.3.3.
16. Décr. n° 91-1197, 27 nov. 1991, art. 190 – V. ss n° 521.121.
17. Sur l'utilisation d'écoutes téléphoniques incidentes dans une procédure disciplinaire concernant un magistrat : CEDH 29 juin 2017, *Terrazzoni c/France*, req. n° 33242/12 ; *Gaz. Pal.* 12 sept. 2017, p. 44, obs. C. Berlaud.
18. V. ss nos 453.20 s.
19. Civ. 1re, 16 oct. 2008, n° 07-11.810, P I, n° 225 ; *D.* 2008. 2727 ; *JCP* 2009. II. 10022, note L. Marino.
20. Cada, avis n° 20170592, 6 avr. 2017, *barreau d'Angers* – V. ss n° 511.74.
21. V. ss nos 511.381 s.
22. V. ss nos 511.131 s.
23. RIBP art. P. 72.3.3.

§ 1
Citation

522.190 **Plan.** L'avocat mis en cause est convoqué par lettre recommandée avec demande d'avis de réception ou LRE eIDAS, par voie de signification ou directement par citation d'huissier de justice (A). La citation comporte les faits reprochés par l'autorité de poursuite à l'avocat poursuivi, et doit inclure, à peine de nullité, certaines indications (B).

A.
Délivrance de la citation

522.201 **Citation de l'avocat.** La date de l'audience est fixée par le président du conseil de discipline[1] et à Paris par le bâtonnier doyen, membre du conseil de l'Ordre et, s'il est empêché, par le plus ancien bâtonnier, membre du conseil de l'Ordre[2].

L'avocat mis en cause est convoqué par lettre recommandée avec demande d'avis de réception ou LRE eIDAS[3], auquel cas il y a lieu, en cas de retour du recommandé avec la mention « non réclamé » ou « n'habite pas à l'adresse indiquée » de procéder par voie de signification[4], ou directement par citation d'huissier de justice devant le conseil de discipline avec la précision exacte de l'adresse de celui-ci et l'heure de la convocation ou de la citation[5].

En pratique, et compte tenu des contraintes procédurales, il serait recouru à la citation par voie d'huissier de justice, la convocation par lettre recommandée avec demande d'avis de réception devant, en tout état de cause, répondre aux mêmes conditions formelles.

522.202 **Délai de convocation.** Le délai entre la délivrance de la convocation ou de la citation et la séance du conseil de discipline doit être d'au moins huit jours[6]. Mais l'avocat poursuivi peut, soit par lui-même, soit par l'avocat qui l'assiste, renoncer à ce délai.

522.203 **Auteur de la citation.** C'est à l'autorité de poursuite, le bâtonnier ou le procureur général suivant les cas, qu'il appartient de faire délivrer la citation. Ce point n'est toutefois pas précisé dans les textes.

522.204 **Obligation de délivrance de la citation – Désistement.** La question s'est posée de savoir si une fois le rapport d'instruction transmis au président de la formation de jugement, l'autorité de poursuite avait l'obligation de délivrer la citation à l'encontre de l'avocat poursuivi.

Une cour d'appel, faisant application des règles de procédure civile, a pu considérer que dès lors que les articles 394 et 395 du code de procédure civile prévoient que le demandeur peut, en toute matière, se désister de sa demande en vue de mettre fin à l'instance et que son désistement est parfait et produit immédiatement son effet extinctif si le défendeur n'a présenté aucune défense au fond ou fin de non-recevoir, dès lors que, au vu du rapport d'instruction dont copie lui est adressée, ainsi que des pièces produites au rapporteur, l'autorité de poursuite a signifié au conseil de discipline sa décision d'abandonner les poursuites disciplinaires et de ne pas convoquer ou citer l'avocat poursuivi devant le conseil de discipline, une telle décision impose à l'instance disciplinaire de constater le désistement et l'extinction de l'instance et ce dès la réception par le conseil de discipline de la lettre de désistement[7].

B.
Contenu de la citation

522.211 **Contenu de la citation : faits reprochés par l'autorité de poursuite.** La citation a pour objet de porter tant à la connaissance du conseil de discipline que de l'avocat concerné, les faits que l'autorité de poursuite lui reproche. Elle n'a pas à mentionner la sanction envisagée[8]. Mais la citation doit comporter[9], à peine de nullité :

– l'indication précise des faits à l'origine des poursuites. Cette indication doit être complétée et détaillée ;

– la référence des dispositions législatives ou réglementaires précisant les obligations auxquelles il est reproché à l'avocat d'avoir contrevenu. Ici aussi les précisions doivent être minutieuses avec les numéros des articles de la loi, et du décret ou du règlement intérieur national ou du barreau auquel appartient l'avocat poursuivi, fixant les obligations auxquelles l'avocat poursuivi est accusé d'avoir manqué.

Enfin, si l'avocat poursuivi a déjà fait l'objet de condamnation assortie du sursis dans un délai de cinq ans précédant la citation, celle-ci doit préciser

1. Décr. n° 91-1197, 27 nov. 1991, art. 191.
2. RIBP, art. P. 72.1.3 – Paris, pôle 2, ch. 1, 27 avr. 2017, RG n° 16/09979 – Paris, pôle 2, ch. 1, 27 sept. 2018, RG n° 17/10285.
3. CPCE, art. R. 53 à R. 53-4.
4. C. pr. civ., art. 670-1.
5. Décr. n° 91-1197, 27 nov. 1991, art. 192.
6. Aix-en-Provence, 27 juin 1983, *Gaz. Pal.* 1983. 2. 664 – Aix-en-Provence, 24 oct. 1983, *Gaz. Pal.* 1984. 1. 86, note A. Damien – Civ. 1re, 24 avr. 1985, n° 84-10.235, P I, n° 129 ; *Gaz. Pal.* 1985. Pan. 295, note S. Guinchard et T. Moussa – Civ. 1re, 20 oct. 1992, n° 90-21.956, P I, n° 255 ; *D.* 1994. 139, note A. Brunois ; *Gaz. Pal.* 18 févr. 1993, p. 18 ; *JCP* 1992. IV. 3078.
7. Angers, ch. 1, 27 janv. 2015, RG n° 14/01773.
8. Paris, pôle 2, ch. 1, 26 mai 2016, RG n° 15/23128.
9. C. pr. civ., art. 56 et 665-1.

que la sanction encourue entraînera l'exécution de la première sanction sans confusion avec la seconde, à moins que le conseil de discipline par décision motivée ne décide que le sursis précédent ne sera pas révoqué[1].

La citation devra également préciser que l'avocat doit être présent personnellement à l'audience, et que faute de comparaître il pourra faire l'objet d'une décision à son encontre sur les seuls éléments fournis par l'autorité de poursuite[2] ; ainsi que le fait qu'il peut être assisté d'un avocat[3].

522.212 Champs de la citation. Il nous semble que la citation peut embrasser un champ plus targe que celui de l'acte de saisine initial[4] dès lors que l'instruction, où ces faits apparaissaient, a été, elle aussi, contradictoire[5].

Pour autant, il n'apparaît pas possible d'y invoquer des faits postérieurs ou nouveaux à ceux visés dans la saisine, et qui n'auraient pas été examinés par le rapporteur dans le cadre de l'instruction, fut-ce en ordonnant un complément d'enquête : seuls les faits examinés par le rapporteur dans le cadre de son rapport d'instruction[6] peuvent figurer dans la citation. Il appartient alors au bâtonnier d'ouvrir une nouvelle procédure disciplinaire[7].

522.213 Nullité de la citation. Le rédacteur de la citation doit veiller à bien préciser tous les faits poursuivis avec la mention de celles des dispositions légales qui sanctionnent chacun d'entre eux, faute de quoi elle encourt la nullité et l'instance disciplinaire se trouve éteinte.

C'est ainsi qu'une citation mentionnant seulement que l'avocat aurait à s'expliquer sur les faits qui lui étaient reprochés, « en vertu de l'article 39 du règlement intérieur et des articles 106 et 107 du décret du 9 juin 1972, remplacés par les articles 183 et 184 du décret du 27 novembre 1991 », est nulle pour atteinte au principe du respect des droits de la défense, les textes visés par la citation se bornant à prévoir d'une façon générale les divers manquements professionnels susceptibles d'être relevés contre un avocat, sans les préciser ni les qualifier de manière spécifique[8].

Il convient dès lors d'être extrêmement précis dans la rédaction de la citation, ce qui peut, dans certains cas, s'avérer fastidieux, afin qu'elle ne laisse place à aucune incertitude sur son objet exact ni ne puisse provoquer, dans l'esprit de l'avocat poursuivi, le moindre doute sur les faits qui lui sont reprochés et sur lesquels il aura à s'expliquer.

522.214 Contrôle de la Cour de cassation. Rappelant que la citation comporte à peine de nullité, l'indication précise des faits à l'origine des poursuites, ainsi que la référence aux dispositions législatives ou réglementaires précisant les obligations auxquelles il est reproché à l'avocat poursuivi d'avoir contrevenu, la Cour de cassation réalise un contrôle minutieux de la citation[9], opérant, si nécessaire, une cassation sans renvoi, signifiant l'extinction des poursuites, conséquence de la nullité de citation introductive.

C'est ainsi qu'en déclarant valable une citation aux motifs qu'elle n'emploie pas de termes généraux mais permet de connaître les griefs qui sont faits à l'avocat poursuivi alors même que la citation se bornait à lui reprocher, outre l'usage de papier à en-tête, « le ton et les termes » de deux courriers avec précisions de leur date et des courriers qu'il a adressées en réponse aux demandes d'explications du bâtonnier, une cour d'appel a violé l'article 192 du décret du 27 novembre 1991. La Cour de cassation reprochant à la citation introductive de ne pas avoir précisé, en les reprenant *in extenso*, les passages des correspondances qui étaient incriminés, la seule référence aux correspondances elles-mêmes étant jugée insuffisante[10].

522.215 Neutralité rédactionnelle. Par ailleurs, la citation doit rester neutre, et ne pas apparaître comme un préjugement. C'est pourquoi, doit être annulée une citation à laquelle avait été annexé une délibération du conseil de l'Ordre selon laquelle le manquement par l'avocat poursuivi à ses obligations comptables et déclaratives, tel qu'il ressort des rapports des contrôleurs, constituait une violation des dispositions du règlement intérieur du barreau, et tenait ainsi pour établies les infractions aux règles professionnelles imputées à l'avocat poursuivi, donnant à penser que le conseil de discipline s'était affranchi du principe de l'impartialité[11].

Tout comme la mention dans la citation de l'existence de poursuites antérieures pour des faits semblables, ainsi que de la sanction prononcée, sans préciser qu'un pourvoi était en cours à la date de

1. V. s[s] n°s 523.111 s.
2. Civ. 1re, 27 févr. 2013, n° 12-15.441, P I, n° 23 ; *D.* 2013. 1325, note G. Rouzet.
3. V. s[s] n°s 522.241 s.
4. V. s[s] n°s 522.104 s.
5. V. s[s] n°s 522.121 s.
6. V. s[s] n°s 522.164 s.
7. CNB, Comm. RU, avis n° 2018-013, 13 avr. 2018.
8. Civ. 1re, 3 mai 1979, n° 78-10.751, P I, n° 127 ; *Gaz. Pal.* 1979. 2. Somm. 390 ; *JCP* 1979. IV. 216 – Nîmes, 16 févr. 1988, *Gaz. Pal.* 2 juin 1988, p. 16, note A. Damien.
9. Décr. n° 91-1197, 27 nov. 1991, art. 192.
10. Civ. 1re, 6 févr. 2013, n° 11-28.338, NP ; *Gaz. Pal.* 14-16 avr. 2013, p. 16, note D. Piau ; *D. avocats* 2013. 213 – MÊME SENS : Paris, pôle 2, ch. 1, 19 nov. 2020, RG n° 18/27657.
11. Civ. 1re, 4 janv. 2005, n° 01-12.119, P I, n° 2 ; *D.* 2005. 167 ; *Gaz. Pal.* 16-18 janv. 2005, p. 30 – V. s[s] n° 521.141.

l'acte de saisine et qu'un arrêt de cassation avait été rendu antérieurement à la citation, porte atteinte au droit à un procès équitable en présentant l'intéressé comme déjà sanctionné pour des manquements de même nature, ce qui est susceptible d'influer défavorablement sur la décision à venir, peu importe que le conseil de discipline ait pris acte de la cassation opérée [1].

Pour autant, la circonstance que la citation, tienne pour établis les faits qu'elle relate et prenne parti sur leur qualification, en indiquant que l'avocat poursuivi « s'est manifestement rendu coupable » de divers manquements aux principes et obligations essentiels de la profession d'avocat, ne préjuge pas de l'issue de l'affaire, qui ressortit à l'autorité de jugement, et ne porte atteinte ni à la présomption d'innocence ni au principe d'impartialité dont bénéficie l'avocat poursuivi [2].

522.216 Étendue de la saisine. Le conseil de discipline, comme la cour d'appel, ne peut statuer que sur les faits, et au regard des manquements, qui sont précisés dans la citation [3]. Il ne peut pas statuer sur des faits qui ne sont pas précisés dans la citation [4]. Mais il lui incombe, dans le respect du principe du contradictoire, de leur restituer leur exacte qualification juridique et de se prononcer conformément aux règles de droit en vigueur au moment de leur commission [5].

La Cour de cassation a ainsi cassé un arrêt de cour d'appel, qui avait condamné un avocat à un blâme, pour un problème de conflit d'intérêts, eu égard à des faits, une relation d'amitié avec la partie adverse, qui n'étaient pas précisés dans la citation [6].

Il appartient aux juges saisis de l'affaire d'ordonner, même d'office, si nécessaire, la production de la citation, afin d'exercer leur contrôle en la matière [7].

1. Paris, pôle 2, ch. 1, 23 mars 2017, RG n° 16/10907.
2. Civ. 1re, 17 janv. 2018, n° 17-10.596, NP ; – DANS LA MÊME AFFAIRE : Civ. 1re, 3 juin 2015, n° 14-16.426, P I, n° 126 ; *D.* 2015. 1280.
3. Civ. 1re, 17 juill. 1996, n° 94-18.742, P I, n° 325 ; *D.* 1996. 209 – Agen, 30 janv. 2019, RG n° 17/01436 ; *Gaz. Pal.* 28 mai 2019, p. 27, obs. D. Landry.
4. Civ. 1re, 18 mai 2004, n° 02-12.672, P I, n° 139 ; *D.* 2004. 1641.
5. Civ. 1re, 10 oct. 2019, n° 18-21.966, P ; *D.* 2019. 2044 ; *Gaz. Pal.* 29 oct. 2019, p. 36, obs. C. Berlaud ; *JCP* 2019. 1111 ; *JCP* 2019. 1111 ; *D.* 2019. 2044 ; *D.* 2020. 115, obs. Th. Wickers ; *Gaz. Pal.* 2 juin 2020, p. 41, obs. D. Landry, J. Villacèque ; – MÊME SENS : Civ. 1re, 30 juin 2021, n° 19-23.722, NP.
6. Civ. 1re, 14 juin 2007, n° 05-15.160, NP ; *D.* 2008. 944, obs. B. Blanchard ; – *CONTRA,* S'AGISSANT DE LA DISCIPLINE des médecins qui l'admet dès lors que la chambre disciplinaire a *mis au préalable* l'intéressé à même de s'expliquer sur ces griefs : CE 24 oct. 2018, req. n° 404660, *Lebon T ; Gaz. Pal.* 29 janv. 2019, p. 29, obs. B. Seiller.
7. Civ. 1re, 18 févr. 2003, n° 01-12.213, NP.

§ 2
Audience disciplinaire

522.220 Plan. Le conseil de discipline doit être régulièrement composé et tenir audience, en principe, publique (A). Le déroulement de l'audience doit respecter un certain formalisme (B) et prendre en compte les éventuels incidents de procédure (C).

A.
Formation du conseil de discipline

522.231 Conseil de discipline régulièrement composé. Les contestations relatives à la régularité de la composition du conseil de discipline [8] doivent être présentées dès l'ouverture des débats [9], aucune nullité ne pouvant être ultérieurement prononcée sur ce point, même d'office [10]. Si c'est la délibération du conseil de l'Ordre ayant désigné les membres du conseil de discipline qui est en cause, elle doit avoir été contestée suivant la procédure et les délais prévus à cet effet [11], faute de quoi elle ne saurait être contestée par voie d'exception [12].

La régularité de la composition du conseil de discipline doit être vérifiée, tant en nombre de ses membres qu'en répartition, dès lors que, hors Paris, le conseil de discipline est composé de représentants des conseils de l'Ordre de son ressort, sans qu'aucun d'eux ne puisse désigner plus de la moitié de ses membres, et peut siéger en formation restreinte d'au moins cinq membres délibérant en nombre impair, auquel cas la règle de la moitié ne s'applique pas. En conséquence, c'est à tort qu'une cour d'appel a cru pouvoir annuler une décision au motif que la formation restreinte du conseil de discipline était composée de sept membres, dont la majorité appartenait au barreau de Lyon, en ajoutant ainsi à la loi une condition qu'elle ne prévoit pas [13].

La loi pour la confiance dans l'institution judiciaire [14] a prévu que désormais le Conseil discipline,

8. Sur l'importance de la régularité de la composition d'une juridiction au regard du droit à un procès équitable et à du droit à un tribunal établi par la loi : CEDH 7 mai 2021, *Xero Flor w Polsce sp. z o. o c/Pologne*, req. n° 4907/18, *Gaz Pal.* 6 juill. 2021, p. 24, obs. J. Andriantsimbazovina.
9. C. pr. civ., art. 430 – Paris, pôle 2, ch. 1, 13 juin 2019, RG nos 17/21296, 18/02674.
10. Civ. 1re, 17 mars 2016, n° 15-13.966, P I, n° 1010 ; *D.* 2017. 77, obs. Th. Wickers.
11. V. ss nos 118.31 s.
12. CE 28 juin 1995, *Messegue*, req. n° 136759, *Lebon T ; Gaz. Pal.* 30 déc. 1995, p. 17.
13. Civ. 1re, 1er juill. 2015, n° 14-15.402, P I, n° 21 ; – DANS LA MÊME AFFAIRE : Civ. 1re, 28 nov. 2018, n° 17-16.523, NP ; *Gaz. Pal.* 8 janv. 2019, p. 32, obs. C. Berlaud ; *Gaz. Pal.* 28 mai 2019, p. 26, obs. B. de Belval et J. Villacèque.
14. L. n° 2021-1729, 22 déc. 2021, art. 42.

sera présidé par un magistrat du siège de la cour d'appel, en activité ou honoraire, désigné par le premier président, lorsque la poursuite disciplinaire fait suite à une réclamation présentée par un tiers ou lorsque l'avocat mis en cause en fait la demande. Le magistrat honoraire président du conseil de discipline ne peut siéger au-delà de la date de son soixante et onzième anniversaire[1].

522.232 Conseil de discipline du barreau de Paris. À Paris, le conseil de l'Ordre ne statue jamais, en pratique, en tant que formation plénière du conseil de discipline[2]. Cette dernière est présidée par le bâtonnier doyen, membre du conseil de l'Ordre et, s'il est empêché, par le plus ancien bâtonnier, membre du conseil de l'Ordre[3] et elle est composée de tous les membres du conseil de l'Ordre à l'exclusion de ceux qui ont participé à la poursuite et à l'instruction du dossier pour lequel elle se réunit.

Les affaires sont réparties, par le bâtonnier doyen, membre du conseil de l'Ordre et, s'il est empêché, par le plus ancien bâtonnier, membre du conseil de l'Ordre[4], entre chacune des cinq formations restreintes de jugement, présidées par un ancien bâtonnier ou à défaut par le membre le plus ancien dans l'ordre du tableau. Les formations de jugement sont composées de membres du conseil de l'Ordre, dont l'un d'eux est désigné en qualité de secrétaire des formations de jugement, et d'anciens membres du conseil de l'Ordre ayant quitté leur fonction depuis moins de huit ans[5]. Au début de chaque année, le conseil de l'Ordre arrête, par délibération, la liste des membres de chaque organe de la juridiction disciplinaire, publicité en est faite par mention spéciale au bulletin du barreau et notification est faite au procureur général[6].

La loi pour la confiance dans l'institution judiciaire[7] a prévu que désormais le Conseil discipline du barreau de Paris sera présidé par un magistrat du siège de la cour d'appel, en activité ou honoraire, désigné par le premier président, lorsque la poursuite disciplinaire fait suite à une réclamation présentée par un tiers ou lorsque l'avocat mis en cause en fait la demande. Le magistrat honoraire président du conseil de discipline ne peut siéger au-delà de la date de son soixante et onzième anniversaire[8]. À Papeete[9], Saint-Pierre-et-Miquelon[10] et Nouméa[11], incluant les avocats des îles Wallis et Futuna[12], c'est également le conseil de l'Ordre qui statue comme conseil de discipline.

522.233 Publicité des débats. Les débats sont publics[13]. Toutefois, le conseil de discipline ou la cour d'appel peut décider, au début de l'audience ou en cours d'audience, que les débats auront lieu, ou se poursuivront, en chambre du conseil à la demande de l'une des parties ou s'il doit résulter de leur publicité une atteinte à l'intimité de la vie privée[14].

Si, pour l'une ou l'autre raison mentionnée cidessus, le conseil de discipline ou la cour d'appel décide que les débats auront lieu en chambre du conseil, il lui appartient de motiver sa décision. Nous ne pensons pas que si l'avocat poursuivi demande que les débats aient lieu en chambre du conseil, le conseil de discipline ou la cour d'appel puisse le lui refuser.

B. Déroulement de l'audience

522.241 Assistance mais pas représentation. L'avocat poursuivi comparaît en personne, en vertu de l'article 193 du décret du 27 novembre 1991. Il peut se faire assister par un avocat. L'ancien article 192 du décret 27 novembre 1991 précisait la même chose, sauf qu'il ne visait pas l'avocat « poursuivi », en indiquant que : « L'avocat comparaît en personne. Il peut se faire assister par un avocat », de sorte que de cette « ambiguïté rédactionnelle », la jurisprudence avait semblé admettre la possibilité de représentation en matière de procédure disciplinaire[15].

Les choses sont devenues claires et l'avocat ne peut pas être représenté. L'avocat qui ne comparaît pas est jugé contradictoirement en son absence[16] et son conseil ne peut pas être entendu par la juridiction de jugement. Mais il faut que la convocation mentionne expressément que la présence à l'audience est requise sous peine d'être jugé en son absence[17]. Si

1. L. n° 71-1130, 31 déc. 1971, art. 22-3.
2. V. s^{s} n° 115.91.
3. RIBP, art. P. 72.1.3. – Paris, pôle 2, ch. 1, 27 avr. 2017, RG n° 16/09979 – Paris, pôle 2, ch. 1, 27 sept. 2018, RG n° 17/10285.
4. RIBP, art. P. 72.1.3. – Paris, pôle 2, ch. 1, 27 avr. 2017, RG n° 16/09979 – Paris, pôle 2, ch. 1, 27 sept. 2018, RG n° 17/10285.
5. RIBP, art. P. 72.1.3.
6. RIBP, art. P. 72.1.2.
7. L. n° 2021-1729, 22 déc. 2021, art. 42.
8. L. n° 71-1130, 31 déc. 1971, art. 22-3.
9. L. n° 71-1130, 31 déc. 1971, art. 81, IV.
10. L. n° 71-1130, 31 déc. 1971, art. 81, II.
11. L. n° 71-1130, 31 déc. 1971, art. 81, V.
12. L. n° 71-1130, 31 déc. 1971, art. 81, III.
13. V. s^{s} n°s 521.132 et 522.503.
14. Décr. n° 91-1197, 27 nov. 1991, art. 194.
15. Caen, 9 févr. 1982, *D.* 1982. 43, note Y. Avril – Civ. 1re, 12 avr. 1983, n° 82-12.517, P I, n° 114 ; *D.* 1984. 116 ; *Gaz. Pal.* 1983. 2. 436, note A. Damien ; *JCP* 1983. IV. 189.
16. Civ. 1re, 12 avr. 1983, n° 82-12.517, P I, n° 114 ; *D.* 1984. 116 ; *Gaz. Pal.* 1983. 2. 436 ; *JCP* 1983. IV. 189.
17. Civ. 1re, 27 févr. 2013, n° 12-15.441, P I, n° 23 ; *Gaz. Pal.* 14-16 avr. 2013, p. 16, note D. Piau ; *D.* 2013. 1325, note G. Rouzet ; *JCP* 2013. 288, obs. R. Guichard ; *JCP* 2013. 622, n° 7, obs C. Caseau-Roche.

l'avocat est détenu et s'il n'a pu être personnellement entendu comme il en avait formulé la demande, cette circonstance étant imputable à la détention préventive et l'avocat ayant pu faire valoir ses observations par écrit et se faire représenter par un défenseur de son choix, l'avocat poursuivi n'est pas fondé à soutenir que les droits de la défense ont été méconnus à son égard [1].

Le bâtonnier, autorité de poursuite, n'est pas tenu d'être présent en personne et peut se faire représenter [2].

522.242 Déroulement de l'audience. Le président veille à la régularité de la procédure. Il s'assure que le nombre des membres présents est impair et que le *quorum* est atteint [3].

Le président constate l'identité de l'avocat poursuivi. En cas d'absence, le conseil de discipline doit s'assurer de la régularité de la délivrance de l'acte de saisine. S'il apparaît que la citation n'a pas été régulièrement délivrée [4], le conseil de discipline doit renvoyer à une citation d'huissier pour une audience ultérieure. Si l'intéressé ne se présente toujours pas, ou s'il n'a plus d'adresse connue, il est jugé en son absence [5].

Il est alors procédé à la lecture de la citation et du rapport par un rapporteur désigné parmi les membres du conseil de discipline.

Les dispositions relatives à l'immunité judiciaire [6] ne sont pas applicables à l'occasion des audiences devant le conseil de discipline [7].

522.243 Audition de l'avocat poursuivi. L'avocat est ensuite interrogé par le président du conseil de discipline. Il peut être l'objet de questions de la part des membres du conseil de discipline. Il fournit ses explications.

L'avocat doit être appelé ou entendu devant le conseil, quelle que soit la décision de celui-ci et ce, même après audition de l'avocat au cours de l'instruction préparatoire [8], à peine de nullité [9]. Dès lors qu'il a été entendu en ses moyens de défense après avoir pu consulter son entier dossier, la procédure est régulière et les droits de la défense [10] sont respectés [11]. Il en est de même si l'intéressé a pu s'expliquer en détail sur chacun des griefs qui lui étaient reprochés, et mis en mesure de prendre connaissance des dossiers donnant lieu aux poursuites, dès lors que c'était de son seul fait que sa consultation n'avait pas eu lieu [12].

522.244 Comparution de l'avocat. L'avocat comparaît en robe [13] devant le conseil de discipline qui siège dans la commune où siège la cour d'appel [14]. Il n'est donc pas possible de tenir des audiences foraines du conseil de discipline.

La comparution de l'avocat poursuivi en robe, alors même qu'il n'est pas dans l'exercice même de ses fonctions judiciaires mais qu'il est précisément partie à une instance judiciaire, relève plus de l'affirmation du caractère professionnel du conseil de discipline que d'une stricte application des textes régissant le port de la robe [15].

Devant la cour d'appel, à Paris, le président sollicite systématiquement que les avocats poursuivis ne comparaissent pas en robe.

522.245 Audition d'autres personnes. Le conseil de discipline peut éventuellement entendre des témoins, plaignants, sachants, selon le pouvoir discrétionnaire du président de la formation de jugement [16] ou simplement ordonner la lecture des déclarations qui ont été reçues ou recueillies par le rapporteur [17] et qui ont dû au préalable figurer dans le dossier disciplinaire que l'avocat poursuivi a pu consulter [18] avec l'indication de leur identité et la teneur de leur témoignage.

Une procédure pénale concernant un avocat poursuivi peut être communiquée au conseil de discipline [19].

522.246 Autorité de poursuite entendue en ses demandes. Le président du conseil de discipline donne ensuite la parole à l'autorité de poursuite c'est-à-dire au bâtonnier, ou à son délégué qui le représente, et au procureur général si ce dernier a pris l'initiative d'engager l'action disciplinaire [20].

1. CE 9 juill. 1948, *Lebon*.
2. Civ. 1re, 10 mars 1987, n° 84-17.458, P I, n° 87 ; *D.* 1989. 72, note A. Brunois ; *Gaz. Pal.* 1987. 1. pan. 117 – Civ. 1re, 3 juin 2015, n° 14-16.426, P I, n° 126 ; *D.* 2015. 1280 – Civ. 1re, 23 janv. 2019, n° 17-30.989, NP – V. ss n° 521.72.
3. RIBP, art. P. 72.5.4.
4. V. ss n° 522.201.
5. RIBP, art. P. 72.5.8.
6. V. ss nos 454.112 s.
7. V. ss n° 454.112.
8. V. ss n° 522.161.
9. Civ. 1re, 25 mai 1992, n° 90-16.461, P I, n° 152 ; *D.* 1994. 139 ; *Gaz. Pal.* 15 déc. 1992, p. 11 ; *JCP* 1992. IV. 232.
10. V. ss nos 521.111 s.
11. Civ. 1re, 20 oct. 1992, n° 90-21.956, P I, n° 255 ; *JCP* 1992. IV. 337 ; *D.* 1994. 134, note A. Brunois, *Gaz. Pal.* 1993. Pan. 18.
12. Civ. 1re, 7 juill. 1993, n° 91-18.242, P I, n° 249 ; *D.* 1995. 168, obs. A. Brunois ; *Gaz. Pal.* 18 nov. 1993. Pan. 243.
13. RIBP, art. P. 72.5.7 – Civ. 1re, 1er juill. 1958 ; *D.* 1958. 526, note L. Crémieu.
14. Décr. n° 91-1197, 27 nov. 1991, art. 193.
15. V. ss nos 313.61 s.
16. RIBP, art. P. 72.5.11.
17. V. ss nos 522.164 s.
18. V. ss n° 522.174.
19. Civ. 1re, 10 juin 1992, n° 91-17.028, P I, n° 176 – Bordeaux, 18 juin 1991 ; *D.* 1994. 140 – V. ss n° 522.167.
20. Décr. n° 91-1197, 27 nov. 1991, art. 193.

Si le représentant de l'autorité de poursuite, délégué du bâtonnier, présent à l'audience, formule des observations écrites, il doit les communiquer avant l'audience au conseil de discipline et à l'avocat poursuivi afin de lui permettre de présenter ses observations en temps utile [1].

L'avocat poursuivi et son conseil doivent avoir la parole les derniers. Ces points doivent être expressément précisés dans l'arrêté disciplinaire [2], et le dépôt ultérieur d'une note en délibéré par ce même avocat poursuivi ne saurait être de nature à supprimer cette exigence [3].

522.247 Clôture des débats. Après que l'avocat poursuivi ait été invité à avoir la parole le dernier, les débats sont déclarés clos. Ils peuvent toutefois être rouverts, à tout moment du délibéré, si un fait nouveau est évoqué et si la formation disciplinaire en est informée par simple lettre. Dans ce cas, l'avocat poursuivi en est averti par une nouvelle citation [4].

522.248 Procès-verbal de l'audience – Secrétaire de séance. Les déclarations des personnes entendues pendant l'audience, et notamment les réponses de l'avocat poursuivi, sont notées par l'un de ses membres qui remplit les fonctions de secrétaire du conseil de discipline ou de la formation disciplinaire.

Il prend les notes qu'il juge nécessaires, lecture peut lui en être demandée soit par les membres du conseil de discipline, soit par l'avocat poursuivi. Il rédige ensuite un procès-verbal de comparution à partir des notes qu'il a établies pendant la séance. Ces notes ont valeur probante mais ne valent pas jusqu'à inscription de faux.

En revanche, la décision du conseil elle-même, qui reproduit dans ses motifs, et à l'appui d'une sanction, des éléments de fait relevés lors de la séance disciplinaire, vaut jusqu'à inscription de faux [5].

Lorsque le conseil de discipline fait appel à une sténotypiste qui enregistre toute l'audience, en cas d'appel, l'intéressé et la cour d'appel ont connaissance de la sténotypie.

C. Incidents et exceptions de procédure

522.250 Plan. Le conseil de discipline, juridiction autonome et indépendante, devant laquelle, l'avocat poursuivi peut solliciter le bénéfice de l'aide juridictionnelle et la désignation d'un avocat pour l'assister (1°), dispose de la plénitude de compétence pour purger les éventuels incidents et exceptions de procédure (2°), ce qui peut l'amener à connaître d'une question prioritaire de constitutionnalité (3°), ainsi que d'éventuelles requêtes en récusation ou suspicion légitime (4°).

1° Propos liminaires

522.261 Plénitude de compétence du conseil de discipline. Le conseil de discipline est une juridiction autonome et indépendante. De ce fait, le juge des référés ne saurait s'immiscer dans le fonctionnement de cette juridiction disciplinaire, tel qu'un premier président saisit, en référé, d'une demande de mesures conservatoires [6].

Il appartient à l'avocat poursuivi de se pourvoir au fond, en faisant un recours contre la décision qui sera rendue par le conseil de discipline devant la cour d'appel [7].

522.262 Aide juridictionnelle. L'avocat poursuivi peut, s'il en remplit les conditions [8], solliciter le bénéfice de l'aide juridictionnelle et la désignation d'un avocat pour l'assister [9]. Dans ce cas, il suffit qu'une demande ait été déposée pour que l'affaire soit renvoyée par le conseil de discipline ou la cour d'appel. À défaut, la décision du conseil de discipline ou l'arrêt de la cour encourt la réformation [10].

Compte tenu du fait, d'une part, que la demande d'aide juridictionnelle n'a d'incidence que sur les délais de recours ou de saisine d'une juridiction [11] et, d'autre part, qu'un renvoi n'interrompt pas le délai

1. RIBP, art. P. 72.5.5 – Civ. 1re, 3 juill. 2013, no 12-23.553, P I, no 143 ; *D.* 2013. 1840 – Civ. 1re, 14 déc. 2016, no 15-26.696, NP – Civ. 1re, 14 déc. 2016, no 15-26.698, NP.
2. Civ. 1re, 25 févr. 2010, no 09-11.180, P I, no 46 ; *D.* 2010. 658, obs. L. Dargent ; *JCP* 2010. 1068, no 5, obs. G. Pillet ; *JCP* 2010. 546, no 13, obs. Y.-M. Serinet – Civ. 1re, 16 mai 2012, no 11-17.683, P I, no 108 ; *D. actu.* 1er juin 2012, obs. L. Dargent ; *D.* 2012. 1411*D.* 2013. 144, obs. Th. Wickers – Civ. 1re, 3 juill. 2013, no 12-23.553, P I, no 143 ; *D.* 2013. 1840 ; *D. avocats* 2013. 318, obs. L. Dargent ; *JCP* 2013. 1087, no 13, obs. G. Pillet – Civ. 1re, 3 juill. 2013, no 12-23.553, P I, no 143 ; *D.* 2013. 1840 – Civ. 1re, 10 juill. 2014, no 13-20.638, NP – Civ. 1re, 15 janv. 2015, no 14-10.683, NP – Civ. 1re 17 févr. 2016, no 15-15.043, NP – Civ. 1re, 14 févr. 2018, no 17-11.865, NP ; *Gaz. Pal.* 20 mars 2018, p. 31, obs. C. Berlaud – Civ. 1re, 13 mars 2019, no 18-12.468, NP ; *Gaz. Pal.* 3 avr. 2019, p. 26 ; – COMP. : CE 26 juin 1963, *Chariot, Lebon* 973 – V. ss nos 521.131 s.
3. Civ. 1re 20 févr. 2019, no 18-12.298, P ; *JCP* 2019. 298 ; *D.* 2019. 438 ; *Gaz. Pal.* 19 mars 2019, p. 42, obs. C. Berlaud ; *JCP* 2019. 1238, no 15, obs. Ch. Vautrot-Schwarz ; *Gaz. Pal.* 8 mai 2019, p. 28, obs. B. de Belval.
4. RIBP, art. P. 72.5.12 – V. ss nos 522.201 s.
5. V. ss no 522.273.
6. Aix-en-Provence, 24 juill. 2015, RG no 15/00493.
7. Aix-en-Provence, 24 juill. 2015, RG no 15/00493.
8. V. ss nos 751.71 s.
9. V. ss nos 472.21 s.
10. Civ 1re, 3 nov. 2016 (10 arrêts), nos 15-26.320, 15-26.316, 15-26.322, 15-26.319, 15-26.317, 15-26.323, 15-26.322, 15-26.321, 15-26.318, 15-26.315, NP – Civ. 2e, 23 févr. 2017, no 16-10.910, NP.
11. Décr. no 2020-1717, 28 déc. 2020, art. 43.

imparti au conseil de discipline pour statuer[1], il convient alors de prononcer un sursis à statuer dans l'attente de la décision définitive du Baj[2].

2°
Régime des incidents et exceptions de procédure

522.271 Régime des nullités de procédure. Toute nullité de procédure qui ne nuit pas aux intérêts de la défense se trouve couverte si elle n'est pas proposée avant toute défense au fond. L'avocat cité devant le conseil de discipline qui n'a pas invoqué, devant ce conseil et avant toute défense au fond, les moyens de nullité qui auraient, selon lui, affecté l'instruction préparatoire[3], est irrecevable à s'en prévaloir pour la première fois devant la cour d'appel. Il en est de même du moyen tiré d'une éventuelle nullité de la citation pour inobservation des dispositions de l'article 192 du décret du 27 novembre 1991, lesquelles ne font nullement obligation à l'autorité de poursuite de mentionner dans la citation qu'il sera statué sur l'application éventuelle de la loi d'amnistie[4].

L'inobservation des règles relatives à la composition de la juridiction et au déroulement des débats doit également, pour donner lieu à nullité, être invoquée devant la juridiction concernée[5].

522.272 Nullités de procédure – Illustrations. Un arrêt rendu par la cour d'appel d'Amiens étudie avec soin les diverses causes de nullité que l'imagination procédurale d'un avocat poursuivi peut lui inspirer.

C'est un véritable résumé de la procédure disciplinaire en action puisqu'y sont abordés : l'incompétence de la juridiction, la récusation des membres de celle-ci, le sursis à statuer, la nullité de la décision du conseil de discipline, le renvoi pour suspicion légitime, la récusation, la demande de désignation d'une juridiction limitrophe pour juger le litige[6], la nullité des poursuites disciplinaires, la nullité des convocations, la nullité de l'instruction, la nullité de la procédure de première instance, la violation du principe du contradictoire, l'assistance de la plaignante par son avocat et la circonstance qu'elle ait été entendue sans prestation de serment préalable[7].

522.273 Inscription de faux. Si l'inscription de faux, tel qu'à l'encontre d'un arrêté du conseil de discipline[8], apparaît envisageable devant la cour d'appel, encore faut-il qu'elle soit mise en œuvre conformément aux prescriptions des articles 306 et suivant du code de procédure civile, ce qui implique qu'elle soit formée par acte remis au greffe par la partie ou son mandataire muni d'un pouvoir spécial. L'acte, établi en double exemplaire, doit, à peine d'irrecevabilité, articuler avec précision les moyens que la partie invoque pour établir le faux. L'un des exemplaires est immédiatement versé au dossier de l'affaire et l'autre, daté et visé par le greffier, est restitué à la partie en vue de la dénonciation de l'inscription au défendeur. La dénonciation doit être faite par notification entre avocats ou signification à la partie adverse dans le mois de l'inscription, sauf à ce que les parties intimées destinataires y renoncent[9].

À défaut de quoi, l'inscription de faux doit être déclarée irrecevable[10].

3°
Question prioritaire de constitutionnalité

522.281 Question prioritaire de constitutionnalité par un écrit motivé distinct. Une question prioritaire de constitutionnalité peut être déposée devant le conseil de discipline[11], conformément à la procédure prévue à cet effet[12], c'est-à-dire par un écrit motivé distinct des autres conclusions démontrant l'applicabilité de la loi[13] au litige, l'absence de déclaration préalable de conformité[14] et le caractère sérieux[15] ou nouveau de la question.

522.282 Question prioritaire de constitutionnalité – Conformité. la conformité de l'article 22 de la loi du 31 décembre 1971, instituant les conseils de discipline, avec une spécificité s'agissant du barreau de Paris, a été déclarée[16], tout comme le cinquième

1. V. s^s n°s 522.331 s.
2. V. s^s n°s 522.401 s.
3. V. s^s n°s 522.161 s.
4. Paris, 22 sept. 1993 ; *Gaz. Pal.* 28 oct. 1993, p. 15.
5. Civ. 1re, 22 sept. 2011, n° 10-21.378, NP – Civ. 1re, 4 mai 2012, n° 10-27520, NP.
6. C. pr. civ., art. 47.
7. Amiens, 28 févr. 1995 ; *D.* 1995. 14, note A. Damien.
8. V. s^s n°s 522.168 s.
9. Paris, pôle 4, ch. 13, 8 avr. 2021, RG n° 19/06870.
10. Paris, pôle 2, ch. 1, 17 déc. 2020, RG n° 18/03954.
11. L. Briand, « Discipline et question prioritaire de constitutionnalité, la voie étroite », *Gaz. Pal.* 6-8 nov. 2011, p. 16 ; « Le statut constitutionnel de la profession d'avocat », *Gaz. Pal.* 26-28 nov. 2013, p. 12.
12. C. pr. civ., art. 126-1 s.
13. Nîmes, 5 oct. 2010, RG n° 10/00589 – Civ. 1re, 28 juin 2012, n° 12-40.034, NP.
14. Civ. 1re, 6 oct. 2011, n° 11-14.054, NP ; SUITE À : Cons. const. 29 sept. 2011, n° 2011-179 QPC, *JO* 30 sept., p. 16472 ; *D.* 2012. 1638, obs. V. Bernaud et N. Jacquinot ; *D.* 2013. 136, obs. Th. Wickers.
15. Lyon, 20 oct. 2011, RG n° 11/02040 – Civ. 1re, 4 mai 2012, n° 12-40.017, NP – Civ. 1re, 28 juin 2012, n° 12-40.034, NP – Civ. 1re, 14 nov. 2014, n° 14-16.426, NP ; *D. avocats* 2015. 24, obs. G. Deharo – Civ. 1re, 20 janv. 2016, n° 15-40.041, NP – Civ. 1re, 15 juin 2016, n° 15-27.394, NP – Civ. 1re 15 juin 2016, n° 15-27.395, NP.
16. Cons. const. 29 sept. 2011, n° 2011-179 QPC, *JO* 30 sept., p. 16472 ; *D.* 2012. 1638, obs. V. Bernaud et N. Jacquinot ; *D.* 2013. 136, obs. Th. Wickers – Civ. 1re, 12 juill. 2011, n° 11-40.035, NP ; ET : Civ. 1re, 12 juill. 2011, n° 11-40.036, NP – V. s^s n° 521.52.

alinéa du paragraphe IV de l'article 81 en tant qu'il rend applicable en Polynésie française les articles 22 à 25-1 de cette même loi avec des adaptations, et ce, sous réserve de ne pas les interpréter « comme permettant au bâtonnier en exercice de l'ordre du barreau de Papeete, ainsi qu'aux anciens bâtonniers ayant engagé la poursuite disciplinaire, de siéger dans la formation disciplinaire du conseil de l'Ordre du barreau de Papeete » [1].

L'article 53, 2°, en tant qu'il renvoie au pouvoir réglementaire le soin de déterminer des sanctions disciplinaires a également fait l'objet d'une déclaration de conformité [2].

522.283 **Rejet ou renvoi d'une QPC.** Le Cour de cassation a eu l'occasion de préciser que le rejet d'une QPC avec renvoi de l'affaire à une audience ultérieure pour statuer au fond, s'analyse comme une décision avant dire droit [3], ayant pour conséquence d'interrompre le délai imparti au conseil de discipline pour statuer [4], et de faire courir un nouveau délai pour ce faire [5].

En cas de décision de renvoi d'une QPC devant la Cour de cassation, il est apparaît nécessaire que le conseil de discipline prononce, par la même occasion, un sursis à statuer [6] dans l'attente de l'arrêt de la Cour de cassation ou de la décision du conseil constitutionnel.

4°
Récusation et suspicion légitime

522.290 **Plan.** Destinée à assurer le respect du principe d'indépendance et d'impartialité du conseil de discipline (a), la procédure de récusation d'un membre du conseil de discipline ou de suspicion légitime suit les conditions de fond et de forme de droit commun (b).

a.
Principes généraux

522.301 **Conseil de discipline – Incompatibilités objectives.** Il a été jugé que, s'agissant de la discipline des avocats, l'instance disciplinaire étant confiée, en appel, aux cours d'appel, sous le contrôle de la Cour de cassation, un requérant n'est pas fondé à soutenir que les dispositions dont il s'agit le privent d'un accès effectif à un tribunal impartial [7]. D'autant que l'exigence d'impartialité s'applique aux avocats composant la formation de jugement du conseil de discipline [8]. À cet égard, l'ancien bâtonnier, qui au titre de ses fonctions antérieures a engagé la poursuite disciplinaire, ne peut siéger [9], tout comme le rapporteur désigné par le conseil de l'Ordre pour réaliser l'instruction [10] et le bâtonnier en exercice, autorité de poursuite [11].

La circonstance que les membres des formations disciplinaires du conseil de discipline du barreau de Paris soient désignés par le conseil de l'Ordre de ce même barreau, n'a pas pour effet, en elle-même, de porter atteinte aux exigences d'indépendance et d'impartialité de l'organe disciplinaire [12], le bâtonnier, autorité de poursuite, n'étant pas membre de ces formations [13].

522.302 **Impartialité du conseil de discipline.** Mais, au-delà de ces incompatibilités objectives destinées à garantir l'impartialité du conseil de discipline, ses membres, appelés à siéger pour connaître du dossier, doivent remplir les conditions d'impartialité de droit commun à défaut de quoi ils peuvent être récusés. La récusation et le renvoi pour cause de suspicion légitime sont ainsi possibles devant le conseil de discipline comme en matière judiciaire et pour les mêmes causes [14].

Lorsque la composition de la juridiction est connue à l'avance par la partie, l'avocat poursuivi n'est pas recevable à invoquer devant la cour d'appel la violation de l'article 6.1 de la Conv. EDH, dès lors qu'il n'a pas fait usage de la possibilité d'en obtenir le respect en récusant le juge par application de l'article 341 du code de procédure civile [15].

522.303 **Conditions de récusation d'un membre.** La demande de récusation d'un ou plusieurs juges disciplinaires obéit aux critères de droit commun, critères visés aux articles L. 111-6 du code de l'organisation judiciaire et 341 du code de procédure

1. Cons. const. 16 mai 2013, n° 2013-310, *JO* 19 mai, p. 8378 ; *LPA* 16 mai 2014, p. 8, obs. J. Bourdoiseau ; *Constitutions* 2013. 440, Chron. O. Le Bot – Civ. 1re, 20 févr. 2013, n° 12-40.093, NP.
2. V. ss nos 522.05 et 523.21.
3. V. ss nos 522.381 s.
4. V. ss nos 522.331 s.
5. Civ. 1re, 30 juin 2021, n° 19-23.722, NP.
6. V. ss nos 522.401 s.
7. Paris, 25 nov. 2010, RG n° 10/18040 – CEDH 5 mars 2020, *Peleki c/Grèce*, req. n° 69291/12.
8. V. ss nos 521.141 s.
9. L. n° 71-1130, 31 déc. 1971, art. 23, al. 2.
10. L. n° 71-1130, 31 déc. 1971, art. 23, al. 3.
11. L. n° 71-1130, 31 déc. 1971, art. 22-1.
12. Cons. const. 29 sept. 2011, n° 2011-179 QPC, *JO* 30 sept., p. 16472 ; *D.* 2012. 1638, obs. V. Bernaud et N. Jacquinot ; *D.* 2013. 136, obs. Th. Wickers – Paris, pôle, 2 ch. 1, 27 avr. 2017, RG n° 16/09979 – Paris, pôle, 2, ch. 1, 27 sept. 2018, RG n° 17/10285.
13. Sur la question des limitations d'activité liées aux mandats ordinaux, dont font partie les fonctions de membre du conseil de discipline, V. ss nos 434.240 s.
14. Poitiers, 19 mai 1933 ; *S.* 1934. 2. 99 – Req. 3 janv. 1938 ; *Gaz. Pal.* 1938. I. 363.
15. Civ. 1re, 24 févr. 2004, n° 01-12.473, NP.

civile[1] ou toutes autres causes qui trouveraient sa source dans l'article 6 § 1 de la Conv. EDH[2].

Elle doit être formée à l'encontre d'un ou plusieurs des juges précisément désignés de la formation chargée de juger l'affaire en question, et non dirigée de façon vague et générale contre une ou plusieurs personnes non identifiées telles que contre « des membres de la formation ayant perçu, directement ou indirectement, des sommes d'argent du bâtonnier ou de ses délégataires, et les membres de la commission ayant ou ayant eu des relations avec son ancienne cliente »[3].

Elle peut ainsi résulter de liens de parenté[4], du fait que l'un des juges disciplinaires est l'avocat habituel du plaignant dans l'instance disciplinaire[5] ou l'associé de celui-ci ce qui peut être de nature à faire naître un doute raisonnable quant à l'impartialité de l'avocat sans que l'invocation de l'organisation interne des cabinets d'avocats en tant que « permettant d'éviter un conflit d'intérêts, grâce à ce qu'il est convenu d'appeler une "muraille de Chine"[6] » n'apparaisse pertinente[7], soit de l'existence de plaintes croisées entre l'un des juges disciplinaires et l'avocat poursuivi[8], soit encore du fait qu'un membre du conseil de discipline a été amené à siéger dans la formation du conseil de l'Ordre ayant prononcé une suspension provisoire[9] à l'encontre de l'avocat poursuivi[10].

Mais la décision de prorogation de l'instruction[11], qui est un acte d'administration judiciaire, ne constitue pas un acte d'instruction faisant qu'elle n'affecte pas en soi l'impartialité de son auteur en tant que membre ou président du conseil de discipline[12].

522.304 **Preuve de l'impartialité.** L'impartialité invoquée doit reposer sur des éléments concrets, précis[13], et non sur de simples allégations[14] ou des témoignages indirects relayant de simples rumeurs[15].

C'est ainsi que ne saurait valablement fonder une demande de récusation la qualité « d'amis » sur les réseaux sociaux qui « ne renvoie pas à des relations d'amitié au sens traditionnel du terme » et « ne suffit pas à caractériser une partialité particulière, le réseau social étant simplement un moyen de communication spécifique entre des personnes qui partagent les mêmes centres d'intérêt »[16].

La Cour de cassation rejette le pourvoi à l'encontre de ce dernier arrêt, considérant que c'est dans l'exercice de son pouvoir souverain d'appréciation de la pertinence des causes de récusation alléguées que la cour d'appel a retenu que le terme d'« ami », employé pour désigner les personnes qui acceptent d'entrer en contact par les réseaux sociaux, ne renvoie pas à des relations d'amitié au sens traditionnel du terme et que l'existence de contacts entre ces différentes personnes par l'intermédiaire de ces réseaux ne suffit pas à caractériser une partialité particulière, le réseau social étant simplement un moyen de communication spécifique entre des personnes qui partagent les mêmes centres d'intérêt, et en l'espèce la même profession[17].

522.305 **Suspicion légitime.** Il en est de même de la suspicion légitime qui vise la formation de jugement dans son ensemble, et ne saurait résulter du fait que la même formation ait à connaître de plusieurs procédures disciplinaires concernant le même avocat, ce qui n'est pas de nature, en soi, à altérer son impartialité dès lors que les faits seront débattus contradictoirement devant elle[18], ou du seul fait qu'elle ait rendu une ou plusieurs décisions défavorables à la partie demanderesse à la récusation, ou favorables à son adversaire[19].

1. Montpellier, 15 juill. 1993 ; *Gaz. Pal.* 16 sept. 1993, note A. Damien.
2. Civ. 1re, 31 mars 1998, nº 95-17.430, P I, nº 133 ; *JCP* 1999. II. 10102, note J. Pralus-Dupuy ; *D.* 1998. 115 – Civ. 1re, 28 avr. 1998, nº 96-11.637, P I, nº 155 ; *D.* 1998. 131 ; *RTD civ.* 1998. 744, obs. R. Perrot – Civ. 1re, 5 oct. 1999, nos 96-19.291, 97-15.277, P I, nº 257 ; *D.* 2000. 312, note B. Blanchard ; *RTD civ.* 2000. 618, obs. J. Normand – Civ. 1re, 7 nov. 2000, nº 97-21.883, P I, nº 278 ; *D.* 2001. 811, note P. Cassuto-Teytaud ; *JCP* 2001. II. 10484, note R. Martin ; *D.* 2002. 860, obs. B. Blanchard ; *Gaz. Pal.* 14-16 avr. 2002, p. 14, obs. E. du Rusquec – B. Beignier, C. Bléry, « L'impartialité du juge, entre apparence et réalité », *D.* 2001. 2427 – S. Guinchard (dir.), *Droit et pratique de la procédure civile,* 10e éd., « Dalloz Action », 2020, nos 353.31 s.
3. Paris, pôle 1, ch. 7, 18 oct. 2019, RG nº 19/16165.
4. Civ. 22 juill. 1895 ; *DP* 1896. 1. 373 – Douai, 15 juin 1957 ; *D.* 1957. 656, note L. Crémieu.
5. Papeete, 3 juin 2015, RG nº 15/00011.
6. V. ss nº 441.155.
7. Civ. 2e, 22 oct. 2020, nº 19-16.789, NP.
8. Papeete, 26 févr. 2015, RG nº 15/00005.
9. V. ss nos 512.31 s.
10. Civ. 1re, 4 mai 2012, nº 12-40.017, NP.
11. V. ss nº 522.173.
12. Paris, pôle 2, ch. 1, 5 oct. 2016, RG nº 16/09356.
13. Paris, pôle 2, ch. 1, 13 mars 2012, RG nº 11/22792.
14. Paris, pôle 2, ch. 1, 4 juin 2014, RG nº 14/09827.
15. Civ. 1re, 12 juin 2012, nº 11-16.408, P I, nº 128 ; *D.* 2012. 1623.
16. Paris, pôle 2, ch. 1, 17 déc. 2015, RG nº 15/23692.
17. Civ. 2e, 5 janv. 2017, nº 16-12.394, P ; *JCP* 2017. 74, obs. F. G'sell ; *Gaz. Pal.* 17 janv. 2017, p. 46, obs. C. Berlaud ; *D.* 2017. 62 ; *Gaz. Pal.* 2 mai 2017, p. 65, obs. L. Mayer ; *JCP* 2017. 660, nº 23, obs. S. Grayot-Dirx ; *Gaz. Pal.* 6 juin 2017, p. 28, obs. J.-L. Gaineton ; *Dalloz IP/IT* 2017. 350, obs. G. Desgens-Pasanau – P.-Y. Gautier, « L'amitié en droit Montaigne à la Cour de cassation », *D.* 2017. 208 – B. Périer, « Des limites de l'amitié virtuelle », *Gaz. Pal.* 17 janv. 2017, p. 3 ; – MÊME SENS : Civ. 2e, 28 sept. 2017, nº 16-17.583, NP – Paris, pôle 1, ch. 7, 18 oct. 2019, RG nº 19/16165 – Lyon, 12 déc. 2019, RG nº 18/04355 – Civ. 1re, 30 juin 2021, nº 19-23.722, NP.
18. Paris, pôle 2 ch. 1, 5 oct. 2016, RG nº 16/09356 ; – AUSSI : Civ. 2e, 21 janv. 2016, nº 15-01.541, P ; *Gaz. Pal.* 17 mai 2016, p. 70, note L. Mayer.
19. Civ. 2e, 7 juill. 2016, nº 16-01.615, NP.

522.306 **Suspicion légitime et récusation.** Les dispositions de l'article 341 du code de procédure civile sont inapplicables à une juridiction prise dans son ensemble, et au regard de laquelle il y a alors lieu de vérifier si, au regard des principes gouvernant le contrôle de l'impartialité de la juridiction saisie, il existe des raisons objectives de nature à étayer un soupçon de parti pris, ce qui ne saurait être le cas de l'existence de « divers différends entre l'avocat poursuivi et le barreau auquel il appartient »[1].

La Cour de cassation a ainsi cassé l'arrêt d'une cour d'appel qui, saisie à la fois d'une demande de récusation et d'une demande de renvoi pour suspicion légitime, avait limité l'examen des motifs développés au regard des dispositions de l'article 341 du code de procédure civile, qui ne visent que les causes de récusation, sans rechercher s'il existait, compte tenu des circonstances, une cause permettant objectivement de douter de l'impartialité du conseil de discipline[2].

b.
Procédure

522.311 **Procédure de récusation.** En l'absence de dispositions expresses, la procédure de récusation d'un membre du conseil de discipline, ou la requête en suspicion légitime, suit les conditions de fond et de forme de droit commun des articles 341 et suivants du code de procédure civile[3], refondue par le décret du 6 mai 2017[4] sur le modèle de la procédure applicable en matière pénale[5].

La loi pour la confiance dans l'institution judiciaire[6] a précisé expressément au sein d'un article 22-3 de la loi du 31 décembre 1971 que : « La récusation ou le déport d'un membre de la juridiction disciplinaire ou de son président peut être demandé ou décidé dans les conditions fixées aux articles L. 111-6 et L. 111-7 du code de l'organisation judiciaire. »[7]. Cette précision fait que confirmer la pratique actuelle tant s'agissant des causes de récusation que de la procédure applicable.

522.312 **Moment de la récusation.** La demande de récusation de membres du conseil de discipline, ou de renvoi pour suspicion légitime, doit être formée par l'avocat poursuivi, à peine d'irrecevabilité, dès qu'il a connaissance de la cause sur laquelle il entend la fonder et avant la clôture des débats[8]. Une cour d'appel peut ainsi, à bon droit, décider que le mémoire présenté par l'avocat poursuivi et tendant à récuser des membres du conseil de discipline au moment de sa comparution devant le conseil, alors qu'il aurait dû le faire au moment où il avait reçu la convocation en vue de cette comparution, était irrecevable pour tardiveté[9].

Ainsi, dès lors que la composition de la formation disciplinaire[10] amenée à juger l'avocat pouvait être connue, notamment par la consultation du bulletin du barreau mis à la disposition de tous les avocats de ce barreau, laquelle lui permettait de constater qui était susceptible de siéger dans cette formation et de prendre toute disposition utile, l'avocat poursuivi n'est pas recevable à invoquer devant la Cour de cassation la violation de l'article 6, § 1, de la Conv. EDH, dès lors qu'il n'a pas fait usage, lors de sa comparution en personne, de la possibilité d'en obtenir le respect en usant de la procédure de récusation, et qu'en s'abstenant de le faire avant la clôture des débats, il a renoncé à s'en prévaloir[11].

Mais l'avocat doit être mis en mesure de disposer des éléments pertinents de nature à lui permettre de s'assurer de l'impartialité du conseil de discipline : doit ainsi être annulée la décision d'un conseil de discipline rendue à l'encontre d'un avocat qui s'était opposé à un contrôle de comptabilité[12], alors même que le bâtonnier ne lui avait pas communiqué l'identité des membres du conseil de l'Ordre ayant participé à la délibération et ayant ordonné ce même contrôle de comptabilité[13], ce qui le privait de la possibilité de se défendre sur la validité et la réalité de la décision administrative de contrôle prise à son encontre[14] et de s'assurer de l'impartialité des

1. Civ. 2e, 4 janv. 2006, no 04-11.921, P II, no 7 ; *JCP* 2006. I. 188, obs. R. Martin ; *D.* 2006. 180.
2. Civ. 1re, 31 mars 1998, no 95-17.430, P I, no 133 ; *D.* 1998. 115 ; *JCP* 1998. IV. 2194 – Civ. 1re, 28 avr. 1998, no 96-11.637, P I, no 155 ; *D.* 1998. 131 ; *Gaz. Pal.* 1998. 586 ; *Gaz. Pal.* jur. 868, note G. Flécheux ; *Gaz. Pal.* 1998. Pan. 227 ; *JCP* 1999. II. 10102, note J. Pralus-Dupuy ; *RTD civ.* 1999. 191.
3. Décr. no 91-1197, 27 nov. 1991, art. 277 – Civ. 1re, 2 avr. 2009, no 08-12.246, P I, no 71 ; *D.* 2009. 2011, note M. Roux ; *D.* 2011. 1135, obs. V. Avena-Robardet ; *D.* 2011. 2704, obs. B. Blanchard – V. ss no 521.111.
4. Décr. no 2017-892, 6 mai 2017 portant diverses mesures de modernisation et de simplification de la procédure civile – L. Raschel, « Les aspects d'organisation judiciaire dans les décrets sur la justice du XXIe siècle », *Gaz. Pal.* 25 juill. 2017, p. 68.
5. C. pr. pén., art. 669 s.
6. L. no 71-1330, 31 déc. 1971, art. 22-3.
7. L. no 2021-723, 22 déc. 2021, art. 42.
8. C. pr. civ., art. 342 – V. ss no 522.247.
9. Civ. 1re, 4 nov. 1980, no 79-73.051, NP ; *Gaz. Pal.* 1981. 1. pan. 50 – Paris, ch. 1, sect. A, 14 oct. 2008, RG no 08/02630 ; – AUSSI : Amiens, 1re et 2e ch. civ. réunies, 28 avr. 1995 ; *Gaz. Pal.* 1995. 585, note A. Damien – Paris, 1re ch., sect. A, 14 oct. 2008, RG no 08/02630.
10. V. ss nos 118.31 s. et 522.231 s.
11. Civ. 1re, 16 nov. 2016, no 15-26.725, P ; *D.* 2016. 2412 ; *D. avocats* 2016. 343, obs. L. Dargent ; *Gaz. Pal.* 10 janv. 2017, p. 12, note D. Piau – Paris, pôle 2, ch. 1, 23 mars 2017, RG no 15/23854.
12. V. ss nos 511.171 s.
13. V. ss nos 511.171 s.
14. V. ss nos 513.181 s.

membres de la formation disciplinaire ayant sanctionné son opposition manifeste audit contrôle [1].

522.313 Requête. La requête motivée doit être déposée auprès du greffe de la cour d'appel, accompagnée des pièces propres à la justifier. Depuis le 1er septembre 2020 [2], elle peut [3] être adressée via le Rpva [4]. Lorsque la cause justifiant la demande est découverte à l'audience, la demande doit alors impérativement [5] être formée par déclaration consignée par le secrétaire de la formation disciplinaire dans un procès-verbal, qui est adressé sans délai au premier président. Une copie en est conservée au dossier [6].

La récusation contre plusieurs membres du conseil de discipline doit, à peine d'irrecevabilité, être demandée par un même acte à moins qu'une cause de récusation ne se révèle postérieurement [7].

La demande de récusation de l'ensemble des membres d'une juridiction, ou de plusieurs d'entre eux, est assimilée à une demande de renvoi pour cause de suspicion légitime [8].

522.314 Observations des personnes visées. Le président du conseil de discipline faisant l'objet d'une demande de renvoi pour cause de suspicion légitime, ou auquel appartient le membre dont la récusation est demandée, ainsi que le membre concerné, sont avisés par tout moyen par le premier président de la requête dont il est saisi afin de lui permettre soit d'acquiescer, soit de présenter des observations.

Lorsque le membre visé par la requête décide de se déporter spontanément, ou le président de faire droit à la demande de renvoi pour cause de suspicion légitime [9], le président du conseil de discipline en informe sans délai le premier président [10]. Il est alors procédé au remplacement du membre concerné ou à la distribution de l'affaire à une autre formation de jugement. La décision par laquelle il est, en cas d'acquiescement, procédé à la distribution de l'affaire à une autre formation de jugement, ou au remplacement d'un ou plusieurs membres de la formation, est un acte d'administration judiciaire insusceptible de tout recours fût-ce pour excès de pouvoir [11].

L'auteur de la requête n'a pas à être informé des observations faites par le président, le membre visé ou le ministère public, la procédure n'étant pas contradictoire [12].

522.315 Ordonnance du premier président. Le premier président statue sans débat, sans qu'il soit nécessaire d'appeler les parties ni le membre du conseil récusé, dans le délai d'un mois à compter de sa saisine après avis du procureur général, le non-respect de ce délai n'étant assorti d'aucune sanction [13]. Le greffier avise, par tout moyen et sans délai, de la décision rendue, les parties, le membre dont la récusation a été demandée, et le président du conseil de discipline auquel il appartient ou dont le dessaisissement a été demandé [14].

Si la demande est admise, il est procédé, suivant les cas, au remplacement du membre du conseil de discipline [15], ou au renvoi de l'affaire devant une autre formation de la juridiction initialement saisie ou devant une autre juridiction de même nature. Cette décision s'impose aux parties et au juge de renvoi [16].

Si la demande de récusation ou de renvoi pour cause de suspicion légitime est rejetée, son auteur peut être condamné à une amende civile d'un maximum de 10 000 euros sans préjudice des dommages-intérêts qui pourraient être réclamés [17].

522.316 Juridiction compétente en cas d'admission de la requête en suspicion légitime. La question s'est posée quant à la détermination de la juridiction compétente pour connaître de l'instance disciplinaire, une fois admise la demande de renvoi pour suspicion légitime. Certains auteurs conféraient à la cour d'appel cette compétence, omettant ainsi un degré de juridiction [18], d'autres auteurs estimaient que c'est au conseil de discipline récusé de statuer

1. Paris, pôle 2, ch. 1, 12 févr. 2015, RG n° 14/20988.
2. Arr. 20 mai 2020 relatif à la communication par voie électronique en matière civile devant les cours d'appel, *JO* 21 mai, p. 9041, NOR : JUST2002909A ; *JCP* 2020. 658.
3. ANTÉRIEUREMENT : Civ. 2e, 6 juill. 2017, n° 17-01.695 ; P II, n° 156 ; *Gaz. Pal.* 31 oct. 2017, p. 61, obs. C. Bléry ; *D.* 2018. 695, obs. N. Fricero.
4. V. ss nos 452.72 s.
5. Civ. 2e, 27 févr. 2020, n° 18-26.083, P ; *D.* 2020. 492 ; *Gaz. Pal.* 21 juill. 2020, p. 66, obs. L. Raschel.
6. C. pr. civ., art. 344.
7. C. pr. civ., art. 349.
8. Civ. 2e, 24 mars 1993, n° 92-16.410, P II, n° 126 – Civ. 1re, 1er juill. 2015, n° 14-18.149, P I, n° 22 – V. ss nos 522.305 s.
9. COJ, art. L. 111-7.
10. C. pr. civ., art. 345.
11. Civ. 2e, 1er févr. 2018, n° 17-14.730, P II, n° 22 ; *JCP* 2018. 530, n° 7, obs. E. Jeuland ; *Gaz. Pal.* 15 mai 2018, p. 72, note H. Herman.
12. Civ. 2e, 28 sept. 2017, n° 16-17.583, NP.
13. Civ. 2e, 10 juin 2010, n° 09-15.445, P II, n° 111 ; *RTD civ.* 2010. 615, obs. R. Perrot ; *D.* 2010. 1566 ; *D.* 2011. 265, obs. N. Fricero.
14. C. pr. civ., art. 346.
15. C. pr. civ., art. 347.
16. C. pr. civ., art. 347.
17. C. pr. civ., art. 348.
18. L. Crémieu note ss Douai, 15 juin 1957 ; *D.* 1957. 656 – Bordeaux, 29 oct. 1987 ; *Gaz. Pal.* 1987. 2. 751, note A. Damien, CRIT.

une fois complété conformément aux dispositions du décret du 27 novembre 1991[1].

La Cour de cassation a tranché cette controverse et considéré que, en cas de demande de renvoi pour suspicion légitime, si la requête apparaît fondée, et en l'absence tant d'autre formation de jugement au sein du conseil de discipline en cause[2] que faute de disposition légale permettant le renvoi devant un autre conseil de discipline, il appartient à la cour d'appel d'évoquer l'affaire et de statuer au fond[3].

522.317 **Voie de recours.** L'ordonnance rejetant la demande de récusation ou de renvoi pour cause de suspicion légitime peut faire l'objet d'un pourvoi dans les quinze jours de sa notification par le greffe[4].

522.318 **Effet sur la procédure en cours.** La requête présentée au premier président ne dessaisit pas le conseil de discipline dont le dessaisissement est demandé.

Les actes de procédure accomplis par le conseil de discipline avant que la décision accueillant la demande de récusation ou de renvoi pour cause de suspicion légitime n'ait été portée à sa connaissance, ne peuvent être remis en cause. Est toutefois non avenue, quelle qu'en soit sa date, la décision rendue par le conseil de discipline qui tranche tout ou partie du principal ou qui, sans trancher le principal, est exécutoire à titre provisoire[5].

La requête ne suspend pas le délai imparti au conseil de discipline pour statuer[6], faisant qu'il lui appartient, expressément, soit de proroger le délai imparti pour statuer[7], soit de surseoir à statuer[8], la décision de surseoir à statuer ne pouvant être implicite[9]. Le premier président peut également, après avis du procureur général, ordonner qu'il soit sursis à toute décision juridictionnelle jusqu'à la décision sur la demande de récusation ou de renvoi pour cause de suspicion légitime[10].

522.319 **Pouvoir du premier président de surseoir à statuer.** Il ne semble pas, mais la question est posée, que les pouvoirs conférés au premier président par le décret du 6 mai 2017[11] pour prononcer le sursis à statuer, évincent les pouvoirs propres du conseil de discipline pour prononcer, lui-même, un sursis à statuer, ce qui serait opportun afin de lui permettre de purger le délai qui lui est imparti pour statuer[12].

§ 3
Décision du conseil de discipline

522.320 **Plan.** Le conseil de discipline doit statuer dans un délai déterminé (A), ses décisions pouvant être de nature différente (B) et devant être notifiées à l'avocat poursuivi, au bâtonnier et au procureur général (C).

A.
Délai pour statuer

522.331 **Délai pour statuer : dans les huit mois de sa saisine.** Le conseil de discipline doit statuer dans les huit mois de sa saisine[13]. Si dans les huit mois de l'ouverture de l'instance disciplinaire, celle-ci n'a pas statué au fond ou par une décision avant dire droit[14], la demande est réputée rejetée, le conseil de discipline se trouvant dessaisi par sa décision implicite de rejet[15], et l'autorité de poursuite, le bâtonnier ou le procureur général, peut saisir la cour d'appel dans le mois de la décision implicite de rejet[16].

Le règlement intérieur d'un barreau[17] ne saurait prévoir un délai inférieur ou supérieur, les dispositions du décret du 27 novembre 1991[18] s'imposant et prévalant sur les dispositions du règlement intérieur qui ne peuvent contredire ou restreindre une disposition législative et réglementaire[19].

1. A. Damien, note s[s] Bordeaux, 29 oct. 1987 ; *Gaz. Pal.* 1987. 2. 751 – Nancy, 13 mai 1977 ; *Gaz. Pal.* 1978. II. 592 – Civ. 1re, 19 janv. 1988, n° 86-15.956, P I, n° 11 ; *Gaz. Pal.* 1988. Pan. 83.
2. IMPLICITEMENT : Civ. 1re, 26 nov. 2018, n° 17-16.523, NP ; *Gaz. Pal.* 8 janv. 2019, p. 32, obs. C. Berlaud ; *Gaz. Pal.* 28 mai 2019, p. 26, obs. B. de Belval et J. Villacèque.
3. Civ. 1re, 7 nov. 2000, n° 97-21.883 ; P I, n° 278 ; *JCP* 2001. II. 10484, note R. Martin ; *Gaz. Pal.* 20 avr. 2002, p. 14, obs. E. du Rusquec ; *D.* 2001. 811, note P. Cassuto-Teytaud ; *D.* 2002. 860, obs. B. Blanchard – Civ. 1re, 27 févr. 2007, n° 05-10.616, P I, n° 81.
4. C. pr. civ., art. 346.
5. C. pr. civ., art. 347.
6. V. s[s] n°s 522.331 s.
7. V. s[s] n° 522.332.
8. V. s[s] n°s 522.401 s.
9. Civ. 1re, 26 nov. 2018, n° 17-16.523, NP.
10. C. pr. civ., art. 345.
11. Décr. n° 2017-892 du 6 mai 2017 portant diverses mesures de modernisation et de simplification de la procédure civile, *JO* 10 mai, n° 14.
12. V. s[s] n°s 522.331 s.
13. Décr. n° 91-1197, 27 nov. 1991, art. 195.
14. V. s[s] n°s 522.381 s.
15. Civ. 1re, 5 mai 2004, n° 01-18.042, P I, n° 123 ; *D.* 2004. 1559.
16. Civ. 1re, 16 déc. 2003, n°s 03-13.353, 03-14.649, P I, n° 256 ; *D.* 2004. 977, obs. B. Beignier ; *D.* 2004. 2826, obs. B. Blanchard – Civ. 1re, 5 mai 2004, n° 01-18.042, P I, n° 123 ; *D.* 2004. 1559 – Civ. 1re, 20 oct. 2011, n° 10-24.662, P I, n° 168 ; *JCP* 2011. 1972, note S. Bortoluzzi ; *D.* 2011. 2606.
17. V. s[s] n°s 115.31 s.
18. Décr. n° 91-1197, 27 nov. 1991, art. 195.
19. CNB, Comm. RU, avis n° 2009-044, 22 sept. 2009 ; C. avocat 2021, s[s] décr. 27 nov. 1991, art. 195, note 2.

522.332 Prorogation du délai. Lorsque l'affaire n'est pas en état d'être jugée ou lorsqu'elle prononce un renvoi à la demande de l'une des parties[1], le conseil de discipline, mais pas son président[2], peut décider de proroger ce délai dans la limite de quatre mois[3].

522.333 Computation du délai. Le délai court à partir de la lettre adressée à l'avocat afin de l'informer de l'intention d'ouvrir une procédure disciplinaire et non de l'acte de poursuite déposé au secrétariat du conseil de discipline[4].

Il se termine par la date de la décision du conseil de discipline statuant au fond ou par une décision avant dire droit[5], et non celle de sa notification qui doit avoir lieu dans les huit jours de son prononcé[6].

522.334 Conséquence du dépassement du délai. L'expiration du délai imparti au conseil de discipline pour statuer emporte décision implicite de rejet des demandes de l'autorité de poursuite et dessaisissement du conseil de discipline. Il incombe par conséquent à l'autorité de poursuite, le bâtonnier ou le procureur général, de surveiller l'écoulement du délai imparti pour statuer afin de prendre acte, le cas échéant, de la décision implicite de rejet et de saisir la cour d'appel dans le mois qui suit, à l'encontre de cette même décision implicite, faute de quoi son recours serait irrecevable et l'instance disciplinaire éteinte[7].

Si une décision est rendue hors délai, la cour d'appel saisie par l'autorité de poursuite à l'encontre d'une telle décision, ne peut que constater le caractère non avenu de la décision du conseil de discipline, l'irrecevabilité de l'appel, et renvoyer l'avocat poursuivi des fins de poursuite[8].

522.335 Usure du délai. Tant le point de départ du délai pour statuer en matière disciplinaire, que sa durée, douze mois au plus, qui inclut le délai d'instruction de quatre mois prorogeable de deux mois, font partie des aspects de la procédure disciplinaire qui doivent être revus : cela permettrait dans le cadre d'une nécessaire refonte de la procédure disciplinaire, engagée à la suite du Rapport Darrois en 2009[9], et attendue depuis un projet de décret de la chancellerie de 2010[10], une prise en compte sereine des éventuels incidents d'instance[11], mais dont la concrétisation se fait toujours attendre à ce jour.

C'est ainsi qu'un avocat poursuivi dans une procédure disciplinaire, émaillée de quelque quinze recours et dix QPC ayant donné lieu à dix-neuf arrêts de la cour d'appel, a, aux termes d'un vingtième arrêt, fini par obtenir l'extinction de l'instance disciplinaire, la cour précisant que l'avocat « est parvenu par son acharnement procédural, par la multiplicité de ses recours, à éviter le jugement sur le fond de la poursuite »[12].

B.
Décisions du conseil de discipline

522.340 Plan. Le délibéré du conseil de discipline fait l'objet d'un arrêté disciplinaire motivé (1°), pouvant donner lieu, le cas échéant, à une décision avant dire droit (2°), un renvoi de l'affaire (3°) ou un sursis à statuer (4°).

1°
Délibération du conseil de discipline et arrêté disciplinaire

522.350 Plan. Le délibéré du conseil de discipline (a) fait l'objet d'un arrêté disciplinaire motivé (b).

a.
Délibération du conseil de discipline

522.361 Délibération du conseil de discipline sans aucun formalisme particulier. Lorsque les débats sont terminés, le président clôt les débats[13] en indiquant aux parties la date à laquelle sera rendu le délibéré[14], puis le conseil délibère, à la majorité des membres présents[15], hors la présence de l'avocat poursuivi, de son éventuel conseil et hors la présence du représentant de l'autorité de poursuite. Aucun formalisme particulier n'est prévu en la matière[16].

1. V. s[s] n°s 522.391 s.
2. Rennes, 5 mars 2021, RG n° 20/03631.
3. Décr. n° 91-1197, 27 nov. 1991, art. 195, al. 2.
4. Civ. 1re, 20 mars 2013, n° 12-19.710, NP – Montpellier, 9 juin 2021, RG n° 21/00497 ; *Gaz. Pal.* 5 oct. 2021, p. 35, obs. D. Landry – V. s[s] n° 522.104.
5. Civ. 1re, 30 juin 2021, n° 19-23.722, NP.
6. Décr. n° 91-1197, 27 nov. 1991, art. 196 – V. s[s] n°s 522.411 s.
7. Paris, pôle 2, ch. 1, 13 janv. 2011, RG n° 10/12927 – Civ. 1re, 20 oct. 2011, n° 10-24.662, P I, n° 168 ; *D.* 2011. 2606 ; *JCP* 2011. 1191, obs. S. Bortoluzzi – Civ. 1re, 4 mai 2012, n° 10-27.520, NP – V. s[s] n°s 522.441 s.
8. Paris, ch. 1, sect. F, 25 nov. 2004, RG n° 04/08230 – Civ. 1re, 24 sept. 2009, n° 08-14.544, NP ; *D.* 2009. 2704, obs. B. Blanchard – Civ. 1re, 20 oct. 2011, n° 10-24.662, P I, n° 168 ; *D.* 2011. 2606 ; *JCP* 2011. 1972, note S. Bortoluzzi ; *Gaz. Pal.* 11-13 déc. 2011, p. 19, note J.-L. Gaineton et J. Villacèque – Reims, 7 avr. 2017, RG n° 16/03359 – Rennes, 5 mars 2021, RG n° 20/03631.
9. *JCP* 2010. act. 306, obs. H. Croze.
10. V. s[s] n° 521.05.
11. CNB, Résolution relative à la réforme de la procédure et de l'instance disciplinaires, AG 18-19 janv. 2013.
12. Aix-en-Provence, ch. 1 B, 25 juin 2015, RG n° 14/09392.
13. V. s[s] n° 522.247.
14. C. pr. civ., art. 450.
15. C. pr. civ., art. 449 – Agen, 30 janv. 2019, RG n° 17/01436, *Gaz. Pal.* 28 mai 2019, p. 27, obs. D. Landry.
16. Caen, 15 oct. 1982, *D.* 1984. 115, obs. A. Brunois – Pau, 3 févr. 1982, *Gaz. Pal.* 1982. 194, note A. Damien.

Aucun rapport ou résumé ne peut intervenir après la clôture des débats et après que l'avocat poursuivi ait eu la parole le dernier. S'il était établi qu'une telle irrégularité s'était produite, elle entraînerait l'annulation de la décision disciplinaire qui aurait ainsi porté atteinte aux droits de la défense. Le délibéré est secret [1].

522.362 **Pouvoir de sanction du conseil de discipline.** L'application des règles de procédure civile aurait dû avoir pour conséquence que, à la différence de ce qui se passe en procédure pénale où la juridiction peut aller au-delà des réquisitions du parquet, le conseil de discipline ne saurait statuer *ultra petita* [2] et aller au-delà des demandes de l'autorité de poursuite.

C'est ainsi que dans une affaire où le conseil de discipline avait prononcé la sanction de la radiation à l'encontre d'un avocat alors que le bâtonnier, autorité de poursuite, n'avait requis qu'une interdiction temporaire de six mois [3], la cour d'appel infirma la décision du conseil de discipline et prononça à l'encontre de l'avocat poursuivi une interdiction temporaire d'exercice de six mois [4].

La Cour de cassation a toutefois eu l'occasion de considérer que « pour le choix de la sanction, la juridiction disciplinaire se détermine librement dans les seules limites prévues par les textes législatifs et réglementaires » [5], faisant que le conseil discipline n'est pas tenu par la sanction sollicitée par l'autorité de poursuite et peut prononcer une sanction [6] plus lourde que celle qui aurait été requise [7].

522.363 **Procès-verbal et secret du délibéré.** Le procès-verbal qui est établi par le secrétaire du conseil de discipline [8] suffit à prouver la régularité de la délibération dudit conseil dès lors qu'aucun de ses membres ne l'a contestée, même s'il ne donne aucune précision sur le nombre de voix par lesquelles elle a été acquise [9].

Si le procès-verbal de l'audience disciplinaire et de la délibération du conseil de discipline sont des pièces qui font partie de la décision elle-même, les notes prises durant la délibération du conseil de discipline sont couvertes par le secret du délibéré [10]. Le secret du délibéré relève du secret professionnel, la révélation d'une information couverte par le secret du délibéré étant sanctionnée au titre de la violation du secret professionnel [11].

b.
Arrêté disciplinaire

522.371 **Contenu de l'arrêté.** L'arrêté disciplinaire, après avoir indiqué la qualité des parties, l'identité des personnes entendues et l'ordre des auditions et précisé les mentions nécessaires afin de permettre de s'assurer que le principe du contradictoire a été respecté [12] et que l'avocat poursuivi a eu la parole en dernier [13], doit, notamment, après avoir rappelé la procédure suivie, préciser les faits reprochés et éventuellement retenus à l'encontre de l'avocat, leur qualification juridique et disciplinaire, et il peut le cas échéant rappeler la personnalité et le passé de l'avocat poursuivi [14].

Il doit ensuite comporter une motivation, tant sur les incidents et exceptions de procédure [15] que sur le fond, puis le sens du délibéré, soit en renvoyant l'avocat des fins de la poursuite, soit en prononçant une sanction disciplinaire ainsi que, le cas échéant, une ou plusieurs sanctions accessoires [16]. Il peut également rendre une décision avant dire droit [17], de renvoi de l'affaire [18], ou de sursis à statuer [19].

Lorsqu'il prononce une sanction disciplinaire, le conseil de discipline doit, en outre, impérativement tirer les conséquences de la sanction prononcée sur la structure d'exercice de l'avocat poursuivi et,

1. RIBP, art. P. 72.5.13.
2. C. pr. civ., art. 5.
3. CD Paris 26 juin 2007, n° 164537.
4. Paris, ch. 1, sect. F, 29 janv. 2009, RG n° 07/15378.
5. Civ. 1re, 4 mai 2012, n° 11-11.180, NP ; *D.* 2012. 1540, obs. C. Manara ; *D.* 2013. 136, obs. Th. Wickers – Civ. 1re, 29 oct. 2014, n° 13-27.610, NP – Civ. 1re, 17 mars 2016, n° 15-14.557, P I, n° 1008 – Civ. 1re 6 sept. 2017, n° 16-24.664, NP ; *Gaz. Pal.* 5 déc. 2017, p. 28, obs. D. Landry – Civ. 1re, 6 sept. 2017, n° 16-13.624, NP ; *Gaz. Pal.* 3 oct. 2017, p. 21, note D. Piau – Civ. 1re 31 janv. 2018, n° 16-21.614, NP ; – DÉJÀ : Civ. 1re, 11 juill. 1983, n° 83-11.591, P I, n° 201.
6. V. ss nos 523.00 s.
7. V. ss n° 522.465 s.
8. V. ss n° 522.248.
9. Caen, 15 oct. 1982, *D.* 1984. 115 ; – RAPPR. : Pau, 3 févr. 1982, *Gaz. Pal.* 1982. 1. 94, note A. Damien.
10. CE 17 nov. 1922 *Legillon (Sieurs)*, req. n° 75618, *Lebon* 849 – C. pr. civ., art. 448 – N. Fricero, « Délibérations des juges : entre secret et transparence », *Les Cahiers de la Justice*, n° 2014/3, p. 413 s. – J. Bourdoiseau, « Le secret du délibéré », Procédures 2011. Dossier. 6 – J.-P. Dumas, « Secret de juges », in *Le droit privé français à la fin du xxe siècle, Mél. offerts à Pierre Catala*, Litec, 2001, p. 179 s.
11. V. ss nos 411.40 s.
12. V. ss nos 521.111 s. et 522.241 s.
13. Civ. 1re, 16 mai 2012, n° 11-17.683, P I, n° 108 ; *D.* 2012. 1411.
14. L. n° 71-1130, 31 déc. 1971, art. 22 – Civ. 1re, 18 oct. 1988, n° 87-15.406, P I, n° 289 ; *D.* 1988. 249 – N. Fricero, « La motivation des sanctions selon la Cour européenne des droits de l'homme », C. Chainais, D. Fenouillet (dir.), *Les sanctions en droit contemporain*, t. II, *La motivation des sanctions prononcées en justice*, « L'esprit du droit », Dalloz, 2013, p. 83 s.
15. V. ss nos 522.261 s.
16. V. ss nos 523.21 s.
17. V. ss nos 522.381 s.
18. V. ss nos 522.391 s.
19. V. ss nos 522.401 s.

lorsque cela s'avère nécessaire, il appartient parfois au conseil de discipline, et à lui seul, de nommer un administrateur provisoire en cas d'interdiction temporaire[1] ou d'ordonner la dissolution de la structure d'exercice et de nommer un liquidateur en cas de radiation[2].

522.372 Motivation de l'arrêté. Le conseil de discipline doit rédiger la décision sous forme d'un arrêté disciplinaire motivé, caractérisant les faits, reconnaissant la culpabilité et prononçant la sanction en prenant soin justifier de son caractère proportionné[3]. L'obligation de motivation de la décision doit être comprise, eu égard aux évolutions jurisprudentielles récentes, comme s'entendant tant de la culpabilité que de la sanction[4], laquelle doit être motivée au regard de la gravité de faits, de la personnalité leur auteur et de sa situation personnelle[5], et ce y compris s'agissant des sanctions accessoires[6].

Il n'apparaît plus possible, comme cela avait pu être admis, de se prononcer dans le dispositif à la fois sur la culpabilité et la sanction[7] ou de se contenter d'une motivation sommaire[8].

La rédaction de l'arrêté ne doit pas révéler un défaut d'impartialité, de nature à entraîner la censure de la décision[9], ni trahir le secret du délibéré[10].

522.373 Formalisme de l'arrêté. L'arrêté disciplinaire doit mentionner, à peine de nullité[11], le nom des membres du conseil de discipline qui ont siégé[12].

Il doit être signé par le président et par le greffier[13], en l'occurrence le président du conseil de discipline et le secrétaire de séance[14] assurant le rôle de greffier[15], avec indication de leurs noms, prénoms et qualité[16], à défaut de quoi il est nul[17].

2°
Décision avant dire droit

522.381 Décision avant-dire droit impliquant prise d'une mesure provisoire ou d'une mesure d'instruction. Le fait pour le conseil de discipline de rendre, après avoir entendu le représentant de l'autorité de poursuite et l'avocat poursuivi, une décision avant-dire droit, décision impliquant de prendre une mesure provisoire ou d'ordonner une mesure d'instruction, telle qu'un complément d'information ou une expertise - dont sera chargé un membre du conseil de discipline - ou le renvoi[18] à une audience ultérieure, éventuellement pour l'audition de témoins[19] ou pour statuer au fond après le rejet d'une QPC[20], est suffisant pour interrompre les délais de l'article 195[21].

Tel ne sera pas le cas d'un arrêté qui n'ordonne aucune mesure, mais se borne à prononcer un sursis à statuer dans l'attente du rapport d'un avocat instructeur qui n'est pas désigné[22] : il y a lieu, dans une telle hypothèse, non pas de renvoyer au conseil de l'Ordre pour qu'il désigne un instructeur mais de désigner un instructeur parmi les membres du conseil de discipline.

Au cas d'appel du parquet général contre la décision avant dire droit, le délai est suspendu jusqu'à la signification de l'arrêt à intervenir[23].

522.382 Effet de la décision avant dire droit. Lorsque le conseil de discipline statue par une décision avant dire droit, la Cour de cassation est venue préciser qu'il y a alors lieu de considérer qu'un nouveau délai de huit mois, imparti au conseil de discipline pour statuer au fond[24], court à comp-

1. V. s^s n° 523.143.
2. V. s^s n°s 523.222.
3. V. s^s n° 523.31.
4. V. s^s n°s 523.61 s.
5. C. pr. civ., art. 455 – COMP. : Crim. 1er févr. 2017, n° 15-83.984, P n° 29 ; *Gaz. Pal.* 28 mars 2017, p. 17, note A. Mihman et A. Maes – Cons. const. 2 mars 2018, n° 2017-694 QPC, *M. Ousmane K... a., motivation de la peine dans les arrêts de cour d'assises,* NON-CONFORMITÉ TOTALE - EFFET DIFFÉRÉ - RÉSERVE TRANSITOIRE, *JO* 3 mars, n° 55 ; *D.* 2018. 1191, note A. Botton ; *JCP* 2018. 457, note H. Matsopoulou – Crim. 30 mai 2018, n° 16-85.777, P ; *JCP* 2018. 703 ; *JCP* 2018. 951, note E. Bonis ; *Gaz. Pal.* 26 juin 2018, p. 23, note O. Bachelet – Com. 5 juill. 2018, n° 18-11.743, NP – Com. 17 avr. 2019, n° 18-11.743, P ; *JCP* 2019. 841, note R. Vatinet ; – E. Dreyer, « Pourquoi motiver les peines ? », *D.* 2018. 576 – G. Guerlin, « La motivation des sanctions civiles », C. Chainais, D. Fenouillet (dir.), *Les sanctions en droit contemporain,* t. II, *La motivation des sanctions prononcées en justice*, « L'esprit du droit », Dalloz, 2013, p. 156 s.
6. COMP. : Crim. 27 juin 2018, n° 16-87.009, P ; *Gaz. Pal.* 11 sept. 2018, p. 27, note R. Mesa – V. s^s n°s 523.281 s.
7. Aix-en-Provence, 27 juin 1983, *Gaz. Pal.* 1983. 2. 664.
8. Paris, ch. 1 A, 27 sept. 1995, RG n° 94/16629.
9. COMP. : Civ. 2e, 14 sept. 2006, n° 04-20.524, P II, n° 222 ; *D.* 2006. 2346 ; *D.* 2007. 896, Chron. V. Vigneau ; *AJDI* 2006. 932, obs. F. Bérenger.
10. COMP. S'AGISSANT D'UNE DÉCISION mentionnant qu'elle a été prise à l'unanimité : Soc. 9 nov. 1945, *Gaz. Pal.* 1948. 1. 223.
11. C. pr. civ., art. 454.
12. Riom, 29 mars 1993, *Gaz. Pal.* 1994. Jur. 392, note A. Damien.
13. C. pr. civ., art. 456.
14. V. s^s n° 522.248.
15. Civ. 1re, 21 mars 2018, n° 15-28.630, NP.
16. Paris, 1re ch., sect. F, 28 mai 2009, RG n° 08/23550.
17. Aix-en-Provence, 15 oct. 2015, RG n° 15/09448.
18. V. s^s n°s 522.383 s.
19. RIBP, art. P. 72.5.10.
20. Civ. 1re, 30 juin 2021, n° 19-23.722, NP.
21. V. s^s n°s 522.331 s.
22. Paris, pôle 4, ch. 13, 8 avr. 2021, RG n° 19/06870.
23. Paris, 12 juill. 1983, *Gaz. Pal.* 1983. 2. 475, note A. Damien – Nancy, 3 juill. 1987, *Gaz. Pal.* 1987. 2. 556.
24. Décr. n° 91-1197, 27 nov. 1991, art. 195.

ter de la date de la décision statuant avant dire droit[1].

522.383 Décision statuant sur les exceptions de procédure. Il a été admis qu'un conseil de discipline pouvait statuer dans une première décision sur les exceptions de procédure[2] soulevées par l'avocat avant de renvoyer[3] l'examen de l'affaire au fond afin de statuer dans le délai supplémentaire de quatre mois qu'il avait la possibilité de mobiliser[4].

Il semble qu'une telle décision statuant sur les exceptions de procédure et renvoyant l'affaire à une audience ultérieure pour examen au fond, ait, en tout état de cause, la nature de décision avant dire droit, faisant qu'elle interrompt valablement le délai imparti pour statuer, un nouveau délai commençant à courir à compter de cette même décision[5].

3°
Renvoi de l'affaire

522.391 Renvoi simple. L'affaire peut être renvoyée à la demande de l'une des parties à une audience ultérieure, notamment s'il apparaît qu'elle n'est pas en état pour être jugée tel que dans l'hypothèse où l'avocat poursuivi n'aurait pas bénéficié d'un délai suffisant pour préparer sa défense.

La demande de renvoi, écrite, motivée et accompagnée de tout justificatif, est adressée au président du conseil de discipline ou, à Paris, au président de la formation disciplinaire[6].

522.392 Renvoi en formation plénière. À tout moment des débats, le conseil de discipline lorsqu'il siège en formation restreinte peut renvoyer l'examen de l'affaire à la formation plénière du conseil de discipline après avoir entendu le représentant de l'autorité de poursuite[7] et après audition de l'avocat qui comparaît[8].

522.393 Effet de la décision de renvoi. La décision de renvoi, sauf dans l'hypothèse où elle constitue une décision avant dire droit[9] ou prononce un sursis à statuer[10], n'a pas d'incidence sur le délai imparti au conseil de discipline pour statuer. Il y a donc lieu de veiller à ce que le délai pourra être respecté et, le cas échéant, de le proroger[11].

522.394 Convocation suite à un renvoi. En cas de renvoi, si l'avocat poursuivi est présent, il convient de lui faire signer un récépissé actant la date de renvoi et sa prise de connaissance par l'intéressé, faute de quoi il y aura lieu de procéder à une nouvelle convocation ou citation[12].

4°
Sursis à statuer

522.401 Décision de sursis à statuer. Le sursis à statuer, cause de suspension légale de l'instance, peut être prononcé, même d'office[13], par toute juridiction, même s'il n'est pas prévu par les textes, dans un souci d'une bonne administration de la justice et en vertu d'un pouvoir discrétionnaire[14]. Il peut ainsi être prononcé par le conseil de discipline, sans qu'il soit nécessaire que les dispositions propres à la procédure disciplinaire le prévoient expressément[15].

La décision de sursis à statuer ne peut faire l'objet d'un recours que sur autorisation du premier président, saisi par voie d'assignation en la forme des référés dans le mois de la décision, et s'il est justifié d'un motif grave et légitime auquel cas, une déclaration d'appel devra être formalisée dans le mois de l'ordonnance du premier président[16]. Il semble également que le procureur général, qui peut faire appel d'une décision de sursis à statuer[17], devrait être soumis aux mêmes obligations même si ce point n'a pas encore été tranché par la jurisprudence.

522.402 Effet du sursis à statuer. Le sursis à statuer prononcé dans l'attente d'un événement déterminé fait courir un nouveau délai de huit mois imparti au conseil de discipline pour statuer à compter de la réalisation de cet événement[18], et ce à compter de la réalisation de l'événement prévu par la décision de sursis à statuer et non de sa connaissance par les parties[19]. Il appartient, à cet égard, au conseil de discipline, d'informer la juridiction civile du sursis à statuer prononcé et de demander à être

1. Civ. 1re, 30 juin 2021, n° 19-23.722, NP.
2. V. ss nos 522.271 s.
3. V. ss nos 522.391 s.
4. Paris, pôle, 2, ch. 1, 13 juin 2019, RG nos 17/21296, 18/02674 – V. ss n° 522.332.
5. Civ. 1re 30 juin 2021, n° 19-23.722, NP.
6. Décr. n° 91-1197, 27 nov. 1991, art. 195.
7. RIBP art. P. 72.5.9.
8. Décr. n° 91-1197, 27 nov. 1991, art. 193.
9. V. ss nos 522.381 s.
10. V. ss nos 522.401 s.
11. V. ss n° 522.332.
12. V. ss nos 522.201 s.
13. Civ. 2e, 12 avr. 2018, n° 17-16.945, P II, n° 79 ; *Gaz. Pal.* 31 juill. 2018, p. 63, obs. N. Hoffschir.
14. Civ. 1re, 16 juin 1987, n° 85-17.200, P I, n° 196.
15. Civ. 1re, 1er juill. 2015, n° 14-18.149, P I, n° 22 ; *JCP* 2015. 1059, note D. Piau.
16. Civ. 1re, 14 nov. 2012, nos 09-70.872, 09-70.873, 2 arrêts, NP – Civ. 1re, 6 avr. 2016, n° 15-17.116, NP.
17. Civ. 1re, 15 mai 1984, n° 88-12.721, P I, n° 161 ; *D.* 1985. 106 ; *in* A. Damien, *Les grands arrêts*, Litec, 1991, p. 140.
18. Civ. 1re, 30 sept. 2015, n° 14-23.372, P ; *JCP* 2015. 1352, note C. Caseau-Roche ; *Gaz. Pal.* 16-17 oct. 2015, p. 9, note D. Piau ; *D.* 2015. 2019 ; *D. avocats* 2015. 396, G. Deharo.
19. Civ. 2e, 15 sept. 2005, n° 03-20.037, P II, n° 219 ; *D.* 2005. 2548 ; *RTD civ.* 2005. 823, obs. R. Perrot.

informée de la décision à intervenir dans d'autres affaires.

Reste en suspens le cas où le sursis à statuer serait motivé par des diligences que le conseil de discipline mettrait à la charge d'une partie (avocat poursuivi ou autorité de poursuite), dès lors que, si l'on raisonne par analogie avec le délai de péremption, il y aurait alors lieu de considérer que, dans ce dernier cas, ce ne serait pas un nouveau délai qui commencerait à courir mais le délai initial qui reprendrait son cours [1].

522.403 Sursis à statuer et requête en suspicion légitime. En cas de dépôt d'une demande de récusation ou d'une requête en suspicion légitime [2], la juridiction disciplinaire peut avoir intérêt, indépendamment des pouvoirs propres dont dispose le premier président en la matière, à surseoir à statuer dans l'attente de ce que la cour d'appel se prononce sur la demande [3].

522.404 Sursis à statuer et action civile. Même si, comme a déjà eu l'occasion de le juger la Cour de cassation, une action civile, telle qu'une procédure de fixation des honoraires, n'est pas un préalable légal à la mise en œuvre de la procédure disciplinaire [4], il peut y avoir intérêt à surseoir à statuer dans l'attente d'une contestation au fond sur les faits ayant donné lieu à la procédure disciplinaire [5].

Ce sera tout particulièrement le cas lorsque le litige au fond relève de la compétence de la juridiction du bâtonnier en matière de règlement des différends entre avocats dans le cadre de leur exercice professionnel [6] ou d'honoraires [7]. En effet, dans ces hypothèses, le bâtonnier est à la fois arbitre et autorité de poursuite dans le cadre de la procédure disciplinaire, situation qui peut paraître ambiguë. Elle n'est pas, pour autant, en soi, une cause légitime de récusation, dès lors que le bâtonnier use de ses pouvoirs de délégation en la matière [8], et qu'investi par délégation du bâtonnier d'un pouvoir juridictionnel, son délégué statue en toute indépendance.

Il est toutefois préférable, dans ce genre de situation, que l'autorité de poursuite s'abstienne d'ouvrir une procédure, dans l'attente d'une décision définitive au fond sur le litige, afin d'éviter une « concomitance, certes regrettable, des procédures » [9]. En tout état de cause, le fait d'attendre une décision au fond établissant les faits ne pourra que faciliter leur appréciation par le conseil de discipline.

522.405 Sursis à statuer et actions pénales. Les procédures pénale et disciplinaire sont indépendantes l'une de l'autre, la règle selon laquelle « le criminel tient le civil en l'état » ne s'applique pas en matière disciplinaire [10].

La Cour de cassation rappelle avec netteté qu'il n'est pas nécessaire que la poursuite pénale soit définitivement jugée pour permettre à la juridiction disciplinaire d'évoquer l'action disciplinaire. Les deux actions ont, en effet, un fondement distinct si elles ont pour objet la répression d'un fait unique, l'une tend à la poursuite et à la répression des faits constituant un délit ou un crime, l'autre à juger des faits qui, à supposer qu'ils soient reconnus ou constants, sont susceptibles de constituer des manquements aux règles professionnelles, à la déontologie et notamment à la probité, à l'honneur et à la délicatesse, faits susceptibles de constituer des fautes disciplinaires [11], sauf lorsque les faits poursuivis pénalement s'identifient de façon précise avec le comportement reproché à l'avocat sur le plan disciplinaire et lorsqu'un doute peut exister sur la réalité de ce fait et sur l'intention coupable [12], ce qui est une hypothèse d'école.

La Cour de cassation a ainsi pu considérer que : « [...] ayant constaté par un motif non contesté par le pourvoi que toutes les pièces de la procédure disciplinaire avaient été discutées contradictoirement, la cour d'appel, en refusant de surseoir à statuer jusqu'à la décision sur l'action pénale engagée relativement à d'autres infractions, n'a violé ni le principe de la contradiction, ni l'article 6 de la Conv. EDH » [13], et sa jurisprudence est constante en ce sens [14].

1. Civ. 2e, 15 mars 1995, no 93-15.761, P II, no 92 ; *RTD civ.* 1995. 954, obs. R. Perrot.
2. V. ss nos 522.301 s.
3. Civ. 2e, 22 mai 2002, no 99-13.871, P II, no 140 ; *D.* 2002. 2578 ; *JCP* 2002. I. 172 no 22, obs. R. Martin – Civ. 1re, 1er juill. 2015, no 14-18.149, P I, no 22 ; *JCP* 2015. 1059, note D. Piau.
4. Civ. 1re, 26 avr. 1977, no 76-12.024, P I, no 183.
5. V. ss nos 312.101 s.
6. V. ss no 822.00.
7. V. ss nos 741.21 s.
8. Décr. no 91-1197, 27 nov. 1991, art. 7, al. 1er.
9. Paris, pôle 2, ch. 1, 25 févr. 2015, RG no 14/20608.
10. V. ss nos 312.81 s.
11. Civ. 1re, 12 avr. 1983, no 82-12.517, P I, no 114 ; *Gaz. Pal.* 1983. 2. 476 – Civ. 1re, 6 sept. 2017, no 16-13.624, NP ; *Gaz. Pal.* 3 oct. 2017, note D. Piau – V. ss nos 523.411 s.
12. Civ. 1re, 15 mai 1984, no 83-12.721, P I, no 161 ; *Gaz. Pal.* 1984. 2. pan. 275 ; *D.* 1985. 106, note A. Brunois ; *in* A. DAMIEN, *Les grands arrêts*, Litec, 1991, p. 140.
13. Civ. 1re, 28 avr. 2011, no 10-15.444, NP.
14. Civ. 1re, 14 juin 1988, no 86-19.184, P I, no 187 ; *Gaz. Pal.* 1989. Somm. 159, note S. Guinchard et T. Moussa ; – RAPPR. : Civ. 1re, 18 mai 1989, no 87-15.084, P I, no 201 ; *D.* 1989. 180 ; *JCP* 1989. IV. 263 ; *Gaz. Pal.* 1989. Pan. 128 – Civ. 1re, 31 oct. 1989, no 88-14.042, P I, no 334 ; *Gaz. Pal.* 1990. 1. pan. 12 ; *JCP* 1991. II. 21693, note G. Memeteau – Civ. 1re, 2 avr. 1997, no 95-13.599, P I, no 115 ; *D.* 1997. 108 ; *JCP* 1997. IV. 1119 ; *Gaz. Pal.* 1997. Pan. 259 ; *Gaz. Pal.* 1999. Somm. 519, note E. du Rusquec.

Toutefois, le sursis à statuer peut être utilisé par le conseil de discipline dans l'attente de l'issue d'une procédure pénale afférente aux faits ayant motivé le renvoi en disciplinaire de l'avocat [1] dès lors que, lorsque cette action est basée sur des faits qui font l'objet d'une information pénale, le conseil de discipline aimera le plus souvent attendre l'issue du procès avant de statuer disciplinairement, de façon à éviter une contrariété possible de décisions, notamment en ce qui concerne l'appréciation de la matérialité des faits servant de base à l'une et à l'autre action [2]. Il s'agit là d'un usage considéré comme judicieux.

Le Conseil d'État, pour sa part, en matière disciplinaire rappelle que s'il appartient à la juridiction disciplinaire d'ordonner, le cas échéant, toute mesure d'instruction en vue de compléter son information, elle ne peut, sans méconnaître sa compétence, subordonner sa décision sur l'action disciplinaire à l'intervention d'une décision définitive du juge pénal [3].

522.406 Sursis à statuer et injonction. Le conseil de discipline apparaît pouvoir surseoir à statuer en faisant injonction à l'avocat poursuivi de réaliser certains actes, tel que procéder au paiement des honoraires dus en restitution, et accorder un délai en vue de vérifier la réalisation de cette injonction par l'avocat poursuivi [4]. Dans ce cas, il convient d'être prudent dans la mesure où le sursis à statuer ainsi ordonné ne devrait que suspendre le délai pour statuer [5].

Il appartiendra donc au conseil de discipline de statuer dans le délai restant à courir à l'issue de la réalisation de l'événement ayant motivé le sursis. Il ne s'agit pas là d'une mesure de réparation civile posée dans le cadre d'une action civile mais d'une mesure destinée à faire cesser un trouble manifeste [6]. Il a également été admis, devant la cour d'appel [7] que cette dernière pouvait surseoir à statuer relativement au prononcé des sanctions disciplinaires jusqu'à ce que le préjudice subi par les clients ait été établi [8].

1. Civ. 1re, 22 mai 2002, nos 99-13.871, 99-13.872, P I, no 1401 ; *D.* 2002. 2578.
2. Colmar, 27 juill. 1945 ; *Gaz. Pal.* 1945. 2. 116 – V. ss no 522.167.
3. CE 28 janv. 1994, *Conseil départemental de l'Ordre des médecins de Meurthe-et-Moselle*, req. no 126512, *Lebon ; AJDA* 1994. 352 ; *RFDA* 1994. 459, concl. R. Schwartz – CE 9 avr. 1975, req. no 92676, *Lebon*.
4. Paris, 24 févr. 1988, *Gaz. Pal.* 23 avr. 1988, p. 11, note A. Damien.
5. V. ss no 522.402.
6. Lyon, 7 févr. 1977 ; *Gaz. Pal.* 1979. 2. Somm. 436.
7. V. ss nos 522.491 s.
8. Paris, 23 mars 1988, *Gaz. Pal.* 2 juin 1988, p. 12, note A. Damien.

C.
Notification de la décision

522.411 Notification de la décision à l'avocat poursuivi, au procureur général et au bâtonnier. Le conseil de discipline notifie sa décision à l'avocat poursuivi, au procureur général et au bâtonnier dans les huit jours de son prononcé par lettre recommandée avec demande d'avis de réception [9], ou LRE eIDAS [10], et ce, même en cas de classement sans suite, de non-lieu ou de relaxe. Le plaignant est informé du dispositif de la décision lorsque celle-ci est passée en force de chose jugée.

La notification est réputée faite à personne lorsque l'avis de réception est signé par son destinataire. Cette notification doit rappeler les formes et les délais de recours [11] contre l'arrêté du conseil de discipline et ce, à peine de nullité [12].

522.412 Notification par voie de signification. Il y a lieu de procéder par voie de signification [13], en cas de retour du recommandé avec la mention « non réclamé » ou « n'habite pas à l'adresse indiquée ».

En cas d'impossibilité de signification à personne au domicile indiqué, la copie de l'acte ne peut être laissée à la personne présente, au gardien de l'immeuble ou en dernier lieu à tout voisin qu'à la condition que cette personne l'accepte et déclare ses nom, prénoms et qualité et, s'il s'agit du voisin, qu'il indique son domicile et donne récépissé [14]. À défaut, l'huissier de justice instrumentaire ne peut procéder à un dépôt à l'étude qu'autant qu'il constate que la personne certifiant la réalité du domicile refuse de prendre la copie de l'acte [15]. Lorsque la personne à qui l'acte doit être signifié n'a ni domicile, ni résidence, ni lieu de travail connus, l'huissier de justice doit dresser un procès-verbal où il relate avec précision les diligences qu'il a accomplies pour rechercher le destinataire de l'acte [16].

Il y a donc lieu de vérifier, d'une part, que la signature relevée sur l'avis de réception de la lettre

9. Décr. no 91-1197, 27 nov. 1991, art. 196.
10. Règl. 910/2014, Parlement et Conseil, 23 juill. 2014 sur l'identification électronique et les services de confiance pour les transactions électroniques au sein du marché intérieur et abrogeant la directive 1999/93/CE, *JOUE L* 257, 28 août, p. 73 – Décr. no 2018-347, 9 mai 2018 relatif à la lettre recommandée électronique, *JO* 12 mai, no 16 ; – SUR LAQUELLE : F. Dempuré, « Gros plan sur la lettre recommandée électronique », *JCP* 2019. 1100 – CPCE, art. R. 53 à R. 53-4.
11. V. ss nos 522.452 s.
12. C. pr. civ., art. 680 et 693 – S. Guinchard (dir.), *Droit et pratique de la procédure civile,* 10e éd., « Dalloz Action », 2020, nos 523.141 s.
13. C. pr. civ., art. 670-1.
14. C. pr. civ., art. 655.
15. C. pr. civ., art. 656.
16. C. pr. civ., art. 659.

recommandée de notification est bien celle de l'avocat poursuivi ou d'une personne régulièrement mandatée par lui, et, d'autre part, le cas échéant, que l'acte de signification emportant dépôt à l'étude porte la mention du refus du voisin d'accepter la remise de l'acte et la mention des investigations complémentaires établissant, en l'absence d'identification du voisin présent dans les lieux, la réalité du domicile de la destinataire[1] ou que le procès-verbal de recherches infructueuses mentionne bien les diligences précises effectuées pour rechercher le destinataire[2].

522.413 **Conséquences d'une notification nulle.** À défaut de notification valable, celle-ci ne fait pas courir le délai d'appel et l'appel hors délai demeure recevable[3].

Toutefois, la Cour de cassation a jugé que si l'absence de mention du délai d'appel et des modalités de celui-ci n'avait causé aucun grief à l'intéressé, l'avocat sanctionné était irrecevable à soulever ce moyen et que son appel, à l'encontre d'une décision implicite de rejet qui ne pouvait donc faire l'objet d'une notification, tardif devait être déclaré irrecevable[4]. Il semble donc nécessaire que les arrêts qui veulent déclarer recevable un recours contre une décision du conseil de discipline formé tardivement, mais considéré comme régulier pour non-respect des dispositions de l'article 680 du code de procédure civile, ne se bornent pas à énoncer cette seule circonstance mais disent en quoi cette omission a pu causer un grief à l'appelant[5], la connaissance du recours ne supprimant pas le grief[6].

SECTION 4
VOIES DE RECOURS

522.420 **Plan.** Les voies de recours sont l'appel (§ 1), puis le pourvoi en cassation (§ 2). La question de la révision et de la tierce opposition demeure incertaine (§ 3).

1. Civ. 2e, 13 oct. 2005, no 04-12.702, NP.
2. Civ. 2e, 7 déc. 2006, no 06-11.211, P II, no 349.
3. Rennes, 24 mai 1977, *Gaz. Pal.* 1977. 2. 437, note A. Damien ; *RTD civ.* 1978. 193, obs. J.-J. Daigre – Colmar, 8 mars 1982, *Gaz. Pal.* 1982. 2. 495 – Lyon, 8 juill. 1987, *Gaz. Pal.* 1987. 2. 590, note A. Damien ; – COMP. : Cass., ass. plén., 8 avr. 2016, no 14-18.821, NP ; *D.* 2016. 1060, note L. Veyre – V. ss nos 522.452 s.
4. Civ. 1re, 26 janv. 1982, no 80-17.109, P I, no 39 ; *JCP* 1983. IV. 130.
5. N. Fricero, dans S. Guinchard (dir.), *Droit et pratique de la procédure civile*, 10e éd., « Dalloz Action », 2021, no 523.162.
6. Civ. 2e, 25 oct. 1979, no 78-12.040, P II, no 252 ; *Gaz. Pal.* 1980. 456, note E. du Rusquec ; *RTD civ.* 1980. 413, obs. R. Perrot.

§ 1
Appel

522.430 **Plan.** L'appel, seule voie de recours possible depuis la disparition de l'opposition (A), se déroule selon des formes et des délais déterminés (B), ayant des effets suspensifs et dévolutifs (C), les parties à l'instance d'appel étant l'avocat poursuivi, ainsi que l'autorité de poursuite, soit suivant les cas, le bâtonnier ou le procureur général. La procédure est celle prévue en matière contentieuse sans représentation obligatoire (E).

A.
Propos liminaires

522.441 **L'appel : seul recours possible depuis la disparition de l'opposition.** L'opposition a disparu des voies de recours ouvertes contre les décisions du conseil de discipline en 1974[7], date jusqu'à laquelle si la décision prononçant une sanction disciplinaire était rendue par défaut, l'avocat pouvait former opposition dans le délai de huit jours à dater de la notification à personne de la décision ou, si la notification n'avait pas été faite à personne, dans le mois de ladite notification, opposition par simple déclaration au secrétariat du conseil de discipline.

L'avocat défaillant est donc obligé de saisir la cour par la voie de l'appel s'il désire être jugé contradictoirement[8].

522.442 **Intérêt de l'opposition.** L'opposition demeure destinée à pallier le cas où l'avocat viendrait faire défaut devant la cour d'appel et l'arrêt à intervenir semblerait être susceptible d'opposition si l'avocat poursuivi n'a pas été touché régulièrement par la convocation[9]. Si le conseil de l'avocat défaillant se présente, il est entendu dans ses observations mais ne représente pas l'avocat poursuivi, la procédure demeure par défaut[10].

La cour d'appel de Paris a ainsi admis l'examen d'une opposition à l'encontre d'un arrêt de la cour en matière disciplinaire mais déclaré celle-ci irrecevable dès lors que l'arrêt objet de l'opposition n'avait pas été rendu par défaut. La cour observe que l'avocat ne s'est pas présenté devant la cour bien que régulièrement convoqué pour voir statuer sur l'appel qu'il avait interjeté à l'encontre de la décision du conseil de discipline[11].

7. Décr. no 72-468, 9 juin 1972 organisant la profession d'avocat, pris pour l'application de la loi no 71-1130 du 31 déc. 1971, *JO* 11 juin, art. 118.
8. Civ. 1re, 3 mai 1979, no 78-10.751, P I, no 127.
9. V. ss nos 522.492 s.
10. V. ss no 522.241.
11. Paris, pôle 2, ch. 1, 12 nov. 2015, RG no 15/03281.

En réalité, l'opposition ne devrait avoir que guère d'intérêt pratique, sauf à permettre des recours dilatoires, dès lors que la rigueur des formalités procédurales, notamment quant à la délivrance de la convocation[1], et à l'application des règles relatives à la procédure orale sans représentation obligatoire[2], fait que les cas de véritables décisions rendues par défaut sont, en principe, censés être rares pour ne pas dire inexistants.

B.
Formes et délais de l'appel

522.451 **Qui peut faire appel ?** La décision du conseil de discipline peut, en vertu de l'article 23 de la loi du 31 décembre 1971, être déférée à la cour d'appel par l'avocat poursuivi, le bâtonnier[3] dont il relève ou le procureur général[4]. Il n'est pas nécessaire que le bâtonnier ou procureur général ait été à l'origine des poursuites disciplinaires pour qu'il puisse déférer la décision du conseil de discipline à la cour d'appel : l'article 23 leur confère un droit propre et autonome de déférer la décision à la cour d'appel sans considération de leur qualité de partie devant le conseil de discipline[5].

Nulle autre personne ne peut faire appel de l'arrêté disciplinaire[6], notamment le plaignant[7] à qui donc est fermée la voie de l'appel, sauf à lui de demander au procureur général, ou au bâtonnier, de vouloir bien faire usage de son droit d'appel pour faire réformer une décision[8].

La loi la confiance dans l'institution judiciaire[9] n'a pas prévu que le plaignant, auteur de la réclamation, bien qu'il soit désormais en mesure de saisir le conseil de discipline[10], puisse faire appel de la décision du conseil de discipline rendue sur sa saisine[11].

522.452 **Délai d'appel.** L'appel doit être formé dans le mois[12] de la notification de l'arrêté disciplinaire dans la mesure où cette notification comporte l'indication des voies et délais de recours[13], ou de la décision implicite de rejet des demandes de l'autorité de poursuite[14].

Si l'avocat poursuivi reçoit la notification de cette décision à l'étranger, même s'il dispose d'un domicile ou d'une résidence en France, le délai d'appel dont il dispose pour déférer cette décision à la censure de la cour d'appel est celui de l'article 643 du code de procédure civile (délai supplémentaire de deux mois)[15].

522.453 **Appel incident.** En cas d'appel, l'appel incident de la partie à laquelle cet appel a été notifié par le greffier en chef doit être effectué dans les quinze jours de la notification du recours principal[16]. Ce délai de quinzaine, expressément précisé par les textes, fait obstacle à ce qu'un appel incident puisse être interjeté en tout état de cause, tel que lors de l'audience devant la cour.

Dans l'hypothèse où l'avocat poursuivi est auteur de l'appel, il appartient donc au bâtonnier et au procureur général de veiller à respecter ce délai, notamment s'ils souhaitent solliciter une aggravation de la sanction disciplinaire à cause d'appel[17].

522.454 **Appel contre la décision rendue au fond.** On notera qu'est irrecevable, sauf cas d'excès de pouvoir, ce qui n'est pas le cas de la violation du principe du contradictoire, l'appel contre une décision du conseil de discipline qui viendrait à statuer sur une exception de procédure[18], l'appel devant alors être formé tant contre la décision au fond qu'à l'encontre de celle statuant sur l'exception de procédure une fois la décision au fond rendue.

Il a pu être jugé que l'appel n'était pas recevable à l'encontre d'une décision d'incompétence[19]. Depuis le 1er septembre 2017[20], c'est la voie de l'appel qui est ouverte, mais dans le délai de quinze jours à compter de la notification de la décision[21]. Mais il conviendra de respecter les conditions de forme prévues en

1. V. s^s^ n°s 522.492 s.
2. V. s^s^ n° 522.491.
3. Civ. 1re, 22 oct. 2009, n° 08-18.369, NP ; *D.* 2011. 552, obs. B. Blanchard.
4. L. n° 71-1130, 31 déc. 1971, art. 23 – Décr. n° 91-1197, 27 nov. 1991, art. 197.
5. L. n° 71-1130, 31 déc. 1971, art. 23 – Décr. n° 91-1197, 27 nov. 1991, art. 197.
6. Cass., as. plén., 18 nov. 1988, n° 87-11.605, P n° 8 ; *D.* 1988. 290 ; *Gaz. Pal.* 7 mars 1988, note A. Damien ; – ARRÊT RENVERSANT LA JURISPRUDENCE RAPPELÉE, DANS LA MÊME AFFAIRE, PAR : Civ. 1re, 25 juin 1985, n° 84-13.478, P I, n° 202.
7. V. ss nos 521.91 s.
8. Orléans, 29 juin 1983, *Gaz. Pal.* 1983. 2. 512.
9. L. n° 2021-1723, 22 déc. 2021, art. 42.
10. V. ss nos 522.10 s.
11. L. n° 71-1130, 31 déc. 1971, art. 23 ; – TOUTEFOIS, v. ss n° 521.96.
12. Décr. n° 91-1197, 27 nov. 1991, art. 16, al. 2.
13. Rennes, 24 mai 1977, *Gaz. Pal.* 1977. 2. 437, note A. Damien ; *RTD civ.* 1978. 193, obs. J.-J. Daigre – Colmar, 8 mars 1982, *Gaz. Pal.* 1982. 2. 495 – Lyon, 8 juill. 1987, *Gaz. Pal.* 1987. 2. 590, note A. Damien ; – COMP. : Cass., ass. plén., 8 avr. 2016, n° 14-18.821, NP ; *D.* 2016. 1060, note L. Veyre – V. ss n° 522.413.
14. V. ss nos 522.333 s.
15. Colmar, 17 mai 1982, *Gaz. Pal.* 1982. 2. 495 – Bordeaux, 2 juill. 1982 ; *Gaz. Pal.* 1982. 2. 491.
16. Décr. n° 91-1197, 27 nov. 1991, art. 197, al. 3.
17. V. ss n° 522.464.
18. Civ. 1re, 28 avr. 1998, n° 95-22.241, P I, n° 151 ; *Gaz. Pal.* 16 sept. 1998, p. 14 ; *D.* 1998. 137.
19. Paris, 26 sept. 2001 ; *Gaz. Pal.* 14 avr. 2002, p. 13.
20. Décr. n° 2017-891 du 6 mai 2017 relatif aux exceptions d'incompétence et à l'appel en matière civile, *JO* 17 mai, n° 113.
21. C. pr. civ., art. 84.

la matière par l'article 85 du code de procédure civile.

522.455 **Formes de l'appel.** L'appel principal comme incident est formé soit par lettre recommandée avec demande d'avis de réception, ou LRE eIDAS[1], adressée au secrétariat-greffe de la cour d'appel, soit par une déclaration remise contre récépissé au greffier en chef[2] auquel est assimilé le directeur des services de greffe judiciaire[3].

Une déclaration orale reçue par le greffier en chef, en l'occurrence un « document intitulé « déclaration d'appel », signé du magistrat et authentifié par le greffier qui a attesté l'avoir reçu et qui l'a enregistré, accompagné de la copie de la décision critiquée », n'est pas recevable : il doit faire l'objet de la délivrance d'un récépissé distinct du recours lui-même[4]. Tout comme est irrecevable la déclaration d'appel par lettre remise au secrétariat-greffe et non au greffier en chef[5], celle adressée par lettre simple au greffe de la cour qui porte le timbre d'arrivée au greffe mais dont il ne résulte d'aucune autre mention sur ce simple courrier qu'il a été remis contre récépissé[6], ou encore celle adressée à la « cour d'appel » sans autre précision quant à son destinataire effectif[7].

522.456 **Réseau privé virtuel des avocats (RPVA).** Il nous semble que la déclaration d'appel, ainsi que les actes de constitution et les pièces qui leur sont associées, tout comme les conclusions, peuvent être valablement adressées au greffe de la cour d'appel par la voie électronique par le biais du RPVA[8].

522.457 **Contenu de la déclaration d'appel.** Depuis le 1er septembre 2017[9], la déclaration d'appel doit préciser, outre les nom, prénoms, profession et domicile de l'appelant, les nom et adresse des parties contre lesquelles l'appel est dirigé, à savoir soit l'autorité de poursuite à l'origine de la procédure disciplinaire[10], soit l'avocat poursuivi, ainsi que le jugement dont il est fait appel. Elle doit également indiquer les chefs du jugement critiqués auxquels l'appel est limité, sauf si l'appel tend à l'annulation du jugement ou si l'objet du litige est indivisible[11].

La Cour de cassation a eu l'occasion de préciser que dès lors que la déclaration d'appel mentionnait qu'il était dirigé contre la mesure d'interdiction temporaire et contre la mesure de publicité relative à cette sanction et ne faisait pas état de la sanction accessoire d'inéligibilité, étant précisé qu'en outre, lors de l'audience l'avocat poursuivi, avait sollicité une sanction plus douce mais s'était abstenu de toute critique relative à la sanction accessoire d'inéligibilité, une cour d'appel a pu, à bon droit, décider que l'appel avait été limité aux chefs de la décision relatifs à la sanction principale et à la mesure de publicité, et que la sanction accessoire ne présentait pas d'indivisibilité avec la sanction principale, de sorte que le chef de la décision du conseil de discipline relatif à l'inéligibilité était devenu définitif[12].

522.458 **Information sur l'appel.** Le greffier en chef de la cour d'appel notifie l'appel à toutes les parties, par lettre recommandée avec demande d'avis de réception, en indiquant la date à laquelle l'affaire sera appelée[13].

C. Effets de l'appel

522.461 **Effet suspensif de l'appel.** Le délai d'appel suspend l'exécution de la décision du conseil de discipline. L'appel exercé dans ce délai est également suspensif[14].

522.462 **Effet dévolutif de l'appel.** Aux termes de l'article 561 du code de procédure civile, l'appel remet la chose jugée en question devant la juridiction d'appel. Dès lors, si elle annule la décision du conseil de discipline, la cour d'appel peut évoquer le litige afin de statuer sur le fond.

C'est ainsi qu'une cour d'appel, après avoir constaté qu'un avocat sollicitait l'infirmation au fond de la décision du conseil de discipline, a justement énoncé que quels que soient les griefs invoqués par lui pour

1. Règl. 910/2014, Parlement et Conseil, 23 juill. 2014 sur l'identification électronique et les services de confiance pour les transactions électroniques au sein du marché intérieur et abrogeant la directive 1999/93/CE, *JOUE L* 257, 28 août, p. 73 – Décr. nº 2018-347, 9 mai 2018 relatif à la lettre recommandée électronique, *JO* 12 mai, nº 116 – F. Dempuré, « Gros plan sur la lettre recommandée électronique », *JCP* 2019. 1100 – CPCE, art. R. 53 à R. 53-4.
2. Décr. nº 91-1197, 27 nov. 1991, art. 16.
3. Civ. 1re, 12 déc. 2018, nº 17-25.813, P ; *D.* 2019. 23 ; *Gaz. Pal.* 22 janv. 2019, p. 36, obs. C. Berlaud ; *JCP* 2019. 9 ; *D.* 2019. 23 – Décr. nº 2015-1273, 13 oct. 2015 portant statut particulier du corps des directeurs des services de greffe judiciaires, *JO* 15 oct., art. 4.
4. Civ. 1re, 18 févr. 2015, nº 14-50.040, P I, nº 42 ; *D.* 2015. 494 ; *RDLC* mai 2015, p. 73, obs. C. Bléry – Civ. 1re, 8 févr. 2017, nº 16-19.855, NP.
5. Civ. 1re, 29 juin 2016, nº 15-19.589, P ; *D.* 2017. 77, obs. Th. Wickers ; *JCP* 2016. 1086, nº 18, obs. S. Bortoluzzi.
6. Nîmes, 1re ch. A, 29 nov. 2011, RG nº 10/05776.
7. Paris, pôle 2, ch. 1, 19 nov. 2020, RG nº 19/02279.
8. PAR ANALOGIE : Civ. 2e, 19 mars 2020, nº 19-11.450, P ; *Gaz. Pal.* 21 juill. 2020, p. 82, obs. N. Hoffschir – V. ss nos 452.72 s.
9. Décr. nº 2017-891, 6 mai 2017.
10. V. ss nos 521.72 s. et 522.10.
11. C. pr. civ., art. 933.
12. Civ. 1re, 7 juin 2005, nº 05-60.033, NP.
13. Décr. nº 91-1197, 27 nov. 1991, art. 197.
14. Décr. nº 91-1197, 27 nov. 1991, art. 16.

contester la régularité de la procédure suivie devant le conseil de discipline, ceux-ci ne pouvaient avoir aucune incidence sur la décision des juges du second degré, dès lors que, saisis de l'entier litige par l'effet dévolutif de l'appel et ayant procédé à nouveau à une instruction complète et contradictoire, il leur était demandé de statuer au fond[1]. C'est donc dans l'exercice souverain d'appréciation de la valeur probante des éléments qui lui sont soumis, qu'une cour d'appel, saisie de l'entier litige, peut considérer comme établi, le fait qu'un avocat ait tenté de se faire remettre une importante somme d'argent par un client en lui offrant de corrompre un magistrat. Elle en a justement déduit que ce fait constituait un manquement à l'honneur et à la probité et a légalement justifié sa décision confirmant celle du conseil de discipline qui avait prononcé la sanction de la radiation contre l'intéressé[2]. Il en est de même en cas de contestation de la régularité de la composition de la formation du conseil de discipline ayant délibéré[3].

522.463 Effet dévolutif restreint de l'appel. Le décret du 6 mai 2017[4] a procédé à une redéfinition de l'objet de l'appel, dont il est précisé qu'il s'agit d'une voie de recours visant à critiquer la décision des premiers juges. Il précise la portée, à compter du 1er septembre 2017, de l'effet dévolutif de l'appel, qui n'impose de statuer à nouveau en fait et en droit que dans les limites des chefs de jugement que l'appel critique expressément et de ceux qui en dépendent, sauf si l'appel tend à l'annulation du jugement ou si l'objet du litige est indivisible[5].

L'appel général ne devrait plus être possible[6]. La jurisprudence considère toutefois qu'il y a lieu de distinguer entre, d'une part, les modalités de saisine de la cour d'appel, et, d'autre part, le déroulement de la procédure, qui est instruite et jugée selon les règles applicables en matière contentieuse à la procédure sans représentation obligatoire. Ce faisant les modalités de saisine relèveraient des seules dispositions spécifiques de l'article 16 du décret du 27 novembre 1991, excluant l'application des dispositions de l'article 277 du même décret, et exigeant seulement que le recours soit effectué par lettre recommandée avec demande d'avis de réception adressée au secrétariat-greffe de la cour d'appel ou remise contre récépissé au greffier en chef sans prévoir la moindre exigence quant à son contenu, et notamment que soit expressément visés les chefs de la décision critiquée, l'effet dévolutif opérant pour le tout[7].

La Cour de cassation est venue confirmer cette analyse en écartant l'application de l'article 562 du code de procédure civile dans les procédures sans représentation obligatoire[8].

522.464 Aggravation de la sanction et réformation *in pejus*. Sauf appel du parquet général, ou du bâtonnier, il ne peut y avoir de réformation in pejus[9]. Ainsi, si l'appel émane du seul avocat poursuivi, la cour d'appel ne pourra aggraver le sort de l'appelant[10]. C'est ainsi qu'il a pu être jugé qu'en l'absence d'appel du parquet général sur certains chefs de la prévention dont avait été saisi le conseil de discipline, l'appel était nécessairement limité aux seules dispositions de l'arrêté du conseil de discipline qui font grief à l'avocat poursuivi appelant[11].

La Cour de cassation est venue poser le principe suivant lequel « les juges du fond ne peuvent aggraver le sort de l'appelant sur son appel d'une décision disciplinaire, en l'absence d'appel incident de l'autorité de poursuite »[12], faisant qu'une cour d'appel, saisie du seul appel formé par l'avocat poursuivi ne saurait, même sans aggraver la sanction prononcée, considérer que l'avocat a commis des manquements au titre de dispositions au regard desquelles il avait été relaxé par le conseil de discipline[13]. Tout comme encourt la cassation un arrêt qui, statuant sur l'appel d'une décision du conseil de discipline prononçant la radiation, avait, sur le seul appel de l'avocat poursuivi, confirmé la décision du conseil

1. Civ. 1re, 1er mars 1983, n° 82-10.830, P I, n° 80 ; *D.* 1984. 116 ; *D.* 1984. 120, note A. Brunois ; *JCP* 1983. IV. 154 ; *Gaz. Pal.* 1983. Pan. 182 P ; – MÊME SENS : Civ. 1re, 21 mars 2018, n° 15-28.630, NP – Civ. 1re, 30 juin 2021, n° 19-23.722, NP.
2. Civ. 1re, 1er mars 1983, n° 82-10.830, P I, n° 80 ; *D.* 1984. 116 ; *D.* 1984. 120, note A. Brunois ; *JCP* 1983. IV. 154 ; *Gaz. Pal.* 1983. Pan. 182.
3. Civ. 1re, 12 juin 2012, n° 11-16.408, P I, n° 128 ; *D.* 2012. 1623 – Civ. 1re, 3 juin 2015, n° 14-16.426, P I, n° 126 ; *D.* 2015. 1280 – V. ss n° 522.231.
4. Décr. n° 2017-891, 6 mai 2017 relatif aux exceptions d'incompétence et à l'appel en matière civile, *JO* 10 mai, n° 13.
5. C. pr. civ., art. 562.
6. C. pr. civ., art. 562.
7. Paris, pôle 4, ch. 13 11 févr. 2021, RG n° 19/08545 – Paris, pôle 4, ch. 13, 8 avr. 2021, RG n° 19/06870 – Paris, pôle 4, ch. 13, 8 avr. 2021, RG n° 18-02601 ; – TOUTEFOIS : Paris, Pole 2, ch. 1, 12 nov. 2020, RG n° 18/21433.
8. Civ. 2e, 9 sept. 2021, nos 20-13.662, 19-25.187 (2 arrêts), P ; *D.* 2021. 1680 ; *D.* 2021. 1798, n° 3, obs. F. Jollec, E. de Leiris ; *JCP* 2021. 1050, note N. Fricero.
9. C. pr. civ., art. 562 – Paris, 16 déc. 1987, *Gaz. Pal.* 12 juill. 1988, p. 13.
10. Civ. 1re, 19 nov. 2009, n° 09-10.963, NP ; *D.* 2011. 561, note B. Blanchard.
11. Paris, 16 déc. 1987, *Gaz. Pal.* 12 juill. 1988, p. 13, note A. Damien.
12. Civ. 1re, 16 nov. 2016, n° 15-26.725, P ; *Gaz. Pal.* 10 janv. 2017, p. 12, note D. Piau ; *D.* 2016. 2412 ; *D. avocats* 2016. 343, obs. L. Dargent.
13. Civ. 1re, 16 nov. 2016, n° 15-26.725, P ; *Gaz. Pal.* 10 janv. 2017, p. 12, note D. Piau ; *D.* 2016. 2412 ; *D. avocats* 2016. 343, obs. L. Dargent.

de discipline et prononcé, en outre, la sanction accessoire de l'affichage de la décision [1].

Ainsi, dans l'hypothèse où l'avocat poursuivi est auteur de l'appel, il appartient donc au bâtonnier et au procureur général de veiller scrupuleusement à respecter le délai d'appel incident, notamment s'ils souhaitent solliciter une aggravation de la sanction disciplinaire à cause d'appel [2].

522.465 Aggravation de la sanction et *ultra petita*. En outre, l'application des règles de procédure civile devrait avoir pour conséquence que le conseil de discipline ne saurait statuer *ultra petita* et que la cour d'appel ne saurait être saisie de nouvelles prétentions [3], faisant qu'elle ne saurait être, normalement, saisie de prétentions allant au-delà des demandes de l'autorité de poursuite devant le conseil de discipline et aller au-delà de ces mêmes demandes.

La Cour de cassation a toutefois considéré qu'une cour d'appel, saisie par l'effet dévolutif de l'appel du procureur général, n'était pas liée par les conclusions de ce dernier et pouvait prononcer n'importe quelle sanction prévue par les textes [4] dès lors que l'objet du litige était de « sanctionner un comportement fautif » [5] au regard des faits visés dans la citation [6].

522.466 Notion de prétentions. En réalité, si l'application des règles de procédure civile n'est pas contestable [7], la question qui se pose est celle de la notion même de prétention : la jurisprudence tend ainsi à considérer qu'il s'agit du simple fait de solliciter une sanction disciplinaire telle que visée à l'article 184 du décret [8] au regard des faits visés dans la citation [9] et non de la sanction disciplinaire précisément sollicitée.

La Cour de cassation a toutefois pu considérer, sans que la question du *quantum* de la sanction ne soit en cause, que la notion de prétention au sens de la procédure disciplinaire, impose de distinguer chaque manquement dont la caractérisation dans le cadre des poursuites disciplinaires est sollicitée comme autant de demandes distinctes, même se rattachant aux mêmes faits [10].

D'où l'impérieuse nécessité, à bien des égards, de la précision des citations [11], comme d'éventuelles conclusions, quant à l'articulation des faits et des manquements constatés au regard de ces mêmes faits.

D. Parties à l'instance d'appel

522.471 Principe. Les parties à l'instance d'appel sont l'avocat poursuivi, ainsi que l'autorité de poursuite à l'origine de l'instance disciplinaire, ou bien que n'étant pas à l'initiative des poursuites a déféré la décision du conseil de discipline à la cour [12], à savoir, suivant les cas, le bâtonnier ou le procureur général.

Ni le conseil de l'Ordre, ni le conseil de discipline ayant statué comme juridiction disciplinaire du premier degré, ne sont parties à l'instance d'appel [13].

522.472 Bâtonnier partie principale. Le bâtonnier, lorsqu'il est à l'origine des poursuites disciplinaires ou du recours devant la cour, à la qualité de partie principale devant la cour d'appel, soit en qualité d'appelant, soit en qualité d'intimé [14]. Il peut alors déposer des conclusions tendant à la confirmation de la décision de radiation en qualité d'intimé, qualité qui ne peut lui être refusée dès lors qu'il dispose des mêmes voies de recours que l'avocat poursuivi [15].

522.473 Bâtonnier entendu. Si le bâtonnier n'est pas à l'origine des poursuites disciplinaires ou du recours devant la cour, il n'a pas la qualité de partie à la procédure [16].

Toutefois, il doit alors impérativement être invité par la cour à présenter ses observations, c'est-à-dire, avoir la possibilité d'intervenir pour donner ses

1. Civ. 1re, 10 mars 1987, n° 84-17.458, P I, n° 87 ; *D.* 1989. 72, note A. Brunois ; *Gaz. Pal.* 1987. Pan. 117.
2. V. ss n° 522.453.
3. C. pr. civ., art. 564.
4. Civ. 1re, 11 juill. 1983, n° 83-11.591 ; P I, n° 201 – Civ. 1re, 19 juin 1985, n° 84-10.104, P I, n° 194 – Civ. 1re, 25 mai 1988, n° 86-17.541, P I, n° 152 ; *Gaz. Pal. Rec.* 1988, p. 180 ; *JCP* 1988. IV. 266.
5. Civ. 1re, 11 juill. 1983, n° 83-11.591, P I, n° 201 ; – MÊME SENS : Civ. 1re, 4 mai 2012, n° 11-11.180, NP ; *D.* 2012. 1540, obs. C. Manara ; *D.* 2013. 136, obs. Th. Wickers – Civ. 1re, 29 oct. 2014, n° 13-27.610, NP – Civ. 1re, 17 mars 2016, n° 15-14.557, P I, n° 1008 – Civ. 1re, 6 sept. 2017, n° 16-24.664, NP ; *Gaz. Pal.* 5 déc. 2017, p. 28, obs. D. Landry – Civ. 1re, 6 sept. 2017, n° 16-13.624, NP ; *Gaz. Pal.* 3 oct. 2017, p. 21, note D. Piau – Civ. 1re, 31 janv. 2018, n° 16-21.614, NP.
6. V. ss nos 522.216 et 522.362.
7. Décr. n° 91-1197, 27 nov. 1991, art. 277 – V. ss n° 521.111.
8. Décr. n° 91-1197, 27 nov. 1991, art. 184.
9. V. ss n° 522.216.
10. Civ. 1re, 16 nov. 2016, n° 15-26.725, P ; *Gaz. Pal.* 10 janv. 2017, p. 12, note D. Piau.
11. V. ss nos 522.201 s.
12. L. n° 71-1130, 31 déc. 1971, art. 23 – Décr. n° 91-1197, 27 nov. 1991, art. 197 – V. ss n° 522.451.
13. Civ. 1re, 3 juill. 2013, n° 12-23.553, P I, n° 133 ; *D.* 2013. 1840 – V. ss n° 522.478.
14. Civ. 1re, 22 oct. 2009, n° 08-18.369, NP ; *D.* 2011. 552, obs. B. Blanchard ; *JCP* 2010. I. 270 n° 12, obs. G. Pillet ; – *CONTRA* : Paris, pôle 2, Ch. 1, 19 nov. 2020, RG n° 19/02279.
15. Civ. 1re, 22 oct. 2009, n° 08-18.369, NP ; *D.* 2011. 552, obs. B. Blanchard ; *JCP* 2010. I. 270 n° 12, obs. G. Pillet.
16. Civ. 1re, 14 oct. 2010, nos 09-16.495, 09-69.266, NP.

explications orales devant la cour sans pourtant être partie à la cause [1].

La Cour de cassation a jugé que cette disposition, destinée à ce qu'il fasse connaître son opinion sur la sanction qu'il y a lieu de prononcer contre un avocat poursuivi, n'est pas inéquitable au sens de l'article 6 de la Conv. EDH [2].

Le bâtonnier, ou son délégué [3], peut, même lorsqu'il n'est pas partie à la procédure, assister à la totalité de l'audience disciplinaire. L'avocat poursuivi ne saurait voir exclure le bâtonnier de l'audience disciplinaire aussitôt après ses observations émises, au motif que la procédure se déroule en chambre du conseil [4].

522.474 Représentation du bâtonnier. Dans les deux cas, le bâtonnier empêché peut se faire représenter par un avocat [5], sans avoir à justifier d'un motif légitime d'empêchement [6].

522.475 Distinction source de difficultés. Cette disposition est source d'un riche contentieux dès lors que simplement appelé à faire valoir ses observations, le bâtonnier, ou son représentant, ne doit pas apparaître comme partie à la procédure d'appel, ni être entendu en sa plaidoirie ce que seule une partie peut faire [7].

C'est ainsi que le fait d'avoir noté que le bâtonnier avait été entendu en sa plaidoirie en matière disciplinaire, au lieu de mentionner qu'il a été entendu en ses observations, entraîne la nullité de l'arrêt rendu par la cour car elle le considérait, de ce fait, comme une partie au litige [8].

Toutefois, l'indication du bâtonnier comme partie intimé peut résulter d'une erreur matérielle ce qui n'entache pas, pour autant, l'arrêt de nullité [9].

522.476 Le bâtonnier et non le conseil de l'Ordre. Le bâtonnier préside le conseil de l'Ordre mais n'en est pas membre. Dès lors, le bâtonnier qui intervient alors *ès qualité* et non en sa qualité de président du conseil de l'Ordre, ne représente pas le conseil de l'Ordre pour peu qu'il se borne à présenter ses observations [10].

Il en découle que le conseil de l'Ordre n'a pas à être partie à la procédure disciplinaire [11], même à cause d'appel : une telle intervention de sa part étant *per se* un motif de cassation, tel que l'arrêt qui mentionne que « l'Ordre des avocats » a déposé des conclusions tendant à la confirmation de la décision du conseil de discipline, indépendamment du bâtonnier qui a conclu dans le même sens [12] ou l'arrêt qui mentionne que le conseil de l'Ordre était assisté d'un avocat et que les conseils des parties ont été entendus en leurs plaidoiries [13].

Toutefois, si l'arrêt, par suite d'une erreur de terminologie, a énoncé que le « représentant du conseil de l'Ordre » a été entendu en ses observations au lieu de mentionner le représentant du bâtonnier, cette erreur alors que le conseil de l'Ordre n'a pour autant pas présenté des observations en qualité de partie, ne doit pas conduire à annuler la procédure disciplinaire en cause [14]. Il en est de même lorsqu'il ressort des pièces du dossier que le conseil de l'Ordre n'a pas été appelé en intervention et n'est pas intervenu volontairement devant la cour d'appel, qu'il n'a pas déposé de conclusions et que c'est par suite d'une erreur de terminologie, qui peut être réparée selon la procédure prévue par l'article 462 du code de procédure civile [15], que la cour a énoncé que le bâtonnier en exercice avait été entendu comme représentant de « l'Ordre des avocats » en sa plaidoirie, au lieu de constater qu'il avait été entendu en qualité de bâtonnier en ses observations [16].

1. Décr. n° 91-1197, 27 nov. 1991, art. 16, al. 4 – Civ. 1re, 18 mai 2004, n° 02-12.672, P I, n° 139 ; *D.* 2004. 1641 – Civ. 1re, 11 mai 2017, n° 16-16.428, NP.
2. Civ. 1re, 26 janv. 1988, n° 86-13.456, P I, n° 22 ; *Gaz. Pal.* 1988. 1. 131 – Civ. 1re, 12 févr. 1991, n° 89-16.142, P I, n° 60 ; *D.* 1991. 57 – SUR LES LIMITES DE CETTE INTERVENTION : Civ. 1re, 20 oct. 1987, n° 86-10.485, P I, n° 268 ; *D.* 1987. 217 ; *JCP* 1987. IV. 398 – Civ. 1re, 22 mars 1988, n° 85-15.496, P I, n° 86 ; *D.* 1988. 97 ; *Gaz. Pal.* 1988. Pan. 131.
3. V. ss n° 521.72.
4. Rennes, 18 déc. 1979, *Gaz. Pal.* 1980. 1. 129, note A. Damien.
5. Civ. 1re, 10 mars 1987, n° 84-17.458, P I, n° 87 ; *D.* 1989. 72, note A. Brunois ; *Gaz. Pal.* 1987. 1. pan. 117 – Civ. 1re 23 janv. 2019, n° 17-30.989, NP – Civ. 1re 10 mars 2021, n° 19-21.877 ; *Gaz. Pal.* 1er juin 2021, p. 30, obs. J. Villacèque.
6. Civ. 1re, 3 juin 2015, n° 14-16.426, P I, n° 126 ; *D.* 2015. 1280 – V. ss nos 521.72 et 522.241.
7. Aussi : v. ss nos 513.211 s.
8. Civ. 1re, 2 mai 1974, n° 72-14.747, P I, n° 122 ; *Gaz. Pal.* 1974. 1. Somm. 165.
9. Civ. 1re, 16 déc. 1980, P I, n° 339 – Civ. 1re, 7 juin 1983, n° 82-14469, P I, n° 169.
10. Civ. 1re, 30 mars 2005, n° 03-17.907, P I, n° 156 ; *D.* 2005. 1047 ; *RDC* 2005. 550, obs. E. Fortis – Civ. 1re, 18 mai 2004, n° 02-12.672, P I, n° 139 ; *D.* 2004. 1641.
11. Civ. 1re, 26 janv. 1988, n° 86-13.456, P I, n° 22 ; *Gaz. Pal.* 31 avr. 1988, p. 9, note A. Damien.
12. Civ. 1re, 3 juin 2010, n° 09-67.657, NP ; *D.* 2011. 552, obs. B. Blanchard.
13. Civ. 1re, 28 mai 2009, n° 08-13.089, NP – Civ. 1re 20 déc. 2017, n° 16-27.951.
14. Civ. 1re, 4 avr. 1995, n° 91-12.037, NP ; *JCP* 1995. IV. 1379 – MÊME SENS : Civ. 1re, 1er juill. 2020, n° 19-16.666.
15. Civ. 1re, 23 janv. 2019, n° 17-30.989, NP.
16. Civ. 1re, 7 juin 1983, n° 82-14.469, P I, n° 169 ; *JCP* 1983. Pan. 257 ; *Gaz. Pal.* 1983. Pan. 282 – Civ. 1re, 10 janv. 1984, n° 82-16.968, P I, n° 8 ; *Gaz. Pal.* 1984. 2. 702, note A. Damien ; *JCP* 1984. IV. 847 ; *JCP* 1984. II. 20210, concl. P. Gulphe ; *D.* 1985. 105, obs. A. Brunois – Civ. 1re, 13 déc. 1988, n° 86-17.735, P I, n° 351 ; *Gaz. Pal.* 1989. Pan. 35 – Civ. 1re, 29 nov. 1989, n° 88-15.706, P I, n° 364 ; *Gaz. Pal.* 1990. 1. Somm. 12.

522.477 **Procureur général.** Antérieurement à l'entrée en vigueur de la loi du 11 février 2004[1], le procureur général était partie principale à la procédure d'appel et les pourvois en cassation devaient être dirigés contre lui, et non contre le bâtonnier qui était considéré comme une juridiction en sa qualité de président du conseil de discipline[2].

Depuis 2004, le procureur général, sauf lorsqu'il est à l'initiative des poursuites, n'est que partie jointe à la procédure d'appel. Ce n'est que lorsque le procureur général est à l'initiative des poursuites, ou bien que n'étant pas à l'initiative des poursuites il a déféré la décision du conseil de discipline à la cour[3], qu'il est partie principale à procédure.

Doit dès lors est déclaré irrecevable un pourvoi en cassation formé par l'avocat poursuivi contre le seul procureur général alors que celui-ci n'était pas à l'initiative des poursuites disciplinaires[4].

522.478 **Conseil de discipline.** Le conseil de discipline, lorsqu'il est saisi d'une procédure disciplinaire, statue en qualité de juridiction disciplinaire du premier degré.

Dès lors il ne peut avoir la qualité de partie à la procédure d'appel[5] et aucune voie de recours ne peut être exercée par un avocat à son encontre[6]. Il ne peut, tout comme le conseil de l'Ordre avant l'entrée en vigueur de la loi du 11 février 2004[7], intervenir dans la procédure d'appel ou de cassation[8], ni être mis en cause. Il ne saurait être mentionné dans l'arrêt d'appel comme partie et, par conséquent, un pourvoi dirigé contre lui doit être déclaré irrecevable[9].

Toutefois, l'indication du conseil de discipline comme partie intimé peut résulter d'une erreur matérielle ce qui n'entache pas, pour autant, l'arrêt de nullité[10].

E.
Procédure devant la cour d'appel

522.480 **Plan.** La procédure applicable (1°) devant la cour d'appel est celle prévue en matière contentieuse pour la procédure sans représentation obligatoire (1°), donnant lieu à une audience solennelle (2°) conduisant à un arrêt dont la rédaction doit être rigoureuse (3°).

1°
Procédure applicable

522.491 **Procédure suivie.** La procédure suivie devant la cour d'appel est celle prévue en matière contentieuse pour la procédure sans représentation obligatoire, c'est-à-dire aux articles 931 et suivants du code de procédure civile[11].

La procédure est orale[12]. Il en découle que seule la comparution des parties à l'audience est de nature à saisir valablement la cour, et que seuls les arguments exposés à l'occasion cette même audience peuvent être pris en compte[13].

Les moyens retenus par le juge sont présumés, sauf preuve contraire, avoir été soutenus et débattus contradictoirement à l'audience[14].

522.492 **Convocation devant la cour.** Les convocations à l'audience de la cour d'appel sont notifiées par le greffier en chef par lettre recommandée avec demande d'avis de réception[15].

Faute pour une partie de comparaître devant la juridiction, les moyens sont réputés non soutenus à l'audience. Lorsque l'on est appelant, l'on est alors réputé avoir renoncé à son appel[16]. Ces conséquen-

1. L. n° 2004-130, 11 févr. 2004 réformant le statut de certaines professions judiciaires ou juridiques, des experts judiciaires, des conseils en propriété industrielle et des experts en ventes aux enchères publiques, *JO* 12 févr., p. 2847 – V. s[s] n° 521.26.
2. J. Hamelin, A. Damien, *Les règles de la profession d'avocat*, 8e éd., Dalloz, 1995, n°s 398 s.
3. V. s[s] n° 522.451.
4. Civ. 1re, 21 mars 2018, n° 16-10.677, NP.
5. Civ. 1re, 29 nov. 1989, n° 88-15.706, P I, n° 364 ; *Gaz. Pal.* 1990. 1. Somm. 12 – Civ. 1re, 3 juill. 2013, n° 12-23.553, P I, n° 143 ; *D.* 2013. 1840 ; – DÉJÀ : Civ. 1re, 8 déc. 1987, n° 86-15.417, P I, n° 331 ; *D.* 1988. Somm. 2 – Civ. 1re, 2 juin 2004, n° 02-12.224, NP – Civ. 1re, 31 mai 2007, n° 06-13.274, NP.
6. Civ. 1re, 18 févr. 2003, n° 01-12.213, NP.
7. L. n° 2004-130, 11 févr. 2004 réformant le statut de certaines professions judiciaires ou juridiques, des experts judiciaires, des conseils en propriété industrielle et des experts en ventes aux enchères publiques, *JO* 12 févr., p. 2847 – V. s[s] n° 521.26.
8. Civ. 1re, 1er févr. 1983, n° 82-10.720, P I, n° 44 ; *JCP* 1983. IV. 118 ; *D.* 1984. 116, obs. A. Brunois.
9. Civ. 1re, 1er mars 1983, n° 82-10.830, P I, n° 80 ; *JCP* 1983. IV. 154 ; *D.* 1984. 116, obs. A. Brunois – Civ. 1re, 26 janv. 1988, n° 86-13.456, P I, n° 22 ; *Gaz. Pal.* 23 avr. 1988, p. 9, note A. Damien ; *Gaz. Pal.* 1988. 287, note D. Chabanol ; *Gaz. Pal.* 1988. Pan. 83 – Civ. 1re, 13 déc. 1988, n° 86-17.735, P I, n° 351 ; *Gaz. Pal.* 1989. Pan. 35 – Civ. 1re, 27 avr. 1994, n° 92-17.342, P I, n° 154 ; *D.* 1994. 128 ; *Gaz. Pal.* 1994. Pan. 212 ; *JCP* 1994. IV. 670 – Civ. 1re, 17 juill. 1996, n° 94-18.742, P I, n° 325 ; *D.* 1996. 209 – Civ. 1re, 13 oct. 1999, n° 96-20.982, P I, n° 272 ; *JCP* 2000. I. 231, n° 29, obs. R. Martin – Civ. 1re, 9 mai 2001, n° 97-21.136, P I, n° 122 ; *D.* 2001. 1589 ; *JCP* 2001. I. 348, n° 32, obs. R. Martin – Civ. 1re, 18 mars 2003, n° 01-03.999, P I, n° 78.
10. Civ. 1re, 6 sept. 2017, n° 16-24.664, NP ; *Gaz. Pal.* 5 déc. 2017, p. 28, obs. D. Landry.
11. Décr. n° 91-1197, 27 nov. 1991, art. 16, al. 1.
12. C. pr. civ., art. 946.
13. Aussi : v. s[s] n° 741.191.
14. Civ. 1re, 22 sept. 2011, n° 10-21.378, NP – Aussi : v. s[s] n° 741.191.
15. C. pr. civ., art. 937 – V. s[s] n° 522.458.
16. Paris, pôle 2, ch. 1, 24 mai 2018, RG n° 17/04576 – Paris, pôle 4, ch. 13, 17 juin 2021, RG n° 19/13628 – Civ. 2e, 9 févr. 2012, n° 10-28.197, P II, n° 24 ; *D.* 2012. 509 ; *RTD civ.* 2012. 374, obs. R. Perrot – Soc. 13 sept. 2017, n° 16-20.104 ; P ; *JCP* 2017. 1092, note V. Orif.

ces strictes, au regard de la matière disciplinaire, font que la convocation devant la cour devra indiquer expressément que, faute pour une partie de comparaître, elle s'expose à ce qu'un jugement soit rendu contre elle sur les seuls éléments fournis par son adversaire[1], afin de lui apporter une information claire sur les conséquences de l'absence de comparution des parties à l'audience.

C'est ainsi que la Cour de cassation a cassé un arrêt de cour d'appel qui, pour rejeter le recours d'un avocat, s'était bornée à retenir que ce dernier ne s'est pas présenté pour faire valoir ses explications et soutenir son recours, alors que la convocation ne l'informait pas expressément que sa présence à l'audience était requise sous peine de voir ses demandes rejetées, et ce même nonobstant le fait que son conseil ait été présent à l'audience[2].

Cette rigueur extrême doit inciter à la prudence, lorsque l'avocat poursuivi n'est pas présent à l'audience, et ce, notamment lorsqu'il y a lieu de procéder par voie de signification[3] en cas de retour de la convocation au greffe de la juridiction : il conviendra de veiller à ce que l'acte de signification de la citation précise bien les conséquences de l'absence de comparution[4].

522.493 **Exception : procédure écrite.** Dans l'hypothèse où toutes les parties[5] sont assistées par un avocat, il apparaît qu'il y a alors lieu de faire application des dispositions de l'article 446-1 du code de procédure civile, aux termes desquelles lorsque toutes les parties comparantes formulent leurs prétentions et moyens par écrit et sont assistées ou représentées par un avocat, les conclusions doivent formuler expressément les prétentions ainsi que les moyens en fait et en droit sur lesquels chacune de ces prétentions est fondée avec indication pour chaque prétention des pièces invoquées et de leur numérotation. Un bordereau énumérant les pièces justifiant ces prétentions est annexé aux conclusions. Les conclusions comprennent distinctement un exposé des faits et de la procédure, une discussion des prétentions et des moyens, ainsi qu'un dispositif récapitulant les prétentions. Les moyens qui n'auraient pas été formulés dans les écritures précédentes doivent être présentés de manière formellement distincte. Le juge ne statue que sur les prétentions énoncées au dispositif et n'examine les moyens au soutien de ces prétentions que s'ils sont invoqués dans la discussion. Les parties doivent reprendre dans leurs dernières conclusions les prétentions et moyens présentés ou invoqués dans leurs conclusions antérieures. À défaut, elles sont réputées les avoir abandonnés et le juge ne statue que sur les dernières conclusions déposées[6].

En appel[7], la cour peut mettre en œuvre les dispositions de l'article 446-1 du code de procédure civile[8] et autoriser les parties, lorsqu'elles ne sont pas assistées ou représentées par un avocat, à formuler leurs prétentions et leurs moyens par écrit sans se présenter à l'audience. Le jugement rendu dans ces conditions est contradictoire. Néanmoins, la cour a toujours la faculté d'ordonner que les parties se présentent devant elle. Dans ce cas, la cour qui a dispensé une partie de comparaître, sur le fondement de l'article 446-1 du code de procédure civile, à l'audience, en raison de son état de santé, ne peut écarter les conclusions écrites qu'elle a présentées[9]. Ces dispositions ne sont pas applicables devant le conseil de discipline[10].

2°
Audience

522.501 **Composition et impartialité de la formation.** La cour statue en audience solennelle, soit devant deux chambres de la cour sous la présidence du premier président[11]. Les contestations relatives à la régularité de la composition de la formation de la cour d'appel appelée doivent être présentées dès l'ouverture des débats, à peine d'irrecevabilité[12].

La chambre de la cour d'appel qui a eu à connaître des faits reprochés à un avocat sur le plan pénal ne peut statuer disciplinairement sur ces mêmes faits à l'occasion de la poursuite disciplinaire dans la même formation. La Cour de cassation relève même qu'est irrégulier le fait que la juridiction disciplinaire ait compris deux magistrats ayant déjà porté l'appréciation sur les faits reprochés à l'avocat, même si celui-ci n'était pas partie dans la procédure pénale. Elle fonde sa décision sur l'article 6 de la Conv. EDH qui veut que toute personne ait droit à ce que sa cause soit entendue par un tribunal impartial et que

1. C. pr. civ., art. 56 et 665-1.
2. Civ. 1re, 27 févr. 2013, n° 12-15.441, P I, n° 23 ; *Gaz. Pal.* 14-16 avr. 2013, p. 16, note D. Piau ; *D.* 2013. 1325, note G. Rouzet ; *JCP* 2013. 288, note R. Guichard.
3. C. pr. civ., art. 938 et 670-1.
4. V. ss nos 522.411 s.
5. V. ss n° 522.471.
6. C. pr. civ., art. 446, al. 2.
7. C. pr. civ., art. 946.
8. C. pr. civ., art. 446, al. 3 – Décr. n° 2010-1165, 1er oct. 2010 relatif à la conciliation et à la procédure orale en matière civile, commerciale et sociale, *JO* 3 oct., p. 17986 – S. Guinchard (dir.), *Droit et pratique de la procédure civile*, 10e éd., « Dalloz Action », 2021, nos 431.111 s., not. nos 431.131 s.
9. Civ. 2e, 25 juin 2015, n° 14-22.158, P II, n° 166 ; *D.* 2016. 449, obs. N. Fricero ; *RTD civ.* 2015. 939, obs. N. Cayrol.
10. V. ss n° 522.231 s.
11. COJ, art. R. 312-9, al. 3.
12. C. Pr. civ., art. 430 – V. ss nos 522.301 s.

l'exigence d'impartialité soit appréciée objectivement[1].

La loi pour la confiance dans l'institution judiciaire[2] a prévu que désormais la formation de jugement de la cour d'appel comprendrait trois magistrats du siège de cette cour, en activité ou honoraires, et deux membres des conseils de l'ordre du ressort de la cour d'appel et serait présidée par un magistrat du siège. Les magistrats honoraires membres des juridictions disciplinaires ne peuvent siéger au-delà de la date de leur soixante et onzième anniversaire[3].

522.502 **Incidents de procédure.** Les règles en la matière sont les mêmes que devant le conseil de discipline[4].

522.503 **Publicité des audiences disciplinaires devant la cour.** Le principe est le même que celui qui prévaut devant le conseil de discipline[5] et inverse de celui qui prévaut en matière administrative devant la cour[6].

La cour statue en audience solennelle, mais pas de chambre du conseil, dans les conditions prévues à l'article R. 312-9, alinéa 3, du code de l'organisation judiciaire. Les débats sont publics. Toutefois, la cour peut décider, au début de l'audience ou en cours d'audience, que les débats auront lieu, ou se poursuivront, en chambre du conseil à la demande de l'une des parties ou s'il doit résulter de leur publicité une atteinte à l'intimité de la vie privée[7].

522.504 **Pouvoirs de la cour.** La cour peut inviter, à tout moment, les parties à fournir les explications de fait et de droit qu'elle estime nécessaires à la solution du litige et les mettre en demeure de produire dans le délai qu'elle détermine tous les documents ou justifications propres à l'éclairer[8]. Elle peut également ordonner toute mesure d'instruction utile[9].

Elle peut évoquer si elle infirme la décision du conseil de discipline et si l'affaire est en état d'être jugée au fond[10], mais elle doit rester dans la limite des faits précisés dans la citation de l'avocat poursuivi devant le conseil de discipline[11] et de la portée de l'effet dévolution de l'appel au regard de l'identité des parties appelantes ainsi que des chefs de jugement critiqués ans la déclaration d'appel[12].

522.505 **Audition de témoins.** Lorsqu'elle procède à l'audition de témoins[13], il n'y a pas lieu à rédaction d'un procès-verbal des auditions de témoins recueillies au cours des débats à condition que mention de ces déclarations et du nom des témoins, ainsi que du résultat de leurs dépositions soit faite dans le jugement, lorsque l'affaire est immédiatement jugée en dernier ressort[14].

Il en découle que la cour ne saurait se borner à résumer les dépositions de certains des témoins, ne pas indiquer le nom des autres témoins entendus, ni faire mention du résultat de leurs dépositions[15].

522.506 **Comparution de l'avocat poursuivi.** Il comparaît en personne, à moins qu'il ne préfère faire défaut[16]. Comme devant le conseil de discipline, il peut être assisté, mais pas représenté, par un avocat[17].

522.507 **Ordre d'audition.** Les principes sont ici les mêmes que devant le conseil de discipline[18].

Le fait d'entendre le ministère public avant le représentant du bâtonnier, à l'audience d'appel de la cour statuant en matière disciplinaire, ne saurait affecter la validité de l'arrêt. En effet cet ordre des auditions ne peut avoir nui aux intérêts de la défense de l'intéressé et, par application de l'article 114 du code de procédure civile, ce moyen ne peut être accueilli[19].

Mais si le procureur général dépose des conclusions écrites, l'arrêt devra constater que l'avocat poursuivi en aura reçu communication afin d'être en mesure d'y répondre utilement[20]. Mais ces

1. Civ. 1re, 18 mai 1989, n° 87-11.426, P I, n° 198 ; *D.* 1990. jur. 113, note P. Bailly ; *JCP* 1989. IV. 264 ; *Gaz. Pal.* 1989. Pan. 130.
2. L. n° 2021-1723, 22 déc. 2021, art. 42.
3. L. n° 71-1130, 31 déc. 1971, art. 23 *in fine*.
4. V. ss nos 522.261 s.
5. Décr. n° 91-1197, 27 nov. 1991, art. 197 – V. ss nos 521.132 et 522.233.
6. V. ss n° 513.221.
7. Décr. n° 91-1197, 27 nov. 1991, art. 194.
8. C. pr. civ., art. 940 et 446-3.
9. C. pr. civ., art. 943.
10. V. ss n° 522.462.
11. Civ. 1re, 14 juin 2007, n° 05-15.160, NP ; *D.* 2008. 944, obs. B. Blanchard – V. ss n° 522.216.
12. V. ss nos 522.462 s.
13. V. ss nos 522.245 s.
14. C. pr. civ., art. 219.
15. Civ. 1re, 7 nov. 2000, n° 97-20.212, P I, n° 181 ; *D.* 2000. 301 ; *JCP* 2001. I. 348, n° 29, obs. R. Martin.
16. V. ss n° 522.492.
17. Civ. 1re, 27 févr. 2013, n° 12-15.441, P I, n° 23 ; *Gaz. Pal.* 14-16 avr. 2013, p. 16, note D. Piau ; *D.* 2013. 1325, note G. Rouzet ; *JCP* 2013. 288, obs. R. Guichard ; *JCP* 2013. 622, n° 7, obs C. Caseau-Roche – V. ss n° 522.241.
18. V. ss nos 522.242 s.
19. Civ. 1re, 16 juin 1981, n° 80-12.764, P I, n° 214 ; *JCP* 1981. IV. 314.
20. Civ. 1re, 14 janv. 2010, n° 08-21.051, NP ; *D.* 2011. Pan. 552, obs. B. Blanchard – Civ. 1re, 31 mars 2011, n° 10-15.321, NP – Civ. 1re, 3 juill. 2013, n° 12-23.553, P I, n° 133 ; *D.* 2013. 1840 – Civ. 1re, 3 juin 2015, n° 14-16.426, P I, n° 126 ; *D.* 2015. 1280 – Civ. 1re, 17 févr. 2016, n° 15-15.043, NP – Civ. 1re, 24 mai 2017, nos 15-13.038, 15-13.925, NP – Civ. 1re, 14 févr. 2018, n° 17-11.865, NP ; *Gaz. Pal.* 20 mars 2018, p. 31, obs. C. Berlaud – Civ. 1re, 7 mars 2018, n° 17-16.057, NP – Civ. 1re, 26 sept. 2018, n° 17-26.831, NP ; *Gaz. Pal.* 16 oct. 2018, p. 26, obs. C. Berlaud – Civ. 1re, 10 mars 2021, n° 19-23.774.

constatations peuvent ne pas figurer expressément dans la décision, dès lors qu'il résulte des pièces de la procédure, du registre d'audience ou de tout autre moyen de preuve que les prescriptions légales ont été, en fait, observées [1]. Il en est de même s'agissant du bâtonnier lorsqu'il conclut ou présente des observations, l'arrêt devant préciser si ces conclusions ou observations sont orales ou écrites, et si, en ce cas, la personne poursuivie en a reçu communication afin de pouvoir y répondre utilement. Doit ainsi être cassé, l'arrêt d'une cour d'appel qui mentionne que le bâtonnier, représenté et plaidant par un avocat, a demandé la confirmation de la décision de culpabilité, s'en rapportant à l'appréciation de la cour pour la sanction, sans préciser s'il l'a fait par écrit [2].

Et l'avocat poursuivi doit avoir la parole en dernier ce que l'arrêt de la cour devra, ici encore, expressément mentionner dans son arrêt [3] et le dépôt ultérieur d'une note en délibéré par ce même avocat poursuivi ne saurait être de nature à supprimer cette exigence [4].

3°
Arrêt

522.511 **Délibéré.** Doit être annulé, l'arrêt de la cour d'appel dont il ressort que la cour était composée, lors des débats, du premier président, d'un président de chambre et de trois conseillers et que lors du délibéré, des mêmes magistrats, à l'exception du président de chambre qui n'était pas celui présent aux débats [5]. Un magistrat qui n'a pas assisté à l'audience ne pouvant pas participer au délibéré [6].

522.512 **Délai pour statuer.** Contrairement au conseil de discipline [7], la cour d'appel n'est soumise à aucun délai pour statuer.

522.513 **Rédaction de l'arrêt.** Au même titre que le conseil de discipline [8], la cour d'appel devra veiller à être rigoureuse dans l'élaboration de l'arrêt, tant en ce qui concerne la motivation de celui-ci [9] qu'en ce qui concerne son formalisme, notamment s'agissant de l'indication des parties à la procédure d'appel [10], et de l'ordre d'audition des parties [11].

À défaut, l'arrêt s'expose aux foudres de la Cour de cassation tel que dans un arrêt qui opère une triple cassation d'un arrêt de cour d'appel sanctionnant de la radiation un avocat sur trois moyens, à savoir le fait d'avoir mentionné que le ministère public avait conclu par écrit à la confirmation de la décision sans constater que l'avocat avait reçu communication de cet avis afin d'être en mesure d'y répondre utilement [12], le fait d'avoir omis de mentionner que l'avocat poursuivi ou son conseil a été invité à prendre la parole en dernier [13], ainsi que le fait d'avoir désigné le conseil de discipline comme défendeur au recours et énoncé que le conseil de l'Ordre, reçu en son appel incident, avait conclu à la radiation de l'avocat [14].

522.514 **Notification de l'arrêt.** L'arrêt de la cour d'appel est notifié par le secrétariat-greffe par lettre recommandée avec demande d'avis de réception au procureur général, au bâtonnier et à l'intéressé [15].

§ 2
Pourvoi en cassation

522.521 **Cas d'ouverture.** Les arrêts intervenus en matière disciplinaire sont susceptibles d'un recours en cassation pour les causes légales de

1. C. pr. civ., art. 459 – Civ. 1re, 10 oct. 2019, n° 18-21.966, P ; *D.* 2019. 2044 ; *Gaz. Pal.* 29 oct. 2019, p. 36, obs. C. Berlaud ; *JCP* 2019. 1111 ; *JCP* 2019. 1111 ; *D.* 2019. 2044 ; *D.* 2020. 115, obs. Th. Wickers ; *Gaz. Pal.* 2 juin 2020, p. 41, obs. D. Landry, J. Villacèque ; – DÉJÀ : Civ. 1re, 14 juin 1988, n° 86-19.184, P I, n° 187 ; *Gaz. Pal.* 1989. Somm. 159, note S. Guinchard et T. Moussa.
2. Civ. 1re, 9 déc. 2020, n° 19-21.943, NP ; *Gaz. Pal.* 1er juin 2021, p. 29, obs. B. de Belval et J. Villacèque.
3. Civ. 1re, 25 févr. 2010, n° 09-11.180, P I, n° 46 ; *D.* 2010. 658, obs. L. Dargent ; *JCP* 2010. 1068. n° 5, obs. G. Pillet ; *JCP* 2010. 546. n° 13, obs. Y.-M. Serinet – Civ. 1re, 16 mai 2012, n° 11-17.683, P I, n° 108 ; *D. actu.* 1er juin 2012, obs. L. Dargent ; *D.* 2012. 1411*D.* 2013. 144, obs. Th. Wickers – Civ. 1re, 3 juill. 2013, n° 12-23.553, P I, n° 143 ; *D.* 2013. 1840 ; *D. avocats* 2013. 318, obs. L. Dargent ; *JCP* 2013. 1087, n° 13, obs. G. Pillet – Civ. 1re, 3 juill. 2013, n° 12-23.553, P I, n° 143 ; *D.* 2013. 1840 – Civ. 1re, 10 juill. 2014, n° 13-20.638, NP – Civ. 1re, 15 janv. 2015, n° 14-10.683, NP – Civ. 1re, 17 févr. 2016, n° 15-15.043, NP – Civ. 1re, 14 févr. 2018, n° 17-11.865, NP ; *Gaz. Pal.* 20 mars 2018, p. 31, obs. C. Berlaud – Civ. 1re, 13 mars 2019, n° 18-12.468, NP ; *Gaz. Pal.* 3 avr. 2019, p. 26 ; – COMP. : CE 26 juin 1963, *Chariot, Lebon* 973 – V. ss nos 521.133 et 522.243.
4. Civ. 1re, 20 févr. 2019, n° 18-12.298, P ; *JCP* 2019. 298 ; *D.* 2019. 438 ; *Gaz. Pal.* 19 mars 2019, p. 42, obs. C. Berlaud ; *JCP* 2019. 1238, n° 15, obs. Ch. Vautrot-Schwarz ; *Gaz. Pal.* 8 mai 2019, p. 28, obs. B. de Belval.
5. C. pr. civ., art. 447 et 458.
6. Civ. 1re, 22 mai 2019, n° 18-15.815, NP ; *Gaz. Pal.* 2 juill. 2019, p. 27, obs. C. Berlaud.
7. V. ss nos 522.331 s.
8. V. ss n° 522.371.
9. V. ss n° 522.168.
10. V. ss nos 522.471 s.
11. V. ss n° 522.507.
12. AUSSI : Civ. 1re, 18 déc. 2014, n° 14-10.103, NP – Civ. 1re, 3 juin 2015, n° 14-16.426, P I, n° 126 ; *D.* 2015. 1280 – Civ. 1re, 1er juill. 2015, n° 14-20.134, NP.
13. AUSSI : Civ. 1re, 11 mai 2017, n° 16-16.427, NP.
14. Civ. 1re, 3 juill. 2013, n° 12-23.553, P I, n° 133 ; *D.* 2013. 1840.
15. Décr. n° 91-1197, 27 nov. 1991, art. 16, al. 5 – V. ss nos 522.411 s.

pourvoi : excès de pouvoir, vice de forme, violation ou fausse interprétation de la loi, contrariété de jugements, violation des droits de la défense [1].

Pour rechercher s'il y a eu excès de pouvoir et si les faits retenus étaient ou non étrangers à la profession, la Cour de cassation est amenée à examiner ces faits et elle apprécie souverainement s'ils constituent ou non des fautes déontologiques [2].

522.522 **Règles procédurales.** Les règles de forme et des effets du pourvoi en matière disciplinaire sont celles du pourvoi en matière civile. Le délai de pourvoi en cassation et le pourvoi ne sont pas suspensifs [3].

Le ministère d'un avocat aux conseils est obligatoire sauf pour le procureur général qui doit former son recours par déclaration remise au greffe de la Cour de cassation, mais non par lettre simple [4].

522.523 **Auteur du pourvoi.** L'auteur du pourvoi ne peut être qu'une partie à l'instance d'appel, ce qui ne sera pas le cas du bâtonnier s'il n'avait pas la qualité d'intimé devant la cour d'appel [5], et doit impérativement être dirigé à l'encontre des autres parties à cette même instance d'appel [6].

§ 3
Révision et tierce opposition

522.530 **Plan – Voies de recours théoriques ?** Les voies de recours extraordinaires que sont le recours en révision (A) [7] et la tierce opposition (B) [8] sont théoriquement ouvertes contre les décisions disciplinaires. Elles paraissent n'avoir été guère utilisées en pratique.

A.
Recours en révision

522.541 **Recevabilité du recours en révision.** Le recours en révision tend à faire rétracter un jugement passé en force de chose jugée pour qu'il soit à nouveau statué en fait et en droit [9], et ce eu égard à un certain nombre de causes limitativement énumérées [10].

Une cour d'appel a admis la possibilité d'un recours en révision, se contentant de le déclarer irrecevable au motif que l'avocat ne rapportait pas la preuve de la date à laquelle il avait eu connaissance de la fraude qu'il invoquait [11].

B.
Tierce opposition

522.551 **Recevabilité de la tierce opposition.** La tierce opposition est une voie de recours ouverte à une personne qui n'était pas partie dans une instance contre un jugement ou un arrêt qui lui porte préjudice [12]. Elle remet en question relativement à son auteur les points jugés qu'elle critique, pour qu'il soit à nouveau statué en fait et en droit [13].

Il faut donc être tiers dans l'instance disciplinaire et éprouver un préjudice du fait de la décision du conseil de discipline ou de l'arrêt de la cour, tel que celui, par exemple, de craindre qu'il puisse en résulter dans l'avenir une action en dommages-intérêts. Si on excepte son domaine d'élection, c'est-à-dire le cas de fraude au jugement, sa recevabilité demeure délicate à établir, elle doit être accordée à tous ceux qui, non parties à un jugement, éprouvent du fait de ce jugement un préjudice actuel ou même simplement éventuel, matériel ou moral.

522.552 **Débat sur la recevabilité de la tierce opposition.** Les déontologues du passé l'ignorent superbement ; ni François-Étienne Mollot, ni Ernest Cresson, ni Fernand Payen, ni même Jean Appleton, n'évoquent cette possibilité d'user de cette voie de recours extraordinaire contre les décisions du conseil de discipline. C'est Louis Crémieu le premier qui pose la question dans son *Traité* et la résout par l'affirmative [14] : « Si un arrêté du conseil de discipline qui est un véritable jugement, contient des dispositions qui sont de nature à porter atteinte aux droits d'une personne qui n'a pas été partie à l'instance, il peut être attaqué par la voie du recours prévue et qui a pour effet de ramener l'affaire devant le même conseil. Il est généralement admis qu'un préjudice simplement moral suffit à légitimer la tierce opposition ».

Jacques Hamelin, dans son *Nouvel abrégé des règles de la profession d'avocat* pose avec prudence une opinion identique : « Les voies de recours extraordinaires que sont la requête civile et la tierce opposition sont théoriquement ouvertes contre les décisions disciplinaires. Elles paraissent n'avoir guère

1. Civ. 1re, 1er déc. 1952, *D.* 1953. 89.
2. Req. 19 janv. 1898, *DP* 1898. 1. 80 – Civ. 13 juill. 1908, *DP* 1910. 1. 145.
3. Décr. n° 91-1197, 27 nov. 1991, art. 270.
4. Civ. 1re, 22 oct. 2003, n° 01-03.714, NP.
5. Civ. 1re, 14 oct. 2010, nos 09-16.495, 09-69.286, NP – V. ss nos 522.472 s.
6. V. ss nos 522.471 s.
7. C. pr. civ., art. 593 s.
8. C. pr. civ., art. 582 s.
9. C. pr. civ., art. 593.
10. C. pr. civ., art. 595.
11. Paris, pôle 2, ch. 1, 10 mai 2012, RG n° 11/17452 – Paris, pôle 2, ch. 1, 11 mars 2010, RG n° 09/02986.
12. C. pr. civ., art. 582.
13. C. pr. civ., art. 582, al. 2.
14. L. Crémieu, *Traité de la profession d'avocat*, « Dalloz », 1955, n° 185.

été utilisées en pratique »[1]. Le bâtonnier Jean Lemaire, se référant expressément à l'opinion de Jacques Hamelin, reprend la même solution[2].

522.553 Recevabilité de la tierce opposition. Il semble toutefois qu'en raison du fait que la tierce opposition est un moyen de protection ouvert aux justiciables, il y ait lieu de la déclarer recevable même en matière disciplinaire.

On peut admettre, sans forcer les textes, que le conseil de discipline statue comme une juridiction en usant des règles de la procédure civile, et que la décision qu'il rend en matière disciplinaire est assimilable à une décision juridictionnelle ; dès lors les voies de recours extraordinaires sont recevables à l'encontre des décisions rendues par le conseil de discipline comme à l'égard de tout jugement.

522.554 Tiers étranger à la procédure. Mais il s'agit uniquement pour un tiers étranger à la procédure disciplinaire, fut-il le plaignant[3], de pouvoir remettre en question une décision disciplinaire dont il a eu connaissance et qui, dans sa motivation, le met en cause et qui est susceptible de porter atteinte à ses intérêts matériels ou moraux, à l'exclusion toutefois du cas de dénonciation calomnieuse[4] possible qui doit être exercé selon les règles propres du droit pénal et ne peut être paré préventivement par la voie de la tierce opposition, et non d'un recours tendant à faire condamner l'avocat absous, le plaignant n'ayant aucune qualité pour formuler une telle demande assimilable à un appel[5].

522.555 Cas de tierce opposition. L'hypothèse d'un emprunt possible de cette voie de recours serait le cas où un tiers apprendrait que, dans les motifs d'une décision de non-lieu, on fait état de son comportement comme soutien nécessaire à la décision.

Il pourrait en être ainsi d'un avocat qui accuserait un ancien collaborateur d'avoir emporté dossiers et clientèle[6]. Le conseil de discipline saisi d'une plainte contre le collaborateur pourrait alors le renvoyer des fins de la poursuite en se fondant sur le fait que ni les clients mis en cause, ni les dossiers n'ont quitté le cabinet du plaignant et que celui-ci a « monté » de toutes pièces l'affaire. Dans ce cas la tierce opposition devant ce même conseil de discipline par l'avocat plaignant paraît recevable à l'encontre de la décision de non-lieu et, au cas de refus d'instruire son recours, l'appel paraît possible malgré les termes de l'article 23 de la loi du 31 décembre 1971 car il ne s'agit pas en l'espèce d'une voie de recours contre la décision disciplinaire mais contre la décision du conseil de discipline qui aura rejeté la tierce opposition.

Il en irait autrement dans l'hypothèse où le conseil de discipline aurait fondé sa décision de renvoi des fins de la poursuite sur l'absence de preuves suffisantes pour entraîner sa conviction. Dans cette hypothèse, nous estimons que le recours à la tierce opposition est impossible car l'avocat plaignant n'a plus d'intérêt à exercer un recours contre la décision disciplinaire. Certes, elle le déçoit mais ceci n'est pas suffisant pour lui conférer un intérêt à agir pour l'attaquer dès lors qu'il n'est pas mis expressément en cause par la décision.

522.556 Irrecevabilité de la tierce opposition. La jurisprudence s'est, pour l'instant, prononcée dans le sens de l'irrecevabilité de la tierce opposition[7]. Le bâtonnier Yves Avril fait observer que l'article 197 du décret du 27 novembre 1991 en tant qu'il énumérerait limitativement les voies de recours contre un arrêté disciplinaire s'oppose à la possibilité de former une tierce opposition[8].

522.557 *In fine.* Il appartient aux conseils de discipline de rédiger avec prudence leurs décisions pour éviter toute mise en cause imprudente de tiers ayant accès à la décision, soit par le biais des dispositions de l'article 196 du décret du 27 novembre 1991, soit par celui de la communication obligatoire des décisions de justice[9], dans la mesure où cette dernière s'applique aux décisions des conseils de discipline.

1. J. Hamelin, *Nouvel abrégé des règles de la profession d'avocat*, Dalloz, 1968, n° 535.
2. J. Lemaire, *Les règles de la profession d'avocat et les usages du barreau de Paris*, LGDJ, 1966, n° 558.
3. V. s^s n°s 521.91 s.
4. V. s^s n°s 454.241 s.
5. V. s^s n° 522.451.
6. V. s^s n° 812.368.
7. Orléans, 29 juin 1983, *Gaz. Pal.* 1983. II. 512 ; *D.* 1984. 116, note A. Brunois – Paris, pôle 2, ch. 1, 8 sept. 2016, RG n° 16/09339 – Paris, pôle 2, ch. 1, 8 sept. 2016, RG n° 16/08663.
8. Y. Avril, *Responsabilité des avocats,* 4e éd., « Dalloz Référence », 2021, n° 222.116.
9. V. s^s n°s 523.311 s.

CHAPITRE

523. Sanctions disciplinaires

SECTION 0 ORIENTEUR

523.00 **Sommaire du chapitre.**

Division. La sanction disciplinaire ne relève pas du droit pénal et ne viole pas le principe de légalité des délits et des peines (sect. 1), elle peut consister en un avertissement, un blâme, une interdiction temporaire, une radiation, avec des sanctions spécifiques supplémentaires en matière de lutte contre le blanchiment des capitaux et le financement du terrorisme (LCB/FT) (sect. 2). Des sanctions accessoires (sect. 3) peuvent s'ajouter aux précédentes, tandis que des sanctions à finalité disciplinaire peuvent être prononcées par d'autres juridictions (sect. 4), ces dernières pouvant se cumuler avec les sanctions disciplinaires sous certaines limites (sect. 5). Les sanctions disciplinaires peuvent faire l'objet d'une grâce ou d'une amnistie (sect. 6).

523.01 Textes applicables.

TEXTES TITRÉS

> Sanctions de droit commun

• **Décr. n° 91-1197, 27 nov. 1991**

art. 184 [Liste de sanctions disciplinaires]

art. 185 [Effets de la radiation]

art. 186 [Effets de l'interdiction temporaire]

art. 202-3 [Sanctions, avocats européens exerçant en libre prestation de service]

> Sanctions spécifiques en matière de blanchiment

• **C. mon. fin.**

art. L. 561-36-3 [Sanctions spécifiques en matière de LCB/FT]

> Juridictions pénales

• **C. pén.**

art. 131-10 [Légalité de la peine complémentaire d'interdiction d'exercer une activité professionnelle]

art. 131-27 [Peine complémentaire d'interdiction d'exercer une activité professionnelle]

art. 131-28 [Cas où la peine complémentaire d'interdiction d'exercer une activité professionnelle peut être prononcée]

art. 131-29 [Exécution de peine complémentaire d'interdiction d'exercer une activité professionnelle]

523.02 Jurisprudence de référence.

> Interdiction temporaire et usage de la qualité d'avocat

• **Civ. 1re, 1er déc. 2011,** *n° 10-26.026*, NP.

* V. s^s n° 523.124.

« Attendu que M. X... fait grief à l'arrêt de le débouter de sa demande tendant à voir condamner solidairement M. Y... et M. Z... à lui verser la somme de 5 400 € à titre de dommages-intérêts pour le retrait du titre d'avocat sur les lettres à en-tête adressées par ces derniers alors, selon le moyen, que la [sanction] d'interdiction temporaire ne prive pas celui qui en est frappé de sa qualité d'avocat ; qu'ainsi, en déniant tout caractère fautif à la suppression, par les administrateurs de son cabinet, du titre d'avocat de M. X... sur les courriers à en-tête adressés à ses clients, la cour d'appel a violé les articles 173 et 186 du décret n° 9l-1197 du 27 novembre 1991 ;

Mais attendu que dès lors qu'il est interdit par le dernier texte susvisé de faire état de la qualité d'avocat pendant toute la période d'interdiction, la cour d'appel a jugé à bon droit que le retrait de ce titre sur le papier à en-tête utilisé pendant cette période n'était pas fautif ; d'où il suit que le moyen n'est pas fondé ; »

> Exécution successive des sanctions pénales et disciplinaires de suspension pour les mêmes faits

• **Civ. 1re, 17 mai 1988,** n° 86-15.067, P I, n° 145.

* V. s^s n° 523.411.

« Mais attendu, d'abord, qu'une sanction pénale peut être exécutée dès que la décision de justice qui la prononce est devenue irrévocable, soit, en l'espèce, du jour de l'arrêt de rejet du pourvoi en cassation ;

Attendu, ensuite, que la cour d'appel a justement retenu que les sanctions pénale et disciplinaire de suspension sont de nature différente, et doivent donc être exécutées successivement ; »

> Demande de réinscription suite à une radiation

• **Civ. 1re, 7 juill. 1993,** n° 92-14.859, P I, n° 248.

* V. s^s n° 523.192.

« Vu l'article 109 du décret n° 72-468 du 9 juin 1972, ensemble l'article 455 du nouveau code de procédure civile ;

Attendu que pour déclarer d'abord irrecevable la demande de réinscription de M. X... au barreau du Loir-et-Cher, la cour d'appel énonce que cette demande constitue un détournement du texte interdisant la réinscription dans un autre barreau que celui qui a prononcé la radiation, dès lors qu'en vertu d'une clause de non-rétablissement, librement acceptée, M. X... ne pourrait pas exercer la profession auprès du barreau du Loir-et-Cher ; que, pour juger ensuite la demande mal fondée, la cour d'appel se réfère uniquement à la gravité des faits reprochés à l'intéressé ;

Attendu qu'en se déterminant ainsi, alors que, d'une part, la demande de réinscription doit être soumise au barreau qui a prononcé la radiation, seul investi du pouvoir d'apprécier l'amendement du requérant, et que la clause de non-rétablissement invoquée ne pouvait faire obstacle aux dispositions impératives de l'article 109 du décret précité, et alors que, d'autre part, il ne résulte pas des motifs de l'arrêt attaqué que les juges du second degré aient, comme ils y étaient tenus, examiné les preuves d'amendement présentées devant eux, la cour d'appel a violé les textes susvisés ; »

523.03 Bibliographie indicative.

* Aussi : v. s^s n° 52.03.

Thèse. Th. Koukezian, *Sanction pénale, sanction disciplinaire*, Th. Rennes, 2014.

Encyclopédies. Rép. pr. civ., *v° Avocat*, par J.-J. Taisne, M. Douchy-Oudot, sept. 2014, mise à jour, janv. 2015, n° 285 – Rép. pén., *v° Grâce*, par M.-H. Renaut, janv. 2013, n°s 24 et 25 – Rép. pén., Interdictions et incapacités professionnelles, par B. Bouloc.

Contributions. M. Ancel, « À propos des interdictions professionnelles. Quelques observations de politique criminelle », *Mél. R. Screvens, L'interdiction professionnelle en droit comparé*, Nemésis, 1986, p. 41 – J. Barthélémy, « Les sanctions professionnelles », Les sanctions, Justice et cassation, Dalloz, 2005, p. 13 – B. Beignier, « La discipline, finalités distinctes, natures divergentes », Vers un droit commun disciplinaire, PUSE, 2007, p. 233 – J. Moret-Bailly, « Les sanctions des règles déontologiques, Particularité ou banalité ? », C. Chainais, D. Fenouillet (dir.), *Les sanctions en droit contemporain,* t. I, Dalloz, 2012, p. 473.

Articles. J. Biguenet, « La nécessaire réforme des incriminations en droit disciplinaire professionnel », *Gaz. Pal.* 24-26 sept. 2006, p. 2 – O. Kuhnmunch, « Remarques sur les interdictions professionnelles résultant de condamnations pénales », *RSC* 1961. 1 – J. Mauro, « La réinscription d'un avocat après radiation », *Gaz. Pal.* 1988. Doctr. 3 sept. 1988, p. 6 – B. Mercadal, « L'amnistie des interdictions professionnelles », *D.* 1993. 141 – D. Piau, « Effets du sursis à statuer et autonomie de la faute disciplinaire : *O tempora. O mores...* », *Gaz. Pal.* 16-17 oct. 2015, p. 9 – J. Pralus-Dupuy, « La répression disciplinaire de l'infraction pénale », *RSC* 1992. 229 ; « Cumul et non-cumul des sanctions en droit disciplinaire », *D.* 1993. Chron. 135 ; « Les tendances contemporaines de la répression disciplinaire », *RSC* 2000. 545 – J. Savoye, « La notion de manquement à l'honneur, à la probité et aux bonnes mœurs », *D.* 1968. 103.

Rapports. Coll., *Le juge administratif et les sanctions administratives*, Dossier thématique du Conseil d'État, 2017 – F. Poirier, *Rapport de la commission des règles et usages sur la réforme de la procédure et de l'instance disciplinaires des avocats,* CNB, AG 18-19 janv. 2013.

SECTION 1
PROPOS LIMINAIRES

523.10 **Plan.** Les sanctions disciplinaires ont une nature réglementaire (§ 1) et doivent avoir un caractère proportionné (§ 2). La prise d'effet et l'exécution des sanctions requièrent une attention particulière (§ 3).

§ 1
Nature règlementaire des sanctions

523.21 **Constitutionnalité au regard du principe de légalité des délits et des peines.** Le législateur a confié au pouvoir réglementaire le soin de déterminer les sanctions disciplinaires, aux termes de l'article 53, 2°, de la loi du 31 décembre 1971[1]. Saisi d'une question prioritaire de constitutionnalité, le Conseil constitutionnel a jugé, dans une décision du 29 septembre 2011[2], que cette délégation de compétence ne portait pas atteinte à l'article 34 de la Constitution dès lors que les sanctions disciplinaires ne relèvent pas du droit pénal au sens de ce texte.

Malgré cette décision, la Cour de cassation avait renvoyé au Conseil constitutionnel la question de savoir si législateur n'aurait pas méconnu l'étendue de ses attributions par une délégation inconstitutionnelle de sa compétence au pouvoir réglementaire, dès lors que le droit disciplinaire revêt un caractère « punitif », et que le Conseil constitutionnel aurait jugé, entre-temps, que le principe de légalité des peines ne concernerait pas seulement les peines prononcées par les juridictions pénales, mais s'étendait à toute sanction ayant le caractère d'une punition, et que tel est le cas des sanctions disciplinaires[3], constituant un changement des circonstances de droit, rendant recevable la question posée[4].

Le Conseil constitutionnel a toutefois rejeté le recours en considérant qu'il ne résulte de sa décision de 2014, ni une modification de la répartition des compétences entre le pouvoir législatif et le pouvoir réglementaire, ni une modification de la portée du principe de légalité des peines lorsqu'il s'applique à une sanction disciplinaire ayant le caractère d'une punition, faisant que cette décision ne constituait pas un changement des circonstances justifiant le réexamen des dispositions contestées, dont le seul objet est le renvoi au pouvoir réglementaire de la compétence pour fixer les sanctions disciplinaires des avocats[5].

523.22 **Légalité de l'article 183 du décret du 27 novembre 1991.** Le Conseil d'État a considéré que, pour ce qui concerne les sanctions susceptibles d'être infligées aux membres des professions réglementées, y compris celles revêtant un caractère disciplinaire, le principe de légalité des délits et des peines était respecté dès lors que les textes applicables font référence à des obligations auxquelles les intéressés sont soumis en raison de l'activité qu'ils exercent, de la profession à laquelle ils appartiennent ou de l'institution dont ils relèvent[6].

Par conséquent, le moyen tiré de ce que les dispositions de l'article 183 du décret du 27 novembre 1991[7], qui n'a pas, dans tous les cas, à être de nature législative, et se borne à énoncer les obligations auxquelles les avocats sont soumis en raison

1. L. n° 71-1130, 31 déc. 1971 portant réforme de certaines professions judiciaires et juridiques, *JO* 5 janv., p. 131.
2. Cons. const. 29 sept. 2011, n° 2011-179 QPC, *JO* 30 sept. 2011, p. 16472 ; *D.* 2012. 1638, obs. V. Bernaud et N. Jacquinot ; *D.* 2013. 136, obs. Th. Wickers.
3. Cons. const. 28 mars 2014, n° 2014-385 relatif à la discipline des notaires, des huissiers de justice et des commissaires-priseurs judiciaires ; *D.* 2014. 784.
4. Civ. 1re, 1er mars 2017, n° 16-40.278.
5. Cons. const. 19 mai 2017, n° 2017-630 QPC ; *JCP* 2017. 629 ; *D. avocats* 2017. 215, obs. L. Dargent.
6. CE 22 juin 2012, req. n° 353854, NP.
7. Décr. n° 91-1197, 27 nov. 1991 organisant la profession d'avocat, *JO* 28 nov., p. 15502.

de la profession à laquelle ils appartiennent, ne viole pas le principe de légalité des délits et des peines[1].

523.23 Sanctions disciplinaires principales. L'avocat, dont la responsabilité disciplinaire est retenue, encourt des sanctions variant selon la gravité de la faute commise, allant du simple avertissement à la radiation du tableau ou au retrait de l'honorariat[2].

Les sanctions disciplinaires prévues par l'article 184 du décret du 27 novembre 1991 sont :

- l'avertissement ;
- le blâme ;
- l'interdiction temporaire dont la durée maximale est de trois années ;
- la radiation du tableau ou le retrait de l'honorariat[3].

RÉPARTITION DES SANCTIONS PRONONCÉES PAR LES CONSEILS DE DISCIPLINE[4]

Sanctions	Ensemble 2012	Ensemble 2013	Ensemble 2014	Ensemble 2015	Ensemble 2016	Ensemble 2017	Ensemble 2018	Ensemble 2019
Relaxe	5 %	28 %	31 %	35 %	33 %	16 %	13 %	19,5 %
Avertissement	21 %	10 %	10 %	12 %	11 %	16 %	8,5 %	16 %
Blâme	11 %	14 %	10 %	8 %	13 %	6,5 %	11,5 %	7 %
Interdiction temporaire	51 %	42 %	39 %	39 %	35 %	49,5 %	61 %	46,5 %
Radiation	12 %	6 %	10 %	6 %	8 %	12 %	7 %	11 %
Sanctions accessoires	32 %	27 %	31 %	35 %	33 %	15 %	11 %	19,5 %
Retrait de l'honorariat	0	0	0	0	0	0	0	0

§ 2
Caractère proportionné des sanctions

523.31 Principe de proportionnalité de la sanction. La sanction est proposée au cours de l'audience disciplinaire en tenant compte notamment des arguments et explications fournies au cours des débats par la personne poursuivie[5].

La sanction choisie doit être proportionnée à la gravité des manquements constatés et l'arrêté disciplinaire doit être motivé sur ce point[6] : le principe d'individualisation des peines qui découle de l'article 8 de la Déclaration des droits de l'homme et du citoyen de 1789 implique qu'une sanction disciplinaire ne puisse être appliquée que si le juge l'a expressément prononcée, en tenant compte des circonstances propres à chaque espèce[7].

523.32 Exemples d'appréciation de la proportionnalité par les Cours d'appel. C'est ainsi qu'une cour d'appel a pu considérer que si certains manquements d'un avocat aux règles de déontologie, pris de manière isolée, peuvent ne pas présenter en eux-mêmes une gravité qui justifierait le prononcé d'une sanction disciplinaire, le nombre de plaintes retenues et l'ensemble des manquements constatés démontrent la volonté de l'avocat de s'affranchir des règles déontologiques et justifient la sanction de la radiation qui apparaît proportionnée à la gravité des faits reprochés[8]. De même que, s'agissant d'un avocat déjà sanctionné par des interdictions temporaires d'exercice dans le passé, une cour d'appel a pu considérer que la sanction de la radiation apparaissait comme justifiée dès lors qu'il : « a persisté, de manière réitérée, dans ces comportements, sans visiblement tenir le moindre compte des avertissements répétés qui lui étaient prodigués, sa situation personnelle, si elle peut expliquer sa procrastination, ses négligences et défauts de réponse, ne peut plus en être l'excuse compte tenu du risque qu'il fait courir à ses clients, à ses confrères et à la réputation de la profession »[9]. Tout comme une cour d'appel a pu considérer comme disproportionnée la sanction de la radiation prononcée à l'encontre d'un avocat qui lors de la constitution de son dossier en vue de

1. CE 22 juin 2012, req. no 353854, NP.
2. Décr. n° 91-1197, 27 nov. 1991, art. 184.
3. Décr. n° 91-1197, 27 nov. 1991, art. 184.
4. Conseil national des barreaux/Observatoire/Enquête Conseils de Discipline, 2015 – Conseil national des barreaux/Observatoire/Enquête Conseils de Discipline, 2017 – Conseil national des barreaux/Observatoire/Enquête Conseils de Discipline, avr. 2020.
5. Paris, pôle 2, ch. 1, 26 mai 2016, RG n° 15/23128.
6. COMP. : J. Pradel, « Du principe de proportionnalité en droit pénal », *D.* 2019. 490 – V. s^s n°s 521.151 s. et n° 522.371.
7. Cons. const. 30 déc. 1982, n° 82-155 *DC, loi de finances rectificative pour 1982,* NON-CONFORMITÉ PARTIELLE, *JO* 31 déc., p. 4034 ; *Rec.* 88 – Aussi : v. s^s n°s 523.424 s.
8. Montpellier, 1re ch., sect. AS, 16 nov. 2015, RG n° 14/08738 ; *Gaz. Pal.* 24 mai 2016, p. 35, obs. Ch. Albiges.
9. Paris, pôle 4, ch. 13, 8 avr. 2021, RG n° 18/02601.

sa prestation de serment après son admission au bénéfice des dispositions de l'article 98, alinéa 3, du décret du 27 novembre 1991, avait falsifié les diplômes de maîtrise de droit et de DEA d'un autre avocat et produit ces faux à l'appui de sa demande. La cour d'appel considérant que bien que ces faits soient d'une extrême gravité et constituent une violation manifeste des principes de probité, de loyauté, de dignité, d'honneur et de conscience, le fait que l'intéressé ait justifié avoir fait la preuve de sa volonté et de son souci de remplir les conditions de qualification requises par l'article 11 de la loi du 31 décembre 1971 en obtenant, postérieurement à l'engagement de la procédure, un master 2 de droit des affaires, et de n'avoir jamais fait l'objet de la moindre plainte dans le cadre de son exercice professionnel en 14 ans, devait conduire à substituer à la sanction de la radiation une sanction de 3 ans d'interdiction dont 33 mois avec sursis [1].

523.33 **Proportionnalité de la sanction – contrôle de la Cour de cassation.** La Cour de cassation procède à un contrôle strict de motivation de la sanction par la cour d'appel. Il en découle que la motivation des arrêts de la cour d'appel doit être de nature à permettre à la Cour de cassation d'exercer son contrôle. Doit ainsi être cassé, l'arrêt qui se borne à énoncer que l'attitude de l'avocat démontre qu'il s'affranchit gravement de l'ensemble des règles de sa profession et ne respecte pas sciemment ses règles essentielles, portant à celle-ci et à son image une atteinte grave, sans constater que la sanction retenue, en l'occurrence une radiation, était proportionnée à la gravité des manquements commis [2].

Cette jurisprudence doit être rapprochée de celle du Conseil d'État qui se livre lui aussi à un contrôle de proportionnalité des sanctions disciplinaires [3] et n'hésite pas à annuler une décision dont la sanction lui apparaîtrait « par son insuffisance, hors de proportion avec les fautes commises » [4], ce que la Cour de cassation n'a pas encore eu, à notre connaissance, l'occasion de faire.

523.34 **Exemples de contrôle de la Cour de cassation.** La Cour de cassation a ainsi approuvé une cour d'appel qui a prononcé la radiation d'un ancien bâtonnier qui avait proclamé un résultat qui ne correspondait pas à la réalité du scrutin, considérant que la cour d'appel « a bien procédé au contrôle de proportionnalité de la sanction en prenant en considération non seulement la gravité des faits reprochés mais aussi la persistance, en dépit du temps écoulé, de l'atteinte à la crédibilité du Barreau et à la confiance qu'il doit inspirer au public » [5].

Tout comme elle a approuvé la radiation d'un autre avocat qui avait demandé la récusation d'un magistrat, qui se nommait Lévy, en mettant en cause dans ses conclusions son impartialité au motif que « le père de la prévenue s'appelle Moïse », joignant à sa requête les pages Wikipédia de « Moïse » et « Lévy » pour en conclure qu'« il y a lieu de s'en tenir à de simples constatations patronymiques et « prénonymiques » [6], considérant qu'« en relevant la gravité de l'atteinte aux principes essentiels de délicatesse, courtoisie et dignité de la profession, ainsi que l'absence de regret de l'intéressé qui n'a pris conscience ni de l'ineptie de ses propos ni de leur retentissement sur l'ensemble de la profession, ce dont elle a déduit que, par son comportement, celui-ci s'était montré indigne d'exercer la profession d'avocat, la cour d'appel a exercé le contrôle de proportionnalité qui lui incombait » [7].

Doit également être approuvée la radiation d'un avocat qui, d'une part, avait nié l'autorité dont est légalement investi le bâtonnier, en refusant de répondre à une demande d'explications qu'il lui avait faite dans l'exercice de ses fonctions, d'autre part, avait excédé largement la liberté de ton et d'expression dont bénéficie l'avocat en tenant des propos constituant des attaques personnelles et des affirmations injurieuses et diffamatoires à l'égard de l'un de ses confrères et de son client, mettant à profit une procédure judiciaire pour alimenter un conflit purement personnel par client interposé, et, enfin, avait adressé à la Carpa un document douteux, qui ne pouvait échapper à sa vigilance, pour obtenir une remise de fonds à titre personnel. Ce faisant il avait manqué gravement à ses obligations de délicatesse, de confraternité, de modération, de courtoisie et de probité, la cour d'appel ayant ainsi procédé au contrôle de proportionnalité de la sanction de la radiation qu'elle a prononcée, en prenant en considération non seulement la gravité des faits reprochés mais aussi le comportement outrancier réitéré, malgré les mises en garde, affectant grave-

1. Paris, pôle 2, ch. 1, 8 nov. 2018, RG n° 18/07288 – V. s[s] n° 324.105 et 522.71.
2. Civ. 1re, 1er juill. 2020, n° 19-16.666.
3. CE 30 déc. 2014, *Bonnemaison*, req. n° 381245 ; *Lebon* 445, concl. R. Keller ; *RFDA* 2015. 67, concl. R. Keller ; – DÉJÀ : CE 30 juin 2010, *Ponsard*, req. n° 325319, *Lebon T* 934 ; *AJDA* 2010. 1345.
4. CE 1er juill. 2019, req. n° 420987, *Lebon* ; *AJDA* 2019. 1744, obs. C. Malverti et C. Beaufils ; *JCP* 2019. 1062, note L. Seurot ; – DÉJÀ : CE 6 avr. 2016, *Université de Lyon*, req. n° 389821, NP ; *AJDA* 2016. 1723 ; *AJFP* 2016. 231, comm. E. Aubin.
5. Civ. 1re, 6 sept. 2017, n° 16-13.624, NP (huitième moyen), *Gaz. Pal.* 3 oct. 2017, p. 21, note D. Piau – V. s[s] n° 331.55.
6. CRD Lyon, 16 oct. 2013, NP ; *Libération* 16 oct. 2013 – CONFIRMÉ PAR : Paris, pôle 2, ch. 1, 8 sept. 2016, RG n° 15/15222 – APRÈS CASSATION PAR : Civ. 1re, 1er juill. 2015, n° 14-20.134, NP.
7. Civ. 1re, 6 sept. 2017, n° 16-24.664, NP ; *Gaz. Pal.* 5 déc. 2017, p. 28, obs. D. Landry – V. s[s] n° 337.37.

ment le fonctionnement du barreau et donnant une image particulièrement altérée de la profession d'avocat[1].

523.35 Stratégie des poursuites. Il est généralement préférable de regrouper les réclamations dont fait l'objet un même avocat afin d'engager une procédure disciplinaire unique à son encontre. En effet, outre la lourdeur résultant de la mise en œuvre d'une telle procédure, la multiplicité des faits reprochés à un avocat aboutit, d'une manière générale, à une sanction plus sévère globalement[2] que les sommes des infractions qui auraient donné lieu, chacune, à une procédure disciplinaire distincte. Cette règle de bonne gestion est généralement la plus pertinente.

Une exception toutefois : lorsque les faits sont d'une particulière gravité, et peuvent justifier chacun pris séparément, la sanction de la radiation, le prononcé d'une seconde radiation derrière la première, qui est possible[3], permet d'assurer la sanction contre les aléas de l'une ou l'autre des procédures[4].

§ 3 Prise d'effet et exécution des sanctions

523.41 Prise d'effet des sanctions disciplinaires. Le délai d'appel suspend l'exécution de la décision du conseil de discipline, de même que l'appel exercé dans ce délai[5].

Par conséquent, une sanction disciplinaire commence donc à produire ses effets à partir du jour où expire le délai d'appel[6] ou, en cas d'appel, à compter de la notification de l'arrêt de la cour d'appel, le pourvoi en cassation n'étant pas suspensif[7].

Le conseil discipline n'a pas le pouvoir d'ordonner l'exécution provisoire d'une sanction disciplinaire, faculté qui ne lui est pas offerte par les textes[8]. En cas de nécessité, il appartient donc au bâtonnier de solliciter du conseil de l'Ordre que soit ordonnée une suspension provisoire[9].

523.42 Exécution des sanctions disciplinaires. Le procureur général assure et surveille l'exécution des sanctions disciplinaires[10], notamment en procédant à la diffusion des décisions devenues exécutoires auprès de tous les procureurs généraux.

Il appartient également au bâtonnier d'en assurer et surveiller l'exécution en ce qui concerne les avocats relevant de son barreau, en tirant les conséquences des sanctions disciplinaires prononcées, notamment en ce qui concerne la publicité du tableau[11], et en prenant, le cas échéant, les décisions que nécessite leur parfaite exécution[12].

SECTION 2 SANCTIONS DISCIPLINAIRES

523.50 Plan. L'avertissement (§ 1) est une sanction ne présentant pas le caractère infamant du blâme (§ 2), tandis que l'interdiction temporaire (§ 3) et la radiation (§ 4) produisent des effets sur l'exercice même de la profession par l'avocat.

§ 1 Avertissement

523.61 Définition. L'avertissement est un appel à l'attention de quelqu'un, qui marque une défiance[13]. C'est une sanction infligée à quelqu'un pour réprimer une mauvaise action qu'il a commise et l'en détourner[14].

À la différence du blâme[15], l'avertissement ne présente pas de caractère infamant.

523.62 Absence d'effet particulier de l'avertissement. L'avertissement ne produit aucun effet particulier, en dehors de son inscription au dossier administratif de l'avocat. Il constitue un simple précédent qui, en cas de récidive, peut permettre au conseil de discipline d'envisager une sanction plus importante.

L'avertissement est souvent prononcé en cas de faute mineure, telle qu'un manquement au principe du contradictoire[16], ou dans les cas d'excès dans la liberté d'expression, domaine dans lequel les juridictions disciplinaires, sauf propos d'une particulière gravité, s'en tiennent à une telle sanction[17].

1. Civ. 1re, 31 janv. 2018, n° 16-21.614, NP.
2. Paris, pôle 2, ch. 2, 22 janv. 2015, RG n° 14/08495.
3. V. ss n° 523.184.
4. Crim. 11 mars 2015, n° 14-80.107, NP.
5. Décr. n° 91-1197, 27 nov. 1991, art. 16, al. 6.
6. RAPPR. : Nancy, 26 avr. 1979, *JCP* 1980. IV. 229 – Civ. 1re, 26 mai 1993, n° 91-16.918, P I, n° 187 ; *Gaz. Pal.* 7 déc. 1993, p. 10 ; *Gaz. Pal.* 1993. Pan. 258.
7. C. pr. civ., art. 579.
8. Civ. 1re, 26 mai 1993, n° 91-16.918, P I, n° 187 ; *Gaz. Pal.* 7 déc. 1993. Pan. 10 ; *Gaz. Pal.* 1993. Pan. 258.
9. V. ss nos 512.141 s.
10. Décr. 27 nov. 1991, art. 99, Nancy, 4 avr. 1979, *Gaz. Pal.* 1979. II. 289, note A. Damien.
11. V. ss nos 461.202 s.
12. V. ss nos 523.61 s.
13. E. Littré, *Dictionnaire de la langue française*, Paris, Hachette, 1874, t. I, p. 265.
14. CNRTL.
15. V. ss n° 523.71.
16. CD Paris, 25 mars 2014, n° 235139 – V. ss nos 452.00 s.
17. Civ. 1re, 10 juill. 2014, n° 13-19.284, P I, n° 137 ; *D.* 2014. 1597 – Grenoble, 3 juill. 2014, RG n° 13/05283 – V. ss nos 454.00 s. et 337.00 s.

§ 2
Blâme

523.71 **Définition.** Le blâme est l'expression de l'opinion, du jugement par lequel l'on trouve quelque chose de mauvais dans les personnes ou les choses. C'est une réprimande faite par le juge[1]. Il s'agit d'une « peine infamante [...] consistant en une réprimande adressée au coupable »[2].

À la différence de l'avertissement[3], le blâme présente un caractère infamant allant au-delà de la simple mise en garde.

523.72 **Absence d'effet particulier du blâme.** Le blâme, tout comme l'avertissement ne produit aucun effet particulier, en dehors de son inscription au dossier administratif de l'avocat. Il constitue, ici encore, un précédent qui, en cas de récidive, peut permettre au conseil de discipline d'envisager une sanction plus importante.

Il vise des faits parfois d'une gravité relative mais où il y a lieu de prendre en compte la personnalité de l'avocat poursuivi tel que « l'avocat [qui] a exercé pendant 19 ans sans réclamation déontologique à son encontre et que les réclamations qui donnent lieu aux procédures disciplinaires sont récentes »[4] ou que « l'avocat [qui] reconnaît les faits et réitère ses excuses »[5].

§ 3
Interdiction temporaire

523.80 **Plan – Définition.** L'interdiction temporaire consiste à interdire à l'avocat d'exercer temporairement la profession pour une durée déterminée d'un maximum de trois ans[6].

Elle prend effet à compter de la notification[7] par le procureur général ou par le bâtonnier de la sanction prononcée contre lui.

Toutefois, il a été jugé que la seule notification par le bâtonnier à un avocat, sous forme d'une lettre, de la date fixée par le procureur général comme début d'exécution de la sanction d'interdiction prononcée contre lui, ne peut avoir d'effet car cette manière de procéder ne constitue pas le mode normal de notification de la décision : seule une signification régulière peut conférer le caractère exécutoire à la décision prononçant une sanction disciplinaire[8].

Les effets de droit commun de l'interdiction temporaire (A), doivent s'articuler, le cas échéant, avec la situation de l'avocat interdit en cas d'exercice en groupe de la profession (B).

A.
Droit commun de l'interdiction temporaire

523.90 **Plan.** L'interdiction temporaire emporte obligation d'abstention de l'avocat dans la réalisation de tout acte professionnel (1°), sous réserve toute de la mise en œuvre d'un sursis qui obéit à un régime particulier (2°), et nécessite, par ailleurs, une administration provisoire du cabinet de l'avocat (3°).

1°
Situation de l'avocat interdit temporairement

523.101 **Obligation d'abstention de l'avocat interdit d'exercer temporairement.** L'avocat interdit temporairement doit, dès le moment où la décision est passée en force de chose jugée, s'abstenir de tout acte professionnel[9].

Il ne peut, en aucune circonstance, faire état de sa qualité d'avocat ni participer à l'activité des organismes professionnels auxquels il appartient[10].

523.102 **Actes prohibés.** À compter du début de la sanction d'interdiction et durant le temps pour lequel elle a été prononcée, l'avocat doit s'abstenir de tous les actes de sa profession, c'est-à-dire des actes bénéficiant du monopole légal ; c'est ainsi qu'il ne peut revêtir le costume de sa profession, ni recevoir la clientèle, ni donner des consultations[11], ni assister ou représenter les parties devant les juridictions[12]. Il ne peut exercer son droit de plaider après la décision d'interdiction temporaire même s'il conteste la régularité de la décision rendue à son encontre ou celle de sa notification.

C'est ainsi que dans une affaire où un avocat, contre qui avait été prononcée une interdiction de six mois d'exercice, reprochait à ses confrères administrant son cabinet pendant cette période d'avoir retiré son titre d'avocat des lettres à en-tête du cabinet, la Cour de cassation, rejetant son pourvoi, a eu l'occasion de rappeler que l'interdiction temporaire interdit de faire état de la qualité d'avocat pendant toute la période d'interdiction temporaire d'exercice[13].

1. Littré, t. 1, p 353.
2. CNRTL.
3. V. s[s] n° 523.61.
4. CD Paris, 24 juill. 2012, n° 216451.
5. CD Paris, 10 juill. 2015, n° 251033.
6. Décr. n° 91-1197, 27 nov. 1991, art. 184, 3°.
7. V. s[s] n°s 522.411 s.
8. Civ. 1re, 4 nov. 1980, n° 79-13.391, P I, n° 280 ; *Gaz. Pal.* 1981. 1. pan. 1950 ; *JCP* 1981. IV. 29 – V. s[s] n°s 522.411 s. et 522.514.
9. Décr. n° 91-1197, 27 nov. 1991, art. 186.
10. Décr. n° 91-1197, 27 nov. 1991, art. 186.
11. Nancy, 26 avr. 1979, *JCP* 1980. IV. 229.
12. Grenoble, 31 janv. 1986, *D.* 1987. 105, note A. Brunois.
13. Civ. 1re, 1er déc. 2011, n° 10-26.026, NP ; *JCP* 2012. 387, n° 14, obs. A. Bolze.

523.103 Maintien de l'inscription au tableau. Comme pour la suspension provisoire[1], l'interdiction temporaire n'entraîne pas le retrait de l'avocat du tableau[2]. Il encourt dès lors des sanctions disciplinaires pour les faits commis pendant la période d'interdiction temporaire, notamment s'il réalise des actes de la profession[3], ainsi que des sanctions pénales[4].

La délibération du conseil de l'Ordre fixant la période d'interdiction dont le principe et l'exécution ne pouvaient être remis en cause, est de caractère administratif et non juridictionnel et ne saurait faire l'objet d'un quelconque recours[5].

523.104 Exécution en cas d'omission ou de démission de l'avocat. Si l'avocat poursuivi a été omis ou a démissionné, l'interdiction temporaire prononcée contre lui n'est pas censée avoir couru pendant le temps de son retrait du tableau[6]. La raison de cette décision est expliquée par l'annotateur de cet arrêt au Sirey qui estime que c'est à bon droit qu'a été écartée la prétention d'un avocat qui, frappé d'interdiction temporaire, avait démissionné aussitôt et qui, le temps de sa sanction expiré, sollicitait sa réinscription en prétendant ne plus avoir à exécuter la sanction d'interdiction temporaire. Cette thèse ne peut être accueillie sous peine de laisser à l'avocat frappé d'une interdiction temporaire un moyen d'échapper, par une démission calculée, à l'exécution de la sanction disciplinaire[7].

Comme le fait observer la cour d'appel de Pau, l'avocat une fois démissionnaire, comme l'avocat omis, ayant perdu sa qualité d'avocat, ne peut plus exécuter la décision qui l'avait frappé d'interdiction temporaire mais, dès que par sa réintégration il a retrouvé la qualité qu'il avait perdue, il la recouvre dans les conditions mêmes où il en était investi au moment de son omission ou sa démission, c'est-à-dire avec l'obligation de se soumettre à la sanction d'interdiction temporaire qui l'avait frappé pour toute la durée de cette sanction qui restait à courir au moment de son retrait du tableau.

Ainsi, et dans l'hypothèse où ce même avocat aurait été retiré du tableau, volontairement ou sur décision du conseil de l'Ordre, antérieurement à l'entrée en vigueur de l'interdiction temporaire[8], il devra préalablement solliciter sa réinscription[9] afin de pouvoir exécuter sa sanction disciplinaire, laquelle demande d'inscription pourra lui être refusée suivant les règles de droit commun en matière d'inscription[10].

523.105 Avocat honoraire. L'avocat honoraire[11] peut faire l'objet d'une interdiction temporaire. Celle-ci portera sur son honorariat dont il ne pourra plus faire état pendant la durée d'exécution de la sanction.

À compter du début de sa sanction d'interdiction temporaire et durant le temps pour lequel elle a été prononcée, il devra également s'abstenir de réaliser tout acte que sa qualité d'avocat honoraire lui permet de réaliser, tel que de consultation juridique et de rédaction d'actes[12]. À défaut, il encourt des sanctions disciplinaires pour les faits commis pendant la période d'interdiction temporaire, ainsi que des sanctions pénales[13].

523.106 Avocat d'un État membre de l'Union européenne. L'avocat de l'Union européenne qui exerce en France, à titre permanent, sous son titre professionnel d'origine[14] peut se voir sanctionné d'une interdiction temporaire[15], laquelle portera effet en France[16]. Celui qui exerce en France dans le cadre de la libre prestation de service[17] pourra faire l'objet d'une interdiction provisoire d'exercer, en France, des activités professionnelles[18].

À compter du début de sa sanction d'interdiction temporaire et durant le temps pour lequel elle a été prononcée, il devra s'abstenir, en France, de faire état de sa qualité d'avocat et de réaliser tout acte de la profession[19]. À défaut, il encourt des sanctions disciplinaires pour les faits commis pendant la période d'interdiction temporaire, ainsi que des sanctions pénales[20].

523.107 Avocat étranger d'un État non-membre de l'Union européenne. L'avocat inscrit au barreau d'un État non-membre de l'Union européenne autorisé, par le Conseil national des barreaux, à exercer

1. V. s[s] n°s 512.191 s.
2. Civ. 1re, 15 juin 1999, n° 96-19.641, P I, n° 200 ; *D.* 2000. 151, obs. B. Blanchard – V. s[s] n° 461.203.
3. Nancy, 4 avr. 1979 ; *Gaz. Pal.* 1979. II. 289, note A. Damien – Paris, pôle 2, ch. 1, 11 févr. 2016, RG n° 15/06398 – Paris, pôle 2, ch. 1, 19 sept. 2019, RG n° 17-21295.
4. V. s[s] n° 522.43.
5. Civ. 1re, 19 janv. 1994, n° 91-21.821, P I, n° 26 ; *D.* 1994. 45 ; *D.* 1995. 167 ; *Gaz. Pal.* 1994. Pan. 99.
6. Pau, 23 mai 1910, *S.* 1910. 2. 316 ; *D.* 1911. 2. 166 – V. s[s] n°s 242.00 s.
7. Pau, 23 mai 1910 ; *S.* 1910. 2. 316 ; *D.* 1911. 2. 166.
8. V. s[s] n°s 522.53 s.
9. Civ. 1re, 18 mars 2003, n° 01-00.356, NP.
10. Civ. 1re, 6 juill. 2004, n° 02-30.320, NP – Toulouse, 2 déc. 2013, *Gaz. Pal.* 20-21 juin 2014, p. 21, obs. B. de Belval – V. s[s] n°s 221.11 s. et 324.92.
11. V. s[s] n°s 243.11 s.
12. V. s[s] n°s 243.21 s.
13. V. s[s] n° 522.43.
14. V. s[s] n°s 231.10 s.
15. Paris, pôle 2, ch. 1, 22 janv. 2015, RG n° 14/08495.
16. L. n° 71-1130, 31 déc. 1971, art. 88 – Décr. n° 91-1197, 27 nov. 1991, art. 203.
17. V. s[s] n°s 231.51 s.
18. Décr. n° 91-1197, 27 nov. 1991, art. 202-3.
19. V. s[s] n° 523.102.
20. V. s[s] n° 522.43.

l'activité de consultation juridique et de rédaction d'actes sous seing privé pour autrui, et qui l'exerce en France, à titre temporaire et occasionnel ou à titre permanent, sous son titre professionnel d'origine[1] peut se voir sanctionné d'une interdiction temporaire, laquelle portera effet en France[2].

À compter du début de sa sanction d'interdiction temporaire et durant le temps pour lequel elle a été prononcée, il devra s'abstenir, en France, de faire état de sa qualité d'avocat et de réaliser, en France, tout acte de consultation juridique et de rédaction d'actes, pour lesquels il a été autorisé à exercer. À défaut, il encourt des sanctions disciplinaires pour les faits commis pendant la période d'interdiction temporaire, ainsi que des sanctions pénales[3].

2°
Régime du sursis

523.111 Interdiction temporaire et sursis. La sanction de l'interdiction temporaire, et elle seule[4], peut être assortie du sursis[5], et ce totalement ou partiellement.

Si, dans le délai de cinq ans à compter du prononcé de la sanction, l'avocat a commis une infraction ou une faute ayant entraîné le prononcé d'une nouvelle sanction disciplinaire, celle-ci entraîne l'exécution de la première sanction sans confusion avec la seconde[6].

523.112 Révocation du sursis. La décision prononçant la nouvelle sanction disciplinaire entraîne automatiquement la révocation du sursis antérieur sauf si cette décision, motivée expressément sur ce point, précise qu'elle n'emporte pas révocation du sursis précédemment accordé.

Ainsi, si l'avocat poursuivi à nouveau dans le délai de cinq ans du prononcé de la première sanction souhaite qu'en cas de seconde condamnation, il n'y ait pas de révocation du sursis, il doit expressément le demander au conseil de discipline.

523.113 Information dans la citation. La citation devant le conseil de discipline[7] doit dès lors que l'avocat poursuivi a déjà fait l'objet de condamnation assortie du sursis dans un délai de cinq ans précédant la citation, préciser que la sanction encourue entraînera l'exécution de la première sanction sans confusion avec la seconde[8], à moins que le conseil de discipline par décision motivée ne décide que le sursis précédent ne sera pas révoqué[9].

523.114 Constitutionnalité du régime. Le Conseil constitutionnel a eu l'occasion de considérer que le sursis constitue une mesure de suspension de l'exécution d'une peine. Cette mesure est subordonnée à l'absence, durant un délai d'épreuve, de la commission de nouvelles fautes. Lorsqu'elle prononce une sanction et qu'elle décide de l'assortir d'un sursis, la juridiction disciplinaire tient compte des circonstances propres à chaque espèce et de l'adéquation de la sanction aux fautes commises. La révocation du sursis n'a pas pour objet de sanctionner de nouvelles fautes mais de tirer les conséquences de la méconnaissance des conditions auxquelles était subordonnée la suspension de l'exécution de la sanction précédemment prononcée[10].

Il a ainsi censuré, tant en raison de son automaticité que de l'imprécision de ses causes[11], les dispositions de l'article 53 de l'ordonnance du 19 septembre 1945 relative à la discipline des experts-comptables qui prévoyaient que le prononcé d'une nouvelle sanction disciplinaire entraînait la révocation automatique du sursis sans que la juridiction disciplinaire puisse alors s'y opposer ou en moduler les effets[12].

Le régime du sursis applicable aux avocats, en tant qu'île prévoit que le prononcé d'une nouvelle sanction dans un délai de cinq ans entraîne « sauf décision motivée » l'exécution de la première sanction prononcée avec sursis sans confusion possible, et permet ainsi au conseil de discipline d'écarter la révocation automatique du sursis par décision motivée, ce dont l'avocat est expressément informé dans la citation[13], n'apparaît pas remis en cause.

3°
Administration provisoire du cabinet de l'avocat interdit temporairement

523.121 Administration provisoire. Le cabinet de l'avocat interdit temporairement continue à fonctionner tant dans la poursuite des dossiers anciens que dans le traitement d'affaires nouvelles sous l'administration provisoire d'un de ses confrères[14].

1. V. s[s] n°s 232.11.
2. Décr. n° 91-1197, 27 nov. 1991, art. 204-20.
3. V. s[s] n° 522.43.
4. Civ. 1re, 23 oct. 1984, n° 83-14.806, P I, n° 273.
5. J. Pralus-Dupuy, « Le sursis disciplinaire : un emprunt du droit disciplinaire au droit pénal », *RSC* 1994. 135.
6. Décr. n° 91-1197, 27 nov. 1991, art. 184.
7. V. s[s] n° 522.201.
8. V. s[s] n° 523.392.
9. Décr. n° 91-1197, 27 nov. 1991, art. 184.
10. Cons. const. 29 nov. 2019, n° 2019-815 QPC, *Mme Carole L…, révocation du sursis à exécution d'une sanction disciplinaire,* NON-CONFORMITÉ TOTALE, EFFET DIFFÉRÉ, RÉSERVE TRANSITOIRE, *D.* 2019. 2296 ; *AJCT* 2020. 162, obs. F. Benech ; *Constitutions* 2019. 587, décision ; *JCP* 2019. 1378, obs. J.-M. Brigant ; *JCP* 2020. 62, note J.-H. Robert.
11. J.-H. Robert note s[s] : Cons. const. 29 nov. 2019, n° 2019-815 QPC, *JCP* 2020. 62.
12. Cons. const. 29 nov. 2019, n° 2019-815 QPC.
13. V. s[s] n° 522.201.
14. Civ. 1re, 15 juin 1999, n° 96-19.641, P I, n° 200 ; *D.* 2000. 151, obs. B. Blanchard – V. s[s] n°s 244.21 s.

L'avocat interdit temporairement est donc remplacé dans l'exercice de ses fonctions par un ou plusieurs administrateurs provisoires.

523.122 Désignation de l'administrateur provisoire. Le ou les administrateurs provisoires sont, en principe, désignés par le bâtonnier, ce dont ce dernier doit alors informer le procureur général[1]. Toutefois si l'avocat faisant l'objet d'une interdiction temporaire exerce en qualité d'associé d'une structure d'exercice, l'administrateur provisoire sera l'un de ses associés, ou, à défaut désigné, suivant les cas, par le conseil de discipline, le bâtonnier ou le conseil de l'Ordre[2]. Il convient d'être particulièrement vigilant sur ce point. En aucun cas l'avocat interdit temporairement ne peut choisir ou désigner les administrateurs provisoires.

L'administration provisoire cesse de plein droit dès que l'interdiction temporaire a pris fin[3]. Bien que les textes ne le précisent pas expressément, il semble que le bâtonnier peut également mettre fin à tout moment à la mission de l'administrateur provisoire[4], d'office ou à sa demande, afin de procéder, le cas échéant, à son remplacement, y compris lorsque la mesure a été ordonnée par le conseil de discipline ou le conseil de l'Ordre[5].

Les décisions du bâtonnier en la matière, apparaissent susceptibles de recours devant la cour d'appel suivant les règles applicables à la procédure gracieuse[6], au même titre que les décisions rendues en matière de suppléance[7].

523.123 Mission de l'administrateur provisoire. L'administrateur provisoire désigné pour assurer l'activité du cabinet de l'avocat interdit temporairement doit continuer la gestion des dossiers de l'avocat interdit temporairement et accepter des dossiers nouveaux.

De la même manière, l'administrateur provisoire, dans le cadre du fonctionnement du cabinet de l'avocat interdit temporairement, ce compris au sein du bureau secondaire de celui-ci, fût-ce dans le ressort d'un autre barreau, continue de rémunérer les collaborateurs libéraux[8] et avocats salariés[9] et de leur confier le traitement de dossiers[10].

Il assure la gestion du cabinet et se substitue à l'avocat qu'il remplace dans toutes les décisions en relation avec l'exercice professionnel, y compris le recouvrement des honoraires[11].

L'administrateur provisoire perçoit à son profit les rémunérations relatives aux actes qu'il a accomplis. Il paie à concurrence de ces rémunérations les charges afférentes au fonctionnement du cabinet.

523.124 Portée de l'administration provisoire. Un arrêt de la cour d'appel de Reims du 19 janvier 1978[12] précise la portée du travail de l'administrateur provisoire en période d'interdiction temporaire d'un avocat. L'interdiction faite par le conseil de l'Ordre à l'administrateur provisoire d'un avocat, interdit temporairement, de postuler dans des procédures nouvelles, procède selon la cour, d'une interprétation restrictive du décret du 27 novembre 1991, qui pourrait avoir pour conséquence d'aboutir en cas d'interdiction temporaire d'assez longue durée à l'anéantissement du cabinet de l'avocat, portant ainsi gravement préjudice au personnel de ce cabinet qui risquerait de perdre un emploi. Ainsi donc le cabinet de l'avocat interdit temporairement survit, il ne disparaît qu'en cas de radiation[13].

L'administrateur provisoire peut donc maintenir l'activité du cabinet de l'avocat interdit temporairement en mentionnant qu'il est administrateur du cabinet de Me X..., sans indiquer les motifs pour lesquels il l'administre. Il en est de même pour la plaque professionnelle[14] qui n'a pas à être supprimée mais sur laquelle on pourra apposer une mention « Me... administrateur provisoire ».

523.125 Opposition à l'administration provisoire. L'avocat interdit temporairement qui empêche l'administrateur provisoire désigné par le bâtonnier d'exercer sa mission en accédant à son cabinet et continue d'exercer la profession, notamment en recevant des clients et procédant au recouvrement de ses honoraires, commet des manquements aux règles professionnelles justifiant qu'une radiation soit prononcée à son encontre[15].

1. Décr. n° 91-1197, 27 nov. 1991, art. 173.
2. V. ss nos 523.143 et 523.152.
3. Décr. n° 91-1197, 27 nov. 1991, art. 173.
4. Décr. n° 91-1197, 27 nov. 1991, art. 173.
5. RIBP, art. P. 73.6 – V. ss nos 523.143 s.
6. C. pr. civ., art. 25 – C. pr. civ., art. 950 s.
7. Civ. 1re, 3 mai 2018, n° 17-16.454, P I, n° 74 ; *Gaz. Pal.* 5 juin 2018, p. 36, obs. C. Berlaud ; *D.* 2018. 1021 ; *JCP* 2018. 765, note M. Attal ; *JCP* 2018. 592 ; *JCP* 2018. 1023, n° 14, obs. S. Grayot-Dirx ; *Gaz. Pal.* 4 déc. 2018, p. 27, obs. J. Villacèque.
8. V. ss nos 811.111 s.
9. V. ss nos 812.81 s.
10. CNB, Comm. RU, avis n° 2016-033, 19 avr. 2016.
11. CNB, Comm. RU, avis n° 2013-013, 13 avr. 2013 ; C. avocat 2021, ss décr. 27 nov. 1991, art. 173, note 6 – V. ss nos 741.21 s.
12. Reims, 19 janv. 1978, *Gaz. Pal.* 1978. 1. 142 ; *in* A. Damien, *Les grands arrêts*, Litec, 1991, p. 144.
13. V. ss nos 523.181 s.
14. V. ss n° 461.124.
15. Rouen, ch 1, 12 nov. 2003, RG n° 03/0153 – Y. Avril, *Responsabilité des avocats*, 4e éd., « Dalloz Référence », 2021, n° 222.158.

B.
Effet de l'interdiction temporaire en cas d'exercice en groupe de la profession

523.130 Plan – Impossibilité de poursuivre son activité dans la structure. L'avocat interdit temporairement d'exercer ne peut continuer à exercer à l'intérieur du groupement d'exercice auquel il appartient. Lorsque l'avocat interdit temporairement exerce au sein d'une structure dépourvue de la personnalité morale (Association, Aarpi, société en participation), il y a lieu de procéder comme s'il s'agissait d'un exercice individuel [1]. Un régime particulier s'applique en cas de SCP, SEL et société de droit commun (1°) ou de société pluriprofessionnelle d'exercice (SPE) (2°), avec nomination, le cas échéant, d'un administrateur provisoire.

1°
SCP, SEL et société de droit commun

523.141 Qualité d'associé. Lorsque l'avocat interdit temporairement est associé d'une société civile professionnelle (SCP), d'une société d'exercice libéral (SEL) ou d'une structure d'exercice de droit commun [2], il conserve, pendant la durée de sa sanction d'interdiction temporaire, sa qualité d'associé, avec tous les droits et obligations qui en découlent, à l'exclusion de sa vocation aux bénéfices professionnels [3].

523.142 Sanction égale ou supérieure à trois mois. Si l'avocat a fait l'objet d'une condamnation définitive à une sanction d'interdiction temporaire égale ou supérieure à trois mois, il peut être contraint de se retirer de la structure d'exercice par décision prise à l'unanimité des autres associés et à l'exclusion de ceux qui ont fait l'objet, pour les mêmes faits ou pour des faits connexes, d'une sanction disciplinaire. Ses parts sociales sont alors cédées, comme dans le cas de cession forcée, dans le délai de six mois, éventuellement porté à un an, dans les conditions prévues, suivant les cas, par l'article 30 du décret du 20 juillet 1992 [4] ou 14 et 15 du décret du 25 mars 1993 [5].

S'il n'est pas exclu de la structure d'exercice, il conserve sa qualité d'associé avec tous ses droits et obligations, mais ne peut exercer aucune activité professionnelle ni avoir vocation aux bénéfices professionnels [6].

1. V. s^{s} n°s 523.121 s.
2. V. s^{s} n°s 811.50 s.
3. Décr. n° 92-680, 20 juill. 1992, art. 53 – Décr. n° 93-492, 25 mars 1993, art. 29.
4. Décr. n° 92-680, 20 juill. 1992, art. 53.
5. Décr. n° 93-492, 25 mars 1993, art. 28.
6. Décr. n° 92-680, 20 juill. 1992, art. 53 – Décr. n° 93-492, 25 mars 1993, art. 29.

523.143 Nomination d'un administrateur provisoire par le conseil de discipline. En cas d'interdiction temporaire d'un associé ou de plusieurs associés de la même structure d'exercice, le conseil de discipline devra, en outre, veiller à nommer, si nécessaire, un administrateur provisoire.

En effet, si la structure d'exercice conserve en son sein au moins un associé qui n'est pas personnellement interdit d'exercer, ce dernier peut assurer l'administration provisoire [7], sans qu'il n'y ait lieu à procéder à une nomination en ce sens [8].

Mais, si la décision du conseil de discipline, ou l'arrêt de la cour d'appel, entend prononcer l'interdiction temporaire soit de la structure d'exercice [9] soit de tous ses associés, elle doit commettre un ou plusieurs administrateurs provisoires pour accomplir tous actes professionnels relevant des fonctions de la structure d'exercice et des associés interdits [10].

Il en sera également ainsi en cas d'interdiction temporaire prononcée à l'encontre de l'associé unique d'une structure d'exercice : la décision du conseil de discipline, ou l'arrêt de la cour d'appel, et non le bâtonnier, devra alors impérativement commettre un ou plusieurs administrateurs provisoires [11].

En cas d'omission des décisions du conseil de discipline, ou de l'arrêt de la cour d'appel, sur ce point, il nous apparaît possible de faire rectifier celle-ci par le conseil de discipline aux termes d'une requête en omission de statuer dans les conditions de droit commun [12].

523.144 Cas de la structure interbarreaux. Au cas où la structure d'exercice et l'un ou plusieurs de ses associés sont interdits, les associés non interdits sont eux-mêmes administrateurs provisoires. Ces derniers ont la faculté de demander la désignation d'un administrateur provisoire lorsque l'associé interdit temporairement est seul inscrit au tableau d'un barreau [13]. Le ou les administrateurs provisoires seront alors désignés par le bâtonnier, ce dont ce dernier doit informer le procureur général [14].

La décision du conseil de discipline qui prononce l'interdiction temporaire d'un associé qui n'appartient pas au barreau auprès duquel la structure d'exercice a son siège social doit être portée à la

7. V. s^{s} n°s 523.121 s.
8. Décr. n° 92-680, 20 juill. 1992, art. 53 – Décr. n° 93-492, 25 mars 1993, art. 29.
9. V. s^{s} n° 522.48.
10. Décr. n° 92-680, 20 juill. 1992, art. 53 – Décr. n° 93-492, 25 mars 1993, art. 29.
11. Décr. n° 92-680, 20 juill. 1992, art. 53 – Décr. n° 93-492, 25 mars 1993, art. 29.
12. C. pr. civ., art. 463.
13. Décr. n° 92-680, 20 juill. 1992, art. 53 – Décr. n° 93-492, 25 mars 1993, art. 29.
14. Décr. n° 91-1197, 27 nov. 1991, art. 173 – V. s^{s} n°s 523.121 s.

connaissance du bâtonnier du barreau auprès duquel la structure d'exercice est inscrite[1]. Dès lors qu'il apparaît que la structure d'exercice et tous les associés sont interdits, le bâtonnier du barreau auprès duquel la structure d'exercice est inscrite doit procéder à la nomination d'un ou plusieurs administrateurs provisoires en vue d'accomplir les actes professionnels relevant des fonctions de la société et des associés interdits. Cette décision est notifiée aux bâtonniers de chacun des barreaux auprès desquels sont inscrits les associés afin qu'ils puissent, à leur tour, désigner un administrateur provisoire[2].

2°
Société pluriprofessionnelle d'exercice (SPE)

523.151 Retrait de l'avocat interdit temporairement de la société pluriprofessionnelle d'exercice (SPE). L'avocat d'une société pluriprofessionnelle d'exercice (SPE) interdit temporairement, se retire de la SPE[3]. Il dispose d'un délai de six mois à compter date de prise d'effet de l'interdiction d'exercice pour céder ses actions ou parts sociales à la SPE, à ses coassociés ou à un tiers. Si, à l'expiration de ce délai, aucune cession n'est intervenue, la SPE ou chacun des coassociés dispose d'un nouveau délai de six mois pour notifier, par tout moyen permettant d'établir la date de réception de cette notification, un projet de cession ou de rachat ses actions ou parts sociales. À défaut d'accord entre les parties sur le principe de la cession ou sur son prix dans un délai de deux mois à compter de cette notification, il est passé outre le refus de l'avocat et le prix de cession est fixé par un expert désigné dans les conditions prévues à l'article 1843-4 du code civil. Après accord ou fixation judiciaire, le prix de cession des actions ou des parts sociales est consigné à la diligence du cessionnaire[4].

Ces dispositions ne s'appliquent pas si l'avocat reprend, avant la cession ou le rachat de ses parts, l'exercice de sa profession ou lorsque l'interdiction temporaire d'exercice est d'une durée inférieure à un an. Elles ne font pas non plus obstacle à la faculté, pour les autres associés, de contraindre l'avocat à se retirer de la SPE, lorsque cette faculté est prévue par les textes applicables à l'exercice de cette profession sous forme de société, ce qui est le cas pour les avocats[5].

523.152 Effets sur la société pluriprofessionnelle d'exercice (SPE). Dans le cas où la totalité des associés qui exercent la profession d'avocat correspondant à l'objet social de la SPE cesse d'exercer la profession au sein de la SPE, son inscription au tableau est suspendue de plein droit, par décision du conseil de l'Ordre[6], tant que la SPE n'a pas régularisé sa situation[7].

Au terme d'un délai d'un an suivant la notification de la décision de suspension de l'inscription, dans le cas où la SPE n'a toujours pas régularisé sa situation, le conseil de l'Ordre peut procéder à sa radiation du tableau[8].

523.153 Nomination d'un administrateur provisoire par le conseil de l'Ordre. La décision du conseil de l'Ordre prononçant la suspension de l'inscription de la SPE commet un ou plusieurs administrateurs provisoires pour accomplir tous actes professionnels relevant, à titre obligatoire, du ministère de l'avocat[9].

Les fonctions d'administrateur provisoire ne peuvent être confiées à un avocat ayant fait l'objet d'une sanction disciplinaire ou d'une mesure de suspension provisoire[10].

§ 4
Radiation

523.160 Plan – Définition. La radiation (A), sanction disciplinaire la plus grave, consiste à ordonner le retrait de l'avocat du tableau du barreau et à l'interdire pour l'avenir de toute possibilité de s'inscrire à nouveau au tableau d'un barreau, ayant des conséquences en cas d'exercice en groupe de la profession par l'avocat radié (B).

A.
Droit commun de la radiation

523.170 Plan. L'avocat radié ne peut plus exercer la profession (1°), ce qui nécessite, par ailleurs, une administration provisoire de son cabinet (3°). La radiation étant par nature une sanction perpétuelle, la question de ses effets dans le temps et de la réinscription au tableau d'un barreau se pose (2°).

1°
Situation de l'avocat radié

523.181 Conséquences de la radiation. L'avocat radié cesse d'appartenir au barreau et ne peut plus être inscrit au tableau d'aucun autre barreau[11]. À

1. Décr. n° 92-680, 20 juill. 1992, art. 53 – Décr. n° 93-492, 25 mars 1993, art. 29.
2. Décr. n° 92-680, 20 juill. 1992, art. 53 – Décr. n° 93-492, 25 mars 1993, art. 29 – V. s[s] n°s 523.121 s.
3. Décr. n° 2017-794, 5 mai 2017, art. 12.
4. Décr. n° 2017-794, 5 mai 2017, art. 11.
5. V. s[s] n° 523.142.
6. V. s[s] n°s 513.21 s.
7. Décr. n° 2017-794, 5 mai 2017, art. 12.
8. Décr. n° 2017-794, 5 mai 2017, art. 16.
9. Décr. n° 2017-794, 5 mai 2017, art. 15.
10. Décr. n° 2017-794, 5 mai 2017, art. 15.
11. Décr. n° 91-1197, 27 nov. 1991, art. 185.

compter de la date d'effet de la radiation [1], il ne peut plus exercer la profession d'avocat, ni utiliser la qualité d'avocat ou encore celle d'ancien avocat. À défaut, il encourt des sanctions pénales, notamment, pour usurpation du titre d'avocat [2] ou exercice illégal de la profession d'avocat [3].

C'est ainsi que fut condamné à une peine de trois mois avec sursis et 1 000 euros d'amende un avocat qui, radié par mesure disciplinaire, utilisait dans sa correspondance une qualité d'« ancien avocat au Barreau de Paris » [4]. Mais il doit être relaxé du chef d'exercice illégal de la profession d'avocat [5], les témoignages, d'où il ressortirait que l'intéressé recevait des clients dans des brasseries en se faisant surnommer « Monsieur Doudou avocat », ne permettant pas d'établir avec certitude que le prévenu s'est présenté en tant qu'avocat ou ancien avocat à des tiers [6].

Fut condamné de ce dernier chef, un ancien avocat radié qui était intervenu dans l'intérêt d'une ancienne cliente en vue de lui restituer le dossier qu'elle lui avait confié et de donner instructions à un avoué d'interjeter appel [7] ou encore celui qui s'était proposé spontanément de prendre en charge un dossier de licenciement devant le conseil des prud'hommes « contre remise d'une somme de 800 euros en espèces versée en deux fois » et avait rencontré à plusieurs reprises son « client » à son bureau, et l'avait représenté devant le conseil des prud'hommes en qualité d'avocat dans le cadre de la procédure de référé [8]. De même que la Cour de cassation a-t-elle confirmé un arrêt ayant condamné un ancien avocat pour usurpation de titre, exercice illégal de la profession d'avocat, escroquerie, et faux et usage de faux, à deux ans d'emprisonnement, dont dix-huit mois avec sursis et mise à l'épreuve [9].

523.182 Portée extraterritoriale des sanctions disciplinaires. L'interdiction d'exercer la profession d'avocat, comme celle d'utiliser la qualité d'avocat ou encore celle d'ancien avocat, qui résulte tant de la sanction de la radiation que de celle de l'interdiction temporaire [10], s'applique en France nonobstant la situation de l'intéressé à l'étranger. Il est, en effet, des situations où un avocat peut être radié, ou interdit temporairement [11], en France tout en étant également inscrit à un barreau étranger, ou puisse solliciter une telle inscription à l'étranger postérieurement à sa radiation, ou son interdiction temporaire, en France.

S'il existe de nombreux textes internationaux ou européens relativement à l'exercice permanent ou occasionnel de la profession d'avocat dans un État autre que celui d'inscription [12], il n'existe pas, même au niveau européen, de dispositions relativement à la réciprocité des sanctions disciplinaires sur le tableau de l'État membre d'origine, ni à la reconnaissance de l'effet de ces mêmes sanctions dans un autre État que celui où elles ont été prononcées.

Il est simplement prévu, s'agissant des avocats européens, outre un échange d'information sur la situation professionnelle concernant les avocats faisant l'objet d'une procédure disciplinaire, une obligation d'information par le bâtonnier à l'autorité compétente de l'État membre d'origine de toute décision prise [13]. À charge pour l'État membre d'origine d'en tirer, le cas échéant, ses propres conséquences sur le plan disciplinaire suivant ses propres procédures.

Cette situation n'est pas s'en poser des difficultés, notamment lorsqu'un avocat radié en France serait tenté d'y poursuivre l'exercice de la profession d'avocat sous couvert d'une inscription auprès d'un barreau étranger.

C'est ainsi que :

- un avocat exerçant comme avocat au barreau du Québec après sa radiation du barreau de Paris a pu se voir refuser une demande de réinscription à ce barreau en application de l'article 11 [14] et de l'Arrangement en vue de la reconnaissance mutuelle des qualifications professionnelles (ARM) conclu entre le Conseil national des barreaux (CNB) et le barreau du Québec [15]. La Cour de cassation approuve la cour d'appel, qui après avoir énoncé que l'ancien avocat avait été radié pour des agissements contraires à la probité et devait rapporter la preuve de son amendement pour exercer à nouveau la profession d'avocat en France [16], a pu, dans l'exercice de son pouvoir souverain d'appréciation, estimer que les éléments

1. V. s^s n° 523.41.
2. V. s^s n°s 612.31 s.
3. V. s^s n°s 612.11 s.
4. V. s^s n°s 612.31 s.
5. V. s^s n°s 612.11 s.
6. Paris, ch. 11, sect. A, 27 janv. 1998, RG n° 97/03082.
7. Crim. 23 janv. 2001, n° 00-83.192, NP.
8. Crim. 5 févr. 2013, n° 12-81.155, P n° 35 ; *Gaz. Pal.* 24-26 mars 2013, p. 17, note D. Piau ; *AJ pénal* 2013. 275, obs. L. Priou.
9. Crim. 11 mars 2015, n° 14-80.107, NP.
10. V. s^s n°s 523.80 s.
11. V. s^s n°s 523.80 s.
12. V. s^s n°s 231.10 s. et 232.11.
13. Décr. n° 91-1197, 27 nov. 1991, art. 202-3 – D. Voillemot, « Inscription de l'avocat communautaire auprès d'un barreau d'accueil : conditions et contentieux », B. Favreau (dir.), *L'avocat dans le droit européen*, Bruylant, Bruxelles, 2008 – V. s^s n° 522.46.
14. L. n° 71-1130, 31 déc. 1971, art. 11.
15. Civ. 1re, 12 nov. 2015, n° 14-25.799, P I, n° 412 ; *D.* 2015. 2386 ; – REJETANT POURVOI CONTRE : Paris, pôle 2, ch. 1, 25 sept. 2014, RG n° 13-01833.
16. V. s^s n°s 324.91 s. et 523.191 s.

produits étaient insuffisants pour rétablir la confiance que doit inspirer tout auxiliaire de justice[1] ;

- un autre avocat exerçant comme avocat au barreau d'Alger après sa radiation du barreau de Paris a pu se voir interdire, dans le cadre d'un contrôle judiciaire, d'exercer la profession d'avocat en France, l'intéressé pouvant, précise la Cour de cassation, exercer la profession d'avocat hors du territoire français[2] ;

- un avocat exerçant comme avocat au barreau de Bruxelles après sa radiation du Barreau de Lyon a pu se voir légitimement refuser, cinq ans plus tard, sa demande de réinscription auprès de ce même barreau[3].

Il y a lieu de rappeler que la CJUE a clairement admis qu'un État, en l'occurrence la France, pouvait refuser l'accès à la profession d'avocat, y compris dans le cadre de la libre prestation de service, à un avocat d'un autre État, en l'occurrence l'Allemagne, auquel l'accès à la profession, en France, avait été refusé pour des raisons tenant à la dignité, l'honorabilité et la probité, en l'occurrence, un ancien notaire qui avait fait l'objet de sanctions disciplinaires de la part de la chambre de discipline des notaires[4].

523.183 **Refus du recours en annulation.** Un avocat radié ne peut former un recours en annulation contre une délibération du conseil de l'Ordre interdisant aux membres du barreau de collaborer avec lui et ce pour défaut de qualité à agir, seuls les avocats pouvant exercer un tel recours contre les délibérations du conseil de l'Ordre de nature à léser leurs intérêts professionnels[5].

523.184 **Possibilité de prononcer une nouvelle sanction disciplinaire.** La radiation d'un avocat ne fait pas obstacle à ce que de nouvelles sanctions disciplinaires, y compris une nouvelle radiation[6], soit prononcée à son encontre pour d'autres faits commis dans le cadre de l'exercice de la profession d'avocat.

C'est ainsi que la cour d'appel de Paris a considéré que c'est à tort que le conseil de discipline avait pu estimer qu'un avocat ne pouvait plus être accessible à une sanction disciplinaire et qu'il n'y avait donc plus lieu à statuer, dès lors que les faits ont été commis antérieurement à la mesure de radiation. La cour d'appel infirme cette décision et prononce une sanction d'interdiction temporaire d'exercice[7].

Si une seconde radiation vient à être prononcée après une première radiation, l'annulation de l'une est sans incidence sur l'autre[8].

523.185 **Avocat honoraire.** L'avocat honoraire[9] peut faire l'objet d'un retrait de son honorariat, lequel relève de la compétence exclusive du conseil de discipline[10]. À compter de la date d'effet du retrait[11], il ne pourra plus faire usage du titre d'avocat honoraire, ni réaliser tout acte que sa qualité d'avocat honoraire lui permettait de réaliser, tel que de consultation juridique et de rédaction d'actes[12].

À défaut, il encourt des sanctions pénales, notamment, pour usurpation du titre d'avocat[13] ou exercice illégal de la profession d'avocat[14].

523.186 **Avocats de l'Union européenne.** L'avocat de l'Union européenne qui exerce en France, à titre permanent, sous son titre professionnel d'origine[15] peut se voir sanctionné d'une radiation, laquelle portera effet en France et entraînera son retrait de la liste spéciale du tableau sur laquelle il est inscrit[16]. Lorsqu'il exerce en France dans le cadre de la libre prestation de service[17], la sanction de la radiation est remplacée par la sanction interdiction définitive d'exercer, en France des activités professionnelles[18].

À compter de la date d'effet de la radiation ou de l'interdiction définitive[19], il ne peut plus exercer en France la profession d'avocat, ni utiliser en France la qualité d'avocat ou encore celle d'ancien avocat. À défaut, il encourt des sanctions pénales, notamment, pour usurpation du titre d'avocat[20] ou exercice illégal de la profession d'avocat[21].

1. Civ. 1re, 12 nov. 2015, n° 14-25.799, P I, n° 412 ; *D.* 2015. 2386 – REJETANT POURVOI CONTRE : Paris, pôle 2, ch. 1, 25 sept. 2014, RG n° 13-01833.
2. Crim. 7 févr. 2018, n° 17-86.767, NP – V. ss nos 512.114 s.
3. Civ. 1re, 12 sept. 2018, n° 17-11.185, NP ; *Gaz. Pal.* 25 sept. 2018, p. 37, obs. C. Berlaud – V. ss nos 324.91 s. et 523.191 s.
4. CJUE 19 janv. 1988, *Claude Gullung c/Conseil de l'ordre des avocats du barreau de Colmar et de Saverne*, aff. 292/86.
5. Civ. 1re, 9 juill. 1996, n° 95-18.507, P I, n° 300 ; *JCP* 1996. IV. 2048 – V. ss nos 513.161 s.
6. EX : CD Paris, arr. 30 oct. 2007, nos 062180, 165277, 985378 ; – CD Paris, arr. 24 nov. 2005, nos 24.1522, 24.1957, 24.3073.
7. Paris, pôle 2, ch. 1, 27 nov. 2014, RG n° 13/19586.
8. Crim. 11 mars 2015, n° 14-80.107, NP.
9. V. ss nos 243.11 s.
10. L. n° 71-1130, 31 déc. 1971, art. 22 – Décr. n° 91-1197, 27 nov. 1991, art. 184, 4° – Civ. 1re, 6 févr. 2019, n° 17-28.878, P ; *D.* 2019. 314 ; *JCP* 2019. 187 ; *Gaz. Pal.* 12 mars 2020, p. 32, obs. C. Berlaud ; *JCP* 2019. 509, note B. Beignier ; *JCP* 2019. 1238, n° 14, obs. S. Bortoluzzi ; *Gaz. Pal.* 28 mai 2019, p. 28, obs. J. Villacèque ; *D.* 2020. 115. obs. Th. Wickers.
11. V. ss n° 523.41.
12. V. ss nos 243.21 s.
13. V. ss nos 612.31 s.
14. V. ss nos 612.11 s.
15. V. ss nos 231.10 s.
16. V. ss n° 231.21 – L. n° 71-1130, 31 déc. 1971, art. 88 – Décr. n° 91-1197, 27 nov. 1991, art. 203.
17. V. ss nos 231.51 s.
18. Décr. n° 91-1197, 27 nov. 1991, art. 202-3.
19. V. ss n° 523.41.
20. V. ss nos 612.31 s.
21. V. ss nos 612.11 s.

523.187 Avocats étrangers hors Union européenne. L'avocat inscrit au barreau d'un État non-membre de l'Union européenne autorisé, par le Conseil national des barreaux, à exercer l'activité de consultation juridique et de rédaction d'actes sous seing privé pour autrui, et qui exerce en France à titre permanent[1], peut se voir sanctionné d'une radiation[2] laquelle portera effet en France et entraînera son retrait de la liste spéciale du tableau sur laquelle il est inscrit. Lorsqu'il exerce à titre temporaire et occasionnel, la sanction de la radiation est remplacée par la sanction de l'interdiction définitive d'exercer, en France, l'activité de consultation juridique et de rédaction d'actes sous seing privé pour autrui[3].

À compter de la date d'effet de la radiation ou de l'interdiction définitive[4], il ne peut plus exercer en France l'activité de consultation juridique et de rédaction d'actes, ni utiliser en France la qualité d'avocat ou encore celle d'ancien avocat. À défaut, il encourt des sanctions pénales, notamment, pour usurpation du titre d'avocat[5] ou exercice illégal de la profession d'avocat[6].

2°
Effets dans le temps de la radiation

523.191 Possibilité de solliciter la levée de la radiation. La question de la réinscription au barreau[7] d'un avocat radié qui aurait donné des preuves d'amendement s'est posée pendant longtemps, la radiation étant par nature une sanction perpétuelle. La doctrine l'avait admis[8] mais aucune décision n'était intervenue depuis les réformes du statut du barreau intervenues en 1954 et en 1971, 1972 et 1990[9].

Le texte est clair quant au caractère perpétuel de la radiation, mais, malgré les termes absolus de l'article 185, on peut penser que, dans certains cas, une réinscription est possible. En effet l'article 185 n'est autre chose que la reproduction littérale du dernier paragraphe de l'article 32 du décret du 10 avril 1954[10]. Or, ce texte avait été interprété par la doctrine et par la jurisprudence comme permettant, dans certains cas, la réinscription de l'avocat radié. Cette réinscription est possible dans le cas où des faits nouveaux sont de nature à prouver l'innocence d'un avocat radié[11] ou si des faits nouveaux ont modifié la portée des faits antérieurement sanctionnés, ou encore si l'intéressé a donné des preuves convaincantes de son amendement[12].

523.192 Demande de levée de la radiation. Elle implique, en premier lieu, que l'avocat radié sollicite, préalablement à toute saisine du conseil de l'Ordre d'une demande d'inscription, la levée de sa radiation auprès de la juridiction qui l'a prononcé, en l'occurrence le conseil de discipline ou la cour d'appel. Dans l'hypothèse où plusieurs sanctions de radiation auraient été prononcées, il y aura lieu de solliciter la levée de chacune d'entre elles auprès de la ou des juridictions les ayant prononcées.

La Cour de cassation a précisé, à cet égard, que l'arrêt qui, pour juger mal fondée la demande de réinscription au barreau présentée par un avocat radié, qui doit être soumise au conseil de discipline qui a prononcé la radiation, seul investi du pouvoir d'apprécier l'amendement du requérant, se réfère uniquement à la gravité des faits reprochés à l'intéressé, doit être cassé car la cour d'appel était tenue, compte tenu de l'effet dévolutif de l'appel, d'examiner les preuves d'amendement[13] présentées devant elle[14].

523.193 Demande d'inscription. Elle implique, en second lieu, une fois que la ou les radiations aient été levées, une décision du conseil de l'Ordre du barreau auprès duquel l'ancien avocat radié souhaite s'inscrire sur la demande d'inscription suivant les conditions, y compris de moralité, de droit commun[15].

Peu importe, à cet égard, que l'avocat ayant fait l'objet d'une radiation en France ait réussi, par la suite, à s'inscrire auprès d'un barreau étranger : le conseil de l'Ordre conserve sa plénitude d'appréciation s'il lui venait le loisir de solliciter une nouvelle inscription auprès d'un barreau français[16].

523.194 Réhabilitation légale. L'avocat qui a bénéficié d'une réhabilitation légale n'est pas automatiquement réinscrit au barreau : il faut qu'il apporte la preuve de son amendement depuis sa

1. V. s^s n°s 232.11.
2. Décr. n° 91-1197, 27 nov. 1991, art. 204-20.
3. Décr. n° 91-1197, 27 nov. 1991, art. 204-20.
4. V. s^s n° 523.41.
5. V. s^s n°s 612.31 s.
6. V. s^s n°s 612.11 s.
7. V. s^s n°s 221.21 s.
8. J. Lemaire, *Les règles de la profession d'avocat et les usages du barreau de Paris*, 3e éd., LGDJ, 1966 – Rép. Pr. civ., *V° Avocat*, n° 285, par J.-J. Taisne, M. Douchy-Oudot, sept. 2014, mise à jour, janv. 2015 – J. Mauro, « La réinscription d'un avocat radié », *Gaz. Pal.* 1988. Doctr. 1988, 534.
9. V. s^s n°s 023.97.
10. Décr. n° 54-406, 10 avr. 1954 RAP pour l'application de la loi n° 54-2390 du 8 avril 1954 sur la profession d'avocat et la discipline du barreau, *JO* 11 avr., p. 3494.
11. Req. 18 janv. 1927, *DH* 1927. 135.
12. Req. 3 mai 1937, *DH* 1937. 316 – Paris, 20 juill. 1949, *S.* 1950. 193 – Civ. 1re, 1er juill. 1986, n° 85-12.974, P I, n° 188 ; *D.* 1987. 64, note A. Brunois ; *JCP* 1986. IV. 265 ; *Gaz. Pal.* 1986. Pan. 212 – Civ. 1re, 12 sept. 2018, n° 17-11.185, NP ; *Gaz. Pal.* 25 sept. 2018, p. 37, obs. C. Berlaud.
13. V. s^s n°s 324.71 s.
14. Civ. 1re, 7 juill. 1993, n° 92-14.859, P I, n° 248 ; *Gaz. Pal.* 18 nov 1993, p. 11 ; *Gaz. Pal.* 1993. Pan. 243.
15. V. s^s n°s 221.00 s. et 324.02 s.
16. V. s^s n° 523.181.

radiation, permettant d'apprécier s'il présentait les qualités exigées de tout candidat à la profession d'avocat [1]. La cour d'appel de Paris [2] rappelle que la réhabilitation est sans effet sur la radiation, que cette impossibilité de réinscription doit être soulevée d'office par le conseil de l'Ordre mais un arrêt semble admettre la possibilité de révision [3] de la sentence par le conseil de discipline pour faits nouveaux [4].

L'arrêt de la cour d'appel de Paris rappelle, en outre, que les seuls éléments à prendre en considération sont les faits ayant justifié la radiation et jugés contraires à l'honneur, à la probité, à la délicatesse. En réalité ces faits doivent être examinés à nouveau par le conseil de discipline dans le cadre d'une demande de révision de la décision disciplinaire, et en cas de révision de celle-ci une demande de réinscription, suivant les conditions de droit commun [5] pourra être présenté auprès du conseil de l'Ordre.

523.195 **Droit comparé.** La législation belge admet la possibilité d'une réinscription après radiation au terme d'un délai de dix années et s'il existe des « circonstances exceptionnelles » [6].

La Cour européenne des droits de l'homme, saisie d'un recours contre une décision de refus de réinscription, tout en considérant que le conseil de l'Ordre est une véritable juridiction au sens de l'article 6 § 1er de la Conv. EDH, condamne la notion de « circonstances exceptionnelles » dès lors que ces « circonstances » ne sont précisées, ni dans la loi, ni dans la jurisprudence, compte tenu du secret qui joue en matière disciplinaire, en l'absence des indications de circonstances légitimant l'absence de publicité de l'audience, et de l'absence de motivation sur ce point de la décision du conseil de l'Ordre. Elle admet donc le recours de l'avocat qui sollicitait sa réinscription après radiation [7].

Le droit disciplinaire des médecins prévoit, pour sa part, qu'après qu'un intervalle de trois ans au moins s'est écoulé depuis une décision définitive de radiation du tableau, le médecin, le chirurgien-dentiste ou la sage-femme radié peut être relevé de l'incapacité en résultant par une décision de la chambre disciplinaire qui a statué sur l'affaire en première instance. Lorsque la demande a été rejetée par une décision devenue définitive, elle ne peut être représentée qu'après un délai de trois années à compter de l'enregistrement de la première requête à la chambre disciplinaire de première instance [8].

1. Civ. 1re, 25 oct. 1989, no 87-11.618, P I, no 327 ; *Gaz. Pal.* 1990. 1. pan. 12 ; *Gaz. Pal.* 1990. Pan. 4.
2. Paris, 28 janv. 1987, *Gaz. Pal.* 1987. 1. 207, note A. Damien.
3. V. ss no 522.541.
4. Saint-Denis-de-la-Réunion, 16 déc. 1991, *Gaz. Pal.* 11 avr. 1992, p. 6, note A. Damien.
5. V. ss nos 221.00 s.
6. C. jud. Belgique, art. 471.
7. CEDH 30 nov. 1987, *H... c/Belgique*, req. no 8950/80, *D.* 1988. 231, note A. Brunois.

3°
Administration provisoire du cabinet de l'avocat radié

523.201 **Portée de l'administration provisoire.** À la différence de l'interdiction temporaire, et compte tenu d'effets attachés à la radiation [9], la mission de l'administrateur provisoire [10] sera ici proche de celle d'un liquidateur et limitée à terminer les affaires en cours.

523.202 **Désignation de l'administrateur provisoire.** Comme pour l'interdiction temporaire [11], le ou les administrateurs provisoires sont, en principe, désignés par le bâtonnier, ce dont ce dernier doit alors informer le procureur général [12]. Toutefois si l'avocat radié exerce en qualité d'associé d'une structure d'exercice, l'administrateur provisoire sera l'un de ses associés, ou, à défaut il y aurait lieu à désignation d'un suppléant ou d'un administrateur provisoire, suivant les cas, par le conseil de discipline, le bâtonnier ou le conseil de l'Ordre [13]. Il convient d'être particulièrement vigilant sur ce point. En aucun cas l'avocat radié ne peut choisir ou désigner les administrateurs provisoires.

Dans tous les cas, l'administration provisoire cesse sur décision du bâtonnier [14]. Bien que les textes ne le précisent pas expressément, il semble que le bâtonnier peut également mettre fin à tout moment à la mission de l'administrateur provisoire [15], d'office ou à sa demande, afin de procéder, le cas échéant, à son remplacement, y compris lorsque la mesure a été ordonnée par le conseil de discipline ou le conseil de l'Ordre [16].

Les décisions du bâtonnier en la matière, apparaissent susceptibles de recours devant la cour d'appel suivant les règles applicables à la procédure gracieuse [17], au même titre que les décisions rendues en matière de suppléance [18].

8. CSP, art. L. 4124-8.
9. V. ss no 523.181.
10. V. ss nos 523.121 s.
11. V. ss nos 523.121 s.
12. Décr. no 91-1197, 27 nov. 1991, art. 173.
13. V. ss nos 523.143 et 523.152.
14. Décr. no 91-1197, 27 nov. 1991, art. 173.
15. Décr. no 91-1197, 27 nov. 1991, art. 173.
16. RIBP, art. P. 73.6 – V. ss nos 523.143 s.
17. C. pr. civ., art. 25 – C. pr. civ., art. 950 s.
18. Civ. 1re, 3 mai 2018, no 17-16.454, P I, no 74 ; *Gaz. Pal.* 5 juin 2018, p. 36, obs. C. Berlaud ; *D.* 2018. 1021 ; *JCP* 2018. 765, note M. Attal ; *JCP* 2018. 592 ; *JCP* 2018. 1023, no 14, obs. S. Grayot-Dirx ; *Gaz. Pal.* 4 déc. 2018, p. 27, obs. J. Villacèque.

523.203 **Rémunération de l'administrateur provisoire.** L'administrateur provisoire perçoit à son profit les rémunérations relatives aux actes qu'il a accomplis. Il paie à concurrence de ces rémunérations les charges afférentes au fonctionnement du cabinet.

La Cour de cassation a précisé que les administrateurs provisoires du cabinet d'un avocat radié ayant été désignés conformément à l'article 171 du décret du 27 novembre 1991, c'est à bon droit que le bâtonnier, en application du règlement intérieur du barreau dont dépendait l'avocat radié, a pu, à défaut d'accord entre les parties, déterminer la rémunération des administrateurs provisoires [1].

Dans cette dernière affaire, il est vainement soutenu que l'avocat radié, ayant perdu sa qualité du fait de sa radiation, la reddition des comptes des administrateurs provisoires et la fixation de leurs honoraires auraient dû avoir lieu selon les règles du droit commun du mandat [2].

B.
Effet de la radiation en cas d'exercice en groupe de la profession

523.210 **Plan.** L'avocat radié ne peut continuer à exercer à l'intérieur du groupement d'exercice auquel il appartient. Lorsque l'avocat radié exerce au sein d'une structure dépourvue de la personnalité morale (Association, Aarpi, société en participation), il y a lieu de procéder comme s'il s'agissait d'un exercice individuel. Un autre régime particulier s'applique en cas de SCP, avec nomination, le cas échéant d'un administrateur provisoire, SEL et société de droit commun, avec nomination, le cas échéant, d'un suppléant (1°) ou de société pluriprofessionnelle d'exercice (SPE), avec nomination, le cas échéant, d'un administrateur provisoire (2°).

1°
SCP, SEL et société de droit commun

523.221 **Radiation d'un associé.** L'associé radié cesse l'exercice de son activité professionnelle à compter du jour où la décision prononçant sa radiation est passée en force de chose jugée ; ses parts sociales sont cédées dans les conditions fixées à l'article 29 du décret du 20 juillet 1992, pour les sociétés civiles professionnelles (SCP), un délai de six mois étant ouvert à l'associé radié pour céder ses parts à un tiers [3] ou 14 du décret du 25 mars 1993 [4], pour les sociétés d'exercice libéral (SEL) et les sociétés de droit commun.

1. Civ. 2e, 1er avr. 1981, nº 79-16.140, *Gaz. Pal.* 1981. 2. pan. 299.
2. Civ. 2e, 1er avr. 1981, nº 79-16.140, *Gaz. Pal.* 1981. 2. pan. 299.
3. Décr. nº 92-680, 20 juill. 1992, art. 54.
4. Décr. nº 93-492, 25 mars 1993, art. 14 et 30.

523.222 **Dissolution de la société et nomination d'un liquidateur par le conseil de discipline.** Dans tous les cas, la radiation de la structure d'exercice ou de tous ses associés entraîne de plein droit la dissolution de celle-ci par extinction de son objet [5].

La décision du conseil de discipline, ou l'arrêt de la cour d'appel, qui prononce ces radiations doit toutefois expressément constater la dissolution de la structure d'exercice et ordonner sa liquidation. Le liquidateur désigné remplit les fonctions de l'administrateur provisoire. Il ne peut en aucun cas être choisi parmi les associés radiés [6].

Il en sera également ainsi en cas de radiation prononcée à l'encontre de l'associé unique subsistant d'une structure d'exercice : la décision du conseil de discipline, ou l'arrêt de la cour d'appel, et non le bâtonnier, devra alors impérativement constater sa dissolution et ordonner sa liquidation en commettant un liquidateur [7].

En cas d'omission de décisions du conseil de discipline, ou de l'arrêt de la cour d'appel, sur ce point, il nous apparaît possible de faire rectifier celle-ci aux termes d'une requête en omission de statuer dans les conditions de droit commun [8].

À la diligence du bâtonnier du barreau auprès duquel la structure d'exercice est inscrite, une expédition de la décision passée en force de chose jugée prononçant la radiation de la structure d'exercice ou de tous les associés exerçant en son sein est versée au dossier ouvert au nom de la structure d'exercice au greffe chargé de la tenue du registre du commerce et des sociétés [9].

a.
Administration provisoire dans les SCP en cas de radiation d'un associé

523.231 **Cas de la société civile professionnelle (SCP).** En cas de radiation d'un associé ou de plusieurs associés de la même société civile professionnelle (SCP), dès lors que la SCP conserve en son sein au moins un associé qui n'est pas personnellement interdit d'exercer, ce dernier peut assurer l'administration provisoire [10], sans qu'il n'y ait lieu à procéder à une nomination en ce sens [11].

5. Décr. nº 92-680, 20 juill. 1992, art. 72 – Décr. nº 93-492, 25 mars 1993, art. 42.
6. Décr. nº 92-680, 20 juill. 1992, art. 72 – Décr. nº 93-492, 25 mars 1993, art. 42.
7. Décr. nº 92-680, 20 juill. 1992, art. 53 – Décr. nº 93-492, 25 mars 1993, art. 29.
8. C. pr. civ., art. 463.
9. Décr. nº 92-680, 20 juill. 1992, art. 73 – Décr. nº 93-492, 25 mars 1993, art. 43.
10. V. s^s^ n°s 523.202 s.
11. Décr. nº 92-680, 20 juill. 1992, art. 53 et 54.

523.232 Cas de la société civile professionnelle (SCP) interbarreaux. Au cas où la SCP et l'un ou plusieurs de ses associés sont radiés, les associés non radiés sont eux-mêmes administrateurs provisoires. Ces derniers ont la faculté de demander la désignation d'un administrateur provisoire lorsque l'associé radié est seul inscrit au tableau d'un autre barreau [1]. Le ou les administrateurs provisoires seront alors désignés par le bâtonnier [2].

La décision du conseil de discipline qui prononce la radiation d'un associé qui n'appartient pas au barreau auprès duquel la SCP a son siège social doit être portée à la connaissance du bâtonnier du barreau auprès duquel la SCP est inscrite [3].

Dès lors qu'il apparaît que la SCP et tous les associés sont radiés, le bâtonnier du barreau auprès duquel la SCP est inscrite doit procéder à la nomination d'un ou plusieurs administrateurs provisoires en vue d'accomplir les actes professionnels relevant des fonctions de la SCP et des associés radiés. Cette décision est notifiée aux bâtonniers de chacun des barreaux auprès desquels sont inscrits les associés afin que leurs bâtonniers puissent, à leur tour, désigner un administrateur provisoire [4]. En réalité, il nous semble que dans cette dernière hypothèse, les administrateurs provisoires, constatant la radiation de tous les associés de la SCP, ne pourront que procéder à la dissolution de celle-ci et ordonner sa liquidation [5].

b.
Suppléance dans les SEL et sociétés de droit commun en cas de radiation d'un associé

523.241 Suppléance (autres structures d'exercice). Cas très particulier, dans les autres structures d'exercice (sociétés d'exercice libéral (SEL) et les sociétés de droit commun), il est renvoyé aux règles en matière de suppléance [6] et non à celles de l'administration provisoire, pourtant applicable, pour ces mêmes structures d'exercice, en cas d'interdiction temporaire [7].

Si l'un des associés d'une société d'exercice libéral (SEL) ou société de droit commun est radié, sa suppléance est assurée par les autres associés appartenant au même barreau, sans qu'il n'y ait lieu à procéder à une nomination en ce sens [8].

1. *Décr. n° 92-680, 20 juill. 1992*, art. 53 et 54.
2. Décr. n° 91-1197, 27 nov. 1991, art. 173 – V. s[s] n° 523.202.
3. Décr. n° 92-680, 20 juill. 1992, art. 53 et 54.
4. Décr. n° 92-680, 20 juill. 1992, art. 53 et 54 – V. s[s] n° 523.202.
5. V. s[s] n° 523.222.
6. V. s[s] n°s 244.11 s.
7. V. s[s] n° 523.143.
8. Décr. n° 93-492, 25 mars 1993, art. 32.

523.242 Cas des autres structures d'exercice interbarreaux. En cas de sociétés d'exercice libéral (SEL) ou de sociétés de droit commun constituées entre avocats appartenant à des barreaux différents, si tous les avocats associés appartenant au même barreau sont simultanément radiés, ils sont provisoirement remplacés par un ou plusieurs suppléants choisis par eux, parmi les avocats inscrits au même barreau. Ils en avisent sans délai le bâtonnier [9].

Lorsqu'ils sont dans l'impossibilité d'exercer leur choix ou ne l'exercent pas, le ou les suppléants sont désignés par le bâtonnier [10].

Le bâtonnier porte à la connaissance du procureur général le nom du ou des suppléants choisis ou désignés [11].

523.243 Mission du suppléant. Le suppléant assure la gestion du cabinet et accomplit lui-même tous les actes professionnels dans les mêmes conditions qu'aurait pu le faire le suppléé [12]. La suppléance ne peut excéder un an. À l'issue de ce délai, elle peut être renouvelée par le bâtonnier pour une période ne pouvant excéder un an [13], le bâtonnier devant alors désigner, si nécessaire, un ou plusieurs administrateurs provisoires [14].

Il est mis fin à la suppléance par le bâtonnier soit d'office, soit à la requête du suppléé, du suppléant ou du procureur général [15].

Les décisions du bâtonnier en la matière sont susceptibles de recours devant la cour d'appel suivant les règles applicables à la procédure gracieuse [16].

2°
Société pluriprofessionnelle d'exercice (SPE)

523.251 Retrait de l'avocat radié de la société pluriprofessionnelle d'exercice (SPE). L'avocat d'une société pluriprofessionnelle d'exercice (SPE) radié, se retire de la SPE [17]. Il dispose d'un délai de six mois à compter de la date d'effet de la décision de radiation pour céder ses actions ou parts sociales à la SPE, à ses coassociés ou à un tiers. Si, à l'expiration de ce délai, aucune cession n'est intervenue, la SPE ou chacun des coassociés dispose d'un nouveau

9. Décr. n° 91-1197, 27 nov. 1991, art. 170 s.
10. Décr. n° 91-1197, 27 nov. 1991, art. 171.
11. Décr. n° 91-1197, 27 nov. 1991, art. 172.
12. Décr. n° 91-1197, 27 nov. 1991, art. 171 – V. s[s] n°s 244.11 s.
13. Décr. n° 91-1197, 27 nov. 1991, art. 171.
14. Décr. n° 91-1197, 27 nov. 1991, art. 173 – V. s[s] n° 523.202.
15. Décr. n° 91-1197, 27 nov. 1991, art. 172.
16. C. pr. civ., art. 25 – C. pr. civ., art. 950 s. – Civ. 1re, 3 mai 2018, n° 17-16.454, P I, n° 74 ; *Gaz. Pal.* 5 juin 2018, p. 36, obs. C. Berlaud ; *D.* 2018. 1021 ; *JCP* 2018. 765, note M. Attal ; *JCP* 2018. 592 ; *JCP* 2018. 1023, n° 14, obs. S. Grayot-Dirx. ; *Gaz. Pal.* 4 déc. 2018, p. 27, obs. J. Villacèque.
17. Décr. n° 2017-794, 5 mai 2017, art. 12.

délai de six mois pour notifier, par tout moyen permettant d'établir la date de réception de cette notification, un projet de cession ou de rachat ses actions ou parts sociales. À défaut d'accord entre les parties sur le principe de la cession ou sur son prix dans un délai de deux mois à compter de cette notification, il est passé outre le refus de l'avocat et le prix de cession est fixé par un expert désigné dans les conditions prévues à l'article 1843-4 du code civil. Après accord ou fixation judiciaire, le prix de cession des actions ou des parts sociales est consigné à la diligence du cessionnaire[1].

Ces dispositions ne s'appliquent pas si l'avocat reprend, avant la cession ou le rachat de ses parts, l'exercice de sa profession[2].

523.252 Effet sur la société pluriprofessionnelle d'exercice (SPE). Dans le cas où la totalité des associés qui exercent la profession d'avocat correspondant à l'objet social de la SPE cesse d'exercer la profession au sein de la SPE, son inscription au tableau est suspendue de plein droit, par décision du conseil de l'Ordre[3], tant qu'elle n'a pas régularisé sa situation[4].

Au terme d'un délai d'un an suivant la notification de la décision de suspension de l'inscription, dans le cas où la SPE n'a toujours pas régularisé sa situation, le conseil de l'Ordre peut procéder à sa radiation du tableau[5].

523.253 Nomination d'un administrateur provisoire par le conseil de l'Ordre. La décision du conseil de l'Ordre prononçant la suspension de l'inscription commet un ou plusieurs administrateurs provisoires pour accomplir tous actes professionnels relevant, à titre obligatoire, du ministère de l'avocat[6].

Les fonctions d'administrateur ne peuvent être confiées à un avocat ayant fait l'objet d'une sanction disciplinaire ou d'une mesure de suspension provisoire[7].

§ 5
Sanctions disciplinaires spécifiques LCB/FT et de gel des avoirs

523.261 Sanctions disciplinaires spécifiques relatives à un manquement aux obligations de vigilance en matière de lutte contre le blanchiment et de financement du terrorisme ou de gel des avoirs. Depuis 2017[8], tout manquement aux obligations de vigilance en matière de blanchiment et de financement du terrorisme[9] ou de gel des avoirs peut donner lieu aux mesures et sanctions suivantes :

1° Une injonction ordonnant à l'avocat de mettre un terme au comportement en cause et lui interdisant de le réitérer ;

2° Une interdiction temporaire d'exercice de responsabilités dirigeantes au sein de la structure d'exercice de l'avocat ;

3° Une sanction pécuniaire dont le montant ne peut être supérieur à 1 000 000 d'euros. Lorsque l'avantage retiré du manquement peut être déterminé, cette sanction peut être au plus le double du montant de cet avantage[10].

523.262 Proportionnalité de la mesure. Le montant et le type de la sanction infligée du chef des manquements aux obligations de vigilance en matière de blanchiment et de financement du terrorisme[11] sont fixés en tenant compte, notamment :

1° De la gravité et de la durée des manquements ;

2° Du degré de responsabilité de l'auteur des manquements, de sa situation financière, de l'importance des gains qu'il a obtenus ou des pertes qu'il a évitées, de son degré de coopération lors du contrôle et de la procédure ainsi que des manquements qu'il a précédemment commis ;

3° S'ils peuvent être déterminés, des préjudices subis par des tiers du fait des manquements[12].

523.263 Cumul avec les sanctions disciplinaires. Ces dispositions ne font pas obstacle à la mise en œuvre, du fait des mêmes manquements, des sanctions de droit commun prévues en matière disciplinaire[13].

SECTION 3
SANCTIONS ACCESSOIRES

523.270 Plan. Les sanctions accessoires peuvent consister en l'inéligibilité aux institutions représentatives de la profession (§ 1), la publicité de la décision disciplinaire (§ 2), ou la condamnation de l'avocat poursuivi au paiement des dépens de l'instance.

1. Décr. n° 2017-794, 5 mai 2017, art. 11.
2. Décr. n° 2017-794, 5 mai 2017, art. 12.
3. V. s[s] n°s 513.21 s.
4. Décr. n° 2017-794, 5 mai 2017, art. 12.
5. Décr. n° 2017-794, 5 mai 2017, art. 16.
6. Décr. n° 2017-794, 5 mai 2017, art. 15.
7. Décr. n° 2017-794, 5 mai 2017, art. 15.
8. Ord. n° 2016-1635, 1er déc. 2016 renforçant le dispositif français de lutte contre le blanchiment et le financement du terrorisme, *JO* 2 déc., n° 14.
9. V. s[s] n°s 482.61 s.
10. C. mon. fin., art. L. 561-36-3, I.
11. V. s[s] n°s 482.61 s.
12. C. mon. fin., art. L. 561-36-3, II.
13. C. mon. fin., art. L. 561-36-3, IV – V. s[s] n°s 523.61 s.

§ 1
Inéligibilité aux institutions représentatives de la profession

523.281 Inéligibilité pour une durée n'excédant pas dix ans. Le conseil de discipline peut condamner l'avocat sanctionné disciplinairement à une sanction d'inéligibilité.

Elle consiste en la privation du droit de faire partie du conseil de l'Ordre, du Conseil national des barreaux (CNB), des autres organismes ou conseils professionnels ainsi que des fonctions de bâtonnier pendant une durée n'excédant pas dix ans[1].

523.282 Effets de l'inéligibilité. L'inéligibilité est une mesure qui ne gêne pas l'exercice de sa profession par un avocat mais qui le rend inhabile à exercer les fonctions électives au sein des institutions de la profession. L'inéligibilité entraîne également celle aux fonctions de vice-bâtonnier.

Au cas où l'avocat sanctionné serait titulaire d'un mandat, il y a lieu de constater la cessation de son mandat à compter de la prise d'effet de la sanction[2].

S'il est candidat aux élections, il appartient au bâtonnier de retirer son nom des listes afin d'assurer la sincérité du scrutin. En tout état de cause, dans l'hypothèse où il serait élu, son élection sera alors annulée, telle celle d'un avocat qui, élu membre du conseil de l'Ordre, fit l'objet d'un recours en annulation de son élection de la part du parquet général au motif qu'il se trouvait en cours d'exécution d'une sanction accessoire d'inéligibilité, annulation de l'élection qui sera confirmée par la Cour de cassation après s'être assurée du caractère définitif de la sanction accessoire d'inéligibilité[3].

Lorsque l'avocat fait par ailleurs l'objet d'une interdiction temporaire d'exercice devenue définitive[4], il perd également qualité d'électeur aux élections ordinales[5].

§ 2
Publicité de la décision disciplinaire

523.290 Plan. La publicité de la décision disciplinaire peut être ordonnée à titre de sanction (A), ce qui pose, par ailleurs, la question de la communication et diffusion des décisions disciplinaires (B).

1. Décr. n° 91-119727, nov. 1991, art. 184.
2. V. s^s n° 523.41.
3. Civ. 1re, 7 juin 2005, n° 05-60.033, NP.
4. V. s^s n°s 523.101 s.
5. Paris, pôle 2, ch. 1, 5 déc. 2013, RG n° 13/21566 ; – DÉJÀ : Paris, pôle 2, ch. 1, 23 mai 2013 ; *D. avocats* 2013. 269.

A.
Publicité à titre de sanction

523.301 Publicité de la décision disciplinaire assurant l'information et la protection du public. La décision du conseil de discipline ou l'arrêt de la cour d'appel peut en outre ordonner la publicité de toute sanction disciplinaire[6]. L'affichage de la sanction disciplinaire, tel que dans les locaux du barreau, est une sanction destinée à assurer l'information et, à travers celle-ci, la protection du public.

Ces dispositions, qui touchent à la matière disciplinaire, s'interprètent strictement. Le principe de la publicité des débats, et, en tout état de cause, du prononcé de la décision[7] ne vide en rien de sa substance le principe suivant lequel le bâtonnier n'est pas autorisé à procéder à la publication d'une condamnation dont la publicité n'a pas été ordonnée par la juridiction[8].

523.302 Portée de la publicité. Il résulte des dispositions de l'article 184 du décret du 27 novembre 1991 que « l'instance disciplinaire peut en outre, à titre de sanction accessoire, ordonner la publicité de toute sanction disciplinaire ».

Cette formulation[9] ne permet sans doute pas d'envisager la publicité de l'intégralité de la décision disciplinaire et il paraît logique de considérer que seul le dispositif de cette décision peut faire l'objet de la publicité ordonnée[10] suivant les modalités fixées par la décision du conseil de discipline ou l'arrêt de la cour d'appel.

523.303 Modalités de la publicité. Le texte n'indique pas suivant quelles modalités, factuelles comme temporelles, doit être organisée la publicité de la sanction disciplinaire, ainsi si une cour d'appel avait pu considérer qu'elle ne pouvait avoir lieu que dans les locaux du barreau[11], une autre a pu estimer, entre autres, qu'il y avait lieu de faire ordonner la publication dans un journal local de la mention : « Juge que tel avocat a gravement manqué à la délicatesse dans ses rapports avec tel client »[12]. Elle peut aussi être ordonnée dans le *Bulletin du barreau*.

Les cours d'appel apprécient la pertinence de la décision prise en la matière par le conseil de discipline[13], notamment au regard de la gravité des

6. Décr. n° 91-1197, 27 nov. 1991, art. 184.
7. Décr. n° 91-1197, 27 nov. 1991, art. 196.
8. CNB, Comm. RU, avis n° 2009-037, 19 juin 2009 ; C. avocat 2021, s^s décr. 27 nov. 1991, art. 184, note 64.
9. COMP. s'agissant des sanctions spécifiques LABT/FT : C. mon. fin., art. L. 561-36-3, III.
10. CNB, Comm. RU, avis n° 2006-076, 29 nov. 2006 ; C. avocat 2021, s^s décr. 27 nov. 1991, art. 184, note 13.
11. Montpellier, ch. 1, 15 nov. 1991, RG n° 98/03190.
12. Fort de France, 25 mai 2012, RG n° 12/00018.
13. Paris, ch. 1, sect. F, 28 mai 2003, RG n° 03/01476.

manquements donnant lieu à sanction, ce qui peut les conduire à considérer qu'une telle sanction accessoire apparaît « nécessaire afin que l'ensemble des avocats du barreau puisse librement prendre connaissance de la décision rendue », justifiant la publicité « sous la forme d'un affichage pendant six mois à compter du jour du prononcé de cet arrêt dans les locaux [du barreau] »[1], ou inversement, s'agissant d'un avocat ayant manqué à ses obligations en matière de formation continue obligatoire[2], que « les circonstances ne justifient pas le prononcé de la [sanction] accessoire de publicité du jugement dans les barreaux du ressort »[3].

523.304 **Efficience de la sanction disciplinaire.** La question de la publicité des sanctions disciplinaires n'est pas neutre[4]. Il serait peut-être nécessaire d'inverser le principe et de faire du défaut de publicité de la décision disciplinaire l'exception, notamment en cas de risques d'atteinte à la vie privée, dûment motivé par le conseil de discipline. C'est le système qui prévaut au Québec où il est possible de connaître l'ensemble des décisions disciplinaires rendues contre un avocat dénommé[5], ou encore en Hollande, au Danemark et dans de nombreux autres pays européens ainsi qu'aux États-Unis dans la plupart des États, tel que la Californie.

Cela permettrait à la fois une réelle protection du public, rôle dévolu à la procédure disciplinaire, et une efficience de la sanction disciplinaire, dont il faut reconnaître que, à l'exception de la radiation, tant l'avertissement, le blâme que l'interdiction temporaire, limitée à 3 ans, contre 5 à 10 ans en matière pénale[6], ce qui est très court, sont d'une pertinence et d'une efficacité toutes relatives en l'absence de toute publicité.

523.305 **Publicité des décisions relatives aux manquements aux obligations de vigilance en matière de LCB/FT ou de gel des avoirs.** Au demeurant, il est expressément prévu que les décisions des conseils de discipline relatives aux manquements aux obligations de vigilance en matière de blanchiment et de financement du terrorisme[7] ou de gel des avoirs doivent être rendues publiques[8] sur le site internet du Conseil national des barreaux[9].

La publication de la décision doit mentionner au moins la sanction infligée et la nature de l'infraction commise, ainsi que l'identité de la personne physique ou morale sanctionnée. Cette publication doit intervenir après la notification de la décision à l'avocat[10].

Toutefois, le conseil de discipline peut décider que la décision sera publiée de manière anonyme soit lorsque la publication sous une forme non anonyme compromettrait une enquête pénale en cours, soit lorsqu'il ressort d'éléments objectifs et vérifiables fournis par l'avocat sanctionné que le préjudice qui résulterait pour lui d'une publication sous une forme non anonyme serait disproportionné. Le conseil de discipline peut aussi, lorsque ces situations sont susceptibles de cesser d'exister dans un court délai, de différer simplement la publication pendant ce délai[11].

Lorsque la décision fait l'objet d'un recours juridictionnel, il est procédé à la publication de cette information, ainsi que toute information relative à l'issue de ce recours, dans les mêmes conditions. Il en va de même lorsque la décision de sanction est annulée ou réformée[12].

La décision ainsi publiée demeure disponible pendant une période d'au moins cinq ans à compter de la publication initiale. Toutefois, les données à caractère personnel figurant dans la décision publiée sur le site du Conseil national des barreaux sont supprimées à l'issue d'une durée qui ne peut excéder cinq ans[13].

Sans préjudice de la publication sur le site internet du Conseil national des barreaux le conseil de discipline peut également ordonner que la décision soit publiée dans les publications, journaux ou supports qu'il désigne[14] dans un format proportionné à la faute commise et à la sanction infligée. Les frais sont supportés par les avocats sanctionnés[15].

B.
Communication et diffusion des décisions disciplinaires

523.311 **Nature des décisions disciplinaires.** La sanction de la publicité de la décision doit se distinguer de la communication et diffusion de ces mêmes décisions.

En effet, les décisions disciplinaires constituent des décisions de justice au sens de l'article 451 du code de procédure civile. En outre, depuis 2015 il y a

1. Rennes, ch. 1, 2 déc. 2016, RG n° 16/01090.
2. V. s[s] n°s 213.21 s.
3. Lyon, 6 mai 2010, RG n° 10/00379.
4. V. s[s] n°s 461.203 s.
5. Y. Avril, *Responsabilité des avocats,* 4e éd., « Dalloz Référence », 2021, n° 222.148.
6. V. s[s] n°s 523.351 s.
7. V. s[s] n°s 482.61 s.
8. C. mon. fin., art. L. 561-36-3, III.
9. C. mon. fin., art. R. 561-42-1.
10. C. mon. fin., art. R. 561-42-1.
11. C. mon. fin., art. L. 561-36-3, III.
12. C. mon. fin., art. R. 561-42-1.
13. C. mon. fin., art. R. 561-42-1.
14. C. mon. fin., art. R. 561-42-2.
15. C. mon. fin., art. L. 561-36-3, III.

lieu d'appliquer le code des relations entre le public et l'administration[1] et notamment son livre III relatif à l'accès aux documents administratifs et la réutilisation des informations publiques[2]. On notera, à cet égard, que le Conseil d'État a eu l'occasion de considérer que les documents, quelle que soit leur nature, qui se rattachent à la fonction juridictionnelle, et notamment les jugements des juridictions judiciaires, n'ont pas le caractère de documents administratifs pour l'application du droit de communication des documents mentionnés au premier alinéa de l'article L. 300-2 du code des relations entre le public et l'administration. Il relève d'un régime de communication qui leur est propre, applicable même aux décisions qui ont été archivées, et le droit à réutilisation des informations contenues dans des décisions de justice n'ouvre pas plus un droit à leur communication sur le fondement des dispositions du code des relations entre le public et l'administration[3].

523.312 Information du plaignant. L'article 196 du décret du 27 novembre 1991 prévoit que le plaignant[4], à l'origine de la plainte ayant donné lieu aux poursuites disciplinaires, est expressément informé du dispositif de la décision lorsque celle-ci est passée en force de chose jugée.

Il appartient ainsi au bâtonnier d'informer les plaignants du dispositif des décisions du conseil de discipline lorsque celles-ci sont passées en force de chose jugée.

La loi pour la confiance dans l'institution judiciaire[5] prévoit que le plaignant pourra mettre en mouvement l'action disciplinaire en saisissant le conseil de discipline[6], ce même plaignant devrait, à l'avenir, pouvoir obtenir communication de l'intégralité de la décision disciplinaire rendue sur sa réclamation.

523.313 Droit de communication à des tiers. Les tiers peuvent ainsi se faire délivrer copie des décisions qui ont été prononcées publiquement, ou plus exactement que l'on considère comme telles[7].

C'est donc au prononcé public ou non de la décision qu'il faut s'intéresser si on veut connaître l'état communicable ou non d'une décision de justice. Les jugements sont prononcés publiquement sauf en matière gracieuse, dans les matières relatives à l'état et à la capacité des personnes ou intéressant la vie privée qui sont déterminées par décret[8], ainsi que dans les matières mettant en cause le secret des affaires mais uniquement s'il a été décidé les débats auront lieu et que la décision sera prononcée en chambre du conseil[9], le tribunal pouvant alors toujours adapter la motivation de sa décision et les modalités de publicité de celle-ci aux nécessités de la protection du secret des affaires[10], et aux titres desquelles ne figurent pas les décisions disciplinaires.

En outre, en matière civile, le fait que la décision dont une copie est demandée ne soit pas définitive, n'est en aucun cas un obstacle à la délivrance de copies de cette décision : ce n'est qu'un obstacle à l'apposition de la formule exécutoire et donc à la délivrance de la grosse, contrairement à ce qui est prévu en matière pénale[11]. Naturellement, il y aura lieu, en cas de communication d'une décision faisant l'objet d'un recours, de faire état, au moment de sa communication à un tiers, des voies de recours entreprises.

523.314 Modalités de communication à des tiers. L'article L. 111-14 du code de l'organisation judiciaire prévoit[12], que les tiers peuvent se faire délivrer copie des décisions de justice par le greffe de la juridiction concernée conformément aux règles applicables en matière civile et sous réserve des demandes abusives, en particulier par leur nombre ou par leur caractère répétitif ou systématique.

Les éléments permettant d'identifier les personnes physiques mentionnées dans la décision, lorsqu'elles sont parties ou tiers, sont occultés si leur divulgation est de nature à porter atteinte à la sécurité ou au respect de la vie privée de ces personnes ou de leur entourage[13].

1. Avis CE, sect. int., 22 oct. 2015, n° 390397.
2. V. s^s n°s 511.42 s.
3. CE 5 mai 2021, *Doctrine.fr*, req. n° 434502 et 434503 ; *JCP* 2021. 585, obs. M. Touzeil-Divina – SUR CET ARRÊT : concl. L. Domingo, rapp. public sur Arianeweb.
4. V. s^s n° 521.91 s.
5. L. n° 2021-1729, 22 déc. 2021, art. 42.
6. L. 71-1130, 31 déc. 1971, art. 23.
7. L. n° 72-626, 5 juill. 1972 instituant un juge de l'exécution et relative à la réforme de la procédure civile, *JO* 9 juill., p. 7181, art. 11-3.
8. L. n° 72-626, 5 juill. 1972, art. 11-2 – C. pr. civ., art. 451 – C. com., art. L. 153-1, 3° ; – POUR UNE EXCLUSION EXPRESSE : C. com., art. R. 123-154.
9. L. n° 72-626, 5 juill. 1972, art. 11-2 – C. com., art. L. 153-1, 3°.
10. C. com., art. L. 153-1, 4°.
11. C. proc. pén., art. R. 156.
12. L. n° 2019-222, 23 mars 2019 de programmation 2018-2022 et de réforme pour la justice, *JO* 24 mars, art. 33 – Cons. const. 21 mars 2019, 2019-778 *DC, loi de programmation 2018-2022 et de réforme pour la justice*, NON-CONFORMITÉ PARTIELLE – RÉSERVE, *JO* 24 mars, n° 4 ; *JCP* 2019. 330, note G. Hannotin ; *AJDA* 2019. 663 ; *D.* 2019. 910, obs. J.-J. Lemouland et D. Vigneau ; *D.* 2020. 1324, obs. E. Debaets et N. Jacquinot ; *AJ fam.* 2019. 172, obs. V. Avena-Robardet ; *Constitutions* 2019. 40, Chron. P. Bachschmidt.
13. COJ, art. L. 111-14 – Note du 19 décembre 2018 relative à la communication de décisions judiciaires civiles et pénales aux tiers à l'instance, NOR JUSB1833465N, BOMJ n° 2018-12, 31 déc. 2018 – CE 21 juin 2021, req. n° 428321, *Lebon* ; *Gaz. Pal.* 20 juill. 2021, p. 26 et 27, notes O. Fuchs.

Les articles 1440 et suivants du code de procédure civile détermine les conditions de délivrance de ces copies aux tiers, ainsi que celles d'occultation de l'identité des personnes y compris en cas d'occultation résultant de la mise en œuvre de l'*Open data* jurisprudentiel [1] par le greffier de la juridiction ayant rendu la décision demandée [2].

En cas de refus, ou de silence gardé pendant deux mois à compter de la demande, un recours peut être effectué, dans un délai de quinze jours [3], auprès du président de la juridiction par voie de requête présentée par un avocat et instruite et jugée comme en matière gracieuse [4].

523.315 Constitution de bases de données jurisprudentielles. Lorsque cela conduit à la constitution de bases de données, il convient de respecter tant les dispositions du Règlement général de protection des données à caractère personnel (RGPD) [5] que celles relatives à la loi Informatique et Libertés [6], et notamment l'anonymat des parties à la procédure [7] dès lors que la diffusion du site est, par nature, à destination de tout public [8].

La loi ne fait ainsi pas obstacle à la constitution, sous une forme nominative, de bases de données de jurisprudence par les juridictions ayant prononcé les décisions pour un usage strictement interne dans la mesure où elle s'inscrit dans le cadre d'une mission d'intérêt public [9]. En revanche la diffusion auprès du public de ces mêmes bases de données jurisprudentielles, si elle répond à un intérêt légitime des responsables de ces traitements, est toutefois de nature à méconnaître les droits et libertés fondamentaux des personnes concernées [10] et l'anonymat des personnes concernées doit donc être assuré [11].

1. V. s[s] n° 523.318.
2. C. pr. civ., art. 1440 – COMP. : C. pr. pén., art. R. 166 s. – CJA, art. R. 751-7.
3. C. pr. civ., art. 538.
4. C. pr. civ., art. 1440-1 et 1441.
5. Règl. 2016/679, Parlement et Conseil, 27 avr. 2016 relatif à la protection des personnes physiques à l'égard du traitement des données à caractère personnel et à la libre circulation de ces données, et abrogeant la directive 95/46/CE, dit RGPD, *JOUE L* 119, 4 mai, p. 1.
6. L. n° 78-17, 6 janv. 1978 relative à l'informatique, aux fichiers et aux libertés, *JO* 7 janv.
7. A. Debet, J. Massot, N. Metallinos, *Informatiques et libertés*, « Les intégrales », Lextenso, 2015, n°s 3237 s.
8. Délib. Cnil n° 01-057, 29 nov. 2001 portant recommandation sur la diffusion de données personnelles sur internet par les banques de données de jurisprudence – A. Perdriau, « L'anonymisation des jugements civils », *JCP* 1999. I. 163 – E. Jeuland, G. Simiand, « Casanova à la Cour de cassation. – Comment accroître la force normative des arrêts malgré leur anonymisation ? », *JCP* 2015. 876.
9. L. n° 78-17, 6 janv. 1978, art. 5, 5°.
10. L. n° 78-17, 6 janv. 1978, art. 5, 6°.
11. CE 23 mars 2015, n° 353717 ; *CCC* juin 2015, comm. 52, note A. Debet ; *AJDA* 2015. 1398.

523.316 Libre réutilisation des informations publiques. D'autant qu'est [12] affirmé le principe général de la libre réutilisation des informations publiques. Cette possibilité de réutilisation des informations publiques est encadrée par la loi [13], notamment afin de concilier la protection des personnes dont les données à caractère personnel seraient contenues dans les informations publiques. La loi prévoit ainsi que les informations publiques comportant des données à caractère personnel ne peuvent faire l'objet d'une réutilisation, à moins que les personnes concernées y aient consenti ou qu'elles aient été anonymisées par l'autorité détentrice ou, à défaut, qu'une disposition législative ou réglementaire le permette [14].

Notons que la mention dans une publication des condamnations dont une personne a fait l'objet, y compris à l'occasion de son activité professionnelle, porte atteinte à son droit au respect dû à sa vie privée [15], droit qui doit être mis en balance avec la liberté d'expression en fonction des intérêts en jeu et afin de privilégier la solution la plus protectrice de l'intérêt le plus légitime, en prenant en compte la contribution d'une telle publication à un débat d'intérêt général, la notoriété de la personne visée, l'objet du reportage, le comportement antérieur de la personne concernée, le contenu, la forme et les répercussions de ladite publication, étant précisé que si même le sujet à l'origine de l'article relève de l'intérêt général, il faut encore que le contenu de l'article soit de nature à nourrir le débat public sur le sujet en question [16]. Il incombe au juge de procéder, de façon concrète, à l'examen de chacun de ces critères [17].

La Cour de cassation précise, en outre, que le fait que des informations soient déjà dans le domaine public ne les soustrait pas nécessairement à la protec-

12. Dir. 2003/98, Parlement et Conseil, 17 nov. 2003 concernant la réutilisation des informations du secteur public, *JOCE L* 345, 31 déc., p. 90 – Ord. n° 2005-650, 6 juin 2005 relative à la liberté d'accès aux documents administratifs et à la réutilisation des informations publiques, *JO* 7 juin, n° 13.
13. CRPA, art. L. 321-1 s.
14. S'agissant de la publicité comme sanction, v. s[s] n°s 523.301 s.
15. CEDH 28 juin 2018, *M.L. et W.W. c/Allemagne*, req. n°s 60798/10, 65599/10.
16. CEDH 29 mars 2016, *Bédat c/Suisse*, req. n° 56925/08.
17. Civ. 1re, 17 févr. 2021, n° 19-24.780, P ; *Gaz. Pal.* 25 mai 2021, p. 29, obs. Ph. Piot ; *RCA* 2021, comm. n° 80 ; *JCP* 2021. 487, avis D. Legoherel ; *JCP* 2021. 488, note G. Loiseau ; *D.* 2021. 1788, n° 6, bs. X. Serrier ; – DÉJÀ : Civ. 1re, 21 mars 2018, n° 16-28.741, P I, n° 56 ; – AUSSI : Civ. 1re, 27 nov 2019, n° 18-14.675, P ; – APRÈS : CJUE 24 sept. 2019, *CG e. a. c/Cnil*, aff. C-136/17 ; – AUSSI : Cons. const. 7 juin 2013, n° 2013-319 QPC, *M. Philippe B*, *JO* 9 juin, p. 9632 ; *D.* 2013. 1413 ; *AJ pénal* 2013. 410 ; *Constitutions* 2013. 248, obs. D. de Bellescize ; *RSC* 2013. 574, Chron. J. Francillon ; *RSC* 2013. 907, obs. B. de Lamy.

tion tenant au respect dû à sa vie privée[1], l'intérêt à publier ces informations devant être mis en balance avec des considérations liées à la vie privée. Celles-ci entrent en jeu dans les situations où des informations ont été recueillies sur une personne bien précise, où des données à caractère personnel ont été traitées ou utilisées et où les éléments en question avaient été rendus publics d'une manière ou dans une mesure excédant ce à quoi les intéressés pouvaient raisonnablement s'attendre[2].

523.317 **Secret professionnel.** Le secret professionnel[3] ne saurait, à cet égard, faire obstacle en soi à la publication des décisions[4]. En réalité il convient d'assurer la protection de celui-ci dans la rédaction des décisions[5], suivant les modalités pratiques déjà en vigueur au sein des autorités administratives indépendantes[6].

523.318 ***Open data*** **jurisprudentiel.** En outre, le mouvement de l'*Open data*[7] jurisprudentiel[8] devrait conduire à la mise en œuvre des nouvelles dispositions de l'article L. 111-13 du code de l'organisation judiciaire, qui prévoit[9] que : « Sous réserve des dispositions particulières qui régissent l'accès aux décisions de justice et leur publicité, les décisions rendues par les juridictions judiciaires sont mises à la disposition du public à titre gratuit sous forme électronique. Les noms et prénoms des personnes physiques mentionnées dans la décision, lorsqu'elles sont parties ou tiers, sont occultés préalablement à la mise à la disposition du public. Lorsque sa divulgation est de nature à porter atteinte à la sécurité ou au respect de la vie privée de ces personnes ou de leur entourage, est également occulté tout élément permettant d'identifier les parties, les tiers, les magistrats et les membres du greffe. »[10]. Le décret du 29 juin 2020[11] est venu préciser les conditions d'application de cette mise à disposition du public[12] aux articles R. 111-10 et suivants du code de l'organisation judiciaire[13]. Mais le Conseil d'État a dû, par la suite, enjoindre le garde des Sceaux à respecter un délai raisonnable de mise en application de ces dispositions attendue depuis... 2016[14]. Ce qui a conduit à l'arrêté du 28 avril 2021 établissant un calendrier des décisions concernées par cet accès en ligne prévoyant une mise à disposition progressive suivant la nature des décisions et des juridictions s'étalant jusqu'en décembre 2025[15]. Est ainsi prévue la mise en ligne des : « décisions rendues par les cours d'appel » pour avril 2022[16], ce qui inclut, en principe, les arrêts rendus en matière de discipline des avocats. Rien n'est prévu, toutefois, s'agissant des décisions des conseils de discipline[17].

1. AUSSI : CEDH 22 juin 2021, *Hurbain c/Belgique*, req. n° 57292/16, *Gaz. Pal.* 14 sept. 2021, p. 14, note L. Pailler ; *Gaz. Pal.* 19 oct. 2021, p. 31, obs. Ph. Piot.
2. Civ. 1re, 17 févr. 2021, n° 19-24.780, P ; *Gaz. Pal.* 25 mai 2021 p. 29, obs. Ph. Piot ; *RCA* 2021, comm. n° 80 ; *JCP* 2021. 487, avis D. Legoherel ; *JCP* 2021. 488, note G. Loiseau ; *D.* 2021. 1788, n° 6, obs. X. Serrier – COMP. : CEDH 27 juin 2017, *Satakunnan Markkinapörssi Oy et Satamedia Oy c/Finlande*, req. n° 931/13.
3. V. ss nos 412.00 s.
4. V. ss nos 511.42 s.
5. V. ss n° 522.371.
6. A. Gaudemet, « Décisions de la Commission des sanctions de l'AMF et de la cour d'appel de Paris : quelles règles d'anonymisation ? », *RD banc. fin.* n° 4, oct. 2013, comm. 143 – COMP. : C. com., art. L. 153-1, 4°.
7. L. Cadiet, *Rapport sur « l'Open data » des décisions de Justice : Mission d'étude et de préfiguration sur l'ouverture au public des décisions de justice,* Ministère de la Justice, 2018.
8. Collectif, La jurisprudence dans le mouvement de l'*Open data*. Actes du colloque à la Cour de cassation 14 octobre 2016, *JCP* suppl. au n° 9, 27 févr. 2017 – E. Buat-Ménard, P. Giambiasi, « La mémoire numérique des décisions judiciaires. L'*Open data* des décisions de justice de l'ordre judiciaire », *D.* 2017. 1483 – N. Fricero, « Collecte, diffusion et exploitation des décisions de justice : quelles limites, quels contrôles ? À propos du rapport sur l'*Open data* des décisions de justice », *JCP* 2018. 168 – J.-P. Jean, « À l'ère du numérique, ce que le criminel pourrait apprendre au civil en l'état », *D.* 2019. 947 – M. Dochy, *La dématérialisation des actes du procès civil,* « Thèmes et commentaires », Dalloz, 2021, nos 293 s., p. 284 s.
9. L. n° 2019-222, 23 mars 2019 de programmation 2018-2022 et de réforme pour la justice, *JO* 24 mars, art. 33 – Cons. const. 21 mars 2019, 2019-778 *DC*.
10. COJ, art. L. 111-13.
11. Décr. n° 2020-797, 29 juin 2020 relatif à la mise à la disposition du public des décisions des juridictions judiciaires et administratives, *JO* 30 juin, n° 1 ; *JCP* 2020. 842 ; *JCP* 2020. 1472, n° 1, obs. L. Mayer – L. Garnerie, « *Open data* des décisions de justice : le décret a étté publié », *Gaz. Pal.* 7 juill. 2020, p. 5 – N. Fricero, « Diffusion au public et délivrance aux tiers des décisions des juridictions judiciaires », *JCP* 2020. 846 – V. Rivollier, « L'open data des décisions de justice : pas tout, pas tout de suite », *D.* 2020. 1626 – CNB, *Motion sur le décret* Open data, AG 3 juill. 2020.
12. CNB, Cour de cassation, Déclaration commune de la Cour de cassation et du CNB sur l'*Open data* des décisions de justice, 25 mars 2019 – CNB, Résolution relative à l'*Open data* des décisions de justice, AG 14 déc. 2019 ; *JCP* 2019. 1395.
13. COJ, art. R. 111-10 s. ; – COMP. : CJA, art. R. 741-13 s.
14. CE 21 janv. 2021, *Association « Ouvre-boîte »*, req. n° 429956 ; *JCP* 2021. 162, obs. L. Erstein ; *Gaz. Pal.* 25 mai 2021, p. 31, obs. Ph. Piot.
15. Arr. 28 avr. 2021 pris en application de l'article 9 du décret n° 2020-797 du 29 juin 2020 relatif à la mise à la disposition du public des décisions des juridictions judiciaires et administratives, NOR : JUST2111743A ; – SUR LEQUEL : *JCP* 2021. 720, n° 3, obs. L. Cluzel-Métayer.
16. Arr. 28 avr. 2021, NOR : JUST2111743A, art. 2.
17. COMP. : CJUE, « La protection des données à caractère personnel dans le cadre des publications relatives aux procédures juridictionnelles devant la Cour de justice », févr. 2021 – Règl. 2018/1725, Parlement et Conseil, 23 oct. 2018 relatif à la protection des personnes physiques à l'égard du traitement des données à caractère personnel par les institutions, organes et organismes de l'Union et à la libre circulation de ces données, et abrogeant le règlement (CE) n° 45/2001 et la décision n° 1247/2002/CE, *JOUE* 21 nov.

Le Conseil national des barreaux s'est, lors de son assemblée générale du 9 octobre 2020, prononcé en faveur d'un recensement et d'une publication, par le Conseil national des barreaux, après anonymisation, des décisions rendues par les conseils régionaux de discipline [1].

Le décret du 30 septembre 2021 [2] est venu permettre la mise à la disposition du public des décisions de justice rendues par les juridictions judiciaires et administratives au moyen de deux traitements automatisés de données à caractère personnel : « Décisions de la justice administrative » pour le Conseil d'État [3] et « Judilibre » [4] pour la Cour de cassation.

523.319 **Réutilisation des données d'identification des magistrats et des membres du greffe.** En outre, l'article L. 111-13 du code de l'organisation judiciaire prévoit que : « Les données d'identité des magistrats et des membres du greffe ne peuvent faire l'objet d'une réutilisation ayant pour objet ou pour effet d'évaluer, d'analyser, de comparer ou de prédire leurs pratiques professionnelles réelles ou supposées. La violation de cette interdiction est punie des peines prévues aux articles 226-18, 226-24 et 226-31 du code pénal, sans préjudice des mesures et sanctions prévues par la loi n° 78-17 du 6 janvier 1978 relative à l'informatique, aux fichiers et aux libertés. » [5]

Cette disposition vise à interdire de réaliser des profilages des magistrats à partir des données issues des décisions ainsi rendues publiques [6].

§ 3
Condamnation aux dépens de l'instance disciplinaire

523.321 **Condamnation aux dépens.** Le conseil de discipline peut condamner l'avocat sanctionné disciplinairement au paiement des dépens de l'instance. Ceux-ci comprennent les frais de citation, le cas échéant le coût de la sténotypie des débats, ainsi que tous les frais de la procédure susceptibles d'être individualisés, et notamment les frais d'expertise [7]. Le montant des dépens peut être fixé de manière forfaitaire.

Les dépens représentent une dépense non négligeable, notamment en frais de procédure (citation...). À Paris, le conseil de discipline les a fixés forfaitairement à la somme de 250 euros et fait procéder à leur recouvrement [8].

523.322 **Dépens afférents aux décisions relatives aux manquements aux obligations de vigilance en matière de LCB/FT ou de gel des avoirs.** En cas de décision du conseil de discipline relativement à des manquements aux obligations de vigilance en matière de blanchiment et de financement du terrorisme ou de gel des avoirs [9], il est expressément prévu que le conseil discipline peut mettre à la charge de l'avocat sanctionné tout ou partie des frais occasionnés par les mesures de contrôle ayant permis la constatation des faits ayant donné lieu à sanction [10].

SECTION 4
SANCTIONS À FINALITÉ DISCIPLINAIRE

523.330 **Plan.** À coté des sanctions disciplinaires que peut prononcer le conseil de discipline en raison des manquements commis par un avocat, et qui relèvent de sa compétence exclusive, il existe des sanctions qui, bien que n'étant pas prononcées par le conseil de discipline, vont affecter directement sur l'exercice professionnel de l'avocat.

Il en est ainsi, notamment, des sanctions pénales à finalité disciplinaire (§ 1), que peuvent être amenées à prononcer les juridictions pénales à l'encontre d'un avocat [11], ou encore de certaines sanctions qui peuvent être prononcées par des autorités administratives [12] ou des juridictions internationales (§ 2).

§ 1
Interdiction d'exercer la profession

523.340 **Plan.** L'interdiction d'exercer la profession peut être une sanction en tant que peine complémentaire (A) ou en tant qu'obligation probatoire (B).

A.
En tant que peine complémentaire

523.351 **Principe de l'interdiction professionnelle d'exercer.** Lorsque la loi le prévoit, un crime ou un délit peut être sanctionné d'une peine complé-

1. CNB, Résolution « Faire assurer par le CNB le recensement et la publication, après anonymisation, des décisions rendues par les conseils régionaux de discipline », AG 9 oct. 2020.
2. Décr. n° 2021-1276, 30 sept. 2021 relatif aux traitements automatisés de données à caractère personnel dénommés « Décisions de la justice administrative » et « Judilibre », *JO* 1er oct.
3. https://opendata.conseil-etat.fr/
4. https://www.courdecassation.fr/acces-rapide-judilibre
5. COJ, art. L. 111-13 – CJA, art. L. 10.
6. A. Hyde, « Droit et intelligence artificielle : quelle régulation du marché pour des outils de justice prévisionnelle digne de confiance ? », *JCP* 2021. 142.
7. RIBP, art. P. 72.5.15.
8. M. Babonneau, « Disciplinaire à Paris : le recouvrement des dépens sera effectif », *D. actu.* 27 juin 2013.
9. V. ss nos 482.61 s.
10. C. mon. fin., art. L. 561-36-3, III.
11. V. ss nos 523.351 s.
12. V. ss nos 466.61 s.

mentaire d'interdiction d'exercer une activité professionnelle[1], telle que celle d'avocat. Il s'agit, notamment, des infractions d'extorsion, d'escroquerie[2], de blanchiment[3], de détournement, de recel[4], de faux et usage de faux[5], de corruption[6], d'abus de biens sociaux, de banqueroute, d'infractions au code de la consommation[7] tel que le démarchage, d'abus de faiblesse[8], ou encore de fraude fiscale ou de travail dissimulé.

Lorsqu'elle est encourue à titre de peine complémentaire pour un crime ou un délit, l'interdiction d'exercer l'activité d'avocat, qui peut être prononcée à l'encontre d'une personne physique ou morale, est soit définitive, soit temporaire ; dans ce dernier cas, elle ne peut excéder une durée de cinq ans[9], certains textes spécifiques permettent de la porter à dix ans.

523.352 Crime ou délit commis à l'occasion de l'exercice de la profession. L'interdiction d'exercer l'activité d'avocat ne peut, en principe, être prononcée que si c'est dans l'exercice ou à l'occasion de son activité que l'avocat a commis l'infraction, ce qu'il appartient à la juridiction répressive de caractériser à travers les circonstances de l'espèce qui établissent que c'est en sa qualité d'avocat que ce dernier a été consulté[10], sauf si la loi en dispose autrement et permet de la prononcer à l'encontre de toute activité professionnelle définie par le texte[11]. Elle peut être cumulée avec une sanction disciplinaire du même ordre et pour les mêmes faits[12].

La mesure d'interdiction d'exercer l'activité d'avocat peut faire l'objet d'un relèvement, d'une grâce ou d'une réhabilitation, l'intéressé pouvant demander, à tout moment, la levée de l'interdiction à la juridiction qui l'a condamné, ou encore d'une révision[13].

523.353 Exemples d'interdiction professionnelle d'exercer. C'est ainsi que furent condamnés des chefs de faux et usage à une peine de huit mois d'emprisonnement avec sursis et à l'interdiction définitive d'exercer la profession d'avocat, un avocat qui avait obtenu sa réinscription sur la liste du stage en adressant au bâtonnier une convention de stage puis deux accords prorogeant la durée de ce stage dont il est apparu qu'il s'agissant de faux et que ledit stage n'avait pas été effectué. Le barreau ayant, en outre, été déclaré recevable en sa constitution de partie civile « dès lors que l'altération de la vérité dans les conventions litigieuses porte atteinte à l'intérêt collectif de la profession d'avocat »[14].

De même que fut condamné des chefs de complicité de faux et usage de faux, travail dissimulé et fausses déclarations au registre du commerce, à une peine d'un an d'emprisonnement avec sursis, 20 000 euros d'amende et cinq ans d'interdiction professionnelle, un avocat dont l'expert-comptable, condamné comme auteur à douze mois d'emprisonnement avec sursis outre la peine complémentaire d'interdiction d'exercer la profession d'expert-comptable pendant cinq ans, avait procédé, sur la base de documents adressés par l'avocat, à l'immatriculation d'une SARL ayant pour activité la vente de chaussures et pour gérante l'ex-épouse de l'avocat, en apposant une fausse signature sur le pouvoir l'autorisant à immatriculer la société, sur l'attestation sur l'honneur de n'avoir fait l'objet d'aucune condamnation ni sanction, sur l'avis de constitution de la société et sur l'attestation de blocage du capital social[15].

Tout comme fut condamné à six mois d'interdiction d'exercer la profession d'avocat un avocat condamné du chef de fraude fiscale[16] ou à une peine de quatre ans d'emprisonnement avec mandat d'arrêt et à une interdiction définitive de l'exercice de la profession d'avocat, un avocat condamné du chef de participation à une association de malfaiteurs en vue de la préparation d'un délit puni de dix ans d'emprisonnement, en l'occurrence une tentative d'évasion avec usage d'explosif d'une centrale réalisé par trois détenus[17], ou encore à une peine de quatre mois d'emprisonnement avec sursis et à une amende de 5 000 euros ainsi qu'à une interdiction d'exercer la profession d'avocat pendant une durée de six mois, un avocat condamné des chefs de subornation de témoin[18] et violation du secret de l'enquête et de l'instruction[19].

523.354 Encourue au moment des faits. Dès lors que seules peuvent être prononcées les peines légalement applicables à la date à laquelle les faits ont été commis, le texte doit prévoir la possibilité de prononcer une interdiction d'exercer la profession d'avocat au moment où le délit objet de la prévention a été commis.

1. C. pén., art. 131-10.
2. V. s[s] n°s 922.60 s.
3. V. s[s] n°s 482.261 s.
4. V. s[s] n°s 921.101 s.
5. V. s[s] n°s 453.161 s.
6. V. s[s] n°s 922.171 s.
7. V. s[s] n°s 466.101 s.
8. V. s[s] n°s 481.100 s.
9. C. pén., art. 131-27.
10. Crim. 13 janv. 2016, n° 14-87.760, P n° 9.
11. C. pén., art. 131-28.
12. V. s[s] n°s 523.411 s.
13. Crim. 16 mars 1993, n° 92-83.606, P n° 116.
14. Crim. 17 déc. 2008, n° 08-82.280, NP.
15. Crim. 14 janv. 2009, n° 08-82.539, NP ; *Dr. pén.* 2010. Chron. n° 2, obs. E. Garçon.
16. Crim. 8 juill. 2015, n°s 14-82.351, 14-82.352, NP.
17. Crim. 7 mai 2008, n° 07-86.230, NP.
18. V. s[s] n°s 453.151 s.
19. Crim. 3 mars 2020, n° 19-82.073, NP – V. s[s] n°s 416.131 s.

C'est ainsi que les juges du fond ne sauraient condamner un avocat coupable d'escroquerie et de complicité de ce délit, à une interdiction d'exercer la profession d'avocat, en application de l'article 313-7 du code pénal alors même que cette peine complémentaire n'était pas prévue par l'article 405 ancien du code pénal, réprimant le délit reproché, applicable au moment des faits [1].

523.355 Exécution provisoire d'une interdiction professionnelle d'exercer. Une interdiction professionnelle prononcée à titre de peine complémentaire peut être déclarée exécutoire par provision [2].

C'est ainsi qu'ont été condamnés des chefs de menaces et de voies d'intimidation, et de vol, à une peine de six mois de prison avec sursis, assortis d'une peine complémentaire d'interdiction d'exercice de la profession d'avocat pendant cinq ans, avec exécution provisoire, un avocat qui avait, à l'occasion d'une audience disciplinaire, menacé des membres du conseil de discipline et soustrait le dossier de la procédure disciplinaire entre les mains du président du conseil de discipline, la soustraction ayant eu lieu au préjudice de l'état, qui en est propriétaire [3].

523.356 L'interdiction comme peine de substitution. Lorsqu'un délit est puni d'une peine d'emprisonnement, la juridiction peut prononcer, à la place de l'emprisonnement, une interdiction pour une durée de cinq ans au plus d'exercer une activité professionnelle dès lors que les facilités que procure cette activité ont été sciemment utilisées pour préparer ou commettre l'infraction.

Cette interdiction n'est toutefois pas applicable en matière de délit de presse [4]. C'est ainsi que fut condamné à une peine d'interdiction de se livrer à son activité d'avocat, sous quelque forme que ce soit, pendant une durée d'un mois un avocat reconnu coupable d'outrage à magistrat [5].

523.357 Exécution d'une interdiction professionnelle d'exercer. Son point de départ est nécessairement fixé, sauf exécution provisoire [6] au jour où la condamnation pénale devient définitive [7]. Ainsi, lorsque l'interdiction d'exercer une activité professionnelle accompagne une peine privative de liberté sans sursis, elle s'applique dès le commencement de cette peine et son exécution se poursuit, pour la durée fixée par la décision de condamnation, à compter du jour où la privation de liberté a pris fin [8].

Toute violation de l'interdiction d'exercer une activité professionnelle est punie de deux ans d'emprisonnement et de 30 000 euros d'amende [9]. Elle produit les mêmes effets qu'une interdiction temporaire [10] ou qu'une radiation lorsqu'elle est prononcée à titre définitif [11].

523.358 Interdiction des droits civiques. On notera qu'il existe aussi la possibilité de prononcer, au titre d'une interdiction des droits civiques, l'interdiction du droit de représenter ou d'assister une partie devant la justice [12], qui peut être prononcée à l'encontre d'un avocat dès lors que les textes applicables à la date à laquelle les faits constitutifs d'une infraction ont été commis le prévoient expressément [13].

523.359 Structure d'exercice. Les structures d'exercice, personnes morales déclarées pénalement responsables, des infractions commises pour leur compte par leurs organes ou représentant [14], peuvent faire l'objet, dans les mêmes conditions que l'avocat, d'une peine complémentaire d'interdiction, à titre définitif ou pour une durée de cinq ans au plus, d'exercer directement ou indirectement l'activité d'avocat [15].

B. En tant qu'obligation probatoire

523.361 Interdiction d'exercice en tant qu'obligation probatoire. La juridiction de condamnation ou le juge de l'application des peines peut, en vertu de l'article 132-45 du code pénal, notamment, imposer spécialement au condamné l'observation de l'obligation de ne pas se livrer à l'activité dans l'exercice ou à l'occasion de l'exercice de laquelle l'infraction a été commise [16].

Dans cette hypothèse, l'interdiction professionnelle d'exercer la profession d'avocat, qui produit les mêmes effets qu'une interdiction temporaire [17], ne dure que tant que dure la partie ferme de la peine ainsi que période de probation et ce, sous réserve des modalités d'exécution de la peine que le juge d'appli-

1. Crim. 5 févr. 2003, n° 01-87.052, NP.
2. C. pr. pén., art. 471, al. 4 – Crim. 2 nov. 2005, n° 05-82.004, P n° 274 ; *AJ pénal* 2006. 121.
3. TGI Paris, 14e ch., 27 nov. 2015, NP.
4. C. pén., art. 131-6, 11°.
5. T. corr. Brive, 9 mars 1979, *Gaz. Pal.* 1979. I. 157, note A. Damien ; *RSC* 1979. 547, obs. A. Vitu – V. ss nos 454.171 s.
6. V. ss n° 523.355.
7. Civ. 2e, 18 mai 2000, n° 00-60.099, P n° 82 ; *D.* 2000. 164.
8. C. pén., art. 131-29.
9. C. pén., art. 434-40 – Ceseda, art. L. 622-3, 5°.
10. V. ss nos 523.101 s.
11. V. ss nos 523.181 s.
12. C. pén., art. 131-26, 3°.
13. Crim. 30 juin 1999, n° 98-82.009, P n° 170 ; *D.* 1999. 224 ; *RSC* 1999. 823, note R. Ottenhof ; *RTD com.* 2000. 197, obs. B. Bouloc.
14. C. pén., art. 121-2.
15. C. pén., art. 131-39.
16. C. pén., art. 132-45, 8°.
17. V. ss nos 523.101 s.

cation des peines serait amené à définir, en application de l'article 723-7-1 du code de procédure pénale.

523.362 Interdiction d'exercice en tant qu'obligation probatoire. Les cas d'interdiction professionnelle d'exercer la profession d'avocat en tant qu'obligation probatoire semblent rares.

C'est ainsi que s'agissant d'un avocat qui été condamné pour fraude fiscale en raison d'une défaillance complète au titre de ses obligations déclaratives et comptables sur une période de 4 ans, après ne s'être signalé auprès de l'administration fiscale que dix ans après le début de son activité, et avoir déjà été condamné à deux reprises pour fraude fiscale, puis subi deux autres contrôles ayant donné lieu à redressement, attitude qui selon le tribunal : « procède d'une gestion économique du risque pénal et fiscal », le fait qu'il ne déclare pas ses impôts et ne communique aucune comptabilité, résultant du fait : « qu'il y trouve un intérêt financier, le montant des pénalités étant inférieur au montant de la minoration », faisant que : « compte tenu de ces éléments, le tribunal, confronté à la persistance dans un comportement délictueux et lucratif d'un prévenu tenu, en raison de sa profession, d'obligations de probité particulières, ne peut que le condamner à une peine d'emprisonnement de trois ans, dont dix mois assortis d'un sursis probatoire d'une durée de trois ans », avec, notamment comme obligation probatoire : « l'interdiction prévue par l'article 132-45, 8°, de se livrer à l'activité dans l'exercice ou à l'occasion de laquelle l'infraction a été commise, en l'espèce l'exercice de la profession d'avocat », dès lors que : « cette interdiction est indispensable pour éviter la récidive et la poursuite d'une activité exercée dans des conditions déloyales à l'égard des autres membres de la profession »[1].

§ 2
Autres sanctions à finalité disciplinaire

523.371 L'avocat hors les murs. L'avocat français peut être amené à ressortir dans le cadre de sa pratique professionnelle d'autres juridictions disciplinaires que le conseil de discipline dont il relève. Ce sera le cas s'il exerce dans un autre pays de l'Union européenne dans le cadre de l'exercice permanent sous son titre d'origine ou de la libre prestation de service[2] : au même titre que les avocats européens amenés à exercer en France[3], il pourra être amené à comparaître devant les instances compétentes dans un autre État membre de l'Union européenne, et ce sans préjudice de la faculté pour le conseil de discipline dont il relève en France de connaître des mêmes faits objets des poursuites dans cet autre État membre.

Ce sera également le cas, lorsqu'il sera amené à exercer devant les nombreuses juridictions internationales qui possèdent chacune leurs propres règles de procédure mais également de déontologie et de discipline. Avec parfois des situations curieuses telles s'agissant des chambres extraordinaires auprès des tribunaux cambodgiens (CETC) devant lesquelles il est nécessaire pour pouvoir y plaider de s'inscrire à l'ordre des avocats du Royaume du Cambodge et donc de se soumettre au code de déontologie des avocats inscrits à l'ordre des avocats du Royaume du Cambodge, et à la discipline de cette même institution[4]. Nous n'en aborderons que trois d'entre elles : la Cour de justice de l'Union européenne (CJUE), la Cour européenne des droits de l'homme (CEDH) ainsi que la Cour pénale internationale (CPI).

523.372 Cour de justice de l'Union européenne (CJUE). Les juridictions européennes ne sont pas des juridictions de droit commun au regard de l'exercice de la représentation en leur sein : elles obéissent à leur propre règlement de procédure prévoyant des régimes de représentation spécifiques et de recevabilité des recours qui leur sont propres, et aussi leur propre *corpus* déontologique et régime disciplinaire applicables à l'égard des avocats qui interviennent devant elle.

L'article 46 du règlement de procédure de la CJUE prévoit ainsi que si la Cour estime que le comportement d'un avocat devant la Cour est « incompatible avec la dignité de la Cour ou avec les exigences d'une bonne administration de la justice », ou que cet avocat « use des droits qu'il tient de ses fonctions à des fins autres que celles pour lesquelles ces droits lui sont reconnus », elle en informe l'intéressé[5]. Si la Cour en informe les autorités compétentes dont relève l'intéressé, une copie de la lettre adressée à ces autorités est transmise à ce dernier.

Pour les mêmes motifs, la Cour peut, à tout moment, l'intéressé et l'avocat général entendus, décider d'exclure, par ordonnance motivée, un avocat de la procédure. Cette ordonnance est immédiatement exécutoire. Lorsqu'un avocat se trouve exclu de la procédure, celle-ci est suspendue jusqu'à l'expiration d'un délai fixé par le président pour permettre à la partie intéressée de désigner un autre agent, conseil ou avocat.

La décision ainsi prise en exécution peut être rapportée. La même disposition est prévue s'agissant du Tribunal de première instance (TPUE)[6].

1. TJ Paris, 11e ch. corr. 2, 2 avr. 2021, n° 17221000023, 19148000589.
2. V. s[s] n°s 231.10 s.
3. V. s[s] n° 522.46.
4. P.-O. Sur, *Dans les yeux du bourreau*, J.-C. Lattès, 2010.
5. CJUE, Règlement de procédure, art. 46.
6. TPUE, Règlement de procédure, art. 55.

523.373 Examen de la recevabilité des recours – CJUE. Indépendamment de la procédure disciplinaire prévue devant elle, la CJUE exerce, en outre, un contrôle quant à la recevabilité des recours en considérant que pour pouvoir représenter une partie devant les juridictions de l'Union[1], le fait d'être habilité à exercer devant une juridiction d'un État membre ou d'un autre État partie à l'accord sur l'Espace économique européen[2] n'est pas suffisant et qu'il convient, en outre, d'avoir la qualité d'avocat[3]. Elle considère qu'il y a dès lors lieu de rechercher une interprétation autonome et uniforme du terme avocat. Pour la CJUE, le devoir d'indépendance incombant à l'avocat, et qui permet de caractériser celui-ci, s'entend comme l'absence non pas de tout lien quelconque avec son client, mais de liens qui portent manifestement atteinte à sa capacité à assurer sa mission de défense en servant au mieux les intérêts de son client[4].

Toutefois, à travers ses analyses relativement à l'indépendance de l'avocat[5] ce sont des situations de conflits d'intérêts[6] que la CJUE sanctionne[7], faisant que le recours par la CJUE au critère de l'indépendance pour définir la notion d'avocat masque en réalité un contrôle de la déontologie des avocats par la CJUE elle-même au détriment des prérogatives des institutions ordinales dont ils relèvent, en principe, de manière exclusive[8]. Et, si elle ne prononce pas de sanction disciplinaire à proprement parler, la conséquence sur le plan processuel n'en est pas moins sévère puisque cela conduit à l'irrecevabilité pure et simple du recours sans possibilité de régularisation[9].

523.374 Cour européenne des droits de l'homme (CEDH). Devant la CEDH, l'article 36 du règlement de la cour prévoit que « dans des circonstances exceptionnelles et à tout moment de la procédure, le président de la chambre peut, lorsqu'il considère que les circonstances ou la conduite du conseil le justifient, décider que ce conseil ne peut plus représenter ou assister le requérant et que celui-ci doit chercher un autre représentant »[10].

La CEDH a eu l'occasion de faire une application de cette disposition en interdisant, de manière permanente, à un avocat de représenter ou d'assister des requérants dans le cadre de requêtes pendantes et futures[11]. Et ce, en raison d'un comportement « frauduleux et abusif » lié à la présentation de documents présentant des signes évidents de falsification ainsi qu'à l'introduction de requêtes au nom de requérants décédés[12]. La Cour a demandé au gouvernement d'informer le barreau dont relève l'avocat de sa décision.

523.375 Cour pénale internationale (CPI). Devant la Cour pénale internationale (CPI)[13] le pouvoir disciplinaire sur les avocats inscrits devant la Cour est organisé par le code de conduite professionnelle des conseils (CCPC)[14] qui prévoit une procédure disciplinaire autonome applicable « sans préjudice des pouvoirs disciplinaires dévolus à toute autre autorité du type conseil de discipline à laquelle pourrait être assujetti le conseil soumis aux dispositions dudit code »[15].

La fonction de conseil de discipline est exercée par un comité de discipline, composé de deux membres élus pour quatre ans par les conseils auprès de la CPI et d'un membre *ad hoc* désigné par le bâtonnier dont relève l'avocat mis en cause[16]. Ses décisions sont susceptibles d'appel devant un comité disciplinaire d'appel composé de trois juges de la CPI, dont l'un qui préside, et de deux membres élus pour quatre ans par les conseils auprès de la CPI[17]. La fonction d'autorité de poursuite est exercée par un commissaire, nommé pour quatre ans par le président de la CPI, et chargé d'établir un rapport d'enquête soumis au conseil de discipline[18].

Il est prévu que le comité de discipline peut considérer que la procédure est close eu égard à une décision de sanction disciplinaire prise par une

1. CJUE, Règlement de procédure, art. 19 – TPUE, Règlement de procédure, art. 51.
2. V. s[s] n°s 231.10 s.
3. CJUE 20 févr. 2008, *Comunidad Autónoma de Valencia c/ Commission*, C-363/06 P.
4. CJUE 6 sept. 2012, *Prezes Urzedu Komunikacji Elektronicznej c/Commission*, aff. C-422/11 P, C-423/11 P.
5. V. s[s] n°s 323.21 s.
6. V. s[s] n°s 441.31 s.
7. CJUE 6 sept. 2011, *ClientEarth c/Conseil*, aff. T-452/1, – CJUE 6 sept. 2012, *Prezes Urzedu Komunikacji Elektronicznej c/Commission*, aff. C-422/11 P et C-423/11 P – CJUE 5 sept. 2013, *ClientEarth c/Conseil*, aff. C-573/11 P – CJUE 18 nov. 2014, *Justice & Environment c/Commission*, aff. T-221/14 – CJUE 20 nov. 2017, *BikeWorld c/Commission*, aff. T-702/15 – CJUE 4 févr. 2020, *Uniwersytet Wrocławski c/REA*, aff. C-515/17 P, C-561/17 P, *Gaz. Pal.* 12 mai 2020, p. 25, note D. Piau ; *Gaz. Pal.* 2 juin 2020, p. 38, obs. B. de Belval ; *Gaz. Pal.* 2 juin 2020, p. 39, obs. A. Lizop ; *D. 2021. 109*, obs Th. Wickers.
8. D. Piau, « Indépendance, j'écris ton nom... », *Gaz. Pal.* 12 mai 2020, p. 25.
9. V. s[s] n° 471.55.
10. CEDH, règl., art. 36, 4, b).
11. CEDH, décis. 433 (2018), 12 déc. 2018, *Nataliya Yevgenivna Tselovalnichenko ; D. actu.* 17 janv. 2019, note G. Deharo.
12. CEDH, décision 433 (2018), 12 déc. 2018, *Nataliya Yevgenivna Tselovalnichenko*.
13. P. Vanderveeren, « Déontologie et discipline à la Cour pénale internationale », *Mél. G.-A. Dal*, Larcier, Bruxelles, 2014, p. 889 s.
14. Résolution ICC-ASP/4/Res. 1 de l'Assemblée des États parties du 2 décembre 2005.
15. CCPC, art. 30.
16. CCPC, art. 36.
17. CCPC, art. 44.
18. CCPC, art. 33.

instance disciplinaire nationale à moins qu'il ne considère que « la décision adoptée ne tienne pas suffisamment compte de la plainte pour faute professionnelle »[1].

Dans ce cas, le comité de discipline pourra prononcer une sanction consistant un avertissement pouvant être assorti de recommandations, un blâme public avec inscription au dossier, le paiement d'une amende pouvant s'élever à 30 000 euros, la suspension du droit d'exercer devant la CPI pendant une période n'excédant pas deux ans ou l'interdiction définitive d'exercer devant la CPI avec radiation de la liste des conseils[2].

La faute professionnelle s'entend de tout comportement qui enfreint ou tente d'enfreindre, ou qui aide ou incite sciemment une autre personne, même par l'intermédiaire d'un tiers, à enfreindre ou tenter d'enfreindre, l'une des dispositions du CCPC, du statut ou du règlement de procédure et de preuve et du règlement de la CPI ou du greffe en vigueur lui imposant une importante obligation éthique ou professionnelle. Il en est de même si l'avocat s'abstient de satisfaire à une décision du comité de discipline[3]. Il est prévu que le droit de déposer une plainte contre un conseil pour faute professionnelle se prescrit par cinq ans à compter de la fin du mandat de représentation[4].

On notera que si la faute reprochée à un avocat est de nature à constituer une atteinte à l'administration de la justice, tel que la production d'éléments de preuve faux ou falsifiés en connaissance de cause[5] ou la subornation de témoin[6], l'avocat sera alors jugé devant une chambre pénale de la CPI[7] qui, en cas, de condamnation, pourra imposer une peine d'emprisonnement ne pouvant excéder cinq années ou une amende[8].

SECTION 5
CUMUL DES SANCTIONS DISCIPLINAIRES

523.380 **Plan.** Le cumul, pour les mêmes faits, de sanctions disciplinaires n'est pas admis (§ 1), à la différence d'un cumul d'une sanction disciplinaire avec une sanction pénale à finalité disciplinaire (§ 2).

1. CCPC, art. 35, 5/ a).
2. CCPC, art. 42.
3. CCPC, art. 31.
4. CCPC, art. 35.
5. V. s[s] n°s 453.161 s.
6. V. s[s] n°s 453.151 s.
7. CPI, ch. d'appel, 8 mars 2018, *Le Procureur c/Jean-Pierre Bemba Gombo, Aimé Kilolo Musamba, Jean-Jacques Mangenda Kabongo, Fidèle Babala Wandu et Narcisse Arido*, ICC-01/05-01/13.
8. Statut de Rome de la Cour pénale internationale, art. 70.

§ 1
Cumul des sanctions disciplinaires entre elles

523.391 **Interdiction du cumul des sanctions disciplinaires par une même autorité à propos d'un même fait.** On ne peut pas sanctionner un même comportement répréhensible par deux sanctions cumulées[9], sauf si un texte l'autorise ; l'autorité disciplinaire épuise son pouvoir disciplinaire par la sanction des faits qui lui sont soumis et, en l'absence de nouveaux griefs, ne peut statuer à nouveau.

523.392 **Confusion des sanctions disciplinaires.** Les fautes successives ou distinctes commises par un même avocat peuvent faire l'objet d'une poursuite unique ou de poursuites séparées[10], chacune donnant lieu à une sanction disciplinaire.

Le Conseil d'État estime que la règle de droit pénal de confusion des peines n'ayant pas d'application en matière disciplinaire, on peut prononcer deux sanctions disciplinaires, la seconde ne prenant effet qu'à l'expiration de la première[11].

La Cour de cassation a toutefois admis le principe de la confusion des sanctions disciplinaires dès lors qu'elles sont de même nature[12]. C'est ainsi que dans une affaire où un avocat avait fait l'objet d'une radiation pour des faits commis pendant une interdiction temporaire, après avoir rappelé que la sanction d'interdiction temporaire ne prive pas celui qui en est frappé de sa qualité d'avocat lequel demeure soumis, pour la durée de cette sanction, à la déontologie et à la discipline de sa profession[13], la Cour de cassation approuve le rejet de la demande de confusion des sanctions disciplinaires présentée, au motif que la juridiction disciplinaire dispose en principe de la faculté d'ordonner la confusion de sanctions disciplinaires de même nature prononcées successivement. Ainsi, la cour d'appel a souverainement estimé que les derniers faits poursuivis, en raison de leur gravité et de leur persistance, justifiaient la sanction de la radiation et que les sanctions d'interdiction temporaire et de radiation, de nature et de gravité différentes, ne sont pas susceptibles de confusion[14].

9. J. Pralus Dupuy, « Cumul et non-cumul des sanctions en droit disciplinaire », *D.* 1993. 135.
10. V. s[s] n° 523.35.
11. CE 7 déc. 1984, *Dr Subrini*, req. n° 41743, *Lebon*.
12. Civ. 1re, 10 juin 1987, n° 85-14.741, P I, n° 185 – Civ. 1re, 10 juin 1987, n° 85-14.831, P I, n° 186 ; *Gaz. Pal.* 1987. 2. 511, note A. Damien.
13. V. s[s] n°s 523.101 s.
14. Civ. 1re, 4 janv. 2005, n° 03-16.282, P I, n° 1 ; *D.* 2005. 166.

§ 2
Cumul d'une sanction disciplinaire et d'une sanction pénale à finalité disciplinaire

523.400 **Plan.** La sanction pénale à finalité disciplinaire s'ajoute, en principe, à la sanction disciplinaire prononcée pour les mêmes faits en application du principe du cumul (A) ce qui ne manque pas de poser la question des limites à un tel cumul eu égard au principe *ne bis in idem* (B).

A.
Principe du cumul

523.411 **Cumul d'une sanction disciplinaire et d'une sanction pénale à finalité disciplinaire.** La Cour de cassation a eu l'occasion de préciser que la peine d'interdiction d'exercice de la profession[1], et la sanction disciplinaire d'interdiction temporaire[2], sont de nature différente et doivent être exécutées successivement. La peine prononcée par le juge pénal s'ajoute donc à la sanction disciplinaire prononcée pour les mêmes faits.

Une sanction disciplinaire d'un an d'interdiction temporaire doit donc s'exécuter à compter de la date à laquelle l'exécution de la peine prononcée par le juge pénal a pris fin[3]. Aucune confusion[4] ne saurait dès lors être ordonnée entre la peine prononcée par le juge pénal et la sanction disciplinaire qui doivent être exécutées successivement[5].

523.412 **Sanction disciplinaire et sanction pénale.** Les circonstances que les mêmes faits puissent être poursuivis simultanément par la juridiction pénale et par la juridiction disciplinaire et être sanctionnés par chacune de ces juridictions ne violent pas le principe *non bis in idem* et ne sont en rien contraire à la Conv. EDH, et au Pacte des Nations unies relatif au droit civil[6] ni aux dispositions de l'article 4-1 du protocole n° 7 additionnel à la Conv. EDH, dès lors que, selon les réserves formulées par la France en marge de ce protocole[7], l'interdiction d'une double condamnation en raison des mêmes faits ne s'applique qu'aux infractions relevant des tribunaux statuant en matière pénale et ne fait pas obstacle au prononcé de mesures disciplinaires parallèlement aux sanctions pénales[8]. Tout comme le moyen, qui conteste la mesure d'interdiction d'exercer la profession d'avocat infligée au prévenu au seul motif qu'une sanction disciplinaire pourrait être prononcée, pour les mêmes faits, par le conseil de discipline, est inopérant[9].

Ainsi, non seulement les fautes disciplinaires et pénales sont dissociables[10] mais encore les mêmes faits peuvent conduire à un cumul de sanctions disciplinaires et pénales. La jurisprudence a ainsi admis, de longue date, qu'un avocat condamné pénalement d'une peine complémentaire d'interdiction d'exercer l'activité d'avocat puisse faire l'objet d'une sanction disciplinaire distincte, y compris une interdiction temporaire[11].

523.413 **Autres professions.** Les mêmes principes régissent les autres professions réglementées. C'est ainsi que dans une affaire où la chambre disciplinaire nationale de l'ordre des médecins, saisie des mêmes faits, avait, par une décision définitive, rejeté la plainte visant le médecin poursuivi, celui-ci déclaré par le juge pénal coupable d'abus de faiblesse fut condamné à la peine d'un an d'emprisonnement avec sursis, et une interdiction d'exercer son activité de psychiatre, quel qu'en soit le lieu, pendant un an[12].

De plus, la Cour de cassation a récemment eu l'occasion de rappeler, s'agissant des notaires, que « la peine complémentaire d'interdiction d'exercer une fonction publique ou une activité professionnelle ou sociale prévue en matière pénale et la sanction disciplinaire de destitution susceptibles de frapper un notaire sont de nature différente »[13], validant ainsi un tel cumul.

Il en est de même en matière de discipline pénitentiaire où une sanction disciplinaire peut être prononcée parallèlement à des sanctions pénales, en

1. V. s^{s} n°s 523.351 s.
2. V. s^{s} n°s 523.80 s.
3. Civ. 1re, 17 mai 1988, n° 86-15.067, P I, n° 145 ; *D.* 1991. 302, note A. Brunois ; *D.* 1988. 153 ; *Gaz. Pal.* 1989. II. 491, note G. Flécheux ; *Gaz. Pal.* 1988. Pan. 164 – Civ. 1re, 9 avr. 2015, n° 14-50.012, P I, n° 82 ; *D.* 2015. 1192, note O. Décima ; *D.* 2015. 1187, avis J.-P. Sudre ; *D.* 2015. 2465, obs. G. Roujou de Boubée, T. Garé, C. Ginestet, M.-H. Gozzi et S. Mirabail.
4. V. s^{s} n° 523.392.
5. Paris, pôle 2, ch. 1, 10 déc. 2009, RG n° 09/12162.
6. Civ. 1re, 2 avr. 1997, *n° 95-13.599, P I, n° 115* ; *D.* 1997. 108 ; *Gaz. Pal.* 13 nov. 1997, 11 ; *Gaz. Pal.* 1997. Pan. 259 ; *Gaz. Pal.* 1999. Somm. 519, note E. du Rusquec ; *JCP* 1997. IV. 1119.
7. S. Détraz, « *Non bis in idem* : Convention européenne et réserve française », *D.* 2017. 2130.
8. Crim. 7 sept. 2004, n° 04-80.010, P n° 200 ; *D.* 2004. 2691 ; *RSC* 2005. 69, obs. E. Fortis.
9. Crim. 25 mars 2015, n° 14-80.428, NP.
10. V. s^{s} n°s 312.81 s.
11. Civ. 1re, 17 mai 1988, n° 86-15.067, P I, n° 145 ; *D.* 1991. 302, note A. Brunois ; *Gaz. Pal.* 1989. 2. p. 491, note G. Flécheux – CD Paris, 4 nov. 2003, n° 97.5084 – CD Paris, 24 nov. 2005, n°s 23.7112, 24.3078.
12. Crim. 19 févr. 2014, n° 12-87.558, NP ; *D.* 2014. 2423, obs. G. Roujou de Boubée, T. Garé, M.-H. Gozzi, S. Mirabail et C. Ginestet.
13. Civ. 1re, 9 avr. 2015, n° 14-50.012, P I, n° 82 ; *D.* 2015. 1187, avis J.-P. Sudre, note O. Décima ; *D.* 2015. 1192, note O. Décima ; *D.* 2015. 2465, obs. G. Roujou de Boubée, T. Garé, C. Ginestet, M.-H. Gozzi et S. Mirabail – Civ. 1re 11 avr. 2019, n° 19-40.006, NP ; *JCP* 2019. 453, obs. J.-M. Brigant.

l'occurrence du chef d'outrage à une personne dépositaire de l'autorité publique[1]. Le même raisonnement a également été appliqué s'agissant des prérogatives disciplinaires de l'AMF[2].

B. Limite au cumul

523.421 Hostilité du droit de l'Union européenne. La difficulté est venue du droit de l'Union européenne qui a connu une évolution aux termes de laquelle après avoir circonscrit le principe *ne bis in idem* au cumul de poursuites fondées sur la même infraction[3], puis au cumul de poursuites fondées sur des infractions présentant les mêmes éléments essentiels[4], il a clairement affirmé que le principe *ne bis in idem* faisait obstacle à ce que de « nouvelles poursuites pénales » soient exercées à l'encontre d'une personne qui avait été définitivement jugée, en raison de son comportement frauduleux sur les marchés financiers, au motif que ces faits « étaient en substance les mêmes que ceux ayant fait l'objet de la condamnation définitive »[5].

Ainsi la CEDH, comme la CJUE[6], estiment que le principe *ne bis in idem* s'oppose au cumul de poursuites dès lors que les deux poursuites sont de « nature pénale » au sens des critères Engel[7], ce qui englobe, en principe, les « poursuites » administratives visant au prononcé d'une sanction. Il n'est fait exception à cette interdiction de cumul de poursuites pénale et administrative que lorsqu'« il existe entre les procédures un lien matériel conduisant à ce que les conclusions de l'une entraînent des conséquences directes sur les possibles issues de la seconde »[8].

Pour autant, la jurisprudence européenne n'interdit pas le cumul d'infractions à l'occasion de la même poursuite, mais seulement le cumul de poursuites pour les mêmes faits, dès lors que les deux poursuites relèvent de la matière pénale, ni que des sanctions de nature différentes soient imposées pour les mêmes faits par deux autorités distinctes lors de procédures différentes dès lors que le lien matériel et temporel existant entre celles-ci est suffisamment étroit pour permettre de les considérer comme s'inscrivant dans un mécanisme de sanction unique[9].

523.422 Limite au cumul. Dans sa décision *EADS*[10], le Conseil constitutionnel a rappelé sa

1. Crim. 10 janv. 2017, n° 15-85.519, P ; *JCP* 2017. 355, n° 2 ; *AJDA* 2017. 446 ; *D.* 2017. 162 ; *D.* 2017. 1274, obs. J.-P. Céré et M. Herzog-Evans ; *D.* 2017. 1676, obs. J. Pradel ; *AJ pénal* 2017. 145, obs. J. Falxa.
2. Crim. 13 sept. 2017, n° 15-84.823, P ; *Gaz. Pal.* 7 nov. 2017, p. 23.
3. CEDH 30 juill. 1998, *Oliveira c/Suisse*, req. n° 25711/94 ; *AJDA* 1998. 984, Chron. J.-F. Flauss ; *RSC* 1999. 384, obs. R. Koering-Joulin.
4. CEDH 29 mai 2001, *Franz Fischer c/Autriche*, req. n° 37950/97.
5. CEDH 4 mars 2014, *Grande Stevens c/Italie*, req. n° 18640/10 ; *D.* 2015. 1506, obs. C. Mascala ; *Rev. sociétés* 2014. 675, note H. Matsopoulou ; *RSC* 2014. 110, obs. F. Stasiak ; *RSC* 2015. 169, obs. J.-P. Marguénaud ; *RTD eur.* 2015. 235, obs. L. d'Ambrosio et D. Vozza – CEDH 10 févr. 2009, *Zolotoukhine c/Russie*, req. n° 14939/03 ; *AJDA* 2009. 872, Chron. J.-F. Flauss ; *D.* 2009. 2014, note J. Pradel ; *RSC* 2009. 675, obs. D. Roets ; *JCP* 2009. 143, obs. F. Sudre – CEDH 27 nov. 2014, *Lucky Dev c/Suède*, req. n° 7356/10 ; *Gaz. Pal.* 31 janv. 2015, p. 17 – CEDH 30 avr. 2015, *Kapetanios a. c/Grèce*, req. n°s 3453/12, 42941/12, 9023/13 ; *Gaz. Pal.* 12 sept. 2015, p. 16, obs. J. Andriantsimbazovina ; *AJ pénal* 2015. 367, obs. C. Mauro – CEDH 9 juin 2016, *Sismanidis et Sitaridis c/Grèce*, req. n°s 66602/09, 71879/12 ; *Gaz. Pal.* 19 juill. 2016, p. 22, obs. J. Andriantsimbazovina.
6. CJUE 26 févr. 2013, *Åkerberg Fransson*, aff. C-617/10 ; *AJDA* 2013. 1154, Chron. M. Aubert, E. Broussy et H. Cassagnabère ; *AJ pénal* 2013. 270, note C. Copain ; *RFDA* 2013. 1231, Chron. C. Mayeur-Carpentier, L. Clément-Wilz et F. Martucci ; *RTD civ.* 2014. 312, obs. L. Usunier ; *RTD eur.* 2013. 267, note D. Ritleng ; *RTD eur.* 2015. 184, obs. F. Benoît-Rohmer ; *RTD eur* 2015. 235, obs. L. d'Ambrosio et D. Vozza – CJUE 20 mars 2018, *Luca Menci,* aff. C-524/15 – CJUE 20 mars 2018, *Garlsson Real a.,* aff. C-537/16 – CJUE 20 mars 2018, *Enzo Di Puma et Antonio Zecca,* aff. C-596/16 et C-597/16.
7. CEDH 8 juin 1976, *Engel c/Pays-Bas,* req. n° 5100/71 ; *RTD eur.* 2015. 235, obs. L. d'Ambrosio et D. Vozza.
8. CEDH 4 oct. 2016, *Rivard c/Suisse*, req. n° 21563/12.
9. CEDH 15 nov. 2016, *A... et B... c/Norvège*, req. n° 24130/11 ; *JCP* 2016. 1290, obs. L. Milano ; *JCP* 2017. 183, note O. Décima ; *Gaz. Pal.* 6 déc. 2016, p. 18, note J.-L. Sauron ; *Gaz. Pal.* 7 mars 2017, p. 31, obs. J. Andriantsimbazovina ; *D.* 2017. 131 – CONTRA : CEDH 18 mai 2017, *Johannesson e. a. c/Islande*, req. n° 22007/11 ; *JCP* 2017. 654, obs. K. Blay-Grabarczyk – CEDH 13 juin 2017, *Simkus c/Lituanie*, req. n° 41788/11 ; – CEDH 16 avril 2019, *Bjarni Ármannsson c/Islande,* req. n° 72098/14 – CEDH 6 juin 2019, *Nodet c/France,* req. n° 47342/14 ; *JCP* 2019. 876, note L. Milano ; *Gaz. Pal.* 2 juill. 2019, p. 35, obs. C. Berlaud ; *D.* 2019. 2322, obs. C. Ginestet ; *RSC* 2019. 383, obs. F. Stasiak.
10. Cons. const. 18 mars 2015, *M. John L. a,* n°s 2014-453/454 QPC, 2015-462 QPC – Cons. const. 14 janv. 2016, *Alain D. a.,* n°s 2015-513/514 QPC ; *D.* 2016. 128 ; *D.* 2016. 931, note O. Décima ; *D.* 2016. 1839, obs. C. Mascala ; *Rev. sociétés* 2016. 246 obs ; E. Dezeuze et G. Pellegrin ; *D.* 2017. 1336, obs. N. Jacquirot – Cons. const. 24 juin 2016, *Alec Wildenstein a.,* n° 2016-545 QPC ; *D.* 2016. 2442, note O. Décima ; *D.* 2016. 1836, obs. C. Mascala ; *D.* 2017. 1337, obs. N. Jacquinot ; *Constitutions* 2016. 361, Décision ; *Constitutions* 2016. 436, Chron. C. Mandon ; *RSC* 2016. 524, obs. S. Detraz – Cons. const. 24 juin 2016, *Jérome Cahuzac,* n° 2016-546 QPC ; *D.* 2016. 1840, obs. C. Mascala ; *JCP* 2016. 847, note M. Collet et P. Collin ; *D.* 2016. 2442, note O. Décima ; *JCP* 2016. 1042, note S. Détraz – Cons. const. 1er juill. 2016, n° 2016-550 QPC ; *AJDA* 2016. 1373 ; *D.* 2016. 1434 ; *Constitutions* 2016. 468, Chron. O. Le Bot ; *Constitutions* 2016. 528, Chron – Cons. const. 29 sept. 2016, n° 2016-570 QPC ; *D.* 2016. 1925 ; *D.* 2017. 1877, obs. C. Mascala ; *Rev. sociétés* 2016. 755, ▶

jurisprudence constante selon laquelle le principe de nécessité des délits et des peines, énoncé à l'article 8 de la Déclaration des droits de l'homme et du citoyen, ne fait pas obstacle à ce que les mêmes faits commis par une même personne puissent faire l'objet de poursuites différentes aux fins de sanctions de nature différente, en application de corps de règles distincts soit devant leur propre ordre de juridiction, soit, désormais, au regard de la gravité des manquements, tout en contrôlant les articles L. 465-1 et L. 621-15 du code monétaire et financier au regard de ce principe avec un quadruple examen, dans la ligne des critères dégagés par la CEDH dans l'arrêt Engel[1] : les deux articles contestés définissaient et qualifiaient de la même manière le manquement, les deux répressions protégeaient les mêmes intérêts sociaux, les faits réprimés devaient être regardés comme susceptibles de faire l'objet de sanctions qui ne sont pas de nature différente, et enfin le prononcé des sanctions relevait du même ordre de juridictions.

523.423 **Application aux avocats.** Toutefois, au moins les trois premiers des quatre critères cumulatifs ne sont pas caractérisés s'agissant du cumul de la sanction pénale d'interdiction d'exercer l'activité d'avocat avec une sanction disciplinaire distincte, y compris une interdiction temporaire, faisant que la décision *EADS* n'a pas vocation à régir la procédure disciplinaire des avocats. En particulier, concernant les intérêts sociaux protégés qui ne sont pas les mêmes qu'il s'agisse d'une sanction pénale[2] ou d'une sanction disciplinaire[3], ce que le Conseil constitutionnel a lui-même clairement admis en considérant que « ce cumul de poursuites peut conduire à un cumul de sanctions prononcées, d'une part, par la cour de discipline budgétaire et financière et, d'autre part, par une juridiction pénale ou une autorité disciplinaire ; que le principe d'un tel cumul des sanctions prononcées par une juridiction disciplinaire spéciale avec celles prononcées par une juridiction pénale ou une autorité disciplinaire n'est pas, en lui-même, contraire au principe de proportionnalité des peines garanti par l'article 8 de la Déclaration de 1789 »[4].

Une cour d'appel a ainsi rejeté la QPC d'un avocat déjà condamné sur le plan pénal à cinq ans d'interdiction d'exercice de la profession d'avocat, visant les dispositions de l'article 53, 2°, de la loi du 31 décembre 1971 en ce qu'elles permettent le cumul de poursuites devant le conseil de discipline et devant les juridictions pénales, considérant que la question posée est dépourvue de caractère sérieux dès lors, selon la cour, « la peine complémentaire d'interdiction d'exercer la profession réglementée d'avocat, prévue en matière pénale et la sanction disciplinaire pouvant être prononcée à l'occasion d'une procédure de ce type qui peut être celle de la radiation, sont de nature différente »[5].

523.424 **Question de la proportionnalité des sanctions.** La seule réserve qui apparaît découler de la jurisprudence du conseil constitutionnel[6] tient au fait que « [...] lorsque plusieurs sanctions prononcées pour un même fait sont susceptibles de se cumuler, le principe de proportionnalité[7] implique qu'en tout état de cause, le montant global des sanctions éventuellement prononcées ne dépasse pas le montant le plus élevé de l'une des sanctions encourues ; qu'il appartient donc aux autorités juridictionnelles et disciplinaires compétentes de veiller au respect de cette exigence et de tenir compte, lorsqu'elles se prononcent, des sanctions de même nature antérieurement infligées [...] »[8].

▶ note H. Matsopoulou ; *Rev. sociétés.* 2016. 770, obs. P. Roussel Galle ; *RSC* 2017. 305, obs. H. Matsopoulou – Cons. const. 30 sept. 2016, n° 2016-572 QPC ; *D.* 2016. 1926 ; *D.* 2016. 2424, obs. G. Roujou de Boubée, T. Garé, C. Ginestet, M.-H. Gozzi, L. Miniato et S. Mirabail ; *D.* 2017. 1336, obs. N. Jacquinot ; *Rev. sociétés* 2017. 99, note H. Matsopoulou ; *Constitutions* 2016. 545, Chron. ; *RSC* 2017. 536, obs. F. Stasiak ; *JCP* 2016. 1315, note J.-H. Robert – Cons. const. 17 mai 2019, n° 2019-783 QPC, *M. Nicolas S..., Cumul de poursuites et de sanctions en cas de dépassement du plafond de dépenses par un candidat à l'élection présidentielle,* CONFORMITÉ, *JO* 18 mai, n° 62 ; *JCP* 2019. 769, note J.-M. Brigant ; *AJDA* 2019. 1078 ; *AJDA* 2019. 1653, note R. Rambaud ; *D.* 2019. 1051 ; *RFDA* 2019. 763, Chron. A. Roblot-Troizier ; *Constitutions* 2019. 303, décision ; *Constitutions* 2019. 501, Chron. O. Desaulnay – Cons. const. 7 oct. 2021, n° 2021-937 QPC *Société Deliveroo* [Cumul des poursuites pour l'infraction de travail dissimulé] Conformité.

1. CEDH 8 juin 1976, *Engel c/Pays-Bas,* req. n° 5100/71 ; *RTD eur.* 2015. 235, obs. L. d'Ambrosio et D. Vozza.
2. E. Dreyer, « L'objet de la sanction pénale », *D.* 2016. 2583.
3. CEDH 3 nov. 2005, *Tabet c/France,* req. n° 12922/03, – CEDH 31 janv. 2012, *Durand c/France,* req. n° 10212/07.
4. Cons. const. 24 oct. 2014, *Stéphane R. a.,* n° 2014-423 QPC, *JO* 26 oct., p. 17776 ; *AJDA* 2014. 2097 ; *D.* 2014. 2116 ; *D.* 2015. 2465, obs. G. Roujou de Boubée, T. Garé, C. Ginestet, M.-H. Gozzi et S. Mirabail ; *Constitutions* 2014. 492, Chron. O. Le Bot.
5. Paris, pôle 2, ch. 1, 8 déc. 2016, RG n° 10/15061 ; – DANS LA MÊME AFFAIRE : Paris, pôle 2, ch. 1re, 11 mai 2017, RG n° 16/15061 ; – Crim. 13 oct. 2015, n° 14-83.354, NP.
6. Cons. const. 28 juill. 1989, *Loi relative à la sécurité et à la transparence du marché financier,* n° 89-260 DC, *JO* 1er août, p. 9676 – Cons. const. 17 janv. 2013, n° 2012-289 QPC, *JO* 18 janv., p. 129 ; *Dr. et patr.* 2013, 97, obs. S. Vanuxem ; *AJDA* 2013. 147 ; *D.* 2013. 182 ; *Dr. soc.* 2013. 362, Chron. G. Dumortier, P. Florès, A. Lallet et Y. Struillou.
7. V. ss n° 523.31.
8. Cons. const. 24 oct. 2014, *Stéphane R. a.,* n° 2014-423 QPC, *JO* 26 oct., p. 17776 ; *AJDA* 2014. 2097 ; *D.* 2014. 2116 ; *D.* 2015. 2465, obs. G. Roujou de Boubée, T. Garé, C. Ginestet, M.-H. Gozzi et S. Mirabail ; *Constitutions* 2014. 492, Chron. O. Le Bot – Cons. const. 30 mars ▶

523.425 **Proportionnalité – Jurisprudence administrative.** Le Conseil d'État, qui considère que les sanctions disciplinaires sont de nature civile[1], a été amené à considérer que « s'il découle du principe de l'indépendance des poursuites pénales et disciplinaires que des sanctions pénales et disciplinaires peuvent se cumuler à raison des mêmes faits, le principe de proportionnalité implique toutefois, dans le cas où une interdiction temporaire d'exercice » serait prononcée tant par le juge pénal que par le juge disciplinaire, « que la durée cumulée d'exécution des interdictions prononcées n'excède pas le maximum légal le plus élevé ». Parce que la durée totale de la période d'interdiction résultant des décisions des juges pénal et disciplinaire excédait, en l'espèce, le maximum légal de cinq ans, le Conseil d'État annula la décision contestée en tant qu'elle fixait la période d'interdiction temporaire d'exercice sans prendre en compte celle résultant de la décision du juge pénal[2].

Le Conseil d'État a également pu considérer, s'agissant de la chambre disciplinaire nationale de l'ordre des masseurs-kinésithérapeutes, que les poursuites disciplinaires visent à faire respecter les principes de moralité et de probité indispensables à l'exercice de la profession de santé concernée ainsi qu'à assurer la défense de l'honneur de cette profession, alors que le contentieux du contrôle technique s'attache à rechercher et à redresser tout abus commis par un professionnel de santé au préjudice de la sécurité sociale, afin notamment d'en protéger les intérêts financiers, et que la répression du délit d'escroquerie visa à protéger la société dans son ensemble des personnes usant de tromperie. Ce faisant, les poursuites devant les juridictions pénales, disciplinaires et du contrôle technique visant à réprimer les mêmes faits ne protègent pas les mêmes intérêts sociaux. Il précise toutefois qu'il appartient, le cas échéant, aux juridictions ordinales de tenir compte d'une interdiction professionnelle prononcée à titre de peine complémentaire par le juge pénal, et réciproquement, afin d'assurer le respect de la règle selon laquelle le montant global des sanctions éventuellement prononcées ne doit pas dépasser le montant le plus élevé de l'une des sanctions encourues, et ce afin de respecter le principe de proportionnalité[3].

La jurisprudence administrative admet ainsi que des sanctions de même finalité punitive et d'inspiration commune puissent s'ajouter (cumul plafonné) si cela apparaît nécessaire à la répression du fait de leur complémentarité pour les mêmes faits.

523.426 **Proportionnalité – Jurisprudence judiciaire.** La chambre criminelle de la Cour de cassation a rappelé que le principe de non-cumul des peines n'est pas applicable au cas de cumul entre une peine pénale prononcée par le juge pénal et une sanction disciplinaire prononcée pour les mêmes faits, mais que le principe de proportionnalité implique, seulement que le montant global des sanctions éventuellement prononcées ne dépasse pas le montant maximum de la sanction la plus élevée encourue[4].

La première chambre civile s'y refuse et a affirmé, pour sa part, s'agissant des notaires, que le principe de proportionnalité posé par l'article 8 de la Déclaration des droits de l'homme et du citoyen s'adresse au législateur, laissant le choix aux juridictions disciplinaires, dans l'exercice de leurs pouvoirs souverains d'appréciation, de prononcer l'une des sanctions prévues par la loi[5], puis a repris ce même principe s'agissant d'un avocat en considérant que le principe de proportionnalité posé par l'article 8 de la Déclaration des droits de l'homme et du citoyen s'adresse au législateur, en sorte que la cour d'appel avait le choix, dans l'exercice de son pouvoir souverain d'appréciation, de prononcer l'une des sanctions prévues par l'article 184 du décret du 27 novembre 1991 et qu'il résulte tant de l'article 7 de la Conv. EDH que de l'article 15-1 du Pacte international de New York sur les droits civils, que ces textes s'appliquent en matière pénale mais non en matière disciplinaire[6].

523.427 **Divergence de jurisprudence.** Cette divergence de jurisprudence, notamment entre la première chambre civile de la Cour de cassation et le Conseil d'État, s'agissant de la matière disciplinaire, n'est pas unique, et peut conduire à s'interroger sur le fait de savoir si, à partir du moment où la règle du cumul plafonné est admise, l'exception de confusion des peines posée à l'article 132-4 du code pénal pourrait l'être également[7], de sorte que l'avocat

► 2017, n° 2016-621 QPC, *Clos Teddi (S^te) a., Cumul des poursuites pénales et administratives en cas d'emploi illégal d'un travailleur étranger,* CONFORMITÉ, *JO* 1er avr., n° 104 ; *D.* 2017. 765 ; *D.* 2018. 1353, obs. E. Debaets et N. Jacquinot ; *Constitutions* 2017. 296, Chron. C. Pouly ; *RSC* 2017. 325, obs. A. Cerf-Hollender.

1. CE 25 févr. 2015, n° 361995, *Lebon.*
2. CE 21 juin 2013, req. n° 345500, *Lebon ; AJDA* 2013. 1303 ; *AJDA.* 2209, note L. Seurot.
3. CE 18 mars 2019, req. n° 424610, *Lebon T ; AJDA* 2019. 1549 ; *Gaz. Pal.* 2 avr. 2019, p. 44, obs. Ph. Graveleau – V. s^s n° 523.31.
4. Crim. 19 juin 2013, n° 12-87.558 QPC, NP ; *Dr. et patr.* 2013. 97, obs. S. Vanuxem – E. Dezeuze, « La proportionnalité des sanctions administratives en matière économique et financière », *Gaz. Pal.* 24 oct. 2017, p. 82.
5. Civ. 1re, 27 mars 2001, n° 98-18.770, P I, n° 84 ; *D.* 2001. 1516.
6. Civ. 1re, 18 mai 2004, n° 02-10.437, NP.
7. V. s^s n° 523.392.

condamné pour les mêmes faits à plusieurs mois d'interdiction d'exercice par les juges pénal et disciplinaire pourrait solliciter la confusion des peines.

En réalité, ce point concerne essentiellement les sanctions financières[1], dont les amendes procédurales semblent être exclues[2]. S'agissant des interdictions d'exercice[3], limitées à 3 ans en matière disciplinaire mais avec sanction distincte de la radiation, et à 5, 10 ans ou définitive en matière pénale suivant les infractions concernées, à supposer que la question puisse se poser s'agissant des cumuls temporels[4], il appartient alors aux juridictions disciplinaires de recourir à la sanction de la radiation.

Pour autant, le débat est loin d'être clos et révèle, à sa manière, une certaine incohérence de l'édifice répressif qui mériterait d'être rationalisé[5].

SECTION 6
GRÂCE ET AMNISTIE DES SANCTIONS DISCIPLINAIRES

523.430 **Plan.** Le recours en grâce à l'encontre d'une sanction disciplinaire apparaît hypothétique (§ 1) tandis que l'amnistie produit des effets limités en cas de manquements à l'honneur ou à la probité (§ 2).

§ 1
Grâce

523.441 **Le recours en grâce est-il possible en matière de sanction disciplinaire ?** *A priori*, on pourrait le penser, le président de la République ayant, lui seul, tout pouvoir en cette matière, ce droit de grâce ne pouvant à l'évidence appartenir au conseil de l'Ordre ou au bâtonnier dessaisi de tout pouvoir une fois la sanction infligée ; mais la doctrine conteste ce droit au chef de l'État.

Jacques Monteil écrit[6] : « Le droit de grâce ne s'étend pas aux mesures prises par les chambres ou conseil de discipline contre ceux des membres de la corporation qui ont enfreint les règles professionnelles. Seule la juridiction corporative peut relever l'un de ses justiciables des sanctions prononcées par elle-même. Si un tribunal ou une cour de l'Ordre judiciaire statue en appel de la décision corporative, le jugement ou l'arrêt ne change pas la nature de la sanction. Les sanctions prises en matière administrative, soit par les organismes de discipline, soit par le ministre, ne sont pas rémissibles par voie de grâce. »

Mais si le chef de l'État prononçait une grâce, quelle autorité pourrait s'opposer à donner efficacité à cette mesure ? Ajoutons que le droit de grâce constituant une prérogative régalienne du chef de l'État et faisant partie de la catégorie des actes de gouvernement, il échappe à tout contrôle juridictionnel.

523.442 **Amnistie accordée par mesure individuelle.** À cette grâce doit être assimilée, d'après la Cour de cassation, l'amnistie accordée par mesure individuelle du président de la République.

La mesure d'amnistie individuelle dont aurait bénéficié un avocat fait donc perdre toute qualification disciplinaire aux manquements aux règles de probité, d'honneur et de délicatesse qui lui avaient valu d'être radié du barreau et ces faits ne peuvent lui être opposés pour mettre obstacle à sa demande de réinscription au tableau, seul pouvant être pris en considération, par le conseil de l'Ordre, pour apprécier s'il remplit les conditions d'accès à la profession d'avocat, son comportement postérieur à la cessation de son activité d'avocat[7].

§ 2
Amnistie

523.451 **Amnistie et sanction disciplinaire.** Les lois d'amnistie promulguées à la suite d'élections présidentielles ont exclu du bénéfice de l'amnistie les condamnations disciplinaires prononcées pour sanctionner des faits constituant des manquements à l'honneur et/ou à la probité[8].

En outre, si ces mêmes faits ont donné lieu à une condamnation pénale, l'amnistie des sanctions disciplinaires est subordonnée à l'amnistie de la condamnation pénale.

Depuis 2002, plus aucune loi d'amnistie n'a été prise, ainsi la question a quelque peu perdu de son

1. EN CE SENS, s'agissant de la discipline des médecins : CEDH 29 sept. 2020, *B. Faller et M. Steinmetz c/France ; D. actu.* 9 nov. 2020, note S. Fucini.
2. CEDH 22 déc. 2020 *Gestur Jonsson et Ragnar Halldor Hall c/Islande*, req. n°s 68273/14, 68271/14.
3. V. s^{s} n°s 523.80 s.
4. *CONTRA*, S'AGISSANT de la discipline des médecins : CEDH 29 sept. 2020, *B. Faller et M. Steinmetz c/France ; D. actu.* 9 nov. 2020, note S. Fucini.
5. A.-V. Le Fur, « La rationalisation des sanctions, une exigence démocratique en faveur de leur efficacité », *D.* 2016. 1091 – A.-V. Le Fur et D. Schmidt, « Le traitement du cumul des sanctions administratives et pénales en droit interne : entre incohérences et insécurité juridique », *D.* 2016. 2126.
6. RÉP. PÉN., M.-H. Renaut, *V° Grâce*, n°s 24 et 25.
7. Civ. 1re, 25 oct. 1989, n° 87-11.618, P I, n° 327 – Civ. 1re, 25 oct. 1989, n° 87-14.290, P I, n° 328 ; *D.* 1989. 281 ; *Gaz. Pal.* 1990. Pan. 3 – SUR LES EFFETS : C. pr. pén., art. 775-1 – SUR LES CONDAMNATIONS : CE 25 juill. 1980, *Tusseau*, req. n° 15363, *Lebon ; D.* 1981. 8, concl. J.-M. Galabert.
8. V. s^{s} n° 312.63.

intérêt sans qu'il ne soit exclu, à l'avenir, qu'une loi intervienne en la matière.

523.452 Réinscription suite à une loi d'amnistie. Lorsque la loi d'amnistie prévoit son bénéfice aux faits qui ont entraîné des sanctions disciplinaires contre des avocats, cela n'entraîne pas, pour autant, la réinscription automatique de l'avocat[1]. Celle-ci doit être demandée, et le conseil de l'Ordre a la possibilité d'apprécier[2] si les faits amnistiés constituent des manquements à la probité[3] ou à l'honneur[4] et dans ce cas, il devra écarter la demande.

Traditionnellement, dans l'hypothèse où un avocat amnistié était réinscrit au tableau, il ne pouvait prendre rang que du jour de la nouvelle décision qui l'inscrivait au tableau. Cette solution traditionnelle n'a plus court depuis que la loi du 31 décembre 1971 et le décret du 27 novembre 1991[5] sont venus déterminer légalement le rang des avocats au tableau. Il convient désormais de la réinscrire à son rang d'origine.

523.453 Appréciation de faits contraires à l'honneur ou à la probité. L'appréciation en la matière relève de la compétence exclusive du conseil de l'Ordre saisit d'une demande de réinscription[6]. Le bâtonnier qui n'a pas le pouvoir d'apprécier si les faits ayant donné lieu aux sanctions disciplinaires prononcées constituent ou non des manquements à la probité ou à l'honneur, ne peut pas prendre l'initiative de reconnaître de sa propre autorité le bénéfice de l'amnistie[7].

La Cour de cassation ne peut, pas plus, connaître de la demande d'application de la loi d'amnistie formée par un avocat condamné à une sanction disciplinaire. En effet, l'appréciation du caractère des manquements reprochés (manquements à la probité ou à l'honneur) nécessite des constatations de faits auxquels seuls les juges du fond peuvent procéder[8]. De même, le fait pour une cour d'appel d'avoir infirmé une décision d'un conseil de discipline, en tenant compte des mobiles de l'avocat poursuivi, ne suffit pas à le faire bénéficier de la loi d'amnistie, cette motivation ayant seulement pour but d'expliquer la réduction de la sanction ; les faits demeurant contraires à l'honneur, la loi d'amnistie du 20 juillet 1988[9] ne peut bénéficier à l'avocat[10].

En tout état de cause, et compte tenu parfois de l'ancienneté des faits, et même si le conseil de l'Ordre conserve sa pleine appréciation en la matière, il est nécessaire que le conseil de discipline veille, lorsqu'il prononce une sanction disciplinaire, à mentionner dans sa décision si les faits fondant la sanction lui apparaissent comme étant contraires à l'honneur ou à la probité.

523.454 Effets de l'amnistie. L'amnistie efface seulement les conséquences juridiques de la mesure disciplinaire prononcée contre un avocat - en l'espèce une radiation - et non pas ses conséquences matérielles.

Ainsi elle ne saurait permettre à l'avocat réinscrit au barreau après radiation et amnistie de percevoir rétroactivement des avantages auxquels il ne pouvait prétendre au moment où ils auraient dû être perçus[11].

1. Paris, 28 janv. 1987, *Gaz. Pal.* 1987. I. 207 – Saint-Denis, 16 déc. 1991, *Gaz. Pal.* 11 avr. 1992, 6, note A. Damien.
2. V. s^s^ n°s 221.00 s.
3. V. s^s^ n°s 324.16 s.
4. V. s^s^ n°s 331.18 s.
5. Décr. n° 91-1197, 27 nov. 1991, art. 96.
6. V. s^s^ n°s 224.00 s.
7. Nancy, 16 nov. 1989, *Gaz. Pal.* 28 avr. 1990, 16 – SUR LES EFFETS de l'article 775-I du code de procédure pénale : CE 25 juill. 1980, *Tusseau*, req. n° 15363, *Lebon ; D.* 1981. 8, concl. J.-M. Galabert.
8. Civ. 1re, 22 nov. 1988, n° 87-11.274, P I, n° 325 ; *D.* 1988. 290.
9. L. n° 88-828, 20 juill. 1988 portant amnistie, *JO* 21 juill. p. 9429, art. 14.
10. Paris, 22 févr. 1989, *Gaz. Pal.* 1989. I, jur. p. 617.
11. Paris, 7 déc. 1989, *D.* 1990. 22 – B. Mercadal, « L'amnistie des interdictions professionnelles », *D.* 1993. 141.

LIVRE

6. LES ACTIVITÉS PROFESSIONNELLES DE L'AVOCAT

SECTION 0
ORIENTEUR

6.00 Sommaire du livre.

Division. Les activités professionnelles de l'avocat profitent en principe d'une réserve d'activités protégée (titre 61) dans le domaine des activités contentieuses (titre 62) et juridiques (titre 63), qui fait toutefois l'objet de nombreuses dérogations. L'avocat peut également exercer certaines activités particulières dans le cadre de mandats spéciaux (titre 64).

6.03 Bibliographie indicative.

* Aussi : v. s[s] n° 013.00 s.

Encyclopédies. *J.-Cl. Civ. Annexes, v° Avocat*, fasc. 30 : avocats – Obligations et prérogatives II. – Prérogatives et devoirs professionnels de l'avocat, 2015 – *J.-Cl. Civ. Code*, art. 11, fasc. 20 : Condition des étrangers en France – Droits professionnels – Professions libérales I. – Professions judiciaires et juridiques, 2014.

Monographies. Y. Avril, *Responsabilité des avocats*, 4e éd., « Dalloz Référence », 2021 – J.-M. Braunschweig, J. Demaison, *Profession d'avocat : le guide*, 4e éd., Wolters Kluwer, 2017 – O. Favereau, *Les avocats, entre ordre professionnel et ordre marchand*, Gazette du Palais – Lextenso, 2010 – R. Martin, *Déontologie de l'avocat*, 11e éd., « Droit et professionnels », LexisNexis, 2013.

Format réduit. J.-J. Taisne, *La déontologie de l'avocat*, 11e éd., « Connaissance du droit », Dalloz, 2019.

TITRE

61. Le domaine d'activité de l'avocat

SECTION 0
ORIENTEUR

61.00 **Sommaire du titre.**

Division. Auxiliaire de justice, l'avocat voit son domaine d'activité défini par les textes (chap. 611) et légalement protégé (chap. 612). Les ressortissants de l'Union européenne disposent sur le fondement de la reconnaissance des qualifications professionnelles d'un nouvel accès partiel à l'activité d'avocat (chap. 613).

61.03 **Bibliographie indicative.**

* Aussi : v. s^{s} n° 6.03.

Encyclopédies. *J.-Cl. Civ. Annexes, v° Avocat*, fasc. 30 : avocats – Obligations et prérogatives II. – Prérogatives et devoirs professionnels de l'avocat, 2015 – *J.-Cl. Civ. Code*, art. 11, fasc. 20 : Condition des étrangers en France – Droits professionnels – Professions libérales I. – Professions judiciaires et juridiques, 2014.

Monographies. Y. Avril, *Responsabilité des avocats*, 4e éd., « Dalloz Référence », 2021 – J.-M. Braunschweig, J. Demaison, *Profession d'avocat : le guide*, 4e éd., Wolters Kluwer, 2017 – O. Favereau, *Les avocats, entre ordre professionnel et ordre marchand*, Gazette du Palais – Lextenso, 2010 – R. Martin, *Déontologie de l'avocat*, 11e éd., « Droit et professionnels », LexisNexis, 2013.

Format réduit. J.-J. Taisne, *La déontologie de l'avocat*, 11e éd., « Connaissance du droit », Dalloz, 2019.

CHAPITRE

611. Définition du domaine d'activité de l'avocat

SECTION 0 ORIENTEUR

611.00 Sommaire du chapitre.

Division. Le « monopole » judiciaire de l'avocat (sect. 1) s'articule autour de la réglementation de l'exercice du droit (sect. 2) et du mandat *ad litem* de l'avocat (sect. 3).

611.01 Textes applicables.

TEXTES TITRÉS

> Activités judiciaires

• **L. n° 71-1130, 31 déc. 1971**

art. 3 [Auxiliaire de justice]

art. 4 [Monopole judiciaire de l'avocat]

art. 6, al. 1er [Assistance devant les administrations publiques]

art. 6 *bis* [Missions de justice]

• **C. pr. civ.**

art. 411 [Mandat de représentation en justice]

art. 412 [Mission d'assistance]

art. 413 [Portée du mandat]

art. 414 [Représentation des parties]

art. 415 [Déclaration au greffe]

art. 416 [Mandat ad litem]

art. 417 [Pouvoir spécial]

art. 418 [Révocation]

art. 419 [Remplacement]

art. 420 [Durée du mandat]

• **Décr. n° 2005-790, 12 juill. 2005**

art. 6 [Désignation et commission d'office]

• **RIN**

art. 6.1 [Mission générale]

art. 6.2 [Mandats]

> Activités juridiques

• **L. n° 71-1130, 31 déc. 1971**

art. 54 [Conditions pour délivrer une consultation juridique et rédiger des actes sous seing privé]

art. 55 [Assurance obligatoire – garantie financière – secret professionnel]

art. 56 [Personnes pouvant donner des consultations juridiques et rédiger des actes sous seing privé]

art. 57 [Autres personnes pouvant donner des consultations juridiques]

art. 58 [Juristes d'entreprise]

art. 59 [Personnes exerçant une activité professionnelle réglementée]

art. 60 [Personnes exerçant une activité professionnelle non réglementée]

art. 61 [Organismes chargés d'une mission de service public]

art. 62 [Abrogé]

art. 63 [Associations reconnues d'utilité publique, les fondations reconnues d'utilité publique, certaines associations]

art. 64 [Syndicats et associations professionnels]

art. 65 [Organisations professionnelles ou interprofessionnelles]

art. 66 [Organes de presse ou de communication audiovisuelle]

art. 66-1 [Diffusion d'informations à caractère documentaire]

art. 66-2 [Sanctions]

art. 66-3 [Constitution de partie civile des organismes chargés de représenter les professions]

art. 66-3-1 [Contreseing de l'avocat]

art. 66-4 [Démarchage]

• **Décr. n° 2005-790, 12 juill. 2005**

art. 8 [Mandat]

art. 9 [Avocat rédacteur d'acte]

• **Décr. n° 72-785, 25 août 1972**
art. 1 [Définition du démarchage]
art. 2 [Publicité en matière de consultation et rédaction d'actes juridiques]
art. 3 [Exclusions]
art. 4 [Contenu de la publicité]
art. 5 [Sanctions pénales]
• **RIN**
art. 6 [Champ d'activité professionnelle de l'avocat]
art. 7 [Rédaction d'actes]

611.02 Jurisprudence de référence.

> Les dispositions conférant aux parties la faculté de se faire assister ou représenter par toute personne de leur choix devant une juridiction ne peuvent avoir pour effet, sauf disposition expresse contraire, de déroger au principe suivant lequel seuls les avocats peuvent assumer ces missions à titre habituel

• **Civ. 1re, 7 avr. 1999,** n° 97-10.656, P I, n° 120
* V. s^s n° 611.12.

« Mais attendu que les dispositions conférant aux parties la faculté de se faire assister ou représenter par toute personne de leur choix devant une juridiction ne peuvent avoir pour effet, sauf disposition expresse contraire qui n'existe pas en matière de recouvrement de créances pour le compte d'autrui, de déroger au principe suivant lequel seuls les avocats peuvent assumer ces missions à titre habituel ; qu'ayant constaté que M. X... intervenait de façon habituelle devant les tribunaux pour engager et suivre des actions tendant au recouvrement judiciaire de créances d'autrui, la cour d'appel a pu décider qu'une telle activité était constitutive, vis-à-vis des avocats, d'un trouble manifestement illicite. »

> Les dispositions du traité sur le fonctionnement de l'Union européenne relatives à la liberté d'établissement et à la libre prestation de services au sein de l'Union ne sont pas applicables au litige dont tous les éléments sont cantonnés à l'intérieur du territoire national

• **Civ. 1re, 17 févr. 2016,** n°s 14-26.342, 14-29.686, P I
* V. s^s n° 611.24

« Mais attendu, d'abord, que le litige porte sur un contrat conclu et dénoncé avant l'entrée en vigueur de la directive 2006/123/CE du 12 décembre 2006, de sorte qu'il n'y a pas lieu à interprétation du droit interne applicable à la lumière de cette dernière ;

Attendu, ensuite, que les sociétés X... et Y... ont leur siège social en France, où elles exercent leurs activités, que le contrat a été conclu et exécuté sur le territoire national et portait sur des prestations relatives à la mise en œuvre de dispositions législatives et réglementaires exclusivement internes, s'agissant de cotisations de sécurité sociale dues au titre des accidents du travail, de sorte que les articles 49 et 56 du Traité sur le fonctionnement de l'Union européenne ne s'appliquent pas à ce litige, dont tous les éléments sont cantonnés *à l'intérieur du territoire national* et ne se rattachent pas à l'une des situations envisagées par le droit de l'Union dans le domaine de la liberté d'établissement et de la libre prestation de services ;

D'où il suit que, par ces motifs de pur droit, substitués, dans les conditions de l'article 1015 du code de procédure civile, à ceux critiqués, l'arrêt se trouve légalement justifié ;

PAR CES MOTIFS et sans qu'il y ait lieu de poser une question préjudicielle à la Cour de justice de l'Union européenne. »

611.03 Bibliographie indicative.

* Aussi : v. s^s n° 61.03.

Thèse. A. Audran, *Le périmètre du droit*, thèse, Nantes, 2000.

Monographies. J.-M. Braunschweig, J. Demaison, *Profession d'avocat : le guide*, 4e éd., Wolters Kluwer, 2017, n°s 830 s. – O. Favereau, *Les avocats, entre ordre professionnel et ordre marchand*, Gazette du Palais – Lextenso, 2010 – R. Martin, *Déontologie de l'avocat*, 11e éd., « Droit et professionnels », LexisNexis, 2013, n°s 60 s.

Articles.

Périmètre du droit. A. Bénabent, « La réglementation de l'exercice du droit », *JCP* 1991. I. 3490 – J.-S. Bergé, C. Bessy, O. Favereau et S. Harnay, « L'accessoire et le principal : l'incidence de la Directive services sur le périmètre du droit », *Gaz. Pal.* 20-22 juin 2010, p. 9 ; *Gaz. Pal.* 27-29 juin 2010, p. 8 – T. Massart, « Périmètre du droit, activité juridique accessoire et droit de la concurrence », *LPA* 15 déc. 2009, p. 4 – P.-Y. Monjal, « Remarques sur les limites communautaires à la libéralisation des activités de conseil juridique », *Gaz. Pal.* 9-11 mars 2008, p. 2.

Périmètre élargi des activités de l'avocat. H. Croze, « Une transformation importante du métier d'avocat », *Procédures* 2009. Repère 7 – F. Ekollo, « *Quid* des missions d'expertise du nouvel avocat », *Vie jud.* 18 oct. 1992, p. 4 – I. Grossi, « Les obligations de l'avocat à la croisée des chemins », *RLDC* 2009/58. 3355 – C. Jamin, « Une rénovation profonde de la profession d'avocat », *D.* 2009. 932.

Rapport.

Les cahiers CNB, *Vade-mecum de l'exercice du droit*, CNB, 2e éd., oct. 2017.

611.05 Propos préliminaires. L'exercice du droit, en France, relève des dispositions de la loi du 31 décembre 1971 [1], modifiée par les lois du 31 décembre 1990 [2] et du 7 avril 1997 [3], et plus particulièrement des dispositions de l'article 4 et des articles 54 à 66, ces derniers étant regroupés sous le titre II intitulé « *Réglementation de la consultation en matière juridique et de la rédaction d'actes sous seing privé.* » L'ensemble s'accorde également avec le droit de l'Union européenne, la directive 77/249 [4] tendant à

1. L. n° 71-1130, 31 déc. 1971 portant réforme de certaines professions judiciaires et juridiques, *JO* 5 janv. 1972, p. 131.
2. L. n° 90-1259, 31 déc. 1990 portant réforme de certaines professions judiciaires et juridiques, *JO* 5 janv. 1991, p. 219.
3. L. n° 97-308, 7 avr. 1997 modifiant les articles 54, 62, 63 et 66-5 de la loi n° 71-1130 du 31 décembre 1971 portant réforme de certaines professions judiciaires et juridiques, *JO* 8 avr., p. 5323.
4. Dir. 77/249, Conseil, 22 mars 1977 tendant à faciliter l'exercice effectif de la libre prestation de services par les avocats, *JOCE* 26 mars, p. 17.

faciliter l'exercice effectif de la libre prestation de services par les avocats, la directive 98/5 [1], dite de liberté d'établissement, visant à faciliter l'exercice permanent de la profession d'avocat dans un État membre autre que celui où la qualification a été acquise, et enfin la directive 2006/123 [2], dite Services. Il convient d'y ajouter la directive 2005/36 [3] relative à la reconnaissance des qualifications professionnelles, modifiée par la directive 2013/55 [4], et transposée en droit interne par une ordonnance du 22 décembre 2016 [5] qui introduit un nouveau titre V au sein de la loi du 31 décembre 1971, intitulé « *Dispositions relatives à l'accès partiel à la profession d'avocat en France, par les ressortissants des États membres de l'Union européenne ayant acquis leur qualification dans un autre État membre.* » Cet accès partiel à la profession d'avocat ne vise que les seules activités de consultation juridique ou de rédaction d'actes sous seing privé, à l'exclusion des activités de représentation en justice [6]. L'autorisation d'exercice est donnée par le garde des Sceaux, ministre de la Justice, et les professionnels autorisés à exercer partiellement l'activité d'avocat ne font pas partie d'un barreau et ne sont pas inscrits au tableau de l'ordre des avocats [7].

L'article 4 de la loi du 31 décembre 1971 pose le principe d'une réserve d'activités dans le domaine de l'assistance et de la représentation judiciaire. Cette réserve d'activités, qui doit se comprendre de tout ce qui relève du juridictionnel, quelle qu'en soit la nature, civile, pénale, administrative, disciplinaire ou autre, fait toutefois l'objet de nombreuses dérogations devant les juridictions sociales et prud'homales, le tribunal judiciaire, le juge de l'exécution, le tribunal de commerce, les tribunaux paritaires des baux ruraux, sans oublier les autorités indépendantes et, enfin, la possibilité pour l'État et les collectivités territoriales, comme les établissements publics, d'être représentés par un fonctionnaire ou un agent de l'administration.

1. Dir. 98/5, Parlement et Conseil, 16 févr. 1998 visant à faciliter l'exercice permanent de la profession d'avocat dans un État membre autre que celui où la qualification a été acquise, *JOCE* 14 mars, p. 36.
2. Dir. 2006/123, Parlement et Conseil, 12 déc. 2006 relative aux services dans les marchés intérieurs, *JOCE* 27 déc., p. 36.
3. Dir. 2005/36, Parlement et Conseil, 7 sept. 2005 relative à la reconnaissance des qualifications professionnelles, *JOCE L* 255, 30 sept., p. 22.
4. Dir. 2013/55, Parlement et Conseil, 20 nov. 2013 modifiant la directive 2005/36/CE relative à la reconnaissance des qualifications professionnelles, *JOCE L* 354, 28 déc., p. 132.
5. Ord. n° 2016-1809, 22 déc. 2016 relative à la reconnaissance des qualifications professionnelles de professions réglementées, *JO* 23, n° 19.
6. L. n° 71-1130, 31 déc. 1971, art. 93 s.
7. V. s^s n°s 613.00 s.

Si la diffusion en matière juridique de renseignements ou d'informations à caractère documentaire est libre [8], il n'en va pas de même pour les personnes qui, directement ou par personne interposée, à titre habituel et rémunéré, sont amenées à donner des consultations juridiques [9] ou à rédiger des actes sous seing privé pour autrui [10]. Ces activités relèvent des dispositions des articles 54 et suivants de la loi du 31 décembre 1971 modifiés.

SECTION 1

« MONOPOLE » JUDICIAIRE DE L'AVOCAT

611.11 L'avocat, auxiliaire de justice.L'avocat est un auxiliaire de justice [11]. Les avocats ont, depuis toujours, été considérés comme ayant un rôle privilégié à jouer dans le fonctionnement de la justice, d'où les prérogatives qui leur sont accordées et les devoirs qui leur sont impartis. L'avocat, en effet, en raison de la représentation du client qu'il assume et de l'assistance qu'il lui prodigue, doit être considéré par un tribunal non comme un adversaire mais comme un allié et un partenaire dans la mission de justice que la loi a confiée au corps judiciaire tout entier. La Cour européenne des droits de l'homme a d'ailleurs souligné le rôle essentiel joué par l'avocat. Elle a jugé que : « Le statut spécial des avocats les place dans une situation centrale dans l'Administration de la justice, comme intermédiaires entre les justiciables et les tribunaux, ce qui explique les normes de conduite imposées en général aux membres du barreau. » [12] De cette qualité découlent ses devoirs et ses privilèges, le droit pour lui d'être écouté aussi longtemps qu'il en a besoin pour exprimer la défense, la possibilité d'être rétribué normalement dans le cadre de l'aide juridictionnelle, le droit de pouvoir organiser son emploi du temps, non pas comme un forçat qui court d'une chambre à une autre et d'un cabinet d'instruction à une expertise, mais avec la possibilité d'établir un emploi du temps lui permettant de se consacrer à la défense de ses clients. La profession d'avocat a le droit enfin de recevoir de l'État, sous une forme ou sous une autre (subventions ou intérêts des fonds Carpa), les crédits nécessaires pour former ceux qui remplaceront demain leurs aînés et pour assurer le service gratuit de la justice ainsi que celui des consultations dont les usagers ont besoin.

8. L. n° 71-1130, 31 déc. 1971, art. 66-1 ; créé par L. n° 90-1259, 31 déc. 1990, art. 26 et 67.
9. V. s^s n°s 631.00 s.
10. V. s^s n°s 632.00 s.
11. L. n° 71-1130, 31 déc. 1971, art. 3.
12. CEDH 21 mars 2002, *Nikula c/Finlande*, req. n° 31611/96, *JCP* 2002. I. 157, n° 16, obs. F. Sudre.

Ce qui était jusqu'alors implicite est devenu explicite grâce à l'article 3 de la loi du 31 décembre 1971 qui donna aux avocats la qualité d'auxiliaire de justice. À ce titre, ils participent officiellement et légalement à l'Administration de la justice dont ils sont les partenaires en même temps que les garants.

L'article 6.1, alinéa 1er, du RIN a repris cette qualité et dispose que l'avocat, partenaire de justice et acteur essentiel de la pratique universelle du droit, a vocation à intervenir dans tous les domaines de la vie civile, économique et sociale, et ce dans le respect des principes essentiels régissant la profession. Cette définition qui a été mûrement réfléchie par la commission des règles et usages du CNB, chargée d'unifier les règlements intérieurs des barreaux français, doit cependant être mise en corrélation avec les articles 111 [1] et 115 du décret du 27 novembre 1991 [2] qui interdisent à l'avocat de cumuler certaines activités, fonctions ou professions [3].

611.12 **Monopole de plaidoirie et d'assistance** [4]. En principe, les avocats ont seuls qualité pour plaider devant les diverses juridictions ou organismes juridictionnels ou disciplinaires. Aux termes de l'article 4, alinéa 1er de la loi du 31 décembre 1971 : « Nul ne peut, s'il n'est avocat, assister ou représenter les parties, postuler et plaider devant les juridictions, les organismes juridictionnels ou disciplinaires de quelque nature que ce soit, sous réserve des dispositions régissant les avocats au Conseil d'État et à la Cour de cassation. » Ce monopole de l'avocat dans la plupart des matières n'est pas lié à une protection des intérêts de la profession d'avocat mais bien à une protection des citoyens. En effet, une justice civilisée veut que chaque personne susceptible d'ester en justice ou d'y comparaître puisse être assistée par un avocat et seulement par un avocat en raison des garanties de compétence, de probité et de surveillance par la puissance publique que présente cette profession. La présence de l'avocat est donc liée aux droits de la défense. Le droit pour un justiciable d'être assisté d'un défenseur, la liberté qu'il a de choisir ce défenseur, la réglementation de la profession d'avocat, les droits et obligations du défenseur découlent des principes qui sont à la base même de notre droit et de notre civilisation.

• **Monopole des avoués près les cours d'appel – Disparition.** Depuis le 1er janvier 2012, les offices d'avoués près les cours d'appel ont été supprimés par la loi du 25 janvier 2011 [5], qui a fusionné les professions d'avoué et d'avocat. Le monopole des avocats à la postulation a par conséquent été étendu devant les cours d'appel. Aujourd'hui, tous les avocats peuvent assurer le contentieux en appel sans avoir recours à un spécialiste en procédure d'appel.

• **Monopole des avocats aux conseils.** Les avocats au Conseil d'État et à la Cour de cassation, qui forment un corps spécialisé d'officiers ministériels, sont seuls habilités à assurer la représentation et l'assistance devant ces juridictions [6], aux termes de l'article 4, alinéa 1er, de la loi du 31 décembre 1971 [7]. Certaines exceptions sont prévues comme en matière pénale et pour le contentieux électoral devant la Cour de cassation. De même, le recours pour excès de pouvoir devant le Conseil d'État est dispensé de l'intervention obligatoire des avocats aux conseils.

• **Exceptions.** Devant les juridictions sociales et prud'homales, les salariés ou les employeurs appartenant à la même branche d'activité, le conjoint, le partenaire lié par un Pacs ou le concubin peuvent assister ou représenter les parties [8]. Le décret du 20 mai 2016 [9] relatif à la justice prud'homale et au traitement judiciaire du contentieux du travail, pris pour l'application de l'article 258 de la loi du 6 août 2015 pour la croissance, l'activité et l'égalité des chances économiques, a ajouté à la liste de l'article R. 1453-2 du code du travail les défenseurs syndicaux qui sont ainsi habilités à exercer des fonctions d'assistance ou de représentation devant les conseils de prud'hommes et les cours d'appel en matière prud'homale au même titre que les avocats dans le cadre d'une représentation obligatoire [10].

Devant le tribunal de commerce, l'article 853 [11] du code de procédure civile, modifié par le décret du 11 décembre 2019 réformant la procédure civile, impose aux parties, sauf disposition contraire, de constituer avocat. La constitution de l'avocat emporte élection de domicile. Toutefois, les parties sont dispensées de l'obligation de constituer avocat dans les cas prévus par la loi ou le règlement, lorsque la demande porte sur un montant inférieur ou égal à 10 000 euros, dans le cadre des procédures instituées par le livre VI du code de commerce ou pour les litiges relatifs à la tenue du registre du commerce et des sociétés. Dans ces cas, elles ont la faculté de se

1. Décr. n° 91-1197, 27 nov. 1991, art. 111 ; mod. par décr. n° 2020-58, 29 janv. 2020, art. 1er.
2. Décr. n° 91-1197, 27 nov. 1991 organisant la profession d'avocat, *JO* 7 mai, p. 8168.
3. V. ss nos 432.131 s.
4. L. n° 71-1130, 31 déc. 1971, art. 4.
5. L. n° 2011-94, 25 janv. 2011 portant réforme de la représentation devant les cours d'appel, *JO* 26 janv., p. 1544.
6. Civ. 2e, 21 févr. 2002, n° 00-01.219, P II, n° 26.
7. L. n° 71-1130, 31 déc. 1971, art. 4, al. 1.
8. C. trav., art. R. 1453-2.
9. Décr. n° 2016-660, 20 mai 2016 relatif à la justice prud'homale et au traitement judiciaire du contentieux du travail, *JO* 25 mai, n° 30, art. 10.
10. V. ss n° 622.64.
11. C. pr. civ., art. 853 ; mod. par décr. n° 2019-1333, 11 déc. 2019, art. 5.

faire assister ou représenter par toute personne de leur choix. Le représentant, s'il n'est avocat, doit justifier d'un pouvoir spécial[1].

Un agent de recouvrement ne peut représenter de façon professionnelle et habituelle ses clients créanciers ; une telle activité étant constitutive, vis-à-vis des avocats, d'un trouble manifestement illicite[2].

Devant les tribunaux paritaires des baux ruraux, les parties peuvent être assistées par un huissier de justice, un membre de leur famille, leur concubin ou la personne avec laquelle elles ont conclu un Pacs ou encore un membre d'une organisation professionnelle agricole[3].

611.13 Procédés de saisine en ligne des juridictions sans représentation obligatoire. La loi du 21 juin 2004[4] prohibe toute activité de commerce en ligne pour les activités de représentation et d'assistance en justice dans le prolongement de la directive 2000/31[5], dite directive sur le commerce électronique. Encore convient-il que l'activité incriminée relève d'une prestation d'assistance et de représentation en justice au sens des articles 412 et suivants du code de procédure civile.

Le débat sur la licéité de l'activité des sites internet « Demanderjustice.com » et « Saisirprud'hommes.com » a beaucoup agité les esprits et retenu l'intérêt des médias. Une société commerciale met ainsi à disposition un service rémunéré de saisine en ligne de juridictions sans représentation obligatoire (conseil des prud'hommes et tribunal d'instance [devenu tribunal judiciaire]), permettant à l'usager de remplir directement sa déclaration au greffe et de la signer électroniquement, puis de la faire adresser au tribunal saisi par l'intermédiaire du prestataire. Par un jugement du 13 mars 2014, le tribunal correctionnel de Paris a relaxé de toutes poursuites le dirigeant de ladite société à comparaître par les autorités de poursuite pour le chef d'exercice illégal de la profession d'avocat[6]. Pour les juges, le service offert consiste seulement à agréger des renseignements tirés de différents autres sites, ainsi qu'en une mise en forme informatique du remplissage par le plaignant du dossier et une prestation de services consistant à apposer une signature électronique sur l'acte de saisine du tribunal et un envoi postal. La cour d'appel de Paris[7], puis la chambre criminelle de la Cour de cassation par un arrêt rendu le 21 mars 2017[8], ont confirmé la relaxe du prévenu considérant en définitive que la preuve de la commission du délit d'exercice illégal de la profession d'avocat n'était pas suffisamment rapportée. Pour la chambre criminelle, cette activité « ne saurait constituer l'assistance que peut prêter un avocat à son client, à défaut de la prestation intellectuelle syllogistique consistant à analyser la situation de fait qui lui est personnelle, pour y appliquer la règle de droit abstraite correspondante ». Et la Cour de conclure qu'il en résulte que « les activités litigieuses ne constituent ni des actes de représentation, ni des actes d'assistance » réservés aux avocats.

Saisi du volet civil du litige, le tribunal de grande instance [devenu tribunal judiciaire] de Paris par jugement du 11 janvier 2017 a confirmé la légalité de l'exploitation des deux sites[9] dont les prestations proposées sont dépourvues de « véritable valeur juridique ajoutée ainsi que de toute dimension stratégique », dans la mesure où elles ne comportent pas d'analyse de la situation individuelle de l'utilisateur au regard des règles de droit applicables. La cour d'appel de Paris a confirmé par un arrêt du 6 novembre 2018[10] cette analyse tout en reconnaissant, par une formulation ambiguë, que la société évoluait « à proximité de la frontière du périmètre du droit réservé aux avocats ». Pour la cour, la plateforme se borne à fournir au justiciable une « prestation matérielle de mise à disposition d'une bibliothèque documentaire » et non une assistance juridique, les indications données par la société concernant la saisine des juridictions ne caractérisant pas une pratique commerciale trompeuse.

La Cour de cassation[11] n'a pas pour autant tranché sur le fond la question de la validité de ce mode de saisine des juridictions par le biais d'un site commercial qui a été invalidé, à ce jour, uniquement par certaines juridictions de proximité[12], d'autres le

1. V. s[s] n° 622.63.
2. Civ. 1re, 7 avr. 1999, n° 97-10.656, P I, n° 120 ; *JCP* 1999. II. 10107, note R. Martin ; *RTD civ.* 1999. 698, obs. Perrot.
3. C. pr. civ., art. 884.
4. L. n° 2004-575, 21 juin 2004 pour la confiance dans l'économie numérique, *JO* 22 juin, p. 11168, art. 16.
5. Dir. 2000/31, Parlement et Conseil, 8 juin 2000 relative à certains aspects juridiques des services de la société de l'information, et notamment du commerce électronique, dans le marché intérieur, *JOCE L* 178, 17 juill., p. 1.
6. TGI Paris, 30e ch. corr., 13 mars 2014, RG n°s 13248000496, 13248000544, *JCP* 2014, Doctr. 597, n° 14, obs. C. Jamin ; *JCP* 2014. 578, note C. Bléry et J.-P. Teboul.
7. Paris, pôle 5, ch. 12, 21 mars 2016, n° RG 14/04307 ; *JCP* 2016, Doctr. 670, note 20, obs. F. G'sell ; *D.* 2017. 74, obs. T. Wickers ; *Dalloz IP/IT* 2016. 311, obs. L. Baby ; *D. actu.* 30 mars 2016, art. A. Portmann.
8. Crim. 21 mars 2017, n° 16-82.437, NP ; *D. avocats* 2017. 148, obs. M. Bénichou ; *JCP* 2017, Doctr. 660, n° 33, obs. F. G'sell ; *D.* 2018. 87, obs. T. Wickers.
9. TGI Paris, 11 janv. 2017, RG n° 15/04207 ; *D.* 2018. 87, obs. T. Wickers.
10. Paris, 6 nov. 2018, RG n° 17/04957 ; *Dalloz IP/IT* 2019. 122, obs. J.-B. Crabières ; *JCP* 2019. 10, note H. Slim ; *JCP* 2019, Doctr. 255, note 19, obs. F. G'sell.
11. Civ. 2e, 20 mars 2014, n° 13-15.755, NP ; *JCP* 2014. 578, note C. Bléry et J.-P. Teboul ; *D. actu.* 21 mars 2014, art. A. Portmann.
12. J. proximité, Grenoble, 19 mai 2015, n° 91-13.000574 – J. proximité, Annecy, 9 janv. 2015, n° 91-15.0004 – J. proximité, Rodez, 10 avr. 2014, n° 91-12.000118 – J. proximité, Paris, 30 avr. 2013, n° 91-12.198.

jugeant au contraire recevable[1]. Rejetant le pourvoi formé par le Conseil national des barreaux contre l'arrêt rendu par la cour d'appel de Paris dans le volet civil du litige, la première chambre civile[2] se borne à retenir que si des actes de saisine de juridictions, mis à disposition des internautes, complétés en ligne, et transmis par une société en format papier au greffe de la juridiction, étaient irréguliers comme étant signés électroniquement, cette irrégularité ne saurait, conformément aux dispositions de l'article 114 du code de procédure civile, être prononcée, dès lors que le demandeur comparaîtrait à l'audience et que le défendeur ne prouverait pas l'existence d'un grief. En outre, elle relève que la société informait les visiteurs de ses sites de l'éventualité que cette irrégularité soit relevée et du moyen d'y remédier en signant manuellement leur déclaration.

Un nouvel arsenal législatif est entré en vigueur par la loi du 23 mars 2019[3] de réforme de la justice qui a introduit un encadrement supplémentaire des services en ligne d'aide à la saisine. Les personnes morales ou physiques qui proposent des services gratuits ou rémunérés d'aide à la saisine des juridictions sont tenues de respecter les règles relatives à la protection des données et sont soumises à une obligation de confidentialité à l'égard des usagers[4]. Par ailleurs, et surtout, la loi précise désormais que ces personnes ne peuvent pas réaliser des actes d'assistance ou de représentation sans le concours d'un avocat, lorsque ce concours est obligatoire, ni donner des consultations juridiques ou rédiger des actes sous seing privé, en application des articles 4 et 54 de la loi du 31 décembre 1971[5].

611.14 Offres de services sur internet. Par une ordonnance de référé du 25 décembre 2013, le tribunal de grande instance [devenu tribunal judiciaire] d'Aix-en-Provence, saisi par le Conseil national des barreaux et l'Ordre des avocats d'Aix-en-Provence, a condamné sous astreinte la société exploitante du site « divorce-discount.com » à cesser toute activité de consultation juridique et de rédaction d'actes et à retirer toute offre de services relative au traitement d'une procédure de divorce par consentement mutuel ou à l'accomplissement d'actes de représentation et d'assistance judiciaire[6]. Pour contourner les dispositions imposant la présence de l'avocat dans les procédures de divorce, la société sollicitait directement les services d'avocats partenaires pour apposer leur tampon sur la requête en divorce et la convention signée des parties sans que ces derniers ne les rencontrent jamais avant l'audience. Le juge des référés constate que les époux souhaitant divorcer « ne bénéficient d'aucun conseil, ni avis sur les conditions et conséquences de leur démarche tant pour eux-mêmes que pour leur enfant mineur [...] », et que « la religion du juge, qui est en droit de tirer de la présence de l'avocat à l'audience la certitude de l'accomplissement par ce dernier de son obligation de conseil envers son client est ainsi surprise et trompée, tout comme celle des justiciables [...] ».

L'intervention de l'avocat dans la procédure judiciaire ne se réduit pas à la simple assistance des parties aux audiences, mais comporte une mission de conseil sur le déroulement et les conséquences de la procédure.

SECTION 2
RÉGLEMENTATION DE L'EXERCICE DU DROIT

611.21 Périmètre du droit. Même après la seconde fusion avocat/avoué[7], les avocats n'ont pas obtenu le monopole du droit. Ils sont contraints de défendre avec vigueur leur droit à la consultation en matière juridique et à la rédaction d'actes sous seing privé, ce qu'ils nomment le « périmètre du droit ». On peut donc regretter, qu'au lieu d'instaurer le monopole du droit qui était attendu de tous les professionnels réglementés et qui aurait constitué un volet parallèle au monopole médical ou pharmaceutique, le législateur se soit attardé, sans doute sous les pressions de certains groupes, à laisser proliférer une abondance de consultants qui vont des auxiliaires financiers[8], au restaurateur offrant des tickets de consultation juridique en promotion[9] et même aux huissiers qui donnent des consultations juridiques dans des matières autres que l'exécution des jugements qui leur est confiée par la loi[10].

611.22 Absence de monopole en matière de consultation juridique et de rédaction d'actes sous seing privé. L'avocat peut, en plus de donner des conseils et des consultations en matière juridique et contentieuse, rapprocher les parties et rédiger des actes

1. J. proximité, Charenton, 4 juill. 2016, n° 91-16.000025.
2. Civ. 1, 23 sept. 2020, n° 19-12.894 : REJET.
3. *L. n° 2019-222, 23 mars 2019 de programmation* 2018-2022 et de réforme pour la justice, *JO* 24 mars, n° 2.
4. L. n° 2019-222, 23 mars 2019, art. 4-4.
5. L. n° 2019-222, 23 mars 2019, art. 4-5.
6. TGI Aix-en-Provence, ord. réf., 24 déc. 2013, RG n° 13/1182 ; *AJ fam.* 2014. 75, point de vue S. Thouret ; – CONFIRMATION DE : Aix-en-Provence, 2 avr. 2015, RG n° 2015/243 ; *JCP* 2015. 673, n° 17, obs. F. G'sell ; *AJ fam.* 2015. 285, obs. S. Thouret.
7. L. n° 2011-94, 25 janv. 2011 portant réforme de la représentation devant les cours d'appel, *JO* 26 janv., p. 1544.
8. Pontoise, 21 janv. 1997, *Gaz. Pal.* 22 avr 1997, 26, note A. Damien.
9. Auxerre, 3 janv. 1995, *JCP* 1995. II. 22388, note R. Martin.
10. Paris, 25 mars 1996, *D.* 1996. 05.

juridiques les concernant. Si ces activités ont toujours fait partie de la fonction de l'avocat et de celle du conseil juridique, il n'existe pas de monopole en la matière. Toutefois, dès 1971, une telle situation était apparue comme risquée pour les usagers du droit, d'où une tentative de réglementation par le titre Ier du projet de loi qui devait aboutir à la loi du 31 décembre 1971, mais qui fut rejeté par le Parlement.

La loi du 31 décembre 1990 a introduit pour sa part dans la loi du 31 décembre 1971 un système complexe, réglementé au titre II[1], qui précise les conditions de qualification requises pour l'exercice du droit en France. Elles reposent principalement sur une double exigence de possession du diplôme de licence en droit ou d'une qualification juridique appropriée et d'une autorisation donnée par la loi. Les modalités de cette autorisation sont fixées par les articles 56 à 66 de la loi, auxquels renvoie l'article 54, en fonction de la situation dans laquelle chaque personne se trouve. Elles varient au regard du caractère habituel et rémunéré ou non de l'activité, et de l'exercice du droit à titre principal ou accessoire dont l'appréciation diffère selon que la personne considérée appartient à une profession réglementée ou non réglementée[2].

L'actuelle loi est un texte de compromis qui tente de protéger les usagers et de mettre fin à des situations génératrices d'abus sans pour autant accorder un monopole à certaines professions. Cela étant, en pratique, l'interférence des disciplines constitue une source d'instabilité génératrice d'infractions au titre II, car la prestation juridique n'est souvent qu'une des composantes d'une mission plus globale.

611.23 Distinction artificielle entre les activités judiciaires et les activités juridiques. La distinction entre l'activité juridique et l'activité judiciaire est parfois artificielle. Souvent les clients viennent pour engager un procès que l'on fait précéder d'une négociation qui aboutit à un essai de transaction et même à la signature d'un document qui, n'étant pas respecté par les parties, va aboutir en justice. L'activité juridique de l'avocat se situe donc bien, dans la plupart des cas, dans un type de débat qui aurait pu, dès l'origine, avoir un sort judiciaire.

On ne peut donc distinguer d'une part le juridique, d'autre part le judiciaire comme s'il s'agissait de matières limitées par un fossé infranchissable ; elles sont étroitement mêlées dans la vie quotidienne.

611.24 Compatibilité avec le droit de l'Union européenne. Les restrictions du titre II de la loi du 31 décembre 1971, et particulièrement celles visant l'exercice du droit à titre accessoire par des professionnels exerçant une activité réglementée non juridique[3], sont justifiées au regard du droit de l'Union européenne par des raisons impérieuses d'intérêt général tenant à la protection du consommateur, aux conditions de compétence, de moralité et d'assurance que doit avoir tout prestataire qui souhaite donner des consultations ou rédiger des actes sous seing privé en matière juridique[4]. À ce titre, la transposition de la directive 2006/123[5], dite directive services, ne doit pas affecter la réglementation nationale destinée à garantir un certain niveau de qualité et de sécurité pour les prestations de conseil juridique, considérées comme un service complexe qui doit être réservé aux seuls titulaires d'une qualification professionnelle particulière. En outre, la directive services relève du droit de la libre circulation et non du droit de la concurrence, elle n'a dès lors pas pour effet de faire échec aux directives sectorielles pour la profession d'avocat qui continuent de s'appliquer.

Rejetant une demande de question préjudicielle devant la Cour de justice de l'Union européenne, la cour d'appel de Paris a confirmé à l'occasion d'un contentieux sur les pratiques illicites d'une société d'optimisation de coûts en matière juridique la conformité du droit français aux articles 54 et 60 de la directive 2006/123 et aux dispositions des articles 49[6] et 56[7] du Traité sur le fonctionnement de l'Union européenne relatives à la libre prestation de services et à la liberté d'établissement[8]. L'exigence d'une qualification, qui peut être obtenue par toute entreprise d'un autre État membre, trouve sa justification dans l'intérêt général lié à la protection des destinataires des services concernés, le droit ne pouvant être assimilé à une banale activité de prestations de services. La condition de proportionnalité est également respectée au vu de la possibilité laissée à certains professionnels non réglementés d'exercer une activité juridique accessoire.

La Cour de cassation, par un arrêt de sa première chambre civile du 17 février 2016[9], a rejeté le pourvoi

1. L. n° 71-1130, 31 déc. 1971, art. 54 s.
2. V. ss nos 631.31 s.
3. L. n° 71-1130, 31 déc. 1971, art. 59.
4. CJCE 12 déc. 1996, *Reisebüro Broede c/Gerd Sandker*, aff. C-3/95 pour la réglementation de l'activité de recouvrement judiciaire de créance, *JOCE* 22 févr. 1997, p. 2 – CJCE 30 mars 2006, *Calafiori*, aff. C-451/03, *JOCE* 17 juin, p. 4 – CJCE 9 févr. 2002, *Wouters*, aff. C-309/99, *JOCE* 4 mai, p. 4.
5. Dir. 2006/123, Parlement et Conseil, 12 déc. 2006 relative aux services dans les marchés intérieurs, *JOUE L* 376/36, 27 déc., p. 36.
6. TFUE, art. 49 [Amsterdam, 43 ; CEE 52].
7. TFUE, art. 56 [Amsterdam, 49 ; CEE 59].
8. Paris, 10 sept. 2014, RG nos 11/04322, 10/24621 ; – DANS LE MÊME SENS : Paris, 18 sept. 2013, RG n° 10/25413, *JCP* 2013, Doctr. 1087, n° 13, obs. C. Jamin ; – TGI Créteil, 14 mai 2013, n° 09/1203, *JCP* 2013, act. 662, obs. H. Slim.
9. Civ. 1re, 17 févr. 2016, nos 14-26.342, n° 14-29.686, P I, n° 845 ; *D.* 2016. 490 ; *D.* 2017. 74, obs. T. Wickers. ; – DANS LE MÊME SENS : Civ. 1re, 15 nov. 2010, n° 09-66.319, P I, n° 230 : CASSATION PARTIELLE – Civ. 1re, 26 sept. 2019, n° 18-13.838, NP : REJET.

formé par la société d'audit et posé une condition d'extranéité des éléments du litige pour l'application du droit de l'Union. Elle refuse ainsi d'appliquer les articles 49 et 56 du Traité sur le fonctionnement de l'Union européenne au litige dont tous les éléments sont cantonnés à l'intérieur du territoire national et ne se rattachent pas à l'une des situations envisagées par le droit de l'Union dans le domaine de la liberté d'établissement et de la libre prestation de services. En l'espèce, le contrat conclu en vue de la réduction des taux de cotisations accidents du travail et exécuté sur le territoire national portait sur des prestations relatives à la mise en œuvre de dispositions législatives et réglementaires exclusivement internes.

SECTION 3
MANDAT *AD LITEM* DE L'AVOCAT

611.31 Mandat *ad litem* en matière judiciaire. L'avocat se voit reconnaître par la loi[1] et par la jurisprudence le mandat qui lui est « nécessaire à cet effet », c'est-à-dire le mandat *ad litem :* mandat qui lui permet d'agir au nom de son client et de l'engager par les actes qu'il effectue en son nom et sans qu'il lui soit nécessaire de justifier d'une procuration écrite[2].

Lorsque l'avocat exerce les fonctions antérieurement dévolues aux avoués de première instance, il bénéficie du mandat *ad litem*. Ce mandat est obligatoire devant les tribunaux judiciaires et bénéficie d'une présomption de droit (dispense de justification[3]). Cette présomption joue sous réserve de révocation[4] depuis l'introduction de la demande en justice jusqu'à l'achèvement de l'exécution du jugement[5].

Enfin, ce mandat *ad litem* est général et permet donc à l'avocat d'accomplir tous les actes de procédure.

611.32 Mandat apparent ou écrit de l'avocat en matière juridique. L'avocat dans son activité juridique dispose-t-il d'un mandat apparent ou nécessaire comme en matière judiciaire, comme sur la représentation[6] ou la postulation[7] ? La question, qui n'était pas résolue par la loi, l'a été par l'article 8 du décret du 12 juillet 2005[8] relatif aux règles de déontologie de la profession d'avocat reprenant en partie l'article 6.3 du règlement intérieur unifié (RIU), devenu règlement intérieur national (RIN) de la profession. L'avocat doit justifier d'un mandat écrit, sauf dans les cas où la loi ou le règlement en présume l'existence (mandat *ad litem*).

Le décret précise également que l'avocat ne peut, sans y avoir été autorisé spécialement et par écrit par le mandant, transiger en son nom et pour son compte ou l'engager irrévocablement par une proposition ou une offre de contracter[9]. Ce que l'on admettait du reste déjà auparavant, considérant qu'il était nécessaire de faire établir, pour des actes précis et particuliers tels que ceux relatifs à la propriété, un mandat exprès dont l'avocat doit justifier auprès de l'autre partie contractante (promesse de vente de fonds de commerce)[10]. Et l'article 6.2 du RIN étend cette exigence du mandat spécifique au mandat de négocier, d'agir et de signer au nom et pour le compte de son client.

L'avocat ne peut non plus disposer de fonds, effets ou valeurs ou aliéner les biens du mandant que si le mandat le stipule expressément ou, à défaut, après y avoir été autorisé spécialement et par écrit par le mandant.

De même, l'avocat ne peut intervenir comme prête-nom, effectuer des opérations de courtage (qu'il convient de distinguer du mandat de négocier non prohibé[11]) et, de manière générale, exercer toute activité commerciale incompatible avec l'exercice de la profession.

1. L. n° 71-1130, 31 déc. 1971, art. 4.
2. C. pr. civ., art. 411 – A. Damien, note s^s : Caen, ord. réf., 16 déc. 1983, *Gaz. Pal. 1984. 1. 148.*
3. C. pr. civ., art. 416.
4. C. pr. civ., art. 418.
5. C. pr. civ., art. 420.
6. Sur la représentation v. s^s n°s 622.91 s.
7. Sur la postulation s^s n°s 622.141 s.
8. Décr. n° 2005-790, 12 juill. 2005 relatif aux règles de déontologie de la profession d'avocat, *JO* 16 juill., p. 11688.
9. Décr. n° 2005-790, 12 juill. 2005, art. 8 al. 3 – CNB, Comm. RU, avis n° 2009-046, 27 juill. 2009 ; C. avocat 2021, s^s décr. 12 juill. 2005, art. 8, note 2.
10. Poitiers, 13 janv. 1993, *Gaz. Pal.* 1993. 26.
11. Paris, 11 oct. 1991, *Gaz. Pal.* 1992. 1. 374, note J.-R. Farthouat.

CHAPITRE

612. Protection du domaine d'activité de l'avocat

SECTION 0 ORIENTEUR

612.00 Sommaire du chapitre.

Division. Le domaine d'activité de l'avocat est protégé contre toute personne qui, n'étant pas inscrite régulièrement à un barreau, exerce illégalement (sect. 1) une ou plusieurs activités réservées à la profession d'avocat, usurpe le titre d'avocat (sect. 2) ou démarche en vue de donner des consultations ou de rédiger des actes en matière juridique (sect. 3).

612.01 Textes applicables.

TEXTES TITRÉS

• **L. nº 71-1130, 31 déc. 1971**

art. 1er, I [La nouvelle profession d'avocat]

art. 72 [Exercice illégal de la profession d'avocat]

art. 74 [Protection du titre d'avocat]

art. 83 [Utilisation du titre professionnel d'origine]

art. 85 [Modalités d'utilisation du titre professionnel d'origine]

art. 98 [Accès partiel]

• **Décr. nº 91-1197, 27 nov. 1991**

art. 154 [Mention de l'inscription au Barreau]

612.02 Jurisprudence de référence.

> L'habitude n'est pas un élément constitutif du délit d'exercice illégal de la profession d'avocat prévu et réprimé par les articles 4 et 72 de la loi du 31 décembre 1971

• **Crim. 5 févr. 2013,** nº 12-81.155, P nº 35

* V. ss nº 612.13.

« Attendu qu'il résulte de l'arrêt attaqué et des pièces de procédure que Mme X... a été citée devant le tribunal correctionnel sur le fondement des articles 4 et 72 de la loi du 31 décembre 1971 pour avoir exercé illégalement la profession d'avocat en assistant ou en représentant M. Y... dans une procédure menée par celui-ci devant le conseil de prud'hommes ; que le tribunal a déclaré la prévention établie ;

Attendu que, pour confirmer le jugement entrepris, l'arrêt retient notamment que la prévenue, qui a démissionné du barreau en 1996, puis a été radiée du tableau de l'ordre des avocats en 1998, a assisté M. Y... le 7 juillet 2008 devant le conseil de prud'hommes et qu'une ordonnance de référé portant mention de l'assistance de l'intéressé par "Me X..." a été rendue le 21 juillet 2008 ;

Attendu qu'en prononçant ainsi, la cour d'appel a justifié sa décision dès lors que, d'une part, la prévenue ne présentait aucune des qualités requises par l'article R. 1453-2 du code du travail pour assister ou représenter une partie devant le conseil de prud'hommes, et que, d'autre part, l'habitude n'est pas un élément constitutif du délit prévu et réprimé par les articles 4 et 72 de la loi du 31 décembre 1971 ;

D'où il suit que le moyen doit être écarté. »

> Condamnation sous astreinte d'une société commerciale de procéder à la radiation du nom de domaine « avocat.net »

• **Civ. 1re, 11 mai 2017,** nº 16-13.669, P

• CONFIRMATION PARTIELLE DE : **Paris**, 18 déc. 2015, RG nº 15/03732

* V. ss nº 612.73.

« Mais attendu que l'arrêt relève que, notamment selon le procès-verbal de constat du 6 novembre 2013, la société X..., de nature commerciale, propose aux internautes, sur son site avocat.net, d'obtenir des devis de prestations d'avocats ; qu'il retient que l'usage de ce nom de domaine, associé à l'offre concomitante d'accès à des fiches juridiques, est de nature à créer, dans l'esprit du public non averti, qui peut croire être en relation avec des avocats, une confusion sur la qualité de ses interlocuteurs ; que, par ces énonciations et appréciations, la cour d'appel, qui a estimé que l'utilisation des noms de domaine www.avocat.net et www.iavocat.fr prêtait à confusion, a pu, sans commettre la dénaturation alléguée, ordonner, en réparation, la suppression de ces noms de domaine ou leur transfert au CNB, chargé de représenter la profession d'avocat, seules mesures susceptibles de satisfaire au but poursuivi ; que le moyen n'est pas fondé. »

612.03 **Bibliographie indicative.**
* Aussi : v. s^s n° 61.03.

Encyclopédies. *J.-Cl. Civ. Annexes, v° Avocat*, fasc. 30 : avocats – Obligations et prérogatives II. – Prérogatives et devoirs professionnels de l'avocat, 2015 – *J.-Cl. Civ. Code*, art. 11, fasc. 20 : Condition des étrangers en France – Droits professionnels – Professions libérales I. – Professions judiciaires et juridiques, 2014.

Monographies. B. Ader, H. Ader, C. Boccaccio, *Avocat : le verbe et la robe*, Prat, 2009 – B. Beignier, J. Villacèque (dir.), *Droit et déontologie de la profession d'avocat*, 2e éd., Gazette du Palais – LGDJ, 2016, n° 177 – J.-M. Braunschweig, J. Demaison, *Profession d'avocat : le guide*, 4e éd., Wolters Kluwer, 2017 – R. Martin, *Déontologie de l'avocat*, 11e éd., « Droit et professionnels », LexisNexis, 2013, n°s 360 s.

Rapports. CNB, Vade-mecum *de l'exercice du droit*, 2e éd., oct. 2017 – Guide pratique *sur la participation des avocats aux plateformes en ligne détenues par des tiers*, 2e éd., mars 2020.

612.05 **Incriminations du titre II.** Le titre II de la loi du 31 décembre 1971 [1] prévoit quatre incriminations :

- l'exercice illégal du droit [2] et de la profession d'avocat par activité de représentation [3] ;
- le démarchage juridique [4] ;
- l'usage illicite du titre d'avocat (art. 74) [5].

SECTION 1
EXERCICE ILLÉGAL DU DROIT ET DE LA PROFESSION D'AVOCAT

612.11 **Exercice illégal du droit.** Le fait de donner des consultations juridiques ou de rédiger des actes sous seing privé pour autrui, en violation des articles 54 et suivants de la loi du 31 décembre 1971, est en vertu de l'article 66-2 de la loi réprimé par les peines prévues à l'article 72.

La caractérisation de l'exercice illégal du droit suppose d'établir l'exercice :

- d'une activité juridique réglementée (consultation juridique ou rédaction d'actes sous seing privé) ;
- à titre habituel et rémunéré ;
- par des personnes ne justifiant pas d'une autorisation de la loi ou dépassant les limites de cette autorisation.

612.12 **Exercice illégal de la profession d'avocat par activité de représentation.** Toute personne qui, n'étant pas inscrite régulièrement à un barreau, a exercé une ou plusieurs activités réservées au ministère des avocats, dans les conditions prévues à l'article 4 de la loi sous réserve des conventions internationales, est punie des peines prévues à l'article 433-17 du code pénal (une peine d'amende de 15 000 euros et/ou un an d'emprisonnement), en vertu de l'article 72 de la loi du 31 décembre 1971, modifié par la loi du 17 mars 2014 [6] qui a renforcé les sanctions pénales attachées à la protection du périmètre du droit et du monopole judiciaire de l'avocat. Avant cette loi, l'exercice illégal de la profession était passible d'une amende de 4 500 euros et, en cas de récidive, d'une peine d'amendement de 9 000 euros et d'emprisonnement de six mois ou de l'une de ces deux peines seulement.

L'avocat est le seul professionnel à pouvoir représenter et assister les justiciables devant les tribunaux judiciaires, les cours d'appel, les tribunaux répressifs et les tribunaux administratifs [7], sous la seule réserve du droit reconnu aux parties de se défendre elles-mêmes avec l'autorisation du président, et des attributions confiées aux défenseurs syndicaux habilités à exercer des fonctions d'assistance ou de représentation devant les conseils de prud'homme et les cours d'appel en matière prud'homale au même titre que les avocats dans le cadre d'une représentation [8] obligatoire [9]. Ce monopole d'activité a été étendu par la loi du 22 décembre 2010 [10] à la procédure participa-

1. L. n° 71-1130, 31 déc. 1971 portant réforme de certaines professions judiciaires et juridiques, *JO* 5 janv. 1972, p. 131.
2. L. n° 71-1130, 31 déc. 1971, art. 66-2.
3. L. n° 71-1130, 31 déc. 1971 art. 72.
4. L. n° 71-1130, 31 déc. 1971 art. 66-4.
5. L. n° 71-1130, 31 déc. 1971 art. 74.
6. L. n° 2014-344, 17 mars 2014 relative à la consommation, *JO* 18 mars, p. 5400, art. 130.
7. Devant le tribunal administratif, l'assistance d'un avocat est en principe obligatoire en cas de recours de plein contentieux, à l'exclusion de certaines matières limitativement énumérées à l'article R. 431-3 du code de justice administrative (contravention de grande voirie, taxes sur le chiffre d'affaires et taxes assimilées...). L'assistance par avocat est en revanche facultative en cas de recours pour excès de pouvoir.
8. V. s^s n° 622.64.
9. C. trav., art. R. 1453-2.
10. L. n° 2010-1609, 22 déc. 2010 relative à l'exécution des décisions de justice, aux conditions d'exercice de certaines professions réglementées et aux experts judiciaires, *JO* 23 déc., p. 22552.

tive assistée par avocat réglementé aux articles 2062 et suivants du code civil[1].

La présence de l'avocat n'est pas obligatoire devant certaines juridictions comme le tribunal d'instance [devenu tribunal judiciaire], pour les matières et dans les cas prévus par les dispositions de l'article 761 du code de procédure civile[2], le tribunal de commerce ou encore le conseil des prud'hommes..., sous réserve des dispositions particulières à ces juridictions qui définissent limitativement les personnes habilitées à représenter et assister les parties. Ces deux dernières dérogations ont entraîné un grand nombre de détournements de la loi soit par la création de faux syndicats, soit par le développement d'officines spécialisées dans l'assistance et la représentation de commerçants ou de dirigeants de sociétés. Cependant, la jurisprudence n'hésite pas à sanctionner la violation des textes restreignant pour les non avocats l'activité de représentation devant les juridictions. Les non avocats ne peuvent représenter ou assister qu'à titre occasionnel devant le tribunal de commerce (mis à part les huissiers qui peuvent représenter un client devant le tribunal de commerce[3]). En aucun cas, il ne peut s'agir de représentation professionnelle et rémunérée.

Ce monopole judiciaire de l'avocat s'étend aussi à l'assistance et à la représentation à titre habituel et rémunéré d'autrui devant les commissions disciplinaires de quelque nature que ce soit, aux termes de l'article 4, alinéa 1er, de la loi du 31 décembre 1971. Un avocat peut par exemple assister et/ou représenter une partie devant la commission disciplinaire d'une caisse primaire d'assurance-maladie[4].

Le domaine d'application de l'article 4 de la loi du 31 décembre 1971 se limite à l'assistance et la représentation devant les tribunaux, ce qui exclut les activités de conseil et de rédaction d'actes, elles-mêmes réglementées par les articles 54 et suivants de la loi de 1971. Cela étant, les actes de représentation et d'assistance prohibés peuvent s'accompagner, dans les faits, de la fourniture de conseils juridiques illicites, ce qui justifie l'engagement concomitant de poursuites sur le fondement de l'article 66-2 de la loi de 1971, une jurisprudence ayant d'ailleurs reconnu que « *le fait d'assister une partie devant le tribunal de commerce et de l'y représenter en vue du recouvrement d'une créance implique nécessairement une activité de conseil à son égard, et donc de consultation juridique au sens de l'article 54* »[5].

612.13 L'habitude n'est pas un élément constitutif de l'infraction. Par un arrêt du 5 février 2013[6], la Cour de cassation est revenue sur les conditions de mise en œuvre de l'article 72 de la loi du 31 décembre 1971 portant sanction de l'infraction d'exercice illégal de la profession d'avocat. Elle juge tout d'abord que l'habitude n'est pas un élément constitutif de l'infraction, alors qu'elle avait pu juger le contraire[7] antérieurement[8]. Elle juge ensuite que l'article 72 prévoyant que la peine d'emprisonnement n'est encourue qu'en cas de récidive, une personne déjà condamnée pour corruption et abus de confiance, coupable de délit d'exercice illégal de la profession d'avocat ne peut être condamnée à une peine d'emprisonnement avec sursis et mise à l'épreuve sans que soit méconnu l'article 111-3 du code pénal selon lequel nul ne peut être puni d'une peine qui n'est pas prévue par la loi[9].

SECTION 2
USURPATION DU TITRE D'AVOCAT

612.20 Plan. Le titre d'avocat, réservé aux avocats inscrits à un barreau (§ 1), peut être usurpé comme le titre « Maître » (§ 2) ou le titre d'avocat honoraire aussi bien que l'usage du titre en dehors de l'activité d'avocat (§ 3). Est ainsi pénalement sanctionné (§ 4) celui qui, sans remplir les conditions exigées pour le porter, aura fait usage ou se sera réclamé d'un titre attaché à une profession réglementée.

§ 1
Titre d'avocat réservé aux avocats inscrits à un barreau

612.31 Distinction du titre de l'avocat et de l'exercice de la profession. Le titre de l'avocat et l'exercice de la profession étaient distincts jusqu'au décret du 20 juin 1920. À partir de 1920, le titre d'avocat non suivi de mentions (celles-ci étant d'ailleurs totalement interdites telles qu'avocat-con-

1. V. ss nos 621.31 s.
2. C. pr. civ., art. 761 ; mod. par décr. n° 2019-1333, 11 déc. 2019, art. 4.
3. SUR LE FONDEMENT de l'article 853 du code de procédure civile, dans la mesure où l'article 627 du code de commerce, qui le leur interdisait, a été abrogé par la loi n° 87-550 du 16 juillet 1987, art. 25.
4. CE 26 juill. 1996, req. n° 137856, *Lebon ; Gaz. Pal.* 1997. 2. Somm. 304.
5. Orléans, 11 janv. 2001, *JurisData* 158098.
6. Crim. 5 févr. 2013, n° 12-81.155, P n° 35 ; *D. avocats* 2013. 122, obs. L. Dargent ; *Gaz. Pal.* 24 mars 2013, p. 17, obs. D. Piau – Crim. 14 janv. 2015, n° 13-85.868, NP ; *LPA* 5 févr. 2016, n° 26, p. 9, obs. Y. Strickler.
7. Crim. 28 oct. 2008, n° 08-82.436, P n° 211 ; *D.* 2009. 1067, note B. Lapérou-Scheneider ; *D.* 2009. 44, Chron. P. Chaumont et E. Degorce ; *AJ pénal* 2009. 31, obs. Royer – Crim. 4 déc. 1926, P n° 334.
8. Jean Pradel, *Droit pénal général*, 16e éd., Cujas, 2006, n° 373 – Roger Merle et André Vitu, *Traité de droit criminel*, t. II, Cujas, 2001, n° 1413.
9. DÉJÀ : Crim. 9 mai 1994, n° 98-84.283, NP.

seil, avocat international) a été réservé aux avocats inscrits à un barreau et les membres de la profession issue de la fusion avec les conseils juridiques bénéficient de ce titre.

Dans l'avant-projet du texte du projet de loi de 1990, le titre d'avocat-conseil avait été retenu pour bien marquer le rapprochement des deux professions. Cette proposition a été écartée, d'une part, en raison de la plus grande notoriété du titre d'avocat, même s'il paraissait difficile à porter à certains en raison de la spécificité que d'aucuns lui attribuent et, d'autre part, pour tenir compte de la directive relative à la libre prestation des services en France par les avocats des autres États membres de l'Union européenne[1].

612.32 Réservation du titre d'avocat aux seuls avocats inscrits à un barreau. Le mot avocat n'est en effet pas un titre conféré à une personne en raison de qualités qui lui sont propres, mais a pour seule fonction de désigner une profession pour laquelle les articles 1er et 4 de la loi du 31 décembre 1971 posent des conditions précises d'admission et d'exercice. Ce titre est réservé aux avocats inscrits à un barreau, sauf les avocats ayant cessé leur activité, qui portent le titre d'avocat honoraire[2]. Il ne peut donc entrer dans les pouvoirs d'un conseil de l'Ordre d'autoriser une personne qui n'exerce pas effectivement et régulièrement la profession d'avocat à prendre, par commodité ou convenance personnelle, le titre d'avocat, sauf à se rendre complice d'un délit pénal[3] en application de l'article 74 de la loi du 31 décembre 1971[4].

Les avocats doivent ainsi faire suivre leur titre de la mention du barreau[5] où ils sont inscrits au tableau ; ils peuvent le faire suivre le cas échéant de celui du barreau étranger auquel ils appartiennent[6]. L'article 154 du décret du 27 novembre 1991 reprend les dispositions de l'article 82 du décret du 9 juin 1972, lequel reprenait les dispositions de l'article 5 du décret du 22 juin 1920 dont la rédaction était identique.

§ 2
Usurpation du titre « Maître »

612.41 Titre « Maître ». L'origine de ce titre est purement coutumière et n'a qu'un fondement historique. Le titre de « Maître » n'apparaît dans aucun texte législatif. Il s'agit simplement d'un usage remontant à l'Ancien Régime où les avocats licenciés ou docteurs en droit *maîtres ès arts* portaient comme les maîtres en théologie ce titre qui leur était conféré par l'usage et que, peu à peu, on prit l'habitude de leur donner, de la même manière qu'on donne à un médecin le titre de docteur... alors qu'on ne le donne pas à un docteur en droit ou à un docteur ès sciences.

C'est là simplement un usage de courtoisie que rien ne vient fixer. On ne peut contraindre un magistrat qui s'y refuserait à donner, à l'audience ou en privé, le titre de Maître à un avocat ; c'est l'opinion du bâtonnier Lemaire qui se fonde avec raison sur une consultation d'un de ses prédécesseurs de 1896[7].

612.42 Le titre de « Maître » doit-il être employé en matière de rédaction de jugement ? Contrairement à ce qu'on croit en général, les termes traditionnels employés dans les jugements sont déterminés par une circulaire du premier président de la Cour de cassation du 10 juin 1921, qui s'appuyait sur les décrets des 29 novembre 1790 et 6 juillet 1810, et qui prévoit qu' : « Aucune qualification ne sera donnée aux plaideurs dans l'intitulé des jugements ; on n'y inscrira que leurs noms patronymiques et de famille, et celui de leurs fonctions ou de leur profession. »[8] Ainsi le titre de Monsieur, Madame ou Mademoiselle est irrégulier dans les jugements. Ces titres sont réservés exclusivement aux magistrats et ne peuvent être employés ni vis-à-vis d'un plaideur, ni vis-à-vis d'un mandataire quelconque qui intervient dans le jugement[9].

De même le titre de Maître ne doit pas apparaître pour un certain nombre de personnages, notamment les officiers ministériels. On doit écrire, enseigne M. le premier président Mimin : « Le tribunal commet X..., notaire, pour procéder aux opérations de partage et M. Y..., juge pour les surveiller. » De même il ne semble pas que le titre de Maître ait dû être employé régulièrement dans les jugements en ce qui concerne les avoués, à l'époque où ceux-ci existaient. M. le président Mimin est formel dans son ouvrage, on doit dire « condamne Untel aux dépens dont distraction à X... sur ses affirmations de droit ».

Le titre de « Maître » est réservé dans les jugements aux seuls avocats par un usage qui remonte à l'Ancien Régime et que la Cour de cassation conti-

1. L. n° 71-1130, 31 déc. 1971, art. 1er I, § 1 et 4 ; réd. L. n° 90-1259, 31 déc. 1990.
2. V. ss n° 612.51.
3. V. ss n° 612.71.
4. CNB, Comm. RU, avis n° 2010-038, 16 juill. 2010 ; C. avocat, 2021, ss L. 31 déc. 1971, art. 1er, note 12.
5. SUR LA DÉNOMINATION du barreau : Paris, 28 juin 1989, *Gaz. Pal.* 1989. 2. 616.
6. Décr. n° 91-1197, 27 nov. 1991 organisant la profession d'avocat, *JO* 28 nov., p. 15502, art. 154.
7. Lemaire, *Les règles de la profession d'avocat et les usages du Barreau de Paris*, LGDJ, 1966, n° 368.
8. Décret d'ensemble [général] sur l'organisation du tribunal de cassation lors de la séance du 27 novembre 1790, *Archives parlementaires de la révolution française*, 1885, t. 21, p. 38, art. 18.
9. P. Mimin, *Le style des jugements*, Librairies techniques, 1978, p. 26.

nue à appliquer. Ainsi donc seuls les avocats ont droit à ce titre de Maître dans les jugements, à la différence des anciens avoués, huissiers ou notaires. Un mandataire assistant régulièrement une partie ne peut bénéficier du titre de Maître ; il doit être mentionné à la procédure comme « mandataire ».

L'usage du titre de « Maître » peut être indirectement sanctionné. S'il a pu être jugé que l'appellation « Maître » n'est pas protégée[1], une telle appellation peut cependant être de nature à induire une confusion dans l'esprit du public comme permettant de penser que l'usurpateur possède la qualité d'avocat[2]. La Cour de cassation a-t-elle aussi pu sanctionner l'utilisation conjointe et répétée[3] des termes « maître », « service juridique », « assistance juridique », « représentation »[4].

§ 3 Usurpation du titre d'avocat honoraire et usage du titre en dehors de l'activité d'avocat

612.51 **Titre d'avocat honoraire.** Ce titre est réservé à l'avocat ayant cessé son activité et ayant été admis à l'honorariat[5]. L'usage des termes « ancien avocat » constitue une usurpation du titre d'avocat dès lors qu'il s'agit d'un titre tendant à créer une confusion dans l'esprit du public[6].

612.52 **Usage du titre d'avocat en dehors de l'activité d'avocat.** La Cour de cassation a pu juger qu'en principe un avocat peut faire figurer sa qualité, élément de sa personnalité, dans tous ses écrits, sous réserve de l'intervention éventuelle de l'autorité ordinale dans les cas où cet usage apparaîtrait contraire aux principes de la profession[7].

§ 4 Protection pénale du titre d'avocat

612.60 **Plan.** Le titre d'avocat est pénalement protégé par une incrimination générale de l'usurpation de titres ou fonctions (A) comme par des incriminations spéciales (B) contre le délit d'usage, par exemple, du titre d'avocat ecclésiastique, d'avocat-conseil, d'ancien avocat, d'avocat honoraire, de conseil juridique, du titre de professeur agrégé, ou de l'usage du titre sur des supports de publicité ou par un titulaire d'une maîtrise en droit.

A. Incrimination générale de l'usurpation de titres ou fonctions

612.71 **Poursuites sur le fondement de l'article 74 de la loi du 31 décembre 1971.** Le titre d'avocat est protégé par l'article 74 de la loi du 31 décembre 1971, qui renvoie pour les pénalités à l'article 433-17 du code pénal réprimant l'usurpation de titres ou fonctions et qui punit d'une amende de 15 000 euros et/ou d'un an d'emprisonnement celui qui, sans remplir les conditions exigées pour le porter, aura fait usage ou se sera réclamé d'un titre attaché à une profession réglementée.

Le texte de l'article 74 de la loi du 31 décembre 1971 est plus large que celui de l'article 433-17 du code pénal ; puisqu'il assimile au titre d'avocat proprement dit tout titre tendant à créer dans l'esprit du public une confusion.

L'élément moral de l'infraction d'usage illicite du titre n'exige pas la preuve d'une intention frauduleuse[8]. L'infraction d'usage illicite du titre réprime essentiellement l'usage d'une dénomination, de documents ou de références utilisant le titre d'avocat ou susceptible d'entretenir une confusion dans l'esprit du public avec ce titre ou un titre équivalent.

La protection de l'article 74 s'étend aussi au titre de conseil juridique et à tout titre équivalent depuis la loi du 31 décembre 1990 qui a opéré la fusion entre les deux professions[9]. Néanmoins, avant la fusion, la jurisprudence n'hésitait pas à sanctionner l'usage du titre de conseil juridique par des personnes n'appartenant pas à cette ancienne profession réglementée.

612.72 **Dénomination susceptible de créer une confusion avec le titre d'avocat.** Une circulaire de la Chancellerie du 16 octobre 1972[10] relative aux anciens conseils juridiques précisait que sont susceptibles de créer une confusion avec la dénomination d'avocat les dénominations suivantes : jurisconsultes, juristes, défenseurs, cabinet de défense, contentieux, conseil de sociétés, conseil d'entre-

1. Crim. 11 oct. 1988, n° 88-80.637, NP ; *Gaz. Pal.* 1989. I, Somm. 806.
2. SUR LE NOM PATRONYMIQUE précédé de la mention « maître » sur un interphone : TGI Paris, 15 juin 2006, n° 0602408104.
3. SUR LA MENTION visant l'utilisation conjointe et répétée des termes « maître », « service juridique », « assistance juridique », « représentation » : Crim. 30 nov. 2010, n° 10-81.023, NP ; *Dr soc.* 2011. 603, obs. F. Duquesne.
4. Crim. 30 nov. 2010, n° 10-81.023, NP, préc.
5. V. s^{s} n°s 243.11 s.
6. CNB, Comm. RU, avis n° 2019/017, 20 mai 2019, in C. avocat 2021, s^{s} L. 31 déc. 1971, art. 74, note 4.
7. Civ. 1re, 28 avr. 1993, n° 90-20.949, P I, n° 151 ; *JCP* 1993. II. 22114, note Martin ; *D.* 1994. 137, obs. A. Brunois.
8. Crim. 13 nov. 1996, n° 95-85.459, NP.
9. RÉPRIMANT L'USAGE DU TITRE de conseil juridique par un non avocat : Crim. 30 nov. 2010, n° 10-81.023, NP.
10. Circ. 16 oct. 1972 relative aux conseils juridiques [essentiellement consacrée au décret n° 72-670 du 13 juillet 1972], *JO* 25 oct., p. 11151.

prise, conseil fiscal, conseil social, expert ou mandataire fiscal. En revanche, l'appellation « Maître » n'est pas protégée [1].

612.73 Poursuites sur le fondement des articles L. 121-1 s. du code de la consommation. On peut envisager également de poursuivre celui qui porte un titre d'avocat auquel il n'a pas droit sur le fondement des articles du code de la consommation [2] réprimant les pratiques commerciales déloyales. Auparavant, l'article 44 [3] de la loi du 27 décembre 1973 interdisait toute publicité, sous quelque forme que ce soit, par des allégations, indications ou prétentions fausses, de nature à induire en erreur [4].

Les peines prévues sont celles de l'article L. 121-6 du même code : deux ans d'emprisonnement et 300 000 euros d'amende. Ainsi est prohibée toute publicité employée par une personne non inscrite à un barreau de nature à créer une confusion.

• **Comparateur d'avocats : condamnation du site « avocat.net ».** Par un jugement du 30 janvier 2015, le tribunal de grande instance [devenu tribunal judiciaire] de Paris, saisi par le Conseil national des barreaux, enjoint ainsi sous astreinte à une société commerciale Jurisystem, exploitant le site « avocat.net », de procéder à la radiation du nom de domaine [5]. Les juges retiennent que l'usage de cette dénomination, sans adjonction d'autres termes, est de nature à laisser penser à l'internaute que le site ainsi désigné est exploité par des avocats ou que les services proposés émanent d'avocats, alors que certaines prestations (mise en relation, informations juridiques) sont assurées par des personnes n'appartenant pas à la profession d'avocat, sans qu'il en soit précisément informé. Le tribunal interdit également à la société l'usage du slogan « premier comparateur d'avocats » jugé trompeur, dès lors que la comparaison ne portait que sur le prix des avocats inscrits sur le site. Ce jugement a été confirmé par l'arrêt de la cour d'appel de Paris du 18 décembre 2015 qui retient le chef d'exercice illégal du droit et étend l'interdiction de la mention trompeuse « comparateur d'avocats n° 1 en France » aux nouveaux slogans « comparez les avocats » et « comparateurs d'avocats » adoptés en cours d'instance [6]. Soucieuse de protéger les usagers du droit, la cour de Paris admettait par ailleurs que la violation d'une obligation déontologique par un tiers non soumis à son application pouvait être constitutive d'une faute délictuelle à l'égard de ceux qui sont tenus au respect de cette obligation et dont le Conseil national des barreaux est recevable à prétendre en subir un préjudice [7].

La première chambre civile de la Cour de cassation, par un arrêt du 11 mai 2017 [8] confirme l'interdiction faite à la société commerciale d'utiliser les noms de domaine « avocat.net » et « iavocat.fr » de nature à créer une confusion sur la qualité de ses interlocuteurs dans l'esprit du public non averti, qui peut croire être en relation avec des avocats alors que cette société proposait seulement d'obtenir des devis de prestations d'avocats. En revanche, elle a cassé partiellement l'arrêt d'appel en ce qu'il interdit à cette société de procéder et d'établir des comparateurs et notations d'avocats sur son nouveau site « alexia.fr » sous peine d'astreinte. Sur la question de la portée des règles déontologiques, la première chambre civile reprend la position adoptée dans un précédent arrêt du 26 avril 2017 [9] concernant une association employant des chirurgiens-dentistes dans des centres de santé, et estime que les règles déontologiques des professions libérales réglementées ne régissent que les relations entre les professionnels et ne peuvent être opposées à des tiers. Il appartient seulement à ces tiers, dans leurs activités propres, de délivrer au consommateur une « information loyale, claire et transparente » susceptible de satisfaire aux obligations de l'article L. 121-1 du code de la consommation.

Dans l'arrêt de renvoi rendu le 7 décembre 2018 [10], la cour d'appel de Versailles estime que durant la période antérieure à l'arrêt de la cour d'appel de Paris du 18 décembre 2015, le service de notation des avocats contesté « présentait un caractère trompeur en ce qu'il délivrait une information qui n'était ni loyale, ni claire ni transparente » et que « cette pratique trompeuse (au sens de l'article L. 121-1 du code de la consommation) porte atteinte à l'intérêt collectif de la profession d'avocat défendu par le conseil national des barreaux ». En conséquence,

1. V. s^s^ n° 612.41 – Rép. min. n° 82, *JOAN CR* 24 mai 1973, p. 1520.
2. C. consom., art. L. 121-1.
3. L. n° 73-1193, 27 déc. 1973 d'orientation du commerce et de l'artisanat, *JO* 30 déc., p. 14139, art. 44 ; abrogé par L. n° 93-949, 26 juill. 1993, art. 2 et 4.
4. Paris, 16 oct. 1974, *JCP* 1975. II. 17958, note Vivier ; *D.* 1975. 38 ; *Gaz. Pal.* 1975. 1. 159, note Fourgoux.
5. TGI Paris, *30 janv. 2015, n° 13/00332*, *JCP* 2015, Doctr. 673, n° 17, obs. F. G'sell.
6. Paris, pôle 5, ch. 2, 18 déc. 2015, RG n° 15/03732 ; *JCP* 2016, act. 4, p. 8, obs. F. G'sell.
7. F. G'sell, « Les débats périlleux d'un comparateur d'avocats », *JCP* 2015, act. 1417 – T. Wickers, « Quelle stratégie face aux plateformes ? », *Gaz. Pal.* 2 févr. 2016, n° 5, p. 13.
8. Civ. 1re, 11 mai 2017, n° 16-13.669, P I, n° *[à paraître]* ; *D. actu.* 19 mai 2017, obs. B. Pitcho ; *D.* 2017. 1054 ; *D. avocats* 2017. 234, obs. A. Bolze ; *Dalloz IP/IT* 2017. 410, obs. A. Lecourt ; *JCP* 2017, Doctr. 660, n° 32, obs. F. G'sell.
9. Civ. 1re, 26 avr. 2017, n°s 16-14.036, 16-15.278, P ; *D. actu.* 11 mai 2017, obs. X. Delpech ; *D.* 2017. 988 ; – AUSSI : Civ. 1re, 22 mai 2019, n° 17-31.320, P ; *D. actu.* 18 juin 2029, obs. G. Deharo.
10. Versailles, 7 déc. 2018, RG n° 17/05324, *JCP* 2019, Doctr. 255, n° 18, obs. F. G'sell.

elle condamne la société éditrice du site à payer au CNB la somme de 1 euro de dommages et intérêts en réparation de son préjudice. Sur la période postérieure à l'arrêt de la cour d'appel de Paris, la cour considère qu'il n'est pas démontré un défaut d'obligation d'information dès lors que la société a retiré de son site toute mention relative à la comparaison des avocats et tout système de notation.

612.74 Usage du titre d'avocat par un étudiant préparant l'examen d'entrée à un CRFPA. Un étudiant préparant l'examen d'entrée au CRFPA et qui travaillait au cabinet d'un avocat est déclaré coupable du délit d'usage illégal du titre d'avocat pour s'être présenté sur l'instruction de cet avocat devant un conseil de prud'hommes et y avoir déclaré qu'il était avocat[1].

B. Incriminations spéciales

612.81 Délit d'usage de titre par le titulaire d'une maîtrise en droit. Dès lors qu'il est établi par la procédure, et d'ailleurs reconnu par le prévenu, que, titulaire d'une maîtrise de droit, ce dernier animait une société dont l'activité principale était la rédaction d'actes juridiques et accessoirement le courtage financier, qu'il a dressé un acte de cession de parts de fonds de commerce moyennant des honoraires, qu'il n'exerçait aucune des professions réglementées prévues par l'article 56 de la loi du 31 décembre 1971, qu'il ne remplissait aucune des exigences prévues par l'article 55 et qu'il a fait l'objet d'une condamnation définitive à deux ans d'emprisonnement avec sursis pour des faits de faux et usage de faux en écriture privée, est caractérisé en tous ses éléments le délit de consultation juridique ou rédaction d'actes sous seing privé sans respect des conditions légales.

En revanche le fait d'utiliser des papiers à en-tête « société d'études et de rédaction d'actes » ne suffit pas à lui seul à créer, dans l'esprit du public, une confusion avec le titre de la profession d'avocat, le délit d'usage de titre n'est alors pas caractérisé à l'égard du prévenu[2].

612.82 Délit d'usage de titre par des supports de publicité. Un jugement du 14 mars 1997 du tribunal de grande instance [devenu tribunal judiciaire] d'Angers a condamné un prévenu et sa société pour avoir fait usage, dans son papier à lettres, d'un titre en l'espèce « fiduciaire, expert, consultation juridique, rédaction d'actes, prévention, diagnostic, difficulté des entreprises » ; le tribunal estime que ce titre est de nature à créer, dans l'esprit du public, une confusion avec le titre et la profession réglementée par la loi du 31 décembre 1971[3]. De même, la publicité « votre avocat par minitel » est à l'origine d'une usurpation de titre[4], comme l'appellation d'un contrat de protection juridique « La Vocat »[5].

612.83 Usurpation du titre d'avocat de son conjoint. De même le mari d'une femme avocat qui lui servait de clerc et qui se faisait passer pour son associé ou son collaborateur et donnait des consultations, est condamné pour usurpation de titre[6].

612.84 Advocatus – Avocat ecclésiastique. Le titre d'avocat ecclésiastique, *advocatus*, régi par les dispositions du code de droit canonique de l'Église, pouvait être toléré car il n'était pas différent de celui d'un avocat étranger établi en France, a pu admettre le garde des Sceaux dans une réponse à une question écrite[7]. Il s'ensuit, dit-il, que sous réserve de l'appréciation souveraine des juridictions, l'*advocatus* peut utiliser le titre d'avocat dès lors que ce titre est suivi de qualificatifs propres à éviter le reproche d'usurpation d'un titre protégé par la loi.

612.85 Avocat-conseil ou avocat mandataire près les tribunaux de commerce. La cour de Versailles, par un arrêt du 18 février 1998[8], a interdit à un avocat l'usage du titre d'« avocat-conseil » pour la dénomination de la société d'exercice libéral qu'il avait constituée, au motif que l'incorporation dans la dénomination sociale litigieuse du vocable avocat-conseil, est de nature à créer une confusion avec la profession (qui n'existe pas) d'avocat-conseil et celle existante d'avocat, de telle sorte qu'elle se heurte tout comme le vocable avocat-conseil, qui viendrait à être utilisé en tant que titre, à la prohibition résultant des dispositions combinées des articles 1er, alinéa 4, et 74 de la loi du 31 décembre 1971 et de l'article 154 du décret du 27 novembre 1991.

De même, un arrêt de la cour d'appel de Toulouse du 17 octobre 1996[9] a interdit à un prévenu de faire mention du titre de mandataire près les tribunaux de commerce, corroborée par la mention, dans les formules utilisées par ce prévenu de « élisant domicile au cabinet de M... », la cour ayant estimé que la réunion de ces mentions de manière habituelle, fonde

1. Crim. 11 oct. 1988, n° 88-80.637, NP ; *Gaz. Pal.* 1989. I, Somm. 806.
2. Paris, 6 mars 2000, *D.* 2000. 103.
3. TGI Angers, 14 mars 1997, *in Bull. Conf. bâtonniers* 30 avr. 1997, n° 12, p. 2.
4. TGI Paris, ord. prés., 28 avr. 1989, *Gaz. Pal.* 1989. 1. 384.
5. TGI Paris, 23 mars 1988, *Gaz. Pal.* 1988. 405.
6. Crim. 13 nov. 1996, n° 95-85.459, NP ; *JCP* 1997. I. 40-41, Chron. R. Martin ; *Gaz. Pal.* 18 mars 1997, Chron. crim. 65.
7. Rép. Min. Justice, débats Sénat, 4 août 1988, *JO Sénat CR*, p. 892.
8. Versailles, 18 févr. 1998, NP – Crim. 14 févr. 1991, n° 90-80.460, P 80 ; *D.* 1991. 274, obs. G. Azibert.
9. Toulouse, 3e ch., 17 oct. 1996, NP.

l'usage abusif d'un titre tendant à créer dans l'esprit du public une confusion avec le titre de la profession d'avocat protégé.

612.86 Usurpation par l'avocat du titre de professeur agrégé. L'usage usurpé par un avocat du titre prestigieux de professeur agrégé, notamment à l'occasion de l'établissement d'une consultation juridique ayant pour effet de valoriser indûment celle-ci constitue non seulement l'usage abusif d'un titre qu'il ne possédait point mais un manquement grave à l'honneur et à la probité, entraînant une peine d'interdiction d'exercice d'une durée de deux années[1].

612.87 Ancien avocat ou avocat honoraire. L'avocat qui cesse d'être inscrit au tableau perd le bénéfice de l'habilitation légale à exercer le droit à titre professionnel, de sorte qu'il ne saurait poursuivre son ancienne activité, par exemple sous un statut de consultant ou par l'intermédiaire d'une société commerciale constituée à cet effet[2].

La règle vaut aussi pour l'avocat honoraire qui accomplirait des actes de la profession en dehors des limites de son statut[3]. Manque à la probité, principe essentiel de la profession d'avocat, l'avocat à la retraite depuis plus de deux ans qui fait état de la qualité d'avocat pour rendre visite à un ancien client détenu[4].

Un avocat temporairement suspendu ne peut également accomplir aucun acte professionnel pendant la durée de son interdiction d'exercice[5].

612.88 Usurpation du titre de « conseil juridique ». Les mêmes dispositions prévues en ce qui concerne le titre et la fonction d'avocat sont applicables à celui qui aura fait usage du titre de conseil juridique ou d'un titre équivalent pouvant prêter à confusion. Le titre ne peut plus subsister que, soit à titre de spécialisation[6], soit avec la mention « honoraire »[7].

Antérieurement à la loi du 31 décembre 1990, l'usurpation du titre d'avocat par des conseils juridiques avait été sanctionnée. La chambre criminelle de la Cour de cassation avait condamné le président d'une association de conseils juridiques pour usage d'un titre tendant à créer la confusion avec la profession d'avocat. En effet, l'association avait inséré dans un annuaire téléphonique professionnel à la fin de la rubrique « avocats », une annonce dont le texte se terminait par les noms des membres du conseil supérieur de l'association, dont celui du président, précédés du mot « Maître »[8].

SECTION 3
DÉMARCHAGE JURIDIQUE PROHIBÉ

612.91 Notion de démarchage juridique. Sous peine de sanctions pénales, l'article 66-4 de la loi du 31 décembre 1971 interdit de se livrer au démarchage en vue de donner des consultations ou de rédiger des actes en matière juridique. Il ne définit pas la notion de démarchage juridique. Toutefois, l'article 1er du décret du 25 août 1972[9] définit l'acte de démarchage comme : « *Le fait d'offrir ses services en vue de donner des consultations ou de rédiger des actes juridiques ou de provoquer à la souscription d'un contrat aux mêmes fins, notamment en se rendant personnellement ou en envoyant un mandataire soit au domicile ou à la résidence d'une personne, soit sur les lieux de travail, de repos, de traitement ou dans un lieu public.* »

Le démarchage juridique est une infraction autonome facilement caractérisable. L'absence d'exercice illicite du droit n'empêche pas l'engagement de poursuites sur ce fondement. C'est en effet au travers de l'interdiction du démarchage juridique que l'on peut appréhender l'activité juridique de certains professionnels réglementés ou agréés, notamment lorsque les conditions posées pour l'infraction d'exercice illicite de la profession d'avocat ne peuvent être réunies[10].

En raison de son caractère général, cette prohibition du démarchage juridique s'appliquait aussi aux avocats[11]. La loi du 17 mars 2014 relative à la consommation[12] a cependant exclu les avocats de cette prohibition en les soumettant uniquement aux nouvelles dispositions de l'article 3 *bis* de la loi du

1. Paris, 24 nov. 1993, *D.* 1995. 164.
2. Crim. 14 janv. 2015, n° 13-85.868, NP ; *JCP* 2015. 673, obs. G. Pillet – Crim. 23 janv. 2001, n° 00-83.192, NP.
3. Décr. n° 2005-790, 12 juill. 2005, art. 21 ; RIN, art. 13.
4. Civ. 1re, 10 déc. 2002, n° 00-11.091, P I, n° 301 ; *JCP* 2003. I. 140, n° 21, obs. R. Martin ; *Gaz. Pal.* 2003. Somm. 519.
5. Paris, 11 févr. 2016, RG n° 15/06398.
6. L. n° 71-1130, 31 déc. 1971, art. 1er, I, al. 4.
7. L. n° 71-1130, 31 déc. 1971, art. 1er, I, al. 5.
8. Paris, 11e ch, 14 avr. 1983, RG n° 83/92.091, *D.* 1985. 112, obs. A. Brunois ; *Gaz. Pal.* 1 984. 500, note A. Damien.
9. Décr. n° 72-785, 25 août 1972 relatif au démarchage et à la publicité en matière de consultation et de rédaction d'actes juridiques, *JO* 29 août, p. 9283.
10. Poitiers, 16 mai 1994, RG n° 0000455/63 ; – SANCTIONNANT l'organisation d'une journée « porte ouverte » en matière juridique par un ordre régional d'expert-comptable : TGI Niort, ord. réf., 3 févr. 1993, *JCP* 1993. II. 22021, note R. Martin.
11. EN CE SENS, l'affaire *Class Action :* TGI Paris, 6 juin 2005, *D.* 2006. 141, obs. Avena-Robardet ; *JCP* 2006. II. 10019, note R. Martin ; – CONFIRMÉ PAR : Paris, 17 nov. 2006, RG n° 05/23835 : dans cette affaire, les avocats concernés étaient notamment poursuivis sur le fondement des articles 66-4 de la loi de 1971 et de l'article 2 du décret de 1972.
12. L. n° 2014-344, 17 mars 2014 relative à la consommation, *JO* 18 mars, p. 5400.

31 décembre 1971 qui autorise désormais les avocats à recourir à la publicité et à la sollicitation personnalisée dans les conditions définies par un décret en Conseil d'État.

Les conditions dans lesquelles les avocats peuvent recourir à la publicité et à la sollicitation personnalisée sont fixées par le décret du 28 octobre 2014[1], pris pour l'application de ces dispositions. La publicité et la sollicitation personnalisée sont permises à l'avocat si elles procurent une information sincère sur la nature des prestations de services proposées et si leur mise en œuvre respecte les principes essentiels de la profession, selon l'article 15 du décret du 12 juillet 2005[2], tel que modifié par l'article 2 du décret du 28 octobre 2014. Elles excluent tout élément comparatif ou dénigrant. La sollicitation personnalisée prend la forme d'un envoi postal ou d'un courrier électronique adressé au destinataire de l'offre de service, à l'exclusion de tout message textuel envoyé sur un terminal téléphonique mobile. Elle précise les modalités de détermination du coût de la prestation, laquelle doit faire l'objet d'une convention d'honoraires.

La publicité de l'avocat s'opère dans les conditions prévues par le décret du 25 août 1972. Toutefois, le Conseil d'État, par un arrêt rendu le 13 décembre 2013[3], a considéré que les articles 2 et 3 du décret susvisé, instituant l'interdiction de la publicité personnelle par voie de tracts, affiches, films cinématographiques, émissions radiophoniques ou télévisées, ne s'appliquaient plus aux avocats[4].

612.92 Renforcement des sanctions pénales. Le décret du 28 octobre 2014 relatif aux modes de communication des avocats modifie le deuxième alinéa de l'article 5 du décret du 25 août 1972, qui prévoyait l'application d'une peine de nature contraventionnelle aux actes de démarchage. Conformément à l'article 130 de la loi du 17 mars 2014 relative à la consommation[5], les peines prévues aux articles L. 242-5 à L. 242-9 du code de la consommation (deux ans d'emprisonnement et 150 000 euros d'amende) s'appliquent désormais à toute personne qui, n'étant pas avocat, s'est livrée à un acte de démarchage en vue de donner des consultations ou de rédiger des actes en matière juridique.

Depuis la loi du 18 novembre 2016 de modernisation de la justice du XXIe siècle[6], les professions réglementées, incluant les experts-comptables et les commissaires aux comptes, sont exclues du champ de l'incrimination de démarchage juridique prohibé, l'article 66-4 de la loi du 31 décembre 1971 renvoyant pour ces professionnels aux textes régissant la publicité et la sollicitation personnalisée.

612.93 Exercice du droit par les syndicats et organisations professionnelles – Acte de démarchage juridique. La Cour de cassation qualifie d'actes de démarchage juridique prohibés au sens de l'article 1er du décret du 25 août 1972 la parution par un syndicat agricole de publicités par voie de presse d'offres de services de consultations juridiques et de rédaction d'actes sous seing privé[7]. Ces offres de services juridiques s'adressaient à un large public, bien au-delà des membres du syndicat, et excédaient les questions liées à la profession agricole seule visées par ses statuts.

612.94 Démarchage en matière de consultation juridique ou de rédaction d'actes en ligne – Interdiction. Les sites juridiques en ligne proposent en général de la documentation juridique sans réponse personnalisée, la diffusion de modèle de lettres, actes..., la réalisation de formalités qui constituent en fait une prestation de rédaction. De manière plus limitée, ils proposent également des packs juridiques ou abonnement en partenariat avec des avocats. Quelle que soit la forme de la consultation juridique ou de la rédaction d'actes en ligne par le biais de pack, d'abonnement, de réponse personnalisée ou de rédaction de statut..., le démarchage juridique en ligne reste prohibé par l'article 66-4[8] de la loi du 31 décembre 1971 qui n'établit aucune liste des procédés pouvant être utilisés.

La sanction est souvent difficile à mettre en œuvre en raison des changements rapides de ces sites, nouveau nom, hébergement à l'étranger..., qui nécessitent un suivi permanent pour vérifier les modifications apportées et les « nouveautés » proposées, parfois suscitées par les mises en garde ou protestations de la profession. De nouvelles formes de marketing juridique apparaissent constamment : appel d'offres, commercialisation de « packs juridiques en partenariat avec des cabinets d'avocats », ou encore cartes d'abonnement mensuel ouvrant droit à des prestations d'avocats partenaires... Un site interdit peut très vite être reconstitué sous un nouveau nom ou une nouvelle adresse. Certains de ces sites sont d'ailleurs hébergés à l'étranger, dans des pays où la réglementation est plus souple, ce qui ne facilite pas leur appréhension par la réglementation française.

Une autre difficulté concerne les sites qui se proposent, sous diverses modalités, de mettre en

1. Décr. n° 2014-1251, 28 oct. 2014 relatif aux modes de communication des avocats, *JO* 29 oct., p. 17894, art. 1er.
2. Décr. n° 2005-790, 12 juill. 2005 relatif aux règles de déontologie de la profession d'avocat, *JO* 16 juill., p. 11688.
3. CE 6e/1re SSR, 13 déc. 2013, req. n° 361593, NP.
4. V. ss nos 463.21 s.
5. L. n° 2014-344, 17 mars 2014, art. 130.
6. L. n° 2016-1547, 18 nov. 2016 de modernisation de la justice du XXIe siècle, *JO* 19 nov., n° 1, art. 3.
7. Civ. 1re, 1er oct. 2014, n° 13-25.338, NP.
8. L. n° 71-1130, 31 déc. 1971, art. 66-4.

relation les internautes avec des avocats. On peut ainsi distinguer trois catégories de sites [1] :

• ***Les sites de référencement.*** Ils constituent des sortes d'annuaires électroniques. L'avocat doit s'inscrire et préciser la ou les matières sur lesquelles il entend être consulté. Ces sites peuvent être exclusivement réservés aux avocats et comprendre des liens de renvoi sur les sites personnels de ces derniers. Il faut toutefois prêter attention aux sites qui référencent sous divers intitulés (par exemple, « juristes d'affaires », « juristes indépendants », « juristes consultants ») des prestataires dont l'activité relève d'un exercice illégal du droit.

• ***Les sites d'intermédiation ou de courtage juridique.*** Les sites de courtage ou d'intermédiation juridique diffèrent du site de référencement, en ce qu'ils mettent en relation l'internaute et l'avocat, en percevant éventuellement une rémunération pour négocier les honoraires. Dans la pratique, cette rémunération est directement versée au site qui restitue à l'avocat une partie de cette rémunération dans des conditions souvent mal connues, alors que le partage d'honoraires est strictement prohibé. S'il n'est pas interdit aux avocats de s'inscrire sur des sites de tiers contre le paiement d'une somme forfaitaire, le décret du 12 juillet 2005 [2] prohibe, en son article 10, toute rémunération de l'apporteur d'affaires. Dans tous les cas, cette inscription ne doit pas remettre en cause l'indépendance de l'avocat qui garantit au client que les conseils donnés ne seront jamais guidés par un intérêt personnel ou une pression extérieure. L'avocat doit pouvoir traiter librement son dossier avec le client.

• ***Les sites de prestations juridiques en ligne.*** D'autres sites proposent, au-delà de l'intermédiation, des consultations délivrées, éventuellement en ligne, soit par des avocats référencés, soit par une équipe de « juristes ». Dans cette dernière hypothèse, l'attention doit être attirée sur le caractère manifestement illicite de cette activité au regard du titre II de la loi du 31 décembre 1971. Par ailleurs, ces sites suscitent les mêmes difficultés précédemment évoquées relatives au courtage juridique, au partage des honoraires, à l'indépendance de l'avocat, au secret professionnel, et plus généralement à la sous-traitance illicite de la prestation de l'avocat.

612.95 Participation des avocats à des sites de tiers. Les conditions de participation des avocats à des sites de tiers ont été précisées par un avis de la commission des règles et usages du Conseil national des barreaux adopté par son assemblée générale du 11 janvier 2008 [3] :

« *Le fait pour un avocat d'être volontairement référencé sur un site de tiers ou d'avoir un lien hypertexte vers un tel site est équivalent à un acte de publicité au sens de l'article 10 du RIN. Cependant, il appartient à l'avocat de vérifier que le contenu du site est conforme aux principes de la profession et d'en informer l'Ordre. Si tel n'est pas le cas, il doit cesser son concours. La convention entre l'avocat et le site de tiers ne doit pas porter atteinte à la liberté de fixation de ses honoraires par le professionnel en accord avec son client, toute fixation forfaitaire des honoraires par un tiers étant contraire au principe d'indépendance de l'avocat.* »

En l'état de la réglementation applicable, le simple service de référencement d'avocats n'est pas constitutif en soi d'une atteinte à la réglementation du périmètre du droit. Il en va autrement lorsque ces sites référencent des « juristes indépendants » ou des « experts juridiques » non avocats, voire renvoient sur d'autres sites sur lesquels sont proposées des prestations juridiques en violation avec le titre II de la loi du 31 décembre 1971. Dans ce cas, il s'agit de vérifier qui est en relation contractuelle avec le client pour la délivrance d'une consultation juridique : si le service de référencement contracte directement avec le client, puis sous-traite à un avocat, il est en infraction avec la loi du 31 décembre 1971 et le décret du 12 juillet 2005, et l'avocat ne peut prêter son concours à cette activité.

Certaines prestations peuvent aussi être qualifiées de démarchage juridique interdit par l'article 66-4 de la loi du 31 décembre 1971. Quand bien même ces consultations en ligne sont dispensées par des avocats, il n'est pas à exclure que le site se livre à l'exercice indirect du droit en violation des articles 54 et suivants. Ainsi, lorsque l'avocat est un simple sous-traitant qui ne rencontre pas son client, la société gestionnaire du site peut alors apparaître comme le véritable cocontractant. Il est donc légitime, en ce cas, de se demander si la société gestionnaire n'exercerait pas illégalement le droit, « par personne interposée ». Cette situation vise plus généralement le cas d'un donneur d'ordre qui, sans délivrer de prestation juridique, facturerait à son client une prestation globale incluant la fourniture de conseils juridiques sous-traités à un professionnel du droit [4].

On peut aussi se demander si cette interposition entre l'avocat et le client ne porte pas non plus atteinte aux dispositions de l'article 111 du décret du 27 novembre 1991 qui considère comme incompatible avec la profession d'avocat l'exercice d'une activité commerciale, conformément à l'analyse adop-

1. CNB, *Vade-mecum de l'exercice du droit*, 2e éd., oct. 2017.
2. Décr. n° 2005-790, 12 juill. 2005 relatif aux règles de déontologie de la profession d'avocat, *JO* 16 juill., n° 22.
3. CNB, Comm. RU, avis n° 2008-093, 11 janv. 2008.
4. Aix-en-Provence, 2 avr. 2015, RG n° 14/00449, *Divorce discount, JCP* 2015. 673, obs. C. Bolze – Paris, 19 févr. 2013, RG n° 13/20562, *Protegermonpermis.fr.*

tée par le tribunal de commerce de Lyon dans une décision du 19 avril 2004[1].

Enfin, une certaine prudence s'impose en matière de référencement d'avocats. Certains sites n'hésitent pas à référencer sous la qualité d'avocat des personnes ne justifiant pas d'une inscription régulière à un barreau ou, le cas échéant, n'ayant jamais sollicité leur inscription sur le site. Des avocats ont ainsi été rendus destinataires de demandes en paiement pour des contrats d'abonnement jamais souscrits.

612.96 **Encadrement déontologique.** Par une décision à caractère normatif n° 2016-002, adoptée par l'assemblée générale des 9 et 10 décembre 2016[2], le Conseil national des barreaux a actualisé les dispositions relatives à l'encadrement des prestations juridiques en ligne, codifiées désormais à l'article 19 du RIN[3]. Il est rappelé que l'avocat qui propose des prestations juridiques en ligne, quels que soient les supports, doit le faire dans le respect des prescriptions relatives à la communication des avocats, et notamment de celles de l'article 10.3[4] du RIN. Il est ainsi interdit à l'avocat d'utiliser les services d'un tiers dans le but de contourner les limites et interdictions posées en matière de publicité et de sollicitation personnalisée. L'avocat référencé ou mis en relation avec un client doit également s'assurer que les prestations fournies par le site ou la plateforme de référencement ou de mise en relation, sont conformes au titre II de la loi du 31 décembre 1971[5].

L'exploitant d'un site de tiers ne doit pas non plus s'immiscer dans la relation entre le client et l'avocat, ni percevoir d'honoraires de ce dernier. L'avocat peut néanmoins être amené à participer de façon forfaitaire aux frais de fonctionnement de ce site ou de cette plateforme, à l'exclusion de toute rémunération établie en fonction des honoraires que l'avocat perçoit des clients. Il est précisé à cet égard que l'avocat ne peut donner mandat à l'exploitant du site ou de la plateforme de percevoir pour son compte les honoraires qui lui reviennent, sauf à une entreprise agréée dans les conditions prévues au code monétaire et financier, seul cet organisme financier pouvant percevoir sur les honoraires des frais pour sa prestation technique[6].

• **Création de la plateforme Avocat.fr.** Pour répondre à cet encadrement déontologique, le CNB a développé une plateforme de consultations juridiques en ligne hébergée sur le site « avocat.fr », sur laquelle plus de 17 000 avocats sont déjà inscrits[7]. Cette plateforme est adossée à l'annuaire national des avocats dont le CNB a la charge[8]. Elle permet à l'avocat de respecter les règles déontologiques de la profession, et notamment de facturer directement ses clients en toute conformité avec les préconisations de l'article 19 du RIN.

1. Lyon, 19 avr. 2004, *JurisData* 259579, *Gaz. Pal.* 13 nov. 2004, n° 318, p. 35, note R. Meziani, S. Lastate.
2. CNB, décis. n° 2016-002, 26 janv. 2017, *JO* 13 avr. 2017, n° 33 ; – SUR LAQUELLE : *JCP* 2017. 548, obs. L. Dupont et S. Bortoluzzi.
3. CNB, Guide *sur la participation des avocats aux plateformes en ligne détenues par des tiers*, 2e éd., mars 2020.
4. RIN, art. 19.1.
5. RIN, art. 19.4.2.
6. RIN, art. 19.4.2.
7. Source CNB.
8. L. n° 71-1130, 31 déc. 1971, art. 21-1, al. 2 – v. s^s n° 112.81.

CHAPITRE

613. Reconnaissance des qualifications professionnelles et accès partiel à l'activité d'avocat

SECTION 0 ORIENTEUR

613.00 Sommaire du chapitre.

Division. La reconnaissance des qualifications professionnelles pour les ressortissants des États membres de l'Union européenne leur ouvre un accès partiel en France à l'activité d'avocat, lequel est soumis à des conditions particulières (sect. 1) et à des modalités d'exercice de l'activité autorisée (sect. 2).

613.01 Textes applicables.

TEXTES TITRÉS

• **L. n° 71-1130, 31 déc. 1971**

art. 93 [Professionnels visés]

art. 94 [Conditions et décision du garde des Sceaux]

art. 95 [Inscription sur une liste]

art. 96 [Obligation d'assurances]

art. 97 [Respect du secret professionnel et conflit d'intérêts]

art. 98 [Sanctions pénales]

art. 99 [Partie civile]

art. 100 [Renvoi à un décret en conseil d'État]

• **Décr. n° 91-1197, 27 nov. 1991**

art. 204 [Demande d'accès partiel et pièces]

art. 204-1 [Demande incomplète]

art. 204-2 [Décision motivée]

art. 204-3 [Epreuve d'aptitude]

art. 204-4 [Liste des professionnels autorisés]

art. 204-5 [Retrait d'autorisation]

art. 204-6 [Suspension provisoire]

art. 204-7 [Respect du contradictoire]

art. 204-8 [Information de l'autorité compétente de l'État membre d'origine]

613.03 Bibliographie indicative.

* Aussi : v. s^{s} n° 61.03.

Articles. A. Marter, « L'accès partiel à la profession d'avocat touche des compétences partagées », *Gaz. Pal.* 3 janv. 2017, n° 1, p. 15 – A. Portmann, « Accès partiel à la profession : recours des avocats », *D. actu.* 27 mars 2017.

613.05 Transposition de la directive 2005/36 du Parlement et du Conseil du 7 septembre 2005 modifiée. La directive 2005/36[1] relative à la reconnaissance des qualifications professionnelles organise les conditions dans lesquelles les autorités compétentes des États membres de l'Union européenne reconnaissent la qualification professionnelle des ressortissants des autres États membres de l'Union, lorsque la réglementation nationale subordonne l'accès ou l'exercice d'une profession à des conditions de qualification professionnelle. Elle a été transposée, pour la profession d'avocat, par l'article 99[2] du décret du 27 novembre 1991, de manière à permettre à tout ressortissant européen, avocat dans un autre État membre de l'Union européenne, de pouvoir directement exercer en France sous le titre d'avocat français, après avoir été autorisé par le Conseil national des barreaux à se présenter à l'examen d'aptitude et avoir réussi cet examen[3].

1. Dir. 2005/36, Parlement et Conseil, 7 sept. 2005 relative à la reconnaissance des qualifications professionnelles, *JOCE L* 255, 30 sept., p. 22.
2. Décr. n° 91-1197, 27 nov. 1991, art. 99.
3. V. s^{s} n°s 212.151 s.

Cette directive sur la reconnaissance des qualifications professionnelles a été modifiée par la directive 2013/55[1] qui a introduit l'« accès partiel » à une ou plusieurs activités d'une profession réglementée, transposée en droit interne par une ordonnance du 22 décembre 2016[2]. L'objectif est d'offrir la possibilité, pour un ressortissant de l'Union, d'accéder à une ou plusieurs activités d'une profession réglementée sur le territoire national de l'État d'accueil pour laquelle ou lesquelles il est déjà qualifié dans son État d'origine. Les institutions européennes ont considéré qu'il existe des cas où les activités exercées dans un État membre relèvent, dans d'autres États membres, d'une profession dont le champ d'activité est plus large. Ce dispositif qui vise à faciliter la mobilité, en particulier quand les professions ne se recoupent pas exactement d'un pays à l'autre, s'applique aux ressortissants de l'Union souhaitant exercer une activité de manière temporaire et occasionnelle sur le territoire national comme à ceux qui veulent s'y établir.

SECTION 1
CONDITIONS DE L'ACCÈS PARTIEL À LA PROFESSION D'AVOCAT

613.11 **Principe.** L'accès partiel à une activité professionnelle est accordé au cas par cas, sous certaines conditions posées par l'article 4 *septies* de la directive 2005/36, modifiée. Il ne doit intervenir qu'à titre subsidiaire dès lors que les différences entre l'activité professionnelle légalement exercée dans l'État membre d'origine et la profession réglementée dans l'État membre d'accueil sont si importantes que l'application de mesures de compensation reviendrait à imposer au demandeur de suivre le programme complet d'enseignement et de formation requis pour avoir pleinement accès à la profession réglementée dans l'État membre d'accueil. L'accès partiel peut être refusé si ce refus est justifié par des raisons impérieuses d'intérêt général, s'il est propre à garantir la réalisation de l'objectif poursuivi et s'il ne va pas au-delà de ce qui est nécessaire pour atteindre cet objectif.

En tout état de cause, lorsque l'accès partiel a été accordé, l'activité professionnelle est exercée sous le titre professionnel de l'État membre d'origine et en indiquant clairement aux destinataires des services le champ de leurs activités professionnelles.

613.12 **Accès partiel à l'activité d'avocat en France.** Les conditions de cet accès partiel et les conditions d'exercice de l'activité d'avocat en France[3] sont posées par le titre V de la loi du 31 décembre 1971, intitulé « *Dispositions relatives à l'accès partiel à la profession d'avocat en France, par les ressortissants des États membres de l'Union européenne ayant acquis leur qualification dans un autre État membre* ». Il a été introduit par l'ordonnance du 22 décembre 2016 portant transposition, pour la profession d'avocat, de l'article 4 *septies* de la directive 2005/36[4] relative à la reconnaissance des qualifications professionnelles, telle que modifiée par la directive 2013/55. Cette ordonnance a été ratifiée par l'article 206, VIII, de la loi du 22 mai 2019[5].

Un titre V *bis* relatif à cet accès partiel a été inséré dans le décret du 27 novembre 1991, organisant la profession d'avocat, par le décret du 20 septembre 2017[6], dont les dispositions sont entrées en vigueur le 1er septembre 2017, et qui poursuit cette transposition et réglemente la présentation des demandes et des autorisations d'accès partiel à la profession d'avocat en France. La même transposition en droit interne a été faite par le décret du 16 février 2021[7] organisant les conditions d'accès aux avocats ressortissants européens à l'exercice d'assistance et de représentation devant les juridictions suprêmes françaises.

613.13 **Professionnels concernés.** Ne peuvent demander l'accès partiel les professionnels qui peuvent bénéficier des voies d'accès à la profession d'avocat en France au titre des deux directives sectorielles (directives 77/249 relative à la libre prestation de services et 98/5 relative à la liberté d'établissement)[8]. Est ainsi écarté le risque d'un détournement de procédure par un professionnel – qualifié pour

1. Dir. 2013/55, Parlement et Conseil, 20 nov. 2013 modifiant la directive 2005/36/CE relative à la reconnaissance des qualifications professionnelles et le règlement (UE) n° 1024/2012 concernant la coopération administrative par l'intermédiaire du système d'information du marché intérieur, *JOCE L* 354, 28 déc., p. 132.
2. Ord. n° 2016-1809, 22 déc. 2016 relative à la reconnaissance des qualifications professionnelles de professions réglementées, *JO* 23, n° 19 ; – SUR LAQUELLE : *JCP* 2017, Doctr. 660, n° 2, obs. S. Bortoluzzi.
3. L. n° 71-1130, 31 déc. 1971, art. 93 s.
4. Dir. 2005/36, Parlement et Conseil, 7 sept. 2005 relative à la reconnaissance des qualifications professionnelles, *JOCE L* 255, 30 sept., p. 22.
5. L. n° 2019-486, 22 mai 2019 relative à la croissance et la transformation des entreprises, *JO* 23 mai, n° 2.
6. Décr. n° 2017-1370, 20 sept. 2017 portant sur l'accès partiel à la profession d'avocat en France par les ressortissants des États membres de l'Union européenne ayant acquis leur qualification dans un autre État membre, *JO* 22 sept., n° 10 ; – SUR LEQUEL : *JCP* 2017. Doctr. 1104, n° 3, obs. L. Jariel.
7. Décr. n° 2021-171, 16 févr. 2021 organisant la représentation devant le Conseil d'État et la Cour de cassation par les professionnels ressortissants des États membres de l'Union européenne ou parties à l'accord sur l'Espace économique européen autres que la France et modifiant le décret n° 91-1125 du 28 octobre 1991 relatif aux conditions d'accès à la profession d'avocat au Conseil d'État et à la Cour de cassation, *JO* 18 févr., n° 26.
8. L. n° 71-1130, 31 déc. 1971, art. 93.

être avocat dans son État membre d'origine – qui souhaiterait par exemple se soustraire aux règles professionnelles et déontologiques. L'accès partiel est réservé au ressortissant non avocat qui est pleinement qualifié pour exercer dans son État membre d'origine l'activité de consultation et de rédaction d'actes, dès lors que cette activité peut être exercée de manière autonome dans ledit État membre.

Le garde des Sceaux, ministre de la Justice, accorde un accès partiel à la profession d'avocat pour les activités de consultation juridique ou de rédaction d'actes sous seing privé uniquement lorsque toutes les conditions suivantes sont remplies [1] :

1° Le professionnel est pleinement qualifié pour exercer dans un État membre de l'Union européenne ou partie à l'Espace économique européen l'activité professionnelle pour laquelle un accès partiel est sollicité.

2° Les différences entre l'activité professionnelle légalement exercée dans l'État membre de l'Union européenne ou partie à l'Espace économique européen et la profession d'avocat sont si importantes que l'application de mesures de compensation reviendrait à imposer au demandeur de suivre le programme complet d'enseignement et de formation requis en France pour avoir pleinement accès à la profession.

3° L'activité professionnelle peut objectivement être séparée d'autres activités relevant de la profession d'avocat en France, notamment dans la mesure où elle peut être exercée de manière autonome dans l'État membre d'origine.

La demande d'accès partiel est adressée au garde des Sceaux, ministre de la Justice, par téléprocédure sur le site du ministère de la Justice accompagnée des pièces justificatives mentionnées à l'article 204 [2] du décret du 27 novembre 1991.

613.14 **Activités autorisées.** L'accès partiel à la profession d'avocat en France vise les seules activités de consultation juridique ou de rédaction d'actes sous seing privé, à l'exclusion des activités de représentation en justice. Les professionnels ayant été autorisés à exercer partiellement l'activité d'avocat ne font pas partie d'un barreau et ne sont pas inscrits au tableau de l'ordre des avocats. Ils ne sont pas soumis aux dispositions législatives et réglementaires relatives à la profession d'avocat. À ce titre, l'activité de rédaction d'acte se limite logiquement à l'acte sous seing privé et n'autorise pas le recours à l'acte contresigné par avocat.

Dès lors que cet accès partiel ne concerne que les « activités de consultation juridique ou de rédaction d'actes sous seing privé » – qui ne relèvent pas du monopole de la profession d'avocat mais d'une réserve d'activité partagée avec d'autres professionnels – la réglementation de cette activité aurait pu trouver sa place dans le titre II de la loi du 31 décembre 1971 dédié à la « Réglementation de la consultation en matière juridique et de la rédaction d'actes sous seing privé », plutôt que de créer un nouveau titre V relatif à « l'accès partiel à la profession d'avocat ». Le ministère de la Justice a considéré cependant que la création d'un nouveau titre V, expressément dédié à l'accès partiel, correspondait à une transposition « *a minima* » de la directive 2005/36, modifiée, et était de nature à exclure, pour l'avenir, tout risque de velléité de création d'une nouvelle profession réglementée du droit.

613.15 **Recours de la profession.** Le Conseil national des barreaux, le Barreau de Paris, l'Union des jeunes avocats de Paris et la Conférence des bâtonniers ont introduit devant le Conseil d'État un recours en annulation contre l'ordonnance du 22 décembre 2016, en raison de la remise en cause par ce texte des règles relatives à la protection de l'exercice du droit et de la réapparition d'un statut de conseil juridique échappant au contrôle de la profession. L'accès partiel ainsi réservé aux ressortissants des autres États membres créerait par ailleurs une discrimination à rebours, puisque les nationaux qui peuvent exercer les activités de consultation juridique et rédaction d'actes, conformément aux articles 54 et suivants de la loi du 31 décembre 1971, sont soumis à des conditions plus restrictives et, en toute hypothèse, différentes de celles qui sont désormais réservées aux ressortissants non avocats de l'Union européenne.

Le Conseil d'État a rejeté par un arrêt rendu le 30 janvier 2019 [3] ces différents recours pour excès de pouvoir. Sur le fond, le Conseil d'État a considéré que le gouvernement était bien soumis à une obligation de transposition du dispositif de l'accès partiel aux activités relevant de la profession d'avocat, sans qu'il soit besoin de saisir la Cour de justice de l'Union européenne d'une question préjudicielle, tout en rappelant les conditions très strictes auquel est subordonné cet accès partiel. Les moyens tenant à l'atteinte au principe d'égalité sont écartés, compte tenu de la différence de situation des personnes pouvant bénéficier de cet accès partiel avec celle des avocats, ainsi que les moyens tirés de l'atteinte à la liberté d'entreprendre, de l'existence d'une discrimination à rebours pour les personnes ayant acquis en France des qualifications équivalentes, de l'atteinte au principe de sécurité juridique ou de légalité des délits et des peines. La Haute juridiction administra-

1. L. n° 71-1130, 31 déc. 1971, art. 94 I.
2. Décr. n° 91-1197, 27 nov. 1991, art. 204.
3. CE 30 janv. 2019, req. n° 408258, NP ; *D. actu.* 15 févr. 2019, obs. G. Deharo ; *JCP* 2019. Doctr. 255, n° 2, obs. S. Bortoluzzi.

tive a également écarté la question prioritaire de constitutionnalité qui avait été posée par le conseil de l'Ordre des avocats de Paris.

SECTION 2
MODALITÉS D'EXERCICE DE L'ACTIVITÉ AUTORISÉE

613.21 Compétence du garde des Sceaux. La directive 2005/36 précise que c'est aux États membres de désigner l'autorité compétente en matière d'accès à une profession. Dans la mesure où l'accès partiel ne permet pas l'accès à la profession d'avocat au sens large, incluant les activités réservées, la compétence pour délivrer cet accès a été accordée au garde des Sceaux, ministre de la Justice, et non aux instances de la profession [1]. Pour le Conseil d'État, la désignation du ministre de la Justice comme autorité compétente pour statuer sur les demandes d'accès partiel ne porte pas atteinte à l'autonomie et à l'indépendance de la profession d'avocat [2].

Le garde des Sceaux, ministre de la Justice, se prononce sur la demande par décision motivée [3]. Sauf si les connaissances acquises par le demandeur en droit français sont de nature à rendre cette vérification inutile, le demandeur à un établissement en France peut être soumis à une épreuve d'aptitude dans les conditions prévues par le décret du 20 septembre 2017. Le programme et les modalités de l'épreuve d'aptitude sont fixés par arrêté du garde des Sceaux, ministre de la Justice [4], après avis du Conseil national des barreaux [5]. Dans la mesure où le demandeur n'a pas vocation à accéder à la profession d'avocat, l'organisation de cette épreuve d'aptitude relève de la compétence exclusive du ministère de la Justice [6]. Le président du Conseil national des barreaux propose simplement le nom des deux avocats, en activité ou honoraires, qui seront désignés par arrêté du garde des Sceaux, ministre de la Justice, pour composer le jury dont la présidence est confiée à un magistrat de l'ordre judiciaire [7].

L'accès partiel peut être refusé si ce refus est justifié par des raisons impérieuses d'intérêt général, s'il est propre à garantir la réalisation de l'objectif poursuivi et s'il ne va pas au-delà de ce qui est nécessaire pour atteindre cet objectif [8]. La protection des consommateurs est par exemple considérée par la Cour de justice de l'Union européenne comme une raison impérieuse d'intérêt général. Cela étant, si une telle raison impérieuse d'intérêt général devait être avancée par le ministère de la justice pour refuser l'accès partiel, encore faudra-t-il démontrer que l'objectif légitime de protection des consommateurs ne peut être atteint par des moyens moins contraignants.

Par ailleurs, lorsque le professionnel demandeur satisfait aux conditions de l'article 93 de la loi du 31 décembre 1971, le garde des Sceaux, ministre de la Justice, ne peut refuser l'accès partiel à la profession d'avocat que sur le fondement des dispositions des 4°, 5° et 6°, de l'article 11 de la loi susvisée, en cas d'incompatibilité ou pour un autre motif tiré d'une atteinte à l'ordre public [9].

La décision qui accorde l'accès partiel précise le champ des activités professionnelles ouvertes au demandeur [10].

Le professionnel autorisé à accéder partiellement à la profession d'avocat pour les activités de la consultation juridique ou de rédaction d'actes sous seing privé est inscrit sur une liste tenue par le garde des Sceaux, ministre de la justice, rendue accessible au public [11]. Cette liste sera mise à disposition sur le site internet du ministère de la Justice [12].

Le garde des Sceaux, ministre de la Justice, est également compétent pour retirer l'autorisation d'accéder partiellement à la profession d'avocat et la suspendre provisoirement en cas d'urgence [13]. Dans les deux cas, sa décision doit être motivée.

613.22 Titre professionnel. Lorsque l'accès partiel est accordé, l'activité professionnelle est exercée sous le titre professionnel de l'État membre d'origine utilisé dans la ou les langues de cet État. Les professionnels qui bénéficient d'un accès partiel indiquent clairement aux destinataires des services le champ de leurs activités professionnelles [14]. À titre d'exemple, on pourrait envisager la situation d'un conseiller fiscal allemand titulaire du *Steuerberaterprüfung*, examen d'État permettant d'exercer en qualité de Steuerberater (StB). S'il demandait et obtenait, après avoir subi un éventuel contrôle des connaissances en droit français, l'accès partiel à la profession d'avocat, il devrait se présenter comme « Monsieur X, Steuerberater, Consultation juridique et rédaction d'acte en droit fiscal ».

1. L. n° 71-1130, 31 déc. 1971, art. 94, I.
2. CE 30 janv. 2019, préc., consid. 22 et 23, 30 et 31.
3. Décr. n° 91-1197, 27 nov. 1991, art. 204-2, al. 1.
4. Arr. 10 oct. 2017 fixant le programme et les modalités de l'examen d'aptitude prévu aux articles 204-2 et 204-3 du décret n° 91-1197, 27 nov. 1991, *JO* 18 oct., n° 12, NOR : JUSC1727865A.
5. L. n° 71-1130, 31 déc. 1971, art. 94, II.
6. Décr. n° 91-1197, 27 nov. 1991, art. 204-3.
7. Décr. n° 91-1197, 27 nov. 1991, art. 204-3.
8. L. n° 71-1130, 31 déc. 1971, art. 94, III.
9. L. n° 71-1130, 31 déc. 1971, art. 94, IV.
10. L. n° 71-1130, 31 déc. 1971, art. 94, V.
11. L. n° 71-1130, 31 déc. 1971, art. 95.
12. Décr. n° 91-1197, 27 nov. 1991, art. 204-4.
13. Décr. n° 91-1197, 27 nov. 1991, art. 204-5 et 204-6.
14. L. n° 71-1130, 31 déc. 1971, art. 94, VI.

Il demeure à déterminer s'il devra ou non préciser « en droit fiscal allemand ». Dès lors qu'il est envisagé une épreuve d'aptitude en droit français, il est probable que son activité, si elle est limitée au droit fiscal, ne soit pas limitée au droit fiscal allemand.

613.23 **Absence de la qualité d'avocat.** Les professionnels ayant été autorisés à exercer partiellement l'activité d'avocat ne font pas partie d'un barreau et ne sont pas inscrits au tableau des avocats. Ils ne sont pas soumis aux dispositions législatives et réglementaires relatives à la profession d'avocat[1]. Ces professionnels sont inscrits sur une liste tenue par le garde des Sceaux, ministre de la Justice, qui précise le champ des activités professionnelles pour lesquelles les professionnels ont été autorisés à exercer ces activités[2].

Les articles 96, 97 et 98 de la loi du 31 décembre 1971 réglementent l'exercice de cette activité de manière identique à la réglementation de la consultation en matière juridique et de la rédaction d'actes sous seing privé encadrée par le titre II de la même loi. Ils sont ainsi la reprise des articles 55 et 66-2 de la loi, à l'exception de la prise en compte, par ces nouvelles dispositions, de la limitation de l'autorisation de donner des consultations et de rédiger des actes sous seing privé à un champ déterminé.

Tout professionnel autorisé à exercer partiellement la profession d'avocat pour donner des consultations juridiques ou rédiger des actes sous seing privé, pour autrui, de manière habituelle et rémunérée, doit être couvert par une assurance souscrite personnellement ou collectivement et garantissant les conséquences pécuniaires de la responsabilité civile professionnelle qu'elle peut encourir au titre de ces activités. Il doit également justifier d'une garantie financière, qui ne peut résulter que d'un engagement de caution pris par une entreprise d'assurance régie par le code des assurances ou par un établissement de crédit ou une société de financement habilités à cet effet, spécialement affectée au remboursement des fonds, effets ou valeurs reçus à ces occasions[3].

En outre, il doit respecter le secret professionnel conformément aux dispositions des articles 226-13 et 226-14 du code pénal et s'interdire d'intervenir s'il a un intérêt direct ou indirect à l'objet de la prestation fournie[4].

613.24 **Protection du périmètre du droit.** Sera puni des peines prévues à l'article 72 de la loi, tout professionnel autorisé à exercer partiellement l'activité d'avocat qui aura, en violation des dispositions du présent titre, donné des consultations ou rédigé pour autrui des actes sous seing privé en matière juridique en dehors du champ dans lequel il a été autorisé à le faire[5].

Les organismes chargés de représenter les professions mentionnées à l'article 56 et les organisations professionnelles représentatives de ces professions peuvent exercer les droits reconnus à la partie civile en ce qui concerne les infractions prévues à l'article 98[6].

Enfin, les dispositions du titre II de la loi du 31 décembre 1971 relatif à la réglementation de la consultation en matière juridique et de la rédaction d'actes sous seing privé sont applicables aux professionnels autorisés à exercer partiellement la profession d'avocat en application du titre V, à l'exception de l'article 66-4[7]. Ces professionnels ne pourront se livrer au démarchage et devront respecter les conditions posées en matière de publicité.

1. L. n° 71-1130, 31 déc. 1971, art. 95.
2. Décr. n° 91-1197, 27 nov. 1991, art. 204-4.
3. L. n° 71-1130, 31 déc. 1971, art. 96.
4. L. n° 71-1130, 31 déc. 1971, art. 97.
5. L. n° 71-1130, 31 déc. 1971, art. 98.
6. L. n° 71-1130, 31 déc. 1971, art. 99.
7. Ord. n° 2016-1809, 22 déc. 2016, art. 25.

TITRE

62. Les activités contentieuses

SECTION 0 ORIENTEUR

62.00 **Sommaire du titre.**

Division. Les activités contentieuses sont de plus en plus précédées par des modes amiables de résolution des différends (Mard) (chap. 621). Elles passent par des mandats de représentation en justice (chap. 622) et une communication électronique, via le RPVA et e-barreau (chap. 623), qui est en œuvre entre les avocats et les juridictions des ordres judiciaire et administratif.

62.03 **Bibliographie indicative.**

* Aussi : v. s[s] n° 6.03.

Encyclopédies. *J.-Cl. Civ. Annexes, v° Avocat*, fasc. 30 : avocats – Obligations et prérogatives II. – Prérogatives et devoirs professionnels de l'avocat, 2015.

Monographies. J.-M. Braunschweig, J. Demaison, *Profession d'avocat : le guide*, 4e éd., Wolters Kluwer, 2017 – P. Créhange, *Introduction à l'art de la plaidoirie*, « Guide pratique », Gazette du Palais – Lextenso, 2012 – R. Martin, *Déontologie de l'avocat*, 11e éd., « Droit et professionnels », LexisNexis, 2013.

Format réduit. J.-J. Taisne, *La déontologie de l'avocat*, 11e éd., « Connaissance du droit », Dalloz, 2019.

CHAPITRE

621. Modes amiables de résolution des différends (Mard)

SECTION 0 ORIENTEUR

621.00 **Sommaire du chapitre.**

Division. Le cadre juridique (sect. 1) des modes amiables de résolution des différends (Mard) ne cesse d'évoluer depuis la fin des années 1970, permettant aux parties de faire cesser une opposition d'intérêts, sans recourir à une solution juridictionnelle, en faisant appel à un avocat médiateur (sect. 2) ou par le biais d'une procédure participative assistée par avocat (sect. 3).

621.01 **Textes applicables.**

TEXTES TITRÉS

> Conciliation

• **C. pr. civ.**

art. 21, 127 et 128 [Judiciaire]

• **C. pr. civ.**

art. 750-1, 1530 et 1531, 1532 à 1541, 1565 à 1567 [Conventionnelle]

• **C. civ.**

art. 2238 [Prescription]

> Médiation

• **C. pr. civ.**

art. 131-1 à 131-15 [Judiciaire]

• **C. pr. civ.**

art. 750-1, 1528, 1532 à 1535, 1565 à 1567 [Conventionnelle]

• **C. civ.**

art. 2238 [Prescription]

• **RIN**

art. 6.1 [Mission générale]

art. 6.3.1 [Missions de justice, d'arbitrage, d'expertise ou de médiation]

art. 8.2 [Règlement amiable]

> Procédure participative assistée par avocat

• **L. n° 71-1130, 31 déc. 1971**

art. 4, al. 3 [Monopole de l'avocat]

• **C. civ.**

art. 2062 à 2068 [Convention de procédure participative]
art. 2238 [Prescription]

• **C. pr. civ.**

art. 750-1, 1542 à 1546-3, 1555 à 1564-7 [Procédure participative]

621.03 **Bibliographie indicative.**

* Aussi : v. s[5] n° 62.03.

Encyclopédies. J.-Cl. pr. civ., fasc. 160, Conciliation et médiation, P. Couvrat et G. Giudicelli-Delage – *Rép. pr. civ., V° Médiation et conciliation*, M. Douchy-Oudot et J. Joly-Hurard – *Rép. pr. civ., V° Procédure participative* assistée par avocat, N. Fricero.

Monographie. N. Fricero (dir.), *Le guide des modes amiables de résolution des différends (Mard)*, 3e éd., « Guides Dalloz », 2017 – S. Mekki (dir.), *Guide des modes amiables de résolution des différends,* « Les guides », LexisNexis, 2020.

Format réduit. T. Clay et L. Cadiet, *Les modes alternatifs de règlement des conflits*, 3e éd., « Connaissance du droit », Dalloz, 2019.

Contribution. N. Fricero, « Qui a peur de la procédure participative ? Pour une justice autrement… », *in Mél. Guinchard*, Dalloz, 2010, p. 150.

Articles.

> Conciliation – Médiation. E. et M. Brochier, « Pour une clarification des procédures de médiation et de conciliation dans le code de procédure civile », *D.* 2015. 389 – N. Fricero, « Les clauses de conciliation et de médiation », *Dr. et patr.* n° 265, janv. 2017, p. 56 – T. Garby, « Le rôle de l'avocat en médiation », *Gaz. Pal.* 21-23 avr. 2013, p. 10 – L. Junot-Fanget, « L'avocat, acteur privilégié des modes amiables », *Gaz. Pal.* 29 mars 2015, n° 88, p. 46 – M. Lartigue, « Le XXIe siècle sera-t-il plus amiable ? », *LJA* janv.-févr. 2015, dossier spécial, n° 1193 – V. Lasserre, « Les graves lacunes de la réforme de la justice en matière de médiation », *D.* 2019. 441 – H. Poivey-Leclercq, « L'avocat au cœur des MARD », *Dr. et* *patr.* n° 265, janv. 2017, p. 60 – Y. Repiquet, « Ouverture et réalisme dans la gestion des modes alternatifs de règlement des conflits », *Gaz. Pal.* 26 août 2015, n°s 238 à 242, p. 37 – F. Rongeat-Oudin, « Les avocats à la conquête du règlement amiable des différends », *JCP* 2011. 1097 – C. Ruetsch, « L'actualité des modes amiables de résolution des différends », *Gaz. Pal.* 29 mars 2015, n° 88, p. 44.

> Procédure participative. S. Amrani-Mekki, « La convention de procédure participative », *D.* 2011. 3007 ; « L'avocat du XXIe siècle. Projet J21, procédure participative et acte de procédure d'avocats », *JCP* 2015. 1052 – L. Cadiet, « Le développement de la procédure participative », *Procédures* 2020. ét. 5 – N. Fricero, « Le décret du 20 janvier 2012 : vers une résolution thérapeutique des contentieux familiaux par la procédure participative assistée par avocat », *AJ fam.* 2012. 67 – F. G'sell-Macrez, « Vers la justice participative ? Pour une négociation à l'ombre du droit », *D.* 2010. 2450 – H. Poivey-Leclercq, « La convention de procédure participative, un pacte de non-agression à durée déterminée », *JCP* 2011, act. 70 ; « Autre mode de règlement alternatif des litiges : la procédure participative », *AJ fam.* 2010. 257 – S. Sauphanor, « La convention de procédure participative : aspects pratiques », *Gaz. Pal.* 18 janv. 2011, p. 10.

Rapports. CNB, *Guide pratique, L'avocat, acteur des modes amiables de résolution des différends*, 2014 – J.-M. Coulon (dir.), *Réflexions et propositions sur la procédure civile*, « Rapport », La Documentation française, 1997 – P. Delmas-Goyon, *Le juge du XXIe siècle : Un citoyen acteur – Une équipe de justice*, « Rapport », La Documentation française, 2014 – S. Guinchard (dir.), *L'ambition raisonnée d'une justice apaisée*, « Rapport », La Documentation française, 2008 – J.-Cl. Magendie (dir.), *Célérité et qualité de la justice : La médiation, une autre voie ?*, La Documentation française, 2008 – Conseil d'État, *Développer la médiation dans le cadre de l'Union européenne*, « Les études du Conseil d'État », « Rapport », La Documentation française, 2010.

SECTION 1
CADRE JURIDIQUE DES MARD

621.11 Développement et encadrement des Mard. Les modes amiables de résolution des différends (Mard), anciennement dénommés modes alternatifs de règlement des conflits (Marc) ou modes alternatifs de règlement des litiges (Marl), se sont surtout développés à la fin des années 1970. Leur intérêt premier est de permettre aux parties de faire cesser leur opposition d'intérêts, sans recourir à une solution juridictionnelle. Ils sont fondés sur les principes d'une participation directe et d'une responsabilisation de chacun dans la résolution de ses propres conflits [1].

La mission des conciliateurs de justice [2], créés dans le périmètre des tribunaux d'instance [devenus tribunaux judiciaires], a été définie et organisée par le décret du 20 mars 1978 [3], ainsi que la conciliation [4]. La médiation judiciaire [5] a été introduite dans le code de procédure civile et organisée par la loi du 8 février 1995 [6]. Ensuite, certains aspects de la médiation en matière civile et commerciale ont été introduits par l'ordonnance du 16 novembre 2011 [7], qui a transposé en droit interne la directive 2008/52 [8]. Enfin, le recours aux Mard a été favorisé par le décret du 11 mars 2015 [9] obligeant les parties à indiquer, dans l'acte de saisine d'une juridiction civile (TGI, TI [devenus tribunal judiciaire] ou juge de proximité), les « diligences entreprises en vue de parvenir à une résolution amiable du litige ».

L'alternative qui s'offrait aux justiciables et aux avocats était donc de justifier d'avoir, préalablement à l'introduction d'une instance judiciaire, accompli des diligences en vue de parvenir à une résolution amiable du litige ou d'invoquer un motif légitime tenant à l'urgence ou à la matière considérée en particulier lorsqu'elle intéresse l'ordre public pour pouvoir s'en dispenser [10]. Aucune sanction n'était prévue par le texte, mais le juge pouvait proposer aux parties une mesure de conciliation ou de médiation si celles-ci ne justifiaient pas de diligences relatives aux Mard [11].

Cette extension du domaine des règlements amiables des différends s'est poursuivie avec la loi du 23 mars 2019 [12] de programmation 2018-2022

1. N. Fricero (dir.), *Le guide des modes amiables de résolution des différends (Mard)*, 3e éd., « Guides », Dalloz, 2017, n° 0.11, p. 6.
2. C. pr. civ., art. 129-2.
3. Décr. n° 78-381, 20 mars 1978 relatif aux conciliateurs de justice, *JO* 23 mars, p. 1265.
4. C. pr. civ., art. 128 s.
5. C. pr. civ., art. 131-1 s.
6. L. n° 95-125, 8 févr. 1995 relative à l'organisation des juridictions et à la procédure civile, pénale et administrative, *JO* 9 févr., p. 2175.
7. Ord. n° 2011-1540, 16 nov. 2011 portant transposition de la directive 2008/52/CE du Parlement européen et du Conseil du 21 mai 2008 sur certains aspects de la médiation en matière civile et commerciale, *JO* 17 nov., p. 19286.
8. Dir. 2008/52, Parlement et Conseil, 21 mai 2008 sur certains aspects de la médiation en matière civile et commerciale, *JOCE L* 136, 24 mai, p. 3.
9. Décr. n° 2015-282, 11 mars 2015 relatif à la simplification de la procédure civile, à la communication électronique et à la résolution amiable des différends, *JO* 14 mars, p. 4851 ; – SUR LEQUEL : *JCP* 2015. act. 356, obs. H. Croze ; *RTD.* com. 2005. 231, obs. J. Monéger ; *Procédures* 2015. Ét. 6, obs. Y. Strickler – D. Landry, « La résolution amiable des différends. Les modifications apportées au code de procédure civile par le décret du 11 mars 2015 », *JCP* 2015. 464 – S. Amrani-Mekki, « L'ambition procédurale du décret du 11 mars 2015, simplification, modernisation et incitation à la conciliation », *Gaz. Pal.* 14 au 14 juin 2015, p. 3 s.
10. C. pr. civ., art. 56 et 58 ; mod. par décr. n° 2019-1333, 11 déc. 2019, art. 1er.
11. C. pr. civ., art. 127 ; mod. par décr. n° 2019-1333, 11 déc. 2019, art. 29.
12. L. n° 2019-222, 23 mars 2019 de programmation 2018-2022 et de réforme pour la justice, *JO* 24 mars, n° 2.

et de réforme pour la justice. En premier lieu, le juge se voit désormais investi d'un pouvoir d'injonction pour obliger les parties à rencontrer un médiateur en tout état de la procédure, y compris en référé, lorsqu'il estime qu'un règlement amiable est possible[1]. La médiation en matière de divorce et de séparation de corps est également admise. En deuxième lieu, pour les petits litiges, lorsque la demande tend au paiement d'une somme n'excédant pas un certain montant arrêté par décret en Conseil d'État ou est relative à un conflit de voisinage, la saisine du tribunal judiciaire doit, à peine d'irrecevabilité que le juge peut prononcer d'office, être précédée, au choix des parties, d'une tentative de conciliation, de médiation ou de procédure participative, sauf motif légitime[2]. Le décret du 11 décembre 2019[3] réformant la procédure civile, entré en vigueur le 1er janvier 2020, met en œuvre ces dispositions de la loi du 23 mars 2019. Il fixe ainsi à 5 000 euros le seuil en deçà duquel s'applique la tentative préalable de résolution amiable[4] et détermine les cas dans lesquels le demandeur devra justifier, avant de saisir la juridiction, d'une tentative de conciliation, de médiation ou de convention de procédure participative. L'assignation comporte, à peine d'irrecevabilité dans ces cas précis que le juge peut prononcer d'office, l'obligation de mentionner les diligences entreprises pour parvenir à une résolution amiable du litige.

Enfin, la loi[5] prévoit un encadrement des services de médiation, de conciliation ou d'arbitrage en ligne par une certification facultative délivrée par un organisme accrédité dans les conditions fixées par un décret du 23 décembre 2020[6]. Ces plateformes devront par ailleurs respecter les principes essentiels d'impartialité, d'indépendance, de compétence et de diligence.

Cette importante réforme de la procédure civile s'est achevée par la publication du décret du 11 octobre 2021 qui renforce notamment l'efficacité des modes amiables de résolution des différends, en particulier la procédure participative de mise en état[7].

621.12 Recommandation dans la pratique professionnelle des avocats. Dans le cadre des Mard, l'avocat est le seul professionnel praticien du contradictoire, garant à la fois de la qualité et de l'efficacité des solutions négociées. Il peut ainsi accompagner la démarche de justice amiable dans le respect de la confidentialité et de la déontologie à laquelle il est soumis.

L'avocat est un acteur central des modes amiables de résolution des différends dont il joue un rôle de prescripteur. En qualité de conseil, il doit en parler à ses clients et les inciter le cas échéant à y recourir. En tant que rédacteur d'actes, il peut également proposer des clauses prévoyant le recours à la médiation. Les solutions proposées dans ce cadre peuvent par ailleurs être validées par un acte d'avocat, qui trouve dans ce champ d'intervention une place à part entière, ou encore validées par un juge.

Par une décision à caractère normatif n° 2020-004[8] portant modification des articles 6.1 et 8.2 du RIN, adoptée lors de son assemblée générale du 18 décembre 2020, le Conseil national des barreaux a intégré une nouvelle recommandation du recours aux Mard dans la pratique professionnelle des avocats. La décision du 18 décembre 2020 insère d'abord à l'article 6.1 du RIN, relatif au champ d'activité professionnelle de l'avocat, un nouvel alinéa 4 qui sans accentuer la responsabilité de ce dernier l'incite à renforcer le recours aux Mard dans sa pratique professionnelle. Bien que l'introduction d'une recommandation dans le RIN ait pu être discutée dans les retours de concertation, rien ne semblait s'y opposer sur le plan normatif. En effet, le RIN n'est pas seulement un corpus de textes impératifs pouvant justifier une sanction, il est aussi un ensemble de dispositions contenant de bonnes pratiques laissées au libre choix de l'avocat. Afin de renforcer la distinction entre recommandation et obligation, la nouvelle disposition distingue dans sa formulation les hypothèses où il existe une obligation de recourir à un Mard de celles qui relèvent d'une option. Le CNB a également veillé à avoir une approche différenciée entre l'activité de représentation ou d'assistance en justice et l'activité de rédaction d'actes. Ainsi, aux termes de l'alinéa 4 de l'article 6.1 du RIN, lorsque la loi ne l'impose pas, il est recommandé à l'avocat d'examiner avec ses clients la possibilité de résoudre leurs différends par le recours aux modes amiables ou alternatifs de règlement des différends préalablement à toute

1. L. n° 2019-222, 23 mars 2019, art. 3, I.
2. L. n° 2019-222, 23 mars 2019, art. 3, II.
3. Décr. n° 2019-1333, 11 déc. 2019 réformant la procédure civile, *JO* 12 déc., n° 3 ; – SUR LEQUEL : E. Raskin, « *Synthèse des nouvelles règles régissant les modes de saisine en procédure civile* », *Gaz. Pal.* 28 janv. 2020, n° 4, p. 74 s.
4. C. pr. civ., art. 750-1, créé par décr. n° 2019-1333, 11 déc. 2019, art. 4.
5. L. n° 2019-222, 23 mars 2019, art. 4.7.
6. Décr. n° 2020-1682, *23 déc. 2020 relatif* à la procédure d'accrédition des organismes certificateurs délivrant la certification des services en ligne fournissant des prestations de conciliation, de médiation et d'arbitrage, *JO* 26 déc., n° 62.
7. Décr. n° 2021-1322, 11 oct. 2021 relatif à la procédure d'injonction de payer, aux décisions en matière de contestation des honoraires d'avocat et modifiant diverses dispositions de procédure civile, *JO* 13 oct., n° 51 – SUR LEQUEL : V. Egéa, « Décret du 11 octobre 2021 : une réforme de la procédure civile en voie d'achèvement ? », *D.* 2021. 2197.
8. CNB, 18 déc. 2020, déc. n° 2020-004, *JO* 17 janv. 2021, n° 28 ; – SUR LAQUELLE : S. Bortoluzzi, *JCP* 2021, act. 103 ; L. Jariel, *JCP* 2021, Doctr. 272, note 8.

introduction d'une action en justice ou au cours de celle-ci, ou lors de la rédaction d'un acte juridique en introduisant une clause à cet effet.

Cette disposition est complétée par une nouvelle rédaction du premier alinéa de l'article 8.2 du RIN, relatif aux rapports avec la partie adverse, plus positive que celle alors en vigueur. Avant toute procédure ou lorsqu'une action est déjà pendante devant une juridiction, l'avocat peut, sous réserve de recueillir l'assentiment de son client, prendre contact avec la partie adverse ou la recevoir afin de lui proposer un « règlement amiable » du différend. Cette formulation ne limite pas l'offre de l'amiable aux processus où un tiers intervient, comme la conciliation ou la médiation, mais permet de l'ouvrir à tout processus, y compris sans tiers, comme la négociation, le processus collaboratif ou la procédure participative.

L'insertion de cette nouvelle recommandation dans le RIN de recourir aux Mard, en dehors de toute obligation procédurale, renforce ainsi l'obligation de compétence et de diligence de l'avocat[1], support du lien de confiance avec son client, et élargi la stratégie laissée à la liberté de l'avocat dans sa mission d'assistance et de conseil.

621.13 Mention de spécialisation. Pour permettre aux avocats de faire-valoir leur pratique professionnelle et leur expérience et de favoriser la lisibilité pour le public de ces compétences, le Conseil national des barreaux a proposé, par une résolution de son assemblée générale adoptée le 14 décembre 2013, la création d'une 27e mention de spécialisation en « Droit des modes amiables de résolution des différends »[2]. Ce certificat de spécialisation serait acquis par l'avocat dans les conditions de droit commun, à savoir l'exigence d'une pratique professionnelle continue d'une durée de quatre années et un entretien de validation des compétences professionnelles devant le jury prévu à l'article 91 du décret du 27 novembre 1991[3].

Cependant, le ministère de la Justice a répondu négativement à cette proposition, invoquant que les Mard ne constituent pas des matières juridiques mais des pratiques, dont la connaissance et la maîtrise apparaissent difficiles à évaluer lors d'un entretien de validation des compétences professionnelles. Par ailleurs, l'acquisition des techniques de médiation, de conciliation et de procédure participative relèverait davantage de la formation, tant initiale que continue, tous les avocats ayant vocation à mettre en œuvre ces pratiques dans leur exercice professionnel.

621.14 Loi confiance dans l'institution judiciaire - Reconnaissance d'un nouveau titre exécutoire : l'accord amiable par acte d'avocats. Reprenant une recommandation du rapport de la mission Perben relative à l'avenir de la profession d'avocat[4] consistant à « conférer la force exécutoire aux actes contresignés par avocats dans le cadre des modes amiables de règlement des différends, lorsqu'ils constatent l'accord réalisé entre les parties », l'article 44 de la loi du 22 décembre 2021 pour la confiance dans l'institution judiciaire[5], instaure ce nouveau titre exécutoire. Le texte adopté ajoute à la liste des titres exécutoires prévue à l'article L. 111-3 du code des procédures civiles d'exécution les transactions et actes constatant un accord issu d'une médiation, d'une consultation ou d'une procédure participative contresignés par les avocats des parties, après apposition de la formule exécutoire par le greffe de la juridiction compétente. La loi ne confère ainsi pas un effet directement exécutoire aux accords issus d'un contreseing des avocats, le Conseil constitutionnel ayant rappelé dans une décision du 23 juillet 1999[6] que le législateur ne pouvait autoriser des personnes morales de droit privé à délivrer des titres exécutoires qu'à la condition qu'elles soient chargées d'une mission de service public. Cette mission sera ainsi confiée au greffier, en sa qualité d'officier public, qui dans une répartition des rôles apposera la formule exécutoire sur les accords conclus dans ce cadre[7]. Les modalités de mise en œuvre de ces accords amiables, notamment la procédure devant le greffe, seront fixées par un décret en Conseil d'État[8].

SECTION 2
AVOCAT MÉDIATEUR

621.21 Conciliation et médiation – Un domaine d'application identique mais un statut différent. L'existence d'un système de conciliation, tant conventionnelle que judiciaire, distinct du système de médiation, est spécifique du droit français. La conciliation des parties a d'abord relevé de la mis-

1. Décr. n° 2005-790, 12 juill. 2005, art. 3, al. dern. ; RIN, art. 1.3.
2. CNB, Rapport commission Formation, *L'instauration d'une mention de spécialisation en « droit des modes amiables de résolution des différends »*, AG 13-14 déc. 2013.
3. Décr. n° 91-1197, 27 nov. 1991 organisant la profession d'avocat, *JO* 28 nov., p. 15502.
4. D. Perben (dir.), *Rapport de la mission relative à l'avenir de la profession d'avocat*, juill. 2020, recommandation n° 8.
5. L. n° 2021-1729, 22 déc. 2021 pour la confiance dans l'institution judiciaire, JO 23 déc., n° 2.
6. C. cons., déc. n° 99-416 *DC*.
7. T. Goujon-Bethan, « L'accord amiable par acte d'avocats rendu exécutoire par le greffe : quelle distribution des rôles », *Gaz. Pal.* 27 avr. 2021, n° 16, p. 49.
8. V. s^s n° 632.64.

sion générale du juge qu'il peut déléguer[1]. Le décret du 20 mars 1978[2] relatif aux conciliateurs de justice, créés dans le périmètre des tribunaux d'instance [devenus tribunaux judiciaires], leur a ainsi permis d'intervenir pour régler des différends par délégation du juge, mais également en dehors de toute procédure judiciaire.

Les directives européennes portant sur les Mard couvrent autant la médiation que la conciliation. Les articles 1530 et 1531 du code de procédure civile donnent ainsi une définition unique de la conciliation et de la médiation conventionnelle qui s'entendent de « tout processus structuré par lequel deux ou plusieurs parties tentent de parvenir à un accord, en dehors de toute procédure judiciaire, en vue de la résolution amiable de leurs différends, avec l'aide d'un tiers choisi par elles qui accomplit sa mission avec impartialité, compétence, et diligence ».

Selon l'article 1529 du code de procédure civile, les missions de conciliation et de médiation ont un domaine d'application identique : elles peuvent s'exercer en matière civile, commerciale, sociale ou rurale sous réserve des règles spéciales à chaque matière et des dispositions particulières à chaque juridiction. Elles ont pour objectif commun de favoriser le rapprochement des parties par une solution amiable de leurs différends. Le code de procédure civile ne donne aucune définition du contenu de la mission du médiateur et du conciliateur, ni des techniques à mettre en œuvre pour parvenir au règlement des conflits. Dans les deux cas, si les parties parviennent à un accord, il est établi un procès-verbal qui n'a force exécutoire que s'il est homologué par le juge.

En termes de compétences, les médiateurs doivent disposer de « la qualification requise eu égard à la nature du différend ou justifier, selon le cas, d'une formation ou d'une expérience adaptée à la pratique de la médiation »[3]. Les conciliateurs doivent pour leur part justifier d'une expérience juridique d'au moins trois ans et établir que leur compétence et leur activité les qualifient particulièrement pour l'exercice de ces fonctions[4].

Toutefois, si les médiateurs et conciliateurs exercent bien des missions identiques dans l'ordre juridique français, la différence principale réside dans leur statut. Alors que les conciliateurs exercent une mission bénévole, et participent au service public de la justice en assurant leur mission sans rétribution de la part des parties[5], les médiateurs sont des professionnels, rémunérés par des honoraires qu'ils fixent librement.

621.22 Avocat médiateur mais pas conciliateur. Le médiateur est un auxiliaire de justice indépendant dont l'exercice n'est pas encadré par un ordre professionnel. Son statut est défini par les articles 131-4 et 131-5 du code de procédure civile pour la médiation judiciaire et les articles 1532 et 1533 du code de procédure civile pour la médiation conventionnelle.

La fonction de médiateur est compatible avec l'exercice d'une profession libérale réglementée, qu'elle relève du chiffre ou du droit. L'activité de médiation est donc ouverte à la profession d'avocat[6] et les barreaux œuvrent depuis plusieurs années pour le développement de ce mode amiable de règlement des différends, notamment au travers de la création de la Fédération française des centres de médiation sous l'égide de la Conférence des bâtonniers[7]. Le conciliateur est un auxiliaire de justice dont le statut est réglementé par le décret du 20 mars 1978 et dont les fonctions sont bénévoles. La fonction de conciliateur est incompatible avec l'exercice de toute fonction judiciaire et avec l'exercice d'une profession juridique réglementée[8].

621.23 Médiation judiciaire et médiation conventionnelle. La médiation est un processus de résolution amiable des différends par lequel un tiers indépendant, neutre et impartial, aide les parties, éventuellement assistées de leur conseil, à parvenir à un accord négocié mettant fin à leur différend. Le succès progressif de ce processus repose sur sa confidentialité, son moindre coût par rapport au procès, et sa rapidité.

La médiation peut être soit proposée par un juge (médiation judiciaire), soit initiée par les parties elles-mêmes quand elles le souhaitent ou parce qu'une clause du contrat source du litige le prévoit (médiation conventionnelle). Elle peut intervenir à tout moment, avant, pendant, ou après une procédure judiciaire ou arbitrale.

621.24 Médiation judiciaire. La médiation judiciaire a été instaurée par la loi du 8 février 1995[9],

1. C. pr. civ., art. 21.
2. Décr. n° 78-381, 20 mars 1978 relatif aux conciliateurs de justice, *JO* 23 mars, p. 1265 ; mod. par décr. n° 2016-514, 26 avr. 2016 relatif à l'accès au droit, à l'organisation judiciaire, aux modes alternatifs de résolution des litiges et à la déontologie des juges consulaires, *JO* 28 avr., n° 17 – R. Laher, « Une brève histoire des conciliateurs de justice », *LPA* 10 juill. 2018, n° 137, p. 5.
3. C. pr. civ., art. 1533.
4. Décr. n° 78-381, 20 mars 1978, art. 2.
5. COJ, art. R. 131-12 – Une indemnité forfaitaire leur est versée pour couvrir les dépenses exposées dans l'exercice de leurs fonctions.
6. Décr. n° 91-1197, 27 nov. 1991, art. 115.
7. SUR l'expérimentation du barreau de Lyon : L. Junot-Fanget, « L'avocat, acteur privilégié des modes amiables », actes de colloque, *Gaz. Pal.* 29 mars 2015, n° 88, p. 46.
8. Décr. n° 78-381, 20 mars 1978, art. 2, al. 3.
9. L. n° 95-125, 8 févr. 1995, art. 21.

modifiée par l'ordonnance du 16 novembre 2011, précitée, qui a transposé la directive 2008/52 sur certains aspects de la médiation en matière civile et commerciale. Le juge peut ainsi « avec l'accord des parties, désigner un médiateur judiciaire pour procéder à une médiation en tout état de la procédure, y compris en référé »[1]. Le décret du 22 juillet 1996[2], complété par le décret du 20 janvier 2012[3], a introduit dans le code de procédure civile plusieurs dispositions sur le régime et les conditions de mise en œuvre de la médiation. La médiation peut être proposée à tous les stades de la procédure en matière civile, commerciale, sociale ou rurale. Elle est confiée par le juge à une personne physique ou morale, qui peut y mettre fin à tout moment.

La médiation familiale est quant à elle soumise à une réglementation particulière avec un pouvoir d'injonction donné au juge vis-à-vis des parties[4]. Un diplôme d'État de médiateur familial a été instauré par le décret du 2 décembre 2003[5]. Bien que ce diplôme ne présente pas de caractère obligatoire pour exercer les fonctions de médiateur familial[6], certaines associations en font un préalable obligatoire à l'adhésion et les juges aux affaires familiales recourent de manière quasi systématique à des médiateurs diplômés.

Depuis 20 ans, les dispositions de la loi du 8 février 1995 n'ont pas rencontré le succès escompté dans les juridictions, et la médiation judiciaire s'est très peu développée malgré les politiques volontaristes mises en place au niveau local. C'est pour vaincre cette réticence au développement de la médiation judiciaire que la loi du 18 novembre 2016[7] a prévu l'établissement de listes indicatives de médiateurs auprès des cours d'appel. Un décret du 9 octobre 2017[8], modifié par le décret du 29 janvier 2021[9], précise les conditions de cette liste pour les personnes physiques et morales exerçant l'activité de médiation en matière civile, commerciale et sociale. Établie pour l'information des juges, la liste est dressée tous les trois ans et mise à disposition du public sur le site internet de la cour d'appel ou, à défaut, du ministère de la justice. Les juridictions, les conseils départementaux de l'accès au droit ainsi que les services d'accueil unique du justiciable, situés dans le ressort de la cour d'appel, informent le public par tous moyens de l'existence de cette liste. Les avocats médiateurs peuvent solliciter leur inscription sur cette liste s'ils justifient d'une formation ou d'une expérience attestant l'aptitude à la pratique de la médiation, sans avoir à prêter le serment prévu devant la cour d'appel. Un arrêté du 29 janvier 2021[10] fixe la liste des pièces justificatives à fournir pour l'inscription sur la liste des médiateurs dressée par chaque cour d'appel.

La médiation dans les litiges relevant de la compétence du juge administratif a été introduite par le décret du 18 avril 2017[11]. Il précise les règles procédurales applicables dont le régime législatif est fixé par les articles L. 213-1 et suivants du code de justice administrative, issus de la loi du 18 novembre 2016 de modernisation de la justice du XXIe siècle. Lorsque le juge administratif estime que le litige dont il est saisi est susceptible de trouver une issue amiable, il peut à tout moment proposer une médiation avec l'accord des parties et procéder à la désignation du médiateur[12]. En aucun cas la médiation ne dessaisit le juge, qui peut prendre à tout moment les mesures d'instruction qui lui paraissent nécessaires. Après trois ans d'expérimentation dans la fonction publique territoriale et une partie de la fonction publique d'État ainsi que dans le contentieux social, le Conseil d'État dresse un bilan globalement positif et encourageant de la médiation préalable obligatoire et propose de pérenniser ce dispositif sous réserve de quelques évolutions[13].

621.25 Médiation conventionnelle. Le régime de la médiation conventionnelle a été introduit dans le code de procédure civile par le décret du 20 janvier 2012 relatif à la résolution amiable des différends[14]. L'article 1528 du code de procédure civile autorise les parties à un différend de tenter de le résoudre de façon amiable avec l'assistance d'un médiateur ou d'un conciliateur de justice. La même disposition

1. L. n° 95-125, 8 févr. 1995, art. 22.
2. Décr. n° 96-652, 22 juill. 1996 relatif à la conciliation et à la médiation judiciaires, *JO* 23 juill., p. 11125.
3. Décr. n° 2012-66, 20 janv. 2012 relatif à la résolution amiable des différends, *JO* 22 janv., p. 1280.
4. C. civ., art. 255 et 373-2-10 s.
5. Décr. n° 2003-1166, 2 déc. 2003 portant création du diplôme d'État de médiateur familial, *JO* 9 déc., p. 20964.
6. CASF, art. R. 451-66 s.
7. L. n° 2016-1547, 18 nov. 2016 de modernisation de la justice du XXIe siècle, art. 8.
8. Décr. n° 2017-1457, 9 oct. 2017 relatif à la liste des médiateurs auprès de la cour d'appel, *JO* 11 oct., n° 9.
9. Décr. n° 2021-95, 29 janv. 2021 portant modification des décrets n° 2017-1457 du 9 oct. 2017 relatif à la liste des médiateurs auprès de la cour d'appel et n° 2019-1089 du 25 oct. 2019 relatif à la certification des services en ligne de conciliation, de médiation et d'arbitrage, *JO* 31 janv., n° 38.
10. Arr. 29 janv. 2021 fixant la liste des pièces justificatives à fournir pour l'inscription sur la liste prévue à l'article 22-1 A de la loi n° 95-125 du 8 février 1995 relative à l'organisation des juridictions et à la procédure civile, pénale et administrative, *JO* 31 janv., n° 41, NOR : JUSC2103393A.
11. Décr. n° 2017-566, 18 avr. 2017 relatif à la médiation dans les litiges relevant de la compétence du juge administratif, *JO* 20 avr., n° 23.
12. CJA, art. R. 213-15 s.
13. CE, Rapport sur l'expérimentation de la médiation préalable obligatoire – Bilan final, juin 2021, publié sur son site.
14. Décr. n° 2012-66, 20 janv. 2012, art. 2.

ouvre la procédure participative assistée par avocat. Le livre V du code de procédure civile relatif à la résolution amiable des différends ne donne aucune précision sur l'étendue de la mission du médiateur. L'article 1530 du code de procédure civile précise seulement qu'il doit accomplir sa mission avec « impartialité, compétence et diligence ».

Les parties restent maîtres de la décision de poursuivre ou non une médiation et de conclure un accord. Elles peuvent par ailleurs choisir de demander l'homologation de l'accord par un juge afin de lui donner force exécutoire.

De nombreux intervenants ont investi le champ de la médiation conventionnelle. Créé en 1995 par la Chambre de commerce et d'industrie de Paris, sous la forme d'une association de la loi de 1901, le Centre de médiation et d'arbitrage de Paris (CMAP) est aujourd'hui l'un des principaux centres européens de gestion et de résolution des conflits commerciaux. Il est également un organisme de formation continue reconnu. D'autres associations professionnelles ont également vu le jour pour promouvoir la médiation sous l'égide de la profession ou à l'initiative d'avocats : Association des médiateurs européens (AME), Association nationale des médiateurs (ANM), Fédération française des centres de médiation (FFCM), Institut d'expertise, d'arbitrage et de médiation (IEAM). Le Barreau de Paris a également lancé une plateforme dédiée à la médiation[1] comprenant pour le grand public un annuaire des avocats médiateurs parisiens, ainsi qu'un accès à la médiation de la consommation en cas de litige d'honoraires avec un avocat, et pour les professionnels un espace dédié aux modes alternatifs pour mener des médiations aux moyens d'outils numériques collaboratifs.

Dans le cadre de la médiation conventionnelle, les avocats médiateurs pratiquent une tarification libérale qui dépendra de l'association à laquelle ils sont rattachés. Tout comme en matière d'honoraires, une convention préalable écrite devra être conclue avec le client. Lorsqu'un avocat est médiateur, l'assurance professionnelle contractée au titre de son activité couvre les risques de sa mission de médiateur qui est prévue par les textes de la profession[2].

621.26 Nécessaire formation des avocats. Il appartient aux avocats, encore insuffisamment présents dans le domaine de la médiation, de se former. Un rapport de l'Inspection générale des services judiciaires (IGSJ) sur le développement des modes amiables de règlement des différends dénonce ainsi la place réduite des Mard dans la formation des avocats[3]. Souvent absents des programmes de formation initiale, le CNB a rappelé dans sa décision à caractère normatif n° 2014-003[4], abrogée et remplacée par la décision à caractère normatif n° 2020-001 du 11 septembre 2020[5], l'importance des formations aux modes amiables de règlement des différends dans l'harmonisation des programmes de la formation des élèves avocats au sein des CRFPA. Plusieurs barreaux inscrivent désormais des modules de formation pour les avocats en exercice. Le barreau de Paris a ainsi créé en 2013 une École de la médiation, devenue École internationale des modes alternatifs de règlement des litiges (EIMA), pour sensibiliser et former les avocats. Il propose un enseignement de 130 heures qualifiantes, au sein de l'école de formation du barreau (EFB), dans le cadre de la formation continue des avocats, afin que les avocats deviennent familiers et spécialisés dans la pratique de la médiation, en qualité de conseil et de prescripteur et, le cas échéant, de médiateur. Sur l'initiative du barreau de Lyon, des sessions de 40 heures en formation continue sur les modes amiables de règlement des différends ont également été mises en place avec l'école des avocats et l'université. Un Centre de justice amiable des avocats a aussi été créé par le barreau qui propose un service gratuit d'information et d'orientation des citoyens et des entreprises sur la justice négociée, participative et consensuelle. Ces initiatives sont à encourager.

Dans le cadre du contrôle de l'obligation de formation continue, le ministère de la Justice précise dans une réponse ministérielle qu'il appartient aux ordres professionnels de valider d'éventuelles heures de formation effectuées par les avocats dans le cadre de leur activité de médiateur, bien que cette obligation de formation en ce domaine ne soit prévue par aucun texte législatif ou réglementaire, sous réserve que les formations effectuées soient conformes aux exigences prévues par l'article 85[6] du décret du 27 novembre 1991[7].

621.27 Création du centre national de médiation des avocats (CNMA). Le Conseil national des barreaux a voté, lors de son assemblée générale des 11 et 12 décembre 2015, le lancement d'un centre national de médiation des avocats[8]. Ce centre a pour

1. https://mediation.avocatparis.org/
2. RIN, art. 6.2.
3. Rapport sur le développement des modes amiables de règlement des différends, IGSJ, avr. 2015, *op. cit.*, p. 40.
4. CNB, décis. n° 2014-003, 7 janv. 2015 définissant les principes d'organisation et harmonisant les programmes de la formation des élèves avocats, *JO* 18 janv., p. 833 ; NOR : JUSC1429766S, abrogée.
5. CNB, décis. n° 2020-001, 11 sept. 2020 définissant les principes d'organisation et harmonisant les programmes de la formation des élèves avocats, JO 5 nov., n° 23, NOR : JUSC2025094s, art. 7.
6. Rép. min. n° 04825, *JO* Sénat 27 sept. 2018, p. 4920.
7. Décr. n° 91-1197, 27 nov. 1991, art. 85.
8. Résolution CNB, AG 11 et 12 déc. 2015.

objectif de replacer l'avocat au cœur du dispositif de médiation en informant le public des garanties que lui offre la présence de l'avocat en médiation, en mettant à disposition des avocats les outils susceptibles de développer et de parfaire leur pratique de la médiation et, *in fine*, en sensibilisant les pouvoirs publics sur l'importance de promouvoir le rôle de l'avocat en médiation [1].

Ce centre met à disposition du grand public un annuaire des avocats médiateurs, qui doivent avoir suivi soit une formation qualifiante de 200 heures, réparties en 140 heures de formation pratique et 60 heures de formation théorique ; soit 140 heures de formation et des expériences pratiques en matière de médiation permettant de combler le déficit de 60 heures (co-médiations, accompagnements en médiation, formations dispensées à la médiation ou articles publiés d'au moins 10 000 signes consacrés à la médiation).

Un comité scientifique a ainsi été constitué afin d'examiner les demandes de référencement sur dossier. Environ 900 avocats sont référencés sur cet annuaire [2].

Tirant les conséquences de la création de ce centre, le Conseil national des barreaux avait introduit par sa décision à caractère normatif n° 2016-002, adoptée par l'assemblée générale des 9 et 10 décembre 2016 [3], une obligation de référencement auprès du CNMA qui devait s'imposer aux avocats souhaitant faire état de leur qualité de médiateur [4]. Cette obligation était destinée à faciliter et uniformiser le contrôle de l'utilisation du terme « médiateur » dans leurs supports de communication pour garantir une bonne information du public. Saisi d'un recours pour excès de pouvoir par la Fédération française des centres de médiation, le Conseil d'État par un arrêt rendu le 25 octobre 2018 [5] a annulé les dispositions de l'article 6.3.1 du RIN qui revenaient à mettre en cause la liberté d'exercice de la profession d'avocat. Le CNB ne pouvait ainsi, en vertu de l'étendue de son pouvoir normatif, créer une nouvelle règle qui ne trouvait pas son fondement dans la loi du 31 décembre 1971 et ne pouvait être regardée comme une conséquence nécessaire d'une règle figurant au nombre des traditions de la profession.

1. https://cnma.avocat.fr
2. Source CNB.
3. CNB, décis. n° 2016-002, 26 janv. 2017, *JO* 13 avr. 2017, n° 33 ; – SUR LAQUELLE : *JCP* 2017. 548, obs. L. Dupont et S. Bortoluzzi.
4. RIN, art. 6.3.1.
5. CE 25 oct. 2018, *Fédération française des centres de médiation*, n° 411373, *Lebon ; D. avocats* nov. 2018, n° 11, p. 386, obs. G. Deharo ; *JCP* 2018, act. 1196, obs. S. Grayot-Dirx ; *JCP* 2019, Doctr. 255, n° 11, obs. C. Vautrot-Schwarz.

Cette décision du Conseil d'État ne doit pas pour autant signifier que les avocats peuvent pratiquer une activité de médiation sans condition de formation et de qualification professionnelle. Les avocats peuvent ainsi continuer à demander leur référencement sur l'annuaire du CNMA, dont les critères leur permettent *a priori* de remplir les conditions prévues par le décret du 9 octobre 2017 pour être inscrits sur la liste des médiateurs en matière civile, commerciale et sociale établie auprès de chaque cour d'appel [6].

621.28 Prise en charge de la médiation au titre de l'aide juridique. Les modalités de rétribution de l'avocat et du médiateur, dans le cadre d'une médiation judiciaire ou en cas de saisine du juge aux fins d'homologation à l'issue d'une médiation conventionnelle, ont été fixées par le décret du 27 décembre 2016 [7], pris en application de l'article 42 de la loi du 29 décembre 2015 [8] de finances pour 2016. Il insère un chapitre IV *bis* relatif à la médiation dans le décret du 19 décembre 1991 portant application de la loi du 10 juillet 1991 relative à l'aide juridique [9]. La médiation pénale n'est pas concernée par ces nouvelles dispositions.

Dans le cadre d'une médiation conventionnelle, la rétribution du médiateur ne concerne que la phase de saisine du juge en vue de l'homologation de l'accord trouvé entre les parties. En aucun cas, le médiateur ne pourra percevoir de rétribution au titre de l'aide juridictionnelle pour la médiation conventionnelle en tant que telle [10].

621.29 Création d'un « Conseil national de la médiation ». Lors de l'examen en première lecture du projet de loi pour la confiance dans l'institution judiciaire, l'Assemblée nationale avait adopté un article additionnel qui modifie la loi du 8 février 1995 [11] en proposant la création d'un « Conseil national de la médiation ». Cet article 29 *bis* nou-

6. V. s[s] n° 621.24 – Décr. n° 2017-1457, 9 oct. 2017 relatif à la liste des médiateurs auprès de la cour d'appel, *JO* 11 oct., n° 9 ; mod. par décr. n° 2021-95, 29 janv. 2021 portant modification des décrets n° 2017-1457 du 9 oct. 2017 relatif à la liste des médiateurs auprès de la cour d'appel et n° 2019-1089 du 25 oct. 2019 relatif à la certification des services en ligne de conciliation, de médiation et d'arbitrage, *JO* 31 janv., n° 38.
7. Décr. n° 2016-1876, 27 déc. 2016 portant diverses dispositions relatives à l'aide juridique, *JO* 28 déc., n° 50.
8. L. n° 2015-1785, 29 déc. 2015 de finances pour 2016, *JO* 30 déc., n° 1.
9. Décr. n° 91-1266, 19 déc. 1991 portant application de la loi n° 91-647 du 10 juillet 1991 relative à l'aide juridique, *JO* 20 déc., p. 16609, art. 118-9 à 118-12.
10. Circ. du 20 janv. 2017 relative à la prise en charge de la médiation au titre de l'aide juridique, *BOMJ* n° 2017-02, 28 févr., NOR : JUST1702035C.
11. L. n° 95-125, 8 févr. 1995 relative à l'organisation des juridictions et à la procédure civile, pénale et administrative, *JO* 9 févr., p. 2175.

veau reprenait un amendement du gouvernement adopté en commission des lois.

Adopté définitivement par le Parlement, l'article 45 de la loi du 22 décembre 2021 instaure ce Conseil national de la médiation[1] placé auprès du ministre de la Justice qui sera chargé de :

1° Rendre des avis dans le domaine de la médiation définie à l'article 21 de la loi du 8 février 1995 et proposer aux pouvoirs publics toutes mesures propres à l'améliorer ;

2° Proposer un recueil de déontologie applicable à la pratique de la médiation ;

3° Proposer des référentiels nationaux de formation des médiateurs et faire toute recommandation sur la formation ;

4° Émettre des propositions sur les conditions d'inscription des médiateurs sur la liste dressée par chaque cour d'appel.

Un décret en Conseil d'État fixera l'organisation, les moyens et les modalités de fonctionnement du futur Conseil national de la médiation, ainsi que les modalités de sa composition.

SECTION 3
PROCÉDURE PARTICIPATIVE ASSISTÉE PAR AVOCAT

621.31 Procédure participative et droit collaboratif. Le processus collaboratif ou droit collaboratif est une méthode de négociation venue des États-Unis qui privilégie la résolution amiable des conflits dans un cadre juridiquement sécurisé[2]. Sa mise en œuvre est préalable à toute saisine judiciaire.

Un protocole est rédigé sur la base des accords intervenus permettant à l'avocat de faire homologuer cet acte par un juge. L'engagement des parties vaut contrat au sens des articles 1101 et suivants du code civil. En revanche, en cas de désaccord persistant, même partiel, le processus collaboratif doit prendre fin et les avocats ne peuvent plus assister leur client dans le cadre des suites judiciaires du litige.

Non consacré par les textes en droit interne, ce processus collaboratif est à l'origine de la création de la procédure participative assistée par avocat qui a été intégrée dans le code civil par la loi du 22 décembre 2010[3], issue des travaux de la commission Guinchard[4].

1. L. n° 2021-1729, 22 déc. 2021 *pour la confiance dans l'institution judiciaire*, *JO* 23 déc., n° 2.
2. C. Bourguès Habif, « Le processus de droit collaboratif », *JCP* 2018, prat. 941.

621.32 Monopole de l'avocat. Les processus amiables de résolution des différends ne peuvent conduire à l'évitement du juge dont le rôle demeure irremplaçable dans un État de droit. La procédure participative, contrairement au droit collaboratif, se situe dans un cadre judiciaire. Il s'agit d'une option procédurale offerte aux parties et à leurs conseils[5]. Après le titre XVI du livre III du code civil, il est désormais établi un titre XVII intitulé « De la convention de procédure participative » codifiant les articles 2062 à 2068 du code civil. L'article 2062 du code civil, modifié par la loi du 18 novembre 2016[6], précitée, définit la convention de procédure participative comme « une convention par laquelle les parties à un différend s'engagent à œuvrer conjointement et de bonne foi à la résolution amiable de leur différend ou à la mise en état de leur litige ». Le but premier de la procédure participative est de permettre aux parties de parvenir à la résolution amiable de leur différend, avant ou après saisine du juge.

À la différence des autres modes amiables ouverts à une multitude d'acteurs, la procédure participative est réservée exclusivement aux avocats qui disposent en ce domaine d'un monopole d'assistance des parties[7].

La procédure participative est régie par les articles 1542 à 1546 du code de procédure civile créés par le décret du 20 janvier 2012[8]. Elle se déroule selon une procédure conventionnelle de recherche d'un accord et se poursuit, le cas échéant, par une procédure aux fins de jugement[9]. La loi du 18 novembre 2016 ayant ouvert le champ de la procédure participative aux fins de mise en état du litige, le décret du 6 mai 2017 en décline les applications procédurales aux articles 1546-1 à 1546-3 du code de procédure civile[10]. Le décret du 11 décembre 2019[11] réformant la procédure civile, entré en vigueur

3. L. n° 2010-1609, 22 déc. 2010 relative à l'exécution des décisions de justice, aux conditions d'exercice de certaines professions réglementées et aux experts judiciaires, *JO* 23 déc., p. 22552, art. 37 ; – SUR LAQUELLE : F. G'sell-Macrez, *JCP* 2011. 468, n° 5.
4. S. Guinchard (dir.), *L'ambition raisonnée d'une justice apaisée*, « Rapport », La Documentation française, juill. 2008.
5. POUR UNE DESCRIPTION COMPLÈTE du processus de droit collaboratif : N. Fricéro (dir.), *Le guide des modes amiables de résolution des différends (Mard)*, 3e éd., « Guides Dalloz », 2017, nos 421.11 s. – S. Amrani-Mekki, « La convention de procédure participative », *D.* 2011. 3007.
6. L. n° 2016-1547, 18 nov. 2016, art. 9.
7. L. n° 71-1130, 31 déc. 1971, art. 4, al. dernier.
8. Décr. n° 2012-66, 20 janv. 2012, art. 2 – C. civ., art. 2068.
9. C. pr. civ., art. 1543.
10. Décr. n° 2017-892, 6 mai 2017 portant diverses mesures de modernisation et de simplification de la procédure civile, *JO* 10 mai, n° 114.
11. Décr. n° 2019-1333, 11 déc. 2019 réformant la procédure civile, *JO* 12 déc., n° 3 – SUR LEQUEL : E. Raskin, « *Synthèse des nouvelles règles régissant les modes de saisine en procédure civile* », *Gaz. Pal.* 28 janv. 2020, n° 4, p. 74 s.

le 1er janvier 2020, a par ailleurs étendu le champ de la procédure participative « devant toute juridiction de l'ordre judiciaire »[1], y compris pour les procédures sans mise en état.

Enfin, la procédure participative a été introduite par la loi du 22 décembre 2010 dans le domaine de l'aide juridictionnelle, prévu par l'article 10 de la loi du 10 juillet 1991[2]. L'aide juridictionnelle peut ainsi être accordée en vue de parvenir, avant l'introduction de l'instance, à une transaction ou à un accord conclu dans le cadre d'une procédure participative prévue par le code civil. En cas de succès, l'avocat pourra percevoir la totalité de l'indemnité prévue à l'article 90[3] du décret du 19 décembre 1991 selon la nature du différend, ou, en cas d'échec, la moitié voire les trois quarts de cette indemnité par décision du bureau d'aide juridictionnelle[4].

621.33 **Phase conventionnelle.** La convention de procédure participative exige la présence de l'avocat représentant chacune des parties. Elle est conclue pour une durée déterminée et doit, à peine de nullité, être contenue dans un écrit qui précise son terme, l'objet du différend, les pièces et informations nécessaires à la résolution du différend et les modalités de leur échange[5]. Outre ces mentions, la convention de procédure participative mentionne les noms, prénoms et adresses des parties et de leurs avocats. La communication des écritures et pièces entre les parties se fait par l'intermédiaire de leurs avocats selon les modalités prévues par la convention[6]. À la différence du temps judiciaire, les avocats ont la maîtrise du temps de la négociation, ainsi que de la mise en état du litige.

Toute personne, assistée de son avocat, peut conclure une convention de procédure participative sur les droits dont elle a la libre disposition[7]. Alors que les conflits relevant du contrat de travail étaient initialement exclus, la loi du 6 août 2015 pour la croissance, l'activité et l'égalité des chances économiques[8], a supprimé cette réserve de l'exclusion de la matière sociale du champ d'application de la procédure participative. Toutefois, faute pour les parties de parvenir à un accord au terme de la convention de procédure participative, la phase de conciliation reste applicable aux litiges en matière prud'homale[9].

À compter de sa conclusion, la convention de procédure participative suspend le délai de prescription. Ce délai recommence à courir à compter du terme de la convention, pour une durée qui ne peut être inférieure à six mois[10]. Les parties, assistées de leurs avocats, recherchent conjointement, dans les conditions fixées par convention, un accord mettant fin au différend qui les oppose[11]. Tant qu'elle est en cours, la convention de procédure participative rend irrecevable tout recours au juge. Toutefois, l'inexécution de la convention par l'une des parties autorise une autre partie à saisir le juge pour qu'il statue sur le litige. En cas d'urgence, la convention ne fait pas obstacle à ce que des mesures provisoires ou conservatoires soient demandées par les parties[12]. Lorsque les parties envisagent de recourir à un technicien, elles le choisissent d'un commun accord et déterminent sa mission, et le rémunèrent selon les modalités convenues entre elles.

621.34 **Terme de la procédure conventionnelle.** La procédure participative s'éteint par l'arrivée du terme de la convention de procédure participative, librement défini par les parties ; la résiliation anticipée et par écrit de cette convention par les parties assistées de leurs avocats ; la conclusion d'un accord mettant fin en totalité au différend ou au litige ou l'établissement d'un acte constatant la persistance de tout ou partie de celui-ci ; l'inexécution par l'une des parties de la convention ; ou la saisine du juge, dans le cadre d'une procédure participative aux fins de mise en état, aux fins de statuer sur un incident, sauf si la saisine émane de l'ensemble des parties[13]. À l'arrivée du terme de la convention et en cas de résiliation anticipée, les délais de prescription recommencent à courir.

L'accord, même partiel, doit être constaté dans un acte sous signature privée établi dans les conditions prévues à l'article 1374 du code civil[14]. Il énonce de manière détaillée les éléments ayant permis la conclusion de cet accord. Les avocats ont un rôle essentiel dans la rédaction de cet accord pour en sécuriser le contenu et en définir les modalités d'exécution. Ils peuvent avoir recours à un acte sous seing privé contresigné, dans les formes prévues par les articles 66-3-1 et suivants de la loi du 31 décembre 1971, pour conclure cet accord et éclairer ainsi pleinement les parties sur ses conséquences juridiques[15].

1. C. pr. civ., art. 1543 ; mod. par décr. n° 2019-1333, 11 déc. 2019, art. 13.
2. L. n° 91-647, 10 juill. 1991 relative à l'aide juridique, *JO* 13 juill., p. 9170.
3. Décr. n° 91-1266, 19 déc. 1991, art ; 90 ; mod. par décr. n° 2019-1505, 30 déc. 2019, art. 1er.
4. Décr. n° 91-1266, 19 déc. 1991, art. 118-6.
5. C. civ., art. 2063.
6. C. pr. civ., art. 1545.
7. C. civ., art. 2064.
8. L. n° 2015-990, 6 août 2015, art. 258, IV, al. 1er.
9. C. civ., art. 2066, al. dern.
10. C. civ., art. 2238.
11. C. pr. civ., art. 1544.
12. C. civ., art. 2065.
13. C. pr. civ., art. 1555 ; mod. par décr. n° 2019-1333, 11 déc. 2019, art. 13.
14. C. pr. civ., art. 1555-1 ; créé par décr. n° 2019-1333, 11 déc. 2019, art. 13.
15. V. ss nos 632.61 s.

621.35 Procédure aux fins de jugement. Les parties qui, au terme de la convention de procédure participative, parviennent à un accord réglant en tout ou partie leur différend peuvent soumettre cet accord à l'homologation du juge pour lui donner force exécutoire. Le juge peut être saisi de l'affaire, selon le cas, pour homologuer l'accord des parties mettant fin en totalité au différend ou au litige ; pour homologuer un accord partiel des parties et statuer sur la partie du litige persistant ; ou pour statuer sur l'entier litige[1]. La demande tendant à l'homologation de l'accord est présentée au juge par requête de la partie la plus diligente ou de l'ensemble des parties, accompagnée de la convention de procédure participative, à peine d'irrecevabilité. Le juge, qui statue sans débat, ne peut modifier les termes de l'accord.

Lorsque, faute de parvenir à un accord au terme de la convention, les parties soumettent leur litige au juge, elles sont dispensées de la conciliation ou de la médiation préalable le cas échéant prévue, sauf pour les litiges en matière prud'homale[2]. Le juge statue sur le différend résiduel soit conformément aux règles régissant la procédure habituellement applicable devant lui ; soit par une requête conjointe signée par les avocats les ayant assistées au cours de la procédure participative. Cette requête contient, à peine d'irrecevabilité, les mentions prévues par l'article 1560 du code de procédure civile. Lorsque le différend persiste en totalité, le juge peut être saisi par une requête unilatérale qui doit contenir les mentions prévues par l'article 1563 du code de procédure civile. Cette requête doit être déposée au greffe par l'avocat de la partie la plus diligente, dans un délai de trois mois suivant le terme de la convention de procédure participative, à peine d'irrecevabilité. Ce dépôt emporte, devant le tribunal judiciaire, constitution de l'avocat.

L'article 2067 du code civil autorise aussi les époux à conclure une convention de procédure participative en vue de rechercher une solution consensuelle en matière de divorce ou de séparation de corps. Toutefois, la procédure aux fins de jugement prévue par l'article 2066 du code civil n'est pas applicable en la matière. La demande en divorce ou en séparation de corps présentée à la suite d'une convention de procédure participative est formée et jugée suivant les règles prévues au titre VI du livre Ier relatif au divorce.

621.36 Extension du champ de la convention de procédure participative par la loi du 18 novembre 2016. Les mesures du titre II[3] de la loi du 18 novembre 2016 favorisent les modes alternatifs de règlement des différends[4].

La convention de procédure participative peut être conclue, y compris si le juge est déjà saisi du litige[5]. Cette évolution répond à une demande du CNB formulée dans le cadre des 44 propositions de la profession pour la justice du XXIe siècle. Ce dernier avait attiré l'attention du ministère de la Justice sur la nécessité de mettre en place, dans toutes les juridictions, des mécanismes permettant aux parties se dirigeant vers une procédure contentieuse d'être systématiquement informées de la possibilité de régler leur litige par le biais d'une procédure participative[6].

621.37 Procédure participative de mise en état. Le champ de la procédure participative a été ouvert à la mise en état du litige, par les articles 2062 et 2063 du code civil, dans leur rédaction issue de la loi du 18 novembre 2016. Pour le Gouvernement, il s'agit de « la préfiguration de l'acte de procédure d'avocats, défini comme un acte d'administration de la preuve contradictoirement accompli par les avocats des parties, qui sera ensuite décliné dans le code de procédure civile » (exposé des motifs de la loi). Le rapport Delmas-Goyon[7] avait proposé la création de cet acte de procédure d'avocats, instrument destiné à permettre aux avocats des parties à un litige, dès lors que celles-ci sont de bonne foi, d'instrumenter ensemble la preuve sans intervention du juge[8].

Le décret du 6 mai 2017[9] en décline les applications procédurales. C'est ainsi que le décret introduit, après l'article 1546 du code de procédure civile, une nouvelle sous-section intitulée « Dispositions relatives à la procédure participative aux fins de mise en état ». Ces dispositions ont été complétées par le décret du 11 décembre 2019[10] réformant

1. C. pr. civ., art. 1556.
2. C. civ., art. 2066.
3. L. n° 2016-1547, 18 nov. 2016, art. 4 à 11.
4. S. Amrani-Mekki, « Lavocat du XXIe siècle – Projet J21, procédure participative et acte de procédure d'avocats », *JCP* 2015. 1052.
5. C. civ., art. 2062 et 2063.
6. CNB, Rapport commission Textes, AG 11 et 12 sept. 2015.
7. P. Delmas-Goyon (dir.), *Le juge du XXIe siècle : Un citoyen acteur, une équipe de justice*, « Rapport », La Documentation française, 2014, proposition n° 26.
8. S. Amrani-Mekki, « Acte de procédure d'avocats, Vers une punctation probatoire ? », *Gaz. Pal.* 27 mai 2014, p. 1 – R. Le Breton de Vannoise, « La justice du XXIe siècle en marche, l'acte de procédure d'avocats », *Gaz. Pal.* 10 mars 2015, p. 4 s. – E. Mulon, B. Weiss-Gout, « Un cadeau bienvenu pour les avocats : la procédure participative de mise en état », *Gaz. Pal.* 3 oct. 2017, n° 33, p. 54.
9. Décr. n° 2017-892, 6 mai 2017 portant diverses mesures de modernisation et de simplification de la procédure civile, *JO* 10 mai, n° 114.
10. Décr. n° 2019-1333, 11 déc. 2019 réformant la procédure civile, *JO* 12 déc., n° 3 ; – SUR LEQUEL : M. Kebir, *D. actu.* 22 déc. 2019 ; P. Métais, E. Valette, « *La nouvelle mise en état devant le tribunal judiciaire* », *Gaz. Pal.* 28 janv. 2020, n° 4, p. 78 s.

la procédure civile, entré en vigueur le 1er janvier 2020, mettant en œuvre les dispositions de la loi du 23 mars 2019 [1] de programmation 2018-2022 et de réforme pour la justice, qui facilite le recours pour les avocats à la mise en état conventionnelle et autorise notamment les parties à pouvoir bénéficier d'une date d'audience dès la signature de la convention de procédure participative de mise en état ou à bref délai après rétablissement.

L'article 1546-1 du code de procédure civile, complété par le décret du 11 octobre 2021 modifiant diverses dispositions de procédure civile [2], dispose ainsi que « les parties peuvent conclure une convention de procédure participative aux fins de mise en état à tout moment de l'instance. Lorsque les parties et leurs avocats justifient avoir conclu une convention de procédure participative aux fins de mise en état, le juge peut, à leur demande, fixer la date de l'audience de clôture de l'instruction et la date de l'audience de plaidoiries. Il renvoie l'examen de l'affaire à la première audience précitée. À défaut de demande en ce sens, le juge ordonne le retrait du rôle ». Alors que la signature d'une convention de procédure participative aux fins de mise en état vallait renonciation de chaque partie à se prévaloir d'une fin de non-recevoir, de toute exception de procédure et des dispositions de l'article 47 du code de procédure civile, la nouvelle rédaction du deuxième alinéa de l'article 1546-1 du code de procédure civile, inséré par le décret du 11 octobre 2021, dispose désormais que « les parties ont, à tout moment, la possibilité de renoncer expressément à se prévaloir de toute fin de non-recevoir, de toute exception de procédure et des dispositions de l'article 47, à l'exception de celles qui surviennent ou sont révélées postérieurement à la signature de la convention de procédure participative ». Cette renonciation à se prévaloir des fins de non-recevoir et des exceptions de procédure qui était automatique devient donc facultative pour les parties [3]. En appel, la conclusion d'une convention de procédure participative aux fins de mise en état interrompt les délais impartis pour conclure et former appel incident [4].

Le décret du 11 décembre 2019 valorise également l'acte contresigné par avocat qui peut désormais avoir lieu en dehors de toute procédure participative et constituer ainsi un préalable utile à une convention de procédure participative. Par actes contresignés par avocats précisés dans la convention de procédure participative, les parties peuvent notamment constater les faits qui ne l'auraient pas été dans la convention ; déterminer les points de droit auxquels elles entendent limiter le débat, dès lors qu'ils portent sur des droits dont elles ont la libre disposition ; convenir des modalités de communication de leurs écritures ; recourir à un technicien dont le rapport d'expertise remis dans ce cadre a une valeur identique à celle de l'expertise judiciaire [5] ; désigner un conciliateur de justice ou un médiateur ; consigner les auditions des parties en présence de leurs conseils, déclarations de toute personne acceptant de fournir son témoignage ou constatations ou avis donnés par un technicien [6]. Cette liste ne saurait être considérée comme exhaustive.

Le décret précise enfin la procédure de jugement après mise en état conventionnelle du litige [7].

Cette nouvelle forme de procédure participative permet aux parties et à leurs conseils de prendre la main sur la mise en état de leur litige et, ainsi, de limiter le coût et la durée de celui-ci [8].

1. L. n° 2019-222, 23 mars 2019 de programmation 2018-2022 et de réforme pour la justice, *JO* 24 mars, texte n° 2.
2. Décr. n° 2021-1322, 11 oct. 2021 relatif à la procédure d'injonction de payer, aux décisions en matière de contestation des honoraires d'avocat modifiant diverses dispositions de procédure civile, *JO* 13 oct., n° 51, art. 4.
3. C. pr. civ., art. 1546-1, al. 2 entré en vigueur le 1er nov. 2021 et applicable aux instances en cours à cette date.
4. C. pr. civ., art. 1546-2.
5. C. pr. civ., art. 1554, al. 2 mod. par décr. n° 2021-1322, 11 oct. 2021, art. 4, 2°.
6. C. pr. civ., art. 1546-3 mod. par décr. n° 2019-1333, 11 déc. 2019, art. 13.
7. C. pr. civ., art. 1564-1 à 1564-4 mod. par décr. n° 2019-1333, 11 déc. 2019, art. 13 ; et art. 1564-5 à 1564-7 ; créés par décr. n° 2019-1333, 11 déc. 2019, art. 13.
8. E. Mulon, B. Weiss-Gout, « Un cadeau bienvenu pour les avocats : la procédure participative de mise en état », *Gaz. Pal.* 3 oct. 2017, n° 33, p. 54, *op. cit.*

CHAPITRE

622. Mandats de représentation en justice

SECTION 0
ORIENTEUR

622.00 Sommaire du chapitre.

Division. Les mandats de représentation en justice portent sur l'assistance et la plaidoirie (sect. 1), la représentation (sect. 2) et la postulation territoriale (sect. 3).

622.01 Textes applicables.

TEXTES TITRÉS

> Monopole judiciaire

• **L. n° 71-1130, 31 déc. 1971,**
art. 3 [Auxiliaire de justice]
art. 4 [Monopole judiciaire de l'avocat]

> Postulation territoriale

• **L. n° 71-1130, 31 déc. 1971,**
art. 5 [Postulation]
art. 5-1 [Dérogation territoriale]

> Assistance et représentation

• **L. n° 71-1130, 31 déc. 1971,**
art. 6, al. 1er et 9 [Assistance et représentation devant les administrations publiques]

• **C. pr. civ.,**
art. 411 [Représentation en justice]
art. 412 [Assistance en justice]
art. 413 [Étendue du mandat de représentation]
art. 414 [Représentation unique]
art. 415 [Déclaration de l'identité du représentant]
art. 416 [Dispense de mandat pour l'avocat]
art. 417 [Objet du mandat de représentation]
art. 418 [Révocation du représentant]
art. 419 [Retrait volontaire du représentant]
art. 420 [Durée du mandat]

• **Décr. n° 2005-790, 12 juill. 2005,**
art. 6 [Avocat désigné ou commis d'office, droit de suite]
art. 13 [Retrait de l'avocat]
art. 14 [Fin de la mission]

• **RIN,**
art. 6 [Champ d'activité professionnel de l'avocat]

622.02 Jurisprudence de référence.

> Encourt la cassation le jugement d'un juge de l'exécution qui statue sur le recours formé par un créancier contre la décision d'une commission de surendettement des particu-

liers, alors que la débitrice, qui, avant le prononcé du jugement, avait obtenu l'aide juridictionnelle, n'avait pas bénéficié du concours d'un avocat

• **Civ. 2e, 17 nov. 2005,** no 03-04.186, P II, no 292

* V. ss no 622.27.

« Vu l'article 25 de la loi no 91-647 du 10 juillet 1991, relative à l'aide juridique ;

Attendu que le bénéficiaire de l'aide juridictionnelle a droit à l'assistance d'un avocat ;

Attendu, selon le jugement attaqué, rendu en dernier ressort, que Mme X... a saisi une commission de surendettement des particuliers d'une demande d'élaboration d'un plan de redressement ;

Que la commission ayant déclaré sa demande recevable, un créancier a formé un recours devant le juge de l'exécution ;

Attendu que, pour déclarer irrecevable la demande de Mme X..., le jugement retient que la vente d'un bien immobilier commun, qui ne constituait pas le logement principal de la débitrice, permettrait de désintéresser ses créanciers ;

Qu'en statuant sur le recours, alors que Mme X..., qui avait obtenu, avant le prononcé du jugement, l'aide juridictionnelle qu'elle avait sollicitée, n'avait pas bénéficié du concours d'un avocat, le juge de l'exécution a violé le texte susvisé ;

PAR CES MOTIFS :

CASSE ET ANNULE. »

> L'acquiescement donné par l'avocat d'une partie engage irrévocablement celle-ci sans qu'il y ait lieu de rechercher si son conseil avait ou non perçu un pouvoir spécial à l'effet d'acquiescer

• **Civ. 2e, 24 mai 1984,** no 83-13.253, P II, no 92

* V. ss no 622.124.

« Sur le moyen unique,

Attendu que Mme X... fait grief à l'arrêt attaqué d'avoir déclaré son appel irrecevable en raison de l'acquiescement donné au jugement par l'avocat qui l'avait représentée en première instance dans le litige l'opposant à M. Y..., alors que si l'article 417 nouveau du code de procédure civile présume que le représentant d'une partie en justice a reçu pouvoir d'acquiescer en son nom, cette présomption ne serait pas irréfragable ;

Qui relève que Mme X... avait écrit à son avocat pour lui demander de n'accepter que sous toutes réserves les sommes qui lui avaient été allouées par les premiers juges, n'aurait pu, sans violer le texte susvisé, refuser de rechercher si la présomption qu'il édicte n'était pas détruite par la preuve de l'absence d'un mandat d'acquiescer ;

Mais attendu qu'après avoir rappelé qu'aux termes de l'article 417 du nouveau code de procédure civile, la personne investie d'un mandat de représentation en justice est réputée à l'égard du juge et de la partie adverse avoir reçu pouvoir spécial d'acquiescer, l'arrêt, qui constate le désistement donné par l'avocat exactement qu'un tel acquiescement engage irrévocablement Mme X... sans qu'il y ait lieu de rechercher si son conseil avait ou non reçu un pouvoir spécial à l'effet d'acquiescer ;

D'où il suit que le moyen n'est pas fondé ;

PAR CES MOTIFS, rejette. »

> La présomption de l'existence même du mandat de représentation en justice peut être combattue par la preuve contraire

• **Com. 19 oct. 1993,** no 91-15.795, P IV, no 339

* V. ss no 622.127.

« Vu les articles 1984 du code civil, 117, 118, 411 et 416 du nouveau code de procédure civile ;

Attendu, selon l'arrêt attaqué, que la Société EDM, qui a dénié avoir donné mandat à un avoué d'interjeter appel d'un jugement, a demandé à la cour d'appel de prononcer la nullité de la voie de recours ainsi exercée et, par voie de conséquence, de déclarer irrecevable l'appel incident de la société DCE Vokes (société Vokes) ;

Attendu que, pour débouter la société EDM de ses demandes, l'arrêt retient que la société EDM est réputée, à l'égard de la société Vokes, avoir donné mandat de la représenter à cette instance à l'avoué qui a établi cet acte d'appel, sans pouvoir rapporter la preuve contraire ;

Attendu qu'en statuant ainsi, alors que la présomption de l'existence même du mandat de représentation en justice peut être combattue par la preuve contraire, la cour d'appel a violé les textes susvisés ;

PAR CES MOTIFS, et sans qu'il y ait lieu de statuer sur les autres griefs du pourvoi :

CASSE ET ANNULE. »

> Une société civile professionnelle constituée entre avocats de barreaux différents, et inscrite à l'un de ces barreaux, peut postuler devant le tribunal de grande instance [devenu tribunal judiciaire] dont dépend ledit barreau par celui des avocats qui y est inscrit

• **Civ. 1re, 3 févr. 1993,** no 91-12.503, P I, no 58

* V. ss no 622.172.

« Vu l'article 8, dernier alinéa, de la loi no 71-1130 du 31 décembre 1971 dans sa rédaction applicable en la cause ;

Attendu qu'aux termes de ce texte, une société civile professionnelle ne peut postuler auprès d'un tribunal que par le ministère d'un associé inscrit à un barreau établi près cette juridiction ;

Attendu que, par acte du 5 mai 1986, le Crédit lyonnais, qui, le 6 mars 1986, avait pris une inscription d'hypothèque judiciaire sur un bien appartenant à M. Z..., a assigné celui-ci devant le tribunal de grande instance [devenu tribunal judiciaire] de Roanne pour obtenir paiement de la somme principale de 500 000 francs, montant d'un billet à ordre avalisé ; que cet acte mentionnait que la banque "faisait élection de domicile au cabinet et constitution d'avocat en la personne de la SCP Buffard-Lucchiari, avocats..." ; que pour accueillir l'exception de nullité soulevée par M. Z... l'arrêt relève que cette société est constituée entre avocats relevant de barreaux différents, Me X... étant inscrit au barreau de Lyon et Me Y... à celui de Roanne, et retient que seul ce dernier à l'exclusion de la société civile professionnelle d'avocat Buffard-Lucchiari en tant que telle, avait capacité pour se constituer et postuler au nom du Crédit lyonnais devant le tribunal de grande instance [devenu tribunal judiciaire] de Roanne ;

Attendu qu'en se déterminant ainsi, alors que la SCP d'avocats Buffard-Lucchiari, inscrite au barreau de Roanne, pouvait elle-même postuler devant le tribunal de grande instance [devenu tribunal judiciaire] de Roanne par le ministère de Me Y..., avocat également inscrit à ce barreau, la cour d'appel a violé le texte susvisé ;

PAR CES MOTIFS, et sans qu'il y ait lieu de statuer sur la seconde branche du moyen :

CASSE ET ANNULE. »

622.03 **Bibliographie indicative.**

* Aussi : v. ss no 62.03.

Encyclopédie. *J.-Cl. Pr. civ.*, fasc. 83-1 : avocats – Généralités. Fonctions II. – Fonctions de l'avocat, 2014.

Monographies. P. Créhange, *Introduction à l'art de la plaidoirie*, « Guide pratique », Gazette du Palais – Lextenso, 2012 – R. Martin, *Déontologie de l'avocat*, 11e éd., « Droit et professionnels », LexisNexis, 2013, nos 29 s. – F. Martineau, *Petit traité d'argumentation judiciaire et de plaidoirie*, 9e éd., « Praxis », Dalloz, 2022.

Articles. G. Brière de l'Isle, « La représentation des parties devant les juridictions répressives », *D.* 1961. 85 – A. Damien, « Histoire et évolution de la plaidoirie », *Gaz. Pal.* 1982. 2. Doctr. 380 ; « Robespierre avocat », *Gaz. Pal.* 1981. 2. Doctr. 372 ; « Saint Yves patron des avocats », *Gaz. Pal.* 1978. 1. Doctr. 216 – Ph. Delebecque, « Les obligations des mandataires *ad litem* », Justices janv.-mars 1997, no 5, p. 57 – P. Estoup, « La plaidoirie au-delà du colloque », *Gaz. Pal.* 1989. Chron. 26 déc. 1989 ; « De la plaidoirie : la querelle des Anciens et des Modernes », *Gaz. Pal.* 1989. Doctr. 304 – Normand, « Le barreau et la langue française », *Vie jud.* 1994. no 2522, p. 2 – J.-P. Royer, « Parole d'avocat... Remarques sur la plaidoirie pénale de la fin de l'Ancien Régime à la Révolution », *Droits* 1993, no 17, p. 99 – J. Viatte, « Le mandat *ad litem* », *Gaz. Pal.* 1976. 1. Doctr. 392.

SECTION 1
ASSISTANCE ET PLAIDOIRIE

622.10 **Plan.** Consistant exclusivement à plaider et à aider un justiciable dans sa défense en justice, l'assistance (§ 1) peut revêtir d'autres formes, quoique son acte essentiel soit la plaidoirie (§ 2). Le monopole de la défense par l'avocat (§ 3) connaît certaines limites prévues par la loi ou le règlement.

§ 1
Assistance

622.21 **Définition de l'assistance.** L'assistance est la fonction de l'avocat qui consiste exclusivement à plaider et à aider un justiciable dans sa défense en justice en présentant des explications orales ou écrites en son nom. La plaidoirie est l'acte essentiel de l'assistance.

Toutefois, l'assistance peut prendre d'autres formes. À une instruction ou à une expertise, par exemple, l'avocat assiste son client sans plaider. L'avocat est également le seul habilité à assister une partie dans une procédure participative prévue par le code civil[1].

622.22 **Absence de limitation territoriale ou organique de la plaidoirie.** Les avocats exercent leur ministère et peuvent plaider sans limitation territoriale devant toutes les juridictions et organismes juridictionnels ou disciplinaires[2].

Le texte de l'article 4 de la loi du 31 décembre 1971 a une portée générale et absolue, a rappelé le tribunal de grande instance [devenu tribunal judiciaire] de Boulogne-sur-Mer, par un jugement du 4 avril 1980[3], et ne peut être mis en échec par une circulaire de l'Administration, que d'ailleurs la précision « de quelque nature que ce soit », apportée aux mots « organismes juridictionnels et disciplinaires », indique bien que l'expression doit être entendue dans son sens le plus extensif, afin que l'assistance d'un avocat soit possible dès lors que le client l'exige, même devant des commissions disciplinaires n'émettant qu'un avis et non une décision[4].

Il appartient aux juridictions de l'ordre judiciaire, gardiennes des libertés fondamentales, de veiller à la stricte application de ce principe.

622.23 **Assistance devant un organisme disciplinaire.** Statuant sur appel de ce jugement de Boulogne-sur-Mer, la cour de Douai, a rappelé qu'une commission secondaire à vocation disciplinaire, même si elle se borne à proposer à l'autorité supérieure ou à l'employeur une sanction, constitue bien un conseil de discipline au sens où ce mot est entendu pour y voir respecter les droits de la défense. Dès lors l'assistance des parties devant une telle commission est soumise au principe général de représentation obligatoire par avocats tel qu'il résulte de l'article 4 de la loi du 31 décembre 1971[5]. Même au cas où la représentation est admise d'une manière plus large en droit commun, devant un organisme disciplinaire ou autre, la possibilité d'assistance d'une partie par d'autres que des avo-

1. L. no 71-1130, 31 déc. 1971 portant réforme de certaines professions judiciaires et juridiques, *JO* 5 janv. 1972, p. 131, art. 4, al. dernier.
2. L. no 71-1130, 31 déc. 1971, art. 4, préc. – L. no 71-1130, 31 déc. 1971, art. 5.
3. TGI Boulogne-sur-Mer, 4 avr. 1980, *Gaz. Pal.* 1980. 2. 421, note A. Damien.
4. SUR LA LISTE NON LIMITATIVE DES DIFFÉRENTES JURIDICTIONS ET ORGANISMES devant lesquels l'usage veut que l'avocat puisse se présenter : J. Lemaire, *Les règles de la profession d'avocat et les usages du Barreau de Paris*, LGDJ, 1966, p. 279 s.
5. Douai, 9 déc. 1981, *Gaz. Pal.* 1982. 1. pan. jur. 8. – RAPPR. : Comm. nat. dr. réponse, 7 oct. 1980, *Gaz. Pal.* 1980. 2. 720.

cats, n'interdit pas pour autant l'assistance de l'avocat (pour une commission disciplinaire de la Caisse primaire de Sécurité sociale[1] et pour le conseil de discipline des agents du Sénat[2]). Le règlement intérieur national (RIN) de la profession d'avocat, lui-même, évoque la présence de l'avocat devant l'Autorité de contrôle prudentiel [anciennement Commission bancaire] ou l'Autorité des marchés financiers[3].

622.24 Assistance devant un organe disciplinaire d'un établissement pénitentiaire. Longtemps, il a été dénié aux avocats le droit de défendre un condamné déféré devant l'organe disciplinaire de la prison, désigné sous le nom de « prétoire », cet organe de discipline ne constituant pas une juridiction et les sanctions prononcées contre le condamné ne constituant pas des peines mais des mesures d'ordre intérieur. Mais sous l'influence de la CEDH, la loi du 12 avril 2000[4], visant à améliorer la transparence des relations avec les administrations, est venue corriger la rédaction de l'article D. 250-4 [devenu art. R. 57-7-25] du code de procédure pénale en application duquel le détenu présente ses observations, le cas échéant, assisté par un avocat devant la commission de discipline. Les détenus doivent être informés de leur droit à l'assistance et à la représentation d'un avocat. Convoqués devant la commission de discipline, les détenus doivent être assurés d'un entretien avec l'avocat ou le mandataire agréé choisi, dans des conditions garantissant la confidentialité, y compris après le prononcé de la décision dans la perspective d'exercer éventuellement un recours.

Au demeurant, un jugement du tribunal administratif de Paris du 6 décembre 1995[5] a admis qu'une décision plaçant un condamné dans un établissement pénitentiaire en cellule pouvait être déférée au juge d'excès de pouvoir puisqu'elle était effectivement entachée de ce vice, dès lors que le détenu avait comparu devant le « prétoire » sans avoir connaissance de son dossier et en s'étant vu refuser l'assistance de son avocat[6]. Selon le Conseil d'État, l'absence de l'avocat du détenu lors de la réunion de la commission de discipline, dès lors que cette absence n'est pas imputable à l'Administration, ne peut cependant avoir pour conséquence de rendre la procédure irrégulière au regard des dispositions de la loi du 12 avril 2000[7].

622.25 Assistance devant la Cour nationale du droit d'asile. Si, devant les juridictions administratives, le droit d'être assisté d'un défenseur qui doit être avisé de la date d'audience est concrétisé par l'article R. 431-2 du code de justice administrative, cette assistance est possible devant tous les organismes qui suivent les règles des juridictions administratives et notamment devant la Cour nationale du droit d'asile (antérieurement Commission des recours des réfugiés, avant le 1er janvier 2009). Les intéressés peuvent présenter leurs explications à la Cour nationale du droit d'asile et s'y faire assister d'un conseil et d'un interprète[8]. À cet effet, la juridiction doit, soit avertir le requérant de la date de la séance au cours de laquelle son recours sera examiné, soit l'inviter à l'avance à lui faire connaître s'il a l'intention de présenter des explications verbales à l'audience au cours de laquelle le recours sera examiné pour que, en cas de réponse affirmative de sa part, il puisse utilement être avisé de la date de la séance[9].

Mais il appartient à l'intéressé de prouver que la demande d'être avisé de la date de séance qu'il déclare avoir adressée à la Cour est parvenue effectivement au secrétariat de cette Cour. L'avocat qui n'est pas avisé de la date de la séance de jugement se trouve privé de la faculté de présenter des observations orales[10].

622.26 Assistance devant une commission parlementaire. Interrogé sur la possibilité pour des personnes, dont des magistrats, d'être entendues par une commission d'enquête parlementaire en présence de leur avocat, l'ordre des avocats du barreau de Paris a répondu qu'il était d'avis que toute personne entendue par une telle commission « a le droit d'être assistée par un avocat »[11].

622.27 Assistance devant la commission de surendettement. Devant la commission de surendettement des particuliers, le débiteur ainsi que le créancier « peuvent être assistés par toute personne

1. CE 26 juill. 1996, *CPAM de Montpellier*, req. n° 137858, *Lebon T* ; *Gaz. Pal.* 5 juill. 1997, p. 11.
2. CE 9 févr. 2004, *Président du Sénat*, req. n° 257746, *Lebon* ; *D.* 2004. 607.
3. RIN, art. 5.2.
4. L. n° 2000-321, 12 avr. 2000 relative aux droits des citoyens dans leurs relations avec les administrations, *JO* 13 avr., p. 5646.
5. TA Paris, 6 déc. 1995, *Gaz. Pal.* 6 févr. 1996.
6. AUSSI : Pradel, « Le nouveau régime disciplinaire des détenus depuis le décret n° 96-287 du 2 avril 1996 – Une révolution en droit pénitentiaire », *D.* 1996. 320.
7. CE 10e et 9e ss sect., 23 févr. 2011, *Bouaffou*, req. n° 313965, *Lebon* ; *AJDA* 2011. 419 ; *AJDA* 2011. 1364, Chron. X. Domino et A. Bretonneau ; *JCP* 2011, nos 702, note S. Biagini-Girard.
8. Ceseda, art. L. 733-1 ; reprenant l'ancien art. 5, L. 25 juill. 1952.
9. CE 26 juill. 1978, *Auguste*, req. n° 6629, *Lebon* 336, concl. E. Guillaume.
10. CE 20 mars 1981, *Duigeroglu*, req. n° 21469, NP – CE 31 oct. 1990, *ville du Touquet Paris-Plage c/Épx Grégoire a.*, req. n° 107129, *Lebon*.
11. Cons. Ordre Paris, 10 janv. 2006, délib.

de leur choix », selon l'article R. 712-16 du code de la consommation.

La Cour de cassation a précisé que le juge de l'exécution ne pouvait pas statuer sur le recours exercé par la débitrice contre la décision de la commission, lorsque celle-ci a obtenu l'aide juridictionnelle sollicitée avant le prononcé du jugement, mais n'a pas bénéficié du concours d'un avocat en violation[1] de l'article 25 de la loi du 10 juillet 1991[2].

622.28 Assistance devant le médiateur de la consommation. Le consommateur ou le professionnel qui saisit le médiateur de la consommation, dans le cadre de la procédure extrajudiciaire de règlement des litiges de consommation mise en place par l'ordonnance du 20 août 2015[3], peuvent se faire représenter, à leur charge, par un avocat.

En revanche, le décret d'application du 30 octobre 2015[4] ne prévoit pas de monopole d'assistance par l'avocat, le justiciable pouvant se faire assister, à tous les stades de la médiation, par toute personne de son choix.

§ 2 Plaidoirie

622.31 Définition de la plaidoirie. La plaidoirie est l'exposé oral et le développement verbal des prétentions des justiciables, la discussion des moyens adverses et des objections légales, le développement des arguments justificatifs d'un plaignant ou d'un mis en examen[5]. Ce sens du mot « plaider », en tant que soutenir de vive voix devant les juges les causes des parties, est un sens récent dans la langue française. Le Littré lui-même donne au mot « plaider » non pas cette signification oratoire mais il définit le mot plaider comme « l'action de contester en justice et d'y faire valoir ses droits ». En fait, la plaidoirie est infiniment plus vaste que l'action oratoire d'un avocat devant une juridiction, elle est l'art d'exposer devant des juges les prétentions des parties mais également l'art de résumer, de synthétiser, d'exposer des dossiers, soit devant le client lui-même, soit devant d'autres professionnels de la justice, notaires, experts, arbitres, soit encore l'art d'exposer des questions mêlées de fait et de droit devant des assemblées d'actionnaires, des assemblées de copropriétaires ou des conseils d'administration.

On peut définir de manière large la plaidoirie comme l'expression orale d'une cause, confiée à un homme de l'art, que ce soit sous forme de plaidoyer proprement dit devant des juridictions ou d'exposés devant des clients, des décideurs ou des contradicteurs, de même que sous la forme de conférences ou de causeries devant un public qu'il faut convaincre ou d'émissions à la radio ou à la télévision[6]. On peut donc dire que tout ce que l'avocat expose oralement, dans le cadre de la mission qui lui est confiée par le client, constitue bien une plaidoirie et cette fonction de plaider s'exerce aussi bien au « judiciaire » qu'au « juridique ».

622.32 L'art de la plaidoirie à travers les siècles. La plaidoirie a subi des modifications d'expression importantes au cours des récentes décennies qui peuvent paraître à certains comme une révolution dans l'art de l'avocat[7]. L'art de la plaidoirie est apparu tardivement puisqu'il s'agit essentiellement d'une expression orale, alors que, chez les Grecs, le logographe confectionnait le discours au profit du client qui le prononçait lui-même. Il s'agit donc d'un art différent de celui de l'avocat puisque, dans ce cas, il n'y a pas d'improvisation. Ce sont les Romains qui ont inventé la plaidoirie, longue, ordonnée, pompeuse et répondant à l'art de la rhétorique. Son côté artificiel et étudié, sa composition savante et sa longueur aboutirent à l'entraîner dans une décadence rapide. C'est ce que l'on a appelé « l'éloquence asiatique » – Cicéron lui donne

1. Civ. 2e, 17 nov. 2005, no 03-04.186, P II, no 292 ; *D.* 2005. 2967.
2. L. no 91-647, 10 juill. 1991 relative à l'aide juridique, *JO* 13 juill., p. 9170, art. 25.
3. Ord. no 2015-1033, 20 août 2015 relative au règlement extrajudiciaire des litiges de consommation, *JO* 21 août, p. 14721.
4. Décr. no 2015-1382, 30 oct. 2015 relatif à la médiation des litiges de la consommation, *JO* 31 oct., p. 20408, art. 1er ; codifié à C. consom., art. R. 612-1.
5. Colloque Bordeaux, 22 sept. *1989, in Gaz. Pal.* 1989. 24 s. – P. Estoup, « La plaidoirie au-delà du colloque », *Gaz. Pal.* 24-26 déc. 1989, p. 20 s. ; « La plaidoirie-discussion », *Gaz. Pal.* 15-17 sept. 1991 ; p. 2 s.
6. A. Damien, « Histoire et évolution de la plaidoirie », *Gaz. Pal.* 1982. 2. Doctr. 380 ; « Robespierre avocat », *Gaz. Pal.* 1981. 2. Doctr. 372.
7. M. Aron, *Les grandes plaidoiries des ténors du barreau : Quand les mots peuvent tout changer,* Jacob Duvernet, 2010 – J.-D. Bredin et T. Levy, *Convaincre : Dialogue sur l'éloquence*, Odile Jacob, 2002 – L. Chamberland, *Manuel de plaidoirie, techniques et stratégies d'un procès civil,* 2e éd., Yvon Blais, 2011 – P. Créhange, *Introduction à l'art de la plaidoirie : Verba volant,* 4e éd., « Guide pratique », Gazette du Palais – Lextenso, 2019 – B. Frydman, La plaidoirie, Bruylant, 2000 – L. Gratiot, C. Mécary, S. Bensimon, G. Frydman, B. Haarcher, *Art et technique de la plaidoirie aujourd'hui,* 2e éd., Litec, 2019 – G. Kalinowski, *Introduction à la logique juridique,* LGDJ, 1965 – F. Martineau, *Petit traité d'argumentation judiciaire et de plaidoirie,* 8e éd., « Praxis », Dalloz, 2019 – Ch. Perelman, *Logique juridique, nouvelle rhétorique,* « Méthodes du droit », Dalloz, 1999 – S. Goltzberg, *L'argumentation juridique,* 4e éd., « Connaissance du droit », Dalloz, 2019 – B. Périer, *La parole est un sport de combat,* J.-Cl. Lattès, 2017 – J. Charpentier, *Remarques sur la parole,* 2e éd., « Anthologie du droit », LGDJ – Lextenso, 1961 ; rééd., 2018.

ce nom –, c'est-à-dire la plaidoirie sentimentale, mélange de l'éloquence latine classique et de l'éloquence grecque et que Pline le Jeune appelle l'éloquence *adipale,* c'est-à-dire obèse.

L'éloquence artificielle fleurit également en Gaule où les autochtones, nos ancêtres, se révélèrent d'extraordinaires avocats, épris de rhétorique et manifestant une fougue qui correspondait bien à leur tempérament. Ils ajoutèrent, en effet, à la plaidoirie classique latine une ardeur et une vivacité mais également une concision qui n'existait point chez les Romains et qui firent de nos ancêtres les Gaulois, ou du moins les Gallo-Romains, les premiers avocats d'Europe.

622.33 **Du Moyen Âge au XIXe siècle.** La plaidoirie qui disparut en même temps que la justice savante ne reparut qu'à la fin du Moyen Âge. Nous avons peu d'exemples de plaidoiries qui nous soient parvenus ; toutefois dans le procès de canonisation de saint Yves, on trouve l'illustration d'un art de la plaidoirie, direct et moderne[1]. À la Renaissance, la plaidoirie devint à nouveau pesante et érudite. Les avocats n'osaient se lancer dans une forme nouvelle et moderne et se réfugiaient avec délice dans les autorités du passé, notamment par un abus de citations insensé. L'avocat tient avant tout à montrer sa culture et à l'étaler même s'il oublie le sujet qu'il plaide. Fléchier assistant aux grands jours d'Auvergne en 1665 écrit que les avocats tinrent plusieurs audiences mais que leurs plaidoyers étaient si embarrassés « qu'après avoir ouï leurs discours je ne fus pas plus instruit qu'auparavant du droit des parties ni même des faits de la cause et comme je me plaignais de mon peu d'intelligence devant quelques-uns des juges ils me consolèrent en me rassurant qu'ils n'avaient rien compris eux-mêmes ». Cette éloquence inadaptée, ridicule et boursouflée est d'autant plus surprenante qu'à la même époque commence à apparaître l'art de la polémique dont Pascal est un des exemples les plus remarquables.

Au XVIIIe siècle naît une éloquence judiciaire proche de l'éloquence moderne qui marque une césure complète avec l'art oratoire judiciaire du siècle précédent. Elle va balayer les règles classiques de la rhétorique et manifester une grande simplicité et une liberté qui d'ailleurs tolère pour la première fois l'improvisation. La plaidoirie du XVIIIe siècle, époque où naît le préromantisme, est sensible et même souvent larmoyante. Les grands avocats de cette époque sont Normand, Cochin, plus tard Gerbier et Target. Robespierre figure aussi parmi les grands avocats de province puisqu'il exerçait essentiellement son art dans l'Artois.

La plaidoirie, au début du XIXe siècle, s'inspire de l'exemple de ses devanciers du siècle précédent mais bien vite le romantisme touche le barreau et l'éloquence judiciaire de cette époque sera le sommet de l'art de plaider. Dupin, Berryer père, Bonnet, marquent la renaissance de l'éloquence judiciaire au début de l'Empire. Berryer fils sera le plus grand génie oratoire du XIXe siècle. Les avocats qui ont découvert le jury criminel à partir de la Révolution vont en effet découvrir un art oratoire nouveau qu'on appelle la plaidoirie sentimentale qui leur permet, selon le mot de Lachaud, « de jouer du jury comme Paganini jouait du violon ».

Pourtant l'avocat d'affaires n'est point banni du barreau et il arrive, par ses plaidoiries, à discuter avec talent de chiffres, de questions ardues d'interprétation juridique, avec une éloquence forte et somptueuse car la plaidoirie sentimentale existe même devant les juridictions civiles.

622.34 **Au XXe siècle – L'éloquence moderne.** La fin du XIXe siècle et le début du XXe siècle verront apparaître une génération d'avocats de talent, politiques parfois, tels Jules Favre ou Gambetta, avocats complets tels Henri Robert, Rousse, Poincaré, Waldeck-Rousseau, Labori, Maurice Garçon, pénalistes de renom tel Moro-Giafferi. La province a, elle aussi, ses talents : Salvy à Riom, Albert Joly à Versailles, Michel de Bourges, Roy de Clotte ou Peyrecave à Bordeaux, Aulois à Lyon. C'est l'époque où Brunetière s'interroge dans un article de la Revue des Deux Mondes du 1er mai 1888 pour savoir si l'éloquence judiciaire fait partie ou non de la littérature puisqu'elle n'est qu'improvisation et qu'il n'en subsiste rien après son prononcé. Cette plaidoirie est encore un peu artificielle. Marcel Proust le constate : « la première fois, dit-il, qu'on entend un avocat ou un acteur on est surpris de leur ton tellement différent de la conversation ». Elle s'est transformée depuis la Grande Guerre pour devenir une plaidoirie brève, non sentimentale ou d'un sentimentalisme retenu avec pudeur, démonstrative et surtout directe.

C'est René Floriot qui a sans doute le mieux incarné cette éloquence moderne, éloquence qui doit s'adapter aux juridictions car l'avocat ne plaide pas exclusivement devant les cours d'assises ou à la première chambre de la Cour. Il faut qu'il sache exposer brièvement et en quelques mots son affaire devant le juge des référés ou devant un tribunal d'instance [devenu tribunal judiciaire] surchargé, indiquer brièvement le point intéressant qu'elle présente à juger et justifier en quelques instants de l'excellence de sa cause et du mérite de ses clients car, même devant ces juridictions surchargées et rapides, la

1. A. Damien, « Saint Yves patron des avocats », *Gaz. Pal.* 1978. 1. Doctr. 216.

plaidoirie demeure une forme particulière de l'éloquence à laquelle l'avocat doit s'exercer. Elle n'est point un discours académique, elle est une éloquence ordonnée à une fin qui est la conviction du juge, elle est l'art de l'exposition et du raisonnement, elle démontre. Elle convainc le tribunal par un résumé rapide et objectif que la cause dont il vient d'entendre l'exposé est simple, bonne et juste. Elle a pour but de rendre le magistrat, jusque-là impartial, partisan de la partie que l'avocat défend avant même qu'il n'ait examiné les lourds dossiers qui lui seront confiés et qui sont l'accompagnement indispensable de toute bonne plaidoirie [1].

622.35 Nécessité de la plaidoirie ou des explications orales. La présence de l'avocat veut qu'en plus des écritures qu'il pourra déposer dans l'intérêt de son client, qui seront examinées ci-dessous, il puisse contraindre le juge à écouter des observations orales qui sont une sorte d'interpellation directe du juge, qui ne peuvent être méconnues même si celui-ci a la possibilité d'en réduire l'importance ou de les faire cesser lorsqu'elles sont inutiles, excessives ou en dehors de la question.

C'est ainsi que la cour d'appel de Paris, dans un arrêt du 17 janvier 1993 [2], voit une irrégularité manifeste affectant la totalité du jugement dans le fait que cette décision ait été rendue après que l'affaire a été retenue devant le seul juge rapporteur, malgré la demande contraire d'une partie et sans que les avocats des parties aient été entendus dans le cadre d'un débat oral et aient pu remettre leurs pièces. La plaidoirie peut ne pas obligatoirement être faite devant les trois juges, à condition que les deux magistrats qui ont entendu les plaidoiries en rendent compte au troisième dans le délibéré [3].

622.36 Droit de propriété littéraire de l'avocat sur sa plaidoirie ? Le défenseur a-t-il un droit de propriété littéraire sur sa plaidoirie ? Le tribunal civil de la Seine, le 13 février 1952, avait proclamé que la plaidoirie constitue pour son auteur une propriété littéraire dont nul ne peut s'emparer contre son gré. Le droit de publication admis par la loi comme un corollaire de la publicité des débats judiciaires et comme un élément de contrôle pour l'opinion publique n'existe qu'autant que cette publication a le caractère d'un compte rendu. Sa légitimité ne se conçoit qu'autant qu'elle est contemporaine du procès ; au-delà de l'actualité, l'avocat retrouve la pleine maîtrise de son discours dont seul il peut décider la publication [4].

La cour de Paris [5] a infirmé cette décision au motif que la législation du droit d'auteur ne s'applique pas lorsque la plaidoirie ne constitue qu'un élément des débats judiciaires et est publiée avec l'ensemble desdits débats [6].

622.37 Plaidoiries et conclusions. Devant les juridictions d'exception, la plaidoirie vaut conclusions.

En revanche, devant les juridictions de droit commun, la procédure étant écrite, seules les écritures engagent les parties.

622.38 Usage du dossier de plaidoirie. Support matériel de l'avocat durant son exposé oral, le dossier de plaidoirie rassemble en un seul document divisé en cotes, l'ensemble des arguments de fait (exposé des faits, copies des pièces pertinentes...) et de droit (discussion...) dont se servira l'avocat. Le dossier de plaidoirie n´équivaut pas à des écritures mais à une plaidoirie. Cependant dans une procédure orale, le dossier de plaidoirie vaudrait officieusement écriture. Remis au magistrat et non au contradicteur, le dossier de plaidoirie constituerait ainsi une atteinte ouverte au principe du contradictoire.

Aussi, certains règlements intérieurs prévoient que devant ces juridictions (en particulier le conseil de prud'hommes), lorsqu'un avocat n'a pas saisi la juridiction de conclusions écrites, il doit communiquer son dossier de plaidoirie à son adversaire si celui-ci le lui demande.

622.39 Durée de la plaidoirie. La durée de la plaidoirie sera éventuellement limitée par le juge dans le cadre d'une procédure civile. Selon les dispositions de l'article 440, alinéa 3 du code de procédure civile, la juridiction, lorsqu'elle s'estime suffisamment éclairée, peut faire cesser les plaidoiries ou les observations présentées par les parties pour leur défense.

§ 3
Limites du monopole de la défense par l'avocat

622.40 Plan. Le principe de monopole de la défense par la plaidoirie et l'assistance (A) pour les avocats est limité par des exceptions prévues par des dispositions législatives ou réglementaires spéciales devant des juridictions étatiques (B) ou non étatiques (C).

1. P. Estoup, « Le dossier de plaidoirie », *Gaz. Pal.* 1990. 1. Doctr. 202.
2. Paris, 17 janv. 1993, *Gaz. Pal.* 19 oct. 1993, p. 19.
3. Soc. 6 juill. 1993, n° 90-40.318, P V, n° 193 ; *Gaz. Pal.* 31 août 1993, p. 18 ; *Gaz. Pal.* 1994. Pan. 29.
4. T. civ. Seine, 13 févr. 1952, *D.* 1952. 245.
5. Paris, 25 sept. 1956, *D.* 1956. 633.
6. J. Hamelin, « L'avocat et sa plaidoirie », *Gaz. Pal.* 1956. 2. Doctr. 50.

A.
Propos liminaires

622.51 Monopole de la défense par la plaidoirie et l'assistance. Le principe de monopole de la défense par la plaidoirie et l'assistance pour les avocats est limité par des exceptions prévues à l'alinéa 2 de l'article 4 de la loi du 31 décembre 1971. Ces dispositions ne font en effet pas obstacle à l'application d'autres dispositions législatives ou réglementaires spéciales, en vigueur à la date de publication de la loi de 1971, et notamment au libre exercice des activités des organisations syndicales. En outre, aux termes de l'article 63 de la loi du 31 décembre 1990, au cours de la deuxième année de formation à l'École nationale de la magistrature, l'auditeur de justice peut, lors de son stage dans un cabinet d'avocat, substituer à l'audience son maître de stage sous le contrôle de ce dernier ; la responsabilité civile encourue par l'auditeur de justice à cette occasion est garantie par l'État.

Devant les cours d'appel, tribunaux de grande instance [devenus tribunaux judiciaires], juridiction des référés, des loyers commerciaux, chambres du Conseil, juridiction gracieuse du président..., le monopole des avocats était jusqu'à présent absolu. Cependant, la loi du 6 août 2015 [1] a ouvert une brèche en confiant au défenseur syndical l'exercice des fonctions d'assistance ou de représentation devant les conseils de prud'hommes et les cours d'appel en matière prud'homale [2].

622.52 Extension de la représentation obligatoire par avocat devant le tribunal judiciaire. La réorganisation judiciaire issue de la loi organique du 23 mars 2019 [3] relative au renforcement de l'organisation des juridictions et de la loi du même jour [4] de programmation 2018-2022 et de réforme pour la justice, substituant aux tribunaux d'instance et de grande instance les tribunaux judiciaires [5] étend le périmètre des contentieux pour lesquels la représentation par avocat est obligatoire. L'article 760 du code de procédure civile précise que les parties sont, sauf disposition contraire, tenues de constituer avocat devant le tribunal judiciaire [6], aussi bien lorsque la procédure est écrite ou orale, et ce avec ou sans audience.

En première instance, la représentation par avocat est ainsi obligatoire en matière d'expropriation, de révision des baux commerciaux, dans les procédures fiscales devant les juridictions civiles, en matière familiale dans la procédure de révision de la prestation compensatoire et de retrait total ou partiel de l'autorité parentale ou de délaissement parental, ainsi que, lorsque le montant de la demande est supérieur à 10 000 euros, devant le juge de l'exécution et le tribunal judiciaire saisi en référé ou au fond.

Par dérogation au premier alinéa de l'article 4 de la loi du 31 décembre 1971, dans certaines matières, en raison de leur nature, et pour les litiges dont la valeur n'excède pas 10 000 euros, le justiciable peut se défendre lui-même ou être représenté par son conjoint, partenaire, concubin, parent ou allié en ligne directe ou collatérale jusqu'au troisième degré inclus ou par un avocat [7]. Une dérogation au principe de représentation obligatoire par avocat devant le tribunal judiciaire est aussi posée pour l'État, les régions, les départements, les communes et les établissements publics, qui peuvent se faire représenter ou assister par un fonctionnaire ou un agent de leur administration [8].

Le décret du 11 décembre 2019 réformant la procédure civile [9], dont les dispositions entrées en vigueur le 1er janvier 2020 sont applicables aux instances en cours à cette date, précise les critères dispensant de la représentation obligatoire par ministère d'avocat. Parmi les matières concernées, l'expulsion, les saisies des rémunérations, les procédures collectives et les matières relevant du juge des contentieux de la protection demeurent sans représentation obligatoire. Le représentant, s'il n'est pas avocat, doit justifier d'un pouvoir spécial.

Nul doute que les règles de représentation ainsi fixées devant le tribunal judiciaire, en considération de la matière et non plus de la juridiction, constituent une source importante de complexité et nécessiteront une vigilance particulière de la part des avocats.

B.
Juridictions étatiques

622.61 Tribunal d'instance [devenu tribunal judiciaire] et juridiction de proximité [10]. La création

1. L. n° 2015-990, 6 août 2015, art. 258.
2. C. trav., art. L. 1453-4 – V. s^s^ n° 622.64.
3. L. n° 2019-221, 23 mars 2019 relative au renforcement de l'organisation des juridictions, *JO* 24 mars, n° 1.
4. L. n° 2019-222, 23 mars 2019 de programmation 2018-2022 et de réforme pour la justice, *JO* 24 mars, n° 2, art. 5, I.
5. COJ, art. L. 215-1 ; créé par L. n° 2019-222, 23 mars 2019, art. 95, I, 1°.
6. C. pr. civ., art. 760 ; mod. par décr. n° 2019-1333, 11 déc. 2019, art. 4.
7. C. pr. civ., art. 761 ; mod. par décr. n° 2019-133, 11 déc. 2019, art. 4.
8. C. pr. civ., art. 761, al. 3.
9. Décr. n° 2019-1333, 11 déc. 2019 réformant la procédure civile, *JO* 12 déc., n° 3 ; – SUR LEQUEL : *JCP* 2020, Doctr. 278, n° 4, obs. S. Grayot-Dirx ; – *ADDE* : E. Jullien, « L'extension de la représentation obligatoire par la loi du 23 mars 2019 et le décret du 11 décembre 2019 », *Gaz. Pal.* 28 janv. 2020, n° 4, p. 72 – D. Piau, « Compétence juridictionnelle : du menu à la carte », *Gaz. Pal.* 28 janv. 2020, n° 4, p. 69.
10. L. n° 2011-1862, 13 déc. 2011 relative à la répartition des contentieux et à l'allègement de certaines procédures juridictionnelles, *JO* 14 déc., p. 21105 [mettant fin aux juridictions de proximité depuis le 1er janvier 2015].

de chambres détachées des tribunaux judiciaires a été prévue par la loi du 23 mars 2019 de programmation 2018-2022 et de réforme pour la justice[1]. Leur compétence est fixée par décret afin de permettre de maintenir l'ancienne implantation des tribunaux d'instance[2]. 125 tribunaux de proximité sont ainsi maintenus pour juger les contentieux du quotidien. Les parties sont, sauf disposition contraire, tenues de constituer avocat devant le tribunal judiciaire[3].

Les compétences matérielles et territoriales des chambres de proximité sont principalement déterminées, en application des dispositions de l'article L. 212-8 du code de l'organisation judiciaire, par le décret du 30 août 2019[4]. Globalement, les anciennes compétences des tribunaux d'instance qui n'ont pas été transférées au juge des contentieux et de la protection ou au juge de l'exécution ont été maintenues au niveau des chambres de proximité des tribunaux judiciaires, à l'exception d'une grande partie du contentieux électoral[5], étant précisé que le taux de compétence demeure fixé à 10 000 euros, tandis que le taux de ressort a été porté de 4 000 à 5 000 euros[6].

622.62 **Juge de l'exécution.** Devant le juge de l'exécution (Jex), les parties avaient auparavant la faculté de se faire assister ou représenter selon les règles applicables devant le tribunal d'instance[7] [devenu tribunal judiciaire] dans les matières où le ministère d'avocat n'était pas obligatoire devant celui-ci.

Les réformes issues de la loi du 23 mars 2019, entrées en vigueur le 1er janvier 2020, ont profondément modifié les règles relatives à la représentation devant les juridictions civiles, et devant le JEX en particulier. Il résulte désormais de la nouvelle rédaction de l'article L. 121-4 du code des procédures civiles d'exécution que la représentation n'est plus facultative, sauf lorsque la demande est relative à une expulsion ou a pour origine une créance ou tend au paiement d'une somme inférieure à 10 000 euros.

Par un avis du 21 février 2021[8], la deuxième chambre civile de la Cour de cassation a cependant conclu que, dans les matières introduites devant le juge de l'exécution postérieurement au 1er janvier 2020, l'État et les personnes morales de droit public avaient le droit de se faire représenter ou assister par un fonctionnaire ou un agent de leur administration et non par un avocat même lorsque la demande relève de la représentation obligatoire.

622.63 **Tribunal de commerce.** Le monopole des avocats est limité par l'article 853[9] du code de procédure civile, modifié par le décret du 11 décembre 2019 réformant la procédure civile, qui donne aux parties la faculté de se faire assister ou représenter devant le tribunal de commerce par toute personne de leur choix lorsque la demande porte sur un montant inférieur ou égal à 10 000 euros, dans le cadre des procédures instituées par le livre VI du code de commerce ou pour les litiges relatifs à la tenue du registre du commerce et des sociétés.

Le représentant, s'il n'est avocat, doit justifier d'un pouvoir spécial[10]. En opposition au pouvoir général de représentation de l'avocat, il doit s'agir d'un mandat de représentation pour un objet spécifique, en l'occurrence, un pouvoir de représenter la partie dans une affaire. Ainsi, la personne qui n'est pas avocat ne peut représenter ou assister un justiciable devant le tribunal de commerce qu'à titre occasionnel[11]. Commet le délit d'exercice illégal de la profession d'avocat, prévu par l'article 72 de la loi du 31 décembre 1971, celui qui, sans avoir la qualité d'avocat, exerce à titre habituel une activité libérale d'assistance et de représentation des parties devant les tribunaux de commerce[12].

Une nouvelle dérogation au principe de la représentation obligatoire par avocat devant le tribunal de commerce a été instituée par le décret du 11 octobre 2021 modifiant diverses dispositions de procédure civile[13]. Un dernier alinéa est ainsi institué à l'article 853 du code de procédure civile, à l'instar de ce que prévoit l'article 760 pour le tribunal judiciaire, autorisant l'État, les régions, les départements, les communes et leurs établissements publics de se faire assister ou représenter par un fonctionnaire ou un agent de leur administration.

• **Mandataires de justice.** Le tribunal de Montluçon, par un jugement du 2 mars 1979, inédit, a

1. L. n° 2019-222, 23 mars 2019, art. 95, I, 26°.
2. Fusion au 1er janv. 2020 des 285 tribunaux d'instance avec les 164 tribunaux de grande instance dans les 164 tribunaux judiciaires de France.
3. C. pr. civ., art. 760 ; mod. par décr. n° 2019-1333, 11 déc. 2019, art. 4.
4. Décr. n° 2019-914, 30 août 2019 modifiant le code de l'organisation judiciaire et portant diverses adaptations pour l'application de l'article 95 de la loi n° 2019-222 du 23 mars 2019 de programmation 2018-2022 et de réforme pour la justice, *JO* 1er sept., n° 4.
5. COJ, art. R. 211-3-13 s.
6. COJ, art. R. 211-3-24.
7. C. pr. exéc., art. L. 121-4 [anct L. 9 juill. 1991, art. 10] et art. R. 121-7 [anct décr. 31 juill. 1992, art. 12].
8. Civ. 2e, avis, 18 févr. 2021, n° 20-70.006, P ; *JCP* 2021, act. 241, obs. N. Cayrol ; *Gaz. Pal.* 27 avr. 2021, p. 58, obs. S. Amrani-Mekki ; *D. actu.* 9 mars 2021, obs. F. Kieffer.
9. C. pr. civ., art. 853 ; mod. par décr. n° 2019-1333, 11 déc. 2019, art. 5.
10. C. pr. civ., art. 416, al. 1.
11. Civ. 1re, 7 avr. 1999, n° 97-10.656, P I, n° 120 : REJET – Civ. 1re, 21 janv. 2003, nos 01-14.383, 01-14.547, I, n° 17 : rejet.
12. Crim. 1er févr. 2000, n° 99-83.872, P n° *53* : REJET ; *D.* 2000. 851, note B. Blanchard – Crim. 21 oct. 2008, n° 08-82.436, P n° 2011 : REJET.
13. Décr. n° 2021-1322, 11 oct. 2021 relatif à la procédure d'injonction de payer, aux décisions en matière de contestation des honoraires d'avocat et modifiant diverses dispositions de procédure civile, *JO* 13 oct., n° 51, art. 2, 3°.

estimé que, si les mandataires de justice peuvent plaider concurremment avec les avocats devant le tribunal de commerce dès lors qu'ils sont munis d'un pouvoir spécial, ils ne peuvent pour autant en faire profession habituelle à partir d'une possibilité exceptionnelle prévue par la loi. Un mandataire qui se présente à une seule audience avec dix pouvoirs spéciaux, doit donc se voir écarter de la barre, n'ayant pas qualité pour représenter sur pluralité de mandats et de façon habituelle les parties en litige devant le tribunal de commerce. Cette décision fort équitable compte tenu des usages du prétoire paraît toutefois critiquable au regard des termes généraux de la loi et de la pratique de nombre de tribunaux de commerce et notamment de celui de Paris.

Une jurisprudence postérieure a fait une application plus ferme des principes posés à l'ancien article 627 du code de commerce, devenu l'article 853 du code de procédure civile. La première décision est celle du président du tribunal de grande instance [devenu tribunal judiciaire] de Bourgoin-Jallieu du 3 octobre 1996, confirmée par arrêt de la cour d'appel de Grenoble du 19 novembre 1996, décision qui, combinant des dispositions de l'article 853 du code de procédure civile et de l'article 54 de la loi du 31 décembre 1971[1], estime que la représentation d'un justiciable devant un tribunal de commerce, par toute personne de son choix munie d'un pouvoir spécial, ne peut être admise dans la mesure où il existe un traitement juridique du dossier et dès lors qu'elle est habituelle et rémunérée[2]. La seconde intervention jurisprudentielle est la décision du tribunal de grande instance [devenu tribunal judiciaire] de Pontoise du 21 janvier 1997[3] qui rappelle que la faculté de plaider devant le tribunal de commerce ne peut s'appliquer à un prestataire de service professionnel car, dès lors, il y a exercice professionnel à titre habituel et rémunéré de la profession de mandataire de justice ; il y a donc activité de consultation juridique et de rédaction d'actes, lesquelles activités sont réglementées par les articles 54 et 59 de la loi du 31 décembre 1971[4].

Constitue le délit d'usurpation de titre ou de fonction, prévu par l'article 433-17 du code pénal, l'usage, dans l'exercice d'une activité d'assistance ou de représentation des parties devant le tribunal de commerce, des titres de mandataire ou de mandataire près le tribunal de commerce, de nature à entraîner dans l'esprit du public une confusion avec le titre de mandataire judiciaire à la liquidation des entreprises[5].

• **Agents de recouvrement.** Se pose également la question de la représentation de la partie par les agents de recouvrement devant les tribunaux de commerce. La Cour de cassation refuse à ceux-ci la possibilité de représenter les parties de façon habituelle[6]. Néanmoins, la cour d'appel de Paris leur permet de délivrer des sommations de payer au nom de leur client[7].

• **Assureurs de protection juridique.** Le pouvoir spécial de représentation devant le tribunal de commerce ne peut normalement être donné qu'à une personne physique. Dans le cadre de l'assurance de protection juridique, les assurés peuvent toutefois confier leur défense à la société d'assurance qui elle-même délègue à ses salariés le pouvoir et la mission de représentation et d'assistance en justice dans les procédures sans représentation obligatoire, et notamment devant le tribunal de commerce. Pour la deuxième chambre civile, un pouvoir spécial aux fins de représenter l'assuré doit être donné, peu important que le mandataire soit salarié de la société d'assurance[8].

622.64 Conseil de prud'hommes – Défenseur syndical. Le monopole de la plaidoirie de l'avocat devant le conseil de prud'hommes y est en concours avec le droit pour les parties elles-mêmes de se présenter ou de se faire assister par leur conjoint (l'énumération de l'ancien article R. 516-5, devenu article R. 1453-2 du code du travail, a été jugée limitative : un père, même muni d'un pouvoir, ne peut représenter son fils)[9], leur concubin ou partenaire pacsé, un membre de l'entreprise ou de l'établissement, un salarié ou un employeur appartenant à la même branche d'activité[10].

La loi du 6 août 2015[11] a créé un statut de défenseur syndical en lui confiant l'exercice des fonctions d'assistance ou de représentation devant les conseils de prud'hommes et les cours d'appel en matière prud'homale[12]. Il est inscrit sur une liste arrêtée par l'autorité administrative sur proposition des organi-

1. L. n° 71-1130, 31 déc. 1971, art. 54.
2. Grenoble, 1re ch., 19 nov. 1996, NP ; – CONFIRMANT : président TGI Bourgoin-Jallieu, 3 oct. 1996.
3. TGI Pontoise, 21 janv. 1997, *Gaz. Pal.* 22 avr. 1997, 26.
4. V. ss nos 631.00 s. et 632.00 s.
5. Crim. 1er févr. 2000, n° 99-83.872, P n° 53 ; *D.* 2000. 851, note B. Blanchard.
6. Civ. 1re, 21 janv. 2003, n° 00-13.530, NP ; *D.* 2003. Somm. 1400, obs. Taormina ; *JCP* 2003. I. 128, n° 16, obs. L. Cadiet ; *JCP* 2004. I. 117, n° 5, obs. R. Martin ; *Procédures* 2003, comm. 88, note R. Perrot.
7. Paris, 17 sept. 2003, *D.* 2003. 2929 – Paris, 12 mai 2004, *D.* 2004. IR 1769.
8. Civ. 2, 5 sept. 2019, n° 18-13.364, NP.
9. Soc. 11 mai 1993, n° 88-44.230, NP ; *Gaz. Pal.* 1993. Pan. 157.
10. Soc. 8 oct. 1996, n° 95-40.521, P V, n° 316 – TPS 1997, n° 29, obs. B. Boubli – C. trav., art. R. 1453-2.
11. L. n° 2015-990, 6 août 2015, art. 258.
12. C. trav., art. L. 1453-4 à L. 1453-9.

sations d'employeurs et de salariés [1], dans des conditions définies par décret [2]. Le défenseur syndical est tenu au secret professionnel pour toutes les questions relatives aux procédés de fabrication. Il est tenu à une obligation de discrétion à l'égard des informations présentant un caractère confidentiel et données comme telles par la personne qu'il assiste ou représente ou par la partie adverse dans le cadre d'une négociation [3]. Le Conseil constitutionnel a validé ce nouveau statut du défenseur syndical estimant, au regard de l'obligation de confidentialité prévue au bénéfice du salarié qui agit en justice, que les avocats et défenseurs syndicaux présentent, en dépit des différences statutaires, des garanties équivalentes en faveur des justiciables [4]. Saisi d'une deuxième question prioritaire de constitutionnalité portant sur l'alinéa 3 de l'article L. 1453-4 du code du travail, il a également validé le périmètre d'intervention du défenseur syndical limité à la région administrative [5]. Le Conseil constitutionnel formule néanmoins une réserve d'interprétation sur le texte qui ne saurait selon lui « priver la partie ayant choisi de se faire assister par un défenseur syndical devant le conseil de prud'hommes de continuer à être représentée, dans tous les cas, par ce même défenseur devant la cour d'appel compétente ».

Le décret du 20 mai 2016 [6] relatif à la justice prud'homale et au traitement judiciaire du contentieux du travail, pris pour l'application de l'article 258 de la loi du 6 août 2015, a ajouté à la liste de l'article R. 1453-2 du code du travail, les défenseurs syndicaux qui sont ainsi habilités à exercer des fonctions d'assistance ou de représentation devant les conseils de prud'homme et les cours d'appel en matière prud'homale, au même titre que les avocats dans le cadre d'une représentation obligatoire. Saisi d'un recours pour excès de pouvoir du décret précité par le Conseil national des barreaux qui estimait notamment que les avocats et les défenseurs syndicaux n'étaient pas soumis aux mêmes obligations procédurales, le Conseil d'État a rejeté l'ensemble des demandes formulées [7]. Sur le fond, il considère notamment qu'un requérant représenté par un défenseur syndical ne peut être regardé, en ce qui concerne la formalisation de ses prétentions, comme étant placé dans une situation identique à celle d'un requérant assisté par un avocat, qui est un professionnel du droit, et que dès lors la différence de traitement n'est pas injustifiée. Par suite, les moyens tirés de la méconnaissance des principes d'égalité devant la justice et du droit à un procès équitable doivent être écartés.

Le représentant, s'il n'est pas avocat, doit justifier d'un pouvoir spécial. Devant le bureau de conciliation et d'orientation, cet écrit doit l'autoriser à concilier au nom et pour le compte du mandant, et à prendre part aux mesures d'orientation. À la différence de l'avocat, les défenseurs syndicaux n'exercent pas leurs fonctions à titre professionnel, ni à titre obligatoire et exclusif. Ils exercent leur mandat à titre gratuit [8] et dans le cadre d'un statut qui se rattache à l'exercice du droit syndical.

Toutes les personnes habilitées à assister ou à représenter les parties en matière prud'homale ne peuvent pas exercer une mission d'assistance ou un mandat de représentation devant le conseil de prud'hommes auquel elles appartiennent si elles sont par ailleurs conseillers prud'hommes [9]. Par ailleurs, un défenseur syndical ne peut pas se représenter lui-même en raison d'une bonne efficacité de la procédure [10].

622.65 Tribunaux paritaires des baux ruraux (TPBR). Le monopole de plaidoirie de l'avocat est en concours avec le droit pour les parties d'être assistées par un huissier ou un membre de leur famille, leur concubin ou partenaire pacsé ou encore un membre d'une organisation professionnelle agricole [11].

Si, comme pour les délégués en matière prud'homale, la jurisprudence refusait à un simple salarié de l'organisation professionnelle agricole cette possibilité d'assistance ou de représentation, l'article 83 de la loi du 23 janvier 1990 [12] est venu

1. Par une décision n° 2021-928 QPC du 14 sept. 2021, le Conseil constitutionnel a déclaré contraires à la Constitution les mots « représentatives au niveau national et interprofessionnel, national et multiprofessionnel ou dans au moins une branche » figurant au deuxième alinéa de l'article L. 1453-4 du code du travail, dans sa rédaction résultant de l'ordonnance n° 2017-1718 du 20 décembre 2017 visant à compléter et mettre en cohérence les dispositions prises en application de la loi n° 2017-1340 du 15 septembre 2017 d'habilitation à prendre par ordonnances les mesures pour le renforcement du dialogue social.
2. Décr. n° 2016-975, 18 juill. 2016 relatif aux modalités d'établissement de listes, à l'exercice et à la formation des défenseurs syndicaux intervenant en matière prud'homale, *JO* 20 juill., n° 32.
3. C. trav., art. L. 1453-8.
4. Cons. const. 7 avr. 2017, n° 2017-623 QPC ; *D.* 2017. 824.
5. Cons. const. 12 mars 2020, n° 2019-831 QPC, *M. Pierre V..., limitation géographique de l'intervention du défenseur syndical,* CONFORMITÉ – RÉSERVE, *JO* 13 mars, n° 105, *D.* 2020. 544 ; *Constitutions 2019. 601*, décision.
6. Décr. n° 2016-660, 20 mai 2016 relatif à la justice prud'homale et au traitement judiciaire du contentieux du travail, *JO* 25 mai, n° 30, art. 10.
7. CE 30 janv. 2019, n°s 401681, e401742, NP ; *JCP* 2019, Doctr. 255, n° 17, obs. S. Bortoluzzi ; *D. actu.* 19 févr. 2019, obs. L. Malfettes.
8. C. trav., art. D. 1453-2-1.
9. C. trav., art. L. 1453-2.
10. Soc. 10 nov. 2021, n° 19-22.407.
11. C. pr. civ., art. 884.
12. L. n° 90-85, 23 janv. 1990 complémentaire à la loi n° 88-1202 du 30 décembre 1988 relative à l'adaptation de l'exploitation agricole à son environnement économique et social, *JO* 25 janv., p. 998.

anéantir cette jurisprudence en prévoyant expressément un tel salarié.

622.66 Tribunaux correctionnels et cours d'assises. Devant les tribunaux correctionnels et cours d'assises, le prévenu peut être assisté seulement par un avocat[1], choisi librement ou désigné d'office par le président ou son délégué. Cette désignation est non avenue si, par la suite, l'accusé choisit un avocat.

L'assistance d'un défenseur est obligatoire quand le prévenu est atteint d'une infirmité de nature à compromettre sa défense[2].

622.67 Tribunaux administratifs et cours administratives d'appel[3]. Le monopole de représentation et de plaidoirie des avocats est absolu aussi bien en premier degré qu'en appel[4] devant les tribunaux administratifs et cours administratives d'appel. Toutefois les parties elles-mêmes peuvent présenter des observations orales[5] à l'exclusion de toutes autres personnes fussent-elles membres de leur famille[6] (le président a la faculté de leur retirer la parole si elles ne sont pas en mesure de discuter leur cause avec la modération ou la clarté requises). Les parties peuvent également introduire un recours ou y défendre sans avoir recours au ministère d'avocat dans certaines conditions précises (recours pour excès de pouvoir, recours formé et toutes défenses présentées au nom de l'État, en premier ressort, appel et cassation...).

De même devant la Cour des comptes et les chambres régionales des comptes, où les parties n'ont pas l'obligation de se faire assister ou représenter par un avocat mais seulement la faculté[7].

Les avocats peuvent assister autrui devant les administrations publiques, conformément à l'article 6 de la loi du 31 décembre 1971, sous réserve des dispositions législatives et réglementaires. Ainsi peuvent-ils assister un agent du Sénat soumis à une procédure disciplinaire[8].

622.68 Tribunal du contentieux de l'incapacité, tribunal des affaires de sécurité sociale et Cour nationale de l'incapacité et de la tarification de l'assurance des accidents du travail. Le monopole de la plaidoirie de l'avocat y est en concours avec le droit pour les parties de se défendre elles-mêmes ou de se faire assister par leur conjoint ou un ascendant ou descendant en ligne directe, leur concubin ou partenaire pacsé, suivant le cas, un travailleur salarié ou un employeur ou un travailleur indépendant exerçant la même profession ou un représentant qualifié des organisations syndicales de salariés ou d'employeurs, un administrateur ou un employé de l'organisme partie à l'instance ou un employé d'un autre organisme de sécurité sociale, un délégué des associations de mutilés et invalides du travail les plus représentatives[9].

Ce représentant, s'il n'est avocat, doit justifier d'un pouvoir spécial.

Les règles de procédure et d'organisation du contentieux de la sécurité sociale et de l'aide sociale ont été modifiées par le décret du 29 octobre 2018[10]. Depuis le 1er janvier 2019, les tribunaux des affaires de sécurité sociale, tribunaux du contentieux de l'incapacité et commissions départementales d'aide sociale ont disparu. Leurs contentieux ont été transférés vers les tribunaux de grande instance [devenus tribunaux judiciaires] spécialement désignés, ou devant les tribunaux administratifs pour une partie des contentieux portés devant les commissions départementales d'aide sociale[11]. Depuis, en cas de litige, le justiciable doit se rapprocher du tribunal judiciaire spécialement désigné en fonction de son lieu de domicile. Devant les juridictions nouvellement compétentes, la représentation par un avocat n'est pas obligatoire.

C.
Juridictions non étatiques et collectivités publiques

622.71 Juridictions arbitrales. De même le monopole de l'avocat ne joue pas devant les juridictions arbitrales choisies par un accord entre des parties et dont les sentences n'ont pas, par elles-mêmes, la force exécutoire. Un mandataire peut donc y représenter une partie[12]. En matière d'arbitrage et même s'il s'agit d'un centre d'arbitrage, dès lors que cet organisme conserve son caractère privé,

1. C. pr. pén., art. 274 (cour d'assises) et 417 (tribunal correctionnel).
2. C. pr. pén., art. 417.
3. CJA, art. R. 431-2 et R. 811-7.
4. CJA, art. R. 732-1 ; – POUR L'IRRECEVABILITÉ D'UNE REQUÊTE en sursis à exécution d'un jugement du tribunal administratif présentée sans ministère d'avocat, CE 17 mai 2017, req. n° 404261.
5. R. Odent, *Le contentieux administratif*, t. I, Dalloz, 2007, p. 928.
6. CE 22 déc. 1976, req. n° 99427, *Lebon T*, 981, 1049-1050.
7. SUR les chambres régionales des comptes : C. jur. fin., art. L. 241-12.
8. CE 9 févr. 2004, req. n° 257746, *président du Sénat, Lebon* ; *D.* 2004. 607.
9. CSS, art. L. 144-3 abrogé.
10. Décr. n° 2018-928, 28 oct. 2018 relatif au contentieux de la sécurité sociale et de l'aide sociale, *JO* 30 oct., n° 11.
11. Décr. n° 2018-772, 4 sept. 2018 désignant les tribunaux de grande instance et cours d'appel compétents en matière de contentieux général et technique de la sécurité sociale et d'admission à l'aide sociale, *JO* 6 sept., n° 8.
12. Civ. 1re, 19 juin 1979, nos 78-10.372, 78-10.673, 78-10.716, 3 esp., P I, n° 185.

les parties conservent la faculté de comparaître elles-mêmes et de se faire assister par tout mandataire de leur choix[1].

En revanche, la requête en *exequatur* d'une sentence arbitrale relève du monopole de l'avocat[2].

622.72 En matière d'expropriation. Les collectivités publiques expropriantes peuvent comparaître en la personne d'un de leurs agents habilité à cet effet.

Cette prérogative qui déroge au monopole des avocats n'a pas été remise en cause par la loi du 31 décembre 1971[3].

SECTION 2
REPRÉSENTATION

622.80 Plan. La notion représentation, qui se distingue comme mission (§ 1) de l'assistance, emporte non seulement assistance mais aussi mandat *ad litem* de l'avocat, dont l'étendue et les conditions (§ 2) sont strictement définies.

§ 1
Notion

622.91 Distinction entre assistance et représentation. L'avocat qui plaide et donc assiste son client ne le représente pas pour autant au sens juridique que l'on donne à ce terme, il n'en est pas le mandataire même s'il en est le porte-parole et les déclarations qu'il émet, par exemple à la barre, ne sont pas susceptibles de « donner acte » ; les aveux ou les reconnaissances qu'il profère n'engagent pas la partie[4], seule la partie elle-même peut s'engager ou son représentant légal qui n'est pas forcément l'avocat plaidant et qui peut être l'avocat postulant ou tout autre mandataire que la partie s'est donné. La mission d'assistance est en effet distincte de la mission de représentation qui emporte non seulement assistance mais aussi mandat *ad litem.*

À la différence de l'assistance (conseiller et plaider), la représentation conduit à ce que l'avocat se substitue à son client. Non seulement il plaide et conclut dans l'intérêt de son client, mais il l'engage comme si c'était le client lui-même, présent à l'audience par son avocat, de qui émanaient les déclarations ou écrits[5]. Cette activité pose donc des questions de mandats et de responsabilité délicates. Elle s'exerce notamment devant toute juridiction où la présence d'un mandataire de justice territorialement compétent est requise pour la validité de la procédure (postulation).

622.92 Cette distinction est parfois d'un maniement délicat. L'avocat assistant, en l'absence de son client, à une expertise ordonnée par le tribunal judiciaire, l'assiste-t-il, le représente-t-il, a-t-il un mandat pour le faire ? Ce sont des cas d'espèce que la jurisprudence a tenté de dégager peu à peu.

Il faut noter, à ce propos, l'apparition d'une jurisprudence inconfortable pour l'avocat, le condamnant pour avoir méconnu les limites du mandat *ad litem* qui lui était confié ; ici on le condamne sur le plan civil pour avoir accepté, par conclusions non désavouées par les clients, l'édification d'une clôture provisoire entre leur héritage et le fonds voisin[6] ; là on lui reproche de n'avoir pas conseillé ses clients et son inaction devient fautive[7] ; là encore on le condamne à sept mois d'interdiction pour avoir transformé le mandat *ad litem* en prenant l'initiative d'une transaction qui ne présentait aucun intérêt pour le client[8].

Il n'y a pas lieu de déduire de la possibilité pour l'avocat de représenter son client que ce dernier soit nécessairement et obligatoirement représenté par l'avocat qu'il a choisi pour plaider son dossier. C'est ainsi que, lorsqu'il résulte des énonciations d'un jugement qu'un avocat a plaidé devant le tribunal de commerce pour son client qui a comparu en personne, l'avocat ne l'a pas nécessairement représenté. Dès lors, l'avocat n'aura pas nécessairement qualité pour acquiescer au jugement pour le compte de son client sans un mandat exprès de celui-ci[9]. Du reste, l'avocat ne pouvant engager la partie qu'il représente que par les conclusions qu'il dépose en son nom, la reconnaissance d'un fait dans la plaidoirie ne peut constituer un aveu judiciaire[10]. En revanche, la Cour de cassation considère que l'avo-

1. Paris, 14 oct. 1977, *Gaz. Pal.* 1977. 2. 604 – Paris, 25 janv. 1979, *D.* 1979. 159 – Civ. 1re, 19 juin 1979, nos 78-10.372, 78-10.673, 78-10.716, 3 esp., P I, n° 185 ; *Gaz. Pal.* 1979. 2. 492, note J. Viatte.
2. Crim. 21 févr. 2006, n° 05-84.899, NP ; *Gaz. Pal.* 29 avr. 2006. 18.
3. Civ. 3e, 23 mars 1977, n° 75-70.213, P III, n° 146 ; *Gaz. Pal.* 1977. 2. Somm. 241 – RAPPR. : CE 23 janv. 1970, *Sieur Musso et Ordre des avocats au barreau de Paris*, req. n° 73940, *Lebon.*
4. Paris, 19 janv. 1953, *Gaz. Pal.* 1953. 1. 99 ; – et EN CAS DE DÉSAVEU par le client : Paris, 5 mars 1969, *D.* 1970. 395, note A. Brunois.
5. C. pr. civ., art. 411.
6. Dinan, 15 juin 1982, *Gaz. Pal.* 1983. 1. 289, note Y. Avril.
7. Paris, 29 sept. 1981, *Gaz. Pal.* 1982. 1. 124.
8. Bordeaux, 11 mars 1983, *Gaz. Pal.* 1983. 2. 384, note A. Damien. – Civ. 1re, 11 juill. 1983, n° 83-11.590, P I, n° 202 ; *JCP* 1983. IV. 335 ; *Gaz. Pal.* 1 984. 1. pan. jur. 2.
9. Paris, 17 mars 1980, *D.* 1980. 464 – Civ. 1re, 14 mai 1991, n° 90-12.688, P I, n° 150 ; *D.* 1991. 154 ; *Gaz. Pal.* 29 févr. 1992 ; – DANS LE MÊME SENS : Civ. 1re, 14 janv. 1981, n° 78-15.288, P I, n° 13.
10. Civ. 1re, 14 mai 1991, n° 90-12.688, P I, n° 150 ; *D.* 1991. 154 – Civ. 1re, 14 janv. 1981, n° 78-15.288, P I, n° 13 ; *JCP* 1981. IV. 109 ; *RTD civ.* 1981. 446, obs. R. Perrot.

cat, investi d'un mandat de représentation en justice est réputé, à l'égard du juge et de la partie adverse, avoir reçu un pouvoir spécial de faire un aveu et que, dès lors qu'il s'agit d'une procédure orale, l'avocat peut engager la partie qu'il représente par un aveu fait oralement[1].

622.93 Mandat *ad litem*. L'avocat dispose d'un mandat *ad litem* qui lui permet d'agir au nom de son client et de l'engager par les actes qu'il effectue en son nom et sans qu'il lui soit nécessaire de justifier d'une procuration écrite.

Ce mandat *ad litem* est général et permet donc à l'avocat d'accomplir tous les actes de procédure[2].

§ 2
Étendue et conditions de la représentation

622.100 Plan. La représentation en justice concerne plus particulièrement les instances devant lesquelles l'avocat peut seul représenter les parties (A), le mandat de représentation (B) permettant à l'avocat, dispensé de procuration écrite, de représenter son client, toutes les fois où celui-ci n'est pas présent devant la juridiction, en tant que mandataire de ce dernier.

A.
Instances devant lesquelles l'avocat peut seul représenter les parties

622.111 Représentation et juridictions. L'ensemble des points suivants récapitule, par juridiction, les cas de représentation par un avocat.

1° L'avocat peut seul représenter les parties devant le tribunal judiciaire[3].

2° Il les représente devant les chambres détachées du tribunal judiciaire et devant le tribunal de commerce sous les réserves mentionnées ci-dessus relatives à l'assistance et qui peuvent être étendues à la représentation.

3° Il représente également les parties devant le juge des référés[4], le juge des loyers et la chambre du Conseil, le tribunal du contentieux de l'incapacité, le tribunal des affaires de sécurité sociale et la Cour nationale de l'incapacité et de la tarification de l'assurance des accidents du travail. Les parties peuvent se présenter elles-mêmes devant la juridiction des référés, aussi bien en défense (quoique sur ce point la solution reste discutée) qu'en demande[5]. Elles sont entendues par le magistrat dans leurs prétentions et explications respectives. Mais elles peuvent également se faire représenter par un tiers. En ce cas, devant le juge des référés du tribunal judiciaire, la représentation ne peut être faite que par un avocat.

4° Il peut représenter également devant le conseil de prud'hommes la partie qui justifie d'un motif légitime de non-représentation.

5° Il représente les parties civiles devant les juridictions répressives et le prévenu ou l'accusé devant les juridictions de jugement correctionnelles et les juridictions criminelles. Si la comparution du prévenu ou de l'accusé est en principe obligatoire[6], il est toutefois admis, qu'en leur absence, l'avocat puisse les représenter devant la juridiction en question dans les conditions que détermine le code de procédure pénale. S'agissant du tribunal correctionnel, le prévenu doit en principe demander à être jugé en son absence et à être représenté par son avocat ou par un avocat commis d'office, par une lettre adressée au président du tribunal[7]. Toutefois, si un avocat se présente pour assurer la défense du prévenu, il doit être entendu s'il en fait la demande, même sans lettre de représentation[8]. Ce qui implique qu'il puisse déposer des conclusions écrites auxquelles la juridiction devra répondre, même en l'absence de pouvoir de représentation[9].

6° L'avocat peut seul représenter les parties devant le tribunal administratif et les cours administratives d'appel[10] ainsi que les avocats aux Conseils. Ce monopole de représentation comporte le droit de signer au nom des parties les requêtes et les mémoires sans avoir à justifier du mandat par lequel ils ont été saisis par leur client[11]. Un arrêt de la chambre régionale des comptes de Lorraine du 2 janvier 1990[12] admet qu'une saisine présentée par un avocat pour le compte de deux entreprises devant la chambre régionale est recevable, les avocats pouvant représenter autrui devant les administrations publiques.

Dans une décision du 23 mars 2018[13], le Conseil d'État rappelle que lorsqu'elle est exigée par les

1. *Civ. 1re, 3 févr. 1993*, n° 91-12.714, P I, n° 57 ; *D.* 1993. 57 ; *Gaz. Pal.* 1993. Pan. 123 ; *RTD civ.* 1993. 642, obs. R. Perrot – Civ. 2e, 27 févr. 1980, n° 78-15.142, P II, n° 43 ; *Gaz. Pal.* 1981. 5, note J. Viatte. – Civ. 2e, 16 juill. 1993, n° 92-50.015, NP ; *JCP* 1994. II. 22235.
2. V. ss nos 622.121 s.
3. L. n° 71-1130, 31 déc. 1971, art. 4.
4. TGI Puy-en-Velay, ord. prés., 30 janv. 1991, *Gaz. Pal.* 24 nov. 1994. 22.
5. EN SENS CONTRAIRE NOT. : Montpellier, 1re ch., 23 avr. 1990, NP.
6. C. pr. pén., art. 410 et 318.
7. C. pr. pén., art. 411.
8. C. pr. pén., art. 410, al. dern.
9. Crim. 12 déc. 2006, n° 05-86.214, Pn° 310 ; *LPA* 17 déc. 2007, 11, obs. C. Porteron.
10. CJA, art. R. 431-2 et R. 811-7.
11. CE avis, 29 nov. 1991, *Syndicat des commerçants non sédentaires de la Savoie*, req. n° 129441, *Lebon ; AJDA* 1992. 237, obs. D. Chabanol ; *D.* 1992. 14 ; *RFDA* 1992. 234, concl. M.-D. Hagelsteen.
12. Ch. rég. comptes Lorraine, 2 janv. 1990, *Gaz. Pal.* 1990. 1. 269, note G. Flécheux.
13. CE 23 mars 2018, *Patrice Parmentier automobiles (Sté)*, req.n° 406802, *Lebon*.

dispositions régissant la procédure applicable devant les juridictions administratives, l'obligation d'être représenté par un avocat revêt un caractère continu qui se poursuit jusqu'à la lecture de la décision. Ainsi, la révocation d'un avocat par sa partie ou la décision d'un avocat de mettre fin à son mandat n'affecte pas le déroulement de la procédure juridictionnelle et ne met un terme aux obligations professionnelles de l'avocat que lorsqu'un autre avocat s'est constitué pour le remplacer.

Si le principe général est que la représentation par avocat est obligatoire, il existe un certain nombre de dérogations. En matière fiscale, par exemple, l'article R. 200-2 du Livre des procédures fiscales, reproduit à l'article R. 431-6 du code de justice administrative, permet la représentation devant le tribunal administratif par n'importe quelle personne munie d'un mandat spécial.

7° Enfin, les avocats peuvent assister et représenter autrui devant les administrations publiques, selon les termes de l'article 6 de la loi du 31 décembre 1971, sous réserve des dispositions législatives et réglementaires. C'est ainsi que l'avocat peut valablement saisir le président de FR 3 d'une demande de droit de réponse au nom de ses clients et saisir la Commission nationale du droit de réponse, dans le cadre de son pouvoir de représentation du client et dans le cadre des réponses aux communiqués du procureur de la République[1]. Le Conseil d'État a du reste, dans une décision du 5 juin 2002, indiqué que les avocats ont qualité pour représenter leurs clients devant les administrations publiques[2], sans avoir à justifier du mandat qu'ils sont réputés avoir reçu de ces derniers dès lors qu'ils déclarent agir pour leur compte. La Haute juridiction administrative, dans le cadre d'une contestation du décompte général et définitif d'un marché public que la Banque de France avait conclu avec une société, précise ainsi que l'avocat du titulaire du marché doit être regardé, lorsqu'il s'adresse au maître d'ouvrage au nom de celui-ci, comme le représentant valablement, sans qu'il ait à justifier du mandat qu'il a reçu pour ce faire[3].

622.112 Représentation des caisses de Sécurité sociale par un délégué spécial. Il a été jugé qu'en ce qui concerne les instances introduites devant la commission de première instance de la Sécurité sociale et devant les juridictions de droit commun aux termes des articles 14[4] et 15[5] du décret du 12 mai 1960[6], le président peut déléguer un agent quelconque appartenant au personnel de la caisse et mandaté à cet effet par son directeur[7], par mandat spécial ou général.

B. Mandat de représentation

622.121 Défaut de justification du mandat. L'avocat représente le client toutes les fois que la partie n'est pas présente devant la juridiction. L'avocat est donc un mandataire au titre des personnes admises en justice à assister ou représenter une partie (par ex., devant le tribunal de commerce tout mandataire bénéficiant d'une procuration régulière). Mais l'avocat est dispensé de procuration écrite, celle-ci n'étant exigée que *ad probationem* et non *ad solemnitatem*. La jurisprudence a toujours été constante pour estimer que l'avocat, qui se présente pour une partie et qui appartient à un barreau, mérite d'être cru sur la seule affirmation qu'il représente son client ; « l'avocat puise dans cette qualité le droit de représenter son client à l'audience sans être tenu de justifier d'un mandat spécial »[8]. Pour autant, la dispense de pouvoir spécial dont profite l'avocat ne permet pas à sa secrétaire de signer « pour ordre » une déclaration de créance[9].

Les avocats ont également qualité pour représenter leurs clients devant les administrations publiques sans avoir à justifier du mandat qu'ils sont réputés avoir reçu de ces derniers, dès lors qu'ils déclarent agir pour leur compte. Dès lors, lorsque le mandataire d'un contribuable a la qualité d'avocat et que celui-ci déclare que son client a élu domicile à son cabinet, l'administration fiscale est tenue de lui adresser les actes de procédure d'imposition sans qu'il soit besoin d'exiger la production d'un mandat exprès[10].

622.122 Évolution – Des lois spéciales au principe général. Avant que le principe ne soit de dispense générale, des lois spéciales avaient à l'ori-

1. Comm. nat. dr. réponse, 7 oct. 1980, *Gaz. Pal.* 1980. 2. 720.
2. CE 5 juin 2002, *Brandeau*, req. n° 227373, *Lebon ; Gaz. Pal.* 22-24 sept. 2002, p. 24 – AUSSI : CE avis, 5 juin 2002, *Touati*, req. n° 242862.
3. CE 18 déc. 2020, *Société Rudo Chantier*, req. n° 427850, *Lebon*.
4. CSS, art. R. 121-2 ; mod. par décr. n° 2018-353 du 14 mai 2018, art. 1.
5. CSS, art. R. 122-3.
6. DEVENUS : CSS, art. R. 121-2 et R. 122-3.
7. TI Paris, 19 déc. 1962, *Gaz. Pal.* 1963. 1. 217.
8. Crim. 2 juill. 1886, *DP* 1886. 1. 474 – Crim. 7 févr. 1920, *DP* 21 janv. 1921 – Civ. 2 déc. 1926, *DP* 1927. 1. 55, note Appleton – Civ. 2 juill. 1914, *S.* 1917. 1. 157 – Basse-Terre, 11 oct. 1985, *Gaz. Pal.* 7 nov. 1986. 10, note A. Damien – Civ. 2e, 20 févr. 1991, n° 89-14.045, P II, n° 59 ; *Gaz. Pal.* 1991. Pan. 164.
9. Com. 17 févr. 2009, n° 08-13.728, P IV, n° 25 ; *D.* 2009. 627.
10. CE 24 févr. 2017, n° 391014 ; *AJDA* 2017. 851 ; *AJ fam.* 2017. 327, obs. S. Paillard – CE 24 avr. 2013, n° 352310 – CE 5 juin 2002, n° 227373.

gine dispensé l'avocat au fur et à mesure de l'évolution de son rôle, de la production des procurations exigées devant certaines juridictions et lui ont permis ainsi de remplir son mandat sans nécessiter d'écrits : pour les Justices de Paix[1] ; les conseils de prud'hommes[2] ; les tribunaux de commerce[3] ; les juridictions des baux à loyer[4] ; les expropriations[5] ; la juridiction des dommages de guerre[6].

Ces lois spéciales ont disparu, remplacées par la formule lapidaire et générale de l'article 4 de la loi du 31 décembre 1971 : « Nul ne peut, s'il n'est avocat, assister ou représenter les parties, postuler et plaider devant les juridictions et organismes juridictionnels ou disciplinaires de quelque nature que ce soit, sous réserve... »

622.123 **Exigence d'un pouvoir spécial.** Pour les actes les plus graves, le mandat *ad litem* est insuffisant. Le mandataire doit avoir obtenu un pouvoir spécial. Ainsi en est-il en matière d'inscription de faux[7], pour déférer ou référer le serment judiciaire[8] ou encore pour la récusation d'un juge[9]. Il en est de même pour faire ou accepter un désistement, acquiescer, faire, accepter ou donner des offres, un aveu ou un consentement. Mais en ce cas, l'acte ne sera pas nul. Seulement, cet acte restera opposable à l'adversaire et au juge conformément à l'article 417 du code de procédure civile - si l'avocat, investi d'un mandat de représentation en justice, est réputé avoir reçu pouvoir spécial de faire un aveu[10] ; en revanche, la solution est différente s'agissant d'une représentation non obligatoire lorsque la partie comparaît[11] - cet acte pourra ouvrir droit à des dommages-intérêts en faveur du mandant.

622.124 **Étendue du mandat.** Si l'avocat est mandataire sans procuration, son mandat pour autant n'est pas illimité. Sa portée en était déterminée avec finesse par Appleton dans son traité : « Si l'avocat reçoit de la loi le droit de représenter les clients, il exerce cette fonction en vue de l'instance. Il peut donc faire tout ce qui est nécessaire ou utile au succès du procès mais son mandat ne va pas au-delà, il ne peut pas faire d'actes étrangers à l'instance »[12]. Par exemple, des avocats non postulants ne peuvent concrétiser une transaction entre leurs clients en la retraçant par une correspondance non confidentielle dans des matières où la postulation est nécessaire. Seuls les avocats postulants ont qualité et capacité pour agir ainsi[13] ; mais de simples lettres d'avocats, même non officielles, peuvent être regardées comme une diligence faisant partie de l'instance et de nature à la faire avancer et d'éviter sa péremption[14]. De même, pour aliéner un bien immobilier, un avocat doit disposer d'un mandat exprès pour engager sa partie[15].

L'avocat engage valablement son client chaque fois qu'il pose un acte en son nom en sa qualité de mandataire[16]. L'avocat investi d'un mandat *ad litem* possède, aux termes de l'article 417 du code de procédure civile, le droit de transiger sans nécessité de pouvoir spécial, du moins à l'égard du juge ou de la partie adverse[17], de négocier des conditions d'un bail[18], quitte à ce que le client lui reproche d'avoir excédé les limites de ce mandat tout en restant engagé par les actes de son avocat ; cette disposition exceptionnelle ne s'entend que dans le cadre d'une finalité bien déterminée, le procès[19]. Telle est la limite de validité des actes d'avocat. Au demeurant, la comparution d'une partie devant une juridiction où la représentation n'est pas obligatoire exclut toute idée de représentation en justice par son avocat, si bien qu'elle ne peut être engagée que par les actes

1. L. 12 juill. 1905 concernant : 1° la compétence des juges de paix, 2° la réorganisation des justices de paix, *JO* 13 juill., p. 4281, art. 26.
2. C. trav., anc. art. 69 du livre IV ; issu décr. 22 déc. 1958 et L. 21 juin 1924.
3. L. 13 juill. 1911 portant fixation du budget général des dépenses et recettes de l'exercice 1911, art. 96.
4. L. 9 mars 1918 établissant les droits des locataires et des propriétaires, *JO* 12 nov., p. 9797, art. 48.
5. L. 6 nov. 1918, expropriation pour cause d'utilité publique, *JO* 12 nov., p. 9797, modifiant l'article 34 de la loi du 3 mai 1841.
6. L. 17 avr. 1919, dite Charte des sinistrés, art. 27.
7. C. pr. civ., art. 306.
8. C. pr. civ., art. 322.
9. C. pr. civ., art. 343.
10. Civ. 1re, 3 févr. 1993, n° 91-12.714, P I, n° 57 ; *Gaz. Pal.* 1993. Pan. 123 ; *RTD civ.* 1993. 642, obs. R. Perrot.
11. Soc. 30 oct. 2000, n° 98-41.670, NP ; *RTD civ.* 2001. 210, obs. R. Perrot.
12. J. Appleton, *Traité de la profession d'avocat : Organisation – Règles et usages – Technique professionnelle*, 2e éd., Jouve, 1928, p. 331.
13. V. ss n° 622.171 – Versailles, 23 sept. 1982, *Gaz. Pal.* 1983. 1. 174, note A. Damien. – Versailles, 24 sept. 1992, *Gaz. Pal.* 15 avr. 1993, p. 27.
14. Civ. 2e, 26 févr. 1992, n° 90-20.244, P II, n° 70 ; *Gaz. Pal.* 1992. Pan. 204 ; *JCP* 1993. II. 22033, note E. du Rusquec ; *JCP* 1993. II. 22033 – Civ. 2e, 16 juill. 1993, n° 92-10.256, P II, n° 261 ; *JCP* 1994. II. 22235, note E. du Rusquec ; *Gaz. Pal.* 1993. Pan. 269.
15. Civ. 1re, 12 mai 1993, n° 91-17.600, P I, n° 162 ; *D.* 1993. 411, note Y. Chartier ; *Gaz. Pal.* 10 août 1993. Pan. 180 ; *JCP* 1993. II. 22132, note R. Martin.
16. Civ. 2e, 24 mai 1984, n° 83-13.253, P II, n° 92 ; *D.* 1985. 110, note A. Brunois ; *Gaz. Pal.* 1 984. Somm. 289, note S. Guinchard – Lyon, 8 janv. 1986, *D.* 1987. 66, note A. Brunois.
17. Civ. 1re, 7 juill. 1987, n° 85-18.769, P I, n° 220 ; *D.* 1987. 184 ; *D.* 1988. 236, note A. Brunois ; *Gaz. Pal.* 1987. 767, note A. Damien ; *Gaz. Pal.* 1987. Pan. 246 ; *Gaz. Pal.* jur. 767.
18. Civ. 1re, 12 mai 1993, n° 91-12.445, P I, n° 163 ; *D.* 1993. jur. 411, note Y. Chartier ; *Gaz. Pal.* 14 sept. 1993. 10 et pan. 194.
19. Sur le mandat *ad litem* en matière de postulation v. ss n° 622.181.

pour lesquels celui-ci a reçu un pouvoir spécial. L'avocat ne peut alors être présumé avoir reçu pouvoir spécial d'acquiescer au jugement[1].

Toutefois certains actes de représentation ne peuvent être accomplis par l'avocat seul compte tenu de leur caractère. C'est ainsi qu'il a été jugé que l'aveu de faits articulés par l'adversaire en matière de divorce ne saurait résulter exclusivement de conclusions signées par le conseil d'un époux sans qu'elles soient contresignées par ce dernier. Si l'avocat peut « avouer » des faits objectifs, il ne peut reconnaître la véracité de griefs se rapportant au comportement personnel d'un époux[2]. Cela étant, la cour de Versailles a admis qu'un avocat, qui avait signé la lettre d'acceptation du mémoire établi par l'épouse, dans le cadre d'une demande en divorce suivant la procédure de la demande acceptée et sans mandat exprès de son client, devait être déchargé de toute responsabilité, dès lors que le client avait couvert la faute commise par l'avocat en comparaissant devant le juge conciliateur et en y confirmant la déclaration d'acceptation du mémoire adverse et son propre mémoire[3]. En revanche, il peut former sans pouvoir spécial un pourvoi en cassation quand il représentait la partie devant le tribunal de police[4]. De même, dans les matières où la représentation n'est pas obligatoire, le mandat donné par une partie de la représenter devant la cour d'appel implique le pouvoir de relever appel en son nom[5]. Si la signification des décisions de justice entre dans le mandat *ad litem* de l'avocat[6], en revanche, il ne peut prendre l'initiative d'introduire une seconde procédure de liquidation de l'astreinte sans nouvelles instructions de son client, dès lors que chacun des précédents mandats a pris fin avec la procédure qui en était l'objet[7]. En matière pénale, la Cour de cassation juge irrecevable le pourvoi en cassation formé par un avocat pour le compte de son client incarcéré dont le pouvoir a été établi antérieurement à la décision de la chambre de l'instruction de la cour d'appel, et ce en l'absence de circonstances particulières empêchant le demandeur de connaître celle-ci[8].

Il ne s'ensuit pas pour autant que l'avocat, qui exercerait avec imprudence son mandat, passerait des actes nuls n'engageant pas son client, mais il s'exposerait à des peines disciplinaires[9] et à sa condamnation à des dommages-intérêts pour le préjudice qu'il aurait fait subir par sa faute à son client. Si le client peut contester l'étendue du mandat conféré à son avocat il ne semble pas que l'adversaire ou le tribunal ait qualité pour contraindre l'avocat à justifier de ce mandat ou à justifier de son étendue[10]. Le conseil de l'Ordre, auquel le tribunal de Rouen renvoyait la connaissance de cet incident, n'a aucune compétence pour statuer, tout au plus pouvait-il donner une consultation déontologique sur la question posée.

Toutefois, s'il n'est pas tenu de produire un pouvoir spécial pour acquiescer à la demande, l'avocat doit, dans ses rapports avec son client, être en mesure de justifier que le mandat reçu lui donnait effectivement ce pouvoir[11].

622.125 Champ du mandat *ad litem* : extension. La liste de ces actes étrangers à l'instance et dans lesquels l'avocat ne représente plus son client en vertu du mandat qu'il détient dans l'exercice de ses fonctions, a varié suivant les époques ; l'évolution de la profession a donné à cette liste une importance accrue. En 1928, Appleton, dans son traité, estime, par exemple, que l'avocat n'est pas qualifié pour recevoir le montant de condamnations, en donner quittance ou donner l'ordre de procéder à une saisie, après qu'il a obtenu devant une juridiction répressive, en tant que partie civile, une décision définitive[12].

Mais les procédures étant devenues plus complexes, les clients plus pressés et moins désireux de s'occuper directement et personnellement de leurs affaires et de leurs procédures, les avoués chargés essentiellement de cette mission ayant disparu, la coutume a étendu le champ d'application du mandat *ad litem* confié à l'avocat. Mais toujours dans le cadre de ce principe que posait Appleton, le mandat n'existe et ne peut produire des effets que s'agissant

1. Soc. 30 oct. 2000, n° 98-41.670, NP ; *RTD civ.* 2001. 210, obs. R. Perrot.
2. TGI Laval, 8 janv. 1979, *Gaz. Pal.* 1979. 1. Somm. 261.
3. Versailles, 8 nov. 1988, *Gaz. Pal.* 1989. 2. 643, note A. Damien.
4. Crim. 20 déc. 1983, n° 82-92.244, Pn° 348 ; *D.* 1985. 110 – Crim. 5 oct. 1992, n° 91-86.141, Pn° 302 – Crim. 28 janv. 1988, n° 87-81.225, P n° 43 ; *Gaz. Pal.* 1988. 1. 383, note A. Damien.
5. Civ. 1re, 26 nov. 2002, n° 00-11.934, P I, n° 282 ; *D.* 2003. 37 ; *Gaz. Pal.* 30 mars-1er avr. 2003. 26, obs. E. du Rusquec.
6. Civ. 2e, 2 mars 1977, n° 75-14.214 ; *D.* 1977. 235 ; – REJETANT : Agen, 1re ch., 18 juin 1975 – Civ. 2e, 27 févr. 1980, n° 78-14.761, P II, n° 42 ; *D.* 1980. 464, obs. P. Julien – Civ. 2e, 24 mai 1984, n° 83-13.253, P II, n° 92.
7. Civ. 1re, 17 mars 2011, n° 10-11.969, P I, n° 55 ; *D.* 2011. 947.
8. Crim. 29 mars 2017, n° 17-80.020, P.
9. Note Tissier, *S.* 1916. 2. 89 – Bordeaux, 11 mars 1983, *Gaz. Pal.* 1983. 2. 384, note A. Damien ; – ET, SUR POURVOI : Civ. 1re, 11 juill. 1983, n° 83-11.591, P IV, n° 201 ; *Gaz. Pal.* 1 984. 1. 152, note A. Damien – Civ. 1re, 11 juill. 1983, n° 83-11.590, P IV, n° 202.
10. TOUTEFOIS : TI Rouen, 16 mai 1977, *Gaz. Pal.* 1977. 2. 611, note A. Damien, CRIT. ; *Jour. not.* 1978. 117, obs. E. Sallé de la Marnière.
11. Civ. 1re, 9 mai 1996, n° 94-14.022, P I, n° 191 ; *D.* 1996. 169.
12. Crim. 29 déc. 1906, *DP* 1908. 1. 447 – Civ. 20 juin 1921, *DP* 1921. 1. 212.

d'actes s'inscrivant dans le cadre d'une instance, nous pourrions compléter la formule à notre époque en disant « d'une instance à naître, née ou des suites naturelles de cette instance ». En sens contraire, le Conseil d'État a jugé qu'une lettre adressée par un huissier de justice au ministre ne saurait être regardée en l'absence de mandat exprès émanant des parties comme une demande préalable régulièrement formée et ne peut donner lieu à décision implicite de rejet[1].

En matière de contestation d'une amende forfaitaire, la chambre criminelle a également pris position sur l'existence du mandat *ad litem* de l'avocat[2]. Il résulte du pouvoir général de représentation de l'avocat, tiré des articles 6 et 8 de la loi du 31 décembre 1971, auquel l'article 529-2 du code de procédure pénale n'apporte aucune restriction, que l'avocat peut introduire, au nom de son client destinataire d'un avis de contravention, la contestation prévue par ce texte.

622.126 **Existence du mandat.** Le mandat doit exister même s'il n'a pas à être produit en justice. Si l'avocat est bien dispensé, par l'article 416 du code de procédure civile, de produire un mandat *ad litem*, faut-il encore que le mandat existe. Il n'est pas nécessairement écrit et peut résulter de la seule remise de l'assignation adverse ou des pièces nécessaires pour la défense contre une action. Si certaines procédures solennelles nécessitent néanmoins un mandat exprès et écrit, ce sont des cas exceptionnels. Le mandat et sa production ne peuvent donc être exigés par l'adversaire ni par le ministère public, mais seulement par le client qui veut discuter avec son avocat des conséquences que ce dernier a posées et qui, selon lui, outrepasseraient le mandat accordé.

Pour autant, l'avocat ne peut se créer un titre à soi-même. Cette prétention du mandat *ad litem* qui lui est reconnue, dès lors qu'il en excipe, doit reposer sur des faits réels ou du moins vraisemblables. On ne peut donc prétendre être le mandataire d'un client qui n'existe pas ou dont l'existence serait douteuse, qui n'aurait pas d'adresse. On pourrait ainsi aboutir à des excès qu'a manifestés la célèbre affaire Humbert-Crawford où Mme Humbert mandatait des avocats illustres, et parmi les plus grands avocats de Paris, pour intenter des procès au nom de clients fictifs, les Crawford, procès dont le seul but était de faire croire à l'existence d'un trésor sur lequel elle avait emprunté abondamment.

622.127 **Présomption de mandat combattue par la preuve contraire.** Il résulte de cette contradiction apparente entre la dispense de mandat *ad litem* prévue par l'article 416 du code de procédure civile et la nécessité de l'existence d'un mandat, que la dispense de justification dont il vient d'être question au bénéfice de l'avocat et, en ce qui concerne le mandat *ad litem*, ne fait pas obstacle à ce que la présomption d'existence même du mandat de représentation en justice puisse être combattue par la preuve contraire[3]. L'avocat est dispensé de justifier d'un mandat écrit[4].

La position jurisprudentielle est délicate et nuancée ; elle admet avec largesse l'existence du mandat *ad litem* par l'avocat, sans production matérielle de l'instrumentum. Elle « croit » à l'avance l'avocat qui est finalement le seul qui puisse exiger la production de l'instrumentum et le client lui-même, à qui on oppose des actes passés par son avocat mandataire et qui voudrait les récuser, en alléguant que l'avocat a excédé le mandat dont il voudrait pouvoir vérifier la portée en se reportant aux textes mêmes de ce mandat. On est même allé plus loin en la matière en se fondant, non plus sur l'article 416 du code de procédure civile, mais sur l'article 417 du même code, en admettant que l'avocat investi d'un mandat de représentation en justice soit réputé, à l'égard du juge et de la partie adverse, avoir reçu pouvoir spécial de faire un aveu judiciaire et, s'agissant d'une procédure orale, qu'il peut engager sa partie par un aveu oralement[5]. Mais en même temps ce libéralisme est freiné par la possibilité pour tous de rapporter la preuve contraire de l'existence du mandat en soutenant son inexistence ou son impossibilité ; au cas par exemple de la disparition du mandataire, de décès, de manifestation de volonté contraire exprimée à une date

1. CE 29 mai 1974, *min. Intérieur c/Vve Chauvin*, req. n° 90915, *Lebon*.
2. Crim. 22 janv. 2020, n° 19-84.325, P ; *Gaz. Pal.* 2 juin 2020, n° 20, note D. Landry ; *JCP* 2020, Doctr. 278, n° 5, obs. S. Grayot-Dirx. Sur l'étendue du mandat de représentation de l'avocat en matière pénale, à rapprocher : Crim. 15 déc. 2015, n° 14-86.486, P n° 294 : CASSATION – Crim. 12 déc. 2006, n° 05-86.214, P n° 310 : REJET.
3. Com. 19 oct. 1993, n° 91-15.795, P IV, n° 339 ; *RTD civ.* 1994. 3, 160, obs. R. Perrot ; *Gaz. Pal.* 1993, flash 12 ; *Gaz. Pal.* 1993, flash 533 ; *Gaz. Pal.* 1994. Pan. 2.
4. Soc. 20 juin 1984, n° 81-42.212, P V, n° 255 ; *JCP* 1 984. IV. 275 ; *Gaz. Pal.* 1985. Pan. 13 – Civ. 2e, 20 févr. 1991, n° 89-14.045, P II, n° 59 – Colmar, 21 juin 1984, *JCP* 1985. II. 20-46, note P. Chambon ; *D.* 1987. 1987, obs. A. Brunois ; – OÙ LA COUR PROCLAME que l'avocat est dispensé de justifier du mandat reçu : Civ. 2e, 7 déc. 1994, n° 92-20.354, P II, n° 259 ; *D.* 1995. 33 ; *Gaz. Pal.* 1995. Pan. 69 ; *JCP* 1995. II. 22517, note E. du Rusquec ; – RAPPR. : J. Viatte, « Le mandat *ad litem* », *Gaz. Pal.* 1976. I. Doctr. 392.
5. Civ. 1re, 3 févr. 1993, n° 91-12.714, P I, n° 57 ; *D.* 1993. 50 ; *RTD civ.* 1993. 642, obs. R. Perrot ; *Gaz. Pal.* 1993. Pan. 123 – Civ. 1re, 14 mai 1991, n° 90-12.688, P I, n° 150 ; *D.* 1991. 154 ; *Gaz. Pal.* 1991. Pan. 235 ; *Gaz. Pal.* 1992. Somm. 11 – COMP. : Soc. 30 oct. 2000, n° 98-41.670, NP ; *RTD civ.* 2001. 210, obs. R. Perrot.

postérieure. En somme, une présomption de mandat *ad litem* est admise au profit de l'avocat sans production d'instrumentum mais cette présomption n'est pas une présomption irréfragable et l'on peut, par tous moyens, tenter de rapporter la preuve contraire.

La Cour de cassation[1] précise par ailleurs que la justification du mandat de représentation en justice prévu à l'article 416 du code de procédure civile s'impose à celui qui entend représenter ou assister une partie, et non au tiers qu'une personne a mandaté aux fins de donner un tel mandat à un avocat.

622.128 **Preuves contraires.** Quelle est la manifestation de cette preuve contraire ? Ce ne peut être un document niant le mandat émanant du client ; ce peut être la preuve du décès du client ou sa disparition à une date antérieure au mandat allégué. Mais on peut s'en tenir, comme preuve contraire, à de simples présomptions telles que des lettres recommandées avec demande d'avis de réception revenues non délivrées ou un procès-verbal de carence dressé par un huissier. C'est à la juridiction d'apprécier la force des preuves fournies, preuves absolues, relatives, simples présomptions, indices, mais elle pourrait être conduite à déférer la preuve à l'avocat s'il existait un doute sérieux sur l'existence du client, existence dont doit découler le mandat *ad litem*. Auquel cas, sans contraindre un avocat à produire son mandat *ad litem*, on pourrait le contraindre à en établir la vraisemblance. C'est ce qu'auraient dû faire, au début du siècle, les juridictions parisiennes dans l'affaire Humbert. Et, sans contraindre les avocats à produire les mandats *ad litem* des Crawford (que ces avocats possédaient d'ailleurs mais qui étaient des faux établis par Thérèse Humbert), on aurait pu leur demander d'établir l'existence de ces incertains Crawford et ainsi éviter l'escroquerie et le ridicule qu'assume la justice en cette affaire de mandat *ad litem* délivré par des personnes fictives.

Toutefois, dès lors qu'un mandat *ad litem* a été donné à l'avocat, il n'a plus besoin d'obtenir un nouveau mandat, spécial et renouvelé, pour accomplir les actes de sa profession et, notamment, pour déposer une plainte ou pour conclure. Il s'agit en effet des suites normales du procès intenté et, comme le disait Appleton, « l'avocat saisi d'un mandat *ad litem* reçoit de la loi le droit de représenter les clients et exerce cette fonction en vue de l'instance, il peut donc faire tout ce qui est nécessaire ou utile au succès du procès, il ne peut faire d'acte étranger à l'instance ».

1. Civ. 1re, 12 déc. 2018, n° 17-19.387, P I.

SECTION 3
POSTULATION

622.130 **Plan.** Le principe de la postulation (§ 1) consiste à assurer la représentation obligatoire d'une partie devant une juridiction. Il s'agit d'un monopole de l'avocat (§ 2) fondé sur la territorialité (§ 3). L'acte de constitution d'avocat (§ 4), lorsque la représentation est obligatoire, emporte mandat *ad litem* (§ 5) et élection de domicile chez l'avocat.

§ 1
Principe de la postulation

622.141 **Qu'est-ce que la postulation ?** La Cour de cassation indiquait autrefois que l'avocat n'avait d'autre caractère que celui de défenseur ou de conseil, ni d'autre mission que celle d'assister ses clients ou de soutenir leur défense par sa parole et par ses écrits[2]. Il faut ajouter, depuis la réforme judiciaire de la loi du 31 décembre 1971, de représenter les parties et de postuler dans leur intérêt dans tous les cas où cette postulation est nécessaire dans le cadre de l'ancienne législation régissant les avoués, d'assurer l'accès au droit des justiciables, de leur donner les consultations et les conseils dont ils peuvent avoir besoin et de rédiger pour eux les actes juridiques sous seing privé qu'ils désirent voir établir.

La postulation pour autrui est la représentation appliquée à des hypothèses limitées où la partie ne peut légalement être admise elle-même à faire valoir ses droits et où la loi prévoit que cette représentation obligatoire sera confiée à une personne qualifiée (avocat, [ancien avoué] à la Cour)[3]. La Cour de cassation a ainsi considéré, dans un arrêt du 28 janvier 2016, que la « postulation consiste à assurer la représentation obligatoire d'une partie devant une juridiction », tout en rappelant qu'« un avocat ne postule pas lorsque la représentation n'est pas obligatoire »[4]. Le législateur a retiré aux parties la possibilité de se présenter elles-mêmes, seules et isolées, et il les a obligés à comparaître par l'intermédiaire d'un auxiliaire de justice, dans certaines matières importantes par le montant ou la qualité des intérêts en jeu. Il n'a pas voulu laisser les plaideurs choisir entre la possibilité de se présenter eux-mêmes en justice ou celle de confier leur représentation à un auxiliaire de justice. C'est ce mode particulier de représentation obligatoire qu'on désigne sous le vocable de postulation.

2. Civ. 18 nov. 1946, *D.* 1947. 40.
3. A. Damien, *Être avocat aujourd'hui*, Apil, 1981, p. 80 s. et 99 s.
4. Civ. 2e, 28 janv. 2016, n° 14-29.185, P II ; *D.* 2016. 321 ; *D. avocats* 2016. 44, obs. L. Dargent.

622.142 Nécessité technique de la postulation. Le gouvernement français, dans les conclusions qu'il a déposées devant la Cour de Luxembourg au sujet de l'affaire Klopp renvoyée à la Cour de justice par la Cour de cassation en application de l'article 177[1] du traité de Rome par arrêt du 3 mai 1982, précise que l'obligation faite aux parties, sauf dispositions contraires, de constituer avocat devant un tribunal de grande instance [devenu tribunal judiciaire], est une obligation de fond nécessitée par la procédure de mise en état organisée par le code de procédure civile, supposant un contact personnel entre le magistrat chargé de l'instruction des affaires et l'avocat et nécessitant une présence continue de ce dernier auprès de la juridiction. L'unicité de l'établissement de l'avocat et l'existence d'un ressort territorial pour exercer la fonction de postulation ne sont donc pas de simples règles procédurales mais se présentent à la fois comme une règle d'organisation judiciaire et de déontologie.

La position très nettement exposée dans ces mémoires par le barreau de Paris et le gouvernement français n'a pas été contredite par la Cour de Luxembourg. Elle se borne à préciser que, valable et peut-être même nécessaire dans le cadre de l'organisation judiciaire française, cette obligation de la postulation territoriale ne saurait faire obstacle aux dispositions du traité de Rome. Ainsi, l'avocat étranger, ressortissant d'un État membre de l'Union européenne, qui désire exercer sa profession en France, devra-t-il n'avoir dans ce pays qu'un seul cabinet où il exercera la postulation territoriale mais pourra néanmoins conserver en outre son cabinet d'origine dans le barreau étranger auquel il est inscrit[2].

622.143 Vers une multipostulation généralisée ? De tout temps, la représentation du plaideur n'a été confiée à des mandataires officiels, auxiliaires de justice, qu'à la condition que ceux-ci exercent auprès de la juridiction devant laquelle ils représentent les justiciables. Il s'agit en effet d'une nécessité technique fondamentale pour la bonne marche des tribunaux et le bon fonctionnement de la justice. Nul ne peut rendre la justice s'il n'a à sa proximité, on allait presque dire à sa disposition, les mandataires des parties pour leur demander à tout instant les renseignements nécessaires pour nourrir sa conviction, dissiper les interrogations et les doutes qu'il peut avoir et mûrir sa sentence. Par ce système, absolu sous l'Ancien Régime et à la reconstitution du barreau en 1810, le législateur essaie par tous moyens d'empêcher que la dualité des professionnels chargés de la représentation des clients qu'il institue en recréant le barreau ne favorise le désordre dans les juridictions.

C'est pourquoi, à l'époque, l'avocat est le plus souvent attaché à son territoire ; les avocats près les tribunaux doivent obtenir une autorisation du grand juge pour pouvoir aller plaider dans un siège extérieur, les avocats des cours d'appel plaident certes avec plus de liberté, mais, si l'avocat est absent, appelé devant une autre chambre ou une autre juridiction, un autre avocat aussitôt doit prendre la parole à sa place et le suppléer dans son activité de plaidoirie. Le système de « l'ambulance »[3] ne fit qu'accentuer cette évolution. Par la suite – et il en sera ainsi jusqu'en 1971 – l'avocat plaide où il veut à l'intérieur du territoire français, tandis que l'avoué a seul qualité pour représenter les plaideurs devant le tribunal civil de première instance et devant la cour d'appel avec un ressort territorial qui constitue la limite de son ministère. La réforme de la loi du 31 décembre 1971[4], supprimant les avoués près les tribunaux et ne laissant subsister que les avoués devant les cours d'appel, posait une difficulté. Il fut résolu par la distinction entre l'avocat postulant et l'avocat plaidant. Le premier, successeur de l'avoué, exerce la représentation des plaideurs devant le tribunal dans le ressort territorial duquel il exerce sa profession, en revanche, l'avocat plaidant exerce son activité de plaidoirie sur tout le territoire français. Souvent les deux activités coïncident, l'avocat postulant est en même temps l'avocat plaidant mais lorsque le justiciable fait appel à un avocat extérieur au barreau du tribunal où se déroule son litige, il est contraint de faire appel au ministère d'un avocat postulant pour assurer sa représentation en justice devant ce tribunal.

On s'est alors interrogé pour savoir si ce système, maintenu par la loi du 31 décembre 1971, était adapté à la situation nouvelle telle qu'elle ressort de la transformation des mœurs depuis un demi-siècle. La rapidité des communications, le téléphone, la correspondance électronique (par courriel) ne permettent-ils pas à n'importe quel avocat et où qu'il exerce son ministère d'assurer en même temps que l'activité de plaidoirie celle de postulation devant ce qui est devenu le tribunal de grande instance [devenu tribunal judiciaire] ou la cour d'appel ? Ainsi la postulation ne serait plus qu'une notion périmée, une survivance d'un âge où la difficulté des communications justifiait la présence d'un mandataire local. La multipostulation créée dans la région parisienne par le démembrement du tribunal de première instance de la Seine en un tribunal de grande instance [devenu tribunal judiciaire] de Paris

1. TFUE, art. 267 [Amsterdam, 234 ; CEE 77].
2. CJCE 12 juill. 1984, *Klopp*, aff. n° 107/83, *Rec.*, p. 2971 ; *Gaz. Pal.* 1 984. 2, 617 – A. Brunois, Chron., *Gaz. Pal.* 1985. 129.
3. V. s^s n° 023.56.
4. L. n° 71-1130, 31 déc. 1971, préc.

et des tribunaux dits périphériques, de Bobigny, Nanterre et Créteil, permettait l'introduction de cette notion de multipostulation. D'autant plus que la liberté d'établissement et de prestation conférée par le traité de Rome aux avocats de l'Union européenne, autorisant une multiplicité d'installation de ces avocats à travers les pays de l'Union européenne, renforçait cette notion et l'on s'est demandé si l'on ne pourrait pas supprimer la postulation territoriale en l'étendant à tous les avocats quel que soit le lieu où est installé leur cabinet et celui où ils exercent leurs fonctions dans un procès déterminé.

Cette idée a rencontré néanmoins de nombreuses réticences, notamment du fait des magistrats qui souhaitent avoir auprès d'eux un corps d'avocats installés à proximité, qu'ils peuvent rassembler dans des audiences de procédure et de mise en état, interlocuteurs privilégiés du juge et à sa disposition d'une manière pratique et quotidienne. Ils ne veulent pas être contraints de chercher à accélérer les procédures en s'adressant à des avocats moins connus d'eux puisque lointains, voire inconnus, difficiles à atteindre et s'évanouissant parfois comme des fantômes chaque fois que le magistrat a des questions à leur poser au sujet de l'avancement des procédures qui leur sont confiées.

Un temps remis en cause, le principe de la postulation a été expressément maintenu par la loi du 6 août 2015 pour la croissance, l'activité et l'égalité des chances économiques [1] qui a simplement institué de nouvelles règles de postulation territoriale des avocats au ressort de cour d'appel et supprimé le tarif de postulation [2, 3].

§ 2
Monopole de la postulation

622.151 Monopole de la postulation à trois niveaux. La postulation, est réservée depuis les fusions des professions judiciaires aux avocats devant le tribunal de grande instance [devenu tribunal judiciaire] en matière civile dans le ressort duquel l'avocat a établi sa résidence professionnelle, et, depuis le 1er janvier 2012, devant la cour d'appel dont ce tribunal dépend [4] et aux avocats aux Conseils devant la Cour de cassation, le Conseil d'État et le tribunal des conflits, sous réserve des procédures dispensées du ministère d'avocat (sur l'incapacité d'un avocat au barreau de déposer un pourvoi devant la Cour de cassation) [5].

Le monopole de représentation des avocats devant le tribunal de grande instance [devenu tribunal judiciaire] en matière civile est institué par l'article 5 de la loi du 31 décembre 1971, combiné avec les dispositions du code de procédure civile, sauf dispositions contraires tenant à des textes particuliers. Celui exercé devant la cour d'appel depuis la réforme de la représentation devant les cours d'appel est institué par l'article 5, alinéa 2, de la loi du 31 décembre 1971 modifié par la loi du 25 janvier 2011 [6]. Cette représentation, confiée exclusivement à un auxiliaire de justice déterminé et qu'on nomme postulation, se manifeste par un acte, la constitution d'avocat dans l'intérêt du client.

En matière gracieuse comme en matière d'ordonnance sur requête, la présence de l'avocat est obligatoire (ou celle d'un officier public ou ministériel dans le cas où ce dernier est habilité par les dispositions en vigueur [7]). En matière gracieuse toutefois, il convient d'excepter la procédure d'adoption pouvant être introduite directement par l'intéressé lui-même lorsque l'enfant dont l'adoption est demandée a été recueilli au foyer du requérant avant l'âge de quinze ans [8].

Le non-respect des règles de postulation s'analyse, en application de l'article 117 du code de procédure civile, en un défaut de capacité de la personne assurant la représentation en justice et constitue une irrégularité de fond affectant la validité de l'acte [9]. Cette irrégularité peut être soulevée à tous les stades de la procédure [10].

622.152 Exceptions au monopole de postulation. De nombreuses exceptions sont portées au monopole des avocats devant le tribunal judiciaire :

1° La faculté pour les parties de comparaître en personne ou par une personne habilitée est prévue dans certaines matières, en raison de leur nature, et pour les litiges dont la valeur n'excède pas 10 000 euros [11]. Parmi les matières concernées, l'expulsion, les saisies des rémunérations, les procédures collectives et les matières relevant du Jude des contentieux de la protection demeurent sans représentation obligatoire. Le représentant, s'il n'est pas avocat, doit justifier d'un pouvoir spécial [12].

1. L. n° 2015-990, 6 août 2015 pour la croissance, l'activité et l'égalité des chances économiques, *JO* 7 août, p. 13537.
2. L. n° 2015-990, 6 août 2015, art. 51, I.
3. V. s^{s} n° 722.151.
4. L. n° 2011-94, 25 janv. 2011 portant réforme de la représentation devant les cours d'appel, *JO* 26 janv., p. 1544.
5. Crim. 8 juill. 1987, n° 87-83.026, P n° 289 ; *D.* 1988. 236, note A. Brunois ; – POSTÉRIEUREMENT : Crim. 28 oct. 1992, n° 92-84.560, NP.
6. L. n° 71-1130, 31 déc. 1971, art. 5 ; mod. par ord. n° 2019-964, 18 sept. 2019, art. 35.
7. C. pr. civ., art. 797 et 813 ; mod. par décr. n° 2019-1333, 11 déc. 2019, art. 4.
8. C. pr. civ., art. 1168, al. 2.
9. Civ. 2e, 9 janv. 1991, n° 89-12.457, P II, n° 13 ; *RTD civ.* 1991. 598, obs. R. Perrot.
10. C. pr. civ., art. 118.
11. C. pr. civ., art. 761 ; mod. par décr. n° 2019-133, 11 déc. 2019, art. 4.
12. V. s^{s} n° 622.52.

2° En matière publique, les parties peuvent comparaître en personne dans les instances intéressant les biens domaniaux de l'État [1] relevant de la compétence du tribunal de grande instance [2] [devenu tribunal judiciaire].

3° En matière familiale, l'article 1203 du code de procédure civile dispense les parties du ministère d'avocat pour les demandes de délégation de l'autorité parentale. Devant le juge des affaires familiales, le ministère de l'avocat n'est pas non plus toujours obligatoire (par ex., modification des pensions alimentaires, de l'exercice de l'autorité parentale ou de la prestation compensatoire [3]).

4° En matière commerciale, comme devant le juge des loyers commerciaux, les parties peuvent se défendre elles-mêmes dans le cadre des procédures de redressement judiciaire relevant de la compétence du tribunal judiciaire [4].

5° Enfin, l'État (mais alors la dispense concerne les deux parties, État et particuliers), est dispensé du ministère d'avocat devant le tribunal judiciaire [5] et la cour d'appel [6] pour effectuer sa postulation. L'État est alors représenté par le préfet du département dans lequel le litige a pris naissance.

Devant la cour d'appel :

En matière familiale, l'appel des décisions du juge des tutelles et des délibérations du conseil de famille est dispensé du ministère d'avocat [7].

En matière administrative, les litiges en matière de contraventions de grande voirie, les recours pour excès de pouvoir formés par les fonctionnaires ou agents de l'État et des autres personnes ou collectivités publiques, ainsi que par les agents ou employés de la Banque de France contre les actes relatifs à leur situation personnelle, les demandes d'exécution d'un arrêt de la cour administrative d'appel ou d'un jugement rendu par un tribunal administratif situé dans le ressort de la cour et frappé d'appel devant celle-ci sont dispensées de ministère d'avocat.

§ 3
Territorialité de la postulation

622.161 Principe de la territorialité de la postulation – Extension au ressort de cour d'appel. La postulation est réservée aux avocats du barreau établi près la cour d'appel dans le ressort de laquelle ils ont leur domicile professionnel. Ainsi, un avocat qui n'est pas domicilié dans le ressort de la cour d'appel compétente sera toujours contraint lorsque la représentation par avocat est obligatoire de faire appel à un avocat postulant.

La loi du 6 août 2015 pour la croissance, l'activité et l'égalité des chances économiques a institué de nouvelles règles de postulation territoriale des avocats au ressort de cour d'appel [8]. Les avocats peuvent ainsi postuler devant l'ensemble des tribunaux judiciaires du ressort de cour d'appel dans lequel ils ont établi leur résidence professionnelle et devant ladite cour d'appel [9].

La même règle est applicable aux groupements d'exercice : l'association ou la société peut postuler auprès de l'ensemble des tribunaux judiciaires du ressort de cour d'appel dans lequel un de ses membres est établi et devant ladite cour d'appel par le ministère d'un avocat inscrit au barreau établi près l'un de ces tribunaux [10]. Cet élargissement de la territorialité de la postulation est entré en vigueur le 1er août 2016 [11].

622.162 Exceptions à la territorialité de la postulation au ressort de cour d'appel. Plusieurs exceptions existent dans certaines matières ou procédures qui restent exclusivement exercées devant le tribunal judiciaire dans le ressort duquel les avocats ont établi leur résidence professionnelle. Elles ont été instaurées par l'article 5, alinéa 3, de la loi du 31 décembre 1971, dans sa rédaction issue de la loi du 6 août 2015. Il s'agit d'une extension au niveau national des exceptions déjà existantes pour le régime de multipostulation parisienne, lesquelles portent sur les procédures de saisie immobilière, de partage et de licitation, les interventions au titre de l'aide juridictionnelle, et les instances dans lesquelles l'avocat ne serait pas maître de l'affaire chargé également d'assurer la plaidoirie [12]. Par dérogation à la règle fixée, l'association ou la société ne peut également postuler devant un autre tribunal que celui auprès duquel est établi un de ses membres [13].

Le dispositif de régulation des tarifs réglementés de postulation des avocats en matière de saisie

1. CGPPP, art. R. 2331-10, R. 2331-11 [anc^t^ C. dom. Ét., art. R. 162 ; décr. n° 2011-1612, 22 nov. 2011, art. 3].
2. LPF, art. R. 202-2, al. 3 ; mod. par décr. n° 2019-1333, 11 déc. 2019, art. 9.
3. C. pr. civ., art. 1084 et 1139 ; mod. par décr. n° 2019-1333, 11 déc. 2019, art. 8.
4. C. com., art. L. 621-2, al. 1er ; mod. par ord. n° 2019-964, 18 sept. 2019, art. 35.
5. CGPPP, art. R. 2331-6.
6. CGPPP, art. R. 2331-11.
7. C. pr. civ., art. 1239, dern. al. ; mod. par décr. n° 2019-756, 22 juill. 2019, art. 3.
8. L. n° 2015-990, 6 août 2015 pour la croissance, l'activité et l'égalité des chances économiques, *JO* 7 août, p. 13537, art. 51, I ; – SUR LAQUELLE : *JCP* 2015. 1078, n° 3, obs. S. Bortoluzzi.
9. L. n° 71-1130, 31 déc. 1971, art. 5, al. 2 ; mod. par ord. n° 2019-964, 18 sept. 2019, art. 35.
10. L. n° 71-1130, 31 déc. 1971, art. 8, III, al. 2 ; mod. par ord. n° 2019-964, 18 sept. 2019, art. 35.
11. L. n° 2015-990, 6 août 2015, art. 51, V.
12. L. n° 71-1130, 31 déc. 1971, art. 5, al. 3 ; mod. par ord. n° 2019-964, 18 sept. 2019, art. 35.
13. L. n° 71-1130, 31 déc. 1971, art. 8, III, al. 3.

immobilière, de partage, de licitation et de sûretés judiciaires est fixé par un décret du 9 mai 2017[1].

622.163 Multipostulation en région parisienne. Par dérogation aux règles de territorialité de la postulation, les avocats inscrits au barreau de l'un des tribunaux judiciaires de Paris, Bobigny, Créteil et Nanterre peuvent postuler auprès de chacune de ces juridictions[2]. Ils peuvent postuler auprès de la cour d'appel de Paris quand ils ont postulé devant l'un des tribunaux judiciaires de Paris, Bobigny et Créteil, et auprès de la cour d'appel de Versailles quand ils ont postulé devant le tribunal judiciaire de Nanterre.

La multipostulation a été créée dans la région parisienne par le démembrement du tribunal de première instance de la Seine en tribunal de grande instance [devenu tribunal judiciaire] de Paris et des tribunaux dits périphériques de Bobigny, Créteil et Nanterre. Avec ce système de multipostulation, les avocats du barreau de Paris peuvent postuler devant les tribunaux périphériques, sauf exception (saisie immobilière, partage et licitation, aide juridictionnelle, instances dans lesquelles l'avocat plaidant ne serait pas le *dominus litis*). Ainsi dans ce dernier cas, un avocat au barreau de Pau, *dominus litis*, ne peut constituer comme postulant devant le tribunal de grande instance [devenu tribunal judiciaire] de Nanterre qu'un avocat inscrit au barreau de Nanterre et non un avocat inscrit au barreau de Paris. La loi du 28 mars 2011[3] de modernisation des professions judiciaires ou juridiques avait également institué une postulation unique pour les deux tribunaux de grande instance [devenus tribunaux judiciaires] de Bordeaux et Libourne et ceux de Nîmes et Alès. Les avocats des deux barreaux pouvaient ainsi intervenir directement devant les deux juridictions sans recourir à un avocat postulant. En matière d'appel, la multipostulation des tribunaux judiciaires périphériques de Paris ne se reproduit pas au niveau des cours de Versailles et de Paris : les avocats de Paris, Bobigny et Créteil peuvent postuler devant la cour de Paris, ceux de Nanterre devant la cour de Versailles seulement. Dès lors, un avocat inscrit au barreau de Paris, Bobigny ou Créteil ne peut représenter une partie devant la cour d'appel de Versailles qu'à la condition d'avoir postulé, en première instance, devant le tribunal judiciaire de Nanterre[4].

Ce régime de multipostulation parisienne a été conservé par la loi du 6 août 2015 et aménagé : les avocats inscrits au barreau de l'un des tribunaux judiciaires de Paris, Bobigny, Créteil et Nanterre peuvent ainsi postuler auprès de chacune de ces juridictions. Ils peuvent postuler auprès de la cour d'appel de Paris quand ils ont postulé devant l'un des tribunaux judiciaires du ressort, et auprès de la cour d'appel de Versailles quand ils ont postulé devant le tribunal judiciaire de Nanterre[5]. La dérogation prévue pour les matières visées au dernier alinéa de l'article 5 de la loi du 31 décembre 1971 leur est applicable. Les deux autres régimes de multipostulation (Bordeaux-Libourne et Nîmes-Alès) sont quant à eux supprimés. Ces dispositions sont également entrées en vigueur le 1er août 2016[6].

622.164 Absence de postulation territoriale devant les chambres sociales des cours d'appel. Dans un avis très attendu du 5 mai 2017[7], la Cour de cassation tranche le débat juridique et doctrinal[8] sur la postulation des avocats devant les chambres sociales des cours d'appel et indique que les règles de territorialité de la postulation prévues aux articles 5 et 5-1 de la loi du 31 décembre 1971 ne s'y appliquent pas. Selon cet avis, l'avocat en matière prud'homale peut assurer la représentation d'une partie devant une cour d'appel même s'il n'est pas inscrit près d'un barreau du ressort. Étant dans une procédure où la représentation est devenue obligatoire[9], les actes de procédure doivent, à peine d'irrecevabilité relevée d'office, être remis à la juridiction par voie électronique[10]. Cependant les limites techniques du réseau de communication électronique avec les juridictions ne permettaient pas aux avocats de saisir par le RPVA des cours d'appel autres que celle du ressort dont ils dépendent, à l'exception des avocats parisiens qui peuvent communiquer avec celles de Paris et Versailles. Cette limite est aujourd'hui levée par une ouverture nationale du RPVA à l'ensemble des avocats pour les procédures devant les chambres sociales des cours d'appel, indépendamment de leur barreau d'appartenance.

1. Décr. n° 2017-862, 9 mai 2017 relatif aux tarifs réglementés de postulation des avocats en matière de saisie immobilière, de partage, de licitation et de sûretés judiciaires, *JO* 10 mai, n° 41.
2. L. n° 71-1130, 31 déc. 1971, art. 5-1 ; mod. par ord. n° 2019-964, 18 sept. 2019, art. 35.
3. L. n° 71-1130, 31 déc. 1971, art. 1er, IV et V.
4. Civ. 2e, 28 janv. 2016, n° 14-29.185, P II ; *Gaz. Pal.* 30 août 2016, n° 29, p. 58, obs. R. Guichard ; *D.* 2016. 321 ; *D. avocats* 2016. 44, obs. L. Dargent.
5. L. n° 71-1130, 31 déc. 1971, art. 5-1 ; créé par L. n° 2015-990, 6 août 2015, art. 51 ; mod. par ord. n° 2019-964, 18 sept. 2019, art. 35.
6. L. n° 2015-990, 6 août 2015, art. 51 V.
7. Cass., avis, 5 mai 2017, n° 17006 ; – RENDU SUR DEMANDE D'AVIS PAR : CAA Versailles, ord. 8 févr. 2017, RG n° 16/04187 ; *JCP* 2017, Chron. 660, n° 7, obs. C. Caseau-Roche.
8. E. Julien, « Territorialité de la postulation : la dépêche et la loi », *Gaz. Pal.* 2 mai 2017, n° 17 – R. Guichard, « Postuler ou ne pas postuler devant les cours d'appel en matière prud'homale », *JCP* 2016, art. 977.
9. C. trav. art. R. 1461-2.
10. C. pr. civ., art. 930-1.

Lorsqu'un acte ne peut être transmis par voie électronique pour une cause étrangère à celui qui l'accomplit, la saisine du greffe par lettre recommandée avec demande d'avis de réception a été autorisée par le décret du 6 mai 2017[1] qui a modifié l'alinéa 2 de l'article 930-1 du code de procédure civile.

622.165 Territorialité de la postulation en matière d'expropriation. Dans un avis de sa deuxième chambre civile du 6 mai 2021[2], la Cour de cassation précise que les règles de postulation prévues aux articles 5 et 5-1 de la loi du 31 décembre 1971 ne s'appliquent pas aux parties devant le juge de l'expropriation qui est une juridiction distincte du tribunal judiciaire. En revanche, devant les cours d'appel, ces règles s'appliquent aux parties, y compris lorsqu'ils choisissent d'être représentés par un avocat, à l'État, aux régions, aux départements, aux communes et à leurs établissements publics.

§ 4
Constitution d'avocat

622.171 Acte de constitution d'avocat. Lorsque la représentation par avocat est obligatoire, les parties doivent constituer avocat pour postuler devant le tribunal judiciaire, selon l'article 752 du code de procédure civile et devant la cour d'appel selon l'article 899 du code de procédure civile ; cette constitution emporte élection de domicile chez l'avocat. Lorsqu'une partie déclare avoir plusieurs avocats, l'élection de domicile faite auprès d'un seul le désigne comme étant le représentant de cette partie[3]. L'acte introductif d'instance qui contient constitution de l'avocat chargé de la postulation devant la juridiction saisit le tribunal et vaut conclusions pour le demandeur.

Le défenseur dispose d'un délai de quinze jours pour constituer avocat à compter de la délivrance de l'assignation, cette constitution est formée par acte du palais, les conclusions des parties sont signées par l'avocat et la preuve de leur signification résulte soit de l'acte du palais qui les porte à la connaissance de l'avocat adverse, soit du visa du destinataire apposé en marge des conclusions. Le dépôt au greffe de la constitution de l'avocat-postulant du défendeur en réponse à l'assignation du demandeur contenant constitution de l'avocat-postulant de ce dernier doit, en dépit des usages pratiqués, être effectué par l'avocat postulant du défendeur[4].

Au cas où un avocat demandeur qui connaissait la constitution adverse laisse néanmoins prendre une ordonnance de clôture ou un jugement réputé contradictoire, ce jugement doit être annulé comme rendu en violation des dispositions des articles 15 et 16 du code de procédure civile en vertu du principe du respect du contradictoire[5].

622.172 Constitution d'avocat et structure d'exercice. La constitution doit toujours être faite par un avocat exerçant soit à titre individuel, soit sous la forme d'une société civile professionnelle ou d'une société d'exercice libéral. Les avocats associés doivent se constituer individuellement pour leur partie, ils ne peuvent se constituer collectivement au nom de l'association qui n'a pas qualité pour ester en justice. Viole ce texte la cour d'appel qui, pour accueillir l'exception de nullité soulevée par le défendeur, relève que la SCP auprès de laquelle le demandeur fait élection de domicile a été constituée entre avocats relevant de barreaux différents, l'un étant inscrit au barreau de Lyon et le second à celui de Roanne et retient que seul ce dernier, à l'exclusion de la SCP en tant que telle, avait capacité pour se constituer pour postuler au nom du demandeur devant le tribunal de grande instance [devenu tribunal judiciaire] de Roanne, alors que la SCP d'avocats, inscrite au barreau de Roanne, pouvait elle-même postuler devant le tribunal de grande instance [devenu tribunal judiciaire] de Roanne, par le ministère de l'avocat également inscrit à ce barreau[6]. De même un avocat ne peut postuler pour lui-même, la dualité du représentant et du représenté est nécessaire au bon déroulement de l'instance judiciaire[7].

Le défaut de constitution doit être distingué de la simple irrégularité. En présence d'une SEL ou SCP d'avocats, si les noms de la société et de celui de ses membres qui agit pour elle doivent être indiqués sur l'assignation, la simple omission tantôt du nom de la société[8], tantôt de celui de l'avocat[9], ne constitue

1. Décr. n° 2017-891, 6 mai 2017 relatif aux exceptions d'incompétence et à l'appel en matière civile, *JO* 10 mai, n° 113.
2. Civ. 2e, avis, 6 mai 2021, n° 21-70.004 ; *D. actu.* 19 mai 2021, obs. C. Bléry.
3. Civ. 2e, 10 nov. 1998, n° 96-17.360, P II, n° 267 ; *D.* 1999. 2 ; *Gaz. Pal.* 1999. Pan. 41.
4. Civ. 2e, 26 oct. 2006, n° 05-10.356, P II, n° 297 ; *D.* 2006. 2751 ; *JCP* 2007. I. 139, n° 15, obs. Y.-M. Serinet – Aix-en-Provence, 8 janv. 1985, *Gaz. Pal.* 1985. 2. 698.
5. Aix-en-Provence, 5 mai 1987, *JCP* 1988. II. 21004, note A. Leborgne.
6. Civ. 1re, 3 févr. 1993, n° 91-12.503, P I, n° 58 ; *D.* 1993. 50 ; *Gaz. Pal.* 8 juill. 1993. 8 – L. n° 71-1130, 31 déc. 1971, art. 8, al. dern.
7. TGI Paris, 11 juill. 1984, *D.* 1985. 110, obs. A. Brunois.
8. Civ. 2e, 5 avr. 2007, n° 06-14.818, P II, n° 86 ; *D.* 2007. 1208, obs. V. Avena-Robardet ; *JCP* 2007. I. 174, n° 6, obs. R. Martin.
9. Civ. 2e, 1er févr. 2006, n° 05-17.742, P II, n° 35 ; *R.* 2006, p. 419 ; *D.* 2006. 465 ; *JCP* 2006. II. 10071, note R. Martin ; *Gaz. Pal.* 17-18 févr. 2006. 13 ; *Dr. et pr.* 2006. 267, obs. M. Douchy-Oudot ; *Procédures* 2006, comm. 151, obs. R. Perrot.

qu'un vice de forme. La nullité ne sera donc encourue que si celui qui s'en prévaut justifie d'un grief et si elle est invoquée avant toute défense au fond. Dans le même sens, la Cour de cassation considère que, dans la mesure où l'irrégularité de fond a été couverte par la notification ultérieure d'un acte de procédure contenant la constitution d'un avocat territorialement compétent pour assurer la postulation avant que le juge statue, il n'y a plus lieu de prononcer l'annulation de l'acte introductif.

L'irrégularité, ou le défaut d'une constitution, est une nullité de fond qui peut être soulevée même si elle ne fait pas grief, mais elle est susceptible d'être régularisée [1].

622.173 Compatibilité de l'obligation de constituer avocat avec la Convention européenne de sauvegarde des droits de l'homme et des libertés fondamentales. Un arrêt de la deuxième chambre civile du 26 novembre 1990 [2] a précisé, certes pour une procédure suivie devant une autre juridiction, que cette obligation de constitution d'un avocat ne porte en rien atteinte aux droits définis par la Convention européenne de sauvegarde des droits de l'homme et des libertés fondamentales et même s'il s'agit d'une demande de sortie d'un établissement psychiatrique [3].

§ 5
Étendue du mandat *ad litem* de l'avocat

622.181 Étendue du mandat *ad litem* dans le cadre de la postulation. L'avocat se voit reconnaître par la loi [4] et par la jurisprudence, un mandat nécessaire qui est le mandat *ad litem* et qui lui permet d'agir au nom de son client et de l'engager par les actes qu'il effectue en son nom, sans qu'il lui soit nécessaire de justifier d'une procuration écrite [5]. En effet, lorsque l'avocat exerce les fonctions antérieurement dévolues aux avoués, il bénéficie du mandat *ad litem*. Ce mandat est obligatoire devant les tribunaux judiciaires et près la cour d'appel et il est présumé [6]. Cette présomption joue sous réserve de révocation [7] depuis l'introduction de la demande en justice jusqu'à l'exécution du jugement [8]. Enfin ce mandat est général et permet donc à l'avocat d'accomplir tous les actes de procédure [9]. Ce mandat résulte de la simple remise par le client des pièces nécessaires pour introduire un type de procès déterminé ou de la remise de l'assignation reçue par le client et sur laquelle il demande à l'avocat de se constituer. Le mandat de l'avocat est alors, sauf exception particulière résultant de textes spécifiques [10], suffisamment établi par cette remise de pièces et par les échanges de correspondance qui vont suivre, sans qu'il soit besoin pour l'avocat de justifier de son étendue ou de sa portée par la production d'une procuration spéciale [11].

L'avocat investi du mandat de représentation en justice bénéficie, lorsqu'il fait part au juge ou à la partie adverse de l'acquiescement de son client, d'une présomption irréfragable de l'existence du pouvoir spécial d'acquiescer, aux termes de l'article 417 du code de procédure civile. Il en est de même lorsqu'il fait ou accepte un désistement, fait, accepte ou donne des offres, un aveu ou un consentement.

Aucune preuve contraire n'est possible et, même s'il n'a pas reçu réellement ce pouvoir qui ne résulte pas du mandat général *ad litem*, il engage la partie qu'il représente par son mandat apparent, l'apparence résultant dans ce cas, non des circonstances mais de la loi elle-même [12]. Alors que la présomption de l'existence du mandat est simple et peut toujours être combattue par la preuve contraire [13], celle de l'étendue du mandat est irréfragable.

622.182 Déclaration d'appel. Seul un avocat postulant près d'une juridiction peut formaliser un appel recevable sans produire un pouvoir à l'appui de sa déclaration d'appel [14]. L'avocat investi, aux

1. Civ. 2e, 20 mai 2010, no 06-22.024, P II, no 98 ; *D.* 2011. 265, obs. N. Fricero ; *D.* 2011. 552, obs. B. Blanchard.
2. Civ. 2e, 26 nov. 1990, no 90-12.812, P II, no 245 ; *D.* 1991. 1 ; *Gaz. Pal.* 1991. Pan. 5 – AUSSI : Civ. 1re, 10 mai 2000, no 99-15.696, P I, no 136 ; *D.* 2000. 161 ; *D.* 2000. 649, note N. Fricero ; *Gaz. Pal.* 2000. Somm. 1202 ; *Gaz. Pal.* 2001. Somm. 210, note A. Perdriau ; *Gaz. Pal.* 2002. Somm. 1549, note A. Perdriau – CEDH 24 nov. 1986, *Gillow c/Royaume-Uni*, req. no 9063/80, série A, no 109 – V. Berger, *Jurisprudence de la CEDH* 12e éd., Sirey, 2011, nos 997 s. ; 13e éd., 2014.
3. Civ. 1re, 21 janv. 1992, no 89-21.709, P I, no 17 ; *D.* 1992. 498, note J. Massip ; *JCP* 1992. IV. 81 ; *Gaz. Pal.* 1992. Pan. 133.
4. L. no 71-1130, 31 déc. 1971, art. 4.
5. A. Damien, note ss : Caen, ord. réf., 16 déc. 1983, *Gaz. Pal.* 1984. 1. 148.
6. C. pr. civ., art. 416.
7. C. pr. civ., art. 418.
8. C. pr. civ., art. 420.
9. Civ. 3e, 29 oct. 1979, no 78-13.282, P III, no 191 – Civ. 2e, 27 févr. 1980, no 78-14.761, P II, no 42 ; *Gaz. Pal.* 1981. 5 – Paris, 17 mars 1980, *D.* 1980.
10. NOT. : C. pr. civ., art. 306 ou 343.
11. V. ss no 622.121 s.
12. Civ. 2e, 27 févr. 1980, no 78-14.761, P II, no 42 ; *Gaz. Pal.* 1981. 1. 5, note J. Viatte ; – RAPPR. : Civ. 2e, 29 mai 1979, no 78-11.527, P II, no 159 ; *Gaz. Pal.* 1979. 2. 397, note J. Viatte ; – RAPPR. : Lyon, 8 janv. 1986, *Gaz. Pal.* 1986. 1. 285 : l'avocat agissait en qualité de conseil – SUR la transaction en cas de référé aux fins de désignation d'un expert après un accident : Paris, 17e ch., 20 mai 1992, *Gaz. Pal.* 1er sept. 1994, 5.
13. V. ss no 622.124.
14. Versailles, 6 juin 1979, Gaz. *Pal.* 1979. 2. 415, note M. Delamarre – Crim. 13 juin 1990, no 89-84.710, P no 242 ; *Gaz. Pal.* 26 févr. 1991, Chron. dr. crim., p. 17 – Versailles, 25 janv. 1991, *D.* 1991. 129.

termes des articles 4 et 5 de la loi du 31 décembre 1971, d'un droit général d'assistance et de représentation n'a pas à justifier de pouvoir spécial, il est donc habilité à formuler au nom de son client une déclaration d'appel ; notamment il peut interjeter appel d'une ordonnance d'un juge d'instruction rejetant une demande de mise en liberté provisoire même si elle a été présentée par un de ses confrères choisi à l'époque comme conseil de la personne mise en examen [1].

622.183 **Délivrance d'extraits de jugements aux fins de transcription.** Si les greffiers ont un monopole pour délivrer les copies certifiées conformes des minutes des jugements dont ils assurent la confirmation, et peuvent seuls délivrer les expéditions et copies certifiées conformes [2], les avocats (et anciens avoués) peuvent délivrer eux-mêmes les extraits de jugements aux fins de publication des décisions de divorce ou de séparation de corps conformément aux dispositions de l'article 1147 du code de procédure civile, plus restrictif sur ce point que l'article 506 du code de procédure civile qui n'exige comme condition de publicité qu'un « extrait de la décision comportant son dispositif ». Les avocats ont donc la possibilité de délivrer eux-mêmes les extraits aux fins de transcription. Les avocats engagent leur responsabilité civile et professionnelle en délivrant ces extraits ; il leur est recommandé de mentionner sur l'extrait transmis à l'officier d'État civil la mention littérale suivante : « Copie ou extrait certifié conforme par Me X... avocat de... suivi de la signature de l'intéressé. »

1. Crim. 6 mai 1980, n° 80-90.910, P n° 134 ; *JCP* 1980. IV. 266 – Colmar, 21 juin 1984, *D.* 1987. 67, note A. Brunois – Paris, 1er juin 1987, *D.* 1987. 163 ; *D.* 1988. 235, note A. Brunois.

2. C. pr. civ., art. 506.

CHAPITRE

623. Communication électronique : RPVA et e-barreau

SECTION 0
ORIENTEUR

623.00 **Sommaire du chapitre.**

Division. La communication électronique, via le RPVA et e-barreau, est en œuvre entre les avocats et les juridictions de l'ordre judiciaire (sect. 1) ainsi qu'entre les avocats et les juridictions de l'ordre administratif (sect. 2).

623.01 **Textes applicables.**

TEXTES TITRÉS

> Pouvoirs du CNB en matière de communication électronique

• **L. n° 71-1130, 31 déc. 1971**

art. 21-1 [Pouvoir réglementaire du CNB]

> Preuve littérale – Écrit sous forme électronique

• **C. civ.**

art. 1366 [Force probante]

art. 1367 [Signature électronique]

art. 1368 [Conflits de preuve par écrit]

> Communication par voie électronique

• **C. pr. civ.**

art. 748-1 [Conditions d'utilisation]

art. 748-2 [Consentement express]

art. 748-3 [Avis électronique]

art. 748-4 [Production d'un document original]

art. 748-5 [Délivrance sur support papier]

art. 748-6 [Procédés techniques]

art. 748-7 [Prorogation des délais]

art. 748-8 [Déclaration préalable]

art. 748-9 [Convocation des parties]

art. 850 [Remise des actes par voie électronique]

art. 930-1 [Cause étrangère]

art. 930-2 [Défenseur syndical]

art. 930-3 [Notifications]

• **C. pr. pén.**

art. 803-1 [Notification des envois]

art. D. 591 [Transmission de demandes ou notifications par voie électronique]

art. D. 592 [Dépôt des mémoires devant la chambre de l'instruction]

art. D. 593 [Exclusions]

• **CJA**

art. R. 414-1 à R. 414-7 [Transmission de la requête par voie électronique]

art. R. 611-8-2 à R. 611-8-7 [Dispositions propres à la communication électronique]

623.02 **Jurisprudence de référence.**

> L'adhésion d'un avocat au « réseau privé virtuel avocat » (RPVA) emporte nécessairement consentement de sa part à recevoir la notification d'actes de procédure par la voie électronique

• **C. cass. 9 sept. 2013,** avis n° 15012 (Demande n° 13-70.005)

* V. s[s] n° 623.33.

L'avis de refus par le greffe du message de l'appelant communicant ses conclusions dans le délai de trois mois de l'article 908 du code de procédure civile atteste précisément de leur remise au greffe.

> Est censuré l'arrêt d'une cour d'appel prononçant la caducité d'une déclaration d'appel, au motif qu'en l'absence d'avis de réception des conclusions par le greffe il ne peut être retenu que le message de données, contenant les conclusions de l'appelant et qui avait fait l'objet d'un refus de la part du greffe en raison de l'absence de

référence au numéro de rôle, a été remis au greffe dans le délai de trois mois, alors que l'avis de refus émis par ce greffe établissait l'envoi des conclusions, dans le délai prescrit, et leur réception

• **Civ. 2e, 24 sept. 2015,** n° 14-20.212, P II

* V. ss n° 623.31.

« Vu les articles 906, 908, 911, 930-1 du code de procédure civile, ensemble les articles 2, 4 5 et 8 de l'arrêté du 30 mars 2011 relatif à la communication par voie électronique dans les procédures avec représentation obligatoire devant les cours d'appel ;

Attendu qu'à peine de caducité de sa déclaration d'appel, l'appelant dispose d'un délai de trois mois à compter de cette déclaration pour conclure, remettre ses conclusions au greffe par la voie électronique et les notifier à la partie qui a constitué avocat ;

Attendu, selon l'arrêt attaqué, que la SCI des Impressionnistes (la SCI) a relevé appel du jugement qui avait fixé le prix du loyer en renouvellement du bail commercial conclu avec Mme X... ; qu'elle a déféré à la cour d'appel l'ordonnance du conseiller de la mise en état ayant prononcé la caducité de la déclaration d'appel en raison du dépôt tardif de ses conclusions ;

Attendu que pour confirmer l'ordonnance, l'arrêt retient qu'il résulte de l'article 5 de l'arrêté du 30 mars 2011 que les conclusions sont communiquées en pièce jointe d'un message électronique, que si la SCI a signifié ses conclusions à Mme X... par la voie électronique le 26 avril 2013, le message de données qui est constitué d'un fichier destiné à faire l'objet d'un traitement automatisé par une application informatique du destinataire, a fait l'objet de la part du greffe d'un refus à raison de l'absence de référence du numéro de rôle qui avait été communiqué à l'appelant, qu'il ne peut dès lors être retenu, en l'absence d'avis de réception du destinataire, que les conclusions de l'appelant ont été déposées au greffe le 26 avril 2013 ;

Qu'en statuant ainsi, alors que l'envoi par l'appelante au greffe du fichier contenant ses conclusions, selon les règles de la communication par voie électronique, effectué dans le délai de trois mois de la déclaration d'appel, et parvenu au greffe ainsi que l'établissait l'avis de refus, valait à son égard remise au greffe, la cour d'appel a violé les textes susvisés ;

PAR CES MOTIFS :

CASSE ET ANNULE. »

> Le requérant doit être réputé avoir reçu communication d'une mesure d'instruction dès lors que son avocat était inscrit à l'application Télérecours et qu'aucun dysfonctionnement n'est établi, sans qu'y fasse obstacle le fait que le requérant avait introduit sa requête sous forme non dématérialisée

• **CE 6 oct. 2014,** *Auboué (Cne)*, req. n° 380778, *Lebon*

* V. ss n° 623.62.

« Considérant qu'aux termes de l'article R. 611-8-2 du code de justice administrative : "Les avocats, les avocats au Conseil d'État et à la Cour de cassation, les administrations de l'État, les personnes morales de droit public et les organismes de droit privé chargés de la gestion d'un service public peuvent s'inscrire dans l'application informatique mentionnée à l'article R. 414-1, dans les conditions fixées par l'arrêté prévu à cet article. Toute juridiction peut adresser par le moyen de cette application, à une partie ou à un mandataire ainsi inscrit, toutes les communications et notifications prévues par le présent livre pour tout dossier et l'inviter à produire ses mémoires et ses pièces par le même moyen. Les parties ou leur mandataire sont réputés avoir reçu la communication ou la notification à la date de première consultation du document qui leur a été ainsi adressé, certifiée par l'accusé de réception délivré par l'application informatique, ou, à défaut de consultation dans un délai de huit jours à compter de la date de mise à disposition du document dans l'application, à l'issue de ce délai. Sauf demande contraire de leur part, les parties ou leur mandataire sont alertés de toute nouvelle communication ou notification par un message électronique envoyé à l'adresse choisie par eux. Lorsque le juge est tenu, en application d'une disposition législative ou réglementaire, de statuer dans un délai inférieur ou égal à un mois, la communication ou la notification est réputée reçue dès sa mise à disposition dans l'application" ; qu'il résulte de ces dispositions que l'application informatique dédiée accessible par le réseau internet, mentionnée à l'article R. 414-1 du même code, permet à toute partie ou tout mandataire inscrit de consulter les communications et notifications relatives aux requêtes qu'il a introduites, quelle que soit la forme sous laquelle il les a introduites et quelle que soit la date à laquelle il s'est inscrit à l'application ; qu'il ressort des pièces de la procédure que l'avocat de la commune était inscrit à l'application informatique dédiée à la juridiction, permettant ainsi à la cour, en vertu de l'article R. 611-8-2 du code de justice administrative, de lui adresser les communications et notifications sous une forme dématérialisée par le réseau internet ; que la cour lui a ainsi adressé le 8 avril 2014 un message électronique l'informant que la mesure d'instruction évoquée au point 3 de la présente décision était consultable sous une forme dématérialisée ; qu'il n'est pas établi par les pièces du dossier que des dysfonctionnements auraient empêché l'avocat de la commune d'accéder à cette information ; que, par suite, le juge des référés de la cour administrative d'appel de Nancy n'a pas commis d'erreur de droit en considérant implicitement mais nécessairement que la commune devait être réputée avoir reçu communication de la mesure d'instruction dans un délai de huit jours à compter de sa mise à disposition le 8 avril 2014 dans l'application dédiée à la cour, conformément aux dispositions précitées ; que ni ces dispositions ni le principe du caractère contradictoire de la procédure n'imposaient à la cour, compte tenu de l'inscription de l'avocat de la commune à l'application informatique dédiée, de lui communiquer également sous forme non dématérialisée la mesure d'instruction au motif que la requête avait été introduite sous cette forme. »

623.03 Bibliographie indicative.

* Aussi : v. ss n° 62.03.

Monographie. A. Bensoussan, *RPVA : Réseau privé virtuel d'avocat : de la procédure électronique au cabinet numérique*, « Dossiers pratiques », Francis Lefebvre, 2012.

Contribution. C. Bléry, « communication par voie électronique », *in* S. Guinchard (dir.), *Droit et pratique de la procédure civile : Droit interne et de l'Union européenne*, 10e éd., « Dalloz Action », 2020, nos 273.01 s.

Articles. A. Béal, « La communication par voie électronique devant les juridictions administratives de droit commun », *Procédures* 2014, dossier n° 8, p. 21 – C. Berrebi, « L'expansion de e-barreau ou la réalité du terrain », *Gaz. Pal.* 9 juill. 2013, p. 10 – C. Bléry, « La dispense de présentation devant le tribunal de commerce. De l'oral à l'écrit électronique », *JCP* 2013, Doctr. 1390 – C. Bléry et J.-P. Teboul, « Communication par voie électronique et procédure orale : rencontre du troisième type », *Procédures* 2014, dossier n° 4, p. 10 ; « De la communication par voie électronique au code de cyberprocédure civile », *JCP* 2017. 665 – N. Fricero, « Demande en justice et nouvelles technologies : aspects procéduraux », *Procédures* 2014, dossier n° 5, p. 14 – F. Gleitz-Wintersteinet et M. Attal, « Communication électronique versus libre accès à la justice par l'avocat », *JCP* 2014. 498 – S. Hardouin, « La transformation numérique au service de la justice », *JCP* 2018. Doctr. 1321 – R. Rodriguez, « La communication par voie électronique en matière pénale », *Procédures* 2014, dossier n° 6, p. 18.

Rapport. Les cahiers CNB, *Guide de l'avocat numérique*, 1re éd., LexisNexis, avr. 2016.

SECTION 1
COMMUNICATION ÉLECTRONIQUE ENTRE LES AVOCATS ET LES JURIDICTIONS DE L'ORDRE JUDICIAIRE

623.10 **Plan.** La communication électronique entre les avocats et les juridictions de l'ordre judiciaire s'est fortement implantée depuis 2004 (§ 1) tant dans les matières civile (§ 2), pénale (§ 3) que commerciale (§ 4).

§ 1
Propos liminaires

623.21 **Création du réseau privé virtuel des avocats.** La profession d'avocat s'est fortement mobilisée depuis plusieurs années sur le terrain de la dématérialisation et de la communication électronique. Le Conseil national des barreaux a ainsi créé et développé en 2004 un outil technique avec le Réseau privé virtuel des avocats (RPVA) pour la mise en œuvre des relations dématérialisées avec les juridictions[1]. Le contrôle de l'accès des avocats au RPVA fait l'objet d'une procédure d'habilitation au moyen d'une application informatique hébergée par une plateforme de service de communication électronique sécurisée dénommée « e-barreau ». En temps réel, le système est relié à un annuaire national qui vérifie l'inscription valide de l'avocat à un barreau français. Les avocats y accèdent en s'identifiant et en s'authentifiant au moyen d'un certificat électronique géré par le CNB et remis en main propre par l'Ordre des avocats du barreau dont ils relèvent. De nouvelles clés d'authentification et de certification répondant au référentiel de sécurité eIDAS prévu par le règlement européen[2] sont délivrées aux avocats depuis le mois de septembre 2014.

De son côté, le ministère de la Justice a développé un réseau de communication électronique sécurisé (RPVJ) reliant l'ensemble des juridictions de l'ordre judiciaire du premier et du second degré et auquel ont accès les magistrats et les greffiers appelés à échanger de manière dématérialisée. Ce réseau a initialement été créé par le ministère de la Justice, en 1998, pour servir de socle technique à l'ensemble des flux applicatifs intersites en reliant entre eux les réseaux locaux de ses établissements. En parallèle, les juridictions se sont également dotées d'outils informatiques dénommés « chaînes civiles » au niveau des tribunaux de grande instance [devenus tribunaux judiciaires] et des cours d'appel (respectivement « WinCi TGI » et « WinCi CA »). Il s'agit d'applications métiers spécifiques de gestion des dossiers et des procédures civiles. Par la suite, le ministère de la Justice a développé pour ces applications, originellement autonomes, un module de communication électronique civile, dit « ComCI », permettant aux greffes d'échanger des données structurées ou non avec les avocats appelés à plaider devant la juridiction.

Le RPVA et le RPVJ sont deux réseaux interconnectés dans le respect d'un cadre réglementaire et conventionnel. L'interconnexion sécurisée entre les deux réseaux a vocation à permettre la communication entre les magistrats et les avocats et l'accomplissement des actes de procédure (constitution, dépôt de conclusions...), ainsi que la consultation des dossiers de procédure informatisés et l'échange, sous format électronique, d'informations utiles à la gestion des procédures civiles et pénales.

Au 1er janvier 2021, 52 059 avocats étaient inscrits à la communication électronique civile[3].

623.22 **Le service e-barreau.** Initié en 2006, le service e-barreau, accessible par le RPVA est développé, maintenu et conçu par le Conseil national des barreaux. Il vise à faciliter les échanges et fluidifier le déroulement des procédures, le déploiement d'un tel système de communication électronique étant devenu nécessaire dans le cadre des évolutions induites par la société de l'information. De nouvelles versions du service sont proposées régulièrement apportant leur lot de fonctionnalités nouvelles afin d'en faciliter l'utilisation quotidienne pour l'ensemble des avocats.

Parmi les services et fonctionnalités proposés dans le cadre de ces échanges par communication électroni-

1. Rapport CNB, AG 10 et 11 déc. 2004.

2. Règl. 910/2014, Parlement et Conseil, 23 juillet 2014 sur l'identification électronique et les services de confiance pour les transactions électroniques au sein du marché intérieur et abrogeant la directive 1999/93/CE, *JOUE L* 257, 28 août.

3. Source : CNB.

que entre les avocats et les juridictions, on retiendra notamment :

- l'accès, la consultation et la récupération des informations disponibles dans la chaîne civile de gestion procédurale ;
- la transmission de données automatisées de procédures, via un document électronique formaté auquel est joint un fichier de données structurées. Ce mécanisme est notamment utilisé pour l'enregistrement d'un recours par un avocat auprès d'une juridiction (déclaration d'appel par exemple) ou encore pour une constitution d'intimé devant la cour d'appel ;
- l'échange de courriers électroniques au moyen d'une messagerie sécurisée ;
- la transmission de l'équivalent électronique d'actes et de pièces de procédure (numérisation puis insertion de l'acte en pièce jointe d'un courrier électronique) ;
- la transmission, par le greffe à l'avocat, des copies des procédures pénales numérisées.

Parallèlement, le CNB au travers de sa commission Numérique a adopté lors de son assemblée générale des 21 et 22 mars 2014 un schéma directeur pour la stratégie numérique de la profession comprenant cinq axes :

1° homogénéiser et simplifier l'accès de la communication électronique via un portail partagé ;

2° construire une plateforme de gestion électronique de documents comprenant un parapheur partagé avec le ministère de la justice ;

3° étendre le portail partagé de sécurisation à d'autres services de la profession ;

4° mettre en place un cloud privé de la profession d'avocat ;

5° ajuster les modes de contractualisation et permettre la mise en concurrence des prestataires.

Ce plan stratégique numérique est en cours de déploiement. Il est complété, dans une optique de modernisation des outils, par un nouveau plan de transformation numérique, adopté par le CNB lors de son assemblée générale des 16 et 17 février 2018, dont les axes principaux portent sur la refonte de l'infrastructure e-barreau, la création d'une nouvelle plateforme de gestion dématérialisée des dossiers et l'interopérabilité des services numériques de la profession.

Le service e-barreau exige un accès à internet haut débit, l'utilisation d'une clé de certification Avocat et requiert que la connexion soit chiffrée entre l'ordinateur de l'avocat et l'application. L'accès à l'espace sécurisé des avocats[1] suppose l'utilisation par l'avocat de sa clé de certification en cours de validité ou d'un identifiant/mot de passe avec saisine d'un code OTP reçu sur le téléphone portable.

1. https://connexion.avocat.fr

§ 2
Matière civile

623.31 Cadre réglementaire et conventionnel de la communication électronique en matière civile. Le Conseil national des barreaux a signé le 5 mai 2005 un protocole d'accord avec le ministère de la justice, dont le champ d'application était initialement limité à la mise en état des affaires civiles devant le tribunal de grande instance [devenu tribunal judiciaire]. Ce protocole s'est accompagné de la mise en place par le CNB du réseau privé virtuel des avocats devant permettre aux avocats d'échanger par voie de communication électronique avec les juridictions et à terme d'accéder aux chaînes civiles « WinCi ».

Le décret du 28 décembre 2005[2] et l'arrêté du 25 septembre 2008 pris pour son application à compter du 1er janvier 2009[3] ont fixé les modalités de consultation et d'échange électronique de documents et données relatifs aux affaires civiles entre les avocats et les tribunaux de grande instance [devenus tribunaux judiciaires] par l'intermédiaire de l'interconnexion entre le RPVA et le RPVJ. Les articles 748-1 et suivants du code de procédure civile, issus du décret du 28 décembre 2005, qui régissent la communication électronique devant toutes les juridictions civiles, prévoient que les actes de procédure peuvent être transmis aux juridictions par voie électronique. Ces dispositions ne régissent cependant que la transmission des actes de procédure et non leur établissement et ne dispensent en conséquence pas de la nécessité d'une signature électronique lorsque l'acte de procédure est dressé sur support électronique et qu'en vertu des règles de procédure de droit commun, cet acte doit être signé. Des arrêtés ont été pris par le garde des Sceaux, ministre de la Justice, en application de l'article 748-6 du code de procédure civile, afin de fixer un cadre de référence fonctionnel et technique de la communication électronique[4].

2. Décr. n° 2005-1678, 28 déc. 2005 relatif à la procédure civile, à certaines procédures d'exécution et à la procédure de changement de nom, *JO* 29 déc., p. 20350.
3. Arr. 25 sept. 2008 portant application anticipée pour la procédure devant le tribunal de grande instance des dispositions relatives à la communication par voie électronique, *JO* 9 sept., p. 15506, NOR : JUSB0821913A.
4. NOT. : Arr. 7 avr. 2009 relatif à la communication par voie électronique devant les tribunaux de grande instance, *JO* 11 avr., p. 6365 – Arr. 5 mai 2010 relatif à la procédure sans représentation obligatoire devant la cour d'appel, *JO* 15 mai, p. 9041, NOR : JUSC0907573A, abrogé – Arr. 30 mars 2011 relatif à la communication par voie électronique dans les procédures d'appel avec représentation obligatoire devant les cours d'appel, *JO* 31 mars, p. 5600, NOR : JUST1108798A, abrogé – Arr. 20 mai 2020 relatif à la communication par voie électronique en matière civile devant les cours d'appel, *JO* 21 mai, n° 15, NOR : JUST2002909A.

Une convention-cadre nationale signée le 16 juin 2010 entre le CNB et le ministère de la Justice avait étendu le périmètre de la communication électronique aux cours d'appel et tribunaux d'instance [devenus tribunaux judiciaires]. L'objet de la convention cadre nationale était également de préciser les obligations juridiques et financières des parties signataires, ainsi que les voies et moyens des systèmes de consultation et d'échanges électroniques entre les deux réseaux privés. La convention nationale faisait l'objet de déclinaisons au niveau local par des conventions elles-mêmes applicatives des nécessités et des besoins des juridictions et des barreaux locaux.

La communication électronique devant les cours d'appel s'est généralisée depuis. Dans ce contexte, l'utilisation du RPVA est devenue incontournable pour les avocats qui assurent depuis le 1er janvier 2012, à l'issue de la fusion avec la profession d'avoué, la représentation devant la cour d'appel. Tous les actes de procédure doivent être transmis à la cour d'appel par voie électronique à peine d'irrecevabilité soulevée par le juge[1]. Il en est de même pour les actes de procédure devant le tribunal de grande instance [devenu tribunal judiciaire] en matière contentieuse pour les instances introduites à compter du 1er septembre 2019[2].

Dans un avis rendu le 9 septembre 2013, la Cour de cassation a mis fin au débat autour du consentement préalable visé à l'article 748-2 du code de procédure civile[3] et confirmé que l'adhésion d'un avocat au RPVA emporte nécessairement consentement de sa part à recevoir la notification d'actes de procédure par la voie électronique. Tirant les conséquences de cet avis, le décret du 11 mars 2015[4] a ajouté à l'article 748-2 du code de procédure civile un alinéa ainsi rédigé : « Vaut consentement au sens de l'alinéa précédent l'adhésion par un auxiliaire de justice, assistant ou représentant une partie, à un réseau de communication électronique tel que défini par un arrêté pris en application de l'article 748-6. »

L'adhésion au RPVA permet aussi la notification d'un jugement entre avocats, dès lors qu'elle est attestée par la délivrance d'un avis électronique de réception adressé par le destinataire, indiquant la date et l'heure de celui-ci et tenant lieu de visa, cachet et signature apposés sur l'acte ou sa copie[5].

Deux nouvelles conventions-cadres ont été conclues entre le CNB et le ministère de la Justice concernant la communication électronique en matière civile entre les juridictions ordinaires du premier et second degré et les avocats. La première, signée le 24 juin 2016, et conclue initialement pour une durée de trois ans, a renouvelé et adapté les obligations juridiques et techniques convenues entre les mêmes parties dans la précédente convention du 16 juin 2010 pour la dématérialisation des échanges avec les cours d'appel et les tribunaux de grande instance [devenus tribunaux judiciaires], tant pour les procédures civiles que pénales[6]. Parmi les évolutions à signaler, figuraient notamment les nouvelles modalités d'accès des avocats au RPVA, la faculté de délégation de droits d'accès à e-barreau entre avocats prévue par l'arrêté du 30 mai 2016[7] et l'extension de la territorialité de la postulation au ressort de cour d'appel[8]. La seconde, signée le 5 février 2021, se substitue à celle du 24 juin 2016 pour fixer les modalités et conditions de consultation et d'échanges électroniques de documents et données relatifs aux affaires civiles traitées par les juridictions, entre les tribunaux judiciaires, les cours d'appel et les avocats. Cette convention a également permis dans ses annexes techniques de fixer des engagements entre les parties en matière de sécurité, de protection des données à caractère personnel et de niveau de services.

623.32 Instauration de la communication électronique obligatoire en première instance. Communication électronique//cadre réglementaire et conventionnel (matière civile). La remise par voie électronique devant les tribunaux de grande instance [devenus tribunaux judiciaires] restait facultative et la voie traditionnelle papier toujours ouverte. Cependant, le décret du 6 mai 2017 portant diverses mesures de modernisation et de simplification de la procédure civile[9] a instauré la communication électronique obligatoire devant le tribunal

1. C. pr. civ., art. 930-1 [entré en vigueur le 1er janvier 2013].
2. C. pr. civ, art. 796-1 [à compter du 1er sept. 2019].
3. Cass., avis, 9 sept. 2013, n° 1512, *JCP* 2013. act. 979, obs. C. Bléry ; *Gaz. Pal.* 14 sept. 2013. 11, note C. Lhermitte ; *Gaz. Pal.* 21 sept. 2013. 17, note C. Berrebi ; – DANS LE MÊME SENS : Bordeaux, 5 mars 2012, RG n° 11/04968, *JCP* 2012. 406, note H. Croze ; *JCP* 2012. 622, n° 6, obs. C. Caseau-Roche ; *RGDA* 2012, p. 885, note R. Schulz – Bordeaux, 1er mars 2013, RG n° 12/07142 ; – *CONTRA* : Toulouse, 4 déc. 2012, RG n° 12/04955, *JCP* 2013, act. 69, obs. C. Bléry ; *JCP* 2013. 622, n° 6, obs. C. Caseau-Roche ; *Gaz. Pal.* 24-26 févr. 2013, p. 19, obs. C. Berrebi.
4. Décr. n° 2015-282, *11 mars 2015 relatif à la simplification de la procédure civile, à la communication électronique et à la résolution amiable des différends, JO* 14 mars, p. 4851, art. 16.
5. Civ. 2e, 7 sept. 2017, nos 16-21.756 et 16-21.762, P II ; *JCP* 2017. 1154, note R. Laffly ; *D. actu.* 19 sept. 2017, obs. C. Bléry.
6. CNB, communiqué, 27 juin 2016.
7. V. ss n° 623.34.
8. V. ss n° 622.161.
9. Décr. n° 2017-892, 6 mai 2017 portant diverses mesures de modernisation et de simplification de la procédure civile, *JO* 10 mai, n° 114, art. 70. IX ; – SUR LEQUEL : *JCP* 2017, Doctr. 659, obs. S. Amrani Mekki.

de grande instance [devenu tribunal judiciaire] en matière contentieuse pour les instances introduites à compter du 1er septembre 2019. L'article 796-1 du code de procédure civile qui prévoyait ainsi, à compter de cette date, que les actes de procédure seront remis à la juridiction par voie électronique, à peine d'irrecevabilité relevée d'office [1], a été abrogé par le décret du 11 décembre 2019 [2] portant réforme de la procédure civile, pris en application de la loi du 23 mars 2019 [3] de programmation 2018-2022 et de réforme pour la justice, et définissant la nouvelle procédure applicable au tribunal judiciaire. L'article 850, I du code de procédure civile dispose désormais qu'à peine d'irrecevabilité relevée d'office, en matière de procédure écrite ordinaire et de procédure à jour fixe, les actes de procédure à l'exception de la requête mentionnée à l'article 840 [procédure à jour fixe] sont remis à la juridiction par voie électronique. Si un acte ne peut être transmis du fait d'une cause étrangère, la transmission sur support papier reste admise, en application du second alinéa de l'article 850, par voie de dépôt au greffe ou par lettre recommandée avec demande d'avis de réception.

Les avis, avertissements ou convocations sont également remis aux avocats des parties par voie électronique, sauf impossibilité pour cause étrangère à l'expéditeur. Il est renvoyé à l'arrêté du garde des Sceaux, ministre de la Justice, du 7 avril 2009 [4] relatif à la communication par voie électronique devant les tribunaux de grande instance [devenus tribunaux judiciaires] pour la définition des modalités techniques des échanges.

Enfin, depuis la réforme du décret du 11 décembre 2019 [5], l'article 56 du code de procédure civile prévoit que la date de l'audience doit, à peine de nullité, être mentionnée dans l'assignation quel que soit le type de procédure (écrite, orale, avec ou sans représentation obligatoire). L'assignation à date devant le tribunal judiciaire est régie par les articles 750 et suivants du code de procédure civile. Ses modalités sont précisées par l'arrêté du 9 mars 2020 [6], modifié par arrêté du 22 décembre 2020 [7] puis par arrêté du 9 août 2021 [8]. Ces dispositions s'appliquent aux assignations devant le tribunal judiciaire, aussi bien en procédure écrite qu'orale. En procédure écrite ordinaire, à compter du 1er septembre 2021, la communication électronique étant obligatoire, la date de la première audience sera obligatoirement prise au moyen du système de communication électronique défini par l'arrêté du 7 avril 2009 relatif à la communication électronique devant les tribunaux judiciaires [9], c'est-à-dire par l'interconnexion entre le réseau privé virtuel des avocats (RPVA) et le réseau privé virtuel de la justice (RPVJ) au moyen du module « e-barreau ».

Il est toutefois prévu que la demande de date peut être formée par tout moyen lorsque :

1° le demandeur, dispensé de l'obligation de représentation, n'a pas constitué avocat ;

2° la date ne peut être demandée par voie électronique pour une cause étrangère à celui qui la sollicite.

623.33 **En appel.** L'article 930-1 du code de procédure civile, issu du décret du 9 décembre 2009 [10] relatif à la procédure d'appel avec représentation obligatoire en matière civile, impose depuis le 1er janvier 2011 la remise par voie électronique de certains actes de procédure à peine d'irrecevabilité relevée d'office : il s'agit des déclarations d'appel et des actes de constitution [11]. S'agissant de la notification entre avocats des conclusions et des pièces associées, le recours à la voie électronique demeure facultatif. Par arrêt du 24 septembre 2015, la deuxième chambre civile de la Cour de cassation a jugé que l'avis de refus par le greffe du message de l'appelant communicant ses conclusions dans le délai de trois mois de l'article 908 du code de procédure civile atteste précisément de leur remise au greffe [12]. L'article 930-1 du code de procédure civile est aussi applicable à la déclaration de saisine de la cour d'appel de renvoi saisie après cassation [13], l'obligation de communication électronique prévalant pour tous les actes des procédures avec représentation obligatoire devant la cour. La Cour de cassation a également entendu rappeler pour les

1. Décr. n° 2017-892, 6 mai 2017, art. 20.
2. Décr. n° 2019-1333, 11 déc. 2019 réformant la procédure civile, *JO* 12 déc., n° 3, art. 4.
3. L. n° 2019-222, 23 mars 2019 de programmation 2018-2022 et de réforme pour la justice, *JO* 24 mars, n° 2.
4. Arr. 7 avr. 2009, NOR : JUSC0907573A.
5. Décr. n° 2019-1333, 11 déc. 2019 réformant la procédure civile, *JO* 12 déc., n° 3.
6. Arr. 9 mars 2020 relatif aux modalités de communication de la date de première audience devant le tribunal judiciaire, *JO* 14 mars, n° 7, NOR : JUSC2001176A.
7. Arr. 22 déc. 2020 modifiant l'arrêté du 9 mars 2020, *JO* 23 déc., n° 43, NOR : JUSC2035577A.
8. Arr. 9 août 2021 relatif aux modalités de communication de la date de première audience en procédure écrite ordinaire devant le tribunal judiciaire, *JO* 11 août, n° 21, NOR : JUSC2124299A.
9. Arr. 7 avr. 2009, NOR : JUSC0907573A.
10. Décr. n° 2009-1524, 9 déc. 2009 relatif à la procédure d'appel avec représentation obligatoire en matière civile, *JO* 11 déc., p. 21386, art. 5.
11. POUR L'EXCLUSION DU RECOURS formé par voie électronique contre une décision du bâtonnier en matière de contestation d'honoraires : Civ. 2e, 6 sept. 2018, n° 17-20.047, P II.
12. Civ. 2e, 24 sept. 2015, n° 14-20.212, P II ; *D.* 2015. 1960.
13. Civ. 2e, 1er déc. 2016, n° 15-25.972, P II ; *D. actu.* 14 déc. 2016, obs. C. Bléry ; *D.* 2016. 2523 ; *D.* 2017. 422, obs. N. Fricero ; *D. avocats* 2017. 28, obs. C. Lhermitte ; – POUR UNE PROCÉDURE DE RÉFÉRÉ : Civ. 2e, 1er juin 2017, n° 16-18.361, P II ; – Civ. 2e, 26 janv. 2017, n° 15-28.325, NP.

procédures sans représentation obligatoire, bien que l'utilisation du RPVA n'est pas imposée, qu'un appel pouvait être valablement régularisé par voie électronique[1], mais de manière très critiquable que les écritures notifiées par le RPVA ne sont pas recevables[2]. *A contrario,* la requête en récusation, qui introduit une procédure autonome relevant du premier président de la cour d'appel, adressée à ce dernier par le RPVA, sans que les modalités techniques permettant le recours à la transmission électronique aient été définies par un arrêté du garde des Sceaux pour une telle procédure, est irrecevable[3].

Lorsqu'ils sont effectués par voie électronique entre avocats, ou entre un avocat et la juridiction, ou entre le ministère public et un avocat, dans le cadre d'une procédure avec ou sans représentation obligatoire devant la cour d'appel ou son premier président, les envois, remises et notifications mentionnés à l'article 748-1 du code de procédure civile doivent répondre aux garanties fixées par un arrêté du 20 mai 2020[4], qui abroge les précédents arrêtés du 5 mai 2010[5] et du 30 mars 2011[6].

En matière sociale, pour les déclarations d'appel formées à compter du 1er août 2016, le décret du 20 mai 2016[7] exige que l'appel interjeté par un avocat contre une décision du conseil de prud'hommes soit, à peine d'irrecevabilité relevée d'office, formé par voie électronique par application de l'article 930-1 du code de procédure civile. Cette disposition ne s'applique pas au défenseur syndical dont les actes de procédure effectués doivent être établis sur support papier et remis au greffe[8].

Constitue une cause étrangère au sens de l'article 930-1 du code de procédure civile l'insuffisance de la taille des fichiers ou des tuyaux des réseaux interconnectés RPVA/RPVJ, aucune disposition n'imposant aux parties de limiter la taille de leurs envois à la juridiction ou de transmettre un acte de procédure en plusieurs envois scindés[9]. La partie qui n'a pu transmettre une déclaration d'appel par la voie électronique à la cour d'appel pour une cause qui lui est étrangère peut remettre cette déclaration sur support papier au greffe sans attendre l'expiration du délai qui lui est, le cas échéant, accordé pour accomplir la diligence considérée[10].

623.34 Ouverture de la délégation des droits d'accès à e-barreau. Un arrêté du 30 mai 2016[11] ouvre aux avocats inscrits au RPVA la délégation de leurs droits d'accès à d'autres avocats, ainsi qu'au personnel administratif de leur cabinet, pour la communication électronique avec les juridictions civiles de premier et de second degré (RPVA/RPVJ). Une plateforme de gestion des délégations, dénommée e-dentitas, est ouverte sur le portail e-barreau sous le contrôle du CNB, chargé de certifier et d'assurer la transparence et la traçabilité de la délégation[12]. Elle permet de définir les paramètres d'accès des personnes qui pourront se connecter à e-barreau et des dossiers auxquels elles seront autorisées à accéder.

Un avocat peut ainsi désigner un avocat délégué, uniquement dans le ressort de la même cour d'appel, pour accéder au service e-barreau en son nom. Les droits d'accès porteront sur la lecture seule des pièces du dossier, la préparation des actes dans un parapheur, ou l'accès total avec envoi aux juridictions. Les délégations seront différenciées par type de juridiction (cour d'appel ou tribunal de grande instance [devenu tribunal judiciaire]), mais pas au niveau des dossiers. La délégation pourra également être donnée à un personnel administratif du cabinet dûment identifié qui sera alors autorisé à accéder à l'application e-barreau au nom de l'avocat délégant pour des opérations de lecture ou de préparation dans un parapheur uniquement. Dans tous les cas,

1. POUR UNE PROCÉDURE DEVANT LA CHAMBRE DE L'EXPROPRIATION : Civ. 2e, 10 nov. 2016, n° 14-25.631, P II ; *D.* 2016. 2502, note C. Bléry ; *D.* 2017. 422, obs. N. Fricero ; *D.* 2017. 605, Chron. E. de Leiris, N. Palle, G. Hénon, N. Touati et O. Becuwe ; *AJDI 2017.* 94, étude S. Gilbert. POUR UN APPEL INTERJETÉ CONTRE UNE DÉCISION DU BÉTONNIÈRE : Civ. 2e, 19 mars 2020, n° 19-11.450, NP ; *JCP* 2020, Doctr. 1294, note 7, obs. C. Caseau-Roche.
2. Civ. 2e, 10 nov. 2016, n° 15-25.431, P II ; *D. actu.* 1er déc. 2016, obs. R. Laffly ; *D.* 2016. 2502, note C. Bléry ; *D.* 2017. 605, Chron. E. de Leiris, N. Palle, G. Hénon, N. Touati et O. Becuwe ; *D. avocats* 2017. 72, obs. C. Lhermitte ; *JCP* 2017, Chron. 660, n° 6, obs. C. Caseau-Roche.
3. Civ 2e, 6 juill. 2017, n° 17-01.695, P II ; *D. actu.* 20 juill. 2017, obs. M. Kebir ; *Gaz. Pal.* 31 août 2017, n° 37, p. 48, obs. C. Bléry.
4. Arr. 20 mai 2020 relatif à la communication par voie électronique en matière civile devant les cours d'appel, *JO* 21 mai, n° 15, NOR : JUST2002909A. SUR LEQUEL : C. Bléry, *D. actu.* 2 juin 2020.
5. Arr. 5 mai 2010 relatif à la procédure sans représentation obligatoire devant la cour d'appel, *JO* 15 mai, p. 9041, NOR : JUSC0907573A, abrogé.
6. Arr. 30 mars 2011 relatif à la communication par voie électronique dans les procédures d'appel avec représentation obligatoire devant les cours d'appel, *JO* 31 mars, p. 5600, NOR : JUST1108798A, abrogé.
7. Décr. n° 2016-660, 20 mai 2016 relatif à la justice prud'homale et au traitement judiciaire du contentieux du travail, *JO* 25 mai, n° 30.
8. C. pr. civ., art. 930-2.
9. Civ. 2e, 16 nov. 2017, n° 16-24.864, P II ; *D.* 2018. 52, obs. C. Bléry ; *JCP* 2017, act. 1248, obs. H. Croze.
10. Civ. 2e, 6 sept. 2018, n° 16-14.056, P II ; *D. actu.* 11 sept. 2018, obs. C. Bléry.
11. Arr. 30 mai 2016 relatif à la délégation de droit d'accès pour la communication électronique des avocats avec les juridictions civiles de premier et de second degré, *JO* 10 juin, n° 18, NOR : JUST1612763A ; – SUR LEQUEL : S. Bortoluzzi, *JCP* 2016. 1086, note 17.
12. Arr. 30 mai 2016, NOR : JUST1612763A, art. 1er.

la clé de certification Avocat est requise pour l'envoi de messages aux juridictions.

La définition du droit d'accès des personnes exerçant leurs fonctions au sein d'un cabinet d'avocats relève exclusivement de la responsabilité de l'avocat ou des autorités compétentes au sein du cabinet, dans le respect des dispositions du code de procédure civile [1]. La délégation cesse lorsque la personne perd ses droits d'accès à la communication électronique [2].

623.35 Reconnaissance du pouvoir réglementaire du CNB en matière de communication électronique. Dans le cadre du contentieux de la convention cadre nationale du 16 juin 2010 initié par le barreau de Marseille et certains avocats du ressort, le Conseil d'État par décision du 15 mai 2013 [3] a jugé que les clauses de la convention incriminées ont un caractère réglementaire et ont été prises concomitamment par le ministre de la justice et le président du Conseil national des barreaux dans l'exercice de leurs pouvoirs réglementaires respectifs. Elles ne méconnaissent ni le principe de libre concurrence, ni le principe d'égalité. Pour le Conseil d'État, le CNB disposait ainsi, sur le fondement des dispositions de l'article 21-1 [4], de la loi du 31 décembre 1971 d'une compétence réglementaire pour traiter des questions de communication électronique entre les juridictions et les avocats et pouvait imposer aux barreaux, dans le cadre de son pouvoir d'unifier les règles et usages de la profession, une solution informatique destinée à répondre aux besoins de sécurité des échanges. Le même jour, le Conseil d'État a validé l'arrêté du 5 mai 2010 relatif à la communication par voie électronique dans les procédures sans représentation obligatoire devant les cours d'appel [5].

Si l'arrêté attaqué conduisait à abandonner l'usage de la solution technique précédemment développée par la Chambre nationale des avoués au profit de la plateforme e-barreau, le choix d'une plateforme unique a été validé par le Conseil d'État au nom de la bonne administration de la justice.

Tirant les conséquences de cette jurisprudence, le législateur a inséré dans la loi du 18 novembre 2016 de modernisation de la justice du XXIe siècle [6] l'ajout à l'article 21-1 de la loi du 31 décembre 1971 d'une compétente propre du CNB en matière de communication électronique avec les juridictions de l'ordre judiciaire [7]. Ce dernier est ainsi chargé de déterminer, en concertation avec le ministre de la justice, les modalités et conditions de mise en œuvre du réseau indépendant à usage privé des avocats aux fins d'interconnexion avec le réseau privé virtuel justice. Il assure l'exploitation et les développements des outils techniques permettant de favoriser la dématérialisation des échanges entre avocats [8]. Pour permettre au CNB de tenir un annuaire national des avocats lui permettant de gérer l'authentification de tous les professionnels en exercice, le législateur a également enjoint les conseils de l'Ordre de lui communiquer la liste des avocats inscrits au tableau, ainsi que les mises à jour périodiques [9]. Sur la base des informations communiquées par les conseils de l'Ordre, le CNB établit, met à jour et met à disposition en ligne, un annuaire national des avocats inscrits au tableau d'un barreau [10].

623.36 Dématérialisation de l'expertise judiciaire en matière civile. Des travaux pour la dématérialisation de l'expertise judiciaire en matière civile se poursuivent également dans le cadre du développement de la plateforme Opalexe [11], application assurant la circulation instantanée, contradictoire et confidentielle des documents électroniques de l'expertise dans un espace sécurisé. Un protocole d'accord a été signé le 15 juin 2016 entre le CNB et le Conseil national des compagnies d'experts de justice pour parvenir à une interopérabilité entre les différents systèmes mis à disposition des experts, des magistrats, des greffiers et des avocats. Il s'agit pour les avocats inscrits au RPVA d'un accès authentifié à l'application Opalexe pour leur permettre dans les procédures, la consultation par voie dématérialisée des travaux des experts judiciaires.

Un arrêté du 14 juin 2017 [12] fixe le cadre technique applicable aux envois, remises et notifications mentionnés à l'article 748-1 du code de procédure civile pour dématérialiser et sécuriser la communication de l'expertise judiciaire civile entre la juridiction, les avocats, l'expert et les parties.

623.37 Développement du portail Portalis. Nouvelle étape dans la dématérialisation du service public de la justice, le ministère de la justice a lancé le développement d'un portail web informatif et

1. Arr. 30 mai 2016, NOR : JUST1612763A, art. 2.
2. Arr. 30 mai 2016, NOR : JUST1612763A, art. 4.
3. CE 15 mai 2013, *Ordre des avocats au barreau de Marseille a.*, req. n° 342500, *Lebon ; D.* 2014. 169, obs. T. Wickers ; *D. avocats* 2013. 267, obs. L. Dargent ; *JCP* 2013, act. 628, obs. L. Erstein ; *Gaz. Pal.* 28 mai 2013. 21, note C. Berrebi ; *Gaz. Pal.* 2013. 1918, note M. Guyomar ; *JCP* 2013. 1087, n° 6, obs. F. G'sell.
4. L. n° 71-1130, 31 déc. 1971, art. 21-1 ; mod. par L. n° 2019-1479, 28 déc. 2019, art. 81.
5. CE 15 mai 2013, req. n°s 341598, 343742, NP.
6. L. n° 2016-1547, 18 nov. 2016 de modernisation de la justice du XXIe siècle, *JO* 19 nov., n° 1.
7. V. s^s^ n° 112.72.
8. L. n° 71-1130, 31 déc. 1971, art. 21-1, al. 1.
9. L. n° 71-1130, 31 déc. 1971, art. 17-1 *bis* ; créé par L. n° 2016-1547, 18 nov. 2016, art. 22.
10. L. n° 71-1130, 31 déc. 1971, art. 21-1, al. 2.
11. www.opalexe.fr
12. Arr. 14 juin 2017 portant application des dispositions du titre XXI du livre Ier du code de procédure civile aux experts judiciaires, *JO* 18 juin, n° 4, NOR : JUST1713115A.

applicatif, dénommé « Portalis », pour faciliter l'accès des citoyens et des auxiliaires de justice aux procédures civiles devant les juridictions sans représentation obligatoire[1]. Les tribunaux d'instance [devenus tribunaux judiciaires] et les conseils de prud'hommes sont ainsi actuellement exclus du dispositif de communication électronique civile avec les avocats en raison, d'une part, de l'obsolescence de leurs applications métiers et, d'autre part, de l'absence de représentation obligatoire. Ce portail qui s'inscrit dans le programme de modernisation de la justice du XXIe siècle doit orienter le justiciable dans les étapes de la procédure, lui permettre de prendre connaissance des dates des audiences, et conforter l'avocat dans son rôle de représentation et d'assistance des parties.

Le calendrier des développements et du déploiement est étalé en fonction des différentes phases du projet : ouverture du portail informatif du justiciable, saisine en ligne par les auxiliaires de justice des juridictions concernées (tribunaux d'instance [devenus tribunaux judiciaires] et conseils de prud'hommes à titre principal), et enfin dématérialisation totale des chaînes civiles et pénales et remplacement des applications informatiques existantes dans les juridictions. Le support numérique n'est ainsi plus seulement envisagé comme le moyen de faciliter les échanges mais bien comme consubstantiel à l'acte de procédure[2].

Dans les procédures sans représentation obligatoire, le décret du 3 mai 2019[3] portant diverses mesures relatives à la communication électronique en matière civile, complété par deux arrêtés du garde des Sceaux, ministre de la justice, du 21 octobre 2021, abrogeant les précédents arrêtés des 6 mai 2019 et 28 mai 2019[4], ouvre aux justiciables la faculté d'accéder, via un nouveau portail dédié[5], aux informations relatives à l'état d'avancement des procédures civiles en utilisant le réseau internet. Le « Portail du justiciable » permet ainsi la communication par voie électronique au justiciable des avis, convocations et récépissés émis par le greffe d'un tribunal d'instance [devenu tribunal judiciaire], d'un tribunal paritaire des baux ruraux, d'un tribunal de grande instance [devenu tribunal judiciaire], d'un conseil de prud'hommes[6] ou d'une cour d'appel[7]. L'accès aux informations et le suivi en ligne de l'état d'avancement de l'affaire sont réservés au justiciable qui y aura préalablement consenti et aux agents du ministère de la justice chargés du traitement et de l'exploitation des informations recueillies par la voie électronique. Les avocats sont exclus en l'état de ce dispositif et ne bénéficient pas d'un accès réservé dans les dossiers pour lesquels ils auraient été mandatés par leur client.

§ 3
Matière pénale

623.41 Communication électronique en matière pénale. La communication électronique en matière pénale, et plus particulièrement entre avocats et juridictions, trouve son fondement dans la loi du 5 mars 2007[8] renforçant l'équilibre de la procédure pénale et dans le décret du 15 novembre 2007[9]. Une convention cadre nationale a été conclue entre le Conseil national des barreaux et le ministère de la Justice le 28 septembre 2007 concernant le développement des nouvelles technologies de communication dans le débat judiciaire entre les tribunaux de grande instance [devenus tribunaux judiciaires] et les avocats. Cette convention, qui s'est substituée à celle signée par les mêmes parties le 5 mai 2005, fixe les modalités et les conditions de consultation et d'échanges électroniques de documents ou données relatifs aux affaires civiles et pénales traitées par les juridictions.

La communication électronique en matière pénale repose uniquement sur l'échange de courriers électroniques et la transmission des copies de l'acte et des pièces de procédure pénale numérisées. L'article D. 591 du code de procédure pénale, modifié par les décrets du 30 décembre 2020[10] et 30 août 2021[11],

1. https://www.justice.fr
2. S. Hardouin, « La transformation numérique au service de la justice », *JCP* 2018, Doctr. 1321, *op. cit.*
3. Décr. n° 2019-402, 3 mai 2019 portant diverses mesures relatives à la communication électronique en matière civile et à la notification des actes à l'étranger, *JO* 4 mai, n° 6 ; – SUR LEQUEL : C. Bléry, T. Douville et J.-P. Teboul, « Communication par voie électronique : publication d'un décret », *D.* 2019. 1058.
4. Arr. 21 oct. 2021 relatif aux caractéristiques techniques de la communication par voie électronique via le « Portail du justiciable », *JO* 24 oct., n° 21, NOR : JUST2129133A [abrogeant l'arr. 6 mai 2019, *JO* 6 juin, n° 4, NOR : JUST1913143A] – Arr. 21 oct. 2021 autorisant la mise en œuvre d'un traitement automatisé de données à caractère personnel dénommé « *Portail du justiciable* », *JO* 24 oct., n° 22, NOR : JUST2129137A [abrogeant l'arr. 28 mai 2019, *JO* 6 juin, n° 5, NOR : JUST1915427A].
5. https://www.monespace.justice.fr
6. Arr. 25 juin 2021 autorisant la mise en œuvre d'un traitement automatisé de données à caractère personnel dénommé « Portalis contentieux prud'homal », *JO* 9 juill., n° 28, NOR : JUST2118072A.
7. C. pr. civ., art. 748-3, al. 2 ; mod. par décr. n° 2019-402, 3 mai 2019, art. 3.
8. L. n° 2007-291, 5 mars 2007 tendant à renforcer l'équilibre de la procédure pénale, *JO* 6 mars, p. 4206.
9. Décr. n° 2007-1620, 15 nov. 2007 modifiant le code de procédure pénale et relatif à l'utilisation des nouvelles technologies, *JO* 17 nov., p. 18865.
10. Décr. n° 2020-1792, 30 déc. 2020 relatif à la communication électronique pénale, *JO* 31 déc., n° 111.
11. Décr. 30 août 2021 pris pour l'application des dispositions de la loi n° 2020-1672 du 24 décembre 2020 relative au Parquet européen, à la justice environnementale et à la justice pénale spécialisée et portant diverses modifications du code de procédure pénale, JO 31 août, n° 7, art. 9, II.

établit la liste limitative des demandes que l'avocat peut ainsi transmettre à la juridiction en matière pénale par un moyen de télécommunication sécurisée à l'adresse électronique de la juridiction ou du service de la juridiction compétent de celle-ci : il s'agit tout d'abord des demandes qui peuvent être formulées à l'égard du juge d'instruction, des demandes de délivrance de copies de pièces d'un dossier adressées au Parquet, du dépôt de plainte avec constitution de partie civile ou, de manière plus générale, de toute autre demande prévue par les dispositions du code de procédure pénale et pour laquelle ces dispositions permettent qu'elle soit faite par simple lettre. Ces transmissions sont effectuées à partir de l'adresse électronique professionnelle de l'avocat, préalablement communiquée à la juridiction, et après que les documents joints ont fait l'objet d'une numérisation. Les messages ainsi adressés par un avocat vers la juridiction font l'objet d'un accusé électronique de lecture par la juridiction qui fera courir les délais éventuels. Ce dispositif est également applicable aux dépôts des mémoires devant la chambre de l'instruction [1], mais pas aux demandes de mise en liberté ou celles afférentes au contrôle judiciaire qui demeurent exclues des moyens de télécommunication électronique [2].

La réception de la demande sur la boîte aux lettres électronique du destinataire donne lieu à l'émission d'un accusé de réception électronique, qui fait, s'il y a lieu, courir les délais prévus par le code de procédure pénale. Toutefois, lorsque la demande a été reçue en dehors des jours ouvrables ou avant 9 heures ou après 17 heures, les délais ne commencent à courir que le premier jour ouvrable suivant [3]. Toute demande transmise à une adresse électronique ne figurant pas sur la liste des adresses transmise par le ministère de la justice en application de la convention prévue au premier alinéa est irrecevable.

Le système mis en place par ces textes a apporté des avancées notables en termes de modernisation des pratiques. Si la communication des juridictions vers les avocats repose sur les textes du code de procédure pénale [4] et l'accord de l'avocat concerné pour être mise en œuvre, la communication des avocats vers les juridictions supposait la conclusion préalable d'un protocole local entre, d'une part, le président et le procureur de la République du tribunal de grande instance [devenu tribunal judiciaire] et, d'autre part, le barreau de la juridiction représenté par son bâtonnier [5]. Le même type de protocole entre les chefs de cour d'appel et les barreaux du ressort de la cour était exigé pour le dépôt de mémoire devant la chambre de l'instruction par voie électronique [6]. Ce système de contractualisation locale qui ne permettait pas de garantir une harmonisation des pratiques sur le plan national et interdisait à tous les avocats de pouvoir communiquer par voie électronique avec l'ensemble des juridictions pénales a été supprimé par le décret du 30 décembre 2020. L'alinéa premier de l'article D. 591 du code de procédure pénale renvoie désormais pour les modalités de la communication électronique pénale à une convention passée entre le ministère de la justice et les organisations nationales représentatives des barreaux. Au plan technique, des évolutions sont attendues pour dépasser le cadre du simple système d'échange de courriers électroniques et de numérisation des procédures qui constituent un frein au développement de la communication électronique en matière pénale.

623.42 **Instauration d'une communication électronique pénale nationale.** Afin de pallier ces difficultés de territorialité d'application, le décret du 30 décembre 2020 [7] relatif à la communication électronique pénale modifie les articles D. 591 et D. 592 du code de procédure pénale en permettant les communications par voie électronique pénale pour tous les avocats et dans toutes les juridictions, selon des modalités qui seront prévues par une convention passée entre le ministère de la Justice et les organisations nationales représentatives des barreaux. Cette convention signée avec le Conseil national des barreaux le 5 février 2021 instaure ainsi une communication électronique pénale nationale entre les juridictions de droit commun du premier et du second degré et les avocats, communication qui n'est plus dépendante des protocoles passés localement par les barreaux avec les juridictions. La matière pénale n'étant pas soumise à une postulation territoriale, cette communication électronique pénale nationale vise ainsi à permettre à tout avocat utilisant l'application e-barreau d'échanger, via courriel sécurisé, des actes, pièces de dossiers, informations ou documents relatifs aux affaires pénales avec l'ensemble des juridictions, peu important le barreau d'appartenance.

Un arrêté du 5 mai 2021 [8] fixe l'entrée en vigueur des dispositions des articles D. 591 et D. 592 du code de procédure pénale, dans l'ensemble des juridictions pénales, à compter du 12 mai 2021.

1. C. pr. pén., art. D. 592.
2. C. pr. pén., art. D. 593.
3. C. pr. pén., art. D. 591, al. dern. ; mod. par décr. n° 2020-1792, 30 déc. 2020, art. 2.
4. C. pr. pén., art. 803-1.
5. C. pr. pén., art. D. 591, al. 1er.
6. C. pr. pén., art. D. 592.
7. Décr. n° 2020-1792, 30 déc. 2020 relatif à la communication électronique pénale, *JO* 31 déc., n° 111.
8. Arr. 5 mai 2021 relatif à l'entrée en vigueur de nouvelles modalités de communication électronique pénale, *JO* 7 mai, n° 21, NOR : JUST2113874A.

623.43 Plateforme PLEX. Le Conseil national des barreaux a également signé avec le ministère de la Justice, dans le contexte de la crise sanitaire, un protocole le 12 mai 2020 permettant aux avocats de se voir communiquer les copies numérisées des dossiers pénaux auxquelles ils ont droit en vertu des dispositions du code de procédure pénale, par la voie dématérialisée. Ce dispositif complète celui de la communication électronique pénale. Une plateforme dénommée PLEX (plateforme d'échéance externe), développée par le ministère de la Justice pendant l'état d'urgence sanitaire, permet ainsi de procéder à des échanges sécurisés de fichiers volumineux. Elle vise à simplifier et à sécuriser les échanges entre les agents du ministère et les partenaires de confiance extérieurs à l'État, dont les avocats. Sa mise en œuvre est autorisée par un arrêté du 24 octobre 2019[1] et ses caractéristiques techniques précisées par un second arrêté du même jour[2].

Concrètement, ce nouvel outil qui pourrait être pérennisé au-delà de la crise sanitaire permet aux magistrats et aux greffiers de transmettre des copies de procédures pénales et les notifications aux avocats prévues à l'article 803-1 du code de procédure pénale. Un lien de téléchargement leur est adressé sur leur messagerie RPVA. Pour des raisons de sécurité liées à la nature des fichiers mis à disposition, l'utilisation de la solution PLEX est réservée aux seuls avocats inscrits à la communication électronique.

623.44 Généralisation de la communication électronique au cours de la procédure pénale. La loi du 16 février 2015[3] instaure la généralisation du recours à la communication électronique au cours de la procédure pénale, jusque-là réservée aux avocats des parties. L'article 803-1 du code de procédure pénale a été complété pour autoriser les autorités judiciaires à adresser par voie électronique des avis, convocations ou documents aux justiciables qui doivent préalablement y avoir consenti. Cette modification constitue une étape supplémentaire de la modernisation inscrite dans le programme de la Justice du XXIe siècle, qui permet d'assurer une justice plus proche et plus efficace au service des citoyens. Elle intervient en parallèle de la publication du décret du 11 mars 2015[4]. Les justiciables pourront ainsi être convoqués ou recevoir des avis ou documents par courriels ou SMS, tant en matière civile que pénale[5].

Les ministères de la Justice et de l'Intérieur ont par ailleurs lancé, dans le cadre des propositions issues des rapports des chantiers de la justice remis le 15 janvier 2018[6], un nouveau chantier de mise en œuvre d'une procédure pénale numérique. Plusieurs axes d'évolution sont envisagés à droit constant, dont la constitution d'un dossier unique d'actes nativement numérique, un mode de coopération technique renforcée entre le ministère de la justice et le ministère de l'intérieur favorisant l'alimentation de ce dossier unique et la transmission d'informations, et le lancement d'expérimentations locales dans certaines cours d'appel pour le déploiement d'une communication électronique pénale avec les avocats. Les modalités techniques de cette future procédure pénale numérique, annoncée à l'horizon 2022, devront garantir la sécurité des données recueillies, l'accès des avocats au dossier pénal et l'effectivité de l'exercice des droits de la défense.

Deux décrets ont été publiés pour mettre en œuvre cette future procédure pénale numérique :

Un premier décret du 24 mai 2019[7] pris pour l'application des dispositions pénales de la loi du 23 mars 2019 de programmation 2018-2022 et de réforme pour la justice relatives à la procédure numérique, aux enquêtes et aux poursuites, précise les dispositions relatives au dossier de procédure numérique et celles relatives aux réquisitions judiciaires en prévoyant que les documents requis pourront être remis sous une forme numérique. La nouvelle rédaction de l'article 801-1 du code de procédure pénale[8] dispose ainsi que « tous les actes mentionnés au présent code, qu'il s'agisse d'actes d'enquête ou d'instruction ou de décisions juridictionnelles ou de toute autre pièce de la procédure, peuvent être établis ou convertis sous format numérique. Le dossier de la procédure peut être intégralement conservé sous format numérique, dans des conditions sécurisées, sans nécessité d'un support papier ».

1. Arr. 24 oct. 2019 autorisant la mise en œuvre d'un traitement automatisé de données personnelles dénommé « PLINE » et « PLEX », *JO* 3 nov., n° 1, NOR : JUST1927457A.
2. Arr. 24 oct. 2019 relatif aux caractéristiques techniques de la communication par voie électronique via la plateforme sécurisée d'échange de fichiers « PLINE » et « PLEX », *JO* 3 nov., n° 2 ; NOR : JUST1927458A.
3. L. n° 2015-177, 16 févr. 2015 relative à la modernisation et à la simplification du droit et des procédures dans les domaines de la justice et des affaires intérieures, *JO* 17 févr., p. 2961, art. 14.
4. Décr. n° 2015-282, 11 mars 2015 relatif à la simplification de la procédure civile, à la communication électronique et à la résolution amiable des différends, *JO* 14 mars, p. 4851.
5. POUR UNE PRÉSENTATION des dispositions relatives à la communication électronique en matière pénale issues de la loi n° 2015-177, 16 févr. 2015 : Circ. du garde des Sceaux, 23 mars 2015, *BOMJ* n° 2015-04, 30 avr. 2015.
6. J.-F. Beynel et D. Casas, « La transformation numérique », *JCP* 2018, actu. 133, aperçu rapide B. Deffains et J.-B. Thierry.
7. Décr. n° 2019-507, 25 mai 2019 pris pour l'application des dispositions pénales de la loi n° 2019-222 du 23 mars 2019 de programmation 2018-2022 et de réforme pour la justice relatives à la procédure numérique, aux enquêtes et aux poursuites, *JO* 25 mai, n° 3.
8. C. pr. pén., art. 801-1, I ; mod. par L. n° 2019-222, 23 mars 2019, art. 50.

La création du traitement « dossier pénal numérique (DPN) » a été portée par un second décret du 23 juin 2020[1], pris en application de l'article 801-1 du code de procédure pénale, lequel vise, selon la notice du décret, à rassembler les données et informations collectées tout au long du processus judiciaire pénal et de mener à bien la mission d'intérêt public qu'est de rendre la justice. Ce traitement qui englobe, entre autres, une refonte du traitement « numérisation des procédures pénales » (NPP), doit permettre, tant la numérisation des procédures judiciaires pénales initialement créées au format papier que leur dématérialisation native, première étape de la future procédure pénale numérique. Renforçant les moyens permettant une exploitation numérique des dossiers pénaux, la consultation du dossier par les personnes autorisées, tout comme sa transmission, sa conservation ou son archivage seront facilités tout en étant sécurisés.

§ 4
Matière commerciale

623.51 Communication électronique en matière commerciale. Initié dès 2008 sous l'égide du ministère de la Justice, le développement de la communication électronique dans les procédures sans représentation obligatoire devant les tribunaux de commerce a été rendu possible par la réforme issue du décret du 1er octobre 2010[2] et l'entrée en vigueur de l'article 861-1 du code de procédure civile qui a étendu la possibilité d'une mise en état en matière commerciale. Une convention cadre a été signée le 7 mai 2014 entre le Conseil national des barreaux, la Conférence générale des juges consulaires de France et le Conseil national des greffiers des tribunaux de commerce. Rédigée sous forme de « résolutions communes », cette convention met en œuvre les dispositions de l'arrêté technique du 21 juin 2013[3] qui fixe les modalités et les conditions d'une communication procédurale par voie électronique entre les avocats, les juges consulaires et les greffiers des tribunaux de commerce par le biais de l'application « i-greffes », interconnectée avec le réseau privé virtuel des avocats (RPVA) et accessible depuis la plateforme e-barreau. Peuvent ainsi être effectués par voie électronique les envois, les remises et les notifications des actes de procédure, des pièces, avis, avertissements ou convocations, mais aussi des rapports, des procès-verbaux ainsi que des copies et expéditions revêtues de la formule exécutoire des décisions juridictionnelles. La transmission par voie électronique reste cependant facultative, aucune disposition spéciale ne l'imposant[4].

En l'absence de postulation, cette évolution technique a permis une simplification des échanges et un accès rapide des avocats sur tout le territoire à la procédure commerciale, sans présence physique aux audiences. Passant de la forme orale à la forme de l'écrit dématérialisé, les juges consulaires peuvent en prenant connaissance des messages échangés entre avocats s'assurer que le principe du contradictoire a été respecté.

Comme en matière civile, un nouvel outil numérique à destination des justiciables non assistés par un avocat a vu le jour via un site internet dédié. Le portail « Tribunal digital »[5] offre ainsi depuis le mois d'avril 2019 un accès entièrement dématérialisé aux tribunaux de commerce permettant au chef d'entreprise – ou à ses représentants légaux – d'effectuer une saisine en ligne et un suivi des procédures en cours. L'outil devrait connaître un certain essor avec la signature électronique des décisions rendues par les tribunaux de commerce consacrée par un arrêté technique du 9 avril 2019[6], ouvrant ainsi la voie aux décisions numériques natives en matière commerciale.

623.52 Communication électronique entre avocats, administrateurs judiciaires et mandataires judiciaires. Le Conseil national des administrateurs judiciaires et des mandataires judiciaires (CNAJMJ) avait mis en œuvre, au mois d'octobre 2015, un portail électronique sécurisé dénommé Creditors-services, accessible aux justiciables et professionnels[7], dédié aux actes de procédures. Institué par l'article L. 814-2 du code de commerce, ce portail permettait l'envoi et la réception d'actes dématérialisés de procédure par les administrateurs judiciaires, les mandataires judiciaires et les personnes désignées en application de l'article L. 811-2, du premier alinéa du II de l'article L. 812-2, ou du III de ce même article. Ce service ouvrait ainsi aux déclarants, dans des conditions de sécurité et de fiabilité, la possibilité de procéder à la déclaration de leurs créances, d'exercer des actions en revendication et demandes de restitutions de biens dont ils sont propriétaires et d'effectuer des demandes relatives

1. Décr. n° 2020-767, 23 juin 2020 portant création d'un traitement automatisé de données à caractère personnel dénommé « dossier pénal numérique », *JO* 25 juin, n° 4.
2. Décr. n° 2010-1165, 1er oct. 2010 relatif à la conciliation et à la procédure orale en matière civile, commerciale et sociale, *JO* 3 oct., p. 17986.
3. Arr. 21 juin 2013 portant communication par voie électronique entre les avocats et entre les avocats et la juridiction dans les procédures devant les tribunaux de commerce, *JO* 26 juin, p. 10526, NOR : JUST1316018A.
4. C. pr. civ., art. 748-1.
5. https://www.tribunaldigital.fr
6. Arr. 9 avr. 2019 relatif à la signature électronique des décisions rendues par les tribunaux de commerce, *JO* 11 avr., n° 12, NOR : JUST1910066A.
7. www.creditors-services.com

aux contrats en cours d'exécution. Le CNB et le CNAJMJ avaient signé le 19 mai 2016 une convention pour favoriser les échanges dématérialisés sécurisés entre avocats, administrateurs judiciaires et mandataires judiciaires. Cette convention permettait aux avocats d'accéder au portail Creditors-services et de communiquer par voie électronique, dans le respect des dispositions du code de procédure civile, notamment des articles 748-1 à 748-6, en s'authentifiant sur la plateforme e-barreau via le RPVA.

Le CNAJMJ a informé la profession au mois d'août 2021 de la fermeture du portail en raison de difficultés de financement de ce dernier et d'un litige commercial avec le prestataire.

SECTION 2
COMMUNICATION ÉLECTRONIQUE ENTRE LES AVOCATS ET LES JURIDICTIONS DE L'ORDRE ADMINISTRATIF

623.61 **Application Télérecours.** Pour lancer le chantier de la dématérialisation des procédures devant les juridictions administratives, le Conseil d'État a développé une application informatique dénommée « Télérecours » qui permet de communiquer par voie électronique devant l'ensemble des tribunaux administratifs et des cours administratives d'appel, mais aussi devant la section du contentieux du Conseil d'État[1]. Mise en place selon les termes de l'arrêté technique du 12 mars 2013[2], abrogé par l'arrêté du 20 janvier 2017[3], et de l'arrêté du 27 mai 2013[4] relatif à l'entrée en vigueur du décret du 21 décembre 2012[5], la transmission électronique des écritures et des pièces dans le cadre des procédures contentieuses administratives est ouverte aux avocats depuis le 3 juin 2013 par le portail e-barreau et la connexion au RPVA. Tous les contentieux et toutes les procédures, y compris d'urgence, sont concernés. D'abord déployée dans les cours administratives de Nancy et de Besançon et dans les tribunaux administratifs de leurs ressorts, l'application a été étendue à l'ensemble des juridictions administratives de métropole et d'Outre-mer[6].

Le vice-président du Conseil d'État et le président du Conseil national des barreaux ont signé le 5 juin 2013 une convention visant à développer et favoriser l'usage par les avocats des téléprocédures devant les juridictions administratives. L'inscription à l'application Télérecours par le biais du RPVA assure le contrôle de la qualité et de l'identité de l'avocat, ainsi que la sécurité des échanges par voie électronique et l'authentification de leur horodatage. La connexion de l'avocat se fait alors directement via le portail e-barreau et l'inscription au RPVA. Pour les administrations et les avocats non-inscrits au RPVA, un accès à Télérecours est ouvert à partir du site du Conseil d'État par login / mot de passe. Des conventions similaires sont conclues localement entre les présidents des cours administratives d'appel et des tribunaux administratifs, et les bâtonniers des Ordres des avocats.

623.62 **Cadre procédural.** Le décret du 21 décembre 2012, précité, a généralisé et pérennisé l'expérimentation, devant les juridictions administratives, de la possibilité de transmettre des écritures et des pièces de la procédure contentieuse par voie électronique, par l'intermédiaire de l'application Télérecours, à tous les stades de la procédure contentieuse administrative. Le dispositif est ouvert aux avocats, aux avocats au Conseil d'État et à la Cour de cassation, aux administrations de l'État, aux personnes morales de droit public et aux organismes de droit privé chargés de la gestion d'un service public.

Ces dispositions propres à la communication électronique sont codifiées aux articles R. 414-1 à R. 414-7 et aux articles R. 611-8-2 à R. 611-8-7 du code de justice administrative, modifiés par le décret du 6 avril 2018[7] et par le décret du 9 octobre 2020[8].

1. POUR LE CONSEIL D'ÉTAT : www.telerecours.conseil-etat.fr ; – POUR LES COURS ADMINISTRATIVES D'APPEL ET LES TRIBUNAUX ADMINISTRATIFS : www.telerecours.juradm.fr
2. Arr. 12 mars 2013 relatif à l'entrée en vigueur du décret relatif à la communication électronique devant le Conseil d'État, les cours administratives d'appel et les tribunaux administratifs et portant modification du code de justice administrative, *JO* 21 mars, p. 4850, NOR ; JUSC1306246A.
3. Arr. 20 janv. 2017 relatif aux caractéristiques techniques de l'application permettant l'utilisation des téléprocédures devant le Conseil d'État, les cours administratives d'appel et les tribunaux administratifs, *JO* 25 janv., n° 24, NOR : JUSE1701039A.
4. Arr. 27 mai 2013 relatif à l'entrée en vigueur du décret relatif à la communication électronique devant le Conseil d'État, les cours administratives d'appel et les tribunaux administratifs, *JO* 30 mai, p. 8900, NOR : JUSC1312187A.
5. Décr. n° 2012-1437, *21 déc. 2012 relatif à la* communication électronique devant le Conseil d'État, les cours administratives d'appel et les tribunaux administratifs, *JO* 23 déc., p. 20327.
6. Arr. 14 oct. 2015 relatif à l'entrée en vigueur du décret relatif à la communication électronique devant le Conseil d'État, les cours administratives d'appel et les tribunaux administratifs, *JO* 23 oct., p. 19708, NOR : JUSC1522716A – Le présent arrêté a fixé au 8 décembre 2015 l'entrée en vigueur du décret du 21 décembre 2012 devant les tribunaux administratifs de la Martinique, de la Guadeloupe et de la Guyane.
7. Décr. n° 2018-251, 6 avr. 2018 relatif à l'utilisation d'un téléservice devant le Conseil d'État, les cours administratives d'appel et les tribunaux administratifs et portant autres dispositions, *JO* 8 avr., n° 8.
8. Décr. n° 2020-1245, 9 oct. 2020 relatif à l'utilisation des téléprocédures devant le Conseil d'État, les cours administratives d'appel et les tribunaux administratifs et portant autres dispositions, *JO* 11 oct., n° 18.

L'ensemble des communications présentées par les parties ou leur mandataire (requête, mémoire, pièces) et des juridictions (mesure d'instruction, avis d'audience, notification de la décision pour les administrations, et copie pour les mandataires) peuvent être effectuées par voie électronique. La communication d'une pièce par voie électronique est réputée acquise, alors même que le requérant n'a pas introduit sa requête sous forme dématérialisée, dès lors que son avocat est inscrit à l'application Télérecours et qu'aucun dysfonctionnement n'est établi [1].

La juridiction administrative peut ainsi communiquer *via* l'application Télérecours dès lors que l'avocat est inscrit dans l'application [2] y compris sur le stock papier en instance. Lorsqu'une partie s'est inscrite dans l'application Télérecours, aucun autre mode dématérialisé, comme un courrier électronique par exemple, ne permet de saisir valablement le juge administratif [3]. En pareil cas, cette saisine ne saurait avoir pour effet d'interrompre le délai d'action.

L'identification dans l'application vaut signature ; si le document n'est pas signé électroniquement au sens de l'article 1367 du code civil, la partie doit toutefois en conserver un exemplaire écrit [4]. Un dispositif d'horodatage des documents, et d'envoi d'alertes automatiques à destination des messageries des utilisateurs a été mis en place. Le Conseil d'État précise cependant que l'avocat est réputé avoir reçu communication de l'avis d'audience déposé dans Télérecours dès sa mise à disposition, sans qu'y fasse obstacle la circonstance qu'il n'aurait pas reçu de courrier électronique d'alerte qui n'a qu'un caractère informatif [5]. Les délais de procédure sont computés à partir de la consultation effective du document, ou, à défaut, à l'issue d'un délai de carence de deux jours ouvrés à compter de la date de mise à disposition du document dans l'application [6].

L'arrêté du 20 janvier 2017, relatif aux caractéristiques techniques de l'application Télérecours, a été remplacé par un arrêté du 2 mai 2018 [7] qui précise :

• Les modalités d'inscription dans l'application. Les avocats adhérents au RPVA peuvent s'y inscrire directement en se connectant par l'intermédiaire de ce dispositif [8]. L'identification des avocats dans l'application Télérecours peut être effectuée au moyen du réseau privé virtuel des avocats [9].

• Les caractéristiques techniques de l'application qui permettent d'assurer la sécurité, la confidentialité et l'intégrité des échanges (identification au moyen de certificats électroniques sécurisés, possibilité de signer électroniquement les documents, certification des échanges par horodatage...).

• Les exigences techniques que les utilisateurs devront respecter, notamment l'indexation des pièces transmises, le format et la taille des fichiers pouvant être échangés.

L'application Télérecours permet de paramétrer les droits d'accès des personnes habilitées à s'y connecter pour la consultation de l'application, la préparation de la transmission de documents, et la validation de leur transmission. Comme en matière civile, la définition des droits d'accès à Télérecours des personnes exerçant leurs fonctions au sein d'un cabinet d'avocats relève exclusivement de la responsabilité des autorités compétentes au sein du cabinet [10].

623.63 Caractère obligatoire de l'application Télérecours. Un rapport d'un groupe de travail remis au vice-président du Conseil d'État le 24 juillet 2015 [11], chargé de mesurer les transformations opérées par le déploiement de l'application dans les juridictions administratives, et de définir les orientations stratégiques pour l'avenir, préconisait une généralisation rapide de l'usage obligatoire de Télérecours pour l'ensemble des avocats, des administrations de l'État et de leurs établissements publics, dans un délai de dix-huit mois [12]. Le rapport préconisait également que cette généralisation soit accompagnée d'une obligation, sanctionnée juridiquement, d'indexer et de nommer les pièces transmises aux juridictions afin d'assurer la lisibilité des dossiers dématérialisés.

Le décret du 2 novembre 2016 [13] a mis en œuvre ces préconisations et rendu obligatoire à compter du 1er janvier 2017 l'utilisation de l'application Télérecours, tant en demande qu'en défense ou en intervention, pour les avocats, la plupart des personnes publiques, et les personnes morales de droit privé

1. CE 6 oct. 2014, *Auboué (Cne)*, req. n° 380778, *Lebon* ; *AJDA* 2014. 1979.
2. CJA, art. R. 611-8-2 ; mod. par décr. n° 2020-1245, 9 oct. 2020, art. 4.
3. CAA Nantes, 21 sept. 2016, *Min. Écologie, Développement durable et Énergie*, n° 14NT01189 ; *AJDA* 2016. 1719 ; *AJDA* 2016. 2168, concl. A. Durup de Baleine.
4. CJA, art. R. 414-4 et R. 611-8-4 ; mod. par décr. n° 2018-251, 6 avr. 2018, art. 5 ; puis par décr. n° 2020-1245, 9 oct. 2020, art. 4 et 5.
5. CE 11 mai 2015, *Damouzy (Cne)*, req. n° 379356, *Lebon* ; *AJDA* 2015. 961.
6. CJA, art. R. 611-8-2.
7. Arr. 2 mai 2018 relatif aux caractéristiques techniques de l'application mentionnée à l'article R. 414-1 du code de justice administrative, *JO* 6 mai, n° 7, NOR : JUSC1809474A.
8. Arr. 2 mai 2018, NOR : JUSC1809474A, art. 2.
9. Arr. 2 mai 2018, NOR : JUSC1809474A, art. 3.
10. Arr. 2 mai 2018, NOR : JUSC1809474A, art. 9.
11. Mission confiée par le vice-président du Conseil d'État à un groupe de travail mené par Gilles Bachelier, président de la cour administrative d'appel de Nantes.
12. J.-M. Pastor et D. Poupeau, « Justice administrative : vers un usage obligatoire de Télérecours », *D. avocats* 2015. 322.
13. Décr. n° 2016-1481, 2 nov. 2016 relatif à l'utilisation des téléprocédures devant le Conseil d'État, les cours administratives d'appel et les tribunaux administratifs, *JO* 4 nov., n° 17.

chargées d'une mission permanente de service public. La requête présentée doit alors, à peine d'irrecevabilité, être adressée à la juridiction par voie électronique au moyen d'une application informatique dédiée accessible par le réseau internet [1].

Un décret du même jour [2], dit « Justice administrative de demain » (Jade), portant modification du code de justice administrative comprend d'importantes évolutions procédurales destinées à accélérer le traitement de certaines requêtes, à renforcer les conditions d'accès au juge, à dynamiser l'instruction et à adapter l'organisation et le fonctionnement des juridictions administratives à de nouveaux défis.

Le décret du 6 avril 2018 [3] ouvre par ailleurs aux justiciables qui ne sont pas soumis à l'obligation de saisir les juridictions administratives dans les conditions prévues à l'article R. 414-1 du code de justice administrative, la faculté d'utiliser un téléservice pour communiquer par voie électronique avec les juridictions administratives de droit commun. Il est ainsi créé par le Conseil d'État un téléservice dénommé « Télérecours citoyen » utilisant le réseau internet [4]. Ce téléservice, mentionné à l'article R. 414-6 du code de justice administrative, permet aux personnes physiques et morales de droit privé non représentées par un avocat, autres que celles chargées de la gestion permanente d'un service public, d'introduire des requêtes, d'échanger avec les juridictions administratives des mémoires, des pièces et des courriers durant la procédure contentieuse et de consulter leur dossier contentieux par voie électronique [5]. L'utilisation de ce téléservice est toutefois facultative, le dépôt par voie postale et au greffe de la juridiction restant ouvert.

L'application Télérecours a été refondue à l'initiative du Conseil d'État avec pour objectif, d'une part, de moderniser l'application pour la rendre plus fonctionnelle et, d'autre part, d'étendre le périmètre du portail à la Cour nationale du droit d'asile. Tirant les conséquences au niveau réglementaire des évolutions techniques résultant de la refonte de l'application, un décret du 9 octobre 2020 [6] simplifie, précise et complète les dispositions du code de justice administrative relatives aux téléprocédures applicables aux avocats et aux administrations (application « Télérecours ») et aux personnes privées sans avocat (application « Télérecours citoyens »). Il prévoit que les utilisateurs de cette application devront transmettre un fichier par pièce jointe et que les fichiers transmis devront comporter un intitulé comprenant un numéro dans un ordre continu et croissant et, sauf à recourir à la génération automatique de l'inventaire détaillé par l'application, un libellé décrivant leur contenu de manière suffisamment explicite [7]. La possibilité pour les avocats de recourir à la génération automatique de l'inventaire détaillé, tant en demande qu'en défense, dispense de produire un tel inventaire. La sanction des erreurs non régularisées dans le libellé des pièces jointes est assouplie puisqu'elles ne conduisent plus à l'irrecevabilité de la requête ou à la mise à l'écart de l'ensemble du mémoire, mais seulement à la mise à l'écart de la pièce mal libellée. Le décret simplifie la présentation des requêtes par voie dématérialisée en prévoyant que l'indication des nom et domicile du requérant dans l'application Télérecours ou dans le téléservice Télérecours citoyens vaut indication de ces mentions dans la requête. Enfin, la possibilité de demander la délivrance d'une copie papier de la décision rendue, en complément de la notification faite par l'application Télérecours ou Télérecours citoyens, est supprimée pour les personnes ayant utilisé cette application ou ce téléservice.

623.64 Application CNDém@t devant la Cour nationale du droit d'asile. Un arrêté du 18 février 2016 [8], pris par le garde des Sceaux, ministre de la justice, et le ministre de l'intérieur, définit les modes de dépôt ou de transmission des recours, des mémoires, des pièces et des actes de procédure admis par le secrétariat de la Cour nationale du droit d'asile [9]. S'agissant des transmissions par voie électronique, cet arrêté fixe les conditions garantissant la fiabilité, l'intégrité, la sécurité et la confidentialité des échanges à travers une nouvelle application CNDém@t accessible directement sur le site internet de la cour.

L'avocat disposant d'un compte utilisateur sur l'application, constitué dans une affaire enregistrée à la cour, reçoit par l'application les documents de

1. CJA, art. R. 414-1 ; mod. par décr. n° 2020-1245, 9 oct. 2020, art. 4. – À compter du 1er juillet 2018, cette exigence s'étend à la contestation des décisions des bureaux d'aide juridictionnelle devant les juridictions administratives (décr. n° 2018-441, 4 juin 2018).
2. Décr. n° 2016-1480, 2 nov. 2016 portant modification du code de justice administrative (partie réglementaire), *JO* 4 nov., n° 16.
3. Décr. n° 2018-251, 6 avr. 2018 relatif à l'utilisation d'un téléservice devant le Conseil d'État, les cours administratives d'appel et les tribunaux administratifs et portant autres dispositions, *JO* 8 avr., n° 8.
4. C. Bléry et th. Douville, « Télérecours citoyen : un modèle de dématérialisation de la justice à parfaire », *JCP* 2019. 663.
5. https://www.citoyens.telerecours.fr
6. Décr. n° 2020-1245, 9 oct. 2020 relatif à l'utilisation des téléprocédures devant le Conseil d'État, les cours administratives d'appel et les tribunaux administratifs et portant autres dispositions, *JO* 11 oct., n° 18.
7. CJA, art. R. 414-5 et R. 611-8-5 ; mod. par décr. n° 2020-1245, 9 oct. 2020, art. 4.
8. Arr. 18 févr. 2016 relatif aux modes de dépôt ou de transmission des recours, des mémoires, des pièces et des actes de procédure devant la Cour nationale du droit d'asile, *JO* 24 févr., n° 31, NOR : JUSE1600694A.
9. Arr. pris en application des articles R. 733-6 et R. 733-122 du code de l'entrée et du séjour des étrangers et du droit d'asile.

l'instance communicables au format électronique[1]. L'avocat est réputé avoir reçu la communication ou la notification à la date de première consultation du document qui lui a été ainsi adressé, certifiée par l'accusé de réception délivré par l'application informatique, ou, à défaut de consultation dans un délai de huit jours à compter de la date de mise à disposition du document dans l'application, à l'issue de ce délai.

Un décret du 11 mars 2021[2] modifiant les dispositions du code de l'entrée et du séjour des étrangers et du droit d'asile permet l'utilisation de l'application Télérecours, à titre facultatif, par les avocats plaidant devant la Cour nationale du doit d'asile et précise les modalités selon lesquelles les requêtes et mémoires transmises par voie électronique doivent être présentés[3].

623.65 Tribunal de l'Union européenne : application e-Curia. L'application e-Curia[4], ouverte en novembre 2011, est destinée aux avocats et aux agents des États membres et des institutions de l'Union européenne et permet le dépôt et la signification d'actes de procédure par la voie électronique auprès des greffes de la Cour de justice et du Tribunal de l'Union européenne. Cette application commune aux deux juridictions est gratuite. Elle repose sur un mécanisme d'authentification électronique combinant le recours à un identifiant et à un mot de passe, répond aux exigences d'authenticité, d'intégrité et de confidentialité des documents échangés.

Le Tribunal a modifié son règlement de procédure[5] et pris une décision du 11 juillet 2018 relative au dépôt et à la signification d'actes de procédure par la voie de l'application e-Curia[6], afin de généraliser le recours à cette application et de la rendre obligatoire à compter du 1er décembre 2018.

Les actes de procédure ainsi que les arrêts et ordonnances sont signifiés par e-Curia aux titulaires d'un compte d'accès dans les affaires qui les concernent. Les destinataires des significations sont avertis, par courrier électronique, de toute signification qui leur est adressée par e-Curia. Lorsqu'il s'avère techniquement impossible de déposer un acte de procédure par e-Curia, l'utilisateur doit en informer immédiatement le greffe du Tribunal. S'il est contraint par un délai, il transmet alors une copie de l'acte au greffe du Tribunal par tout moyen approprié. Cette transmission doit être suivie du dépôt de l'acte par e-Curia dès qu'il est de nouveau techniquement possible d'utiliser l'application.

Cette application a connu un large succès depuis son lancement avec 4 230 titulaires de comptes enregistrés et 83 % des dépôts devant le Tribunal qui ont transité par e-Curia en 2017[7].

1. Arr. 18 févr. 2016, NOR : JUSE1600694A, art. 4.
2. Décr. nº 2021-274, 11 mars 2021 relatif à l'utilisation des téléprocédures devant la Cour nationale du droit d'asile, *JO* 13 mars, nº 13.
3. Ceseda, art. R. 733-16-1 à R. 733-16-6 ; créés par décr. nº 2021-274, 11 mars 2021, art. 2.
4. https://curia.europa.eu
5. TUE, Le règlement de procédure du Tribunal de l'Union européenne, *JOUE L* 240, 25 sept. 2018, p. 68.
6. TUE, 11 juill. 2018 relative au dépôt et à la signification d'actes de procédure par la voie de l'application e-Curia, *JOUE L* 240, 25 sept. 2018, p. 72 ; – POUR LA Cour de justice de l'Union européenne, déc. 16 oct. 2018, *JOUE* 20 nov., L 293/36.
7. Communiqué de presse nº 157/18, 17 oct. 2018.

TITRE

63. Les activités juridiques

SECTION 0
ORIENTEUR

63.00 Sommaire du titre.

Division. Les activités juridiques se répartissent entre consultation juridique (chap. 631) et rédaction d'actes sous seing privé (chap. 632).

63.03 Bibliographie indicative.
* Aussi : v. s^s n° 6.03.

Encyclopédie. *J.-Cl. Pr. civ.*, fasc. 83-1 : avocats – Généralités. Fonctions II. – Fonctions de l'avocat, 2014.

Ouvrages. Y. Avril, *Responsabilité des avocats,* 4e éd., « Dalloz Référence », 2020 – J.-M. Braunschweig, J. Demaison, *Profession d'avocat : le guide*, 4e éd., Wolters Kluwer, 2017. – R. Martin, *Déontologie de l'avocat*, 11e éd., « Droit et professionnels », LexisNexis, 2013.

CHAPITRE

631. Consultation juridique

SECTION 0
ORIENTEUR

631.00 Sommaire du chapitre.

Division. La consultation juridique, réservée à des professions autorisées (sect. 3), a un contenu (sect. 1) déterminé, quoique non défini par la loi, et doit répondre à certaines conditions (sect. 2), dont le non-respect est passible de sanctions (sect. 4).

631.01 Textes applicables.

TEXTES TITRÉS

• **L. n° 71-1130, 31 déc. 1971**

art. 54 [Conditions pour délivrer une consultation juridique et rédiger des actes sous seing privé]

art. 55 [Assurance obligatoire – garantie financière – secret professionnel]

art. 56 [Personnes pouvant donner des consultations juridiques et rédiger des actes sous seing privé]

art. 57 [Autres personnes pouvant donner des consultations juridiques]

art. 58 [Juristes d'entreprise]

art. 59 [Personnes exerçant une activité professionnelle réglementée]

art. 60 [Personnes exerçant une activité professionnelle non réglementée]

art. 61 [Organismes chargés d'une mission de service public]

art. 62 [*Abrogé*]

art. 63 [Associations reconnues d'utilité publique, les fondations reconnues d'utilité publique, certaines associations]

art. 64 [Syndicats et associations professionnels]

art. 65 [Organisations professionnelles ou interprofessionnelles ainsi que les fédérations et confédérations de sociétés coopératives]

art. 66 [Organes de presse ou de communication audiovisuelle]

art. 66-1 [Diffusion d'informations à caractère documentaire]

art. 66-2 [Sanctions]

art. 66-3 [Constitution de partie civile des organismes chargés de représenter les professions visées à l'article 56 et les organisations professionnelles représentatives de ces professions]

• **Décr. n° 2005-790, 12 juill. 2005**

art. 8 [Mandat]

• **Décr. n° 72-785, 25 août 1972**

art. 1 [Définition du démarchage]

art. 2 [Publicité en matière de consultation et rédaction d'actes juridiques]

art. 3 [Exclusions]

art. 4 [Contenu de la publicité]

art. 5 [Sanctions pénales]

• **RIN**

art. 6 [Champ d'activité professionnelle de l'avocat]

631.02 Jurisprudence de référence.

> Une prestation d'optimisation de charges sociales constitue une prestation à caractère juridique réservée aux professionnels du droit, « peu important le niveau de complexité des problèmes posés » (*Affaire Alma*)

• **Civ. 1re, 15 nov. 2010,** n° 09-66.319, P I, n° 230

* V. ss nos 631.15 et 631.37.

« Vu les articles 54 et 60 de la loi n° 71-1130 du 31 décembre 1971 modifiée, ainsi que l'arrêté du 19 décembre 2000, modifié par l'arrêté du 28 février 2001, conférant l'agrément aux consultants ou ingénieurs-conseils qui exercent leur activité dans les secteurs du conseil pour les affaires, la gestion et la sélection ou la mise à disposition de personnel ;

Attendu qu'aux termes du deuxième de ces textes, les personnes exerçant une activité professionnelle non réglementée pour laquelle elles justifient d'une qualification reconnue par l'État ou attestée par un organisme public ou un organisme professionnel agréé peuvent, dans les limites de cette qualification, donner des consultations juridiques relevant directement de leur activité principale et rédiger des actes sous seing privé qui constituent l'accessoire nécessaire de cette activité ;

Attendu que pour débouter le CNB de sa demande tendant à ce qu'il soit enjoint à la société Alma Consulting Group de cesser ses activités de consultation juridique, après avoir relevé, d'une part, qu'un agrément ministériel avait été conféré pour la pratique du droit aux consultants exerçant leurs activités dans "les secteurs du conseil pour les affaires ou la gestion et pour la sélection et la mise à disposition de personnel", estimant que la mention "finances" figurant sur les certificats de la société de conseil correspondait, comme l'avait confirmé l'organisme professionnel de qualification des conseils en management, à une activité d'audit aux fins de réduction des coûts dans le domaine des taxes et redevances, des cotisations sociales et des cotisations au titre des accidents du travail et, d'autre part, que la société Alma Consulting Group bénéficiait de la qualification OPQCM pour son activité "finances et généraliste des PME/PMI", l'arrêt constate que la mission du consultant, se décomposant en deux temps, consistait à détecter les anomalies dans l'application de la tarification du risque "accidents du travail", puis à délivrer des conseils en cas d'erreurs ou d'irrégularités relevées et retient que le travail de consultation juridique n'intervenait qu'une fois l'audit achevé et uniquement en cas de recours envisagés dans les affaires les plus complexes, une simple information juridique étant suffisante pour corriger les erreurs simples, et relevait ainsi directement de l'activité principale d'audit ;

Qu'en statuant ainsi, alors qu'en amont des conseils donnés en phase contentieuse, la vérification, au regard de la réglementation en vigueur, du bien-fondé des cotisations réclamées par les organismes sociaux au titre des accidents du travail constitue elle-même une prestation à caractère juridique, peu important le niveau de complexité des problèmes posés, la cour d'appel s'est fondée sur des motifs impropres à démontrer que, dans leur ensemble, les consultations juridiques offertes relevaient directement de l'activité principale de conseil en affaires, gestion et sélection ou mise à disposition de personnel en considération de laquelle l'agrément ministériel a été conféré et, partant, a violé les textes susvisés ;

PAR CES MOTIFS, et sans qu'il y ait lieu de statuer sur les autres griefs :

Déclare recevable le pourvoi du CNB ;

CASSE ET ANNULE, mais seulement en ce qu'il a débouté le CNB de sa demande tendant à ce qu'il soit enjoint à la société Alma Consulting Group de cesser toute activité en violation de la loi du 31 décembre 1971 modifiée, l'arrêt rendu le 5 mars 2009, entre les parties, par la cour d'appel de Versailles ; remet, en conséquence, sur ce point, la cause et les parties dans l'état où elles se trouvaient avant ledit arrêt et, pour être fait droit, les renvoie devant la cour d'appel de Paris. »

631.03 Bibliographie indicative.

* Aussi : v. s^{s} n° 63.03.

Thèse. A. Audran, *Le périmètre du droit*, Th., Nantes, 2000.

Encyclopédie. *J.-Cl. Pr. civ.*, fasc. 83-1 : avocats – Généralités. Fonctions II. – Fonctions de l'avocat, 2014.

Traité. Ph. le Tourneau (dir.), *Droit de la responsabilité et des contrats*, 12e éd., « Dalloz Action », 2020, n°s 3325.00 s.

Monographies. O. Faverau, *Les avocats, entre ordre professionnel et ordre marchand*, Gazette du Palais – Lextenso, 2010 – R. Martin, *Déontologie de l'avocat*, 11e éd., « Droit & professionnels », LexisNexis, 2013, n°s 60 s.

Articles. A. Bénabent, « La réglementation de l'exercice du droit », *JCP* 1991. I. 3490, n°s 21 et 22 – B. Cerveau, « La prestation de conseil juridique effectuée par l'assureur de protection juridique », *Gaz. Pal.* 11 août 1994, p. 25 – G. Collet, « Passation des marchés publics de services juridiques et déontologie de l'avocat », *AJDA* 2009. 744 – X.-Ph. Gruwez, « Renouveau du droit de la concurrence sur les marchés du droit et du conseil », *Gaz. Pal.* 9-13 nov. 2003, p. 6 – P. Lemelletier, « Hommes du chiffre et hommes du droit ou le rappel de la théorie du principal et de l'accessoire », *Gaz. Pal.* 5-7 sept. 2010, p. 14 – R. Martin, « Aperçu rapide sur la loi du 7 avril 1997 », *JCP* 1997, act. n° 18 – F. Nouel, D. Gordon-Krief et Y. Martinet, « La spécificité de l'avocat : le périmètre du droit », *Dr. et patr.* déc. 1997, p. 20 s. – F. Sicard, « Consultation juridique : mieux vaut définir que guérir », *Gaz. Pal.* 26-27 nov. 2012, p. 13 – M. Wallerich, « La notion de marché de consultation juridique », *AJDA* 2009. 1421.

Rapport. Les cahiers CNB, *Vade-mecum de l'exercice du droit*, CNB, 2e éd., oct. 2017.

SECTION 1
CONTENU DE LA CONSULTATION JURIDIQUE

631.11 Absence de définition légale de la consultation juridique. La notion de consultation juridique n'est pas définie par la loi du 31 décembre 1971[1] qui la réglemente, alors même qu'elle est au centre du dispositif. Deux réponses ministérielles ont tenté d'en donner une définition. La consultation juridique serait constituée par toute « prestation intellectuelle personnalisée qui tend à fournir un avis sur une situation soulevant des difficultés juridiques ainsi que sur la ou les voies possibles pour les résoudre, concourant, par les éléments qu'elle apporte, à la prise de décision du bénéficiaire de la consultation »[2]. Selon une définition adoptée par l'assemblée générale du Conseil national des barreaux le 18 juin 2011, la consultation « consiste en une prestation intellectuelle personnalisée tendant, sur une question posée, à la fourniture d'un avis ou d'un conseil fondé sur l'application d'une règle de

1. L. n° 71-1130, 31 déc. 1970 portant réforme de certaines professions judiciaires et juridiques, *JO* 5 janv., p. 131.
2. Rép. min. n° 24085, *JO Sénat*, 27 juill. 2006, p. 1991 – Rép. min. n° 66510, *JOAN Q* 1er mars 1993, p. 182.

droit en vue, notamment, d'une éventuelle prise de décision. »[1]. Les consultations font partie des activités quotidiennes des avocats ; lorsqu'elles sont délivrées par écrit elles engagent directement leur responsabilité. Elles doivent donc être données et délivrées avec sérieux, compétence et conscience. L'activité de consultation juridique doit être distinguée de l'activité, même exercée à titre professionnel, de recouvrement des créances : en procédant au recouvrement de créances, des sociétés ne se livrent pas aux activités de consultation juridique ou de rédaction d'actes sous seing privé au sens des dispositions des articles 54[2] et suivants de la loi du 31 décembre 1971[3].

L'avocat consultant dispose aujourd'hui de nouveaux moyens de communication. La prestation peut être « fournie en ligne » et l'avocat devenir prestataire de services d'un site internet dans les conditions de l'article 19 du RIN. Naturellement, il ne sera en rien dispensé d'observer le secret professionnel, les règles concernant la publicité et le conflit d'intérêts, la prohibition du partage d'honoraires et, de manière générale, toutes les règles de déontologie qui régissent sa profession[4].

Autrefois, pour l'avocat consultant, dans l'ancien barreau, la tâche de consultation était pratiquement aussi importante que celle de procédure ou de plaidoirie. On estimait même que l'avocat consultant – il portait en effet ce titre tant il affectionnait la fonction et se retirait pratiquement du nombre des avocats plaidants – était considéré comme le seigneur de la chicane. C'est à lui que songe Montesquieu dans les *Lettres persanes* lorsqu'il fait dire par un homme de robe à son Persan : « Nous avons des livres vivants, ce sont les avocats, ils travaillent pour nous et se chargent de notre culture. » Camus, dans ses lettres sur la profession, décrit le consultant comme une sorte de juge des affaires qu'on lui présente et sur la foi de l'avis duquel on se détermine à suivre une procédure ou à l'abandonner. Ce titre d'avocat consultant était réservé aux avocats ayant plus de vingt années d'exercice de la profession[5]. Sous l'empire du code de procédure civile, la loi exigeait qu'une consultation d'avocat soit demandée et produite dans certains procès avant l'introduction de l'instance en justice. C'était le cas notamment en matière de requête civile[6]. Dans ce cas, la demande devait être assortie d'une consultation de trois avocats exerçant depuis dix ans auprès des tribunaux du ressort de la cour d'appel dans lequel le jugement avait été rendu et ces années d'exercice se décomptaient depuis la date d'inscription au tableau[7].

631.12 L'avocat conseille ou consulte où bon lui semble. L'avocat conseille ou consulte où bon lui semble. Tel n'a pas toujours été le cas. Aux termes de l'article 92[8] du décret du 9 juin 1972 : « L'avocat donne sa consultation dans son cabinet personnel. Toutefois il peut, en déplacement, recevoir son client dans le cabinet d'un confrère. » Cette disposition avait pour objet d'empêcher que la consultation organisée par un avocat et destinée à des catégories ouvertes de personnes (personnel d'usine, immigrés, quart-monde, population d'un quartier) demeure pour lui une occasion non d'accueillir mais plutôt de « racoler » une clientèle inconnue, rassemblée autour de la consultation par des avis, annonces, encarts publicitaires, articles de journaux, émissions de radios... Toutefois, le décret du 9 juin 1972 avait admis que l'avocat pouvait, sous réserve des exigences de la dignité professionnelle, se rendre au siège d'une personne morale ou d'une entreprise, soit à la résidence d'un client personne physique et, en déplacement, recevoir son client au cabinet d'un confrère. L'avocat fut autorisé à se déplacer librement pour exercer ses fonctions, et même virtuellement, par l'article 3 *bis*[9] de la loi du 31 décembre 1971, dans sa rédaction issue de la loi du 31 décembre 1990. La signification de cet article est qu'il peut consulter où bon lui semble, c'est-à-dire sans limitation de sa liberté d'exercice dans l'espace.

Pour autant, il ne pouvait se livrer par le déplacement de son centre de consultation à des sollicitations de clientèle, notamment dans le cadre d'un comité d'entreprise[10], ni dans des lieux peu compatibles avec la dignité de la profession d'avocat et y faire des démarches peu honorables, l'obligation de dignité résultant du serment. Ainsi, un avocat avait pu être sanctionné pour avoir reçu la concubine de son client dans un hôtel où il était de passage et pour y discuter de ses honoraires[11]. La loi du 17 mars 2014[12] relative à la consommation a modifié l'arti-

1. CNB, délibération AG 18 juin 2011 ; CONFIRMÉE PAR : CNB, délibération AG 15 mai 2020.
2. L. n° 71-1130, 31 déc. 1970, art. 54 ; mod. par ord. n° 2019-964, 18 sept. 2019, art. 35 s.
3. Paris, 15 mars 1996, *D.* 1996. 105 – Paris, 21 mai 2001, *D.* 2001. 2084 ; *Gaz. Pal.* 9 juin 2001, concl. B. Gizardin.
4. V. s^s n° 612.96.
5. A. Damien, *Les avocats du temps passé*, F. Lefebvre, 1973, p. 131 s.
6. ANC^T : C. pr. civ., art. 495.
7. Cass., Req. 5 nov. 1940, *DH* 1940, 208.
8. Décr. n° 72-468, 9 juin 1972 organisant la profession d'avocat, pris pour l'application de la loi n° 71-1130 du 31 décembre 1971 portant réforme de certaines professions judiciaires et juridiques, *JO* 11 juin, p. 5884, art. 92 ; abrogé par décr. n° 91-1197, 27 nov. 1991.
9. L. n° 71-1130, 31 déc. 1970, art. 3 *bis ;* créé par L. n° 90-1259, 31 déc. 1990, art. 3 et 67 ; remodifié depuis.
10. Civ. 1re, 16 juill. 1985, n° 84-14.834, P I, n° 221 ; *Gaz. Pal.* 1985. 2. pan. 293, note S. Guinchard et T. Moussa.
11. Civ. 1re, 10 mars 1981, n° 80-12.724, NP ; *D.* 1982. 146, note A. Brunois ; *Gaz. Pal.* 1981. 2. pan. 265.
12. L. n° 2014-334, 17 mars 2014 relative à la consommation, *JO* 18 mars, n° 1, art. 13.

cle 3 *bis* de la loi du 31 décembre 1971, pour autoriser formellement l'avocat à recourir à la publicité ainsi qu'à la sollicitation personnalisée [1].

En outre, les cabinets secondaires peuvent être créés, sans autorisation préalable, sur simple déclaration dans les conditions prévues à l'article 8-1 de la loi du 31 décembre 1971 à l'intérieur du même barreau et après autorisation préalable du bâtonnier local, lorsque le bureau secondaire est situé dans le ressort d'un barreau différent [2].

631.13 Consultations gratuites données par les avocats. Les avocats régulièrement inscrits à un barreau peuvent librement donner, en mairie, au siège d'associations d'intérêt général, aux maisons de la justice et du droit..., des consultations gratuites sans autorisation préalable de leur conseil de l'Ordre, autorisation qu'on ne saurait exiger comme conséquence d'un monopole que le barreau ne possède pas.

Les consultations données doivent toutefois respecter les principes essentiels qui gouvernent la profession et, notamment, la dignité. Si le barreau n'a donc pas à autoriser de telles consultations, et s'il ne dispose pas d'un contrôle *a priori* pour envisager l'éventualité de manquements à venir, il peut néanmoins exercer un contrôle *a posteriori* si des manquements aux règles traditionnelles du barreau se produisaient [3].

Pour résumer :

– l'avocat peut créer librement un service de consultations gratuites données à l'extérieur de son cabinet personnel. Pour la première chambre civile de la Cour de cassation, l'exercice de cette activité n'est pas subordonné à la justification par l'avocat de l'existence d'un besoin particulier ou d'un intérêt public local [4].

– ces consultations ne peuvent être prises en charge par un seul avocat pour respecter l'anonymat et, afin d'éviter tout risque de démarchage, l'avocat doit dépendre du barreau territorialement compétent ; toutefois, il a été jugé qu'une commune peut créer un service gratuit de consultation et d'orientation juridique, le confier à un avocat extérieur au barreau local, à condition que celui-ci s'interdise d'accepter comme client toute personne qui l'aurait consulté [5] ;

– l'avocat devra informer préalablement le conseil de l'Ordre de son initiative. Celui-ci ne peut, dans les dispositions particulières de son règlement intérieur, prévoir la nécessité d'une autorisation préalable, il ne peut qu'aménager des conditions plus strictes dans lesquelles s'exercent les consultations ;

– mais le conseil de l'Ordre a, en vertu de l'article 17, 3°, de la loi du 31 décembre 1971, la possibilité de contrôler, aussitôt informé, les conditions d'exercice des consultations au regard des principes ci-dessus dégagés. Il pourra alors sanctionner les atteintes aux règles de dignité professionnelle et essentiellement une situation éventuelle de démarchage de clientèle par irrespect de l'anonymat.

Des consultations gratuites peuvent également être organisées en mairie ou au sein d'une maison de justice et du droit dans le cadre d'une convention conclue par le barreau local avec le Conseil départemental de l'accès au droit en application de l'article 57 [6] de la loi du 10 juillet 1991 relative à l'aide juridique. L'avocat dispose alors d'un « droit de suite » lui permettant de prendre en charge les intérêts de la personne qu'il reçoit dans ce cadre et qui en fait la demande [7].

L'avocat ne peut se plaindre de la concurrence d'une maison de justice et du droit [8]. Saisi par un avocat imputant sa faillite personnelle à l'installation à proximité de son cabinet d'une maison de justice et du droit délivrant des consultations juridiques gratuites, le Conseil d'État après avoir rappelé que ces structures d'accueil du justiciable répondent à une mission essentielle de service public et d'intérêt général, et écarté à ce titre toute faute de l'État, précise que la nature et l'objet des consultations juridiques, portant sur des informations générales et dont la durée est nécessairement limitée, ne pouvaient pas constituer une activité concurrentielle prohibée. La Haute juridiction administrative écarte ainsi tout lien de causalité entre l'installation de la maison de justice et du droit et les difficultés financières de l'avocat.

631.14 Évolution du droit pour un avocat de donner des consultations gratuites. Jadis les consultations juridiques, gratuites pour la plupart, étaient réservées au seul Ordre des avocats qui les exerçaient notamment par la conférence du stage dont c'était à l'origine le but essentiel [9]. Les consultations dans les

1. V. s^s n°s 465.00 s.
2. V. s^s n°s 223.11 s.
3. Civ. 1re, 29 avr. 1980, n° 79-11.988, P I, n° 131 ; *Gaz. Pal.* 1980. 2. 567 ; *D.* 1981. 525, note A. Brunois, CRIT. – Douai, 15 oct. 1982, *Gaz. Pal.* 1982. 2. 621.
4. Civ. 1re, 5 juin 2019, n° 18-13.843, P – Civ. 1re, 16 juill. 1985, n° 84-14.834, P I, n° 221.
5. CE 23 déc. 1970, *préfet du Val d'Oise et min. Intérieur c/ Montmagny (C^ne)*, req. n° 79410, *Lebon ; AJDA* 1971. 166 et 154.
6. L. n° 91-647, 10 juill. 1991 relative à l'aide juridique, *JO* 13 juill., p. 9170, art. 57.
7. Décr. n° 2005-790, 12 juill. 2005 relatif aux règles de déontologie de la profession d'avocat, *JO* 16 juill., p. 11688, art. 6, al. 3.
8. CE 28 déc. 2012, *Desœuvre*, req. n° 350559, NP ; *AJDA* 2013. 831 ; *JCP* 2013. 622, n° 13, obs. A. Bolze.
9. A. Damien, *Les avocats du temps passé*, F. Lefebvre, 1973, p. 306.

mairies, organisées par le barreau, sont nées après la guerre de 1914 ; d'autres consultations furent organisées par les mairies avec le concours d'avocats qu'elles recrutaient directement, soit parmi les membres du barreau local, soit parmi les membres de barreaux voisins. La légalité de cette organisation a été soumise au Conseil d'État qui a admis qu'une commune puisse créer un service municipal gratuit de consultations et d'orientation juridiques ; ce service confié à un avocat qui s'interdit d'accepter comme client toute personne qui l'aurait consulté est en effet légal dès lors que le rôle de cet avocat consiste uniquement à indiquer à ceux qui lui rendront visite à quelle administration, à quel service ministériel, préfectoral ou autre, l'intéressé doit s'adresser pour les questions qui le préoccupent, lui précisant dans quelles conditions il peut bénéficier par exemple de l'aide juridictionnelle ou quels sont les frais de procédure prévisibles pour engager telle ou telle affaire, lui indiquant également devant quelle juridiction l'affaire doit être introduite et communiquant à l'usager la liste des avocats, avoués, notaires, huissiers, lorsque l'intervention de ces auxiliaires de justice ou de ces officiers ministériels s'avère nécessaire.

C'est donc à juste titre qu'une commune, compte tenu de l'existence d'un besoin de la population et donc d'un intérêt public local et sans qu'il soit nécessaire de vérifier s'il y a carence ou insuffisance de l'initiative privée, a créé un service juridique de consultation qui ne porte pas illégalement atteinte à l'activité des membres de la profession judiciaire[1]. La consultation peut d'ailleurs être confiée à un avocat extérieur au barreau local, sans porter atteinte à l'activité des avocats territorialement compétents dès lors que l'avocat extérieur s'interdit d'accepter comme client toute personne qui l'aurait consulté à l'occasion de la permanence (même arrêt). Plus tard sont apparues des consultations gratuites dans les mairies organisées non plus par les barreaux mais par des associations ou syndicats d'avocats. La cour d'appel de Bourges par un arrêt du 21 mars 1979[2] a refusé cette pratique en rappelant qu'une Union de jeunes avocats n'avait pas la possibilité de créer, encore moins d'annoncer par voie de presse, qu'elle tiendrait des consultations à date fixe dans une salle de mairie, sans recourir au préalable à l'autorisation du conseil de l'Ordre pour lui soumettre les conditions de sa consultation.

Certes, aucune disposition légale ou réglementaire ne prohibe la création, par les avocats inscrits à un barreau, d'un bureau de consultations gratuites, mais l'article 17 de la loi du 31 décembre 1971 qui fixe les missions du conseil de l'Ordre exige, selon la cour de Bourges, que, sous peine de vider ce texte de sa substance, le conseil soit à même d'exercer ses attributions légales et par là même soit informé de la création d'un bureau de consultations gratuites par des avocats ou une association d'avocats et ne soit pas placé devant le fait accompli. Le conseil de l'Ordre doit pouvoir prescrire les mesures de contrôle qu'il estime nécessaires pour que l'activité de ces avocats s'exerce dans le cadre de la profession, c'est-à-dire dans les conditions de modération, de décence et de publicité nécessaires même lors de l'exercice de cette fonction particulière de la consultation gratuite. Cet arrêt fut cassé par la Cour de cassation le 29 avril 1980[3] au motif que, le conseil de l'Ordre n'ayant relevé aucune infraction aux règles déontologiques, la cour n'aurait pas dû statuer comme elle l'avait fait sans énoncer des motifs propres à justifier l'interdiction proposée. La cour d'Orléans statuant comme cour de renvoi a précisé les notions dégagées par la Cour de cassation en montrant que l'impossibilité d'interdire l'instauration spontanée des consultations gratuites ne devait s'entendre qu'au cas où le règlement intérieur du barreau était muet sur les particularités et les règles que devaient présenter ces consultations[4].

Cependant, un autre pas a été franchi avec un arrêt de la cour d'appel d'Aix-en-Provence du 16 décembre 1979[5] qui autorise des avocats à donner des consultations dans le cadre de la Maison des Étrangers de Marseille dont l'objet est d'accueillir les étrangers et notamment les immigrés, de les informer et de les orienter vers les services qui peuvent résoudre leurs difficultés. Les avocats n'ont pas à être désignés par le barreau mais peuvent être directement choisis par la Maison des Étrangers et rémunérés par elle ; ce choix ne porte pas atteinte au principe du libre choix du client ni au principe de l'unicité du cabinet de l'avocat, ni au caractère libéral de la profession, dès lors que les étrangers peuvent s'adresser s'ils le désirent à tout autre avocat de leur choix. La Cour de cassation, saisie d'un pourvoi contre cet arrêt, a admis le 10 mars 1981[6] la conformité des principes dégagés par l'arrêt d'Aix avec les règles régissant le barreau. Les conseils de l'Ordre auront donc intérêt à rappeler dans leurs règlements intérieurs ces principes de façon à pouvoir exercer dans leur plénitude les attributions que leur confère la loi. La cour de Toulouse, par un arrêt du 16 janvier 1984, avait opéré un complet revirement de jurisprudence, revenant

1. CE 23 déc. 1970, *préfet du Val-d'Oise et min. Int. c/Montmagny (Cne)*, req. n° 79410, préc.
2. Bourges, 21 mars 1979, *Gaz. Pal.* 1979. 2. 448.
3. Civ. 1re, 29 avr. 1980, n° 79-11.988, P I, n° 131, préc.
4. Orléans, 20 mai 1981, *Gaz. Pal.* 1981. 2. 625.
5. Aix-en-Provence, 16 déc. 1979, *D.* 1980. 484.
6. Civ. 1re, 10 mars 1981, n° 80-11.405, P I, n° 83 ; *Gaz. Pal.* 1981. 2. 755.

aux principes de la déontologie classique nonobstant la série d'arrêts ci-dessus mentionnés. La cour fondait son refus sur la circonstance que la consultation ne pouvait se donner qu'au cabinet de l'avocat[1]. Dès lors, pour la cour, toute consultation extérieure qui dérogeait à ce principe ne pouvait être organisée qu'avec l'accord du bâtonnier[2]. Cet arrêt a été cassé par la première chambre civile le 4 juin 1985 avec toutefois des précisions complémentaires quant aux conditions de dignité que doit comporter l'exercice du droit de consulter qui peuvent être définies par le conseil de l'Ordre dans le cadre de la liberté de principe accordée à ce type de consultation[3]. Dans le même sens, la cour de Chambéry a estimé que l'instauration par un avocat d'une consultation gratuite au profit d'un comité d'entreprise [devenu comité social et économique], assurée par un seul avocat et en dehors du ressort de son barreau, pouvait être interdite par refus d'homologation de la convention intervenue entre l'avocat et le comité d'entreprise[4] [devenu comité social et économique].

En outre la Cour de cassation, contrairement à l'arrêt précité de la cour de Toulouse, admet la recevabilité d'un recours contre la décision du bâtonnier refusant l'ouverture d'une consultation gratuite sur le seul fondement de l'article 14[5] du décret du 9 juin 1972, l'avocat s'estimant lésé dans ses intérêts professionnels par une délibération du conseil de l'Ordre. D'après les termes de l'arrêt de la Cour de cassation du 29 avril 1980, précité, il semble que, si le règlement intérieur d'un barreau peut réglementer les consultations (lieu, gratuité ou rémunération, anonymat complet ou relatif, respect du libre choix de l'avocat, limite de la consultation : orientation, avis, consultation complète...), toute règle soumettant ces consultations à autorisation préalable du bâtonnier ou du conseil de l'Ordre, toute limitation du nombre des consultations que peut assurer un avocat, ou toute disposition limitant à une période déterminée la faculté de consulter hors du cabinet, doit être annulée et réputée non écrite si elle est indiquée dans le règlement intérieur[6].

En fait, l'erreur commise par les barreaux dans leurs règlements intérieurs et par la jurisprudence est de traiter la question de la liberté d'ouverture ou de création de consultations gratuites par les avocats, sans référence aux besoins non satisfaits par les Ordres, mais seulement à une dérogation accordée par le conseil de l'Ordre au principe de l'unicité du cabinet et ce sur le seul fondement de l'ancien article 92 du décret du 9 juin 1972 qui posait en principe que l'avocat donne sa consultation dans son cabinet, alors que désormais il peut se rendre soit au siège d'un client personne morale, soit à la résidence d'un client personne physique.

1. Décr. n° 72-468, 9 juin 1972, anc. art. 92.
2. Toulouse, 16 janv. 1984, *Gaz. Pal.* 1 984. 1. 255, note A. Damien.
3. Civ. 1re, 4 juin 1985, n° 84-11.748, P I, n° 177 ; *D.* 1987. 67, note A. Brunois ; *JCP* 1985. IV. 283 ; *Gaz. Pal.* 1985. Somm. 294, note S. Guinchard et T. Moussa.
4. Civ. 1re, 16 juill. 1985, n° 84-14.834, P I, n° 221 ; *JCP* 1985. IV. 331 ; *Gaz. Pal.* 1985. Somm. 293, note S. Guinchard et T. Moussa ; REJET DE : Chambéry, 28 mai 1984.
5. Décr. n° 72-468, 9 juin 1972, art. 14 ; devenu décr. n° 91-1197, 27 nov. 1991, art. 15.
6. Rouen, 14 mai 1985, *Gaz. Pal.* 10 oct. 1985, 9, note A. Damien.

631.15 Prestation d'optimisation de charges sociales – Affaire *Alma*. Dans une affaire emblématique du combat mené par les instances de la profession pour défendre le périmètre du droit, la première chambre civile de la Cour de cassation a reconnu qu'une prestation d'optimisation de charges sociales constituait une prestation à caractère juridique réservée aux professionnels du droit, « peu important le niveau de complexité des problématiques posées »[7], rendant ainsi inopérante la distinction entre droit simple et droit complexe revendiquée par certains opérateurs économiques sur le marché. Le Conseil national des barreaux était intervenu volontairement à l'instance opposant un client à la société Alma Consulting Group sur le montant des facturations émises en exécution d'une convention d'audit qui donnait pour mission à ladite société de rechercher en matière de tarification « accident du travail » toute imputation de coûts juridiquement infondés en vue de l'obtention d'économies. Pour la Cour de cassation, l'activité principale d'audit de coûts sociaux relève bien de la consultation juridique exercée à titre principal en infraction avec les dispositions du titre II de la loi du 31 décembre 1971. Or, la société Alma Consulting Group, titulaire d'une qualification délivrée par l'Office professionnel de qualification des conseils en management (OPQCM), n'était habilitée à exercer le droit qu'à titre accessoire dans les limites posées par les articles 54[8] et 60[9] de la loi. Prolongeant la solution retenue par la Cour de cassation, la cour d'appel de Paris saisie sur renvoi relève que la mission d'audit confiée à la société ne s'analyse pas en une prestation technique mais relève en réalité d'une activité de consultation juridique. Elle rappelle que le droit n'est pas assimilable à une banale activité de prestations de services, et doit être exercé par un professionnel présentant toutes les qualifications professionnelles et morales requises[10].

7. Civ. 1re, 15 nov. 2010, n° 09-66.319, P I, n° 230 ; *JCP* 2011, note 46, obs. C. Jamin ; *JCP* 2010, act. 1193, obs. S. Bortoluzzi.
8. L. n° 71-1130, 31 déc. 1971, art. 54 ; mod. par ord. n° 2019-964, 18 sept. 2019, art. 35.
9. L. n° 71-1130, 31 déc. 1971, art. 60.
10. Paris, 18 sept. 2013, RG n° 10/25413 ; – DANS LE MÊME SENS : TGI Bobigny, 3 mai 2016, RG n° 2008F01725.

Statuant dans le même sens que l'affaire Alma, la Cour de cassation a jugé que constituait également une prestation à caractère juridique, relevant du monopole des professions juridiques réglementées, un audit de taxe professionnelle [1]. La société d'audit n'ayant pas le droit d'effectuer ces prestations, le contrat conclu avec le client devait être annulé pour cause illicite et les honoraires sollicités ne pouvaient être perçus, serait-ce à titre de restitution en valeur de la prestation effectuée. Doit également être annulé sur le fondement des articles 54 et 60 de la loi du 31 décembre 1971, un contrat d'expertise conclu avec une société comportant l'analyse des éléments servant de base au calcul du taux des cotisations accidents du travail, au motif que « la vérification, au regard de la réglementation en vigueur, du bien-fondé des cotisations réclamées par les organismes sociaux au titre des accidents du travail » constitue une prestation à caractère juridique [2]. Le même raisonnement est suivi par les juridictions de l'ordre administratif. Une cour administrative d'appel [3] a ainsi annulé une convention de prestation de services d'audit juridique en matière de taxe sur la valeur ajoutée et taxe sur les salaires qui avait été conclue par un hôpital avec une société bénéficiant d'une qualification OPQCM pour son activité « finances ». L'activité de consultation juridique de la société ne pouvant être regardée comme une prestation accessoire à une activité purement comptable, le contrat est annulé pour illicéité de son contenu aux dispositions précitées de la loi du 31 décembre 1971.

SECTION 2
CONDITIONS À REMPLIR

631.21 Conditions pour donner des consultations juridiques à titre habituel et rémunéré. La réglementation de la consultation et de la rédaction d'actes sous seing privé est portée par le titre II de la loi du 31 décembre 1971 [4]. En vertu de ces textes, la consultation juridique ou la rédaction d'actes sous seing privé, à titre habituel et rémunéré, est soumise à plusieurs conditions. Des consultations et rédactions d'actes supposent chez leur auteur la possession de certaines qualités ou l'absence de sanctions les en rendant incapables.

La consultation ou rédaction d'actes sous seing privé à titre gratuit non habituel, et même habituel, sont autorisées, de même que le sont celles occasionnelles à titre onéreux. Cela étant, si une personne, à titre habituel et gratuit, donne des consultations juridiques ou rédige des actes sous seing privé, certaines obligations s'imposent à elle en vertu de l'article 55 de la loi du 31 décembre 1971 : obligation de souscrire une assurance garantissant les conséquences pécuniaires de la responsabilité civile professionnelle qu'elle peut encourir au titre de ces activités, obligation d'être couvert par une garantie financière spécialement affectée au remboursement des fonds, effets ou valeurs reçus à cette occasion, obligation de respecter le secret professionnel. Toutefois, ces obligations ne s'appliqueront pas, dès lors que l'activité n'est qu'occasionnelle.

La diffusion de renseignements et informations à caractère documentaire en matière juridique n'est pas interdite par loi [5].

631.22 Première condition : diplôme de licence en droit ou « compétence juridique appropriée » [6]**.** Nul ne peut, directement ou par personne interposée, à titre habituel et rémunéré, donner des consultations juridiques ou rédiger des actes sous seing privé, pour autrui s'il n'est titulaire d'une licence en droit ou s'il ne justifie, à défaut, d'une compétence juridique appropriée à la consultation et la rédaction d'actes en matière juridique qu'il est autorisé à pratiquer conformément aux articles 56 à 66 de la loi du 31 décembre 1971. Des parlementaires avaient souhaité que le diplôme exigé soit du niveau de la maîtrise en droit (devenue master 1). Cette exigence n'a pas été retenue dès lors que la licence en droit est seulement requise pour l'accès à certaines professions juridiques et judiciaires réglementées. Toutefois, un titre ou un diplôme pourra être reconnu comme équivalent par arrêté conjoint du ministre de la Justice et du ministre chargé des Universités.

Compétence juridique appropriée. L'exercice de la consultation juridique et de la rédaction d'actes, avait été soumis par la loi du 31 décembre 1990 à la condition de possession de la licence en droit ou d'un diplôme équivalent. Cette équivalence devant être fixée par un arrêté interministériel. Cette disposition devait entrer en application le 1er janvier 1996, l'échéance en fut retardée au 1er janvier 1997 et au 1er juillet 1997. La détermination des équiva-

1. Civ. 1re, 28 sept. 2016, n° 15-18.269, NP ; – CONFIRMATION DE : Paris, 25 févr. 2015, RG n° 13/07430 – Civ. 1re, 19 juin 2013, n° 12-20.832, NP ; *JCP* 2013, Doctr. 1087, n° 14, obs. C. Jamin ; – CONFIRMATION DE : Versailles, 18 sept. 2014, RG n° 13/06016, *JCP* 2015, Doctr. 673, n° 16, obs. A. Bolze.
2. Civ. 1re, 17 févr. 2016, n° 14-26.342, n° 14-29.686, P I, n° 845 ; *JCP* 2016, Doctr. 670, note n° 19, obs. F. Gsell ; *D.* 2017. 74, obs. T. Wickers ; – DANS LE MÊME SENS : Civ. 1re, 15 nov. 2010, n° 09-66.319, P I, n° 230 : CASSATION PARTIELLE – Civ. 1re, 26 sept. 2019, n° 18-13.838, NP : REJET.
3. CAA Nancy, 4 déc. 2018, req. n° 17NC00883.
4. L. n° 71-1130, 31 déc. 1971, art. 54 à 66-5.
5. L. n° 71-1130, 31 déc. 1971, art. 66-1.
6. L. n° 71-1130, 31 déc. 1971, art. 54 1°.

lences s'avéra malaisée et le législateur dut intervenir pour changer les données de la question. Il l'a fait par la loi du 7 avril 1997[1]. L'essentiel de cette loi était de substituer aux diplômes une « compétence juridique appropriée » définie de la façon suivante : les personnes appartenant à une profession judiciaire ou juridique ou même parajuridique réglementée sont réputées *a priori* avoir la compétence nécessaire pour exercer le droit, soit à titre principal, soit à titre accessoire. Les autres ne pourront exercer le droit à titre accessoire seulement si leur profession est agréée par un arrêté ministériel après avis d'une commission *ad hoc*. Ce dispositif est entré en application une année après la promulgation de la loi, soit le 8 avril 1998.

Les personnes mentionnées par les articles 56, 57 et 58 sont réputées posséder cette compétence. Pour les personnes exerçant une activité professionnelle réglementée mentionnée à l'article 59, elle résulte des textes les régissant. Pour chacune des activités non réglementées visées à l'article 60, elle résulte de l'agrément donné pour la pratique du droit à titre accessoire de celle-ci.

631.23 **Deuxième condition : moralité**[2]. Il ne faut pas avoir été l'auteur de faits ayant donné lieu à condamnation pénale pour agissements contraires à l'honneur, à la probité ou aux bonnes mœurs, ou de faits de même nature ayant donné lieu à une sanction disciplinaire ou administrative de destitution, radiation, révocation, de retrait d'agrément ou d'autorisation. Au titre des conditions de moralité figure aussi celle ayant trait à l'absence de condamnation pour faillite personnelle ou autres sanctions en application du titre VI du code de commerce[3] et des dispositions de la loi du 31 décembre 1971[4].

En outre, une personne morale, dont l'un des dirigeants de droit ou de fait a fait l'objet d'une des sanctions précédemment mentionnées, peut être frappée de l'incapacité de consulter ou de rédiger des actes sous seing privé en matière juridique par décision du tribunal judiciaire du lieu de situation de son siège social. Le tribunal est saisi à la requête du ministère public[5].

631.24 **Troisième condition : assurance et garantie financière**[6]. Les personnes qui entrent dans le champ d'application de la loi doivent être couvertes par une assurance souscrite personnellement ou collectivement et garantissant les conséquences pécuniaires de la responsabilité civile professionnelle qu'elles peuvent encourir au titre de leurs activités[7]. Les personnes tenues à une obligation d'assurance doivent également justifier d'une garantie financière, qui ne peut résulter que d'un engagement de caution pris par une entreprise d'assurances régie par le code des assurances ou par un établissement de crédit habilité à cet effet, spécialement affectée au remboursement des fonds, effets ou valeurs reçus à l'occasion de la fourniture de prestations juridiques[8].

631.25 **Respect du secret professionnel**[9]. Le respect du secret professionnel s'impose à toute personne qui, même à titre habituel et gratuit, donne des consultations en matière juridique ou rédige des actes sous seing privé. Le champ d'application de cette disposition est donc plus large dès lors qu'elle ne s'impose pas uniquement aux personnes qui exercent ces activités à titre habituel et rémunéré. Les consultations adressées par un avocat à son client et les correspondances échangées entre le client et son avocat (à l'exception de celles portant la mention « officielle »), qu'il s'agisse de la lettre elle-même ou des pièces qui y sont jointes, sont couvertes par le secret professionnel[10]. Il en est de même en ce qui concerne l'interdiction d'intervenir en qualité de consultant ou de rédacteur d'actes à toutes personnes qui ont un intérêt direct ou indirect à l'objet de la prestation fournie[11].

631.26 **Cas spécifique de la commande publique.** L'attribution des marchés de prestations de services juridiques est soumise aux règles de la commande publique[12], sous réserve des dispositions du décret du 30 mars 2021[13], pris en application de l'article 140 de la loi du 7 décembre 2020 d'accélération et de simplification de l'action publique[14], dite loi ASAP, autorisant la passation de certains marchés de prestations juridiques sans publicité ni mise en concurrence préalables, en particulier la conclusion de contrats publics de services juridiques ayant pour objet la représentation légale d'un client par un

1. L. n° 97-308, 7 avr. 1997 modifiant les articles 54, 62, 63 et 66-5 de la loi n° 71-1130 du 31 décembre 1971 portant réforme de certaines professions judiciaires et juridiques, *JO* 8 avr., p. 5323 ; – SUR LAQUELLE : R. Martin, « Aperçu rapide sur la loi du 7 avril 1997 », *JCP* 1997, act. n° 18.
2. L. n° 71-1130, 31 déc. 1971, art. 54 2°, 3° et 4°.
3. C. com., art. L. 653-1 s.
4. L. n° 71-1130, 31 déc. 1971, art. 11 et 54, 4°.
5. L. n° 71-1130, 31 déc. 1971, art. 54.
6. L. n° 71-1130, 31 déc. 1971, art. 55.
7. L. n° 71-1130, 31 déc. 1971, art. 55.
8. L. n° 71-1130, 31 déc. 1971, art. 55.
9. L. n° 71-1130, 31 déc. 1971, art. 55, al. 3, préc.
10. L. n° 71-1130, 31 déc. 1971, art. 66-5 – V. s[s] n°s 422.00 s.
11. L. n° 71-1130, 31 déc. 1971, art. 55.
12. Décr. n° 2006-975, 1er août 2006 portant code des marchés publics, *JO* 4 août, p. 11627 – Ord. n° 2005-649, 6 juin 2005 relative aux marchés passés par certaines personnes publiques ou privées non soumises au code des marchés publics, *JO* 7 juin, p. 10014.
13. Décr. n° 2021-357, 30 mars 2021 portant diverses dispositions en matière de commande publique, *JO* 1er avr., n° 17.
14. L. n° 2020-1525, 7 déc. 2020 d'accélération et de simplification de l'action publique, *JO* 8 déc., n° 1. SUR LAQUELLE : P. Lingibé, *Gaz. Pal.* 23 févr. 2021, n° 397, p. 14.

avocat et les prestations de conseil juridique s'y attachant[1]. L'acheteur public doit vérifier que les candidats justifient d'une compétence appropriée pour donner des consultations juridiques dans le domaine du droit en cause, objet du marché. En effet, l'attribution d'un marché de services juridiques en méconnaissance de la loi du 31 décembre 1971 constitue un manquement aux obligations de mise en concurrence prescrites par le code de la commande publique[2].

A ainsi été jugée irrégulière l'attribution d'un marché de conseil juridique pour des questions liées à la réglementation spécifique aux travaux publics, à un cabinet exerçant des activités de programmation et d'assistance à maîtrise d'ouvrage, disposant, en tant que membre d'un syndicat de programmistes en architecture et en aménagement (Sypaa), d'un agrément à la pratique du droit dans le domaine du marché, mais dont les deux employés affectés à l'exécution de la prestation ne figuraient pas, à titre personnel, dans le répertoire des adhérents à ce syndicat[3]. Il en est de même de l'attribution d'un marché de consultations juridiques généralistes et de permanences à une association[4] ; d'un marché de conseil juridique instantané par téléphone dans tous les domaines juridiques à une société exerçant une activité professionnelle non réglementée[5] ; d'un marché de conseil et d'assistance juridique multi domaines au profit d'un office public HLM[6] ; d'un marché de services juridiques dans tous les domaines juridiques, dont notamment le droit public général et le droit des collectivités locales, à la société SVP qui disposait d'une qualification OPQCM sans rapport avec l'objet du marché[7] ; d'un marché conclu entre une commune et une société de conseil ayant pour objet l'assistance à maîtrise d'ouvrage en vue de la réalisation d'une zone d'aménagement concerté (Zac)[8] ; d'un marché public de services attribué par une chambre d'agriculture à une société de conseils pour une prestation d'étude juridique dans le cadre coopératif de la gestion de l'eau agricole[9] ; d'un marché d'assistance à maîtrise d'ouvrage pour la collecte de déchets ménagers attribué à une société de conseil en gestion dont les prestations juridiques étaient déconnectées de son activité principale et ne pouvaient être regardées comme l'accessoire nécessaire à celle-ci[10].

Le Conseil d'État reconnaît par ailleurs que la mission consistant à assister et conseiller une personne publique afin de lui permettre de passer des marchés publics d'assurance, et notamment de sélectionner les candidats dans le respect des dispositions du code des marchés publics [abrogé et remplacé par le code de la commande publique], n'est pas une mission d'intermédiation d'assurance, et peut donc être confiée à un avocat[11]. Dès lors, la société qui avait signé le marché en qualité d'auditeur et de consultant en assurance, et non d'intermédiaire en assurance, devait pour exercer une activité de conseil juridique pour la procédure de passation des marchés publics être autorisée à donner des consultations juridiques dans le cadre des articles 54 et 60 de la loi du 31 décembre 1971. À défaut de pouvoir en justifier, le marché litigieux est annulé, sans qu'y fasse obstacle la circonstance qu'il ait été entièrement exécuté[12]. Le juge administratif procède ainsi à un contrôle rigoureux du respect des dispositions du titre II de la loi du 31 décembre 1971 et veille à ce que les marchés publics de prestations de services juridiques soient attribués aux seuls professionnels auxquels la loi reconnaît le droit d'exercer cette activité à titre habituel et rémunéré.

SECTION 3
PROFESSIONS AUTORISÉES

631.31 **Professions autorisées à donner des consultations juridiques ou rédiger des actes sous seing privé.** Le principe posé par la loi est que la consultation ainsi que la rédaction d'actes sont réservées à titre principal aux professions juridiques réglementées ou à des professionnels du droit compétents[13]. À titre habituel et rémunéré sont ainsi autorisés à exercer ces activités juridiques :

– Les membres des professions juridiques et judiciaires[14] : avocat, avocat aux Conseils, huissier de justice [futur commissaire de justice], notaire, com-

1. CCP, art. L. 2512-5, 8° et R. 2123-8.
2. CE 13 nov. 2002, *Mans (C^ne)*, req. n° 245354, *Lebon T ; AJDA* 2003. 32, note J.-D. Dreyfus ; *RDI* 2003. 79, obs. J.-D. Dreyfus – CE, ass., 9 avr. 1999, req. n° 196177, *Lebon ; AJDA* 1999. 834 ; *AJDA* 1999. 776, Chron. P. Fombeur et M. Guyomar ; *D.* 1999. 399, note P. Terneyre ; *RFDA* 1999. 951, concl. H. Savoie ; *RTD com.* 1999. 664, obs. G. Orsoni.
3. TA Paris, ord., 27 juill. 2007, *Palmier c/Rayssac*, n° 710469 ; *JCP* 2007. I. 206, n° 18, obs. S. Bortoluzzi.
4. TA Cergy-Pontoise, 3 févr. 2011, *S. Gachi (M^e) c/Villeneuve la Garenne (C^ne)*, n° 11003.
5. CAA Nancy, 23 mars 2009, n° 08NC00594, NP.
6. TA Montpellier, 6 févr. 2009, *OPHLM de l'Aude*, n° 0602020.
7. TA Besançon, 28 févr. 2008, *SVP (S^té)*, n° 0600368 ; *JCP* 2008. I. 140, n° 18, obs. D. Lévy.
8. TA Rennes, 15 juin 2017, n°s 1600383 et 1600450.
9. TA Nîmes, 13 mai 2019, n° 1901392.
10. CAA Bordeaux, 9 juill. 2020, req. n° 18BX003424, NP.
11. CE 10 févr. 2014, *Cabinet Henri Abecassis*, req. n° 367262 ; *Lebon T ; AJDA* 2014. 381 ; *JCP* 2014, act. 281, obs. L. Erstein.
12. CE 14 déc. 2016, req. n°s 396620, 396627 ; – CONFIRMANT : CAA Nantes, 1er déc. 2015, n°s 13NT3375, 13NT3406.
13. A. Bénabent, « La réglementation de l'exercice du droit », *JCP* 1991. I. 3490, n°s 21 et 22 – B. Cerveau, « La prestation de conseil juridique effectuée par l'assureur de protection juridique », *Gaz. Pal.* 11 août 1994. 25.
14. L. n° 71-1130, 31 déc. 1971, art. 56.

missaire-priseur judiciaire [futur commissaire de justice], administrateur judiciaire et mandataire-liquidateur. En revanche, la société Class-Action.fr, société commerciale distincte des membres qui l'animent, ne figure pas au rang des personnes morales autorisées à donner des consultations juridiques[1].

– Les professions réglementées autres que juridiques et judiciaires[2] : il s'agit principalement des experts-comptables, agents immobiliers, administrateurs de biens, syndics de copropriété, architectes, organismes bancaires, assureurs, centres et associations de gestion agréés, dès lors que leur réglementation professionnelle les y autorise et dans la mesure où ces activités, pour les consultations, relèvent de leur activité principale et pour la rédaction des actes constituent l'accessoire direct de la prestation fournie. Cette autorisation d'exercer le droit à titre accessoire bénéficie au seul professionnel exerçant ladite activité réglementée dans le respect des conditions de son statut, et non à d'éventuels préposés ou consultants recrutés à cette fin. La fourniture, par un courtier en assurance, à titre habituel et rémunéré, d'avis personnalisés sur les offres transactionnelles des assureurs, constitue un exercice illégal de la consultation juridique, dès lors que ces prestations ne participent ni du suivi de l'exécution d'un contrat d'assurance souscrit par son intermédiaire, ni de travaux préparatoires à la conclusion d'un nouveau contrat[3]. A également été jugé illicite le contrat de mission rémunérée donné à une société de courtage d'assurances, d'assister la victime d'un accident de la circulation au cours de la procédure d'offre obligatoire mise en œuvre, en application de l'article L. 211-9 du code des assurances, par l'assureur du responsable de l'accident[4]. Pour la Cour de cassation, la limitation à la liberté d'entreprendre, qui résulte du monopole des professionnels du droit dans le cadre de la phase non contentieuse d'une procédure d'offre obligatoire d'indemnisation à la suite d'un accident de la circulation, est justifiée par la nécessité d'assurer le respect des droits de la défense, garantis par l'article 16 de la Constitution, et n'est manifestement pas disproportionnée au regard de l'objectif poursuivi[5]. Cette exigence d'une qualification professionnelle spécifique ne porte, en outre, en elle-même, aucune atteinte au droit d'obtenir un emploi.

– Les personnes exerçant une activité professionnelle non réglementée pour laquelle elles justifient d'une qualification reconnue par l'État ou attestée par un organisme public ou professionnel agréé, à condition que ces consultations relèvent directement de leur activité principale ou que la rédaction d'actes constitue l'accessoire nécessaire de cette activité[6].

– Les juristes d'entreprise[7] : les consultations ou les actes sous seing privé rédigés par les juristes doivent être réalisés dans le cadre de leurs fonctions, au profit exclusif de l'entreprise qui les emploie et relevant de l'activité de ladite entreprise ; ils ne peuvent consulter ou rédiger en matière juridique qu'en exécution de leur contrat de travail, et non pas en vertu de mandats consentis par leurs clients[8].

– Les syndicats et associations professionnels[9], à condition que leurs prestations portent sur des questions directement liées à leur objet et au profit des personnes dont la défense est visée par leurs statuts sur des questions se rapportant directement à leur objet[10]. L'offre de services personnalisés d'aide et d'assistance juridique en droit social proposée par une association depuis son site internet à tous les salariés victimes d'une mesure de licenciement, contrevient ainsi aux dispositions de l'article 66-4 de la loi du 31 décembre 1971 et constitue un acte de démarchage prohibé[11]. Les conventions proposées aux usagers par cette association s'analysent en des conventions d'intermédiation et de courtage illicites en raison de leur objet.

– Les organismes constitués entre ou par des organisations professionnelles ou interprofessionnelles (fédération ou confédération de sociétés coopératives) à condition que ces prestations portent sur des questions relevant directement de l'activité professionnelle considérée[12].

631.32 Professionnels qualifiés au sein de l'Union européenne – Accès partiel à la profession. Doivent être ajoutés à la liste des professionnels

1. TGI Lille, ord. réf., 14 juin 2005, NP.
2. L. n° 71-1130, 31 déc. 1971, art. 59.
3. Civ. 1re, 9 déc. 2015, n° 14-24.268, P I, n° 569 ; *JCP* 2016, Doctr. 670, note 19, obs. F. Gsell ; *D.* 2015. 2570 ; *D.* 2016. 1161, obs. M. Bacache, D. Noguéro, L. Grynbaum et P. Pierre.
4. Civ. 1re, 25 janv. 2017, n° 15-26.353, P I ; *D.* 2017. 297 ; *D. avocats* 2017. 156, obs. A. Audran-Ly.
5. Civ. 1re, 25 sept. 2019, n° 19-13.413, P I ; QPC – NON-LIEU À RENVOI au Conseil constitutionnel ; *JCP* 2019, Doctr. 1238, n° 18, obs. F. G'Sell.
6. L. n° 71-1130, 31 déc. 1971, art. 60 : not. les activités d'ingénierie, cabinets d'audit et d'optimisation fiscale ou sociale, cabinets de consulting, management, gestion de patrimoine.
7. L. n° 71-1130, 31 déc. 1971, art. 58.
8. Crim. 8 juin 1995, n° 94-84.386, P n° 211 ; *D.* 1995. 225.
9. L. n° 71-1130, 31 déc. 1971, art. 64.
10. Arr. 9 déc. 2003 conférant l'agrément prévu par l'article 54 de la loi n° 71-1130 du 31 décembre 1971 portant réforme de certaines professions judiciaires et juridiques, *JO* 1er janv. 2004, p. 57, NOR : JUSC0320716A : syndicat professionnel « AGRI conseil ».
11. TGI Aix-en-Provence, ord. réf., 19 avr. 2016, RG n° 16/00349.
12. L. n° 71-1130, 31 déc. 1971, art. 65.

formés en France les ressortissants des États membres de l'Union européenne ayant acquis leur qualification dans un autre État membre habilité, dans le cadre d'un « accès partiel » à la profession, à exercer des activités de consultation juridique ou de rédaction d'actes sous seing privé sur le territoire national. Ils exercent ces activités sous le titre professionnel d'origine utilisé dans la ou les langues de cet État et ne relèvent pas de la réglementation de la profession d'avocat. Introduites en droit français par l'ordonnance du 22 décembre 2016 [1] portant transposition de l'article 4 septies de la directive 2005/36 [2], telle que modifiée par la directive 2013/55 [3], les dispositions du titre V de la loi du 31 décembre 1971 intitulé « *Dispositions relatives à l'accès partiel à la profession d'avocat en France* » [4] et du décret du 20 septembre 2017 [5] posent les conditions de cet accès partiel et les conditions d'exercice de cette activité [6].

La réglementation de la consultation juridique et de la rédaction d'actes sous seing privé leur est applicable dans les mêmes conditions que celle du titre II de la loi du 31 décembre 1971, à l'exception de la limitation dans la décision du garde des Sceaux, ministre de la Justice, qui accorde l'accès partiel du champ des activités professionnelles ouvertes au demandeur. Les obligations en matière d'assurance, de garantie financière et de respect du secret professionnel sont également identiques [7].

631.33 Consultation juridique donnée par un expert-comptable. Les experts-comptables sont autorisés par l'ordonnance du 19 septembre 1945 [8], et notamment son article 22, alinéa 7, dans sa rédaction antérieure à la loi du 6 août 2015 pour la croissance, l'activité et l'égalité des chances économiques [9], à donner des consultations, effectuer toutes études et tous travaux d'ordre statistique, économique, administratif, juridique ou fiscal sans pouvoir en faire l'objet principal de leur activité et seulement s'il s'agit d'entreprises dans lesquelles ils assurent des missions d'ordre comptable, de caractère permanent ou habituel ou dans la mesure où lesdites consultations, études, travaux ou avis sont directement liés aux travaux comptables dont ils sont chargés. Selon la loi du 31 décembre 1971, ils ne peuvent donner des consultations juridiques (en particulier en droit fiscal, en droit comptable) qu'à titre accessoire.

Le domaine d'intervention des experts-comptables en matière de consultation a été défini et il a été rappelé que la consultation juridique ne peut être l'activité principale de l'expert-comptable, qui est avant tout la tenue des comptes, par une ordonnance de référé du président du tribunal de grande instance [devenu tribunal judiciaire] de Niort [10]. La consultation en matière de droit, y compris en droit fiscal et en droit social, ne peut être qu'accessoire et ne peut s'adresser qu'aux clients de l'expert-comptable dans son activité principale. Ainsi, en organisant des consultations dont la première était gratuite, ouverte à tous, concernant les domaines comptable, social, fiscal et juridique, l'Ordre régional des experts-comptables de Poitou-Charentes-Vendée, qui le premier avait organisé cette consultation, avait excédé sa mission.

631.34 Recul de la règle de l'accessoire pour les interventions des experts-comptables en matière juridique. Le dispositif résultant de l'application combinée des articles 59 de la loi du 31 décembre 1971 et 22 de l'ordonnance du 19 février 1945 a néanmoins été fragilisé par les réformes législatives successives qui ont conduit à une extension du périmètre d'intervention des experts-comptables en matière juridique.

Leurs prérogatives ont ainsi été étendues à l'accompagnement à la « création d'entreprise sous tous ses aspects comptables ou à finalité économique et financière » [11], puis à l'assistance dans les démarches déclaratives à finalité fiscale, sociale et administrative des personnes physiques qui leur ont confié les éléments justificatifs et comptables nécessaires auxdites démarches [12]. En matière sociale, la loi du 14 juin

1. Ord. n° 2016-1809, 22 déc. 2016 relative à la reconnaissance des qualifications professionnelles de professions réglementées, *JO* 23 déc., n° 19, art. 25 ; – SUR LEQUEL : *JCP* 2017, Doctr. 660, n° 2, obs. S. Bortoluzzi.
2. Dir. 2005/36, Parlement et Conseil, 7 sept. 2005 relative à la reconnaissance des qualifications professionnelles, *JOCE L* 255, 30 sept., p. 22.
3. Dir. 2013/55, Parlement et Conseil, 20 nov. 2013 modifiant la directive 2005/36/CE relative à la reconnaissance des qualifications professionnelles, *JOCE L* 354, 28 déc., p. 132.
4. L. n° 71-1130, 31 déc. 1971, art. 93 s.
5. Décr. n° 2017-1370, 20 sept. 2017 portant sur l'accès partiel à la profession d'avocat en France par les ressortissants des États membres de l'Union européenne ayant acquis leur qualification dans un autre État membre, *JO* 22 sept., n° 10 ; – SUR LEQUEL : *JCP* 2017, Doctr. 1104, n° 3, obs. L. Jariel.
6. V. s[s] n°s 613.00 s.
7. L. n° 71-1130, 31 déc. 1971, art. 96 et 97.
8. Ord. n° 45-2138, 19 sept. 1945 portant institution de l'ordre des experts-comptables et des comptables agréés et réglementant les titres et professions d'expert-comptable et comptable agréé, *JO* 21 sept., p. 5938.
9. L. n° 2015-990, 6 août 2015 pour la croissance, l'activité et l'égalité des chances économiques, *JO* 7 août, p. 13537.
10. TGI Niort, ord. réf., 3 févr. 1993, *JCP* 1993. II. 22021, note R. Martin – Poitiers, 16 mars 1994, *Gaz. Pal.* 16 avr. 1994, p. 72 – Crim. 13 déc. 1995, n° 95-80.286, NP ; *JCP* 1996. II. 22680, note R. Martin ; – AUSSI : T. com. Lyon, 19 avr. 2004, *Gaz. Pal.* 10-13 nov. 2004, 35, obs. R. Meziani et S. Lataste.
11. Ord. n° 2004-279, 25 mars 2004 portant simplification et adaptation des conditions d'exercice de certaines activités professionnelles, *JO* 27 mars, p. 5888, art. 5, 1.
12. Ord. n° 45-2138, 19 oct. 1945, art. 2.

2013 relative à la sécurisation de l'emploi autorise l'expert-comptable mandaté par un comité d'entreprise [devenu comité social et économique] à accompagner les organisations syndicales dans l'analyse du diagnostic et dans la négociation des nouveaux accords de maintien de l'emploi[1], ce qui leur ouvre la possibilité d'effectuer, au titre de leur mission principale, des prestations juridiques, notamment dans le cadre des missions rémunérées par l'employeur.

La loi du 6 août 2015[2], après un parcours législatif mouvementé, a modifié la rédaction de l'alinéa 7 de l'article 22 de l'ordonnance du 19 février 1945 relatif aux activités accessoires des experts-comptables leur permettant d'élargir un peu plus leur champ d'intervention dans le domaine social et fiscal[3]. Sans pouvoir en faire l'objet principal de leur activité, les experts-comptables peuvent désormais effectuer toutes études ou tous travaux d'ordre statistique, économique, administratif, ainsi que tous travaux et études à caractère administratif ou technique, dans le domaine social et fiscal, et apporter, dans ces matières, leur avis devant toute autorité ou organisme public ou privé qui les y autorise. Sous cette même limite, ils peuvent donner des consultations, effectuer toutes études ou tous travaux d'ordre juridique, fiscal ou social et apporter, dans ces matières, leur avis devant toute autorité ou organisme public ou privé qui les y autorise, mais seulement s'il s'agit d'entreprises dans lesquelles ils assurent des missions d'ordre comptable ou d'accompagnement déclaratif et administratif de caractère permanent ou habituel ou dans la mesure où lesdites consultations, études, travaux ou avis sont directement liés aux travaux comptables dont ils sont chargés. La prestation juridique réalisée par l'expert-comptable n'est donc plus nécessairement l'accessoire direct d'une prestation comptable...

Enfin, la loi du 8 août 2016[4], a modifié l'article L. 2254-2 du code du travail en confiant de nouvelles missions d'assistance au profit des seuls experts-comptables dans les accords d'entreprise. Un expert-comptable peut être mandaté pour assister les délégués syndicaux ou, à défaut, les élus ou les salariés mandatés, dans le cadre des négociations de l'accord d'entreprise devant être conclu en vue de la préservation ou du développement de l'emploi. Le coût de l'expertise est alors pris en charge par l'employeur. Rien ne justifie cette mission supplémentaire qui prive les organisations syndicales et les élus ou salariés mandatés du libre choix de l'expert dont ils souhaitent l'assistance dans cette négociation.

631.35 Vers une nouvelle ouverture du périmètre du droit aux commissaires aux comptes (loi du 22 mai 2019, dite loi Pacte) ? Les possibilités pour les commissaires aux comptes de fournir des prestations de services, y compris en dehors de toute mission de certification des comptes, ont été élargies par deux dispositions de la loi du 22 mai 2019[5] relative à la croissance et la transformation des entreprises, dite loi Pacte. Est ainsi supprimé à l'article L. 822-111, II, du code de commerce le morceau de phrase interdisant aux auditeurs et à leur réseau, lorsqu'ils contrôlent les comptes d'une société, de proposer à celle-ci des « services portant atteinte à l'indépendance du commissaire aux comptes qui sont définis par le code de déontologie ». Mais surtout l'article L. 820-1-1, modifié, du code de commerce énonce qu'un commissaire aux comptes « peut, en dehors ou dans le cadre d'une mission légale, fournir des services et des attestations, dans le respect des dispositions du présent code, de la réglementation européenne et des principes définis par le code de déontologie de la profession ». Ces textes suppriment ainsi la séparation stricte entre les activités d'audit et de conseil et autoriseraient, à première lecture, les commissaires aux comptes à faire du droit à titre principal en contradiction avec l'article 59 de la loi du 31 décembre 1971.

Le Conseil constitutionnel[6] a validé la loi Pacte sans émettre de réserve sur ce point.

Le décret du 21 mars 2020[7] relatif aux commissaires aux comptes, pris en application des dispositions de la loi du 22 mai 2019, a cependant clarifié l'articulation des textes par une modification du code de déontologie des commissaires aux comptes. L'article 17 de ce code prévoit expressément que le commissaire aux comptes doit respecter le monopole des autres professions. Il ne peut notamment donner de consultations juridiques et rédiger des actes sous seing privé que dans les conditions prévues par l'article 59 de la loi du 31 décembre 1971[8].

Il faut ainsi en déduire que les commissaires aux comptes ne pourront effectuer des consultations

1. C. trav., art. L. 5125-1.
2. L. n° 2015-990, 6 août 2015 pour la croissance, l'activité et l'égalité des chances économiques, *JO* 7 août, p. 13537.
3. L. n° 2015-990, 6 août 2015, art. 62 ; – SUR LAQUELLE : *JCP* 2015, Doctr. 1078, n° 13, obs. F. G'sell.
4. L. n° 2016-1088, 8 août 2016 relative au travail, à la modernisation du dialogue social et à la sécurisation des parcours professionnels, *JO* 9 août, n° 3, art. 22.
5. L. n° 2019-486, 22 mai 2019 relative à la croissance et la transformation des entreprises, *JO* 23 mai, n° 2, art. 21 et 23.
6. Cons. const. 16 mai 2019, n° 2019-781 *DC, Loi relative à la croissance et la transformation des entreprises,* NON-CONFORMITÉ PARTIELLE, *JO* 23 mai, n° 4.
7. Décr. n° 2020-292, 21 mars 2020, relatif aux commissaires aux comptes, *JO* 24 mars, n° 4, art. 66.
8. Code de déontologie des commissaires aux comptes, art. 17 I et II, ann. 8-1 du livre VIII du code de commerce.

juridiques que si celles-ci relèvent de leur activité principale et ne pourront rédiger des actes sous seing privé que si ceux-ci constituent l'accessoire direct de la prestation fournie.

631.36 Centre ou association de gestion agréé. L'imagination des intermédiaires en « conseils juridiques et autres » est plus féconde que celle du législateur. C'est ainsi qu'un centre de gestion agréé et habilité à présenter les documents comptables de ses adhérents, dans les conditions définies par l'article 1649 *quater* et II du code général des impôts, a invoqué les dispositions de la loi du 7 avril 1997[1] pour demander à avoir le droit de consulter en matière juridique. Cette loi a supprimé, dans l'article 63 de la loi du 31 décembre 1971, la mention des centres et associations de gestion agréés qui figurait dans la rédaction précédente.

Une association agréée dont le siège est à Tours a déduit de ces modifications législatives qu'elle pouvait désormais procéder à des rédactions d'actes ; le tribunal de Tours le lui a interdit, ainsi que de donner à titre habituel et rémunéré des consultations juridiques à des non adhérents ou de donner à ses adhérents à titre habituel et rémunéré des consultations ne se rapportant pas directement à des prestations comptables. La cour d'Orléans, par un arrêt du 26 février 1998[2], a infirmé partiellement la décision des premiers juges ; il est en effet évident que le législateur de 1997 a réparé les nombreuses erreurs commises par celui de 1990, en supprimant dans l'article 63 les mots « centres et associations de gestion agréés » qui relevaient à l'évidence, et dès l'origine, des dispositions de l'article 59 de la loi du 31 décembre 1971, dans sa rédaction issue de la loi du 31 décembre 1990[3].

L'article 63 qui les visait ne les excluait pas pour autant du bénéfice des dispositions de l'article 59, il les mentionnait simplement dans ce long inventaire auquel il procédait ; mais dès lors que ces associations relèvent de l'article 59, le centre de gestion agréé en cause ne pouvait se prévaloir des dispenses de la loi que pour exercer son activité juridique dans les termes de cet article : cette activité nécessairement limitée dans l'accessoire direct de la prestation fournie, qu'il s'agisse de la consultation ou de la rédaction d'actes, doit donc être directement liée aux travaux comptables ou de gestion dont le centre agréé est chargé et cette activité ne peut être que l'accessoire du principal, soit qu'elle le complète, soit qu'elle n'existe que par lui.

1. L. n° 97-308, 7 avr. 1 997 modifiant les articles 54, 62, 63 et 66-5 de la loi n° 71-1130 du 31 décembre 1971 portant réforme de certaines professions judiciaires et juridiques, *JO* 8 avr., p. 5323.
2. Orléans, 26 févr. 1998, *Gaz. Pal.* 11 juill. 1998, note A. Damien ; *JCP* 1999. I. 126, n° 1, obs. R. Martin.
3. L. n° 71-1130, 31 déc. 1971, art. 59.

631.37 Agrément des personnes exerçant une activité professionnelle non réglementée. La compétence juridique appropriée exigée, dans le cadre de l'article 60 de la loi du 31 décembre 1971, pour donner des consultations juridiques ou rédiger des actes sous seing privé résulte de l'agrément donné pour la pratique du droit à titre accessoire par un arrêté qui fixe, le cas échéant, les conditions de qualification ou d'expérience juridique exigées des personnes pratiquant le droit sous l'autorité de ces organismes. Cet agrément ne peut être utilisé à des fins publicitaires ou de présentation de l'activité concernée.

Certaines professions non réglementées se sont vues conférer un agrément pour consulter ou rédiger des actes juridiques sous les conditions précitées (par ex. les arrêtés du 24 juin 1999[4]), sans pour autant qu'il n'existe une liste des professionnels non réglementés. Des arrêtés ministériels ont conféré cet agrément aux experts immobiliers, ingénieurs en systèmes informatiques, logiciels, études de marché et sondages, aux généalogistes, aux ingénieurs-conseils en ingénierie, aux ingénieurs-conseils pour la gestion et la sélection du personnel, aux experts en assurance, aux conseils en gestion du patrimoine[5] (aussi : Fédération France nature environnement[6] consultants ou ingénieurs relevant de l'Union nationale des économistes de la construction et des coordonnateurs qui exercent leur activité dans les secteurs « Métreurs-géomètres »[7])... La liste est loin d'être exhaustive. En effet, selon le recensement du CNB réalisé en 2017, quarante-deux arrêtés auraient été pris sur ce fondement dans des domaines variés[8]. Or, c'est dans ce domaine que les abus sont les plus fréquents. Il convient tout d'abord de rappeler que l'agrément n'a pas pour effet de per-

4. Arr. 24 juin 1999 conférant l'agrément prévu par l'article 54-I de la loi n° 71-1130 du 31 décembre 1971 portant réforme de certaines professions judiciaires et juridiques, *JO* 30 juin, p. 9587, NOR : JUSC9920410A.
5. SUR LA LÉGALITÉ de l'arrêté du 19 déc. 2000 relatif aux conseils en gestion de patrimoine, avant sa modification par l'arrêté du 1er déc. 2003 : CE 8 mars 2002, *Ordre des avocats à la Cour de Paris,* req. nos 230829, 230833, *Lebon* ; *D.* 2002. 1321 ; *LPA* 13 sept. 2002, p. 11, concl. F. Lamy – CE 3 juin 2002, req. n° 230817, *D.* 2002. 2169 ; *LPA* 28 août 2003, p. 7 ; *JCP* 2003. I. 140, n° 4, obs. A. Martin – J.-P. Ribeyre, « Le Conseil d'État délimite à son tour le périmètre du droit », *Gaz. Pal.* 14-15 mars 2003, Doctr. 3.
6. Arr. 6 févr. 2001 conférant l'agrément prévu par l'article 54-I de la loi n° 71-1130 du 31 décembre 1971 portant réforme de certaines professions judiciaires et juridiques, *JO* 15 févr. 2001, p. 2527, NOR : JUSC0120087A.
7. Arr. 1er déc. 2003.
8. Les cahiers CNB, *Vade-mecum de l'exercice du droit*, CNB, 2e éd., oct. 2017.

mettre à son bénéficiaire d'exercer une activité juridique à titre principal, mais seulement de fournir des prestations de consultation juridique ou de rédaction d'actes sous seing privé se rattachant par un lien suffisant à une activité principale par nature non juridique.

Ainsi, par un jugement en date du 14 mai 2013, le tribunal de grande instance [devenu tribunal judiciaire] de Créteil condamne « l'activité d'assistance et de conseil aux comités d'entreprise exercée par la société La Clé », dont il est relevé qu'elle représente près de 70 % de son chiffre d'affaires, et dont « les prestations non juridiques apparaissent comme l'accessoire d'une activité principale juridique » et non l'inverse[1]. Le tribunal fonde son analyse sur le fait que la majorité des salariés de cette société possédait une compétence juridique en droit social, et surtout que les études ou expertises réalisées pour le compte de comités d'entreprises, ainsi que les réponses apportées aux questions des représentants du personnel ne relèvent pas de l'information à caractère documentaire, mais recouvrent une véritable activité de consultation juridique. Par huit arrêts rendus le 28 novembre 2017[2], la cour administrative d'appel de Paris a également annulé plusieurs arrêtés pris sur le fondement de l'article 54-1 de la loi du 31 décembre 1971 conférant aux membres du service de conseil juridique de divers organismes, l'agrément pour la pratique du droit à titre accessoire. Dans la rédaction des arrêtés, le garde des Sceaux ne pouvait viser les membres d'un « service de conseil juridique » sans induire en erreur le public sur l'existence d'une compétence juridique générale des organismes bénéficiaires. Ces derniers ne disposant que d'une compétence accessoire limitée en vertu des articles 60, 61, 63, 64 de loi précitée. Les juges administratifs d'appel réservent aussi la possibilité d'un retrait de l'agrément si son bénéficiaire ne devait pas respecter les conditions auxquelles est subordonnée la pratique du droit à titre accessoire.

Concernant une société de conseil en management d'entreprises, chargée de vérifier, au regard de la réglementation en vigueur, le bien-fondé des cotisations réclamées par les organismes sociaux au titre des accidents du travail, la Cour de cassation[3] considère dans la célèbre affaire *Alma* qu'une telle prestation constitue une prestation à caractère juridique réservée aux professionnels du droit, « peu important le niveau de complexité des problèmes posés »[4]. Cette position est favorable à la profession d'avocat et a le mérite de définir précisément la notion de consultation juridique en retenant que l'appréciation du caractère juridique d'une prestation ne dépend en aucune façon du niveau de complexité des problèmes posés.

Par ailleurs, la Cour de cassation précise que l'activité principale d'une société d'audit qui a pour objet la délivrance de prestations à caractère juridique, en l'occurrence un audit de taxe professionnelle pour l'obtention de dégrèvements, ne peut isolément être considérée au travers du contrat d'audit conclu avec le client comme formant l'accessoire de l'activité principale du consultant, qui elle-même contrevient au périmètre du droit[5].

631.38 Suppression de la commission consultative de l'article 54. Les arrêtés portant agrément des personnes exerçant une activité professionnelle non réglementée étaient pris après avis de la commission prévue à l'article 54[6], alinéa 5, de la loi du 31 décembre 1971, dont un décret du 24 septembre 1997[7] en fixait la composition, les modalités de saisine et les règles de fonctionnement. La commission consultative de l'article 54 a été supprimée par la loi du 16 février 2015[8].

Cette suppression, qui répond selon l'étude d'impact de la loi à un objectif de simplification administrative, n'est pas anodine dans la mesure où cette commission contribuait, par ses avis, à la définition du périmètre de l'exercice du droit et qu'elle pouvait en outre émettre des recommandations sur la formation initiale et continue des catégories de professionnels concernées.

631.39 Professions uniquement autorisées à donner des consultations juridiques. Certaines personnes physiques sont autorisées, compte tenu des garanties de compétence qu'elles offrent, à donner des consultations en matière juridique.

Il s'agit :

– des enseignants des disciplines juridiques des établissements privés d'enseignement supérieur recon-

1. TGI Créteil, 14 mai 2013, n° 09/1203 ; – CONFIRMATION DE : Paris, 24 nov. 2015, n° 13/13362.
2. CAA Paris, 28 nov. 2017, req. n°s 1700104 à 170011.
3. Civ. 1re, 15 nov. 2010, n° 09-66.319, P I, n° 230 ; *JCP* 2011, note 46, obs. C. Jamin ; *JCP* 2010, act. 1193, obs. S. Bortoluzzi ; *D.* 2010. 2780.
4. V. s^s^ n° 631.15.
5. Civ. 1re, 19 juin 2013, n° 12-20.832, NP ; *JCP* 2013. 1087, note 14, obs. C. Jamin ; *JCP E* 2013. 1528, note 21, obs. H. Ouaissi.
6. L. n° 71-1130, 31 déc. 1971, art. 54, al. 5 ; al. abrogé, initialement ajouté par L. n° 97-308, 7 avr. 1997, art. 1er.
7. Décr. n° 97-875, 24 sept. 1997 fixant la composition, les modalités de saisine et les règles de fonctionnement de la commission prévue par l'article 54 de la loi n° 71-1130 du 31 décembre 1971, *JO* 26 sept., p. 13958.
8. L. n° 2015-177, 16 févr. 2015 relative à la modernisation et à la simplification du droit et des procédures dans les domaines de la justice et des affaires intérieures, *JO* 17 févr., p 2961, art. 19.

nus par l'État délivrant des diplômes visés par le ministre chargé de l'Enseignement supérieur[1] ;

– des organismes chargés d'une mission de service public[2]. La loi ne leur reconnaît pas la faculté de rédiger des actes sous seing privé sauf si ces prestations sont fournies à titre gratuit ;

– des associations ou fondations reconnues d'utilité publique et des groupements mutualistes[3] : la loi vise diverses catégories d'associations reconnues d'utilité publique ou dont la mission est reconnue d'utilité publique conformément au code civil local d'Alsace-Moselle, les associations agréées de consommateurs, les associations agréées exerçant leur activité dans les domaines de la protection de la nature et de l'environnement et de l'amélioration du cadre de vie et du logement, les associations habilitées par la loi à exercer les droits de la partie civile devant les juridictions pénales, les associations familiales régies par le code de l'action sociale et des familles. Ces organismes sont autorisés à donner des consultations juridiques à titre habituel et rémunéré, sous une double condition, qu'elles s'adressent à leurs membres et qu'elles soient relatives aux questions se rapportant directement à leur objet[4]. La loi ne reconnaît donc pas à ces associations ou fondations la faculté de rédiger des actes sous seing privé, sauf à ce que ces prestations soient fournies à titre gratuit ;

– des organes de presse ou de communication audiovisuelle[5] : les organes d'information ne peuvent donner de consultations juridiques à leurs lecteurs ou auditeurs que si l'auteur de ces consultations est lui-même membre d'une profession juridique réglementée[6].

SECTION 4
SANCTIONS PÉNALES

631.41 Sanctions pénales renforcées. L'article 66-2 de la loi du 31 décembre 1971 énonce que sera puni des peines prévues à l'article 72[7] quiconque aura, en violation des dispositions des articles 54 à 66, donné des consultations ou rédigé pour autrui des actes sous seing privé en matière juridique. La loi du 17 mars 2014[8] relative à la consommation a renforcé les sanctions pénales en renvoyant aux peines prévues à l'article 433-17 du code pénal[9]. Cette nouvelle rédaction a pour effet d'aligner sur les peines prévues en cas d'usurpation du titre d'avocat, soit un an d'emprisonnement et 15 000 euros d'amende, la sanction de l'exercice illégal de la profession d'avocat et celle de l'exercice illégal du droit[10]. En vertu de l'article 433-17 du code pénal, les auteurs de ces délits encourent également, à titre de peine complémentaire, le prononcé d'une interdiction de l'activité de prestataire de formation professionnelle continue au sens de l'article L. 6313-1[11] du code du travail pour une durée de cinq ans.

La loi du 17 mars 2014 a par ailleurs supprimé de l'article 66-4 de la loi de 1971 prohibant le démarchage en vue de donner des consultations ou de rédiger des actes en matière juridique, la référence aux peines de l'article 72 pour lui substituer celles prévues aux articles L. 242-5 à L. 242-9 du code de la consommation (deux ans d'emprisonnement et 150 000 euros d'amende).

631.42 Constitution de partie civile. Les organismes chargés de représenter les professions visées à l'article 56 de la loi de 1971 et les organisations professionnelles représentatives de ces professions sont autorisés à exercer les droits reconnus à la partie civile en ce qui concerne les infractions prévues à l'article 66-2[12]. La défense des intérêts collectifs de la profession d'avocat relève ainsi de la compétence des instances ordinales de la profession. Les juridictions demeurent en effet réticentes à admettre la qualité à agir d'un avocat qui déclencherait lui-même l'action en qualité de partie civile poursuivante s'il n'est pas démontré l'existence d'un préjudice direct, actuel et certain causé par le contrevenant[13].

Le Conseil national des barreaux peut, devant toutes les juridictions, exercer tous les droits réservés

1. L. n° 71-1130, 31 déc. 1971, art. 57.
2. L. n° 71-1130, 31 déc. 1971, art. 61.
3. L. n° 71-1130, 31 déc. 1971, art. 63.
4. Une association d'aide aux victimes d'accidents corporels (à la suite de l'explosion de l'usine AZF à Toulouse), qui ne remplit pas les conditions posées par l'article 63, ne peut donner de consultations juridiques relatives aux questions se rapportant directement à son objet : TGI Toulouse, réf., 5 avr. 2002, *JCP* 2002. I. 172, n° 2, obs. R. Martin ; *Gaz. Pal.* 24-25 mai 2002. 15 ; – CONFIRMÉ PAR : Toulouse, 10 févr. 2003, *CCE* 2003, n° 72, note Grynbaum ; *JCP* 2004. I. 117, n° 4, obs. R. Martin.
5. L. n° 71-1130, 31 déc. 1971, art. 66.
6. TOUTEFOIS le prix d'un journal ou d'une communication téléphonique, qui n'est pas spécialement affecté à la prestation juridique fournie, n'est pas assimilable à une rémunération, sous réserve toutefois de l'appréciation des juridictions : rép. min. n° 66510, *JOAN Q* 1er mars 1993, p. 792.
7. TOUTEFOIS le prix d'un journal ou d'une communication téléphonique, qui n'est pas spécialement affecté à la prestation juridique fournie, n'est pas assimilable à une rémunération, sous réserve toutefois de l'appréciation des juridictions : rép. min. n° 66510, *JOAN Q* 1er mars 1993, p. 792.
8. L. n° 2014-344, 17 mars 2014 relative à la consommation, *JO* 18 mars, p. 5400.
9. L. n° 71-1130, 31 déc. 1971, art. 66-2 et 72.
10. V. ss n° 612.12.
11. C. trav., art. L. 6313-1 ; mod. par L. n° 2018-771, 5 sept. 2018, art. 4.
12. L. n° 71-1130, 31 déc. 1971, art. 66-3.
13. Paris, 23 sept. 2013, RG n° 12/01157.

à la partie civile relativement aux faits portant un préjudice direct ou indirect à l'intérêt collectif de la profession d'avocat[1]. La qualité à agir du CNB pour les actions visant à assurer au niveau national le respect de la réglementation de l'exercice du droit a ainsi été reconnue tant par les juridictions civiles[2] que par les juridictions administratives[3]. Au contraire, l'Ordre des avocats du barreau de Paris n'a pas intérêt à agir en dehors de son ressort territorial[4].

Le CNB étant dépositaire d'un intérêt moral qui englobe l'intérêt individuel de chaque avocat ainsi que l'exercice de la profession, une cour d'appel a pu reconnaître qu'une société délivrant illégalement des prestations juridiques a porté atteinte au monopole de la profession d'avocat et engagé, par conséquent, sa responsabilité délictuelle, et la condamner ainsi à payer au CNB des dommages-intérêts en réparation de son préjudice moral[5]. Par ailleurs, dès lors que le CNB formule une prétention indemnitaire à son profit, son intervention ne peut être qualifiée d'accessoire à l'action principale, indépendamment du sort réservé à cette dernière[6]. Il dispose d'un droit propre pour demander réparation du préjudice moral subi par la profession fondant son intérêt à agir.

1. L. n° 71-1130, 31 déc. 1971, art. 21-1.
2. Civ. 1re, 19 juin 2013, n° 12-20.832, NP ; *JCP* 2013, Doctr. 1087, note 14, obs. C. Jamin ; *JCP E* 2013. 1528, note 21, obs. H. Ouaissi.
3. CE 10 févr. 2014, *Cabinet Henri Abecassis*, req. n° 367262, *Lebon T* ; *AJDA* 2014. 381 ; – CONTRA pour la contestation d'un marché public d'assistance à maîtrise d'ouvrage : CE 20 juill. 2021, *Société Espélia*, req. n° 443346, *Lebon*.
4. CAA Nantes, 31 mai 2016, n° 14NT01012 – TA Lille, 29 sept. 2016, n° 1326056.
5. Paris, 9 avr. 2018, RG n° 16/16683.
6. Civ. 2e, 14 janv. 2021, n° 18-22.984, P I ; *Gaz. Pal.* 1er juin 2021, n° 20, p. 21, note D. Landry et J. Villacèque.

CHAPITRE

632. Rédaction d'actes

SECTION 0 ORIENTEUR

632.00 Sommaire du chapitre.

Division. L'avocat dispose d'une simple réserve d'activités partagée avec d'autres professions en matière de rédaction d'actes sous seing privé (sect. 1) ; en revanche, inscrit dans le code civil, le contreseing de l'avocat (sect. 2) fait partie du monopole de l'avocat.

632.01 Textes applicables.

TEXTES TITRÉS

> Réglementation de la consultation juridique et de la rédaction d'actes sous seing privé

• **L. n° 71-1130, 31 déc. 1971**

art. 54 [Conditions pour délivrer une consultation juridique et rédiger des actes sous seing privé]

art. 55 [Assurance obligatoire – garantie financière – secret professionnel]

art. 56 [Personnes pouvant donner des consultations juridiques et rédiger des actes sous seing privé]

art. 58 [Juristes d'entreprise]

art. 59 [Personnes exerçant une activité professionnelle réglementée]

art. 60 [Personnes exerçant une activité professionnelle non réglementée]

art. 64 [Syndicats et associations professionnels]

art. 65 [Organisations professionnelles ou interprofessionnelles ainsi que les fédérations et confédérations de sociétés coopératives]

art. 66-2 [Sanctions]

art. 66-3 [Constitution de partie civile des organismes chargés de représenter les professions visées à l'article 56 et les organisations professionnelles représentatives de ces professions]

• **Décr. n° 2005-790, 12 juill. 2005**

art. 8 [Mandat]

art. 9 [Avocat rédacteur d'acte]

• **RIN**

art. 7 [Rédaction d'actes]

• **Contreseing de l'avocat**

• **L. n° 71-1130, 31 déc. 1971**

art. 66-3-1 [Contreseing de l'avocat]

• **C. civ.**

art. 1374 [Acte contresigné par avocats et procédure de faux]

632.02 Jurisprudence de référence.

> Les avocats rédacteurs d'actes sont, afin d'assurer l'efficacité des conventions, tenus à l'égard de toutes les parties d'un devoir de conseil, dont la mesure et la portée dépendent des circonstances

• **Civ. 1re, 24 mars 1987,** n° 85-11.576, P I, n° 104

* V. s[s] n° 632.22.

« Sur le premier moyen, pris en ses trois branches :

Attendu que M. Charly X… fait grief à la cour d'appel (Paris, 5 décembre 1984) d'avoir retenu sa responsabilité, en qualité de rédacteur d'acte, pour manquement à son devoir de conseil, alors, d'une part, qu'étant le conseil non de l'acheteur mais de la société venderesse, il ne serait tenu à l'égard de l'autre partie que d'une obligation de renseignements sur la teneur de l'acte signé, de sorte que la décision qui le condamne serait privée de base légale au regard de l'article 1134 du code civil ; alors, d'autre part, que l'arrêt attaqué constate que l'accord avait été négocié entre les parties et que M. Y… était un professionnel de l'immobilier, lequel, eu égard au délai de réflexion dont il a bénéficié, avait pu apprécier la portée de la clause de séquestre ; qu'en retenant pourtant la responsabilité du rédacteur d'acte, la juridiction du second degré n'aurait pas tiré les conséquences légales de ses propres constatations, violant ainsi l'article 1147 du code civil ; alors, enfin, qu'il n'aurait pas été répondu aux conclusions par lesquelles il était soutenu que les risques d'insolvabilité de la société venderesse étaient connus, dès l'origine, par l'acheteur puisqu'il s'agissait de combler le passif de cette société pour proposer un concordat et que M. X... avait fait mentionner dans le compromis les dettes importantes contractées par la venderesse ;

Mais attendu, d'abord, que les avocats rédacteurs d'actes sont, afin d'assurer l'efficacité des conventions, tenus à l'égard de toutes les parties d'un devoir de conseil dont la mesure et la portée dépendent des circonstances ; qu'en l'espèce, la cour d'appel, qui retient qu'il appartenait à M. X... d'appeler l'attention de M. Y... sur les risques de la désignation du séquestre telle qu'elle figurait à l'acte, de manière à ce que cet acheteur pût ainsi refuser cette clause inhabituelle, a légalement justifié sa décision sur ce point. »

> L'avocat unique rédacteur d'un acte est tenu de veiller à assurer l'équilibre de l'ensemble des intérêts en présence et de prendre l'initiative de conseiller les deux parties à la convention sur la portée des engagements souscrits de part et d'autre, peu importe le fait que l'acte a été signé en son absence après avoir été établi à la demande d'un seul des contractants

• **Civ. 1re, 27 nov. 2008,** n° 07-18.142, P I, n° 267

* V. ss n° 632.25.

« Sur le moyen unique, pris en ses deux branches :

Attendu qu'en exécution d'un acte de cession établi, à la demande de M. X..., gérant de la SNC Marilore, par M. Y..., avocat, et signé par les parties le 20 mars 1996 hors la présence du professionnel du droit, M. Z..., associé de la SCI Azur, bailleresse des locaux dans lesquels était exploité le fonds de commerce, a fait l'acquisition de l'une des trente parts de la société Marilore pour le prix de 100 francs ; que M. Z... a fait l'objet d'un avis à tiers détenteur pour le recouvrement de plus de 200 000 francs de TVA dont était redevable la société Marilore placée en liquidation judiciaire ; qu'après avoir vainement engagé une action en annulation de la cession, l'intéressé a recherché la responsabilité de l'avocat, lui reprochant de ne pas avoir appelé son attention sur la portée de son engagement ;

Attendu que M. Y... reproche à l'arrêt attaqué (Angers, 6 juin 2007) de l'avoir condamné à indemniser M. Z..., alors, selon le moyen :

1°/ que seul celui qui rédige l'acte en présence des parties et recueille leurs signatures ou à tout le moins procède à des échanges avec tous les contractants peut se voir attribuer la qualité de rédacteur d'actes ; qu'il ressort des propres constatations de l'arrêt que M. Y..., avocat habituel de M. X..., a préparé à la demande de celui-ci un projet d'acte de cession d'une part sociale d'une société en nom collectif dont il était gérant au profit de M. Z... sans avoir jamais rencontré ce dernier et que *l'acte a été signé par les parties* hors de sa présence ; qu'en affirmant néanmoins que M. Y... avait la qualité de rédacteur d'actes et aurait dû, à ce titre, informer M. Z... des conséquences juridiques et des risques financiers encourus du fait de son engagement sans relever aucun élément autorisant M. Z... à croire que l'intervention de M. Y..., dont il n'a jamais sollicité les conseils et qu'il n'avait pas rencontré, était destinée à le protéger, la cour d'appel a privé sa décision de base légale au regard des articles 7.1 et 7.2 du règlement intérieur national de la profession d'avocat et des articles 1991 et 1992 du code civil ;

2°/ qu'en toute hypothèse, l'avocat n'est pas responsable des conséquences d'un acte dont la validité a été judiciairement constatée et qui a ainsi été valablement et librement souscrit ; qu'il ressort des propres constatations de l'arrêt que l'acte de cession de parts litigieux a été déclaré valable par la cour d'appel de Rennes par un arrêt en date du 6 juin 2001 qui a relevé que M. Z... s'était engagé en toute connaissance de la portée de son engagement ; qu'en condamnant néanmoins M. Y... à supporter une somme de 75 306,95 euros représentant le montant des dettes sociales de la SNC Marilore et les frais de procédure engagés par M. Z... pour y échapper aux motifs que l'avocat aurait dû attirer l'attention du cessionnaire sur les conséquences juridiques et financières de son engagement, la cour d'appel a violé l'article 1147 du code civil ;

Mais attendu, d'abord, qu'ayant constaté que M. Y... avait remis à M. X..., non un simple modèle, mais un projet finalisé entièrement rédigé par ses soins, la cour d'appel en a exactement déduit qu'en qualité d'unique rédacteur d'un acte sous seing privé, l'avocat était tenu de veiller à assurer l'équilibre de l'ensemble des intérêts en présence et de prendre l'initiative de conseiller les deux parties à la convention sur la portée des engagements souscrits de part et d'autre, peu important le fait que l'acte a été signé en son absence après avoir été établi à la demande d'un seul des contractants ; qu'ensuite, ayant à bon droit jugé que l'avocat n'était pas déchargé de son devoir de conseil par les compétences des parties, elle a estimé que dûment informé, M. Z... n'aurait certainement pas *conclu*, compte tenu des risques encourus, hors de proportion avec le bénéfice attendu d'une prise de participation aussi modeste, caractérisant ainsi les conséquences dommageables du manquement de l'avocat à son obligation par des énonciations et des constatations auxquelles ne faisait pas obstacle la précédente décision déboutant l'intéressé de sa demande en annulation de la cession pour vice du consentement ; que le moyen est mal fondé en ses deux branches ;

PAR CES MOTIFS :

REJETTE le pourvoi. »

> Les juges doivent rechercher dans chaque espèce si les actes rédigés par les experts-comptables constituent l'accessoire de la prestation fournie à titre principal

• **Crim. 11 avr. 2002,** n° 00-86.519, P n° 88

* V. ss n° 632.33.

« Vu les articles 59 de la loi du 31 décembre 1971 modifiée et 593 du code de procédure pénale ;

Attendu que le premier de ces textes permet aux experts-comptables, dans les limites autorisées par l'ordonnance du 19 septembre 1945, de rédiger pour autrui des actes sous seing privé en matière juridique, lorsque ces actes constituent l'accessoire direct de la prestation fournie ;

Attendu que tout jugement ou arrêt doit contenir les motifs propres à justifier la décision ; que l'insuffisance des motifs équivaut à leur absence ;

Attendu qu'il résulte de l'arrêt attaqué que deux sociétés d'expertise comptable ont fait insérer, sous leur raison sociale, dans des journaux d'annonces légales, divers avis concernant la constitution, la fusion ou la dissolution de sociétés, le transfert de siège social, le changement de dirigeants, la modification d'objet social, la cession de parts, les diminutions ou augmentations de capitaux ;

Que, soutenant que les actes, objet des publications, avaient été établis par des sociétés d'expertise comptable, l'Ordre des avocats au barreau de Lille a cité devant le tribunal correctionnel leurs dirigeants, Marcel X... et Bernard Y..., experts-comptables, notamment pour avoir rédigé des actes sous seing privé en matière juridique, en violation des dispositions de la loi du 31 décembre 1971 modifiée par la loi du 31 décembre 1990, portant réforme de certaines professions judiciaires et juridiques, délit prévu et réprimé par les articles 66-2 et 72 de cette loi ; que les premiers juges ont relaxé les prévenus et débouté les parties civiles de leurs demandes ;

Attendu que la cour d'appel de Douai a confirmé ce jugement ; que cet arrêt a été cassé, en ses seules dispositions civiles, aux motifs que les juges, qui n'ont pas recherché si les actes qu'auraient rédigés les prévenus étaient directement liés aux travaux comptables dont ils étaient chargés, n'ont pas mis la Cour de cassation en mesure d'exercer son contrôle sur la légalité de la décision ;

Attendu que la cour d'appel de Paris, désignée comme cour de renvoi, a confirmé le rejet des demandes des parties civiles ; que cet arrêt a été cassé aux motifs que les juges, en décidant notamment que la rédaction d'un acte de constitution de société entrait dans les limites de l'activité professionnelle permise aux experts-comptables, ont violé l'article 59 de la loi du 31 décembre 1971 modifiée ;

Attendu que, pour infirmer le jugement et condamner solidairement Marcel X... et Bernard Y... à payer la somme d'un franc à chacune des parties civiles, à titre de dommages-intérêts, la cour d'appel de Versailles, désignée comme seconde cour de renvoi, après avoir retenu que "l'accessoire direct" évoqué par l'article 59 de la loi du 31 décembre 1971 modifiée constitue une notion induisant que l'acte accompli soit, par sa nature, susceptible de relever des travaux dont l'expert-comptable est chargé, énonce que, si, pour les fusions, les augmentations ou diminutions de capital, les continuations d'activité, les cessions de parts et les clôtures de liquidation, la rédaction d'actes sous seing privé est susceptible de ne constituer que l'accessoire direct des prestations fournies, en revanche, s'agissant d'actes de constitution, transformation ou dissolution de sociétés, de changement de dirigeant, de modification d'objet social et de transfert de siège social, il convient de retenir que de tels actes ne peuvent dériver des seuls travaux comptables et s'analyser comme l'accessoire direct des prestations fournies par l'expert-comptable ;

Mais attendu qu'en statuant ainsi, de manière abstraite, sans mieux s'expliquer sur les éléments de fait lui permettant d'énoncer que les actes sous seing privé en cause ne pouvaient constituer l'accessoire direct de la prestation fournie, la cour d'appel n'a pas mis la Cour de cassation en mesure d'exercer son contrôle sur la légalité de la décision ;

D'où il suit que la cassation est encourue ;

Par ces motifs :

CASSE ET ANNULE, en toutes ses dispositions, l'arrêt susvisé de la cour d'appel de Versailles, en date du 7 septembre 2000, et pour qu'il soit jugé à nouveau conformément à la loi. »

632.03 Bibliographie indicative.

* Aussi : v. s[s] n° 63.03.

Thèse. A. Audran, *Le périmètre du droit*, Th., Nantes, 2000.

Traité. Ph. le Tourneau (dir.), *Droit de la responsabilité et des contrats : Régimes d'indemnisation*, 12e éd., « Dalloz Action », 2020, n°s 3325.00 s.

Ouvrages. A. Benoussan, *L'acte d'avocat : Cadre juridique et déontologique – Conditions de mise en œuvre*, 1re éd., « Dossiers pratiques », F. Lefebvre, 2014 – J.-M. Braunschweig, J. Demaison, *Profession d'avocat : le guide*, 4e éd., Wolters Kluwer, 2017, n°s 315 s. – R. Martin, *Déontologie de l'avocat*, 11e éd., « Droit et professionnels », LexisNexis, 2013, n°s 60 s.

Articles.

> Rédaction d'actes. A. Bénabent, « La réglementation de l'exercice du droit », *JCP* 1991. I. 3490, n°s 21 et 22 – C. Biguenet-Maurel, « Le devoir de conseil des rédacteurs d'actes (Quand l'utilisation du concept conduit à dénaturation) », *JCP N* 2004. I. 1254 – B. Boccara, « Piste sur la responsabilité des rédacteurs d'actes et conseils », *JCP* 1993. I, n° 3651 – G. Collet, « Passation des marchés publics de services juridiques et déontologie de l'avocat », *AJDA* 2009. 744 – R. Martin, « Aperçu rapide sur la loi du 7 avril 1997 », *JCP* 1997, act. n° 18 – F. Nouel, D. Gordon-Krief et Y. Martinet, « La spécificité de l'avocat : le périmètre du droit », *Dr. et patr.* déc. 1997, p. 20 s. – J.-G. Raffray, « Les clauses destinées à écarter la responsabilité du rédacteur d'actes : formules magiques ou formules appropriées ? » *JCP N* 2003. I. 1252.

> Acte d'avocat. M. Bacache et A.-M. Leroyer, « Acte d'avocat : acte sous seing privé contresigné par l'avocat – Acte authentique », *RTD civ.* 2011. 403 – M. Bénichou, « Acte contresigné par l'avocat en questions », *JCP* 2011. 437, p. 722. – H. Croze, « Procédure participative et acte d'avocat », *Procédures* 2012. Repère 4 – C. Jamin, « Mandat de protection future et contreseing de l'avocat : une préfiguration de l'acte sous signature juridique », *D.* 2007. 1004 ; « L'acte d'avocat », *D.* 2011. 960 – H. Letellier, « L'acte d'avocat en bref... et en trois points », *AJ fam.* 2012. 288 – A. Lizop et J. Villacèque, « Acte d'avocat : contreseing et conflit d'intérêts », *AJ fam.* 2011. 297 – P. Michaud, « Acte d'avocat : l'acte de la liberté contractuelle sera-t-il une révolution ? », *Gaz. Pal.* 2011. 86, p. 11 – D. Piau, « L'acte d'avocat, un authentique acte de sécurité juridique en matière probatoire », *AJ fam.* 2016. 484 – G. Pillet, « Le contreseing de l'avocat et la responsabilité civile professionnelle du rédacteur d'acte », *AJ fam.* 2011. 300 – J.-J. Uettwiller, F. G'sell et Chazal, « De nouveaux instruments juridiques au service des entreprises : acte d'avocat et procédure participative », *Cah. dr. entr.* 2011, p. 6 – J.-J. Uettwiller, J.-Y. Mercier, Ph. Rochmann et E. Raskin, « L'acte d'avocat : de la polémique à l'acte », *Gaz. Pal.* 2011. 58, p. 7.

Rapports.

Les cahiers CNB, *Vade-mecum de l'exercice du droit*, CNB, 2e éd., oct. 2017.

SECTION 1
ACTES SOUS SEING PRIVÉ

632.10 **Plan – Réglementation de la rédaction d'actes.** L'avocat a la possibilité d'établir tous les actes juridiques qui lui sont demandés de quelque nature que ce soit, sous réserve des restrictions légales ou réglementaires, notamment concernant les actes réservés à des professions déterminées. À cet effet, il rédige les actes, recueille le consentement des parties, procède aux formalités subséquentes et, depuis la loi du 28 mars 2011 [1], peut contresigner ses actes [2]. Pour certains actes, comme par exemple les aliénations de biens immobiliers, l'avocat, même mandataire général de son client, a besoin d'un mandat exprès en application de l'article 1988 du code civil [3].

L'avocat ne dispose pas pour autant d'un monopole en matière de rédaction d'actes sous seing privé, mais d'une simple réserve d'activités partagée avec d'autres professionnels dont la réglementation relève du titre II de la loi du 31 décembre 1971. Les actes sous seing privé concernés par cette réglementation s'entendent « des actes unilatéraux et des contrats, non revêtus de la forme authentique, rédigés pour autrui et créateurs de droits ou d'obligations » [4]. Cette qualification exclut la diffusion, y compris à titre onéreux, de « modèles » de contrats ou de lettres types en l'absence de toute adaptation ou individualisation [5].

Les ressortissants des États membres de l'Union européenne ayant acquis leur qualification dans un autre État membre peuvent également être habilités, dans le cadre du dispositif d'accès partiel à la profession d'avocat, à exercer des activités de rédaction d'actes sous seing privé sur le territoire national sous leur titre professionnel d'origine, dans les limites du champ des activités professionnelles ouvertes au demandeur par décision du garde des Sceaux, ministre de la Justice, qui accorde l'accès partiel [6].

La notion de rédaction d'actes (§ 1) sous seing privé est bien définie, ainsi que la qualité du rédacteur (§ 2), avocat séquestre ou mandataire lors de l'établissement des actes. Par ailleurs, quiconque donne des consultations ou rédige pour autrui des actes sous seing privé en matière juridique en violation de la loi est passible de sanctions pénales (§ 3).

1. L. n° 2011-331, 28 mars 2011 de modernisation des professions judiciaires ou juridiques et certaines professions réglementées, *JO* 29 mars, p. 5447.
2. V. s^s n°s 632.61 s.
3. Civ. 1re, 12 mai 1993, n° 91-17.600, P I, n° 162 ; *D.* 1993. 411, note Y. Chartier ; *JCP* 1993. 22132, note R. Martin.
4. Rép. min. n° 46703, *JOAN Q* 20 juill. 1992, p. 3291.
5. Civ. 1re, 15 juin 1999, n° 96-21.415, P I, n° 201 ; *D.* 2000. 148, note C. Blanchard ; *RTD. civ.* 2000. 107, obs. J. Mestre et B. Fage ; *JCP* 1999. I. 173, n° 3, obs. A. Martin.
6. V. s^s n°s 613.00 s. et 631.32.

§ 1
Rédaction d'actes

632.21 **Définition du rédacteur d'actes sous seing privé.** À la qualité de rédacteur, selon le RIN [7], l'avocat qui élabore, seul ou en collaboration avec un autre professionnel, un acte juridique pour le compte d'une ou de plusieurs parties, assistées ou non de conseils, et qui recueille leur signature sur cet acte. Le seul fait pour un avocat de rédiger le projet d'un acte dont la signature intervient hors de sa présence ne fait pas présumer de sa qualité de rédacteur.

L'avocat peut faire mention de son nom et de son titre sur l'acte sous seing privé qu'il a rédigé, ou à la rédaction duquel il a participé, s'il estime en être l'auteur intellectuel [8]. La mention du nom du rédacteur n'est plus une obligation, mais une simple faculté.

Auparavant, la loi du 31 décembre 1971 [9] prévoyait que tout acte sous seing privé devait contenir les nom, prénoms et qualité de son rédacteur si celui-ci ne justifiait pas d'une assurance de responsabilité civile professionnelle. Cette disposition a été abrogée en 1997.

632.22 **Obligation de conseil de l'avocat rédacteur.** L'avocat rédacteur d'un acte juridique assure la validité et la pleine efficacité de l'acte selon les prévisions des parties [10]. Afin d'assurer l'efficacité des conventions qu'il prépare, l'avocat est tenu, à l'égard de toutes les parties, d'un devoir de conseil dont la mesure et la portée dépendent des circonstances [11].

L'avocat doit s'assurer de la capacité des parties à contracter, il vérifiera l'identité des parties contractantes et la matérialité de la signature de chacune d'entre elles. Il s'efforcera de vérifier que le consentement donné à l'acte est bien libre et émis en toute connaissance de cause. Si l'avocat aperçoit la moindre réserve chez l'une des parties, sur un des points de la convention envisagée, il exigera que le cocontractant réticent se fasse assister par son propre avocat, dont la présence garantira le libre consentement. Il en sera de même dans les cas où l'avocat constaterait que les parties ont des intérêts divergents que l'accord projeté ne saurait concilier. Il devra aviser chacune des parties de l'étendue de ses droits et les mettre en garde contre les conséquences des actes auxquels il concourt. Il devra également s'assurer, préalablement à la signature de l'acte, de

7. RIN, art. 7.1.
8. RIN, art. 7.1, al. 3.
9. L. n° 71-1130, 31 déc. 1971, anc^t art. 62.
10. Décr. n° 2005-790, 12 juill. 2005, art. 9 – RIN, art. 7.2.
11. Civ. 1re, 24 mars 1987, n° 85-11.576, P I, n° 104.

la remise des fonds nécessaires à la couverture des frais, droits d'enregistrement, honoraires... et déterminer, dans l'acte, celle des parties à qui en incombera la charge et dans quelle proportion. Il devra réunir toutes les pièces et renseignements nécessaires pour accomplir les actes juridiques dont il s'est chargé.

M. le professeur Viandier résume cette obligation en précisant : « Le rédacteur est plus qu'un [...] rédacteur, il ne tient pas seulement la plume, il doit également s'assurer de la validité et de l'efficacité de l'acte qu'il confectionne ; il garantit aux parties, aux deux parties, au profit desquelles il est censé œuvrer, la valeur juridique de l'acte dont elles lui ont confié l'établissement. De là, l'obligation pour le rédacteur, de faire preuve d'initiative, de poser des questions, d'interroger le droit positif, voire de l'interpréter, afin de remplir correctement son office. »[1]

632.23 **Vérifications utiles pour certains actes.** L'avocat devra contrôler la valeur des droits cédés par les actes transférant la propriété de façon à éviter que l'acte ne soit rescindable pour cause de lésion. De la même façon, l'avocat qui intervient dans la cession d'un fonds de commerce a une obligation de conseil qui ne peut se limiter à la transcription des conventions et prendre fin à partir du moment où les parties ont signé l'acte. Il doit donc veiller à ce que l'acte reçoive son plein effet, notamment s'assurer de la remise du prix entre les mains du séquestre et informer les vendeurs des difficultés de paiement[2]. Et lorsqu'il est chargé d'établir un protocole d'accord permettant à deux sociétés de prendre le contrôle d'une troisième, il doit informer ses clients sur le mécanisme des cessions en cause au regard de leur objectif, fût-ce au prix d'un abandon de l'opération à l'initiative de l'un ou l'autre des cédants[3].

Il a par ailleurs été jugé que l'avocat rédacteur manque à son obligation de conseil relativement à la portée de l'acte qu'il rédige, s'il rédige un acte de garantie à première demande alors que les cautions ont expressément demandé que l'acte litigieux ait pour effet d'opérer une substitution de garantie, qu'il avait connaissance de l'état d'insolvabilité du contre-garant et savait que cet acte serait dépourvu d'efficacité[4].

632.24 **Actes illicites.** L'avocat devra en outre vérifier la licéité[5] des mobiles qui animent les parties et refusera de constater toute convention ou clause immorale ou illicite. Il ne pourra, en aucun cas, concourir à des actes illicites tendant à contourner des dispositions fiscales par l'intermédiaire de prête-noms, pas plus qu'il ne pourra exercer de pression assimilable à un chantage à l'égard de parties ou de tiers récalcitrants à assumer les obligations par elles contractées.

En outre, les activités qu'il peut exercer hors du domaine judiciaire ne le dispensent pas de respecter les dispositions protectrices prévues par le règlement intérieur du barreau auquel il appartient, spécialement à l'occasion des maniements de fonds et de s'abstenir des actes qui excèdent sa mission d'assistance juridique et compromettent en même temps la dignité de sa profession. Une cour, après avoir relevé que les irrégularités de la rédaction d'un acte de cession de bail étaient manifestement destinées à couvrir une dissimulation, a retenu à bon droit que l'intéressé s'était livré à un ensemble d'opérations incompatibles avec les qualités d'honneur et de probité exigées par la profession d'avocat[6].

632.25 **Efficacité de l'acte et preuve de l'obligation de conseil.** L'avocat rédacteur doit s'assurer de la pleine efficacité de l'acte juridique qu'il rédige[7]. Sauf s'il en est déchargé par les parties, il est tenu de procéder aux formalités légales ou réglementaires requises par l'acte qu'il rédige et de demander le versement préalable des fonds nécessaires.

De manière constante, la jurisprudence décide que « le rédacteur d'acte, tenu de veiller à assurer l'équilibre de l'ensemble des intérêts en présence et de prendre l'initiative de conseiller les deux parties à la convention sur la portée et les incidences, notamment fiscales, des engagements souscrits de part et d'autre, peu important que son concours ait été sollicité par l'une d'elles, doit rapporter la preuve qu'il a rempli cette obligation à leur égard, quelles que soient leurs compétences personnelles »[8]. C'est

1. A. Viandier, note s[s] : Civ. 1re, 1er oct. 1986, n° 84-13.800, P I, n° 229 ; *JCP* 1987. II. 20825 ; *Gaz. Pal.* 1986. Pan. 246 – Civ. 1re, 25 nov. 1997, n° 96-12.325, P I, n° 321 ; *D.* 1998. 2 ; *AJDI* 1998. 112, obs. C. Giraudel ; *RDI* 1999. 135, obs. D. Tomasin ; *Gaz. Pal.* 22 janv. 1998, 21, note H. Vray ; *RTD com.* 1998. 664, obs. B. Bouloc ; – RAPPR. : Civ. 1re, 16 déc. 1992, n° 90-18.151, P I, n° 316 – Civ. 1re, 26 mars 1996, n° 94-12.228, P I, n° 154 – Civ. 3e, 16 mai 1990, n° 88-15.077, P III, n° 119. – DANS LE MÊME SENS : Civ. 3e, 9 janv. 1973, n° 71-12.606, P III, n° 36 – Paris, 20 janv. 1998, *Gaz. Pal.* 21 mars 1998, 10.
2. T. Paris, 23 nov. 1989 ; – SUR CES QUESTIONS : B. Boccara, « Piste sur la responsabilité des rédacteurs d'actes et conseils », *JCP* 1993. I. 3651.
3. Civ. 1re, 5 mai 2004, n° 01-11.196, NP.
4. Civ. 1re, 21 févr. 2006, n° 04-10.314, NP.
5. Décr. n° 2005-790, 12 juill. 2005, art. 8 – RIN, art. 7.2.
6. Civ. 1re, 16 juin 1981, n° 80-13.074, P I, n° 215 ; *Gaz. Pal.* 1982. 1. pan. 26.
7. Décr. n° 2005-790, 12 juill. 2005, art. 9 – RIN, art. 7.2.
8. Civ. 1re, 27 nov. 2008, n° 07-18.142, P I, n° 267 ; *D.* 2009. 706, note Ch. Jamin ; *JCP* 2009. I. 120, n° 15, obs. C. Jamin ; *RLDC* 2009/57, n° 3285, obs. Maugeri ; *RTD civ.* 2009. 134, obs. P.-Y. Gautier ; – DANS LE MÊME SENS : Civ. 1re, 14 janv. 1997, n° 94-16.769, P I, n° 18 ; – Civ. 1re, 25 févr. 2010, n° 09-11.591, NP ; *CCC* 2010. 118, obs. L. Leveneur ; – Civ. 1re, 6 sept. 2017, n° 16-22.379, NP.

donc à l'avocat d'établir qu'il a exécuté son obligation de conseil, cette preuve pouvant être rapportée par tous moyens[1].

632.26 Exigences formelles. Dans la rédaction matérielle de l'acte, l'avocat devra veiller à l'exactitude des dates mentionnées dans les actes, à ce qu'il n'y ait ni interligne ni renvoi non approuvé, ni abréviation, ni blanc, ni rectification par grattage ou surcharge. Lors de la rédaction d'un acte sous seing privé « simple », l'avocat veillera à ce que les énonciations prévues par la loi soient respectées, notamment les mentions manuscrites en matière de cautionnement[2], de crédit immobilier[3], ou de prêt à la consommation[4].

Enfin, l'avocat veillera à l'observation des dispositions de l'article 1375 du code civil concernant le nombre des originaux dans les conventions synallagmatiques[5].

632.27 Exemples d'actes. La fourniture d'exemples d'actes, dits aussi modèles, actes types, ou formules de lettres, de contrats ou de statuts (lettre de licenciement, contrat de travail, statuts de société...), sans individualisation ni adaptation, ne constitue pas une activité de rédaction d'actes pour autrui[6].

§ 2
Qualité du rédacteur

632.31 Avocat séquestre lors de l'établissement d'actes. L'avocat pourra être nommé séquestre de fonds à l'occasion d'établissement d'actes sous seing privé. Il peut même être nommé séquestre des actes juridiques eux-mêmes par exemple, dans l'attente d'un événement non encore arrivé.

Toutefois, il doit refuser de recevoir en dépôt ou à titre de séquestre un acte manifestement illicite ou frauduleux[7].

632.32 Avocat mandataire lors de l'établissement d'actes. L'avocat peut, en outre, recevoir des mandats spéciaux et écrits de la part de ses clients, sous réserve d'être garanti quant à sa responsabilité. En revanche, il ne pourra accepter ni mandats généraux, ni mandats commerciaux[8].

• Révocation du mandat de rédacteur. Si un avocat a reçu mandat de rédiger les statuts d'une SARL et notamment la charge de publier lesdits statuts, et de procéder à toutes formalités pour rendre parfait à l'égard des tiers le contrat de société entre les parties, il ne peut poursuivre ce mandat dès lors qu'il a été révoqué par certains, et que d'autres s'opposent à ce qu'il poursuive l'accomplissement de sa tâche. Il y a lieu dès lors d'autoriser cet avocat à remettre, entre les mains d'un huissier-audiencier constitué comme séquestre, tous les documents relatifs à la constitution de ladite société[9].

632.33 Actes juridiques rédigés par les experts-comptables. S'il est permis aux experts-comptables, par l'article 59 de la loi du 31 décembre 1971, dans les limites autorisées par l'ordonnance du 19 septembre 1945[10], de rédiger pour autrui des actes sous seing privé en matière juridique, c'est à la condition que ces actes constituent l'accessoire direct de la prestation fournie.

Le principal pour un expert-comptable c'est l'activité comptable, les activités annexes ne peuvent être autorisées que si elles sont, d'une part, accessoires, et d'autre part, directement liées aux travaux comptables dont ils ont la charge. Ainsi, la publication légale d'actes ne suffit pas à prouver, en l'absence d'autre circonstance, que la société d'expertise comptable les a rédigés, et ne démontre pas une activité juridique illicite[11].

632.34 Contentieux relatif aux actes de constitution de sociétés commerciales. Le contentieux relatif aux actes de constitution de sociétés commerciales est assez nourri[12]. À ce sujet, la chambre criminelle de la Cour de cassation a rendu deux arrêts difficilement conciliables. Si dans un premier temps, elle a précisé que l'acte devait être l'accessoire direct de la prestation fournie par l'expert-comptable en se fondant sur une appréciation in abstracto du caractère accessoire[13], dans un second temps elle a cassé l'arrêt de la cour de renvoi qui s'était conformé à cette doctrine[14].

1. Civ. 1re, 7 oct. 1998, n° 09-13.614, P I, n° 282.
2. C. consom., art. L. 331-1 et L. 343-1.
3. C. consom., art. L. 313-42 [anc. 312-17].
4. C. consom., art. L. 314-16 [anc. 313-8].
5. Paris, 8 déc. 1989, *Gaz. Pal.* 1990. Somm. 12.
6. Civ. 1re, 15 juin 1999, n° 96-21.415, P I, n° 201.
7. RIN, art. 6.3.2.
8. RIN, art. 6.2.
9. Paris, ord. réf., 23 juin 1980, NP.
10. Ord. n° 45-2138, 19 sept. 1945 portant institution de l'ordre des experts-comptables et réglementant le titre et la profession d'expert-comptable, *JO* 21 sept., p. 5938.
11. Civ. 1re, 1er mars 2005, n° 02-11.743, P I, n° 99 ; *D.* 2006. 268, obs. B. Blanchard ; *D.* 2005. 912 ; *BJS* 2005. 937, note J.-F. Barbiéri ; *Gaz. Pal.* 2005. Somm. 1326.
12. NOT. : Crim. 13 mars 1996, n° 94-86.022, P n° 111 ; *Gaz. Pal.* 20 avr. 1996. 8 s., note A. Damien ; – TGI Bonneville, 23 avr. 1997, *BJS* 1997, n° 7, p. 709, note J.-F. Barbiéri ; – TGI Nice, 30 avr. 1997, 2 esp., *D.* 1 997. 390, note F. Terré ; – Paris, 11 déc. 1997, *D.* 1998. jur. 171, note F. Terré ; – Chambéry, 3 avr. 2000 et Versailles, 7 sept. 2000, *D.* 2001. 1907, note R. Audran – Aix-en-Provence, 11 avr. 2002, *JCP* 2003. I. 140, obs. D. Martin.
13. Crim. 23 mars 1999, n° 98-80.271, NP ; *D.* 1999. 473, note J. Robert ; *Gaz. Pal.* 1999. Somm. 133 ; *BJS* 1999. 755, note J.-F. Barbiéri ; *Rev. soc.* 1999. 857, note B. Bouloc.
14. Crim. 11 avr. 2002, n° 00-86.519, Pn ° 88 ; *JCP* 2003. II. 10011, note R. Audran.

La chambre criminelle se rangerait donc aujourd'hui derrière une analyse *in concreto*, suivie en cela par la première chambre civile[1]. Tel acte juridique ne relève pas systématiquement de l'activité de l'expert-comptable ; les juges du fond doivent dès lors rechercher si dans les faits l'acte litigieux relève bien des travaux comptables et en constitue l'accessoire direct.

§ 3
Sanctions pénales

632.41 **Sanctions pénales renforcées.** L'article 66-2 de la loi du 31 décembre 1971 énonce que sera puni des peines prévues à l'article 72[2] quiconque aura, en violation des dispositions des articles 54 à 66, donné des consultations ou rédigé pour autrui des actes sous seing privé en matière juridique. La loi du 17 mars 2014[3] relative à la consommation a renforcé les sanctions pénales en renvoyant aux peines prévues à l'article 433-17 du code pénal. Cette rédaction a pour effet d'aligner sur les peines prévues en cas d'usurpation du titre d'avocat, soit un an d'emprisonnement et 15 000 euros d'amende, la sanction de l'exercice illégal de la profession d'avocat et celle de l'exercice illégal du droit[4]. En vertu de l'article 433-17 du code pénal, les auteurs de ces délits encourent également, à titre de peine complémentaire, le prononcé d'une interdiction de l'activité de prestataire de formation professionnelle continue au sens de l'article L. 6313-1 du code du travail pour une durée de cinq ans.

La loi du 17 mars 2014 a par ailleurs supprimé de l'article 66-4 de la loi du 31 décembre 1971 prohibant le démarchage en vue de donner des consultations ou de rédiger des actes en matière juridique, la référence aux peines de l'article 72 pour lui substituer celles prévues aux articles L. 242-5 à L. 242-9 du code de la consommation (deux ans d'emprisonnement et 150 000 euros d'amende).

632.42 **Constitution de partie civile.** Les organismes chargés de représenter les professions visées à l'article 56 de la loi de 1971 et les organisations professionnelles représentatives de ces professions sont autorisés à exercer les droits reconnus à la partie civile en ce qui concerne les infractions prévues à l'article 66-2[5].

Si en vertu de l'article 21-1 de la loi du 31 décembre 1971 le Conseil national des barreaux peut ainsi, devant toutes les juridictions, exercer tous les droits réservés à la partie civile relativement aux faits portant un préjudice direct ou indirect à l'intérêt collectif de la profession d'avocat, le Conseil d'État considère qu'un tiers à un contrat administratif ne peut en contester la validité que s'il est susceptible d'être lésé de façon suffisamment directe et certaine par sa passation ou ses clauses[6]. La seule attribution, par une collectivité territoriale, d'un marché d'assistance à maîtrise d'ouvrage à un opérateur économique déterminé ne saurait être regardée comme susceptible de léser de façon suffisamment directe et certaine les intérêts collectifs dont le CNB a la charge, alors même que le marché confie à cet opérateur une mission pouvant comporter la rédaction d'actes juridiques[7].

SECTION 2
CONTRESEING DE L'AVOCAT

632.50 **Plan.** Inscrit dans le code civil (§ 3), le contreseing de l'avocat relève du monopole de l'acte d'avocat (§ 1) et fait l'objet d'un encadrement déontologique (§ 2) spécifique.

§ 1
Monopole de l'acte d'avocat

632.61 **Introduction en droit français du contreseing d'avocat des actes sous seing privé.** L'acte contresigné par avocat, revendiqué par les instances de la profession et proposé par le rapport Darrois[8], a été institutionnalisé par la loi du 28 mars 2011[9]. Il s'agit d'un acte sous seing privé à l'efficacité juridique renforcée dont l'encadrement fut inséré dans un chapitre premier *bis* du titre II de la loi du 31 décembre 1971 modifié[10]. Il atteste de l'accomplissement du devoir de conseil de l'avocat et fait pleine foi de l'écriture et de la signature des parties tant à leur égard qu'à celui de leurs héritiers ou ayants cause. Il ne peut être contesté que par la

1. Civ. 1re, 4 févr. 2003, n° 00-20.247, P I, n° 36 ; *JCP* 2003. I. 140, obs. D. Martin.
2. L. n° 71-1130, 31 déc. 1971, art. 72.
3. L. n° 2014-344, 17 mars 2014 relative à la consommation, *JO* 18 mars, p. 5400.
4. V. ss n° 611.12.
5. L. n° 71-1130, 31 déc. 1971, art. 66-3.
6. CE, ass., 4 avr. 2014, *Département de Tarn-et-Garonne, req. n° 358994, Lebon* ; *AJDA* 2014. 1035, Chron. A. Bretonneau et J. Lessi.
7. CE 20 juill. 2021, *Société Espélia*, req. n° 443346, *Lebon*.
8. J.-M. Darrois (dir.), *Vers une grande profession du droit*, « Rapport », La Documentation française, 2009, p. 43.
9. L. n° 2011-331, 28 mars 2011 de modernisation des professions judiciaires ou juridiques et certaines professions réglementées, *JO* 29 mars, p. 5447, art. 3.
10. L. n° 71-1130, 31 déc. 1971, art. 66-3-1 (créé par L. n° 2011-331, 28 mars 2011, art. 3), art. 66-3-2 et 66-3-3 ; [les deux art. créés par L. n° 2011-331, 28 mars 2011, art. 3 et abrogés par ord. n° 2016-131, 10 févr. 2016, art. 6 ; transférés à : C. civ., art. 1374].

procédure d'inscription en faux ; si l'acte contresigné a été matériellement altéré ou falsifié depuis la vérification par l'avocat ou si l'identité d'une partie a été usurpée.

L'acte d'avocat doit être contresigné par les avocats de chacune des parties ou par l'avocat de toutes les parties. En contresignant un acte sous seing privé, l'avocat atteste avoir éclairé pleinement la ou les parties qu'il conseille sur les conséquences juridiques de cet acte [1]. Dès lors, en contresignant l'acte, l'avocat rapporterait la preuve de l'exécution de son devoir de conseil. Aucune mention manuscrite n'est par ailleurs exigée [2], la signature de l'avocat remplaçant, en quelque sorte, la mention manuscrite.

Applicable en toute matière (droit de la famille, droit du patrimoine, droit de l'entreprise, droit social...), cet acte contresigné réservé aux seuls avocats est un « *marqueur de qualité* » qui a pour fonction première de servir les intérêts du public, de faciliter les choix que doivent effectuer les usagers et de décourager les contestations ultérieures [3]. Le professeur François Terré a justement conclu que le contreseing de l'avocat apporte une « crédibilité propre à renforcer la croyance légitime des tiers, voire des parties dans l'efficacité, voire dans la validité de l'acte » [4].

632.62 Contestation du monopole de l'acte contresigné par les experts-comptables. Le monopole réservé par la loi aux avocats pour contresigner des actes sous seing privé a été contesté par d'autres professionnels habilités à exercer le droit à titre principal ou accessoire, et particulièrement par les experts-comptables.

En 2010, l'Autorité de la concurrence, saisie pour avis sur l'introduction en droit français du contreseing de l'avocat par le Conseil supérieur de l'ordre des experts-comptables, sur le fondement de l'article L. 462-1 du code de commerce, a considéré dans un avis particulièrement motivé en date du 27 mai 2010 [5] qu'il constituait un instrument au service de la sécurité juridique qui pouvait être réservé aux avocats en raison de la spécificité de leur profession tenant à la fois à leur formation, leur déontologie et leur maîtrise du contentieux qui leur permet, mieux que d'autres professionnels, d'anticiper d'éventuelles difficultés rédactionnelles.

En 2014, le projet de loi pour l'accès au logement et un urbanisme rénové, dit Alur [6], modifiant l'article 1861 du code civil envisageait la possibilité pour les professionnels de l'expertise comptable de contresigner les actes sous seing privé constatant une cession de parts majoritaires d'une société civile immobilière. Le Conseil constitutionnel a finalement censuré cette disposition qui revenait à consacrer un exercice du droit à titre principal pour les experts-comptables [7].

632.63 Divorce par consentement mutuel par acte sous signature privée contresigné par avocats. La rédaction de la convention de divorce par consentement mutuel sous forme d'un acte contresigné par avocat [8] a été introduite par la loi du 18 novembre 2016 [9]. Depuis le 1er janvier 2017, date d'entrée en vigueur de la loi, les époux peuvent divorcer par consentement mutuel, sans intervention du juge, uniquement par acte sous signature privée contresigné par deux avocats et établi dans les conditions prévues à l'article 1374 du code civil [10], à l'exception des cas où l'enfant mineur aura demandé à être entendu par le juge ou lorsque l'un des époux se trouve placé sous l'un des régimes de protection prévus au chapitre II du titre XI du livre Ier du code civil [11]. Chacun des époux doit être assisté de son propre avocat afin de garantir l'équilibre de la convention et le respect des intérêts de chacune des parties et de leurs enfants. Par ailleurs, pour éviter tout risque de conflits d'intérêts, les avocats ne peuvent pas faire partie de la même structure professionnelle [12].

1. L. n° 71-1130, 31 déc. 1971, art. 66-3-1.
2. L. n° 71-1130, 31 déc. 1971, art. 66-3-3 ; abrogé – D. Legeais, « Dispense de formalisme pour les cautionnements par acte d'avocat », *RD banc. fin.* 2011. 132.
3. C. Jamin et T. Wickers, « L'avenir de la profession d'avocat », *Commentaire* 2010, spéc. p. 994-995.
4. F. Terré, « Le contexte et le texte », *RDC* avr. 2010. 762 s., spéc. p. 767.
5. Autorité de la concurrence, avis n° 10-A-10, 27 mai 2010 relatif à l'introduction du contreseing d'avocat des actes sous seing privé, spéc. § 112 à 116.
6. L. n° 2014-366, 24 mars 2014 pour l'accès au logement et un urbanisme rénové, *JO* 26 mars, p. 5809, art. 153.
7. Cons. const. 20 mars 2014, n° 2014-691 *DC, Loi pour l'accès au logement et un urbanisme rénové,* NON-CONFORMITÉ PARTIELLE, *JO* 26 mars, p. 5925 ; *AJDA* 2014. 655 ; *D.* 2014. 1844, obs. B. Mallet-Bricout et N. Reboul-Maupin ; *AJDI* 2014. 325, point de vue F. de La Vaissière ; *Constitutions* 2014. 169, Chron. P. Bachschmidt ; *Constitutions* 2014. 364, Chron. P. De Baecke.
8. POUR UNE PRÉSENTATION GÉNÉRALE : N. Baillon-Wirtz, « La déjudiciarisation précipitée du divorce par consentement mutuel », *JCP* 2017. 643 ; – L. Casey, « Le nouveau divorce par consentement mutuel, une réforme en clair-obscur », Dossier, *AJ fam.* 2017. 14 ; – S. Ferré-André, « Nouveau regard sur le divorce après la loi du 18 novembre 2016 », *Defrénois* 2017, n° 2, p. 125 ; – C. Lienhard, « Le nouveau divorce par consentement mutuel – Une révolution culturelle », *D.* 2017. 9 févr. 2017, n° 6 ; – E. Mulon et B. Weiss-Gout, « Le consentement mutuel par acte d'avocat – Un défi à relever », *Gaz. Pal.* 12 juill. 2016, p. 40.
9. L. n° 2016-1547, 18 nov. 2016 de modernisation de la justice du XXIe siècle, *JO* 19 nov., n° 1.
10. C. civ., art. 229-1 ; créé par L. n° 2016-1547, 18 nov. 2016, art. 50.
11. C. civ., art. 229-2 ; créé par L. n° 2016-1547, 18 nov. 2016, art. 50.
12. Circ. min. Justice, 26 janv. 2017 portant présentation des dispositions en matière de divorce par consentement mutuel et de successions, Fiche n° 2, NOR : JUSC1638274C.

La convention de divorce doit impérativement contenir les mentions obligatoires prévues à peine de nullité par l'article 229-3 du code civil, ainsi que les mentions exigées par le décret du 16 décembre 2016[1]. Sont mentionnées également dans la convention de divorce, les dispositions de l'article 66-3-1 de la loi du 31 décembre 1971, rappelant que l'avocat atteste avoir rempli son obligation de conseil en contresignant l'acte sous seing privé. Une fois signée par les époux et leurs avocats, la convention de divorce est transmise, à la requête des parties, par l'avocat le plus diligent, à un notaire, et déposée au rang de ses minutes. Le notaire désigné n'a pas à vérifier le consentement des parties ni à faire foi de l'écriture et de la signature des actes. Il doit seulement vérifier que les exigences formelles de l'acte sont bien remplies, sans en contrôler le contenu ou l'équilibre[2]. Ce dépôt au rang des minutes du notaire donnera ses effets à la convention de divorce en lui conférant date certaine et force exécutoire[3].

Le formalisme de l'acte sous signature privée contresignée par avocat[4] a été étendu à la séparation de corps par le décret du 17 décembre 2019[5], portant adaptation des textes réglementaires aux modifications adoptées dans la loi du 23 mars 2019[6] de programmation 2018-2022 et de réforme pour la justice. La possibilité de recourir à la signature électronique pour le divorce ou la séparation de corps par consentement mutuel est également prise en compte[7].

632.64 Loi confiance dans l'institution judiciaire – Reconnaissance d'un nouveau titre exécutoire : l'accord amiable par acte d'avocats. Reprenant une recommandation du rapport de la mission Perben relative à l'avenir de la profession d'avocat[8] consistant à « conférer la force exécutoire aux actes contresignés par avocats dans le cadre des modes amiables de règlement des différends, lorsqu'ils constatent l'accord réalisé entre les parties », l'article 44 de la loi du 22 décembre 2021[9] pour la confiance dans l'institution judiciaire instaure ce nouveau titre exécutoire. Le texte adopté ajoute à la liste des titres exécutoires prévue à l'article L. 111-3 du code des procédures civiles d'exécution les transactions et actes constatant un accord issu d'une médiation, d'une consultation ou d'une procédure participative contresignés par les avocats des parties, après apposition de la formule exécutoire par le greffe de la juridiction compétente[10].

Les modalités de mise en œuvre de ces accords amiables, notamment la procédure devant le greffe de la juridiction compétente pour l'apposition de la formule exécutoire, seront fixées par un décret en Conseil d'État. Le projet de décret transmis par la DACS au Conseil national des barreaux pour observations confère compétence au greffe du tribunal judiciaire ou au greffier du tribunal de commerce. La compétence matérielle et territoriale sera déterminée par référence à la compétence pour connaître d'une demande d'homologation de l'accord au sens de l'article 1565 du code de procédure civile.

La forme de la demande serait formée uniquement par écrit, et non par voie électronique - notamment par le biais du RPVA, en double exemplaire. Le greffier, après avoir vérifié sa compétence et la nature de l'acte contresigné par les avocats de chacune des parties, y apposera la formule exécutoire.

Le double de la demande ainsi que la copie de l'acte contresigné par avocats et le cas échéant la décision de refus seront conservés au greffe.

§ 2
Encadrement déontologique

632.71 Encadrement déontologique de l'acte d'avocat[11]. L'avocat qui contresigne a la qualité de rédacteur ou de co-rédacteur de l'acte, même s'il ne l'a pas lui-même matériellement rédigé. Cette règle ne résulte pas du texte de l'article 66-3-1 de la loi du 31 décembre 1971, mais de l'article 7.1 du RIN qui précise qu'« *a la qualité de rédacteur, l'avocat qui élabore, seul ou en collaboration avec un autre professionnel [...] et qui recueille leur signature sur cet acte* ». En contresignant un acte qu'il n'aurait pas lui-même rédigé, l'avocat s'approprie en quelque sorte la rédaction proposée à la signature de la ou des parties qu'il conseille. Il lui appartient dès lors de bien vérifier les mentions figurant à l'acte qu'il contresigne et dont il n'est pas le rédacteur initial.

La question déontologique du contreseing de l'acte d'avocat est différente selon qu'il y a une pluralité

1. Décr. n° 2016-1907, 28 déc. 2016 relatif au divorce prévu à l'article 229-1 du code civil et à diverses dispositions en matière successorale, *JO* 29 déc., n° 62.
2. C. civ., art. 229-1, al. 2.
3. C. civ., art. 229-1, al. 3.
4. C. pr. civ., art. 1148-3 ; créé par décr. n° 2019-1380, 17 déc. 2019, art. 8.
5. Décr. n° 2019-1380, 17 déc. 2019 relatif à la procédure applicable aux divorces contentieux et à la séparation de corps ou au divorce sans intervention judiciaire, *JO* 19 déc., n° 2.
6. L. n° 2019-222, 23 mars 2019 de programmation 2018-2022 et de réforme pour la justice, *JO* 24 mars, n° 2.
7. C. pr. civ., art. 1145 ; mod. par décr. n° 2019-1380, 17 déc. 2019, art. 8.
8. D. Perben (dir.), *Rapport de la mission relative à l'avenir de la profession d'avocat*, juill. 2020, recommandation n° 8.
9. L. n° 2021-1729, 22 déc. 2021 pour la confiance dans l'institution judiciaire, *JO* 23 déc., n° 2.
10. V. s[s] n° 621.14.
11. CNB, Rapport Commission règles et usages, *Acte d'avocat : Encadrement déontologique*, AG 8-9 juill. 2011.

d'avocats signataires ou un avocat seul rédacteur. Dans la première hypothèse, la plus simple et la plus logique, chaque partie est assistée d'un avocat qui en cette qualité accepte de contresigner l'acte. Elle permet à chacun des avocats d'avoir à gérer d'éventuels conflits d'intérêts entre les parties qu'ils conseillent. Dans la seconde hypothèse, l'avocat prend la qualité de conseil de toutes les parties et est le rédacteur unique de l'acte comme le permet l'article 9, alinéa 2, du décret du 12 juillet 2005[1]. L'avocat doit gérer en amont la problématique du conflit d'intérêts, et notamment informer toutes les parties de la possibilité d'être conseillées et de se faire assister par un autre avocat[2]. En sa qualité d'avocat rédacteur unique, l'avocat est tenu, conformément à la jurisprudence actuelle, d'informer tous les signataires sur la portée des engagements souscrits, ainsi que de veiller à l'équilibre des parties en présence[3].

L'article 7.2 du RIN a par ailleurs été complété par décision à caractère normatif du Conseil national des barreaux du 28 mars 2019[4] qui précise que l'acte sous signature privée contresigné par avocat est signé par l'avocat ou les avocats rédacteurs désigné(s) à l'acte. Aucune substitution d'avocat n'est donc possible[5].

Parmi les bonnes pratiques à recommander, celles de la vérification de l'identité des parties et du bénéficiaire effectif de l'acte, ainsi que de leurs pouvoirs respectifs, la lecture de l'acte avant sa signature qui concrétisera l'obligation d'information de l'avocat sur la portée et les conséquences juridiques des engagements souscrits, l'apposition matérielle d'un sceau distinguant l'acte d'avocat d'un simple acte sous seing privé, la présentation matérielle de l'acte avec des mentions obligatoires et la remise d'un exemplaire original par partie conformément aux dispositions de l'article 1375 du code civil.

La responsabilité civile professionnelle encourue par l'avocat qui contresigne un acte sous seing privé ne devrait nullement être aggravée, elle est la même que celle qu'encoure tout avocat rédacteur d'acte. En faisant référence à l'obligation de conseil, l'article 66-3-1 de la loi du 31 décembre 1971 rappelle simplement que l'auteur du contreseing est tenu plus largement d'un devoir d'efficacité sur lequel est fondée sa responsabilité et de toutes les obligations déontologiques qui en découlent.

1. Décr. n° 2005-790, 12 juill. 2005 relatif aux règles de déontologie de la profession d'avocat, *JO* 16 juill., p. 11688.
2. RIN, art. 7.2.
3. Civ. 1re, 27 nov. 2008, n° 07.18.142, P I, n° 267 ; *D.* 2009. 706, note Ch. Jamin ; *RTD civ.* 2009. 134, n° 2, obs. P.-Y. Gautier – Civ. 1re, 25 févr. 2010, n° 09-11.591, NP – Civ. 1re, 22 juin 1999, n° 96-22.538, NP ; *JCP* 1999. I, n° 22, obs. R. Martin.
4. CNB, AG 8 févr. 2019, décis. n° 2018-003, 28 mars 2019 portant réforme du règlement intérieur national (RIN) de la profession d'avocat (art. 21-1 de la loi du 31 déc. 1971 mod.), *JO* 30 avr., n° 5.
5. RIN, art. 7.2, al. 3.

632.72 Création de l'acte d'avocat électronique natif (ou eAA). Dans les conditions fixées aux articles 1174 et 1367 du code civil pour la preuve littérale des actes juridiques, le Conseil national des barreaux a développé un service en ligne de signature électronique des actes contresignés accessible à tous les avocats inscrits à e-barreau[6]. Ce service ouvert depuis le 19 mai 2015 permet à l'ensemble des avocats de proposer à leurs clients la signature d'actes entièrement électroniques sans que ces derniers aient à se munir préalablement d'un quelconque certificat ou d'un autre outil de signature[7]. Ces actes électroniques natifs, présentés sous la forme de fichiers.pdf, peuvent être signés, remis aux clients et archivés sur un espace dédié de la plateforme e-barreau. Le CNB s'appuie pour ce faire sur une société tierce de confiance qui assure la confidentialité, l'intégrité, la disponibilité et la traçabilité des informations. L'accès à la plateforme de signature électronique des actes n'est possible que par une authentification forte, laquelle se fait par courriel et système OTP délivré par SMS pour les parties, et par le certificat électronique qualifié (clé e-barreau) pour les avocats.

Le service est disponible via un parapheur électronique ouvert par un avocat rédacteur qui coordonne l'ensemble des opérations. Ce parapheur est également accessible par les avocats co-signataires de l'acte et par les clients des avocats qui pourront chacun apposer leur signature électronique. En cas de pluralité d'avocats, l'acte sera conservé sur l'espace sécurisé de chacun des avocats ayant apposé son contreseing accessible grâce à sa clé d'authentification, ce qui préserve la confidentialité et le secret professionnel. À l'issue du processus de signature, l'acte d'avocat électronique est formé, horodaté et archivé. L'archivage électronique permet d'assurer une conservation sécurisée de l'acte contresigné et des données y afférentes pour une durée minimale de cinq ans. À la demande de l'avocat, cet archivage pourra être prolongé au-delà de ce délai jusqu'à quatre-vingt-dix-neuf ans.

• **Enregistrement des actes sous seing privé électroniques.** La Direction générale des finances publiques admet dans une note de service, que l'acte d'avocat électronique natif peut, une fois rematérialisé sur support papier, être admis à la formalité de l'enregistrement, dès lors qu'une mention de certification

6. https://e-aa.avocat.fr
7. C. Berrebi, « À propos de l'acte d'avocat dématérialisé », *Gaz. Pal.* 19-20 juill. 2013, p. 11 – Th. Piettre-Coudol, « L'acte d'avocat dématérialisé », in *Guide de l'avocat numérique,* CNB – LexisNexis, 2016, p. 23.

de conformité à l'original, rédigée par l'avocat rédacteur de l'acte, figure dans l'acte présenté à l'enregistrement[1].

• **Cas particulier du divorce par consentement mutuel extrajudiciaire.** La convention de divorce par consentement mutuel sous forme d'acte contresigné par avocat, prévue à l'article 229-1 du code civil, ne pouvait être établie et conservée sous forme électronique. L'article 1175, 1°, du code civil excluait, en effet, cette possibilité pour les actes sous signature privée relatifs au droit de la famille et des successions.

La signature électronique de la convention de divorce et de séparation de corps par consentement mutuel par acte d'avocats, pourvu qu'elle intervienne en présence des parties, a été autorisée par la loi du 23 mars 2019[2] qui a modifié la rédaction de l'article 1175, 1°, du code civil. L'article 7.2 du RIN a par ailleurs été complété par décision à caractère normatif du Conseil national des barreaux du 28 mars 2019[3] qui précise que la convention de divorce par consentement mutuel établie par acte sous signature privée conformément aux dispositions de l'article 229-3 du code civil est signée, en présence physique et simultanément, par les parties et les avocats rédacteurs désignés à la convention sans substitution ni délégation possible[4]. La signature de la convention de divorce doit donc avoir lieu en présence des époux et des avocats réunis ensemble dans un même lieu.

Il appartient toujours au notaire, chargé de l'enregistrement de la convention, de conserver l'acte par le dépôt au rang de ses minutes.

§ 3
Inscription dans le code civil

632.81 Inscription de l'acte d'avocat dans le code civil. L'ordonnance du 10 février 2016 portant réforme du droit des contrats, du régime général et de la preuve des obligations[5], prise en application de l'article 8 de la loi du 16 février 2015[6], qui confiait au gouvernement la tâche de moderniser, de simplifier, d'améliorer la lisibilité, de renforcer l'accessibilité du droit commun des contrats, du régime des obligations et du droit de la preuve ainsi que de garantir la sécurité juridique et l'efficacité des normes, a introduit l'acte contresigné par avocat dans le code civil. Il est pleinement reconnu comme « une variété particulière d'acte sous signature privée qui a une force probante accrue »[7].

L'article 1374 du code civil, intégré dans un titre IV *bis* « De la preuve des obligations », chapitre III « Les différents modes de preuve » et une sous-section 3 « L'acte sous signature privée », qui codifie les dispositions des articles 66-3-2 et 66-3-3 de la loi du 31 décembre 1971, abrogées, est ainsi rédigé :

« L'acte sous signature privée contresigné par les avocats de chacune des parties ou par l'avocat de toutes les parties fait foi de l'écriture et de la signature des parties, tant à leur égard qu'à celui de leurs héritiers ou ayants cause.

La procédure de faux prévue par le code de procédure civile lui est applicable.

Cet acte est dispensé de toute mention manuscrite exigée par la loi. »

Cette transposition du contreseing de l'avocat dans le code civil, dont la portée est plus que symbolique, est ainsi faite à droit constant.

Le Conseil national des barreaux dans sa contribution apportée au texte du projet d'ordonnance avait tenté de faire valoir la reconnaissance de la date certaine pour l'acte d'avocat électronique natif. Les conditions édictées et les précautions prises pour la création de l'acte d'avocat électronique permettent d'assurer une sécurité tant juridique que technique et de garantir un acte qui soit infalsifiable, inviolable et doté d'une force probante renforcée. La signature des actes d'avocats électroniques bénéficie d'un horodatage dit qualifié qui génère une date « certifiée » équivalente à la date faisant foi de l'article 1377 du projet d'ordonnance. L'acte d'avocat électronique natif répond ainsi aux critères fixés par les dispositions de l'article 1367 du code civil et du décret du 30 mars 2001[8].

Le CNB avait proposé également que la copie numérisée d'un acte contresigné par avocat ait la

1. DGFIP, note de service, 10 août 2016 relative à l'enregistrement des actes sous seing privé électroniques, 2016-06-6107.
2. L. n° 2019-222, 23 mars 2019 de programmation 2018-2022 et de réforme pour la justice, *JO* 24 mars, n° 2, art. 25.
3. CNB, AG 8 févr. 2019, décis. n° 2018-003, 28 mars 2019 portant réforme du règlement intérieur national (RIN) de la profession d'avocat (art. 21-1 de la loi du 31 déc. 1971 mod.), *JO* 30 avr., n° 5.
4. RIN, art. 7.2 al. dernier.
5. Ord. n° 2016-131, 10 févr. 2016 portant réforme du droit des contrats, du régime général et de la preuve des obligations, *JO* 11 févr., n° 26.
6. L. n° 2015-177, 16 févr. 2015 relative à la modernisation et à la simplification du droit et des procédures dans les domaines de la justice et des affaires intérieures, *JO* 17 févr., p. 2961.
7. Rapport au président de la République relatif à l'ordonnance n° 2016-131, 10 févr. 2016 portant réforme du droit des contrats, du régime général et de la preuve des obligations, *JO* 11 févr., n° 25.
8. Décr. n° 2001-272, 30 mars 2001 pris pour l'application de l'article 1316-4 du code civil et relatif à la signature électronique, *JO* 31 mars, p. 5070 [dispositions transposées aux articles 1366 et 1367 du code civil].

même force probante qu'un orignal « papier », dès lors qu'elle a été transmise par le biais du RPVA et archivée sur les serveurs de la plateforme e-barreau dans des conditions qui seraient fixées par décret en Conseil d'État. Les copies numériques de l'acte revêtues par le ou les rédacteurs d'une signature électronique répondant aux exigences de l'article 1367 du code civil auraient ainsi la même force probante que l'original.

Ces deux propositions n'ont pas été reprises par l'ordonnance du 10 février 2016. Tenant compte de l'évolution des nouvelles technologies, l'ordonnance renforce toutefois le principe selon lequel une copie fiable, en particulier lorsqu'elle est réalisée sur support électronique, a la même force probante que l'original [1]. L'archivage électronique de l'acte d'avocat s'en trouvera ainsi grandement facilité.

1. C. civ., art. 1379.

TITRE

64. Les mandats spéciaux

SECTION 0
ORIENTEUR

64.00 Sommaire du titre.

Division. Les mandats spéciaux concernent diverses activités au titre desquelles les enchères dans les ventes à la barre du tribunal (chap. 641), le délégué à la protection des données (DPO) (chap. 642), le tiers de confiance (chap. 643), le fiduciaire (chap. 644), le mandataire sportif (chap. 645), le mandataire en transactions immobilières (chap. 646), et le lobbyiste ou représentant d'intérêts (chap. 647).

64.03 Bibliographie indicative.

* Aussi : v. s^{s} n° 6.03.

Encyclopédie. *J.-Cl. Pr. civ.*, fasc. 83-1 : avocats – Généralités. Fonctions – Fonctions de l'avocat, 2014.

Monographie. J.-M. Braunschweig, J. Demaison, *Profession d'avocat : Le guide*, 4e éd., Wolters Kluwer, 2017.

Format réduit. J.-J. Taisne, *La déontologie de l'avocat*, 11e éd., « Connaissance du droit », Dalloz, 2019.

CHAPITRE

641. Enchères dans les ventes à la barre du tribunal

SECTION 0
ORIENTEUR

641.00 **Sommaire du chapitre.**

Division. Les enchères dans les ventes à la barre du tribunal font partie du monopole de l'avocat (sect. 1) et font l'objet d'un cahier des charges type (sect. 2) nécessitant une constitution de garanties par le client (sect. 3), et un mandat de l'avocat (sect. 4).

641.01 **Textes applicables.**

TEXTES TITRÉS

• **C. pr. exéc.,**

art. L. 322-4 [Consignation du prix]

art. R. 322-23 [Consignation]

art. 322-40 [Ministère de l'avocat obligatoire]

art. 322-41 [Exigence de garanties]

art. 322-49 [Contestation par ministère d'avocat]

art. 322-51 [Surenchère par acte d'avocat]

• **RIN,**

art. 12 [Déontologie et pratique de l'avocat en matière de ventes judiciaires]

641.02 **Jurisprudence de référence.**

> Un règlement intérieur ne saurait imposer un cahier des charges type

• **Civ. 1re, 16 déc. 2003,** n° 01-10.210, P I, n° 257

* V. ss n° 641.24.

« Vu les articles 34 et 37 de la Constitution, ensemble l'article 17 de la loi du 31 décembre 1971 ;

Attendu que pour refuser d'annuler les dispositions 12-1 et 12-3 du règlement intérieur imposant aux avocats du barreau de Nice l'emploi d'un cahier des charges type en matière de vente aux enchères et soumettant toute modification éventuelle au visa du bâtonnier, l'arrêt estime que le bâtonnier ayant pour mission, au sein du conseil de l'Ordre, de traiter toutes questions intéressant l'exercice de la profession, il n'est pas établi que le contenu du cahier des charges contienne des mentions illicites, ni sérieux de soutenir que le visa du bâtonnier soit destiné à censurer systématiquement et d'avance, par un véritable détournement de pouvoir, toute modification éventuelle du cahier des charges plutôt qu'à contribuer à assurer l'égalité des enchérisseurs par une clarification des procédures dans le souci de protection des intérêts des justiciables ;

Attendu qu'en se déterminant par de tels motifs, cependant qu'il appartient au seul pouvoir législatif ou réglementaire d'édicter les mesures propres à assurer l'égalité des enchérisseurs et de clarifier les procédures dans l'intérêt des justiciables, la cour d'appel, en conférant au conseil de l'Ordre des avocats au barreau de Nice et à son bâtonnier des pouvoirs qu'ils ne possèdent pas, a violé les textes susvisés. »

> Un règlement intérieur ne saurait exiger du client la constitution de garanties, dès lors que cela relève des pouvoirs législatif ou réglementaire

• **Civ. 1re, 23 sept. 2003,** n° 00-18.972, NP

* V. ss n° 641.32.

« Vu les articles 34 et 37 de la Constitution, ensemble les articles 17 et 19 de la loi du 31 décembre 1971 ;

Attendu que pour rejeter le recours, en ce qu'il portait sur le paragraphe 5 de l'article 12-2 du règlement intérieur disposant qu'à moins qu'il soit chargé d'enchérir pour une personne publique ou un organisme public, l'avocat doit se faire remettre préalablement, par chèque de banque ou caution bancaire spéciale, une consignation tenant compte des frais préalables, des droits de mutation, des frais de publicité foncière et des émoluments, l'arrêt retient que cette disposition a été prévue pour protéger les avocats contre les conséquences d'une défaillance du mandant et que les articles 702 à 711 du code de procédure civile n'ayant pas réglementé la matière, sauf à interdire l'enchérissement pour des personnes notoirement insolvables, la mesure contestée ne contient aucune illégalité pour violation de la loi, ni d'erreur quant à ses motifs, puisque la liberté des enchères ne se trouve pas entravée par une telle modalité limitée à des frais que l'enchérisseur doit par définition être en mesure de payer, outre le prix de vente, et qu'il n'existe pas non plus de détournement de pouvoir, puisque l'intérêt général suppose la solvabilité des personnes publiques et justifie d'autre part la garantie de solvabilité exigée de tout autre enchérisseur ;

Attendu cependant qu'en statuant ainsi, quel que soit le mérite de la disposition critiquée, alors qu'il appartient aux pouvoirs législatif ou réglementaire de décider de la nature des garanties dont l'enchérisseur doit justifier pour participer à l'adjudication en vue de garantir les intérêts des parties, la cour d'appel, qui a conféré à l'Ordre professionnel une compétence qu'il n'avait pas, a violé les textes susvisés. »

> Un règlement intérieur ne saurait imposer des conditions complémentaires aux dispositions législatives en exigeant du client un pouvoir spécial même en sa présence

• **Civ. 1re, 26 nov. 2002,** n° 00-18.971, P I, n° 283

* V. ss nos 641.32 et 641.41.

« Vu l'article 707 du code de procédure civile, ensemble les articles 17 et 19 de la loi du 31 décembre 1971 et 155 du décret du 27 novembre 1991 ;

Attendu qu'aux termes du premier de ces textes, l'avocat dernier enchérisseur est tenu, dans les trois jours de l'adjudication, de déclarer l'adjudicataire et, soit de fournir son acceptation, soit de représenter son pouvoir ;

Attendu que pour rejeter le recours, en ce qu'il portait sur le paragraphe 4 de l'article 12-2 disposant que même en présence de son client à l'audience, l'avocat doit être muni d'un pouvoir spécial de ce dernier pour enchérir et d'instructions écrites précisant le montant maximum en lettres et en chiffres de l'enchère autorisée, l'arrêt retient que cette disposition ne fait que reprendre l'obligation qui est faite à l'avocat par l'article 707 du code de procédure civile, d'être en possession d'un pouvoir de porter les enchères et qu'elle ne saurait donc porter atteinte à la liberté des enchères et à l'honneur de l'avocat ;

Attendu qu'en statuant ainsi, la cour d'appel a, en ajoutant à l'article 707 du code de procédure civile des exigences qu'il ne comportait pas, porté atteinte au principe de la liberté des enchères et violé les textes susvisés. »

641.03 Bibliographie indicative.

* Aussi : v. ss n° 64.03.

Manuel. A. Leborgne, *Droit de l'exécution : voies d'exécution et procédures de distribution,* 3e éd., « Précis », Dalloz, 2019, nos 1368 s.

Articles. Ch. Laporte, « Ventes judiciaires et Conseil national des barreaux », Procédures 2009. Focus 42 ; « Du nouveau en matière de ventes immobilières judiciaires », *JCP* 2019, Doctr. 66 – A. Leborgne, *D.* 2010. 1307 – O. Salati, « Déontologie des avocats : de nouveaux modèles pour les ventes immobilières judiciaires », *RLDC* 2019. 6642.

SECTION 1

MONOPOLE DE L'AVOCAT DANS LES VENTES AUX ENCHÈRES À LA BARRE DU TRIBUNAL

641.11 Rôle central de l'avocat. L'avocat occupe un rôle essentiel dans le cadre de la procédure de ventes aux enchères à la barre du tribunal. En effet, pour la saisie immobilière, le principe de la représentation obligatoire par avocat a été maintenu par l'ordonnance du 21 avril 2006[1], entrée en vigueur le 1er janvier 2007, codifiée pour l'essentiel au livre troisième de la partie législative du code des procédures civiles d'exécution. Ce, même si l'ordonnance donne compétence au juge de l'exécution pour connaître de cette procédure et non plus au tribunal de grande instance[2] [devenu tribunal judiciaire]. Cette représentation obligatoire s'explique par la complexité et les risques liés à la procédure de saisie immobilière.

L'article 12 du Règlement intérieur national (RIN), consacré à cette matière, diffère des dispositions figurant à l'ancien article 12 du Règlement intérieur harmonisé (RIH), dont certaines dispositions avaient suscité un important contentieux[3]. L'article 12.2 du RIN relatif aux enchères a été modifié par la décision à caractère normatif du 13 février 2019[4] qui contient aussi une nouvelle version des cahiers des conditions de vente et du cahier des charges, annexés à l'article 12 du RIN, publiés ainsi pour la première fois au *Journal officiel.*

641.12 Ministère obligatoire de l'avocat. Les enchères doivent être portées par le ministère d'un avocat, inscrit au barreau du tribunal judiciaire devant lequel la vente est poursuivie, d'après l'article R. 322-40 du code des procédures civiles d'exécution.

L'avocat ne peut être porteur que d'un seul mandat. La règle permet ainsi de mettre fin à des pratiques dans certains tribunaux où le nombre d'avocats étant peu élevé, il pouvait arriver que le même avocat intervienne pour le débiteur en même temps que le créancier enchérisseur. Toutefois, si le nombre d'avocats se révèle insuffisant pour représenter tous les enchérisseurs, il conviendra de faire application du mécanisme correctif de l'article 5[5] de

1. Ord. n° 2006-461, 21 avr. 2006 réformant la saisie immobilière, *JO* 22 avr., p. 6072.
2. C. pr. civ. exéc., art. L. 121-1 – COJ, art. L. 213-6 ; mod. par L. n° 2019-222, 23 mars 2019, art. 95.
3. V. ss nos 112.21 s.
4. CNB, AG 17 nov. 2018, décis. n° 2018-002, 13 févr. 2019 portant réforme du règlement intérieur national (RIN) de la profession d'avocat (art. 21-1 de la loi du 31 déc. 1971 mod.), *JO* 7 mars, n° 10, NOR : JUSC1903517S ; – SUR LESQUELS : *JCP* 2019. act. 294, obs. S. Bortoluzzi ; *D. actu.* 22 mars 2019, obs. F. Kieffer.
5. L. n° 71-1130, 31 déc. 1971 portant réforme de certaines professions judiciaires et juridiques, *JO* 5 janv. 1972, p. 131, art. 5 ; mod. par ord. n° 2019-964, 18 sept. 2019, art. 35.

la loi du 31 décembre 1971 : un avocat établi auprès d'un autre tribunal de la cour d'appel pourra être autorisé par la cour à diligenter des actes de procédure, et en l'espèce, à représenter un enchérisseur.

La demande aux fins d'autorisation de la vente amiable d'un immeuble est quant à elle dispensée du ministère d'avocat et peut être formulée verbalement à l'audience d'orientation par le débiteur ou son avocat[1].

641.13 Sanction du non-respect du ministère obligatoire de l'avocat. La règle selon laquelle les enchères sont portées par le ministère d'avocat est prescrite à peine de nullité soulevée d'office.

Cependant, toute nouvelle enchère régulièrement portée couvre la nullité des enchères précédentes. L'adjudication ne sera nulle, de plein droit, que si la dernière enchère est reconnue nulle[2].

641.14 La surenchère ne peut se passer de l'avocat. À peine d'irrecevabilité, la surenchère est formée par acte d'avocat et déposée au greffe du juge de l'exécution dans les « dix jours » suivant l'adjudication, aux termes de l'article R. 322-51 du code des procédures civiles d'exécution.

Lorsqu'un avocat s'est rendu adjudicataire pour le compte d'une personne, il ne peut accepter de former une surenchère au nom d'une autre personne sur cette adjudication, à défaut d'accord écrit de l'adjudicataire initial[3].

641.15 Tarifs réglementés applicables aux procédures de saisie immobilière, de licitation et de partage et de sûretés judiciaires. Les tarifs réglementés de postulation des avocats en matière de saisie immobilière, de partage, de licitation et de sûretés judiciaires[4] sont fixés par le décret du 9 mai 2017[5], pris en application de l'article 50, I, 1°, de la loi du 6 août 2015[6]. Ce tarif mentionné à l'article 10, alinéa 2 de la loi du 31 décembre 1971 est déterminé selon des modalités prévues au titre IV *bis* du livre IV du code de commerce et révisé au moins tous les cinq ans. Il prend en compte les coûts pertinents du service rendu et une rémunération raisonnable, définie sur la base de critères objectifs. La procédure de taxation demeure soumise aux articles 695 à 721 du code de procédure civile[7].

Le principe d'un tarif de postulation pour les droits et émoluments de l'avocat en matière de saisie immobilière, de partage, de licitation et de sûretés judiciaires avait été maintenu par la loi du 6 août 2015[8], qui a supprimé le tarif de postulation. Les règles de rétribution des avocats en matière de saisie immobilière et de distribution étaient jusqu'alors régies par les chapitres IV et VII du décret du 2 avril 1960[9].

Le décret du 9 mai 2017, précité, arrête la liste des prestations concernées par le dispositif et codifie les règles de perception des tarifs réglementés de ces prestations. Ces dispositions sont entrées en vigueur à la date d'entrée en vigueur du premier arrêté portant fixation de ces tarifs en application de l'article L. 444-3 du code de commerce. Un premier arrêté a été adopté le 6 juillet 2017[10] dans les conditions prévues à l'article 5[11] du décret du 9 mai 2017, complété par deux arrêtés du 8 août 2019[12] et du 2 août 2021[13]. Ils fixent l'émolument de chaque prestation pour les tarifs réglementés des avocats régis par le titre IV *bis* du livre IV du code de commerce, l'arrêté du 2 août 2021 s'appliquant pour la nouvelle période de référence comprise entre le 1er septembre 2021 et le 31 août 2023[14].

Au titre des mesures transitoires, les anciens tarifs de postulation devant les tribunaux judiciaires restent applicables, dans les matières de saisie immobilière, de partage, de licitation et de sûretés judiciaires, aux instances en cours avant le 1er septembre 2017. Les anciens tarifs de postulation devant les cours d'appel restent également applicables aux

1. C. pr. civ. exéc., art. R. 322-17 ; créé par décr. n° 2012-783, 30 mai 2012 ; – POUR UNE APPLICATION : Civ. 2e, 7 avr. 2016, n° 15-14.856, NP ; *D.* 2017. 1388, obs. A. Leborgne.
2. C. pr. exéc., art. R. 322-48 ; créé par décr. n° 2012-783, 30 mai 2012.
3. RIN, art. 12.2.
4. C. com., art. L. 444-1, al. 1 – C. com., art. L. 444-7 ; créé par L. n° 2015-990, 6 août 2015, art. 50 ; puis mod. par L. n° 2019-222, 23 mars 2019, art. 20 – C. com., art. L. 462-2-1.
5. Décr. n° 2017-862, 9 mai 2017 relatif aux tarifs réglementés de postulation des avocats en matière de saisie immobilière, de partage, de licitation et de sûretés judiciaires, *JO* 10 mai, n° 41.
6. L. n° 2015-990, 6 août 2015 pour la croissance, l'activité et l'égalité des chances économiques, *JO* 7 août, p. 13537.
7. V. ss nos 722.41 s.
8. L. n° 2015-990, 6 août 2015 pour la croissance, l'activité et l'égalité des chances économiques, *JO* 7 août, p. 13537, art. 51.
9. Décr. n° 60-323, 2 avr. 1960 portant règlement d'administration publique et fixant le tarif des avoués, *JO* 7 avr., p. 3194.
10. Arr. 6 juill. 2017 fixant les tarifs réglementés de postulation des avocats en matière de saisie immobilière, de partage, de licitation et de sûretés judiciaires, *JO* 14 juill., n° 39, NOR : ECOC1701976A ; – SUR LEQUEL : *JCP* 2017, act. 879, obs. C. Laporte.
11. Décr. n° 2017-862, 9 mai 2017, art. 5.
12. Arr. 8 août 2019 fixant les tarifs réglementés de postulation des avocats en matière de saisie immobilière, de partage, de licitation et de sûretés judiciaires, *JO* 30 août, n° 25, NOR : ECOC1914316A.
13. Arr. 2 août 2021 fixant les tarifs réglementés de postulation des avocats en matière de saisie immobilière, de partage, de licitation et de sûretés judiciaires, *JO* 15 août, n° 7, NOR : ECOC2123034A. SUR LEQUEL : F. Kieffer, *D. actu.* 6 sept. 2021.
14. V. ss nos 722.31 s.

instances en cours avant l'entrée en vigueur de la loi du 25 janvier 2011[1] portant réforme de la représentation devant les cours d'appel.

Un nouveau décret du 28 février 2020[2] modifie la partie réglementaire du code de commerce relative à la fixation des tarifs réglementés de certains professionnels du droit, dont les avocats dans les matières de saisie immobilière, de partage, de licitation et de sûretés judiciaires. Il définit les modalités de détermination de l'objectif de taux de résultats moyen sur la base duquel les tarifs sont fixés en application du deuxième alinéa de l'article L. 444-2 du code de commerce dans sa rédaction issue de l'article 20 de la loi du 23 mars 2019[3] de programmation 2018-2022 et de réforme pour la justice. Il porte également de 10 % à 20 % le taux de remise fixe librement négocié entre le professionnel et son client. Ce texte reste soumis pour son application à la profession d'avocat à la publication d'un arrêté prévoyant les données que les avocats doivent faire remonter au Conseil national des barreaux aux fins de communication. Une fois cet arrêté publié, un autre arrêté fixera l'objectif de taux de résultat moyen de la profession d'avocat conformément à l'article L. 444-3 du code de commerce.

641.16 **Révision des tarifs des avocats.** Les informations statistiques et données utiles concernant les tarifs des professions réglementées du droit, dont celle d'avocat, doivent être transmises annuellement par les instances professionnelles nationales, dans le respect du secret des affaires et de la confidentialité, en vue de leur révision, conformément à l'article R. 444-21 du code de commerce.

Pour la profession d'avocat, ces données seront transmises par le Conseil national des barreaux dans des conditions fixées par un arrêté conjoint des ministres de la Justice et de l'Économie.

641.17 **Publicité – Lancement de la plateforme Avoventes.** Le Conseil national des barreaux a voté, lors de son assemblée générale des 13 et 14 décembre 2019, le lancement d'une nouvelle plateforme digitale à destination des avocats praticiens des ventes judiciaires. Elle s'adresse à tout avocat à la recherche de biens pour ses clients, mais aussi au grand public qui pourra consulter les offres disponibles en ligne.

Le site Avoventes[4] permet ainsi de faciliter et de moderniser le travail des avocats via une plateforme de dépôt simple et sûre offrant une diffusion efficace des offres à un plus large public sur l'ensemble du territoire, en sus des traditionnelles annonces légales dans les journaux et de l'affichage dans les tribunaux.

SECTION 2
CAHIER DES CHARGES TYPES

641.21 **Unification des cahiers types relatifs aux ventes judiciaires.** Par une décision à caractère normatif du 13 février 2019[5], le CNB a modifié l'article 12.2 du RIN relatif aux enchères et mis à jour les trois cahiers type des conditions de vente et du cahier des charges applicables en matière de ventes immobilières judiciaires, annexés au RIN, publiés pour la première fois au *Journal officiel*.

L'article 12.1 du RIN prévoit que : « L'avocat amené à rédiger un cahier des conditions de vente (saisie immobilière) ou un cahier des charges et conditions de vente (licitation), ou en matière de liquidation judiciaire, en vue de son dépôt au greffe, doit utiliser les clauses types ci-après annexées portant dispositions générales pour ces actes, sous réserve d'une modification qui serait nécessitée par une particularité tenant à la nature de l'affaire, le statut des parties, ou la situation des biens. »

Auparavant, par une décision de son assemblée générale des 12 et 13 décembre 2008, le CNB avait adopté la réforme de l'article 12[6] du RIN sur la déontologie et la pratique de l'avocat en matière de ventes judiciaires d'un immeuble à la barre du tribunal. Cette décision a eu notamment pour objet d'unifier les clauses types des cahiers des conditions de vente (saisie immobilière) et cahiers des charges et conditions de vente (licitation), ou en matière de liquidation judiciaire, qui sont annexés au RIN[7]. Il était apparu utile d'harmoniser les pratiques dans les barreaux et ainsi d'apporter une meilleure lisibilité, et donc une meilleure sécurité, aux ventes immobilières réalisées par les avocats.

641.22 **Modifications apportées aux cahiers.** Ont d'abord été adoptés, en avril 2009[8], les cahiers types

1. L. n° 2011-94, 25 janv. 2011 portant réforme de la représentation devant les cours d'appel, *JO* 26 janv., p. 1544.
2. Décr. n° 2020-179, 28 févr. 2020 relatif aux tarifs réglementés applicables à certains professionnels du droit, *JO* 29 févr., n° 22.
3. L. n° 2019-222, 23 mars 2019 de programmation 2018-2022 et de réforme pour la justice, *JO* 24 mars, n° 2.
4. https://avoventes.fr
5. RIN, art. 12.2 ; CNB, AG 17 nov. 2018, décis. n° 2018-002, 13 févr. 2019 portant réforme du règlement intérieur national (RIN) de la profession d'avocat (art. 21-1 de la loi du 31 déc. 1971 mod.), *JO* 7 mars, n° 10, NOR : JUSC1903517S.
6. CNB, AG 12 déc. 2008, décis. n° 2008-002, 24 avr. 2009 portant réforme du règlement intérieur national (RIN) de la profession d'avocat (art. 21-1 de la loi du 31 déc. 1971 mod.), *JO* 12 mai, p. 7875 ; NOR : JUSC0909711S, art. 2.
7. Les trois cahiers annexés au RIN n'ont pas été publiés au *Journal officiel* à la différence des décisions à caractère normatif prises par le CNB en matière d'unification des règles et usages de la profession.
8. CNB, AG 12 déc. 2008, décis. n° 2008-002, 24 avr. 2009.

applicables en matière de saisie immobilière et de licitation. Mais afin de tenir compte des dispositions de l'ordonnance du 19 décembre 2011 [1] relative à la partie législative du code des procédures civiles d'exécution, qui a abrogé depuis le 1er juin 2012 les articles 2202 et 2203 du code civil devenus respectivement les articles L. 322-3 et L. 322-4 du code des procédures civiles d'exécution, et du décret du 30 mai 2012 [2] relatif à la partie réglementaire du même code, le CNB a, lors de son assemblée générale des 14 et 15 septembre 2012, adopté une modification des clauses types du cahier des conditions de vente en matière de saisie immobilière et du cahier des charges et conditions de vente en matière de licitation figurant en annexe du RIN.

Le cahier des conditions de vente applicable en matière de liquidation judiciaire avait dû être reporté, en attendant la réforme des procédures collectives. L'adaptation a finalement été réalisée au moyen du décret du 12 février 2009 [3]. À la suite de la publication de ce décret, le CNB a pu proposer, en avril 2010 le cahier des conditions de vente applicable à la liquidation judiciaire.

Afin de clarifier la norme, uniformiser les règles applicables et procéder à une mise en conformité avec les textes législatifs et réglementaires en vigueur, l'assemblée générale du CNB a adopté les 16 et 17 novembre 2018 par décision à caractère normatif n° 2018-002 [4] trois nouveaux cahiers type des conditions de vente et du cahier des charges applicables en matière de ventes immobilières judiciaires [5].

L'article 12 du RIN comprend ainsi trois annexes correspondant aux trois types de ventes immobilières judiciaires :

- Règlement intérieur national (RIN), Annexe n° 1 - Cahier des conditions de vente sur saisie immobilière, février 2019.

Ce cahier s'applique à la vente de biens immobiliers régie par les articles du code des procédures civiles d'exécution relatifs à la saisie immobilière.

- Règlement intérieur national (RIN), Annexe n° 2 - Cahier des charges et conditions de vente en matière de licitation, février 2019.

Ce cahier s'applique à une vente sur adjudication ordonnée par le tribunal dans le cadre général des dispositions des articles 1271 à 1281 du code de procédure civile et de celles du code des procédures civiles d'exécution.

- Règlement intérieur national (RIN), Annexe n° 3 - Cahier des conditions de vente en matière de vente des actifs immobiliers dépendant d'une liquidation judiciaire, février 2019.

Ce cahier s'applique à la vente de biens immobiliers régie par les articles L. 642-18 et suivants et les articles R. 642-22 et suivants du code de commerce.

Alors que le RIU avait maintenu l'obligation faite aux avocats d'avoir recours aux clauses et conditions générales des cahiers des charges types établis par le barreau et celle de soumettre les modifications éventuelles au visa du bâtonnier (ou de son délégataire), le RIN les avait abandonnés. Simplement, il rappelait que l'avocat ne peut porter d'enchères pour des personnes qui sont en conflits d'intérêts et qu'il ne peut notamment porter d'enchères pour un même bien pour le compte de plusieurs mandants. Ces deux dispositions sont reprises dans l'article 12.2 nouveau du RIN.

641.23 Contentieux de la consignation des fonds. Le Conseil national des barreaux a introduit un recours au fond devant le Conseil d'État contre la nouvelle réglementation, les cahiers figurant en annexes du RIN ne pouvant y déroger. La recodification, qui aurait dû être réalisée à droit constant, a en effet inséré de nouvelles dispositions aux articles L. 322-4 et R. 322-23 du code des procédures civiles d'exécution aux termes desquelles le prix de vente de l'immeuble ainsi que toute somme acquittée par l'acquéreur, à quel titre que ce soit, sont désormais consignés auprès de la Caisse des dépôts et consignations (CDC) et acquis aux créanciers participant à la distribution ainsi que, le cas échéant, au débiteur, pour leur être distribués [6]. Si le cahier des ventes est élaboré par l'avocat poursuivant, ce qui justifie que le prix soit consigné auprès des caisses de règlement de la profession, les Carpa, il a été jugé opportun que les prix de vente soient déposés auprès de l'organisme consignataire pour la profession de notaire, la Caisse des dépôts et consignations, dès lors que lorsque le débiteur obtient l'autorisation de vendre amiablement et y parvient, le dossier passe entre les mains du notaire. Cette solution a été consacrée par un arrêt la deuxième chambre civile

1. Ord. n° 2011-1895, 19 déc. 2011 relative à la partie législative du code des procédures civiles d'exécution, *JO* 20 déc., p. 21464.
2. Décr. n° 2012-783, 30 mai 2012 relatif à la partie réglementaire du code des procédures civiles d'exécution, *JO* 31 mai, p. 9375.
3. Décr. n° 2009-160, 12 févr. 2009 pris pour l'application de l'ordonnance n° 2008-1345 du 18 décembre 2008 portant réforme du droit des entreprises en difficulté et modifiant les procédures de saisie immobilière et de distribution du prix d'un immeuble, *JO* 13 févr., p. 2596.
4. CNB, AG 17 nov. 2018, décis. n° 2018-002, 13 févr. 2019, art. 3, 4 et 5.
5. POUR UNE PRÉSENTATION COMPLÈTE : O. Salati, « Déontologie des avocats : de nouveaux modèles pour les ventes immobilières judiciaires », *RLDC* 2019. 6642.
6. F. Hébert, « Le prix de la vente amiable sur autorisation judiciaire est obligatoirement consigné auprès de la CDC », *JCP N* 2012. 1119.

de la Cour de cassation du 6 décembre 2012, jugeant qu'il résulte des articles 2203 [devenu L. 322-4 C. pr. exéc.] du code civil alors applicable, 2, 14° de l'ordonnance du 3 juillet 1816[1] et L. 518-19 du code monétaire et financier que, quand une loi ordonne une consignation sans en indiquer le lieu, les juridictions ne peuvent autoriser de consignations auprès des organismes autres que la Caisse des dépôts et consignations[2].

La solution a notamment pour conséquence potentielle de priver les barreaux et les caisses des règlements pécuniaires des avocats de fonds qui étaient jusque-là susceptibles d'y être consignés, et d'aboutir à la perte des intérêts résultant du placement de ces fonds.

Une requête du CNB tendant à la suspension des dispositions de l'article L. 322-4 du code des procédures civiles d'exécution a été rejetée par le Conseil d'État à défaut pour le demandeur d'apporter la justification d'une atteinte suffisamment grave et immédiate aux intérêts des barreaux ou des caisses de règlements pécuniaires des avocats, l'intérêt public qui s'attache au bon fonctionnement du service public de la justice n'étant pas non plus mis en cause par l'application de la disposition contestée[3]. Ce recours pour excès de pouvoir engagé par le CNB et l'Ordre des avocats au barreau de Paris contre les dispositions de l'article L. 322-4 du code des procédures civiles d'exécution, prises en application de l'ordonnance du 17 décembre 2011, et celles du décret du 30 mai 2012, dont le CNB s'était finalement désisté en cours de procédure, a été rejeté par le Conseil d'État par un arrêt du 12 février 2014[4]. Le moyen contestant l'existence même du monopole de la Caisse des dépôts et consignations au regard du droit de l'Union européenne a été écarté ainsi que la demande de question préjudicielle à la Cour de justice de l'Union européenne.

Tirant les conséquences de cette jurisprudence, le CNB a intégré dans son cahier type des conditions de vente sur saisie immobilière[5] l'obligation de consignation du prix de vente de l'immeuble auprès de la Caisse des dépôts et consignations, conformément à l'article R. 322-23 du code des procédures civiles d'exécution, dans la vente amiable autorisée par le juge de l'exécution. Les sommes consignées à la Caisse des dépôts et consignations au titre des saisies immobilières et des licitations portent intérêt sur la base d'un taux nominal fixé à 0,30 % à compter du 1er juillet 2021[6].

641.24 Valeur normative des cahiers types relatifs aux ventes immobilières judiciaires. La Cour de cassation a tout d'abord admis la pratique du cahier des charges type. Dans un arrêt de sa première chambre civile du 15 février 1983, elle affirme que l'obligation, imposée par un règlement intérieur d'un barreau, d'utiliser, en matière de vente judiciaire, un cahier des charges type approuvé par le conseil de l'Ordre, obligation qui est destinée à prévenir les risques d'irrégularités formelles, n'est contraire ni aux dispositions du code de procédure civile, ni aux prérogatives conférées aux avocats par les lois et règlements[7]. Dans ce même arrêt, elle précise également que des mesures prises par le conseil de l'Ordre concernant les procédures de vente notamment, n'étant pas de nature à nuire au bon déroulement des procédures et inspirées par un souci de loyauté et de confraternité, doivent être approuvées.

En revanche, le conseil de l'Ordre ne peut, sans excéder ses pouvoirs, soumettre à autorisation du bâtonnier l'opportunité d'une poursuite de saisie immobilière même au cas où les frais prévisibles seraient supérieurs au montant de la créance[8].

Par un nouvel arrêt de sa première chambre civile du 16 décembre 2003[9], la Cour de cassation considérant toujours qu'il appartient au seul pouvoir législatif ou réglementaire d'édicter les mesures propres à assurer l'égalité des enchérisseurs et de clarifier les procédures dans l'intérêt des justiciables, censurait une cour d'appel qui avait refusé d'annuler les dispositions d'un règlement intérieur reprenant celles du RIH et imposant aux avocats l'emploi d'un cahier des charges type et soumettant toute

1. Ord. 3 juill. 1816 relative aux attributions de la Caisse des dépôts et consignations créée par la loi du 28 avril 1816, *Bull. lois*, 7e S., B. 98, n° 876.
2. Civ. 2e, 6 déc. 2012, n° 11-24.443, P II, n° 203 ; *D.* 2012. 2976, obs. V. Avena-Robardet ; *D.* 2013. 599, Chron. O.-L. Bouvier, H. Adida-Canac, L. Leroy-Gissinger, F. Renault-Malignac et R. Salomon ; *D.* 2013. 1574, obs. A. Leborgne ; *D. avocats* 2013. 67, obs. L. Dargent ; – AUSSI : Civ. 2e, 13 nov. 2014, n° 13-25.546, NP.
3. CE, ord. réf., 31 mai 2012, req. n° 359300, NP ; *D.* 2013. 1574, obs. A. Leborgne – AUSSI : Civ. 2e, 6 déc. 2012, n° 11-24.443, préc.
4. CE 12 févr. 2014, req. nos 356894, 361457, 361543, *Lebon T.*
5. RIN, art. 12, ann. 1.
6. Arr. 28 juin 2021 fixant le taux et les modalités de calcul de rémunération des sommes consignées à la Caisse des dépôts et consignations, *JO* 30 juin, n° 102 ; NOR : CDCJ2120078A.
7. Civ. 1re, 15 févr. 1983, n° 82-11.888, P I, n° 59 ; *Gaz. Pal.* 1983. 1. 271 ; *D.* 1 984. 117 – Civ. 1re, 16 juill. 1987, n° 85-15.092, P I, n° 222 ; *D.* 1987. 79 ; *D.* 1988. 237, note A. Brunois ; *Gaz. Pal.* 1988. Somm. 35, note S. Guinchard et T. Moussa – Aix-en-Provence, 5 févr. 1982, *Gaz. Pal.* 1982. 1. 305 – Montpellier, 26 avr. 1985, *Gaz. Pal.* 1985. 2. 452 – Aix-en-Provence, 24 oct. 1983, *Gaz. Pal.* 1984. 1. 86, note A. Damien ; *JCP* 1985. 20324, note Larroque et Charrier – Bordeaux, 2 oct. 1990, *Gaz. Pal.* 1991. 1. 268, note Robert Gardera.
8. Civ. 1re, 8 déc. 1987, n° 85-14.813, P I, n° 329 ; *Gaz. Pal.* 1988. Pan. 35 ; *JCP* 1988. IV. 64.
9. Civ. 1re, 16 déc. 2003, n° 01-10.210, P I, n° 257 ; *D.* 2004. 394 ; *Gaz. Pal.* 2004. Somm. 586.

modification éventuelle au visa du bâtonnier. Depuis, la loi du 11 février 2004, modifiant l'article 21-1[1] de la loi du 31 décembre 1971, est expressément venue conférer un pouvoir normatif au Conseil national des barreaux. C'est en vertu de ce pouvoir et dans le cadre de sa mission d'unification des règles et usages de la profession que le CNB a pu réformer l'article 12.2 du RIN et proposer en annexe ces trois cahiers uniques.

Toutefois, par arrêt de sa deuxième chambre civile du 25 septembre 2014[2], la Cour de cassation a jugé que, faute d'avoir été publiée au *Journal officiel*, en méconnaissance de la prescription de l'article 38-1 du décret du 27 novembre 1991[3], la décision du Conseil national des barreaux instituant ces cahiers-type n'avait pas de valeur normative et ne constituait dès lors pas une disposition dont la violation pouvait donner ouverture à cassation.

Cette formalité est désormais accomplie puisque les trois nouveaux cahiers-type des conditions de vente et du cahier des charges applicables en matière de ventes immobilières judiciaires issus de la décision du CNB du 13 février 2019 ont été publiés au Journal officiel[4], leur conférant ainsi pour la première fois valeur normative.

SECTION 3
CONSTITUTION DE GARANTIES PAR LE CLIENT

641.31 Un avocat peut-il exiger de son client la constitution de garanties ? Si les avocats ne sont pas tenus de vérifier la solvabilité de leurs clients, il leur était néanmoins fait interdiction d'enchérir pour des personnes notoirement insolvables[5]. Ils avaient par conséquent une obligation de vérification.

Le CNB avait alors prévu, à l'article 12.2 du RIH, des alinéas 5 et 6 disposant : « À moins qu'il soit chargé d'enchérir pour une personne publique ou un organisme public, l'avocat doit se faire remettre préalablement à la vente, par chèque de banque ou caution bancaire spéciale, une consignation tenant compte des frais préalables, des droits de mutation, des frais de publicité foncière et des émoluments. » L'alinéa suivant prévoyait : « En cas de déclaration de surenchère, la provision doit couvrir, outre la consignation prévue à l'alinéa précédent, les frais taxés de la première vente et les frais et émoluments prévisibles de la deuxième vente. »

641.32 Position de la jurisprudence. La Cour de cassation a été saisie de la validité de l'article 12.2, alinéa 5, et l'a annulé à plusieurs reprises, considérant qu'il appartient aux pouvoirs législatif ou réglementaire de décider de la nature des garanties dont l'enchérisseur doit justifier pour participer à la vente[6]. Seule une disposition légale ou réglementaire peut porter atteinte à la liberté des enchères. Tel était le cas de l'article 711 du code de procédure civile qui faisait interdiction aux avocats d'enchérir pour les personnes notoirement insolvables. En revanche, un règlement intérieur ne saurait obliger l'avocat à demander à son client une provision égale à un dixième de l'enchère envisagée. Les dispositions d'un tel règlement dont l'objet ne peut être de réglementer la procédure civile, ne peuvent créer une obligation civile à la charge de l'avocat[7].

La Cour ne conteste pas forcément le mérite des dispositions qu'elle annule. Simplement elles sont de la seule compétence réglementaire ou législative.

641.33 Position du RIN. Comme le RIU, le RIN n'a pas repris ces deux alinéas en 2005. Il se contentait d'affirmer que l'avocat doit s'assurer de la solvabilité de son client.

Cette précision a disparu de l'article 12.2 dans sa version d'avril 2010, dont la rédaction a été complétée et actualisée en février 2019. Il prévoit simplement que : « L'avocat doit s'enquérir auprès du client et sur déclaration de celui-ci, de sa capacité juridique, de sa situation juridique, et s'il s'agit d'une personne morale, de la réalité de son existence, de l'étendue de son objet social et des pouvoirs de son représentant. »

Cependant, cette rédaction ne doit pas dispenser l'avocat de procéder à des vérifications sur l'état civil du client au vu des pièces qu'il produit, en l'absence d'un accès direct au fichier, dit Comedec, pour la consultation des données de l'état civil.

641.34 Exigence d'une caution bancaire ou d'un chèque de banque. Désormais, avant de porter les enchères, l'avocat se fait remettre par son mandant et contre récépissé une caution bancaire irrévocable ou un chèque de banque rédigé à l'ordre du séquestre ou de la Caisse des dépôts et consignations[8] selon les

1. L. n° 71-1130, 31 déc. 1971, art. 21-1.
2. Civ. 2e, 25 sept. 2014, n° 13-15.597, P II, n° 192 ; *RTD civ.* 2014. 942, obs. P. Théry ; *Procédures* 2015, comm. 41, obs. C. Laporte ; *D. actu.* 14 oct. 2014, obs. V. Avena-Robardet.
3. Décr. n° 91-1197, 27 nov. 1991 organisant la profession d'avocat, *JO* 28 nov., p. 15502.
4. CNB, AG 17 nov. 2018, décis. n° 2018-002, 13 févr. 2019, art. 3, 4 et 5.
5. C. pr. civ., art. 711 ; abrogé par ord. n° 2006-461, 21 avr. 2006 réformant la saisie immobilière, *JO* 22 avr., p. 6072.
6. Civ. 1re, 26 nov. 2002, n° 00-18.971, P I, n° 283 ; *D.* 2003. 42 ; *Gaz. Pal.* 2003. Somm. 519 – Civ. 1re, 23 sept. 2003, n° 00-18.972, NP.
7. Civ. 1re, 27 janv. 2004, n° 01-12.391, P I, n° 24 ; *D.* 2004. 1483, obs. P. Julien – Civ. 1re, 23 sept. 2003, n° 00-18.972, NP.
8. C. pr. exéc., art. L. 322-4 et R. 322-23 ; – SUR LA GARANTIE DE PAIEMENT exigée pour la recevabilité de la surenchère : Civ. 2e, 10 mars 2011, n° 10-15.486, P II, n° 66 ; *D.* 2011. 891 ; *D.* 2012. 1509, obs. A. Leborgne.

indications du cahier des conditions de vente, représentant 10 % du montant de la mise à prix, sans que le montant de cette garantie puisse être inférieur à 3 000 euros. Ce montant minimum a pour objet de garantir le paiement des frais, notamment de publicité, par l'adjudicataire défaillant qui en reste tenu [1]. Il n'y a pas à justifier d'autres garanties sur celles exigées par le texte [2].

L'avocat remet alors à l'enchérisseur un récépissé qui reproduit les dispositions des troisième et quatrième alinéas de l'article R. 322-41 du code des procédures civiles d'exécution. Le dépôt d'une somme sur un compte Carpa ne constitue pas la caution bancaire irrévocable prévue par cet article [3]. Si l'enchérisseur n'est pas déclaré adjudicataire, la somme ainsi encaissée par le séquestre ou le consignataire lui sera restituée dès l'issue de l'audience d'adjudication. Mais s'il est défaillant, la somme versée ou la caution apportée est acquise aux créanciers participant à la distribution et, le cas échéant, au débiteur pour leur être distribuée avec le prix de l'immeuble.

SECTION 4
MANDAT

641.41 L'avocat ne peut être porteur que d'un seul mandat. L'avocat ne peut être porteur que d'un seul mandat lors des enchères, en vertu de l'article R. 322-40, alinéa 2, du code des procédures civiles d'exécution.

L'article 12.2 du RIN rappelle, au titre des obligations déontologiques de l'avocat en matière de ventes judiciaires, que l'avocat ne peut porter d'enchères pour des personnes qui sont en conflit d'intérêts. De même, il ne peut porter d'enchères pour un même bien pour le compte de plusieurs mandants, interdiction qui n'est pas étendue aux autres membres du même cabinet. Dans ce cas, il est recommandé à l'avocat d'informer les clients sur la situation du cabinet vis-à-vis des autres enchérisseurs et de se ménager la preuve écrite de cette information [4].

Ces dispositions ne régissant que les mandats visant à porter les enchères, rien n'interdit, en principe, à l'avocat du poursuivant d'être porteur d'un mandat, c'est-à-dire de requérir la vente et ensuite de pousser les enchères pour le compte d'un autre client, à moins que le créancier poursuivant ne lui ait déjà donné mandat de porter les enchères [5]. Le critère d'appréciation est alors celui du risque de conflit d'intérêts que peut générer la pluralité de mandat.

641.42 Un avocat doit-il être muni d'un pouvoir spécial de son client pour enchérir ? Si le règlement intérieur peut réglementer les ventes judiciaires par des dispositions qui ne sont pas de nature à nuire au bon déroulement des procédures ou par des motifs inspirés par la protection des principes de déontologie, il ne saurait cependant réglementer au lieu et place de la loi et/ou du décret. Un certain nombre des exigences auxquelles devait se soumettre l'avocat qui se chargeait de porter des enchères en matière de ventes judiciaires à la barre du tribunal et que contenait le RIH ont donc disparu de la rédaction du RIU et du RIN. L'article 12 du RIN ne devrait donc pas susciter beaucoup de contentieux ; d'autant que le décret du 27 juillet 2006, aujourd'hui codifié au code des procédures civiles d'exécution, est venu clarifier un certain nombre de points.

Dans un premier temps, l'article 12.2, alinéa 4, du RIH disposait : « Même en présence de son client à l'audience, il doit être muni d'un pouvoir spécial de ce dernier pour enchérir et d'instructions écrites précisant le montant maximum en lettres et en chiffres de l'enchère autorisée. Il est interdit à un avocat de porter des enchères pour une personne qui se présenterait à lui pour la première fois à l'audience, s'il n'est pas en situation de respecter les obligations qui lui sont imposées par la loi, les usages et le présent texte. »

Cette disposition a été censurée par la Cour de cassation qui a considéré que, ce faisant, étaient ajoutées à l'article 707 de l'ancien code de procédure civile aujourd'hui abrogé par l'ordonnance du 21 avril 2006 [6] réformant la saisie immobilière, des exigences nouvelles qu'il ne comportait pas, ce qui portait atteinte au principe de la liberté des enchères [7].

Tout comme le RIU, le RIN n'a pas repris cet alinéa. Il n'a pas été modifié sur ce point par les décisions à caractère normatif n° 2008-002 [8] et n° 2018-002 [9].

641.43 Interdiction aux personnes condamnées à une peine de se porter enchérisseur. Les personnes condamnées à une peine leur interdisant d'acquérir un bien immobilier ne peuvent pas porter d'enchères

1. C. pr. exéc., art. R. 322-72.
2. SUR LA SURENCHÈRE où le surenchérisseur était surendetté : Civ. 2e, 16 déc. 2010, n° 09-71.807, NP ; *Procédures* 2011, n° 90, note R. Perrot.
3. Civ. 2e, 18 févr. 2016, n° 14-29.052, P II, n° 981.
4. CNB, Comm. RU, avis n° 2021/023, 12 juill. 2021.
5. CNB, Comm. RU, avis n° 2016-064, 24 août 2016 et avis n° 2014-020, 13 juin 2014 ; C. avocat 2021, ss RIN, art. 12.2, note 2.
6. Ord. n° 2006-461, 21 avr. 2006 réformant la saisie immobilière, *JO* 22 avr., p. 6072.
7. Civ. 1re, 26 nov. 2002, n° 00-18.971, P I, n° 283 ; *D.* 2003. 42 ; *Gaz. Pal.* 2003. Somm. 519.
8. CNB, AG 12 déc. 2008, décis. n° 2008-002, 24 avr. 2009.
9. CNB, AG 17 nov. 2018, décis. n° 2018-002, 13 févr. 2019.

devant le juge de l'exécution, saisi d'une procédure de saisie immobilière, en vertu du décret du 22 mai 2019[1], relatif aux personnes condamnées à une peine leur interdisant de se porter enchérisseur, organisant le contrôle du respect des dispositions de l'article L. 322-7-1 du code des procédures civiles d'exécution, issu de l'article 191 de la loi du 23 novembre 2018[2].

Est ainsi ajoutée une obligation supplémentaire pour les personnes qui se portent enchérisseurs de remettre à leur avocat, avant de porter les enchères, une attestation indiquant qu'ils font l'objet ou non d'une condamnation à une telle peine, ce qui fera l'objet d'une vérification par le greffe par la consultation du bulletin n° 2 du casier judiciaire de l'intéressé.

1. Décr. n° 2019-488, 22 mai 2019 relatif aux personnes condamnées à une peine leur interdisant de se porter enchérisseur, *JO* 23 mai, n° 8, art. 1er.

2. L. n° 2018-1021, 23 nov. 2018 portant évolution du logement, de l'aménagement et du numérique, *JO* 24 nov., n° 1.

CHAPITRE

642. Délégué à la protection des données (DPO)

SECTION 0 ORIENTEUR

642.00 **Sommaire du chapitre.**

Division. Le délégué à la protection des données (DPO) (sect. 1) a succédé à l'avocat correspond Informatique et Libertés (Cil), avec des missions (sect. 2) bien déterminées.

642.01 **Textes applicables.**

TEXTES TITRÉS

• **RIN,**

art. 6.3.3 [Délégué à la protection des données]

art. 6.4 [Déclarations à l'Ordre]

642.03 **Bibliographie indicative.**

* Aussi : v. s[s] n° 64.03.

Articles. A. Bensoussan, « La possibilité de devenir avocat CIL : pourquoi et comment ? », *D. avocats* 2013. 346 – S. Lataste, « L'avocat et le nouveau règlement européen sur la protection des données », *Gaz. Pal.* 3 oct. 2017, n° 33, p. 48 – E. Le Quellenec, « Le RGPD en pratique pour les avocats », *Gaz. Pal.* 9 oct. 2018, n° 34, p. 16.

Rapports. Guide, « Les avocats et la loi Informatique et Libertés », Cnil, 2011 – Les cahiers CNB, Guide pratique, « Les avocats et le règlement général sur la protection des données (RGPD) », mars 2018.

SECTION 1 DE L'AVOCAT CORRESPONDANT INFORMATIQUE ET LIBERTÉS (CIL) AU DÉLÉGUÉ À LA PROTECTION DES DONNÉES (DPO)

642.11 **Avocat Cil ou « correspondant à la protection des données à caractère personnel ».** Le correspondant Informatique et Libertés (Cil), communément dénommé par ses initiales Cil, mais également appelé par la loi « correspondant à la protection des données à caractère personnel », a été créé par la loi du 6 janvier 1978 [1], dite Informatique et Libertés, telle que modifiée par la loi du 6 août 2004 [2], puis par la loi du 7 octobre 2016 [3].

L'exercice de la fonction de correspondant Informatique et Libertés a été ouvert aux avocats par la décision à caractère normatif n° 2009-002 adoptée par l'assemblée générale du CNB du 16 mai 2009 [4], ajoutant un nouvel article 6.2.2 au RIN, modifié par la décision à caractère normatif n° 2016-002 adoptée par l'assemblée générale du CNB du 9 décembre 2016 [5] et devenu l'article 6.3.3 du RIN.

642.12 **Compatibilité avec les principes essentiels.** Ouvrir l'activité de correspondant Informatique et Libertés aux avocats supposait de s'assurer d'une part qu'ils avaient la compétence pour assurer cette mission et d'autre part que cette tâche n'était pas incompatible avec les principes essentiels qui régissent la profession d'avocat.

Quant au premier point, il est apparu que l'avocat, par ses compétences juridiques, organisationnelles et sa garantie d'indépendance, présentait les qualifications requises. Il a en outre été précisé que le rôle des avocats est de défendre les libertés et que

1. L. n° 78-17, 6 janv. 1978 relative à l'informatique, aux fichiers et aux libertés, *JO* 7 févr., art. 22.
2. L. n° 2004-801, 6 août 2004 relative à la protection des personnes physiques à l'égard des traitements de données à caractère personnel et modifiant la loi n° 78-17 du 6 janvier 1978 relative à l'informatique, aux fichiers et aux libertés, *JO* 7 août, p. 14063.
3. L. n° 2016-1321, 7 oct. 2016 pour une République numérique, *JO* 8 oct., n° 1, art. 34.
4. CNB, AG 16 mai 2009, décis. n° 2009-002, 28 mai 2009, *JO* 11 juin, p. 9503.
5. CNB, AG 9 déc. 2016, décis. n° 2016-002, 26 janv. 2017, *JO* 13 avr., n° 33.

le Cil a précisément pour but de défendre la liberté publique qu'est la vie privée. Dans cette fonction, les avocats se trouveraient donc en quelque sorte sur leur terrain naturel.

Quant à la compatibilité avec la déontologie, quelques mises au point étaient nécessaires s'agissant de la question du secret professionnel et de celle du conflit d'intérêts. Dans le cadre de sa mission, l'avocat correspondant à la protection des données à caractère personnel peut se trouver dans une situation délicate, lorsqu'il est amené à constater les infractions ou les insuffisances de l'entreprise ou du responsable des traitements des données informatiques de cette entreprise. Comment, dans ces conditions, peut-il concilier son obligation au secret professionnel et surtout le respect des règles relatives aux conflits d'intérêts : conflit entre l'intérêt de l'entreprise pour laquelle il exerce sa mission et son obligation de dénonciation en cas de manquement aux obligations légales.

Le CNB rappelle que la Cnil a confirmé à la profession que l'avocat n'a aucune obligation de dénonciation directe des insuffisances de l'entreprise ou du responsable des traitements. En pratique, l'avocat se trouverait plutôt « dans la position d'un auditeur ou d'un expert qui rend compte de sa mission à son client »[1]. Des conflits peuvent toutefois surgir entre l'avocat et l'entreprise, par exemple dans des cas où l'entreprise n'accepterait pas les conclusions et recommandations de l'avocat correspondant à la protection des données. Dans ces conditions, le RIN prévoit que l'avocat devrait mettre un terme à sa mission.

On devine que la situation de l'avocat correspondant à la protection des données ne sera pas toujours évidente au regard de sa déontologie. Au passage, on remarquera que cette problématique n'est pas sans rappeler celle qui pourrait se poser, de manière encore plus équivoque à l'avocat en entreprise.

Quoi qu'il en soit, des précautions étaient nécessaires afin de prévenir les risques. C'est pourquoi le RIN a été modifié afin d'assurer la compatibilité de sa fonction avec la déontologie des avocats et plus précisément, afin de rappeler avec force à l'avocat correspondant à la protection des données personnelles, devenu Délégué à la protection des données, le respect des règles du conflit d'intérêts. L'article 6.3.3. du RIN est ainsi rédigé :

« L'avocat Délégué à la protection des données doit mettre un terme à sa mission s'il estime ne pas pouvoir l'exercer, après avoir préalablement informé et effectué les démarches nécessaires auprès de la personne responsable des traitements ; en aucun cas il ne peut dénoncer son client. »[2] « L'avocat Délégué à la protection des données doit refuser de représenter toute personne ou organisme pour lesquels il exerce ou a exercé la mission de correspondant à la protection des données à caractère personnel (CIL) ou de Délégué à la protection des données dans le cadre de procédures administratives ou judiciaires mettant en cause le responsable des traitements. »[3]

Tout comme pour les autres missions particulières visées à l'article 6.3 du RIN, l'avocat qui entend exercer l'activité de Délégué à la protection des données doit en faire la déclaration au conseil de l'Ordre dont il relève, par lettre ou courriel adressé au bâtonnier[4].

SECTION 2
MISSIONS DU DÉLÉGUÉ À LA PROTECTION DES DONNÉES (DPO)

642.21 Renforcement des obligations du délégué à la protection des données (règlement 2016/679 du Parlement et du Conseil du 27 avril 2016 dit règlement général sur la protection des données, RGPD). Le règlement 2016/679[5] relatif à la protection des personnes physiques à l'égard du traitement des données à caractère personnel et à la libre circulation de ces données, abrogeant la directive 95/46[6] portant règlement général sur la protection des données, fixe le cadre général applicable à l'ensemble des traitements de données à caractère personnel dans les pays de l'Union européenne. Il rend obligatoire la désignation d'un délégué à la protection des données ou *Data Protection Officer (DPO)*, qui remplace la fonction de Cil, et renforce sensiblement les obligations qui lui incombent et sanctions en cas de manquement.

Ce règlement européen est entré en application au 25 mai 2018.

La loi du 20 juin 2018[7] relative à la protection des données personnelles adapte ainsi la loi du 6 janvier 1978, précité, avec le règlement (2016/679)

1. Actu. CNB, 11 juin 2009, « Profession d'avocat et fonction de Correspondant Informatique et Libertés (CIL) : une mission à concilier avec les principes essentiels ».
2. RIN, art. 6.3.3, al. 1.
3. RIN, art. 6.3.3, al. 2.
4. RIN, art. 6.4.
5. Règl. 2016/679, Parlement et Conseil, 27 avr. 2016 relatif à la protection des personnes physiques à l'égard du traitement des données à caractère personnel et à la libre circulation de ces données, *JOUE* 4 mai 2016, L 119, p. 1.
6. Dir. 95/46, Parlement et Conseil, 24 oct. 1995 relative à la protection des personnes physiques à l'égard du traitement des données à caractère personnel et à la libre circulation de ces données, *JOCE L* 281, 23 nov., p. 31.
7. L. n° 2018-493, 20 juin 2018 relative à la protection des données personnelles, *JO* 21 juin, n° 1.

général sur la protection des données (RGPD) directement applicable dans tous les États européens. Le changement principal réside dans l'évolution des missions de la Commission nationale de l'informatique et des libertés (Cnil) dont les pouvoirs de contrôle et de sanction sont étendus. L'ordonnance du 12 décembre 2018 [1], prise en application de l'article 32 de la loi du 20 juin 2018, achève au niveau législatif la mise en conformité du droit national avec le RGPD. Cette ordonnance améliore la lisibilité du cadre juridique en matière de protection des données.

La désignation d'un délégué à la protection des données est rendue obligatoire dans certains cas [2], et notamment lorsque :

- Le traitement est effectué par une autorité publique ou un organisme public, à l'exception des juridictions agissant dans l'exercice de leur fonction juridictionnelle.

- Les activités de l'organisme consistent en des traitements qui, du fait de leur nature, de leur portée et/ou de leurs finalités, exigent un suivi régulier et systématique à grande échelle des personnes concernées (ex. du secteur des banques ou assurances, du ciblage publicitaire, de la lutte contre la fraude et le blanchiment).

- Les activités de base de l'organisme consistent en des traitements à grande échelle de données sensibles ou de données relatives aux condamnations et infractions spéciales. Ces cas ne correspondent à l'activité d'aucun cabinet d'avocat, de sorte que la désignation d'un DPO en leur sein reste facultative.

Le délégué à la protection des données est investi de missions particulièrement étendues qui le placent au centre du contrôle de conformité et de légalité en matière de protection des données à caractère personnel. Il est doté de moyens et de garanties bien supérieurs à ceux dont les Cil disposaient antérieurement. Les responsables de traitement pourront opter pour un délégué interne ou externe, mutualisé ou non. Dès lors, l'avocat pourra, sur la base de ses qualités professionnelles et, en particulier, de ses connaissances spécialisées de la législation et des pratiques en matière de protection des données, être investi de ces fonctions.

Par ailleurs, les cabinets d'avocats détiennent un certain nombre de données à caractère personnel relatives à leurs clients et ces informations doivent faire l'objet d'un traitement soumis aux nouvelles dispositions du règlement européen [3]. Le représentant légal du cabinet, le plus souvent l'avocat lui-même, doit en tant que responsable des traitements mis en œuvre s'assurer de leur conformité au RGPD [4].

642.22 **Transcription dans le RIN.** Le Conseil national des barreaux avait anticipé la mise en œuvre de cette réforme du « Paquet européen de protection des données », dans l'attente de sa transposition en droit interne, pour rendre applicable le nouveau cadre général de la réglementation des traitements de données à caractère personnel, et intégré dans sa décision à caractère normatif du 26 janvier 2017, le remplacement à l'article 6.3.3 du RIN, à compter du 25 mai 2018, des mots « Correspondant à la protection des données à caractère personnel ou CIL » par les mots « Délégué à la protection des données » [5]. Pour le reste, le contenu de ces dispositions demeure inchangé.

1. Ord. n° 2018-1125, 12 déc. 2018 relative à la protection des données personnelles, *JO* 13 déc., n° 5.
2. Règl. 2016/679, art. 37.1.
3. S. Lataste, « L'avocat et le nouveau règlement européen sur la protection des données », *Gaz. Pal.* 3 oct. 2017, n° 33, p. 48.
4. CNB, Guide pratique « Les avocats et le règlement général sur la protection des données (RGPD) », mars 2018.
5. CNB, AG 9 déc. 2016, décis. n° 2016-002, 26 janv. 2017, art. 4.

CHAPITRE

643. Tiers de confiance

SECTION 0

ORIENTEUR

643.00 **Sommaire du chapitre.**

Division. Les missions de l'avocat tiers de confiance sont régies par un dispositif (sect. 1) particulier, notamment par une convention individuelle entre le tiers de confiance et l'Administration fiscale (sect. 2) et par un contrat conclu avec le contribuable (sect. 3) qui définit sa mission ainsi que les droits et les obligations de chaque partie.

643.01 **Textes applicables.**

TEXTES TITRÉS

• **CGI**

art. 170 *ter* [Mission du tiers de confiance]

• **Décr. n° 2005-790, 12 juill. 2005**

art. 9-1 [Lettre de mission]

• **RIN**

art. 6.3 [Missions particulières]

643.03 **Bibliographie indicative.**

* Aussi : v. s^s^ n° 64.03.

Articles. L. Dargent, « Le dispositif de l'avocat tiers de confiance », *D. avocats* 2013. 208 – H. Letellier, *D. avocats* 2013. 210, « Entretiens ».

SECTION 1

DISPOSITIF DE L'AVOCAT TIERS DE CONFIANCE

643.11 **L'avocat tiers de confiance.** Depuis la loi du 29 décembre 2010 [1] de finances rectificative pour 2010, les avocats, notaires et experts-comptables [2] peuvent intervenir en qualité de tiers de confiance dans les relations entre l'Administration fiscale et les contribuables qui entendent déduire certaines charges de leur revenu global ou obtenir des réductions d'impôt, aux termes de l'article 170 *ter* du code général des impôts, issu de l'article 68 de la loi de finances rectificative pour 2010.

Les avocats, admis en qualité de tiers de confiance, seront en conséquence habilités à recevoir du contribuable les pièces justificatives des charges justifiant la déduction demandée et à les remettre à l'Administration fiscale [3].

Les conditions d'application de ce dispositif ont été précisées par un décret du 28 décembre 2011 [4] et par un arrêté du 1er mars 2012 [5] fixant les modèles de convention nationale et individuelle. Ce dispositif est commenté dans une instruction fiscale du 22 mars 2012 consolidée au *Bulletin officiel des finances publiques-Impôts (Bofip)* [6], qui en précise les conditions et les modalités d'application.

1. L. n° 2010-1658, 29 déc. 2010 de finances rectificative pour 2010, *JO* 30 déc., p. 23127.
2. CGI, art. 170 *ter*, III.
3. CGI, art. 170 *ter* I, 1° à 5°.
4. Décr. n° 2011-1997, 28 déc. 2011 relatif au dispositif de « tiers de confiance » prévu à l'article 170 *ter* du code général des impôts, *JO* 29 déc., p. 22587 ; – SUR LEQUEL : *JCP* 2021. 2. 387, n° 10, obs. G. Pillet.
5. Arr. 1er mars 2012 fixant les modèles de conventions nationales, prévues à l'article 95 ZF de l'annexe II au code général des impôts, conclues entre les organismes représentant au niveau national les membres des professions réglementées d'avocat, de notaire et de l'expertise comptable et la Direction générale des finances publiques, et de conventions individuelles, prévues à l'article 95 ZG de l'annexe II au même code, conclues entre un membre de ces trois professions réglementées et la Direction départementale ou régionale des finances publiques ou le délégataire du directeur général des finances publiques, *JO* 9 mars, p. 4398, NOR : BCRE1204986A.
6. Instr. 22 mars 2012, *BOI* 5 J-1-12, 29 mars 2012 ; *Bofip* BOI-DJC. TDC.201220912 ; – SUR LAQUELLE : Y. Broussolle, ▶

Ce dispositif s'est appliqué pour la première fois au titre des revenus de l'année 2011 à déclarer en 2012, sous réserve de la signature des conventions individuelles entre la Direction générale des finances publiques (DGFiP) et les professionnels concernés.

643.12 Convention nationale avec la DGFIP. Approuvée par le Conseil national des barreaux lors de son assemblée générale les 23 et 24 mars 2012, la convention nationale prévue par l'article 170 *ter*, IV du code général des impôts pour la mise en œuvre du dispositif, a été signée avec la Direction générale des finances publiques le 26 mars 2012 sur la base du modèle de l'annexe I de l'arrêté précité du 1er mars 2012[1].

La convention nationale reste valide jusqu'à sa dénonciation par l'une des parties signataires[2].

SECTION 2
CONVENTION INDIVIDUELLE ENTRE LE TIERS DE CONFIANCE ET L'ADMINISTRATION FISCALE

643.21 Établissement de la convention. Demande écrite de conventionnement. L'avocat qui souhaite exercer la mission de tiers de confiance demande par écrit la signature d'une convention individuelle[3] auprès du directeur de la Direction départementale ou régionale des finances publiques dans le ressort de laquelle cette personne est établie ou, en cas de pluralité d'établissements, dans le ressort de la direction départementale ou régionale dont relève son établissement principal[4].

Les tiers de confiance qui n'ont pas d'établissement en France adressent leur demande au directeur général des finances publiques[5].

643.22 Instruction de la demande de conventionnement. Dans le mois qui suit la notification de la demande de conventionnement, selon le cas, le directeur départemental ou régional des finances publiques ou le délégataire du directeur général des finances publiques statue sur la demande après avoir examiné la situation du demandeur ainsi que celle des dirigeants et des administrateurs s'il s'agit d'une personne morale.

Il peut refuser de conclure la convention si, dans la période de cinq ans qui précède la demande, il a été constaté à l'encontre du demandeur et des dirigeants et administrateurs s'il s'agit d'une personne morale, des manquements aux obligations fiscales déclaratives ou de paiement, l'application de pénalités prévues aux articles 1728, 1729, 1730 à 1734 et 1737 du code général des impôts, une condamnation définitive pour fraude fiscale en application des articles 1741, 1743, 1746 et 1747 du code général des impôts ou pour escroquerie à la TVA ou autre impôt ou taxe, ainsi que pour complicité à ces infractions, l'application de sanctions disciplinaires comportant une suspension ou une interdiction définitive d'exercer, l'application d'une amende fiscale prononcée par un tribunal.

Le délai pour statuer peut être porté à trois mois en cas de difficulté pour l'autorité administrative à obtenir les éléments qui lui sont nécessaires pour prendre une décision[6].

643.23 Publicité de la décision de conventionnement. En cas de refus, la décision est notifiée au demandeur par lettre recommandée avec demande d'avis de réception. Ce refus est motivé.

En cas d'acceptation, le directeur départemental ou régional des finances publiques ou le délégataire du directeur général des finances publiques adresse au demandeur une convention individuelle dont le modèle est fixé par l'annexe IV de l'arrêté du 1er mars 2012 précité[7]. La convention est datée et signée par le directeur départemental ou régional des finances publiques ou le délégataire du directeur général des finances publiques et par le tiers de confiance ou une personne habilitée pour le représenter. Chacune des parties conserve un exemplaire de ce document[8].

643.24 Incessibilité et non-transmissibilité de la convention. La convention signée par l'avocat en qualité de tiers de confiance n'est ni cessible ni transmissible.

643.25 Durée et renouvellement de la convention. La convention individuelle est conclue pour une période de trois ans[9]. Elle est renouvelable une fois par tacite reconduction pour la même durée, sauf dénonciation par le directeur départemental ou régional ou le délégataire du directeur général des finances publiques ou par le professionnel trois mois au moins avant la date d'expiration de la convention en cours[10].

Elle peut ensuite être renouvelée pour la même durée selon la procédure de demande initiale sur demande présentée trois mois au moins avant la date d'expiration de la convention en cours.

▶ *LPA* 25 avr. 2012, p. 7 ; – X. Delpech, *D. actu.* 15 mars 2012 ; *JCP E* 2012. Actu. 391.

1. CGI, ann. II, art. 95 ZF – *Bofip BOI*-LETTRE-000175-20120912.
2. CGI, ann. II, art. 95 ZF.
3. CGI, art. 170 *ter*, IV.
4. CGI, ann. II, art. 95 ZG.
5. CGI, ann. II, art. 95 ZG.
6. CGI, ann. II, art. 95 ZH.
7. *Bofip BOI*-LETTRE-000178-20120912.
8. CGI, ann. II, art. 95 ZH.
9. CGI, art. 170 *ter* IV – CGI, ann. II, art. 95 ZJ.
10. CGI, ann. II, art. 95 ZJ.

Le directeur départemental ou régional ou le délégataire du directeur général des finances publiques statue sur la demande et informe le demandeur de sa décision dans les conditions précitées.

Le tiers de confiance dont la convention individuelle n'est pas renouvelée en informe ses clients et leur restitue l'ensemble des pièces justificatives qu'il détient dans les trois mois qui suivent la date de notification du non-renouvellement.

Le directeur départemental ou régional ou le délégataire du directeur général des finances publiques informe le Conseil national des barreaux en sa qualité d'organisme représentant au niveau national la profession d'avocat de l'ensemble des décisions qu'il a prises concernant la convention individuelle.

Le Conseil national des barreaux est chargé d'assurer l'établissement, la mise à jour et la publicité de la liste des professionnels exerçant la mission de tiers de confiance. Cette liste est transmise à l'Administration fiscale avant le 30 avril de chaque année. Au 30 avril 2017, la liste des tiers de confiance fiscalistes établie par le Conseil national des barreaux comprenait 41 avocats, nombre réduit à 19 avocats au 30 avril 2019 et seulement 11 avocats au 30 avril 2021[1].

643.26 **Caducité de la convention.** En cas d'incapacité temporaire ou définitive d'exercer son activité, de démission ou de décès du professionnel, s'il s'agit d'une personne physique ou en cas de cessation ou de cession d'activité du professionnel, s'il s'agit d'une personne morale, l'administrateur provisoire désigné doit demander par écrit la signature d'une convention auprès du directeur départemental ou régional des finances publiques ou du délégataire du directeur général des finances publiques selon les modalités de droit commun. Dans ces hypothèses, la convention individuelle cesse de produire ses effets et devient caduque.

Le directeur départemental ou régional ou le délégataire du directeur général statue sur cette demande et informe l'administrateur provisoire de sa décision dans les mêmes conditions que pour le tiers de confiance.

L'administrateur provisoire dont la demande est rejetée en informe ses clients et leur restitue l'ensemble des pièces justificatives qu'il détient dans les trois mois qui suivent la notification du refus du directeur départemental ou régional ou du délégataire du directeur général.

643.27 **Résiliation de la convention.** La convention individuelle peut être résiliée[2] et dénoncée par l'une des parties signataires[3].

Le directeur départemental ou régional ou le délégataire du directeur général des finances publiques peut résilier la convention s'il constate que l'avocat tiers de confiance ou la société dans laquelle il exerce sa profession et, dans ce dernier cas, les « dirigeants ou administrateurs » ont fait l'objet de manquements au respect des obligations fiscales déclaratives ou de paiement, pénalités prévues aux articles 1728, 1729, 1730 à 1734 et 1737 du code général des impôts, condamnation définitive pour fraude fiscale en application des articles 1741, 1743, 1746 et 1747 du code général des impôts ou pour escroquerie à la TVA ou à un autre impôt ou taxe ainsi que pour complicité à ces infractions, sanctions disciplinaires comportant une suspension ou une interdiction définitive d'exercer, amende fiscale prononcée par un tribunal et manquements à l'une des obligations stipulées dans la convention individuelle.

Avant de prendre sa décision, le directeur départemental ou régional ou le délégataire du directeur général des finances publiques met le tiers de confiance en mesure de présenter ses observations sur les faits qui lui sont reprochés.

La décision de résiliation est notifiée au tiers de confiance par lettre recommandée avec demande d'avis de réception. Cette décision est motivée.

Le tiers de confiance dont la convention individuelle est résiliée en informe ses clients et leur restitue l'ensemble des pièces justificatives qu'il détient dans les trois mois qui suivent la date de notification de la résiliation.

643.28 **Demande de nouvelle convention.** Le tiers de confiance dont la convention est caduque ou a été résiliée ne peut déposer une nouvelle demande[4] de convention qu'à l'expiration d'un délai de six mois, sous réserve qu'il ne fasse plus l'objet d'une suspension et qu'il soit toujours membre de l'organisme représentant sa profession au niveau national.

La demande de nouvelle convention est soumise à la même procédure que la demande initiale.

SECTION 3
MISSIONS DU TIERS DE CONFIANCE

643.31 **Contenu.** La mission de l'avocat tiers de confiance consiste exclusivement, sur la base d'un contrat conclu avec le contribuable, à réceptionner les pièces justificatives déposées et présentées par le contribuable à l'appui de chacune des déductions du revenu global, réductions ou crédits d'impôts mentionnées à l'article 95 ZN de l'annexe II du code

1. Source : CNB.
2. CGI, ann. II, art. 95 ZK.
3. CGI, art. 170 *ter* IV.
4. CGI, ann. II, art. 95 ZN.

général des impôts[1], établir la liste de ces pièces, ainsi que les montants y figurant, attester l'exécution de ces opérations, assurer la conservation de ces pièces jusqu'à l'extinction du délai de reprise de l'Administration, les transmettre à l'Administration sur sa demande[2].

643.32 Domaines d'activités. Le périmètre du dispositif est limité au domaine fiscal et à la sphère des particuliers.

Seule est concernée la déclaration annuelle de revenus des contribuables assujettis à l'obligation de dépôt dans les conditions prévues par l'article 170 *ter*, I, du code général des impôts qui sollicitent le bénéfice de déductions du revenu global ou de réductions ou crédits d'impôt et qui sont clients ou adhérents auprès du membre de la profession réglementée d'avocat.

Les déductions du revenu global, les réductions ou les crédits d'impôts pour lesquels le bénéfice du dispositif du tiers de confiance peut être sollicité sont ceux accordés au titre des cotisations versées aux organisations syndicales[3], frais de scolarité des enfants poursuivant des études secondaires ou supérieures[4], rentes survie ou épargne handicap[5], investissements dans l'immobilier de tourisme[6], investissements forestiers[7], certains investissements réalisés outre-mer[8], investissement locatif dans le logement social outre-mer[9], plafonnement spécifique outre-mer[10], souscriptions au capital des sociétés en amorçage, démarrage ou expansion des souscriptions de parts de FCPI (réduction d'impôt Madelin)[11], souscriptions de parts de FIP[12], souscriptions de parts de FIP Corse[13], emploi d'un salarié à domicile[14], dépenses de restauration complète d'un immeuble bâti Malraux[15], investissements affectés aux logements destinés à la mise en location meublée[16], dépenses effectuées en vue du maintien et de la protection du patrimoine naturel (espaces naturels classés et assimilés)[17], dons versés par les particuliers à certains organismes d'intérêt général[18], équipements en faveur du développement durable et des économies d'énergie[19], acquisition d'équipements en faveur des personnes âgées ou fragiles[20], frais de garde des jeunes enfants[21], cotisations versées à des ASA pour le défrichement forestier[22] et dépenses d'équipement de l'habitation principale[23].

643.33 Contrat de mission. L'avocat tiers de confiance qui a conclu avec l'Administration fiscale une convention individuelle[24] signe avec son client un contrat qui définit sa mission ainsi que les droits et les obligations de chaque partie.

La mission du tiers de confiance prend effet à la date de signature du contrat conclu avec le client.

Cette lettre de mission précise les engagements de chacune des parties et, le cas échéant, les conditions financières de la prestation[25]. Dans cette lettre de mission, le client autorise en outre l'avocat à procéder à la télétransmission de sa déclaration annuelle d'impôt sur le revenu et de ses annexes et s'oblige à remettre à l'avocat en sa qualité de tiers de confiance l'ensemble des justificatifs.

643.34 Conservation des pièces justificatives. Le tiers de confiance conserve les pièces justificatives sous format papier ou sous forme dématérialisée.

Les pièces conservées sous forme dématérialisée doivent pouvoir être éditées à tout moment dans le délai de conservation.

L'avocat tiers de confiance garantit la parfaite conformité et inaltérabilité de ces éditions[26].

Le recours à un tiers de confiance ne dispense cependant pas le contribuable de conserver un exemplaire des pièces justificatives afin de répondre, le cas échéant, aux demandes de l'Administration[27].

643.35 Transmission des pièces justificatives à l'Administration. L'avocat tiers de confiance transmet les pièces justificatives, ainsi que leur liste récapitulative accompagnée des montants qu'elles comportent, dans un délai de trente jours à compter de la notification de la demande de l'Administration[28].

En application du contrat de mission, le tiers de confiance transmet à l'Administration fiscale par

1. V. s^s n° 643.35.
2. CGI, art. 170 *ter* I, al. 2.
3. CGI, art. 199 *quater* C.
4. CGI, art. 199 *quater* F.
5. CGI, art. 199 *septies*.
6. CGI, art. 199 *decies* I, 199 *decies* E, 199 *decies* EA, 199 *decies* F, 199 *decies* G.
7. CGI, art. 199 *decies* H.
8. CGI, art. 199 *undecies* A, 199 *undecies* B.
9. CGI, art. 199 *undecies* C.
10. CGI, art. 199 *undecies* D.
11. CGI, art. 199 *terdecies*-0 A, I à VI.
12. CGI, art. 199 *terdecies*-0 A, VI *bis*.
13. CGI, art. 199 *terdecies*-0 A, VI *ter*.
14. CGI, art. 199 *terdecies*-0 B, 1 à 5 et 199 *sexdecies*.
15. CGI, art. 199 *tervicies*.
16. CGI, art. 199 *sexvicies*.
17. CGI, art. 199 *octovicies*.
18. CGI, art. 200.
19. CGI, art. 200 *quarter*.
20. CGI, art. 200 *quater* A.
21. CGI, art. 200 *quater* B.
22. CGI, art. 200 *decies* A.
23. CGI, ann. IV, art. 18 *bis*.
24. V. s^s n°s 643.21 s.
25. Décr. n° 2005-790, 12 juill. 2005 relatif aux règles de déontologie de la profession d'avocat, *JO* 16 juill., p. 11688, art. 9-1 ; créé par décr. n° 2011-1997, 28 déc. 2011, art. 3.
26. CGI, art. 95 ZB.
27. CGI, art. 170 *ter*, I, al. dern.
28. CGI, art. 95 ZC.

voie électronique, pour le compte de ses clients, les déclarations annuelles de revenus et leurs annexes. L'obligation de télétransmission du tiers de confiance ne porte pas sur les déclarations à souscrire au titre des revenus perçus au cours de l'année durant laquelle s'achève la mission de tiers de confiance.

Le contribuable est regardé, pour une année donnée, comme client d'un tiers de confiance s'il est lié avec celui-ci par le contrat de mission, conclu au plus tard lors du dépôt, par le professionnel, de la déclaration annuelle des revenus.

CHAPITRE

644. Fiduciaire

SECTION 0
ORIENTEUR

644.00 **Sommaire du chapitre.**

Division. L'activité de l'avocat fiduciaire (sect. 1) est compatible avec les principes essentiels de la profession (sect. 2), sous réserve de la couverture d'obligations d'assurance (sect. 3) spécifiques.

644.01 **Textes applicables.**

TEXTES TITRÉS

• **C. civ.**

art. 2011 [Avocat fiduciaire – Définition de la fiducie]

art. 2015 [Avocat fiduciaire – Ouverture de la fiducie aux avocats]

art. 2029 [Avocat fiduciaire – Cessation du contrat de fiducie]

• **L. n° 2007-211, 19 févr. 2007**

art. 12 [Avocat fiduciaire – Comptabilité distincte]

• **L. n° 71-1130, 31 déc. 1971**

art. 27, al. 4 [Avocat fiduciaire – Assurance responsabilité]

art. 66-5, al. 2 [Avocat fiduciaire – Secret professionnel]

• **Décr. n° 91-1197, 27 nov. 1991**

art. 123 [Avocat fiduciaire – Déclaration préalable au conseil de l'Ordre]

art. 205 [Avocat fiduciaire – Assurance spéciale responsabilité civile professionnelle]

art. 209-1 [Avocat fiduciaire – Assurance spéciale de restitution des biens, droits ou sûretés]

art. 210-1 [Avocat fiduciaire – Garantie financière]

art. 216-1 [Avocat fiduciaire – Détermination de la garantie financière]

art. 231 [Avocat fiduciaire – Obligations comptables]

art. 233 [Avocat fiduciaire – Maniement des fonds]

art. 235-3 [Avocat fiduciaire – Information de l'assureur]

• **RIN**

art. 6.5 [Activité de fiduciaire]

644.03 **Bibliographie indicative.**

* Aussi : v. s^s n° 64.03.

Colloque. Association Henri Capitant, *La fiducie dans tous ses états,* « Thèmes et Commentaires », Dalloz, 2011.

Articles. B. De Belval et P.-Y. Joly, « Quelques observations sur l'avocat et la fiducie », *RLDA* mars 2010. 90 – S. Bortoluzzi, « Fiducie et ventes judiciaires : le règlement intérieur national des avocats modifié », *JCP* 2009. 33 – L. Chambaz, « L'avocat et la fiducie », *RLDC* 01/2009. 27 – R. Dammann et A. Albertini, « L'avocat face à la fiducie. Guide pratique de bonne conduite », *JCP* 2011, suppl. au n° 41, 10 oct. 2011, ét. 4 – L. Dargent, « Exercice par les avocats de la fiducie », *D. actu.* 7 janv. 2010 ; « Garanties financières nécessaires à l'activité fiduciaire des avocats », *D. actu.* 21 oct. 2011 ; « Avocat fiduciaire : quel dispositif ? », *D. avocats* 2013. 57 – D. Legeais, « Garantie des avocats fiduciaires », *RD banc. fin.* 2012, n° 54 – H. Letellier, *D. avocats* 2013. 58 – G. Pillet, « Modalités d'exercice par les avocats de l'activité fiduciaire », *JCP* 2010. 270 – Cl. Sand, « Dernières précisions concernant les conditions d'exercice de la qualité fiduciaire par les avocats – À propos du décret du 23 déc. 2009 », *JCP* 2010. 76 – S. Tandeau de Marsac, « L'avocat et la fiducie », *Gaz. Pal.* 2009. Doctr. 2405 – J.-J. Uettwiller, « Avocat et fiducie », *Dr. et patr.* mars 2009, p. 26.

SECTION 1
AVOCAT FIDUCIAIRE

644.11 **Opportunité d'applications multiples loin du succès escompté.** Introduite dans le code civil par la loi du 19 février 2007[1], la fiducie[2] est « l'opération par laquelle un ou plusieurs constituants trans-

1. L. n° 2007-211, 19 févr. 2007 instituant la fiducie, *JO* 21 févr., p. 3052.
2. POUR UNE SYNTHÈSE DU RÉGIME de la fiducie : B. Jadaud, « Le régime juridique de la fiducie », *LPA* 10 juin 2009, n° 115, p. 4.

fèrent des biens, des droits ou des sûretés, ou un ensemble de biens, de droits ou de sûretés, présents ou futurs, à un ou plusieurs fiduciaires qui, les tenant séparés de leur patrimoine propre, agissent dans un but déterminé au profit d'un ou plusieurs bénéficiaires »[1].

Alors que la qualité de fiduciaire avait été initialement réservée aux seuls établissements bancaires, financiers et autres entreprises d'investissement et d'assurance, l'article 18-I, 2°, de la loi du 4 août 2008[2], dite LME, est venu ajouter un alinéa 2 à l'article 2015 du code civil afin d'ouvrir cette faculté à l'avocat, seul professionnel du droit à pouvoir, en l'état actuel des textes, revendiquer une telle fonction. Les mesures nécessaires pour étendre aux avocats la qualité de fiduciaire ont été prises par une ordonnance du 30 janvier 2009[3], entrée en vigueur le 1er février 2009.

L'opération fiduciaire constitue une opportunité d'extension du champ d'activité de la profession, pour laquelle les applications concrètes sont multiples, allant de la gestion de patrimoine de majeurs protégés ou de jeunes majeurs à la mise en place de garanties réelles mobilières ou immobilières, en passant par l'exécution d'engagements pris dans des pactes d'actionnaires... La liste n'étant évidemment qu'indicative.

Qu'elle soit constituée à titre de garantie ou aux fins de gestion, la fiducie intéresse l'avocat dont l'expertise juridique, notamment en droit des obligations, devait lui permettre d'élaborer des contrats de fiducie innovants, gage de croissance de ce mécanisme juridique, sa déontologie représentant par ailleurs une importante garantie pour les constituants et bénéficiaires[4].

• L'expertise juridique de l'avocat le conduit tout naturellement à intervenir en tant que conseil des parties, afin notamment d'apprécier la pertinence du recours au dispositif même de la fiducie, de garantir la validité du contrat de fiducie et d'adapter son contenu au mieux des attentes du constituant. La rédaction du contrat de fiducie est essentielle. Elle détermine notamment la mission et les pouvoirs du fiduciaire[5], et partant les limites de sa responsabilité, ainsi que les modalités dans lesquelles ce dernier doit rendre compte de sa mission au constituant, au bénéficiaire et aux tiers[6].

• L'avocat peut également être appelé par le constituant à intervenir en qualité de tiers « protecteur »[7], dont la fonction est de s'assurer de la préservation de ses intérêts dans le cadre de l'exécution du contrat[8]. Il peut alors disposer des pouvoirs que la loi accorde au constituant lui-même.

Cependant, ce champ d'activité n'a pas rencontré le succès escompté en raison principalement des conditions de souscription d'une assurance spéciale ou garantie financière[9]. Depuis la loi du 4 août 2008, la société de courtage des barreaux (SCB)[10], qui reçoit la quasi-totalité des demandes d'assurance des avocats fiduciaires, a assuré sur cette période moins d'une vingtaine de fiducies.

644.12 Qualité de fiduciaire attachée à celle d'avocat. C'est en tant qu'avocat, que l'avocat fiduciaire est appelé à exercer son activité. Il a été relevé en ce sens, et *a contrario* de l'article 2029 du code civil qui dispose que le contrat de fiducie prend fin si l'avocat fiduciaire fait l'objet d'une interdiction temporaire, d'une radiation ou d'une omission de tableau, que si la perte, même temporaire, de la qualité d'avocat met fin à la fiducie, c'est bien que la fiducie est une qualité attachée à celle d'avocat et non pas une mission compatible[11]. L'avocat fiduciaire demeure ainsi soumis aux devoirs de son serment et aux principes essentiels de sa profession ainsi que, plus généralement, à l'ensemble des dispositions du règlement intérieur national[12].

Reste que, afin de tenir compte de la spécificité de l'opération fiduciaire et notamment des risques nouveaux qu'engendre objectivement la situation de fiduciaire, certaines règles déontologiques ont dû être explicitées ou renforcées. Le parti a été pris de créer un corps de règles spécifiques à l'activité fiduciaire intégrées à l'article 6.5 du RIN[13], tout comme cela a été fait pour la rédaction d'actes, plutôt que d'introduire dans l'énoncé de chacun des principes essentiels, les spécificités de l'activité fiduciaire. Ce parti pris devait permettre de mieux saisir

1. C. civ., art. 2011 ; créé par L. n° 2007-211, 19 févr. 2007, art. 1er.
2. L. n° 2008-776, 4 août 2008 de modernisation de l'économie, *JO* 5 août, p. 15306 ; – SUR LAQUELLE pour un aperçu rapide : F. Barrière, *JCP E* 2008. act. 385, n° 12 ; – S. Bortoluzzi, *JCP* 2008. I. 184, n° 5.
3. Ord. n° 2009-112, 30 janv. 2009 portant diverses mesures relatives à la fiducie, *JO* 31 janv., p. 1854 ; – SUR LAQUELLE : S. Bortoluzzi, *JCP* 2009. I. 120, n° 5.
4. NOT. : Rapport au président de la République relatif à l'ord. n° 2009-112, 30 janv. 2009 portant diverses mesures relatives à la fiducie, *JO* 31 janv., p. 44.
5. C. civ., art. 2018, 6°.
6. C. civ., art. 2022.
7. C. civ., art. 2017.
8. Sur l'interdiction faite à l'avocat ainsi désigné par le constituant en qualité de tiers, afin de prévenir d'évidents conflits d'intérêts, d'appartenir à la même structure d'exercice que celle à laquelle appartient l'avocat fiduciaire : v. ss n° 644.26.
9. V. ss nos 644.31 s.
10. V. ss nos 143.00 s.
11. J.-J. Uettwiller, *Dr. et patr.* mars 2009, p. 27 ; – *CONTRA :* L. Chambaz, « L'avocat et la fiducie », *RLDC* 01/2009.
12. RIN, art. 6.5.1.
13. Rédaction issue de la décis. CNB, n° 2016-002, 26 janv. 2017, *JO* 13 avr., n° 33 [anc. art. 6.2.1].

la cohérence déontologique de l'activité fiduciaire et de garder au RIN une meilleure lisibilité.

SECTION 2
COMPATIBILITÉ AVEC LES PRINCIPES ESSENTIELS

644.21 **Indépendance.** L'avocat doit s'assurer tout particulièrement de son indépendance. À ce titre, il ne peut en aucun cas être soupçonné d'être intéressé à servir d'autres intérêts que ceux du constituant lui-même et des éventuels bénéficiaires. L'exigence, inhérente à la nature de la mission fiduciaire, appelle en conséquence une totale transparence tant des modalités de calcul et de détermination de sa rémunération que de sa facturation. Ainsi est-il expressément prescrit que, dans le contrat de fiducie, la rémunération de l'avocat doit être distinguée de celle des autres intervenants [1].

Au-delà, la rédaction du contrat est essentielle, dès lors que c'est le contrat qui détermine si le fiduciaire doit être rémunéré pour l'exercice de sa mission, le montant de sa rémunération comme les modalités du paiement (acquittement par le constituant, prélèvement sur le patrimoine fiduciaire ou sur les éventuels revenus de ce patrimoine).

644.22 **Incompatibilités.** L'avocat fiduciaire ne peut exercer une activité incompatible avec sa profession au sens des articles 111 et suivants du décret du 27 novembre 1991 [2].

Ainsi, ne pourrait-il pas, par exemple, devenir exploitant direct d'un fonds de commerce dont la propriété lui aurait été transférée ou accepter un mandat social dans une société dont il serait devenu associé par suite de la transmission des parts ou actions à son profit. L'avocat sera alors tenu de désigner dans les formes légales les exploitants ou mandataires.

644.23 **Obligations déclaratives.** C'est également parce qu'il est avocat, que l'avocat qui souhaite exercer en qualité de fiduciaire doit en informer par écrit, avant d'accomplir tout acte relatif à cette activité, le conseil de l'Ordre dont il relève [3].

En pratique, cette déclaration, à laquelle il joint une attestation de souscription des assurances spéciales exigées en la matière [4], devra être adressée au bâtonnier qui en accusera réception sans délai.

644.24 **Obligation de compétence.** La technicité juridique de l'opération de fiducie, qui peut se révéler assez complexe (notamment en cas de réalisation d'une fiducie-sûreté, dans le cadre d'une procédure collective), est réelle et les modes de gestion qu'elle suppose peuvent être très variés, selon les biens concernés et le rôle confié au fiduciaire.

C'est pourquoi, prolongeant l'exigence de compétence de l'avocat [5] sur le terrain de ses missions fiduciaires, une obligation de formation spécifique s'impose à lui dans les matières liées à l'exécution de telles missions [6].

Par ailleurs, une mention de spécialisation consacrée au droit de la fiducie a été créée permettant aux avocats d'afficher leur compétence en cette matière [7].

644.25 **Secret professionnel.** Alors que le secret professionnel de l'avocat couvre toutes les matières dans lesquelles il exerce [8], le fiduciaire est soumis, afin de prévenir tout risque d'évasion fiscale et de lutte contre le blanchiment de capitaux, à des obligations déclaratives et à des contrôles sur pièces et même sur place.

Pour résoudre cette contradiction, il a été fait le choix de faire primer en la matière la réglementation spécifique à l'activité fiduciaire à compter de la conclusion du contrat de fiducie. Il s'est ainsi agi de maintenir le même niveau de contrôle que pour les autres fiduciaires, mais aussi de garantir l'avocat contre toute sanction disciplinaire à raison de l'accomplissement des obligations déclaratives liées à l'exercice de cette activité particulière [9].

Concrètement, l'avocat exerçant une activité de fiducie reste soumis à son secret professionnel, mais doit prendre toutes dispositions permettant aux autorités judiciaires, administratives et ordinales d'effectuer les contrôles et vérifications prévus par la loi et les règlements en ce domaine [10]. L'objectif est qu'il ne soit pas porté atteinte au secret professionnel et à la confidentialité des correspondances attachés aux autres activités de son cabinet et à ceux qui y exercent.

Ainsi est-il exigé que dans toute correspondance, quel qu'en soit le support, qu'il établit dans le strict cadre de sa mission de fiducie, l'avocat doit indiquer expressément sa qualité de fiduciaire. Il doit par ailleurs attirer l'attention du destinataire sur le carac-

1. RIN, art. 6.5.5., al. 2.
2. RIN, art. 6.5.1.
3. Décr. n° 91-1197, 27 nov. 1991, art. 123, al. 1er.
4. RIN, art. 6.5.2. Sur l'obligation de souscription d'une assurance spéciale : v. s[s] n° 644.31.
5. SUR L'OBLIGATION GÉNÉRALE de formation continue de l'avocat : L. n° 71-1130, 31 déc. 1971, art. 14-2.
6. RIN, art. 6.5.5, al. dern.
7. Arr. 28 déc. 2011 fixant la liste des mentions de spécialisation en usage dans la profession d'avocat, *JO* 29 déc., p. 22577, NOR : JUSC1130802A – SUR LE REGIME des mentions de spécialisation : v. s[s] n°s 214.21 s.
8. L. n° 71-1130, 31 déc. 1971, art. 66-5.
9. L. n° 71-1130, 31 déc. 1971, art. 66-5 – Rapport au président de la République relatif à l'ordonnance n° 2009-112 du 30 janvier 2009 portant diverses mesures relatives à la fiducie, *JO* 31 janv., p. 44.
10. RIN, art. 6.5.4.

tère non confidentiel, à l'égard des organes de contrôle de la fiducie, des correspondances échangées avec lui au titre de cette mission. Une correspondance dépourvue de la mention « officielle », adressée à l'avocat fiduciaire par un confrère non avisé de cette qualité, demeure confidentielle [1].

L'avocat fiduciaire doit utiliser un papier à lettres distinct et veiller à une identification claire et spécifique des dossiers de fiducie, lesquels doivent faire l'objet d'un rangement et d'un archivage séparés des autres dossiers. De même, tous les supports informatiques utilisés dans l'exercice de l'activité de fiducie doivent être consacrés exclusivement à cette activité et identifiés distinctement [2].

Participent également de cette organisation prudentielle, l'obligation de vérifier l'identité des parties contractantes et des bénéficiaires effectifs de l'opération, comme celle d'une comptabilité distincte.

644.26 Identification des parties et conflits d'intérêts. L'avocat vérifie l'identité des parties contractantes et des bénéficiaires effectifs de l'opération. Il les informe des dispositions des articles 6.5.1 et suivants du RIN. Les conflits d'intérêts s'apprécient par rapport au constituant et au(x) bénéficiaire(s).

L'avocat désigné par le constituant en qualité de tiers, au sens de l'article 2017 du code civil, ne peut appartenir à la même structure d'exercice que celle à laquelle appartient l'avocat fiduciaire.

644.27 Comptabilité distincte. Lorsqu'il exerce en qualité de fiduciaire, l'avocat tient une comptabilité distincte [3], propre à cette activité [4]. La règle vaut tant à l'égard des comptes professionnels et personnels que de son sous-compte Carpa [5] sur lequel l'avocat doit en principe déposer les fonds, valeurs ou effets qu'il reçoit pour le compte de son client [6]. La solution se justifie à raison, tout au moins sur le plan comptable (alors que sur le plan fiscal, les biens transférés aux fiduciaires sont considérés comme demeurant la propriété du constituant) [7], du transfert de propriété que réalise l'opération fiduciaire au profit de l'avocat fiduciaire alors propriétaire des fonds, effets ou valeurs fiduciaires. Ce transfert a paru inconciliable avec les règles de fonctionnement de la Carpa fondée sur la notion de mandat, la situation n'étant pas celle d'un maniement de fonds appartenant à un tiers [8].

Chaque fiducie fait l'objet d'un compte identifié et clairement séparé dans la comptabilité tenue par l'avocat [9]. Certains praticiens considèrent que « cette obligation de comptabilité séparée peut s'avérer très contraignante et, en pratique, difficile à mettre en œuvre dans la mesure où les actifs fiduciaires ne peuvent transiter par la Carpa ». Ils proposent que soit mis en place un système équivalent à la Carpa afin de faciliter la tâche de l'avocat [10].

L'activité fiduciaire peut faire l'objet d'un contrôle de comptabilité conformément à l'article 17, 9°, de la loi du 31 décembre 1971 [11].

Les versements de fonds ou remises d'effets et valeurs à un avocat agissant en qualité de fiduciaire ne nécessitent pas la délivrance ou l'envoi d'un accusé de réception s'il n'en a pas été donné quittance [12].

SECTION 3
OBLIGATIONS D'ASSURANCE

644.31 Responsabilité, assurances et garanties financières. Comme tout fiduciaire, l'avocat fiduciaire est responsable, sur son propre patrimoine, des fautes qu'il commet dans l'exercice de sa mission, tant à l'égard du constituant lui-même, qu'à l'égard du bénéficiaire de la fiducie. Si l'avocat ne peut les garantir de la conservation de la valeur du patrimoine affecté, sa responsabilité peut être engagée en cas de faute de gestion, cette dernière devant alors être prouvée dans les conditions de droit commun [13]. En toute occurrence, l'appréciation de la responsabilité de l'avocat sera fonction de l'étendue, contractuellement définie, de sa mission.

La responsabilité inhérente à l'activité de fiduciaire est supportée exclusivement par les avocats qui les exercent [14]. Pour répondre ainsi des conséquences pécuniaires de sa responsabilité civile professionnelle à raison des négligences et fautes commises dans l'exercice de sa mission fiduciaire [15],

1. L. n° 71-1130, 31 déc. 1971, art. 66-5 – RIN, art. 6.5.3.
2. RIN, art. 6.5.4.
3. SUR L'AUTONOMIE DE LA COMPTABILITÉ chez le fiduciaire : L. n° 2007-211, 19 févr. 2007, art. 12 ; – AUSSI : Avis du Conseil national de la comptabilité n° 2008-03, 7 févr. 2008, *D.* 2008. 533, obs. X. Delpech.
4. Décr. n° 91-1197, 27 nov. 1991, art. 231 ; RIN, art. 6.5.5.
5. V. s^s n° 121.31.
6. L. n° 71-1130, 31 déc. 1971, art. 53 – RIN, art. 6.5.5.
7. SUR LE DÉBAT sous l'angle de la théorie juridique, relatif à la « propriété fiduciaire », NOT. : B. Mallet-Bricout, « Fiducie et propriété », *Mél. Larroumet*, Economica, 2010, p. 297.
8. Rapport au président de la République relatif à l'ordonnance n° 2009-112, 30 janv. 2009 portant diverses mesures relatives à la fiducie, *JO* 31 janv., p. 44 ; – SUR LEQUEL : S. Bortoluzzi, « Fiducie et ventes judiciaires : le règlement intérieur national des avocats modifié », *JCP* 2009. 33.
9. RIN, art. 6.5.5.
10. C. Sand, « Dernières précisions concernant les conditions d'exercice de la qualité fiduciaire par les avocats – À propos du décret du 23 déc. 2009 », *JCP* 2010. 76.
11. Sur le contrôle de la comptabilité de l'avocat : v. s^s n°s 511.171 s.
12. Décr. n° 91-1197, 27 nov. 1991, art. 233.
13. SUR la responsabilité de l'avocat : v. s^s n°s 91.00 s.
14. L. n° 71-1130, 31 déc. 1971, art. 27, al. dern.
15. C. civ., art. 2026.

comme de la restitution des fonds, effets, titres et valeurs concernés, l'avocat doit souscrire des assurances propres à cette activité[1]. Alors que l'article 205 du décret du 27 novembre 1991 relatif à l'assurance de responsabilité civile professionnelle évoque une souscription « à titre personnel », l'article 209 du même décret relatif à l'assurance garantissant la restitution des fonds, effets, titres et valeurs concernés ne donne aucune précision. L'article 6.5.2 du RIN évoque, quant à lui, une souscription à titre individuel dans les deux hypothèses. L'idée est de bien marquer que la couverture d'assurance ne doit peser financièrement, ni directement, ni indirectement sur les avocats n'ayant aucune activité en ce domaine[2]. Il semble cependant aujourd'hui acquis que si l'activité est exercée au sein d'une structure d'exercice, c'est bien cette dernière qui doit contracter l'assurance en cause[3].

Spéciale, l'assurance responsabilité civile professionnelle de l'avocat fiduciaire[4] s'ajoute à celle dont dispose l'avocat pour l'exercice de son activité de conseil[5], sans pour autant relever d'un régime particulier. L'objet de cette assurance propre à l'activité fiduciaire n'est pas de couvrir les négligences et fautes commises par l'avocat lorsqu'il intervient en qualité de conseil des parties au contrat de fiducie ou de tiers protecteur de la fiducie. De telles activités recouvrent l'exercice normal de ses fonctions et, comme telles, sont déjà couvertes par l'assurance de responsabilité civile professionnelle souscrite au titre de son activité de conseil.

Dans un cas comme dans l'autre, les contrats d'assurance ne doivent pas comporter une limite de garantie inférieure à 1 500 000 euros par année pour un même assuré. Ils ne doivent pas prévoir de franchise à la charge de l'assuré supérieure à 10 p. 100 des indemnités dues, dans la limite de 3 050 euros. La franchise n'est pas opposable aux victimes.

L'assurance garantissant la restitution des fonds, effets, titres et valeurs concernés[6] n'est pas une assurance garantissant les maniements de fonds, compte tenu du transfert réalisé au profit du fiduciaire[7]. Les contrats d'assurance ne doivent pas, quant à eux, comporter une limite de garantie inférieure à 5 % de la valeur des biens immeubles et à 20 % de la valeur des autres biens, droits ou sûretés (il a été considéré que les risques de détournement devaient s'apprécier, en matière immobilière au regard des revenus des biens alors qu'en matière mobilière, le risque est plus important)[8]. Ces seuils ne préjudicient pas à la souscription volontaire, par l'avocat fiduciaire, d'une garantie financière supplémentaire.

La loi du 22 octobre 2010[9], dite de régulation bancaire et financière, est venue par ailleurs modifier le dernier alinéa de l'article 27 de la loi du 31 décembre 1971 pour ouvrir une alternative entre assurance et garantie financière. Le législateur a, en effet, ouvert à l'avocat fiduciaire la possibilité de souscrire des garanties financières pour tenir compte des difficultés suscitées par l'obligation de souscrire une assurance au profit de qui il appartiendra, garantissant la restitution des biens, droits ou sûretés concernés, dans un contexte où le marché de l'assurance n'est pas pleinement en mesure de répondre à la demande. Complétant le dispositif, le décret du 18 octobre 2011[10], pris pour l'application de cette dernière disposition, précise l'étendue et les conditions de souscription des garanties financières auxquelles l'avocat, qui exerce l'activité fiduciaire, doit obligatoirement souscrire lorsqu'il n'a pas fait le choix de souscrire une assurance dite « au profit de qui il appartiendra ».

Dans ce cadre, les articles 209-1 et 210-1 du décret du 27 novembre 1991 précisent que tout avocat exerçant en qualité de fiduciaire peut ainsi, afin de garantir la restitution des biens, droits ou sûretés transférés dans le cadre du contrat de fiducie contre les risques de détournement[11], choisir de souscrire l'assurance au profit de qui il appartiendra, propre à son activité[12] ou contracter les garanties financières spécifiques[13].

S'agissant des garanties financières accordées à un avocat exerçant en qualité de fiduciaire elles-mêmes, et à l'instar de la limite de garantie offerte par les contrats d'assurance[14], leur montant ne peut être inférieur à 5 % de la valeur des biens immeubles

1. L. n° 71-1130, 31 déc. 1971, art. 27, al. dern. – Décr. n° 91-1197, 27 nov. 1991, art. 205 et 209-1 – RIN, art. 6.5.2.
2. COMP. NOT. les modalités de souscription de l'assurance responsabilité civile professionnelle destinée à couvrir les activités des avocats autres que fiduciaires : décr. n° 91-1197, 27 nov. 1991, art. 205, al. 1er.
3. P. Berger, « La fiducie – Décret du 23 décembre 2009 », *Avocats & Droit*, n° 32, p. 40.
4. Décr. n° 91-1197, 27 nov. 1991, art. 205.
5. SUR L'EXIGENCE de l'assurance responsabilité civile professionnelle de l'avocat : décr. n° 91-1197, 27 nov. 1991, art. 205, al. 1er.
6. Décr. n° 91-1197, 27 nov. 1991, art. 209-1.
7. SUR LA QUESTION de la propriété fiduciaire : B. Mallet-Bricout, « Fiducie et propriété », *Mél. Larroumet*, Economica, 2010, p. 297.
8. P. Berger, « La fiducie – Décret du 23 décembre 2009 », *Avocats & Droit*, n° 32, p. 41.
9. L. n° 2010-1249, 22 oct. 2010 de régulation bancaire et financière, *JO* 23 oct., p. 18984 ; – SUR LAQUELLE : *JCP* 2012. 387, n° 13, obs. F. G'sell.
10. Décr. n° 2011-1319, 18 oct. 2011 relatif à l'exercice de l'activité fiduciaire des avocats, *JO* 20 oct., p. 17716.
11. Décr. n° 91-1197, 27 nov. 1991, art. 212, al. 2.
12. Décr. n° 91-1197, 27 nov. 1991, art. 209-1, al. 1er.
13. Décr. n° 91-1197, 27 nov. 1991, art. 210-1.
14. Décr. n° 91-1197, 27 nov. 1991, art. 209-1.

et à 20 % de la valeur des autres biens, droits ou sûretés[1], appréciée au jour de leur transmission[2]. Ces seuils ne préjudicient pas à la souscription volontaire, par l'avocat fiduciaire, de garanties financières supplémentaires ou d'une assurance « au profit de qui il appartiendra » supplémentaire, propre à son activité, et garantissant la restitution des biens, droits ou sûretés concernés[3].

Les organismes habilités à garantir l'activité fiduciaire sont les compagnies d'assurances, les banques, les établissements de crédit et les sociétés de caution mutuelle, lesquelles apportent traditionnellement leur caution aux professionnels[4].

Sur le terrain prudentiel et de contrôle, le décret précise les prérogatives du garant de l'avocat fiduciaire. Les demandes d'information et de consultation de tous registres et autres documents comptables, relatives à l'activité fiduciaire, peuvent être adressées directement à l'avocat sans avoir à passer par l'intermédiation du bâtonnier[5]. De même, le garant de l'avocat exerçant en qualité de fiduciaire informe directement, par lettre recommandée avec demande d'avis de réception, le constituant et le bénéficiaire de la cessation de la garantie[6]. Enfin, à l'instar de l'assureur auprès duquel est souscrite l'assurance « au profit de qui il appartiendra » propre à l'activité de fiduciaire de l'avocat, le garant auprès duquel sont souscrites les garanties financières a communication, sur simple demande, par l'avocat fiduciaire, de la comptabilité et, le cas échéant, du rapport du commissaire aux comptes afférent aux opérations de la fiducie. Il en est de même de la liste et des adresses des dépositaires[7].

L'avocat devra justifier de la constitution de ces garanties assurantielles dans le cadre de la déclaration préalable de son activité fiduciaire au conseil de l'Ordre dont il relève[8], et devra également transmettre l'attestation au constituant, et le cas échéant au bénéficiaire s'il s'agit d'une personne distincte du bénéficiaire[9]. Il devra par ailleurs, justifier de leur maintien tout au long de l'activité fiduciaire au conseil de l'Ordre[10]. Elles sont adressées au constituant et, le cas échéant, au bénéficiaire dans le délai d'un mois à compter du renouvellement ou de toute modification des contrats d'assurance[11].

Enfin, en cas de cessation de la garantie pour quelque cause que ce soit, l'assureur doit immédiatement en informer par lettre recommandée avec demande d'avis de réception le constituant, le bénéficiaire s'il y a lieu, ainsi que le bâtonnier.

Pour permettre aux compagnies d'assurances d'apprécier l'évolution de leur risque, il est prévu que l'assureur auprès duquel est souscrite l'assurance doit recevoir communication, sur simple demande, par l'avocat fiduciaire, de la comptabilité[12] et, le cas échéant, du rapport du commissaire aux comptes afférent aux opérations de la fiducie. Il en est de même de la liste et des adresses des dépositaires[13].

On l'aura compris, l'accès effectif des avocats à la fonction fiduciaire dépend de la couverture par les assureurs des risques inhérents à cette activité[14]. En pratique, l'exercice de la fiducie par les avocats se heurte au coût des garanties financières à souscrire.

1. Décr. nº 91-1197, 27 nov. 1991, art. 216-1.
2. Décr. nº 91-1197, 27 nov. 1991, art. 216-1 et 209-1.
3. Décr. nº 91-1197, 27 nov. 1991, art. 216-1.
4. Décr. nº 91-1197, 27 nov. 1991, art. 211.
5. Décr. nº 91-1197, 27 nov. 1991, art. 218, al. dern.
6. Décr. nº 91-1197, 27 nov. 1991, art. 223, al. dern.
7. Décr. nº 91-1197, 27 nov. 1991, art. 235-3.
8. V. s[s] nº 644.23.
9. Décr. nº 91-1197, 27 nov. 1991, art. 123.
10. Décr. nº 91-1197, 27 nov. 1991, art. 123.
11. Décr. nº 91-1197, 27 nov. 1991, art. 123.
12. Sur les obligations comptables spécifiques de l'avocat fiduciaire : v. s[s] nº 644.27.
13. Décr. nº 91-1197, 27 nov. 1991, art. 235-3.
14. NOT. : G. Pillet, *JCP* 2010. 270.

CHAPITRE

645. Mandataire sportif

SECTION 0 ORIENTEUR

645.00 Sommaire du chapitre.

Division. L'avocat mandataire sportif a l'interdiction de cumuler son activité d'avocat et celle d'agent sportif (sect. 1), indépendamment de l'encadrement de l'exercice d'une activité de mandataire de sportif ou d'un club sportif (sect. 2) dans le cadre de la réglementation qui leur est propre.

645.01 Textes applicables.

TEXTES TITRÉS

• **L. n° 71-1130, 31 déc. 1971**

art. 6 *ter* [Avocat mandataire sportif]

art. 10 [Encadrement des honoraires]

art. 66-5 [Secret professionnel]

• **RIN**

art. 6.3 [Missions particulières]

art. 6.4 [Déclarations à l'Ordre]

• **RIBP**

art. P. 6.3.0.3. [L'avocat mandataire sportif]

645.02 Jurisprudence de référence.

JURISPRUDENCE RENDUE SOUS L'EMPIRE DU RÉGIME ANTÉRIEUR À LA LOI DU 28 MARS 2011

> Les commissions perçues par un avocat agissant en qualité d'agent sportif ne peuvent être assimilées à des honoraires soumis à la compétence du bâtonnier de l'ordre

• **Civ. 2e, 8 mars 2012,** n° 11-13.782, P II, n° 41

* V. ss n° 645.21.

« Attendu, selon l'ordonnance infirmative attaquée rendue par le premier président d'une cour d'appel (Aix-en-Provence, 10 novembre 2010) et les pièces de la procédure, que la société Stade aurillacois Cantal Auvergne (la société) a conclu en 2008 avec M. X..., avocat, des contrats d'agent sportif mandaté pour la recherche de joueurs de rugby professionnels en vue de préparer les compétitions des saisons 2008 et 2009, moyennant paiement de commissions ; que M. X... a adressé à la société deux factures datées des 12 décembre 2008 et 28 septembre 2009 qui sont restées impayées ; qu'il a saisi le bâtonnier de son ordre d'une demande de fixation d'honoraires ; que le bâtonnier a écarté l'exception d'incompétence soulevée par la société et a accueilli la demande de M. X... ; que la société a saisi d'un recours le premier président d'une cour d'appel ;

Attendu que M. X... fait grief à l'ordonnance de dire n'y avoir lieu à fixation d'honoraires, alors, selon le moyen, qu'entrent dans le champ de l'article 10 de la loi n° 71-1130 du 31 décembre 1971 modifiée portant réforme de certaines professions judiciaires et juridiques, les questions afférentes à la rémunération d'une prestation, même accessoire, régulièrement délivrée par un avocat dans le cadre de son activité professionnelle ; qu'il en va spécialement ainsi pour l'exercice d'un mandat d'agent sportif agréé par l'autorité ordinale et dont la loi n° 2011-331 du 28 mars 2011 a expressément validé et généralisé le principe au sein des barreaux nationaux ; qu'en déniant au bâtonnier toute compétence pour taxer les prestations impayées de l'avocat requérant, le premier président a violé les textes et principes ci-dessus rappelés ;

Mais attendu que l'ordonnance retient que M. X... a agi en qualité d'agent sportif en vertu de la licence que lui a délivrée la fédération française de rugby, ayant à ce titre mandat de recherche de joueurs pour la société ; qu'en vertu des conventions signées entre eux, le club devait verser à l'agent une commission forfaitaire de 5 000 euros après l'engagement du joueur considéré comme le résultat de la mission de l'agent ; qu'à défaut de règlement amiable, les conventions prévoyaient que les litiges entre les parties seraient soumis au tribunal compétent ; que les sommes facturées par M. X... ne sont pas des honoraires au sens de l'article 10 de la loi du 31 décembre 1971 ;

Que de ces seules constatations et énonciations, dont il résultait que M. X... avait exécuté au profit d'une société anonyme des mandats d'agent sportif licencié par une fédération sportive, et rémunérés sous forme de commissions forfaitaires associées au résultat des recherches opérées, le premier président a déduit à bon droit qu'il n'avait pas accompli des prestations entrant dans le champ d'application de l'article 10 de la loi du 31 décembre 1971 ;

D'où il suit que le moyen n'est pas fondé. »

> La validité du mandat sportif relève en cas de contestation de la juridiction de droit commun

• **Civ. 2e, 14 janv. 2016,** n° 14-26.846, P II

* V. s^s n° 645.21.

645.03 **Bibliographie indicative.**

* Aussi : v. s^s n° 64.03.

Articles. S. Bortoluzzi, « L'avocat mandataire de sportif, avocat de plein exercice », *Gaz. Pal.* 15-17 avr. 2011, p. 14 – E. Duhen, « L'avocat mandataire sportif : un colosse aux pieds d'argile », *LPA* 3 déc. 2015, n° 241, p. 4 – C. Gailhbaud, « L'avocat et l'activité d'agent sportif », *Gaz. Pal.* 31 juill.-4 août 2009, p. 2 – J.-M. Marmayou, « L'avocat peut-il être agent sportif ? », *D.* 2007. 746 ; « Contrat d'agent sportif : retour sur l'exigence d'écrit et perspectives sur la désignation légale du débiteur », *Cah. dr. sport* 2006/3. 91, spéc. p. 97 – A. Séméria, « L'avocat peut-il exercer la profession d'agent sportif ? », *LPA* 6-7 août 2009, p. 6.

SECTION 1
INTERDICTION DU CUMUL DE L'ACTIVITÉ D'AVOCAT ET D'AGENT SPORTIF

645.11 **Interdiction du cumul de l'activité d'avocat et d'agent sportif.** L'avocat est autorisé à agir en qualité de mandataire de sportif dans le cadre de la réglementation qui lui est propre, autrement dit sans être titulaire d'une licence d'agent sportif[1] et sans relever de la discipline des fédérations sportives. Il agit en qualité d'avocat, et non d'agent sportif, dans le respect de sa déontologie[2], mais relève pour partie de la réglementation spécifique applicable à cette activité. L'activité de mandataire sportif figure dans la liste des missions particulières énumérées par l'article 6.3[3] du RIN. L'avocat qui entend exercer cette activité doit en faire la déclaration au conseil de l'Ordre dont il relève, par lettre ou courriel adressé au bâtonnier[4].

Le législateur a légalisé une pratique existante qu'avait déjà consacrée le règlement intérieur du barreau de Paris dans un article P. 6.2.0.3 [devenu art. P. 6.3.0.3], issu d'une décision du conseil de l'Ordre en date du 17 mars 2009, modifié le 15 mai 2012, qui autorisait le cumul d'activités. Si la question de la compatibilité entre l'exercice de la profession d'avocat et les fonctions d'agent sportif a pu faire difficulté[5], elle a été expressément tranchée aux termes de l'article 4 de la loi du 28 mars 2011[6] qui est venu ajouter à la loi du 31 décembre 1971 un article 6 *ter*, lequel dispose que les avocats peuvent, dans le cadre de la réglementation qui leur est propre, représenter en qualité de mandataire, l'une des parties intéressées à la conclusion de l'un des contrats mentionnés au premier alinéa de l'article L. 222-7 du code du sport.

645.12 **Domaine d'application.** L'activité d'avocat mandataire sportif concerne la représentation des parties intéressées à la conclusion d'un contrat soit relatif à l'exercice rémunéré d'une activité sportive ou d'entraînement, soit qui prévoit la conclusion d'un contrat de travail ayant pour objet l'exercice rémunéré d'une activité sportive ou d'entraînement. Cette activité ne peut normalement être exercée que par une personne physique détentrice d'une licence d'agent sportif[7].

Mais il était encore rappelé au cours des débats parlementaires relatifs à la loi du 28 mars 2011[8] que s'il entre dans les attributions d'un avocat de représenter, dans le cadre d'un mandat, les intérêts d'un sportif ou d'un club, l'activité consistant à mettre en rapport les parties intéressées à la conclusion d'un contrat relatif à l'exercice d'une activité sportive, qui caractérise l'activité d'agent sportif, constitue, en revanche, une activité de courtage, par nature commerciale[9] et, de ce fait, interdite aux avocats[10].

645.13 **Avocat mandataire sportif.** C'est dans le but d'encadrer davantage les conditions dans lesquelles sont conclus les contrats portant sur l'exercice rémunéré d'une activité sportive que le choix a été fait de soumettre les avocats aux mêmes obligations que celles imposées aux agents sportifs, à l'exception de la détention d'une licence, les avocats intervenants selon la réglementation qui leur est propre[11]. L'avocat pratique l'activité de mandataire

1. C. sport, art. L. 222-7.
2. S. Bortoluzzi, « L'avocat mandataire de sportif, avocat de plein exercice », *Gaz. Pal.* 15-17 avr. 2011, p. 14.
3. CNB, AG 9 déc. 2016, décis. n° 2016-002, 26 janv. 2017 portant réforme du règlement intérieur national (RIN) de la profession d'avocat (art. 21-1 de la loi du 31 déc. 1971 mod.), *JO* 13 avr., n° 33, NOR : JUSC1701802S.
4. RIN, art. 6.4.
5. NOT. SUR LE VIF DÉBAT en la matière : J.-M. Marmayou, « L'avocat peut-il être agent sportif ? », *D.* 2007. 746 ; – C. Gailhbaud, « L'avocat et l'activité d'agent sportif », *Gaz. Pal.* 31 juill.-4 août 2009, p. 2 ; – A. Séméria, « L'avocat peut-il exercer la profession d'agent sportif ? », *LPA* 6-7 août 2009, p. 6.
6. L. n° 2011-331, 28 mars 2011 de modernisation des professions judiciaires ou juridiques et certaines professions réglementées, *JO* 29 mars., p. 5447 ; – SUR LAQUELLE : A. Harel, *JCP* 2011. 468, n° 12 ; – T. Wickers, *D.* 2013. 136.
7. C. sport, art. L. 222-7, al. 1er.
8. Rép. min. n° 94961, *JOAN Q* 1er févr. 2011, p. 1025 ; *D.* 2011. 525.
9. C. com., art. L. 110-1, 7°.
10. Décr. n° 90-1197, 27 nov. 1991, art. 111 et 115.
11. L. n° 71-1130, 31 déc. 1971, art. 6 *ter*, al. 1er.

de sportif ou d'un club sportif dans le cadre du mandat civil qui lui est confié par son client. Les agents sportifs conservent le monopole de la mise en relation entre un joueur et un club potentiel en exécution d'un mandat de recherche.

A contrario, il n'existe dans le code du sport aucune disposition autorisant les agents sportifs à exercer une activité juridique, même à titre accessoire. Les agents sportifs ne relèvent pas de la catégorie des professions réglementées visées aux articles 54 et suivants de la loi du 31 décembre 1971 et ne sont dès lors pas autorisés, contre rémunération, à exercer une activité de consultation juridique ou de rédaction d'actes sous seing privé.

SECTION 2
ENCADREMENT DE L'ACTIVITÉ D'AVOCAT MANDATAIRE DE SPORTIF OU D'UN CLUB SPORTIF

645.21 Honoraires plafonnés. Afin de garantir la moralisation du sport[1], la loi du 28 mars 2011, précitée, ajoute aux dispositions de l'article 10 de la loi du 31 décembre 1971 relative aux honoraires par la soumission des avocats à la limitation de leur rémunération. Il précise ainsi que dans le mandat donné à un avocat pour la conclusion de l'un des contrats mentionnés au premier alinéa de l'article L. 222-7 du code du sport, le montant de ses honoraires ne peut excéder 10 % du montant de ce contrat[2]. Lorsque, pour la conclusion d'un tel contrat, plusieurs avocats interviennent ou un avocat intervient avec le concours d'un agent sportif, le montant total de leur rémunération ne peut également excéder 10 % du montant de ce contrat. Ces dispositions n'ont pas été modifiées par la loi du 6 août 2015[3], dite loi Macron, qui a réformé l'encadrement des honoraires des avocats en supprimant le tarif de postulation et en généralisant la convention d'honoraires en toute matière.

L'avocat agissant en qualité de mandataire de l'une des parties intéressées à la conclusion d'un tel contrat ne peut être rémunéré que par son client, contrairement à l'agent sportif qui peut l'être par le cocontractant du sportif ou de l'entraîneur qu'il représente[4]. Le barreau de Paris a cependant adopté, lors de la séance du conseil de l'Ordre du 2 juin 2020, un nouvel article P. 6.3.0.3. de son règlement intérieur autorisant l'avocat de stipuler, le cas échéant, dans la convention écrite que le joueur puisse donner mandat au club sportif de verser en son nom et pour son compte les honoraires correspondant à sa mission. La seule condition posée est que cette activité d'intermédiation reste l'accessoire de l'activité principale de l'avocat[5]. Le Conseil national des barreaux n'a pas validé ni repris dans le RIN cette position permettant aux avocats mandataires sportifs d'être rémunérés à la commission et par une partie tierce au contrat.

Saisie par le parquet général d'un recours à l'encontre de la délibération du conseil de l'Ordre de Paris, la cour d'appel de Paris a affirmé, sur le fondement des textes en vigueur, que l'avocat, en sa qualité de mandataire, ne peut exercer l'activité de mise en rapport des joueurs et des clubs, qui est une activité commerciale principale, ni donc intervenir, dans la phase d'élaboration des contrats, avant que les sportifs et les clubs aient été préalablement mis en relation par un agent sportif. La cour considère par ailleurs que la nouvelle disposition de l'article P. 6.3.0.3 du RIBP prévoyant que l'avocat mandataire peut recevoir ses honoraires, non de la part de son client, mais de la part du club, qui est le cocontractant de son client, est source de conflit d'intérêts et est parfaitement contraire à la loi, prononçant l'annulation de l'article en son intégralité[6]. Il conviendra dans cette affaire d'attendre que la Cour de cassation, saisie d'un pourvoi par le conseil de l'Ordre de Paris, se prononce sur cet élargissement souhaité des prérogatives des avocats mandataires sportifs.

On relèvera que la réglementation, autorisant les avocats à agir exclusivement en qualité de mandataire sportif, place expressément leur rémunération sous la qualification d'honoraires en modifiant l'article 10 de la loi du 31 décembre 1971, alors qu'il avait pu être jugé antérieurement que les commissions perçues par l'avocat agissant en qualité d'agent sportif ne pouvaient être assimilées à des honoraires, car aucune des diligences accomplies n'entrait dans le périmètre de la profession d'avocat, avant d'en déduire que le bâtonnier, saisi d'une contestation d'honoraires, n'était pas compétent pour fixer le montant de sa rémunération[7]. La rémunération de l'avocat mandataire d'un sportif relève de la juridiction du bâtonnier selon les dispositions des articles 175 et suivants du décret du 27 novembre 1991. La Cour de cassation, par un arrêt de sa

1. Rép. min. n° 94961, *JOAN Q* 1er févr. 2011, p. 1025 ; *D.* 2011. 525 – Rép. min. n° 26379, *JOAN Q* 19 mai 2020, p. 3553.
2. L. n° 71-1130, 31 déc. 1971, art. 10, al. dern.
3. L. n° 2015-990, 6 août 2015 pour la croissance, l'activité et l'égalité des chances économiques, *JO* 7 août, p. 13537.
4. C. sport, art. L. 222-7.
5. Décr. n° 91-1197, 27 nov. 1991, art. 111.
6. Paris, aud. sol., 14 oct. 2021, n° RG 20/11621. Pour une analyse critique : Ph. Touzet, *D. actu.*, 8 nov. 2021.
7. Civ. 2e, 8 mars 2012, n° 11-13.782, P II, n° 41 ; *JCP* 2012. 1121, n° 3, obs. F. G'sell ; *Gaz. Pal.* 24-26 juin 2012, p. 12, obs. J.-L. Gaineton ; *D. actu.* 21 mars 2012, obs. L. Avena-Robardet ; – CONFIRMATION DE : Aix-en-Provence, 10 nov. 2010, RG n° 2010/811, NP ; *JCP* 2011. 468, n° 12, obs. A. Harel.

deuxième chambre civile du 14 janvier 2016, précise que la validité du mandat sportif relève en cas de contestation de la juridiction de droit commun, obligeant ainsi le juge de l'honoraire à surseoir à statuer sur la fixation des honoraires dont il est saisi[1].

L'article 10 de la loi du 31 décembre 1971 n'impose pas que le contrat de mandataire sportif confié à un avocat soit établi sous la forme d'un acte écrit unique[2]. En revanche, encourt la nullité la convention de mandataire sportif qui ne prévoit pas la rémunération de l'avocat de manière déterminée ou déterminable[3].

Les fédérations sportives délégataires sont autorisées à fixer un taux inférieur à ce plafond de 10 % du montant des contrats conclus par les parties mises en rapport[4], en vertu des dispositions visant à renforcer l'éthique du sport et les droits des sportifs, complétées par la loi du 1er février 2012[5], qui a ajouté un alinéa à l'article 10 de la loi du 31 décembre 1971.

Néanmoins, cet encadrement des honoraires de l'avocat porte sur la seule activité consistant à mettre en rapport, contre rémunération, les parties intéressées à la conclusion de l'un des contrats mentionnés au premier alinéa de l'article L. 222-7 du code du sport, à savoir l'exercice rémunéré d'une activité sportive ou d'entraînement, ou la rédaction du contrat de travail afférent à cet exercice. Les autres activités de conseil ou d'assistance en justice ne sont pas visées par le texte, de même que les autres contrats que l'avocat mandataire pourrait être amené à rédiger pour le compte de son client (contrat de sponsoring ou contrat de droit à l'image par exemple).

645.22 Secret professionnel – Communication des contrats aux fédérations sportives ou aux ligues professionnelles. Le même objectif de moralisation a conduit le législateur à soumettre l'avocat, comme tout agent sportif, à l'obligation de transmission de tous les contrats aux fédérations sportives[6]. Dans ce cadre, la loi du 28 mars 2011 est venue compléter l'article 66-5 de la loi du 31 décembre 1971 relatif au secret professionnel en relevant que celui-ci ne s'oppose pas à ce que l'avocat communique aux fédérations sportives ou aux ligues professionnelles les contrats pour lesquels il agit en sa qualité de mandataire[7]. Sont visés par cette disposition, comme pour l'encadrement des honoraires, les contrats mentionnés au premier alinéa de l'article L. 222-7 du code du sport et le contrat par lequel l'avocat est mandaté pour représenter l'une des parties intéressées à la conclusion de l'un de ces contrats. Les contrats sont communiqués dans les conditions prévues à l'article L. 222-18 du code du sport.

Les fédérations sportives veillent, au titre de la délégation de pouvoir qui leur est concédée, à ce que les contrats susvisés préservent les intérêts des sportifs, des entraîneurs et de la discipline concernée et soient conformes aux articles L. 222-7 à L. 222-17 du même code.

645.23 Sanctions disciplinaires. Lorsque la fédération délégataire compétente constate qu'un avocat, agissant en qualité de mandataire de l'une des parties intéressées à la conclusion de contrats pour lesquels il agit en sa qualité de mandataire, a méconnu les obligations relatives au contenu et à la communication de ces contrats ainsi que du mandat qu'il a reçu, elle en informe le bâtonnier du barreau auquel l'avocat est inscrit qui apprécie la nécessité d'engager des poursuites disciplinaires à son encontre dans les conditions prévues par les textes qui régissent la profession d'avocat[8].

645.24 Sanctions pénales. La méconnaissance par un avocat exerçant l'activité de mandataire de sportif ou d'un club sportif des obligations résultant pour lui du dernier alinéa des articles 10 et 66-5 de la loi du 31 décembre 1971, ainsi que de l'article L. 222-5, alinéa 2, du code du sport relatif à l'exercice d'une activité sportive par un mineur, est passible des peines prévues à l'article L. 222-20, alinéa 1er, du code du sport, soit deux ans d'emprisonnement et une amende de 30 000 euros. Le montant de l'amende peut être porté au-delà de 30 000 euros jusqu'au double des sommes indûment perçues en violation de l'article 222-5, alinéa 2, du code du sport et du dernier alinéa de l'article 10 de la présente loi[9].

Les infractions aux règles de rémunération mentionnées à l'article L. 222-5, alinéa 1er, du code du sport relatif à l'exercice d'une activité sportive par des enfants de 16 ans et moins soumis à l'obligation scolaire sont punies d'une amende de 7 500 euros.

1. Civ. 2e, 14 janv. 2016, n° 14-26.846, P II.
2. Civ. 1re, 11 juill. 2018, n° 17-10.458, P.
3. Civ. 1re, 20 févr. 2019, n° 17-27.129, PB ; *JCP* 2020, Doctr. 1238, n° 9, obs. C. Caseau-Roche ; *D. actu.* 5 mars 2019, obs. J.-D. Pellier.
4. La Fédération française de football a fixé le taux à 6 % (Régl. des agents sportifs de la FFF, art. 6.2.2., dans sa rédaction issue de la décision du comité exécutif de la FFF du 25 mai 2012 [applicable à compter du 13 juin 2012]) – La Fédération française de handball a fixé le taux à 8 % : décis. du bureau de la FFH du 15 juin 2012.
5. L. n° 2012-158, 1er févr. 2012 visant à renforcer l'éthique du sport et les droits des sportifs, *JO* 2 févr., p. 1906, art. 6 ; – SUR LAQUELLE : *JCP* 2012, act. 199, note J.-C. Lapouble ; *JCP* 2012. 387, n° 5, obs. G. Pillet.
6. C. sport, art. L. 222-18.
7. L. n° 71-1130, 31 déc. 1971, art. 66-5, al. dern.
8. C. sport, art. L. 222-19-1.
9. L. n° 71-1130, 31 déc. 1971, art. 6 *ter*, al. 2.

CHAPITRE

646. Mandataire en transactions immobilières

SECTION 0 ORIENTEUR

646.00 Sommaire du chapitre.

Division. Le mandataire en transactions immobilières est une activité (sect. 1) de l'avocat, qui fait l'objet d'un encadrement particulier dans l'exécution de la mission (sect. 2).

646.01 Textes applicables.

TEXTES TITRÉS

• **RIN**

art. 6.3 [Missions particulières]

art. 6.4 [Déclarations à l'Ordre]

• **RIBP**

art. P. 6.3.1 [L'avocat mandataire en transactions immobilières]

646.02 Jurisprudence de référence.

> Les dispositions de l'article 10 de la loi n° 71-1130 du 31 décembre 1971 s'appliquent aux honoraires de l'avocat mandataire en transactions immobilières

• **Civ. 2e, 22 mai 2014,** n° 13-20.035, P II, n° 117

* V. s^s^ n° 646.22.

« Sur le moyen unique :

Attendu, selon l'ordonnance attaquée, rendue par le premier président d'une cour d'appel (Paris, 4 juin 2013), que Mme X... a confié à M. Z..., avocat, les intérêts d'Huguette Y..., et de la sœur de celle-ci, Denise Y..., placées sous curatelle, toutes deux décédées en 2011 et dont elle est légataire universelle, et en particulier la gestion et la vente de divers immeubles ; qu'un différend a opposé les parties sur le montant des honoraires dus à M. Z... ; que Mme X... a saisi le bâtonnier de l'ordre des avocats de Paris de cette contestation ;

Attendu que M. Z... fait grief à l'ordonnance de limiter à la somme de 75 000 euros TTC les honoraires que lui doit Mme X..., en excluant l'honoraire conventionnel forfaitairement fixé en proportion du prix de vente des biens que l'avocat avait mandat de vendre, alors, selon le moyen que l'avocat mandataire en transactions immobilières, dans le cadre de cette activité accessoire qui n'implique aucun résultat judiciaire, aucune procédure et aucun litige, et qui n'entre donc pas dans le domaine d'un pacte de *quota litis*, peut fixer ses honoraires forfaitairement proportionnellement au prix de vente du bien qu'il a reçu mandat de vendre ; qu'ainsi, en statuant comme il l'a fait, le premier président de la cour d'appel de Paris a violé l'article 10, alinéa 3, de la loi du 31 décembre 1971, ensemble l'article 10, alinéa 3, du décret n° 2005-790 du 12 juillet 2005 ;

Mais attendu qu'ayant relevé que le mandat de transaction immobilière faisait désormais partie des activités pouvant être exercées par un avocat, c'est à bon droit que le premier président a écarté la possibilité d'une détermination des honoraires en proportion du seul résultat de la vente et évalué leur montant en fonction des critères de l'article 10, alinéa 2, de la loi n° 71-1130 du 31 décembre 1971 ;

D'où il suit que le moyen n'est pas fondé. »

646.03 Bibliographie indicative.

* Aussi : v. s^s^ n° 64.03.

Articles. J.-C. Barjon, « Maniement de fonds dans le cadre de l'activité d'avocat mandataire en transactions immobilières », *Gaz. Pal.* 7-8 mai 2010, p. 30 – W. Feugère, « L'avocat mandataire en transactions immobilières face au blanchiment », *Gaz. Pal.* 7-8 mai 2010, p. 33 – J.-P. Forestier, « Le maniement de fonds par l'avocat mandataire en transactions immobilières », *Gaz. Pal.* 2009. Doctr. 2888 – C. Meiniger Bothorel, « Responsabilité de l'avocat mandataire en transactions immobilières », *Gaz. Pal.* 7-8 mai 2010, p. 21 – M. Vauthier, « Problèmes pratiques de l'avocat mandataire en transactions immobilières », *Gaz. Pal.* 7-8 mai 2010, p. 14 ; « Une jeune pousse pleine de promesses », *Gaz. Pal.* 4-5 mai 2012, p. 21 – E. Vitry, « L'avocat mandataire en transactions immobilières », *Gaz. Pal.* 7-8 mai 2010, p. 11.

Rapport. Les cahiers CNB, Guide pratique : *L'activité de l'avocat mandataire en transactions*, 3e éd., oct. 2017.

SECTION 1
ACTIVITÉ DE L'AVOCAT MANDATAIRE EN TRANSACTIONS

646.11 L'avocat mandataire en transactions. Appréhendée sur le fondement de l'article 6.2 du RIN qui permet à l'avocat de recevoir mandat de négocier, d'agir et de signer au nom et pour le compte de son client, l'activité de mandataire en transactions est envisagée comme s'inscrivant dans le prolongement naturel de l'activité de l'avocat. Le Conseil national des barreaux considère ainsi que « mandataire naturel qui accompagne ses clients dans tous les actes de la vie civile, économique et sociale »[1], l'avocat, professionnel du droit, « est, à ce titre et par sa connaissance du droit, tout désigné pour être chargé par un client de mener, dans toutes ses phases, une opération ayant pour objet l'achat d'un bien immobilier ou mobilier, sa vente ou sa mise ou prise en location. D'une manière générale, il peut intervenir pour le compte d'un client dans toutes les étapes d'un processus contractuel : la mission de l'avocat ne se limite pas à prodiguer des conseils et à rédiger des actes, elle peut également comprendre la recherche du cocontractant et la négociation du contrat avec celui-ci »[2].

C'est ainsi notamment que le conseil de l'Ordre du barreau de Paris, lors d'une séance du 31 mars 2009 devait retenir le principe selon lequel l'avocat peut avoir une mission de mandataire en transactions immobilières, avant de modifier le 21 avril 2009 son règlement intérieur en y ajoutant un nouvel article P. 6.2.0.4, renuméroté en séance du 7 juillet 2020 (art. P. 6.3.1), autorisant l'avocat à pratiquer une telle activité dans les limites autorisées par la loi. Cet encadrement est complété par une annexe XVII du règlement intérieur concernant les règles relatives à la négociation de biens immobiliers à vendre ou à louer.

À sa suite, le Conseil national des barreaux a publié en janvier 2012 un guide pratique, rédigé par sa Commission des règles et usages, ayant vocation à encadrer plus largement l'activité d'avocat mandataire en transactions[3], actualisé en octobre 2017, dont les développements qui suivent s'inspirent largement.

L'activité de mandataire en transactions immobilières figure, depuis la décision à caractère normatif du CNB du 26 janvier 2017, dans la liste des missions particulières énumérées par l'article 6.3[4] du RIN. L'avocat qui entend exercer cette activité doit en faire la déclaration au conseil de l'Ordre dont il relève, par lettre ou courriel adressé au bâtonnier[5].

Il en ressort ainsi que si cette activité offre des possibilités considérables à l'avocat, il appartient à celui-ci d'être particulièrement vigilant sur le mandat qui lui est confié et le respect des principes de sa profession.

646.12 Domaine d'application. L'activité de mandataire en transactions doit être entendue le plus largement quant à son domaine d'application. Elle est ainsi susceptible de s'appliquer à tous types de transactions, comme par exemple l'achat, la vente, les baux, le recrutement, le financement et peut concerner tous types de biens, qu'ils soient notamment immeubles, meubles, corporels ou incorporels. Il importe également peu que la transaction, objet du mandat, présente en elle-même un caractère commercial pour les parties elles-mêmes, le mandat de l'avocat, pour autant qu'il respecte les principes exigés pour cette activité et développés ci-après, étant par essence civil.

646.13 Déontologie et respect des principes essentiels. L'avocat mandataire en transactions agit en tant qu'avocat et doit en conséquence respecter les principes essentiels de la profession[6], au nombre desquels figure notamment l'exigence d'indépendance et de loyauté, non seulement envers son client, mais également envers les éventuels cocontractants.

Il doit également respecter le secret professionnel tant pour l'activité de conseil que de consultation[7], les règles de conflit d'intérêts[8], notamment s'il est amené à accepter une position de rédacteur unique, ainsi que les règles relatives à la rédaction d'actes[9], dont notamment le refus de participer à la rédaction d'un acte manifestement illicite ou frauduleux, et la vérification de la validité et de la pleine efficacité de la convention[10].

Enfin, l'avocat apporte à son client, outre sa qualification de professionnel du droit, les garanties données au titre de sa responsabilité professionnelle pour laquelle il est assuré[11].

646.14 Activité accessoire[12]**.** L'activité de mandataire en transactions ne doit pas conduire l'avocat

1. CNB, *L'activité de l'avocat mandataire en transactions – Guide pratique*, oct. 2017, p. 1.
2. *Ibid.*
3. CNB, *L'activité de l'avocat mandataire en transactions – Guide pratique*, oct. 2017.
4. CNB, AG 9 déc. 2016, décis. n° 2016-002, 26 janv. 2017 portant réforme du règlement intérieur national (RIN) de la profession d'avocat (art. 21-1 de la loi du 31 déc. 1971 mod.), *JO* 13 avr., n° 33.
5. RIN, art. 6.4.
6. RIN, art. 1er.
7. RIN, art. 2.
8. RIN, art. 4.
9. RIN, art. 7.
10. V. s^s n° 632.25.
11. V. s^s n° 646.28.
12. *Guide pratique* préc., p. 5.

vers des activités de caractère commercial, en vertu de l'article 111 du décret du 27 novembre 1991, qui rappelle que la profession d'avocat est incompatible[1] avec toutes ces activités qu'elles soient exercées directement ou par personne interposée.

Or, pour rester civile, l'activité d'intermédiation doit être accessoire à une mission juridique de conseil[2] ou de rédaction d'actes[3] et ne représenter qu'une activité distincte d'une prestation juridique plus globale.

Dans ce cadre, la Commission des règles et usages du CNB considère « à l'évidence » comme accessoire le mandat en transactions « partie d'une mission principale plus large préalable ou au moins concomitante, tel que le règlement d'une situation (divorce, succession, par exemple) dans laquelle l'avocat se voit confier le mandat de trouver un acquéreur pour un bien appartenant à l'actif à partager ou à transmettre[4], ou encore la transmission d'une entreprise, l'opération appelant le plus souvent une restructuration ou en tout cas un audit juridique préalable afin que l'entreprise en cause puisse être cédée ou apportée dans les meilleures conditions possibles »[5].

Il en serait également de même de « la mission spécifique de préparer et d'accompagner la cession, la location ou l'acquisition d'un bien, à condition qu'elle ne se limite pas à la seule recherche du cocontractant ». Afin que l'intermédiation reste effectivement accessoire à la mission juridique, la Commission précise que le mandat en transactions doit « comprendre l'accompagnement juridique, fiscal et social de l'opération envisagée incluant les conseils sur les modalités et les conséquences de celle-ci et/ou la rédaction des contrats nécessaires à sa réalisation, quand bien même ne s'agirait-il que des contrats préparatoires (promesses unilatérales ou synallagmatiques), lesdits actes configurant l'essentiel du dispositif juridique à mettre en œuvre »[6].

L'avocat doit par ailleurs, dans l'organisation de cette activité, garder un caractère accessoire par rapport à son activité principale au risque de permettre la qualification commerciale de celle-ci par l'importance des moyens mis en œuvre à cette fin : utilisation d'un personnel non avocat en nombre important et dédié à cette seule activité (critère de la spéculation sur le travail d'autrui), mise en œuvre de moyens publicitaires et de démarches caractéristiques de l'activité commerciale. L'avocat devra, le cas échéant, déléguer à des tiers la réalisation des actes de nature commerciale dans la gestion des biens d'autrui[7].

Au-delà, il est jugé difficile de concevoir qu'un avocat consacre la totalité de son temps à cette activité aux motifs que « l'intermédiation deviendrait alors le seul point de ralliement de sa clientèle et sa qualité d'avocat disparaîtrait derrière celle d'intermédiaire en transaction »[8].

SECTION 2
ENCADREMENT ET EXÉCUTION DE LA MISSION

646.21 **Avocat mandataire.** L'avocat mandataire n'agit que dans l'intérêt exclusif de son mandant, à l'inverse du courtier ou du commissionnaire qui agit dans l'intérêt des deux parties qu'il amène à contracter ensemble[9].

Le conseil et l'exécution de la mission nécessitent ainsi une évaluation juridique et fiscale de la situation juridique du mandant à même de le mettre « dans la meilleure situation possible pour faire aboutir son projet en ce que celui-ci doit correspondre à une offre acceptable pour la contrepartie recherchée, quelle qu'elle soit »[10]. L'avocat doit assurer la régularité et l'efficacité de l'opération et sera tenu d'accomplir toutes les formalités subséquentes à celle-ci. Il devra notamment veiller aux éventuelles opérations d'enregistrement, de publicité ainsi qu'au respect des éventuelles obligations déclaratives.

Dans ce cadre, l'avocat pourra être appelé à gérer des situations parfois délicates sur le plan déontologique au regard notamment de la gestion de la confidentialité des informations relatives aux contractants éventuels et de la loyauté de leur mise en concurrence.

Mais c'est surtout la phase de la rédaction de l'acte qui peut s'avérer délicate à gérer. La Commission des règles et usages du CNB estime en effet dans son guide pratique qu'à l'issue de la négociation avec le contractant éventuel, l'avocat qui a accepté la mission de son seul client et qui est intervenu jusque-là à son seul profit peut accepter de devenir rédacteur unique pour le cas où le contractant ne serait pas lui-même conseillé ou assisté, d'un professionnel du droit. Analysant cette

1. Sur les incompatibilités avec les activités commerciales, v. s^{s} n°s 432.11 s.
2. Civ. 1re, 13 nov. 2002, n° 00-13.668, NP.
3. CE 23 févr. 2000, *Fédération nationale de l'immobilier*, req. n°s 187054, 188312, *Lebon*.
4. CNB, Comm. RU, avis n° 2010-063, 6 févr. 2010 et avis n° 2011-041, 26 oct. 2011 ; C. avocat 2021, s^{s} décr. 27 nov. 1991, art. 111, note 16.
5. *Guide pratique* préc., p. 5.
6. *Ibid.*
7. CNB, Comm. RU, avis n° 2007-036, 24 juill. 2007 ; C. avocat 2021, s^{s} décr. 27 nov. 1991, art. 111, note 17.
8. *Ibid.*
9. CNB, Comm. RU, avis n° 2007-036, 24 juill. 2007 ; C. avocat 2021, s^{s} décr. 27 nov. 1991, art. 111, note 17.
10. *Ibid.*, p. 6.

situation, qui peut être source de responsabilité pour l'avocat sur le terrain de son manque d'indépendance compte tenu de sa position « cumulée » de conseil de l'autre partie contractante, la Commission précise alors que les principes essentiels impliquent pour l'avocat d'agir avec loyauté non seulement envers son client, mais également envers les éventuels cocontractants. Il doit les informer de la possibilité qu'ils ont de se faire assister eux-mêmes par leur propre avocat[1], alors que l'absence de professionnel du droit au côté du cocontractant impose également à l'avocat quelques obligations supplémentaires en termes d'information et même de conseil. L'avocat ne peut non plus envisager d'être rédacteur unique sans avoir en conscience géré en amont la situation de conflit d'intérêts entre son client et son contractant et cette gestion, qui ne peut se limiter au simple accord de toutes les parties en cause[2], suppose que le contractant soit parfaitement éclairé sur les éléments constitutifs de son intérêt personnel. Par ailleurs, la Commission considère que l'avocat rédacteur unique[3] est quasiment tenu d'une obligation de conseil à l'égard de chacune des parties contractantes, outre celle de veiller à l'équilibre des intérêts de chacune d'entre elles[4].

Les avocats qui interviennent en qualité de mandataires en transactions, notamment en matière immobilière, n'ont pas le droit de sous-traiter les mandats qu'ils reçoivent à des tiers extérieurs à la profession (sociétés commerciales ou agences immobilières). Les avocats qui accepteraient de traiter avec ces sociétés ne garantiraient pas à leurs clients le respect des principes essentiels et contreviendraient eux-mêmes aux règles déontologiques de la profession[5].

646.22 Convention d'honoraires – Facturation distincte. La rémunération doit être conforme aux règles professionnelles de la profession d'avocat, au premier rang desquelles les dispositions de l'article 10 de la loi du 31 décembre 1971[6] et l'article 11 du RIN. Partant, le mandat écrit doit comprendre une convention d'honoraires et la convention ne peut prévoir que l'avocat ne sera rémunéré qu'en cas de succès de l'opération au mépris de la règle de l'interdiction du pacte de *quota litis* pur et simple. La convention peut néanmoins prévoir un honoraire de résultat se rajoutant à un honoraire fixe et l'honoraire peut être exprimé en un pourcentage déterminé appliqué au montant de la transaction. La deuxième chambre civile de la Cour de cassation a ainsi reconnu que les dispositions de l'article 10 de la loi du 31 décembre 1971 s'appliquaient à tous les honoraires de l'avocat sans qu'il y ait lieu de faire de distinction entre les activités judiciaires et juridiques. Dès lors, doit être approuvée l'ordonnance d'un premier président de cour d'appel, qui, relevant que le mandat de transaction immobilière fait partie des activités pouvant être exercées par un avocat, écarte la possibilité d'une détermination des honoraires en proportion du seul résultat de la vente et évalue leur montant en fonction des critères de l'article 10, alinéa 2, de la loi du 31 décembre 1971[7].

Cependant, la Commission des règles et usages du CNB suggère de « scinder la rémunération de l'avocat en deux parties, celle relative à la mission de conseil et celle relative à la rédaction des actes qui ne sera effectivement due que si l'opération a abouti. Cette manière de procéder aura en outre l'avantage de pouvoir traiter séparément chacune de ces rémunérations au regard de la question de savoir lequel des contractants devra en supporter la charge définitive ». Elle requiert également que la convention rappelle le contrôle du bâtonnier.

L'avocat ne peut être rémunéré que par son propre client[8] à l'exclusion de toute autre rémunération ou commission de la part d'un tiers promoteur immobilier, banquier ou assureur par exemple, au titre de l'opération ainsi facilitée, ou de la part d'un agent immobilier au titre d'un quelconque apport d'affaires, ce qui n'interdit bien entendu pas que l'avocat, si le mandat le prévoit, délègue une partie de sa mission au profit de ce dernier et dont la rémunération sera convenue dans le mandat[9].

La qualification de mandat exclut que l'honoraire convenu avec le mandant soit « facturé » au nom du contractant de ce dernier[10].

La convention par laquelle le contractant du mandant accepterait d'être « facturé » à son nom d'une partie des honoraires du mandataire ne peut qu'être elle-même la conséquence de l'acceptation par tous d'une mission de rédaction dans l'intérêt de toutes les parties.

1. RIN, art. 7.2.
2. RIN, art. 4.
3. Civ. 1re, 27 nov. 2008, n° 07-18.142, P I, n° 267 ; *D.* 2009. 706, note Ch. Jamin ; *RTD civ.* 2009. 134, n° 2, obs. P.-Y. Gautier – *ADDE :* Civ. 1re, 25 févr. 2010, n° 09-11.591, NP.
4. *Ibid.*, p. 6.
5. CNB, Comm. RU, avis n° 2012-013, 16 mai 2012 ; C. avocat 2021, ss décr. 27 nov. 1991, art. 111, note 16.
6. L. n° 71-1130, 31 déc. 1971, art. 10.
7. Civ. 2e, 22 mai 2014, n° 13-20.035, P II, n° 117 ; *D.* 2014. 1212 ; *D.* 2014. 1722, Chron. L. Lazerges-Cousquer, N. Touati, T. Vasseur, E. de Leiris, H. Adida-Canac, D. Chauchis et N. Palle ; *D.* 2015. 35, obs. T. Wickers ; *D. avocats* 2014. 232, obs. D. Piau.
8. CNB, Comm. RU, avis n° 2007-036, 24 juill. 2007 et CNB, Comm. RU, avis n° 2010-063, 6 févr. 2010 ; C. avocat 2021, ss décr. 27 nov. 1991, art. 111, notes 16 et 17.
9. CNB, Comm. RU, avis n° 2007-036, 24 juill. 2007 ; C. avocat 2021, ss décr. 27 nov. 1991, art. 111, note 17.
10. POUR UNE ANALYSE DÉTAILLÉE : *Guide pratique*, préc., p. 6.

646.23 **Mandat écrit.** Le mandat écrit[1] doit déterminer la nature, l'étendue, la durée de la mission de l'avocat, les conditions et modes d'exécution de la fin de celle-ci, ainsi que les modalités de sa rémunération[2]. Il doit être signé par le mandant, accepté par l'avocat[3] et établi en autant d'exemplaires que de parties[4]. Il implique l'obligation pour l'avocat de rendre compte de sa gestion[5].

646.24 **Contenu du mandat**[6]. Le mandat doit impérativement contenir l'identification du client, définir précisément la mission, rappeler la mission juridique principale, dont l'opération envisagée est l'accessoire, identifier clairement le bien ou l'objet de la transaction, préciser les conditions de l'opération envisagée (dont notamment le prix d'acquisition ou de cession du bien, la marge de négociation, les modalités d'intervention de tiers et la prise en charge de celles-ci), d'une manière générale préciser le mandat d'initier avec tout contractant éventuel, les pourparlers propres à réaliser l'opération, tant dans son principe (contacter et négocier au nom du mandant), ses modalités pratiques d'exécution (cercle des destinataires de l'offre contractuelle et publicité éventuelle à mettre en œuvre), que ses limites (pouvoir ou non de conclure l'accord définitif), définir les modalités de maniement des fonds et l'obligation de reddition des comptes, prévoir le montant et le mode de rémunération de l'avocat, prévoir sa durée, les modalités de rupture et leurs conséquences.

La conclusion d'une transaction pouvant nécessiter l'intervention d'autres professionnels tels que des experts techniques, évaluateurs, diagnostiqueurs, notaires en cas d'actes soumis à publicité foncière, le mandat doit alors préciser les modalités de leur désignation et de la prise en charge de leur rémunération.

Un modèle de contrat de mission en transaction immobilière est proposé en annexe du guide pratique rédigé par la Commission des règles et usages du CNB[7].

646.25 **Publicité de l'activité**[8]. L'avocat a droit de faire savoir que l'activité de mandataire en transactions fait partie de ses domaines d'activité. Néanmoins, le caractère nécessairement accessoire de celle-ci lui interdit de se présenter comme intervenant exclusivement dans ce domaine. Le contrôle du respect de cette règle relève des conseils de l'Ordre[9].

La publicité spécifique à chaque mandat devra répondre aux principes essentiels et sera tout d'abord et surtout exclusive de toute forme de démarchage. Le respect du principe de dignité conduira l'avocat à éviter que son local professionnel se transforme en devanture d'agence immobilière où son activité apparaîtrait principalement organisée autour de ce métier.

Les règles régissant la publicité des avocats n'interdisent pas la distribution de publications regroupant les offres d'avocats mandataires en transactions, ni bien évidemment la création de sites internet.

La publicité nécessaire à la bonne exécution du mandat de transaction doit respecter les principes essentiels. Elle pourra être faite à l'intérieur du cabinet ou à l'extérieur de celui-ci par la parution d'annonces, notamment sur le site internet ou par panonceaux. Toutefois, l'affichage dans une vitrine formant devanture de boutique est interdit[10].

Un arrêté du 10 janvier 2017 relatif à l'information des consommateurs par les professionnels intervenant dans une transaction immobilière[11], entré en vigueur le 1er avril 2017, impose l'affichage de certaines mentions dans les annonces de vente d'un bien déterminé, comme le barème des prix pour les prestations proposées par le professionnel, le prix de vente du bien objet de la publicité et la part des honoraires à la charge de l'acquéreur ou du vendeur. Cet arrêté a un champ d'application large qui vise tout professionnel, soumis ou non à la loi Hoguet, intervenant pour mettre en relation acquéreurs ou locataires et vendeurs ou bailleurs de biens immobiliers, dont *a priori* les avocats.

• **Sites dédiés de la profession.** L'association des avocats mandataires en transactions immobilières (AAMTI), association loi 1901 créée en novembre 2009, regroupe de nombreux avocats intéressés par la matière et développe des activités de formation. Elle édite par ailleurs un site internet[12]qui leur est exclusivement réservé pour publier des annonces de vente, d'achat ou de location de biens immobiliers.

Créée à l'initiative de la Conférence des bâtonniers, l'association du Marché immobilier des avocats (Mia)[13] regroupe depuis 2015 des barreaux

1. CNB, Comm. RU, avis n° 2010-063, 6 févr. 2010 ; C. avocat 2021, ss décr. 27 nov. 1991, art. 111, note 16.
2. RIN, art. 6.3, al. 8.
3. C. civ., art. 1984.
4. C. civ., art. 1325.
5. C. civ., art. 1993.
6. *Guide pratique*, préc., p. 9.
7. *Guide pratique*, préc.
8. *Guide pratique*, préc., p. 12.
9. V. ss nos 461.151 s.
10. CNB, Comm. RU, avis n° 2010-063, 6 févr. 2010 ; C. avocat 2021, ss décr. 27 nov. 1991, art. 111, note 16.
11. Arr. 10 janv. 2017 relatif à l'information des consommateurs par les professionnels intervenant dans une transaction immobilière, *JO* 18 janv. ; NOR : ECFC1638733A.
12. https://www.avocat-immo.fr
13. https://www.marcheimmobilierdesavocats.com/

adhérents et a pour mission d'assurer un soutien logistique aux avocats et de leur proposer des prestations à prix négociés, notamment pour des prestataires chargés de faire visiter les biens, pour les espaces publicitaires sur des sites d'annonces immobilières ou encore pour des diagnostiqueurs.

646.26 **Maniement des fonds.** Les règles sur le maniement des fonds des avocats doivent être respectées[1]. De ce fait, les fonds devront (sauf en cas de mandat de transaction immobilière dans lequel l'acte translatif de propriété sera nécessairement un acte notarié) être déposés à la Carpa[2].

646.27 **Prévention du blanchiment.** En application de l'article L. 561-3, I, du code monétaire et financier qui vise expressément la participation au nom et pour le compte de leur client à toute transaction financière ou immobilière et l'assistance de leur client dans la préparation ou la réalisation des transactions concernant notamment l'achat et la vente de biens immobiliers ou de fonds de commerce, l'avocat mandataire en transactions est soumis aux règles sur la prévention du blanchiment de capitaux.

Il devra ainsi procéder à un examen de l'opération en fonction de son montant, de la qualité des donneurs d'ordre ou des bénéficiaires, identifier correctement le client, conserver systématiquement les renseignements et documents correspondants[3].

646.28 **Assurance responsabilité civile professionnelle.** L'activité de mandataire en transactions immobilières entre dans le champ d'activités autorisé de l'avocat. Elle est en conséquence en principe couverte par l'assurance de responsabilité civile professionnelle. L'avocat devra vérifier auprès de son barreau que cette position a bien été validée par la police d'assurance souscrite par ce dernier[4], ainsi que le niveau de couverture applicable par sinistre.

1. V. s^{s} n°s 483.21 s.
2. *Guide pratique*, préc., p. 13.
3. *Guide pratique*, préc., p. 13 – V. s^{s} n°s 482.61 s.
4. V. s^{s} n°s 911.31 s.

CHAPITRE

647. Lobbyiste ou représentant d'intérêts

SECTION 0 ORIENTEUR

647.00 **Sommaire du chapitre.**

Division. L'exercice d'une l'activité de représentation d'intérêts (sect. 1) est autorisé à l'avocat et compatible avec les principes essentiels de la profession (sect. 2).

647.01 **Textes applicables.**

TEXTES TITRÉS

- **RIN**

art. 6.3.4 [Représentation d'intérêts – Lobbyiste]

- **Règlement intérieur du barreau de Paris (RIBP)**

art. P. 2.2.1 [Dérogation au secret professionnel]

art. P. 38 [Représentation auprès des autorités]

647.03 **Bibliographie indicative.**

* Aussi : v. s[s] n° 64.03.

Monographie. D. Jensen, *Cabinet d'avocats*, 3e éd., « Dalloz Référence », 2017, n° 235.

Articles. D. Heintz, « Le lobbying et l'avocat », *Gaz. Pal.* 19-20 nov. 2008, p. 8 – P. Kirch et G. Le Breton, « L'avocat et le lobbying à Bruxelles », *Gaz. Pal.* 27 mars 2004, n° 87, p. 2. – D. Piau, « Avocats lobbyistes, à votre registre ! », *Gaz. Pal.* 6 juin 2017, n° 21, p. 11 – Ph. Portier, « L'avocat lobbyiste, quelles perspectives », *JCP* 2015. 1096.

Rapport. Les cahiers CNB, Guide pratique : *L'activité de représentation d'intérêts*, 1re éd., déc. 2020.

SECTION 1 EXERCICE PAR L'AVOCAT DE L'ACTIVITÉ DE REPRÉSENTATION D'INTÉRÊTS

647.11 **Activité de représentation d'intérêts ou lobbying.** Au même titre que les missions de délégué à la protection des données[1], de fiduciaire[2], de mandataire sportif[3] ou de mandataire en transactions immobilières[4], l'activité de représentation d'intérêts ou lobbying figure parmi les missions entrant dans le champ d'activité professionnelle de l'avocat. Par décision à caractère normatif n° 2015-001 du Conseil national des barreaux, adoptée lors de son assemblée générale du 12 juin 2015[5], et modifiée par la décision n° 2016-002 du 26 janvier 2017[6], l'article 6.3.4 du RIN oblige l'avocat, lorsqu'il exerce une activité de représentation d'intérêts auprès d'institutions ou d'administrations publiques, européennes ou internationales, à révéler le nom de son client dont il représente les intérêts ainsi que le montant des honoraires relatifs à sa mission. Cette activité vise à informer, pour le compte d'intérêts privés ou publics, individuels ou sectoriels, les décideurs publics et influencer les décisions qu'ils sont susceptibles de prendre. Il s'agit d'exercer une influence sur l'élaboration des politiques publiques, les textes créateurs de droit et de règles, ainsi que sur les processus décisionnels des institutions. Pour l'avocat, l'activité de représentation d'intérêts a notamment pour objet de faire prendre en compte par les producteurs de normes, la situation spécifique et les intérêts d'un ou plusieurs acteurs au moyen d'argumentaires, d'amendements ou de notes[7]. Les missions de lobbying peuvent être proposées par l'avocat soit de manière proactive pour participer à l'élaboration d'une norme concernant un de ses clients ou à la modification d'une

1. V. s[s] n°s 642.11 s.
2. V. s[s] n°s 644.11 s.
3. V. s[s] n°s 645.11 s.
4. V. s[s] n°s 646.11 s.
5. CNB, AG 12 juin 2015, décis. n° 2005-001, 10 juill. 2015, *JO* 4 août, p. 13313.
6. RIN, art. 6.3.4 ; CNB, AG 9 déc. 2016, décis. n° 2016-002, 26 janv. 2017, *JO* 13 avr., n° 33.
7. CNB, Guide pratique, L'activité de représentation d'intérêts, 1re éd., déc. 2020.

norme existante, dont on pressent les difficultés d'application et/ou contentieuses à venir, soit de manière réactive, face à une difficulté d'application d'une norme, à un contrôle administratif, ou à un contentieux en cours.

Spécialisés en affaires publiques, législatives et réglementaires, les avocats représentants d'intérêts ou lobbyistes apportent ainsi un regard d'expert face à l'inflation de normes juridiques de plus en plus complexes afin de favoriser une compréhension des enjeux d'une décision par les acteurs concernés. Le secret professionnel auquel l'avocat est soumis, de même que son devoir d'indépendance et de loyauté font également de lui un intermédiaire fiable.

Une association des avocats lobbyistes[1] a ainsi été créée qui a vocation, depuis 2011, de promouvoir cette activité dans la profession et auprès des entreprises françaises, ainsi que de promouvoir les avocats lobbyistes auprès des pouvoirs publics[2].

647.12 L'encadrement préexistant du règlement intérieur du Barreau de Paris. Un encadrement de cette activité existait déjà depuis juillet 2011 dans le règlement intérieur du barreau de Paris au titre des dérogations aux dispositions de l'article 2.2 du RIN sur l'étendue du secret professionnel[3]. La question de l'adaptation souhaitable des règles professionnelles relatives à l'activité de représentation d'intérêts se posait avec d'autant plus d'acuité que le Bureau de l'Assemblée nationale a adopté, les 27 février et 26 juin 2013, une réglementation destinée à revoir les relations entre les députés et les représentants d'intérêts.

647.13 Transparence de la vie publique – Création d'un registre numérique des représentants d'intérêts. L'article 25 de la loi du 9 décembre 2016[4], dite Sapin 2, insère après la section III du chapitre Ier de la loi du 11 octobre 2013[5], une section III *bis* intitulée « De la transparence des rapports entre les représentants d'intérêts et les pouvoirs publics » et prévoyant la création d'un répertoire numérique des représentants d'intérêts[6].

Sont des représentants d'intérêts au sens de la présente section, outre les dirigeants, employés ou membres des personnes morales de droit privé, les établissements publics ou groupements publics exerçant une activité industrielle et commerciale, les chambres de commerce et d'industrie et les chambres de métiers et de l'artisanat, ayant pour activité principale ou régulière d'influer sur la décision publique, notamment sur le contenu d'une loi ou d'un acte réglementaire, et les personnes physiques qui exercent à titre individuel une telle activité professionnelle[7]. Dans sa décision n° 2016-741 *DC* du 8 décembre 2016, le Conseil constitutionnel a considéré que : « En exigeant que cette activité soit exercée de façon « principale ou régulière », le législateur a entendu exclure du champ de cette définition les personnes exerçant une activité d'influence à titre seulement accessoire et de manière peu fréquente »[8].

Le décret du 9 mai 2017 relatif au répertoire numérique des représentants d'intérêts[9], pris en application des articles 18-1 à 18-10 de la loi du 11 octobre 2013 relative à la transparence de la vie publique, dans leur rédaction issue de l'article 25 de la loi du 9 décembre 2016 susvisée, a pour objet de préciser la définition des représentants d'intérêts, au sens de ces dispositions, de fixer le rythme et les modalités de communication et de publication des informations transmises par les représentants d'intérêts, et de déterminer les procédures selon lesquelles la Haute Autorité pour la transparence de la vie publique (HATVP) peut être saisie et met en œuvre les prérogatives de contrôle qui lui ont été confiées par le législateur.

• **Inscription des avocats :** les cabinets d'avocats et avocats indépendants qui entrent dans le champ d'application de la définition du représentant d'intérêt sont concernés par cette obligation d'inscription sur ce répertoire numérique, à savoir ceux qui consacrent plus de la moitié de leur temps à une activité qui consiste à procéder à des interventions à leur initiative auprès des personnes désignées aux 1° à 7° de l'article 18-2 de la loi du 11 octobre 2013 (membres du gouvernement ou membres de cabinet ministériel, parlementaires, collaborateurs ou agents des services des deux assemblées, membres d'une autorité administrative indépendante, personnes titulaires d'une fonction ou d'un mandat électif, agents publics) en vue d'influer sur une ou plusieurs décisions publiques, notamment une ou plusieurs mesures législatives ou réglementaires, ou ceux qui sont entrés en communication avec ces

1. https://www.avocats-lobbying.com
2. POUR UNE PRÉSENTATION : Ph. Portier, « L'avocat lobbyiste, quelles perspectives », *JCP* 2015. 1096.
3. RIBP, art. P. 2.2.1 [renuméroté en séance du conseil de l'Ordre du 7 juill. 2020] et P. 38.
4. L. n° 2016-1691, 9 déc. 2016 relative à la transparence, à la lutte contre la corruption et à la modernisation de la vie économique, *JO* 10 déc., n° 3.
5. L. n° 2013-907, 11 oct. 2013 relative à la transparence de la vie publique, *JO* 12 oct., p. 16829.
6. L. n° 2013-907, 11 oct. 2013, art. 18-1.
7. L. n° 2013-907, 11 oct. 2013, art. 18-2.
8. Cons. const. 8 déc. 2016, n° 2016-741 *DC*, 8 déc. 2016, consid. 35, *loi relative à la transparence, à la lutte contre la corruption et à la modernisation de la vie économique,* NON CONFORMITÉ PARTIELLE – RÉSERVE, *JO* 10 déc., n° 4.
9. Décr. n° 2017-867, 9 mai 2017 relatif au répertoire des représentants d'intérêts, *JO* 10 mai, n° 46 ; *Gaz. Pal.* 6 juin 2017, n° 21, p. 11, obs. D. Piau ; HATVP, *Répertoire des représentants d'intérêts. Lignes directrices*, juill. 2017.

personnes au moins dix fois au cours des douze derniers mois[1]. Il est cependant précisé que ne constitue pas une entrée en communication le fait de solliciter, en application des dispositions législatives ou réglementaires, la délivrance d'une autorisation ou le bénéfice d'un avantage dont l'attribution constitue un droit pour les personnes qui remplissent les conditions légales pour l'obtenir, ainsi que le fait de présenter un recours administratif ou d'effectuer une démarche dont la réalisation est, en vertu du droit applicable, nécessaire à la délivrance d'une autorisation, à l'exercice d'un droit ou à l'octroi d'un avantage.

• **Structures d'exercice :** lorsque les avocats sont regroupés au sein d'une structure d'exercice (SCP, SEL), ils ne sont pas représentants d'intérêts en tant que personnes physiques, c'est la personne morale elle-même qui pourra être qualifiée de représentant d'intérêts quand celle-ci en remplit les conditions. *A contrario*, les avocats regroupés au sein d'une Aarpi sont des représentants d'intérêts en tant que personnes physiques s'ils remplissent les conditions de la loi.

• **Collaboration libérale :** les collaborateurs libéraux doivent être déclarés au titre de leur cabinet de rattachement, sauf s'ils remplissent les conditions au titre de leur clientèle personnelle[2].

Les avocats concernés devront transmettre à la HATVP des informations relatives à leur identité, le champ de leurs activités de représentation d'intérêts, les catégories de responsables publics avec lesquelles ils sont entrés en collaboration, l'identité de leurs clients, ou le montant des dépenses consacrées aux actions de représentation d'intérêts[3], lesquelles pourront faire l'objet de vérifications sur place opérées par la Haute autorité. Lorsque la vérification sur place s'effectue dans les locaux professionnels d'un avocat, celle-ci ne peut être effectuée qu'en présence du bâtonnier de l'ordre des avocats auprès duquel il est inscrit ou de son délégué, informés par écrit au moins trois jours avant la visite. Ces derniers peuvent saisir le juge des libertés et de la détention du tribunal de grande instance [devenu tribunal judiciaire] de Paris d'une demande de suspension ou d'arrêt de la visite. À défaut du respect de cette procédure, l'avocat est en droit de s'opposer à la vérification de la Haute autorité[4]. La même protection du secret professionnel de l'avocat s'applique pour les demandes de communication d'informations ou de documents effectuées par la Haute autorité auprès d'un avocat. Celles-ci sont présentées au bâtonnier de l'ordre auprès duquel est inscrit l'avocat, qui lui transmet les pièces demandées et les transmet lui-même à la Haute autorité. À défaut du respect de cette procédure, l'avocat est en droit de s'opposer à la communication des informations et documents demandés par la Haute autorité[5].

La HATVP a mis en œuvre ce nouveau registre des représentants d'intérêts depuis le 1er juillet 2017[6]. Ce répertoire numérique est rendu public par la HATVP, qui en assure la gestion. Dans le rapport annuel de la HATVP pour l'année 2019[7], parmi les 2179 représentants d'intérêts inscrits au répertoire, les cabinets d'avocats et avocats indépendants n'atteignaient que 1 % seulement des déclarants (soit 233 cabinets). La majorité est constituée par des organisations professionnelles (23 %), dont pour la profession d'avocat le Conseil national des barreaux, la Conférence des bâtonniers et le barreau de Paris.

• **Sanctions pénales :** le fait pour un avocat exerçant une activité de représentant d'intérêts de ne pas communiquer, de sa propre initiative ou à la demande de la HATVP, les informations qu'il est tenu de communiquer au titre de ses obligations déclaratives est puni d'un an d'emprisonnement et de 15 000 euros d'amende[8]. Il en est de même pour celui qui, à la suite d'une mise en demeure de respecter les obligations déontologiques propres aux représentants d'intérêts, méconnaît à nouveau, dans les trois années suivantes, la même obligation[9].

647.14 Registre de transparence de l'Union européenne. Au niveau européen, l'inscription sur le registre de transparence de l'Union européenne implique l'adhésion à un code de conduite figurant à l'annexe III de l'accord interinstitutionnel du 16 avril 2014 et dont la Commission européenne demande le suivi[10].

La Commission européenne a présenté, le 28 septembre 2016, une proposition d'accord interinstitutionnel sur un registre de transparence obligatoire couvrant le Parlement, le Conseil et la Commission[11], qui vise à remplacer l'accord interinstitutionnel existant afin d'accroître la transparence du

1. Décr. nº 2017-867, 9 mai 2017, art. 1er.
2. HATVP, Répertoire des représentants d'intérêts. Lignes directrices, juill. 2017.
3. Décr. nº 2017-867, 9 mai 2017, art. 2 et 3.
4. Décr. nº 2017-867, 9 mai 2017, art. 9.
5. Décr. nº 2017-867, 9 mai 2017, art. 12.
6. HATVP, Répertoire des représentants d'intérêts. Lignes directrices, juill. 2017.
7. https://www.hatvp.fr/rapports.activite/rapport.2019/
8. L. nº 2013-907, 11 oct. 2017, art. 18-9.
9. L. nº 2013-907, 11 oct. 2017, art. 18-10.
10. Décis. Parlement européen, 15 avr. 2014, sur la modification de l'accord interinstitutionnel relatif au registre de transparence (2014/2010 [ACI]). 84 cabinets d'avocats sont inscrits sur le registre de transparence de l'Union européenne.
11. Com. Européenne, 28 sept. 2016, proposition d'accord interinstitutionnel sur un registre de transparence obligatoire (COM(2016) 627 final).

processus décisionnel. Les négociations sur cette proposition d'accord ont été lancées en avril 2018. La proposition prévoit de rendre obligatoire l'enregistrement sur le registre des personnes exerçant les activités couvertes par l'accord qui consistent à promouvoir certains intérêts en interagissant avec l'une des institutions signataires, leurs membres ou représentants, avec l'objectif d'influencer l'élaboration ou la mise en œuvre des politiques ou de la législation de l'Union européenne, ou le processus décisionnel au sein des institutions, à moins qu'une exception prévue par l'accord ne s'applique. Les représentants d'intérêts sont tenus de respecter les normes éthiques définies dans le code de conduite (annexé à l'accord interinstitutionnel) pour pouvoir s'enregistrer ou conserver leur inscription dans le registre.

La proposition prévoit en outre des exceptions à l'obligation de s'enregistrer pour les activités qui consistent, notamment, en la fourniture de certains conseils juridiques et conseils professionnels, ou en la soumission de requêtes dans le cadre d'une procédure juridictionnelle ou administrative établie par le droit de l'Union ou le droit international applicable à l'Union.

Le 15 décembre 2020, le Parlement, le Conseil et la Commission sont parvenus à un accord politique final. La signature officielle de l'accord interinstitutionnel et son entrée en vigueur sont prévues pour le printemps 2021, après son adoption formelle par les trois institutions.

SECTION 2
COMPATIBILITÉ AVEC LES PRINCIPES ESSENTIELS

647.21 Inscription des avocats sur les registres de représentation d'intérêts et déclaration des noms des clients. La profession s'est posé la question de l'articulation de la déontologie et de la compatibilité des conditions d'inscription sur les registres des représentants d'intérêts et des dispositions des codes de conduite correspondants avec les règles professionnelles de l'avocat français, et notamment celles relatives au secret professionnel.

La protection du secret professionnel est une obligation de l'avocat à l'égard de ses clients vis-à-vis des tiers, qui n'a naturellement pas lieu à s'appliquer dans le cadre de l'exécution d'un mandat pour le compte du client, lequel n'est pas tenu par le secret professionnel, dès lors que l'exécution de ce mandat impose de révéler l'identité du client concerné et le chiffre d'affaires afférent à la mission. Dans ces conditions, la divulgation des renseignements requis à l'inscription sur les registres de transparence ou de représentants d'intérêts, lesquels ne portent pas sur l'identité de l'ensemble des clients du cabinet, apparaît compatible avec les règles relatives à la protection du secret professionnel de l'avocat. Naturellement, le client doit être informé par l'avocat, avant le début de sa mission, des informations qu'il sera amené à révéler le concernant, sans pour autant avoir à formuler son accord exprès.

C'est ainsi qu'aux termes de l'article 6.3.4 du RIN, l'avocat doit, si cela est requis par l'inscription sur le registre, révéler l'identité de ses clients dont il représente les intérêts, et le montant des honoraires relatifs à sa mission.

647.22 Convention d'honoraires écrite – Facturation distincte. Dans le même souci de transparence et afin de faciliter les contrôles prévus en la matière, les honoraires prévus au titre de cette mission doivent également faire l'objet d'une convention et d'une facturation distinctes de toute autre mission ou prestation effectuée pour le compte du même client[1]. Le RIN n'a fait ici qu'anticiper l'obligation introduite par la loi du 6 août 2015[2] pour l'avocat de conclure avec son client une convention d'honoraires écrite en toute matière et pour tout type d'intervention[3].

Une convention séparée permettra de distinguer de façon claire les honoraires déclarés comme rémunérant la mission de représentation d'intérêts de ceux, couverts par le secret, relatifs à d'autres dossiers traités pour ce même client mais ne concernant pas l'activité de lobbyiste.

1. RIN, art. 6.3.4., al. 2.
2. L. n° 2015-990, 6 août 2015 pour la croissance, l'activité et l'égalité des chances économiques, *JO* 7 août, p. 13537.
3. L. n° 71-1130, 31 déc. 1971, art. 10 – V. s^{s} n°s 713.00 s.

LIVRE

7. LA RÉMUNÉRATION DE L'AVOCAT

SECTION 0 ORIENTEUR

7.00 Sommaire du livre.

Division. La rémunération de l'avocat, qui ne se limite pas aux seuls honoraires, fait l'objet d'un cadre juridique contraint, imposant à l'avocat des obligations d'information et de contractualisation de sa relation avec son client (titre 71), ainsi que des règles spécifiques de détermination de certains de ses éléments, suivant que l'on est en présence d'honoraires, de rémunération tarifée ou de frais (titre 72). Elle doit conduire l'avocat à respecter un certain nombre de principes et de règles en matière de facturation et de paiement (titre 73), ainsi que dans son recouvrement (titre 74). Cette même rémunération est parfois perçue par l'avocat dans le cadre de l'aide juridique (titre 75) ou d'un système de protection juridique ou fonctionnelle (titre 76).

7.03 Bibliographie indicative.

* Aussi : v. ss nos 013.00 s.

Thèses. S. Blanchart, *Le droit aux honoraires dans les professions libérales*, Bonvalot-Jouve, 1907 – J. Carette, *De la loi Cincia*, A. Giard & E. Brière, Paris, 1893 – H. Labouret, *Des honoraires des avocats*, Lille, E. Dufrénoy, 1906 – M. Lamarque, *L'avocat et l'argent (1790-1972)*, Th., Bordeaux, 2016 – L. Sergeant, *De la nature juridique du ministère de l'avocat : responsabilité, honoraires*, Lille, A. Chevalier-Marescq, Paris, 1901.

Encyclopédies. *J.-Cl. Civ. Annexes,* fasc. 30 : avocats – Obligations et prérogatives – Obligations civiles et professionnelles, Rémunération de l'avocat, 2015 – Conseil national des barreaux, *L'évaluation de la prestation de l'avocat pour la fixation des sommes mises à la charge de la partie succombante, Guide pratique*, Les cahiers du Conseil national des barreaux, Commission des Textes, oct. 2014.

Traités. D. Fenouillet, *Droit de la consommation,* « Dalloz Action », 2020 – S. Guinchard (dir.), *Droit et pratique de la procédure civile,* 10e éd., « Dalloz Action », 2021, 2016, titres 61 et 62, not. nos 611.36 et 611.62 ; nos 621.171 à 621.201 ; nos 621.281 à 621.301 ; nos 622.81 à 622.94.

Monographies. B. Boccara, *L'Honoraire de l'avocat : des faits économiques aux techniques d'évaluation*, Paris, Litec, 1981 – J.-L. Gaineton, J. Villacèque, *L'honoraire de l'avocat*, Gazette du Palais, 2017 – B. Garnot (dir.), *Les juristes et l'argent*, Dijon, EUD, 2005 – G.-A. Sillard, *Tarifs et honoraires des avocats et des professions judiciaires*, 13e éd., Pottier

2013 – S. Tandeau de Marsac (dir.), Ordre des avocats de Paris, *Honoraires de l'avocat,* Éd. législatives, 2010.

Manuels. J. Julien, *Droit de la consommation*, 3e éd., « Domat », LGDJ, 2019 – G. Raymond, *Droit de la consommation*, 5e éd., « Droit & professionnels », LexisNexis, 2019 – J.-D. Pellier, *Droit de la consommation*, 3e éd., « Cours », Dalloz, 2021 – G. Taormina, *Théorie et pratique du droit de la consommation : Aspects généraux et contrats spéciaux*, Puam, 2004.

Rapport. D. Piau, Honoraires, Rapport de la commission des règles et usages, Réforme de l'article 11 du RIN, Projet de décision à caractère normatif n° 2015-003, CNB, AG 11-12 déc. 2015.

TITRE

71. Le cadre juridique de la rémunération

SECTION 0

ORIENTEUR

71.00 **Sommaire du titre.**

Division. Un cadre légal et réglementaire régit la rémunération (chap. 711) imposant une obligation d'information (chap. 712) et une convention d'honoraires (chap. 713).

71.03 **Bibliographie indicative.**

* Aussi : v. s^{s} n° 013.00 s.

Encyclopédies. *J.-Cl. Civ. Annexes, V° Avocat*, fasc. 30 : avocats – Obligations et prérogatives – Obligations civiles et professionnelles, Rémunération de l'avocat, 2015 – Conseil national des barreaux, *L'évaluation de la prestation de l'avocat pour la fixation des sommes mises à la charge de la partie succombante, Guide pratique*, Les cahiers du Conseil national des barreaux, Commission des Textes, oct. 2014.

CHAPITRE

711. Cadre légal et réglementaire de la rémunération

SECTION 0
ORIENTEUR

711.00 Sommaire du chapitre.

Division. Le cadre légal et réglementaire (sect. 1), de la rémunération (sect. 2) a profondément évolué depuis la fin des années 50, établissant des interdictions (sect. 3), et un cadre strict en droit de la consommation (sect. 4).

711.01 Textes applicables.

TEXTES TITRÉS

• **L. n° 71-1130, 31 déc. 1971**

art. 10 [Honoraires, frais et débours de l'avocat]

• **Décr. n° 91-1197, 27 nov. 1991**

art. 174 s. [Procédure de fixation des honoraires]

• **Décr. n° 2005-790, 12 juill. 2005**

art. 10 s. [Honoraires, frais et débours de l'avocat]

• **RIN**

art. 11 [Honoraires – émoluments – débours – mode de paiement des honoraires]

711.02 Jurisprudence de référence.

> Application du droit de la consommation en droit européen

* V. s^s n°s 332.103, 461.16, 463.21, 464.262, 711.111, 713.182, 741.161.

• **CJUE 15 janv. 2015,** *Birute Siba c/Arunas Devenas,* aff. C-537/13.

« 19. À cet égard, il convient de relever que la directive 93/13 s'applique, ainsi qu'il ressort de ses articles 1er, paragraphe 1, et 3, paragraphe 1, aux clauses des « contrats conclus entre un professionnel et un consommateur » qui n'ont « pas fait l'objet d'une négociation individuelle » (voir, en ce sens, arrêt Constructora Principado, C-226/12, EU : C : 2014 : 10, point 18).

20. Ainsi que l'énonce le dixième considérant de la directive 93/13, les règles uniformes concernant les clauses abusives doivent s'appliquer à « tout contrat » conclu entre un professionnel et un consommateur, tels que définis à l'article 2, sous b) et c), de la directive 93/13 (voir arrêt Asbeek Brusse et de Man Garabito, C-488/11, EU : C : 2013 : 341, point 29).

21. C'est donc par référence à la qualité des contractants, selon qu'ils agissent ou non dans le cadre de leur activité professionnelle, que la directive 93/13 définit les contrats auxquels elle s'applique (arrêt Asbeek Brusse et de Man Garabito, EU : C : 2013 : 341, point 30).

22. Ce critère correspond à l'idée sur laquelle repose le système de protection mis en œuvre par cette directive, à savoir que le consommateur se trouve dans une situation d'infériorité à l'égard du professionnel, en ce qui concerne tant le pouvoir de négociation que le niveau d'information, situation qui le conduit à adhérer aux conditions rédigées préalablement par le professionnel, sans pouvoir exercer une influence sur le contenu de celles-ci (arrêt Asbeek Brusse et de Man Garabito, EU : C : 2013 : 341, point 31 et jurisprudence citée).

23. Or, en ce qui concerne les contrats de services juridiques, tels que ceux en cause au principal, il importe de relever que, dans le domaine des prestations offertes par les avocats, il existe, en principe, une inégalité entre les « clients-consommateurs » et les avocats, due notamment à l'asymétrie de l'information entre ces parties. En effet, les avocats disposent d'un niveau élevé de compétences techniques que les consommateurs ne possèdent pas nécessairement, de telle sorte que ces derniers peuvent éprouver des difficultés pour apprécier la qualité des services qui leur sont fournis (voir, en ce sens, arrêt Cipolla e.a., C-94/04 et C-202/04, EU : C : 2006 :758, point 68).

24. Ainsi, un avocat qui, comme dans l'affaire au principal, dans le cadre de son activité professionnelle, fournit, à titre onéreux, un service juridique au profit d'une personne physique agissant à des fins privées est un « professionnel », au sens de l'article 2, sous c), de la directive 93/13. Le contrat relatif à la prestation d'un tel service est, par conséquent, soumis au régime de cette directive.

25. Une telle constatation ne saurait être infirmée par le caractère public de l'activité des avocats, dans la mesure où l'article 2, sous c), de la directive 93/13 vise toute activité professionnelle « qu'elle soit publique ou privée » et que, ainsi que l'énonce son quatorzième considérant, cette directive s'applique « également aux activités professionnelles à caractère public ».

26. Lorsqu'un avocat décide d'utiliser, dans les relations contractuelles avec ses clients, les clauses standardisées rédigées préalablement par lui-même ou les organes de son ordre professionnel, c'est par la volonté de cet avocat que lesdites clauses sont directement intégrées dans les contrats respectifs.

27. Dès lors que les avocats décident librement de recourir à de telles clauses standardisées qui ne reflètent pas des dispositions législatives ou réglementaires impératives au sens de l'article 1er, paragraphe 2, de la directive 93/13, il ne saurait par ailleurs être soutenu que l'application de cette dernière est susceptible de porter atteinte à la spécificité des relations entre un avocat et son client ainsi qu'aux principes sous-tendant l'exercice de la profession d'avocat.

28. En effet, au regard de l'objectif de la protection des consommateurs que cette directive poursuit, le caractère public ou privé des activités du professionnel ou la mission spécifique de ce dernier ne sauraient déterminer la question de l'applicabilité même de ladite directive (voir, par analogie, arrêt Zentrale zur Bekämpfung unlauteren Wettbewerbs, C-59/12, EU : C : 2013 : 634, point 37).

29. Ainsi que l'a relevé à cet égard la Commission européenne lors de l'audience, l'exclusion du champ d'application de la directive 93/13 des nombreux contrats conclus par les « clients-consommateurs » avec des personnes exerçant des professions libérales qui se caractérisent par l'indépendance et les exigences déontologiques auxquelles ces prestataires sont soumis priverait l'ensemble de ces « clients-consommateurs » de la protection accordée par ladite directive.

30. S'agissant, en particulier, de la circonstance que, dans le cadre de leurs activités, les avocats sont tenus de veiller au respect de la confidentialité de leurs relations avec les « clients-consommateurs », elle ne constitue ainsi pas un obstacle à l'application de la directive 93/13 à l'égard des clauses standardisées de contrats relatifs à la prestation de services juridiques.

31. En effet, les clauses contractuelles qui ne font pas l'objet d'une négociation individuelle, notamment celles qui sont rédigées en vue d'une utilisation généralisée, ne contiennent pas, en tant que telles, des informations personnalisées relatives aux clients des avocats dont la révélation pourrait porter atteinte au secret de la profession d'avocat.

32. Certes, la rédaction spécifique d'une clause contractuelle, notamment celle portant sur les modalités des honoraires de l'avocat, pourrait éventuellement, au moins incidemment, révéler certains aspects de la relation entre l'avocat et son client qui devraient demeurer secrets. Cependant, une telle clause serait négociée individuellement et, de ce fait, ainsi qu'il ressort du point 19 du présent arrêt, soustraite à l'application de la directive 93/13.

33. Il n'en demeure pas moins que la nature des services qui font l'objet des contrats soumis à la directive 93/13 doit être prise en compte, conformément à son article 4, paragraphe 1, lu à la lumière de son dix-huitième considérant, afin d'apprécier le caractère abusif des clauses de ces contrats. En effet, cette appréciation doit être effectuée par la juridiction nationale en tenant compte de cette nature et en se référant, au moment de la conclusion du contrat, à toutes les circonstances qui entourent sa conclusion (voir, en ce sens, l'arrêt Aziz, C-415/11, EU : C : 2013 : 164, point 71, ainsi que l'ordonnance Sebestyén, C-342/13, EU : C : 2014 : 1857, point 29).

34. Ainsi, en ce qui concerne les contrats relatifs à des services juridiques, tels que ceux en cause au principal, il appartient à la juridiction de renvoi de prendre en compte la nature particulière de ces services dans son appréciation du caractère clair et compréhensible des clauses contractuelles, conformément à l'article 5, première phrase, de la directive 93/13, et de donner à celles-ci, en cas de doute, en vertu de la seconde phrase de cet article, l'interprétation la plus favorable au consommateur.

35. Eu égard aux considérations qui précèdent, il convient de répondre aux questions posées que la directive 93/13 doit être interprétée en ce sens qu'elle s'applique à des contrats standardisés de services juridiques, tels que ceux en cause au principal, conclus par un avocat avec une personne physique qui n'agit pas à des fins qui entrent dans le cadre de son activité professionnelle. »

> Application du droit de la consommation en droit interne

• **Civ. 2e, 26 mars 2015,** no 14-11.599, P II, no 74.

* V. ss no 741.02.

• **Civ. 2e, 26 mars 2015,** no 14-15.013, P II, no 75.

* V. ss no 741.02.

711.03 Bibliographie indicative.

* Aussi : V. ss no 71.03.

Thèses. S. Blanchart, *Le droit aux honoraires dans les professions libérales*, Bonvalot-Jouve, 1907 – J. Carette, *De la loi Cincia*, A. Giard & E. Brière, Paris, 1893 – H. Labouret, *Des honoraires des avocats*, Lille, E. Dufrénoy, 1906 – M. Lamarque, *L'avocat et l'argent (1790-1972)*, Th., Bordeaux, 2016 – L. Sergeant, *De la nature juridique du ministère de l'avocat : responsabilité, honoraires*, Lille, A. Chevalier-Marescq, Paris, 1901.

Encyclopédie. *J.-Cl. Civ. Annexes, v° Avocat*, fasc. 30 : avocats – Obligations et prérogatives – Obligations civiles et professionnelles, Rémunération de l'avocat, 2015.

Traités. D. Fenouillet (dir.), *Droit de la consommation*, « Dalloz Action », 2020, n° 041.00 s. – S. Guinchard (dir.), *Droit et pratique de la procédure civile*, 10e éd., « Dalloz Action », 2021, n° 721.421 s. par M. Redon.

Monographies. B. Boccara, *L'Honoraire de l'avocat : des faits économiques aux techniques d'évaluation*, Paris, Litec, 1981 – A.-G. Boucher d'Argis, *Règles pour former un avocat*, chapitre XVIII, « De l'honoraire des avocats », nouvelle éd., Durand, 1778, p. 176 s. – J.-L. Gaineton, J. Villacèque, *L'honoraire de l'avocat*, Gazette du Palais, 2017 – B. Garnot (dir.), *Les juristes et l'argent*, Dijon, EUD, 2005 – W.-A. Lauterbach, *Disputatio Iuridica de palmario advocatorum*, Tübingen, 1671 – J. de Lescornay, *Apologie pour l'honoraire, ou Reconnaissance due aux avocats à cause de leur travail*, J. de La Caille, 1650 – J.-D. Pellier, Droit de la consommation, 2e éd., Dalloz, 2019 – G. Raymond, *Droit de la consommation*, 4e éd., LexisNexis, 2017 – G.-A. Sillard, *Tarifs et honoraires des avocats et des professions judiciaires*, 14e éd., Pottier 2017 – S. Tandeau de Marsac (dir.), Barreau de Paris, *Honoraires de l'avocat*, Éd. Législatives, 2010.

Contributions. J. Beauchard, « Réflexion sur la nature du pouvoir du bâtonnier en matière de contestation d'honoraires », *Mél. R. Martin*, Univ. Nice-Sophia-Antipolis, Bruylant – LGDJ, 2004, p. 217 – U. Bellagamba, « L'honoraire de l'avocat au XIXe siècle à travers l'exemple des avocats des barreaux de Marseille et de Paris », *in* B. Garnot (dir.), *Les Juristes et l'Argent : Le coût de la justice et l'argent des juges du XIVe au XIXe siècle*, Dijon, EUD, 2005, p. 193 – Ch. Jamin, « Deux questions préalables à l'instruction du procès de la prohibition des pactes de *quota litis* », *Mél. G. Viney*, LGDJ – Lextenso 2008, p. 517 – J.-B. Racine, « Droit et concurrence dans le secteur de la profession d'avocat », *Mél. Gérard Farjat*, Éd. Frison-Roche, 1999, p. 225.

Articles. H. Ader, « Les honoraires de l'avocat », *Dr. et patr.* 1993. 82 – J.-C. Bernaud, « Les relations économiques entre les avocats et leurs clients », *CCC* 1993, Chron. n° 71 – B. Blanchard, « Les honoraires », *Gaz. Pal.* 29 nov. 1998, n° 324, p. 3 – B. Boccara, « L'honoraire de l'avocat et la législation du pacte de succès », *Gaz. Pal.* 1991. 2. Doctr. 639 – E. Camous, « Le régime juridique de l'honoraire de résultat dans les relations entre les avocats et leurs clients », *Gaz. Pal.* 9-11 sept. 2001, p. 3 – Collectif, Dossier honoraires, *Gaz. Pal.* 12-13 mars 2008 – Collectif, Dossier « Honoraires et facturations », *D. avocats* 2013. 74 s. – Collectif, Les dossiers du barreau de Paris « Les honoraires des avocats », *Barreau de Paris*, 2002 – F. G'Sell, « La réforme des professions juridiques et judiciaires, Une « déréglementation » très réglementée », *JCP* 2015 suppl. au n° 44, p. 15 ; « Vers l'honoraire principal de résultat ? », *JCP* 2017. 1325 – J. Hamelin, « L'avocat et ses honoraires. Réflexions sur la loi du 31 décembre 1957 », *Gaz. Pal.* 1958. 1. Doctrine, p. 1 – V. Lasbordes, « Libres propos sur la fixation des honoraires de l'avocat : de l'utilité de la convention préalable d'honoraires », *D.* 2001. Chron. 1893 – A. Lempereur et M. Scodellaro, « Conflit d'intérêts économiques entre avocats et clients : la question des honoraires », *D.* 2003. 1380 – R. Martin, « Fixation des honoraires de l'avocat », *JCP* 1992. I. 3620 ; « Interdiction des barèmes indicatifs d'honoraires », *Ann. loyers* 1998. 325 – H. Massol, « Des honoraires des avocats en droit romain et en droit français », *Recueil de l'Académie de législation de Toulouse*, t. 27, 1878-1879, p. 37 s. – Ph. Milburn, « L'honoraire de l'avocat au pénal : une économie de la relation professionnelle », Droit et société, année, 1994, n° 26, p. 175 et J. Morel-Bailly, « À propos de la déontologie des avocats. Réaction à l'article de Philip Milburn », Droit et Société, année 1995, n° 29, p. 183 – C. Perlat-Lopes, « Honoraires d'avocats : la réglementation des tarifs en Italie », *Gaz. Pal.* 17-19 déc. 2006, p. 2 – D. Piau, « L'honoraire, entre passé, présent et avenir », *Gaz. Pal.* 4-6 mars 2012, p. 13 ; « Quand le pacte de *quota litis* a rendez-vous en terre inconnue : la (discutable) interdiction générale et absolue de l'honoraire de résultat », *D. avocats* 2014. 232 ; « Contexte et conséquences de la loi Macron », *Maître* n° 235, 1er trim. 2016, p. 21 ; « Les incidences de la loi "Macron" sur la rémunération de l'avocat, Trois questions à Dominique Piau », *AJ fam.* 2016. 81 – A. Viala, « De quelques aspects socio-économiques de la profession d'avocat », *Gaz. Pal.* 1984. 1. 258, p. 2 – A. Wahl, « Le droit de l'avocat aux honoraires », *RTD civ.* 1905. 497.

Rapports. D. Piau, *Honoraires, Rapport de la commission des règles et usages, Réforme de l'article 11 du RIN, Projet de décision à caractère normatif n° 2015-003*, CNB, AG 11-12 déc. 2015.

SECTION 1
PROPOS LIMINAIRES

711.10 **Plan.** Le droit à la rémunération, et à son recouvrement à l'encontre du client, a connu des flux et reflux au fil du temps (§ 1) jusqu'à la loi du 31 décembre 1957, qui a affirmé le droit à la rémunération et à son recouvrement (§ 2).

§ 1
Évolution du droit à la rémunération

711.21 **Évolution.** Pendant longtemps les avocats, notamment sous l'Ancien Régime, recouvraient normalement leurs honoraires[1] en justice contre leurs clients ingrats.

Sous l'Ancien Régime[2] les honoraires, calculés à l'année ou à l'affaire et qui ne pouvaient être le fruit d'un marché, en vertu du chapitre XIV des Établisse-

1. Y. Ozanam, « Histoire de l'honoraire », *in* S. Tandeau de Marsac (dir.), Barreau de Paris, *Honoraires de l'avocat*, Éd. Législatives, 2010, p. 173 s.
2. A. Damien, *Les avocats du temps passé*, Henri Lefebvre, 1973, p. 135.

ments de Saint Louis[1, 2], étaient tarifés et ne pouvaient excéder une certaine somme[3]. Toutefois, les avocats pouvaient faire arbitrer en justice leurs honoraires à des sommes plus fortes, eu égard au mérite de leur travail[4]. En 1602, on exigea d'eux qu'ils mentionnent, dans les dossiers qu'ils remettraient aux tribunaux, un état retraçant le montant des honoraires par eux perçus. Ils s'y opposèrent, ce fut l'origine de la célèbre grève de 1602[5].

Les avocats possédaient donc une action pour le paiement de leurs honoraires, sans pour autant disposer d'un droit de rétention sur les pièces de leur client[6], et ceux-ci étaient considérés comme la rémunération tarifée et conventionnelle de l'activité déployée par l'avocat dans l'intérêt de son client[7].

711.22 Don spontané de la reconnaissance du client. Mais de tous les déontologues de l'Ancien Régime, Armand-Gaston Camus[8] est le seul qui affirme la doctrine de l'honoraire conçu comme « un don spontané de la reconnaissance du client », conception qui régira toute la déontologie du siècle suivant.

L'honoraire est, selon Armand-Gaston Camus, conçu comme le don spontané de la reconnaissance du client, « conçu » et non « vécu », car on peut douter que ces principes aient jamais été adoptés couramment par le barreau[9]. Néanmoins, l'avocat accepte des causes gratuites car c'est une tradition qui est reconnue comme telle par les avocats : on vit de la barre comme le prêtre vit de l'autel ; on défend les pauvres sans rémunération[10].

À partir du XVIIIe siècle, l'usage s'instaura au barreau du Parlement de Paris, et ce à la différence des autres barreaux[11], de prohiber ce recouvrement judiciaire et cet usage se maintint et se généralisa au cours du XIXe siècle. Ainsi, à la fin du XVIIIe siècle, la discipline du barreau de Paris ne souffrit plus qu'un avocat intentât une telle action, pas plus qu'il ne pouvait retenir les pièces de ses clients faute de paiement des honoraires, ni retarder l'affaire[12].

711.23 Renonciation au recouvrement. Au XIXe siècle, bien que le décret du 14 décembre 1810[13] ait expressément prévu la possibilité de procéder au recouvrement des honoraires[14], l'ordonnance du 20-23 novembre 1822[15] ne prévoyait aucune disposition sur ce point, et les avocats, pour échapper à tout contrôle et à toute censure, même indirecte, des juridictions devant lesquelles ils plaidaient, décidèrent de s'abstenir de tout recouvrement en justice de leurs honoraires[16]. L'honoraire, « le tribut spontané de la reconnaissance du client » mais dont la remise par le client devait être volontaire, c'est-à-dire qu'elle ne devait pas être imposée par aucun mode de pression direct ou indirect.

Pour le bâtonnier Charles Chenu : « nous n'exerçons pas notre profession dans l'espérance de recueillir quelques cadeaux, mais bien avec le droit fort légitime d'obtenir le prix de nos efforts et des services que nous rendons »[17].

711.24 Situation financière des avocats. Ceci n'empêche nullement les honoraires excessifs ni les revenus étonnants quand on constate que l'avocat moyen du XIXe siècle, dont on a retrouvé les carnets de comptes, gagnait 40 000 francs par an, c'est-à-dire le traitement, à la même époque, de l'archevêque de Paris ou d'un maréchal de France, le double du traitement d'un conseiller d'État ou d'un conseiller à la Cour des comptes, le triple d'un conseiller à la Cour de cassation.

Un ancien bâtonnier qui fut membre de l'Institut percevait, sous le Second Empire, 175 000 francs par an, ceci sans impôt sur le revenu et sans coût de cabinet puisqu'on ignorait les dactylographes et les

1. Établissements de Saint-Louis, Livre II, chap. XIV, 1270 – G. Durand, *Spéculum : Miroir, ou Tableau de la science du droit*, 1271 – S. Peralba, *Autour du stilus de Guillaume Dubreuil (vers 1331) : Étude des caractères du droit processuel au parlement*, Presses universitaires de la faculté de droit de Clermont, 2006.
2. V. s^s n° 023.23.
3. A.-G. Boucher d'Argis, *Règles pour former un avocat*, nouvelle éd., Durand, 1778, p. 176 s.
4. A.-G. Boucher d'Argis, *op. cit.*, p. 181.
5. M. Yardeni, « L'ordre des avocats et la grève du barreau parisien en 1602 », *Rev. HES*, t. 44, 1966, p. 481 – V. s^s n° 023.45.
6. A.-G. Boucher d'Argis, *op. cit.*, p. 186.
7. J. de Lescornay, *Apologie pour l'honoraire, ou Reconnaissance due aux avocats à cause de leur travail*, J. de La Caille, 1650 – A.-G. Boucher d'Argis, *op. cit.*, p. 176 s.
8. A.-G. Camus, *Lettres sur la profession d'avocat*, Dupin aîné, Paris, 1832.
9. Y. Le Guillou, « L'enrichissement de l'avocat Denis Bouthillier (1540-1621) : radiographie d'une fortune », *Rsihpa* 1997, p. 3 – B. Quilliet, « La situation sociale des avocats au Parlement de Paris à l'époque de la Renaissance », in *Espace, idéologies et société. Documents et travaux de l'équipe de recherche Culture et société au XVIe siècle [de l'Université de Paris VIII-Vincennes]*, Grenoble, 1975, p. 121 s. – Y. le Guillou, *Les Bouthillier, de l'avocat au surintendant (ca 1540-1652). Histoire d'une ascension sociale et formation d'une fortune*, Th. histoire, École nationale des chartes, 1997.
10. A.-G. Boucher d'Argis, *op. cit.*, p. 188.
11. v. reconnaissant le droit au recouvrement des honoraires : Grenoble, 30 juill. 1821, t. 22, Sirey, 2e partie, p. 147.
12. V. s^s n°s 484.111 s.
13. V. s^s n° 023.63.
14. Décr. Impérial, 14 déc. 1810 contenant Règlement sur l'exercice de la profession d'Avocat, et la discipline du Barreau, art. 41.
15. V. s^s n° 023.71.
16. V. s^s n° 311.61.
17. Ch. Chenu, *Discours de rentrée*, 1er déc. 1906, Alcan-Lévy, 1906.

téléphonistes. Encore que toute évaluation contemporaine de ces sommes soit, dans une certaine mesure, illusoire, on peut néanmoins admettre que ces honoraires doivent être multipliés par 200 pour donner une idée approximative de leur valeur des années soixante-dix[1].

Mais ce bruit d'argent autour de la barre n'affecte nullement la confiance du public dans le désintéressement de l'avocat. Celui-ci, tout comme les clients, sait enfin qu'il n'est contrôlé que par sa conscience.

711.25 Droit à l'honoraire. L'honoraire fut reconnu comme un droit pour l'avocat par un arrêté du conseil de l'Ordre de Paris en date du 3 juin 1899[2]. Et si rien ne s'opposait au recouvrement en justice par l'avocat des honoraires qu'il estimait lui être dû[3], ce sont ses règles professionnelles qui lui interdisaient de le faire, au nom, notamment, de l'indépendance et de la dignité[4]. Ainsi, si l'action demeurait recevable sur le plan judiciaire, elle excluait du barreau, du moins à Paris, l'avocat assez imprudent pour l'intenter[5].

Mais les usages demeuraient assez disparates suivant les barreaux, même si la Cour de cassation approuvait les sanctions disciplinaires prononcées à l'encontre des avocats qui avaient recours aux tribunaux pour recouvrer leurs honoraires[6]. Le traditionalisme parisien[7] s'oppose alors au modernisme provincial qui tend à considérer, notamment après la Première Guerre mondiale, à l'instar de nombreux règlement intérieur des barreaux, que les avocats doivent pouvoir recouvrer leurs honoraires[8].

711.26 Disparité des situations. Les avocats néanmoins avaient des situations fortement enviables, infiniment supérieures à celles dont ils peuvent bénéficier à l'époque moderne[9].

La doctrine considérait donc que l'honoraire fut l'expression spontanée de la reconnaissance du client, principe tempéré d'ailleurs par l'usage de la provision qui aboutit à prémunir d'avance l'avocat contre l'ingratitude de son client[10], stigmatisée par Honoré de Balzac pour lequel : « Les avoués, les médecins et les avocats de Paris sont, comme les courtisanes avec leurs amants d'occasion, excessivement en garde contre la reconnaissance de leurs clients. »[11].

§ 2
Affirmation du droit à la rémunération et à son recouvrement

711.31 Droit pour l'avocat de réclamer ses honoraires en justice (loi du 31 déc. 1957). Il fallut attendre la loi du 31 décembre 1957[12] pour voir affirmer le droit pour tout avocat de réclamer leurs honoraires en justice, lequel était applicable aussi bien aux demandes en fixation d'honoraires par l'avocat qu'en réduction ou en restitution des honoraires par le client à son avocat[13].

Le texte prévoyait alors un simple rôle de conciliation préalable du bâtonnier qui rendait un « avis » communiqué au tribunal[14], l'avocat pouvant alors saisir le tribunal civil, devenu tribunal de grande instance en 1958, en assignant à jour fixe son client afin d'obtenir un jugement[15].

711.32 Une « décision » du bâtonnier dépourvue de tout caractère exécutoire (loi du 31 déc. 1971). La loi du 31 décembre 1971[16] est venu prévoir[17] que la loi du 31 décembre 1957 cessait de recevoir application en tant qu'elle concerne les avocats et que, dans le respect de l'indépendance de l'avocat, de l'autonomie des conseils de l'ordre et du caractère libéral de la profession, un décret en Conseil d'État fixe la procédure de règlement des contestations concernant le paiement des frais et honoraires des avocats[18].

La procédure a alors été modifiée par le décret du 9 juin 1972[19] : le bâtonnier ne rend plus un simple avis mais une « décision »[20], dépourvue de tout carac-

1. A. Damien, *Les avocats du temps passé*, Henri Lefebvre, 1973, p. 372 s.
2. F. Payen et G. Duveau, *Les règles de la profession d'avocat et les usages du barreau de Paris*, 3e éd., Sirey, 1929, nos 439 s. p. 382 s.
3. Alger, 27 févr. 1921, *DH* 1924, 378 – Montpellier, 27 oct. 1932, *DP* 1933. 2. 17.
4. V. ss no 023.75.
5. M. Garçon, « Pour la tradition du barreau », *Recueil de plaidoyers*, vol. VII, *Choses et autres*, Fayard, 1956, p. 207 s.
6. Req. 4 janv. 1853, *S.* 1853. 1. 113.
7. F. Payen et G. Duveau, *Les règles de la profession d'avocat et les usages du barreau de Paris*, 3e éd., Sirey, 1929, nos 439 s.
8. J. Appleton, *Traité de la profession d'avocat*, 2e éd., Dalloz, 1928, no 234 – M. Garçon, « Pour la tradition du barreau », *Recueil de plaidoyers*, vol. VII, *Choses et autres*, Fayard, 1956, p. 207 s.
9. A. Damien, « Un avocat fastueux au XIXe siècle, Chaix d'Est-Ange », *Gaz. Pal.* 1976. 2. Doctr. 632.
10. A. Damien, *Les avocats du temps passé*, Henri Lefebvre, 1973, p. 372 s.
11. H. de Balzac, *La Comédie Humaine*, t. V, *Les illusions perdues…*, « La Pléiade », Gallimard, 1977, p. 587 – N. Dissaux (dir.), *Balzac, Romancier du droit*, LexisNexis – Maison de Balzac, 2012.
12. L. no 57-1420, 31 déc. 1957 sur le recouvrement des honoraires des avocats, *JO* 5 janv., p. 194 – V. ss no 023.98.
13. TGI Nice, 14 déc. 1960, *D.* 1961. 399.
14. L. no 57-1420, 31 déc. 1957, art. 2.
15. L. no 57-1420, 31 déc. 1957, art. 4.
16. L. no 71-1130, 31 déc. 1971, art. 76.
17. V. ss no 023.102.
18. L. no 71-1130, 31 déc. 1971, art. 53.
19. Décr. no 72-468, 9 juin 1972 organisant la profession d'avocat, *JO* 11 juin, p. 5884, art. 97 s.
20. Décr. no 72-468, 9 juin 1972, art. 98.

tère exécutoire, pouvant donner lieu à une saisine par lettre recommandée avec accusé de réception du président du tribunal de grande instance[1] [devenu tribunal judiciaire] afin que celui-ci statue en rendant une ordonnance de taxe[2].

711.33 Intervention du président du tribunal judiciaire pour rendre exécutoire la décision du bâtonnier (décret du 27 nov. 1991). Enfin, le recours préalable devant le président du tribunal de grande instance [devenu tribunal judiciaire] a été supprimé par le décret du 27 novembre 1991[3], la « décision » du bâtonnier devenant susceptible de recours directement devant le premier président de la cour d'appel[4]. Le président du tribunal de grande instance, devenu tribunal judiciaire en 2020, n'intervenant plus que pour rendre exécutoire la décision du bâtonnier en l'absence d'appel[5].

Le recouvrement des honoraires de l'avocat a été réglementé avec précision et minutie par ce décret du 27 novembre 1991, dans ses articles 174 et suivants. Ce dispositif a contraint d'élaborer une véritable doctrine de la rémunération de l'avocat, tant dans son principe que dans les critères permettant de la déterminer[6].

711.34 Fixation et non plus taxation. Ainsi si la procédure prévue en 1971[7] était une procédure de « taxation » des honoraires en ce sens qu'elle conduisait, après un préalable de conciliation devant le bâtonnier, à la délivrance d'une ordonnance de taxe exécutoire par le président du tribunal de grande instance au même titre que pour le recouvrement des dépens[8] elle a été remplacée en 1991[9], par une procédure ne comportant plus de titre exécutoire, donc une simple « fixation », pour reprendre le terme de Raymond Martin[10], des honoraires de l'avocat par le bâtonnier à charge d'appel devant le premier président de la cour d'appel[11].

711.35 Généralisation de l'obligation de convention d'honoraires en renforcement des garanties de transparence pour les consommateurs (loi du 6 août 2015). La loi du 6 août 2015[12] est venue[13] par son article 51 : « [...] renforcer les garanties de transparence tarifaire pour les consommateurs, en généralisant l'obligation de convention d'honoraires [...] » en posant le principe suivant lequel : « Les honoraires de postulation, de consultation, d'assistance, de conseil, de rédaction d'actes juridiques sous seing privé et de plaidoirie sont fixés en accord avec le client. En matière de saisie immobilière, de partage, de licitation et de sûretés judiciaires, les droits et émoluments de l'avocat sont fixés sur la base d'un tarif déterminé selon des modalités prévues au titre IV *bis* du livre IV du code de commerce. Sauf en cas d'urgence ou de force majeure ou lorsqu'il intervient au titre de l'aide juridictionnelle totale ou de la troisième partie de la loi n° 91-647 du 10 juillet 1991 relative à l'aide juridique, l'avocat conclut par écrit avec son client une convention d'honoraires, qui précise, notamment, le montant ou le mode de détermination des honoraires couvrant les diligences prévisibles, ainsi que les divers frais et débours envisagés. [...] »[14].

Ces dispositions sont entrées en vigueur le 8 août 2015[15].

711.36 Adaptation des textes réglementaires et modèles de convention d'honoraires (RIN, art. 11). Ces modifications législatives appelaient une nécessaire adaptation des textes réglementaires de la profession relatifs aux honoraires[16]. C'est ainsi, qu'en décembre 2015, la commission des règles et usages du CNB a immédiatement procédé à l'adaptation des dispositions de l'article 11 du RIN[17], et sollicité une modification de l'article 10 du décret du 12 juillet 2005[18] réalisée par le décret du 2 août 2017[19], tandis que la commission des textes a établi des trames rédactionnelles de conventions d'honoraires[20], régulièrement mises à jour.

Enfin, conséquence de la pleine application du droit de la consommation aux avocats[21], le Conseil

1. Décr. n° 72-468, 9 juin 1972, art. 99.
2. Décr. n° 72-468, 9 juin 1972, art. 100.
3. V. s[s] n° 023.105.
4. Décr. n° 91-1197, 27 nov. 1991 organisant la profession d'avocat, *JO* 28 nov., p. 15502, art. 174 s.
5. V. s[s] n° 741.351.
6. V. s[s] n°s 721.31 s.
7. V. s[s] n° 711.32.
8. V. s[s] n°s 472.00 s.
9. V. s[s] n° 711.33.
10. R. Martin [1920-2013], « Fixation des honoraires de l'avocat », *JCP* 1992. I. 3620.
11. V. s[s] n°s 741.00 s.
12. L. n° 2015-990, 6 août 2015 pour la croissance, l'activité et l'égalité des chances économiques, *JO* 7 août, p. 13537 – V. s[s] n° 023.214.
13. D. Piau, « Contexte et conséquences de la loi Macron », *Maître* n° 235, 1er trim. 2016, p. 21 – « Les incidences de la loi "Macron" sur la rémunération de l'avocat, Trois questions à Dominique Piau », *AJ fam.* 2016. 81.
14. L. n° 71-1130, 31 déc. 1971, art. 10.
15. L. n° 2015-990, 6 août 2015, art. 51.
16. Décr. n° 2005-790, 12 juill. 2005, art. 10 – RIN, art. 11.
17. Mod. et renuméroté par : DCN n° 2015-003 ; CNB, AG 12 déc. 2015, publié au *JO* par décis. 14 janv. 2016, *JO* 16 févr. – L. Dupont, « Modification du RIN : dénomination des cabinets et rémunération des avocats », *JCP* 2016. 275.
18. D. Piau, *Honoraires, Rapport de la Commissions des Règles et Usages : Réforme de l'article 11 du RIN, Projet de DCN n° 2015-003*, CNB, AG 11-12 déc. 2015.
19. Décr. n° 2017-1226, 2 août 2017, *JO* 4 août, n° 9 ; *JCP* 2017. 916 ; *JCP* 2017. 1104, n° 5, obs. C. Caseau-Roche.
20. C. Cadars-Beaufour, *Rapport de la Commission textes, projet d'élaboration de modèles de conventions d'honoraires*, CNB, AG 11-12 déc. 2015.
21. V. s[s] n°s 711.111 s.

national des barreaux a mis en place, le 23 janvier 2016, un médiateur national de la consommation propre à la profession d'avocat[1].

SECTION 2
RÉGLEMENTATION DE LA RÉMUNÉRATION

711.40 **Plan.** La rémunération de l'avocat est la légitime rémunération du travail fourni et du service rendu dans l'intérêt de son client (§ 1). Elle ne saurait, en principe, faire l'objet de barèmes ou de tarification. Ces deux derniers, instaurés à la fin du Moyen Âge et contestés aujourd'hui comme contraires aux règles du droit de la concurrence, n'empêchent pas que les droits et émoluments de l'avocat soient fixés sur la base d'un tarif fixé par l'État en matière de saisie immobilière, partage, licitation et sûretés judiciaires (§ 2).

§ 1
Composantes de la rémunération de l'avocat

711.51 **Rémunération du travail fourni par l'avocat.** Pour reprendre la formule du règlement intérieur du barreau de Paris de 1963, en son article 29, 1° : « l'honoraire de l'avocat est la légitime rémunération du travail fourni et du service rendu ». L'avocat a droit au règlement des honoraires en rémunération du travail fourni. L'honoraire est la légitime rémunération du travail demandé à l'avocat, il couvre ses consultations, ses plaidoiries, ses conseils et les actes juridiques qu'il peut établir dans l'intérêt des clients.

La relation d'amitié (l'avocat et le client étaient membres du même club) existant entre l'avocat et son client ne fait pas obstacle à une juste rémunération de l'activité de l'avocat dès lors que son travail a dépassé le stade de la simple consultation donnée gracieusement et a constitué un véritable travail de défense (en l'espèce, il s'agissait d'un procès d'expropriation qui avait duré sept années)[2].

Mais la rémunération de l'avocat est plus large et va au-delà du seul honoraire en ce qu'elle comprend aussi les émoluments[3], les frais et leurs modalités de prise en charge[4] mais encore les différentes rémunérations incidentes qui peuvent être perçues par l'avocat, notamment dans le cadre de l'encadrement de sa relation avec son client[5].

711.52 **Éléments composant la rémunération.** La rémunération des avocats est ainsi régie aujourd'hui par un tronc commun figurant dans la loi du 31 décembre 1971[6], les décrets du 27 novembre 1991[7] et du 12 juillet 2005[8], ainsi que le règlement intérieur national[9]. À cela s'ajoute un certain nombre de textes particuliers figurant, notamment, dans le code de procédure civile, le code de procédure pénale, le code de la consommation, le code de commerce ou le code des assurances, ainsi que des textes spécifiques, notamment s'agissant de l'aide juridique[10].

La rémunération de l'avocat se compose essentiellement de cinq éléments distincts qu'il faut étudier séparément et qui donnent lieu à un contentieux de recouvrement différent[11] :

1° l'honoraire proprement dit qui rémunère la postulation, de consultation, d'assistance, de conseil, de rédaction d'actes juridiques sous seing privé et la plaidoirie et qui est libre[12] ;

2° les émoluments résultant de la tarification en matière de saisie immobilière, de partage, de licitation et de sûretés judiciaires ainsi que celle relative aux droits et émoluments des avocats postulants des départements du Haut-Rhin, du Bas-Rhin et de la Moselle[13] ;

3° les frais qui, dans les matières autres que celles où le ministère de l'avocat est obligatoire, font l'objet d'un compte distinct des honoraires et peuvent être recouvrés séparément, et dont les modalités de prises en charge, en matière de contentieux, sont variables suivant qu'ils soient inclus ou non dans les dépens[14] ;

4° les contributions de l'avocat au titre de l'aide juridictionnelle[15], en principe exclusive de toute autre rémunération[16] ;

5° enfin, les différentes rémunérations incidentes qui peuvent être perçues par l'avocat, notamment dans le cadre de l'encadrement de sa relation avec son client[17], lesquelles ne constituent pas des hono-

1. Résol. CNB portant sur la médiation des litiges de consommation et la mise ne place par le CNB d'un médiateur national de la consommation, adoptée par l'Assemblée générale des 11 et 12 déc. 2015 – « Les incidences de la loi "Macron" sur la rémunération de l'avocat, Trois questions à Dominique Piau », *AJ fam.* 2016. 81 – V. s[s] n° 741.241.
2. TGI Paris, ord. prés., 7 sept. 1987, *Gaz. Pal.* 1987. 2. 641.
3. V. s[s] n°s 722.00 s.
4. V. s[s] n°s 723.00 s.
5. V. s[s] n°s 484.231 s.
6. L. n° 71-1130, 31 déc. 1971, art. 10.
7. Décr. n° 91-1197, 27 nov. 1991, art. 174 s. ; abr. par décr. n° 2004-1386, 21 déc. 2004, art. 32.
8. Décr. n° 2005-803, 12 juill. 2005 pris pour l'application de l'article 13-1 de la loi n° 71-1130 du 31 décembre 1971 portant réforme de certaines professions judiciaires et juridiques, *JO* 19 juill., p. 11749, art. 10 s.
9. RIN, art. 11.
10. V. s[s] n°s 751.00 s.
11. L. n° 71-1130, 31 déc. 1971, art. 10.
12. V. s[s] n°s 721.00 s.
13. V. s[s] n°s 722.00 s.
14. V. s[s] n°s 723.00 s.
15. V. s[s] n°s 751.251 s.
16. V. s[s] n°s 751.441 s.
17. V. s[s] n°s 484.231 s.

raires et dont le contentieux relève des juridictions de droit commun.

711.53 **Indemnité permettant au client d'assurer sa défense et de payer son avocat (C. pr. civ., art. 700, C. pr. pén., art. 216, 375, 475-1, CJA, art. L. 761-1).** L'article 700 du code de procédure civile[1], tout comme les articles 216, alinéa 2, 375 et 475-1 du code de procédure pénale[2] et L. 761-1 du code de justice administrative[3] constitue, en principe, une indemnité ayant pour objet de permettre au client d'assurer sa défense et de payer son avocat, et ne saurait dès lors constituer une rémunération de l'avocat, sauf cas particulier dans le cadre de l'aide juridictionnelle[4].

Il en découle qu'il ne saurait entrer dans l'assiette de détermination de l'honoraire de résultat[5]. Et cette règle ne saurait faire l'objet d'une stipulation contraire des parties[6].

§ 2
Barèmes et tarification

711.61 **Barèmes et tarifs établis par les Ordres.** Le barème puise ses racines dans la plus pure déontologie puisque le premier inventeur d'un barème d'honoraires d'avocat est Saint-Charles Borromée qui l'instaura dans le IIIe Concile de Milan de 1573, et certains barreaux avaient pris l'habitude d'arrêter un barème d'honoraires indicatif et non obligatoire. Ces barèmes s'appliquaient à toutes les procédures engagées dans le ressort du tribunal et n'avaient que valeur indicative.

Ils peuvent apparaître comme un outil de transparence en la matière. Mais ils peuvent aussi constituer une incitation à respecter un tarif minimum et ainsi aboutir à une hausse des tarifs au détriment des clients. Ce qui a conduit l'Autorité de la concurrence à déclarer comme contraire aux règles du droit de la concurrence[7] la pratique de barèmes indicatifs[8], et ce, avant comme après l'entrée en vigueur de l'article 7[9] de l'ordonnance du 1er décembre 1986.

711.62 **Effet anticoncurrentiel des barèmes indicatifs d'honoraires.** En droit interne, la cour d'appel de Paris[10] a ainsi considéré que la recherche nécessaire de transparence et de prévisibilité du coût d'accès au droit ne saurait conduire à des pratiques faisant obstacle à la fixation des prix par le libre jeu du marché en favorisant artificiellement leur hausse ou leur baisse. L'arrêt constate que le barème comprenait des indications de prix, concernant une centaine de prestations susceptibles d'être fournies par les avocats, couvrant toute l'activité de ceux-ci, et qu'il a été diffusé à chaque membre du barreau. Pour la cour, un tel document, émanant de l'organe investi de l'autorité réglementaire et disciplinaire sur les membres de la profession, dont le représentant dispose du pouvoir de se prononcer sur les réclamations formées contre les honoraires qu'ils facturent, et proposant aux membres du barreau des prix praticables de leurs prestations, était de nature à inciter ceux-ci à fixer leurs honoraires selon les tarifs suggérés, plutôt qu'en tenant compte des critères objectifs de gestion propres à leur cabinet, et présentait ainsi un objet anticoncurrentiel[11].

La cour de Paris avait alors enjoint le barreau de ne plus élaborer, ni diffuser de barèmes d'honoraires, et infligé au barreau une sanction pécuniaire de 100 000 francs.

Cet arrêt a été confirmé par la Cour de cassation[12], tout comme cette dernière condamne les fixations d'honoraires faites en fonction d'un barème tarifé « sans rechercher les diligences accomplies [...] et sans apprécier [...] l'importance et la qualité du travail réalisé[13]. »

711.63 **Validité au regard du droit de l'Union européenne de la concurrence.** S'agissant de l'interprétation des règles de droit européen de la concur-

1. V. s^s n°s 723.231 s.
2. V. s^s n° 723.281.
3. V. s^s n° 723.271.
4. V. s^s n°s 723.302 s.
5. V. s^s n°s 713.251 s.
6. Aix-en-Provence, 6 nov. 2002, *BICC* 2003, n° 235.
7. Comm. conc., 5 août 1982, *Gaz. Pal.* 1982. 2. 445, note A. Damien – POUR les textes des décisions : *Bull. légis., Gaz. Pal.* 1982. II. lég. 525.
8. Cons. conc., 12 nov. 1996, n° 96-D-69 – Cons. conc., 3 déc. 1996, n° 96-D-78, *BOCC* 11 févr. 1997 ; *Gaz. Pal.* 1997. 1. 310, note A. Damien ; *D.* 1998. 26 – Cons. conc., 7 janv. 1998, n° 98-D-01 – Cons. conc., 7 janv. 1998, n° 98-D-02 – Cons. conc., 14 janv. 1998, n° 98-D-05 – Cons. conc., 14 janv. 1998, n° 98-D-06 – Cons. conc., 14 janv. 1998, n° 98-D-07 – Cons. conc., 31 mai 2000, n° 00-D-23 – Cons. conc., 15 janv. 2001, n° 00-D-52 – Cons. conc., 6 juill. 2001, n° 01-D-35 – Aut. conc., 21 oct. 2005, n° 05-D-57 – Dossier « Conseil de la concurrence contre barreau de Marseille », *RJB* avr. 1998, n° 51, p. 87 s.
9. Ord. n° 86-1243, 1er déc. 1986, art. 7 ; devenu : C. com., art. L. 420-1.
10. Paris, 9 déc. 1997, *Gaz. Pal.* 5 mars 1998, 156, note A. Damien ; *JCP* 1998. II. 10078, note R. Martin.
11. M.-D. Hagelsteen, « Les professions libérales et le droit de la concurrence », *Dr. adm.* 2006, n° 3 – H. Courivaud, « Les organisations professionnelles confrontées au droit de la concurrence », *D. Affaires* 1998. 1202 – I. Luc, « Ordres professionnels et droit communautaire de la concurrence », *LPA* 20 mai 2004, p. 5 – G. Decocq, « Les limites de l'action d'une organisation professionnelle », *CCC* mars 2008, comm. 82 – C. Prieto, « La modernisation du droit de la concurrence et le marché des professions libérales », G. Canivet (dir.), *La modernisation du droit de la concurrence*, « Colloques & débats », LGDJ, 2006, p. 418.
12. Com. 21 mars 2000, n° 98-10.183, NP – AUSSI : Com. 13 févr. 2001, n° 98-22.698, NP ; *BOSP* 31 mars 2001, p. 211 ; *Gaz. Pal.* 2001. Somm. 880 ; *JCP* 2001. I. 348 n° 21, obs. R. Martin.
13. Civ. 2e, 4 oct. 2001, n° 98-22.691, NP ; *Gaz. Pal.* 2002. 1. Somm. 155.

rence, la CJUE a estimé, dans la lignée de la position de la commission européenne[1], que tant les articles 5[2] et 85[3] du Traité CE, que « les articles 10[4] CE 81 CE et 82[5] CE ne s'opposent pas à l'adoption par un État membre d'une mesure normative qui approuve, sur la base d'un projet établi par un ordre professionnel d'avocats [...], un tarif fixant une limite minimale pour les honoraires des membres de la profession d'avocat, tarif auquel il ne peut, en principe, être dérogé »[6] et ce, s'agissant tant de prestations réservées à ses membres que de celles, telles les prestations de services extrajudiciaires, qui peuvent être effectuées également par tout autre opérateur économique non soumis audit tarif, lorsque la mesure étatique intervient dans le cadre d'une procédure qui ne fait pas intervenir l'État directement.

En l'occurrence, le décret royal italien n° 1578 du 27 novembre 1933 converti dans la loi n° 36 du 22 janvier 1934, prescrit à l'Ordre des avocats italiens, le *Consilio nazionale forense*[7], l'élaboration tous les deux ans d'un projet de tarif des honoraires et indemnités dus aux avocats et *procuratori* en matière civile, pénale et extrajudiciaire. Il a été remplacé par le décret-loi n° 223, du 4 juillet 2006, dit décret Bersani, converti en loi, par la loi n° 248 du 4 août 2006, qui, tout en abrogeant les tarifs fixes ou minimaux applicables aux honoraires des avocats, a explicitement maintenu l'obligation de respecter des tarifs maximaux au nom de la protection des consommateurs. Cette réglementation a été jugée conforme au droit de l'Union européenne, au regard des articles 43 CE et 49 CE, s'agissant de la liberté de la concurrence, faute pour la commission européenne de démontrer que ses dispositions avaient pour effet de priver les avocats européens de la possibilité de pénétrer le marché de l'État membre d'accueil dans des conditions de concurrence normales et efficaces[8].

711.64 Validité au regard de la libre prestation de service. S'agissant de l'interprétation des règles relatives à la libre prestation de services, la CJUE a considéré que la réglementation italienne précitée interdisant de manière absolue de déroger, par convention, aux honoraires minimaux fixés par un tarif pour des prestations juridiques et des prestations réservées aux avocats, constituait une restriction à la libre prestation des services.

Toutefois, selon la Cour, une telle restriction peut être justifiée et « il appartient à la juridiction de renvoi de vérifier si une telle réglementation, au regard de ses modalités concrètes d'application, répond véritablement aux objectifs, légitimes, de protection des consommateurs et de bonne administration de la justice susceptibles de la justifier et si les restrictions qu'elle impose n'apparaissent pas disproportionnées au regard de ces objectifs ». À cette fin, le juge national devra notamment tenir compte de l'éventuelle « corrélation entre le niveau des honoraires et la qualité des prestations fournies par les avocats », de l'« asymétrie de l'information entre les clients-consommateurs et les avocats »[9].

Ainsi, les objectifs de protection des consommateurs et de bonne administration de la justice sont susceptibles de justifier une telle restriction.

711.65 Admissibilité au regard du droit de l'Union européenne. La CJUE a confirmé sa jurisprudence dans le cadre de la législation espagnole, rappelant qu'il y a violation de l'article 4 § 3 du TUE et de l'article 101 du TFUE lorsqu'un État membre, soit impose ou favorise la conclusion d'ententes contraires à l'article 101 du TFUE ou renforce les effets de telles ententes, soit retire à sa propre réglementation son caractère étatique en déléguant à des opérateurs privés la responsabilité de prendre des décisions d'intervention d'intérêt économique, ce qui n'est pas le cas en l'espèce dès lors que le décret royal n° 1373/2003 constitue une norme juridique promulguée par l'État, et que le tarif ne peut être majoré ou minoré que de 12 %, ce dont les juridictions nationales se bornent à vérifier l'application stricte, sans être en mesure, dans des circonstances exceptionnelles, de déroger aux limites fixées par ce tarif[10].

1. Décis. Comm. CE 24 juin 2004, *Ordre des architectes belges*, aff. *COMP/A. 38549, JOUE L* 4-6 janv. 2005, p. 10.
2. TUE-N, art. 10 [TUE-A, art. 10 ; TCE, art. 5]. – I. Pingel (dir.), *De Rome à Lisbonne : Commentaire article par article des traités UE et CE* 2ᵉ éd., Helbing Lichtenhahn – Dalloz – Bruylant, 2010, p. 293.
3. TFUE, art. 101 [TUE-A, art. 81 ; TCE, art. 85]. – I. Pingel (dir.), *De Rome à Lisbonne*, préc., 2010, p. 695.
4. TFUE, art. 29 [TFUE, art. 24 ; TCE, art. 10]. – I. Pingel (dir.), *De Rome à Lisbonne*, préc., 2010, p. 677.
5. TFUE, art. 98 [TUE-A, art. 78 ; TCE, art. 82]. – I. Pingel (dir.), *De Rome à Lisbonne*, préc., 2010, p. 679.
6. CJUE 19 févr. 2002, *Arduino c/Italie*, aff. C-35/99, *JOCE* 4 mai, p. 1 ; *AJDA* 2002. 326, Chron. C. Lambert, J.-M. Belorgey et S. Gervasoni ; *D.* 2002. 1114 ; *RTD com.* 2002. 746, obs. S. Poillot-Peruzzetto ; *RTD eur.* 2003. 287, Chron. L. Idot – CJUE 5 mai 2008, *Hospital Consulting e.a.*, aff. C-386/07 ;*RTD eur.* 2009. 473, Chron. L. Idot.
7. V. sˢ n° 492.84.
8. CJUE 29 mars 2011, *Commission c/Italie*, aff. C-565/08, *JOCE* 21 mai, p. 3 ; *Rev. UE* 2013. 45, Chron. E. Sabatakakis ; *RTD eur.* 2011. 588, obs. A.-L. Sibony et A. Defossez.
9. CJUE 5 déc. 2006, *Cipolla et Macrino c/Italie*, 2 esp., aff. C-94/04, C-202/04 ; *AJDA* 2007. 295, Chron. E. Broussy, F. Donnat et C. Lambert ; *D.* 2007. 232 ; *RSC* 2007. 641, Chron. L. Idot ; *RTD eur.* 2007. 75, Chron. C. Prieto ; *RTD eur.* 2008. 313, Chron. J.-B. Blaise et L. Idot – C. Perlat-Lopes, « Honoraires d'avocats : la réglementation des tarifs en Italie », *Gaz. Pal.* 17-19 déc. 2006, p. 2.
10. CJUE 8 déc. 2016, *Eurosaneamientos SL, et a. c/Arcelor Mittal Zaragoza SA, et Francesco de Bolós Pi c/Urbaser SA*, aff. jᵗᵉˢ C-532/15 et C-538/15.

De même que selon la CJUE, dans l'hypothèse où l'État déléguerait à des opérateurs privés la responsabilité de prendre des décisions d'intervention d'intérêt économique, telles que s'agissant de la législation bulgare laissant au conseil supérieur du barreau le soin de fixer un montant minimum des honoraires de l'avocat, une telle fixation n'est pas nécessairement contraire au droit européen, dès lors que les restrictions ainsi édictées sont strictement limitées à ce qui est nécessaire afin d'assurer la mise en œuvre d'objectifs légitimes, tels que la préservation d'un niveau de qualité élevé des prestations dans un but de protection des consommateurs, ce qu'il appartient aux juridictions nationales d'apprécier[1].

711.66 **Aide juridictionnelle et saisie immobilière.** Ainsi, si la possibilité pour les barreaux d'élaborer des barèmes d'honoraires au niveau local, mêmes à titre indicatif, apparaît condamnée par les juridictions, et ce, alors même qu'un tel outil pourrait être un facteur de transparence et de prévisibilité vis-à-vis du public, la loi a expressément prévu la possibilité de prévoir non pas un barème *stricto sensu* mais une méthode d'évaluation des honoraires tenant compte de la complexité du dossier, des diligences et des frais imposés par la nature de l'affaire afin de calculer le montant du complément d'honoraire en cas d'aide juridictionnelle partielle[2].

Par ailleurs, en matière de saisie immobilière, de partage, de licitation et de sûretés judiciaires, les droits et émoluments de l'avocat sont calculés sur la base d'un tarif fixé par l'État[3].

SECTION 3
INTERDICTIONS EN MATIÈRE DE RÉMUNÉRATION

711.70 **Plan.** Trois interdictions en matière de rémunération édictent la prohibition de la rémunération de l'apport d'affaire avec des non avocats (§ 1), la prohibition du partage d'honoraires avec des non avocats (§ 2) ainsi que la prohibition du pacte de *quota litis*, l'honoraire de résultat ne pouvant être qu'un honoraire complémentaire (§ 3).

§ 1
Prohibition de la rémunération de l'apport d'affaire avec des non avocats

711.81 **Apports d'affaires prohibés.** La rémunération d'apports d'affaires est interdite[4]. Il s'agit ici d'interdire toute rémunération par l'avocat d'une personne qui n'a pas la qualité d'avocat à raison des affaires qu'elle lui apporterait, que ce soit directement ou indirectement tel que par le versement de commissions. Il en est de même dans l'hypothèse où ce serait l'avocat qui se ferait rémunérer par un tiers non avocat en raison des affaires qu'il lui apporterait.

Cette interdiction ne concerne que les relations entre l'avocat et son client et ne s'applique pas aux relations entre avocats[5] : il est ainsi parfaitement possible de prévoir une rémunération d'apport d'affaires entre avocats, notamment dans le cadre d'un contrat de collaboration libérale[6].

711.82 **Illustrations.** Doit ainsi être sanctionné l'avocat qui facturait au salarié d'une société client de son cabinet des « notes d'introduction commerciale »[7], ou des « commissions d'apporteur d'affaires » à un cabinet de conseil en organisation afin de rémunérer des mises en relation avec sa clientèle[8], ou encore celui qui exerçait dans les mêmes locaux qu'un apporteur d'affaires non avocat, pour le compte duquel il établissait des promesses de vente portant sur divers biens immobiliers dépendant d'une succession dont il déclarait avoir la charge du règlement juridique, et que l'apporteur d'affaires faisait ensuite signer à des acquéreurs potentiels[9].

Tout comme un avocat qui avait reversé des honoraires à une entité qui n'est pas une structure d'avocats, mais en réalité, un apporteur d'affaires et dont il s'est avéré que les factures émises par l'apporteur d'affaires et payées par l'avocat correspondaient à une partie très importante des honoraires mettant, ainsi en cause son indépendance et, pour le moins, violant le principe de délicatesse[10].

§ 2
Prohibition du partage d'honoraires avec des non avocats

711.91 **Partage d'honoraires prohibé.** Il est interdit à l'avocat de partager un honoraire ou un résultat, notamment sous l'apparence de répartition de charges, avec des personnes physiques ou morales qui ne sont pas avocats[11]. Cette interdiction est expressément rappelée s'agissant des avocats réfé-

1. CJUE 23 nov. 2017, *Chez Elektro Bulgaria AD c/Yordan Kotsev et FrontEx International EAD c/Emil Yanakiev*, aff. C-427/16 et C-428/16 ; *JCP* 2018. 226 note J. Petrek ; *JCP* 2018. 588, n° 13, obs. L. Jariel.
2. L. n° 91-647, 10 juill. 1991, art. 35 – V. s[s] n°s 713.41 s.
3. L. n° 71-1130, 31 déc. 1971, art. 10 – V. s[s] n°s 722.00 s.
4. Décr. n° 2005-790, 12 juill. 2005, art. 10 – RIN, art. 11.3.
5. Civ. 1re, 18 févr. 2015, n° 14-10.460, P I, n° 41 ; *D.* 2015. 494 – Civ. 1re, 18 févr. 2015, n° 15-10.461, NP ; – CONTRA : Paris, pôle 2, ch. 1re, 13 avr. 2010, RG n° 2008/08171.
6. V. s[s] n° 812.134.
7. CD Paris, arr. n° 224339, 23 juill. 2012.
8. Paris, Pole 2, ch. 1, 16 janv. 2020, RG n° 19/02280.
9. CD Paris, arr. n° 218892, 10 avr. 2012.
10. CD Paris, arr. n° 209632, 13 sept. 2011.
11. RIN, art. 11.5.

rencés par un site internet de prestations juridiques en ligne, lesquels peuvent être amenés à participer de façon forfaitaire aux frais de fonctionnement de ce site, mais ne saurait en aucun cas prévoir une rémunération établie en fonction des honoraires perçus par l'avocat des clients avec lesquels le site l'a mis en relation [1].

À la différence de l'apport d'affaires, qui rémunère le seul fait pour le tiers bénéficiaire de la rémunération d'avoir apporté le dossier à l'avocat, il y a ici, le plus souvent, une prestation commune qui est exécutée entre l'avocat et un autre professionnel (co-traitance).

711.92 **Exercice interprofessionnel.** Le cas du partage d'honoraires se présente dans le cadre des réseaux interprofessionnels ou des structures d'exercice interprofessionnelles, telles que la société pluri-professionnelle d'exercice (SPE).

Pour autant, et même si ces modes d'exercice sont autorisés [2], l'avocat devra toujours veiller à facturer sa propre rémunération afférente à la prestation réalisée pour le compte du client commun indépendamment et distinctement de celle des autres professionnels concernés [3].

§ 3
Prohibition du pacte de *quota litis*

711.101 **Prohibition du pacte de *quota litis*, l'honoraire de résultat ne pouvant être que complémentaire.** Le pacte de *quota litis* qui consiste à fixer à l'avance les honoraires en fonction du seul résultat à intervenir, et qui consiste à associer directement et exclusivement l'avocat aux chances du procès ou des résultats de l'opération [4], est interdit en France. L'honoraire de résultat ne peut être qu'un honoraire complémentaire [5].

Toute convention qui ne fixerait l'honoraire qu'en fonction du résultat est nulle, et cette nullité est absolue [6], et ce, selon la jurisprudence, quelles que soient les missions de l'avocat : qu'il intervienne en matière juridique ou judiciaire [7]. Ce qui revient à faire fi de la langue latine de laquelle il découle, que dès lors qu'il n'y a pas de lis (procès), il ne saurait y avoir un *quota litis*.

711.102 **Critique de la jurisprudence qui étend la prohibition de l'honoraire de résultat au-delà du seul résultat judiciaire.** Cette jurisprudence est éminemment discutable au regard des textes même [8]. En effet, la première phrase de l'alinéa 5 de l'article 10 de la loi du 31 décembre 1971 interdit toute fixation d'honoraire en fonction « du résultat judiciaire » [9] ce qui correspond à la définition même de la notion de pacte de *quota litis*, tandis que la seconde phrase de l'alinéa 3 autorise les conventions qui prévoient, en sus de la rémunération de prestations effectuées, la fixation d'un honoraire complémentaire en fonction « du résultat obtenu ou du service rendu » [10], ce qui va – en apparence – au-delà du seul résultat judiciaire.

Or, la Cour de cassation ne fait plus référence à la notion de *quota litis* en considérant que : « c'est à bon droit que le premier président a écarté la possibilité d'une détermination des honoraires en proportion du seul résultat de la vente » [11], faisant ainsi prévaloir, sans raison légitime, la seconde phrase de l'alinéa 5 de l'article 10, en tant qu'elle autorise, au détriment de la première, en tant qu'elle interdit uniquement les honoraires fixés en « fonction du résultat judiciaire », et mentir l'adage suivant lequel : « Tout ce qui n'est pas interdit est autorisé ».

En outre, l'évolution de la rédaction de l'article 10 qui dans sa version antérieure [12], prévoyait alors que : « Toutefois, est interdite la fixation à l'avance d'honoraires en fonction du résultat à intervenir », nous indique que lors de la fusion des professions d'avocat et de conseil juridique en 1991 [13], à l'interdiction antérieure de la fixation d'honoraires en fonction « du résultat à intervenir » a été substituée la seule notion de « résultat judiciaire », ce qui marquait bien une restriction de l'interdiction de l'honoraire de résultat au seul honoraire dû en raison d'un litige.

À cet égard, l'article 11.3, du RIN, n'interdit que le seul pacte de *quota litis* qu'il définit, pertinemment, par référence au seul résultat « judiciaire » de l'affaire, et ne prohibe nullement de manière générale et absolue tout honoraire de résultat.

1. RIN, art. 19.4.2.
2. V. s[s] n°s 81.00 s.
3. RIN, art. 16.2. – RIN, art. 18.7.
4. Paris, 23 mars 1989, *Gaz. Pal.* 22 févr. 1990 – Paris, 19 oct. 1989, *Gaz. Pal.* 6 janv. 1990, p. 3 – Paris, 23 oct. 1990, *D.* 1990. IR 271 – TGI Paris, 18 oct. 1990, *Gaz. Pal.* 20 nov. 1990, p. 3 note A. Damien – TGI Paris, 25 oct. 1990, *Gaz. Pal.* 1er févr. 1991, p. 2 – Paris, 26 mars 1991, *Gaz. Pal.* 29 juin 1991, p. 6 – Civ. 1re, 22 nov. 1994, n° 93-10.150, P I, n° 338 ; *D.* 1995. 9 ; *JCP* 1995. IV. 180.
5. L. n° 71-1130, 31 déc. 1971, art. 10 – RIN, art. 11.3 et 21.3.3 – V. s[s] n°s 713.251 s.
6. Civ. 1re, 4 juill. 1972, n° 69-10.933, P I, n° 174 ; *D.* 1973. 249, note A. Brunois.
7. Civ. 1re, 7 déc. 1999, n°s 97-16.971, 97-20.427, 2 esp., P I, n° 333 ; *JCP* 2000. II. 10246, concl. J. Sainte-Rose.
8. D. Piau, « Quand le pacte de *quota litis* a rendez-vous en terre inconnue : la (discutable) interdiction générale et absolue de l'honoraire de résultat », *D. avocats* 2014. 232.
9. L. n° 71-1130, 31 déc. 1971, art. 10.
10. L. n° 71-1130, 31 déc. 1971, art. 10.
11. Civ. 2e, 22 mai 2014, n° 13-20.035, P II, n° 117 ; *D. avocats* 2014. 232, note D. Piau.
12. L. n° 71-1130, 31 déc. 1971, art. 10 al. 2.
13. L. n° 91-647, 10 juill. 1991, art. 72.

711.103 Problématique concurrentielle en matière de mandat. L'enjeu quant aux modalités de fixation des honoraires des avocats en raison de l'exécution d'un mandat n'est pas mince, dès lors que ce n'est ni plus ni moins que la faculté pour les avocats de se faire rémunérer comme tout autre professionnel, non avocat, exerçant la même mission qui est posée, et ce bien au-delà du seul cas du mandat immobilier : agent sportif, fiduciaire, agent artistique, intermédiaire en assurance, généalogiste...[1].

711.104 Mandataire sportif. L'on notera, à cet égard, que pour les mandataires sportifs[2], des dispositions particulières, figurant aux 6e et 7e alinéas de l'article 10[3] sont venues prévoir que le montant de ses honoraires, qui ne peuvent excéder 10 % du montant de ce contrat est fixé dans le mandat donné à l'avocat pour la conclusion de l'un des contrats mentionnés au premier alinéa de l'article L. 222-7 du code du sport et que les fédérations sportives délégataires peuvent fixer, pour la rémunération du ou des avocats, un montant inférieur à 10 % du contrat conclu par les parties mises en rapport[4].

Il semble que l'avocat devrait pouvoir, de par la loi, prévoir, dans le cadre de sa mission de mandataire sportif, uniquement un honoraire de résultat sans que l'on n'en ait, en l'état, la certitude, compte tenu de la généralité de l'attendu de l'arrêt rendu par la Cour de cassation qui incline à penser le contraire[5].

711.105 Limites de l'interdiction du pacte de *quota litis*. La nullité absolue du pacte de *quota litis* ne dispense pas celui qui l'invoque de la faire constater par le juge[6].

En outre, les dispositions de la loi du 31 décembre 1971, qui interdisent aux avocats d'être rémunérés par un pacte de *quota litis*, ne sauraient concerner un avocat étranger, cette loi ne lui étant pas applicable[7]. Le pacte de *quota litis*, bien que prohibé, ne paraît pas en effet contraire à l'ordre public international[8]. Les conventions d'honoraires se rattachant, par exemple, à un arbitrage international[9] doivent recevoir exécution, car la dérogation qu'il représente dans la loi française au profit d'un avocat qui reste soumis au statut du barreau auprès duquel il est inscrit n'est pas contraire à la conception française de l'ordre public international, dès lors que les pactes n'ont pas eu pour effet d'imposer au client une rémunération manifestement abusive[10], mais encore faut-il que l'arbitrage en cause ait bien un caractère international[11].

Dans le cadre de contrats internationaux, le pacte de *quota litis* doit recevoir exécution même si l'avocat, demandeur et partie à la convention d'honoraires, relève d'un barreau français[12].

SECTION 4
DROIT DE LA CONSOMMATION

711.111 Soumission des avocats au droit de la consommation. La question de l'application du droit de la consommation aux avocats a longtemps bénéficié d'un certain flou lié à l'existence d'une réglementation spéciale, propre à la profession d'avocat, qui justifiait, selon la doctrine dominante, l'exclusion de l'application des règles du code de la consommation.

Le consommateur est défini par l'article préliminaire au code de la consommation, prévu par la loi du 17 mars 2014[13], devenu article liminaire par l'ordonnance du 14 mars 2016[14], comme toute personne physique qui agit à des fins qui n'entrent pas dans le cadre de son activité commerciale, industrielle, artisanale ou libérale[15].

La loi du 17 mars 2014[16] est, également, venue mettre un terme aux régimes dérogatoires qui subsistaient au profit des activités faisant l'objet d'une réglementation par un texte législatif particulier[17], généralisant ainsi la pleine application du droit de la

1. V. ss nos 433.111 s.
2. V. ss nos 645.00 s.
3. L. n° 71-1130, 31 déc. 1971, art. 10.
4. V. ss nos 713.61 s.
5. Civ. 2e, 22 mai 2014, n° 13-20.035, P II, n° 117 ; *D. avocats* 2014. 232, note D. Piau.
6. Versailles, 14 janv. 1980, *D.* 1980. 422, note A. Brunois ; – *CONTRA* : Bordeaux, 11 mars 1983, *Gaz. Pal.* 1983. 2. 384.
7. Paris, 25 juin 1981, *Gaz. Pal.* 1982. 1. Somm. 9 – Civ. 1re, 28 févr. 1984, n° 83-10.041, P I, n° 74 ; *Gaz. Pal.* 1984. 350, note J. Mauro ; CASSANT : Douai, 7 oct. 1982, *D.* 1984. 114, note A. Brunois ; *Gaz. Pal.* 1983. 1. 309, note A. Damien.
8. Civ. 1re, 28 févr. 1984, n° 83-10.041, P I, n° 74 ; *Gaz. Pal.* 7 juin 1984, 159, note J. Mauro ; *Gaz. Pal.* 7 juin 1984. 350 ; *Gaz. Pal.* 7 juin 1984. Pan. 222 ; *Rev. crit. DIP* 1985. 131, note E. Mezger.
9. V. ss nos 491.141 s.
10. TGI Paris, 19 sept. 1991, *D.* 1992. 43, note Ch. Jarrosson ; *Gaz. Pal.* 1992. 1. 252, note A. Damien ; CONFIRMÉ PAR : Paris, 10 juill. 1992, *D.* 1992. 459, note Ch. Jarrosson ; *Rev. Arb.* 1992, 609, note Ph. Leboulanger.
11. Paris, 2 avr. 1993, *Gaz. Pal.* 16 sept. 1993 note A. Damien.
12. Paris, 10 juill. 1992, *D.* 1992. 459, note Ch. Jarrosson.
13. L. n° 2014-344, 17 mars 2014 relative à la consommation, *JO* 18 mars, p. 5400 ; – Sur laquelle : v. ss n° 023.213.
14. Ord. n° 2016-301, 14 mars 2016 relative à la partie législative du code de la consommation, *JO* 16 mars, n° 29.
15. C. consom., art. liminaire, 1°.
16. L. n° 2014-344, 17 mars 2014 relative à la consommation, *JO* 18 mars, p. 5400 ; – Sur laquelle : v. ss n° 023.213.
17. NOT. : C. consom., art. L. 121-22.

consommation à toutes les professions, y compris la profession d'avocat[1].

711.112 Droit de l'Union européenne. Début 2015, cette analyse a été confirmée par la CJUE considérant que l'exclusion du champ d'application de la directive 93/13[2] relative aux clauses abusives des nombreux contrats conclus par les « clients-consommateurs » avec des personnes exerçant des professions libérales qui se caractérisent par l'indépendance et les exigences déontologiques auxquelles ces prestataires sont soumis priverait l'ensemble de ces « clients-consommateurs » de la protection accordée par ladite directive, se refusant par conséquent à exclure les avocats de l'application des dispositions protectrices du droit de la consommation, avant de conclure que la directive 93/13 doit être interprétée en ce sens qu'elle s'applique à des contrats standardisés de services juridiques, tels que ceux en cause au principal, conclus par un avocat avec une personne physique qui n'agit pas à des fins qui entrent dans le cadre de son activité professionnelle[3], et ce même si cette dernière est elle-même avocat[4].

711.113 Droit interne. La législation spéciale prévue en matière de droit de la consommation a donc bien pleinement vocation à s'appliquer à la profession avocat sauf exclusion expresse en ce sens. Le fait que les clients, personnes physiques, d'un avocat puissent être qualifiés de consommateur n'apparaît pas contestable.

L'unique argument qui tenait au fait que les avocats ne seraient pas des professionnels fournissant des services à leurs clients personnes physique mais qu'il s'agirait : d'« *une relation, hors du commerce, qui n'entre pas dans le champ du droit spécial de la protection des consommateurs* »[5], outre qu'il était pour le moins suranné[6], se rattachait surtout à un critère non pertinent relativement au champ d'application du code de la consommation qui implique simplement qu'il y ait un service, en l'occurrence une prestation juridique, fourni à un consommateur, en l'occurrence le client qui agit à des fins qui n'entrent pas dans le cadre de son activité commerciale, industrielle, artisanale ou libérale[7], par un professionnel, en l'occurrence l'avocat, peu importe qu'il soit hors ou dans le commerce, réglementé ou non, légal ou illégal...

La Cour de cassation avait déjà rejeté ces arguments relativement aux services financiers[8], puis elle a clairement admis s'agissant des avocats l'application des dispositions du code de la consommation, telles que celles concernant la prescription[9].

711.114 Conséquence de l'application du droit de la consommation. La pleine application du droit de la consommation aux avocats, ainsi clairement affirmée tant par la Cour de cassation que par la CJUE en 2015, a des impacts certains sur les modalités d'exercice des avocats, tant s'agissant de la publicité et de la sollicitation personnalisée[10], que s'agissant de la rémunération au niveau de la conclusion de la relation avocat - client, en matière d'obligation d'information[11], de formation de la convention d'honoraires[12] et de contenu de celle-ci relativement aux clauses abusives[13] que de son dénouement, s'agissant des conditions de paiement[14] ou du recours au médiateur de la consommation[15].

1. D. Fenouillet (dir.), *Droit de la consommation*, « Dalloz Action », 2020, n°s 041.80 s.
2. Dir. 93/13, Conseil, 5 avr. 1993 concernant les clauses abusives dans les contrats conclus avec les consommateurs, *JOCE* 21 avr., p. 29 ; mod. par dir. 2019/2161, Parlement et Conseil, 27 nov. 2019 modifiant la directive 93/13/CEE du Conseil et les directives 98/6/CE 2005/29/CE et 2011/83/UE du Parlement européen et du Conseil en ce qui concerne une meilleure application et une modernisation des règles de l'Union en matière de protection des consommateurs, *JOUE* 18 déc., dite directive omnibus ; *D.* 2020. 624, obs. H. Aubry.
3. CJUE 15 janv. 2015, *Birute Siba c/Arunas Devenas*, aff. C-537/13 ; *JOUE* 2 mars, p. 6 ; *D.* 2015. 213 ; *D.* 2015. 588, obs. H. Aubry, E. Poillot et N. Sauphanor-Brouillaud ; *D. avocats* 2015. 154, obs. D. Landry.
4. CJUE 3 sept. 2015, *Costea c/SC Volksbank România SA*, aff. C-110/14, *JOUE* 26 oct., p. 6 ; *D.* 2015. 1767 ; *JCP* 2015. 1110, note G. Paisant.
5. Aix-en-Provence, ord., 15 avr. 2014, RG n° 13/22420.
6. Th. Wickers, *La grande transformation des avocats*, Dalloz, 2014.
7. C. consom., art. liminaire, 1°.
8. Civ. 1re, 28 nov. 2012, n° 11-26.508, P I, n° 247 ; *D.* 2012. 2885, obs. V. Avena-Robardet ; *D.* 2013. 945, obs. H. Aubry, E. Poillot et N. Sauphanor-Brouillaud ; *D.* 2013. 1574, obs. A. Leborgne ; *D.* 2013. 2420, obs. D. R. Martin et H. Synvet ; *AJDI* 2013. 215, obs. F. Cohet-Cordey ; *RTD com.* 2013. 126, obs. D. Legeais – Civ. 1re, 9 avr. 2014, n° 12-27.614, NP.
9. Civ. 2e, 26 mars 2015, n° 14-11.599, P II, n° 74 ; *D.* 2015. 812 ; *D.* 2015. 1791, obs. N. Touati ; *D.* 2016. 101, obs. Th. Wickers ; *D.* 2016. 449, obs. N. Fricero ; *JCP* 2015. 649, obs. C. Caseau-Roche ; *Gaz. Pal.* 7 mai 2015, p. 14, note M. Mignot – Civ. 2e, 26 mars 2015, n° 14-15.013, P II, n° 75 ; *D.* 2015. 1791, obs. N. Touati ; *D.* 2016. 101, obs. Th. Wickers ; *D.* 2016. 617, obs. N. Sauphanor-Brouillaud ; *Gaz. Pal.* 7 mai 2015, p. 14, note M. Mignot – Civ. 2e, 10 sept. 2015, n° 14-24.301, NP – Civ. 2e, 10 déc. 2015, n° 14-25.895, P II ; *Gaz. Pal.* 19 avr. 2016, p. 23, obs. D. Landry et J. Villacèque – V. ss nos 741.211 s.
10. V. ss nos 465.00 s.
11. V. ss nos 712.00 s.
12. V. ss nos 713.182 s.
13. V. ss nos 713.311 s.
14. V. ss n° 732.52.
15. V. ss n° 741.241.

CHAPITRE

712. Obligation d'information relativement à la rémunération

SECTION 0 ORIENTEUR

712.00 Sommaire du chapitre.

Division. L'obligation d'information relative à la rémunération s'impose préalablement à l'engagement (sect. 1) et en cours d'exécution des prestations (sect. 2).

712.01 Textes applicables.

TEXTES TITRES

• **Décr. n° 2005-790, 12 juill. 2005**

art. 10 [Obligation d'information en matière d'honoraires, frais et débours]

art. 15 [Obligation d'information en matière de sollicitation personnalisée]

• **RIN**

art. 11 [Honoraires, frais et débours de l'avocat]

art. 11.1. [Information du client]

• **C. civ.**

art. 1112-1 [Obligation d'information]

• **C. consom.**

art. L. 111-1 s. [Obligation d'information des consommateurs]

art. L. 112-1 [Obligations d'affichage des prix]

• **C. com.**

art. L. 444-4 [Obligation d'affichage des tarifs pratiqués en matière de saisie]

art. L. 441-6 [Conditions générales de prestations de service]

712.03 Bibliographie indicative.

* Aussi : v. s[s] n° 71.03.

Thèse. M. Fabre-Magnan, *De l'obligation d'information dans les contrats : Essai d'une théorie*, préf. J. Ghestin, « Bibliothèque de droit privé », t. 221, LGDJ, 1992.

Encyclopédie. *J.-Cl. Civ. Annexes,* fasc. 30 : avocats – Obligations et prérogatives – Obligations civiles et professionnelles, Rémunération de l'avocat, 2015.

Traité. D. Fenouillet (dir.), *Droit de la consommation,* « Dalloz Action », 2020, n°s 11.00 s. par J.-D. Pellier.

Monographies. F. Chénedé, *Le nouveau droit des obligations et des contrats*, 2e éd., hc, Dalloz, 2018, n°s 122.21 s. – Collectif, Le cabinet d'avocat à la rencontre du client, Anthémis, 2009 – G. Paisant, *Défense et illustration du droit de la consommation*, LexisNexis, 2015 – S. Tandeau de Marsac (dir.), Barreau de Paris, *Honoraires de l'avocat,* Éd. Législatives, 2010.

Manuels. G. Paisant, *Droit de la consommation*, Puf, 2019 – J.-D. Pellier, *Droit de la consommation*, 3e éd., « Cours », Dalloz, 2021 – G. Raymond, *Droit de la consommation*, 5e éd., « Droit & Professionnels », LexisNexis, 2019, nos 584 s. – G. Taormina, *Théorie et pratique du droit de la consommation : Aspects généraux et contrats spéciaux*, Puam, 2004.

Articles. M. Fabre-Magnan, « Le devoir d'information dans les contrats : essai de tableau général après la réforme », *JCP* 2016. 706 – C. Grimaldi, « Quand une obligation d'information en cache un autre : inquiétudes à l'horizon... », *D.* 2016. 1009.

712.05 **Exemples d'actes et assimilés.** Exemple de conditions générales de prestations.
* V. ss no 032.11.

SECTION 1
OBLIGATION D'INFORMATION PRÉALABLE

712.10 **Plan.** L'obligation d'information préalable englobe l'obligation générale d'information précontractuelle (§ 1), l'affichage des prix et tarifs pratiqués (§ 2) ainsi que, suivant les cas, une obligation d'information précontractuelle spécifique (§ 3).

§ 1
Obligation générale d'information précontractuelle

712.21 **Obligation générale d'information préalable du client.** L'avocat est tenu, dès sa saisine, d'une obligation générale d'information préalable de son client, tant sur les modalités de détermination de sa rémunération [1] et de l'évolution prévisible de son montant [2], que sur les conditions générales de ses prestations.

C'est ainsi qu'un premier président a pu considérer que l'avocat, consulté dans son cabinet et qui n'a pas fait connaître immédiatement au client le montant de ses honoraires de consultation, ne peut les réclamer ultérieurement car, aucune convention d'honoraires n'ayant été passée à cette occasion et le client ayant confié son dossier à un autre avocat, il a pu légitimement croire qu'il s'agissait d'une consultation gratuite [3]. L'avocat doit donc, quand il reçoit un client pour la première consultation, lui expliquer aussitôt quel est le montant de ses honoraires, lui faire signer une convention d'honoraires [4] et les réclamer [5].

Cette information préalable sur le montant prévisible des honoraires est essentielle, car elle est la principale cause du contentieux des honoraires et ne porte nullement atteinte à l'indépendance et au caractère libéral de la profession [6].

712.22 **Information en ligne.** L'avocat peut, et même doit, notamment, lorsque cette obligation est expressément prévue par les textes, communiquer ces informations sur son site internet [7], comme sur tous sites de tiers qui seront amenés à le mettre en relation avec un client [8].

712.23 **Une obligation d'origine européenne (directive 2006/123 du Parlement européen et du Conseil, 12 déc. 2006, dite services).** L'article 22 [9] de la directive 2006/123, dite services, impose aux États membres de veiller à ce que les prestataires de services mettent à la disposition des destinataires de ces services un certain nombre d'informations que l'on retrouve en droit interne tant dans le cadre de dispositions du code de la consommation que dans le cadre des dispositions du code de commerce.

Les États membres doivent veiller à ce que les informations que doit fournir le prestataire soient mises à disposition ou communiquées de manière claire et non ambiguë, et en temps utile avant la conclusion du contrat, ou avant la prestation du service lorsqu'il n'y a pas de contrat écrit [10].

712.24 **Obligation générale d'information issue du code civil.** L'article 1112-1, modifié, du code civil est venu prévoir que la partie qui connaît une information dont l'importance est déterminante pour le consentement de l'autre doit l'en informer dès lors que, légitimement, cette dernière ignore cette information ou fait confiance à son cocontrac-

1. Civ. 1re, 18 juill. 2000, no 97-14.713, P I, no 214 ; *D.* 2002. 854, obs. B. Blanchard ; *JCP* 2000. II. 10417, note R. Martin ; *RTD civ.* 2000. 828, obs. J. Mestre et B. Fages ; *JCP* 2001. I. 284, no 15, obs. R. Martin – Civ. 2e, 10 mars 2004, no 02-18.241, P II, no 103 – Civ. 2e, 10 mars 2004, nos 02-21.348, 02-21.318, 2 esp., P II, no 104 ; *D.* 2004. 921 ; *D.* 2004. 2827, obs. B. Blanchard.
2. Décr. no 2005-803, 12 juill. 2005, art. 10 – RIN, art. 11.1.
3. Angers, ord. 1er prés., 5 mars 1987, *JCP* 1988. IV. 37 – MÊME SENS : Versailles, 21 janv. 1988 ; *Gaz. Pal.* 1988. 2. 295, note A. Damien – TGI Paris, 21 mars 1991, *Gaz. Pal.* 1991. 2. 603, note A. Damien ; – COMP. : Nîmes, 12 janv. 2017, RG no 16/04533 – V. ss no 721.82.
4. V. ss nos 713.00 s.
5. V. ss nos 732.00 s.
6. CE 15 nov. 2006, *Krikorian*, req. no 283475, *Lebon T* ; *JCP* 2007. II. 10001, note R. Martin ; *JCP* 2007. I. 151, no 2, obs. S. Bortoluzzi ; *RTD civ.* 2007. 67, obs. R. Encinas de Munagorri.
7. V. ss nos 464.41 s. et 712.41 s.
8. V. ss nos 464.61 s.
9. Dir. 2006/123, Parlement et Conseil, 12 déc. 2006 relative aux services dans le marché intérieur, *JOCE L* 376, 27 déc., p. 36, art. 22.
10. Dir. 2006/123, Parlement et Conseil, 12 déc. 2006, art. 22, 4.

tant[1]. Néanmoins, cette obligation d'information ne porte pas sur l'estimation de la valeur de la prestation. Ont une importance déterminante les informations qui ont un lien direct et nécessaire avec le contenu du contrat ou la qualité des parties. Les parties ne peuvent ni limiter, ni exclure cette obligation. Outre la responsabilité de celui qui en était tenu, le manquement à cette obligation d'information peut entraîner l'annulation du contrat (convention d'honoraires, notamment) en application des règles prévues en matière de vice de consentement[2].

En matière de dol, il est également précisé que constitue également un dol, la dissimulation intentionnelle par l'un des contractants d'une information dont il sait le caractère déterminant pour l'autre partie[3].

Il incombe à celui qui prétend qu'une information lui était due de prouver que l'autre partie la lui devait, à charge pour cette autre partie de prouver qu'elle l'a fournie[4].

712.25 Une information claire, compréhensible et loyale. L'information doit être claire, compréhensible et loyale, à défaut de quoi la convention d'honoraires pourrait être déclarée nulle sur le terrain des vices du consentement[5].

L'avocat doit indiquer à son client non seulement les modalités de détermination de sa rémunération, mais encore les divers frais prévisibles engendrés par l'affaire, et notamment les dépens qui pourraient lui incomber s'il gagne ou s'il perd sa procédure[6]. Ces informations doivent figurer dans la convention d'honoraires[7].

712.26 Une information précise. L'information doit être précise en ce sens que l'avocat doit s'enquérir de la situation de son client, notamment au regard de l'aide juridictionnelle[8] et de l'assurance de protection juridique[9], afin de pouvoir l'informer sur l'ensemble des conditions relatives à sa rémunération, ainsi que la prise en charge de celle-ci, de manière appropriée. Il lui appartient, par exemple, d'informer son client, bénéficiaire d'une aide juridictionnelle totale en première instance et d'une aide juridictionnelle partielle en appel, des conditions de fixation de ses honoraires pour l'hypothèse où l'aide juridictionnelle totale ne serait plus accordée[10].

L'avocat est ainsi tenu d'une obligation d'information mais également de conseil dès la phase précontractuelle : il doit renseigner le client potentiel et s'informer de ses besoins réels.

712.27 Une information complète y compris sur les conséquences du dessaisissement. L'obligation doit être complète en ce sens que l'avocat ne doit rien omettre des différents aspects de l'évolution de sa relation avec son client. Cette obligation implique ainsi que l'avocat avertisse son client des modalités de calcul de ses honoraires en cas de dessaisissement et son inexécution l'expose au paiement de dommages et intérêts[11].

Dans cette dernière affaire, la Cour de cassation casse un arrêt de cour d'appel qui pour rejeter les demandes de dommages et intérêts de l'ancien client, avait retenu qu'il avait décidé, de façon unilatérale, de dessaisir l'avocat sans l'avoir prévenu préalablement et que, la convention d'honoraires étant devenue caduque, l'avocat était fondé à facturer ses honoraires en application de l'article 11.1 du règlement intérieur national, de sorte qu'aucune faute ne pouvait être retenue à son égard[12].

712.28 Sanction. Le défaut ou la mauvaise exécution de son obligation d'information de l'avocat envers son client, ne sera pas de nature, sauf vice de consentement[13] en cas de tromperie[14] ou de dol[15], à impacter directement sur le montant des honoraires dus : le manquement de l'avocat à son obligation d'information préalable du client ne peut ni le priver de toute rémunération, ni conduire à une réfaction de ses honoraires dans une proportion appréciée par le juge[16].

1. M. Fabre-Magnan, « Le devoir d'information dans les contrats : essai de tableau général après la réforme », *JCP* 2016. 706 – C. Grimaldi, « Quand une obligation d'information en cache un autre : inquiétudes à l'horizon… », *D.* 2016. 1009 – F. Chénedé, *Le nouveau droit des obligations et des contrats*, 2ᵉ éd., hc, Dalloz, 2018, nᵒˢ 122.21 s.
2. C. civ., art. 1112-1.
3. C. civ., art. 1137, al. 2 – V. sˢ nᵒ 713.122.
4. C. civ., art. 1112-1.
5. Décis. bâtonnier Paris, 8 nov. 2012, nᵒ 211-231626 – V. sˢ nᵒ 713.122.
6. V. sˢ nᵒ 723.21 s.
7. RIN, art. 11.1 – Décr. nᵒ 2005-790, 12 juill. 2005, art. 10.
8. V. sˢ nᵒ 751.00 s.
9. V. sˢ nᵒ 761.21 s.
10. Douai, 23 févr. 2010, RG nᵒ 09/02.530.
11. Civ. 1ʳᵉ, 23 sept. 2020, nᵒ 19-13.214, P ; *JCP* 2021. 12, note Ph. Rozec ; *JCP* 2020. 1125 ; *D.* 2020. 1901 ; *Gaz. Pal.* 27 oct. 2020, p. 33, obs. C. Berlaud ; *D.* 2021 111, obs. Th. Wickers ; *JCP* 2020. 1294, nᵒ 4, obs. C. Caseau-Roche ; *JCP* 2020. 1294, nᵒ 15, obs. S. Grayot-Dirx ; – DANS LA MÊME AFFAIRE, faisant droit à la demande de fixation : Civ. 2ᵉ, 10 sept. 2015, nᵒ 14-15.348.
12. Civ. 1ʳᵉ, 23 sept. 2020, nᵒ 19-13.214, P ; *JCP* 2021. 12, note Ph. Rozec ; *JCP* 2020. 1125 ; *D.* 2020. 1901 ; *Gaz. Pal.* 27 oct. 2020, p. 33, obs. C. Berlaud ; *D.* 2021 111, obs. Th. Wickers ; *JCP* 2020. 1294, nᵒ 4, obs. C. Caseau-Roche ; *JCP* 2020. 1294, nᵒ 15, obs. S. Grayot-Dirx ; – DANS LA MÊME AFFAIRE, faisant droit à la demande de fixation : Civ. 2ᵉ, 10 sept. 2015, nᵒ 14-15.348.
13. C. civ., art. 1112-1.
14. C. consom., art. L. 441-1.
15. C. civ., art. 1137 – V. sˢ nᵒ 713.122.
16. Civ. 2ᵉ, 16 juill. 2020, nᵒ 19-18.145, P ; *D.* 2020. 1522 ; *D.* 2021. 110, obs. Th. Wickers.

Mais l'avocat engagera, dans le cadre d'une procédure distincte, sa responsabilité civile [1], tel que celui qui n'informe pas son client sur les conditions de sa rémunération [2], des modalités de calcul de ses honoraires en cas de dessaisissement [3], ou de son droit à bénéficier de l'aide juridictionnelle sans qu'il n'ait toutefois à réitérer cette même information s'il est chargé de plusieurs dossiers pour un même client [4].

712.29 Sollicitation personnalisée. Lorsque l'avocat réalise une sollicitation personnalisée, il doit préciser dans le message même de sollicitation les modalités de détermination de sa rémunération et qu'elle fera l'objet d'une convention d'honoraires [5], ainsi que d'autres informations prévues par les textes suivant la nature de la sollicitation [6] qui se rapprochent de celles examinées ci-dessous.

L'avocat doit, en outre, être en mesure de remettre à toute personne intéressée, ce qui ne vise pas seulement les seuls clients ayant la qualité de consommateur et peut notamment s'appliquer aux associations de consommateurs, qui en font la demande un exemplaire des conventions d'honoraire [7] qu'il propose habituellement [8].

L'inexécution de cette obligation de communication est sanctions d'une amende prévue pour les contraventions de la 5e classe [9].

§ 2
Affichage des prix et tarifs pratiqués

712.30 Plan. Les avocats sont soumis à une double obligation d'affichage (A) des prix, s'agissant des prestations soumises à honoraires libres (B), et des tarifs, s'agissant des prestations soumises à un tarif réglementé (C). Ils doivent également afficher les conditions de délivrance d'une note (D).

A.
Principes généraux

712.41 Double obligation d'affichage. Les avocats sont soumis à une double obligation d'affichage au sein de leur domicile professionnel qui doit les conduire à distinguer clairement les prestations soumises à honoraires libres [10] de celles soumises à un tarif réglementé (en matière de saisie immobilière, de partage, de licitation et de sûretés judiciaires) [11].

L'affichage doit également se faire en précisant non seulement les prix hors taxe (HT) mais également les prix toutes taxes comprises (TTC) [12].

712.42 Contrôles de la Dgccrf. La Direction générale de la concurrence, de la consommation et de la répression des fraudes (Dgccrf), compétente en la matière, a déjà eu l'occasion de réaliser des contrôles [13] du respect de ces obligations par les avocats :

– à l'occasion d'une première enquête réalisée en 2014, sur la pratique des honoraires d'avocats à but essentiellement pédagogique, à l'occasion de laquelle les agents de la Dgccrf ont contrôlé plus de 300 cabinets avocats et adressé 27 avertissements [14] ;

– à l'occasion d'une seconde enquête réalisée en 2017, s'agissant des sites de prestations juridiques en ligne, ce compris les sites des cabinets d'avocats, conduisant à un constat de manquements aux obligations d'information précontractuelle et d'affichage des prix ainsi que des infractions à la loi du 21 juin 2004 [15], dite Lcen [16].

B.
Affichage des prix

712.50 Plan. Le principe est que l'avocat doit informer le consommateur sur le coût de ses prestations et les conditions particulières de leur exécution, et de fournir, lorsque la rémunération ne peut être calculée à l'avance le mode de calcul de sa rémunération (1°). Cette obligation de droit commun se cumule, le cas échéant, avec les obligations spéciales liées aux missions que peut être amené à effectuer l'avocat, telle que dans le cadre d'un mandat en transaction immobilière

1. C. civ., art. 1112-1 – V. ss nos 912.00 s.
2. Civ. 1re, 18 juill. 2000, no 97-14.713, P I, no 214 ; *D.* 2002. 854, obs. B. Blanchard ; *RTD civ.* 2000. 828, obs. J. Mestre et B. Fages – Civ. 2e, 10 mars 2004, no 02-21.318, P II, no 104 ; *D.* 2004. 2827, obs. B. Blanchard ; *RTD civ.* 2004. 522, obs. P.-Y. Gautier – Civ. 2e, 3 juin 2004, no 03-12.350, NP.
3. Civ. 1re, 23 sept. 2020, no 19-13.214, P ; *JCP* 2021. 12, note Ph. Rozec ; *JCP* 2020. 1125 ; *D.* 2020. 1901 ; *Gaz. Pal.* 27 oct. 2020, p. 33, obs. C. Berlaud ; *D.* 2021 111, obs. Th. Wickers ; *JCP* 2020. 1294, no 4, obs. C. Caseau-Roche ; *JCP* 2020. 1294, no 15, obs. S. Grayot-Dirx ; – DANS LA MÊME AFFAIRE, faisant droit à la demande de fixation : Civ. 2e, 10 sept. 2015, no 14-15.348.
4. Civ. 1re, 1er févr. 2005, no 03-12.935, NP.
5. Décr. no 2005-790, 12 juill. 2005, art. 15.
6. V. ss nos 465.00 s.
7. C. consom., art. L. 114-1.
8. V. ss nos 713.10 s.
9. C. consom., art. R. 131-1.
10. V. ss nos 721.00 s.
11. V. ss nos 722.00 s.
12. Arr. 3 déc. 1987 relatif à l'information du consommateur sur les prix, *JO* 10 déc., NOR : ECOC8700137A, art. 1.
13. V. ss nos 413.81 s.
14. M. Babonneau, « Enquête de la Dgccrf sur les honoraires : la « note de cadrage » de la profession », *D. actu.* 27 mai 2014 – A. Portmann, « Transparence des honoraires d'avocats : la Dgccrf pointe des « anomalies » », *D. actu.* 9 sept. 2015.
15. L. no 2004-575, 21 juin 2004 pour la confiance dans l'économie numérique, *JO* 22 juin, no 2.
16. Enquête de la Dgccrf sur le Traitement de litiges : assistance juridique sur internet ; Communiqué de presse 11 déc. 2017.

(2°), ou résultant des conditions dans lesquelles il propose ses services, tel qu'à l'occasion de foires ou salons (3°).

1° Obligation générale d'affichage des prix

712.61 Affichage des prix par voie de marquage, d'étiquetage, d'affichage ou par tout autre procédé approprié. Tout avocat doit, par voie de marquage, d'étiquetage, d'affichage ou par tout autre procédé approprié, informer le consommateur sur le coût de ses prestations et les conditions particulières de leur exécution[1], et ce selon des modalités fixées par les arrêtés du 3 décembre 1987[2] et du 11 mars 2015[3]. Lorsque la rémunération ne peut être raisonnablement calculée à l'avance du fait de la nature de la prestation de service, l'avocat doit fournir au client ayant la qualité de consommateur le mode de calcul de sa rémunération et, s'il y a lieu, de remboursement de tous les frais supplémentaires éventuels générés par la réalisation de la prestation[4], ce compris les frais auxquels l'avocat peut être tenu au titre de son obligation ducroire[5]. Lorsque les frais supplémentaires ne peuvent raisonnablement être calculés à l'avance, l'avocat doit mentionner qu'ils peuvent être exigibles[6].

Dans le cas d'un contrat à durée indéterminée ou d'un contrat assorti d'un abonnement[7], le prix total doit inclure le total des frais exposés pour chaque période de facturation. Lorsque de tels contrats sont facturés à une rémunération fixe, la rémunération totale doit également inclure le total des coûts mensuels.

Lorsque le coût total ne peut être raisonnablement calculé à l'avance, le mode de calcul de la rémunération doit être communiqué au client ayant la qualité de consommateur[8].

712.62 Préconisation en matière d'affichage des prix. L'Autorité de la concurrence[9] a eu l'occasion de préconiser, s'agissant de la profession d'avocat, l'affichage dans le cabinet de l'avocat ou la remise à la clientèle d'un document comportant notamment les tarifs les plus couramment appliqués dans le cabinet, le coût de la consultation ou du tarif horaire.

L'affichage doit être effectué dans les lieux où l'avocat propose ses prestations de service au public. L'affichage consiste en l'indication sur un document unique de la liste des prestations de services offertes et de la rémunération de chacune d'elles. Ce document, exposé à la vue du public, doit être parfaitement lisible de l'endroit où la clientèle est habituellement reçue[10]. Il est également possible de mettre à disposition de la clientèle un « catalogue » regroupant la liste des prestations et les modalités de leur rémunération.

L'obligation d'affichage (ou d'information sous forme de catalogue mis à disposition) concerne aussi les suppléments ou majorations correspondant éventuellement à des opérations complémentaires ou spéciales, et pas uniquement les prestations courantes proposées et réalisées par l'avocat.

712.63 Sanctions. Tout manquement aux obligations prévues en matière d'affichage des prix est passible d'une amende administrative dont le montant ne peut excéder 3 000 euros pour une personne physique et 15 000 euros pour une personne morale. L'amende est prononcée par l'Autorité de la concurrence[11].

Par ailleurs, en l'absence de sanction civile prévue par les textes, il y a lieu de considérer que la nullité de la convention d'honoraires ne saurait résulter du seul manquement à l'obligation d'affichage[12].

2° Mandataire en transaction immobilière

712.71 Information des consommateurs par l'avocat mandataire en transaction immobilière – Dispositions spécifiques. L'arrêté du 10 janvier 2017 relatif à l'information des consommateurs par les professionnels intervenant dans une transaction immobilière[13], pris en application de l'article L. 112-1 du code de la consommation, et qui s'applique à tout professionnel soumis ou non à la loi du 2 janvier 1970[14], intervenant dans une transaction de vente, de location ou de sous-location immobilière, ce qui inclut les avocats, prévoit, notamment, que le barème des prix des prestations proposées par un professionnel de l'immobilier devra dorénavant également être publié sur son site internet[15].

1. C. consom., art. L. 112-1.
2. Arr. 3 déc. 1987 relatif à l'information du consommateur sur les prix, NOR : ECOC8700137A.
3. Arr. 11 mars 2015 relatif aux annonces de réduction de prix à l'égard du consommateur, NOR : EINC1426951A.
4. V. s^s n°s 723.21 s.
5. V. s^s n°s 743.32 s.
6. C. consom., art. L. 112-3.
7. V. s^s n°s 713.391 s.
8. C. consom., art. L. 112-4.
9. Cons. conc., avis, 21 déc. 2000 sur l'information des consommateurs dans le secteur des honoraires de l'avocat, *BOCCRF* 23 janv. 2001. p. 66.
10. Arr. 3 déc. 1987, NOR : ECOC8700137A, art. 13.
11. C. consom., art. L. 131-5.
12. Civ. 1re, 15 déc. 1998, n° 96-19.898, P I, n° 36 ; *D.* 2000. 40, obs. J.-P. Pizzio ; *RTD civ.* 1999. 383, obs. J. Mestre.
13. Arr. 10 janv. 2017 relatif à l'information des consommateurs par les professionnels intervenant dans une transaction immobilière, *JO* 18 janv., n° 14 ; NOR : ECFC1638733A.
14. L. n° 70-9, 2 janv. 1970 réglementant les conditions d'exercice des activités relatives à certaines opérations portant sur les immeubles et les fonds de commerce, *JO* 4 janv., p. 142.
15. Arr. 10 janv. 2017, NOR : ECFC1638733A, art. 2 – V. s^s n°s 463.91 s.

Le barème doit, également, être affiché sur toute annonce immobilière dématérialisée : la présence d'un lien hypertexte visible dans le corps de l'annonce, intitulé par exemple « consulter nos tarifs » et renvoyant directement vers la page « tarifs » du site du professionnel, permet de remplir l'obligation [1].

712.72 Modalités de présentation du prix. Les avocats, lorsqu'ils exercent des missions de mandataire en transaction immobilière [2], sont ainsi tenus d'afficher les prix effectivement pratiqués des prestations qu'ils assurent, notamment celles liées à la vente, à la location de biens et à la gestion immobilière, en indiquant pour chacune de ces prestations à qui incombe le paiement de cette rémunération. Les prix des prestations doivent être indiqués toutes taxes comprises.

Lorsque ces prix sont fixés en fonction de la valeur du bien vendu ou du montant du loyer, il y a lieu d'indiquer le ou les montants prélevés, en précisant, le cas échéant, les tranches de prix correspondantes, et faire apparaître tous les éléments permettant de calculer les prix. Le cas échéant, une mention intelligible et figurant en caractères très apparents, précise le caractère cumulatif des tranches entre elles [3].

C'est ainsi que :

- les annonces de vente préciseront systématiquement le prix de vente du bien et à qui incombe le paiement des honoraires du mandataire en transaction immobilière. Si les honoraires sont à la charge exclusive du vendeur, seul le prix de vente hors honoraires doit être mentionné. Si des honoraires à la charge de l'acquéreur sont prévus :

- la part TTC des honoraires à la charge de l'acquéreur doit apparaître en pourcentage du prix entendu hors honoraires.

- le prix de vente, honoraires inclus, est impérativement affiché et est celui qui apparaît en premier aux yeux du consommateur. Le prix exprimé hors honoraires doit également apparaître sur l'annonce.

En tout état de cause, une mention précisant les modalités de répartition des honoraires, entre acquéreur et vendeur, doit figurer sur toute annonce de vente [4] ;

- les annonces de location avertiront les futurs locataires du montant du loyer mensuel « tout compris », des modalités de décompte des charges locatives, de la surface et de la commune du bien afin notamment de leur permettre de vérifier, le cas échéant, le respect du plafonnement des loyers [5].

1. Dgccrf, *Fiche technique relative à l'information des consommateurs par les professionnels intervenant dans une transaction immobilière*, févr. 2017 – V. s[s] n° 712.73.
2. V. s[s] n°s 433.121 s.
3. Arr. 10 janv. 2017, NOR : ECFC1638733A, art. 2, I, II et III – V. s[s] n°s 463.91 s. et 464.45.
4. Arr. 10 janv. 2017, NOR : ECFC1638733A, art. 3.

La Dgccrf a établi une fiche technique présentant des exemples d'annonces satisfaisant aux conditions de l'arrêté du 10 janvier 2017 [6].

712.73 Modalités d'affichage du barème. Le barème doit, par ailleurs, être affiché de façon lisible et visible à l'intérieur des établissements recevant de la clientèle. De même, si l'établissement dispose d'une vitrine, le barème doit être affiché dans le même format et au même emplacement que celui normalement alloué aux annonces immobilières. Il doit être parfaitement visible depuis l'extérieur. Enfin, sur le site internet [7], le barème doit également être aisément accessible :

- sur le site internet du professionnel en deux clics maximum, par exemple au sein d'un onglet « tarifs » figurant sur la page d'accueil ;

- sur toute page dédiée à l'activité du professionnel, hébergée sur un site internet n'appartenant pas au professionnel et ne comportant pas d'annonces immobilières (*Facebook*...). Le cas échéant, un renvoi vers le site internet du professionnel lui-même permettant d'accéder au barème, suffit à remplir cette obligation ;

- sur toute annonce immobilière dématérialisée : la présence d'un lien hypertexte visible dans le corps de l'annonce, intitulé par exemple « consulter nos tarifs » et renvoyant directement vers la page « tarifs » du site du professionnel, permet de remplir l'obligation [8].

Dans les foires, les salons ou à l'occasion de toute manifestation au sens des articles L. 762-1 et suivants du code de commerce, les professionnels peuvent toutefois indiquer, de manière visible pour les consommateurs, sur un panneau ne pouvant pas être inférieur au format A3, la possibilité de consulter immédiatement sur place le barème [9].

3°
Foires et salons

712.81 Dispositions spécifiques aux foires et salons. Les conventions d'honoraires conclues à l'occasion de toute manifestation au sens des articles L. 762-1 et suivants du code de commerce ayant

5. Arr. 10 janv. 2017, NOR : ECFC1638733A, art. 4 – L. n° 89-462, 6 juill. 1989 tendant à améliorer les rapports locatifs et portant modification de la loi n° 86-1290 du 23 décembre 1986, *JO* 8 juill., art. 17.
6. Dgccrf, *Fiche technique relative à l'information des consommateurs par les professionnels intervenant dans une transaction immobilière*, févr. 2017.
7. V. s[s] n°s 463.91 s.
8. Arr. 10 janv. 2017, NOR : ECFC1638733A, art. 2, IV – Dgccrf, *Fiche technique relative à l'information des consommateurs par les professionnels intervenant dans une transaction immobilière*, févr. 2017.
9. Arr. 10 janv. 2017, NOR : ECFC1638733A, art. 2, V.

la nature de foires ou salons ne sont pas soumises au régime de conclusion des contrats hors établissement[1], et donc, lorsque le client a la qualité de consommateur ne font pas l'objet d'un droit de rétraction[2], sous réserve toutefois de l'hypothèse dans laquelle le consommateur se serait rendu à la foire ou au salon à l'invitation de l'avocat[3].

Il appartient alors à l'avocat d'informer les clients potentiels de cette absence de droit de rétractation[4] en affichant de manière visible, sur un panneau ne pouvant pas être inférieur au format A3 et dans une taille de caractère ne pouvant être inférieure à celle du corps quatre-vingt-dix, la phrase suivante : « Le consommateur ne bénéficie pas d'un droit de rétractation pour tout achat effectué dans [cette foire] ou [ce salon], ou [sur ce stand] »[5].

Les offres de conventions d'honoraires faites à cette occasion devront, en outre, également mentionner, l'absence de délai de rétractation, en des termes clairs et lisibles, dans un encadré apparent[6] situé en en-tête de la convention d'honoraires et dans une taille de caractère qui ne peut être inférieure à celle du corps 12, avec la phrase suivante : « Le consommateur ne bénéficie pas d'un droit de rétractation pour un achat effectué dans une foire ou dans un salon »[7].

C.
Affichage des tarifs

712.91 Affichage des tarifs pratiqués en matière de saisie immobilière. Les tarifs pratiqués en matière de saisie immobilière, de partage, de licitation et de sûretés judiciaires doivent être affichés de manière visible et lisible, dans leur lieu d'exercice et sur leur site internet de l'avocat, selon les mêmes conditions et modalités que celles prévues pour l'affichage des prix[8], mais ils doivent faire l'objet d'un affichage distinct[9].

712.92 Sanctions. Les manquements aux obligations prévues en matière d'affichage des tarifs ainsi que l'inexécution des injonctions de se conformer à ces dispositions sont passibles des mêmes peines d'amende qu'en matière d'affichage des prix[10], amende qui est prononcée par l'Autorité de la concurrence[11].

D.
Affichage des conditions de délivrance d'une note

712.101 Obligation d'information sur la délivrance d'une note. Par ailleurs, les conditions dans lesquelles la délivrance d'une note est obligatoire ou facultative[12] doivent être rappelées à la clientèle par un affichage lisible au lieu où s'exécute le paiement du prix de la prestation[13].

§ 3
Obligation d'information précontractuelle spécifique

712.110 Plan. Des obligations d'information précontractuelles spécifiques s'imposent envers le consommateur (A), comme envers les professionnels portant sur les conditions générales de prestation de services (B).

A.
Envers le consommateur

712.120 Plan. L'obligation d'information précontractuelle spécifique envers le consommateur concerne le contenu de cette information (1°) dont le non-respect fait l'objet de sanctions (2°).

1°
Contenu de l'obligation d'information

712.131 Information des consommateurs. À l'égard des personnes ayant la qualité de consommateur, l'avocat est tenu d'une obligation spécifique d'information telle que prévue par l'article L. 111-2 du code de la consommation, et ce, sans préjudice, outre de l'obligation générale d'information[14], des dispositions particulières en matière d'information des consommateurs propres à certaines missions exercées par l'avocat[15], tel que mandataire en transaction immobilière[16].

1. V. s[s] n°s 713.161 s.
2. V. s[s] n° 713.152.
3. EN CE SENS : D. Fenouillet (dir.), *Droit de la consommation*, « Dalloz Action », 2020, n°s 233.124 s. par J. Julien.
4. C. consom., art. L. 224-59.
5. Arr. 2 déc. 2014 relatif aux modalités d'information sur l'absence de délai de rétractation au bénéfice du consommateur dans les foires et salons, *JO* 12 déc., NOR : EINC1425189A, art. 1er.
6. C. consom., art. L. 224-60.
7. Arr. 2 déc. 2014 relatif aux modalités d'information sur l'absence de délai de rétractation au bénéfice du consommateur dans les foires et salons, *JO* 12 déc., NOR : EINC1425189A, art. 2.
8. C. com., art. L. 444-4 – V. s[s] n° 712.61.
9. A. Portmann, « Transparence des honoraires : la Dgccrf pointe des "anomalies" », *D. actu.* 9 sept. 2015.
10. V. s[s] n° 712.63.
11. C. com., art. L. 444-6.
12. V. s[s] n°s 731.91 s.
13. Arr. n° 83/50/A, 3 oct. 1983 relatif à la publicité des prix de tous les services, *BOSP*, p. 309, art. 2.
14. V. s[s] n°s 712.21 s.
15. C. consom., art. L. 111-3.
16. V. s[s] n°s 712.71 s.

Ainsi, avant la conclusion d'une convention d'honoraires [1] et, lorsqu'il n'y a pas de convention d'honoraires, avant l'exécution de la prestation, l'avocat doit mettre à la disposition du consommateur ou lui communiquer, de manière lisible et compréhensible, un certain nombre d'informations [2].

712.132 **Identification de l'avocat.** En premier lieu, l'avocat doit fournir au consommateur toutes les informations utiles permettant de l'identifier et de le contacter à savoir son identité (nom ou sa dénomination sociale, statut et forme juridique du cabinet, le cas échéant, le numéro d'inscription au registre du commerce et des sociétés), l'adresse géographique de son établissement et, si elle est différente, celle du siège social, ses coordonnées postales, téléphoniques et électroniques, lesquelles coordonnées doivent permettre d'entrer en contact rapidement et de communiquer directement avec lui, ainsi que ses activités, pour autant qu'elles ne ressortent pas du contexte ce qui sera le cas s'agissant d'une personne qui exerce la profession d'avocat [3].

Il doit, en outre, indiquer son titre d'avocat, ainsi que, le cas échéant, l'État membre dans lequel il a été octroyé, le barreau dont il dépend ainsi que les coordonnées de celui-ci [4].

Enfin, s'il est assujetti à la taxe sur la valeur ajoutée (TVA), l'avocat doit indiquer son numéro individuel d'identification [5].

712.133 **Informations sur la prestation.** En second lieu, l'avocat doit fournir au consommateur les informations relatives aux caractéristiques essentielles de la prestation de service, et ce compte tenu du support de communication utilisé et du service concerné.

Les informations concernées comprennent, notamment, une description détaillée des travaux indispensables à la réalisation de la prestation [6], les modalités de leurs réalisations et notamment le recours à l'externalisation [7] (confrère sous-traitant, prestataires extérieurs, experts...), ainsi que les modalités de sa rémunération [8].

712.134 **Conditions contractuelles de la prestation.** L'information délivrée par l'avocat doit comporter l'ensemble des conditions contractuelles de la prestation et notamment, les modalités de paiement de la rémunération [9], d'exécution de la prestation, et en cas de fournitures d'un contenu numérique, les fonctionnalités du contenu numérique, y compris les mesures de protection techniques applicables et, le cas échéant, toute interopérabilité pertinente du contenu numérique avec certains matériels ou logiciels dont l'avocat a, ou devrait raisonnablement avoir, connaissance.

712.135 **Dénouement de la relation.** L'avocat doit également informer le consommateur de la durée de la convention d'honoraires ou, s'il s'agit d'une convention à durée indéterminée ou à tacite reconduction (abonnement... [10]), les conditions de sa résiliation [11] (effets de son dessaisissement [12]), ainsi que, le cas échéant, les clauses contractuelles relatives à la législation applicable et la juridiction compétente [13].

Il doit, en outre, l'informer des modalités de mise en œuvre de sa responsabilité civile professionnelle [14], ainsi que des modalités prévues pour le traitement des réclamations des clients, notamment quant à la possibilité de recourir au médiateur de la consommation [15]. L'avocat devra également fournir les coordonnées de son assureur responsabilité civile professionnelle ainsi que la couverture géographique du contrat d'assurance, et, le cas échéant des éventuelles garanties financières (fiducie) [16].

712.136 **Conditions générales.** L'avocat doit également communiquer ses conditions générales, s'il en utilise [17].

712.137 **Informations particulières sur le délai d'exécution.** En troisième lieu, sauf en cas d'exécution immédiate de la prestation, l'avocat doit informer le consommateur de la date ou du délai auquel il s'engage à exécuter la prestation de service [18]. Cette obligation quant aux délais d'exécution vaut engagement de l'avocat à respecter celui-ci dès lors qu'il sera tenu de réaliser la prestation dans le délai indiqué [19], sauf si les parties en ont convenu autrement.

1. V. s^s^ n°s 713.00 s.
2. D. Fenouillet (dir.), *Droit de la consommation*, « Dalloz Action », 2020, n°s 11.00 s. par J.-D. Pellier.
3. C. consom., art. L. 111-2.
4. V. s^s^ n°s 461.40 s.
5. CGI, art. 286 *ter*.
6. Angers, 5 nov. 2013, *CCC* 2014. 81.
7. A. Portmann, « Transparence des honoraires : la Dgccrf pointe des "anomalies" », *D. actu.* 9 sept. 2015.
8. C. consom., art. L. 111-1 – V. s^s^ n°s 712.61 s.
9. V. s^s^ n°s 732.31 s.
10. V. s^s^ n°s 713.391 s.
11. C. consom., art. R. 111-1.
12. COMP. : Civ. 1re, 23 sept. 2020, n° 19-13.214, P ; *JCP* 2021. 12, note Ph. Rozec ; *JCP* 2020. 1125 ; *D.* 2020. 1901 ; *Gaz. Pal.* 27 oct. 2020, p. 33, obs. C. Berlaud ; *D.* 2021 111, obs. Th. Wickers ; *JCP* 2020. 1294, n° 4, obs. C. Caseau-Roche ; *JCP* 2020. 1294, n° 15, obs. S. Grayot-Dirx.
13. V. s^s^ n°s 713.271 s.
14. V. s^s^ n°s 913.21 s.
15. V. s^s^ n° 712.138.
16. C. consom., art. R. 111-2 – V. s^s^ n°s 911.31 s.
17. V. s^s^ n°s 712.161 s.
18. C. consom., art. L. 111-1, 3°.
19. C. consom., art. L. 216-1.

À défaut d'indication ou d'accord quant à la date d'exécution, l'avocat doit alors exécuter la prestation sans retard injustifié et au plus tard trente jours après la conclusion de la convention d'honoraires [1].

712.138 Informations particulières sur le recours à un processus de médiation. Enfin, l'avocat doit également informer le consommateur de la faculté qui lui est offerte de recourir, en cas de contestation, à un médiateur de la consommation [2], et lui indiquer les coordonnées du ou des médiateurs de la consommation seuls compétents lorsque le client ayant la qualité de consommateur sera à l'initiative du litige [3].

À cette fin, l'avocat devra communiquer au consommateur les coordonnées, ainsi que l'adresse du site internet du ou des médiateurs de la consommation [4] dont il relève, en inscrivant ces informations de manière visible et lisible sur son site internet, sur ses conditions générales, sur ses conventions d'honoraires ou sur tout autre support adapté [5].

La CJUE a eu l'occasion de préciser que dès lors que l'avocat rend accessible ses conditions générales sur son site internet, il a l'obligation d'y faire figurer ces informations même s'il ne conclut pas de convention d'honoraires avec les consommateurs par l'intermédiaire de ce site. Il n'est pas suffisant, à cet égard, que l'avocat, soit présente ces informations dans d'autres documents accessibles sur ledit site ou dans d'autres onglets de celui-ci, soit fournisse au consommateur lesdites informations lors de la conclusion de la convention d'honoraires au moyen d'un document distinct de celle-ci [6].Est interdite toute clause ou convention obligeant le consommateur, en cas de litige, à recourir obligatoirement à une médiation préalablement à la saisine du juge [7].

712.139 Information à la demande des consommateurs. En outre, tout avocat doit également communiquer, au consommateur qui en fait la demande, les informations complémentaires suivantes :

– lorsque la rémunération n'est pas déterminée au préalable pour un type de prestation donnée, la rémunération ou, lorsqu'une rémunération exacte ne peut pas être indiquée, la méthode de calcul permettant au client de vérifier cette dernière, ou un devis suffisamment détaillé, cette dernière solution étant vivement recommandée en pratique ;

– une référence aux règles professionnelles applicables et aux moyens d'y avoir accès, notamment l'adresse électronique à laquelle elles peuvent être consultées. Il s'agit ici du règlement intérieur national, consultable sur le site du Conseil national des barreaux, mais également du règlement intérieur de son barreau de rattachement [8] ;

– le cas échéant, des informations sur ses activités pluridisciplinaires et ses partenariats qui sont directement liés à la prestation concernée et sur les mesures prises pour éviter les conflits d'intérêts. Ces informations figurent dans tout document d'information dans lequel l'avocat présente de manière détaillée ses prestations réalisées dans le cadre d'activités pluridisciplinaires et de partenariats [9] (Réseaux et autres conventions pluridisciplinaires [10], structures d'exercice pluriprofessionnelles, notamment) ;

– les informations sur les conditions de recours à des moyens extrajudiciaires de règlement des litiges, lorsque ces moyens sont prévus par un code de conduite, un organisme professionnel ou toute autre instance [11]. Cette information vise, notamment, la possibilité pour le client de saisir le bâtonnier en cas de litige avec son avocat [12].

2°
Sanctions de l'obligation d'information

712.141 Sanctions : amende administrative prononcée par l'Autorité de la concurrence. Tout manquement aux obligations d'information précontractuelle spécifique envers un consommateur, y compris s'agissant de la faculté de recourir au médiateur à la consommation [13], est passible d'une amende administrative dont le montant ne peut excéder 3 000 euros pour une personne physique et 15 000 euros pour une personne morale [14]. L'amende est prononcée par l'Autorité de la concurrence [15].

1. C. consom., art. L. 216-1, al. 2.
2. C. consom., art. L. 211-3.
3. C. consom., art. L. 616-1.
4. V. s[s] n° 741.241.
5. C. consom., art. L. 616-1 et art. R. 616-1.
6. CJUE 25 juin 2020 *Bundesverband der Verbraucherzentralen und Verbraucherverbände – Verbraucherzentrale Bundesverband eV c/Deutsche Apotheker – und Ärztebank eG*, aff. C-380/19 ; *Gaz. Pal.* 1er déc. 2020, p. 38, note S. Piédelièvre.
7. C. consom., art. L. 612-4 – CCA, Rec. n° 79-02, 20 janv. 1979 sur les clauses relatives aux recours en justice – Civ. 1re, 16 mai 2018, n° 17-16.197, NP ; *Gaz. Pal.* 11 sept. 2018, p. 39, obs. S. Piédelièvre ; *JCP* 2018. 710, note. G. Paisant – Dir. 2013/11, Parlement et Conseil, 21 mai 2013 relative au règlement extrajudiciaire des litiges de consommation et modifiant le règlement n° 2006/2004/CE et la directive 2009/22/CE (relative au RELC), *JOUE* 18 juin., art. 10.
8. V. s[s] n°s 115.31 s.
9. V. s[s] n°s 811.251 s.
10. RIN, art. 16.
11. C. consom., art. R. 111-3.
12. V. s[s] n°s 511.111 s.
13. C. consom., art. L. 641-1 – C. consom., art. L. 522-1 ; ord. n° 2016-301, 14 mars 2016.
14. C. consom., art. L. 131-1.
15. C. consom., art. L. 522-1.

Cette sanction administrative n'est pas exclusive des sanctions afférentes aux pratiques commerciales trompeuses également encourues par l'avocat pour les mêmes manquements[1].

712.142 **Sanctions du non-respect du délai d'exécution.** En cas de manquement de l'avocat à son obligation d'exécution à l'égard du client ayant la qualité de consommateur, ce dernier peut alors choisir de résoudre le contrat, et ce, par lettre recommandée avec demande d'avis de réception, ou LRE eIDAS[2], ou par un écrit sur un autre support durable, si, après avoir enjoint, selon les mêmes modalités, l'avocat d'effectuer la prestation dans un délai supplémentaire raisonnable, ce dernier ne s'est pas exécuté dans ce délai. La convention d'honoraires est alors considérée comme résolue à la réception par l'avocat de la lettre ou de l'écrit l'informant de cette résolution, à moins que l'avocat ne se soit exécuté entre-temps.

Le client ayant la qualité de consommateur peut également immédiatement résoudre la convention d'honoraires lorsque l'avocat refuse d'exécuter la prestation, ou lorsqu'il n'exécute pas son obligation d'exécution dans le délai indiqué ou convenu[3], et que cette date ou ce délai constitue pour le client une condition essentielle de la convention d'honoraires. Cette condition essentielle résultera des circonstances qui entourent la conclusion de la convention d'honoraires ou d'une demande expresse du client avant la conclusion de cette même convention d'honoraires[4].

712.143 **Effets de la résolution.** Lorsque la convention d'honoraires est résolue, l'avocat est tenu de rembourser le client de la totalité des sommes versées, au plus tard dans les quatorze jours suivant la date à laquelle la convention d'honoraires a été dénoncée[5]. La somme versée par le client est de plein droit majorée de 10 % si le remboursement intervient au plus tard trente jours au-delà de ce terme, de 20 % jusqu'à soixante jours et de 50 % ultérieurement[6]. Ces dispositions sont d'ordre public[7].

Il convient de noter que ces dispositions ne sont en rien incompatibles avec la libre révocation du mandat de l'avocat par le client[8], avec laquelle elles se cumulent lorsque le client a la qualité de consommateur, mais prévoient une sanction différente dès lors qu'il s'agit ici d'une résolution[9].

712.144 **Charge de la preuve.** En cas de litige relatif à l'application obligations d'information précontractuelle spécifique envers un client ayant la qualité de consommateur, il appartiendra à l'avocat d'apporter la preuve qu'il a exécuté les obligations qui lui incombaient[10].

Le contenu des informations données, et le fait que le client en ait pris connaissance, peuvent figurer dans la convention d'honoraires[11] ou dans une annexe à celle-ci (portant conditions générales des prestations de service) signée par le client qui atteste en avoir pris connaissance[12]. Il a été admis qu'elles peuvent résulter de l'antériorité de la relation entre l'avocat et son client[13]. Ces dispositions sont d'ordre public[14].

Il convient d'éviter les clauses types par lesquelles le consommateur reconnaîtrait la pleine et correcte exécution des obligations précontractuelles. De telles clauses attestant de l'exécution de ses obligations d'information par le professionnel ne sont que de simples indices, insusceptibles, par elle-mêmes, d'apporter la preuve complète de ce qu'elles affirment. Par conséquent, elles ne dispensent pas le professionnel de présenter d'autres éléments de preuve pour les compléter et ne conduisent donc pas à basculer la charge de la preuve[15]. La Cour de cassation tend, sous l'influence du droit européen[16], à y voir une clause entraînant ainsi un renversement de la charge de la preuve et à en neutraliser les effets considérant, par exemple, que la signature par l'emprunteur de l'offre préalable comportant une clause selon laquelle il reconnaît que le prêteur lui a remis le bordereau de rétractation constitue seulement un indice qu'il incombe à celui-ci de corroborer par un ou plusieurs éléments complémentaires[17].

1. V. s[s] n°s 466.101 s.
2. Règl. 910/2014, Parlement et Conseil, 23 juill. 2014 sur l'identification électronique et les services de confiance pour les transactions électroniques au sein du marché intérieur et abrogeant la directive 1999/93/CE, *JOUE* L 257, 28 août, p. 73 – ET : décr. n° 2018-347, 9 mai 2018 relatif à la lettre recommandée électronique, *JO* 12 mai, n° 16 – F. Dempuré, « Gros plan sur la lettre recommandée électronique », *JCP* 2019. 1100 – CPCE, art. R. 53 à R. 53-4.
3. V. s[s] n° 712.137.
4. C. consom., art. L. 216-2.
5. C. consom., art. L. 216-3.
6. C. consom., art. L. 241-4.
7. C. consom., art. L. 216-6.
8. V. s[s] n°s 484.21 s.
9. COMP. : C. civ., art. 1224 s.
10. C. consom., art. L. 111-5 – C. civ., art. 1358 et 1363.
11. Décr. n° 2005-790, 12 juill. 2005, art. 10.
12. V. s[s] n° 713.272.
13. Orléans, 22 avr. 2015, RG n° 14/03170.
14. C. consom., art. L. 111-8.
15. G. Lardeux, note s[s] : Civ. 1re, 21 oct. 2020, n° 19-18.971, P ; *D.* 2021. 66.
16. CJUE 18 déc. 2014, *CA Consumer Finance SA c/Ingrid Bakkaus e.a.*, aff. C-449/13, *D.* 2015. 715, note G. Poissonnier.
17. Civ. 1re, 21 oct. 2020, n° 19-18.971, P ; *D.* 2021. 63, note G. Lardeux – Civ. 1re, 8 avr. 2021, n° 19-20.890, P ; *D.* 2021. 1363, note R. Loir et G. Poissonnier ; *Gaz. Pal.* 7 sept. 2021, p. 27, obs. S. Piédelièvre ; – DÉJÀ : Civ. 1re, 5 juin 2019, n° 17-27.066, P ; *D.* 2019. 1746, note G. Poissonnier ; *D.* 2020. 170 note A. Aynès.

712.145 **Droit commun.** En cas de manquement aux obligations d'information précontractuelle, outre les sanctions pénales et administratives précitées, le non-respect des obligations prévues en la matière apparaît de nature à fonder une demande en nullité de la convention d'honoraires [1] sur le terrain des vices du consentement [2], sur le fondement des articles 1130 et suivants du code civil, qui prévoient une nullité relative [3].

En outre, un tel manquement est constitutif d'une faute civile de nature à engager la responsabilité civile de l'avocat envers son client et justifier l'allocation de dommages et intérêts [4].

B.
Envers les professionnels : les conditions générales de prestation de service

712.150 **Plan.** L'obligation d'information précontractuelle spécifique envers les professionnels porte sur le contenu des conditions générales de prestation de services (1°) dont le non-respect est passible de sanctions (2°).

1°
Contenu des conditions générales

712.161 **Obligation de communication des conditions générales.** Dès lors qu'il en a établi, tout avocat est tenu de communiquer ses conditions générales de prestation de services (conditions générales de vente) à tout « demandeur de prestations de services » qui en fait la demande pour une activité professionnelle [5] (qui doit être ici distingué du consommateur ou du non-professionnel au sens du code de la consommation), et ce sans préjudice de l'exécution des obligations précontractuelles d'informations envers les clients ayant la qualité de consommateurs [6]. La communication s'effectue par tout moyen constituant un support durable.

Les conditions générales de prestation de service peuvent être différenciées selon les catégories de demandeurs de prestation de services (professionnel, consommateurs, prestations juridiques en ligne...). Dans ce cas, l'obligation de communication porte sur les conditions générales de prestation de service applicables aux demandeurs de prestation de service d'une même catégorie [7].

712.162 **Objet des conditions générales.** Les conditions générales de prestation de services sont destinées à constituer le socle unique de la négociation entre l'avocat et son client professionnel, et ce afin de protéger, ici, l'avocat envers l'autre professionnel qui pourrait être en mesure de vouloir lui imposer ses propres conditions générales (dites conditions générales d'achat).

La précision apportée par la loi du 17 mars 2014 [8] d'en faire un « socle unique » [9] exclut expressément que la négociation entre l'avocat et son client professionnel se fasse sur le seul fondement des conditions générales d'achat ou de contrats types du client, sans que pour autant ces mêmes conditions générales de prestation de services ne puissent être imposées par l'avocat à son client : les conditions contractuelles, notamment la rémunération, doivent pouvoir être librement négociées.

Dans le cadre de cette négociation, l'avocat peut convenir avec un client des conditions particulières, qui figureront dans la convention d'honoraires [10] et la lettre de mission [11].

712.163 **Contenu des conditions générales de prestation de services.** Les conditions générales de prestation de services comprennent notamment : les conditions de règlement [12], les conditions de réalisation de la prestation, ainsi que les éléments de détermination du prix tels que le barème des prix unitaires [13], étant précisé que lorsque la rémunération d'une prestation ou d'un type de prestation ne peut être déterminée *a priori* ou indiquée avec exactitude, l'avocat est tenu de communiquer au client qui en fait la demande la méthode de calcul de la rémunération permettant de vérifier cette dernière, ou un devis suffisamment détaillé [14], ainsi que les réductions de prix [15].

712.164 **Conditions de règlement.** Les conditions de règlement de la rémunération de l'avocat, doivent obligatoirement préciser les modalités de facturations ainsi que les délais de règlement, les conditions d'application et le taux d'intérêt des péna-

1. Paris, 25e ch., sect. B., 4 oct. 1996, RG no 26/21694.
2. C. civ., art. 1112-1. – Sur cette question : D. Fenouillet (dir.), *Droit de la consommation*, « Dalloz Action », 2020, no 112.61, par J.-D. Pellier.
3. COMP. : Cass., ch. mixte, 24 févr. 2017, no 15-20.411, P ; *JCP* 2017. 234 ; *JCP* 2017. 305, avis B. Sturlèse et note G. Pignarre ; *JCP* 2017. 325, no 5, note Y.-M. Serinet ; *D.* 2017. 793, note B. Fauvarque-Cosson ; *D.* 2017. 1149, obs. N. Damas ; *AJDI* 2017. 612, obs. M. Thioye ; AJ *Contrat* 2017. 175, obs. D. Houtcieff ; *RTD civ. 2017.* 377, obs. H. Barbier – V. ss no 713.122.
4. C. civ., art. 1112-1 – V. ss nos 912.00 s.
5. C. com., art. L. 441-1, II.
6. C. com., art. L. 441-2 – V. ss nos 712.131 s.
7. C. com., art. L. 441-1, II.
8. L. no 2014-344, 17 mars 2014 relatives à la consommation, *JO* 18 mars, p. 5400, art. 123.
9. C. com., art. L. 441-1, III.
10. V. ss nos 713.182 s.
11. V. ss nos 713.381 s.
12. V. ss no 712.164.
13. C. com., art. L. 441-1, I.
14. C. com., art. L. 441-1 III.
15. C. com., art. L. 441-1 I.

lités de retard, les modalités de computations des délais, ainsi que le montant de l'indemnité forfaitaire pour frais de recouvrement[1].

2°
Sanctions relatives aux conditions générales

712.171 **Sanctions administratives.** Les sanctions civiles ayant été supprimées par l'ordonnance du 24 avril 2019[2], le fait de ne pas communiquer ses conditions générales de prestation de service est passible d'une amende administrative dont le montant ne peut excéder 15 000 euros pour une personne physique et 75 000 euros pour une personne morale[3].

En outre, est passible d'une amende administrative dont le montant ne peut excéder 75 000 euros pour une personne physique et 2 000 000 euros pour une personne morale le fait de ne pas indiquer dans les conditions générales de prestation de service le règlement l'indemnité forfaitaire pour frais de recouvrement, de fixer un taux ou des conditions d'exigibilité des pénalités de retard selon des modalités non conformes ou de prévoir des clauses ayant pour effet de retarder abusivement le point de départ des délais de paiement. Le montant de l'amende encourue est doublé en cas de réitération du manquement dans un délai de deux ans à compter de la date à laquelle la première décision de sanction est devenue définitive[4].

L'amende est prononcée par l'Autorité de la concurrence[5].

712.172 **Charge de la preuve.** Ici encore, il appartiendra à l'avocat de justifier de l'existence, du contenu et de la communication de ses conditions générales de prestation de service[6].

SECTION 2
OBLIGATION D'INFORMATION EN COURS D'EXÉCUTION DES PRESTATIONS

712.181 **Information quant à l'évolution prévisible de la rémunération.** L'information de l'avocat relativement à sa rémunération ne doit pas seulement être effectuée avant la conclusion de la convention d'honoraires, mais doit également perdurer tout au long de la relation entre l'avocat et son client. Ainsi, en cours d'exécution de sa prestation, l'avocat doit informer son client de l'évolution prévisible du montant des honoraires[7].

Cette information est d'autant plus importante qu'il a pu être jugé, dans une affaire où un avocat avait fixé un montant prévisionnel, qui avait été augmenté en raison des diligences réalisées, que le comportement d'un client qui n'avait pas réagi, lorsque l'avocat avait réévalué le montant des honoraires et l'en avait informé, devait s'analyser comme un acquiescement au nouveau montant[8].

712.182 **Information quant au détail de la rémunération.** L'avocat doit détenir pour chaque dossier une comptabilité précise et distincte des honoraires et de toute somme qu'il a pu recevoir et de l'affectation qui leur a été donnée, sauf en cas de rémunération prévue suivant un forfait global[9].

Avant tout règlement définitif, l'avocat remet à son client un compte détaillé. Ce compte fait ressortir distinctement les frais et déboursés[10], les émoluments tarifés[11] et les honoraires[12]. Il porte mention des sommes précédemment reçues à titre de provision[13] ou à tout autre titre. Ce même compte détaillé doit également être délivré par l'avocat lorsque son client lui en fait la demande[14].

712.183 **Informations particulières sur le recours à un processus de médiation.** L'avocat devra fournir à tout client ayant la qualité de consommateur, dès lors qu'un litige n'aura pas pu être réglé dans le cadre d'une réclamation préalable directement introduite auprès de l'avocat, de la faculté qui lui est offerte de recourir, en cas de contestation, à un médiateur de la consommation[15] et de lui communiquer les coordonnées, ainsi que l'adresse du site internet, du ou des médiateurs de la consommation dont il relève[16].

À défaut, il encourt les mêmes sanctions que celles prévues en matière d'information préalable[17].

1. C. com., art. L. 441-10 – V. s^s^ n° 731.84.
2. Ord. n° 2019-359, 24 avr. 2019 portant refonte du titre IV du livre IV du code de commerce relatif à la transparence, aux pratiques restrictives de concurrence et aux autres pratiques prohibées, *JO* 25 avr., n° 16 – F. Buy, « La (décevante) réforme du droit des relations commerciales », *D.* 2019. 1122 ; N. Dissaux, R. Loir, « Réforme d'ampleur du droit des relations commerciales », *JCP* 2019. 589.
3. C. com., art. L. 441-1, IV.
4. C. com., art. L. 441-16.
5. C. com., art. L. 465-2.
6. C. civ., art. 1358 et 1363.
7. Décr. n° 2005-790, 12 juill. 2005, art. 10 – RIN. art. 11.1.
8. Amiens, 6 mars 2012, RG n° 11/04456.
9. Décr. n° 2005-790, 12 juill. 2005, art. 12 – V. s^s^ n° 731.141.
10. V. s^s^ n°s 723.21 s.
11. V. s^s^ n°s 722.00 s.
12. V. s^s^ n°s 721.00 s.
13. V. s^s^ n° 732.51.
14. Décr. n° 2005-790, 12 juill. 2005, art. 12 – V. s^s^ n° 731.141.
15. C. consom., art. L. 616-1 – V. s^s^ n° 741.241.
16. C. consom., art. L. 616-1 et R. 616-1.
17. V. s^s^ n°s 712.141 s.

CHAPITRE

713. Convention d'honoraires

SECTION 0
ORIENTEUR

713.00 **Sommaire du chapitre.**

Division. Au-delà de son caractère obligatoire, la convention d'honoraires (sect. 1) fait l'objet d'un cadre législatif et réglementaire quant à sa conclusion (sect. 2), son contenu (sect. 3) et son exécution (sect. 4). C'est aussi le cas des autres conventions (sect. 5) comme la lettre de mission, le contrat d'abonnement, les marchés publics de prestations juridiques, la convention portant partage d'honoraires et de la convention entre avocats.

713.01 Textes applicables.

TEXTES TITRÉS

> Droit commun

• **L. nº 71-1130, 31 déc. 1971**

art. 10 [Honoraires, frais et débours de l'avocat]

• **Décr. nº 2005-790, 12 juill. 2005**

art. 10 [Honoraires, frais et débours de l'avocat]

• **RIN**

art. 11.2 [Convention d'honoraires]

> Dispositions particulières

• **L. nº 91-647, 10 juill. 1991**

art. 35 [Convention d'honoraires en cas d'aide juridictionnelle partielle]

• **Décr. nº 2020-1717, 28 déc. 2020**

art. 102 [Convention d'honoraires en cas d'aide juridictionnelle partielle]

• **C. assur.**

art. L. 127-5-1 [Honoraires – Protection juridique]

• **L. nº 71-1130, 31 déc. 1971**

art. 10, al. 6 et 7 [Mission de mandataire sportif]

• **RIN**

art. 6.3.4 [Mission de représentant d'intérêts – Lobbyiste]

art. 11.8 [Responsabilité pécuniaire – Ducroire]

713.02 Jurisprudence de référence.

> Portée de l'absence de convention d'honoraires

• **Civ. 2e, 14 juin 2018,** nº 17-19.709, P II, nº 118.

« Vu l'article 10, alinéas 3 et 4, de la loi nº 71-1130 du 31 décembre 1971 dans sa rédaction issue de la loi nº 2015-990 du 6 août 2015 ;

Attendu qu'il résulte de ce texte que le défaut de signature d'une convention ne prive pas l'avocat du droit de percevoir pour ses diligences, dès lors que celles-ci sont établies, des honoraires qui sont alors fixés en tenant compte, selon les usages, de la situation de fortune du client, de la difficulté de l'affaire, des frais exposés par l'avocat, de sa notoriété et des diligences de celui-ci ; »

> Honoraire de l'avocat dessaisi

• **Civ. 2e, 19 nov. 2008,** nº 07-20.060, P II, nº 247

* V. ss nos 713.361, 713.363.

« Vu les articles 1134 et 1184 du code civil, ensemble l'article 10 de la loi du 31 décembre 1971 ;

[...]

Attendu que pour rejeter la demande d'honoraires complémentaires formulée par l'avocat, l'ordonnance retient que celui-ci a été rempli de ses droits par le règlement de l'ensemble de ses factures ;

Qu'en statuant ainsi, alors qu'il résultait de ses propres constatations et énonciations, qu'à la date du dessaisissement de l'avocat, aucun acte ni décision juridictionnelle irrévocable n'était intervenu, de sorte que la convention préalable d'honoraires n'était pas applicable et que les honoraires correspondant à la mission partielle effectuée par l'avocat jusqu'à cette date devaient être appréciés en fonction des seuls critères définis par l'article 10, alinéa 2, de la loi du 31 décembre 1971, le premier président a violé les textes susvisés ; »

> Validité et portée des clauses de dessaisissement

• **Civ. 2e, 4 févr. 2016,** nº 14-23.960, P II, nº 864.

* V. ss nos 713.365, 741.161, 741.141.

« Mais sur la deuxième branche du moyen unique du pourvoi principal :

Vu les articles 1134 [devenus : 1103, 1104 et 1193] du code civil et 10 de la loi nº 71-1130 du 31 décembre 1971 dans sa version applicable au litige ;

Attendu que, si l'honoraire de résultat ne peut être réclamé que lorsqu'il a été mis fin à l'instance par un acte ou une décision juridictionnelle irrévocable, une convention d'honoraires peut prévoir les modalités de la rémunération de l'avocat en cas de dessaisissement ;

Attendu que pour décider que les honoraires de l'avocat devaient être fixés en application de l'article 10 de la loi nº 71-1130 du 31 décembre 1971, l'ordonnance énonce que l'avocat ayant été dessaisi avant qu'une décision de justice irrévocable ne soit intervenue, la convention d'honoraires en toutes ses dispositions, y compris celles relatives au dessaisissement de l'avocat, ne peut s'appliquer ;

Qu'en se déterminant ainsi, pour refuser l'application de la clause prévoyant les honoraires en cas de dessaisissement, d'une part, par un tel motif, inopérant s'agissant des honoraires de diligences, d'autre part, sans rechercher si, à la date à laquelle il statuait, était intervenue une décision irrévocable permettant d'allouer l'honoraire de résultat également convenu, le premier président n'a pas légalement justifié sa décision ;

La rémunération des prestations doit être prévue à la convention stipulant un honoraire complémentaire de résultat »

• **Civ. 1re, 27 mai 2003,** nº 01-00.306, P I, nº 126.

* V. ss nº 713.253.

« Mais attendu qu'après avoir constaté qu'avait été établie une convention prévoyant un honoraire de résultat sans la mention des frais et honoraires rémunérés pour la même instance, le premier président a exactement décidé que cet acte n'était pas conforme aux prescriptions de l'article 10, alinéa 3, de la loi du 31 décembre 1971 qui exige que la rémunération des prestations soit prévue à la convention stipulant un honoraire complémentaire de résultat ; que c'est donc à bon droit qu'il l'a annulée ; que la circonstance que les prestations ont été rémunérées, en dehors de la convention, est sans effet sur sa validité. »

> L'honoraire complémentaire de résultat n'est dû qu'après résultat définitif

• **Civ. 2e, 5 févr. 2004,** nº 01-15.609, P II, nº 41.

* V. ss nos 713.262, 732.152.

« Mais attendu que l'ordonnance retient, par motifs propres et adoptés, que l'honoraire de résultat ne se comprend qu'après résultat définitif, que la décision ayant servi de base au calcul de l'honoraire avait été frappée d'appel, que M. X... s'étant dessaisi volontairement du dossier avant la fin de la procédure, l'affaire n'avait pas été menée à bonne fin par l'avocat pour le compte de son client et que l'accord, s'il existait, était devenu caduc ;

Que par ces constatations et énonciations, dont il résulte que l'accord sur l'honoraire de résultat n'avait pas été conclu après service rendu, ce qui permettait au juge d'apprécier le montant de l'honoraire, le premier président a pu décider que M. Y... n'était pas tenu de régler l'honoraire de résultat réclamé. »

• **Civ. 2e, 17 févr. 2011,** n° 09-13.209, P II, n° 42.

* V. ss nos 713.262, 741.191.

« Mais attendu qu'ayant retenu, par des motifs non critiqués, que la clause prévoyant un honoraire de résultat en l'absence de toute décision ayant un caractère définitif était nulle, c'est dans l'exercice de son pouvoir souverain d'appréciation du caractère déterminant de cette clause que le premier président a décidé que la convention d'honoraires était nulle en son entier. »

713.03 Bibliographie indicative.

* Aussi : V. ss n° 71.03.

Encyclopédies. *J.-Cl. Civ. Annexes,* fasc. 30 : avocats – Obligations et prérogatives – Obligations civiles et professionnelles, Rémunération de l'avocat, 2015 – Minefi, Daj, Fiche technique relative aux marchés publics de services juridiques, janv. 2020.

Traités. D. Fenouillet (dir.), *Droit de la consommation*, « Dalloz Action », 2020, nos 211.00 s. par S. Pellet ; nos 221.00 s. par D. Fenouillet et nos 231.00 s. par J. Julien – S. Guinchard (dir.), *Droit et pratique de la procédure civile,* 10e éd., « Dalloz Action », 2021, nos 721.421 s. par M. Redon. – Ph. Le Tourneau (dir.), *Droit de la responsabilité et des contrats*, 12e éd., « Dalloz Action », 2020, nos 3321.40 s. et nos 3325.00 s.

Monographies. F. Chénedé, *Le nouveau droit des obligations et des contrats*, 2e éd., hc, Dalloz, 2018 – J.-L. Gaineton, J. Villacèque, *L'honoraire de l'avocat*, Gazette du Palais, 2017 – D. Jensen (dir.), *Cabinet d'avocats*, 3e éd., « Dalloz Référence », 2016, nos 342.31 s. – S. Tandeau de Marsac (dir.), Barreau de Paris, *Honoraires de l'avocat,* Éd. Législatives, 2010.

Manuels. D. Houtcieff, *Droit des contrats*, 6e éd., Bruylant, 2021 – G. Paisant, *Droit de la consommation*, Puf, 2019 – J.-D. Pellier, *Droit de la consommation*, 3e éd., « Cours », Dalloz, 2021 – G. Raymond, *Droit de la consommation*, 5e éd., LexisNexis, 2019 – G. Taormina, *Théorie et pratique du droit de la consommation : Aspects généraux et contrats spéciaux*, Puam, 2004.

Contributions. P. Le Donne, « États des lieux e-barreau », *Guide de l'avocat numérique*, CNB, LexisNexis, 2016, p. 15 – D. Tramier, « L'équilibre dans les conventions d'honoraires d'avocats », *in* G. Lardeux (dir.), *L'équilibre du contrat*, Puam, 2012, p. 41 s.

Articles. Th. Adeline-Delvolvé, « L'avocat soumis aux règles de l'achat public : des contraintes à assimiler, des libertés à conquérir », *Gaz. Pal.* 8-9 févr. 2006, p. 6 – L. Dargent, « Modèles types de conventions d'honoraires : proposition du CNB », *D. avocats* 2013. 222 – J.-L. Firon, « La place croissante du droit des contrats dans la fixation des honoraires de l'avocat », *Gaz. Pal.* 7-8 déc. 2005, p. 2 – Th. Fossier et F. Fresnel, « Les honoraires d'avocat pour la défense d'un incapable », *Gaz. Pal.* 2002. 1. Doctr. 612 – F. Fresnel, « La convention d'honoraires et l'incapable », *AJ fam.* 2013. 544 ; « Les spécificités des conventions d'honoraires des personnes protégées », *Gaz. Pal.* 6 juin 2017, p. 85 – F. Ladouce, « La convention d'honoraires de résultat conclue après service rendu », *Gaz. Pal.* 19-20 mars 2004, p. 2 – M. Laroque, « Modèle de conventions d'honoraires de résultat », *AJ fam.* 2013. 29 – V. Lasbordes, « Libres propos sur la fixation des honoraires de l'avocat : de l'utilité de la convention préalable d'honoraires », *D.* 2001. 1893 – P. Lingibé, « Les marchés publics de prestations juridiques : quelles sont les règles applicables après la loi *ASAP* ? », *Gaz. Pal.* 23 févr. 2021, p. 14 – Th. Montéran, « Les honoraires de l'avocat », *Gaz. Pal.* 24-25 oct. 2003, p. 2 – F. Perrotin, « La mise en œuvre des conventions d'honoraires », *D. avocats* 2016. 173 – D. Piau, « Rupture d'une relation de clientèle : les histoires d'A finissent mal, en général », *Gaz. Pal.* 15 mars 2016, p. 27 ; « Absence de convention d'honoraires et droit à honoraires de l'avocat : oui, mais... », *Gaz. Pal.* 2 oct. 2018, p. 17 – L. Sebag, « La détermination des honoraires de l'avocat après l'arrêt de la Cour de cassation du 17 juin 1970 », *D.* 1971. Chron. 177.

Rapports. Anafagc, Zoom sur la profession : Les statistiques Édition 2020, oct. 2020 – Barreau du Québec, La tarification horaire à l'heure de la réflexion, mars 2016 – C. Cadars-Beaufour, *Rapport de la Commission Textes, Projet d'élaboration de modèles de conventions d'honoraires*, CNB, AG 11-12 déc. 2015.

713.04 Exemples d'actes et assimilés.

> Exemple de convention d'honoraires sur la base d'un honoraire fixe avec éventuellement un honoraire de résultat.

* V. ss n° 032.21.

> Exemple de convention d'honoraires sur la base d'un tarif horaire avec éventuellement un honoraire de résultat.

* V. ss n° 032.22.

> Exemple de référentiel horaire.

* V. ss n° 032.23.

> Exemple de formulaire de rétractation.

* V. ss n° 032.24.

> Exemple d'avis d'information concernant l'exercice du droit de rétractation.

* V. ss n° 032.25.

SECTION 1
CARACTÈRE OBLIGATOIRE DE LA CONVENTION D'HONORAIRES

713.10 Plan – Finalité de la convention d'honoraires écrite. La convention d'honoraires est destinée à permettre à l'avocat de sécuriser, en toute transparence, l'intention des parties et les modalités de détermination des honoraires de l'avocat car l'honoraire doit être prévisible : la relation pécuniaire entre l'avocat et le client doit être expliquée le plus tôt possible et faire l'objet d'un accord sur les modalités de facturation, ce compris l'éventuel honoraire de résultats dès lors que pour être efficace et toujours plus compétent, l'avocat doit jouir de la plus grande sécurité financière possible, comme son client lui-même [1].

Depuis l'avis du Conseil national de la consommation (CNC) du 21 décembre 2000 [2], le barreau de Paris recommandait le recours systématique aux conventions d'honoraires [3], tout comme le Conseil national des barreaux [4].

Le principe (§ 1) est celui du caractère obligatoire de la convention d'honoraires écrite. Des obligations particulières (§ 2) existent, en outre, en matière d'aide juridictionnelle partielle, de protection juridique, de mandat sportif, de mandat en transaction immobilière et de représentation d'intérêts.

§ 1
Principe

713.21 Caractère obligatoire de la convention d'honoraires écrite. Depuis la loi du 6 août 2015 [5], l'article 10 de la loi du 31 décembre 1971 prévoit que les honoraires de postulation, de consultation, d'assistance, de conseil, de rédaction d'actes juridiques sous seing privé et de plaidoirie sont fixés en accord avec le client et que, sauf en cas d'urgence ou de force majeure ou lorsqu'il intervient au titre de l'aide juridictionnelle totale ou dans le cadre des commissions d'office en matière de procédure non juridictionnelle, l'avocat conclut par écrit avec son client une convention d'honoraires, qui précise, notamment, le montant ou le mode de détermination des honoraires couvrant les diligences prévisibles, ainsi que les divers frais et débours envisagés.

Cette obligation est rappelée, par des textes spécifiques, en matière d'aide juridictionnelle partielle [6] et d'assurance de protection juridique [7]. L'établissement d'une convention d'honoraires doit être préalable à toute intervention de l'avocat pour le compte de son client.

1. Ch. Charrière-Bournazel, préface, in S. Tandeau de Marsac (dir.), Barreau de Paris, *Honoraires de l'avocat*, Éd. Législatives, 2010, p. 6 et 7.
2. CNC, avis, 21 déc. 2010 sur l'information des consommateurs dans le secteur des honoraires de l'avocat, *BOCCRF* 23 janv. 2001, p. 66-69, point 2.3.
3. S. Tandeau de Marsac, « La Convention d'honoraires », *Les dossiers du barreau de Paris n° 1*, « Maîtrise et transparence des honoraires de l'avocat », nov. 2002.
4. Délib. CNB, AG 16 juin 2008 sur la prévisibilité des honoraires.
5. L. n° 2015-990, 6 août 2015 pour la croissance, l'activité et l'égalité des chances économiques, *JO* 7 août, p. 13537, art. 51 –.V. s^s n° 023.214.
6. L. n° 91-647, 10 juill. 1991, art. 35 – V. s^s n°s 713.41 s.
7. Décr. n° 2005-790, 12 juill. 2005, art. 10 – V. s^s n°s 713.51 s.

Cette obligation est distincte de l'exécution par l'avocat de son obligation précontractuelle d'information relativement aux conditions de la rémunération [8], faisant que le simple affichage de tarifs dans une salle d'attente ne saurait tenir lieu de convention d'honoraires [9].

713.22 Charge de la preuve – Règles de forme. La preuve de la convention d'honoraires obéit au droit commun [10], elle est à la charge de celui qui l'invoque, l'avocat, en général. Elle ne saurait, en l'absence de tout autre élément, résulter du seul versement d'une ou plusieurs provisions [11] ou du seul versement d'une ou de plusieurs provisions ainsi que de la production de fiches horaires [12].

Depuis la loi du 6 août 2015 [13], il est au demeurant précisé que la convention doit être conclue « par écrit » [14], sans pour autant qu'une condition de forme particulière ne soit exigée. Elle peut donc toujours résulter d'un simple échange de correspondances entre l'avocat et son client [15], d'une mention manuscrite en marge d'un courrier [16], d'un échange de courriels [17], de « texto » [18], ou de l'acceptation d'une lettre de mission, laquelle peut être tacite, le juge devant alors rechercher si tel est le cas [19], voire un aveu judiciaire fait à l'audience du bâtonnier [20].

Il n'est plus certain qu'une reconnaissance de dettes [21] ou un accord verbal [22], soient toujours de nature à permettre de caractériser une convention d'honoraires, même s'ils seront toujours suscepti-

8. V. s^s n°s 712.21 s.
9. Metz, 9 mai 2011, RG n° 11/00262.
10. C. civ., art. 1172 s. et 1353 s.
11. Civ. 1re, 7 mars 1995, n° 93-12.559, P I, n° 114 ; *D.* 1995. 78 ; *Gaz. Pal.* 1995. Pan. 100 – V. s^s n°s 731.111 s.
12. Civ. 1re, 29 juin 1999, n° 96-21.305, NP ; *JCP* 1999. I. 173 n° 26, obs. R. Martin.
13. L. n° 2015-990, 6 août 2015, art. 51 – V. s^s n° 023.214.
14. L. n° 71-1130, 31 déc. 1971, art. 10, al. 3.
15. Civ. 1re, 18 févr. 1997, n° 95-10.606, NP – Civ. 1re, 19 mai 1999, n° 97-13.984, P I, n° 163 ; *D.* 1999. 167 ; *JCP* 1999. I. 173, n° 7, note R. Martin – Civ. 1re, 13 oct. 1999, n° 97-17.767, NP – Civ. 1re, 29 févr. 2000, n° 97-17.913, NP ; *JCP* 2000. I. 231, n° 20, obs. R. Martin – Civ. 2e, 3 nov. 2011, n° 10-25.442, NP ; *Dr. et patr.* avr. 2013. 82, obs. B. Chaffois.
16. Paris, 6 mars 2007, *Bull. barr. Paris* 25 sept. 2007, 256.
17. Civ. 2e, 6 févr. 2020, n° 18-24.540, NP – Civ. 2e, 6 févr. 2020, n° 18-24.541, NP ; – PAR ANALOGIE S'AGISSANT d'un contrat d'agent sportif : Civ. 1re, 11 juill. 2018, n° 17-10.458, P ; *D.* 2018. 1550.
18. Civ. 2e, 6 févr. 2020, n° 18-26.282, NP.
19. Civ. 2e, 10 sept. 2015, n° 14-24.551, NP.
20. C. civ., art. 1383-2 – Civ. 2e, 29 avr. 2004, n° 02-20.249, P II, n° 196 ; *D.* 2004. 1639 – Civ. 2e, 26 oct. 2017, n° 16-14.416, NP ; *JCP* 2018. 588, n° 5, obs. C. Caseau-Roche ; *Gaz. Pal.* 5 juin 2018, p. 30, obs. D. Landry.
21. Paris, ord. 1er prés., 21 févr. 2001, *JurisData* 140226 – Aix-en-Provence, ord. 1er prés., 6 nov. 2002, *JurisData* 223697.
22. Limoges, 1er avr. 2003, *BICC* 2004, n° 1152 – Civ. 2e, 9 juill. 2009, n° 08-15.318, NP ; *JCP* 2009. 295, n° 9, obs. Ch. Jamin.

bles de caractériser un accord entre l'avocat et son client après service rendu [1].

713.23 **Exception à l'obligation préalable de convention d'honoraires écrite.** Des exceptions à la conclusion d'une convention d'honoraires écrite préalablement à l'intervention de l'avocat sont prévues par l'article 10 de la loi du 31 décembre 1971 :

1° En cas d'urgence, ce qui peut, notamment, être le cas lorsque l'avocat est saisi en vue d'assister un client en garde à vue ou la veille d'une audience de référé, l'appréciation de l'urgence se fera au cas par cas, et doit d'entendre de manière stricte.

L'urgence justifie l'intervention de l'avocat pour le compte de son client nonobstant la conclusion préalable d'une convention d'honoraires écrite, mais elle ne le dispense pas d'informer, serait-ce de manière sommaire, son client quant au montant de ses honoraires et, une fois passées les causes de l'urgence, l'oblige par la suite à conclure une convention d'honoraires écrite avec son client, sauf si la prestation a été pleinement réalisée dans l'urgence, auquel cas il aura droit à l'honoraire convenu avec son client, d'un commun accord, nonobstant toute convention d'honoraires écrite, pour cette prestation ;

2° En cas de force majeure, à savoir un événement imprévisible, irrésistible et extérieur aux parties qui exonérerait de la conclusion d'une convention d'honoraires écrite préalablement à l'intervention de l'avocat. Il s'agit plus ici d'un cas d'école, et du rappel d'un principe général du droit qui aurait, en tout état de cause, pu être invoqué.

Il convient, en outre, de rappeler que la force majeure [2] n'exonère le débiteur de ses obligations que pendant le temps où elle l'empêche de donner ou de faire ce à quoi il s'est obligé [3], faisant que l'avocat devra toujours conclure une convention d'honoraires écrite avec son client, par la suite ;

3° Lorsque l'avocat intervient au titre de l'aide juridictionnelle totale. En effet, dans ce cas, il est rémunéré exclusivement par la contribution versée au titre de l'aide juridictionnelle [4]. Pour autant, nonobstant le fait que ce ne soit pas une obligation, il est vivement recommandé à l'avocat, même en cas d'aide juridictionnelle totale, de conclure une convention d'honoraires écrite avec son client et ce, afin d'anticiper l'éventualité d'un dessaisissement [5] ou d'un retrait d'aide juridictionnelle [6] tel qu'en cas d'un retour à meilleure fortune [7] ;

4° Lorsque l'avocat intervient dans le cadre des commissions d'office en matière de procédure non juridictionnelle [8], procédures dans lesquelles aucune autre rémunération que la rétribution prévue en la matière ne saurait être perçue [9].

713.24 **Conséquence de l'absence de convention d'honoraires.** La Cour de cassation est venue préciser, au visa de l'article 10, alinéas 3 et 4, de la loi du 31 décembre 1971 [10], que le défaut de signature d'une convention d'honoraires ne prive pas l'avocat du droit de percevoir pour ses diligences, dès lors que celles-ci sont établies, des honoraires qui sont alors fixés en tenant compte, selon les usages, de la situation de fortune du client, de la difficulté de l'affaire, des frais exposés par l'avocat, de sa notoriété et des diligences de celui-ci [11].

Elle a ainsi considéré, mettant fin aux incertitudes qui existaient sur cette question [12], que la convention d'honoraires écrite n'est exigée qu'*ad probationem* afin d'apporter la preuve des modalités de détermination de l'honoraire faisant qu'en présence d'une telle convention le juge ne pourra qu'en appliquer les critères contractuellement convenus entre les parties sans pouvoir les modifier sauf à user de son pouvoir de réduction du montant des honoraires [13].

1. V. s[s] n°s 732.141 s.
2. C. civ., art. 1218 – F. Chénedé, *Le nouveau droit des obligations et des contrats*, hc, 2e éd., « Dalloz Référence », 2018, n°s 128.10 s. – P.-H. Antonmattei, *Contribution à l'étude de la force majeure*, LGDJ, 1992 – Ph. le Tourneau (dir.), *Droit de la responsabilité et des contrats*, 12e éd. « Dalloz Action », 2020, n°s 2142.11 s.
3. Civ. 3e, 22 févr. 2006, n° 05-12.032, P III, n° 46 ; *D.* 2006. 2972, obs. Y. Rouquet, note S. Beaugendre ; *D.* 2007. 1827, obs. L. Rozès ; *AJDI* 2006. 640, obs. M.-P. Dumont ; *RTD civ.* 2006. 764, obs. J. Mestre et B. Fages.
4. V. s[s] n° 751.441.
5. V. s[s] n°s 484.132 s.
6. L. n° 91-647, 10 juill. 1991, art. 36.
7. Civ. 2e, 28 avr. 2011, n° 10-15.477, P II, n° 93 ; *D.* 2011. 1290 ; *BICC* 15 sept. 2011, n° 980 ; *D. actu.* mai 2011, obs. C. Tahri – V. s[s] n° 751.453.
8. V. s[s] n°s 472.61 s.
9. V. s[s] n°s 751.281 s.
10. L. n° 71-1130, 31 déc. 1971, art. 10, al. 3 et 4.
11. Civ. 2e, 14 juin 2018, n° 17-19.709, P II, n° 118 ; *JCP* 2018. 729 ; *D.* 2018. 2050, n° 3, obs. N. Touati, O. Becuwe ; *D.* 2018. 1317 ; *Gaz. Pal.* 17 juill. 2018, p. 35, obs. C. Berlaud ; *JCP* 2018. 1023, n° 2, obs. C. Caseau-Roche ; *Gaz. Pal.* 4 déc. 2018, p. 32, obs. D. Landry ; *D.* 2019. 97, obs. Th. Wickers ; *Gaz. Pal.* 2 oct. 2018, p. 17, note D. Piau – Civ. 2e, 7 févr. 2019, n° 18-13.396, NP – Civ. 2e, 4 juill. 2019, n° 18-18.787, NP – Civ. 2e, 21 nov. 2019, n° 17-26.856, NP ; *JCP* 2019. 1313, obs. P. Gourdon ; *D.* 2021. 110, obs. Th. Wickers ; – CASSANT : Papeete, 2 août 2017, RG n° 17/00008 ; *JCP* 2017. 999, obs. P. Gourdon ; *JCP* 2017. 1104, n° 4, obs. C. Caseau-Roche ; *D.* 2017. 2410, note J.-D. Pellier ; *D.* 2018. 87, obs. Th. Wickers – Civ. 2e, 6 févr. 2020, n° 18-20.115, NP – Civ. 2e, 6 févr. 2020, n° 18-24.518, NP ; – MÊME SENS : Aix-en-Provence, 19 déc. 2017, RG n° 16/19160, *JCP* 2018. 588, n° 6, obs. C. Caseau-Roche – CNB, Comm. RU, avis n° 2019-005, 27 mars 2019.
12. H. Ader, A. Damien et autres, *Règles de la profession d'avocat*, 16e éd., « Dalloz Action », Dalloz, 2018, n° 713.24.
13. V. s[s] n°s 721.111 s.

La solution est la même en matière d'assurance de protection juridique, où la Cour de cassation a pu considérer qu'en l'absence de convention, les honoraires de l'avocat sont fixés par référence aux seuls critères de l'article 10 de la loi du 31 décembre 1971[1].

Mais, il convient de rappeler que l'absence de convention d'honoraires en matière d'honoraires de résultat est, elle, sanctionnée de longue date par l'absence de tout droit à honoraire de résultat[2].

713.25 **Sanctions disciplinaires.** Si aucune sanction, tant sur le plan pénal, des sanctions administratives de l'Autorité de la concurrence, ainsi que sur le plan civil, n'est prévue en raison de l'absence de convention d'honoraires écrite, l'avocat qui viendrait réaliser des prestations sans avoir conclu préalablement une convention d'honoraires avec son client commettrait une faute déontologique et serait susceptible de faire l'objet de poursuites disciplinaires[3], et ce, même dans l'hypothèse où des honoraires lui seraient effectivement dus.

713.26 **Outil de sécurité juridique.** L'absence de sanction civile relative au défaut de convention d'honoraires ne doit pas conduire les avocats à se détourner de cette obligation légale, bien au contraire. La convention d'honoraires constitue un outil de sécurité juridique appréciable. En effet, outre le fait qu'elle permet de sécuriser les modalités de détermination de ses honoraires, elle est également le support naturel destiné à permettre à l'avocat d'apporter la preuve, qui lui incombe, de l'exécution des obligations qui sont les siennes en matière d'obligation d'information[4], notamment lorsqu'il est en présence d'un client ayant la qualité de consommateur[5], ainsi qu'en matière de protection des données à caractère personnel. Obligations dont l'inexécution est assortie de sanctions, pénales et administratives[6].

Elle est, en outre, un espace de liberté contractuelle qui permet un encadrement de la relation avec le client au-delà des honoraires *stricto sensu*, notamment quant à la caractérisation d'un mandat d'intérêt commun et ses conséquences en cas de cessation de la relation contractuelle[7], et doit être un réflexe systématique, notamment afin de se prémunir en cas de dessaisissement[8], ce même dans certaines hypothèses où elle n'est pas obligatoire, telle qu'en matière d'aide juridictionnelle totale afin d'anticiper l'éventualité d'un retrait d'aide juridictionnelle[9], tel qu'en cas d'un retour à meilleure fortune[10] ou encore de dessaisissement de l'avocat lorsque son successeur n'intervient pas lui-même à l'aide juridictionnelle[11].

§ 2
Dispositions particulières

713.30 **Plan.** Des obligations particulières, en sus de l'obligation de conclure une convention d'honoraires, existent en matière d'aide juridictionnelle partielle (A), de protection juridique (B), de mandat sportif (C), de mandat en transaction immobilière (D) et de mandat de représentant d'intérêts (E).

A.
En matière d'aide juridictionnelle partielle

713.41 **Rémunération complémentaire en cas d'aide juridictionnelle partielle.** Lorsqu'il intervient dans le cadre de l'aide juridictionnelle partielle[12], l'avocat détermine avec son client l'honoraire complémentaire, qu'il percevra en sus de la contribution qui lui est due par l'état au titre de sa mission d'aide juridictionnelle[13], au moyen d'une convention écrite[14].

713.42 **Contenu de la convention.** Cette convention d'honoraires obéit au droit commun[15], mais elle doit fixer le montant du complément d'honoraires dans des conditions compatibles avec les ressources et le patrimoine du bénéficiaire de l'aide juridictionnelle partielle et en tenant compte de la complexité du dossier, des diligences et des frais imposés par la nature de l'affaire. Lorsque le barreau dont relève l'avocat établit une méthode d'évaluation des honoraires tenant compte des critères précités[16], le montant du complément doit être calculé sur la base de cette méthode d'évaluation[17].

La convention d'honoraires doit rappeler le montant de la contribution de l'État[18] et déterminer les

1. Civ. 2e, 14 janv. 2016, no 15-10.130, P, *D.* 2016. 207 ; *D. avocats* 2016. 43, obs. L. Dargent ; *JCP* 2016. 107, obs. S. Bortoluzzi ; *Gaz. Pal.* 22 mars 2016, p. 68, note B. Cerveau ; *JCP* 2016. 670, no 7, obs. C. Caseau-Roche ; *D.* 2017. 78, obs. Th. Wickers.
2. V. ss nos 713.256 s.
3. V. ss nos 522.00 s.
4. V. ss nos 712.24 s.
5. V. ss nos 712.131 s.
6. V. ss nos 466.41 s. et 712.141 s.
7. V. ss nos 484.181 s.
8. V. ss nos 713.361 s.
9. L. no 91-647, 10 juill. 1991, art. 36.
10. V. ss no 751.453.
11. D. Piau, « Absence de convention d'honoraires et droit à honoraires de l'avocat : oui, mais... », *Gaz. Pal.* 2 oct. 2018, p. 17 – V. ss nos 484.132 s.
12. V. ss no 751.141.
13. V. ss no 751.391.
14. L. no 91-647, 10 juill. 1991, art. 35.
15. V. ss no 713.182 s.
16. V. ss no 711.66.
17. L. no 91-647, 10 juill. 1991, art. 35 § 4.
18. V. ss no 751.141.

modalités de paiement [1] qui peuvent consister en des versements échelonnés, préciser, le cas échéant, le montant de la provision [2] qui a pu être versée à l'avocat par le bénéficiaire de l'aide avant son admission au bénéfice de l'aide juridictionnelle partielle [3], et indiquer les voies de recours ouvertes en cas de contestation, en l'occurrence la procédure de fixation des honoraires devant le bâtonnier [4].

713.43 Honoraire complémentaire de résultat en cas d'aide juridictionnelle partielle. La Cour de cassation a eu l'occasion de préciser qu'il résulte de l'article 35 de la loi de la loi du 10 juillet 1991 [5] qu'en cas d'aide juridictionnelle partielle l'avocat a uniquement droit à un honoraire complémentaire forfaitaire de diligence librement négocié avec son client, sans possibilité de réclamer un honoraire de résultat, sauf, si la convention le prévoit, en cas de retrait de l'aide juridictionnelle [6] tel qu'en cas de retour à meilleure fortune [7].

713.44 Contrôle de la convention. À peine de nullité, la convention est communiquée dans les quinze jours de sa signature au bâtonnier, ou lorsque le bâtonnier est lui-même choisi ou désigné au titre de l'aide juridictionnelle partielle, au plus ancien bâtonnier dans l'ordre du tableau, membre du conseil de l'Ordre, qui contrôle sa régularité ainsi que le montant du complément d'honoraires.

Le bâtonnier fait connaître son avis [8] à l'avocat et au bénéficiaire de l'aide juridictionnelle partielle dans un délai fixé par le règlement intérieur du barreau [9].

713.45 Conséquence de l'absence de convention d'honoraires. Il convient de noter qu'il a pu être jugé par une cour d'appel que, lorsqu'une telle convention d'honoraires ne peut pas être conclue entre l'avocat et son client bénéficiaire de l'aide juridictionnelle partielle du seul fait de la seule carence de ce dernier, l'avocat est en droit de solliciter un honoraire complémentaire en application des critères de droit commun [10] dans le cadre d'une procédure de fixation des honoraires devant le bâtonnier [11] nonobstant l'absence de convention d'honoraires [12].

B. En matière de protection juridique

713.51 Rémunération de l'avocat en cas de protection juridique. Lorsqu'il intervient dans le cadre d'une assurance de protection juridique [13], l'avocat détermine avec son client l'honoraire, au moyen d'une convention écrite et préalable, qui obéit au droit commun, et ce, après avoir pris connaissance du contenu de la police d'assurance de son client afin de vérifier l'étendue de la garantie.

713.52 Information spécifique du client. Si la garantie risque de ne pas couvrir la somme convenue dans la convention d'honoraires (compte tenu notamment du plafond, absence de prise en charge de l'honoraire de résultat...) [14], l'avocat doit impérativement informer immédiatement le client qu'il devra payer un complément d'honoraires, et préciser par prudence ce point dans la convention d'honoraires.

L'avocat devra également instruire le client sur le mécanisme de la convention d'honoraires en général et dans le cadre d'un contrat d'assurance de protection juridique en particulier [15].

713.53 Interdiction des accords d'honoraires entre les assureurs et les avocats. Les textes interdisent expressément tout accord d'honoraires entre l'organisme assureur et les avocats, en prévoyant que les honoraires de l'avocat sont déterminés entre ce dernier et son client, sans pouvoir faire l'objet d'un accord avec l'organisme assureur de protection juridique [16].

Cela signifie que l'organisme assureur n'a pas à intervenir sur le contenu de la convention d'honoraires et que celle-ci n'a pas à lui être communiquée par l'avocat.

713.54 Effets de la prohibition. Est ainsi clairement prohibée la pratique des accords entre organismes assureurs et avocats proposant des conventions d'honoraires communes. Non seulement cette pratique ne respectait pas le principe de la liberté de l'honoraire, mais elle excluait le client de la négociation et créait une inégalité de traitement entre les assurés. Car c'est l'assuré qui est bénéficiaire de l'indemnité de l'assureur en remboursement des honoraires et non l'avocat. Cette prohibition est contestée par les assureurs de protection juridique qui cherchent à la faire abroger afin de pouvoir intervenir dans la négociation des honoraires. L'article 45

1. V. s[s] n° 732.00 s.
2. V. s[s] n° 731.111 s.
3. V. s[s] n° 751.485.
4. L. n° 91-647, 10 juill. 1991, art. 35 – Décr. n° 2020-1717, 28 déc. 2020, art. 102 – V. s[s] n°s 741.00 s.
5. L. n° 91-647, 10 juill. 1991, art. 35.
6. L. n° 91-647, 10 juill. 1991, art. 36.
7. Civ. 2e, 6 juill. 2017, n° 16-17.788, P, *JCP* 2017. 851 ; *JCP* 2017. 1104, n° 23, obs. F. G'sell ; *D.* 2017. 1478 ; *D.* 2017. 1871, obs. N. Touati et O. Becuwe – V. s[s] n° 751.453.
8. V. s[s] n°s 511.371 s.
9. L. n° 91-647, 10 juill. 1991, art. 35 – Décr. n° 2020-1717, 28 déc. 2020, art. 102 – RIBP, art. P. 40.3, al. 11.
10. V. s[s] n°s 721.00 s.
11. V. s[s] n°s 741.00 s.
12. Bourges, ord., 16 oct. 2012 ; *Gaz. Pal.* 16-18 déc. 2012, p. 15, obs. J. Villacèque – V. s[s] n° 713.24.
13. V. s[s] n°s 761.21 s.
14. V. s[s] n°s 761.72 s.
15. V. s[s] n°s 761.00 s.
16. C. assur., art. L. 127-5-1 – C. mut., art. L. 224-5-1 – Rép. min. Justice n° 0249, *JO Sénat*, 19 avr. 2018, p. 1937.

du projet de loi d'accélération et de simplification de l'action publique (Asap), déposé le 5 février 2020, prévoyait de supprimer l'interdiction générale faite aux assureurs de participer à la négociation des honoraires[1]. Il a été retiré par le gouvernement suite à l'intervention du Conseil national des barreaux[2].

Mais si les barèmes des organismes assureurs négociés avec les membres de leurs « réseaux » d'avocats doivent ainsi disparaître[3], l'assuré, qui aura pris son avocat, n'en sera pas moins limité par le plafond de garantie des honoraires prévus, le cas échéant par la police d'assurance de protection juridique[4].

La Cour de cassation a eu l'occasion de préciser, à cet égard, que l'existence d'un contrat d'assurance de protection juridique est sans effet sur la détermination des honoraires dus à l'avocat par le client, lesquels ne peuvent être déterminés qu'en fonction de la seule convention d'honoraires et, le cas échéant, des critères de l'article 10 de la loi du 31 décembre 1971[5].

713.55 Honoraire complémentaire de résultats. Il est possible en matière d'assurance de protection juridique de convenir d'un honoraire complémentaire de résultat[6] qui sera réglé par le client et qui pourra être remboursé en tout ou partie par l'organisme assureur de protection juridique.

L'éthique commande toutefois que l'avocat ne réclame cet honoraire de résultat que lorsque le client a effectivement recouvré les sommes qui lui ont été allouées, et une réponse ministérielle est venue préciser qu'un avocat ne peut solliciter le versement de ses honoraires auprès de l'assureur sans l'accord de son client et sans l'en informer[7].

C.
En matière de mandat sportif

713.61 Honoraires. L'avocat agissant en qualité de mandataire de l'une des parties intéressées à la conclusion d'un tel contrat ne peut être rémunéré que par son client avec lequel il devra conclure une convention d'honoraires[8].

La Cour de cassation a eu l'occasion de préciser que l'article 10 de la loi du 31 décembre 1971[9] n'impose pas que le contrat de mandataire sportif confié à un avocat soit établi sous la forme d'un acte écrit unique[10], faisant que le mandat sportif confié à l'avocat (lettre de mission) peut être distinct de la convention d'honoraires fixant les modalités de la rémunération de l'avocat en exécution, notamment, de ce même mandat.

713.62 Plafonnement de la rémunération. Afin de garantir la moralisation du sport[11], l'article 10[12] de la loi du 31 décembre 1971 prévoit que le montant des honoraires de l'avocat mandataire sportif pour la conclusion de l'un des contrats mentionnés au premier alinéa de l'article L. 222-7 du code du sport, ne saurait excéder 10 % du montant du contrat conclu par les parties mises en rapport[13]. Lorsque, pour la conclusion d'un tel contrat, plusieurs avocats interviennent ou un avocat intervient avec le concours d'un agent sportif, le montant total de leur rémunération ne peut excéder 10 % du montant de ce contrat. Les fédérations sportives délégataires peuvent fixer un montant inférieur à ce plafond[14].

Ce pouvoir accordé aux fédérations est limité à la mission consistant en la mise en rapport des parties intéressées à la conclusion d'un contrat soit relatif à l'exercice rémunéré d'une activité sportive ou d'entraînement, ou à la rédaction du contrat de travail afférent à cet exercice, les autres missions telles que le conseil juridique ou l'assistance en justice n'étant pas visées.

713.63 Sanctions pénales. Aux termes de l'article L. 222-20 du code du sport, la méconnaissance par un avocat exerçant une mission de mandataire sportif des obligations relatives au plafonnement de la rémunération[15], ainsi que celles spécifiques aux contrats afférents à l'exercice d'une activité sportive par un mineur[16], est passible de deux ans d'emprisonnement et de 30 000 euros d'amende[17]. Le montant de l'amende peut être porté au-delà de 30 000 euros, jusqu'au double des sommes indû-

1. Projet de loi d'accélération et de simplification de l'action publique, n° 307, AN 5 févr. 2020.
2. CNB, « Article 45 de la loi Asap : les avocats obtiennent des engagements du gouvernement », Communiqué, 13 févr. 2020.
3. Aix-en-Provence, 10 juill. 2018, RG n° 17/14547, *JCP* 2018. 1023 n° 2, obs. C. Caseau-Roche.
4. V. s[s] n° 761.75.
5. Civ. 2e, 14 janv. 2016, n° 15-10.130, P ; *D.* 2016. 207 ; *D. avocats* 2016. 43, obs. L. Dargent ; *JCP* 2016. 107, obs. S. Bortoluzzi ; *Gaz. Pal.* 22 mars 2016, p. 68, note B. Cerveau ; *JCP* 2016. 670, n° 7, obs. C. Caseau-Roche ; *D.* 2017. 78, obs. Th. Wickers – V. s[s] n°s 721.00 s.
6. V. s[s] n°s 713.251 s.
7. Rép. min. n° 5628, *JO Sénat*, 5 févr. 2009, p. 322.
8. V. s[s] n°s 645.00 s.
9. L. n° 71-1130, 31 déc. 1971, art. 10, al. 6.
10. Civ. 2e, 20 févr. 2019, n° 17-27.129, P, *JCP* 2019. 297 ; *JCP* 2019. 287, n° 24, obs. R. Boffa ; *Gaz. Pal.* 19 mars 2019, p. 42, obs. C. Berlaud ; *D.* 2019. 438 ; *D.* 2020. 415, obs. F. Lagarde ; *AJ contrat* 2019. 199, obs. F. Buy ; *JCP* 2019. 1238, n° 9, obs. C. Caseau-Roche ; – CASSANT : Bordeaux, 1re, ch. civ., 5 sept. 2017, RG n° 16/02312.
11. Rép. min. n° 94961, *JOAN*, 1er févr. 2011, p. 1025 ; *D.* 2011. 525.
12. L. n° 71-1130, 31 déc. 1971, art. 10, al. 5.
13. V. s[s] n° 711.103.
14. L. n° 71-1130, 31 déc. 1971, art. 10, al. 5 – C. sport, art. 222-17.
15. L. n° 71-1130, 31 déc. 1971, art. 10 *in fine*.
16. C. sport, art. L. 222-5.
17. C. sport, art. L. 222-20.

ment perçues en violation des obligations relatives au plafonnement de la rémunération.

Les infractions aux règles de rémunérations de toute nature perçues pour l'exercice d'une activité sportive par des enfants de seize ans et moins soumis[1] à l'obligation scolaire sont punies d'une amende de 7 500 euros[2].

713.64 Compétence du bâtonnier. On relèvera que la réglementation, autorisant les avocats à agir en qualité de mandataires sportifs[3], place expressément leur rémunération sous la qualification d'honoraire en modifiant l'article 10 de la loi du 31 décembre 1971, alors qu'il avait pu être jugé antérieurement que les commissions perçues par l'avocat agissant en qualité d'agent sportif ne pouvaient être assimilées à des honoraires, car aucune des diligences accomplies n'entrait dans le périmètre de la profession d'avocat, avant d'en déduire que le bâtonnier, saisi d'une contestation d'honoraire, n'était pas compétent pour fixer le montant de sa rémunération[4].

Le bâtonnier est ainsi pleinement compétent pour fixer l'ensemble de la rémunération due à l'avocat agissant comme mandataire sportif dans le cadre de la procédure de fixation[5].

D.
En matière de mandat en transaction immobilière

713.71 Honoraires. En matière de transaction immobilière[6], l'avocat ne peut être rémunéré que par son propre client[7]. La qualification de mandat exclut que l'honoraire convenu avec le mandant soit facturé au nom du contractant de ce dernier[8].

La convention d'honoraires, par laquelle le contractant du mandant accepterait d'être facturé à son nom, d'une partie des honoraires du mandataire, ne peut qu'être elle-même la conséquence de l'acceptation par tous d'une mission de rédaction d'acte dans l'intérêt de toutes les parties, et limitée aux seuls honoraires de rédaction d'acte[9].

1. C. trav., art. L. 7124-9.
2. L. n° 71-1130, 31 déc. 1971, art. 6 *ter.*
3. L. n° 2011-331, 28 mars 2011 de modernisation des professions judiciaires ou juridiques et certaines professions réglementées, *JO* 29 mars, n° 1, art. 4.
4. Aix-en-Provence, 10 nov. 2010, RG n° 2010/811 ; *JCP* 2011. 468, n° 12, obs. A. Harel.
5. V. s[s] n°s 741.00 s.
6. V. s[s] n°s 646.00 s.
7. CNB, Comm. RU, avis n° 2007-036, 24 juill. 2007 ; C. avocat 2021, s[s] décr. 27 nov. 1991, art. 111, note 17 – CNB, Comm. RU, avis n° 2010-063, 6 févr. 2010 ; C. avocat 2021, s[s] décr. 27 nov. 1991, art. 111, note 16.
8. D. Piau (dir.), L. Dupont, *Guide pratique de l'activité de l'avocat mandataire en transaction immobilière*, 3e éd., CNB, oct. 2017, p. 21 s.
9. V. s[s] n°s 632.10 s.

713.72 Apport d'affaires. La rémunération de l'avocat en matière de transaction immobilière est exclusive de toute autre rémunération ou commission de la part d'un tiers promoteur immobilier, banquier ou assureur par exemple, au titre de l'opération ainsi facilitée, ou de la part d'un agent immobilier au titre d'un quelconque apport d'affaires qui est interdit[10].

Il est toutefois possible, si le mandat confié à l'avocat le prévoit expressément, que l'avocat délègue une partie de sa mission au profit d'un agent immobilier et dont la rémunération sera convenue dans la convention d'honoraires[11].

713.73 Détermination de la rémunération. La rémunération de l'avocat mandataire en transaction immobilière[12] doit être conforme aux règles professionnelles de la profession d'avocat, au premier rang desquelles les dispositions de l'article 10 de la loi du 31 décembre 1971 et l'article 11 du RIN. Partant, la convention d'honoraires ne peut prévoir que l'avocat ne sera rémunéré qu'en cas de succès de l'opération au mépris de la règle de l'interdiction du pacte de *quota litis* pur et simple[13].

La convention peut néanmoins prévoir un honoraire complémentaire de résultat se rajoutant à un honoraire fixe, et l'honoraire peut être exprimé en un pourcentage déterminé appliqué au montant de la transaction. La commission des règles et usages du CNB recommande de « scinder la rémunération de l'avocat en deux parties, celle relative à la mission de conseil et celle relative à la rédaction des actes qui ne sera effectivement due que si l'opération a abouti. Cette manière de procéder a en outre l'avantage de pouvoir traiter séparément chacune de ces rémunérations au regard de la question de savoir lequel des contractants devra en supporter la charge définitive »[14].

E.
En matière de mandat de représentant d'intérêts

713.81 Convention d'honoraires spécifique du lobbyiste. Les honoraires prévus au titre des missions

10. V. s[s] n°s 711.81 s.
11. CNB, Comm. RU, avis n° 2007-036, 24 juill. 2007 ; C. avocat 2021, s[s] décr. 27 nov. 1991, art. 111, note 17.
12. V. s[s] n°s 646.00 s.
13. Civ. 2e, 22 mai 2014, n° 13-20.035, P II, n° 117 ; *D.* 2014. 1212 ; *D.* 2014. 1722, Chron. L. Lazerges-Cousquer, N. Touati, T. Vasseur, E. de Leiris, H. Adida-Canac, D. Chauchis et N. Palle ; *D.* 2015. 35, obs. Th. Wickers ; *D. avocats* 2014. 232, obs. D. Piau.
14. D. Piau (dir.), L. Dupont, *Guide pratique de l'activité de l'avocat mandataire en transaction immobilière*, 3e éd., CNB, oct. 2017, p. 21 s.

de représentation d'intérêts[1] auprès d'administrations publiques, européennes ou internationales, doivent faire l'objet d'une convention d'honoraires, d'une lettre de mission, et d'une facturation qui doivent être distinctes de celles relatives à toute autre mission ou prestation effectuée par l'avocat pour le compte de ce même client[2].

Cette obligation de dissociation est destinée à permettre d'isoler les éléments relatifs à la mission de représentant d'intérêts réalisée par l'avocat pour le compte de son client afin de lui permettre de se conformer aux obligations déclaratives et aux contrôles prévus en la matière[3], sans que ceux-ci ne portent atteinte au secret professionnel que l'avocat doit à son client[4].

F.
En matière de mission d'examen de conformité fiscale

713.91 Convention d'honoraires spécifique à l'examen de conformité fiscale. Lorsque l'avocat réalise un examen de conformité fiscale[5] (ECF) pour le compte de l'un de ses clients, cette mission doit faire l'objet d'un contrat[6], en réalité d'une convention d'honoraires et lettre de mission[7], suivant un modèle proposé par l'arrêté du 13 janvier 2021[8], entre l'avocat et son client, prévoyant, notamment, la période sur laquelle porte l'ECF, la liste des points constituant le cheminement d'audit, les droits et obligations des parties, notamment la clause résolutoire pour inexécution ainsi que la rémunération de l'avocat.

Il appartient, notamment, à l'avocat, dans ce cadre, de définir avec le client, de manière la plus minutieuse possible, les points d'audit dans le chemin d'audit, afin de limiter leur responsabilité civile professionnelle[9].

SECTION 2
CONCLUSION DE LA CONVENTION D'HONORAIRES

713.100 Plan. La convention d'honoraires (§ 1), conclue entre l'avocat et son client, peut, avec l'accord ce dernier, régir les relations avec un autre avocat (§ 2), par un consentement sans faille, tout en étant soumise, notamment sous l'angle de la capacité, aux conditions de droit commun de validité des conventions. Elle peut être conclue par voie électronique en respect du droit commun et des obligations particulières d'information précontractuelle (§ 3). La conclusion d'une convention d'honoraires en dehors du cabinet de l'avocat (§ 4) avec un client ayant la qualité de consommateur, suit le même régime que la conclusion par voie électronique.

§ 1
Propos liminaires

713.111 L'avocat et son client. La convention d'honoraires est conclue entre l'avocat et son client, l'avocat étant celui qui est en charge du dossier ou sa structure d'exercice si elle a la personnalité morale. Toutefois, elle pourra régir les relations entre un autre avocat, qui se sera substitué à l'avocat signataire et le client à condition que soit démontré que le client a consenti à cette substitution[10].

Le client étant la personne qui sollicite l'avocat fut-ce pour le compte d'un tiers[11].

713.112 Convention d'honoraires conclue avec un mandataire. La convention d'honoraires doit être conclue avec le client ou avec son mandataire. En principe, le fait d'avoir agi comme mandataire du client n'est pas à lui seul suffisant pour créer une solidarité au regard du règlement des honoraires entre le client et son mandataire et l'avocat créancier des honoraires[12], il est alors nécessaire que le mandataire contracte expressément, dans la convention d'honoraires, une obligation personnelle de payer les honoraires dus par son mandant[13].

§ 2
Consentement et capacité

713.121 Consentement sans faille du client – Capacité : conditions de validité de droit commun. La convention d'honoraires est soumise aux conditions de droit commun[14] s'agissant de la validité des conventions telles qu'énumérées à l'article 1128 du

1. V. s[s] n°s 647.00 s.
2. RIN, art. 6.3.4 – V. s[s] n°s 413.131 s.
3. V. s[s] n°s 413.131 s.
4. V. s[s] n° 412.63.
5. V. s[s] n° 433.83.
6. Décr. n° 2021-25, 13 janv. 2021 portant création de l'examen de conformité fiscale, *JO* 14 janv., art. 3.
7. V. s[s] n°s 713.381 s.
8. Arr. 13 jan. 2021 d'application du décret n° 2021-25 du 13 janvier 2021 portant création de l'examen de conformité fiscale, *JO* 14 janv., Annexe 4.
9. CNB, Commissions : Exercice du droit, Droit et entreprise, Règles et usages, *Rapport sur l'examen de conformité fiscale,* AG 15 oct. 2021.
10. Com. 7 janv. 1992, n° 90-14.831, P IV, n° 3 ; *D.* 1992. 278, obs. L. Aynès ; *RTD civ.* 1992. 762, obs. J. Mestre – Civ. 1re, 6 juin 2000, n° 97-19.347, P I, n° 173 ; *D.* 2001. 1345, note D. Krajeski ; *D.* 2002. 853, obs. B. Blanchard ; *RTD civ.* 2000. 571, obs. J. Mestre et B. Fages ; *RTD civ.* 2000. 858, obs. P.-Y. Gautier – V. s[s] n° 741.91.
11. Civ. 2e, 26 juin 2008, n° 06-11.227, P II, n° 151 ; *D.* 2008. 2007 ; *JCP* 2008. I. 184, n° 6, obs. Ch. Jamin ; *LPA* 12 janv. 2009, p. 3, note C. Porteron.
12. Aix-en-Provence, ord. 1er prés., 26 avr. 1984.
13. V. s[s] n° 732.41.
14. D. Houtcieff, *Droit des contrats*, 6e éd., Bruylant, 2021.

code civil[1]. Sauf à ce qu'elle soit affectée d'une cause de nullité (dol, erreur, violence), sous réserve du recours à l'action interrogatoire pour couvrir celle-ci[2], et dont il appartient à celui qui l'invoque d'en apporter la preuve, la convention d'honoraires proposée par l'avocat et acceptée par le client fait la loi des parties. Ainsi, le consentement du client à la convention d'honoraires doit être sans faille[3].

Nonobstant le règlement d'honoraires plus ou moins spontané par le client, le juge de l'honoraire reste compétent pour en ordonner la restitution, notamment dans le cas où la liberté du client est altérée, et ce, même s'il existe une convention d'honoraires acceptée par le client.

713.122 Vice du consentement. Les vices de consentement peuvent résulter d'un défaut d'information précontractuelle sur le terrain de l'erreur ou du dol[4]. L'inexpérience du client peut également vicier son consentement ; et toutes les fois que sa liberté apparaît avoir été altérée, la convention doit être considérée comme nulle et le client pourra prétendre à la restitution de ses honoraires[5].

C'est ainsi qu'il a pu être considéré que la supériorité de l'avocat et le besoin d'obtenir immédiatement les sommes qui lui ont été allouées par le jugement pouvaient amener le client à la signature d'une convention d'honoraires au mépris de sa liberté sur le terrain de la violence morale[6]. Doit également être annulée la convention conclue avec un client dans des circonstances qui permettaient d'estimer que son consentement n'a pas été libre, dès lors qu'il se trouvait dans un état de moindre résistance en raison du besoin qu'il avait de percevoir rapidement les dommages-intérêts qui lui étaient dus compte tenu de son état de surendettement, et qu'il se trouvait dans un état de faiblesse psychologique attesté par les pièces médicales produites, lequel n'était pas de nature à permettre au client de s'opposer aux prétentions de son avocat, « compte tenu de la différence des personnalités en présence »[7]. Doit également être annulée la convention dont la signature a été extorquée la veille de l'audience, alors que le client était en pleine dépression, son avocat lui ayant alors affirmé qu'à défaut, il refusait de plaider[8].

Mais le simple état de nécessité ne saurait suffire à justifier un vice de consentement dès lors qu'il n'est pas démontré que la convention aurait été conclue sous l'empire d'une quelconque contrainte morale exercée par l'avocat ou un tiers, et que cette même convention a, de surcroît, été tacitement mais nécessairement approuvée dans des courriers postérieurs[9].

713.123 Devoir de prudence. L'avocat devra toujours faire preuve de prudence lors de la signature de la convention d'honoraires afin de s'assurer du consentement libre et éclairé de son client, notamment lorsque ce dernier se trouve dans un état de faiblesse physique ou psychique[10].

D'autant que l'article 1143 du code civil prévoit expressément qu'il y a violence, et donc vice du consentement, lorsqu'une partie, abusant de l'état de dépendance dans lequel se trouve son cocontractant à son égard, obtient de lui un engagement qu'il n'aurait pas souscrit en l'absence d'une telle contrainte et en tire un avantage manifestement excessif[11].

713.124 Incapables majeurs. Lorsque le client est un incapable majeur[12], même si, pour les matières dont il a la libre disposition, le choix de l'avocat est un acte personnel du majeur protégé, la plus grande prudence est requise. Depuis 2008[13], la qualifica-

1. Civ. 2e, 26 oct. 2017, no 16-14.416, NP ; *D. actu.* 28 nov. 2017, obs. Th. de Ravel d'Esclapon.
2. M. Mekki, « Fiche pratique : la nullité entre tradition et modernité », *Gaz. Pal.* 3 janv. 2017, p. 21 – L. Veyre, « L'action interrogatoire en matière de nullité : personnes intéressées, soyez vigilantes ! », *AJ contrat* 2017. 74 ; – COMP : Cass., ch. mixte, 24 févr. 2017, no 15-20.411, NP ; *JCP* 2017. 234 ; *JCP* 2017. 305, avis B. Sturlèse et note G. Pignarre ; *JCP* 2017. 325, no 5, note Y.-M. Serinet ; *D.* 2017. 793, note B. Fauvarque-Cosson.
3. Civ. 2e, 18 déc. 2003, no 02-16.426 ; *D.* 2004. 2829, obs. B. Blanchard ; *JCP* 2004. I. 117, no 22, obs. R. Martin ; *LPA* 25 oct. 2004, p. 4, note G. Kessler ; – AUSSI : Limoges, 14 janv. 2020, RG no 19/00060 ; *JCP* 2020. 435, obs. G. Kessler.
4. V. ss nos 712.21 s.
5. Paris, 23 avr. 1968 ; *Gaz. Pal.* 1968. 136 ; – RAPPR. : Civ. 1re, 13 oct. 1976, NP ; REJET ; *Gaz. Pal.* 1976. Somm. 274 ; – *CONTRA* : Paris, 6 mars 1975 – Civ. 1re, 19 avr. 1977, no 75-15.449, P I, no 167 ; *Gaz. Pal.* 1977. 2. Somm. 224 ; *D.* 1977. 322 – Civ. 1re, 18 juill. 1977, no 77-11.915, P I, no 336 ; *Gaz. Pal.* 1977. 2. Somm. 358 ; *in* A. DAMIEN, *Les grands arrêts*, Litec, 1991, p. 123 – Civ. 1re, 16 janv. 1979, no 77-12.660, P I, no 21 ; *D.* 1981. 330, note A. Brunois ; *Gaz. Pal.* 1979. 538, note J. Viatte – Civ. 1re, 12 juill. 1989, no 87-16.982, P I, no 291 ; *JCP* 1989. IV. 346.
6. Civ. 1re, 3 nov. 1976, no 75-12.992, P I, no 319 ; *Gaz. Pal.* 1977. 67, note A. Damien ; *in* A. DAMIEN, *Les grands arrêts*, Litec, 1991, p. 114.
7. Civ. 2e, 5 oct. 2006, no 04-11.179, NP ; *D.* 2007. 2215, note G. Raoul-Cormeil ; *D.* 2007. 2790, obs. S. Amrani-Mekki ; *CCC* 2007, no 44.
8. Civ. 1re, 29 juin 1999, no 96-20.647, P I, no 219 ; *JCP* 1999. II. 10187, note R. Martin ; *Gaz. Pal.* 1999. Pan. 258.
9. Civ. 2e, 8 sept. 2005, no 04-12.041, P II, no 213 ; *JCP* 2006. I. 105, no 24, obs. R. Martin ; *RLDC* 2005. 899, obs. C. Le Gallou ; *RTD civ.* 2006. 108, obs. J. Mestre et B. Fages.
10. V. ss nos 481.127 s.
11. C. civ., art. 1143 – F. Chénedé, *Le nouveau droit des contrats et des obligations*, 2e éd., hc, Dalloz, 2018, nos 123.161 s. – H. Barbier, « La violence par abus de dépendance », *JCP* 2016. 421 – M. Latina, « L'abus de dépendance (C. civ., art. 1143) : premiers enseignements des juridictions du fond », *D.* 2021. 2180.
12. F. Fresnel, « Les spécificités des conventions d'honoraires des personnes protégées », *Gaz. Pal.* 6 juin 2017, p. 85.
13. L. no 2007-308, 5 mars 2007 portant réforme de la protection juridique des majeurs, *JO* 7 mars, p. 4325 – Décr. no 2008-1484, 22 déc. 2008 relatif aux actes de gestion du ▶

tion de la convention d'honoraires au regard de la classification tripartite des actes de disposition, des actes d'administration et des actes conservatoires dépend des modalités de facturation qu'elle prévoit[1]. La convention d'honoraires doit s'analyser au regard du caractère proportionné de l'honoraire au patrimoine et aux ressources du majeur[2].

En principe, une convention prévoyant une facturation forfaitaire ou un honoraire au temps passé et un taux horaire déterminé dans la limite d'un plafond, s'analyse comme un acte d'administration, lequel implique, sous la curatelle, la signature de la seule personne protégée (curatélaire) et, sous la tutelle, celle du tuteur[3]. En revanche, la convention stipulant des honoraires au temps passé et un taux horaire déterminé sans limitation, ou la convention prévoyant un honoraire de résultat[4], c'est-à-dire la convention d'honoraires proportionnels en tout ou partie à un résultat, indéterminé ou aléatoire, correspond à un acte de disposition[5], lequel implique le contreseing du curateur, sous la curatelle, avec saisine du juge de la tutelle en cas de désaccord entre le majeur protégé et le curateur, et sous la tutelle, l'autorisation préalable du juge des tutelles en cas de tutelle simple ou celle du conseil de famille ou, à défaut, le juge[6]. La Cour de cassation a confirmé cette analyse en considérant que : « constitue un acte de disposition soumis à l'autorisation du juge les conventions d'honoraires proportionnels en tout ou partie à un résultat, indéterminés ou aléatoires »[7].

Lorsque le mandat et la convention sont signés avant la mise sous protection, le protecteur désigné ne peut pas s'opposer à son exécution, sous réserve de la preuve d'un abus ou d'une fraude. En cas de difficulté, le juge des tutelles doit être saisi afin qu'il autorise ou enjoigne à la personne chargée de la protection de régler les honoraires de l'avocat.

En cas de sauvegarde de justice, le majeur peut, en principe, signer seul la convention, sauf si un mandataire spécial a été désigné et en a le pouvoir.

713.125 Prudence nécessaire. Il est nécessaire de faire preuve de la plus grande prudence en la matière. C'est ainsi qu'ont été annulés, la nullié étant « de plein droit »[8], une convention d'honoraires signée et des paiements effectués par un tuteur seul, alors que leur montant total au regard de ses incidences sur le patrimoine du majeur protégé apparaissait comme constituant des actes de disposition nécessitant l'autorisation du juge des tutelles[9]. Les mêmes règles tendent à devoir s'appliquer s'agissant d'un accord en vue du paiement après service rendu[10] d'un « important » honoraire de résultat, lequel doit faire l'objet de l'autorisation préalable du juge des tutelles en cas de tutelle simple[11].

En outre, il convient de s'assurer de la bonne compréhension par la personne protégée de ce à quoi elle s'engage, notamment au regard du risque de nullité en cas d'insanité d'esprit. Et même lorsqu'elle a été signée à un moment où l'incapable n'était pas encore mis sous un régime de protection, la convention est toujours susceptible d'être annulée sur le fondement de l'article 503 du code civil, dès lors qu'il est notoire que le client ne disposait pas de toutes ses facultés au moment de la signature[12].

Il convient d'être d'autant plus vigilant qu'en cas d'annulation de la convention d'honoraires par le juge compétent[13], l'avocat ne sera pas recevable à réclamer le paiement d'un quelconque honoraire[14].

713.126 Mineur. En présence d'un mineur, si la convention ne s'analyse normalement pas en une renonciation à un droit au nom du mineur exigeant l'autorisation du juge des tutelles, elle n'en requiert pas moins l'accord de l'un de ses administrateurs légaux[15]. La solution est identique dans le cadre de l'administration légale sous contrôle judiciaire : le consentement de l'administrateur légal est exigé.

► patrimoine des personnes placées en curatelle ou en tutelle, et pris en application des articles 452, 496 et 502 du code civil, *JO* 31 déc., p. 20631.

1. Décr. n° 2008-1484, 22 déc. 2008 relatif aux actes de gestion du patrimoine des personnes placées en curatelle ou en tutelle, et pris en application des articles 452, 496 et 502 du code civil, *JO* 31 déc., p. 20631, ann. I.
2. Décr. n° 2008-1484, 22 déc. 2008, art. 2.
3. Civ. 1re, 27 mai 2003, n° 00-18.136, P I, n° 127 ; *D.* 2004. 1859, obs. J.-J. Lemouland.
4. EN CE SENS : Civ. 2e, 23 mai 2019, n° 18-15.788, NP ; *Gaz. Pal.* 8 oct. 2019, p. 64, obs. M.-C. Gras, B. Guillon ; *Defrénois* 2019/10. 34, note J. Combret.
5. F. Fresnel, « La convention d'honoraires et l'incapable », *AJ fam.* 2012. 544.
6. CE 16 juin 2010, req. n° 325513, NP ; *Dr. fam.* 2010, n° 153, obs. I. Maria.
7. Civ. 2e, 6 mai 2021, n° 19-22.141, P ; *JCP* 2021. 570 ; *D.* 2021. 1266, obs. J.-J. Lemouland ; *JCP* 2021. 766 note N. Peterka ; *Gaz. Pal.* 1er juin 2021, p. 31, obs. C. Berlaud.
8. C. civ., art. 465, 4°) – Civ. 2e, 6 mai 2021, n° 19-22.141, P ; *JCP* 2021. 570 ; *D.* 2021. 1266, obs. J.-J. Lemouland ; *JCP* 2021. 766, note N. Peterka ; *Gaz. Pal.* 1er juin 2021, p. 31, obs. C. Berlaud.
9. Aix-en-Provence, 12 nov. 2013 ; *D. avocats* 2014. 88, obs. L. Dargent ; *Dr. fam.* 2014, n° 27, obs. I. Maria ; *AJ fam.* 2014. 192, note V. Montourcy.
10. V. ss nos 732.141 s.
11. Civ. 2e, 23 mai 2019, n° 18-15.788, NP ; *Gaz. Pal.* 8 oct. 2019, p. 64, obs. M.-C. Gras, B. Guillon ; *Defrénois* 2019/10. 34, note J. Combret.
12. Civ. 1re, 6 déc. 2005, n° 03-19.188, NP ; *RJPF* 2006-3/19, note F.-J. Pansier ; *RTD civ.* 2006. 537, obs. J. Hauser.
13. V. ss n° 481.127.
14. Civ. 1re, 27 mai 2003, n° 00-18.136, P I, n° 127 ; *D.* 2004. 1859, obs. J.-J. Lemouland.
15. Civ. 1re, 3 juill. 2001, n° 98-16.854, P I, n° 195 ; *RTD civ.* 2002. 73, obs. J. Hauser ; *RJPF* 2001-12/11, obs. Th. Garé.

La convention d'honoraires liée à une action judiciaire extrapatrimoniale ou à une transaction conclue avec l'avocat du mineur sous tutelle devait, jusqu'en 2008, être autorisée par le conseil de famille à peine de nullité. Depuis 2008, le tuteur représente le mineur sous tutelle en justice dans toutes les procédures civiles, pénales ou administratives, relatives à ses droits patrimoniaux. Mais s'agissant des droits extrapatrimoniaux, il doit être autorisé, et peut être enjoint, à agir en justice ou à défendre, par le conseil de famille[1].

Ici encore, la convention prévoyant un honoraire de résultat est un acte de disposition[2] qui nécessite l'autorisation préalable du juge des tutelles, lequel doit se prononcer, et ne saurait refuser de statuer sur le mérite de la demande tendant à conclure une telle convention, avant que soit intervenue la décision judiciaire sur le résultat de laquelle les honoraires étaient pour partie calculés[3].

§ 3
Conclusion par voie électronique

713.130 **Plan.** La conclusion d'une convention d'honoraires peut être réalisée par voie électronique (A) selon des modalités particulières (B).

A.
Modalités générales de conclusion par voie électronique

713.141 **Conclusion par voie électronique en respect du droit commun et des obligations particulières d'information précontractuelle.** La convention d'honoraires peut être conclue par voie électronique[4], notamment au moyen d'un formulaire sur le site internet de l'avocat, à condition de respecter les conditions prévues, pour toute conclusion de contrat par voie électronique, aux articles 1125 et suivants du code civil[5], et notamment, les obligations particulières d'information précontractuelle[6] renforcées, sauf en cas de conclusion de la convention par courrier électronique ou entre professionnels[7].

L'avocat devra s'assurer que le client a eu la possibilité de vérifier le détail de sa commande et son prix total, et de corriger d'éventuelles erreurs avant de confirmer celle-ci, pour exprimer son acceptation (formalité dite du double-clic applicable sauf en cas de conclusion de la convention par courrier électronique[8]), et devra alors en accuser réception sans délai injustifié[9], faute de quoi la convention d'honoraires sera considérée comme n'ayant pas été valablement formée[10].

713.142 **Conditions contractuelles.** Conformément à l'article 1127-1 du code civil, l'avocat doit mettre à disposition les conditions contractuelles de sa prestation[11] de manière à permettre leur conservation et leur reproduction, et énoncer clairement les étapes à suivre, les moyens techniques permettant à l'utilisateur du site d'identifier les erreurs commises dans la saisie des données et les moyens pour ce même utilisateur de consulter les règles professionnelles auxquelles est soumis l'avocat[12].

713.143 **Plateforme e-Barreau.** Depuis 2015 et le lancement de l'acte d'avocat électronique[13], la plateforme e-Barreau permet la signature en ligne de conventions d'honoraires entre l'avocat et son client, garantissant, en outre, pour celles-ci comme pour l'ensemble des autres services, un archivage sécurisé.

B.
Modalités particulières de conclusion par voie électronique

713.151 **Protection des consommateurs et de certains professionnels.** La conclusion d'une convention d'honoraires selon une technique de communication à distance avec un client ayant la qualité de consommateur[14], mais également avec un professionnel dès lors que l'objet du contrat n'entre pas dans son champ d'activité principal et que le nom-

1. C. civ., art. 408 – Th. Fossier, F. Fresnel, « Les honoraires d'avocat pour la défense d'un incapable », *Gaz. Pal.* 14-16 avr. 2002, n° 104 à 106, p. 3, spéc. p. 8 – F. Fresnel, « Les spécificités des conventions d'honoraires des personnes protégées », *Gaz. Pal.* 6 juin 2017, p. 85 – Ch. Pelletier, « Le patrimoine du mineur est-il protégé depuis la réforme de l'administration légale. », *Gaz. Pal.* 6 juin 2017, p. 73, not. p. 78.
2. Civ. 2e, 8 déc. 2016, n° 15-28.554, NP ; *D.* 2017. 12502, obs. J.-J. Lemouland.
3. Civ. 2e, 10 sept. 2015, n° 14-23.959, P II, n° 105 ; *D.* 2015. 1846 ; *RTD civ.* 2016. 82, obs. J. Hauser – P. Lingibé, « Convention d'honoraires et mineurs incapables : quelles règles ? quels contrôles ? », *Gaz. Pal.* 12 oct. 2021, p. 13.
4. G. Raymond, *Droit de la consommation*, 4e éd., « Droit & Professionnels », LexisNexis, 2017, nos 458 s.
5. V. ss nos 464.61 s.
6. C. civ., art. 1127-1.
7. C. civ., art. 1127-3.
8. C. civ., art. 1127-3.
9. C. civ., art. 1127-2.
10. Aix-en-Provence, 24 févr. 2015, RG n° 2015/40 – Aix-en-Provence, 24 févr. 2015, RG n° 2015/41.
11. V. ss nos 712.131 s.
12. C. civ., art. 1127-1 5°).
13. CNB, « Découvrez dès aujourd'hui l'acte d'avocat 100 % dématérialisé, accessible en ligne de sa signature à son archivage ! », Communiqué, 19 mai 2015 – V. ss nos 632.61 s.
14. Dgccrf, Fiche pratique, *E-commerce : les règles applicables aux relations entre professionnels et consommateurs (relation B to C)*, mars 2016.

bre de salariés employés par celui-ci est inférieur ou égal à cinq[1], doit être réalisée, en outre, conformément aux dispositions prévues par la directive 2011/83[2] relative aux contrats conclus à distance et hors établissement, et transposée dans le code de la consommation aux articles L. 221-1 et suivants[3].

Ces dispositions[4] imposent une obligation d'information précontractuelle[5], qui peut être fournie par tout moyen adapté à la technique de communication utilisée, tel qu'un lien hypertexte[6], ainsi que la remise obligatoire d'un contrat (lettre de mission comportant convention d'honoraires avec bordereau de rétractation ou formulaire de rétractation en ligne[7]) sur support papier, ou tout support durable si le consommateur l'accepte[8].

713.152 Délai de rétractation. Le consommateur bénéficie alors d'un délai de rétractation de quatorze jours[9] à compter de la conclusion de la convention d'honoraires[10]. La convention d'honoraires devra contenir un formulaire de rétractation et un avis d'information type concernant l'exercice du droit de rétractation, tels que fixés par le décret du 17 septembre 2014[11].

Il convient de préciser que si le consommateur souhaite que l'exécution d'une prestation commence avant la fin du délai de rétractation de quatorze jours, l'avocat doit recueillir sa demande expresse en ce sens sur papier ou sur tout support durable[12].

713.153 Honoraires et exercice du droit de rétraction. Le consommateur qui a exercé son droit de rétractation d'un contrat de prestation de services dont l'exécution a commencé, à sa demande expresse, avant la fin du délai de rétractation, verse à l'avocat un honoraire correspondant au service fourni jusqu'à la communication de sa décision de se rétracter, lequel montant est proportionné au prix total de la prestation convenue dans le contrat[13].

713.154 Sanctions. Lorsque les informations relatives au droit de rétractation n'ont pas été fournies au consommateur, le délai de rétractation est prolongé de douze mois à compter de l'expiration du délai de rétractation initial. Toutefois, lorsque la fourniture de ces informations intervient pendant cette prolongation, le délai de rétractation expire au terme d'une période de quatorze jours, à compter du jour où le consommateur a reçu ces informations[14].

Le non-respect de ces dispositions est passible d'une peine d'emprisonnement de deux ans et d'une amende de 150 000 euros[15], ainsi que de peines complémentaires, dont l'interdiction d'exercice de la profession d'avocat pour une durée de cinq ans au plus[16], ainsi que d'une amende administrative, prononcée par l'Autorité de la concurrence, dont le montant ne peut excéder 3 000 euros pour une personne physique et 15 000 euros pour une personne morale[17].

713.155 Conservation des contrats conclus par voie électronique. Lorsque le contrat est conclu par voie électronique et qu'il porte sur une somme égale ou supérieure à 120 euros[18], l'avocat doit assurer la conservation de l'écrit qui le constate pendant un délai de dix ans à compter de l'exécution de la prestation ou de la conclusion du contrat lorsque l'exécution de la prestation est immédiate[19], et en garantir à tout moment l'accès à son client si celui-ci en fait la demande[20].

§ 4
Conclusion hors établissement

713.161 Conclusion hors établissement en présence du client. La conclusion d'une convention d'honoraires en dehors d'un établissement (cabinet de l'avocat)[21] avec un client ayant la qualité de consommateur, mais également avec un professionnel dès lors que l'objet du contrat n'entre pas dans son champ d'activité principal et que le nombre de salariés

1. C. consom., art. L. 221-3.
2. Dir. 2011/83, Parlement européen et Conseil, 25 oct. 2011 relative aux droits des consommateurs, modifiant la directive 93/13/CEE du Conseil et la directive 1999/44/CE du Parlement européen et du Conseil et abrogeant la directive 85/577/CEE du Conseil et la directive 97/7/CE du Parlement européen et du Conseil, *JOUE* 22 nov., p. 64.
3. L. n° 2014-344, 17 mars 2014 relative à la consommation, *JO* 18 mars 2014, p. 5400.
4. D. Fenouillet (dir.), *Droit de la consommation*, « Dalloz Action », 2020, n°s 231.00 s. par J. Julien.
5. C. consom., art. L. 221-5 et L. 221-7 – G. Loiseau, « Les obligations d'information des intermédiaires du commerce électronique », *CCE* 2015, comm. n° 78 – CJUE 10 juill. 2019, *Amazon EU Sàrl*, aff. C-649/17 ; *D.* 2019. 1445 ; *D.* 2020. 630, obs. H. Aubry.
6. C. consom., art. L. 221-11.
7. C. consom., art. L. 221-21.
8. C. consom., art. L. 221-13.
9. C. consom., art. L. 221-18.
10. C. consom., art. L. 221-18 1°).
11. Décr. n° 2014-1061, 17 sept. 2014 relatif aux obligations d'information précontractuelle et contractuelle des consommateurs et au droit de rétractation, *JO* 19 sept., p. 15331 – A.-S. Lucas-Puget, « *La clause informant le consommateur de son droit de rétraction dans les contrats à distance et hors établissement* », *RCA* 2016, Formule n° 10.
12. C. consom., art. L. 221-25.
13. C. consom., art. L. 221-25.
14. C. consom., art. L. 221-20.
15. C. consom., art. L. 242-5 et L. 242-6.
16. C. consom., art. L. 242-8.
17. C. consom., art. L. 242-10 s.
18. C. consom., art. D. 213-1.
19. C. consom., art. D. 213-2.
20. C. consom., art. L. 213-1.
21. G. Raymond, *Droit de la consommation*, 4e éd., « Droit & Professionnels », LexisNexis, 2017, nos 526 s.

employés par celui-ci est inférieur ou égal à cinq[1], suit le même régime que la conclusion par voie électronique.

Un contrat est considéré comme étant conclu hors établissement dès lors qu'il est conclu :

1° Dans un lieu qui n'est pas celui où l'avocat exerce son activité en permanence ou de manière habituelle, en la présence physique simultanée des parties, y compris à la suite d'une sollicitation personnalisée ou d'une offre faite par le consommateur ;

2° Dans le lieu où l'avocat exerce son activité en permanence ou de manière habituelle ou au moyen d'une technique de communication à distance, immédiatement après que le consommateur a été sollicité personnellement et individuellement dans un lieu différent de celui où l'avocat exerce en permanence ou de manière habituelle son activité et où les parties étaient, physiquement et simultanément, présentes ;

3° Pendant une excursion organisée par l'avocat ayant pour but ou pour effet de promouvoir ses services au consommateur[2].

Le régime des contrats hors établissement ne s'applique pas, en principe, aux conventions d'honoraires conclues à l'occasion de toute manifestation ayant la nature de foires ou salons qui font l'objet de dispositions particulières[3], sous réserve toutefois de l'hypothèse dans laquelle le consommateur se serait rendu à la foire ou au salon à l'invitation de l'avocat[4].

713.162 **Régime de la convention hors établissement.** Le régime de la convention conclue hors établissement avec un consommateur est similaire à celui de la convention conclue à distance[5], tant s'agissant des obligations d'information spécifiques, de la remise du contrat, que du délai de rétraction. L'ensemble de ces éléments doit être fourni sur papier signé par les parties ou, avec l'accord du consommateur, sur un autre support durable, confirmant l'engagement exprès des parties[6].

713.163 **Délai de carence de paiement.** En outre, l'avocat ne peut recevoir aucun paiement ou aucune contrepartie, sous quelque forme que ce soit, de la part du consommateur, avant l'expiration d'un délai de sept jours à compter de la conclusion du contrat hors établissement[7].

1. C. consom., art. L. 221-3.
2. C. consom., art. L. 221-1, 2°.
3. V. s[s] n°s 712.81.
4. EN CE SENS : D. Fenouillet (dir.), *Droit de la consommation*, « Dalloz Action », 2020, n°s 233.124 s. par J. Julien.
5. V. s[s] n°s 713.151 s.
6. C. consom., art. L. 221-8 et L. 221-9.
7. C. consom., art. L. 221-10.

Contrairement au délai de rétraction, ce délai est insusceptible de renonciation.

SECTION 3
CONTENU DE LA CONVENTION D'HONORAIRES

713.170 **Plan.** Le contenu de la convention d'honoraires (§ 1) fait l'objet d'une réglementation légale minimaliste qui fixe les modalités de détermination des honoraires en distinguant la rémunération des prestations effectuées de celle du résultat obtenu ou du service rendu (§ 2). D'autres clauses peuvent venir encadrer la relation contractuelle entre l'avocat et son client au-delà de la seule fixation des honoraires (§ 3), à condition de pouvoir être valablement prévues et, notamment, de ne pas avoir la nature de clauses abusives (§ 4).

§ 1
Propos liminaires

713.181 **Principe.** L'article 10 de la loi du 31 décembre 1971 prévoit d'une part que la convention d'honoraire doit être conclue par écrit, et d'autre part qu'elle doit préciser, notamment, le montant ou le mode de détermination des honoraires couvrant les diligences prévisibles, ainsi que les divers frais et débours envisagés.

713.182 **Liberté contractuelle.** La convention d'honoraires fait l'objet d'une réglementation légale minimaliste[8] tenant essentiellement aux articles 10 de la loi du 31 décembre 1971 et 10 du RIN. Dans le respect de ce cadre légal et réglementaire, la convention d'honoraires est un contrat, soumis comme tel au droit des contrats[9], refondu en 2016 et 2018[10]. Les modifications des dispositions réglementaires, y compris celles du RIN, s'appliquent, sauf dispositions contraires contenues dans celles-ci, aux conventions d'honoraires en cours à compter de leur publication au *Journal Officiel*.

Son contenu est, en principe, librement négocié entre l'avocat et son client. Pour apprécier la relation contractuelle liant l'avocat à son client, il convient, non seulement de se reporter au contrat conclu entre les parties[11], mais également à la pratique contractuelle de ce contrat[12], tels qu'ils résultent des pièces, et à leur interprétation raisonnable par chacune des parties lorsque le contrat a cessé.

8. V. s[s] n°s 711.00 s.
9. D. Houtcieff, *Droit des contrats*, 6e éd., Bruylant, 2021.
10. F. Chénedé, *Le nouveau droit des obligations et des contrats*, 2e éd., hc, Dalloz, 2018, n°s 001.17 s.
11. C. civ., art. 1103.
12. C. civ., art. 1194.

713.183 Droit commun des contrats. La convention d'honoraires est soumise au droit commun des contrats refondu en 2016[1] et 2018[2]. Elle doit avoir non plus un objet certain[3], mais un contenu licite et certain[4].

C'est ainsi que dans une affaire où un avocat avait été missionné, dans le cadre d'une procédure de saisie immobilière[5] à la suite de la liquidation judiciaire prononcée à l'encontre du père de ses clients, en vue « soit de payer pour éteindre le passif, soit de conserver l'immeuble dans la famille en le faisant racheter par un ou plusieurs de ses membres à l'occasion de l'adjudication, à un prix inférieur au marché et, pour ce faire, en dissuadant les amateurs par des incidents de procédure », la Cour de cassation a approuvé l'ordonnance du premier président rejetant la demande de nullité dès lors que l'entrave aux enchères au préjudice des créanciers, qui rendrait illicite la mission de l'avocat, ne saurait tenir au fait d'utiliser les incidents de procédure prévus par la loi dans l'objectif d'atteindre un prix d'adjudication inférieur à celui de la mise à prix[6].

Par conséquent, l'avocat était en droit de percevoir ses honoraires de diligences[7] ainsi qu'un honoraire complémentaire de résultat[8] calculé sur la base de 10 % de la différence entre l'estimation du bien faite par les organes de la procédure collective et le prix auquel un membre de la famille s'est déclaré adjudicataire[9].

713.184 Réforme du droit des contrats, du régime général et de la preuve des obligations. En principe, sauf dispositions particulières, les conventions d'honoraires conclues antérieurement au 1er octobre 2016 demeurent régies par les dispositions anciennes du code civil relatives au droit des contrats[10].

Les dispositions du code civil résultant de l'ordonnance du 10 février 2016[11] n'étant applicables qu'aux seuls contrats conclus à compter du 1er octobre 2016[12]. La portée du droit transitoire fait toutefois l'objet de quelques subtilités d'applications qu'il appartiendra à la jurisprudence de clarifier[13].

713.185 En présence d'un consommateur ou d'un contrat d'adhésion. Lorsque la convention est conclue avec un client ayant la qualité de consommateur ou de non-professionnel, ses clauses doivent être présentées et rédigées de façon claire et compréhensible. En cas de doute, elles s'interprètent dans le sens le plus favorable au consommateur ou au non-professionnel[14].

La réforme du droit des obligations pourrait avoir un impact certain sur les conventions d'honoraires, notamment si celles-ci sont qualifiées de contrats d'adhésion au sens de l'article 1110 du code civil[15].

713.186 Modèle de conventions d'honoraires. Il existe de nombreux exemples de conventions d'honoraires établis tant par le Conseil national des Barreaux[16] que par les barreaux, qui peuvent servir de

1. F. Chénedé, *Le nouveau droit des obligations et des contrats*, 2e éd., hc, Dalloz, 2018, no 001.17 s. – A. Bénabent et L. Aynès, « Réforme du droit des contrats et des obligations : aperçu général », *D.* 2016. 434 – D. Mazeaud, « Présentation de la réforme du droit des contrats », *Gaz. Pal.* 23 févr. 2016, p. 15 – M. Mekki, « L'ordonnance no 2016-131 du 10 février 2016 portant réforme du droit des contrats, du régime général et de la preuve des obligations. Le volet droit des contrats : l'art de refaire sans défaire », *D.* 2016. 494.
2. D. Mazeaud, « Quelques mots sur la réforme du droit des contrats », *D.* 2018. 912 – M. Mekki, « La loi de ratification de l'ordonnance du 10 février 2016. Une réforme de la réforme ? », *D.* 2018. 900 – O. Deshayes, Th. Genicon, Y.-M. Laithier, « Ratification de l'ordonnance portant réforme du droit des contrats, du régime général et de la preuve des obligations. L. no 2018-287 du 20 avril 2018 », *JCP* 2018. 529 – D. Houtcieff, « La loi de ratification de l'ordonnance de réforme du droit des contrats, de la preuve et du régime général des obligations : le droit schizophrène », *Gaz. Pal.* 17 avr. 2018, p. 14.
3. Civ. 2e, 26 oct. 2017, no 16-14.416, NP ; *JCP* 2018. 588, no 5, obs. C. Caseau-Roche ; *Gaz. Pal.* 5 juin 2018, p. 30, obs. D. Landry.
4. C. civ., art. 1128.
5. V. ss nos 641.11 s.
6. Civ. 2e, 3 mai 2018, no 17-14.855, NP.
7. V. ss nos 713.221 s.
8. V. ss nos 713.251 s.
9. Civ. 2e, 3 mai 2018, no 17-14.855, NP.
10. Ord. no 2016-131, 10 févr. 2016 portant réforme du droit des contrats, du régime général et de la preuve des obligations, *JO* 11 févr., no 26, art. 9.
11. Ord. no 2016-131, 10 févr. 2016.
12. Rouen, 1re ch. civ., 1er févr. 2017, RG no 15/05452.
13. F. Chénedé, *Le nouveau droit des obligations et des contrats*, 2e éd., hc, Dalloz, 2018, nos 31.00 s. – D. Mainguy, « L'étrange rétroactivité de la survie de la loi ancienne. À propos de la loi de ratification de la réforme du droit des contrats », *JCP* 2018. 964 – A. Bénabent, « Application dans le temps de la loi de ratification de la réforme des contrats (art. 16 de la loi du 20 avr. 2018) », *D.* 2018. 1024 – D. Houtcieff, « Application de l'ordonnance : demain est un autre jour », *Gaz. Pal.* 9 janv. 2018, p. 26 – M. Mekki, « L'art d'anticiper sans se précipiter… », *D.* 2018. 371 – D. Houtcieff, « La loi de ratification de l'ordonnance de réforme du droit des contrats, de la preuve et du régime général des obligations : le droit schizophrène », *Gaz. Pal.* 17 avr. 2018, p. 14.
14. C. consom., art. L. 211-1.
15. C. civ., art. 1110 et 1190 – F. Ancel, « Quel juge pour le contrat du XXIe siècle ? », *D.* 2017. 721 – F. Chénedé, « Le contrat d'adhésion de l'article 1110 du Code civil », *JCP* 2016. 776 – M. Mekki, « Fiche pratique sur les contrats d'adhésion », *Gaz. Pal.* 22 mars 2016, P. 16 – Th. Revet, « Les critères du contrat d'adhésion », *D.* 2016. 1771 ; « L'incohérent cantonnement, par l'Assemblée nationale, du domaine du contrat d'adhésion aux contrats de masse », *D.* 2018. 124 – F. Chénedé, *Le nouveau droit des obligations et des contrats*, 2e éd., hc, Dalloz, 2018, nos 123.361 s. – V. ss nos 713.291 s.
16. Sur des exemples de conventions d'honoraires, v. ss nos 032.21 s.

guide en la matière. À Paris, le RIBP contient quatre modèles de conventions d'honoraires[1].

§ 2
Modalités de détermination des honoraires

713.190 **Plan.** Dans les modalités de détermination des honoraires se distinguent deux grandes masses (A), la rémunération des prestations effectuées (B), ou honoraire de diligences, et la rémunération du résultat obtenu et service rendu (C), ou honoraire de résultat.

A.
Propos liminaires

713.201 **Principe.** L'article 10 de la loi du 31 décembre 1971[2] distingue deux grandes masses dans les honoraires, d'une part la rémunération des prestations effectuées, ou honoraire de diligences[3], et d'autre part la rémunération du résultat obtenu ou du service rendu, ou honoraire de résultat[4].

713.202 **Équilibre contractuel.** Les modalités de détermination des honoraires doivent naturellement respecter un équilibre contractuel, à défaut de retomber dans les modalités d'évaluation par défaut de l'honoraire : c'est ainsi que la seule prise en compte du temps passé a été jugée « *arbitraire* » et « *impossible à contrôler* »[5].

Il convient d'être précis et clair sur les critères et modalités de détermination de l'honoraire, lequel doit être prévisible, mais pas nécessairement déterminé à l'avance, même si l'indication d'un ordre de grandeur est fortement recommandée.

Si les modalités de détermination des honoraires ne sont pas rédigées de façon claire et compréhensible, le juge peut être amené à prononcer la nullité de la convention sur le fondement des articles 1128 et 1169 du code civil[6]. Il convient également de veiller à la cohérence des différentes clauses relatives à la rémunération de l'avocat, notamment lorsqu'elles figurent dans plusieurs documents contractuels (convention d'honoraires, lettre de mission, mandat...) et qu'elles se réfèrent les unes aux autres, telles qu'une indemnité de résiliation du mandat de l'avocat[7] qui ferait référence, quant à ses modalités de détermination, au montant des honoraires de l'avocat et doit être annulée, dès lors qu'il ne résultait pas des stipulations des conventions un montant déterminable et précis des honoraires de l'avocat[8].

B.
Rémunération des prestations effectuées

713.210 **Plan.** La rémunération des prestations effectuées obéit à des principes généraux prévoyant la libre fixation des honoraires entre l'avocat et son client (1°) et permettant une grande variété de modalités de valorisation suivant qu'elles soient forfaitaires, à la tâche, au temps passé, celle-ci rencontrant toutefois une certaine hostilité jurisprudentielle, ou encore selon à un tarif horaire plafonné, avec la possibilité de prévoir une dégressivité ou une variabilité comme un mixage de ces mêmes modalités (2°).

1°
Principes généraux

713.221 **Détermination de la rémunération.** Les honoraires de diligences sont fixés librement par l'avocat en accord avec son client. Mais ils doivent l'être dans le respect des principes essentiels, et notamment ceux de délicatesse, de dignité et de modération. C'est ainsi que des honoraires ridiculement bas peuvent porter atteinte à la dignité de l'avocat, dès lors qu'il ne s'agit pas d'une fixation modeste en raison de la situation particulière du client, mais au contraire d'un moyen de dumping vis-à-vis des confrères, tel qu'en matière de divorce[9], ou d'un signe de servilité vis-à-vis de correspondants ou de compagnies d'assurances.

Il convient toutefois d'être extrêmement prudent en la matière compte tenu de la diversité des modèles économiques des cabinets d'avocats[10].

713.222 **Éléments de la rémunération.** Les honoraires de diligences tiennent compte, selon les usages, de la situation de fortune du client, de la difficulté

1. RIBP, ann. XIX.
2. L. n° 71-1130, 31 déc. 1971, art. 10.
3. V. s[s] n°s 713.221 s.
4. V. s[s] n°s 713.251 s.
5. Civ. 2e, 13 juill. 2006, n° 04-18.206, NP ; *D.* 2007. 1901, obs. P. Delebecque, J.-D. Bretzner et T. Vasseur.
6. COMP. : Civ. 1re, 27 nov. 2019, n° 18-14.575, NP ; *D.* 2020. 361, obs. M. Mekki ; *D.* 2020. 627, obs. N. Sauphanor-Brouillaud.
7. V. s[s] n°s 484.281 s.
8. Civ. 2e, 20 févr. 2019, n° 17-27.129, P ; *JCP* 2019. 297 ; *JCP* 2019. 287, n° 24, obs. R. Boffa ; *Gaz. Pal.* 19 mars 2019, p. 42, obs. C. Berlaud ; *D.* 2019. 438 ; *D.* 2020. 415, obs. F. Lagarde ; *AJ contrat* 2019. 199, obs. F. Buy ; *JCP* 2019. 1238, n° 9, obs. C. Caseau-Roche ; – CASSANT : Bordeaux, 1re ch. civ., 5 sept. 2017, RG n° 16/02312.
9. CNB, Comm. RU, avis n° 2011-055, 19 déc. 2011 ; C. avocat 2021, s[s] L. 31 déc. 1971, art. 10, note 16.
10. D. Jensen (dir.), *Cabinet d'avocats*, 3e éd., « Dalloz Référence », 2016, n° 342.31 – Collectif, *La facturation des cabinets d'avocats en France*, Juristes associés, 2011 – Collectif, *Facturation des cabinets d'avocats d'affaires en France 2020*, Juristes associés, 2021 – Collectif, LEXqi Conseil, *Cartographie des Directions juridiques*, 6e éd., 2018 – Anafagc, *Zoom sur la profession : Les statistiques Édition 2020*, oct. 2020 – Barreau du Québec, *La tarification horaire à l'heure de la réflexion*, mars 2016.

de l'affaire, des frais exposés par l'avocat, de sa notoriété et des diligences de celui-ci[1].

L'article 11.2 du RIN précise un certain nombre d'éléments de référence permettant de déterminer le montant des honoraires de diligences. Il s'inspire des critères consacrés par la jurisprudence. Il s'agit du temps consacré à l'affaire, du travail de recherche, de la nature et la difficulté de l'affaire, de l'importance des intérêts en cause, de l'incidence des frais et charges du cabinet, de la notoriété, des titres, de l'ancienneté, de l'expérience et de la spécialisation dont est titulaire l'avocat, des avantages et du résultat obtenus au profit du client par son travail, ainsi que le service rendu à celui-ci et, enfin, de la situation de fortune du client[2].

713.223 **Critères non exclusifs.** Ces critères sont avant tout des guides, qui ne sauraient obvier qu'il y a ici un savant équilibre à établir, entre la réalité économique du cabinet d'avocats, et sa nécessaire rentabilité, d'une part, et les exigences des clients, d'autre part. Ces derniers exigent que les avocats se démarquent par une politique de rémunération juste et prévisible[3] avec une nette préférence pour la rémunération suivant un forfait par dossier ou un taux horaire avec estimation d'honoraire avec plafond[4].

En outre, toutes les prestations ne se valent pas, y compris dans un même dossier, faisant que le marché tend de moins en moins à accepter une rémunération élevée sur des prestations dites courantes ou répétitives, tandis qu'il tend à imposer une véritable rémunération en fonction de la réelle valeur ajoutée de la prestation de l'avocat qui n'est pas toujours réductible à une quantité de taches ou d'heures : l'apport de valeur ajoutée[5] est plus que jamais un axe stratégique clef des cabinets d'avocats, petits ou grands[6].

713.224 **Frais et débours envisagés.** La convention d'honoraires doit par ailleurs prévoir les modalités de prise en charge par le client des frais et débours que pourrait générer la mission confiée à l'avocat, et notamment leurs modalités de facturation et de remboursement[7].

Elle devra également prévoir les modalités de recours à des prestataires extérieurs (externalisation) ou à des sous ou co-traitants pour la réalisation de la mission ainsi que les modalités de prise en charge des frais qui en découleront[8].

Ces éléments qui font partie intégrante du coût de la prestation fournie par l'avocat au client doivent être clairement précisés afin d'éviter toutes difficultés ultérieures.

2°

Modalités de valorisation des prestations effectuées

713.231 **Rémunération forfaitaire.** La convention d'honoraires peut prévoir un honoraire de base pour des prestations dues à l'affaire : l'avocat peut recevoir d'un client des honoraires de manière périodique, y compris sous forme forfaitaire[9]. Un honoraire peut alors être fixé pour chaque affaire dont l'avocat est chargé, sous forme d'un prix forfaitaire pour le traitement de l'ensemble d'une procédure, depuis la prise en charge du dossier jusqu'à la fin de la procédure, ou encore, l'avocat peut accepter des honoraires annuels d'un client versés par mensualités et destinés à assurer en quelque sorte le service juridique dont il a besoin et qui peut comprendre éventuellement un certain nombre d'affaires à plaider ou volume de prestations de conseil (contrat d'abonnement...[10])[11].

À la différence des prix unitaires appliqués aux tâches[12] ou au nombre d'heures réellement exécutées[13], le prix forfaitaire s'applique quel que soit le nombre de tâches exécutées. L'avocat doit donc pouvoir évaluer *a priori* les prestations, afin de proposer un forfait adapté en conséquence à la mission qui va lui être confiée. Il s'agit de la méthode de facturation utilisée le plus couramment dans le secteur des prestataires de services, et notamment par les consultants. Cela suppose une définition préalable précise des besoins.

Il est possible de prévoir dans la convention d'honoraires dans le cadre d'un forfait des mécanismes d'ajustement, à la hausse ou à la baisse, suivant l'évolution du volume de prestations. Mais, sauf accord du client, le montant de l'honoraire forfaitaire appliqué ne saurait être révisé par le juge de l'honoraire[14].

1. V. s[s] n°s 721.00 s.
2. RIN, art. 11.2.
3. D. Iweins, « Une rémunération juste et prévisible, un souhait que les DJ font à leurs conseils », *ActuelDJ*, 20 mai 2015.
4. Cercle Montesquieu, « Cartographie des directions juridiques », oct. 2012.
5. Ch. Bessy, *L'organisation des activités des avocats*, « Forum », LGDJ-Lextenso, 2015 – J.-M. Jottrand (dir.), *La valeur ajoutée de l'avocat*, Anthémis, 2011 – Th. Wickers, *La grande transformation des avocats*, « Essai », Dalloz, 2014.
6. P.-J. Leca, « Choisir un avocat d'affaires, les critères à la barre », *Le nouvel économiste* 8 oct. 2015.
7. V. s[s] n°s 723.21 s.
8. V. s[s] n°s 723.21 s.
9. Décr. n° 2005-790, 12 juill. 2005, art. 10.
10. V. s[s] n°s 713.391 s.
11. RIN, art. 11.2 – Décr. n° 2005-790, 12 juill. 2005, art. 10.
12. V. s[s] n° 713.232.
13. V. s[s] n° 713.233.
14. Civ. 2e, 28 mars 2019, n° 18-14.073, NP – Paris, pôle 2, ch. 6, 1er déc. 2016, RG n° 13/00216.

713.232 **Rémunération à la tâche.** Le recours à une facturation à la tâche, commune dans certains États européens est assez peu pratiqué en France. Chaque tâche constituera la base du prix unitaire qui, multiplié par le nombre de prestations correspondantes, donnera la rémunération globale.

On peut alors prévoir des facturations par actes (par exemple la production d'une note juridique, la validation d'un acte, l'étude sur un point de droit, la recherche documentaire, la production d'un mémoire, la représentation à tel ou tel stade de l'instance...). Cela suppose une définition précise du contenu de chaque tâche, et de son prix unitaire, points qui doivent être précisés dans la convention d'honoraires.

713.233 **Rémunération au temps passé.** Les prestations de services juridiques sont trop souvent facturées au taux horaire[1], ce qui est sans rapport avec l'appréciation qualitative de la prestation. Si le nombre d'heures est prévu et que, par exemple, un divorce vaut cent heures et une expulsion d'un locataire cinquante, ce n'est plus un honoraire à l'heure, c'est un honoraire forfaitaire[2].

L'utilisation d'un taux horaire, voire de taux horaires variables ou différenciés en fonction des avocats intervenants (collaborateurs, associés, suivant expérience et spécialisation, ou encore en fonction du profil des clients, et de la technicité ou des enjeux du dossier), si elle apparaît comme une solution de facilité, rend la facturation peu contrôlable, et génère un défaut de transparence source de contentieux. L'élément inconnu qui le rend suspect est que nul ne peut prévoir le nombre d'heures qui seront employées pour assurer la défense du client dans telle affaire. En outre, le nombre d'heures facturées, parfois destiné à compenser l'insuffisance du taux horaire pour couvrir ses coûts fixes, est difficile à contrôler.

713.234 **Rémunération au temps passé – Hostilité jurisprudentielle.** On notera que la Cour de cassation a reconnu que le juge puisse fixer le montant des honoraires sur la base des critères énumérés à l'article 10 de la loi du 31 décembre 1971[3] alors même que la convention d'honoraires prévoyait l'application d'un taux horaire dès lors que « la seule appréciation du temps passé est parfaitement arbitraire et surtout impossible à contrôler pour le client » et que donc « doivent également être pris en compte la situation de fortune du client, la difficulté de l'affaire, les frais exposés, la notoriété de l'avocat et ses diligences » et ce, en usant de son pouvoir de contrôle des honoraires même en présence d'une convention d'honoraires[4].

Dans le même sens, la Cour européenne des droits de l'homme[5] a pu allouer des frais et dépens moindres que ceux sollicités dès lors que « le tarif horaire réclamé de 250 euros va au-delà de ce qu'elle est disposée à considérer comme un quantum raisonnable[6] ».

713.235 **Tarif horaire plafonné.** L'avocat, plutôt que de fixer un chiffre brut qui ne tiendrait pas compte des aléas de la procédure, peut plus aisément fixer une fourchette d'honoraires à l'intérieur de laquelle se situera l'honoraire qu'il réclame.

Afin de permettre une prévisibilité réelle des honoraires, il est préconisé de recourir au tarif horaire plafonné, en fixant un plafond au-delà duquel l'avocat ne facturera plus les heures passées et correspondant au coût prévisible raisonnable des prestations envisagées.

713.236 **Dégressivité et variabilité.** Les paramètres précités peuvent être prévus de manière dégressive. Tel peut être le cas pour des dossiers contentieux de « série », renvoyant à une situation identique et soulevant les mêmes arguments juridiques avec des honoraires calculés sur la base du nombre de dossiers traités sur une période déterminée.

Par exemple : X... euros pour chacun des dix premiers dossiers traités, Y... à partir du onzième.

713.237 **Mixage des paramètres.** La convention d'honoraires peut prévoir à la fois des prix forfaitaires, et des prix unitaires, suivant les prestations réalisées, ce qui permet de concilier des prestations non programmables à prix unitaire, avec des prestations définies et prévisibles à prix forfaitaires.

C. Rémunération du résultat obtenu ou du service rendu

713.240 **Plan.** La rémunération du résultat obtenu ou du service rendu obéit à des conditions de validité (1°) et de détermination (2°).

1. Civ. 1re, 8 déc. 1987, n° 85-18.597, P I, n° 332 ; *JCP* 1988. IV. 64 ; *Gaz. Pal.* 1988. Pan. 52 – TGI Paris, 9 juill. 1987 ; *Gaz. Pal.* 1989. Somm. 9, 12 janv. 1989 ; – *CONTRA* : TGI Bonneville, 6 juill. 1989 ; *Gaz. Pal.* 1990. 1. Somm. 87 – Pontoise, 8 mai 1989 ; *Gaz. Pal.* 1990. 2. Somm. 419.
2. V. ss n° 713.231.
3. V. ss nos 721.14 s.
4. Civ. 2e, 13 juill. 2006, n° 04-18.206, NP ; *D.* 2007. 1901, obs. Ph. Delebecque, J.-D. Bretzner et T. Vasseur.
5. CEDH 5 juill. 2012, « *Les Témoins de Jehovah* » *(Assoc.) c/ France,* req. n° 8916/05 ; *RTD civ.* 2012. 702, obs. J.-P. Marguénaud ; *JCP* 2012. 1121, n° 7, obs. Ch. Jamin.
6. CEDH 14 févr. 2008, *Geerings c/Pays-Bas,* req. n° 30810/03.

1°
Conditions de validité

713.251 Licéité du *palmarium*. L'honoraire étant à la fois la rémunération du travail fourni et du service rendu, un supplément de rémunération peut être convenu, sauf en matière d'aide juridictionnelle partielle[1], au cas où la prestation de l'avocat assure à son client un résultat particulièrement satisfaisant.

Une telle rémunération, nécessairement complémentaire, connue sous le nom de pacte de succès[2] ou *palmarium*[3], est différente de celle du pacte de *quota litis* prohibé par la loi[4]. Elle a pour avantage, du point de vue du client, d'éviter le paiement de provisions successives au temps passé et d'impliquer plus étroitement l'avocat à la défense de ses intérêts.

713.252 Indifférence de l'existence d'un aléa. L'existence d'un aléa ne constitue pas une condition de validité de l'honoraire de résultat, faisant qu'il peut être prévu, par exemple, alors même qu'il n'existerait plus d'aléa sur l'existence ou le montant de la créance du client seul bénéficiaire d'une assurance-vie[5].

Il y a lieu toutefois de préciser qu'une telle modalité de fixation de l'honoraire de résultat sur des sommes ne faisant pas l'objet d'un litige (seule la partie des sommes objet du litige devant idéalement être prise en compte), comme celle qui consisterait à demander un honoraire de résultat « à vie » sur une rente viagère ou une pension alimentaire, n'apparaît pas conforme aux principes essentiels et notamment aux principes de délicatesse, de modération et de désintéressement[6] et pourrait donner lieu à des sanctions disciplinaires[7].

713.253 Nécessité d'une convention mixte. L'honoraire de résultat doit être prévu dans la convention d'honoraires en sus des honoraires de diligences : toute convention stipulant l'existence d'un honoraire complémentaire de résultat doit également prévoir la rémunération des prestations effectuées[8].

Est ainsi nulle une convention d'honoraires prévoyant un honoraire de résultat sans la mention des frais et honoraires de diligences rémunérées pour la même instance, nonobstant le fait que les prestations aient été, par ailleurs, effectivement rémunérées[9].

713.254 Portée de l'obligation d'une convention mixte. La convention exigée par la Cour de cassation doit être expresse et préalable. Il faut que le principe de l'honoraire complémentaire de résultat soit expressément stipulé[10] : la seule référence aux modalités de sa détermination étant insuffisante[11].

Ainsi, c'est le principe même de l'existence d'un honoraire de résultat qui doit figurer dans la même convention que l'honoraire de diligences. Mais il n'est pas exigé que la même convention fixe les modalités d'évaluation de la rémunération des prestations effectuées[12], pas plus d'ailleurs qu'il n'est exigé que soient déterminées dans la convention les modalités de détermination de l'honoraire de résultat[13].

713.255 Sort de l'honoraire rémunérant les prestations effectuées. Dans une telle convention mixte, l'honoraire de diligences[14] reste dû, quel que soit le résultat obtenu et ce même en l'absence de résultat.

Il convient toutefois de veiller à ne pas fixer un honoraire de diligence purement symbolique, la convention risquant alors, du fait de l'extrême faiblesse de la somme fixe réclamée, d'être qualifiée de pacte de *quota litis*[15].

Mais il est possible de prévoir que l'honoraire de diligences sera déduit de l'honoraire de résultat une

1. V. s^s n° 713.43.
2. B. Boccara, *L'honoraire de l'avocat*, Librairies techniques, 1981, p. 97.
3. W.-A. Lauterbach, *Disputatio Juridica de palmario advocatorum*, Tubingæ, Literis Kernerianis, 1671.
4. L. n° 71-1130, 31 déc. 1971, art. 10, al. 3 – V. s^s n°s 711.101 s.
5. Civ. 2e, 27 mars 2014, n° 13-11.682, P II, n° 82 ; *JCP* 2014. 597 n° 7, obs. C. Caseau-Roche ; *D.* 2014. 831 ; *D.* 2014. 1722, Chron. L. Lazerges-Cousquer, N. Touati, T. Vasseur, E. de Leiris, H. Adida-Canac, D. Chauchis et N. Palle ; *D.* 2015. 35, obs. T. Wickers ; *D. avocats* 2014. 184, obs. G. Deharo.
6. S. Tandeau de Marsac (dir.), Barreau de Paris, *Honoraires de l'avocat*, Éd. législatives, 2010, p. 96, n° 8.
7. V. s^s n°s 522.00 s.
8. Civ. 1re, 15 juill. 1999, n° 97-13.575, NP ; *JCP* 1999. I. 173, n° 28, obs. R. Martin – Civ. 2e, 21 avr. 2005, n° 02-20.183, P II, n° 114 ; *D.* 2005. 1302 ; *AJDI* 2005. 674 ; *RTD civ.* 2005. 631, obs. R. Perrot – V. s^s n°s 713.221 s.
9. Civ. 1re, 27 mai 2003, n° 01-00.306, P I, n° 126 ; *D.* 2004. 2828, obs. B. Blanchard ; *D.* 2003. 1664 ; *D.* 2003. 1664 ; *JCP* 2003. II. 10125, note R. Martin ; *Gaz. Pal.* 2003. 2400 ; *Gaz. Pal.* 2003. Somm. 2473.
10. Cass., avis, 27 sept. 1999, n° 09-90.011, P n° 7 ; *D.* 2000. Somm. 151, obs. B. Blanchard ; *JCP* 1999. II. 10219, note R. Martin.
11. Civ. 1re, 17 oct. 1995, n° 93-16.157, P I, n° 365 ; *Gaz. Pal.* 18 nov. 1995, note A. Damien – Versailles, 29 mai 1996 ; *Gaz. Pal.* 19 sept. 1996, note A. Damien – Civ. 1re, 19 déc. 1999, n° 96-16.363, NP ; *JCP* 2000. II. 10247, note R. Martin.
12. Civ. 1re, 18 mars 2003, n° 00-11.863, P I, n° 79 ; *D.* 2004. 2829, obs. B. Blanchard ; *Gaz. Pal.* 13-15 avr. 2003, p. 11, note A. Damien ; *JCP* 2003. I. 140, n° 15, obs. R. Martin – V. s^s n°s 713.221 s.
13. Civ. 1re, 6 juin 2000, n° 97-18.188, P I, n° 172 ; *D.* 2000. 181 ; *JCP* 2000. II. 10416, note R. Martin ; *Gaz. Pal.* 9 nov. 2000, note A. Damien – Civ. 2e, 27 févr. 2001, n° 98-18.690, NP ; *JCP* 2001. I. 348, n° 21, note R. Martin.
14. V. s^s n°s 713.221 s.
15. CD Paris, arr. n° 202741, 24 avr. 2001 – Dijon, ord., 15 févr. 1996 ; *Gaz. Pal.* 1996. 2. 501, note G.-P. Coulaud – Versailles 29 mai 1996 ; *Gaz. Pal.* 1996. 2. 476, note A. Damien – CNB, Comm. RU, avis n° 2019-012, 27 mai 2019 – V. s^s n°s 711.101 s.

fois le résultat atteint, faisant s'il restera dû même en l'absence de résultat, ce qui n'est pas contraire à la loi[1], et auquel cas le juge de l'honoraire doit opérer cette déduction[2].

713.256 Condition de l'établissement de l'honoraire de résultat. Si la Cour de cassation avait admis, antérieurement à 1991, qu'un honoraire de résultat pouvait être accordé en l'absence de convention entre les parties lorsque le résultat obtenu en raison de son ampleur dépassait ce qu'un pronostic mesuré laissait attendre[3], elle a clairement posé par la suite le principe suivant lequel aucun honoraire de résultat n'est dû s'il n'a été expressément stipulé dans une convention préalablement conclue entre l'avocat et son client[4].

Ainsi, le consentement préalable du client à un honoraire de résultat ne peut se déduire ni de son silence, ni d'une mention apposée au bas des factures d'honoraires, libellée « honoraire de résultat CF convention[5] ». Le consentement du client n'est pas non plus établi par l'existence d'une longue conversation téléphonique avec l'avocat, ni par les attestations de témoins[6].

713.257 Commune intention des parties. Cependant, le juge de l'honoraire doit rechercher la commune intention des parties et lorsqu'il constate un accord sur le principe du versement d'un honoraire de résultat, il lui appartient d'en fixer le montant. Il en a été jugé ainsi dès lors :

– qu'il ressortait des pièces versées, notamment des diverses correspondances, que le client avait été parfaitement informé de l'honoraire de résultat et avait consenti à celui-ci en donnant son accord sur la dernière facture sans observations et en ne contestant pas les propositions faites dans les correspondances antérieures[7] ;

– qu'il résultait d'un courriel par lequel le client, donnant suite à deux lettres de l'avocat relatives à sa rémunération, avait proposé le paiement d'un honoraire de résultat, l'existence d'une convention sur le principe d'un tel honoraire, nonobstant un désaccord sur son montant[8].

Dans cette affaire, l'avocat se contentait d'écrire à ses clients, en début de dossier, « en cas de résultat favorable, mes honoraires de diligences pourront éventuellement être complétés par des honoraires de résultat. Comme à mon habitude, je vous demande simplement d'accepter le principe de tels honoraires de résultat qui, en conséquence, ne pourront pas faire l'objet d'une facturation en fin dossier sans avoir recueilli préalablement soit votre accord, soit l'arbitrage du bâtonnier »[9] ;

– que le client, qui avait proposé à titre transactionnel, par courriel puis par texto, le paiement d'un honoraire de résultat à son avocat, reconnaissait ainsi être d'accord sur le principe de celui-ci[10].

713.258 Obligation de fixation en cas d'accord sur le principe. Par conséquent, dès lors que l'honoraire de résultat est acquis à l'avocat, il appartient au juge de l'honoraire de procéder à la détermination de son montant[11], le cas échéant en recourant à une mesure d'expertise.

Doit ainsi être cassée, l'ordonnance d'un premier président qui avait cru pouvoir rejeter une demande en paiement d'un honoraire de résultat assis sur un pourcentage de la nouvelle valeur de parcelle de terre dont il avait été chargé d'obtenir un meilleur classement dans le cadre d'un projet de plan local d'urbanisme (Plu), au motif que les références fournies par l'avocat à l'appui de la valorisation du résultat qu'il avait obtenu lui paraissaient insuffisantes car « portant sur des propriétés présentant des caractéristiques ignorées et situées dans des communes différentes de celle des parcelles en cause ». Pour la Cour de cassation, en statuant ainsi, en refusant d'évaluer le montant de l'honoraire de résultat selon le mode de calcul convenu entre les parties, alors qu'il résultait de ses propres constatations que cet honoraire était fondé en son principe, le premier président, qui

1. Civ. 2e, 21 janv. 2010, no 07-10.791, NP ; *D.* 2011. 552, obs. B. Blanchard.
2. Civ. 2e, 12 sept. 2013, no 12-21.225, NP ; *D. avocats* 2013. 454, note C. Caseau-Roche.
3. Civ. 1re, 9 mai 1996, no 94-13.139, NP ; *Gaz. Pal.* 19 sept. 1996, 476, note A. Damien ; *Gaz. Pal.* 1996. Pan. 227.
4. Civ. 1re, 26 mai 1994, no 92-17.758 ; *D.* 1995. 169, obs. A. Brunois – Civ. 1re, 3 mars 1998, nos 95-21.387, 95-21.053, 2 esp., P I, nos 86 et 87 ; *Gaz. Pal.* 11 juill. 1998, 19, note A. Damien ; *JCP* 8 avr. 1998, 697, note R. Martin ; *JCP* 1998. II. 10116, concl. J. Sainte-Rose ; *RTD civ.* 1998. 901, obs. J. Mestre – Civ. 1re, 23 nov. 1999, P I, no 318 ; *D.* 2000. 2 ; *JCP* 2000. I. 231 no 18, obs. R. Martin.
5. Civ. 2e, 13 juill. 2006, no 04-10.046, NP.
6. Civ. 2e, 13 juill. 2006, no 03-21.013, P II, no 206 ; *D.* 2006. 2207.
7. Limoges, 6 nov. 2012, RG no 12/00156 ; *D. avocats* 2013. 7, obs. L. Dargent.
8. Civ. 2e, 17 janv. 2019, no 18-10.198, P ; *D.* 2019. 135 ; *Gaz. Pal.* 5 févr. 2019, p. 30, obs. C. Berlaud ; *JCP* 2019. 93, obs. S. Grayot-Dirx ; *JCP* 2019. 87 ; *JCP* 2019. 183, no 2, obs. Y.-M. Serinet ; *JCP* 2019. 255, no 4, obs. S. Grayot-Dirx ; *Gaz. Pal.* 28 mai 2019, p. 24, obs. D. Landry et J. Villacèque.
9. Civ. 2e, 17 janv. 2019, no 18-10.198, P ; *D.* 2019. 135 ; *Gaz. Pal.* 5 févr. 2019, p. 30, obs. C. Berlaud ; *JCP* 2019. 93, obs. S. Grayot-Dirx ; *JCP* 2019. 87 ; *JCP* 2019. 183, no 2, obs. Y.-M. Serinet ; *JCP* 2019. 255, no 4, obs. S. Grayot-Dirx ; *Gaz. Pal.* 28 mai 2019, p. 24, obs. D. Landry et J. Villacèque.
10. Civ. 2e, 6 févr. 2020, no 18-26.282, NP.
11. Civ. 2e, 6 févr. 2020, no 18-24.539, NP – Civ. 2e, 6 févr. 2020, no 18-24.540, NP – Civ. 2e, 6 févr. 2020, no 18-24.541, NP – Civ. 2e, 6 févr. 2020, no 18-24.542, NP – Civ. 2e, 6 févr. 2020, no 18-24.543, NP.

devait en fixer le montant, a méconnu l'étendue de ses pouvoirs [1].

713.259 Contractualisation nécessaire. Il est toutefois toujours difficile d'exciper de conventions implicites, ou de conventions tacites matérialisées par des versements de provisions avec des lettres d'accompagnement plus ou moins précises.

L'obligation d'écrit s'impose avec d'autant plus de rigueur que, d'une part, l'honoraire doit faire systématiquement l'objet d'une convention écrite entre les parties [2], et surtout, d'autre part, s'agissant de la détermination du montant de l'honoraire de résultat qui implique de bien définir le résultat attendu et de préciser les critères de détermination de l'honoraire de résultat ainsi que, le cas échéant, les critères pertinents auxquels il sera recouru afin de procéder à son évaluation.

2°
Conditions de détermination

713.261 Principe. L'honoraire de résultat prend généralement la forme d'un pourcentage calculé sur les sommes encaissées ou payées par voie de compensation, du montant de la transaction réalisée ou du différentiel entre le montant normal et le montant obtenu... Il est possible de prévoir un plafonnement.

Il convient de procéder à une définition précise du résultat, ainsi que du pourcentage à appliquer ou de la somme forfaitaire qui sera due et le moment où le résultat sera considéré atteint [3].

713.262 Définition du résultat. L'honoraire de résultat prévu par la convention ne se comprend que si le résultat défini par la convention est définitif [4].

Il n'est, en principe, dû à l'avocat que lorsqu'il a été mis fin à l'instance par un acte ou une décision juridictionnelle irrévocable, à la fin d'une négociation ou dans les conditions prévues dans la convention. C'est ainsi que l'honoraire de résultat en fonction d'un litige n'est dû que lorsqu'il a été mis fin à l'instance par un acte ou une décision juridictionnelle irrévocable [5], ou par l'effet d'une sentence arbitrale irrévocable [6]. Tel n'est pas le cas d'une condamnation provisionnelle ou d'un jugement assorti de l'exécution provisoire [7] ou d'une décision, même revêtue de l'exécution provisoire s'il en est interjeté appel [8]. De la même façon, si l'arrêt d'une cour d'appel donnant satisfaction au client fait l'objet d'un pourvoi en cassation, l'honoraire de résultat n'est pas exigible, alors même que la décision est exécutoire. Il appartient toutefois au juge de rechercher si, nonobstant l'appel interjeté, l'exécution volontaire de la décision par la partie adverse ne rend pas irrévocable la décision de première instance permettant l'allocation de l'honoraire de résultat [9].

À cet égard, la Cour de cassation a pu considérer qu'en présence de deux conventions d'honoraires, l'une pour la procédure de première instance, l'autre pour la procédure d'appel, prévoyant un honoraire de résultat identique de 5 % HT sur la différence entre les sommes réclamées par le demandeur et celles allouées par la juridiction, l'honoraire de résultat ainsi prévu n'était du qu'une seule fois et non pour chacune des procédures de première instance et d'appel [10].

De même que l'honoraire de résultat attaché au résultat d'une négociation ou d'un mandat de vente immobilière ne sera dû que lorsque la négociation aura définitivement été concrétisée ou la vente définitivement réalisée.

713.263 Incidence de la mission de l'avocat. L'appréciation du résultat doit se faire au regard de la mission confiée par le client à son avocat : la Cour de cassation a ainsi approuvé l'ordonnance du premier président qui, s'agissant d'une convention d'honoraires

1. Civ. 2e, 8 févr. 2018, n° 16-28.632, 16-28.633, P II, n° 24 ; *JCP* 2018. 239, obs. C. Caseau-Roche ; *Gaz. Pal.* 5 juin 2018, p. 34, obs. D. Landry ; *D.* 2019. 98, obs. Th. Wickers ; *D. actu.* 26 févr. 2018, note D. Piau ; *JCP* 2018. 588, n° 7, obs. C. Caseau-Roche ; *Gaz. Pal.* 27 févr. 2018, p. 34, obs. C. Berlaud.
2. V. ss nos 713.21 s.
3. RIBP, ann. XIX.
4. Civ. 2e, 17 févr. 2011, n° 09-13.209, P II, n° 42 ; *D.* 2011. 2150, Chron. J.-M. Sommer, L. Leroy-Gissinger, H. Adida-Canac et O.-L. Bouvier.
5. Civ. 2e, 5 févr. 2004, n° 01-15.609, P II, n° 41 ; *D.* 2004. 922 ; *JCP* 2005. I. 112, obs. R. Martin – Civ. 2e, 10 mars 2004, n° 01-16.910, P II, n° 102 ; *D.* 2004. 921 ; *JCP* 2004. II. 10114, note R. Martin ; *Gaz. Pal.* 6-8 juin 2004, p. 9, note J.-P. Maisonnas – Civ. 2e, 10 nov. 2005, n° 04-15.661, P II, n° 285 ; *D.* 2005. 2896 ; *JCP* 2006. I. 105, n° 25, obs. R. Martin – Civ. 2e, 28 juin 2007, n° 06-11.171, P II, n° 173 ; *D.* 2007. 2040 ; Pan. 189, obs. Th. Clay ; *LPA* 26 sept. 2007, 15, note L. Degos ; *LPA* 17 déc. 2007, 12, note C. Porteron – Civ. 2e, 10 juill. 2008, n° 07-16.173, NP ; *JCP* 2007. I. 206, n° 9, obs. F. G'Sell – Civ. 2e, 11 sept. 2014, n° 13-21.739, NP – Civ. 2e, 11 sept. 2014, n° 13-20.659, NP ; *JCP* 2015. 673, n° 5, obs. C. Caseau-Roche ; *D.* 2015. 35, obs. Th. Wickers – Civ. 2e, 7 févr. 2019, n° 18-10.767, P ; *D.* 2019. 314 ; *JCP* 2019. 186 ; *JCP* 2019. 364, note S. Grayot-Dirx ; *JCP* 2019. 1238, n° 7, obs. C. Caseau-Roche ; *Gaz. Pal.* 28 mai 2019, p. 25, obs. D. Landry et J. Villacèque ; *D.* 2020. 111, obs. Th. Wickers – Civ. 2e, 18 avr. 2019, n° 18-16.410, NP.
6. Civ. 2e, 28 juin 2007, n° 06-11.171, préc.
7. Civ. 2e, 3 avr. 2008, n° 07-13.142, P II, n° 78 ; *D.* 2008. 1213 ; *JCP* 2008. I. 184 n° 12, obs. Ch. Jamin.
8. Civ. 2e, 3 avr. 2008, n° 07-13.142, P II, n° 78, *D.* 2008. 1213 ; *JCP* 2008. I. 184 n° 12, obs. Ch. Jamin – AUSSI : Civ. 2e, 5 févr. 2004, n° 01-15.609, P II, n° 41 ; *D.* 2004. 922.
9. Civ. 2e, 20 mai 2010, n° 09-11.862, NP.
10. Civ. 2e, 8 juill. 2021, n° 20-10.850, P ; *JCP* 2021. 856, obs. S. Grayot-Dirx ; *D.* 2021. 1385 ; *Gaz. Pal.* 5 oct. 2021, p. 34, obs. B. de Belval, J. Villacèque.

conclue au titre de l'assistance et de la représentation devant le conseil des prud'hommes qui ne comportait pas de mission au titre de la procédure d'appel et prévoyait un honoraire de résultat assis sur toutes les condamnations obtenues ou les sommes attribuées au client à la suite de négociations, en a déduit que la mission convenue aux termes de cette convention initiale avait été accomplie et que l'honoraire de résultat était dû pour les sommes allouées en première instance, et ce de manière définitive, l'accord ayant mis fin à la procédure d'appel, portant sur un montant supérieur à celui obtenu en première instance [1].

713.264 **Pertes évitées.** La Cour de cassation a admis que le résultat, ou succès, pouvait être défini par la convention d'honoraires comme un profit réalisé ou des pertes évitées, faisant que l'honoraire de résultat est alors dû sur les sommes à la condamnation desquelles le client a échappé, telle qu'une condamnation à la somme de 7 000 euros de dommages et intérêts compte tenu d'une demande d'un montant de 75 000 euros [2].

713.265 **Acquisition du résultat.** Non seulement le résultat doit être définitivement atteint, mais encore les bénéfices du résultat doivent être définitivement acquis par le client : l'honoraire de résultat n'est calculé que si les sommes, objets du résultat, sont définitivement versées au client.

La jurisprudence a ainsi précisé, à l'occasion d'une transaction, que l'honoraire de résultat devait être versé sur la somme effectivement et définitivement versée au client à la suite d'un jugement [3] ou de la transaction [4]. En l'espèce, l'honoraire de résultat avait été calculé sur la somme allouée par la transaction. Mais le débiteur ayant fait par la suite l'objet d'une procédure collective, la somme effectivement réglée était beaucoup plus faible. C'est la somme effectivement versée qui doit être prise en compte pour le calcul des honoraires. Le client qui aurait malencontreusement payé, devrait pouvoir exercer une action en répétition de l'indu [5].

1. Civ. 2e, 16 janv. 2020, n° 18-26.681, NP ; – *A CONTRARIO* : Civ. 2e, 7 févr. 2019, n° 18-10.767, P ; *D.* 2019. 314 ; *JCP* 2019. 186 ; *JCP* 2019. 364, note S. Grayot-Dirx ; *JCP* 2019. 1238, n° 7, obs. C. Caseau-Roche ; *Gaz. Pal.* 28 mai 2019, p. 25, obs. D. Landry et J. Villacèque ; *D.* 2020. 111, obs. Th. Wickers.
2. Civ. 2e, 5 oct. 2017, n° 16-23.050, P ; *JCP* 2017. 1122 ; *Gaz. Pal.* 31 oct. 2017, p. 33, obs. C. Berlaud ; *D. actu.* 25 oct. 2017, note Th. de Ravel d'Esclapon ; *D.* 2017. 2037 ; *D.* 2019. 97, obs. Th. Wickers ; *JCP* 2018. 588, n° 4, obs. C. Caseau-Roche.
3. Civ. 2e, 27 avr. 2017, n° 14-16.319, NP.
4. Civ. 2e, 15 janv. 2009, n° 08-10.240, NP ; *D.* 2009. 2704, obs. B. Blanchard.
5. Civ. 2e, 10 mars 2004, n° 01-16.910, P II, n° 102 ; *D.* 2004. 921 ; *JCP* 2004. II. 10114, note R. Martin ; *Gaz. Pal.* 6-8 juin 2004, p. 9, note J.-P. Maisonnas.

713.266 **Prudence et contractualisation.** Ainsi, lorsqu'un honoraire de résultat est versé avant la fin du litige, il est recommandé à l'avocat d'agir « en bon professionnel », de manière raisonnable, par exemple en consignant ou en provisionnant tout ou partie de la somme perçue à ce titre [6]. Étant précisé que l'avocat ne saurait valablement prévoir une clause aux termes de laquelle : « si à l'issue de la décision de première instance et dans la perspective où le résultat [...] serait obtenu, l'avocat a la possibilité de demander le versement de l'honoraire de résultat au risque de devoir le restituer au cas où la décision de première instance se trouverait réformée en faveur du client », dès lors que si la décision est frappé d'appel et qu'il n'était pas justifié d'une décision irrévocable, l'honoraire de résultat n'est pas exigible nonobstant les termes de la convention [7].

En outre, la définition du résultat dans la convention d'honoraires doit être précise quant au résultat de référence et à sa détermination, faute de quoi il a pu être jugé que la généralité des termes employés pour définir le résultat dans une procédure d'indemnisation en matière de dommages corporels ne permettait pas de prendre en compte les sommes versées par un organisme tiers payeur à la cliente de l'avocat [8].

713.267 **Montant de l'honoraire de résultat.** L'honoraire de résultat prévu par la convention préalable peut excéder l'honoraire principal convenu entre les parties et représenter en fait l'élément principal de la rémunération [9], sans pour autant être excessif.

713.268 **Pouvoir de réduction de l'honoraire de résultat.** Le juge, qui à l'obligation d'en fixer le montant dès lors que son principe a été convenu entre les parties [10], peut toujours, en dépit de l'article 1103 du code civil, réviser le montant de l'honoraire de résultat [11], à la condition qu'il soit exagéré ce qui implique, notamment, que le taux prévu soit excessif [12].

Le juge de l'honoraire ne saurait dès lors, dans une affaire où il y avait eu une succession d'avocats, se contenter de relever que le premier avocat était étranger à la négociation de la transaction, sans caractériser en quoi le montant de l'honoraire complémentaire de résultat convenu dans la convention d'honoraires entre le premier avocat et son client, et dont devait bénéficier le premier avocat nonobstant

6. H. Halperin-Katz, *Bull. barreau Paris* 30 oct. 2007, p. 312.
7. Civ. 2e, 18 avr. 2019, n° 18-16.410, NP.
8. Rennes, 25 févr. 2014 ; *D. avocats* 2014. 136.
9. Civ. 1re, 10 juill. 1995, n° 93-20.290, P I, n° 311 ; *JCP* 1995. II. 22557, note R. Martin ; *D.* 996, Somm. 313, obs. R. Frémy ; – SUR CETTE QUESTION : *JCP* 1998. 637, note R. Martin ; *Gaz. Pal.* 11 juill. 1998.
10. V. ss nos 713.257 s.
11. V. ss nos 721.111 s.
12. V. ss nos 721.111 s.

son dessaisissement avant la conclusion effective de la transaction, apparaissait exagéré au regard du service rendu [1].

713.269 Limite au pouvoir de réduction de l'honoraire de résultat. Toutefois, il ne saurait remettre en cause le montant d'un honoraire de résultat formellement accepté par le client, tant quant à son principe que quant à son montant, une fois que résultat a été atteint [2].

§ 3
Autres clauses de la convention d'honoraires

713.271 Au-delà de la détermination des honoraires. La convention d'honoraires a également vocation à encadrer la relation contractuelle entre l'avocat et son client au-delà de la seule fixation des honoraires [3], notamment en actant la prise de connaissance par le client des informations précontractuelles données [4], et à contenir les mentions obligatoires prévues dans ce cadre (médiation à la consommation [5], délais d'exécution [6], mentions informatiques et liberté [7] ainsi que, le cas échéant, des conditions générales de prestations [8]), afin de les lui rendre pleinement opposables [9].

Il est également nécessaire de prévoir expressément dans la convention d'honoraires les conditions de règlement (périodicité de la facturation, modalités de paiement, échéance et intérêts de retard) [10], ainsi que le cas du dessaisissement [11], de la suspension des diligences [12], des conséquences de la rupture de la relation entre l'avocat et son client [13], et de préciser, le cas échéant, la loi et la prescription applicables ainsi que les modes de règlement des litiges [14].

713.272 Clause d'opposabilité des conditions générales. Aux termes de l'article 1119 du code civil, il est expressément prévu [15] que les conditions générales [16] invoquées par une partie n'ont effet à l'égard de l'autre que si elles ont été portées à la connaissance de celle-ci et si elle les a acceptées. En cas de discordance entre des conditions générales invoquées par l'une et l'autre des parties, les clauses incompatibles sont sans effet. En cas de discordance entre des conditions générales et des conditions particulières, les secondes l'emportent sur les premières [17].

Le respect de l'article 1119 du code civil implique l'accessibilité, la lisibilité et la compréhensibilité des stipulations opposées au client [18] ; l'existence d'une relation d'affaires antérieure, comme une simple clause de renvoi aux conditions générales, étant insuffisante à caractériser la pleine connaissance des conditions générales [19].

Il est donc prudent de prévoir expressément dans la convention une clause suivant laquelle le client reconnaît avoir été informé de l'existence des conditions générales, les avoir reçues, en avoir pris connaissance et les avoir acceptées [20].

713.273 Conditions de règlement. Les conditions de règlement de la rémunération de l'avocat, précisant obligatoirement les modalités de facturations [21] ainsi que les délais de règlement, les conditions d'application et le taux d'intérêt des pénalités de retard, les modalités de computations des délais, ainsi que le montant de l'indemnité forfaitaire pour frais de recouvrement doivent figurer dans la convention d'honoraires [22].

713.274 Aménagement de la prescription. Il convient de rappeler qu'il est loisible aux parties de convenir d'abréger ou d'allonger d'un commun accord la durée de la prescription sans pouvoir être réduite à moins d'un an ni étendue à plus de dix ans, ou ajouter aux causes de suspension ou d'interruption de la prescription prévues par la loi des causes contractuellement convenues entre elles [23].

Toutefois, si le client a la qualité de consommateur, il n'est pas possible, même d'un commun

1. Civ. 2e, 4 juill. 2007, no 06-14.633, P II, no 185 ; *D.* 2007. 2111, obs. V. Avena-Robardet ; *LPA* 18 déc. 2007, 9, note N. Morelli ; *Gaz. Pal.* 6-8 janv. 2008, 5, note J.-G. Moore – Sur le caractère exagéré de l'honoraire de résultat en cas de dessaisissement, v. ss nos 713.367 s.
2. V. ss nos 732.141 s.
3. Aussi : v. ss nos 484.231 s.
4. V. ss nos 712.21 s.
5. V. ss no 712.138.
6. V. ss nos 712.137 s.
7. V. ss nos 465.62 s., 465.121 s.
8. V. ss nos 712.161 s.
9. Civ. 1re, 20 janv. 1993 no 90-20.764, NP ; *CCC* 1993. comm. 77 – V. ss no 712.144.
10. V. ss nos 732.71 s.
11. V. ss nos 713.361 s.
12. Civ. 3e, 23 mai 2019, no 18-14.212, P ; *D.* 2019. 1164 ; *D.* 2020. 362, obs. M. Mekki.
13. V. ss nos 484.231 s.
14. EN CE SENS : S. Tandeau de Marsac, *La convention d'honoraires*, Les dossiers du barreau de Paris no 1, « Maîtrise et transparence des honoraires de l'avocat », nov. 2002 – V. ss nos 741.211 s.
15. F. Chénedé, *Le nouveau droit des obligations et des contrats*, 2e éd., hc, Dalloz, 2018, nos 122.122 s.
16. V. ss nos 712.161 s.
17. C. civ., art. 1119.
18. M. Mekki, « Réforme du droit des obligations : les conditions générales », *JCP N* 2016. 1299.
19. Civ. 1re, 18 oct. 2005, no 03-18.467, P I, no 377 ; *RTD civ.* 2006. 107, obs. J. Mestre et B. Fages ; *RTD com.* 2006. 469, obs. B. Bouloc.
20. E. Seifert, « Opposabilité des conditions générales », *RCA* 2017, Formule no 4.
21. V. ss nos 712.164 s. et nos 731.21 s.
22. C. com., art. L. 441-10 – V. ss nos 712.164 et no 731.47.
23. C. civ., art. 2254 – V. ss no 913.91.

accord, ni de modifier la durée de la prescription, ni d'ajouter aux causes de suspension ou d'interruption de celle-ci[1].

713.275 Clause de forclusion. Considérant que la clause qui fixe un terme au droit d'agir du créancier institue un délai de forclusion, la Cour de cassation a validé une clause par laquelle la caution était engagée pour la durée du prêt, prolongée de deux années, pour permettre à la banque d'agir contre elle au titre de son obligation de règlement, laquelle avait pour objet de fixer un terme à cette action, ce dont il résultait que le délai imposé à la banque était un délai de forclusion et non de prescription[2].

Les clauses instituant une forclusion conventionnelle apparaissent ainsi pouvoir être envisagées dans les conventions d'honoraires.

713.276 Clause compromissoire. La procédure relative aux contestations concernant le montant et le recouvrement des honoraires des avocats, laquelle est d'ordre public[3], fait qu'il n'apparaît pas possible de prévoir une dérogation à la compétence du bâtonnier pour connaître des litiges.

Pour autant, au-delà de la fixation des honoraires[4], il est possible, en cas de litige relatif à des dispositions ne ressortissant pas de la compétence du bâtonnier mais relevant des juridictions de droit commun, de convenir d'une clause compromissoire[5], tant entre professionnels[6] que, depuis la loi du 18 novembre 2016[7], dans un cadre non-professionnel si le cocontractant n'en soulève pas l'inopposabilité[8] et qu'il ne s'agit pas d'un contrat d'adhésion[9].

713.277 Autres dispositions contractuelles. Conçue de manière plus large, la convention d'honoraires à vocation à encadrer la relation de l'avocat avec son client, notamment quant à la caractérisation d'un mandat d'intérêt commun et ses conséquences quant à la cessation de la relation contractuelle[10], ou à l'aménagement de la responsabilité civile professionnelle, ce compris les éventuelles clauses pénales[11].

§ 4
Protection contractuelle

713.280 Plan. La protection contractuelle se rapporte au contrat d'adhésion et les clauses déséquilibrées (A) principalement en présence d'un consommateur ou d'un non-professionnel (B).

A.
Contrat d'adhésion et clauses déséquilibrées

713.291 Notion de contrat d'adhésion. Le contrat d'adhésion est celui qui comporte un ensemble de clauses non négociables, déterminées à l'avance par l'une des parties[12].

Issue de la réforme du droit des contrats et des obligations[13], modifiée par la loi de ratification du 20 avril 2018[14], cette notion qui s'oppose au contrat de gré à gré, librement négocié entre les parties, au contenu encore flou[15], va avoir un impact certain sur la validité[16] et la portée[17] du contenu des conven-

1. C. consom., art. L. 137-1 – V. s[s] n°s 741.211 s.
2. Com. 26 janv. 2016, n° 14-13.285, *JCP* 2016. 365, note N. Balat – N. Balat, « Forclusion et prescription », *RTD civ.* 2016. 751 – X. Lagarde, « La distinction entre prescription et forclusion à l'épreuve de la réforme du 17 juin 2008 », *D.* 2018. 469.
3. Civ. 1re, 30 sept. 2015, n° 14-23.372, P, *D.* 2015. 2019 ; *D. avocats* 2015. 396, art. G. Deharo ; *Gaz. Pal.* 16-17 oct. 2015, n° 289 à 290, p. 9, note D. Piau – V. s[s] n°s 741.21 s.
4. Civ. 2e, 13 juin 2013, n° 12-21.300, NP ; *RTD civ.* 2013. 601, obs. H. Barbier ; *D. avocats* 2013, 316 ; *JCP* 2013. 1087, n° 4, obs. Ch. Jamin.
5. Civ. 1re, 24 févr. 2016, n° 14-26.964, P III, n° 942 ; *D.* 2016. 548 ; *AJCA* 2016. 245, obs. M. Boucaron-Nardetto – REJETANT POURVOI CONTRE : Versailles, 25 sept. 2014, RG n° 14/02619 ; *Gaz. Pal.* 15 mars 2016, p. 27, note D. Piau.
6. C. civ., art. 2061.
7. L. n° 2016-1547, 18 nov. 2016 de modernisation de la justice du XXIe siècle, *JO* 19 nov., n° 1, art. 11 – J. Pellerin, « Commentaire de l'article 11 de la loi Justice du XXIe siècle : les nouvelles dispositions sur l'arbitrage », *Gaz. Pal.* 31 janv. 2017, p. 54 – Th. Clay, « Arbitrage et modes alternatifs de règlement des litiges », *D.* 2016. 2589.
8. C. civ., art. 2061, al. 2 – L. n° 2016-1547, 18 nov. 2016 de modernisation de la justice du XXIe siècle, art. 11 – J.-G. Betto, « L'arbitrage : nouvelle arme du consommateur ? », *JCP* 2017. 426 – Ph. Casson, « Les tribulations de l'article 2061 du Code civil », note sous Civ. 2e, 20 déc. 2017, n° 16-21.425, NP ; *JCP* 2018. 312.
9. V. s[s] n°s 713.291 s.
10. V. s[s] n°s 484.231 s.
11. V. s[s] n°s 913.81 s.
12. C. civ., art. 1110.
13. Ord. n° 2016-131, 10 févr. 2016 portant réforme du droit des contrats, du régime général et de la preuve des obligations, *JO* 11 févr., n° 26 – F. Chénedé, *Le nouveau droit des obligations et des contrats*, 2e éd., hc, Dalloz, 2018, n°s 121.62 s.
14. L. n° 2018-287, 20 avr. 2018 ratifiant l'ordonnance n° 2016-131 du 10 février 2016 portant réforme du droit des contrats, du régime général et de la preuve des obligations, *JO* 21 avr.
15. F. Ancel, « Quel juge pour le contrat du XXIe siècle ? », *D.* 2017. 721 – F. Chénedé, « Raymond Saleilles. Le contrat d'adhésion », *RDC* 2012. 1017 ; « Le contrat d'adhésion de l'article 1110 du code civil », *JCP* 2016. 776 – Th. Revet, « Les critères du contrat d'adhésion », *D.* 2016. 1771 ; « L'incohérent cantonnement, par l'Assemblée nationale, du domaine du contrat d'adhésion aux contrats de masse », *D.* 2018. 124 – M. Mekki, « Fiche pratique sur les contrats d'adhésion », *Gaz. Pal.* 22 mars 2016, p. 16 – G. Berlioz, *Le contrat d'adhésion*, Th., Paris II, LGDJ, 1973 – AUSSI : C. Barillon, « "Lu et approuvé" : la nouvelle vie d'une mention tombée en désuétude », *JCP* 2017. 754.
16. C. civ., art. 1171.
17. C. civ., art. 1190.

tions d'honoraires conclues entre les avocats et leurs clients, indépendamment de la qualité de consommateur ou non de ces derniers.

713.292 Clauses significativement déséquilibrées. Dans un contrat d'adhésion, toute clause non négociable, déterminée à l'avance par l'une des parties, qui crée un déséquilibre significatif entre les droits et obligations des parties au contrat est réputée non écrite. L'appréciation du déséquilibre significatif ne porte ni sur l'objet principal du contrat ni sur l'adéquation du prix à la prestation [1].

Cette innovation majeure de la réforme du droit des obligations [2], à la portée encore incertaine [3], renvoi à la notion de clauses abusives en matière de droit de la consommation [4], et doit conduire à la prudence dans le choix et la rédaction des clauses contractuelles lorsqu'aucune véritable négociation de la convention d'honoraires n'a lieu, et tout particulièrement relativement aux clauses contenues dans les conditions générales.

713.293 Interprétation. Dans le doute, le contrat de gré à gré s'interprète contre le créancier et en faveur du débiteur, et le contrat d'adhésion contre celui qui l'a proposé [5].

B.
Consommateur ou non-professionnel : clauses abusives

713.300 Plan. En présence d'un consommateur ou d'un non-professionnel, le champ d'application (1°) de la protection contractuelle couvre le régime des clauses abusives dont un certain nombre est irréfragablement présumé comme l'étant (2°), et dont la présence dans la convention d'honoraires est passible de sanctions (3°).

1°
Champ d'application

713.311 Clauses abusives. Les clauses des conventions proposées par les avocats à des clients ayant la qualité de consommateurs ou de non-professionnels doivent être présentées et rédigées de façon claire et compréhensible. Elles s'interprètent en cas de doute dans le sens le plus favorable au consommateur ou au non-professionnel [6].

En outre, le régime des clauses abusives est applicable aux relations entre l'avocat et son client ayant la qualité de consommateur [7] ou de non-professionnel [8].

713.312 Application aux avocats (CJUE 15 janv. 2015 *Birute Siba c/Arunas Devenas*). Cette application a été clairement affirmée par la CJUE qui note dans son arrêt que lorsqu'un avocat décide d'utiliser, dans les relations contractuelles avec ses clients, les clauses standardisées rédigées préalablement par lui-même ou les organes de son ordre professionnel, c'est par la volonté de cet avocat que lesdites clauses sont directement intégrées dans les contrats respectifs, sans qu'il ne puisse être soutenu que l'application du régime des clauses abusives serait susceptible de porter atteinte à la spécificité des relations entre un avocat et son client ainsi qu'aux principes soustendant l'exercice de la profession d'avocat, et notamment le secret professionnel qui ne constitue ainsi pas un obstacle à l'application du régime des clauses abusives à l'égard des clauses standardisées de contrats relatifs à la prestation de services juridiques [9].

La cour précise, en outre, que les clauses contractuelles qui ne font pas l'objet d'une négociation individuelle, notamment celles qui sont rédigées en vue d'une utilisation généralisée, ne contiennent pas, en tant que telles, des informations personnalisées relatives aux clients des avocats dont la révélation pourrait porter atteinte au secret professionnel [10]. En effet, si la rédaction spécifique d'une clause

1. C. civ., art. 1171 ; – COMP. : C. com., art. 442-1, I, 2°).
2. F. Chénedé, *Le nouveau droit des obligations et des contrats*, 2ᵉ éd., hc, Dalloz, 2018, nᵒˢ 123.361 s.
3. M. Mekki, « Fiche pratique sur les clauses abusives : quel modus operandi pour les professionnels du droit », *Gaz. Pal.* 10 mai 2016, p. 11 – F. Bicheron, « n'abusons pas de la clause abusive ! », *Gaz. Pal.* 29 avr. 2015, p. 24 – L. Gatton, « Les clauses abusives en droit commun des contrats », *D.* 2016. 22 – M. Behar-Touchais, « Le déséquilibre significatif dans le Code civil », *JCP* 2016. 391 – COMP. : D. Houtcieff, « La notion de déséquilibre significatif peut-elle significativement varier ? », *Gaz. Pal.* 18 avr. 2017, p. 37 – S. Chaudouet, *Le déséquilibre significatif*, LGDJ, 2021 ; – AUSSI : D. Fenouillet (dir.), Droit de la consommation, 1ʳᵉ éd., « Dalloz Action », 2020, nº 221.00 s. par D. Fenouillet – Ph. Le Tourneau (dir.), *Droit de la responsabilité et des contrats*, 12ᵉ éd., « Dalloz Action », 2020, nᵒˢ 3221.51 s.
4. V. sˢ nᵒˢ 713.311 s.
5. C. civ., art. 1190 – F. Chénedé, *Le nouveau droit des obligations et des contrats*, 2ᵉ éd., hc, Dalloz, 2018, nᵒˢ 124.41 s.
6. C. consom., art. L. 133-2 – Civ. 2ᵉ, 18 janv. 2018, nº 16-28.665, NP.
7. CJUE 15 janv. 2015, *Birute Siba c/Arunas Devenas*, aff. C-537/13 ; *D.* 2015. 213 ; *D.* 2015. 588, obs. N. Sauphanor-Brouillaud ; *D. avocats* 2015. 268, note C. Caseau-Roche.
8. D. Mazeaud, « Protection des professionnels contre les clauses abusives : l'imbroglio... », *Gaz. Pal.* 22 mars 2016, p. 20 – C.-M. Péglion-Zika, « Les clauses abusives et la recodification du droit de la consommation », *D.* 2016. 1208 – H. Claret, G. Paisant, « La nouvelle codification administrative du droit de la consommation par l'ordonnance nº 2016-301 du 14 mars 2016 », *JCP* 2016. 796 – G. Paisant, *Défense et illustration du droit de la consommation*, LexisNexis, 2015 – J. Julien, « La protection du professionnel par le droit de la consommation », *Mél. J. Mestre*, LGDJ, 2019, p. 553 s. – V. sˢ nᵒˢ 711.111 s.
9. CJUE 15 janv. 2015, *Birute Siba c/Arunas Devenas*, aff. C-537/13, pᵗ 30.
10. V. sˢ nᵒˢ 411.00 s.

contractuelle, notamment celle portant sur les modalités des honoraires de l'avocat, peut éventuellement, au moins incidemment, révéler certains aspects de la relation entre l'avocat et son client qui devraient demeurer secrets, une telle clause serait alors négociée individuellement et, de ce fait, soustraite à l'application du régime des clauses abusives[1].

713.313 Droit interne. En droit interne, qui diffère de la directive européenne[2], en ce sens qu'elle est plus large, et ce dans un sens excessivement favorable au consommateur, il est prévu que dans les contrats conclus entre professionnels et non-professionnels ou consommateurs, sont abusives les clauses qui ont pour objet ou pour effet de créer, au détriment du non-professionnel ou du consommateur, un déséquilibre significatif entre les droits et obligations des parties au contrat[3].

La notion de « non-professionnel », inconnue du droit européen, et qui vise à protéger les personnes morales des clauses abusives, doit inciter les avocats à la plus grande vigilance dans le contenu de leurs conventions d'honoraires même en présence d'une personne morale.

713.314 Consommateur et non-professionnel. L'article liminaire du code de la consommation précise que le consommateur s'entend de toute personne physique qui agit à des fins qui n'entrent pas dans le cadre de son activité commerciale, industrielle, artisanale, libérale ou agricole, tandis que le non-professionnel s'entend de toute personne morale qui n'agit pas à des fins professionnelles[4].

Le critère à prendre en compte, depuis 2016[5], est, non plus celui du rapport direct, mais celui de la finalité professionnelle ou non de la demande de prestation de service, ce qui implique une appréciation *in concreto*[6], et il incombe au juge du fond de déterminer à quelles fins le client a eu recours aux services de l'avocat, tel que s'agissant d'un *trustee* dont la nature même n'exclut pas nécessairement celle de consommateur[7].

La Cour de cassation a ainsi pu considérer que dès lors que le contrat n'a pas été conclu dans le champ de compétence de la partie qui invoque l'existence d'une clause abusive, elle peut revendiquer la qualité de consommateur ou de non-professionnel. Elle en a jugé ainsi s'agissant d'une société civile immobilière ayant pour objet social l'investissement et la gestion immobilière et qui était, certes, un professionnel de l'immobilier mais pas un professionnel de la construction dans le cadre de la conclusion avec un architecte d'un contrat de maîtrise d'œuvre complète de la construction d'un bâtiment à usage professionnel[8].

713.315 Personne morale, non-professionnel. Lorsqu'une personne morale invoque la qualité de non-professionnel, il convient d'apprécier cette qualité au regard de son activité telle qu'elle résulte de son objet social : la qualité, et les compétences, de son représentant légal étant sans incidence sur cette appréciation.

La Cour de cassation a ainsi considéré qu'une société civile immobilière ne pouvait pas être considérée comme un professionnel de la construction du seul fait que son gérant soit lui-même un professionnel de la construction[9].

713.316 Indifférence du support. Ces dispositions sont applicables, quels que soient la forme ou le support du contrat. Il en est ainsi notamment des bons de commande, factures, bons de garantie, bordereaux ou bons de livraison, billets ou tickets[10], contenant des stipulations négociées librement ou non, ou des références à des conditions générales préétablies[11].

2°
Définition de la clause abusive

713.321 Appréciation du caractère abusif. Sans préjudice des règles d'interprétation prévues aux articles 1188 à 1192 du code civil, le caractère abusif d'une clause[12] s'apprécie en se référant, au moment de la conclusion du contrat, à toutes les

1. CJUE 15 janv. 2015, *Birute Siba c/Arunas Devenas,* aff. C-537/13, p^t 32.
2. Dir. 93/13, Conseil, 5 avr. 1993 concernant les clauses abusives dans les contrats conclus avec les consommateurs, *JOCE* 21 avr., p. 29.
3. C. consom., art. L. 212-1.
4. C. consom., art. liminaire, 1° et 2°.
5. Ord. n° 2016-301, 14 mars 2016 relative à la partie législative du code de la consommation, *JO* 16 mars, n° 29 – V. s^s n° 711.111.
6. M. Mekki, « Éloge de l'ombre autour des clauses abusives », *D.* 2020. 360.
7. Civ. 2e, 5 nov. 2020, n° 19-21.308, P ; *JCP* 2021. 1305 ; *Gaz. Pal.* 1er juin 2021, p. 24, obs. J.-L. Gaineton.
8. Civ. 3e, 7 nov. 2019, n° 18-23.259, P ; *D.* 2020. 360, obs. M. Mekki ; *D.* 2020. 55, note S. Tisseyre ; *D.* 2020. 625, obs. H. Aubry ; *Gaz. Pal.* 31 mars 2020, p. 45, obs. S. Piedelièvre.
9. Civ. 3e, 17 oct. 2019, n° 18-18.469, P ; *D.* 2020. 361, obs. M. Mekki ; *D.* 2019. 2331, note S. Tisseyre ; *JCP* 2019. 1260, note G. Paisant ; *D.* 2020. 625, obs. H. Aubry.
10. C. consom., art. L. 212-1, al. 4.
11. G. Raymond, *Droit de la consommation*, 4e éd., « Droit & Professionnels », LexisNexis, 2017, n°s 466 s., spéc. n°s 629 s.
12. Commission européenne, Orientations relatives à l'interprétation et à l'application de la directive 93/13/CEE du Conseil concernant les clauses abusives dans les contrats conclus avec les consommateurs (Texte présentant de l'intérêt pour l'EEE), C(2019) 5325 final, *JOUE* 27 sept. ; *D.* 2020. 627, obs. H. Aubry.

circonstances qui entourent sa conclusion, de même qu'à toutes les autres clauses du contrat. Il s'apprécie également au regard de celles contenues dans un autre contrat lorsque la conclusion ou l'exécution de ces deux contrats dépendent juridiquement l'une de l'autre [1].

Le déséquilibre significatif s'apprécie quelle que soit l'importance de la clause insérée dans la convention d'honoraires [2], au regard d'un faisceau d'indices tel que la dérogation à une règle supplétive, l'absence de réciprocité, l'absence de contrepartie, l'existence d'une prérogative unilatérale et potestative...

C'est ainsi que la Cour de cassation approuve une cour d'appel qui a considéré comme abusive une clause compromissoire [3] dès lors que tenant compte de la nature des services prévus au contrat et de toutes les circonstances qui en ont entouré la conclusion, la cour d'appel qui a estimé, sans inverser la charge la preuve, que le cabinet d'avocats ne démontrait pas que la clause standardisée obligeant le client non-professionnel à saisir, en cas de différend, une juridiction arbitrale, avait fait l'objet d'une négociation individuelle. En effet, cette clause stipulée dans l'offre de services rédigée en français, reprenait les termes des conditions générales en langue espagnole, et la seconde offre de services ne comportait cette même clause que dans les conditions générales en langue espagnole, confortant le caractère standardisé d'une clause type dans les contrats rédigés par le cabinet d'avocat. Or, résidant en France, ne maîtrisant pas l'espagnol et désireux de bénéficier en Espagne de conseils éclairés sur une succession complexe et litigieuse, le client n'apparaissait pas en mesure de négocier dans un rapport équilibré, les termes d'une clause compromissoire prérédigée par le cabinet d'avocat, peu important la présence, à ses côtés, d'un employé de banque [4].

Tout comme une cour d'appel a pu considérer comme abusive une clause de dessaisissement et de dédit conduisant le client à devoir à l'avocat la totalité des honoraires prévus par la convention alors même que les diligences prévues n'ont été réalisées que très partiellement dès lors que le montant des sommes dues à ce titre apparaissait « totalement disproportionné avec les diligences réalisées et déséquilibrés au détriment du client en ce sens qu'il n'est nullement prévu, en cas de dessaisissement anticipé par l'avocat, une clause de dédit en faveur du client » [5].

713.322 Charge de la preuve. La charge de la preuve du caractère abusif d'une clause incombe au consommateur ou non-professionnel qui l'invoque.

Toutefois, un certain nombre de clauses sont présumées [6] comme étant abusive aux articles R. 212-1 [7] (liste « noire » car présomption irréfragable) et R. 212-2 [8] (liste « grise ») du code de la consommation [9], sans que le juge soit tenu par celles-ci dans l'exercice de ses pouvoirs souverains d'appréciation en la matière, sous le contrôle de la Cour de cassation [10].

713.323 Liste noire. Un certain nombre de clauses sont irréfragablement présumées comme étant abusives par l'article R. 212-1 du code de la consommation, à savoir celles qui ont pour objet de :

1° Constater l'adhésion du non-professionnel ou du consommateur à des clauses qui ne figurent pas dans l'écrit qu'il accepte ou qui sont reprises dans un autre document auquel il n'est pas fait expressément référence lors de la conclusion du contrat et dont il n'a pas eu connaissance avant sa conclusion [11].

2° Restreindre l'obligation pour l'avocat de respecter les engagements pris par ses préposés ou ses mandataires [12].

3° Réserver à l'avocat le droit de modifier unilatéralement les clauses de la convention d'honoraires ou lettre de mission relatives à sa durée, aux caractéristiques ou au prix des prestations de service à rendre.

4° Accorder au seul avocat le droit de déterminer si les prestations fournies sont conformes ou non aux stipulations de la convention d'honoraires ou lettre de mission ou lui conférer le droit exclusif d'interpréter une quelconque clause de la convention d'honoraires ou lettre de mission.

5° Contraindre le non-professionnel ou le consommateur à exécuter ses obligations alors que, réciproquement, l'avocat n'exécuterait pas son obligation de réalisation de la prestation de service, ce qui peut inclure les clauses pénales [13], et ce, alors même que

1. D. Fenouillet (dir.), *Droit de la consommation*, « Dalloz Action », 2020, n°s 221.00 s. par D. Fenouillet – Ph. Le Tourneau (dir.), *Droit de la responsabilité et des contrats*, 12e éd., « Dalloz Action », 2020, n°s 3221.51 s.
2. Civ. 1re, 3 mai 2006, n° 04-16.698, P I, n° 213 ; *D.* 2006. 2743, note Y. Dagorne-Labbé.
3. V. s^{s} n° 713.276.
4. Civ. 1re 30 sept. 2020, n° 18-19.241, P ; *Gaz. Pal.* 3 nov. 2020, p. 34, obs. C. Berlaud.
5. Paris, pôle 2, ch. 6, 27 nov. 2020, RG n° 18/00024.
6. C. consom., art. L. 212-1, al. 2.
7. V. s^{s} n° 713.323.
8. V. s^{s} n° 713.324.
9. N. Sauphanor-Bouillaud, « Clauses abusives : les nouvelles clauses "noires" et "grises" », *JCP* 2009. act. 168 – G. Paisant, « Le décret du 18 mars 2009 portant liste noire et grise de clauses abusives », *JCP* 2009. 60, n° 28.
10. Civ. 1re, 16 juill. 1987, n° 84-17.731, P I, n° 226 ; *JCP* 1988. II. 211001, note G. Paisant ; *D.* 1988, jur. 45, note J. Calais-Auloy ; *RTD civ.* 1988. 144, note J. Mestre.
11. V. s^{s} n°s 712.131 s.
12. V. s^{s} n°s 912.331 s. et 913.35 s.
13. Civ. 1re, 26 sept. 2019, n°s 18-10.890, 18-10.891, P ; *D.* 2020. 361, obs. M. Mekki ; *D.* 2020. 628, obs. N. Sauphanor-Brouillaud – V. s^{s} n° 913.86.

celles sont soumises à la preuve de leur caractère abusif par le consommateur en droit européen [1].

6° Supprimer ou réduire le droit à réparation du préjudice subi par le non-professionnel ou le consommateur en cas de manquement par l'avocat à l'une quelconque de ses obligations, même dans l'hypothèse où c'est le consommateur ou non-professionnel qui fixe unilatéralement le montant de l'indemnisation éventuelle [2].

7° Interdire au non-professionnel ou au consommateur le droit de demander la résolution ou la résiliation de la convention d'honoraires ou lettre de mission en cas d'inexécution par l'avocat de son obligation de réalisation de la prestation de service, une telle clause étant, au demeurant, sans objet compte tenu du caractère d'ordre public du principe du libre choix de l'avocat [3].

8° Reconnaître à l'avocat le droit de résilier discrétionnairement la convention d'honoraires ou lettre de mission, sans reconnaître le même droit au non-professionnel ou au consommateur, une telle clause étant, au demeurant, sans objet compte tenu du caractère d'ordre public du principe du libre choix de l'avocat [4].

9° Permettre à l'avocat de retenir les sommes versées au titre de prestations non réalisées par lui, lorsque celui-ci résilie lui-même discrétionnairement la convention d'honoraires ou lettre de mission.

10° Soumettre, dans les conventions d'honoraires ou lettres de mission à durée indéterminée, la résiliation à un délai de préavis plus long pour le non-professionnel ou le consommateur que pour l'avocat.

11° Subordonner, dans les conventions d'honoraires ou lettres de mission à durée indéterminée, la résiliation par le non-professionnel ou par le consommateur au versement d'une indemnité au profit de l'avocat. Dans les contrats entre professionnels une telle indemnité est valable [5].

12° Imposer au non-professionnel ou au consommateur la charge de la preuve, qui, en vertu du droit applicable, devrait incomber normalement à l'autre partie au contrat.

713.324 **Liste grise.** Un certain nombre de clauses qui sont présumées comme étant abusives par l'article R. 212-2 du code de la consommation, à savoir celles qui ont pour objet de :

1° Prévoir un engagement ferme du non-professionnel ou du consommateur, alors que l'exécution des prestations de l'avocat est assujettie à une condition dont la réalisation dépend de sa seule volonté.

2° Autoriser l'avocat à conserver des sommes versées par le non-professionnel ou le consommateur lorsque celui-ci renonce à conclure ou à exécuter les conventions d'honoraires ou lettres de mission, sans prévoir réciproquement le droit pour le non-professionnel ou le consommateur de percevoir une indemnité d'un montant équivalent, ou égal au double en cas de versement d'arrhes [6], si c'est l'avocat qui renonce.

3° Imposer au non-professionnel ou au consommateur qui n'exécute pas ses obligations une indemnité d'un montant manifestement disproportionné.

4° Reconnaître à l'avocat la faculté de résilier les conventions d'honoraires ou lettres de mission sans préavis d'une durée raisonnable, celui-ci correspondant au temps nécessaire pour que les intérêts du client non-professionnel ou consommateur soient sauvegardés [7].

5° Permettre à l'avocat de procéder à la cession des conventions d'honoraires ou lettres de mission sans l'accord du non-professionnel ou du consommateur et lorsque cette cession est susceptible d'engendrer une diminution des droits du non-professionnel ou du consommateur.

6° Réserver à l'avocat le droit de modifier unilatéralement les clauses des conventions d'honoraires ou lettres de mission relatives aux droits et obligations des parties, autres que celles relatives à sa durée, aux caractéristiques ou au prix des prestations de service à rendre qui figurent, pour leur part, sur la liste « noire » [8].

7° Stipuler une date indicative d'exécution des conventions d'honoraires ou lettres de mission, hors les cas où la loi l'autorise [9].

8° Soumettre la résolution ou la résiliation des conventions d'honoraires ou lettres de mission à des conditions ou modalités plus rigoureuses pour le non-professionnel ou le consommateur que pour l'avocat.

9° Limiter indûment les moyens de preuve à la disposition du non-professionnel ou du consommateur.

10° Supprimer ou entraver l'exercice d'actions en justice ou des voies de recours par le consommateur, notamment en obligeant le consommateur à saisir exclusivement une juridiction d'arbitrage non couverte par des dispositions légales ou à passer exclusivement par un mode alternatif de règlement des litiges [10].

1. CJUE 24 oct. 2019, *Topaz*, aff. C-211/17.
2. Civ. 1re, 11 déc. 2019, n° 18-21.164, P ; *JCP* 2019. 1373 – V. ss nos 913.81 s.
3. V. ss nos 471.81 s.
4. V. ss nos 471.81 s.
5. V. ss nos 484.281 s.
6. V. ss nos 731.111 s.
7. Décr. n° 2005-790, 12 juill. 2005, art. 13.
8. V. ss n° 713.323.
9. V. ss nos 712.134 s.
10. M. de Fontmichel, « L'équilibre contractuel des clauses relatives au litige », *JCP* 2019. 583 – V. ss n° 712.138.

713.325 Commission des clauses abusives. La commission des clauses abusives émet régulièrement des avis et des recommandations, qui bien que n'ayant pas de portée normative n'en demeurent pas moins un guide en la matière [1].

Elle n'a pas eu l'occasion d'émettre des recommandations ou avis applicables à la profession d'avocats, mais elle s'est intéressée, tant aux clauses générales des contrats conclus entre consommateur et professionnel, notamment sur la formation des contrats [2], la durée des contrats [3], sur les clauses concernant les recours en justice [4] ou l'inexécution du contrat [5], qu'aux clauses contenues dans des contrats de professionnels réalisant des missions voisines de celles exercées par les avocats, tels que les syndics de copropriété [6], agences immobilières [7], l'assurance de protection juridique [8], les généalogistes [9] ou les agences matrimoniales [10].

L'on pourra utilement s'y référer dans le cadre de l'élaboration des conventions d'honoraires avec des clients ayant la qualité de consommateurs ou non-professionnels.

3° Sanctions

713.331 Sanction des clauses abusives. Les clauses jugées abusives, soit à la demande du client ayant la qualité de consommateur ou non-professionnel dans le cadre d'un litige d'honoraires par voie d'exception, soit à la demande d'une association de consommateurs qui peuvent agir, de manière préventive, à cette fin par voie d'intervention volontaire devant les juridictions civiles [11], ou directement à l'encontre de l'avocat concerné [12], sont réputées non écrites [13]. Il ne s'agit pas d'une demande de nullité, de sorte qu'elle n'est pas soumise à la prescription quinquennale [14]. Le caractère abusif peut même être soulevé d'office par le juge, qui devra alors recueillir les observations des parties, avant de se prononcer [15].

La convention d'honoraires ou lettre de mission restera applicable dans toutes ses dispositions autres que celles jugées abusives si elle peut subsister, et s'appliquer, sans lesdites clauses [16].

713.332 Sanction administrative. En outre, la présence d'une ou de plusieurs clauses abusives dans la convention d'honoraires ou la lettre de mission est passible d'une amende administrative dont le montant ne peut excéder 3 000 euros pour une personne physique et 15 000 euros pour une personne morale [17]. L'amende est prononcée par l'Autorité de la concurrence [18].

La même amende peut être prononcée si l'avocat ne défère pas, dans les délais impartis, à l'injonction faite par les agents de la Dgccrf [19] tendant à ce qu'il supprime de ses conventions d'honoraires ou offres de conventions d'honoraires une ou plusieurs clauses abusives.

Cette dernière injonction peut, en outre, faire l'objet d'une mesure de publicité [20] suivant des modalités précisées dans la mesure d'injonction. Dans ce cas, l'avocat est informé, lors de la procédure contradictoire préalable au prononcé de l'injonction, de la nature et des modalités de la publicité envisagée. La publicité est effectuée aux frais de l'avocat. Elle peut être effectuée par voie de presse (*Journal officiel de la République française*, ou une ou plusieurs autres publications de presse), par voie électronique (par un ou plusieurs services de communication au public par voie électronique) ou par voie d'affichage. Les publications, ou les services de

1. N. Sauphanor-Brouillaud, « Il faut sauver la Commission des clauses abusives menacée de disparaître ! », *D.* 2019. 488.
2. CCA, Rec. n° 80-03 relative à la formation du contrat, *BOSP* 08/08/1980.
3. CCA, Rec. n° 01-02 sur les clauses relatives à la durée des contrats conclus entre professionnels et consommateurs, *BOCCRF* du 23/05/2001.
4. CCA, Rec. n° 79-02 sur les clauses concernant les recours en justice, *BOSP* 24/02/1979.
5. CCA, Rec. n° 81-01 relative à l'équilibre des obligations en cas d'inexécution des contrats (*BOSP* 16/01/1981).
6. CCA, Rec. n° 11-0 relative aux contrats de syndic de copropriété, *BOCCRF* du 26/04/2012 – Rec. n° 96-01 relative aux contrats proposés par les syndics de copropriété, *BOCCRF* 24/01/1996.
7. CCA, Rec. n° 03-02 relative aux mandats de vente, de location ou de recherche d'un bien immobilier, *BOCCRF* 12/03/2004.
8. CCA, Rec. n° 02-03 relative aux contrats d'assurance de protection juridique, *BOCCRF* 30/05/2002.
9. CCA, Rec. n° 96-03 relative aux contrats de révélation de succession proposés par les généalogistes, *BOCCRF* 6/11/1996.
10. CCA, Rec. n° 87-02 concernant les contrats proposés par les agences matrimoniales, *BOCCRF* 13/08/1987.
11. C. consom., art. L. 621-8, al. 2.
12. Civ. 1re, 6 janv. 1994, n° 91-19.424, P I, n° 8 ; *D.* 1994. 209, note Ph. Delebecque ; *JCP* 1994. II. 22237, note G. Paisant.
13. C. consom., art. L. 241-1.
14. Civ. 1re, 13 mars 2019, n° 17-23.169, P ; *D.* 2020. 362, obs. M. Mekki ; *D.* 2019. 1033, note A. Etienney-de Sainte Marie.
15. C. consom., art. R. 632-1.
16. CJUE 14 juin 2012, *Banco Español de Crédito, SA c/Joaquín Calderón Camino*, aff. C-618/10, *D.* 2013. 945, obs. E. Poillot – CJUE 30 avr. 2014, *Árpád Kásler, Hajnalka Káslerné Rábai c/OTP Jelzálogbank Zrt*, aff. C-26/13, *D.* 2014. 1038 – CJUE 3 oct. 2019, *Kamil Dziubak et Justyna Dziubak c/Raiffeisen Bank International AG*, aff. C-260/18, *D.* 2020. 362, obs. M. Mekki.
17. C. consom., art. L. 241-2.
18. C. consom., art. L. 522-1.
19. C. consom., art. L. 532-1 – V. ss nos 413.50 s.
20. C. consom., art. L. 521-1 et L. 521-2.

communication au public par voie électronique chargés de cette diffusion, sont désignés dans la mesure d'injonction. Ils ne peuvent s'opposer à cette diffusion. L'affichage s'effectue dans les lieux et pour la durée indiquée par la mesure d'injonction ; il ne peut excéder deux mois. En cas de suppression, dissimulation ou lacération des affiches apposées, il est de nouveau procédé à l'affichage. La diffusion et l'affichage peuvent être ordonnés cumulativement. La diffusion ou l'affichage peut porter sur tout ou partie de la mesure d'injonction, ou prendre la forme d'un communiqué informant le public des motifs et du dispositif de cette mesure[1].

SECTION 4
EXÉCUTION DE LA CONVENTION D'HONORAIRES

713.340 **Plan.** L'exécution de la convention d'honoraires obéit à des principes généraux (§ 1) et doit faire l'objet d'une attention particulière s'agissant des conséquences du dessaisissement de l'avocat (§ 2).

§ 1
Principes généraux

713.351 **Exécution de la convention d'honoraires.** La convention d'honoraires doit être exécutée de bonne foi, conformément à l'article 1104 du code civil[2], ce qui n'est pas le cas de l'avocat qui, ayant convenu d'honoraires exorbitants avec son client, a anticipé la perception de la première tranche de ces mêmes honoraires en faisant état de diligences et d'un temps de travail manifestement excessifs au regard du dossier[3].

La Cour de cassation a, à cet égard, reconnu que, même en présence d'une convention d'honoraires, il est possible de réduire les honoraires convenus initialement lorsque ceux-ci paraissent exagérés au regard du service rendu[4]. Mais, ce pouvoir de réduction, qui n'est pas un pouvoir de fixation, ne s'exerce alors qu'en cas d'abus manifeste[5], et ne peut plus s'exercer sur un honoraire convenu et accepté par le client après que les prestations aient été réalisées[6].

713.352 **Preuve de la quantité des diligences accomplies.** Par ailleurs, la convention d'honoraires ne dispense pas l'avocat d'établir la preuve de la quantité des diligences accomplies et c'est à l'avocat qu'il appartiendra d'apprécier le temps réel qui a été consacré au dossier et d'en apporter la preuve[7].

Il convient donc d'être précis et sans ambiguïté dans la rédaction de la convention d'honoraires dès lors que le juge du fonds appréciera souverainement le sens et la portée de la convention d'honoraires, faisant qu'il pourra ainsi, par exemple, considérer que lesdits honoraires n'étaient fixés qu'en fonction du résultat[8], ce qui est interdit, pour dénier tout droit à honoraires à l'avocat[9].

§ 2
Dessaisissement de l'avocat

713.361 **Effet du dessaisissement sur la convention d'honoraires.** La convention d'honoraires conclue entre l'avocat et son client cesse d'être applicable quand ce dernier l'a déchargé du suivi de la procédure en cours[10], ou en cas de liquidation judiciaire prononcée à l'encontre de l'avocat laquelle provoque son dessaisissement[11]. Les honoraires sont alors acquis à l'avocat dans la seule mesure de ceux payés après service rendu[12]. Et, si l'avocat qui a reçu des honoraires se trouve empêché de remplir ou d'achever sa tâche, il doit proposer la restitution de la part d'honoraires devenue injustifiée.

De la même façon, l'avocat a droit à des honoraires lorsqu'il s'est lui-même dessaisi du dossier.

713.362 **Rémunération des diligences en cas de dessaisissement.** Mais si les honoraires sont dus à l'avocat, reste à savoir comment la rémunération doit être déterminée.

En principe, les diligences effectuées avant la résiliation de la convention d'honoraires qui n'auraient pas fait l'objet d'un paiement après service rendu[13], doivent alors être déterminées en

1. C. consom., art. R. 521-2.
2. C. civ., art. 1104.
3. Rouen, 15 sept. 1992 ; *JCP* 1993. II. 21981, note R. Martin.
4. V. s^s n°s 721.111 s.
5. A. Steff, « Les contestations en matière d'honoraire d'avocat », *Rapport de la Cour de cassation 1999,* Documentation française 2000, p. 249.
6. V. s^s n°s 732.141 s.
7. Paris, ord. 1er prés., 31 janv. 1996 ; *JCP* 1997. I. 3993, note R. Martin, n° 10.
8. V. s^s n°s 711.101 s. et 713.251 s.
9. Civ. 1re, 26 nov. 2002, n° 00-11.934, P I, n° 284 ; *D.* 2003. 37.
10. Civ. 2e, 19 nov. 2008, n° 07-20.060, P II, n° 247 ; *D.* 2008. 3017, obs. V. Avena-Robardet ; *JCP* 2009. I. 120, n° 10, obs. Ch. Jamin ; *JCP* 2009. II. 10017, note R. Martin – V. s^s n°s 484.24 s.
11. CNB, Comm. RU, avis n° 2019-031, 20 sept. 2019.
12. V. s^s n°s 732.141 s.
13. Civ. 2e, 4 juill. 2007, n° 05-18.774, P II, n° 184 ; *D.* 2007. 2169, obs. V. Avena-Robardet – Civ. 2e, 4 juill. 2007, n° 06-14.633, P II, n° 185 ; *D.* 2007. 2111, obs. V. Avena-Robardet ; *LPA* 18 déc. 2007, 9, note N. Morelli ; *Gaz. Pal.* 6-8 janv. 2008. 5, note J.-G. Moore ; *JCP* 2007. I. 206, n° 8, obs. F. G'sell – D. Piau, « Du pouvoir de réduction des honoraires librement consentis : Crédimo ma non troppo ! », *D. avocats* 2014. 151.

application des critères de l'article 10 de la loi du 31 décembre 1971[1], et non de ceux prévus par la convention d'honoraires.

C'est ainsi que la Cour de cassation a pu considérer que la convention d'honoraires était devenue caduque par suite du dessaisissement de l'avocate avant le terme de sa mission, faisant qu'il n'y avait pas lieu à l'appliquer, étant précisé que dans cette dernière affaire la convention prévoyait qu'elle ne s'appliquait qu'à une procédure de divorce et non à d'autres affaires, en particulier un litige avec un assureur à la suite d'un cambriolage, pour lequel les honoraires étaient demandés[2].

Tout comme, dans une autre affaire où la convention d'honoraires avait prévu que l'honoraire, y compris de diligence, serait dû suivant des modalités déterminées en fonction de l'issue du litige, il a pu être considéré que dès lors « qu'à la date du dessaisissement de l'avocat, il n'avait pas été mis fin à l'instance introduite [...] par une décision juridictionnelle ou une transaction, de sorte que, compte tenu des termes de la convention préalable d'honoraires, cette dernière n'est pas applicable », faisant que la convention d'honoraires, une fois dénoncée par le client n'ayant plus d'effet, seuls les critères définis par l'article 10 de la loi du 31 décembre 1971[3] permettaient de déterminer la rémunération de l'avocat[4].

713.363 **Sort de l'honoraire complémentaire de résultat.** L'avocat ne peut percevoir aucun honoraire de résultat avant la fin du litige, ou avant que le résultat contractuellement prévu ne soit définitivement atteint[5], faisant qu'en cas de dessaisissement, en l'absence de décision irrévocable, aucun honoraire complémentaire de résultat n'est en principe exigible[6], l'éventuel accord sur le principe même du versement d'un tel honoraire devenant caduc[7].

Ainsi, dès lors que le résultat final est obtenu par le second avocat, le premier avocat ne peut, en principe, se prévaloir d'un droit au paiement, même partiel de l'honoraire de résultat[8].

713.364 **Détermination du résultat en cas de dessaisissement.** Le résultat doit s'entendre de celui afférent au dossier auquel est attaché le résultat et non à l'ensemble de la relation de l'avocat avec son client : c'est ainsi que dans une affaire ou un avocat avait été chargé de la défense de clients devant la commission d'indemnisation des victimes d'infraction (Civi) ainsi que devant les juridictions pénales, et avait conclu une convention d'honoraires prévoyant notamment un honoraire complémentaire de résultat « lors du règlement définitif du dossier (procédure de première instance ou transaction) », la Cour de cassation a censuré une ordonnance qui avait considéré, l'avocat ayant été déchargé de sa mission après homologation d'un accord avec le FGTI fixant « à titre de transaction », à une certaine somme, la réparation des dommages subis, mais pendant l'instruction pénale, qu'en raison de la rupture des relations contractuelles, la convention d'honoraires n'avait pas lieu de s'appliquer et qu'il convenait de fixer les honoraires en référence aux critères de l'article 10 de la loi du 31 décembre 1971.

Pour la Cour de cassation, le juge de l'honoraire ne pouvait se déterminer ainsi, après avoir relevé que l'objet du litige qui lui était soumis était la rétribution de l'avocat au titre de la procédure suivie devant la Civi, sans rechercher si l'homologation du constat d'accord entre le FGTI ne constituait pas le règlement définitif du dossier ouvrant droit à l'honoraire de résultat[9].

1. Civ. 1re, 19 mai 1999, n° 96-10.754, P I, n° 162 ; *D.* 2000. 150, obs. B. Blanchard – Civ. 2e, 5 févr. 2004, n° 01-15.609, NP ; *D.* 2004. 922 – Civ. 2e, 2 juin 2005, n° 04-12.046, P II, n° 144 ; *D.* 2006. 271, obs. B. Blanchard – Civ. 2e, 4 juill. 2007, n° 06-14.555, P II, n° 186 ; *D.* 2007. 2110, obs. V. Avena-Robardet ; *LPA* 18 déc. 2007,P. 7, note N. Morelli ; *Gaz. Pal.* 6-8 janv. 2008, p. 5, note J.-G. Moore – Civ. 2e, 9 avr. 2009, n° 07-20.853, P II, n° 91 ; *D.* 2009. 1285, obs. V. Avena-Robardet ; *D.* 2009. 2704, obs. B. Blanchard ; *JCP* 2009. 295, n° 9, obs. Ch. Jamin – Civ. 2e, 9 avr. 2009, n° 05-13.977, P II, n° 90, NP ; *D.* 2009. 1286, obs. V. Avena-Robardet ; *D.* 2010. 1243, obs. L. Williatte-Pellitteri ; *AJ fam.* 2009. 222, obs. V. Avena-Robardet – Civ. 2e, 7 janv. 2010, n° 06-21.044, NP – Civ. 2e, 13 juin 2013, n° 09-14.465 – Civ. 2e, 22 mai 2014, n° 13-18.346, NP – Civ. 2e, 26 mars 2015, n° 14-15.199, NP – Civ. 2e, 10 déc. 2015, n° 14-29.871, P II, n° 577 ; *D.* 2016. 19 ; *D.* 2016. 736, Chron. H. Adida-Canac, T. Vasseur, E. de Leiris, G. Hénon, N. Palle, L. Lazerges-Cousquer et N. Touati ; *D.* 2017. 74, obs. T. Wickers ; *D. avocats* 2016. 25, art. G. Deharo ; *RTD civ.* 2016. 143, obs. P.-Y. Gautier – V. ss nos 721.31 s.
2. Civ. 2e, 13 juin 2013, n° 09-14.465, NP ; *Dr. et patr.* 2013. 95, obs. B. Chaffois.
3. V. ss nos 721.31 s.
4. Civ. 2e, 5 févr. 2009, n° 06-17.806, NP ; *D.* 2009. 2704, obs. B. Blanchard.
5. V. ss n° 713.262.
6. Civ. 2e, 10 déc. 2015, n° 14-29.871, P II, n° 577 ; *D.* 2016. 19 ; *D.* 2016. 736, Chron. H. Adida-Canac, T. Vasseur, E. de Leiris, G. Hénon, N. Palle, L. Lazerges-Cousquer et N. Touati ; *D.* 2017. 74, obs. T. Wickers ; *D. avocats* 2016. 25, art. G. Deharo ; *RTD civ.* 2016. 143, obs. P.-Y. Gautier – Civ. 2e, 17 janv. 2019, 18-11.686, NP – Civ. 2e, 4 juill. 2019, n° 18-17.411, NP.
7. Civ. 2e, 5 févr. 2004, n° 01-15.609, P II, n° 41 ; *D.* 2004. 922.
8. Civ. 2e, 10 nov. 2005, n° 04-15.661, P II, n° 285 ; *D.* 2005. 2896, note V. Avena-Robardet ; *JCP* 2006. I. 105, spéc. n° 25, obs. R. Martin ; *Gaz. Pal.* 2006. Somm. 515 – Civ. 2e, 19 nov. 2008, n° 07-20.060, P II, n° 247 ; *D.* 2008. 3017, note V. Avena-Robardet ; *JCP* 2009. II. 10017, note R. Martin ; *JCP* 2009. I. 120, n° 10, obs. Ch. Jamin – Civ. 2e, 24 nov. 2011, n° 10-25.270, NP.
9. Civ. 2e, 9 juin 2016, n° 15-19.856, NP ; – COMP. : Civ. 2e, 20 mai 2020, n° 19-13.315, NP.

713.365 Convention prévoyant les modalités la rémunération en cas de dessaisissement. La Cour de cassation a clairement posé le principe, au visa des articles 1103 du code civil et 10 de la loi du 31 décembre 1971, suivant lequel une convention d'honoraires prévoyant le montant de l'honoraire de l'avocat peut recevoir application lorsqu'elle a prévu les modalités de cette rémunération en cas de dessaisissement avant qu'il ait été mis fin à l'instance par un acte ou une décision juridictionnelle irrévocable. Le dessaisissement de l'avocat ne rend alors pas inapplicable la convention d'honoraires qui a organisé les modalités de paiement de l'honoraire dans cette hypothèse [1].

Mais la convention d'honoraires doit alors être particulièrement précise sur ce point, la simple mention de l'existence d'un « droit de suite » étant insuffisante à cet égard [2], et prévoir expressément les modalités de la rémunération de l'avocat en cas de dessaisissement, tant s'agissant des honoraires de diligence en prévoyant, par exemple, un taux horaire de référence ou l'application des termes prévus par la convention [3], que s'agissant, le cas échéant, de l'honoraire de résultat [4], en prévoyant, par exemple, un calcul au *prorata temporis* des diligences respectives des avocats intervenus dans le dossier [5].

Naturellement, l'honoraire de résultat ne pourra être accordé que si, à la date à laquelle le juge statue, le résultat contractuellement convenu a bien été atteint, permettant la mise en œuvre de la clause [6].

713.366 Clause de dessaisissement. Il est donc impératif que, dans toute convention d'honoraires, soient contractuellement prévues, de façon claire et compréhensible [7], les conséquences financières d'une rupture anticipée, notamment quant au règlement du solde des honoraires de diligences dues et au sort de l'éventuel honoraire de résultat qui aurait été convenu [8].

L'avocat pourra également encadrer les conséquences de la rupture de sa relation avec le client, notamment lorsque celle-ci a vocation à être pérenne [9]. Il est même en droit de réclamer à son client la rémunération du temps passé à procéder à la restitution du dossier [10].

En présence d'un client ayant la qualité de consommateur ou de non-professionnel, il conviendra de veiller à ce qu'une telle clause ne soit pas rédigée de telle façon qu'elle puisse caractériser une clause abusive [11].

Naturellement, dès lors qu'une telle clause a été valablement convenue entre les parties dans la convention d'honoraires [12], il y a lieu d'appliquer celle-ci afin de déterminer les honoraires dus à l'avocat, et non, fut-ce à la demande de l'avocat dessaisi, les critères de l'article 10 de la loi du 31 décembre 1971 [13].

713.367 Caractère exagéré de l'honoraire de résultat en cas de dessaisissement. La Cour de cassation à également précisé que n'est pas en soi illicite la clause d'une convention prévoyant le paiement d'un honoraire de résultat dans sa totalité en cas de dessaisissement de l'avocat avant l'obtention d'une décision irrévocable, cet honoraire pouvant faire l'objet d'une réduction s'il présente un caractère exagéré au regard du service rendu.

En l'occurrence, la convention prévoyait expressément un honoraire de résultat, qui serait acquis dès lors qu'un premier jeu d'écritures aurait été rédigé quand bien même le client viendrait à changer d'avocat. L'avocat avait rédigé des conclusions complètes destinées à la cour d'appel, qui avaient été intégralement reprises par le nouveau conseil désigné juste avant l'audience par le client. Or, il était avéré que le travail accompli par le premier avocat avait largement contribué aux résultats obtenus,

1. Civ. 2e, 27 mai 2021, no 19-23.733, P ; *Gaz. Pal.* 29 juin 2021, p. 33, obs. C. Berlaud ; *JCP* 2021. 664, obs. C. Laporte ; *JCP* 2021. 628 ; *Gaz. Pal.* 5 oct. 2021, p. 33, obs. J.-L. Gaineton.
2. Civ. 2e, 10 déc. 2015, no 14-29.871, P II, no 577 ; *D.* 2016. 19 ; *D. avocats* 2016. 25, art. G. Deharo ; *D.* 2016. 748, obs. L. Lazerges-Cousquer et N. Touati ; *D.* 2017. 78, obs. Th. Wickers ; *RTD civ.* 2016. 143, obs. P.-Y. Gautier ; *JCP* 2016. 670, no 8, obs. C. Caseau-Roche ; *Gaz. Pal.* 19 avr. 2016, p. 25, obs. D. Landry.
3. *A CONTRARIO* : Civ. 2e, 28 mars 2019, no 18-14.061, NP.
4. Civ. 2e, 2 juin 2005, no 04-10.863, NP – Civ. 2e, 4 juill. 2007, no 06-14.633, P II, no 185 ; *D.* 2007. 2111, obs. V. Avena-Robardet ; *LPA* 18 déc. 2007, p. 9, note N. Morelli ; *Gaz. Pal.* 6-8 janv. 2008, p. 5, note J.-G. Moore ; *JCP* 2007. I. 206, no 8, obs. F. G'sell – Civ. 2e, 10 janv. 2008, nos 06-21.566, 06-21.614, NP ; *D.* 2008. 951, obs. Blanchard ; *JCP* 2008. I. 123, obs. R. Martin – Civ. 2e, 19 mars 2009, no 08-14.042, NP ; *JCP* 2009. 295, no 9, obs. Ch. Jamin – Civ. 2e, 7 janv. 2010, no 08-20.548, NP – Civ. 2e, 11 sept. 2014, no 13-20.659, NP ; *D.* 2015. 35, obs. Th. Wickers.
5. Civ. 2e, 2 juin 2005, no 04-10.863, NP.
6. Civ. 2e, 4 févr. 2016, no 14-23.960, P II, no 864 ; *D.* 2016. 383 ; *JCP* 2016. 182, obs. S. Bortoluzzi ; *Gaz. Pal*, 16 févr. 2016, p. 14, note D. Piau ; *D.* 2016. 1891, obs. O. Becuwe et N. Touati ; *JCP* 2016. 362, note C. Caseau-Roche ; *D.* 2017. 78, obs. Th. Wickers ; *JCP* 2016. 670, no 8, obs. C. Caseau-Roche ; *Gaz. Pal.* 19 avr. 2016, p. 27, obs. J. Villacèque – V. ss nos 713.265 s.
7. Civ. 2e, 18 janv. 2018, no 16-28.665, NP.
8. C. Cadars-Beaufour, *Rapport de la Commission textes, projet d'élaboration de modèles de conventions d'honoraires*, CNB, AG 11-12 déc. 2015 – CNB, Comm. RU, avis no 2019-030, 20 sept. 2019 – V. ss nos 713.251 s.
9. V. ss nos 484.271 s.
10. Civ. 2e, 16 nov. 2006, no 05-19.064, P II, no 321 ; *D.* 2007. 26 ; *JCP* 2007. I. 174, no 23, obs. R. Martin – V. ss nos 484.211 s.
11. EN CE SENS : Paris, pôle 2, ch. 6, 27 nov. 2020, RG no 18/00024 – Sur cette question, v. ss nos 713.311 s.
12. V. ss nos 713.291 s.
13. Paris, pôle 2, ch. 6, 21 oct. 2020, RG no 18/00056.

permettant ainsi directement au client de gagner son procès et d'obtenir une confortable indemnisation, ce qui ne justifiait pas une réduction de l'honoraire de résultat prévu en cas de dessaisissement[1].

La Cour de cassation a réitéré sa solution par la suite, posant le principe suivant lequel : « n'est pas en soi illicite la clause d'une convention prévoyant le paiement d'un honoraire de résultat dans sa totalité en cas de dessaisissement de l'avocat avant l'obtention d'une décision irrévocable, cet honoraire pouvant faire l'objet d'une réduction s'il présente un caractère exagéré au regard du service rendu »[2].

713.368 Dans les rapports entre avocats successifs. La Cour de cassation a considéré, s'agissant d'un litige opposant deux avocats quant au partage de l'honoraire de résultat, qu'un tel litige ne concerne pas la fixation des honoraires dus par le client et n'a trait qu'à un partage d'honoraires entre confrères se réglant sur la base de la nature des prestations intellectuelles fournies, sans pouvoir prendre appui sur des conventions conclues avec le client qui n'ont qu'un effet relatif à l'égard de ceux qui n'y sont pas parties ou tenir compte, comme l'a soutenu l'avocat, d'une caducité de celles-ci[3].

En l'occurrence la convention d'honoraires du second avocat prévoyait, notamment, un honoraire complémentaire de résultat de 10 % « sur les sommes qui seront allouées au client y compris celles déjà versées par exécution provisoire » et stipulait que le second avocat ferait « son affaire personnelle de la répartition des honoraires de résultat dus » au premier avocat.

Le premier avocat avait intenté son action sur le fondement de l'enrichissement sans cause, devenu enrichissement injustifié[4], estimant que sa contribution intellectuelle au résultat obtenu n'avait pas été suffisamment rémunérée, et a ainsi obtenu gain de cause. Un tel litige relève des litiges entre avocats dans le cadre de leur exercice professionnel[5].

1. Civ. 2e, 6 juill. 2017, no 16-15.299, P ; *D.* 2017. 1479 ; *JCP* 2017. 852 ; *JCP* 2017. 1104, no 4, obs. C. Caseau-Roche ; *D.* 2017. 1871, obs. N. Touati et O. Becuwe – Civ. 2e, 25 oct. 2018, no 17-24.085, NP – COUP. : G. Decocq, « Est-ce que la reprise d'une idée est un acte parasitaire ? », *JCP* 2017. 1282.
2. Civ. 2e, 26 oct. 2017, no 16-19.083, NP ; *JCP* 2018. 588, no 10, obs. C. Caseau-Roche – Civ. 2e, 7 mars 2019, no 18-10.677, NP.
3. Civ. 2e, 20 nov. 2014, no 13-26.530, NP – CONFIRMANT : Paris, pôle 2, ch. 1re, 2 oct. 2013, RG no 12/10204 ; *D. avocats* 2013. 403 ; – CONFIRMANT : sent. arb., 21 juill. 2010, no 68694.
4. C. civ., art. 1303 – F. Chénedé, *Le nouveau droit des obligations et des contrats*, hc, Dalloz, 2016, nos 34.01 s.
5. V. ss nos 822.00 s.

Il est donc prudent que l'avocat qui succède à un autre avocat[6] prenne en compte ce paramètre dans la détermination de ses propres honoraires.

SECTION 5
AUTRES CONVENTIONS

713.370 Plan. L'avocat peut être amené à conclure d'autres conventions avec son client tel qu'une lettre de mission distincte de la convention d'honoraires (§ 1), un contrat d'abonnement (§ 2) ou une convention relative à un marché public de prestations juridiques (§ 3). Il peut également être amené à conclure des conventions avec d'autres avocats, tel que s'agissant d'un partage d'honoraires (§ 4), ou en matière de sous et co-traitance afin, notamment, d'encadrer son obligation dite ducroire (§ 5).

§ 1
Lettre de mission

713.381 Intérêt d'une lettre de mission. Souvent contenue dans la convention d'honoraires même, la mission confiée par le client à l'avocat peut, et devrait même, compte tenu des prérogatives de contrôle de l'administration sur les conventions d'honoraires au regard des éléments couverts par le secret professionnel qu'elle comporte[7] et de la compétence des seules juridictions de droit commun pour connaître d'un éventuel contentieux relatif au mandat de l'avocat[8], faire l'objet d'une lettre de mission distincte de la convention d'honoraires, valant conditions particulières des prestations et comportant le mandat donné à l'avocat avec la détermination de la portée de celui-ci.

713.382 Définition de la mission. Il convient, en effet, de rappeler que l'avocat doit justifier d'un mandat écrit sauf dans les cas où la loi ou le règlement en présume l'existence[9]. C'est ainsi que si l'avocat peut recevoir de son client un mandat de négocier, d'agir et de signer au nom et pour son compte, un tel mandat doit être spécifique et ne peut en conséquence avoir un caractère général.

Le mandat écrit doit déterminer la nature, l'étendue, la durée de la mission de l'avocat, les conditions et modes d'exécution de la fin de celle-ci, ainsi que les modalités de sa rémunération qui auront été convenues dans la convention d'honoraires.

L'avocat doit respecter strictement l'objet du mandat et veiller à obtenir de son client une extension de ses pouvoirs si les circonstances l'exigent[10].

6. V. ss nos 484.61 s.
7. V. ss nos 413.50 s.
8. V. ss nos 741.163 s.
9. V. ss nos 611.31 s.
10. RIN, art. 6.2.

713.383 **Articulation avec la convention d'honoraires.** La convention d'honoraires a vocation à prévoir les seules conditions de rémunération de l'avocat avec son client. Elle concerne le montant ou le mode de détermination des honoraires couvrant les diligences prévisibles, ainsi que les divers frais et débours envisagés.

Elle n'a pas vocation à détailler les missions confiées par le client à l'avocat. Et ce d'autant qu'une même convention d'honoraires, notamment en cas de convention d'abonnement[1], peut régir plusieurs missions dans les rapports entre l'avocat et son client.

Chaque mission confiée à l'avocat générera une lettre de mission qui se référera à la convention d'honoraires s'agissant des conditions de la rémunération.

§ 2 Contrat d'abonnement

713.391 **Contrat d'abonnement.** Une convention d'abonnement est une convention d'honoraires qui prévoit des honoraires forfaitaires[2] pour une période déterminée et reconductible[3]. Et ce, moyennant régularisation en fonction de la réalité du travail fourni par l'avocat, ou pas.

La convention d'abonnement ne constitue en réalité qu'une modalité de paiement des honoraires de l'avocat. Elle est essentiellement conclue en matière de droit des sociétés et droit fiscal.

713.392 **Cessation de l'abonnement.** La décision du client de refuser de poursuivre l'exécution de la convention d'abonnement, même sans résiliation préalable effectuée conformément aux dispositions de ladite convention, ne saurait donner lieu au paiement des honoraires forfaitairement prévus alors même qu'aucune prestation de service n'a été effectuée par l'avocat à compter de la date à laquelle le client l'a informé de son intention de ne plus recourir à ses services.

Il y aura toutefois, le cas échéant, lieu à versement par le client de dommages et intérêts, en raison des conditions et effets de la cessation des relations contractuelles entre l'avocat et son client, dans les conditions de droit commun conformément en cadre régissant l'encadrement de la relation de l'avocat avec son client[4] mais il ne s'agira pas d'honoraires[5].

713.393 **Abonnement avec un client ayant la qualité de consommateur.** Si le client à la qualité de consommateur ou de non-professionnel[6], l'avocat doit l'informer par écrit, par lettre nominative ou courrier électronique dédiés, au plus tôt trois mois et au plus tard un mois avant le terme de la période autorisant le rejet de la reconduction, de la possibilité de ne pas reconduire la convention d'honoraires à l'abonnement qu'il a conclu avec une clause de reconduction tacite. Cette information, délivrée dans des termes clairs et compréhensibles, mentionne, dans un encadré apparent, la date limite de résiliation. À défaut d'une telle information, le consommateur ou non-professionnel peut mettre gratuitement un terme à la convention d'honoraires à l'abonnement, à tout moment à compter de la date de reconduction.

Les avances effectuées après la dernière date de reconduction ou, s'agissant des conventions d'abonnement à durée indéterminée, après la date de transformation de la convention d'abonnement initiale à durée déterminée, sont dans ce cas remboursées dans un délai de trente jours à compter de la date de résiliation, déduction faite des sommes correspondant, jusqu'à celle-ci, à l'exécution de la convention d'abonnement[7]. À défaut de remboursement dans les conditions prévues ci-dessus, les sommes dues sont productives d'intérêts au taux légal[8].

713.394 **Information spécifique dans la convention.** Ces dispositions, telles qu'elles figurent à l'article L. 215-1 du code de la consommation, doivent impérativement être reproduites intégralement dans les conventions d'honoraires auxquelles elles s'appliquent[9].

§ 3 Marchés publics

713.400 **Plan.** Certains marchés de services juridiques font l'objet d'une exemption (A), tandis que les autres marchés de services juridiques font l'objet de dispositions particulières (B), ce qui impacte tant les modalités de réponse à un appel d'offres par un avocat (C) que celles de passation des appels d'offres des marchés de services juridiques (D).

A. Propos liminaires

713.411 **Marchés publics.** En adoptant la directive du 26 février 2014[10] sur les marchés publics,

1. V. s[s] n°s 713.391 s.
2. V. s[s] n° 713.231.
3. RIN, art. 11.2.
4. V. s[s] n°s 484.281 s.
5. Lyon, 11 oct. 1995, *BICC* 15 févr. 1996, n° 189.
6. C. consom., art. L. 215-3.
7. C. consom., art. L. 215-1.
8. C. consom., art. L. 241-3.
9. C. consom., art. L. 215-4.
10. Dir. 2014/24, Parlement et Conseil, 26 févr. 2014 sur la passation des marchés publics et abrogeant la directive 2004/18/CE, *JOUE* 28 mars, p. 65.

l'Union européenne a décidé de soumettre les prestations de services juridiques à un régime spécifique, distinguant le conseil et le contentieux.

La CJUE a ainsi validé l'exclusion de la représentation légale de son client dans le cadre d'une procédure devant une instance internationale d'arbitrage ou de conciliation, devant les juridictions ou les autorités publiques d'un État membre ou d'un pays tiers ainsi que devant les juridictions ou institutions internationales, ainsi que le conseil juridique fourni dans le cadre de la préparation ou de l'éventualité d'une telle procédure, en considérant que ces prestations fournies par des avocats ne se conçoivent que dans le cadre d'une relation *intuitu personae* entre l'avocat et son client, laquelle doit être marquée par la confidentialité la plus stricte, ce qui implique la possibilité de s'adresser en toute liberté à son avocat, possibilité qui pourrait être menacée par l'obligation, pour le pouvoir adjudicateur, de préciser les conditions d'attribution d'un marché public ainsi que la publicité qui doit être donnée à de telles conditions.

Par conséquent eu égard à leurs caractéristiques objectives, la CJUE considère que les services juridiques ne sont pas comparables à l'ensemble des services couverts par la directive du 26 février 2014 sur les marchés publics et que les dispositions en cause de l'article 10 de la directive 2014/24 ne méconnaissent donc ni les principes d'égalité de traitement et de subsidiarité, ni les articles 49 et 56 du TFUE [1].

713.412 Transposition imparfaite en droit interne. Curieusement, ce régime d'exemption n'a pas été repris [2] par l'ordonnance du 23 juillet 2015 relative aux marchés publics [3], qui exclut de son champ d'application les seuls marchés publics de services relatifs à l'arbitrage et à la conciliation [4]. Le décret du 25 mars 2016 relatif aux marchés publics [5] est venu parachever cette transposition imparfaite en prévoyant toutefois un régime de passation simplifié pour certains marchés publics de services juridiques [6].

Ces dispositions ont été reprises, sans modifications, par l'ordonnance du 26 novembre 2018 [7], le décret du 3 décembre 2018 [8] et les arrêtés du 22 mars 2019 [9], venant instituer le code de la commande publique, entré en vigueur le 1er avril 2019.

L'article 11 du projet de loi portant suppression de surtranspositions de directives européennes en droit français, déposé le 3 octobre 2018, avait prévu de modifier l'ordonnance du 23 juillet 2015 relative aux marchés publics afin d'exclure de son champ d'application la représentation légale dans le cadre d'une procédure devant une instance internationale d'arbitrage ou de conciliation, devant les juridictions ou les autorités publiques d'un État membre ou d'un pays tiers ainsi que devant les juridictions ou institutions internationales, ainsi que le conseil juridique fourni dans le cadre de la préparation ou de l'éventualité d'une telle procédure [10]. Adopté par le Sénat, il n'a pas été débattu devant l'Assemblée nationale.

C'est, finalement, l'article 140 de la loi du 7 décembre 2020 [11], ainsi que son décret d'application du 30 mars 2021 [12], qui est venu modifier le code de la commande publique en ce sens [13].

713.413 Champ d'application de l'exemption. Dès lors, ne sont pas soumis aux obligations de publicité et de mise en concurrence, tant s'agissant des marchés publics que des contrats de concession [14] :

1° Les services juridiques de représentation légale d'un client par un avocat dans le cadre d'une procédure juridictionnelle, devant les autorités publiques ou les institutions internationales ou dans le cadre d'un mode alternatif de règlement des conflits [15] ;

1. CJUE 6 juin 2019, *P. M., N. G.d.M., P. V.d.S. c/Ministerraad*, aff. C-264/18.
2. Direction des affaires juridiques du ministère de l'Économie, « Fiche technique : Les marchés publics de services juridiques », janv. 2020.
3. Ord. n° 2015-899, *Lebon T*, 23 juill. 2015 relatives aux marchés publics, *JO* 24 juill., p. 12602 – CE 9 mars 2016, *CNB*, req. n° 393589.
4. Ord. n° 2015-899, 23 juill. 2015, art. 14, 4° – CCP, art. L. 2197-6 s. et L. 2512-5 – CJR, 19 déc. 2016, *Christine Lagarde*, n° 2016/001, *AJDA* 2016. 2468 ; *RTD com.* 2017. 210, obs. L. Saenko.
5. Décr. n° 2016-360, 25 mars 2016 relatif aux marchés publics, *JO* 27 mars, n° 28 – CE 17 mars 2017, *CNB*, req. n° 403768, *Lebon T.*
6. Décr. n° 2016-360, 25 mars 2016, art. 29.
7. Ord. n° 2018-1074, 26 nov. 2018 portant partie législative du code de la commande publique, *JO* 5 déc., n° 20 ; *JCP* 2018. 1309.
8. Décr. n° 2018-1075, 3 déc. 2018 portant partie réglementaire du code de la commande publique, *JO* 5 déc., n° 21 ; *JCP* 2018. 1309.
9. Arr. 22 mars 2019 portant l'annexe préliminaire du code de la commande publique, *JO* 31 mars, NOR : ECOM1830218A.
10. Projet de loi, adopté, par le Sénat après engagement de la procédure accélérée, portant suppression de sur-transpositions de directives européennes en droit français, 6 nov. 2018, art. 11.
11. L. n° 2020-1525, 7 déc. 2020 d'accélération et de simplification de l'action publique, *JO* 8 déc., art. 140 ; *JCP* 2021. 272, n° 7, obs. Ch. Vautrot-Schwarz – P. Lingibé, « Les marchés publics de prestations juridiques : quelles sont les règles applicables après la loi Asap ? », *Gaz. Pal.* 23 févr. 2021, p. 14.
12. Décr. n° 2021-357, 30 mars 2021 portant diverses dispositions en matière de commande publique, *JO* 1er avr., n° 17.
13. Projet de loi, adopté, par le Sénat après engagement de la procédure accélérée, d'accélération et de simplification de l'action publique, 5 mars 2020, art. 46.
14. CCP, art. L. 3212-4.
15. CCP, art. L. 2512-5, 8°, d).

2° Les services de consultation juridique fournis par un avocat en vue de la préparation de toute procédure juridictionnelle, devant les autorités publiques ou les institutions internationales ou dans le cadre d'un mode alternatif de règlement des conflits ou lorsqu'il existe des signes tangibles et de fortes probabilités que la question sur laquelle porte la consultation fera l'objet d'une telle procédure [1] ;

3° Les services relatifs à l'arbitrage et aux autres modes alternatifs de règlement des litiges [2].

Pour autant, ces mêmes marchés publics de services juridiques demeurent soumis règles communes relatives à l'exécution des contrats de marchés publics à savoir celles relatives aux délais de paiement [3], à la sous-traitance [4], à la résiliation des marchés publics [5], au règlement amiable des différends [6] ainsi qu'à l'obligation de la facturation électronique [7]. En outre, ils demeurent pleinement soumis aux « principes fondamentaux de la commande publique » [8].

Les autres marchés de services demeurent soumis aux règles de publicité et de mise en concurrence suivant une procédure adaptée [9].

B.
Procédures de passation des marchés de services juridiques

713.421 **Marchés publics.** Les avocats peuvent se voir attribuer un contrat de prestation service dans le cadre des procédures d'appels d'offres privés et d'attribution de marchés publics [10]. L'acte d'engagement signé entre l'avocat et la personne publique cliente vaudra alors convention d'honoraires entre l'avocat et son client.

Les marchés d'assistance et de consultation juridique passés avec les collectivités territoriales constituent des conventions d'honoraires à l'abonnement [11].

713.422 **Procédure dérogatoire.** Dans certains cas, l'obligation de passation d'un marché public n'est pas applicable, l'acheteur public pouvant passer le marché négocié sans publicité ni mise en concurrence préalables : marché d'un montant inférieur à 25 000 euros [12], marché de prestations similaires [13] et marché passé en cas d'urgence impérieuse résultant de circonstances imprévisibles [14], laquelle peut résulter d'un délai de recours contentieux si les circonstances sont imprévisibles, non imputables au client et que les délais de passation du marché apparaissent incompatibles avec les délais de procédures [15].

713.423 **Procédure adaptée aux marchés de services juridiques constituant des services spécifiques.** Les marchés de services juridiques [16] qui ne font pas l'objet d'une exemption des règles de publicité et de mise en concurrence [17], constituent des services spécifiques [18], soumis à la procédure adaptée prévue aux articles R. 2123-4 et suivant du Code de la commande publique.

Lorsqu'un marché public a pour objet à la fois les services juridiques susvisés et d'autres services, la procédure adaptée s'applique si les services juridiques susvisés constituent l'objet principal du marché public et si les différentes parties du marché public sont objectivement inséparables. Lorsqu'il n'est pas possible de déterminer l'objet principal du marché public, celui-ci est soumis à la procédure normale.

Ils doivent faire l'objet de mesures de publicité européenne, au-delà d'un montant, pour les pouvoirs adjudicateurs, de 750 000 euros HT, et pour les entités adjudicatrices, de 1 000 000 euros HT [19].

On notera que les « Services de conseils fiscaux » [20], font l'objet d'une nomenclature distincte des services juridiques quand bien même il constituerait pour l'avocat, en notre sens, un « Services de conseils et d'information juridiques » [21]. La direc-

1. CCP, art. L. 2512-5, 8°, e).
2. CCP, art. L. 2512-5, 3°.
3. CCP, art. L. 2521-2 et. L. 2192-10 s.
4. CCP, art. L. 2521-2 et L. n° 75-1334, 31 déc. 1975 relative à la sous-traitance, *JO* 3 janv., p. 148.
5. CCP, art. L. 2521-3 et L. 2195-1 s.
6. CCP, art. L. 2521-4 et L. 2197-1.
7. CCP, art. L. 2521-5 et L. 2192-1 s.
8. CE 15 déc. 2017 *SM Aéroport de Lannion*, req. n° 413193, *Lebon T* – CE 5 févr. 2018 *CNES*, req. n° 414846, *Lebon T.*
9. CCP, art. R. 2123-1, 3° – CCP, Annexe n° 3 : Avis relatif aux contrats de la commande publique ayant pour objet des services sociaux et autres services spécifiques, I. 8.
10. CE 9 avr. 1999 *Toubol-Fischer*, req. n° 196177, *Lebon ; AJDA* 1999. 834 ; *AJDA* 1999. 776, Chron. P. Fombeur et M. Guyomar ; *D.* 1999. 399, note P. Termeyre ; *RFDA* 1999. 951, concl. H. Savoie ; *RTD com.* 1999. 664, obs. G. Orsoni – Minefi, Daj, Fiche technique relative aux marchés publics de services juridiques, janv. 2020.
11. V. s[s] n°s 713.391 s. – Sur la sollicitation personnalisée et la réponse à un appel d'offres, v. s[s] n° 465.26.
12. CCP, art. R. 2122-8.
13. CCP, art. R. 2122-7.
14. CCP, art. R. 2122-1.
15. CE 9 juill. 2007, *Syndicat EGF c/BTP a.*, req. n° 297711, *Lebon ; AJDA* 2007. 1383 ; *AJDA* 2007. 1593, note J.-D. Dreyfus ; *D.* 2007. 2033, obs. E. Royer ; *RDI* 2007. 423, obs. J.-D. Dreyfus ; *RDI* 2008. 44, obs. R. Noguellou ; *RTD eur.* 2008. 835, Chron. D. Ritleng, A. Bouveresse et J.-P. Kovar.
16. CPV n°s 79100000-5 à 79140000-7.
17. V. s[s] n° 713.411.
18. CCP, art. R. 2123-1, 3° – CCP, Annexe n° 3 : Avis relatif aux contrats de la commande publique ayant pour objet des services sociaux et autres services spécifiques, I. 8.
19. CCP, Annexe n° 3 : Avis relatif aux contrats de la commande publique ayant pour objet des services sociaux et autres services spécifiques, II.
20. CPV n° 79221000-9.
21. CPV n° 79140000-7.

tion des affaires juridiques du ministère de l'Économie considère, à tort selon nous, qu'ils relèvent du régime normal des marchés publics, au même titre que les « services portant sur le montage d'un dossier de consultation »[1], ce qui ne devrait pas être le cas dès lors qu'ils comportent une part de conseil juridique prépondérante, notamment, à des fins de sécurisation des montages[2].

713.424 Marchés inférieurs à 40 000 euros. Même pour les marchés de services juridiques[3] qui ne font pas l'objet d'une exemption des règles de publicité et de mise en concurrence[4], l'acheteur public peut passer le marché sans publicité ni mise en concurrence préalables pour répondre à un besoin dont la valeur estimée est inférieure à 40 000 euros HT ou pour les lots dont le montant est inférieur à 40 000 euros HT et dont le montant cumulé de ces lots n'excède pas 20 % de la valeur totale estimée de tous les lots.

L'acheteur public devra toutefois veiller à choisir une offre pertinente, à faire une bonne utilisation des deniers publics et à ne pas contracter systématiquement avec un même opérateur économique lorsqu'il existe une pluralité d'offres susceptibles de répondre au besoin[5].

713.425 Procédure adaptée sur la base des offres initiales sans négociation. L'acheteur public détermine librement, sous réserve de respecter les principes de liberté d'accès à la commande publique, d'égalité de traitement des candidats et de transparence des procédures[6], les modalités de passation du marché en fonction de la nature et des caractéristiques du besoin à satisfaire, du nombre ou de la localisation des opérateurs économiques susceptibles d'y répondre ainsi que des circonstances de l'achat[7].

Lorsque l'acheteur a prévu de négocier, il peut attribuer le marché public sur la base des offres initiales sans négociation, à condition d'avoir indiqué dans les documents de la consultation qu'il se réserve la possibilité de le faire[8]. Si l'acheteur public fait le choix de se référer à une procédure formalisée, il devra impérativement la respecter[9].

C.
Réponse à un appel d'offres pour les marchés de services juridiques

713.431 Dématérialisation des marchés publics. Depuis le 1er octobre 2018, toutes les communications et échanges d'informations entre acheteurs et opérateurs économiques des marchés publics dont la valeur du besoin estimé est supérieure à 25 000 euros HT doivent être réalisés par voie électronique[10].

Toutefois, les avocats ne sont pas tenus d'utiliser des moyens de communication électronique pour les marchés de services juridiques[11].

713.432 Réponse des avocats à un appel d'offres. Seuls les avocats peuvent concourir pour les marchés de services juridiques en matière de représentation en justice, pour les autres marchés, impliquant une consultation juridique ou rédaction d'actes, ils peuvent se trouver en concurrence avec d'autres personnes légalement habilitées à donner des consultations juridiques ou rédiger des actes[12] dans les strictes limites de leurs prérogatives[13], et les avocats ne sauraient être admis comme sous-traitant d'un organisme non habilité : dès lors que le marché concerne une prestation juridique, ils doivent réaliser directement les prestations juridiques en cause et donc être co-traitant du marché, dans le cadre d'un groupement conjoint[14], et signer l'acte d'engagement, faute de quoi, le contrat aura une cause illicite ce qui constitue une illégalité manifeste justifiant la résolution de l'acte d'engagement[15].

À cet égard, il a pu être jugé que la mission qui consiste à assister et à conseiller une personne publi-

1. Direction des affaires juridiques du ministère de l'Économie, « Fiche technique : Les marchés publics de services juridiques », janv. 2020, p. 1 et 2.
2. EN CE SENS : TA Poitiers, 4 juill. 2018, *Conseil national des barreaux*, req. n° 1501814 ; *JCP* 2018. 1023, n° 20, obs. F. G'sell ; *JCP Adm.* 2018. 651, obs. L. Erstein ; – CONFIRMÉ PAR : CAA Bordeaux, 9 juill. 2020, req. n° 18BX003434 : – ARRÊT ANNULÉ, sur le terrain de l'intérêt à agir par : CE 20 juill. 2021 *CNB*, req. n° 443346, *Lebon.*
3. CPV n°s 79100000-5 à 79140000-7.
4. V. s^s n° 713.411.
5. CCP, art. R. 2123-8.
6. CCP, art. L. 3.
7. CCP, art. R. 2123-4.
8. CCP, art. R. 2123-5.
9. CE 25 juin 2004, req. n° 261264, NP.
10. CCP, art. R. 2132-1 ; *D.* 2018. 1759 – Minefi, *Guide « très pratiques » de la dématérialisation des marchés publics pour les opérateurs économique*, avr. 2019.
11. CCP, art. R. 2132-12.
12. L. n° 71-1130, 31 déc. 1971, art. 54 – V. s^s n°s 63.00 s.
13. TA Paris, ord., 27 juill. 2007, *Palmier c/Rayssac*, req. n° 710469 – TA Besançon, 28 févr. 2008, *Chanlair*, req. n° 0600368 – CAA Nancy, 29 mars 2009, *Besançon (ville) c/SVP (S^té)*, req. n° 08NC00594 – TA Cergy-Pontoise, 3 févr. 2011, *Gachi*, req. n° 1100321 – CAA Versailles, 3 juill. 2014, *Gachi*, req. n° 12VE02433 – TA Grenoble 23 juill. 2019 *Chambre d'agriculture de l'Isère*, req. n° 1904450.
14. CCP, art. R. 2142-19 à R. 2142-27 – CE 4 avr. 2018, *Altraconsulting*, req. n° 415946, *Lebon T ; Gaz. Pal.* 17 avr. 2018, p. 43, obs. P. Graveleau.
15. CAA Lyon, 4e ch., 18 juin 2015, *Barreau de Paris*, req. n° 14LY02786 – CAA Nantes, 4e ch., 15 févr. 2019, *CNB*, req. n° 18NT02067 ; – CONFIRMANT : TA Nantes, 2e ch., 21 févr. 2018, n° 1508103.

que, pour lui permettre de passer des marchés publics d'assurances et de sélectionner des candidats dans le respect du code des marchés publics, va au-delà de la mission de l'intermédiaire en assurances. Cette dernière a seulement pour objet de présenter, de proposer ou d'aider à conclure un contrat d'assurance ou de réaliser d'autres travaux préparatoires à sa conclusion, faisant que l'attributaire devait, pour être autorisé à donner des consultations juridiques, remplir les conditions fixées, pour les auditeurs et consultants en assurances, par l'agrément, prévu par l'article 54 de loi du 31 décembre 1971[1].

713.433 Contenu de la réponse à un appel d'offres. Dans le cadre des appels d'offres, dont l'attribution se réalise selon le principe de l'offre économiquement la plus avantageuse[2], l'appréciation de cette dernière va dépendre, notamment, de l'expérience, la capacité professionnelle, technique[3] et financière du candidat[4], et ce, fonction de critères, pondérés ou hiérarchisés[5], qui ne doivent pas porter atteinte au principe d'égalité de traitement des candidats au regard de l'objet du marché[6], et au nombre desquels figure, en dehors du prix des prestations qui ne doit pas être anormalement bas[7], notamment, la production de référence, tout avocat peut faire mention des références nominatives d'un ou plusieurs de ses clients avec leur accord exprès et préalable[8], sans que cela ne porte atteinte au secret professionnel, ni ne puisse leur être imposé[9].

Il convient de préciser que si le nom donné en référence est celui d'un client qui a été suivi par cet avocat en qualité de collaborateur ou d'associé d'un cabinet d'avocat dans lequel il n'exerce plus depuis moins de deux ans, celui-ci devra concomitamment aviser son ancien cabinet de la demande d'accord exprès adressée à ce client et indiquer dans la réponse à appel d'offres le nom du cabinet au sein duquel l'expérience a été acquise[10].

Par ailleurs, si la jurisprudence a admis que la personne publique pouvait solliciter, dans le cadre de la procédure d'appel d'offres, un avis circonstancié sur le montage juridique objet de l'appel d'offres, et ce afin d'apprécier les compétences des cabinets candidats[11], une telle réalisation d'une prestation juridique préalable devra donner lieu à rémunération au profit de l'avocat sous la forme du versement d'une « prime »[12].

713.434 Attribution du marché. À l'issue de la procédure, il est imposé que les avocats évincés soient prévenus du rejet de leur offre, et ceux-ci seront en droit d'obtenir, s'ils en font la demande expresse et écrite, les motifs du rejet de leur candidature et, si celle-ci a été rejetée pour un motif autre que son caractère inapproprié, irrégulier ou inacceptable, le nom des attributaires du marché ainsi que les caractéristiques et les avantages relatifs à l'offre retenue[13].

Par ailleurs, tout marché est notifié au titulaire avant tout commencement d'exécution[14] et, lorsque le montant du marché est supérieur au seuil de 750 000 euros HT pour les pouvoirs adjudicateurs, et de 1 000 000 euros HT pour les entités adjudicatrices, ils doivent publier l'avis d'attribution au *JOUE* et au *BOAMP*[15].

Enfin, seule la publication au *JOUE* d'un avis d'attribution d'intention de conclure et le respect d'un délai de 11 jours avant la signature du marché permettent de faire obstacle au recours au référé contractuel[16].

713.435 Intérêt à agir pour contester l'attribution du marché. À cet égard, si tout avocat qui a soumissionné peut avoir intérêt à agir pour contester l'attribution du marché, notamment en cas

1. CAA Nantes, 4e ch., 1er déc. 2015, *Cabinet CEGA*, req. n° 13NT03406 – CE 14 déc. 2016, *Syndicat des auditeurs et consultants en risques et assurances*, req. n° 396627 ; *JCP* 2017. 660, n° 34, obs. F. G'sell – CE 14 déc. 2016, *Cabinet CEGA*, req. n° 396620 ; *JCP* 2017. 660, n° 34, obs. F. G'sell.
2. CCP, art. L. 2152-7 et R. 2152-7.
3. CE 21 mai 2010, req. n° 333737, *Lebon ; AJDA* 2010. 1046 ; *RTD eur.* 2010. 975, Chron. D. Ritleng, J.-P. Kovar et A. Bouveresse.
4. Arr. 22 mars 2019 fixant la liste des renseignements et des documents pouvant être demandés aux candidats aux marchés publics, *JO* 31 mars, NOR : ECOM1830221A – CCP, Annexe n° 9.
5. CCP, art. R. 2152-7 et R. 2152-12 – CE 26 sept. 2012, req. n° 359389, *Lebon ; AJDA* 2012. 1824.
6. CE 6 mars 2009, *Aix-en-Provence (Cne)*, req. n° 314610, *Lebon ; AJDA* 2009. 458 – CAA Douai, 7 juin 2011, *Office municipal de tourisme de Berck-sur-Mer*, req. n° 10DA00232 – CE 2 août 2011, *Parc naturel régional des grands Causses*, req. n° 348254, *Lebon ; AJDA* 2011. 1599 ; *RDI* 2011. 559, obs. S. Braconnier – CAA Douai, 5 juin 2012, req. n° 11DAO0464.
7. CCP, art. R. 2152-3 – TA Cergy-Pontoise, ord., 18 févr. 2011, *Claisse et associés*, req. n° 1100716 – TA Toulon, ord., 12 juill. 2012, *LLC & associés (Sté)*, req. n° 1001613 – TA Bordeaux, ord., 7 nov. 2013, *CGCB (SCP)*, req. n° 1303636.
8. CE 9 mars 2009, *Aix-en-Provence (Cne)*, req. n° 314610, *Lebon ; AJDA* 2009. 458.
9. CE 7 mars 2005, *CU Lyon*, req. n° 274286, *Lebon ; AJDA* 2005. 1128, note J.-P. Markus et L. Givord – CE 9 août 2006, req. n° 286316, *Lebon* ; *AJDA* 2006. 1532 ; *D.* 2006. 2347 – V. ss n° 412.283.
10. RIN, art. 2.2.
11. CAA Versailles, 2 févr. 2012, *Cabinet Bruno Kern avocats Selas*, req. n° 09VE01405.
12. CCP, art. R. 2151-15.
13. CCP, art. R. 2181-2.
14. CCP, art. R. 2182-4.
15. CCP, art. R. 2131-7.
16. CJA, art. L. 551-15 – AUSSI : CE 25 janv. 2019, req. n° 423159, *Lebon ; Gaz. Pal.* 18 juin 2019, p. 50, note crit. B. Cerveau.

d'offre anormalement basse, il en va différemment des ordres qui ont pour mission de traiter toute question intéressant la profession et la défense des droits des avocats de leur barreau, seul le conseil national des barreaux représentant, au niveau national, la profession d'avocat, faisant que dès lors que le contrat litigieux a été conclu entre une commune et une société, dans un ressort autre que celui du barreau considéré, à supposer même que, par son objet, ce contrat fût susceptible de porter atteinte aux compétences réservées, par la loi du 31 décembre 1971, aux avocats, un barreau ne dispose pas d'un intérêt lui donnant qualité pour agir [1].

Le Conseil d'État a également dénié cette qualité au Conseil national des barreaux en considérant qu'« Un tiers à un contrat administratif n'est recevable à contester la validité d'un contrat que s'il est susceptible d'être lésé dans ses intérêts de façon suffisamment directe et certaine par sa passation ou par ses clauses. Si, en vertu des dispositions précitées de la loi du 31 décembre 1971, le Conseil national des barreaux a qualité pour agir en justice en vue notamment d'assurer le respect de l'obligation de recourir à un professionnel du droit, la seule attribution, par une collectivité territoriale, d'un marché à un opérateur économique déterminé ne saurait être regardée comme susceptible de léser de façon suffisamment directe et certaine les intérêts collectifs dont le Conseil national des barreaux a la charge, alors même que le marché confie à cet opérateur une mission pouvant comporter la rédaction d'actes juridiques susceptibles d'entrer dans le champ des dispositions de l'article 54 de la loi du 31 décembre 1971 » [2]. L'intervention du Conseil national des barreaux demeure toujours possible au soutien d'un recours formé par un avocat lésé car ayant soumissionné à l'attribution du marché [3].

Le Conseil d'État a, par ailleurs, précisé que saisi d'un recours de pleine juridiction contestant la validité du contrat ou de certaines de ses clauses par un tiers justifiant que la passation de ce contrat l'a lésé dans ses intérêts de façon suffisamment directe et certaine, il appartient au juge du contrat, en présence d'irrégularités qui ne peuvent être couvertes par une mesure de régularisation et qui ne permettent pas la poursuite de l'exécution du contrat, de prononcer, le cas échéant avec un effet différé, après avoir vérifié que sa décision ne portera pas une atteinte excessive à l'intérêt général, soit la résiliation du contrat, soit, si le contrat a un contenu illicite ou s'il se trouve affecté d'un vice de consentement ou de tout autre vice d'une particulière gravité que le juge doit ainsi relever d'office, l'annulation totale ou partielle de celui-ci [4].

D.
Modalités d'appel d'offres pour les marchés publics de services juridiques

713.441 **Allotissement ou marché global.** Lorsqu'il passe un marché de prestations juridiques ou de représentation en justice, le pouvoir adjudicateur ne connaît pas la quantité, et parfois même la nature, des prestations à commander, ni le moment auquel il sera nécessaire de commander ces prestations. Le code de la commande publique offre plusieurs outils juridiques permettant d'y répondre. Le principe est celui de l'allotissement dès lors que l'objet du marché permet l'identification de prestations juridiques distinctes et qu'il peut être divisé en ensembles cohérents de lots séparés [5]. Afin de déterminer l'existence de prestations distinctes, le juge administratif tient compte de la diversité des prestations et du volume de la commande [6].

A ainsi pu être jugé régulier le découpage en deux lots « droit civil » et « droit public », compte tenu de la quantité limitée des prestations objets du marché, et du fait que ces lots étaient suffisamment homogènes même s'ils regroupaient chacun plusieurs branches du droit [7]. De même, un marché global a pu également être jugé régulier compte tenu du montant modique du marché et des caractéristiques des dossiers potentiels qui faisaient appel à la fois au droit privé et au droit public [8]. En revanche, un marché de prestations de conseil et de représentation juridiques, portant sur l'ensemble des matières de droit public ainsi que sur les matières relevant du droit civil, du droit pénal et de la procédure pénale, compte tenu de la diversité des prestations et du volume de la commande passée, devait être alloti [9]. Chaque lot donnera lieu à la conclusion d'un marché public. Il pourra donc y avoir autant d'avo-

1. CAA Nantes, 4e ch., 31 mai 2016, *barreau de Paris*, req. n° 14NT01012 – TA Lille, 2e ch., 20 sept. 2016, *barreau de Paris*, req. n° 1302656.
2. CE 20 juill. 2021 *CNB*, req. n° 443346, *Lebon* ; – DÉJÀ : CE 4 avr. 2014, *Tarn-et-Garonne (Dpt)*, req. n° 358994, *Lebon* 70, concl. B. Dacosta – CE 3 juin 2020 *Département de la Loire-Atlantique*, req. n° 426932, *Lebon*, concl. G. Pellissier ; – *contra* devant le juge judiciaire : Civ. 2e, 14 janv. 2021, n° 18-22.984, P.
3. CE 10 févr. 2014 *Sté Cabinet Henri Abecassis*, req. n° 367262, *Lebon*.
4. CE 9 juin 2021, *Sainte-Eulalie (Cne)*, req. n° 438047, *Lebon T.*
5. CCP, art. L. 2113-10.
6. CE 11 avr. 2014, *Montreuil (Cne)*, req. n° 375051, *Lebon ; AJDA* 2014. 825 ; *AJCT* 2014. 449, obs. S. Hul ; *RTD com.* 2014. 567, obs. G. Orsoni.
7. TA Marseille, 13 janv. 2009, *Benoît Caviglioni (Me)*, req. n° 0808872.
8. TA Lyon, ord., 23 déc. 2008, *Bruno Kern (Sté)*, req. n° 0808003.
9. CE 11 avr. 2014, *Montreuil (Cne)*, req. n° 375051, *Lebon ; AJDA* 2014. 825 ; *AJCT* 2014. 449, obs. S. Hul ; *RTD com.* 2014. 567, obs. G. Orsoni.

cats titulaires que de lots, même s'il est possible d'attribuer plusieurs lots à un même avocat.

713.442 **Répartition des prestations entre les différents lots.** La répartition des prestations entre les différents lots, destinée à favoriser la concurrence et l'accès à la commande publique, est à définir en fonction du besoin spécifique du pouvoir adjudicateur. Elle peut prendre plusieurs formes :

- en fonction des domaines du droit concerné : on peut concevoir un lot droit de l'urbanisme, un lot droit public général, un lot droit pénal... ;

- en fonction de la nature des prestations : un lot pour les prestations de conseils juridiques, un lot pour la représentation en justice. Le Conseil d'État a accepté cette forme d'allotissement alors même que chaque lot regroupait des matières juridiques hétérogènes (droit public, droit pénal et droit privé) [1] ;

- en fonction du barreau de rattachement lorsqu'il existe un monopole géographique (tribunal judiciaire, cour d'appel), ce qui sera le cas en matière de procédure avec représentation obligatoire.

Le découpage des prestations doit être cohérent. Le juge administratif limite son contrôle sur la détermination du nombre et la composition des lots, à l'erreur manifeste d'appréciation du pouvoir adjudicateur, compte tenu de la liberté de choix qui lui est reconnue.

713.443 **Recours à un marché global de prestations juridiques.** Il peut être recouru à un marché global lorsqu'il s'avère qu'un découpage excessif des prestations par lot risque de se révéler trop faible pour intéresser des candidats, tel que lorsque le caractère modeste du volume de prestations et « les difficultés techniques pour tracer des lignes claires entre les domaines du droit applicables aux collectivités territoriales » justifient un tel recours[2]. Il en est de même si l'allotissement peut avoir pour effet d'accroître le nombre de titulaires d'un marché sans que le pouvoir adjudicateur dispose d'un service juridique capable d'opérer la coordination générale, tel que si « la dévolution en lots séparés est de nature, dans le cas particulier, à restreindre la concurrence, qu'elle risque de rendre techniquement difficile ou financièrement coûteuse l'exécution des prestations ou qu'il n'est pas en mesure d'assurer lui-même les missions d'organisation, de pilotage et de coordination »[3].

1. CE 21 mai 2010, *Ajaccio (Cne)*, req. n° 333737, *Lebon ; AJDA* 2010. 1046 ; *RTD eur.* 2010. 975, Chron. D. Ritleng, J.-P. Kovar et A. Bouveresse.
2. TA Montreuil, 30 mars 2010, *C... (Mme)*, nos 0904772, 0901584.
3. TA Lyon, ord. 6 avr. 2009, *Bonnet-Lalanne-Thiry (SCP)*, n° 0901669.

Mais lorsque le pouvoir adjudicateur dispose de la capacité à assurer une coordination des prestations, l'allotissement du marché de services juridiques redevient la règle[4]. Le juge administratif exerce un contrôle normal sur les motifs d'un marché global[5] et lorsque le recours au marché global est fait à tort, celui-ci est susceptible de léser le candidat dont l'offre a été rejetée au motif, notamment, qu'il ne disposait pas d'une capacité de traitement des dossiers suffisante pour traiter l'ensemble des matières objet du marché[6].

713.444 **Le marché à bons de commande.** Cette forme de marché permet au pouvoir adjudicateur de choisir préalablement un ou plusieurs titulaires et de leur passer commande lors de la survenance du besoin, il s'agit d'une forme de contrat d'abonnement[7], qui ne peut en principe excéder 4 ans[8]. Le recours à ce type de marché est particulièrement adapté aux prestations répétitives. Dès que le besoin apparaît, le pouvoir adjudicateur émet un bon de commande dans les conditions fixées au marché. Le marché à bons de commande peut être mono ou multi-attributaire.

Si le pouvoir adjudicateur décide d'attribuer le marché à plusieurs titulaires, il doit fixer précisément les conditions dans lesquelles les bons de commande seront confiés aux différents attributaires. Il pourra prévoir de respecter le classement des offres ou procéder par ordre alphabétique. Le marché à bons de commande nécessite l'émission d'un bon de commande préalable avant tout début d'exécution des prestations. Afin d'être compatible avec la réactivité exigée des avocats (référé, par exemple, ou mise en garde à vue, perquisition...), les modalités d'émission des bons de commande, qui sont à préciser dans le marché, devront être adaptées (par télécopie par exemple). Surtout, la définition et les caractéristiques des prestations qui seront susceptibles d'être commandées doivent être déterminées à l'avance, lors de la rédaction du cahier des charges.

Contrairement à l'accord-cadre, elles ne pourront être ajustées lors de la survenance du besoin. Le recours au marché à bons de commande convient à des prestations répétitives, dont la nature et la difficulté ne sont pas susceptibles d'évoluer en cours

4. CE 11 avr. 2014, *Montreuil (Cne)*, req. n° 375051, *Lebon ; AJDA* 2014. 825 ; *AJCT* 2014. 449, obs. S. Hul ; *RTD com.* 2014. 567, obs. G. Orsoni.
5. CE 21 mai 2010, *Ajaccio (Cne)*, req. n° 333737, *Lebon ; AJDA* 2010. 1046 ; *RTD eur.* 2010. 975, Chron. D. Ritleng, J.-P. Kovar et A. Bouveresse.
6. CE 11 avr. 2014, *Montreuil (Cne)*, req. n° 375051, *Lebon ; AJDA* 2014. 825 ; *AJCT* 2014. 449, obs. S. Hul ; *RTD com.* 2014. 567, obs. G. Orsoni.
7. CNB, Comm. RU, avis n° 2005-003, 20 janv. 2005 ; C. avocat 2021, ss L. 31 déc. 1971, art. 10, note 58 – V. ss n° 713.391.
8. CCP, art. L. 2125-1, 1°, et R. 2162-13 s.

d'exécution du marché. Un contentieux du personnel pourrait, par exemple, s'y prêter. Le marché à bons de commande peut être passé avec un minimum et un maximum en valeur ou en quantité, ou un minimum, ou un maximum, ou encore être conclus sans minimum, ni maximum.

713.445 L'accord-cadre. L'accord-cadre permet de sélectionner un ou plusieurs titulaires qui se verront attribuer des marchés subséquents lors de la survenance du besoin.

L'accord-cadre, qui comme le marché à bons de commande constitue une forme de contrat d'abonnement[1], dont la durée ne peut en principe excéder 4 ans[2], permet au pouvoir adjudicateur de ne préciser les caractéristiques et les modalités d'exécution des prestations qu'au moment de la passation du marché subséquent. Les marchés subséquents ne pourront, cependant, apporter des modifications substantielles aux termes fixés par l'accord-cadre. L'accord-cadre peut être mono ou multi-attributaire. S'il est passé avec un seul titulaire, celui-ci se verra confier directement le ou les marchés subséquents dont le cahier des charges précisera la nature et l'étendue du besoin à satisfaire. L'accord-cadre mono-attributaire peut aussi faire l'objet d'un allotissement. Si l'accord-cadre est multi-attributaire, le ou les marchés subséquents sont passés après remise en concurrence des titulaires de l'accord-cadre. Chaque cabinet d'avocat devra ainsi remettre une proposition de prix et éventuellement tout élément réclamé par le pouvoir adjudicateur (méthodologie, délai d'exécution...), en fonction de l'affaire qui lui est soumise. Ce dispositif est assez lourd, puisqu'il impose une remise en concurrence des titulaires de l'accord-cadre, avant toute attribution d'un marché subséquent.

Le recours à l'accord-cadre peut s'avérer intéressant pour les pouvoirs adjudicateurs lorsque plusieurs dossiers concernant différents domaines du droit (contentieux des contrats administratifs, contentieux du personnel, contentieux de l'urbanisme, contentieux pénal...) devront être confiés à des professionnels du droit. Le recours à l'accord-cadre n'exonère cependant pas le pouvoir adjudicateur du respect des règles relatives à l'allotissement. Comme le marché à bons de commande[3], l'accord-cadre confère une exclusivité sur les prestations décrites dans le cahier des charges, à leurs titulaires. Le pouvoir adjudicateur ne peut s'adresser, pendant la durée d'exécution du marché ou de l'accord-cadre, à un autre prestataire que le ou les titulaires, sauf pour des besoins occasionnels de faible montant[4].

1. V. s[s] n° 713.391.
2. CCP, art. L. 2125-1, 1°, et R. 2162-7 s.
3. CCP, art. R. 2162-10.

§ 4
Conventions portant partage d'honoraires

713.451 Rédaction d'actes. En matière de rédaction d'actes[5] et lorsqu'un acte est établi conjointement par plusieurs avocats, la prestation de conseil et d'assistance de chaque intervenant ne peut être rétribuée que par le client ou par un tiers agissant d'ordre ou pour le compte de celui-ci[6].

713.452 Règle de partage des honoraires. Dans le cas où il est d'usage que les honoraires de rédaction soient à la charge exclusive de l'une des parties et à la condition que l'acte le stipule expressément, les honoraires doivent être, à défaut de convention contraire, partagés par parts égales entre les avocats ayant participé conjointement à la rédaction[7].

713.453 Contractualisation du partage des honoraires. Il est dès lors nécessaire, afin d'éviter toute difficulté ultérieure, lorsqu'un avocat participe à une rédaction conjointe d'actes, de prévoir expressément dans l'acte ainsi rédigé une clause relative aux honoraires des avocats afférents à la rédaction de l'acte prévoyant non seulement s'ils sont à la charge exclusive de l'un des clients partie à l'acte, mais également, dans ce dernier cas, comment il sera réparti entre les avocats ayant participé à la rédaction de l'acte.

Il conviendra également de préciser dans cette même clause tant l'identité du ou des rédacteurs de l'acte que celle des conseils des parties à l'acte, afin de prévenir les traitements des situations de conflits d'intérêts qui pourraient en résulter[8]. Tout comme il y aura lieu, pour celui qui en est le rédacteur, de prévoir la rémunération, et sa prise en charge, des autres intervenants à la transaction, tels qu'un agent immobilier, faute de quoi il engage sa responsabilité civile professionnelle[9].

713.454 Prudence dans la rédaction de la clause. Il convient d'être prudent dans la rédaction de telles clauses, notamment si l'on entend affirmer leur caractère divisible de l'acte instrumenté. C'est ainsi que dans une affaire où un avocat avait été chargé par une société cliente de la rédaction d'un projet de protocole de cession de contrôle, celui-ci prévoyait le partage par moitié entre les parties des honoraires de rédaction de l'avocat. Ultérieurement, le tribunal de commerce a prononcé la résolution du contrat de

4. CCP, art. R. 2162-6.
5. V. s[s] n°s 632.00 s.
6. RIN, art. 11.8 – V. s[s] n° 732.41.
7. RIN, art. 11.8.
8. V. s[s] n°s 441.241 s.
9. COMP. : Civ. 1re, 9 janv. 2019, n° 17-27.841, P ; *JCP* 2019. 69 ; *D.* 2019. 70 ; *Gaz. Pal.* 16 avr. 2019, p. 33, note M. Mekki – V. s[s] n°s 912.140 s.

cession. L'avocat a saisi le bâtonnier d'une demande en fixation d'honoraires à l'encontre de la société cessionnaire.

La Cour de cassation approuve la cour d'appel d'avoir constaté que la vente des parts ayant fait l'objet d'une résolution judiciaire, la clause relative au partage des honoraires n'était pas applicable. En l'occurrence, la clause stipulait que le règlement des honoraires de rédaction d'acte interviendrait concomitamment à la vente des parts sociales ce qui a conduit à considérer que la vente des parts sociales était la condition suspensive du règlement des honoraires [1].

Pour la Cour de cassation, le juge du fond a souverainement retenu que les parties avaient entendu conditionner le paiement des honoraires de rédaction d'acte à la vente des parts sociales, mais l'avocat était en droit d'obtenir des honoraires de diligences calculés suivant les critères de l'article 10 de la loi du 31 décembre 1971 [2].

§ 5
Convention entre avocats

713.461 Relation de sous-traitance entre avocats. L'obligation de conclure une convention d'honoraires écrite visée à l'article 10 de la loi du 31 décembre 1971 [3] concerne également les relations entre avocats, notamment en cas de sous-traitance [4].

Il est donc impératif lorsqu'un avocat mandate un autre avocat pour le compte de son client, et que celui-ci n'intervient pas comme co-traitant mais comme sous-traitant, que soit conclu entre eux, suivant les conditions de droit commun applicables entre professionnels [5], une convention d'honoraires écrite précisant, notamment, le montant ou le mode de détermination des honoraires couvrant les diligences prévisibles, ainsi que les divers frais et débours envisagés.

713.462 Obligation dite ducroire. L'avocat qui, ne se bornant pas à mettre en relation un client avec un autre avocat, confie un dossier à un confrère ou le consulte, est personnellement tenu au paiement des honoraires, frais et débours dus à ce confrère correspondant, au titre des prestations accomplies à sa demande par celui-ci [6].

Les avocats concernés peuvent néanmoins, dès l'origine et par écrit, convenir du contraire [7]. En outre, le premier avocat peut, à tout instant, limiter, par écrit, son engagement au montant des sommes dues, au jour où il exclut sa responsabilité pour l'avenir [8].

713.463 Partage d'honoraire de résultat en cas de sous-traitance. Dans le même ordre d'idée, dans une affaire où un avocat était intervenu dans un dossier à la demande d'un autre avocat pour le compte d'un client de ce dernier qui avait obtenu un dégrèvement fiscal de plus de 800 000 euros, la Cour de cassation approuve la cour d'appel qui a dénié au premier avocat tout droit à une part de l'honoraire de résultat convenu entre l'avocat donneur d'ordre et son client [9] dès lors que l'avocat sous-traitant ne pouvait se prévaloir de la convention d'honoraires conclue par l'avocat donneur d'ordre et son client, et qu'il n'établissait pas avoir accompli d'autres diligences que celles figurant sur sa note d'honoraires initiale. Par conséquent, la demande de paiement d'un honoraire complémentaire de résultat s'analysait en une demande de partage d'un honoraire de résultat laquelle n'était pas fondée en l'absence de convention entre les avocats prévoyant un tel honoraire [10].

Ici encore, le principe de l'effet relatif des conventions implique que si un avocat est appelé à réaliser *es qualité* de sous-traitant une prestation à la demande d'un autre avocat, il négocie alors préalablement directement avec l'avocat donneur d'ordre une convention portant partage de l'honoraire de résultat que ce dernier aurait convenu avec son client. À défaut d'une telle convention, il ne saurait prétendre à un tel honoraire.

713.464 Attestation de vigilance. Les relations entre avocats, mais également avec tout autre tiers prestataire sous-traitant de l'avocat, devraient, en principe, être soumises aux dispositions de l'article L. 243-15 du code de la sécurité sociale [11] qui prévoient, depuis 2011 [12], que toute personne vérifie, lors de la conclusion d'un contrat dont l'objet porte sur une obligation d'un montant au moins égal à 5 000 euros [13] en vue de la fourniture d'une prestation de services ou de l'accomplissement d'un acte de commerce, et périodiquement jusqu'à la fin de l'exécution du contrat, que son cocontractant est à jour de ses obligations de déclaration et de paiement auprès de l'Urssaf.

1. Civ. 2e, 2 févr. 2017, no 15-29.192, NP.
2. Civ. 2e, 2 févr. 2017, no 15-29.192, NP – V. ss nos 721.00 s.
3. V. ss no 713.10 s.
4. CNB, Comm. RU, avis no 2019-005, 27 mars 2019.
5. V. ss nos 712.161 s.
6. SUR L'OBLIGATION DITE DUCROIRE, v. ss nos 743.32 s.
7. RIN, art. 11.8.
8. V. ss no 743.34 – Sur le sort de l'obligation dite ducroire en cas de succession entre avocats : v. ss nos 484.91 s.
9. V. ss nos 713.251 s.
10. Civ. 2e, 18 mai 2017, no 16-18.294, P ; *JCP* 2017. 1104, no 6, obs. C. Caseau-Roche ; *JCP* 2017. act. 636, obs. M. Attal – V. ss nos 743.11 s.
11. C. trav., art. L. 8222-1.
12. L. no 2011-672, 16 juin 2011 relative à l'immigration, à l'intégration et à la nationalité, *JO* 17 juin, p. 10290, art. 73.
13. C. trav., art. R. 8222-1.

À cette fin, une attestation de vigilance[1] est délivrée, par voie électronique, au sous-traitant dès lors qu'il acquitte les cotisations et contributions dues à leur date d'exigibilité et, le cas échéant, qu'il a souscrit et respecte un plan d'apurement des cotisations et contributions restant dues ou conteste leur montant par recours contentieux, à l'exception des recours faisant suite à une verbalisation pour travail dissimulé. Cette attestation de vigilance est délivrée par l'Urssaf dont dépend le sous-traitant[2].

1. Circ. interministérielle nº DSS/SD5C/2012/186, 16 nov. 2012 relative à l'attestation de vigilance (obligations déclaratives et paiement des cotisations sociales), NOR : AFSS1225441C.

2. CSS, art. D. 243-15.

TITRE

72. Les éléments et la détermination de la rémunération

SECTION 0 ORIENTEUR

72.00 Sommaire du titre.

Division. Les éléments et la détermination de la rémunération englobent les honoraires (chap. 721), les tarifs (chap. 722) et les frais (chap. 723).

72.03 Bibliographie indicative.

* Aussi : v. s[s] n° 7.03.

CHAPITRE

721. Honoraires

SECTION 0

ORIENTEUR

721.00 Sommaire du chapitre.

Division. Les honoraires des missions réalisées par l'avocat dans l'intérêt de son client sont fixés en accord avec ce dernier (sect. 1). Des critères légaux en régissent la détermination (sect. 2) et des sanctions sont possibles lorsque ceux-ci apparaissent commettant excessifs (sect. 3).

721.01 Textes applicables.

• **L. n° 71-1130, 31 déc. 1971**

art. 10 [Honoraires et frais de l'avocat]

• **Décr. n° 2005-790, 12 juill. 2005**

art. 10 [Fixation de l'honoraire]

• **RIN**

art. 11 [Honoraires – Émoluments – Débours – Mode de paiement des honoraires]

11.1. Information du client

11.2. Convention d'honoraires

• **C. pén.**

art. 225-1 [Discrimination]

721.02 Jurisprudence de référence.

> Réduction de l'honoraire de l'avocat lorsqu'un règlement est déjà intervenu

• **Civ. 2e, 4 juill. 2007,** n° 05-18.774, P II, n° 184.

* V. ss nos 713.362, 721.111, 732.152.

« Mais attendu qu'en l'absence de convention d'honoraires ou de paiement après service rendu, le simple règlement des sommes réclamées par l'avocat ne fait pas obstacle à la fixation des honoraires exigibles conformément aux dispositions de l'article 10 de la loi du 31 décembre 1971 et, le cas échéant, à la restitution des sommes excédant le montant ainsi déterminé. »

> Les tribunaux peuvent réduire les honoraires convenus initialement entre l'avocat et son client dès lors qu'ils sont exagérés

• **Civ. 1re, 3 mars 1998,** n° 95-15.799, P I, n° 85.

* V. ss n° 721.111.

« Vu l'article 1134 du code civil [C. civ., art. 1103, 1104 et 1193 à compter du 1er oct. 2016, Ord. n° 2016-131, 10 févr. 2016 portant réforme du droit des contrats, du régime général et de la preuve des obligations, *JO* 11 févr. 2016] et l'article 10 de la loi du 31 décembre 1971 ;

Attendu que le second de ces textes ne saurait faire obstacle au pouvoir des tribunaux de réduire les honoraires convenus initialement entre l'avocat et son client lorsque ceux-ci apparaissent exagérés au regard du service rendu. »

721.03 Bibliographie indicative.

* Aussi : v. ss n° 72.03.

Thèse. A. Lamarche, *La réduction judiciaire des honoraires excessifs*, F. Massebeuf, Dijon, 1936.

Encyclopédie. *J.-Cl. Civ. Annexes,* fasc. 30 : avocats – Obligations et prérogatives – Obligations civiles et professionnelles, Rémunération de l'avocat, 2015.

Traité. S. Guinchard (dir.), *Droit et pratique de la procédure civile*, 10e éd., « Dalloz Action », 2020, n° 721.421 s. par M. Redon.

Monographies. Ch. Bessy, *L'organisation des activités des avocats*, « Forum », LGDJ – Lextenso, 2015 – B. Boccara, *L'Honoraire de l'avocat : des faits économiques aux techniques d'évaluation*, Litec, 1981 – O. Favereau, *Les avocats entre ordre professionnel et ordre marchand*, Gazette du Palais – Lextenso, 2010 – J.-L. Gaineton, J. Villacèque, *L'honoraire de l'avocat*, Gazette du Palais, 2017 – J.-M. Jottrand (dir.), *La valeur ajoutée de l'avocat*, Anthémis, 2011 – L. Karpik, *L'économie des singularités*, « Bibliothèque des Sciences humaines », Gallimard, 2007 – G.-A. Sillard, *Tarifs et honoraires des avocats et des professions judiciaires*, 14e éd., Pottier, 2017 – S. Tandeau de Marsac (dir.), Barreau de Paris, *Honoraires de l'avocat*, Éd. Législatives, 2010 – Th. Wickers, *La grande transformation des avocats*, hc, Dalloz, 2014.

Articles. B. Boccara, « De l'application de l'honoraire au temps passé dans les cabinets spécialisés », *Gaz. Pal.* 7-8 juill. 1999, p. 8 – B. Deffains, « Regard d'un économiste : le lien entre l'organisation du cabinet d'avocats et la facturation », *D. avocats* 2013, 80 – G. Flécheux, « Rémunération des prestations de service de l'avocat », *Gaz. Pal.* 1988. 1. Doctr. 192 – L. Karpik, « L'économie de la qualité », *Revue Française de Sociologie*, 1989, p. 187 – R. Martin, « La réduction des honoraires de l'avocat par le pouvoir judiciaire – Recherche archéologique », *JCP* 1999. I. 110 – D. Piau, « L'honoraire, entre passé, présent et avenir », *Gaz. Pal.* 4-6 mars 2012, p. 13 ; « Du pouvoir de réduction des honoraires librement consentis : Crédimo ma non troppo ! », *D. avocats* 2014. 151.

Rapports. Anafagc, *Zoom sur la profession : Les statistiques Édition 2020*, oct. 2020 – Barreau du Québec, *La tarification horaire à l'heure de la réflexion*, mars 2016 – Commission des règles et usages, *Vers une réforme des honoraires : Propositions de modification des articles 10 de la loi du 31/12/1971 et du décret du 12/07/2005*, CNB, AG 11-12 avr. 2008 – CNB, *L'évaluation de la prestation de l'avocat pour la fixation des sommes mises à la charge de la partie succombante : Guide pratique*, Les cahiers CNB, Commission des textes, 2e éd., oct. 2017.

SECTION 1
PROPOS LIMINAIRES

721.11 Principe de liberté de la fixation des honoraires. Les honoraires de postulation, consultation, d'assistance, de conseil, de rédaction d'actes juridiques sous seing privé et de plaidoirie sont fixés en accord avec le client dans le cadre d'une convention d'honoraires écrite [1].

Pour autant, il est nécessaire que les juges du fond puissent contrôler le montant des honoraires au regard des prestations effectuées, notamment en cas de litige entre l'avocat et son client. C'est pourquoi, l'article 10, alinéa 4, de la loi du 31 décembre 1971 [2] fixe un certain nombre de critères d'appréciation.

1. V. ss nos 713.00 s.

721.12 Proposition d'évolution des critères de détermination. Estimant que les critères légaux devaient être modernisés, la commission des règles et usages du CNB a proposé leur modification [3]. D'une part en substituant au critère des « diligences » celui du « temps consacré à l'affaire » qui paraît être plus objectif et donc plus juste. D'autre part, en ajoutant à la difficulté de l'affaire le critère plus large de la « nature ». Ensuite, en substituant l'expression « frais et charges supportés » par l'avocat à celle de « frais exposés » qui suppose des dépenses effectives pour le dossier considéré, alors qu'il s'agit essentiellement de récupérer l'incidence de l'affaire sur les charges générales du cabinet. Enfin, en ajoutant le critère de la « spécialisation » de l'avocat pour récompenser les avocats qui ont fait l'effort d'acquérir une mention de spécialisation et de la conserver en suivant des sessions de formation professionnelle continue.

Ces propositions de modifications terminologiques ont été prises en compte dans l'article 11 [4] du RIN, qui présente les éléments à prendre en considération pour la détermination de la rémunération de l'avocat.

721.13 Économie de l'honoraire. Au-delà des critères légaux *stricto sensu*, l'article 11 du RIN est venu hiérarchiser différemment les éléments principaux conduisant à la détermination de l'honoraire [5] à savoir : le temps consacré à l'affaire (diligences), le travail de recherche, la nature et la difficulté de l'affaire, l'importance des intérêts en cause, l'incidence des frais et charges du cabinet auquel il appartient, sa notoriété, ses titres, son ancienneté, son expérience et la spécialisation dont il est titulaire, les avantages et le résultat obtenus au profit du client par son travail, ainsi que le service rendu à celui-ci, et enfin la situation de fortune du client.

Cet ordre n'est pas neutre, dès lors que l'avocat comme tout entrepreneur se doit d'être économiquement viable et donc de connaître ses coûts de fonctionnement pour être en mesure de déterminer le prix qu'il est susceptible de proposer à son client afin d'assurer son équilibre économique et une rentabilité minimale.

2. L. no 71-1130, 31 déc. 1971 portant réforme de certaines professions judiciaires et juridiques, *JO* 5 janv. 1972, art. 10, al. 4.
3. CNB, AG, 11-12 avr. 2008.
4. RIN, art. 11.2.
5. S. Tandeau de Marsac (dir.), Barreau de Paris, *Honoraires de l'avocat*, Éd. Législatives, 2010, p. 119 s. – Ch. Bessy, *L'organisation des activités des avocats*, LGDJ, 2015 – O. Favereau, *Les avocats entre ordre professionnel et ordre marchand*, Gazette du Palais, 2010 – L. Karpik, *L'économie des singularités*, « Bibliothèque des Sciences humaines », Gallimard, 2007 – Th. Wickers, *La grande transformation des avocats*, hc, Dalloz, 2014.

721.14 Critères légaux de détermination. Dans le cadre d'un contentieux lorsque le juge de l'honoraire devra établir le montant réel des honoraires, les textes prévoient que l'honoraire est fixé selon les usages, en fonction de la situation de fortune du client[1], de la difficulté de l'affaire[2], des frais exposés par l'avocat[3], de sa notoriété[4] et des diligences effectuées dans le dossier[5]. La loi ne semble avoir donné qu'une formule générale qui n'interdit pas d'avoir des critères d'appréciation spécifiques. Un certain nombre de décisions avaient d'ailleurs permis de les préciser avec exactitude[6]. Plus tard, cependant, la Cour de cassation s'était montrée beaucoup moins libérale, affirmant que l'énumération des critères de l'article 10 est limitative[7].

Toutefois, la Cour de cassation est ensuite revenue à une conception plus souple, estimant que le juge doit fonder sa décision sur des critères objectifs tenant, notamment, à la situation de fortune du client, à la difficulté de l'affaire, aux frais exposés par l'avocat, à sa notoriété et aux diligences par lui accomplies[8]. Tenu de faire état des critères d'évaluation déterminants de son estimation le juge peut, en outre, prendre en considération la durée des procédures et leur résultat pour le client[9]. Mais, il ne pourra valablement justifier sa décision que s'il a pris en considération l'un des critères légaux, sans toutefois être obligé de s'appuyer sur l'ensemble de ceux-ci[10] et devra faire état des critères déterminants de son estimation[11].

721.15 Pouvoir souverain d'appréciation du juge. L'appréciation des honoraires relève, alors, du pouvoir souverain d'appréciation du juge de l'honoraire[12] : dès lors que le juge se réfère aux critères prévus, il n'a pas à s'expliquer sur chacun des critères énumérés à l'article 10 et apprécie souverainement le montant des honoraires[13].

La Cour de cassation n'exerce aucun contrôle sur les éléments ayant déterminé l'évaluation, mais elle s'assure toutefois qu'il s'est bien fondé sur les critères légaux, et qu'il a pris en compte l'ensemble des composantes de l'honoraire faisant que doit être cassée l'ordonnance du premier président qui a fixé les honoraires en se fondant sur l'état des diligences effectuées par l'avocat, la complexité de l'affaire et la situation de fortune du client, sans rechercher, comme il y était invité, si l'avocat n'avait pas également exposé des frais de déplacement pour plaider, suivre une expertise et organiser la vente d'un appartement[14].

SECTION 2
CRITÈRES LÉGAUX DE DÉTERMINATION DE L'HONORAIRE

721.20 Plan. Les critères légaux admis aux fins de détermination du montant des honoraires, sont : la situation de fortune du client (§ 1), la difficulté de l'affaire (§ 2), les frais généraux exposés (§ 3), la notoriété de l'avocat (§ 4) et les diligences (§ 5).

§ 1
Situation de fortune du client

721.31 Situation de fortune du client : modeste ou aisée. La situation de fortune du client peut être un des éléments de la détermination des honoraires. Les tribunaux constatent parfois que les parties ont une aisance certaine, que telle société est puissante par sa réputation, ses activités et son capital et constitue une firme dont la situation est importante. En revanche, si la situation des parties paraît

1. V. s[s] n°s 721.31 s.
2. V. s[s] n°s 721.41 s.
3. V. s[s] n°s 721.51 s.
4. V. s[s] n°s 721.61 s.
5. L. n° 71-1130, 31 déc. 1971, art. 10, al. 2 – Décr. n° 2005-790, 12 juill. 2005, art. 10 – RIN, art. 11.1. – V. s[s] n°s 721.82 s.
6. Bordeaux, 23 févr. 1979, *Gaz. Pal.* 1979. 1. 242 ; *in* A. Damien, *Les grands arrêts*, Litec, 1991, p. 105 – Rennes, 13 févr. 1979, *Gaz. Pal.* 1980. 1. 48, note A. Damien ; *in* A. Damien, *Les grands arrêts*, Litec, 1991, p. 103 et 112 – Civ. 1re, 20 mars 1989, n° 87-14.926, P I, n° 125 ; *JCP* 1989. IV. 192 ; *Gaz. Pal.* Somm. 79 ; *D.* 1990. 140 – Paris, 23 mars 1989, *Gaz. Pal.* 1990. 1. 112, note A. Damien.
7. Civ. 1re, 3 mars 1998, 2 esp., n°s 95-21.387, 95-21.053, P I, n°s 86 et 87 ; *JCP* 1998. II. 10115, note J. Sainte-Rose ; *JCP* 1998. I. 59, obs. R. Martin ; *Gaz. Pal.* 10-11 juill. 1998, obs. A. Damien.
8. Civ. 2e, 22 janv. 2004, n° 01-17.346, NP.
9. Civ. 1re, 10 déc. 2002, n° 99-12.842, P I, n° 302 ; *D.* 2003. 104 ; *Gaz. Pal.* 2003. Somm. 520 – aussi : Civ. 2e, 5 févr. 2004, n° 02-15.977, P II, n° 42.
10. Civ. 2e, 5 juin 2003, n° 01-15.411, P II, n° 169 ; *D.* 2003. 2409 ; *JCP* 2004. I. 117, n° 21, obs. R. Martin ; *Gaz. Pal.* 2003. Somm. 2473.
11. Civ. 1re, 21 janv. 1997, n° 95-12.326, P I, n° 30 ; *D.* 1997. 41.
12. Civ. 1re, 10 déc. 2002, n° 99-12.842, P I, n° 302 ; *D.* 2003. 104 – Civ. 2e, 13 mars 2003, n° 01-15.933, P II, n° 59 ; *Gaz. Pal.* 30 mars-1er avr. 2003, p. 13 ; *JCP* 2003. I. 140 n° 14, obs. R. Martin – Civ. 2e, 5 juin 2003, n° 01-15.411, P II, n° 169 ; *D.* 2003. 2409 ; *Gaz. Pal.* 2003. Somm. 2473 – Civ. 2e, 5 févr. 2004, n° 02-15.977, P II, n° 42 – Civ. 2e, 7 déc. 2006, n° 05-10.815, NP – Civ. 2e, 7 déc. 2006, n° 05-10.791, NP – Civ. 2e, 7 déc. 2006, n° 05-10.792, NP – Civ. 2e, 5 mars 2009, n° 06-13.427, P II, n° 64 ; *D.* 2009. 2710, obs. B. Blanchard – Civ. 2e, 8 mars 2018, n°s 17-14.192, 05-10.791, NP – Civ. 2e, 3 mai 2018, n° 17-11.926, P II, n° 89 ; *JCP* 2018. 1023, n° 3, obs. C. Caseau-Roche ; *D.* 2018. 1020 ; *D.* 2019. 98, obs. Th. Wickers.
13. Civ. 2e, 7 déc. 2006, n° 04-19.953, 04-20.150, NP – Civ. 2e, 9 févr. 2012, n° 11-10.273, NP – Civ. 2e, 9 févr. 2012, n° 11-12.073, NP.
14. Civ. 2e, 28 févr. 2013, n° 12-13.896, NP.

modeste, elle justifie la fixation d'un honoraire peu élevé [1].

Comme le note un auteur, il est assez surprenant que les honoraires puissent varier avec la situation de fortune du client [2].

721.32 Critère suranné. Il faut voir dans le critère de la fortune du client une survivance du temps où la profession d'avocat, en l'absence d'une aide sociale organisée, venait spontanément en aide aux défavorisés, en faisant payer les riches pour les pauvres, faisant que c'était une sorte de service social qu'elle rendait ainsi, illustration du principe de désintéressement [3]. Dans la médecine, la sécurité sociale généralisée a fait disparaître cette pratique, il risque bien d'en être de même chez les avocats, bien que l'aide juridictionnelle n'ait pas atteint le degré d'uniformisation de la sécurité sociale [4].

Enfin, l'estimation de la fortune du client ne peut être qu'aventureuse et impressionniste, à moins d'obliger le client à produire son imposition sur le revenu et sur la fortune, à supposer qu'elle ne soit pas affectée de fraude, car les avocats ne défendent pas que d'honnêtes contribuables.

Ce critère est aujourd'hui mineur, faisant que le RIN [5] ne l'a rappelé qu'en dernier lieu.

§ 2 Difficulté de l'affaire

721.41 Difficulté de l'affaire : complexité de la procédure et importance du résultat obtenu ». Les tribunaux apprécient ce point en fonction des critères de droit et de fait. Parfois, dans certaines décisions statuant en matière d'honoraires, on trouvera une appréciation des honoraires au regard de la : « complexité de la procédure [...] et l'importance du résultat [...] obtenu » [6].

Inversement, on ne saurait prétendre qu'en matière de divorce par consentement mutuel, l'avocat, se bornant à recueillir le consentement des époux, aidé par l'intervention du notaire chargé de préparer la convention homologuée par le juge aux affaires matrimoniales, n'a pas droit de ce fait à un honoraire, et une cour d'appel a pu estimer que, du seul fait que l'avocat a consacré du temps à recevoir ses clients, à étudier et mettre en forme une requête devant le juge des affaires matrimoniales, projet préparé par les clients, à préparer la requête réitérée, correspondre avec les époux et assister aux audiences, il a droit, en rémunération de ses diligences [7].

Mais une affaire qui présente des difficultés particulières, justifiera un honoraire plus élevé qu'une affaire simple qui ne nécessite pas un travail spécifique de la part de l'avocat.

721.42 Valeur ajoutée de l'avocat. En réalité, à travers le critère de la difficulté de l'affaire, qui se décline dans le RIN en « nature et la difficulté de l'affaire », « importance des intérêts en cause », et « avantages et résultat obtenus au profit du client par son travail, ainsi que le service rendu à celui-ci » [8], c'est essentiellement de la valeur ajoutée de l'avocat dont il est question [9], valeur ajoutée qui doit conduire à apprécier et valoriser la plus-value réelle de l'apport de l'avocat à la prestation dont a bénéficié le client [10].

Ce critère est destiné à prendre de l'importance dans l'appréciation de la rémunération des avocats, et doit conduire ceux-ci, alors que la standardisation de nombreuse prestation juridique est aujourd'hui une réalité, à s'interroger dans le cadre de la détermination leur rémunération sur le réel apport de leur prestation afin de valoriser de manière pertinente celui-ci.

§ 3 Frais généraux exposés

721.51 Frais généraux exposés par l'avocat. Dès lors que le cabinet de l'avocat est une entreprise comportant des prises de risques et ayant pour but de dégager un profit, il est logique que les honoraires versés à l'avocat soient de nature à lui permettre d'assurer le fonctionnement de son cabinet [11]. Il est intéressant de voir ce critère admis en présence de la montée inquiétante des charges des avocats sans rapport avec les indices officiels [12].

Le RIN vise ainsi « l'incidence des frais et charges du cabinet auquel il appartient » [13], lesquels vont nécessairement avoir une incidence sur le coût de la

1. Rennes, ord. 1er prés., 1er mars 1983, *Gaz. Pal.* 1983. 2. 476 – V. s^s n° 713.42.
2. R. Martin, « Fixation des honoraires de l'avocat », *JCP* 1992. I. 3620.
3. V. s^s n°s 334.00 s.
4. V. s^s n°s 751.21 s.
5. RIN, art. 11.
6. Civ. 1re, 26 mai 1993, n° 91-15.650, NP ; *D.* 1994. 138.
7. Rennes, 13 févr. 1979, *Gaz. Pal.* 1980. 1. 48, note A. Damien ; *in* A. DAMIEN, *Les grands arrêts*, Litec, 1991, p. 103 et 112.
8. RIN, art. 11.
9. J.-M. Jottrand (dir.), *La valeur ajoutée de l'avocat*, Anthémis, 2011.
10. Versailles, 13 sept. 2017, RG n° 16/02150.
11. TGI Bonneville, ord. prés., 10 mai 1983, *Gaz. Pal.* 1983. 2. 420, note A. Damien ; *in* A. DAMIEN, *Les grands arrêts*, Litec, 1991, p. 108 – RAPPR. : Rennes, ord. 1er prés., 13 févr. 1979, *Gaz. Pal.* 1980. 1. 48 – Rennes, 11 mars 1980, *Gaz. Pal.* 1980. 2. 466 ; *in* A. DAMIEN, *Les grands arrêts*, Litec, 1991, p. 112.
12. Rouen, ord., 13 mars 1984, *Gaz. Pal.* 1984. 1. 181.
13. RIN, art. 11.

prestation de l'avocat. Ces frais de fonctionnement du cabinet ne doivent pas être confondus avec les frais spécifiquement engagés par l'avocat dans le cadre de la mission que lui a confiée son client et qui font l'objet d'un régime distinct[1].

721.52 Nature des frais exposés par l'avocat. Sans prétendre à l'exhaustivité, les frais et charges qui peuvent être pris en considération comportent les charges dites de structures liées à l'existence de l'entreprise, généralement stables (location ou acquisition de locaux professionnels, l'entretien des locaux, l'équipement des locaux, l'agencement, le matériel et mobilier de bureau, le secrétariat, le paiement des collaborateurs, l'outillage informatique, le chauffage, l'eau, l'électricité, les primes d'assurances...), et les charges dites opérationnelles, liées au fonctionnement de l'entreprise, variables suivant le volume d'activité (charges sociales personnelles, les fournitures de bureau, l'affranchissement, le téléphone, les télécopies, la documentation et formation, le véhicule automobile, la cotisation ordinale, tous impôts et taxes inhérents à l'exercice de cette profession [taxe professionnelle, taxes sur les salaires...]).

Il est également à noter que les diligences accomplies par un collaborateur libéral, un avocat salarié ou un juriste au sein d'un cabinet d'avocat constituent des frais exposés par l'avocat dans l'exercice de sa mission et doivent être prises en compte dans la détermination de ses honoraires[2].

721.53 Appréciation des frais exposés. Ce critère est extrêmement variable en fonction du modèle économique du cabinet de l'avocat, modèle dont la diversité fait aussi la richesse de la profession et interdit toute uniformisation en la matière.

Le client ne saurait toutefois exiger la fourniture jour par jour d'un décompte détaillé, sous peine de ruiner l'indépendance et la liberté d'action de l'avocat. De même, on ne saurait retenir le grief adressé à l'avocat de s'être fait substituer par un collaborateur libéral ou d'avoir surévalué les frais de secrétariat[3].

721.54 Modélisation des charges. Il est toutefois possible de procéder à une modélisation des frais et charges d'un cabinet d'avocat, dès lors que la structure des coûts de fonctionnement de leurs cabinets que doivent assumer les avocats est assez bien connue, grâce aux données collectées par l'Association nationale d'assistance fiscale et administrative de gestion et de comptabilité des avocats (Anafagc)[4]. En 2019, 21 715 avocats sur les 69 900 qui composent les barreaux français confiaient leur comptabilité à l'Anafagc. Cette association[5] systématise les données collectées dans le cadre de son activité et publie annuellement les statistiques qui en résultent, notamment s'agissant de l'évolution des charges de ses membres considérés, tant dans leur ensemble mais également suivant leurs modalités d'exercice (collaboration libérale, exercice individuel, exercice en structure d'exercice).

Il résulte de ces données que le coût de fonctionnement des cabinets en moyenne nationale pondérée, constitué par le pourcentage des recettes affectées au paiement des charges professionnelles, s'élève à 65,33 % des recettes hors taxes[6]. Concernant les avocats exerçant individuellement, ces charges se répartissent de la manière suivante :

- charges sociales personnelles : 20,9 % ;
- loyer et charges locatives : 17,9 % ;
- frais divers de gestion hors frais de réception : 13,9 % ;
- frais de transport : 9,9 % ;
- travaux, fournitures, services extérieurs : 9,4 % ;
- impôts et taxes : 8,7 % ;
- frais de personnel : 6,6 % ;
- honoraires rétrocédés : 5,3 % ;
- frais de réception : 4,2 % ;
- location de matériel et de mobilier : 1,8 % ;
- frais financiers et autres achats : 0,9 % ;
- autres achats : 0,4 %.

Ainsi, la perception d'une recette de 2 000 euros TTC correspond, après imputation de la TVA, à une somme de 1 666 euros HT, et après imputation du coût de fonctionnement du cabinet, à un bénéfice avant impôts et CSG non déductible de l'ordre de 666 euros. Encore ces chiffres sont-ils le résultat de péréquations nationales et supposent que le cabinet concerné ait atteint un seuil de rentabilité normal et un volume d'activité permettant de couvrir les charges fixes incompressibles et indépendantes des variations de l'activité effective[7].

§ 4
Notoriété

721.61 Notoriété, titres, ancienneté, expérience et spécialisation de l'avocat. La notoriété est un

1. V. s^s n° 723.21 s.
2. Civ. 2e, 7 févr. 2013, n° 11-26.718, P II, n° 23 ; *D.* 2013. 443 ; *D. avocats* 2013. 193, obs. C. Caseau-Roche ; *RTD civ.* 2013. 395, obs. P.-Y. Gautier.
3. Paris, 22 avr. 1988, *D.* 1988. 145.
4. Anafagc, *Zoom sur la profession : Les statistiques Édition 2020, Maître* oct. 2020, hs, p. 9.
5. V. s^s n°s 142.00 s.
6. Anafagc, *Zoom sur la profession : Les statistiques Édition 2020, Maître* oct. 2020, hs, p. 14.
7. CNB, *L'évaluation de la prestation de l'avocat pour la fixation des sommes mises à la charge de la partie succombante*, Guide pratique, Les cahiers CNB, Commission des textes, 2e éd., oct. 2017, p. 14.

critère complexe, décliné dans le RIN comme prenant en compte pour chaque avocat « sa notoriété, ses titres, son ancienneté, son expérience et la spécialisation dont il est titulaire »[1].

La notoriété est appréciée *in concreto*, le juge prenant en compte, notamment, l'ancienneté de l'avocat au tableau, la considération dont il jouit et le talent dont il fait preuve.

721.62 **Relativité de la notoriété.** En réalité, la notion de notoriété est très relative, et même si elle peut être de nature à prendre en compte la réputation d'un avocat et l'influence qu'il en tire notamment qu'en ce qu'elle lui permet de trouver les contacts utiles[2], qui lui permettent d'effectuer des démarches pour faire aboutir les dossiers qui lui sont confiés, elle n'en demeure pas moins quelque peu désuète, devant, de manière plus pertinente, laisser place aux notions de compétences, d'expérience et de spécialisations[3].

Elle est, en outre, soumise à aléas, faisant que si l'affaire est « simple » et les revenus du client modestes, ce critère peut être écarté[4], et elle peut même se retourner contre l'avocat, dès lors que sa notoriété peut conduire le juge de l'honoraire à diminuer ses honoraires au regard du fait que cette notoriété impliquait une grande facilité pour lui à traiter le dossier[5].

721.63 **Niveau d'appréciation.** Enfin le critère de notoriété est difficilement appréciable à l'échelle d'une structure, et il serait incohérent d'imposer au client la prise en compte d'un élément qui ne serait jamais entré dans son champ d'appréhension dès lors qu'il a toujours eu affaire au seul collaborateur libéral de l'avocat, a été reçu par celui-ci, a vu celui-ci traiter son dossier et plaider son affaire sans jamais apercevoir, sauf peut-être entre deux portes, l'associé du cabinet, faisant que ce même associé ne saurait valablement se prévaloir de sa propre notoriété alors que le dossier a été entièrement traité par son collaborateur libéral en l'absence d'intervention personnelle de sa part[6].

721.64 **Prise en compte de la notoriété.** Ainsi, la fixation, par le juge, de l'honoraire au regard d'une notoriété qui ne serait pas celle du ou des avocats ayant effectivement travaillé sur le dossier apparaît complexe et très aléatoire à mettre en œuvre : la notoriété d'un cabinet n'est ni la somme des notoriétés individuelles de ses avocats, ni la plus haute notoriété de l'un des avocats de ce même cabinet.

L'appréciation d'une valeur collective au-delà des individualités, est un exercice très délicat qui pourrait s'avérer désavantageux pour tout ou partie des avocats du cabinet concerné. Le critère de notoriété, propre à chaque avocat, n'a ainsi réellement de sens que si l'avocat en cause s'est personnellement impliqué dans la réalisation des prestations pour lesquelles les honoraires sont demandés : « C'est dans son activité quotidienne que l'avocat doit démontrer sa compétence et son expertise, pour mériter sa plus-value et justifier ainsi la confiance de ses clients. »[7]

721.65 **Contractualisation de la notoriété.** La prise en compte de la notoriété de l'avocat doit être contractualisée dans le cadre de la convention d'honoraires[8].

Elle se traduit, notamment, par la pratique de taux de facturation différenciés[9] au sein des structures d'exercice suivant l'expérience des avocats impliqués sur le dossier ce qui permet de déterminer librement les modalités de fixation de l'honoraire en prenant en compte, par exemple, la notoriété même du cabinet, ou plus précisément la valeur ajoutée apportée par le fait d'avoir recours à la « notoriété » d'une structure ou d'un avocat donné, celle-ci étant indiscutable mais ne se décrétant pas[10].

§ 5
Diligences

721.70 **Plan.** Les diligences, élément essentiel de la détermination de la rémunération de l'avocat (A), font l'objet d'appréciation permettant d'en évaluer le montant.

A.
Notion de diligences

721.81 **Diligences : Élément essentiel du droit à rémunération de l'avocat.** Les diligences sont l'élément essentiel du droit à rémunération de l'avocat[11]. C'est ainsi qu'en l'absence de toute diligence il ne saurait avoir droit à perception d'un quelconque honoraire pour l'avocat qui n'invoque aucune diligence supplémentaire depuis les conclusions pour

1. RIN. art. 11.
2. Douai, 4 avr. 1986, *Gaz. Pal.* 1986, Somm. 351.
3. V. s[s] n°s 214.00 s.
4. Paris, 15 nov. 1994, RG n° H94/45256.
5. CNB, AG, 11-12 avr. 2008, Commission des règles et usages, « Vers une réforme des honoraires. Propositions de modification des articles 10 de la loi du 31/12/1971 et du décret du 12/07/2005 ».
6. Civ. 2e, 9 févr. 2012, n° 10-25.861, P II, n° 23 ; *D.* 2012. 510 ; *D.* 2012. 2057, Chron. H. Adida-Canac, O.-L. Bouvier, L. Leroy-Gissinger et F. Renault-Malignac – Civ. 2e, 3 mars 2011, n° 10-14.443, NP.
7. J.-M. Jottrand, *La valeur ajoutée de l'avocat*, Congrès de l'OBFG 2011, Anthémis, 2011, Introduction, p. 8.
8. V. s[s] n°s 713.181 s.
9. V. s[s] n°s 713.233 s.
10. Versailles, 13 sept. 2017, RG n° 16/02150.
11. Aix-en-Provence, 16 juin 2015, RG n° 14/11877.

justifier sa note d'honoraires, les éventuelles carences du client à remplir les engagements convenus avec son avocat ne pouvant être sanctionnés que par l'allocation de dommages et intérêts à l'avocat, dans le cadre d'une procédure distincte[1].

721.82 Rémunération de l'ensemble des diligences. Toutes les diligences effectuées par l'avocat pour le compte de son client doivent être rémunérées, telles que l'étude et la préparation d'un dossier qu'un avocat pourrait, par la suite, être amené à refuser de plaider[2].

Un premier président a ainsi pu estimer « Que considérer qu'une consultation serait gratuite lors du premier rendez-vous relève d'une forme de commune renommée qui ne repose sur aucun fondement juridique et en tout cas serait une hérésie pour la pérennité d'un cabinet qui est par définition une entité économique qui ne peut fonctionner que lorsque l'avocat perçoit des honoraires », et « Que cette évidence n'aurait pas dû échapper au recourant qui a été commerçant et sans nul doute avait lui aussi la nécessité de faire fonctionner son entreprise ce qui n'aurait pas été le cas s'il avait distribué biens et conseils techniques de manière purement philanthropique », faisant que la facturation litigieuse, ayant pour cause exprimé la réception à un rendez-vous, une analyse et des recherches spécifiques, ainsi que la rédaction d'une consultation aux vues des pièces remises, doit être rémunérée au vu des diligences effectuées[3].

721.83 Contenu des diligences. Déclinées dans le RIN en « temps consacré à l'affaire » et « travail de recherche »[4], les diligences visent autant le travail intellectuel spécifique de l'avocat qui compte d'abord, que l'aspect matériel du temps passé à la préparation de l'affaire, aux déplacements et aux plaidoiries, aspect second certes mais qui peut donner lieu à rémunération, même si en principe les modalités de rémunérations se doivent d'être différenciées.

Ainsi les honoraires de diligences peuvent comprendre les prestations constituées par l'examen des documents, les recherches en bibliothèque, les communications téléphoniques et entretiens avec le client ainsi que la correspondance[5], le travail préparatoire à la rédaction d'une assignation[6] ou la recherche d'une conciliation[7], la préparation et la tenue d'une conférence de presse[8], tout comme de simples diligences de correspondant auprès d'une juridiction pour le compte d'un autre avocat[9].

721.84 Seuil de rentabilité. L'avocat doit faire face à des tâches et activités multiples qui ne se réfèrent pas à un dossier précis et ne sont pas susceptibles d'être imputées à un client et facturées comme telles, tel que le temps consacré à l'actualisation des connaissances, à la formation professionnelle, à la gestion du cabinet, aux déplacements, aux interminables attentes à l'audience, et n'entre pas directement dans le temps facturable mais correspond néanmoins à du temps de travail qui doit être redistribué dans les facturations.

Selon des études récemment réalisées le seuil de rentabilité idéal, rarement atteint, correspond à un temps de travail facturable de 70 %, 20 % étant consacré aux tâches administratives et 10 % de « déchets », formulation qui désigne des pertes de temps difficilement facturables, démarches avortées, recherches se révélant inadaptées, appels téléphoniques non affectés...[10]

721.85 Preuve des diligences. La question est dès lors, pour l'avocat, d'établir une liste précise des diligences qu'il effectue, au jour le jour, sans que la notion de diligences ne puisse être réductible à un temps de travail brut : il est nécessaire de rapporter la preuve de cette durée au temps de travail réel de l'avocat dès lors que le temps de travail de l'avocat affecté à des dossiers déterminés et susceptibles d'être facturé dans le cadre de ces dossiers sera le plus souvent très éloigné de la globalité du temps de travail effectif.

721.86 Fiches de diligences. L'avocat doit ainsi toujours établir des fiches de diligences (*time sheet*), dans chacun de ses dossiers, même en cas de rémunération forfaitaire[11], y compris en y mentionnant les temps non facturables, non seulement afin de justifier si nécessaire du montant de ses honoraires, mais également afin d'avoir un aperçu exhaustif de son activité effective, et de pouvoir évaluer le fonctionnement économique de son cabinet et adapter ses modes de facturation[12].

B.
Appréciation des diligences

721.91 Évaluation des diligences. Dès lors qu'il constate l'existence de diligences effectuées par l'avocat pour le compte de son client[13], le juge de

1. Aix-en-Provence, 20 nov. 2002, *BICC* 2003 n° 234.
2. Riom, 27 févr. 1974, *Gaz. Pal.* 1974. I. 374.
3. Nîmes, 12 janv. 2017, RG n° 16/04533 – Aussi, v. s[s] n° 712.21.
4. RIN, art. 11.
5. Civ. 1re, 20 mars 1989, n° 87-14.926, P I, n° 125.
6. Aix-en-Provence, 6 juin 2012, *Dr. et patr.* avr. 2013. 93, obs. B. Chaffois.
7. Rennes, 13 janv. 1987, *JCP* 1988. IV. 37.
8. Aix-en-Provence, 14 oct. 2014, RG n° 14/02716.
9. Dijon, 28 avr. 2015, RG n° 14/00098.
10. A. Portmann, « Mesurer le temps pour mesurer la rentabilité du cabinet », *D. actu.* 20 nov. 2013.
11. V. s[s] n° 713.231.
12. Aussi : V. s[s] n° 721.54.
13. V. s[s] n° 721.82.

l'honoraire se doit de procéder à une évaluation de celles-ci afin d'en fixer le montant[1].

Doit ainsi être cassée l'ordonnance du premier président qui pour rejeter la demande en fixation des honoraires d'un avocat, s'était contenté de considérer que la lecture du détail des diligences annexé à la facture ne permettait pas d'imputer certaines prestations au seul bénéfice de l'un des clients, les dossiers de plusieurs clients ayant visiblement été traités conjointement et le partage par moitié des honoraires dus ne lui apparaissant pas conforme à la réalité des prestations effectuées pour le compte de chacun des clients[2].

721.92 **Appréciation pas nécessairement uniforme des diligences.** Toutes les diligences effectuées par un avocat ne se facturent pas nécessairement de manière uniforme[3], le juge de l'honoraire peut ainsi réduire les honoraires dès lors que les sommes réclamées, sous couvert de « frais de gestion », se rapportaient, pour partie, à des travaux accomplis dans l'intérêt des clients, mais qui avaient également été accomplis sur des dossiers pour le compte d'autres clients faisant qu'elles ne pouvaient être valorisées de la même manière[4].

Lorsque les diligences sont effectuées pour le compte de plusieurs clients dans un même dossier, il peut y avoir lieu à facturer celles-ci distinctement pour chaque client. C'est ainsi que dans une affaire de liquidation-partage d'une succession concernant deux indivisaires avec des qualités, des droits et des intérêts différents faisant que les droits et la part successorale revenant à chacun d'eux étaient de ce fait différents et nécessitaient, une étude et une gestion du dossier différentes, la Cour de cassation approuve le premier président d'avoir souverainement évalué, pour chacun des clients, dont il a relevé qu'ils avaient des intérêts distincts, le montant des honoraires au regard des diligences effectuées pour chacun d'entre eux[5].

721.93 **Utilité des diligences.** Le juge de l'honoraire, qui n'a pas le pouvoir de se prononcer sur une éventuelle responsabilité civile de l'avocat[6], ne saurait apprécier l'utilité même des diligences et ne peut qu'en constater l'existence, et en évaluer le montant[7].

Il ne saurait dès lors réduire les honoraires dus à l'avocat[8] au motif que ce dernier ne démontre pas avoir attiré l'attention du client sur l'inutilité d'engager une action à l'évidence prescrite et donc vouée à l'échec, faisant que les diligences accomplies par lui dans le cadre de l'instance au fond étaient inutiles[9], pas plus qu'il ne saurait reprocher à l'avocat de ne pas avoir pris attache avec la société d'assurance protection juridique de son client avant d'effectuer toute diligence afin de rejeter sa demande d'honoraire[10].

721.94 **Diligences manifestement inutiles.** Un arrêt de la Cour de cassation a apporté une atténuation au principe suivant lequel le juge de l'honoraire ne peut pas examiner l'utilité des diligences dont il constate l'existence[11] en lui permettant de refuser de prendre en compte les diligences « manifestement » inutiles de l'avocat. Le caractère manifeste de l'inutilité des diligences devant être caractérisé par les juges du fond[12]. Cette jurisprudence doit être rapprochée de celle qui considère qu'il n'y a pas lieu à fixation d'honoraire dès lors que la demande est dirigée contre une personne non débitrice des honoraires de manière certaine[13].

Dans cette affaire, l'avocat avait assuré la défense de clients assignés en paiement de facture à la suite de travaux réalisés à leur domicile. Le premier président avait fixé le montant des honoraires en prenant en compte l'utilité de la procédure de référé mise en œuvre pour émettre des doutes sur son intérêt et dénier tout droit à honoraires. La Cour de cassation l'approuve en considérant : « qu'il entre dans les pouvoirs du bâtonnier, et sur recours, du premier président de la cour d'appel, saisis d'une demande de fixation des honoraires, de refuser de prendre en compte les diligences manifestement inutiles de l'avocat »[14].

Pour autant, elle casse l'ordonnance du premier président, au visa l'article 455 du code de procédure civile, lui reprochant d'avoir statué « par des motifs

1. Civ. 2e, 13 déc. 2018, no 17-27.973, NP.
2. Civ. 2e, 13 déc. 2018, no 17-27.973, NP.
3. Barreau du Québec, *La tarification horaire à l'heure de la réflexion*, mars 2016.
4. Civ. 1re, 28 avr. 1986 ; *D.* 1987. 108, obs. A. Brunois.
5. Civ 2e, 14 déc. 2017, no 15-10.313, NP.
6. Civ. 2e, 10 juin 2010, no 09-11.914, NP ; *D.* 2011. 559, obs. B. Blanchard, *JCP* 2010. I. 1068, obs. S. Bortoluzzi – Civ. 2e, 26 mai 2011, no 10-12.728, P II, no 116 ; *D.* 2011. 1566 ; *D.* 2011. 2057, Chron. O.-L. Bouvier ; *D.* 2011. 2150, Chron. J.-M. Sommer, L. Leroy-Gissinger, H. Adida-Canac et O.-L. Bouvier – V. ss nos 741.171 s.
7. Civ. 2e, 13 déc. 2018, no 17-27.973, NP.
8. V. ss nos 721.111 s.
9. Civ. 2e, 10 juin 2010, no 09-11.914, NP – Civ. 2e, 11 juin 2015, no 13-27.987, NP.
10. Civ. 2e, 24 juin 2010, no 09-66.480, NP.
11. V. ss nos 721.82 et 741.171 s.
12. Civ. 2e, 14 janv. 2016 no 14-10.787, P ; *D.* 2016. 207 ; *Gaz. Pal*, 16 févr. 2016, p. 14, note D. Piau ; *D. avocats* 2016. 138, obs. G. Deharo ; *D.* 2017. 79, obs. Th. Wickers – Civ. 2e, 3 mai 2018, no 17-16.131, NP.
13. Civ. 2e, 29 mars 2006, nos 05-15.110 à 05-15.116, NP – V. ss nos 741.163 s.
14. Civ. 2e, 14 janv. 2016 no 14-10.787, P ; *D.* 2016. 207 ; *Gaz. Pal*, 16 févr. 2016, p. 14, note D. Piau ; *D. avocats* 2016. 138, obs. G. Deharo ; *D.* 2017. 79, obs. Th. Wickers.

dubitatifs »[1], en l'occurrence d'avoir énoncé, sans déduire du rejet de la demande d'expertise dans le cadre de la procédure de référé une faute ou un manquement éventuel de l'avocat, qu'il convenait cependant, au regard de la nature et de la difficulté de l'affaire, de dire que cette procédure de référé n'était sans doute pas nécessaire alors que le juge du fond était saisi[2].

SECTION 3
SANCTION DES HONORAIRES EXCESSIFS

721.100 **Plan.** La facturation par l'avocat d'honoraires excessifs au regard de leur évaluation suivant les critères de détermination, peut conduire le juge de l'honoraire à en réduire le montant (§ 1), et peut également faire l'objet de sanctions disciplinaires (§ 2) et pénales (§ 3).

§ 1
Pouvoir de réduction des honoraires

721.111 **Pouvoir de réduction des honoraires affirmé par la jurisprudence.** Le pouvoir de réductions des honoraires même en présence d'une convention d'honoraires, a été affirmé par l'arrêt *Crédimo* aux termes duquel la Cour de cassation a posé le principe, au visa des articles 1104 du code civil et 10 de la loi du 31 décembre 1971, suivant lequel : « le second de ces textes ne saurait faire obstacle au pouvoir des tribunaux de réduire les honoraires convenus initialement entre l'avocat et son client lorsque ceux-ci apparaissent exagérés au regard du service rendu »[3].

Les honoraires de diligences peuvent par conséquent être réduits par le juge de l'honoraire, procédant à une évaluation de leur montant suivant les critères légaux[4], s'ils apparaissent exagérés au regard du service rendu, ce qu'il appartient au juge de l'honoraire de caractériser[5]. Une telle réduction des honoraires est ainsi possible y compris en matière d'aide juridictionnelle partielle[6] ou en l'absence d'honoraire complémentaire de résultat[7].

721.112 **Limite au pouvoir de réduction des honoraires.** Mais ce pouvoir de réduction ne saurait conduire le juge de l'honoraire à remettre en cause les honoraires de diligences dont le paiement aura été effectué librement par le client après service rendu[8].

721.113 **Un pouvoir remis en cause ?** La question de la pérennité des pouvoirs du juge de l'honoraire d'en réduire le montant est aujourd'hui posée au regard des articles 1165 et 1223 du code civil[9].

721.114 **Fixation unilatérale par l'avocat du prix de la prestation (C. civ., art. 1165).** En premier lieu, et bien que la Cour de cassation ait tranché la controverse quant aux conséquences de l'absence de convention d'honoraires sur le droit à honoraires de l'avocat[10], en raison de l'application éventuelle de l'article 1165 du code civil aux honoraires de l'avocat en l'absence de convention d'honoraires.

Aux termes de cet article, dans les contrats de prestation de service, à défaut d'accord des parties avant leur exécution, le prix pourrait être fixé par l'avocat, à charge pour lui d'en motiver le montant en cas de contestation. En cas d'abus dans la fixation du prix, le juge peut être saisi d'une demande en dommages et intérêts[11]. L'application de cette règle conduirait alors l'avocat à fixer unilatéralement le montant de ses honoraires, à charge pour le juge de l'honoraire d'accorder des dommages et intérêts, et non d'en réduire le montant s'ils sont excessifs[12]. Cette solution changerait la nature des prérogatives du juge de l'honoraire en la matière qui apprécierait le montant des honoraires au regard des critères de l'article 10 de la loi du 31 décembre 1971 et accorderait, le cas échéant, des dommages et intérêts s'ils sont excessifs.

Encore faudrait-il qu'il soit compétent pour ce faire ce qui n'est pas certain : l'allocation de dom-

1. Civ. 2e, 14 janv. 2016 no 14-10.787, P ; *D.* 2016. 207 ; *Gaz. Pal*, 16 févr. 2016, p. 14, note D. Piau ; *D. avocats* 2016. 138, obs. G. Deharo ; *D.* 2017. 79, obs. Th. Wickers – Civ. 2e, 3 mai 2018, no 16-23.508, NP ; – SUR RENVOI APRÈS CASSATION : Civ. 2e, 11 juin 2015, no 13-27.987, NP ; – MÊME SENS : Rennes, 14 mars 2017, RG no 15/00454 – Paris, pôle 2, ch. 6, 6 nov. 2018, RG no 17/00051.
2. MÊME SENS : Civ. 2e, 8 oct. 2020, no 19-21.705, NP.
3. Civ. 1re, 3 mars 1998, no 95-15.799, P I, no 85 ; *JCP* 1998. II. 10115, concl. J. Sainte-Rose ; *D.* 1998. 91 ; *Gaz. Pal.* 17 sept. 1998, Doctr. B. Boccara ; *D. Affaires* 2 avr. 1998, 576 ; *JCP* 8 avr. 1998, 637, note A. Damien ; *Gaz. Pal. 11 juill. 1998*, p. 18 – Civ. 2e, 13 mars 2003, no 01-15.933, P II, no 59 ; *Gaz. Pal.* 30 mars-1er avr. 2003, p. 1029 ; *JCP* 2003. I. 140, no 14, obs. R. Martin.
4. V. ss nos 721.31 s.
5. Civ. 2e, 19 févr. 2009, no 07-21.518, NP ; *JCP* 2009. 295, no 6, obs. Ch. Jamin – Civ. 2e, 6 févr. 2020, no 19-10.215, NP.
6. Civ. 1re, 7 juill. 1998, no 96-10.387, P I, no 237 ; *D.* 1998. 211 ; *CCC* 1998, no 159, obs. L. Leveneur ; *JCP* 1999. I. 126, no 18, obs. R. Martin – Civ. 1re, 12 janv. 1999, no 96-13.563, NP ; *Rev. Huiss.* 2000, p. 28, note J.-J. Bourdillat – V. ss nos 713.161 s.
7. Civ. 1re, 3 juill. 2001, no 98-20.970, NP ; *JCP* 2002. I. 136, no 22, note R. Martin – Sur les pouvoirs de réduction de l'honoraire de résultat, V. ss no 713.367.
8. V. ss nos 732.141 s.
9. Sur cette question aussi : Ph. Le Tourneau (dir.), *Droit de la responsabilité et des contrats*, 12e éd. « Dalloz Action », 2020, nos 3321.302 s.
10. V. ss no 713.24.
11. C. civ., art. 1165 – F. Chénedé, *Le nouveau droit des obligations et des contrats*, 2e éd., hc, Dalloz, 2018, nos 123.232 s.
12. V. ss nos 721.111 s.

mages et intérêts relève de la sanction d'une inexécution contractuelle (dans la fixation des honoraires), et donc plus certainement du régime de la responsabilité civile[1], que du strict périmètre de compétence du juge de l'honoraire[2]. La mise en œuvre de l'article 1165 code civil semble ainsi se heurter, selon nous, au fait que la procédure relative aux contestations concernant le montant et le recouvrement des honoraires des avocats est d'ordre public[3].

721.115 **Acceptation par le client d'une exécution imparfaite du contrat en sollicitant une réduction proportionnelle du prix (C. civ., art. 1223).** En second lieu, l'article 1223 du code civil prévoit que le client peut, après mise en demeure, accepter une exécution imparfaite du contrat et solliciter une réduction proportionnelle du prix. S'il n'a pas encore payé, le client notifie sa décision de réduire le prix dans les meilleurs délais[4].

Le recours à cette disposition, fortement critiquée[5], qui peut conduire le client insatisfait de l'exécution de la prestation par l'avocat (défaut de qualité, retard d'exécution) à réduire unilatéralement le montant des honoraires aboutira *in fine* à la saisine du juge de l'honoraire pour qu'il fixe le montant des honoraires[6].

Il semblerait qu'il soit possible, à tout le moins dans les conventions d'honoraires conclues de gré à gré[7], d'exclure conventionnellement la mise en œuvre de l'article 1223 du code civil[8].

§ 2 Sanctions disciplinaires

721.121 **Devoir de prudence dans l'établissement des honoraires.** L'avocat doit toujours faire preuve de prudence dans l'établissement de ses honoraires, et veiller à ce que les honoraires qu'il facture à son client ne sont pas exagérés au regard des services effectivement rendus à celui-ci, et ce même si les montants qu'il facture résultent de la stricte application de la convention d'honoraires qu'il a conclue avec son client.

721.122 **Poursuites disciplinaires.** Outre le risque de voir le montant de ses honoraires réduit par le juge de l'honoraire, l'avocat qui viendrait à facturer un montant excessif d'honoraires est susceptible, en cas d'exagération manifeste dans leur montant, de faire l'objet de poursuites disciplinaires[9], une telle attitude étant contraire aux principes de modération et de délicatesse et étant également constitutive d'un manquement caractérisé à l'honneur, la probité, au désintéressement[10] et à l'humanité[11].

Il en sera également ainsi même dans l'hypothèse où lesdits honoraires seraient effectivement définitivement acquis à l'avocat en raison d'un paiement de ceux-ci par le client, en toute connaissance de cause, après service rendu[12].

§ 3 Sanctions pénales

721.131 **Abus faiblesse.** La perception d'honoraires excessifs ou injustifiés de la part de son client par un avocat peut constituer un abus de faiblesse au sens du code pénal[13], ou au sens du code de la consommation[14] pouvant donner lieu à des sanctions pénales et disciplinaires[15].

721.132 **Abus de confiance.** Elle peut également être de nature à caractériser un abus de confiance pénalement réprimé[16] pouvant, également, donner lieu à des sanctions pénales et disciplinaires[17].

721.133 **Discrimination en raison de la particulière vulnérabilité.** L'infraction de discrimination[18]

1. V. s^s n°s 913.21 s.
2. V. s^s n°s 741.41 s.
3. Civ. 1re, 30 sept. 2015, n° 14-23.372, P ; *D.* 2015. 2019 ; *D. avocats* 2015. 396, art. G. Deharo ; *Gaz. Pal.* 16-17 oct. 2015, n° 289 à 290, p. 9, note D. Piau – V. s^s n°s 741.22 s.
4. F. Chénedé, *Le nouveau droit des obligations et des contrats*, 2e éd., hc, Dalloz, 2018, n°s 128.131 s. – Ph. Le Tourneau (dir.), *Droit de la responsabilité et des contrats*, 12e éd., « Dalloz Action », 2020, n°s 3214.00 s. – G. Lardeux, « Le contrôle de proportionnalité des sanctions en matière contractuelle », *JCP* 2021. 502.
5. E. Savaux, « Article 1223 : la réduction du prix », *RDC* 2015. 786 – F. Chénedé, *Le nouveau droit des obligations et des contrats*, 2e éd., hc, Dalloz, 2018, n°s 128.131 s. – P.-Y. Gautier, « La réduction proportionnelle du prix. Exercices critiques de vocabulaire et de cohérence », *JCP* 2016. 947.
6. V. s^s n°s 741.21 s.
7. V. s^s n°s 713.291 s.
8. EN CE SENS : F. Chénedé, *Le nouveau droit des obligations et des contrats*, 2e éd., hc, Dalloz, 2018, n°s 128.152.
9. CD Paris, arr. n° 167781, 25 mars 2008 – CD Paris, arr. n° 154625, 26 juin 2007 – *Cf.* « Lyon : une avocate radiée du barreau pour avoir surfacturé ses honoraires », *Le Point*, 23 févr. 2015 – Civ. 1re, 10 mars 2021, n° 19-21.878, NP.
10. Pour d'autres illustrations de sanctions disciplinaires en la matière : v. s^s n°s 334.42 s.
11. Lyon, 12 déc. 2019, RG n° 18/07638 ; – DANS LA MÊME AFFAIRE : Civ. 2e, 23 mai 2019, n° 18-15.788, NP ; *Gaz. Pal.* 8 oct. 2019, p. 64, obs. M.-C. Gras, B. Guillon ; *Defrénois* 2019/10. 34, note J. Combret.
12. V. s^s n°s 732.141 s.
13. V. s^s n°s 481.100 s.
14. V. s^s n°s 481.121 s.
15. Pour des illustrations de sanctions en la matière : v. s^s n°s 481.116 s.
16. V. s^s n°s 481.121 s.
17. Pour des illustrations de sanctions en la matière : v. s^s n°s 922.32 s.
18. V. s^s n°s 333.51 s.

réprime, notamment, les distinctions opérées sur le fondement de la particulière vulnérabilité résultant de la situation économique, apparente ou connue de son auteur, de la personne concernée.

Au-delà des situations d'abus de faiblesse, les modes de fixation des honoraires peuvent conduire à caractériser une situation de discrimination pénalement sanctionnée, notamment si l'avocat venait profiter de la particulière vulnérabilité résultant de la situation économique de son client.

CHAPITRE
722. Tarif

SECTION 0
ORIENTEUR

722.00 **Sommaire du chapitre.**

Division. Le tarif englobe les droits et émoluments en matière de saisie immobilière, de partage, de licitation et de sûretés judiciaires (sect. 1) ainsi que ceux des avocats postulants des départements du Haut-Rhin, du Bas-Rhin et de la Moselle (sect. 2).

722.01 **Textes applicables.**

• **L. n° 71-1130, 31 déc. 1971**

art. 10 [Honoraires suivants tarif]

• **C. com.**

art. L. 444-1 [Droits et émoluments de l'avocat en matière de saisie immobilière, de partage, de licitation et de sûretés judiciaires]

art. L. 444-2 [Modalités de détermination du tarif]

art. L. 444-3 [Compétence pour fixer le tarif]

art. L. 462-2-1 [Honoraires et frais de l'avocat]

722.03 **Bibliographie indicative.**

* Aussi : v. s^s^ n° 72.03.

Traités. S. Guinchard, T. Moussa (dir.), *Droit et pratique des voies d'exécution*, 9e éd., « Dalloz Action », 2018, n°s 1300.00 s. par A. Leborgne – S. Guinchard (dir.), *Droit et pratique de la procédure civile*, 10e éd., « Dalloz Action », 2020, n°s 721.291 s. par M. Redon.

Monographies. Coll., *Professions réglementées, tarifs 2016 : ce qui change*, Éditions Législatives, 2016 – G.-A. Sillard, *Tarifs et honoraires des avocats et des professions judiciaires*, 14e éd., Pottier, 2017.

Manuel. A. Leborgne, *Droit de l'exécution et procédure de distribution*, 3e éd., « Précis », Dalloz, 2019.

Articles. Ch. Laporte, « Du nouveau en matière de tarifs des avocats », *JCP* 2019. 886 ; « Tarifs des professions réglementées : la saga continue ! », *JCP* 2020. 297 ; « Du nouveau en matière de tarifs des avocats », *JCP* 2021. 859 – M. Lartigue, « Régulation des professions réglementées : retour sur l'action de l'Autorité de la concurrence », *Gaz. Pal.* 13 juill. 2021, p. 7 – D. Piau, « Premiers décrets d'application de la loi du 6 août 2015 aux professions juridiques, autant en emporte le vent... », *Gaz. Pal.* 8 mars 2016, p. 11 ; « Les incidences de la loi "Macron" sur la rémunération de l'avocat. Trois questions à Dominique Piau », *AJ fam.* 2016. 81.

Rapports. G. Cousin, Rapport d'information de la Commission règles et usages sur la réforme des tarifs réglementés de postulation des avocats en matière de saisie immobilière, de partage, de licitation et de sûretés judiciaires, État des travaux avec la Dgccrf et la DACS, CNB, AG 2 juill. 2021 – D. de Ginestet, *Rapport d'information de la Commission règles et usages sur la réforme des tarifs applicables aux procédures de saisie immobilière, licitation, partage et aux sûretés*, CNB, AG

11-12 sept. 2015 ; *Rapport d'information de la Commission règles et usages sur la réforme des tarifs applicables aux procédures de saisie immobilière, licitation, partage et aux sûretés*, CNB, AG 16 juin 2017 – Minefi, Rapport de l'inspection générale des finances n° 2012-M-057-03, Les professions réglementées, mars 2013.

SECTION 1
DROITS ET ÉMOLUMENTS EN MATIÈRE DE SAISIE IMMOBILIÈRE, DE PARTAGE, DE LICITATION ET DE SÛRETÉS JUDICIAIRES

722.10 **Plan.** En matière de saisie immobilière, de partage, de licitation et de sûretés judiciaires, les modalités de rémunération de l'avocat font l'objet d'une tarification (§ 1) à partir de laquelle va être déterminé le montant des émoluments dus à l'avocat (§ 2).

§ 1
Modalités de tarification

722.20 **Plan.** Le tarif est déterminé selon une méthodologie économique précise (B) qui s'est substituée, à partir de 2015, à l'ancien tarif qui n'avait guère évolué au cours du temps depuis la restauration du barreau. (A).

A.
Évolution historique

722.31 **Principes.** Le domaine des saisies immobilières[1], partages, licitations[2] et de sûretés judiciaires[3] constitue une matière technique et spécifique, partie intégrante des procédures civiles d'exécution[4], qui ne peut être régie par une rémunération fixée sur la base d'honoraires libres de l'avocat payés par son client.

En effet, le code des procédures civiles d'exécution pose le principe suivant lequel les frais de l'exécution et des mesures conservatoires, ou « frais de poursuite », sont à la charge du débiteur[5], et ce même si le créancier saisissant a été désintéressé en principal par le saisi en cours de procédure[6]. Ces frais de poursuite, qui incluent les émoluments des officiers ministériels et la rémunération tarifée des avocats, constituent des dépens[7].

En outre, en matière de vente immobilière, le principe veut que les frais de la vente, dans la limite des frais taxés par le juge de l'exécution dans le jugement autorisant la vente[8], sont supportés par l'acquéreur (ou l'adjudicataire), tant en ce qui concerne la vente amiable sur autorisation judiciaire, la vente de gré à gré, que la vente forcée[9].

722.32 **Historique.** L'ancien tarif était un héritier de trois décrets du 16 février 1807[10], puis du décret du 29 décembre 1919[11], plusieurs fois modifié, avant de laisser place au décret du 30 avril 1946[12].

Ce fut enfin les chapitres IV et VII du décret du 2 avril 1960 qui posèrent, plus de 50 ans durant, les règles de la rétribution de la profession en matière de saisie immobilière, de distribution et d'hypothèques[13].

722.33 **Finalité de la réforme.** Dans le cadre de la disparition du tarif de la postulation[14] et dans un souci d'harmonisation avec les ventes amiables d'immeubles dûment tarifées, il est apparu indispensable d'élaborer un texte nouveau et autonome[15]. Le principe même de cette réforme était issu d'un rapport de l'inspection générale des finances de 2012, qui justifiait ainsi la rémunération du professionnel qui assure, dans le cadre de ces procédures particulières, gratuitement un service public[16].

Ce tarif est destiné à assurer une corrélation avec l'évolution des coûts réels de ces procédures et ce, sans le concours des saisis vendeurs. Il doit permettre de satisfaire le justiciable, d'assurer une légitime rémunération de l'avocat pour le travail accompli et de donner au juge un outil de vérification et de contrôle moderne et efficace.

1. C. pr. exéc., art. L. 322-5 s. et R. 311-1 s.
2. C. civ., art. 1686.
3. C. pr. exéc., art. L. 531-1 s. et R. 531-1 s. – V. s^s n°s 641.00 s.
4. S. Guinchard, T. Moussa (dir.), *Droit et pratique des voies d'exécution*, 9e éd., « Dalloz Action », 2018, n°s 1300.00 s. par A. Leborgne.
5. C. pr. exéc., art. L. 111-8 et L. 512-2.
6. Civ. 2e, 22 juin 2017, n° 16-18.901, P ; *Gaz. Pal.* 19 déc. 2017, p. 38, obs. C. Brenner.
7. C. pr. civ., art. 695 – V. s^s n°s 723.81 s.
8. Civ. 2e, 22 juin 2018, n° 16-12.882, P ; *Gaz. Pal.* 19 déc. 2017, p. 41, obs. C. Brenner.
9. C. pr. exéc., art. L. 322-9, R. 322-24, R. 322-58 et R. 322-66.
10. Décr. 16 févr. 1807 contenant le tarif des frais et dépens pour le ressort de la cour d'appel de Paris, *Bull. lois*, 4e série, T. VI, n° 138 – Décr. 16 févr. 1807 relatif à la liquidation des dépens, *Bull. lois*, 4e série, T. VI, n° 139 – Décr. 16 févr. 1807 qui rend commun à plusieurs cours d'appel et tribunaux le tarif des frais et dépens de ceux de Paris et en fixe la réduction pour les autres, *Bull. lois*, 4e série, t. VI, n° 139.
11. Décr. 29 déc. 1919 portant fixation du tarif des frais et dépens devant les tribunaux de première instance et les cours d'appel en ce qui concerne avoués, *JO* 17 janv. 1920, p. 128.
12. Décr. n° 46-882, 30 avr. 1946 portant fixation du tarif des avoués, *JO* 3 mai, p. 3695.
13. Décr. n° 60-323, 2 avr. 1960 portant règlement d'administration publique et fixant le tarif des avoués, *JO* 7 avr., p. 3194.
14. V. s^s n° 023.214.
15. Tarification autonome pour les procédures de ventes immobilières et les inscriptions d'hypothèques, Résolution du CNB AG 10-11 oct. 2014.
16. Inspection Générale des Finances, *Rapport n° 2012 M057 03 : Les professions réglementées*, mars 2013, p. 31 s.

722.34 Droits et émoluments fixés sur la base d'un tarif déterminé (loi du 6 août 2015). C'est ainsi qu'en matière de saisie immobilière, de partage, de licitation et de sûretés judiciaires, depuis la loi du 6 août 2015[1], les droits et émoluments de l'avocat sont fixés sur la base d'un tarif déterminé selon des modalités prévues au titre IV *bis* du livre IV du code de commerce[2] aux articles L. 444-1 et suivants.

La rémunération de l'avocat est alors arrêtée conformément aux règles dudit tarif[3].

722.35 Réforme du tarif (loi du 23 mars 2019). La méthodologie de détermination du tarif[4], prévue par la loi du 6 août 2015[5], s'étant révélée totalement impraticable[6], les textes des articles L. 444-1 et R. 444-1 et suivant du code de commerce, ont dû être refondus par la loi du 23 mars 2019[7] et le décret du 28 février 2020[8].

B.
Détermination du tarif

722.41 Modalité de détermination du tarif. Le tarif doit prendre en compte les coûts pertinents du service rendu et une rémunération raisonnable, définis sur la base de critères objectifs[9], et ce afin que le chiffre d'affaires annuel moyen prévisionnel hors remise de l'avocat dans sa pratique des saisies immobilières, partages, licitations et de sûretés judiciaires, soit égal à la somme des coûts pertinents et de la rémunération raisonnable moyenne[10].

722.42 Coûts pertinents. Les coûts pertinents pris en compte pour la fixation des tarifs sont évalués globalement pour la profession d'avocat comme la différence entre le chiffre d'affaires et le résultat de la profession d'avocat dans son ensemble, affectée du coefficient correspondant à la part des coûts imputables aux seules activités de saisies immobilières, partages, licitations et de sûretés judiciaires dans les coûts totaux de la profession d'avocat. Ce coefficient est réputé égal à la part du chiffre d'affaires des saisies immobilières, partages, licitations et de sûretés judiciaires, dans le chiffre d'affaires de la profession d'avocat.

Les coûts pertinents pris en compte pour chaque prestation incluent les coûts directs générés par la réalisation de cette prestation par un avocat diligent ainsi qu'une quote-part des coûts indirects résultant des charges de structure et des frais financiers exposés par l'avocat, calculés en proportion de l'activité de saisies immobilières, partages, licitations et de sûretés judiciaires par rapport à son activité totale[11].

722.43 Exemple de coût pertinent en matière de saisie immobilière. Il convient de rappeler, à cet égard, qu'il est établi que dans un dossier de saisie immobilière type et sans difficulté particulière, 390 prestations sont accomplies et, pour chacune d'entre elles, le temps passé a été défini, soit au total 70 heures 16 minutes de travail (moyenne de 10 minutes par prestation). S'ajoute le temps passé à l'organisation des visites, à la réception des personnes demandant des renseignements sur la vente, à l'organisation des visites. L'avocat et son personnel accomplissent alors les prestations dévolues à l'agent immobilier lors d'une vente volontaire et ce, dans l'intérêt de la vente. Il s'agit des diligences de base qui sont les mêmes dans tous les dossiers quel que soit le prix d'adjudication. La vente d'un appartement F4 à Agen nécessite ainsi le même travail que celle d'un appartement de même catégorie dans le 8e arrondissement à Paris, même si le prix d'adjudication n'est pas le même.

Il convient également de prendre en compte le personnel qualifié employé par les cabinets d'avocats pratiquant ces procédures spécifiques et dont la charge salariale est supérieure à celle des cabinets n'exerçant pas ces activités. Les cabinets d'avocats pratiquant ces activités doivent, en outre, mettre en place une infrastructure nécessaire à l'accomplissement et au suivi des procédures qui imposent, notamment, des locaux permettant en toute confidentialité d'accueillir les candidats acquéreurs voulant consulter le cahier des conditions de vente.

722.44 Rémunération raisonnable moyenne. La rémunération raisonnable est déterminée globalement pour la profession d'avocat en appliquant au chiffre d'affaires afférent à l'activité de saisies immobilières, partages, licitations et de sûretés judi-

1. L. nº 2015-990, 6 août 2015 pour la croissance, l'activité et l'égalité des chances économiques, *JO* 7 août, p. 13537, art. 51.
2. L. nº 71-1130, 31 déc. 1971 portant réforme de certaines professions judiciaires et juridiques, *JO* 5 janv. 1972, art. 10.
3. C. com., art. L. 444-1 – V. ss nos 722.61 s.
4. V. ss nos 722.41 s.
5. V. ss nº 722.34.
6. D. de Ginestet, *Rapport d'information de la Commission règles et usages sur la réforme des tarifs applicables aux procédures de saisie immobilière, licitation, partage et aux sûretés*, CNB, AG 16 juin 2017.
7. L. nº 2019-222, 23 mars 2019 de programmation 2018-2022 et de réforme pour la justice, *JO* 24 mars, art. 20.
8. Décr. nº 2020-179, 28 févr. 2020 relatif aux tarifs réglementés applicables à certains professionnels du droit, *JO* 29 févr. – Ch. Laporte, « Tarifs des professions réglementées : la saga continue ! », *JCP* 2020. 297.
9. C. com., art. L. 444-2.
10. C. com., art. R. 444-5.
11. C. com., art. R. 444-6.

ciaires l'objectif de taux de résultat moyen de cette profession fixé par arrêté, et dont le montant est estimé globalement pour la profession d'avocat pour l'ensemble des prestations tarifées[1]. La rémunération raisonnable prend en compte, pour chaque prestation, la durée moyenne nécessaire à la réalisation de cette prestation par un avocat diligent et la quote-part de la rémunération du capital investi au titre de l'activité de saisies immobilières, partages, licitations et de sûretés judiciaires[2].

L'objectif de rémunération raisonnable moyenne du travail doit assurer une attractivité suffisante de l'activité et est fixé en tenant compte des caractéristiques des fonctions exercées et notamment les qualifications requises, le niveau de responsabilité induit ainsi que la rémunération annuelle moyenne du travail des professions pertinentes. L'objectif de rémunération raisonnable moyenne du capital doit assurer une incitation suffisante à l'investissement dans les activités concernées et est fixé en tenant compte du taux de résultat courant avant impôts. La rémunération de l'avocat est celle qu'il perçoit après paiement des charges et donc après imputation des coûts.

La rémunération raisonnable de l'avocat pratiquant les procédures soumises au tarif doit donc tenir compte, outre le temps passé à l'accomplissement des nombreuses diligences, des difficultés spécifiques aux ventes judiciaires puisque l'avocat doit, pour parvenir à la vente et dans l'intérêt de celle-ci rechercher et obtenir tous les renseignements relatifs à l'immeuble et nécessaires à la vente, ce qui n'est pas le cas en matière de vente volontaire chez un notaire, des risques et de la responsabilité encourue ainsi que de la compétence juridique spécifique nécessaire qui donne lieu à un certificat de spécialisation[3].

722.45 **Péréquation des tarifs.** Il est possible de prévoir une péréquation des tarifs applicables à l'ensemble des prestations servies. Cette péréquation peut notamment prévoir que les tarifs des prestations relatives à des biens ou des droits d'une valeur supérieure à un seuil fixé par arrêté soient fixés proportionnellement à la valeur du bien ou du droit[4]. La péréquation doit permettre de compenser une rémunération réduite et retenue pour la fixation de l'émolument fixe, par un droit proportionnel applicable, au-delà d'un seuil, à la valeur du bien ou du droit. Le tarif proportionnel peut être prévu pour une catégorie de prestations, en vue de contribuer à la couverture des coûts pertinents supportés par l'avocat au titre de certaines prestations de cette catégorie ou d'une autre catégorie de prestation ou pour lier la rémunération au résultat obtenu, notamment dans le cadre d'un mandat de cession d'actifs, d'encaissement ou de recouvrement de créances pour le compte d'autrui[5]. Ainsi, un droit proportionnel, s'appliquant au-delà du seuil, dans toutes les procédures réglementées (saisie immobilière dont la distribution, licitation, partage et sûretés), permettra la péréquation entre elles. La proportionnalité des émoluments constitue, en outre, une incitation à vendre au prix de plus élevé possible dans l'intérêt de la vente, et donc du client demandeur à la licitation, du créancier, du débiteur poursuivi en saisie immobilière.

La péréquation ne peut toutefois justifier que l'avocat soit contraint de travailler à perte ou sans être rémunéré, en particulier dans les nombreux territoires où le marché de l'immobilier est défavorable. Une péréquation qui viserait à financer des procédures déficitaires par des procédures plus rentables, aurait pour conséquence que la proportionnalité du tarif, qualifiée de dérogatoire par la loi, redeviendrait la règle. Or, il résulte clairement de la loi que la couverture par l'émolument des coûts pertinents et de la rémunération raisonnable est un minimum[6].

722.46 **Redistribution.** En outre, peut être prévue une redistribution entre professionnels, afin de favoriser la couverture de l'ensemble du territoire par les professions judiciaires et juridiques et l'accès du plus grand nombre au droit. Cette redistribution est la finalité principale du fonds interprofessionnel de l'accès au droit et à la justice (SGFIADJ)[7].

Les avocats exerçant dans le secteur réglementé ne sont concernés ni par l'aide à l'installation[8] ni par l'aide au maintien[9]. En effet, les prestations liées saisies immobilières, partages, licitations et de sûretés judiciaires ont toujours été rémunérées, et la profession n'a pas souhaité qu'elles puissent être, en partie, subventionnées dans le cadre d'un dispositif complexe, et ce, alors même que le seul moyen de garantir la permanence des cabinets d'avocat pratiquant ces procédures sur tout le territoire est simplement de leur permettre de gagner convenablement leur vie par leur travail sans avoir besoin d'avoir

1. C. com., art. L. 444-2.
2. C. com., art. R. 444-7.
3. D. de Ginestet, *Rapport d'information de la Commission règles et usages sur la réforme des tarifs applicables aux procédures de saisie immobilière, licitation, partage et aux sûretés*, CNB, AG 11-12 sept. 2015.
4. C. com., art. L. 444-2.
5. C. com., art. R. 444-5.
6. D. de Ginestet, *Rapport d'information de la Commission règles et usages sur la réforme des tarifs applicables aux procédures de saisie immobilière, licitation, partage et aux sûretés*, CNB, AG 11-12 sept. 2015.
7. C. com., art. L. 444-2 et R. 444-36 s.
8. C. com., art. R. 444-23 et R. 444-24.
9. C. com., art. R. 444-25 à R. 444-35.

recours à des aides publiques, et de leur assurer, par le tarif, la couverture des coûts pertinents et de la rémunération raisonnable [1].

722.47 **Arrêté tarifaire.** Le tarif de chaque prestation est arrêté, après avis de l'Autorité de la concurrence [2], conjointement par les ministres de la Justice et de l'Économie [3].

Ce tarif est révisé au moins tous les cinq ans [4], en pratique tous les deux ans.

722.48 **Exclusion de la tarification.** Sauf disposition contraire, les prestations que les avocats accomplissent en concurrence avec celles, non soumises à un tarif, d'autres professionnels ne sont pas soumises à un tarif réglementé, mais aux conditions de droit commun en matière d'honoraires [5]. Il s'agit, en matière de saisie immobilière, de la rédaction des commandements de payer valant saisie, commandement de payer au débiteur principal, dénonciation au conjoint lorsque le bien est le siège du logement de la famille et qu'il appartient en propre à l'un des époux, assignation du débiteur saisi à comparaître devant le juge de l'exécution à une audience d'orientation, dénonciation aux créanciers inscrits valant assignation à comparaître pour lesquels l'avocat est en concurrence rédactionnelle avec l'huissier de justice étant précisé que seul un huissier de justice pourra signifier ces actes.

En pratique, ils sont toujours rédigés par les avocats et transmis pour signification aux huissiers de justice. En outre, l'avocat est en concurrence avec l'huissier de justice pour la rédaction et l'accomplissement de la rédaction du bordereau en vue de la publication du commandement, la mention en marge au bureau des hypothèques, actes qui ne demandent pas de signification. En matière de sûretés, l'avocat est en concurrence avec le notaire pour le renouvellement des hypothèques conventionnelles, mais pas pour l'inscription initiale. Pour ces actes il est prévu une liste indicative de prestations réalisées, et en tant que de besoin, les règles encadrant la perception par l'avocat des honoraires correspondant à ces prestations [6]. Les honoraires ainsi perçus sont déterminés dans le cadre d'une convention d'honoraires [7] et en cas de contestation, sont fixés suivant la procédure de droit commun [8].

1. D. de Ginestet, *Rapport d'information de la Commission règles et usages sur la réforme des tarifs applicables aux procédures de saisie immobilière, licitation, partage et aux sûretés*, CNB, AG 11-12 sept. 2015.
2. M. Lartigue, « Régulation des professions réglementées : retour sur l'action de l'Autorité de la concurrence », *Gaz. Pal.* 13 juill. 2021, p. 7.
3. C. com., art. L. 444-3.
4. C. com., art. L. 444-3.
5. C. com., art. L. 444-1, al. 3 – V. s^{s} n°s 721.00 s.
6. C. com., art. R. 444-3, 3°, et art. ann. 4-9.
7. V. s^{s} n°s 713.00 s.

722.49 **Sanctions.** Le non-respect par l'avocat des tarifs applicables en matière de saisie immobilière, de partage, de licitation et de sûretés judiciaires, ou la perception d'honoraires en dehors de la convention d'honoraires stipulée par les textes, est passible de sanctions disciplinaires [9].

En outre, l'avocat devra restituer l'excédent perçu ou demander le complément dû [10].

§ 2
Détermination de la rémunération

722.50 **Plan.** Les tarifs des professions réglementées ont fait l'objet d'une vaste refonte à partir de 2015. Les avocats possèdent par exception un droit de rétention en la matière, mais ne peuvent pas partager leur rémunération (A) qui obéit à des principes généraux s'agissant de son champ d'application (B) conduisant à la calculer en fonction d'une tarification affectée aux actes réalisés (C) et en prenant en compte divers frais et débours ainsi que des majorations et remises (D).

A.
Propos liminaires

722.61 **Décret et arrêté tarifaire.** La refonte générale des tarifs des professions réglementées a été mise en œuvre par le décret du 26 février 2016 [11], et des arrêtés tarifaires généraux du même jour pour les huissiers de justice [12], les notaires [13], les greffiers des tribunaux de commerce [14] et les commissaires-priseurs judiciaires [15].

S'agissant de la profession d'avocat, il a fallu attendre le décret du 9 mai 2017 [16], ainsi qu'un

8. V. s^{s} n°s 741.21 s. – C. com., art. R. 444-16.
9. C. com., art. R. 444-13 et R. 444-16.
10. C. com., art. R. 444-14.
11. Décr. n° 2016-230, 26 févr. 2016 relatif aux tarifs de certains professionnels du droit et au fonds interprofessionnel de l'accès au droit et à la justice, *JO* 28 févr., n° 35.
12. Arr. 26 févr. 2016 fixant les tarifs réglementés des huissiers de justice, *JO* 28 févr., NOR : EINC1605791A.
13. Arr. 26 févr. 2016 fixant les tarifs réglementés des notaires, *JO* 28 févr., NOR : EINC1605792A.
14. Arr. 26 févr. 2016 fixant les tarifs réglementés des greffiers des tribunaux de commerce, *JO* 28 févr., NOR : EINC1605793A.
15. Arr. 26 févr. 2016 fixant les tarifs réglementés des commissaires-priseurs judiciaires, *JO* 28 févr., NOR : EINC1605788A.
16. Décr. n° 2017-862, 9 mai 2017 relatif aux tarifs réglementés de postulation des avocats en matière de saisie immobilière, de partage, de licitation et de sûretés judiciaires, *JO* 10 mai, n° 41 – Aut. conc., avis 17-A-06, 27 mars 2017 concernant un projet de décret relatif aux tarifs réglementés de postulation des avocats en matière de saisie immobilière, de partage, de licitation, et de sûretés judiciaires – D. de Ginestet, *Rapport d'information de la Commission règles et usages sur la réforme des tarifs applicables aux procédures de saisie immobilière, licitation, partage et aux sûretés*, CNB, AG 16 juin 2017.

arrêté tarifaire du 6 juillet 2017[1], pour voir poindre le nouveau tarif applicable aux avocats[2] à compter du 1er septembre 2017. Ces dispositions ne sont pas applicables dans les départements de la Moselle, du Bas-Rhin et du Haut-Rhin[3].

En effet, et compte tenu de la particularité des activités tarifées s'agissant de la profession d'avocat, au sein de laquelle elles sont exercées concurremment avec les autres activités de l'avocat sans qu'il ne soit possible d'isoler un modèle type de professionnel exerçant ces activités tarifées, il est apparu nécessaire de traiter le cas des avocats séparément de celui des autres professions juridiques concernées[4].

722.62 **Droit de rétention.** Le droit de rétention appartient aux avocats, pour garantir le paiement des tarifs et, le cas échéant, le remboursement des frais et débours[5]. Il s'agit ici de la seule exception au principe suivant lequel l'avocat ne dispose d'aucun droit de rétention sur le dossier de son client[6].

Lorsque l'avocat exerce son droit de rétention sur les actes qu'il a faits, sur les pièces qui lui ont été remises pour soutenir le procès ou les titres qu'il s'est procurés au cours de la procédure, la communication de ces actes, pièces ou titres à tout officier public ou ministériel mandataire de la partie doit toujours être faite à titre provisoire, lorsqu'un intérêt légitime est reconnu par le bâtonnier dont relève l'avocat concerné. Il appartient à l'officier public ou ministériel mandataire de la partie de restituer ces actes, pièces ou titres à l'avocat lorsqu'ils ne lui sont plus nécessaires[7].

722.63 **Partage d'émoluments.** Il est interdit aux avocats, sous peine de sanctions disciplinaires, de partager leurs émoluments avec un tiers[8].

À cet égard, le *dominus litis* doit être considéré comme un tiers au sens de l'article R. 444-76 du code de commerce. En effet, ce dernier est rémunéré par des honoraires alors que l'avocat postulant est rémunéré pour les prestations de postulation par des émoluments résultant du tarif réglementé[9].

B.
Principes généraux

722.70 **Plan.** Les prestations soumises à tarif sont déterminées par les textes (2°) et régies par des dispositions transitoires (1°).

1°
Entrée en vigueur

722.81 **Période transitoire.** Dans l'attente du recueil auprès du Conseil national des barreaux[10] des données et informations prévues aux articles R. 444-18 à R. 444-20 du code de commerce[11], et au plus tard jusqu'au 1er septembre 2019, le décret du 9 mai 2017 permettait de fixer, par voie d'arrêté, provisoirement les émoluments à partir de ceux applicables avant le 1er septembre 2017. L'arrêté peut également :

1° Prévoir que les tarifs de postulation n'incluent pas le droit fixe prévu à l'article 2 du décret du 2 avril 1960[12] et ne sont pas soumis à la règle de plafonnement prévue à l'article 81 du décret du 2 avril 1960[13] ;

2° Fixer le tarif des formalités mentionnées au tableau 6 par référence aux tarifs des formalités identiques ou similaires accomplies par les notaires[14] ;

3° Fixer l'émolument des avocats pour les prestations de postulation relatives à la distribution en matière de saisie immobilière par référence à l'émolument perçu par les mandataires judiciaires en application de l'article A. 663-28 du code de commerce[15].

Cette période transitoire a été prorogée jusqu'au 31 août 2021 par l'arrêté du 8 août 2019[16]. Ce

1. Arr. 6 juill. 2017 fixant les tarifs réglementés de postulation des avocats en matière de saisie immobilière, de partage, de licitation et de sûretés judiciaires, *JO* 14 juill., NOR : ECOC1701976A ; *JCP* 2017. 879, obs. Ch. Laporte.
2. « Les incidences de la loi "Macron" sur la rémunération de l'avocat. Trois questions à Dominique Piau », *AJ fam.* 2016. 81.
3. Décr. n° 2017-862, 9 mai 2017, art. 8 – V. ss nos 722.151 s.
4. Aut. conc., avis 16-A-03, 29 janv. 2016 concernant un projet de décret relatif aux tarifs de certains professionnels du droit et au fonds interprofessionnel de l'accès au droit et à la justice prévu par l'article 50 de la loi du 6 août 2015 – Aut. conc., avis 16-A-06, 22 févr. 2016 concernant un nouveau projet de décret rectificatif relatif aux tarifs de certains professionnels du droit et au fonds interprofessionnel de l'accès au droit et à la justice prévu par l'article 50 de la loi du 6 août 2015 – Aut. conc., avis 20-A-03, 14 févr. 2020 relatif à un projet de décret modifiant certaines dispositions de la partie réglementaire du code de commerce.
5. C. com., art. R. 444-15.
6. RIN, art. 9.2 – V. ss nos *484.211* s.
7. C. com., art. R. 444-75.
8. C. com., art. R. 444-76 – Sur le partage d'honoraires, v. ss nos 711.91 s.
9. CNB, Comm. RU, avis n° 2017-031, 3 oct. 2017.
10. C. com., art. R. 444-21.
11. CE 24 mai 2017, *Conseil national des greffiers des tribunaux de commerce,* req. n° 398801, *Lebon T ; AJDA* 2017. 1535.
12. Décr. n° 60-323, 2 avr. 1960, art. 2.
13. Décr. n° 60-323, 2 avr. 1960, art. 81.
14. V. ss n° 722.111.
15. Décr. n° 2017-862, 9 mai 2017, art. 5 – V. ss n° 722.113.
16. Arr. 8 août 2019 fixant les tarifs réglementés de postulation des avocats en matière de saisie immobilière, de partage, de licitation et de sûretés judiciaires, *JO* 30 août, NOR : ECOC1914316A – Ch. Laporte, « Du nouveau en matière de tarifs des avocats », *JCP* 2019. 886.

dispositif a été, de nouveau, reconduit jusqu'au 31 août 2023[1].

722.82 Dispositions transitoires. Les anciens tarifs de postulation devant les anciens tribunaux de grande instance[2] restent applicables aux instances en cours avant le 8 août 2015[3], ainsi que, pour la prestation toujours soumise à tarification, aux instances en cours avant le 1er septembre 2017[4].

Les anciens tarifs de postulation devant les cours d'appel[5] restent applicables aux instances en cours avant le 1er janvier 2012.

Les tarifs fixés par l'arrêté du 6 juillet 2017[6] restent applicables aux instances ouvertes à partir du 1er septembre 2017 et jusqu'au 31 août 2019 inclus.

Les tarifs fixés par l'arrêté du 8 août 2019[7] restent applicables aux instances ouvertes entre le 1er septembre 2019 et jusqu'au 31 août 2021 inclus[8].

2° Champ d'application

722.91 Procédures d'exécution concernées par le tarif. Les tarifs concernant la profession d'avocat s'appliquent aux prestations de :

1° Postulation des avocats en matière de saisie immobilière régie par les articles L. 311-1 à L. 341-1 et R. 311-1 à R. 311-34 du code des procédures civiles d'exécution ;

2° Partage régi par les articles 815 à 892 du code civil et les articles 1358 à 1376 du code de procédure civile ;

3° Licitation régie par les articles 1686 à 1688 du code civil et les articles 1377 et 1378 du code de procédure civile ;

4° Sûretés judiciaires régies par les articles L. 531 à L. 533-1 et R. 531-1 à R. 534 du code des procédures civiles d'exécution ;

5° D'hypothèque judiciaire régie par l'article 2412 du code civil[9].

722.92 Prestations soumises à tarif. L'article annexe 4-7 du code de commerce contient un tableau 6 annexé à l'article R. 444-3[10] du code de commerce précisant la liste des prestations des avocats soumises à tarif.

Prestations soumises à tarif :

N°	CATÉGORIE	SOUS-CATÉGORIES	NATURE DE LA PRESTATION
1	Prestations de postulation réalisées dans le cadre d'une vente de meubles ou d'immeubles par adjudication judiciaire (saisie immobilière ou licitation judiciaire)	Actes	Actes de procédure réalisés dans le cadre d'une saisie immobilière
2			Actes de procédure réalisés dans le cadre d'une licitation d'immeubles par adjudication judiciaire
3			Actes de procédure réalisés dans le cadre d'une licitation de meubles par adjudication judiciaire
4			Actes de procédure réalisés dans le cadre de la distribution du prix d'un immeuble ou d'un meuble vendu par adjudication judiciaire
5		Formalités	Réquisitions et demandes de renseignements sur la personne du débiteur saisi
6			Réquisitions et demandes de renseignements sur l'immeuble saisi
7			Rédaction du bordereau de publication et éventuellement du bordereau rectificatif, en application des articles R. 321-6 et R. 321-7 du code des procédures civiles d'exécution
8			Publication du commandement de payer au service de la publicité foncière
9			Publication au service de la publicité foncière de la décision de justice ordonnant la suspension des voies d'exécution, le report de la vente ou la prorogation du commandement de payer, en application de l'article R. 321-22 du code des procédures civiles d'exécution

1. Arr. 2 août 2021 fixant les tarifs réglementés de postulation des avocats en matière de saisie immobilière, de partage, de licitation et de sûretés judiciaires, NOR : ECOC2123034A, *JO* 15 août ; Ch. Laporte, « Du nouveau en matière de tarifs des avocats », *JCP* 2021. 859.
2. Décr. n° 60-323, 2 avr. 1960, art. 25 s. – Décr. n° 72-784, 25 août 1972 relatif au régime transitoire de rémunération des avocats à raison des actes de postulation et à la taxe, *JO* 29 août, p. 9282 – Décr. n° 75-785, 21 août 1975 relatif aux droits et émoluments alloués à titre transitoire aux avocats à raison des actes de procédure, *JO* 25-26 août, p. 8739 – Décr. n° 77-594, 7 juin 1977 relatif à l'application des tarifs des avocats, des notaires et des huissiers de justice dans le département de La Réunion, *JO* 12 juin, p. 3219.
3. Décr. n° 2017-862, 9 mai 2017, art. 7, 1°.
4. Décr. n° 2017-862, 9 mai 2017, art. 7, 2°.
5. Décr. n° 80-608, 30 juill. 1980 fixant le tarif des avoués près les cours d'appel, *JO* 2 août, p. 1950.
6. Arr. 6 juill. 2017 fixant les tarifs réglementés de postulation des avocats en matière de saisie immobilière, de partage, de licitation et de sûretés judiciaires, *JO* 14 juill. 2017, NOR : ECOC1701976A.
7. Arr. 8 août 2019 fixant les tarifs réglementés de postulation des avocats en matière de saisie immobilière, de partage, de licitation et de sûretés judiciaires, *JO* 30 août, NOR : ECOC1914316A.
8. Arr. 2 août 2021, NOR : ECOC2123034A, art. 2.
9. C. com., art. R. 444-71.
10. C. com., art. Annexe 4-7, tableau 6.

10	Prestations de postulation réalisées dans le cadre d'une vente de meubles ou d'immeubles par adjudication judiciaire (saisie immobilière ou licitation judiciaire)	Formalités	Rédaction de la dénonciation au conjoint du commandement de payer en application du premier alinéa de l'article R. 321-1 du code des procédures civiles d'exécution	
11			S'il existe un tiers acquéreur de l'immeuble saisi, rédaction du commandement à fin de saisie à tiers acquéreur, en application de l'article R. 321-4 du code des procédures civiles d'exécution	
12			Mention, en marge de publication du commandement de payer, de l'assignation à comparaître à l'audience d'orientation et des dénonciations, en application de l'article R. 322-9 du code des procédures civiles d'exécution	
13			Rédaction du cahier des conditions de la vente ou du cahier des charges	
14			Dépôt au greffe du cahier des conditions de la vente ou du cahier des charges, de la copie de l'assignation et du procès-verbal de descriptif de l'immeuble saisi, en application des articles R. 322-10 et R. 322-11 du code des procédures civiles d'exécution	
15			Dire au cahier des conditions de la vente pour renseignements complémentaires	
16			Rédaction d'une signification de jugement à avocat et à partie	
17			Lettre en recommandé avec accusé de réception au syndic de copropriété concernant l'amiante et l'état de l'immeuble saisi, en application des articles R. 1334-14 à R. 1334-29-7 du code de la santé publique	
18			Déclaration au greffe pour informations complémentaires	
19			Si l'immeuble saisi est soumis à un droit de préemption urbain, rédaction de la déclaration d'intention d'aliéner et envoi en mairie en cinq exemplaires	
20			Formalités de publicité légale prévues aux articles R. 322-32 à R. 322-70 du code des procédures civiles d'exécution	
21			Dépôt au greffe de l'avis de publicité pour apposition	
22			Lettre en recommandé avec accusé de réception au locataire ou, si l'immeuble est occupé par le propriétaire, à la mairie, en application de l'article L. 616 du code de la construction et de l'habitation	
23			Rédaction d'une notification aux fins de purge des droits de préemption et de substitution, en application de l'article 10 de la loi n° 75-1351 du 31 décembre 1975 relative à la protection des occupants de locaux à usage d'habitation	
24			Levée auprès du greffe du certificat constatant le défaut de consignation du prix ou de paiement des frais, en application de l'article R. 322-67 du code des procédures civiles d'exécution	
25			Rédaction d'une sommation de payer à l'avocat de l'adjudicataire	
26			Déclaration d'adjudicataire au greffe, en application de l'article R. 322-46 du code des procédures civiles d'exécution	
27			Concernant les lots de copropriété, notification au syndic de l'avis de mutation en application de l'article 5-1 du décret n° 67-223 du 17 mars 1967	
28			Concernant les lots de copropriété, notification au syndic du transfert de propriété en application de l'article 6 du décret n° 67-223 du 17 mars 1967	
29			Concernant les lots de copropriété, notification aux créanciers inscrits de l'opposition à la vente formulée par le syndic, en application de l'article 6-1 du décret n° 67-223 du 17 mars 1967	
30			Dépôt d'une déclaration de surenchère au greffe du juge de l'exécution	
31			Rédaction de la dénonciation de la surenchère au créancier poursuivant, au premier adjudicataire et au débiteur saisi au greffe	
32			S'il n'existe qu'un seul créancier, notification au débiteur du montant versé au créancier poursuivant, en application de l'article R. 332-1 du code des procédures civiles d'exécution	
33			S'il existe plusieurs créanciers	Notification de la demande de la déclaration actualisée des créances, en application de l'article R. 332-2 du code des procédures civiles d'exécution
34				Notification du projet de distribution du prix aux créanciers, en application des articles R. 332-4 et R. 332-5 du code des procédures civiles d'exécution
35				Notification du projet de distribution du prix au syndic de copropriété, au débiteur saisi et au Trésor public
36			Réquisition auprès du service de la publicité foncière aux fins de radiation des inscriptions et publications	

37	Prestations de postulation réalisées dans le cadre d'un partage ou d'une licitation par adjudication volontaire	Actes	Actes de procédure réalisés dans le cadre d'une demande contestée en partage de biens meubles ou immeubles, y compris en cas de licitation par adjudication volontaire
38			Actes de procédure réalisés dans le cadre d'une demande non contestée en partage de biens immeubles
39			Actes de procédure réalisés dans le cadre d'une demande contestée en homologation du projet d'état liquidatif des biens à partager
40		Formalités	Publication du jugement au service de la publicité foncière
41	Prestations de postulation réalisées en matière de sûretés judiciaires	Actes	Actes de procédure réalisés pour l'inscription d'une sûreté judiciaire avec demande d'obtention d'un titre exécutoire, en application de l'article R. 531-1 du code des procédures civiles d'exécution
42			Actes de procédure réalisés pour l'inscription d'une sûreté judiciaire sans demande d'obtention d'un titre exécutoire en application de l'article R. 531-1 du code des procédures civiles d'exécution ou en application de l'article 2412 du code civil
43		Formalités	Réquisitions et demandes de renseignements sur la personne du débiteur
44			Réquisitions et demandes de renseignements sur l'immeuble
45			Réquisitions et demandes de renseignements sur la société
46			Formalités de publicité provisoire, en application des articles R. 532-1 à R. 532-9 du code des procédures civiles d'exécution
47			Formalités de publicité définitive en application des articles R. 533-1 à R. 533-6 du code des procédures civiles d'exécution
48	Incidents	Incidents	Actes et formalités de procédure réalisés en matière d'incidents (incidents relevant de l'article 771 du code de procédure civile et contestations et demandes incidentes mentionnées à l'article R. 311-6 du code des procédures civiles d'exécution)

C.
Calcul de l'émolument

722.100 **Plan – Intérêt du litige.** L'assiette des émoluments proportionnels perçus par l'avocat pour la réalisation des prestations est constituée par l'intérêt du litige[1]. Il est évalué selon des modalités suivantes :

– en matière de saisie immobilière et de licitation (1°), sauf dispositions contraires, l'intérêt du litige correspond au prix d'adjudication du bien. En cas de vente par lots, l'intérêt du litige correspond au prix de chaque lot, sauf si l'adjudication a lieu après réunion totale ou partielle des lots mis en vente[2] ;

– en matière de partage (2°), l'intérêt du litige est le capital énoncé dans les actes, augmenté de la valeur des charges figurant dans lesdits actes ou sur l'évaluation retenue pour la liquidation des droits et taxes, si elle est supérieure. Sont considérées comme charges les sommes que, dans l'acte et outre le prix, les parties s'engagent à payer ainsi que les prestations en nature qu'elles s'engagent à fournir. Si ce mode de calcul ne peut être appliqué, les émoluments sont perçus sur la valeur estimative déclarée à l'acte des biens qui y sont énoncés. À défaut d'accord entre les parties et l'avocat sur cette valeur estimative, les émoluments sont perçus sur la valeur vénale déterminée par le juge chargé de la taxation[3]. Lorsque, *réalisée par un seul acte*, une convention porte sur des biens de nature différente mais soumis à une même tarification, l'émolument est calculé sur la valeur totale de ces biens[4] ;

– en matière de sûretés judiciaires (3°), l'intérêt du litige correspond au montant de la garantie prise en sûreté[5].

Le cas échéant, le montant des dommages et intérêts prononcés par le juge est pris en compte pour l'évaluation de l'intérêt du litige[6]. L'assiette de l'émolument est arrondie à l'euro le plus proche[7].

1°
Saisie immobilière et licitation par adjudication judiciaire

722.111 **Saisie immobilière et la licitation par adjudication judiciaire donnant lieu à la perception d'un émolument proportionnel.** Les actes réalisés en matière de saisie immobilière et de licitation par adjudication judiciaire (nos 1, 2 et 3 du tableau 6[8]) donnent lieu, à compter du 1er janvier 2021[9], à la perception d'un émolument proportionnel, réparti entre les avocats à raison des trois quarts pour l'avocat poursuivant et du quart restant pour l'avocat de l'adjudicataire[10], selon le barème suivant[11] :

1. C. com., art. R. 444-72.
2. C. com., art. A. 444-188.
3. C. com., art. A. 444-54.
4. C. com., art. A. 444-55.
5. C. com., art. A. 444-188.
6. C. com., art. A. 444-189.
7. C. com., art. A. 444-190.
8. V. ss no 722.92.
9. Arr. 28 févr. 2020 fixant les tarifs réglementés des notaires, *JO* 1er mars, NOR : ECOC2003886A, art. 129 – Arr. 28 avr. 2020 modifiant les arrêtés du 28 février 2020 fixant les tarifs réglementés des professions réglementées du droit, *JO* 29 avr., NOR : ECOC2010166A.
10. C. com., art. A. 444-191.
11. C. com., art. A. 444-102.

1° Si le cahier des charges est rédigé par le notaire :

TRANCHES D'ASSIETTE	TAUX APPLICABLE
De 0 à 6 500 €	7,256 %
De 6 500 € à 17 000 €	2,993 %
De 17 000 € à 60 000 €	1,995 %
Plus de 60 000 €	1,497 %

2° Si le cahier des charges est rédigé par l'avocat :

TRANCHES D'ASSIETTE	TAUX APPLICABLE
De 0 à 6 500 €	3,870 %
De 6 500 € à 17 000 €	1,596 %
De 17 000 € à 60 000 €	1,064 %
Plus de 60 000 €	0,799 %

Lorsque le montant de l'adjudication ne dépasse pas 30 euros, l'avocat n'a droit qu'au remboursement de ses débours, dûment justifiés. L'émolument est calculé séparément sur le prix d'adjudication de chaque lot, même si plusieurs lots distincts sont adjugés séparément au même adjudicataire. Toutefois, l'émolument est calculé sur le prix des lots réunis si l'adjudication a lieu après la réunion totale ou partielle des lots mis en vente[1].

En cas de surenchère, l'avocat ayant poursuivi la première vente et l'avocat surenchérisseur perçoivent ensemble les trois quarts de l'émolument prévu au cas où le cahier des charges est rédigé par le notaire. Le rapport entre l'émolument de l'un et de l'autre doit être égal au rapport entre, d'une part, le prix d'adjudication primitif et, d'autre part, la différence entre le prix d'adjudication sur la surenchère et le prix d'adjudication primitif[2]. En cas de réitération d'enchère, l'avocat poursuivant perçoit la totalité de l'émolument, prévu suivant la qualité du rédacteur du cahier des charges, sans qu'il n'y ait lieu à répartition[3]. En cas d'abandon de la procédure après le dépôt du cahier des conditions de vente ou du cahier des charges, il est alloué à l'avocat poursuivant 37,5 % de l'émolument, prévu suivant la qualité du rédacteur du cahier des charges, sur le montant de la mise à prix[4].

722.112 Vente amiable sur autorisation judiciaire ou venté de gré à gré. En cas de vente amiable sur autorisation judiciaire[5], comme en cas de vente de gré à gré[6], l'avocat poursuivant perçoit, à compter du 1er janvier 2021[7], l'émolument proportionnel, selon le barème suivant[8] :

TRANCHES D'ASSIETTE	TAUX APPLICABLE
De 0 à 6 500 €	3,870 %
De 6 500 € à 17 000 €	1,596 %
De 17 000 € à 60 000 €	1,064 %
Plus de 60 000 €	0,799 %

722.113 Distribution du prix. Les actes réalisés en matière de distribution du prix[9] (n° 4 du tableau 6[10]) donnent lieu, à compter du 1er janvier 2021[11], à la perception de l'émolument fixé proportionnellement au montant cumulé des sommes encaissées par l'ensemble des créanciers ou consignées à la Carpa, selon le barème suivant[12] :

TRANCHES D'ASSIETTE EN €	TAUX DE L'ÉMOLUMENT EN %
De 0 à 15 000	4,232
De 15 001 à 50 000	3,292
De 50 001 à 150 000	2,351
De 150 001 à 300 000	1,411
Au-delà de 300 000	0,705

Lorsque la distribution du prix est soumise aux dispositions de l'article R. 332-1 du code des procédures civiles d'exécution et qu'il n'est pas fait de répartition entre plusieurs créanciers, un seul d'entre eux étant en mesure de percevoir un versement[13], cet émolument est réduit de moitié[14].

722.114 Formalités en matière de saisie immobilière et de licitation. Les formalités accomplies en matière de saisie immobilière et de licitation par adjudication judiciaire donnent lieu à la perception des émoluments tels que fixés par le tableau suivant[15].

1. C. com., art. A. 444-102.
2. C. com., art. A. 444-191 II.
3. C. com., art. A. 444-191 III.
4. C. com., art. A. 444-191 IV.
5. C. com., art. A. 444-191 V.
6. C. pr. exéc., art. L. 322-1.
7. Arr. 28 févr. 2020 fixant les tarifs réglementés des notaires, *JO* 1er mars, NOR : ECOC2003886A, art. 129 – Arr. 28 avr. 2020 modifiant les arrêtés du 28 février 2020 fixant les tarifs réglementés des professions réglementées du droit, *JO* 29 avr., NOR : ECOC2010166A.
8. C. com., art. A. 444-91.
9. ANT. SUR leur analyse en frais de distribution au sens de l'article R. 331-2 CPCEX : Cass., avis, 18 oct. 2010, n° 10-00.006 ; *BICC* n° 733, 15 déc. 2010, p. 15, rapp. F. Barby, obs. M. Marotte ; *D.* 2011. 860, note A. Leborgne ; *Gaz. Pal.* 3 mai 2011, p. 18, obs. C. Brenner – Aix-en-Provence, 15e ch. A, 4 déc. 2015, RG n° 15/11787 ; *Gaz. Pal.* 17 mai 2016, p. 81, note C. Bléry.
10. V. ss n° 722.92.
11. Arr. 28 févr. 2020 fixant les tarifs réglementés applicables aux administrateurs judiciaires, commissaires à l'exécution du plan, mandataires judiciaires et aux liquidateurs, *JO* 1er mars, NOR : ECOC2003887A, art. 21 – Arr. 28 avr. 2020 modifiant les arrêtés du 28 février 2020 fixant les tarifs réglementés des professions réglementées du droit, *JO* 29 avr., NOR : ECOC2010166A.
12. C. com., art. A. 444-192 – C. com., art. A. 663-28.
13. C. pr. exéc., art. R. 332-1 – v. Ch. Laporte, « Du nouveau en matière de tarifs des avocats », *JCP* 2021. 859, n° 2.
14. C. com., art. A. 444-92, al. 2.
15. C. com., art. A. 444-193 – V. ss n° 722.115.

722.115 Tableau.

NUMÉRO DE LA PRESTATION (tableau 6 de l'article Annexe 4-7) (v. s^s nº 722.92)	DÉSIGNATION DE LA PRESTATION	ÉMOLUMENT
5	Réquisitions et demandes de renseignements sur la personne du débiteur saisi	11,54 € pour l'ensemble
6	Réquisitions et demandes de renseignements sur l'immeuble saisi	11,54 € par réquisition ou demande
7	Rédaction du bordereau de publication et éventuellement du bordereau rectificatif, en application des articles R. 321-6 et R. 321-7 du code des procédures civiles d'exécution	1,15 € par page
8	Publication du commandement de payer au service de la publicité foncière	346,16 €
9	Publication au service de la publicité foncière de la décision de justice ordonnant la suspension des voies d'exécution, le report de la vente ou la prorogation du commandement de payer, en application de l'article R. 321-22 du code des procédures civiles d'exécution	346,16 €
10	Rédaction de la dénonciation au conjoint du commandement de payer en application du premier alinéa de l'article R. 321-1 du code des procédures civiles d'exécution	15,38 €
11	S'il existe un tiers acquéreur de l'immeuble saisi, rédaction du commandement à fin de saisie à tiers acquéreur, en application de l'article R. 321-4 du code des procédures civiles d'exécution	1,15 € par page
12	Mention en marge de publication du commandement de payer de l'assignation à comparaître à l'audience d'orientation et des dénonciations, en application de l'article R. 322-9 du code des procédures civiles d'exécution	3,85 €
13	Rédaction du cahier des conditions de la vente ou du cahier des charges	0,38 € par page
14	Dépôt au greffe du cahier des conditions de la vente, de la copie de l'assignation et du procès-verbal de descriptif de l'immeuble saisi, en application des articles R. 322-10 et R. 322-11 du code des procédures civiles d'exécution	19,23 €
15	Dire au cahier des conditions de la vente pour renseignements complémentaires	19,23 €
16	Rédaction d'une signification de jugement à avocat et à partie	15,38 €
17	Lettre en recommandé avec accusé de réception au syndic de copropriété concernant l'amiante et l'état de l'immeuble saisi, en application des articles R. 1334-14 à R. 1334-29-7 du code de la santé publique	57,69 €
18	Déclaration au greffe pour informations complémentaires	19,23 €
19	Si l'immeuble saisi est soumis à un droit de préemption urbain, rédaction de la déclaration d'intention d'aliéner et envoi en mairie en cinq exemplaires	38,46 €
20	Formalités de publicité légale prévues aux articles R. 322-32 à R. 322-70 du code des procédures civiles d'exécution	38,46 € par insertion
21	Dépôt au greffe de l'avis de publicité pour apposition	19,23 €
22	Lettre en recommandé avec accusé de réception au locataire ou, si l'immeuble est occupé par le propriétaire, à la mairie, en application de l'article L. 616 du code de la construction et de l'habitation	15,38 €
23	Rédaction d'une notification aux fins de purge des droits de préemption et de substitution, en application de l'article 10 de la loi nº 75-1351 du 31 décembre 1975 relative à la protection des occupants de locaux à usage d'habitation	38,46 €
24	Levée auprès du greffe du certificat constatant le défaut de consignation du prix ou de paiement des frais, en application de l'article R. 322-67 du code des procédures civiles d'exécution	57,60 €
25	Rédaction d'une sommation de payer à l'avocat de l'adjudicataire	15,38 €
26	Déclaration d'adjudicataire au greffe, en application de l'article R. 322-46 du code des procédures civiles d'exécution	19,23 €
27	Concernant les lots de copropriété, notification au syndic de l'avis de mutation en application de l'article 5-1 du décret nº 67-223 du 17 mars 1967	15,38 €
28	Concernant les lots de copropriété, notification au syndic du transfert de propriété en application de l'article 6 du décret nº 67-223 du 17 mars 1967	15,38 €
29	Concernant les lots de copropriété, notification aux créanciers inscrits de l'opposition à la vente formulée par le syndic, en application de l'article 6-1 du décret nº 67-223 du 17 mars 1967	15,38 €
30	Dépôt d'une déclaration de surenchère au greffe du juge de l'exécution	19,23 €

31	Rédaction de la dénonciation de la surenchère au créancier poursuivant, au premier adjudicataire et au débiteur saisi au greffe		15,38 €
32	S'il n'existe qu'un seul créancier, notification au débiteur du montant versé au créancier poursuivant, en application de l'article R. 332-1 du code des procédures civiles d'exécution		15,38 €
33	S'il existe plusieurs créanciers	Notification de la demande de la déclaration actualisée des créances, en application de l'article R. 332-2 du code des procédures civiles d'exécution	15,38 €
34		Notification du projet de distribution du prix aux créanciers, en application des articles R. 332-4 et R. 332-5 du code des procédures civiles d'exécution	15,38 €
35		Notification du projet de distribution du prix au syndic de copropriété, au débiteur saisi et au Trésor public	15,38 €
36	Réquisition auprès du service de la publicité foncière aux fins de radiation des inscriptions et publications		3,85 € par réquisition

722.116 Plafonnement. La somme des émoluments perçus au titre des prestations relatives à la mutation d'un bien ou d'un droit immobilier ne peut excéder 10 % de la valeur de ce bien ou droit, sans pouvoir être inférieure à 90 euros[1].

2°
Partage et licitation par adjudication volontaire

722.121 Partage et licitation par adjudication volontaire donnant lieu selon le cas à des émoluments proportionnels. Les actes réalisés dans le cadre d'une demande contestée en partage de biens meubles ou immeubles, y compris en cas de licitation par adjudication volontaire (numéro 37 du tableau 6[2]), donnent lieu à la perception, suivant les cas[3] :

1° En cas d'instance contradictoire, d'un émolument proportionnel selon le barème suivant :

TRANCHES D'ASSIETTE	TAUX APPLICABLE
De 0 à 1 068 €	3,6 %
De 1 069 € à 2 135 €	2,4 %
De 2 136 € à 3 964 €	1,2 %
De 3 965 € à 9 147 €	0,6 %
Plus de 9 147 €	0,3 %

2° En cas d'instance par défaut :

a) Si l'instance est terminée par un jugement par défaut susceptible d'opposition, d'un émolument proportionnel correspondant à 25 % de celui fixé au 1° ;

b) Si l'instance est terminée par un jugement réputé contradictoire, d'un émolument proportionnel correspondant à 50 % de celui fixé au 1° ;

c) Dans le cas mentionné au b), en cas de pluralité de demandeurs ou de défendeurs, et lorsqu'au moins un avocat a déposé des conclusions, de l'émolument fixé au 1°.

722.122 Autres cas de partage. Les actes réalisés dans le cadre d'une demande non contestée en partage de biens immeubles (n° 38 du tableau 6[4]) donnent lieu à la perception de la moitié de l'émolument prévu en cas de partage[5].

Les actes réalisés dans le cadre d'une demande contestée en homologation du projet d'état liquidatif des biens à partager (n° 39 du tableau 6[6]) donnent également lieu à la perception de l'émolument prévu en cas de partage[7].

722.123 Publication du jugement. La publication du jugement au service de la publicité foncière (n° 40 du tableau 6[8]) donne lieu à la perception d'un émolument fixe de 346,16 euros[9].

3°
Sûretés

722.131 Sûretés judiciaires. Les actes réalisés pour l'inscription d'une sûreté judiciaire avec demande d'obtention d'un titre exécutoire (n° 41 du tableau 6[10]) donnent lieu à la perception de l'émolument prévu en cas de partage dans le cadre d'une instance contradictoire[11].

Les actes réalisés pour l'inscription d'une sûreté judiciaire sans demande d'obtention d'un titre exécutoire (n° 42 du tableau 6[12]) donnent lieu à la perception de la moitié de cet émolument[13].

722.132 Sûretés judiciaires – Formalités. Les formalités accomplies en matière de sûretés judiciaires donnent lieu à la perception des émoluments tels que fixés par le tableau suivant[14].

1. C. com., art. R. 444-9.
2. V. ss n° 722.92.
3. C. com., art. A. 444-194.
4. V. ss n° 722.92.
5. C. com., art. A. 444-194 II – V. ss n° 722.121.
6. V. ss n° 722.92.
7. C. com., art. A. 444-195 – V. ss n° 722.121.
8. V. ss n° 722.92.
9. C. com., art. A. 444-196.
10. V. ss n° 722.92.
11. C. com., art. A. 444-197 – V. ss n° 722.121.
12. V. ss n° 722.92.
13. C. com., art. A. 444-198.
14. C. com., art. A. 444-199 – V. ss n° 722.133.

722.133 **Tableau des formalités en matière de sûretés judiciaires.**

N° DE LA PRESTATION (tableau 6 de l'article Annexe 4-7)[1]	DÉSIGNATION DE LA PRESTATION	ÉMOLUMENT	
43	Réquisitions et demandes de renseignements sur la personne du débiteur	11,54 € pour l'ensemble	
44	Réquisitions et demandes de renseignements sur l'immeuble	11,54 € par réquisition ou demande	
45	Réquisitions et demandes de renseignements sur la société	11,54 € par réquisition ou demande	
46	Formalités de publicité provisoire, en application des articles R. 532-1 à R. 532-9 du code des procédures civiles d'exécution	Tranches d'assiette	Taux applicable
		De 0 à 6 500 €	2,630 %
		De 6 500 € à 17 000 €	1,085 %
		De 17 000 € à 60 000 €	0,723 %
		Plus de 60 000 €	0,542 %
47	Formalités de publicité définitive en application des articles R. 533-1 à R. 533-6 du code des procédures civiles d'exécution	Tranches d'assiette	Taux applicable
		De 0 à 6 500 €	2,630 %
		De 6 500 € à 17 000 €	1,085 %
		De 17 000 € à 60 000 €	0,723 %
		Plus de 60 000 €	0,542 %

722.134 **Incidents.** Les actes et formalités réalisés en matière d'incidents (n° 48 du tableau 6[2]) donnent lieu aux émoluments suivants :

1° Si l'incident présente le caractère d'une demande principale, l'avocat perçoit à l'émolument prévu en cas de partage[3] ;

2° Si l'incident n'a pas le caractère d'une demande principale et donne lieu à un jugement mettant fin à la procédure, l'avocat perçoit à la moitié de l'émolument prévu en cas de partage dans le cadre d'une instance contradictoire[4].

D. Détermination de l'émolument

722.141 **Frais et débours.** Par ailleurs, les frais et débours[5] dont l'avocat peut demander le remboursement, font l'objet d'une énumération par voie d'arrêté[6]. Le remboursement peut être forfaitaire ou au coût réel de la dépense engagée par l'avocat dans le cadre de la réalisation d'une prestation. Lorsque ce remboursement est forfaitaire, le montant du forfait est fixé par arrêté, sur la base d'une évaluation moyenne ou d'une valeur de référence appropriée, selon la nature des frais[7].

En matière de vente judiciaire[8], les avocats ont droit à la répétition des frais de publicité, de diagnostics dûment déboursés sur la justification des actes auxquels il a été procédés, et dans la limite, s'il y a lieu, des décisions prises par le juge de l'exécution[9].

722.142 **Remboursement des frais et débours.** La liste des frais et débours auxquels l'avocat a droit au remboursement est fixée à l'article Annexe 4-8[10]. Il s'agit de tous les frais, notamment les frais de déplacement et les frais exceptionnels exposés à la demande expresse du client pour l'accomplissement des prestations mentionnées au tableau 6[11], à l'exception des frais accessoires, tels que frais de papeterie et bureau ainsi que toute somme due à des tiers et payée par l'avocat pour le compte de son client à l'occasion d'une prestation mentionnée au tableau 6[12].

Les frais de déplacement font l'objet d'un remboursement forfaitaire[13] égal à trente-deux fois la taxe kilométrique ferroviaire en 1re classe (7,67 euros depuis le 28 mai 2015), pour chaque acte signifié et chaque procès-verbal dressé par les soins de l'avocat ; et 8,80 euros pour les significations réalisées exclusivement par voie électronique[14].

Dans les départements d'outre-mer, pour tout déplacement à plus de 2 kilomètres des limites de la commune où est situé l'office, les frais de déplacement font l'objet d'un remboursement forfaitaire égal au prix du billet aller et retour pour la distance parcourue, si le déplacement a lieu par un service de transport en commun ; égal à 45 centimes d'euro

1. V. ss n° 722.92.
2. V. ss n° 722.92.
3. V. ss n° 722.121.
4. C. com., art. A. 444-200 – V. ss n° 722.121.
5. V. ss nos 723.21 s.
6. C. com., art. R. 444-3, 2°, et art. Annexe 4-8.
7. C. com., art. R. 444-12.
8. V. ss nos 641.00 s.
9. C. pr. exéc., art. R. 322-37 s.
10. C. com., art. R. 444-3.
11. V. ss n° 722.92.
12. V. ss n° 722.92 – C. com., art. Annexe 4-8, 7°.
13. C. com., art. A. 444-201.
14. C. com., art. A. 444-48.

par kilomètre parcouru, si le déplacement a lieu par véhicule automobile ; égal au prix du billet aller et retour, si le déplacement doit avoir lieu obligatoirement par bateau ou avion. Ce remboursement n'est dû qu'une seule fois pour la totalité des actes délivrés ou dressés lors d'un même déplacement[1].

722.143 **Majoration.** Dans le département de La Réunion, les émoluments des prestations de postulation sont majorés de 40 %[2].

722.144 **Remises.** Des remises peuvent être consenties lorsqu'un tarif est déterminé proportionnellement à la valeur d'un bien ou d'un droit et lorsque l'assiette de ce tarif est supérieure à un seuil défini par arrêté. Le taux des remises octroyées par un professionnel est fixe, identique pour tous. Toutefois, pour certaines prestations et au-delà d'un montant d'émolument fixé l'arrêté, le professionnel et son client peuvent convenir du taux des remises[3]. Il ne peut, en principe, dépasser la limite de 20 % du montant du tarif, ou une limite inférieure arrêtée conjointement par les ministres de la justice et de l'économie pour une ou plusieurs catégories de prestations[4].

Les remises prévues pour les avocats sont consenties sur les émoluments proportionnels dans la limite d'un taux de remise maximal de 20 % applicable à la part d'émolument calculée sur les tranches d'assiette supérieures ou égales à 10 000 euros. En cas d'intervention d'une pluralité d'avocats dans la réalisation de l'une des prestations mentionnées au tableau 6[5], la remise respectivement consentie par chaque intervenant est, le cas échéant, déduite de la part lui revenant[6].

722.145 **Encaissement ou garde des fonds maniés.** Les avocats ne peuvent percevoir aucun droit de recette ou de comptabilité pour l'encaissement ou la garde des fonds maniés en conséquence d'une procédure diligentée par leurs soins[7].

722.146 **États de frais.** Avant tout règlement, les avocats sont tenus de remettre aux parties, même si celles-ci ne le requièrent pas, un document, dénommé « états de frais », présentant le compte détaillé des émoluments, frais et débours dont elles sont redevables. Les états de frais doivent faire ressortir séparément et distinctement les émoluments, les provisions versées, les frais et les débours, avec mention, pour les émoluments, des lignes du tableau 6 auxquels ils correspondent et des articles du code de commerce qui en fixent le montant, ainsi que pour les débours, des dispositions de l'article annexe 4-8 les prévoyant[8].

Il n'est dû aucun émolument pour la rédaction et l'établissement de l'état de frais ni, éventuellement, de ses copies[9].

SECTION 2

DROITS ET ÉMOLUMENTS DES AVOCATS POSTULANTS DES DÉPARTEMENTS DU HAUT-RHIN, DU BAS-RHIN ET DE LA MOSELLE

722.151 **Décret tarifaire.** En droit commun, les émoluments de postulation visée aux articles 2 et suivants du décret du 2 avril 1960, maintenu « à titre provisoire » par le décret du 25 août 1972[10], ont, pour leur part, disparu depuis l'entrée en vigueur de la loi du 6 août 2015[11] qui prévoit que les honoraires de postulation sont fixés en accord avec le client par convention d'honoraires[12].

Toutefois, demeure, en application de l'article 80 de la loi du 31 décembre 1971[13], un tarif de postulation applicable dans les départements du Bas-Rhin, du Haut-Rhin et de la Moselle (Metz, Thionville, Sarreguemines, Strasbourg, Saverne, Colmar, Mulhouse), où le droit local prévoit que les frais et émoluments dus à l'avocat postulant dans une instance suivie en matière contentieuse devant la juridiction ordinaire sont fixés conformément aux dispositions du décret du 9 mai 1947[14].

Ces émoluments constituent la rémunération de la postulation, et sont dus par le client à son avocat, l'avocat pouvant toutefois procéder à leur recouvrement à l'encontre de la partie condamnée aux dépens[15]. Les honoraires relatifs à la plaidoirie et à

1. C. com., art. A. 444-49.
2. C. com., art. R. 444-77.
3. C. com., art. L. 444-2.
4. C. com., art. R. 444-10.
5. V. s^s n° 722.92.
6. C. com., art. A. 444-202.
7. C. com., art. R. 444-73 – CNB, Comm. RU, avis n° 2017/016, 20 avr. 2017.
8. V. s^s n° 722.142.
9. C. com., art. R. 444-74.
10. Décr. n° 72-784, 25 août 1972 relatif au régime transitoire de rémunérations des avocats à raison des actes de postulation et à la taxe, *JO* 29 août, p. 9282, art. 1er.
11. L. n° 2015-990, 6 août 2015, art. 51 – V. s^s n° 023.214.
12. V. s^s n°s 713.00 s. et not. s^s n°s 713.182 s.
13. Cons. const. 15 oct, 2021, n° 2021-938 QPC, *Pierre-Étienne R...*, Maintien du régime d'encadrement des frais de postulation des avocats en Alsace-Moselle.
14. Décr. n° 47-817, 9 mai 1947 relatif aux droits et émoluments des avocats postulants des départements du Haut-Rhin, du Bas-Rhin et de la Moselle – E. Sander, « Portée de l'introduction en Alsace-Moselle de la loi n° 2015-990 du 6 août 2015 pour la croissance, l'activité et l'égalité des chances économiques dans ses dispositions relatives aux avocats », *Rev. dr. local* déc. 2015, p. 14 – Note n° 20150126 du service des affaires juridiques de l'Assemblée nationale, 2 oct. 2015.
15. V. s^s n°s 742.151 s. et 742.61 s.

la consultation sont fixés par accord entre l'avocat et son client suivant les règles de droit commun[1].

722.152 Spécificités. Le tarif des départements du Bas-Rhin, du Haut-Rhin et de la Moselle comprend des différences notables avec l'ancien tarif de droit commun[2]. L'assiette de calcul des droits et émoluments des avocats est la valeur en litige, c'est-à-dire le montant de la demande. Le tarif s'applique non seulement en matière civile devant le tribunal judiciaire, mais aussi en matière commerciale et pénale. Enfin, la taxation des frais est du ressort du greffier[3].

Par ailleurs, le tarif des ventes immobilières[4] ne s'applique pas dans le régime d'Alsace-Moselle : alors qu'en droit commun, l'avocat a un monopole pour les ventes judiciaires immobilières qui sont faites à la barre, en matière de droit local le juge chargé de la direction de la procédure commet un notaire pour effectuer les opérations, faisant qu'il n'y a pas lieu à intervention de l'avocat.

722.153 Champ d'application. Les droits émoluments de postulation sont perçus par les avocats des départements du Bas-Rhin, du Haut-Rhin et de la Moselle dans tous les contentieux dans lesquels la postulation est obligatoire[5], en première instance, à savoir les affaires engagées devant le tribunal judiciaire, ce compris en matière commerciale et pénale, ou à cause d'appel.

Ces droits constituent la seule rémunération due à l'avocat postulant pour tous les actes de procédure jusqu'à la fin de l'instance, préparation, rédaction, établissement des pièces et de leurs copies, vacations de toute nature, y compris l'obtention et la levée du jugement définitif[6].

722.154 Droits fixes et proportionnels. Les droits émoluments de postulation comprennent un droit fixe qui est de 6,59 euros et un droit proportionnel[7]. Le droit proportionnel varie en fonction de la valeur en litige, en affectant un pourcentage par tranche de cette valeur :

- 0 à 1 068 euros : 3,6 % ;
- 1 068,01 à 2 135 euros : 2,4 % ;
- 2 135,01 à 3 964 euros : 1,2 % ;
- 3 964,01 à 9 147 euros : 0,6 % ;
- au-delà de 9 147,01 euros : 0,3 %.

Les textes prévoient et détaillent les matières dans lesquelles les droits sont augmentés ou perçus partiellement, telles que des 3/10e devant le juge de l'exécution[8], de moitié lorsque le mandat de l'avocat lui est retiré avant l'introduction de la demande, la présentation de la requête, ou avant toute signification écrite[9], des 2 ou 5/10e en matière de déclaration de faillite[10], ou des 6/10e dans la procédure de faillite[11], de la moitié du droit fixe et le quart du droit proportionnel lorsque l'avocat représente une partie civile devant une juridiction répressive et à condition que la présence dudit avocat ait été reconnue, par la juridiction, effective et nécessaire aux débats...[12]

Les émoluments sont majorés du tiers en appel[13] au profit des avocats ayant fait le choix d'exercer le droit de représenter et de postuler devant les cours d'appel de Colmar ou de Metz[14].

722.155 Valeur du litige. Le droit proportionnel est assis sur la valeur en litige qui est déterminée, en fonction du montant des demandes[15], au début de la procédure[16], même en cas de désistement[17], et ce, en tenant compte des éventuelles demandes reconventionnelles ayant un objet différent de la demande principale[18].

Lorsque la demande n'a pas de valeur patrimoniale, une fixation forfaitaire est prévue tout comme un barème de capitalisation est appliqué s'agissant des demandes concernant des prestations périodiques (rentes, loyers...).

Il appartient au juge saisi du litige au fond, de fixer, dans sa décision, la valeur du litige sur laquelle seront assis les droits proportionnels, à la demande de la partie la plus diligente[19]. Sa décision est susceptible d'un pourvoi de droit local suivant la matière gracieuse, qui devra être mis en œuvre par l'avocat en son nom propre[20].

1. Décr. n° 47-817, 9 mai 1947, art. 1er.
2. Décr. n° 60-323, 2 avr. 1960.
3. V. s^{s} n°s 742.61 s.
4. V. s^{s} n°s 722.61 s.
5. Civ. 1re, 25 nov. 1981, n° 80-15.793 ; P I, n° 204 – Cass., ass. plén., 25 mai 1997, n° 94-15.048, P n° 5 ; *Rec. jur. de l'Est* 1997. 114.
6. Décr. n° 47-817, 9 mai 1947, art. 21.
7. Décr. n° 47-817, 9 mai 1947, art. 7 – Décr. n° 46-882, 30 avr. 1946 portant fixation du tarif des avoués, *JO* 3 mai, p. 3695, art. 2 et 3 ; – ET : Décr. n° 75-785, 21 août 1975 relatif aux droits et émoluments alloués à titre transitoire aux avocats, *JO* 26 août, p. 8739.
8. Décr. n° 47-817, 9 mai 1947, art. 16.
9. Décr. n° 47-817, 9 mai 1947, art. 12.
10. Décr. n° 47-817, 9 mai 1947, art. 44.
11. Décr. n° 47-817, 9 mai 1947, art. 45.
12. Décr. n° 47-817, 9 mai 1947, art. 53.
13. Décr. n° 47-817, 9 mai 1947, art. 43.
14. L. 20 févr. 1922 sur l'exercice de la profession d'avocat et la discipline du barreau en Alsace et Lorraine, *Bull. lois*, N^{lle} série, T. XIV, n° 316, art. 2.
15. C. pr. civ. loc., art. 4.
16. Soc. 21 juin 1956, P V, n° 562.
17. Civ. 2e, 12 oct. 1988, n° 87-12.814, P II, n° 191 ; *Rev. jur. Alsace-Lorraine* 1989. 155.
18. L. 18 juin 1878 sur les frais de justice [Gerichtskostengesetz], *Reichsgesetzblatt* 1878, n° 22, p. 141 s., art. 11.
19. L. 18 juin 1878, préc., art. 16.
20. Colmar, 15 avr. 1931, *Rev. jur. Alsace-Lorraine* 1932. 175 – V. s^{s} n°s 742.61 s.

722.156 **Droit gradué.** En toutes matières, il est alloué à l'avocat postulant tant demandeur que défendeur, pour frais de papeterie, d'impression et de correspondance, un droit gradué établi à forfait d'après le montant des émoluments admis en taxe[1]. Ce droit gradué est fonction du montant des droits fixe et proportionnel affecté d'un pourcentage[2] :

- 6 euros : 4,60 euros ;
- entre 6,1 et 15 euros : 6,40 euros ;
- entre 15,1 et 29 euros : 8,90 euros ;
- au-delà de 29 euros : 15 euros.

À cela s'ajoutent les dépens taxables : droit de plaidoirie, frais de déplacements mandataire, avance débours, frais de signification par huissier de justice... suivant le droit commun[3].

722.157 **Recouvrement.** Le recouvrement des émoluments et débours de l'avocat à l'encontre de son client est régi par les articles 103 à 107 du code de procédure civile local[4].

1. Décr. n° 47-817, 9 mai 1947, art. 54.
2. Décr. n° 46-882, 30 avr. 1946, art. 46.
3. V. s^s^ n°s 723.81 s.
4. Colmar, 21 avr. 1997, *Rec. jur. de l'Est* 1997. 121 – V. s^s^ n°s 742.61 s.

CHAPITRE

723. Frais

SECTION 0 ORIENTEUR

723.00 Sommaire du chapitre.

Division. Les frais, une fois définis (sect. 1), doivent conduire à distinguer les frais répétibles ou dépens (sect. 2) des frais irrépétibles (sect. 3).

723.01 Textes applicables.

TEXTES TITRÉS

> Frais répétibles ou Dépens

• **C. pr. civ.**

art. 695 [Définition des dépens]

art. 696 [Condamnation aux dépens]

art. 697 et s. [Dépens mis à la charge des auxiliaires de justice]

art. 491 [Compétence du juge des référés pour statuer sur les dépens]

• **C. pr. civ. loc.**

art. L. 91, al. 2 [Dépens dans le régime d'Alsace – Moselle]

• **CJA**

art. R. 761-1 [Dépens – juridictions administratives]

art. R. 761-2 [Dépens en cas de désistement – juridictions administratives]

• **L. nº 91-647, 10 juill. 1991**

art. 42 s. [Dépens au titre de l'aide juridictionnelle]

• **Décr. nº 2020-1717, 28 déc. 2020**

art. 121 s. [Dépens au titre de l'aide juridictionnelle]

> Frais irrépétibles

• **C. pr. civ.**

art. 700 [Juridictions civiles]

• **C. pr. pén.**

art. 108 [Substitution à la contribution au titre de l'aide juridictionnelle]

art. 216, al. 2 [Chambre de l'instruction]

art. 375 [Cour d'assises]

art. 475-1 [Tribunal en matière correctionnelle]

800-2 [Tribunal en matière correctionnelle]

• **CJA,**

art. L. 761-1 [Juridictions administratives]

• **L. n° 91-647, 10 juill. 1991**

art. 37 [Substitution à la contribution au titre de l'aide juridictionnelle]

art. 75 [Frais irrépétibles au titre de l'aide juridictionnelle]

• **C. assur.**

art. L. 127-8 [Assurance protection juridique]

> Frais pris en charge par l'État au titre de l'aide juridictionnelle

• **L. n° 91-647, 10 juill. 1991**

art. 40 s. [Prise en charge des frais par l'État au titre de l'aide juridictionnelle]

• **Décr. n° 2020-1717, 28 déc. 2020**

art. 116 s. [Prise en charge par l'État au titre de l'aide juridictionnelle]

723.03 **Bibliographie indicative.**

* Aussi : v. s^s^ n° 72.03.

Traité. S. Guinchard (dir.), *Droit et pratique de la procédure civile*, 10e éd., « Dalloz Action », 2020, n°s 711.00 s. par M. Redon.

Monographie. S. Tandeau de Marac (dir.), Barreau de Paris, *Honoraires de l'avocat*, Éd. Législatives, 2010.

Articles. B. Augier, « À propos de l'application abusive de l'article 700 du nouveau code de procédure civile dans le procès prud'homal », *RPDS* 2007. 744, p. 134 – B. Boccara, « la condamnation aux honoraires », *JCP* 1976. I. 2828 – M. Colliou, « AJ : Plaidoyer pour l'utilisation de l'article 37 al. 2 », *Gaz. Pal.* 16-18 juin 2013, p. 9 – S. Fahri, « L'article 700 et l'équité », *Dr. et pr.* 2014. 54 – V. Haïm, « Les frais irrépétibles devant le juge administratif », *AJDA* 1997. 487 – S. Hocquet-Berg, « Le procès civil envisagé comme dommage réparable », *RCA* 2009, Dossier 6 – F.-X. Licari, « Frais d'avocats comme dommage réparable », *RLDC* 2006/31, n° 2247 – P. Rembauville-Nicolle, « Du bon usage des dispositions de l'article 700 du NCPC », *Gaz. Pal.* 8-12 avr. 2007, 2 – B. Stirn, « Frais irrépétibles et référé-provision devant le juge administratif », *RFDA* 1988. 787 – J.-C. Woog, « Article 700, indicateur sociologique », *Gaz. Pal.* 1998. 2. Doctr. 825.

Rapports. CNB, *L'évaluation de la prestation de l'avocat pour la fixation des sommes mises à la charge de la partie succombante*, Guide pratique, Les cahiers du Conseil national des barreaux, Commission des Textes, 2e éd., oct. 2017.

723.04 **Exemples d'actes et assimilés.**

> Exemple de condamnation sur le fondement de l'article 37 de la loi du 10 juillet 1991.

* V. s^s^ n° 032.31.

SECTION 1 PROPOS LIMINAIRES

723.10 **Plan.** En principe, les frais liés à une affaire donnée sont pris en charge directement par le client ou payés par l'avocat qui se fait rembourser par son client (§ 1), toutefois certains frais sont directement pris en charge par le Trésor public, notamment, en matière d'aide juridictionnelle (§ 2).

§ 1 Notion de frais

723.21 **Frais au nom et pour le compte du client.** Dans le cadre de la mission qu'il exécute pour le compte de son client, l'avocat va être amené à engager un certain nombre de frais au nom et pour le compte de ce même client. En principe ces frais sont soit pris en charge directement par le client[1], soit payés par l'avocat qui se fait rembourser par son client[2].

Dans certains cas, certains frais peuvent faire l'objet d'une prise en charge directe par l'État[3]. Ils peuvent également être mis à la charge de la partie adverse soit au titre des dépens[4] soit au titre de l'indemnité alloué pour frais irrépétibles[5].

723.22 **Prévisibilité.** Les frais font partie de l'obligation de prévisibilité des honoraires et doivent faire l'objet d'une information précontractuelle au client de la part de l'avocat[6].

Il est nécessaire de prévoir leurs modalités de prise en charge dans le cadre de la convention d'honoraires[7].

723.23 **Paiement direct des frais par le client.** Le paiement direct des frais par le client est la méthode la plus simple, notamment en termes de gestion de la facturation et de la comptabilité de l'avocat. Il y a lieu de solliciter l'établissement de la facture directement au nom du client.

L'avocat ne doit toutefois jamais perdre de vue qu'il est garant du paiement des frais qu'il engage au nom et pour le compte de son client, au terme de

1. V. s^s^ n° 723.23.
2. V. s^s^ n°s 723.24 s.
3. V. s^s^ n°s 723.30 s.
4. V. s^s^ n°s 723.181 s.
5. V. s^s^ n°s 723.231 s.
6. V. s^s^ n°s 712.21 s.
7. V. s^s^ n°s 713.00 s.

son obligation dite ducroire[1], sauf s'il a indiqué expressément et dès l'origine au prestataire qu'il n'entendait pas se porter garant du paiement[2].

723.24 Paiement des frais par l'avocat. L'avocat peut aussi payer les frais dus pour le compte de son client et se les faire rembourser par celui-ci ou non suivant les modalités prévues par la convention d'honoraires[3].

Si son obligation ducroire est mise en œuvre[4], il devra également prendre en charge ces mêmes frais et se les faire rembourser par son client.

Il ne peut, dans tous les cas, se les faire rembourser par le client qu'une fois qu'il les a effectivement payés, mais il lui est possible de solliciter une avance de frais du client, distincte de la provision sur honoraires[5] et précisant les modalités de détermination de son montant.

723.25 Distinction des frais et des débours. Lorsque l'avocat prend en charge les frais et se les faire rembourser par le client, il devra le faire suivant une facturation et une comptabilisation différente suivant qu'il s'agit ou non de débours[6].

Stricto sensu les frais s'entendent des dépenses engagées par l'avocat dans le cadre de la réalisation d'une prestation, tandis que les débours visent les sommes avancées pour le compte du client par l'avocat dans le cadre de la réalisation d'une prestation[7].

723.26 Frais déboursés. En dehors des débours *stricto sensu*[8], les frais généraux de l'avocat sont pris en compte dans les charges destinées à déterminer le montant des honoraires[9]. Il n'est pas question de faire facturer distinctement les frais de secrétariat, d'électricité, de loyer..., qui sont pris en compte dans les coûts normaux de fonctionnement du cabinet[10].

Toutefois, si ceux-ci présentent un caractère exceptionnel ou spécifique, ils peuvent alors faire l'objet d'une facturation particulière au client concerné, tout en étant soumis à la TVA à la différence des débours[11]. Il en sera ainsi des frais de voyages (billet d'avion, de train, de voiture, hôtel, repas, taxis...), de certains frais de communication téléphonique à caractère exceptionnel (conférence téléphonique avec l'étranger par exemple), des frais de correspondances extraordinaires (FedeX, DHL, Chronopost), des frais liés au recours à des intervenants extérieurs ponctuels (professeurs, traducteurs...), ou encore des frais générés par des travaux urgents (surcoût de travail du personnel de nuit ou pendant les jours chômés)...

723.27 Évaluation des frais déboursés. Ils sont en principe facturés à prix coûtant, sur justificatifs, mais peuvent faire l'objet d'une détermination analytique, plus ou moins forfaitaire qui doit être justifiable. En cas de pluralité de clients concernés, il convient d'établir une clé de réparation qui doit être pertinente et justifiable.

§ 2
Prise en charge directe de certains frais

723.30 Plan – Trésor public. L'État, ou plus précisément le Trésor public, est amené à prendre en charge directement un certain nombre de frais notamment en matière de surendettement[12], de redressement et de liquidation judiciaire[13], d'assistance éducative[14], ainsi que certains frais de justice, afférents à des procédures civiles et assimilés à des frais de justice criminelle[15]... avec des modalités de récupération des avances ainsi faites variables suivant les textes.

Il en est également ainsi en matière d'aide juridictionnelle (A) et de pensions militaires (B).

A.
En matière d'aide juridictionnelle

723.41 Principe. L'aide juridictionnelle, lorsqu'elle est accordée pour une procédure, couvre l'ensemble des dépenses qui incomberaient au bénéficiaire de l'aide juridictionnelle s'il n'avait pas eu cette aide[16].

Ce principe, posé par l'article 24 de la loi du 10 juillet 1991[17], permet donc d'assurer la désignation d'un avocat pour assister le bénéficiaire de l'aide ainsi que la prise en charge par l'État de tous les frais afférents à l'instance[18].

723.42 Dépenses concernées. Aucune nouvelle demande d'aide juridictionnelle n'a à être déposée par le bénéficiaire de l'aide pour obtenir la désignation d'un huissier de justice, d'un interprète[19], d'un

1. RIN. art. 11.8.
2. V. s^{s} n°s 743.32 s.
3. V. s^{s} n°s 713.00 s.
4. V. s^{s} n°s 743.32 s.
5. V. s^{s} n°s 731.111 s.
6. V. s^{s} n°s 731.131 s.
7. V. s^{s} n°s 731.131 s.
8. V. s^{s} n°s 731.131 s.
9. V. s^{s} n°s 721.51 s.
10. V. s^{s} n° 721.54.
11. V. s^{s} n°s 731.131 s.
12. C. consom., art. R. 741-9 et R. 742-6 et 7.
13. C. com., art. L. 663-1.
14. C. pr. civ., art. 1197 et 1209.
15. C. pr. pén., art. R. 93 – V. s^{s} n°s 723.151, 723.201 et 742.101 s.
16. Civ. 2e, 8 juill. 2004, n° 02-19.801, P II, n° 369 ; *JCP* 2004. IV. 2870 – V. s^{s} n°s 751.231 s.
17. L. n° 91-647, 10 juill. 1991 relative à l'aide juridique, *JO* 13 juill., p. 9170.
18. L. n° 91-647, 10 juill. 1991, art. 40 – Décr. n° 2020-1717, 28 déc. 2020, art. 116.
19. Rép. min. QE n° 9665, 29 déc. 1986, *JCP* 1987. IV. 82.

traducteur ou, de manière générale, d'un expert dès lors qu'elle intervient dans le cadre de la procédure pour laquelle l'aide a été accordée.

Il a notamment été jugé que le bénéficiaire de l'aide juridictionnelle est dispensé, à compter de la demande initiale d'aide juridictionnelle, du paiement, de l'avance ou de la consignation de tous les frais afférents aux instances [1] (telle que pour les frais d'expertise [2]), procédures ou actes pour lesquels elle a été accordée [3].

De même que l'ensemble des constats, inventaires ou procès-verbaux de toute nature établis par un huissier de justice qui entrent dans le cadre de la procédure pour laquelle l'aide juridictionnelle a été accordée doivent être pris en charge à ce titre [4].

Ces dispositions sont applicables aux constatations, consultations, expertises et médiations auxquelles les parties décident de procéder dans le cadre d'une procédure participative aux fins de mise en état [5].

723.43 Dépenses concernées : droits de timbre et d'enregistrement. En matière fiscale, sauf lorsqu'elles portent mutation de propriété, d'usufruit ou de jouissance, les décisions rendues dans les instances où l'une au moins des parties bénéficie de l'aide juridictionnelle sont exonérées des droits de timbre et d'enregistrement [6].

Il en est ainsi des partages consécutifs à un divorce [7].

723.44 Dépenses concernées : timbre fiscal de la procédure d'appel. Les bénéficiaires de l'aide juridictionnelle sont exonérés du paiement du droit de 225 euros prévu par l'article 1635 *bis* P du code général des impôts qui est dû, depuis le 1er janvier 2012, par les parties à l'instance d'appel lorsque la constitution d'avocat est obligatoire devant la cour d'appel [8].

723.45 Dépense exclue : le droit de plaidoirie. Le principe de la gratuité totale doit être nuancé dès lors les droits de plaidoiries prévus à l'article L. 723-3, alinéa 1er, du code de la sécurité sociale ont été retirés de la liste des frais pris en charge par l'État au titre de l'aide juridictionnelle par l'article 41 de la loi de finances pour 2011 [9].

Ce retrait est la reprise d'une proposition du rapport Darrois [10], visant à mettre à la charge du bénéficiaire de l'aide juridictionnelle une somme symbolique de 13 euros [11].

Le Conseil constitutionnel a jugé, dans une décision du 25 novembre 2011 [12] qu'eu égard à leur faible montant le paiement des droits de plaidoirie par les bénéficiaires de l'aide juridictionnelle ne méconnaît pas le droit au recours effectif devant une juridiction.

723.46 Champ d'application du droit de plaidoirie. Le droit de plaidoirie, dû par le client à l'avocat pour chaque plaidoirie faite aux audiences [13] et reversé par l'avocat à sa caisse de retraite [14], n'est pas dû devant les conseils de prud'hommes, les tribunaux judiciaires statuant en matière prud'homale, les tribunaux de police statuant en matière de contraventions des quatre premières classes et les juridictions statuant en matière de contentieux de la sécurité sociale ou de contentieux électoral, ni devant le Conseil d'État et la Cour de cassation pour les affaires dispensées du ministère d'avocat, il n'est pas non plus dû, par les bénéficiaires de l'aide juridictionnelle totale dans les procédures comportant la tenue d'une audience à bref délai dont la liste est fixée par arrêté du garde des Sceaux [15].

La liste des procédures concernées a été définie par l'arrêté du 23 novembre 2011 [16]. Il s'agit :

1° De la comparution immédiate [17] ;

2° Devant le juge des enfants et le tribunal pour enfants des procédures liées à des actes de délinquance, à la dispense du mineur de comparaître à l'audience, et à la présentation immédiate [18] [19] ;

1. Crim. 30 nov. 1999, n° 99-84.100, P n° 277 ; *D.* 2000. 55 – Crim. 2 juin 2015, n° 15-80.381, NP ; *D. actu.* 1er juill. 2015, obs. L. Priou.
2. Civ. 2e, 26 févr. 1992, n° 90-20.821, P II, n° 66 ; *D.* 1992. 495, note P. Laroche de Roussane – Civ. 2e, 15 nov. 1995, n° 94-12.453, P II, n° 279 – Civ. 2e, 8 juill. 2004, n° 02-19.801, P II, n° 369 – Civ. 2e, 21 mars 2013, n° 11-27.208, P II, n° 57 ; *D.* 2013. 845 ; *JCP* 2013. 410.
3. Rép. min. n° 70142, *JOAN Q* 6 sept. 2005.
4. Rép. min. QE n° 7917, 24 nov. 1986, *JCP* 1987. IV. 13.
5. Décr. n° 2020-1717, *28 déc. 2020, art.* 116, al. 2.
6. CGI, art. 1090 A et 1090 B.
7. Rép. min. n° 11790, *JO Sénat Q* 10 juin 2010, p. 1461.
8. SUR la dispense aussi : C. pr. civ., art. 964, al. 2.
9. L. n° 2010-1657, 29 déc. 2010 de finances pour 2011, *JO* 30 déc., p. 23033.
10. J.-M. Darrois, *Vers une grande profession du droit : Rapport sur les professions du droit,* « Rapports officiels », La Documentation française, 2009.
11. CSS, art. R. 652-28 – Rép. min. n° 94560 *JOAN* 18 janv. 2011 ; *Procédures* 2011. Veille 15 ; *JCP* 2012. 387, n° 16, obs. F. G'Sell.
12. Cons. const. 25 nov. 2011, n° 2011-198 QPC, *JO*, 26 nov., p. 20015 ; *D.* 2012. 244, obs. N. Fricero ; *D.* 2012. 1638, obs. V. Bernaud et N. Jacquinot ; *JCP* 2012. 387, n° 16, obs. F. G'Sell.
13. CSS, art. R. 652-27 – Arr. 15 févr. 1995 fixant la liste des audiences visées à l'article 2 du décret n° 95-161 du 15 février 1995 relatif aux droits de plaidoirie et à la contribution équivalente, *JO* 19 févr., NOR : JUSC9520028A.
14. CSS, art. L. 652-6.
15. CSS, art. R. 652-26.
16. Arr. 23 nov. 2011 fixant la liste des procédures visées à l'alinéa 3, article 1er du décret n° 95-161 du 15 février 1995 relatif aux droits de plaidoirie et à la contribution équivalente, *JO* 25 nov., p. 19807 ; NOR : JUST1131454A.
17. V. s^s^ n° 472.83.
18. Ord. n° 45-174, 2 févr. 1945 relative à l'enfance délinquante, *JO* 4 févr., p. 530, art. 8, 13, 13-1 et 14-2.
19. V. s^s^ n°s 472.121 s.

3° En matière de droit des étrangers, de la prolongation de la rétention dans des locaux ne relevant pas de l'Administration pénitentiaire [1], de la prolongation du maintien en zone d'attente [2] ainsi que des recours contre certaines mesures d'éloignement lorsque l'étranger est placé en rétention administrative ou assigné à résidence [3] ;

4° De la demande de mainlevée et contrôle de plein droit des mesures d'hospitalisation sous contrainte [4].

B.
En matière de pensions militaires d'invalidité

723.51 En matière de pensions militaires d'invalidité : régime de l'aide juridictionnelle. En matière de contentieux des pensions militaires d'invalidité pour lequel l'attribution de l'aide juridictionnelle est de droit [5], les règles relatives à l'avance et au recouvrement des frais par l'État en matière d'aide juridictionnelle [6] s'applique depuis le 1er novembre 2019 [7].

SECTION 2
FRAIS COMPRIS DANS LES DÉPENS

723.60 Plan. Certains frais sont compris dans ce qu'il convient d'appeler les « dépens » dont les contenus (§ 1) comme les modalités de prise en charge (§ 2) varient suivant la matière considérée.

§ 1
Contenu des dépens

723.70 Plan. Les frais compris dans les dépens étant répétibles, à l'égard de la partie adverse et parfois de l'État, ce qui implique de les identifier précisément afin de les dissocier des autres frais dit « irrépétibles » (A), leur contenu différant selon la matière considérée : civile (B), administrative (C) ou pénale (D).

1. Ceseda, art. L. 552-1 à L. 552-10.
2. Ceseda, art. L. 222-1 à L. 222-6.
3. Ceseda, art. L. 512-1, III., et CJA, art. R. 776-14 à art. R. 776-28 – V. ss nos 472.141 s.
4. CSP, art. L. 3211-12, L. 3211-12-1 et L. 3213-5 – V. ss no 472.221.
5. V. ss no 751.92.
6. Décr. no 2020-1717, 28 déc. 2020, art. 116.
7. Décr. no 2018-1292, 28 déc. 2018 pris pour l'application de l'article 51 de la loi no 2018-607 du 13 juillet 2018 relative à la programmation militaire pour les années 2019 à 2025 et portant diverses dispositions intéressant la défense et créant un recours administratif préalable obligatoire en matière de pensions militaires d'invalidité, *JO* 29 déc., no 28.

A.
Propos liminaires

723.81 Distinction. Il convient de bien distinguer les frais compris dans les dépens, qui doivent être identifiés et font l'objet de procédures de recouvrement spécifiques permettant leur répétibilité à l'égard de la partie adverse [8], des frais non compris dans les dépens, qui peuvent justifier et permettre d'évaluer une demande d'article 700 du code de procédure civile [9] mais suivent le droit commun quant à leur recouvrement.

723.82 Définition. La notion de dépens, du latin *dispensum*, distribuer en pesant, remonte au droit romain qui permettait la distribution au vainqueur d'une partie des dépouilles opimes du perdant, ce qui en matière judiciaire conduisait au remboursement de ses diligences [10].

Les dépens peuvent se définir comme étant une somme d'argent correspondant à des frais réels ou évalués, liés à des actes de procédure établis à l'occasion d'une instance judiciaire, dont une partie peut être fixe et l'autre proportionnelle, et dont l'évaluation est nécessaire pour en permettre le recouvrement au profit de celui qui y aura droit.

723.83 Contenu divergent des dépens en matières civile, pénale ou administrative. Il convient d'être prudent dès lors que suivant que l'on est en matière civile, pénale ou administrative la contenance des dépens, qui est définie par les textes, ne sera pas la même, tout comme la partie sur laquelle en repose la charge, avec, de surcroît, la nécessité de prendre en compte l'incidence d'une éventuelle aide juridictionnelle [11].

Cette appréciation est importante, d'autant qu'elle aura une incidence sur le montant des sommes que l'avocat va être amené à solliciter au titre des frais irrépétibles non compris dans les dépens [12].

B.
En matière civile

723.90 Plan. La liste des dépens en matière civile fait l'objet d'une énumération limitative (1°) distinguant la rémunération des officiers publics ou ministériels et avocats (2°), les indemnités des témoins, techniciens et parties (3°), ainsi que divers droits, taxes et frais (4°).

8. V. ss nos 723.181 s.
9. V. ss nos 723.231 s.
10. S. Tandeau de Marsac (dir.), Barreau de Paris, *Honoraires de l'avocat*, Éd. Législatives, 2010, p. 102, no 4.
11. V. ss nos 723.211 s.
12. V. ss nos 723.181 s.

1°
Propos liminaires

723.101 Contenu des dépens en matière civile (C. pr. civ., art. 695). En matière civile, les dépens afférents aux instances, actes et procédures d'exécution sont précisés à l'article 695 du code de procédure civile.

723.102 Caractère limitatif des dépens. L'énumération des dépens est limitative, faisant que seuls les dépens expressément visés à l'article 695 du code de procédure civile peuvent faire l'objet d'une répétibilité sur la partie adverse [1].

Il en découle que sont, par exemple, ainsi exclus, en cas d'expulsion, les frais de déménagement. Mais les distinctions sont parfois byzantines, puisque les frais de serrurier ont été admis comme pouvant être intégrés dans les dépens dès lors qu'il s'agissait d'une prestation accessoire expressément prévue dans le tarif des huissiers [2].

2°
Rémunération des officiers publics ou ministériels et avocats

723.111 Émoluments des officiers publics ou ministériels. Les dépens comprennent les émoluments des officiers publics ou ministériels [3] à condition que leur ministère soit obligatoire [4] : administrateurs judiciaires [5], y compris au titre des mandats confiés en matière civile [6], mandataire au rétablissement personnel [7], notaires [8], huissiers de justice [9], greffiers de tribunaux de commerce [10] et commissaires-priseurs judiciaires [11].

Ils sont compris dans les dépens sans qu'il n'y ait lieu d'apprécier l'opportunité de la procédure mise en œuvre, le choix de faire une notification par voie de signification étant, par exemple, une faculté laissée à la discrétion de la partie qui notifie et dont le coût incombe à la partie qui supporte les dépens [12].

723.112 Frais de l'exécution forcée. Les frais de l'exécution forcée d'une décision de justice, qui sont à la charge du débiteur, sont ainsi compris dans les dépens qui peuvent être recouvrés sur la base du titre exécutoire dont l'exécution forcée est mise en œuvre [13].

723.113 Rémunération des avocats et dépens. Les dépens comprennent la rémunération des avocats dans la mesure où elle est réglementée y compris les droits de plaidoirie [14] : depuis la suppression du tarif de la postulation [15], sauf cas particulier du droit local [16], la rémunération des avocats n'est plus comprise dans les dépens et ce même lorsque leur ministère est obligatoire [17]. Il en ira autrement uniquement :

1° S'agissant de la rémunération de l'avocat lorsqu'elle résulte de l'application d'un tarif [18], et ce à condition que la représentation soit obligatoire [19] en matière de rémunération afférente aux procédures de saisie immobilière, partage, licitation et sûretés judiciaires [20], pour lesquelles il y a lieu de s'assurer que les émoluments sollicités concernent bien des frais relatifs à la procédure d'adjudication [21] et non des honoraires rémunérant des actes de consultation, d'assistance, de conseil, de rédaction d'actes juridiques sous seing privé et de plaidoirie étrangers aux actes de procédure ouvrant droit aux seuls émoluments [22].

2° S'agissant de la contribution de l'État au titre de l'aide juridictionnelle [23] qui est incluse dans les dépens même lorsque la représentation n'est pas obligatoire [24].

1. Civ. 2e, 6 mai 1987, n° 86-10.792, NP ; *D.* 1987. 131 ; *Gaz. Pal.* 1987. 2. Pan. 203.
2. Civ. 2e, 2 mars 2000, n° 97-21.101, P II, n° 39 ; *D.* 2000. 107.
3. V. ss nos 722.31 s.
4. C. pr. civ., art. 695, 6° – Soc. 14 nov. 1985, n° 84-42.282, P V, n° 537 ; *D.* 1986. 167.
5. C. com., art. R. 663-3 s. – C. com., art. R. 444-3, 1°, et art. Annexe 4-7, tableau 4-1, 4-2 et 4-3.
6. C. com., art. R. 814-27 s.
7. Arr. 24 oct. 2011 relatif à la rémunération des mandataires et liquidateurs en matière de rétablissement personnel, *BOMJL* 31 oct., NOR : JUSC1128867A.
8. C. com., art. R. 444-3, 1°, et art. Annexe 4-7, tableau 5 – C. com., R. 444-59 s. – C. com., art. A. 444-53 s.
9. C. com., art. R. 444-3, 1°, et art. Annexe 4-7, tableau 3-1, 3-2 et 3-3 – C. com., R. 444-49 s. – C. com., art. A. 444-10 s. – C. trav., art. R. 1423-52.
10. C. com., art. *R. 743-10 s. – C. com.*, R. 444-3 1°) et art. ann. 4-7, tableau 2 – C. com., art. A. 743-8 s.
11. C. com., art. R. 444-3, 1°, et art. Annexe. 4-7, tableau 1 – C. com., art. A. 444-1 s.
12. Civ. 2e, 14 févr. 2008, n° 06-19.894, P II, n° 32 ; *D.* 2008. 698 – Civ. 2e, 5 mai 2011, n° 10-15.977, NP ; *Procédures* 2011, n° 22, obs. R. Perrot.
13. Civ. 2e, 24 oct. 1973, n° 72-11.801, P II, n° 271 – Civ. 2e, 6 mars 2003, n° 01-02.745, P II, n° 256 ; *D.* 2004. 1929, note G. Taormina ; *D.* 2004. 1487, obs. G. Taormina.
14. C. pr. civ., art. 695, 7° – Civ. 2e, 5 janv. 1983, n° 81-14.398, P II, n° 1 ; *D.* 1984. 20, obs. A. Brunois – V. ss nos 723.45 s.
15. L. n° 2015-990, 6 août 2015 pour la croissance, l'activité et l'égalité des chances économiques, *JO* 7 août, p. 13537, art. 51 – V. ss n° 722.31.
16. V. ss nos 722.151 s.
17. Civ. 2e, 2 déc. 1987, n° 86-12.784, P II, n° 258 ; *D.* 1987. 255 ; *D.* 1989. 98, note A. Brunois ; *Gaz. Pal.* 1988. Pan. 25 – Civ. 2e, 7 janv. 1999, n° 96-22.223, NP.
18. V. ss nos 722.00 s.
19. Civ. 2e, 2 déc. 1987, n° 86-12.784, P II, n° 258.
20. V. ss nos 722.31 s.
21. Civ. 2e, 10 mai 1995, n° 93-15.374, P II, n° 134 ; *Gaz. Pal.* 21 déc. 1995. Pan. 226.
22. Civ. 2e, 7 mai 2008, n° 07-13.060, P II, n° 103.
23. V. ss nos 751.271 s.
24. Civ. 2e, 2 juill. 2009, n° 08-14.586, P II, n° 180.

723.114 **Débours tarifés.** Les dépens comprennent les débours tarifés[1], ce qui concerne les avocats[2], dont la liste des débours n'est qu'énonciative[3] étant précisé que les frais et débours[4] dont l'avocat peut demander le remboursement font l'objet d'une énumération par voie d'arrêté[5], le remboursement pouvant être forfaitaire[6], ou au coût réel de la dépense engagée par l'avocat[7], et les huissiers de justice[8].

Il existe peu de cas d'espèce en matière de frais et dépens taxables des avocats, si ce n'est qu'une décision de la Cour de cassation qui rappelle que le paiement d'une indemnité de transport ne concerne pas les déplacements effectués par l'avocat pour se rendre de son cabinet au palais de justice[9].

723.115 **Alsace – Moselle.** En droit local, il est prévu s'agissant de la rémunération de la postulation des avocats du Bas-Rhin, du Haut-Rhin et de la Moselle[10], que : « dans tous les procès, les émoluments et les débours de l'avocat de la partie triomphante sont à rembourser, mais ceux de l'avocat venu de l'extérieur seulement dans la mesure où son concours était nécessaire à la poursuite ou à la défense opportune du droit. Les frais de plusieurs avocats d'une partie ne sont remboursables qu'en tant qu'un changement en la personne de l'avocat était indispensable »[11].

3°
Témoins, techniciens et parties

723.121 **Indemnités des témoins.** Les dépens comprennent les indemnités des témoins[12], qui sont versées par la partie qui a appelé le témoin, ou par le Trésor public si elle bénéfice de l'aide juridictionnelle, et établis en fonction des articles 10 et suivant du décret du 27 décembre 1920[13] et 38 et 39 du décret du 26 juillet 1947[14].

723.122 **Rémunération des techniciens.** Les dépens comprennent la rémunération des techniciens[15], à condition qu'ils soient désignés par un juge dans le cadre d'une procédure judiciaire[16] et non librement sollicités par un avocat, tels que la consultation d'un professeur[17] ou la réalisation d'un constat d'huissier[18]. Mais il peut s'agir des frais relatifs à la procédure de référé et les frais d'expertise à laquelle il avait été procédé en exécution de l'ordonnance de référé, si cette procédure ayant préparé l'instance principale dont elle était saisie[19].

Ils comprennent aussi la rémunération des personnes chargées des enquêtes sociales ordonnées en application des articles 1072, 1171 et 1221 du code de procédure civile[20] et les rémunérations et frais afférents aux mesures, enquêtes et examens requis en application des dispositions de l'article 1210-8 du code de procédure civile, tout comme la rémunération de la personne désignée par le juge pour entendre le mineur[21], en application de l'article 388-1 du code civil[22].

723.123 **Frais de voyages des parties.** Les dépens comprennent les frais de voyages occasionnés par les déplacements des parties pour assister à l'audience, « lorsque les parties font un voyage et qu'elles se sont présentées au greffe assistées de leur avocat pour y affirmer que le voyage a été fait dans la seule vue du procès »[23], elles sont alors recevables à solliciter une indemnité pour frais de voyage, égale à celle fixée par l'article 42 du décret du 26 juillet 1947, et une indemnité pour chaque journée de

1. C. pr. civ., art. 695, 5°).
2. C. com., art. R. 444-3, 1°, et art. Annexe 4-7, tableau 6 – ANT. : Décr. n° 60-323, 2 avr. 1960 portant règlement d'administration publique et fixant le tarif des avoués, *JO* 7 avr., p. 3194, art. 65 s.
3. Civ. 2e, 24 févr. 1988, n° 86-16.374, P II, n° 51 ; *Gaz. Pal.* 1988. 2. 849, note A. Damien.
4. V. ss nos 722.141 s.
5. C. com., art. R. 444-3, 2°, et art. Annexe 4-8.
6. C. com., art. R. 444-12.
7. V. ss nos 722.141 s.
8. C. com., art. R. 444-3, 2° ; art. R. 444-12 et art. Annexe 4-7, tableau 4-8, 3° – Décr. n° 2016-230, 26 févr. 2016 relatif aux tarifs de certains professionnels du droit et au fonds interprofessionnel de l'accès au droit et à la justice, *JO* 28 févr. – C. com., art. A. 444-48 s. – Arr. 26 févr. 2016 fixant les tarifs réglementés des huissiers de justice, *JO* 28 févr., NOR : EINC1605791A.
9. Civ. 2e, 14 juin 1989, n° 88-13.466, P II, n° 126 ; *JCP* 1989. IV. 301 ; *Gaz. Pal.* 1989. Pan. 151.
10. V. ss nos 722.151 s.
11. C. pr. civ. loc., art. L. 91, al. 2.
12. C. pr. civ., art. 695, 3°.
13. Décr. 27 déc. 1920 portant révision du tarif des frais de voyage des parties, des experts auprès des tribunaux de grande instance, des dépositaires de pièces et des témoins, *JO* 29 déc., p. 21646.
14. Décr. n° 47-1423, 26 juill. 1947 portant règlement d'administration publique sur les frais de justice en matière criminelle, correctionnelle ou de simple police, *JO* 1er août, p. 7480.
15. C. pr. civ., art. 695, 4° – C. pr. civ., art. 28, 255, 262 et 724.
16. Crim. 19 juin 2007, n° 06-87.417, P n° 167 ; *D.* 2007. 1961 ; *AJ pénal* 2007. 440, obs. C. Saas ; *Gaz. Pal.* 13 oct. 2007, p. 18 note M. Benillouche.
17. Civ. 2e, 5 déc. 1973, n° 72-13.295, P II, n° 321 – Civ. 3e, 11 déc. 2007, n° 06-20.325, NP ; *Procédures* 2008, n° 37, obs. R. Perrot.
18. Civ. 2e, 12 janv. 2017, n° 16-10.123, P ; *D.* 2017. 167 ; *Gaz. Pal.* 2 mai 2017, p. 74, obs. L. Raschel.
19. Civ. 3e, 17 mars 2004, n° 00-22.522, P III, n° 56.
20. C. pr. civ., art. 695, 10°.
21. C. pr. civ., art. 695, 11°.
22. C. pr. pén., art. A. 43-13 et A. 43-14 – Arr. 20 mai 2009 pris en application de l'article 3 du décret n° 2009-572 du 20 mai 2009 relatif à l'audition de l'enfant en justice, *JO* 24 mai, p. 8650, NOR : JUSC0823351A.
23. Décr. 27 déc. 1920, préc., art. 1er.

séjour, égale à celle fixée par l'article 45 du décret du 26 juillet 1947.

4°
Droits, taxes et frais divers

723.131 Droits, taxes, redevances ou émoluments. Les dépens comprennent les droits, taxes, redevances ou émoluments perçus par les secrétariats des juridictions ou l'administration des impôts à l'exception des droits, taxes et pénalités éventuellement dus sur les actes et titres produits à l'appui des prétentions des parties[1].

723.132 Droits perçus à l'occasion de la mise en œuvre d'une décision. Les dépens ne comprennent pas les droits perçus à l'occasion de la mise en œuvre de la décision, qui demeurent à la charge de la partie à qui ils incombent d'après les lois civiles et fiscales, à moins que le jugement n'en impose le paiement à l'autre partie à titre de dommages-intérêts.

C'est ainsi qu'une cour d'appel a énoncé à bon droit que les dépens mis à la charge du redressement judiciaire ne peuvent en aucun cas inclure les droits d'enregistrement afférents aux actes nécessaires à la réalisation du plan de redressement, lesquels demeurent à la charge de l'acquéreur en vertu de l'article 1593 du code civil[2]. Il en a été jugé de même s'agissant des droits d'enregistrement afférent à une donation reconnue par une décision de justice[3].

723.133 Frais d'interprétariat et de traduction. Les dépens comprennent les frais de traduction des actes lorsque celle-ci est rendue nécessaire par la loi ou par un engagement international[4] ainsi que les frais d'interprétariat et de traduction rendus nécessaires par les mesures d'instruction effectuées à l'étranger à la demande des juridictions dans le cadre du règlement 1206/2001[5] relatif à la coopération entre les juridictions des États membres dans le domaine de l'obtention des preuves en matière civile et commerciale[6].

723.134 Frais occasionnés par la notification d'un acte à l'étranger. Les dépens comprennent, enfin, les frais occasionnés par la notification d'un acte à l'étranger[7].

1. C. pr. civ., art. 695, 1°.
2. Com. 6 déc. 1994, n° 91-17.684, P IV, n° 369.
3. Civ. 2e, 17 juin 1999, n° 96-22.873, P II, n° 120.
4. C. pr. civ., art. 695, 2°.
5. Règl. 2020/1783, Parlement et Conseil, 25 nov. 2020 relatif à la coopération entre les juridictions des États membres dans le domaine de l'obtention des preuves en matière civile ou commerciale, *JOUE,* 2 déc., p. 1.
6. C. pr. civ., art. 695, 9°.
7. C. pr. civ., art. 695, 8°.

C.
En matière administrative

723.141 Contenu des dépens en matière administrative : frais d'expertise, d'enquête et de toute autre mesure d'instruction. En matière de contentieux administratif, les dépens comprennent les frais d'expertise, d'enquête et de toute autre mesure d'instruction, à condition que ces mesures aient été ordonnées par la juridiction[8] et ce, pour les seuls frais qui ne sont pas à la charge de l'État[9].

D.
En matière pénale

723.151 Contenu des dépens en matière pénale : frais de justice criminelle. En matière pénale, les dépens sont prévus sous le vocable de frais de justice criminelle[10], correctionnelle et de police, et ceux qui y sont assimilés[11], et font l'objet d'une énumération précise aux articles R. 92[12] et R. 93[13] du code de procédure pénale, d'une tarification particulière prévue aux articles R. 95 et suivants et A. 43-4 et suivants du code de procédure pénale et d'une procédure de recouvrement spécifique aux articles R. 222 et suivants du code de procédure pénale.

723.152 Rémunération des avocats et frais de justice criminelle. Les frais de justice criminelle ne comprennent pas la rémunération de l'avocat, y compris lorsqu'elle est tarifée[14], mais ils incluent, en tant que frais assimilés, la contribution versée par l'état au titre de l'aide juridictionnelle[15].

723.153 Frais et dépens mis à la charge de l'État. Les frais de justice criminelle comprennent, en outre, notamment, les frais et dépens mis à la charge de l'État soit en application d'une disposition législative ou réglementaire, soit en cas de décision juridictionnelle rectifiant ou interprétant une précédente décision, soit en cas de décision juridictionnelle annulant une précédente décision[16].

723.154 Jugement sur les seuls intérêts civils. Lorsque le juge pénal statue sur les seuls intérêts

8. CE 24 nov. 1976, *Santos do Carmo*, req. n° 99811, *Lebon T* – CE 26 juill. 1985, *Gaz de France*, req. n° 43524, 52499, *Lebon*.
9. CJA, art. R. 761-1.
10. C. pr. pén., art. 800 ; mod. par L. n° 2020-1721, 29 déc. 2020, art. 236.
11. C. pr. pén., art. R. 91.
12. C. pr. pén., art. R. 92 ; mod. par L. n° 2019-222, 23 mars 2019, art. 81.
13. C. pr. pén., art. R. 93 ; mod. par décr. n° 2020-841, 3 juill. 2020, art. 2.
14. Crim. 11 janv. 1995, n° 92-84.174, P n° 16.
15. C. pr. pén., art. R. 93, 11° – V. ss nos 751.271 s.
16. C. pr. pén., art. R. 93, II, 3°.

civils, après avoir statué par un précédent jugement sur l'action publique, les frais alors engagés suivent le régime des dépens en matière civile [1].

Il en est ainsi de la rémunération de l'expert désigné par la juridiction répressive statuant sur intérêts civils [2].

§ 2 Charge des dépens

723.160 **Plan – CEDH.** Le fait qu'une partie soit amenée à devoir supporter tout ou partie des frais de justice n'est pas contraire au droit à un procès équitable, quand bien même elle ne serait pas en mesure d'en connaître le montant avant l'engagement de la procédure ou dans la décision de justice qui se borne à condamner aux dépens, leur montant étant évalué par la suite, dès lors que le justiciable est informé qu'il aura à supporter des frais de justice et qu'il dispose de voies de recours contre la détermination de leur montant [3].

La CEDH a ensuite précisé que bien qu'il soit possible de limiter le remboursement des frais de justice sous certaines conditions, le refus d'une juridiction nationale d'allouer des frais et dépens à un justiciable, et la disproportion qui en a résulté, au cas d'espèce, a créé, quel que soit le montant de ces frais de justice, une charge individuelle excessive pour ce justiciable, le plaçant ainsi dans une situation plus défavorable que s'il avait choisi de ne pas valoir ses droits en justice, constituait une violation de ses droits d'accès à la justice et donc de l'article 6 § 1 de la Conv. EDH [4].

Il y a lieu de distinguer le régime de droit commun relatif à la charge des dépens (A), des dispositions spécifiques applicables lorsque le justiciable bénéfice de l'aide juridictionnelle (B).

A. Droit commun

723.170 **Plan.** Le régime de droit commun de la charge des dépens varie suivant la matière considérée : civile (1°), administrative (2°) ou pénale (3°).

1° En matière civile

723.181 **Charge des dépens en matière civile (C. pr. civ., art. 696).** Aux termes de l'article 696 [5] du code de procédure civile, la partie perdante, c'est-à-dire celle qui n'obtient gain de cause sur aucune de ses demandes, ou dont la demande est déclarée irrecevable, ou encore celle qui s'en rapporte à la justice, est condamnée aux dépens, mais le juge peut toujours, par décision motivée, en mettre la totalité ou une fraction à la charge d'une autre partie. La condamnation aux dépens bénéficie de l'exécution provisoire de droit [6] et peut être assortie de l'exécution provisoire [7].

Il faut toutefois pour qu'une partie succombe, qu'elle ait fait l'objet de demandes à son encontre de la part de la partie gagnante, à défaut de quoi elle ne saurait être condamnée aux dépens [8].

723.182 **Cas particuliers.** En cas de désistement, sauf accord contraire des parties, les dépens demeurent à la charge de celle qui se désiste [9].

En matière de divorce pour altération définitive du lien conjugal, les dépens de l'instance sont à la charge de l'époux qui en a pris l'initiative, ou à celle d'interjeter appel [10], à moins que le juge n'en dispose autrement [11].

723.183 **Procédures dites gratuites et sans frais.** La condamnation aux dépens ne se conçoit pas dans les procédures dites « gratuites et sans frais », telles que c'était le cas, jusqu'au 1er janvier 2019 [12], de celles relatives au contentieux général ou technique de la sécurité sociale [13], et ce, nonobstant le fait que les parties peuvent être tenues d'y engager certains frais (déplacement, citation...), lesquels restent à leur charge [14].

Depuis le 1er janvier 2019 [15], les requérants ou leurs ayants droit qui doivent quitter leur commune de résidence ou celle de leur lieu de travail pour répondre à la convocation d'un médecin expert ou d'un médecin consultant désigné par une juridiction du contentieux de la sécurité sociale, en première ou seconde instance, sont indemnisés de leurs frais de déplacement et de séjour dans les conditions

1. C. pr. pén., art. 10 – C. pr. civ., art. 695 – V. ss nos 723.101 s.
2. Crim. 19 juin 2007, no 06-87.417, P no 167 ; *D.* 2007. 1961 ; *AJ pénal* 2007. 440, obs. C. Saas – Civ. 2e, 9 juin 2016, no 15-20.456, P ; *JCP* 2016. 921, note J.-B. Perrier.
3. CEDH 13 déc. 2016, *Jensen c/Danemark*, req. no 8693/11.
4. CEDH 13 févr. 2020, *Cernius et Rinkevicius c/Lituanie*, req. nos 73579/17, 14620/18.
5. C. pr. civ., art. 696 ; mod. par décr. no 2020-1717, 28 déc. 2020, art. 181.
6. Civ. 2e, 24 juin 1998, no 96-22.851, P II, no 222 ; *D.* 1999. 148, note P. Hoonakker ; *D.* 1999. 221, obs. P. Julien ; *RTD civ.* 1998. 746, obs. R. Perrot ; *RTD civ.* 1998. 753, obs. R. Perrot.
7. Civ. 2e, 31 mai 2001, no 99-13.712, P II, no 107 ; *D.* 2001. 2714, obs. N. Fricero ; *RTD civ.* 2001. 663, obs. R. Perrot.
8. Civ. 2e, 15 févr. 1973, no 71-13.344, P II, no 54 ; *JCP* 1973. IV. 125.
9. C. pr. civ., art. 399 – Soc. 27 mai 1983, no 81-40.785, P V, no 289.
10. Civ. 2e, 11 juill. 1979, no 78-14.593, P II, no 206 ; *D.* 1980. 76, note A. Bénabent ; *JCP* 1980. II. 19400, note R. Lindon.
11. C. pr. civ., art. 1127.
12. Décr. no 2018-928, 29 oct. 2018 relatif au contentieux de la sécurité sociale et de l'aide sociale, *JO* 30 oct., no 11.
13. CSS, art. R. 144-10 anc.
14. Civ. 2e, 17 avr. 2008, no 06-21.859, P II, no 99 ; *D.* 2008. 1354 ; *D.* 2008. 2373, Chron. J.-M. Sommer et C. Nicoletis ; *JCP S* 2008. 1382, note Th. Tauran.
15. Décr. no 2018-928, 29 oct. 2018, préc.

fixées par le décret du 3 juillet 2006[1]. Les frais résultant des consultations et expertises ordonnées par les juridictions du contentieux de la sécurité sociale sont pris en charge par Caisse nationale de l'assurance maladie[2]. Les honoraires dus au médecin consultant commis pour éclairer la juridiction saisie ainsi que ses frais de déplacement sont réglés selon les tarifs fixés par l'arrêté du 21 décembre 2018[3].

L'article R. 144-10 du code de la sécurité sociale ayant été abrogé, les juridictions du contentieux de la sécurité sociale doivent statuer sur les dépens en fonction des règles de droit commun applicables en matière civile[4].

723.184 Obligation de statuer sur les dépens. Tout jugement ou arrêt qui met fin à une instance doit statuer sur la charge des dépens, y compris en matière de référé où le juge est obligé de statuer sur les dépens[5], et ne saurait réserver ceux-ci, dès lors que seuls les jugements avant dire droit qui ordonnent une mesure d'instruction, peuvent réserver les dépens.

En cas d'omission de statuer sur les dépens, alors que ceux-ci ont été sollicités, une requête en omission de statuer peut être déposée[6].

723.185 Pouvoir discrétionnaire. Le juge décide discrétionnairement[7] y compris lorsqu'une partie ne succombe que partiellement[8], où il peut alors mettre les dépens intégralement à la charge de l'une des parties perdantes[9], ou les répartir entre elles[10], et ce, sans que les parties ne puissent conventionnellement en convenir autrement[11].

723.186 Motivation. Lorsque le juge décide de mettre tout ou partie des dépens à la charge de la partie gagnante, et uniquement dans ce cas[12], il doit motiver sa décision[13] et ne saurait se contenter d'un simple visa[14].

Mais cette obligation de motivation ne s'accompagne pas d'une appréciation quant au bien-fondé de la décision[15] qui peut se fonder sur des considérations d'équité tenant compte des fortes indemnités accordées au demandeur[16].

723.187 Pluralité de degré d'une même instance. La dernière juridiction saisie a vocation à statuer sur la charge de tous les dépens exposés dans le cadre d'une même instance, et une cour d'appel peut ainsi mettre l'ensemble des dépens de première instance et d'appel à la charge de la partie qui ayant gagné en première instance succombe en appel par le fait d'une réformation de la décision[17].

En cas de renvoi après cassation, la juridiction de renvoi statue, de la même façon, sur l'ensemble des dépens de l'instance, ce compris ceux afférents à la décision cassée sur renvoi après cassation[18] ce qui peut conduire à une modification du chef relatif aux dépens en cas de décision différente que celle qui a été cassée[19].

723.188 Pluralité d'instances. En cas de pluralité d'instances, si une instance est devenue sans objet, elle doit être exclue des dépens, qui ne concerneront que l'instance qui sera conduite à son terme[20]. Toutefois, s'il s'agit d'une instance préparatoire à celle dont le juge est saisi, telle qu'un référé expertise dont l'exploitation du rapport s'est avérée nécessaire dans le cadre de l'instance au fond, les frais relatifs à cette première procédure (frais de référé et frais d'expertise) seront réglés globalement dans le cadre de la décision au fond[21] mais à condition qu'une

1. CSS, art. R. 142-18 ; mod. par décr. n° 2019-1506, 30 déc. 2019, art. 4 – Décr. n° 2006-781, 3 juill. 2006 fixant les conditions et les modalités de règlement des frais occasionnés par les déplacements temporaires des personnels civils de l'État, *JO* 4 juill.
2. CSS, art. L. 142-11 ; mod. par L. n° 2019-222, 23 mars 2019, art. 96 ; mod. par L. n° 2019-774, 24 juill. 2019, art. 61.
3. CSS, art. R. 142-18-2 – Arr. 21 déc. 2018 relatif aux honoraires et aux frais de déplacement des médecins consultants mentionnés à l'article R. 142-16-1 du code de la sécurité sociale, *JO* 29 déc., NOR : SSAS1831948A.
4. C. Bléry, E. Tamion, « Réforme du contentieux de la sécurité sociale et de l'action sociale », *D. actu.* 9 nov. 2018.
5. C. pr. civ., art. 491 – Civ. 2e, 20 oct. 1990, n° 89-14.925, P II, n° 222 ; *RTD civ.* 1991. 794, obs. J. Normand – Civ. 2e, 22 oct. 2015, n° 14-24.848, P II, n° 388.
6. C. pr. civ., art. 463.
7. Civ. 2e, 7 nov. 2002, n° 01-11.672, P II, n° 246.
8. Civ. 3e, 4 févr. 1976, n° 74-13.586, P III, n° 47 – Civ. 2e, 27 févr. 1980, n° 78-15.277, P II, n° 46 – Soc. 25 févr. 1988, n° 85-46.371, P V, n° 135 – Soc. 12 févr. 1992, n° 89-41.082, P V, n° 86 ; *JCP* 1992. IV. 118.
9. Civ. 2e, 6 févr. 1974, n° 72-11.979, P II, n° 50 – Civ. 2e, 18 mai 1989, n° 88-11.608, P II, n° 108 ; *D.* 1989. 175 – Soc. 18 janv. 1989 ; *Gaz. Pal.* 1989. 1. Somm. 68.
10. Soc. 16 oct. 1963, P V, n° 689.
11. Civ. 2e, 13 févr. 1991, n° 89-20.804, P II, n° 53.
12. Soc. 16 nov. 1983 ; *D.* 1984. 124 – Civ. 1re, 12 mai 1987, 85-11.387, P I, n° 146 ; *JCP* 1987. IV. 242.
13. Soc. 22 mars 1983, n° 81-40513, P V, n° 180 – Civ. 2e, 15 févr. 1984, n° 82-16.500, P II, n° 28 ; *JCP* 1981. IV. 128 – Civ. 2e, 6 mai 2004, n° 02-16.466, P II, n° 211 ; *Procédures* 2004, n° 148, obs. R. Perrot.
14. Soc. 20 mars 1985, n° 81-40.923, P V, n° 194.
15. Civ. 2e, 10 févr. 1993, n° 91-13.778, P II, n° 55.
16. TI Rodez 12 oct. 2000, *Gaz. Pal.* 2001. 1. 447, note E. du Rusquec.
17. Civ. 3e, 9 mai 1978, n° 77-10.125, P III, n° 199 – Civ. 2e, 2 avr. 1979, n° 77-15.668, P II, n° 106 – Civ. 1re, 16 janv. 1980, n° 78-10127, P I, n° 29.
18. Com. 13 mars 1983, n° 81-40.513, P V, n° 180 ; *JCP* 1984. IV. 161 – Civ. 3e, 5 mai 1999, n° 96-19.712, P III, n° 106 ; *D.* 1999. 139.
19. Soc. 21 avr. 1988, n° 85-43.603, P V, n° 251 ; *JCP* 1988. IV. 219.
20. Civ. 1re, 29 janv. 1985, n° 83-13.249, P I, n° 39 ; *Gaz. Pal.* 1985. 2. Pan. 186, obs. H. Croze et Ch. Morel.
21. Civ. 2e, 28 mai 2003, n° 01-12.612, P II, n° 163 ; *D.* 2005. 1005, note M. Foulon et Y. Strickler ; *Gaz. Pal.* 7-8 avr. 2004, p. 17, obs. E. du Rusquec – Civ. 3e, 17 mars 2004, n° 00-22.522, P III, n° 56.

demande de condamnation soit faite en ce sens[1]. En outre, en cas de jonction de procédure le juge peut, usant de ses pouvoirs discrétionnaires, condamner l'une des parties aux dépens de toute l'instance[2].

Lorsqu'une instance s'achève devant une juridiction par une exception d'incompétence, la partie qui succombe à cette dernière peut être condamnée aux dépens[3].

723.189 Dépens mis à la charge de l'avocat (C. pr. civ., art. 697). L'avocat, tout comme l'huissier de justice, peut être personnellement condamné aux dépens afférents aux instances, actes et procédures d'exécution accomplis en dehors des limites de son mandat[4]. Les dépens afférents aux instances, actes et procédures d'exécution injustifiés sont à la charge de l'avocat, ou de l'huissier de justice, qui les ont faits, sans préjudice des dommages-intérêts qui seraient réclamés. Il en est de même des dépens afférents aux instances, actes et procédures d'exécution nulle, part l'effet de la faute de l'avocat ou de l'huissier de justice[5].

Ces dispositions, qui s'appliquent aux mandataires judiciaires[6], et qui ont été considérées comme n'étant pas contraires aux principes généraux du droit[7], visent à sanctionner le dépassement de leur mandat par les auxiliaires de justice concernés[8]. Elles peuvent être mises en œuvre d'office par le juge en l'absence de toute demande en ce sens[9], et sans qu'il ne soit nécessaire que l'avocat concerné soit mis en cause dans la procédure[10] ou puisse invoquer les dispositions de l'article 47 du code de procédure civile[11], mais il devra être entendu et appelé à faire valoir ses observations[12].

2°
En matière administrative

723.191 Charge des dépens en matière administrative. En matière de contentieux administratif, sous réserve de dispositions particulières, les dépens sont mis à la charge de toute partie perdante sauf si les circonstances particulières de l'affaire, que le juge administratif apprécie souverainement[13], justifient qu'ils soient mis à la charge d'une autre partie ou partagés entre les parties.

L'État peut être condamné aux dépens[14].

723.192 Cas du désistement. En cas de désistement, les dépens, et notamment les frais d'expertise[15], sont mis à la charge du requérant sauf si le désistement est motivé par le retrait total ou partiel de l'acte attaqué[16], opéré après l'enregistrement de la requête, ou, en plein contentieux, par le fait que, postérieurement à cet enregistrement, satisfaction totale ou partielle a été donnée au requérant[17], par exemple, par le versement des sommes auxquelles il pouvait prétendre[18].

723.193 Pluralité de degré d'une même instance. Comme en matière civile[19], le dernier juge saisi d'un litige se prononce sur l'ensemble de la charge des dépens, et peut en inverser la charge s'il infirme la solution rendue au fond en première instance[20] ou s'il modifie un partage de responsabilité[21].

3°
En matière pénale

723.201 Frais de justice criminelle. En matière pénale, les dépens sont en principe à la charge de l'État et ce, sans recours contre le condamné ou la partie civile. Il peut en aller autrement dans deux cas :

– à l'encontre de la partie civile dont la constitution a été jugée abusive ou dilatoire, dès lors que, soit le juge d'instruction qui rend une ordonnance de non-lieu prononce à son encontre une amende civile[22], soit la chambre de l'instruction lorsqu'elle déclare qu'il n'y a lieu à suivre à l'issue d'une information ouverte sur constitution de partie civile, en fait de même[23]. Ils peuvent alors mettre à la charge de la partie civile les frais de justice correspondant aux expertises ordonnées à la demande de cette dernière sauf en matière criminelle ainsi qu'en matière de délits contre les personnes prévues par le

1. Versailles, 29 sept. 2005, RG n° 05/01476.
2. Civ. 3e, 28 sept. 2005, n° 04-14.577, P III, n° 183.
3. Civ. 2e, 7 juin 2006, n° 05-12.567, P II, n° 148.
4. C. pr. civ., art. 697 – V. ss nos 481.91 s.
5. C. pr. civ., art. 698.
6. Civ. 2e, 28 juin 1995, n° 93-14.506, P II, n° 219 ; *D.* 1995. 211.
7. CE 26 mai 2005, req. n° 265719, *Lebon ; D.* 2005. 1589 ; *D.* 2006. 545, obs. P. Julien et N. Fricero ; *Gaz. Pal.* 3-4 juin 2005, p. 4, concl. Y. Aguila ; *JCP* 2005. II. 10136, note K. Salhi.
8. V. ss nos 481.91 s.
9. Civ. 2e, 28 mai 2003, n° 01-14.296, P II, n° 164 ; *D.* 2003. 1604 ; *JCP* 2004. I. 117 n° 23, obs. R. Martin ; *Procédures* 2003, comm. 191, note R. Perrot ; *Gaz. Pal.* 7-8 avr. 2004, p. 17, obs. E. du Rusquec.
10. Civ. 2e, 23 juin 2011, n° 09-15.572, P II, n° 139 ; *D.* 2011. 1910 ; *Procédures* 2011, n° 297, obs. R. Perrot.
11. Civ. 2e, 7 déc. 2000, n° 97-13.172, P II, n° 164 ; *D.* 2001. 179 ; *JCP* 2001. I. 311 n° 13, obs. L. Cadiet.
12. Civ. 2e, 28 juin 1995, n° 93-14.506, P II, n° 219 ; *D.* 1995. 211.
13. CE 20 avr. 2005, *Cocordano*, req. n° 257580, *Lebon T.*
14. CJA, art. R. 761-1.
15. CE 19 juin 1970, req. n° 76515, *Lebon* 418.
16. CE 9 nov. 1966, *Fabre (Dame)*, req. n° 66477, *Lebon T.*
17. CJA, art. R. 761-2.
18. CE 18 janv. 1991, *Dumont et Besson (SA)*, req. n° 52798, *Lebon T.*
19. V. ss nos 723.187.
20. CE 4 nov. 1970, *Fossats (Dame)*, req. nos 76511, 76529, *Lebon T* – CE 24 juill. 1987, *CH de Périgueux*, req. n° 45828, *Lebon T.*
21. CE 23 janv. 1976, *Entreprise Barou*, req. n° 95320, *Lebon T.*
22. C. pr. pén., art. 177-2.
23. C. pr. pén., art. 212-2.

livre II du code pénal ou lorsque la partie civile a obtenu l'aide juridictionnelle ;

- à l'encontre d'une personne morale condamnée, les frais de justice exposés au cours de la procédure sont alors mis à sa charge, sauf à ce que la juridiction décide de déroger à cette règle et de mettre à la charge de l'État tout ou partie des frais de justice[1].

En dehors des cas précités les juges ne peuvent en aucun cas mettre les dépens de l'action civile à la charge de la personne condamnée[2], pas plus que les frais de justice[3]. En outre, les frais et dépens engagés en cas de décision juridictionnelle rectifiant ou interprétant une précédente décision sont dans tous les cas à la charge de l'État et sans recours envers les condamnés[4].

B. Spécificités en matière d'aide juridictionnelle

723.211 Aide juridictionnelle. En matière d'aide juridictionnelle, le juge a la faculté, depuis 2011[5], de mettre les dépens à la charge du bénéficiaire de l'aide juridictionnelle totale ou partielle[6]. Le juge peut toutefois laisser une partie des dépens à la charge de l'État[7].

Ainsi si le bénéficiaire de l'aide juridictionnelle perd son procès ou est condamné aux dépens, il supportera les seuls dépens effectivement exposés par son adversaire[8] ce qui inclut en matière d'émolument tarifé tant les droits fixes que les droits proportionnels[9].

Dès lors, il appartient à l'avocat d'informer le bénéficiaire de l'aide juridictionnelle des conséquences de l'engagement de l'instance sur ce point.

723.212 Remboursement des sommes exposées par l'État. Toutefois, en application des articles 42 et 43 de la loi du 10 juillet 1991, et 121 du décret du 28 décembre 2020[10], le bénéficiaire de l'aide juridictionnelle totale condamné aux dépens est dispensé de rembourser au Trésor public les sommes exposées par l'État au titre de l'aide juridictionnelle accordée à son adversaire[11].

S'agissant du bénéficiaire de l'aide juridictionnelle partielle, demandeur au procès, le juge peut mettre à sa charge le remboursement d'une fraction des sommes exposées par l'État autre que la part contributive de l'État à la mission d'aide juridictionnelle des avocats et des officiers publics et ministériels[12].

723.213 Partie non bénéficiaire de l'aide juridictionnelle. Lorsque la partie condamnée aux dépens, ou la partie perdante, ne bénéficie pas de l'aide juridictionnelle, elle est tenue de rembourser au Trésor public les sommes avancées par l'État au titre de l'aide juridictionnelle[13], sans qu'il y ait lieu de distinguer entre les dépens, au sens des articles 695 et suivants du code de procédure civile[14] et les autres sommes versées par l'État au titre de la rétribution des officiers publics et ministériels ou au titre de la part contributive à la mission de l'avocat, ni selon que le ministère d'avocat est ou non obligatoire[15].

Les frais remboursables concernent tant ceux afférents à l'instance que ceux avancés pour d'éventuels pourparlers transactionnels ou procédures participatives ayant échoué antérieurement à celle-ci[16]. Ces dispositions ne s'appliquent pas aux frais de justice criminelle[17].

La procédure de recouvrement de ces sommes par le Trésor public fait l'objet de dispositions particulières[18].

723.214 Dispense totale ou partielle. Le juge du fond peut, pour des considérations tirées de l'équité ou de la situation économique de la partie condamnée aux dépens, ou de la partie perdante, qui ne bénéficie pas de l'aide juridictionnelle[19], la dispenser totalement ou partiellement de ce remboursement[20], tel que, par exemple, en raison d'une situation économique difficile liée à une perte de revenu pour longue maladie et à la charge d'entretiens de ses enfants[21].

1. C. pr. pén., art. 800-1.
2. Crim. 20 oct. 2004, n° 03-86.201, P n° 248 ; *D.* 2005. 411, note B. de Lamy ; *AJ pénal* 2005. 70, obs. J. Coste ; *RTD com.* 2005. 427, obs. B. Bouloc – Crim. 11 janv. 2005, n° 04-80.959, NP.
3. Crim. 12 juin 2007, n° 06-88.900, P n° 156 ; *AJ pénal* 2007. 381 – Crim. 3 oct. 2012, n° 12-85.009, P n° 210 ; *BICC* 1er févr. 2013, n° 212 ; *Procédures* 2012, n° 372, note J. Buisson.
4. C. pr. pén., art. R. 241.
5. Décr. n° 2011-272, 15 mars 2011 portant diverses dispositions en matière d'aide juridictionnelle et d'aide à l'intervention de l'avocat, *JO* 17 mars, p. 4825.
6. C. pr. civ., art. 696, al. 2L. n° 91-647, 10 juill. 1991, art. 42 – V. ss nos 723.302 s.
7. L. n° 91-647, 10 juill. 1991, art. 42.
8. L. n° 91-647, 10 juill. 1991, art. 42.
9. Civ. 2e, 2 févr. 1983, NP ; *Gaz. Pal.* 1983. Pan. 181 – V. ss nos 722.31 s.
10. Décr. n° 2020-1717, 28 déc. 2020, art. 121.
11. Civ. 2e, 17 févr. 2011, n° 10-12.174, P II, n° 41 ; *RDSS* 2011. 374, obs. T. Tauran ; *JCP* 2011. 468, obs. F. G'sell ; *Procédures* 2011, n° 126, obs. R. Perrot – V. ss nos 723.41 s.
12. L. n° 91-647, 10 juill. 1991, art. 42 – V. ss nos 723.41 s.
13. L. n° 91-647, 10 juill. 1991, art. 43 – V. ss nos 723.41 s.
14. V. ss nos 723.81 s.
15. Civ. 2e, 2 juill. 2009, n° 08-14.586, P II, n° 180 ; *JCP* 2009. 295, n° 16, obs. S. Bortoluzzi.
16. Décr. n° 2020-1717, 28 déc. 2020, art. 121.
17. L. n° 91-647, 10 juill. 1991, art. 43 – V. ss nos 723.151 s.
18. V. ss nos 742.141 s.
19. V. ss n° 723.213.
20. L. n° 91-647, 10 juill. 1991, art. 43.
21. Rennes, 22 mars 2001, *JCP* 2002. II. 10015, note E. du Rusquec.

Et, seul le juge du fond dispose d'un tel pouvoir : le juge taxateur, saisi dans le cadre de la procédure de recouvrement des dépens[1], ne tient d'aucun texte le pouvoir de statuer sur une demande de dispense totale ou partielle de recouvrement des avances faites par le Trésor public, au titre de l'aide juridictionnelle[2].

723.215 **Partage des dépens.** En cas de partage des dépens, la part de ceux-ci incombant à l'adversaire du bénéficiaire de l'aide juridictionnelle est récupérée sur cette partie par l'État qui, pour ce qui concerne les frais qu'il a avancés, est subrogé dans les droits et actions que le bénéficiaire de l'aide juridictionnelle possède envers son adversaire et qui, pour le surplus, agit *ès qualité* de mandataire légal de l'auxiliaire de justice désignée à ce titre[3].

723.216 **Charge conventionnelle des dépens en cas d'aide juridictionnelle**[4]. L'accord des parties tendant à mettre fin à une instance les opposant ne peut mettre à la charge de la partie bénéficiaire de l'aide juridictionnelle plus de la moitié des dépens de cette instance[5].

Il en est de même de la convention des époux en cas de divorce par consentement mutuel judiciaire[6]. En cas de divorce par consentement mutuel par acte d'avocat[7], la convention de divorce ne peut mettre à la charge de la partie bénéficiaire de l'aide juridictionnelle plus de la moitié des frais. Il en va de même de la convention de procédure participative[8].

En cas de désistement mettant fin à l'instance, les dépens ne peuvent être mis à la charge du défendeur bénéficiaire de l'aide juridictionnelle. Toute stipulation contraire est réputée non écrite[9].

SECTION 3
FRAIS NON COMPRIS DANS LES DÉPENS

723.220 **Plan.** Les frais non compris dans les dépens, dits irrépétibles, une fois posé le principe de leur universalité (§ 1), sont régis par des dispositions communes (§ 2), avec une spécificité en matière d'aide juridictionnelle permettent à l'avocat du bénéficiaire de l'aide juridictionnelle de subsister à la contribution de l'État une condamnation de la partie adverse, non bénéficiaire de l'aide juridictionnelle, au paiement d'une indemnité correspondant aux honoraires et aux frais qu'il aurait facturés à son client si ce dernier n'avait pas bénéficié de l'aide juridictionnelle (§ 3).

§ 1
Propos liminaires

723.231 **Principe.** La partie perdante est classiquement condamnée à payer au vainqueur les frais de justice et les émoluments auxquels son avocat peut prétendre, mais pour autant la partie qui a triomphé, totalement ou partiellement, se voit exposée à une perte financière importante en raison, d'une part, des honoraires qu'elle a versés à son avocat[10], à des experts ou consultants[11] et, d'autre part, à des frais relatifs aux dépenses qu'elle a pu exposer par ailleurs : photocopies, frais de déplacement[12], journées « perdues » pour préparer son dossier, conférer avec ses conseils ou assister aux audiences, même si, sur ce dernier point, la jurisprudence administrative n'admet pas que ces éléments puissent être pris en compte en l'absence de frais extérieurs que la partie en cause aurait effectivement exposés[13].

723.232 **Introduction du principe.** D'où l'idée d'une indemnité accordée par les juges, destinée à pallier ces dépenses : c'est l'article 700[14] du code de procédure civile, dans sa rédaction issue du décret du 29 juillet 1976[15], qui prévoit, pour la première fois, que lorsqu'il paraît inéquitable de laisser à la charge d'une partie les sommes exposées par elle dans le cadre de l'instance en cause[16] et non comprises dans les dépens[17], le juge peut condamner l'autre partie à lui payer le montant qu'il détermine.

Cette disposition, qui était une possibilité pour le juge et non une obligation, ne s'appliquait que devant la juridiction civile[18]. Et les condamnations devaient alors être motivées[19], ce qui fut interprété diversement, soit comme permettant le renvoi à un barème

1. V. s^s n°s 742.151 s.
2. Cass., avis, 13 oct. 1995, n° 09-50.012, P n° 12 ; *D.* 1995. 247.
3. Civ. 2e, 12 juill. 1989, P II, n° 149 ; *D.* 1989. 558.
4. V. s^s n°s 751.342 s.
5. Décr. n° 2020-1717, 28 déc. 2020, art. 123.
6. Décr. n° 2020-1717, 28 déc. 2020, art. 123.
7. C. civ., art. 229-1.
8. Décr. n° 2020-1717, 28 déc. 2020, art. 123.
9. Décr. n° 2020-1717, 28 déc. 2020, art. 122.
10. Soc. 21 févr. 1979, n° 77-41.646, P V, n° 159 ; *D.* 1979. 425, obs. J. Pélissier – Civ. 2e, 12 mai 1981, n° 81-12.005, P II, n° 71 – Civ. 1re, 11 oct. 1988, n° 86-18.347, P I, n° 283 – CE 8 févr. 1989, *Synthèses Industries (SARL) c/Forestier (Mme)*, *Lebon T* – CE 29 oct. 1990, *RJF* 1990, n° 1549 – CE 17 mai 1991, *RJF* 1991, n° 1011 ; *LPA* 9 oct. 1991, n° 121, p. 11.
11. Civ. 2e, 5 déc. 1973, n° 72-13.295, P II, n° 321 ; *JCP* 1974. IV. 25.
12. Soc. 13 juin 1984, n° 81-41.838 ; *Gaz. Pal.* 1984. II. Pan. 330.
13. CE 22 juill. 1994, *Chambre syndicale du transport aérien*, req. n° 0145606, *Lebon ; AJDA* 1995. 403, note D. Broussolle – CE 17 juin 1996, req. n° 167669, *Lebon T* – CE 3 nov. 1999, req. n° 167747.
14. C. pr. civ., art. 700, 1°).
15. Décr. n° 76-714, 29 juill. 1976 modifiant certaines dispositions du nouveau code de procédure civile et du décret n° 75-1124 du 5 décembre 1975 portant réforme de la procédure du divorce et de la séparation de corps, *JO* 30 juill., p. 4644.
16. Civ. 2e, 16 juill. 1992, n° 91-10.438, P II, n° 209 ; *Rev. Huissiers* 1992. 916.
17. V. s^s n°s 723.81 s.
18. Crim. 2 juin 1980, n° 79-90.178, P n° 169 ; *D.* 1981. 372, obs. P. Julien.
19. Civ. 3e, 4 avr. 1978, n° 76-15.498, P III, n° 149.

indicatif existant[1], soit comme permettant l'évaluation de ces frais, comprenant notamment la rémunération de l'avocat appréciée *ex aequo* et *bono*, sans référence directe à des pièces justificatives, ou encore comme englobant le remboursement d'honoraires appréciés par la juridiction[2]. La jurisprudence a alors évolué, et la Cour de cassation, se fondant sur les travaux de la commission de réforme du code de procédure civile[3], a considéré qu'il devait être statué souverainement en cette matière par les juges du fond, sans motivation nécessaire[4].

723.233 **Généralisation du principe.** Surtout, cette possibilité ne s'appliquait pas devant la juridiction administrative qui résistait à l'extension de l'article 700, 1°, du code de procédure civile en son domaine propre[5]. Le décret du 2 septembre 1988[6] admit dans des termes rigoureusement identiques à ceux de l'article 700, 1°, du code de procédure civile, la possibilité pour les juridictions administratives de condamner l'une des parties à payer à l'autre les sommes exposées par son adversaire, non comprises dans les dépens et qu'il serait inéquitable de laisser à sa charge. La disposition figure dans l'article L. 761-1 du code de justice administrative, transformant en obligation la possibilité.

Le même système fut étendu au pénal aux articles 216, 375 et 475-1 du code de procédure pénale.

723.234 **Principe de l'universalité.** Puis, le législateur fut amené à intervenir par la loi du 10 juillet 1991[7] relative à l'aide juridictionnelle en posant le principe de l'universalité de l'article 700, 1°, du code de procédure civile, et transformant la possibilité accordée au juge en une véritable obligation, soumise simplement à la réserve de l'équité. Le principe de la répétibilité absolue des honoraires versés à l'avocat n'a pas été retenu, il se conjugue avec le principe de l'équité et de la situation économique de la partie condamnée. Le juge condamne donc la partie tenue aux dépens ou qui perd son procès à payer à l'autre partie la somme qu'il détermine. Il peut même d'office dire qu'il n'y a pas lieu à cette condamnation pour des raisons économiques et d'équité.

Les frais non compris dans les dépens[8] ne constituent pas un préjudice repérable, et ne peuvent être remboursés que sur le seul fondement de l'article 700 du code de procédure civile[9] condamnant au versement d'une somme qui ne constitue pas des dommages et intérêts[10].

§ 2
Droit commun des frais non compris dans les dépens

723.240 **Plan.** Le droit commun des frais non compris dans les dépens conduit à déterminer les modalités d'évaluation des sommes allouées à ce titre ainsi que leur éventuelle imputation au bénéfice de l'assurance protection juridique (A) ainsi qu'à déterminer son champ d'application et sa portée, lesquels diffèrent selon la matière considérée : civile (B), administrative (C) ou pénale (D).

A.
Propos liminaires

723.251 **Évaluation de la somme allouée.** Le calcul de l'honoraire destiné à servir de base à l'allocation de sommes au titre des frais irrépétibles non compris dans les dépens devrait conduire les juges à s'inspirer des modes de fixation des honoraires admis par la jurisprudence[11], ainsi que des conventions d'honoraires, obligatoires, prévues par l'article 10 de la loi du 31 décembre 1971[12].

L'on peut s'inspirer dans le cadre des demandes faites aux recommandations faites en matière d'application de l'article 37 de la loi du 10 juillet 1991 en cas d'aide juridictionnelle[13], et notamment verser dans la procédure les notes d'honoraires réglées par le client[14].

Pour autant, force est de constater que les magistrats qui se prononcent ne sont jamais liés ni par les

1. Rennes, 29 nov. 1978, *Gaz. Pal.* 1979. 1. 34 – V. s[s] n°s 711.61 s.
2. Aix-en-Provence, 26 mars 1980 ; et : Aix-en-Provence, 13 mai 1980, *Gaz. Pal.* 80, 2. Doctr. 472.
3. H. Motulsky, « Prolégomènes pour un futur code de procédure civile : la consécration des principes directeurs du procès civil par le décret du 9 septembre 1971 », *D.* 1972. Chron. 91.
4. Civ. 1re, 23 mai 1978, n° 76-15.627, P I, n° 202 ; *JCP* 1978. II. 18917 – Civ. 3e, 16 oct. 1979, n° 77-15.657, P III, n° 177 ; *JCP* 1980. II. 19289.
5. CE 26 févr. 1982, *Chaventre*, req. n° 21317, *Lebon* – CE 7 mars 1980, req. n° 02377, *Lebon*.
6. Décr. n° 88-907, 2 sept. 1988 portant diverses mesures relatives à la procédure administrative contentieuse, *JO* 3 sept., p. 11253.
7. L. n° 91-647, 10 juill. 1991, art. 37 et 75.
8. V. s[s] n°s 723.81 s.
9. Civ. 2e, 8 juill. 2004, n° 03-15.155, P II, n° 365 ; *D.* 2004. 2195 ; *Dr. et pr.* 2005. 29, note F. Vinckel.
10. Civ. 2e, 21 juill. 1980, n° 78-16.033, P II, n° 189 – Crim. 10 déc. 1990, n° 90-80.28, P n° 421 – Crim. 15 janv. 1998 n° 96-85.526, P n° 20.
11. V. s[s] n°s 721.31 s.
12. L. n° 71-1130, 31 déc. 1971 – V. s[s] n°s 713.21 s.
13. L. n° 91-647, 10 juill. 1991, art. 37 – CNB, *L'évaluation de la prestation de l'avocat pour la fixation des sommes mises à la charge de la partie succombante : Guide pratique,* Les cahiers du Conseil national des barreaux, Commission des textes, 2e éd., oct. 2017 – V. s[s] n°s 723.302 s.
14. V. s[s] n°s 413.44 s. et 731.21 s. – L. n° 71-1330, 31 déc. 1971, art. 66-5, V.

critères d'évaluation des honoraires[1], ni même par le contenu de la convention d'honoraires liant l'avocat à son client[2]. Il en résulte des montants très en deçà de la réalité, qui relèvent plus de l'impressionnisme juridique et correspondent, le plus souvent, à des montants fixés « à la louche », en fonction du montant demandé, et en application de pures considérations d'équité, sans que l'on ne soit ne mesure d'en comprendre les raisons.

Force est de constater que cette situation n'est pas satisfaisante, et qu'il conviendrait qu'une obligation de motivation, non pas quant au principe même de l'allocation, mais quant au montant alloué, soit prévue par les textes[3].

723.252 **Assurance de protection juridique.** Lorsque le client bénéficie d'une assurance de protection juridique[4], l'avocat n'en est pas moins autorisé à demander un honoraire supérieur à celui prévu par le contrat d'assurance. Le client pourra alors se prévaloir de l'article L. 127-8 du code des assurances qui prévoit que : « [...] toute somme obtenue en remboursement des frais et des honoraires exposés pour le règlement du litige bénéficie par priorité à l'assuré pour la dépense restée à sa charge [le surplus des honoraires de l'avocat notamment] et subsidiairement à l'assureur dans la limite des sommes engagées. ». Disposition que doit rappeler le contrat d'assurance de protection juridique.

Les sommes ainsi obtenues au titre de l'article 700, 1°, du code de procédure civile seront d'abord imputées au bénéfice de l'assuré pour les dépenses restées à sa charge et subsidiairement à l'assureur. En cas de condamnation permettant de distinguer les frais mis à la charge de la partie succombante, la règle devra s'appliquer poste par poste.

B. En matière civile

723.261 **Champ d'application en matière civile.** Le bénéfice de l'article 700, 1°, du code de procédure civile doit avoir été demandé par la partie à laquelle on l'accorde[5]. L'article 700, 1°, du code de procédure civile peut être demandé devant toutes les juridictions de l'ordre judiciaire[6] que la représentation par avocat soit obligatoire ou non[7], tel que le conseil de prud'hommes[8], les juridictions compétentes en matière de contentieux de la sécurité sociale nonobstant la gratuité de la procédure qui y avait court[9] ainsi que, et à la différence de la condamnation aux dépens[10], le Jex[11] et la Civi[12].

Il s'applique devant toutes les formations de la juridiction, ce compris devant le juge de la mise en état ou de référé[13], et dans tous les domaines, tel que le contentieux douanier[14], le recours contre les décisions de l'autorité de la concurrence[15], le contentieux fiscal[16], les procédures d'*exequatur* en matière d'arbitrage[17] ou encore le contentieux électoral[18]. Mais il faut qu'il s'agisse d'une décision de justice et non d'une simple mesure d'administration judiciaire telle qu'un retrait du rôle[19].

La condamnation à l'article 700, 1°, du code de procédure civile bénéficie de l'exécution provisoire de droit[20] et peut être assortie de l'exécution provisoire[21].

723.262 **Parties condamnées.** L'article 700 du code de procédure civile est prononcé au bénéfice de toute partie dès lors qu'elle n'a pas été condamnée à verser l'intégralité des dépens[22] ou qu'elle a obtenu gain de cause sur une partie de ses demandes[23], et ce à l'encontre de la partie qui perd son procès, ce qui ne sera pas le cas de la partie défenderesse à une demande d'expertise[24], ou qui est condamné aux dépens[25]. Cela concerne toute partie à la procédure, y compris celle qui est intervenue volontairement[26], ainsi que l'administration[27], tel que dans le cadre de

1. V. s[s] n°s 721.31 s.
2. V. s[s] n°s 713.21 s.
3. AUSSI : V. s[s] n° 723.307.
4. V. s[s] n°s 761.00 s.
5. Civ. 3e, 5 avr. 1978, n° 76-14.655, P III, n° 151.
6. Soc. 19 mars 1986 n° 84-14.406, P II, n° 104 ; *D.* 1986. 377, obs. X. Prétot ; *Gaz. Pal.* 1987. I. Somm. 54, obs. H. Croze et Ch. Morel.
7. Soc. 20 juill. 1978, 78-60.599, P V, n° 629 ; *Gaz. Pal.* 1978. II. Somm. 443.
8. Soc. 21 févr. 1979, n° 77-41.646, P V, n° 159 ; *D.* 1979. 425, obs. J. Pélissier ; *JCP* 1981. II. 19525, note Y. Herzog ; *Gaz. Pal.* 1979. II. Somm. 331.
9. V. s[s] n° 723.181.
10. Civ. 2e, 23 juin 1982, n° 79-17.094, P II, n° 96.
11. TGI Bastia 16 avr. 1993, *Rev. Huissiers* 1993. 1124.
12. Civ. 2e, 5 janv. 1994, n° 92-12.264, P II, n° 9.
13. Civ. 3e, 19 nov. 1980, n° 79-14.054, P III, n° 183 ; *D.* 1981. 372, obs. P. Julien ; *RTD civ.* 1981. 680, obs. J. Normand – Rennes, 29 juin 1979, *Gaz. Pal.* 1981. 1. 802, note C. Loyer-Larher.
14. Com. 23 févr. 1988, 86-13.309, P IV, n° 79 ; *Gaz. Pal.* 1988. 1. 514, note B. Hatoux.
15. Paris, 9 nov. 1987, *Gaz. Pal.* 1987. 2. 725.
16. Com. 22 juill. 1986, n° 84-17.596, P IV, n° 176.
17. Paris, 8 mai 1979, *Gaz. Pal.* 1979. 2. 344, note J. Mauro.
18. Civ. 2e, 17 oct. 1990, n° 90-60.374, P II, n° 200 – Civ. 2[e], 6 mars 2003, n° 02-60.835, P II, n° 54.
19. Cass., ord., 8 nov. 1993, n° 90-18.078, P n° 14.
20. Civ. 2e, 24 juin 1998, n° 96-22.851, P II, n° 222 ; *D.* 1999. 148, note Ph. Hoonaker.
21. Civ. 2e, 31 mai 2001, n° 99-13.712, P II, n° 107 ; *D.* 2001. 2714, note N. Fricero ; *RTD civ.* 2001. 663, obs. R. Perrot.
22. Civ. 2e, 1er avr. 1987, n° 86-10.675, P II, n° 78 ; *D.* 1987. 275, obs. J.-C. Groslière – V. s[s] n°s 723.160 s.
23. Civ. 3e, 3 juin 1982, n° 80-15.605, P III, n° 141.
24. Civ. 2e, 10 févr. 2011, n° 10-11.774, P II, n° 34.
25. V. s[s] n°s 723.160 s.
26. Civ. 1re, 11 sept. 2013, n° 12-17.794, P I, n° 173 ; *D.* 2013. 2388, note G. Querzola.
27. Versailles, 24 janv. 2002 ; *Gaz. Pal.* 1er, 3 déc. 2002, p. 20.

la procédure tendant à la réparation de préjudice causé par une détention[1].

Il suffit que la partie ait été condamnée à payer une partie des dépens[2] pour qu'elle puisse être condamnée à un article 700 du code de procédure civile[3] tout comme elle pourra alors en bénéficier[4].

En cas de désistement dès lors que les dépens sont à la charge de la partie qui se désiste[5] cette dernière peut faire l'objet d'une condamnation[6] au titre de l'article 700, 1°, du code de procédure civile.

723.263 **Pouvoir discrétionnaire.** L'application de l'article 700, 1°, du code de procédure civile relève des pouvoirs discrétionnaires du juge qui le prononce ou pas[7], sans qu'il ne soit nécessaire que soit apportée la preuve d'une faute[8]. Il apprécie l'équité[9] et en évalue le montant.

Il n'est pas nécessaire qu'il motive sa décision, le seul visa de l'article 700, 1°, du code de procédure civile étant suffisant[10], sans que ce défaut de motivation ne puisse être regardé comme un obstacle aux droits de la défense et au droit à un procès équitable découlant de l'article 16 de la Déclaration des droits de l'homme et du citoyen[11].

723.264 **Pluralité de degré d'une même instance.** Le bénéfice de l'article 700, 1°, du code de procédure civile peut être demandé pour l'ensemble des sommes exposés à la fois en seconde et première instance[12].

La réduction à cause d'appel de la condamnation d'une partie ne fait pas obstacle à l'application de l'article 700, 1°, du code de procédure civile à son encontre[13].

723.265 **Pluralité d'instance.** Contrairement à la charge des dépens[14], le bénéfice de l'article 700, 1°, du code de procédure civile ne peut être demandé que pour les sommes exposées dans le cadre de l'instance où il est sollicité et non dans le cadre d'une instance antérieure[15] ou pour une autre instance dont la partie contre lequel il est demandé serait responsable[16] ou pour des sommes non exposés en raison d'une instance[17] sans qu'il ne soit nécessaire que les sommes en cause aient été préalablement payées[18].

C.
En matière administrative

723.271 **Champ d'application en matière administrative.** En matière de contentieux administratif, la condamnation aux frais irrépétibles doit avoir été demandée et chiffrée[19] par une partie[20] sur le fondement de l'article L. 761-1 du code de justice administrative. Et il importe peu que le ministère d'avocats soit obligatoire[21].

Comme en matière civile[22], la condamnation peut être prononcée dans le cadre de toute instance[23] y compris en référé[24], mais pas dans le cadre d'une

1. CNR détentions, 24 janv. 2002, *BICC* 2002 n° 208 – M. Delahousse, *La chambre des innocents,* Flammarion, 2017.
2. Civ. 1re, 15 févr. 1984, n° 82-16.500, P I, n° 28 ; *Gaz. Pal.* 1984. I. Pan. 204, obs. S. Guinchard – Civ. 2e, 27 juin 2013, n° 12-19.286, P II, n° 148 ; *Gaz. Pal.* 6-8 oct. 2013, p. 18, note A. Bascoulergue.
3. C. pr. civ., art. 700, 1°.
4. Civ. 2e, 20 juin 1984, n° 83-12.135, P II, n° 111 ; *Gaz. Pal.* 1984. 2. 297.
5. V. ss nos 723.181 s.
6. Soc. 6 juin 1991, n° 90-41.230, P V, n° 287.
7. Civ. 2e, 10 oct. 2002, n° 00-13.832, P II, n° 219 ; *D.* 2002. 2916 ; *Dr. et pr.* 2003. 97, note M. Douchy ; *Gaz. Pal.* 30 mars-1er avr. 2003, p. 28, obs. E. du Rusquec.
8. Civ. 2e, 21 juill. 1980, n° 78-16.033, P II, n° 189.
9. Civ. 2e, 27 janv. 1982, n° 80-16.064, P II, n° 12 – Civ. 3e, 22 juin 1982, n° 81-10.168, P III, n° 165 – TGI Paris, 4 juin 1997, *Gaz. Pal.* 1998. II. Somm. 442, note E. du Rusquec.
10. Soc. 20 mars 1985, n° 81-40.923, P V, n° 194 – Civ. 2e, 17 févr. 1983, n° 80-14.792, P II, n° 47 – Com. 8 déc. *1992, n° 90-21.783, P IV, n° 398.*
11. Civ. 2e, 31 mai 2012, n° 11-26.146, P II, n° 93.
12. Civ. 3e, 12 juill. 1988, n° 87-10.445, P III, n° 129.
13. Soc. 7 févr. 1980, n° 78-41.395, P V, n° 118.
14. V. ss n° 723.188.
15. Civ. 2e, 19 nov. 1986, P II, n° 171 ; *Gaz. Pal.* 1987. I. Pan. 27 – Civ. 2e, 8 déc. 2016, n° 13-22.961, NP ; *D.* 2016. 2567.
16. Civ. 1re, 9 déc. 1980, P I, n° 319 ; *D.* 1980. 372, obs. P. Julien ; *Gaz. Pal.* 1981. I. Somm. 117.
17. Civ. 3e, 20 nov. 1979, n° 78-10.376, P III, n° 202.
18. Com. 8 déc. 1992, n° 90-21.783, P IV, n° 398 – Com. 4 mai 1993, n° 91-12.439, P IV, n° 165.
19. CE 27 mars 1991, *La Garde (Cne) c/Dorel*, req. n° 71860, *Lebon T* – CE 19 juill. 1991, *Famars et Bouton (Cne)*, req. n° 121741, *Lebon T* 1137 – CE 11 déc. 1991, *Reboul et Hefner*, req. n° 104923, *Lebon T* – CE 10 févr. 1992, *Rigaux (Cts)*, req. n° 116670, NP – CE 23 nov. 1992, *Montaignac*, req. n° 95192, *Lebon T ; RDP* 1993. 841 – CAA Paris, 19 janv. 1993, *Thomasset*, req. n° 9441 – CE 13 mars 1991, *min. Aff. sociales c/Conate*, req. n° 120260, *Lebon T* – CE 17 mai 1991, *Dinant (Mlle)*, req. n° 78724, *Lebon ; RJF* 1991, n° 1011 ; *LPA* 9 oct. 1991, p. 11, concl. J. Arrighi de Casanova.
20. CE 23 nov. 1992, *Montaignac*, req. n° 95192, *Lebon T* – CE 10 janv. 2005, *Assoc. Quercy-Périgord*, req. n° 265838, *Lebon. T ; AJDA* 2005. 332, concl. Y. Aguila.
21. CE 3 oct. 2012, *Eiffage Travaux Publics Méditerranée (Sté)*, req. n° 348476, *Lebon ; AJDA* 2012. 1881 ; *RDI* 2012. 623, obs. R. Noguellou ; *AJCT* 2013. 95, obs. J. Andreani ; *LPA* 25 avr. 2013, p. 7, note E. Lacaze et N. Guillet.
22. V. ss n° 723.261.
23. CE 30 mars 1990, *Lockhart*, req. n° 90875, *Lebon T ; AJDA* 1990. 748, obs. X. Prétot – CE 25 avr. 1990, *Camara*, req. n° 104750, *Lebon T* – CE 23 juill. 1993, *Dame Galardi*, req. n° 133.136, *Lebon T* – CE 28 oct. 1991, *Harabi*, req. n° 125966, *Lebon T* – CE 14 nov. 1997, *Préfet de Seine-et-Marne*, req. n° 167675, *Lebon T* – CE 25 nov. 1998, *Lechene (Cts)*, req. n° 160215, *Lebon.*
24. CE 7 avr. 2006, *CHR de Nice*, req. n° 249848, *Lebon ; AJDA* 2006. 1233, obs. N. Guillet.

demande d'avis au Conseil d'État[1] ou d'une mesure d'administration judiciaire[2].

723.272 **Parties condamnées.** L'article L. 761-1 du code justice administrative peut être prononcé au bénéfice de toute partie à l'encontre de toute autre partie au litige[3] tenue aux dépens ou, à défaut la partie perdante, et ce au regard du rejet ou non de ses prétentions[4] dès lors qu'elle succombe partiellement[5] tout comme un non-lieu à statuer ne fait pas plus obstacle à une telle condamnation[6]. La notion de partie au litige implique, en matière administrative, que l'on ne soit pas simplement appelé à faire valoir ses observations[7], ou intervenant volontaire[8].

Mais une partie qui n'est ni condamnée aux dépens ni perdante ne peut y être condamnée, tel qu'en cas de décision d'incompétence[9], ce qui diffère de la matière civile[10].

La partie qui se désiste peut y être condamnée[11].

723.273 **Pouvoir discrétionnaire.** Comme en matière civile[12], le juge administratif tient compte de l'équité ou de la situation économique de la partie condamnée et peut même, d'office, dire qu'il n'y a lieu à cette condamnation[13].

Lorsqu'il a décidé d'user de ses pouvoirs d'équité, le juge peut se contenter d'une brève motivation visant « les circonstances de l'espèce »[14].

723.274 **Pluralité de degré d'une même instance.** À la différence de la matière civile[15], le juge qui statue en dernier ressort peut avoir à statuer aussi sur l'ensemble des frais exposés dans le cadre du litige au cours de ses phases contentieuses successives s'il est expressément saisi de conclusions en ce sens et s'il ne s'agit pas d'une demande nouvelle[16].

Les juges d'appel contrôlent l'appréciation portée par les premiers juges quant au montant alloué[17], et le juge de cassation opère un contrôle sur la notion de partie perdante[18].

En cas d'omission de statuer, un recours en rectification d'erreur matérielle est toujours possible[19].

D.
En matière pénale

723.281 **Champ d'application en matière pénale.** En matière pénale, les frais irrépétibles sont prévus, par le code de procédure pénale, tant devant la chambre de l'instruction, à l'article 216 du code de procédure pénale, alinéa 2, que devant les juridictions correctionnelles, à l'article 475-1 code de procédure pénale, tant en première instance, y compris devant le tribunal police[20], qu'en appel[21] mais pas devant la Cour de cassation[22], ainsi que devant la cour d'assises et la cour criminelle, à l'article 375 code de procédure pénale.

723.282 **Parties condamnées.** Ces dispositions permettent aux juridictions pénales de condamner l'auteur de l'infraction, ainsi que la personne condamnée civilement[23], nonobstant une éventuelle relaxe

1. CE 26 juill. 2006, *Orio*, req. n° 292750, *Lebon T ; AJDA* 2006. 1525 ; *D.* 2006. 2207.
2. CE 10 sept. 2010, *Louvet*, req. n° 338707, *Lebon ; AJDA* 2010. 1677 ; *AJCT* 2010. 126, obs. O. Rubens.
3. CE 11 déc. 1991, *Reboul et Hefner*, req. n° 104923, *Lebon T* 1138 – CE 16 juin 2000, *Chéreau*, req. n° 193153, *Lebon T.*
4. CE 29 juill. 1998, *Minoterie de Saint-Vincent (SA)*, req. n° 127280, *Lebon T* – CE 15 nov. 2000, *Assoc. sauvegarde du site de Courcourt*, req. n° 200819, *Lebon ; RDI* 2001. 97, obs. P. Soler-Couteaux.
5. CE 5 mai 1999, *Groupe maritime et commercial du Pacifique (Sté)*, req. n° 178879, *Lebon T ; RDI* 1999. 396, obs. F. Llorens.
6. CE 13 mars 1991, *Conate*, req. n° 121636, *Lebon T* – CE 10 janv. 1992, *Colosiez*, req. n° 119956, *Lebon T* – CE 26 oct. 1992, *Tosseri*, req. nos 106963, 114422, *Lebon T* – CE 16 déc. 1992, *Ravera*, req. n° 105021, *Lebon T* – CE 20 mai 1994, *Martel*, req. n° 138070, *Lebon T* – CE 11 oct. 1995, *Jalatte*, req. n° 151916, *Lebon T.*
7. CE 6 oct. 1999, *Sopremo (Sté)*, req. n° 169570, *Lebon T* – CE 29 déc. 1999, *Cottages de Chantereine (SCI)*, req. n° 185628, *Lebon T* – CE 14 déc. 2005, *CGT-FO c/ANPE*, req. n° 265116, *Lebon T ; AJFP* 2006. 71.
8. CE 19 janv. 1994, *Portel*, req. n° 143421, *Lebon T.*
9. CE 14 févr. 2013, *Hulin (Mme)*, req. n° 362256, *Lebon T ; AJDA* 2013. 1141.
10. V. ss n° 723.262.
11. CE 25 avr. 1990, *Camara*, req. n° 104750, *Lebon T.*
12. V. ss n° 723.263.
13. CJA, art. L. 761-1.
14. CE 7 oct. 1992, *Scherer*, req. n° 130560, *Lebon T* – CE 21 août 1996, *Bolle*, req. nos 133816, 133878, *Lebon ; RTD eur.* 1997. 299, Chron. D. Berlin.
15. V. ss n° 723.264.
16. CE, sect., 14 févr. 1997, *CHR Nice*, req. n° 133238, *Lebon ; AJDA* 1997. 480 ; *AJDA* 1997. 430, Chron. D. Chauvaux et T.-X. Girardot ; *D.* 1997. 322, obs. J. Penneau ; *D.* 1998. 294, obs. S. Henneron ; *D.* 1999. 60, obs. P. Bon et D. de Béchillon ; *RFDA* 1997. 374, concl. V. Pécresse ; *RFDA* 1997. 382, note B. Mathieu ; *RDSS* 1997. 255, obs. J.-S. Cayla ; *RDSS* 1998. 94, note F. Mallol.
17. CE 28 juill. 1993, *Tournet*, req. n° 140221, *Lebon T.*
18. CE 12 juin 1998, *Rupied (Épx)*, req. n° 160296, NP – CE 5 mai 1999, *Groupe maritime et commercial du Pacifique (Sté)*, req. n° 178879, *Lebon T ; RDI* 1999. 396, obs. F. Llorens – CE 21 nov. 2001, *Bernolsheim (Cne)*, req. n° 188676, *Lebon T ; RDI* 2002. 165, obs. L. Derepas.
19. CE 11 janv. 2006, *Dhenin*, req. n° 279878, *Lebon T.*
20. C. pr. pén., art. 543.
21. C. pr. pén., art. 512 ; mod.par L. n° 2020-1672, 24 déc. 2020, art. 26.
22. Crim. 3 mars 1993, n° 92-83.293, P n° 96 – Crim. 24 mai 1993, n° 92-85.161, P n° 148.
23. L. n° 2011-1862, 13 déc. 2011 relative à la répartition des contentieux et à l'allègement de certaines procédures juridictionnelles, *JO* 14 déc., p. 2110, art. 65 I.

pénale[1], en matière correctionnelle, à payer à la partie civile, sans que le fait qu'elle soit appelante ou intimé n'ait d'incidence[2], la somme qu'elle détermine, au titre des frais non payés par l'État, à savoir les frais de justice criminelle[3], et exposés par celle-ci.

La condamnation ne peut être prononcée qu'à l'encontre du prévenu condamné[4] ou du civilement responsable, et en aucun cas à l'encontre de la partie civile[5] même si cette dernière a, par ailleurs, été condamnée pour abus de constitution de partie civile à des dommages et intérêts envers le prévenu relaxé[6].

En matière correctionnelle ces dispositions sont également applicables, depuis 2006[7], au profit des organismes tiers payeurs intervenant à l'instance[8], mais l'organisme assureur du civilement responsable ne saurait être condamné de ce chef, seul son assuré pouvant l'être[9].

La juridiction pénale statuant sur intérêts civils après relaxe demeure compétente pour accorder la somme qu'elle détermine au titre des frais non payés par l'État, et elle ne saurait refuser d'indemniser la partie civile au titre des frais d'expertise privée et de détective privé en se fondant sur la décision de relaxe, dès lors qu'il lui appartient de rechercher si ces frais n'entrent pas dans les prévisions de l'article 475-1 du code de procédure pénale[10].

723.283 **Pouvoir discrétionnaire.** Comme en matière civile[11], les juridictions pénales tiennent compte de l'équité ou de la situation économique de la partie condamnée, et peuvent, même d'office, pour des raisons tirées des mêmes considérations, dire qu'il n'y a pas lieu à cette condamnation.

723.284 **Pluralité de parties.** En cas de pluralité de parties, la solidarité édictée par l'article 480-1 du code de procédure pénale[12] pour les restitutions et les dommages-intérêts n'est pas applicable au paiement des frais non recouvrables, lesquels ne peuvent donner lieu qu'à une condamnation *in solidum*[13].

723.285 **Relaxe, acquittement ou irresponsabilité pénale.** L'article 800-2 du code de procédure pénale prévoit, quant à lui, qu'à la demande de l'intéressé, toute juridiction prononçant un non-lieu, une relaxe, un acquittement ou toute décision autre qu'une condamnation ou une déclaration d'irresponsabilité pénale, y devant la Cour de cassation en cas de rejet d'un pourvoi portant sur une telle décision, peut accorder à la personne poursuivie pénalement ou civilement responsable une indemnité qu'elle détermine au titre des frais non payés par l'État et exposés par celle-ci. Cette indemnité est à la charge de l'État. La juridiction peut toutefois ordonner qu'elle soit mise à la charge de la partie civile lorsque l'action publique a été mise en mouvement par cette dernière.

Le Conseil constitutionnel a déclaré cette disposition contraire à la constitution. Après avoir considéré qu'« aucune exigence constitutionnelle n'impose qu'une partie au procès puisse obtenir du perdant le remboursement des frais qu'elle a exposés en vue de l'instance » et que « la faculté d'un tel remboursement affecte l'exercice du droit d'agir en justice et les droits de la défense », il a estimé que d'une part, que les dispositions des articles 375 et 475-1 du code de procédure pénale[14] permettent à la juridiction pénale de condamner l'auteur de l'infraction au paiement des frais irrépétibles supportés par la partie civile, et, d'autre part que, si les dispositions contestées de l'article 800-2 du code de procédure pénale permettent d'accorder à la partie poursuivie pénalement ou civilement le paiement une indemnité au titre des frais irrépétibles en cas de décision de relaxe ou d'acquittement, « ni ces dispositions ni aucune autre ne permettent à la personne citée comme civilement responsable d'obtenir devant la juridiction pénale le remboursement de tels frais, alors même qu'elle a été mise hors de

1. Crim. 7 oct. 2009, n° 08-88.320, P n° 165 ; *AJ pénal* 2009. 501, obs. G. Royer ; *Dr. pénal* 2009, n° 157, obs. A. Maron et M. Haas ; *Procédures* 2009, n° 90, obs. J.-J. Buisson – Crim. 31 mars 2020, n° 19-85.545, FS-D ; *RCA* 2020, n° 146.
2. Crim. 10 avr. 1986, n° 84-95.453, P n° 124 ; *Gaz. Pal.* 1987. I. Somm. 6 – Crim. 4 févr. 1998, n° 97-82.417, P n° 46 ; *D.* 1998. 109.
3. V. s^s n° 723.151.
4. Crim. 19 févr. 1998, n° 97-80.177, P n° 72 – Crim. 16 déc. 1998, n° 98-80.479, P n° 342 ; *D.* 1999. 70 – Crim. 15 févr. 2005, n° 04-85.038, P n° 55 ; *D.* 2006. 617, obs. J. Pradel.
5. Crim. 3 déc. 1985, n° 84-94.843, P n° 387 – Crim. 8 janv. 1992, n° 90-86.553, P n° 5 ; *RSC* 1993. 311, obs. B. Bouloc ; *RSC* 1993. 333, obs. P. Bouzat ; *RTD com.* 1992. 874, obs. P. Bouzat – Crim. 27 juin 1996, n° 96-80.079, P n° 279 ; *D.* 1996. 218 – Crim. 27 nov. 1990, n° 90-81.839, P n° 405.
6. Crim. 17 avr. 1985, n° 84-92.225, P n° 148.
7. L. n° 2006-1640, 21 déc. 2006 de financement de la sécurité sociale pour 2007, *JO* 22 déc., p. 19315, art. 25-V.
8. Crim. 9 mai 2007, n° 07-80.894, P n° 118 ; *D.* 2007. 1728 ; *AJ pénal* 2007. 333 ; *Dr. pénal* 2007, comm. 121, obs. A. Maron.
9. Crim. 18 mai 1994 n° 93-82.872, P n° 196 – Crim. 6 nov. 2001, n° 01-80.451, P n° 229 – Crim. 30 sept. 2003, n° 03-80.039, P n° 173 ; *RSC* 2004. 120, obs. J. Francillon ; *RTD civ.* 2004. 63, obs. J. Hauser.
10. Crim. 31 mars 2020, n° 19-85.545, FS-D ; *RCA* 2020, n° 146.
11. V. s^s n° 723.263.
12. C. pr. pén., art. 480-1.
13. Crim. 30 mars 2016, n° 13-85.765, P n° 109 ; *Gaz. Pal.* 19 juill. 2016, p. 68 ; *D.* 2016. 786.
14. V. s^s n°s 723.281 s.

cause. » ce qui porte atteinte au principe d'égalité devant la justice[1].

Relevant que l'abrogation immédiate de ces dispositions entraînerait des conséquences manifestement excessives, dès lors qu'elle aurait pour effet « de supprimer le droit reconnu à la personne poursuivie et à la personne civilement responsable de se voir accorder des frais irrépétibles en cas de non-lieu, de relaxe, d'acquittement ou de toute décision autre qu'une condamnation ou une déclaration d'irresponsabilité pénale », le Conseil constitutionnel a reporté au 31 mars 2020 son abrogation et, afin de faire cesser l'inconstitutionnalité des décisions des juridictions pénales à venir, juge que ces dispositions doivent être interprétées comme permettant d'accorder à la personne citée civilement responsable, mais mise hors de cause, une indemnité au titre des frais non payés par l'État et exposés par celle-ci[2].

Puis, aucune loi n'étant intervenue, le Conseil constitutionnel a, par une seconde décision, jugé, « afin de faire cesser l'inconstitutionnalité constatée à compter de la publication de la présente décision », que jusqu'à l'entrée en vigueur d'une nouvelle loi et, au plus tard, jusqu'au 31 décembre 2021, toute juridiction prononçant un non-lieu, une relaxe, un acquittement ou toute décision autre qu'une condamnation ou une déclaration d'irresponsabilité pénale peut, à la demande de l'intéressé, accorder à la personne poursuivie pénalement ou civilement responsable une indemnité qu'elle détermine au titre des frais non payés par l'État et exposés par celle-ci. Il en est de même, pour la personne civilement responsable, en cas de décision la mettant hors de cause[3].

723.286 Cassation en matière pénale. Devant la Cour de cassation, outre l'application de l'article 800-2 du code de procédure pénale il est également prévu, à l'article 618-1 du code de procédure pénale, que lorsqu'une demande en cassation formée par la personne poursuivie ou par la partie civile a été rejetée, la cour peut condamner le demandeur à payer à l'autre partie la somme qu'elle détermine, au titre des frais non payés par l'État et exposés par celle-ci.

La cour tient compte de l'équité ou de la situation économique du demandeur pour décider du prononcé de cette condamnation et en fixer le montant[4].

§ 3
Spécificité en matière d'aide juridictionnelle

723.290 Plan – Frais irrépétibles en matière d'aide juridictionnelle. Le bénéficiaire de l'aide juridictionnelle peut demander au juge de condamner dans les conditions prévues à l'article 75 de la loi du 10 juillet 1991, la partie condamnée aux dépens ou la partie perdante ne bénéficie pas de l'aide juridictionnelle, au paiement d'une somme au titre des frais qu'il a exposés[5].

Comme en droit commun en matière civile, et dans les mêmes conditions[6], le juge peut ainsi, dans toutes les instances, condamne la partie tenue aux dépens ou, à défaut, la partie perdante, à payer à l'autre partie la somme qu'il détermine, au titre des frais exposés et non compris dans les dépens. Le juge tient compte de l'équité ou de la situation économique de la partie condamnée. Il peut, même d'office, pour des raisons tirées des mêmes considérations, dire qu'il n'y a pas lieu à cette condamnation[7].

À côté de ce droit commun[8], les dispositions de l'alinéa 2 de l'article 37 de la loi du 10 juillet 1991 permettent à l'avocat du bénéficiaire de l'aide juridictionnelle, de solliciter du juge (B) la condamnation de la partie adverse, non-bénéficiaire de l'aide juridictionnelle, au paiement d'une indemnité correspondant aux honoraires et aux frais qu'il aurait facturés à son client si ce dernier n'avait pas bénéficié de l'aide juridictionnelle (A).

A.
Principe et portée de l'article 37 de la loi du 10 juillet 1991

723.301 Répétibilité des honoraires en matière d'aide juridictionnelle. L'ordonnance du 8 décembre 2005[9] et les décrets des 30 juillet 2007[10] et

1. Cons. const. 5 avr. 2019, n° 2019-773 QPC, *Société Uber B.V. a.* [Frais irrépétibles devant les juridictions pénales II], NON-CONFORMITÉ TOTALE – EFFET DIFFÉRÉ – RÉSERVE TRANSITOIRE, *JO* 6 avr., n° 91 ; *D.* 2019. 702 ; *Dr. pénal* juin 2019, n° 6, obs. A. Maron, M. Haas ; – SUR RENVOI DE : Crim. 15 janv. 2019, n° 18-90.031, NP ; *JCP* 2019. 73 ; – DÉJÀ : Cons. const. 1er avr. 2011, n° 2011-112 QPC, *Mme Marielle D.* [Frais irrépétibles devant la Cour de cassation], NON-CONFORMITÉ TOTALE – EFFET DIFFÉRÉ, *JO* 2 avr., n° 5892 ; *Dr. pénal* mai 2011, n° 5, obs. A. Maron, M. Haas – J.-B. Perrier, « Frais irrépétibles : contrariété au principe d'égalité de la possibilité de remboursement au seul bénéfice de la partie civile », *AJ pénal* 2011. 310.
2. Cons. const. 5 avr. 2019, n° 2019-773 QPC, préc. ; – SUR RENVOI DE : Crim. 15 janv. 2019, n° 18-90.031, NP ; *JCP* 2019. 73 ; – DÉJÀ : Cons. const. 1er avr. 2011, n° 2011-112 QPC, préc. – J.-B. Perrier, « Frais irrépétibles : contrariété au principe d'égalité de la possibilité de remboursement au seul bénéfice de la partie civile », *AJ pénal* 2011. 310.
3. Cons. const. 26 mai 2021, n° 2021-910 QPC, *D.* 2021. 1031.
4. C. pr. pén., art. 618-1.
5. L. n° 91-647, 10 juill. 1991, art. 43.
6. V. ss nos 723.261 s.
7. L. n° 91-647, 10 juill. 1991, art. 75, préc.
8. V. ss nos 723.252 s.
9. Ord. n° 2005-1526, 8 déc. 2005 modifiant la loi n° 91-647 du 10 juillet 1991 relative à l'aide juridique, *JO* 9 déc., p. 18993.
10. Décr. n° 2007-1151, 30 juill. 2007 portant diverses dispositions en matière d'aide juridique, *JO* 1er août, p. 12934.

29 décembre 2013 [1], ont simplifié la mise en œuvre du dispositif de l'article 37 de la loi du 10 juillet 1991 peu connu alors même qu'il permet d'améliorer significativement la rétribution de l'avocat désigné à l'aide juridictionnelle qui devrait pouvoir, de ce fait, être fixée non plus suivant un barème, mais par le juge en tenant compte du coût réel de la mission d'assistance de l'avocat.

723.302 Principe de l'article 37 de la loi du 10 juillet 1991. Si la partie tenue aux dépens ou qui a perdu le procès n'est pas elle-même bénéficiaire de l'aide juridictionnelle, l'avocat peut demander, en vertu de l'article 37 de la loi du 10 juillet 1991, en son nom propre, une somme au titre des honoraires et frais, identique à celle qu'il aurait pu demander à un plaideur ordinaire [2].

Dans ce cas, soit l'avocat prend la contribution de l'État [3], soit il sollicite la condamnation de la personne tenue aux dépens ou perdante de lui payer une somme au titre des honoraires et frais, non compris dans les dépens que le bénéficiaire de l'aide aurait exposés s'il n'avait pas reçu cette aide, en application de l'article 37 de la loi du 10 juillet 1991 [4].

L'indemnité allouée par le juge de ce chef ne saurait correspondre à une somme inférieure à la contribution de l'État [5].

723.303 Champ d'application de l'article 37 de la loi du 10 juillet 1991. Seul l'avocat du bénéficiaire de l'aide juridictionnelle peut obtenir que l'autre partie soit condamnée à lui payer une somme au titre des honoraires et frais non compris dans les dépens que son client aurait exposés s'il n'avait pas eu l'aide juridictionnelle.

Le bénéficiaire de l'aide juridictionnelle s'il peut être condamné sur le fondement de l'article 700, 1°, du code de procédure civile à payer une somme au titre des frais irrépétibles à la partie adverse [6], ne pourra jamais être condamnée au titre de l'article 37 de la loi du 10 juillet 1991 [7], même si la partie adverse est elle-même bénéficiaire de l'aide juridictionnelle : en cas de litige entre deux parties bénéficiaires de l'aide juridictionnelle, l'article 37 [8] de la loi du 10 juillet 1991 est inapplicable.

En cas d'aide juridictionnelle partielle, bien que l'avocat ait droit à un honoraire complémentaire [9], il peut également demander l'application de l'article 37 de la loi du 10 juillet 1991.

723.304 Jurisprudence administrative. Le Conseil d'État a considéré que le montant de la contribution de l'État en deçà duquel ne saurait être fixée par le juge administratif la somme mise à la charge de l'autre partie non bénéficiaire de l'aide juridictionnelle au titre de l'article 37 de la loi du 10 juillet 1991, résulte de l'application du barème fixé par l'annexe I [10] du décret du 28 décembre 2020 et, le cas échéant, des réductions prévues par les textes applicables [11].

723.305 Commission d'office et article 37 de la loi du 10 juillet 1991. Le Conseil d'État est également venu préciser qu'un avocat commis d'office, en l'occurrence dans le cadre d'une procédure en droit des étrangers [12], peut obtenir le versement à son profit de la somme mise à la charge de la partie perdante sur le fondement de l'article 37 de la loi du 10 juillet 1991 à la condition que la personne qu'il assiste ait, soit directement soit par son entremise, sollicité et obtenu l'aide juridictionnelle.

Si l'avocat désigné d'office est valablement désigné au titre de l'aide juridictionnelle lorsque la personne qu'il assiste bénéficie déjà de celle-ci, sa désignation d'office ne peut, par elle-même, valoir demande et admission au bénéfice de l'aide juridictionnelle au profit de cette personne et lui ouvrir droit au bénéfice de ces dispositions [13]. Il s'ensuit qu'il appartient à l'avocat désigné d'office qui entend obtenir le versement à son profit de la somme mise à la charge de la partie perdante de formuler expressément, au besoin dans ses écritures, une demande tendant à l'attribution de l'aide juridictionnelle à son client si celui-ci ne l'a pas fait [14].

1. Décr. n° 2013-1280, 29 déc. 2013 relatif à l'aide juridique, *JO* 30 déc., p. 22242.
2. M. Colliou, « AJ : Plaidoyer pour l'utilisation de l'article 37 al. 2 », *Gaz. Pal.* 16-18 juin 2013, p. 9 – Note, 28 janv. 2014 relative à la présentation des dispositions de l'article 128 de la loi de finances pour 2014 et du décret n° 2013-1280 du 29 décembre 2013 mettant en œuvre diverses préconisations du rapport de diagnostic sur la gestion de l'aide juridictionnelle dans le cadre de la modernisation de l'action publique, *BO complémentaire* 14 févr. 2014, NOR : JUST1402517N.
3. V. s[s] n°s 751.271 s.
4. V. s[s] n° 751.461.
5. L. n° 2013-1278, 29 déc. 2013 de finances pour 2014, *JO* 30 déc., p. 21829, art. 128 – Décr. n° 2013-1280, 29 déc. 2013 relatif à la suppression de la contribution pour l'aide juridique et à diverses dispositions relatives à l'aide juridique, *JO* 30 déc., p. 22242, art. 22 – V. s[s] n°s 751.391 s.
6. Civ. 2e, 14 déc. 2000, n° 98-14.949, P II, n° 172 ; *D.* 2001. 283 – V. s[s] n°s 723.261 s.
7. Civ. 2e, 31 janv. 2013, n° 11-27.787, NP ; *D. avocats* 2013. 122.
8. L. n° 91-647, 10 juill. 1991, art. 37 ; mod. par L. n° 2019-1479, 28 déc. 2019, art. 243.
9. L. n° 91-647, 10 juill. 1991, art. 35 – V. s[s] n°s 713.41 s.
10. Décr. n° 2020-1717, 28 déc. 2020, art annexe I.
11. CE 6e-1re ch. réunies, 18 janv. 2017, req. n° 399893, *Lebon ; Gaz. Pal.* 28 mars 2017, p. 39, note S. Roussel ; *AJDA* 2017. 143 – V. s[s] n°s 751.371 s.
12. V. s[s] n°s 472.141 s.
13. V. s[s] n°s 751.491 s.
14. V. s[s] n° 751.204.

Le juge ne peut décider que les sommes mises à la charge de la partie perdante seront versées à cet avocat dans les conditions prévues à l'article 37 de la loi du 10 juillet 1991, sans avoir, au préalable, admis son client au bénéfice de l'aide juridictionnelle provisoire sur le fondement de l'article 20[1] de la loi du 10 juillet 1991, sans préjudice de la décision définitive du bureau d'aide juridictionnelle[2].

723.306 Cumul d'une demande au titre de l'article 37 avec une demande au titre des frais irrépétibles. Une demande fondée sur l'article 37 de la loi du 10 juillet 1991 peut être faite concurremment, mais alors distinctement, d'une demande fondée sur le 1°) de l'article 700 du code de procédure civile qui peut également être formulée, au profit du bénéficiaire de l'aide juridictionnelle si ce dernier a exposé des frais qui ne relèvent pas, compte tenu de leur nature, ni des dépens pris en charge au titre de l'aide juridictionnelle[3], ni de l'article 37 de la loi du 10 juillet 1991[4] (frais de déplacement et de séjour, honoraire ou provisions versées avant l'admission à l'aide juridictionnelle totale, frais irrépétibles, honoraires versés en cas d'aide juridictionnelle partielle[5]).

Ces demandes devront être distinctes, et le juge devra prononcer deux condamnations distinctes sur le fondement de l'article 700 du code de procédure civile : l'une au profit de l'avocat[6], l'autre au profit du bénéficiaire de l'aide juridictionnelle[7].

Il en est de même en matière administrative, où l'avocat du client ayant obtenu l'aide juridictionnelle peut se prévaloir des dispositions des articles L. 761-1 du code de justice administrative et 37 de la loi du 10 juillet 1991 mettant à la charge de la partie adverse le versement d'une somme à son profit s'il renonce à percevoir la somme correspondant à la part contributive de l'État[8].

723.307 Méthode d'évaluation. Le juge, à l'occasion de la fixation des sommes mises à la charge de la partie succombante au titre de l'article 37 de la loi du 10 juillet 1991 est conduit à évaluer le coût de la prestation de l'avocat. Or, il n'existe pas actuellement de méthode rationnelle pour parvenir à la fixation de cette indemnité qui reste évaluée par les juges de manière forfaitaire et intuitive, comme le font très souvent aussi, de nombreux avocats au moment d'établir leurs demandes à ce titre.

Les pratiques d'évaluation[9] de cette indemnité ont pu, dans certains cas, aboutir à des résultats inadaptés au point que l'article 128[10] de la loi de finances pour 2014 est venu modifier l'article 37 de la loi du 10 juillet 1991, pour éviter les sous-évaluations les plus criantes, afin de prévoir que les sommes attribuées à ce titre ne peuvent être inférieures à la contribution de l'État au titre même de l'aide juridictionnelle[11].

Or, le barème de l'aide juridictionnelle[12] a atteint un tel degré d'iniquité pour les avocats, qu'il conduit à travailler en mettant en danger l'équilibre économique de leur cabinet, qu'il ne peut constituer la référence même minimale pour la fixation des frais irrépétibles.

En outre, à l'exception du barème d'indemnisation des avocats intervenant au titre de l'aide juridictionnelle dont l'indigence est notoire et qui ne peut, pour cela, être utilisé comme référence, il n'existe pas de barème applicable aux honoraires des avocats. Les tentatives d'élaboration de barèmes indicatifs mises en œuvre, dans un souci de transparence, par des Ordres professionnels, notamment le barreau de Marseille, ont donné lieu au prononcé d'amendes très élevées par le Conseil de la concurrence[13]. Les pratiques de fixation de leurs honoraires par les avocats eux-mêmes sont extrêmement disparates, ce qui peut conduire les juges à considérer qu'ils ne correspondent pas à la rémunération à son juste prix d'un service alors même que par ailleurs, les modalités et les coûts d'exercice des cabinets d'avocats sont souvent mal connus des juges[14].

Afin de permettre aux avocats de s'orienter dans la formalisation et la justification de leurs demandes et aux magistrats d'orienter la prise de décision, le Conseil national des barreaux a élaboré un guide relatif à l'évaluation de la prestation de l'avocat pour la fixation des sommes mises à la charge de la partie succombante[15].

1. L. n° 91-647, 10 juill. 1991, art. 20 ; mod. par L. n° 2020-1721, 29 déc. 2020, art. 234 – V. s[s] n° 751.184.
2. CE 16 oct. 2019, req. n° 431140, *Lebon* T ; *JCP* 2020. 278, n° 16, obs. F. G'sell ; *D. actu.* 27 oct. 2019, note M.-Ch. Monteclerlc ; *JCP* 2019. 1137.
3. Civ. 3e, 26 avr. 1984, n° 84-12.682, P III, n° 92 ; *Gaz. Pal.* 1984. II. Pan. 261, obs. S. Guinchard.
4. Note, 28 janv. 2014, point 1.3.
5. Circ. 12 sept. 2007 relative à l'entrée en vigueur de l'ordonnance 2005-1526 du 8 décembre 2005 relative à l'aide juridique et du décret n° 2007-1151 du 30 juillet 2007 portant diverses dispositions en matière d'aide juridique, NOR : JUSJ0790004C – V. s[s] n°s 723.261 s.
6. C. pr. civ., art. 700, 2° L. n° 91-647, 10 juill. 1991, art. 37.
7. C. pr. civ., art. 700,1°.
8. CE 3 déc. 2010, *Gandia, req.* n° 334622, *Lebon T ; AJDA* 2010. 2344.
9. CNB, *L'évaluation de la prestation de l'avocat pour la fixation des sommes mises à la charge de la partie succombante*, Guide pratique, Les cahiers CNB, Commission des textes, 2e éd., oct. 2017.
10. L. n° 2013-1278, 29 déc. 2013 de finances pour 2014, *JO* 30 déc., p. 21829, art. 128.
11. L. n° 91-647, 10 juill. 1991, art. 37, préc.
12. V. s[s] n°s 751.271 s.
13. V. s[s] n°s 711.61 s.
14. Aussi, V. s[s] n° 723.251.
15. CNB, *L'évaluation de la prestation de l'avocat pour la fixation des sommes mises à la charge de la partie succombante*, Guide pratique, Les cahiers CNB, Commission des textes, 2e éd., oct. 2017.

B.
Demande au titre de l'article 37 de la loi du 10 juillet 1991

723.311 Formalisation de la demande. À l'appui de sa demande, formulée dans ses écritures ou oralement à l'audience en cas de procédure orale, l'avocat doit produire une convention d'honoraires qu'il lui est recommandé d'établir même en cas d'aide juridictionnelle totale[1], une facture *pro forma*[2] ou un compte détaillé faisant ressortir les honoraires, les frais et débours qu'il aurait appliqués, si son client n'avait pas eu l'aide juridictionnelle.

Il doit préciser dans sa demande quel aurait été le montant de la part contributive de l'État en deçà duquel le juge ne saurait descendre[3], un barème indicatif des parts contributives a été établi[4].

La demande d'article 37 de la loi du 10 juillet 1991 doit être sollicitée sur le fondement du 2° de l'article 700, 2°, du code de procédure civile.

723.312 Formalisation de la demande – TVA. Il convient de ne pas perdre de vue que les sommes demandées au titre de l'article 37 de la loi du 10 juillet 1991, doivent, en principe, se voir appliquer la TVA au taux normal, dans la mesure où les sommes ainsi recouvrées constituent la rémunération de la prestation de l'avocat. L'avocat bénéficiaire de cette indemnité est dès lors redevable de la TVA sur celle-ci. Il est donc nécessaire de bien préciser dans sa demande tant le montant HT que le montant TTC du montant de la condamnation sollicitée à ce titre.

Et seul le client de l'avocat bénéficiaire de l'indemnité au titre de l'article 37 de la loi du 10 juillet 1991 pourra, le cas échéant, déduire la TVA ainsi payée[5]. Par conséquent, dans l'hypothèse où l'avocat est amené à procéder au recouvrement direct des indemnités qui lui sont dues au titre de l'article 37 de la loi du 10 juillet 1991, il devra indiquer sur le compte détaillé de ses émoluments représentatifs de dépens la mention : « TVA récupérable dans les conditions prévues à l'article 271 du code général des impôts uniquement par le ou les clients de l'avocat soussigné »[6].

723.313 Voies de recours. Le Conseil d'État a été amené à considérer que dans le cas où le juge administratif ne fait pas droit aux conclusions présentées, sur le fondement de cet article, par l'avocat d'un bénéficiaire de l'aide juridictionnelle, cet avocat a seul qualité pour exercer une voie de recours contre le rejet, total ou partiel, de ces conclusions. Cette voie de recours est identique à celle ouverte au principal, dont les conclusions présentées au titre de l'article 37 de la loi du 10 juillet 1991 sont l'accessoire[7].

Il a ainsi considéré qu'un avocat était recevable à assurer sa propre représentation, nonobstant les dispositions de l'article R. 811-7 du code de justice administrative, dans le cadre de la contestation d'une décision juridictionnelle, en tant qu'elle statue sur la demande qu'il avait présenté au titre de l'article 37 de la loi du 10 juillet 1991. Il en va également ainsi lorsque l'avocat entend contester la décision prise, en application de l'article 107 du décret du 28 décembre 2020, par le président de la juridiction sur le montant de la contribution de l'État à la rétribution de la mission d'aide juridictionnelle assurée par l'avocat[8].

Pour autant, dès lors, lorsque le litige relève d'un pourvoi en cassation, le pourvoi contre le rejet des conclusions présentées au titre de l'article 37 de la loi du 10 juillet 1991 est soumis au ministère d'un avocat au Conseil d'État et à la Cour de cassation dans les conditions prévues à l'article R. 821-3 du code de justice administrative. Ces dispositions font obstacle à ce que l'avocat du bénéficiaire de l'aide juridictionnelle, s'il n'a la qualité d'avocat au Conseil d'État et à la Cour de cassation, assure à cette occasion sa propre représentation devant le Conseil d'État en dehors des cas de dispense de ce ministère prévus à cet article[9].

1. V. s^{s} n° 713.23 – L. n° 71-1130, 31 déc. 1971, art. 66-5, V.
2. V. s^{s} n°s 413.44 s. et 731.21 s.
3. Note, 28 janv. 2014, point 1.1.1.
4. Note, 28 janv. 2014, Annexe 3.
5. *BOI*-TVA-BASE-10-20-40-30, 148 ; *Maître,* n° 248, 2e trim. 2019, p. 44.
6. *BOI*-TVA-DED-40-10-0, 150 et 160 ; *Maître,* n° 248, 2e trim. 2019, p. 44.
7. CE 28 janv. 2021, req. n° 433994, *Lebon T ; Gaz. Pal.* 8 juin 2021, p. 39, obs. B. Seiller ; *JCP* 2021. 161, obs. C. Friedrich.
8. CE 6e-1re ch. réun., 18 janv. 2017, req. n° 399893, *Lebon ; Gaz. Pal.* 28 mars 2017, p. 39, note S. Roussel ; *AJDA* 2017. 143 – V. s^{s} n°s 751.511 s.
9. CE 28 janv. 2021, req. n° 433994, *Lebon T ; Gaz. Pal.* 8 juin 2021, p. 39, obs. B. Seiller ; *JCP* 2021. 161, obs. C. Friedrich.

TITRE

73. La facturation et le paiement de la rémunération

SECTION 0 ORIENTEUR

73.00 Sommaire du titre.

Division. La facturation par l'avocat de sa rémunération est une obligation, qui respecte certaines modalités (chap. 731), et précède le paiement par le client de cette même rémunération, sachant que l'avocat ne peut, en principe, recevoir ce paiement que de son client ou d'un mandataire de ce dernier (chap. 732).

73.03 Bibliographie indicative.

* Aussi : v. s^s n°s 013.00 s.

Encyclopédie. *J.-Cl. Civ. Annexes,* fasc. 30 : avocats – Obligations et prérogatives – Obligations civiles et professionnelles, Rémunération de l'avocat, 2015.

Monographies. D. Jensen, Cabinet d'avocats, 2e éd., « Dalloz Référence », 2016 – S. Tandeau de Marsac (dir.), Ordre des avocats de Paris, *Honoraires de l'avocat,* Éd. législatives, 2010.

Rapport. L.-G. Barret, *Le financement de procès par les tiers,* CNB, AG 20-21 nov. 2015.

CHAPITRE

731. Facturation

SECTION 0

ORIENTEUR

731.00 Sommaire du chapitre.

Division. L'obligation de facturation obéit au droit commun, incluant l'obligation de délivrance d'une note, avec des spécificités en présence d'un client professionnel (sect. 1). Les modalités de la facturation doivent conduire à distinguer les provisions et avances de frais, les honoraires et frais pour prestations fournies, et les débours, et imposent la tenue d'une comptabilité précise et distincte des honoraires (sect. 2).

731.01 Textes applicables.

TEXTES TITRÉS

• **C. com.**

art. L. 441-3 [Obligation de facturation]

art. L. 441-4 [Sanction du défaut de facturation]

art. L. 441-5 [Sanction du défaut de facturation – Personnes morales]

art. D. 441-5 [Indemnité forfaitaire de compensation des frais de recouvrement]

• **CGI**

art. 267 [TVA – Débours]

art. 289 [Obligation de facturation]

Annexe 2, art. 242 *nonies* A [Mentions obligatoires]

• **Décr. n° 2005-790, 12 juill. 2005**

art. 12 [Compte détaillé]

• **RIN**

Art. 11.7. [Compte détaillé]

731.03 Bibliographie indicative.

* Aussi : v. s^s n° 73.03.

Monographie. Collectif, *Facturation : règles économiques et fiscales*, « Thèmexpress », Francis Lefebvre, 2020 – D. Jensen, *Cabinet d'avocats*, 2e éd., « Dalloz Référence », 2016, n°s 342.71 s. – S. Tandeau de Marsac (dir.), Ordre des avocats de Paris, *Honoraires de l'avocat*, Éd. Législatives, 2010.

Articles. Coll., « Honoraires et facturation : méthodes, tendances et pièces », *D. avocats* 2014. 73 – Ph. Lafarge, « De la facturation », *Gaz. Pal.* 10 oct. 1993, p. 18 – A.-S. Lucas-Puget, « La clause d'indemnité de recouvrement amiable », *RCA* 2018, formule n° 7 – R. Martin, « L'avocat et la TVA », *JCP* 2000, n° 5, act. p. 183 – A. Portmann, « Transparence des honoraires d'avocats : la Dgccrf pointe des "anomalies" », *D. actu.* 9 sept. 2015.

731.04 Exemples d'actes et assimilés.

> Exemple de mention relative à l'indemnité forfaitaire des frais de recouvrement.
* V. s^s n° 032.41.

SECTION 1

OBLIGATION DE FACTURATION

731.10 Plan. L'obligation de facturation résulte tant du code général des impôts que, lorsque le client est un professionnel, du code de commerce (§ 1) et doit conduire l'avocat à établir une facture pour toute demande de paiement de provisions, avance de frais, honoraires, frais ou débours (§ 2) et à respecter, en outre, certaines règles particulières en présence d'un client professionnel (§ 3). Cette obligation de facturation s'accompagne d'une seconde obligation consistant en la délivrance d'une note à l'achèvement de prestation (§ 4).

§ 1
Propos liminaires

731.21 Cadre légal et réglementaire. Les règles relatives à la facturation font l'objet d'une double réglementation contenue, d'une part dans le code général des impôts [1], lesquelles ont été modifiées à compter du 1er janvier 2021 [2], et d'autre part, lorsque le client est un professionnel, dans le code de commerce [3], lesquelles ont été modifiées à compter du 1er octobre 2019 [4], qui transpose le droit de l'Union européenne applicable en la matière [5]. Il s'en dégage un tronc commun applicable à tous clients [6], auquel viennent s'ajouter des contraintes, et des sanctions, supplémentaires, dans les rapports entre professionnels, c'est-à-dire lorsque le client de l'avocat est lui-même un professionnel [7].

La Direction générale de la concurrence, de la consommation et de la répression des fraudes (Dgccrf) a eu l'occasion de préciser que compte tenu de cette différence de degrés d'obligation, et notamment du fait que l'indemnité forfaitaire pour frais de recouvrement [8] ne concerne que les professionnels, il est fortement recommandé aux avocats qui ont également des clients particuliers de prévoir deux modèles de facture pour écarter tout risque de confusion [9].

Cette obligation de facturation s'accompagne d'une obligation, distincte, de délivrance d'une note [10].

1. CGI, art. 289-0 s. et Annexe II, art. 242 *nonies* A.
2. L. n° 2019-1479, 28 déc. 2019 de finances pour 2020, *JO* 29 déc., art. 147.
3. C. com., art. L. 441-9.
4. Ord. n° 2019-359, 24 avr. 2019 portant refonte du titre IV du livre IV du code de commerce relatif à la transparence, aux pratiques restrictives de concurrence et aux autres pratiques prohibées, *JO* 25 avr., n° 16 – SUR LAQUELLE : *JCP* 2019. 975 – F. Buy, « La (décevante) réforme du droit des relations commerciales », *D.* 2019. 1122.
5. Dir. 2006/112, Conseil, 28 nov. 2006 relative au système commun de taxe sur la valeur ajoutée en ce qui concerne les règles de facturation, *JOUE* 11 déc., p. 1 – Dir. 2011/7, Parlement et Conseil, 16 févr. 2011 concernant la lutte contre le retard de paiement dans les transactions commerciales, *JOUE* 23 févr., p. 1.
6. V. ss nos 731.41 s.
7. V. ss nos 731.82 s.
8. V. ss n° 731.84.
9. Dgccrf, Communiqué, 24 avr. 2013 – Note d'information de la Dgccrf n° 2013-26 relative à l'application des articles L. 441-3 et L. 441-6 du code de commerce – Indemnité forfaitaire pour frais de recouvrement, 24 avr. 2013.

731.22 Avocat adhérent à un centre de gestion agréé. Les adhérents des centres de gestion agréés, tels que l'Anafagc [11], doivent dans tous leurs documents comptables, dont font partie les factures, indiquer l'identité du client ainsi que le montant, la date et la forme du versement des honoraires [12]. Mais l'avocat étant soumis au secret professionnel, ils n'ont pas à mentionner la nature des prestations fournies [13].

Il convient de noter que la CJUE est venue considérer que la directive 2006/112 qui énumère les mentions obligatoires devant figurer sur les factures [14], impose de préciser l'étendue et la nature des services fournis, sans toutefois préciser qu'il est nécessaire de décrire les services spécifiques fournis de manière exhaustive, ainsi que la date à laquelle est effectuée ou achevée la prestation de services. Au cas d'espèce, elle relève que la mention « services juridiques fournis depuis [une certaine date] jusqu'à aujourd'hui » ou « services juridiques fournis jusqu'à aujourd'hui », ne semble pas indiquer de manière suffisamment détaillée la nature des services en cause. En outre, cette mention est si générale qu'elle ne semble pas faire apparaître l'étendue des services rendus, et, dans le second cas, ne précise aucune date de début de la période de décompte [15].

731.23 Sanctions disciplinaires. Le non-respect des obligations en matière de facturation est susceptible de sanctions disciplinaires [16].

C'est ainsi que la Cour de cassation a approuvé la sanction d'un avocat d'une interdiction temporaire d'exercice de la profession d'une durée de six mois avec révocation d'un sursis antérieur, pour avoir encaissé une provision [17] versée par un client, à la suite d'un premier rendez-vous, sans pour autant émettre de facture, et en ne lui donnant plus de nouvelles par la suite, fut-ce pour l'avertir que la plainte qu'il souhaitait déposer était hasardeuse, ces faits caractérisant un manquement grave aux principes essentiels de probité, de délicatesse et d'honneur [18].

731.24 Incidences du défaut de facturation conforme. Les irrégularités pouvant affecter la fac-

10. Arr. n° 83/50/A, 3 oct. 1983 relatifs à la publicité des prix et de services, *BOSP* 4 oct. 1983, n° 19, p. 309 – V. ss nos 731.91 s.
11. V. ss nos 142.00 s.
12. CGI, art. 1649 *quater* G.
13. CGI, Annexe II, art. 371 Y, 2° – V. ss nos 413.22 s.
14. Dir. 2006/112, Conseil, 28 nov. 2006, art. 226.
15. CJUE 15 sept. 2016, *Barlis 06 – Investimentos Imobiliários e Turísticos SA c/Autoridade Tributária e Aduaneira,* aff. C-516/14 ; *RTD eur.* 2017. 147, Chron. A. Maitrot de la Motte – V. ss nos 413.44 s.
16. V. ss nos 522.10 s.
17. V. ss nos 731.111 s.
18. Civ. 1re, 23 janv. 2019, n° 17-30.989, NP.

turation au regard des règles applicables[1], ne font pas obstacle à la fixation par le juge de l'honoraire, en application des critères[2] de l'article 10 de la loi du 31 décembre 1971[3], du montant des honoraires dus à l'avocat[4].

Pour autant, ces mêmes irrégularités sont de nature à s'opposer à la reconnaissance de l'existence d'un paiement des honoraires après service rendu[5].

§ 2 Droit commun

731.30 **Plan.** L'avocat doit émettre une facture pour toute demande de paiement de provisions, avance de frais, honoraires, frais ou débours devant respecter un certain nombre d'obligations communes (A) et faisant l'objet de dispositions particulières en matière de facturation électronique laquelle est, dans certains cas, obligatoire (B).

A. Règles générales

731.41 **Obligation de facturation.** L'avocat doit, pour toute demande de paiement de provisions et avance de frais[6], honoraires et frais[7], ou débours[8], établir une facture[9] à l'intention de son client, que ce dernier soit ou non un, professionnel.

Le compte détaillé remis par l'avocat à son client[10] ne dispense nullement d'une telle facturation[11].

731.42 **Contenu de la facture.** La facture doit comporter les mentions suivantes[12] :

1° Identification de l'avocat (dont son numéro de TVA intracommunautaire[13] et numéro Siret[14] ou Sirene) ;

2° Identification du client ;

3° Date d'émission et numéro de la facture ;

4° Détermination de la prestation effectuée (date, dénomination précise des services accomplis ou s'il s'agit d'une provision ou d'une avance de frais) ;

5° Prix (unitaire HT, global HT et TVA correspondante), ainsi que les éventuels rabais, remises, ristournes ou escomptes acquis. Lorsque la mention de la TVA fait défaut, la somme est considérée comme fixée en valeur TTC. ;

6° Date à laquelle le règlement doit intervenir, et conditions d'escompte applicable ;

7° Mention de l'adhésion à un centre de gestion agréé, sous la forme : « Membre d'une association agréée, le règlement par chèque et par carte bancaire est accepté ».

Tout document ou message qui modifie la facture initiale, et qui y fait référence à la facture initiale de façon spécifique et non équivoque est assimilé à une facture et doit comporter les mêmes mentions prévues[15].

731.43 **Mentions relatives à la TVA.** Les prestations y compris les honoraires tarifés[16], qu'il s'agisse de factures après services rendus, de frais mais pas de débours[17], ou de provisions, facturées par les avocats sont passibles de la TVA au taux ordinaire de 20 %, y compris lorsqu'ils s'adressent à une clientèle de particuliers ou qu'ils interviennent à l'aide juridictionnelle[18]. Les avocats non assujettis à la TVA (franchise de TVA[19]) doivent obligatoirement faire figurer sur leurs factures la mention : « TVA non applicable, article 293 B du code général des impôts »[20].

La réalisation par un avocat assujetti implanté en France d'une prestation au profit d'un assujetti implanté dans l'Union européenne (prestation de services entre entreprises, services B2B), n'est pas imposable à la TVA française : elle est, en principe, imposée à l'endroit où le preneur, ou l'établissement stable du preneur[21], bénéficiaire de la prestation est établi. L'avocat établit alors une facture sans TVA portant la mention : « autoliquidation ». Lorsqu'il s'agit d'une prestation fournie à un particulier (services B2C), elle est imposée en France, et il appartient à l'avocat de facturer la TVA au taux de droit commun[22].

1. V. s^s^ n° 731.41.
2. V. s^s^ n°s 721.31 s.
3. L. n° 71-1130, 31 déc. 1971.
4. Civ. 2e, 16 juill. 2020, n° 19-17.331, P II ; *D.* 2020. 1522 ; *D.* 2021. 104, obs. T. Wickers ; *JCP* 2020. 1101, note C. Caseau-Roche ; *Gaz. Pal.* 22 sept. 2020, p. 33, obs. C. Berlaud ; *JCP* 2020. 1294 n° 4, obs. C. Caseau-Roche ; *Gaz. Pal.* 6 oct. 2020, p. 42, obs. J. Villacèque – Civ. 2e, 16 juill. 2020, n° 19-17.334, NP ; *D.* 2021. 110, obs. Th. Wickers.
5. V. s^s^ n° 732.155.
6. V. s^s^ n° 731.111.
7. V. s^s^ n°s 731.121 s.
8. V. s^s^ n°s 731.131 s.
9. CNB, Comm. RU, avis n° 2003-032, 28 nov. 2003 ; C. avocat 2021, s^s^ L. 31 déc. 1971, art. 10, avis CNB, note 62.
10. V. s^s^ n° 731.141.
11. Civ. 2e, 19 oct. 2006, n° 05-10.428, NP ; *JCP* 2007. I. 174, n° 20, obs. R. Martin.
12. CGI, art. 289, II, et ann. II, art. 242 *nonies* A – C. com., art. L. 441-9.
13. CGI, art. 286 *ter*.
14. C. com., art. R. 123-221.
15. CGI, art. 289, I, 5.
16. V. s^s^ n°s 722.31 s.
17. V. s^s^ n° 723.24.
18. V. s^s^ n°s 751.501.
19. V. s^s^ n° 811.212.
20. CGI, ann. II, art. 242 *nonies* A, 12°.
21. CGI, art. 259, 1°).
22. CGI, art. 259, 2°).

On notera que les services B2B et B2C se rattachant à un bien immeuble sont imposés à l'endroit où ce bien immeuble est situé. Cela concerne les services juridiques relatifs au transfert d'un titre de propriété immobilière, à l'octroi ou au transfert de certains droits sur un bien immeuble, à l'octroi ou au transfert de droits réels immobiliers qui sont considérés comme modifiant le statut juridique d'un immeuble. Il en est, notamment, ainsi pour l'établissement des actes et conventions par lesquels des droits réels ou personnels sont consentis sur un immeuble (rédaction des actes translatifs de propriété, rédaction de baux). À l'inverse, ne peuvent être considérés comme modifiant juridiquement l'immeuble et relèvent par conséquent du principe général, les prestations de conseil juridique antérieures à l'établissement d'un contrat de vente d'un bien immeuble (tendant, par exemple, à déterminer le régime fiscal applicable à l'opération envisagée ou à évaluer les conditions dans lesquelles le transfert du bien immeuble pourra se réaliser) ou dont la finalité immédiate n'est pas la modification juridique de l'immeuble mais concerne un différend au sujet d'un contrat portant sur un immeuble (par exemple : litige sur l'existence même d'un contrat ou sur l'exécution de ce contrat).

De même que, les services B2B et B2C liés à l'admission à des évènements culturels, artistiques, sportifs, scientifiques, éducatifs, de divertissement ou similaire seront imposés à l'endroit où ces évènements ont effectivement lieu, ce qui sera le cas, par exemple, de formations organisées en France.

La réalisation par un avocat assujetti implanté en France, d'une prestation au profit d'un assujetti (B2B) ou d'un non assujetti (B2C) [1] implanté hors de l'Union européenne n'est pas imposable à la TVA française. L'avocat établit alors une facture sans TVA portant la mention : « TVA non applicable, art. 259 B du code général des impôts ».

731.44 **Numérotation de chaque facture.** Les factures doivent comporter la date d'émission et un numéro unique basé sur une séquence chronologique et continu, la numérotation pouvant toutefois être établie dans ces conditions par séries distinctes lorsque les conditions d'exercice de l'activité de l'avocat le justifient et à condition de faire de ces séries distinctes un usage conforme à leur justification initiale [2].

731.45 **Établissement et conservation de la facture.** La facture est établie en double exemplaire [3], l'un pour le client, l'autre pour la comptabilité de l'avocat et qui devra être conservé pendant 10 ans [4].

L'authenticité de l'origine, l'intégrité du contenu et la lisibilité d'une facture, doivent être assurées, tant par l'avocat que par le client, à compter du moment de son émission et jusqu'à la fin de sa période de conservation [5].

731.46 **Périodicité de la facturation.** Les modalités de facturation doivent être prévues dans la convention d'honoraires [6] : mensuelle, trimestrielle, par étapes en fonction de l'avancement du dossier, et des phases successives inidentifiables de celui-ci, voire à l'achèvement du dossier à condition que la durée soit raisonnable faute de quoi une facture globale en fin de dossier après une longue période de réalisation de prestations pourrait apparaître comme n'étant pas en conformité avec les dispositions légales.

En effet, en principe, l'obligation de facturation s'impose dès la réalisation de la prestation de service [7], obligation qui doit s'analyser à l'aune de la notion de prestation de l'avocat et au regard de la nature du dossier.

Toutefois, il est possible d'établir des factures de manière périodique pour plusieurs livraisons de prestations de services distinctes réalisées au profit d'un même preneur pour lesquelles la taxe devient exigible au cours d'un même mois civil [8]. Cette facture est établie au plus tard à la fin de ce même mois [9]. Il est également possible d'établir des factures différées lorsque le bénéficiaire de la prestation de service est établi hors de France [10].

731.47 **Frais de recouvrement.** La perception de frais de recouvrement amiable est, sauf dans les rapports entre professionnels [11], prohibée, le principe étant que les frais de recouvrement amiable, à l'inverse des frais d'exécution forcée, restent à la charge du créancier [12].

Le code de la consommation prohibe expressément le fait de percevoir d'un consommateur de tels frais de recouvrement amiable [13]. La violation de cette interdiction est un délit passible d'un emprisonnement de deux ans et d'une amende de 300 000 euros. Le montant de l'amende pouvant être porté, de manière proportionnée aux avantages tirés du délit, à 10 % du chiffre d'affaires moyen annuel, calculé sur les trois derniers chiffres d'affaires annuels connus à la date des faits [14].

1. CGI, art. 259, B, 4°).
2. CGI, ann. II, art. 242 *nonies* A.
3. CGI, art. 289, I, 4. – C. com., art. L. 441-9.
4. LPF, art. L. 102 B – C. com., art. L. 123-22.
5. CGI, art. 289 V.
6. V. s[s] n°s 712.131 s. et 713.181 s.
7. CGI, art. 289, I, 3., – C. com., art. L. 441-9.
8. *BOI*-TVA-DECLA-30-20-10-20140113.
9. CGI, art. 289, I, 3., al. 3.
10. CGI, art. 289, I, 3., al. 2.
11. V. s[s] n°s 731.84 s.
12. C. pr. exéc., art. L. 111-8.
13. C. consom., art. L. 121-21.
14. C. consom., art. L. 132-23.

731.48 Omission ou inexactitude – Sanctions. Toute omission ou inexactitude constatée dans les factures ou documents en tenant lieu donne lieu à l'application d'une amende de 15 euros.

Toutefois, le montant total des amendes dues au titre de chaque facture ou document ne peut excéder le quart du montant qui y est ou aurait dû y être mentionné [1].

En outre, le fait de travestir ou dissimuler l'identité ou l'adresse de ses clients, les éléments d'identification mentionnés à l'article 289 du CGI et aux textes pris pour son application ou de sciemment accepter l'utilisation d'une identité fictive ou d'un prête-nom dans la facture, ainsi que le fait de délivrer une facture ne correspondant pas à une prestation de service réelle ou le fait de ne pas délivrer de facture entraîne l'application d'une amende égale à 50 % du montant des sommes versées ou reçues [2].

B. Facturation électronique

731.50 Plan. La facturation électronique fait l'objet de dispositions particulières destinées à en garantir l'intégrité (1°) et est obligatoire en matière de marchés publics (2°).

1° Principes généraux

731.61 Facture électronique sous diverses formes. Une facture électronique peut être constituée sous la forme d'un fichier créé dans un format quel qu'il soit (Word, pdf) envoyé, soit directement par l'avocat soit par le biais de plateformes de services appartenant à des sociétés tierces, par courriel [3], auquel cas l'avocat doit, soit mettre en place des contrôles établissant une piste d'audit fiable [4], soit recourir ou à la signature électronique avancée fondée par un certificat qualifié et créé par un dispositif sécurisé de création de signatures [5] ou à une des signatures électroniques conformes au référentiel général de sécurité (RGS) de niveau 2 ou 3 étoiles [6], garantissant de façon autonome l'authenticité de l'origine et l'intégrité du contenu des factures.

Si l'avocat sécurise les factures qu'il émet au moyen d'une signature électronique, le destinataire de ces mêmes factures devra conserver la signature et le certificat électronique qui y sont attachés afin de démontrer l'authenticité de leur origine, l'intégrité de leur contenu et leur lisibilité [7].

Il convient de rappeler que, ni une facture initialement conçue sur support papier puis numérisée, envoyée et reçue par courriel, ni une facture créée sous forme électronique qui est envoyée et reçue sous format papier, ne constituent des factures électroniques.

Enfin, la transmission et la mise à disposition des factures électroniques sont soumises à l'acceptation du destinataire [8], acceptation qui pourra être prévue dans la convention d'honoraires [9] ou les conditions générales des prestations [10].

731.62 Échange de données informatisées (EDI). Une facture électronique peut également prendre la forme non pas d'un fichier distinct joint au courriel mais d'un message structuré selon une norme convenue entre l'avocat et son client [11], permettant une lecture par ordinateur et pouvant être traitée automatiquement et de manière univoque [12].

L'on parle alors d'échange de données informatisées (EDI) [13] lequel doit respecter les conditions posées par les articles 96 G et 96 H de l'annexe III au CGI et être conforme aux normes prévues par l'article 41 *septies* de l'annexe IV au CGI tenant à l'identité du message émis et reçu, la constitution d'une liste récapitulative et d'un fichier des partenaires, l'archivage des données [14] et la restitution des données en langage clair.

2° Marchés publics

731.71 Obligation de facturation électronique en matière de marchés publics. Depuis le 1er janvier 2020 [15], la facture électronique est une obligation

1. CGI, art. 1737 – AUSSI : V. s[s] n° 723.189.
2. CGI, art. 1737.
3. CGI, art. 289, VII, 1° et 2°.
4. *BOI*-TVA-DECLA-30-20-30-20.
5. CGI, Annexe III, art. 96 F – *BOI*-TVA-DECLA-30-20-30-30 – C. civ., art. 1367 et Décr. n° 2017-1416, 28 sept. 2017, *JO* 30 sept. ; *D.* 2017. 1975, obs. Th. Douville – Th. Douville, « La signature électronique après le règlement européen 910/2014 du 23 juillet 2014 (eIDAS) », *D.* 2016. 2124.
6. Arr. 13 juin 2014 portant approbation du référentiel général de sécurité et précisant les modalités de mise en œuvre de la procédure de validation des certificats électroniques, NOR : PRMD1413745A, *JO 24 juin, p. 10361* – Arr. 10 juin 2015 prorogeant les délais de mise en œuvre du référentiel général de sécurité, *JO* 18 juin, p. 10003, NOR : PRMD1513894A.
7. *BOI*-TVA-DECLA-30-20-30-30.
8. CGI, art. 289 VI.
9. V. s[s] n°s 713.181 s.
10. V. s[s] n°s 712.161 s.
11. CGI, art. 289, VII, 3°.
12. Recomm. 94/820, Commission, 19 oct. 1994 concernant les aspects juridiques de l'échange de données informatisées [EDI], *JOCE L* 338, 28 déc., p. 98.
13. CGI, annexe III, art. 96 g – *BOI*-TVA-DECLA-30-20-30-40 – J. Huet, « Aspects juridiques de l'EDI, Échange de Données Informatisées (Electronic Data Interchange) », *D.* 1991. 181.
14. *BOI*-CF-COM-10-10-30-10.
15. Ord. n° 2014-697, 26 juin 2014 relative au développement de la facturation électronique, *JO* 27 juin, p. 10622 – G. Clamour, « Codification de la facturation électronique ▶

pour toutes factures émises par un avocat à destination de l'état, des collectivités territoriales ou de leurs établissements publics [1].

Un portail de facturation, dénommé *Chorus Pro* [2], également utilisable pour les frais de justice en matière criminelle, correctionnelle et de police [3], permet le dépôt, la réception et la transmission des factures sous forme électronique aux administrations concernées [4]. Lorsqu'une facture lui est transmise en dehors du portail de facturation, la personne publique destinataire ne peut la rejeter qu'après avoir informé et invité l'émetteur par tout moyen, de l'obligation d'utiliser *Chorus Pro* [5].

Les factures sont payées dans un délai [6] de 30, 50 ou 60 jours suivant les cas [7], à compter de la date de notification au pouvoir adjudicateur du message électronique l'informant de la mise à disposition de la facture sur *Chorus Pro* [8].

731.72 Contenu de la facture en matière de marchés publics. Lorsque l'avocat facture dans le cadre d'un marché public, le contenu des factures est similaire à celui prévu par le Code général des impôts [9], mais doit, en outre, préciser :

1° En cas de contrat exécuté au moyen de bons de commande [10], le numéro du bon de commande ou, dans les autres cas, les références du contrat ou le numéro de l'engagement attribué par le système d'information financière et comptable du destinataire de la facture ;

2° La désignation du payeur, avec l'indication, pour les personnes publiques, du code d'identification du service chargé du paiement [11].

§ 3
En présence d'un client professionnel

731.81 Contenu de la facture en présence d'un professionnel. Lorsque le client de l'avocat est un professionnel, le contenu des factures est similaire à celui prévu par le code général des impôts [12], mais doit, en outre, préciser :

1° L'adresse de facturation si elle est différente de celle du client ;

2° Le numéro du bon de commande lorsqu'il a été préalablement établi par le client ;

3° Les délais de règlement [13], le taux des pénalités exigibles le jour suivant la date de règlement inscrite sur la facture [14] ainsi que le montant de l'indemnité forfaitaire pour frais de recouvrement due au créancier en cas de retard de paiement [15].

La notion de professionnel, s'entend de toute personne physique ou morale, publique ou privée, qui agit à des fins entrant dans le cadre de son activité commerciale, industrielle, artisanale, libérale ou agricole, y compris lorsqu'elle agit au nom ou pour le compte d'un autre professionnel [16], ce qui exclu, non seulement les consommateurs, personnes physiques, mais également toute personne morale ayant la qualité de non-professionnel compte tenu de son activité [17].

731.82 Délai de règlement. La facture doit indiquer le délai de règlement, lequel doit, en tout état de cause, être indiqué expressément ainsi que ses modalités de computation (quantième du jour, du mois et de l'année) dans la convention d'honoraires [18].

Par défaut ce délai est fixé au 30e jour suivant la date de réalisation de la prestation de service [19]. Il court à compter de la date à laquelle l'avocat a délivré la facture au client comme il est tenu de le faire dès la réalisation de la prestation de services, date à compter de laquelle les taux d'intérêt des pénalités de retard commencent à courir [20].

Le délai convenu entre les parties pour régler les sommes dues ne peut dépasser soixante jours à compter de la date d'émission de la facture. En cas de facture périodique le délai convenu entre les parties ne peut dépasser quarante-cinq jours à compter de la date d'émission de la facture [21].

► dans la commande publique », *JCP* 2019. 845 – Dir. 2014/55, Parlement et Conseil, 16 avr. 2014 relative à la facturation électronique dans le cadre des marchés publics, *JOUE* 6 mai – Décis. 2017/1870, Commission européenne, 16 oct. 2017 concernant la publication de la référence de la norme européenne sur la facturation électronique et de la liste des syntaxes en vertu de la directive 2014/55/UE du Parlement européen et du Conseil, *JOUE* 17 oct., p. 19.

1. CCP, art. L. 2192-1.
2. CCP, art. L. 2192-5 et R. 2192-3 – https://chorus-pro.gouv.fr
3. V. ss nos 723.151 et 742.101 s.
4. CCP, art. L. 2192-5 et R. 2192-3.
5. CCP, art. R. 2192-3, al. 2.
6. CCP, art. L. 2192-10 et L. 2192-12 à L. 2192-14.
7. CCP, art. R. 2192-10 et R. 2192-11.
8. CCP, art. R. 2192-12-1 et R. 2192-15.
9. V. ss nos 721.11 s.
10. V. ss no 713.222.
11. CCP, art. D. 2192-2.
12. V. ss nos 721.11 s.
13. V. ss no 731.82.
14. V. ss no 731.83.
15. C. com., art. L. 441-9 ; mod. par ord. no 2019-359, 24 avr. 2019, art. 1er – V. ss no 731.84 – POUR UN EXEMPLE, V. ss no 032.41.
16. C. consom., art. liminaire.
17. Civ. 1re, 5 févr. 2020, no 18-18.854, P ; *JCP* 2020. 222 – V. ss nos 713.314 s.
18. C. com., art. L. 441-9 ; mod. par ord. no 2019-359, 24 avr. 2019, art. 1er – V. ss nos 713.181 s.
19. C. com., art. L. 441-10 – Dir. 2011/7, Parlement et Conseil, 16 févr. 2011.
20. Civ. 2e, 3 mai 2018, no 17-13.167, P II, no 88 ; *JCP* 2018. 599, obs. C. Caseau-Roche ; *JCP* 2018. 1023, no 3, obs. C. Caseau-Roche Roche ; *D.* 2018. 1020 ; *D.* 2019. 98, obs. Th. Wickers ; *Gaz. Pal.* 5 juin 2019, p. 36, obs. C. Berlaud.
21. C. com., art. L. 441-10.

Il est toutefois possible de fixer un autre délai, plus long ou plus court, notamment un paiement comptant à réception de la facture[1], mais cette condition particulière devra avoir été expressément prévue dans la convention d'honoraires[2].

731.83 Conditions d'application et taux d'intérêt des pénalités de retard. Le taux d'intérêt des pénalités de retard exigibles le jour suivant la date de règlement figurant sur la facture ne peut être inférieur à trois fois le taux d'intérêt légal. Sauf dispositions contraires convenues entre l'avocat et son client, ce taux est égal au taux d'intérêt appliqué par la Banque centrale européenne à son opération de refinancement la plus récente majoré de 10 points de pourcentage. Dans ce cas, le taux applicable pendant le premier semestre de l'année concernée est le taux en vigueur au 1er janvier de l'année en question. Pour le second semestre de l'année concernée, il est le taux en vigueur au 1er juillet de l'année en question.

Les pénalités de retard sont exigibles sans qu'un rappel ne soit nécessaire[3].

731.84 Indemnité forfaitaire de compensation des frais de recouvrement[4]. Depuis le 1er janvier 2013[5], tout client professionnel qui règle une facture après l'expiration du délai de paiement qui y est indiqué doit verser à l'avocat une indemnité forfaitaire de compensation des frais de recouvrement[6] qui est fixée à 40 euros[7].

Cette indemnité est due de plein droit dès le premier jour de retard de paiement, et a pour objet d'inciter les clients professionnels à respecter les délais de paiement et à indemniser l'avocat pour les frais de recouvrement, les coûts administratifs et les coûts internes liés au retard de paiement. Et il appartient au juge de l'honoraire de condamner le client professionnel à la payer en sus des honoraires ainsi que de statuer sur les intérêts moratoires[8].

Cette indemnité, non soumise à la TVA, est due en sus des pénalités de retard et n'écarte pas la possibilité pour l'avocat de demander une indemnisation complémentaire lorsque les frais de recouvrement exposés sont supérieurs à 40 euros, et ce, sur justificatifs. Elle doit être rattachée à l'exercice fiscal de son encaissement ou de son paiement[9].

L'avocat ne peut invoquer le bénéfice de ces indemnités lorsque l'ouverture d'une procédure de sauvegarde, de redressement ou de liquidation judiciaire interdit le paiement à son échéance de la créance qui lui est due[10].

731.85 Défaut de facturation – Omission d'une mention – Non-conservation – Sanctions administratives. Le défaut de facturation, l'omission d'une mention de celle-ci, ou encore la non conservation de la facture, ainsi que l'omission de la mention de l'indemnité forfaitaire de compensation des frais de recouvrement, est puni d'une amende administrative, prononcée par l'Autorité de la concurrence[11], dont le montant ne peut excéder 75 000 euros pour une personne physique et 375 000 euros pour une personne morale.

Le maximum de l'amende encourue est porté à 150 000 euros pour une personne physique et 750 000 euros pour une personne morale en cas de réitération du manquement dans un délai de deux ans à compter de la date à laquelle la première décision de sanction est devenue définitive[12].

731.86 Délais de paiement – Sanctions administratives. L'Autorité de la concurrence[13] peut prononcer des sanctions administratives, à savoir une amende dont le montant ne peut excéder 75 000 euros pour une personne physique et 2 000 000 euros pour une personne morale, en cas de non-respect des délais de paiement ou des modalités de computation des délais de paiement convenues entre les parties, absence d'indication des conditions de règlement ainsi que de fixation d'un taux ou des conditions d'exigibilité des pénalités de retard non conformes.

Le montant de l'amende encourue est doublé en cas de réitération du manquement dans un délai de deux ans à compter de la date à laquelle la première décision de sanction est devenue définitive.

Sous les mêmes sanctions, sont interdites toutes pratiques ayant pour effet de retarder abusivement le point de départ des délais de paiement[14].

1. C. com., art. L. 441-10.
2. V. s[s] n° 713.273.
3. C. com., art. L. 441-10, II.
4. A.-S. Lucas-Puget, « La clause d'indemnité de recouvrement amiable », *RCA* 2018, formule n° 7.
5. L. n° 2012-387, 22 mars 2012 relative à la simplification du droit et à l'allégement des démarches administratives, *JO* 23 mars, p. 5226, art. 121 – Décr. n° 2012-1115, 2 oct. 2012 fixant le montant de l'indemnité forfaitaire pour frais de recouvrement dans les transactions commerciales prévue à l'article L. 441-6 du code de commerce, *JO* 4 oct., p. 15521.
6. C. com., art. L. 441-10, II, et D. 441-5.
7. C. com., art. D. 441-5 ; mod. par décr. n° 2021-211, 24 févr. 2021, art. 3.
8. Civ. 2e, 3 mai 2018, n° 17-11.926, P II, n° 89 ; *JCP* 2018. 1023, n° 3, obs. C. Caseau-Roche ; *D.* 2018. 1020 ; *D.* 2019. 98, obs. Th. Wickers ; *Gaz. Pal.* 5 juin 2019, p. 36, obs. C. Berlaud.
9. CGI, art. 237 *sexies*.
10. C. com., art. L. 441-10, II – V. s[s] n° 032.41.
11. C. com., art. L. 465-2.
12. C. com., art. L. 441-9, II.
13. C. com., art. L. 465-2.
14. C. com., art. L. 441-16.

§ 4
Obligation de délivrance d'une note

731.91 Obligation d'établir une note à l'achèvement de toute prestation d'une valeur supérieure à 25 euros. Dans tous les cas, l'avocat doit, le cas échéant, pour toute prestation d'une valeur supérieure à 25 euros TTC, délivrer à son client, une fois que la prestation a été effectuée et avant paiement du prix, une note[1] conforme aux dispositions de l'arrêté du 3 octobre 1983[2] relatif à la publicité des prix et de services modifiés par l'arrêté du 15 juillet 2010[3]. Pour les prestations inférieures à 25 euros elle doit être délivrée si le client le demande[4].

Cette obligation est distincte de l'obligation de facturation mais peut se cumuler avec dans le cadre d'une facture unique.

731.92 Formalisme de la note. La note peut être représentée par un ticket, une facture, établie dans le cadre des obligations précitées[5], ou tout autre justificatif et doit indiquer les coordonnées de l'avocat, le nom du client, sauf si ce dernier s'y oppose, la date et le lieu d'exécution de la prestation, le décompte détaillé de l'achat avec mention du décompte détaillé en quantité et prix de chaque prestation fournies (soit le taux horaires et le nombre d'heures travaillées) sauf si les prestations ont donné lieu préalablement à leur exécution à un devis descriptif détaillé accepté par le client et conforme aux travaux exécutés, la somme totale à payer TTC, le montant hors taxe (HT), le taux de TVA ainsi que la date de rédaction de la note[6].

Elle est établie en double exemplaire, un pour le client et l'autre conservé par l'avocat pendant une durée de deux ans et classée par ordre de rédaction[7].

SECTION 2
MODALITÉS DE LA FACTURATION

731.100 Plan – Distinction des provisions et des honoraires. Il convient de bien distinguer la facturation de provisions sur honoraires ou frais[8] (§ 1), sujette à restitution et qui ne constitue qu'un paiement provisionnel, de la facturation des honoraires pour prestations fournies[9] (§ 2), en déduction de laquelle viennent les provisions effectivement payées, et qui elle seule est susceptible de caractériser un paiement effectué après service rendu[10].

La distinction entre les provisions et les honoraires définitifs résulte de l'examen des conventions intervenues entre l'avocat et son client et notamment des modalités de facturation prévues dans la convention d'honoraires ainsi que des correspondances échangées entre les parties. Il s'agit d'une question de fait que les juges du fond tranchent souverainement[11]. L'avocat doit, en outre facturer distinctement, le cas échéant, ses débours (§ 3), et détenir, à tout moment, par dossier, une comptabilité précise et distincte des honoraires et de toute somme qu'il a pu recevoir et de l'affectation qui leur a été donnée (§ 4).

§ 1
Provisions – Avances de frais

731.111 Provision. L'avocat qui accepte la charge d'un dossier est incité à demander des provisions à valoir sur honoraires (provisions sur honoraires) ou sur ses frais (avance de frais) même s'il ne s'agit pas d'une obligation comme le précise l'article 11.6 du RIN.

En effet il n'est pas possible, tant que les prestations ne seront pas effectuées, d'en déterminer avec précision les conditions d'exécution qui sont fonction d'éléments encore inconnus (difficultés, résultat) ce qui justifie l'exigence d'une provision.

731.112 Montant de la provision. La provision[12] sur honoraire ou l'avance de frais ne peut aller au-delà d'une estimation raisonnable des honoraires ou frais et débours probables entraînés par le dossier[13].

Afin de ne pas tromper le client sur la prévisibilité de l'honoraire, il n'est pas non plus souhaitable que cette provision soit trop modeste eu égard au montant global de l'honoraire réclamé.

731.113 Défaut de paiement de la provision. À défaut de paiement de la provision demandée, l'avocat peut renoncer à s'occuper de l'affaire ou s'en retirer, à condition d'en informer son client en temps utile pour que les intérêts de celui-ci soient sauvegardés[14]. Il fournit à son client toute information nécessaire à cet effet[15].

1. A. Portmann, « Transparence des honoraires d'avocats : la Dgccrf pointe des "anomalies" », *D. actu.* 9 sept. 2015.
2. Arr. n° 83/50/A, 3 oct. 1983 relatifs à la publicité des prix de tous les services, *BOSP* n° 19, 4 oct., p. 309 ;
3. Arr. 15 juill. 2010, relatif à la publicité des prix, *BOCC*, n° 8, 9 sept., NOR : ECEC1022527A.
4. Arr. n° 83/50/A, 3 oct. 1983, art. 1er.
5. V. ss nos 731.41 s.
6. Arr. n° 83/50/A, 3 oct. 1983, art. 3.
7. Arr. n° 83/50/A, 3 oct. 1983, art. 4.
8. V. ss nos 731.111 s.
9. V. ss nos 732.111 s.
10. V. ss nos 732.152 s.
11. Civ. 1re, 12 févr. 1974, n° 72-13.419, P I, n° 43 – Civ. 2e, 7 janv. 2010, n° 08-20.548, NP.
12. A. Boujeka, *La provision : Essai d'une théorie générale en droit français*, « Bibliothèque de droit privé », t. 349, LGDJ, 2001.
13. RIN, art. 11.6 – Décr. n° 2005-790, 12 juill. 2005 relatif aux règles de déontologie de la profession d'avocat, *JO* 16 juill., n° 22, art. 11.
14. V. ss nos 484.21 s.
15. RIN, art. 11.6 – Décr. n° 2005-790, 12 juill. 2005, art. 11.

Si le client refuse de verser une provision qui couvre une partie des travaux déjà faits par l'avocat, celui-ci peut saisir le bâtonnier d'une demande de fixation de ses honoraires [1].

§ 2 Honoraires et frais pour prestations fournies

731.121 Facture des prestations et relevé de diligences. L'avocat peut établir périodiquement des notes d'honoraires, de frais et débours avec un détail précis jour par jour des prestations réalisées pour le compte du client, chaque intervention étant ainsi comptabilisée et notamment les entretiens téléphoniques, rendez-vous avec le client, réception de télécopies, examen de pièces adverses, audience et sa préparation, correspondances, et dont il déduira le montant des provisions perçues.

731.122 Importance de la facturation des prestations. Dès lors que le client aura réglé spontanément les sommes ainsi demandées, il est censé avoir accepté ces honoraires qui ne sont pas des provisions sur honoraires [2], mais des factures d'honoraires pour prestations fournies et ne saurait les remettre en cause dans le cadre d'un litige [3].

Cela permet de sécuriser le paiement des honoraires [4] à condition de facturer régulièrement les prestations effectivement réalisées et de ne pas se contenter de solliciter des provisions [5] pour ne faire un compte final qu'à la fin du dossier comme le font beaucoup d'avocats.

§ 3 Débours

731.131 Notion de débours. Les débours, au sens fiscal du terme, sont des frais [6] dont le montant n'est pas compris dans l'assiette de la TVA dès lors qu'il s'agit de dépenses effectuées au nom et pour le compte du client et que celles-ci sont portées en comptabilité dans des comptes de passage et que l'avocat est en mesure de justifier auprès de l'administration fiscale de la nature et du montant exact de ces frais, qui ne peuvent être facturés qu'à prix coûtant, ayant la nature de débours [7].

731.132 Contenu des débours. Les débours concernent les droits de plaidoirie [8], les frais de publicité légale et de publicité des ventes judiciaires, les frais de greffe, les honoraires d'expert, les frais et émoluments des huissiers de justice ainsi que les droits d'enregistrement avancés par l'avocat [9].

731.133 Distinction des débours des autres frais. Il convient de ventiler les provisions perçues au titre d'une avance sur débours, dès lors que la nature des débours qui seront engagés est décrite et que les sommes correspondantes sont inscrites en compte tiers (la TVA devient due dès lors que ces mêmes sommes sont inscrites en compte de produits), de celles perçues au titre d'une avance sur honoraires ou autres frais [10].

731.134 Débours et Carpa. Le règlement intérieur de la Carpa de Paris précise que, si l'avocat le souhaite, les débours avancés par le client peuvent être assimilés à un règlement pécuniaire et transiter par la Carpa [11].

731.135 Information particulière en matière de débours. En matière de débours, l'avocat doit informer préalablement et expressément son client de la liste des débours qu'il est susceptible de lui facturer en sus de ses honoraires. Cette information devra figurer dans la convention d'honoraires [12].

Les factures ou relevés de facturation devront faire ressortir distinctement les débours, eux-mêmes dissociés suivant qu'il s'agit de débours *stricto sensu*, au sens de l'article 267, II, 2°), du CGI, ou de déboursés [13], ces derniers demeurant soumis à la TVA.

731.136 Obligations comptables. Lorsqu'il facture des débours, l'avocat doit mettre en place un système comptable permettant d'affecter les débours par nature et par client ainsi que de conserver les justificatifs et les modes de calcul et de répartition.

§ 4 Comptabilité précise et distincte des honoraires

731.141 Comptabilité précise et distincte des honoraires sauf en cas de forfait global. L'avocat détient à tout moment, par dossier, une comptabilité précise et distincte des honoraires et de toute somme qu'il a pu recevoir et de l'affectation qui leur a été donnée, sauf en cas de forfait global, aux termes

1. V. s^s n°s 741.21 s.
2. V. s^s n°s 731.111 s.
3. V. s^s n°s 732.141 s.
4. V. s^s n° 732.157.
5. V. s^s n°s 731.111 s.
6. V. s^s n°s 723.21 s.
7. CGI, art. 267, II, 2°.
8. V. s^s n°s 723.45 s.
9. Instr. 26 mars 1991, *BOI* 3 A-7-91.
10. V. s^s n°s 723.24 s. et 731.111 s.
11. RIBP, ann. X – V. s^s n°s 483.121 s.
12. V. s^s n°s 713.181 s.
13. V. s^s n°s 723.21 s.

de l'article 12 du décret du 12 juillet 2005 et de l'article 11.7 du RIN.

731.142 Remise du compte détaillé au client. Avant tout règlement définitif, l'avocat doit remettre à son client « un compte détaillé » qui fera ressortir distinctement les frais (déplacements...) [1], déboursés (timbres fiscaux, droit d'enregistrement...) [2], les émoluments tarifés (rémunération tarifée des huissiers, notaires...) et les honoraires [3].

Il devra porter mention des sommes précédemment reçues à titre de provision ou avance de frais [4].

731.143 Demande du compte détaillé. Le « compte détaillé » devra également être délivré, à la demande du client, du bâtonnier, du président du tribunal judiciaire, ou du premier président de la cour d'appel, saisi d'une contestation en fixation des honoraires et débours [5] ou en matière de taxe [6].

1. V. s^s n°s 723.21 s.
2. V. s^s n°s 731.131 s.
3. V. s^s n°s 731.121 s.
4. V. s^s n°s 731.111 s.
5. V. s^s n°s 741.00 s.
6. SUR la légalité de l'article 12 du décret : CE 15 nov. 2006, *Krikorian*, req. n° 283475, *Lebon T ; RTD civ.* 2007. 67, obs. R. Encinas de Munagorri ; *JCP* 2007. II. 10001, note R. Martin ; *JCP* 2007. I. 151, n° 2, obs. S. Bortoluzzi – V. s^s n°s 742.00 s.

CHAPITRE

732. Paiement de la rémunération

SECTION 0 ORIENTEUR

732.00 **Sommaire du chapitre.**

Division. Le paiement de la rémunération respecte des modalités (sect. 1), de règlement et de recouvrement (sect. 2) ayant leurs effets (sect. 3).

732.01 **Textes applicables.**

TEXTES TITRÉS

• **Décr. n° 91-1197, 27 nov. 1991**

art. 241 [Prélèvement sur le sous-compte Carpa]

• **Décr. n° 2005-790, 12 juill. 2005**

art. 11 [Provision]

art. 12 [Compte détaillé]

• **RIN**

art. 11.3 [Modes prohibés de rémunération]

art. 11.5 [Modes de règlement des honoraires]

art. 11.7. [Compte détaillé définitif]

art. 19.4 [Prestations juridiques en ligne – Paiement des prestations de l'avocat]

• **RIBP**

P. 11.5.1 [Règlement des honoraires par un tiers]

732.02 **Jurisprudence de référence.**

> L'attribution en nature implique que la valeur des objets attribués ait été fixée préalablement

• **Civ. 2e, 19 nov. 2009,** n° 07-13.268, P II, n° 269.

* V. s^s n° 732.101.

« Sur le premier moyen :

Attendu que Mme Z... et la société A... font grief à l'arrêt d'annuler les avenants du 9 mars 2003 et de les débouter de leurs demandes d'attribution d'œuvres d'art, [...]

Mais attendu que l'arrêt retient exactement que l'attribution en nature implique que la valeur des objets attribués ait été fixée préalablement à la demande formée devant le bâtonnier ;

Et attendu que, dès lors qu'elle constatait qu'aucune évaluation préalable des biens ne lui était proposée, la cour d'appel n'était pas tenue d'ordonner cette évaluation ;

D'où il suit que le moyen ne peut être accueilli. »

> Les tribunaux ne peuvent réduire le montant de l'honoraire dû dès lors que le principe et le montant de l'honoraire ont été acceptés par le client après service rendu

• **Civ. 2e, 7 mai 2003,** n° 01-17.495, P II, n° 130.

* V. s^s n°s 732.141, 741.281.

« Mais attendu que, si en application de l'article 10 de la loi du 31 décembre 1971, l'honoraire de résultat n'est licite que dans la mesure où il a été prévu, en sus de la rémunération des prestations effectuées, dans une convention préalable, le client qui, après service rendu, offre de payer librement à l'avocat un honoraire complémentaire ne peut se prévaloir, pour contester cet engagement, de l'absence de convention préalable à la prestation ainsi rémunérée ;

Et attendu que l'ordonnance retient que la société avait adressé à M. X... le 30 juin 1999 une lettre énonçant que "compte tenu de cette première étape pour laquelle je vous félicite, je vous propose de vous verser à titre d'honoraire de résultat la somme de 600 000 francs, somme versée en dehors de vos honoraires normaux pour lesquels nous sommes à jour" ; qu'ainsi, l'avocat était réglé par des honoraires payant ses diligences et un honoraire forfaitaire sur le résultat ; que cette convention est donc valable, étant passée sur proposition du client, professionnel averti dans son domaine et connaissant la valeur de l'argent et des rémunérations ; qu'elle doit recevoir application puisqu'elle est intervenue après service rendu ;

Que de ces constatations et énonciations, desquelles il résulte que la société, ayant payé l'honoraire de diligences, avait spontanément accepté de verser à M. X..., après service rendu, un honoraire de résultat du montant qu'elle avait elle-même déterminé, le premier président a exactement déduit que cet engagement, qui faisait la loi des parties, devait être exécuté. »

• **Civ. 2e, 5 juin 2003,** n° 01-15.411, P II, n° 169.

* V. s^{s} n°s 713.267, 721.14, 732.141.

« Vu l'article 1134 [devenu 1103, 1104 et 1193] du code civil, ensemble l'article 10 de la loi du 31 décembre 1971 ;

Attendu que selon le premier de ces textes, les conventions légalement formées tiennent lieu de loi à ceux qui les ont faites ; que selon le second, si les juges du fond apprécient souverainement d'après les conventions des parties et les circonstances de la cause le montant de l'honoraire dû à l'avocat, il ne leur appartient pas de le réduire dès lors que le principe et le montant de l'honoraire ont été acceptés par le client après service rendu, que celui-ci ait été ou non précédé d'une convention. »

• **Civ. 2e, 6 mars 2014,** n°13-14.922 , P II, n° 62.

* V. s^{s} n° 732.141.

« Vu l'article 10 de la loi n° 71-1130 du 31 décembre 1971, ensemble l'article 1134 [devenu 1103, 1104 et 1193] du code civil ;

Attendu que, selon le second de ces textes, les conventions légalement formées tiennent lieu de loi à ceux qui les ont faites ; que suivant le premier, si les juges du fond apprécient souverainement, d'après les conventions des parties et les circonstances de la cause, le montant de l'honoraire dû à l'avocat, il ne leur appartient pas de le réduire dès lors que le principe et le montant de l'honoraire ont été acceptés par le client après service rendu, que celui-ci ait ou non été précédé d'une convention ;

Attendu, selon l'ordonnance attaquée rendue par le premier président d'une cour d'appel, que Mme X... a confié en juin 2008 la défense de ses intérêts à la société Martin Y... et associés, devenue la société Y... Z... À... B..., (l'avocat), dans le litige l'opposant à son employeur ; qu'elle a été licenciée en décembre 2008 et a perçu une indemnité de licenciement ; qu'en mars 2009, elle a réglé une certaine somme au titre d'un honoraire de résultat selon convention signée le 30 juin 2008 ; que Mme X... a déchargé l'avocat de sa mission en novembre 2009 et a saisi le bâtonnier de l'ordre des avocats en juillet 2010 d'une contestation des honoraires qu'elle avait versés ;

Attendu que pour fixer à la somme de 8 252,40 euros le montant des honoraires de l'avocat et dire que ce dernier doit restituer la somme de 4 746,33 euros qui constitue un trop-perçu sur honoraires, l'ordonnance énonce que selon le décompte de diligences produit par l'avocat mentionnant le temps passé sur le dossier de Mme X..., il ressort qu'au 30 juin 2008, il avait estimé avoir travaillé 31 heures 16 minutes ; que les diligences effectuées postérieurement du 1er juillet au 13 novembre 2009, date de son dessaisissement, peuvent être évaluées à 46 heures 24 minutes, qui seront rapportées à 46 heures, soit compte tenu du tarif horaire applicable de 179,40 euros TTC, une somme totale de 8 252,40 euros TTC ;

Qu'en statuant ainsi, alors qu'il avait constaté que les honoraires avaient été payés à réception de la facture sans contestation et qu'aucun vice du consentement n'était établi, ce dont il résultait que le paiement des honoraires avait été effectué librement, après service rendu, le premier président a violé les textes susvisés ; ».

732.03 **Bibliographie indicative.**

* Aussi : v. s^{s} n° 73.03.

Thèse. K. Mechantaf, *Le financement de l'arbitrage par un tiers : Une approche française et internationale,* Th. Paris I, 2019.

Monographies. C. Kessedjian (dir.), *Le financement de contentieux par un tiers : Third Party Litigation Funding,* « Colloques », Éd. Panthéon-Assas, 2012 – S. Tandeau de Marsac (dir.), Ordre des avocats de Paris, *Honoraires de l'avocat,* Éd. Législatives, 2010.

Articles. A. Boujeka, « Droit cambiaire et déontologie des avocats », *D.* 2012. 2103 – M. de Fontmichel, « Les sociétés de financement de procès dans le paysage juridique français », *Rev. sociétés* 2012. 279 – Th. Fossier, F. Fresnel, « Les honoraires d'avocat pour la défense d'un incapable », *Gaz. Pal.* 14-16 avr. 2002, n° 104 à 106, p. 3 – D. Iweins, « Arbitrage international financé par un tiers : les règles déontologiques s'appliquent strictement », *Gaz. Pal.* 20 juin 2017, p. 9 – A. Makhlouf, « Le financement de l'arbitrage par les tiers », *RIDC* 2-2021, p. 353 s.

Rapport. J.-P. Ancel (dir.), *Financement du procès par les tiers,* Le Club des Juristes, juin 2014 – L.-G. Barret, *Le financement de procès par les tiers,* CNB, AG 20-21 nov. 2015 – ICC France, *Guide pratique sur le financement de l'arbitrage par les tiers (Third Party Funding),* 2014.

SECTION 1
MODALITÉS DE PAIEMENT

732.10 **Plan.** Les modalités de paiement de la rémunération de l'avocat imposent de déterminer l'auteur du règlement (§ 1) ainsi que les conditions du règlement (§ 2).

§ 1
Auteur du règlement

732.20 **Plan.** Le principe la rémunération de l'avocat doit lui être réglée par son client, ou de toute personne valablement mandatée par celui-ci (A) mais pas par un tiers (B).

A. Principe

732.31 Auteur du règlement : le client ou son mandataire. L'avocat ne peut percevoir des honoraires que de son client ou d'un mandataire de ce dernier[1], à défaut de quoi il est susceptible de commettre une faute disciplinaire[2].

732.32 Incapables majeurs et mineurs. Les principes sont ici les mêmes que pour la conclusion de la convention d'honoraires[3]. La qualification demeure tributaire des circonstances d'espèce et de l'origine des fonds, selon qu'il s'agit de revenus d'excédents, de capitaux liquides ou de prélèvements sur le capital. Lorsque le client est un mineur le paiement des honoraires d'avocat est présumé constituer un acte d'administration au sens de l'article 389-4 du code civil qui nécessite au moins l'autorisation de l'un des deux administrateurs légaux du mineur, faisant qu'un avocat ne saurait prélever directement sur le compte client ouvert à la Carpa au nom d'un enfant mineur une somme à titre d'honoraires sans autorisation de son administrateur légal[4]. De même que dans le cadre d'une administration légale sous contrôle judiciaire, il convient d'avoir l'accord de l'administrateur légal mais il n'est pas nécessaire d'avoir celle du juge aux affaires familiales[5].

Pour le majeur protégé, le paiement des honoraires de l'avocat s'analyse, en principe, aussi en un acte d'administration, y compris en cas de prélèvement sur le capital, qui impose qu'il soit effectué par l'administrateur légal, en l'occurrence le tuteur en cas de tutelle, le curateur en cas de curatelle renforcée ou le curatélaire en cas de curatelle simple. En cas de présence d'un mandataire spécial sous le régime de sauvegarde de justice[6] ou d'une curatelle aménagée[7], il convient de vérifier les pouvoirs du mandataire ou du curateur avant de recevoir le paiement.

En aucun cas, un paiement valablement effectué ne saurait confirmer une nullité impactant une convention d'honoraires signée sans l'autorisation du juge des tutelles[8]. En outre, la nullité de la convention d'honoraires a pour conséquence que les paiements effectués au titre de l'honoraire de résultat constituent des actes de disposition nécessitant l'autorisation du juge des tutelles et sont également nuls en l'absence d'une telle autorisation, peu important qu'ils soient intervenus après service rendu[9].

732.33 Rédaction d'actes. En matière de rédaction d'actes[10] et lorsqu'un acte est établi conjointement par plusieurs avocats, l'article 11.3[11] du RIN prévoit que la prestation de conseil et d'assistance de chaque intervenant ne peut être rétribuée que par le client ou par un tiers agissant d'ordre ou pour le compte de celui-ci.

Et ce, sauf cas de partage d'honoraires[12].

B. Paiement par un tiers

732.41 Paiement par un tiers, en principe, non valable. L'avocat ne doit en principe recevoir le paiement que de son client et lui seul. Il peut recevoir paiement de toute personne valablement mandatée par celui-ci, et ne peut donc recevoir un paiement d'un tiers que si celui-ci est éclairé sur les circonstances du règlement et justifie d'un mandat pour payer au nom et pour le compte du client.

Explicitant le principe, l'article 11.6.0.1 du règlement intérieur du barreau de Paris prévoit que l'avocat doit refuser le paiement de ses honoraires par un tiers quand il sait que le tiers n'est pas éclairé sur les circonstances du règlement ou si, à l'occasion de ce règlement, ce tiers se plaçait en contravention avec la loi, les règlements ou, le cas échéant, ses statuts[13].

732.42 Financement participatif (*Crowdfunding*). L'avocat peut recevoir le paiement de ses honoraires à travers un appel de fonds destiné à recueillir des fonds en vue de financer les honoraires de son client[14]. Rien ne s'y oppose.

Seul est interdit, et sanctionné d'une peine de six mois d'emprisonnement et de 45 000 euros d'amende, ou de l'une de ces deux peines seulement, le fait : « d'ouvrir ou d'annoncer publiquement des souscriptions ayant pour objet d'indemniser des amendes, frais et dommages-intérêts prononcés par

1. RIN, art. 11.3 – AUSSI : RIN, art. 7.3 et 11.4 en matière de rédaction d'actes.
2. CD Paris, arr. n° 241492, 12 déc. 2006.
3. V. s[s] n°s 713.124 s.
4. Civ. 1re, 3 juill. 2001, n° 98-16.854, P I, n° 195 ; *RTD civ.* 2002. 73, obs. J. Hauser ; *JCP* 2001. IV. 2006.
5. Th. Fossier, F. Fresnel, « Les honoraires d'avocat pour la défense d'un incapable », *Gaz. Pal.* 14-16 avr. 2002, n° 104 à 106, p. 3, spéc. p. 8.
6. C. civ., art. 435.
7. C. civ., art. 471.
8. Civ. 1re, 6 déc. 2005, n° 03-19.188, NP ; *RTD civ.* 2006. 537, obs. J. Hauser ; *Dr. fam.* 2006, n° 115, obs. Th. Fossier – Civ. 2e, 8 déc. 2016, n° 15-28.554, NP ; *D.* 2017. 1490, obs. J.-J. Lemouland et D. Noguéro – V. s[s] n° 713.124.
9. Civ. 2e, 8 déc. 2016, n° 15-28.554, NP ; *D.* 2017. 1490, obs. J.-J. Lemouland et D. Noguéro – V. s[s] n°s 732.141 s.
10. V. s[s] n°s 632.00 s.
11. RIN, art. 11.3.
12. V. s[s] n°s 713.451 et 743.11 s.
13. RIBP, art. 11.6.01.
14. Ph. Didier, N. Martial-Braz, « Certitudes et incertitudes en matière de *crowdfunding* », *D.* 2016. 267.

des condamnations judiciaires, des amendes forfaitaires, des amendes de composition pénale ou des sommes dues au titre des transactions prévues par le code de procédure pénale ou par l'article 28 de la loi organique n° 2011-333 du 29 mars 2011 relative au Défenseur des droits »[1]. Il en est du même du fait d'annoncer publiquement une telle prise en charge financière[2]. Ce qui ne concerne pas le paiement des frais et honoraires de l'avocat.

Il appartient toutefois à l'avocat de faire preuve de prudence dans un tel cadre, et, de préférence, de percevoir les honoraires directement de son client, à charge pour ce dernier de faire son affaire de la perception des sommes promises ou recueilli dans un tel cadre, lesquelles constituent, pour ce dernier, un don sur le plan fiscal.

Le tribunal judiciaire de Paris a ainsi eu à connaître d'une affaire dans laquelle un tiers avait créé sur un site internet proposant des cagnottes en ligne[3], une cagnotte dite solidaire de type entraide, avec comme intitulé « Soutient un boxeur gilet jaune ». Le tribunal a prononcé la nullité du contrat conclu entre la société exploitant le site et le tiers et a ordonné à la société exploitant le site de restituer à l'ensemble des participants à la cagnotte des fonds collectés en considérant, au visa de l'article 1162 du code civil, d'une part que dès lors qu'au moment de l'ouverture de la cagnotte, la seule notoriété du « boxeur gilet jaune » reposait sur le fait d'avoir commis des violences sur les forces de l'ordre elle apparaissait comme ayant, initialement, pour but de soutenir un combat consistant en l'usage de la violence physique contre les forces de l'ordre, et que d'autre part, de par son large objet, la cagnotte comprenait également un appel à compenser les condamnations susceptibles d'intervenir à l'avenir, ce qui est contraire à l'ordre public[4].

Le tribunal a, notamment, considéré, que : « très clairement qu'à sa création, l'objet de la cagnotte (...) n'était ni de financer les honoraires d'avocats exposés par M. D, ni de soutenir matériellement son épouse et sa famille – ni connue du public ni mentionnée sur le site – afin de compenser les pertes financières engendrées par un éventuel emprisonnement à venir alors qu'il n'était pas encore interpellé. L'interprétation selon laquelle la cagnotte aurait été créée à seule fin de couvrir des frais d'avocat est d'ailleurs un objet créé unilatéralement par la société exploitant le site et bien postérieurement à l'ouverture de la cagnotte »[5]. Cette décision a fait l'objet d'un appel devant la cour d'appel de Paris.

732.43 **Prestation juridique en ligne.** Lorsqu'il réalise des prestations juridiques en ligne[6], l'avocat peut percevoir sa rémunération que par l'intermédiaire de l'un des établissements financiers assurant la sécurité des paiements en ligne, pour autant que l'identification du client reste possible à cette occasion[7].

De même que, lorsqu'il offre ses services à un site internet, site de tiers[8], il ne peut donner mandat à l'exploitant du site ou de la plateforme de référencement ou de mise en relation de percevoir pour son compte les honoraires qui lui reviennent, sauf à recourir à une entreprise agréée dans les conditions prévues au code monétaire et financier[9]. Honoraires desquels peuvent être déduits les frais forfaitaires dont le paiement a été convenu entre l'avocat et le gestionnaire du site[10].

732.44 **Salarié.** L'employeur est, en principe, tenu de garantir ses salariés à raison des actes ou faits qu'ils passent ou accomplissent en exécution de leur contrat de travail et doit par conséquent prendre en charge les frais engagés par le salarié pour sa défense dès lors qu'il s'agit de faits relatifs à l'exercice de ses fonctions[11].

C'est ainsi qu'après avoir rappelé qu'investi par la loi du pouvoir de direction et de contrôle des salariés placés sous sa subordination juridique, l'employeur est tenu de garantir ceux-ci à raison des actes ou faits qu'ils passent ou accomplissent en exécution du contrat de travail, la Cour de cassation a considéré qu'un salarié qui avait été renvoyé devant les juridictions pénales, pour des actes poursuivis sous la qualification de complicité d'abus de bien sociaux qu'il avait tous exécuté à la demande et sous l'autorité du président du directoire, qui lui avait donné mission de mener la vente de certains biens immobiliers, et qui n'avait jamais dissimulé le moindre élément de ces opérations qui avaient toutes été validées par le conseil d'orientation et de surveillance de son employeur, avait agi dans le cadre de son activité professionnelle pour mener à

1. L. 29 juill. 1881 sur la liberté de la presse, *JO* 30 juill., p. 4201, art. 40.
2. L. 29 juill. 1881, art. 40, al. 2.
3. M. Leroux-Campello, « Le financement participatif comme mode de collecte de dons », *in* J.-F. Hamelin (dir.), *Le financement des associations*, Dalloz, 2021, n°s 182 s.
4. TJ Paris, ch. 1/1/1, 6 janv. 2021, RG n° 19/03587, *Gaz. Pal.* 13 avr. 2021, p 28, obs. D. Houtcieff ; *Gaz. Pal.* 23 févr. 2021, p. 20 note Ch. Dubois.
5. TJ Paris, ch. 1/1/1, 6 janv. 2021, RG n° 19/03587, préc.
6. V. s^s^ n°s 464.61 s.
7. RIN, art. 19.4.1.
8. V. s^s^ n°s 464.230 s.
9. C. mon. fin., art. L. 522-1 – Arr. 29 oct. 2009 portant sur la réglementation prudentielle des établissements de paiement, *JO* 31 oct., p. 18722, NOR : ECET0924324A.
10. RIN, art. 19.4.2, al. 3 – V. s^s^ n° 464.181.
11. Soc. 18 oct. 2006, n° 04-48.612, P V, n° 307 ; *D.* 2006. 2690 ; *D.* 2007. 695, note J. Mouly ; *JCP* 2007. I. 139, n° 2, obs. Y.-M. Serinet ; *JCP E* 2006. 2679, note C. Puigelier ; *Dr. soc.* 2007. 103, obs. J. Savatier.

bien une opération souhaitée par son employeur, et ce, sans avoir abusé de ses fonctions à des fins personnelles. Dès lors, l'employeur devait prendre en charge les frais exposés par le salarié pour assurer sa défense [1].

732.45 Agent public – Renvoi. Sur la prise en charge des honoraires des agents publics par leur administration, v. s[s] n°s 762.00 s.

732.46 Comité social et économique (Cse). Le comité social et économique (Cse) [2], qui a pris la suite depuis le 1er janvier 2020, des anciens Chsct, ainsi que des comités d'entreprise et délégués du personnel, disposant de fonds propres, notamment sous la forme d'une subvention de fonctionnement qui lui est versée chaque année par l'employeur [3], il lui appartient de supporter lui-même les frais de procédure et les honoraires d'avocat liés aux actions qu'il engage. L'ancien contentieux qui opposait les avocats aux employeurs pour la prise en charge de leurs honoraires en raison des actions engagées par le Chsct n'a plus lieu d'être [4].

Demeure, toutefois, le contentieux lié à la prise en charge, par l'employeur [5], des frais d'expertise que peut décider de réaliser le Cse lorsqu'un risque grave, identifié et actuel, révélé ou non par un accident du travail, une maladie professionnelle ou à caractère professionnel est constaté [6]. La Cour de cassation a considéré, à cet égard, qu'en cas de contestation, il incombe au juge de fixer le montant des frais et honoraires d'avocat, exposé alors par le Chsct, qui sera mis à la charge de l'employeur, au regard des diligences accomplies, ce qu'il apprécie souverainement [7].

732.47 Mandataires sociaux. Les mandataires sociaux sont en principes tenus de payer personnellement les honoraires afférents au recours à un avocat pour leur propre compte et non pour le compte de la personne morale. Le paiement par une personne morale des honoraires personnels de son mandataire social, afin d'assurer la défense de ses intérêts personnels, est de nature à causer un risque de redressement fiscal pour la personne morale, dès lors que l'administration pourra réintégrer ces honoraires dans les résultats imposables de celle-ci [8], et peut, de surcroît, constituer un délit d'abus de biens social ou d'abus de confiance [9] faisant que l'avocat qui accepterait un tel paiement serait susceptible de tomber sous le coup des chefs de recel et de complicité [10]. La situation est parfois délicate lorsque le mandataire social a recours à un avocat relativement à des actes qu'il aurait commis dans le cadre de son activité de mandataire social et dans l'intérêt de la personne morale [11].

Il convient donc d'être extrêmement prudent en la matière, d'autant que très souvent une telle prise en charge devra être soumise au régime des conventions réglementées, et par principe, sauf situation particulière, de refuser tout paiement fait directement par la personne morale dont le mandataire social a recours à un avocat. Il appartiendra au mandataire social de faire son affaire, dans ses rapports personnels avec la personne morale, des éventuels remboursements des honoraires qu'il aura été amené à payer.

§ 2
Conditions de règlement

732.51 Règlement en une seule fois ou par provision. Le règlement de l'honoraire peut être le résultat d'un paiement unique mais peut également s'effectuer en plusieurs versements constituant chacun une provision faisant l'objet d'une régularisation après service rendu [12].

732.52 Crédit à la consommation. Le fait de proposer, à titre habituel, à des clients ayant la qualité de consommateur la possibilité de régler les honoraires en plusieurs fois, si la pratique le tolère et qu'il apparaît même nécessaire pour certains clients [13], n'en demeure pas moins contraire aux articles L. 312-41 à 312-43 du code de la consommation, s'agissant d'un crédit gratuit [14].

En effet, s'agissant d'un crédit gratuit, dès lors que le paiement de la prestation est échelonné, différé ou fractionné, il a la nature d'opération de

1. Soc. 5 juill. 2017, n° 15-13.702, P ; *D. actu.* 6 sept. 2017, obs. A. Portmann.
2. Ord. n° 2017-1386, 22 sept. 2017 relative à la nouvelle organisation du dialogue social et économique dans l'entreprise et favorisant l'exercice et la valorisation des responsabilités syndicales, *JO* 23 sept., n° 31, art. 1.
3. C. trav., art. L. 2315-61 et L. 2315-81.
4. H. Ader, A. Damien et autres, *Règles de la profession d'avocat,* 16e éd., « Dalloz Action », 2018, n° 732.17.
5. C. trav., L. 2315-80.
6. C. trav., L. 2315-96.
7. Soc. 22 févr. 2017, n° 15-10.548, P ; *D.* 2017. 512 ; *JCP S* 2017. 1119, note P.-Y. Verkindt – Soc. 21 juin 2017, n° 15-27.506, NP ; *JCP* 2017. 765.
8. CE 28 déc. 2012, req. n° 345841, NP.
9. V. s[s] n°s 922.31 s.
10. V. s[s] n°s 921.31 s.
11. F. Saint-Pierre, *Pratique de la défense pénale : Droit, histoire, stratégie*, 4e éd., « Les Intégrales », LGDJ, 2021 ; 1re éd., 2017, p. 77 s., n°s 63 s.
12. V. s[s] n°s 731.111 s.
13. V. s[s] n° 464.44.
14. Dir. 2008/48, Parlement et Conseil, 23 avr. 2008 concernant les contrats de crédit aux consommateurs et abrogeant la directive 87/102/CEE du Conseil, *JOCE L* 133, 22 mai, p. 66.

crédit à la consommation au sens de l'article L. 312-1 du code de la consommation.

Il y a alors lieu de donner au client une information précontractuelle particulière portant offre préalable ainsi qu'une faculté de rétractation[1] et l'obligation de prévoir un bordereau de rétraction annexé à la convention d'honoraires, sauf lorsque la somme est inférieure à 200 euros ou la durée du crédit inférieure à trois mois[2].

732.53 Honoraires versés par des détenus à leur avocat. Des difficultés se produisent parfois en matière d'honoraires ou de provisions versés par des détenus à leur avocat. Certains juges d'instruction, se fondant sur les termes de l'article D. 330 du code de procédure pénale qui prévoit que tout versement effectué à l'extérieur de l'établissement pénitentiaire à l'aide du pécule disponible d'un détenu doit avoir été autorisé expressément par le magistrat saisi du dossier de l'information[3], en ont déduit à tort qu'ils avaient le droit de fixer le montant des provisions versées à l'avocat.

Ce raisonnement est erroné, le magistrat instructeur a seulement la possibilité de bloquer tout ou partie du pécule dont dispose un détenu. Il peut donc viser la lettre par laquelle le détenu veut régler des honoraires à son conseil en précisant que le pécule est ou n'est pas bloqué. C'est là que s'arrête son contrôle et il ne peut en aucune façon fixer, même indirectement, les honoraires de l'avocat.

732.54 Preuve du règlement. La charge de la preuve du paiement des honoraires incombe au client, et c'est ainsi dans l'exercice de son pouvoir souverain, qu'un premier président a pu estimer que le seul retrait en espèces par le client de son compte bancaire d'une somme correspondant à une partie du montant des honoraires réclamés ne suffisait pas à établir cette preuve[4].

Notons que la Cour de cassation considère que : « interrompt la prescription la reconnaissance du droit du créancier figurant dans un document qui ne lui est pas adressé s'il contient l'aveu non équivoque par le débiteur de l'absence de paiement »[5], autrement dit que la reconnaissance auprès d'un tiers au débiteur par le créancier de l'absence de paiement emporte interruption de la prescription en application de l'article 2240[6] du code civil.

1. Civ. 1re, 3 juill. 2013, n° 12-20.238, NP.
2. C. consom., art. L. 312-4 – V. ss n° 032.24.
3. C. pr. pén., art. D. 330.
4. Civ. 2e, 9 juin 2016, n° 15-22.718, NP.
5. Civ. 1re, 2 déc. 2020, n° 19-15.813, P ; *JCP* 2021. 623, n° 11, obs. M. Billiau.
6. V. ss nos 741.200 s.

SECTION 2
MODALITÉS DE RÈGLEMENT ET DE RECOUVREMENT

732.60 Plan. L'avocat doit faire preuve de prudence dans le règlement de sa rémunération, notamment en vérifiant l'origine des fonds reçus (§ 1) et en s'assurant, du respect, en toutes circonstances, de ses principes essentiels et règles déontologiques tant s'agissant des modalités de règlement (§ 2) que des modalités recouvrement (§ 3) ou encore des mesures conservatoires auxquelles il lui est loisible de recourir si nécessaire (§ 4).

§ 1
Propos liminaires

732.71 Devoir de vigilance. Lorsqu'il reçoit un paiement de son client, l'avocat se doit d'opérer un contrôle sur l'origine des fonds ou du bien en nature qui lui est remis, notamment au regard des règles en matière de blanchiment[7] et de gels des avoirs[8]. D'autant que s'il est démontré qu'il ne pouvait pas ignorer l'origine des fonds, il peut être condamné des chefs de recels, tel que des délits de banqueroute[9] ou d'abus de bien social[10].

L'avocat se doit de refuser le paiement de ses honoraires au moyen de biens dont il connaît l'origine illicite ou dont il sait qu'il ne peut librement disposer, tel que celui qui se rend coupable d'abus de confiance[11] en prélevant des fonds sur le compte Carpa d'une société qu'il savait en liquidation judiciaire[12]. Ne saurait ainsi être toléré, de quelque manière que ce soit, le fait de se faire payer ses honoraires par la mise à disposition d'une chambre d'hôtel sans se préoccuper de l'identité de l'auteur du règlement des nuitées[13], par un tiers victime de racket de la part du client de ce même avocat[14] ou encore par la remise d'une enveloppe de liquidité[15] par un « ami » d'un autre client[16].Tout comme il ne doit pas user de manœuvre ou subterfuge pour se faire payer ses honoraires, tels que les deux avocats qui furent condamnés des chefs

7. V. ss nos 482.61 s.
8. V. ss nos 482.301 s. et not. ss n° 482.331.
9. Crim. 1er oct. 1980, n° 76-90.701, P n° 243.
10. Crim. 15 janv. 1964, n° 63-90.923, P n° 16 – Crim. 26 sept. 2001, n° 00-84.858, P n° 192 ; *D.* 2001. 3333 – V. ss nos 921.101 s.
11. V. ss nos 922.31 s.
12. Crim. 27 mars 2002 n° 00-81.712, P n° 70 ; *D.* 2002. 1751 ; *RSC* 2003. 122, obs. A. Giudicelli ; *RTD com.* 2002. 522, obs. M. Cabrillac ; *RTD com.* 2002. 558, obs. B. Bouloc.
13. Sur le paiement en nature, v. ss n° 732.101.
14. Sur le paiement par un tiers, v. ss n° 732.41.
15. Sur le paiement en espèce, v. ss n° 732.93.
16. D. Hassoux, Ch. Labbé, « Dupond-Moretti et l'Odyssée des espèces », *Le Canard enchaîné,* 22 juill. 2020, p. 3.

d'escroquerie[1], par abus de qualité vraie, pour avoir conduit leur client à leur remettre des honoraires au regard de prétendues diligences, démarches, résultats qui n'avaient jamais existé[2].

732.72 Devoir de prudence. L'avocat se doit également d'être prudent dans les méthodes mises en œuvre pour recouvrer les sommes qui lui sont dues et doit respecter les principes essentiels, notamment de probité, d'honneur, de délicatesse, de modération, de courtoisie et de prudence[3].

La brutalité ou l'indélicatesse commise par un avocat pour lui permettre de recouvrer sa créance peut être de nature à causer un préjudice moral à son client, ainsi qu'un préjudice financier en cas de saisie abusive, et peut entraîner la mise en cause de sa responsabilité civile[4], tel que l'avocat qui obtient les paiements sous l'empire de la crainte inspirée par la situation, en l'occurrence celle d'un client condamné à la détention à vie en Thaïlande pour trafic de stupéfiants et dont il avait obtenu de la sœur de celui-ci, par ailleurs également avocate, des sommes importantes[5]. Il peut également l'engager envers ses propres confrères lorsqu'il est établi qu'il ne s'est pas assuré que son prédécesseur avait été réglé de ses honoraires[6] [7].

§ 2
Modalités de règlement

732.80 Plan. Le paiement de sa rémunération à l'avocat peut être effectué de manière classique par chèque, virement, billet à ordre, carte bancaire ou en espèces suivant les règles de droit commun (A), mais il peut également être effectué suivant des modalités plus particulières, notamment, par compensation, dation en paiement, cautionnement, lettre de change ou affacturage, dont la validité doit s'apprécier à l'aune des principes essentiels et règles déontologiques auxquels est tenu l'avocat (B).

A.
Règles générales

732.91 Différents modes de règlement. L'honoraire doit être réglé dans les conditions prévues par la loi et les règlements, notamment par chèque, par virement, par billet à ordre[8], par carte bancaire, ou en espèces dans les limites prévues par la loi[9].

Tout versement de fonds ou remises d'effets ou de valeurs à un avocat doit donner lieu à la délivrance ou à l'envoi d'un accusé de réception s'il n'a pas été donné quittance et doit être retracé dans ses documents comptables[10].

732.92 Avocat adhérent à un centre de gestion agréé. Les adhérents des associations de gestion agréées, telles que l'Anafagc[11], sont soumis à l'obligation d'accepter les règlements soit par carte bancaire, soit par chèques. Dans ce dernier cas, ils doivent faire libeller ces chèques à leur ordre et ne pas les endosser, sauf pour remise directe à l'encaissement[12].

Ils doivent informer leurs clients de leur qualité d'adhérent à une association de gestion agréée, si tel est le cas, et de ses conséquences en ce qui concerne notamment l'acceptation du paiement des honoraires par chèque ou par carte bancaire, à la fois par apposition dans les locaux destinés à recevoir la clientèle, d'un document écrit et placé de manière à pouvoir être lu sans difficulté par cette clientèle, mentionnant le nom de l'association agréée et reproduisant le texte suivant : « Membre d'une association agréée par l'administration fiscale acceptant à ce titre le règlement des honoraires par carte bancaire ou par chèques libellés à son nom », ainsi que par la reproduction de ce même texte dans la correspondance et sur les documents professionnels adressés ou remis aux clients. Ce texte doit être placé de manière à n'engendrer aucune confusion avec les titres ou qualités universitaires et professionnelles[13].

En cas de manquements graves et répétés à ces recommandations, ils sont exclus de l'organisme de gestion agréé[14].

732.93 Paiement en espèces ou monnaie électronique. Les paiements en espèces ne sont autorisés[15] que dans une certaine limite[16]. Leur montant ne doit pas dépasser 1 000 euros pour les règlements effectués par un particulier ayant son domicile fiscal

1. V. s[s] n°s 922.60 s.
2. Crim. 19 mars 1977, n° 76-90.882, P n° 115 ; *RSC* 1977. 824, obs. P. Bouzat – Crim. 10 mai 1978, n° 77-91.445, P n° 148 ; *D.* 1978. 348, obs. G. Roujou de Boubée.
3. V. s[s] n° 336.23.
4. Civ. 1re, 17 déc. 1996 n° 94-14.585, P I, n° 455 – Paris, 30 janv. 2002, RG n° 2001/1596 – Civ. 2e, 18 mars 2004, n° 02-11.898, P II, n° 141 ; *AJDI* 2004. 405.
5. Civ. 1re, 2 mai 1990, n° 88-12.731, NP – Paris, 1re ch., 30 nov. 1987, RG n° 87/765.
6. Civ. 1re, 17 juill. 1996, n° 94-20.326, P I, n° 321.
7. V. s[s] n°s 484.81 s.
8. A. Boujeka, « Droit cambiaire et déontologie des avocats », *D.* 2012. 2103.
9. RIN, art. 11.5.
10. Décr. n° 91-1197, 27 nov. 1991 organisant la profession d'avocat *JO* 28 nov., art. 233.
11. V. s[s] n°s 142.00 s.
12. CGI, art. 1649 *quater* E *bis* et Ann. II, art. 371 Y, 3°.
13. CGI, Ann. II, art. 371 Y, 3° ; et : Ann. IV, art. 164 F *quatervicies*, 164 F *quinvicies* et 164 F *sexvicies*.
14. CGI, Ann. II, art. 371 Z *sexdecies*.
15. Bofip, *BOI*-CF-CPF-30-30 – Règl. 2018/1672, Parlement et Conseil, 23 oct. 2018 relatif aux contrôles de l'argent liquide entrant dans l'Union ou sortant de l'Union et abrogeant le règlement (CE) n° 1889/2005, *JOUE* 12 nov., p. 6.
16. C. mon. fin., art. L. 112-6.

en France ou qui agit pour les besoins d'une activité professionnelle[1], montant porté à 3 000 euros pour les paiements effectués au moyen de monnaie électronique[2], et 15 000 euros lorsque le client n'a pas son domicile fiscal en France et n'agit pas pour les besoins d'une activité professionnelle[3].

Ces limitations ne sont pas applicables aux paiements réalisés par des clients qui sont incapables de s'obliger par chèque ou par un autre moyen de paiement, ainsi que par ceux qui n'ont pas de compte de dépôt ainsi qu'au paiement des dépenses de l'État et des autres personnes publiques[4].

Il convient de prendre en compte le montant total de la prestation dans un dossier donné, et non chaque provision versée pour cette même prestation : c'est ainsi que si un client ayant son domicile en France a sollicité une prestation de son avocat pour un montant total de 10 000 euros, il ne peut payer que 1 000 euros en espèce pour régler ce même montant.

732.94 **Paiement par mandat cash.** Dans la mesure où le mandat cash (*via* la *Poste* ® ou *Western Union* ® par exemple) permet de procéder au transfert d'argent liquide par un intermédiaire bancaire ou postal, ce type de paiement devrait être visé par la limitation des 1 000 euros ou 15 000 euros selon que le débiteur agit ou non dans le cadre de son activité professionnelle[5].

732.95 **Paiement en espèces – Sanctions.** Les infractions aux règles relatives au paiement en espèces sont constatées par des agents habilités par arrêté du ministre chargé du budget.

Le client ayant procédé à un paiement en violation de ces dispositions est passible d'une amende dont le montant est fixé, compte tenu de la gravité des manquements, sans pouvoir excéder 5 % des sommes payées. L'avocat est tenu solidairement avec son client du paiement de cette amende[6].

732.96 **Devise du règlement.** Le paiement, en France, d'une obligation de somme d'argent s'effectue en euros.

Toutefois, le paiement peut avoir lieu en une autre devise si l'obligation ainsi libellée procède d'un contrat international ou d'un jugement étranger[7].

B. Modalités particulières

732.101 **Paiement en nature.** La remise de biens par le client à son avocat ne peut, en principe, être acceptée, sauf à titre de don spontané du client et à condition que le montant ne soit pas excessif. Si le client veut régler les honoraires qu'il doit à son avocat par le transfert de la propriété d'un bien dont il est propriétaire, il doit faire estimer préalablement la valeur de ce bien (tableaux, sculptures...).

La Cour de cassation a ainsi précisé que l'attribution en nature implique que la valeur des objets attribués à titre d'honoraires ait été fixée préalablement à la demande de fixation formée devant le bâtonnier. C'est ainsi que dès lors qu'elle constatait qu'aucune évaluation préalable des biens ne lui avait été proposée, une cour d'appel, qui n'était pas tenue d'ordonner cette évaluation, a pu valablement en ordonner la restitution[8].

Lorsque l'avocat reçoit un tel paiement en nature, il se doit de régler le montant de la TVA sur le bien ainsi estimé ou demander à son client de payer cette taxe sur la valeur ajoutée. L'avocat, bien entendu, doit déclarer dans ses revenus le montant de la valeur du bien.

C'est ainsi qu'a pu être admis, le paiement d'honoraires à un avocat par compensation avec l'économie que lui procurait la mise à disposition gratuite, au profit de sa fille, d'un studio appartenant à son client pendant une durée de trois ans dès lors que l'avocat avait intégré ce paiement dans sa comptabilité au titre de ses revenus professionnels et avait payé la TVA due sur ce même paiement[9].

732.102 **Paiement en actions.** L'avocat peut, sous les mêmes conditions, se faire payer ses honoraires par l'attribution d'actions ou de parts d'une société qui est aussi sa cliente ou à la constitution de laquelle il a participé de par ses diligences.

Une telle modalité de paiement doit toutefois être acceptée avec la plus grande prudence, compte tenu, notamment, de la situation de conflit d'intérêts dans laquelle l'avocat pourrait se trouver à continuer de réaliser des prestations pour le compte de cette même société[10].

1. C. mon. fin., art. D. 112-3.
2. Décr. n° 2016-1985, 30 déc. 2016 relatif au plafonnement du paiement en espèces des opérations de prêts sur gages corporels et des paiements effectués au moyen de monnaie électronique, *JO* 31 déc., n° 28.
3. C. mon. fin., art. D. 112-3, 3°.
4. C. mon. fin., art. L. 112-6, III.
5. V. s^s n° 732.93.
6. C. mon. fin., art. L. 112-7 et LPF, art. L. 225 A.
7. C. civ., art. 1343-3 – M. Mekki, « L'ordonnance n° 2016-131 du 10 février 2016 portant réforme du droit des contrats, du régime général et de la preuve des obligations. Le volet régime des obligations et de la preuve : parfaire un peu et refaire beaucoup », *D.* 2016. 608, n° 8.
8. Civ. 2e, 19 nov. 2009, n° 07-13.268, P II, n° 269 ; *D.* 2009. 2870, obs. V. Avena-Robardet ; *JCP* 2010. 270, n° 10, obs. Ch. Jamin.
9. Paris, avis, n° 234079, 8 nov. 2005.
10. Com. Éthique Paris, avis 6 juill. 2000, *Bull. barr. Paris* 10 oct. 2000, p. 216 – V. s[s] n° 441.203.

732.103 **Paiement par lettre de change.** L'avocat peut recevoir un paiement par lettre de change dès lors que celle-ci est acceptée par le tiré, client de l'avocat. L'endossement ne peut être fait qu'au profit de la banque de l'avocat, aux seules fins d'encaissement.

L'interdiction faite à l'avocat de recevoir un paiement par une lettre de change tirée sur une personne autre que son client[1], justifié par les restrictions liées aux paiements d'honoraires effectués par un tiers[2], est une règle de nature déontologique éventuellement passible de sanctions disciplinaires qui ne peut priver le porteur de ses recours cambiaires, dès lors qu'il n'est pas allégué qu'en l'acquérant dans de telles conditions il aurait agi de mauvaise foi[3]. Ainsi, les dispositions de l'article 11 du RIN ne sont pas susceptibles de modifier la réglementation des effets de commerce telle qu'elle découle des articles L. 511-12 et L. 511-13 du code de commerce.

L'avocat porteur d'une lettre de change impayée peut agir devant le tribunal de commerce. Toutefois, en cas de contestation de la créance d'honoraires, il devra saisir son bâtonnier aux fins de fixation[4] et solliciter le sursis à statuer devant la juridiction commerciale[5]. Naturellement, le tireur doit être capable d'accomplir un tel acte.

732.104 **Paiement par cautionnement.** Citons, pour mémoire, un procédé qui paraît irrégulier et contraire à la délicatesse et en tout cas aux dispositions des articles 174 et suivants du décret du 27 novembre 1991, qui est constitué par le fait, pour un avocat, afin d'obtenir le règlement de ses honoraires par un client impécunieux, de contracter un prêt dans une banque du montant de ses honoraires et de le faire cautionner par le client qui, après refus de l'avocat de rembourser le prêt, y est tenu en qualité de caution[6].

732.105 **Affacturage.** L'avocat peut recourir à une société d'affacturage afin d'obtenir le paiement de ses honoraires dès lors que le caractère commercial de cette activité ne concerne pas celui qui y a recours, en l'occurrence l'avocat.

Ce recours à l'affacturage doit toutefois se concilier avec les règles de la profession d'avocat, notamment s'agissant du respect des principes essentiels[7] et de la procédure de fixation[8] des honoraires[9].

§ 3
Modalités de recouvrement

732.111 **Droit commun.** L'avocat peut mettre en œuvre toute mesure utile afin de procéder au recouvrement de sa rémunération, sous les réserves précitées[10] et le fera, en principe, sur la base d'un titre exécutoire[11]. L'avocat se doit de respecter les principes essentiels en toutes circonstances[12].

Mais il ne peut ni exercer une rétention de pièces, dès lors qu'il se doit de les restituer sans délai lorsque l'affaire est arrivée à son terme ou qu'il en est déchargé[13], ni procéder à un embargo consistant à interdire à tout avocat, et en particulier à son éventuel successeur, de s'occuper d'un dossier jusqu'au complet paiement de ses honoraires[14].

732.112 **Poursuite à l'encontre du débiteur effectif des sommes.** L'avocat se doit de mettre en œuvre ces mesures à l'encontre du débiteur effectif de ses honoraires.

C'est ainsi que dans une affaire où un avocat avait été le conseil d'un mandataire judiciaire, d'une part dans le cadre d'un certain nombre de procédures collectives, et d'autre part dans des affaires personnelles de ce même mandataire judiciaire, et avait obtenu une décision en fixation de ses honoraires à l'encontre du mandataire judiciaire pour l'ensemble des affaires, les saisies attribution pratiquées sur la base des ordonnances du premier président entre les mains du mandataire judiciaire n'ont pu être validées que pour les créances personnelles du mandataire judiciaire[15].

En effet, s'agissant des honoraires correspondant à une désignation dans une procédure collective, l'avocat mandaté par le mandataire judiciaire au redressement et à la liquidation des entreprises aux fins de le représenter en justice, *ès qualités*, n'effectue pas au profit de l'entreprise une tâche technique non comprise dans la mission confiée au mandataire judiciaire de sorte que ses honoraires sont pris

1. RIN, art. 11.5, al. 2.
2. V. s[s] n°s 732.31 s.
3. Com. 6 déc. 2011, n° 10-30.896, P IV, n° 198 ; *D.* 2012. 27, obs. X. Delpech ; *D.* 2012. 536, note J. Lasserre-Capdeville ; *Gaz. Pal.* 22 déc. 2011, p. 23, obs. C. Berlaud ; *Gaz. Pal.* 31 janv. 2012, p. 17, note Y. Avril ; *Gaz. Pal.* 4 févr. 2012, p. 15, obs. C. Houin-Bressand ; *JCP* 2012. 387, n° 6, obs. A. Bolze – A. Boujeka, « Droit cambiaire et déontologie des avocats », *D.* 2012. 2103.
4. V. s[s] n°s 741.00 s.
5. RIN, art. 11.5.
6. Nouméa, 24 déc. 1987, *JCP* 1988. II. 21080, note J.-L. Vivier.
7. V. s[s] n° 732.121.
8. V. s[s] n°s 741.328 s.
9. CNB, Comm. RU, avis n° 2009-062, 25 nov. 2009 ; C. avocat 2021, s[s] décr. 27 nov. 1991, art. 174, avis CNB, note 27.
10. V. s[s] n°s 732.71 s.
11. V. s[s] n° 741.351.
12. V. s[s] n° 732.121.
13. V. s[s] n°s 484.211 s.
14. V. s[s] n°s 484.111 s.
15. Civ. 2e, 7 déc. 2017, n° 16-22.484, NP.

en charge par la procédure collective sous le contrôle du juge-commissaire, et ce, sans préjudice d'une responsabilité civile éventuelle du mandataire judiciaire [1].

732.113 **Absence de privilège.** Le privilège général pour frais de justice [2] ne concerne pas les honoraires de l'avocat qui ne font pas partie des frais de justice proprement dits [3] et le bénéfice de celui institué pour conservation de la chose (pièces du dossier du client dont l'avocat est le dépositaire) [4], a également été refusé aux avocats [5].

Toutefois, la partie légalement tarifée de la rémunération des avocats [6], qui est assimilée à des frais de justice criminelle [7], pourra, en cas de procédure collective, bénéficier de l'avance par le Trésor public [8] et être employée en frais privilégiés, tout comme la créance des dépens et des frais résultant de l'application de l'article 700 du code de procédure civile [9], mis à la charge du débiteur, qui trouve son origine dans la décision qui statue sur ces dépens et frais et entrent dans les prévisions de l'article L. 621-32 du code de commerce (frais privilégiés de procédure collective), lorsque cette décision est postérieure au jugement d'ouverture de la procédure collective [10].

732.114 **Avocat délié de sa mission.** L'avocat qui n'est pas totalement payé peut se considérer comme délié de sa mission. La Cour de cassation a admis que l'avocat qui ne reçoit pas de son client la totalité des honoraires qu'il avait préalablement fixés, puisse, lorsqu'il l'a informé suffisamment à l'avance des conséquences du non-paiement de l'intégralité du montant, se considérer comme délié de sa mission [11]. Par suite, il ne pouvait être tenu pour responsable de la déchéance du recours.

Mais il se doit de veiller à ce que son client ait bien été informé des conséquences du non-paiement de ses honoraires quant à la poursuite de la procédure et ne doit pas agir de façon brutale ou imprévisible faute de quoi il engagerait sa responsabilité civile [12].

732.115 **Société de recouvrement.** L'avocat peut recourir à une société de recouvrement de ses créances d'honoraires laquelle ne pourra que procéder au recouvrement amiable dès lors qu'en l'absence de paiement ou en cas de contestation du montant des honoraires, la procédure de fixation des honoraires [13] doit s'appliquer et qu'il appartiendra à la société de recouvrement d'en informer le client.

L'avocat doit en outre s'assurer, outre l'information spécifique à délivrer au regard de son activité, que les modalités de recouvrement des honoraires soient faites dans le respect des principes essentiels et notamment du principe de délicatesse [14].

732.116 **Règlement en cas de procédure collective.** En cas d'ouverture d'une procédure collective à l'encontre d'un client, l'avocat devra déclarer sa créance si son origine est antérieure au jugement d'ouverture [15] et il sera alors nécessaire, pour que la procédure en fixation des honoraires puisse être opposable à la procédure collective, que les organes de la procédure soient mis en cause devant le bâtonnier ou la cour d'appel [16].

Dans le cas contraire, la créance n'aura pas à être déclarée et l'avocat pourra notamment bénéficier des dispositions de l'article L. 622-17, I, du code de commerce qui prévoient que les créances nées régulièrement après le jugement d'ouverture pour les besoins du déroulement de la procédure ou de la période d'observation, ou en contrepartie d'une prestation fournie au débiteur, pour son activité professionnelle, pendant cette période, sont payées à leur échéance [17].

La Cour de cassation a ainsi considéré que l'exercice du droit propre du débiteur à relever appel du jugement arrêtant le plan de cession de son entreprise échappe, par principe, puisqu'il peut exercer

1. Civ. 2e, 7 déc. 2017, no 16-22.484, NP.
2. C. civ., art. 2331.
3. Montpellier, ch. corr., 13 déc. 1935, *DH* 1936. 138.
4. C. civ., art. 2332.
5. Com. 18 juill. 1974, no 73-10.679, P IV, no 235 ; *R.* 1973-1974, p. 38 ; *D.* 1975. 182 – Rennes, 28 mars 1979, *JCP N* 1980. II. 200.
6. V. ss nos 722.00 s.
7. V. ss no 723.151.
8. C. com., art. L. 663-1 – Com. 6 mai 1997, no 95-10.185, P IV, no 121 ; *D.* 1997. 437, rapp. J.-B. Rémery.
9. V. ss nos 723.231 s.
10. Com. 11 juin 2002, nos 00-12.289, 00-11.773, P IV, no 104 et 105 ; *D.* 2002. 2121, obs. A. Lienhard ; *D.* 2002. 2642, obs. N. Fricero ; *RTD com.* 2002. 724, obs. A. Martin-Serf – Civ. 3e, 12 juin 2002, no 00-19.038, P III, no 138 ; *D.* 2002. 2121, obs. A. Lienhard ; *RTD com.* 2002. 724, obs. A. Martin-Serf – Soc. 16 févr. 2003, no 99-42.985, P V, no 50 ; *D.* 2003. 1656, obs. N. Daimez ; *Dr. soc.* 2003. 388, note A. Cristau ; *RTD com.* 2003. 371, obs. A. Martin-Serf ; *Procédures* 2003 Comm. 145, note C. Laporte.
11. Cass., ass. plén., 13 avr. 2007, no 06-19.613, *D.* 2007. 1433, obs. V. Avena-Robardet.
12. Cass., ass. plén., 13 avr. 2007, no 06-19.613 – V. ss nos 484.21 s.
13. V. ss nos 741.21 s.
14. CNB, Comm. RU, avis no 2008-075, 2 déc. 2008 ; C. avocat 2021, ss décr. 27 nov. 1991, art. 174, avis CNB, note 27 – V. ss no 732.121.
15. Civ. 1re, 30 janv. 1996, no 94-12.455, P I, no 50 ; *D.* 1996. 61.
16. V. ss no 741.93.
17. Com. 19 juin 2007, no 05-17.074, P IV, no 168 ; *D.* 2007. 1878, obs. A. Lienhard ; *Gaz. Pal.* 26, 27 oct. 2007, 39, obs. L.-C. Henry ; *Procédures* 2007, no 254, obs. H. Croze ; *RTD com.* 2007. 837, obs. A. Martin-Serf – Com. 1er déc. 2015, no 14-20.668, P IV, no 619 ; *JCP* 2015. 1428 – Conv. 20 avr. 2017, no 15-21.729, NP.

seul un tel droit, à la répartition des pouvoirs entre le débiteur et les organes de sa procédure collective. Il en résulte que la créance d'honoraires de l'avocat du débiteur assistant celui-ci dans l'exercice de ses droits propres est toujours née régulièrement. Par conséquent, eu égard tant au fait que les missions conduites par l'avocat étaient en lien avec l'adoption du plan de cession, que les recours et le suivi des procédures ont permis de consolider et de sécuriser, qu'aux craintes qui pouvaient naître sur la pérennité de l'entreprise et la préservation de l'emploi, du fait de la personnalité du repreneur, la cour d'appel a pu en déduire que la créance d'honoraires était née pour les besoins du déroulement de la procédure [1].

Il appartient toutefois, au juge du fond de la procédure collective d'apprécier souverainement apprécié le caractère proportionné de la créance et sa conformité aux besoins de la procédure, une telle appréciation, prenant en compte le montant des honoraires correspondant à chacune des procédures menées par la société débitrice dans l'exercice de ses droits propres [2], apparaît apporter une entorse à la compétence exclusive et d'ordre public du bâtonnier à connaître de toute demande de fixation des honoraires [3].

732.117 Honoraire de résultat et procédure collective. La créance d'honoraires de résultat naît à la date de l'exécution de la prestation caractéristique, et non celle à laquelle le résultat est considéré comme obtenu ou atteint [4].

Il convient d'être particulièrement vigilant en la matière, notamment en présence d'honoraires de résultat dont la perception peut être différée, afin de ne pas omettre, si nécessaire, de procéder à la déclaration de sa créance.

732.118 Honoraires et procédure de conciliation. Par ailleurs, en matière de conciliation, le débiteur, assisté par le conciliateur, doit établir un état de l'intégralité des frais mis à sa charge lequel doit, notamment, comprendre les honoraires de ses avocats [5] ainsi que ceux auxquels ses créanciers ont fait appel lorsqu'ils sont mis à la charge du débiteur [6].

1. Com. 7 oct. 2020, n° 19-12.996, P ; *JCP* 2020. 1236 ; *JCP* 2021. 272 n° 5, obs. C. Caseau-Roche.
2. Com. 7 oct. 2020, n° 19-12.996, P.
3. Sur cette question, v. s^s n° 741.93.
4. Com. 24 mars 2015, n° 14-15.139, P IV, n° 57 – Com. 27 sept. 2011, P IV, n° 142 ; *D.* 2011 239, obs. A. Lienhard ; *D.* 2012. 1576, note P. Crocq ; *Rev. sociétés* 2011. 730 note Ph. Roussel-Galle ; *JCP* 2012. 117, obs. Ph. Petel ; *RDC* 2012. 105, obs. R. Libchaber ; *Dr. et pr.* 2012, « suppl. droit du recouvrement », n° 4, p. 3, obs. E. Putman ; *Dr. et patr.* 2013. 83, obs. *B. Chaffois* ; *Gaz. Pal.* 2012. 321, note L.-C. Henry – V. s^s n°s 713.262 s.
5. C. com., art. R. 611-39-1, 3°.
6. C. com., art. R. 611-39-1, 4°.

Seuls pourront prendre connaissance de cet état, le conciliateur, le président du tribunal, le tribunal et le ministère public, ainsi que, d'office ou à la demande du ministère public, le tribunal qui ouvre une procédure de sauvegarde, de redressement judiciaire, de rétablissement professionnel ou de liquidation judiciaire à l'encontre du débiteur [7].

732.119 Honoraires et procédure collective de l'avocat. En cas d'ouverture d'une procédure collective à l'encontre d'un avocat, c'est aux clients qu'il appartient de déclarer leur éventuelle créance, notamment lorsque des provisions ont été payées [8], et il sera également nécessaire pour que la procédure en fixation des honoraires puisse être opposable à la procédure collective que les organes de la procédure soient mis en cause devant le bâtonnier ou la cour d'appel [9].

Il convient de noter que lorsque l'avocat est en procédure collective il lui appartient d'indiquer au mandataire liquidateur le nom, et l'adresse de ses créanciers ainsi que le montant des sommes dues. En omettant de le faire, notamment lorsqu'une procédure de fixation d'honoraires est en cours, l'avocat commet une faute déontologique susceptible de donner lieu à des sanctions disciplinaires [10].

§ 4
Mesures conservatoires

732.121 Respect des principes essentiels en toutes circonstances. L'avocat peut recourir à des mesures conservatoires afin de garantir le paiement de ses honoraires, notamment lorsqu'un litige s'élève relativement à ceux-ci. Il doit alors impérativement veiller au strict respect des principes essentiels [11]. Il peut faire l'objet de sanctions disciplinaires et ce, même si le moyen de paiement ou la méthode de recouvrement mis en œuvre n'encourt aucune critique sur le plan civil ou pénal.

C'est ainsi que la Cour de cassation a approuvé une interdiction temporaire de trois mois, prononcée à l'encontre d'un avocat auquel il était reproché d'avoir organisé et obtenu, d'une cliente âgée, en difficultés financières et sans connaissances juridiques, la signature devant notaire d'un acte exécutoire de reconnaissance de dette, sans avoir établi de factures détaillant ses prestations, puis d'avoir utilisé ce titre pour diligenter une procédure d'exécution forcée, en ne respectant pas la procédure

7. C. com., art. R. 611-39-1, *in fine*.
8. V. s^s n°s 731.111 s.
9. V. s^s n° 741.93.
10. S. Tandeau de Marsac (dir.), Ordre des avocats de Paris, *Honoraires de l'avocat,* Éd. législatives, 2010, p. 202.
11. V. s^s n°s 321.00 s.

d'ordre public de contestation et de recouvrement des honoraires, ce qui, nonobstant la validité de l'acte authentique valant reconnaissance de dette et la confirmation par le juge des honoraires de ces mêmes honoraires comme constituant un paiement intervenu après service rendu [1], n'en constituait pas moins une faute disciplinaire, en l'occurrence un manquement grave à la délicatesse [2].

732.122 **Prélèvement sur compte Carpa.** L'avocat peut prélever les sommes qui lui sont dues sur des sommes qu'il a reçues de son client ou pour le compte de son client à cet effet et qu'il a déposées, comme la loi le lui impose, sur un sous-compte Carpa [3]. Mais il ne saurait retenir de sa propre autorité, à titre d'honoraires, une somme qui lui a été remise par son client au profit d'un tiers, sans avoir reçu l'accord de son client [4].

Aucun prélèvement d'honoraires au profit de l'avocat sur le sous-compte Carpa de son client ne peut dès lors intervenir sans l'autorisation écrite préalable du client [5], autorisation qui doit être donnée en toute connaissance de cause au moment du paiement et ne saurait dès lors résulter des seules mentions de la convention d'honoraires ou des conditions générales [6].

À défaut d'un tel accord, l'avocat qui retiendrait abusivement des fonds appartenant à son client, même créditeur d'une créance d'honoraire à son égard se rendrait, coupable d'un abus de confiance au détriment de son client [7], et commettrait une faute de nature à engager tant sa responsabilité civile [8] que disciplinaire [9].

Il appartient, le cas échéant, à l'avocat :

1° Soit de procéder par voie de saisie attribution, sur la base d'une ordonnance de référé provision ;

2° Soit, de procéder par voie de saisie conservatoire, aux fins de voir consigner le montant des honoraires entre les mains du bâtonnier sur un compte séquestre [10].

732.123 **Saisie-attribution.** L'avocat peut mettre en œuvre une saisie attribution sur les sommes qu'il a reçues, ou qu'un autre avocat a reçues [11], de son client ou pour le compte de son client à cet effet et qu'il a déposées, comme la loi le lui impose, sur un sous-compte Carpa [12].

Toutefois, la mise en œuvre d'une saisie attribution implique la détention d'un titre exécutoire [13] constatant la créance d'honoraires [14].

Il demeure néanmoins possible pour l'avocat de solliciter en référé du président du tribunal judiciaire qu'il condamne son client au paiement d'une provision, à hauteur du montant des honoraires qui ne se heurtent à aucune contestation sérieuse sur le fondement de l'article 835 du code de procédure civile [15]. Si le président fait droit à la demande de l'avocat, ce dernier pourra alors diligenter une procédure de saisie-attribution sur la base de l'ordonnance de référé [16].

732.124 **Requête aux fins de séquestre.** L'avocat peut également, mettre en œuvre une saisie conservatoire afin de solliciter le séquestre de ces mêmes sommes. Il lui appartient, à cet effet, conformément aux dispositions des articles L. 511-1 et suivants du code des procédures civiles d'exécution, de solliciter au préalable, en justifiant de circonstances susceptibles de menacer le recouvrement ultérieur des honoraires, l'autorisation du juge de l'exécution [17] saisi par voie de requête. Si l'ordonnance fait droit à sa demande, l'avocat pourra alors consigner les fonds, à concurrence du montant autorisé par le juge [18], au compte « bâtonnier séquestre » [19].

Il convient de rappeler que, dès lors qu'il met en œuvre une telle mesure de saisie conservatoire, il appartient à l'avocat, dans le mois qui suit l'exécution de la mesure, d'engager, à peine de caducité, une procédure ou d'accomplir les formalités nécessaires [20] en vue d'obtenir un titre exécutoire, en l'occurrence une procédure de fixation de ses honoraires [21].

Et, dès lors que la saisie conservatoire est pratiquée entre les mains d'un tiers, en l'occurrence la Carpa, il appartiendra, en outre, à l'avocat, de signifier à son ancien client une copie des actes attestant de la saisine du bâtonnier, et ce, dans un délai de huit jours [22] à compter de leur date [23].

À défaut, la mesure conservatoire sera caduque [24].

1. Civ. 2e, 15 déc. 2011, n° 10-18.751, NP – V. ss nos 732.141.
2. Civ. 1re, 30 sept. 2015, n° 14-23.372, P ; *D.* 2015. 2019 ; *D. avocats* 2015. 396, art. G. Deharo ; *Gaz. Pal.* 16, 17 oct. 2015, n° 289 à 290, p. 9, note D. Piau.
3. V. ss nos 483.00 s.
4. Civ. 1re, 25 avr. 1989, n° 86-11.372, P I, n° 162 ; *Gaz. Pal.* 1989. Pan. 111.
5. Décr. n° 91-1197, 27 nov. 1991, art. 241, al. 2.
6. V. ss nos 483.180 s.
7. *A CONTRARIO* : Versailles, 14 janv. 1980, *D.* 1980. 422, note A. Brunois.
8. Civ. 1re, 3 oct. 1978, n° 77-11.772, P I, n° 283.
9. CD Paris, arr. n° 251279, 25 mars 2008.
10. JEX Paris, 28 sept. 2006, RG n° 06/83997, *JCP* 2006. 515.
11. Riom, 1re ch., 9 juin 2020, RG n° 18/01881.
12. V. ss nos 483.171 s.
13. V. ss n° 741.351.
14. C. pr. exéc., art. L. 211-1.
15. C. pr. civ., art. 835, al. 2.
16. V. ss nos 483.171 s.
17. C. pr. exéc., art. L. 511-3.
18. C. pr. exéc., art. L. 523-1.
19. Paris, 1re ch., sect. F, 23 févr. 2006, RG n° 2005/13114 – V. ss n° 483.175.
20. C. pr. exéc., art. R. 511-7.
21. C. pr. exéc., art. L. 511-4 – V. ss nos 741.21 s.
22. V. ss nos 483.171 s.
23. C. pr. exéc., art. R. 511-8.
24. Civ. 2e, 26 sept. 2013, n° 12-21.488, NP – V. ss nos 732.121 et 732.122.

SECTION 3
EFFETS DU PAIEMENT

732.130 **Plan.** Le principe est que ne sont pas réductibles les honoraires librement acceptés et payés par le client après service rendu (§ 1) ce qui implique la réunion de trois conditions : un paiement librement consenti, réalisé après service rendu, et au regard d'une facture conforme (§ 2).

§ 1
Principe du paiement après service rendu

732.141 **Caractère libératoire du paiement des honoraires de diligences après service rendu.** Pour la Cour de cassation, si les juges du fond apprécient souverainement d'après les conventions des parties et les circonstances de la cause le montant de l'honoraire dû à l'avocat[1], il ne leur appartient pas de le réduire dès lors que le principe et le montant de l'honoraire, même excessif, ont été acceptés librement par le client après service rendu, que celui-ci ait été ou non précédé d'une convention[2].

Ainsi, l'honoraire de diligences, une fois fixé par l'avocat en accord avec son client après que les diligences aient été effectuées, est intangible et ne peut être modifié sauf nouvel accord[3].

Comme l'a rappelé à cette occasion la Cour de cassation, sous le visa des articles 10 de la loi du 31 décembre 1971 et 1103 du code civil : « Selon le second de ces textes, les conventions légalement formées tiennent lieu de loi à ceux qui les ont faites ; que suivant le premier, si les juges du fond apprécient souverainement, d'après les conventions des parties et les circonstances de la cause, le montant de l'honoraire dû à l'avocat, il ne leur appartient pas de le réduire dès lors que le principe et le montant de l'honoraire ont été acceptés par le client après service rendu, que celui-ci ait ou non été précédé d'une convention. »[4]

La cour de cassation a dit n'y avoir lieu à renvoi au Conseil constitutionnel d'une QPC, visant « l'interprétation jurisprudentielle constante des 1103 du code civil, et 10 de la loi n° 71-1130 du 31 décembre 1971 », au motif qu'il ne peut être sérieusement soutenu que la portée effective conférée à ces articles par la jurisprudence constante de la Cour de cassation méconnaît le droit du client d'un avocat à un recours juridictionnel effectif, dès lors que le client peut toujours saisir du différend le juge de l'honoraire, qui a le pouvoir de contrôler que l'accord sur les honoraires n'est affecté d'aucun vice du consentement et qu'il a été précédé d'une information autorisant un consentement éclairé[5].

732.142 **Caractère libératoire du paiement de l'honoraire de résultat une fois que le résultat a été atteint.** Il en est de même s'agissant de l'honoraire de résultat : le juge ne peut en réviser le montant dès lors que non seulement son principe mais encore son montant ont été formellement acceptés par le client, une fois que résultat a été atteint[6], que celui-ci, du reste, ait été ou non précédé d'une convention[7].

732.143 **Indifférence de la convention d'honoraires.** Peu importe, à cet égard, que le montant desdits honoraires ait été calculé, sur les sommes obtenues spontanément de la partie adverse par l'avocat, en

1. V. s[s] n° 721.15.
2. Civ. 1re, 17 juin 1970, n° 68-12.785, P I, n° 203 ; *D.* 1970. 180. Chron. 177, note L. Sebag – Civ. 1re, 24 févr. 1981, n° 79-19.822, P I, n° 63 ; *D.* 1982. 173, note A. Brunois ; *JCP* 1981. IV. 164 ; *in* A. DAMIEN, *Les grands arrêts*, Litec, 1991, p. 114 – Paris, ord., 28 juin 1992, *Gaz. Pal.* 16 sept. 1993, p. 20 – Civ. 1re, 2 avr. 1997, n° 95-17.606, P I, n° 113 ; *JCP* 1997. IV. 1120, note R. Martin ; *JCP* 1997. I. 4041, n° 16 ; *Gaz. Pal.* 1997. Pan. 259 ; 1999. Somm. 523, note E. du Rusquec ; *Defrénois* 1997. 1433, note A. Bénabent – Paris, 15 janv. 1998, *Gaz. Pal.* 13 juin 1998, 14 – Civ. 1re, 24 nov. 1999, n° 98-13.044, NP ; *JCP* 2000. I. 231 n° 21, obs. R. Martin – Civ. 1re, 15 déc. 1999, n° 98-12.133, NP – Civ. 1re, 18 oct. 2000, n° 97-21.824, NP ; *D.* 2002. Somm. 855, obs. B. Blanchard – Civ. 2e, 5 juin 2003, n° 01-15.411, P II, n° 169 ; *D.* 2003. IR 2409 ; *Gaz. Pal.* 2003. Somm. 2473 ; *JCP* 2004. I. 117, n° 21, obs. R. Martin – Civ. 2e, 18 sept. 2003, n° 01-16.013, P II, n° 279 ; *D.* 2004. 2830, obs. B. Blanchard ; *D.* 2003. 2409 ; *JCP* 2004. I. 117, n° 21, obs. R. Martin ; *Gaz. Pal.* 2003. Somm. 3168 ; *RTD civ.* 2004. 114, obs. P.-Y. Gautier – Civ. 2e, 5 juill. 2018, n° 17-20.727, NP.
3. Versailles, ord. 1er prés., 21 janv. 1988, *Gaz. Pal.* 23 avr. 1988, 1, note A. Damien – Toulouse, 14 nov. 1991, *Gaz. Pal.* 11 avr. 1991, note A. Damien.
4. Civ. 2e, 6 mars 2014, 13-14.922, P II, n° 62 ; *D.* 2014. 672 ; *D. avocats* 2014. 89, obs. L. Dargent ; *D. avocats* 2014. 151, note D. Piau ; *JCP* 2014. 556, note B. Travier et R. Guichard ; *Gaz. Pal.* 23 juill. 2014, p. 17, note D. Houtcieff – Civ. 2[e], 2 juill. 2015, n° 14-22.177, NP.
5. Civ. 2[e], 11 janv. 2018, n° 17-20.259, P II ; *D.* 2018. 121 ; *JCP* 2018. 103 ; *Gaz. Pal.* 5 juin 2018, p. 32, obs. D. Landry.
6. Civ. 2e, 7 mai 2003, n° 01-17.495, P II, n° 130 ; *D.* 2004. 2828, obs. B. Blanchard ; *Gaz. Pal.* 15-19 août 2003, p. 12 – Civ. 2e, 21 oct. 2004, n° 03-17.205, NP – Civ. 2e, 21 déc. 2006, n° 04-20.179, NP – Civ. 2e, 10 mai 2007, n° 06-14.628, NP – Civ. 2e, 2 févr. 2017, n° 16-10.815, NP – Civ. 2e, 21 nov. 2019, n° 18-21.811, NP.
7. Civ. 2e, 5 juin 2003, n° 01-15.411, P II, n° 169 ; *D.* 2003. 2409 ; *JCP* 2004. I. 117, n° 21, obs. R. Martin ; *Gaz. Pal.* 2003. Somm. 2473 – Civ. 2e, 18 sept. 2003, n° 01-16.013, P II, n° 279 ; *D.* 2004. 2830, obs. B. Blanchard ; *D.* 2003. 2409 ; *JCP* 2004. I. 117, n° 21, obs. R. Martin ; *Gaz. Pal.* 2003. Somm. 3168 ; *RTD.* civ. 2004. 114, Chron. P.-Y. Gautier – Civ. 1re, 18 oct. 2000, n° 97-21.824, NP ; *D.* 2002. 855, obs. B. Blanchard – Civ. 2e, 17 févr. 2005, n° 02-14.167, NP – Civ. 2e, 6 mars 2014, n° 13-14.922, P ; *JCP* 2014. 597, obs. C. Caseau-Roche ; *JCP* 2014. 556, obs. B. Travier, R. Guichard.

référence à une convention d'honoraires qui avait été exclusivement conclue dans le cadre d'une procédure contentieuse devenue inapplicable du fait du dessaisissement de l'avocat[1] alors qu'aucun acte transactionnel, ni aucune décision juridictionnelle irrévocable n'étaient intervenus[2].

732.144 **Indifférence de la fin de mission.** Le paiement après service rendu, dont la remise en cause est interdite, n'est pas subordonné à la fin de la mission de l'avocat et peut s'entendre des diligences facturées au fur et à mesure de leur accomplissement[3].

732.145 **Maintien du principe.** Cette jurisprudence qui ne nous semble pas devoir être remise en cause par la généralisation de l'obligation de convention d'honoraires écrite préalable issue de la loi du 6 août 2015[4], est d'autant plus salutaire que lorsque survient un contentieux en matière d'honoraires, notamment en cas de dessaisissement de l'avocat[5], la tendance est forte, pour ne pas dire systématique, de ne pas se limiter aux honoraires restant dus, mais de remettre en cause tout l'historique des honoraires versés dans le cadre de la défunte relation avocat client.

732.146 **Preuve du caractère libératoire.** Il appartient à l'avocat de rapporter la preuve de cet accord[6] qui peut résulter d'une autorisation de prélèvement donnée par le client après service rendu[7].

Preuve qui ne saurait être rapportée lorsque le client règle une somme inférieure à celle demandée.

732.147 **Nécessité de rechercher si le paiement est intervenu après service rendu.** Pour autant, il appartient au juge de l'honoraire de rechercher si tout ou partie des honoraires n'a pas été payé après services rendus[8], lesquels ne peuvent dès lors plus être contestés. C'est ainsi que doit être cassé l'ordonnance qui :

- n'a pas pris le soin de rechercher si, comme elle y était expressément invitée, postérieurement à la conclusion du protocole transactionnel, par la lettre de l'avocat, proposant un échéancier de règlement, ainsi que par lettre et remise d'un chèque du client, ce dernier n'avait pas réitéré, après service rendu, son accord sur le principe et le montant des honoraires restant dus à son avocat[9] ;
- n'a pas pris le soin de rechercher si le principe et le montant des honoraires n'avaient pas été acceptés par le client après service rendu alors qu'à la date à laquelle le client a autorisé son avocat à encaisser son chèque, l'audience de plaidoirie devant la cour d'appel avait déjà eu lieu[10] ;
- pour réduire le montant des honoraires énonce que deux reconnaissances de dettes sous seing privé étaient antérieures aux services rendus, alors même qu'elles avaient été réitérées suivant acte authentique intervenu postérieurement aux services rendus, ce qui suffisait à caractériser le paiement librement consenti des honoraires après service rendu, nonobstant l'antériorité des reconnaissances de dettes ayant prévue la nécessité d'une réitération suivant acte notarié[11] ;
- énonce, en omettant de préciser si le principe et le montant de l'honoraire n'avaient pas été acceptés par le client après service rendu, que les diligences accomplies dans diverses instances ne sont pas contestées par le client qui soutient seulement que, compte tenu de sa situation financière et de l'intérêt du litige, l'avocat avait manqué à son devoir de conseil en multipliant les procédures sans attirer son attention sur le coût de celles-ci et ce, alors même qu'il avait approuvé et signé la convention, les factures d'honoraires, ainsi que les mandats d'agir en justice étant ainsi constamment tenu au courant de l'avancement de ses diligences et de leur coût[12].

732.148 **Facture définitive.** L'avocat ne saurait pas, non plus, solliciter le versement d'un honoraire complémentaire dès lors que ses honoraires lui ont été payés au regard d'une facture définitive qui énumérait de façon précise les prestations auxquelles elle se rapportait, faisant qu'il ne s'agissait pas d'une facture provisionnelle[13], et que l'avocat ne pouvait donc pas réclamer de rémunération complémentaire au titre des diligences visées dans cette même facture[14].

1. V. s[s] n°s 713.361 s.
2. Civ. 2e, 6 mars 2014, 13-14.922, P II, n° 62 ; *D.* 2014. 672 ; *D. avocats* 2014. 89, obs. L. Dargent ; *D. avocats* 2014. 151, note D. Piau ; *JCP* 2014. 556, note B. Travier et R. Guichard ; *Gaz. Pal.* 23 juill. 2014, p. 17, note D. Houtcieff.
3. Civ. 2e, 8 févr. 2018, n° 16-22.217, P II ; *Gaz. Pal.* 20 févr. 2018, p. 38, obs. C. Berlaud ; *D.* 2018. 358 ; *JCP* 2018. 239, obs. C. Caseau-Roche ; *JCP* 2018. 588 n° 8, obs. C. Caseau-Roche ; *D. actu.* 9 mars 2018, note D. Piau ; *D.* 2019. 98, obs. Th. Wickers – Civ. 2e, 8 mars 2018, n° 17-14.192, NP.
4. L. n° 2015-990, 6 août 2015 pour la croissance, l'activité et l'égalité des chances économiques, *JO* 7 août, p. 13537, art. 51.
5. V. s[s] n°s 484.21 s.
6. Civ. 2e, 14 juin 2006, n° 03-18.718, NP ; *LPA* 29 janv. 2007, p. 18, obs. N. Morelli et C. Porteron – Civ. 2e, 13 juill. 2006, n° 03-21.013, P II, n° 206 ; *D.* 2006. 2207 ; *Gaz. Pal.* 29 janv. 2007, p. 9, obs. N. Morelli et C. Porteron.
7. Civ. 2e, 7 déc. 2006, n°s 04-19.953, 04-20.150, NP.
8. Civ. 2e, 8 déc. 2016, n° 16-10.935, NP.
9. Civ. 2e, 4 juill. 2013, n° 12-24.100, NP.
10. Civ. 2e, 14 juin 2012, n° 11-19.731, NP.
11. Civ. 2e, 15 déc. 2011, n° 10-18.751, NP.
12. Civ. 2e, 7 oct. 2010, n° 09-15.100, NP.
13. V. s[s] n°s 731.111 s.
14. Civ. 2e, 7 févr. 2019, n° 17-20.699, NP – Paris, pôle 2, ch. 6, 1er déc. 2016, RG n° 13/00216.

§ 2
Conditions du paiement après service rendu

732.151 Conditions de validité du paiement après service rendu. Ainsi, ne sont pas réductibles les honoraires payés par le client à son avocat qui réunissent les conditions suivantes :

1° Un paiement réalisé après service rendu ;

2° Un paiement réalisé au regard d'une facture conforme ;

3° Un paiement librement consenti.

732.152 Le paiement des honoraires doit intervenir après service rendu. Le simple règlement, même librement consenti par le client, des sommes réclamées par l'avocat ne fait pas obstacle à la réduction des honoraires dès lors qu'il n'est pas démontré que ce règlement est intervenu après service rendu [1]. Les juges du fond retrouvent ainsi leurs pouvoirs d'appréciation [2] dès lors qu'ils constatent que les honoraires litigieux n'ont pas été payés par le client après service rendu [3].

Et les juges du fond doivent vérifier la réalité des prestations correspondantes au service rendu [4].

Le fait que le paiement effectif soit différé, ne fait pas obstacle à la reconnaissance d'un paiement après service rendu dans le cas où le client qui avait effectué un règlement partiel de la facture d'honoraires avait expressément sollicité un délai pour régler le solde [5].

732.153 Indifférence des provisions et nécessité de préciser les services rendus. La nécessité que l'honoraire ait été payé après service rendu exclu les provisions [6], même payées à réception et sans contestation [7], et implique surtout que les honoraires soient payés, déduction faite, le cas échéant, des éventuelles provisions versées, au regard d'un décompte détaillé [8] permettant d'avoir pleinement connaissance des services rendus ainsi rémunérés [9]. Tel ne sera pas le cas d'honoraires payés au regard de factures « plus que succinctes » et qui ne visaient aucunement les diligences accomplies [10].

732.154 Cas de l'honoraire de résultat. L'honoraire de résultat ne se comprenant qu'après résultat définitif [11], l'accord sur le paiement de l'honoraire de résultat ne sera pas considéré, sauf en présence d'une clause de dessaisissement [12], comme conclu une fois que le résultat a été atteint si l'avocat se dessaisit volontairement du dossier avant la fin de la procédure ou qu'il n'a pas été mis fin à l'instance [13].

732.155 Un paiement réalisé au regard de factures conformes. La Cour de cassation est venue préciser, au visa des articles 10 de la loi 31 décembre 1971 et L. 441-9 du code de commerce, que ne peuvent constituer des honoraires librement payés après service rendu ceux qui ont été réglés sur présentation de factures ne répondant pas, s'agissant d'un client ayant la qualité de professionnel, aux exigences de l'article L. 441-9 du code de commerce [14], peu importe, à cet égard, qu'elles soient complétées par des éléments extrinsèques [15].

En l'occurrence, une grande partie des factures produites ne précisaient pas les diligences effectuées, mais étaient accompagnées d'une lettre de l'avocat expliquant ses diligences et le cas échéant de la copie des actes effectués (la plupart du temps des conclusions).

Mais, pour la Cour de cassation, dès lors que les factures de l'avocat ne précisaient pas intrinsèquement les diligences effectuées, ou la « dénomination précise [...] des services rendus » [16], le client pouvait solliciter la réduction du montant des honoraires.

Cette solution peut paraître sévère mais est logique : elle garantit la pleine connaissance par le client des prestations afférentes aux factures qu'il a payées et le respect par l'avocat des obligations légales qui lui incombent en matière de facturation [17].

1. Civ. 2e, 4 juill. 2007, n° 05-18.774, P II, n° 184 ; *D.* 2007. 2111 ; *D.* 2007. 2169, obs. V. Avena-Robardet ; *LPA* 18 déc. 207, p. 11, note N. Morelli ; *Gaz. Pal.* 6-8 janv. 2008, p. 5, note J.-G. Moore.
2. V. ss n° 721.15.
3. Civ. 2e, 28 juin 2007, n° 06-11.171, P II, n° 173 ; *D.* 2007. 2040 ; *D.* 2008. 180, obs. T. Clay – Civ. 2e, 3 avr. 2008, n° 07-13.142, P II, n° 78 ; *D.* 2008. 1213.
4. Civ. 2e, 21 nov. 2013, n° 12-25.807, NP.
5. Civ. 2e, 7 janv. 2010, n° 08-13.180, NP.
6. V. ss nos 731.111 s.
7. Civ. 1re, 19 juin 2001, n° 98-19.971, P I, n° 178 ; *JCP* 2002. I. 136, n° 20, obs. R. Martin – Civ. 2e, 7 déc. 2006, n° 05-10.815, NP – Civ. 2e, 3 avr. 2008, n° 07-13.142, P II, n° 78 ; *D.* 2008. 1213 ; *JCP* 2008. I. 184, n° 12, obs. C. Jamin ; *LPA* 12 janv. 2009, p. 7, note J.-C. Bensa – Civ. 2e, 5 juill. 2018, n° 17-21.532, NP – Civ. 2e, 6 févr. 2014, n° 13-10.638, NP.
8. V. ss nos 731.121 s.
9. Civ. 2e, 21 déc. 2006, 4 esp., nos 04-20.176, 04-20.177, 04-20.178, 04-20.179, NP.
10. Civ. 2e, 21 janv. 2021, n° 18-17.582, NP.
11. V. ss nos 713.262 s.
12. V. ss nos 713.365 s.
13. V. ss nos 713.361 s.
14. V. ss nos 731.21 s.
15. Civ. 2e, 6 juill. 2017, n° 16-19.354, P ; *D.* 2017. 1871, obs. N. Touati et O. Becuwe ; *JCP* 2017. 1104, n° 4, obs. C. Caseau-Roche ; *JCP* 2017. 848 ; *D.* 2017. 1478 ; *Gaz. Pal.* 5 sept. 2017, p. 20, note P.-L. Boyer ; *Gaz. Pal.* 31 oct. 2017, p. 68, obs. L. Raschel ; *Gaz. Pal.* 5 déc. 2017, p. 26, obs. D. Landry et J. Villacèque – Civ. 2e, 5 juill. 2018, n° 17-21.174, NP – N. Dissaux, « La facture a horreur du vide », *D.* 2017. 1969 – H. Croze, « L'avocat, un commerçant comme les autres ? », *Procédures* 2017, repère n° 9.
16. C. com., art. L. 441-9.
17. V. ss nos 731.41 s.

732.156 **Le paiement des honoraires doit être librement consenti.** Ce qui exclut tout vice du consentement[1] (erreur, dol ou violence telle que contrainte morale ou psychologique). Tel est le cas s'agissant d'un client, se trouvant dans une passe difficile, qui avait payé les honoraires établis après services rendus, mais sous l'emprise d'une contrainte morale, en l'occurrence « la "crainte révérencielle" de perdre son avocat » et dont le consentement avait été vicié par une réticence dolosive due au défaut d'information par son avocat quant à l'aide juridictionnelle et la protection juridique dont il aurait pu bénéficier[2].

Le cas est loin d'être d'école et incite à la prudence notamment, d'une part, lorsque l'on a affaire à des clients qui dont l'objet d'une mesure de protection juridique (tutelle, curatelle...)[3], et, d'autre part, quant à la nécessité de vérifier avec ses clients leurs droits éventuels à l'aide juridictionnelle[4] ou au bénéfice d'une assurance protection juridique[5].

Tel ne sera, toutefois, pas le cas du client qui aurait accepté les trois premières factures d'honoraires établies après services rendus sous l'empire d'une contrainte morale, dès lors qu'il a par la suite payé les quatre suivantes librement[6]. Et, si l'appréciation en la matière relève des pouvoirs souverains d'appréciation des juges du fonds, la Cour de cassation exerce sur ce point un contrôle de dénaturation au regard des éléments de preuve versés aux débats[7].

732.157 **Sécuriser le paiement des honoraires.** Il appartient, par conséquent, à l'avocat de procéder à une perception régulière, après services rendus, au fur et à mesure qu'ils sont rendus, et sur factures détaillées[8], de ses honoraires afin d'en sécuriser le recouvrement et d'en diminuer l'étendue du risque litigieux en cas de contestation[9].

Cela permet de sécuriser le paiement des honoraires[10] à condition de facturer régulièrement les prestations effectivement réalisées et de ne pas se contenter de solliciter des provisions[11] pour ne faire un compte final qu'à la fin du dossier comme le font beaucoup d'avocats.

1. Aix-en-Provence, 6 nov. 2002, *BICC* 2003, n° 236.
2. Civ. 2e, 3 mars 2011, n° 09-72.968, NP.
3. V. ss nos 713.124 s. et 732.32.
4. V. ss nos 751.00 s.
5. V. ss nos 761.00 s.
6. Civ. 2e, 7 janv. 2010, n° 07-12.515, NP.
7. Civ. 2e, 28 mars 2013, n° 12-15.748, NP.
8. V. ss nos 731.121 s.
9. D. Piau, « Du pouvoir de réduction des honoraires librement consentis : *Crédimo ma non troppo* ! », *D. avocats* 2014. 151.
10. V. ss n° 732.157.
11. V. ss nos 731.111 s.

TITRE

74. Le recouvrement de la rémunération

SECTION 0
ORIENTEUR

74.00 **Sommaire du titre.**

Division. Le recouvrement de la rémunération fait l'objet de procédures distinctes suivant qu'il s'agisse du recouvrement de ses honoraires à l'égard du client (chap. 1), du recouvrement des frais compris dans les dépens ou de la rémunération tarifée (chap. 2), ainsi que des honoraires dus dans le cadre d'un partage d'honoraires ou de l'obligation dite ducroire (chap. 3).

74.03 **Bibliographie indicative.**

* Aussi : v. s[s] n° 7.03.

CHAPITRE

741. Recouvrement à l'égard du client

SECTION 0 ORIENTEUR

741.00 Sommaire du chapitre.

Division. Le recouvrement de la rémunération de l'avocat à l'égard du client est régi par des dispositions de droit commun, s'agissant de la procédure, d'ordre public, de fixation des honoraires (sect. 1), et de droit spécial s'agissant, notamment, des autres éléments de la rémunération qui n'ont pas la nature d'honoraires (sect. 2).

741.01 Textes applicables.

TEXTES TITRÉS

• **Décr. n° 91-1197, 27 nov. 1991**

art. 174 s. [Procédure de fixation des honoraires]

art. 277 [Renvoi aux règles de procédure civile]

• **Décr. n° 2020-1717, 28 déc. 2020**

art. 102 [Aide juridictionnelle partielle]

• **Décr. n° 2005-790, 12 juill. 2005**

art. 14 [Restitution des pièces]

• **COJ**

art. L. 311-7 [Compétence premier président]

art. R. 213-4 [Compétence président du tribunal judiciaire]

741.02 Jurisprudence de référence.

> Le recours contre de la décision du bâtonnier peut être formé, à titre incident, devant le premier président de la cour d'appel jusqu'à l'audience

• **Civ. 2e, 17 févr. 2011,** n° 09-13.209, P II, n° 42.

* V. ss nos 713.262, 741.191.

« Mais attendu qu'ayant exactement retenu que l'article 176 du décret n° 91-1197 du 27 novembre 1991 ne vise que le recours principal et qu'en application des dispositions de l'article 277 du même décret, qui renvoie aux dispositions du code de procédure civile, le recours incident peut être formé en tout état de cause conformément à l'article 550 de ce code, même à l'audience, la procédure étant orale, le premier président a décidé à bon droit que le recours incident, formé par M. R... dans ses conclusions déposées le 24 décembre 2008 et réitéré à l'audience, était recevable. »

> Le bâtonnier et le premier président n'ont pas le pouvoir de connaître de la responsabilité de l'avocat à l'égard de son client résultant d'un manquement à son obligation de conseil et d'information

• **Civ. 2e, 26 mai 2011,** n° 10-12.728, P II, n° 116.

* V. ss nos 721.82, 741.171.

« La procédure spéciale prévue par [l'article 174 du décret n° 91-1197 du 27 novembre 1991] ne s'applique qu'aux contestations relatives au montant et au recouvrement des honoraires des avocats ; qu'il en résulte que le bâtonnier et, sur recours, le premier président n'ont pas le pouvoir de connaître, même à titre incident, de la responsabilité de l'avocat à l'égard de son client résultant d'un manquement à son devoir de conseil et d'information. »

> Le recours en matière de contestation d'honoraires dus à une société professionnelle d'avocat peut être exercé par la SCP elle-même ou l'un de ses avocats membres

• **Civ. 2e, 15 févr. 2007,** n° 05-11.056, P I, n° 37.

* V. ss nos 741.321, 741.82.

« Attendu qu'aux termes de l'article 44 susvisé chaque associé membre d'une société civile professionnelle d'avocats exerce les fonctions d'avocat au nom de la société ; qu'il s'ensuit que le recours, en matière de contestation des honoraires dus à une telle société, peut être exercé par l'avocat membre de la société dont les honoraires sont en litige. »

> Prescription

• **Civ. 2e, 26 mars 2015,** n° 14-11.599, P II, n° 74.

* V. ss nos 332.103, 463.25, 464.25, 464.262, 711.113, 741.211.

« Mais attendu qu'est soumise à la prescription biennale de l'article L. 137-2 du code de la consommation la demande d'un avocat en fixation de ses honoraires dirigée contre une personne physique ayant eu recours à ses services à des fins n'entrant pas dans le cadre d'une activité commerciale, industrielle, artisanale ou libérale ;

Et attendu qu'ayant constaté que M. X... était un consommateur, c'est à bon droit que le premier président a fait application de ce texte ; »

• **Civ. 2e, 26 mars 2015,** n° 14-15.013, P II, n° 75.

* V. ss nos 332.103, 463.25, 464.25, 464.262, 711.113, 741.211.

« Vu les articles L. 137-2 du code de la consommation et 2224 du code civil ;

Attendu que pour condamner M. Y... à payer à l'avocat une certaine somme au titre des honoraires, l'ordonnance énonce, avant d'en fixer le montant, que la prescription de deux ans prévue par le code de la consommation n'est pas applicable aux honoraires de l'avocat, lesquels bénéficient de la prescription quinquennale prévue par la loi du 17 juin 2008 ;

Qu'en se déterminant ainsi, sans constater que M. Y... avait eu recours aux services de l'avocat à des fins entrant dans le cadre de son activité commerciale, industrielle, artisanale ou libérale, le premier président n'a pas donné de base légale à sa décision ; »

• **Civ. 2e, 10 déc. 2015,** n° 14-25.892, P II, n° 578.

* V. ss n° 741.227.

« Sur le premier moyen, qui est recevable :

Vu l'article L. 137-2 du code de la consommation, ensemble l'article 420 du code de procédure civile et les articles 2240, 2241 et 2244 du code civil ;

Attendu, selon l'ordonnance attaquée rendue par un premier président de cour d'appel, que MM. X..., Y... et Z... ont confié à M. A..., avocat (l'avocat), la défense de leurs intérêts dans le cadre d'un litige les opposant à leur employeur ; que plusieurs décisions sont intervenues ; qu'à la suite d'un différend sur le paiement de ses honoraires, l'avocat a saisi le bâtonnier de son ordre d'une demande en fixation de ceux-ci ;

Attendu que pour déclarer recevable la demande de l'avocat, l'arrêt se borne à énoncer que la lettre recommandée avec accusé de réception adressée par celui-ci à ses clients pour obtenir le paiement de ses honoraires est interruptive de prescription ;

Qu'en se déterminant ainsi, alors que la prescription de l'action des avocats pour le paiement de leurs honoraires court à compter de la date à laquelle leur mission a pris fin, le premier président, qui n'a pas recherché, comme il y était invité, si la demande en fixation de ses honoraires formée par l'avocat l'avait été dans le délai de deux années à compter de la fin de sa mission, lequel ne pouvait avoir été interrompu par l'envoi d'une lettre recommandée avec demande d'avis de réception, a privé sa décision de base légale ; »

> Exceptions relatives à la validité de la convention d'honoraires

• **Civ. 2e, 4 févr. 2016,** n° 14-23.960, P II, n° 864.

* V. ss nos 713.365, 741.161.

« Et sur la deuxième branche du moyen unique du pourvoi incident :

Vu les articles 1108 et 1109 du code civil [art. 1128 et 1130 du code civil] ;

Attendu qu'en vertu du premier de ces textes, le consentement de la partie qui s'oblige est l'une des conditions essentielles de la validité de la convention ; qu'en application du second il n'y a point de consentement valable, si celui-ci n'a été donné que par erreur, ou s'il a été extorqué par violence ou surpris par dol ;

Attendu que pour écarter le moyen présenté par Mme X..., tiré de la nullité de la convention d'honoraires qu'elle avait conclue avec l'avocat, pour vice du consentement, l'ordonnance énonce qu'il n'appartient pas au juge en charge de la fixation des honoraires de se prononcer sur un éventuel vice du consentement affectant la convention en cause, qui relève de la seule connaissance du juge de droit commun ;

Qu'en statuant ainsi, alors que le bâtonnier et le premier président, saisis d'une demande en fixation d'honoraires d'un avocat, sont compétents pour statuer sur les exceptions relatives à la validité de la convention d'honoraires, le premier président a méconnu l'étendue de ses pouvoirs et violé les textes susvisés ; »

> Obligation de sursis à statuer en cas de litige relatif au mandat de l'avocat

• **Civ. 2e, 14 janv. 2016,** n° 14-26.846, P.

* V. s^s^ n°s 645.21

« Sur le moyen unique du pourvoi incident, pris en sa première branche :

Vu l'article 277 du décret n° 91-1197 du 27 novembre 1991, ensemble les articles 49 et 378 du code de procédure civile ;

Attendu, selon l'ordonnance attaquée rendue par le premier président d'une cour d'appel, que M. Adrien X..., sportif professionnel, conseillé dans la gestion de sa carrière par M. Manuel X..., a conclu un contrat de mandat sportif le 17 novembre 2011 avec M. Y..., avocat (l'avocat) comportant une convention d'honoraires ; que s'estimant créancier d'un solde d'honoraires, ce dernier a saisi le bâtonnier de son ordre d'une demande en fixation de leur montant ;

Attendu que l'ordonnance, après avoir dit qu'il appartenait aux parties de saisir la juridiction compétente pour statuer sur la validité du mandat sportif, énonce que la convention d'honoraires incluse dans ce mandat en suivra le sort, qu'ainsi, si ce mandat est déclaré nul, il n'y a pas lieu à fixation d'honoraires, que, s'il est reconnu valable, leur montant est fixé, après déduction des acomptes, à la somme de 299 588 euros ;

Qu'en statuant ainsi, alors qu'il résultait de ses propres constatations que l'action en fixation d'honoraires, qui relevait de sa compétence, supposait que soit tranchée la question préalable de la validité du mandat sportif, laquelle relevait de la compétence exclusive d'une autre juridiction, le premier président, qui devait surseoir à statuer sur la fixation des honoraires, a violé les textes susvisés ; »

741.03 Bibliographie indicative.

* Aussi : v. s^s^ n° 74.03.

Thèse. M. Lachapelle-Motmoreau, *Exercice de l'action de l'avocat pour honoraires*, Th. Douai, 1880.

Monographies. J.-L. Gaineton, J. Villacèque, L'honoraire de l'avocat, Gazette du Palais, 2017 – S. Tandeau de Marsac (dir.), Barreau de Paris, *Honoraires de l'avocat*, Éd. Législatives, 2010.

Contributions. J. Beauchard, « Réflexions sur la nature du pouvoir du bâtonnier en matière de contestation d'honoraires », *Mél. R. Martin*, Bruylant – LGDJ, 2004, p. 217 – J.-L. Laurent-Atthalin, « Fixation et recouvrement des honoraires de l'avocat », *Rapport annuel de la Cour de cassation*, 1996, p. 147 – A. Steff, « Contestation en matière d'honoraires d'avocats », *Rapport annuel de la Cour de cassation*, 1999, p. 235.

Articles. Y. Avril, « La fixation des honoraires devant la Cour européenne des droits de l'homme », *Gaz. Pal.* 2011. 135, p. 10 – O.-L. Bouvier, « Le champ de compétence du juge fixant les honoraires de l'avocat, une extension limitée par la Cour de cassation », *D.* 2011. 2057 – Coll., Conférence des Bâtonniers, « La taxation des honoraires d'avocat », *Gaz. Pal.* 29-30 nov. 2006, p. 2 – R. Exertier, « Contentieux de l'honoraire de l'avocat », *Gaz. Pal.* 1996. 2. Doctr. 1245 – F. Ladouce, « La convention d'honoraires de résultat conclue après service rendu », *Gaz. Pal.* 19-20 mars 2004, p. 2 – R. Martin, « Fixation des honoraires de l'avocat », *JCP* 1992. I. 3620 ; « Le contentieux des honoraires d'avocats », *Ann. loyers* 2001. 461 – D. Piau, « La schizophrénie kafkaïenne de la procédure de recouvrement d'honoraires », *Gaz. Pal.* 5-7 mai 2013, p. 9 ; « Droit spécial de l'honoraire », *D. avocats* 2015. 72 B. Travier et R. Guichard, « Honoraires d'avocat : le recours incident peut être formé devant le président de la cour d'appel en tout état de cause », *JCP* 2011, n° 13, p. 581 ; « Honoraires d'avocat : le bâtonnier est une juridiction impartiale », *JCP* 2012, n° 22, p. 632.

Rapports. P. Lafont, *Rapport final de la Commission textes sur la médiation des litiges de consommation*, CNB, AG 11-12 déc. 2015 – Médiateur national de la consommation de la profession d'avocat, *Rapport annuel* (depuis 2017) : mediateur-consommation-avocat.fr.

741.04 Exemples d'actes et assimilés.

> Exemple de citation à comparaître.

* V. s^s^ n° 032.51.

> Exemple de requête aux fins de solliciter l'exécutoire.

* V. s^s^ n° 032.52.

SECTION 1

DROIT COMMUN : PROCÉDURE DE FIXATION DES HONORAIRES

741.10 **Plan.** La fixation du montant des honoraires relève d'une procédure d'ordre public (§ 1) astreinte à un champ de compétence strict (§ 2), soumise aux principes de la procédure civile (§ 3) dont le déroulement est régi par des dispositions particulières (§ 4).

§ 1
Propos liminaires

741.21 Champ d'application. La procédure relative aux contestations concernant le montant et le recouvrement des honoraires des avocats est actuellement régie par l'article 10 de la loi du 31 décembre 1971 [1] et par les articles 174 à 179 du décret du 27 novembre 1991 [2].

Les contestations concernant le montant et le recouvrement des honoraires des avocats ne peuvent être réglées qu'en recourant à la procédure prévue à ces articles [3].

741.22 Caractère d'ordre public. Le recours à la procédure prévue aux articles 174 et suivants du décret du 27 novembre 1991 pour la fixation du montant des honoraires est d'ordre public [4]. Le recours à l'arbitrage, y compris entre professionnels, est exclu [5]. Et nul autre juge ne saurait se substituer au juge de l'honoraire afin d'en fixer le montant, qu'il s'agisse, notamment, des juridictions compétentes en matière de procédure collective [6], des juridictions administratives (marché public, protection fonctionnelle [7]) ou du juge de l'exécution.

C'est ainsi que dans le cadre d'une affaire où un avocat avait inscrit une hypothèque judiciaire sur un bien immobilier appartenant à son client et fait procédé à la vente judiciaire de ce bien, la cour de cassation a pu considérer, d'une part, que le projet de distribution du prix, non contesté dans les délais prévus à cet effet [8], et homologué par le juge de l'exécution ne valait pas reconnaissance de dette par le client de la somme mentionnée au projet dès lors que la créance d'honoraires était contestée dans le cadre d'une procédure en fixation d'honoraires antérieure. Et, d'autre part, que l'autorité de la chose jugée attachée à l'ordonnance d'homologation du juge de l'exécution avait un caractère provisoire pour le créancier titulaire d'une hypothèque judiciaire provisoire [9], faisant qu'elle n'avait pas eu pour effet d'attribuer définitivement à l'avocat la somme arrêtée dans le projet de distribution, mais de bloquer celle-ci, laquelle pourra être versée à l'avocat que sous réserve qu'il ait obtenu un titre constatant l'existence et le montant de sa créance d'honoraires [10].

741.23 Droit comparé. Au Québec [11], l'article 88 du code des professions prévoit que le recouvrement des honoraires (action sur compte) à l'initiative de l'avocat relève des juridictions de droit commun mais ne peut intervenir qu'à l'expiration d'un délai destiné à permettre au client de solliciter auprès du barreau une conciliation et un arbitrage desdits honoraires (comptes) de l'avocat suivant une procédure fixée par le règlement sur la procédure de conciliation et d'arbitrage de compte des avocats.

En Belgique [12], l'article 446 *ter* du code judiciaire laisse le choix entre un arbitrage ordinal accepté par les parties et les juridictions de droit commun, qui peuvent alors solliciter un avis sur les honoraires de l'avocat auprès du conseil de l'Ordre [13].

§ 2
Champ de compétence du juge de l'honoraire

741.30 Plan. Il appartient au juge de l'honoraire de caractériser sa compétence (A), tant au regard des parties à la procédure (B) qu'au regard de l'objet de la demande qui lui est soumise (C).

A.
Propos liminaires

741.41 Compétence du bâtonnier. Les contestations concernant le montant et le recouvrement des honoraires d'avocat, mais également des frais et débours [14], à l'exclusion des émoluments tarifés [15] et des dépens [16], ainsi qu'en restitution de pièces [17] doivent être soumises successivement au bâtonnier dont relève l'avocat concerné, puis, le cas échéant,

1. L. n° 71-1130, 31 déc. 1971 réforme de certaines professions judiciaires et juridiques, *JO* 5 janv. 1972, p. 131.
2. Décr. n° 91-1197, 27 nov. 1991 organisant la profession d'avocat, *JO* 28 nov., p. 15502, art. 160 – Décr. n° 72-468, 9 juin 1972 organisant la profession d'avocat pris pour l'application de la loi n° 71-1130 du 31 décembre 1971, *JO* 11 juin, p. 5884, art. 174 à 179.
3. Décr. n° 91-1197, 27 nov. 1991, art. 174.
4. Civ. 1re, 30 sept. 2015, n° 14-23.372, P ; *D.* 2015. 2019 ; *D. avocats* 2015. 396, art. G. Deharo ; *Gaz. Pal.* 16-17 oct. 2015, n° 289 à 290, p. 9, note D. Piau.
5. Paris, 20 nov. 2000, *BICC* 15 avr. 2001, n° 430.
6. V. ss nos 741.75 et 741.93 – TOUTEFOIS, SUR L'APPRÉCIATION du caractère proportionné de la créance d'honoraires et sa conformité aux besoins de la procédure, v. ss n° 732.116.
7. V. ss n° 741.93.
8. C. pr. exéc., art. R. 332-4.
9. C. pr. exéc., art. R. 532-8 et R. 533-5.
10. Civ. 2e, 4 juin 2020, n° 18-18.534, P ; *Gaz. Pal.* 13 juill. 2020, p. 38, obs. C. Berlaud – V. ss nos 741.351 s.
11. V. ss n° 492.62.
12. V. ss n° 492.81.
13. Règlement d'ordre intérieur du barreau de Bruxelles, art. 79 s. – *Code de déontologie de l'avocat*, Anthémis, 2013, art. 5.27 s.
14. Civ. 2e, 21 déc. 2006, n° 04-20.153, NP ; *JCP* 2007. I. 174, n° 25, obs. R. Martin.
15. V. ss nos 722.00 s.
16. V. ss nos 723.81 s.
17. Décr. n° 2005-790, 12 juill. 2005 relatifs aux règles de déontologie de la profession d'avocat, *JO* 16 juill., n° 22, art. 14.

au premier président de la cour d'appel dans le ressort de laquelle le barreau est établi.

741.42 Nécessité de caractériser sa compétence. Il appartient au juge de l'honoraire de caractériser sa compétence, c'est-à-dire de motiver le fait qu'il est saisi d'une demande de fixation ou de restitution d'honoraires : doit ainsi être cassée l'ordonnance du premier président qui, pour rejeter la demande d'un client en restitution d'honoraires, avait considéré que si cette somme avait été versée à titre de don, il n'appartenait pas au premier président, ou à son délégataire, de se prononcer sur sa cause ainsi que sur la demande en restitution, et que si elle avait été réglée à titre d'honoraires dans le cadre d'une procédure devant le juge des tutelles, elle avait été payée après service rendu [1].

La question peut toutefois se révéler délicate, tel que pour un mineur [2], un avocat étranger que l'avocat français a dû s'adjoindre dans l'intérêt du client [3], ou encore une demande d'honoraires formée par l'avocat de l'épouse à son ex-mari [4].

B. Parties à la procédure

741.50 Plan. Les parties à la procédure sont uniquement l'avocat (1°) et son client (2°).

1° L'avocat

741.60 Plan. L'avocat doit être inscrit à un barreau au moment de la réalisation des prestations (a), toutefois son statut (procédure collective, suppléance, administration provisoire), tout comme ses modalités d'exercice peuvent avoir des incidences (b) sur la procédure (bureau secondaire, structure d'exercice, structure d'exercice interbarreaux).

a. Un avocat inscrit à un barreau au moment de la réalisation des prestations

741.71 Avocat inscrit au barreau. Peu importe le lieu où les prestations de l'avocat ont été effectuées, en principe, seul compte le barreau auprès duquel l'avocat est inscrit, lequel détermine le bâtonnier compétent pour connaître du litige, nonobstant le fait que l'avocat soit demandeur ou défendeur, l'article 46 du code de procédure civile n'étant pas applicable [5].

741.72 Avocat européen et assimilés. Les avocats européens et assimilés exerçant sous leur titre d'origine auprès d'un barreau français [6] relèvent de la procédure de fixation des honoraires à l'exclusion de toute autre.

Il en va différemment de ceux qui exercent dans le cadre de la libre prestation de services [7], lesquels demeurent justiciables de la procédure en vigueur dans leur pays d'origine.

741.73 Avocat étranger. La procédure de fixation des honoraires ne s'applique pas lorsque les honoraires concernent un avocat étranger [8] et que le client a accepté la compétence étrangère en cas de contestation des honoraires [9].

Dans le cas où l'avocat est inscrit, et exerce effectivement, à la fois dans un barreau français et dans un barreau étranger, la question peut s'avérer délicate : normalement seule relèvent de la procédure de fixation des honoraires les prestations réalisées dans le cadre de son activité d'avocat auprès du barreau français en cause qui doit être le barreau du cabinet principal de l'avocat et ce, nonobstant la double nationalité des clients, le lieu de situation du bien objet du litige ou le fait que la procédure se déroule devant une juridiction étrangère, éléments insusceptibles de modifier les règles de compétence en matière de contestation d'honoraires qui donnent compétence au bâtonnier du barreau du cabinet principal de l'avocat [10].

741.74 Ancien avocat. La procédure de fixation des honoraires est applicable aux relations entre un ancien avocat et ses clients relativement à des honoraires dus [11] ou réclamés en répétition par le client à son ancien avocat [12].

Le même arrêt précise qu'au cas où un avocat cesse d'exercer il doit continuer à recouvrer ses honoraires contre son ancien client suivant cette même procédure [13]. Il ne peut faire effectuer ce recouvre-

1. Civ. 2e, 19 mai 2016, n° 15-18.694, NP.
2. Chambéry, 20 avr. 1992, *Gaz. Pal.* 16 nov. 1992, p. 16.
3. Paris, 2 avr. 1993, *Gaz. Pal.* 19 sept. 1993, p. 5, note A. Damien.
4. Paris, 8 nov. 1993, *Gaz. Pal.* 8 mars 1994, p. 5, note A. Damien – Paris, 25 mars 1994, *Gaz. Pal.* 26 nov. 1994, p. 20.
5. Civ. 1re, 13 mai 2003, n° 00-18.184, P I, n° 113 ; *D.* 2003. 1545 ; *JCP* 2004. I. 117, n° 25, obs. R. Martin ; *Gaz. Pal.* 2003. 1858.
6. V. ss nos 231.10 s.
7. V. ss nos 231.51 s.
8. Civ. 2e, 28 juin 2007, n° 05-19.057, NP.
9. Paris, 27 avr. 1987, *D.* 1988. 232, note A. Brunois – Paris, 2 avr. 1993, *Gaz. Pal.* 6 sept. 1993, p. 5, note A. Damien.
10. Civ. 2e, 16 janv. 2014, n° 12-23.967, NP.
11. CNB, Comm. RU, avis n° 2014-012, 6 mars 2014 ; C. avocat 2021, ss décr. 27 nov. 1991, art. 174, avis CNB, note 5.
12. Versailles, 30 juin 1981 ; *La semaine d'Île-de-France*, 14 mai 1982, p. 27 – Aix-en-Provence, 5 nov. 1985 ; *Gaz. Pal.* 1986. 520, note A. Damien ;*in* A. DAMIEN, *Les grands arrêts*, Litec, 1991, p. 110.
13. PRÉVUE par décr. n° 91-1197, 27 nov. 1991, art. 174 s.

ment par le confrère qui lui a succédé dans le dossier, lequel ne possède d'action qu'en ce qui concerne les honoraires afférents à la partie du dossier qu'il a traitée [1].

Mais l'avocat ne saurait utiliser cette même procédure pour procéder au recouvrement de sommes pour des prestations qu'il aurait réalisées alors qu'il n'est plus inscrit au tableau d'un barreau, notamment en cas d'omission [2], de démission [3], de radiation [4], et qui ne correspondent pas à des honoraires d'avocats.

741.75 **Avocat honoraire.** Pareillement, un avocat honoraire peut tout à fait mettre en œuvre la procédure de fixation des honoraires [5] mais à condition d'avoir été autorisé par son bâtonnier à consulter ou à rédiger des actes dans les conditions des articles 13-3 du RIN et 21 du décret du 12 juillet 2005 [6] pour les prestations dont il demande la fixation du montant de ses honoraires [7].

b.
Incidence des modalités d'exercice

741.81 **Bureau secondaire.** En cas d'ouverture d'un bureau secondaire, seul le bâtonnier du barreau d'inscription principale est compétent [8], peu importe que les prestations aient été réalisées dans le ressort du bureau secondaire au profit d'un client qui y domicilié [9].

741.82 **Structure d'exercice.** Seule la structure d'exercice, dotée de la personnalité morale [10], à laquelle appartient l'avocat qui a traité le dossier, dès lors que les honoraires sont des recettes de la structure d'exercice et sont perçus par cette dernière, est recevable à intenter, en la personne de ses représentants légaux, à savoir, en principe, de l'un des associés membre de la structure d'exercice [11], une action en fixation des honoraires. C'est en effet la structure d'exercice qui est alors l'avocat du client.

Un associé d'une structure d'exercice, agissant à titre personnel, ne saurait dès lors intenter une telle action en lieu et place de la structure d'exercice à laquelle il appartient, ni user d'une voie de recours à l'encontre d'une décision rendue dans le cadre des honoraires de sa structure d'exercice. De la même façon, il ne saurait être condamné personnellement à restituer les honoraires au client, le fait que la structure d'exercice soit en liquidation judiciaire étant sans incidence à cet égard [12].

741.83 **Structure d'exercice interbarreaux.** Il en est de même des structures interbarreaux qui semblent relever de la compétence du bâtonnier du barreau où elles ont leur siège social, et ce nonobstant le barreau auquel appartient l'associé qui a effectivement traité le dossier et émis les factures [13].

741.84 **Associations et *Partnerships*.** Les associations, Aarpi ou sociétés en participation [14], étant dépourvues de la personnalité morale, l'action doit être intentée ou dirigée non pas à l'encontre du groupement d'exercice mais à l'encontre du ou des associés concernés par les facturations litigieuses.

S'agissant des *Partnerships* [15] constitués conformément aux lois et règlements en vigueur aux États-Unis d'Amérique, ceux-ci, à tous le moins les *Limited Liability Partnerships* (LLP), voient leur personnalité morale reconnue en France en application de la convention franco-américaine d'établissement du 25 novembre 1959 [16], et peuvent donc faire l'objet d'une action dirigée à leur encontre [17], nonobstant le fait qu'ils ne possèdent pas la personnalité juridique [18]. En droit anglais, toutefois, le *Partnerships* n'est pas reconnu comme une entité distincte de ses membres. Il convient donc d'être prudent en la matière, d'autant que de nombreux cabinets anglo-saxons ne sont, en réalité, que des groupements d'exercice de droit français (association, SCP, sociétés) dotés d'une dénomination différente et exerçant sous l'enseigne [19] du *Partnerships*, auquel cas c'est le groupement d'exercice de droit français, doté de la personnalité morale, qui doit être visé.

741.85 **Procédure collective de l'avocat.** Le juge de l'honoraire a compétence pour statuer sur les contestations émises en ce qui concerne les mon-

1. Versailles, 30 juin 1981 ; *La semaine d'Île-de-France*, 14 mai 1982, p. 27 – Aix-en-Provence, 5 nov. 1985 ; *Gaz. Pal.* 1986. 520, note A. Damien ; *in* A. DAMIEN, *Les grands arrêts*, Litec, 1991, p. 110 – V. s[s] n°s 484.191 s.
2. V. s[s] n°s 241.00 s.
3. V. s[s] n°s 242.00 s.
4. V. s[s] n°s 523.160 s.
5. Civ. 2e, 5 juill. 2006, n° 04-17.421, P II, n° 185 ; *D.* 2007. 832, obs. B. Blanchard ; *JCP* 2006. I. 188, obs. R. Martin.
6. Décr. n° 2005-790, 12 juill. 2005, art. 21.
7. V. s[s] n°s 243.00 s.
8. RIN, art. 15.2.6.
9. Civ. 2e, 12 mai 2005, n° 04-13.432, P II, n° 119 ; *D.* 2005. 1448 ; *Gaz. Pal.* 2005. 2042 – V. s[s] n°s 223.00 s.
10. V. s[s] n°s 811.72 s.
11. Civ. 2e, 15 févr. 2007, n° 05-11.056, P II, n° 37 ; *D.* 2007. 735 ; *JCP* 2007. I. 174, n° 27, obs. R. Martin.
12. Civ. 2e, 23 mai 2019, n° 18-16.429, NP.
13. Paris, pôle 2 ch. 6, 19 oct. 2017, RG n° 16/00402.
14. V. s[s] n°s 811.61 s.
15. V. s[s] n°s 811.82 s.
16. Conv. franco-américaine d'établissement du 25 nov. 1959, art. XIV, § 4 et 5.
17. Civ. 1re, 17 mars 2011, n° 10-30.283, P I, n° 57 ; *D.* 2011. 959, obs. C. Tahri ; *D.* 2011. 1463, note B. Dondero ; *Rev. sociétés* 2011. 429, note J.-J. Daigre ; *BJS* 2011. 407, note J.-F. Barbièri.
18. B. Dondero, *Les groupements dépourvus de la personnalité juridique en droit privé – Contribution à la théorie de la personnalité morale*, Puam, 2006.
19. V. s[s] n°s 811.82 s.

tants des honoraires lorsque l'avocat, fait l'objet d'une procédure collective[1]. Il appartient au client de déclarer sa créance, notamment lorsque des provisions ont été payées[2], et de mettre en cause les organes de la procédure collective dans la procédure en fixation suivant les règles de droit commun, afin que la décision puisse leur être opposable.

Dans l'hypothèse où l'avocat fait l'objet d'une liquidation judiciaire, il résulte de l'article R. 641-36 du code de commerce que le tribunal qui ouvre la liquidation judiciaire d'un avocat désigne le bâtonnier dont le débiteur relève aux fins d'exercer les actes de la profession et que ce dernier peut déléguer cette mission à l'un des membres du barreau. Dès lors, la demande de fixation des honoraires dus à l'avocat, dessaisi par l'effet du jugement ouvrant sa liquidation judiciaire, qui implique l'examen de pièces couvertes par le secret professionnel, est un acte de la profession d'avocat qui échappe aux pouvoirs du liquidateur, et seul le délégué du bâtonnier chargé de l'administration provisoire du cabinet de l'avocat, et non le liquidateur, a qualité pour faire fixer les honoraires[3].

741.86 Suppléance et administration provisoire. Le suppléant assure la gestion du cabinet et accomplit lui-même tous les actes professionnels dans les mêmes conditions qu'aurait pu le faire le suppléé[4]. Il doit pouvoir représenter le suppléé dans le cadre des litiges relatifs aux honoraires de ce dernier.

L'administrateur provisoire[5], assure la gestion du cabinet et se substitue à l'avocat qu'il remplace dans toutes les décisions en relation avec l'exercice professionnel, ce qui inclut le recouvrement des honoraires[6].

2°
Le client

741.91 Litiges opposant les avocats à leurs clients. La procédure de fixation des honoraires n'est applicable qu'aux seuls litiges d'honoraires[7] opposant les avocats et leurs clients.

Ainsi, seul le client de l'avocat, à savoir celui qui a sollicité l'avocat[8], peut être mis en cause dans le cadre d'une telle procédure.

741.92 Représentant légal du client. Le client doit être mis en cause dans la procédure de fixation, le cas échéant, au côté de son administrateur légal si le client est un mineur ou majeur protégé (à savoir le mandataire spécial s'il a en le pouvoir, le tuteur en cas de tutelle[9], le curatélaire assisté de son curateur en cas de curatelle simple, ou le curateur)[10].

741.93 Procédure collective du client. Le juge de l'honoraire a compétence pour statuer sur les contestations émises en ce qui concerne les montants des honoraires alors que le client fait l'objet d'une procédure collective[11].

Mais, il n'a pas à se prononcer sur la date du fait générateur de la créance, ni à prendre en compte la suspension des poursuites individuelles contre le débiteur[12] ou à se prononcer sur la question de leur paiement par priorité en application de l'article L. 621-32 du code de commerce[13] : il appartient à l'avocat de déclarer sa créance dans la procédure collective et de mettre en cause les organes de la procédure collective dans la procédure en fixation suivant les règles de droit commun.

741.94 Décès du client. En cas de décès du client, si les honoraires dus à l'avocat ont vocation à entrer dans la succession du défunt[14].

Toutefois, il semble, conformément aux principes applicables en la matière, que le juge de l'honoraire n'a pas compétence pour statuer sur la validité et la portée de l'acceptation des héritiers. Il en découle que s'il peut fixer le montant des honoraires, en application des critères de l'article 10 de la loi du 31 décembre 1971[15], la convention d'honoraires devenant inapplicable du fait du décès du client[16], il ne peut déterminer le montant dont le paiement incombe à chacun des héritiers[17].

741.95 Litiges entre avocats. La procédure de fixation des honoraires ne s'applique pas, en prin-

1. CNB, Comm. RU, avis n° 2011-046, 30 déc. 2011 ; C. avocat 2021, s[s] décr. 27 nov. 1991, art. 171, avis CNB, note 28 – V. s[s] n° 732.119.
2. V. s[s] n°s 731.111 s.
3. Civ. 2e, 4 juill. 2018, n° 15-18.134, NP ; *Gaz. Pal.* 4 déc. 2018, p. 30, obs. B. de Belval.
4. Décr. n° 91-1197, 27 nov. 1991, art. 171 – V. s[s] n°s 244.11 s.
5. V. s[s] n°s 244.21 s.
6. CNB, Comm. RU, avis n° 2013-013, 13 avr. 2013 ; C. avocat 2021, s[s] décr. 27 nov. 1991, art. 173, avis CNB, note 6.
7. Poitiers, ch. civ. 1, 3 déc. 2019, RG n° 17/04167.
8. Civ. 2e, 26 juin 2008, n° 06-11.227, P II, n° 151 ; *JCP* 2008. I. 184, n° 6, obs. Ch. Jamin – Civ. 2e, 26 juin 2008, n° 06-21.711, P II, n° 150 ; *D.* 2008. 2007 ; *JCP* 2008. I. 184, n° 6, obs. Ch. Jamin ; *LPA* 12 janv. 2009, p. 3, note C. Porteron – Civ. 2e, 2 mars 2017, n° 16-11.434, NP – V. s[s] n° 713.111.
9. C. civ., art. 504, al. 2.
10. V. s[s] n° 732.32.
11. V. s[s] n[os] 732.116 s.
12. Civ. 1[re], 9 mai 2001, n° 99-12.752, NP – Com. 24 janv. 2006, n° 02-20.095, P IV, n° 13 ; *D.* 2006. 499, obs. A. Lienhard ; *Gaz. Pal.* 2006. Doctr. 1478, note Ph. Roussel-Galle ; *Gaz. Pal.* 2006. 515 ; *D.* 2006. 2254, obs. F.-X. Lucas ; *D.* 2007. 831, obs. B. Blanchard – Civ. 2e, 26 avr. 2007, n° 04-15.054, NP.
13. Civ. 2e, 3 sept. 2015, n° 14-11.676, NP.
14. C. civ., art. 796.
15. L. n° 71-1130, 31 déc. 1971, art. 10.
16. V. s[s] n°s 713.361 s.
17. EN CE SENS : Nîmes, 16 mai 2019, RG n° 18/01666 ; *Gaz. Pal.* 3 déc. 2019, p. 27, obs. D. Landry et J. Villacèque.

cipe, aux litiges opposant les avocats entre eux[1], y compris d'un avocat étranger à l'encontre de l'avocat français de sa cliente[2].

Elle n'a donc pas vocation à régir une réclamation d'un avocat envers le confrère qui lui a succédé dans la défense du client et qui ne lui avait pas payé le solde de ses honoraires[3] ou une rétrocession d'honoraires dans le cadre d'un contrat de collaboration entre avocats[4] ou encore un litige opposant deux avocats ayant conclu un accord d'association, au sujet des comptes de cette association, notamment des rétrocessions d'honoraires[5]. De même, s'agissant d'une demande formée par un avocat honoraire tendant à voir condamner des confrères à lui payer une somme représentant sa part d'honoraires dans des affaires qu'il avait traitées[6]. Ces litiges relèvent des procédures spécifiques prévues en matière règlement des différends entre avocats dans le cadre de leur exercice professionnel[7].

Le juge de l'honoraire peut, toutefois, être compétent dans le cadre d'un litige entre avocats lorsqu'un avocat plaide pour un confrère partie au litige, et qui a alors la qualité de justiciable, et non pour un client de ce dernier[8], auquel cas il est en droit de demander et obtenir un honoraire en rémunération de ses prestations[9].

741.96 **Tiers garant du paiement des honoraires ou intéressé.** De même que si un tiers s'est porté ducroire des honoraires dus par le client, le juge de l'honoraire ne peut se prononcer qu'à l'égard du client et doit se déclarer incompétent au profit des juridictions de droit commun pour qu'il soit statué à l'égard du tiers garant[10].

Il en est de même de l'action de l'avocat à l'encontre d'un tiers préempteur (en l'occurrence un métayer cultivant les terres objet de la vente)[11].

De la même façon, un premier président a pu rejeter l'action oblique[12] d'un tiers, en l'occurrence l'associé d'une société sous administration judiciaire, en contestation des honoraires versés à l'avocat de l'administrateur désigné de la société, pour les missions réalisées à la demande de ce dernier, étant observé, en outre, que l'exercice d'une contestation par un tiers, par la voie de l'action oblique, des honoraires dus à l'avocat est de nature à porter atteinte au secret professionnel qui couvre les relations entre l'avocat et son client[13].

741.97 **Assureur protection juridique.** En matière de protection juridique, le client de l'avocat est l'assuré[14], faisant que le juge de l'honoraire est compétent pour fixer le montant des honoraires dans les rapports entre l'avocat et son client.

Mais la procédure de fixation des honoraires n'est pas applicable dans le cadre d'un litige opposant un assureur protection juridique à son assuré, client de l'avocat, dans le cadre de contrats de représentation et de défense : la compétence relève dans ce cas des juridictions de droit commun[15].

741.98 **Protection fonctionnelle.** En matière de protection fonctionnelle, le client de l'avocat est la personne bénéficiaire de la protection fonctionnelle[16], faisant que le juge de l'honoraire est également compétent pour fixer le montant des honoraires dans les rapports entre l'avocat et son client[17].

Mais l'avocat ne saurait attraire l'administration, tiers payeur des honoraires, dans le cadre d'une procédure en fixation des honoraires, une telle procédure doit alors être déclarée nulle et non avenue[18].

741.99 **Marché public.** Le juge de l'honoraire est également seul compétent pour fixer le montant des honoraires dans les rapports entre l'avocat et son client, s'agissant de prestations réalisées dans le cadre d'un marché public[19].

1. Civ. 2e, 22 mai 2008, n° 07-16.042, P II, n° 118 ; *D.* 2008. 1631 – V. ss nos 822.00 s.
2. Civ. 2e, 22 mai 2008, n° 07-16.042, P II, n° 118 ; *D.* 2008. 1631 ; *JCP* 2008. I. 184, n° 11, obs. Ch. Jamin – CNB, Comm. RU, avis n° 2016-085, 9 nov. 2016.
3. Civ. 1re, 22 nov. 2005, n° 04-12.655, P I, n° 423 ; *D.* 2006. 277, note Th. Le Bars et P. Callé ; *D.* 2005. 3032, note V. Avena-Robardet ; *Rev. arbitrage* 2005. 1011, obs. D. Bureau ; *Gaz. Pal.* 2005. 4128 ; *Gaz. Pal.* 2005. 4228 ; *Gaz. Pal.* 2006. 463 ; *Gaz. Pal.* 2006. 1262 ; *JCP E* 2006. 239, note H. Croze ; *JCP* 2006. II. 10015, note E. Cornut ; *Defrénois* 2006. 590, Chron. R. Libchaber.
4. Paris, 29 juin 1990, *D.* 1990. 223, *Gaz. Pal.* 11 avr. 1992, 12 – V. ss nos 821.00 s.
5. Lyon, 14 mars 2000, *BICC* 1er nov. 2000, n° 1244 – Paris, pôle 2, ch. 1, 13 sept. 2016, RG n° 15/14070.
6. TGI Paris, 1er juin 1981, *Gaz. Pal.* 1982. 76 – V. ss nos 743.11 s.
7. V. ss nos 822.00 s.
8. V. ss nos 743.32 s.
9. Paris, 17 janv. 1995, *Gaz. Pal.* 10 juin 1995, p. 17.
10. Paris, 4 oct. *1994, RG n° 94/45337* – Paris, 27 avr. 1998, RG n° 97/45437 – TGI Versailles, 1re ch., 28 mars 2006, *Gaz. Pal.* 2006. 3199 – Civ. 2e, 2 mars 2017, n° 16-11.434, NP – Paris, pôle 2, ch. 6, 18 juin 2020, RG n° 16/00608.
11. CNB, Comm. RU, avis n° 2016-069, 23 sept. 2016.
12. C. civ., art. 1341-1.
13. Aix-en-provence, ch. 1-11OP, RG n° 18/01579 ; – COMP. S'AGISSANT de la tierce oppositon, n° 741-83.1.
14. V. ss nos 761.92 s.
15. Rennes, 9 sept. 1993, *D.* 1995. 169 – V. ss nos 761.21 s.
16. V. ss nos 762.112 s.
17. EN CE SENS : Paris, pôle 2, ch. 6, 6 juin 2018, RG n° 17/00787 ; *JCP* 2018. 1023, n° 7, obs. C. Caseau-Roche ; *Gaz. Pal.* 4 déc. 2018, p. 31, obs. D. Landry et J. Villacèque – V. ss n° 762.132 s.
18. V. ss nos 762.151 s.
19. CE 9 juill. 2007, *Syndicat EGF-BTP*, req. n° 297711, *Lebon ; AJDA* 2007. 1383 ; *AJDA* 2007. 1593, note J.-D. Dreyfus ; *D.* 2007. 2033, obs. E. Royer ; *RDI* 2007. 423, obs. J.-D. Dreyfus ; *RDI.* 2008. 44, obs. R. Noguellou ; *RTD eur.* ▶

C.
Objet de la demande

741.100 **Plan.** L'étendue de la saisine du juge de l'honoraire s'apprécie strictement au regard de sa finalité, à savoir la détermination du montant des honoraires dus à l'avocat, lui imposant, le cas échéant, de surseoir à statuer (1°), ce qui inclut les frais ainsi que les accessoires de la créance d'honoraires (2°), et lui impose de caractériser sa compétence eu égard à l'objet même des demandes formulées devant lui tant à titre principal qu'à titre reconventionnel (3°).

1°
Propos liminaires

741.111 **Infléchissement de la jurisprudence.** La deuxième chambre civile de la Cour de cassation, compétente en la matière depuis 2003, en lieu et place de la première chambre, a opéré un infléchissement et une interprétation stricte de l'étendue de la saisine du juge de l'honoraire [1].

Elle a remis en cause les solutions dégagées antérieurement par la première chambre qui admettait que le juge de l'honoraire fixe le montant de l'honoraire en prenant en considération le manquement de l'avocat à son obligation d'informer au préalable son client sur les conditions de fixation de sa rémunération [2] tout comme celle, plus stricte, qui tout en considérant déjà que le juge de l'honoraire était incompétent pour connaître du litige relatif à la détermination de débiteur [3], considérait également qu'il ne pouvait pas se prononcer sur le montant des honoraires en l'absence de détermination préalable de leur débiteur, opérant ainsi une cassation sans renvoi s'agissant d'un doyen de faculté de droit qui avait voulu faire prendre en charge par son université, contre laquelle l'avocat avait dirigé sa demande en fixation, les honoraires d'une procédure pénale le concernant *ès qualité* de président d'une fondation [4].

741.112 **Sursis à statuer.** Pendant longtemps, la jurisprudence a considéré que le juge de l'honoraire n'avait pas à surseoir à statuer si une contestation, ne relevant pas de sa compétence, est élevée devant lui, telle que relativement à l'identification du débiteur [5]. Le juge de l'honoraire pouvait donc fixer le montant des honoraires nonobstant l'existence d'une contestation quant à l'identité même du débiteur des honoraires, la Cour de cassation ayant ainsi approuvé un premier président de la cour d'appel d'avoir confirmé les ordonnances du bâtonnier, s'agissant du montant des frais et honoraires, sauf à les infirmer quant à la détermination du débiteur pour constater qu'il appartient à la partie la plus diligente de saisir la juridiction compétente [6].

Cette solution apparaissait pour le moins incohérente dès lors qu'elle conduisait le juge de l'honoraire à en fixer le montant sans certitude quant à l'identité du débiteur de ceux-ci ce qui, non seulement va à l'encontre de certains critères légaux de fixation des honoraires, dont la situation de fortune [7], mais, en outre, pouvait conduire à ne pas avoir une appréciation pleine et entière de la véritable relation avocat-client.

741.113 **Obligation de sursis à statuer.** Finalement, dans une affaire où un sportif professionnel avait conclu avec un avocat un contrat de mandat sportif, contrat comportant une convention d'honoraires. L'avocat avait saisi le bâtonnier en fixation de ses honoraires et le client avait contesté la validité du mandat sportif. Le premier président avait cru pouvoir considérer qu'il appartenait aux parties de saisir la juridiction compétente pour statuer sur la validité du mandat sportif, et énoncer ensuite que la convention d'honoraires incluse dans ce mandat en suivra le sort.

La Cour de cassation casse l'ordonnance, au visa des articles 277 [8] du décret du 27 novembre 1991, 49 et 378 du code de procédure civile, en considérant qu' : « en statuant ainsi, alors qu'il résultait de ses propres constatations que l'action en fixation d'honoraires, qui relevait de sa compétence, supposait que soit tranchée la question préalable de la validité du mandat sportif, laquelle relevait de la compétence exclusive d'une autre juridiction, le premier président, qui devait surseoir à statuer sur la fixation des honoraires, a violé les textes susvisés » [9].

La Cour de cassation, qui a confirmé sa jurisprudence depuis [10], admet ainsi une obligation pour le

▶ 2008. 835, Chron. D. Ritleng, A. Bouveresse et J.-P. Kovar – CE 3 sept. 2008, *CNB, Ordre des avocats de Paris*, req. n° 290398, NP ; *AJDA* 2009. 99, note J. Coronat ; *JCP E* 2008. Actu 573, obs. M.-Ch. Rouault – V. s^s n°s 741.391 s.

1. O.-L. Bouvier, « Le champ de compétence du juge fixant les honoraires de l'avocat, une extension limitée par la Cour de cassation », *D.* 2011. 2057.
2. Civ. 1re, 18 juill. 2000, n° 97-14.713, P I, n° 214 ; *D.* 2002. 854, obs. B. Blanchard ; *JCP* 2000. II. 10417, note R. Martin ; *RTD civ.* 2000. 828, obs. J. Mestre et B. Fages ; *JCP* 2001. I. 284, n° 15, obs. R. Martin ; *Gaz. Pal.* 2000. 2030 – V. s^s n°s 712.21 s.
3. V. s^s n° 741.164.
4. Civ. 1re, 15 déc. 1999, n° 97-22.424, P I, n° 349 ; *D.* 2000. 17 ; *JCP* 2000. I. 231, n° 22, obs. R. Martin ; *Gaz. Pal.* 2000. 709.
5. V. s^s n° 741.164.
6. Civ. 2e, 5 mars 2009, n° 06-13.427, P II, n° 64 ; *D.* 2009. 2704, obs. B. Blanchard.
7. V. s^s n° 721.31.
8. Décr. n° 91-1197, 27 nov. 1991, art. 277.
9. Civ. 2e, 14 janv. 2016, n° 14-26.846, P ; *Gaz. Pal.* 16 févr. 2016, p. 14, note D. Piau ; *JCP* 2016. 670, n° 6, obs. C. Caseau-Roche ; *D.* 2017. 79, obs. Th. Wickers.
10. Civ. 2e, 8 mars 2018, n° 16-22.391, P II n° 45 ; *D.* 2018. 624 ; *JCP* 2018. 343 ; *D.* 2019. 99, obs. Th. Wickers – Civ. 2e, 17 janv. 2019, n° 18-10.016, P ; *Gaz. Pal.* 12 févr. 2019, p. 34, obs. C. Berlaud ; *JCP* 2019. 93, note S. Grayot-Dirx ; *JCP* 2019. 255, n° 3, obs. C. Caseau-Roche ; *Gaz. Pal.* 28 mai 2019, p. 24, obs. D. Landry ; *D.* 2020. 111, obs. Th. Wickers.

juge de l'honoraire de surseoir à statuer si une contestation, ne relevant pas de sa compétence, était élevée devant lui. Cette obligation de sursis à statuer apparaît saine et opportune dans le cadre du contentieux des honoraires.

2°
Honoraires, frais et accessoires de la créance d'honoraires

741.120 **Plan.** Le juge de l'honoraire est compétent pour fixer non seulement les honoraires et frais (a), mais également les accessoires de la créance d'honoraires (b).

a.
Honoraires et frais

741.131 **Étendue de la saisine du juge de l'honoraire.** La procédure spéciale prévue par les articles 174 et suivants du décret du 27 novembre 1991[1] ne s'applique qu'aux seules contestations relatives à la fixation et au recouvrement des honoraires, frais et débours, des avocats[2], à l'exclusion des émoluments qui suivent une procédure distincte relevant du président de la juridiction concernée[3], entendus de manière restrictive, et ce dans le cadre unique, tout aussi strict, du rapport entre les seules parties à la procédure concernée[4]. Il n'est ainsi, notamment, pas compétent pour connaître des litiges relatifs à la relation pérenne liant l'avocat à son client[5], tel que s'agissant de la mise en œuvre d'une clause de dédit[6]. La Cour de cassation rappelle régulièrement cette règle selon laquelle le juge de l'honoraire ne peut statuer que sur « les seules contestations relatives au montant et au recouvrement des honoraires »[7].

741.132 **Restitution des pièces au client.** La procédure relative à la fixation des honoraires est également applicable pour la restitution des pièces au client[8].

1. Décr. n° 91-1197, 27 nov. 1991, art. 174 s.
2. Civ. 2e, 10 mars 2004, 2 esp., n° 02-21.348, P II, n° 104 ; *D.* 2004. 2827, obs. B. Blanchard, *D.* 2004. 994, *RTD civ.* 2004. 522, obs. P.-Y. Gautier ; *Gaz. Pal.* 2004. 1244 – Civ. 2e, 3 avr. 2008, n° 07-11.997, NP ; *Gaz. Pal.* 13-15 avr. 2008, p. 12.
3. V. ss nos 742.00 s.
4. V. ss nos 741.71 s.
5. V. ss nos 484.261 s.
6. Paris, pôle 2, ch. 6, 3 déc. 2019, RG n° 16/00741 – Sur cette question, v. ss nos 484.281 s.
7. Civ. 2e, 10 mars 2004, nos 02-21318, 02-21.348, P II, n° 104 ; *D.* 2004. 2827, obs. B. Blanchard ; *RTD civ.* 2004. 522, obs. P.-Y. Gautier – Civ. 2e, 28 mars 2013, n° 12-17.493, P II, n° 67 ; *D. 2013. 930* ; *D.* 2013. 2058, Chron. H. Adida-Canac, R. Salomon, L. Leroy-Gissinger et F. Renault-Malignac.
8. Décr. n° 2005-790, 12 juill. 2005, art. 14 – V. ss nos 484.217 s.

741.133 **Prestations réalisées dans le cadre de son activité d'avocat.** Les honoraires afférents à toutes les prestations réalisées par l'avocat dans le cadre de son activité d'avocat, dès lors qu'il ne s'agit pas d'une activité ou d'une mission incompatible avec la profession d'avocat[9], relèvent de la procédure de fixation des honoraires à l'exclusion de toute autre[10].

C'est ainsi que les contestations en matière de rémunération de l'avocat intervenu comme mandataire sportif sont portées devant le bâtonnier et ne relèvent pas de la compétence des fédérations délégataires[11]. Il en sera de même pour l'avocat qui, à la demande de personnes âgées titulaires de droits dans une SARL, a mis en place les structures juridiques et fiscales les plus intéressantes pour préparer leur succession[12] ou de celui qui réalise des prestations de négociation, vente d'appartements et de fonds de commerce, renouvellement et révision de baux commerciaux[13].

Mais cette même procédure ne concerne pas la rémunération concernant les avocats choisis par un testateur comme exécuteur testamentaire[14], ni un litige portant sur l'exécution d'une transaction entre un avocat et son ancien employeur, nonobstant le fait qu'elle prévoit le paiement d'un montant forfaitaire d'honoraires en contrepartie de missions juridiques[15]. Elle ne s'applique pas davantage à des honoraires dus à des conseils juridiques ou fiscaux, fussent-ils devenus membres de la profession d'avocat, pour les prestations antérieures au 1er janvier 1992, date d'entrée en vigueur de la loi du 31 décembre 1990[16].

741.134 **Aide juridictionnelle.** La procédure relative aux contestations concernant le montant et le recouvrement des honoraires des avocats ne s'applique pas en matière d'aide juridictionnelle totale[17]. Il en va toutefois différemment pour les

9. V. ss nos 43.00 s.
10. *CONTRA* : Paris, Pôle 2, ch. 6, 13 juin 2019, RG n° 16/00784, s'estimant incompétent s'agissant de la relecture d'un ouvrage de droit international, laquelle, selon la cour, « bien que nécessitant des connaissances juridiques, ne peut s'analyser en une véritable prestation juridique fournie par un avocat qui aurait été mandaté dans la perspective de formuler un avis après avoir procédé à une véritable analyse des concepts juridiques exposés par l'auteur de l'ouvrage ».
11. C. sport., art. L. 222-19-1 – V. ss nos 645.11 s.
12. Douai, ord. 1er prés., 4 avr. 1986, *Gaz. Pal.* 1986. 2. 351.
13. Limoges, 16 juin 1987, *Gaz. Pal.* 1987. 2. 712 – V. ss nos 646.11 s.
14. Civ. 1re, 5 nov. 1991, n° 89-19.319, P I, n° 290 ; *D.* 1991. 290 ; *JCP* 1992. IV. 65 ; *Gaz. Pal.* 1992. Pan. 44 – V. ss n° 433.106.
15. Paris, 15 janv. 2002, *BICC* 2002, n° 582.
16. Versailles, ord., 23 févr. 1994, *Gaz. Pal.* 15 sept. 1994, p. 12 – Civ. 1re, 16 mai 1995, n° 93-15.199, P I, n° 211 ; *D.* 1995. 158 ; *Gaz. Pal.* 1996. Pan. 6.
17. V. ss nos 751.511 s.

honoraires complémentaires auxquels a droit l'avocat en cas d'aide juridictionnelle partielle[1] ainsi que ceux qu'il peut demander lorsque la condamnation prononcée au profit du bénéficiaire de l'aide juridictionnelle procure à ce dernier des ressources telles que, si elles avaient existé au jour de la demande, l'aide ne lui aurait pas été accordée[2] ou en cas de retrait de l'aide juridictionnelle[3].

Si le client refuse de les payer, l'avocat pourra les recouvrer suivant la procédure relative aux contestations concernant le montant et le recouvrement des honoraires[4]. De la même façon, l'avocat commis d'office peut saisir le bâtonnier d'une demande de fixation lorsque le client n'est pas éligible à l'aide juridictionnelle ou que celle-ci n'a finalement pas été accordée[5][6].

Elle ne s'applique pas au recouvrement des sommes dues au titre de l'article 700 du code de procédure civile, y compris celles allouées au titre de l'article 37 de la loi du 10 juillet 1991[7], lesquelles étant allouées par une décision de justice sont recouvrées dans le cadre de l'exécution de la décision qui les a accordées.

b.
Accessoires de la créance d'honoraires

741.141 **Intérêts.** Sauf lorsque son client à la qualité de professionnel[8], l'avocat doit justifier d'une mise en demeure adressée à son client, conformément au droit commun[9], afin de fixer le point de départ des intérêts à une date antérieure à celle de la décision rendue.

Il peut également solliciter la capitalisation de ceux-ci en application de l'article 1343-2 du code civil.

741.142 **Indemnité forfaitaire de compensation des frais de recouvrement.** En présence d'un client ayant la qualité de professionnel, il appartient au juge de l'honoraire le condamner à payer l'indemnité forfaitaire de compensation des frais de recouvrement[10], en sus des honoraires ainsi que de statuer sur les intérêts moratoires[11].

741.143 **Délais de grâce.** Aucune disposition dérogatoire au droit commun, en matière de délai de grâce, n'étant évoquée par le décret du 27 novembre 1991, il entre dans les pouvoirs du juge de l'honoraire, statuant sur le montant en recouvrement d'honoraires d'avocats, de faire application le cas échéant des dispositions de l'article 1343-5[12] du code civil[13].

741.144 **Frais irrépétibles (art. 700).** L'avocat peut obtenir une somme au titre de l'article 700 du code de procédure civile devant la cour d'appel ou la Cour de cassation.

En première instance, devant le bâtonnier, la question est plus discutée dès lors que faute d'être une juridiction[14], il ne dispose pas, en principe, du pouvoir d'allouer une somme au titre de l'article 700 du code de procédure civile, lequel ne s'applique que devant toutes les juridictions de l'ordre judiciaire[15].

741.145 **Dommages et intérêts pour procédure abusive.** Des dommages et intérêts pour procédure abusive peuvent être alloués, mais à condition de caractériser un abus de droit d'agir, ce qui s'entend restrictivement[16].

741.146 **Immunité judiciaire.** Le juge de l'honoraire peut également faire application des dispositions de l'article 41 de la loi du 29 juillet 1881 relative à l'immunité judiciaire[17].

3°
Étendue de la saisine

741.150 **Plan.** La saisine du juge de l'honoraire se limite aux prétentions qui tendent à permettre de procéder à la fixation même du montant des honoraires à l'exclusion de toutes autres prétentions (a), ce qui exclut également, en principe, les demandes incidentes et reconventionnelles (b).

a.
Les seules demandes tendant à faire fixer le montant des honoraires

741.161 **Validité et interprétation de la convention d'honoraires.** La Cour de cassation a opéré un

1. Décr. n° 2020-1717, 28 déc. 2020, art. 102 – V. s^{s} n°s 713.41 s.
2. L. n° 91-647, 10 juill. 1991, art. 36.
3. V. s^{s} n°s 751.221 s. et 751.453.
4. Pau, ord. 1er prés., 30 juill. 1997, *Gaz. Pal.* 1998. 2. 595.
5. Civ. 1re, 30 janv. 1996, n° 94-11.021, P I, n° 49 ; *D.* 1996. 57 ; *Gaz. Pal.* 1996. Pan. 132.
6. V. s^{s} n° 751.491.
7. V. s^{s} n°s 723.302 s.
8. V. s^{s} n°s 731.82 s.
9. C. civ., art. 1231-6.
10. V. s^{s} n°s 731.84 s.
11. Civ. 2e, 3 mai 2018, n° 17-11.926, P II, n° 89 ; *JCP* 2018. 1023, n° 3, obs. C. Caseau-Roche ; *D.* 2018. 1020 ; *D.* 2019. 98, obs. Th. Wickers ; *Gaz. Pal.* 5 juin 2019, p. 36, obs. C. Berlaud.
12. C. civ., art. 1343-5, par renvoi de décr. n° 91-1197, 27 nov. 1991, art. 277.
13. Civ. 1re, 13 févr. 1996, n° 94-10.541, P I, n° 77 ; *Gaz. Pal.* 1996. Pan. 276.
14. Cass., avis, 16 nov. 1998, n° 09-80.010, P n° 12.
15. V. s^{s} n°s 723.231 s.
16. Civ. 2e, 19 mai 2016, n° 15-17.408, NP.
17. Civ. 2e, 21 déc. 2006, n° 04-18.174, P II, n° 361 – Crim. 3 sept. 2019 n° 18-86.208, NP ; *Gaz. Pal.* 3 déc. 2019, p. 28, obs. B. de Belval ; *JCP* 2020. 1238, n° 11, obs. Ch. Vautrot-Schwarz – Sur cette question : V. s^{s} n°s 454.112 s.

réinfléchissement de sa jurisprudence[1], dès lors que la deuxième chambre civile avait initialement opéré, en 2008, une interprétation stricte de l'étendue de la saisine du juge de l'honoraire[2], remettant en cause les solutions dégagées antérieurement par la première chambre qui admettait que le juge de l'honoraire était compétent pour statuer sur les exceptions soulevées par les parties à l'occasion du litige[3], et notamment sur les exceptions relatives à la validité de la convention d'honoraires[4].

Elle a finalement considéré, en 2016, au visa des articles 1128 et 1130 du code civil, que : « le bâtonnier et le premier président, saisis d'une demande en fixation d'honoraires d'un avocat, sont compétents pour statuer sur les exceptions relatives à la validité de la convention d'honoraires »[5].

741.162 **Finalité des pouvoirs du juge : déterminer le montant des honoraires.** Le juge de l'honoraire est ainsi pleinement compétent pour tout ce qui touche à la convention d'honoraires *stricto sensu*[6] quant à sa validité[7], celle des clauses qu'elle contiendrait au regard, en particulier, de la législation relative aux clauses abusives[8]. Le juge de l'honoraire est ainsi compétent pour se prononcer relativement au caractère abusif d'une clause contenue dans la convention d'honoraires[9], sans qu'il n'y ait lieu de saisir le juge de droit commun à cet effet.

De même que le juge de l'honoraire a compétence pour statuer relativement à l'interprétation de la convention d'honoraires, et notamment lorsqu'il constate une ambiguïté de la convention qu'il lui incombe alors d'interpréter en vue de fixer les honoraires[10], encore faut-il que cette interprétation soit nécessaire en vue de la détermination même du montant des honoraires.

741.163 **Existence ou nature du mandat.** Pour autant si le contentieux de la validité de la convention d'honoraires relève bien de la seule compétence du juge de l'honoraire, il en va différemment de celui relatif à la validité du mandat[11], ou de la lettre de mission[12], de l'avocat, qu'il convient, au demeurant, de dissocier de la convention d'honoraires[13].

En effet, la procédure de fixation des honoraires ne s'applique pas lorsque le litige porte sur l'existence même du mandat confié par le client à son avocat[14].

741.164 **Détermination du débiteur.** Ainsi, la procédure de fixation des honoraires ne saurait dès lors avoir pour objet de déterminer le débiteur des honoraires[15].

Le juge de l'honoraire ne peut que constater que la personne concernée a sollicité le concours de l'avocat[16]. Par conséquent, il n'y a pas lieu à fixation d'honoraire dès lors que la demande est dirigée contre une personne non débitrice des honoraires de manière certaine[17] ou inversement la contestation formulée par une personne non-cliente[18].

Mais dès lors que mandat est clairement établi les honoraires doivent être fixés, peu importe qu'il existe un conflit d'intérêts entre les mandants[19].

741.165 **Étendue du mandat.** Mais le juge de l'honoraire demeure compétent pour apprécier l'étendue du mandant de l'avocat[20], et donc la nature de prestations entrant dans le champ de celui-ci et devant être prises en compte pour déterminer la rémunération de l'avocat, tel que celui qui saisi par son client d'une demande de renouvellement d'inscription d'une hypothèque provisoire avait introduit une procédure devant le président du

1. D. Piau, « L'honoraire, entre passé, présent et avenir », *Gaz. Pal.* 4-6 mars 2012, p. 13 – D. Piau, « La schizophrénie kafkaïenne de la procédure de recouvrement d'honoraires », *Gaz. Pal.* 5-7 mai 2013, p. 9 – V. s[s] n°s 741.111 s.
2. Civ. 2e, 3 avr. 2008, n° 07-11.997, NP.
3. Civ. 1re, 16 janv. 1979, n° 77-12.660, P I, n° 21 ; *D.* 1981. 330, note J. Viatte.
4. Civ. 1re, 29 juin 1999, n° 96-20.647, P I, n° 219 ; *Gaz. Pal.* 1999. Pan. 258 ; *JCP* 1999. II. 10187, note R. Martin – Civ. 2e, 18 déc. 2003, n° 02-16.426, NP ; *LPA* 25 oct. 2004, n° 213, p. 14, note G. Kessler ; *D.* 2004. 2829, obs. B. Blanchard – Civ. 2e, 8 sept. 2005, n° 04-12.041, P II, n° 213 ; *RTD civ.* 2006. 108, obs. J. Mestre et B. Fages – Civ. 2e, 5 oct. 2006, n° 04-11.179, NP ; *D.* 2007. 2215, note G. Raoul-Cormeil ; *D.* 2007. 2966, obs. S. Amrani-Mekki et B. Fauvarque-Cosson.
5. Civ. 2e, 4 févr. 2016, n° 14-23.960, P II, n° 864 ; *JCP* 2016. 182, obs. S. Bortoluzzi ; *Gaz. Pal.* 16 févr. 2016, p. 14, note D. Piau.
6. V. s[s] n°s 713.10 s.
7. Civ. 2e, 3 mai 2018, n° 17-14.855, NP.
8. CJUE 15 janv. 2015, *Birute Siba c/Arunas Devenas*, aff. C-537/13 ; *D. 2015. 213 ; D.* 2015. 588, obs. N. Sauphanor-Brouillaud ; *D. avocats* 2015. 268, note C. Caseau-Roche.
9. V. s[s] n°s 713.311 s.
10. Civ. 2e, 24 nov. 2011, n°s 10-17.742, 10-17.970, NP.
11. Civ. 2e, 10 sept. 2009, n° 08-18.800, NP ; *D.* 2011. 559, obs. B. Blanchard.
12. V. s[s] n°s 713.381 s.
13. D. Piau, « Contexte et conséquences de la loi Macron », *Maître* n° 235, 2016, p. 21.
14. Civ. 2e, 8 sept. 2005, n° 04-10.553, P II, n° 214 ; *D.* 2005. 2408 ; *D.* 2006. 271, obs. B. Blanchard ; *Gaz. Pal.* 2005. 3433 et 3515.
15. Civ. 2e, 28 mars 2013, n° 12-17.493, P II, n° 67 ; *D.* 2013. 930 ; *D.* 2013. 2058, Chron. H. Adida-Canac, R. Salomon, L. Leroy-Gissinger et F. Renault-Malignac ; *D. avocats* 2013. 222, obs. L. Dargent ; *D. actu.* 11 avr. 2013, obs M. Kébir – Civ. 2e, 2 mars 2017, n° 16-11.434, NP – Civ. 2e, 23 nov. 2017, n° 16-25.454, NP ; *Gaz. Pal.* 5 juin 2018, p. 33, obs. D. Landry – Civ. 2e, 14 déc. 2017, n° 17-15.532, NP.
16. Civ. 2e, 10 nov. 2010, n° 09-15.642, NP.
17. Civ. 2e, 29 mars 2006, n°s 05-15.110 à 05-15.116, NP.
18. Civ. 2e, 16 juin. 2011, n° 10-24.371, NP.
19. Civ. 2e, 19 févr. 2009, n° 08-10.790, P II, n° 54 ; *D.* 2009. 2704, obs. B. Blanchard.
20. Civ. 2e, 21 janv. 2021, n° 18-17.582.

tribunal à la suite du rejet du renouvellement de l'hypothèque, sans avoir été mandaté à cet effet par ce même client[1].

741.166 Fin du mandat. Le juge de l'honoraire peut également, et doit, déterminer la date du dessaisissement de l'avocat[2], date à compter de laquelle il n'y a plus lieu de prendre en compte les prestations réalisées par l'avocat pour déterminer le montant de ses honoraires[3], tel que pour condamner l'avocat à rembourser les honoraires afférents à des prestations réalisées postérieurement à la fin du mandat de gérant d'une SARL, n'étant plus à compter de cette même date missionné par la SARL mais par son ex-gérant[4], ou apprécier si l'opération concernée par les prestations réalisées par l'avocat pouvait être incluse dans les prestations prévues par la convention d'honoraires pour déterminer le montant des honoraires[5].

741.167 Difficulté d'appréciations. La différence est parfois pour le moins subtile. Et ce, alors même qu'en cas de dessaisissement de l'avocat ou d'exclusion de prestations qui n'entreraient pas dans le champ de la convention d'honoraires, il ne serait pas pour autant exclu qu'il n'existe pas un autre débiteur, ou co-débiteur non solidaire, pour les prestations concernées. L'avocat devra alors engager une nouvelle procédure à l'encontre de ces derniers.

Ce point est d'autant plus problématique qu'en l'absence de détermination du débiteur, la décision de bâtonnier ne saurait se voir apposer la formule exécutoire et l'ordonnance du premier président ne saurait constituer un titre exécutoire[6].

741.168 Caractère onéreux des prestations. Mais dès lors que l'existence du mandat est établie, et non contestée, il relève de l'office même du juge de l'honoraire de déterminer, lorsque cela est contesté, si les prestations de l'avocat ont été fournies ou non à titre onéreux[7].

En l'occurrence, un client avait confié à un avocat avec lequel il était marié, avant d'en divorcer, la défense de ses intérêts et ceux de sa sœur dans un litige qui concernait la succession de leur père. Nonobstant l'absence de convention d'honoraires, l'avocat avait établi une facture de ses diligences à son, encore, conjoint, dont il n'a pas obtenu le règlement. Saisi par l'avocat, le juge de l'honoraire décide alors que le mandat avait été donné à titre gratuit pour lui dénier tout droit à honoraires. La Cour de cassation approuve le premier président en considérant, notamment, que c'était sans inverser la charge de la preuve qu'écartant de la sorte, en raison du contexte familial dans lequel l'assistance avait été apportée, la présomption selon laquelle le mandat est salarié lorsqu'il est exercé par une personne dans le cadre de sa profession habituelle[8], puis estimant souverainement que les termes des échanges versés aux débats ne permettaient pas d'établir que le mandat avait été confié à titre onéreux, qu'il en avait jugé ainsi[9]. Antérieurement, la Cour de cassation avait laissé entendre que le juge de l'honoraire n'était pas compétent lorsqu'il s'agit d'apprécier le caractère onéreux même des prestations dès qu'il était saisi d'un moyen en défense portant sur la contestation de l'existence et de la portée du mandat de représentation et d'assistance à titre onéreux[10]. Dans cette dernière affaire, l'avocat sollicitait des honoraires en raison de travaux juridiques réalisés pour le compte d'une association dont il était, par ailleurs, membre, l'association considérant de ce fait que ses interventions étaient bénévoles. L'ambiguïté de cette dernière affaire tient au fait que l'existence même du mandat semblait bien, à titre principal, contestée par l'association dès lors qu'elle invoquait le fait que l'avocat n'était pas intervenu dans le cadre d'un lien de clientèle mais dans le cadre de sa qualité d'adhérent, et ce à titre bénévole[11].

b.
Demandes incidentes et reconventionnelles

741.171 Exclusion des demandes incidente et reconventionnelle. Le juge de l'honoraire, dont la compétence se limite à fixer le montant des honoraires, ne saurait connaître d'une demande incidente ou reconventionnelle formulée dans le cadre de la procédure de fixation des honoraires.

741.172 Responsabilité civile. C'est ainsi qu'il ne saurait être question, pour le juge de l'honoraire, de connaître, même à titre incident, d'une demande

1. Civ. 2e, 17 janv. 2019, nº 18-10.016, P ; *Gaz. Pal.* 12 févr. 2019, p. 34, obs. C. Berlaud ; *JCP* 2019. 93. note S. Grayot-Dirx ; *JCP* 2019. 255 nº 3, obs. C. Caseau-Roche.
2. V. ss nos 484.21 s. et 713.361 s.
3. Civ. 2e, 28 mars 2013, nº 12-14.708, NP.
4. Civ. 2e, 28 mars 2013, nº 12-14.631, NP ; – MÊME SENS : Civ. 2e, 16 janv. 2014, nº 13-10.456, NP.
5. Civ. 2e, 12 mai 2011, nº 10-19.418, NP.
6. Civ. 1re, 9 janv. 2014, nº 12-28.220 ; P I, nº 5 ; *Gaz. Pal.* 20-21 juin 2014, p. 15, obs. D. Landry – V. ss nº 741.351.
7. Civ. 2e, 5 nov. 2020, nº 19-20.314, P ; *Gaz. Pal.* 1er déc. 2020, p. 40, obs. C. Berlaud ; *D.* 2020. 2144 ; *JCP* 2020. 1305 ; *JCP* 2021. 272, nº 4, obs. C. Caseau-Roche ; *Gaz. Pal.* 1er juin 2021, p. 26, obs. J.-L. Gaineton.
8. C. civ., art. 1986 – Civ. 1re, 11 févr. 1981, nº 79-16.473, P I, nº 50 – Ph. Le Tourneau (dir.), *Droit de la responsabilité et des contrats,* 12e éd., « Dalloz Action », 2020, nº 3321.301.
9. Civ. 2e, 5 nov. 2020, nº 19-20.314, P ; *Gaz. Pal.* 1er déc. 2020, p. 40, obs. C. Berlaud ; *D.* 2020. 2144 ; *JCP* 2020. 1305 ; *JCP* 2021. 272, nº 4, obs. C. Caseau-Roche ; *Gaz. Pal.* 1er juin 2021, p. 26, obs. J.-L. Gaineton.
10. Civ. 2e, 13 sept. 2007, nº 06-17.464, NP.
11. Civ. 2e, 13 sept. 2007, nº 06-17.464, NP.

de dommages-intérêts tendant à voir réparer une faute professionnelle d'un avocat par voie d'allocation de dommages-intérêts ou de réduction du montant des honoraires [1].

Le juge de l'honoraire n'est pas le juge de la responsabilité civile de l'avocat [2] faisant qu'il ne peut pas examiner l'utilité des diligences dont il constate l'existence [3], l'inutilité de telles diligences devant, le cas échéant, faire l'objet d'une indemnisation en tant que dommages et intérêts dans le cadre d'une procédure, distincte, mettant en œuvre la responsabilité civile de l'avocat [4] sous réserve, toutefois, des diligences « manifestement » inutiles [5]. Pas plus qu'il ne peut connaître de la responsabilité de l'avocat au titre d'un défaut d'information préalable sur le montant des honoraires [6] ou d'un manquement à son obligation de conseil et d'information pour en réduire les honoraires [7].

Tout comme il ne peut accueillir le moyen tiré d'un éventuel conflit d'intérêts [8] pour rejeter la demande de fixation dont il est saisi, sauf à excéder ses pouvoirs [9].

Le juge de l'honoraire n'est pas non plus le juge de la responsabilité civile du client envers l'avocat, tel que celui qui aurait payé indûment les honoraires à un associé retrayant de la structure d'exercice et dont cette dernière souhaiterait mettre en cause la responsabilité civile : seule les juridictions de droit commun sont alors compétentes [10].

741.173 TVA applicable. Le juge de l'honoraire, n'est pas non plus de son pouvoir de se prononcer sur la question de savoir si la TVA s'applique ou non aux prestations fournies par l'avocat [11].

741.174 Exceptions à l'irrecevabilité des demandes incidentes et reconventionnelles. Mais la demande reconventionnelle, par voie d'intervention volontaire, formulée par un client, époux, en restitution d'un trop-perçu sur le compte Carpa par l'avocat, qui est une demande en fixation des honoraires, se rattache par un lien suffisant à la contestation concernant le montant des honoraires prélevés sur des indemnités allouées indivisément aux époux, et est recevable [12].

Tout comme il appartient au juge de l'honoraire de se prononcer sur une demande reconventionnelle du client en restitution de trop-perçu d'honoraires [13] mais pas sur une demande de compensation incidente avec des sommes qui ne constituent pas des honoraires, tel que des dommages et intérêts [14].

§ 3
Principes procéduraux applicables

741.180 Plan. La procédure applicable devant le juge de l'honoraire est celle relative à la procédure orale sans repré-

1. Paris, 15 avr. 1988, *D.* 1988. 130 – Paris, 13 mars 1989, *D.* 1989. 141 – Paris, 14 sept. 1992, *Gaz. Pal.* 12 janv. 1993, p. 11 – Civ. 1re, 29 janv. 1976, n° 74-11.982, NP ; *D.* 1976. 20 – Civ. 1re, 20 oct. 1993, n° 91-18.548, P I, n° 291 ; *D.* 1993. 237 ; *JCP* 1993. IV. 9251 ; *Gaz. Pal.* 24 févr. 1994, p. 12 ; 1994. Pan. 21 – Civ. 1re, 15 déc. 1999, n° 97-22.424, NP ; *D.* 2000. 17 – Civ. 1re, 29 févr. 2000, n° 97-17.487, P I, n° 67 ; *D.* 2000. 80 ; *Gaz. Pal.* 2000. Somm. 1575 ; *Gaz. Pal.* 2001. Somm. 497, note E. du Rusquec – Civ. 1re, 26 nov. 2002, P I, n° 284 ; *D.* 2003. 37 – Civ. 2e, 22 mai 2003, n° 02-11.822, NP – Civ. 2e, 15 mars 2007, n° 04-19.800, NP – Civ. 2e, 4 oct. 2012, n° 11-23.642, NP – V. ss n° 912.424.
2. Civ. 2e, 26 mai 2011, n° 10-12.728, P II, n° 116 ; *D.* 2011. 1566 ; *D.* 2011. 2057, Chron. O.-L. Bouvier ; *D.* 2011. 2150, Chron. J.-M. Sommer, L. Leroy-Gissinger, H. Adida-Canac et O.-L. Bouvier ; *JCP* 2011. I. 783, note B. Travier et R. Guichard – Bourges, 6 déc. 2016, RG n° 16/01022 ; *Gaz. Pal.* 6 juin 2017, p. 24, obs. D. Landry – Civ. 2e, 16 juill. 2020, n° 19-18.145, P ; *D.* 2020. 1522 ; *D.* 2021. 110, obs. Th. Wickers ; *JCP* 2020. 1101, note C. Caseau-Roche ; *Gaz. Pal.* 6 oct. 2020, p. 42, obs. J. Villacèque – Civ. 2e, 8 oct. 2020, n° 19-21.705, *D.* 2021. 110, obs. Th. Wickers.
3. Civ. 2e, 10 juin 2010, n° 09-11.914, NP ; *D.* 2011. 559, obs. B. Blanchard, *JCP* 2010. I. 1068, obs. S. Bortoluzzi.
4. V. ss nos 912.00 s.
5. Civ. 2e, 14 janv. 2016, n° 14-10.787, P ; *JCP* 2016. 670, n° 6, obs. C. Caseau-Roche ; *D.* 2017. 79, obs. Th. Wickers ; *Gaz. Pal.* 16 févr. 2016, p. 14, note D. Piau ; *D. avocats* 2016. 138, obs. G. Deharo – V. ss n° 721.94.
6. Civ. 2e, 10 mars 2004, n° 02-18.241, P II, n° 103 ; *D.* 2004. 2827, obs. B. Blanchard ; *RTD civ.* 2004. 522, obs. P.-Y. Gautier – Civ. 2e, 10 mars 2004, n° 02-21.348, P II, n° 104 ; *D.* 2004. 2827, obs. B. Blanchard ; *D.* 2004. 994 ; *RTD civ.* 2004. 522, obs. P.-Y. Gautier ; *Gaz. Pal.* 2004. 1244 – Civ. 2e, 10 mars 2004, n° 02-18.241, P II, n° 103 ; *D.* 2004. 2827, obs. B. Blanchard ; *RTD civ.* 2004. 522, obs. P.-Y. Gautier – Civ. 2e, 13 juill. 2005, n° 04-12.645, NP – V. ss nos 712.21 s.
7. Civ. 1re, 7 janv. 1997, n° 95-10.814, NP – Civ. 2e, 7 déc. 2006, n° 05-17.023, NP – Civ. 2e, 6 mai 2010, n° 09-65.389, P II, n° 87 ; *D.* 2010. 1291 ; *D.* 2011. 552, obs. B. Blanchard – Civ. 2e, 26 mai 2011, n° 10-12.728, P II, n° 116 ; *D.* 2011. 1566 ; *D.* 2011. 2057, Chron. O.-L. Bouvier ; *D.* 2011. 2150, Chron. J.-M. Sommer, L. Leroy-Gissinger, H. Adida-Canac et O.-L. Bouvier ; *JCP* 2011. I. 783, note B. Travier et R. Guichard – Civ. 2e, 6 mars 2014, n° 13-15.513, NP ; *D. avocats* 2014. 136 – Civ. 2e, 16 juill. 2020, n° 19-18.145, P ; *JCP* 2020. 941 ; *D.* 2020. 1522 ; *D.* 2021. 110, obs. Th. Wickers ; *JCP* 2020. 1101 note C. Caseau-Roche ; *Gaz. Pal.* 6 oct. 2020, p. 42, obs. J. Villacèque.
8. V. ss n° 442.83.
9. Civ. 2e, 19 févr. 2009, n° 08-10.790, P II, n° 54 ; *D.* 2009. 2704, obs. B. Blanchard.
10. Paris, pôle 2, ch. 1, 6 mars 2019, RG n° 18/04330 ; *JCP* 2019. 445.
11. Civ. 1re, 10 déc. 2002, n° 99-12.842, P I, n° 302 ; *D.* 2003. 104 – Civ. 2e, 17 janv. 2013, n° 11-24.163, NP ; *D. avocats* 2013. 122.
12. Civ. 2e, 3 nov. 2011, n° 10-20.162, P II, n° 201.
13. Civ. 2e, 3 nov. 2011, n° 10-25.245, P II, n° 200 ; *D.* 2011. 2807 – SUR RENVOI APRÈS CASSATION DE : Civ. 2e, 25 févr. 2010, n° 09-13.117, NP – ARRÊT APRÈS RENVOI : Paris, pôle 2, ch. 1, 6 déc. 2011, RG n° 10/01555.
14. Civ. 1re, 12 déc. 1979, n° 78-14.316, P I, n° 319 ; *JCP* 1980. IV. 78 – Civ. 1re, 20 oct. 1993, n° 91-18.548, P I, n° 291 ; *D.* 1993. 237 ; *JCP* 1993. IV. 2651 ; *Gaz. Pal.* 1994. Pan. 21.

sentation obligatoire, devant conduire au respect des principes généraux de la procédure civile, et notamment du principe du contradictoire (A) ainsi qu'à l'appliquette des délais de prescription de droit commun (B).

A. Procédure orale sans représentation obligatoire

741.191 Oralité de la procédure. La Cour de cassation considère que la procédure de contestation du montant et du recouvrement des honoraires est orale[1], d'où il suit que, dans le cadre de l'instance ouverte sur recours de la décision du bâtonnier, les conclusions écrites déposées avant la date fixée saisissent le premier président dès lors que leur auteur est personnellement présent ou régulièrement représenté à l'audience[2].

Il en découle que seule la comparution des parties à l'audience est de nature à saisir valablement le juge[3], et seuls les arguments exposés à l'occasion cette même audience peuvent être pris en compte : les conclusions écrites qui peuvent être déposées ne saisissent le juge de l'honoraire que pour autant qu'elles sont réitérées à l'audience[4] et que leur auteur est personnellement présent ou régulièrement représenté à l'audience[5].

En outre, si les pièces sur lesquelles les juges se sont fondés sont présumées avoir été régulièrement produites et contradictoirement débattues, la preuve contraire peut être apportée. Doit ainsi être cassé l'ordonnance du premier président, prononçant l'irrecevabilité d'un recours comme étant tardif, alors que l'avocat se bornait dans ses conclusions à soutenir qu'aucune décision n'ayant été rendue par le bâtonnier, le recours était irrecevable, et qu'il ne résultait ni des pièces de la procédure ni des énonciations de l'ordonnance que la lettre du bâtonnier notifiant le délai pour statuer aux parties, à laquelle les parties ne s'étaient pas référées lors des débats et qui n'était pas mentionnée dans leurs écritures, leur ait été communiquée[6].

Toute déclaration faite par une partie à l'audience constitue un aveu judiciaire au sens de l'article 1383-2[7] du code civil. Les fins de non-recevoir peuvent être formulées au cours de l'audience[8].

741.192 Défaut de comparution. Il en résulte que faute pour une partie de comparaître devant la juridiction les moyens sont réputés non soutenus à l'audience, et lorsque l'on est appelant, l'on est réputé avoir renoncé à son appel[9], sauf si l'intimé, et lui seul, et en aucun cas le premier président d'office, requiert une décision sur le fond[10]. Dans ce dernier cas, il appartient au premier président d'examiner, au vu des moyens formulés par l'intimé, la pertinence des motifs de la décision du bâtonnier[11] et de ne faire droit à la demande sur le fond que s'il l'estime régulière recevable et bien fondée[12].

Lorsqu'il constate le défaut de comparution sans motif légitime des requérants et de leur conseil, que le défendeur au recours, également absent, n'a pas requis de jugement sur le fond, n'étant saisi, à l'audience d'aucun moyen oral de recours, le premier président ne peut, dès lors, que confirmer la décision déférée[13].

Il ne semble pas qu'il y ait lieu de s'assurer que la convocation mentionne expressément les conséquences d'un défaut de comparution, faute d'un texte spécifique en ce sens, et bien qu'il ait pu en être décidé autrement en matière disciplinaire[14], dès lors qu'il y a lieu de se référer au droit commun de l'article 937 du code de procédure civile[15].

1. Civ. 2e, 10 juill. 2008, n° 07-13.027, P II, n° 180 ; *D.* 2008. 2230.
2. Civ. 2e, 9 févr. 2012, n° 10-28.197, P II, n° 24 ; *D.* 2012. 509 ; *RTD civ.* 2012. 374, obs. R. Perrot.
3. Civ. 2e, 10 sept. 2009, n° 08-16.792, NP.
4. Civ. 2e, 17 févr. 2011, n° 09-13.209, P II, n° 42 ; *D.* 2011. 2150 ; *JCP* 2011, n° 13, p. 341.
5. Civ. 2e, 16 déc. 2004, n° 03-15.614, P II, n° 528 ; *D.* 2005. 241 ; *JCP* 2005. IV. 1231 – Civ. 2e, 19 févr. 2009, n° 08-11.609, NP ; *Procédures* 2009, n° 145 – Civ. 2e, 9 févr. 2012, n° 10-28.197, P II, n° 24 ; *D. actu.* 6 mars 2012, obs. C. Tahri ; *BICC* 15 mai 2012, n° 649 ; *D.* 2012. 509 ; *Gaz. Pal.* 4-6 mars 2012, p. 13, note D. Piau ; *Gaz. Pal.* 25-26 mai 2012, p. 33, note L. Raschel.
6. Civ. 2e, 5 juill. 2018, n° 17-20.622, NP.
7. Civ. 1re, 29 avr. 2004, n° 02-20.249, P II, n° 196 ; *D.* 2004. 1639 ; *Gaz. Pal.* 2004. Somm. 3910.
8. Civ. 1re, 15 janv. 2002, n° 99-15.508, P I, n° 12 ; *D.* 2002. 539 ; *JCP* 2002. I. 136, n° 23, obs. R. Martin.
9. Civ. 2e, 8 juill. 2004, n° 03-12.856, P II, n° 356 ; *D.* 2004. 2544 – Civ. 2e, 9 févr. 2012, n° 10-28.197, P II, n° 24 ; *D.* 2004. 2544 – D. Piau, « L'honoraire, entre passé, présent et avenir », *Gaz. Pal.* 4 mars 2012, p. 13.
10. Civ. 2e, 19 nov. 2015 n° 14-11.350, P II, n° 487 ; *Gaz. Pal.* 9 févr. 2016, p. 63, obs. H. Herman.
11. Civ. 2e, 5 mars 2009, n° 07-21.700, NP – Civ. 2e, 24 mai 2018, n° 16-28.522, P II, n° 107 ; *JCP* 2018. 918, note R. Guichard ; *JCP* 2018. 691, obs. G. Deharo ; *JCP* 2018. 665.
12. C. pr. civ., art. 472.
13. Colmar, 28 mai 2001, *BICC* 2002, n° 281 – Civ. 2e, 8 juill. 2004, n° 03-12.856, P II, n° 356 ; *D.* 2004. 2544 ; *Procédures* 2004, n° 277, note R. Perrot – Civ. 2e, 9 févr. 2012, n° 10-28.197, P II, n° 24 ; *D. actu.* 6 mars 2012, obs. C. Tahri ; *BICC* 15 mai 2012, n° 649 ; *D.* 2012. 509 ; *Gaz. Pal.* 4-6 mars 2012, p. 13, note D. Piau ; *Gaz. Pal.* 25-26 mai 2012, p. 33, note L. Raschel.
Colmar, 28 mai 2001, *BICC* 2002, n° 281.
14. Civ. 2e, 11 juill. 2013, n° 12-22.264, NP – Civ. 1re, 27 févr. 2013, n° 12-15.441, P I, n° 23 ; *D.* 2013. 1325, note G. Rouzet ; *Gaz. Pal.* 14-16 avr. 2013, p. 16, note D. Piau – Civ. 2e, 24 janv. 2013, n° 11-27.069, NP – Civ. 2e, 17 janv. 2013, n° 11-28.329, NP – Civ. 2e, 11 oct. 2012, n° 11-25.413, NP – Civ. 2e, 21 juin 2012, n° 11-20.092, NP – Civ. 2e, 11 juin 2011, nos 10-21.804, 10-21.805, NP.
15. Civ. 2e, 9 juill. 2015, n° 14-15.209, P II, n° 15 ; *D.* 2015. 1548 ; *D.* 2015. 1791, Chron. H. Adida-Canac, T. Vasseur, E. de Leiris, L. Lazerges-Cousquer, N. Touati, D. Chauchis et N. Palle ; *D.* 2016. 449, obs. N. Fricero.

Il s'agit ici de l'application d'une jurisprudence constante de la Cour de cassation[1]. Elle n'est pas forcément opportune, dès lors qu'elle tend, en la matière, à favoriser les attitudes dilatoires, compte tenu, notamment, du fait que le seul moyen de faire respecter le principe du contradictoire est alors de faire renvoyer l'affaire à une audience ultérieure[2].

741.193 Exception : procédure écrite. Dans l'hypothèse où toutes les parties sont assistées par un avocat, il apparaît qu'il y a alors lieu de faire application des dispositions de l'article 446-1 du code de procédure civile, aux termes desquelles lorsque toutes les parties comparantes formulent leurs prétentions et moyens par écrit et sont assistées ou représentées par un avocat, les conclusions doivent formuler expressément les prétentions ainsi que les moyens en fait et en droit sur lesquels chacune de ces prétentions est fondée, avec indication pour chaque prétention des pièces invoquées et de leur numérotation. Un bordereau énumérant les pièces justifiant ces prétentions est annexé aux conclusions. Les conclusions comprennent distinctement un exposé des faits et de la procédure, une discussion des prétentions et des moyens, ainsi qu'un dispositif récapitulant les prétentions. Les moyens qui n'auraient pas été formulés dans les écritures précédentes doivent être présentés de manière formellement distincte. Le juge ne statue que sur les prétentions énoncées au dispositif et n'examine les moyens au soutien de ces prétentions que s'ils sont invoqués dans la discussion. Les parties doivent reprendre dans leurs dernières conclusions les prétentions et moyens présentés ou invoqués dans leurs conclusions antérieures. À défaut, elles sont réputées les avoir abandonnés et le juge ne statue que sur les dernières conclusions déposées[3].

En appel[4], le premier président peut mettre en œuvre des dispositions de l'article 446-1 du code de procédure civile et autoriser les parties, lorsqu'elles ne sont pas assistées ou représentées par un avocat, à formuler leurs prétentions et leurs moyens par écrit sans se présenter à l'audience. Le jugement rendu dans ces conditions est contradictoire. Néanmoins, le premier président a toujours la faculté d'ordonner que les parties se présentent devant lui. Dans ce cas, le premier président qui a dispensé une partie de comparaître, sur le fondement de l'article 446-1 du code de procédure civile, à l'audience en raison de son état de santé, ne peut écarter les conclusions écrites qu'elle a présentées[5]. Cette disposition n'est pas applicable devant le bâtonnier.

741.194 Respect du contradictoire. Le juge de l'honoraire doit entendre contradictoirement l'avocat et son client lequel, lorsque la lettre recommandée le convoquant à l'audience n'a pu lui être remise, doit être convoqué par voie de signification en application de l'article 670-1[6] du code de procédure civile[7]. La décision doit constater expressément la régularité des convocations[8].

Mais le principe du contradictoire[9] est respecté, dès lors que les parties ont été en mesure de développer oralement leurs moyens et arguments devant le juge de l'honoraire[10].

Une partie qui ne se présente pas devant le juge de l'honoraire, mais qui sollicite par écrit le renvoi de l'affaire en présentant dans sa lettre des explications sur la nature de sa contestation, peut se voir juger au fond par le juge de l'honoraire qui, en estimant qu'il disposait des éléments lui permettant de statuer et en refusant le renvoi, n'a fait qu'user de son pouvoir discrétionnaire et n'a pas méconnu le principe du contradictoire[11].

741.195 Assistance et représentation. Il n'est pas exigé, en matière de fixation des honoraires que les parties en cause soient personnellement présentes aux débats : elles peuvent comparaître par un mandataire désigné par elles et notamment être représentées par un avocat[12].

Lorsqu'elle désigne un mandataire, celui-ci, s'il n'est pas avocat, doit justifier d'un pouvoir spécialement établi. Le défaut ou l'irrégularité du pouvoir est une irrégularité de fond, dont la nullité n'est susceptible d'être prononcée que si elle n'a pas été couverte par la production d'un pouvoir régulier avant que le juge ne statue[13].

1. Civ. 3e, 30 janv. 2002, nos 00-13.486, 00-14.4725, P III, no 16 ; *Gaz. Pal.* 2002. 991.
2. Com. 10 oct. 1989, no 87-20.141, P IV, no 249, *D.* 1990. 371, note B. Bouloc – Civ. 2e, 27 janv. 1993, no 91-15.950, P II, no 41 – Soc. 17 mars 1998, no 95-41.006, P V, no 152 ; *Gaz. Pal.* 1998. Pan. 151 – Civ. 2e, 19 mars 2015, no 14-15.740, P I, no 71, *D. 2015. 1796*, obs. H. Adida-Canac, T. Vasseur et E. de Leiris.
3. C. pr. civ., art. 446, al. 2.
4. C. pr. civ., art. 946 – V. ss nos 741.301 s.
5. Civ. 2e, 25 juin 2015, no 14-22.158, P II, no 166 ; *D.* 2016. 449, obs. N. Fricero ; *RTD civ.* 2015. 939, obs. N. Cayrol.
6. Civ. 1re, 11 oct. 1994, no 92-21.662, P I, no 283 ; *D.* 1994. 239 ; *Gaz. Pal.* 1995. Pan. 18 – Civ. 2e, 4 juill. 2013, no 12-23.010, *D. avocats* 2013. 318 – Civ. 2e, 14 juin 2018, no 17-20.419, P II, no 120 ; *Gaz. Pal.* 17 juill. 2018, p. 35, obs. C. Berlaud ; *Gaz. Pal.* 27 nov. 2018, p. 58, obs. M. Kebir ; *Gaz. Pal.* 4 déc. 2018, p. 33, obs. D. Landry.
7. V. ss no 032.51.
8. Civ. 2e, 9 juill. 2009 no 08-12.312, NP.
9. V. ss nos 452.21 s.
10. Civ. 1re, 16 juill. 1991, no 88-19.730, P I, no 244 ; *Gaz. Pal.* 1991. Pan. 291.
11. Civ. 1re, 18 mai 1989, no 88-12.024, P I, no 200 ; *Gaz. Pal.* 1989. Pan. 144.
12. Civ. 1re, 20 mars 1989, no 87-14.926, P I, no 125 ; *JCP* 1989. IV. 192 ; *Gaz. Pal.* 1989. Pan. 89 et 90.
13. Civ. 2e, 1er févr. 2018, no 16-26.575, NP ; *Gaz. Pal.* 13 févr. 2018, p. 28, obs. C. Berlaud.

741.196 **Charge de la preuve.** Il semble pouvoir être déduit d'une décision que c'est toujours sur l'avocat que pèse la charge de la preuve du montant des honoraires réclamé, quand bien même il ne serait pas à l'origine de la contestation d'honoraires. C'est à lui de produire ses factures[1]. Et le juge de l'honoraire n'a pas à l'inviter d'office à s'expliquer sur leur absence du bordereau de communication joint aux conclusions[2].

De même que, sauf en cas d'honoraire fixé selon un forfait global, le bâtonnier ou le premier président de la cour d'appel, saisis d'une contestation en matière d'honoraires peut requérir de l'avocat qu'il délivre le compte détaillé[3] faisant ressortir distinctement les frais et déboursés, les émoluments tarifés et les honoraires avec mention des sommes précédemment reçues à titre de provision ou à tout autre titre[4].

Inversement, la charge de la preuve du fait que des honoraires ont été indûment acquittés incombe au client[5].

741.197 **Péremption d'instance.** La péremption d'instance n'est pas encourue devant le bâtonnier ou devant le premier président dès lors que la direction de la procédure échappe aux parties, de sorte que celles-ci n'ont à accomplir aucune diligence[6].

Cette position de la deuxième chambre civile que nous approuvons ne fait cependant pas l'unanimité. En 2004, la première chambre affirmait que la péremption d'instance pour défaut d'accomplissement des diligences par les parties durant deux ans[7] n'était pas exclue en matière de contestation d'honoraires d'avocat, et qu'elle pouvait être interrompue par tout acte manifestant la volonté de voir aboutir la procédure[8].

741.198 **Moyens soulevés d'office.** Le code de la consommation prévoit que le juge peut soulever d'office toutes les dispositions dudit code dans les litiges nés de son application[9]. Il semble s'évincer de cette disposition que le juge de l'honoraire a le pouvoir de soulever d'office les moyens tirés du code de la consommation et tenant notamment au caractère abusif d'une clause de la convention d'honoraires[10], ou de la prescription[11].

Mais il va de soi que le juge de l'honoraire ne peut relever un moyen d'office sans le soumettre au débat contradictoire[12] ou soulever d'office la prohibition d'un pacte de *quota litis*[13] sans inviter, au préalable, les parties à présenter leurs observations sur ce point[14].

Les moyens soulevés d'office par le juge de l'honoraire sont présumés, sauf preuve contraire, avoir été débattus contradictoirement, dès lors que les parties étaient présentes à l'audience[15].

La Cour de cassation a ainsi eu l'occasion de rappeler qu'en la matière, le juge de l'honoraire doit, en toutes circonstances, faire observer et observer lui-même le principe du contradictoire, et ne peut donc fonder sa décision sur des moyens de droit qu'il a relevés d'office sans avoir au préalable invité les parties à présenter leurs observations, étant précisé qu'en procédure orale, il ne peut être présumé qu'un moyen relevé d'office par le juge a été débattu contradictoirement, dès lors qu'une partie n'était pas présente à l'audience. Ce faisant elle a cassé une ordonnance qui, statuant alors que le client n'était pas présent à l'audience et sans qu'il ne ressorte ni de la décision ni des pièces du dossier de procédure que la partie présente ait été, au préalable, invitée à formuler ses observations sur le moyen relevé d'office, pris de la caducité de la convention d'honoraires, avait cru pouvoir substituer une appréciation fondée sur les critères de l'article 10 de la loi du 31 décembre 1971, à ceux prévus dans la convention d'honoraire, en considérant cette dernière comme caduque compte tenu du fait que le mandat de l'avocat avait pris fin avant l'achèvement de sa mission[16].

741.199 **Appréciation souveraine.** C'est par une appréciation souveraine de la valeur et de la portée

1. V. s[s] n°s 731.00 s.
2. Civ. 2e, 10 mai 2007, n° 05-13.035, NP ; *JCP* 2007. I. 174, n° 28, obs. R. Martin.
3. V. s[s] n°s 731.141 s.
4. Décr. n° 2005-790, 12 juill. 2005, art. 12 – RIN, art. 11.7.
5. Civ. 2e, 8 mars 2018, n° 17-15.198, NP.
6. Civ. 2e, 16 oct. 2003, n° 00-19.339, P II, n° 310 ; *D.* 2003. 2730 ; *RTD civ.* 2004. 347, obs. R. Perrot – Civ. 2e, 12 juill. 2007, n° 05-14.655, P II, n° 210 ; *D.* 2007. 2243 ; *D.* 2008. 952, obs. B. Blanchard ; *Procédures* 2007, comm. 240, obs. R. Perrot – Civ. 2e, 15 nov. 2012, n° 11-25.499, P II, n° 188.
7. C. pr. civ., art. 386.
8. Civ. 1re, 10 févr. 2004, n° 00-19.198, P I, n° 43 ; *D.* 2004. 853 ; *JCP* 2004. II. 10059, note R. Martin ; *RTD civ.* 2004. 347, obs. R. Perrot ; *Procédures* 2004, comm. 76, note R. Perrot.
9. C. consom., art. L. 141-4.
10. V. s[s] n°s 713.311 s.
11. V. s[s] n°s 741.211 s.
12. Civ. 2e, 7 déc. 2006, n° 05-20.161, NP – Civ. 2e, 22 oct. 2020, n° 19-15.985, P ; *Gaz. Pal.* 1er déc. 2020, p. 40, obs. C. Berlaud ; *D.* 2021. 2124 ; *JCP* 2020. 1203 ; *D.* 2021. 111, obs. Th. Wickers ; *JCP* 2021. 272, n° 3, obs. C. Caseau-Roche ; *Gaz. Pal.* 1er juin 2021, p. 25, obs. J.-L. Gaineton.
13. V. s[s] n°s 711.101 s. et 713.251 s.
14. Civ. 2e, 5 juin 20rf03, n° 02-12.731, NP.
15. Civ. 2e, 15 déc. 2011, n° 10-27.759, NP ; *Gaz. Pal.* 29-31 janv. 2012, p. 14, obs. G. Deharo.
16. Civ. 2e, 22 oct. 2020, n° 19-15.985, P ; *Gaz. Pal.* 1er déc. 2020, p. 40, obs. C. Berlaud ; *D.* 2021. 2124 ; *JCP* 2020. 1203 ; *D.* 2021. 111, obs. Th. Wickers ; *JCP* 2021. 272, n° 3, obs. C. Caseau-Roche ; *Gaz. Pal.* 1er juin 2021, p. 25, obs. J.-L. Gaineton.

des éléments de preuve soumis par les parties que le juge de l'honoraire fixe le montant des honoraires [1].

Il lui appartient dans sa motivation, laquelle doit être exempte de partialité, de permettre à la Cour de cassation de s'assurer qu'il a examiné, en y répondant, les prétentions et moyens des deux parties [2].

Les décisions rendues par le juge de l'honoraire n'ont autorité de la chose jugée qu'à l'égard de ce qui fait l'objet de la décision et a été tranché dans son dispositif.

Ainsi, lorsque la décision se borne à déclarer la demande de l'avocat irrecevable, aucune autorité de la chose jugée n'est attachée au motif par lequel l'irrecevabilité a été prononcée, faisant que l'avocat est recevable à déposer une nouvelle demande en fixation de ses honoraires auprès du bâtonnier [3].

Mais si l'avocat a été débouté au fond de sa demande, fut-ce parce que celle-ci était prématurée, telle qu'une demande en fixation de l'honoraire de résultat alors même que ce résultat n'était pas encore atteint [4], il n'est plus recevable à faire une nouvelle demande en fixation dès lors que la décision irrévocable déboutant une partie de sa demande comme étant prématurée acquiert force chose jugée relativement à la contestation qu'elle tranche [5].

B. Prescription

741.200 **Plan.** L'action en recouvrement de ses honoraires par l'avocat est soumise aux délais de prescription de droit commun (1°), ce qui implique de procéder à la computation de ce même délai au regard, notamment, de son point de départ, lequel peut donner lieu à des difficultés d'appréciation (2°).

1° Délai applicable

741.211 **Prescription de l'action en recouvrement ou en contestation d'honoraires.** L'action en fixation des honoraires, dirigée contre toute personne, y compris morale [6], est en principe soumise au délai de droit commun de cinq ans résultant de l'article 2224 [7] du code civil [8].

Il existe toutefois des exceptions lorsque :

1° Le client a la qualité de consommateur ;

2° Le client est une personne publique ;

3° Le client a la qualité de commerçant.

741.212 **En présence d'un client ayant la qualité de consommateur.** Lorsque l'action en fixation des honoraires est dirigée à l'encontre d'un client ayant la qualité de consommateur [9], elle est soumise à la prescription biennale de l'article L. 218-2 [10] du code de la consommation [11].

À la qualité de consommateur toute personne physique, à l'exclusion des personnes morales [12], ayant eu recours aux services de l'avocat à des fins n'entrant pas dans le cadre d'une activité commerciale, industrielle, artisanale ou libérale [13].

Et, il appartient au juge du fond de caractériser en quoi cette personne physique a eu recours aux services de l'avocat à des fins entrant dans le cadre de son activité commerciale, industrielle, artisanale ou libérale pour appliquer la prescription quinquennale [14]. L'appréciation peut être variable s'agissant d'une même personne en fonction de la nature des services qu'elle sollicite de l'avocat [15].

C'est ainsi que si la qualité de *trustee* n'exclut pas nécessairement celle de consommateur, il incombe au juge de l'honoraire de déterminer à quelles fins le *trustee* a eu recours aux services de l'avocat, et de motiver expressément sa décision sur ce point [16]. Sur renvoi après cassation, le premier président a été amené à considérer que si l'action en paiement de la

1. Civ. 2e, 5 mars 2009, n° 06-13.427, P II, n° 64 ; *D.* 2009. 2704, obs. B. Blanchard – Civ. 2e, 8 mars 2018, n° 17-14.192, NP – V. ss n° 721.15.
2. Civ. 2e, 6 févr. 2020, n° 19-10.215, NP.
3. Civ. 2e, 17 janv. 2019, n° 17-31.560, NP.
4. V. ss nos 713.262 s.
5. Civ. 2e, 9 févr. 2012, n° 10-26.603, NP.
6. Civ. 2e, 8 déc. 2016, n° 16-12.284, NP.
7. L. n° 2008-561, 17 juin 2008 portant réforme de la prescription en matière civile, *JO* 18 juin, p. 9856 – Civ. 1re, 2 févr. 1994, n° 91-21.811, P I, n° 43 ; *Gaz. Pal.* 1994. 131.
8. S. Guinchard (dir.), *Droit et pratique de la procédure civile*, 10e éd., « Dalloz Action », 2020, nos 214.31 s. par M. Bandrac.
9. Civ. 1re, 9 juin 2017, n° 16-21.214 ; P I ; *JCP* 2017. 823, note G. Paisant.
10. Civ. 2e, 26 mars 2015, n° 14-11.599, P II, n° 74 ; *D.* 2015. 812 ; *D.* 2015. 1791, obs. N. Touati ; *D.* 2016. 101, obs. Th. Wickers ; *D.* 2016. 449, obs. N. Fricero ; *JCP* 2015. 649, obs. C. Caseau-Roche ; *Gaz. Pal.* 7 mai 2015, p. 14, note M. Mignot – Civ. 2e, 10 sept. 2015, n° 14-24.301 ; *Gaz. Pal.* 19 avr. 2016, p. 23, obs. D. Landry et J. Villacèque.
11. D. Fenouillet (dir.), *Droit de la consommation*, « Dalloz Action », 1re éd., 2020, nos 211.200 s. par S. Pellet.
12. Civ. 2e, 8 déc. 2016, n° 16-12.284, NP – Civ. 2e, 7 févr. 2019, n° 18-11.372, P ; *D.* 2020. 577, obs. N. Fricero ; *D.* 2019. 314 ; *D.* 2020. 111, obs. Th. Wickers ; *JCP* 2019. 186 ; *Gaz. Pal.* 12 mars 2019, p. 32, obs. C. Berlaud ; *JCP* 2019. 364, note S. Grayot-Dirx ; *JCP* 2019. 1238, n° 6, obs. C. Caseau-Roche ; *Gaz. Pal.* 28 mai 2019, p. 26, obs. D. Landry et J. Villacèque.
13. C. consom., art. liminaire.
14. Civ. 2e, 26 mars 2015, n° 14-15.013, P II, n° 75 ; *D.* 2015. 1791, obs. N. Touati ; *D.* 2016. 101, obs. Th. Wickers ; *D.* 2016. 617, obs. N Sauphanor-Brouillaud ; *Gaz. Pal.* 7 mai 2015, p. 14, note M. Mignot – Civ. 2e, 14 janv. 2016, n° 14-26.943, NP.
15. D. Fenouillet (dir.), *Droit de la consommation*, « Dalloz Action », 1re éd., 2020, nos 041.1001 s.
16. Civ. 1re, 21 oct 2020, n° 19-16.300, P ; *D.* 2021. 2123 ; *JCP* 2020. 1246 ; *JCP* 2020. 1295.

part des honoraires afférents au litige relatif à la reconnaissance des droits d'exploitation, propres au client, de son défunt conjoint était bien prescrite, tel n'était pas le cas des honoraires afférents au litige portant sur la préservation des droits patrimoniaux et moraux du défunt au titre duquel le client n'était pas intervenu à titre personnel mais en qualité de *trustee* pour les besoins de l'activité de ce dernier, lequel avait pour objet la gestion des œuvres de l'artiste décédé[1].

741.213 Créances de l'État, des départements et des communes. Lorsque l'action en fixation des honoraires est dirigée à l'encontre d'un client s'identifiant comme l'État, un département ou une commune, l'action de l'avocat en paiement de ses honoraires est soumise à la prescription quadriennale prévue par l'article 1er de la loi du 31 décembre 1968[2].

L'article précité vise : « toutes créances » de l'État, des départements et des communes ainsi que les créances des établissements publics dotés d'un comptable public[3], ce qui inclut les honoraires de l'avocat.

741.214 Commerçant. Lorsque l'action en fixation des honoraires est dirigée à l'encontre d'un client ayant la qualité de commerçant et découle de prestations d'un avocat exécutées pour son compte pour les besoins de son activité commerciale, l'action de l'avocat en paiement de ses honoraires est soumise à la prescription de cinq ans depuis le 19 juin 2008[4].

Les actions en justice nées antérieurement au 19 juin 2008 demeurent soumises à la prescription de 10 ans, prévue par l'ancien article L. 110-4 du code de commerce.

Il appartient au juge du fond de caractériser en quoi les prestations de l'avocat ont été fournies au profit d'un commerçant pour les besoins de son activité commerciale[5].

2°
Computation du délai

741.221 Point de départ du délai de prescription. Le point de départ du délai de prescription est le jour où le titulaire du droit aux honoraires, l'avocat, ou restitution de ceux-ci, le client, a connu ou aurait dû connaître les faits lui permettant de l'exercer[6].

En principe, c'est la date à laquelle le mandat de l'avocat prend fin c'est-à-dire la fin de la mission[7] laquelle n'est pas nécessairement celle du prononcé de la décision que l'avocat a été chargé d'obtenir[8], ni la date de l'établissement de la facture[9].

Pour la Cour de cassation, il convient de rechercher la date à laquelle le mandat de l'avocat a été révoqué[10], et ce, indépendamment du fait que les dernières diligences accomplies par l'avocat, en l'occurrence un chèque versé sur son sous-compte Carpa au profit de son client, remonteraient à une date postérieure[11].

741.222 Difficultés d'appréciation. Cette notion peut toutefois poser difficulté quant à son appréciation, et c'est ainsi qu'il a pu être jugé, dans le cadre d'une procédure ayant donné lieu à intervention de l'avocat en première instance puis en appel, qu'il convenait d'apprécier le point de départ correspondant au regard de chacune des procédures (première instance, appel) qui constituaient autant de missions faisant que la prescription de l'action de l'avocat pour le paiement des honoraires afférents à la procédure de première instance courrait à compter de la date de la décision de première instance, dès lors que la mission initiale de l'avocat s'achève à cette date et que le client doit le mandater une seconde fois pour la procédure d'appel[12].

1. Rouen, prem. prés., 1er juin 2021 ; *JCP* 2021. 879, obs. C. Brière.
2. Civ. 2e, 7 avr. 2011, nos 10-17.575, 10-17.576, 10-17.577, P II, nos 84, 85 et 86 ; *D.* 2011. 1149, obs. C. Tahri.
3. L. n° 68-1250, 31 déc. 1968 relative à la prescription des créances sur l'État, les départements, les communes et les établissements publics, *JO* 3 janv., p. 65, art. 1.
4. C. com., art. L. 110-4 – L. n° 2008-561, 17 juin 2008 portant réforme de la prescription en matière civile, *JO* 18 juin, art. 15.
5. Civ. 2e, 4 janv. 2006, n° 04-20.136, P II, n° 6 ; *D.* 2006. 303, obs. E. Chevrier ; *Gaz. Pal.* 2006. 1262.
6. C. civ., art. 2224 – V. ss nos 913.61 s.
7. Civ. 2e, 8 déc. 2016, n° 15-27.844, NP – Civ. 2e, 26 oct. 2017, n° 16-23.599, P ; *JCP* 2017. 1218, obs. H. Slim ; *Gaz. Pal.* 21 nov. 2017, p. 35, obs. C Berlaud ; *D.* 2018. 761, obs. O. Becuwe et N. Touati ; *D.* 2018. 228, note O. Laroque ; *Gaz. Pal.* 3 avr. 2018, p. 28, obs. S Piedelièvre ; *JCP* 2018. 877, obs. M. Billiau ; *JCP* 2018. 588, n° 9, obs. C. Caseau-Roche ; *Gaz. Pal.* 3 juin 2018, p. 30, obs. D. Landry et J. Villacèque ; *D.* 2019. 99, obs. Th. Wickers – V. ss nos 484.21 s.
8. Civ. 2e, 26 oct. 2017, n° 16-23.599, P ; *JCP* 2017. 1218, obs. H. Slim ; *Gaz. Pal.* 21 nov. 2017, p. 35, obs. C Berlaud ; *D.* 2018. 761, obs. O. Becuwe et N. Touati ; *D.* 2018. 228, note O. Laroque ; *Gaz. Pal.* 3 avr. 2018, p. 28, obs. S Piedelièvre ; *JCP* 2018. 877, obs. M. Billiau ; *JCP* 2018. 588, n° 9, obs. C. Caseau-Roche Roche ; *Gaz. Pal.* 3 juin 2018, p. 30, obs. D. Landry et J. Villacèque ; *D.* 2019. 99, obs. Th. Wickers.
9. Civ. 2e, 4 oct. 2018, n° 17-20.508, P ; *D.* 2018. 1976 ; *D.* 2019. 607, obs. E. Poillot ; *D.* 2019. 848, obs. N. Touati, C. Bohnert ; *JCP* 2017. 1108 ; *Gaz. Pal.* 23 oct. 2018, p. 34, obs. C. Berlaud ; *Gaz. Pal.* 11 déc. 2018, p. 39, obs. S. Piedelièvre ; *JCP* 2019. 255, n° 8, obs. S. Grayot-Dirx.
10. Civ. 2e, 12 déc. 2019, n° 18-24.258, NP – Civ. 2e, 25 juin 2020, n° 19-16.245, NP.
11. Civ. 2e, 8 déc. 2016, n° 15-27.844, NP.
12. Civ. 2e, 7 avr. 2011, nos 10-17.575, 10-17.576, 10-17.577, P II, nos 84, 85 et 86 ; *D.* 2011. 1149, obs. C. Tahri ; – POUR UNE INTERPRÉTATION EN SENS INVERSE : Lyon, ord. 1er prés., 15 sept. 2015, RG n° 15/00446.

Pour la Cour de cassation, « c'est dans l'exercice de son pouvoir souverain d'interprétation que le premier président a décidé que ce courrier démontrait que la mission initiale de l'avocat s'était achevée à cette date et que le client avait dû le mandater une seconde fois pour l'appel »[1]. Mais si le mandat incluait la représentation à cause d'appel et que l'avocat est dessaisi au cours de cette même procédure d'appel, c'est la date de ce dessaisissement qu'il convient de prendre en compte[2].

Dans une autre affaire, la Cour de cassation a considéré, s'agissant d'une demande de restitution d'honoraires de résultat payés à la suite d'un arrêt de cour d'appel favorable, rendu en 2006, cassé par la Cour de cassation en 2008, que l'arrêt de 2008 n'avait pas mis fin à l'instance, et n'avait pas définitivement statué sur le mérite des actions réciproques en paiement, lesquelles ont été tranchées par l'arrêt de la cour d'appel de renvoi devenu ultérieurement irrévocable à la suite du rejet du pourvoi, faisant que la demande de restitution formulée en 2014 n'était pas prescrite, quand bien même la cassation opérée en 2008 aurait pu conduire le client à réclamer la restitution de l'honoraire de résultat[3].

741.223 **Nécessité d'acter la fin de mission.** Il appartient donc aux avocats d'être extrêmement vigilants et d'acter par écrit leur fin de mission[4], comme, le cas échéant, la poursuite de leur mission afin d'éviter toute difficulté ultérieure.

741.224 **Exigibilité des honoraires.** Par ailleurs, la prescription de l'action en fixation des honoraires ne saurait commencer à courir tant que cet honoraire n'est pas exigible, nonobstant le fait que l'avocat ait été dessaisi du dossier, tel que lorsque la convention d'honoraire prévoit que les honoraires seront exigibles à la date à laquelle le client percevra les fonds résultant de la liquidation de son régime matrimonial[5].

Tel sera également le cas d'un honoraire de résultat dont l'exigibilité, en présence d'une clause de dessaisissement[6], demeure reportée à la date à laquelle le résultat convenu aura été atteint.

741.225 **Interruption du délai de prescription.** La Cour de cassation a eu l'occasion de préciser que seule la demande en fixation de ses honoraires formée par l'avocat peut interrompre valablement le délai de prescription, lequel ne peut pas être interrompu par l'envoi d'une lettre recommandée avec demande d'avis de réception[7], ou, *a fortiori*, d'une lettre de relance[8], ou une lettre simple adressée par l'avocat à son client afin de solliciter le paiement de ses honoraires[9].

Par conséquent, seule la saisine du bâtonnier dans les formes prévues par les textes, par lettre recommandée avec accusé de réception, d'une demande en fixation est de nature à interrompre valablement le délai de prescription[10].

C'est la raison pour laquelle les règles professionnelles précisent que l'avocat dessaisi doit, à bref délai, remettre au bâtonnier sa réclamation d'honoraires détaillée, comportant tous éléments justificatifs afin de faire procéder à la fixation de ses honoraires[11].

741.226 **Délai butoir.** Le report du point de départ, la suspension ou l'interruption de la prescription ne peut avoir pour effet de porter le délai de la prescription extinctive au-delà de vingt ans à compter du jour de la naissance du droit[12].

Le point de départ de ce délai est fixé au jour de la naissance du droit, c'est-à-dire au jour de la conclusion du contrat, donc, en principe, de la convention d'honoraires. Il convient toutefois que cette date soit postérieure à l'entrée en vigueur de la loi du 17 juin 2008[13].

741.227 **Interruption du délai de prescription – Créances de l'État.** Il convient de noter que s'agissant de la prescription des honoraires dus par l'État, les départements, les communes ainsi que les établissements publics dotés d'un comptable public, l'interruption de la prescription peut également résulter d'une demande de paiement ou de toute réclamation écrite adressée par l'avocat à l'autorité administrative, dès lors que la demande ou la

1. Civ. 2e, 7 avr. 2011, nos 10-17.575, 10-17.576, 10-17.577, P II, no 84, 85 et 86 ; *D.* 2011. 1149, obs. C. Tahri – POUR une interprétation en sens inverse : Lyon, ord. 1er prés., 15 sept. 2015, RG no 15/00446.
2. Civ. 2e, 7 févr. 2019, no 18-10.767, P ; *D.* 2019. 314 ; *JCP* 2019. 186 ; *JCP* 2019. 364, note S. Grayot-Dirx ; *JCP* 2019. 1238, no 7, obs. C. Caseau-Roche ; *Gaz. Pal.* 28 mai 2019, p. 25, obs. D. Landry et J. Villacèque ; *D.* 2020. 111, obs. Th. Wickers.
3. Civ. 2e, 9 juin 2016, no 15-20.330, NP.
4. V. ss nos 484.21 s.
5. Civ. 2e, 23 nov. 2017, no 16-25.120, P ; *D.* 2018. 761, obs. O. Becuwe et N. Touati ; *D. 2017. 2432* ; *JCP* 2017. 1310 ; *JCP* 2018. 588, no 9, obs. C. Caseau-Roche ; *Gaz. Pal.* 3 juin 2018, p. 30, obs. D. Landry et J. Villacèque ; *D.* 2019. 99, obs. Th. Wickers.
6. V. ss nos 713.361 s.
7. Civ. 2e, 10 déc. 2015, no 14-25.892, P II, no 578 ; *D.* 2017. 79, obs. Th. Wickers ; *D. avocats* 2016. 97, obs. G. Deharo.
8. Reims, 28 janv. 2016, RG no 14/02561 ; *D.* 2017. 74, obs. T. Wickers.
9. Versailles, 31 juill. 2013, *D. avocats* 2013. 402.
10. C. civ., art. 2241 – F. Fresnel, « La convention d'honoraires et l'incapable », *AJ fam.* 2012. 544.
11. RIBP, art. P. 9.0.3 – V. ss nos 484.191 s.
12. C. civ., art. 2232 – J.-D. Pellier, « Retour sur le délai butoir de l'article 2232 du code civil », *D.* 2018. 2148.
13. Civ. 3e, 1er oct. 2020, no 19-1.986, P ; *JCP* 2020. 1168, note J.-D. Pellier.

réclamation a trait au fait générateur, à l'existence, au montant ou au paiement de la créance, d'honoraires alors même que l'administration saisie n'est pas celle qui aura finalement la charge du règlement ainsi que toute communication écrite d'une administration intéressée, même si cette communication n'a pas été faite directement à l'avocat qui s'en prévaut, dès lors que cette communication a trait au fait générateur, à l'existence, au montant ou au paiement de la créance d'honoraires.

L'interruption de la prescription peut aussi résulter de l'émission d'un moyen de règlement, même si ce règlement ne couvre qu'une partie de la créance d'honoraires ou si le créancier n'a pas été exactement désigné[1].

§ 4
Déroulement de la procédure

741.230 **Plan.** La procédure en fixation des honoraires de l'avocat peut donner lieu, le cas échéant, à la saisine préalable du médiateur de la consommation (A), et doit être engagée par une saisine du bâtonnier (B), dont la décision est susceptible d'appel devant le premier président (C), lequel rend une ordonnance qui peut faire l'objet d'un pourvoi en cassation (D).

A.
Saisine préalable du médiateur de la consommation

741.241 **Faculté de recourir à un médiateur de la consommation.** Depuis le 1er janvier 2016[2], lorsque le client de l'avocat a la qualité de consommateur[3] il convient de mettre, préalablement, en œuvre les règles applicables en matière de règlement en ligne des litiges de consommation[4] transposées en droit interne par l'ordonnance du 20 août 2015[5].

Il en découle qu'en cas de litige national ou transfrontalier entre un client ayant la qualité de consommateur et un avocat[6], lorsque le litige est mis en œuvre à l'initiative du client[7], ce dernier a le droit, mais pas l'obligation[8], de recourir gratuitement à un médiateur de la consommation en vue de la résolution amiable du litige qui l'oppose à son avocat.

À cet effet, l'avocat doit garantir à son client ayant la qualité de consommateur le recours effectif au dispositif de médiation de la consommation, soit dans le cadre d'un dispositif de médiation de la consommation propre à la profession soit en proposant à son client ayant la qualité de consommateur le recours à tout autre médiateur de la consommation[9].

741.242 **Champ de compétence du médiateur de la consommation.** Le litige ne pourra être examiné par le médiateur de la consommation lorsque :

1° Le client ayant la qualité de consommateur ne justifiera pas avoir tenté, au préalable, de résoudre son litige directement auprès de l'avocat par une réclamation écrite selon les modalités prévues, le cas échéant, dans la convention d'honoraires ;

2° La demande est manifestement infondée ou abusive ;

3° Le client aura introduit sa demande auprès du médiateur dans un délai supérieur à un an à compter de sa réclamation écrite auprès de l'avocat[10].

741.243 **Médiateur national de la consommation de la profession d'avocat.** Le Conseil national des barreaux a mis en place un médiateur national de la consommation propre à la profession d'avocat[11] et désigné celui-ci, pour la première fois, lors de son assemblée générale du 23 janvier 2016[12].

Le médiateur national de la consommation, qui faisait état de six cents saisines en 2018, dispose d'un site internet consacré à la médiation (mediateur-consommation-avocat.fr) qui fournit un accès direct aux informations relatives au processus de médiation. Ce site permet aux clients ayant la qualité de consommateurs de déposer en ligne une demande de médiation accompagnée des documents justificatifs[13].

1. L. n° 68-1250, 31 déc. 1968 relative à la prescription des créances sur l'État, les départements, les communes et les établissements publics, *JO* 3 janv. 1969, art. 2.
2. Ord. n° 2015-1033, 20 août 2015 relative au règlement extrajudiciaire des litiges de consommation, *JO* 21 août, p. 14721, art. 7.
3. V. s^s n°s 711.111 s.
4. Dir. 2013/11, Parlement et Conseil, 21 mai 2013 relative au règlement extrajudiciaire des litiges de consommation, *JOUE* 18 juin, p. 63 – Règl. 524/2013, Parlement et Conseil, 21 mai 2013 relatif au règlement en ligne des litiges de consommation, *JOUE* 18 juin, p. 1.
5. Ord. n° 2015-1033, 20 août 2015 relative au règlement extrajudiciaire des litiges de consommation, *JO* 21 août, p. 14721 – Décr. n° 2015-1382, 30 oct. 2015 relatif à la médiation des litiges de la consommation, *JO* 31 oct., p. 20408 ; *JCP* 2016. 670, n° 13, obs. S. Bortoluzzi – S. Piedelièvre, « Le règlement amiable des litiges après l'ordonnance du 20 août 2015 », *Gaz. Pal.* 25-26 nov. 2015, p. 4.
6. C. consom., art. L. 611-2.
7. C. consom., art. L. 611-3, e).
8. Une telle obligation pouvant être envisagée : CJUE 14 juin 2017, *Livio Menini, Maria Antonia Rampanelli c/Banco Popolare Societa Cooperativa,* aff. n° C-75/16 ; *Gaz. Pal.* 19 sept. 2017, p. 36, note S. Piedelievre ; *D.* 2017. 1246.
9. C. consom., art. L. 612-1.
10. C. consom., art. L. 612-2.
11. P. Lafont, *Rapport final de la Commission textes sur la médiation des litiges de consommation*, CNB, AG 11-12 déc. 2015.
12. A. Coignac, « Jérôme Hercé, médiateur pour ses paris », *JCP* 2016. 806 – M. Lartigue, « La mediation de la consommation de la profession d'avocat », *Gaz. Pal.* 25 févr. 2020, p. 18.
13. C. consom., art. L. 614-1.

Il établit également un rapport annuel d'activité, qui fait l'objet d'une présentation à l'assemblée générale du Conseil national des barreaux et est publié sur son site internet [1].

En 2020, le médiateur national de la consommation de la profession d'avocat a ainsi fait état de 762 saisines, dont 279 étaient recevables, parmi lesquelles 98 faisaient l'objet de demandes de médiation qui ont été acceptées par l'avocat, et 58 ont fait l'objet d'un accord devant le médiateur [2].

741.244 Diligences entreprises en vue de parvenir à une résolution amiable du litige (C. pr. civ., art. 58). La cour de cassation a considéré que la réclamation soumise au bâtonnier en matière d'honoraires, prévue par l'article 175 du décret du 27 novembre 1991 [3] qui instaure une procédure spécifique, échappant aux prévisions de l'article 58 du code de procédure civile, n'est pas soumise à l'obligation de mentionner, à peine de nullité, les diligences entreprises en vue de parvenir à une résolution amiable du litige [4].

B. Procédure devant le bâtonnier

741.250 Plan. Le bâtonnier, dont la nature juridictionnelle des prérogatives est ambiguë (1°) doit être saisi par un écrit adressé au bâtonnier compétent (2°) lequel doit rendre sa décision dans un délai contraint suivant une procédure peu formalisée (3°).

1° Propos liminaires

741.261 Nature des prérogatives du bâtonnier. Selon le Conseil d'État, le bâtonnier n'est alors ni une autorité juridictionnelle ni un tribunal au sens de l'article 6 de la Convention EDH.

C'était pourtant l'avis du commissaire au gouvernement dans son avis [5], mais le Conseil d'État ne l'a pas suivi sur ce point [6], considérant que lorsqu'il intervient dans le règlement des contestations en matière d'honoraires et de débours, le bâtonnier, dont la décision n'acquiert de caractère exécutoire que sur décision du président du tribunal judiciaire, n'est lui-même ni une autorité juridictionnelle ni un tribunal au sens de l'article 6 paragraphe 1 de la CEDH [7].

Cette position est critiquable, d'autant que, dans le même arrêt, le Conseil d'État considère le bâtonnier comme une juridiction en ce qui concerne les litiges en matière de contrat de travail ou de collaboration libérale [8].

741.262 Conformité à la Constitution et la Conv. EDH. La Cour de cassation, qui semble, elle aussi, tout au moins implicitement, considérer que le bâtonnier statuant en matière de fixation des honoraires n'est pas une juridiction [9], a apprécié la conformité de la procédure de fixation des honoraires au regard de la Convention EDH en considérant, tout comme le Conseil constitutionnel au regard de la Constitution [10], que dès lors que la décision du bâtonnier peut faire l'objet d'un contrôle ultérieur par un magistrat de l'ordre judiciaire présentant les garanties d'indépendance et d'impartialité, elle ne méconnaît ni les exigences du droit à un procès équitable, ni celles du droit de faire examiner sa cause par un juge impartial [11].

La CEDH elle-même a jugé irrecevable une requête fondée sur l'article 6 § 1 de la Conv. EDH, au motif que, nonobstant la question de savoir si le bâtonnier était une juridiction, le requérant avait, en tout état de cause, bénéficié d'une procédure contradictoire devant le premier président de la cour d'appel [12].

741.263 Une procédure bancale. Pour autant, la procédure en fixation des honoraires devant le bâtonnier demeure une procédure bancale : le référé-provi-

1. https://mediateur-consommation-avocat.fr/qui-est-le-mediateur/
2. Médiateur national de la consommation de la profession d'avocat, *Rapport d'activité 2020*, p. 9.
3. Décr. n° 91-1197, 27 nov. 1991 organisant la profession d'avocat, *JO* 28 nov., p. 15502.
4. Civ. 2e, 24 mai 2018, nos 17-18.458, 17-18.504, P II, n° 106 ; *Gaz. Pal.* 31 juill. 2018, p. 60, obs. L. Raschel ; *Gaz. Pal.* 26 juin 2018, p. 37, obs. C. Berlaud ; *JCP* 2018. 665 ; *JCP* 2018. 690, obs. C. Caseau-Roche ; *D.* 2018. 1159 ; *JCP* 2018. 918, note R. Guichard ; *JCP* 2018. 1023, n° 4, obs. S. Grayot-Dirx ; *D. 2019. 99*, obs. Th. Wickers.
5. Y. Aguila, « Les pouvoirs juridictionnels du bâtonnier », concl. ss CE 2 oct. 2006, *Krikorian,* req. n° 282028, *Lebon ; D.* 2006. 2710, spéc. p. 2712.
6. CE 2 oct. 2006, *Krikorian,* req. n° 282028, *Lebon ; AJDA* 2007. 645, note A.-L. Debono ; *AJDA* 2006. 1870 ; *D.* 2006. 2710, concl. Y. Aguila ; *D.* 2007. 1380, obs. P. Julien.
7. CE 2 oct. 2006, *Krikorian,* req. n° 282028, *Lebon ; AJDA* 2007. 645, note A.-L. Debono ; *AJDA* 2006. 1870 ; *D.* 2006. 2710, concl. Y. Aguila ; *D.* 2007. 1380, obs. P. Julien.
8. D. Piau, *Rapport sur le règlement des litiges entre avocats dans le cadre de leur exercice professionnel*, FNUJA, mai 2007 – S. Deliancourt, concl. ss CAA Marseille 5 févr. 2013, *Gaz. Pal.* 2013, n° 111 à 113, p. 17 – V. ss nos 821.00 s.
9. Civ. 2e, 24 mai 2018, nos 17-18.458, 17-18.504, P II n° 106 ; *Gaz. Pal.* 31 juill. 2018, p. 60, obs. L. Raschel ; *Gaz. Pal.* 26 juin 2018, p. 37, obs. C. Berlaud ; *JCP* 2018. 665 ; *JCP* 2018. 690, obs. C. Caseau-Roche ; *D.* 2018. 1159 ; *JCP* 2018. 918. note R. Guichard ; *JCP* 2018. 1023, n° 4, obs. S. Grayot-Dirx ; *D.* 2019. 99, obs. Th. Wickers.
10. Cons. const. 29 sept. 2011, n° 2011-171/178 QPC, *JO* 30 sept., p. 16471 ; *JCP* 2011. 1315, note B. Travier et R. Guichard.
11. Civ. 2e, 29 mars 2012, n° 11-30.013, P II, n° 60 ; *D.* 2012. 2057, obs. H. Adida-Canac et O.-L. Bouvier.
12. CEDH 12 oct. 2010, req. n° 36966/08 ; *Gaz. Pal.* 17 mai 2011, p. 10, note Y. Avril.

sion est exclu[1], de même que, sous certaines réserves, l'exécution provisoire[2].

741.264 **Gratuité de la procédure.** Il s'agit d'une procédure gratuite[3], faisant qu'un conseil de l'Ordre ne peut subordonner l'examen par le bâtonnier de toute contestation relative au montant des honoraires au paiement d'une somme forfaitaire[4] destinée à participer au coût de la procédure contentieuse ouverte devant le bâtonnier[5], et ce même si elle est limitée au seul coût - réel - des recommandés nécessaires à la procédure[6], et qu'elle ne peut donner lieu à condamnation aux dépens[7].

2°
Compétence du bâtonnier et introduction de la procédure

741.271 **Bâtonnier compétent.** Les réclamations sont portées devant le bâtonnier du barreau dont relève l'avocat, ou la structure d'exercice, concerné[8].

741.272 **Bâtonnier en exercice ou son délégué.** Le bâtonnier saisi doit être celui qui est en exercice au moment de la contestation et de la décision, le bâtonnier saisi d'une contestation ne pouvant continuer à trancher alors qu'il n'est plus en fonction, peu importe qu'il ait connu précédemment de l'affaire[9].

Le bâtonnier peut déléguer ses pouvoirs de fixation au vice-bâtonnier, s'il en existe, ainsi que, pour un temps limité, à un ou plusieurs membres du conseil de l'Ordre, en vertu des dispositions de l'article 7 du décret du 27 novembre 1991[10].

741.273 **Honoraires du bâtonnier ou de son cabinet.** Lorsque la contestation porte sur les honoraires du bâtonnier, elle est portée devant le président du tribunal judiciaire[11] qui est saisi et statue, suivant la procédure applicable en matière de contestation d'honoraires devant le bâtonnier[12].

Ces dispositions ne sont pas applicables au cas où la contestation porte sur les honoraires du collaborateur du bâtonnier ayant un rapport de clientèle personnel avec un client[13]. Mais elles le sont lorsque les honoraires sont dus à une structure d'exercice dont le bâtonnier est associé.

741.274 **Inapplicabilité de l'article 47 du code de procédure civile.** Compte tenu de la compétence spéciale qui est prévue en la matière, les dispositions générales du code de procédure civile relatives à la compétence territoriale sont inapplicables.

Par conséquent, les dispositions de l'article 47 du code de procédure civile, qui permettent de choisir une juridiction limitrophe dans les litiges intéressant un avocat, sont inapplicables en matière de procédure de fixation des honoraires[14].

741.275 **Détermination des demandeurs.** La procédure peut être introduite soit par l'avocat devant un refus du client de lui payer ses honoraires, soit par le client qui conteste le montant des honoraires ou sollicite la restitution d'un trop-perçu d'honoraires ou la restitution de ses pièces[15].

L'avocat mis en cause doit être celui qui a été contacté par le client, c'est-à-dire son mandataire et son conseil[16].

741.276 **Introduction de la procédure.** La saisine du bâtonnier est ouverte à « toutes parties » par lettre recommandée avec demande d'avis de réception, ou LRE eIDAS[17], ou remise contre récépissé[18].

1. Civ. 1re, 10 févr. 2004, n° 00-19.198, P I, n° 43 ; *D.* 2004. 853 ; *JCP* 2004. II. 10059, note R. Martin ; *RTD civ.* 2004. 347, obs. R. Perrot ; *Procédures* 2004. comm. 76, note R. Perrot ; *Gaz. Pal.* 2004. 1244 – Civ. 2e, 7 mai 2003, n° 01-17.016, P II, n° 131 ; *D.* 2003. 1545 ; *JCP* 2004. I. 117, n° 24, obs. R. Martin – Civ. 2e, 18 juin 2009, nos 08-14.219, 08-14.856, P II, n° 162 ; *D.* 2009. 2704, obs. B. Blanchard.
2. V. ss n° 741.351.
3. L. n° 77-1468, 30 déc. 1977 instaurant la gratuité des actes de justice devant les juridictions civiles et administratives, *JO* 31 déc., p. 6359, art. 1.
4. CNB, Comm. RU, avis n° 2007-059, 27 nov. 2007 ; C. avocat 2021, ss décr. 27 nov. 1991, art. 176, avis CNB, note 12 – CNB, Comm. RU, avis n° 2013-005, 28 mars 2013 ; C. avocat 2021, ss décr. 27 nov. 1991, art. 174, avis CNB, note 30.
5. Versailles, 20 sept. 1995, *BICC* 15 janv. 1996, n° 58 – Paris, 25 sept. 1996 ; *Gaz. Pal.* 11 févr. 1997, 23, note A. Damien – Lyon, 11 juin 1997, RG n° 97/01309, *BICC* 1er févr. 1998, n° 128.
6. Caen, 7 mai 2010, *D.* 2011. 552, obs. B. Blanchard.
7. V. ss nos 723.183 s.
8. Civ. 1re, 13 mai 2003, n° 00-18.184, P I, n° 113 ; *D.* 2003. 1545 ; *JCP* 2004. I. 117, n° 25, obs. R. Martin ; *Gaz. Pal.* 2003. 1858 – V. ss nos 741.41 s.
9. T. Lyon, 8 déc. 1971, *D.* 1972. 241, note A. Brunois.
10. Civ. 2e, 19 févr. 2004, n° 01-14.504, P II, n° 68 ; *Gaz. Pal.* 2004. 1244.
11. COJ, art. R. 213-4.
12. Décr. n° 91-1197, 27 nov. 1991, art. 179 – TGI Coutances, 25 oct. 1984, *Gaz. Pal.* 1987. 298, note A. Brendel.
13. TGI Dijon, 26 févr. 1991, *Gaz. Pal.* 10 oct. 1991, p. 4.
14. Civ. 1re, 9 oct. 2001, n° 99-11.897, P I, n° 247 ; *D.* 2001. 3089 ; *JCP* 2002. I. 136, n° 23, obs. R. Martin ; *Gaz. Pal.* 2001. 1925 – Civ. 1re, 14 mai 1991, n° 89-15.175, P I, n° 149 ; *D.* 1991. 147 ; *JCP* 1991. IV. 264 ; *Gaz. Pal.* 1991. Pan. 14 ; *Gaz. Pal.* 1991. Pan. 228.
15. Décr. n° 2005-790, 12 juill. 2005, art. 14.
16. Civ. 1re, 3 juill. 1990, n° 88-19.052, P I, n° 187 ; *JCP* 1990. IV. 331 ; *Gaz. Pal.* 1990. Pan. 211 – Paris, 13 nov. 1989, *D.* 1989. 311 – V. ss nos 713.111 et 741.91.
17. Règl. 910/2014, Parlement et Conseil, 23 juill. 2014 sur l'identification électronique et les services de confiance pour les transactions électroniques au sein du marché intérieur et abrogeant la directive 1999/93/CE, *JOUE* 28 août, p. 72 ; ET : Décr. n° 2018-347, 9 mai 2018 relatif à la lettre recommandée électronique, *JO* 12 mai, n° 16 – F. Dempuré, « Gros plan sur la lettre recommandée électronique », *JCP* 2019. 1100 – CPCE, art. R. 53 à R. 53-4.
18. Décr. n° 91-1197, 27 nov. 1991, art. 175, al. 1.

Une lettre simple est en revanche irrecevable[1]. Cette forme est également imposée en cas de nouvelle saisine du bâtonnier à la suite de l'annulation d'une précédente décision[2].

Le bâtonnier accuse réception de la réclamation et informe l'intéressé que, faute de décision dans le délai de quatre mois, il lui appartiendra de saisir le premier président de la cour d'appel dans le délai d'un mois[3].

3°
Décision du bâtonnier

741.281 Audience devant le bâtonnier ou son rapporteur. Le bâtonnier, ou son délégué, rend sa décision après avoir entendu préalablement et obligatoirement l'avocat et la partie[4] ou les avoir fait entendre par un rapporteur qu'il aura désigné à cet effet[5]. L'invitation du bâtonnier adressée aux parties vaut convocation à se présenter devant lui[6].

Se trouve donc condamnée au nom du principe du contradictoire[7], la pratique consistant pour certains bâtonniers à trancher le litige sans convoquer ni aviser les parties. De telles décisions doivent être annulées[8] et le moyen doit être relevé d'office par le premier président de la cour d'appel[9].

741.282 Pouvoirs du bâtonnier. Le bâtonnier doit statuer sur la contestation qui lui est soumise dans les strictes limites de sa compétence[10]. Il détermine le montant des honoraires, en application de la convention d'honoraires[11], ou des critères de l'article 10[12] de la loi du 31 décembre 1971[13]. Il peut user de son pouvoir de réduction s'il constate que leur montant est exagéré[14] sans pouvoir remettre en cause les honoraires payés après service rendu[15]. Il condamne le client à payer à l'avocat les sommes qui lui restent dues, ou l'avocat à restituer à son client le trop-perçu d'honoraires qu'il constate.

Le bâtonnier doit notamment apprécier à cette occasion si la volonté du client était véritablement libre et s'il n'a pas été influencé par la supériorité de l'avocat ou par l'importance des sommes qu'il allait percevoir à titre d'indemnité ou enfin par le désir de pouvoir percevoir immédiatement et sans litige les sommes auxquelles il avait droit[16].

Le bâtonnier ne peut pas accorder de provision à l'avocat sans porter atteinte à la compétence des juridictions d'appel[17].

741.283 Dispositif de la décision. Le bâtonnier doit non seulement apprécier le montant des honoraires dus à l'avocat et en fixer le montant, mais également ordonner le paiement de ceux-ci ou la restitution au client du trop-perçu : l'obligation de rembourser un trop-perçu d'honoraires ne saurait résulter de la décision du bâtonnier en fixant le montant, et il est nécessaire que le dispositif de la décision fasse mention de l'obligation de restituer, à défaut de quoi la décision, même rendue exécutoire par le président du tribunal judiciaire, ne saurait constituer un titre exécutoire ouvrant droit à restitution[18].

741.284 Notification de la décision. La décision du bâtonnier est notifiée, dans les quinze jours de sa date à l'avocat et à la partie, par le secrétaire de l'Ordre, par lettre recommandée avec accusé de réception, ou LRE eIDAS[19]. La lettre de notification doit mentionner, à peine de nullité, le délai et les modalités de recours[20].

En cas de retour au secrétariat d'une lettre de notification dont l'avis de réception n'a pas été signé dans les conditions prévues à l'article 670 du code de procédure civile (NPAI ou NRE), le secrétaire informe la partie qu'il lui appartient de procéder par voie de signification[21].

1. Civ. 2e, 17 mars 2005, n° 02-16.427, P II, n° 70 ; *D.* 2009. 956, obs. V. Avena-Robardet ; *Gaz. Pal.* 2005. 2042 – Civ. 2e, 22 févr. 2007, n° 04-14.886, NP – Civ. 2e, 1er juin 2011, n° 10-16.381, P II, n° 124 ; *D. actu.* 10 juin 2011, obs. S. Bigot de La Touane.
2. Civ. 1re, 9 févr. 1999, n° 96-11.412, P I, n° 47 ; *JCP* 1999. IV. 1604 ; *Gaz. Pal.* 1999. Pan. 131 ; *Gaz. Pal.* 2000. Somm. 2029, note E. du Rusquec.
3. Décr. n° 91-1197, 27 nov. 1991, art. 175 – V. ss nos 741.285 s.
4. Civ. 2e, 7 mai 2003, n° 01-17.495, P II, n° 130, *D.* 2004. 2828.
5. Décr. n° 91-1197, 27 nov. 1991, art. 175.
6. Versailles, 8 juill. 1992, *Gaz. Pal.* 12 janv. 1992, p. 12.
7. V. ss n° 741.194.
8. Douai, 10 déc. 1996, *Gaz. Pal.* 24 juill. 1997, p. 14 – Toulouse 23 nov. 1992, *BICC* 1er mai 1993, p. 24.
9. Limoges, 8 avr. 1993, *Gaz. Pal.* 1993. II. Somm. 494, note A. Damien.
10. V. ss nos 741.111 s.
11. V. ss nos 713.182 s.
12. L. n° 71-1130, 31 déc. 1971, art. 10.
13. V. ss nos 721.11 s.
14. V. ss nos 721.111 s.
15. V. ss nos 732.141 s.
16. Civ. 1re, 3 nov. 1976, n° 75-12.992, P I, n° 319 ; *Gaz. Pal.* 1977. 67, note A. Damien ; *in* A. Damien, *Les grands arrêts*, Litec, 1991, p. 114.
17. Civ. 1re, 10 févr. 2004, n° 00-19.198, P I, n° 43 ; *D.* 2004. 853 ; *JCP* 2004. II. 10059, note R. Martin ; *RTD civ.* 2004. 347, obs. R. Perrot ; *Procédures* 2004. comm. 76, note R. Perrot ; *Gaz. Pal.* 2004. 1244 – Civ. 2e, 7 mai 2003, n° 01-17.016, P II, n° 131 ; *D.* 2003. 1545 ; *JCP* 2004. I. 117, n° 24, obs. R. Martin – Civ. 2e, 18 juin 2009, nos 08-14.219, 08-14.856, P II, n° 162 ; *D.* 2009. 2704, obs. B. Blanchard.
18. Civ. 2e, 22 oct. 2009, n° 08-19.072, P II n° 254 ; *Gaz. Pal.* 31 déc. 2009, p. 19 – V. ss nos 741.351.
19. CPCE, art. R. 53 à R. 53-4.
20. V. ss nos 741.311 s.
21. Civ. 1re, 11 oct. 1994, n° 92-21.662, P I, n° 283 – Civ. 1re, 12 févr. 2002, n° 00-11.296, NP ; *Dr. et pr.* 2002. 233, note M. Douchy ; *JCP* 2002. I. 172, n° 15, obs. R. Martin – Civ. 2e, 10 mars 2004, n° 02-18.241, P II, n° 103 ; *D.* 2004. 2827, obs. B. Blanchard ; *RTD civ.* 2004. 522, obs. P.-Y. Gautier – V. ss n° 032.51.

741.285 **Délai pour statuer.** Le bâtonnier, ou son délégué, doit rendre sa décision dans un délai de 4 mois [1] qui court à compter du jour de la réception de la lettre recommandée (avec accusé de réception) ou de la remise du récépissé [2].

Lorsqu'il accuse réception de la demande, le bâtonnier doit informer l'intéressé que, faute de décision dans un délai de quatre mois [3], il lui appartiendra de saisir le premier président de la cour d'appel dans le délai d'un mois.

741.286 **Prorogation du délai.** Le délai de quatre mois peut être prorogé dans la limite de quatre mois par décision motivée du bâtonnier qui doit être notifiée aux parties par lettre recommandée avec demande d'avis de réception, ou LRE eIDAS [4].

La décision de prorogation du délai, comme celle procédant à la désignation d'un rapporteur, n'est pas dissociable de la procédure de contestation des honoraires, et ne saurait faire l'objet d'autre recours que celui prévu à l'encontre de la décision du bâtonnier, notamment devant les juridictions administratives [5].

741.287 **Dépassement du délai.** S'il n'a pas pris de décision dans le délai de quatre mois, le bâtonnier, ou son délégué, est dessaisi [6] et l'affaire est directement portée devant le premier président [7].

La sanction de l'absence de réponse dans les quatre mois par le bâtonnier à une réclamation en matière d'honoraires n'est pas la nullité de la procédure mais la possibilité pour la partie intéressée de saisir, dans le mois qui suit l'expiration du délai, le premier président de la cour d'appel [8].

Enfin, si le requérant s'abstient de saisir le premier président de sa contestation d'honoraires, il lui sera toujours possible de réitérer sa requête auprès du bâtonnier [9] dès lors que la prescription de son action n'est pas acquise [10].

741.288 **Fin de non-recevoir.** Si la décision du bâtonnier s'est contentée de statuer sur une fin de non-recevoir, il a été jugé que cela ne pouvait pas faire obstacle à la présentation d'une nouvelle réclamation devant le bâtonnier, juge du premier degré de la contestation d'honoraires dès lors que la prescription de l'action n'était pas acquise [11].

C. Procédure devant le premier président

741.290 **Plan.** La décision du bâtonnier en matière de fixation des honoraires peut faire l'objet d'un recours devant le premier président de la cour d'appel (3°) suivant des conditions de forme et de délais (2°). La gestion des dossiers de contestation des honoraires fait l'objet d'un traitement automatisé depuis 1994 (1°).

1° Informatisation des dossiers de contestation des honoraires

741.301 **Système de gestion automatisée des dossiers de contestation des honoraires.** Un arrêté du 10 mars 1994 [12] a organisé la gestion automatisée des dossiers des particuliers contestant les honoraires de leurs avocats dans les cours d'appel.

Le traitement a pour objectif le suivi des procédures, le contrôle des délais, l'audiencement, l'édition des pièces de procédure, des décisions judiciaires ainsi que la production de statistiques.

2° Forme et délai du recours

741.311 **Recours devant le premier président de la cour d'appel.** La décision du bâtonnier, ou son délégué, est susceptible de recours devant le premier président de la cour d'appel du ressort dont relève le bâtonnier qui a rendu la décision [13]. Il ne saurait s'agir de celui du ressort du nouveau domicile professionnel de l'avocat [14].

Il est alors compétent pour connaître des contestations relatives aux honoraires et aux frais, non compris dans les dépens [15] exposés par l'avocat [16]. Et, il appartient au premier président seul de juger de la

1. Décr. n° 91-1197, 27 nov. 1991, art. 175.
2. Civ. 1re, 13 oct. 1999, n° 96-19.426, P I, n° 269 ; *JCP* 2000. I. 231, n° 17, obs. R. Martin – V. ss n° 741.276.
3. Décr. n° 2007-932, 15 mai 2007 portant diverses dispositions relatives à la profession d'avocat, *JO* 16 mai, p. 9230.
4. CPCE, art. R. 53 à R. 53-4.
5. CAA Marseille 5 févr. 2013, *Gaz. Pal.* 21-23 avr. 2013, p. 17, concl. S. Deliancourt – V. ss nos 741.311 s.
6. Paris 8 nov. 1993, *Gaz. Pal.* 5 mars 1994, note A. Damien – Civ. 1re, 17 juill. 1996, n° 94-18.528, P I, n° 322 ; *D.* 1996. 206 ; *Gaz. Pal.* 8 mai 1997. Pan. 13 ; *Gaz. Pal.* 1997. Pan. 101.
7. Décr. n° 91-1197, 27 nov. 1991, art. 176, al. 2 – V. ss nos 741.321 s.
8. Civ. 1re, 16 juill. 1991, n° 88-19.730, P I, n° 244 ; *D.* 1991. 203 ; *Gaz. Pal.* 1991. Pan. 291.
9. Civ. 2e, 22 mai 2003, n° 01-17.961, P II, n° 149 ; *D.* 2003. 1601 ; *Gaz. Pal.* 2003. Somm. 2472 – AUSSI : Chambéry, 25 avr. 1995, *Gaz. Pal.* 6 janv. 1996, Somm., obs. H. Vray.
10. Civ. 2e, 7 avr. 2011, n° 10-17.577, P II, n° 86.
11. Civ. 2e, 7 mai 2003, n° 01-17.961, P II, n° 149, *D.* 2003. 1601 – V. ss nos 741.211 s.
12. Arr. 10 mars 1994 relatif à la gestion automatisée des dossiers des particuliers contestant les honoraires de leur avocat, *JO* 29 mars, p. 4693, NOR : JUSB9410114A.
13. COJ, art. L. 311-7.
14. CNB, Comm. RU, avis n° 2004-052, 23 nov. 2004 ; C. avocat 2021, ss décr. 27 nov. 1991, art. 176, avis CNB, note 18.
15. V. ss n° 723.81.
16. Civ. 2e, 21 déc. 2006, n° 04-20.153, NP ; *JCP* 2007. I. 174, obs. R. Martin.

recevabilité du recours, nonobstant toute autre décision, notamment du juge de l'exécution, qui aurait pu considérer la décision du bâtonnier comme étant exécutoire [1].

741.312 Forme du recours. Le premier président est saisi par l'avocat ou la partie, par lettre recommandée avec demande d'avis de réception [2], ou LRE eIDAS [3]. Mais l'omission de cette formalité n'entraîne pas l'irrecevabilité du recours dès lors qu'il est constant que la lettre a été expédiée avant l'expiration du délai prévu par la loi et qu'elle est effectivement parvenue au magistrat [4]. En effet, ici la formalité de la lettre recommandée n'est destinée qu'à régler toute contestation sur la date du recours [5].

Le recours doit être adressé au premier président et à lui seul, et non pas directement à la cour [6], au bâtonnier qui a rendu la décision [7], au procureur général [8] auxquels cas il est irrecevable. La date du recours est celle de l'expédition de la lettre figurant sur le cachet du bureau d'émission [9].

741.313 Recours à la communication électronique (Rpva). Le recours formé contre la décision du bâtonnier statuant en matière de contestations d'honoraires et débours étant porté devant le premier président, n'entrait pas dans le champ d'application de l'arrêté du garde des Sceaux du 5 mai 2010, relatif à la communication électronique dans la procédure sans représentation obligatoire devant les cours d'appel, faisant qu'il devait être déclaré irrecevable s'il était formé par voie électronique *via* le Rpva [10].

Depuis le 1er septembre 2020 [11], il est possible de recourir au Rpva pour effectuer un tel recours, ainsi que pour l'envoi de tous les actes de procédure subséquents [12].

741.314 Contenu du recours. Le recours doit notamment comporter les moyens d'identification, notamment la signature de celui qui le forme. À défaut, la déclaration est inexistante et le recours irrecevable [13].

Depuis le 1er septembre 2017 [14], la déclaration d'appel doit préciser, outre les nom, prénoms, profession et domicile de l'appelant, les nom et adresse des parties contre lesquelles l'appel est dirigé, le jugement dont il est fait appel, les chefs du jugement critiqués auquel l'appel est limité, sauf si l'appel tend à l'annulation du jugement ou si l'objet du litige est indivisible [15].

741.315 Délai du recours. Le délai de recours est d'un mois [16] à compter de la notification de la décision du bâtonnier, laquelle ne saurait se confondre avec la notification de l'ordonnance du président du tribunal judiciaire rendant exécutoire cette même décision [17], ou de l'expiration du délai imparti à celui-ci pour statuer [18].

Il a en outre été précisé, que lorsque les parties n'avaient pas été avisées de la faculté de saisir le premier président dans le délai d'un mois [19], l'irrecevabilité pour tardiveté de la saisine du premier président n'est pas encourue. En l'espèce, le premier président avait été saisi neuf ans après le bâtonnier, lequel n'avait rendu aucune décision. Le premier président avait déclaré leur recours tardif, mais sa décision est cassée au motif que « les parties n'avaient pas été avisées de la faculté de saisir le premier président dans le délai d'un mois » [20].

De même que le recours direct en contestation des honoraires d'un avocat, formé dans le mois ayant suivi le délai imparti au bâtonnier pour rendre sa décision [21], est recevable, sans qu'il n'y ait lieu de rechercher si le recours formé à titre subsidiaire contre la décision rendue, après le délai imparti pour

1. Paris, 15 sept. 1995, *BICC* 15 janv. 1996, n° 59 – V. s[s] n°s 741.340 s.
2. Décr. n° 91-1197, 27 nov. 1991, art. 176, al. 1er.
3. CPCE, art. R. 53 à R. 53-4.
4. Civ. 1re, 11 juin 1991, n° 89-19.266, P I, n° 188 ; *D.* 1991. 184 ; *Gaz. Pal.* 1991. Pan. 259 – Civ. 2e, 19 mars 2009, n° 08-15.838, P II, n° 76 ; *D.* 2009. 956, note V. Avena-Robardet ; *Procédures* 2009, n° 136, note R. Perrot ; n° 168, obs. H. Croze – Civ. 2e, 30 avr. 2014, n° 13-19.687, *D. avocats* 2014, 2010, obs. L. Dargent.
5. Civ. 2e, 11 févr. 2010, n° 07-15.409, NP ; *D.* 2011. 552, obs. B. Blanchard.
6. RAPPR. : Civ. 1re, 25 mai 1981, n° 80-11.164, P I, n° 180 ; *D.* 1981. 64 ; *JCP* 1981. IV. 285 ; *Gaz. Pal.* 1981. Pan. 379.
7. Civ. 1re, 23 nov. 1999, n° 97-16.464, P I, n° 317 ; *D.* 2000. 2 ; *JCP* 2000. I. 231, n° 17, note R. Martin ; *Gaz. Pal.* 2000. Somm. 195.
8. Civ. 2e, 16 mai 2013, n° 12-11.876, NP ; *D. avocats* 2013. 269.
9. Civ. 2e, 12 juill. 2007, n° 04-13.300, NP.
10. Civ. 2e, 6 sept. 2018, n° 17-20.047, P ; *JCP* 2018. 981 ; *JCP* 2018. 1174 note N. Gerbay ; *Gaz. Pal.* 27 nov. 2018, p. 76, obs. H. Herman ; *JCP* 2018. 1023, n° 6, obs. F. G'sell.
11. Arr. 20 mai 2020 relatif à la communication par voie électronique en matière civile devant les cours d'appel, *JO* 21 mai, p. 9041, NOR : JUST2002909A ; *JCP* 2020. 658.
12. V. s[s] n°s 452.72 s.
13. Rennes, 13 févr. 1979, *Gaz. Pal.* 1980. 60, note E. du Rusquec.
14. Décr. n° 2017-891, 6 mai 2017 relatif aux exceptions d'incompétence et à l'appel en matière civile.
15. C. pr. civ., art. 933.
16. Décr. n° 91-1197, 27 nov. 1991, art. 176, al. 1er.
17. Civ. 2e, 13 sept. 2018, n° 17-14.171, P ; *JCP* 2018. 1037, obs. S. Bortoluzzi ; *Gaz. Pal.* 27 nov. 2018, p. 79, obs. L. Raschel ; *JCP* 2019. 255, n° 9, obs. S. Grayot-Dirx ; *D.* 2019. 99, obs. Th. Wickers – V. s[s] n°s 741.351 s.
18. V. s[s] n°s 741.285 s.
19. V. s[s] n° 741.285.
20. Civ. 1re, 13 oct. 1999, n° 06-16.847, P I, n° 270 ; *D.* 1999. 253 – Civ. 2e, 9 oct. 2008, n° 06-16.847, P II, n° 206 ; *D.* 2009. 2704, obs. B. Blanchard – Civ. 2e, 12 déc. 2019, n° 18-24.116, NP.
21. V. s[s] n° 741.285.

statuer, par le bâtonnier était régulier [1]. Tout comme le recours contre une décision du bâtonnier rendue hors délai est recevable nonobstant l'absence de recours dans le mois du délai imparti au bâtonnier pour statuer, dès lors qu'il est effectué dans le délai d'un mois à compter de la notification de la décision du bâtonnier statuant hors délai [2].

741.316 **Renvoi après cassation.** La cour d'appel doit être saisie, en cas de cassation avec renvoi, par déclaration au greffe de la cour suivant les dispositions des articles 1032 et suivants du code de procédure civile, et ce dans les deux mois de la notification de l'arrêt de la Cour de cassation, ou à défaut dans les deux ans de l'arrêt de la Cour de cassation.

La procédure spéciale précitée ne s'applique donc pas dans ce cas.

741.317 **Tierce opposition.** La cour de cassation a eu l'occasion de préciser que la voie de la tierce opposition [3] n'était pas ouverte à l'encontre des décisions du bâtonnier rendues en matière d'honoraires [4].

Pour la cour de cassation, les dispositions du décret du 27 novembre 1991 [5] réservent l'action en contestation en matière d'honoraires d'avocats à ces derniers et à leurs clients. En outre, les relations entre l'avocat et son client sont couvertes par le secret professionnel. Dès lors, il s'ensuit qu'en cette matière, la voie de la tierce opposition, qui tend non seulement à faire rétracter le jugement attaqué, mais également à le réformer, n'est pas ouverte contre la décision du bâtonnier saisi de la contestation [6].

3°
Déroulement du recours devant le premier président

741.321 **Auteur du recours.** Le recours peut émaner soit de la partie elle-même, soit d'un mandataire librement choisi par elle [7]. Le mandataire doit être muni d'un pouvoir *ad hoc*.

741.322 **Contredit.** Aucune distinction n'est opérée par les articles 174 et suivants du décret du 27 novembre 1991 selon qu'il a été statué sur la compétence ou sur le fond du litige, c'est à bon droit qu'une cour d'appel décide que les recours institués par cette procédure spéciale sont exclusifs du contredit prévu aux articles 80 et suivants [8] du code de procédure civile.

Depuis le 1er septembre 2017 [9], c'est la voie de l'appel qui est ouverte en la matière, mais dans le délai de quinze jours à compter de la notification de la décision d'incompétence [10]. Pour autant, l'article 176 du décret du 27 novembre 1991 n'ayant pas été modifié, cela ne devrait pas changer les solutions antérieures sur ce point.

741.323 **Appel incident.** Le premier président peut parfaitement être saisi d'un appel incident [11], selon le droit commun de la procédure civile, et cet appel incident peut être formé après un appel principal à l'encontre de la décision du bâtonnier [12]. L'appel incident peut être formé en tout état de cause, conformément à l'article 550 [13] du code de procédure civile, et notamment à l'audience devant le premier président, sans qu'il ne soit nécessaire qu'il l'ait été dans le délai imparti pour l'appel principal [14].

La deuxième chambre civile s'est ici rangée à la position de la Chambre mixte qui a mis un terme à une divergence entre chambres [15] sur cette question

1. Civ. 2e, 5 juin 2003, n° 02-12.004, P II, n° 170 ; *Gaz. Pal.* 2003. 2472 – Lyon, 11 juin 1997, *BICC* 1er févr. 1998, n° 129.
2. Civ. 2e, 21 mai 2015, n° 14-10.518, P II, n° 118 ; *D.* 2015. 1163 – Civ. 2e, 14 juin 2018, n° 17-20.247, P II, n° 119 ; *Gaz. Pal.* 17 juill. 2018, p. 35, obs. C. Berlaud ; *JCP* 2018. 763 ; *Gaz. Pal.* 4 déc. 2018, p. 33, obs. D. Landry ; *JCP* 2018. 1023, n° 5, obs. F. G'sell – Civ. 2e, 5 mars 2020, n° 19-10.751, P ; *JCP* 2020. 324 ; *D.* 2020. 545 ; *Gaz. Pal.* 31 mars 2020, p. 47, obs. C. Berlaud ; *Gaz. Pal.* 21 juill. 2020, p. 79, obs. N. Hoffschir ; *JCP* 2020. 1294, n° 6, obs. C. Caseau-Roche.
3. V. ss nos 522.551 s.
4. Civ. 2e, 5 mars 2020, n° 18-24.430, P ; *D.* 2020. 545 ; *Gaz. Pal.* 31 mars 2020, p. 47, obs. C. Berlaud ; *JCP* 2020. 335 ; *Gaz. Pal.* 16 juin 2020, p. 32, obs. C. Brenner ; *JCP* 2020. 753, note G. Deharo ; *D.* 2020. 2198, obs. N. Touati et C. Bohnert ; *D.* 2021. 110, obs. Th. Wickers ; *JCP* 2020. 1294, n° 5, obs. C. Caseau-Roche ; *Gaz. Pal.* 6 oct. 2020, p. 40, obs. B. de Belval.
5. Décr. n° 91-1197, 27 nov. 1991, art. 174 s.
6. Civ. 2e, 5 mars 2020, n° 18-24.430, P, préc.
7. Civ. 1re, 24 févr. 1987, n° 85-10.774, P I, n° 63 ; *Gaz. Pal.* 1987. Pan. 99 ; *D.* 1989. Somm. 95, obs. A. Brunois ; *JCP* 1987. IV. 149 – Civ. 1re, 20 mars 1989, n° 87-14.926, P I, n° 125.
8. Civ. 2e, 18 janv. 1995, n° 93-11.095, P II, n° 24 ; *D.* 1995. 45 ; *Gaz. Pal.* 1995. Pan. 69 ; Somm. 305 – Paris, 13 juin 1991, *Gaz. Pal.* 1992. 373, note J.-R. Farthouat.
9. Décr. n° 2017-891, 6 mai 2017 relatif aux exceptions d'incompétence et à l'appel en matière civile.
10. C. pr. civ., art. 84.
11. Limoges, 16 juin 1987, *Gaz. Pal.* 1987. 2. 712, note A. Damien.
12. Civ. 1re, 13 nov. 2002, n° 00-17.789, NP ; *JCP* 2003. I. 140, n° 18, obs. R. Martin.
13. Décr. n° 91-1197, 27 nov. 1991, art. 277.
14. Civ. 2e, 17 févr. 2011, P II, n° 42 ; *D. actu.* 3 mars 2011, obs. C. Tahri ; *D.* 2011. 2162 conc. H. Adida-Canac et O.-L. Bouvier ; *JCP* 2011. 260, obs. O. Salati ; *JCP* 2011. 341, obs. R. Guichard et B. Travier ; *JCP* 2011. 566, n° 13, obs. Y.-M. Serinet ; *JCP E* 2011. 1482, obs. P. Mousseron – Civ. 2e, 15 déc. 2011, n° 10-27.759, NP ; *Gaz. Pal.* 29-31 janv. 2012, p. 14, obs. G. Deharo.
15. Civ. 2e, 3 juill. 2003, n° 02-12.510, P II, n° 224 ; *JCP* 2003. IV. 2516 ; *Gaz. Pal.* 27-29 juill. 2003, p. 32 – Civ. 2e, 14 juin 2007, n° 06-16.131, P II, n° 156 ; *D.* 2008. 952, obs. B. Blanchard ; *JCP* 2007. I. 174, n° 29, obs. R. Martin – Civ. 2e, 5 févr. 2009, n° 07-21.620, NP ; – CONTRA : Civ. 1re, 13 nov. 2002, n° 00-17.789, NP ; *JCP* 2003. I. 140 n° 18, obs. R. Martin.

en affirmant que lorsque dans une procédure orale une demande incidente a été formulée par un écrit déposé au greffe antérieurement au désistement d'appel, l'égalité des armes et l'exigence du procès équitable imposent qu'il soit statué sur la demande incidente soutenue à l'audience[1].

741.324 **Portée du recours.** Le recours produit un effet dévolutif faisant que le premier président valablement saisi se doit d'évoquer et trancher le fond du litige lorsqu'il annule la décision du bâtonnier[2] et ne saurait adopter expressément les motifs de la décision du bâtonnier qu'il a annulé[3]. Et il peut statuer sur le fond de la réclamation même s'il refuse d'annuler la décision, en l'occurrence tardive, du bâtonnier[4].

Mais il ne saurait aggraver le sort de l'appelant en l'absence de tout appel incident[5].

741.325 **Effet dévolutif restreint de l'appel.** Le décret du 6 mai 2017[6] a procédé à une redéfinition de l'objet de l'appel, dont il est précisé qu'il s'agit d'une voie de recours visant à critiquer la décision des premiers juges. Il précise la portée, à compter du 1er septembre 2017, de l'effet dévolutif de l'appel, qui n'impose de statuer à nouveau en fait et en droit que dans les limites des chefs de jugement que l'appel critique expressément et de ceux qui en dépendent, sauf si l'appel tend à l'annulation du jugement ou si l'objet du litige est indivisible[7]. L'appel général n'est plus possible.

Toutefois, la Cour de cassation est venue écarter l'application de l'article 562 du code de procédure civile dans les procédures sans représentation obligatoire[8], tel que c'est le cas en la matière.

741.326 **Demande additionnelle.** L'avocat demandeur devrait pouvoir, en cas d'appel, formuler, le cas échéant dans le cadre d'un appel incident, une demande additionnelle excédant sa demande initiale ; cette nouvelle demande pouvant être formée directement devant la cour d'appel sans être soumise au bâtonnier qui a rendu sa première décision[9].

De la même façon, le client peut augmenter le montant de sa demande de restitution d'honoraires, sans que cela ne constitue une demande nouvelle[10].

Mais l'avocat demandeur ne saurait valablement interjeter appel, même incident, si la décision de première instance à fait intégralement droit à ses demandes, faute d'intérêt à agir pour faire appel[11]. Il devra alors faire une nouvelle demande devant le bâtonnier.

741.327 **Ordonnance du premier président.** L'avocat et la partie sont convoqués, au moins huit jours à l'avance, par le directeur des services de greffe judiciaires, par lettre recommandée avec demande d'avis de réception[12], étant précisé qu'il y a lieu de procéder par voie de signification en cas de retour de l'avis de réception non signé par son destinataire ou par une personne munie d'un pouvoir à cet effet[13].

Le premier président les entend contradictoirement en chambre du conseil. Il peut à tout moment renvoyer l'affaire devant la cour qui procède dans les mêmes formes[14].

741.328 **Notification de l'ordonnance.** L'ordonnance du premier président ou l'arrêt de la cour est notifié par le greffier en chef par lettre recommandée avec demande d'avis de réception[15].

D.
Pourvoi en cassation

741.331 **Pourvoi en cassation.** L'ordonnance du premier président ou l'arrêt de la cour est susceptible de pourvoi devant la Cour de cassation, dans un délai de deux mois à compter de la notification, étant entendu qu'en matière de contestation d'honoraires les parties ne sont pas dispensées par la loi de constituer un avocat aux Conseils[16].

1. Cass., ch. mixte, 13 mars 2009, n° 07-17.670, P n° 1 ; *BICC* 1er juin 2009, p. 28, concl. P. Maynial ; *R.* 2009, p. 314 et 421 ; *D.* 2009. 880 ; *JCP* 2009. Actu. 166, obs. O. Salati ; *JCP* 2009. I. 142, n° 11, note Y.-M. Serinet ; *JCP* 2009. II. 10085, note B. Travier ; *Gaz. Pal.* 4 avr. 2009, p. 27 ; *Procédures* 2009. Comm. 137, note R. Perrot ; *Dr. et pr.* 2009. 219, note O. Salati ; *Ann. Loyers* 2009. 1011, obs. O. Salati.
2. Civ. 1re, 30 janv. 2001, n° 98-21.147, NP ; *JCP* 2001. I. 348 n° 20, obs. R. Martin – Civ. 1re, 9 mai 2001, n° 99-12.752, NP.
3. Civ. 1re, 9 mai 2001, n° 99-13.809, P I, n° 123 ; *JCP* 2001. I. 348, obs. R. Martin.
4. Civ. 1re, 13 oct. 1999 n° 96-19.426, P I, n° 269 ; *D.* 1999. 269.
5. Civ. 2e, 14 juin 2007 n° 06-15.319, P II, n° 156 ; *D.* 2008. 944, obs. B. Blanchard ; *JCP* 2007. I. 174, obs. R. Martin.
6. Décr. n° 2017-891, 6 mai 2017 relatif aux exceptions d'incompétence et à l'appel en matière civile, *JO* 10 mai.
7. C. pr. civ., art. 562.
8. Civ. 2e, 9 sept. 2021, n° 20-13.662, 19-25.187 (2 arrêts), P ; *D.* 2021. 1680 ; *D.* 2021. 1798, n° 3, obs. F. Jollec, E. de Leiris ; *JCP* 2021. 1050, note N. Fricero.
9. Limoges, 16 juin 1987, *Gaz. Pal.* 1987. 712, note A. Damien.
10. Civ. 2e, 6 juill. 2017, n° 16-19.354 ; P II, n° 155 ; *Gaz. Pal.* 5 sept. 2017, p. 20, note P.-L. Boyer ; *Gaz. Pal.* 31 oct. 2017, p. 68, obs. L. Raschel ; *D.* 2017. 1871, obs. N. Touati et O. Becuwe ; *JCP* 2017. 1104, n° 4, obs. C. Caseau-Roche ; *JCP* 2017. 848 ; *D.* 2017. 1478.
11. Civ. 2e, 11 juill. 1990, n° 87-16.836, P II, n° 170 ; *Gaz. Pal.* 12 janv. 1991, p. 10,. Pan. 2 ; *RTD civ.* 1999. 204 – AUSSI : Toulouse, 14 nov. 1991, *Gaz. Pal.* 11 avr. 1992, p. 4, note A. Damien.
12. Décr. n° 91-1197, 27 nov. 1991, art. 177, al. 1er.
13. Civ. 1re, 11 oct. 1994, n° 92-21.662, P I, n° 283.
14. Décr. n° 91-1197, 27 nov. 1991, art. 177, al. 2.
15. Décr. n° 91-1197, 27 nov. 1991, art. 177.
16. Civ. 2e, 28 juin 1995, n° 93-10.160, P II, n° 204 ; *D.* 1995. 173 ; *Gaz. Pal.* 1996. Pan. 100.

§ 5
Obtention d'un titre exécutoire

741.340 **Plan.** Afin de pouvoir mettre en œuvre une procédure d'exécution forcée[1], l'avocat doit obtenir, préalablement, un titre exécutoire fixant le montant de ses honoraires (A), éventuellement assorti de l'exécution provisoire (B).

A.
Nature du titre exécutoire

741.351 **Caractère exécutoire de la décision du bâtonnier.** La décision du bâtonnier en matière de fixation des honoraires ne constitue pas un titre exécutoire, mais peut être rendue exécutoire que lorsqu'elle n'a pas été déférée au premier président de la cour d'appel ou lorsqu'il a été fait application des dispositions relatives à l'exécution provisoire, et ce par ordonnance du président du tribunal judiciaire à la requête, soit de l'avocat, soit de la partie[2].

Cette même procédure devra également s'appliquer dans l'hypothèse où l'appel viendrait à être déclaré irrecevable par le premier président, cette irrecevabilité, qui ne prononce pas de condamnation, n'emportant pas confirmation de la décision de première instance[3]. La Cour de cassation n'a pas manqué de rappeler ce point d'attention dans une affaire où un avocat avait attendu 10 ans avant de prendre des hypothèques judiciaires afin de procéder au recouvrement de sa créance d'honoraires, d'un montant de 500 000 euros, sur le fondement de la décision du bâtonnier non revêtue de la formule exécutoire… Elle casse logiquement l'arrêt de la cour d'appel qui avait cru pouvoir valider les hypothèques en considérant que l'ordonnance du premier président déclarant irrecevable le recours avait conféré à l'avocat un titre exécutoire pour le recouvrement de sa créance, alors que la décision prise par le bâtonnier d'un ordre d'avocats sur une contestation en matière d'honoraires, fût-elle devenue irrévocable par suite de l'irrecevabilité du recours formé devant le premier président de la cour d'appel, ne constitue pas une décision à laquelle la loi attache les effets d'un jugement, de sorte qu'elle ne peut faire l'objet d'une mesure d'exécution forcée qu'après avoir été rendue exécutoire par ordonnance du président du tribunal judiciaire, seul habilité à cet effet[4].

1. V. s[s] n°s 732.111 s.
2. Décr. n° 91-1197, 27 nov. 1991, art. 178 – V. s[s] n°s 032.52 s.
3. Civ. 1re, 13 oct. 1999, n° 96-22.883, P II, n° 271.
4. Civ. 2e, 27 mai 2021, n° 17-11.220, P ; *JCP* 2021. 665 ; *JCP* 2021. 862 note H. Herman ; *Gaz. Pal.* 5 oct. 2021, p. 32, obs. J.-L. Gaineton.

741.352 **Condition d'apposition de la formule exécutoire.** L'apposition de la formule exécutoire[5] implique que la décision du bâtonnier soit définitive et n'ait donc pas fait l'objet d'un appel dans les délais des recours ou qu'il ait été fait application des dispositions relatives à l'exécution provisoire.

Il en découle que la décision du bâtonnier doit avoir été valablement notifiée à la partie adverse[6] faisant que dans l'hypothèse où la notification par lettre recommandée avec accusé de réception revient avec la mention NPAI ou NRE, le certificat de non-appel délivré par le greffe de la cour d'appel et qui constitue un acte préalable à la demande d'exécutoire ne peut être considéré comme efficace pour permettre de faire droit à la demande : il y a alors lieu de procéder par voie de signification conformément à l'article 671-1[7] du code de procédure civile.

741.353 **Recours contre l'ordonnance du président du tribunal judiciaire.** Si une ordonnance du président du tribunal judiciaire rend exécutoire une décision du bâtonnier alors même que cette dernière demeurait susceptible d'appel ou qu'il n'a pas été fait application des dispositions relatives à l'exécution provisoire, l'appel à l'encontre de la décision du bâtonnier emporte de plein droit recours contre l'ordonnance l'ayant rendue exécutoire[8].

Dans les autres cas, conformément aux articles 1486 et 1488 du code de procédure civile, les recours formés contre les ordonnances d'*exequatur* sont portés devant la cour d'appel statuant en formation collégiale.

741.354 **Titre exécutoire.** Ce n'est qu'une fois qu'aura valablement été apposée la formule exécutoire que la décision du bâtonnier pourra constituer un titre exécutoire[9], et ce, même dans le cas où il aura été fait application des dispositions relatives à l'exécution provisoire, que l'avocat pourra mettre en œuvre une procédure d'exécution forcée pour recouvrer sa créance[10]. À défaut, il devra attendre l'ordonnance du premier président de la cour d'appel.

Les décisions du bâtonnier ou du président du tribunal judiciaire, dans l'hypothèse de l'article 179 du décret du 27 novembre 1991, dès lors qu'elles

5. Décr. n° 47-1047, 12 juin 1947 relatif à la formule exécutoire, *JO* 13 juin, p. 5487 – S. Guinchard (dir.), *Droit et pratique de la procédure civile,* 10e éd., « Dalloz Action », 2020, n°s 523.11 s. par N. Fricero.
6. V. s[s] n° 741.284.
7. TGI Carpentras, 24 juill. 1998, *BICC* 15 févr. 1999, n° 199.
8. Civ. 2e, 5 juin 2003, n° 02-12.004, P II, n° 170 – V. s[s] n°s 741.311 s.
9. TGI Paris, 28 sept. 2006, RG n° 06/83997.
10. Riom, 1re ch., 9 juin 2020, RG n° 18/01881 – V. s[s] n°s 732.122 s.

ont été déclarées définitives et exécutoires en France, peuvent être exécutées dans les pays parties à la convention de Bruxelles [1].

741.355 Exécution provisoire. La décision du bâtonnier n'est donc pas exécutoire de plein droit comme une décision judiciaire [2] et ne bénéficie donc pas du principe de l'exécution provisoire de droit [3].

Le bâtonnier ne peut donc pas, en principe, assortir de l'exécution provisoire la décision qu'il rend en matière de fixation des honoraires [4].

B.
Dispositions relatives à l'exécution provisoire

741.361 Exécution provisoire. Le décret du 11 octobre 2021 [5] est venu prévoir, de manière très restrictive, que le bâtonnier peut, même en cas de recours, rendre sa décision exécutoire [6] dans la limite d'un montant de 1 500 euros, ou, lorsqu'il est plus important, dans la limite des honoraires dont le montant n'est pas contesté par les parties. Ce montant doit être expressément mentionné dans la décision [7].

Pour les honoraires excédant ce montant, le bâtonnier peut, à la demande d'une des parties, décider, s'il l'estime nécessaire et compatible avec la nature de l'affaire [8], que tout ou partie de sa décision pourra être rendue exécutoire même en cas de recours [9].

Ces dispositions ne sont pas applicables aux honoraires de résultat [10].

741.362 Nécessité de faire apposer la formule exécutoire. Même dans l'hypothèse où la décision du bâtonnier aura été rendue exécutoire à titre provisoire, il sera nécessaire de solliciter l'apposition de la formule exécutoire auprès du président du tribunal judiciaire suivant les conditions de droit commun [11] afin qu'elle puisse constituer un titre exécutoire [12] sur le fondement de l'article L. 111-3, 1°), du code des procédures civiles d'exécution.

741.363 Constitution d'une garantie. L'exécution provisoire peut être subordonnée à la constitution d'une garantie, réelle (nantissement, hypothèque, gage et antichrèse) ou personnelle, suffisante pour répondre de toutes restitutions ou réparations [13]. La nature, l'étendue et les modalités de la garantie sont précisées par la décision [14]. Lorsque la garantie consiste en une somme d'argent, celle-ci est déposée à la Caisse des dépôts et consignations. Elle peut aussi l'être, à la demande de l'une des parties, entre les mains d'un tiers commis à cet effet, tel que le bâtonnier *es* qualité de séquestre [15]. Dans ce dernier cas, la décision qui fait droit à cette demande constate les modalités du dépôt. Si le tiers refuse le dépôt, la somme est alors déposée, sans nouvelle décision, à la Caisse des dépôts et consignations [16].

Si la valeur de la garantie ne peut être immédiatement appréciée, le bâtonnier invite les parties à se présenter devant lui à la date qu'il fixe, avec leurs justifications. Il est alors statué sans recours. La décision est mentionnée sur la minute et sur les expéditions de la décision [17].

La partie condamnée au paiement peut éviter que l'exécution provisoire soit poursuivie en consignant, sur autorisation du bâtonnier, les espèces ou les valeurs suffisantes pour garantir, en principal, intérêts et frais, le montant de la condamnation [18]. Le bâtonnier peut, à tout moment, autoriser la substitution à la garantie primitive d'une garantie équivalente [19].

En cas d'appel, les demandes relatives à la constitution d'une garantie ne peuvent être portées que devant le premier président statuant en référé [20].

741.364 Contestation de l'exécution provisoire en cas d'appel. En cas d'appel, lorsque l'exécution provisoire a été ordonnée dans la limite de 1 500 euros ou non contestée par la partie adverse, le premier président peut être saisi afin d'arrêter l'exécution provisoire de la décision lorsqu'il existe un moyen sérieux d'annulation ou de réformation et que l'exécution risque d'entraîner des conséquen-

1. TGI Bruxelles, 17 sept. 1980, *Gaz. Pal.* 1981. 78 – J. Laborde : « *Exequatur* d'une décision du bâtonnier en matière de recouvrement d'honoraires en RFA », *Gaz. Pal.* 6 juin 1991, p. 4.
2. Civ. 1re, 9 avr. 2002, n° 99-19.761, P I, n° 113 ; *D.* 2002. 1787, note B. Beignier ; *D.* 2002. 1465 ; *Gaz. Pal.* 2002. 770 ; *JCP* 2002. II. 10086, note R. Martin.
3. C. pr. civ., art. 514.
4. Civ. 2e, 18 juin 2009, n° 08-14.219, P II, nos 08-14.219, 08-14.856, *D.* 2009. 2704, obs. B. Blanchard – CNB, Comm. RU, avis n° 2007-010, 14 févr. 2007 ; C. avocat 2021, ss décr. 27 nov. 1991, art. 178, avis CNB *note 2*.
5. Décr. n° 2021-1322, 11 oct. 2021 relatif à la procédure d'injonction de payer, aux décisions en matière de contestation des honoraires d'avocat et modifiant diverses dispositions de procédure civile, *JO* 13 oct., art. 6.
6. S. Guinchard (dir.), *Droit et pratique de la procédure civile*, 10e éd., « Dalloz Action », 2020, nos 531.10 s., par Ph. Hoonaker.
7. Décr. n° 91-1197, 27 nov. 1991, art. 175-1, al. 1.
8. S. Guinchard (dir.), *Droit et pratique de la procédure civile*, 10e éd., « Dalloz Action », 2020, nos 531.201 s. par Ph. Hoonaker.
9. Décr. n° 91-1197, 27 nov. 1991, art. 175-1, al. 2.
10. Décr. n° 91-1197, 27 nov. 1991, art. 175-1, al. 3.
11. V. ss nos 741.352 s.
12. COMP. : Civ. 2e, 30 janv. 2014, n° 12-29.246, P II n° 30.
13. C. pr. civ., art. 517.
14. C. pr. civ., art. 518.
15. V. ss n° 483.52.
16. C. pr. civ., art. 519.
17. C. pr. civ., art. 520.
18. C. pr. civ., art. 521.
19. C. pr. civ., art. 522.
20. C. pr. civ., art. 523.

ces manifestement excessives. La demande de la partie qui a comparu en première instance sans faire valoir d'observations sur l'exécution provisoire n'est alors recevable que si, outre l'existence d'un moyen sérieux d'annulation ou de réformation, l'exécution provisoire risque d'entraîner des conséquences manifestement excessives qui se sont révélées postérieurement à la décision de première instance [1].

Lorsque l'exécution provisoire a été ordonnée pour une part supérieure à 1 500 euros ou contestée par la partie adverse, elle ne peut être arrêtée que par le premier président si elle est interdite par la loi ou lorsqu'il existe un moyen sérieux d'annulation ou de réformation de la décision et que l'exécution risque d'entraîner des conséquences manifestement excessives [2].

Lorsque l'exécution provisoire dans la limite de 1 500 euros ou non contestée par la partie adverse a été écartée en tout ou partie et à condition qu'il y ait urgence [3], que ce rétablissement soit compatible avec la nature de l'affaire et qu'il ne risque pas d'entraîner des conséquences manifestement excessives [4] ou, lorsque pour une part supérieure à 1 500 euros ou contestée par la partie adverse, elle a été refusée et à condition qu'il y ait urgence, ou n'a pas été demandée, ou encore si, l'ayant été, le juge a omis de statuer, elle ne peut être demandée, en cas d'appel, qu'au premier président [5].

Sauf lorsque l'exécution provisoire a été ordonnée alors qu'elle est interdite par la loi, le premier président peut subordonner sa décision, à la demande d'une partie ou d'office, à la constitution d'une garantie, réelle ou personnelle, suffisante pour répondre de toutes restitutions ou réparations dans les mêmes conditions que devant le bâtonnier [6].

Le premier président statue, dans tous les cas, en référé [7], la demande devant être formulée par voie d'assignation [8]. L'ordonnance n'est pas susceptible d'appel [9], ni de pourvoi en cassation [10]. Elle ne peut être modifiée ou rapportée, en référé, qu'en cas de circonstances nouvelles [11].

741.365 Radiation du rôle. Lorsque l'exécution provisoire est de droit ou a été ordonnée, le premier président peut, en cas d'appel, décider, à la demande de l'intimé et après avoir recueilli les observations des parties, la radiation du rôle de l'affaire [12] lorsque l'appelant ne justifie pas avoir exécuté la décision frappée d'appel ou avoir procédé, après y avoir été autorisé, à la constitution d'une garantie, à moins qu'il lui apparaisse que l'exécution serait de nature à entraîner des conséquences manifestement excessives ou que l'appelant est dans l'impossibilité d'exécuter la décision [13].

Le délai de péremption court à compter de la notification de la décision du premier président ordonnant la radiation. Il est interrompu par un acte manifestant sans équivoque la volonté d'exécuter. Le premier président peut, soit à la demande des parties, soit d'office, après avoir invité les parties à présenter leurs observations, constater la péremption.

Le premier président autorise, sauf s'il constate la péremption, la réinscription de l'affaire au rôle de la cour sur justification de l'exécution de la décision attaquée [14].

SECTION 2 DROIT SPÉCIAL

741.370 Plan – Procédures distinctes. À côté de la procédure de fixation de ses honoraires, l'avocat peut être conduit à devoir mettre en œuvre d'autres procédures, distinctes, afin de pouvoir recouvrer les sommes qui lui sont dues par son client, soit parce que l'identification même du débiteur de ses honoraires est contestée, soit parce que les sommes qui lui sont dues par son client n'ont pas la nature d'honoraires [15], soit, enfin, en raison de la qualité particulière de son client qui est une personne publique [16].

Deux types de litiges doivent dès lors être distingués : ceux hors champ de compétence du juge de l'honoraire (§ 1) et ceux portants sur les marchés publics (§ 2).

§ 1 Litiges hors champ de compétence du juge de l'honoraire

741.381 Principe. Le champ de compétence du juge de l'honoraire étant entendu de manière restrictive par la deuxième chambre civile de la Cour de cassation [17], ce dernier n'a, notamment, pas compétence pour trancher une question relative au débi-

1. C. pr. civ., art. 514-3.
2. C. pr. civ., art. 517-1.
3. S. Guinchard (dir.), *Droit et pratique de la procédure civile*, 10e éd., « Dalloz Action », 2020, n° 531.211 par Ph. Hoonaker.
4. C. pr. civ., art. 514-4.
5. C. pr. civ., art. 517-2 et 517-3.
6. C. pr. civ., art. 514-5 – C. pr. civ., art. 517-1.
7. C. pr. civ., art. 484 s.
8. C. pr. civ., art. 485.
9. C. pr. civ., art. 490.
10. C. pr. civ., art. 514-6 – C. pr. civ., art. 517-4.
11. C. pr. civ., art. 488.
12. S. Guinchard (dir.), *Droit et pratique de la procédure civile*, 10e éd., « Dalloz Action », 2020, nos 531.300 s. par Ph. Hoonaker.
13. Décr. n° 91-1197, 27 nov. 1991, art. 177 – C. pr. civ., art. 524.
14. C. pr. civ., art. 524.
15. V. ss nos 741.381 s.
16. V. ss nos 741.391 s.
17. V. ss nos 741.111 s.

teur des honoraires ou lorsqu'il s'agit d'apprécier l'existence du mandat[1]. Il y a alors lieu pour le juge de l'honoraire de surseoir à statuer et d'inviter la partie la plus diligente à engager une procédure devant les juridictions de droit commun relativement à ce litige[2].

En outre, dans l'hypothèse où le client souhaite mettre en œuvre la responsabilité civile professionnelle de son avocat en raison de diligences réalisées par celui-ci qui lui auraient causé un préjudice[3] ou en raison d'un manquement à son obligation d'information[4], il lui appartiendra de saisir les juridictions de droit commun[5] et non de formuler une demande reconventionnelle devant le juge de l'honoraire[6].

741.382 **Procédure de droit commun.** Ce sont alors les règles de procédure de droit commun, suivant la nature et le montant du litige, qui s'appliqueront afin de résoudre le différend résiduel entre l'avocat et son client.

Il en est de même pour les litiges relatifs à la relation pérenne liant l'avocat à son client[7], tel que s'agissant de la mise en œuvre d'une clause de dédit[8].

741.383 **Règles de compétence de droit commun.** Il convient d'être très vigilant en la matière dans la mesure où ce sont également les règles de compétence de droit commun qui vont trouver à s'appliquer pour déterminer la juridiction qui aura à connaître du litige en cause.

C'est ainsi que dans l'affaire ayant conduit la cour de cassation à affirmer le principe de l'obligation de surseoir à statuer[9], et dans le cadre de laquelle, suite à un litige d'honoraires relativement aux honoraires dus par un joueur d'un club de football portugais, dans le cadre d'une mission de mandataire sportif[10], le client contestait, pour s'opposer au paiement des honoraires, la validité même de la convention d'honoraires, le tribunal judiciaire a pu valablement décliner sa compétence dès lors qu'ayant relevé que l'avocat revendiquait une part prépondérante dans la négociation des conditions financières très favorables du renouvellement, du contrat de son client avec son club portugais, qu'il avait facturé plusieurs déplacements au Portugal, et que le nouveau contrat sportif liant le client à son club portugais avait été négocié au Portugal, la signature de cet avenant justifiant la réclamation des honoraires en litige, il en découlait le lieu de la fourniture principale des services découlant de l'exécution effective du mandat était situé au Portugal, ce qui conduit à retenir, en application de l'article 7 paragraphe 1 b, 2, du règlement 1215/2012[11], la compétence des juridictions portugaises[12].

Ainsi, au-delà de la compétence spéciale du bâtonnier pour la seule fixation du montant de ses honoraires, il appartient à l'avocat de prévoir, le cas échéant, une clause de compétence ou d'arbitrage, pour les autres litiges pouvant naître quant à la validité, l'exécution ou la rupture de cette même convention d'honoraires[13].

§ 2
Marchés publics

741.391 **Inexécution d'un contrat administratif.** Tout litige relatif à l'inexécution d'un contrat administratif, tel qu'un marché public[14], relève de la compétence des juridictions administratives[15], qui sont seules compétentes pour condamner les personnes publiques au paiement des sommes dues.

Le Conseil d'État a d'ailleurs pu considérer, à cet égard, que les dispositions réglementaires soumettant au bâtonnier, sous le contrôle du premier président de la cour d'appel, les litiges relatifs aux honoraires des avocats ne faisaient pas obstacle à ce que les marchés publics de services juridiques relèvent de la compétence du juge administratif, en considérant que si les dispositions des articles 174 à 176 du décret du 27 novembre 1991 confient au bâtonnier, sous le contrôle du premier président de la cour d'appel, la compétence pour instruire tout litige portant sur les honoraires des avocats, les litiges relatifs au règlement financier d'un marché conclu entre un avocat et une collectivité publique portent sur l'exécution d'un marché public et ne

1. Civ. 2e, 13 sept. 2007, n° 06-17.464, NP.
2. Civ. 2e, 14 janv. 2016, n° 14-26.846, P II, n° 12 ; *Gaz. Pal.* 16 févr. 2016, p. 14, note D. Piau ; *JCP* 2016. 670, n° 6, obs. C. Caseau-Roche ; *D.* 2017. 79, obs. Th. Wickers – V. ss n° 741.164.
3. V. ss nos 912.00 s.
4. V. ss nos 712.21 s.
5. V. ss nos 913.00 s.
6. V. ss n° 741.172.
7. V. ss nos 484.261 s.
8. Paris, pôle 2, ch. 6, 3 déc. 2019, RG n° 16/00741.
9. Civ. 2e, 14 janv. 2016, n° 14-26.846, P II, n° 12 ; *Gaz. Pal.* 16 févr. 2016, p. 14, note D. Piau ; *JCP* 2016. 670, n° 6, obs. C. Caseau-Roche ; *D.* 2017. 79, obs. Th. Wickers – V. ss n° 741.112.
10. V. ss nos 645.11 s.
11. Règl. 1215/2012, Parlement et Conseil, 12 déc. 2012 concernant la compétence judiciaire, la reconnaissance et l'exécution des décisions en matière civile et commerciale, *JOUE* 20 déc., p. 1.
12. Civ. 1re, 30 janv. 2019, n° 17-31.132, NP.
13. V. ss n° 713.276.
14. V. ss nos 713.411 s.
15. L. n° 2001-1168, 11 déc. 2001 portant mesures urgentes de réformes à caractère économique et financier, dite loi Murcef, *JO* 12 déc., p. 19703, art. 2.

peuvent, dès lors, relever que de la seule compétence du juge administratif[1].

Il a confirmé par la suite cette solution en précisant que la circonstance que les difficultés d'exécution des marchés publics de prestations de services juridiques devront être portées devant le juge administratif ne saurait également porter atteinte à l'indépendance des avocats dès lors que ces dispositions sont sans incidence sur l'application des dispositions des articles 174 à 176 du décret du 27 novembre 1991 qui confient au bâtonnier, sous le contrôle du premier président de la cour d'appel, compétence pour instruire tout litige portant sur les honoraires de l'avocat[2].

741.392 **Articulation des procédures.** Il en découle que si le juge de l'honoraire est compétent pour fixer le montant des honoraires, l'avocat devra ensuite, pour faire exécuter la décision et obtenir le paiement de ses honoraires, et à défaut de paiement amiable par la personne publique en cause, saisir le juge administratif à cette fin.

Il appartiendra alors au juge administratif de déterminer si les prestations afférentes aux honoraires dont le règlement est sollicité, ont bien été régulièrement commandées par la personne publique à l'avocat[3], et pour celles des prestations qui auront été valablement commandées par la personne publique, condamner cette dernière à les payer à l'avocat.

Il ne semble pas, à l'aune des principes dégagés par le Conseil d'État, que le juge administratif puisse remettre en cause l'évaluation faite par le juge de l'honoraire relativement au montant des honoraires, évaluation qui lie alors le juge administratif[4].

1. CE 9 juill. 2007, *Syndicat EGF-BTP*, req. n° 297711, *Lebon ; AJDA* 2007. 1383 ; *AJDA* 2007. 1593, note J.-D. Dreyfus ; *D.* 2007. 2033, obs. E. Royer ; *RDI* 2007. 423, obs. J.-D. Dreyfus ; *RDI* 2008. 44, obs. R. Noguellou ; *RTD eur.* 2008. 835, Chron. D. Ritleng, A. Bouveresse et J.-P. Kovar.
2. CE 3 sept. 2008, *CNB, Ordre des avocats de Paris*, req. n° 290398, NP ; *AJDA* 2009. 99, note J. Coronat ; *JCP E* 2008. Actu 573, obs. M.-Ch. Rouault.
3. V. s[s] n°s 713.411 s.
4. TA Basse-Terre, 1re ch., 28 mai 2015, *Abymes (C[ne])*, req. n° 1200665.

CHAPITRE

742. Recouvrement des frais compris dans les dépens et de la rémunération tarifée

SECTION 0 ORIENTEUR

742.00 Sommaire du chapitre.

Division. Le recouvrement des *frais compris* dans les dépens et de la rémunération tarifée se décline en matière civile (sect. 1), administrative (sect. 2) et criminelle (sect. 3), auxquels s'ajoutent les frais avancés par le Trésor public (sect. 4).

742.01 Textes applicables.

TEXTES TITRÉS

• **Décr. n° 2005-790, 12 juill. 2005**

art. 12 [Compte détaillé]

> Recouvrement en matière civile

• **C. pr. civ.**

art. 699 [Droit de recouvrement direct]

art. 701 s. [Procédure de liquidation des dépens]

> Recouvrement en matière administrative

• **CJA**

art. R. 761-4 s. [Procédure de liquidation des dépens]

> Recouvrement en matière pénale

• **C. pr. pén.**

art. R. 222 s. [Procédure de recouvrement des frais de justice criminelle]

> Recouvrement par le Trésor public en cas d'aide juridictionnelle

• **L. n° 91-647, 10 juill. 1991**

art. 44 [Procédure de recouvrement par le Trésor Public des avances faites par l'État]

• **Décr. n° 2020-1717, 28 déc. 2020**

art. 124 [Procédure de recouvrement par le Trésor Public des avances faites par l'État]

742.02 Jurisprudence de référence.

> L'action en réclamation des dépens taxables se prescrit par deux ans

• **Cass., ass. plén., 12 janv. 2007,** n° 05-11.816, P n° 1.

* V. ss n° 742.31.

« Attendu que l'action des avoués en recouvrement des dépens se prescrit par deux ans [ancien art. 2273 C. civ.] à compter du jugement des procès sans qu'il y ait lieu de distinguer selon qu'elle est exercée par l'avoué à l'encontre de son mandant ou de l'adversaire condamné aux dépens. »

> Incompétence du bâtonnier en matière de dépens

• **Civ. 2e, 11 juin 2015,** n° 14-20.239, P II, n° 150 – Civ. 2e, 28 juin 2007, n° 05-16.013, P II, n° 174.

* V. ss nos 742.21.

« Vu les articles 10, alinéa 1er, de la loi n° 71-1130 du 31 décembre 1971, 695 à 721 du code de procédure civile, 1er et suivants du décret n° 60-323 du 2 avril 1960 modifié ;

Attendu que si les honoraires de l'avocat sont fixés en accord avec le client, et que leur contestation relève de la compétence du bâtonnier de l'ordre des avocats, le recours contre la décision du bâtonnier étant porté devant le premier président de la cour d'appel, la tarification de la postulation et des actes de procédure est régie par les dispositions du code de procédure civile susvisées »

742.03 **Bibliographie indicative.**

* Aussi : v. ss n° 74.03.

Encyclopédie. Conseil national des barreaux, *L'évaluation de la prestation de l'avocat pour la fixation des sommes mises à la charge de la partie succombante*, Guide pratique, Les cahiers du Conseil national des barreaux, Commission des Textes, oct. 2014.

Traité. S. Guinchard (dir.), *Droit et pratique de la procédure civile*, 10e éd., « Dalloz Action », 2021, nos 722.00 s. par M. Redon.

Monographies. G.-A. Sillard, *Tarifs et honoraires des avocats et des professions judiciaires*, 15e éd., Pottier, 2017 – S. Tandeau de Marsac (dir.), Ordre des avocats de Paris, *Honoraires de l'avocat*, Éd. Législatives, 2010.

Articles. F. Arbellot, « Procédure de vérification des dépens en matière de rémunération des avoués », *BICC* n° 625, 15 sept. 2005 ; « Procédure de vérification des dépens », *BICC* n° 608, 15 nov. 2004, p. 4 et « Éléments de calcul des dépens tarifaires », *BICC* n° 608, 15 nov. 2004, p. 6 – P. Cagnoli, « Réflexions sur l'articulation du privilège des frais de justice et du livre VI du code de commerce », *Rev. proc. coll.* 2010, n° 2, p. 30 – Ch. Lahrer, « Recouvrement des frais et dépens », *Gaz. Pal.* 1983. 2. Doctr. 402 – G. Taormina, « La charge des frais et dépens de l'exécution forcée », *JCP* 2002. I. 1025.

SECTION 1

RECOUVREMENT DES DÉPENS ET DE LA RÉMUNÉRATION TARIFÉE EN MATIÈRE CIVILE

742.10 **Plan.** En matière civile, le recouvrement des dépens et de la rémunération tarifée prend la forme d'une procédure gracieuse (§ 1). Elle doit répondre à des conditions tenant au délai de prescription (§ 2) et à la vérification des dépens (§ 3) dont la certification peut faire l'objet d'un recours (§ 4). Le recouvrement des dépens pourra être réalisé par voie d'exécution forcée (§ 6). Quelques spécificités subsistent en la matière pour l'Alsace – Moselle (§ 5).

§ 1

Procédure applicable

742.21 **Liquidation des dépens.** Les demandes ou contestations relatives aux frais, émoluments, dont la rémunération tarifée des avocats[1] et débours, qui sont compris dans les dépens mentionnés à l'article 695 du code de procédure civile[2], formés par ou contre les auxiliaires de justice, sont soumises aux règles prévues par les articles 704 à 718 du code de procédure civile et non à la procédure de fixation des honoraires.

Il y a donc lieu de suivre la procédure de taxe spécifique et de faire procéder à une vérification des émoluments par le secrétariat de la juridiction[3].

Cette règle est d'ordre public faisant que saisit d'une demande de ce chef le juge de l'honoraire n'est saisi d'aucune demande ce qu'il doit relever d'office[4].

742.22 **Honoraires libres.** En revanche, les contestations relatives aux honoraires des auxiliaires de justice ou des officiers publics ou ministériels dont le mode de calcul n'est pas déterminé par une disposition réglementaire demeurent soumises aux règles qui leur sont propres[5], à savoir, s'agissant des avocats, de la procédure en fixation des honoraires prévue aux articles 174 à 179 du décret du 27 novembre 1991[6].

742.23 **Juridiction compétente.** Aux termes de l'article 704 du code de procédure civile, la demande de vérification est adressée au secrétaire de la juridiction compétente en application de l'article 52 du code de procédure civile. Il convient donc de distinguer :

1° Les demandes relatives aux frais, émoluments (rémunération tarifée) et débours qui, afférents à une instance, ont été exposés devant une juridiction par les auxiliaires de justice et les officiers publics ou ministériels et qui sont portés devant la juridiction qui a rendu la décision.

Ainsi, si les dépens objet de la contestation ont été exposés devant une juridiction de première instance, la demande de vérification doit être faite auprès du

1. V. ss nos 722.00 s.
2. V. ss nos 723.101 s.
3. Civ. 1re, 14 oct. 2010, n° 09-14.033, P I, n° 170 ; *JCP N* 2011. 1096, note F. Hébert ; *Defrénois* 2010. 2368, note R. Crône – V. ss nos 742.41 s.
4. Civ. 2e, 28 juin 2007, n° 05-16.013, P II, n° 174 ; *D.* 2007. 2040, obs. V. Avena-Robardet ; *LPA* 17 déc. 2007, p. 10, note C. Porteron ; *Procédures* 2007, n° 241, obs. R. Perrot – Civ. 2e, 11 juin 2015, n° 14-20.239, P II, n° 150 ; *D. avocats* 2015. 366, arrêt C. Caseau-Roche.
5. C. pr. civ., art. 720.
6. Décr. n° 91-1197, 27 nov. 1991 organisant la profession d'avocat, *JO* 28 nov., p. 15502 – V. ss nos 741.21 s.

greffier en chef du tribunal et celle d'ordonnance de taxe[1] doit être formée devant le président de la juridiction concernée.

Mais dès lors que les dépens objet de la contestation ont été exposés devant une cour d'appel, la demande de vérification doit être faite auprès du greffier en chef de la cour d'appel et celle d'ordonnance de taxe doit être formée directement devant le premier président de cette même juridiction[2], lequel statue alors en premier ressort ;

2° Les demandes relatives aux frais, émoluments (rémunération tarifée) et débours qui n'ont pas été exposés devant une juridiction et qui sont portées, selon le montant des frais, devant le tribunal judiciaire ou la chambre de proximité dans le ressort duquel l'officier public ou ministériel ou l'auxiliaire de justice exerce ses fonctions.

S'agissant des frais d'exécution d'un jugement, la Cour de cassation ne les considère pas comme afférents à une instance. Par suite, les demandes relatives à la vérification et au recouvrement de tels frais ne peuvent être portées, selon le montant des frais, que devant le tribunal judiciaire ou la chambre de proximité[3].

742.24 Nature de la procédure. Il s'agit ici d'une procédure gracieuse, non contradictoire[4], et qui n'est qu'une incidente de l'instance à laquelle les dépens se rapportent, faisant qu'une habilitation pour agir en justice dans l'instance en cause suffit à permettre la contestation du certificat de vérification des dépens[5].

La charge des frais de la procédure incombe à la partie qui supporte les dépens[6].

§ 2
Prescription

742.31 Prescription applicable. Jusqu'en 2008[7], lorsque l'affaire est terminée, l'action en réclamation des dépens taxables par l'avocat qui peut être engagée dès le prononcé du jugement sur le fond[8] se prescrivait par deux ans[9] conformément à l'article 2273 ancien du code civil alors en vigueur. L'action en répétition des frais taxables payés irrégulièrement par le client à son avocat se prescrivait également par deux ans[10].

Depuis 2008[11], l'action en recouvrement est soumise au délai de droit commun de cinq ans en application de l'article 2224 du code civil, sans qu'il n'y ait lieu de distinguer suivant qu'elle est poursuivie à l'encontre du client ou de l'adversaire[12]. Lorsque l'affaire n'est pas terminée, la prescription est également de cinq ans.

Cette prescription ne s'applique pas aux créances non tarifées, générées par des opérations hors ministère, relevant du domaine des honoraires libres[13]. Elle ne s'appliquait donc ni aux honoraires de consultation et de plaidoirie ni au solde d'honoraire dû, qui sont régis par des dispositions propres[14].

742.32 Point de départ du délai de prescription. Le délai de prescription courre à compter du jugement[15]. Une simple demande de vérification des dépens ne peut interrompre le délai de prescription[16].

Seule la notification, faite par lettre recommandée avec demande d'avis de réception, par l'avocat, partie poursuivante, du certificat de vérification des dépens[17] à la partie adverse[18] – et non à son représentant[19] constitue un acte interruptif de la

1. V. s^s n°s 742.51 s.
2. Civ. 2e, 5 déc. 2002, n° 01-02.299, P II, n° 276 ; *Gaz. Pal.* 6-7 août 2003, p. 2555, obs. E. du Rusquec ; *Gaz. Pal.* 2003. Somm. 1219 – V. s^s n°s 742.51 s.
3. Cass., avis, 4 oct. 2014, n° 04-00.002, P n° 4 ; *BICC* 15 déc. 2004, p. 16, rapp. V. Vigneau, obs. A. Benmakhlouf – Civ. 2e, 14 févr. 2008, n° 06-19.894, P II, n° 32 ; *D.* 2008. 698.
4. Civ. 2e, 14 oct. 2004, n° 02-14.510, P II, n° 458 ; *D.* 2004. 2892.
5. Civ. 2e, 23 juin 2011, n° 10-19.333, P II, n° 140 ; *D.* 2011. 1832 ; *JCP* 2011. 1045, note D. Cholet ; *Dr. et pr.* 2011. 242, note C. Lefort.
6. Civ. 2e, 14 févr. 2008, n° 06-19.894, P II, n° 32 ; *D.* 2008. 698 – V. s^s n°s 723.181 s.
7. L. n° 2008-561, 17 juin 2008 portant réforme de la prescription en matière civile, *JO* 18 juin, p. 9856.
8. Civ. 2e, 19 oct. 2006, n° 05-16.736, P II, n° 280 ; *D.* 2006. 2751.
9. Cass., ass. plén., 12 janv. 2007, n° 05-11.816, P n° 1 ; *BICC* 15 mars 2007, rapp. J.-L. Gillet, avis R. de Gouttes ; *D.* 2007. 367, obs. F. Guiomard ; *D.* 2007. 833, obs. B. Blanchard ; *JCP* 2007. II. 10075, note J.-J. Taisne ; *Gaz. Pal.* 2007. 450, avis R. de Gouttes ; 476, note A. Clavier ; *LPA* 23 mai 2007, note Y. Dagorne-Labbe ; *Dr. et pr.* 2007. 160, note N. Fricero.
10. L. 24 déc. 1897 relative au recouvrement des frais dus aux notaires, avoués et huissiers, *JO* 27 déc., p. 7271, art. 2.
11. L. n° 2008-561, 17 juin 2008 portant réforme de la prescription en matière civile, *JO* 18 juin, p. 9856.
12. Civ. 2e, 17 mai 2001, n° 98-12.637, P II, n° 97 ; *D.* 2002. 128, note D. Chatteleyn et Ph. Loyer.
13. Civ. 1re, 2 févr. 1994, n° 91-21.811, P I, n° 43 ; *D.* 1994. 55 ; *Gaz. Pal.* 1994. Pan. 131 – Civ. 1re, 30 janv. 1996, n° 94-12.455, P I, n° 50 ; *D.* 1996. 61 – Civ. 2e, 27 mars 2003, n° 02-10.684, P II, n° 79.
14. V. s^s n°s 741.211 s.
15. Civ. 2e, 19 oct. 2006, n° 05-19.094, P II, n° 277 ; *D.* 2006. 2751 ; *D.* 2008. 120, obs. H. Groutel.
16. Civ. 2^e, 11 sept. 2014, n° 13-24.041, P II, n° 184 ; *D.* 2015. 287, obs. N. Fricero – Civ. 2e, 5 nov. 2020, n° 19-21.308, P ; *JCP* 2021. 1305 ; *Gaz. Pal.* 1er juin 2021, p. 24, obs. J.-L. Gaineton.
17. V. s^s n° 742.44.
18. V. s^s n° 742.44.
19. Civ. 2e, 18 janv. 2001, n° 99-13.716, NP – Civ. 2e, 3 mai 2006, n° 05-11.893, NP.

prescription de son action en recouvrement des dépens.

742.33 En présence d'un client ayant la qualité de consommateur. La cour de cassation est venue préciser qu'était toutefois soumise à la prescription biennale de l'article L. 218-2 du code de la consommation, la demande en fixation de la rémunération tarifée dirigée contre une personne physique ayant eu recours aux services d'un avocat à des fins n'entrant pas dans le cadre d'une activité commerciale, industrielle, artisanale ou libérale [1].

742.34 Contestation d'ordonnance de taxe – Péremption. En matière de contestation d'ordonnance de taxe [2], dès lors que la direction de la procédure échappe aux parties qui ne peuvent pas l'accélérer, la convocation de l'adversaire étant le seul fait du greffe, la péremption d'instance ne saurait être encourue [3].

§ 3
Procédure de vérification

742.41 Vérification préalable des dépens. L'avocat, ou la partie lorsque la représentation n'est pas obligatoire (conseil de prud'hommes, chambre de proximité...), qui entend, à défaut de recouvrement amiable, recouvrer les dépens, doit préalablement faire une demande de vérification de ceux-ci au secrétaire (greffier en chef ou greffier [4]) de la juridiction compétente en application de l'article 52 du code de procédure civile [5], accompagnée d'un compte détaillé [6] qui mentionne les provisions reçues [7].

Il s'agit ici d'un préalable obligatoire [8] dont l'omission est un moyen qui doit être relevé d'office [9].

742.42 Forme de la demande de vérification. La demande n'est soumise à aucune condition de forme particulière. L'avocat doit présenter l'état des frais [10] auquel il joint un compte détaillé qu'il est tenu de remettre à son client [11] ainsi que tous justificatifs nécessaires.

742.43 Certificat de vérification. Le secrétaire de la juridiction vérifie le montant des dépens, opère tout redressement qu'il juge utile sans qu'il n'ait à motiver sa décision, et remet au demandeur un certificat de vérification.

742.44 Notification du certificat de vérification. Si le demandeur n'entend pas contester le certificat de vérification [12], lequel ne constitue pas une décision juridictionnelle [13], il doit alors le notifier directement à la partie adverse [14] par lettre recommandée avec avis de réception [15], ou LRE eIDAS [16], et non à son représentant. Il est toujours possible de procéder par voie de signification [17].

Cette notification doit mentionner le délai de contestation et les modalités de son exercice et préciser qu'à défaut de contestation dans le délai indiqué, le certificat de vérification peut être rendu exécutoire [18]. Une notification irrégulière ne fera pas courir le délai de recours [19].

742.45 Formule exécutoire. En l'absence de contestation, l'avocat peut alors demander au secrétaire vérificateur de le mentionner sur le certificat de vérification et cette mention vaut titre exécutoire tant à l'encontre de la partie pour laquelle l'avocat a occupé, qu'à l'encontre de la partie condamnée aux dépens, dès lors que le compte a été régulièrement notifié à cette partie [20].

Si cette mention est apposée à tort, il appartiendra au magistrat taxateur statuant tant sur la demande de taxe que sur les autres demandes afférentes au recouvrement des dépens de l'annuler [21].

1. Civ. 2e, 18 avr. 2019, n° 18-14.202, P ; *JCP* 2019. 475, obs. Ch. Laporte – V. ss nos 741.211 s.
2. V. ss nos 742.51 s.
3. Civ. 2e, 15 nov. 2012, n° 11-25.499, P II, n° 188.
4. Civ. 2e, 9 oct. 2008 n° 07-13.295, P II, n° 208 ; *D.* 2008. 2605 ; *D.* 2009. 757, Chron. J.-M. Sommer et C. Nicolétis.
5. V. ss n° 742.23.
6. Décr. n° 2005-790, 12 juill. 2005, art. 12.
7. C. pr. civ., art. 704 – V. ss nos 731.141 s.
8. Aix-en-Provence, 13 nov. 1981, *Gaz. Pal.* 1982. 1. 87 – Civ. 2e, 10 févr. 1982, n° 80-16.872, P II, n° 19 ; *Gaz. Pal.* 5 oct. 1982. 488, n° 276 à 278, note Y. Padovani ; *JCP* 1982. II. 9904, note J. Bailly.
9. Civ. 2e, 2 juill. 2009, n° 08-16.268, P II, n° 181.
10. V. ss n° 722.146.
11. V. ss nos 731.141 s.
12. Civ. 2e, 22 mars 2007, n° 06-12.318, P II, n° 72 ; *D.* 2007. 1147.
13. Civ. 2e, 14 oct. 2004, n° 02-14.510, P II, n° 458 ; *D.* 2004. 2892.
14. Toulouse, 24 mars 1983, *Gaz. Pal.* 1983. 1. 252 – Civ. 2e, 18 janv. 2001, n° 99-13.716, NP.
15. C. pr. civ., art. 718.
16. Règl. 910/2014, Parlement et Conseil, 23 juill. 2014 sur l'identification électronique et les services de confiance pour les transactions électroniques au sein du marché intérieur et abrogeant la directive 1999/93/CE, *JOUE* 28 août, p. 72 ; ET : Décr. n° 2018-347, 9 mai 2018 relatif à la lettre recommandée électronique, *JO* 12 mai, n° 16 – F. Dempuré, « Gros plan sur la lettre recommandée électronique », *JCP* 2019. 1100 – CPCE, art. R. 53 à R. 53-4.
17. Civ. 2e, 14 oct. 2004, n° 02-14.510, P II, n° 458 ; *D.* 2004. 2892 – Civ. 2e, 14 févr. 2008, n° 06-19.894, P II, n° 32 ; *D.* 2008. 698.
18. C. pr. civ., art. 706, al. 2.
19. Paris, ord. 1er prés. 14 déc. 1992, RG n° 92/13465.
20. Civ. 2e, 16 juin 1993, n° 91-20.773, P II, n° 208 ; *D.* 1993. 170 – Angers, 2 mars 2004, *JCP* 2004. IV. 3282.
21. Civ. 2e, 26 juin 2008, n° 07-15.579, P II, n° 154.

§ 4
Procédure de taxation

742.51 Recours contre le certificat de vérification. Si le demandeur entend contester le certificat de vérification, ou si la partie adverse à laquelle ce dernier a été notifié[1] entend le faire, ou encore en cas de désaccord entre l'avocat et son client quant aux émoluments dus, la partie intéressée doit alors présenter une demande d'ordonnance de taxe au secrétaire de la juridiction qui a vérifié le compte[2].

Le délai de recours est d'un mois à compter de la notification du certificat de vérification[3], et est valablement interrompu par l'émission de la lettre d'envoi du recours[4].

742.52 Forme du recours. La demande peut être faite oralement ou par écrit et doit être motivée, notamment quant aux modalités de calcul des dépens, et accompagnée du certificat de vérification[5] en l'absence duquel l'ordonnance de taxe sera nulle[6].

742.53 Ordonnance de taxe du président. Le président de la juridiction statue par ordonnance au vu du certificat de vérification[7], et doit recueillir ou solliciter les observations du défendeur à la taxation[8] et s'assurer de l'effectivité d'un débat contradictoire[9] sans qu'il ne soit nécessaire qu'il entende les parties[10]. Il peut également renvoyer le dossier devant le tribunal qui statue alors après convocation des parties au moins quinze jours à l'avance[11].

Le magistrat taxateur est saisi de l'entier litige et doit statuer tant sur la demande de taxe que sur les autres demandes afférentes au recouvrement des dépens[12], tel que le fondement même de l'existence du droit aux dépens[13] ou décider de l'emploi des frais d'administration en frais de liquidation partage de la succession[14] ou apprécier l'utilité des actes réalisés pour décider que les frais y afférents resteront à la charge de l'huissier de justice instrumentaire[15], et peut procéder, même d'office, à tout redressement qu'il juge utile[16] sans être tenu, par une motivation spéciale, de justifier de ses diligences lorsqu'il a constaté cette conformité[17]. Dès lors qu'il est valablement saisi, le juge taxateur doit statuer sur le fond, sans pouvoir renvoyer les parties devant le greffier vérificateur[18].

742.54 Voies de recours. L'ordonnance de taxe ou la décision du tribunal rendue par une juridiction de première instance[19] peut être frappée d'appel[20], et ce, indépendamment du montant de la demande[21].

Le délai de recours est d'un mois à compter de la notification de l'ordonnance de taxe[22]. Le délai de recours et l'exercice du recours sont suspensifs d'exécution.

742.55 Forme du recours à l'encontre de l'ordonnance de taxe. Le recours contre une ordonnance de taxe ou décision du tribunal rendue par une juridiction de première instance[23] doit être effectué auprès du secrétariat greffe de la cour d'appel par écrit, lequel peut être adressé par lettre simple[24], et doit mentionner les motifs du recours et être adressé simultanément à toutes les parties au litige principal[25], y compris celle dont la rémunération est contestée[26], à défaut de quoi il est irrecevable[27], cette fin de non-recevoir étant d'ordre public[28].

1. V. ss n° 742.44.
2. V. ss n° 742.23.
3. F. Arbellot, « Procédure de vérification des dépens en matière de rémunération des avoués », *BICC* n° 625, 15 sept. 2005 – F. Arbellot, « Procédure de vérification des dépens », *BICC* n° 608, 15 nov. 2004 – V. ss n° 742.44.
4. Civ. 2e, 2 déc. 2004, n° 03-12.466, P II, n° 511.
5. C. pr. civ., art. 708.
6. Civ. 2e, 10 févr. 1982, n° 80-16.872, P II, n° 19 ; *JCP* 1982. II. 19904.
7. C. pr. civ., art. 709.
8. Civ. 2e, 20 mai 1989, P II, n° 101 ; *Gaz. Pal.* 1990. 1. Somm. 15, obs. S. Guinchard et T. Moussa.
9. Civ. 2e, 22 mars 2001, n° 99-17.345, P II, n° 59 ; *JCP* 2001, n° 51-52, p. 2358, note E. du Rusquec – Civ. 2e, 7 mai 2003, n° 99-21.345, P II, n° 137 ; *D.* 2003. 1605 – Civ. 2e, 4 janv. 2006, n° 04-20.136, P II, n° 4 ; *D.* 2006. 303, obs. E. Chevrier ; *D.* 2007. 1901, obs. Ph. Delebecque, J.-D. Bretzner et T. Vasseur ; *D.* 2006. 878 – Civ. 2e, 9 juill. 2009, n° 08-14.584, P II, n° 193.
10. Civ. 2e, 30 janv. 2003, n° 01-02.067, P II, n° 22 ; *D.* 2003. 532.
11. C. pr. civ., art. 712.
12. C. pr. civ., art. 710.
13. Lyon, 7 avr. 1998, *Gaz. Pal.* 2000. I. Somm. 291, obs. H. Vray.
14. Civ. 2e, 26 oct. 2006, n° 04-20.091, P II, n° 293.
15. Lyon, 10 déc. 1996, *Gaz. Pal.* 1998. 1. Somm. 191, obs. H. Vray – C. pr. civ., art. 650.
16. C. pr. civ., art. 711.
17. Civ. 2e, 31 janv. 1996, n° 94-12.493, P II, n° 24 ; *Rev. huissiers* 1996. 626.
18. Civ. 2e, 18 janv. 2007 nos 05-21.415, 05-21.513, P II, n° 12 – Civ. 2e, 9 avr. 2009, nos 07-20.114, 07-20.115, 07-20.116, 07-20.117, 07-20.118, 07-20.119, P II, n° 94 ; *D.* 2009. 1211.
19. V. ss n° 742.23.
20. C. pr. civ., art. 714.
21. Dijon, 31 janv. 1978, *Gaz. Pal.* 1978. 1. 330, note J. Viatte – Grenoble, 30 janv. 1979 ; *D.* 1979. 175 – Civ. 2e, 7 juill. 2005, n° 03-14.5820, P II, n° 180 ; *D.* 2005. 1961.
22. Civ. 2e, 10 mars 1988, n° 87-10.793, P II, n° 61 ; *Gaz. Pal.* 1988, Pan. 101, obs. S. Guinchard et T. Moussa.
23. V. ss n° 742.23.
24. Civ. 2e, 21 mai 2015, n° 14-18.767, P II, n° 120.
25. C. pr. civ., art. 715.
26. Civ. 2e, 20 déc. 2007, n° 06-20.324, P II, n° 272.
27. Civ. 2e, 30 mars 2000, n° 98-17.534, P II, n° 56 ; *JCP* 2000. IV. 1870, n° 21, p. 986 ; *Gaz. Pal.* 2000. Somm. 1688 ; *D.* 2000. 123.
28. Civ. 2e, 20 nov. 2003, n° 01-14.910, P II, n° 348 ; *D.* 2003. 3009.

742.56 **Ordonnance de taxe du premier président.** Le premier président est amené à connaître :

1° En tant que juge de second degré, des recours à l'encontre des ordonnances de taxe ou décision du tribunal rendue par une juridiction de première instance[1] ;

2° En tant que juge de premier degré, des recours à l'encontre des certificats de vérification rendus par le greffier en chef de la cour d'appel, s'agissant des dépens qui ont été exposés devant une cour d'appel[2].

L'affaire est alors évoquée devant le premier président de la cour d'appel après convocation des parties au moins quinze jours à l'avance par le greffier de la cour. Le premier président a la faculté de renvoyer à une audience de la cour pour statuer[3].

L'ordonnance de taxe rendue par le premier président, sur appel ou en premier degré[4], peut faire l'objet d'un pourvoi en cassation selon les formes de droit commun[5] dans le mois de la notification de l'ordonnance[6].

742.57 **Notification de l'ordonnance de taxe.** L'ordonnance de taxe doit être notifiée, dans les mêmes conditions que pour le certificat de vérification[7], par lettre recommandée avec accusé de réception[8].

La notification doit mentionner que l'ordonnance deviendra exécutoire si elle n'est pas frappée de recours et préciser les délais et formes du recours, faute de quoi elle ne saurait valablement faire courir le délai de recours[9].

742.58 **Formule exécutoire.** L'ordonnance de taxe devient définitive, après expiration des délais de recours, et est revêtue de la formule exécutoire sur minute par le secrétariat-greffe[10].

§ 5
Spécificité du régime d'Alsace-Moselle

742.61 **Application du code de procédure civile local.** Le recouvrement des dépens, qui comprennent les émoluments de droit local[11], n'est pas régi par les dispositions des articles 704 et suivants du code de procédure civile, mais par celles des articles 103 à 107 du code de procédure civile local.

742.62 **Requête en taxation auprès du greffier en chef.** La partie ou son avocat doit adresser une requête en taxation au greffier en chef ou au secrétariat greffier de la juridiction qui a statué en première instance.

La vérification relève du greffier qui statue sur requête et notifie sa décision aux parties par lettre recommandée avec accusé de réception.

742.63 **Décision de la juridiction.** À compter de cette notification, les parties ont deux semaines pour présenter leurs observations, et si le greffier n'y donne pas suite il défère la contestation à la juridiction qui rend une décision sans débat oral préalable.

742.64 **Voie de recours : pourvoi de droit local.** La décision du tribunal peut être frappée d'un pourvoi immédiat de droit local, qui peut être formé par tout intéressé[12], dans un délai de quinze jours à compter de la notification de la décision.

Il s'agit d'un appel comme en matière gracieuse devant la cour d'appel[13] qui suit le régime des articles 950 et suivants du code de procédure civile. La cour est saisie par déclaration remise ou adressée au secrétariat du tribunal qui a rendu la décision, et le tribunal ne transmet le dossier à la cour que s'il décide de ne pas modifier ou rétracter sa décision[14].

En cas de transfert à la cour d'appel, elle statue suivant la procédure prévue en matière gracieuse[15].

§ 6
Procédure de recouvrement

742.71 **Recouvrement des dépens.** Une partie peut poursuivre, par voie d'exécution forcée, le recouvrement des dépens, dont les rémunérations tarifées des avocats[16] et débours, qui sont compris dans les dépens mentionnés à l'article 695 du code de procédure civile[17], à l'encontre de la partie qui a été condamnée à en supporter la charge[18], sur la base, soit d'un certificat de vérification n'ayant pas fait l'objet d'une contestation après avoir été valablement notifié à la partie adverse[19], soit d'une ordonnance de taxe exécutoire[20].

742.72 **Recouvrement direct au profit de l'avocat (C. pr. civ., art. 699).** L'avocat peut solliciter, dans les matières où leur ministère est obligatoire, que la

1. V. s^s n° 742.54.
2. V. s^s n° 742.23.
3. C. pr. civ., art. 716.
4. Civ. 2e, 22 juin 1983, n° 81-14.377, P II, n° 133 ; *D.* 1984. 133, note J. Viatte.
5. Civ. 2e, 28 juin 1995, n° 94-15.333, P II, n° 205.
6. Civ. 2e, 10 mars 1988, n° 87-10.793, P II, n° 61.
7. V. s^s n° 742.44.
8. Civ. 2^e, 11 mars 1992, n° 89-20.584, P II, n° 79 ; *Rev. huissiers* 1992. 49 C.
9. Versailles, 8 janv. 2003, *Gaz. Pal.* 18-19 juill. 2003, p. 14.
10. C. pr. civ., art. 713.
11. V. s^s n°s 722.151 s.
12. C. pr. civ., ann., art. 7.
13. C. pr. civ., ann., art. 7.
14. C. pr. civ., art. 952.
15. S. Guinchard (dir.), *Droit de pratique de la procédure civile,* 8e éd., « Dalloz Action », 2014, n°s 721.21 s.
16. V. s^s n°s 722.00 s.
17. V. s^s n°s 723.101 s.
18. V. s^s n°s 723.160 s.
19. V. s^s n°s 742.41 s.
20. Civ. 2e, 3 mai 2007, n° 06-12.485, P II, n° 120 ; *D.* 2007. 1511 – V. s^s n°s 742.51 s.

condamnation aux dépens [1] soit assortie à son profit du droit de recouvrer directement contre la partie condamnée ceux des dépens dont ils ont fait l'avance sans avoir reçu provision [2]. Il est nécessaire qu'il en fasse expressément la demande dans la partie motif de ses écritures et que son ministère soit obligatoire [3]. Il appartient à l'avocat de justifier qu'il a dû avancer les dépens en cause sans recevoir de provision de la part de son client [4].

La décision devra expressément prévoir cette distraction au profit de l'avocat [5].

L'avantage pour l'avocat tient au fait que lorsqu'il n'a pas reçu de provision de son client pour faire face aux dépens de l'instance [6], il lui sera loisible de procéder au recouvrement des dépens qu'il a avancé à son profit directement contre la partie adverse sans que cela ne lui fasse perdre la possibilité de procéder, suivant les conditions de droit commun, au recouvrement contre son client à défaut de pouvoir y procéder à l'encontre de la partie condamnée à supporter la charge des dépens [7]. Et ce, sans que cela ne prive le client de son droit de poursuivre le débiteur du chef de ces mêmes dépens [8].

Dans l'hypothèse où la charge des dépens aurait été partagée entre les parties, la partie contre laquelle le recouvrement est poursuivi pourra déduire, par compensation légale, le montant de sa créance de dépens [9].

SECTION 2
RECOUVREMENT DES DÉPENS EN MATIÈRE ADMINISTRATIVE

742.81 **Liquidation des dépens.** La liquidation des dépens en matière administrative [10], y compris celle des frais et honoraires d'expertise, est faite par ordonnance du président de la juridiction administrative qui a rendu la décision, après consultation du président de la formation de jugement ou, en cas de référé ou de constat, du magistrat délégué à cet effet [11].

Au Conseil d'État, la liquidation est faite par ordonnance du président de la section du contentieux [12].

742.82 **Contestation de la liquidation des dépens.** Les parties, l'État lorsque les frais d'expertise sont avancés au titre de l'aide juridictionnelle [13] ainsi que, le cas échéant, l'expert, peuvent contester l'ordonnance ayant procédé à la liquidation des dépens devant la juridiction à laquelle appartient l'auteur de l'ordonnance [14].

Sauf lorsque l'ordonnance émane du président de la section du contentieux du Conseil d'État, la requête est transmise sans délai par le président de la juridiction à un tribunal administratif conformément à un tableau d'attribution arrêté par le président de la section du contentieux. Le président de la juridiction à laquelle appartient l'auteur de l'ordonnance ou, au Conseil d'État, le président de la section du contentieux est appelé à présenter des observations écrites sur les mérites du recours [15].

Le recours doit être exercé dans le délai d'un mois à compter de la notification de l'ordonnance sans attendre l'intervention de la décision par laquelle la charge des frais est attribuée [16].

SECTION 3
RECOUVREMENT DES FRAIS DE JUSTICE CRIMINELLE

742.90 **Plan.** Dématérialisé (§ 1), le recouvrement des frais de justice criminelle est encadré par une procédure de certification (§ 2) et de taxation (§ 3).

§ 1
Propos liminaires

742.101 **Simplification.** Le décret du 18 avril 2016 [17] généralise l'expérimentation mise en place par le décret du 7 mai 2014 [18] concernant le circuit de paiement des frais de justice criminelle [19].

1. V. s^s n°s 723.181 s.
2. C. pr. civ., art. 699.
3. Soc. 21 nov. 1979, n° 78-40.308, P V, n° 870 ; *Gaz. Pal.* 1980. 1. 158, note J. Viatte – Paris, 3 mars 1983, *D.* 1984. 347, note P. Julien – Soc. 20 mai 1985, n° 82-41.683, P V, n° 296 ; *Gaz. Pal.* 1985. II. Pan. 359, note H. Croze et Ch. Morel – Paris, 5 mars 1987, *D.* 1987. 75 – Civ. 2e, 22 oct. 1997, n° 94-15.305, P II, n° 248 ; *D.* 1997. 245 – Civ. 2e, 23 oct. 2008, P II, n° 222 ; *D.* 2008. 2878 ; *D.* 2009. 764, obs. J.-M. Sommer ; *RLDC* févr. 2009, n° 3320, obs. L. Miniato.
4. Civ. 2e, 4 janv. 2006, n° 04-14.080, P II, n° 4 ; *D.* 2006. 178 ; *JCP* 2006. IV. 1190.
5. Civ. 2e, 18 mars 1987, n° 85-16.474, NP ; *D.* 1987. 76.
6. V. s^s n°s 731.111 s.
7. Civ. 2e, 23 janv. 1980, n° 78-11.873, NP ; *Gaz. Pal.* 1981. 2. 323, note J. Viatte – Reims, 5 mars 1984, *Gaz. Pal.* 1985. 1. 9, note E. du Rusquec – Civ. 2e, 14 févr. 1990, n° 88-16.829, P II, n° 34 ; *D.* 1991. 141, note J. Vasserot ; *JCP* 1991. II. 21675, note E. du Rusquec – Civ. 2e, 7 nov. 2002, n° 00-22.203, P II, n° 243 ; *D.* 2002. 3188 ; *Gaz. Pal.* 30 mars-1er avr. 2003, p. 28, obs. E. du Rusquec.
8. Civ. 2e, 31 mars 2011, n° 09-17.376, P II, n° 78 ; *D. actu.* 22 avr. 2011, obs. C. Tahri.
9. Civ. 2e, 4 févr. 1987, n° 85-13.203, NP ; *D.* 1987. 38.
10. V. s^s n° 723.141.
11. CJA, art. R. 761-4.
12. CJA, art. R. 761-4.
13. V. s^s n°s 723.41 s.
14. CJA, art. R. 761-5.
15. CJA, art. R. 761-5.
16. CJA, art. R. 761-5.
17. Décr. n° 2016-479, 18 avr. 2016 relatif au traitement des états et mémoires des frais de justice, *JO* 20 avr., n° 16.
18. Décr. n° 2014-461, 7 mai 2014 relatif aux frais de justice et à l'expérimentation de la dématérialisation des mémoires de frais, *JO* 10 mai, p. 7854.
19. V. s^s n°s 723.151 s.

Il prévoit la dématérialisation de toutes les étapes du circuit des frais de justice criminelle (établissement des états et des mémoires de frais, application des contrôles dans le cadre des procédures de certification, paiement des frais).

Il attribue à l'ordonnateur secondaire la mise en paiement des frais de justice criminelle, le régisseur n'intervenant plus que pour le versement d'indemnités aux jurés, témoins et parties civiles.

742.102 Présentation des états et des mémoires. Depuis le 1er mai 2016, les avocats établissent et transmettent leurs états et mémoires de frais de justice criminelle [1], accompagnés des pièces justificatives sous forme dématérialisée au moyen du portail *Chorus Pro* [2] [3].

Par dérogation, sont établis sur papier conformément aux modèles arrêtés par le ministère de la justice [4] les états et mémoires afférents à la contribution de l'état au titre de l'aide juridictionnelle [5]. Il est établi un État ou mémoire de frais par mission. Toutefois, les avocats qui réalisent de manière habituelle plusieurs missions par mois, établissent un état ou mémoire de frais récapitulant l'ensemble des missions effectuées au cours du mois ou de toute autre période déterminée par le ministre de la justice [6].

Ils déposent ou adressent leur état ou mémoire au greffe de la juridiction compétente. Toutefois, lorsque l'état ou le mémoire est relatif à des frais de justice criminelle engagés au cours d'une procédure devant une chambre détachée du tribunal judiciaire ou le conseil de prud'hommes, il est déposé ou adressé au greffe du tribunal judiciaire dans le ressort duquel ces juridictions sont situées [7].

742.103 Paiement. Sauf dispositions particulières, notamment en matière de versement de la contribution de l'État à l'aide juridictionnelle [8], le paiement des frais de justice criminelle est ordonnancé par les chefs de la cour d'appel ou leurs délégués au vu d'un état ou d'un mémoire de l'avocat certifié [9] ou taxé [10].

§ 2
Procédure de certification

742.111 Champ d'application de la procédure de certification. Relèvent, notamment, de la procédure de certification, comme frais assimilés, la contribution versée par l'état au titre de l'aide juridictionnelle [11], ainsi que les frais et dépens mis à la charge de l'État soit en application d'une disposition législative ou réglementaire, soit en cas de décision juridictionnelle rectifiant ou interprétant une précédente décision, soit en cas de décision juridictionnelle annulant une précédente décision [12], qui sont inférieurs à 1 500 euros [13].

Le greffier ou tout autre fonctionnaire de catégorie B des services judiciaires, après avoir procédé s'il y a lieu aux redressements nécessaires, certifient avoir vérifié la réalité de la dette et son montant. S'il refuse d'établir le certificat, il demande alors au ministère public de prendre des réquisitions aux fins de taxe [14].

Le certificat est établi sous forme dématérialisée, sauf lorsque le mémoire porte sur la contribution versée par l'état au titre de l'aide juridictionnelle [15].

742.112 Voies de recours contre l'état certifié. S'agissant d'un mémoire ou d'un état certifié, l'avocat, dans le délai d'un mois à compter de la perception de la somme, ou le comptable assignataire, dans le délai d'un mois à compter de la réception de la demande de paiement, peuvent adresser une réclamation au ministère public près la juridiction dont le greffier ou le fonctionnaire désigné a procédé à la certification, qui saisit de ses réquisitions le magistrat taxateur compétent.

En matière d'aide juridictionnelle [16], le délai d'un mois imparti au comptable assignataire court à compter de la transmission qui lui est faite par l'ordonnateur compétent du mémoire ou de l'état de frais certifié [17].

En cas de disposition particulière prévoyant le paiement des frais par le régisseur d'avances, ce dernier, s'il existe un désaccord sur un mémoire certifié, demande au ministère public de prendre des réquisitions aux fins de taxe [18], auquel cas il sursoit au paiement jusqu'à taxation définitive [19].

§ 3
Procédure de taxation

742.121 Champ d'application de la procédure de taxation. Les états ou mémoires relatifs aux frais de

1. V. s^s n° 723.151.
2. https://chorus-portail-pro.finances.gouv.fr/chorus.portail.pro/
3. V. s^s n° 731.71.
4. Formulaire Cerfa n° 15028*01.
5. C. pr. pén., art. R. 93, I, 11° V. s^s n°s 723.151 s. et 751.271 s.
6. C. pr. pén., art. R. 222.
7. C. pr. pén, art. R. 223.
8. V. s^s n°s 751.481 s.
9. V. s^s n° 742.111.
10. V. s^s n°s 742.121 s.
11. C. pr. pén, art. R. 224-2, 2° – V. s^s n°s 751.251 s.
12. C. pr. pén., art. R. 93, II, 3°.
13. C. pr. pén, art. R. 224-2 et A. 43-16 – V. s^s n°s 723.151 s.
14. C. pr. pén, art. R. 225 – V. s^s n°s 742.121 s.
15. C. pr. pén, art. R. 225 – V. s^s n°s 723.151 s. et 751.271 s.
16. V. s^s n°s 723.151 s. et 751.271 s.
17. C. pr. pén., art. R. 234.
18. V. s^s n°s 742.121 s.
19. C. pr. pén., art. R. 233.

justice criminelle autres que ceux qui relèvent de la procédure de certification[1] sont transmis aux fins de réquisitions au parquet du ressort dans lequel la juridiction a son siège. Le magistrat du ministère public transmet l'état ou mémoire, assorti de ses réquisitions, au magistrat taxateur[2] qui est tenu de statuer sur la demande de taxe[3].

742.122 Ordonnance de taxe du président de la juridiction. Saisi soit directement[4], soit sur recours à l'encontre d'un état certifié[5] ou la suite du refus du greffier d'établir le certificat[6], le président de chaque juridiction, ou le magistrat qu'il délègue à cet effet, taxe par voie d'ordonnance, les états ou mémoires relatifs à des frais de justice criminelle engagés sur la décision des autorités appartenant à cette juridiction ou des personnes agissant sous le contrôle de ces autorités.

Le président du tribunal judiciaire peut aussi déléguer au juge d'instruction, au juge de l'application des peines ou au juge des enfants la taxation des frais qu'ils ont engagés[7].

742.123 Voies de recours contre l'ordonnance de taxe. Lorsque la taxe diffère de la demande de l'avocat ou des réquisitions du ministère public, l'ordonnance de taxe est notifiée à l'avocat ou au ministère public par le greffe par lettre recommandée avec accusé de réception[8] accompagnée de la certification par le greffier de l'accomplissement de cette formalité sur l'ordonnance ainsi que de la date d'envoi de la lettre, à défaut de quoi le délai de recours ne saurait valablement courir[9].

L'ordonnance de taxe peut être frappée par l'avocat ou le ministère public d'un recours devant la chambre de l'instruction quelle que soit la juridiction à laquelle appartient le magistrat taxateur. Le délai de recours est de dix jours à compter de la notification à savoir la date d'envoi de la lettre recommandée[10]. Le délai de recours et l'exercice du recours dans le délai sont suspensifs d'exécution[11].

Par ailleurs, un recours contre l'ordonnance de taxe peut être formé devant la chambre de l'instruction par le ministère public, à la demande du comptable assignataire, dans un délai d'un mois à compter de la réception de la demande de paiement. En cas de refus motivé du ministère public d'exercer le recours, ce refus est porté à la connaissance du comptable assignataire. Dans ce cas, le comptable assignataire exécute l'ordonnance de taxe[12].

En matière d'aide juridictionnelle[13], le délai d'un mois court à compter de la transmission qui est faite par l'ordonnateur compétent au comptable assignataire de l'ordonnance de taxe.

742.124 Forme du recours contre l'ordonnance de taxe. Dans les deux cas, les recours sont formés par déclaration au greffe du magistrat taxateur ou par lettre recommandée avec demande d'accusé de réception adressée à ce greffe.

L'avocat est informé du recours du procureur de la République par lettre recommandée, adressée par le greffe sans que l'omission de cette formalité ne soit de nature à affecter la recevabilité du recours[14].

742.125 Décision de la chambre de l'instruction. La décision de la chambre de l'instruction est adressée pour exécution au greffe de la juridiction à laquelle appartient le magistrat taxateur.

En cas de trop-versé le greffier en chef procède à l'émission d'un titre de recouvrement.

Le pourvoi en cassation est ouvert dans tous les cas suivant les conditions de droit commun[15].

742.126 Voies de recours contre la liquidation des dépens. Dans l'hypothèse où les dépens en matière criminelle, correctionnelle ou de police[16] ont été liquidés dans la décision, la partie condamnée peut former un recours contre la disposition de la décision relative à la liquidation des dépens.

Ce recours est porté devant la juridiction d'appel au cas où la décision qui contient la liquidation peut être entreprise par cette voie. Dans le cas où la décision qui contient la liquidation des dépens n'est pas susceptible d'appel, le recours est porté devant la chambre de l'instruction. Le recours est formé au greffe de la juridiction qui a rendu la décision, selon les règles et dans le délai qui sont, suivant le cas, ceux de l'appel ou du pourvoi en cassation. Ces délais sont exclusifs de ceux applicables en matière de recours contre l'ordonnance de taxe[17].

Le pourvoi en cassation, à l'encontre de la décision de la cour d'appel ou de la chambre de l'instruc-

1. V. s[s] n°s 742.102 s.
2. C. pr. pén, art. R. 226.
3. Crim. 3 juin 2008, n° 08-80.644, NP ; *Dr. pénal* 2008. 136, obs. A. Maron et M. Haas – Crim. 17 juin 2008, n° 08-81.749, P n° 150 ; *D.* 2008. 2148 ; *AJ pénal* 2008. 472 ; *Dr. pénal* 2009. Chron. 1, obs. D. Guérin.
4. V. s[s] n° 742.121.
5. V. s[s] n° 742.112.
6. V. s[s] n° 742.111.
7. C. pr. pén, art. R. 227.
8. C. pr. pén. R. 228.
9. Crim. 14 mars 2006, n° 05-85.274, P n° 70 ; *D.* 2006. 1187 ; *AJ pénal* 2006. 266, obs. C. Girault.
10. Crim. 10 févr. 1998, n° 97-81.616, P n° 52.
11. C. pr. pén., art. R. 228-1.
12. C. pr. pén., art. R. 229.
13. V. s[s] n°s 723.151 s. et 751.271 s.
14. Crim. 27 sept. 1995, n° 94-85.572, NP ; *Gaz. Pal.* 1996. 1. Somm. 9.
15. C. pr. pén., art. R. 230.
16. V. s[s] n° 723.151.
17. Crim. 21 janv. 1992, n° 90-83.890, P n° 20 – V. s[s] n° 742.123.

tion, est ouvert dans tous les cas suivant les conditions de droit commun[1].

SECTION 4
RECOUVREMENT DES FRAIS AVANCÉS PAR LE TRÉSOR PUBLIC

742.130 **Plan.** Les avances de frais en matière d'aide juridictionnelle sont recouvrées par le Trésor public (§ 1), ainsi que celles de justice criminelle qui ne sont pas à la charge de l'État (§ 2).

§ 1
Avance des frais en matière d'aide juridictionnelle

742.141 **Recouvrement par le Trésor public en cas d'aide juridictionnelle**[2]. Le recouvrement des sommes avancées par l'État au titre de l'aide juridictionnelle[3] a lieu comme en matière de créances étrangères à l'impôt et au domaine[4] suivant les dispositions du décret du 7 novembre 2012[5].

Le recouvrement est effectué par le comptable de la direction générale des finances publiques au vu d'un titre de perception établi et rendu exécutoire par l'ordonnateur compétent.

Le titre de perception[6] est notifié, par lettre simple ou, le cas échéant, par voie électronique[7], à la personne contre qui les sommes sont à recouvrer[8] par le comptable de la direction générale des finances publiques[9].

742.142 **Opposition.** Le titre de perception peut faire l'objet d'une opposition[10]. Le redevable qui entend contester le titre, doit adresser une réclamation préalable appuyée de toutes justifications utiles au comptable de la direction générale des finances publiques. La réclamation doit être déposée, sous peine de nullité, dans les deux mois qui suivent la notification du titre de perception. Le comptable de la direction générale des finances publiques délivre un reçu de la réclamation, précisant la date de réception de cette réclamation et doit statuer dans un délai de six mois.

À défaut d'une décision notifiée dans ces délais, la réclamation est considérée comme rejetée[11].

742.143 **Saisine du juge de l'exécution.** Le redevable peut alors saisir le juge de l'exécution dans un délai de deux mois à compter de la date de notification de la décision prise sur sa réclamation ou, à défaut de cette notification, dans un délai de deux mois à compter de la date d'expiration du délai de six mois[12].

La saisine du juge de l'exécution, et les voies de recours subséquentes sont régies par le droit commun.

742.144 **Prescription.** L'action en recouvrement se prescrit par cinq ans à compter de la décision de justice ou de l'acte mettant fin à la mission d'aide juridictionnelle[13].

L'exercice d'une voie de recours contre la décision rendue par la juridiction saisie de l'affaire suspend la procédure de recouvrement[14].

§ 2
Avance des frais de justice criminelle

742.151 **Recouvrement des frais de justice avancés par le Trésor public qui ne restent pas définitivement à la charge de l'État.** Il est dressé pour chaque affaire criminelle ou de police, un état de liquidation des frais qui ne restent pas définitivement à la charge de l'État[15]. Au cours de l'instruction, cet état est dressé par le greffier d'instruction au fur et à mesure des frais.

Cette liquidation doit être insérée soit dans l'ordonnance, soit dans l'arrêt, le jugement ou l'ordonnance pénale qui prononce la condamnation aux frais. Lorsque cette insertion ne peut être faite, le juge décerne exécutoire contre qui de droit, au bas de l'état même de liquidation[16].

Le greffier doit remettre au directeur départemental ou, le cas échéant, au directeur régional des finances publiques, dès que la condamnation est devenue définitive, un extrait de l'ordonnance, jugement ou arrêt, pour ce qui concerne la liquidation et la condamnation au remboursement des

1. C. pr. pén., art. R. 231.
2. Circ. 29 avr. 2011 relative à l'application des règles de recouvrement des créances étrangères à l'impôt et au domaine au recouvrement des dépenses d'aide juridictionnelle et nouveau circuit du rétablissement des crédits, *BOMJL* 31 mai, NOR : JUST1108347C.
3. V. s[s] n°s 723.41 s.
4. L. n° 91-647, 10 juill. 1991 relative à l'aide juridique, *JO* 13 juill., p. 9170, art. 44.
5. Décr. n° 2012-1246, 7 nov. 2012 relatif à la gestion budgétaire et comptable publique, *JO* 10 nov., p. 17713.
6. Décr. n° 2020-1717, 28 déc. 2020, art. 125.
7. Décr. n° 2012-1246, 7 nov. 2012, art. 115.
8. V. s[s] n°s 723.211 s.
9. Décr. n° 2020-1717, 28 déc. 2020, art. 124.
10. Décr. n° 2020-1717, 28 déc. 2020, art. 126.
11. Décr. n° 2012-1246, 7 nov. 2012, art. 118.
12. Décr. n° 2012-1246, 7 nov. 2012, art. 119.
13. L. n° 91-647, 10 juill. 1991, art. 44.
14. Décr. n° 2020-1717, 28 déc. 2020, art. 127.
15. V. s[s] n° 723.201.
16. C. pr. pén., art. R. 242.

frais ou une copie de l'état de liquidation rendu exécutoire[1].

Le recouvrement est alors poursuivi à la diligence des comptables de la direction générale des finances publiques par toutes voies de droit et notamment celle de la contrainte judiciaire s'il y a lieu[2].

1. C. pr. pén., art. R. 244.

2. C. pr. pén., art. R. 249.

CHAPITRE

743. Partage d'honoraires et obligation dite ducroire

SECTION 0 ORIENTEUR

743.00 Sommaire du chapitre.

Division. Le partage d'honoraires (sect. 1), autorisé entre avocats, est interdit entre avocat et personnes physiques ou morales qui ne sont pas avocats, à part l'obligation dite ducroire (sect. 2) concernant l'avocat personnellement tenu, en cas de défaillance du client, des honoraires, frais et débours que ce dernier aurait dû à un autre avocat ou professionnel sollicité.

743.01 Textes applicables.

TEXTES TITRÉS

• **L. n° 71-1130, 31 déc. 1971**

art. 21, al. 3 [Compétence du bâtonnier]

• **RIN**

art. 7 [Rédaction d'actes]

art. 11.4 [Partage d'honoraires]

art. 11.8 [Responsabilité pécuniaire – Ducroire]

743.02 Jurisprudence de référence.

> Définition et portée de l'obligation ducroire

• **Civ. 1re, 14 nov. 2013,** n° 12-28.763, P I, n° 219.

* V. ss nos 743.32, 743.35, 743.36, 743.41, 822.35.

« Mais attendu, d'abord, qu'après avoir exactement énoncé que selon les articles 5.7 du code de déontologie des avocats européens, applicable aux avocats des barreaux français conformément à l'article 21 du règlement intérieur national, et 11.5 dudit règlement, un avocat qui, ne se bornant pas à recommander un confrère ou à l'introduire auprès d'un client, confie une affaire à un correspondant ou le consulte, est personnellement tenu, même en cas de défaillance du client, au paiement des honoraires, frais et débours dus au conseil d'un État membre, la cour d'appel, appréciant souverainement la portée des éléments de preuve, a relevé que la société Huet avait confié à la société Monard d'Hulst Bruxelles une mission consistant à conseiller son client à l'occasion d'un projet d'investissement immobilier en Belgique, tout en proposant son assistance pour la mise en place de la structure d'acquisition et l'optimisation tant fiscale que sociale de l'opération côté français, qu'elle avait transmis un calendrier du déroulement des différents audits et diverses pièces nécessaires à la mission, et avait sollicité la communication de certains documents relatifs à l'acquisition envisagée ; que de ces constatations et appréciations, elle a exactement déduit que la société Huet, qui ne s'était pas bornée à mettre son client en relation avec la société Monard d'Hulst mais lui avait confié l'affaire à traiter en Belgique, était tenue, conformément au code professionnel applicable entre avocats des pays membres de l'Union européenne, au paiement des honoraires et frais dus à cette dernière ;

Attendu, ensuite, qu'ayant constaté que la société Huet n'avait pas usé de la faculté offerte par le code de déontologie des avocats européens de convenir de dispositions particulières contraires ou de limiter son engagement, la cour d'appel a implicitement mais nécessairement rejeté la demande d'exclusion des frais et émoluments taxables, lesquels figurent au nombre des frais et débours visés par l'article 5.7 du code de déontologie des avocats européens. »

> Caractère de frais des sommes engagées au titre de l'obligation ducroire.

• **Civ. 2e, 22 oct. 2015,** n° 14-24.103, P II, n° 347.

* V. ss n° 743.45.

« Mais attendu que les honoraires d'avocats étrangers, mandatés pour le compte de son client par un avocat français, constituent pour ce dernier des frais au sens de l'article 10 de la loi n° 71-1130 du 31 décembre 1971, soumis à l'appréciation du juge de l'honoraire en l'absence de convention ;

Que c'est dès lors à bon droit que, par motifs propres et adoptés, le premier président a retenu que la société AGI n'ayant été en relation contractuelle qu'avec la société X... et Y... LLP, avocat inscrit au barreau de Paris, il y avait lieu d'apprécier seulement la mission exécutée par celle-ci pour déterminer les honoraires qui lui revenaient en prenant en compte les interventions ponctuelles d'avocats étrangers auxquels elle avait recouru dont le coût devait être considéré comme des frais. »

743.03 **Bibliographie indicative.**

* Aussi : v. s[s] n° 74.03.

Traités. G. Decocq, C. Grimaldi, J. Huet, H. Lécuyer, *Les principaux contrats spéciaux*, 3e éd., « Traité de droit civil », LGDJ – Lextenso, 2012, n°s 31152 s. – Ph. Le Tourneau (dir.), *Droit de la responsabilité et des contrats*, 12e éd., « Dalloz Action », 2020, n°s 3321.224 s.

Monographie. S. Tandeau de Marsac (dir.), Ordre des avocats de Paris, *Honoraires de l'avocat*, Éd. Législatives, 2010.

Articles. D. Piau, « L'obligation dite "ducroire" de l'avocat, cette ingénue inconnue… », *Gaz. Pal.* 22-23 nov. 2013, p. 15 ; « Droit spécial de l'honoraire », *D. avocats* 2015. 72, n° 2.

Rapports. J.-L. Schermann, Obligation ducroire : modification des dispositions de l'article 11.5 du RIN. Projet de décision à caractère normatif n° 2004-002, Rapport présenté à CNB, AG 10-11 oct. 2014.

SECTION 1
PARTAGE D'HONORAIRES

743.11 **Partage d'honoraires autorisé entre avocats et interdit avec des non avocats.** Il est interdit à l'avocat de partager un honoraire ou un résultat avec des personnes physiques ou morales qui ne sont pas avocats [1].

Mais les avocats peuvent tout à fait convenir d'un partage des honoraires versés à l'un d'entre eux par son client, entre eux.

743.12 **Co-traitance.** Entre avocats, au sens strict, le partage d'honoraires vise les situations de co-traitance, auquel cas si l'avocat est intervenu dans le cadre d'une relation directe avec le client, il ne saurait attraire un autre avocat, co-traitant mais pas sous-traitant, en paiement desdits honoraires [2] : chaque avocat aura alors une relation directe avec le client et recouvre donc ses propres honoraires suivant la procédure de droit commun [3].

743.13 **Sous-traitance.** Mais il vise aussi les situations de sous-traitance où l'avocat sous-traitant n'a alors, en principe, aucun droit à tout ou partie de l'honoraire que l'avocat donneur d'ordre a convenu avec son client.

La Cour de cassation a ainsi pu considérer que, dès lors qu'un avocat sous-traitant ne pouvait se prévaloir de la convention d'honoraires conclue par un autre avocat et son client, et que cet avocat n'établissait pas avoir accompli d'autres diligences que celles figurant sur sa note d'honoraires initiale, la demande de paiement d'un honoraire complémentaire s'analysait en une demande de partage d'un honoraire de résultat, laquelle n'était pas fondée en l'absence de convention entre les avocats prévoyant un tel honoraire [4].

La distinction entre co-traitance et sous-traitance est parfois mince et ne saurait qu'inciter les avocats à contractualiser clairement leurs relations entre eux afin d'écarter toute ambiguïté en la matière [5].

743.14 **Rédaction conjointe d'actes.** Il est, en outre, un cas, où l'un des avocats va percevoir l'intégralité des honoraires à charge pour lui de les partager ensuite avec les autres avocats : c'est le cas de la rédaction conjointe d'actes [6], où il est prévu que dès lors qu'un acte est établi conjointement par plusieurs avocats, la prestation de conseil et d'assistance de chaque intervenant ne peut être rétribuée que par le client ou par un tiers agissant sur ordre ou pour le compte de celui-ci.

S'il est d'usage que les honoraires de rédaction soient à la charge exclusive de l'une des parties et à la condition que l'acte le stipule expressément, les honoraires doivent alors être, à défaut de convention contraire, partagés par parts égales entre les avocats ayant participé conjointement à la rédaction [7]. Et ce, qu'elle qu'ait été la participation des uns et des autres à la rédaction effective de l'acte [8].

Ne sont concernés par le partage que les seuls honoraires afférents à la rédaction de l'acte, et non les prestations de conseil et d'assistance entourant cette même rédaction réalisée par les avocats des parties qui relèvent du droit commun [9]. Il est nécessaire que chaque avocat ait élaboré l'acte pour le compte d'une ou plusieurs parties et recueilli leurs signatures sur cet acte [10].

743.15 **Rédaction conjointe d'actes – Convention contraire.** Lorsqu'il est d'usage que les honoraires soient à la charge exclusive de l'une des parties, il convient alors de le prévoir expressément dans l'acte en cause, et il est possible de prévoir conventionnellement un partage des honoraires de rédaction entre les avocats, autre qu'à parts égales [11],

1. V. s[s] n°s 711.81 s.
2. Civ. 2e, 22 mai 2008, n° 07-16.042, P II, n° 118.
3. V. s[s] n°s 741.21 s.
4. Civ. 2e, 18 mai 2017, n° 16-18.294, P ; *JCP*. 2017. 636, obs. M. Attal ; *JCP* 2017. 1104, n° 6, obs. C. Caseau-Roche.
5. V. s[s] n°s 713.462 s.
6. V. s[s] n°s 632.00 s.
7. RIN., art. 11.4.
8. *Bull. barr. Paris* 28 janv. 2003, p. 27.
9. V. s[s] n°s 741.21 s.
10. RIN, art. 7.1 – V. s[s] n°s 441.241 s.
11. RIN, art. 11.4 – Décis. Bâtonnier de Paris, 16 oct. 2014, n° 256790.

étant précisé qu'il est alors recommandé aux avocats de se mettre d'accord préalablement et par écrit sur le mode de partage des honoraires [1].

743.16 Litige relatif au paiement des honoraires. Ainsi, en cas de partage d'honoraires, tant en cas de sous-traitance, auquel cas l'avocat donneur d'ordre sera également ducroire du paiement des honoraires de l'avocat sous-traitant [2], qu'en cas de rédaction conjointe d'actes, la relation d'honoraires n'existe qu'entre le client qui supporte la charge exclusive des honoraires et son avocat et lui seul.

Si un litige survient entre eux relativement aux honoraires avec le client, il sera alors soumis au droit commun de la fixation des honoraires entre ce même avocat et son client et eux seuls et ce pour l'ensemble des honoraires en cause [3].

743.17 Litige relatif au partage des honoraires. Dès lors, en cas de litige entre les avocats relativement au partage des honoraires, il s'agira alors non pas d'un litige d'honoraires mais d'un différend entre avocats dans le cadre de leur exercice professionnel relevant de la compétence du bâtonnier dans le cadre de la procédure prévue aux articles 179-1 et suivants du décret de 1991 [4].

En effet, les avocats co-partageants ne sont pas parties à la relation avocat-client fondant le paiement des honoraires. Ils sont uniquement parties à une relation de partage de ces mêmes honoraires entre eux.

En principe, le partage des honoraires ne saurait se concevoir tant que l'avocat du client qui en supporte la charge n'a pas lui-même pu procéder au recouvrement de ces mêmes honoraires [5].

Le bâtonnier, ou son délégué, statuant dans le cadre d'un litige entre avocats n'auront pas alors à se prononcer sur le montant des honoraires, qui relève du juge des honoraires suivant la procédure de droit commun, mais uniquement sur la validité du partage d'honoraires ainsi convenu ainsi que les modalités du partage entre les avocats parties à l'instance [6].

743.18 Point de départ du délai de prescription en cas de litige relatif au partage des honoraires. En cas de litige relatif à un partage d'honoraires entre avocats, le point de départ du délai de prescription n'est pas le même qu'en cas de litige relatif aux honoraires entre l'avocat et son client.

C'est ainsi que dans une affaire, relative au partage d'un honoraire de résultat, où une cour d'appel avait retenu comme point départ du délai de prescription le jour auquel la créance d'honoraire de résultat était devenue exigible, à savoir la date à laquelle les ex-époux avaient partagé à l'amiable et de manière définitive leur régime matrimonial, ce dont l'avocat demandeur au partage avait eu connaissance, la Cour de cassation, rappelant que les actions personnelles ou mobilières se prescrivent par cinq ans à compter du jour où le titulaire d'un droit a connu ou aurait dû connaître les faits lui permettant de l'exercer, casse l'arrêt de la cour d'appel dès lors qu'il ne résultait pas de ses constatations qu'à cette même date, l'honoraire de résultat avait été payé à l'autre avocat co-partageant, seule circonstance rendant exigible la créance de rétrocession d'honoraires dans le cadre de la demande de partage d'honoraires [7].

SECTION 2
OBLIGATION DITE DUCROIRE

743.20 Plan. L'avocat qui sollicite un confrère ou tout autre tiers à la relation entre l'avocat et son client, est personnellement tenu, en cas de défaillance de paiement de son client, des honoraires, frais et débours que ce dernier aurait dû prendre en charge (§ 1). Le recouvrement de ces sommes au titre de l'obligation dite ducroire, lorsqu'elles sont dues par un autre avocat, relève de la procédure de règlement des différends entre avocats dans le cadre de leur exercice professionnel, et non de la procédure de fixation des honoraires s'appliquant aux relations entre l'avocat et son client (§ 2).

§ 1
Notion d'obligation dite ducroire

743.31 Principe. L'avocat, dans l'intérêt de son client, est souvent appelé à solliciter un confrère (postulant, sous-traitant...), ou tout autre tiers à la relation entre l'avocat et son client (huissier de justice, conseil en propriété industrielle, société de publications légales, traducteurs, formalistes...). Leurs honoraires, frais et débours doivent naturellement être pris en charge par le client.

Mais, en cas de défaillance, c'est l'avocat mandant ou donneur d'ordre qui en est personnellement tenu tant à l'égard d'un autre avocat qu'à l'égard de tout autre tiers mandaté par ses soins pour le compte de son client tel qu'un huissier de justice [8]

1. *Bull. barr. Paris* 13 févr. 2001, p. 44 – V. s^s n°s 713.451 s.
2. V. s^s n°s 743.32 s.
3. V. s^s n°s 741.21 s.
4. COMP. SUR UN PARTAGE D'HONORAIRES DE RÉSULTAT : Civ. 2e, 20 nov. 2014, n° 13-26.530, P – V. s^s n°s 822.00 s.
5. V. s^s n° 743.16.
6. V. s^s n°s 822.00 s.
7. Civ. 2e, 10 juin 2021, n° 19-20.814, P ; *D.* 2021. 1194 ; *Gaz. Pal.* 13 juill. 2021, p. 27, obs. C. Berlaud.
8. CNB, Comm. RU, avis n° 2012-015, 11 avr. 2012 ; C. avocat 2021, s^s RIN, art. 11, avis CNB, note 3 – CNB, Comm. RU, avis n° 2012-018, 20 nov. 2012.

ou professeur de droit[1] : c'est ce que l'on appelle l'obligation dite ducroire.

Cette obligation est d'autant plus naturelle que le tiers ainsi mandaté agit, le plus souvent, sans connaître le client et sans solliciter de provision préalable.

743.32 **Responsabilité pécuniaire.** Ainsi, l'avocat qui, ne se bornant pas à mettre en relation un client avec un autre avocat, confie un dossier à un confrère ou le consulte, est personnellement tenu au paiement des honoraires, frais et débours dus à ce confrère correspondant, au titre des prestations accomplies à sa demande par celui-ci. Mais le premier avocat peut, à tout instant, limiter, par écrit, son engagement au montant des sommes dues au jour où il exclut sa responsabilité[2] pour l'avenir[3].

Lorsque le concours de confrères étrangers est requis, l'avocat français sera d'autant plus prudent que l'avocat étranger pourra prétendre au bénéfice des dispositions de la loi applicable dans son barreau d'origine, relativement à la détermination de sa rémunération devant le juge français[4] et que, lorsqu'il s'agit d'un avocat européen, l'article 5.7 du code de déontologie européen[5] prévoit expressément que, « même en cas de défaillance de son client » l'avocat qui confie une affaire à un correspondant ou le consulte est personnellement tenu au paiement des honoraires, frais et débours dus au conseil étranger.

743.33 **Nature de l'obligation.** Il ne s'agit que de la stricte application du droit commun en matière de sous-mandat[6] ou de sous-traitance. Nous sommes ici, suivant les situations, à la frontière entre le mandat avec sous-mandat et le louage d'ouvrage ou contrat d'entreprise avec sous-traitance voire un cumul des deux situations. Dans un cas comme dans l'autre, que l'avocat ducroire soit mandant ou entrepreneur principal donneur d'ordre, la solution est ici la même. C'est en réalité une qualification distributive qui prévaut en la matière de par la jurisprudence.

En effet, c'est l'avocat qui a sollicité, pour le compte de son client, le tiers à cette relation. Ce tiers, même avocat, n'a donc pas de relation – contractuelle – directe avec le client, d'autant que ce qui détermine la notion de client est le fait d'avoir sollicité l'avocat[7] et n'est pas lié à lui par une convention il n'est que sous-mandant ou sous-traitant à la relation liant l'avocat mandant, ou donneur d'ordre, à son client. Il ne saurait donc valablement solliciter le paiement d'honoraires, frais et débours auprès de ce même client. Il a toutefois été admis qu'il disposerait d'une action directe contre le client de son mandant[8] et l'on pourrait s'interroger sur l'applicabilité, à tout ou partie de ces situations, de la loi du 31 décembre 1975[9] relative à la sous-traitance et notamment de ses articles 11 et suivants[10] relatifs à l'action directe.

En tout état de cause, et conformément au droit commun applicable en la matière[11], l'avocat mandant ou donneur d'ordre est naturellement tenu du paiement des sommes (frais, honoraires...) dues à son sous-mandant ou sous-traitant et négociées entre eux, notamment entre avocats dans le cadre d'une convention d'honoraires. Ce que ne fait que rappeler l'article 11.5 du RIN.

À vrai dire la notion même d'obligation ducroire, communément admise, est impropre : l'engagement ducroire au sens strict est une stipulation par laquelle un commissionnaire ou mandataire garantit la solvabilité du client auprès du vendeur qui contracte directement avec ce même client et est ensuite, en cas de mise en œuvre de la stipulation, subrogé dans les droits du vendeur à l'égard du client défaillant. Ici, le lien contractuel direct vendeur / client qui justifie la nécessité d'un engagement ducroire express du commissionnaire ou mandataire fait défaut[12].

743.34 **Exclusion de l'obligation.** L'avocat mandant ou donneur d'ordre n'est pas tenu à l'obligation dite ducroire s'il a indiqué expressément, dès l'origine et par écrit, au tiers mandaté par ses soins ne pas vouloir se soumettre à cette obligation.

Mais cette mention doit être claire et expresse, elle ne se déduit pas. À cet égard, la demande faite par l'avocat à son mandataire ou sous-traitant de libeller la facture à l'ordre de son client afin de

1. Versailles, 19e ch., 6 juin 2008, RG no 07/05158 – TGI Versailles, 1re ch., 28 mars 2006, RG no 05/06300, *RTD civ.* 2006. 576, obs. P.-Y. Gautier ; *D.* 2007. 825, obs. B. Blanchard ; *JCP* 2006. I. 188, obs. R. Martin.
2. D. Piau, « l'obligation dite "ducroire" de l'avocat, cette ingénue inconnue… », *Gaz. Pal.* 22-23 nov. 2013, p. 15.
3. RIN, art. 11.8.
4. Civ. 1re, 14 nov. 2013, no 12-28.763, P I, no 219 ; *D.* 2013. 2705 ; *D.* 2014. 169, obs. Th. Wickers ; *D. avocats* 2014. 28, obs. G. Royer ; *Gaz. Pal.* 22-23 nov. 2013, p. 15, note D. Piau.
5. RIN, art. 21.5.7.
6. J. Bigot note ss Civ. 1re, 27 déc. 1960, *D.* 1960. 491 – G. Decocq, C. Grimaldi, J. Huet, H. Lécuyer, *Les principaux contrats spéciaux*, 3e éd., « Traité de droit civil », LGDJ – Lextenso, 2012, nos 31152 s. – Ph. Le Tourneau (dir.), *Droit de la responsabilité et des contrats*, 12e éd., « Dalloz Action », 2020, no 3321.224.
7. Civ. 2e, 26 juin 2008, no 06-11.227, P II, no 151.
8. Civ. 1re, 27 déc. 1960, *D.* 1960. 491, note J. Bigot.
9. L. no 75-1334, 31 déc. 1975 relative à la sous-traitance, *JO* 3 janv., p. 148.
10. L. no 75-1334, 31 déc. 1975, art. 11.
11. C. civ., art. 1984 s.
12. COMP. : Ph. Le Tourneau (dir.), *Droit de la responsabilité et des contrats*, 12e éd., « Dalloz Action », 2020, nos 3321.215 s.

solliciter le paiement directement auprès de lui, si elle constitue une facilité de règlement, ne saurait en aucun cas délier l'avocat de son obligation ducroire [1]. Il en est, de même, du simple fait de demander à un tiers d'intervenir pour le compte d'un client, sans le mettre en contact avec ce même client, et ce même si l'on n'intervient pas pour le compte de ce même client au regard de la prestation sollicitée [2].

Il convient, dès lors, d'être extrêmement prudent, surtout lorsque, l'on se contente d'une simple mise en relation ou recommandation : la mise en relation doit être exempte de toute ambiguïté, le client de l'avocat devenant alors le client du tiers recommandé, auquel il appartiendra de négocier directement ses honoraires avec le client [3]. D'autant que si l'avocat donneur d'ordre n'a pas informé son client de cette intervention il peut être seul tenu du paiement des honoraires dus [4].

Après la saisine du tiers mandaté, il demeure possible de lui indiquer expressément et par écrit à celui-ci ne plus vouloir se soumettre à cette obligation pour les prestations à venir. Il demeurera alors ducroire pour les seules prestations intervenues jusqu'à cette même date [5].

Naturellement, dans ces hypothèses, le tiers mandaté ainsi informé sera amené à entrer en relation directe avec le client afin de négocier ses honoraires, frais et débours directement avec lui [6].

743.35 Détermination de l'existence de l'obligation. La question est parfois tangente, dès lors que l'on se trouve parfois à la frontière de la co-traitance, faisant que si l'avocat est intervenu dans le cadre d'une relation directe avec le client, il ne saurait attraire un autre avocat, co-traitant mais pas sous-traitant, en paiement desdits honoraires [7], et de la sous-traitance.

Faute de dispositions conventionnelles expressément convenues entre les parties quant à la nature de leurs engagements respectifs, il faut interpréter leur volonté [8]. Ce que les juges du fond apprécient souverainement, la Cour de cassation ne faisant que contrôler la pertinence de la motivation à l'aune des éléments invoqués par les parties.

C'est ainsi qu'elle a pu considérer qu' : « Après avoir exactement énoncé que [...], un avocat qui, ne se bornant pas à recommander un confrère ou à l'introduire auprès d'un client, confie une affaire à un correspondant ou le consulte, est personnellement tenu, même en cas de défaillance du client, au paiement des honoraires, frais et débours dus au conseil d'un État membre, la cour d'appel, appréciant souverainement la portée des éléments de preuve, a relevé que la société X... avait confié à la société Y... une mission consistant à conseiller son client à l'occasion d'un projet d'investissement immobilier en Belgique, tout en proposant son assistance pour la mise en place de la structure d'acquisition et l'optimisation tant fiscale que sociale de l'opération côté français, qu'elle avait transmis un calendrier du déroulement des différents audits et diverses pièces nécessaires à la mission, et avait sollicité la communication de certains documents relatifs à l'acquisition envisagée ; que de ces constatations et appréciations, elle a exactement déduit que la société X..., qui ne s'était pas bornée à mettre son client en relation avec la société Y mais lui avait confié l'affaire à traiter en Belgique, était tenue, [...], au paiement des honoraires et frais dus à cette dernière. » [9]

Tout comme, a droit à des honoraires calculés en conformité avec les usages de la profession, l'avocat qui est intervenu et a fourni des prestations dans plusieurs dossiers à la demande d'un autre avocat, la teneur des échanges entre les parties établissant l'existence d'un mandat et, à défaut d'établissement d'une convention entre les parties prévoyant le caractère bénévole de l'intervention, celui-ci emporte droit à rémunération à la charge du donneur d'ordre en sa qualité de ducroire [10].

743.36 Portée de l'obligation. L'obligation dite ducroire intègre l'ensemble des prestations accomplies à la demande de l'avocat mandant ou donneur d'ordre pour le compte de son client, par le tiers mandaté ou sous-traitant. L'obligation ducroire intègre ainsi les honoraires mais aussi les frais et débours. Ce compris, en principe, les honoraires, frais et débours des sous-mandants ou sous-traitants du niveau 2 auquel aurait recours le sous-mandant ou sous-traitant de l'avocat mandant ou donneur d'ordre. Il convient donc que l'avocat soit extrêmement vigilant quant aux frais engagés par les tiers dont il

1. Décis. bâtonnier Hauts-de-Seine, 25 juill. 2013, n° 241112.
2. Décis. bâtonnier de Paris, 8 juill. 2015, n° 737-265427.
3. Paris, 1re ch., sect. B, 2 avr. 1993, RG n° 91/23987.
4. Paris, 1re ch., sect. B, 25 mars 1994, *Gaz. Pal.* 23-24 nov. 1994, p. 4.
5. Décis. bâtonnier Le Mans, 10 juill. 2014, n° 249309.
6. Sur la question en cas de succession entre avocats, v. ss nos 484.91 s.
7. Civ. 2e, 22 mai 2008, n° 07-16.042, P II, n° 118 – G. Decocq, C. Grimaldi, J. Huet, H. Lécuyer, *Les principaux contrats spéciaux*, 3e éd., « Traité de droit civil », LGDJ – Lextenso, 2012, nos 32315 s.
8. Décis. bâtonnier de Paris, 21 nov. 2014, n° 226388 – Décis. bâtonnier de Paris, 16 déc. 2014, n° 258386 – Décis. Bâtonnier de Paris, 17 mars 2015, n° 258742 – Décis. bâtonnier de Paris, 3 juin 2015, n° 264357 – Décis. bâtonnier de Paris, 13 déc. 2016, n° 279444.
9. Civ. 1re, 14 nov. 2013, n° 12-28.763, P I, n° 219 ; *D.* 2013. 2705 ; *D.* 2014. 169, obs. Th. Wickers ; *D. avocats* 2014. 28, obs. G. Royer ; *Gaz. Pal.* 22-23 nov. 2013, p. 15, note D. Piau.
10. Versailles, 1re, ch. 1re, sect., 19 mai 2016, RG n° 15/02683.

est ducroire (ex : serrurier auquel aurait recours un huissier pour une expulsion ; frais de recherche de solvabilité d'un débiteur par un huissier).

Elle concerne la seule rémunération des prestations réalisées par l'avocat à la demande d'un autre avocat, soit les honoraires dus au titre de ces prestations, calculés suivant les critères de l'article 10 de la loi du 31 décembre 1971 [1], et ne saurait être étendue au partage d'un honoraire de résultat, sauf accord préalable express entre les avocats concernés [2].

La Cour de cassation a ainsi pu considérer que dès lors qu'un avocat, sous-traitant, ne pouvait se prévaloir de la convention d'honoraires conclue par un autre avocat et son client, et que cet avocat n'établissait pas avoir accompli d'autres diligences que celles figurant sur sa note d'honoraires initiale, la demande de paiement d'un honoraire complémentaire s'analysait en une demande de partage d'un honoraire de résultat, laquelle n'était pas fondée en l'absence de convention entre les avocats prévoyant un tel honoraire [3].

743.37 Émoluments. Elle n'a toutefois, en principe, pas vocation à intégrer les émoluments dès lors que le tiers concerné (avocat, huissier...) dispose, pour ceux-ci, d'un droit de recouvrement direct, suivant les cas, à l'encontre du client ou de la partie adverse [4]. Toutefois, faisant une interprétation large de la portée de l'obligation dite ducroire, la Cour de cassation a cru pouvoir considérer que les émoluments devaient être compris dans son champ d'application [5].

L'article 11 du RIN a alors été modifié afin d'exclure expressément les émoluments taxables de cette obligation [6].

743.38 Indemnité forfaitaire pour frais de recouvrement. Un avocat peut être déclaré ducroire de l'indemnité forfaitaire pour frais de recouvrement [7] à la charge de tout professionnel en situation de retard de paiement, due à un huissier de justice pour retard de paiement ou impayé de son client.

Si la facture est établie au nom de l'avocat, le paiement peut lui être réclamé, même si le client est un non-professionnel.

Si la facture est établie au nom du client qui est un non-professionnel, l'indemnité ne s'applique pas, mais si le client est un professionnel, l'indemnité s'applique. Il est donc de bon sens de solliciter systématiquement une facture au nom du client non-professionnel afin d'exclure l'application de l'indemnité forfaitaire [8].

743.39 Cession de fonds libéral. L'obligation dite ducroire est une obligation personnelle de l'avocat qui mandate un tiers pour le compte de son client, pas plus qu'en cas de succession entre avocats dans un dossier elle ne se transmet pas au successeur [9], elle n'a pas vocation, en principe, à être transmise avec le fonds en cas de cession d'un fonds libéral : cette dernière n'entraîne pas, sauf stipulations particulières, la cession du passif, faisant qu'il appartient au cédant de régler toutes dépenses, charges et débours nés de l'exploitation jusqu'au jour de l'entrée en jouissance du cessionnaire [10].

§ 2
Recouvrement des sommes dues

743.41 Procédure de règlement des différends entre avocats. La demande en paiement de sommes dues au titre de l'obligation dite ducroire ne relève pas de la procédure de recouvrement des honoraires, l'article 174 et suivants du décret du 27 novembre 1991 ne s'appliquant qu'aux relations entre l'avocat et son client [11] : l'avocat sollicité par un autre avocat dispose ainsi, en cas de sous-mandat ou de sous-traitance, d'une action en paiement de ses honoraires, frais et débours contre ce dernier qui relève de la procédure de règlement des litiges entre avocats dans le cadre de leur exercice professionnel, prévue aux articles 179-1 et suivant du décret du 27 novembre 1991, régissant les différends entre avocats dans le cadre de leur exercice professionnel [12].

1. Décis. bâtonnier de Paris, 14 sept. 2012, n° 227494 – Paris, pôle 2, ch. 1, 9 sept. 2015, RG n° 14/03361 – Paris, pôle 2, ch. 1, 19 sept. 2018, RG n° 17-02111 – V. s[s] n°s 721.00 s.
2. Décis. bâtonnier de Paris, 1er févr. 2011, n° 721-197174 – Paris, pôle 2, ch. 1, 13 avr. 2016, RG n° 15/03259 – Civ. 2e, 18 mai 2017, n° 16-18.294, P ; *JCP* 2017. 636, obs. M. Attal ; *JCP* 2017. 1104, n° 6, obs. C. Caseau-Roche – V. s[s] n°s 743.11 s.
3. Civ. 2e, 18 mai 2017, n° 16-18.294, P ; *D.* 2017. 1133 ; *D. avocats* 2017. 283, obs. G. Deharo ; *JCP* 2017. 636, obs. M. Attal ; *JCP* 2017. 1104, n° 6, obs. C. Caseau-Roche ; – REJETANT POURVOI CONTRE : Paris, pôle 2, ch. 1, 13 avr. 2016, RG n° 15/03259.
4. V. s[s] n°s 742.00 s.
5. Civ. 1re, 14 nov. 2013, n° 12-28.763, P I, n° 219 ; *D.* 2013. 2705 ; *D.* 2014. 169, obs. Th. Wickers ; *D. avocats* 2014. 28, obs. G. Royer ; *Gaz. Pal.* 22-23 nov. 2013, p. 15, note D. Piau.
6. DCN n° 2014-002, CNB, AG 10 oct. 2014, publié au *JO* par décis. 13 nov. 2014, *JO* 5 déc. 2014.
7. V. s[s] n°s 731.84 s.
8. CNB, Comm. RU, avis n° 2015-036, 30 sept. 2015.
9. V. s[s] n°s 484.91 s.
10. Paris, pôle 2, ch. 1, 6 déc. 2017, RG n° 15/05304.
11. Civ. 2e, 10 juin 2010, n° 08-21.561, P II, n° 110 ; *D.* 2010. 1566 ; *D.* 2010. 2102, Chron. J.-M. Sommer, L. Leroy-Gissinger, H. Adida-Canac et S. Grignon Dumoulin ; *D.* 2011. 552, obs. B. Blanchard.
12. Civ. 2e, 22 mai 2008, n° 07-16.042, P II, n° 118 ; *D.* 2008. 1631 – Paris, pôle 2, ch. 1, 8 nov. 2011, RG n° 11/05264 – Civ. 1re, 9 janv. 2019, n° 17-25.788, NP ; *Gaz. Pal.* 5 févr. 2019, p. 30, obs. C. Berlaud – V. s[s] n°s 822.00 s.

L'avocat doit alors agir contre l'avocat l'ayant mandaté devant la juridiction du bâtonnier, seul compétent pour trancher tant la consistance de l'obligation que le montant même des honoraires, qui n'ont – par définition – pas été convenus entre l'avocat et son client mais entre les avocats.

En cas de litiges entre avocats appartenant à des barreaux différents, conformément à l'article 179-2 du décret du 27 novembre 1991, il sera procédé à la désignation d'un bâtonnier tiers arbitre[1].

Le bâtonnier ou son délégué statuant dans le cadre d'un litige entre avocats applique alors les mêmes règles d'appréciation que le juge de l'honoraire[2] pour déterminer l'exigibilité de l'honoraire ou son montant, soit en application des dispositions convenues entre les avocats[3], soit en application des critères de l'article 10 de la loi du 31 décembre 1971[4].

743.42 **Avocat appartenant à un barreau étranger.** Lorsque le litige oppose un avocat étranger à un avocat exerçant en France, il y a lieu d'appliquer les règles spécifiques au recouvrement de leur rémunération contractuellement convenues entre eux, à défaut desquelles il conviendra de saisir la juridiction compétente en application du droit commun.

En pratique, compte tenu du fait qu'il s'agit avant tout d'un rapport entre avocats, il y a lieu de procéder, comme en matière de relations entre avocats appartenant à des barreaux français, à une tentative de conciliation par l'intermédiaire des bâtonniers dont relèvent les avocats en cause.

En cas d'échec de cette tentative de conciliation, il conviendra de renvoyer l'avocat demandeur à saisir la juridiction de droit commun compétente soit en raison de l'accord des parties (clauses d'arbitrage), soit en application des règles de droit international privé[5].

743.43 **Autres tiers mandatés par l'avocat donneur d'ordre.** Pour tous autres tiers mandatés par l'avocat, ce sont les règles spécifiques applicables au recouvrement de leur rémunération qu'il y a lieu de mettre en œuvre, à défaut desquelles il y a lieu de saisir les juridictions compétentes en application du droit commun[6].

743.44 **Procédure collective de l'avocat donneur d'ordre.** Par ailleurs, en cas de procédure collective ouverte à l'encontre de l'avocat tenu de l'obligation ducroire, il appartient au tiers sollicité de procéder à la déclaration de sa créance dans la procédure[7].

743.45 **Recouvrement comme frais.** Les sommes payées par l'avocat mandant ou donneur d'ordre au titre de l'obligation dite ducroire constituent des « frais », qui doivent, en principe, être remboursés par le client et être facturés comme tels à ce dernier dans le cadre de la relation directe le liant à ce dernier. Il est possible de solliciter une avance sur frais auprès du client (débours)[8].

En cas de litiges entre l'avocat et son client, l'avocat mandant ou donneur d'ordre devra alors faire procéder à la fixation de ces frais suivant la procédure de droit commun prévue à l'article 174 du décret du 27 novembre 1991[9].

Il a ainsi été jugé que les montants au paiement desquels un avocat français a été condamné par une juridiction étrangère pour le compte de son client et au profit du cabinet d'avocats anglais ainsi que les sommes qu'elle a dû exposer au titre de sa défense devant cette juridiction sont assimilables à des frais et débours au sens du décret du 27 novembre 1991 et doivent être supportés par le client[10].

743.46 **Paiement préalable nécessaire.** Avant d'engager une telle procédure à l'encontre de son client, il est toutefois nécessaire que l'avocat donneur d'ordre ait préalablement effectivement payé les sommes dues en qualité de ducroire et les ait refacturées en tant que frais à son client.

Si le client venait à devoir reprocher un défaut d'information de la part de son avocat, défaut d'information lui ayant causé un préjudice en raison du paiement de ces frais mis ainsi à sa charge, il lui appartiendra alors de mettre en cause la responsabilité civile professionnelle de son avocat dans le cadre de la procédure prévue à cet effet[11] et non de faire une demande reconventionnelle dans le cadre de la procédure de fixation des honoraires, le juge de l'honoraire n'ayant pas compétence pour se prononcer sur une telle demande[12].

743.47 **Prudence et contractualisation.** L'obligation dite ducroire doit inciter les avocats à la prudence, à la fois dans leur relation avec les

1. V. s[s] n°s 822.31 s.
2. V. s[s] n°s 721.31 s.
3. Décis. bâtonnier de Paris, 9 sept. 2019, n° 737-312193.
4. Paris, pôle 2, ch. 1, 9 sept. 2015, RG n° 14/03361 – Paris, pôle 2, ch. 1, 17 janv. 2018, RG n° 15/13446.
5. CNB, Comm. RU, avis n° 2016-085, 9 nov. 2016.
6. Versailles, 19e ch., 6 juin 2008, RG n° 07/05158 – TGI Versailles, 1re ch., 28 mars 2006, RG n° 05/06300, *RTD civ.* 2006. 576, obs. P.-Y. Gautier ; *D.* 2007. 825, obs. B. Blanchard ; *JCP* 2006. I. 188, obs. R. Martin – Civ. 1re, 14 nov. 2013, n° 12-28.763, P I, n° 219 ; *D.* 2013. 2705 ; *D.* 2014. 169, obs. Th. Wickers ; *D. avocats* 2014. 28, obs. G. Royer ; *Gaz. Pal.* 22-23 nov. 2013, p. 15, note D. Piau.
7. Sent. du bâtonnier 5 août 2011, n° 740-219501 – V. s[s] n° 732.119.
8. V. s[s] n°s 723.21 s.
9. V. s[s] n°s 741.21 s.
10. Civ. 2e, 24 mai 2006, n° 04-13.450, P II, n° 131 – Civ. 2e, 22 oct. 2015, n° 14-24.103, P II, n° 347 ; *D.* 2015. 2188.
11. V. s[s] n°s 913.00 s.
12. V. s[s] n° 741.171.

clients[1] - dont il convient de s'assurer préalablement de l'accord sur le principe de l'intervention comme sur le montant des honoraires, frais et débours de tout tiers mandaté - dans l'établissement de leurs conventions d'honoraires[2] s'agissant, ici, de la facturation des frais annexes à leurs prestations propres, et ce qu'il s'agisse de conseil ou de contentieux, et dans leurs relations avec les tiers sollicités par leurs soins. Il appartiendra, ici encore, à l'avocat de contractualiser la relation[3], ne serait-ce qu'en précisant unilatéralement dès le commencement, clairement et par écrit, la nature et la portée de ses engagements, qui le lie au tiers sollicité par ses soins, et ce afin d'éviter toute difficulté d'interprétation ultérieure des contours ou de la portée de l'obligation dite ducroire.

En particulier, en cas d'honoraires forfaitaires, il convient de bien préciser que cet honoraire forfaitaire s'entend « hors frais de toute nature », faute de quoi il pourrait être considéré que les frais sont inclus dans l'honoraire forfaitairement convenu.

En cas de désignation du tiers par décision de justice (huissier, expert notamment), l'avocat n'est pas l'auteur du mandatement du tiers, qui a été mandaté par décision de justice, il n'est donc en principe pas ducroire de ce dernier.

En cas d'aide juridictionnelle, l'avocat qui intervient au titre de l'aide juridictionnelle n'a pas à être ducroire des tiers intervenants, dont les frais sont censés être pris en charge au titre de l'aide juridictionnelle[4]. Il convient toutefois, ici encore, d'être prudent et d'informer clairement et expressément tout tiers sur le fait que l'on intervient au titre de l'aide juridictionnelle, et de solliciter, le cas échéant et si nécessaire, la désignation de ce tiers au titre de l'aide juridictionnelle. D'une manière générale et afin d'éviter toute difficulté, il est très fortement recommandé aux avocats intervenant au titre de l'aide juridictionnelle de préciser systématiquement de manière expresse et claire dès l'origine et par écrit au tiers sollicité par leurs soins qu'ils n'entendent pas se soumettre à l'obligation dite ducroire.

1. D. Landry, « De la détermination du montant des honoraires à la détermination de leur débiteur », *Gaz. Pal.* 30 août 2013, p. 16 – D. Piau, « L'honoraire entre passé, présent et avenir », *Gaz. Pal.* 6 mars 2012, p. 13.
2. V. s[s] n° 713.224.
3. V. s[s] n°s 713.462 s.
4. V. s[s] n°s 751.231 s.

TITRE

75. L'aide juridique

SECTION 0

ORIENTEUR

75.00 **Sommaire du titre.**

Division. L'assistance judiciaire a été créée en 1851 comme une mission gratuite, suivie, en 1972, par le droit à l'aide judiciaire, subordonné à un seuil de revenu, et, depuis 1982, par les commissions d'office rémunérées assurées par les avocats, et en 1991, par l'aide juridique comprenant une aide juridictionnelle (chap. 751), et une aide à l'accès au droit (chap. 752) permettant de fournir une consultation afin d'informer les personnes sur l'étendue de leurs droits et notamment sur la possibilité d'engager une procédure juridictionnelle.

75.03 **Bibliographie indicative.**

* Aussi : v. s^{s} n°s 013.00 s.

Encyclopédies. *J.-Cl. Civ. Annexes, Avocat*, fasc. 30 : avocats, Aide juridique, 2015 – *RÉP. PR. CIV., V° Aide juridique,* par H. Gerphagnon, déc. 2011 – RÉP. PR. PÉN., *V° Aide juridictionnelle,* par S. Carbone, 2012, mise à jour, oct. 2013 – RÉP. CONT. ADM., *V° Aide juridictionnelle,* par J. Barthélémy, sept. 2007, mise à jour, janv. 2014.

Monographies. J. Bailly et P. Roussy, *L'aide juridique : Aide juridictionnelle et aide à l'accès au droit*, Sopiac 1999 – C. de Folleville, *L'accès au droit et à la justice*, Éditions Sociales Françaises, 2013 – ESF, 2013.

Manuel. Coll., *Agence des droits fondamentaux de l'Union européenne et Conseil de l'Europe,* Manuel de droit européen en matière d'accès à la justice, 2016.

Contribution. Y. Desdevises, « Accès au droit, accès à la justice », *Dictionnaire de la justice* (L. Cadiet dir.), Puf, 2004, p. 1.

Rapports. P. Bouchet, D. Charvet et B. Fragonard, *Rapport de la commission de réforme de l'accès au droit et de la justice*, La Documentation française, 2001 – Cepej, Systèmes judiciaires européens : Efficacité et qualité de la justice, Études de la Cepej, n° 23, 6e éd., 2016. R. du Luart, *L'aide juridictionnelle : réformer un système à bout de souffle*, Rapport d'information n° 23, Sénat 2007 – B. Steinman, I. Roux-Trescases et N. Verger, *Rapport sur le recouvrement de l'aide juridictionnelle*, Mission d'audit de modernisation, Ministère de la Justice, 2007.

CHAPITRE

751. Aide juridictionnelle et aide à l'intervention de l'avocat

SECTION 0

ORIENTEUR

751.00 **Sommaire du chapitre.**

Division. L'assistance juridique initiée dès 1272 par les Établissements de Saint-Louis, reconnue par une loi en 1851, mue ensuite d'une aide judiciaire à une aide juridique aboutissant à la recherche d'une réforme globale de l'aide juridictionnelle (sect. 1), avec des conditions (sect. 2), et une procédure d'obtention (sect. 3) bien définies, abordant le calcul de la contribution de l'avocat (sect. 4), ainsi que le paiement et recouvrement de cette contribution (sect. 5).

751.01 Textes applicables.

TEXTES TITRÉS

- **Dir. 2002/8, Conseil, 27 janv. 2003**
- **L. n° 91-647, 10 juill. 1991**

art. 2 [Bénéficiaire]

art. 4 [Condition de ressources]

art. 7 [Caractère de l'action]

art. 10 [Procédures concernées]

art. 11 [Continuité de l'aide juridictionnelle]

art. 11-1 et s. [Aide à l'intervention de l'avocat dans les procédures non juridictionnelles]

art. 19 [Saisine par l'avocat en matière de commission ou désignation d'office]

art. 19-1 [AJ garantie]

art. 20 [Admission provisoire]

art. 23 [Recours contre les décisions du Baj]

art. 24 et s. [Effet de l'aide juridictionnelle]

art. 27 [Contribution au titre de l'aide juridictionnelle]

art. 32 [Exclusivité de la contribution de l'État à l'aide juridictionnelle totale]

art. 33 [Sommes venant en déduction de la contribution de l'État]

art. 34 [Contribution de l'État à l'aide juridictionnelle partielle]

art. 34 [Honoraire complémentaire en cas d'aide juridictionnelle partielle]art. 36 [Retour à meilleure fortune]

art. 36 [Substitution d'une rémunération à la contribution]art. 39 [Contribution de l'État en cas de transaction]

art. 50 et s. [Retrait de l'aide juridictionnelle]

art. 64 [Aide à l'intervention de l'avocat dans les procédures non juridictionnelles]

art. 67 s. [Financement de l'aide juridictionnelle]

- **Décr. n° 2020-1717, 28 déc. 2020**

art. 10 [Continuité de l'aide juridictionnelle]

art. 36 [Moment de la demande d'aide juridictionnelle ou de l'aide à l'intervention de l'avocat]

art. 37 [Modalité de la demande d'aide juridictionnelle ou de l'aide à l'intervention de l'avocat]

art. 39 [Saisine par l'avocat en matière de commission ou désignation d'office]

art. 43 [Effets de la demande sur les délais de procédure]

art. 52 s. [Admission à l'aide juridictionnelle ou l'aide à l'intervention de l'avocat]

art. 61 s. [Admission provisoire à l'aide juridictionnelle ou l'aide à l'intervention de l'avocat]

art. 65 s. [Retrait de l'aide juridictionnelle ou de l'aide à l'intervention de l'avocat]

art. 69 s. [Recours contre les décisions des Baj]

art. 76 [Désignation d'un avocat par le bâtonnier]

art. 78 et s. [Décharge de mission]

art. 86 [Détermination de la contribution de l'État dans les procédures juridictionnelles]

art. 87 [Détermination de la contribution de l'État dans les procédures non juridictionnelles]

art. 88 [Majoration de la contribution de l'État en cas de protocoles]

art. 89 [Partage de la contribution entre avocats]

art. 92 [Pluralité de partie]

art. 99 et 100 [Contribution due au médiateur]

art. 101 [Contribution de l'État à l'aide juridictionnelle partielle]

art. 102 [Convention d'honoraires en cas d'aide juridictionnelle partielle]

art. 105 [Modalité de règlement de la contribution]

art. 106 et 107 [Contribution de l'État en cas de transaction, d'accord intervenu dans le cadre d'une procédure participative ou par un divorce par acte sous signature privée contresigné par avocat]

art. 109 [Déduction des honoraires ou émoluments]

art. 112 [Substitution d'une rémunération à la contribution]

Annexe I [Détermination de la contribution de l'État dans les procédures juridictionnelles]

Annexe II [Détermination de la contribution de l'État dans les procédures non juridictionnelles]

• **Décr. n° 91-1197, 27 nov. 1991**

art. 235-1 [Carpa – Financement du service de l'aide juridictionnelle]

751.02 Jurisprudence de référence.

> Exclusivité de la contribution au titre de l'aide juridictionnelle totale

• **Civ. 2e, 6 juin 2013,** n° 12-20.361, P II, n° 111.

* V. s[s] n° 751.441.

« Sur le moyen unique, pris en sa troisième branche :

Vu l'article 32 de la loi n° 91-647 du 10 juillet 1991 relative à l'aide juridique ;

Attendu, selon l'ordonnance attaquée, rendue par un premier président d'une cour d'appel statuant en matière de taxe et les productions, que Mme Y..., avocate, a été désignée pour défendre les intérêts de Mme X..., qui avait demandé l'aide juridictionnelle totale le 25 juillet 2007 et obtenu le bénéfice de celle-ci par décision du 10 septembre 2007 ; que Mme Y... a présenté, le 8 avril 2008, une requête devant un tribunal administratif ; que, sur refus de sa cliente de verser des honoraires, elle a obtenu du bâtonnier de l'ordre des avocats la taxation de ceux-ci à la somme de 1 300 euros ;

Attendu que pour confirmer la décision du bâtonnier, le premier président énonce que Mme X... n'avait pas informé son avocate de ce qu'elle bénéficiait de l'aide juridictionnelle et entretenu celle-ci dans son ignorance ;

Qu'en statuant ainsi, alors que la rétribution de l'auxiliaire de justice au titre de l'aide juridictionnelle totale est exclusive de toute autre rémunération et que l'unique diligence accomplie par Mme Y... l'avait été après que l'aide juridictionnelle ait été accordée à Mme X..., le premier président a violé le texte susvisé ; »

751.03 Bibliographie indicative.

* Aussi : v. s[s] n° 75.03.

Thèses. E. Burkhart, *L'assistance judiciaire en matière civile en France depuis la loi du 10 juillet 1901*, Rousseau, 1905 – G. Charliac, *De l'assistance des étrangers indigents devant les tribunaux*, Jouve, 1905 – J.-M.-L. Coulombeix, *Le rôle de l'État dans l'assistance judiciaire. Lois des 22 janvier 1851 et 10 juillet 1901*, Impr. moderne, Agen, 1905 – J. Crespel, *Assistance judiciaire en droit comparé et perspectives de réformes en droit français : Contribution à l'étude de l'assistance judiciaire*, Rennes, 1957 – H. Guérard, *De l'assistance judiciaire des étrangers en France*, A. Rousseau, 1910 – M. Laneyrie, *L'assistance judiciaire*, Pedone, 1902 – M. Richard, *De la loi du 22 janvier 1851 sur l'assistance judiciaire en matière civile*, Grande imprimerie du Centre, Montluçon, 1897 – F. Roux, *L'assistance judiciaire et sa réforme (Procédure civile)*, L. Larose, 1896 – P. Roux, *Étude sur l'assistance judiciaire en matière civile*, F. Seguin, Avignon, 1903.

Encyclopédies. J.-CL. CIV. ANNEXES, *Avocat*, fasc. 30 : avocats, Aide juridique, 2015 – REP. PR. CIV., V° Aide juridique, par H. Gerphagnon, déc. 2011 – REP. PR. PEN., V° Aide juridictionnelle, par S. Carbone, 2012, mise à jour, oct. 2013 – REP. CONT. ADM., V° Aide juridictionnelle, par J. Barthélémy, sept. 2007, mise à jour, janv. 2014.

Traité. S. Guinchard (dir.), *Droit et pratique de la procédure civile,* 10e éd., « Dalloz Action », 2021, nos 73.01 s, par H. Gerphagnon et F. Ferrand.

Monographies. J. Bailly et P. Roussy, *L'aide juridique : Aide juridictionnelle et aide à l'accès au droit*, Sopiac 1999 – A. Balsan, *Guide pratique de l'aide juridictionnelle*, Édilaix, 2003 – P. Laroche de Roussane, *L'aide judiciaire : Étude de la loi n° 72-11 du 3 janvier 1972 et des textes pris pour son application,* Répertoire du notariat Défrenois, 1973, – J.-R. Wattez, *Parlez-moi d'AJ*, UNCA, Gazette du Palais, 2011.

Manuel. Collectif, Agence des droits fondamentaux de l'Union européenne et Conseil de l'Europe, *Manuel de droit européen en matière d'accès à la justice*, 2016.

Contributions. D. d'Ambra, « Réformer l'aide juridictionnelle », *Mél. S. Guinchard*, Dalloz, 2010, p. 85 ; « L'aide à l'accès à la justice : l'aide juridictionnelle », *Procédures et effectivité des droits, Droit et justice*, t. 49, Bruylant 2003, p. 43 – Coll., « L'accès à la justice des personnes aux ressources insuffisantes : le contentieux de l'aide juridictionnelle porté devant la Cour de cassation (1980-2009) », *Rapport annuel de la Cour de cassation 2009*, La Documentation française, 2010 – Y. Desdevises, « Accès au droit, accès à la justice », Dictionnaire de la justice (L. Cadiet dir.), Puf, 2004, p. 1 – S. Guinchard, « Petit à petit, l'effectivité du droit à un juge s'effrite », *Mél. Boré*, Dalloz, 2007, p. 275 – J.-A. Lathoud, « L'avocat des pauvres en Savoie (1430-1860) : une magistrature charitable ou un service public novateur », *Justice et oubli*, La Documentation française 2017, p. 251.

Articles. J.-Ch. Barjon, « AJ : plus de 40 lois et 40 décrets depuis 1991 ! », *Gaz. Pal.* 28 mars 2017, p. 11 – J. Bougrab, « L'aide juridictionnelle, un droit fondamental », *AJDA* 2001. 1016 – G. Brunel, J.-M. Picard, « L'AJ en Belgique et en France : l'exemple d'une réforme réussie pour un dispositif à bout de souffle », *Gaz. Pal.* 21 févr. 2017, p. 12 – G. Brunel, « La subsidiarité de l'aide juridictionnelle : un dispositif à l'efficacité limitée », *Dr. et pr.* n° 5, mai 2015, p. 86 – A. Coignac, « Réforme de l'aide juridictionnelle : quelles perspectives ? », *JCP* 2010. 594 – Coll., « Contentieux de l'aide juridictionnelle portée devant la Cour de cassation : 1980-2009 », *Rapport de la Cour de cassation 2009,* p. 149 – M.-Cl. Defossez-Perard, « Évolutions des dispositions réglementaires en matière d'aide juridique », *Gaz. Pal.* 14-15 mai 2004, p. 15 – M. Doriat-Duban, « Analyse économique de l'accès à la justice : les effets de l'aide juridictionnelle », *RIDE* 2001. 77 – N. Fricero, « L'aide juridictionnelle », *AJ fam.* 2008. 423 – M.-A. Frison-Roche, « Principes et intendance dans l'accès au droit et l'accès à la justice », *JCP* 1997. I. 4051 ; « Le droit d'accès à la justice et au droit », *Libertés et droit fondamentaux*, 18e éd., Dalloz, 2012, p. 521 – Th. Gabet, « De l'avenir de la profession d'avocat aux angoisses du quotidien : l'incontournable question de l'accès au droit », *Gaz. Pal.* 29-31 oct. 2006, p. 2 – P. Laroche de Roussane, « De l'assistance judiciaire à l'aide judiciaire... et au-delà », *L'Année sociologique*, 3e série, vol. 27, 1976, p. 225 ; « Loi n° 82-1173 du 31 décembre 1982 relative à l'aide judiciaire, à l'indemnisation des commissions et désignations d'office en matière pénale et en matière civile et à la postulation dans la région parisienne », *D.* 1983. 15 ; « Décret n° 83-154 du 28 février 1983 modifiant le décret n° 72-809 du 1er septembre 1972 portant application de la loi n° 72-11 du 3 janvier 1972 instituant l'aide judiciaire », *D.* 1983. 51 ; « L'actualité législative en matière d'aide judiciaire », *D.* 1989. 73 ; « Commentaire de la loi n° 91-647 du 10 juillet 1991 relative à l'aide juridique », *D.* 1992. 1 ; « Modalités d'application de la loi n° 91-647 du 10 juillet 1991 relative à l'aide juridique », *D.* 1992. 97 – G. Marchesini, « le droit à l'aide juridictionnelle. Réflexion sur l'effectivité d'un droit fondamental », *RRJ* 2003. 77 – C. Nourrissat, « Directive 2003/8/CE du 27 janv. 2003 visant à améliorer l'accès à la justice dans les affaires transfrontalières en matière civile et commerciale », *Procédures* 2003. Chron. 11 – F. Rolin, « Crise de l'aide juridictionnelle ou crise des professions judiciaires », *D.* 2001. 6 ; « Considérations inactuelles sur le projet de loi relatif à la réforme de l'accès au droit et à la justice », *D.* 2002. 890 – J.-J. Thouroude, « La responsabilité de l'état du fait du paiement tardif des indemnités d'aide judiciaire aux avocats », *Gaz. Pal.* 1984. 416 – Ph. Waquet, « L'office du juge en matière d'aide juridictionnelle », *D.* 2005. 2827 ; « L'aide juridictionnelle et l'instance », *D.* 2009. 2178 – M.-Ch. Wienhofer, « Le cas de l'aide juridictionnelle et ses risques de retrait », *Gaz. Pal.* 2011. 84.

Rapports. P. Bouchet, D. Charvet et B. Fragonard, *Rapport de la commission de réforme de l'accès au droit et de la justice*, La Documentation française, 2001 – Cepej, *Systèmes judiciaires européens : Efficacité et qualité de la justice*, Études de la Cepej, n° 23, 6e éd., 2016 ; *Rapport « Systèmes judiciaires européens – Rapport d'évaluation de la Cepej – Cycle d'évaluation 2020 (données 2018) »*, 9 nov. 2020 – R. du Luart, *L'aide juridictionnelle : réformer un système à bout de souffle*, Rapport d'information n° 23, Sénat 2007 – B. Steinman, I. Roux-Trescases et N. Verger, *Rapport sur le recouvrement de l'aide juridictionnelle*, Mission d'audit de modernisation, Ministère de la Justice, 2007.

SECTION 1
PROPOS LIMINAIRES

751.10 **Plan.** L'assistance juridique initiée par les Établissements de Saint-Louis dès 1272, légiférée en 1851 (§ 1), s'est mue ensuite d'une aide judiciaire à une aide juridique (§ 2) conduisant à la recherche d'une réforme globale du système de l'aide juridictionnelle (§ 3).

§ 1
Origine des textes sur l'assistance juridique

751.21 **Origines de l'aide juridictionnelle (Établissements de Saint-Louis en 1271).** La possibilité pour les personnes les plus démunies d'obtenir gratuitement un défenseur en justice a toujours été admise et déjà, dans les Établissements de Saint-Louis[1], il est prévu que l'avocat sera, au besoin, commis d'office pour la défense des indigents, des veuves et des orphelins. Il faut attendre 1851 pour que ce principe, qui constituait seulement une coutume du barreau, soit organisé législativement[2].

L'origine du principe est simple, le métier d'avocat n'est primitivement qu'un aspect de la condition du clerc, seuls les clercs ont une connaissance suffisante des lois et notamment du droit romain, pour aider les ignorants dans la conduite d'un procès. Or le clerc, par sa vocation même, est lié à un idéal de modération. Il vit de l'autel ou il vit de la barre mais, n'étant point intéressé, il leur demande uniquement de quoi subsister raisonnablement, il est donc naturel qu'il soit le conseil gratuit des indigents. Bien que le barreau fût rapidement laïcisé[3], les avocats continuèrent à appliquer ce principe qui n'a de justification que dans leur origine. En effet, dans le monde médical, les pauvres et les indigents étaient soignés gratuitement, mais les soins dont ils bénéficiaient étaient rémunérés par les paroisses auxquelles un patrimoine important permettait d'assurer cette charge.

Les barreaux, traditionnellement, prenaient en charge non seulement la désignation de l'avocat pour conseiller les clients et pour plaider gratuitement pour eux, mais même assumaient la charge totale d'un procès lorsque les personnes étaient indigentes et que l'affaire paraissait susceptible d'un succès ; c'est l'origine de la conférence du stage, organisme qui rassemblait des avocats chevronnés et des jeunes avocats qui, après avoir entendu l'exposé des clients, discutaient des chances en droit de l'affaire et adoptaient l'affirmative ou la négative, ce qui incitait le barreau à accepter les frais du procès ou, au contraire, à rejeter la demande, la désignation d'avocat pour la plaidoirie restant toujours obligatoire par les traditions du barreau.

751.22 **Institution de l'assistance judiciaire (loi du 22 janv. 1851).** L'institution privée et purement philanthropique, qui était l'assistance judiciaire des pauvres[4], fut réglementée par la loi du 22 janvier 1851[5] sur l'assistance judiciaire, effort social dû à la IIe République. Il fut donc reconnu que les indigents possédaient le droit d'avoir accès gratuitement à la justice et par indigents, comme le précise le rapporteur de la loi : « Il faut non seulement entendre l'indigent absolu mais mieux l'indigent relatif, c'est-à-dire qu'il est nécessaire de rendre possible une réclamation en justice à laquelle le défaut de moyens pécuniaires de l'homme qui a le droit de la former,

1. V. s^s^ n° 023.23.
2. V. s^s^ n°s 751.22 s.
3. V. s^s^ n°s 023.31 s.
4. J.-A. Lathoud, « L'avocat des pauvres en Savoie (1430-1860) : une magistrature charitable ou un service public novateur », *in Justice et oubli*, La Documentation française 2017, p. 251.
5. L. 22 janv. 1851 sur l'assistance judiciaire, *Bull.* n° 2680.

mettrait un obstacle insurmontable [...]. Les frais de justice varient suivant le genre et les circonstances du procès ; tel individu, qui peut faire face aux dépenses qu'entraîne une cause sommaire, est hors d'état de subvenir à celles auxquelles donne lieu une cause extraordinaire ; on doit donc le considérer comme indigent relativement à celle-ci, tandis qu'il ne l'est pas relativement à celle-là. L'indigence judiciaire n'est autre chose que l'impossibilité de faire valoir son droit devant les tribunaux et, par conséquent, elle est relative. »[1]

Toutefois, le législateur de 1851 avait bien prévu, dans son article 14, « que l'assisté n'était dispensé que provisoirement du paiement des sommes dues notamment aux avocats pour leurs honoraires et que, lorsque le procès était terminé, il était normal que ceux qui l'avaient dirigé soient rémunérés, surtout si le succès avait couronné leurs efforts »[2]. C'est le barreau, nous enseigne le bâtonnier de Paris, Félix Liouville, qui a renoncé aux honoraires en matière d'assistance judiciaire[3]. Mais l'usage en province était différent et le bâtonnier de Versailles, Henri Simon[4], précise qu'il n'existe aucun motif pour que l'avocat commis d'office ne reçoive pas les honoraires qui lui sont alloués par la loi ; c'est ce que reconnaissent, dit-il, les barreaux de province.

Ces honoraires n'étaient pas exactement les sommes habituellement données à l'avocat, puisque, l'honoraire étant alors conçu comme le don spontané de la reconnaissance du client[5], il était, par là même, difficile à calculer, mais les honoraires admis en taxe au titre des dépens qui sont devenus, au fil du temps, les droits de plaidoirie[6] purement symboliques et qui servent aujourd'hui à alimenter la retraite des avocats[7].

§ 2
De l'aide judiciaire à l'aide juridique

751.31 Institution de l'aide judiciaire (loi du 3 janv. 1972). L'idéal, assumé spontanément par les avocats puis repris par le législateur de 1851, aboutit à des effets pervers : d'une part, il ne pouvait assumer tous les « indigents », d'autre part, l'absence de l'État dans la rémunération des avocats était considérée comme injuste.

Une réforme s'imposait qui devait être réalisée par la loi du 3 janvier 1972[8] instituant l'aide judiciaire. L'aide judiciaire couvrait alors tous les frais afférents aux instances, procédures ou actes pour lesquels elle avait été accordée, ce qui incluait « les honoraires et émoluments des avocats » désignés pour prêter leur concours[9], lesquels étaient intégralement pris en charge par l'État sauf en cas d'aide judiciaire partielle qui laissait une contribution à la charge de son bénéficiaire[10].

Les honoraires de l'avocat prenaient toutefois la forme d'une « indemnité » fixée par le bureau d'aide judiciaire selon « l'importance des tâches incombant à l'avocat », en fonction d'un barème établit par décret[11] et ce dans la limite d'un plafond alors fixé à 600 francs[12] et exclusive de tout recouvrement d'honoraires libres par l'avocat[13]. Une procédure devant le tribunal de grande instance avec représentation obligatoire était alors indemnisée dans les limites d'un minimum de 200 francs et d'un maximum de 600 francs.

751.32 Institution de l'aide juridique pour l'accès de tous à la justice (loi du 10 juill. 1991). La loi du 3 janvier 1972 était toutefois elle-même insuffisante, dès lors que l'on en avait omis, notamment, tout ce qui avait rapport à l'aide à l'accès au droit.

C'est pourquoi la loi du 10 juillet 1991[14] relative à l'aide juridique, et son décret d'application du 19 décembre 1991[15], a mis en œuvre le système, alors, moderne qui avait pour but d'assurer l'accès de tous à la justice et au droit, et qui demeure en vigueur aujourd'hui.

L'aide juridique comporte deux aspects, l'aide juridictionnelle[16] et l'aide à l'accès au droit[17].

751.33 Exigence européenne. Au niveau européen, l'aide juridictionnelle est une composante du droit à un procès équitable et de l'accès effectif au

1. A. Lefebvre de Vatimesnil, *Rapport fait au nom de la commission chargée de l'examen du projet de loi sur l'assistance judiciaire et la proposition de M. Favreau*, n° 12, E. Sabatié, *Commentaire de la loi du 22 janvier 1851 sur l'assistance judiciaire*, Paris, Cosse et Marchal, 1864, p. 31 s.
2. L. 22 janv. 1851 sur l'assistance judiciaire, art. 14.
3. F. Liouville, *Abrégé des règles de la profession d'avocat*, Marchal, Billard et Cie, Paris, 1883, p. 148.
4. H.-F. Simon, *Traité théorique et pratique de l'assistance judiciaire*, 2e éd., Marchal et Billard, Paris, 1902.
5. V. s^s n°s 711.22 s.
6. V. s^s n°s 723.45 s.
7. V. s^s n° 811.141.
8. L. n° 72-11, 3 janv. 1972 instituant l'aide judiciaire, *JO* 5 janv., p. 164.
9. L. n° 72-11, 3 janv. 1972, art. 8, c.
10. L. n° 72-11, 3 janv. 1972, art. 9.
11. Décr. n° 72-809, 1er sept. 1972 portant application de la loi n° 72-11 du 3 janvier 1972 instituant l'aide judiciaire, *JO* 3 sept., p. 9476, art. 76.
12. L. n° 72-11, 3 janv. 1972, art. 19.
13. L. n° 72-11, 3 janv. 1972, art. 21.
14. L. n° 91-647, 10 juill. 1991 relative à l'aide juridique, *JO* 13 juill., p. 9170.
15. Décr. n° 91-1266, 19 déc. 1991 portant application de la loi n° 91-647 du 10 juillet 1991 relative à l'aide juridique, *JO* 20 déc., p. 16609.
16. V. s^s n°s 751.71 s.
17. V. s^s n°s 752.00 s.

juge[1]. Il n'y a pas d'obligation formelle en la matière.

Si le conseil de l'Europe a très tôt affirmé la nécessité pour les états de prendre des mesures garantissant l'égalité d'accès aux procédures, par exemple en mettant en place des systèmes d'aide juridictionnelle appropriés[2], il laisse toute latitude aux États membres pour remplir leurs obligations en la matière[3]. Elle peut ainsi consister en une représentation ou une assistance gratuite par un avocat ou en une dispense de payer les frais de procédure, notamment les frais de justice[4], et peut coexister avec d'autres régimes d'aide complémentaires, tels que l'assurance protection juridique, ou des systèmes d'accès au droit[5], tels que la défense pro bono ou les centres de conseil juridique[6] qui peuvent être financés par l'État, gérés par le secteur privé, ou administrés par des ONG.

En 2018, le CCBE a publié un ensemble de recommandations sur l'aide juridique, en tenant compte des évolutions ayant eu lieu depuis de précédentes recommandations qu'il avait faites en 2010[7] et en se concentrant sur les bonnes pratiques des différentes juridictions, appelant les institutions européennes et les États membres à prendre une série de mesures. Ces préconisations couvrent certains aspects des différents systèmes nationaux d'aide juridique : l'indépendance des prestataires d'aide juridique, leur qualification, les honoraires des avocats de l'aide juridique, la facturation des frais, la budgétisation de l'aide juridique par l'État et l'administration de l'aide juridique. Ces recommandations édictent des principes directeurs pour que l'aide juridique soit fournie de manière satisfaisante, tout en rappelant que la diversité des régimes d'aide juridique et des traditions juridiques nationales doit être prise en compte dans la mise en œuvre du droit d'accès à la justice[8].

751.34 **Réforme nécessaire.** Le système mis en place en 1991 est devenu incapable de fonctionner convenablement tant en raison du faible niveau d'engagement de l'état dans le financement de l'aide juridique que du niveau dérisoire des contributions versées par l'état aux avocats[9]. Sollicitée depuis plus de vingt ans, la réforme du financement de l'aide juridictionnelle est devenue urgente[10].

En 2012, la France consacrait ainsi 1,9 % de son budget à la justice, pour une moyenne de 2,2 % dans le reste de l'Europe, plus de la moitié de cette somme étant consacrée à l'administration pénitentiaire, et non aux tribunaux ou à l'aide juridique, et se classant au 37e rang sur 45 pays, derrière la Géorgie, la Turquie et Chypre[11].

§ 3
Recherche d'une réforme globale de l'aide juridictionnelle

751.41 **« Protocole » du 18 décembre 2000 et Rapport Bouchet.** En septembre 2000, fut lancé, à Lille, un mouvement de la profession d'avocats – qui prendra une ampleur nationale – dont l'objectif est la réforme globale du système de l'aide juridictionnelle.

Le 18 décembre 2000, la Chancellerie a alors signé avec les représentants des organisations professionnelles d'avocats un protocole d'accord posant le principe d'une réforme profonde du système français de l'Aide Juridique, « pour permettre une meilleure égalité dans l'accès au droit et l'accès à la Justice, notamment pour les plus démunis », auquel fit suite le rapport de Paul Bouchet[12] (1924-

1. Charte des droits fondamentaux, art. 47 et 48 – Conv. EDH, art. 6 – AUSSI : Dir. 2016/1919, Parlement et Conseil, 26 oct. 2016 concernant l'aide juridictionnelle pour les suspects et les personnes poursuivies dans le cadre des procédures pénales et pour les personnes dont la remise est demandée dans le cadre des procédures relatives au mandat d'arrêt européen, *JOUE* 4 nov., p. 1 – V. ss nos 471.51 s.
2. Conseil de l'Europe, Comité des Ministres (1978), Résolution 78(8) sur l'assistance judiciaire et la consultation juridique, 2 mars 1978.
3. CEDH 9 oct 1979, *Airey c/Irlande*, req. n° 6289/73 – CEDH 26 févr. 2002, *Del Sol c/France*, req. n° 46800/99 ; *AJDA* 2002. 500, Chron. J.-F. Flauss – CEDH 16 oct. 2002, *P..., C... et S... c/Royaume-Uni*, req. n° 56547/00 – CEDH 17 déc. 2002, *A... c/Royaume-Uni*, req. n° 35373/97 ; *AJDA* 2003. 603, Chron. J.-F. Flauss ; *RSC* 2003. 618, obs. F. Massias – CJUE 13 juin 2012, *GREP GmbH c/Freistaat Bayern*, aff. C-156/12 ; *RTD eur.* 2013. 681, obs. F. Benoît-Rohmer.
4. CJUE 22 déc. 2010, *DEB Deutsche Energiehandels – und Beratungsgesellschaft mbH c/Bundesrepublik Deutschland*, aff. C-279/09 ; *RTD eur.* 2011. 173, Chron. L. Coutron.
5. V. ss nos 752.00 s.
6. Sur les CDAD, v. ss nos 752.51 s.
7. CCBE, Recomm. sur l'aide juridique, 22 oct. 2010.
8. CCBE, Recomm. en matière d'aide juridique, 23 mars 2018 ; *JCP* 2018. 443 ; *D. actu.* 5 avr. 2018, note Th. Coustet.
9. NOT. : R. du Luart, *L'aide juridictionnelle : réformer un système à bout de souffle*, Rapport d'information n° 23, Sénat 2007 – SUR le coût de l'aide juridictionnelle par ressort de cour d'appel : Rép. min. n° 76504 et n° 99697, *JOAN Q* 19 sept. 2005 – V. ss nos 751.271 s.
10. SUR les inégalités existant entre les avocats dans le fonctionnement du dispositif de l'aide juridictionnelle : Rép. min. n° 10392, *JOAN Q* 27 janv. 2009.
11. Cepej, *5e Rapport sur les Systèmes judiciaires européens, Édition 2014 (2012), efficacité et qualité de la justice*, oct. 2014.
12. P. Bouchet, D. Charvet et B. Fragonard, *Rapport de la commission de réforme de l'accès au droit et de la justice*, La Documentation française, 2001 – J.-B. Jacquin, « L'avocat Paul Bouchet est mort », *Le Monde* 29 mars 2019 – P. Bouchet, *Mes sept utopies*, Éd. de l'Atelier – Les Éd. Ouvrières, 2010.

2019) qui aurait dû donner lieu à un projet de loi déposé par la Chancellerie, au plus tard le 15 septembre 2001, mais qui ne verra jamais jour. Le Conseil d'État a même considéré que ledit protocole « constituait un exposé d'intentions, dépourvu de valeur juridique et de force contraignante »[1].

751.42 **Un débat sans fin.** Depuis le débat revient chaque année, notamment à l'occasion de la loi de finances, sur le devant de la scène, les rapports sur le sujet s'empilent, les tables rondes et autres états généraux, tels que ceux organisés par le Barreau de Lille le 25 juin 2010[2], se multiplient, et la situation n'évolue pas.

Le Conseil national des barreaux (CNB)[3] en a appelé en 2010 à une refonte complète du système de l'aide juridictionnelle dont la pérennité induit une architecture nouvelle qui repose sur une distinction novatrice entre l'aide juridictionnelle pénale et l'aide juridictionnelle civile et assimilée[4]. Si la matière pénale reste de la seule responsabilité de l'État, la matière civile pourrait en revanche donner lieu à la création d'un dispositif incluant financement étatique et financement complémentaire, sous réserve du maintien prioritaire de l'engagement de l'État.

Puis en 2012, le CNB, à l'occasion des premiers États généraux de l'accès au droit le 14 décembre 2012, s'est engagé à poursuivre de façon très concrète son travail de propositions en vue d'aboutir à une réforme de l'accès au droit et de son financement. Il a adopté des lignes directrices d'une réforme globale du système reconnu par tous comme étant « à bout de souffle »[5].

Constatant la persistance de l'insuffisance du budget affecté à l'aide juridictionnelle et la nécessité urgente d'augmenter en les diversifiant les sources de financement, il a approuvé la recherche d'un financement complémentaire pour l'aide juridictionnelle en préconisant l'instauration d'une taxe affectée, perçue sur les mutations et actes soumis à droits d'enregistrement énumérés à l'article 635 du code général des impôts, ainsi que sur les actes juridiques soumis à une formalité de dépôt ou de publicité, sous réserve qu'il n'ait pas pour corollaire le désengagement de l'État, estimant indispensable, dans l'attente de cette réforme, une revalorisation immédiate et significative du montant de l'unité de valeur de référence, et *a minima* du taux de l'inflation constaté depuis 2008, ainsi qu'une réévaluation du nombre d'unités de valeur dans certaines matières.

Au-delà, l'un des axes prioritaires de la réforme demeure, pour les avocats, la mise en place d'une rémunération de leurs interventions au titre de l'aide juridictionnelle et non plus d'une simple contribution comme prévue par la loi du 10 juillet 1991[6].

751.43 **Un *statut quo*.** Mais l'État reste sourd à ces propositions, cherchant avant tout à colmater par des bouts de chandelles, en imposant soit les cabinets d'avocats soit les Carpa, l'augmentation mécanique du budget consacré à l'aide juridictionnelle compte tenu de l'augmentation du nombre de mission des avocats et de la suppression de l'exonération de TVA.

Depuis 2013, le CNB a pris une motion « pour une juste rémunération des avocats garantissant l'exercice des droits fondamentaux »[7] puis une seconde intitulée « Régression historique de l'accès au droit »[8], ainsi qu'une troisième relative au « Financement de l'aide juridictionnelle » avant de lancer une journée nationale d'actions, le 5 juin 2014, accompagnée d'une motion intitulée « Réforme de l'Aide Juridictionnelle, le gouvernement doit respecter ses engagements »[9].

751.44 **Une « défense de qualité des bénéficiaires de l'aide juridique » (« Protocole » du 28 oct. 2015).** En 2015, le CNB a été contraint d'en appeler à la grève de l'aide juridictionnelle[10], grève fortement suivie et qui aboutit à la signature d'un nouveau protocole d'accord, le 28 octobre 2015, entre la Chancellerie, en la personne du seul directeur de cabinet du garde des Sceaux, et le CNB, prévoyant la renonciation à l'impôt sur les Carpa envisagée par la chancellerie[11] et à toute contribu-

1. CE 27 mars 2015, req. n° 373861, NP ; *AJDA* 2015. 1350.
2. http://etatsgenerauxajlille.unblog.fr/
3. Résolution CNB sur le thème de « l'aide juridictionnelle et les avocats », adoptée par l'AG CNB 19 juin 2010.
4. A. Coignac, « Réforme de l'aide juridictionnelle : quelles perspectives ? », *JCP* 2010. 594.
5. CNB, *Rapport sur la taxation des mutations et actes juridiques, une source de financement complémentaire de l'aide juridique,* AG 6-7 juill. 2012 – CNB, *Rapport sur la réforme de l'accès au droit,* AG 22-23 mars 2013.
6. E. Boccara, « Aide juridictionnelle : le débat sans fin », *Gaz. Pal.* 11 juill. 2014, p. 2 – J.-Ch. Barjon, « AJ : plus de 40 lois et 40 décrets depuis 1991 ! », *Gaz. Pal.* 28 mars 2017, p. 11 – G. Brunel, J.-M. Picard, « L'AJ en Belgique et en France : l'exemple d'une réforme réussie pour un dispositif à bout de souffle », *Gaz. Pal.* 21 févr. 2017, p. 12.
7. Motion du CNB « pour une juste rémunération des avocats garantissant l'exercice des droits fondamentaux », adoptée à l'unanimité par l'AG CNB 5-6 juill. 2013.
8. Résolution du CNB « Régression historique de l'accès au droit », adoptée à l'unanimité par l'AG CNB 20 sept. 2013.
9. Motion du CNB, « Réforme de l'Aide Juridictionnelle, le gouvernement doit respecter ses engagements », adoptée à l'unanimité par l'AG CNB 16-17 mai 2014.
10. Adoptée à l'unanimité par l'Assemblée générale extraordinaire du CNB, 8 oct. 2015.
11. J.-Ch. Krebs, J.-Ch. Barjon, « La Carpa : une réalité bien éloignée des fantasmes », *Gaz. Pal.* 23-24 oct. 2015, p. 12.

tion directe ou indirecte de la profession au financement de l'aide juridictionnelle voulue ces cinq dernières années par cette même chancellerie, ainsi que l'abandon de toute modification du barème qui prévoyait des baisses importantes de nombreuses missions, la revalorisation générale de l'UV de 12,60 % en moyenne avec une simplification de la modulation géographique en 3 groupes au lieu de 10, le redéploiement des crédits prévus au développement de la contractualisation vers les UV ainsi que le maintien des protocoles de l'article 91 en cours sans modification, le tout en initiant la poursuite des discussions, qui perdurent depuis 2000, en vue d'une convergence des 3 groupes d'UV en un groupe unique ainsi, et surtout, que de la pérennisation du financement de l'aide juridictionnelle [1].Ce protocole a partiellement été mis en œuvre par la loi de finances pour 2017 [2], ainsi que les décrets des 27 décembre 2016 [3] et 5 mai 2017 [4], qui ont, notamment, porté l'UV à 32 euros, supprimé la modulation géographique et étendu le champ des protocoles « articles 91 » destinés à assurer une « défense de qualité des bénéficiaires de l'aide juridique ».

Ces modifications, par touches successives, ont été poursuivies par les décrets du 4 juin 2018 [5], 27 décembre 2018 [6], 17 octobre 2019 [7], et 30 décembre 2019 [8], ainsi que par loi des 23 mars 2019 [9] et 28 décembre 2019 [10], cette dernière reprenant quelques-unes des propositions d'un *nième* rapport parlementaire sur la question [11] lequel liste 35 propositions tendant à améliorer le dispositif, sans formuler de demande forte visant à l'augmentation générale du budget de l'aide juridictionnelle, alors qu'il est pourtant souligné l'insuffisance de l'indemnisation versée aux avocats, en deçà du seuil de rentabilité des cabinets, et enfin les lois du 29 décembre 2020 [12] et 30 décembre 2021 [13].

751.45 **Persistance des difficultés.** La nécessaire refonte du système demeure toujours dans l'expectative, d'autant que la Cour des comptes s'est, à son tour, penchée sur la gestion de l'aide juridictionnelle afin d'émettre des préconisations [14].

Le nombre de nouvelles missions et d'interventions des avocats prises en charge au titre de l'aide juridictionnelle ne cesse ainsi de progresser sous l'impulsion notamment des directives européennes et de leur transposition en droit interne (assistance par l'avocat de la personne suspectée lors de son audition libre ou de la victime, assistance des personnes déférées au procureur de la République en matière correctionnelle et des personnes placées en retenue ou en rétention) [15]. Cette progression interdit de raisonner à budget constant pour l'État, sauf à revoir le périmètre de l'accès au droit et de le limiter aux matières régaliennes, le droit pénal et la défense d'urgence à titre principal, pour renvoyer les autres contentieux civils et administratifs à la prise en charge d'une assurance de protection juridique dont l'offre devrait être améliorée.

La Cour des comptes elle-même a ainsi recommandé de réduire le coût de l'aide juridictionnelle en rendant le dispositif plus sélectif, en agissant sur le périmètre des contentieux couverts ou les critères de recevabilité.

751.46 **Décret du 28 décembre 2020.** Pris en application de l'article 243 de la du 28 décembre

1. Communiqué de presse, ministère de la Justice, 28 oct. 2015.
2. L. n° 2016-1917, 29 déc. 2016 de finances pour 2017, *JO* 30 déc., art. 135 – Circ. 19 janv. 2017 présentant certaines dispositions de l'article 135 de la loi n° 2016-1917 du 29 décembre 2016 de finances pour 2017 et du décret n° 2016-1876 du 27 décembre 2016 portant diverses dispositions relatives à l'aide juridique, NOR : JUST1701743C.
3. Décr. n° 2016-1876, 27 déc. 2016 portant diverses dispositions relatives à l'aide juridique, *JO* 28 déc., n° 50.
4. Décr. n° 2017-822, 5 mai 2017 portant diverses dispositions relatives à l'aide juridique, *JO* 7 mai, n° 86.
5. Décr. n° 2018-441, 4 juin 2018 portant diverses dispositions relatives à l'aide juridique, *JO* 6 juin, n° 23.
6. Décr. n° 2018-1280, 27 déc. 2018 portant diverses dispositions relatives à l'aide juridique, *JO* 29 déc., n° 9.
7. Décr. n° 2019-1064, 17 oct. 2019 portant diverses dispositions relatives à l'aide juridique, *JO* 19 oct., n° 2.
8. Décr. n° 2019-1505, 30 déc. 2019 simplifiant le barème de l'aide juridictionnelle et fusionnant les protocoles et les conventions matérielles d'organisation de la garde à vue, *JO* 31 déc., n° 5.
9. L. n° 2019-222, 23 mars 2019 de programmation 2018-2022 et de réforme pour la justice, *JO* 24 mars, n° 2.
10. L. n° 2019-1479, 28 déc. 2019 de finances pour 2020, *JO* 29 déc., n° 1.
11. Ph. Gosselin, N. Moutchou, *Rapport d'information déposé en application de l'article 145 du règlement, par la commission des lois constitutionnelles, de la législation et de l'administration générale de la République, en conclusion des travaux d'une mission d'information sur l'aide juridictionnelle*, 23 juill. 2019 – L. Garnerie, « 35 propositions pour moderniser l'AJ », *Gaz. Pal.* 30 juill. 2019, p. 8 ; « L'Assemblée nationale adopte une partie des propositions du rapport Moutchou/Gosselin », *Gaz. Pal.* 5 nov. 2019, p. 7 – « Rapport sur l'aide juridictionnelle : l'avis du CNB », *JCP* 2019. 933.
12. L. n° 2020-1721, 29 déc. 2020.
13. L. n° 2021-1900, 30 déc. 2021 de finances pour 2022, *JO* 31 déc., n° 1.
14. C. comptes, « La gestion et le financement de l'aide juridictionnelle et des autres interventions de l'avocat », 20 mars 2017 – O. Dufour, « AJ : la Cour des comptes met les pieds dans le plat », *Gaz. Pal.* 28 mars 2017, p. 7.
15. Décr. n° 2015-271, 11 mars 2015 relatif à la rétribution des interventions des avocats au titre de l'aide juridique, *JO* 13 mars, p. 4779 – Le décret du 11 mars 2015 tire les conséquences des dispositions de la loi n° 91-647 du 10 juill. 1991 relative à l'aide juridique introduites par la loi n° 2014-535 du 27 mai 2014 et la loi n° 2014-1654 du 29 déc. 2014.

2019[1], le décret du 28 décembre 2020[2], entré en vigueur le 1er janvier 2021, abrogeant le décret du 19 décembre 1991[3], procède à une réorganisation globale des dispositions règlementaires relatives à l'aide juridictionnelle et à l'aide à l'intervention de l'avocat dans un souci de clarification et de simplification. Il modifie, à la marge, le fonctionnement du système, en mettant en œuvre la réforme des critères d'éligibilité à l'aide juridictionnelle, réorganisant les bureaux d'aide juridictionnelle, modernisant et simplifiant le dépôt et l'instruction des demandes d'aide, et fixant un nouveau barème des contributions des missions d'aides juridictionnelles et d'aides à l'intervention de l'avocat sans pour autant procéder à une réelle revalorisation de celles-ci.

Deux arrêtés du 30 décembre 2020[4] et du 5 janvier 2022[5] sont venus unifier et moderniser les formulaires de demande d'aide juridictionnelle et à la liste des pièces à y joindre. Enfin, le décret du 24 juin 2021[6] est venu modifier le décret du 28 décembre 2020 afin, notamment, de mettre en œuvre un nouveau régime de rétribution des avocats commis d'office pour certaines procédures dit « AJ garantie » résultant de l'article 234 de la loi du 29 décembre 2020[7] de l'article 19-1 de la loi du 10 juillet 1991.

SECTION 2 CONDITIONS D'OBTENTION DE L'AIDE JURIDICTIONNELLE OU DE L'AIDE À L'INTERVENTION DE L'AVOCAT

751.50 **Plan.** L'obtention de l'aide juridictionnelle ou de l'aide à l'intervention de l'avocat implique de se trouver dans son champ d'application (§ 1) et de remplir des conditions tenant à la qualité du bénéficiaire (§ 2), à ses ressources (§ 3), ainsi qu'au caractère de l'action qu'il entend mettre en œuvre (§ 4).

§ 1 Domaine d'application

751.60 **Plan.** Le champ d'application de l'aide juridictionnelle ou de l'aide à l'intervention de l'avocat s'étend à toutes les juridictions, en matière gracieuse ou contentieuse, en demande ou en défense, au civil, pénal, social et en contentieux administratif (A), avec la mise en œuvre d'un principe de subsidiarité entre l'aide juridictionnelle et l'assurance de protection juridique et tout autre système de protection (B) et, dans certains cas, un bénéfice de plein droit, sans condition (C).

A. Champ d'application

751.71 **Une aide juridictionnelle ou aide à l'intervention de l'avocat dans toutes les juridictions, en matière gracieuse ou contentieuse, en demande ou en défense, au civil, pénal, social et en contentieux administratif.** L'aide juridictionnelle ou l'aide à l'intervention de l'avocat s'applique à toutes les juridictions françaises, en matière gracieuse ou contentieuse, en demande ou en défense, au civil, au pénal et au social et en matière de contentieux administratif[8]. Elle peut être accordée pour tout ou partie de l'instance ainsi qu'en vue de parvenir, avant l'introduction de l'instance, à une transaction ou à un accord conclu dans le cadre d'une procédure participative régie par les articles 2062 et suivants du code civil et 1542 et suivants du code de procédure civile[9]. Elle peut être accordée en matière de divorce par acte sous signature privée contresigné par avocats, déposé au rang des minutes d'un notaire[10], ainsi qu'à l'occasion de l'exécution, sur le territoire français, d'une décision de justice ou de tout autre titre exécutoire, y compris s'ils émanent d'un autre État membre de l'Union européenne à l'exception du Danemark[11].

Plus largement, le dispositif est également applicable aux litiges transfrontaliers[12] c'est-à-dire ceux dans lesquels la partie qui sollicite l'aide a sa résidence habituelle ou son domicile dans un État membre de l'Union européenne autre que celui où

1. L. n° 2019-1479, 28 déc. 2019, art. 243.
2. Décr. n° 2020-1717, 28 déc. 2020 portant application de la loi n° 91-647 du 10 juillet 1991 relative à l'aide juridique et relatif à l'aide juridictionnelle et à l'aide à l'intervention de l'avocat dans les procédures non juridictionnelles, *JO* 29 déc., n° 32, *JCP* 2021. 29, obs. S. Bortoluzzi ; *JCP* 2021. 272, obs. F. G'sell.
3. V. ss nos 751.32.
4. Arr. 30 déc. 2020 relatif au contenu du formulaire de demande d'aide juridictionnelle et à la liste des pièces à y joindre, *JO* 1er janv., NOR : JUST2037180A.
5. Arr. 5 janv. 2022 relatif au modèle de formulaire de demande d'aide juridictionnelle et au modèle de notice de présentation fixant la liste des pièces à joindre, *JO* 7 janv., n° 9 ; NOR : JUST2135432A.
6. Décr. n° 2021-810, 24 juin 2021 portant diverses dispositions en matière d'aide juridictionnelle et d'aide à l'intervention de l'avocat dans les procédures non juridictionnelles, *JO* 26 juin, n° 11 ; *JCP* 2021. 754, obs. S. Bortoluzzi.
7. L. n° 2020-1721, 29 déc. 2020, art. 234.
8. CJA, art. R. 441-1.
9. V. ss nos 751.341 s.
10. V. ss nos 751.361 s.
11. L. n° 91-647, 10 juill. 1991, art. 10.
12. Dir. 2002/8, Conseil, 27 janv. 2003 visant à améliorer l'accès à la justice dans les affaires transfrontalières par l'établissement de règles minimales communes relatives à l'aide judiciaire accordée dans le cadre de telles affaires, *JOCE L* 26, 31 janv., p. 41.

siège la juridiction compétente sur le fond du litige ou celui dans lequel la décision doit être exécutée [1]. Dans ce cadre, et afin de faciliter le recouvrement de créances dont le caractère essentiel pour la subsistance du créancier est avéré, le règlement du 18 décembre 2008 sur les obligations alimentaires [2] impose notamment une aide judiciaire gratuite pour les demandes d'aliments destinés aux enfants introduites par l'intermédiaire des autorités centrales, sauf demande manifestement dépourvue de fondement.

En revanche, elle n'est pas accordée lorsque l'affaire est portée devant une juridiction internationale telle que la Cour européenne des droits de l'homme ou la Cour de justice de l'Union européenne ces juridictions disposant de dispositifs d'aides qui leur sont propres.

751.72 **Outremer.** Les dispositions relatives à l'aide juridictionnelle et l'aide à l'intervention de l'avocat sont applicables dans les DROM-COM sous réserve de dispositions particulières s'agissant de la Guadeloupe, la Guyane, la Martinique, la Réunion, Mayotte, Saint-Barthélemy, Saint-Martin et Saint-Pierre-et-Miquelon, et de la Polynésie française, prévues par le décret du 28 décembre 2020 [3]. Elles font également l'objet de dispositions spécifiques, s'agissant de la Nouvelle-Calédonie et des îles Wallis-et-Futuna, prévues par le décret du 28 décembre 2020 [4].

B. Principe de subsidiarité

751.81 **Mise en œuvre d'un principe de subsidiarité entre l'aide juridictionnelle et l'assurance de protection juridique et tout autre système de protection.** Un principe de subsidiarité entre l'aide juridictionnelle et l'assurance de protection juridique [5], ou tout autre système de protection, a été mis en œuvre par la loi du 19 février 2007 [6] qui a modifié l'article 2 de la loi du 10 juillet 1991. Les modalités de fonctionnement de cette subsidiarité ont été précisées par un décret du 15 décembre 2008, entré en vigueur le 1er mars 2009 [7].

L'aide juridictionnelle n'est pas accordée lorsque les frais couverts par cette aide sont pris en charge au titre d'un contrat d'assurance de protection juridique [8] ou d'un autre système de protection [9] (employeur [10], protection fonctionnelle [11]...).

751.82 **Portée du principe de subsidiarité.** Cela signifie qu'une personne qui aurait droit à l'aide juridictionnelle compte tenu de ses revenus n'en bénéficiera pas si elle est par ailleurs titulaire d'un contrat de protection juridique, voire d'un autre système de protection, accordé par exemple par l'employeur au titre des frais de procès pénaux dans lesquels sont impliqués ses salariés à raison d'actes accomplis dans le cadre de leur contrat de travail [12].

Les articles 109 et 116, alinéa 2, du décret du 28 décembre 2020 précisent ainsi que la part des frais ainsi couverts vient en déduction des sommes avancées par l'État au titre de l'aide juridictionnelle. Enfin, les Caisses de règlements pécuniaires des avocats (Carpa) recevant les dotations annuelles correspondant à la contribution de l'État pour la rétribution des avocats inscrits au barreau [13], l'article 11 du décret du 15 décembre 2008 a complété l'article 17 du règlement type annexé au décret du 10 octobre 1996 [14] qui traite des déductions à apporter à la contribution de l'avocat, en ajoutant à l'énumération existante un 4° mentionnant « les sommes versées au titre d'un contrat d'assurance de protection juridique » [15].

Une telle modification aurait pu avoir des répercussions sur le système de gestion existant [16], si elle ne s'avérait pas en réalité inefficiente compte tenu

1. Circ. SADJPV 2006-01 Baj, 29 mars 2006 présentant les dispositions de la loi n° 2005-750 du 4 juillet 2005 portant diverses dispositions d'adaptation au droit communautaire dans le domaine de la justice et du décret n° 2005-1470 du 29 novembre 2005 relatif à l'aide juridictionnelle dans les litiges transfrontaliers en matière civile ou commerciale et modifiant le décret n° 91-1266 du 19 décembre 1991, NOR : JUSJ0690002C.
2. Règl. 4/2009, Conseil, 18 déc. 2008 relatif à la compétence, la loi applicable, la reconnaissance et l'exécution des décisions et la coopération en matière d'obligations alimentaires, *JOUE* 7-10 janv. 2009, p. 1.
3. L. n° 91-647, 10 juill. 1991, art. 70 – Décr. n° 2020-1717, 28 décembre 2020, art. 149 s.
4. Ord. n° 92-1147, 12 oct. 1992 relative à l'aide juridictionnelle en matière pénale en Nouvelle-Calédonie et dans les îles Wallis et Futuna, *JO* 16 oct., p. 14513 – Décret n° 2020-1717, 28 déc. 2020, art. 176 s.
5. V. ss nos 761.21 s.
6. L. n° 2007-210, 19 févr. 2007 portant réforme de l'assurance de protection juridique, *JO* 21 févr., p. 3051.
7. Décr. n° 2008-1324, 15 déc. 2008 relatif à la prise en charge au titre de l'aide juridictionnelle des frais non couverts par un dispositif de protection juridique, *JO* 17 déc., p. 19229.
8. V. ss nos 761.00 s.
9. L. n° 91-647, 10 juill. 1991, art. 2 – Décr. n° 2020-1717, 28 déc. 2020, art. 1 – POUR UNE APPLICATION : Lyon, 1er prés., 28 juin 2011, RG n° 11/03505.
10. V. ss n° 732.44.
11. V. ss nos 762.00 s.
12. V. ss n° 732.44.
13. L. n° 91-647, 10 juill. 1991, art. 27 et 64-1.
14. Décr. n° 96-887, 10 oct. 1996 portant règlement type relatif aux règles de gestion financière et comptable des fonds versés par l'État aux caisses des règlements pécuniaires des avocats pour les missions d'aide juridictionnelle et pour l'aide à l'intervention de l'avocat prévue par les dispositions de la troisième partie de la loi du 10 juillet 1991, règlement type, *JO* 12 oct., p. 14968.
15. V. ss n° 751.485.
16. B. Cerveau, « Aide juridictionnelle et assurance de protection juridique : la mise en œuvre du principe de subsidiarité », *Gaz. Pal.* 2009. 1070.

du caractère plus complémentaire que réellement subsidiaire des deux régimes[1].

751.83 **Prise en charge partielle par l'assurance de protection juridique.** Lorsque tous les frais de procédure ne sont pas intégralement pris en charge par l'assurance de protection juridique[2], une indemnité d'aide juridictionnelle peut être allouée, qui est diminuée de la somme versée par l'assureur.

Dans ce cas, l'attestation prévue dans le cadre de la demande d'aide juridictionnelle[3] doit mentionner les plafonds de garantie et de remboursement des frais, émoluments et honoraires couverts. Si l'assurance ne couvre pas tous les frais habituellement pris en charge par l'aide juridictionnelle, celle-ci pourra toutefois être sollicitée pour compléter la prise en charge de l'assureur[4]. L'article 55, 7°, du décret du 28 décembre 2020 dispose ainsi que la décision du bureau d'aide juridictionnelle doit mentionner le plafond de remboursement des frais couverts par un contrat de protection juridique, dans le cas où ce dernier est inférieur à la contribution de l'État.

L'article 113 du décret du 28 décembre 2020 précise que lorsque le plafond de remboursement des honoraires et émoluments couverts par un contrat d'assurance de protection juridique ou par un autre système de protection est inférieur à la contribution de l'État[5], l'avocat ou l'officier public ou ministériel ayant prêté son concours demande au greffe ou au secrétaire de la juridiction la délivrance d'une attestation de mission. À cet effet, il produit tout justificatif des honoraires et émoluments dus. L'attestation de mission[6] mentionne leur montant.

751.84 **Devoir d'information et de vérification de l'avocat.** Avant de solliciter l'aide juridictionnelle, l'avocat devra donc vérifier si son client possède un contrat d'assurance de protection juridique[7] et si ce contrat couvre le litige pour lequel le client est venu le consulter, ou tout autre système de protection prévoyant la prise en charge de tout ou partie de ses honoraires.

Cela implique, notamment, que l'avocat s'enquiert de la situation de son client et l'informe des droits qui peuvent être les siens, d'autant que ce dernier n'est pas nécessairement informé de l'existence d'une assurance protection juridique (qui prend souvent la forme de garantie d'assurance en inclusion) ou d'un autre système de protection dont il serait bénéficiaire.

C.
Bénéfice de plein droit, sans condition

751.91 **Mineur entendu.** Le mineur entendu en application de l'article 388-1 du code civil[8] bénéficie de plein droit de l'aide juridictionnelle[9].

751.92 **Juridictions des pensions militaires.** Il en est de même des personnes formulant une demande devant les juridictions des pensions militaires dans le cadre du contentieux des pensions militaires d'invalidité[10]. Le Conseil d'État avait initialement considéré que les personnes engageant une action devant les juridictions des pensions pouvaient obtenir le bénéfice de l'aide juridictionnelle même lorsqu'elles ne remplissent pas les conditions prévues par les articles 2, 3 et 7 de la loi du 10 juillet 1991, soit y compris s'agissant du caractère non manifestement infondé du recours[11].

Il semble être revenu sur cette position en décidant que si les conditions de ressources, de nationalité et de séjour posées aux articles 2 et 3 de la loi du 10 juillet 1991, qui sont attachées à la personne du requérant, ne sont pas applicables aux demandes d'aide juridictionnelle formées par des personnes engageant une action devant les juridictions des pensions sur le fondement du code des pensions militaires d'invalidité et des victimes de la guerre, ces dernières ne peuvent bénéficier de l'aide juridictionnelle que si leur requête répond à la condition posée à l'article 7 de la même loi[12].

Cette solution était logique au regard des dispositions du décret du 20 février 1959[13], reprises à l'article L. 711-3 du Code des pensions militaires d'invalidité et des victimes de la guerre, qui prévoyaient expressément que seules les dispositions de l'ancien décret du 19 décembre 1991 relatives aux conditions de ressources, de nationalité et de séjour n'étaient pas applicables[14].

751.93 **Cour nationale de droit d'asile (Cnda).** Depuis 2015[15], le bénéfice de l'aide juridictionnelle

1. G. Brunel, « La subsidiarité de l'aide juridictionnelle : un dispositif à l'efficacité limitée », *Dr. et pr.* n° 5, mai 2015, p. 86.
2. V. s^{s} n°s 761.00 s.
3. V. s^{s} n° 751.201.
4. Décr. n° 2020-1717, 28 déc. 2020, art. 113.
5. V. s^{s} n°s 751.271 s.
6. V. s^{s} n° 751.482.
7. V. s^{s} n°s 761.30 s.
8. V. s^{s} n° 472.32.
9. L. n° 91-647, 10 juill. 1991, art. 9-1.
10. C. pens. mil., art. L. 711-3.
11. CE 14 mars 2003, *Lebrun*, req. n° 251532, *Lebon ; D.* 2003. 1263.
12. CE 31 oct. 2008, *Bensaadoune (Mme)*, req. n° 315418, *Lebon ; JCP* 2008. IV 2895 ; *AJDA* 2008. 2092, obs. S. Brondel. – V. s^{s} n°s 751.161 s.
13. Décr. n° 59-327, 20 févr. 1959 relatif aux juridictions des pensions, *JO* 25 févr., p. 2379.
14. Décr. n° 59-327, 20 févr. 1959, art. 8, 1°.
15. L. n° 2015-925, 29 juill. 2015 relative à la réforme du droit d'asile, *JO* 30 juill., p. 12977, art. 17.

est également de plein droit, sauf si le recours est manifestement irrecevable, devant la Cour nationale de droit d'asile (Cnda)[1].

L'aide juridictionnelle doit alors être demandée dans le délai de quinze jours à compter de la notification de la décision de l'Ofpra. Ce délai est notifié avec la décision de l'Ofpra susceptible de recours[2].

On notera que le Conseil d'État a considéré que le régime d'aide juridictionnelle contribue à la mise en œuvre du droit constitutionnellement garanti à toute personne à un recours effectif devant une juridiction, faisant que la présentation, par un demandeur d'asile, avant l'expiration du délai d'un mois prévu à l'article R. 733-7 du Ceseda, d'une demande d'aide juridictionnelle devant la Cour nationale du droit d'asile en vue de contester la décision négative de l'Ofpra dont il a fait l'objet, a le caractère d'un recours, à l'encontre de la décision de l'Ofpra, au sens de ces dispositions[3].

Pour bénéficier de l'aide juridictionnelle devant la CNDA, il suffit que le demandeur réside habituellement en France[4].

§ 2
Conditions tenant au bénéficiaire

751.100 **Plan.** Les conditions tenant au bénéficiaire exigent qu'il soit une personne physique de nationalité française, un ressortissant d'un État membre de l'Union européenne ou hors UE si elle réside régulièrement en France (A). Les personnes morales, même à but non lucratif, ne sauraient, sauf cas particuliers, se prévaloir d'un quelconque droit à l'aide juridictionnelle (B).

A.
Personnes physiques

751.111 **Bénéficiaires de l'aide juridictionnelle ou de l'aide à l'intervention de l'avocat.** Le demandeur à l'aide juridictionnelle, ou à l'aide à l'intervention de l'avocat, doit être une personne physique de nationalité française ou un ressortissant d'un État membre de l'Union européenne.

Et, la France ne saurait conditionner l'attribution de l'aide à l'absence de récidive sans remettre en cause le droit à l'assistance gratuite garanti en matière pénale par la Conv. EDH[5].

751.112 **Personne physique de nationalité étrangère (hors UE).** La personne physique de nationalité étrangère (hors UE) peut être admise au bénéfice de l'aide si elle réside habituellement et régulièrement en France.

Cette condition de résidence habituelle ne saurait être regardée comme portant une atteinte substantielle au droit d'exercer un recours effectif devant une juridiction dès lors que la personne à laquelle l'aide n'a pas été accordée dispose d'une voie de recours contre le refus qui lui a été opposé, et conserve le droit d'agir devant une juridiction et peut bénéficier, en cas de succès, du remboursement des frais et dépens qu'elle a engagés[6].

751.113 **Exception à la condition de résidence habituelle.** La condition de résidence habituelle de la personne physique de nationalité étrangère (hors UE) peut être, exceptionnellement, écartée lorsque la situation du demandeur apparaît particulièrement digne d'intérêt au regard de l'objet du litige ou des charges prévisibles du procès[7].

Elle est également levée pour les étrangers mineurs, témoins assistés, prévenus, mis en examen, accusés, condamnés, parties civiles, s'ils bénéficient d'une ordonnance de protection en vertu de l'article 515-9[8] du code civil, aux personnes faisant l'objet de la procédure de comparution sur reconnaissance préalable de culpabilité, ou encore aux personnes maintenues en zone d'attente, faisant l'objet d'un refus de séjour soumis à la commission du titre de séjour ou d'une mesure d'éloignement, ou placées en rétention ainsi que ceux qui bénéficient des stipulations d'une convention internationale de coopération en matière judiciaire, telle que celle du 29 mars 1974[9] entre la France et le Sénégal.

B.
Personnes morales

751.121 **Aide exceptionnellement accordée aux personnes morales.** Les personnes morales, même à

1. AUSSI : Règl. 604/2013, Parlement et Conseil, 26 juin 2013 établissant les critères et mécanismes de détermination de l'État membre responsable de l'examen d'une demande de protection internationale introduite dans l'un des États membres par un ressortissant de pays tiers ou un apatride, *JOUE L* 180, 29 juin, p. 31.
2. L. n° 91-647, 10 juill. 1991, art. 9-4.
3. CE 8 févr. 2012, *min. Int., outre-mer, coll. terr. et Immigration c/Koné*, req. n° 355884, *Lebon ; AJDA* 2012. 294 ; *D.* 2013. 324, obs. O. Boskovic, S. Corneloup, F. Jault-Seseke, N. Joubert et K. Parrot.
4. L. n° 91-647, 10 juill. 1991, art. 3, *in fine*.
5. Rép. min. n° 48106, *JOAN Q* 30 juin 2009, p. 6670 – V. s[s] n°s 471.22 s.
6. CE 12 juin 2013, req. n° 367004, NP ; *AJDA* 2013. 2413.
7. L. n° 91-647, 10 juill. 1991, art. 3.
8. L. n° 2010-769, 9 juill. 2010 relative aux violences faites spécifiquement aux femmes, aux violences au sein des couples et aux incidences de ces dernières sur les enfants, *JO* 10 juill., p. 12762.
9. CE 31 mai 2000, *Traoré et Diatta*, req. n°s 195626, 207366, *Lebon T.*

but non lucratif, ne sauraient se prévaloir d'un quelconque droit à l'aide juridictionnelle ou à l'aide à l'intervention de l'avocat [1].

Le bénéfice de l'aide juridictionnelle, ou de l'aide à l'intervention de l'avocat, peut être exceptionnellement accordé :

1° Aux personnes morales à but non lucratif ayant leur siège social en France et ne disposant pas de ressources suffisantes ;

2° Aux syndicats de copropriétaires d'immeubles soumis à la loi du 10 juillet 1965 [2] fixant le statut de la copropriété des immeubles bâtis, lorsque l'immeuble fait l'objet d'un plan de sauvegarde en application de l'article L. 615-1 du code de la construction et de l'habitation ou lorsqu'un administrateur provisoire est désigné en application de l'article 29-1 de la loi du 10 juillet 1965, pour l'exercice des actions en recouvrement des créances en demande ou en défense [3].

Le caractère exceptionnel est apprécié souverainement par le bureau d'aide juridictionnelle qui se fonde sur l'importance du litige au regard de l'intérêt général [4]. Une société commerciale ne saurait, en tout état de cause, être considérée comme étant au nombre des personnes morales pouvant bénéficier de l'aide [5].

751.122 Conformité au droit de l'Union européenne. La Cour de justice de l'Union européenne a jugé que le juge national peut tenir compte de la situation des personnes morales et prendre en considération, notamment, sa forme et son but lucratif ou non ainsi que la capacité financière de ses associés ou actionnaires et la possibilité, pour ceux-ci, de se procurer les sommes nécessaires à l'introduction de l'action en justice [6].

751.123 Appréciation des ressources d'une personne morale. Pour apprécier les conditions de ressources [7] des personnes morales, suivant un formulaire préétabli [8], il est tenu compte des ressources de toute nature perçues au cours de la dernière année civile après déduction des dépenses nécessaires à leur fonctionnement [9] (frais généraux - location et entretien des locaux, rémunération du personnel, frais de secrétariat - et autres dépenses annuelles liées à l'activité normale et courante de la personne morale à but non lucratif telles que les frais de réunion, de publication ou de représentation), ce qui inclut, par exemple, les dommages et intérêts perçus par la personne morale à but non lucratif *ès qualités* de partie civile au titre de l'année de référence à condition d'en déduire les frais de procédure [10].

L'examen des ressources devra également porter sur le nombre de membres de l'association, le montant des cotisations et la capacité contributive des adhérents et dirigeants de la personne morale à but non lucratif [11] dès lors que, compte tenu du caractère exceptionnel de son attribution, l'aide juridictionnelle ne devra être accordée qu'aux personnes morales à but non lucratif qui même dépourvues de ressources suffisantes ne justifient pas de l'impossibilité de les réunir pour intenter la procédure [12].

§ 3
Conditions de ressources

751.130 Plan. Les critères liés aux conditions de ressources déterminent (A) le seuil en deçà duquel une personne peut bénéficier d'une aide juridictionnelle totale ou partielle, ou de l'aide à l'intervention de l'avocat (A), et font l'objet d'une appréciation prenant en compte du revenu fiscal de référence ou, à défaut, les ressources imposables (B).

A.
Détermination des conditions de ressources

751.141 Conditions de seuil et de plafonds de ressources. Le critère lié aux conditions de ressources des personnes physiques, le plus communément admis en la matière, vise à déterminer le seuil en deçà duquel une personne n'apparaît pas en mesure de recourir aux services d'un avocat, ce qui

1. CE 24 nov. 1982, *Assoc. SOS-défense*, req. n° 27219, *Lebon ; D.* 1984. 6, note P. Laroche de Roussane.
2. L. n° 65-557, 10 juill. 1965 fixant le statut de la copropriété des immeubles bâtis, *JO* 11 juill., p. 5950.
3. L. n° 91-647, 10 juill. 1991, art. 2.
4. Rép. min. n° 26486, *JOAN Q* janv. 2004, p. 152 – Rép. min. n° 48494, *JOAN* 18 janv. 2005, p. 592.
5. Riom, 23 janv. 1991, *Gaz. Pal.* 10 nov. 1992, p. 14.
6. CJUE 22 déc. 2010, *DEB Deutsche Energiehandels – Und Beratungsgesellschaft mbH c/Bundesrepublik Deutschland*, aff. C-279/09, *JOUE* 19 févr. 2011 ; *Procédures* 2011, n° 57, note C. Nourrissat ; *RTD eur.* 2011. 173, Chron. L. Coutron ; *Europe* 2011, n° 38, note D. Simon ; – COMP. : CEDH 26 août 2008, *VP Diffusion Sarl c/France*, req. n° 14565/04 – CEDH 22 mars 2012, *Granos Organicos Nacionales S.A. c/Allemagne*, req. n° 19508/07.
7. V. s[s] n°s 741.171 s.
8. Formulaire Cerfa n° 15628*01 – Circ. 19 janv. 2017 présentant certaines dispositions de l'article 135 de la loi n° 2016-1917 du 29 décembre 2016 de finances pour 2017 et du décret n° 2016-1876 du 27 décembre 2016 portant diverses dispositions relatives à l'aide juridique, p. 32 s., NOR : JUST1701743C.
9. Décr. n° 2020-1717, 28 déc. 2020, art. 9.
10. Bur. sup. aide jud. 14 juin 1978, *D.* 1979. 203, note P. Laroche de Roussane.
11. Circ. SADJPV 91-226/AB1, 23 déc. 1991 relative à l'aide juridictionnelle.
12. Bur. sup. aide jud. 2 déc. 1981, *D.* 1983. 32, note P. Laroche de Roussane.

serait de nature à la priver d'un accès effectif au juge[1].

Les personnes physiques, dont les ressources sont insuffisantes pour faire valoir leurs droits en justice, peuvent bénéficier d'une aide juridictionnelle totale ou partielle, ou de l'aide à l'intervention de l'avocat, d'après les dispositions de l'article 2 de la loi du 10 juillet 1991.

Le demandeur à l'aide doit prouver l'insuffisance de ses ressources.

751.142 **Plafonds de ressources.** Les plafonds de ressources, fixés par décret[2], sont révisés chaque année en fonction de l'évolution constatée des prix à la consommation hors tabac[3] et sont affectés de correctifs pour charges de famille[4].

Il faut en 2021[5] avoir un revenu fiscal de référence[6], ou à défaut des ressources imposables, inférieures ou égales à :

1° 11 262 euros pour bénéficier de l'aide juridictionnelle totale ;

2° 16 890 euros pour bénéficier de l'aide juridictionnelle partielle ou de l'aide à l'intervention de l'avocat[7].

Les tranches de ressources pour l'aide juridictionnelle partielle évoluent de la façon suivante :

TRANCHES DE RESSOURCES POUR L'AIDE JURIDICTIONNELLE PARTIELLE ET CONTRIBUTION DE L'ÉTAT

Ressources (en euros)	Part contributive de l'État (en %)
11 263 à 13 312	55 %
13 313 à 16 890	25 %

751.143 **Correctifs fonction de la composition du foyer fiscal.** Ces plafonds de ressources sont affectés de correctifs prenant en compte la composition du seul foyer fiscal du demandeur à l'aide[8].

Ils sont alors majorés à 18 % du montant du plafond de l'aide juridictionnelle totale, soit 2 027 euros par personne, pour les deux premières personnes supplémentaires appartenant au foyer fiscal du demandeur et à 11,37 % du même plafond, soit 1 280 euros par personne, à partir de la troisième personne supplémentaire[9].

La notion de personne appartenant au foyer fiscal[10] est appréciée au jour de la demande d'aide[11]. Elle vise, notamment, le conjoint, même si les époux sont mariés sous le régime de la séparation de biens[12], partenaires liés par un pacte civil de solidarité (Pacs), les descendants du demandeur s'ils sont âgés de moins de dix-huit ans, ou de moins de vingt-cinq ans et poursuivent des études, ainsi que ceux titulaires de la carte d'invalidité s'ils vivent sous le toit du demandeur[13].

En effet, en principe, les personnes mariées sont soumises à une imposition commune pour les revenus perçus par chacune d'elles et ceux de leurs enfants[14] ou perçus par des personnes qui sont à leur charge[15].

Ne sont plus prises en compte les personnes qui n'appartiennent pas au foyer fiscal, telles que les concubins, ou personnes hébergées par le demandeur à l'aide.

751.144 **Sans conditions de ressources.** La condition de ressource n'est pas exigée des victimes de crimes d'atteintes volontaires à la vie ou à l'intégrité de la personne prévus et réprimés par les articles 221-1 à 221-5, 222-1 à 222-6, 222-8, 222-10, 222-14 (1° et 2°), 222-23 à 222-26, 421-1 (1°) et 421-3 (1° à 4°) du code pénal, ainsi que de leurs ayants droit en vue d'exercer l'action civile en réparation des dommages résultant des atteintes à la personne[16].

Elle n'est pas non plus exigée des victimes de crimes d'atteintes volontaires à la vie ou à l'intégrité de la personne prévus et réprimés par le 1° de l'article 421-1 et les 1° à 4° de l'article 421-3 du code pénal ainsi qu'à leurs ayants droit en vue de leur constitution de partie civile au soutien de l'action publique[17].

1. CEDH 25 avr. 1983, *Pakelli c/Allemagne*, req. n° 8398/78 – CEDH 25 sept. 1992, *Croissant c/Allemagne*, req. n° 13611/88 – CEDH 9 juin 1998, *Twalib c/Grèce*, req. n° 42/1997/826/1032 – CEDH 19 sept. 2000, *Glaser c/ Royaume-Uni*, req. n° 32346/96– CEDH 18 déc. 2001, *R. D. c/Pologne*, req. n° 29692/96 et 34612/97 – CEDH 21 sept. 2004, *Santambrogio c/Italie*, req. n° 61945/00 – CEDH 15 févr. 2005, *Steel et Morris c/Royaume-Uni*, req. n° 68416/01 ; *AJDA* 2005. 1886, Chron. J.-F. Flauss – CEDH 14 janv. 2010, *Tsonyo Tsonev c/Bulgarie*, req. n° 2376/03.
2. L. n° 91-647, 10 juill. 1991, art. 4.
3. Décr. n° 2020-1717, 28 déc. 2020, art. 3.
4. L. n° 91-647, 10 juill. 1991, art. 4 – V. s[s] n° 751.143.
5. Circ. 30 déc. 2020 relative au montant des plafonds de ressources et de patrimoine, des correctifs pour charges familiales et des tranches de ressources pour l'admission à l'aide juridictionnelle à compter du 1er janvier 2021, NOR : JUST2037194C.
6. CGI, art. 1417, IV, 1°).
7. Décr. n° 2020-1717, 28 déc. 2020, art. 3.
8. CGI, art. 6 – Sadjav, *Réforme de l'aide juridictionnelle 2021*, Fiches pratiques, Fiche 2.5.
9. Décr. n° 2020-1717, 28 déc. 2020, art. 6.
10. CGI, art. 6 et 196.
11. Bur. sup. aide jud., 10 mars 1976, *D.* 1977. 199, note P. Laroche de Roussane.
12. Bur. sup. aide jud. 10 mars 1976, *D.* 1976. 627, note P. Laroche de Roussane.
13. CE 22 janv. 2007, *Méjard*, req. n° 283412, *Lebon T ; AJDA* 2007. 655 ; *Gaz. Pal.* 10 févr. 2007, p. 9 concl. Y. Aguila.
14. CGI, art. 6.
15. CGI, art. 196 et 196 A *bis*.
16. L. n° 91-647, 10 juill. 1991, art. 9-2.
17. L. n° 91-647, 10 juill. 1991, art. 9-2, al. 2.

751.145 Situation particulièrement digne d'intérêt. La condition de ressource pour bénéficier de l'aide juridictionnelle peut également être écartée exceptionnellement pour les demandeurs dont la situation apparaît particulièrement digne d'intérêt au regard de l'objet du litige ou des charges prévisibles du procès [1].

Il appartient aux Baj d'apprécier souverainement cette condition au regard des demandes dont il est saisi. Il lui est loisible, dans ce cadre d'accorder le bénéficie de l'aide juridictionnelle à une personne étrangère en situation irrégulière qui introduit un recours en vue de la délivrance ou du renouvellement de son titre de séjour et est dans l'impossibilité de justifier de ses ressources au moyen d'un document officiel [2], à une personne âgée hébergée en maison de retraite [3], à un demandeur d'allocation-chômage [4], à une demande de révision d'une pension alimentaire [5], de versement à la femme des indemnités de salaires perçues par l'hôpital psychiatrique [6], à la réparation d'un préjudice résultant d'un accident pour un chômeur de 64 ans [7].

Mais cette dérogation doit avoir un caractère exceptionnel apprécié au cas par cas suivant les situations [8], et peut être utilisée pour prendre en compte des situations particulières telles que l'existence d'annuité d'emprunt immobilier dont la déduction des ressources n'est pas prévue par les textes [9].

Le Baj n'est pas tenu, dans ce cadre, d'attribuer une aide juridictionnelle totale et peut se contenter d'accorder une aide juridictionnelle partielle [10] ou accorder le bénéfice de l'aide juridictionnelle totale à une personne qui remplit les conditions de ressources pour le bénéfice de la seule aide juridictionnelle partielle [11].

B. Appréciation des conditions de ressources

751.151 Principe : prise en compte du revenu fiscal de référence. Les conditions de ressources sont appréciées, depuis le 1er décembre 2020 [12], en tenant compte du revenu fiscal de référence [13] ou, à défaut, des ressources imposables [14].

Ainsi, en principe, pour pouvoir bénéficier de l'aide juridictionnelle ou de l'aide à l'intervention de l'avocat, le demandeur doit justifier par la production de son avis d'imposition le plus récent [15] que son revenu fiscal de référence au sens du 1°) du IV de l'article 1417 du code général des impôts est inférieur au plafond de ressource [16].

751.152 Prise en compte des revenus imposables des six derniers mois. Toutefois, le montant pris en compte pour apprécier le droit à l'aide juridictionnelle, ou à l'aide à l'intervention de l'avocat, correspond au double du montant des revenus imposables perçus par le foyer au cours des six derniers mois après abattement de 10 % :

1° Lorsqu'à la date de la demande, les revenus du foyer fiscal diffèrent, en raison d'un changement de situation, de ceux qui avaient été pris en compte pour établir l'avis d'imposition le plus récent ;

2° En l'absence de revenu fiscal de référence [17] ;

3° En cas d'individualisation de l'appréciation des ressources [18].

Sont alors prises en considération les ressources imposables de toute nature : revenus du travail et pensions de retraite (traitements et salaires, pensions de retraite, prime de départ à la retraite, indemnités de licenciement qui dépassent la fraction exonérée, indemnités compensatrices de préavis, indemnités de congés payés, indemnités de non-concurrence), allocations versées par Pôle emploi (allocation d'aide au retour à l'emploi (Are), allocation temporaire d'attente (Ata), allocation de solidarité spécifique (Ass), allocation complémentaire perçue dans le cadre du maintien des droits au revenu de remplacement), indemnités journalières (IJ) (pour cause de maladie sauf affection de longue durée, les indemnités en maladies comportant un traitement prolongé et particulièrement coûteux [19] n'étant pas prises en compte), victimes d'accident du travail ou de maladies professionnelles, pour cause de maternité, paternité ou adoption), pensions d'invalidité, revenus issus d'un patrimoine mobilier ou immobilier, plan d'épargne de retraite : rentes et capital, indemnité d'occupation du loge-

1. L. n° 91-647, 10 juill. 1991, art. 6.
2. Rép. min. n° 17501, *JO Sénat Q* 6 oct. 2011 ; *Rev. crit. DIP* 2011. 1045.
3. Rép. min. n° 25025, *JOAN* 29 mars 1999.
4. Bur. sup. aide jud. 27 nov. 1973 ; – Circ. 28 janv. 1975, n° 4, *D.* 1975. 621, note P. Laroche de Roussane.
5. Bur. sup. aide jud. 10 mars 1976, *D.* 1977. 30, note P. Laroche de Roussane.
6. Bur. sup. aide jud. 27 oct. 1976 ; – Circ. 25 janv. 1977, n° 46.
7. Bur. sup. aide jud. 28 févr. 1977 ; – Circ. 16 févr. 1978, n° 52 et 56.
8. Rép. min. QE n° 31841, 16 mai 1983, *JOAN* 4 juill. 1983 – Bur. sup. aide jud. 17 déc. 1974, *D.* 1975. 621, note P. Laroche de Roussane.
9. Rép. min. n° 28501, *JOAN Q* 6 juin 1983, p. 2544 ; *JCP 1983. IV. 310.*
10. Bur. sup. aide jud. 19 févr. 1974 ; – Circ. 28 janv. 1975, n° 7.
11. Bur. sup. aide jud. 10 mars 1976, *D.* 1977. 30, note P. Laroche de Roussane.
12. L. n° 2019-1479, 28 déc. 2019 de finances pour 2020, *JO* 29 déc., art. 243.
13. CGI, art. 1417, IV, 1°.
14. L. n° 91-647, 10 juill. 1991, art. 4.
15. Arr. 30 déc. 2020, NOR : JUST2037180A, art. 4, 1°.
16. Décr. n° 2020-1717, 28 déc. 2020, art. 3.
17. Décr. n° 2020-1717, 28 déc. 2020, art. 8.
18. V. ss n° 751.157.
19. CSS, art. D. 160-4.

ment versée par un ex-époux, pension alimentaire perçue dans le cadre d'une obligation alimentaire [1].

Devront également être prises en compte, et déduites, un certain nombre de charges : pensions alimentaires notamment dans le cadre d'une obligation alimentaire [2], prestations compensatoires versées sous forme de rente ou de capital lorsque le versement est effectué sur une période supérieure à douze mois [3] et contribution aux charges du mariage [4].

751.153 Exclusion des revenus non imposables et charges non déductibles. Sont exclues du calcul des revenus imposables, les ressources non imposables telles que le revenu social de solidarité active (RSA), la prime d'activité, l'aide aux créateurs et repreneurs d'entreprises (ACRE), les prestations familiales [5] (prestation accueil jeune enfant, allocations familiales, complément familial, allocation de logement, allocation d'éducation de l'enfant handicapé, allocation de soutien familial, allocation de rentrée scolaire et allocation journalière de présence parentale), les prestations liées à une situation de handicap : prestation de compensation du handicap (PCH), allocation aux adultes handicapés (AAH), complément de ressources et majoration pour la vie autonome, allocation d'éducation de l'enfant handicapé, les allocations logement : aide personnalisée au logement (APL), allocation de logement social, (ALS), allocation de logement familiale (ALF), ainsi que les indemnités de licenciement versées dans le cadre d'un plan social, les indemnités versées dans le cadre d'un plan social collectif, les indemnités versées lors de la rupture du contrat de travail à l'issue du congé de mobilité, et l'indemnité versée hors plan social pour sa fraction exonérée [6].

De la même façon, ne sont pas déduites les charges non déductibles du revenu imposable, tel que le versement par le demandeur à l'aide d'une indemnité d'occupation de logement au profit de son ex-conjoint (indemnité non déductible, puisqu'il s'agit de la contrepartie de l'occupation d'un logement) [7].

751.154 Application d'un abattement de 10 %. Une fois calculé le montant total des ressources imposables des six derniers mois, il convient de lui appliquer un abattement de 10 %, avant de multiplier par deux le résultat ainsi obtenu, pour que l'éligibilité à l'aide soit déterminée à partir d'un montant de revenu imposable approchant le revenu fiscal de référence théorique [8].

751.155 Non-prise en compte des ressources attendues ou du revenu disponible. Il n'y a pas lieu de prendre en compte les sommes attendues par le demandeur dans le cadre de l'action en justice qu'il entend mettre en œuvre telles que celles obtenues en première instance d'une décision dont l'intéressé entend interjeter appel [9] ; ni celles afférentes à la part du demandeur au bénéfice de l'aide juridictionnelle dans une communauté non définitivement liquidée dès lors que celle-ci n'est pas imposable [10].

L'aide juridictionnelle, ou l'aide à l'intervention de l'avocat, est accordée au regard du seul revenu fiscal de référence ou des revenus imposables du demandeur sans qu'il n'y ait lieu de prendre en compte son revenu disponible une fois que l'intéressé a payé ses dettes : la situation éventuelle de surendettement de l'intéressé est sans incidence sur la demande d'aide juridictionnelle [11].

751.156 Périmètre d'appréciation des ressources. Les ressources prises en compte sont celles du seul foyer fiscal du demandeur à l'aide juridictionnelle ou à l'aide à l'intervention de l'avocat [12].

751.157 Individualisation de l'appréciation des ressources. En revanche, l'appréciation des ressources est individualisée, avec prise en compte des revenus imposables de chacune des personnes concernées [13], dans les cas suivants :

1° La procédure oppose des personnes au sein d'un même foyer fiscal ou bien il existe entre eux, eu égard à l'objet du litige, une divergence d'intérêt [14] rendant nécessaire une appréciation distincte des ressources ;

2° La procédure concerne une personne majeure ou mineure rattachée au foyer fiscal de ses parents ou de ses représentants légaux, lesquels manifestent un défaut d'intérêt à son égard [15], notamment lorsque la demande concerne l'assistance d'un mineur en application du code de la justice pénale des mineurs [16].

1. C. civ., art. 205 s.
2. C. civ., art. 203 s.
3. CGI, art. 80 *quater.*
4. Sadjav, *Réforme de l'aide juridictionnelle 2021*, Fiches pratiques, Fiche 2.2.
5. CSS, art. L. 511-1.
6. Sadjav, *Réforme de l'aide juridictionnelle 2021*, Fiches pratiques, Fiche 2.2.
7. Sadjav, *Réforme de l'aide juridictionnelle 2021*, Fiches pratiques, Fiche 2.2.
8. Sadjav, *Réforme de l'aide juridictionnelle 2021*, Fiches pratiques, Fiche 2.2.
9. Bur. sup. aide jud. 20 févr. 1978, *D.* 1978. 467, note P. Laroche de Roussane.
10. Bur. sup. aide jud. 3 juin 1975 ; Circ. 10 févr. 1976, n° 28 – Bur. sup. aide jud. 27 oct. 1976 ; Circ. 25 janv. 1977, n° 48.
11. Rép. min. n° 29019, *JOAN Q* 5 oct. 14992, p. 4629.
12. Sadjav, Réforme de l'aide juridictionnelle 2021, Fiches pratiques, Fiche 2.4 – V. s^s n° 751.143.
13. V. s^s n° 751.152.
14. Bur. sup. aide jud., 19 févr. 1974 ; – Circ. 28 janv. 1975, n° 8 ; – *CONTRA* : Bur. sup. aide jud. 28 févr. 1977 ; – Circ. 16 févr. 1978, n° 55.
15. L. n° 91-647, 10 juill. 1991, art. 5.
16. Ord. n° 2019-950, 11 sept. 2019 portant partie législative du code de la justice pénale des mineurs, *JO* 13 sept., n° 2.

C'est ainsi que dans le cadre d'une procédure de divorce, y compris sur requête conjointe [1], il y a lieu en principe d'apprécier les ressources des deux époux en instance de divorce de manière séparée dès lors qu'aucune provision *ad litem* n'est fixée [2], mais il y a lieu d'ajouter aux ressources de l'épouse faisant appel d'un jugement de divorce la pension alimentaire servie par le père pour l'entretien des enfants [3], laquelle doit être déduite des ressources de l'époux [4]. Dans l'hypothèse où l'un des époux est dépourvu de ressources le bénéfice de l'aide juridictionnelle peut lui être accordé dans le cadre d'une simple procédure destinée à lui permettre d'obtenir une provision *ad litem* et à faire exécuter cette décision [5] : si la provision *ad litem* dont il obtient le versement ne lui permet plus de remplir la condition de ressources ouvrant droit au bénéfice de l'aide juridictionnelle, il n'y aura plus lieu de la lui accorder pour la suite de la procédure.

751.158 Incidence du patrimoine mobilier ou immobilier. Le Baj doit prendre en compte l'existence d'un patrimoine mobilier ou immobilier nonobstant le fait que les ressources du demandeur soient inférieures au plafond pour refuser le bénéfice de l'aide juridictionnelle ou de l'aide à l'intervention de l'avocat [6].

Le demandeur n'est ainsi pas éligible à l'aide, lorsqu'il dispose, au jour de la demande :

- soit, d'un patrimoine mobilier ou financier, même non productif de revenus, dont la valeur en capital est supérieure au plafond d'admission à l'aide juridictionnelle totale, soit 11 262 euros en 2021 ;

- soit, d'un patrimoine immobilier, même non productif de revenus, dont la valeur en capital estimée est supérieure à deux fois le plafond d'admission à l'aide juridictionnelle partielle, soit 33 780 euros en 2021. La résidence principale du demandeur, ainsi que les locaux professionnels qui constituent des biens qui ne pourraient être vendus ou donnés en gage sans entraîner un trouble grave pour les intéressés [7], ne sont pas pris en compte dans l'estimation du patrimoine immobilier [8].

Lorsque le foyer fiscal est composé de plus d'une personne, les plafonds de ce patrimoine sont majorés dans les mêmes conditions que les plafonds de ressources [9].

§ 4
Condition tenant au caractère de l'action

751.161 Caractères de l'action. L'aide juridictionnelle [10] est accordée à la personne dont l'action n'apparaît pas manifestement irrecevable, dénuée de fondement [11] ou encore abusive en raison notamment du nombre des demandes, de son caractère répétitif ou systématique [12].

Cette condition ne s'applique pas au défendeur à l'action, à la personne civilement responsable, au témoin assisté, à la personne mise en examen, au prévenu, à l'accusé, au condamné et à la personne faisant l'objet de la procédure de comparution sur reconnaissance préalable de culpabilité.

Une réponse ministérielle est venue préciser que « L'existence d'un contrôle préalable, confié aux bureaux d'aide juridictionnelle présidés par des magistrats, permet normalement de n'accorder le bénéfice de l'aide que pour les actions n'apparaissant pas manifestement irrecevables ou dénuées de fondement au sens de l'article 7 [13]. Les cas où l'aide est accordée, alors que l'action s'avère « inenvisageable », ne peuvent donc en principe qu'être rares : le contrôle exercé par le bureau d'aide juridictionnelle devrait constituer une garantie en vue de la rétribution des avocats, comme du reste des auxiliaires de justice dont le concours est requis, puisqu'il vise à leur désignation dans les seules procédures recevables et fondées » [14].

751.162 Analyse du critère d'« actions abusives » par le Sadjav. Le Sadjav a eu l'occasion de préciser que : « Les actions abusives peuvent correspondre à celles qui, vouées au rejet, engorgent inutilement les juridictions. Il peut s'agir d'actions formées pour nuire à la partie adverse ou porter atteinte au bon fonctionnement de la justice mais aussi d'actions qui font supporter à la justice des charges inconsidérées (par ex. saisine d'un juge incompétent ou encore nouvelle saisine de la juridiction, alors que l'affaire a déjà été jugée, à moins que soient développés des moyens nouveaux qui n'étaient pas connus au moment de la 1re instance). Le caractère abusif

1. Bur. sup. aide jud. 9 mars 1979, *D.* 1980. 135, note P. Laroche de Roussane.
2. C. civ., art. 255, 6° – Bur. sup. aide jud. 17 déc. 1974, *D.* 1975. 621, note P. Laroche de Roussane.
3. Bur. sup. aide jud. 8 oct. 1974, *D.* 1975. 582, note P. Laroche de Roussane – Rép. min. n° 4579 ; *JOAN Q* 5 janv. 1998, p. 99 ; *Dr. et pr.* 1998. 150.
4. Bur. sup. aide jud. 30 avr. 1974, *D.* 1975. 582, note P. Laroche de Roussane.
5. Bur. sup. aide jud. 9 oct. 1973, *D.* 1974. 13.
6. Décr. n° 2020-1717, 28 déc. 2020, art. 5 ; – DÉJÀ : Bur. sup. aide jud. 25 oct. 1978 ; – Circ. 3 janv. 1979, n° 78.
7. L. n° 91-647, 10 juill. 1991, art. 4, III – Sadjav, Réforme de l'aide juridictionnelle 2021, Fiches pratiques, Fiche 2.6.
8. Décr. n° 2020-1717, 28 déc. 2020, art. 5.
9. V. ss n° 751.143.
10. Ch. Boré, « L'aide juridictionnelle », *Just. et cass.* 2008. 38.
11. L. n° 91-647, 10 juill. 1991, art. 7.
12. L. n° 91-647, 10 juill. 1991, art. 7.
13. L. n° 91-647, 10 juill. 1991, art. 7.
14. Rép. min. n° 49501, *JOAN Q* 1er août 2006, p. 8173 – Sur la gestion des justiciables « quérulents », v. ss nos 472.283 s.

s'applique donc à l'action en justice et non à la demande d'aide juridictionnelle. L'action qui est fondée, même partiellement, n'est pas abusive. Le caractère abusif de l'action ne peut pas être apprécié uniquement à partir du nombre de demandes d'aide juridictionnelle ou de leur caractère répétitif ou systématique : la notion d'action abusive doit s'apprécier au vu de l'objet de la demande, des moyens développés et de la juridiction saisie. L'article 7 de la loi du 10 juillet 1991 doit donc être compris comme permettant de ne pas attribuer l'aide juridictionnelle à des quérulents, qui demandent l'aide juridictionnelle pour une action en justice ayant le même objet qu'une précédente action ou un objet semblable (par ex : dépôt de deux demandes d'aide juridictionnelle en vue de former deux recours distincts contre deux décisions refusant la communication du même document administratif). En présence de quérulents, les BAJ auront donc intérêt à se rapprocher des juridictions, afin de connaître les suites données à de précédentes actions contentieuses ayant le même objet ou un objet semblable, notamment si le recours a été rejeté au motif que l'action était manifestement irrecevable, dénuée de fondement ou abusive, et s'agissant des demandes de communication de documents administratifs, si le rejet de l'action est motivé par le caractère répétitif ou systématique des demandes de communication du demandeur »[1].

751.163 Critère d'un maniement délicat. La question du rejet des demandes manifestement irrecevables, dénuées de fondement ou abusives est toutefois délicate à manier, et rarement utilisée[2], et ce, d'autant que la CEDH, même si elle admet le principe d'une telle sélection[3], considère parfois que cela conduit au non-respect du droit d'accès à un tribunal en matière civile[4] ou inversement, estime que le requérant n'avait pas été privé de son droit d'accès à un tribunal[5] sans qu'une ligne de partage claire ne soit établie.

La Cour de cassation a considéré, pour sa part, que le fait de réserver le bénéfice de l'aide juridictionnelle à la personne dont l'action n'apparaît pas manifestement irrecevable ou dénuée de fondement, d'une part, ne porte pas atteinte au principe d'égalité, qui ne s'oppose ni à ce que le législateur règle de façon différente des situations différentes, ni à ce qu'il déroge à l'égalité pour des raisons d'intérêt général, pourvu que, dans l'un et l'autre cas, la différence de traitement qui en résulte soit en rapport direct avec l'objet de la loi qui l'établit et que, dans l'exercice de ce pouvoir, il ne prive pas le justiciable des garanties des exigences constitutionnelles, et d'autre part, n'emporte pas d'atteinte substantielle au droit à un recours effectif dès lors que la personne à laquelle le bénéfice de l'aide juridictionnelle n'a pas été accordé dispose d'une voie de recours contre la décision de refus de cette aide, conserve le droit d'agir devant une juridiction pour soutenir sa réclamation et, dans le cas où le juge a fait droit à son action, d'obtenir le remboursement des frais, dépens et honoraires qu'elle a exposés ou versés, à concurrence de l'aide juridictionnelle dont elle aurait bénéficié compte tenu de ses ressources[6] [7].

751.164 Aide juridictionnelle rétroactive (loi du 10 juill. 1991, art. 7). L'article 7 de la loi du juillet 1991 prévoit que lorsque l'aide juridictionnelle n'a pas été accordée en raison du fait que l'action apparaissait manifestement irrecevable, dénuée de fondement ou abusive, mais que le juge venait à faire droit à l'action intentée par le demandeur, il est accordé à ce dernier le remboursement des frais, dépens et honoraires par lui exposés ou versés, à concurrence de l'aide juridictionnelle dont il aurait bénéficié compte tenu de ses ressources.

Dans ce cas, la demande de remboursement est déposée ou adressée au Baj qui a rejeté la demande initiale. Elle contient l'indication des nom et adresse de l'avocat et des officiers publics ou ministériels qui ont prêté leur concours au demandeur, de la copie de la décision de justice ayant fait droit à l'action et des justificatifs des frais, dépens et honoraires exposés par le requérant ainsi que justificatifs de leur règlement. Le Baj prononce l'admission à l'aide juridictionnelle totale ou partielle en fonction des ressources dont bénéficiait l'intéressé au jour de sa demande initiale. Le dossier est transmis au greffier ou au secrétaire de la juridiction qui a rendu la décision.

1. Sadjav, Réforme de l'aide juridictionnelle 2021, Questions / Réponses, Question 1.11, p. 12.
2. Bur. sup. aide jud. 18 juin 1974, *D.* 1974. 748, note P. Laroche de Roussane.
3. CEDH 15 févr. 2005, *Steel et Morris c/Royaume-Uni*, req. n° 68416/01 ; *AJDA* 2005. 1886, Chron. J.-F. Flauss – CEDH 22 mars 2007, *Staroszczyk c/Pologne*, req. n° 59519/00.
4. CEDH 30 juill. 1998, *Aerts c/Belgique*, req. n° 61/1997/845/1051 ; *D.* 1999. 270, obs. N. Fricero ; *D.* 1998. act. 35ᵉ cahier, obs. F. Rolin – CEDH 13 févr. 2003, *Bertuzzi c/ France*, req. n° 36378/97 ; *BICC* 2003, n° 310.
5. CEDH 19 sept. 2000, *Gnahoré c/France*, req. n° 40031/98 ; *D.* 2001. 725, note F. Rolin ; *JDI* 2001. 207, obs. D. Leclercq-Delapierre, S. Restencourt ; *D.* 2001. 1063, obs. N. Fricero ; *RD publ.* 2001. 682, obs. G. Gonzalèz ; *JCP* 2001. I. 291, n° 19, obs. F. Sudre – CEDH 26 févr. 2002, *del Sol c/France*, req. n° 46800/99 ; *BICC* 2002, n° 471 ; *Gaz. Pal.* 4-5 oct. 2002, p. 38, note M. Puéchavy ; *AJDA* 2002. 500, Chron. J.-F. Flauss – CEDH 7 mai 2002, *McVicar c/ Royaume-Uni*, req. n° 46311/99.
6. Civ. 2ᵉ, 21 juin 2012, n° 12-40.036, P II, n° 109 ; *D.* 2012. 1748.
7. V. sˢ n° 751.164.

L'ordonnateur compétent ou son délégataire procède à la liquidation et à l'ordonnancement des sommes dues qui sont réglées par le comptable de la direction générale des finances publiques[1].

SECTION 3
PROCÉDURE D'OBTENTION DE L'AIDE JURIDICTIONNELLE OU DE L'AIDE À L'INTERVENTION DE L'AVOCAT

751.170 **Plan.** L'obtention d'aide juridictionnelle, ou de l'aide à l'intervention de l'avocat, est de la compétence du bureau d'aide juridictionnelle (Baj), et à titre provisoire de la juridiction saisie du litige (§ 1). Cette procédure est initiée par une demande du justiciable ou de son avocat auprès du Baj ou du service d'accueil unique du justiciable (Sauj), accompagnée de pièces justificatives (§ 2). Le bénéfice de cette aide, qui peut dans certaines conditions faire l'objet d'un retrait (§ 3), donne à son bénéficiaire le droit au concours des auxiliaires de justice ainsi que des avocats [et] à l'exonération des honoraires et frais usuels (§ 4).

§ 1
Initiation de la procédure

751.181 **Compétence du bureau d'aide juridictionnelle (Baj) et également, à titre provisoire, de la juridiction saisie du litige.** L'aide juridictionnelle, ou l'aide à l'intervention de l'avocat, peut être accordée :

1° En principe, par le bureau d'aide juridictionnelle (Baj) ;

2° Dans certains cas, et uniquement à titre provisoire, par la juridiction saisie du litige[2].

751.182 **Bureau d'aide juridictionnelle (Baj).** L'aide juridictionnelle, ou l'aide à l'intervention de l'avocat, sont accordées par des bureaux ou section de bureaux d'aide juridictionnelle (Baj), établis au siège des juridictions dont la liste et le ressort sont définis par décret, actuellement un par ressort de tribunal judiciaire[3], dont le président est nommé par le président de la juridiction auprès de laquelle il est établi et composée notamment d'avocats[4] désignés par le conseil de l'Ordre[5].

Les bureaux ou sections de bureaux d'aide juridictionnelle (Baj), ont pour objet d'examiner les ressources et les justifications apportées et la nature du litige pour lequel l'aide est demandée[6].

Le président du bureau ou de la section compétente ou, en cas d'absence ou d'empêchement du président, le vice-président peut statuer seul sur les demandes ne présentant manifestement pas de difficulté sérieuse[7].

751.183 **Nature des bureaux d'aide juridictionnelle.** Les bureaux ou section de bureaux d'aide juridictionnelle (Baj) ne sont pas des juridictions[8], faisant que l'article 6 de la Conv. EDH n'est pas applicable à la procédure d'attribution de l'aide[9]. La Cour de cassation a également considéré qu'une question prioritaire de constitutionnalité ne pouvait pas être posée devant le Baj, ou devant le premier président statuant sur recours[10], dès lors qu'ils ne sont pas des juridictions relevant de la Cour de cassation au sens de l'article 23-1 de l'ordonnance du 7 novembre 1958[11].

Mais leurs décisions peuvent conduire à la mise en œuvre du régime de réparation par l'État des dommages causés par le fonctionnement défectueux du service public de la justice[12] et engager la responsabilité de l'État pour faute lourde[13], notamment si par une mauvaise appréciation des textes applicables, le Baj prive à tort du bénéfice de cette mesure un justiciable, par une prise d'une décision inadaptée rendue selon une motivation inexacte de nature à constituer une faute lourde[14].

751.184 **Attribution à titre provisoire.** Le président du Baj ou de la juridiction saisie peut, en cas d'urgence[15] notamment lorsque la procédure met en péril les conditions essentielles de la vie de l'intéressé ou en cas d'exécution forcée emportant saisie de biens ou expulsion[16], ou doit, lorsque la procédure concerne la délivrance d'une ordonnance de protection[17] accorder, à titre provisoire, le bénéfice de l'aide juridictionnelle, ou de l'aide à l'inter-

1. Décr. n° 2020-1717, 28 déc. 2020, art. 45.
2. V. s[s] n° 751.184.
3. *Décr. n° 2020-1535, 7 déc. 2020* fixant la liste et le ressort des bureaux d'aide juridictionnelle, *JO* 9 déc., n° 25.
4. Décr. n° 2020-1717, 28 déc. 2020, art. 19.
5. Décr. n° 2020-1717, 28 déc. 2020, art. 22.
6. L. n° 91-647, 10 juill. 1991, art. 12 s.
7. L. n° 91-647, 10 juill. 1991, art. 22 – Décr. n° 2020-1717, 28 déc. 2020, art. 53.
8. Cass., avis, 9 juill. 1993, n° 09-30.010, P n° 9 ; *D.* 1994. 137, note P. Laroche de Roussane.
9. CEDH 12 juin 2003, *Gutfreund c/France,* req. n° 45681/99 ; *D.* 2003. 2268, obs. N. Fricero.
10. V. s[s] n°s 751.211 s.
11. Crim. 15 sept. 2020, n° 19-86.763, P ; *JCP* 2021. 66 n° obs. B. Mathieu et A.-L. Cassard-Valembois.
12. COJ, art. L. 141-1.
13. V. s[s] n° 521.71.
14. Civ. 1re, 14 déc. 2004, n° 03-10.271, P I, n° 318.
15. Bur. aide jud. Lyon 11 oct. 1972, *D.* 1973. 374, note P. Laroche de Roussane ; *JCP A* 1972. IV, n° 6222, obs. J. Argenson ; *Gaz. Pal.* 1972. 2. 776.
16. L. n° 91-647, 10 juill. 1991, art. 20.
17. L. n° 91-647, 10 juill. 1991, art. 20.

vention de l'avocat, à la personne qui lui en fait la demande sans forme particulière.

Elle peut également être prononcée d'office par le juge si l'intéressé a formulé par ailleurs une demande d'aide sur laquelle il n'a pas encore été statué[1]. Enfin, dans le cadre des mesures de protection des victimes de violences, lorsque le Jaf délivre une ordonnance de protection, il demeure compétent pour prononcer l'admission à titre provisoire à l'aide juridictionnelle[2].

Aucune voie de recours n'est possible à l'encontre d'une décision relative à une demande d'admission provisoire[3].

Lorsqu'il est décidé de faire droit à la demande, la décision est transmise sans délai au Baj afin qu'il statue définitivement sur la demande d'aide[4]. Le refus de l'aide après une admission provisoire produit les effets d'une décision de retrait[5].

Le Conseil d'État a eu l'occasion de préciser qu'eu égard à la nature de l'office ainsi attribué au magistrat appelé à statuer sur une demande d'aide juridictionnelle - et sous réserve du cas où il apparaîtrait qu'allant au-delà de ce qu'implique nécessairement cet office, il aurait préjugé l'issue du litige - la circonstance que le même magistrat se trouve ultérieurement amené à se prononcer sur la requête pour la présentation de laquelle l'aide juridictionnelle avait été sollicitée est, par elle-même, sans incidence sur la régularité de la décision juridictionnelle[6].

§ 2
Procédure d'obtention

751.190 **Plan.** La demande d'aide juridictionnelle ou d'aide à l'intervention de l'avocat est formulée par le justiciable ou son avocat (A) auprès du Baj, dont la décision peut faire l'objet d'un recours (B).

A.
Demande d'aide juridictionnelle ou d'aide à l'intervention de l'avocat

751.201 **Demande de l'aide par le justiciable auprès du Baj.** L'aide juridictionnelle, ou l'aide à l'intervention de l'avocat, doit en principe être demandée par le justiciable, ou par tout mandataire, auprès du Baj, ou du Sauj[7] établi au siège du tribunal dans le ressort duquel est fixé son domicile, au moyen d'un formulaire de demande[8], accompagné d'un certain nombre de pièces justificatives[9].La demande est ensuite transmise sans délai au Baj compétent[10] et est enregistrée par le secrétariat du Baj.

Le demandeur à l'aide juridictionnelle doit, par ailleurs, indiquer dans sa demande s'il « dispose d'un ou plusieurs contrats d'assurance de protection juridique ou d'un autre système de protection couvrant la rémunération des auxiliaires de justice et les frais afférents au différend pour lequel le bénéfice de l'aide juridictionnelle est demandé »[11]. Cette information devra, selon l'article 4, 13°, de l'arrêté du 30 décembre 2020, être justifiée par la production de documents émanant de l'assureur, qui devra attester de la prise en charge ou du refus de garantir le sinistre déclaré, avec la mention du montant des plafonds de garanties et de remboursement des frais. Un arrêté du 12 décembre 2014[12] fixe le modèle de la décision de prise en charge ou de non prise en charge de l'assureur de protection juridique.

751.202 **Demande par voie électronique.** La demande d'aide juridictionnelle pourra, à partir du 1er janvier 2023[13], être déposée par voie électronique.

L'informatisation des demandes est réalisée via le Système d'information de l'aide juridictionnelle (Siaj)[14] à travers le téléservice « FranceConnect »[15].

751.203 **Moment de la demande d'aide juridictionnelle ou d'aide à l'intervention de l'avocat.** La demande d'aide juridictionnelle, ou d'aide à l'intervention de l'avocat, peut être faite à tout moment au cours de l'instance[16], et lorsqu'une juridiction est

1. Décr. n° 2020-1717, 28 déc. 2020, art. 61.
2. C. civ., art. 515-11.
3. Décr. n° 2020-1717, 28 déc. 2020, art. 62.
4. Décr. n° 2020-1717, 28 déc. 2020, art. 63.
5. Décr. n° 2020-1717, 28 déc. 2020, art. 64 – V. ss nos 751.221 s.
6. CE 12 mai 2004, *Hakkar*, req. n° 261826, *Lebon ; AJDA* 2004. 1354, Chron. C. Landais et F. Lenica ; *D.* 2004. 1501 ; *D.* 2005. 1182, Chron. P. Cassia ; *RFDA* 2004. 713, concl. I. de Silva.
7. Décr. n° 2020-1717, 28 déc. 2020, art. 32 – V. ss n° 752.54.
8. Décr. n° 2020-1717, 28 déc. 2020, art. 37 – Formulaire Cerfa 15626*01 et notice explicative 52133#01 – Arr. 30 déc. 2020, NOR : JUST2037180A – Sadjav, Réforme de l'aide juridictionnelle 2021, Fiches pratiques, Fiche 3 s.
9. Décr. n° 2020-1717, 28 déc. 2020, art. 37 – Arr. 30 déc. 2020, NOR : JUST2037180A.
10. Décr. n° 2020-1717, 28 déc. 2020, art. 32 et 37.
11. V. ss nos 761.21 s.
12. Arr. 12 déc. 2014 fixant le modèle de l'attestation de non-prise en charge des frais de procédure délivrée par l'assureur, en application du 9° de l'article 34 du décret n° 91-1266 du 19 décembre 1991 portant application de la loi n° 91-647 du 10 juillet 1991 relative à l'aide juridique, *JO* 14 déc., p. 21040, NOR : JUST1417223A.
13. L. n° 2019-1479, 28 déc. 2019 de finances pour 2020, *JO* 29 déc., art. 243 – Décr. n° 2020-1717, 28 déc. 2020, art. 188.
14. CNB, Résolution relative à la réforme de l'aide juridictionnelle, AG 17-18 mai 2019 – Arr. 25 sept. 1996 relatif à la gestion automatisée des dossiers d'aide juridictionnelle, *JO* 24 oct., p. 15545, NOR : JUSB9610371A.
15. Décr. n° 2020-1717, 28 déc. 2020, art. 38.
16. L. n° 91-647, 10 juill. 1991, art. 18 – Décr. n° 2020-1717, 28 déc. 2020, art. 36.

saisie d'une demande d'aide juridictionnelle il lui appartient, même en dehors de demande d'admission à titre provisoire[1], de la transmettre sans délai au Baj compétent[2], faute de quoi la demande devient caduque et la décision du Baj constatant cette caducité est insusceptible de tout recours[3].

Le dépôt d'une demande avant le prononcé du jugement mais après la plaidoirie de l'avocat est recevable[4], et le fait que le Baj n'ait pas statué avant le prononcé de la décision n'a pas pour effet de rendre la demande d'aide juridictionnelle sans objet[5].

751.204 Demande faite par l'avocat. L'avocat commis ou désigné d'office dans les cas prévus par la loi[6] peut, sauf lorsqu'il demande le bénéfice du dispositif dit « AJ garantie »[7], saisir le Baj compétent au lieu et place de la personne qu'il assiste ou qu'il a assisté[8]. La demande de l'avocat commis ou désigné d'office qui saisit le Baj au lieu et place de la personne qu'il assiste ou qu'il a assisté est prévue comme devant être faite sur un imprimé spécial[9] et contient les indications suivantes : les nom, prénoms, profession, nationalité et domicile du bénéficiaire de la commission ou de la désignation d'office, les nom et adresse de l'avocat commis ou désigné d'office ainsi que la nature de l'affaire et la juridiction saisie[10].

À l'appui de la demande, l'avocat fournit, dans la mesure du possible, toutes les indications et pièces sur la situation économique et familiale de son client, ainsi que, le cas échéant, une copie des pièces de la procédure relatives à cette situation. En l'absence de telles indications et pièces, l'avocat fournit une attestation, établie à sa demande par le greffe, relative aux déclarations faites à l'audience par le prévenu sur sa situation économique et familiale[11].

L'avocat désigné par le bâtonnier pour assister une victime bénéficiant de l'aide juridictionnelle, ou de l'aide à l'intervention de l'avocat, sans condition de ressource[12], ou l'un de ses ayants droit, est dispensé de fournir ces indications et pièces mais devra produire l'avis à victime ou l'ordonnance du juge d'instruction[13].

751.205 Traitement de la demande par le Baj. Si le requérant ne produit pas les pièces nécessaires, notamment en ce qui concerne la justification de ses ressources[14], le Baj peut lui enjoindre de fournir, sans motif légitime[15], dans un délai d'un mois à compter de la réception de la demande qui lui est faite, tout document, même en original, ou tout renseignement de nature à justifier qu'il satisfait aux conditions exigées pour bénéficier de l'aide juridictionnelle ou de l'aide à l'intervention de l'avocat[16].

À défaut de production dans ce délai, la demande d'aide est caduque. Il en est de même lorsque le requérant demeure hors de France ou est de nationalité étrangère, sous réserve des conventions internationales. La décision constatant la caducité de la demande est insusceptible de tout recours[17].

Le Baj peut faire recueillir tous renseignements et faire procéder à toutes auditions. Il peut entendre ou faire entendre les intéressés. Il peut, notamment, recueillir auprès des services de l'État tous renseignements sur la situation financière du demandeur lui permettant de vérifier que l'intéressé satisfait aux conditions exigées pour bénéficier de l'aide juridictionnelle et de l'aide à l'intervention de l'avocat dans les procédures non juridictionnelles[18]. Les entreprises d'assurance sont tenues de communiquer au Baj, sans pouvoir opposer le secret professionnel, tous renseignements permettant de vérifier que le demandeur ne bénéficie pas d'un contrat d'assurance de protection juridique ou d'un système de protection à même de prendre en charge les frais couverts par l'aide juridictionnelle[19].

1. V. s[s] n° 751.184.
2. Soc. 19 juill. 2000, n° 98-20.844, P V, n° 311 ; *D.* 2000. 227 ; *RDSS* 2000. 869, obs. M. Badel, I. Daugareilh, R. Lafore et C. Willmann – Civ. 2e, 28 mai 2003, n° 01-20.878, P II, n° 158 ; *D.* 2003. 1804 – Civ. 2[e], 1[er] avr. 2004, n° 02-04.108, P II, n° 145 ; *D.* 2004. 1349 – Soc. 27 sept. 2005, n° 04-40.617, P V, n° 269 ; *D.* 2005. 2479 – CE 6 mai 2009, *Khan*, req. n° 322713, *Lebon ; AJDA* 2009. 957 ; *AJDA* 2009. 1898, note B. Arvis ; *JCP* 2009. 272, obs. M.-Ch. Rouault ; *JCP* 2009. 601, obs. B. Mathieu et M. Verpeaux ; *Gaz. Pal.* 2010, Jur. 3853.
3. Ord. 22 mai 2009, *BICC* 1[er] oct. 2009, n° 1182.
4. TGI Saintes, 8 janv. 1998, *JCP* 1998. IV. 2449.
5. Bur. sup. aide jud. 18 juin 1974, *D.* 1974. 748, note P. Laroche de Roussane.
6. V. s[s] n°s 472.21 s.
7. V. s[s] n°s 751.494 s.
8. L. n° 91-647, 10 juill. 1991, art. 16.
9. Formulaire Cerfa n° 16146*03 – Circ. 19 janv. 2017 présentant certaines dispositions de l'article 135 de la loi n° 2016-1917 du 29 décembre 2016 de finances pour 2017 et du *décret n° 2016-1876 du 27 décembre 2016* portant diverses dispositions relatives à l'aide juridique, NOR : JUST1701743C, p. 36 s.
10. Arr. 30 déc. 2020, NOR : JUST2037180A, art. 5.
11. Arr. 30 déc. 2020, NOR : JUST2037180A, art. 5.
12. V. s[s] n°s 472.111 s. et 751.144.
13. Décr. n° 2020-1717, 28 déc. 2020, art. 39.
14. Rép. min. n° 17501, *JO Sénat Q* 6 oct. 2011 ; *Rev. crit. DIP* 2011. 1045.
15. L. n° 91-647, 10 juill. 1991, art. 22.
16. Note Sadjav du 7 juillet 2016 relative aux ressources du demandeur à l'aide juridictionnelle.
17. Décr. n° 2020-1717, 28 déc. 2020, art. 46 et 47 – Sadjav, Réforme de l'aide juridictionnelle 2021, Fiches pratiques, Fiche 2.7.
18. LPF, art. 146 A.
19. L. n° 91-647, 10 juill. 1991, art. 21 – Décr. n° 2020-1717, 28 déc. 2020, art. 46.

751.206 **Notification de la décision.** La décision du Baj ou de son président[1] est notifiée au demandeur par le secrétaire du Baj par lettre simple en cas d'admission à l'aide juridictionnelle totale ou à l'aide à l'intervention de l'avocat, et au moyen de tout dispositif permettant d'attester la date de réception dans les autres cas.

La notification de la décision refusant l'aide juridictionnelle ou l'aide à l'intervention de l'avocat, n'accordant que partiellement l'aide juridictionnelle ou retirant le bénéfice de l'aide[2] indique les modalités selon lesquelles l'intéressé peut former un recours contre cette décision.

La décision peut également être notifiée à travers le téléservice « FranceConnect »[3].

B. Recours contre la décision du Baj

751.211 **Recours du demandeur à l'aide.** Les recours contre les décisions du Baj relatives à l'aide juridictionnelle ou l'aide à l'intervention de l'avocat peuvent être exercés par le demandeur lui-même.

Le délai de recours est alors de 15 jours, ramené à 8 jours devant la Cour nationale du droit d'asile[4], à compter du jour de la notification de la décision à l'intéressé[5] mais ne court que pour autant que la notification de la décision indique les délais et voies de recours[6].

Il ne s'agit pas d'un délai franc faisant qu'il commence à courir du jour de la notification[7]. Un recours irrégulièrement formé, ne saurait, même admis, avoir pour effet d'interrompre une nouvelle fois les délais interrompus par une demande d'aide juridictionnelle[8].

751.212 **Autres personnes habilitées à faire un recours.** Un recours peut également être exercé par le garde des Sceaux, ministre de la justice, contre les décisions du Baj institué près le Conseil d'État ou par le ministère public contre les décisions des autres Baj, ainsi que par le président de l'ordre des avocats au Conseil d'État et à la Cour de cassation contre les décisions des Baj institués près ces juridictions ou par le bâtonnier contre les décisions des autres Baj[9].

Le délai de recours est alors d'un mois, ramené à 15 jours devant la Cour nationale du droit d'asile[10], à compter de la date de la décision du Baj[11].

751.213 **Recours du bâtonnier (L. 10 juill. 1991, art. 23).** Le bâtonnier a ainsi qualité pour exercer un recours contre les décisions du Baj. Le recours est alors exercé par le bâtonnier du barreau dont relève l'avocat choisi ou désigné au titre de l'aide juridictionnelle, ou de l'aide à l'intervention de l'avocat, ou, en l'absence de choix ou de désignation, par le bâtonnier du barreau établi près le tribunal judiciaire ou celui du ressort de la juridiction dont relève le Baj[12] ou par le bâtonnier du barreau dont relèvent les avocats membres du Baj de la Cnda.

Notons que les décisions du Baj sont adressées sans délai au bâtonnier uniquement en l'absence d'avocat choisi lorsqu'il y a lieu pour le bâtonnier d'en désigner un[13]. Pour les autres décisions, celles-ci sont adressées à la Carpa[14] et il lui est également possible d'en solliciter la communication en application de l'article 58 du décret du 28 décembre 2020. Le bâtonnier désigne, en outre, les avocats membres du Baj[15] qui peuvent lui rendre compte des décisions prises.

Il est important que le bâtonnier puisse être informé des décisions dans les meilleurs délais, dès lors que le délai de recours est d'un mois à compter de la décision[16].

751.214 **Autorité compétence pour connaître du recours.** Le recours relève de la compétence :

1° Du premier président de la cour d'appel dans le ressort de laquelle le Baj est institué pour les juridictions de l'ordre judiciaire ;

2° Du premier président de la cour administrative d'appel dans le ressort de laquelle le Baj est institué devant les autres juridictions administratives ;

3° Du président de la Cour nationale du droit d'asile, pour les décisions du Baj établi auprès de cette juridiction[17].

751.215 **Forme du recours.** Le recours est formé par simple déclaration remise ou adressée par lettre recommandée avec demande d'avis de réception, ou

1. V. s[s] n° 751.181.
2. V. s[s] n°s 751.221 s.
3. Décr. n° 2020-1717, 28 déc. 2020, art. 56.
4. Décr. n° 2020-1717, 28 déc. 2020, art. 70.
5. Décr. n° 2020-1717, 28 déc. 2020, art. 69.
6. CE 28 juill. 2000, *Assad*, req. n° 151068, *Lebon ; D.* 2000. 241 ; *RFDA* 2001. 1239, concl. S. Boissard ; *GACA*, 4e éd., Dalloz, 2014, p. 59.
7. CE 28 juin 2013, *Davodi*, req. n° 363460, *Lebon ; AJDA* 2013. 1367 – C. pr. civ., art. 640.
8. Civ. 2e, 8 mars 2018, n° 16-26.849, P II, n° 43 ; *JCP* 2018. 588, n° 23, obs. F. G'sell.
9. L. n° 91-647, 10 juill. 1991, art. 23.
10. Décr. n° 2020-1717, 28 déc. 2020, art. 70.
11. Décr. n° 2020-1717, 28 déc. 2020, art. 69, al. 2.
12. Décr. n° 2020-1717, 28 déc. 2020, art. 73.
13. Décr. n° 2020-1717, 28 déc. 2020, art. 57, 1°).
14. Décr. n° 2020-1717, 28 déc. 2020, art. 57, 2°.
15. Décr. n° 2020-1717, 28 déc. 2020, art. 22.
16. Décr. n° 2020-1717, 28 déc. 2020, art. 69.
17. Décr. n° 2020-1717, 28 déc. 2020, art. 72.

LRE eIDAS[1], au Baj qui a rendu la décision contestée.

Les recours qui relèvent de la compétence du président de la cour administrative d'appel ou du président de la section du contentieux du Conseil d'État doivent être transmis directement à l'autorité de recours par voie électronique, via Télérecours[2], lorsqu'ils sont présentés par un avocat.

À peine de rejet, le recours doit contenir l'exposé des faits et des motifs sur lesquels il est fondé et être accompagné d'une copie de la décision attaquée[3].

751.216 **Décision sur recours.** Lorsqu'une décision du Baj fait l'objet d'un recours, le dossier est transmis sans délai à l'autorité compétente pour en connaître. Le secrétaire du Baj avise du recours le greffier ou le secrétaire de la juridiction compétente lequel classe sans délai cet avis au dossier de procédure.

Le demandeur à l'aide juridictionnelle, ou à l'aide à l'intervention de l'avocat, est informé du dépôt du recours lorsqu'il n'en est pas l'auteur. Il peut présenter des observations écrites.

Il est statué par voie d'ordonnance. L'ordonnance ainsi rendue est insusceptible de tout recours[4].

751.217 **Notification de la décision sur recours.** La copie de la décision rendue par l'autorité de recours est adressée ou notifiée selon les cas dans les mêmes conditions que la décision du Baj[5] et une copie des décisions, accompagnées du dossier de demande d'aide juridictionnelle en original, est adressée au Baj ayant rendu la décision qui fait procéder, en cas de nécessité, aux désignations des avocats et archive le dossier retourné[6].

Dans tous les cas, il n'appartient pas au demandeur à l'aide juridictionnelle, ou à l'aide à l'intervention de l'avocat, de s'enquérir de l'issue de ce recours, et la décision de rejet du recours contre une décision du Baj ne peut lui être opposée qu'au jour où elle est portée à sa connaissance par sa notification[7].

Lorsqu'elle est directement saisie, via Télérecours[8], l'autorité compétente pour statuer sur le recours informe sans délai le secrétaire du Baj ayant rendu la décision contestée qui lui adresse sans délai le dossier de demande d'aide. Elle peut également adresser via Télérecours une copie de la décision rendue à l'avocat de l'intéressé, s'il est inscrit dans cette application, et le cas échéant, à la Carpa dont dépend cet avocat, ainsi qu'au Baj ayant rendu la décision contestée[9].

§ 3
Retrait de l'aide juridictionnelle ou de l'aide à l'intervention de l'avocat

751.221 **Conditions de retrait de l'aide juridictionnelle ou de l'aide à l'intervention de l'avocat.** Sans préjudice des sanctions pénales éventuellement encourues du chef de fausses attestations[10], le bénéfice de l'aide juridictionnelle, ou de l'aide à l'intervention de l'avocat, est retiré, même après l'instance ou l'accomplissement des actes pour lesquels il a été accordé :

1° Si ce bénéfice a été obtenu à la suite de déclarations ou au vu de pièces inexactes ;

2° S'il survient au bénéficiaire, pendant cette instance ou l'accomplissement de ces actes, des ressources telles que si elles avaient existé au jour de la demande d'aide, celle-ci n'aurait pas été accordée ;

3° Lorsque la décision passée en force de chose jugée a procuré au bénéficiaire des ressources excédant les plafonds d'admission à l'aide ;

4° Lorsque la procédure engagée par le demandeur bénéficiant de l'aide a été jugée dilatoire, abusive[11], ou manifestement irrecevable ;

5° Lorsque les éléments extérieurs du train de vie du bénéficiaire de l'aide apparaissent manifestement incompatibles avec le montant des ressources annuelles pris en compte pour apprécier son éligibilité[12].

751.222 **Procédure de retrait.** Le retrait est prononcé, d'office ou la demande de tout intéressé, dont le bâtonnier qui peut en faire la demande, à

1. Règl. 910/2014, Parlement et Conseil, 23 juill. 2014 sur l'identification électronique et les services de confiance pour les transactions électroniques au sein du marché intérieur et abrogeant la directive 1999/93/CE, *JOUE* L 257, 28 août, p. 73 – Décr. n° 2018-347, 9 mai 2018 relatif à la lettre recommandée électronique, *JO* 12 mai, n° 16 ; – SUR LEQUEL : F. Dempuré, « Gros plan sur la lettre recommandée électronique », *JCP* 2019. 1100 – CPCE, art. R. 53 à R. 53-4.
2. Circ. 6 août 2018 présentant les dispositions du décret n° 2018-441 du 4 juin 2018 portant diverses dispositions relatives à l'aide juridique, NOR : JUST1819426C ; *JCP* 2018. 942 – V. s[s] n°s 452.78 et 623.63.
3. Décr. n° 2020-1717, 28 déc. 2020, art. 71.
4. Civ. 2e, 10 mars 2005, n° 03-17.076, P II, n° 59 – Civ. 2e, 25 mars 2010, n° 09-16.902, P II, n° 67 ; *D.* 2010. 968 – CE 20 déc. 1989, req. n° 103778, *Lebon ; AJDA* 1990. 199, obs. X. Prétot – CE 22 janv. 2003, *Issa M'trengoueni*, req. n° 244177, *Lebon T ; AJDA* 2003. 1182 – CE 5 juill. *2005, req. n° 281974, Lebon T* – Civ. 2e, 19 oct. 2017, n° 16-24.686, P ; *JCP* 2018. 588, n° 23, obs. F. G'sell.
5. V. s[s] n° 751.206.
6. Décr. n° 2020-1717, 28 déc. 2020, art. 74.
7. Civ. 2e, 28 juill. 2018, n° 17-16.578 et 17-16.658, P II, n° 138 ; *JCP* 2018. 825.
8. V. s[s] n°s 452.78 et 623.63.
9. Décr. n° 2020-1717, 28 déc. 2020, art. 74.
10. C. pén., art. 441-7 – V. s[s] n°s 453.161 s.
11. POUR UNE APPLICATION : Civ. 2e, 21 nov. 2002, n° 01-03.435, P II, n° 261.
12. L. n° 91-647, 10 juill. 1991, art. 50.

tout moment en cours d'instance et jusqu'à quatre ans après la fin de l'instance ou de la mesure[1], par décision motivée et notifiée du président du Baj qui a accordé l'aide[2], après avis d'un avocat membre du Baj[3]. Toutefois, si le retrait vise une procédure ou une mesure pour laquelle les avocats ou auxiliaires de justice désignés n'ont pas perçu de rétribution, il est prononcé, dans les mêmes conditions, par le Baj[4].

La demande est adressée au président du Baj qui a accordé l'aide[5]. Le retrait ne peut être décidé qu'après que le bénéficiaire, ainsi que l'avocat choisi ou désigné lorsqu'il n'a pas reçu l'attestation de fin de mission correspondante, ait été invité à présenter ses observations écrites dans un délai d'un mois[6].

Le Baj ou son président statue sur le retrait après communication au ministère public lorsque la demande de retrait repose sur des déclarations ou sur la production de pièces inexactes[7].

751.223 **Retrait par la juridiction saisie.** Lorsque la procédure est jugée dilatoire, abusive ou manifestement irrecevable, le retrait total étant alors prononcé, non pas par le Baj, mais par la juridiction saisie[8], laquelle doit caractériser, dans sa décision, en quoi la procédure est dilatoire, abusive ou manifestement irrecevable[9].

Toutefois, la juridiction saisie du litige ne peut prononcer le retrait de l'aide que dans le cas où la procédure engagée par le bénéficiaire de l'aide a été jugée abusive ou dilatoire, faisant que lorsque la juridiction saisie du litige estime que le bénéfice de l'aide a été accordé à la suite de déclarations ou au vu de pièces inexactes, il lui appartient d'en saisir le Baj ou son président, seul compétent pour retirer le bénéfice de l'aide dans ce cas[10].

751.224 **Effets du retrait.** Les droits, redevances et honoraires et émoluments de toute nature dont le bénéficiaire avait été dispensé[11], deviennent alors immédiatement exigibles[12].

En cas de retrait partiel, la décision indique la proportion du retrait et, s'il y a lieu, le moment de l'instance à compter duquel il s'applique[13].

1. L. n° 91-647, 10 juill. 1991, art. 51.
2. Civ. 2e, 21 nov. 2002, n° 01-03.435, P II, n° 261 ; *D.* 2002. 3241.
3. Décr. n° 2020-1717, 28 déc. 2020, art. 65.
4. L. n° 91-647, 10 juill. 1991, art. 51.
5. Décr. n° 2020-1717, 28 déc. 2020, art. 65.
6. Décr. n° 2020-1717, 28 déc. 2020, art. 66.
7. Décr. n° 2020-1717, 28 déc. 2020, art. 67.
8. L. n° 91-647, 10 juill. 1991, art. 51.
9. Civ. 2e, 27 juin 2019, n° 18-18.076, NP ; *D.* 2020. 576, obs. N. Fricero.
10. CE, avis, 2 déc. 2015 n° 391760, *Al Moosawi ; JCP* 2015. 1436, obs. L. Erstein – V. ss n° 751.222.
11. V. ss nos 723.41 s. et 751.231 s.
12. L. n° 91-647, 10 juill. 1991, art. 52 – CGI, art. 1090 D.
13. Décr. n° 2020-1717, 28 déc. 2020, art. 68.

Le retrait peut poser difficulté en matière de représentation obligatoire lorsque, à la suite du prononcé du retrait, l'avocat ne trouve pas d'entente relativement à ses honoraires[14] avec le client[15] et qu'il cherche à se décharger du dossier ce qu'il ne peut faire tant qu'un nouvel avocat n'est pas constitué en ses lieux et place[16].

§ 4
Effet de l'aide juridictionnelle ou de l'aide à l'intervention de l'avocat

751.231 **Exonération des honoraires et frais et autres dépenses.** L'octroi de l'aide juridictionnelle, ou de l'aide à l'intervention de l'avocat, donne à son bénéficiaire le droit au concours des auxiliaires de justice ainsi que des avocats[17] et à l'exonération des honoraires et frais[18] qu'il aurait eu à supporter normalement.

Les dépenses qui incomberaient au bénéficiaire de l'aide juridictionnelle s'il n'avait pas cette aide sont à la charge de l'État, ce qui entraîne, par exemple, dispense pour le bénéficiaire de l'aide juridictionnelle de procéder à la consignation prévue en matière de citation directe[19 20].

Toutefois, l'aide juridictionnelle partielle laisse à son bénéficiaire la charge d'un honoraire fixé par convention avec l'avocat conformément à l'article 35 de la loi du 10 juillet 1991[21] ou d'un émolument lorsque l'avocat intervient au titre de prestations rémunérées suivant un tarif[22].

751.232 **Portée.** L'aide juridictionnelle, ou de l'aide à l'intervention de l'avocat, ne produit d'effet qu'à compter de son attribution et que pour les seules procédures visées dans la décision du Baj[23].

Ainsi, elle ne donne droit à versement de la contribution de l'État[24] que pour la seule procédure dans laquelle le bénéficiaire s'était vu accorder l'aide : aucune indemnité n'est due pour l'assistance devant la Civi d'une victime qui s'était vue accorder le bénéfice de l'aide juridictionnelle pour la seule procédure pénale[25].

14. L. n° 91-647, 10 juill. 1991, art. 36.
15. V. ss nos 713.23 et 751.453 s.
16. Civ. 2e, 16 févr. 1984, P II, n° 31 ; *Gaz. Pal.* 21 mars 1985, n° 79-80, note E. du Rusquec – V. ss nos 484.31 s.
17. V. ss nos 472.21 s.
18. V. ss nos 723.41 s.
19. C. pén., art. 392 – Toulouse, 3 avr. 2003, RG n° 02/00389 – Toulouse, 15 janv. 2004, RG n° 02/00388.
20. V. ss nos 723.41 s.
21. V. ss nos 713.41 s.
22. L. n° 91-647, 10 juill. 1991, art. 24 – V. ss nos 722.00 s.
23. Lyon, 11 mars 1998, *Gaz. Pal.* 11 juill. 1998, p. 29.
24. V. ss nos 751.271 s.
25. Civ. 2e, 18 déc. 2003, n° 02-10.008, P II, n° 391.

751.233 Continuité de l'aide juridictionnelle. L'aide juridictionnelle demeure acquise à son bénéficiaire, sans qu'il lui soit nécessaire de formuler une nouvelle demande, en cas de médiation ordonnée par le juge ou d'application par la juridiction saisie de la procédure de saisine pour avis du Conseil d'État ou de la Cour de cassation et en cas d'examen par le Conseil d'État, la Cour de cassation ou le Conseil constitutionnel d'une question prioritaire de constitutionnalité[1].

L'aide juridictionnelle est également maintenue, lorsque son bénéficiaire formule une nouvelle demande, pour se défendre en cas d'exercice d'une voie de recours, pour les instances nées ou les pourparlers transactionnels menés au cours des procédures d'exécution effectuées avec le bénéfice de l'aide juridictionnelle ou en cas de procédure participative[2].Elle s'applique de plein droit aux procédures, actes ou mesures d'exécution des décisions de justice obtenues avec son bénéfice, à moins que l'exécution ne soit suspendue plus d'une année pour une cause autre que l'exercice d'une voie de recours ou d'une décision de sursis à exécution. Ces procédures, actes ou mesures s'entendent de ceux qui sont la conséquence de la décision de justice, ce qui ne sera pas le cas d'une assignation en liquidation judiciaire, laquelle constitue une instance autonome devant faire l'objet d'une nouvelle demande d'aide juridictionnelle, et non une mesure d'exécution de la condamnation[3], ou qui ont été déterminés par le Baj dans sa décision[4].

De même que, si la juridiction saisie d'un litige pour lequel le bénéfice de l'aide juridictionnelle a été accordé est incompétente, ce bénéfice subsiste devant la nouvelle juridiction appelée à connaître du litige, sans qu'il soit besoin d'une nouvelle admission : tel que s'agissant d'une plainte avec constitution de partie civile renvoyée devant un autre juge d'instruction qui ne saurait dès lors imposer une quelconque consignation au plaignant bénéficiaire de l'aide juridictionnelle totale[5].

751.234 Caducité de la décision d'admission à l'aide juridictionnelle. Aux termes de l'article 59 du décret du 28 décembre 2020, la décision d'admission à l'aide juridictionnelle est caduque si, dans l'année de sa notification, la juridiction n'a pas été saisie de l'instance en vue de laquelle l'admission a été prononcée.

Dans le cadre d'une procédure de divorce, la décision d'admission à l'aide juridictionnelle est caduque si, dans les trente mois à compter de sa notification, la convention n'a pas été déposée au rang des minutes d'un notaire ou si l'instance n'a pas été introduite[6].

Mais cette caducité n'a d'effet qu'en ce qui concerne le bénéfice de l'aide juridictionnelle et n'a pas d'incidence sur l'interruption des délais résultant de l'aide juridictionnelle[7].

SECTION 4
CALCUL DE LA CONTRIBUTION DE L'AVOCAT

751.240 Plan. La contribution de l'avocat, qui est soumise au contrôle de légalité (§ 1) fait l'objet de modalités de calcul qui varie en fonction de la nature procédurale de l'affaire (§ 2), et se voit appliquer, dans certains cas, des réductions ou majorations (§ 3).

§ 1
Nature et légalité de la contribution

751.251 Une contribution plus qu'une rémunération ou une rétribution. Les sommes perçues par l'avocat au titre des prestations qu'il réalise dans le cadre de l'aide juridictionnelle ne constituent pas une rémunération, ni même une rétribution, mais une simple contribution aux frais résultant du concours fourni. Comme le souligne un auteur, si le législateur a employé les termes de rétribution dans l'article 27 de la loi du 10 juillet 1991 et dans les articles 91, 92, 93 et 94 de l'ancien décret du 19 décembre 1991, il s'agit d'une erreur de rédaction : c'est d'une simple « contribution » qu'il s'agit et non d'une rétribution complète ou d'une rémunération[8].

751.252 Des contributions symboliques. Les contributions versées aux avocats en exécution de mission d'aide juridictionnelle sont plus que symboliques et très loin d'une rémunération raisonnable au regard du travail fourni. Il convient de préciser qu'entre le moment où l'avocat adresse son attestation de mission[9] ainsi que la décision et le paiement effectif au titre de sa mission, plusieurs mois, voire

1. Décr. n° 2020-1717, 28 déc. 2020, art. 10, II – Circ. SG/SADJPV, 1er mars 2010 relative à la présentation du principe de continuité de l'aide juridictionnelle en cas d'examen de la question prioritaire de constitutionnalité par le Conseil d'État, la Cour de cassation et le Conseil constitutionnel, *BOMJL* 30 avr., NOR : JUSA1005991C.
2. Décr. n° 2020-1717, 28 déc. 2020, art. 10, I.
3. Civ. 1re, 6 oct. 2011, n° 10-19.654, NP.
4. L. n° 91-647, 10 juill. 1991, art. 11.
5. Crim. 4 janv. 2017, n° 16-83.528, P ; *JCP* 2017. 660, n° 25, obs. F. G'sell – V. ss nos 723.41 s.
6. Décr. n° 2020-1717, 28 déc. 2020, art. 59.
7. Civ. 2e, 7 mai 2003, n° 01-17.693, P II, n° 128 ; *D.* 2003. 1476 ; *Gaz. Pal.* 7-8 avr. 2004. Somm. 1227, obs. E. du Rusquec ; *Gaz. Pal.* 2003. Somm. 2466 – Toulouse, 13 déc. 2001, *D.* 2002. 2651, obs. P. Julien.
8. *Rep. pr. civ., v°* Aide juridique, par H. Gerphagnon, juin 2015, actu. sept. 2020.
9. V. ss n° 751.482.

années peuvent s'écouler, l'avocat de l'aide juridictionnelle gérant ainsi le dossier à frais avancés et à perte.

Le Conseil d'État a considéré, à cet égard, que la loi du 10 juillet 1991 modifiée relative à l'aide juridique a, notamment, pour objet de revaloriser la contribution de l'État à la rémunération des avocats et des officiers publics et ministériels en cas d'aide juridictionnelle mais que cette même loi n'implique pas que la contribution versée aux avocats prêtant leur concours aux bénéficiaires de l'aide juridictionnelle couvre l'intégralité des frais et honoraires correspondants afin d'assurer aux avocats commis dans le cadre de l'aide juridictionnelle une rémunération suffisante[1], avant de préciser le fond de sa pensée en considérant que « le législateur, afin de garantir l'objectif d'intérêt général d'accès à la justice des plus démunis, a prévu un mécanisme de rétribution forfaitaire, qui laisse à la charge des avocats une partie des coûts liés à la mise en œuvre de l'aide juridictionnelle ; que cette participation des avocats à la prise en charge de l'aide juridictionnelle trouve sa contrepartie dans le régime de représentation dont ils disposent devant les tribunaux, qui, sauf exceptions définies par la loi, leur confère un monopole de représentation »[2].

Le Conseil d'État a également considéré que les montants prévus pour rétribuer les avocats intervenant au titre de l'aide juridictionnelle ne sont pas de nature à porter une atteinte excessive au droit au respect des biens, compte tenu de l'intérêt général qui s'attache à la garantie effective des droits des justiciables d'accéder au juge, lorsque leurs ressources sont insuffisantes pour désigner un avocat ou que l'avocat choisi ne peut être contacté[3].

751.253 **Des contributions inégales.** Issus d'ajouts successifs au gré de l'introduction de missions supplémentaires et de revalorisations ou dévaluations ponctuelles de certaines missions, les tableaux de l'annexe I du décret du 28 décembre 2020[4] ressemblent plus à une mosaïque dépourvue de cohérence qu'à une réelle prise en compte, même toutes proportions gardées, de la réalité de travail de l'avocat dans les missions considérées.

751.254 **Contrôle des coefficients par le Conseil d'État.** Amené à connaître d'un recours à l'encontre de la fixation du nombre d'UV pour certaines missions, le Conseil d'État se livre, on se demande pourquoi au regard de son analyse précitée, à une appréciation du montant des unités de valeur. Il considère ainsi que le principe d'égalité ne s'oppose pas à ce que l'autorité investie du pouvoir réglementaire règle de façon différente des situations différentes, ni à ce qu'elle déroge à l'égalité pour des raisons d'intérêt général, pourvu que, dans l'un comme l'autre cas, la différence de traitement qui en résulte soit en rapport direct avec l'objet de la norme qui l'établit et ne soit pas manifestement disproportionnée au regard des motifs susceptibles de la justifier[5], et que la fixation des coefficients pris en compte pour le calcul de la contribution des avocats commis dans le cadre de l'aide juridictionnelle est sans incidence sur le droit d'accès au juge des bénéficiaires de cette aide[6].

Toutefois, le Conseil d'État vérifie que le pouvoir réglementaire ne commet pas une erreur manifeste d'appréciation dans leur établissement. Il a ainsi pu considérer que :

– la différence du nombre d'UV allouées à l'avocat suivant qu'il soit celui de la partie civile ou de la personne mise en cause, était fondée sur une différence de situation et n'était pas manifestement disproportionnée au regard des motifs qui la justifient, et ne saurait être regardée comme portant atteinte aux principes d'égalité devant la justice et d'égalité des armes. Pour le Conseil d'État, cette différence se justifie, dès lors qu'eu égard à la fonction et à la portée du procès pénal, le mis en cause et la partie civile ne sont pas dans une situation identique, et que les missions de l'avocat de la défense et celles de l'avocat de la partie civile ne sauraient être considérées comme identiques dès lors qu'elles impliquent, en particulier, des obligations et charges plus lourdes pour l'avocat de la personne mise en cause, tant au cours de l'instruction que durant le procès, ce dernier devant, notamment, répondre tant au ministère public qu'à la partie civile et plaider lors du procès, tant sur la question de la culpabilité que sur celle du quantum de la peine[7] ;

– en fixant à 24 unités de valeur le coefficient attaché au divorce par consentement mutuel par acte sous signature privée contresigné par avocats[8], le pouvoir réglementaire n'a pas porté une appréciation manifestement erronée sur la charge de travail

1. CE 13 févr. 2002, *Selarl Acaccia*, req. nº 229755, *Lebon ; D.* 2002. 1010 – CE 28 déc. 2012, req. nº 351873, NP ; *D.* 2013. 69, obs. L. Dargent.
2. CE 30 déc 2015, req. nº 371190, NP – CE 17 févr. 2016, req. nº 370989, NP – CE 6e-1re ch. réunies, 3 nov. 2016, req. nº 378190, NP ; *JCP* 2017. 660, nº 29, obs. F. G'sell – CE 14 juin 2018, req. nº 408265, NP ; *JCP* 2018. 1023, nº 19, obs. F. G'sell.
3. CE 28 déc. 2012, req. nº 351873, NP.
4. Décr. nº 2020-1717, 28 déc. 2020, annexe I.
5. CE 6e-1re ch. réunies, 3 nov. 2016, req. nº 378190, NP ; *JCP* 2017. 660, nº 29, obs. F. G'sell – CE 14 juin 2018, req. nº 408265, NP ; *JCP* 2018. 1023, nº 19, obs. F. G'sell.
6. CE 14 juin 2018, req. nº 408265, NP ; *JCP* 2018. 1023, nº 19, obs. F. G'sell.
7. CE 6e-1re ch. réunies, 3 nov. 2016, req. nº 378190, NP ; *JCP* 2017. 660, nº 29, obs. F. G'sell.
8. V. ss nº 751.361 s.

qu'implique pour les avocats l'intervention dans le cadre d'une telle procédure, compte tenu de son objet et de ses caractéristiques[1] ;

– est entachée d'erreur manifeste d'appréciation, la réduction des coefficients, attachés aux procédures de divorce par consentement mutuel judiciaire et aux autres procédures de divorce, non justifiée par une baisse de la charge de travail qu'impliquent ces procédures, alors, notamment, que la création de la procédure de divorce par consentement mutuel sous seing privé peut conduire à ce que seules les situations les plus complexes donnent lieu à des procédures judiciaires[2].

§ 2
Montant de la contribution

751.260 Plan. Les modalités de calcul du montant de la contribution varient selon que l'on est dans le cadre de procédures juridictionnelles (A), d'aide à l'intervention de l'avocat dans les procédures non juridictionnelles (B), de modes alternatifs de règlements des différends (C), ou que l'affaire se termine pour une autre cause qu'un jugement ou un accord (D).

A.
Procédures juridictionnelles

751.271 Montant de la contribution des avocats. Après de longues discussions entre le barreau et les pouvoirs publics, spécialement le ministre des Finances, pour le calcul de la contribution des avocats au titre de l'aide juridictionnelle, il a été adopté un système fondé sur l'unité de valeur (UV), fixée par l'article 27 de la loi du 10 juillet 1991[3], affectée de coefficients précisés par type d'affaires et par juridiction fixés par décret.

La contribution de l'avocat est ainsi déterminée, en principe[4], en fonction du produit de l'unité de valeur (UV), fixée à 36 euros hors taxes par la loi de finances pour l'année 2022[5], et des coefficients fixés par le décret du 28 décembre 2020[6] selon les tableaux qui suivent[7].

La contribution est due dès lors que la mission définie par le pouvoir réglementaire a été réalisée par l'avocat, sans que le ministère de la Justice ne puisse ajouter, par voie de circulaire, une condition nouvelle aux conditions de rétribution des avocats, telle que l'accomplissement par le juge des enfants d'actes d'instruction en vue du bénéfice de la contribution prévue pour l'« Instruction correctionnelle sans détention provisoire (JE) avec renvoi devant le tribunal pour enfants »[8].

751.272 Barème de la contribution de l'État à la rétribution des missions d'aide juridictionnelle totale au 1er juillet 2021[9].

TABLEAU 1. – DROITS DES PERSONNES, PRUD'HOMMES, BAUX D'HABITATION, AUTRES MATIÈRES CIVILES, APPEL

Procédures	Coefficient de base	Majorations possibles cumulables dans la limite de 24 UV								
		Incidents (dans la limite de 3 majorations)	Mesures de médiation ordonnées par le juge		Expertises		Vérifications personnelles du juge	Autres mesures d'instruction dont enquêtes sociales	Convention participative aux fins de mise en état	
			Sans accord	Avec accord, même partiel rédigé par l'avocat	Sans déplacement	Avec déplacement			Conclusion d'une convention	Avec accord, même partiel, entre les parties
I. Droits des personnes										
I. 1.1. Divorce par consentement mutuel par acte sous signature privée contresigné par avocats	24									

1. CE 14 juin 2018, req. n° 408265, NP ; *JCP* 2018. 1023, n° 19, obs. F. G'sell.
2. CE 14 juin 2018, req. n° 408265, NP ; *JCP* 2018. 1023, n° 19, obs. F. G'sell – Circ. 6 août 2018 présentant les dispositions du décret n° 2018-441 du 4 juin 2018 portant diverses dispositions relatives à l'aide juridique, NOR : JUST1819426C ; *JCP* 2018. 942.
3. Décr. n° 2020-1717, 28 déc. 2020, art. 86.
4. V. s^{s} n° 751.486.
5. L. n° 2021-1900, 30 déc 2021 de finances pour 2022, *JO* 31 déc., n° 1, art. 188.
6. Décr. n° 2020-1717, 28 déc. 2020, art. 86.
7. Décr. n° 2020-1717, 28 déc. 2020, art. 86 et annexe I.
8. CE 9 nov. 2015, *barreau des Hauts-de-Seine*, req. n° 381455, NP.
9. Décr. n° 2021-810, 24 juin 2021 portant diverses dispositions en matière d'aide juridictionnelle et d'aide à l'intervention de l'avocat dans les procédures non juridictionnelles, *JO* 26 juin.

I. 1.2. Divorce par consentement mutuel judiciaire	30	3			4	9	5	2		
I. 2. Autres cas de divorce	34 (1)	3	8	12	4	9	5	2	6	9
I. 3. Procédure après divorce devant le juge aux affaires familiales (JAF)	14		8	12	4	9	5	2	6	9
I. 5. Administration légale, tutelle des mineurs, protection juridique des majeurs	10				4	9	5	2		
I. 6. Assistance éducative	16									
I. 7. Autres demandes (cf. IV)										
II. Prud'hommes										
II. 1 Prud'hommes	30		8	12	4	9	5	2	6	9
II. 2 Prud'hommes avec départage	36		8	12	4	9	5	2	6	9
II. 3 Référé prud'homal	16		8	12	4	9	5	2	6	9
II. 4 Référé prud'homal avec départage	24		8	12	4	9	5	2	6	9
II. 6 Autres demandes (cf. IV)										
III. Baux d'habitation										
III. 1. Instance au fond	21		8	12	4	9	5	2	6	9
III. 2. Référé	16		8	12	4	9	5	2	6	9
IV. Autres matières civiles										
IV. 1. Instance au fond devant le tribunal judiciaire avec représentation obligatoire et devant le tribunal de commerce	26	3	8	12	4	9	5	2	6	9
IV. 2. Instance au fond devant le tribunal judiciaire sans représentation obligatoire et devant les autres juridictions (y compris le juge de l'exécution)	16		8	12	4	9	5	2	6	9
IV. 3. Procédures accélérées au fond, référés	8		8	12	4	9	5	2	6	9
IV. 4. Matière gracieuse	8									
IV. 5. Requête	4									
IV. 6. Difficultés d'exécution devant le juge de l'exécution	4		8	12					6	9
IV. 7. Demande de réparation d'une détention provisoire	6									
IV. 8. Procédure judiciaire de mainlevée et de contrôle des mesures de soins psychiatriques (en première instance et en appel)	6 (2)									
IV. 9. Procédure judiciaire de mainlevée des mesures d'isolement ou de contention (en première instance et en appel)	4 (3)									

V. Appel										
V. 1. Appel et recours dans les procédures d'appel avec représentation obligatoire	26	3	8	12	4	9	5	2		
V. 2. Appel avec référé dans les procédures d'appel avec représentation obligatoire	30	3	8	12	4	9	5	2		
V. 3. Appel dans les procédures d'appel sans représentation obligatoire	20	3	8	12	4	9	5	2		
V. 4. Appel avec référé dans les procédures d'appel sans représentation obligatoire	24	3	8	12	4	9	5	2		
V. 5. Recours devant le premier président statuant en procédure accélérée au fond	8		8	12						
VI. Cour de réexamen en matière civile	10									

(1) Ce coefficient est porté à 36 UV en cas de projet d'acte notarié de liquidation du régime matrimonial homologué par le juge aux affaires familiales lors du prononcé du divorce. (2) Ce coefficient est porté à 8 UV en cas de procédure judiciaire de mainlevée et de contrôle des soins psychiatriques sans consentement associée à une procédure de mainlevée des mesures d'isolement ou de contention. (3) Ce coefficient est porté à 6 UV en cas de procédure judiciaire de mainlevée des mesures d'isolement ou de contention donnant lieu à une audience devant le juge.

TABLEAU 2. – COUR D'ASSISES ET TRIBUNAL POUR ENFANTS STATUANT AU CRIMINEL, TRIBUNAL CORRECTIONNEL, JUGE DES ENFANTS ET TRIBUNAL POUR ENFANTS, PROCÉDURES D'APPEL ET PROCÉDURES DEVANT LA CHAMBRE DE L'INSTRUCTION, PROCÉDURES D'APPLICATION DES PEINES ET PROCÉDURES APPLICABLES EN MATIÈRE DE SURVEILLANCE DE SÛRETÉ ET DE RÉTENTION DE SÛRETÉ

Procédures	Coefficient	Majorations possibles
		Demi-journée d'audience supplémentaire
VII.- Cour d'assises et chambre des mineurs ou tribunal pour enfants statuant au criminel		
VII. 1. Assistance d'un mis en examen dans le cadre d'une instruction criminelle	50 (9)	
VII. 2. Assistance d'un accusé devant la cour d'assises, la cour d'assises des mineurs ou le tribunal pour enfants statuant au criminel	50 (8)	8
VII. 3. Assistance d'une partie civile pour une instruction criminelle	20 (1) (9)	
VII. 4. Assistance d'une partie civile ou d'un civilement responsable devant la cour d'assises, la cour d'assises des mineurs et la chambre des mineurs ou le tribunal pour enfants statuant au criminel	38 (8)	8
VIII.- Tribunal correctionnel, juge des enfants, tribunal pour enfants et tribunal d'application des peines en matière correctionnelle		
VIII. 1. Assistance d'une personne dans le cadre de la première comparution devant le juge d'instruction ou le juge des enfants	4 (10) (13)	
VIII. 2 Assistance d'un mineur dans le cadre d'un déferrement devant le procureur de la République et le juge des enfants	5 (13)	
VIII. 3. Assistance d'une personne dans le cadre d'un débat contradictoire relatif : - au placement ou au maintien en détention provisoire devant le juge des libertés et des détentions, le juge des enfants ou le juge d'instruction ; - au placement sous contrôle judiciaire ou sous assignation à résidence avec surveillance électronique devant le juge d'instruction ou le juge des enfants	3 (10)	
VIII. 4. Assistance d'une personne dans le cadre d'une instruction correctionnelle (juge d'instruction ou juge des enfants)	12 (9) (11)	
VIII. 5. Assistance d'une personne faisant l'objet de la procédure de comparution sur reconnaissance préalable de culpabilité	5 (2)	
VIII. 6. Assistance d'un prévenu devant le tribunal correctionnel	10 (2) (7)	3

VIII. 7. Assistance d'un prévenu devant le juge des enfants	1) lors de l'audience de cabinet (y compris la phase d'instruction)	8 (2)	
	2) lors de l'audience d'examen de la culpabilité ou de prononcé de la sanction	8 (2) (11) (12)	
	3) lors du jugement en audience unique	11 (2)	
	4) avant l'audience d'examen de la culpabilité ou pendant la période de mise à l'épreuve éducative	3 (13)	
VIII. 8. Assistance d'un prévenu devant le tribunal pour enfants	1) à l'issue des procédures régies par l'ordonnance du 2 février 1945 relative à l'enfance délinquante et de celles régies par le code de la justice pénale des mineurs dans le cadre d'une instruction correctionnelle	10 (2) (7)	3
	2) lors de l'audience d'examen de la culpabilité ou de prononcé de la sanction	11 (2) (11) (12)	
	3) lors du jugement en audience unique	18 (2) (11)	3
VIII. 9. Assistance d'une partie civile ou d'un civilement responsable en matière correctionnelle durant la phase d'instruction ou devant une juridiction de jugement de premier degré ou d'application des peines		8 (1) (7) (9)	3
IX. Assistance d'un prévenu majeur (contraventions de police de la 5e classe), d'un prévenu mineur ou majeur protégé, d'une partie civile ou d'un civilement responsable (contraventions de police de la 1re à la 5e classe) devant le tribunal de police.		5 (2)	
X.-Procédures d'appel			
X. 1. Assistance d'un prévenu, d'une partie civile ou d'un civilement responsable devant : – la chambre des appels correctionnels – la chambre de l'application des peines – la chambre de l'instruction lorsqu'elle est saisie dans le cadre d'une irresponsabilité pénale présumée – la chambre des mineurs		13 (2)	3
X. 2. Assistance d'une personne déférée au procureur général et présentée au premier président en exécution d'un mandat d'arrêt européen ou d'une demande d'extradition		6	
X. 3. Assistance d'une personne pour les appels des ordonnances : – du juge d'instruction, – du juge des libertés et de la détention et autres procédures devant la chambre de l'instruction (y compris extradition et procédures de remise résultant de l'exécution d'un mandat d'arrêt européen) – du juge des enfants et du juge des libertés et de la détention devant la chambre des mineurs		6 (3)	
XI. – Procédures d'application des peines et procédures applicables en matière de surveillance de sûreté et de rétention de sûreté		4 (4)	

(1) Une seule contribution est due pour l'ensemble de la phase d'instruction, que la chambre de l'instruction ait été ou non saisie.
(2) Majoration en cas de présence d'une partie civile lorsque l'avocat assiste le prévenu : 3 UV.
(3) L'ensemble des appels portés au cours de l'instruction devant la chambre de l'instruction donne lieu à une rétribution forfaitaire de 5 UV.
(4) Majoration lorsque le débat contradictoire ou une audition préalable du condamné en présence de son avocat a lieu au sein de l'établissement pénitentiaire : 1 UV.
(7) Majoration de 2 UV lorsque l'avocat ayant assisté la partie civile ou le prévenu au cours de l'information devant le pôle de l'instruction appartient au barreau établi près le tribunal judiciaire au sein duquel est établi le pôle et que l'audience a lieu en dehors du ressort de compétence territoriale de ce tribunal.
(8) Majoration de 2 UV, dans la limite de 4 UV, lorsque l'avocat ayant assisté la partie civile ou l'accusé au cours de l'information devant le pôle de l'instruction appartient au barreau établi près le tribunal judiciaire au sein duquel est établi le pôle et que l'audience a lieu en dehors du ressort de compétence territoriale de ce tribunal.
(9) Majoration de 2 UV pour chaque acte d'instruction nécessitant l'assistance de l'avocat devant le pôle de l'instruction lorsque cet avocat appartient au barreau établi près le tribunal judiciaire initialement compétent.
(10) Majoration de 2 UV lorsque l'interrogatoire de première comparution et le débat contradictoire ont lieu au pôle de l'instruction et que l'avocat appartient au barreau établi près le tribunal judiciaire initialement compétent.
(11) Majoration de 8 UV lorsque le prévenu fait l'objet d'une détention provisoire.
(12) Majoration de 2 UV lors de l'audience de prononcé de la sanction, en cas d'extension de la période de mise à l'épreuve éducative et pour chaque procédure pour laquelle la période de mise à l'épreuve éducative a été étendue.
(13) Majoration de 2 UV en cas de débat contradictoire relatif au prononcé ou à la modification d'une mesure de sûreté.

TABLEAU 3. – PROCÉDURES DEVANT LE JUGE DES LIBERTÉS ET DE LA DÉTENTION RELATIVES À L'ENTRÉE ET AU SÉJOUR DES ÉTRANGERS, TRIBUNAL ADMINISTRATIF ET COUR ADMINISTRATIVE D'APPEL, COUR NATIONALE DU DROIT D'ASILE, INTÉRÊTS CIVILS APRÈS UN PROCÈS PÉNAL, AUTRES JURIDICTIONS ADMINISTRATIVES, SAUF LE CONSEIL D'ÉTAT, COMMISSION D'EXPULSION DES ÉTRANGERS • COMMISSION DE SÉJOUR DES ÉTRANGERS

Procédures	Coefficient	Majorations possibles			
		Expertises sans déplacement	Expertises avec déplacement	Médiation administrative à l'initiative du juge – Sans accord de médiation	Médiation administrative à l'initiative du juge – Avec accord de médiation rédigé par l'avocat
XIII. Procédures devant le juge des libertés et de la détention relatives à l'entrée et au séjour des étrangers					
XIII. 1. Contestation de la décision de placement en rétention ou prolongation de la rétention dans des locaux ne relevant pas de l'administration pénitentiaire	4				
XIII. 2. Prolongation du maintien en zone d'attente	4 (5)				
XIV. Tribunal administratif et cour administrative d'appel					
XIV. 1. Affaires au fond	20	4	9	8	12
XIV. 2. Référé fiscal	6			8	12
XIV. 3. Référé suspension, référé liberté, référé conservatoire	8			8	12
XIV. 4. Autres référés et procédures spéciales de suspension	4			8	12
XIV. 5. Difficulté d'exécution d'une décision, recours en matière d'injonction au logement ou au relogement	6			8	12
XIV. 6. Recours dirigés contre les mesures prises en matière de droit des étrangers, à l'exception des recours indemnitaires et des référés	14			8	12
XIV. 7. Saisine du juge aux fins d'homologation d'un accord à l'issue d'une médiation à l'initiative des parties (CJA, art. L. 213-5)	8				
XV. Cour nationale du droit d'asile					
XV. 1. Procédures en audiences publiques	16				
XV. 2. Autres procédures	4				
XVI. – Autres juridictions administratives, sauf le Conseil d'État	14				
XVII. – Commission d'expulsion des étrangers – Commission de séjour des étrangers	6				

(5) Majoration en cas d'audience dans l'emprise portuaire et aéroportuaire : 1 UV.

TABLEAU 4. – AUDITION DE L'ENFANT EN JUSTICE, ASSISTANCE OU REPRÉSENTATION DU REQUÉRANT OU DE LA PARTIE CIVILE (INSTRUCTION ET JUGEMENT) DEVANT LA COUR DE RÉEXAMEN EN MATIÈRE PÉNALE, INTÉRÊTS CIVILS APRÈS UN PROCÈS PÉNAL

Procédures	Coefficient
XVIII. – Audition de l'enfant en justice	3 (1)
XIX. – Assistance ou représentation du requérant ou de la partie civile (instruction et jugement) devant la Cour de réexamen en matière pénale	10
XX. – Intérêts civils après un procès pénal	
XX. 1. Assistance du condamné ou de la partie civile dans le cadre d'une procédure relative aux dommages et intérêts civils après une procédure criminelle	4

XX. 2. Assistance du condamné ou de la partie civile dans le cadre d'une procédure relative aux dommages et intérêts civils après une procédure correctionnelle	4
XX. 3. Assistance du condamné ou de la partie civile dans le cadre d'une procédure relative aux dommages et intérêts civils après une procédure contraventionnelle (contraventions de police de la 5e classe pour les majeurs ; contraventions de police de la 1re à la 5e classe pour les mineurs et les majeurs protégés)	4
(1) Majoration possible : 1 UV par audition supplémentaire décidée par le juge dans la limite de trois majorations.	

751.273 Majoration de l'unité de valeur en cas de question prioritaire de constitutionnalité. S'agissant de l'aide juridictionnelle totale, nonobstant toute disposition contraire, la contribution allouée aux avocats selon les barèmes applicables aux différentes missions d'aide juridictionnelle est majorée d'un coefficient de seize unités de valeur en cas d'intervention devant le Conseil constitutionnel saisi d'une question prioritaire de constitutionnalité[1].

B.
Aide à l'intervention de l'avocat dans les procédures non juridictionnelles

751.281 Contribution de l'avocat intervenant dans les procédures non juridictionnelles. La contribution de l'avocat intervenant dans les procédures non juridictionnelles[2] visées aux articles 11-1 et suivants de la loi du 10 juillet 1991 résulte de l'article 87 du décret du 28 décembre 2020.

L'avocat a alors droit, au visa de son attestation de mission[3], à une contribution forfaitaire qui est exclusive de toute autre rémunération[4]. Elle est déterminée selon une base forfaitaire fixée dans le tableau ci-dessous[5].

751.282 Tableau des contributions pour les procédures non juridictionnelles.

BARÈME DE LA CONTRIBUTION DE L'ÉTAT À LA RÉTRIBUTION DES INTERVENTIONS DANS LES PROCÉDURES NON JURIDICTIONNELLES AU 1ER JANVIER 2021[6]

	Mesures	Entretien seul au début de la mesure, au cours de la mesure ou en cas de prolongation de la mesure	Assistance seule au cours de la mesure y compris en cas de prolongation de la mesure	Entretien et assistance au cours de la mesure hors prolongation de la mesure	Entretien et assistance pendant la prolongation de la mesure	Plafond par avocat en cas de cumul (par période de 24 heures)
	1. Gardes à vue					
1-1	Garde à vue	61 €	–	300 €	150 €	1 200 €
1-2	Garde à vue-séances d'identification des suspects (assistance d'une victime)	–	61 €	–	–	1 200 €
1-3	Garde à vue-confrontations et séances d'identification des suspects (assistance d'une victime)	–	150 €	–	–	1 200 €
	2. Retenues					
2-1	Retenue pour l'exécution d'un mandat d'arrêt européen ou d'une demande d'extradition	61 €	–	300 €	150 €	1 200 €
2-2	Retenue douanière	61 €	–	300 €	150 €	1 200 €
2-3	Retenue d'une personne déférée dans les locaux de la juridiction en vue de sa comparution	61 €	–	–	–	

1. Décr. n° 2020-1717, 28 déc. 2020, art. 91.
2. V. ss nos 472.61 s.
3. Circ. 19 janv. 2017 présentant certaines dispositions de l'article 135 de la loi n° 2016-1917 du 29 décembre 2016 de finances pour 2017 et du décret n° 2016-1876 du 27 décembre 2016 portant diverses dispositions relatives à l'aide juridique, NOR : JUST1701743C, p. 41 s.
4. Décr. n° 2020-1717, 28 déc. 2020, art. 87.
5. Décr. n° 2020-1717, 28 déc. 2020, annexe II.
6. Décr. n° 2020-1717, 28 déc. 2020, annexe II.

2-4	Retenue d'une personne en application des articles 141-4 et 709-1-1 du code de procédure pénale	61 €	100 €	–	–	
2-5	Retenue pour mise à exécution d'une peine d'emprisonnement ou de réclusion	61 €	–	–	–	
2-6	Retenue des étrangers aux fins de vérification de leur droit de circulation ou de séjour sur le territoire français	61 €	–	150 €	–	
2-7	Retenue dans un centre socio-médico-judiciaire de sûreté	–	88 €	–	–	
			3. Autres interventions			
3-1	Déférement devant le Procureur de la République	–	46 €	–	–	–
3-2	Médiation et composition pénales, transaction et mesures ou activités d'aide ou de réparation proposées à un mineur	–	46 €	–	–	–
3-3	Audition libre	–	150 €	–	–	–
3-4	Procédure disciplinaire en relation avec la détention de la personne détenue	–	88 €	–	–	–
3-5	Mesures d'isolement d'office, prolongation ou levée du placement sans accord de la personne détenue	–	88 €	–	–	–
3-6	Intervention auprès de l'avocat assistant une personne arrêtée dans l'État membre d'exécution d'un mandat d'arrêt européen émis en France	–	150 €			

Lorsqu'un avocat effectue plusieurs interventions dans une période de 24 heures, le montant total de la contribution due est déterminé sur la base de la contribution de base selon la nature de l'intervention, dans la limite d'un plafond de 1 200 euros hors taxes.

751.283 Partage de la contribution en cas de remplacement d'un avocat. Lorsqu'un avocat commis d'office est, au cours d'une mesure de garde à vue, remplacé au même titre par un autre avocat commis d'office, il n'est dû qu'une seule contribution qui est versée au second avocat[1], à charge pour lui de la partager avec le premier dans une proportion qui, à défaut d'accord, est fixée par le bâtonnier.

Dans le cas où les avocats n'appartiennent pas au même barreau, la décision est prise conjointement par les bâtonniers des barreaux intéressés[2].

C. Modes alternatifs de règlement des différends

751.290 Plan. L'aide juridictionnelle, ou l'aide à l'intervention de l'avocat, peut être octroyée dans le cadre d'une médiation en matière civile et administrative (a) comme dans une médiation ou une composition pénale (b).

1. Décr. n° 2020-1717, 28 déc. 2020, art. 89.
2. Décr. n° 2020-1717, 28 déc. 2020, art. 89 – V. ss n° 484.201.

1° Médiation

751.300 Plan. L'aide juridictionnelle, ou l'aide à l'intervention de l'avocat, peut être octroyée dans le cadre d'une médiation en matière civile et administrative (a) comme dans une médiation ou une composition pénale (b).

a. Médiation en matière civile et administrative

751.311 Médiation ordonnée par le juge. L'avocat qui assiste une partie bénéficiaire de l'aide juridictionnelle dans le cadre d'une médiation ordonnée par le juge[3] a droit à une contribution.

La contribution est alors fixée en fonction d'une majoration de l'UV définie dans le barème figurant à l'annexe I du décret du 28 décembre 2020[4].

751.312 Saisine du juge aux fins d'homologation d'un accord. Lorsque le juge est saisi aux fins d'homologation d'un accord intervenu à l'issue d'une médiation qu'il n'a pas ordonnée, une contribution est

3. L. n° 91-647, 10 juill. 1991, art. 11-1 – Circ. 20 janv. 2017 relative à la prise en charge de la médiation au titre de l'aide juridique, NOR : JUST1702035C.
4. Décr. n° 2020-1717, 28 déc. 2020, art. 86 et annexe I – V. ss n° 751.272.

due à l'avocat qui a assisté une partie éligible à l'aide juridictionnelle[1].

La médiation conventionnelle est ainsi rétribuée, dès lors que l'avocat ayant assisté un bénéficiaire de l'aide juridictionnelle saisit une juridiction aux fins d'homologation de l'accord intervenu, et ce à hauteur de 8 UV en application, suivant les cas, de la ligne « IV. 4. Matière gracieuse » ou « XIV. 7. Tribunal administratif et cour administrative d'appel » du tableau de l'annexe I[2].

751.313 Contribution de l'avocat intervenant comme médiateur. Lorsqu'un avocat intervient en qualité de médiateur[3], il a droit à une contribution dès lors que l'une des parties à la médiation bénéficie de l'aide juridictionnelle, en cas de médiation ordonnée par le juge ou en cas de saisine du juge aux fins d'homologation d'un accord intervenu à l'issue d'une médiation conventionnelle.

Cette contribution est versée après transmission par le médiateur au juge d'un rapport de présentation[4] permettant à ce dernier d'apprécier l'importance et le sérieux des diligences accomplies[5]. Il ne saurait faire mention du contenu des discussions ayant eu lieu, ni exposer les termes de cet accord, sauf lorsque le juge est également saisi aux fins d'homologation de l'accord[6].

Un mémoire spécifique, applicable dans le cadre des médiations judiciaires et conventionnelles, a été établi pour les frais de médiation tarifée[7].

751.314 Taxation de la contribution de l'avocat intervenant comme médiateur. La contribution de l'avocat est taxée par le magistrat taxateur au maximum à 512 euros hors taxe lorsque toutes les parties bénéficient de l'aide juridictionnelle et 256 euros hors taxe pour chaque partie bénéficiant de l'aide juridictionnelle, dans la limite de 512 euros hors taxes lorsque toutes les parties ne bénéficient pas de l'aide juridictionnelle[8].

Lorsque les parties bénéficient de l'aide juridictionnelle et que la médiation est financée en partie par un tiers (par exemple la CAF dans le cadre d'une médiation en matière familiale), la rétribution du médiateur ne peut être supérieure à la part restant à la charge des parties[9].

1. L. n° 91-647, 10 juill. 1991, art. 11-1, al. 2.
2. Décr. n° 2020-1717, 28 déc. 2020, art. ann. I – V. s^s n° 751.272.
3. V. s^s n°s 621.00 s.
4. Circ. 20 janv. 2017 relative à la prise en charge de la médiation au titre de l'aide juridique, NOR : JUST1702035C, p. 23.
5. Décr. n° 2020-1717, 28 déc. 2020, art. 99.
6. CE 14 juin 2018, req. n° 408265, NP ; *JCP* 2018. 1023, n° 19, obs. F. G'sell – Décr. n° 2020-1717, 28 déc. 2020, art. 99.
7. Circ. 20 janv. 2017, NOR : JUST1702035C, p. 25.
8. Décr. n° 2020-1717, 28 déc. 2020, art. 100.
9. Décr. n° 2020-1717, 28 déc. 2020, art. 100.

b. Médiation ou composition pénale

751.321 Médiation ou composition pénale dans le cadre de l'assistance d'une personne mise en cause ou une victime. L'avocat assistant une personne mise en cause ou la victime, qui remplissent les conditions pour bénéficier de l'aide juridictionnelle, au cours des mesures prévues au 5° de l'article 41-1 et aux articles 41-2 et 41-3 du code de procédure pénale, ou à l'article L. 422-3 du code de la justice pénale des mineurs, et ordonnées par le procureur de la République, a droit à une contribution fixée à 46 euros[10].

751.322 Attestation de mission. Le procureur de la République délivre à l'avocat, au plus tard à l'issue de la procédure, une attestation de mission[11].

Cette attestation mentionne la nature de la procédure, le numéro d'ordre du parquet et le montant de la contribution de l'avocat[12].

2° Processus transactionnel, procédure participative et divorce par acte sous signature privée contresigné par avocat

751.330 Plan. Toute affaire terminée par une transaction conclue avec le concours d'avocat lui ouvre droit à une contribution (1°), notamment en cas de procédure participative et processus transactionnel (2°), et de divorce par acte sous signature privée contresignée par avocat (3°).

a. Principes généraux

751.341 Principe. Pour toute affaire terminée par une transaction conclue avec le concours d'avocat, avant ou pendant l'instance, il est alloué à l'avocat une contribution[13] égale à celle due par l'État au titre de l'aide juridictionnelle lorsque l'instance s'éteint par l'effet d'un jugement[14].

Il s'agit ici d'un droit pour l'avocat, sans qu'il ne soit nécessaire, contrairement à une croyance tenace, que la transaction soit actée par décision de justice[15].

751.342 Répartition des frais. L'accord des parties tendant à mettre fin à une instance les opposant ne peut mettre à la charge de la partie bénéficiaire de l'aide juridictionnelle plus de la moitié des frais et dépens de cette instance[16]. Il en est de même en cas

10. L. n° 91-647, 10 juill. 1991, art. 64-2 – Décr. n° 2020-1717, 28 déc. 2020, ann. II – V. s^s n° 751.281.
11. V. s^s n° 751.253.
12. Décr. n° 2020-1717, 28 déc. 2020, art. 105 IV.
13. Décr. n° 2020-1717, 28 déc. 2020, art. 93 et 106.
14. L. n° 91-647, 10 juill. 1991, art. 39.
15. Aix-en-Provence, 27 nov. 1980, *Gaz. Pal.* 1981. 137, note A. Damien.
16. V. s^s n° 723.216.

de divorce par consentement mutuel judiciaire, divorce par acte sous signature privée contresigné par avocat, convention de procédure participative et convention de procédure participative aux fins de mise en état (Cppmee)[1].

Dès lors, toute convention en la matière devra impérativement prévoir la répartition des frais entre les parties et préciser si une ou plusieurs parties bénéficient de l'aide juridictionnelle[2]. En l'absence d'indications spécifiques dans la convention et dans l'hypothèse où au moins l'une des parties bénéficie de l'aide juridictionnelle, les frais sont présumés être partagés par moitié entre les parties[3].

751.343 Litiges. Les difficultés et contestations auxquelles donne lieu la détermination de la contribution de l'avocat dans le cadre de la procédure participative, des pourparlers transactionnels ou du divorce par acte sous signature privée contresigné par avocat, sont tranchées sans forme par le président de la juridiction[4].

Le président de la juridiction doit être saisi dans un délai d'un an à compter de la date de délivrance de l'attestation de mission ou, à défaut, de la date à laquelle le juge a rendu sa décision. À défaut, l'avocat est réputé avoir renoncé à son recours[5].

b. Procédure participative et processus transactionnel

751.351 Procédure participative et processus transactionnel aboutissant à un accord total. Lorsque la procédure participative, ou le processus transactionnel, aboutit à un accord total, l'avocat remet une copie de l'accord, certifiée par le bâtonnier[6], au Baj, qui établit l'attestation de mission[7].

L'avocat percevra alors la contribution qu'il aurait perçue si le différend avait fait l'objet d'une décision juridictionnelle[8], selon le coefficient applicable à la nature de ce différend[9].

En cas de demande d'homologation judiciaire de l'accord, excepté en matière de divorce et de séparation de corps[10], aucune contribution complémentaire n'est due.

751.352 Échec de la procédure participative ou du processus transactionnel. En cas d'échec des pourparlers transactionnels, ou lorsque la procédure participative n'a pas abouti à un accord total, le montant de la contribution est fixé par le président du Baj, dans la limite de la contribution que l'avocat aurait perçue si le différend avait fait l'objet d'une décision juridictionnelle[11], sur justification par l'avocat de la difficulté de l'affaire, de la complexité particulière des pourparlers ou de l'exécution de la procédure participative, de l'étendue des diligences accomplies ou de l'accord partiel intervenu au terme de la convention de procédure participative[12].

Lorsque la contribution accordée pour l'instance est réduite dans les conditions prévues en matière d'aide juridictionnelle partielle[13] ou en cas de pluralité de parties[14], la contribution versée pour des pourparlers transactionnels ayant échoué, ou la procédure participative n'ayant pas abouti à un accord total, est réduite dans la même proportion.

751.353 Attestation de mission en cas d'échec de la procédure participative ou du processus transactionnel. En cas d'échec des pourparlers transactionnels, ou lorsque la procédure participative n'a pas abouti à un accord total, l'avocat remet au Baj tous les éléments (lettres, pièces et documents élaborés ou échangés au cours des pourparlers transactionnels ou de la procédure participative) justifiant de l'importance et du sérieux des diligences accomplies pour permettre au président de déterminer le nombre d'unités de valeur[15].

Le président du Baj peut recueillir auprès de l'avocat toutes explications et informations complémentaires[16]. Le président du Baj délivre une attesta-

1. Décr. n° 2020-1717, 28 déc. 2020, art. 123.
2. Décr. n° 2020-1717, 28 déc. 2020, art. 123 et C. pr. civ., art. 1545.
3. Circ. 20 juin 2017 présentant certaines dispositions du décret n° 2017-822 du 5 mai 2017 portant diverses dispositions relatives à l'aide juridique, du décret n° 2017-891 du 6 mai 2017 relatif aux exceptions d'incompétence et à l'appel en matière civile et du décret n° 2017-892 du 6 mai 2017 portant diverses mesures de modernisation et de simplification de la procédure civile, NOR : JUST1715718C.
4. Décr. n° 2020-1717, 28 déc. 2020, art. 107.
5. Décr. n° 2020-1717, 28 déc. 2020, art. 107.
6. Décr. n° 2020-1717, 28 déc. 2020, art. 106.
7. V. s^s n° 751.253.
8. L. n° 91-647, 10 juill. 1991, art. 39.
9. Décr. n° 2020-1717, 28 déc. 2020, art. 86 et ann. I – V. s^s n°s 751.272 s.
10. V. s^s n°s 751.361 s.
11. Décr. n° 2020-1717, 28 déc. 2020, art. 86 et ann. I – V. s^s n°s 751.272 s.
12. Décr. n° 2020-1717, 28 déc. 2020, art. 107, al. 3 – V. s^s n°s 751.272 s.
13. V. s^s n° 751.391.
14. V. s^s n°s 751.401 s.
15. Décr. n° 2020-1717, 28 déc. 2020, art. 106 – Circ. 25 juin 2012 portant présentation des principales dispositions des décrets n° 2012-66 du 20 janvier 2012 relatif à la résolution amiable des différends et modifiant le code de procédure civile, n° 2012-349 du 12 mars 2012 relatif aux rétributions des missions d'aide juridictionnelle accomplies par les avoués et les avocats devant la cour d'appel, n° 2012-350 du 12 mars 2012 portant diverses dispositions en matière d'aide juridictionnelle et d'aide à l'intervention de l'avocat. Modification des attestations de mission, de la table des natures de procédure et des logiciels, *BOMJ* n° 2012-06, 29 juin 2012, § 1.1.2, NOR : JUST1227270C.
16. Décr. n° 2020-1717, 28 déc. 2020, art. 106.

tion de mission[1] qui précise la nature du différend et indique le montant de la contribution[2].

751.354 Imputations ultérieures. Cette contribution s'imputera sur celle due au titre de l'instance éventuellement engagée entre les mêmes parties, à raison du même différend, suite à l'échec total ou partiel de la procédure participative ou des pourparlers transactionnels[3].

Toutefois, il n'y a pas lieu à déduction lorsque le juge alloue une contribution à l'avocat en cas d'extinction de l'instance[4].

751.355 Convention de procédure participative aux fins de mise en état (Cppmee). La convention de procédure participative[5] peut être conclue, aux fins de mise en état, au cours de l'instance[6], hypothèse par nature distincte de celle où la convention est conclue avant toute saisine de la juridiction.

Le justiciable peut prétendre au bénéfice de l'aide juridictionnelle lorsqu'un litige se termine par la conclusion d'une telle convention. L'aide juridictionnelle est demandée pour l'instance qui est engagée conformément au droit commun[7]. L'avocat qui intervient dans le cadre d'une instance ayant donné lieu à la conclusion d'une Cppmee percevra la contribution qu'il aurait perçue si le différend avait fait l'objet d'une décision juridictionnelle, selon le coefficient applicable à la nature de ce différend[8]. Aucune majoration n'est due à l'avocat qui assiste une partie dans le cadre d'une Cppmee.

Lorsque la Cppmee aboutit à un accord total entre les parties, l'avocat devra saisir le juge pour faire homologuer l'accord en application de l'article 1564-2 du code de procédure civile afin de percevoir sa rétribution. L'avocat percevra sa contribution une fois l'accord homologué. Lorsque la Cppmee n'aboutit pas à un accord total entre les parties (accord partiel ou absence d'accord), le juge sera saisi du litige résiduel et sera chargé, en vertu de l'article 1564-1 du code de procédure civile, d'homologuer l'accord partiel et de statuer sur la partie du litige persistant ou de statuer sur l'entier litige. Dans ce cas, l'avocat percevra sa contribution à l'issue de l'instance dans les conditions de droit commun[9].

751.356 Cppmee – Frais d'expertise. On notera que, lorsqu'au moins l'une des parties bénéficie de l'aide juridictionnelle, les frais d'expertise engagés dans le cadre d'une Cppmee et lié à la part mise à la charge du bénéficiaire de l'aide juridictionnelle sont avancés par l'État[10].

Toutefois, dans le cadre d'une Cppmee, les parties désirant recourir à une expertise désigneront elles-mêmes l'expert sans saisir le juge pour sa désignation. L'expert ne pourra percevoir sa rétribution qu'à l'issue de la procédure, après que la décision de taxe soit intervenue. Pour que cette rétribution soit prise en charge au titre de l'aide juridictionnelle, la demande d'aide juridictionnelle devra avoir été formée par écrit avant que l'expert n'ait été désigné par les parties et qu'il n'effectue sa mission.

L'expert adressera son mémoire de frais en vue de sa certification par le greffe ou de sa taxation par le juge selon le montant, en annexant la décision d'aide juridictionnelle, à l'issue de sa mission[11].

c.
Divorce par acte sous signature privée contresigné par avocat

751.361 Divorce par acte sous signature privée contresigné par avocat avec une contribution alors fixée à hauteur de 24 UV. La procédure de divorce par acte sous signature privée contresigné par avocat[12] peut bénéficier de l'aide juridictionnelle[13]. On lui applique les mêmes règles qu'aux pourparlers transactionnels ou à la procédure participative[14]. La procédure d'admission à l'aide juridictionnelle est alors la même que pour toute procédure[15].

Lorsque les époux consentent mutuellement à leur divorce en application de l'article 229-1 du code civil, l'avocat qui sollicite le paiement de la contribution remet au président du Baj une attestation de dépôt de l'acte délivré par le notaire et un extrait de la convention portant sur la seule répartition des frais entre les époux[16].

La contribution est alors fixée à hauteur de 24 UV[17].

751.362 Non-aboutissement de la procédure. En cas de non-aboutissement de la procédure, l'avocat

1. V. s^s^ n° 751.482.
2. Décr. n° 2020-1717, 28 déc. 2020, art. 107.
3. Décr. n° 2020-1717, 28 déc. 2020, art. 108.
4. Décr. n° 2020-1717, 28 déc. 2020, art. 108.
5. V. s^s^ n° 751.341.
6. L. n° 2016-1547, 18 nov. 2016 de modernisation de la justice du XXIe siècle, *JO* 9 nov., art. 9.
7. V. s^s^ n°s 751.201 s.
8. Décr. n° 2020-1717, 28 déc. 2020, art. 106 – V. s^s^ n°s 751.272 s.
9. V. s^s^ n°s 751.481 s.
10. V. s^s^ n°s 723.41 s. et 751.231 s.
11. Décr. n° 91-1126, 19 déc. 1991, art. 119.
12. C. civ., art. 229-1 – Circ. 20 janv. 2017 relative à l'aide juridictionnelle dans le cadre de la réforme du divorce par consentement mutuel par acte sous signature privée contresigné par avocats, déposé au rang des minutes d'un notaire, NOR : JUST1701987C.
13. L. n° 91-647, 10 juill. 1991, art. 10.
14. L. n° 91-647, 10 juill. 1991, art. 39-1 – V. s^s^ n°s 751.351 s.
15. V. s^s^ n°s 751.201 s.
16. Décr. n° 2020-1717, 28 déc. 2020, art. 106, al. 3.
17. V. s^s^ n° 751.272.

communique au président du Baj les correspondances portant la mention « Officiel », échangées au cours de la procédure, et une attestation récapitulant les diligences accomplies, de nature à établir leur importance et leur sérieux [1].

La contribution est alors fixée par le président du Baj, dans la limite du montant de 24 UV, dans les mêmes conditions qu'en cas d'échec de la procédure participative ou du processus transactionnel [2].

751.363 Imputations ultérieures. La contribution accordée à l'avocat pour une procédure de divorce par acte sous signature privée contresigné par avocat qui n'a pas abouti, est déduite de celle qui lui est allouée lorsqu'il apporte son concours dans le cadre d'une procédure de divorce par consentement mutuel judiciaire diligentée par les mêmes parties lorsque celle-ci leur est ouverte [3].

À cet égard, il convient de rappeler que le recours au divorce par consentement mutuel est conditionné à l'échec de la procédure de divorce par acte sous signature privée contresigné par avocat, suite à la demande d'un enfant mineur d'être entendu par le juge. Cet échec ne prive pas le justiciable de la faculté de déposer une nouvelle demande d'aide juridictionnelle pour la même procédure ou pour une autre procédure de divorce. À l'inverse, la partie admise à l'aide juridictionnelle pour un divorce contentieux, peut décider, sans perdre le bénéfice de cette aide, de divorcer par acte sous signature privée contresigné par avocat. Le montant de la rétribution de son avocat restera ainsi acquis.

D.
Affaire terminée pour une autre cause qu'un jugement ou un accord

751.371 Affaire terminée pour une autre cause qu'un jugement ou un accord. Même en cas d'extinction de l'instance pour une autre cause qu'un jugement, ou une transaction, ou un accord intervenu dans le cadre d'une procédure participative [4], ainsi qu'en cas de radiation, de retrait du rôle ou de non-lieu, ou de désistement devant les juridictions administratives, le juge peut, sur demande de l'avocat, allouer à celui-ci une contribution dont il fixe le montant en fonction des diligences accomplies au cours de l'instance sans qu'il y ait lieu à imputation [5].

Le montant de cette contribution ne pourra pas excéder la moitié de celle fixée par le barème applicable en matière d'aide juridictionnelle totale [6].

1. Décr. n° 2020-1717, 28 déc. 2020, art. 106, al. 5.
2. Décr. n° 2020-1717, 28 déc. 2020, art. 107 – V. ss n° 751.352.
3. Décr. n° 2020-1717, 28 déc. 2020, art. 108.
4. V. ss nos 751.341 s.
5. V. ss nos 751.354 à 751.363.

Les décisions sont prises par le président de la juridiction saisie ou son délégué, ou lorsque l'affaire est ou a été portée devant une juridiction de premier degré de l'ordre judiciaire ou de l'ordre administratif, par le président du tribunal judiciaire ou le président du tribunal administratif ou leur délégué [7].

751.372 Rétablissement de l'affaire. Le rétablissement d'une affaire après sa radiation ou son retrait du rôle ne donne pas lieu à une nouvelle contribution. Dans le cas où le rétablissement intervient après une radiation ou un retrait du rôle ayant donné lieu à contribution [8], l'avocat perçoit, à l'achèvement de sa mission, le complément de sa contribution [9].

Toutefois, dans le cas où une instance est reprise ou poursuivie devant une autre juridiction, après que la juridiction saisie initialement se soit déclarée incompétente, l'avocat qui prête son concours au bénéficiaire de l'aide juridictionnelle peut solliciter une nouvelle contribution [10]. Le président de la juridiction devant laquelle l'affaire est reprise ou poursuivie se prononce sur cette demande et fixe le montant de la contribution complémentaire éventuellement en tenant compte des diligences effectuées par l'avocat [11].

§ 3
Réduction ou majoration du montant de la contribution

751.380 Plan. Le montant de la contribution est parfois réduit en cas d'aide juridictionnelle partielle (A) ou de pluralité de client (B). Il peut aussi faire l'objet de majorations dans le cadre des conventions locales relatives à l'aide juridique « article 88 » (C).

A.
Aide juridictionnelle partielle

751.391 Contribution due au titre de l'aide juridictionnelle partielle. En cas d'aide juridictionnelle partielle, la contribution de l'État varie en fonction des ressources du bénéficiaire [12].

La contribution de l'État versée à l'avocat qui prête son concours au bénéficiaire de l'aide juridictionnelle partielle est celle qui est prévue pour l'aide juridictionnelle totale affectée [13] d'un pourcentage

6. Décr. n° 2020-1717, 28 déc. 2020, art. 93-1 – V. ss n° 751.272.
7. Décr. n° 2020-1717, 28 déc. 2020, art. 93-1.
8. V. ss n° 751.371.
9. Décr. n° 2020-1717, 28 déc. 2020, art. 94.
10. Décr. n° 2020-1717, 28 déc. 2020, art. 114.
11. Décr. n° 2020-1717, 28 déc. 2020, art. 114.
12. V. ss nos 751.141 s.
13. V. ss nos 751.271 s.

calculé en fonction du revenu fiscal de référence ou, à défaut, des ressources imposables[1] de la façon suivante[2].

Ressources	Part contributive de l'État (en pourcentage)
1. 11 2633 à 13 312	55
2. 13 313 à 16 890	25

Ce pourcentage s'applique également à la contribution due en cas de processus transactionnel, procédure participative et divorce par acte sous signature privée contresigné par avocat[3].

B. Pluralité de clients

751.401 Pluralité de clients dans un même litige. La contribution versée par l'État à l'avocat choisi ou désigné pour assister plusieurs personnes[4] dans un litige reposant sur les mêmes faits en matière pénale ou, dans d'autres matières, dans un litige comportant des prétentions ayant un objet similaire est réduite dans une proportion minimum de 30 % pour la deuxième affaire, de 40 % pour la troisième, de 50 % pour la quatrième et de 60 % pour la cinquième et s'il y a lieu pour les affaires supplémentaires[5].

Mais une chambre de l'instruction ne saurait valablement réduire le montant de la contribution de l'avocat désigné à ce titre pour assister cinq parties civiles alors que les faits imputés à l'accusé ont été commis dans des circonstances différentes au préjudice de victimes distinctes faisant que le litige ne peut être considéré comme reposant sur les mêmes faits[6].

751.402 Pluralité de clients et de litiges similaires. La contribution peut également être réduite lorsqu'un avocat est chargé d'une série d'affaires présentant à juger des questions semblables[7].

Le Conseil d'État a considéré, à cet égard, que lorsque plusieurs bénéficiaires de l'aide juridictionnelle présentent, dans une même instance ou dans plusieurs instances distinctes reposant sur les mêmes faits, des conclusions similaires en demande ou en défense conduisant le juge à trancher des questions semblables, l'avocat les représentant au titre de l'aide juridictionnelle réalise à leur égard une seule et même mission[8].

C. Convention locale relative à l'aide juridique

751.411 Conventions locales relatives à l'aide juridique conclues entre les juridictions et les barreaux. Les contributions allouées pour les missions d'aide juridictionnelle peuvent, dans certaines matières, y compris s'agissant des procédures non juridictionnelles[9], être majorées dans une proportion maximale de 20 % au bénéfice des barreaux ayant conclu avec les juridictions, des conventions locales relatives à l'aide juridique[10] portant des engagements d'objectifs assortis de procédures d'évaluation visant à assurer une défense de qualité des bénéficiaires de l'aide juridique[11].

Dans ce cas, les modalités et le montant de la contribution de l'avocat sont déterminés dans chaque barreau par le règlement intérieur[12].

751.412 Conventions locales relatives à l'aide juridique conclues entre juridictions et le Barreau de Paris. C'est ainsi qu'au barreau Paris, celles-ci ont été fixées par l'Annexe VI du RIBP[13] de la manière suivante :

- comparutions immédiates CRPC et COPJ : 370 euros ;
- tribunal de Police (contraventions 5e classe) : 228 euros ;
- tribunal pour enfants : 370 euros ;
- mise en examen débat contradictoire (majeurs, mineurs) : 370 euros ;
- audience de cabinet (mineurs) : 370 euros ;
- COPJ mineurs : 370 euros ;
- cour d'appel (mineurs) : 370 euros ;
- 35 *bis* juge délégué : 370 euros ;
- 35 *bis* cour d'appel : 370 euros ;
- 22 *bis* tribunal administratif : 370 euros ;
- juge de l'application des peines : 370 euros ;

1. V. ss nos 751.141 s.
2. Décr. n° 2020-1717, 28 déc. 2020, art. 101.
3. Décr. n° 2020-1717, 28 déc. 2020, art. 107 – V. ss nos 751.341 s.
4. Grenoble, 6 nov. 1985, *Gaz. Pal.* 1986, Doctr. 286 – TGI Paris, 29 janv. 1990, *JCP* 1990. IV. 135.
5. Décr. n° 2020-1717, 28 déc. 2020, art. 92.
6. Crim. 19 nov. 2013, n° 12-83.759, P n° 230.
7. L. n° 91-647, 10 juill. 1991, art. 38.
8. CE 6e-1re ch. réunies, 18 janv. 2017, req. n° 398918, *Lebon* ; *Gaz. Pal.* 28 mars 2017, p. 41, note S. Roussel ; *JCP* 2017. 660, nos 28 et 30, obs. F. G'sell ; *AJDA* 2017. 143 – TOUTEFOIS : CNB, Commission accès au droit et à la justice, *Rapport sur l'état des travaux de la commission,* AG 15 oct. 2021, p. 16.
9. Décr. n° 2020-1717, 28 déc. 2020, art. 88.
10. Décr. n° 2019-1505, 30 déc. 2019 simplifiant le barème de l'aide juridictionnelle et fusionnant les protocoles et les conventions matérielles d'organisation de la garde à vue, *JO* 31 déc., NOR : JUST1929640D ; *JCP* 2020. 43 – Ministère de la Justice, *Guide méthodologique des convention locales relatives à l'aide juridique*, déc. 2019.
11. Décr. n° 2020-1717, 28 déc. 2020, art. 88 – V. ss nos 472.321 s.
12. L. n° 91-647, 10 juill. 1991, art. 64-4 – V. ss n° 751.01.
13. Conseil de l'Ordre, 21 juin 2016, site du barreau le 5 juillet 2016.

– H.O. devant le JLD : 370 euros ;

– majoration pour dimanche et jours fériés : 65 euros ;

– Le solde de la dotation annuelle du barreau est, en outre, réparti chaque année entre les avocats ayant participé aux missions visées par la convention locale relative à l'aide juridique.

SECTION 5
PAIEMENT ET RECOUVREMENT DE LA CONTRIBUTION DE L'AVOCAT

751.420 **Plan.** Le paiement et le recouvrement de la contribution de l'avocat soulèvent la question de l'exclusivité de la contribution (§ 1), de ses modalités de paiement (§ 2) et du règlement des litiges la concernant (§ 3).

§ 1
Exclusivité de la contribution

751.430 **Plan.** Le principe (A) est que la contribution due au titre de l'aide juridictionnelle totale est exclusive de toute autre rémunération, avec toutefois des exceptions ouvrant droit à honoraires pour l'avocat (B) ainsi que des facultés de substitution d'une rémunération à la contribution (C).

A.
Principe de l'exclusivité de la contribution

751.441 **Exclusivité de la contribution due au titre de l'aide juridictionnelle totale.** L'avocat ne peut en aucun cas réclamer des honoraires à son client. La contribution due au titre de l'aide juridictionnelle totale est exclusive de toute autre rémunération.

Toute stipulation contraire est réputée non écrite[1].

751.442 **Restitution des honoraires.** Par conséquent, l'avocat désigné au titre de l'aide juridictionnelle ne peut en aucun cas réclamer au bénéficiaire de cette aide des honoraires en rémunération des diligences qu'il a accomplie après la date de la demande d'aide juridictionnelle totale et ce même si son client l'a tenu dans l'ignorance de cette demande d'aide juridictionnelle[2].

Toute demande d'honoraire à l'encontre d'un client bénéficiaire de l'aide juridictionnelle totale est infondée. Les honoraires éventuellement perçus en raison de diligences accomplies après la date de la demande d'aide juridictionnelle doivent être restitués.

Il en est ainsi de celui qui prétend avoir convenu avec son client le paiement d'un honoraire représentant un pourcentage de 10 % des sommes recouvrées alors qu'il a, auparavant, sollicité le paiement de l'indemnité d'aide juridictionnelle totale obtenue par son client, sans en demander le retrait[3], attitude incompatible avec la conclusion prétendue d'une convention prévoyant la fixation d'un honoraire complémentaire en fonction du résultat obtenu[4].

751.443 **Sanctions disciplinaires.** Les avocats qui perçoivent une rémunération en sus de l'aide juridictionnelle totale peuvent, et doivent, faire l'objet de sanctions disciplinaires[5]. Il en est ainsi de l'avocat :

– qui perçoit des honoraires d'un client bénéficiaire de l'aide juridictionnelle totale, sans pouvoir prétendre avec succès avoir ignoré la situation de l'intéressé, dès lors qu'était apposé au jugement sanctionnant la procédure dont il avait la charge une mention manuscrite relative à cette admission[6] ;

– qui perçoit des honoraires d'un client bénéficiant de l'aide juridictionnelle totale, tout en prétendant ne pas avoir reçu la désignation au titre de l'aide juridictionnelle et nonobstant le fait qu'il n'aurait demandé aucune indemnisation au service compétent au titre de ladite aide[7] ;

– qui, d'une part, exige le règlement d'honoraires sans aucune convention préalable relative à un complément d'honoraires, sans relevé de diligences et sans tenir compte de la situation personnelle de son client, et d'autre part, réclame des honoraires à un autre client bénéficiaire de l'aide juridictionnelle partielle puis, dans un second temps, totale[8] ;

– qui perçoit un honoraire de résultat d'un client bénéficiaire de l'aide juridictionnelle totale sans solliciter auparavant l'autorisation du bâtonnier, peu important de savoir si les honoraires étaient ou non justifiés (et étant précisé que la modification apportée à cette disposition par la loi du 18 décembre 1998, qui a substitué à la nécessaire autorisation du bâtonnier une décision préalable du Baj prononçant le retrait de l'aide juridictionnelle, ne saurait être considérée comme plus favorable à l'avocat)[9] ;

– qui, en sollicitant et obtenant systématiquement un carnet de timbres des clients qu'il assistait

1. L. n° 91-647, 10 juill. 1991, art. 32.
2. Civ. 2e, 6 juin 2013, n° 12-20.361, P II, n° 111 ; *D. avocats* 2013. 264, obs. L. Dargent ; *Dr. et patr.* 2013. 95, obs. B. Chaffois.
3. V. ss nos 751.221 s.
4. Civ. 2e, 11 févr. 2010, n° 08-15.339, NP.
5. V. ss n° 334.47.
6. Paris, 29 sept. 2004, RG n° 2004/07691 – Civ. 1re, 15 juin 2004, n° 02-11.670, NP – CD Paris, arr. n° 174595, 26 mai 2009.
7. CD Paris, arr. nos 220294, 232713, 30 mars 2004.
8. CD Paris, arr. nos 212461, 223917, 25 févr. 2014.
9. Civ. 1re, 14 févr. 2004, n° 03-14.530, NP.

au titre de l'aide juridictionnelle, contrevient à l'article 1.3 du RIN ce que justifie la sanction d'un blâme[1].

B. Exceptions ouvrant droit à honoraires pour l'avocat

751.451 **Cas particuliers.** Dans certains cas, l'avocat va pouvoir être amené à percevoir des honoraires d'une personne bénéficiaire de l'aide juridictionnelle :

1° En rémunération des diligences effectuées antérieurement au dépôt de la demande d'aide juridictionnelle ;

2° En cas de retrait de l'aide juridictionnelle, notamment dans l'hypothèse d'un retour à meilleure fortune ;

3° En cas d'aide juridictionnelle partielle[2].

751.452 **Diligences antérieures à la demande d'aide juridictionnelle.** L'avocat peut réclamer au bénéficiaire de l'aide juridictionnelle la rémunération des diligences qu'il a accomplies avant la date de la demande d'aide juridictionnelle[3] et il importe peu que celles-ci se rapportent à l'instance pour laquelle l'aide a été accordée et que la provision ait été versée le jour de cette demande[4].

Mais il faut qu'il s'agisse de réelles diligences et non pas d'un simple suivi du dossier jusqu'à la décision accordant l'aide juridictionnelle[5]. Il appartient alors à l'avocat de justifier avoir réalisé, avant la date de la demande d'aide juridictionnelle par son client, de diligences non couvertes par l'aide juridictionnelle, ce qui ne sera pas le cas d'une demande de provision en vue de l'audience correctionnelle pour laquelle l'aide a été accordée[6], et au juge de l'honoraire de rechercher si les diligences ont bien été accomplies avant la date de la demande d'aide juridictionnelle[7].

Les honoraires versés avant la date de la demande d'aide juridictionnelle viennent en déduction, suivant les cas, soit de la contribution de l'État, en cas d'aide juridictionnelle totale[8], soit de la contribution du bénéficiaire et de celle de l'État pour le surplus éventuel, en cas d'aide juridictionnelle partielle[9].

751.453 **Retrait en cas de retour à meilleure fortune.** Lorsque la condamnation principale et les intérêts prononcés au profit du bénéficiaire de l'aide juridictionnelle lui procurent des ressources, de toute nature même si elles ne sont pas imposables[10], telles que si elles avaient existé au jour de la demande, celle-ci ne lui aurait pas été accordée, même partiellement, l'avocat peut demander des honoraires à son client.

Mais, il ne peut le faire qu'après que la condamnation soit passée en force de chose jugée et que le bureau d'aide juridictionnelle ait prononcé le retrait de l'aide juridictionnelle[11].

Il appartient donc à l'avocat de solliciter préalablement l'autorisation du Baj dans le cadre d'une demande de retrait[12], faute de quoi il commet un manquement en percevant illégalement des honoraires, justifiant une sanction disciplinaire[13] et il ne saurait obtenir des honoraires dans le cadre d'une procédure en fixation[14].

Ce retour à meilleure fortune ne s'applique pas lorsque le client bénéficie de l'aide juridictionnelle de plein droit, telle qu'en matière de pension militaire[15].

751.454 **Autres cas de retrait.** Les mêmes principes ont vocation à s'appliquer dans les autres cas de retrait de l'aide juridictionnelle[16].

751.455 **Maintien de la convention d'honoraires nonobstant l'attribution de l'aide juridictionnelle.** L'acceptation, par un avocat, de défendre les intérêts d'un client qui accède en cours de procédure au bénéfice de l'aide juridictionnelle ne caractérise pas sa volonté claire et univoque de renoncer à la

1. Civ. 1re, 3 mai 2018, n° 17-19.933, P I n° 75 ; *JCP* 2018. 1023, n° 18, obs. F. G'sell ; *D.* 2019. 97, obs. Th. Wickers.
2. Sur les conséquences du dessaisissement de l'avocat intervenant à l'aide juridictionnelle, v. ss nos 484.132 s.
3. Civ. 1re, 22 mai 2001, n° 98-14.738, P I n° 144 ; *D.* 2002. 852, obs. B. Blanchard – Civ. 2e, 15 oct. 2009, n° 08-19.532, NP – Civ. 2e, 22 sept. 2005, n° 04-16.117, NP.
4. Civ. 1re, 22 mai 2001, n° 98-14.738, P I, n° 144 ; *D.* 2002. 852, obs. B. Blanchard – Civ. 2e, 27 mars 2003, n° 02-10.592, P II, n° 77 ; *D.* 2003. 1075 ; *JCP* 2003. I. 140, n° 17, obs. R. Martin ; *JCP* 2003. II. 10188, note Ch. Lievremont ; *Gaz. Pal.* 8-10 févr. 2004, p. 576, obs. E. du Rusquec ; 2003. Somm. 1841 – Civ. 2e, 22 sept. 2005, n° 04-16.117, NP – Civ. 2e, 24 mai 2006, n° 04-15.129, NP ; *LPA* 29 janv. 2007. 16, obs. N. Morelli et C. Porteron.
5. Civ. 2e, 1er oct. 2009, n° 08-18.477, P I, n° 229 ; *Gaz. Pal.* 2009, jur. 3777, note J.-Cl. Bizot ; *JCP* 2010. 270, n° 17, obs. F. G'sell.
6. Civ. 2e, 24 mai 2006, n° 04-15.129, NP.
7. Civ. 2e, 22 sept. 2005, n° 04-16.117, NP.
8. L. n° 91-647, 10 juill. 1991, art. 33.
9. L. n° 91-647, 10 juill. 1991, art. 3 – Décr. n° 2020-1717, 28 déc. 2020, art. 109.
10. Grenoble, 23 déc. 1986, *Gaz. Pal.* 1987. 338, note A. Damien reformant – TGI Grenoble, 9 oct. 1986, *Gaz. Pal.* 1987. 8, note A. Damien.
11. L. n° 91-647, 10 juill. 1991, art. 36 – V. ss nos 751.221 s.
12. V. ss nos 751.221 s.
13. Civ. 1re, 14 févr. 2004, n° 13-14.530, NP.
14. Civ. 2e, 11 févr. 2010, n° 08-15.339, NP.
15. Civ. 1re, 12 juin 1990, n° 88-19.446, P I, n° 152 ; *D.* 1991. 185, note G. Lebreton – V. ss n° 751.91.
16. V. ss n° 751.221.

convention d'honoraires[1] conclue avant l'obtention de l'aide juridictionnelle, cette dernière retrouvant son plein effet en cas de retrait de ladite aide[2].

On ne peut dès lors que recommander, bien que l'article 10 de la loi du 31 décembre 1971 dispense toujours l'avocat de l'obligation de conclure une convention d'honoraires en matière d'aide juridictionnelle totale, de prévoir la conclusion d'une convention d'honoraires même en cas d'aide juridictionnelle totale[3] afin de pouvoir anticiper un retour à meilleure fortune ou tout autre cas de retrait de l'aide juridictionnelle[4].

En effet, à défaut de convention d'honoraires, l'honoraire dû à l'avocat en cas de retrait de l'aide juridictionnelle ne pourra être déterminé par le juge de l'honoraire qu'en appliquant les critères de l'article 10 de la loi du 31 décembre 1971[5].

751.456 Convention d'honoraires générale. La cour de cassation a pu considérer qu'une convention d'honoraires conclue « en cas de retrait de l'aide juridictionnelle » était inapplicable en l'absence de demande d'aide juridictionnelle, faisant que l'avocat avait alors droit à un honoraire pour ses prestations mais que celui-ci devait être déterminé par le juge de l'honoraire en appliquant les critères de l'article 10 de la loi du 31 décembre 1971[6].

En effet, la convention d'honoraires aurait dû être conclue dans les conditions de droit commun[7], elle aurait alors simplement été suspendue en cas de demande et d'attribution de l'aide juridictionnelle à son client et aurait retrouvé son plein effet en cas de retrait de celle-ci.

751.457 Rémunération complémentaire à l'aide juridictionnelle partielle. En cas d'aide juridictionnelle partielle, l'avocat doit établir une convention d'honoraires avec le client, soumise à l'appréciation du bâtonnier[8], et dont les modalités de conclusions, de facturation et de recouvrement relèvent du droit commun[9].

Mais l'avocat aura alors uniquement droit à un honoraire complémentaire forfaitaire de diligence librement négocié avec son client, sans possibilité de réclamer un honoraire de résultat, sauf, si la convention le prévoit, en cas de retrait de l'aide juridictionnelle[10] pour cause de retour à meilleure fortune[11].

C. Substitution d'une rémunération à la contribution

751.461 Substitution d'un article « 37 » à la contribution[12]. En toute matière, l'avocat du bénéficiaire peut demander au juge de condamner la partie tenue aux dépens ou qui perd son procès, et non bénéficiaire de l'aide juridictionnelle, à lui payer une somme au titre des honoraires et frais, non compris dans les dépens, que le bénéficiaire de l'aide aurait exposés s'il n'avait pas eu cette aide[13].

Il peut ainsi obtenir une somme « équivalente » à ses honoraires qu'il percevra sous réserve qu'il renonce à percevoir la contribution de l'État[14].

751.462 Substitution de la rémunération suivant tarif à la contribution. Lorsque l'avocat intervient au titre de prestations rémunérées selon un tarif[15], il peut renoncer à percevoir la contribution qui lui est due au titre de l'aide juridictionnelle à tout moment et au plus tard dans les quatre mois qui suivent, selon les cas, la délivrance de l'attestation de mission ou l'accomplissement de l'acte par l'avocat. Avis de renonciation est donné au greffier en chef ou au secrétaire de la juridiction concernée[16].

À défaut de renonciation, l'avocat ne saurait percevoir d'autre rémunération que la contribution qui lui est due au titre de l'aide juridictionnelle, et ne saurait en aucun cas procéder au recouvrement de ses émoluments à l'encontre de la partie adverse condamnée aux dépens[17].

1. V. s^s^ n° 713.10.
2. Civ. 2e, 28 avr. 2011, n° 10-15.477, P II, n° 93 ; *D.* 2011. 1290.
3. L. n° 91-647, 10 juill. 1991, art. 36.
4. V. s^s^ n° 713.23.
5. V. s^s^ n°s 721.11 s.
6. Civ. 2e, 20 mai 2020, n° 19-13.315.
7. V. s^s^ n°s 713.10 s.
8. V. s^s^ n°s 713.41 s.
9. Décr. n° 2020-1717, 28 déc. 2020, art. 102 – Civ. 1re, 7 juill. 1998, n° 96-10.387, P I, n° 237 ; *JCP* 1999. I. 110, ét. R. Martin ; *D. Affaires* 1998. 1587, obs. V. Avena-Robardet.
10. L. n° 91-647, 10 juill. 1991, art. 36.
11. Civ. 2e, 6 juill. 2017, n° 16-17.788 ; P ; *JCP* 2017. 851 ; *JCP* 2017. 1104, n° 23, obs. F. G'sell ; *D.* 2017. 1478 ; *D.* 2017. 1871, obs. N. Touati et O. Becuwe – V. s^s^ n° 713.43.
12. M. Colliou, « AJ : Plaidoyer pour l'utilisation de l'article 37 al. 2 », *Gaz. Pal.* 16-18 juin 2013, p. 9 – Note, 28 janv. 2014 relative à la présentation des dispositions de l'article 128 de la loi de finances pour 2014 et du décret n° 2013-1280 du 29 décembre 2013 mettant en œuvre diverses préconisations du rapport de diagnostic sur la gestion de l'aide juridictionnelle dans le cadre de la modernisation de l'action publique, *BO compl.*, 14 févr. 2014, NOR : JUST1402517N.
13. L. n° 91-647, 10 juill. 1991, art. 37.
14. CE 21 juin 2013, *Cté d'agglomération du pays de Martigues*, req. n° 352427, *Lebon* ; *AJDA* 2013. 1301 ; *AJDA* 2013. 1276, Chron. X. Domino et A. Bretonneau ; *AJDA* 2013. 1839, étude F. Melleray et B. Noyer ; *Just. & cass.* 2014. 103, concl. X. de Lesquen ; *RFDA* 2013. 805, concl. X. de Lesquen – Soc. 13 déc. 2001, n° 00-15.100, NP ; *Gaz. Pal.* 9-10 oct. 2002, p. 31, obs. A. Perdriau. – V. s^s^ n°s 723.302 s.
15. V. s^s^ n°s 722.00 s.
16. Décr. n° 2020-1717, 28 déc. 2020, art. 112.
17. Civ. 2e, 19 mai 2005, n° 03-14.709, P II, n° 123 ; *D.* 2005. 1447.

Ce sera le cas en matière de vente immobilière, saisies, licitation et partage[1].

§ 2
Modalités de paiement de la contribution

751.470 Plan. Le paiement de la contribution de l'avocat est effectué par la Carpa (A). Des règles particulières s'appliquent en cas de commission d'office (B). La contribution est assujettie à la TVA (C).

A.
Paiement de la contribution par la Carpa

751.481 La Carpa, organisme payeur de la contribution de l'État. L'avocat va être rémunéré au titre de l'aide juridictionnelle, nonobstant le fait que la contribution au titre de l'aide juridictionnelle constitue des frais de justice[2], par l'intermédiaire de la Carpa dont dépend le barreau auprès duquel il est inscrit[3], laquelle perçoit, et gère, les sommes versées par L'Unca pour le compte de l'État[4].

L'État affecte, à cet effet, annuellement à chaque barreau une dotation représentant la part contributive aux missions d'aide juridictionnelle accomplies par les avocats du barreau en cause, dotation qui résulte du nombre de missions accomplies par les avocats de ce barreau et du produit d'un coefficient par type de procédure et d'unité de valeur de référence[5]. Elle est accompagnée des dotations versées pour le financement de la part contributive de l'État aux procédures non juridictionnelles calculées au regard du nombre de missions effectivement réalisées[6]. Depuis 2015[7], la dotation est complétée de ressources extra-budgétaires affectées au financement de l'aide juridictionnelle : taxe spéciale sur les contrats d'assurances[8], taxe forfaitaire sur les actes des huissiers de justice[9] et droit fixe de procédure devant les juridictions répressives[10].

Cette dotation accordée au barreau donne lieu au versement par l'État à la Carpa d'une provision initiale, versée en début d'année et ajustée en cours d'année en fonction de l'évolution du nombre des missions à l'aide juridictionnelle. L'affectation à chaque barreau des dotations ne fait pas obstacle à ce que les crédits correspondants soient utilisés indifféremment pour toute dépense d'aide juridique[11]. Il appartient à cet effet à chaque Carpa de déterminer, en début d'exercice, une clé de répartition entre les différentes missions assurées. La dotation de l'État au barreau est liquidée en fin d'année sur la base du nombre des missions achevées[12].

Les dépenses de fonctionnement du service de l'aide juridictionnelle sont ainsi intégralement supportées par la profession à travers l'emploi d'une partie des produits financiers des fonds, effets et valeurs déposés en Carpa[13].

751.482 Attestation de mission. L'attestation de mission[14] est, sous réserve des dispositions particulières[15], délivrée ou remise à l'avocat, par le greffier en chef ou le secrétaire de la juridiction saisie[16], au moment où le juge rend sa décision ou, au plus tard, en même temps qui lui en est adressée une expédition.

Devant les juridictions administratives, elle est délivrée de manière dématérialisée, via Télérecours dont l'usage est obligatoire pour les avocats depuis le 1er janvier 2017[17]. Il en est de même devant la Cour nationale du droit d'asile (Cnda), où elle est délivrée, depuis le 1er janvier 2020[18], sous forme dématérialisée via Télérecours[19].

1. V. ss nos 722.31 s.
2. V. ss nos 723.151 s. et 742.101 s.
3. V. ss nos 121.111 s.
4. L. no 91-647, 10 juill. 1991, art. 29.
5. L. no 91-647, 10 juill. 1991, art. 27.
6. L. no 91-647, 10 juill. 1991, art. 64-1, 64-3 – V. ss no 121.113.
7. L. no 2014-1654, 29 déc. 2014 de finances pour 2015, *JO* 30 déc., p. 22828.
8. CGI, art. 1001.
9. CGI, art. 302 *bis* Y.
10. CGI, 1018 A.
11. L. no 91-647, 10 juill. 1991, art. 65-1.
12. L. no 91-647, 10 juill. 1991, art. 28.
13. Décr. no 91-1197, 27 nov. 1991, art. 235-1, 2o – V. ss nos 121.111 s.
14. Décr. no 2020-1717, 28 déc. 2020, art. 110 – Circ. 19 janv. 2017 présentant certaines dispositions de l'article 135 de la loi no 2016-1917 du 29 décembre 2016 de finances pour 2017 et du décret no 2016-1876 du 27 décembre 2016 portant diverses dispositions relatives à l'aide juridique, NOR : JUST1701743C, p. 23 s. – Circ. 20 juin 2017 présentant certaines dispositions du décret no 2017-822 du 5 mai 2017 portant diverses dispositions relatives à l'aide juridique, du décret no 2017-891 du 6 mai 2017 relatif aux exceptions d'incompétence et à l'appel en matière civile et du décret no 2017-892 du 6 mai 2017 portant diverses mesures de modernisation et de simplification de la procédure civile, NOR : JUST1715718C – Circ. 6 août 2018 présentant les dispositions du décret no 2018-441 du 4 juin 2018 portant diverses dispositions relatives à l'aide juridique, NOR : JUST1819426C ; *JCP* 2018. 942 – Circ. 11 janv. 2019 présentant les dispositions relatives à l'aide juridique du décret no 2018-928 du 29 octobre 2018 relatif au contentieux de la sécurité sociale et de l'aide sociale et du décret no 2018-1280 du 27 décembre 2018 portant diverses dispositions relatives à l'aide juridique, NOR : JUST1900747C.
15. V. ss nos 751.281 s.
16. Décr. no 2020-1717, 28 déc. 2020, art. 105.
17. Règl. de gestion financière et comptable des fonds versés par l'État aux Carpa, annexé au Décr. no 96-887, 10 oct. 1996, art. 13 – V. ss nos 452.78 et 623.63.
18. Décret no 2019-1064, 17 oct. 2019 portant diverses dispositions relatives à l'aide juridique, *JO* 19 oct., art. 20 ; *JCP* 2019. 1138.
19. Règl. de gestion financière et comptable des fonds versés par l'État aux Carpa, annexé au décr. no 96-887, 10 oct. 1996, art. 13 – V. ss no 452.79.

Elle mentionne la nature de la procédure, les diligences effectuées, et selon le cas, le montant de la contribution à laquelle a droit l'avocat[1], après, le cas échéant, application de la réduction en cas d'assistance de plusieurs personnes dans un même litige[2], ou imputation de la somme perçue par lui au titre de l'aide juridictionnelle pour des pourparlers transactionnels, un divorce par acte sous signature privée contresigné par avocat ayant échoué ou une procédure participative n'ayant pas abouti à un accord total dans la même procédure[3].

751.483 Attestation de mission et article 37. Lorsque l'avocat du bénéficiaire de l'aide juridictionnelle a recouvert la somme allouée sur le fondement de l'article 37 de la loi du 10 juillet 1991[4] dans le délai de quatre ans à compter du jour où la décision est passée en force de la chose jugée, il en avise sans délai le greffier ou le secrétaire de la juridiction qui a rendu la décision ainsi que la Carpa dont il relève[5].

Lorsqu'il renonce dans ce même délai à recouvrer cette somme ou qu'il n'en recouvre qu'une partie et que la fraction recouvrée n'excède pas le montant de la contribution au titre de l'aide juridictionnelle, il demande au greffe ou au secrétariat de la juridiction la délivrance d'une attestation de mission laquelle mentionne, le cas échéant, le montant des sommes recouvrées.

À l'expiration du délai de quatre ans, l'avocat qui n'a pas sollicité la délivrance d'une attestation de mission est réputé avoir renoncé à la contribution au titre de l'aide juridictionnelle[6].

Si la décision rendue sur le fondement de l'article 37 de la loi du 10 juillet 1991 fait l'objet d'un recours, l'avocat peut durant l'instance sur recours, renoncer au bénéfice de la somme allouée et demander au greffe ou au secrétariat de la juridiction qui a rendu la décision contestée, la délivrance d'une attestation de mission.

Si à l'issue du recours, la décision rendue sur le fondement de l'article 37 de la loi du 10 juillet 1991 est réformée ou annulée, l'avocat peut solliciter, dans les mêmes conditions, la délivrance d'une attestation de mission.

751.484 Attestation de mission et principe de subsidiarité. Lorsque le plafond de remboursement des honoraires couverts par un contrat d'assurance de protection juridique[7] ou par un autre système de protection[8] est inférieur à la contribution due au titre de l'aide juridictionnelle, l'avocat doit alors demander au greffe ou au secrétariat de la juridiction la délivrance d'une attestation de mission.

À cet effet, il produit tout justificatif des honoraires et émoluments dus. L'attestation de mission mentionne leur montant[9].

751.485 Versement. Les modalités et le montant du paiement de la contribution sont déterminés dans chaque barreau par le règlement intérieur[10]. Les sommes sont réglées directement à l'avocat par la Carpa[11] dont il relève sur justification de la désignation au titre de l'aide juridictionnelle et production de l'attestation de mission ou d'une ordonnance rendue par la juridiction.

La somme revenant à l'avocat lui est versée par la Carpa sous réserve de la déduction, le cas échéant, des provisions déjà réglées par la Carpa[12] ou des provisions éventuellement versées par le client, des sommes recouvrées sur le fondement de l'article 37 de la loi du 10 juillet 1991 ou versées en application d'un contrat d'assurance de protection juridique ou par un autre système de protection.

751.486 Montant dérogatoire de la contribution suivant dispositions propres du règlement intérieur du barreau. Le conseil de l'ordre, en tant qu'il peut déterminer le montant de la contribution dans le cadre de son règlement intérieur[13] peut prévoir des montants différents de ceux résultant de la stricte application des dispositions du décret du 28 décembre 2020[14].

C'est ainsi que l'annexe IX du règlement intérieur du barreau de Paris, prévoit que la contribution de l'avocat est, conformément au droit commun, : « égale au produit du nombre d'unités de valeur de base porté sur l'attestation de mission, sur l'ordonnance du président de la juridiction saisie ou sur l'attestation de fin de mission délivrée dans le cadre de pourparlers transactionnels ou d'une procédure participative et du montant de l'unité de valeur en vigueur à la date de l'achèvement de la mission ».

1. V. s^s n°s 751.271 s.
2. V. s^s n°s 751.401 s.
3. Décr. n° 2020-1717, 28 déc. 2020, art. 108 – V. s^s n°s 751.341 s.
4. V. s^s n°s 751.164 s. et 723.302 s.
5. L'aide juridictionnelle, *in* « Les honoraires de l'avocat », Les dossiers du barreau de Paris, 2003, p. 41.
6. Décr. n° 2020-1717, 28 déc. 2020, art. 112 – Note, 28 janv. 2014, point 1.2.
7. V. s^s n°s 761.21 s.
8. V. s^s n°s 762.00 s. et 732.44.
9. Décr. n° 2020-1717, 28 déc. 2020, art. 113.
10. L. n° 91-647, 10 juill. 1991, art. 29.
11. Décr. n° 96-887, 10 oct. 1996 portant règlement type relatif aux règles de gestion financière et comptable des fonds versés par l'État aux caisses des règlements pécuniaires des avocats pour les missions d'aide juridictionnelle et les interventions au cours de la garde à vue, *JO* 12 oct., p. 14968 – V. s^s n°s 121.111 s.
12. Décr. n° 2020-1717, 28 déc. 2020, art. 105 I.
13. L. n° 91-647, 10 juill. 1991, art. 29.
14. V. s^s n°s 751.251 s.

Il y est toutefois prévu une modalité particulière de calcul du montant de la contribution pour les affaires jugées devant la cour d'assises spécialement composée (affaires en matière de terrorisme) : afin de compenser le très faible montant de la contribution versée aux avocats de la défense dans ces dossiers, lesquels nécessitent, notamment, de nombreux jours d'audience, un système de péréquation a été mis en place prévoyant qu'une quote-part de la contribution totale due aux avocats assistants les parties civiles dans la même procédure soit réattribuée aux avocats de la défense commis d'office dans la limite d'un plafond par journée d'audience [1].

751.487 **Provisions.** Le règlement intérieur du barreau peut également prévoir la possibilité de verser une provision à l'avocat intervenant au titre de l'aide juridictionnelle totale [2]. Le montant et les conditions du versement de cette provision sont librement fixés par le règlement intérieur du barreau dans la limite d'un plafond égal à 50 % du montant de la rétribution due par l'État pour la procédure engagée. Une provision d'un montant supérieur peut être versée, à titre exceptionnel, après accord du bâtonnier ou de son délégué.

Préalablement au versement de toute provision, la Carpa doit être en possession de la décision d'admission à l'aide juridictionnelle. Ces provisions sont déduites des contributions dues au titre des missions achevées lors de leur liquidation [3]. Le bâtonnier, à la demande de la Carpa, peut à tout moment demander à un avocat de lui faire connaître l'état de la procédure au titre de laquelle une provision lui a été versée, et l'avocat demeure redevable envers la Carpa des provisions versées jusqu'à remise de l'attestation de mission [4].

En cas de changement d'avocat en cours de procédure, si une provision a été versée au premier avocat, le second perçoit le complément de contribution. À défaut d'accord sur la répartition finale de la contribution, le bâtonnier peut être saisi conformément à l'article 89 du décret du 28 décembre 2020 [5].

Dans le cadre de la crise sanitaire liée à l'épidémie du Covid-19, il a été prévu, par le décret du 29 mai 2020 [6], un régime dérogatoire de versement aux avocats d'une avance exceptionnelle en matière d'aide juridictionnelle.

B. Paiement de la contribution en cas de commission d'office

751.491 **En matière de commission d'office sans considération de l'obtention de l'aide juridictionnelle.** Il n'existe pas de règles particulières s'agissant des commissions d'office en matière pénale ou civile [7] : la commission d'office ne préjuge pas de l'application des règles d'attribution de l'aide juridictionnelle ou de l'aide à l'intervention de l'avocat [8].

La seule différence tient au fait qu'une désignation intervient à la suite de l'attribution, y compris à titre provisoire, de l'aide juridictionnelle ou de l'aide à l'intervention de l'avocat, alors même que dans le cas de la commission d'office, celle-ci est faite sans considération de l'obtention de l'aide juridictionnelle [9] : il y a obligation pour le bâtonnier ou le juge de désigner un avocat sans octroi corrélatif de l'aide juridictionnelle, sans pour autant subordonner l'intervention de l'avocat au paiement de ses honoraires [10].

751.492 **Demande d'aide juridictionnelle en cas de commission d'office.** Il appartient donc, en principe, à l'avocat de déposer, après l'exécution de sa mission, un dossier de demande d'aide juridictionnelle pour le compte du client qu'il a assisté [11].

Dès lors :

1° Soit le client est éligible au bénéfice de l'aide juridictionnelle, et l'on procédera au paiement de la contribution due à l'avocat dans les conditions de droit commun [12] ;

2° Soit le client n'est pas éligible au bénéfice de l'aide juridictionnelle et alors, en l'absence de disposition légale particulière, la commission d'office d'un avocat n'exclut pas le droit pour celui-ci d'obtenir la rémunération de ses services [13], et il appartiendra

1. RIBP, ann. IX, art. 16, Conseil de l'Ordre de Paris, 20 juill. 2021.
2. L. n° 91-647, 10 juill. 1991, art. 29 – Décr. n° 96-887, 10 oct. 1996 portant règlement type relatif aux règles de gestion financière et comptable des fonds versés par l'État aux caisses des règlements pécuniaires des avocats pour les missions d'aide juridictionnelle et les interventions au cours de la garde à vue, *JO* 12 oct., p. 14968, règlement type annexe, art. 28 s.
3. V. s[s] n° 751.485.
4. V. s[s] n°s 751.482 s.
5. V. s[s] n°s 484.201 s.
6. Décr. n° 2020-653, 29 mai 2020 portant diverses mesures liées à l'état d'urgence sanitaire en matière d'aide juridictionnelle et d'aide à l'intervention de l'avocat, *JO* 31 mai, n° 2 ; *JCP* 2020. 711 ; *JCP* 2020. 744, obs. S. Bortoluzzi – RIBP, ann. X, art. 35 s.
7. V. s[s] n°s 472.260 s. et 484.161 s.
8. L. n° 91-647, 10 juill. 1991, art. 19-1 – Décr. n° 2020-1717, 28 déc. 2020, art. 80.
9. V. s[s] n°s 472.221 s.
10. Civ. 1re, 14 mai 1985, n° 84-13.610, P I, n° 149 ; *JCP* 1985. IV. 257.
11. Décr. n° 2020-1717, 28 déc. 2020, art. 39 – V. s[s] n°s 751.204 et 723.304.
12. V. s[s] n°s 751.271 s.
13. Civ. 1re, 30 janv. 1996, n° 94-11.021, P I, n° 49.

alors à l'avocat de solliciter le paiement de ses honoraires suivant le droit commun applicable en la matière, en les faisant, le cas échéant, taxer par le bâtonnier en application de l'article 174 du décret du 27 novembre 1991[1].

C'est ainsi que doit être cassée la décision d'un premier président qui, pour rejeter une demande de fixation d'honoraires présentée par un avocat, a énoncé que l'aide juridictionnelle n'ayant pas été obtenue et le mineur n'ayant pas fait choix d'un avocat, le mineur poursuivi devait être assisté d'un avocat commis d'office, lequel ne pouvait réclamer des honoraires pour cette intervention, alors que le premier président, dans son ordonnance, avait relevé que les ressources du client ne lui permettaient pas d'obtenir l'aide juridictionnelle et constaté que l'avocat avait accompli sa mission[2].

751.493 Aide à l'intervention de l'avocat dans les procédures non juridictionnelles. La seule exception concerne les contributions de l'avocat intervenant dans les procédures non juridictionnelles[3] (garde à vue, rétention...) pour lesquelles l'article 87 du décret du 28 décembre 2020 prévoit *in fine* que les contributions qui y sont mentionnées sont exclusives de toute autre rémunération[4].

751.494 Dispositif dit « AJ garantie ». Toutefois, un dispositif dit de « l'AJ garantie » a été mis en œuvre en 2021[5] afin de garantir à l'avocat commis ou désigné d'office ayant effectivement accompli sa mission d'être indemnisé.

Il existe 4 conditions cumulatives pour bénéficier de l'« AJ garantie » :

1° L'avocat est commis ou désigné d'office par le bâtonnier ou par le président de la juridiction.

2° L'avocat est intervenu dans le cadre de l'une des missions visées à l'article 19-1 de la loi du 10 juillet 1991.

3° L'avocat a effectué sa mission.

4° L'avocat n'a pas pu obtenir le règlement d'honoraires.

751.495 Procédures bénéficiant du dispositif dit « AJ garantie ». L'avocat commis ou désigné d'office peut ainsi demander directement le versement de la contribution, y compris si la personne qu'il a assistée ne remplit pas les conditions pour bénéficier de l'aide juridictionnelle ou de l'aide à l'intervention de l'avocat, s'il intervient dans les procédures suivantes, en première instance ou en appel :

1° Procédure judiciaire de mainlevée et de contrôle des mesures de soins psychiatriques[6].

2° Assistance d'une personne demandant ou contestant la délivrance d'une ordonnance de protection[7].

3° Comparution immédiate[8].

4° Comparution à délai différé[9].

5° Déferrement devant le juge d'instruction[10].

6° Débat contradictoire relatif au placement ou au maintien en détention provisoire[11].

7° Assistance d'un mineur dans le cadre d'une procédure d'assistance éducative, d'une audition libre, d'un interrogatoire de première comparution, d'une instruction ou d'une audience de jugement[12].

8° Assistance d'un accusé devant la cour d'assises, la cour criminelle départementale, la cour d'assises des mineurs ou le tribunal pour enfants statuant en matière criminelle[13].

9° Procédures devant le juge des libertés et de la détention relatives à l'entrée et au séjour des étrangers[14].

10° Procédures devant le tribunal administratif relatives à l'éloignement des étrangers faisant l'objet d'une mesure restrictive de liberté[15].

11° Garde à vue, retenue, rétention, confrontation dans les conditions prévues par ledit code ; retenue douanière dans les conditions prévues par le code des douanes ; retenue d'un étranger aux fins de vérification du droit de circulation ou de séjour dans les conditions prévues par le code de l'entrée et du séjour des étrangers et du droit d'asile[16].

12° Déferrement devant le procureur de la République[17] avant comparution immédiate[18].

13° Mesures relatives de médiation entre l'auteur des faits et la victime[19], de composition pénale[20] ou de proposition au mineur d'une mesure ou une activité d'aide ou de réparation à l'égard de la victime

1. Colmar, 7 déc. 1964 ; *Gaz. Pal.* 1965. 1. 330 – Marseille, 5 juill. 1978 ; *Gaz. Pal.* 1978. 2. 470 – V. s^s n°s 741.21 s.
2. Civ. 1re, 30 janv. 1996, n° 94-11.021, P I, n° 49 ; *D.* 1996. 57 ; *Gaz. Pal.* 18 juin 1996. Pan. 12, Pan. 132.
3. L. n° 91-647, 10 juill. 1991, art. 64 s. – V. s^s n°s 472.61 s.
4. V. s^s n° 751.281.
5. Décr. n° 2021-810, 24 juin 2021 portant diverses dispositions en matière d'aide juridictionnelle et d'aide à l'intervention de l'avocat dans les procédures non juridictionnelles, *JO* 26 juin, n° 11 ; *JCP* 2021. 754, obs. S. Bortoluzzi.
6. V. s^s n° 472.221.
7. C. civ., art. 515-9 – V. s^s n° 472.322.
8. V. s^s n°s 472.81 s.
9. V. s^s n° 472.85.
10. V. s^s n° 472.91.
11. V.s^s n°s 472.93 s.
12. V. s^s n°s 472.33 et 472.121 s.
13. V. s^s n°s 472.181 s.
14. V. s^s n°s 472.141 s.
15. V. s^s n°s 472.142 s.
16. V. s^s n° 472.61.
17. C. pr. pén., art. 393.
18. V. s^s n° 472.61.
19. C. pr. pén., art. 41-1.
20. C. pr. pén., art. 41-2 et 41-3.

ou dans l'intérêt de la collectivité[1], et ordonnées par le procureur de la République[2].

751.496 Mise en œuvre de l'« AJ garantie » par l'avocat. Lorsque l'avocat choisit d'être rétribué suivant le mécanisme de l'« AJ garantie », soit parce que l'avocat ne peut pas être réglé par son client parce qu'il est estimé que son client est éligible à l'aide juridictionnelle ou à l'aide à l'intervention de l'avocat ou encore que le client ne règle pas la facture d'honoraires qu'il lui a adressée, l'avocat n'a pas à déposer de demande d'aide juridictionnelle.

Il doit simplement produire à l'appui d'une demande de règlement de la contribution prévue par les textes auprès de sa Carpa :

1° Un document justifiant son intervention, soit une attestation de mission[3], soit un document, visé, suivant les cas, par les autorités de police, de gendarmerie ou de douane compétentes ainsi que par le bâtonnier ou son représentant.

2° Une attestation sur l'honneur d'avoir informé la personne ayant bénéficié de son intervention que, dans l'hypothèse où elle s'avérerait non-éligible à l'aide juridictionnelle ou à l'aide à l'intervention de l'avocat, les sommes perçues au titre de sa mission d'assistance seront recouvrées à son endroit par l'État, et mentionnant, le cas échéant, le montant des honoraires versés. Ce document est signé par l'autorité ayant procédé à la commission d'office de l'avocat[4].

L'avocat devra déclarer à la Carpa le montant des honoraires éventuellement perçus, étant précisé que dans les procédures juridictionnelles les honoraires reçus viennent en déduction de la contribution versée par l'État, tandis que dans les procédures non juridictionnelles, la perception d'honoraires, même inférieure à la contribution de l'État, exclut le versement de la contribution[5]. Le cas échéant, l'avocat devra rembourser à la Carpa la contribution, ou le différentiel, s'il perçoit des honoraires postérieurement à la perception de la contribution[6].

L'avocat dispose d'un délai de quatre ans à compter de la date de délivrance de l'attestation de mission, ou du document y tenant lieu, pour solliciter le paiement auprès de sa Carpa.

751.497 Remboursement par le justiciable au Trésor public des sommes exposées par l'État. Lorsque l'avocat choisit d'être rétribué suivant le mécanisme de l'« AJ garantie », et qu'il apparaît que la personne qui a bénéficié de l'aide à l'intervention de l'avocat commis d'office n'est pas éligible à l'aide juridictionnelle ou à l'aide à l'intervention de l'avocat, cette dernière est tenue de rembourser au Trésor public les sommes ainsi exposées par l'État.

Le recouvrement des sommes dues à l'État a lieu comme en matière de créances étrangères à l'impôt et au domaine[7].

C.
Assujettissement de la contribution à la TVA

751.501 Assujettissement à la TVA au taux normal. En matière d'aide juridictionnelle totale ou partielle, le taux de TVA est le taux normal de 20 %[8] pour les missions achevées au 1er janvier 2013[9].

L'avocat n'a pas à établir de facture[10] en matière d'aide juridictionnelle, mais déclare les sommes perçues à ce titre dans ses déclarations de TVA et les intègre dans ses bénéfices non commerciaux.

751.502 TVA et aide juridictionnelle – Position de la CJUE et du Conseil d'État. La CJUE a décidé que la France ne pouvait pas appliquer un taux réduit de TVA de 5,5 %[11] à des prestations de services fournies par « des entités privées poursuivant un but lucratif », tels que les avocats, qui ne peuvent être qualifiés « d'organismes ayant un caractère social et étant engagés dans des œuvres d'aide et de sécurité sociales. »[12].

Saisie par la suite par le juge belge d'une question préjudicielle relativement au fait que l'assujettissement des prestations de services des avocats à la TVA et l'augmentation des coûts pour ces services ne seraient pas compatibles avec le droit à un recours effectif, et en particulier avec le droit à l'assistance d'un avocat, la CJUE, après avoir rappelé que les prestations de services rendues par les avocats dans le cadre de l'aide juridictionnelle ne sont pas exonérées de la TVA, les prestations réalisées n'ayant pas

1. CJPM, art. L. 112-8.
2. L. n° 91-647, 10 juill. 1991, art. 33 – V. ss n° 472.61.
3. V. ss n° 751.482.
4. Décr. n° 2020-1717, 28 déc. 2020, art. 105, VI.
5. V. ss n° 751.281.
6. L. n° 91-647, 10 juill. 1991, art. 19-1 – Décr. n° 2020-1717, 28 déc. 2020, art. 33.
7. L. n° 91-647, 10 juill. 1991, art. 19-1 V. ss nos 742.141 s.
8. Note, 20 janv. 2014 relative au passage du taux normal de TVA de 19,6 % à 20 %, *BOMJ* n° 2014-01, 31 janv., NOR : JUST1401641N.
9. L. n° 2012-1510, 29 déc. 2012 portant loi de finances pour 2013, *JO* 30 déc., p. 20920, art. 68.
10. V. ss nos 731.00 s.
11. Instr. *BOI* 3 C-1-11, 18 févr. 2011 relative à la taxe sur la valeur ajoutée (TVA). Suppression du taux réduit applicable aux prestations effectuées par les avocats et les avoués dans le cadre de l'aide juridictionnelle, *BOI* n° 17, 3 mars 2011.
12. ABROGATION du f) de l'article 279 du CGI par L. n° 2010-1658, 29 déc. 2010, art. 70-VII, à la suite de : CJCE 17 juin 2010, *Commission c/République Française,* aff. C-492/08 ; *D.* 2010. 1632 ; *D.* 2011. 265, obs. N. Fricero ; *D. actu.* 24 juin 2010, obs. L. Dargent ; *Gaz. Pal.* 31 août 2010, p. 14, note A. Clavier ; *Gaz. Pal.* 11 déc. 2010, p. 45, note B. Toulemont et H. Zapf ; *Europe* 2010. Comm. 283, obs. A. Rigaux et D. Simon ; *JCP* 2010. 1068, obs. A. Tanaskovic.

un caractère social, a jugé que la garantie conférée par le principe d'égalité des armes par l'article 47 de la Charte des droits fondamentaux de l'Union européenne, ne s'étend pas à l'assujettissement des prestations de services des avocats à la TVA. Elle a en particulier relevé que le principe d'égalité des armes, qui est un corollaire de la notion même de procès équitable et a pour but d'assurer l'équilibre entre les parties à la procédure, s'il implique l'obligation d'offrir à chaque partie une possibilité raisonnable de présenter sa cause, y compris ses preuves, dans des conditions qui ne la placent pas dans une situation de net désavantage par rapport à son adversaire, n'implique pas l'obligation de mettre les parties sur un pied d'égalité s'agissant des coûts financiers supportés dans le cadre de la procédure judiciaire. Elle a ajouté que, si l'assujettissement des prestations de services des avocats à la taxe sur la valeur ajoutée et l'exercice du droit à déduction sont, certes, susceptibles de conférer, pour un montant d'honoraires identique, un avantage pécuniaire au justiciable ayant la qualité d'assujetti par rapport au justiciable non assujetti, cet avantage pécuniaire n'est, cependant, pas susceptible d'affecter l'équilibre procédural des parties [1].

Tirant les conséquences de cette dernière décision, le Conseil d'État a jugé que la soumission des prestations réalisées au titre de l'aide juridique la TVA ne portait pas atteinte au principe d'égalité des armes et ne méconnaissait pas plus les articles 6 et 16 de la Déclaration des droits de l'homme et du citoyen de 1789 [2].

§ 3
Litiges relatifs à la contribution

751.511 **Règlement des litiges relatifs à la contribution de l'avocat à l'aide juridictionnelle.** La fixation de la contribution de l'avocat à l'aide juridictionnelle peut donner lieu à plusieurs catégories de difficultés : fixation du nombre d'UV, délivrance de l'attestation de mission [3], partage de contribution entre avocats [4], détermination de la fraction accordée en matière de procédure participative, pourparlers transactionnels ou divorce par acte contresigné par avocat [5] ou dans les cas où les textes prévoient une réduction de la contribution, notamment en cas d'assistance de plusieurs parties dans une même procédure [6].

Les difficultés auxquelles donne lieu l'établissement de l'attestation de mission, tant au visa de l'article 107 qu'au visa de l'article 110 décret du 28 décembre 2020 [7], sont tranchées sans forme par le président de juridiction [8].

751.512 **Juridictions administratives.** Le Conseil d'État a considéré que, conformément aux articles 109 à 112 de l'ancien décret du 19 décembre 1991, le président de la juridiction saisie ou son délégué peuvent soit diminuer le montant de la contribution lorsque l'avocat défend plusieurs personnes dans des litiges reposant sur les mêmes faits et comportant des prétentions ayant un objet similaire [9], soit attribuer une contribution à l'avocat désigné au titre de l'aide juridictionnelle lorsque l'instance s'est terminée autrement que par une transaction ou un jugement [10]. Si le président appartient à une juridiction de l'ordre administratif, les décisions prises par le président de la juridiction saisie en application de ces dispositions relatives à la contribution de l'avocat désigné au titre de l'aide juridictionnelle ont le caractère de décisions administratives et sont, à ce titre, susceptibles de recours et il convient de saisir le tribunal administratif du ressort du siège de la juridiction concernée [11].

Il en fut ainsi décidé s'agissant d'un avocat qui avait directement saisi le Conseil d'État d'un recours à l'encontre d'une décision de la présidente de la Cnda fixant le montant de sa contribution. Pour le Conseil d'État, ni les dispositions de l'article R. 311-1 du code de justice administrative ni aucune autre disposition ne confère au Conseil d'État compétence pour connaître en premier et dernier ressort des recours dirigés contre les décisions prises par un président de juridiction et relatives à la contribution de l'avocat désigné au titre de l'aide juridictionnelle, faisant que ces recours ressortissent en conséquence à la compétence du tribunal administratif territorialement compétent pour en connaître. Dès lors, la Cnda ayant son siège à Montreuil, le recours en annulation contre la décision de la présidente de la Cnda, relève donc, en première instance, de la compétence du tribunal administratif de Montreuil [12].

1. CJUE 28 juill. 2016, *Ordre des barreaux francophones et germanophone e.a.*, aff. C-543/14 ; *D.* 2017. 74, obs. T. Wickers ; *RTD eur.* 2017. 147, Chron. A. Maitrot de la Motte ; *JCP* 2016. 1086, n° 23, obs. F. G'sell.
2. CE 8e-3e ch. réunies, 23 nov. 2016, *barreau de Paris*, req. n° 386143, *Lebon T ; JCP* 2017. 660, n° 11, obs. Ch. Vautrot-Schwarz.
3. V. ss n° 751.482.
4. V. ss nos 484.201 s.
5. V. ss nos 751.341 s.
6. V. ss n° 751.401.
7. V. ss nos 751.341 s.
8. V. ss n° 751.253.
9. V. ss nos 751.401 s.
10. V. ss nos 751.371 s.
11. CE 6e-1re ch. réunies, 18 janv. 2017, req. n° 398918, *Lebon ; AJDA* 2017. 143 ; *Gaz. Pal.* 28 mars 2017, p. 41, note S. Roussel ; *JCP* 2017. 660, nos 28 et 30, obs. F. G'sell.
12. CE 16 oct. 2013, *Nunes*, req. n° 345704, *Lebon ; AJDA* 2013. 2060.

751.513 **Juridictions judiciaires.** Les dépenses engagées par l'État au titre de l'aide juridictionnelle sont assimilées aux frais de justice criminelle, correctionnelle et de police et sont régies par les règles applicables à la taxation, édictées par les articles R. 226 et suivants du code de procédure pénale[1]. Il en découle que la décision fixant la contribution d'un avocat au titre de l'aide juridictionnelle est une ordonnance de taxe susceptible de recours dans les conditions prévues aux articles R. 228 et suivants du code de procédure pénale[2].

En l'occurrence, un avocat avait fait un recours contre l'ordonnance du président de la cour d'assises du Maine-et-Loire, en date du 9 février 2010, ayant fixé sa contribution au titre de l'aide juridictionnelle. La chambre de l'instruction de la cour d'appel d'Angers, par arrêt en date du 20 octobre 2010, l'avait déclaré irrecevable, ce que la Cour de cassation a censuré, au visa des articles R. 93 9°, R. 214, R. 226, R. 228 et R. 228-1 du code de procédure pénale, en considérant que, selon ces textes, les dépenses engagées par l'État au titre de l'aide juridictionnelle sont assimilées aux frais de justice criminelle, correctionnelle et de police et sont régies par les règles applicables à la taxation, édictées par les articles R. 226 et suivants du code de procédure pénale.

Il en découle que l'ordonnance du magistrat fixant la contribution de l'avocat désigné à ce titre peut faire l'objet par l'avocat, d'un recours devant la chambre de l'instruction, dans le délai de dix jours suivant sa notification par lettre recommandée[3].

Dans cette même affaire, saisie sur renvoi la chambre de l'instruction de la cour d'appel de Rennes a, par arrêt du 27 avril 2012, confirmé l'ordonnance de taxe, ce qui conduira à une seconde cassation au motif que la contribution due à l'avocat choisi ou désigné au titre de l'aide juridictionnelle pour assister plusieurs personnes, ne peut, sur décision du juge, être réduite dans les proportions qu'il prévoit que si la procédure repose sur les mêmes faits en matière pénale, ce qui n'est pas le cas dès lors que l'avocat avait été désigné pour assister cinq parties civiles alors que les faits imputés à l'accusé ont été commis dans des circonstances différentes au préjudice de victimes distinctes[4]. L'affaire a été renvoyée devant la chambre de l'instruction de la cour d'appel de Caen.

751.514 **Changement d'avocat.** En cas de dessaisissement d'un avocat à l'aide juridictionnelle, il convient de recourir, suivant les cas, aux procédures prévues aux articles 89 et 110 du décret du 28 décembre 2020[5].

1. V. s^s n° 723.151.
2. Crim. 31 août 2011, n° 10-88.092, P n° 168 ; *AJ pénal* 2012. 42, obs. L. Priou – V. s^s n°s 742.101 s.
3. Crim. 31 août 2011, n° 10-88.092, P n° 168 ; *AJ pénal* 2012. 42, obs. L. Priou – V. s^s n°s 742.121 s.
4. Crim. 19 nov. 2013, n° 12-83.759, P n° 230.
5. Sur le partage de contribution à l'aide juridictionnelle dans cette hypothèse : v. s^s n°s 484.201 s.

CHAPITRE

752. Aide à l'accès au droit

SECTION 0 ORIENTEUR

752.00 **Sommaire du chapitre.**

Division. L'aide aide à l'accès au droit composante de l'aide juridique avec l'aide juridictionnelle a été créée en 1991 (sect. 1). Elle est mise en œuvre (sect. 2) autour du Conseil national de l'aide juridique (Cnaj) et des conseils départementaux de l'accès au droit (Cdad), et inclus un engagement fort de la profession d'avocat.

752.01 **Textes applicables.**

TEXTES TITRÉS

• **L. n° 91-647, 10 juill. 1991**

art. 53 [Définition de l'accès au droit]

art. 54 s. [Conseil départemental de l'accès au droit]

art. 60 [Aide à l'accès au droit pour les Français établis hors de France]

art. 65 s. [Conseil national de l'aide juridique]

art. 68 s. [Financement de l'aide à l'accès au droit]

art. 69-1 [Rétribution des consultations juridiques]

• **Décr. n° 2020-1717, 28 déc. 2020**

art. 136 s. [Conseil national de l'aide juridique]

art. 144 s. [Conseil départemental de l'accès au droit]

• **Décr. n° 91-1197, 27 nov. 1991**

art. 235-1 [Carpa – Financement de l'aide à l'accès au droit]

752.03 **Bibliographie indicative.**

* Aussi : v. s[s] n° 75.03.

Thèses. Y. Capdepon, *Essai d'une théorie générale des droits de la défense*, Th. Bordeaux, 2011 – A. Lejeune, *Nul n'est censé être ignoré par le(s) droit(s) : politiques d'accès au droit et à la justice en Belgique et en France*, Th. ENS Cachan-Liège, 2010 – J.-Ch. Marrigues, *Le statut juridique des Carpa*, Éd. Connaissances et savoirs, 2016 – L. Milano, *Le droit à un tribunal au sens de la Convention européenne des droits de l'homme*, Dalloz, 2006 – A. Nedelcheva, *Le droit au juge dans l'Union Européenne*, Th. Nice, 2015 – J.-B. Vieu, *Les maisons de la justice et du droit : une perspective de rénovation de la justice ?* Th. Toulouse, 2012.

Encyclopédies. *J.-Cl. Civ. Annexes, Avocat*, fasc. 30 : avocats, Aide juridique, 2015 – REP. PR. CIV., *V° Aide juridique*, par H. Gerphagnon, déc. 2011 – REP. PR. PEN., *V° Aide juridictionnelle*, par S. Carbone, 2012 (mise à jour, oct. 2013) – REP. CONT. ADM., *V° Aide juridictionnelle*, par J. Barthélémy, sept. 2007 (mise à jour, janv. 2014).

Traité. S. Guinchard (dir.), *Droit et pratique de la procédure civile*, 10ᵉ éd., « Dalloz Action », 2021, n°s 733.00 s. par H. Gerpghagnon.

Monographies. J. Bailly et P. Roussy, *L'aide juridique : Aide juridictionnelle et aide à l'accès au droit*, Sopiac 1999 – M. Cappelletti (dir.), *Accès à la justice et État-providence*, Économisa, 1984 – V. Donier et B. Lapéroux-Scheneider (dir.), *La régulation par le juge de l'accès au prétoire*, Dalloz, 2013 C. de Folleville, *L'accès au droit et à la justice*, Éditions Sociales Françaises, 2013 – ESF, 2013 – E. Putman (dir.), *L'accès à la justice*, Puam, 2007 – J. Rideau (dir.), *Le droit au juge dans l'Union Européenne*, LGDJ, 1998.

Format réduit. A. Rials, *L'accès à la justice*, « Que sais-je ? », PUF, 1993.

Contribution. Y. Desdevises, « Accès au droit, accès à la justice », Dictionnaire de la justice (L. Cadiet dir.), PUF, 2004, p. 1 – J. Ribs, « L'accès au droit », *Mélanges en l'honneur du professeur Jacques-Henri Robert*, LGDJ, 1998, p. 415.

Articles. M. Belot, « Accès au droit des personnes en situation d'exclusion », *D.* 2016. 944 – E. Boccara, « Pro bono : une ignorance française », *Gaz. Pal.* 21-23 nov. 2010, p. 10 – L. Cadiet, « L'accès à la justice. Réflexions sur la justice à l'épreuve des mutations contemporaines de l'accès à la justice », *D.* 2017. 522 – Th. Coustet, « L'accès au droit, un service public sous affluence », *D. actu.* 18 juin 2018 – M.-

C. Defossez-Perard, « Évolutions des dispositions réglementaires en matière d'aide juridique », *Gaz. Pal.* 14-15 mai 2004, p. 15 – D. Iweins, « les maisons de l'avocat… et du justiciable », *Gaz. Pal.* 8 nov. 2016, p. 5 ; « La solidarité, supplément d'âme de l'avocat », *Gaz. Pal.* 18 oct. 2016, p. 5 – J. Faget, « L'accès au droit : logique de marché et enjeux sociaux », *Droit et société*, 30/31, 1995 – M.-A. Frison-Roche, « Principes et intendance dans l'accès au droit et l'accès à la justice », *JCP* 1997. I. 4051 ; « Le droit d'accès à la justice et au droit », *Libertés et droit fondamentaux*, 18e éd., Dalloz, 2012, p. 521 – Th. Gabet, « De l'avenir de la profession d'avocat aux angoisses du quotidien : l'incontournable question de l'accès au droit », *Gaz. Pal.* 29-31 oct. 2006, p. 2 – P. Henry, « *Pro bono, pro domo, pro deo, pro fisco…* », *Gaz. Pal.* 3-5 mars 2013, p. 10 – J. Leroy, « Aide juridique, aide sociale et action sociale », Revue de droit sanitaire et social, avril-juin 1992, p. 236 – D. Piau, « Structurer et développer le *pro bono* au sein du barreau : le Fonds de dotation Barreau de Paris Solidarité », *Journal des tribunaux* 15 févr. 2012, p. 141 – B. Potier de La Varde, « Les pauvres et les juridictions suprêmes », *Just. et cass.* 2007. 196 – L. Raschel, « Les aspects d'organisation judiciaire dans les décrets sur la justice du XXIe siècle », *Gaz. Pal.* 25 juill. 2017, p. 68 – F. Rolin, « Considérations inactuelles sur le projet de loi relatif à la réforme de l'accès au droit et à la justice », *D.* 2002. 2890.

Rapports. Ph. Baron, Commission numérique du Conseil national des barreaux, *Portalis : Présentation, enjeux et perspectives*, AG CNB 9 avr. 2021 – Cepej, *Systèmes judiciaires européens : Efficacité et qualité de la justice*, Études de la Cepej, n° 23, 6e éd., 2016 ; *Rapport « Systèmes judiciaires européens – Rapport d'évaluation de la Cepej – Cycle d'évaluation 2020 (données 2018)* », 9 nov. 2020.

SECTION 1
PROPOS LIMINAIRES

752.11 Évolution. La première assistance judiciaire a été créée par la loi du 22 janvier 1851[1], conçue comme une mission gratuite assurée par les barreaux au profit des nécessiteux. En effet, le droit à l'aide judiciaire subordonné à un seuil de revenu n'a été reconnu que depuis la loi du 3 janvier 1972[2] et les commissions d'office assurées par les avocats ne sont rémunérées que depuis la loi du 31 décembre 1982[3].

L'aide juridique comprenant une aide juridictionnelle et l'aide à l'accès au droit sont créées par la loi du 10 juillet 1991[4]. Un conseil départemental de l'accès au droit (Cdad)[5] est mis en place ainsi qu'un Conseil national de l'aide juridique (Cnaj)[6].

752.12 Domaine. La loi du 10 juillet 1991[7] organise ainsi, en plus de l'aide juridictionnelle, une aide à l'accès au droit sous la forme d'une aide à la consultation destinée à informer les citoyens du contenu des diverses législations, des voies à suivre pour leur permettre de faire valoir leurs droits et les faire bénéficier d'une assistance dans la rédaction d'un acte juridique ainsi qu'au cours des procédures non juridictionnelles devant certaines personnes ou organismes dont la finalité est d'offrir les garanties d'une défense organisée.

Devant l'Assemblée nationale, les objectifs de la loi ont été expliqués comme suit : « indépendamment de l'aide juridictionnelle, le dispositif d'aide à l'accès au droit prévu par les articles 53 et 69-1 de la loi du 10 juillet 1991 permet de fournir une consultation en matière juridique afin d'informer les personnes sur l'étendue de leurs droits et notamment sur la possibilité d'engager une procédure juridictionnelle ».

Ces obligations sont déjà remplies pour partie par les consultations gratuites organisées par les barreaux. Le financement de cette aide repose sur les contributions des Carpa[8], sur la participation des professionnels du droit, sur les subventions des collectivités territoriales, des établissements publics, des organismes de sécurité sociale, l'État pouvant participer par convention à la prise en charge d'actions mises en œuvre à ce titre[9].

752.13 Rapprocher la justice du citoyen en améliorant la politique d'accès au droit (loi du 18 nov. 2016). La loi du 18 novembre 2016[10] s'est fixé pour objectif de rapprocher la justice du citoyen[11], en améliorant la politique d'accès au droit. À cet effet, l'article 1er du projet de loi modifie l'article L. 111-2 du code de l'organisation judiciaire afin d'y intégrer au titre des grands principes directeurs des juridictions, le principe de l'accès au droit et de l'égal accès à la justice. Il modifie également les articles L. 111-4 et L. 141-1 du même code pour y intégrer la notion de « service public de la justice » qui existait déjà dans d'autres articles dudit code. Ces modifications

1. L. 22 janv. 1851 sur l'assistance judiciaire, *JO* 20 août, p. 16.
2. L. n° 72-11, 3 janv. 1972 instituant l'aide judiciaire, *JO* 5 janv., p. 164.
3. L. n° 82-1173, 31 déc. 1982 relative à l'aide judiciaire, à l'indemnisation des commissions et désignations d'office en matière pénale et en matière civile et à la postulation dans la région parisienne, *JO* 1er janv. 1983, p. 15.
4. L. n° 91-647, 10 juill. 1991 relative à l'aide juridique, *JO* 13 juill., p. 9170.
5. L. n° 91-647, 10 juill. 1991, art. 54.
6. L. n° 91-647, 10 juill. 1991, art. 65.
7. L. n° 91-647, 10 juill. 1991.
8. V. ss nos 121.111 s.
9. SUR L'ENSEMBLE DE CES DISPOSITIONS : *J.-Cl. Pr. civ., V° Aide juridique*, fasc. 122 par E. du Rusquec.
10. L. n° 2016-1547, 18 nov. 2016 de modernisation de la justice du XXIe siècle, *JO* 19 nov.
11. M. Mekki, « Le "citoyen au cœur du service public de la justice" : info ou intox ? », *Gaz. Pal.* 6 déc. 2016, p. 3.

permettent de renforcer l'implication de toutes les juridictions dans le dispositif d'accès au droit.

La loi a prévu que les missions du Conseil national de l'aide juridique (Cnaj)[1] et des conseils départementaux de l'accès au droit (Cdad) soient modifiées afin d'impulser une politique nationale en matière d'accès au droit et à la justice, de mieux prendre en compte les évolutions économiques, sociologiques et démographiques des territoires et d'associer davantage les élus à la définition de cette politique nationale. Le décret du 8 février 2017[2] est venu créer le comité interministériel de l'aide aux victimes et le secrétariat général à l'aide aux victimes remplacé par un délégué interministériel à l'aide aux victimes[3] (Diav), et modifier les missions des comités locaux d'aide aux victimes (Clav) créés par le décret du 3 août 2016[4] afin de disposer d'instances de concertation pérennes pour définir les orientations nationales dans le domaine de l'accueil, l'information, la prise en charge et l'indemnisation des victimes d'infractions pénales.

Les missions du Cdad[5] ont par ailleurs été étendues à la mise en œuvre d'une politique locale de résolution amiable des litiges, et le décret du 9 mai 2017[6] a créé un service d'accès unique du justiciable (Sauj) permettant de faciliter l'accès du citoyen à la justice tant d'un point de vue géographique que fonctionnel.

752.14 **Projet de portail Portalis.** Développé par le ministère de la justice, le projet Portalis[7] vise à réunir en un seul système informatique la gestion des procédures devant l'ensemble des juridictions civiles françaises, et à permettre aux justiciables et aux avocats de suivre l'évolution de leurs procédures via un portail internet. Le projet sera développé sur quatre à cinq ans, et la première version du portail était attendue pour fin 2015. Pour les avocats, Portalis sera accessible via e-barreau et offrira de nouvelles fonctionnalités devant l'ensemble des juridictions civiles avec ou sans représentation obligatoire.

Il permettra de saisir la juridiction en ligne, y effectuer les demandes d'aide juridictionnelle, de suivre la procédure, de dialoguer avec les juridictions et la partie adverse, ou encore de consulter les décisions rendues le jour même. Le portail permettra également, via un questionnaire en ligne d'orienter le justiciable, en fonction du contentieux, vers la juridiction compétente et vers un annuaire de professionnels du droit. Pour les justiciables, ce sera un site qui fournira de l'information et de l'orientation gratuites. La première étape de ce projet a été concrétisée, le 12 mai 2016, par la mise en ligne du site justice.fr, l'information du justiciable constituant la première étape de l'accès à la justice, suivie de la mise en service de la fonctionnalité dite « portail du justiciable », le 31 mai 2019[8], accessible depuis ce même site. Cette mise en service s'accompagne, depuis 2021, de la mise en place progressive de la saisine en ligne des juridictions dans les procédures sans représentation obligatoire. Il devrait également, à terme, permettre au justiciable de saisir en ligne une demande d'aide juridictionnelle[9].

Le Conseil national des barreaux, a constitué une équipe d'avocats référents pour participer au groupe de travail de ministère de la justice afin de s'engager aux côtés de ce dernier dans ce développement[10]. Il a finalement, été associé au projet sous le seul prisme de la communication électronique entre les avocats et les juridictions[11].

SECTION 2
MISE EN ŒUVRE

752.20 **Plan.** La mise en œuvre de l'aide à l'accès au droit est réalisée dans un cadre institutionnel (§ 1) avec un engagement fort de la profession d'avocat (§ 2).

1. V. s^s^ n° 752.41.
2. Décr. n° 2017-143, 8 févr. 2017 portant création du comité interministériel de l'aide aux victimes et du secrétariat général à l'aide aux victimes, *JO* 9 févr., n° 1.
3. Décr. n° 2017-1240, 7 août 2017 relatif au délégué interministériel à l'aide aux victimes, *JO* 8 août, n° 7.
4. Décr. n° 2016-1056, 3 août 2016 portant création des comités locaux d'aide aux victimes et des espaces d'information et d'accompagnement des victimes d'actes de terrorisme, *JO* 4 août, n° 1 – Décr. n° 2017-618, 25 avr. 2017 relatif aux comités locaux d'aide aux victimes, *JO* 26 avr., n° 2.
5. Circ. 17 juin 2017 présentant le décret n° 2017-822 du 5 mai 2017 portant diverses dispositions relatives à l'aide juridique – relevé d'observations de la Cour des comptes ; NOR : JUST1718186C.
6. Décr. n° 2017-897, 9 mai 2017 relatif au service d'accueil unique du justiciable et aux personnes autorisées à accéder au traitement de données à caractère personnel « Cassiopée », *JO* 10 mai, n° 119.
7. Présenté au CNB, AG 13 mars 2015 – EN DERNIER LIEU : Ph. Baron, Commission numérique du Conseil national des barreaux, *Portalis : Présentation, enjeux et perspectives*, AG CNB 9 avr. 2021.
8. Arr. 6 mai 2019 relatif aux caractéristiques techniques de la communication par voie électronique via le « Portail du justiciable », *JO* 6 juin, NOR : JUST1913143A – Arr. 28 mai 2019 autorisant la mise en œuvre d'un traitement automatisé de données à caractère personnel dénommé « Portail du justiciable », *JO* 6 juin, NOR : JUST1915427A.
9. V. s^s^ n°s 751.201 s
10. « Le CNB présente un rapport sur l'état d'avancement du projet Portalis de la Chancellerie », com. 12 avr. 2021.
11. Ph. Baron, Commission numérique du Conseil national des barreaux, *Portalis : Présentation, enjeux et perspectives*, AG CNB 9 avr. 2021, p. 3.

§ 1
Cadre institutionnel

752.30 **Plan.** Le cadre institutionnel est construit sur un double niveau, national par le Conseil national de l'aide juridique (Cnaj) (A), et local autour des conseils départementaux de l'accès au droit (Cdad) (B).

A.
Au niveau national

752.41 **Conseil national de l'aide juridique (Cnaj).** Le Conseil national de l'aide juridique (Cnaj) est chargé de recueillir toutes informations quantitatives et qualitatives sur le fonctionnement de l'aide juridictionnelle et de l'aide à l'accès au droit et de proposer aux pouvoirs publics toutes mesures propres à l'améliorer, de faire aux conseils départementaux de l'accès au droit des suggestions en vue de développer et d'harmoniser les actions menées localement, d'établir chaque année un rapport sur l'activité d'aide juridique, au vu des rapports des conseils départementaux de l'accès au droit (Cdad)[1] sur l'aide juridictionnelle et sur l'aide à l'accès au droit dans leur ressort[2].

752.42 **Comité interministériel de l'aide aux victimes.** Le décret du 8 février 2017[3] est venu créer le comité interministériel de l'aide aux victimes qui, sous la présidence du Premier ministre, est chargé de définir les orientations de la politique interministérielle de l'aide aux victimes et d'examiner les questions relatives à la coordination des départements ministériels dans la mise en œuvre de cette politique.

Il est assisté par un délégué interministériel à l'aide aux victimes[4] (Diav) qui participe aux réunions du comité interministériel, et a notamment pour attributions de veiller à l'efficacité et à l'amélioration des dispositifs d'aide aux victimes, en matière d'information, de transparence, de simplification et d'accélération des démarches administratives et d'assurer le pilotage, le suivi, la coordination et le soutien des comités locaux d'aide aux victimes (Clav)[5].

B.
Au niveau local

752.51 **Conseil départemental de l'accès au droit (Cdad).** Dans chaque département, il est institué un conseil départemental de l'accès au droit, chargé de recenser les besoins, de définir une politique locale, de dresser et diffuser l'inventaire de l'ensemble des actions menées. Le Cdad est notamment composé, pour les avocats, du barreau[6] et de la Carpa[7]. Il peut développer des actions communes avec d'autres Cdad. Il bénéficie, dans leur fonctionnement, d'apports en nature ou en industrie des barreaux qui en sont membres sans que ceux-ci ne soient nécessairement valorisés[8].

Le Cdad est saisi, pour information, de tout projet d'action préalablement à sa mise en œuvre et, pour avis, de toute demande de concours financier de l'État préalablement à son attribution. Il procède à l'évaluation de la qualité et de l'efficacité des dispositifs auxquels il apporte son concours. Il peut participer au financement des actions poursuivies. Enfin, il participe à la mise en œuvre d'une politique locale de résolution amiable des différends[9]. Les Cdad organisent, depuis 2018, une journée nationale de l'accès au droit qui a lieu le 24 mai. À cette occasion, chacun est invité à venir découvrir les différents lieux d'accès au droit qui existent sur le territoire : maisons de justice et du droit[10], points et relais d'accès au droit.

Le Cdad établit chaque année un rapport sur son activité.

752.52 **Maisons de la justice et du droit (Mjd)[11].** Les maisons de justice et du droit, issues de la loi du 18 décembre 1998[12] et du décret du 29 octobre 2001[13] assurent une présence judiciaire de proximité et concourent à la prévention de la délinquance, à l'aide aux victimes et à l'accès au droit[14]. Les mesures alternatives de traitement pénal et les actions tendant à la résolution amiable des litiges peuvent s'y exercer.

La convention constitutive des Mjd est signée, notamment, par le bâtonnier du barreau compétent dans le ressort de la Mjd[15] qui est au nombre des partenaires dont l'accord préalable est une condition légale de la création d'une maison de justice et du droit dans le ressort de son barreau, faisant que le

1. V. s[s] n° 752.51.
2. L. n° 91-647, 10 juill. 1991, art. 65.
3. Décr. n° 2017-143, 8 févr. 2017.
4. Décr. n° 2017-1420, 7 août 2017.
5. Décr. n° 2017-143, 8 févr. 2017, art. 2 – V. s[s] n° 752.53.
6. L. n° 91-647, 10 juill. 1991, art. 55, 4°).
7. L. n° 91-647, 10 juill. 1991, art. 55, 5°).
8. Circ. 19 juin 2017 présentant le décret n° 2017-822 du 5 mai 2017 portant diverses dispositions relatives à l'aide juridique – relevé d'observations de la Cour des comptes, NOR : JUST1718186C, p[t] II., p. 2.
9. L. n° 91-647, 10 juill. 1991, art. 54.
10. V. s[s] n° 752.52.
11. Circ. SADJPV n° 2004-24, 24 nov. 2004 relative aux maisons de justice et du droit et aux antennes de justice, NOR : JUSJ0490016C.
12. L. n° 98-1163, 18 déc. 1998 relative à l'accès au droit et à la résolution amiable des conflits, *JO* 22 déc., p. 19343.
13. Décr. n° 2001-1009, 29 oct. 2001 modifiant le code de l'organisation judiciaire et relatif aux maisons de justice et du droit, *JO* 6 nov., p. 17481.
14. COJ, art. R. 131-1.
15. COJ, art. R. 131-3.

ministre de la justice ne saurait rendre un arrêté de création en l'absence de l'accord du bâtonnier [1].

Les Maisons de justice et du droit (Mjd), dont l'essor s'est accéléré à la fin des années quatre-vingt-dix sont au nombre de 123 implantations fin 2009 avec plus de 700 000 personnes accueillies. L'avocat y est de loin l'intervenant le plus souvent rencontré par les justiciables (36 % des entretiens) [2].

752.53 Comités locaux d'aide aux victimes (Clav). Créés par le décret du 3 août 2016 [3] afin de disposer d'instances de concertation pérennes pour définir les orientations nationales dans le domaine de l'accueil, l'information, la prise en charge et l'indemnisation des victimes d'infractions pénales, ils comprennent, notamment, le président du Cdad [4] ainsi qu'un ou plusieurs représentants des barreaux du département ou un représentant du CNB [5].

Les Clav, appuyés par des espaces d'information et d'accompagnement des victimes [6], veillent, notamment, à la structuration, à la coordination, à la mise en œuvre et à l'amélioration des dispositifs locaux d'aide aux victimes, pour l'information et l'indemnisation des victimes, leur prise en charge juridique et sociale, et leur accompagnement dans les démarches administratives. Ils élaborent et actualisent régulièrement un annuaire des acteurs compétents pour la mise en œuvre des droits accordés aux victimes. Ils suscitent et encouragent les initiatives en matière d'aide aux victimes dans le département. Ils formulent toute proposition d'amélioration de la prise en charge des victimes auprès du délégué interministériel à l'aide aux victimes [7].

Ils peuvent, notamment, faciliter la résolution des difficultés portées à leur connaissance pour les situations individuelles de victimes ou de leurs proches bénéficiant d'une prise en charge dans le département, et conduire à la conclusion d'un accord-cadre d'indemnisation amiable, à l'exception des accidents médicaux, des affections iatrogènes et des infections nosocomiales entrant dans le champ de compétence de l'office mentionné à l'article L. 1142-22 du code de la santé publique [8].

1. CE 6 avr. 2006, *barreau de Dijon*, req. n° 279445, *Lebon ; AJDA* 2006. 1575 ; *JCP* 2006. I. 188, obs. R. Martin ; *Gaz. Pal.* 5-6 mai 2006, p. 6.
2. V. Carrasco, O. Timbart, « Les Maisons de Justice et du Droit et leurs usagers », *Infostat Justice* mars 2011, n° 113.
3. Décr. n° 2016-1056, 3 août 2016 portant création des comités locaux d'aide aux victimes et des espaces d'information et d'accompagnement des victimes d'actes de terrorisme, *JO* 4 août, n° 1 – Décr. n° 2017-618, 25 avr. 2017 relatif aux comités locaux d'aide aux victimes, *JO* 26 avr., n° 2.
4. V. s^s n° 752.51.
5. Décr. n° 2016-1056, 3 août 2016, art. 1, 9.
6. Décr. n° 2016-1056, 3 août 2016, art. 4.
7. Décr. n° 2016-1056, 3 août 2016, art. 2.
8. Décr. n° 2016-1056, 3 août 2016, art. 2.

752.54 Service d'accès unique du justiciable (Sauj). Le décret du 9 mai 2017 [9] a créé un service d'accès unique du justiciable (Sauj) permettant de faciliter l'accès du citoyen à la justice tant d'un point de vue géographique que fonctionnel. Il permet à chacun, où qu'il réside ou travaille, de s'informer de ses droits, d'engager des formalités et démarches, de se renseigner sur les procédures ou de suivre le traitement de ses affaires, y compris celles relevant d'une autre juridiction [10].

Le Sauj, implanté dans les juridictions désignées par arrêté [11], est administré par des agents de greffe [12] qui peuvent, dans ce cadre, assurer, en matière civile et prud'homale, lorsque la représentation n'est pas obligatoire, la réception et la transmission des déclarations faites, remises ou adressées au greffe, et des requêtes, à l'exclusion des requêtes en injonction de payer, des oppositions à injonction de payer ainsi que des demandes de délivrance de copie certifiée conforme, d'un extrait et d'une copie certifiée conforme revêtue de la formule exécutoire.

Ils peuvent également, en matière pénale, assurer la réception et la transmission des plaintes déposées auprès du procureur de la République, des demandes en consultation ou en exclusion du bulletin n° 2 du casier judiciaire, des requêtes en confusion de peines, en relèvement ou en rectification d'erreurs matérielles ainsi que des demandes de copie de décision pénale [13].

Ils reçoivent ainsi les actes de procédure et accomplissent les diligences précitées pour le compte du tribunal judiciaire dans le ressort duquel le Sauj est implanté ou de toute chambre de proximité ou conseil des prud'hommes situé dans le même ressort [14].

Enfin, les demandes d'aide juridictionnelle peuvent, également, être déposées auprès du Sauj [15].

752.55 Consultations gratuites. L'organisation de consultations juridiques par le barreau, le cas échéant gratuites, dans les Mjd [16], qui trouve depuis 1998 un fondement explicite dans la loi, est justifiée par un motif d'intérêt général tenant à mieux garantir l'égalité devant la justice et de faciliter l'accès au droit faisant qu'elle n'est pas de nature à porter atteinte à l'activité professionnelle des avo-

9. Décr. n° 2017-897, 9 mai 2017 relatif au service d'accueil unique du justiciable et aux personnes autorisées à accéder au traitement de données à caractère personnel « Cassiopée », *JO* 10 mai, n° 119.
10. L. Raschel, « Les aspects d'organisation judiciaire dans les décrets sur la justice du XXIe siècle », *Gaz. Pal.* 25 juill. 2017, p. 68.
11. COJ, Annexe 1, Tableau IV-I.
12. COJ, art. R. 123-27.
13. COJ, art. R. 123-28.
14. COJ, art. R. 123-29.
15. Décr. n° 2020-1717, 28 déc. 2020, art. 32 – V. s^s n° 751.201.
16. V. s^s n° 752.52.

cats exerçant sur le territoire de la même commune et ne saurait dès lors constituer une pratique anticoncurrentielle prohibée [1]. C'est l'une des, première, modalités d'intervention des avocats au titre de l'accès au droit.

Elles ne font, demeurant pas obstacle à ce que l'avocat puisse donner hors de son cabinet des consultations gratuites lorsque le service de consultation poursuit un but social et lorsque l'organisation de ce service satisfait par ailleurs à la dignité professionnelle et à la déontologie, notamment en ce qu'elle interdit toute publicité excessive, ainsi que tout acte de sollicitation personnalisée [2]. La Cour de cassation a ainsi eu l'occasion d'affirmer clairement, que : « Tout avocat régulièrement inscrit à un barreau peut donner des consultations juridiques gratuites en mairie, sans que l'exercice de cette activité soit subordonné à l'autorisation préalable du conseil de l'Ordre ni que cet avocat soit tenu de démontrer l'existence d'un besoin particulier ou d'un intérêt public local ; qu'il a l'obligation, à l'occasion de ces consultations et sous le contrôle du conseil de l'Ordre, de respecter les principes essentiels qui gouvernent sa profession. » [3]. Dans cette dernière affaire, la cour d'appel de renvoi aura l'occasion de préciser que : « le conseil de l'ordre ne peut (...) soumettre l'exercice de cette activité à son accord préalable ; qu'il n'a, en effet, pas de contrôle à exercer avant la mise en œuvre de cette activité, notamment sur les questions de l'existence d'une éventuelle concurrence déloyale, du respect des règles de la confidentialité, ou encore de l'existence d'un besoin local de la population à satisfaire, le seul contrôle qu'il peut exercer étant, en effet, un contrôle a posteriori sur les conditions dans lesquelles les consultations se déroulent et sur le respect par l'avocat des principes essentiels de la profession » [4].

752.56 Régime des consultations gratuites. Gratuites pour les justiciables, ces consultations peuvent faire l'objet d'une modeste rétribution pour les avocats qui les assurent dans le cadre d'une tarification [5] et, dès lors qu'elle fait l'objet d'un financement par le Cdad [6], celui-ci prend en charge une partie des frais de consultation, selon un barème établi en fonction des ressources de l'intéressé et de la nature de la consultation [7] et dont la rétribution horaire des consultations juridiques ne peut excéder trois fois l'unité de valeur de référence en matière d'aide juridictionnelle [8].

Il n'existe pas de droit de suite en la matière, l'avocat s'interdisant d'accepter comme client la personne qui le consulte, sauf si à l'issue d'une consultation cette personne souhaite que l'affaire soit suivie par l'avocat consultant et qu'elle lui en fait la demande écrite. Dans ce dernier cas, cette demande est transmise par l'avocat au bâtonnier, aux fins d'une éventuelle autorisation [9]. L'avocat qui manquerait à cette règle en recevant à son cabinet, sans l'autorisation du bâtonnier, en qualité de client, une personne qu'il avait rencontrée lors des consultations gratuites organisées par la mairie de Paris, aurait-il donné son nom et transmis sa carte professionnelle à la demande du client encoure des sanctions disciplinaires [10].

§ 2
Engagement fort de la profession d'avocat

752.61 Financement de l'accès au droit par les Carpa. Le financement de l'aide à l'accès au droit est assuré par les contributions des Carpa [11] dont les produits financiers des fonds, effets et valeurs qui y sont déposés sont affectés exclusivement, notamment, au financement de l'aide à l'accès au droit [12].

C'est ainsi que le barreau de Paris engage chaque année 3 millions d'euros et mobilise 20 salariés à temps plein à cette fin. C'est en 2003 que, sous l'impulsion du bâtonnier Paul-Albert Iweins, fut lancé le « Barreau de Paris Solidarité ». Dans ce cadre, le service « accès au droit » du barreau de Paris a développé, au travers de nombreuses initiatives, des actions de solidarité *pro bono*, notamment de sensibilisation, de formation, d'information et d'assistance en faveur de l'accès au droit permettant aux avocats de mettre pleinement à profit la diversité et la complémentarité de leurs compétences, en intervenant bénévolement en direction des justiciables les plus démunis. Cet engagement se traduit, notamment, par 1 427 permanences organisées par le barreau de Paris solidarité (permanences associatives, bus de la solidarité, permanences dans des

1. CE 28 déc. 2012, *Desœuvre*, req. n° 350559, NP ; *AJDA* 2013. 831 ; *JCP* 2013. 622, n° 13, obs. A. Bolze.
2. Civ. 1re, 4 juin 1985, n° 84-11.748, P I, n° 177 ; *Gaz. Pal.* 1985. Pan. 293, obs. S. Guinchard et T. Moussa ; *Gaz. Pal.* 1985. 2. 688, note A. Damien ; *D.* 1987. Somm. 67, obs. A. Brunois – V. ss n° 465.27.
3. Civ. 1re, 5 juin 2019, n° 18-13.843, P ; *D.* 2019. 1235 ; *D.* 2020. 111, obs. Th Wickers ; *Gaz. Pal.* 16 juill. 2019, p. 37, obs. C. Berlaud ; – SUR RENVOI APRÈS CASSATION : Aix-en-Provence, 26 janv. 2021, RG n° 19/13002.
4. Aix-en-Provence, 26 janv. 2021, RG n° 19/13002.
5. L. n° 91-647, 10 juill. 1991, art. 69-1.
6. V. ss n° 752.51.
7. L. n° 91-647, 10 juill. 1991, art. 58.
8. Décr. n° 2000-4, 4 janv. 2000 fixant la rétribution des consultations juridiques en matière d'accès au droit, *JO* 6 janv., p. 233.
9. RIBP, art. P. 40.4.
10. CD Paris, arr. n° 193880, 21 sept. 2010.
11. L. n° 91-647, 10 juill. 1991, art. 68.
12. Décr. n° 91-1197, 27 nov. 1991, art. 235-1 – V. ss nos 121.45 et 121.111 s.

structures de la ville de Paris, permanences organisées dans le cadre de l'opération « avocat dans la cité »).

Les interventions peuvent être effectuées de manière directe avec, notamment, le « bus de la solidarité » qui stationne dans certains quartiers dits sensibles de la ville (718 avocats mobilisés chaque année, 282 permanences par an, 27 793 personnes reçues depuis 2003), ou encore dans les maisons de la justice et du droit en matière de droit des victimes, droit de la famille et violences conjugales, droit des étrangers, où les avocats répondent aux justiciables qui se présentent, sans rendez-vous (565 permanences par an), tout comme dans le cadre de SOS avocats, des journées fiscalistes en mairies, des permanences en matière de tutelle et de curatelle, des consultations au palais de justice, et au tribunal, de Paris, dans les maisons départementales de l'emploi, ou encore dans les mairies d'arrondissement. Les interventions peuvent également être indirectes, dans le cadre de partenariats, auprès de nombreuses associations ou organismes : Droits d'urgence, Médecins du monde, Croix-Rouge, « Espaces insertion » de la ville de Paris, Restaurants du cœur...

Par ailleurs, nombreux sont aussi les avocats et cabinets d'avocats qui ont développé, de leur côté, de telles actions, soit en s'investissant dans les actions pilotées par le barreau de Paris, soit en mettant en œuvre des actions similaires en interne[1].

752.62 **Fonds de dotation Barreau de Paris Solidarité**[2]. Afin de renforcer et mieux structurer ces actions, en les fédérant et en en soutenant de nouvelles, et également pour assurer la mise en valeur, la pérennité et la promotion de ces mêmes actions, le barreau de Paris a décidé, avec la Carpa de Paris, de créer, en 2012, un fonds de dotation dénommé « Barreau de Paris Solidarité »[3], présidé par le bâtonnier en exercice, et qui porte l'ensemble de ces actions bénévoles. Doté d'un million d'euros, ce fonds est ouvert à toute personne ou entreprise qui souhaite soutenir en apportant leur concours financier au fonds ou participer à son action.

Il permet de développer non seulement toutes les opérations déjà entreprises, mais également de promouvoir et soutenir toutes actions d'intérêt général dans le domaine juridique et social, notamment en incitant les membres du barreau de Paris et les structures d'exercice, quelle que soit leur taille, à participer au soutien financier, juridique ou logistique de telles actions.

À cette fin, il soutient et participe tant à des actions favorisant l'accès au droit des personnes fragilisées ou défavorisées et permettant de lutter contre l'exclusion sociale, qu'à des actions d'informations et de défense des droits et libertés, notamment relatives au respect des droits de l'homme, au droit humanitaire et à la lutte contre les discriminations et la peine de mort, mais aussi à celles permettant de développer la culture et l'éducation juridique des jeunes, notamment au travers de l'association « InitiaDROIT » créée en 2005 sous l'impulsion du bâtonnier Claude Lussan[4] et de Didier Cayol, dont la mission est d'ouvrir le droit aux jeunes et de les familiariser avec le « droit vivant », en organisant des interventions d'avocats bénévoles dans les classes de collèges et de lycées afin d'illustrer les cours d'éducation civique dispensés par les professeurs (900 avocats bénévoles, 164 établissements concernés, 30 000 élèves bénéficiaires par an).

Ce fonds appuie les initiatives *pro bono* de tous les avocats et cabinets d'avocats, tant en France qu'à l'étranger et organise chaque année, depuis 2012, une remise des trophées *pro bono* récompensant les initiatives prises par les avocats en la matière.

1. D. Iweins, « La solidarité, supplément d'âme de l'avocat », *Gaz. Pal.* 8 nov. 2016, p. 5 – D. Iweins, *L'influence insoupçonnée des avocats d'affaires*, Enrick B. Éditions, 2020.
2. http://www.barreausolidarite.org/ – Barreau de Paris, *Fonds de dotation barreau de Paris solidarité, rapport d'activité 2018/2019*, janv. 2020.
3. D. Piau, « Structurer et développer le *pro bono* au sein du barreau : le Fonds de dotation Barreau de Paris Solidarité », *Journal des tribunaux*, 15 févr. 2012, p. 141.
4. Claude Lussan (1910-2008).

TITRE

76. La protection juridique et fonctionnelle

SECTION 0
ORIENTEUR

76.00 **Sommaire du titre.**

Division. L'assurance de protection juridique, destinée aux personnes dont les revenus dépassent les conditions de ressources donnant droit à l'aide juridictionnelle, se développe également au profit des professionnels, et doit être distinguée des clauses de défense – recours et de direction de procès prévues dans les contrats d'assurance de responsabilité civile (chap. 761). La protection fonctionnelle est une protection, notamment juridique, accordée par l'État à ses agents victimes ou mis en cause (chap. 762).

76.03 **Bibliographie indicative.**

* Aussi : v. s^s n°s 013.00 s.

Thèse. C. Paris, *Le régime de l'assurance de protection juridique*, « Thèses », Larcier, 2004.

Encyclopédie. RÉP. CIV., *V° Assurance de protection juridique*, B. Cerveau, avr. 2020.

CHAPITRE

761. Protection juridique – Défense – Recours – Clause de direction de procès

SECTION 0
ORIENTEUR

761.00 **Sommaire du chapitre.**

Division. L'assurance de protection juridique qui consiste à prendre en charge des frais de procédure ou à fournir des services en cas de différend ou de litige opposant l'assuré à un tiers (sect. 1), doit être distinguée des clauses de défense – recours et de direction de procès prévues dans les contrats d'assurance de responsabilité civile (sect. 2).

761.01 **Textes applicables.**

TEXTES TITRÉS

• **C. assur.**

art. L. 113-17 [Défense – recours]

art. L. 127-1 s. [Assurance de protection juridique]

• **L. n° 91-647, 10 juill. 1991**

art. 2, al. 4 [Principe de subsidiarité]

• **Décr. n° 2020-1717, 28 déc. 2020**

art. 1 [Principe de subsidiarité]

761.03 **Bibliographie indicative.**

* V. s^{s} n° 76.03.

Thèse. C. Paris, *Le régime de l'assurance de protection juridique*, « Thèses », Larcier, 2004.

Encyclopédie. RÉP. CIV., *V° Assurance de protection juridique,* B. Cerveau, avr. 2020.

Traité. J. Bigot (dir.), *Traité de droit des assurances,* t. III, *Le contrat d'assurance,* 2e éd., LGDJ, 2014, n°s 2217 s. – Ph. Colle et J.-L. Fagnart (dir.), *Aspects particuliers de l'assurance de protection juridique,* Bruylant, 1999.

Monographies. Ph. Colle et J.-L. Fagnart (dir.), *Aspects particuliers de l'assurance de protection juridique,* Bruylant, 1999 – B. Cerveau, *L'assurance de protection juridique : Marchés, garanties et perspectives,* 2e éd., L'Argus, 2006 – B. Cerveau et D. Tribondeau, *L'assurance de protection juridique, un moyen moderne d'accès au droit et à la justice,* L'Argus, 1991 – S. Tandeau de Marsac (dir.), Ordre des avocats de Paris, *Honoraires de l'avocat*, Éd. Législatives, 2011, spéc. p. 30 s.

Manuels. B. Beignier, S. Ben Hadj Yahia, *Droit des assurances,* 3e éd., « Domat », Montchrestien, 2018 – J. Bonnard, *Droit des assurances,* 5e éd., « Objectif droit », LexisNexis, 2016 ; 4e éd., 2012, n°s 578 s. – Y. Lambert-Faivre et L. Leveneur, *Droit des assurances,* 14e éd., « Précis », Dalloz, 2017 ; 13e éd., 2011, n°s 648 s.

Contributions. B. Cerveau, « Conflits d'intérêts et assurance de protection juridique : principes et application », *Mél. J. Bigot,* LGDJ, 2010, p. 81 – V. Nicolas, « L'accès à la justice perturbé par le droit des assurances ? », *Mél. Héron,* LGDJ, 2008, p. 391 – B. Viret, « De quelques aspects de l'assurance de protection juridique », *Mél. Assista*, Genève, Touring Club, 1989.

Articles.

> Loi 19 févr. 2007. B. Cerveau, « Commentaire de la loi n° 2007-210 du 19 février 2007 portant réforme de l'assurance protection juridique », *Gaz. Pal.* 2007. Doctr. 1400 – L. Dusseau et A. Vuillon, « Protection juridique : une réforme "tous gagnants" », *Gaz. Pal.* 2007. 161 – H. Groutel, « La réforme de l'assurance protection juridique : une affaire (trop) rondement menée ! », *RCA* 2007. Focus 7 – L. Grynbaum, « la réforme de l'assurance protection juridique », *RDI* 2007. 122. 20 – Ch. Jamin, « La réforme de l'assurance protection juridique, l'aide juridictionnelle des classes moyennes et des petites entreprises », *D.* 2007. 565.

> Assurance protection juridique. P. Benech, « L'assistance de protection juridique en droit de l'immobilier », *Gaz. Pal.* 20 août 2011, p. 7 – B. Cerveau, « Relations entre les assureurs protection juridique et les avocats », *Gaz. Pal.* 1988. Doctr. 680 ; « La rémunération de l'avocat et l'assurance de protection juridique », *Gaz. Pal.* 1991. Doctr. 2 ; « Position de l'assureur de protection juridique face à l'application des art. 700 NCPC, 475-1 C. pr. pén. et L. 8-1 C. trib. adm. », *Gaz. Pal.* 1993. Doctr. 994 ; « La prestation de conseil juridique effectuée par l'assureur de protection juridique », *Gaz. Pal.* 1994. Doctr. 956 ; « La responsabilité encourue par l'assureur de protection juridique », *Gaz. Pal.* 1996. Doctr. 398 ; « Le règlement des cas de désaccord en assurance de protection juridique », *RGDA* 1997. 253 – C. Giverdon et J.-L. Lecharny, « Délai de recours contentieux et souscription d'une assurance de protection juridique », *JCP* 1991. I. 3482 – Y. Lambert-Faivre, « Le contrat d'assurance de protection juridique », *RGAT* 1984. 535.

> Autres. L. Ancelot, M. Doriat-Duban, B. Lovat, « Aide juridictionnelle et assurance de protection juridique : coexistence ou substitution dans l'accès au droit », *Revue française d'économie,* 2012/4, vol. XXVII, p. 115 – Ph. Bocquillon, J. Cayol et B. Cerveau, « La protection juridique : une avancée démocratique », *Gaz. Pal.* 17-19 janv. 2010, p. 13 – J. Cayol, « Accès au droit et protection juridique », *Gaz. Pal.* 6 oct. 2001, p. 47 – B. Cerveau, « L'assurance au secours de l'État », *Gaz. Pal.* 1992. Doctr. 622 ; « Le risque juridique : affaire de spécialistes ou de gestionnaires de risque ? », *Gaz. Pal.* 2001. Doctr. 277 ; « L'assurance de protection juridique : une contribution importante à l'accès au droit et à la justice », *Experts,* juin 2002, n° 55, p. 5 – Coll., « L'assurance dans le marché du droit », *Gaz. Pal.* 19-21 mars 2006 – C. Delzanno, « Protection juridique : un substitut au financement de l'aide juridictionnelle ? », *Gaz. Pal.* 6 mars 2010, p. 6 – H. Margeat, « La protection juridique », *Gaz. Pal.* 1982. Doctr. 173 – G. Montigny, « À propos de la protection juridique de la famille et des accidents de la vie : de l'utilité de l'avocat », *AJ fam.* 2004. 317 – Y. Repiquet et Ph. Bocquillon, « L'assurance de protection juridique : un défi pour la profession d'avocat », *Gaz. Pal.* 2004. Doctr. 3467 – X. Roux, « Rôle de l'assurance de protection juridique dans l'accès au droit et à la justice », *Gaz. Pal.* 26-27 juill. 2002, p. 28.

> Défense-recours. J. Dupoiron, « Réflexions sur la garantie "défense et recours" des contrats d'assurance » ; *Gaz. Pal.* 1989. 1. 18.

> Direction de procès. Ch. Freyria, « La direction du procès en responsabilité par l'assureur », *JCP* 1954. I. 1196 – H. Groutel, « La direction de procès par l'assureur », *RCA* 1997, Chron. n° 24.

Rapport. CNB, *Vade-mecum sur la réforme de la protection juridique*, 2007.

SECTION 1
ASSURANCE DE PROTECTION JURIDIQUE

761.10 **Plan.** Les règles relatives au contrat d'assurance de protection juridique ont été codifiées, sous l'influence du droit européen, dans un souci de protection de l'assuré et de préservation des principes essentiels et règles déontologiques de son avocat (§ 1). Le contrat d'assurance de protection juridique fournit à l'assuré des informations ou des conseils juridiques, une intervention à l'amiable auprès de tiers pour régler un litige, et la prise en charge de frais afférents à la défense ou la représentation (§ 2). Sa mise en œuvre impose une stricte répartition des rôles entre l'assureur, l'assuré et son avocat (§ 3).

§ 1
Propos liminaires

761.21 **Codification (loi du 31 déc. 1989).** Les règles relatives au contrat d'assurance de protection juridique sont codifiées dans les articles L. 127-1 à L. 127-8 [1] du code des assurances, mises en place par la loi du 31 décembre 1989 [2], qui a transposé en droit français la directive 87/344 [3]. Elles sont d'ordre public à l'exception de l'article L. 127-6 [4] du code des assurances.

Les règles concernant les modalités de gestion des sinistres et les entreprises de protection juridique sont quant à elles régies par les articles L. 322-2-3,

1. AUSSI : C. mut., art. L. 224-1 à L. 224-7-1 et R. 211-19 s.
2. L. n° 89-1014, 31 déc. 1989 portant adaptation du code des assurances à l'ouverture du marché européen, *JO* 3 janv. 1990, p. 63.
3. Dir. 87/344, Conseil, 22 juin 1987 portant coordination des dispositions législatives, réglementaires et administratives concernant l'assurance-protection juridique, *JOCE L* 185, 4 juill., p. 77 ; – SUR LAQUELLE : B. Cerveau et H. Margeat, « Commentaire de la directive du Conseil des Communautés européennes portant coordination des dispositions législatives, réglementaires et administratives concernant l'assurance protection juridique », *Gaz. Pal.* 1987. Doctr. 580.
4. C. assur., art. L. 111-2.

R. 322-1, R. 322-1-2 et R. 127-1 du code des assurances[1].

761.22 Réforme (loi du 19 févr. 2007). La réglementation de l'assurance de protection juridique a été réformée par une loi du 19 février 2007[2].

Elle a introduit, à l'article 2[3] de la loi du 10 juillet 1991, le principe de subsidiarité avec l'aide juridictionnelle[4]. Cette articulation entre les deux systèmes, fait que la protection juridique a pu être qualifiée par un auteur d'« aide juridictionnelle des classes moyennes et des petites entreprises ». Alors que l'aide juridictionnelle s'adresse aux personnes les plus démunies[5], l'assurance de protection juridique est destinée aux personnes dont les revenus dépassent les conditions de ressources donnant droit à l'aide juridictionnelle. Cette assurance se développe également au profit des professionnels (artisans, commerçants, entreprises, professions libérales), avec des garanties spécifiques adaptées à leurs besoins (contentieux du travail, fiscal, recouvrement de créances...).

L'enjeu économique de cette réforme était important, l'assurance de protection juridique représentant plus d'un milliard d'euros par an pour les compagnies d'assurances[6]. Déjà en forte croissance auparavant, le développement de cette assurance a pris un élan nouveau après la loi du 19 février 2007. Elle joue un rôle essentiel en matière d'accès au droit et à la justice pour les catégories de personnes qui ne relèvent pas de l'aide juridictionnelle, raison pour laquelle, d'ailleurs, les avocats ont joué un rôle prépondérant dans la réforme.

761.23 Objectifs de la réforme : clarification des contrats d'assurance et des relations assureurs-avocat. La forme et le contenu des contrats d'assurance de protection juridique se devaient d'être clarifiés par la loi du 19 février 2007, notamment afin de répondre aux nombreuses recommandations de la Commission des clauses abusives[7], qui réclamaient l'élimination de clauses jugées trop favorables à l'assureur dans certains contrats d'assurance de protection juridique proposés à des particuliers, recommandations qui ont été intégrées dans le code des assurances, et de prendre en compte les engagements déontologiques des assureurs de protection juridique[8], qui furent mis à jour postérieurement à l'adoption de la loi[9].

Elle visait également à rendre plus effective la liberté de choix de l'avocat par l'assuré[10] et la libre détermination des honoraires[11] en définissant plus clairement les relations entre assureurs et avocats[12].

761.24 Enjeux pour l'avocat. En 2007, plus de 50 % des ménages étaient couverts par une assurance de protection juridique et le chiffre est en pleine croissance[13]. Le nombre de professionnels souscrivant une telle assurance est également en pleine expansion. L'avocat sera par conséquent de plus en plus confronté à cette forme de protection juridique. Or, il existe une grande diversité de contrats d'assurance de protection juridique. Certains sont des contrats spécifiques, mais la plupart du temps, la protection juridique est intégrée dans une autre prestation, telle que contrat multirisque habitation, carte bancaire...

L'avocat qui reçoit un client devra donc s'attacher rapidement à vérifier si celui-ci possède une telle garantie, à obtenir le contrat pour savoir quels sont les risques couverts. Il devra ensuite se renseigner sur les prestations offertes, notamment la prise en charge de ses honoraires, et veiller au respect des délais de déclaration des sinistres. Il lui faudra enfin vérifier que les libertés de choix de l'avocat et de fixation des honoraires sont respectées.

§ 2
Contrat d'assurance de protection juridique

761.30 Plan – Définition de l'assurance de protection juridique. L'assurance de protection juridique est définie par l'article L. 127-1 du code des assurances comme « toute opération consistant [...] à prendre en charge des frais de procédure ou à fournir des services [...], en cas de différend ou de litige opposant l'assuré à un tiers, en vue notamment de défendre ou représenter en demande l'assuré dans une pro-

1. AUSSI : C. mut., art. RL. 224-1 s. et R. 211-19 s.
2. L. n° 2007-210, 19 févr. 2007 portant réforme de l'assurance de protection juridique, *JO* 21 févr., p. 3051.
3. L. n° 91-647, 10 juill. 1991 relative à l'aide juridique, *JO* 13 juill.
4. Ch. Jamin, « La réforme de l'assurance de protection juridique, l'aide juridictionnelle des classes moyennes et des petites entreprises », *D.* 2007. 565 – V. s^s n°s 751.81 s.
5. V. s^s n°s 751.71 s.
6. SELON l'autorité de contrôle des assurances et mutuelles (données 2005) – FFSA, *Tableau de bord de l'assurance en 2017*, 26 juill. 2018 – O. Dufour, « L'assurance protection juridique refait parler d'elle », *Gaz. Pal.* 3 juill. 2018, p. 10.
7. Rec. n° 2002-3, 21 févr. 2002, *BOCCRF* 30 mai 2002 ; *RGDA* 2004 Chron. A. d'Hauteville.
8. Charte entre l'ordre des avocats à la cour de Paris, la FFSA et la GSPJ relative à l'assurance de protection juridique du 23 déc. 1995 – Engagement à caractère déontologique des entreprises d'assurance membres de la FFSA et du GEMA relatif à l'assurance protection juridique, 21 juin 2005.
9. Engagement à caractère déontologique des entreprises d'assurance membres de la FFSA et du GEMA relatif à l'assurance protection juridique, 20 déc. 2011.
10. V. s^s n°s 471.101 s.
11. V. s^s n°s 713.51 s.
12. Rapport du CNB 27 juin 2003 sur la protection juridique, qui proposait une charte Avocats-assureurs.
13. B. Cerveau, *L'assurance de protection juridique : Marché, garanties, perspectives*, Argus de l'assurance, 2006, p. 90.

cédure civile, pénale, administrative ou autre ou contre une réclamation dont il est l'objet ou d'obtenir réparation à l'amiable du dommage subi ».

En suivant un ordre chronologique, il s'agit donc pour l'assureur, tout d'abord, de fournir à l'assuré des informations ou des conseils juridiques[1], ensuite d'intervenir (lui-même ou par l'intermédiaire d'un avocat) à l'amiable auprès de tiers pour régler un litige[2], et enfin, le cas échéant, de prendre en charge les frais afférents à la défense ou la représentation de l'assuré dans une procédure[3].

Ainsi, l'assurance de protection juridique impose de procéder à la qualification du contrat (A) afin de pouvoir déterminer le régime qui lui est applicable quant à son contenu (B).

A. Qualification du contrat de protection juridique

761.41 **Qualification.** L'objet de l'assurance de protection juridique est la gestion juridique d'une contestation[4]. Elle vise toute opération consistant, moyennant le paiement d'une prime ou d'une cotisation préalablement convenue, à prendre en charge des frais de procédure ou à fournir des services découlant de la couverture d'assurance, en cas de différend ou de litige opposant l'assuré à un tiers, en vue notamment de défendre ou représenter en demande l'assuré dans une procédure civile, pénale, administrative ou autre, ou contre une réclamation dont il est l'objet, ou d'obtenir réparation à l'amiable du dommage subi[5].

C'est ainsi que la clause intitulée « sauvegarde de vos droits », insérée à une police d'assurance multirisques habitation, et aux termes de laquelle l'assureur s'engageait à exercer, à ses frais, toute intervention amiable ou judiciaire en vue de réclamer à l'amiable, ou devant toute juridiction, la réparation du préjudice subi par l'assurée à la suite d'un dommage matériel ou corporel qui aurait été garanti par le contrat s'il avait engagé la responsabilité civile de l'assurée, est susceptible de recevoir la qualification de contrat d'assurance de protection juridique au sens de l'article L. 127-1 du code des assurances[6]. Il en est de même du contrat par lequel une société s'engage à prendre en charge les frais de procédure et de défense, et de représentation en justice, de ses préposés moyennant une cotisation annuelle : il s'agit d'un contrat d'assurance de protection juridique que seul un organisme assureur agréé pour peut proposer, à défaut de quoi, il est nul[7].

Inversement, ne constitue pas un contrat d'assurance de protection juridique le contrat par lequel le mandat est donné à une société de recouvrer des créances et de fournir de la documentation juridique[8].

761.42 **Exclusion du champ d'application.** Certains litiges ont été exclus du champ d'application de la réglementation de l'assurance de protection juridique :

1° Ceux qui résultent de l'utilisation de navires de mer ou sont en rapport avec cette utilisation[9], ce qui exclut la navigation de plaisance[10] ;

2° Ceux qui résultent de l'activité de l'assureur de responsabilité civile pour la défense ou la représentation de son assuré dans toute procédure judiciaire ou administrative, lorsqu'elle s'exerce en même temps dans l'intérêt de l'assureur[11].

761.43 **Cas de l'assureur de responsabilité civile.** L'activité de l'assureur de responsabilité civile pour la défense ou la représentation de son assuré dans toute procédure judiciaire ou administrative, lorsqu'elle s'exerce en même temps dans l'intérêt de l'assureur, n'est pas soumise au régime de l'assurance protection juridique[12], il s'agit alors d'une garantie défense recours[13].

Il en est ainsi de la clause de « sauvegarde des droits » contenue dans un contrat d'assurance-automobile obligatoire, qui organise la défense ou la représentation de l'assuré dans toute procédure judiciaire ou administrative née à l'occasion de l'implication du véhicule assuré, et spécifie que l'exercice des recours est assuré par la compagnie d'assurance sauf en cas de risque de conflit d'intérêts avec l'assuré[14].

761.44 **Cas de la garantie « Protection fonctionnelle ».** Les entreprises d'assurance peuvent être amenées à garantir la protection fonctionnelle que toute administration doit à ses agents[15]. Une telle

1. V. s^s n° 761.121.
2. V. s^s n° 761.122.
3. V. s^s n° 761.124.
4. Y. Lambert-Faivre, L. Leveneur, *Droit des assurances*, 13e éd., « Précis », Dalloz, 2011, n°s 648 s.
5. Civ. 2e, 18 mars 2010, n° 09-12.981, NP ; *Gaz. Pal.* 17 août 2010, p. 36, note B. Cerveau ; *RGDA* 2010. 189, note B. Cerveau.
6. Civ. 2e, 18 mars 2010, n° 09-12.981, NP ; *Gaz. Pal.* 17 août 2010, p. 36, note B. Cerveau ; *RGDA* 2010. 189, note B. Cerveau.
7. Civ. 1re, 24 avr. 1979, n° 76-13.620, P I, n° 115 ; *D.* 1980. 517.
8. Civ. 1re, 24 janv. 1990, n° 88-14.923, NP ; *RCA* 1990. 135 ; *RGAT* 1990. 80, note J. Kullmann.
9. Com. 12 nov. 1947, n° 47-33.699, P IV, n° 31 ; *JCP* 1948. II. 4475, note D. Veaux.
10. Com. 17 oct. 1972, n° 71-10.397, P IV, n° 254 ; *RGAT* 1973. 355 – Civ. 1re, 15 mai 1984, n° 82-11.405, P I, n° 157 ; *RGAT* 1985. 39.
11. C. assur., art. L. 127-6.
12. C. assur., art. L. 127-6.
13. Civ. 1re, 8 juill. 1997, n° 95-17.548, P I, n° 231 – Civ. 1re, 8 juill. 1997, n° 95-13.484, P I, n° 232 – Civ. 2e, 18 mars 2010, n° 09-12.981, NP ; *Gaz. Pal.* 17 août 2010, p. 36, note B. Cerveau ; *RGDA* 2010. 189, note B. Cerveau – Civ. 2e, 28 févr. 2013, n° 12-12.813, P II, n° 44 – V. s^s n°s 751.81 s.
14. TI Lyon, 15 juin 2000, RG n° 1999/00405.
15. V. s^s n°s 762.21 s.

garantie prend en charge non seulement les dommages causés par les agents de l'administration que la défense de ces mêmes agents lorsqu'ils sont victimes d'un dommage, et ce dans les deux cas, tant sur le plan pénal que civil. Il ne s'agit donc pas *stricto sensu* d'une assurance responsabilité civile, notamment en tant qu'elle comporte un volet « défense pénale ».

C'est ainsi que dans le cadre de la passation d'un marché « d'assurance responsabilité civile hospitalière et risques annexes, ayant pour objet de couvrir les conséquences pécuniaires de la mise en cause de la responsabilité civile d'établissements hospitaliers par des tiers », une question de qualification s'est posé à la fois quant à la garantie « défense pénale », par laquelle l'assureur s'engage à défendre l'administration et ses agents lorsqu'ils sont personnellement poursuivis devant une juridiction répressive à l'occasion d'un dommage garanti au titre du contrat, assurance responsabilité civile, que quant à la garantie « recours » par laquelle l'assureur s'engage à réclamer la réparation incombant à un tiers responsable des dommages matériels et immatériels qui en sont la conséquence, subis par l'assuré, et qui ont trait à l'un des risques compris dans les garanties de base ou expressément couverts au titre de l'une des extensions facultatives de garantie. Ces garanties, inscrites dans un chapitre « Protection juridique des agents » du contrat, avaient été considérées comme des garanties de protection juridique dans le cadre de la passation du marché.

Le Conseil d'État a été amené à considérer, à cet égard, que ne constitue pas une clause d'assurance de protection juridique, « la clause par laquelle l'assureur s'engage à prendre en charge la défense ou la représentation de son assuré dans toute procédure judiciaire ou administrative, lorsque cette prise en charge s'exerce en même temps dans son intérêt propre ». Faisant qu'une clause qui prévoit l'intervention de l'assureur uniquement en cas d'action mettant en cause une responsabilité garantie par le contrat ne constitue pas une garantie de protection juridique qui s'imposerait à l'assureur quelles que soient les circonstances du sinistre[1]. Cette analyse est critiquée par la doctrine, dès lors que l'article L. 127-6[2] du code des assurances ne vise que « l'activité de responsabilité civile » ce qui devrait conduire à exclure, *a contrario*, la défense pénale et le recours, domaines dans lesquels l'assureur n'est pas amené, eu égard aux stipulations contractuelles, à défendre des intérêts qui lui sont propres.

1. CE 25 janv. 2019, req. n° 423159, *Lebon ; Gaz. Pal.* 18 juin 2019 p. 50 note B. Cerveau, CRIT. ; – DANS LA MÊME AFFAIRE : CE 25 juin 2018, req. n°o 417734, *Lebon T* ; – *CONTRA* : CAA Nantes, 22 déc. 2017, req. n° 16NT00750.
2. C. assur., art. L. 127-6.

B.
Contenu du contrat de protection juridique

761.50 **Plan.** La forme et le contenu du contrat d'assurance protection juridique, qui doit faire l'objet d'un contrat distinct, sont réglementés (1°), une attention particulière devant être portée aux clauses d'exclusions et de limitations de garantie figurant en caractères très apparents (2°).

1°
Forme et contenu du contrat

761.61 **Types de contrats.** L'assurance de protection juridique doit faire l'objet d'un contrat distinct ou « d'un chapitre distinct d'une police unique avec indication du contenu de l'assurance de protection juridique et de la prime correspondante »[3].

La garantie peut donc se trouver en annexe à un autre contrat d'assurance, par exemple contrat d'assurance-habitation ou assurance automobile, l'assurance ne couvrira que les litiges directement liés aux biens assurés et garantis dans le contrat : litiges liés à l'habitation (incendie, dégât des eaux...) ou à un accident de la circulation. Ces « contrats support » doivent distinguer dans l'avis d'échéance la prime correspondant aux garanties de protection juridique. Cette obligation est en effet imposée aux assureurs[4]. Dans cette hypothèse, le contrat est dit « énumératif » ou « segmenté » : la garantie couvre des événements ou conflits se situant dans un domaine précis (protection juridique automobile, accident corporel, habitation, consommation, travail, sport, famille, santé, fiscalité). La garantie est définie de façon positive.

Il existe également des contrats de protection juridique des entreprises ainsi spécifiés en fonction de leurs activités. La garantie peut également se trouver dans un contrat spécifique auquel cas la protection juridique peut être soit précisément définie, soit générale. Dans cette hypothèse, la protection juridique générale couvre plusieurs domaines d'intervention, son contenu est défini négativement, par ses exclusions. On parle alors de contrats « tous risques sauf... ».

761.62 **Aléa.** En toute occurrence, le contrat d'assurance de protection juridique est d'abord un contrat d'assurance qui comme tel, nécessite un aléa quant à la survenance du sinistre. Il en découle que le sinistre doit être né après la souscription du contrat. Le contrat d'assurance, par nature aléatoire[5], ne peut porter sur un risque que l'assuré sait

3. Bordeaux, 10 janv. 2001, RG n° 00/00019 ; *RCA* 2001, n° 237, note L. Grynbaum.
4. C. assur., art. L. 127-2.
5. S. Bertolaso, « L'aléa en droit des assurances : état des lieux et perspectives », *RGDA* 2009. 431 – SUR la notion de contrat aléatoire : C. civ., art. 1964 [devenu 1108].

déjà réalisé[1]. L'appréciation de l'aléa du contrat d'assurance relevant du pouvoir souverain du juge du fond[2]. À défaut, le contrat est nul.

En assurance de protection juridique, cela suppose que le risque garanti résulte d'un fait générateur qui n'était pas connu par l'assuré à la date de la prise d'effet du contrat[3].

Il faut donc éviter qu'un assuré ne souscrive un contrat dans le seul but d'agir en justice, alors que l'événement générateur a déjà eu lieu (un assuré entend agir contre un voisin en trouble de voisinage, un commerçant pour recouvrer des créances...).

Aussi la Cour de cassation a-t-elle pu juger que dès lors qu'il est constaté que le contrat de protection juridique liant les parties avait été souscrit en date du 30 novembre 1999, à effet du 1er janvier 2000, et que la déclaration de sinistre datait du 16 octobre 2002, tandis que les éléments de la situation litigieuse se sont révélés dès l'année 1996, les juges du fond en déduisent souverainement que les faits à l'origine du litige principal étaient connus de la commune avant la souscription des garanties de protection juridique, de sorte que, faute d'aléa, l'assureur devait être mis hors de cause[4].

Mais en présence de conditions particulières qui stipulaient que le fait générateur de la mise en œuvre de la « protection exploitation » s'entendait de la remise d'un acte judiciaire ou extrajudiciaire, dénature les stipulations contractuelles la décision qui dit n'y avoir lieu à garantie au seul motif qu'existait un litige entre l'assuré et l'un de ses co-contractants avant la souscription du contrat, sans constater la date de survenance du fait générateur[5].

En tout état de cause, les assureurs restent maîtres d'apprécier l'opportunité de l'action en justice. Ils ont également la possibilité, largement utilisée, de prévoir un certain nombre d'exclusions de risques potentiellement potestatives[6].

761.63 Définition du risque. L'assurance de protection juridique a pour objet de garantir les assurés contre les risques[7] juridiques auxquels ils peuvent être confrontés : le risque assuré est le différend ou le litige opposant l'assuré à un tiers[8].

761.64 Définition du sinistre. Le litige constitue l'événement générateur du sinistre, lequel conditionne l'application de la garantie de l'assureur. Le litige étant le refus qui est opposé à une réclamation dont l'assuré est l'auteur ou le destinataire[9], il n'y aura pas de litige et donc de sinistre lorsque l'assuré aura été satisfait dans toutes ses demandes à l'égard des tiers[10].

Le sinistre est la date du refus opposé à l'assuré et non celle de la réclamation : il est nécessaire qu'il existe une contestation entre l'assuré et un tiers[11], et que l'assuré ait opposé un refus à la demande du tiers.

761.65 Application dans le temps. Il convient dès lors d'être prudent dans la détermination des conditions de mise en œuvre d'une garantie protection juridique : le fait que celle-ci ait été résiliée ne signifie pas nécessairement qu'elle ait cessé de produire tout effet si l'événement générateur du sinistre s'est produit pendant la période de validité de la garantie.

Tel est le cas dès lors que le contrat d'assurance résilié prévoyait que la garantie était due tant au titre des frais de défense que l'assuré avait dû engager pendant la période de validité de la garantie que pour des réclamations amiables ou judiciaires formées par des salariés exposés aux fibres d'amiante avant la date de résiliation, nonobstant le fait que la date de la constatation médicale de la maladie professionnelle fût-ce postérieure à la date de résiliation[12].

2°
Exclusions et limitations de garantie

761.71 Clauses apparentes. Toutes clauses d'exclusion, de déchéances, de limitation de garantie (plafond, franchise) ou de délai de carence, doivent figurer en caractères très apparents dans le contrat.

761.72 Exclusion de certains litiges. L'assurance protection juridique a vocation à intervenir dans tous les domaines du droit et notamment en matière de droit de la consommation, droit de l'immobilier, ces deux premières catégories représentant 50 % des sinistres déclarés aux assureurs, mais encore en matière de droit du travail, protection sociale ou droit fiscal.

Toutefois, en raison de l'aléa que comporte nécessairement tout contrat d'assurance[13], les litiges

1. Civ. 1re, 11 oct. 1994, n° 93-11.295, P I, n° 277 – Civ. 1re, 4 nov. 2003, n° 01-14.942, P I, n° 220 ; *RGDA* 2004. 337, note J. Kullmann – Pau, 12 févr. 2008, RG n° 05/02226 – Civ. 1re, 14 janv. 2010, n° 08-14.272, NP – Civ. 1re, 14 janv. 2010, n° 08-14.273, NP.
2. Civ. 1re, 20 janv. 2000, n° 98-18.134, NP ; *RGDA* 2000. 1050, note J. Kullmann.
3. Pau, 1re ch., 12 févr. 2008, RG n° 05/02226.
4. Civ. 2e, 28 mai 2009, n° 08-14.272, NP ; *RGDA* 2009. 1261, note B. Cerveau.
5. Civ. 2e, 7 déc. 2006, n° 05-19.306, P II, n° 346 ; *D.* 2007. 372 ; *RGDA* 2007. 205, note B. Cerveau.
6. V. ss nos 761.72 s.
7. B. Cerveau, « Le risque juridique : affaire de spécialistes ou de gestionnaires de risque », *Gaz. Pal.* 2001. Doctr. 277 – V. Nicolas, « Contribution à l'étude du risque dans le contrat d'assurance », *RGDA* 1998. 637.
8. C. assur., art. L. 127-1.
9. C. assur., art. L. 127-2-1.
10. Montpellier, 2 févr. 2011, RG n° 10/02595.
11. Paris, 17e ch., 15 oct. 2007, RG n° 06/03863.
12. Civ. 2e, 14 juin 2012, n° 11-16.958, NP.
13. V. ss n° 761.62.

issus de la seule volonté de l'assuré sont nécessairement exclus des assurances de protection juridique. C'est pourquoi les litiges relatifs au droit de la famille (droit des personnes, régimes matrimoniaux, successions) sont souvent exclus des contrats. Ainsi en est-il par exemple du divorce, d'une part parce que les motivations de la demande sont souvent subjectives, d'autre part parce que l'assuré et son conjoint sont la plupart du temps tous deux parties au contrat d'assurance. Il en est de même des litiges en matière de brevets.

761.73 **Délai de carence.** Afin de lutter contre les tentatives de faire prendre en charge un litige né avant la souscription du contrat[1], les assureurs prévoient généralement un délai de carence. Les litiges nés pendant ce délai de carence ne sont pas couverts.

En revanche, pour ceux nés après ce délai, on présume que l'assuré ignorait l'existence d'un litige antérieur. L'assureur devra apporter la preuve contraire s'il conteste cette présomption.

761.74 **Limitations du champ d'intervention de la garantie.** L'assureur peut également limiter son champ d'intervention. Ainsi, le paiement des amendes et des dettes de l'assuré ne peut être garanti par l'assurance de protection juridique.

La garantie peut également contenir une limitation géographique et voir son champ d'application limitée dans l'espace : France métropolitaine, Union européenne...

761.75 **Plafonds, franchises ou seuils de prise en charge.** Surtout, la plupart des contrats d'assurance protection juridique prévoient des plafonds, franchises, ou seuils de prise en charge limitant le remboursement par l'assureur[2]. Ainsi, l'assuré ne sera pas indemnisé de l'ensemble des sommes déboursées.

La franchise est une somme, prévue dans le contrat, qui restera à la charge de l'assuré lors de l'indemnisation.

Le plafond de garantie est une somme, fixée dans le contrat au-delà de laquelle l'assureur n'indemnisera pas l'assuré. Le plafond peut être fixé pour chaque affaire, pour une durée déterminée ou par litige et par année (la limite moyenne des contrats est généralement autour de 15 000 euros TTC par litige et par année d'assurance). Des plafonds plus précis sont souvent prévus : plafonds du budget amiable ; plafonds du budget judiciaire ; budget d'expertise.

Le plus souvent, le contrat fixe le montant maximum des honoraires de l'avocat pris en charge par la garantie. Différents plafonds sont indiqués en fonction de l'intervention de l'avocat (assistance, rédaction d'un acte, recours gracieux, référé, recours devant le tribunal judiciaire, appel...).

Les contrats prévoient enfin des seuils d'intervention. Si le montant des intérêts en jeu est inférieur à une certaine somme (environ 150 euros TTC), l'intervention de l'assureur se limitera à la recherche d'une solution amiable.

761.76 **Clauses relatives au choix de l'avocat.** L'assuré a la « liberté de choisir »[3], son avocat ou toute autre personne qualifiée par la législation ou la réglementation en vigueur pour défendre, représenter ou servir les intérêts[4].

Cet article ne faisant référence à aucune procédure judiciaire ou administrative, le libre choix de l'avocat par l'assuré peut intervenir dès la phase amiable[5]. Par conséquent, dès qu'un assureur envisage de demander les conseils d'un avocat au profit de son assuré, il doit laisser à celui-ci la liberté de choisir son avocat. L'assureur peut donner son accord sur le principe du recours à un avocat, mais non sur le choix de cet avocat.

L'assureur ne peut proposer le nom d'un avocat à l'assuré que sur demande écrite de la part de ce dernier[6], c'est-à-dire que la demande du client doit être nécessairement préalable à toute suggestion de la désignation d'un avocat par la compagnie ou la mutuelle, et le client doit négocier ses honoraires directement avec son avocat[7].

Les assureurs conservent toutefois la possibilité d'insérer à leurs contrats des clauses limitant indirectement le libre choix[8], notamment par des franchises ou des plafonds de remboursement des honoraires[9], ou de niveau de garantie différent (illimitée ou plafonnée, obligation d'avancer les honoraires) suivant que l'assuré prenne l'avocat proposé par l'assureur (avocats agréés) ou non[10].

§ 3
Mise en œuvre de la garantie protection juridique

761.80 **Plan.** La mise en œuvre de la garantie protection juridique impose aux entreprises d'assurance d'opter parmi

1. V. s[s] n° 761.62.
2. V. s[s] n°s 471.106 s.
3. C. assur., art. L. 127-3.
4. V. s[s] n°s 471.101 s.
5. V. s[s] n° 761.122.
6. C. assur., art. L. 127-3.
7. V. s[s] n°s 713.51 s. et 761.142.
8. J. Bonnard, « L'assurance de protection juridique et la portée du principe du libre choix de l'avocat par l'assuré », *D.* 2000. 343.
9. Civ. 1re, 6 oct. 2011, n° 10-25.547, NP ; *RGDA* 2012. 431, note B. Cerveau – V. s[s] n° 761.75.
10. Civ. 1re, 15 juill. 1999, n° 97-10.725, P I, n° 233 ; *D.* 2000. 343, obs. J. Bonnard ; *D.* 2001. 1057, note D. Krajeski.

trois systèmes de gestion (A), et doit respecter des règles précises, que l'avocat devra prendre en compte dans le cadre de l'exercice de sa mission, tant s'agissant du déclenchement de la garantie (B), que de sa mise en œuvre au cours de la procédure amiable ou contentieuse (C), jusqu'à son dénouement (D).

A. Propos liminaires

761.91 **Choix entre trois systèmes de gestion des sinistres.** Trois systèmes de gestion des sinistres sont prévus par la directive 2009/138[1], qui a abrogé et remplacé la directive 87/344[2], repris à l'article L. 322-2-3 du code des assurances. Les entreprises proposant une assurance de protection juridique doivent opter parmi un de trois systèmes de gestion[3] :

• **Gestion par du personnel distinct :** le personnel « chargé de la gestion des sinistres de la branche protection juridique ou de conseils juridiques relatifs à cette gestion » doit être distinct de celui qui travaille pour les autres branches d'assurances du même organisme assureur[4] ;

• **Gestion par une entreprise juridiquement distincte :** il s'agit ici de sous-traitance des sinistres relatifs à la protection juridique à un autre organisme assureur[5] ;

• **Gestion par un avocat (saisine immédiate de l'avocat) :** Lorsque l'organisme assureur a opté pour ce système de gestion, l'assuré peut s'adresser à un avocat dès qu'il a effectué sa déclaration de sinistre et que l'organisme assureur lui a donné son accord. La gestion du sinistre est alors « externalisée » et confiée à un avocat indépendant de l'organisme assureur. Le code des assurances prévoit dans ce cas « le droit pour l'assuré de confier la défense de ses intérêts, dès qu'il est en droit de réclamer l'intervention de l'organisme assureur au titre de la police, à un avocat ou à une personne qualifiée de son choix »[6].

761.92 **Lien avocat - client.** L'avocat ne doit jamais perdre de vue qu'il est l'avocat de l'assuré et en aucun cas de l'assureur auquel il n'a aucun compte à rendre, et auquel il doit, opposer systématiquement le secret professionnel, y compris si l'organisme assureur lui demande la communication de la convention d'honoraires le liant à son client, ou les écritures déposées devant la juridiction saisie du litige[7].

C'est à l'assuré de faire son affaire avec l'assureur protection juridique dans le cadre de la relation d'assurance qui les lie et leur est propre. L'existence de relations entre l'avocat et l'assureur protection juridique, même lorsque l'assuré à fait le choix de l'avocat proposé par l'assureur protection juridique, n'a pas lieu d'être : seul l'assuré doit informer l'assureur de l'évolution de l'affaire, l'assureur pouvant prévoir une déchéance de garantie en cas de défaut d'information afin de rendre cette obligation efficiente[8].

Une charte a été établie entre le barreau de Paris, la FFSA et la GSPJ afin de régir les relations entre les organismes assureurs protection juridique et les avocats[9]. Une seconde charte a été établie, le 15 septembre 2020, entre le Conseil national des barreaux et la FFSA, visant à prévenir les litiges et les difficultés d'interprétation des textes régissant le périmètre d'intervention juridique des assureurs de protection juridique face aux avocats, et prévoyant, notamment, la mise en place d'une instance dédiée aux problématiques communes des deux professions[10].

761.93 **Réponse ministérielle.** La question de l'immixtion des assureurs de protection juridique dans la relation entre l'avocat et son client est une question récurrente, eu égard, notamment, à des pratiques très différentes en fonction des entreprises d'assurance[11]. Une réponse ministérielle est ainsi venue rappeler de manière très nette que : « Les dispositions actuelles relatives à l'assurance de protection juridique résultent de la loi du 19 février 2007[12] dont l'objectif fut notamment la clarification des relations avocats-assureurs. Les articles L. 127-1 à L. 127-8 du code des assurances prévoient tout d'abord que l'assuré a la liberté de choisir son avocat et que les honoraires de l'avocat sont déterminés entre ce dernier et son client, sans pouvoir faire l'objet d'un accord avec l'assureur de protection juridique.

Ces dispositions sont de nature à garantir l'indépendance de l'avocat et le respect des règles déontologiques de sa profession au nombre desquelles se

1. Dir. 2009/138, Parlement et Conseil, 25 nov. 2009 sur l'accès aux activités de l'assurance et de la réassurance et leur exercice (solvabilité II), *JOUE L* 335, 17 déc., p. 1.
2. Dir. 87/344, Conseil, 22 juin 1987 portant coordination des dispositions législatives, réglementaires et administratives concernant l'assurance-protection juridique, *JOCE L* 185, 4 juill., p. 77.
3. B. Cerveau, « Modalités de gestion des sinistres », *Gaz. Pal.* 1991. Doctr. 75.
4. C. assur., art. R. 322-1, al. 3.
5. C. assur., art. R. 322-1.
6. C. assur., art. L. 322-2-3, al. 1er, 3°.
7. V. ss nos 412.191 s.
8. Civ. 1re, 4 juin 1985, n° 84-11.195 ; *RGAT* 1985. 568, note J. Kullmann.
9. Charte entre l'ordre des avocats à la cour de Paris, la FFSA et la GSPJ relative à l'assurance de protection juridique du 23 déc. 1995.
10. « Le CNB signe une charte avec la fédération française de l'assurance (FFSA) », com. 15 sept. 2020.
11. O. Dufour, « L'assurance protection juridique refait parler d'elle », *Gaz. Pal.* 3 juill. 2018, p. 10.
12. L. n° 2007-210, 19 févr. 2007 portant réforme de l'assurance de protection juridique, *JO* 21 févr., n° 2.

trouve le secret professionnel défini à l'article 66-5 de la loi du 31 décembre 1971 portant réforme de certaines professions judiciaires et juridiques. Le secret professionnel est ainsi opposable à l'assureur et l'avocat n'a aucun compte à lui rendre. Seul le client, en tant qu'assuré, peut être conduit à devoir informer l'assureur de l'évolution de l'affaire dans les conditions prévues par le contrat de protection juridique. Toute clause d'un contrat qui prévoirait que l'avocat lui-même est tenu de rendre des comptes à l'assureur serait illégale »[1].

B.
Déclenchement de la mise en œuvre de la garantie

761.101 **Déclaration à l'assureur par le client.** Le code des assurances impose au client de donner, généralement par écrit, avis à l'assureur, dès qu'il en a eu connaissance et au plus tard dans le délai fixé par le contrat, de tout sinistre de nature à entraîner la garantie de l'assureur[2]. Ce délai, qui peut être prolongé d'un commun accord entre les parties, ne saurait être inférieur à cinq jours ouvrés.

Lorsque l'avocat est en présence d'un client bénéficiant d'une assurance protection juridique, la première chose, outre s'assurer que la garantie peut être mise en œuvre et attirer l'attention du client sur les modalités de fonctionnement de la garantie (prises en charge, plafond, déchéance, formalités à respecter...), à faire est donc de demander au client de déclarer au plus vite son sinistre s'il ne l'a pas déjà fait, et de le faire, par prudence, suivant envoi en lettre recommandée avec accusé de réception afin de se ménager la preuve de sa déclaration.

Il faut conseiller au client de ne pas agir avant d'avoir déclaré son sinistre à l'assureur et d'avoir obtenu son accord. Tout acte accompli sans son accord risquerait en effet d'entraîner la déchéance de la garantie, étant précisé en outre, que la date de la déclaration à une incidence sur la prise en charge des frais et honoraires de l'avocat.

En cas de pluralité de contrat, l'assuré devra effectuer autant de déclarations qu'il a de contrat, auprès d'organismes assureurs concernés, en précisant l'existence des autres contrats dans chaque déclaration[3].

761.102 **Déchéance pour consultation d'un avocat avant la déclaration de sinistre.** L'avocat sera également prudent de n'accomplir aucun acte avant la déclaration de sinistre de son client.

1. Rép. min. Justice, question n° 0249, *JO* Sénat, 19 avr. 2018, p. 1937.
2. C. assur., art. L. 113-2, 4°.
3. V. s[s] n° 761.145.

En effet, les contrats d'assurance de protection juridique interdisent à l'assuré d'engager des mesures avant la déclaration de sinistre. Pour autant, l'assuré doit pouvoir saisir un avocat d'un litige potentiel afin d'envisager les mesures à prendre avant même la survenance du litige, au sens du code des assurances, c'est-à-dire, du refus opposé par l'assuré au tiers. C'est pourquoi, il est prévu que les consultations ou les actes de procédures réalisés avant la déclaration du sinistre ne peuvent justifier la déchéance de garantie. Toute clause contraire est réputée non écrite[4]. Toutefois ces consultations et ces actes ne sont pris en charge par l'assureur que si l'assuré peut justifier d'une urgence à les avoir demandés[5].

Il est dès lors fortement conseillé à l'avocat de différer, autant que possible, ces mesures postérieurement à la déclaration du sinistre par l'assuré.

Les contrats contiennent généralement des clauses de déchéance de garantie au cas où l'assuré confierait la défense de ses intérêts à un avocat avant d'avoir déclaré le litige à son assureur[6]. Les assureurs considèrent en effet que leur client ne doit pas leur imposer une procédure qui pourrait être abusive ou dénuée de fondement juridique. Ils veulent donner leur accord préalable.

761.103 **Déchéance pour déclaration tardive.** Les assureurs sanctionnent la déclaration hors délai par la déchéance de la garantie. Mais le code des assurances est venu encadrer les conditions de cette sanction, en prévoyant que la déchéance pour déclaration tardive ne peut être opposée à l'assuré que si l'assureur établit que le retard dans la déclaration lui a causé un préjudice[7]. Elle ne peut également être opposée dans tous les cas où le retard est dû à un cas fortuit ou de force majeure.

Rappelons que le délai court à compter de la date du refus opposé par l'assuré à une réclamation dont il est l'auteur ou le destinataire[8].

C.
Procédure amiable ou contentieuse

761.110 **Plan.** La mise en œuvre de la garantie d'assurance protection juridique doit conduire l'assureur et l'avocat à une répartition des rôles dans l'intérêt d'une même personne, leur assuré/client (1°), et prévoit un mécanisme légal destiné à régler les éventuels désaccords entre l'assureur et

4. C. assur., art. L. 127-2-2.
5. Aix-en-Provence, 15e ch., 26 juin 2003, RG n° 99/11566.
6. Civ. 1re, 4 juin 1985, n° 84-11.195 ; *RGAT* 1985. 568, note J. Kullmann – Lyon, 1re ch., 7 janv. 1993, RG n° 91/01621 – Paris, 17e ch., 1er juin 1993, RG n° 92/13388.
7. C. assur., art. L. 113-2, 4°.
8. C. assur., art. L. 127-2-1.

l'assuré quant aux choix à opérer dans le cadre de la procédure (2°).

1°

Rôle de l'assureur et de l'avocat au cours de la procédure

761.121 **Prestation de conseil de l'assureur.** Il ne faut pas oublier que si l'avocat bénéficie du monopole de la représentation et de l'assistance en justice [1], l'assureur a quant à lui la faculté de fournir des conseils juridiques et de défendre à l'amiable les droits de son assuré [2].

Cette prestation de conseil peut prendre la forme d'une assistance téléphonique, souvent par un service spécialisé et dédié à cette tâche, ou d'une consultation juridique écrite ou orale fournie par le service juridique [3].

Rappelons, à cet égard, que seul un professionnel du droit ou relevant d'une profession assimilée est autorisé à exercer, à titre habituel et rémunéré, une activité d'assistance à la victime d'un accident de la circulation pendant la phase non contentieuse de la procédure d'offre obligatoire, dès lors que cette activité comporte des prestations de conseil en matière juridique [4].

761.122 **Assistance amiable de l'assureur.** L'assureur peut ainsi intervenir lors de la phase précontentieuse afin de tenter de régler à l'amiable le litige opposant son assuré à un tiers. Cela passe le plus souvent par une transaction.

Il peut aussi laisser l'assuré choisir un avocat à ce même stade, et il a l'obligation de le faire, et de transmettre le dossier à l'avocat choisi par l'assuré, dès que l'assureur ou l'assuré est informé de ce que la partie adverse est défendue par un avocat [5].

Ainsi, dès que la partie adverse est défendue par un avocat, l'assuré doit l'être également.

761.123 **Réclamation préalable.** Le Conseil d'État a considéré qu'un assureur au titre de la protection juridique pouvait présenter un recours administratif ou une réclamation préalable, au nom de son assuré, par l'intermédiaire de l'un de ses préposés sans être tenu de produire un mandat exprès de l'assuré ni une délégation de signature à son préposé [6].

761.124 **Phase contentieuse.** Dans la phase contentieuse, c'est-à-dire de représentation et d'assistance en justice, l'assureur n'a plus le choix : il doit confier le dossier à un avocat.

Et ce, y compris devant les juridictions où la représentation par un avocat n'est pas obligatoire [7].

761.125 **Opportunité des mesures à prendre pour régler un différend.** L'assureur de protection juridique n'a pas le pouvoir d'apprécier l'opportunité de l'action en justice que souhaite engager l'assuré pour lui refuser sa garantie [8]. Il peut toutefois porter une appréciation sur cette procédure [9], ou sur les moyens que l'assuré souhaite mettre en œuvre (engagement de la procédure, contre-expertise, acceptation d'un partage de responsabilité...).

L'avocat se doit de vérifier la position de l'assureur au regard des demandes de son client, et rappeler à ce dernier la possibilité de mettre en œuvre la procédure d'arbitrage en cas de désaccord [10].

2°

Désaccord entre l'assureur et l'assuré

761.131 **Arbitrage en cas de désaccord entre l'assureur et l'assuré.** En cas de désaccord entre l'assureur et l'assuré au sujet de mesures à prendre pour régler un différend opposant l'assuré à un tiers (et non un différend qui oppose l'assuré à son assureur portant sur des refus de garantie [11]), cette difficulté peut être soumise à l'appréciation d'une tierce personne désignée d'un commun accord par les parties ou, à défaut, par le président du tribunal judiciaire statuant selon la procédure accélérée au fond [12].

1. V. s^{s} n°s 622.21 s.
2. C. assur., art. L. 127-1, L. 322-2-3.
3. B. Cerveau, « La prestation de conseil juridique effectuée par l'assureur de protection juridique », *Gaz. Pal.* 1994. Doctr. 956 – NOT. : L. n° 71-1130, 31 déc. 1971, art. 54 s., sp. art. 59 – Sur les professions autorisées à donner des conseils juridiques, v. s^{s} n°s 631.00 s.
4. Civ. 1re, 9 déc. 2015, n° 14-24.268, P I, n° 841 ; *Gaz. Pal.* 15 mars 2016, p. 53, note B. Couderc – Civ. 1re, 25 janv. 2017, n° 15-26.353, P I, n° 19 ; *D.* 2017. 297 ; *Gaz. Pal.* 14 févr. 2017, p. 38 ; *Gaz. Pal.* 9 mai 2017, p. 72, obs. M. Ehrenfeld ; *Gaz. Pal.* 6 juin 2017, p. 50, obs. B. Couderc ; *JCP* 2017. 660, n° 34, obs. F. G'sell – Civ. 1re, 25 sept. 2019, n° 19-13.413, P I ; *Gaz Pal.* 3 mars 2020, p. 59, obs. M. Ehrenfeld ; *Gaz. Pal.* 21 janv. 2020, p. 53, obs. J.-B. Prévost ; *Gaz. Pal.* 1er oct. 2019, p. 35, obs. C. Berlaud ; *JCP* 2019. 1238, n° 18, obs. F. G'sell.
5. C. assur., art. L. 127-2-3.
6. CE 7 juin 2018, req. n° 412744, *Lebon T ; Gaz. Pal.* 30 oct. 2018, p. 77, obs. B. Cerveau.
7. L. n° 71-1139, 31 déc. 1971, art. 4 ; – COMP. : Crim. 14 nov. 2002, n° 00-85.141, NP ; – Civ. 1re, 15 févr. 2016, 15-13.402, NP.
8. Lyon, 26 oct. 1950, *RGAT* 1951. 56, note A. Besson – T. com. Seine, 2 nov. 1951 ; *RGAT* 1952. 395.
9. Civ. 2e, 13 déc. 2012, n° 11-28.130, NP ; *Gaz. Pal.* 26-27 avr. 2013, p. 37, obs. B. Cerveau.
10. V. s^{s} n°s 761.131 s.
11. Civ. 2e, 10 nov. 2009, n° 09-10.233, NP ; *RCA* 2010, n° 25.
12. C. pr. civ., art. 481-1.

Lorsque la procédure de règlement est ainsi mise en œuvre, le délai de recours contentieux est suspendu pour toutes les instances juridictionnelles qui sont couvertes par la garantie d'assurance et que l'assuré est susceptible d'engager en demande[1], jusqu'à ce que la tierce personne chargée de proposer une solution en ait fait connaître la teneur.

L'avocat devra veiller, notamment, à ce que l'instance envisagée s'inscrive bien dans le cadre des garanties du contrat. À défaut, l'effet suspensif ne pourrait jouer et la responsabilité de l'avocat pourrait être recherchée si l'instance ne pouvait plus être intentée pour cette raison.

Cette procédure de règlement est rappelée dans le contrat d'assurance de protection juridique et l'assureur, doit en cas de désaccord informer l'assuré de la faculté qui lui est offerte de mettre en œuvre cette procédure[2], et ne saurait s'opposer à sa mise en œuvre dès lors qu'un désaccord surgit avec son assuré[3].

Les frais exposés pour la mise en œuvre de cette faculté sont à la charge de l'assureur. Toutefois, le président du tribunal judiciaire, statuant selon la procédure accélérée au fond[4], peut en décider autrement lorsque l'assuré a mis en œuvre cette faculté dans des conditions abusives[5].

761.132 **Initiative de l'assuré.** Ainsi, si l'assureur oppose un refus à l'assuré, il appartient à ce dernier non pas d'assigner son assureur afin que celui-ci saisisse l'autorité judiciaire, mais soit de mettre en œuvre la procédure d'arbitrage, soit d'engager lui-même l'action à son compte[6].

Si l'assuré décide d'engager à ses frais une procédure contentieuse et obtient une solution plus favorable que celle qui lui avait été proposée par l'assureur ou par la tierce personne ayant arbitré la divergence entre l'assuré et son assureur, l'assureur l'indemnise des frais exposés pour l'exercice de cette action, dans la limite du montant de la garantie.

L'avocat devra veiller à informer, de préférence par écrit, son client du fait que s'il décide de passer outre, il ne sera indemnisé de ses frais, dans les limites du montant de la garantie, uniquement s'il obtient une meilleure solution que celle préconisée par l'assureur et qu'il encourt donc le risque de devoir assumer l'intégralité des frais et honoraires liés à la procédure alors mise en œuvre.

761.133 **Responsabilité de l'assureur.** L'assureur de protection juridique engage sa responsabilité lorsqu'il réalise une prestation de conseil, refuse de la prise en charge d'un sinistre, dans le cadre de son appréciation d'opportunité ou lorsqu'il estime que sa garantie n'est pas acquise alors même que l'action envisagée par l'assuré avait des chances de prospérer.

C'est ainsi qu'un assureur de protection juridique a pu être condamné à indemniser son assuré du préjudice résultant pour eux de la perte de chance de succès de l'action qu'il lui reprochait de ne pas lui avoir permis d'engager, en l'occurrence une nouvelle procédure en indemnisation en raison de malfaçons résultant de travaux dans une maison, malfaçons non indemnisées par une première procédure, alors même que le nouvel expert sollicité par l'assuré avait pris en compte, dans son rapport, l'existence de désordres affectant les peintures du plafond, dont l'expert désigné par l'assureur n'avait pas fait mention, ce dont il ressortait que la nouvelle action envisagée l'assuré ne se heurtait pas à l'autorité de la chose jugée et avait des chances de prospérer[7].

De même que, lorsque le contrat prévoit que l'assureur fournira tout conseil sur l'étendue de ses droits, la façon d'organiser sa défense et de présenter sa demande, l'assureur est responsable de ne pas avoir conseillé à son assuré d'accomplir les actes interruptifs de prescription utiles[8]. Il est ainsi tenu d'une obligation de conseil, concurremment avec celle de l'avocat, faisant que le fait pour l'assureur de transmettre le dossier à un avocat, sans informer l'assuré du fait que la garantie décennale, objet du recours, venait à expiration, constitue un manquement à son obligation de conseil et d'information dont il doit réparer, à hauteur de 95 %, le préjudice causé à son assuré, nonobstant la faute concurrente de l'avocat[9].

D. Dénouement de la garantie

761.141 **Frais pris en charge.** En dehors des frais exclus de la prise en charge[10], les frais exposés par l'assureur dans la défense de l'assuré lors de la phase non contentieuse sont bien entendu pris en charge par l'assureur.

Il s'agit notamment des conseils juridiques apportés, même par un prestataire externe, des consulta-

1. C. assur., art. L. 127-4, al. 1.
2. C. assur., art. L. 127-5 – Aix-en-Provence, 10e ch., 29 juin 2000, RG no 97/14690, *JCP* 2001. II. 10469.
3. TGI Bobigny, 8 mars 2000, RG no 00/00012.
4. C. pr. civ., art. 481-1.
5. Civ. 2e, 10 nov. 2009, no 09-10.233, NP ; *RCA* 2010, no 25.
6. Paris, 8e ch., sect. A, 3 sept. 1996, RG no 94/17639, *RGAT* 1997. 254, note B. Cerveau.
7. Civ. 1re, 17 nov. 1998, no 96-21.899, NP.
8. Civ. 2e, 17 févr. 2011, no 10-11.571, NP ; *RCA* 2011, no 192.
9. Civ. 3e, 5 janv. 2017, nos 15-25.644, 15-26.290, NP ; *Gaz. Pal.* 9 mai 2017, p. 81, obs. B. Cerveau – DÉJÀ : Civ. 2e, 9 déc. 2010, no 09-70.814, NP ; *RCA* 2010, no 119, obs. H. Groutel – V. ss nos 912.331 s.
10. V. ss nos 761.75 s.

tions de spécialistes, des enquêtes diverses, des frais de constitution de dossiers, des frais d'expertise amiable telle que l'arrêt rejetant la demande de la victime du sinistre tendant à obtenir le paiement des frais de son expert personnel alors que le contrat responsabilité civile par elle souscrit prévoyait une assurance de protection juridique et que l'expert désigné par son assureur assistait aux opérations d'expertise judiciaire [1], des démarches effectuées en vue d'une transaction. Les frais pris en charge par l'assureur comprennent également les frais de procédure, les émoluments tarifés de l'avocat, les frais de consultation, d'enquêtes, d'expertises, les frais de justice, les frais d'huissier...

Certaines assurances garantissent également les dépens de l'article 695 du code de procédure civile (droits de plaidoirie, experts...) [2]. L'avocat dont le client bénéficie d'une assurance devra donc lire avec attention le contrat afin de déterminer précisément quels sont les frais couverts par la police et le cas échéant quels sont les plafonds et les exclusions.

761.142 Paiement de la rémunération de l'avocat. La rémunération de l'avocat est remboursée par l'assureur à son assuré, dans la limite des éventuels franchises ou plafonds de remboursement des honoraires prévus par la garantie [3] [4]. Mais cette rémunération est payée, intégralement par le client à son avocat. L'avocat doit, à cet effet, établir une convention d'honoraires avec le client et en aucun cas avec l'assureur [5].

Les honoraires sont librement négociés entre l'avocat et son client, sans pouvoir faire l'objet d'un accord avec l'assureur de protection juridique [6], et la convention d'honoraires ne saurait prendre la forme d'un barème établi par ce même organisme assureur, le juge de l'honoraire devant alors fixer ceux-ci en application des critères de l'article 10 de la loi du 31 décembre 1971 [7]. L'honoraire est fixé [8] suivant le droit commun entre l'avocat et son client, assuré [9].

L'éthique commande que l'avocat ne réclame un honoraire de résultat que lorsque le client a effectivement recouvré les sommes qui lui ont été allouées et une réponse ministérielle est venue préciser qu'un avocat ne peut solliciter le versement de ses honoraires auprès de l'assureur sans l'accord de son client et sans l'en informer [10].

761.143 Prescription biennale. L'avocat en charge d'un dossier pris en charge par une assurance de protection juridique ne doit jamais perdre de vue qu'outre le litige entre le client et le tiers, il doit également prendre en charge les éventuels litiges entre son client et l'assurer protection juridique et conseiller son client dans le cadre de ces derniers.

Il convient de rappeler, à cet égard, que la prescription est de deux ans à compter du sinistre [11]. C'est ainsi que l'événement qui donne naissance à l'action de l'assuré contre l'assureur étant, par exemple, la prétention de ce dernier de limiter le montant des honoraires pris en charge au titre de la garantie et de laisser à l'assuré la charge du paiement des dépassements, il en découle que si l'assuré, bien qu'ayant interrompu la prescription en sollicitant la prise en charge intégrale de ses honoraires par une lettre recommandée, n'avait pas accompli un nouvel acte interruptif de prescription avant l'expiration du délai de 2 ans suivant le refus opposé par l'assureur, l'action engagée aux fins d'obtenir la prise en charge de ses honoraires par l'assureur se trouvait prescrite [12].

La prescription est interrompue par l'une des causes ordinaires d'interruption de la prescription ou par l'envoi d'une lettre recommandée avec accusé de réception [13]. Et l'avocat devra veiller à ce que, nonobstant les discussions pouvant avoir lieu avec l'assureur, le délai de prescription soit régulièrement interrompu faute de quoi il pourrait engager sa responsabilité civile à l'égard de son client.

761.144 Prescription biennale en remboursement. De même que le point de départ du délai s'agissant de la demande de remboursement par l'assureur des honoraires payés par l'assuré, est la note d'honoraire ou facture [14] et non le refus opposé par l'assureur de prendre en charge cette note d'honoraires, dès lors que l'assureur a accepté sa garantie dans les limites des prévisions contractuelles [15].

Il appartiendra à l'avocat de rappeler à son client, par exemple à l'occasion de l'envoi de la note d'honoraires, le délai de prescription biennale applicable à

1. Agen, 20 févr. 2008, RG n° 07/00243.
2. V. s^s^ n°s 723.81 s.
3. Civ. 1re, 6 oct. 2011, n° 10-25.547, NP ; *RGDA* 2012. 431, note B. Cerveau.
4. V. s^s^ n° 761.76.
5. Sur la convention d'honoraires en matière de protection juridique, v. s^s^ n°s 713.51 s.
6. C. assur., art. L. 127-5-1 – C. mut., art. L. 224-5-1 – Rép. min. Justice à la question n° 0249, *JO Sénat* 19 avr. 2018, p. 1937 – V. s^s^ n°s 713.53 s.
7. L. n° 71-1130, 31 déc. 1971, art. 10 – V. s^s^ n° 713.54.
8. V. s^s^ n°s 721.31 s. ; ET, v. s^s^ n°s 741.21 s.
9. C. assur., art. L. 127-5-1.
10. Rép. min. n° 5628, *JO Sénat Q* 5 févr. 2009, p. 2.
11. C. assur., art. L. 114-1.
12. Civ. 1re, 10 mai 2000, n° 97-22.545, P I, n° 132 – Civ. 2e, 4 juin 2004, n° 03-13.051, P II, n° 263 ; *D.* 2004. 1708 ; *JCP* 2005. 137, obs. J. Bigot et L. Mayaux ; *Gaz. Pal.* 29 janv. 2005, p. 10, note M. Périer ; *RCA* 2004, n° 278, obs. H. Groutel ; *RLDA* sept. 2004, 4643, note A. Marchand.
13. C. assur., art. L. 114-2.
14. V. s^s^ n°s 731.21 s.
15. Civ. 2e, 6 mars 2014, n° 13-11.642, NP ; *RGDA* 2014. 283, note A. Pélissier.

la demande de remboursement par son assureur des honoraires qui lui ont été payés.

761.145 Cumul des garanties. Dans l'hypothèse où le client possède plusieurs contrats d'assurance de protection juridique, l'avocat devra vérifier s'ils peuvent tous être mis en œuvre. Ils sont en principes cumulables, mais il ne faut pas oublier de faire une déclaration de sinistre pour chacun d'eux. Les garanties de ces différents contrats pourront ainsi être cumulées pour indemniser l'assuré. Si l'indemnisation prévue par un contrat ne couvre pas l'intégralité des honoraires, le remboursement pourra être complété par un autre contrat d'assurance[1].

Il appartient à l'avocat de s'assurer que son client a obtenu toutes les prises en charge dont il pouvait bénéficier, et de vérifier si le complément de frais et honoraires non pris en charge ne saurait l'être de quelque manière que ce soit.

761.146 Cumul avec l'aide juridictionnelle : principe de subsidiarité – Renvoi. V. s[s] n°s 751.81 et 751.482 s.

761.147 Mécanisme de subrogation de l'assureur. L'assureur prendra en charge les différents frais couverts par la garantie dans les limites prévues dans le contrat. Il bénéficiera ensuite du principe de subrogation prévu à l'article L. 121-12 du code des assurances, dans la limite de ce qu'il a dépensé.

Les sommes obtenues en remboursement des frais et honoraires doivent bénéficier en priorité à l'assuré à concurrence des dépenses qu'il a engagées : « le contrat d'assurance de protection juridique stipule que toute somme obtenue en remboursement des frais et des honoraires exposés pour le règlement du litige bénéficie par priorité à l'assuré pour les dépenses restées à sa charge et, subsidiairement, à l'assureur dans la limite des sommes qu'il a engagées »[2]. Mais l'assuré ne pourra en aucun cas obtenir plus que ce qu'il a déboursé.

SECTION 2
GARANTIE DE DÉFENSE – RECOURS – CLAUSE DE DIRECTION DE PROCÈS

761.150 Plan – Assurance responsabilité civile. L'assureur de responsabilité civile[3] est exclu du champ d'application de la réglementation en matière d'assurance de protection juridique[4], en ce qui concerne la défense ou la représentation de son assuré dans toute procédure judiciaire ou administrative, lorsqu'elle s'exerce en même temps dans l'intérêt de l'assureur.

C'est là la différence essentielle entre ces deux types d'assurances : en assurance de responsabilité civile, l'assureur doit supporter les conséquences pécuniaires du procès intenté par la victime contre son assuré. L'assureur est donc directement concerné par la défense de son assuré dans le procès, dans la mesure où, en cas de perte du procès, sa garantie sera mise en jeu par l'assuré. Il est donc normal qu'il reste maître du procès et qu'il choisisse son avocat.

Dans l'assurance de protection juridique[5], en revanche, l'assureur n'est pas directement intéressé par les résultats du procès et ne plaide pas personnellement. En cas de perte du procès, ce n'est pas lui qui sera condamné. C'est donc à l'assuré de diriger le procès et de choisir son avocat.

Ainsi, en matière d'assurance responsabilité civile l'assureur intervient pour la défense de ses propres intérêts, alors qu'en matière de protection juridique il intervient dans l'intérêt exclusif de l'assuré, d'où l'existence dans les contrats d'assurance responsabilité civile de clauses particulières, l'une dite garantie de défense-recours (§ 1), et l'autre de direction de procès (§ 2).

§ 1
Garantie de défense-recours

761.161 Clause de garantie défense-recours. Une garantie « défense-recours »[6] est incluse dans la plupart des contrats d'assurance de responsabilité civile, y compris les contrats de responsabilité civile professionnelle des avocats[7]. Elle constitue un accessoire de ces contrats, ce qui limite son champ d'intervention de manière assez importante.

En effet, d'une part, selon le principe de « réciprocité », l'assureur n'intervient que si les conséquences du dommage avaient été prises en charge au titre de la garantie principale, si ce dommage avait réciproquement engagé la responsabilité de l'assuré. D'autre part, la garantie ne couvre que les événements couverts au titre du contrat principal et les franchises du contrat principal s'appliquent.

Elle doit être strictement accessoire au contrat principal : même dénommée « clause d'assistance juridique et de défense et recours », la clause figurant dans un contrat d'assurance responsabilité professionnelle ne saurait avoir cette qualité dès lors qu'elle a vocation à jouer même en dehors du cadre des garanties au fond de l'assureur[8] : il s'agit alors d'une assurance de protection juridique[9].

1. C. assur., art. L. 121-4, al. 4.
2. C. assur., art. L. 127-8 – POUR UNE APPLICATION : Dijon, 9 mars 2004, RG n° 02/01268 – SUR la portée de la subsidiarité de l'assureur : Douai, 10 mai 2011, RG n° 09/7923.
3. V. s[s] n°s 911.10 s.
4. C. assur., art. L. 127-6.
5. V. s[s] n°s 761.30 s.
6. AUSSI, SUR LA DISTINCTION avec l'assurance des frais de défense : J. Bigot, « Clair-obscur sur l'assurance des frais de défense », *JCP* 2011. 62.
7. V. s[s] n°s 911.31 s.
8. Civ. 1re, 8 juill. 1997, n°s 95-13.484, 95-17.548, P I, n° 231 et 232 ; *RCA* 1997. Ét. 24, obs. H. Groutel ; *RGDA* 1997. 1075, note J. Kullmann.
9. V. s[s] n° 761.30.

Il appartient au juge de vérifier l'exacte qualification du contrat d'assurance objet du litige[1]. Ce qui n'est pas toujours chose aisée, alors même que les incidences peuvent être importantes dès lors qu'il s'agit d'une assurance protection juridique, autonome, telle que l'affaire dans laquelle une clause de « défense-recours » s'appliquait indépendamment du fait de savoir si la faute inexcusable de l'employeur était un événement assurable ou non faisant qu'elle constituait une garantie autonome dont l'application ne dépendait pas de celle de la garantie principale de responsabilité civile[2].

761.162 Objet de la garantie défense – recours. Dans le cadre d'une garantie « défense-recours », l'assureur prend en charge les frais de l'assuré poursuivi pénalement ou, plus rarement, civilement, sans avoir à assumer la garantie des dommages à la différence d'une clause de clause de direction du procès, la clause de défense et recours est certes accessoire mais indépendante de la garantie au fond[3].

La garantie couvre ainsi la charge de la défense de l'assuré contre le recours d'un tiers ou en matière pénale, au titre de la garantie en défense, d'une part, et l'engagement de l'assureur à intervenir à l'amiable ou en justice pour réclamer l'indemnisation du préjudice subi par son assuré lorsqu'il subit un dommage de la part d'un tiers, au titre de la garantie recours, d'autre part. La garantie couvre les honoraires d'avocats et d'experts et les autres frais de justice.

Elle s'applique en cas d'atteinte accidentelle à l'intégrité corporelle de l'assuré ou en cas d'atteinte à ses biens mobiliers ou immobiliers.

§ 2
Clause de direction de procès

761.171 Clause de direction de procès distincte de la garantie défense-recours. Dans la plupart des contrats de responsabilité civile[4], figure une clause de direction de procès[5], distincte de la garantie défense-recours,[6] bien qu'elles se retrouvent en pratique dans les mêmes contrats et peuvent être mises en œuvre cumulativement dans la même procédure (assuré à la fois victime d'un accident et partiellement responsable de celui-ci), laquelle n'est pas limitée à la défense au fond de l'assuré mais concerne tout procès qui lui est intenté, fût-ce en référé, dès lors que l'assureur en prend la direction, sans réserve, en toute connaissance des exceptions qu'il peut invoquer[7].

Par cette clause, l'assureur se réserve le droit, en cas d'action en responsabilité exercée contre son assuré, d'intervenir seul dans le procès pour organiser la défense de leurs intérêts communs dès lors que sa garantie responsabilité civile peut jouer à l'égard de tiers. Une telle clause est bien entendu interdite dans les assurances de protection juridique[8].

761.172 Conséquences pour l'assureur. L'assureur qui prend la direction d'un procès intenté à l'assuré, ce qu'il appartient au juge du fond de caractériser une simple collaboration avec son assuré dès lors qu'il « avait conservé une certaine autonomie dans l'organisation de sa défense » étant insuffisante à cet égard[9], outre qu'il est tenu d'une obligation de conseil et d'information à l'égard de l'assuré comme en matière de protection juridique[10].

L'assureur est alors maître de la procédure, choisissant lui-même l'avocat et négociant directement avec celui-ci les honoraires dans le cadre d'une convention conclue entre l'avocat et l'entreprise d'assurance[11]. L'assureur assume également la responsabilité de la procédure vis-à-vis de son assuré dont il est le mandataire[12], sauf à démontrer une faute de l'assuré qui se serait, par exemple, opposé à la mise en œuvre de la procédure de règlement amiable[13]. Mais l'assureur peut limiter son engagement.

761.173 Renonciation aux exceptions de l'assureur. L'assureur est censé, à l'égard de son assuré, renoncer à toutes les exceptions de non garantie dont il avait connaissance lorsqu'il a pris la direction du procès[14] et pour lesquelles il n'a émis aucune réserve[15].

Mais les exceptions en ce qu'elles se rapportent aux garanties souscrites, ne concernant ni la nature

1. Civ. 1re, 16 janv. 2001, n° 98-17.122, NP ; *RGDA* 2001. 383, obs. A. Favre-Rochex.
2. Civ. 2e, 14 juin 2012, n° 11-16.958, NP.
3. Civ. 1re, 20 janv. 1998, n° 95-21.024, NP ; *RGDA* 1998. 125, obs. J. Kullmann.
4. V. ss nos 911.131 s.
5. L. Bloch, « Claude de direction de procès dans une police d'assurance de responsabilité civile », *RCA* 2012, formule n° 4.
6. Civ. 1re, 8 juill 1997, n° 95-17.548, P I, n° 231 – Civ. 1re, 8 juill. 1997, n° 95-13.484, P I, n° 232 ; *RGDA* 1997. 1075 note J. Kullmann – Civ. 1re, 20 janv. 1998, n° 95-21.024, NP ; *RGDA* 1998. 125, obs. J. Kullmann.
7. Civ. 1re, 10 mai 2000, n° 97-22.495, P I, n° 135 ; *D.* 2000. 210 ; *RDI* 2000. 366, obs. G. Durry.
8. CCA, recomm. n° 2002-03, 21 févr. 2002, consid. 11, *BOCCRF* 30 mai 2002 – V. ss n° 761.76.
9. Civ. 1re, 23 mars 1999, n° 97-13.194, NP ; *RGDA* 1999. 693, obs. J. Kullmann.
10. Civ. 1re, 25 mai 1988, n° 86-12.563, NP ; *RGAT* 1988. 150 – V. ss n° 761.133.
11. V. ss n° 761.175.
12. Civ. 1re, 15 févr. 1977, n° 75-13.964, NP.
13. Lyon, 20 janv. 2000, *JCP* 2001. IV. 1080.
14. C. assur., art. L. 113-17 – Bordeaux, 5e ch., 28 mai 2008, RG n° 05/00564.
15. *A CONTRARIO :* Civ. 2e, 8 sept. 2005, n° 04-15.889, NP ; *RGDA* 2005. 1082, obs. M. Bruschi ; *RCA* 2006, n° 35.

des risques souscrits, ni le montant de la garantie, ne faisant pas obstacle à la possibilité pour l'assureur d'invoquer l'absence de caractère décennal des désordres afin de ne pas avoir à garantir les condamnations[1]. Elles ne concernent pas non plus les plafonds de garanties lesquels demeurent, en tout état de cause, opposables à l'assuré[2].

761.174 Mécanisme de subrogation de l'assureur. L'assureur responsabilité civile qui a pris la direction du procès, peut, à cet effet, présenter un recours à l'encontre d'un tiers responsable dans l'intérêt exclusif de l'assuré, dans l'intérêt de son assuré et de lui-même (en cas de franchise ou de plafond de garantie), ou dans son propre intérêt dans l'hypothèse où il aurait indemnisé en totalité l'assuré.

En effet, lorsqu'il a indemnisé tout ou partie du sinistre subit par son assuré, l'assureur peut être subrogé dans les droits de ce dernier jusqu'à concurrence de l'indemnité qu'il lui a versé[3], et ce sous réserve de démontrer qu'il a payé l'indemnité d'assurance[4].

Dans l'hypothèse où l'indemnité allouée par la décision de justice ne permettrait pas de couvrir la totalité du préjudice de l'assuré et des sommes versées par l'assureur, elle s'imputera, par préférence, sur les sommes dues à l'assuré et ensuite sur celle avancée par l'assureur[5].

761.175 Conséquences pour l'avocat. L'avocat est alors l'avocat de l'assureur et, le cas échéant, de l'assuré, suivant la nature des intérêts à défendre. C'est l'assureur qui, en application de la clause de direction de procès, donne les instructions à l'avocat, approuve les conclusions, décide d'interjeter appel...

Le rapport est, d'une certaine manière, inversé par rapport à l'assurance de protection juridique, dès lors que, en principe, l'avocat fait son affaire avec l'assureur, ce dernier faisant son affaire avec l'assuré qui n'a pas de relation avec l'avocat en charge de la procédure[6]. Si l'assureur laisse à l'assuré une certaine autonomie dans l'organisation de sa défense, il peut en être déduit que ce dernier n'a alors pas entendu mettre en œuvre la clause de défense - recours[7].

C'est donc ici l'organisme assureur qui choisit l'avocat[8] et convient avec celui-ci de ses honoraires dans le cadre d'une convention d'honoraires librement négociée entre les parties suivant les conditions de droit commun[9].

761.176 Conflit d'intérêts. L'avocat doit s'assurer avant d'accepter sa mission qu'il n'existe pas de conflit d'intérêts entre l'organisme assureur et l'assuré, et ce, notamment, lorsque des clauses d'exclusions ou de déchéance seraient susceptibles d'être mises en œuvre, et s'assurer si tel est le cas que l'assureur ou l'assuré entendent renoncer à les invoquer[10]. Ce sera aussi le cas, de plus en plus courant compte tenu des concentrations dans le secteur de l'assurance ces dernières années, lorsque la victime et le tiers responsable sont assurés par le même organisme assureur. L'avocat devra faire preuve de prudence avant d'accepter un tel dossier et s'assurer notamment, après avoir pris connaissance du contrat d'assurance, de l'acceptation par l'assuré des éventuelles franchises et plafonds de garanties.

En tout état de cause, si l'assuré souhaite être défendu par son propre avocat, notamment en cas de mise en cause sur le plan pénal dès lors que la garantie de l'assureur ne joue que pour les seuls intérêts civils, l'avocat de l'assureur ne saurait s'y opposer, le code des assurances prévoyant, au demeurant, expressément que l'assuré n'encourt aucune déchéance ni aucune autre sanction du fait de son immixtion dans la direction du procès s'il avait intérêt à le faire[11]. D'autant qu'un conflit d'intérêts peut survenir en cours de procédure[12].

1. Civ. 3e, 29 janv. 2014, n° 12-27.919, P III, n° 12 ; *RCA* 2014, n° 130, obs. H. Groutel ; *RGDA* 2014. 172, obs. J. Kullmann – Civ. 3e, 27 oct. 2016, n° 15-25.143, P III ; *RCA* 2017, n° 25, obs. H. Groutel – Civ. 3e, 8 juin 2017, n° 16-14.951, NP ; *RCA* 2017, n° 290.
2. Civ. 1re, 8 juill. 1997, n° 95-12.817, P I n° 233 – Civ. 2e, 17 mars 2005, n° 03-20.822, NP.
3. C. assur., art. L. 121-12.
4. Civ. 3e, 5 févr. 1985, n° 83-15.080, P III, n° 22 – Civ. 1re, 24 mars 1992, n° 89-13.756, P I, n° 91.
5. Civ. 5 mars 1945, *JCP* 1945. II. 2798 ; *D.* 1946. I. note A. Besson.
6. V. ss n° 761.92.
7. Civ. 1re, 23 mars 1999, n° 97-13.194, NP.
8. V. ss n° 761.172.
9. V. ss nos 713.00 s.
10. Civ. 1re, 29 avr. 1997, n° 95-18.407, NP ; *RGDA* 2007. 839, note L. Mayaux.
11. C. assur., art. L. 113-17.
12. Sur les conflits d'intérêts, v. ss n° 441.162.

CHAPITRE

762. Protection fonctionnelle

SECTION 0 ORIENTEUR

762.00 Sommaire du chapitre.

Division. La protection fonctionnelle constitue une protection accordée par l'État à ses agents victime ou mis en cause, c'est-à-dire faisant l'objet de poursuites civiles ou pénales, qui permet aux personnes qui entrent dans son champ d'application (sect. 1) une fois qu'elles en ont obtenu l'attribution, suivant une procédure bien définie, de bénéficier, si cela s'avère nécessaire, d'une assistance juridique permettant la prise en charge des frais d'avocat (sect. 2).

762.01 Textes applicables.

TEXTES TITRÉS

• **CGFP**

art. L. 134-1 et s. [Protection fonctionnelle]

• **Ord. n° 58-1270, 22 déc. 1958 portant loi organique relative au statut de la magistrature**

art. 11 [Protection fonctionnelle des magistrats]

• **CSI**

art. L. 113-1 [Protection juridique des personnes concourant à la sécurité intérieure]

• **C. défense**

art. L. 4123-10 [Protection fonctionnelle des militaires]

762.03 Bibliographie indicative.

* Aussi : v. s[s] n° 76.03.

Monographies. O. Guillaumont, *La protection fonctionnelle des agents publics*, 2e éd., Territorial éditions, 2019 – Ch. Vigouroux, *Déontologie des fonctions publiques,* 2e éd., « Dalloz Référence », 2012, n°s 51.61 s.

Contribution. G. Vedel, « L'obligation de l'Administration de couvrir les agents publics des condamnations civiles pour fautes de service », *Mél. R. Savatier,* Dalloz, 1965, p. 915 s.

Articles. J. Boucher, B. Bourgeois-Machureau, « La protection des agents publics en cas de poursuites pénales : le droit public et l'incertitude », *AJDA* 2008. 800 – J.-M. Breton, « La protection fonctionnelle des agents de l'administration », *AJDA* 1991. 171 – M.-P. Chanlair, « Pour une pleine application de la protection des agents publics en cas de poursuites pénales », *AJDA* 2002. 781 – J.-B. Chevalier, « Le point sur... la protection fonctionnelle des élus locaux », *AJCT* 2016. 566 – F. Colin, « La protection contre la diffamation en droit de la fonction publique », *RFDA* 2016. 1219 – A.-S. Denolle, « Les risques psychosociaux dans la fonction publique : les limites de la protection fonctionnelle », *RFDA* 2015. 983 – S. Dyens, « L'externalisation de la prestation juridique », *AJCT* 2012. 462 – Y. Goutal, « Loi « Déontologie » : les modestes évolutions de la protection fonctionnelle », *AJCT* 2016. 368 – Y. Goutal, A. Aveline, « Élus et agents face au risque pénal – La protection fonctionnelle, une vieille dame méconnue », *AJCT* 2014. 529 – K. Grabarczyk, « La protection fonctionnelle des agents publics : certitudes et aléas », *AJDA* 2008. 1472 – Ch. Heu, « Protection fonctionnelle et honoraires d'avocat : donner et retenir ne vaut », *AJFP* 2003. 19 – F. Lambolez, « Harcèlement moral et protection fonctionnelle : quel contrôle du juge de cassation ? », *AJFP* 2015. 27 – M.-Ch. de Montecler, « Prise en charge des frais de défense des agents publics », *AJDA* 2017. 204 – B. Nuret, « Protection fonctionnelle des élus locaux et protection statutaire des agents : spécificités et convergences », *RFDA* 2013. 271.

Rapports. Circ. B8 n° 2158 du 5 mai 2008 relative à la protection fonctionnelle des agents publics de l'État – Circ. du 23 avril 2019 relative à la protection fonctionnelle des agents de la direction de la protection judiciaire de la jeunesse, NOR : JUSF1911811C – F. Langlois, C. Mirau, *Évolution et maîtrise des dépenses de contentieux à la charge du ministère de l'Intérieur*, Rapport de l'Inspection générale de l'Administration, 20 déc. 2013 – Ministère de la Justice, *Guide de la protection fonctionnelle*, 2019.

SECTION 1
CHAMP D'APPLICATION

762.10 **Plan.** Le champ d'application de la protection fonctionnelle, qui constitue un principe général du droit (§ 1), s'apprécie eu égard à la qualité des personnes bénéficiaires (§ 2), et à la nature de la procédure en cause (§ 3), et implique un lien suffisant entre les fonctions exercées par l'agent et les attaques dont il fait l'objet (§ 4).

§ 1
Propos liminaires

762.21 **Définition.** La protection fonctionnelle constitue une protection accordée par l'État à ses agents victimes ou mis en cause c'est-à-dire faisant l'objet de poursuites civiles ou pénales[1].

La protection fonctionnelle va au-delà de la seule prise en charge des honoraires de l'avocat, point auquel nous nous limiterons ici, et impose à l'administration de protéger ses agents par tous moyens[2].

762.22 **Principe général du droit.** Le Conseil d'État a érigé en principe général du droit, la protection fonctionnelle en considérant que, « lorsqu'un agent public est mis en cause par un tiers à raison de ses fonctions, il incombe à la collectivité publique dont il dépend de le couvrir des condamnations civiles prononcées contre lui, dans la mesure où une faute personnelle détachable du service ne lui est pas imputable, de lui accorder sa protection dans le cas où il fait l'objet de poursuites pénales, sauf s'il a commis une faute personnelle, et, à moins qu'un motif d'intérêt général ne s'y oppose, de le protéger contre les menaces, violences, voies de fait, injures, diffamations ou outrages dont il est l'objet ; que ce principe général du droit a d'ailleurs été expressément réaffirmé par la loi, notamment en ce qui concerne les fonctionnaires et agents non titulaires par l'article L. 134-1 du code général de la fonction publique, et par les articles L. 2123-34, L. 2123-35, L. 3123-28, L. 3123-29, L. 4135-28 et L. 4135-29 du code général des collectivités territoriales, s'agissant des exécutifs des collectivités territoriales ; que cette protection s'applique à tous les agents publics, quel que soit le mode d'accès à leurs fonctions »[3].

§ 2
Personnes concernées

762.31 **Agents titulaires.** La protection fonctionnelle bénéficie à toutes les catégories d'agents publics[4], y compris les anciens agents publics : fonctionnaires de l'État et des collectivités, fonctionnaires stagiaires et titulaires, aux militaires[5] et aux magistrats de l'ordre judiciaire[6], telle que la plainte d'un usager devant le CSM[7].

Les fonctionnaires en retraite bénéficient également de la protection[8], tout comme les agents placés en disponibilité, détachés ou mis à la disposition d'un organisme privé si la demande de protection résulte de faits qui ont été commis dans l'exercice de leurs fonctions au sein d'un organisme public ou que leur responsabilité a été mise en cause alors qu'ils agissaient en qualité de fonctionnaires, même s'ils étaient grévistes au moment des faits[9].

A contrario, les intéressés ne peuvent bénéficier de la protection si les faits ayant été à l'origine de leur demande se rattachent aux activités qu'ils exercent hors de l'administration, pour le compte d'un organisme privé, quelle que soit par ailleurs leur position

1. CGFP, art. L. 134-1 [L. n° 83-634, 13 juill. 1983 portant droits et obligations des fonctionnaires, *JO* 14 juill., p. 2174, art. 11].
2. Ch. Vigouroux, *Déontologie des fonctions publiques*, 2e éd., « Dalloz Référence », 2012, nos 51.61 s. – L. n° 83-634, 13 juill. 1983, art. 11, I.
3. CE, Sect., 26 avr. 1963, *CHR de Besançon*, req. n° 42783, p. 242, concl. Chardeau – CE 8 juin 2011, *Farré*, req. n° 312700, *Lebon*, concl. P. Collin ; *AJDA* 2011. 1175 ; *AJFP* 2012. 87, note I. Crepin-Dehaene ; *AJCT* 2011. 571, obs. D. Krust.
4. CGFP, art. L. 5 et s.
5. V. ss n° 762.142.
6. Ord. n° 58-1270, 22 déc. 1958 portant loi organique relative au statut de la magistrature, *JO* 23 déc., art. 11.
7. CE 11 févr. 2015, req. n° 372359, *Lebon ; AJFP* 2015. 208 ; *AJDA* 2015. 944, note S. van Coester ; *D. actu.* 18 févr. 2015, note M.-Ch. de Montecler – CAA Paris, 22 nov. 2016, req. n° 15PA01802 ; *AJFP* 2017. 79, obs. P. Ouardes ; *AJDA* 2017. 502 – V. ss n° 762.143.
8. CGFP, art. L. 134-1 [L. n° 83-634, 13 juill. 1983, art. 11, I].
9. CE 22 mai 2017, *Sète (Cne)*, req. n° 396453, *Lebon ; AJDA* 2017. 1087 ; *AJFP* 2017. 283.

statutaire, telle qu'une fonctionnaire détachée auprès d'EDF[1].

762.32 **Agents non titulaires.** La protection bénéficie également à tous les agents publics non titulaires. Sont notamment concernés : les agents publics recrutés en application des dispositions du statut général, les ouvriers d'État, les membres non fonctionnaires des cabinets ministériels[2]. Il en est de même des élus des exécutifs des collectivités territoriales[3], sans qu'elle ne puisse s'étendre aux attaques politiques[4], ou du président élu d'un établissement administratif[5].

Elle bénéficie également aux personnes ayant la qualité de collaborateurs occasionnels du service public[6], telles qu'un « aviseur des douanes » auquel la protection a toutefois pu être refusée dès lors les faits de trafic de stupéfiants pour lesquels il avait été condamné étaient dépourvus de tout lien avec les fonctions exercées en sa qualité d'informateur du service des douanes rémunéré pour les informations transmises[7].

Il en sera également ainsi pour un mandataire judiciaire à la protection des majeurs (MJPM)[8], pour les experts dans l'exercice des missions de justice qui leur sont confiées par une décision d'une juridiction[9], ou encore pour les interprètes, tels que les interprètes afghans ayant servi en qualité d'interprète auprès des forces françaises au sein des « *Operating Laison and Mentoring Teams* », équipes de tutorat et de liaison opérationnelle chargée de former les forces afghanes[10].

762.33 **Ayants droit.** Pendant longtemps, seuls certains ayants droit, placés dans une situation particulière eu égard aux risques auxquels les exposent les missions de sécurité et de justice exercées par les fonctionnaires ou agents publics auxquels ils étaient liés, pouvaient bénéficier de la protection fonctionnelle sans que cela ne constitue une inégalité de traitement, compte tenu de la différence de situations[11].

Depuis 2016[12], la protection peut être accordée, sur leur demande, au conjoint, au concubin, au partenaire lié par un pacte civil de solidarité à un agent public, à ses enfants et à ses ascendants directs pour les instances civiles ou pénales qu'ils engagent contre les auteurs d'atteintes volontaires à l'intégrité de la personne dont ils sont eux-mêmes victimes du fait des fonctions exercées par l'agent public. Elle peut également être accordée, à leur demande, au conjoint, au concubin ou au partenaire lié par un pacte civil de solidarité qui engage une instance civile ou pénale contre les auteurs d'atteintes volontaires à la vie d'un agent public du fait des fonctions exercées par celui-ci. En l'absence d'action engagée par le conjoint, le concubin ou le partenaire lié par un pacte civil de solidarité, la protection peut être accordée aux enfants ou, à défaut, aux ascendants directs du fonctionnaire qui engagent une telle action[13].

762.34 **Ayants droit – Cas particuliers.** Par ailleurs, le législateur a maintenu deux cas d'extension de la protection des ayants droit d'agents victimes d'attaques. Il s'agit :

1° D'une part, des conjoints, enfants et ascendants directs des fonctionnaires de la police nationale et des adjoints de sécurité[14] et des militaires[15] qui, du fait des fonctions de ces derniers, ont été victimes de menaces, violences, voies de fait, injures, diffamations ou outrages ;

2° D'autre part, des enfants mineurs des magistrats, fonctionnaires civils et agents non titulaires de l'État « décédés des suites d'une blessure reçue ou disparus dans l'accomplissement d'une mission ayant comporté des risques particuliers ou ayant donné lieu à un acte d'agression » ou « dans l'incapacité de gagner leur vie par le travail en raison des blessures reçues dans l'accomplissement d'une mission ayant comporté des risques particuliers ou ayant donné lieu à un acte d'agression »[16].

1. CE 26 sept. 2011, req. n° 329228, *Lebon ; AJFP* 2012. 88 ; *AJDA* 2011. 1816.
2. Circ. 5 mai 2008 relative à la protection fonctionnelle des agents publics de l'État, B8 n° 2158, p^t 1-2.
3. CGCT, art. L. 2123-34, L. 2123-35, L. 3123-28, L. 3123-29, L. 4135-28 et L. 4135-29.
4. CAA Bordeaux, 6 mai 2014, req. n° 12BX03112 ; *AJDA* 2014. 1802 ; *AJFP* 2015. 89, note S. Niquège.
5. CE 8 juin 2011, *Chambre de commerce et d'industrie de Toulouse*, req. n° 312700, *Lebon ; AJFP* 2012. 87, note I. Crepin-Dehaene ; *AJDA* 2011. 1175 ; *AJCT* 2011. 571, obs. D. Krust.
6. CE 13 janv. 2017, *min. Budget*, req. n° 386799, *Lebon ; Gaz. Pal.* 31 janv. 2017, p. 38, obs. Ph. Graveleau ; *AJDA* 2017. 1075, obs. Ch. Froger ; *AJFP* 2017. 174.
7. CE 13 janv. 2017, *min. Budget*, req. n° 386799, *Lebon ; Gaz. Pal.* 31 janv. 2017, p. 38, obs. Ph. Graveleau ; *AJDA* 2017. 1075, obs. Ch. Froger ; *AJFP* 2017. 174.
8. TA Rennes, 20 déc. 2018, req. n° 1601526 – V. s^s n° 433.101.
9. V. s^s n°s 433.21 s.
10. CE 14 déc. 2018, *min. Armées*, req. n° 424847, NP – CE 1er févr. 2019, *min. Armées*, req. n° 421694, *Lebon*.
11. CE 17 févr. 2014, req. n° 374227, NP ; *AJDA* 2014. 421 ; *D. actu.* 4 mars 2014, note M.-Ch. de Montecler.
12. L. n° 2016-483 du 20 avr. 2016 relative à la déontologie et aux droits et obligations des fonctionnaires, art. 20 – F. Melleray, « De la modernisation des droits et obligations des fonctionnaires », *AJDA* 2016. 1439 – S. Niquège, « La loi sur la déontologie, ou la réforme à pas comptés », *AJFP* 2016. 196 ; Y. Goutal, « Loi « Déontologie » : les modestes évolutions de la protection fonctionnelle », *AJCT* 2016. 368.
13. CGFP, art. L. 134-7 [L. n° 83-634, 13 juill. 1983, art. 11, V].
14. CSI, art. L. 113-1 et R. 113-1 – V. s^s n° 762.141.
15. C. défense, art. L. 4123-10 – V. s^s n° 762.142.
16. Décr. n° 81-328, 3 avr. 1981 accordant une protection particulière aux enfants de magistrats, fonctionnaires civils et agents de l'État, *JO* 11 avr., p. 1008.

§ 3
Procédures concernées

762.41 **Agent mis en cause.** L'administration doit couvrir les condamnations dès lors que les faits ont pour origine une faute de service. Les agents publics sont ainsi protégés par l'administration lorsque leur responsabilité pénale est mise en cause à l'occasion de faits qui n'ont pas le caractère d'une faute personnelle détachable de l'exercice de leurs fonctions. Il en est de même de l'agent public entendu en qualité de témoin assisté pour de tels faits ou de celui qui, à raison de tels faits, est placé en garde à vue ou se voit proposer une mesure de composition pénale[1].

Par ailleurs, lorsqu'un agent public est poursuivi par un tiers pour faute de service et que le conflit d'attribution n'a pas été élevé, la collectivité publique doit, dans la mesure où une faute personnelle détachable de l'exercice de ses fonctions ne lui est pas imputable, le couvrir des condamnations civiles prononcées contre lui[2].

762.42 **Agent victime.** La protection fonctionnelle bénéficie aux agents publics contre les attaques dont ils sont victimes à l'occasion de leurs fonctions ainsi qu'en dispose l'article L. 134-5 du code général de la fonction publique qui prévoit que : « La collectivité publique est tenue de protéger les fonctionnaires contre les atteintes volontaires à l'intégrité de la personne, les violences, les agissements constitutifs de harcèlement, les menaces, les injures, les diffamations ou les outrages dont il pourrait être victime sans qu'une faute personnelle puisse lui être imputée, et de réparer, le cas échéant, le préjudice qui en est résulté. »[3]

L'administration doit ainsi protéger ses agents contre les violences, injures ou diffamations dont ils peuvent être victimes à l'occasion ou en raison de leurs fonctions.

762.43 **Nature des faits.** Les faits doivent être établis[4], et être afférent à l'une des procédures visées dans la loi à savoir : atteintes volontaires à l'intégrité de la personne (voie de fait), les violences, les agissements constitutifs de harcèlement, les menaces, les injures, les diffamations ou les outrages dont ils pourraient être victimes à l'occasion de leurs fonctions, poursuites pénales à l'occasion de faits qui n'ont pas le caractère d'une faute personnelle. Les autres procédures ne sont pas couvertes par la protection fonctionnelle telle que la procédure disciplinaire[5], sauf cas particulier des magistrats[6].

Les attaques peuvent être physiques ou morales, écrites ou verbales, adressées par courrier individuel ou au moyen de tracts ou des médias. Mais l'imputabilité d'une tentative de suicide ne constitue pas une attaque dont aurait été victime l'agent public[7].

Les attaques susceptibles d'ouvrir droit à la protection fonctionnelle peuvent émaner de qui que ce soit : usagers, les collègues de la victime, même s'il s'agit de son supérieur hiérarchique[8], ou un autre agent public. Mais l'exercice d'un pouvoir hiérarchique dans des conditions normales ne saurait constituer une attaque de nature à ouvrir droit au bénéfice de la protection fonctionnelle en raison du litige né de la décision prise dans ce cadre[9].

762.44 **Harcèlement.** Le harcèlement[10] sexuel ou moral est susceptible d'ouvrir droit à la protection fonctionnelle[11]. Un fonctionnaire victime de harcèlement moral doit ainsi bénéficier de la protection fonctionnelle prévue par l'article L. 134-5[12] du code général de la fonction publique, a jugé le Conseil d'État. La haute juridiction a confirmé une décision de la cour administrative d'appel de Nancy[13] enjoignant à la commune de Hoenheim d'organiser la protection d'un agent public dès lors que le juge du fond, par une appréciation souveraine exempte de dénaturation, a relevé que l'agent exerçait de fait les fonctions de chef du service de la communication et avait succédé au service jeunesse-emploi-sports à un agent de catégorie inférieure à la sienne, et, qu'au vu des témoignages produits et compte tenu de ses conditions matérielles de travail, il établissait n'avoir pu exercer effectivement les attributions décrites dans sa décision d'affectation[14].

1. CGFP, art. L. 134-2 [L. n° 83-634, 13 juill. 1983, art. 11, III].
2. CGFP, art. L. 134-3 et L. 134-4 [L. n° 83-634, 13 juill. 1983, art. 11, II].
3. CGFP, art. L. 134-5 [L. n° 83-634, 13 juill. 1983, art. 11, IV].
4. CE 24 févr. 1995, *Vasseur*, req. n° 112538, NP.
5. CE 9 déc. 2009, *Vavrand*, req. n° 312483, *Lebon T ; AJDA* 2009. 2376 ; *AJDA* 2010. 1138, Chron. S.-J. Liéber et D. Botteghi.
6. V. s[s] n° 762.143.
7. CE 21 oct. 2013, *Cannes (C[ne])*, req. n° 364098, *Lebon T ; AJFP* 2014. 214 ; *AJDA* 2014. 68, obs. Ch. Froger ; *AJCT* 2014. 213, obs. E. Royer.
8. CE 26 nov. 1975, *Riter*, req. n° 94124, *Lebon*. 595.
9. CE 26 nov. 1975, *Riter*, req. n° 94124, *Lebon*.
10. L. Lerouge, « Les différences de traitement juridique du harcèlement moral dans le secteur privé et la fonction publique : des rapprochements possibles ? », *Dr. soc.* 2012. 483 – A.-S. Denolle, « Les risques psychosociaux dans la fonction publique : les limites de la protection fonctionnelle », *RFDA* 2015. 983 – F. Lambolez, « Harcèlement moral et protection fonctionnelle : quel contrôle du juge de cassation ? », *AJFP* 2015. 27 – O. Maetz, « L'administration au croisement du harcèlement moral et de la protection fonctionnelle : le regard du juge », *AJFP* 2013. 284.
11. CGFP, art. L. 134-5 [L. n° 83-634, 13 juill. 1983, art. 11, IV].
12. CGFP, art. L. 134-5 [L. n° 83-634, 13 juill. 1983, art. 11].
13. CAA Nancy, 2 août 2007, *AJDA* 2007. 2101.
14. CE 12 mars 2010, *Hoenheim (C[ne])*, req. n° 308974, *Lebon ; AJDA* 2010. 526 ; *AJDA* 2010. 1138, Chron. S.-J. Liéber et D. Botteghi ; *AJFP* 2010. 255, concl. E. Geffray.

Mais il appartient à l'agent public d'apporter à l'appui de ses dires un faisceau d'indices suffisamment probant pour faire présumer l'existence du harcèlement moral dont il se prétend victime, ce que le juge administratif apprécie souverainement[1].

§ 4
Lien avec les fonctions exercées

762.51 **Lien avec les fonctions exercées et les attaques dont l'agent fait l'objet.** Un lien entre les fonctions exercées par l'agent et les attaques dont il fait l'objet est nécessaire et suffisant[2]. Par exemple, si un policier est frappé lors d'une patrouille. Les attaques sont couvertes qu'elles aient été pendant ou hors du temps de service dès lors qu'elles sont liées aux fonctions ou à la qualité d'agent public de la victime. Il en est de même d'un enseignant est agressé par un de ses élèves alors qu'il rentre chez lui.

Mais le lien entre l'exercice des fonctions et l'agression est apprécié de manière stricte : tel ne sera pas le cas d'un employé de la poste victime d'un syndrome post-traumatique consécutif à un braquage mais qui se trouvait alors dans une autre salle que celle où l'agression avait eu lieu[3]. Tel ne sera pas plus le cas d'un officier de gendarmerie qui se rendait à un séminaire de formation, et est victime d'un accident de la circulation dès lors que nonobstant le fait que cet accident constituait un accident de service, il n'était pas survenu à raison de la qualité de gendarme de l'intéressé[4].

762.52 **Faute personnelle.** Une faute de service peut être imputée à un agent dénommé mais celui-ci peut être considéré comme ayant agi dans le cadre normal de ses fonctions[5]. Il sera alors couvert par la protection fonctionnelle. Par exemple, si un agent de la voirie renverse un passant parce que les freins du camion étaient défectueux. L'agent a suivi les pratiques habituelles de son service et n'a pas agi par malveillance ou en violant délibérément la loi.

À l'inverse, les fautes personnelles ne sont pas couvertes par la protection fonctionnelle même si elles ont été commises durant le temps de service. La faute personnelle est incompatible avec les pratiques habituelles du service. Elle a été commise par intérêt personnel, par malveillance ou en violant délibérément la loi[6].

Par exemple, si un agent de la voirie renverse un passant parce qu'il était en état d'ivresse. La faute personnelle se caractérise ainsi par son caractère extérieur au service ou, à l'occasion du service par son caractère passionnel et subjectif[7]. C'est à une appréciation au cas par cas du caractère personnel de la faute que l'administration qui envisage de refuser la demande de protection de l'agent doit se livrer[8]. Et elle ne peut refuser la protection que si l'agent est accusé d'avoir commis une infraction intentionnelle[9].

762.53 **Types de fautes personnelles.** On distingue trois types de fautes personnelles détachables :

1° Celles qui sont dépourvues de tout lien avec le service[10] ;

2° Celles qui sont commises dans l'exercice même des fonctions mais qui, en raison de leur particulière gravité, révèlent le comportement personnalisé (malveillance ou volonté de nuire, manifestation d'une préoccupation excessive de ses intérêts, détournements de fonds, vols...), des excès de comportement et des fautes d'une toute particulière gravité[11], « inexcusables » qu'on retrouve fréquemment notamment en cas d'erreur médicale.

Tel sera le cas d'un maire condamné pour détournement de biens publics pour avoir fait acquérir par la commune deux voitures de sport ne répondant pas aux besoins d'une administration communale, ces véhicules ayant été utilisés à des fins privées par l'intéressé et un membre de sa famille, tout en facturant à la commune les achats de carburant

1. CE 11 juill. 2011, *Montaut (Mme)*, req. n° 321225, *Lebon ; AJDA* 2011. 2072, concl. M. Guyomar ; *AJFP* 2012. 41, note R. Fontier ; *AJCT* 2011. 474, obs. L. Derridj ; *RDT* 2011. 576, obs. P. Adam – CAA Nancy 20 sept. 2012, req. n° 12NC00191 – CE 1er oct. 2014, *CH de Bigorre*, req. n° 364536, NP ; *AJDA* 2014. 1920 ; *AJFP* 2015. 27, concl. F. Lambolez – CE 23 déc. 2014, *École nationale supérieure des mines de Saint-Étienne*, req. n° 358340, *Lebon T ; AJCT* 2015. 355, obs. O. Guillaumont ; *AJDA* 2015. 730 – CE 7 oct. 2015, *CHRU de Lille*, req. n° 377036, *Lebon T ; AJFP* 2016. 154, note A. Legrand ; *AJDA* 2016. 293.
2. CE 19 juin 2009, *Bertrand*, req. n° 323745, NP ; *AJDA* 2009. 1734.
3. CE 30 janv. 2012, req. n° 336544, NP ; *AJDA* 2012. 784.
4. CE 9 mai 2005, *Afflard*, req. n° 260617, *Lebon T ; AJDA* 2005. 1647.
5. P. Weckel, « L'évolution de la notion de faute personnelle », *RDP* 1990. 1525.
6. CE 10 déc. 1971, *Vacher-Desvernais (Sieur)*, req. n° 77764, *Lebon* – TA Paris, 21 nov. 1962, *Karsenty, Lebon*.
7. Ch. Vigouroux, *Déontologie des fonctions publiques*, 2e éd., « Dalloz Référence », 2012, n° 51.95.
8. T. confl. 14 déc. 1925, *Navarro, Rec.* 1007 – CE 21 avr. 1937, *Quesnel (Mlle), Rec.* 423 – CE 28 déc. 2001, *Valette*, req. n° 213931, *Lebon ; AJDA* 2002. 359, concl. R. Schwartz ; *AJFP* 2002. 24 ; *AJFP* 2002. 25, note P. Boutelet.
9. M.-P. Chanlair, « Pour une pleine application de la protection des agents publics en cas de poursuites pénales », *AJDA* 2002. 781.
10. V. ss n° 762.51.
11. T. confl. 21 déc. 1987, *Kessler*, req. n° 02509, *Lebon* – CE 23 déc. 2009, req. n° 308160, *Lebon T ; AJFP* 2010. 199, obs. S. Niquège ; *AJDA* 2010. 6.

correspondants[1], ou encore de celui qui a signé des attestations de bonne exécution, par des employés de la mairie, d'un stage de formation alors qu'il ne pouvait pas ignorer qu'elles étaient fausses, obtenant ainsi le versement de subventions à la commune[2]. Tel sera, également, le cas d'un magistrat qui a fait modifier par le greffier la note d'audience pour y faire figurer des citations directes qui n'avaient pas été enregistrées ni régulièrement appelées à l'audience et qui a rédigé quatre jugements fixant des consignations alors qu'il n'en avait prononcé que deux sur le siège[3] ou encore d'un maire poursuivi puis condamné pénalement pour prise illégale d'intérêt pour avoir recruté sa sœur en qualité de directeur général des services[4] ;

3° Celles commises en dehors de l'exercice des fonctions, mais non dépourvues de liens avec le service (détournement du véhicule de service à des fins personnelles, faute commise hors du service mais grâce à des moyens mis à disposition de l'agent à l'occasion du service).

SECTION 2
ATTRIBUTION ET EFFETS

762.60 **Plan.** La protection fonctionnelle demandée par l'agent public et accordée par l'administration, en l'absence de faute personnelle (§ 1), porte ses effets pouvant conduire à accorder une assistance juridique à l'agent public induisant la prise en charge des frais d'avocat (§ 2).

§ 1
Attribution de la protection fonctionnelle

762.70 **Plan.** La procédure d'attribution, de retrait et de cessation de la protection fonctionnelle est initiée par une demande écrite de l'agent public (A) sur laquelle les pouvoirs d'appréciation de l'administration sont strictement délimités (B).

A.
Procédure d'attribution

762.81 **Demande.** La demande de prise en charge des frais exposés dans le cadre d'une instance civile ou pénale au titre de la protection fonctionnelle doit être formulée par l'agent public par écrit à ses supérieurs hiérarchiques. L'administration destinataire de la demande est celle où l'agent exerce ses fonctions à la date des faits en cause ou des faits ayant été imputés de façon diffamatoire[5] (et non à la date de la demande de protection). En cas de pluralité de fonctions exercées par l'agent public, c'est l'administration au titre de laquelle les faits ont été commis qui doit être saisie[6]. Lorsque la demande est afférente à un différend opposant l'agent à son supérieur hiérarchique, le principe d'impartialité[7] fait obstacle à ce que ce dernier se prononce sur la demande laquelle doit alors être transmise à l'autorité compétente pour connaître d'une demande de protection fonctionnelle de ce même supérieur hiérarchique[8].

Lorsque l'agent est, à raison de ses fonctions, l'objet de poursuites ou victime de faits prévus à l'article L. 134-1 du code général de la fonction publique alors qu'il n'exerce plus, à titre provisoire ou définitif, les fonctions au titre desquelles il sollicite la protection fonctionnelle, cette demande est formulée auprès de la collectivité publique qui l'employait à la date des faits en cause ou des faits ayant été imputés de façon diffamatoire[9]. Le fonctionnaire en détachement doit adresser sa demande à son administration d'accueil et non à son administration d'origine.

L'agent doit apporter la preuve des faits au titre desquels il demande la protection fonctionnelle[10].

762.82 **Délai pour effectuer la demande.** Aucune disposition législative ou réglementaire n'impose aux fonctionnaires un délai pour demander la protection fonctionnelle ni ne leur interdit de demander la prise en charge par l'État de frais liés à une procédure, postérieurement au jugement ayant clos cette procédure[11]. Mais elle peut être refusée si,

1. CE 30 déc. 2015, *Roquebrune-sur-Argens (Cne)*, req. n° 391800, *Lebon T* – CE 30 déc. 2015, *Roquebrune-sur-Argens (Cne)*, req. n° 391798, *Lebon T ; AJDA* 2016. 1575, note H. Rihal ; *AJCT* 2016. 163, obs. M. Yazi-Roman ; *D. actu.* 14 janv. 2016, note D. Poupeau.
2. CE 5 avr. 2013, *CCAS de Loon-Plage et Loon-Plage (Cne)*, req. n° 349115, NP ; *AJDA* 2013. 1552.
3. CE 11 févr. 2015, req. n° 372359, *Lebon ; AJDA* 2015. 311 ; *AJDA* 2015. 944, concl. S. von Coester ; *AJFP* 2015. 208, comm. A. Legrand.
4. CAA Lyon, 11 févr. 2021, req. n° 19LY00472, *Givors (Cne) ; Gaz. Pal.* 13avr. 2021, p. 22, concl. S. Deliancourt ; – DANS LA MÊME AFFAIRE : Crim. 4 mars 2020, n° 19-83.390, P.
5. CGFP, art. L. 134-1 [L. n° 83-634, 13 juill. 1983, art. 1].
6. CE 5 avr. 2013, *CCAS de Loon-Plage et Loon-Plage (Cne)*, req. n° 349115, NP, préc.
7. CE 29 avr. 1949, *Bourdeaux*, req. n° 82790, *Lebon* 188.
8. CE 29 juin 2020, *CH Louis Constant Fleming*, req. n° 423996, *Lebon ; JCP* 2020. 833, obs. L. Erstein ; *D. actu.* 7 juill. 2020, note Th. Bigot ; *AJDA* 2020. 1317 ; *AJFP* 2020. 341 ; *AJCT* 2020. 540, obs. L. Derridj ; *RFDA* 2021. 349, note C. Aynès ; *RDSS* 2021. 108, note L. Seurot.
9. Décr. n° 2017-97 du 26 janv. 2017 relatif aux conditions et aux limites de la prise en charge des frais exposés dans le cadre d'instances civiles ou pénales par l'agent public ou ses ayants droit, *JO* 28 janv., n° 33, art. 2 – CE 26 juill. 2011, *CH d'Auch*, req. n° 336114, *Lebon T ; AJDA* 2011. 1528 ; *AJFP* 2011. 347.
10. CE 24 août 2011, *Cour des comptes*, req. n° 330659, *Lebon*.
11. CE 9 déc. 2009, *Vavrand*, req. n° 312483, *Lebon T ; AJDA* 2009. 2376 ; *AJDA* 2010. 1138, Chron. S.-J. Liéber et D. Botteghi.

à la date de la demande, aucune démarche de l'administration adaptée à la situation de l'intéressé plus envisageable[1].

762.83 **Décision non contradictoire.** La décision de prise en charge au titre de la protection fonctionnelle indique les faits au titre desquels la protection est accordée. Elle précise les modalités d'organisation de la protection, notamment sa durée qui peut être celle de l'instance[2].

Le Conseil d'État a considéré qu'aucun principe ni aucune règle n'imposaient à l'administration de procéder à une enquête contradictoire avant de prendre sa décision. Dès lors, en se fondant sur les faits dont elle pouvait disposer pour rejeter la requête dont elle était saisie, l'administration n'a pas méconnu le principe de la présomption d'innocence[3].

En cas de refus, l'administration doit en informer explicitement l'agent et la décision doit être motivée[4] et indiquer les voies et les délais de recours.

762.84 **Contestation par l'agent.** Le refus de protection fonctionnelle explicite ou implicite en cas de silence gardé par l'administration peut être contesté par l'agent devant les juridictions administratives suivant la procédure de droit commun[5] et relève de la compétence des tribunaux administratifs en premier ressort[6].

Il peut notamment justifier d'une urgence de nature à enjoindre, en référé[7], l'administration à revoir sa décision. Un simple préjudice moral subi par un fonctionnaire victime d'attaques peut être constitutif d'une situation d'urgence[8]. Le Conseil d'État précise, également, dans cet arrêt qu'un doute sérieux sur la légalité de la décision existe dans la mesure où l'université n'invoque ni faute personnelle du requérant, ni motif d'intérêt général susceptible de justifier son refus. La décision est donc suspendue et le président de l'université se voit enjoindre de la réexaminer dans un délai de quinze jours.

Précédemment, la haute juridiction avait admis que le refus de protection pouvait créer une situation d'urgence lorsque le coût de la procédure exposerait l'intéressé à des dépenses auxquelles il ne serait pas en mesure de faire face et compromettrait ainsi la possibilité pour lui d'assurer sa défense dans des conditions satisfaisantes[9].

762.85 **Retrait.** La décision par laquelle l'administration accorde à l'un de ses agents la protection de l'administration pour lui permettre d'assurer sa défense, est créatrice de droits et ne saurait donc être accompagnée de conditions suspensives ou résolutoires[10].

La question du retrait d'une telle décision, dans le cas, par exemple, où l'administration s'apercevrait que la cause des poursuites constitue une faute personnelle, avait été posée par la doctrine[11]. Dès lors que l'administration a accordé la protection fonctionnelle à son agent, elle ne peut, sous réserve de dispositions législatives ou réglementaires contraires et hors le cas où il est satisfait à une demande du bénéficiaire ou de fraude[12], retirer une décision individuelle explicite créatrice de droits, que si elle est illégale, et à condition de le faire dans le délai de quatre mois suivant la prise de cette décision[13].

762.86 **Cessation de la protection fonctionnelle.** Elle peut toujours y mettre fin pour l'avenir à partir du moment où l'autorité administrative constate à la lumière d'éléments nouvellement portés à sa connaissance que les conditions de la protection fonctionnelle n'étaient pas réunies ou ne le sont plus, notamment si ces éléments permettent de révéler l'existence d'une faute personnelle[14] ou que les faits allégués à l'appui de la demande de protec-

1. CE 28 avr. 2004, req. n° 232143, NP ; *AJDA* 2004. 1613.
2. Décr. n° 2017-97, 26 janv. 2017 relatif aux conditions et aux limites de la prise en charge des frais exposés dans le cadre d'instances civiles ou pénales par l'agent public ou ses ayants droit, *JO* 28 janv., art. 3.
3. CE 28 déc. 2001, *Valette*, req. n° 213931, *Lebon ; AJDA* 2002. 359, concl. R. Schwartz.
4. TA Nice, 11 mai 2016 ; *AJFP* 2017. 83.
5. T. confl. 14 nov. 2016, req. n° C4070, *Lebon ; AJDA* 2017. 276 ; *AJCT* 2017. 222.
6. CE 28 nov. 2014, req. n° 369610, *Lebon T ; AJFP* 2015. 211 ; *AJDA* 2015. 429.
7. CJA, art. L. 521-1.
8. CE 14 déc. 2007, *Juan*, req. n° 307950, *Lebon T ; AJDA* 2007. 2409 ; *AJFP* 2008. 136, concl. C. Landais, note R. Fontier.
9. CE, ord. réf., 18 sept. 2003, *Villelegier*, req. n° 259772, *Lebon ; AJDA* 2003. 2098, obs. M.-Ch. de Montecler.
10. CE 14 mars 2008, *Portalis*, req. n° 283943, *Lebon ; AJDA* 2008. 559 ; *AJDA* 2008. 800, Chron. J. Boucher et B. Bourgeois-Machureau ; *AJFP* 2008. 140 ; *RFDA* 2008. 482, concl. N. Boulouis ; *RFDA* 2008. 931, note B. Seiller – G. Eveillard, « L'abrogation des décisions administratives créatrices de droits », *RFDA* 2009. 439 – S.-J. Liéber, D. Botteghi, « Droit mal acquis reste acquis », *AJDA* 2009. 817.
11. M.-P. Chanlair, « Pour une pleine application de la protection des agents publics en cas de poursuites pénales », *AJDA* 2002. 781.
12. CE 29 nov. 2002, *AP de Marseille*, req. n° 223027, *Lebon ; AJDA* 2003. 276, Chron. F. Donnat et D. Casas ; *D.* 2003. 667 ; *AJFP* 2003. 4 ; *RFDA* 2003. 234, concl. G. Bachelier ; *RFDA* 2003. 240, note P. Delvolvé ; *RTD civ.* 2003. 268, obs. J. Hauser.
13. CE 22 janv. 2007, *min. Aff. étrangères c/Maruani*, req. n° 285710, *Lebon T ; AJDA* 2007. 1190, note M.-P. Chanlair ; *AJFP* 2007. 167.
14. CE 14 mars 2008, *Portalis*, req. n° 283943, *Lebon ; AJDA* 2008. 559 ; *AJDA* 2008. 800, Chron. J. Boucher et B. Bourgeois-Machureau ; *AJFP* 2008. 140 ; *RFDA* 2008. 482, concl. N. Boulouis ; *RFDA* 2008. 931, note B. Seiller – CE 23 juill. 2008, *Ménage*, req. n° 308238, NP ; *AJDA* 2008. 2135.

tion ne sont pas établis ou si un motif d'intérêt général vient à le justifier[1].

Il en est de même, dans le cas où la demande de protection fonctionnelle a été présentée à raison de faits de harcèlement, si, à la suite d'une décision de première instance, les éléments révélés par l'instance, et ainsi nouvellement portés à la connaissance de l'administration, permettent de regarder les agissements allégués comme n'étant pas établis étant précise que la seule intervention d'une décision juridictionnelle non définitive ne retenant pas la qualification de harcèlement ne suffit pas, par elle-même, à justifier qu'il soit mis fin à la protection fonctionnelle[2].

B. Pouvoirs d'appréciation de l'administration

762.91 **Pouvoirs d'appréciation de l'administration et faute personnelle imputable à l'agent.** L'administration est tenue d'accorder la protection fonctionnelle dès lors qu'elle ne se prévaut d'aucune faute personnelle[3] imputable à l'agent qui l'a sollicité[4], ni ne justifie d'un motif d'intérêt général qui s'y opposerait.

Tel que s'agissant de la demande de prise en charge des frais, notamment les honoraires de consultation d'avocat, supportés par un préfet pour assurer sa défense dans la procédure dans laquelle il avait été mis en examen pour atteinte à l'intimité de la vie privée (affaire des écoutes téléphoniques de l'Élysée) au regard de laquelle, dès lors que le ministre de l'intérieur ne se prévalait d'aucune faute personnelle imputable à l'intéressé, il était tenu d'accorder à celui-ci le bénéfice de la protection fonctionnelle[5].

Mais dès lors qu'il résulte des éléments dont elle a connaissance, tel que s'agissant d'agents municipaux qui avaient fait l'objet de plaintes pour complicité et recel de vol, que l'on est en présence d'une faute personnelle, l'administration doit refuser la protection[6].

L'administration apprécie l'existence d'une faute personnelle[7] sous le contrôle du juge administratif[8] au regard des éléments dont elle a connaissance au jour de sa décision, en se fondant si nécessaire sur les éléments recueillis dans le cadre de la procédure pénale[9].

762.92 **Protection adéquate.** La protection accordée par l'administration à son agent doit être en adéquation avec la situation à l'origine de la demande de protection fonctionnelle[10].

C'est ainsi que le Conseil d'État a considéré qu'un président d'université ne pouvait pas, dans un premier temps, refuser la protection fonctionnelle à un professeur des universités puis, dans un second temps, estimer qu'il avait retiré son refus et accordé la mesure de protection appropriée en saisissant l'instance disciplinaire compétente[11]. En l'espèce, le comportement d'un professeur des universités, dans l'exercice de ses fonctions, avait été mis gravement en cause par un tract largement diffusé au sein d'une université. Cet enseignant avait alors demandé au président de l'université de lui accorder la protection fonctionnelle en engageant des poursuites disciplinaires contre l'un de ses collègues, auteur du tract. Le président de l'université a refusé sa requête. Un an après, il demande à la présidente de la section disciplinaire de l'université de résoudre le litige entre les deux enseignants et estime que cette saisine valait accord de la mesure de protection.

Le Conseil d'État estime que la saisine de l'instance disciplinaire par le président ne peut en aucun cas être considérée comme une mesure de protection à l'égard de l'enseignant. Cette protection lui était due et aucun motif d'intérêt général[12] ni aucune faute personnelle[13] de l'enseignant ne pouvait justifier le refus de la part de l'université de la lui accorder.

762.93 **Partage de prise en charge.** L'issue de la procédure peut conduire à constater que le dommage causé par l'agent public n'est pas exclusivement imputable à une faute de service. Dans ce dernier cas, il va y avoir lieu à partage de prise en charge entre l'administration et l'agent public bénéficiaire de la protection fonctionnelle et ce, quel que soit par ailleurs le fondement sur lequel la responsabilité du fonctionnaire a été engagée vis-à-vis de la victime du dommage.

Dès lors, si une faute personnelle[14] a, dans la réalisation du dommage, conjugué ses effets avec

1. V. s[s] n°s 762.91 s.
2. CE 1er oct. 2018, *Conseil économique, social et environnemental*, req. n° 412897 ; *Gaz. Pal.* 16 oct. 2018, p. 32, obs. Ph. Graveleau.
3. V. s[s] n°s 762.52 s.
4. CE 19 nov. 1993, *Védrenne*, req. 74235, *Lebon ; RFDA* 1994. 196.
5. CE 28 juin 1999, *Ménage*, req. n° 195348, *Lebon T ; AJFP* 2000. 30, obs. P. Moreau et B. Cazin.
6. CE 18 oct. 1989, req. n° 70366, NP.
7. V. s[s] n°s 762.52 s.
8. CE 28 déc. 2001, *Valette*, req. n° 213931, *Lebon ; AJDA* 2002. 359, concl. R. Schwartz.
9. CE 12 févr. 2003, *Chevalier*, req. n° 238969, NP.
10. CE 18 mars 1994, *Rimasson*, req. n° 92410, *Lebon*.
11. CE 14 oct. 2009, *El Mechat (Mme)*, req. n° 315956, *Lebon ; AJDA* 2009. 1921 ; *AJDA*. 2010. 1138, Chron. S.-J. Liéber et D. Botteghi.
12. CE, ass. 14 févr. 1975, *Teitgen*, req. n° 87730, *Lebon ; AJDA* 1975. 252, note S. Salon.
13. CE, ass. 28 juill. 1951, *Laruelle*, req. n° 1074, *Lebon*.
14. V. s[s] n°s 762.52 s.

ceux d'une faute de service distincte, l'administration n'est tenue de couvrir l'agent que pour la part imputable à cette faute de service. Il appartient alors au juge administratif, saisi d'un contentieux opposant le fonctionnaire à son administration, de régler la contribution finale de l'un et de l'autre à la charge des réparations compte tenu de l'existence et de la gravité des fautes respectives. C'est en ce sens que l'a jugé le Conseil d'État en approuvant la condamnation de l'État à prendre à sa charge la moitié du montant total des condamnations civiles prononcées à l'encontre de Maurice Papon par la cour d'assises de la Gironde[1].

762.94 Motif d'intérêt général qui s'y oppose. Même en l'absence de faute personnelle[2], l'administration peut justifier d'un motif d'intérêt général afin de s'opposer à la demande de protection fonctionnelle[3].

Tel sera le cas lorsque constatant l'existence d'un climat gravement et durablement conflictuel au sein du service, qui résultait au moins pour partie du comportement de l'agent, ce que la poursuite de l'action en diffamation engagée par celui-ci ne pouvait qu'aggraver, et qui était susceptible d'avoir une incidence sur la qualité des soins assurés dans l'établissement, le directeur du centre hospitalier a pu légalement se fonder sur un motif d'intérêt général pour refuser que l'établissement prenne en charge les frais de procédure et d'avocat supportés par l'agent[4] ou encore s'agissant du refus opposé à un ancien directeur des RG en raison de procédures liées à des carnets qu'ils avaient tenus sur diverses personnes publiques, agissant sans liens avec les missions de service public dont il avait la responsabilité[5].

§ 2
Effets de la protection fonctionnelle

762.100 Plan. La décision de l'administration apportant l'assistance juridique nécessaire aux agents bénéficiant de la protection fonctionnelle indique les faits au titre desquels la protection est accordée (A), aboutissant à une prise en charge des frais d'avocat (B).

A.
Assistance juridique

762.111 Assistance juridique nécessaire aux agents bénéficiant de la protection fonctionnelle. La décision de prise en charge au titre de la protection fonctionnelle indique les faits au titre desquels la protection est accordée. Elle précise les modalités d'organisation de la protection, notamment sa durée qui peut être celle de l'instance ou de la procédure.

L'administration doit apporter l'assistance juridique nécessaire aux agents bénéficiant de la protection fonctionnelle. La prise en charge des frais d'avocats est l'une des modalités de mise en œuvre de la protection fonctionnelle[6], parmi d'autres.

L'administration n'est pas tenue de prendre en charge la totalité des frais. Elle peut aussi rembourser les frais engagés par l'agent avant qu'il ait fait sa demande de protection fonctionnelle.

762.112 Libre choix de l'avocat. L'agent est libre du choix de son avocat[7]. S'il n'a pas choisi lui-même un avocat, l'administration pourra, s'il en exprime le souhait, l'accompagner dans sa décision. Même si l'agent choisit personnellement son avocat selon des critères qui lui sont propres, sans avoir recours aux conseils de l'administration, il lui appartient de prendre contact avec le service de son administration chargé de la protection fonctionnelle, notamment afin de connaître les conditions dans lesquelles la prise en charge des frais d'avocat sera effectuée.

L'agent communique à son administration le nom de l'avocat, qu'il a librement choisi, et la convention d'honoraires[8] qu'il a conclue avec lui[9].

762.113 Relations de l'avocat avec l'administration. Lorsque l'agent le souhaite, l'administration peut l'accompagner tout au long de la procédure avec son avocat[10], dans le respect des règles déontologiques de la profession et sous réserve également du respect du secret professionnel[11] et de celui de l'instruction[12].

1. CE 12 avr. 2002, *Papon*, req. n° 238689, *Lebon ; AJDA* 2002. 423, Chron. M. Guyomar et P. Collin ; *RFDA* 2002. 582, concl. S. Boissard.
2. V. s[s] n°s 762.52 s.
3. CE, ass. 14 févr. 1975, *Teitgen, Lebon ; AJDA* 1975. 252, note Salon – CE 24 juin 1977, *Deleuze*, req. n°s 93480, 93481 et 93482, *Lebon* – CE 30 mars 2010, *ville de Paris*, req. n° 318710, *Lebon ; AJDA* 2010. 704 ; *AJDA* 2010. 1138, Chron. S.-J. Liéber et D. Botteghi ; *AJFP* 2010. 198 – Ph. Lagrange, « Reconnaissance d'un motif d'intérêt général justifiant qu'il soit dérogé à l'obligation statutaire de protection » ; *AJDA* 2011. 1441.
4. CE 26 juill. 2011, *Mirmiran (Mme)*, req. n° 336114, *Lebon ; AJDA* 2011. 1528 ; *AJFP* 2011. 347.
5. CE 20 avr. 2011, *Bertrand*, req. n° 332255, *Lebon ; AJDA* 2011. 1441, note Ph. Lagrange.
6. CAA Paris, 10 nov. 1990, *Chavant*, req. n° 89PA01548, *Lebon T.*
7. Circ. 5 mai 2008, B8 n° 2158, p[t] 3-1 – V. s[s] n°s 471.81 s.
8. V. s[s] n°s 713.00 s.
9. Décr. n° 2017-97, 26 janv. 2017 relatif aux conditions et aux limites de la prise en charge des frais exposés dans le cadre d'instances civiles ou pénales par l'agent public ou ses ayants droit, *JO* 28 janv., n° 33, art. 4.
10. Circ. 5 mai 2008, B8 n° 2158, p[t] 3-2.
11. V. s[s] n°s 412.00 s.
12. V. s[s] n°s 416.00 s.

Dans tous les cas, il n'appartient pas à l'administration d'orienter la défense des intérêts de l'agent qui doit conduire lui-même sa stratégie en liaison avec son avocat. Une circulaire indique que l'avocat peut, s'il l'estime opportun, communiquer ses conclusions écrites à l'administration[1]. Ce point contrevient au secret professionnel[2] : c'est au client, agent de l'administration, de faire son affaire de ses relations avec son administration et de lui communiquer, le cas échéant, les conclusions qu'il aura reçues de son avocat.

La relation entre l'avocat et l'administration est ici en tout point similaire à celle de l'avocat avec l'organisme assureur en matière d'assurance de protection juridique[3].

Il convient, en outre, de rappeler que l'avocat qui intervient pour le compte d'un agent public dans le cadre de la protection fonctionnelle, est l'avocat de l'agent public et non de l'administration au nom de laquelle il ne saurait en aucun cas se prononcer ou prendre position. Il n'est en effet pas rare que l'agent public bénéficiant de la protection fonctionnelle se trouve mis en cause dans une procédure dans laquelle sa propre administration est partie civile, ou qui l'oppose à un autre agent public de son administration.

762.114 **Opportunité du recours.** La prise en charge des honoraires de l'avocat de l'agent auquel la projection fonctionnelle a été accordée n'est pas automatique si l'administration considère que la défense de l'agent concerné a été suffisamment assurée par d'autres voies, comme a pu le considérer le Conseil d'État dans une affaire où un substitut du Procureur de la République avait fait l'objet auprès de ses supérieurs de graves accusations de la part d'un avocat à raison d'actes accomplis dans l'exercice de ses fonctions. L'engagement d'une procédure disciplinaire à l'égard de l'avocat et le classement sans suite de la plainte en dénonciation calomnieuse formée à l'encontre du magistrat assuraient à celui-ci une protection appropriée contre l'attaque dont il avait été l'objet faisant que l'administration pouvait refuser la prise en charge des frais d'avocat que le magistrat avait engagé afin de poursuivre l'avocat du chef de dénonciation calomnieuse et d'outrage à magistrat[4].

Les juridictions administratives opèrent un strict contrôle des mesures prises par l'administration[5]. C'est ainsi que le maintien de la protection fonctionnelle au stade du pourvoi en cassation a pu être refusé dès lors que l'agent public avait obtenu des condamnations civiles du prévenu, devenues définitives, et que l'appel formé par le procureur général ne portait que sur l'action pénale et ne pouvait donner ouverture à un appel incident des parties civiles faisant que l'action pénale devant la cour d'appel n'appartenait plus qu'au ministère public et que, le maintien de la protection fonctionnelle au stade de la cassation aux seules fins de voir trancher par la Cour de cassation la question de droit relative à la compatibilité avec les stipulations de l'article 6 de la conv. EDH des dispositions du code de procédure pénale donnant aux parties civiles la faculté de faire appel d'un jugement correctionnel uniquement en tant qu'il se prononce sur les intérêts civils, était indépendant de la protection que l'agent public était en droit d'attendre et qu'il avait obtenue contre les outrages, injures ou diffamations dont il était victime[6].

B.
Prise en charge des frais d'avocat

762.120 **Plan – Prise en charge des frais de justice.** S'il n'a pas bénéficié de l'avance de frais, l'agent bénéficie du remboursement par son administration des frais couvrant[7] :

– le montant des honoraires de son avocat[8] ;

– le montant des consignations qui lui sont réclamées en cas de dépôt de plainte avec constitution de partie civile, ou en cas de citation directe de l'auteur des faits devant une juridiction pénale ;

– le montant des frais exposés dans le cadre d'une action civile (frais d'huissier, expertise...) ;

– le montant des frais d'huissier et/ou d'avocat exposés pour obtenir l'exécution de la décision judiciaire rendue à son profit ;

– le montant des frais afférents à ses déplacements ainsi qu'à ceux de son avocat, nécessités par la procédure judiciaire.

Pour chaque instance, l'agent public peut demander, sur justificatifs, le remboursement de ses frais de déplacement ou d'hébergement liés à l'instance dans les conditions et selon les modalités de règlement des frais occasionnés par les déplacements prévus par les dispositions applicables dans la fonction publique dont il relève[9]. La prise en charge des frais de déplacement peut ainsi s'effectuer par référence aux barèmes fixés par le décret du 3 juillet 2006[10]. Les agents

1. Circ. 5 mai 2008, B8 n° 2158, p^t 3-2.
2. V. s^s n°s 412.00 s.
3. V. s^s n° 761.92.
4. CE 21 févr. 1996, *de Maillard*, req. n° 155915, *Lebon T.*
5. CE 28 déc. 2009, *Borrel*, req. n° 317080, *Lebon ; JCP Adm.* 2010, n° 2133, note D. Jean-Pierre.
6. CE 24 oct. 2005, *Guigue (Mme)*, req. n° 259807, *Lebon T ; AJDA* 2005. 2422 ; *Cah. fonct. publ.* janv. 2006. 29, concl. I. de Silva ; *BJCL* févr. 2006, 105 ; *JCP adm.* 2006, 1031, note J. Moreau.
7. Circ. 5 mai 2008, B8 n° 2158, p^t 3-3.
8. CAA Paris, 10 nov. 1990, req. n° 89PA01548 ; *RFDA* 1991. 488, Chron. J.-L. Théobald.
9. Décr. n° 2017-97, 26 janv. 2017, art. 8.
10. Décr. n° 2006-781, 3 juill. 2006 fixant les conditions et les modalités de règlement des frais occasionnés par les déplacements temporaires des personnels civils de l'État, *JO* 4 juill.

publics qui se sont constitués partie civile devant les juridictions répressives ont droit à une indemnité de comparution, à des frais de voyage et à une indemnité journalière de séjour s'ils le requièrent[1]. Ils ne peuvent solliciter la prise en charge par l'administration de ces frais que lorsqu'il est établi que la juridiction judiciaire auprès de laquelle ils ont effectué les diligences nécessaires a rejeté leur demande. La collectivité n'est, toutefois, pas tenue de rembourser les frais engagés par l'agent pour des déplacements ou de l'hébergement dont le nombre ou la fréquence sont manifestement sans rapport avec les nécessités de sa défense[2].

Ainsi se pose la question de l'étendue et modalités de prise en charge (1°), laquelle fait l'objet de réglementations particulières s'agissant des fonctionnaires de la police nationale, des militaires, magistrats, et juges consulaires (2°), ainsi que du règlement des litiges relatifs à cette prise en charge (3°).

1°
Étendue et modalités de prise en charge

762.131 Convention entre l'avocat et l'administration. Depuis 2017[3], indépendamment de la convention d'honoraires liant l'avocat à l'agent public[4], la collectivité publique peut conclure une convention avec l'avocat et, le cas échéant, avec l'agent public. Cette convention a pour objet de déterminer le montant des honoraires pris en charge selon un tarif horaire ou un forfait, déterminés notamment en fonction des difficultés de l'affaire. Elle fixe les modalités selon lesquelles les autres frais, débours et émoluments[5] sont pris en charge. Elle règle le cas des sommes allouées à l'agent au titre des frais exposés et non compris dans les dépens[6], lesquelles doivent, en principe, être reversées à l'administration. La convention peut prévoir que des frais seront pris en charge au fur et à mesure de leur engagement, à titre d'avances et sur justificatifs[7].

762.132 Règlement des frais et honoraires. Les honoraires[8], en principe, librement négociés entre l'avocat et son client, agent public, sont payés par l'agent et remboursés à ce dernier par son administration[9]. Toutefois, une fois que la protection fonctionnelle a été accordée, lorsqu'une convention a été conclue entre la collectivité et l'avocat, la collectivité publique règle directement à l'avocat les frais prévus par la convention. Le règlement définitif intervient à la clôture de l'instance sur présentation du compte détaillé par l'avocat[10].

Dans le cas où une telle convention n'a pas été conclue, la prise en charge des frais exposés est réglée directement à l'agent sur présentation des factures de l'avocat acquittées par lui. Le montant de prise en charge des honoraires par la collectivité publique est alors limité par des plafonds horaires fixés par arrêté conjoint du ministre chargé de la fonction publique, du ministre de la justice et du ministre chargé du budget[11], non encore paru à ce jour.

762.133 Honoraires excessifs. Le droit, pour l'administration, de refuser le paiement direct des honoraires, dès lors qu'elle estime que ceux-ci sont excessifs[12] et non pas simplement disproportionnés, est encadré : si la convention conclue entre l'avocat et la collectivité publique comporte une clause en ce sens, ou en l'absence de cette convention, la collectivité publique peut ne prendre en charge qu'une partie des honoraires lorsque le nombre d'heures facturées ou déjà réglées apparaît manifestement excessif. Le caractère manifestement excessif s'apprécie au regard des prestations effectivement accomplies par le conseil pour le compte de son client, des pièces et des justificatifs produits ou de la nature des difficultés présentées par le dossier[13]. L'administration devra apporter la preuve du caractère excessif des honoraires, bien qu'elle n'ait pas qualité pour en contester le montant devant le juge de l'honoraire, seul l'agent ayant qualité à agir à cet égard[14].

Pour autant, le montant des honoraires de l'avocat choisi par l'agent public ne saurait justifier un refus de protection fonctionnelle au motif qu'il serait prohibitif[15]. Mais si la protection fonctionnelle emporte obligation à l'administration d'accorder sa protection à l'agent victime, et que la mise en œuvre de cette protection peut prendre la forme d'une prise en charge des frais engagés dans le cadre de poursuites judiciaires qu'il a lui-même introduites, elles n'ont pas pour effet de contraindre l'administration à prendre à sa charge, dans tous les cas, l'intégralité de ces frais[16], peu importe que l'avocat

1. C. pr. pén., art. 91-1, 422 et R. 123.
2. Décr. n° 2017-97, 26 janv. 2017, art. 8.
3. Décr. n° 2017-97, 26 janv. 2017 – M.-Ch. de Montecler, « Prise en charge des frais de défense des agents publics », *AJDA* 2017. 204.
4. V. s[s] n°s 713.00 s.
5. V. s[s] n°s 723.21 s.
6. V. s[s] n°s 723.231 s.
7. Décr. n° 2017-97, 26 janv. 2017, art. 5.
8. M. Babonneau, « La "manne" des avocats ou la ritournelle éculée », *D. actu.* 27 janv. 2014.
9. CAA Paris, 19 juin 2012, req. n° 10PA05964 ; *AJFP* 2012. 322, note O. Rousset ; *AJFP* 2012. 322.
10. V. s[s] n° 731.141 – Décr. n° 2017-97, 26 janv. 2017, art. 5.
11. Décr. n° 2017-97, 26 janv. 2017, art. 6.
12. CAA Paris, 19 juin 2012, req. n° 10PA05964 ; *AJFP* 2012. 322, concl. O. Rousset.
13. Décr. n° 2017-97, 26 janv. 2017, art. 7.
14. Ch. Heu, « Protection fonctionnelle et honoraires d'avocat : donner et retenir ne vaut », *AJFP* 2003. 19.
15. CAA Paris, 13 mai 2003, *AP-HP*, req. n° 98PA01392, *Lebon ; AJFP* 2003. 19, concl. C. Heu.
16. CE 2 avr. 2003, *Chantalou*, req. n° 249805, *Lebon T* – CE 9 juill. 2014, *Commune de Lourdes*, req. n° 380377, NP ; *AJDA* 2014. 2398.

soit choisi ou non parmi ceux qu'elle propose[1]. Il a également été jugé que dès lors que les sommes obtenues en vertu des condamnations au titre des frais irrépétibles (en l'occurrence 20 000 francs) étaient supérieures aux frais, ce compris d'avocats, engagés par le fonctionnaire dans la procédure (en l'occurrence 16 320,94 francs), l'administration était en droit de refuser de les prendre en charge dès lors que le fonctionnaire n'établissait pas que seraient demeurés à sa charge des frais constituant un préjudice devant être pris en charge par l'État[2].

Lorsque la prise en charge par la collectivité publique ne couvre pas l'intégralité des honoraires de l'avocat, le règlement du solde incombe à l'agent dans le cadre de ses relations avec son avocat, conformément au droit commun[3].

762.134 Ayants droit. Les mêmes règles s'appliquent pour les ayants droit[4]. Toutefois, s'agissant de ces derniers, lorsqu'un même avocat est choisi comme conseil par les ayants droit de plusieurs agents publics décédés, à l'occasion d'un même événement ou dans les mêmes circonstances, et du fait du ou des mêmes auteurs, la prise en charge accordée par la collectivité publique est obligatoirement versée directement à cet avocat.

Au-delà de cinq dossiers correspondant à la même affaire, tout dossier supplémentaire n'ouvre pas droit à prise en charge[5].

2°
Cas particuliers

762.141 Fonctionnaire de la police nationale. La protection des fonctionnaires de la police nationale et des adjoints de sécurité ou assimilés[6], ainsi que de leur conjoint, partenaire lié par un pacte civil de solidarité, enfants et ascendants directs, est régie par le droit commun sous réserve de certaines dispositions qui leur sont propres prévues par le décret du 26 janvier 2017[7].

Sont considérés comme assimilés au titre de ce régime : les agents de surveillance de Paris, certains agents de la ville de Paris[8], les sapeurs-pompiers professionnels, les médecins civils de la brigade de sapeurs-pompiers de Paris et du bataillon des marins-pompiers de Marseille, les agents de police municipale, les gardes champêtres, les militaires de la gendarmerie nationale, de la brigade de sapeurs-pompiers de Paris, du bataillon des marins-pompiers de Marseille et des unités d'instruction et d'intervention de la sécurité civile, les agents des services de l'État chargés de l'application de la législation relative aux impôts, à la concurrence, la consommation et la répression des fraudes, et au travail, à l'emploi et à la formation professionnelle dans l'exercice de leurs missions de sécurité intérieure, les sapeurs-pompiers volontaires ainsi que les volontaires civils de la sécurité civile[9].

En premier lieu, elle comporte la prise en charge des frais résultant des procédures judiciaires engagées avec l'accord de l'administration par les fonctionnaires concernés ainsi que la réparation pécuniaire, le cas échéant, de chaque chef de préjudice[10].

En second lieu, les frais résultant de procédures judiciaires ou de citations devant les juridictions s'entendent des frais d'avocat, d'expertise, de déplacement, de signification et d'exécution des décisions de justice[11].

Enfin, le bénéfice de la protection fonctionnelle ne couvre pas seulement la garde à vue[12] mais est étendu aux auditions libres[13].

762.142 Militaire. Les conditions de prise en charge des frais et honoraires d'avocat engagés par les militaires et certains agents civils relevant du ministère de la Défense ou leurs ayants droit[14] lors des instances civiles ou pénales qu'ils engagent, ont été précisées par le décret du 14 août 2014[15], en distinguant le cas où le militaire ou ses ayants droit sont victimes de menaces ou d'attaques de celui où les ayants droit d'un militaire ou d'un personnel civil de la défense intentent une action judiciaire à raison de l'atteinte portée à la vie de l'agent auxquels ils sont liés.

Le décret permet, dans le premier cas, le remboursement d'une partie seulement des frais engagés lorsque le montant des honoraires facturés ou déjà réglés est manifestement excessif au regard des pratiques tarifaires habituelles dans la profession, de la nature des prestations effectivement accomplies ou du niveau des difficultés présentées par le dossier[16].

1. CE 2 avr. 2003, *Chantalou*, req. n° 249805, *Lebon T.*
2. CE 9 déc. 2009, *Vavrand*, req. n° 312483, *Lebon T.*; *AJDA* 2009. 2376 ; *AJDA* 2010. 1138, Chron. S.-J. Lieber et D. Botteghi.
3. Décr. n° 2017-97, 26 janv. 2017, art. 7.
4. Décr. n° 2017-97, 26 janv. 2017, art. 9.
5. Décr. n° 2017-97, 26 janv. 2017, art. 10.
6. CSI, art. L. 113-1.
7. Décr. n° 2017-97, 26 janv. 2017, art. 1er.
8. CSI, art. L. 531-1.
9. CSI, art. L. 531-1, al. 1 et 2.
10. CSI, art. R. 113-1.
11. CSI, art. R. 113-2.
12. V. ss n° 762.41.
13. CSI, art. L. 113-1, al. 3.
14. C. défense, art. L. 4123-10.
15. Décr. n° 2014-920, 19 août 2014 relatif aux conditions et limites de la prise en charge par l'État de la protection fonctionnelle des agents publics pris en application de l'article L. 4123-10 du code de la défense, *JO* 21 août, n° 24.
16. Décr. n° 2014-920, 19 août 2014, art. 2.

Le décret organise, pour le second cas, les modalités de prise en charge des frais d'avocat dans le respect du libre choix du conseil par le bénéficiaire de la protection fonctionnelle et des exigences des règles de la profession d'avocat. Il limite la prise en charge par l'État des honoraires d'avocat à un plafond global de 108 000 euros qui s'apprécie pour l'ensemble des ayants droit d'un même défunt et pour l'ensemble des instances à l'encontre du ou des auteurs des faits à l'origine du décès et fait l'objet d'une réactualisation en fonction de l'évolution des prix [1]. Le décret retient, en outre, le principe, comme en matière d'aide juridictionnelle, d'un paiement des honoraires à la fin de l'instance, tout en autorisant une avance d'un montant maximum du tiers du montant total du plafond [2]. Il précise, enfin, les conditions dans lesquelles le règlement intervient ainsi que le mode de résolution des désaccords éventuels entre l'État et l'avocat du ou des ayants droit [3].

762.143 **Magistrat.** Indépendamment des règles fixées par le code pénal et les lois spéciales, les magistrats sont protégés contre les menaces, attaques, de quelque nature que ce soit, dont ils peuvent être l'objet dans l'exercice ou à l'occasion de leurs fonctions. L'État doit réparer le préjudice direct qui en résulte, dans tous les cas non prévus par la législation des pensions.

La loi du 8 août 2016 [4] est venue prévoir la prise en charge par l'État, au titre de la protection, des frais exposés par le magistrat dans le cadre d'instances civiles ou pénales, ou devant la commission d'admission des requêtes jusqu'au renvoi devant la formation disciplinaire compétente du Conseil supérieur de la magistrature [5]. Les conditions et limites de la prise en charge par l'État, ont été précisées par le décret du 4 décembre 2018 [6], insérant un chapitre relatif à la protection fonctionnelle dans le décret du 7 janvier 1993 [7], suivant les mêmes règles que pour les fonctionnaires [8].

1. Décr. n° 2014-920, 19 août 2014, art. 4.
2. Décr. n° 2014-920, 19 août 2014, art. 4, II.
3. Décr. n° 2014-920, 19 août 2014, art. 5.
4. L.O. n° 2016-1090, 8 août 2016 relative aux garanties statutaires, aux obligations déontologiques et au recrutement des magistrats ainsi qu'au Conseil supérieur de la magistrature, *JO* 11 août, n° 1, art. 29.
5. Ord. n° 58-1270, 22 déc. 1958 portant loi organique relative au statut de la magistrature, *JO* 23 déc., art. 11.
6. Décr. n° 2018-1081, 4 déc. 2018 relatif à la protection fonctionnelle des magistrats de l'ordre judiciaire et des juges des tribunaux de commerce, *JO* 6 déc., n° 9.
7. Décr. n° 93-21, 7 janv. 1993 pris pour l'application de l'ordonnance n° 58-1270 du 22 décembre 1958 modifiée portant loi organique relative au statut de la magistrature, *JO* 8 janv., p. 449 – Ministère de la Justice, *Guide de la protection fonctionnelle*, 2019.
8. Décr. n° 93-21, 7 janv. 1993, art. 11-30 s. – V. s[s] n°s 762.111 s.

762.144 **Juge consulaire.** Depuis 2016 [9], indépendamment des règles fixées par le code pénal et les lois spéciales, les juges des tribunaux de commerce sont protégés contre les menaces et attaques, de quelque nature que ce soit, dont ils peuvent faire l'objet dans l'exercice ou à l'occasion de leurs fonctions. L'État doit réparer le préjudice direct qui en résulte.

Les conditions et limites de la prise en charge par l'État, au titre de cette protection, des frais exposés par le juge dans le cadre d'instances civiles ou pénales [10], ont été précisées aux articles R. 722-28 et suivants du code de commerce, par le décret du 4 décembre 2018 [11], suivant les mêmes règles que pour les fonctionnaires [12].

3°
Litiges relatifs à la prise en charge

762.151 **Litige.** Le contentieux entre l'agent et l'administration relativement au remboursement des honoraires est un recours pour excès pouvoir contre un refus opposé par l'administration à sa demande de remboursement, et suit les règles en la matière, sans que l'avocat n'ait vocation à être partie à cette procédure qui se déroule devant les juridictions administratives.

Lorsqu'une convention a été conclue entre l'avocat et l'administration [13], le contentieux entre l'avocat et la collectivité publique relatif à l'exécution de cette convention relève des juridictions administratives, sous réserve, en principe, comme c'est le cas en matière de marchés publics, de l'appréciation du montant des honoraires qui relèvent de la compétence exclusive, et d'ordre public, du juge de l'honoraire [14].

Le Tribunal des Conflits a ainsi confirmé que la décision prise par l'administration de refuser le paiement de certaines factures présentées par l'avocat de l'agent public bénéficiaire de la protection, s'inscrit dans le cadre des relations entre la collectivité publique et son agent, l'administration n'étant ni cliente, ni bénéficiaire des prestations de l'avocat, ni substituée dans les droits de cet agent et ce alors même qu'elle aurait signé avec l'avocat une convention relative au montant des honoraires pris en charge. Il s'ensuit que la contestation du refus de l'administration de payer une partie de ses hono-

9. L. n° 2016-1547, 18 nov. 2016, art. 95.
10. C. com., art. L. 722-19.
11. Décr. n° 2018-1081, 4 déc. 2018, préc.
12. Décr. n° 93-21, 7 janv. 1993, art. 11-30 s. – V. s[s] n°s 762.111 s.
13. V. s[s] n°s 762.131 s.
14. EN CE SENS : Paris, pôle 2, ch. 6, 6 juin 2018, RG n° 17/00787 ; *JCP* 2018. 1023, n° 7, obs. C. Caseau-Roche ; *Gaz. Pal.* 4 déc. 2018, p. 31, obs. D. Landry et J. Villacèque – V. s[s] n°s 741.93 s. et 741.391 s.

raires, qui est hors du champ des dispositions des articles 174 et suivants du décret du 27 novembre 1991 organisant la profession d'avocat relatives au recours devant le bâtonnier en cas de différend sur le montant et le recouvrement des honoraires, relève de la compétence de la juridiction administrative. Il a, en conséquence, déclaré nulle et non avenue la procédure en fixation des honoraires engagée par l'avocat contre l'administration [1] : cette solution est logique, une telle procédure en pouvant être engagée qu'à l'encontre du client, et non d'un tiers payeur [2].

Il appartient ainsi à l'avocat de faire procéder à la fixation et au recouvrement de ses honoraires à l'encontre de son client, l'agent public, lequel fera son affaire du remboursement de ceux-ci par son administration, dans le cadre d'une procédure distincte devant les juridictions administratives, à laquelle l'avocat pourra, le cas échéant, être partie afin de solliciter le paiement direct de tout ou partie de ces mêmes honoraires si la convention le prévoit.

762.152 **Provisions.** En cas de refus de prise en charge des honoraires de son avocat par son administration, l'agent public peut solliciter une provision en référé [3] mais encore faut-il que les faits objet de la procédure ne soient pas sérieusement contestés par l'administration [4].

Le Conseil d'État a considéré que l'agent était en droit, dans ce cadre, de demander une provision égale, soit à l'intégralité des honoraires acquittés par lui, si ceux-ci présentent, dans leur totalité, le caractère d'une créance non contestable, soit à la fraction de ces honoraires présentant le même caractère [5].

762.153 **Recours subrogatoire.** la collectivité publique est subrogée aux droits de la victime, en vertu de l'article L. 134-8 du code général de la fonction publique [6], pour obtenir des auteurs des menaces ou attaques la restitution des sommes versées à l'agent public intéressé ou à ses ayants droit.

L'action subrogatoire tendant au recouvrement d'une créance de nature privée née des sommes versées aux agents publics victimes auxquels l'administration a accordé sa protection, ce sont les juridictions judiciaires qui sont compétentes pour connaître de la contestation du titre exécutoire émis par l'administration à cet effet [7].

762.154 **Action directe.** L'administration dispose, en outre, aux mêmes fins, d'une action directe qu'elle peut exercer au besoin par voie de constitution de partie civile devant la juridiction pénale. L'Agent Judiciaire de l'État est seul compétent pour représenter l'État en vertu de l'article 38 de la loi du 3 avril 1955 [8]. Il exerce le recours de l'État contre les auteurs des faits en se constituant partie civile pour obtenir le remboursement des sommes versées à l'agent tant au titre du remboursement des frais engagés pour sa défense [9] ou de la réparation de ses dommages matériels qu'au titre des prestations statutaires ayant couvert ses préjudices corporels, ce qui suppose que l'action publique ait été mise en mouvement, soit par la victime elle-même, soit par le ministère public [10].

Les frais payés au titre de la protection fonctionnelle sont des frais non payés par l'État au sens de l'article 475-1 du code de procédure pénale qui permet la condamnation de l'auteur de l'infraction à l'indemnisation de ces frais, s'il paraît inéquitable de les laisser à la charge de l'administration [11].

Ainsi, si l'administration n'use pas de la faculté de se constituer partie civile, l'agent public doit lui restituer les frais exposés par elle et au paiement desquels l'auteur de l'infraction a été condamné sur le fondement de l'article 475-1 du code de procédure pénale [12].

1. T confl., 13 sept. 2021, *min. Intérieur*, C4226, *Lebon*.
2. V. s[s] n°s 741.91 s.
3. CJA, art. R. 541-1 – CE 8 mars 2010, req. n° 335543, NP.
4. CE 21 oct. 2013, *Cannes (C[ne])*, req. n° 364098, *Lebon T.* ; *AJDA* 2014. 68, note C. Froger ; *AJDA*. 2013. 2119 ; *AJFP* 2014. 214, avis R. Fontier ; *AJCT* 2014. 213, obs. E. Royer.
5. CE 2 avr. 2003, *Chantalou*, req. n° 249805, *Lebon T.*
6. CGFP, art. L. 134-8 [L. n° 83-634, 13 juill. 1983, art. 11, VI].
7. T. confl. 18 févr. 2013, req. n° C3889, *Lebon T* ; *AJFP* 2013. 227.
8. L. n° 55-366, 3 avr. 1955 relative au développement des crédits affectés aux dépenses du ministère des Finances et des Affaires économiques pour l'exercice 1955, *JO* 6 avr., p. 3415, art. 38.
9. Crim. 2 sept. 2014, n° 13-84.663, P n° 176 ; *AJFP* 2015. 214 ; *AJCT* 2014. 624, obs. M. Yazi-Roman ; *AJDA* 2014. 2285 ; *D.* 2014. 1767 ; *AJ pénal* 2014. 585, obs. D. Luciani-Mien.
10. Crim. 1er déc. 1970, n° 69-90.531, P n° 316 – Crim. 18 janv. 1972, n° 70-90.742, P n° 25 – Crim. 18 juin 1991, n° 89-87.207, P n° 261 – Crim. 10 mai 2005, n° 04-84.633, P n° 142 ; *AJDA* 2005. 1918 ; *D.* 2005. 1732 ; *AJ pénal* 2005. 332, obs. G. Roussel.
11. Cass., avis, n° 17001, 9 janv. 2017, n° D 16-70.010 ; *AJDA* 2017. 556.
12. V. s[s] n° 723.281.

LIVRE

8. LES MODALITÉS D'EXERCICE PROFESSIONNEL

SECTION 0
ORIENTEUR

8.00 Sommaire du livre.

Division. Les modalités d'exercice professionnel, font l'objet d'une énumération précise des modes d'exercice autorisés à l'avocat (titre 81), et donnent lieu à un régime spécifique de règlement des litiges entre avocats dans le cadre de leur exercice professionnel (titre 82).

8.03 Bibliographie indicative.

* Aussi : v. ss nos 013.00 s.

Thèses. F. Maury, *L'exercice, sous la forme d'une société, d'une profession libérale réglementée*, Puam, 2000 – S. Retif, *Professions libérales et procédures collectives : Contribution à l'étude du droit des professions libérales*, Th. Toulouse, 2003 – A. Verdot, *Le réseau de professions libérales : Plaidoyer pour une reconnaissance*, Puam, 2011 – G. Versavel, *Les groupements professionnels d'avocats*, Th. Lille, 1971.

Monographie. D. Jensen, *Cabinets d'avocats*, 3e éd., « Dalloz Référence », 2016.

Format réduit. J.-J. Taisne, *La déontologie de l'avocat*, 11e éd., « Connaissance du droit », 2019.

Rapports. CNB, *Guide pluralité d'exercice*, nov. 2020 – CNB, Observatoire national de la profession d'avocat, *Modes et structures d'exercice libéral*, sept. 2020.

TITRE

81. Les modes d'exercice

SECTION 0
ORIENTEUR

81.00 **Sommaire du titre.**

Division. Des principes généraux s'appliquent à l'ensemble des modes d'exercice professionnel autorisés à l'avocat (chap. 811) et des règles déontologiques particulières régissent, en outre, la collaboration libérale (chap. 812) comme le salariat (chap. 813).

81.03 **Bibliographie indicative.**

* Aussi : v. s^s n° 8.03.

CHAPITRE

811. Principes généraux en matière d'exercice professionnel

SECTION 0 ORIENTEUR

811.00 **Sommaire du chapitre.**

Division. L'activité de l'avocat, s'exerce dans le cadre d'un ou plusieurs modes d'exercice professionnel (sect. 1), ce qui conduit à devoir poser les principes quant au cumul des modes d'exercice (sect. 2), et quant aux obligations qui découlent de cet exercice professionnel (sect. 3). En outre, l'avocat peut avoir recours à différents supports, structurés ou simplement contractuels, destinés à favoriser son exercice professionnel (sect. 4).

Rappel. Le présent chapitre n'a pas vocation à détailler les règles, et opportunité qui en découlent, d'organisation et de gestion d'un cabinet d'avocats, ainsi que leurs conséquences sur le plan social et fiscal. Longtemps conçu de manière restrictive et spécifique à la profession d'avocat, ce qui justifiait d'en faire état dans le cadre du présent ouvrage, le cadre de l'exercice professionnel de l'avocat emprunte maintenant très largement au droit commun en la matière (droit des sociétés, droit des procédures collectives, droit social, droit fiscal, droit de la concurrence…).

Il sera juste fait mention ici des principes généraux et des points d'attention en la matière, leurs conséquences sur le plan des principes essentiels et des règles déontologiques étant étudiées avec ces derniers dans les développements idoines qui y sont consacrés dans le cadre du présent ouvrage.

Pour un plus ample exposé de l'organisation et de la gestion d'un cabinet d'avocats l'on renverra à l'excellent ouvrage, *Cabinet d'avocats*, par Dominic Jensen[1], et dont la troisième édition est parue en décembre 2016, traité indispensable à

1. D. Jensen, *Cabinet d'avocats,* 1re éd., « Dalloz Référence », 2010.

toute étude concrète sur l'exercice professionnel de la profession d'avocat[1].

811.01 **Textes applicables.**

TEXTES TITRÉS

> Modes d'exercice professionnel

• **L. n° 71-1130, 31 déc. 1971**

art. 7 [Modes d'exercice professionnel]

art. 8 [Composition du capital social des structures d'exercice]

art. 87 [Groupements d'exercice étranger]

• **L. n° 66-879, 29 nov. 1966**

art. 1er s. [Sociétés civiles professionnelles]

• **L. n° 90-1258, 31 déc. 1990**

art. 1er s. [Sociétés d'exercice libéral]

art. 31-3 s. [Société pluriprofessionnelle d'exercice]

• **Décr. n° 91-1197, 27 nov. 1991**

art. 124 s. [Associations]

• **Décr. n° 92-680, 20 juill. 1992**

art. 1er s. [Sociétés civiles professionnelles]

• **Décr. n° 93-492, 25 mars 1993**

art. 1er s. [Sociétés d'exercice libéral]

art. 44 s. [Sociétés en participation]

• **Décr. n° 2016-882, 29 juin 2016**

art. 1er [Sociétés de droit commun]

• **RIN**

art. 15 [Conditions d'exercice]

art. 17 [Structures d'exercice interbarreaux]

> Obligations ordinales

• **L. n° 71-1130, 31 déc. 1971**

art. 17, 6° [Cotisation et contributions aux charges du barreau]

• **Décr. n° 91-1197, 27 nov. 1991**

art. 37 [Cotisation au Conseil national des barreaux]

> Obligations sociales

• **CSS**

art. L. 613-1 s. [Allocations familiales]

art. L. 621-1 s. [Assurance maladie, maternité]

art. L. 651-1 s. [Assurance vieillesse et invalidité-décès des avocats]

• **Conv. coll. nat. des avocats** et **de leur personnel du 20 févr. 1979**

• **Conv. coll. nat. de l'avocat salarié du 17 févr. 1995**

• **Accord professionnel du 19 janvier 2007 relatif aux stagiaires des cabinets d'avocats**

1. D. Jensen, L. Dupuis, C. Thévenet, *Cabinet d'avocats*, 3e éd., « Dalloz Référence », 2016.

> Obligations fiscales

• **CGI**

art. 92 s. [Bénéfices des professions non commerciales]

art. 256-0 s. [Taxe sur la valeur ajoutée]

art. 1447 s. [Contribution économique territoriale]

> Obligations comptables

• **CGI**

art. 99 [Obligation de tenue d'une comptabilité]

• **Décr. n° 91-1197, 27 nov. 1991**

art. 231 s. [Règles et documents comptables]

• **Supports de l'exercice professionnel**

• **L. n° 71-1130, 31 déc. 1971**

art. 7 [Groupements d'intérêt économique]

• **L. n° 66-879, 29 nov. 1966**

art. 36 s. [Sociétés civiles de moyens]

• **L. n° 90-1258, 31 déc. 1990**

art. 22 s. [Sociétés de participations financières de professions libérales]

• **Décr. n° 91-1197, 27 nov. 1991**

art. 111 [Commercialisation de biens ou de services connexes]

• **Décr. n° 93-492, 25 mars 1993**

art. 48-1 s. [Sociétés de participations financières de professions libérales]

• **RIN**

art. 16 [Réseaux et autres conventions pluridisciplinaires]

art. 18 [Collaboration interprofessionnelle]

811.03 **Bibliographie indicative.**

* Aussi : v. ss nos 81.00 s.

Thèses. F. Maury, *L'exercice, sous la forme d'une société, d'une profession libérale réglementée*, Puam, 2000 – S. Retif, *Professions libérales et procédures collectives : Contribution à l'étude du droit des professions libérales*, Th. Toulouse, 2003 – A. Verdot, *Le réseau de professions libérales : Plaidoyer pour une reconnaissance*, Puam, 2011 – G. Versavel, *Les groupements professionnels d'avocats*, Th. Lille, 1971.

Monographies. J.-Fr. Barbièri, C. Biguenet-Maurel, D. Lepeltier, *Mémento professions libérales 2015-2016*, Francis Lefebvre, 2014 – A. Bensoussan, *Le cabinet d'avocats : création, gestion et développement*, Hermès, 1996 – J.-M. Braunschweig, J. Demaison, *Profession d'avocat : le guide*, 4e éd., Wolters Kluwer, 2017, nos 648 s. – B. Brignon, *Les sociétés des professions libérales*, LexisNexis, 2019 – D. Jensen, L. Dupuis, C. Thévenet, *Cabinets d'avocats*, 3e éd., Dalloz, 2016, nos 131.11 s. – A. Lamboley, *La société civile professionnelle : Un nouveau statut de la profession libérale*, Librairies techniques, 1974 ; *Les modalités de l'exercice en groupe de la profession d'avocat*, Apil, Versailles, 1980 – P-M. Le Corre, *Droit et pratique des procédures collectives*, 11e éd., « Dalloz Action », 2020 – G. Lyon-Caen, *L'exercice en société des professions libérales en droit français*, Dalloz, 1975 – C. Modat, A. Ascher, B. Combe (dir.), *Le guide du jeune avocat*, 2e éd., FNUJA, 2021 – Barreau de Paris, *Vade-mecum Exercice en groupe*, 2e éd., 2020.

Articles. M. Bourgeois-Bertrel, J.-P. Bertrel, « Les sociétés utilisées par les professionnels du droit après la loi "Macron" », *Dr. et patr.* sept. 2015, p. 18 – J.-J. Caussain, « Le palmarès des structures d'exercice de la profession d'avocat », *JCP E* 2010. 1508 – M. Couffignal, C. Modat, « Focus sur la pluralité d'exercice », *Gaz. Pal.* 6 oct. 2020, p. 20 – G. Flécheux, « Un cabinet d'avocat : une entreprise pas comme les autres », *Gaz. Pal.* 7 juill. 1990, p. 353 – A. Lecourt, « L'avocat, acteur et victime de la procédure collective », *Dr. et patr.* oct. 2011, p. 59 – R. Martin et P. Neveu, « L'application à la profession d'avocat de la loi du 26 juillet 2005 sur la sauvegarde des entreprises », *JCP* 2006. I. 125 – G. Parléani, « Les SPFPL de 2011 : fausses holdings, et vraies têtes de réseaux pour les professions libérales », *Rev. sociétés* 2012. 407 ; « L'exercice en société des professions libérales – essentiellement juridiques – dans la loi Macron », *Rev. sociétés* 2015. 638 – F. Pérochon, « Le privilège des notables indélicats : un nouveau privilège ? », *D.* 2005. 1146 – D. Piau, « Décrets 63 et 67, Macron, *I want your bizness,* part. 1 : les structures d'exercice », *Gaz. Pal.* 12 juill. 2016, p. 11 ; « L'inter-professionnalité est morte, vive la pluri-professionnalité, et salut à toi », *Gaz. Pal.* 12 avr. 2016, p. 11.

SECTION 1
MODES D'EXERCICE PROFESSIONNEL

811.10 **Plan.** Les modes d'exercice de son activité par l'avocat font l'objet d'un régime uniforme, avec un contrôle du conseil de l'Ordre, dans le cadre des procédures administratives[1], et une inscription au tableau[2], tant s'agissant des modes d'exercice professionnel de droit commun (§ 1), que, dans certains cas, des groupements d'exercice étrangers (§ 2).

§ 1
Régime juridique de droit commun

811.20 **Plan.** Le régime juridique de droit commun des modes d'exercice professionnel au-delà des principes (A) s'articule entre l'exercice à titre individuel (B) et l'exercice en groupe (C).

A.
Propos liminaires

811.31 **Statut.** C'est l'article 7 de la loi du 31 décembre 1971[3] qui prévoit que l'avocat peut exercer sa profession soit à titre individuel, soit au sein d'une association dont la responsabilité des membres peut être limitée aux membres de l'association ayant accompli l'acte professionnel en cause, soit au sein d'entités dotées de la personnalité morale, à l'exception des formes juridiques qui confèrent à leurs associés la qualité de commerçant, soit en qualité de salarié ou de collaborateur libéral[4] d'un avocat ou d'une association ou société d'avocats ou d'une société ayant pour objet l'exercice de la profession d'avocat[5].

L'article 7 définit ainsi, limitativement, les différents modes d'exercice de la profession d'avocat :

1° Exercice à titre individuel[6] ;

2° Exercice au sein d'une association dont la responsabilité des membres peut être limitée aux membres de l'association ayant accompli l'acte professionnel en cause[7] ;

3° Exercice au sein d'entités dotées de la personnalité morale, à l'exception des formes juridiques qui confèrent à leurs associés la qualité de commerçant[8] ;

4° Exercice en qualité d'avocat salarié[9] ou de collaborateur libéral[10] d'un avocat ou d'une association ou société d'avocats ou d'une société ayant pour objet l'exercice de la profession d'avocat.

811.32 **Déontologie de restriction.** L'article 7 de la loi du 31 décembre 1971[11] pose ainsi de manière précise et limitative les modes d'exercice de la profession d'avocat : l'avocat ne saurait ainsi exercer suivant des modalités qui ne lui seraient pas expressément autorisées par la loi, tel qu'en qualité de salarié d'une entreprise[12].

La situation en France est ainsi différente de celle qui prévaut, par exemple, au Québec ou au Japon, où les modalités d'exercice de la profession d'avocat sont libres sous la seule limite qu'elles soient réalisées dans des conditions garantissant le respect des principes essentiels et des règles déontologiques[13], suivant des modalités définies, le cas échéant, par les instances professionnelles.

811.33 **Respect des principes essentiels et des règles déontologiques.** En aucun cas, les contrats ou l'appartenance à une société, une association ou un groupement ne peuvent porter atteinte aux principes essentiels et aux règles déontologiques de la profession d'avocat[14].

1. V. s^{s} n°s 513.21 s.
2. V. s^{s} n°s 224.11 s.
3. L. n° 71-1130, 31 déc. 1971 portant réforme de certaines professions judiciaires et juridiques, *JO* 5 janv., p. 131, art. 7.
4. L. n° 2005-882, 2 août 2005 en faveur des petites et moyennes entreprises, *JO* 3 août, p. 12639, art. 18.
5. L. n° 71-1130, 31 déc. 1971, art. 7.
6. V. s^{s} n° 811.41.
7. V. s^{s} n° 811.61.
8. V. s^{s} n°s 811.71 s.
9. V. s^{s} n°s 813.00 s.
10. V. s^{s} n°s 812.00 s.
11. L. n° 71-1130, 31 déc. 1971, art. 7.
12. Sur le débat relatif à l'avocat en entreprise, v. s^{s} n° 023.202 et n°s 323.97 s.
13. V. s^{s} n°s 315.20 s.
14. L. n° 71-1130, 31 déc. 1971, art. 7 – V. s^{s} n°s 315.20 s.

811.34 Statistiques des modes d'exercice au 1er janvier 2019.

Modalité d'exercice	Nombre
Nombre d'avocats exerçant	68 464
Individuel	24 830
Associés	20 620
Collaborateurs libéraux	20 212
Avocats salariés	2 802
Groupements d'exercice	**Nombre**
Selarl	4 237
SCP	2 076
Selurl	1 183
Aarpi	883
Selas	672
Association	312
SARL	119
SAS	113
Selafa	49
SEP	38
EURL	38
Autres sociétés étrangères	37
LLP	22
SA	2
Selca	1
Partnerships	1

Source : Ministère de la Justice – DACS[1].

B.
Exercice à titre individuel

811.41 Modalités d'exercice à titre individuel. L'avocat exerçant à titre individuel est l'exploitant d'une entreprise individuelle bénéficiant du statut de travailleur indépendant. Il exerce sa profession dans le cadre du statut de droit commun de l'entrepreneur individuel.

L'avocat exerçant à titre individuel doit préalablement solliciter son inscription au tableau de l'ordre d'un barreau[2] et établir son domicile professionnel dans le ressort du tribunal judiciaire auprès duquel il est établi[3]. Il doit ensuite s'immatriculer avec le formulaire Cerfa POPL comme travailleur indépendant par déclaration effectuée au centre de formalités des entreprises (Cfe), à savoir l'Urssaf du lieu de son principal établissement, dans les huit jours suivant son début de l'activité.

Par la suite, toute modification de situation ou cessation d'activité temporaire ou définitive doit faire l'objet d'une déclaration modificative dans le mois suivant l'événement. Le Cfe informe les organismes fiscaux et sociaux, ainsi que l'Insee, de l'immatriculation et de toute modification.

811.42 Entrepreneur individuel à responsabilité limitée (Eirl). L'avocat exerçant à titre individuel est en principe personnellement tenu des dettes professionnelles sur l'ensemble de son patrimoine.

Il a toutefois la possibilité d'opter pour le régime juridique, fiscal et social spécifique de l'entreprise individuelle à responsabilité limitée (Eirl), créée par la loi du 1er août 2003[4]. Cette loi a instauré un régime de protection du patrimoine personnel de l'entrepreneur individuel, en permettant à toute « personne physique immatriculée à un registre de publicité légale à caractère professionnel ou exerçant une activité professionnelle agricole ou indépendante »[5], ce qui inclut les avocats, de protéger sa résidence principale et, plus généralement, tout bien foncier bâti ou non bâti non affecté à son usage professionnel, selon les conditions et modalités prévues par les articles L. 526-1 à L. 526-5, R. 526-1 et R. 526-2 du code de commerce.

S'agissant du barreau de Paris, le règlement intérieur a prévu que les avocats qui optent pour le régime de l'Eirl après leur admission au barreau doivent communiquer au barreau copie de la déclaration d'affectation de patrimoine et ainsi que toute déclaration complémentaire[6].

Le projet de loi en faveur de l'activité professionnelle indépendante, déposé par le gouvernement le 29 septembre 2021 a prévu de substituer à l'Eirl un nouveau statut de l'entrepreneur individuel, en posant une définition claire de l'entrepreneur individuel ainsi qu'une clef de répartition entre ce qui relève du patrimoine professionnel et ce qui relève du patrimoine personnel. Un nouvel article L. 526-22[7] du code de commerce protégerait, par défaut, l'ensemble du patrimoine personnel de l'entrepreneur individuel vis-à-vis des créanciers professionnels, et des dispositions sont prévus s'agissant de la transmission universelle de patrimoine[8]. Le régime de l'Eirl sera progressivement éteint dès lors qu'à compter de l'entrée en vigueur de la loi, il sera impossible de

1. Ministère de la Justice, DACS, Pôle d'évaluation de la justice civile, *Statistique sur la profession d'avocat : Situation au 1er janvier 2019,* oct. 2019.
2. V. ss nos 221.05 s.
3. L. n° 71-1130, 31 déc. 1971, art. 5, al. 2 – Décr. n° 91-1197, 27 nov. 1991 organisant la profession d'avocat, *JO* 28 nov., p. 15502, art. 165 – V. ss nos 222.11 s.
4. L. n° 2003-721, 1er août 2003 pour l'initiative économique, *JO* 5 août, p. 13449.
5. C. com., art. L. 526-1, al. 1er.
6. RIBP, art. P. 48.10.
7. C. com., art. L. 526-22 ; mod. par L. n° 2019-486, 22 mai 2019, art. 3.
8. Projet de loi en faveur de l'activité professionnelle indépendante, art. 1er.

créer de nouvelles Eirl et de transmettre, en cas de décès de l'entrepreneur individuel ayant opté pour le régime de l'Eirl, celles qui existent[1].

811.43 Exclusion du statut d'auto-entrepreneur pour l'activité d'avocat. Le régime d'auto-entrepreneur[2], créé par la loi du 4 août 2008[3] constitue également un régime fiscal et social spécifique aux entrepreneurs individuels.

En l'état actuel des textes, il est *a priori* exclu que l'avocat puisse exercer son activité d'avocat sous le régime de l'auto-entrepreneur[4].

En effet, sauf exception de par la loi[5], les avocats inscrits à un barreau sont obligatoirement affiliés à la Caisse nationale des barreaux français (Cnbf)[6]. Or, le régime de l'auto-entrepreneur impose à l'auto-entrepreneur d'acquitter auprès de l'Urssaf l'ensemble de ses cotisations et contributions de sécurité sociale. L'application aux avocats de ce dispositif nécessiterait donc des adaptations législatives.

Rien ne s'oppose toutefois à ce que l'avocat puisse exercer sous le statut d'auto-entrepreneur une autre activité compatible avec l'exercice de la profession d'avocat[7] dès lors que cette dernière activité y est éligible.

811.44 Exercice en qualité d'avocat salarié ou de collaborateur libéral. L'avocat peut, enfin, exercer sa profession, à titre individuel en qualité de collaborateur libéral[8] ou d'avocat salarié[9].

Ces modes d'exercice ne sont qu'une déclinaison de l'exercice à titre individuel dans un cadre contractuel particulier.

C.
Exercice en groupe

811.50 Plan – Périmètre de l'exercice en groupe. Tout groupement, société ou association peut, selon l'article 8 de la loi du 31 décembre 1971[10], être constitué entre avocats, personnes physiques, groupements, sociétés ou associations d'avocats, appartenant ou non à des barreaux différents et exerçant en France, dans un autre État membre de l'Union européenne ou partie à l'accord sur l'Espace économique européen ou dans la Confédération suisse[11].

Lorsque la forme juridique d'exercice est une société, le capital social et les droits de vote peuvent être détenus par toute personne exerçant une profession juridique ou judiciaire ou par toute personne légalement établie dans un État membre de l'Union européenne, dans un autre État partie à l'accord sur l'Espace économique européen ou dans la Confédération suisse qui exerce, dans l'un de ces États, une activité soumise à un statut législatif ou réglementaire ou subordonnée à la possession d'une qualification nationale ou internationale reconnue, et exerçant l'une quelconque desdites professions, et, s'il s'agit d'une personne morale, qui satisfait aux exigences de détention du capital et des droits de vote prévues par la loi du 31 décembre 1990[12].

Toute société doit au moins comprendre, parmi ses associés, un avocat remplissant les conditions requises pour exercer ses fonctions et au moins un membre de la profession d'avocat exerçant au sein de la société doit être membre du conseil d'administration ou du conseil de surveillance de la société[13].

Les entités en question peuvent être dépourvues (1°) ou dotées (2°) de la personnalité morale.

1°
Entités dépourvues de la personnalité morale

811.61 Exercice au sein d'une association ou d'une association d'avocats à responsabilité professionnelle individuelle (Aarpi). L'association[14], créée par le décret du 10 avril 1954[15], est la première forme de groupement autorisée aux avocats pour l'exercice en commun de leur profession. Elle est spécifique aux avocats et demeure inconnue des autres professions libérales réglementées. Sa constitution et son fonctionnement reposent sur une convention. Sa caractéristique essentielle est d'être une société de fait, non dotée de la personnalité

1. Projet de loi en faveur de l'activité professionnelle indépendante, art. 5.
2. X. Delpech, *Auto-entrepreneur : Micro-entrepreneur,* 5e éd., « Delmas Express », 2020, nos 21.14, 35.11, 35.13.
3. L. n° 2008-776, 4 août 2008 de modernisation de l'économie, *JO* 5 août, p. 12471.
4. À CE SUJET : « Auto-entrepreneur : un statut qui nécessite des adaptations pour être applicable à la profession d'avocat », CNB, Actu. 17 mai 2010 – Commission Statut fiscal, social et financier, *Rapport sur le régime de l'auto-entrepreneur et son application éventuelle à l'avocat,* AG CNB 7 mai 2010 – Commission Statut fiscal, social et financier, « L'avocat auto-entrepreneur : l'habit ne colle pas à la robe ! (ou la non miscibilité des deux statuts) », CNB, Actu. 27 avr. 2009 – X. Delpech, *L'auto-entrepreneur,* « Delmas express », 2011, nos 1401 s.
5. V. ss n° 811.141.
6. V. ss nos 141.11 s.
7. V. ss n° 433.141 s.
8. V. ss nos 812.00 s.
9. V. ss nos 813.00 s.
10. L. n° 71-1130, 31 déc. 1971, art. 8.
11. L. n° 71-1130, 31 déc. 1971, art. 8.
12. L. n° 90-1258, 31 déc. 1990 relative à l'exercice sous forme de sociétés des professions libérales soumises à un statut législatif ou réglementaire ou dont le titre est protégé et aux sociétés de participations financières de professions libérales, *JO* 5 janv. 1991, p. 216, art. 8, I, al. 2.
13. L. n° 71-1130, 31 déc. 1971, art. 8, I, al. 3 et III, al. 1.
14. J.-J. Caussain, « La nouvelle donne des associations d'avocats », *JCP* 2007. I. 177 – C. Thévenet, « Les mérites de l'association d'avocats… et de ses petites contrariétés », *D. avocats* 2013. 198 ; « Quelques réflexions sur la nature juridique de l'Association d'avocat et de l'Aarpi », *D. avocats* 2017.195.
15. Décr. n° 54-406, 10 avr. 1954 portant règlement d'administration publique sur l'exercice de la profession d'avocat et la discipline du barreau, *JO* 11 avr., p. 3494 – V. ss n° 023.97.

morale et soumise au régime des sociétés en participation.

L'association, qui fonctionne en fait comme une indivision conventionnelle, est régie, outre par les articles 124 à 128-2 du décret du 27 novembre 1991[1] encadrant cette forme d'exercice, par les articles 1832 à 1844-17 du code civil applicables à toutes les formes de sociétés et les articles 1871 à 1873 du code civil régissant les sociétés en participation. En conséquence, conformément à l'article 1871 du code civil, les associés ne peuvent déroger aux dispositions impératives des articles 1832, 1832-1, 1833, 1836 (2e alinéa), 1841, 1844 (1er alinéa) et 1844-1 (2e alinéa) du code civil, notamment l'interdiction des pactes léonins posée par ce dernier article.

Depuis la loi du 30 décembre 2006[2] de finances rectificative et le décret du 15 mai 2007[3], les membres de l'association peuvent limiter leur responsabilité professionnelle individuelle en optant pour l'association d'avocats à responsabilité professionnelle individuelle (Aarpi). Le contrat d'association, sur décision unanime des associés, peut ainsi prévoir que la mise en cause de la responsabilité professionnelle de l'un des membres n'engagera pas celle des autres associés[4].

L'absence de personnalité morale de l'association doit conduire à la plus extrême des prudences en cas de conclusion de contrats, tels qu'emprunts bancaires, constitution de filiales, collaboration libérale[5]... qui requiert de passer par le truchement des sociétaires : une cour d'appel a ainsi pu considérer que ce sont bien les sociétaires de l'association qui étaient les employeurs d'un salarié et non l'association qui n'a pas la personnalité morale, faisant que les condamnations éventuelles devaient être prononcées solidairement à l'encontre des sociétaires, contractuellement engagés vis-à-vis du salarié[6].

811.62 Société en participation (Sep). Les avocats ont également la possibilité d'exercer la profession dans le cadre d'une société en participation (Sep) qui est une société dépourvue de la personnalité morale.

Elle est régie par les lois du 31 décembre 1971[7] et 31 décembre 1990[8] ainsi que par le décret du 25 mars 1993[9] et le code civil[10].

1. Décr. n° 91-1197, 27 nov. 1991, art. 128 s.
2. L. n° 2006-1771, 30 déc. 2006 de finances rectificative pour 2006, *JO* 31 déc., p. 20228, art. 64, II.
3. Décr. n° 2007-932, 15 mai 2007 portant diverses dispositions relatives à la profession d'avocat, *JO* 16 mai, p. 9230 ; – NOT. : J.-J. Caussain, « La nouvelle donne des associations d'avocats », *JCP* 2007. I. 177.
4. Décr. n° 91-1197, 27 nov. 1991, art. 124.
5. V. s^s n° 812.94.
6. Paris, pôle 6, ch. 4, 5 déc. 2017, RG n° 14/07921.
7. L. n° 71-1130, 31 déc. 1971, art. 7 et 8.
8. L. n° 90-1258, 31 déc. 1990, art. 22 et 23.

2°
Entités dotées de la personnalité morale

811.71 Exercice au sein d'entités dotées de la personnalité morale. Depuis l'instauration de la société civile professionnelle (Scp)[11] par la loi du 29 novembre 1966[12], le droit spécial des sociétés des professions libérales s'est considérablement modernisé et enrichi avec le recours aux sociétés d'exercice libéral (Sel)[13] puis aux sociétés de droit commun[14]. Le recours aux sociétés de droit commun a fait perdre tout intérêt aux Scp comme aux Sel, de sorte que leur maintien n'apparaît plus justifié et qu'elles pourraient être supprimées dans un souci de simplification de bon aloi.

S'il demeure empreint de principes destinés à préserver le caractère libéral et indépendant de ces professions[15], il offre aujourd'hui à leurs membres une large variété d'outils issus de l'ingénierie contractuelle et sociétaire, permettant de répondre à leurs objectifs et propres à assurer leur développement économique.

Ces diverses formes de structures présentent des différences notables au regard notamment de la

9. Décr. n° 93-492, 25 mars 1993 pris pour l'application à la profession d'avocat de la loi n° 90-1258 du 31 décembre 1990 relative à l'exercice sous forme de sociétés des professions libérales soumises à un statut législatif ou réglementaire ou dont le titre est protégé, *JO* 27 mars, p. 4930, art. 44 s.
10. C. civ., art. 1871 s.
11. H. Chemouli, « Les désillusions de la SCP », *Gaz. Pal.* 19-20 oct. 2008 – H. Hovasse, « Réforme des sociétés civiles professionnelles », *Dr. sociétés* 2011. Comm. 108 ; « Dispositions de l'ordonnance n° 2016-394 du 31 mars 2016 modifiant la loi du 29 novembre 1966 relative aux sociétés civiles professionnelles », *Dr. sociétés* 2016. Comm. 77 – F. Terré, « La révision de la loi sur les sociétés civiles professionnelles (Commentaire de la loi n° 72-1151 du 23 décembre 1972) », *JCP* 1973. I. 2554 ; « Les sociétés civiles professionnelles (Commentaire de la loi du 29 novembre 1966) », *JCP* 1967. I. 2103.
12. L. n° 66-879, 29 nov. 1966 relative aux sociétés civiles professionnelles, *JO* 30 nov, p. 10451 – V. s^s n° 023.99.
13. B. Brignon, « Quelques grains de poivre dans les SEL d'avocats », *Dr. sociétés* nov. 2015, n° 11, ét. 19 ; *JCP E* 2015. 1561 – J.-J. Daigre, « Modernisation du régime des sociétés de professions libérales, Loi n° 2011-331 du 28 mars 2011 », *Rev. sociétés* 2011. 543 – D. Gallois-Cochet, « SEL et SPFPL », *Dr. Sociétés* 2015. Comm. 167 – M. Roussille, « Modifications de certains éléments du régime des SEL », *Dr. sociétés* juin 2011, n° 6, comm. 11 – S. Torck, « Le contrôle des SEL et des SPFL », *JCP* 2015. 24, suppl. n° 44.
14. B. Brignon, « Publication des décrets d'application des articles 63 et 67 de la loi Macron du 6 août 2015. Des nouveautés spectaculaires pour certaines sociétés des professions libérales ! », *JCP E* 2016. act. 639 – L. Dupuis, « Décrets n° 2016-878, n° 2016-879 et n° 2016-882 du 29 juin 2016 : quel impact pour l'exercice en sociétés ? », *D. avocats* 2016. 333 – D. Piau, « Décrets 63 et 67, Macron, *I want your bizness,* part. 1 : les structures d'exercice », *Gaz. Pal.* 12 juill. 2016, p. 11.
15. L. n° 71-1130, 31 déc. 1971, art. 7.

personnalité morale, l'ouverture du capital à des avocats non exerçant dans la structure ou à certains tiers, la responsabilité des associés, le traitement juridique et fiscal de leurs entrées et sortie dans la structure juridique, de leur statut fiscal et social...[1]

Le projet de loi en faveur de l'activité professionnelle indépendante, déposé par le gouvernement le 29 septembre 2021 a prévu d'habiliter le gouvernement à prendre par voie d'ordonnance les mesures visant à clarifier, simplifier et mettre en cohérence les règles relatives aux professions libérales soumises à un statut législatif ou réglementaire ou dont le titre est protégé, et, notamment, à procéder à l'adaptation des régimes juridiques permettant aux professions libérales réglementées d'exercer sous forme de société et à faciliter le développement et le financement des structures d'exercice[2].

811.72 Typologie des entités dotées de la personnalité morale.

Type de structure d'exercice	Textes applicables
Société civile professionnelle (SCP)	• L. n° 71-1130, 31 déc. 1971 portant réforme de certaines professions judiciaires et juridiques, art. 7 et 8. • L. n° 66-879, 29 nov. 1966 relative aux sociétés civiles professionnelles • Décr. n° 92-680, 20 juill. 1992 pris pour l'application à la profession d'avocat de la loi n° 66-879 du 29 novembre 1966 relative aux sociétés civiles professionnelles • C. civ., art. 1832 s.
Sel dont : – Selafa – Selas – Selarl – Selca	• L. n° 71-1130, 31 déc. 1971 portant réforme de certaines professions judiciaires et juridiques, art. 7 et 8. • L. n° 90-1258, 31 déc. 1990 relative à l'exercice sous forme de sociétés des professions libérales soumises à un statut législatif ou réglementaire ou dont le titre est protégé et aux sociétés de participations financières de professions libérales, art. 1er s. • Décr. n° 93-492, 25 mars 1993 pris pour l'application à la profession d'avocat de la loi n° 90-1258 du 31 décembre 1990 relative à l'exercice sous forme de sociétés des professions libérales soumises à un statut législatif ou réglementaire ou dont le titre est protégé, art. 1er s. • C. com., Livre II, art. L. 210-1 s.
Société civile	• L. n° 71-1130, 31 déc. 1971 portant réforme de certaines professions judiciaires et juridiques, art. 7 et 8. • Décr. n° 2016-882, 29 juin 2016 relatif à l'exercice de la profession d'avocat sous forme d'entité dotée de la personnalité morale autre qu'une société civile professionnelle ou qu'une société d'exercice libéral ou de groupement d'exercice régi par le droit d'un autre État membre de l'Union européenne. • Décr. n° 93-492, 25 mars 1993 pris pour l'application à la profession d'avocat de la loi n° 90-1258 du 31 décembre 1990 relative à l'exercice sous forme de sociétés des professions libérales soumises à un statut législatif ou réglementaire ou dont le titre est protégé, art. 4, 5, 6, 8, 9, 11 al. 1, 13, 16 à 33, 49 à 51. • C. civ., art. 1832 s.
Société de droit commun dont : – SARL – SA – SAS Société européenne (SE) – SCA	• L. n° 71-1130, 31 déc. 1971 portant réforme de certaines professions judiciaires et juridiques, art. 7 et 8. • Décr. n° 2016-882, 29 juin 2016 relatif à l'exercice de la profession d'avocat sous forme d'entité dotée de la personnalité morale autre qu'une société civile professionnelle ou qu'une société d'exercice libéral ou de groupement d'exercice régi par le droit d'un autre État membre de l'Union européenne. • Décr. n° 93-492, 25 mars 1993 pris pour l'application à la profession d'avocat de la loi n° 90-1258 du 31 décembre 1990 relative à l'exercice sous forme de sociétés des professions libérales soumises à un statut législatif ou réglementaire ou dont le titre est protégé, art. 1er s. • C. com., Livre II, art. L. 210-1 s.

811.73 Société pluriprofessionnelle d'exercice (SPE). La possibilité d'exercer leur profession dans le cadre d'une société pluriprofessionnelle d'exercice (SPE)[3] a été ouverte aux avocats par l'ordonnance du 31 mars 2016[4], prise en application de l'article 65, 2°, de la loi du 6 août 2015[5]. L'objet de la SPE est l'exercice en commun de plusieurs des professions juridiques et judiciaires réglementées (avocats, avocats au Conseil d'État et à la Cour de cassation, commissaires-priseurs judiciaires, huissiers de justice, notaires, administrateurs judiciaires et mandataires judiciaires), et de celles de conseil en propriété industrielle, d'expert-comptable et de commissaire aux comptes[6]. La SPE peut revêtir toute forme sociale, à l'exception de celles qui confèrent à leurs associés la qualité de commerçant ainsi que celle de la SCP. Elle ne peut accomplir les actes d'une

1. POUR UNE ÉTUDE DÉTAILLÉE : D. Jensen, L. Dupuis, *Cabinet d'avocats*, 3e éd., « Dalloz Référence », 2016, nos 131.11 s.
2. Projet de loi en faveur de l'activité professionnelle indépendante, art. 6.
3. L. n° 71-1130, 31 déc. 1971, art. 8, II.
4. Ord. n° 2016-394, 31 mars 2016 relative aux sociétés constituées pour l'exercice en commun de plusieurs professions libérales soumises à un statut législatif ou réglementaire ou dont le titre est protégé, *JO* 1er avr., n° 51 – Sur la légalité de l'ordonnance : CE 6e-5e ch. réunies, 17 juin 2019, req. nos 400192, 412149, 412253, 3 arrêts, *Lebon* ; *JCP* 2019. 901, note L. Jariel ; *JCP* 2019. Chron. 1238, n° 5, obs. L. Jariel.
5. L. n° 2015-990, 6 août 2015 pour la croissance, l'activité et l'égalité des chances économiques, *JO* 7 août, n° 1.
6. L. n° 90-1258, 31 déc. 1990, art. 31-3.

profession déterminée que par l'intermédiaire d'un de ses membres ayant qualité pour exercer cette profession[1].

Au 1er janvier 2019, l'on dénombrait seize SPE exerçant la profession d'avocat, dont sept Selarl, trois Selas, deux Sarl, une Selafa et trois SAS[2].

Les sociétés pluriprofessionnelles d'exercice[3] sont régies par les articles 31-3 et suivants de la loi du 31 décembre 1990[4] ainsi que les décrets du 5 mai 2017 : un décret général[5] qui définit les règles propres de constitution, de fonctionnement et de liquidation de la SPE et précise en outre certaines modalités de l'exercice de l'activité des professionnels au sein de la société, les règles de contrôle, de comptabilité et d'assurance, et un décret spécifique[6] relatif à l'exercice de la profession d'avocat par une SPE qui fixe les modalités d'inscription au tableau de la SPE, ainsi que celles de sa radiation et de son omission.

Ainsi, les SPE constituées pour exercer notamment la profession d'avocat sont régies par les dispositions générales applicables à toutes les SPE, les dispositions spécifiques à chaque profession exercée en son sein ainsi que les dispositions propres à sa forme sociale[7].

§ 2
Groupement d'exercice étranger

811.81 Groupement d'exercice de l'Union européenne. Les structures d'exercice d'un autre État membre de l'Union européenne peuvent exercer la profession d'avocat en France, à titre permanent, en étant inscrites auprès d'un barreau sur la liste spéciale du tableau prévue à cet effet. L'article 87 de la loi du 31 décembre 1971 prévoit à cet égard les conditions que doivent remplir les structures d'exercice concernées, comme tout avocat européen souhaitant exercer à titre permanent sous son titre d'origine, à travers une telle structure d'exercice. Il convient pour ce faire que :

1° Le capital social et les droits de vote soient détenus par des personnes exerçant une profession juridique ou judiciaire ou par des personnes légalement établies dans un État membre de l'Union européenne, dans un autre État partie à l'accord sur l'Espace économique européen ou dans la Confédération suisse qui exercent, dans l'un de ces États, une activité soumise à un statut législatif ou réglementaire ou subordonnée à la possession d'une qualification nationale ou internationale reconnue, et exerçant l'une quelconque desdites professions ;

2° Le conseil d'administration ou le conseil de surveillance comprennent au moins un membre exerçant la profession d'avocat, sous le titre d'avocat ou sous l'un des titres figurant sur la liste des avocats européens[8], au sein ou au nom du groupement ;

3° L'usage de la dénomination du groupement soit réservé aux seuls membres des professions exerçant au sein ou au nom du groupement sous le titre d'avocat ou sous l'un des titres figurant sur la liste des avocats européens[9].

La Cour de cassation est venue préciser qu'une société constituée en conformité de la législation d'un État membre et ayant son siège statutaire à l'intérieur de l'Union européenne, en l'occurrence une GmbH, société à responsabilité limitée de droit allemand, peut, en vertu des dispositions de l'article 87 de la loi du 31 décembre 1971, être inscrite sur la liste spéciale du tableau d'un barreau français, comme peuvent l'être sur un tel tableau, selon le droit interne, les sociétés ou groupements d'avocats, dès lors qu'elle remplit les conditions relatives à la détention du capital social, à sa dénomination et aux titulaires des pouvoirs de direction, d'administration et de contrôle : une telle structure d'exercice a ainsi le droit d'exercer son activité en France par l'intermédiaire d'une succursale et, partant, doit être inscrite sur la liste spéciale du barreau[10].

Lorsque les conditions précitées ne sont pas remplies, l'avocat européen ne peut exercer que selon les

1. CNB, *Guide de la société pluri-professionnelle d'exercice*, juill. 2020.
2. Ministère de la Justice, DACS, Pôle d'évaluation de la justice civile, *Statistique sur la profession d'avocat : Situation au 1er janvier 2019*, oct. 2019.
3. L. Dupuis, « Création de la société pluri-professionnelle d'exercice », *D. avocats* 2016. 168 ; « Société pluri-professionnelle d'exercice : les décrets d'application sont parus », *D. avocats* 2017. 241 – F. G'Sell, « Sociétés pluri-professionnelles d'exercice : c'est parti », *JCP* 2016. act. 488 – H. Hovasse, « Les sociétés pluri-professionnelles d'exercice », *BJS* 2016. 364 – S. Nonorgue, « La nouvelle société pluri-professionnelle d'exercice (SPE) », *JCP E* 2016. 144 – G. Parléani, « À propos de l'ordonnance relative aux sociétés pluri-professionnelles d'exercice », *D.* 2016. 1248 – D. Piau, « L'inter-professionnalité est morte, vive la pluri-professionnalité, et salut à toi », *Gaz. Pal.* 12 avr. 2016, n° 14, p. 11.
4. L. n° 90-1258, 31 déc. 1990, art. 31-3 s.
5. Décr. n° 2017-794, 5 mai 2017 relatif à la constitution, au fonctionnement et au contrôle des sociétés pluriprofessionnelles d'exercice de professions libérales juridiques, judiciaires et d'expertise comptable prévues au titre IV *bis* de la loi n° 90-1258 du 31 décembre 1990, *JO* 7 mai, n° 30.
6. Décr. n° 2017-801, 5 mai 2017 relatif à l'exercice de la profession d'avocat par une société pluriprofessionnelle d'exercice, *JO* 7 mai, n° 37.
7. V. ss n° 811.72.
8. V. ss nos 231.51 et 461.53.
9. L. n° 71-1130, 31 déc. 1971, art. 87 – V. ss nos 231.51 et 461.53.
10. Civ. 1re, 3 juill. 2008, n° 06-20.514, P I, n° 187 – V. ss n° 231.21.

modalités de droit commun [1]. Il peut toutefois faire mention de la dénomination du groupement au sein ou au nom duquel il exerce dans son État d'origine.

811.82 Groupements d'exercice étrangers, hors Union européenne. Les structures d'exercice étrangères, hors Union européenne, ne sont, en principe, pas admises à exercer la profession d'avocat en France.

Toutefois, certaines structures de droit étranger sont inscrites au tableau d'un barreau depuis 1992 en application des dispositions transitoires de l'article 50, XIII [2], de la loi du 31 décembre 1971 qui prévoyaient que les groupements constitués sous l'empire d'une législation étrangère installés en France le 31 décembre 1990 pouvaient, dans un délai de deux ans à compter de la date d'entrée en vigueur du titre Ier de la loi du 31 décembre 1990 [3], sur leur demande, bénéficier de plein droit de leur inscription au barreau de leur choix s'ils justifiaient de l'exercice effectif et régulier en France, à titre exclusif, d'activités de consultation et de rédaction d'actes en matière juridique et à condition que tous les membres ayant le pouvoir de représenter le groupement en France soient inscrits à un barreau. Il s'agit, pour l'essentiel, de Partnership de droit anglais [4] (au nombre de 8) ou américains [5] (au nombre de 15) inscrits au barreau de Paris.

811.83 Groupements d'exercice du Royaume-Uni. Les incidences du *Brexit* sur la situation des avocats et groupements d'exercice du Royaume-Uni [6] ont été réglementées par les ordonnances du 6 février 2019 [7] et du 16 décembre 2020 [8].

L'ordonnance du 6 février 2019 [9] assurait la pérennité de la détention de capital [10] par les personnes établies à titre principal au Royaume-Uni dans les structures d'exercice exerçant en France, ces dernières ne pouvant toutefois pas augmenter leur participation au capital de ces structures ou la céder à une autre personne établie au Royaume-Uni [11].

Elle prévoyait également que les succursales de droit britannique exerçant la profession d'avocat en France [12], à la date du retrait (au nombre de 30), pourront poursuivre leurs activités postérieurement à la date du retrait du Royaume-Uni de l'Union européenne. Aucune nouvelle succursale de personnes physiques ou morales régies par le droit du Royaume-Uni ne pourra être créée en France après la date de retrait du Royaume-Uni de l'Union européenne [13].

L'accord de retrait a été définitivement adopté par le Parlement britannique le 22 janvier 2020. Après le vote favorable du Parlement européen intervenu le 29 janvier 2020, et celui du Conseil intervenu le 30 janvier 2020, cet accord a ouvert une période de transition pendant laquelle le droit de l'Union est resté en partie applicable, le temps pour que le Royaume-Uni et l'Union européenne négocient les termes de leur relation future dans tous les domaines. Cette période de transition s'étant achevée le 31 décembre 2020. Cet accord a également eu pour effet de rendre caduques les dispositions de l'ordonnance du 6 février 2019, bien qu'il ne couvre pas les domaines régis par celle-ci.

L'article 59 de la loi du 17 juin 2020 [14] relative à diverses dispositions liées à la crise sanitaire, à d'autres mesures urgentes ainsi qu'au retrait du Royaume-Uni de l'Union européenne prévoyait la possibilité pour le gouvernement de prendre par ordonnances, dans un délai de douze mois à compter de sa publication, les mesures, relevant du domaine de la loi, nécessaires pour tirer les conséquences de la fin de la période de transition. Le Gouvernement est notamment habilité à prendre par ordonnances toute autre mesure relevant du domaine de la loi « *nécessaire à la préservation de la situation des ressortissants britanniques résidant en France ou y exerçant une activité, des personnes morales établies au Royaume-Uni ou de droit britannique exerçant une activité en France à la date de la fin de la période de*

1. V. ss nos 811.221 s.
2. L. n° 71-1130, 31 déc. 1971, art. 50, XIII, abrogé.
3. L. n° 90-1259, 31 déc. 1990 portant réforme de certaines professions judiciaires et juridiques, *JO* 5 janv., p. 219, art. 24.
4. *Partnership Act*, 1890 – *Limited Liability Partnerships Act*, 2000 – *JO* S Questions – Quest. écrite n° 14614, 29 juill. 2010, Fauconnier, p. 1951 – Rép. min. Justice, 25 nov. 2010, p. 3119.
5. Fonction de la législation de chaque État : V. *Uniform Partnership Act*, 1996.
6. L.-B. Buchman, A. Gris, *Rapport au nom des Commissions Affaires européennes et internationales et Admission sur l'Accord de commerce et de coopération entre l'UE et le Royaume-Uni*, AG CNB, 22 janv. 2021.
7. Ord. n° 2019-76, 6 févr. 2019 portant diverses mesures relatives à l'entrée, au séjour, aux droits sociaux et à l'activité professionnelle, applicables en cas d'absence d'accord sur le retrait du Royaume-Uni de l'Union européenne, *JO* 7 févr., n° 30.
8. Ord. n° 2020-1596, 16 déc. portant diverses mesures relatives aux sociétés établies en France dont tout ou partie du capital social ou des droits de vote est détenu par des personnes établies au Royaume-Uni, *JO* 17 déc. ; *JCP* 2021. 272, n° 6, obs. L. Jariel.
9. Ord. n° 2019-76, 6 févr. 2019 portant diverses mesures relatives à l'entrée, au séjour, aux droits sociaux et à l'activité professionnelle, applicables en cas d'absence d'accord sur le retrait du Royaume-Uni de l'Union européenne, *JO* 7 févr., n° 30.
10. V. ss n° 811.50.
11. Ord. n° 2019-76, 6 févr. 2019, art. 15.
12. V. ss nos 811.81 et 811.82.
13. Ord. n° 2019-76, 6 févr. 2019, art. 16.
14. L. n° 2020-734, 17 juin 2020 relative à diverses dispositions liées à la crise sanitaire, à d'autres mesures urgentes ainsi qu'au retrait du Royaume-Uni de l'Union européenne, *JO* 18 juin, n° 1.

transition, ainsi que, sous la même réserve, des personnes morales établies en France, dont tout ou partie du capital social ou des droits de vote est détenu par des personnes établies au Royaume-Uni »[1].

L'ordonnance du 16 décembre 2020, prise en application de l'article 59 précité, est venue figer la situation, dans les mêmes conditions que celles prévues par l'ordonnance du 6 février 2019, pour la période antérieure au 31 décembre 2020.

Pour la période postérieure au 1er janvier 2021, l'accord de commerce et de coopération entre l'Union européenne et le Royaume-Uni de Grande-Bretagne et d'Irlande du Nord du 24 décembre 2020[2] est venu créer une zone de libre-échange encadrant la délivrance des prestations de services juridiques entre les deux pays[3]. Ses articles 192 et suivants prévoient la possibilité pour les avocats d'une partie à l'accord de s'établir sur le territoire de l'autre partie et d'y exercer dans leur droit national d'origine ou en droit international public à l'exclusion du droit de l'Union européenne[4]. Il est à noter que ces articles sont assortis de nombreuses exceptions et dérogations[5].

SECTION 2
CUMUL DES MODES D'EXERCICE PROFESSIONNEL

811.91 Principe de l'exclusivité d'exercice. Suivant le principe de l'exclusivité d'exercice, distinct du principe de l'unicité du domicile professionnel[6], l'avocat devait impérativement exercer sa profession exclusivement dans le cadre d'un seul mode d'exercice. Ainsi, pour des raisons liées principalement à l'organisation traditionnelle de la profession en barreaux et à la prévention des risques de conflits d'intérêts[7], il était traditionnellement admis que l'avocat ne pouvait pas cumuler plusieurs des modes d'exercice visés par l'article 7 de la loi du 31 décembre 1971[8]. S'agissant des structures d'exercice, cette interdiction résultait, en outre, de dispositions réglementaires expresses, à savoir l'article 43 du décret du 20 juillet 1992[9] pour les SCP et l'article 20 du décret du 25 mars 1993[10] pour les SEL.

En conséquence, l'avocat associé d'un groupement d'exercice ne pouvait pas cumuler ce mode d'exercice avec tout autre, que ce soit l'exercice à titre individuel, en qualité de membre d'un autre groupement d'exercice, quelle qu'en soit la forme, ou même en qualité d'avocat salarié. Ainsi, l'avocat exerçant à titre individuel ne pouvait posséder des parts en industrie dans une Selarl[11]. L'avocat ne pouvait non plus être à la fois avocat salarié et avocat associé minoritaire dans la même structure d'exercice[12].

Ces restrictions ne visaient toutefois que l'exercice professionnel : elles n'interdisaient pas la détention de droits sociaux dans une ou plusieurs autres SEL. Un avocat pouvait donc exercer sous l'une des différentes formes d'exercice et être, en même temps, associé d'une ou plusieurs SEL, dès lors qu'il n'exerçait pas la profession au sein de celles-ci, mais qu'il demeurait un simple associé au niveau capitalistique. Par ailleurs, l'avocat exerçant au sein d'une structure était autorisé à détenir des mandats sociaux, y compris comme dirigeant, dans une autre SEL, dans les conditions énoncées par la loi du 31 décembre 1990[13].

811.92 Ouverture de la pluralité d'exercice. Les textes d'application de la loi du 6 août 2015[14] semblent avoir conduit à une lecture différente de l'article 7 de la loi du 31 décembre 1971 et mis fin au principe de l'exclusivité d'exercice.

Dans un premier temps, la loi du 6 août 2015 a modifié l'article 7 de la loi du 31 décembre 1971 en prévoyant que l'avocat peut exercer sa profession « au sein d'entités dotées de la personnalité morale,

1. L. n° 2020-734, 17 juin 2020, art. 59.
2. Accord de commerce et de coopération entre l'Union européenne et la Communauté européenne de l'énergie atomique, d'une part, et le Royaume-Uni de Grande-Bretagne et d'Irlande du Nord, d'autre part, *JOUE* 30 avr., p. 10.
3. M. Lartigue, « Brexit : la nouvelle vie sans directives des avocats britanniques », *Gaz. Pal.* 19 janv. 2021, p. 5 – D. Berlin, « L'accord entre le Royaume-Uni et l'Union européenne. Le pire n'est jamais certain ou l'illusion de la souveraineté », *JCP* 2021. 173.
4. V. ss nos 232.13 s.
5. Accord de commerce et de coopération entre l'Union européenne et la Communauté européenne de l'énergie atomique, d'une part, et le Royaume-Uni de Grande-Bretagne et d'Irlande du Nord, d'autre part, *JOUE* 30 avr., art. 192 s., L 149/273 – L.-B. Buchman, A. Gris, *Rapport au nom des Commissions Affaires européennes et internationales et Admission sur l'Accord de commerce et de coopération entre l'UE et le Royaume-Uni*, AG CNB, 22 janv. 2021.
6. V. ss nos 222.11 s.
7. V. ss nos 441.71 s.
8. L. n° 71-1130, 31 déc. 1971, art. 7.
9. Décr. n° 92-680, 20 juill. 1992 pris pour l'application à la profession d'avocat de la loi n° 66-879 du 29 novembre 1966 relative aux sociétés civiles professionnelles, *JO* 22 juill., p. 9799, art. 43.
10. Décr. n° 93-492, 25 mars 1993, art. 20.
11. CNB, Commission statut professionnel de l'avocat, avis technique n° 2009/004, 19 oct. 2009 ; avis technique n° 2009/006, 15 déc. 2009.
12. CNB, Commission statut professionnel de l'avocat, avis technique n° 2013/001, 18 janv. 2013 ; avis technique n° 2014/001, 21 mars 2014.
13. L. n° 90-1258, 31 déc. 1990 relative à l'exercice sous forme de sociétés des professions libérales soumises à un statut législatif ou réglementaire ou dont le titre est protégé, *JO* 5 janv. 1991, p. 216, art. 12 – V. ss n° 811.72.
14. V. ss n° 023.214.

à l'exception des formes juridiques qui confèrent à leurs associés la qualité de commerçant »[1]. Le pluriel utilisé semblait permettre à l'avocat d'exercer au sein de plusieurs structures d'exercice dotées de la personnalité morale, sous réserve néanmoins que les dispositions réglementaires régissant les sociétés d'avocats soient adaptées à cette fin.

Ce sont donc surtout les décrets d'application de la loi du 6 août 2015, et de l'ordonnance du 31 mars 2016, qui sont venus autoriser les associés de SEL, SCP, sociétés de droit commun et d'association de cumuler plusieurs des modes d'exercice prévus à l'article 7 de la loi du 31 décembre 1971. Le décret du 29 juin 2016[2] concernant les SEL a ainsi abrogé l'article 20[3] du décret du 25 mars 1993 qui imposait un exercice exclusif au sein de la société et celui du 29 juin 2016[4] relatif aux sociétés de droit commun n'a pas remis en cause l'abrogation Le décret du 5 mai 2017[5] qui modifie l'article 43 du décret du 20 juillet 1992 pour les SCP et le décret du 5 mai 2017[6] qui crée un article 128-2 au décret du 27 novembre 1991 pour le contrat d'association ouvrent dans les mêmes conditions le pluri-exercice au sein de ces groupements d'exercice.

À l'exception des SEL créées depuis l'entrée en vigueur du décret du 29 juin 2016 et des sociétés de droit commun, cette possibilité doit toutefois être expressément prévue par les dispositions statutaires de la structure d'exercice ou par le contrat d'association.

811.93 Portée des modifications. La question se posait de la portée de ces modifications législatives et réglementaires et de la possibilité effective pour les avocats, d'exercer, non seulement comme associés de plusieurs structures d'exercice, mais également de cumuler le statut d'avocat individuel (y compris en tant que collaborateur libéral ou avocat salarié), et d'associé d'une structure d'exercice. En effet, compte tenu de sa rédaction, l'article 7 de la loi du 31 décembre 1971, même modifié par la loi du 6 août 2015, pouvait être interprété, de manière restrictive, comme ne permettant pas à l'avocat de cumuler l'exercice de sa profession à titre individuel, ou comme collaborateur libéral ou avocat salarié, et au sein d'entités dotées de la personnalité morale ou d'associations.

L'arrêt rendu par le Conseil d'État le 5 juillet 2017[7], sur un recours en annulation pour excès de pouvoir du décret du 29 juin 2016[8], semble avoir permis de lever ces incertitudes. Le requérant invoquait notamment l'illégalité des dispositions du décret abrogeant l'article 20[9] du décret du 25 mars 1993 au motif qu'elles méconnaissaient l'article 7 de la loi du 31 décembre 1971. Le Conseil d'État a rejeté la requête. Il a en particulier considéré que « si les dispositions de l'article 7 de la loi du 31 décembre 1971 énumèrent de manière limitative les formes selon lesquelles un avocat peut exercer sa profession, ni ces dispositions ni celles de la loi du 31 décembre 1990 n'interdisent à un associé d'une société d'exercice libéral d'exercer la profession d'avocat sous plusieurs des formes énumérées à l'article 7 »[10], laissant entendre, à l'inverse, que l'article 7 de la loi du 31 décembre 1971 ne s'opposerait pas à un exercice cumulatif de la profession d'avocat sous différents modes d'exercice, tel que l'avocat déjà associé d'une structure d'exercice et s'associant, à titre individuel, dans une autre structure ayant son siège dans un barreau différent[11], ou les associés d'une SCP qui créeraient chacun séparément une Selarl unipersonnelle domiciliée à la même adresse[12].

811.94 Prudence quant au cumul des modes d'exercice. Toutefois, saisie de la question de savoir si un avocat associé d'une structure d'exercice pouvait également d'avoir également la qualité d'avocat salarié, autrement dit de cumuler ces deux modes d'exercice, la Cour de cassation a pu considérer qu'il résulte des articles 7 de la loi du 31 décembre 1971 et 20 du décret du 25 mars 1993 qu'un avocat associé exerçant au sein d'une société d'exercice libéral ne peut exercer sa profession à titre individuel, en qualité de membre d'une autre société, quelle qu'en soit la forme, ou en qualité d'avocat salarié. Dès lors, ayant

1. L. n° 2015-990, 6 août 2015, art. 63.
2. Décr. n° 2016-878, 29 juin 2016 relatif à l'exercice de la profession d'avocat sous forme de société d'exercice libéral et aux sociétés de participations financières de profession libérale d'avocats, *JO* 30 juin, n° 56, art. 1er.
3. Décr. n° 93-492, 25 mars. 1993, art. 20 ; abrogé par décr. n° 2016-878, 29 juin 2016, art. 1er.
4. Décr. n° 2016-882, 29 juin 2016 relatif à l'exercice de la profession d'avocat sous forme d'entité dotée de la personnalité morale autre qu'une société civile professionnelle ou qu'une société d'exercice libéral ou de groupement d'exercice régi par le droit d'un autre État membre de l'Union européenne, *JO* 30 juin, n° 60.
5. Décr. n° 2017-795, 5 mai 2017 pris pour l'application de l'article 27 de la loi n° 66-879 du 29 novembre 1966 et fixant la majorité requise pour la transformation d'une société civile professionnelle en une société pluriprofessionnelle d'exercice ou pour la participation d'une société civile professionnelle à la constitution d'une telle société, *JO* 7 mai, n° 31, art. 7.
6. Décr. n° 2017-801, 5 mai 2017 relatif à l'exercice de la profession d'avocat par une société pluriprofessionnelle d'exercice, *JO* 7 mai, n° 37, art. 2.
7. CE 5 juill. 2017, *UJA de Paris*, req. n° 403012, NP ; *JCP* 2017. Chron. 1104, n° 7, obs. L. Jariel.
8. Décr. n° 2016-878, 29 juin 2016 relatif à l'exercice de la profession d'avocat sous forme de société d'exercice libéral et aux sociétés de participations financières de profession libérale d'avocats, *JO* 30 juin, n° 56.
9. Décr. n° 93-492, 25 mars. 1993, art. 20 ; abrogé par décr. n° 2016-878, 29 juin 2016, art. 1er.
10. CE 5 juill. 2017, *UJA de Paris*, req. n° 403012, NP ; *JCP* 2017. Chron. 1104, n° 7, obs. L. Jariel.
11. CNB, Comm. RU, avis n° 2020-020, 10 nov. 2020.
12. CNB, Comm. RU, avis n° 2020-030, 18 déc. 2020.

constaté que, jusqu'en février 2016, l'avocat avait la qualité d'associé de la Selas, par l'effet du contrat de prêt de consommation d'actions à lui consenti, avec toutes les conséquences de droit qui y sont attachées, la cour d'appel en a exactement déduit qu'il ne pouvait pas être salarié au sein de cette même Selas[1].

Là où le bât blesse, eu égard à la motivation de l'arrêt, c'est que la cour d'appel, approuvée implicitement par la Cour de cassation, fonde sa solution non seulement sur feu l'article 20 du décret du 25 mars 1993 mais également sur l'article 7 de la loi du 31 décembre 1971 qui prévoit que « l'avocat peut exercer sa profession soit à titre individuel, soit au sein d'une association, une société civile professionnelle, d'une société d'exercice libéral ou d'une société en participation soit en qualité de salarié ou de collaborateur libéral d'un avocat ou d'une association ou société d'avocats », et considère que « la conjonction "soit" montre le caractère alternatif et non cumulatif de ces modes d'exercice ». Laissant ainsi entendre que ce cumul ne serait toujours pas possible aujourd'hui, l'article 7 de la loi du 31 décembre 1971 n'ayant pas été modifié en sa rédaction, sur ce point, par la loi du 6 août 2015[2].

L'on peut donc légitimement s'interroger sur cette contradiction de position, les divergences de jurisprudence entre la Cour de cassation et le Conseil d'État n'étant pas cas d'école et aucune juridiction n'étant en mesure de les aplanir, et de l'insécurité juridique qui en découle, d'autant que le renvoi à l'article 7 de la loi du 31 décembre 1971 n'était pas nécessaire pour fonder la solution du litige qui aurait plus se satisfaire du seul visa des articles 21 de la loi du 31 décembre 1990 et, surtout, 20 du décret du 25 mars 1993.

811.95 **Notion d'établissement d'exercice.** Quoi qu'il en soit, l'hypothèse d'une évolution de l'exclusivité d'exercice doit s'entendre comme un cumul possible d'exercice, et non comme une possibilité de rattachement à plusieurs barreaux. Les associés qui exerceront dans plusieurs structures ou selon différents modes d'exercice devront ainsi disposer d'un seul domicile professionnel[3], et être inscrits auprès d'un seul barreau à titre principal[4].

Ce profond changement dans l'exercice de la profession a nécessité une modification de l'article 15 du RIN par une décision à caractère normatif adoptée par le CNB lors de son assemblée générale du 15 mai 2020[5]. La pluralité d'exercice[6] est ainsi définie par le nouvel article 15.4.1 du RIN comme la faculté d'exercer la profession d'avocat en cumulant plusieurs des modes d'exercice listés à l'article 7 de la loi du 31 décembre 1971, dans le ressort d'un même barreau ou de barreaux différents[7]. Elle ne déroge pas au principe selon lequel l'avocat est inscrit au tableau de l'ordre du seul barreau du lieu de son cabinet principal, lequel doit répondre aux conditions générales du domicile professionnel[8] et correspondre à un exercice effectif[9]. Elle suppose un nouvel exercice professionnel de l'avocat qui se caractérise par le statut choisi et le lieu d'exercice. L'établissement d'exercice est l'instrument de mise en œuvre de la pluralité d'exercice[10]. Il permet notamment le contrôle du respect des principes et des règles de la profession (unicité d'inscription, postulation...), ainsi que le suivi par les ordres de la structuration de l'activité des avocats.

811.96 **Enjeux de la question.** La fin du principe de l'exclusivité d'exercice présente de réels intérêts pour les avocats que nous avons pu souligner de longue date[11], tel que la possibilité d'offrir un réel statut à des associés en situation de dépendance économique (tel que l'avocat associé que dans le cadre d'un prêt à la consommation) en leur permettant ainsi de cumuler leur situation d'associé avec celle d'avocat salarié ou de collaborateur libéral, et non avec un « contrat d'exercice professionnel » qui ne leur offre aucune protection de quelque nature que ce soit. Plus généralement, elle ouvre des perspectives nouvelles et intéressantes pour la structuration des activités des avocats, par exemple pour leur organisation sectorielle, ou pour exploiter isolément une activité spécifique qui n'intéresse pas l'ensemble des associés de l'avocat, ou encore pour sécuriser le collaborateur lorsqu'il souhaite débuter une association avec de jeunes confrères pour exploiter ensemble leurs clientèles personnelles[12].

1. Civ. 1re, 14 févr. 2018, n° 17-13.159, P ; *Gaz. Pal.* 26 juin 2018, p. 85, obs. B. Brignon ; *JCP* 2018. 274 ; *Gaz. Pal.* 20 mars 2018, p. 30, obs. C. Berlaud ; *JCP* 2018. Chron. 588, n° 12, obs. L. Jariel – D. Piau, « Cumul des qualités d'avocats salarié et d'associé d'une Sel : impossible hier, vraiment possible demain ? », *D. actu.* 12 mars 2018.
2. V. ss n° 811.92.
3. V. ss nos 222.11 s.
4. V. ss nos 223.41 s.
5. CNB, décis. n° 2019-002, 9 juill. 2020 portant réforme du règlement intérieur national (RIN) de la profession d'avocat (art. 21-1 de la loi du 31 déc. 1971 mod.), *JO* 30 août, n° 13 ; *JCP* 2020. 1294, n° 2, obs. L. Jariel.
6. CNB, *Guide pluralité d'exercice*, nov. 2020.
7. RIN, art. 15.4.1, créé par déc. CNB n° 2019-002, 9 juill. 2020 ; *JCP* 2020. 1294, n° 2, obs. L. Jariel.
8. V. ss nos 222.11 s.
9. RIN, art. 15.2.
10. RIN, art. 15.4.2.
11. D. Piau, « Collaboration libérale : revenir aux fondamentaux », *Gaz. Pal.* 25-27 juill. 2010, p. 7.
12. CNB, *Guide pluralité d'exercice*, nov. 2020 – C. Berrebi, L. Dupuis, « Ultime étape de la réforme Macron : le pluri-exercice », *D. Avocats* 2017. 275 – B. Brignon, H. Chemouli, « L'unicité d'exercice des avocats », *Gaz. Pal.* 22 mai 2018, p. 23 – M. Couffignal, C. Modat, « Focus sur la pluralité d'exercice », *Gaz. Pal.* 6 oct. 2020, p. 20.

Elle mériterait un alignement de la rédaction de l'article 7 de la loi du 31 décembre 1971 sur celle de l'article 12 de l'ordonnance du 19 septembre 1945 [1] qui prévoit, s'agissant des experts-comptables, que : « Les experts-comptables exercent leur profession soit à titre individuel et en leur propre nom, soit en qualité de salarié d'un autre expert-comptable, d'une association de gestion et de comptabilité, d'une succursale ou d'une société d'expertise comptable, soit en qualité de mandataire social d'une société d'expertise comptable ; ces diverses formes d'exercice sont compatibles entre elles. [...] », car elle fait, pour l'heure, courir de trop nombreuses incertitudes à l'ensemble des avocats qui souhaitent s'y aventurer. Il reste à espérer, faute de clarification législative souhaitable et nécessaire, que la Cour de cassation, saisie d'une situation postérieure à l'entrée en vigueur du décret du 29 juin 2016, aspire à une autre lecture de l'article 7 de la loi du 31 décembre 1971 venant lever les craintes et les incertitudes que ne peut que susciter la lecture de l'arrêt de la Cour de cassation destiné aux honneurs de la publication au *Bulletin* [2].

SECTION 3
OBLIGATIONS DÉCOULANT DE L'EXERCICE PROFESSIONNEL

811.100 **Plan.** Des obligations impérieuses (§ 1), découlent de l'exercice professionnel de son activité par l'avocat sous quelque mode que ce soit, parmi lesquelles les obligations ordinales (§ 2), sociales (§ 3), fiscales (§ 4) et comptables (§ 5).

§ 1
Obligations impérieuses – Difficultés financières

811.111 **Obligations impérieuses.** L'exercice professionnel de l'avocat, implique pour ces derniers, outre la nécessaire tenue d'une comptabilité [3], des obligations de paiement de différentes cotisations, contributions et impôts.

Le non-respect de ces obligations ordinales, comptables, sociales et fiscales de l'avocat est susceptible de constituer une faute déontologique d'une particulière gravité, caractérisant un manquement à la probité, de nature à fonder une sanction disciplinaire [4].

811.112 **Difficultés financières – Procédures collectives.** Le régime des procédures collectives a été étendu, après adaptation, aux avocats, comme à tout autre professionnel libéral, par la loi du 26 juillet 2005 [5].

Toutes les procédures prévues par le Livre VI du code de commerce [6] ont vocation à s'appliquer à l'avocat, qu'elles soient préventives ou curatives : mandat *ad hoc* [7], conciliation [8], sauvegarde [9], sauvegarde accélérée [10], redressement judiciaire [11], rétablissement personnel [12] et liquidation judiciaire [13], ce qui conduit à exclure l'application aux avocats, personnes physiques, des dispositions relatives au traitement des situations de surendettement, sans qu'il n'y ait lieu de distinguer suivant la nature professionnelle ou personnelle des dettes impayées [14]. Trois spécificités doivent être notées :

1° Compétence est attribuée au tribunal judiciaire et non au tribunal de commerce [15].

2° Il est prévu une participation active du bâtonnier à la procédure collective de l'avocat [16].

3° Le volet répressif du droit commun des procédures collectives, en particulier la faillite personnelle [17], est écarté au profit des sanctions disciplinaires prononcées par le conseil de discipline à l'encontre de tout avocat qui serait reconnu responsable d'avoir poursuivi abusivement une exploita-

1. Ord. n° 45-2138, 19 sept. 1945 portant institution de l'ordre des experts-comptables et réglementant le titre et la profession d'expert-comptable, *JO* 21 sept., p. 5938.
2. Civ. 1re, 14 févr. 2018, n° 17-13.159, P ; *Gaz. Pal.* 26 juin 2018, p. 85, obs. B. Brignon ; *JCP* 2018. 274 ; *Gaz. Pal.* 20 mars 2018, p. 30, obs. C. Berlaud ; *JCP* 2018. Chron. 588, n° 12, obs. L. Jariel – D. Piau, « Cumul des qualités d'avocats salarié et d'associé d'une SEL : impossible hier, vraiment possible demain ? », *D. actu.* 12 mars 2018.
3. V. ss nos 811.221 s.
4. V. ss nos 324.161 s.
5. L. n° 2005-845, 26 juill. 2005 de sauvegarde des entreprises, *JO* 27 juill., p. 12187 ; rect. *JO* 22 oct., p. 1675 – R. Martin et P. Neveu, « L'application à la profession d'avocat de la loi du 26 juillet 2005 sur la sauvegarde des entreprises », *JCP* 2006. I. 125 – A. Lecourt, « L'avocat, acteur et victime de la procédure collective », *Dr. et patr.* oct. 2011, p. 59 ; – AUSSI : P.-M. Le Corre, *Droit et pratique des procédures collectives*, 11e éd., « Dalloz Action », 2020, nos 211.512 et 211.513, 233.113 et 233.216 – A. Lienhard, *Procédures collective*, 9e éd., « Encyclopédie Delmas », Dalloz, 2020, nos 052.51, 064.56.
6. C. com., art. L. 610-1 s.
7. C. com., art. L. 611-3.
8. C. com., art. L. 611-4 s.
9. C. com., art. L. 621 s.
10. C. com., art. L. 628-1 s.
11. C. com., art. L. 631-1 s. – Com. 19 oct. 2010, n° 10-40.035, NP ; *D.* 2010. 2511, obs. A. Lienhard ; *Rev. sociétés* 2011. 190, obs. Ph. Roussel Galle ; *LPA* 20 déc. 2010, obs. M.-C. Henry ; *BJE* 2011. 8, note R. Bonhomme.
12. C. com., art. L. 645-1 s.
13. C. com., art. L. 640-1 s. et L. 644-1 s.
14. Com. 17 juin 2020, n° 19-10.464, P ; *JCP* 2020. 1294, n° 8, obs. S. Bortoluzzi.
15. C. com., art. L. 611-5, al. 1er et L. 621-2, al. 1er.
16. C. com., art. R. 662-11.
17. C. com., art. L. 653-2 s. – F. Pérochon, « Le privilège des notables indélicats : un nouveau privilège ? », *D.* 2005. 1146.

tion déficitaire qui ne pouvait conduire qu'à la cessation des paiements ou d'avoir commis des irrégularités comptables.[1]

811.113 Cause d'omission surannée. En outre, le non-règlement dans les délais prescrits des cotisations dues au Conseil national des barreaux (CNB) ou au barreau, de la contribution aux charges du barreau, ainsi que des cotisations à la Caisse nationale des barreaux français (Cnbf), dès lors qu'elles sont nées sont nées avant l'ouverture d'une procédure collective[2], constitue un cas d'omission du tableau[3].

Le maintien de ce cas d'omission, alors même que les avocats sont désormais pleinement soumis au régime des procédures collectives[4], apparaît pour le moins suranné. L'omission financière qui consiste à omettre un avocat en raison du défaut de paiement de certaines de ses cotisations professionnelles, afin que celui-ci régularise ses dettes alors même qu'il n'est plus en mesure d'exercer la profession d'avocat, avant de pouvoir se réinscrire, rappelle plus les temps anciens de l'avocat rentier qui pouvait cesser de travailler le temps de se retourner, que ceux de l'avocat entrepreneur pleinement immergé dans la vie économique moderne.

§ 2
Obligations ordinales de l'avocat

811.121 Cotisation au Conseil national des barreaux (CNB). L'avocat est, en premier lieu, tenu de payer une cotisation au Conseil national des barreaux dont ce dernier fixe chaque année le montant et les modalités de paiement[5]. La cotisation est due par tout avocat inscrit au tableau de l'ordre d'un barreau au 1er janvier de chaque année civile. Son montant est unique et ne peut être modulé au *prorata temporis* pour des inscriptions ou démission du tableau en cours d'année. L'avocat employeur est tenu, pour le compte de l'avocat salarié, au paiement des cotisations dues, par cet avocat, pour le fonctionnement de l'ordre et celui du Conseil national des barreaux[6].

Dans le cadre du contentieux du recouvrement des cotisations du CNB, la première chambre civile de la Cour de cassation, saisie par le tribunal d'instance de Nancy, a examiné la constitutionnalité de l'article 21-1, alinéa 1er, de la loi du 31 décembre 1971, qui définit le rôle et le statut du CNB, et de l'article 53, alinéa 2, 3°, qui renvoie au pouvoir réglementaire l'organisation professionnelle, et refusé de transmettre au Conseil constitutionnel les trois questions prioritaires de constitutionnalité dont elle était saisie[7]. Pour la Cour de cassation, les QPC ne présentaient pas de caractère sérieux aux motifs que l'indépendance des barreaux n'est pas un principe à valeur constitutionnelle ; que les cotisations dues au CNB, en ce qu'elles assurent le fonctionnement de celui-ci, dont les missions sont distinctes de celles des ordres qui recouvrent des cotisations pour leur propre fonctionnement, ne sont pas contraires à la liberté d'entreprendre ; enfin que les cotisations dues au CNB n'ayant pas la nature d'un impôt, le législateur n'a pas méconnu sa compétence en confiant au pouvoir réglementaire le soin de fixer le mode de financement du CNB[8].

811.122 Cotisation et contributions aux charges dues au barreau. L'avocat est, en second lieu, tenu de payer sa cotisation ainsi que ses contributions aux charges collectives du barreau[9].

C'est au conseil de l'Ordre qu'il appartient de fixer, d'une part, le montant de la cotisation des avocats relevant du barreau ainsi que de celle des avocats qui, appartenant à un autre barreau, ont été autorisés à ouvrir un ou plusieurs bureaux secondaires dans son ressort[10], et, d'autre part, de répartir les charges entre ses membres et d'en poursuivre le recouvrement[11].

En effet, la cotisation due par l'avocat au barreau s'accompagne, généralement, d'au moins deux contributions aux charges collectives recouvrées par le barreau auprès de l'avocat au titre de la répartition des charges de fonctionnement du barreau entre ses membres[12], à savoir :

1° La contribution de l'avocat au financement du contrat d'assurance responsabilité civile professionnelle souscrit par le barreau pour le compte des avocats qui y sont inscrits[13] ;

1. V. ss nos 241.14 s. – Paris, pôle 4, ch. 13, 17 juin 2021, RG no 20/11880 ; – SUR RENVOI APRÈS CASSATION PAR : Civ. 1re, 1er juill. 2020, no 19-16.666, P ; – CASSANT : Lyon 5 juill. 2018, RG nos 17/04496, 17/4722, 17/5915 ; – SUR RENVOI APRÈS CASSATION PAR : Civ. 1re, 24 mai 2017, no 15-13.038, 15-13.925, NP ; – CASSANT : Lyon 1er déc. 2014.
2. C. com., art. L. 622-7.
3. Décr. no 91-1197, 27 nov. 1991, art. 105, 2° – CNB, Comm. RU, avis no 2021-002, 20 janv. 2021 – V. ss nos 241.14 s.
4. V. ss no 811.112.
5. Décr. no 91-1197, 27 nov. 1991, art. 37 – V. ss nos 112.61 s.
6. Décr. no 91-1197, 27 nov. 1991, art. 138, al. 2.
7. Civ. 1re, 6 févr. 2020, no 19-40.037 : NON-LIEU À RENVOI.
8. Civ. 1re, 6 févr. 2020, no 19-40.037 : NON-LIEU À RENVOI.
9. Sur la nature des cotisations ordinales au regard du droit européen : CJUE 5 déc. 2019, *barreau de Dinan*, aff. C-421/18 ; *D. actu.* 20 déc. 2019, note F. Mélin ; *D.* 2020. 1608, note C. Legendre.
10. V. ss nos 115.83 s.
11. L. no 71-1130, 31 déc. 1971, art. 17, 6°.
12. L. no 71-1130, 31 déc. 1971, art. 17, 6°, *in fine*.
13. V. ss nos 911.33 s.

2° La contribution de l'avocat au financement du contrat d'assurance collective de prévoyance souscrit, dans la plupart des cas, par le barreau [1].

811.123 Cotisation à la caisse autonome des règlements pécuniaires des avocats (Carpa). L'avocat est enfin, le cas échéant, tenu de payer une cotisation à la caisse autonome des règlements pécuniaires des avocats (Carpa) dont il relève lorsque cette dernière en a établi une [2].

§ 3
Obligations sociales de l'avocat

811.130 Plan. Les obligations sociales de l'avocat comprennent le régime de retraite de base et de retraite complémentaire obligatoire (A), la prévoyance (B), les Urssaf (C) ainsi que le paiement des cotisations relatives au personnel de son cabinet (D).

A.
Retraite

811.141 Régime de retraites de base et complémentaire obligatoire. L'avocat est obligatoirement affilié, tant pour le régime de retraite de base que pour le régime de retraite complémentaire obligatoire, à la Caisse nationale des barreaux français (Cnbf) [3]. La seule exception à l'affiliation de tous les avocats à la Cnbf, limitée dans le temps, concerne exclusivement les avocats salariés qui, avant la date d'entrée en vigueur de la loi du 31 décembre 1990, exerçaient en tant que salariés la profession de conseil juridique et les mandataires sociaux qui relevaient du régime des salariés [4].

La cotisation annuelle est due par tous les avocats inscrits au tableau ; elle est composée, s'agissant du régime de retraite de base [5], d'une partie forfaitaire, qui peut être graduée suivant l'âge lors de la prestation de serment et l'ancienneté d'exercice depuis cette prestation de serment, et d'une partie proportionnelle assise sur les revenus professionnels [6]. Cette cotisation est complétée par le paiement des droits de plaidoirie, qui peuvent être répercutés sur le client, ou de la contribution équivalente aux droits de plaidoirie [7].

La cotisation du régime de retraite complémentaire obligatoire est proportionnelle et assise sur les revenus professionnels [8].

1. V. s^s n° 811.153.
2. V. s^s n°s 121.14 s.
3. L. n° 71-1130, 31 déc. 1971, art. 42 – CSS, art. L. 651-1 – V. s^s n°s 141.11 s.
4. L. n° 71-1130, 31 déc. 1971, art. 42.
5. CSS, art. L. 652-7.
6. CSS, art. L. 131-6 s.
7. CSS, art. L. 652-6 – V. s^s n°s 723.45 s.

Le contentieux du recouvrement des cotisations et notamment de la connaissance des oppositions formées par des avocats à des états exécutoires est dévolu aux juridictions de l'ordre judiciaire du lieu où la caisse a son siège, c'est-à-dire à Paris [9].

Les prestations offertes dans le cadre du régime de retraite des avocats sont décrites aux articles L. 653-1 [10] et suivants et R. 653-1 [11] et suivants du code de la sécurité sociale.

B.
Prévoyance

811.151 Assurance maladie et parentalité – Régime de base. Les avocats sont obligatoirement affiliés au régime d'assurance maladie ainsi que d'assurance maternité et congé de paternité et d'accueil de l'enfant des travailleurs non salariés des professions non agricoles institué par la loi du 12 juillet 1966 [12].

La protection sociale des travailleurs indépendants a été confiée au régime général [13] par la loi du 30 décembre 2017 [14], qui a procédé à la suppression du régime social des indépendants (Rsi), tout en permettant aux travailleurs indépendants de conserver des règles, une organisation et une gouvernance spécifiques.

Les prestations assurance maladie et maternité des travailleurs indépendants leur sont, depuis, servies, comme pour les salariés, par la Caisse primaire d'assurance maladie (Cpam) [15] et le recouvrement de leurs cotisations est assuré par les Urssaf. Un Conseil de la protection sociale des travailleurs indépendants [16], doté d'instances régionales, regroupant les représentants des travailleurs indépendants a été créé afin de veiller aux conditions dans lesquelles sont assurés le fonctionnement de ce dispositif et son adéquation.

Cette réforme est entrée en vigueur, suite à une phase transitoire de deux ans, le 1er janvier 2020.

La cotisation est personnellement [17] due par tous les avocats inscrits au tableau. Elle est proportion-

8. CSS, art. L. 131-6 s.
9. CSS, art. L. 652-10, al. 3 – Civ. 2e, 1er juill. 1981, n° 80-13.836, P II, n° 143 ; *Gaz. Pal.* 1982. 1. pan. 38.
10. CSS, art. L. 653-1 ; créé par ord. n° 2018-470, 12 juin 2018, art. 5.
11. CSS, art. R. 653-1 ; créé par décret n° 2019-718, 5 juill. 2019, art. 5.
12. CSS, art. L. 613-1, 1°, c) – L. n° 66-509, 12 juill. 1966 relative à l'assurance maladie et à l'assurance maternité des travailleurs non salariés des professions non agricoles, *JO* 13 juill., p. 6017.
13. L. n° 2017-1836, 30 déc. 2017, art. 15.
14. L. n° 2017-1836, 30 déc. 2017 de financement de la sécurité sociale pour 2018, *JO* 31 déc., n° 1.
15. www.ameli.fr
16. CSS, art. L. 612-1 s.
17. Com. 21 nov. 2018, n° 17-18.306, P ; *D.* 2018. 2303.

nelle, suivant un taux fixé par décret[1], et assise sur les revenus professionnels[2].

Les prestations offertes dans le cadre de ce régime sont décrites aux articles L. 623-1 et suivants du code de la sécurité sociale.

811.152 Assurance invalidité-décès – Régime Cnbf. La Cnbf[3] perçoit une cotisation distincte, due par tous les avocats qui y sont affiliés, et destinée au financement d'un régime d'assurance décès et invalidité obligatoire[4]. Il s'agit d'une cotisation forfaitaire dont le montant, variant suivant l'ancienneté de l'avocat, est fixé, chaque année, sur proposition du conseil d'administration de la caisse, par l'assemblée générale de la Cnbf[5].

Cette cotisation versée personnellement par l'avocat s'accompagne, en outre, d'une autre cotisation forfaitaire « recouvrée auprès du Barreau », suivant les appels de cotisations de la Cnbf, et, en réalité, prise en charge, en principe, par la Carpa[6] dont relève l'avocat au titre du : « financement des services d'intérêt collectif de la profession, et notamment [...] de prévoyance [...] »[7]. Cette pratique, dont la légalité actuelle n'apparaît pas certaine, résulte d'un accord en date du 24 juillet 1985, conclu sous l'égide de l'Unca[8], confirmé par un courrier du ministre de la Justice en date du 27 septembre 1985.

Les prestations offertes dans le cadre de ce régime sont décrites aux articles R. 653-14[9] et suivants du code de la sécurité sociale ainsi que dans les statuts de la Cnbf.

811.153 Contrat d'assurance collective de prévoyance (*Lpa* ou autre). Un contrat d'assurance collective est souscrit, dans la plupart des cas, par le barreau, afin d'assurer une couverture collective complémentaire en matière de prévoyance aux avocats qui en relèvent : prévoyance complémentaire en sus des prestations servies par le régime général (indemnités journalières maladie en cas d'accident, agression professionnelle, hospitalisation...)[10] et celui de la Caisse nationale des barreaux français (Cnbf)[11], assurance chance maternité, assurance perte de collaboration...

La plupart des barreaux ont souscrit un tel contrat dans le cadre des offres proposées par La Prévoyance des Avocats (*Lpa*)[12], qui propose également des garanties supplémentaires individuelles, tandis que d'autres, tel que les barreaux de Paris, Lyon et Nanterre, ont souscrit un tel contrat dans le cadre d'un appel d'offres auprès de courtiers en assurance.

Les cotisations de ces contrats sont en principe mises à la charge de l'avocat au titre de leur part contributive aux charges du barreau et recouvrées par ce dernier[13], mais font parfois l'objet d'une prise en charge totale ou partielle par le barreau, au titre des « œuvres sociales »[14], ou la Carpa, dans le cadre du : « financement des services d'intérêt collectif de la profession, et notamment [...] de prévoyance [...] »[15].

De tels contrats constituent des contrats d'assurance groupe, le barreau ayant la qualité de souscripteur et les avocats la qualité d'adhérents au contrat, régis par les articles L. 141-1 et suivants du code des assurances[16] et la loi du 31 décembre 1989[17], ainsi que, le cas échéant, les articles 32 et suivant de la loi du 11 février 1994[18].

C.
Urssaf – Caf – Fif-Pl

811.161 Allocations familiales – Contribution sociale généralisée (CSG) – Contribution pour le remboursement de la dette sociale (CRDS) – contribution formation professionnelle (CFP). L'Union de recouvrement des cotisations de Sécurité sociale et d'allocations familiales (Urssaf) recouvre auprès des avocats, outre les cotisations d'assurance maladie et parentalité[19] :

1° Les cotisations d'allocations familiales[20] ouvrant droit au bénéfice des prestations familiales prévues aux articles L. 511-1[21] et suivants du code de la sécurité sociale et servies par la Caisse d'allocations familiales (Caf) ;

1. CSS, art. L. 621-1 s.
2. CSS, art. L. 131-6 s.
3. V. s^s n°s 141.11 s.
4. CSS, art. L. 652-9.
5. CSS, art. R. 652-18 ; créé par décr. n° 2019-718, 5 juill. 2019, art. 5.
6. V. s^s n° 121.45.
7. Décr. n° 91-1197, 27 nov. 1991, art. 235-1.
8. V. s^s n°s 122.11 s.
9. CSS, art. R. 653-14 ; créé par décr. n° 2019-718, 5 juill. 2019, art. 5.
10. V. s^s n° 811.151.
11. V. s^s n° 811.152.
12. V. s^s n°s 145.11 s.
13. V. s^s n° 811.122.
14. L. n° 71-1130, 31 déc. 1971, art. 17, 6° – V. s^s n° 911.42 – Civ. 1re 17 juin 2005, n° 14-17.536, P ; *D.* 2015. 1447 ; *D.* 2016. 101, obs. Th. Wickers.
15. Décr. n° 91-1197, 27 nov. 1991, art. 235-1 – V. s^s n° 121.45.
16. J. Bigot, Ph. Baillot, J. Kullmann, L. Mayaux, *Traité de droit des assurances*, t. IV, *Les assurances de personnes*, LGDJ, 2007, n°s 764 s.
17. L. n° 89-1009, 31 déc. 1989 renforçant les garanties offertes aux personnes assurées contre certains risques, *JO* 2 janv. 1990, p. 13.
18. L. n° 94-126, 11 févr. 1994 relative à l'initiative et à l'entreprise individuelle, *JO* 13 févr., p. 2493.
19. V. s^s n° 811.151.
20. CSS, art. R. 241-6 et R. 241-2.
21. CSS, art. L. 511-1 ; mod.par L. n° 2020-692, 8 juin 2020, art. 5.

2° La contribution sociale généralisée (CSG) et la contribution pour le remboursement de la dette sociale (CRDS)[1]. Elles sont proportionnelles et assises sur les revenus professionnels[2] ;

3° La contribution à la formation professionnelle (CFP)[3], pour un montant forfaitaire, destinée au financement de la formation continue des avocats et reversé au fonds interprofessionnel de formation des professionnels libéraux (Fif-Pl) qui est un fonds d'assurance formation agréé[4] auprès duquel tout avocat libéral qui souhaite bénéficier d'une prise en charge d'une formation doit compléter préalablement sa demande de prise en charge en ligne[5].

D.
Personnel du cabinet de l'avocat

811.170 **Plan – Obligations de l'avocat employeur.** L'avocat qui emploie du personnel salarié, qu'il s'agisse d'avocats salariés (1°), du personnel salarié (2°) ou de stagiaires (3°), est personnellement tenu à l'ensemble des obligations incombant aux employeurs selon les dispositions du code du travail et de la convention collective applicable.

1°
Avocat salarié

811.181 **Avocat salarié : rapports régis par la convention collective nationale.** Les rapports entre l'avocat et ses avocats salariés sont régis par la convention collective nationale des cabinets d'avocats (avocats salariés) du 17 février 1995[6]. Les avocats salariés relèvent, tant pour les cotisations que pour les prestations, du régime général de la sécurité sociale. Ils doivent bénéficier d'un contrat d'assurance collective prévoyance complémentaire qu'il appartient à leur employeur de souscrire[7].

Ils ne sont donc pas personnellement soumis aux obligations ordinales et sociales de l'avocat : leurs cotisations, qu'il s'agisse des cotisations ordinales[8] (barreau et conseil national des barreaux)[9], de la retraite[10], de la prévoyance[11] ou des allocations familiales[12], étant versées par leur employeur et ce versement constitue une obligation personnelle, impérieuse, de ce dernier.

Sont concernés, non seulement les avocats salariés[13], mais également ceux qui, en application du code de la sécurité sociale, ont la qualité d'assimilé salarié au sens de la législation de la sécurité sociale du fait de l'exercice de certaines fonctions au sein de structures d'exercice, sans avoir, pour autant, le statut de salarié au sens du code du travail[14] : gérants minoritaires de Selarl et Sarl et dirigeants de Selafa, SA, SAS, Selas, pour les rémunérations perçues au titre de leur mandat social.

2°
Salarié du cabinet

811.191 **Convention collective.** Les rapports entre l'avocat et les salariés de son cabinet sont régis par la convention collective nationale réglant les rapports des avocats et de leur personnel, qui a été signée entre les représentants de la profession et les représentants du personnel le 20 février 1979[15]. Cette convention collective est régulièrement complétée par des avenants. Elle est distincte de celle qui s'applique aux avocats salariés[16].

Un accord du 26 juillet 2019, étendu par arrêté du 23 novembre 2020[17], est venu prévoir la préparation de la mise en œuvre de la fusion des champs d'application des conventions « avocats salariés » et « personnel salarié des cabinets d'avocats » en une seule convention collective[18]. L'accord met en place une commission paritaire permanente de négociation et d'interprétation (Cppni) ayant pour mission d'analyser les deux conventions collectives nationales et de proposer des stipulations conventionnelles communes permettant l'élaboration de la convention collective nationale des salariés des cabinets d'avocats[19].

1. CSS, art. L. 136-1 s.
2. CSS, art. L. 131-6 s.
3. C. trav., art. L. 6331-48 s.
4. Arr. 17 mars 1993 portant habilitation de fonds d'assurance formation de non-salariés, pris en application du décret n° 93-281 du 3 mars 1993, *JO* 25 mars, p. 4680, NOR : TEFF9300346A.
5. www.fifpl.fr
6. V. s^s n° 813.72.
7. Convention collective nationale des cabinets d'avocats (avocats salariés) du 17 février 1995, art. 7.6.
8. Décr. n° 91-1197, 27 nov. 1991, art. 138 – CNB, Comm. RU, avis n° 2007-019 du 16 mai 2007.
9. V. s^s n° 811.121 s.
10. V. s^s n°s 811.141 s.
11. V. s^s n°s 811.151 s.
12. V. s^s n° 811.161.
13. V. s^s n°s 813.00 s., not. n°s 813.193 s.
14. CSS, art. L. 311-3.
15. Arr. 13 nov. 1979 portants extension de la convention collective nationale du personnel des cabinets d'avocats, conv. du 20 févr. 1979 annexée, *JO* 9 janv. 1980, p. 265.
16. V. s^s n° 813.72.
17. Accord 26 juill. 2019 relatif à la fusion des champs d'application des conventions « avocats salariés » et « personnel salarié des cabinets d'avocats » ; – ÉTENDU PAR : Arr. 23 nov. 2020 portant extension d'un accord de regroupement des champs des conventions collectives nationales des avocats salariés (n° 1850) et du personnel des cabinets d'avocats, *JO* 15 déc., NOR : MTRT2012196A.
18. Accord du 26 juillet 2019 relatif à la fusion des champs d'application des conventions « avocats salariés » et « personnel salarié des cabinets d'avocats » ; *JCP* 2020. Chron. 278, n° 10, obs. C. Caseau-Roche – Accord de méthode du 9 avril 2021 relatif à la mise en œuvre de l'accord de fusion des champs du 26 juillet 2019.
19. Accord 26 juill. 2019, art. 3.5.1.

811.192 Régimes complémentaires de retraite et de prévoyance. L'avocat et ses salariés sont tenus de cotiser à *Kerialis*[1] pour le régime complémentaire de retraite des salariés, aux termes de la convention collective nationale réglant les rapports des avocats et de leur personnel. Chaque employé doit y être affilié par l'employeur.

En outre, une assurance collective prévoyance complémentaire est prévue auprès de certaines entreprises d'assurance pour garantir les risques santé, maladie ou maternité qui pèsent sur l'employeur du fait de la même convention collective.

3°
Stagiaire

811.201 Stagiaires des cabinets d'avocat. L'avocat qui reçoit de stagiaires au sein de son cabinet est tenu de respecter les dispositions de l'accord professionnel du 19 janvier 2007 relatif aux stagiaires des cabinets d'avocats[2], et notamment celles tenant à l'obligation de verser une gratification minimale à tout stagiaire effectuant un stage d'une durée supérieure à trois mois au sein de son cabinet, ce qui inclut les élèves avocats[3].

§ 4
Obligations fiscales de l'avocat

811.211 Impôt sur les bénéfices. Les bénéfices professionnels des avocats, dès lors qu'ils exercent leur activité à titre individuel[4] ou dans le cadre d'une société de personnes ou assimilée, en qualité d'associé[5], sont normalement imposés dans la catégorie des bénéfices non commerciaux (BNC)[6].

Les bénéfices réalisés dans le cadre d'une société soumise à l'impôt sur les sociétés (IS), c'est-à-dire les sociétés commerciales et les sociétés d'exercice libéral (sauf les EURL et sociétés d'exercice libéral à responsabilité unipersonnelle dont l'associé unique est une personne physique) ou les sociétés civiles professionnelles (SCP)[7] ainsi que les avocats exerçant à titre individuel sous le statut de l'EIRL qui ont opté pour l'impôt sur les sociétés (IS)[8], sont taxés dans la catégorie des bénéfices industriels et commerciaux (BIC).

Les revenus des avocats salariés liés au cabinet par un contrat de travail[9] sont, en revanche, des salaires et imposés comme tels dans la catégorie des traitements et salaires.

811.212 Taxe sur la valeur ajoutée (TVA). Les activités des avocats sont obligatoirement imposables à la taxe sur la valeur ajoutée (TVA)[10], aussi bien leur activité de postulation, de plaidoirie, que de consultation et de conseil ou de rédaction d'actes[11]. Toutefois, l'avocat est dispensé du paiement de cette taxe si son chiffre d'affaires n'excède pas 44 500 euros[12]. Il opère alors en franchise de TVA. En conséquence, il ne facture pas de TVA à ses clients et, en contrepartie, il ne la déduit pas sur ses acquisitions de biens ou de services.

La base d'imposition à la TVA est constituée par toutes les sommes, valeurs, biens ou services, reçus ou à recevoir en contrepartie de services rendus au client, ce qui comprend toutes les rémunérations de quelque nature qu'elles soient, y compris celles versées dans le cadre de l'aide juridictionnelle ou d'une procédure de commission ou de désignation d'office, ou encore les honoraires rétrocédés ; les frais mis à la charge des clients, frais de déplacement..., ainsi que les remboursements forfaitaires de frais[13]. Les honoraires tarifés[14] sont considérés comme hors taxe et doivent donc être facturés au client TVA en sus, ainsi que les frais de procédure, droits de plaidoirie, frais de publicité légale, frais de greffe, honoraires d'expert... Les dépôts de fonds reçus dans le cadre des instances en cours par la Carpa[15] ne sont pas à comprendre dans la base d'imposition à la TVA[16].

La TVA exigible pour les prestations de services est due à compter de l'encaissement des acomptes, du prix ou de la rémunération. Les provisions[17] sont considérées comme des acomptes. L'encaissement correspond à la remise des espèces ou en cas de règlement par chèque, virement ou effet de commerce, à l'inscription de la somme en cause au crédit du compte de l'avocat[18].

1. V. s[s] n°s 144.11 s.
2. Arr. 10 oct. 2007 portants extension d'un accord professionnel national conclu dans le secteur des cabinets d'avocats, *JO* 17 oct., p. 17120, n° 97, NOR : MTST0767912A.
3. V. s[s] n°s 211.186 s.
4. V. s[s] n°s 811.41 s.
5. V. s[s] n°s 811.61 s.
6. CGI, art. 92 ; mod. par ord. n° 2019-1169, 13 nov. 2019, art. 13.
7. V. s[s] n[os] 811.71 s.
8. V. s[s] n° 811.42.
9. V. s[s] n°s 813.00 s.
10. CJUE 16 juill. 2020 *Cabinet d'avocat UR c/Administratia Sector 3 a Finantelor Publice prin Directia Generala Regionala a Finantelor Publice Bucuresti*, aff. C 424/19, *Rec.*
11. CGI, art. 256 A.
12. CGI, art. 293 B, III ; seuil mod. par décr. n° 2020-897, 22 juillet 2020, art. 1er.
13. V. s[s] n°s 723.21 s.
14. V. s[s] n°s 722.31 s.
15. V. s[s] n°s 483.21 s.
16. Sur les débours, v. s[s] n°s 731.131 s.
17. V. s[s] n°s 731.111 s.
18. V. s[s] n°s 732.31 s.

Les prestations réalisées par les avocats sont passibles du taux ordinaire de 20 %, y compris lorsqu'ils s'adressent à une clientèle de particuliers ou qu'ils interviennent à l'aide juridictionnelle [1]. La CJUE a, toutefois, pu considérer que la mission de représentation des personnes mises sous curatelle par un avocat relève, s'agissant de prestations de service effectuées au bénéfice des personnes majeures incapables, de la notion de « prestations étroitement liées à l'aide et à la sécurité sociale », au sens de la directive du 26 novembre 2006 [2] faisant que l'on doit alors lui reconnaître, à ce titre, la qualité d'organisme ayant un caractère social [3].

811.213 Contribution économique territoriale (CET). La contribution économique territoriale (CET), qui a remplacé la taxe professionnelle à compter du 1er janvier 2010 [4], constitue un impôt direct dont doivent s'acquitter chaque année, au profit des collectivités territoriales, les personnes physiques ou morales qui exercent à titre habituel une activité professionnelle non salariée, ce qui inclut les membres des professions libérales, donc les avocats, à l'exception des avocats salariés. Cette CET se décompose elle-même en une cotisation sur la valeur ajoutée des entreprises (CVAE) et une cotisation foncière des entreprises (CFE).

Les avocats ayant suivi la formation dispensée par le centre régional de formation professionnelle (Crfpa) [5] sont exonérés de CFE pour une période de deux ans à compter de l'année qui suit le début de l'exercice de la profession d'avocat [6].

La CET est établie au nom des personnes qui exercent l'activité imposable. Pour les sociétés civiles professionnelles (sauf si elles sont soumises à l'IS), les sociétés civiles de moyen et les groupements réunissant des membres de professions libérales, notion qui paraît viser les entités non dotées de la personnalité juridique telles que les sociétés en participation, l'imposition est établie au nom de chacun des membres [7]. En revanche, en ce qui concerne les sociétés d'exercice libéral et les SCP soumises sur option à l'IS, et ce, à compter de l'année suivant celle où elles sont, pour la première fois soumises à cet impôt, elles sont imposables à la CET en leur nom propre.

1. V. ss nos 751.501.
2. Dir. 2006/112, Conseil, 28 nov. 2006 relative au système commun de taxe sur la valeur ajoutée, *JOUE* 11 déc., p. 1.
3. CJUE 15 avr. 2021, *EQ contre Administration de l'Enregistrement, des Domaines et de la TVA*, aff. C-846/19.
4. CGI, art. 1464 K ; *BOI* 6 E-4-09, n° 39, 7 avr. 2009 ; *BOI*-IF-CFE-20151202 – L. n° 2009-1673, 30 déc. 2009 de finances pour 2010, art. 2, *JO* 31 déc., p. 22856.
5. V. ss nos 211.111 s.
6. CGI, art. 1460, 8° ; *BOI* 6 E-1-08, n° 38, 8 avr. 2008 ; *BOI*-IF-CFE-10-30-20-10-20120912.
7. CGI, art. 1476.

§ 5
Obligations comptables de l'avocat

811.221 Tenue de comptabilité – Dispositions générales. L'avocat, sauf lorsqu'il a la qualité d'avocat salarié, et même s'il est imposé au régime du micro BNC [8], est tenu de tenir une comptabilité [9]. L'avocat soumis au régime de la déclaration contrôlée ou qui désire être imposé d'après ce régime est ainsi tenu d'avoir un livre-journal servi au jour le jour et présentant le détail de ses recettes et de ses dépenses professionnelles. Il doit en outre tenir un document appuyé des pièces justificatives correspondantes, comportant la date d'acquisition ou de création et le prix de revient des éléments d'actif affectés à l'exercice de sa profession, le montant des amortissements effectués sur ces éléments, ainsi qu'éventuellement le prix et la date de cession de ces mêmes éléments. Ces registres ainsi que toutes les pièces justificatives doivent être conservés selon les modalités prévues aux trois premiers alinéas du I et au I *bis* de l'article L. 102 B du livre des procédures fiscales.

Par exception, l'avocat soumis au régime de la déclaration simplifiée de liquidation des taxes sur le chiffre d'affaires de l'article 302 *septies* A [10] du CGI peut procéder, au cours de l'année, à l'enregistrement de ses recettes et dépenses professionnelles sur le livre-journal en retenant la date de l'opération figurant sur le relevé qui lui est adressé par son établissement bancaire, sous réserve d'enregistrer toutes ses recettes et dépenses de l'année au plus tard le dernier jour de celle-ci.

Les avocats doivent également se conformer à l'ensemble des obligations incombant aux redevables de la TVA, ils tiennent une comptabilité leur permettant de justifier du détail de l'opération qu'ils réalisent ou, à défaut, un livre spécial et distinct de leurs recettes taxables selon les différents taux d'imposition [11].

Les règles ci-dessus sont applicables à tous les avocats, quelle que soit la structure juridique dans laquelle ils exercent leur activité. Toutefois, les sociétés d'exercice libéral, sociétés commerciales par la forme, sont tenues de se soumettre aux obligations comptables des sociétés commerciales [12] et d'appliquer le plan comptable général [13]. Cela les

8. Paris, pôle 2, ch. 1, 11 janv. 2018, RG nos 16/11973, 16/14393.
9. CGI, art. 99.
10. CGI, art. 302 *septies* A ; mod. par décr. n° 2020-897, 22 juill. 2020, art. 1er.
11. CGI, art. 286, 3°.
12. C. com., art. L. 123-12 s. – Rép. min., *JOAN Q* 27 juin 1994, p. 3303.
13. Rép. min. Kerguéris, *JOAN Q* 12 févr. 2001, p. 855.

oblige à se soumettre à une comptabilité d'engagement (et non pas de caisse).

811.222 Situations particulières. Lorsque l'avocat personne physique a adopté le statut de l'EIRL[1], il est soumis à des obligations comptables spécifiques et doit également ouvrir un compte bancaire exclusivement dédié à l'activité à laquelle le patrimoine professionnel a été affecté[2].

811.223 Maniement de fonds. Les avocats sont également soumis à des obligations comptables spécifiques en raison des maniements de fonds qu'ils sont amenés à réaliser pour le compte de leurs clients[3].

811.224 Contrôle de comptabilité – Renvoi. Sur cette question, v. s[s] n°s 511.160 s.

811.225 Sanctions disciplinaires. L'absence de tenue d'une comptabilité, ou la tenue irrégulière d'une comptabilité[4], constitue une faute déontologique pouvant donner lieu à des sanctions disciplinaires[5].

SECTION 4
SUPPORTS DE L'EXERCICE PROFESSIONNEL

811.230 Plan – Respect des principes essentiels et des règles déontologiques. La mise en commun de moyens (tels que par exemple standard, télécopie et/ou photocopieuses, salle d'attente, service du Palais...), qu'elle soit réalisée dans le cadre de groupement (§ 1) ou d'une simple contractualisation des relations professionnelles (§ 2), même si elle n'influe pas directement sur les modalités d'exercice de la profession par l'avocat, peut avoir un impact sur le respect des principes essentiels ou l'application des règles déontologiques que l'avocat se doit de respecter en toutes circonstances. Il en est ainsi, notamment, en matière de secret professionnel[6] ou d'appréciation des conflits d'intérêts[7]. Dès lors, et au même titre que pour les modes d'exercice professionnel[8], les contrats ou l'appartenance à une société, une association ou un groupement en la matière ne peuvent en aucun cas porter atteinte aux principes essentiels et règles déontologiques de la profession d'avocat[9].

Il est donc nécessaire que l'ordre puisse avoir connaissance de l'existence de toute fonction support à l'exercice professionnel de l'avocat, ainsi que de leur cadre et modalités de fonctionnement. Toutefois, en l'état actuel des textes, les supports de l'exercice professionnel ne font pas, contrairement aux modes d'exercice[10], l'objet d'un régime uniforme :

1° Certains font l'objet d'un contrôle *a priori* du conseil de l'Ordre, dans le cadre des procédures administratives[11], avec inscription au tableau, ce qui n'apparaît pas justifié, et ce parfois aux termes de dispositions propres au règlement intérieur d'un barreau[12].

2° D'autres font l'objet d'une simple obligation déclarative auprès du bâtonnier avec possibilité de contrôle *a posteriori*, dans le cadre de ses prérogatives de contrôle déontologique[13], ce qui apparaît devoir être le régime de droit commun en la matière.

3° Enfin, d'autres ne font l'objet d'aucune obligation déclarative, ce qui peut être de nature à poser des difficultés eu égard à leur impact sur l'appréciation de la mise en œuvre des principes essentiels et règles déontologiques, telles que s'agissant des conventions d'externalisation de certaines prestations (secrétariat...) ou d'*outsourcing*[14].

§ 1
Mise en commun de moyens et de capitaux

811.241 Société civile de moyens (SCM). Les sociétés civiles de moyens (SCM), prévues par l'article 36 de la loi du 29 novembre 1966, ont « pour objet exclusif de faciliter à chacun de leurs membres l'exercice de son activité ». Concrètement, elles permettent de mettre en commun des moyens permettant l'exercice de la profession d'avocat et d'en répartir la charge entre les associés. Ces moyens peuvent comprendre la propriété des locaux ou un droit au bail, du matériel, le système informatique, la documentation, le service d'accueil... Les associés ne mettent en commun que les moyens utiles à l'exercice de la profession, sans que la société qu'ils constituent puisse elle-même exercer celle-ci.

1. V. s[s] n°s 811.42.
2. C. com., art. L. 526-13 ; mod. par L. n° 2019-486, 22 mai 2019, art. 7 ; – ET R. 526-10-1 ; mod. par décr. n° 2019-987, 25 sept. 2019, art. 23.
3. V. s[s] n°s 483.241 s.
4. Paris, pôle 2, ch. 1, 10 déc. 2009, RG n° 09/11498 – Lyon, 1er juill. 2010, RG n° 10/00492 – Paris, pôle 2, ch. 1, 26 mai 2016, RG n° 15/23128.
5. CNB, Comm. RU, avis n° 2021-008, 16 mars 2021 – Paris, 1re ch., sect. F, 25 janv. 2007, RG n° 06/03893 – Paris, 1re ch., sect. F, 26 avr. 2007, RG n° 06/15089 – Paris, pôle 2, ch. 1, 10 déc. 2009, RG n° 09/12162 – Paris, pôle 2, ch. 1, 24 mars 2011, RG n° 10/09940 – Paris, pôle 2, ch. 1, 26 janv. 2012, RG n° 11/12224 – Paris, pôle 2, ch. 1, 10 sept. 2015, RG n° 14/20727 – Paris, pôle 2, ch. 1, 11 janv. 2018, RG n° 16/11973, 16/14393 – Riom, 26 mars 2018, RG n° 17/02474 – CD Paris, 26 juin 2018, n° 278540 – CD Paris, 17 juill. 2018, n° 294149 – Paris, pôle 4, ch. 13, 18 févr. 2021, RG n° 19/01479 ; – SUR RENVOI APRÈS CASSATION PAR : Civ. 1re, 26 sept. 2018, n° 17-26.831, NP ; – CASSANT : Paris, pôle 2, ch. 1, 26 mai 2016, RG n° 15/23128.
6. V. s[s] n°s 412.81 s.
7. V. s[s] n°s 441.81 s.
8. V. s[s] n° 811.34.
9. L. n° 71-1130, 31 déc. 1971, art. 7.
10. V. s[s] n° 811.130.
11. V. s[s] n°s 513.21 s.
12. V. s[s] n° 513.22.
13. V. s[s] n°s 511.131 s.
14. Sur le secret professionnel, v. s[s] n° 412.307 – Sur les conflits d'intérêts, v. s[s] n° 441.83.

La SCM peut regrouper non seulement des membres de professions identiques mais encore des personnes appartenant à des professions libérales différentes. L'article 36 de la loi du 29 novembre 1966 utilise en effet l'expression « profession libérale » sans l'assortir d'aucune restriction. La cour de Colmar, dans un arrêt du 19 mars 1990[1], a admis la licéité de la constitution de SCM interprofessionnelles créées entre personnes physiques et morales, même si ces dernières revêtent une forme commerciale et même s'il s'agit de sociétés de fait, dès lors que la constitution de cette société ne camoufle pas une société d'exercice et que les règles déontologiques de la profession d'avocat, notamment celles relatives au secret professionnel[2], sont respectées[3].

La SCM obéit aux règles prévues par le droit commun des sociétés ainsi qu'à celles régissant spécifiquement les sociétés civiles[4].

811.242 Groupement d'intérêt économique (GIE) – Groupement européen d'intérêt économique (GEIE). Le groupement d'intérêt économique (GIE) a pour but de faciliter ou de développer l'activité économique de ses membres, d'améliorer ou d'accroître les résultats de cette activité, sans réaliser des bénéfices pour lui-même. Son activité doit se rattacher à l'activité économique de ses membres et ne peut avoir qu'un caractère auxiliaire par rapport à celle-ci[5]. Le GIE est doté de la personnalité morale[6] et peut être constitué par des personnes physiques ou morales.

L'article L. 251-2 du code de commerce prévoit expressément que « les personnes exerçant une profession libérale soumise à un statut législatif ou réglementaire ou dont le titre est protégé peuvent constituer un groupement d'intérêt économique ou y participer ». Compte tenu de son caractère auxiliaire, le GIE ne saurait se substituer à ses membres dans leurs activités, ni permettre la création d'une activité totalement nouvelle. À défaut, il dégénère en société de fait[7].

Si le recours au GIE est expressément autorisé aux avocats par l'article 7 de la loi du 31 décembre 1971, conformément à l'article L. 251-2 du code de commerce, il reste donc pour eux une structure de moyens et non d'exercice. En conséquence, un GIE ne peut pas exercer la profession d'avocat et des avocats ne peuvent pas devenir membres d'un GIE de façon à lui permettre d'exécuter directement des prestations juridiques[8]. Ainsi, si un GIE peut créer un site internet de consultation juridique, il ne peut pas réaliser lui-même les consultations juridiques qui doivent être effectuées, en leur nom et pour leur compte, par les avocats membres[9].

Le GIE est régi par les articles L. 251-1 à L. 251-23 et R. 251-1 à R. 251-3 du code de commerce, ainsi que, s'agissant du barreau de Paris, par l'article P. 48.5 du RIBP. En outre, le GIE utilisé comme outil de réseau est soumis aux dispositions des articles 16 et 18 du RIN, lesquels encadrent de manière précise les réseaux (et autres conventions pluridisciplinaires)[10] et la collaboration interprofessionnelle[11].

811.243 Société de participations financières de professions libérales (SPFPL). Une société de participations financières de professions libérales (SPFPL), mono[12] ou pluriprofessionnelle[13], est une société commerciale, constituée sous la forme d'une société à responsabilité limitée (SARL), société anonyme (SA), société en commandite par actions (SCA) ou encore société par actions simplifiées (SAS) qui a pour objet la détention de parts et d'actions de SEL ou sociétés

1. Colmar, 19 mars 1990, *Gaz. Pal.* 1990. 2. Jur. 715, note A. Damien.
2. V. s[s] n°s 412.81 s. et 441.71 s.
3. AUSSI : rép. min. QE n° 8298, *JOAN Q* 12 avr. 1982, p. 1506.
4. C. civ., art. 1845 s.
5. C. com., art. L. 251-1.
6. C. com., art. L. 251-4.
7. Paris, 6 oct. 1987, *JurisData* 600090, *BJS* 1988. 86, § 21 – Paris, 30 mai 1988, RG n° 06/7463, *RDJA* 12/08, n° 1285.
8. CNB, Commission statut professionnel de l'avocat, avis technique n° 2015.004, 2 déc. 2015.
9. CNB, Comm. RU, avis n° 2016-008, 3 févr. 2016 – V. s[s] n°s 464.61 s.
10. Sur les réseaux (et autres conventions pluridisciplinaires), V. s[s] n°s 811.255 s.
11. Sur la collaboration interprofessionnelle, v. s[s] n°s 811.255 s.
12. J.-J. Daigre, « Les sociétés de participations financières de professions libérales », *BJS* 2002. 565 ; « Les sociétés en participations financières de professions libérales s'ouvrent aux activités accessoires et s'étendent à l'étranger. Commentaire de l'article 72 de la loi du 11 février 2004 », *BJS* 2004. 455 ; « Modernisation du régime des sociétés de professions libérales, Loi n° 2011-331 du 28 mars 2011 », *Rev. sociétés* 2011. 543 – H. Hovasse, « Les sociétés de participations financières de professions libérales mono-professionnelles après le décret du 23 mars 2012 », *BJS* 2012. 894 – F. Maury, « Lois NRE et Murcef. L'influence réciproque du droit des sociétés et du statut de la profession libérale. À propos des Selas et des SPFPL », *JCP* 2002. I. 131 ; « La consécration pratique des sociétés holdings dans le domaine juridique et judiciaire (décrets n°s 2004-852 à 856 du 23 août 2004 relatifs aux SPFPL d'avocats, avoués, commissaires-priseurs judiciaires, huissiers et notaires) », *D.* 2005. Chron. 645.
13. H. Hovasse, « Le décret n° 2014-354 du 19 mars 2014 relatif aux SPFPL pluri-professionnelles », *BJS* 2014. 350 – S. Nonorgue, « Le desserrement des entraves à la constitution de groupes au sein des professions juridiques (SEL-SPFPL) », *Dr. sociétés* 2012. Ét. 10 ; « La constitution des SEL et SPFPL de professions juridiques et judiciaires – Du desserrement à la libération des entraves », *JCP E* 2015. 1521 – G. Parléani, « Les SPFPL de 2011 : fausses holdings, et vraies têtes de réseaux pour les professions libérales », *Rev. sociétés* 2012. 407 ; « L'exercice en société des professions libérales – essentiellement juridiques – dans la loi Macron », *Rev. sociétés* 2015. 638.

relevant du Livre II du code de commerce ayant pour objet l'exercice des professions d'avocat, de notaire, d'huissier de justice, de commissaire-priseur judiciaire, d'expert-comptable, de commissaire aux comptes ou de conseil en propriété industrielle, d'avocats au Conseil d'État et à la Cour de cassation, d'administrateurs judiciaires et de mandataires judiciaires, ainsi que la participation à tout groupement de droit étranger ayant pour objet l'exercice de l'une ou de plusieurs de ces professions, à savoir toute personne physique ou morale légalement établie en Europe et exerçant l'une quelconque desdites professions.

Elle repose sur des prises de participations financières et se caractérise par le partage du capital, et donc des bénéfices, de la société à laquelle participent plusieurs professionnels et au travers de laquelle les résultats sont générés ou perçus. Ainsi, l'activité libérale n'est pas exercée par la SPFPL elle-même, qui n'est qu'un type de holding, mais par ses filiales ou participations. Sont exclues les participations dans des SCP, des SEL exerçant des activités différentes ou encore d'autres SPFPL.

Outre la prise de participation, la SPFPL peut exercer toute autre activité sous réserve d'être destinée exclusivement aux sociétés ou aux groupements dont elle détient des participations. On peut imaginer, par exemple, que la holding loue à ses filiales les locaux dans lesquelles ces dernières exercent leur activité ou effectuent à leur profit tout type de prestations comptables ou administratives, à l'exception des prestations qui relèvent de l'exercice même de la profession d'avocat. Les prestations rendues par la SPFPL à ses filiales et participations peuvent, en pratique, aboutir à une mise en commun de moyens avec les membres des autres professions admises au capital de la SPFPL. Dans ce cas, l'ensemble des règles déontologiques demeurent bien entendu pleinement applicables, en ce compris l'indépendance[1], le secret professionnel[2] et l'absence de conflit d'intérêts[3].

Les SPFPL sont régies par les dispositions du Livre II du code de commerce applicables selon la forme sociale adoptée, ainsi que par la réglementation propre à la SPFPL, à savoir les articles 31-1 et 31-2 de la loi du 31 décembre 1990 concernant respectivement les SPFPL dites mono-professionnelles et les SPFPL dites interprofessionnelles ou pluriprofessionnelles. Enfin, elles sont tenues de se conformer au décret d'application propre à chaque profession libérale, dont la publication conditionne la possibilité de créer une SPFPL, à savoir, en ce qui concerne les avocats, les articles 48-1 et suivants du décret du 25 mars 1993.

Par ailleurs, le groupe constitué par la SPFPL et les sociétés qu'elle détient peut relever des articles 16 et 18 du RIN, lesquels encadrent de manière précise les réseaux (et autres conventions pluridisciplinaires) et la collaboration interprofessionnelle[4]. En ce cas, conformément à l'article 16.2 du RIN, l'avocat ou la structure d'avocats membre de la SPFPL doit s'assurer que son fonctionnement ne porte pas atteinte aux principes essentiels de la profession d'avocat et aux textes légaux et réglementaires qui lui sont applicables. À défaut, il doit s'en retirer[5].

811.244 Commercialisation de biens ou de services connexes à l'exercice de la profession d'avocat. Le décret du 29 juin 2016[6] est venu simplement prévoir que les incompatibilités prévues relativement à toutes les activités de caractère commercial, exercées directement ou par personne interposée[7], et à certaines fonctions au sein des sociétés[8], ne font pas obstacle à la commercialisation, à titre accessoire, de biens ou de services connexes à l'exercice de la profession d'avocat si ces biens ou services sont destinés à des clients ou à d'autres membres de la profession[9].

S'il a supprimé le recours aux sociétés commerciales ayant pour objet la gestion « d'intérêts professionnels »[10], il permet que les biens ou services soient « destinés à des clients ou à d'autres membres de la profession », ce qui revient à restaurer cette même notion « d'intérêts professionnels »[11] avec une restriction liée à la connexité de cette même activité[12], et une limitation tenant à l'impossibilité d'offrir ces mêmes services ou biens à d'autres professions, notamment dans le cadre de l'interprofesionnalités.

Cela permet aux avocats de développer un projet commun (tel que le développement d'un logiciel informatique ou d'une plateforme, la mise à disposition de bureaux avec prestations de services afférentes...) dans le cadre d'une société commerciale

1. Sur l'indépendance, v. s[s] n°s 323.00 s.
2. Sur le secret professionnel, v. s[s] n°s 412.81 s.
3. Sur l'absence de conflit d'intérêts, v. s[s] n°s 441.71 s.
4. V. s[s] n°s 811.255 s.
5. CNB, Commission statut professionnel de l'avocat, avis technique n° 2017-002, 8 févr. 2017.
6. Décr. n° 2016-882, 29 juin 2016 relatif à l'exercice de la profession d'avocat sous forme d'entité dotée de la personnalité morale autre qu'une société civile professionnelle ou qu'une société d'exercice libéral ou de groupement d'exercice régi par le droit d'un autre État membre de l'Union européenne, *JO* 30 juin, n° 60.
7. V. s[s] n°s 432.11 s.
8. V. s[s] n°s 432.31 s.
9. Décr. n° 91-1197, 27 nov. 1991, art. 111, al. 2 – RIN, art. 6.2. *in fine* – V. s[s] n°s 432.81 s.
10. V. s[s] n° 432.82.
11. H. Ader, A. Damien et autres, *Règles de la profession d'avocat*, 15e éd. « Dalloz Action », 2016, n° 432.32.
12. D. Piau, *« Décrets 63 et 67, Macron, I want your business, Part. 2 : Les incompatibilités »*, *Gaz. Pal.* 19 juill. 2016, p. 8.

au sein de laquelle ils peuvent assurer des fonctions de direction, sous la seule réserve que l'objet même de la société soit limité en direction de la seule profession d'avocat, soit du cabinet des avocats concernés, soit de l'ensemble des avocats[1].

L'avocat ou la société d'avocat qui fait usage de cette dérogation doit en informer par écrit, le conseil de l'Ordre du barreau dont il relève dans un délai de trente jours suivant le début de l'activité concernée. Le conseil de l'Ordre peut lui demander tous renseignements ou documents utiles pour lui permettre d'apprécier si une telle activité est compatible avec les règles de déontologie de la profession[2].

§ 2
Contractualisation des relations professionnelles

811.251 **Cabinet groupé.** Sans s'associer, deux ou plusieurs avocats peuvent regrouper leurs cabinets et les moyens qui y sont associés dans le même local. La convention de cabinets groupés est une création ancienne du barreau, précédant les sociétés civiles de moyens[3]. Si seuls certains règlements intérieurs réglementent expressément les conventions de cabinets groupés, tous les barreaux reconnaissent implicitement son usage. Le règlement intérieur du barreau de Paris définit la convention de cabinets groupés comme « celle par laquelle des avocats conviennent tout à la fois de partager la jouissance de locaux professionnels et d'aménager leurs droits et obligations réciproques sur les biens et services communs accessoires à l'usage desdits locaux »[4].

Ce regroupement d'avocats dans le même cabinet ne constitue pas un exercice de la profession en groupe, chaque avocat membre du cabinet groupé poursuivant son exercice individuel. Les locaux, où chacun exerce individuellement la profession, sont seulement regroupés et chaque avocat doit avoir un cabinet propre[5]. Ce système exclut donc toute idée d'association[6]. En conséquence, tout partage des honoraires et tout remplacement habituel entre les avocats regroupés est interdit. L'avocat qui exerce ses activités au sein d'un cabinet groupé peut néanmoins faire précéder ou suivre son nom de celui du cabinet groupé auquel il appartient[7].

1. Sur cette faculté, v. s[s] n°s 432.81 s.
2. Décr. n° 91-1197, 27 nov. 1991, art. 111, *in fine*.
3. L. n° 66-879, 29 nov. 1966 relatives aux sociétés civiles professionnelles, *JO* 30 nov., p. 10451, art. 36 – V. s[s] n° 811.241.
4. RIBP, art. P. 48.4.
5. Basse-Terre, 19 janv. 2000, *BICC* 1er août 2000, n° 994.
6. V. s[s] n°s 811.50 s.
7. L. n° 71-1130, 31 déc. 1971, art. 67.

En l'absence de cadre légal et réglementaire, la convention de cabinets groupés est régie par les règlements intérieurs des barreaux, tel que s'agissant du barreau de Paris l'article P. 48.4[8], et par les usages de la profession. L'usage généralement reconnu par les règlements intérieurs des barreaux est de constater la création du cabinet groupé par une convention écrite qui détermine les dépenses communes et fixe la part contributive des intéressés. Elle en définit également le régime (modalités de tenue de la comptabilité, sanction en cas de non-respect des engagements...). La convention doit en pratique être remise au barreau.

811.252 **Convention de correspondance organique nationale.** Les conventions de correspondance organique, créées par le barreau de Paris, constituent un usage ancien. Elles sont destinées à régir les relations professionnelles entre deux avocats de barreaux différents. Le règlement intérieur du barreau de Paris consacre l'article P. 48.7 aux conventions de correspondance organique nationales[9]. Aucune disposition similaire n'est reprise dans le règlement intérieur national (RIN) de la profession.

Dès lors qu'un avocat souhaite officialiser les relations professionnelles qu'il entretient avec un avocat d'un autre barreau français, ces derniers doivent rédiger une convention de correspondance organique nationale afin de recueillir l'autorisation préalable du bâtonnier. Il peut s'agir d'instaurer une coopération en procédant à un référencement mutuel de clientèle, nécessairement gratuit, en portant sur le papier à lettres le nom et les coordonnées du confrère avec indication de sa qualité de correspondant. Une telle convention ne peut comporter des dispositions qui permettraient de l'assimiler à une structure d'exercice ou à la mise en place d'un bureau secondaire.

811.253 **Convention de correspondance organique internationale.** La convention de correspondance organique internationale[10] est régie par l'article P. 49.3 du règlement intérieur du barreau de Paris.

Cette convention, soumise à l'autorisation préalable du bâtonnier, est conclue entre un avocat de ce barreau et un avocat étranger et suit le même régime que la convention de correspondance organique nationale[11].

811.254 **Groupements transnationaux entre avocats français et avocats étrangers.** L'article 16-1 du RIN est venu régir la convention de groupements transnationaux entre avocats français et avocats étran-

8. RIBP, art. P. 48.4.
9. RIBP, art. P. 48.7.
10. RIBP, art. P. 49.3.
11. V. s[s] n° 811.252.

gers[1]. Il s'agit d'une convention entre des avocats français, exerçant individuellement ou en structure d'exercice, avec des personnes, physiques ou morales, exerçant la profession d'avocat inscrites dans des barreaux étrangers qui a pour objet d'organiser des liens de partenariat ou de correspondance privilégiée entre différents cabinets français et étrangers.

À la différence de la convention de correspondance organique internationale[2], la convention de groupement transnational entraîne une intégration plus forte des parties à la convention et peut comporter non seulement une mise en commun de moyens mais encore une mise en commun de résultats. Sous réserve de dispositions légales ou réglementaires spécifiques, la participation de capitaux extérieurs à la profession est prohibée, de même que tout contrôle direct ou indirect de l'exercice professionnel par des personnes physiques ou morales n'appartenant pas à la profession d'avocat. Une telle convention ne peut comporter des dispositions qui permettraient de l'assimiler à une structure d'exercice ou à la mise en place d'un bureau secondaire[3].

L'avocat qui entend conclure une convention de groupement transnational doit en faire préalablement la déclaration au barreau auprès duquel il est inscrit, par lettre ou courriel adressé au bâtonnier[4], et prend de ce fait l'engagement de fournir spontanément à son barreau toute information sur les modifications qui pourraient être apportées à la convention de groupement transnational.

On notera que l'article P. 49.4 du règlement intérieur du barreau de Paris[5], prévoit des dispositions similaires mais impose l'approbation préalable du conseil de l'Ordre à la validité de telles conventions, tout en prévoyant la possibilité d'opérer une mise en commun des résultats ce qui revient, en fait, à créer une structure d'exercice prohibée.

811.255 **Réseaux d'avocats.** L'existence de réseaux a été reconnue par l'article 67, alinéa 2, de la loi du 31 décembre 1971, ainsi que l'article 2, alinéa 4, de la loi du 31 décembre 1990. L'article P. 16.0.1 du règlement intérieur du barreau de Paris a prévu un encadrement des réseaux entre avocats. Il définit le réseau comme une structure de moyens regroupant des avocats ou des structures d'exercice inscrits auprès de différents barreaux, qui peut être constitué soit par l'établissement d'une convention multilatérale, soit par la création d'une association régie par la loi du 1er juillet 1901[6], soumis au conseil de l'Ordre.

L'objet du réseau d'avocats ne peut comprendre que certaines activités limitativement énumérées : mise en commun de moyens nécessaires à l'exercice de la profession, formation commune, documentation commune, logo commun éventuellement assorti d'une dénomination identifiant le réseau...

L'acte fondateur du réseau d'avocats ou la publicité qu'il fait ne peuvent comporter aucune disposition ou aucune allégation permettant d'assimiler le réseau à une structure d'exercice. Ainsi, le logo commun utilisé sur le papier en-tête doit figurer de manière discrète sans que cela puisse créer dans l'esprit des tiers une confusion avec la dénomination de l'avocat ou de la structure d'exercice qui l'utilise[7].

811.256 **Réseaux et autres conventions pluridisciplinaires.** L'avocat a la possibilité d'être membre ou correspondant d'un réseau pluridisciplinaire. Constitue un tel réseau « toute organisation, structurée ou non, formelle ou informelle, constituée de manière durable entre un ou plusieurs avocats ou les structures au sein desquelles ils exercent et un ou plusieurs membres d'une autre profession libérale, réglementée ou non, ou une entreprise, en vue de favoriser la fourniture de prestations complémentaires à une clientèle développée en commun. » Le terme « avocat » englobe les avocats d'un barreau étranger ou ayant un titre reconnu comme équivalent dans leur pays d'origine[8].

Cette définition du réseau est plus large que celle qui était inscrite initialement dans le RIH, puisque celui-ci devait comprendre « exclusivement des professionnels relevant de professions libérales réglementées ayant une déontologie déclinant une éthique commune à celle des avocats, et dont le respect est contrôlé par une institution ordinale ou autre ».

Un réseau peut ainsi regrouper des membres d'une profession non réglementée. Toutefois, l'avocat qui participe à un réseau non exclusivement constitué de membres de professions libérales réglementées, doit en faire la déclaration au préalable auprès de l'ordre et lui remettre les documents énumérés par l'article 16.8 du RIN. Le conseil de l'Ordre doit faire part de ses observations dans les deux mois de réception de cette déclaration[9].

L'existence d'un réseau implique un intérêt économique commun entre ses membres lequel est

1. Décis. n° 2019-003 du 26 août 2019 portant intégration au Règlement intérieur national (RIN) de la profession d'avocat d'une disposition relative aux groupements transnationaux entre avocats français et avocats étrangers, *JO* 12 sept., n° 4 ; *JCP* 2019. 965, obs. S. Bortoluzzi.
2. V. s[s] n° 811.253.
3. RIN, art. 16-1.
4. RIN, art. 16-1.
5. RIBP, art. P. 49.4.
6. L. 1er juill. 1901 relative au contrat d'association, *JO* 2 juill.
7. RIBP, art. P. 16.0.1.
8. RIN, art. 16.
9. RIN, art. 16.6.

établi si l'un des critères énumérés à l'article 16.1 du RIN est constaté :

- usage commun d'une dénomination ou de tout autre signe distinctif tel que logo ou charte graphique ;
- édition et/ou usage de documents destinés au public présentant le groupe ou, chacun de ses membres et faisant mention de compétences pluridisciplinaires ;
- usage de moyens d'exploitation communs ou en commun dès lors que cet usage est susceptible d'avoir une influence significative sur l'exercice professionnel ;
- existence d'une clientèle commune significative liée à des prescriptions réciproques ;
- convention de coopération technique, financière ou de marketing.

L'avocat ou la structure au sein de laquelle il exerce, membre d'un réseau pluridisciplinaire doit s'assurer que le fonctionnement du réseau ne porte pas atteinte aux principes essentiels de la profession d'avocat et aux textes légaux et réglementaires qui lui sont applicables. À défaut, il doit se retirer du réseau[1].

811.257 Collaboration interprofessionnelle. Le CNB a largement balisé les modalités de participation des avocats à des missions pluridisciplinaires non seulement par le biais de réseaux ou autres conventions pluridisciplinaires, mais également par une collaboration interprofessionnelle ponctuelle au travers de l'article 18 du RIN posant un certain nombre de règles visant à régir la convention que peut conclure un avocat avec un autre professionnel afin d'organiser les modalités de leur collaboration[2].

L'article 18.1, alinéa 2, du RIN précise que ce terme désigne une personne physique ou une structure d'exercice exerçant une autre profession libérale que celle-ci soit ou non réglementée. Il peut s'agir par exemple d'un architecte, d'un médecin ou d'un psychologue.

811.258 Charte de la collaboration interprofessionnelle. Le 15 juin 2006, le Conseil supérieur de l'Ordre des experts-comptables (CSOEC), le Conseil supérieur du notariat (CSN) et le CNB ont établi un cadre devant servir de référence commune à l'exercice de l'interprofessionnalité contractuelle et ont adopté à cet effet une charte de collaboration interprofessionnelle.

La charte précise que le professionnel qui participe de manière ponctuelle à l'exécution d'une mission faisant appel à des compétences diversifiées en collaborant avec d'autres professionnels appartenant à l'une des deux autres professions signataires peut à cet effet conclure avec ceux-ci une convention tendant à organiser les modalités de cette collaboration[3].

Le CNB, le Conseil supérieur du notariat et le Conseil supérieur de l'ordre des experts-comptables avaient institué une commission d'examen des difficultés. Celle-ci devait être chargée de donner son avis sur toute question relative à la pratique de la collaboration interprofessionnelle entre les membres des trois professions[4]. En pratique, cette commission ne s'est jamais réunie.

Le contenu de la charte de collaboration interprofessionnelle est, pour l'essentiel, repris par l'article 18 du RIN.

811.259 Autres conventions (externalisation de prestations de service, domiciliation avec prestations de service, *cloud computing, outsourcing*...). D'autres conventions peuvent être conclues par l'avocat pour les besoins de son activité professionnelle. Il en est ainsi, notamment, des conventions d'externalisation de certaines prestations (tel que le secrétariat, la rédaction d'actes...), d'externalisation de l'hébergement des données (*cloud computing*)[5], d'externalisation de certaines prestations juridiques (*outsourcing*), ou encore de la simple domiciliation avec prestations de service, tel que par exemple, dans un centre d'affaires[6], lorsque cette dernière est permise[7].

De telles conventions ont un impact certain, et variable suivant les situations, sur la mise en œuvre des principes essentiels et des règles déontologiques[8] qui s'imposent à l'avocat. Il lui appartient de prendre en compte, au cas par cas, cet impact et de prévoir, le cas échéant, les clauses nécessaires afin de lui permettre d'assurer le respect des règles qui s'imposent à lui[9].

Dans tous les cas, l'avocat sera toujours responsable, sur le plan disciplinaire, des manquements aux principes essentiels ou règles déontologiques qui pourraient découler de la mise en œuvre de telles conventions.

1. RIN, art. 16.2.
2. J. Demaison, « Le groupement momentané d'entreprises libérales (GMEL) : première structure d'exercice interprofessionnel ? », *RLDA* mars 2012, n° 69, p. 62 – AUSSI : D. Piau, « Le praticien du dommage corporel face aux données personnelles, notamment médicales », *Gaz. Pal.* 14 mai 2019, p. 64.
3. Charte de collaboration interprofessionnelle, art. 1.
4. Charte de collaboration interprofessionnelle, art. 8.
5. V. s^s^ n°s 412.308 s.
6. COMP. RIBP, art. P. 48.2. et s.
7. V. s^s^ n°s 222.13 et 812.361.
8. Sur le secret professionnel, v. s^s^ n° 412.307 – Sur les conflits d'intérêts, v. s^s^ n° 441.83.
9. PAR EX. : V. s^s^ n°s 412.343 s.

CHAPITRE

812. Collaborateur libéral

SECTION 0 ORIENTEUR

812.00 **Sommaire du chapitre.**

Division. Au-delà de l'origine et de la finalité de la collaboration libérale (sect. 1) le contrat l'encadrant répond à des conditions de conclusion (sect. 2) et d'exécution (sect. 3).

812.01 Textes applicables.

TEXTES TITRÉS

- **L. n° 2005-882, 2 août 2005**

art. 18 [Statut du collaborateur libéral]

- **L. n° 71-1130, 31 déc. 1971**

art. 7 [Possibilité d'exercer comme collaborateur libéral]

- **Décr. n° 91-1197, 27 nov. 1991**

art. 129 [Conditions de la collaboration]

art. 130 [Maîtrise de l'argumentation]

art. 131 [Responsabilité civile du collaborateur libéral]

art. 132 [Indication du donneur d'ordre]

art. 133 [Contrôle du conseil de l'Ordre]

art. 134 [Contrôle du procureur général]

art. 135 [Voies de recours]

- **RIN**

art. 14 [Statut de l'avocat collaborateur libéral]

812.02 Jurisprudence de référence.

> Impossibilité d'imposer des horaires fixes au collaborateur libéral

- **Civ. 1re, 1er juill. 2015,** n° 13-26.824, NP.

* V. ss nos 812.201, 812.405.

« Mais attendu qu'après avoir rappelé les circonstances de la rupture du contrat de collaboration, l'arrêt relève que pour justifier la faute grave, Mme Y… s'est prévalue des absences et retards de sa collaboratrice, qu'elle avait fait constater par un huissier de justice requis le jour où elle avait accepté de respecter le délai de prévenance de trois mois, n'ayant alors pas connaissance des propos dont deux clients avaient été témoins ; qu'il retient que les attestations de ces derniers, produites en cause d'appel, dans la mesure où elles ne font que rapporter, soit des paroles extraites d'une conversation téléphonique entendue d'une pièce voisine, non corroborées par le témoignage de l'autre personne présente, soit une remarque malencontreuse sous l'effet d'une certaine exaspération, sont insuffisantes, compte tenu du contexte, pour établir une faute grave à la charge de Mme X…, laquelle ne résulte pas davantage du non-respect d'un horaire fixe s'agissant d'une collaboration libérale ; que par ces seuls motifs, la cour d'appel, qui, sans dénier toute force probante aux attestations en raison de leur établissement après la décision du bâtonnier, en a apprécié la pertinence, a estimé que la preuve d'un manquement grave de Mme X… aux règles professionnelles n'était pas rapportée ; que le moyen n'est pas fondé ; »

> Apport de clientèle au cabinet par le collaborateur libéral

- **Civ. 1re, 9 déc. 2015,** n° 14-28.237, P I, n° 576.

* V. ss nos 812.134, 812.151, 812.155, 813.47.

« Mais attendu, en premier lieu, qu'ayant énoncé que la convention d'apport de clientèle constituait un avenant au contrat de collaboration, qui aurait dû être transmis au conseil de l'Ordre en vue du contrôle de sa conformité aux règles essentielles de la profession, l'arrêt ne dit pas que la méconnaissance de cette obligation n'est susceptible d'aucune sanction, mais relève que la nullité de la convention, non prévue par la réglementation applicable, ne peut être encourue pour une contravention aux règles déontologiques ;

Attendu, en second lieu, que l'arrêt relève que la convention devait rémunérer un apport de la clientèle dont disposait Mme X… avant son entrée au cabinet Hausmann et associés, et ce, pendant la durée de sa collaboration, qu'elle était justifiée par le fait que cette avocate n'était pas en mesure de traiter seule l'intégralité des dossiers confiés par ses clients, notamment la société Brico-dépôt, et présentait un intérêt certain pour elle, lui évitant les aléas d'une installation autonome et du recrutement des collaborateurs nécessaires ; qu'il relève encore que l'accord ne prévoyait pas un prélèvement sur les honoraires générés par le travail de Mme X… au profit de sa clientèle personnelle mais la remise à cette dernière d'une fraction des honoraires résultant du travail des associés et collaborateurs du cabinet sur des dossiers de clients apportés par elle ; qu'en l'état de ces énonciations et appréciations, la cour d'appel, qui a constaté que la convention litigieuse ne portait que sur la rémunération de l'apport de clientèle au cabinet, a pu statuer comme elle a fait. »

812.03 Bibliographie indicative.

* Aussi : v. ss n° 81.03.

Thèses. C. Del Cont, *Propriété économique, dépendance et responsabilité*, « Logiques juridiques », L'Harmattan, 1997 – J.-F. Hamelin, *Le contrat-alliance*, « Recherches juridiques », Economica, 2012 – V. Lasbordes, *Les contrats déséquilibrés*, 2 vol., « Institut de droit des affaires », Puam, 2000 – P. Lokiec, *Contrat et pouvoir : Essai sur les transformations du droit privé des rapports contractuels*, préf. A. Lyon-Caen, « Bibliothèque de droit privé », t. 408, LGDJ, 2004 – G.-J. Virassamy, *Les contrats de dépendance : Essai sur les activités professionnelles exercées dans une dépendance économique*, préf. J. Ghestin, « Bibliothèque de droit privé », t. 190, LGDJ, 1986.

Encyclopédies. *J.-Cl. Civ. Annexes, v° Avocat*, fasc. 25 : avocats – Modes d'exercice de la profession II. – Collaboration libérale et salariat, 2014 – RÉP. CIV., *v° Avocat (modes d'exercice de la profession),* D. Berra et M. Robineau – RÉP. PR. CIV., *v° Avocat,* J.-J. Taisne.

Monographies. J. Barthélemy, *Droit social : Technique d'organisation de l'entreprise – Inventivité, ingénierie, prévention*, 2e éd., Liaisons sociales, 2015 – S. Gilson (dir.), *Subordination et parasubordination : La place de la subordination juridique et de la dépendance économique dans la relation de travail*, « Perspectives de droit social », Anthémis, 2017.

Contributions. E. Defreyne, « La liberté d'expression du collaborateur et du stagiaire avocat », *in La parole de l'avocat : De la liberté d'expression au devoir d'indignation,* « Barreau de Nivelles », Anthemis, 2010, p. 67.

Articles. P.-H. Antonmattei et J.-Ch. Sciberras, « Le travailleur économiquement dépendant : quelle protection », *Dr. soc.* 2009. 221 – J. Barthélemy, « Contrats de travail et activité libérale », *Gaz. Pal.* 29 mai 1990. Doctr. p. 4 ; « Le professionnel parasubordonné », *JCP E* 1996. I. 606 ; « Une convention collective des travailleurs indépendants ? », *Dr. Soc.* 1197, p. 40 ; « Essai sur la parasubordination », *SSL* 8 sept. 2003, n° 1134 p. 6 ; « Le collaborateur libéral », *JCP S* 2006. 1131 ; « Avocat salarié, avocat collaborateur… En 2009 », *Dr. soc.* 2009. 1195 – A. Bénabent, « Avocat, premières vues sur la "nouvelle profession" », *JCP* 1991. I. 3499, n°s 55 s. – B. Boccara, « Le besoin et la nécessité de l'indépendance du barreau », *JCP* 1990. I. 3464 – G. Bonduelle, « Le Statut de la collaboration », *Bull. UJA Paris* 1934/1937, p. 67 – S. Bortoluzzi et G. Cavaillé, « Le nouveau dispositif de protection de l'avocat collaborateur libéral – Mieux concilier vie personnelle et activité professionnelle », *JCP* 2014. 675 – A. Chirez, « La qualité de non-salarié de l'avocat collaborateur », *Dr. soc.* 1978. 142 – A. Coignac, « La culture du présentéisme en cabinets : un modèle à dépasser ? », *JCP* 2018. 1167 – G. di Chiara, C. Painblanc, « Difficultés en collaboration libérale : quelle protection ? », *Gaz. Pal.* 2 mars 2021, p. 13 – P. Durand, « Naissance d'un droit nouveau, du droit du travail au droit de l'activité professionnelle », *Dr. soc.* 1952. 437 – D. Iweins, « Collaboration libérale : le changement n'est pas pour maintenant », *Gaz. Pal.* 4 avr. 2017, p. 7 – A. de Larminat, O. Roche, « Parentalité et collaboration libérale : quels sont vos droits », *Gaz. Pal.* 21 janv. 2020, p. 16 – M. Lartigue, « La collaboration libérale à l'épreuve du Covid-19 », *Gaz. Pal.* 8 sept. 2020, p. 8 – O. Leclerc et *alii*, « La dépendance économique en droit du travail : éclairage en droit français et en droit comparé », *RDT* 2010. 83 – R. Martin, « Les modifications du statut de l'avocat par la loi n° 2004-130 du 11 février 2004 », *JCP* 2004. act. n° 437 – E. Peskine, « Entre subordination et indépendance : en quête d'une troisième voie », *RDT* 2008. 371 – D. Piau, « Collaboration libérale : revenir aux fondamentaux », *Gaz. Pal.* 25-27 juill. 2010, p. 7 ; « Collaboration libérale et requalification, 10 arrêts plus tard… », *Gaz. Pal.* 15-16 nov. 2013, p. 13 – C. Puigelier, « Vers la disparition de la collaboration libérale ? », *JCP S* 2009, act. n° 322 – Y. Serra, « La prohibition des clauses de non-concurrence dans la nouvelle profession d'avocat », *D.* 1992. Chron. 11.

Rapports. P.-H. Antonmattei, J.-Ch. Sciberras, *Le travailleur économiquement dépendant : quelle protection ?*, 2008 – V. Borgia et *alii, Rapport sur l'égalité professionnelle femme / homme au sein de la profession d'avocat,* UJA de Paris, 2012 – M. Dulucq, *Commission collaboration*, Étude « Les collaborateurs », 2e éd., CNB, AG 10-11 juin 2016 – L. Hamzaoui et *alii, Rapport sur l'association d'un collaborateur au sein de son cabinet et rapport sur les nouvelles perspectives pour la collaboration libérale,* UJA de Paris, 2013 – N. Sanfelle, *Rapport de la Commission collaboration, Modification de l'article 14 du RIN : « mieux concilier vie personnelle / activité professionnelle des collaborateurs »*, AG CNB 11-12 avr. 2014 – UJA de Paris, FAQ Collaboration libérale, http://www.uja.fr/FAQ-Collaboration-liberale – UJA de Paris, état des lieux des conditions d'exercice des collaborateurs dits « juniors » du Barreau de Paris, nov. 2016.

812.04 Exemples d'actes et assimilés.

> Exemple de contrat de collaboration.

* V. s^s^ n° 033.11

812.05 Statistiques. Au 1er janvier 2019, sur les 68 464 avocats inscrits en France, 36,3 % d'entre eux exercent à titre individuel, 30,1 % en qualité d'associé, 29,5 % en qualité de collaborateur et 4,1 % de salarié. Les avocats salariés restent rares et leur nombre tend même à diminuer. Ils se trouvent surtout en Province [1].

SECTION 1
ORIGINE ET FINALITÉ DE LA COLLABORATION LIBÉRALE

812.10 Plan – Définition. Le collaborateur libéral exerce son activité professionnelle en toute indépendance, sans lien de subordination. Il peut compléter sa formation et peut se constituer une clientèle personnelle [2].

Les modalités d'exercice individuel issues de la profession d'avocat (§ 1) évoluent et posent des difficultés prospectives de la collaboration libérale (§ 2).

§ 1
Modalités d'exercice individuel issu de la profession d'avocat

812.21 Origine. La collaboration libérale, encadrement contractuel de l'exercice individuel dans une relation pérenne avec un autre avocat, est le fruit de la longue histoire des relations, parfois tumultueuses, des jeunes avocats avec leurs « patrons ».

Son succès est tel que, née dans la profession d'avocat pour pallier un besoin économique [3], elle a été étendue à l'ensemble des professions libérales par la loi du 2 août 2005 [4].

812.22 Caractéristiques. Ce qui caractérise l'essence même du collaborateur libéral, à la différence de l'avocat salarié [5], est d'une part, qu'il dispose d'une totale liberté dans l'organisation de ses conditions temporelles et matérielles de travail, insusceptible du moindre encadrement contractuel prédéfini, et d'autre part, qu'il a de ce fait la possibilité effective de se constituer et de développer une clientèle personnelle, bien que, dans certains cas, il ne concrétise pas cette possibilité [6].

1. Ministère de la Justice, DACS, Pôle d'évaluation de la Justice Civile, *Statistique sur la profession d'avocat : situation au 1er janvier 2019,* oct. 2019, tableau A6, p. 66 – V. s^s^ n° 813.21.
2. L. n° 2005-882, 2 août 2005 en faveur des petites et moyennes entreprises, *JO* 3 août, p. 12639, art. 18, II.
3. G. Bonduelle, « Le Statut de la collaboration », *Bull. UJA Paris* 1934/1937, p. 67.
4. L. n° 2005-882, 2 août 2005, préc. – V. s^s^ n° 812.24.
5. V. s^s^ n°s 813.31 s.
6. Civ. 1re, 14 mai 2009, n° 08-12.966, P I, n° 90 ; *D.* 2009. 1488, obs. V. Avena-Robardet ; *Dr. soc.* 2009. 1195, note J. Barthélémy ; *RDT* 2009. 505, obs. J. Lévy-Amsallem.

812.23 **Finalité.** La collaboration libérale est par nature un espace de liberté : liberté dans l'organisation matérielle et temporelle de ses conditions de travail ; liberté dans le choix de ses régimes de protection, et non de contrainte ou d'encadrement. Elle n'est point uniforme mais protéiforme. La souplesse de la collaboration libérale est nécessaire afin de lui permettre de répondre au besoin économique qu'elle est destinée à satisfaire.

Elle est une école du compromis permanent où les collaborateurs libéraux ont des droits mais aussi des devoirs et, comme toute relation contractuelle non protégée, elle implique une négociation et un accord permanent entre les deux cocontractants, deux confrères avant tout.

Elle doit être capable d'accompagner le collaborateur de ses débuts en exercice individuel vers une association de plein exercice, tout en permettant le chemin inverse en fin de carrière [1].

812.24 **Extension du contrat de collaboration à l'ensemble des professions libérales (loi du 2 août 2005).** Le contrat de collaboration, a été étendu par l'article 18 de la loi du 2 août 2005, à l'ensemble des professions libérales soumises à un statut législatif ou réglementaire ou dont le titre est protégé [2], à l'exception des professions d'officiers publics ou ministériels, des commissaires aux comptes et des administrateurs judiciaires et mandataires judiciaires au redressement et à la liquidation des entreprises. L'article 7, alinéa 2, de la loi du 31 décembre 1971 renvoie à ce texte, en indiquant que : « L'avocat peut exercer sa profession en qualité de collaborateur libéral d'un avocat selon les modalités prévues par l'article 18 de la loi n° 2005-882 du 2 août 2005. »

Selon l'article 18 de la loi du 2 août 2005, a la qualité de collaborateur libéral le membre non salarié d'une profession libérale qui, dans le cadre d'un contrat de collaboration libérale, exerce auprès d'un autre professionnel, personne physique ou personne morale, la même profession [3].

812.25 **Modalités de suspension du contrat de collaboration libérale (loi du 4 août 2014).** À la suite des travaux menés par l'UJA de Paris [4], concrétisés dans le RIN qui l'avait anticipé [5], et destinés à permettre au collaborateur libéral, comme à tout professionnel indépendant, de pouvoir réaliser pleinement les droits qui leur sont offerts, notamment par la législation de sécurité sociale, et de mieux concilier vie personnelle et activité professionnelle [6], la loi du 4 août 2014 [7] est venue modifier l'article 18 de la loi du 2 août 2005.

Cette loi a eu pour but de préciser expressément que le contrat de collaboration doit prévoir les modalités de sa suspension afin de permettre au collaborateur de bénéficier des indemnisations prévues par la législation de la sécurité sociale en matière d'assurance-maladie, de maternité, de congé d'adoption et de congé de paternité et d'accueil de l'enfant [8]. De plus, elle a donné valeur législative à la suspension du contrat en cas de parentalité et à la protection contre la rupture au retour ce celle-ci [9].

Elle a également clarifié la pleine application de la loi du 27 mai 2008 [10], portant diverses dispositions d'adaptation au droit communautaire dans le domaine de la lutte contre les discriminations, à tout contrat de collaboration libérale y compris lors de sa rupture [11].

§ 2
Prospective de la collaboration libérale

812.30 **Plan.** Des difficultés se posent quant à l'évolution de la collaboration libérale (A) qui doit conduire à envisager un encadrement global de la dépendance économique (B).

A.
Contrat imparfaitement évolutif

812.41 **Difficulté évolutive.** L'avocat n'est plus un apprenti qui se forme sous la direction d'un patron, mais un assistant efficace qui doit donc être rémunéré convenablement. Cette collaboration prend fin le plus souvent au moment où l'avocat,

1. V. s[s] n°s 812.41 s.
2. N. Ferrier, « la qualification du contrat de collaboration conclu entre deux chirurgiens-dentistes », *JCP E* 2004. 602 – J.-P. Viennois, « le médecin collaborateur libéral », *JCP* 2005. I. 198 – D. Jacotot, « Le nouveau mode d'exercice d'une profession de santé : le contrat de collaboration libérale », *RDSS* 2006. 485.
3. L. n° 2005-882, 2 août 2005, art. 18.
4. V. Borgia et *alii, Rapport sur l'égalité professionnelle femme / homme au sein de la profession d'avocat,* UJA de Paris, 2012.
5. DCN n° 2013-002, AG CNB 11 avr. 2014, *JO* 31 mai – N. Sanfelle, *Rapport de la Commission collaboration, Modification de l'article 14 du RIN : « mieux concilier vie personnelle / activité professionnelle des collaborateurs »,* AG CNB 11-12 avr. 2014.
6. S. Bortoluzzi et G. Cavaillé, « Le nouveau dispositif de protection de l'avocat collaborateur libéral – Mieux concilier vie personnelle et activité professionnelle », *JCP* 2014. 675.
7. L. n° 2014-873, 4 août 2014 pour l'égalité réelle entre les femmes et les hommes, *JO* 5 août, p. 12949, art. 17.
8. L. n° 2005-882, 2 août 2005, art. 18, III, 5°.
9. L. n° 2005-882, 2 août 2005, art. 18, III, *bis* – V. s[s] n°s 812.272 s.
10. L. n° 2008-496, 27 mai 2008 portant diverses dispositions d'adaptation au droit communautaire dans le domaine de la lutte contre les discriminations, *JO* 28 mai, p. 8801.
11. L. n° 2005-882, 2 août 2005, art. 18, III, *ter* – V. s[s] n°s 812.381 s.

ayant acquis la technique de son métier, s'installe à son propre compte. Elle peut également se muer en association et permettre ainsi à l'avocat collaborateur de s'intégrer dans le cabinet avec lequel il travaille.

Pour autant, il existe une vraie difficulté évolutive de la collaboration libérale.

812.42 **Contours de la clientèle personnelle.** D'autant que les contours de la notion de clientèle personnelle deviennent ambigus, celle-ci étant parfois facturée par le cabinet, sans distinction de l'origine du client. En conséquence, il convient de s'attacher au fait que le collaborateur libéral a pu « fidéliser un certain nombre de clients avec lesquels il avait noué un contact au cours de sa collaboration »[1] au sein du cabinet, sans qu'il y ait lieu de rechercher qui, du collaborateur libéral ou du cabinet, était l'apporteur du client.

Or, conséquence de l'allongement de la durée de l'exercice de la profession en qualité de collaborateur libéral, la question se pose de savoir si le rattachement de la clientèle du cabinet au collaborateur et le développement de cette clientèle par celuici n'engendrent pas une clientèle personnelle pour ce même collaborateur, et ce à la lumière d'un double phénomène[2], d'une part, de développement (et l'appropriation) de la clientèle du cabinet par le collaborateur libéral, et d'autre part d'apport par le collaborateur libéral de clients au cabinet.

812.43 **Encadrement contractuel.** Précisément, il s'agit, sur ce point, d'une réflexion plus générale qui n'est pas propre au seul cas du collaborateur libéral et concerne tous les professionnels indépendants, ayant vocation à s'appliquer à toutes les situations contractuelles, ou non, dès lors qu'est caractérisé un lien de dépendance économique. En effet, l'encadrement contractuel de la situation d'un avocat que l'on envisage d'associer, mais pas encore pleinement, y compris lorsque celui-ci est de longue date collaborateur du cabinet, se pose non seulement dans l'évolution naturelle du collaborateur libéral vers l'association mais aussi en fin de carrière, dans l'évolution inverse de l'associé vers un statut de collaborateur libéral ou *senior counsel*, statut facilité depuis le 1er janvier 2009 par la généralisation du bénéfice du dispositif de cumul de l'activité avec la retraite d'avocat[3].

L'objectif est double. D'une part, il s'agit de gérer la promotion progressive, mais aussi réversible, des collaborateurs libéraux vers l'association de plein exercice, tout en s'assurant de la pertinence relationnelle et économique de la décision d'association, et donc de son caractère durable. D'autre part, il s'agit de répondre aux situations de crise où, cette fois-ci, l'évolution se fait en sens inverse, afin de préserver la pérennité et la santé financière de la structure d'exercice[4].

812.44 **Trois problématiques distinctes posées.** Cette difficulté présente trois problématiques distinctes.

En premier lieu, le système du « tout ou rien » qui prévaut actuellement : soit la personne devient un collaborateur libéral, bien rémunéré, soit l'on en fait un associé, qui ne bénéficiera plus alors du statut protecteur de la collaboration libérale, qui pourrait pourtant lui être - encore en partie - utile. Le statut d'associé va alors être dévoyé pour créer des associés *light* ou « zéro », car possédant un nombre dérisoire de parts sociales au regard de la répartition du capital social ou, lorsque cela est possible, de simples parts en industries. Et pour les structures non capitalistiques, l'on contractualise alors une relation ambiguë telle que celle, mais pas seulement, des *non equity partners* ou *associés à revenu fixe, income partner, salary partner, contract partner* statuts très divers qui disposent encore, généralement mais pas toujours, d'un contrat de collaboration, ce qui leur offre un statut protecteur qu'ils n'auront pas - nécessairement - dans les structures capitalistiques[5], ce qui revient exactement au même. Et, dans un cas comme dans l'autre, la problématique sera strictement la même : la réalité économique de la situation de dépendance des associés *light* ou « zéro », aussi forte - si ce n'est plus - que celle d'un collaborateur libéral[6].

En deuxième lieu, ce même « tout ou rien » en matière de publicité et de communication, alors même que la valorisation d'un cabinet ne saurait se réduire à une stricte séparation entre les collaborateurs libéraux, d'un côté, et les associés, de l'autre. En témoigne, notamment mais pas seulement, l'usage répandu du terme de *of counsel*, qui renvoie

1. Soc. 9 oct. 2013, n° 12-23.718, P V, n° 225 ; *D.* 2013. 2407 ; *Dr. soc.* 2014. 11, Chron. S. Tournaux.
2. COMP., À CET ÉGARD : Paris, 1re ch., sect. A, 13 janv. 2009, RG n° 07/05760 ; – AVEC : Paris, pôle 2, ch. 1, 13 avr. 2010, RG n° 08/08171.
3. CSS, art. L. 723-11-1 ; créé par L. n° 2008-1130, 17 déc. 2008, art. 88.
4. L. Hamzaoui et *alii, Rapport sur l'association d'un collaborateur au sein de son cabinet et rapport sur les nouvelles perspectives pour la collaboration libérale,* UJA de Paris, 2013.
5. J.-J. Uettwiller, « Rapport sur les « *non equity partners* » des cabinets à Paris », *Bull. barr. Paris,* n° 19, 2013, p. 5 ; – POUR UNE REQUALIFICATION DU STATUT anglo saxon de "non equity partner" ou d' "income partner" en contrat de collaboration libérale : Paris, pôle 2, ch. 1, 21 févr. 2018, RG n° 16/06542.
6. Civ. 1re, 9 juin 2017, n° 16-14.347, NP ; *JCP* 2017. Chron. 1104, n° 8, obs. L. Jariel.

tantôt à des collaborateurs seniors non encore associés – et n'ayant pas nécessairement vocation à le devenir –, tantôt à des associés sans pouvoir réel, tantôt, enfin, à des associés non exerçants, demeurés collaborateurs. Il devient, dès lors, difficile d'appliquer les critères de l'associé au sens du droit des sociétés aux sociétaires ou partenaires qui ne relèvent pas du droit des sociétés, et la situation est loin d'être simple, notamment lorsque l'on est en présence de structures où un même avocat est à la fois non associé (collaborateur libéral) dans une structure capitalistique sur le plan local, et sociétaire ou partenaire de la structure mère non capitalistique – *Partnership, LLP* – sur le plan mondial. Il y a ici un délicat équilibre à trouver entre le nécessaire respect de la *lex fori* et la réalité d'une communication qui dépasse les frontières et est aujourd'hui universelle, ce que renforce le caractère intellectuel des prestations. L'absence d'uniformité des situations doit, ici aussi, être appréhendée et prise en compte.

En troisième lieu, se pose la question de la nécessaire information du public et des clients potentiels quant aux périmètres des avocats légalement habilités à engager et représenter un cabinet d'avocat.

812.45 **Absence de statut intermédiaire.** Or, il n'existe nul statut intermédiaire entre l'associé, dont la définition est elle-même protéiforme : le partage des pertes et des profits, le droit de vote dans la collectivité des associés, la capacité d'engager la société d'avocats au sein de laquelle ils exercent, étant autant de points distincts qui devraient, également, être dissociables ; et le collaborateur libéral.

Et la nécessaire dimension entrepreneuriale de la profession d'avocat devrait conduire à pouvoir disposer des outils nécessaires, étant en outre précisé que la vocation à l'investissement dans le capital d'une structure d'exercice ne va pas nécessairement de pair, et ne procède pas de la même logique que l'exercice en son sein. Tous les cadres supérieurs de haut niveau, et même dirigeants, des sociétés de droit commun ne sont pas nécessairement associés de celles-ci.

812.46 **Élargissement du champ d'application du contrat.** Le défi tient surtout à trouver des solutions pragmatiques aux problèmes posés, et la réflexion doit s'axer sur la protection du collaborateur libéral comme de l'associé profane, à l'égard de l'état de dépendance économique dans lequel ils sont susceptibles de se trouver[1].

Il s'agit d'appréhender le dénominateur commun de cette situation de dépendance économique, et d'offrir un vecteur contractuel de protection ayant vocation à s'appliquer à toutes les situations, qui deviendrait le nécessaire contrat d'application portant conditions particulières du contrat, et portant conditions générales, d'autant que le rôle du contrat de société est d'encadrer les conditions de gestion et d'administration de la structure d'exercice elle-même, et non les conditions d'exercice des avocats au sein de cette même structure, qu'est le contrat de société, d'association ou de *Partnership.*

1. COMP. : Paris, pôle 2, ch. 1, 10 juin 2020, RG n° 18/02237.

B. Vers en encadrement général de la dépendance économique

812.51 **Évolution.** La réflexion doit ainsi s'axer sur la protection du collaborateur libéral à l'égard de l'état de dépendance économique dans lequel il est susceptible de se trouver. Le collaborateur libéral n'est pas, par définition, en situation de dépendance économique, cette situation de fait ne peut que s'apprécier au cas par cas, et pour un même collaborateur libéral peut n'être que temporaire (en fonction notamment du volume de sa clientèle personnelle ou de l'existence d'un cumul de contrat de collaboration voire d'un contrat de travail...).

C'est ainsi qu'un rapport est venu faire[2], dans la lignée des travaux engagés au niveau communautaire[3], une série de propositions tenant à la création d'une protection des travailleurs économiquement dépendants.

812.52 **Protection de droit commun.** Cette protection, qui chapeauterait l'ensemble des modalités d'exercice des travailleurs indépendants, et qui aurait, notamment, vocation à s'appliquer aux collaborateurs libéraux, mais aux situations de sous-traitance, co-traitance, vacation, modalités d'exercice qui ne font l'objet pour l'heure d'aucun encadrement, et même association, mériterait un peu d'attention s'agissant de certaines propositions qui tendent : à la protection de la conclusion du contrat afin de garantir sa libre négociation, l'indemnité de rupture du contrat, dont la détermination pourrait être contractualisée pour les cas de rupture des contrats de collaboration de longue durée[4], ainsi que l'obligation de motivation de la rupture, qui permettrait

2. P.-H. Antonmattei, J.-Ch. Sciberras, « Le travailleur économiquement dépendant : quelle protection », *Dr. soc.* 2009. 221.
3. A. Perulli, « Travail économiquement dépendant/parasubordination : les aspects juridiques, sociales et économiques », 2003 – E. Peskine, « Entre subordination et indépendance : en quête d'une troisième voie », *RDT* 2008. 371 – O. Leclerc et *alii*, « La dépendance économique en droit du travail : éclairage en droit français et en droit comparé », *RDT* 2010. 83.
4. Com. 16 déc. 2008, n° 07-18.050, P IV, n° 208 ; *D.* 2009. 164, obs. E. Chevrier ; *D.* 2888, obs. D. Ferrier.

notamment de vérifier le sérieux de ce motif et la réalité de l'absence de motif discriminatoire rendant la rupture abusive et donc ouvrant droit à dommages et intérêt pour le collaborateur.

D'autres propositions faites dans le rapport ne peuvent qu'être rejetées car ne répondant pas à une logique de protection contre la dépendance économique mais d'assimilation pure et simple au contrat de travail, or les situations de dépendance économique ne sont pas par nature prédéfinies et prédéterminées : il est dès lors totalement illusoire de vouloir les encadrer dans un cadre strict.

812.53 **Professionnel para-subordonné.** Précisément, la collaboration libérale, par sa nécessaire souplesse, est par nature un espace de liberté dans l'organisation matérielle et temporelle de ses conditions de travail. Elle est aussi un atout qu'il convient d'optimiser au-delà de son nécessaire cadre protecteur minimal, pour lui permettre de répondre au besoin économique qu'elle est censée satisfaire, et apparaît, à bien des égards, comme le vecteur idéal d'encadrement et de protection, qui chapeauterait l'ensemble des modalités d'exercice, et qui devrait alors intégrer certaines propositions pertinentes, en sus de celles déjà abordées [1].

Ces dernières tendent, notamment, à la mise en place de formules de rémunération à l'intéressement, qui prendraient en compte le développement de l'activité du cabinet par le collaborateur, l'incitation à l'intégration progressive des collaborateurs libéraux comme associés au sein des structures, et à la mise en place de dispositifs de faveur pour les premières installations [2].

SECTION 2
CONCLUSION DU CONTRAT DE COLLABORATION LIBÉRALE

812.60 **Plan.** La conclusion du contrat de collaboration libérale est soumise à des principes (§ 1), une forme (§ 2) et un contenu (§ 3).

§ 1
Principes

812.70 **Plan.** Le contrat de collaboration libérale est soumis à un cadre légal et réglementaire (A) minimaliste, et ne peut être conclu qu'entre des parties bien définies (B).

1. V. s[s] n° 812.51.
2. L. Hamzaoui et *alii, Rapport sur l'association d'un collaborateur au sein de son cabinet et rapport sur les nouvelles perspectives pour la collaboration libérale,* UJA de Paris, 2013.

A.
Cadre légal et réglementaire

812.81 **Cadre légal et réglementaire.** Le contrat de collaboration libérale fait l'objet d'une réglementation légale minimaliste, complétée par le RIN [3], et, dans certains barreaux, par des dispositions du règlement intérieur compte tenu de prérogatives propres des barreaux en la matière [4].

Il est encadré par les règles édictées par l'article 18 de la loi du 2 août 2005, les articles 7 et 17 de la loi du 31 décembre 1971, l'article 17 de la loi du 4 août 2014, les articles 129 à 135 et 142 à 153 du décret du 27 novembre 1991, l'article 14 du RIN et à Paris les articles P. 14 du RIBP et les annexes XI et XII du RIBP.

Les modifications des dispositions réglementaires, y compris celles du Règlement intérieur national, s'appliquent, sauf dispositions contraires contenues dans celles-ci, aux contrats de collaboration en cours à compter de leur publication au *Journal officiel* [5]. L'article 14 du RIN, entièrement refondu en 2014, est ainsi applicable aux contrats de collaboration libérale en cours, à l'exception des contrats de collaboration libérale dont l'exécution a été suspendue pour raison de santé ou de parentalité avant la date de publication de la décision normative [6].

812.82 **Liberté contractuelle.** Dans le respect de ce cadre légal et réglementaire, la collaboration libérale est surtout, et avant tout, régie par le contrat [7] de collaboration libérale signé entre les parties ainsi que ses avenants éventuels [8]. Leur contenu peut intégrer des dispositions plus favorables que le collaborateur libéral peut, et se doit, d'obtenir en négociant le contenu de son contrat de collaboration libérale avec son cabinet.

Pour apprécier la relation contractuelle liant les avocats, s'agissant en l'occurrence d'un bonus de rémunération, il convient, non seulement de se reporter au contrat conclu entre les parties [9], mais également à la pratique contractuelle de ce contrat [10] tel qu'elle résulte des pièces et à leur interprétation raisonnable par chacune des parties lorsque le contrat a cessé [11].

3. RIN, art. 14.
4. Décr. n° 91-1197, 27 nov. 1991, art. 129.
5. Paris, pôle 2, ch. 1, 10 févr. 2009, RG n° 07/01644.
6. Décis. 7 mai 2014 portant réforme du règlement intérieur national (RIN) de la profession d'avocat (L. n° 71-1130, 31 déc. 1971, art. 21-1 mod.) ; *JO* 31 mai 2014, p. 9071 – S. Bortoluzzi et G. Cavaillé, « Le nouveau dispositif de protection de l'avocat collaborateur libéral – Mieux concilier vie personnelle et activité professionnelle », *JCP* 2014. 675.
7. Paris, pôle 2, ch. 1, 7 juin 2011, RG n° 10/10237 – Paris, sent. arb., 23 déc. 2009, n° 721-193395.
8. Paris, pôle 2 ch. 1, 16 nov. 2010, RG n° 09/18378.
9. C. civ., art. 1103.
10. C. civ., art. 1194.
11. Bâtonnier de Paris, 1er juill. 2015, décis. n° 721-252846.

812.83 **Réforme du droit des contrats, du régime général et de la preuve des obligations.** En principe, sauf dispositions particulières, les contrats de collaboration conclus antérieurement au 1er octobre 2016 demeurent régis par les dispositions anciennes du code civil relatives au droit des contrats[1]. Les dispositions nouvelles du code civil n'étant applicables qu'aux seuls contrats conclus à compter du 1er octobre 2016[2]. La portée du droit transitoire fait toutefois l'objet de quelques subtilités d'applications qu'il appartiendra à la jurisprudence de clarifier[3].

La réforme du droit des obligations pourrait avoir un impact certain sur les contrats de collaboration libérale, notamment si ceux-ci venaient à être qualifiés de contrat d'adhésion au sens de l'article 1110 du code civil[4].

B.
Parties au contrat de collaboration

812.91 **Avocat inscrit au tableau.** Le contrat de collaboration libérale ne peut être conclu et exécuté qu'entre deux avocats inscrits au tableau[5], et ne saurait rétroagir antérieurement à une telle inscription.

Dès lors, la relation liant un avocat à un impétrant n'ayant pas encore prêté serment ou n'ayant pas encore été inscrit au tableau ne saurait être une relation de collaboration libérale. Il y a alors lieu, en principe, de requalifier une telle relation en contrat de travail à durée indéterminé et d'en tirer toutes les conséquences, notamment s'agissant des indemnités de rupture pour licenciement sans cause réelle et sérieuse[6]. C'est alors le conseil de prud'hommes qui est compétent[7].

En l'absence de preuve de l'existence d'un lien de subordination, et donc de contrat de travail, il y a lieu de retenir la qualification de contrat de prestations de services pouvant donner lieu à l'allocation de dommages et intérêts si elle est fautive, la faute pouvant être caractérisée dans le seul fait d'utiliser les services du futur avocat, sous couvert d'une prise de contact avec le cabinet et sa clientèle, sans lui permettre de bénéficier du contrat de collaboration libérale qui n'a jamais reçu effet du fait de la rupture intervenue peu avant la date de la prestation de serment[8].

812.92 **Inscription du collaborateur libéral du cabinet au même barreau.** À la différence de l'avocat salarié[9], il n'est pas nécessaire que le collaborateur libéral appartienne au même barreau que le cabinet pour lequel il collabore[10]. Une cour d'appel avait d'ailleurs admis, sous l'ancien régime du stage, qu'il ne résultait pas des dispositions de l'article 77 du décret du décret du 9 juin 1972[11] que le cabinet doive obligatoirement appartenir au même barreau que celui auquel est inscrit le collaborateur libéral[12].

S'il exerce une activité libérale effective avec une installation permanente au sein du cabinet de sa collaboration et s'il y développe effectivement une clientèle personnelle, alors le collaborateur libéral devra ouvrir un bureau secondaire[13] dans le ressort du barreau où se situe le cabinet[14]. En aucun cas, le cabinet pour lequel il collabore ne pourra prétendre postuler auprès d'un tribunal judiciaire au seul motif que l'un de ses collaborateurs serait inscrit auprès du barreau de ce tribunal et alors qu'aucun de ses associés n'y est inscrit[15].

812.93 **Qualité de collaborateur libéral.** Le collaborateur libéral ne peut être qu'une personne physique ayant la qualité d'avocat : un tel contrat ne saurait dès lors être conclu entre deux groupements d'exercice[16].

812.94 **Co-contractant.** Le contrat de collaboration libérale peut être conclu avec un avocat, une association ou une société d'avocats[17]. Une particu-

1. Ord. n° 2016-131, 10 févr. 2016 portant réforme du droit des contrats, du régime général et de la preuve des obligations, art. 9.
2. Rouen, 1re ch. civ. 1er févr. 2017, RG n° 15/05452.
3. F. Chénedé, *Le nouveau droit des obligations et des contrats*, hc, 2e éd., Dalloz, 2018, nos 31.00 s.
4. F. Ancel, « Quel juge pour le contrat du XXIe siècle ? », *D.* 2017. 721 – Coll., Le nouveau droit des obligations : un nouveau rôle pour le juge ?, *Cahiers de droit et procédure*, 2017 – F. Chénedé, « Le contrat d'adhésion de l'article 1110 du Code civil », *JCP* 2016. 776 – M. Mekki, « Fiche pratique sur les contrats d'adhésion », *Gaz. Pal.* 22 mars 2016, p. 16 – Th. Revet, « Les critères du contrat d'adhésion », *D.* 2016. 1771 – F. Chénedé, *Le nouveau droit des obligations et des contrats*, hc, 2e éd., Dalloz, 2018, nos 121.62 s.
5. L. n° 2005-882, 2 août 2005, art. 18.
6. Versailles, 6e ch., 19 janv. 2016, RG n° 14/05107.
7. Saint-Denis de La Réunion, ch. appel de Mamoudzou, ch. civ., 4 juill. 2014 RG n° 13/00188.
8. Versailles, 6e ch., 27 févr. 2018, RG n° 16/02987.
9. V. ss n° 812.152.
10. Civ. 1re, 21 mars 1995, n° 93-13.634, P I, n° 136 ; *D.* 1995. 101 ; *JCP* 1995. IV. 1233 ; *JCP* 1995. II. 22434, note R. Martin ; *Gaz. Pal.* 1995. Pan. 149 – CNB, Comm. RU, avis n° 2011-039, 12 oct. 2011 ; C. avocat 2021, ss L. 31 déc. 1971, art. 7, note 8 – CNB, Comm. RU, avis n° 2012-005, 23 mai 2012 – CNB, Comm. RU, avis n° 2012-025, 7 nov. 2012 – CNB, Comm. RU, avis n° 2015-041, 16 déc. 2015.
11. Décr. n° 72-468, 9 juin 1972 organisant la profession d'avocat, pris pour l'application de la L. 71-1130 du 31 déc. 1971, *JO* 11 juin.
12. Amiens, 4 juill. 1983, *Gaz. Pal.* 1983. 2. 612, note A. Damien.
13. V. ss nos 223.00 s.
14. CNB, Comm. RU, avis n° 2014-037, 17 déc. 2014 – CNB, Comm. RU, avis n° 2019-002, 5 févr. 2019.
15. CNB, Comm. RU, avis n° 2018-001, 17 janv. 2018.
16. CNB, Comm. RU, avis n° 2017-040, 7 déc. 2017.
17. L. n° 71-1130, 31 déc. 1971, art. 7.

larité est ici à noter : la loi semble ainsi reconnaître à l'association entre avocats, la personnalité morale pour lui permettre de conclure un contrat de collaboration libérale [1].

S'agissant des sociétés pluriprofessionnelles d'exercice (SPE) [2], ces dernières ne peuvent pas conclure de contrat de collaboration libérale avec un avocat, l'article 18, II, de la loi du 2 août 2005 imposant que le collaborateur libéral, avocat, « exerce auprès d'un autre professionnel, personne physique ou personne morale, la même profession » [3]. Il convient alors que le contrat soit conclu entre le collaborateur et le ou les avocats associés de la SPE, cette dernière pouvant, éventuellement, intervenir au contrat pour le paiement de la rétrocession du collaborateur.

812.95 **Cumul de contrats de collaboration.** Le collaborateur libéral consacre une partie de son activité au cabinet d'un ou plusieurs avocats [4]. Dès lors, le cumul de contrats de collaboration, y compris auprès de cabinet appartenant à des barreaux différents [5], est possible sous réserve toutefois que toutes les garanties sur les conditions d'exercice, d'indépendance et de confidentialité soient assurées [6].

C'est la raison pour laquelle il est prévu, par le RIN, que le bâtonnier pourra autoriser le cumul de contrats de collaboration libérale après avoir recueilli toutes garanties sur les conditions d'exercice, d'indépendance [7] et de confidentialité [8].

§ 2
Forme du contrat de collaboration

812.101 **Contrat de collaboration écrit.** Le contrat de collaboration doit être obligatoirement constaté par écrit, à peine de nullité [9].

812.102 **Contrat de collaboration en absence d'écrit.** L'absence d'écrit ne fait pas obstacle, s'agissant d'une nullité relative, au pouvoir des juges du fond de déterminer si la relation entre deux avocats constituait un contrat de collaboration libérale [10].

C'est ainsi que la Cour de cassation a jugé qu'en appréciant les éléments de fait et les moyens de preuve qui lui étaient soumis, une cour d'appel, sans se contredire ni inverser la charge de la preuve, a pu souverainement considérer, en l'absence d'écrit des parties, qu'après l'expiration de son délai de prévenance, un avocat n'était plus lié au cabinet par un contrat de collaboration libérale, mais qu'il effectuait des vacations pour le compte de ce dernier, peu importe que le montant des honoraires résultant de ces mêmes vacations fût égal à la rémunération fixée dans le contrat de collaboration rompu, ce qui rendait sans objet ses demandes indemnitaires fondées sur l'existence d'un tel contrat [11].

§ 3
Contenu du contrat de collaboration

812.110 **Plan.** Les dispositions du contrat de collaboration (A) doivent respecter des règles déontologiques, définir la rétrocession d'honoraires (B), étant précisé qu'il peut être conclu à « temps partiel » (C).

A.
Contenu contractuel

812.121 **Contenu du contrat de collaboration [12].** Le contrat de collaboration libérale doit être conclu dans le respect des règles déontologiques régissant la profession d'avocat [13], au premier rang desquels les principes essentiels de la profession [14].

L'avocat collaborateur libéral doit pouvoir exercer dans des conditions garantissant notamment la possibilité pour lui de constituer et développer une clientèle personnelle, sans contrepartie financière, le droit à la formation au titre de la formation continue et de l'acquisition d'une spécialisation, le secret professionnel et l'indépendance qu'implique le serment d'avocat [15], la faculté de demander à être déchargé d'une mission contraire à sa conscience [16] ou susceptible de porter atteinte à son indépen-

1. A. Bénabent, « Avocat, premières vues sur la "nouvelle profession" », *JCP* 1991. I. 3499 – V. s^s n° 811.61.
2. V. s^s n° 811.73.
3. L. n° 2005-882, 2 août 2005, art. 18, II.
4. RIN, art. 14.1.
5. CNB, Comm. RU, avis n° 2019-038, 29 oct. 2019 ; C. avocat 2021, s^s L. 31 déc. 1971, art. 7, note 9.
6. CNB, Comm. RU, avis n° 2011-039, 12 oct. 2011 ; C. avocat 2021, s^s L. 31 déc. 1971, art. 7, note 8.
7. V. s^s n°s 323.00 s.
8. RIN, art. 14.2 – V. s^s n°s 422.00 s.
9. L. n° 2005-882, 2 août 2005, art. 18, III – Civ. 1re, 21 mai 1996, n° 94-13.760, P I, n° 218 ; *JCP* 1995. IV. 1536 ; *D.* 1997. 98, obs. Y. Serra.
10. *CONTRA* : Paris, pôle 2 ch. 1, 12 janv. 2010, RG n° 08/14395 – TGI Strasbourg, 3e ch. civ., 30 avr. 2013, RG n° 11/03680 ; – COMP : Cass., ch. mixte, 24 févr. 2017, n° 15-20.411, P ; *JCP* 2017. 305, avis B. Sturlèse et 306, note G. Pignarre ; *JCP* 2017. 325, n° 5, obs. Y.-M. Serinet ; *D.* 2017. 793, note B. Fauvarque-Cosson.
11. Civ. 1re, 1er oct. 2014, n° 13-23.036, NP ; – AUSSI : bâtonnier de Paris, 11 janv. 2016, décis. n° 721-268826.
12. CE 5 oct. 2007, req. n° 282321, *Lebon* 411 ; *D.* 2007. 2739 ; *AJDA* 2008. 644, note G. Houillon ; *AJDA* 2007. 1900 ; *LPA* 17 avr. 2008, concl. Y. Aguila ; *JCP* 2008. I. 123, obs. R. Martin.
13. L. n° 2005-882, 2 août 2005, art. 18, III.
14. RIN, art. 14.2 – V. s^s n°s 315.00 s.
15. V. s^s n°s 323.00 s.
16. RIN, art. 14.2.

dance[1], ainsi que dans le respect du principe de délicatesse dans l'usage des outils numériques ou « droit à la déconnexion »[2].

812.122 **Clauses obligatoires.** Le contrat de collaboration libérale doit préciser, à peine de nullité :

1° Sa durée, indéterminée ou déterminée, en mentionnant dans ce cas son terme et, le cas échéant, les conditions de son renouvellement. Il doit également prévoir, le cas échéant, la durée de la période d'essai[3] ;

2° Les modalités de la rémunération ainsi que de remboursement des frais professionnels engagés pour le cabinet[4] ;

3° Les conditions d'exercice de l'activité, et notamment les conditions dans lesquelles le collaborateur libéral peut satisfaire les besoins de sa clientèle personnelle[5] ;

4° Les conditions et les modalités de sa rupture, dont un délai de prévenance[6] ;

5° Les modalités de sa suspension afin de permettre au collaborateur de bénéficier des indemnisations prévues par la législation de la sécurité sociale en matière d'assurance-maladie, de maternité, de congé d'adoption et de congé de paternité et d'accueil de l'enfant[7] ;

6° La durée des périodes de repos rémunérées[8].

Les « modèles » de contrats de collaboration élaborés, le cas échéant, par le barreau ne sont que de simples « modèles » indicatifs « a minima », laissant la porte ouverte à la négociation de dispositions plus favorable. Il est regrettable, à cet égard, qu'en l'état le seul point qui est généralement négocié à la conclusion du contrat de collaboration soit la rétrocession d'honoraires[9].

812.123 **Clauses interdites.** Le contrat de collaboration libérale ne peut comporter de clause :

- de renonciation par avance aux clauses obligatoires ;

- de limitation de liberté d'établissement ultérieure[10] ;

- de limitation des obligations professionnelles en matière d'aide juridique[11] ;

- de participation de l'avocat collaborateur libéral aux frais entraînés par le développement de sa clientèle personnelle pendant les cinq premières années de la collaboration[12] ;

- susceptible de porter atteinte à l'indépendance que comporte le serment d'avocat[13].

B.
Rétrocession d'honoraires

812.131 **Rétrocession minimale.** La rémunération du collaborateur est librement fixée en accord avec le cabinet. Le contrat doit obligatoirement prévoir les modalités de rémunération[14] et de remboursement des frais professionnels engagés pour le cabinet[15]. Le collaborateur libéral conserve les indemnités qui lui sont versées pour les missions d'aide juridictionnelle et de commissions d'office[16].

La rémunération doit impérativement respecter les montants minimaux que peut comporter le règlement intérieur de chaque barreau[17]. La fixation d'un montant minimum étant imposé par le RIN pour les deux premières années de collaboration[18]. À partir de sa troisième année d'exercice professionnel, l'avocat collaborateur libéral doit recevoir une rétrocession d'honoraires qui ne peut être inférieure au minimum fixé pour la deuxième année d'exercice professionnel, par le conseil de l'Ordre du barreau dont il dépend, sauf accord exprès et motivé des parties et après contrôle du conseil de l'Ordre[19].

La fixation d'un tel minimum par les barreaux, dans le cadre des prérogatives qui leur sont propres[20], et dès lors que ces mêmes modalités concrètes de fixation de la rémunération ne peuvent qu'être déclinées localement, ne porte pas atteinte à la liberté de fixation des honoraires, et n'est pas non plus attentatoire à la concurrence dès lors que cette fixation n'est pas soumise au régime de pratiques anticoncurrentielles[21], et est donc valable[22].

1. L. n° 71-1130, 31 déc. 1971, art. 7.
2. RIN, art. 14.2. ; *JCP* 2020. 1433, obs. S. Bortoluzzi ; *JCP* 2021. 272, n° 11, obs. L. Jariel.
3. V. s^s n° 812.181.
4. V. s^s n°s 812.131 s.
5. V. s^s n°s 812.211 s.
6. RIN, art. 14.2 – V. s^s n°s 812.310 s.
7. L. n° 2005-882, 2 août 2005, art. 18, III – V. s^s n°s 812.251 s.
8. RIN, art. 14.2 – V. s^s n°s 812.241 s.
9. V. s^s n° 033.11.
10. V. s^s n°s 813.241 s.
11. V. s^s n°s 472.221 s.
12. Civ. 1re, 27 févr. 2007, n° 04-13.897, P I, n° 82 ; *D.* 2007. 875 ; *D.* 2008. 944, obs. B. Blanchard – V. s^s n° 812.211.
13. V. s^s n°s 323.00 s.
14. CNB, Comm. RU, avis n° 2019-033, 14 oct. 2019.
15. RIN, art. 14.2 – Sur la possibilité de prévoir la prise en charge des cotisations professionnelles obligatoires du collaborateur : Poitiers, 1re ch. civ., 20 nov. 2018, RG n° 18/01060.
16. RIN, art. 14.3 – V. s^s n°s 323.00 s.
17. Décr. n° 91-1197, 27 nov. 1991, art. 129 – RIN, art. 14.3.
18. RIN, art. 14.3.
19. RIN. art. 14.3. ; *JCP* 2020. 1433, obs. S. Bortoluzzi ; *JCP* 2021. 272, n° 11, obs. L. Jariel.
20. CNB, Comm. RU, avis n° 2001-011, 10 sept. 2001 ; C. avocat 2021, s^s décr. 27 nov. 1991, art. 133, note 3 – RIBP, art. P. 14.3.0.1.
21. C. com., art. 420-4, 1°.
22. Grenoble, 15 nov. 2010, *D. actu.* 3 déc. 2010, obs. L. Dargent ; *JCP* 2011. 468, n° 4, obs. S. Bortoluzzi.

812.132 Tarif de l'Union des jeunes avocats (UJA), dit tarif UJA. La rétrocession d'honoraires est un revenu brut dont près de la moitié sera amputée par les charges liées à l'activité professionnelle. Ainsi, indépendamment des rétrocessions minimales que peuvent être amenés à fixer les ordres, le tarif de l'Union des jeunes avocats (UJA), dit tarif UJA, constitue un tarif plancher et un minimum objectif en deçà duquel accepter un collaborateur libéral revient à se mettre en difficulté économique dès les premières années d'exercice.

Le « tarif UJA » est calculé sur la base d'un budget standard incompressible du tout collaborateur libéral (cotisations ordinales, assurance-maladie, Urssaf, Anaafa et traitement de la comptabilité, cotisation Cnbf, logement, assurance et charges, mutuelle complémentaire, téléphone, gaz, électricité, frais alimentaires, transport, frais divers – remboursement emprunt étudiant, loisirs – provision pour impôts, provision pour régularisation des charges), et dont le détail du calcul est fourni chaque année. Il est actualisé chaque année afin de tenir compte de l'évolution des postes de dépenses.

812.133 Tarif UJA de Paris. À Paris, le conseil de l'Ordre a d'ailleurs expressément précisé que : « le revenu minimum proposé par l'UJA est un revenu convenable qu'il est recommandé à tous les cabinets d'adopter »[1]. En pratique il l'est par 80 % d'entre eux.

Il convient de rappeler qu'un collaborateur payé au tarif UJA 2021 première année (4 005 euros par mois, 4 405 euros pour la deuxième année) et dont l'intervention est facturée à un taux horaire de 160 euros hors taxes devient rentable pour un cabinet d'avocat à partir de la 23e heure facturée sur un mois. Dès lors, si le recrutement d'un collaborateur au tarif UJA s'avère non rentable pour le cabinet, on ne peut que conclure que le cabinet n'avait pas suffisamment d'activité pour faire un recrutement ou bien que le cabinet doit réviser son processus de facturation.

812.134 Rémunération de l'apport de clientèle[2]. La Cour de cassation a eu à connaître de la convention par laquelle il était prévu de rémunérer un apport de la clientèle dont disposait un collaborateur libéral, pendant la durée de sa collaboration, justifiée par le fait que ce collaborateur libéral n'était pas en mesure de traiter seul l'intégralité des dossiers confiés par ses clients et présentait un intérêt certain, lui évitant les aléas d'une installation autonome et du recrutement des collaborateurs nécessaires. Cette convention, qui prévoyait non pas un prélèvement sur les honoraires générés par le travail du collaborateur libéral au profit de sa clientèle personnelle mais la remise à ce même collaborateur libéral d'une fraction des honoraires résultant du travail des associés et collaborateurs du cabinet sur les dossiers de clients qu'il avait apportés, ne porte que sur la rémunération de l'apport de clientèle au cabinet, et donc d'un apport d'affaire[3] entre avocats[4], est valide selon la Cour de cassation[5].

Il est également possible pour le collaborateur de conserver la clientèle en refacturant au cabinet[6].

812.135 Paiement de la rétrocession. Le cabinet doit payer la rétrocession d'honoraires due à ses collaborateurs en temps et en heure.

Le non-paiement des rétrocessions constitue une faute déontologique susceptible de sanction disciplinaire[7] telle qu'une radiation prononcée à l'encontre d'un avocat, professeur agrégé, qui n'avait plus payé les rétrocessions de ses collaborateurs depuis une longue période fut-ce en raison de difficultés financières dues à une absence de rigueur dans la gestion de son cabinet et qui avait, en outre, tardé à demander l'ouverture d'une procédure collective[8].

En cas de résistance abusive et injustifiée dans le paiement de la rétrocession, elle peut donner lieu à l'allocation de dommages et intérêts[9].

812.136 Rétrocession et procédure collective. En cas de procédure collective du cabinet d'avocats, le collaborateur libéral doit déclarer sa créance dans la procédure[10]. La créance de rétrocession d'honoraires du collaborateur libéral ne bénéficie d'aucun privilège en cas de procédure collective du cabinet d'avocats : il s'agit d'une créance chirographaire.

Le Conseil national des barreaux a sollicité, sur rapport de la commission collaboration, lors de son assemblée générale du 7 mai 2021, une modification des textes afin de créer, aux articles 2331 et 2375 du code civil, un privilège garantissant les créances de rétrocession d'honoraires des collaborateurs libéraux[11].

1. Cons. Ordre Paris 20 mai 2008, *Bull. barr. Paris* 27 mai 2008, n° 21/2008.
2. CNB, Comm. RU, avis n° 2017-012, 28 mars 2017.
3. RIN, art. 11.3.
4. V. s^s^ n° 711.81.
5. Civ. 1re, 9 déc. 2015, n° 14-28.237, P ; *D.* 2016. 19 ; *Gaz. Pal.* 19 avr. 2016, p. 21, obs. D. Landry ; – REJETANT POURVOI CONTRE : Paris, pôle 2, ch. 1, 5 nov. 2014, RG n° 12/21577 ; – MÊME SENS : Paris, pôle 4 ch. 13, 10 mars 2021, RG n° 18/07177 ; – EN SENS INVERSE : Paris, 1re ch., sect. A, 13 janv. 2009, RG n° 07/05760.
6. Paris, pôle 2, ch. 1, 13 avr. 2010, RG n° 08/08171.
7. CD Paris, arr. 19 déc. 2006, n° 082618.
8. CD Paris, arr. 31 déc. 2013, n° 230878, 240327, 241254.
9. Paris, pôle 2, ch. 1, 16 oct. 2019, RG n° 18/04071 ; – MÊME SENS : Paris, pôle 4, ch. 13, 11 févr. 2021, RG n° 18/19709.
10. Civ. 1re, 21 oct. 2020, n° 19-11.459, P ; *D.* 2020. 2125 ; *JCP* 2020. 1246 ; *Gaz. Pal.* 1er juin 2021, p. 19, obs. D. Landry et J. Villacèque – REJETANT POURVOI CONTRE : Paris, pôle 2, ch. 1, 4 déc. 2018, RG n° 16/18088.
11. CNB, communiqué, 10 mai 2021 ; *JCP* 2021. 596.

C.
Contrat de collaboration à « temps partiel »

812.141 Collaboration à « temps partiel ». Par exception au principe selon lequel la collaboration libérale est exclusive de tout encadrement des conditions de travail, l'article 14 du RIN est venu prévoir que les parties peuvent convenir d'un contrat de collaboration à « temps partiel »[1] précisant, à titre indicatif, les modalités d'organisation de travail et notamment les périodes pendant lesquelles le collaborateur sera à la disposition du cabinet.

Ce contrat de collaboration libérale à « temps partiel » est soumis à l'ensemble des dispositions applicables au contrat de collaboration libérale. Le collaborateur libéral à « temps partiel » doit notamment pouvoir exercer son activité au bénéfice de sa clientèle personnelle durant des périodes pendant lesquelles il est réputé être à la disposition du cabinet[2], et peut disposer de ses propres locaux en dehors de cette période de temps partiel[3].

812.142 Collaboration à temps partiel. La collaboration à « temps partiel », qui représenterait 13 % des contrats de collaboration[4], est en réalité un non-sens en principe, dès lors que le collaborateur libéral doit être libre d'organiser son temps de travail, la seule question qui se pose est celle de l'exclusivité ou non de sa collaboration au profit d'un seul cabinet. La notion de collaboration à « temps partiel » est toutefois admise[5], mais il convient d'être extrêmement prudent, d'autant que la pratique démontre qu'elle dégénère la plupart du temps en collaboration de droit commun avec une rétrocession moindre[6], ce qui constitue un abus de droit, et de prévoir dans le contrat de collaboration un certain nombre de clauses plus élaborées relativement aux jours ou périodes de présence, à la rémunération, au domaine de travail qui est confié au collaborateur...

La seule mention du terme « temps partiel » dans le contrat est au demeurant insuffisante pour définir le temps consacré au cabinet et doit être précisément définie[7]. Le bâtonnier pourra, en cours d'exécution du contrat, exercer un contrôle *a posteriori* sur l'application réelle des dispositions contractuelles. Il convient enfin de préciser que même en cas de collaboration à « temps partiel », le collaborateur libéral doit pouvoir développer et traiter sa clientèle personnelle sur le temps de la collaboration, et non uniquement en dehors de ce temps[8].

§ 4
Contrôle du contrat de collaboration

812.151 Contrôle par le conseil de l'Ordre. Le contrat de collaboration, ainsi que tout acte modificatif (avenant) à celui-ci, est transmis au conseil de l'Ordre du barreau auquel est inscrit le collaborateur libéral[9], et pas nécessairement celui où est inscrit le cabinet avec lequel il collabore[10].

Il doit être remis contre récépissé ou expédié par lettre recommandée avec demande d'avis de réception à l'ordre dans un délai de quinze jours à compter de sa conclusion.

812.152 Modalités du contrôle. Le conseil de l'Ordre peut, dans le délai d'un mois, mettre en demeure, par lettre recommandée avec demande d'avis de réception, les avocats de modifier le contrat de collaboration de telle façon à ce qu'il soit en conformité avec les règles professionnelles. Les décisions du conseil de l'Ordre en la matière sont susceptibles de recours dans les conditions de l'article 16 du décret du 27 novembre 1991[11]. Le procureur général peut demander communication du contrat de collaboration[12].

Le conseil de l'Ordre doit, notamment, contrôler l'absence de clause limitant la liberté d'établissement ultérieure, l'absence de toute disposition limitant les obligations professionnelles en matière d'aide juridictionnelle et de commission d'office, l'existence d'une clause prévoyant la faculté de demander à être déchargé d'une mission contraire à la conscience de l'avocat collaborateur[13], l'absence de clause susceptible de porter atteinte à l'indépendance que comporte le serment d'avocat[14].

812.153 Portée du contrôle. La méconnaissance de cette obligation ne peut être la nullité du contrat de collaboration libérale, non prévue par la régle-

1. DCN n° 2016-003, 26 juin 2017 portant modification de l'article 14 du Règlement intérieur national (RIN) de la profession d'avocat, Modification des dispositions relatives au statut de l'avocat collaborateur libéral ou salarié ; *JO* 1er août, n° 11 ; *JCP* 2017. 917 ; *JCP* 2017. 1104, n° 14, obs. C. Caseau-Roche – D. Iweins, « Collaboration libérale : le changement n'est pas pour maintenant », *Gaz. Pal.* 4 avr. 2017, p. 7.
2. RIN, art. 14.2, *in fine*.
3. CNB, Comm. RU, avis n° 2018-007, 21 févr. 2018.
4. M. Dulucq, *Commission collaboration, Étude « Les collaborateurs »*, 2e éd., AG CNB 10-11 juin 2016, p. 9.
5. Saint-Denis-de-la-Réunion, 23 févr. 1977 ; *JCP* 1978. II. 18982 – RIN, art. 14.2, *in fine*.
6. Paris, pôle 2 ch. 1, 10 mai 2011, RG n° 09/09330.
7. CNB, Comm. RU, avis n° 2009-045, 22 sept. 2009 ; C. avocat 2021, ss L. 31 déc. 1971, art. 7, note 8.
8. CNB, Comm. RU, avis n° 2012-037, 26 sept. 2012 – RIN, art. 14.2, *in fine*.
9. Décr. n° 91-1197, 27 nov. 1991, art. 133.
10. V. ss n° 812.92.
11. Décr. n° 91-1197, 27 nov. 1991, art. 135 – Civ. 1re, 17 nov. 1998, n° 96-17.749, NP ; *JCP* 1999. II. 10006, note R. Martin – V. ss nos 513.181 s.
12. Décr. n° 91-1197, 27 nov. 1991, art. 134.
13. V. ss n° 812.204.
14. Décr. n° 91-1197, 27 nov. 1991, art. 133.

mentation applicable, qui ne saurait être encourue pour une contravention aux règles déontologiques [1].

En outre, le silence gardé par le conseil de l'Ordre n'interdit pas ultérieurement aux juges du fond de censurer le contrat de collaboration libérale bien qu'il n'y ait pas été fait d'observation [2].

Il apparaît possible de soumettre au contrôle un contrat de collaboration libérale signé postérieurement à son début d'exécution aux fins de régulariser la situation. Cependant, il serait contraire aux principes essentiels de la profession que la conclusion d'un contrat de collaboration libérale intervienne au-delà d'un délai raisonnable après son éventuel commencement d'exécution [3], ce qui serait de nature à constituer une faute déontologique.

812.154 Contrôle dans l'exécution. Le Conseil de l'Ordre doit, également, procéder de manière régulière, à un contrôle des conditions d'exécution du contrat de collaboration libérale [4], selon des modalités (rythme, nombre de visites, modalités de détermination des cabinets contrôlés, outils de contrôle...) qu'il fixe dans le règlement intérieur du barreau [5].

812.155 Sanction disciplinaire. En cas d'absence de contrat écrit, de non-communication au barreau du contrat de collaboration libérale, ou de refus de mettre ce contrat en conformité avec les injonctions du barreau, des poursuites disciplinaires [6] peuvent être engagées [7].

812.156 Règlement des litiges. Tout litige né à l'occasion d'un contrat de collaboration libérale, que ce soit au stade de sa conclusion, de son exécution ou de sa rupture, est, en l'absence de conciliation, soumis au bâtonnier, dont la décision est rendue à charge d'appel devant la cour d'appel [8].

SECTION 3
EXÉCUTION DU CONTRAT DE COLLABORATION LIBÉRALE

812.160 Plan. L'exécution du contrat de collaboration libérale obéit à des principes (§ 1) et doit permettre au collaborateur libéral de concilier sa vie personnelle avec son activité professionnelle (§ 2).

§ 1
Principes

812.170 Plan. L'exécution du contrat de collaboration libérale impose, le cas échéant, une période d'essai (A), la mise en œuvre du contrat (B) et une obligation de formation du collaborateur (C).

A.
Période d'essai

812.181 Période d'essai ne pouvant être supérieure trois mois. La période d'essai, qui peut être incluse dans tout contrat de collaboration libérale, ne saurait être supérieure à trois mois, renouvellement compris [9].

Une cour d'appel a pu considérer que dès lors qu'un premier contrat de collaboration avait prévu une période d'essai au cours de laquelle le collaborateur avait donné satisfaction au cabinet, la clause insérée dans un second contrat avec le même cabinet, fut-ce après une période d'omission du collaborateur, qui fixe une nouvelle période d'essai est abusive et frappée de nullité [10]. Le fondement de cette nullité, qui n'est pas précisé, ne saurait être celui des clauses abusives inapplicables en l'espèce. Peut-être faut-il y avoir l'application de l'article 1171, modifié, du code civil qui prohibe les clauses créant un déséquilibre significatif entre les droits et obligations des parties au contrat lorsqu'il s'agit d'un contrat d'adhésion [11].

812.182 Période d'essai : rupture. En cas de rupture, le cabinet et le collaborateur devront respecter un délai de huit jours à compter de la date de rupture jusqu'au départ définitif du collaborateur. Le point de départ de la période d'essai se situe à la date à laquelle le collaborateur commence à œuvrer au sein du cabinet, quelle que soit la qualification donnée au contrat qui le lie audit cabinet [12].

Si le contrat de collaboration libérale n'a pas été rompu dans les huit jours avant le terme de la période

1. Civ. 1re, 9 déc. 2015, n° 14-28.237, P I, n°. 576 ; *D.* 2016. 19 ; *Gaz. Pal.* 19 avr. 2016, p. 21, obs. D. Landry.
2. Rouen, 10 août 1992, *Gaz. Pal.* 8 avr. 1993, p. 15.
3. CNB, Comm. RU, avis n° 2020-010, 2 juill. 2020.
4. V. ss nos 511.261 s.
5. RIN, art. 14.2 ; *JCP* 2020. 1433, obs. S. Bortoluzzi ; *JCP* 2021. 272, n° 11, obs. L. Jariel.
6. V. ss nos 522.00 s.
7. Rennes, 2 avr. 1976 ; *Gaz. Pal.* 1976. 1. 442, note A. Damien et J.-G. Moore – CNB, Comm. RU, avis n° 2007-002, 27 nov. 2007 ; C. avocat 2021, ss décr. 27 nov. 1991, art. 133, avis CNB, note 5.
8. L. n° 71-1130, 31 déc. 1971, art. 7 – V. ss nos 821.11 s.
9. RIN, art. 14.2.
10. Paris, pôle 2, ch. 1, 19 avr. 2017, RG n° 14/21739.
11. F. Chénedé, *Le nouveau droit des obligations et des contrats*, hc, 2e éd., Dalloz, 2018, nos 12.350 s.
12. Sent. arb. Paris, 3 mai 2006, RG n° 721-150135 – Paris, pôle 2, ch. 1, 6 mars 2012, RG n° 11/10602 – Bâtonnier de Paris, 28 avr. 2011, décis. n° 721-211749 – Paris, pôle 2, ch. 1, 27 nov. 2013, RG n° 12/09202 ; *D. avocats* 2014. 10, obs. A. Portmann ; CONFIRMANT : Bâtonnier de Paris, 11 mai 2012, décis. n° 721-227346 – Bâtonnier de Paris, 10 déc. 2014, décis. n° 721-251315 – Bâtonnier de Paris, 20 nov. 2014, décis. n° 723-253360.

d'essai, il n'est pas possible d'y mettre fin autrement qu'en respectant le délai de prévenance de trois mois : ainsi dans l'hypothèse d'une période d'essai de trente jours, la rupture dans le cadre de la période d'essai devra être notifiée avant le 22e jour[1].

812.183 **Période d'essai : indisponibilité.** Une indisponibilité, que ce soit pour maladie[2] ou parentalité[3] pendant la période d'essai suspend celle-ci ; elle reprend de plein droit, pour la durée restant à courir, au retour du collaborateur[4].

La Cour de cassation a clairement affirmé ce point, s'agissant du congé maternité, en considérant que l'article 14.4 du RIN n'exclut pas la protection de la collaboratrice libérale ayant déclaré son état de grossesse au cours de la période d'essai[5].

B.
Mise en œuvre du contrat

812.190 **Plan.** La mise en œuvre du contrat de collaboration libérale obéit à des principes (1°) et doit permettre au collaborateur libéral de développer une clientèle personnelle (2°).

Il convient d'insister sur le fait que le cabinet est toujours responsable, non seulement sur le plan de la responsabilité civile professionnelle[6], mais également sur le plan disciplinaire[7], des actes réalisés pour son compte par son collaborateur libéral.

1°
Principes

812.201 **Commun accord des parties.** Le contrat de collaboration doit être exécuté de bonne foi, conformément à l'article 1104 du code civil, et dans le respect des principes essentiels, et notamment des devoirs de loyauté et de délicatesse. Doit ainsi être sanctionné l'avocat qui tient des propos injurieux envers l'un de ses collaborateurs, en adressant un courriel à l'ensemble des collaborateurs du cabinet qui commence ainsi « Merde, merde, merde, bordel », se poursuit de la sorte « Je me fais chier » et se termine ainsi « je vous ai demandé de réagir à un texte sur cette putain de question : où elle est votre réaction, putain ! ! ! », de tels propos, grossiers et violents, constituant un manquement aux principes essentiels de courtoisie, délicatesse et modération, caractérisant une faute déontologique quand bien même l'avocat ait présenté ultérieurement des excuses[8].

L'obligation d'exécution, de bonne foi, du contrat de collaboration vaut tant de la part du cabinet envers son collaborateur, qu'il ne saurait ainsi laisser dans l'ignorance de l'existence de difficultés entre les associés qui vont conduire à la dissolution de l'association[9], que du collaborateur envers son cabinet, à l'égard duquel il ne saurait ainsi manquer de transparence dans le cadre des activités qu'il déploie pour le compte des clients du cabinet[10].

Le cabinet et le collaborateur libéral déterminent, d'un commun accord, les conditions de l'organisation matérielle du travail du collaborateur libéral, sans que l'on ne puisse lui imposer des horaires fixes[11]. Ces conditions doivent tenir compte du temps et des moyens effectifs nécessaires au traitement de la clientèle personnelle du collaborateur. Il n'est donc pas nécessaire que le collaborateur libéral exerce dans les locaux mêmes du cabinet : le collaborateur libéral peut ainsi disposer de ses propres locaux, distincts de ceux du cabinet avec lequel il collabore[12] ou encore résider à l'étranger[13].

Ils fixent dans les mêmes conditions l'approche juridique des dossiers confiés au collaborateur. Celui-ci reste maître de l'argumentation qu'il développe et des conseils qu'il donne. Si l'argumentation est contraire à celle que développerait l'avocat avec lequel il collabore, il est tenu, avant d'agir, de l'en informer[14]. En cas de persistance du désaccord, par respect des principes de confiance, loyauté et délicatesse, le collaborateur devra restituer le dossier.

812.202 **Signature.** Lorsqu'il exerce ses activités professionnelles en qualité de collaborateur, l'avocat indique, outre son propre nom, le nom de l'avocat pour le compte duquel il agit[15]. Le cabinet est civilement responsable[16] des actes professionnels accomplis pour son compte par son ou ses collaborateurs[17], mais pas de ceux accomplis par le collaborateur libéral au titre de sa clientèle personnelle.

Il peut être convenu que la double signature ou le visa soient apposés sur tous actes, correspondances, études ou consultations réalisés pour le compte du cabinet[18].

1. *CONTRA* : Bâtonnier de Paris, 20 sept. 2017, décis. n° 721-292471.
2. V. s[s] n°s 812.251 s.
3. V. s[s] n° 812.272 s.
4. RIN, art. 14.3.
5. Civ. 1re, 29 juin 2016, n° 15-21.276, P ; *JCP* 2016. 1086, n° 12, obs. C. Caseau-Roche ; *D.* 2016. 1506 ; *JCP* 2016. 849 ; *Gaz. Pal.* 18 oct. 2016, p. 19, obs. B. de Belval.
6. Décr. n° 91-1197, 27 nov. 1991, art. 131 – V. s[s] n° 913.35.
7. Montpellier, 1re ch., 29 févr. 2016, RG n°s 15/03690, 15/04304 ; *Gaz. Pal.* 19 avr. 2016, p. 30, obs. J.-L. Gaineton ; – Sur l'affaire *Buffalo Grill*, v. s[s] n°s 414.232 s.
8. Paris, pôle 2, ch. 2, 25 sept. 2016, RG n° 15/15978.
9. Bâtonnier de Paris, 6 oct. 2017, décis. n° 723-292608.
10. Bâtonnier de Paris, 17 janv. 2018, décis. n° 721-290962.
11. Civ. 1re, 1er juill. 2015, n° 13-26.824, NP.
12. CNB, Comm. RU, avis n° 2018-007, 21 févr. 2018.
13. CNB, Comm. RU, avis n° 2018-035, 12 juill. 2018.
14. Décr. n° 91-1197, 27 nov. 1991, art. 130.
15. Décr. n° 91-1197, 27 nov. 1991, art. 132.
16. V. s[s] n° 913.35.
17. Décr. n° 91-1197, 27 nov. 1991, art. 131.
18. RIN, art. 14.3.

812.203 **Entretien annuel.** Quelle que soit la durée du contrat de collaboration libérale, il est prévu que le collaborateur et son cabinet doivent se rencontrer, à la demande de l'un d'entre eux, au moins une fois par an pour examiner l'éventuelle évolution de leur relation [1].

812.204 **Retrait au titre de la conscience.** Le collaborateur libéral peut demander au cabinet avec lequel il collabore d'être déchargé d'une mission qu'il estime contraire à sa conscience ou susceptible de porter atteinte à son indépendance [2]. La liberté de conscience est tellement essentielle qu'elle est visée par deux dispositions du RIN, puisque l'article 14.2 prévoit également que l'avocat collaborateur doit pouvoir exercer dans des conditions garantissant, notamment « la faculté de demander à être déchargé d'une mission contraire à sa conscience ».

La demande de retrait au titre de la conscience doit toutefois respecter un certain délai et ne doit pas être abusive. Elle doit être exprimée suffisamment tôt pour ne pas perturber l'avancement du dossier. L'abus de droit caractérisé par un refus systématique non lié à un changement significatif dans l'orientation du cabinet doit être soumis à l'appréciation du bâtonnier [3].

812.205 **Discrimination et harcèlement – Renvoi.** Sur cette question, v. s^s n°s 333.00 s.

2°
Développement de la clientèle personnelle

812.211 **Clientèle personnelle.** Le collaborateur libéral peut constituer et développer une clientèle personnelle [4]. Dans ce cadre, le cabinet avec lequel il collabore doit mettre à sa disposition, dans des conditions normales d'utilisation, les moyens matériels nécessaires aux besoins de sa collaboration et au développement de sa clientèle personnelle. Le contrat de collaboration ne saurait valablement prévoir une clause prévoyant une diminution de la rétrocession en cas d'absence de plus de trois jours pour les besoins de la clientèle personnelle [5].

Dans le cadre du développement de sa clientèle personnelle, le collaborateur ne peut assister ou représenter une partie ayant des intérêts contraires à ceux d'un client du cabinet avec lequel il collabore [6]. Sous cette réserve, il peut travailler pour d'autres cabinets d'avocats comme sous-traitant [7].

812.212 **Attitude du cabinet.** Le cabinet doit ainsi laisser du temps libre au collaborateur pour ses dossiers personnels, et ce de manière effective. C'est ainsi que tout en rejetant une demande de requalification dès lors que le collaborateur avait pu se constituer une clientèle personnelle, une cour d'appel a pu considérer que le collaborateur ne pouvant s'entretenir avec ses clients, que le week-end ou en soirée ou bien pendant les pauses déjeuner, faisant que malgré les stipulations du contrat de collaboration, le cabinet n'avait pas mis en place un cadre clair et précis pour l'activité professionnelle autonome de son collaborateur et ne lui avait pas octroyé suffisamment de temps libre pour qu'il se consacre à ses propres dossiers. Le cabinet n'a donc pas exécuté loyalement ses obligations et doit être condamné à indemniser son collaborateur du préjudice moral tenant à l'épuisement ressenti [8].

Tout comme le fait de ne pas assurer à son collaborateur des locaux en bon état d'entretien et permettant d'assurer à ses clients le respect du secret professionnel, cause à ce dernier un préjudice dans le développement de sa clientèle personnelle qu'il y a lieu d'indemniser [9].

812.213 **Restriction de clientèle.** Le cabinet en saurait interdire à son collaborateur de développer sa clientèle personnelle dans tel ou tel secteur ou domaine d'activité. C'est ainsi qu'une « clause d'interdiction de réception et de développement de clientèle asiatique, chinoise » qui interdit au collaborateur de « développer une clientèle personnelle asiatique, notamment chinoise » est non seulement illicite, mais également discriminatoire par essence, et caractérise au surplus une volonté revendiquée de s'affranchir d'un des principes fondamentaux contenus dans le serment de l'avocat, l'indépendance. Elle constitue une entrave importante à la possibilité pour le collaborateur d'avoir une clientèle personnelle eu égard à l'origine asiatique, et en particulier chinoise, de la majorité de la clientèle du cabinet, lui causant un préjudice qui doit être indemnisé [10].

812.214 **Liberté du collaborateur.** Le collaborateur doit être libre de mettre en œuvre les moyens qu'il entend utiliser pour développer sa clientèle personnelle. C'est ainsi qu'un collaborateur qui a l'usage d'un ordinateur mis à sa disposition par le cabinet tant pour

1. RIN, art. 14.2 – RIBP, ann. XII : Guide de l'entretien annuel du collaborateur.
2. RIN, art. 14.3 – V. s^s n°s 323.00 s.
3. RIN, art. 14.3 – V. s^s n°s 511.00 s.
4. L. n° 2005-882, 2 août 2005, art. 18, II – RIN, art. 14.2.
5. CNB, Comm. RU, avis n° 2009-042, 22 sept. 2009 ; C. avocat 2021, s^s L. 31 déc. 1971, art. 7, note 7.
6. RIN, art. 14.3 – Sur les conflits d'intérêts, v. s^s n°s 441.00 s. et not. s^s n°s 441.73 s.
7. CNB, Comm. RU, avis n° 2016-065, 5 sept. 2016.
8. Paris, pôle 2, ch. 1, 15 juin 2016, RG n° 14/26270 ; – CONFIRMÉ SUR CE POINT PAR : Civ. 1re, 5 juill. 2017, n° 16-22.183, P ; *D.* 2017. 1479 ; *Gaz. Pal.* 25 juill. 2017, p. 27, obs. C. Berlaud ; *Gaz. Pal.* 31 oct. 2017, p. 64, obs. L. Mayer ; *JCP* 2017. 1104, n° 12, obs. J. Moret-Bailly ; *Gaz. Pal.* 5 déc. 2017, p. 24, obs. B. de Belval ; *D.* 2019. 159, obs. A. Aynes.
9. Paris, 1re ch., sect. A, 2 sept. 2008, RG n° 07/02494.
10. Paris, 1re ch., sect. A, 17 mai 2005, RG n° 04/14311.

les besoins de sa collaboration que pour le développement de sa clientèle personnelle, doit pouvoir y installer les logiciels nécessaires au développement de sa clientèle personnelle tel qu'un logiciel de gestion de client. Il n'a pas à obtenir l'accord du cabinet à cette fin mais doit prendre les mesures nécessaires afin d'assurer, notamment, le respect du secret professionnel[1].

En l'occurrence, tant le choix du prestataire, prestataire habituel et reconnu des avocats, que l'existence d'un engagement de confidentialité du technicien et la présence continue du collaborateur durant l'intervention de celui-ci, ainsi que l'absence de toute possibilité d'accès à distance par le prestataire au serveur du cabinet dès lors que seul le collaborateur détenait le code d'accès, conduisent à considérer que l'installation a été faite dans des conditions garantissant le secret professionnel et la confidentialité, et ne caractérisait pas une faute grave justifiant la rupture immédiate du contrat de collaboration libérale[2].

812.215 Protection des dossiers personnels du collaborateur. Le cabinet ne saurait, pas plus, accéder à la messagerie personnelle ou aux dossiers personnels de son collaborateur sans son consentement. C'est ainsi que manque au principe de délicatesse, justifiant une sanction disciplinaire, l'avocat qui prend connaissance des messages personnels échangés entre deux collaborateurs et les produisant devant une instance ordinale. Les messageries utilisées par les deux collaborateurs étaient privées, s'agissant d'adresses personnelles « gmail », peu importe que l'accès au serveur de l'opérateur internet s'effectuait au moyen de l'ordinateur professionnel, la boîte de réception électronique personnelle conservant son caractère privé et l'absence de fermeture de la messagerie n'impliquant pas le consentement à la consultation de son contenu hors de la présence du collaborateur[3].

Une telle attitude est également constitutive d'une faute de nature à justifier l'allocation de dommages et intérêts dans le cadre d'un litige consécutif à la rupture du contrat de collaboration libérale[4]. En outre, de tels éléments de preuve, obtenus en accédant à son insu à la messagerie du collaborateur, portent atteinte au secret professionnel[5] et à la loyauté dans l'obtention des éléments de preuve[6] et doivent être déclarés irrecevables[7].

Rappelons que la chambre criminelle a eu l'occasion de considérer, « le libre accès à des informations personnelles sur un réseau informatique d'une entreprise n'est pas exclusif de leur appropriation frauduleuse par tout moyen de reproduction »[8], justifiant la condamnation du chef de vol de correspondance d'un avocat qui par le biais du système informatique du cabinet avait eu accès aux fichiers collectifs à partir du serveur, sans avoir à entrer un quelconque code d'accès, et avait pu librement télécharger des documents concernant son associé avec lequel il était en litige.

812.216 Droit de la preuve. À cet égard, il a pu être jugé que le bâtonnier, compétent pour régler les litiges entre avocats dans le cadre de leur exercice professionnel[9], ne peut pas être saisi par requête pour prendre une décision non contradictoire. En conséquence, une demande de mesure d'instruction fondée sur l'article 145 du code de procédure civile relève de la compétence du président du tribunal judiciaire[10]. Naturellement, il convient que les conditions de l'article 145 soient réunies, et notamment que soient caractérisées les circonstances qui légitimaient le recours à une procédure non contradictoire, fut-ce, comme en l'occurrence un détournement allégué de clientèle[11].

1. V. s[s] n°s 412.301 s.
2. Civ. 1re, 6 avr. 2016, n° 15-17.475, P I, n° 1186, *D.* 2016. 846 ; *RCA* 2016. comm. 214 ; *JCP* 2016. 745, note B. Beignier et A. Andorno ; *Gaz. Pal.* 18 oct. 2016, p. 20, obs. B. de Belval et J. Villacèque ; – REJET DU POURVOI CONTRE : Montpellier, 1re ch., sect. AS, 2 mars 2015, RG n° 14/07129.
3. Civ. 1re, 17 mars 2016, n° 15-14.557, P I, n° 1008 ; *D.* 2017. 81, obs. Th Wickers ; *Gaz. Pal.* 18 oct. 2016, p. 26, obs. D. Landry et J. Villacèque ; *D.* 2016. 722 ; – MÊME SENS : Bâtonnier de Paris, 28 nov. 2012, décis. n° 721-229159 – Paris, pôle 2 ch. 1, 31 mai 2011, RG n° 10/19142 ; – COMP. S'AGISSANT DES SALARIÉS : CEDH 5 sept. 2017, *Barbulescu c/Roumanie,* req. n° 61496/08 ; *Gaz. Pal* 28 nov. 2017, obs. J. Andriantsimbazovina ; *JCP* 2017. 1169, note J.-P. Marguénaud et J. Mouly ; *D.* 2019. 158, obs. A. Aynes – CEDH 22 févr. 2018, *Libert c/France,* req. n° 588/13 ; *D.* 2018. 1291, note J.-P. Marguénaud ; *JCP* 2018. 433, note F. Marchadier ; *Gaz. Pal.* 5 juin 2018, p. 77, obs. J. Atttali-Colas ; *D.* 2019. 159, obs. A. Aynes.
4. Lyon, 1re ch. civ. A, 28 sept. 2017, RG n° 16/04122 ; *D. actu.* 26 oct. 2017, obs. A. Portmann.
5. V. s[s] n°s 412.221 s.
6. V. s[s] n°s 453.41 s.
7. Poitiers, 1re ch. civ., 24 oct. 2017, RG n° 16/03410, *D. actu.* 27 nov. 2017, obs. A. Portmann.
8. Crim. 28 juin 2017, n° 16-81.113 ; P ; *D. actu.* 13 juill. 2017, note L. Priou-Alibert ; *Gaz. Pal.* 24 oct. 2017, obs. S. Detraz ; *D.* 2017. 1424 ; *D.* 2017. 1885 note G. Beaussonie ; *JCP* 2017. 1173, n° 5, obs. C. Claverie-Rousset ; *Dr. pénal* 2017, comm. 141, note Ph. Conte.
9. V. s[s] n°s 821.11 s.
10. Civ. 1re, 5 juill. 2017, n° 16-19.825 ; P ; *Gaz. Pal.* 5 juill. 2017, p. 28, obs. C. Berlaud ; *D. actu.* 12 juill. 2017, obs. A. Portmann ; *D.* 2017. 1479 ; *JCP* 2017. 1104, n° 15, obs. S. Grayot-Drix ; *Gaz. Pal.* 5 déc. 2017, p. 23, obs. B. de Belval et J. Villacèque ; – DANS LA MÊME AFFAIRE : Civ. 1re, 20 févr. 2019, n° 17-27967 ; P ; *D.* 2019. 438 ; *JCP* 2019. I. 268 ; *Gaz. Pal.* 19 mars 2019, p. 42, obs. C. Berlaud ; *JCP* 2020. Chron. 1238, n° 12, obs. C. Caseau-Roche ; *D.* 2020. 109, obs. Th. Wickers.
11. Civ. 1re, 5 juill. 2017, n° 16-19.825 ; P ; *Gaz. Pal.* 35 juill. 2017, p. 28, obs. C. Berlaud ; *D. actu.* 12 juill. 2017, obs. A. Portmann ; *D.* 2017. 1479 ; *JCP* 2017. 1104, n° 15, obs. S. Grayot-Drix ; *Gaz. Pal.* 5 déc. 2017, p. 23, obs. B. de Belval et J. Villacèque ; – DANS LA MÊME AFFAIRE : Civ. 1re, 20 févr. 2019, n° 17-27.967 ; P ; *D.* 2019. 438 ; *JCP* 2019. I. 268 ; *Gaz. Pal.* 19 mars 2019, p. 42, obs. C. Berlaud ; *JCP* 2020. Chron. 1238, n° 12, obs. C. Caseau-Roche ; *D.* 2020. 109, obs. Th. Wickers.

Le recours aux dispositions de l'article 145 du code de procédure civile ne constitue pas une simple faculté mais s'impose, en principe, à la partie qui entend obtenir des pièces ou des informations qui ne lui appartiennent pas, telles que les informations relatives à la clientèle personnelle du collaborateur. Le fait que ces informations soient stockées sur des moyens informatiques appartenant au cabinet, qui doit mettre à la disposition de son collaborateur une installation et les outils garantissant le secret professionnel et lui permettant de constituer et développer sa clientèle personnelle sans contrepartie financière, ne suffisant pas à les rendre accessibles [1].

Toutefois, même en l'absence de recours à une mesure légalement admissible d'admission de la preuve, il appartient aux juridictions, conformément au droit de la preuve [2] de rechercher si la production litigieuse n'est pas indispensable à l'exercice du droit à la preuve et proportionnée aux intérêts antinomiques en présence [3].

812.217 Respect du principe de finalité et information du collaborateur (loi du 6 janvier 1978, dite Informatique et Libertés). La Cnil a, par ailleurs, eu l'occasion de préciser, dans le cadre de l'une des affaires ayant donné lieu aux arrêts de la Cour de cassation du 5 juillet 2017, que les traitements de données personnelles opérés dans le cadre des réseaux informatiques internes des cabinets d'avocats (tel que l'accès aux données du collaborateur libéral) doivent être réalisés dans le respect du principe de finalité eu égard à la mise en œuvre du traitement telle que déclarée à la Cnil, en l'occurrence s'agissant d'un traitement ayant pour objet la gestion du contentieux [4] qui n'avait pas été déclaré comme tel à la Cnil.

En outre, le cabinet doit, en tout état de cause, en sa qualité de responsable de traitement, porter à la connaissance du collaborateur l'ensemble des informations figurant à l'article 32 [5] de la loi du 6 janvier 1978 en lui indiquant, notamment, l'existence du traitement, la durée de conservation des données, et, clairement, la finalité du traitement. Une telle obligation d'information ne saurait être valablement satisfaite par la simple mention dans le contrat de collaboration du fait que le cabinet pourrait « conserver des correspondances électroniques reçues ou expédiées dans le cadre des dossiers du Cabinet, comme des dossiers personnels et à titre privé » [6].

812.218 Règlement général sur la protection des données (RGPD). L'entrée en vigueur du règlement 2016/679 [7] relatif à la protection des personnes physiques à l'égard du traitement des données à caractère personnel et à la libre circulation de ces données [8], et abrogeant la directive 95/46 [9] (règlement général sur la protection des données) a eu un impact sur l'exécution du contrat de collaboration qui doit prendre en compte la nécessité de se conformer aux dispositions dudit règlement [10].

Afin de respecter ses obligations légales et d'exécuter le contrat de collaboration, le cabinet est amené à traiter (collecter, utiliser, conserver...) des informations relatives à ses collaborateurs : ce dernier doit être informé de la façon dont ses données sont utilisées par le cabinet, sans préjudice du respect des règles de la profession d'avocat et notamment du secret professionnel, pour la gestion de ses collaborateurs (y compris le recrutement et les formalités administratives) et la gestion des dossiers du cabinet, et de la relation avec les clients du cabinet, ainsi que des droits dont il dispose. Cette information peut prendre la forme de notes d'information remises au collaborateur, pouvant être mises à jour régulièrement, ce dont le collaborateur devra être informé individuellement [11].

Lorsque le collaborateur traite de données personnelles pour les besoins des dossiers du cabinet ou

1. Paris, pôle 2, ch. 1, 15 juin 2016, RG n° 14/26270.
2. V. s^{s} n°s 453.31 s.
3. Civ. 1re, 5 juill. 2017, n° 16-22.183 ; P ; *D.* 2017. 1479 ; *Gaz. Pal.* 25 juill. 2017, p. 27, obs. C. Berlaud ; *Gaz. Pal.* 31 oct. 2017, p. 64, obs. L. Mayer ; *JCP* 2017. 1104, n° 12, obs. J. Moret-Bailly ; *Gaz. Pal.* 5 déc. 2017, p. 24, obs. B. de Belval ; *D.* 2019. 159, obs. A. Aynes.
4. Délib. Cnil n° 2016-005, 14 janv. 2016 portant autorisation unique de traitements de données à caractère personnel mis en œuvre par les organismes publics et privés pour la préparation, l'exercice et le suivi de leurs contentieux ainsi que l'exécution des décisions rendues (AU-046), *JO* 12 févr.
5. L. n° 78-17, 6 janv. 1978 relative à l'informatique, aux fichiers et aux libertés, art. 32 ; abr. par ord. n° 2018-1125, 12 déc. 2018 prise en application de l'article 32 de la loi n° 2018-493 du 20 juin 2018 relative à la protection des données personnelles et portant modification de la loi n° 78-17 du 6 janvier 1978 relative à l'informatique, aux fichiers et aux libertés et diverses dispositions concernant la protection des données à caractère personnel, *JO* 13 déc. ; – DÉSORMAIS : Règl. 2016/679, Parlement et Conseil, 27 avril 2016 relatif à la protection des personnes physiques à l'égard du traitement des données à caractère personnel et à la libre circulation de ces données, et abrogeant la directive 95/46/CE (règlement général sur la protection des données), art. 13.
6. Lettre Cnil de rappel à l'observation de la L. du 10 avr. 2017, saisine n° 13034960, NP.
7. Règl. 2016/679, Parlement et Conseil, 27 avril 2016.
8. AUSSI : Ch. Feral-Schuhl, *Cyberdroit : Le droit à l'épreuve de l'internet,* 8e éd., « Praxis », Dalloz, 2020.
9. Dir. 95/46, Parlement et Conseil, 24 oct. 1995 relative à la protection des personnes physiques à l'égard du traitement des données à caractère personnel et à la libre circulation de ces données, *JOUE* 23 nov.
10. E. Le Quellenec, « L'impact du RGPD pour les avocats », *L'Observateur de Bruxelles*, n° 117, juill. 2019, p. 26.
11. POUR UN EXEMPLE de note d'information : CNB, « De nouveaux outils pour une gestion de la collaboration conforme au RGPD », 29 nov. 2018, maj. 1er juill. 2020.

d'autres activités du cabinet, lequel est responsable de traitement, il agit comme personne autorisée à traiter ces données personnelles. À ce titre, il devra respecter la réglementation applicable en matière de protection des données personnelles et notamment, sans que ceci soit limitatif, les principes suivants : licéité, loyauté, transparence, limitation des finalités, minimisation des données, exactitude, limitation de la conservation ainsi qu'intégrité, sécurité et confidentialité[1]. Il devra aussi respecter les principes ou politiques édictés par le cabinet en la matière.

Le collaborateur est responsable du traitement des données personnelles dans le cadre de la gestion de ses dossiers personnels. Si, dans le cadre de la gestion de ses dossiers personnels, le collaborateur utilise les moyens de traitement mis à sa disposition par le cabinet, ce dernier est le sous-traitant[2] du collaborateur. Dans ce cas, les parties devront s'entendre sur leurs obligations respectives[3].

812.219 Frais de traitement de la clientèle personnelle. Pendant les cinq premières années d'exercice professionnel, l'avocat collaborateur libéral ne peut se voir demander de contribution financière en raison du coût généré par le traitement de sa clientèle personnelle[4]. Une telle clause qui figurerait dans un contrat de collaboration doit être déclarée nulle[5].

C.
Formation du collaborateur

812.221 Formation déontologique et professionnelle du collaborateur. La formation déontologique et professionnelle est un droit et une obligation pour le collaborateur libéral, auxquels le cabinet doit se conformer. Le collaborateur doit recevoir, notamment pendant ses premières années d'exercice à compter de la prestation de serment, de la part du cabinet une formation adaptée aux dossiers qui lui sont confiés par celui-ci. Cette formation, si elle s'accomplit selon les modalités fixées par les décisions du Conseil national des barreaux[6], est susceptible d'être validée au titre de l'obligation de formation continue obligatoire. Le collaborateur doit également disposer du temps nécessaire pour suivre les formations de son choix afin de remplir ses obligations au titre de la formation continue obligatoire[7].

Il doit prévenir le cabinet dans lequel il exerce, des sessions de formation externe qu'il souhaite suivre, au plus tard quinze jours avant leur début[8].

812.222 Spécialisation du collaborateur. Le collaborateur libéral doit pouvoir bénéficier du temps suffisant pour suivre toute session de formation nécessaire à l'acquisition d'une spécialisation.

Le cabinet doit s'efforcer de lui confier, dans des conditions contractuellement définies, des travaux relevant de la ou des spécialisations recherchées, si l'avocat collaborateur libéral souhaite les acquérir conformément aux dispositions prévues à cet effet[9].

812.223 Dédit-formation. Le collaborateur libéral qui décide de mettre fin à son contrat après avoir bénéficié d'une formation dispensée à l'extérieur du cabinet et financée par le cabinet ne peut, en principe, se voir demander d'indemnité à ce titre.

Toutefois, une telle indemnité pourra être contractuellement prévue si la formation reçue revêt un caractère exceptionnel révélé par sa durée et son coût. Dans ce cas, l'avocat collaborateur libéral pourra toujours demander une réduction de cette indemnité si elle est excessive ou sa suppression totale si elle est de nature à faire obstacle à sa liberté d'établissement ultérieure. L'indemnité peut être demandée pendant un délai maximum de deux ans après que la formation aura été reçue[10].

§ 2
Conciliation de la vie personnelle et de l'activité professionnelle

812.230 Plan. La conciliation de sa vie personnelle et l'activité professionnelle du collaborateur doivent le conduire à bénéficier de repos rémunérés (A) ainsi que d'un droit à la déconnexion (D), et à pouvoir suspendre, tout en bénéficiant d'une période de protection, son contrat de collaboration en cas de maladie (B) ou parentalité (C).

A.
Repos rémunérés

812.241 Repos rémunérés du collaborateur. Le contrat de collaboration libérale doit prévoir la durée des périodes de repos rémunérées pour le collaborateur libéral. Le RIN fixe cette durée à cinq semaines de repos rémunérés sur douze mois travaillés, c'est-à-dire pour douze mois de présence effective au

1. RGPD, art. 5.
2. RGPD, art. 28.
3. POUR UN EXEMPLE de contrat de sous-traitance : CNB, « De nouveaux outils pour une gestion de la collaboration conforme au RGPD », 29 nov. 2018, maj. 1er juill. 2020.
4. RIN, art. 14.3.
5. Paris, pôle 2 ch. 1, 13 mars 2019, RG n° 16/14400.
6. V. ss nos 213.21 s.
7. V. ss nos 213.00 s.
8. RIN, art. 14.3.
9. V. ss nos 214.00 s.
10. RIN, art. 14.3.

cabinet, et ce sauf meilleur accord[1], et ce, même en cas de collaboration à « temps partiel »[2].

Le barreau de Paris a pour doctrine de calculer les droits du collaborateur libéral au *prorata temporis* de sa présence au cabinet sur l'année civile. Or, cette solution ne résulte d'aucune disposition du RIN. Il convient, à notre sens, de calculer la période de repos à laquelle le collaborateur a droit à la date d'anniversaire de son contrat, et au *prorata temporis* pour les années incomplètes passées au cabinet. Il convient également de préciser que le collaborateur libéral ne doit pas attendre d'avoir collaboré un an pour prendre ses congés qui doivent être pris pendant la période considérée[3].

812.242 **Période de référence.** Deux thèses semblent s'opposer en pratique concernant le calcul des périodes de repos rémunérés.

En premier lieu, celle retenue par le barreau de Paris, qui, inspirée du droit du travail qui n'a aucune place en matière de collaboration libérale, calcule en jours ouvrés, à savoir sur une base de vingt-deux jours de travail/mois, soit cinq jours/semaine et 4,33 semaines/mois. Les cinq semaines de repos rémunérés annuels correspondent donc à vingt-cinq jours par an, soit 2,5 jours acquis par mois de présence au cabinet.

En second lieu, celle du CNB qui considère que la période de repos rémunéré s'entend en principe en semaines calendaires (par exemple d'un lundi matin à un dimanche soir), sauf meilleur accord des parties qui décompteraient alors la période en 5 × 5 jours ouvrés pour tenir compte d'un éventuel jour férié inclus dans l'un des cinq jours de ces cinq semaines. La prise de repos rémunérés inférieurs à une semaine calendaire reste possible et se décompte alors en jours ouvrés. Pour le CNB, le décompte s'opère en semaines calendaires, sauf meilleurs accords des parties pour le calcul en jours ouvrés[4].

À notre sens, à défaut de disposition particulière dans le contrat de collaboration, au regard du caractère libéral de la collaboration, le calcul des repos rémunérés ne saurait être calqué sur le calcul des congés payés des salariés. Dès lors que le collaborateur libéral peut être amené à travailler certains week-ends et jours fériés lorsque l'activité du cabinet l'exige, cinq semaines correspondent à trente-cinq jours de repos rémunérés, week-ends inclus. Nous rejoignons donc l'avis du CNB et estimons que, dans la mesure du possible, les semaines doivent être prises dans leur intégralité au titre de ces repos.

812.243 **Repos rémunéré et maladie.** Les périodes pendant lesquelles le contrat de collaboration est suspendu pour cause de maladie[5] n'entrent pas dans le calcul des repos rémunérés, et ne constituent pas des périodes de présence effective.

Un arrêt de la cour d'appel de Paris a pu décider du contraire, dans un cas d'espèce, et considérer qu'il n'y avait pas lieu de réduire les périodes de repos rémunéré au prorata des périodes de suspensions du contrat de collaboration sur un an. Cet arrêt, juridiquement discutable n'a pas été soumis à la censure de la Cour de cassation[6].

812.244 **Repos rémunérés et délai de prévenance – Renvoi.** Sur cette question, v. s^s n° 812.355.

812.245 **Report des repos rémunérés.** Les périodes de repos rémunérés[7] peuvent, exceptionnellement, être reportées d'une année sur l'autre en cas d'accord écrit entre les parties.

B.
Suspension du contrat en cas de maladie

812.251 **Maladie.** En cas d'indisponibilité pour raison de santé au cours d'une même année civile, l'avocat collaborateur libéral reçoit pendant deux mois maximum sa rétrocession d'honoraires habituelle, sous déduction des indemnités journalières éventuellement perçues au titre des régimes de prévoyance collective du barreau ou individuelle obligatoire[8]. Une telle indisponibilité pendant la période d'essai suspend celle-ci. La période d'essai reprend de plein droit, pour la durée restant à courir, au retour du collaborateur[9].

Ainsi, en cas de maladie, le collaborateur perçoit sa rémunération pendant deux mois, sous déduction des indemnités journalières perçues sous ce chef de la Sécurité sociale et des régimes complémentaires obligatoires de prévoyance. Ces arrêts maladie peuvent être successifs, le principe étant que le total des arrêts indemnisés soit de deux mois au cours de la même année civile. Au-delà de deux mois, les jours d'arrêt de travail entraîneront une réduction de la rétrocession au prorata des jours non travaillés dans le mois. Seules les indemnités perçues sur la période doivent être déduites de la rétrocession d'honoraires, le cabinet assumant le retard de règlement des organismes sociaux. En

1. RIN, art. 14.2.
2. CNB, Comm. RU, avis n° 2020-027, 14 déc. 2020.
3. CNB, Comm. RU, avis n° 2017-028, 25 sept. 2017.
4. CNB, Comm. RU, avis n° 2013-026, 2 oct. 2013.
5. V. s^s n°s 812.251 s.
6. Paris, pôle 2, ch. 1, 25 nov. 2008, RG n° 06/19932.
7. V. s^s n°s 812.241 s.
8. RIN, art. 14.3.
9. RIN, art. 14.3.

aucun cas le cabinet ne peut demander au collaborateur de travailler à distance les dossiers du cabinet lors de son arrêt maladie.

812.252 **EXEMPLE DE CALCUL POUR UN CONTRAT DE COLLABORATION À TEMPS PLEIN.** Pour un collaborateur qui perçoit une rétrocession de 4 000 euros HT mensuelle. Si au cours du mois, il a perçu 500 euros d'indemnités journalières en raison d'arrêts maladie, le cabinet lui versera une rétrocession de : 4 000 euros - 500 euros = 3 500 euros HT.

812.253 **EXEMPLE DE CALCUL POUR UN CONTRAT DE COLLABORATION À TEMPS PARTIEL.** Si le contrat de collaboration est à temps partiel, la déduction se fait alors en fonction d'un *prorata temporis*. Pour un collaborateur qui perçoit une rétrocession de 2 300 euros HT mensuelle à mi-temps. Si au cours du mois il a perçu 350 euros d'indemnité journalière en raison d'arrêts maladie, le cabinet lui versera une rétrocession de : 2 300 euros - 350 euros / 2 = 2 125 euros HT.

C.
Suspension du contrat en cas de parentalité

812.260 **Plan.** La suspension du contrat de collaboration libérale en cas de parentalité [1] impose des périodes définies (1°) pendant lesquelles la rétrocession d'honoraires du collaborateur libéral est maintenue (2°).

1°
Périodes de suspensions en cas de parentalité

812.271 **Congé parentalité de droit commun.** Le collaborateur libéral, qu'il s'agisse du père, du conjoint de la mère ou de la personne liée à elle par un pacte civil de solidarité ou du concubin [2], est en droit de suspendre l'exécution de sa collaboration pendant quatre semaines, durée portée à cinq semaines en cas de naissances multiples [3]. Cette période de suspension débute à compter de la naissance de l'enfant [4].

Le congé peut être pris en une seule fois et doit alors débuter à compter de la naissance de l'enfant ou en plusieurs fois de la manière suivante :

– une première période obligatoire d'une semaine qui doit débuter à compter de la naissance de l'enfant ;

– la possibilité de fractionnement en trois parties d'au moins une semaine chacune. Cette période fractionnable doit être prise dans les six mois qui suivent la naissance de l'enfant (une partie de cette période fractionnable peut être consécutive à la période obligatoire d'une semaine) [5]. Le collaborateur libéral doit aviser, par tout moyen [6], le cabinet un mois avant le début de la suspension du contrat dont il entend bénéficier [7].

812.272 **Congé maternité lié l'accouchement.** La collaboratrice libérale enceinte est en droit de suspendre l'exécution de sa collaboration pendant au moins seize semaines [8], durée pouvant être portée à vingt-six semaines à compter du 3e enfant et à trente-quatre semaines en cas de grossesse multiple et à quarante-six semaines en cas de grossesse multiple de plus de deux enfants, à l'occasion de l'accouchement, réparties selon son choix avant et après accouchement avec un minimum de trois semaines avant la date prévue de l'accouchement et un minimum de dix semaines après l'accouchement, sauf meilleur accord des parties, et sans confusion possible avec le congé pathologique [9].

La majoration de la période d'indemnisation prévue au code de la sécurité sociale en cas de naissance prématurée est sans incidence sur la date de début de congé maternité prévu au RIN, qui commence à la naissance, sauf congé maladie postérieur de la collaboratrice [10].

La collaboratrice libérale doit informer le cabinet de son intention de prendre un congé maternité. Il est conseillé d'officialiser la déclaration de grossesse, qui peut être faite par tout moyen [11], auprès du cabinet le plus tôt possible. La délicatesse voudrait que le cabinet soit également prévenu, dès la déclaration de grossesse, de la date présumée de l'accouchement, de la date prévue du départ et du retour (sauf complication médicale). C'est au médecin qu'il appartient de décider de l'arrêt qui est le plus opportun pour la collaboratrice enceinte, et ce, compte tenu de son état de santé.

812.273 **Maternité et arrêt pathologique.** Les arrêts pathologiques sont traités comme des arrêts maladie [12]. La collaboratrice reçoit donc sa rémunération jusqu'à deux mois d'arrêt maladie et/ou pathologiques par année civile.

1. A. de Larminat, O. Roche, « Parentalité et collaboration libérale : quels sont vos droits », *Gaz. Pal.* 21 janv. 2020, p. 16.
2. M. Lartigue, « Parentalité : vers une évolution des règles pour les avocats qui exercent en libéral », *Gaz. Pal.* 15 sept. 2020, p. 5.
3. L. n° 2005-882, 2 août 2005, art. 18, III, *bis*.
4. Circ. CNAM 14/2021, 1er juill. 2021 sur le congé de paternité et d'accueil de l'enfant – Circ. Cnam 15/2021, 1er juill. 2021 sur le congé de paternité et d'accueil de l'enfant en cas d'hospitalisation de l'enfant dès sa naissance.
5. RIN, art. 14.5.1.
6. RIN, art. 14.5.3.
7. RIN, art. 14.5.1.
8. L. n° 2005-882, 2 août 2005, art. 18, III, *bis*.
9. RIN, art. 14.5.1.
10. CNB, Comm. RU, avis n° 2016-032, 12 avr. 2016.
11. RIN, art. 14.5.3.
12. V. s^{s} n°s 812.251 s.

Le repos maternité étant, sauf meilleur accord des parties, limité à seize semaines, la question se pose de savoir, notamment en cas de grossesse pathologique, s'il est possible de cumuler le repos maternité avec les périodes de suspension pour maladie. L'usage au barreau de Paris veut qu'à partir de six semaines avant la date présumée d'accouchement tout arrêt soit considéré comme faisant partie de la « maternité normale » et entre dans le cadre de la suspension pour repos maternité et non pas comme un arrêt.

Cette position nous paraît contestable notamment au regard des termes de l'article 14.5.1 du RIN prévoyant que la suspension du contrat de collaboration à titre de repos maternité est répartie selon le choix de la collaboratrice avec un minimum de trois semaines avant la date prévue d'accouchement et de dix semaines après. En cas d'arrêt de travail dans la période antérieure à trois semaines (six suivant la doctrine du barreau de Paris), et postérieurement à l'accouchement à l'issue du repos maternité : les périodes correspondantes peuvent être considérées comme des périodes de maladie et faire l'objet d'arrêts de travail dans les conditions prévues en la matière, et ce dans la limite de deux mois par année civile. Il est dans ce cadre possible de cumuler une période de repose maternité, dans la limite de seize semaines, avec une période de repos maladie dans la limite de deux mois[1].

812.274 **Congé parentalité en cas d'adoption.** Le collaborateur libéral qui adopte un enfant[2], sauf meilleur accord de parties, est en droit de suspendre l'exécution de sa collaboration jusqu'à douze semaines, à l'occasion de l'arrivée de l'enfant[3], et jusqu'à dix-neuf semaines et trois jours pour l'adoption d'un enfant portant à trois ou plus le nombre d'enfants dont le collaborateur libéral ou son foyer a la charge.

En cas d'adoption multiple, le congé d'adoption peut être porté à vingt-cinq semaines et trois jours pour l'adoption de deux enfants et trente-quatre semaines et trois jours pour l'adoption de trois enfants ou plus[4].

En cas de partage du congé d'adoption entre les deux parents travailleurs indépendants, ces durées légales sont augmentées de vingt-cinq jours pour une adoption simple et trente-deux jours pour les adoptions multiples. La durée du congé ne peut être fractionnée qu'en deux périodes dont la plus courte est au moins égale à vingt-cinq jours. En cas de partage du congé d'adoption entre deux membres d'un même couple appartenant chacun à un régime obligatoire de sécurité sociale différent, il est renvoyé aux dispositions du code de la sécurité sociale applicables en la matière[5].

Cette période de suspension débute à l'arrivée au foyer de l'enfant.

Le collaborateur libéral qui adopte un ou plusieurs enfants en avise, par tout moyen[6], le cabinet un mois avant le début de la suspension du contrat dont il entend bénéficier[7].

812.275 **Repos rémunérés.** Les périodes de suspension pour parentalité donnent droit à des repos rémunérés[8].

2°

Maintien de la rétrocession en cas de parentalité

812.281 **Rétrocession d'honoraires pendant la parentalité.** Pendant les périodes de suspension pour parentalité (y compris en cas de maternité et d'adoption), le collaborateur libéral reçoit sa rétrocession d'honoraires habituelle[9], sous la seule déduction des indemnités journalières perçues dans le cadre du régime d'assurance-maladie des professions libérales et dans le cadre des régimes de prévoyance collective du barreau ou individuelle obligatoire[10].

812.282 **Prestations à prendre en compte.** Seules les prestations à caractère indemnitaire doivent être prises en compte. En raison de leur caractère forfaitaire, qui marque leur absence de relation avec l'arrêt de l'activité, les prestations versées à l'occasion de la naissance, prime exceptionnelle liée à un événement particulier, tel que l'allocation de repos maternel[11], ne sont pas destinées, contrairement aux autres prestations sociales, à compenser les ressources du collaborateur libéral pendant la période de parentalité, et ne sauraient, dès lors, venir en déduction de la rétrocession habituelle[12].

812.283 **En pratique.** Le collaborateur libéral doit déclarer au cabinet l'ensemble des sommes perçues (sécurité sociale et régimes de prévoyance complémentaire inclus) en indemnisation de l'arrêt de son activité pour cause de parentalité. Le cabinet assure au collaborateur libéral le règlement de sa rétroces-

1. CNB, Comm. RU, avis n° 2012-054, 23 nov. 2012 ; C. avocat 2021, s^s RIN, art. 14, note 9.
2. Circ. CNAM 14/2021, 5 juill. 2021 sur le congé d'adoption, préc.
3. L. n° 2005-882, 2 août 2005, art. 18, III, *bis*.
4. RIN, art. 14.5.1.
5. RIN, art. 14.5.1.
6. RIN, art. 14.5.3.
7. RIN, art. 14.5.1.
8. RIN, art. 14.5.2 – V. s^s n°s 812.241 s.
9. V. s^s n°s 812.131 s.
10. RIN, art. 14.5.2.
11. CNB, Comm. RU, avis n° 2014-39, 17 déc. 2014 – Lyon, 1re ch. civ. A, 28 sept. 2017, RG n° 16/04/22, *D. actu.* 26 oct. 2017, obs. A. Portmann.
12. CNB, Comm. RU, avis n° 2012-29, 12 juill. 2012.

sion d'honoraires habituelle, après déduction des indemnités qui ont été effectivement perçues [1].

La rétrocession maintenue s'entend de la rémunération fixe, complétée de la partie proportionnelle qui aurait été versée au collaborateur s'il avait travaillé, estimée forfaitairement au *prorata temporis* de la moyenne des douze mois précédant l'interruption [2].

812.284 Exemple de calcul pour un contrat de collaboration à temps plein. Une collaboratrice exerçant à temps plein perçoit une rétrocession de 4 000 euros HT mensuelle. Si au cours du mois, elle a perçu 1 600 euros d'indemnités journalières de l'organisme conventionné de la Cpam et d'un contrat d'assurance chance maternité en raison de son repos maternité, le cabinet doit lui verser une rétrocession de : 4 000 euros – 1 600 euros = 2 400 euros HT.

812.285 Exemple de calcul pour un contrat de collaboration à temps partiel. Si le contrat de collaboration est à temps partiel [3], la déduction se fait alors au *prorata temporis* du « temps de travail » dans le cabinet, dans la mesure où ces indemnités sont destinées à compenser la perte de ressources tant issue de la suspension du contrat de collaboration que de l'interruption de l'activité personnelle [4]. Pour une mi-temps, le cabinet lui versera : 4 000 euros – 1 600 euros / 2 = 3 200 euros HT.

D.
Droit à la déconnexion

812.291 Délicatesse dans l'usage des outils numériques. Le cabinet doit respecter, à l'égard de son collaborateur, le principe de délicatesse dans l'usage des outils numériques. Cette disposition affirme ainsi un « droit à la déconnexion » [5] pour le collaborateur libéral.

812.292 Charte relative à l'utilisation des outils numériques. Une charte type a été élaborée par le Conseil national des barreaux visant à promouvoir une utilisation mesurée des outils de communication numérique comme fondement de la qualité de vie [6].

Le respect du principe de délicatesse dans l'usage des outils numériques implique que le cabinet prenne en compte, dans la charge de travail confié au collaborateur libéral, du temps de repos de ce dernier ainsi que du temps nécessaire au traitement de sa clientèle personnelle [7].

Il est, notamment, prévu :

– le droit du collaborateur de ne pas être connecté à ses outils numériques à usage professionnel en dehors du temps nécessaire au traitement des dossiers du cabinet et de la charge de travail qui lui est confiée ;

– l'obligation du cabinet de veiller à ne pas imposer au collaborateur libéral d'emporter ou d'utiliser ses outils numériques à usage professionnel ou de consulter sa messagerie professionnelle ou son téléphone pendant ses périodes de repos, de congés [8] ou de suspension de l'exécution du contrat [9] ;

– l'obligation du cabinet de veiller à éviter, dans la mesure du possible, le travail du collaborateur le soir et le week-end, et de s'interdire de le solliciter pendant ses périodes de congés [10] ou de suspension de l'exécution du contrat [11] ;

– que les courriels, dont l'envoi doit être mesuré et proportionné, y compris s'agissant des destinataires en copie, envoyés durant les périodes de repos ou de congés [12], doivent être considérés, sauf urgence, comme n'ayant été lus et traités qu'au retour du collaborateur. Il en est de même en cas d'envoi pendant une période de suspension du contrat [13], et ce, quelle qu'en soit l'urgence, aucun reproche ne pouvant alors être fait au collaborateur de ne pas y avoir donné suite avant sa reprise d'activité.

La charte recommande la mise en place d'un système d'alerte au sein du cabinet aux fins permettre au collaborateur de signaler une impossibilité de faire respecter les temps de repos, congés ou suspension du contrat, ou de partager des situations de connexions ou de sollicitations digitales excessives [14].

1. Lyon, 1re ch. civ. A, 28 sept. 2017, RG n° 16/04/22, *D. actu.* 26 oct. 2017, obs. A. Portmann.
2. CNB, Comm. RU, avis n° 2013-008, 17 avr. 2013 ; C. avocat 2021, ss RIN, art. 14, note 10.
3. V. ss nos 812.141 s.
4. CNB, Comm. RU, avis n° 2019-043, 13 janv. 2020.
5. RIN, art. 14.2. ; *JCP* 2020. 1433, obs. S. Bortoluzzi ; *JCP* 2021. 272, n° 11, obs. L. Jariel ; – COMPARER : C. trav., art. L. 2242-8.
6. Projet de charte du droit à la déconnexion, *in* A.-L. Lebreton, *Rapport au nom de la Commission Collaboration sur le Projet de décision à caractère normatif n° 2020-02,* CNB, AG 9 oct. 2020, annexe n° 4.
7. V. ss nos 811.241 s.
8. V. ss nos 812.241 s.
9. V. ss nos 812.251 s.
10. V. ss nos 812.241 s.
11. V. ss n° 812.251 s.
12. V. ss n° 812.241 s.
13. V. ss n° 812.251 s.
14. Projet de charte du droit à la déconnexion, *in* A.-L. Lebreton, *Rapport au nom de la Commission Collaboration sur le Projet de décision à caractère normatif n° 2020-02,* CNB, AG 9 oct. 2020, annexe n° 4.

§ 3
Rupture du contrat de collaboration

812.300 Plan. La rupture du contrat de collaboration doit respecter certaines modalités (A) et a pour effets d'ouvrir une période d'achèvement du contrat dite « délai de prévenance » (B) dont les effets peuvent être neutralisés en cas de manquement grave aux règles professionnelles (C), et fait l'objet d'un contrôle tant que le plan de la discrimination que de l'abus de droit (D).

A.
Modalités de la rupture

812.310 Plan – Principes. Le principe est que tout rapport entre confrère doit être empreint de confraternité[1] et délicatesse[2]. Cette règle s'applique aussi pour la rupture de la collaboration.

Les modalités de la rupture du contrat de collaboration imposent une notification qui ne peut pas intervenir pendant certaines périodes (1°), et qui n'est, en principe, soumise à aucune condition formelle (2°).

1°
Période de notification de la rupture

812.321 Rupture du contrat pendant les périodes de maladie. La notification de la rupture du contrat ne peut intervenir pendant une période d'indisponibilité du collaborateur pour raison de santé médicalement constatée[3], ce compris en cas de congé pathologique dans le cadre d'une grossesse, sauf manquement grave aux règles professionnelles[4] non lié à l'état de santé[5].

Cette période de protection prend fin à l'expiration d'un délai de six mois à compter de l'annonce de l'indisponibilité du collaborateur pour raison de santé médicalement constatée[6].

812.322 Rupture du contrat en cas de parentalité. À compter de la déclaration par la collaboratrice libérale de son état de grossesse, ou de l'annonce par le collaborateur libéral de son intention de suspendre son contrat de collaboration après la naissance de l'enfant, ou à l'occasion de l'arrivée de l'enfant en cas d'adoption et jusqu'à l'expiration de la période de suspension de l'exécution du contrat à l'occasion de la parentalité[7], le contrat de collaboration libérale ne peut être rompu par le cabinet, même lorsque cette suspension intervient en période d'essai[8], sauf manquement grave aux règles professionnelles[9] non liées à l'état de grossesse, à la maternité[10] ou à la parentalité[11].

812.323 Notification de parentalité dans la quinzaine de la rupture. Sauf manquement grave aux règles professionnelles[12] non lié à l'état de grossesse, à la maternité ou à la parentalité, la rupture du contrat de collaboration est également nulle de plein droit lorsque le cabinet est informé de la grossesse, de la parentalité ou de l'adoption dans un délai de quinze jours à compter de la notification de la rupture[13].

Le collaborateur libéral informe alors le cabinet en transmettant, par lettre recommandée avec avis de réception ou remise en main propre et contresignée, suivant les cas, un certificat médical justifiant de son état de grossesse, une attestation justifiant de la parentalité ou une attestation de l'organisme compétent justifiant de l'arrivée de l'enfant en cas d'adoption[14].

812.324 Rupture du contrat au retour de la parentalité. Au retour du collaborateur libéral de son congé parentalité, le contrat de collaboration libérale ne peut être rompu pendant un délai de huit semaines, sauf manquement grave aux règles professionnelles[15] non lié à la parentalité[16].

Dans ce cas, la rupture doit être notifiée par lettre dûment motivée[17].

812.325 Rupture du contrat par la collaboratrice enceinte. La collaboratrice peut-elle rompre son contrat de collaboration pendant son repos maternité ? Par principe, dès lors qu'il s'agit d'une période de suspension du contrat une réponse négative semble devoir être apportée.

1. V. s^s n°s 335.00 s.
2. V. s^s n°s 336.00 s.
3. Paris, pôle 2, ch. 1, 11 oct. 2011, RG n° 11/10802 – Paris, pôle 2 ch. 1, 18 nov. 2020, RG n° 18/23693 – Paris, pôle 4 ch. 13, 10 mars 2021, RG n° 18/07177 – V. s^s n°s 812.251 s.
4. V. s^s n°s 812.401 s.
5. Paris, pôle 2, ch. 1, 19 sept. 2018, RG n° 16/25800 ; – POURVOI REJETÉ PAR : Civ. 1re, 24 oct. 2019, n° 18-24.534, NP.
6. RIN, art. 14.4.2.
7. V. s^s n°s 812.272 s.
8. Civ. 1re, 29 juin 2016, n° 15-21.276, P ; *JCP* 2016. 1086, n° 12, obs. C. Caseau-Roche ; *D.* 2016. 1506 ; *JCP* 2016. 849 ; *Gaz. Pal.* 18 oct. 2016, p. 19, obs. B. de Belval – Civ. 1re, 21 oct. 2020, n° 19-11.459, P ; *D.* 2020. 2125 ; *JCP* 2020. 1246 ; *Gaz. Pal.* 1er juin 2021, p. 19, obs. D. Landry et J. Villacèque – V. s^s n° 812.181.
9. V. s^s n°s 812.401 s.
10. CNB, Comm. RU, avis n° 2013-029, 19 oct. 2013.
11. L. n° 2005-882, 2 août 2005, art. 18, III *bis*.
12. V. s^s n°s 812.401 s.
13. Civ. 1re, 21 oct. 2020, n° 19-11.459, P ; *D.* 2020. 2125 ; *JCP* 2020. 1246 ; *Gaz. Pal.* 1er juin 2021, p. 19, obs. D. Landry et J. Villacèque ; – REJETANT POURVOI CONTRE : Paris, pôle 2, ch. 1, 4 déc. 2018, RG n° 16/18088.
14. RIN, art. 14.5.3.
15. V. s^s n°s 812.401 s.
16. L. n° 2005-882, 2 août 2005, art. 18, III, *bis*.
17. RIN, art. 14.5.3.

Cependant, il est admis que, même pendant la période de suspension pour cause de maternité, la collaboratrice peut mettre fin au contrat de collaboration : le préavis peut alors être affecté sur la période de suspension pendant laquelle le cabinet doit le maintien de la rétrocession au titre de la maternité[1]. Dans ce cas, et uniquement dans ce cas, le délai de prévenance s'imputera donc sur les périodes de repos maternité restantes.

2° Formalisation de la rupture

812.331 **Absence de conditions formelles.** La rupture du contrat n'est, en principe, soumise à aucune condition de forme[2] et peut être verbale, et résulter de la seule volonté clairement exprimée du collaborateur de quitter le cabinet et de rechercher activement une autre collaboration[3].

La rupture n'a, en principe[4], pas à être motivée[5].

812.332 **Nécessité d'une formalisation et motivation de la rupture.** Lorsqu'elle est faite à l'initiative du cabinet, dans les cas de parentalité[6], mais en réalité dans tous les cas compte tenu de la charge de la preuve qui incombe au cabinet[7], la rupture doit être notifiée par lettre dûment motivée[8].

Lorsqu'elle est faite à l'initiative du collaborateur libéral, s'il est à craindre des tensions à venir, il est préférable de matérialiser la rupture du contrat par l'envoi d'un courrier en recommandé avec accusé de réception ou remis en main propre comportant la signature du collaborateur et du cabinet.

La date prise en compte est, soit la date de réception de la lettre[9], soit la date de sa remise en main propre.

812.333 **Rupture du contrat et procédure collective.** En cas de procédure collective du cabinet de l'avocat, la rupture ne saurait résulter de l'ouverture de la procédure collective et doit faire l'objet d'une lettre de rupture du mandataire liquidateur[10].

B. Effets de la rupture

812.340 **Plan.** La notification de la rupture du contrat de collaboration libérale emporte mise en œuvre du délai de prévenance (1°), à l'issue duquel le collaborateur quitte le cabinet ce qui emporte un certain nombre de conséquences (2°).

1° Délai de prévenance

812.351 **Délai de prévenance.** Le délai de prévenance qui doit être respecté en cas de rupture est précisé à l'article 14.4. du RIN, modifié en 2010[11]. Ce délai de prévenance a une valeur supplétive : il ne s'applique qu'à défaut d'accord contraire des parties[12].

Ainsi, sauf meilleur accord des parties, chaque partie peut mettre fin au contrat de collaboration en avisant l'autre au moins trois mois à l'avance. Ce délai est augmenté d'un mois par année au-delà de trois ans de présence révolus, sans qu'il puisse excéder six mois[13]. Le délai de prévenance commence à courir à compter de la remise de la lettre de rupture[14].

812.352 **Calcul du délai de prévenance.** En pratique, cela signifie qu'en cas de rupture du contrat de collaboration, la durée du préavis sera fixée, sauf meilleur accord des parties de la manière suivante : jusqu'à quatre ans de présence du collaborateur au sein du cabinet[15] : trois mois ; à partir de quatre ans de présence du collaborateur au sein du cabinet : quatre mois ; à partir de cinq ans de présence du collaborateur au sein du cabinet : cinq mois ; partir de six ans de présence du collaborateur au sein du cabinet : six mois[16].

812.353 **Nature du délai de prévenance.** Le délai de prévenance est une période normale d'exécution du contrat de collaboration : c'est le temps qu'il reste à exécuter le contrat entre le moment où la

1. CNB, Comm. RU, avis n° 2011-024, 4 juill. 2011 – CNB, Comm. RU, avis n° 2016-081, 9 déc. 2016.
2. Paris, pôle 2, ch. 1, 13 avr. 2016, RG n° 15/01202.
3. Civ. 1re, 4 juill. 2019, n° 18-11.758, P ; *D.* 2019. 1455 ; *JCP* 2019. 796 ; *Gaz. Pal.* 23 juill. 2019, p. 27, obs. C. Berlaud ; *Gaz. Pal.* 3 déc. 2019, p. 24, obs. D. Landry, J. Villacèque ; – SUR RENVOI : Paris, pôle 2, ch. 2, 26 nov. 2020, RG n° 19/14354 ; – SUR CE POINT : Paris, pôle 2, ch. 1, 6 déc. 2017, RG n° 15/03789.
4. V. ss nos 812.324 et 812.332.
5. Paris, 1re ch., sect. A, 4 nov. 2008, RG n° 07/15450.
6. V. ss n° 812.324.
7. Paris, 1re ch., sect. A, 14 oct. 2008, RG n° 06-12643 – Paris, sent. arb., 23 déc. 2009, n° 721-195321 – Paris, pôle 2, ch. 1, 16 nov. 2010, RG n° 09/14439 – Douai, 11 juin 2012, RG n° 11/03470 – Basse-Terre, 1re ch. civ., 7 oct. 2013, RG n° 12-01568 – Civ. 1re, 9 avr. 2014, n° 13-13.955, NP – Civ. 1re, 1er juill. 2015, n° 13-26.824, NP – Paris, pôle 2 ch. 1, 18 nov. 2020, RG n° 18/23693.
8. RIN, art. 14.5.3.
9. Paris, pôle 2, ch. 1, 26 juin 2012, RG n° 11/14710.
10. Bâtonnier de Paris, 5 févr. 2015, décis. n° 721-261704.
11. DCN n° 2010-001, AG CNB 10 avr. 2010, *JO* 11 juin.
12. Civ. 1re, 31 oct. 2012, n° 11-25.677, P IV, n° 220 ; *D.* 2012. 2671.
13. RIN, art. 14.4.1 – Sur le délai de prévenance en période d'essai, v. ss n° 812.182.
14. Paris, pôle 2, ch. 1, 26 juin 2012, RG n° 11/14710.
15. Civ. 1re, 4 juill. 2019, n° 18-11.758, P ; *D.* 2019. 1455 ; *JCP* 2019. 796 ; *Gaz. Pal.* 23 juill. 2019, p. 27, obs. C. Berlaud ; *Gaz. Pal.* 3 déc. 2019, p. 24, obs. D. Landry, J. Villacèque ; – SUR RENVOI : Paris, pôle 2, ch. 2, 26 nov. 2020, RG n° 19/14354.
16. Allongement du délai de prévenance en cas de rupture du contrat de collaboration libérale : réforme des dispositions de l'art. 14.4 du RIN, cnbavocat.fr, Actu. 15 avr. 2010.

rupture a été annoncée et le moment où elle devient effective et où le contrat prend fin.

Par conséquent, le contrat de collaboration doit être exécuté normalement par les parties, sous réserve du temps nécessaire pour le collaborateur afin de trouver une nouvelle collaboration ou de préparer son installation ou association [1].

Le collaborateur ne peut pas refuser de le faire contre indemnités, sauf accord des parties. Le délai de prévenance est aussi destiné à permettre au cabinet d'assurer le remplacement du collaborateur et la « succession » dans la gestion de dossiers : si celui-ci n'est pas exécuté du fait du collaborateur, ce dernier, qui n'a alors plus droit au paiement de sa rétrocession [2], peut être tenu d'indemniser le cabinet du « préjudice » subi.

812.354 **Exécution du délai de prévenance.** Le cabinet doit permettre à son collaborateur d'effectuer son délai de prévenance, dans des conditions normales et loyales.

Lorsque le collaborateur n'est pas en mesure de l'effectuer du fait du cabinet, il est indemnisé du montant de sa rétrocession pour le temps correspondant [3].

Lorsque le cabinet a rompu le contrat de collaboration et a dispensé le collaborateur de l'exécution de son délai de prévenance, il doit, comme il s'y était engagé, verser la rétrocession d'honoraires au collaborateur jusqu'à la fin du délai de prévenance, même si ce collaborateur a ensuite retrouvé une collaboration dans un autre cabinet avant la fin du délai de prévenance [4]. En tout état de cause, la dispense d'effectuer le délai de prévenance donnée par le cabinet au collaborateur ne concerne que les dossiers que le collaborateur traite pour le compte du cabinet : elle ne prive pas le collaborateur du droit de bénéficier, au sein du cabinet, d'une structure d'accueil de travail et de réception au sein du cabinet pendant les jours restants du délai de prévenance [5], afin qu'il puisse, notamment, continuer à traiter sa clientèle personnelle [6].

Doit ainsi être indemnisé du préjudice moral subi, le collaborateur qui s'était vu restreindre l'accès au cabinet, alors même qu'il devait en avoir le libre accès nonobstant les horaires du cabinet, et dont le patron avait demandé à la police d'intervenir lorsqu'il s'était rendu au cabinet afin de procéder à son expulsion. Pour la cour d'appel, il s'agit d'une mesure extrême, présentant un caractère abusif et offensant, ouvrant droit à l'indemnisation de son préjudice moral [7].

812.355 **Délai de prévenance et repos rémunérés.** Le délai de prévenance doit être pris en compte pour le calcul de la période de repos rémunéré [8] si le collaborateur travaille pendant ce délai. En conséquence, la période d'un an au regard de laquelle est déterminée la durée des périodes de repos rémunérés devra inclure la durée du délai de prévenance [9].

En outre, les périodes de repos rémunérées qui n'auront pu être prises avant la notification de la rupture, pourront être prises pendant le délai de prévenance [10]. Les repos rémunérés doivent être obligatoirement purgés avant la fin du délai de prévenance sinon ils sont perdus. En effet, d'une part, les périodes de repos rémunérées, qui ne sont pas des congés payés, ne se traduisent pas par une indemnité compensatrice [11], sauf accord écrit entre les parties [12]. D'autre part, les périodes de repos rémunérées non prises à l'issue du contrat de collaboration ne sont pas reportables sur le nouveau contrat de collaboration signé, par la suite, avec un nouveau cabinet, sauf accord entre les parties [13].

Ainsi, sauf meilleur accord des parties – qu'il est conseillé de formaliser très clairement par écrit – les périodes de repos rémunérés qui n'auront pu être prises avant la notification de la rupture, devront être prises pendant le délai de prévenance [14]. Il est, en conséquence, vivement conseillé en cas de rupture du contrat de collaboration libérale de vérifier immédiatement les périodes de repos rémunérées restant à prendre et d'informer aussitôt le cabinet de son intention de prendre ses congés, en indiquant les dates souhaitées.

812.356 **Illustration.** C'est ainsi que pour un collaborateur ayant commencé un 1er septembre, et ayant moins de quatre ans de présence dans le cabinet : il aura droit à cinq semaines (trente-cinq jours) de repos pour la période du 1er septembre n au 1er septembre $n + 1$.

Si la rupture du contrat est notifiée le 30 avril, le délai de prévenance de trois mois s'achèvera le

1. Bâtonnier de Paris, 23 févr. 2011, décis. n° 721-209980.
2. Bâtonnier de Paris, 6 oct. 2017, décis. n° 723-292608.
3. Lyon, 1re ch. civ. A, 28 sept. 2017, RG n° 16/04/22 ; *D. actu.* 26 oct. 2017, obs. A. Portmann – Poitiers, 17e ch. civ., 28 janv. 2020, RG n° 18/02238 – Paris, pôle 2, ch. 1, 18 nov. 2020, RG n° 18/23693 – Paris, pôle 4, ch. 13, 10 mars 2021, RG n° 18/07177.
4. CNB, Comm. RU, avis n° 2015-031, 30 juill. 2015.
5. Paris, 23 févr. 2006, sent. arb. n° 721-150130.
6. Paris, avis 12 nov. 2004.
7. Paris, pôle 2, ch. 1, 13 mars 2019, RG n° 16/14400.
8. V. ss nos 812.241 s.
9. CNB, Comm. RU, avis n° 2017-028, 25 sept. 2017.
10. RIN, art. 14.4.1.
11. Paris, pôle 2, ch. 1, 11 oct. 2011, RG n° 11-10802 – Reims, 2 oct. 2018, RG n° 18/00183 – Versailles, 1re ch., 1re sect., 16 nov. 2018, RG n° 18/00747.
12. CNB, Comm. RU, avis n° 2017-028, 25 sept. 2017 – CNB, Comm. RU, avis n° 2019-039, 21 nov. 2019.
13. V. ss nos 812.244 s.
14. CNB, Comm. RU, avis n° 2019-039, 21 nov. 2019.

1er août en fin de journée. Sur cette période de onze mois, il convient de réduire la période de repos au prorata soit : 35 – (30 / 365 × 35) = 32 jours de repos Si pendant cette même période, le collaborateur a déjà pris sept jours de repos, il lui reste vingcinq jours de repos. Il lui est possible de prendre trois semaines en juillet/août soit ving-et-un jours. Dès lors, soit il prend quatre jours en juin et ving-et-un jours restant en juillet/août ; soit il ne prend aucun jour en juin et ne pourra prendre que ving-et-un jours en juillet/août ; il est possible, mais uniquement en accord avec son cabinet, de prendre les ving-cinq jours restant fin août.

Si la rupture du contrat est notifiée le 30 juin, le délai de prévenance de trois mois s'achèvera le 1er octobre en fin de journée. Il aura alors droit à : 35 – 7 soit 28 jours de repos au titre de la période du 1er septembre *n* au 1er septembre *n* + 1, 35 – (335 / 365 × 35) = 3 jours de repos au titre de la période du 1er septembre au 1er octobre. Dans ce dernier cas, le collaborateur ne pourra, sauf accord avec son cabinet, que prendre ving-et-un jours entre le 1er juillet et le 1er septembre (sept jours étant définitivement perdus) et trois jours entre le 2 septembre et le 1er octobre suivant.

812.357 Délai de prévenance et suspension pour maladie et parentalité. Pendant le délai de prévenance, le contrat pourra être suspendu dans les conditions de droit commun pour maladie et parentalité[1] sans que ces périodes de suspension n'aient d'incidence sur la date de fin du contrat qui reste fixée à l'issue du délai de prévenance applicable à la date de notification de la rupture.

Si la suspension, pour maladie ou parentalité va au-delà de la date de fin du contrat de collaboration, le contrat sera rompu à la date prévue et la période de suspension s'arrêtera à cette même date.

2°
Issue du délai de prévenance

812.361 Fin du délai de prévenance. À l'expiration du délai de prévenance, le collaborateur quitte le cabinet. Quelle que soit la cause de la cessation de la collaboration, le collaborateur peut demeurer domicilié au cabinet qu'il a quitté jusqu'à ce qu'il ait fait connaître à l'Ordre ses nouvelles conditions d'exercice et ce, pendant un délai maximum de trois mois suivant la fin de son délai de prévenance[2]. Pendant cette période, le cabinet n'a pas l'obligation d'héberger l'ancien collaborateur. Cependant, aucune disposition n'interdit au cabinet et à l'ancien collaborateur de convenir des conditions d'une mise à disposition ponctuelle de locaux. Selon l'accord des parties, elle peut être gratuite ou payante[3].

Il s'agit ici du seul cas de réelle domiciliation[4] admis et autorisé au sein de la profession d'avocat.

812.362 Sort des correspondances. Toute correspondance, y compris électronique, doit être transmise à l'ancien collaborateur dans les meilleurs délais. Le cabinet d'avocat ne saurait, sans violer le secret professionnel[5], prendre l'initiative d'ouvrir les courriels ou courriers adressés à l'attention de ce même collaborateur : il appartient au cabinet de les transférer au collaborateur, auquel il appartiendra, le cas échéant, de les réadresser au cabinet[6].

Les nouvelles coordonnées postales, téléphoniques de l'ancien collaborateur sont transmises à ceux qui en font la demande dès lors qu'elles sont connues du cabinet[7].

812.363 Courriels. Il découle de ces principes, destinés à assurer la protection du secret professionnel[8] et à garantir le principe du libre choix de l'avocat[9], que lorsqu'un collaborateur quitte un cabinet, on ne saurait admettre que les courriels adressés sur son adresse personnelle, même créée par le cabinet, soient automatiquement transférés à un autre collaborateur ou associé de son cabinet. S'agissant des courriers électroniques, ces derniers doivent faire l'objet d'une réponse automatique auprès de l'expéditeur indiquant la nouvelle adresse e-mail de l'ancien collaborateur et une adresse générale du cabinet[10]. Après un délai d'un an, l'adresse électronique nominative de l'ancien collaborateur au sein de l'ancien cabinet peut être fermée[11].

Il convient donc de faire apparaître un message type en réponse à chacun des courriels envoyés sur l'ancienne adresse électronique du collaborateur ayant quitté le cabinet, dans lequel le client, seul en droit de décider à qui il souhaite adresser ses confidences, est invité à renvoyer son courriel à la nouvelle adresse du collaborateur ou à un autre avocat au sein du cabinet[12].

812.364 En pratique. Bien qu'il leur soit recommandé d'avoir leur propre adresse mail pour gérer leurs dossiers personnels, les collaborateurs ont souvent une adresse mail qui se révèle être celle du

1. V. ss nos 812.251 s.
2. RIN, art. 14.4.3.
3. CNB, Comm. RU, avis no 2018-055, 20 déc. 2018.
4. V. ss nos 222.00 s.
5. V. ss nos 412.00 s.
6. CNB, Comm. RU, avis no 2014-026, 26 sept. 2014 ; C. avocat 2021, ss RIN, art. 14, note 20.
7. RIN, art. 14.4.3.
8. V. ss nos 412.00 s.
9. V. ss nos 471.00 s.
10. RIN, art. 14.4.3.
11. RIN, art. 14.4.3.
12. Paris, avis no 201247, 9 mars 2010.

cabinet. Pour autant, il n'appartient en aucun cas au cabinet de prendre l'initiative de trier les mails qui viendraient à être adressés sur la boîte mail du collaborateur après son départ[1].

Un message d'erreur doit alors être établi, qui pourrait être rédigé comme suit : « Maître X a quitté le cabinet Y le......... Si votre message concerne un dossier du Cabinet Y, veuillez l'adresser à l'adresse suivante : .... et/ou contacter la personne suivante : .... Si votre message concerne un dossier de Maître X, veuillez l'adresser à l'adresse suivante : .... et/ou le contacter à ses nouvelles coordonnées : .... ».

812.365 Dossiers et actes personnels. À la demande du collaborateur, le cabinet au sein duquel il exerce doit, en vertu de l'article 14 du RIN[2], lui remettre, sous format exploitable, tout document ou acte professionnel à l'élaboration duquel celui-ci a concouru, dans la limite du respect du secret professionnel[3]. Le collaborateur libéral est ainsi en droit d'emporter avec lui, non seulement toutes les données et tous les documents concernant ses dossiers personnels mais également :

– la documentation qu'il a réunie au cours de sa collaboration, en laissant, le cas échéant, une copie au cabinet,

– les actes juridiques (assignations, conclusions, contrats, consultations, constitutions...) à la rédaction desquels il a participé pour le compte du cabinet, et ce, dans le strict respect du secret professionnel, sauf si le cabinet justifie d'un motif particulier et légitime pour s'y opposer,

– les modèles d'actes judiciaires ou juridiques, en accord avec le cabinet, un tel accord ne pouvant être raisonnablement refusé lorsque le collaborateur est l'auteur des modèles concernés.

Tout article, publication, ouvrage, et plus généralement tout écrit à destination du public de quelque nature que ce soit, réalisé par le collaborateur, ou avec la participation de celui-ci, pour le compte ou à la demande du cabinet et portant la signature de son auteur.

Lors de la rupture du contrat de collaboration, le cabinet devra remettre au collaborateur les fichiers de correspondances et dossiers personnels en format électronique et en détruire toutes copies sur les ordinateurs du cabinet.

Les ouvrages et abonnements, précédents, documents standards, notes pratiques ou généralement tous les éléments du système de gestion, du savoir-faire en vigueur dans le Cabinet, mis à la disposition du collaborateur pendant sa collaboration restent la propriété du Cabinet[4].

En cas de difficulté, la partie la plus diligente saisira le bâtonnier à bref délai qui appréciera en urgence la légitimité des motifs de refus invoqués par le cabinet[5].

812.366 Demande de spécialisation ultérieure. Par ailleurs, au soutien d'une demande de spécialisation ultérieure[6], le collaborateur pourra obtenir du cabinet, selon les mêmes modalités, la communication des documents cités ci-dessus qui ne sont pas encore en sa possession[7].

812.367 Liberté d'établissement ultérieure. Toute stipulation limitant la liberté d'établissement est prohibée[8]. L'ancien collaborateur n'a en aucun cas besoin de solliciter l'autorisation du cabinet avant de prêter son concours à un client de celui-ci, mais doit seulement l'en aviser, et ce, pendant une durée de deux ans suivant la rupture du contrat[9]. Le client s'entend comme celui avec lequel le collaborateur aura été mis en relation par le cabinet ou comme celui s'étant adressé au cabinet pendant l'exécution du contrat. Réciproquement, et sous les mêmes conditions temporelles, le cabinet devra aviser l'ancien collaborateur avant de prêter son concours à un client identifié comme personnel au collaborateur libéral durant l'exécution du contrat de collaboration.

812.368 Concurrence déloyale. En tout état de cause, le cabinet et le collaborateur s'interdisent toute pratique de concurrence déloyale[10]. La concurrence déloyale s'interprète strictement[11]. Il a ainsi été jugé que le fait pour le collaborateur démissionnaire de mentionner le numéro de son téléphone portable dans des courriels professionnels et de laisser, le jour de son départ, un message d'absence indiquant ses nouvelles coordonnées, ne s'inscrivant pas dans un processus de démarchage organisé

1. V. s[s] n°s 412.94, 471.94.
2. DCN n° 2016-003, 26 juin 2017, portant modification de l'article 14 du Règlement intérieur national (RIN) de la profession d'avocat, Modification des dispositions relatives au statut de l'avocat collaborateur libéral ou salarié, *JO* 1er août, n° 11 ; *JCP* 2017. 917 ; *JCP* 2017. Chron. 1104, n° 14, obs. C. Caseau-Roche – D. Iweins, « Collaboration libérale : le changement n'est pas pour maintenant », *Gaz. Pal.* 4 avr. 2017, p. 7.
3. RIN, art. 14.4.4.
4. J.-R. Farthouat, « Documents qu'un collaborateur quittant un cabinet peut emporter avec lui », Flash déontologie, *Bull. barr. Paris* 14 févr. 2006, n° 6/2006, p. 54.
5. RIN, art. 14.4.4 – V. s[s] n°s 511.00 s.
6. V. s[s] n°s 214.31 s.
7. RIN, art. 14.4.4.
8. V. s[s] n°s 813.241 s. et 471.91 s.
9. RIN, art. 14.3.
10. V. s[s] n°s 332.70 s.
11. Paris, pôle 2, ch. 1, 26 oct. 2010, RG n° 09/07022.

et prémédité, ne pouvait en soi constituer une pratique de concurrence déloyale[1].

Ainsi, le client disposant d'une liberté pleine et entière du choix de son avocat, il n'y a concurrence déloyale de la part d'un avocat que si, et seulement si, ce dernier s'est livré à des manœuvres frauduleuses caractérisées par des actes positifs et non une simple abstention ou omission, afin de capter la clientèle d'un autre avocat[2].

C. Contrôle de la rupture du contrat de collaboration

812.370 **Plan.** Le contrôle de la rupture du contrat de collaboration s'opère par l'appréciation du caractère discriminatoire (1°) ou abusif de la rupture (2°).

1° Caractère discriminatoire de la rupture

812.381 **Discrimination.** La prohibition de toute discrimination directe ou indirecte s'applique à tout contrat de collaboration libérale[3], y compris lors de sa rupture[4], en vertu des articles 1er à 4 et 7 à 10 de la loi du 27 mai 2008, tel que précisé expressément par la loi du 4 août 2014[5], par un article 18, III, *ter*[6], ajouté à la loi du 2 août 2005[7].

Ainsi, dès lors qu'il existe une présomption de discrimination, tel qu'en lien entre la rupture et l'état de grossesse et le sexe, il appartient au cabinet de justifier que sa décision de rompre le contrat de collaboration est fondée sur des éléments objectifs étrangers à toute discrimination[8].

812.382 **Décisions du défenseur des droits.** C'est ainsi que le Défenseur des droits, saisi de la rupture d'un contrat de collaboration libérale huit semaines après le retour de congé maternité, par une collaboratrice estimant que cette rupture était en lien avec sa grossesse et son sexe, a conclu, à l'issue d'une instruction et après avoir entendu des membres du cabinet, à l'existence d'une discrimination.

Il a considéré que la présomption de discrimination résultait du fait que, outre que sur les six collaboratrices ayant annoncé leur grossesse dans l'année ayant précédé la rupture critiquée, seule une seule demeurait encore collaboratrice au sein du cabinet, cette rupture était intervenue quelques semaines après la fin du congé maternité « alors qu'aucun grief ne lui avait été formulé avant sa grossesse », s'agissant d'une collaboratrice qui avait toujours été reconnue pour ses qualités professionnelles et son sérieux, et avait régulièrement vu sa rétrocession d'honoraires augmenter et dont les conditions de travail se sont brutalement dégradées à compter de l'annonce de sa grossesse (pressions sur la quantité de travail à fournir, reproches professionnels, propos désobligeants, contrôle accru, convocations à répétition...). Le Défenseur des droits, après avoir examiné un à un l'ensemble des griefs professionnels invoqués par le cabinet, les écarte comme n'ayant pas pu justifier la rupture (pour l'essentiel car ils se rapportaient à des faits antérieurs au congé maternité). Le Défenseur des droits a transmis ses observations au bâtonnier de Paris pour information demandant à être tenu informé des suites qui lui seront données dans un délai de cinq mois[9] et trois mois dans une seconde affaire, où il constate que la collaboratrice a subi une rupture de son contrat de collaboration discriminatoire en raison de son sexe, dans un « contexte de discrimination systémique à l'encontre des femmes au sein du cabinet »[10]. Par la suite le conseil de discipline prononcera à l'encontre de l'avocat concerné une interdiction temporaire de neuf mois avec sursis assortie d'une inéligibilité pendant cinq ans[11].

812.383 **Décisions des juges du fond.** Une cour d'appel a pu considérer que la concomitance entre la rupture du contrat de collaboration et l'événement fondant la discrimination, en l'espèce le retour de la collaboratrice à l'issue de son congé maternité et de ses congés, laisse présumer l'existence d'une discrimination. En outre, le cabinet n'apportait pas la preuve que la rupture du contrat de collaboration était justifiée par des éléments objectifs étrangers à toute discrimination, la rupture apparaissant non pas justifiée par des manquements de la collaboratrice mais par les difficultés rencontrées par le cabinet à gérer la situation posée par l'état de grossesse de la collaboratrice. Par conséquent, il y a lieu d'indemniser la collaboratrice du préjudice moral et financier résultant du caractère discriminatoire de la rupture pour un montant de 5 000 euros[12].

1. Civ. 1re, 31 oct. 2012, no 11-25.677, P IV, no 220 ; *D.* 2012. 2671.
2. Paris, pôle 2, ch. 1, 28 nov. 2012, RG no 11/00882.
3. V. ss nos 333.00 s.
4. L. no 2005-882, 2 août 2005, art. 18, III, *ter* – S. Grayot-Dirx, « La part d'ombre de la profession d'avocat », *JCP* 2018. 565 – Défenseur des droits, *Conditions de travail et expériences des discriminations dans la profession d'avocat en France,* mai 2018.
5. L. no 2014-873, 4 août 2014 pour l'égalité réelle entre les femmes et les hommes, *JO* 5 août, p. 12949, art. 14.
6. L. no 2005-882, 2 août 2005, art. 18, III, *ter.*
7. L. no 2005-882, 2 août 2005 en faveur des petites et moyennes entreprises, *JO* 3 août, p. 12639.
8. L. no 2008-496, 27 mai 2008, art. 4.
9. Défenseur des droits, décis. no MLD-2015-264, 25 nov. 2015.
10. Défenseur des droits, décis. no MLD-2016-080, 23 mars 2016.
11. CD Paris, 6 déc. 2016, no 283071.
12. Versailles, 1re, ch. 1re sec. 6 mai 2016, RG no 15/05109.

Tout comme il a pu être jugé que cette même concomitance doit conduire le cabinet à justifier par des éléments objectifs, étrangers à toute discrimination, la rupture. Ce en quoi il échoue à rapporter la preuve, dès lors que les prétendues insuffisances de la collaboratrice dans les dossiers qui lui étaient confiés, découvertes pendant son congé de maternité, ne sont évoquées par le cabinet dans une lettre que six mois plus tard sans que celle-ci ne contienne de grief précis quant aux dossiers démontrant la prétendue l'insuffisance professionnelle. Et ce, alors même que les échanges de mails pendant la grossesse versés aux débats par le cabinet pour démontrer la cordialité des relations et l'attention portée à la grossesse de la collaboratrice ne font état d'aucun des griefs portant sur des insuffisances qu'il aurait pourtant découvertes pendant cette période. Il y a donc lieu d'indemniser la collaboratrice du préjudice moral et financier résultant du caractère discriminatoire de la rupture pour montant de 10 000 euros[1] ou encore de 21 000 euros dans une affaire similaire[2].

De même qu'a pu être jugée discriminatoire en raison de l'état de grossesse une rupture intervenue plus d'un mois après un entretien annuel après qu'entre-temps la collaboratrice ait annoncé être enceinte, justifiant l'allocation de dommages et intérêts pour un montant de 5 000 euros[3] ou une rupture intervenue concomitamment à l'annonce de la grossesse dès lors que le cabinet d'avocats n'apportait pas la preuve que la rupture du contrat était fondée sur des éléments objectifs étrangers à toute discrimination et qu'elle avait été décidée avant l'annonce de la grossesse, justifiant l'allocation de dommages et intérêts pour un montant de 10 000 euros[4].

Ou encore, celle intervenue à l'initiative du cabinet qui, à compter de la déclaration de grossesse, a imposé à la collaboratrice un certain nombre de restrictions, telles que l'obligation de restituer les clefs de son bureau et l'obligation de travailler à la bibliothèque, et eu une attitude blessante à son égard, sans que le fait d'avoir appliqué par le passé la règlementation prévue en matière de maternité vis-à-vis de plusieurs collaboratrices, ce compris celle en la cause dans le litige, ne soit de nature à permettre de renverser la présomption de discrimination, justifiant l'allocation de dommages et intérêts pour un montant de 8 000 euros[5].

1. Paris, pôle 1, ch. 2, 27 janv. 2016 n° 13/21837.
2. Paris, pôle 2, ch. 1, 10 avr. 2019, RG n° 16/25806.
3. Paris, pôle 2, ch. 1, 17 mai 2017, RG n° 14/18253 ; – POURVOI REJETÉ PAR : Civ. 1re, 21 oct. 2020, n° 19-11.459, P ; *D.* 2020. 2125 ; *JCP* 2020. 1246 ; *Gaz. Pal.* 1er juin 2021, p. 19, obs. D. Landry et J. Villacèque.
4. Paris, pôle 2, ch. 1, 4 déc. 2018, RG n° 16/18088.
5. Bordeaux, 1re ch. et ch. soc. réunies 12 mars 2021, RG n° 19/03143 ; *JCP* 2021. 589, obs. K. Van den Bergh.

2° Caractère abusif de la rupture

812.391 **Conditions de la rupture.** Les conditions de la rupture peuvent donner lieu à dommages et intérêts si elles caractérisent une faute dans l'exécution de la relation contractuelle, notamment en raison des conditions vexatoires de la rupture[6].

Il a ainsi pu être jugé qu'il n'y a pas abus si le collaborateur ne fournissait plus l'activité correspondant à son expérience, son ancienneté et son niveau de rémunération[7].

812.392 **Rupture vexatoire.** Inversement, a été jugée abusive et ouvrant droit à l'allocation de 5 000 euros de dommages et intérêts pour préjudice moral la rupture d'un contrat de collaboration libéral « brutale et dénuée de toute délicatesse » dès lors que la notification de la rupture était intervenue la veille du mariage du collaborateur libéral, ce dont le cabinet était informé, et que ce même collaborateur n'avait pas été avisé antérieurement de difficultés particulières dans l'exécution des missions qui lui étaient confiées[8].

Ou encore une rupture aux termes d'une lettre de rupture particulièrement brève ne mentionnant même pas la qualité d'avocat du collaborateur, remise par un autre collaborateur du cabinet, sans aucun entretien avec alors qu'aucun grief n'avait été formulé antérieurement à son encontre, a été considérée de ce fait comme brutales et vexatoires et constituant un manquement aux principes essentiels de la profession et notamment au principe de délicatesse et ouvrant droit à l'allocation de 10 000 euros de dommages et intérêts en réparation du préjudice moral[9].

Tout comme ont pu être jugées abusives les ruptures :

– accompagné de promesse au collaborateur qu'il va être payé en le maintenant dans une précarité financière psychologiquement insupportable[10] ou d'une résistance abusive dans le règlement de la rétrocession d'honoraires[11] ;

6. Poitiers, 1re ch. civ., 24 oct. 2017, RG n° 16/03410, *D. actu.* 27 nov. 2017, obs. A. Portmann – Poitiers, 17e ch. civ., 28 janv. 2020, RG n° 18/02238.
7. Soc. 5 mai 2011, n° 10-10.818, NP.
8. Paris, pôle 2, ch. 1, 17 sept. 2014, RG n° 13/16078.
9. Paris, pôle 2 ch. 1, 13 avr. 2016, RG n° 15/01202 ; – MÊME SENS : Paris, pôle 2, ch. 1, 6 déc. 2017, RG n° 15/03789 ; – SUR POURVOI : Civ. 1re, 4 juill. 2019, n° 18-11.758, P ; *D.* 2019. 1455 ; *JCP* 2019. 796 ; *Gaz. Pal.* 23 juill. 2019, p. 27, obs. C. Berlaud ; *Gaz. Pal.* 3 déc. 2019, p. 24, obs D. Landry, J. Villacèque ; – SUR RENVOI : Paris, pôle 2, ch. 2, 26 nov. 2020, RG n° 19/14354.
10. Bâtonnier de Paris, 5 févr. 2015, décis. n° 721-261704.
11. Bâtonnier de Paris, 31 mars 2011, décis. n° 721-214225 – Bâtonnier de Paris, 27 juin 2011, décis. n° 721-214225 – Bâtonnier de Paris, 30 juin 2014, décis. n° 721-252615 – Bâtonnier de Paris, 16 mars 2015, décis. n° 721-261621 – Lyon, 1re ch. civ. A, 28 sept. 2017, RG n° 16/04/22, *D. actu.* 26 oct. 2017, obs. A. Portmann – Reims, 2 oct. 2018, RG n° 18/00183.

– intervenue seulement sept jours après un entretien annuel d'évaluation positif sans qu'aucun fait nouveau, ni aucune explication de la part de l'associé, ne justifie ce revirement [1] ;

– d'une collaboration de dix ans d'ancienneté pendant lesquels le collaborateur a donné entière satisfaction, rien ne lui laissant présager qu'il aurait à quitter si rapidement le cabinet, et alors qu'à son retour de congé maternité et face à la surcharge de travail à laquelle il devait faire face, le cabinet ne lui a pas proposé d'aménager ses horaires. En outre, au moment du « pot de départ » organisé par le collaborateur, aucun associé n'a été présent, cette absence constituant un manque de considération à l'égard du collaborateur [2] ;

– conduisant à mettre fin brutalement au délai de prévenance, privant le collaborateur de tout revenu du jour au lendemain [3], et ce sans justifier d'un manquement grave aux règles professionnelles, et en dénigrant la qualité du travail du collaborateur et mettant en cause la véracité de ses arrêts de travail [4], ou en demandant au collaborateur, devant les salariés du cabinet, de remettre les clés du cabinet, de déménager immédiatement ses dossiers personnels, et de ne pas revenir au cabinet sauf aux heures d'ouverture [5] ;

– conduisant à l'interception de courriers destinés aux clients personnels du collaborateur et leur utilisation pour mettre un terme à une collaboration qui durait depuis neuf ans, alors même qu'aucun manquement grave n'est démontré, ce qui justifie des dommages et intérêts pour un montant de 19 000 euros [6] ;

– accompagnées d'excès de langage injurieux et humiliants, contraires aux règles de la profession, qui ont eu des conséquences sur la santé et l'avenir professionnel du collaborateur [7] ;

– conduisant quelques minutes avant l'entretien de rupture, sous un prétexte fallacieux, à retirer le terminal Blackberry du collaborateur, bloquer tout accès à son ordinateur et à ses e-mails personnels, puis à faire fouiller son bureau en en retirant certains documents et consulter, à son insu, sa boîte e-mail, de nature privée et concernant sa clientèle personnelle ; « les associés trouvant normale leur manière de procéder, en l'obligeant en réalité à déguerpir dans les 3 jours », manière brutale déjà utilisée à son détriment à l'égard des clients personnel du collaborateur informés qu'ils devaient chercher un nouvel avocat [8],

– sans motif légitime, de façon discriminatoire et au mépris du principe de délicatesse, eu égard aux circonstances, sans respect du délai de prévenance, et en particulier l'état de tension psychologique croissant créé par le cabinet et les injonctions données au collaborateur libéral en contradiction avec le fonctionnement habituel du cabinet, telle que la demande faite au collaborateur de s'installer avec l'associé du cabinet dans un bureau du sous-sol afin de pouvoir corriger son travail, alors que selon le procédé habituel, ces corrections se déroulaient dans le bureau d'open-space où il avait demandé à pouvoir rester [9] ;

– manifestement abusive « tant par défaut de motif valable que par sa soudaineté et sa brutalité, dramatiquement illustrées par l'état de choc dans lequel cette annonce a plongé le collaborateur, suivi d'un arrêt de travail immédiat », ce qui donne lieu à l'allocation d'une somme de 100 000 euros à titre de dommages et intérêts [10].

812.393 **Rupture brutale d'une relation établie.** Un arrêt a admis, qu'indépendamment de toute convention, l'avocat qui se plaignait de la rupture brutale d'une relation de collaboration libérale établie de longue date [11], pouvait solliciter des dommages et intérêts en raison des conditions de cette rupture [12]. Pour la cour d'appel, le seul préjudice dont pouvait se prévaloir le collaborateur résulte de la rupture brutale des relations professionnelles le liant au cabinet, après dix années de collaboration, au mépris des règles de confraternité et de délicatesse qui régissent la profession d'avocat, faisant qu'au regard de la nature du contrat liant les parties, ce préjudice sera justement indemnisé par l'allocation d'une somme représentant un mois de rétrocession d'honoraires [13].

Mais la demande doit être formulée sur le fondement des articles 1103, 1104 et 1231-1 du code civil et non sur celui de l'article L. 442-6, I, 5°, du code de commerce inapplicable à une relation par nature civile [14].

1. Bâtonnier de Paris, 19 janv. 2015, décis. n° 723-246054.
2. Bâtonnier de Paris, 21 déc. 2015, décis. n° 723-248324.
3. Bâtonnier de Paris, 28 nov. 2012, décis. n° 721-229159.
4. Bâtonnier de Paris, 19 mai 2014, décis. n° 721-251558.
5. Douai, ch. réunies, 6 nov. 2017, RG n° 17/04080, *D. avocats* 2018. 31, note C. Caseau-Roche.
6. Bâtonnier de Paris, 15 janv. 2014, décis. n° 720-248667.
7. Versailles, 1re ch., 1re sect., 11 oct. 2012, RG n° 11-07257.
8. Paris, pôle 2, ch. 1, 31 mai 2011, RG n° 10/19142.
9. Paris, pôle 2 ch. 1, 18 nov. 2020, RG n° 18/23693.
10. Paris, pôle 4, ch. 13, 13 oct. 2021, RG n° 18/06074.
11. V. ss nos 484.271 s.
12. AUSSI : C. civ., art. 1211 et 1780.
13. Versailles, 1re ch., 1re sect., 22 mars 2012, RG n° 11/00287.
14. Paris, pôle 2, ch. 1, 20 sept. 2017, RG n° 16/23527 ; *JCP* 2018. Chron. 588, n° 15, obs. F. G'sell ; – PARTIELLEMENT CASSÉ PAR : Civ. 1re, 20 févr. 2019, n° 17-27.967 ; P ; *D.* 2019. 438 ; *JCP* 2019. I. 268 ; *Gaz. Pal.* 19 mars 2019, p. 42, obs. C. Berlaud ; *JCP* 2020. Chron. 1238, n° 12, obs. C. Caseau-Roche ; *D.* 2020. 109, obs. Th. Wickers – V. ss nos 484.271 S.

§ 4
Manquement grave aux règles professionnelles

812.401 Définition du manquement grave aux règles professionnelles. Les délais de protection en cas de parentalité et maladie[1], comme le délai de prévenance[2], n'ont pas à être observés en cas de manquement grave aux règles professionnelles de la part du collaborateur. Le cabinet peut alors mettre un terme unilatéralement au contrat de collaboration libérale ou au délai de prévenance[3].

La jurisprudence se révèle, à cet égard, très stricte sur la définition et sur la preuve qu'il incombe au cabinet de rapporter. Il doit s'agir de manquements rendant impossible la continuation des relations contractuelles entre les parties, et qui ne sauraient se fonder sur des éléments antérieurs à la rupture[4]. Ils doivent être d'une gravité telle qu'ils ne permettent pas le maintien du collaborateur au sein du cabinet[5].

La rupture anticipée du contrat de collaboration est entachée de nullité, et privée de tout effet juridique en l'absence de manquement grave aux règles professionnelles et le cabinet devra alors verser la rétrocession d'honoraires due pendant toute la période de protection ou de prévenance[6].

812.402 Appréciation du manquement grave aux règles professionnelles. La Cour de cassation a, par ailleurs, précisé que pour apprécier la gravité du manquement du collaborateur libéral aux règles professionnelles les juges devaient examiner tous les faits allégués, sans avoir à s'en tenir aux motifs invoqués, le cas échéant, dans la lettre de rupture[7].

Il ne semble pas que cette position rendue sous la rédaction antérieure de l'article 14 du RIN[8] ayant introduit en matière de parentalité une obligation de motivation ne soit remise en cause par la nouvelle rédaction.

1. V. s[s] n°s 812.321 s.
2. V. s[s] n°s 812.351 s.
3. RIN, art. 14.4.1 – V. s[s] n°s 812.351 s.
4. Bâtonnier de Paris, 23 févr. 2011, décis. n° 721-209980.
5. Bâtonnier de Paris, 5 janv. 2012, décis. n° 721-223607 – Paris, pôle 2, ch. 1, 19 avr. 2017, RG n° 14/01815.
6. Bâtonnier de Paris, 30 avr. 2014, décis. n° 721-244678 – Bâtonnier de Paris, 5 août 2014, décis. n° 721-227606 ; – CONFIRMÉ PAR : Paris, pôle 2, ch. 1, 17 mai 2017, RG n° 14/18253 – Bâtonnier de Paris, 5 août 2016, décis. n° 721-277930.
7. Civ. 1re, 9 juill. 2015, n° 14-11.415, P I, n° 23 ; *D. avocats* 2015. 392, art. C. Caseau-Roche.
8. DCN n° 2013-002, AG CNB 11 avr. 2014, *JO* 31 mai – S. Bortoluzzi et G. Cavaillé, « Le nouveau dispositif de protection de l'avocat collaborateur libéral – Mieux concilier vie personnelle et activité professionnelle », *JCP* 2014. 675.

812.403 Interprétation stricte. La Cour de cassation a eu l'occasion de rappeler que les règles de protection doivent s'interpréter strictement[9], y compris en cas de rupture pendant la période d'essai[10], et qu'il appartient au cabinet d'apporter la preuve du manquement grave qui justifierait la rupture[11].

C'est ainsi qu'a été condamné à verser les rétrocessions d'honoraires dues ainsi que des dommages et intérêts pour préjudice moral, un cabinet d'avocat qui avait mis fin, motif pris d'un manquement grave aux règles professionnelles, au contrat de collaboration libérale d'une collaboratrice, dès lors que les griefs allégués à son encontre relatifs à la qualité de son travail, son implication professionnelle, son mode vestimentaire ou même son hygiène, étaient antérieurs à la date de la déclaration de grossesse, et ne pouvaient de ce fait être retenus, et que le grief tenant à la menace d'un arrêt de maladie était précisément lié à son état de grossesse, faisant ressortir que la tolérance de ce comportement pendant de nombreux mois excluait qu'il rende impossible le maintien du lien contractuel. Il ne s'agissait donc pas d'un manquement grave aux règles professionnelles non lié à son état de grossesse[12].

812.404 Contrôle de la Cour de cassation. La question du manquement grave aux règles professionnelles a donné lieu à un contentieux abondant auprès de la Cour de cassation.

La Cour de cassation opère un contrôle de la motivation des juges du fonds[13], et a ainsi pu casser un arrêt de cour d'appel dès lors qu'en se déterminant sans examiner les autres manquements allégués aux termes desquels le collaborateur aurait libéré son bureau subitement sans avoir préparé la formation dont il était chargé, rompu toute communication avec le cabinet à compter du lendemain, tenu des propos discourtois envers les associés auprès d'une assistante du cabinet, et omis de prévenir de son absence à un entretien prévu la semaine suivante pour faire le point sur sa période d'essai, la cour d'appel a privé sa décision de base légale[14].

Le manquement grave aux règles professionnelles peut résulter d'un ensemble de manquements successifs constituant des fautes graves et réitérées susceptibles d'engager la responsabilité civile profes-

9. Civ. 1re, 9 avr. 2014, n° 13-13.955, NP.
10. V. s[s] n°s 812.181 s.
11. Civ. 1re 21 oct. 2020, n° 19-11.459, P ; *D.* 2020. 2125 ; *JCP* 2020. 1246.
12. Civ. 1re, 9 avr. 2014, n° 13-13.955, NP.
13. Civ. 1re 24 oct. 2019, n° 18-24.534, NP.
14. Civ. 1re, 29 juin 2016, n° 15-21.276, P ; *JCP* 2016. 1086, n° 12, obs. C. Caseau-Roche ; *D.* 2016. 1506 ; *JCP* 2016. 849 ; *Gaz. Pal.* 18 oct. 2016, p. 19, obs. B. de Belval ; – SUR RENVOI, retenant l'existence d'un manquement grave : Grenoble, 1re ch. civ., 10 oct. 2017, RG n° 16/03895.

sionnelle du cabinet justifiant la rupture anticipée du délai de prévenance[1]. Il en est ainsi du collaborateur qui d'une part, signe un procès-verbal de conciliation et d'autre part, procède à un désistement d'action sans mandat des clients pour ce faire[2], ou de celui qui s'étant engagée à plaider une affaire devant un tribunal correctionnel, a par *short message service* (SMS) fait part de son refus de plaider, obligeant le cabinet à faire appel en urgence à l'un de ses confrères[3].

812.405 Manquement grave : jurisprudence. Dans un arrêt, où une collaboratrice avait obtenu des dommages et intérêts à la suite de la rupture pendant la période de grossesse pour « négligences dans la gestion de dossiers, retards aux audiences, indisponibilité et traitement tardif de dossiers suscitant de nombreuses plaintes des clients », la Cour de cassation considère qu'ayant constaté que le cabinet avait toléré le comportement de la collaboratrice pendant quatre années, sans l'inviter à modifier ni son attitude, ni ses pratiques professionnelles, et que certains faits avaient été commis pendant la grossesse de l'intéressée, alors que celle-ci se trouvait, en raison de son état, dans une situation plus vulnérable, la cour d'appel a pu décider que la rupture du contrat de collaboration libérale était abusive et ouvrait droit à indemnisation[4].

Il en fut de même, dans une affaire où, pour justifier le manquement grave, le cabinet s'était prévalu des absences et retards de sa collaboratrice, qu'elle avait fait constater par un huissier de justice. La Cour de cassation approuve la cour d'appel d'avoir considéré que des attestations de clients qui ne faisaient que rapporter, soit des paroles extraites d'une conversation téléphonique entendue d'une pièce voisine, non corroborées par le témoignage de l'autre personne présente, soit une remarque malencontreuse sous l'effet d'une certaine exaspération, étaient insuffisantes, compte tenu du contexte, pour établir un manquement grave à la charge de cabinet, laquelle ne saurait pas davantage résulter du non-respect d'un horaire fixe s'agissant d'une collaboration libérale[5].

Une cour d'appel a pu considérer que ne constituait pas un manquement grave le fait pour un collaborateur d'avoir mis en souffrance un dossier pendant plusieurs mois, modifié unilatéralement le planning de la collaboration, et de s'être fait désigner en tant qu'administrateur du cabinet d'un confrère décédé, sans qu'il ne soit établi qu'il ait agi de façon déloyale et non confraternelle en se portant candidat à l'insu de son patron, le choix d'un administrateur appartenant au bâtonnier. Dans cette affaire, l'administration provisoire avait donné lieu à une sollicitation des moyens matériels, humains et bureautiques mis à la disposition du collaborateur par son cabinet, et conduit ce dernier à ne plus collaborer effectivement avec son cabinet à compter de cette date[6].

812.406 Préparation du départ du collaborateur. Le seul fait pour le collaborateur de préparer son départ du cabinet ne saurait en soi constituer manquement grave aux règles professionnelles.

Il peut en aller autrement, même si les actes de concurrence déloyale[7] allégués ne sont pas démontrés avec précision et certitude, si le collaborateur, par ses messages et réponses évasives démontre un défaut d'implication, de travail en commun et de dialogue incompatibles avec l'exécution normale d'un contrat de collaboration, son désengagement vis-à-vis du cabinet au profit de sa clientèle personnelle constituant, à lui seul, un manque de loyauté[8]. Il a pu en être jugé ainsi d'un collaborateur qui avait envoyé massivement aux frais du cabinet, et à l'insu de ce dernier, un courriel de sollicitation personnalisé, contenant une présentation trompeuse de son activité au titre de sa clientèle personnelle en qualité de collaboratrice libérale, à l'ensemble d'une clientèle potentielle[9], ce qui : « constitue un manquement grave aux principes déontologiques de loyauté et de la profession, rendant impossible la poursuite de la collaboration, même durant la durée contractuelle du délai de prévenance, en raison de la rupture de confiance induite »[10].

Mais l'on ne saurait reprocher au collaborateur de préparer son départ, dès lors qu'il est libre de dénoncer le contrat de collaboration quand bon lui semble, et doit donc pouvoir préparer son nouveau projet professionnel notamment en prenant l'attache de ses futurs associés ou collaborateurs et en visitant ses futurs locaux professionnels. Par conséquent, en l'absence de toute preuve de relations qui auraient eu lieu avec certains clients du cabinet, secrètement et antérieurement à la rupture du contrat de collaboration, d'un dénigrement du cabinet auprès des clients, d'une désorganisation

1. Bâtonnier de Paris, 7 janv. 2016, décis. n° 721-269005 ; – DÉJÀ : Paris, 1re ch., sect. A, 27 févr. 2007, RG n° 05/11035 – Paris, 1re ch., sect. A, 25 sept. 2007, RG n° 05/24834 – Paris 1re ch., sect. A, 2 sept. 2008, RG n° 07/08473 – Paris, pôle 2, ch. 1, 14 sept. 2010, RG n° 09/08527.
2. Aix-en-Provence, 1re ch. B, 7 avr. 2011, RG n° 10/20462.
3. Paris, pôle 2, ch. 1, 23 oct. 2013, RG n° 13/06671.
4. Civ. 1re, 4 juin 2014, n° 12-29.126, NP ; – MÊME SENS : Paris, pôle 2, ch. 1, 11 sept. 2019, RG n° 18/02227.
5. Civ. 1re, 1er juill. 2015, n° 13-26.824, NP.
6. Versailles, 7 juill. 2016, RG n° 15/08731.
7. V. ss nos 332.70 s.
8. Paris, pôle 2, ch. 1, 5 avr. 2011, RG n° 10/00984 – V. ss nos 332.70 s.
9. V. ss nos 465.21 s.
10. Paris, pôle 4, ch. 13, 12 mai 2021, RG n° 19/22405.

volontaire des dossiers ou de tout autre acte ou comportement propre à caractériser un détournement de clientèle[1], il n'y a pas lieu de caractériser un manquement grave aux règles professionnelles[2].

1. V. s^{s} n°s 332.70 s.
2. Paris, pôle 2, ch. 1, 11 oct. 2011, RG n° 11/10802 – Bâtonnier de Paris, 25 janv. 2011, décis. n° 721-208435.

CHAPITRE

813. Avocat salarié

SECTION 0
ORIENTEUR

813.00 **Sommaire du chapitre.**

Division. Le salariat a été introduit dans la profession d'avocat (sect. 1) en 1990. La conclusion du contrat de travail (sect. 2), son exécution, (sect. 3) et sa rupture (sect. 4) obéissent à un régime précis.

813.01 **Textes applicables.**

TEXTES TITRÉS

• **L. n° 71-1130, 31 déc. 1971**

art. 7 [Possibilité d'exercer comme avocat salarié]

• **Décr. n° 91-1197, 27 nov. 1991**

art. 136 [Indication du donneur d'ordre]

art. 137 [Principe déontologique d'égalité entre avocats]

art. 138 [Responsabilité civile du cabinet employeur et charge du paiement des cotisations]

art. 139 [Contrôle du conseil de l'Ordre]

art. 140 [Contrôle du procureur général]

art. 141 [Voie de recours]

• **RIN**

art. 14 [Statut de l'avocat salarié]

> Convention collective

• **Convention collective nationale des cabinets d'avocats (avocats salariés) du 17 février 1995**

Étendue par arrêté du 10 juin 1996, *JO* 28 juin

813.02 **Jurisprudence de référence.**

> Un avocat salarié ne peut être inscrit à un barreau différent de celui de l'employeur pour le compte duquel il agit

• **Civ. 1re, 21 mars 1995,** n° 93-13.634, P I, n° 136.

* V. ss nos 812.92.

« Vu les articles 5, 7, 8 de la loi n° 71-1130 du 31 décembre 1971 modifiée par la loi n° 90-1259 du 31 décembre 1990 et l'article 136 du décret n° 91-1197 du 27 novembre 1991 ;

Attendu qu'il résulte de la combinaison de ces textes qu'un avocat salarié, qui ne peut avoir de clientèle personnelle, ne peut être inscrit à un barreau différent de celui de l'employeur pour le compte duquel il agit, sauf le cas des groupements, sociétés ou associations d'avocats appartenant à plusieurs barreaux ;

Attendu que Mme O..., avocat inscrit au barreau de N... en qualité d'avocat salarié de la société d'avocats U..., inscrite auprès du même barreau, a demandé son inscription au barreau de G... après avoir démissionné de son barreau d'origine ; que cette demande a été rejetée par le conseil de l'Ordre ; que Mme O... a formé un recours contre cette décision ;

Attendu que, pour accueillir ce recours, la cour d'appel a retenu que les dispositions des articles 1er et 7 de la loi du 31 décembre 1971, modifiée par la loi du 31 décembre 1990, n'instituent aucune discrimination entre les membres de la nouvelle profession d'avocat et que les articles 137 et suivants du décret du 27 novembre 1991 définissant les modalités particulières d'exercice de cette profession en qualité de salarié n'édictent pas de restrictions en ce qui concerne la liberté d'établissement et n'imposent pas le rattachement de l'avocat salarié au barreau dont dépend l'employeur ;

Attendu qu'en se prononçant ainsi la cour d'appel a violé les textes susvisés. »

> Aucune clause contractuelle ne peut limiter la liberté d'établissement de l'avocat salarié à l'issue de son contrat de travail

• **Civ. 1re, 14 oct. 1997,** n° 95-13.532, P I, n° 274.

* V. ss nos 332.91, 813.246.

« Attendu que, le 6 décembre 1993, le conseil de l'Ordre des avocats du barreau de M... a adopté les deux articles suivants du règlement intérieur : article 29, le contrat de collaboration "peut également prévoir des dispositions aux termes desquelles chacune des parties s'interdit d'accomplir directement ou indirectement ou par personnes interposées dans un délai ne pouvant excéder deux ans à compter de la cessation de la collaboration, quelle qu'en soit la cause, sauf accord préalable et écrit de l'autre partie, aucun acte professionnel au profit d'un client avec lequel il a été mis en relation par cette autre partie", et article 30, "le contrat de travail peut prévoir une clause selon laquelle l'avocat salarié s'interdit d'accepter directement ou indirectement ou par personnes interposées pendant un délai ne pouvant excéder trois ans à compter de la cessation du contrat de travail, quelle qu'en soit la cause, sauf accord préalable et écrit du cabinet, aucun acte professionnel au profit du client avec lequel il a été mis en relation" ;

Attendu que pour rejeter le recours exercé contre ces dispositions, l'arrêt attaqué énonce qu'elles ne sont pas incompatibles avec les textes en vigueur ;

Attendu, cependant, que les dispositions critiquées, qui instituent au profit du patron ou de l'employeur un droit de contrôle préalable sur le choix des clients de son ancien collaborateur ou salarié, restreignent sa liberté d'établissement ultérieure et sont donc contraires au texte précité qui a été ainsi violé. »

> Doit être requalifié en contrat de travail, le contrat de collaboration dès lors que les conditions réelles d'exercice de l'activité de ne permette pas effectivement de développer sa clientèle personnelle

• **Civ. 1re, 14 mai 2009,** n° 08-12.966, P I, n° 90.

* V. ss nos 812.21, 813.45.

« Mais attendu que, si, en principe, la clientèle personnelle est exclusive du salariat, le traitement d'un nombre dérisoire de dossiers propres à l'avocat lié à un cabinet par un contrat de collaboration ne fait pas obstacle à la qualification de ce contrat en contrat de travail lorsqu'il est établi que cette situation n'est pas de son fait mais que les conditions d'exercice de son activité ne lui ont pas permis de développer effectivement une clientèle personnelle ; qu'ayant relevé que Mme X... n'avait pu traiter que cinq dossiers personnels en cinq ans de collaboration avec le cabinet Jacques Y..., que la plupart des rendez-vous et appels téléphoniques, nécessaires au traitement de ces rares dossiers personnels, se passaient hors du cabinet et après vingt heures ou pendant le week-end, que Mme X... partageait son bureau avec un autre avocat et pouvait difficilement trouver un lieu pour recevoir ses propres clients, la salle de réunion ne permettant l'accès ni à l'outil informatique ni au téléphone, et que les témoignages recueillis faisaient état de l'attitude générale du cabinet tendant à dissuader les collaborateurs à développer une clientèle personnelle, et que Mme X... était privée de l'indépendance technique propre au collaborateur libéral, la cour d'appel, qui en a souverainement déduit que les conditions réelles d'exercice de l'activité de Mme X... ne lui avaient effectivement pas permis de se consacrer à sa clientèle et que le cabinet Y... avait manifestement omis de mettre à sa disposition les moyens matériels et humains lui permettant de développer sa clientèle personnelle, a, dès lors, par ces seuls motifs, légalement justifié sa décision de requalifier le contrat de collaboration libérale conclu entre les parties en contrat de travail ; »

> Ne doit pas être requalifié en contrat de travail, le contrat de collaboration dont il est démontré qu'il avait pu développer une clientèle personnelle

• **Soc. 9 oct. 2013,** n° 12-23.718, P V, n° 232.

* V. ss nos 812.42, 813.48.

« Mais attendu que la cour d'appel a, par motifs propres, souverainement retenu que M. X... avait bénéficié d'une grande marge d'autonomie et pu fidéliser un certain nombre de clients avec lesquels il avait noué un contact au cours de sa collaboration au sein de la société, et, par motifs adoptés, constaté qu'il avait pu développer une clientèle personnelle ; qu'elle a pu en déduire que, peu important le caractère fixe de la rémunération perçue et l'obligation faite à l'intéressé de reverser ses indemnités de commissions d'office, les parties n'étaient pas liées par un contrat de travail ; que le moyen n'est pas fondé ; ».

813.03 Bibliographie indicative.

Thèses. B. Guizard, *L'avocat salarié*, th. Montpellier 1, 1997 – V. Renaux-Personnic, *L'avocat salarié : Entre indépendance et subordination,* Puam, 1998.

Encyclopédies. *J.-Cl. Travail, Traité*, fasc. 1155, Avocat salarié, Formules, 2015 – *J.-Cl. Civ. Annexes, V° Avocat*, fasc. 25 : avocats – Modes d'exercice de la profession – Collaboration libérale et salariat, 2014 – RÉP. CIV., *V° Avocat : Modes d'exercice de la profession,* D. Berra et M. Robineau – RÉP. PR. CIV., *V° Avocat*, par J.-J. Taisne, M. Douchy-Oudot, sept. 2014 (mise à jour, oct. 2015).

Contribution. D. Berra, « L'avocat salarié a-t-il un avenir ? », *Mél. J. Foyer*, Economica, 2008, p. 71.

Articles. J. Barthélémy, « Avocat salarié, avocat collaborateur... En 2009 », *Dr. soc.* 2009. 1195 ; « Contrats de travail et activité libérale », *Gaz. Pal.* 29 mai 1990 – A. Bénabent, « Avocat, premières vues sur la "nouvelle profession" », *JCP* 1991. I. 3499, n°s 55 – B. Boccara, « Le besoin et la nécessité de l'indépendance du barreau », *JCP* 1990. I. 3464 – G. Lyon-Caen, « À propos de l'avocat salarié », *Gaz. Pal.* 27 févr. 1994, p. 43 – R. Martin, « Avocats : de collaboration en salariat », *JCP* 1998. I. 178 ; « Les modifications du statut de l'avocat par la loi n° 2004-130 du 11 février 2004 », *JCP* 2004, act. n° 437 – J.-G. Moore, « À propos du collaborateur salarié », *Gaz. Pal.* 1977. 2. Doctr. 599 – D. Paquet, « La clause de conscience chez l'avocat salarié », *JCP* 1994. I. 3797 – D. Piau, « Collaboration libérale : revenir aux fondamentaux », *Gaz. Pal.* 25-27 juill. 2010, p. 7 ; « Collaboration libérale et requalification, 10 arrêts plus tard... », *Gaz. Pal.* 15-16 nov. 2013, p. 13 – Y. Serra, « La prohibition des clauses de non-concurrence dans la nouvelle profession d'avocat », *D.* 1992. Chron. 11 – F. Taquet, « La clause de conscience chez l'avocat salarié », *JCP* 1994. I. 3797.

813.05 **Définition.** L'avocat salarié exerce son activité professionnelle en toute indépendance, et n'est soumis à un lien de subordination à l'égard de son employeur que pour la détermination de ses conditions de travail. Car l'indépendance [1] est divisible entre l'indépendance technique et l'indépendance quant aux conditions de travail, qui caractérise ou non la subordination juridique [2].

Il ne peut avoir de clientèle personnelle, à l'exception de celle des missions d'aide juridique pour lesquelles il est désigné par le bâtonnier [3].

SECTION 1
INTRODUCTION DU SALARIAT DANS LA PROFESSION D'AVOCAT

813.10 **Plan.** Le salariat dans la profession d'avocat fait l'objet de réticences de la part des avocats (§ 1), après avoir fait l'objet d'une introduction tardive au sein de la profession (§ 2), et impose de déterminer les frontières entre le contrat de collaboration libérale et le contrat de travail (§ 3).

1. V. s^s^ n°s 323.00 s.
2. J. Barthélémy, « Le collaborateur libéral », *JCP S* 2006. 1131.
3. L. n° 71-1130, 31 déc. 1971, art. 7.

§ 1
Réticences des avocats à l'égard du salariat

813.21 **Statistiques.** Au 1er janvier 2019, sur les 68 464 avocats inscrits en France, 36,3 % d'entre eux exercent à titre individuel, 30,1 % en qualité d'associé, 29,5 % en qualité de collaborateur et 4,1 % en qualité de salarié. Les avocats salariés restent rares et leur nombre tend même à diminuer puisqu'ils représentaient encore 6,8 % des modes d'exercice en 2006 [4]. Ils se trouvent surtout en Province, à Nanterre, Angers, Rennes et Nantes.

813.22 **Rejet culturel.** Le salariat fait l'objet, en France, d'un rejet plus culturel qu'objectif de la part des cabinets d'avocat, essentiellement afin de s'affranchir des règles très protectrices du droit du travail et des contraintes administratives qui en découlent. Alors même, notamment, qu'aucune justification économique ne corrobore un tel rejet lorsque l'on constate la bonne santé financière des cabinets d'avocats qui ont recours à des avocats salariés, lesquels sont satisfaits de leur situation.

En réalité, le dévoiement du salariat vers la collaboration libérale correspond surtout à une volonté de s'affranchir des règles très protectrices du droit du travail et des contraintes administratives qui en découlent. Fait également défaut, l'existence d'une réelle volonté d'intervention des barreaux afin d'exercer effectivement les contrôles des conditions d'exercice qui leur incombent et de faire respecter la réalité des modalités d'exercice au sein des cabinets d'avocats.

813.23 **Coût d'un avocat salarié.** En outre, un avocat salarié est loin de coûter plus cher qu'un collaborateur libéral eu égard aux charges sociales que le collaborateur libéral acquitte personnellement, dès lors que l'on constate un écart de l'ordre de 30 % entre les salaires et les honoraires rétrocédés ce qui correspond en fait aux cotisations patronales, et ce, comme l'a pertinent noté un éminent auteur, « parce qu'on n'a pas le réflexe d'entreprise, que des rémunérations différées sans charge et éventuellement défiscalisées peuvent naître, qu'il s'agisse de la participation, de l'intéressement, des plans d'épargne lesquels peuvent, en outre, générer crédit d'impôt et provisions pour investissement qui améliorent le haut de bilan des sociétés constituées pour l'exercice de la profession » [5].

À cet égard, les experts-comptables ont toujours considéré le salariat comme une modalité normale d'entrée dans leur profession.

4. Ministère de la Justice, DACS, Pôle d'évaluation de la Justice Civile, *Statistique sur la profession d'avocat : Situation au 1er janv. 2019,* oct. 2019, tableau A6 p. 66.
5. J. Barthélémy, « Avocat salarié, avocat collaborateur... En 2009 », *Dr. soc.* 2009. 1195.

813.24 **Droit comparé.** Les jeunes avocats des cabinets anglo-saxons sont en Angleterre ou aux États-Unis, avocats salariés, dépourvus de tout droit à se constituer et à développer une clientèle personnelle.

§ 2
Introduction du salariat dans la profession d'avocat

813.31 **Loi du 31 décembre 1990.** Le salariat a été institué par l'article 7 de la loi du 31 décembre 1971, dans sa rédaction issue de la loi du 31 décembre 1990 [1]. Il est certainement celui qui a donné lieu aux débats les plus passionnés car beaucoup pensaient que le salariat était incompatible avec la nature même de la profession d'avocat [2] et qu'il était paradoxal de rayer sept siècles de traditions pour permettre aux conseils juridiques, fusionnés à l'époque avec les avocats, de continuer à bénéficier de ce mode d'exercice communément admis chez eux [3].

Mais à y regarder de plus près, la réforme était moins révolutionnaire qu'il n'y paraît, et la pratique avait déjà admis cette situation et nombre d'anciens clercs d'avoués devenus avocats [4] n'étaient que des salariés déguisés.

813.32 **Choix d'un mode d'exercice professionnel plus protecteur : non-lieu à une question prioritaire de constitutionnalité (QPC).** La Cour de cassation, rejetant une question prioritaire de constitutionnalité (QPC), a considéré qu'en introduisant le salariat, le législateur a entendu diversifier les modes d'exercice professionnel et que dans ce cadre, l'avocat salarié ne peut se prétendre privé de son droit de propriété sur une clientèle, puisqu'il a fait le choix d'un mode d'exercice professionnel plus protecteur que la collaboration libérale, avec une rémunération fixe et des garanties propres au droit social, mais également, comme contrepartie inhérente au salariat, un lien de subordination pour la détermination des conditions de travail et l'absence de clientèle personnelle [5], restriction communément admise en droit du travail.

Elle a ensuite considéré que le salariat, d'application générale en France, sans distinction tenant à l'origine du titre professionnel permettant l'exercice permanent de la profession d'avocat dans l'ensemble des États membres de l'Union européenne, a pour objet, non d'autoriser l'exercice concomitant de la profession d'avocat et d'un autre emploi, avec la nécessité dans cette hypothèse particulière de prévenir d'éventuels conflits d'intérêts, mais seulement d'autoriser le collaborateur de cabinet à exercer sa profession d'avocat en exécution d'un contrat de travail avec des restrictions inhérentes au salariat, ce qui n'est pas contraire aux dispositions de droit européen relatives à la liberté d'établissement des avocats [6].

§ 3
Requalification du contrat de collaboration libérale en contrat de travail

813.41 **Généalogie de la requalification.** La première requalification d'un contrat de collaboration libérale en contrat de travail eut lieu en 1977 [7], ce qui conduisit alors le législateur à intervenir par la loi du 20 juin 1977 [8] afin de modifier l'article 7-1, aujourd'hui abrogé, de la loi du 31 décembre 1971, pour préciser expressément que l'avocat ne pouvait pas avoir la qualité de salarié [9]. Les solutions qui avaient été admises ultérieurement par la jurisprudence, sous l'empire de l'ancienne législation demeurent donc en vigueur [10].

Mais la distinction, et le choix, entre le mode d'exercice comme collaborateur libéral ou avocat salarié conduit à un contentieux pour déterminer

1. L. n° 90-1259, 31 déc. 1990 portant réforme de certaines professions judiciaires et juridiques, *JO* 5 janv. 1991, p. 219, art. 6 et 7.
2. A. Bénabent, « Avocat, premières vues sur la "nouvelle profession" », *JCP* 1991. I. 3499, n°s 55 s. – J. Barthélémy, « Contrat de travail et activité libérale », *JCP* 1990. I. 3450 – B. Boccara, « Le besoin et la nécessité de l'indépendance du barreau », *JCP* 1990. I. 3464.
3. J. Barthélemy, « Contrats de travail et activité libérale », *Gaz. Pal.* 29 mai 1990. Doctr. 4.
4. V. s^{s} n°s 023.102 s.
5. Civ. 1re, 9 janv. 2013, QPC, n° 12-21.443, NP ; *D. avocats* 2013, 38, obs. L. Dargent ; *JCP* 2013. 191, obs. B. Mathieu.
6. Civ. 1re, 24 avr. 2013, n° 12-21.443, P I, n° 82 ; *JCP* 2013. 870, note C. Caseau-Roche ; *BJS* 2013. 493, note J.-F. Barbièri ; *D.* 2013. 1146 ; *D.* 2014. 1115, obs. P. Lokiec et J. Porta ; *D. avocats* 2013. 286, note G. Royer ; *RTD eur.* 2014. 435, obs. B. Le Baut-Ferrarese ; *RTD eur.* 2014. 440, obs. S. Adalid.
7. Civ. 1re, 26 janv. 1982, n° 78-11212, P I, n° 40 ; *D.* 1982. 528, note P. Godé ; *Gaz. Pal. Rec.* 1982. 1. 124, note A. Damien ; *Gaz. Pal.* 1982. Pan. 194 ; – REJET DE : Paris, 7 nov. 1977 ; *Gaz. Pal. Rec.* 1977. Doct. 599, note J.-G. Moore ; *D.* 1977. 652, note Ph. Jestaz ; *JCP* 1977. II. 18748, note Y. Chaput ; *Gaz. Pal.* 1977. 631, Doctr. A. Damien – J.-G. Moore, « À propos du collaborateur salarié », *Gaz. Pal.* 1977. Doctr. 599 ; – SUR APPEL DE : TI Paris, 8 avr. 1977 ; *D.* 1977. 589, note D. Denis ; *JCP* 1977. II. 18676, note Y. Chaput.
8. L. n° 77-685, 20 juin 1977 modifiant les articles 7, 11, 12, 17 et 54 de la loi n° 71-1130 du 31 décembre 1971 portant réforme de certaines professions judiciaires et juridiques, *JO* 1er juill., p. 3483.
9. Soc. 16 sept. 2015, n° 14-17.842, P V., n° 104 ; *D. soc.* 2015. 937 note J. Mouly ; *JCP* 2016. 670, n° 4, obs. C. Caseau-Roche.
10. À CE SUJET : A. Damien, *Les règles de la profession d'avocat*, 9e éd., Dalloz, 2000, n°s 52 s.

non seulement en fonction du contrat, mais surtout des modalités effectives d'exercice de l'avocat concerné, la réalité du mode d'exercice. Rien n'empêche, en effet, les parties de dénaturer les clauses du contrat par la mise en œuvre des modalités prévues par celui-ci et de passer d'un contrat de collaboration à un pur et simple salariat.

813.42 **Principe de la requalification.** Les contrats de collaboration libérale peuvent donc être requalifiés par le juge du fond en contrats de travail[1]. Cette requalification peut être demandée alors même que le contrat en cours est antérieur au 1er janvier 1992, date d'application de la réforme de 1990[2].

Il convient toutefois de noter que les juridictions se montrent réticentes à accepter une requalification du contrat de collaboration libérale en contrat de travail, dont le régime est plus protecteur en cas de rupture à l'initiative du cabinet. En ce qui concerne la cour d'appel de Paris[3], au-delà de quelques arrêts qui furent largement commentés en leur temps[4], si l'on recherche sur la période 2006-2015, l'on trouve un seul arrêt admettant la requalification[5] et dix arrêts rejetant la requalification[6].

813.43 **Critères de la requalification.** Au fil du temps, la Cour de cassation a posé un distinguo net entre la collaboration libérale et le salariat, à savoir qu'il convient de s'attacher aux conditions d'exercice effectif de l'activité du collaborateur libéral au sein du cabinet, et de caractériser ce qui dissocie l'essence même du collaborateur libéral de l'avocat salarié, à savoir :

- qu'il dispose d'une totale liberté dans l'organisation de ses conditions temporelles et matérielles de travail, insusceptible du moindre encadrement contractuel prédéfini, point qui en réalité s'avère chaque fois déterminant, car caractérisant la subordination juridique, élément essentiel de la distinction ;

- qu'il a de ce fait la possibilité effective de se constituer et de développer une clientèle personnelle, bien que dans certains cas, il ne concrétise pas cette possibilité.

813.44 **Analyse de la jurisprudence.** Si l'on examine finement l'antériorité jurisprudentielle[7] de la première chambre civile comme de la chambre sociale, chacune compétente sur ces types de dossiers, compte tenu d'une distribution aléatoire des affaires à l'une ou l'autre des chambres, il est loisible de constater qu'il n'y a pas, sur cette question, de divergence d'interprétation.

813.45 **Requalification : conditions de travail ne permettant pas d'avoir une clientèle personnelle.** C'est ainsi que lorsque la cour d'appel a requalifié le contrat, la Cour de cassation a constaté que « l'avocat avait été mis dans l'impossibilité d'avoir une clientèle »[8], arrêt qui pose un attendu trompeur, repris une seule fois[9], aux termes duquel : « l'avocat salarié est celui qui est lié par un contrat de travail à un autre avocat et dont le lien de subordination est caractérisé *notamment* pour lui par l'impossibilité d'avoir et de développer une clientèle ». Trompeur, car tout est dans le « notamment ». Puis, la Cour de cassation note qu'« après avoir constaté que le contrat de collaboration souscrit par le collaborateur libéral ne lui permettait pas de développer une clientèle personnelle [...] »[10].

Postérieurement, elle a considéré que, au regard des conditions de travail au sein du cabinet et notamment « de la subordination totale imposée par les associés hostiles au développement de toute clientèle personnelle et caractérisée par une charge de travail supposant une activité exercée à temps plein », ou « du nombre d'heures de travail et de l'intensité du travail exigé », la cour d'appel en a souverainement déduit que « les conditions réelles d'exercice d'activité de cet avocat ne lui permettaient pas de développer effectivement une clientèle personnelle »[11].

1. Montpellier, 6 mai 1996, *JCP* 1996. II. 25585, note R. Martin.
2. Soc. 8 mars 2000, n° 98-14.222, P V, n° 91 ; *D.* 2000. 88 ; *Dr. soc.* 2000. 548, note J. Barthélémy ; *Gaz. Pal.* 2000. Somm. 1184 ; *Gaz. Pal.* 2000. Somm. 708 ; *CSBP* 2000, n° 120, *S.* 209, obs. F.-J. Pansier.
3. D. Piau, « Collaboration libérale et requalification, 10 arrêts plus tard... », *Gaz. Pal.* 15-16 nov. 2013, p. 13.
4. Paris, 1re ch., 25 févr. 2003, *Gaz. Pal.* 27-29 juill. 2003, p. 13 – Paris, 1re ch., 8 déc. 2003, *Gaz. Pal.* 16-17 janv. 2004, Somm. 17.
5. Paris, 1re ch., sect. A, 5 févr. 2008, RG n° 07/7517.
6. Paris, 1re ch., sect. A, 3 juill. 2007, RG n° 06/08725 – Paris, 1re ch., sect. A, 2 sept. 2008, RG n° 07/02494 – Paris, pôle 2, ch. 1, 24 nov. 2009, RG n° 09/02953 – Paris, pôle 2, ch. 1, 2 mars 2010, RG n° 09/14937 – Paris, pôle 2, ch. 1, 14 juin 2011, RG n° 10/13227 – Paris, pôle 6, ch. 1, 29 nov. 2011, RG n° 11/00951 – Paris, pôle 2, ch. 1, 17 sept. 2014, RG n° 13/16078 – Paris, pôle 2, ch. 1, 5 nov. 2014, RG n° 12/13168 – Paris, pôle 2, ch. 1, 17 déc. 2014, RG n° 13/04537 – Paris, pôle 2, ch. 1, 20 mai 2015, RG n° 14/01688.
7. D. Piau, « Collaboration libérale et requalification, 10 arrêts plus tard... », *Gaz. Pal.* 15-16 nov. 2013, p. 13.
8. Cass., ch. mixte, 12 févr. 1999, n° 96-17.468, P n° 1 ; *D.* 2000. 146, obs. B. Blanchard ; *D.* 1999. 65 ; *Gaz. Pal.* 1999. 6, note A. Damien ; *Gaz. Pal.* 1999. 309, note A. Damien ; *CSBP* 1999, n° 110, *S.* 231, obs. F.-J. Pansier ; *Dr. soc.* 1999. 404, obs. Ch. Radé.
9. Soc. 8 mars 2000, n° 98-14.222, P V, n° 91 ; *Dr. soc.* 2000. 548, note J. Barthélémy ; *D.* 2000. 88 ; *Gaz. Pal.* 2000. Somm. 1184 ; *Gaz. Pal.* 2000. Somm. 708 ; *CSBP* 2000, n° 120, *S.* 209, obs. F.-J. Pansier.
10. Soc. 8 mars 2000, n° 98-14.222, P V, n° 91.
11. Soc. 11 juill. 2012, n° 11-13.809, NP – Soc. 29 mars 2017, n° 15-29.028, NP ; *JCP* 2017. 660, n° 5, obs. F. G'sell.

813.46 Requalification retenue : conditions d'exercice empêchant le développement d'une clientèle personnelle. Dans une affaire, où la plupart des rendez-vous et appels téléphoniques, nécessaires au traitement de ses rares dossiers personnels, se passaient hors du cabinet et après 20 heures ou pendant le week-end, et que le collaborateur partageait son bureau avec un autre avocat et pouvait difficilement trouver un lieu pour recevoir ses propres clients, l'attitude générale du cabinet tendant à dissuader les collaborateurs libéraux à développer une clientèle personnelle, la Cour de cassation a considéré que les conditions réelles d'exercice ne permettaient pas effectivement de se consacrer à sa clientèle personnelle, faisant que « si, en principe, la clientèle personnelle est exclusive du salariat, le traitement d'un nombre dérisoire de dossiers propres à l'avocat lié à un cabinet par un contrat de collaboration ne fait pas obstacle à la qualification de ce contrat en contrat de travail lorsqu'il est établi que cette situation n'est pas de son fait mais que les conditions d'exercice de son activité ne lui ont pas permis de développer effectivement une clientèle personnelle »[1].

813.47 Requalification rejetée : conditions d'exercice permettant le développement d'une clientèle personnelle. Inversement, lorsque la cour d'appel a rejeté la demande de requalification, la Cour de cassation a alors approuvé « la cour d'appel, qui a constaté que le contrat de collaboration [...] lui avait permis de développer une clientèle personnelle »[2], et ce nonobstant la prise en charge, par le cabinet, des cotisations sociales et ordinales du collaborateur[3]. Elle constate, le plus souvent, que la cour d'appel a « déduit de ce faisceau d'indices l'absence de salariat »[4], dès lors que, par exemple :

- le collaborateur exerçait en toute indépendance, sans avoir de comptes à rendre ni recevoir d'instructions[5] ;

- le temps de travail imposé n'était pas incompatible avec le développement d'une clientèle personnelle, le collaborateur ne justifiant pas d'instructions reçues du cabinet et disposant librement de son temps[6], s'agissant de la qualité d'« associé income » (equity partner) ;

- des moyens matériels spécifiques avaient été mis à sa disposition par le cabinet pour la réception des clients du collaborateur[7] ;

- le cabinet d'avocat mettait à la disposition de son collaborateur une installation ainsi que les moyens matériels et humains garantissant le secret professionnel et lui permettant, eu égard à la charge de travail réservée au cabinet, de constituer et développer une clientèle personnelle, nonobstant le droit de regard de l'avocat associé sur le travail réalisé par le collaborateur qui n'était pas de nature à remettre en cause son indépendance juridique, l'obligation de renseignement quotidien du logiciel informatique destiné à répertorier les heures facturables, outil de gestion administrative, qui ne portait pas atteinte à l'autonomie de l'avocat et l'évaluation de sa participation au fonctionnement de la structure, pratique courante dans les cabinets d'avocats destinée à favoriser la progression des collaborateurs[8] ;

- le collaborateur bénéficiait des moyens matériels et humains nécessaires au développement d'une clientèle personnelle, et la charge de travail de l'intéressé ne l'empêchait pas de développer sa propre clientèle[9] ;

- les périodes d'intense activité n'ont été que ponctuelles et ne représentaient pas une pratique systématique et régulière, ce dont il résulte que, sauf circonstances exceptionnelles, l'obligation de disponibilité à laquelle le collaborateur était soumis n'était pas incompatible avec la constitution et le développement d'une clientèle personnelle[10] ;

- si, nonobstant certaines contraintes, telles une organisation stricte du cabinet et des exigences de présence des collaborateurs, qui peuvent être justifiées pour assurer le bon fonctionnement d'une structure professionnelle, le collaborateur, comme d'autres collaborateurs, a géré quelques dossiers de sa clientèle privée et qu'il n'est pas établi que le cabinet l'aurait dissuadé de développer sa propre clientèle en ne mettant pas à sa disposition les moyens techniques nécessaires et en lui imposant une charge de travail incompatible avec une activité personnelle[11].

1. Civ. 1re, 14 mai 2009, nº 08-12.966, P I, nº 90 ; *Gaz. Pal.* 27 juill. 2010, p. 7, note D. Piau ; *D.* 2009. 1488, obs. V. Avena-Robardet ; *D. soc.* 2009. 1195, obs. J. Barthélémy ; *RDT* 2009. 505, obs. J. Lévy-Amsallem.
2. Soc. 7 juill. 2004, nº 02-14.936, NP – Soc. 22 oct. 2008, nº 07-40.855, NP – Civ. 1re, 5 juill. 2017, nº 16-22.183 ; P ; *D.* 2017. 1477 ; *Gaz. Pal.* 25 juill. 2017, p. 27, obs. C. Berlaud ; *Gaz. Pal.* 31 oct. 2017, p. 64, obs. L. Mayer ; *JCP* 2017. 1104, nº 12, obs. J. Moret-Bailly ; *Gaz. Pal.* 5 déc. 2017, p. 24, obs. B. de Belval ; *D.* 2019. 159, obs A. Aynes.
3. Civ. 1re, 16 janv. 2007, nº 04-20.615, P I, nº 17 ; *D.* 2008. 944, obs. B. Blanchard.
4. Civ. 1re, 9 déc. 2015 nº 14-28.237, P I, nº 576 ; *D.* 2016. 19 ; *Gaz. Pal.* 19 avr. 2016, p. 21, obs. D. Landry.
5. Soc. 22 oct. 2008, nº 07-40.855, NP.
6. Soc. 5 mai 2011, nº 10-10.818, NP.
7. Civ. 1re, 24 avr. 2013, nº 12-21.443, P I, nº 82 ; *D.* 2013. 1146 ; *D.* 2014. 1115, obs. P. Lokiec et J. Porta ; *D. avocats* 2013. 286, note G. Royer ; *RTD eur.* 2014. 435, obs. B. Le Baut-Ferrarese ; *RTD eur.* 2014. 440, obs. S. Adalid.
8. Civ. 1re, 9 déc. 2015, nº 14-26.427, NP ; *Gaz. Pal.* 29 mars 2016, p. 73, obs. V. Renaux-Personnic ; *JCP* 2016. 670, nº 4, obs. C. Caseau-Roche.
9. Soc. 15 avr. 2016, nº 15-10.122, NP.
10. Civ. 1re, 28 sept. 2016, nº 15-21.780, NP.
11. Civ. 1re, 9 juin 2017, nº 16-14.347, NP ; *JCP* 2017. 1104, nº 8, obs. L. Jariel ; – MÊME SENS : Civ. 1re, 5 juill. 2017, nº 16-22.183 ; P ; *D.* 2017. 1479 ; *Gaz. Pal.* 25 juill. 2017, p. 27, obs. C. Berlaud ; *Gaz. Pal.* 31 oct. 2017, p. 64, obs. L. Mayer ; *JCP* 2017. 1104, nº 12, obs. J. Moret-Bailly ; *Gaz. Pal.* 5 déc. 2017, p. 24, obs. B. de Belval ; *D.* 2019. 159, obs A. Aynes.

813.48 **Requalification rejetée entre anciens... directeurs départementaux du travail.** Une affaire est symptomatique[1], en ce qu'elle concernait un ancien directeur départemental du travail, devenu avocat, qui avait rejoint un cabinet fondé par un ancien directeur départemental du travail. La collaboration s'étant mal passée, il avait quitté le cabinet pour s'installer à titre individuel, avant de quitter la profession pour redevenir directeur départemental du travail.

Le contrat de collaboration prévoyait divers aménagements de la relation entre les parties, et notamment la prise en charge par le cabinet des charges sociales, la mise à disposition d'un véhicule de fonction, d'un badge de péage d'autoroute et d'un téléphone portable, et la précision que les recettes du collaborateur seraient facturées directement par le cabinet. Il avait ainsi toutes les apparences d'un contrat de travail. Mais, pour la cour d'appel : « Il importe d'apprécier *in concreto* si les conditions de fait dans lesquelles s'est exercée l'activité professionnelle d'un avocat présenté comme collaborateur libéral objectivaient effectivement cette qualité [...] ou bien, à l'inverse, si les conditions d'accomplissement de son travail impliquaient nécessairement son rattachement au statut social d'un avocat salarié placé sous la dépendance plus étroite des avocats auxquels il se trouvait lié contractuellement, quant à l'organisation matérielle quotidienne de son emploi du temps et de ses activités »[2].

La cour d'appel va alors, par le biais d'une longue et fine motivation, constater successivement que de nombreux documents (lettres aux clients, magistrats, consultations, écritures, propositions d'intervention avec mention du seul collaborateur libéral comme avocat intervenant pour le compte du cabinet...) étaient signés du collaborateur seul et sans signature d'un associé du cabinet, que le collaborateur était régulièrement présenté comme associé ou futur associé du cabinet, qu'il recevait seul les clients dans son bureau et qu'il était devenu personnellement le référent du cabinet pour certains clients. Pour la cour, outre l'illustration de sa grande marge d'autonomie et de son rôle actif, voire prééminent, il se vérifie que le collaborateur libéral a pu fidéliser un certain nombre de clients, particuliers ou institutionnels, avec lesquels il avait noué un contact au cours de sa collaboration au sein du cabinet et qu'il a conservé postérieurement à son départ. Ainsi, peu importe que les dossiers aient été ouverts sous le nom de cabinet, que le collaborateur ait reversé ses indemnités en matière d'aide juridictionnelle et de commission d'office et qu'il ait été prévu une cession au cabinet d'honoraires éventuellement perçus par le collaborateur, il n'y avait pas lieu à requalification en contrat de travail[3].

La Cour de cassation rejette le pourvoi en considérant que : « La cour d'appel a, par motifs propres, souverainement retenu que le collaborateur libéral avait bénéficié d'une grande marge d'autonomie et pu fidéliser un certain nombre de clients avec lesquels il avait noué un contact au cours de sa collaboration au sein de la société, et, par motifs adoptés, constaté qu'il avait pu développer une clientèle personnelle ; qu'elle a pu en déduire que, peu important le caractère fixe de la rémunération perçue et l'obligation faite à l'intéressé de reverser ses indemnités de commissions d'office, les parties n'étaient pas liées par un contrat de travail »[4].

813.49 **Requalification rejetée par la chambre criminelle : subordination effective non caractérisée et absence de preuve d'empêchement de développement d'une clientèle personnelle.** La chambre criminelle a eu à connaître d'une demande en requalification dans le cadre d'une plainte pénale pour travail dissimulé qui fit l'objet d'une ordonnance de non-lieu rendue par le juge d'instruction. Pour la chambre criminelle, il incombe au demandeur lié par un contrat de collaboration libérale qui entend établir sa qualité de salarié au sens de l'article 7[5] de la loi du 31 décembre 1971, de rapporter la preuve de ce qu'ayant manifesté la volonté de développer une clientèle personnelle, il en a été empêché en raison des conditions d'exercice de son activité.

Elle approuve le non-lieu dès lors que l'instruction n'a pas permis de caractériser la subordination effective dans ses conditions de travail du collaborateur qui n'établit pas s'être trouvé dans l'impossibilité de développer une clientèle personnelle[6].

En réalité, il faut bien comprendre que, pour la Cour de cassation qui, dans tous les cas, a rejeté les pourvois, la question de la requalification relève des pouvoirs souverains d'appréciation des juges du fond, et son rôle se limite à apprécier la pertinence de la motivation opérée par la cour d'appel[7], ainsi qu'à vérifier qu'elle a bien caractérisé la possibilité effective ou non, pour le collaborateur libéral, compte

1. Soc. 9 oct. 2013, n° 12-23.718, P V, n° 232 ; *Gaz. Pal.* 15-16 nov. 2013, p. 13, note D. Piau ; *JCP* 2014. 597, n° 5, obs. G. Pillet ; *D.* 2013. 2407 ; *Dr. soc.* 2014. 11, Chron. S. Tournaux.
2. Chambéry, ch. soc., 7 juin 2012.
3. Chambéry, ch. soc., 7 juin 2012.
4. Soc. 9 oct. 2013, n° 12-23.718, P V, n° 225 ; *D.* 2013. 2407 ; *Dr. soc.* 2014. 11, Chron. S. Tournaux.
5. L. n° 71-1130, 31 déc. 1971, art. 7.
6. Crim. 15 mars 2016, n° 14-85.328, P n° 77 ; *Dr. soc.* 2016. 665, obs. R. Salomon ; *D.* 2017. 81, obs. Th. Wickers.
7. Civ. 1re, 24 avr. 2013, n° 12-21.443, P I, n° 82 ; *D.* 2013. 1146 ; *D.* 2014. 1115, obs. P. Lokiec et J. Porta ; *D. avocats* 2013. 286, note G. Royer ; *RTD eur.* 2014. 435, obs. B. Le Baut-Ferrarese ; *RTD eur.* 2014. 440, obs. S. Adalid.

tenu de sa liberté dans l'organisation de ses conditions temporelles et matérielles de travail, de développer une clientèle personnelle, appréciation qui dépend essentiellement des éléments qui sont invoqués par les parties à la procédure et soumis à la libre appréciation des juges.

En d'autres termes, elle vérifie que le juge du fond, sans inverser la charge de la preuve, a pu déduire d'un faisceau d'indices l'absence de salariat[1]. Il faut, ainsi, analyser concrètement si le cabinet a effectivement ou non permis à son collaborateur de développer une clientèle propre, indépendamment des termes du contrat. Le collaborateur sera débouté de sa demande de requalification si le cabinet l'a autorisé à créer et développer une clientèle propre et qu'il lui a laissé le temps et les moyens matériels de le faire, peu importe que cette possibilité ne se soit pas effectivement concrétisée[2], notamment lorsque cela procède du choix du collaborateur de se consacrer aux dossiers du cabinet[3].

SECTION 2
CONCLUSION DU CONTRAT DE TRAVAIL

813.50 Plan. Le contrat de travail obéit à des principes quant à sa conclusion (§ 1) ainsi qu'à des règles relativement à sa forme (§ 2) et à son contenu (§ 3) et imposant un contrôle de celui-ci par le conseil de l'Ordre (§ 4).

§ 1
Principes

813.60 Plan. La conclusion du contrat de travail est régie par un cadre légal et réglementaire (A) et doit conduire à déterminer les parties au contrat (B).

A.
Cadre légal et réglementaire

813.71 Droit du travail, convention collective et principes essentiels de la profession. Le contrat de travail de l'avocat salarié est régi par le droit commun du travail[4] et par la convention collective signée le 17 février 1995, pour toutes les dispositions autres que celles de la loi du 31 décembre 1971 modifiée et du décret du 27 novembre 1991[5], ainsi que par les principes essentiels de la profession[6]. L'avocat salarié est lié par un contrat de travail écrit qui ne peut porter atteinte au principe déontologique d'égalité entre avocats, nonobstant les obligations liées au respect des clauses relatives aux conditions de travail[7].

L'article 14 du RIN a été entièrement refondu en 2014, étant précisé que sa nouvelle rédaction est applicable aux contrats de travail en cours[8].

813.72 Convention collective. La convention collective nationale des cabinets d'avocats (avocats salariés) du 17 février 1995[9], fait fréquemment l'objet d'avenants[10]. Elle ne doit pas être confondue avec la convention collective nationale des avocats et de leur personnel du 20 février 1979[11], applicable au seul personnel salarié hors avocats.

Un accord du 26 juillet 2019, étendu par arrêté du 23 novembre 2020[12], est venu prévoir la préparation de la mise en œuvre de la fusion des champs d'application des conventions « avocats salariés » et « personnel salarié des cabinets d'avocats » en une seule convention collective[13]. L'accord met en place une commission paritaire permanente de négociation et d'interprétation (Cppni) ayant pour mission d'analyser les deux conventions collectives nationales et de proposer des stipulations conventionnelles communes permettant l'élaboration de la convention collective nationale des salariés des cabinets d'avocats[14].

B.
Parties au contrat de travail

813.81 Employeur. Le contrat de travail peut être conclu avec un avocat, une association ou une société d'avocats[15] mais pas par un GIE[16]. Une particularité

1. Civ. 1re, 4 févr. 2015, n° 13-27.720, NP.
2. Soc. 5 mai 2011, n° 10-10.818, NP.
3. Civ. 1re, 21 oct. 2020, n° 19-12.644, P ; *JCP* 2020. 1246 ; *D.* 2020. 2124 ; *Gaz. Pal.* 1er juin 2021, p. 20, obs. D. Landry.
4. DEPUIS NOT. : L. 20 juin 1936 instituant un congé annuel payé dans l'industrie, le commerce, les professions libérales, les services domestiques et l'agriculture, *JO* 26 juin, p. 6698 ; – AUSSI : P. Bailly, M. Blatman, G. Pignarre, M. Véricel, *Conditions de travail,* « Dalloz Référence », 2021, nos 011.11, 101.11, 312.172, 313.131.
5. Décr. n° 91-1197, 27 nov. 1991 organisant la profession d'avocat, *JO* 28 nov., p. 15502.
6. RIN, art. 14.1.
7. Décr. n° 91-1197, 27 nov. 1991, art. 137.
8. Décis. 7 mai 2014 portant réforme du règlement intérieur national (RIN) de la profession d'avocat (L. 31 déc. 1971, art. 21-1, mod.), *JO* 31 mai, p. 9071.
9. ÉTENDUE PAR : Arr. 10 juin 1996, *JO* 28 juin 1996.
10. EX. : avenant n° 15, 25 mai 2012 relatif au forfait annuel en jours qui a pour objet de faire évoluer l'organisation du travail des cabinets par une meilleure prise en compte du droit à la santé et au repos des avocats salariés.
11. Étendue par arr. 13 nov. 1979, *JO* 9 janv. 1980.
12. Arr 23 nov. 2020, *JO* 15 déc.
13. Accord du 26 juill. 2019 relatif à la fusion des champs d'application des conventions « avocats salariés » et « personnel salarié des cabinets d'avocats » ; *JCP* 2020. Chron. 278, n° 10, obs. C. Caseau-Roche.
14. Accord du 26 juill. 2019, art. 3.5.1.
15. L. n° 71-1130, 31 déc. 1971, art. 7.
16. A. Bénabent, « Avocat, premières vues sur la "nouvelle profession" », *JCP* 1991. I. 3499, n° 81.

est ici à noter : la loi semble ainsi reconnaître à l'association entre avocats, la personnalité morale pour lui permettre de devenir employeur [1].

L'avocat salarié bénéficie des dispositions de l'article L. 1224-1 du code du travail en cas de modification dans la situation juridique du cabinet qui l'emploie (notamment de fusion de la société d'avocats à laquelle il appartient avec une autre société). On s'est également demandé s'il pouvait également s'en prévaloir en cas de transfert d'une équipe de collaborateurs salariés d'un cabinet vers un autre. La jurisprudence a admis que d'une part, un cabinet d'avocat constitue une entité économique autonome, et d'autre part, le transfert des dossiers du cabinet entraînait celui de la totalité de la clientèle qui y était attachée et qui constituait l'élément essentiel de cette entité [2].

813.82 **Inscription du salarié et de l'employeur au même barreau.** Un avocat salarié ne peut être inscrit à un barreau différent de celui de l'employeur pour le compte duquel il agit, tel qu'il résulte de la combinaison des articles 5, 7 et 8 de la loi du 31 décembre 1971 et de l'article 136 du décret du 27 novembre 1991, sauf le cas de groupements, sociétés ou associations d'avocats appartenant à plusieurs barreaux [3], auquel cas il pourra être inscrit dans l'un des barreaux où est inscrit l'un des associés du groupement ou de la structure d'exercice [4].

§ 2 Forme du contrat de travail

813.91 **Contrat de travail établi par écrit.** Le contrat de travail devra être établi par écrit [5]. Il pourra être à durée déterminée ou indéterminée dans les conditions prévues par le code du travail. Comme en matière de collaboration libérale [6], pour apprécier la relation contractuelle liant les avocats, s'agissant en l'occurrence d'un accessoire de la rémunération, il convient, non seulement de se reporter au contrat conclu entre les parties, mais également à la pratique contractuelle de ce contrat [7] telle qu'elle résulte des pièces et à leur interprétation raisonnable par chacune des parties lorsque le contrat a cessé.

Comme en matière de collaboration libérale [8], l'absence d'écrit ne fait pas obstacle, s'agissant d'une nullité relative, au pouvoir des juges du fond de déterminer si la relation entre deux avocats constituait contrat de travail [9], tel que dans le cas d'un juriste salarié d'un cabinet d'avocat devenu avocat sans qu'un nouveau de contrat de travail n'ait été régularisé entre les parties à la suite de son inscription au tableau [10].

§ 3 Contenu du contrat de travail

813.100 **Plan.** Le contenu du contrat de travail doit respecter certaines règles spécifiques à la profession et, pour le surplus, le droit commun (A), il précise, notamment, la rémunération (B), ainsi que la faculté pour l'avocat salarié d'exercer d'autres activités (C).

A. Contenu contractuel

813.111 **Principes régissant le contenu du contrat de travail.** Dans l'exercice des missions qui lui sont confiées, l'avocat salarié bénéficie de l'indépendance [11] que comporte son serment et n'est soumis à un lien de subordination à l'égard de son employeur que pour la détermination de ses conditions de travail.

En aucun cas, le contrat de travail ne peut porter atteinte aux règles déontologiques de la profession d'avocat, et notamment au respect des obligations en matière d'aide juridique, et à la faculté pour l'avocat salarié de demander à être déchargé d'une mission qu'il estime contraire à sa conscience ou susceptible de porter atteinte à son indépendance [12]. L'avocat salarié ne peut avoir de clientèle personnelle, à l'exception de celle des missions d'aide juridique pour lesquelles il est désigné par le bâtonnier [13].

Le contrat de travail doit prévoir les conditions de travail garantissant notamment le droit à la formation au titre de la formation continue et de l'acquisition

1. A. Bénabent, « Avocat, premières vues sur la "nouvelle profession" », *JCP* 1991. I. 3499, n° 82 – V. s^s n° 811.61.
2. Soc. 25 sept. 2007, n° 06-41892, NP – Soc. 12 mars 2008, n° 06-46.090, NP ; – *CONTRA* : Soc. 5 mai 2011, n° 10-10.818, NP – Paris, 1re ch., sect. A, 7 févr. 2006, RG n° 05/11550 – Bordeaux, ch. soc., sect. A, 26 janv. 2010, RG n° 09/02811.
3. Civ. 1re, 21 mars 1995, n° 93-13.634, P I, n° 136 ; *D.* 1995. 101 ; *JCP* 1995. IV. 1233 ; *JCP* 1995. II. 22434, note R. Martin ; *Gaz. Pal.* 1995. Pan. 149 – Civ. 3e, 7 nov. 2001, n° 99-12.383, P III, n° 120 ; *JCP* 2002. I. 136, n° 15, obs. R. Martin ; *Procédures* 2002, n° 2, note R. Perrot.
4. CNB, Comm. RU, avis n° 2017-006, 14 mars 2017.
5. L. n° 71-1130, 31 déc. 1971, art. 7 – RIN, art. 14.2.
6. V. s^s n° 812.82.
7. Angers, ch. soc., 15 mars 2016, RG n° 12/01656.
8. V. s^s n°s 812.102 s.
9. V. s^s n°s 813.41 s.
10. Civ. 1re, 19 juin 2019, n° 18-17.782, P ; *D.* 2019. 1347 ; *JCP* 2019. 728 ; *Gaz. Pal.* 30 juill. 2019, p. 39, obs. C. Berlaud ; *Gaz. Pal.* 3 déc. 2019, p. 23, obs. D. Lancry, J. Villacèque ; *JCP* 2019, Chron. 1238, n° 13, obs. S. Grayot-Dirx ; *D.* 2020. 114, obs. Th. Wickers.
11. V. s^s n°s 323.00 s.
12. L. n° 71-1130, 31 déc. 1971, art. 7.
13. RIN, art. 14.1.

d'une spécialisation[1] ainsi que le secret professionnel[2] et l'indépendance qu'implique le serment d'avocat[3].

L'avocat salarié doit être en mesure de négocier librement ses conditions d'engagement[4].

813.112 **Clauses obligatoires.** Le contrat de travail doit faire référence à la CCN du 17 février 1995[5], et préciser :

1° Sa durée, indéterminée ou déterminée, en mentionnant dans ce cas son terme et, le cas échéant, les conditions de son renouvellement. Il doit également prévoir, le cas échéant, la durée de la période d'essai[6].

2° Les modalités de la rémunération, et éventuellement l'incidence de l'aide juridictionnelle et des commissions d'office sur celles-ci, ainsi que de remboursement des frais professionnels engagés pour le cabinet[7].

3° Les conditions d'exercice de l'activité[8].

4° Les conditions et les modalités de sa rupture[9].

5° Les modalités de sa suspension afin de permettre à l'avocat de bénéficier des indemnisations prévues par la législation de la sécurité sociale en matière d'assurance-maladie, de maternité, de congé d'adoption et de congé de paternité et d'accueil de l'enfant telles que définies par la convention collective[10].

6° La durée des congés définis par la convention collective[11].

7° La situation individuelle de l'avocat par référence à l'article 4.2 de la CCN (avocat salarié inscrit au tableau ou avocat salarié titulaire d'une mention de spécialisation).

8° Le cas échéant, les autres activités de l'avocat salarié[12].

813.113 **Clauses interdites.** Le contrat de travail ne peut comporter de :

- clause de renonciation par avance aux clauses obligatoires ;

- clause de limitation de liberté d'établissement ultérieure[13] ;

- clause de limitation des obligations professionnelles en matière d'aide juridictionnelle ou de commissions d'office[14] ;

- clause susceptible de porter atteinte à l'indépendance que comporte le serment d'avocat[15].

813.114 **Clause relative au domicile personnel.** La clause relative à la fixation du domicile personnel d'un avocat salarié est étrangère à la détermination de ses conditions de travail de sorte qu'elle se trouve soumise au contrôle du conseil de l'Ordre. Surtout, une telle clause qui fonde l'obligation faite à l'avocat de fixer son domicile au lieu d'implantation du cabinet sur la seule nécessité d'une « bonne intégration de l'avocat dans l'environnement local » porte atteinte à la liberté individuelle de l'avocat salarié[16].

813.115 **Discrimination.** Les avocats salariés ne constituent pas une catégorie à part au sein du cabinet : au regard du droit du travail, ils sont des salariés au même titre que tous les autres salariés du cabinet, faisant qu'il convient de veiller à ne pas leur attribuer des avantages qui leur seraient réservés de ce seul fait ou inversement.

La Cour de cassation a eu l'occasion d'affirmer que la seule différence de catégorie professionnelle ne saurait en elle-même justifier, pour l'attribution d'un avantage, une différence de traitement entre les salariés placés dans une situation identique au regard dudit avantage, cette différence devant reposer sur des raisons objectives dont le juge doit contrôler la réalité et la pertinence. En l'occurrence, la cour d'appel a pu exactement décider que l'employeur qui avait réservé l'octroi de tickets-restaurants au seul personnel non-cadre de son cabinet ne justifiait ainsi d'aucune raison objective et pertinente pouvant légitimer cette disparité[17] ce qui justifie l'allocation de dommage et intérêts à l'avocat salarié qui se plaignait de cette privation.

B.
Rémunération

813.121 **Salaire minimum.** La convention collective fixe les minima de salaires[18]. La rémunération de l'avocat constitue un forfait payable en

1. V. s[s] n°s 214.31 s.
2. V. s[s] n°s 412.91 s.
3. RIN, art. 14.2.
4. CCN, 17 févr. 1995, art. 2.1.
5. ÉTENDUE PAR : Arr. 10 juin 1996, *JO* 28 juin – V. s[s] n° 813.72.
6. V. s[s] n° 813.171.
7. V. s[s] n°s 813.121 s.
8. V. s[s] n°s 813.160 s.
9. V. s[s] n°s 813.211 s.
10. V. s[s] n°s 813.192 s.
11. RIN, art. 14.2 – V. s[s] n° *813.191*.
12. CCN, 17 févr. 1995, art. 2.2 – V. s[s] n° 813.132.
13. L. n° 71-1130, 31 déc. 1971, art. 7 – Décr. n° 91-1197, 27 nov. 1991, art. 139 – RIN, art. 14.2 – V. s[s] n°s 813.241 s.
14. V. s[s] n°s 472.221 s.
15. RIN, art. 14.2 – V. s[s] n°s 323.00 s.
16. Soc. 12 juill. 2005, n° 04-13.342, P V, n° 241 ; *D.* 2005. 2174 ; *D.* 2005. Pan. 2702, obs. L. Marino ; *RTD civ.* 2006. 109, obs. J. Mestre et B. Fages ; *JCP* 2005. II. 10135, obs. P.-Y. Verkindt ; *JCP E* 2005. 1711, note G. Auzero ; *Dr. social* 2005. 1037, note J. Barthélémy ; *D.* 2006. 29, obs. Centre de recherche en droit social de l'IETL, Université Lumière Lyon 2 ; *D.* 2006. 2702, obs. A. Lepage, L. Marino et C. Bigot – Civ. 1re, 7 févr. 2006, n° 05-12.113, P I, n° 52 ; *D.* 2006. 529 ; *RTD civ.* 2006. 280, note J. Hauser ; *JCP* 2006. I. 188, obs. R. Martin – Soc. 7 mars 2007, n° 05-21.017, NP.
17. Soc. 20 févr. 2008, n° 05-45.601, P V n° 39 ; *Dr. social* 2008. 530, note Ch. Radé.
18. RIN, art. 14.3.

douze mensualités sauf disposition particulière. Si elle comporte une partie variable, l'employeur donne une information complète au salarié sur les éléments ayant permis sa détermination[1]. Dans chaque cas individuel, il doit être tenu compte de l'importance des sujétions liées à l'organisation de son travail pour la détermination des salaires effectifs. Quels que soient la structure et le mode de rémunération contractuellement convenus, l'avocat salarié ne saurait percevoir, pour une même année civile ou un même exercice social d'une durée de douze mois, une rémunération annuelle brute inférieure au minimum prévu en application des accords de salaire[2].

Les salaires minimums actuellement en vigueur sont ceux résultant de l'avenant n° 23 du 29 novembre 2019 relatif aux salaires minima au 1er janvier 2020[3].

Ensemble du barreau français hors barreaux de Paris et d'Île-de-France

Avocat salarié	Salaire minimum annuel
1re année	26 066
2e année	28 229
3e année	31 319
Après la 3e année	35 172
Avocat ayant 5 années d'expérience dans la profession ou titulaire d'une mention de spécialisation	43 909

Barreaux de Paris et d'Île-de-France

Avocat salarié	Salaire minimum annuel
1re année	28 177
2e année	30 856
3e année	35 327
Après la 3e année	39 643
Avocat ayant 5 années d'expérience dans la profession ou titulaire d'une mention de spécialisation	47 340

813.122 Obligations professionnelles en matière d'aide juridique. Le contrat de travail peut prévoir que les indemnités d'aide juridique dues au collaborateur salarié, au titre des missions pour lesquelles il a été désigné par le bâtonnier, lui seront versées en supplément de sa rémunération. Il peut être également convenu que les indemnités d'aide à l'intervention de l'avocat correspondant à des missions effectuées en dehors du temps de travail seront conservées par le collaborateur salarié à titre de défraiement. À défaut de stipulation dans le contrat de travail, l'avocat collaborateur salarié cumule la rémunération convenue entre les parties et les indemnisations perçues directement au titre des missions d'intérêt public[4].

813.123 Discrimination en matière de rémunération. L'avocat salarié peut, à la différence du collaborateur libéral, se plaindre d'une discrimination de manière générale, mais à condition, sauf exceptions, d'en apporter la preuve.

C'est ainsi que par une appréciation souveraine des éléments de fait et de preuve qui lui étaient soumis, notamment ceux témoignant de la formation universitaire en droit fiscal national et européen de l'avocat salarié, qu'une cour d'appel a pu estimer qu'un avocat, embauché en qualité de fiscaliste, possédait des connaissances utiles et une formation technique spécifique en phase avec l'activité dominante du cabinet, spécialisé dans le conseil fiscal, au contraire d'un autre avocat salarié, plus généraliste et partant moins performant dans ce domaine caractérisant ainsi l'existence d'éléments objectifs et pertinents fondant la différence de traitement entre les deux avocats salariés[5].

C. Temps partiel et autre activité

813.131 Temps partiel. Pendant toute la durée de son contrat de travail, l'avocat salarié, engagé à temps partiel, peut exercer, à titre personnel ou pour le compte d'un autre cabinet, la profession d'avocat sous réserve d'en avoir informé au préalable son employeur et que celui-ci ne s'y soit opposé pour un motif légitime[6].

Il peut ainsi être salarié à temps partiel de plusieurs avocats[7] ou encore exercer la profession d'avocat à titre individuel, tel que comme collaborateur libéral d'un autre avocat, se trouvant alors dans une situation de pluriactivité[8].

813.132 Autre activité. Pendant toute la durée de son contrat, l'avocat salarié peut exercer une autre activité professionnelle compatible avec la profession d'avocat[9], sous réserve que l'avocat employeur, préalablement informé, ne s'y soit pas opposé. Un

1. CCN, 17 févr. 1995, art. 4.3.
2. CCN, 17 févr. 1995, art. 4.1.
3. BO 2020-13.
4. RIN, art. 14.3 – CCN, 17 févr. 1995, art. 4.3.
5. Civ. 1re, 10 déc. 2014, n° 13-26.419, NP.
6. CCN, 17 févr. 1995, art. 3.1.
7. A. Bénabent, « Avocat, premières vues sur la "nouvelle profession" », *JCP* 1991. I. 3499, n° 92.
8. EN CE SENS : V. Renaux-Personnic, *L'avocat salarié : entre indépendance et subordination*, Puam, 1998 ; – AUSSI mais sur le terrain de la pluralité d'exercice : CNB, Comm. RU, avis n° 2020-028, 15 déc. 2020.
9. V. ss nos 433.00 s.

avenant est établi entre les parties pour tenir compte de l'incidence de cette nouvelle situation sur les conditions de travail et de rémunération de l'avocat salarié [1].

Il peut ainsi cumuler une activité d'avocat salarié et une activité de professeur des universités [2].

§ 4
Contrôle du contrat de travail

813.141 **Contrôle par le conseil de l'Ordre.** Les modalités prévues [3] sont les mêmes que pour le contrat de collaboration libérale [4].

813.142 **Tableau de l'Ordre.** La qualité de salarié ne peut plus figurer sur le tableau de l'Ordre, depuis 1995 [5], l'article 95-1 du décret du 27 novembre 1991 [6], précise expressément que : « le tableau ne peut comporter la mention avocat salarié ou avocat collaborateur » [7].

SECTION 3
EXÉCUTION DU CONTRAT DE TRAVAIL

813.150 **Plan.** L'exécution du contrat de travail doit respecter un certain nombre de principes (§ 1) et permettre à l'avocat salarié de concilier sa vie personnelle avec son activité professionnelle (§ 2).

§ 1
Principes

813.160 **Plan – Droit du travail.** L'exécution du contrat de travail obéit à des principes généraux (A) ainsi qu'à des dispositions particulières relatives au temps de travail (B).

L'exécution du contrat est, pour l'essentiel, régie par le droit du travail [8]. L'exécution du contrat de travail doit être loyale, l'employeur devant, notamment, fournir du travail et maintenir l'employabilité de l'avocat salarié [9]. L'avocat salarié dispose dans l'exercice de sa profession d'une réelle autonomie dans l'organisation de son temps de travail, afin d'assumer les missions qui lui sont confiées [10]. L'avocat salarié doit préciser, outre son propre nom, le nom du cabinet d'avocat pour le compte duquel il agit, dans tous les actes où il figure [11]. Le cabinet employeur est civilement responsable [12] des actes professionnels accomplis pour son compte par son ou ses salariés [13].

L'avocat salarié reste maître de l'argumentation qu'il développe et des conseils qu'il donne. Si l'argumentation est contraire à celle que développerait l'avocat avec lequel il travaille, il est tenu, avant d'agir, de l'en informer. En cas de persistance du désaccord, par respect des principes de loyauté et délicatesse, l'avocat salarié devra restituer le dossier [14]. L'avocat salarié doit pouvoir exercer dans des conditions garantissant le secret professionnel [15].

A.
Modalités d'exécution

813.171 **Période d'essai.** Le contrat de travail peut prévoir une période d'essai d'une durée maximale de trois mois, renouvelable une fois pour une durée maximale de trois mois et après accord écrit de l'avocat salarié. Pendant la période d'essai, l'une ou l'autre des parties peut à tout moment dénoncer le contrat. Lorsqu'il y est mis fin par l'employeur, ce dernier doit respecter un délai de prévenance qui ne peut être inférieur à 24 heures en deçà de huit jours de présence ; 48 heures entre huit jours et un mois de présence ; deux semaines après un mois de présence ; un mois après trois mois de présence. La période d'essai, renouvellement inclus, ne peut être prolongée du fait de la durée du délai de prévenance. Lorsqu'il y est mis fin par le salarié, celui-ci doit respecter un délai de prévenance de 48 heures. Ce délai est ramené à 24 heures si la durée de présence du salarié dans l'entreprise est inférieure à huit jours [16].

Un avocat salarié qui soutenait que la période d'essai était particulièrement longue et déraisonnable selon la convention de l'organisation Internationale de travail, s'est vu répondre par les juges du fond que tel n'était pas le cas dès lors que les deux contrats de travail en cause, avec chacun une période d'essai de trois mois, étant bien distincts et visaient, certes, tous deux, des embauches, en qualité d'avocat mais dans des départements juridiques distincts et autonomes, le département fiscalité et le département droit des affaires. Les deux périodes d'essai, ayant ainsi un objet différent, ne faisaient pas double emploi et ne se confondaient donc pas [17].

1. CCN, 17 févr. 1995, art. 3.1.
2. Rep. min. n° 14561, *JO Sénat Q* 13 févr. 1992.
3. Décr. n° 91-1197, 27 nov. 1991, art. 139 à 141.
4. V. s^s n° 812.151.
5. Décr. n° 95-1110, 17 oct. 1995 modifiant le décret n° 91-1197 du 27 novembre 1991 organisant la profession d'avocat, art. 8.
6. Décr. n° 91-1197, 27 nov. 1991, art. 95-1.
7. V. s^s n° 461.204.
8. P. Bailly, M. Blatman, G. Pignarre, M. Véricel, *Conditions de travail*, « Dalloz Référence », 2021, n°s 011.11, 101.11, 312.172, 313.131.
9. Versailles, 6e ch., 12 mars 2020, RG n° 18/03208.
10. CCN, 17 févr. 1995, art. 6.1.
11. Décr. n° 91-1197, 27 nov. 1991, art. 136.
12. V. s^s n° 913.35.
13. Décr. n° 91-1197, 27 nov. 1991, art. 138.
14. RIN, art. 14.3.
15. CCN, 17 févr. 1995, art. 3.2.
16. CCN, 17 févr. 1995, art. 2.3.
17. Versailles 6e ch., 10 mai 2016, RG n° 15/02248.

813.172 **Clientèle personnelle.** L'avocat salarié ne peut avoir de clientèle personnelle, à l'exception de celle des missions d'aide juridique pour lesquelles il est désigné par le bâtonnier[1]. Il doit donc se consacrer exclusivement au traitement des dossiers qui lui sont confiés pendant l'exécution de son contrat de travail ainsi qu'aux missions d'aide juridictionnelle et de commissions d'office pour lesquelles il a été désigné[2]. Il jouit de tous les autres droits reconnus aux avocats[3].

813.173 **Clause dite de double signature.** Un important débat, doctrinal et jurisprudentiel, eu lieu, au moment de la fusion, sur la question de savoir si un cabinet d'avocat pouvait obliger un avocat salarié à se soumettre à une obligation de double signature, en l'occurrence celle de l'associé aux côtés de la sienne. Certains auteurs, et juridictions, considéraient que l'avocat salarié devait être soumis à cette obligation afin de pouvoir signifier des conclusions ou envoyer des lettres[4].

Le RIN règle la question en prévoyant que l'avocat salarié, comme le collaborateur libéral, peut être soumis, si cela est expressément prévu dans le contrat de travail à l'obligation de double signature ou du visa sur tous actes, correspondances, études ou consultations[5].

813.174 **Retrait au titre de la conscience.** Les règles prévues pour la collaboration libérale sont applicables[6] à l'avocat salarié[7].

813.175 **Formation – Spécialisation – Dédit formation.** Les règles prévues pour la collaboration libérale sont applicables à l'avocat salarié[8]. Le temps consacré à suivre les éventuelles sessions de formation pour l'obtention d'une mention de spécialisation ainsi qu'à la préparation et au suivi de l'examen de spécialisation[9] ne saurait donner lieu à une diminution de la rémunération. En outre, toutes facilités doivent être données à l'avocat salarié pour disposer du temps nécessaire à la préparation de cet examen[10].

1. L. n° 71-1130, 31 déc. 1971, art. 7 – RIN, art. 14.1 – V. s^s n°s 472.221 s.
2. RIN, art. 14.3.
3. L. n° 71-1130, 31 déc. 1971, art. 6 et 6 *bis* not.
4. Orléans, 9 févr. 1995 et Bourges, 17 mai 1995, *D.* 1996. 316 ; *Gaz. Pal.* 11 juill. 1995, Doctr. 9, J. Paillusseau et Ph. Peyramaure – D. Landry, « La double signature et l'avocat salarié », *Gaz. Pal.* 6 janv. 1995, Tribune libre – Nîmes 16 nov. 1993, *D.* 1994. 1 ; *Gaz. Pal.* 25 juin 1994, Doctr, J. Barthélémy.
5. RIN, art. 14.3.
6. V. s^s n° 812.204.
7. RIN, art. 14.3.
8. RIN, art. 14.3 – V. s^s n°s 812.221 s.
9. V. s^s n°s 214.31 s.
10. CCN, 17 févr. 1995, art. 8.2.2.

De même, la participation, au titre de la formation continue obligatoire, à des sessions de formation organisées, pendant les heures habituelles de travail, n'entraîne aucune diminution de rémunération[11].

B. Temps de travail

813.181 **Exécution du contrat.** L'indépendance de l'avocat dans l'exercice de sa profession a pour conséquence la liberté dans la détermination de son temps de travail, notamment dans les dépassements individuels de l'horaire collectif du cabinet, justifiés par l'accomplissement des tâches qui lui sont confiées[12].

Il est pleinement soumis aux règles du code du travail en la matière et notamment à la durée légale.

813.182 **Forfait jours.** Un avenant n° 15 du 25 mai 2012[13] relatif au forfait annuel en jours est venu encadrer l'organisation du travail des cabinets par une meilleure prise en compte du droit à la santé et au repos des avocats salariés, conformément aux articles L. 3121-39 et suivants du code du travail. Conformément aux dispositions de l'article L. 3121-43 du code du travail, le mécanisme du forfait jours sur l'année s'applique aux avocats salariés, cadres disposant d'une autonomie dans l'organisation de leur emploi du temps et corrélativement de leur charge de travail et dont les fonctions ne peuvent les conduire à suivre un horaire collectif.

La convention de forfait en jours, et plus particulièrement le nombre de jours travaillés et ses conditions d'exécution, doit être prévue au contrat de travail ou dans un avenant au contrat. Toutefois, ce mécanisme ne concerne pas les avocats ayant la qualité de cadres dirigeants au sens de l'article L. 3111-2 du code du travail.

813.183 **Forfait jours : nombre de jours travaillés.** Le nombre de jours travaillés pour exécuter les missions qui lui sont confiées par le cabinet au titre d'une année civile est fixé à 218 jours, journée de solidarité incluse[14]. Pour l'avocat salarié ayant une activité réduite sur une année civile complète, les parties conviennent d'un forfait annuel inférieur à 218 jours. Cet avocat bénéficie à due proportion des mêmes droits et avantages que l'avocat salarié travaillant à temps complet. Pour l'avocat salarié ne bénéficiant pas d'un congé annuel complet, le

11. CCN, 17 févr. 1995, art. 8.3.
12. CCN, 17 févr. 1995, art. 4.1.
13. Arr. 2 août 2013 portant extension d'un avenant à la convention collective nationale des avocats salariés (n° 1850), *JO* 4 sept., p. 14956.
14. C. trav., art. L. 3121-44.

nombre de jours de travail est augmenté à concurrence du nombre de jours de congé légaux et conventionnels auxquels l'avocat salarié ne peut prétendre. Pour les salariés entrant ou sortant en cours d'année civile, le nombre de jours prévus au premier alinéa est déterminé *prorata temporis*.

813.184 **Forfait jours : mise en œuvre.** La conclusion d'une convention individuelle de forfait jours qui requiert l'accord express du salarié est imposée par l'article L. 3121-40 du code du travail. Elle doit prévoir la nature des missions justifiant le recours au forfait jour, le nombre de jours travaillés dans l'année, la rémunération correspondante, et le nombre d'entretiens annuels. Il convient d'être prudent dans sa mise en œuvre, notamment en ce qu'elle doit, pour être opérante, permettre une comparaison entre le forfait et le salaire minimum conventionnel augmenté des heures supplémentaires [1].

L'ancien avenant de 2000 [2] instaurant le forfait jour des avocats salariés n'apportait aucune précision quant à l'amplitude de travail, au suivi de l'organisation du travail des salariés concernés et à leur charge de travail, constatations ayant motivé la réserve figurant dans l'arrêté l'ayant étendu, renvoyant la précision de ces modalités au niveau de l'entreprise [3]. Ce qui avait conduit à quelques déconvenues [4], et ce même en présence d'un accord d'entreprise précisant les modalités de suivi de l'organisation du travail, l'amplitude des journées de travail et la charge de travail ainsi que les modalités concrètes des repos quotidiens et hebdomadaires dont la validité est appréciée strictement [5].

813.185 **Forfait jours : charge de la preuve.** Dès lors que le dispositif de forfait jours est privé d'effet, l'avocat salarié est en droit de demander le paiement des heures effectivement accomplies au-delà de la durée légale qui ne lui auraient pas été payées [6]. Le salarié doit alors apporter la preuve d'éléments de nature à étayer sa demande, ce qui oblige ensuite l'employeur à fournir les éléments de nature à justifier les horaires effectivement réalisés par l'avocat salarié [7]. En cas de litige, c'est au vu de ces éléments et de ceux fournis par le salarié à l'appui de sa demande, que le juge forme sa conviction après avoir ordonné, en cas de besoin, toutes les mesures d'instruction qu'il estime utiles.

Le défaut de production du document prévu par la convention collective des avocats salariés ne saurait interdire au salarié de réclamer le paiement de jours qu'il estime avoir travaillés au-delà de la durée annuelle prévue par la convention de forfait en jours [8].

813.186 **Repos hebdomadaire.** Le repos hebdomadaire minimal de trente-cinq heures consécutives comprend le dimanche sous réserve des dispositions de l'article R. 3132-5 du code du travail [9], qui prévoient une dérogation pour les activités relatives à l'aide juridictionnelle et aux commissions ou désignations d'office.

Cette question du repos hebdomadaire a donné lieu à un contrôle de l'inspection du travail dans un cabinet d'avocat où elle a constaté « la présence de vingt-cinq salariés au sein du département assurant la gestion de la fiscalité et les déclarations fiscales des particuliers », et obtenu ensuite, en se déplaçant dans les locaux d'une société prestataire du marché de sécurité du cabinet d'avocats pour se faire remettre le relevé des badges d'accès auxdits locaux, la confirmation de la « présence de treize autres salariés le dimanche 29 mai, celle de trente et un salariés le dimanche 22 mai 2011 et de vingt-six salariés le 15 mai 2011 ». À la suite de ce contrôle, le cabinet d'avocat et son directeur général ont été poursuivis pour avoir omis de donner le repos dominical à ces salariés [10], et condamnés, le premier, à vingt-cinq amendes de 150 euros chacune, et le second, à vingt-cinq amendes de 150 euros chacune avec sursis.

Dans le cadre du pourvoi, après avoir rejeté une QPC [11], la chambre criminelle considère que : « ne constitue pas une perquisition, le droit d'entrée de l'inspection du travail, au sein d'établissements dans lesquels est applicable la réglementation du code du travail dès lors que le droit de communication de l'inspection du travail, limité aux seuls documents énumérés par le code du travail, n'autorise pas l'accès aux dossiers professionnels et que les textes relatifs aux missions des services de l'inspection du travail ne portent aucune atteinte au droit des personnes intéressées de faire contrôler par les juridictions compétentes la régularité des opérations conduites, faisant que l'exercice des missions des inspecteurs n'autorisait pas de visite domiciliaire ni de perquisition et ne portait pas atteinte, compte

1. Versailles 26 sept. 2002, *D.* 2002. 2985.
2. Avenant n° 7, 7 avr. 2000 relatif à la réduction du temps de travail.
3. Metz, ch. soc., 25 févr. 2014, RG n° 13/00248.
4. Soc. 13 déc. 2006, n° 05-14.685, P V, n° 382 ; *JCP S* 2007. 1217, note M. del Sol.
5. Soc. 8 nov. 2017, n° 15-22.758, P ; *JCP* 2017. 1386, note Ph. Rozec ; *Gaz. Pal.* 5 déc. 2017, p. 41, obs. C. Berlaud ; *Gaz. Pal.* 5 juin 2018, p. 24, obs. D. Landry.
6. Nancy, ch. soc., 15 mars 2017, RG n° 16/01151.
7. Soc. 13 janv. 2016, n° 14-16.313, NP.
8. Soc. 10 avr. 2013, n° 12-11.537, NP.
9. CCN, 17 févr. 1995, art. 6.2.
10. C. trav., art. R. 3135-2.
11. Crim. 17 mars 2015, n° 14-85.261, P n° 58.

tenu des limites prévues par la loi, au secret professionnel de l'avocat »[1].

§ 2
Conciliation de la vie personnelle et de l'activité professionnelle

813.191 **Congés.** Les congés payés annuels sont fixés selon les dispositions des articles L. 3141-1 et suivants du code du travail. Entre cinq et dix ans d'ancienneté, l'avocat salarié bénéficie d'un jour de congé supplémentaire et au-delà de dix ans d'ancienneté, de deux jours supplémentaires[2].

En dehors des congés annuels, l'avocat salarié a droit à des congés payés de courte durée pour les événements personnels d'une durée de cinq jours en cas de mariage ou de conclusion d'un Pacs de l'avocat salarié ; deux jours en cas de mariage d'un enfant, trois jours ouvrés en cas de naissance, ou d'arrivée en vue de son adoption, d'un enfant ; cinq jours pour le décès du conjoint, partenaire de Pacs ou concubin ; trois jours pour le décès de ses ascendants, descendants, des ascendants ou descendants de son conjoint, de son partenaire de Pacs, ou de son concubin ainsi que pour le décès de ses frère ou sœur ; cinq jours en cas d'annonce au salarié de la survenance d'un handicap chez son enfant, conjoint, partenaire de Pacs ou concubin. Ces dispositions ne se cumulent pas avec les avantages de même nature institués par d'autres textes[3].

Si le contrat de travail se borne à stipuler que la rémunération globale de l'avocat salarié inclut les congés payés par une clause du contrat ni transparente ni compréhensible, et que lors de la rupture l'avocat salarié n'a pas pris effectivement son reliquat de jours de congés payés, il y a lieu de condamner l'employeur au paiement d'une indemnité compensatrice[4].

813.192 **Absences de courte durée.** Les absences de courte durée, résultant d'un cas fortuit, n'entraînent aucune diminution de la rémunération effective, à condition toutefois que l'intéressé ait prévenu ou fait prévenir son employeur le plus rapidement possible de telle sorte que puissent être prises toutes dispositions en vue de pallier les conséquences de cette absence, tout spécialement à l'égard de la clientèle. Par absence de courte durée, il y a lieu d'entendre une absence n'excédant pas trois jours. Toutes justifications sont ensuite fournies sur les raisons de cette situation. L'avocat salarié s'efforce de réduire les conséquences de son absence sur le suivi des dossiers en cours, en particulier en se tenant à la disposition de celui de ses confrères qui le supplée pour lui procurer téléphoniquement ou à domicile les informations utiles et en restant en contact avec le cabinet lorsqu'il y a urgence[5].

813.193 **Maladie.** La convention collective fixe les conditions de prise en charge des absences pour maladie ou maternité[6]. Toute absence pour maladie ou accident doit être justifiée par un certificat médical adressé dans les 72 heures à l'employeur. Après six mois d'ancienneté, toute absence pour maladie ou accident, justifiée et dans la limite de trente jours calendaires par année civile, n'entraîne aucune diminution de la rémunération effective. Le cabinet, pour satisfaire à cette obligation, complète en net et jusqu'à concurrence du salaire net, les indemnités journalières dues au titre du régime général de sécurité sociale. Pour ce faire l'employeur maintient la rémunération et perçoit les indemnités de sécurité sociale[7].

Pour toute absence continue d'une durée supérieure à trente jours calendaires résultant de maladie professionnelle ou non, ou d'accident du travail ou de trajet ou non-professionnel, l'avocat salarié reçoit, pendant toute la durée de son incapacité temporaire ouvrant droit aux indemnités du régime général de la sécurité sociale depuis le début de l'arrêt, une indemnité journalière destinée à compléter les prestations du régime général de sécurité sociale jusqu'à concurrence de 80 % du salaire brut. Cette indemnité est prise en charge par l'employeur jusqu'à la prise en charge par un régime de prévoyance collective obligatoire[8].

813.194 **Prévoyance collective obligatoire.** Des prestations maladie, invalidité, incapacité permanente, et décès sont prévues au profit des avocats salariés dans le cadre d'un régime de prévoyance collective souscrit par l'employeur auprès d'un ou plusieurs organismes d'assurance de son choix[9]. Un exemplaire intégral en est remis à chaque avocat salarié au moment de son engagement. Toute modification éventuelle de ce contrat, pour quelque cause que ce soit, fait l'objet d'une notification à chaque avocat salarié couvert par le contrat.

1. Crim. 15 déc. 2015, n° 14-85.261, NP ; *Gaz. Pal.* 29 mars 2016, p. 73, obs. V. Renaux-Personnic ; *JCP* 2016. 670, n° 5, obs. C. Caseau-Roche ; *Rev. pénit.* 2015. 681, obs. F. Chopin – V. s^s n°s 413.00.
2. CCN, 17 févr. 1995, art. 5.1.
3. CCN, 17 févr. 1995, art. 5.2.
4. Soc. 14 nov. 2013, n° 12-14.070, P V, n° 272 ; *D.* 2013. 2703 ; *JCP* 2014. 597, n° 4, obs. C. Caseau-Roche.
5. CCN, 17 févr. 1995, art. 6.3.
6. RIN, art. 14.3 – Accord national interprofessionnel du 10 décembre 1977 sur la mensualisation.
7. CCN, 17 févr. 1995, art. 7.2.
8. CCN, 17 févr. 1995, art. 7.2.
9. CCN, 17 févr. 1995, art. 7.3.à 7.6.

La cotisation totale destinée au financement de ce contrat est prise en charge par moitié entre l'employeur et l'avocat salarié. La quote-part salariale étant prélevée mensuellement[1].

813.195 **Parentalité.** Les règles en la matière sont celles prévues par le code du travail et la convention collective. Elles sont aujourd'hui assez proches de celles applicables au collaborateur libéral[2]. Les femmes comptant un an de présence dans le cabinet à la date présumée de l'accouchement ont droit, pendant la durée du congé de maternité prévu par l'article L. 1225-17 du code du travail, qui est de seize semaines, au maintien de leur salaire net après déduction des indemnités journalières de sécurité sociale et, le cas échéant, de prestations complémentaires qui leur seraient versées. Les indemnités versées par l'employeur, sont calculées sur la base de la moyenne mensuelle globale hors rémunération exceptionnelle des douze mois précédant l'arrêt. En matière d'adoption un congé de seize semaines est prévu par les articles L. 1225-37 du code travail[3], et en matière de parentalité un congé de vingt-cinq, pouvant être porté à trente-deux, jours est prévu aux articles L. 1225-35 et suivants du code du travail.

La Cour de cassation a considéré que s'il résulte de l'article L. 1225-4 du code du travail que l'employeur peut rompre le contrat de travail d'une salariée lorsqu'elle est en état de grossesse médicalement constatée s'il justifie d'une faute grave de l'intéressée, non liée à l'état de grossesse, ou de son impossibilité de maintenir ce contrat pour un motif étranger à la grossesse ou à l'accouchement, dans ce cas, la rupture ne peut prendre effet ou être notifiée pendant les périodes de suspension du contrat de travail auxquelles elle a droit au titre du congé de maternité[4].

On notera que le bénéfice du congé parental ne constitue pas un droit pour l'avocat salarié faisant que l'employeur peut s'y opposer[5].

SECTION 4
RUPTURE DU CONTRAT DE TRAVAIL

813.200 **Plan.** La rupture du contrat de travail de l'avocat salarié doit respecter certaines modalités (§ 1), conduisant à un certain nombre de conséquences (§ 2), et imposant, ultérieurement, le respect du principe de la liberté d'établissement (§ 3).

1. CCN du 17 février 1995, art. 7.3.à 7.7.
2. V. s[s] n°s 812.272 s.
3. CCN, 17 févr. 1995, art. 7.8.
4. Soc. 26 oct. 2010, n° 09-41.079, NP.
5. CNB, Comm. RU, avis n° 2016-081, 9 déc. 2016.

§ 1
Modalités de la rupture

813.211 **Rupture du contrat de travail.** Les dispositions du droit du travail, tant formelles que substantielles, s'appliquent à l'avocat salarié.

C'est ainsi qu'un cabinet d'avocats peut prononcer à l'encontre d'un avocat salarié une mise à pied conservatoire dès lors que les faits reprochés sont avérés. En l'espèce, l'avocat avait commis de graves négligences dans la conduite des dossiers du cabinet et a organisé le détournement de la clientèle du cabinet au profit d'un autre avocat, démissionnaire du cabinet et futur associé[6]. Tout comme, l'absence d'indications de motifs précis dans la lettre de licenciement équivaut à une absence de motifs et rend le congédiement sans cause réelle et sérieuse, peu important les justifications postérieures à la rupture[7] ou doit être jugé sans cause réelle et sérieuse le licenciement réalisé sans respecter le délai d'un mois entre la convocation de l'avocat salarié à l'entretien préalable et le licenciement effectif[8]. La date de notification de la rupture est la date d'expédition de la lettre de licenciement[9].

813.212 **Justification du licenciement.** Il appartient à l'employeur d'apporter la preuve du caractère fondé des griefs de la lettre de licenciement[10], faute de quoi celui-ci et dépourvu de cause réelle et sérieuse[11], tel que l'avocat salarié licencié non pas pour avoir dénoncé des faits de harcèlement mais pour avoir porté des accusations d'incompétence et de malhonnêteté contre son employeur dans des termes virulents et excessifs, que n'appelait pas la lettre de l'employeur à laquelle il répondait, et dont l'avocat en avait assuré une publicité en transmettant ses lettres à des tiers, ce qui caractérise un abus de la liberté d'expression constitutif d'une faute[12].

Tout comme, une cour d'appel, après avoir retenu que le salarié n'expliquait pas ses absences aux réunions des associés juristes de la direction internationale du cabinet, se désengageait du groupe de spécialités en ne préparant pas les plans d'action et autres présentations devant être faites pour la présentation annuelle, et ne pouvait justifier d'aucune action en matière de coopération avec les partenaires étrangers, enfin qu'il refusait de communi-

6. Paris, 1re ch., sec. A, 10 oct. 2007, RG n° 06/18805.
7. Paris, 1re ch., sec. A, 27 nov. 2007, RG n° 06/19910.
8. Paris, 1re ch., sec. A, 29 nov. 2005, RG n° 05/04962.
9. Paris, 1re ch., sec. A, 3 févr. 2009, RG n° 08/07784 – Cass., ass. plén., 28 janv. 2005, n° 01-45.924, P n° 1.
10. Rennes, 1re ch. A, 7 juin 2011, RG n° 10/09421.
11. Paris, pôle 2, ch. 1, 7 déc. 2010, RG n° 09/09246.
12. Soc. 3 déc. 2014, n° 13-20.501, NP ; *D. avocats* 2015. 7 ; – COMP. : Versailles, 1re ch., 1re sec., 17 juin 2010, RG n° 09/05838 – Douai, ch. 1, sect. 1, 7 déc. 2009, RG n° 07/05543.

quer avec les membres de son équipe au mépris des droits de la clientèle du cabinet, a pu décider que l'existence d'une cause réelle et sérieuse de licenciement était établie[1].

813.213 **Faute grave.** La faute grave connaît une appréciation assez similaire au manquement grave en matière de collaboration libérale[2] caractérisée par « un certain degré de gravité rendant impossible sans dommages pour l'entreprise, la continuation du travail et rendant par conséquent nécessaire le licenciement »[3].

Ne constitue pas une telle faute, le comportement de l'avocat salarié qui avait tenu, à titre privé et en dehors du lieu de travail, des propos dénigrant son employeur en présence d'un élève avocat, dès lors qu'il n'était pas démontré que ce comportement avait créé un trouble objectif caractérisé au sein de l'entreprise[4]. Constitue une telle faute, le comportement de l'avocat salarié qui avait omis de traiter plusieurs dossiers et n'était pas disponible à l'égard de nombreux clients, et ce, en dépit de nombreuses réclamations et sollicitations ce qui rendait impossible son maintien au sein du cabinet d'avocat[5].

813.214 **Licenciement vexatoire.** Comme pour la rupture de la collaboration libérale[6], le licenciement ne doit pas présenter un caractère vexatoire ouvrant droit à l'allocation de dommages et intérêts tel que la participation d'une hôtesse d'accueil à l'entretien préalable destinée à donner une publicité au conflit opposant l'employeur à l'avocat salarié, qui caractérise un détournement par l'employeur de l'objet de cet entretien[7].

813.215 **Rupture conventionnelle.** La relation de travail de l'avocat salarié peut cesser par une rupture conventionnelle, à condition que celle-ci soit valablement conclue.

C'est ainsi que, dès lors que l'employeur avait menacé l'avocat salarié de voir ternir la poursuite de son parcours professionnel en raison des erreurs et manquements de sa part justifiant un licenciement et l'avait incitée, par une pression, à choisir la voie de la rupture conventionnelle, la cour d'appel qui, exerçant son pouvoir souverain d'appréciation, a fait ressortir que le consentement de la salariée avait été vicié, et annulé la rupture[8].

1. Soc. 15 janv. 2014, n° 12-14.979, NP.
2. V. s[s] n°s 812.401 s.
3. Aix-en-Provence, 10 janv. 2017, RG n° 15/16278.
4. Soc. 17 juin 2009, n° 8-15.780, NP.
5. Civ. 1re, 7 mars 2018, n° 16-17.880, NP.
6. V. s[s] n° 812.392.
7. Soc. 17 juin 2009, n° 8-15.780, NP.
8. Soc. 23 mai 2013, n° 12-13865, P V, n° 128 ; *D.* 2013. 1355, obs. B. Inès ; *JCP* 2013. 1087, n° 3, obs. C. Caseau-Roche ; *JCP E* 2013. 143, note F. Taquet.

§ 2
Effets de la rupture

813.221 **Durée du préavis.** Hors le cas de rupture conventionnelle prévue par l'article L. 1237-11 du code du travail, toute résiliation du contrat de travail implique, de part et d'autre, un préavis réciproque[9], sauf les cas de force majeure, faute grave ou lourde. Toute violation du secret professionnel par l'avocat salarié peut justifier la rupture du contrat de travail[10]. Sauf pendant la période d'essai[11], la durée du préavis est au minimum de trois mois.

La partie qui n'observerait pas le délai de préavis doit à l'autre une indemnité égale à la rémunération correspondant à la durée du préavis restant à courir. En cas de rémunération variable, cette indemnité est calculée sur la moyenne soit des douze mois précédant la rupture, soit des trois mois précédant celle-ci, la moyenne la plus favorable étant appliquée. L'avocat salarié licencié a droit pendant la durée du préavis, à deux heures par jour pour la recherche d'un nouvel emploi, pouvant être bloquées par journée(s) ou demi-journée(s) avec l'accord de l'employeur[12].

813.222 **Indemnité de licenciement conventionnelle.** L'avocat salarié qui compte une année d'ancienneté ininterrompue au service du même employeur et dont le licenciement ne résulte pas d'une faute grave ou lourde a droit à une indemnité de licenciement qui s'établit à 1/5 de mois de salaire par année d'ancienneté sur la totalité de l'ancienneté auquel s'ajoutent 2/15 de mois par année d'ancienneté au-delà de dix ans d'ancienneté. La condition d'un an d'ancienneté doit être remplie à la date d'envoi de la lettre de licenciement. L'indemnité de licenciement se calcule à l'expiration du contrat de travail, c'est-à-dire à l'expiration normale du préavis, même s'il y a eu dispense de l'exécuter. Dans le temps d'ancienneté tel que visé ci-dessus, il est tenu compte des fractions d'année.

Le salaire mensuel retenu comme base de calcul est celui résultant de la moyenne de la rémunération brute cotisable et taxable acquise contractuellement par l'avocat salarié au titre des douze mois précédant la notification du licenciement ou si cela est plus favorable 1/3 des trois derniers mois précédant l'expiration du contrat. Dans ce dernier cas, toute prime ou gratification de caractère annuel ou exceptionnel versé au salarié pendant cette période n'est prise en compte que dans la limite d'un montant

9. RIN, art. 14.4.1.
10. CCN, 17 févr. 1995, art. 3.2.
11. V. s[s] n° 813.171.
12. CCN, 17 févr. 1995, art. 9.1.

calculé à due proportion[1]. L'indemnité de rupture applicable en cas de rupture conventionnelle du contrat de travail ne pourra être inférieure à l'indemnité de licenciement.

813.223 Reclassement en cas de licenciement économique. Dans le cadre des règles relatives au licenciement économique et à l'obligation de reclassement, une cour d'appel avait cru pouvoir considérer que le reclassement d'un salarié doit être recherché non seulement dans l'entreprise qui l'emploie mais également dans les entreprises dont l'activité, le lieu d'exploitation et l'organisation permettent une permutation de tout ou partie du personnel, faisant que le groupe de reclassement ainsi défini, qui ne suppose pas nécessairement l'existence de liens financiers et juridiques entre les différentes structures, est déterminé à partir d'éléments factuels révélant la permutabilité du personnel entre ces différentes entités. Elle en déduisait que cette définition avait vocation à s'appliquer au barreau dont dépendait le cabinet d'avocat dès lors que, au sein de ce barreau, chaque cabinet a une activité, juridique et de conseil, identique, que le mode d'organisation et de fonctionnement de ces cabinets est proche, que le personnel y travaillant, composé essentiellement de secrétaires et d'assistants, a une formation et une qualification similaires et que ces cabinets se situent dans un secteur géographique délimité et proche. Imposant ainsi au cabinet d'avocat d'interroger d'autres cabinets d'avocats relevant du barreau pour connaître l'existence d'éventuel poste disponible permettant le reclassement du salarié.

La Cour de cassation censure ce raisonnement en considérant qu'en statuant ainsi, alors qu'un ordre professionnel ne constitue pas un groupe, la cour d'appel a violé l'article L. 1226-2 du code du travail[2].

813.224 Domiciliation après la rupture. Les règles relatives à la domiciliation après la rupture du contrat applicable au collaborateur libéral le sont également à l'avocat salarié[3].

813.225 Règlement des litiges. Tout litige né à l'occasion contrat de travail ou de la convention de rupture, de l'homologation ou du refus d'homologation de cette convention, que ce soit au stade de sa conclusion, de son exécution ou de sa rupture, est, en l'absence de conciliation, soumis à l'arbitrage du bâtonnier, à charge d'appel devant la cour d'appel[4].

1. CCN, 17 févr. 1995, art. 9.2.
2. Soc. 20 janv. 2016, n° 14-18.416, NP ; *D.* 2016. 807, obs. P. Lokiec et J. Porta ; *JCP* 2016. 670, n° 5, obs. C. Caseau-Roche.
3. RIN, art. 14.4.3 – V. s[s] n° 812.361.
4. L. n° 71-1130, 31 déc. 1971, art. 7 – V. s[s] n°s 821.00 s.

§ 3
Liberté d'établissement ultérieure

813.230 Plan. Le respect du principe de la liberté d'établissement ultérieurement à la rupture du contrat de travail de l'avocat salarié a été consacré (A) conduisant à la prohibition des clauses de non-concurrence sans pour autant dispenser du strict respect des règles déontologiques (B).

A.
Évolution

813.241 Régime antérieur. La concurrence entre avocats est aussi ancienne que la profession et que l'existence des clients. Chacun d'entre eux demeure libre en effet du droit de choisir son avocat, le client n'étant pas une propriété de l'avocat, cessible et transmissible et protégée en tant que tel mais les procédés illicites de captation de clientèle sont censurés par la déontologie la plus ancienne et la plus traditionnelle[5].

La déontologie traditionnelle limitée à un rappel de la probité et de la délicatesse suffisait à sanctionner les captations de clientèle, sans qu'il y ait lieu de les concrétiser par des obligations contractuelles.

813.242 Apparition des clauses de non-concurrence. Les clauses de non-concurrence sont apparues à l'occasion de conventions de cession de cabinet qui, condamnées à l'origine, ont fini par prendre droit de cité avec l'apparition des groupements d'exercice et les retraits d'avocats membres de ceux-ci. La législation des conseils juridiques prévoyait que le cabinet ne pouvait faire obstacle à l'établissement de son salarié lors de la cessation du contrat, dès lors qu'il ne réalisait pas un acte de concurrence déloyale[6]. Elle prévoyait, toutefois, dans sa convention collective, une présomption de concurrence déloyale lorsque l'ancien salarié intervenait directement, indirectement ou par personne interposée, moins de trois ans après la résiliation contrat, quelle qu'en soit la cause, pour un client de l'ancien employeur sans l'accord préalable écrit de ce dernier[7].

De son côté, la législation régissant la profession des avocats prévoyait que le contrat de collaboration libérale ne devait pas comporter de stipulations

5. Mollot, *Abrégé des règles de la profession d'avocat*, Marchal, 1883, t. I, p. 138 – V. s[s] n°s 332.70 s.
6. Décr. n° 72-669, 13 juill. 1972 pris pour l'application à la profession d'avocat de la loi n° 66-879 du 29 novembre 1966 relative aux sociétés civiles professionnelles, abrogé par décr. n° 92-680, 20 juill. 1992, *JO* 22 juill., p. 9799, art. 66 – V. s[s] n°s 332.70 s.
7. Conv. coll. nat. du personnel et des conseils juridiques collaborateurs salariés du 17 décembre 1976, étendue par arrêté du ministre du Travail du 3 nov. 1977, art. A 1 31.

tendant à limiter la liberté d'établissement du collaborateur à l'expiration de son contrat[1]. Cette interdiction traditionnelle a été maintenue par les textes à la suite de la fusion des deux professions et étendue aux avocats salariés[2].

813.243 **Respect du principe de la liberté d'établissement.** Ainsi, l'avocat salarié, tout comme le collaborateur libéral, ne saurait en aucun cas se voir imposer une quelconque restriction en matière de libre établissement. La loi du 31 décembre 1971, prévoit que le contrat de collaboration ou le contrat de travail ne doit pas comporter de stipulations limitant la liberté d'établissement ultérieure du collaborateur libéral ou de l'avocat salarié[3], et le conseil de l'Ordre doit vérifier que les contrats qui lui sont obligatoirement soumis ne comportent pas de telles clauses[4].

Cependant, il n'est pas rare de trouver dans les contrats, notamment de travail, et particulièrement ceux régissant les relations entre les avocats anciens conseils juridiques et leurs salariés, des clauses de non-concurrence, tout comme certains règlements intérieurs de barreaux ont cherché à les valider en limitant toutefois leurs effets dans le temps. La jurisprudence a dû intervenir pour mettre un terme à certaines dérives.

813.244 **Limite à la liberté d'établissement.** Le débat tenait essentiellement au fait que la notion de liberté d'établissement interdirait les clauses de non-établissement mais pas, conformément à la jurisprudence antérieure applicable aux salariés de conseil juridiques, les clauses de non-concurrence[5] ; voire celles dites de « respect de clientèle ». Un premier arrêt est venu préciser que dès lors qu'un avocat salarié n'a pas le droit d'avoir une clientèle personnelle, le fait de lui imposer l'accord de l'employeur pour apporter sa collaboration à un des clients de celui-ci limite nécessairement sa liberté d'établissement à expiration du contrat, en lui rendant difficile de s'installer dans le même secteur géographique[6]. Une autre cour d'appel est venue assimiler aux restrictions illicites à la liberté d'établissement les clauses de non-concurrence abusives, dont les termes imprécis et vagues plaçaient le salarié licencié dans la méconnaissance de l'étendue de ses droits[7].

On semblait vouloir admettre toutefois que le principe de la liberté de rétablissement et l'interdiction posée par le législateur d'en limiter l'application ne devraient pas conduire à rejeter toute clause de respect de clientèle[8].

813.245 **Prohibition de la clause dite du respect de la clientèle.** Mais, rapidement, les juges du fond vont avoir à connaître de clauses dites de « respect de clientèle », et un arrêt va les analyser en clause de non-concurrence interdite[9], mettant un terme à la distinction naguère admise entre clause de non-rétablissement et clause de non-concurrence. Cela allait dans le sens du courant de la jurisprudence interprétant de la manière la plus restrictive la portée des clauses de non-concurrence[10].

813.246 **Nullité des dispositions d'un règlement intérieur.** Une divergence de jurisprudence vit alors le jour entre deux formations de la cour d'appel de Versailles dont l'une considéra que « sont nulles les dispositions visant à interdire à l'avocat d'apporter son concours aux clients de son ancien employeur, dès lors que les principes essentiels de la profession suffisent à prévenir les comportements déloyaux »[11], tandis que l'autre sembla admettre la validité des clauses de respect de clientèle dès lors qu'elles ne sont pas illimitées dans le temps et sont conformes aux principes de loyauté et de délicatesse[12].

Confirmant le premier arrêt de la cour d'appel de Versailles, la Cour de cassation a alors considéré de manière nette que l'article 7 de la loi du 31 décembre 1971 énonce que le contrat de collaboration ou le contrat de travail ne doit pas comporter de stipulation limitant la liberté d'établissement ultérieure du collaborateur libéral ou du salarié et que les dispositions d'un règlement intérieur, qui avaient repris celles de l'ancienne convention collective des conseils juridiques[13] et instituait au profit du patron ou de l'employeur un droit de contrôle préalable sur le choix des clients de son ancien collaborateur ou salarié, restreignent ainsi sa liberté d'établissement ultérieure, et sont donc contraires à la loi[14].

1. Décr. n° 72-669, 13 juill. 1972 ; abrogé par décr. n° 92-680, 20 juill. 1992, art. 79.
2. L. n° 71-1130, 31 déc. 1971, art. 7.
3. L. n° 71-1130, 31 déc. 1971, art. 7.
4. Décr. n° 91-1197, 27 nov. 1991, art. 133, 1° et art. 139, 1° – V. s[s] n° 812.123.
5. Civ. 1re, 29 oct. 1985, n° 83-17.366, P I, n° 275 ; *D.* 1986. 340 ; *D.* 1986. 282, note P. Diener ; *D.* 1984. 247, J. Amiel-Donat ; *D.* 1983. Chron. 235 – Soc. 12 juin 1986, n° 82-43.594, P V, n° 298 ; *D.* 1987. 264.
6. Angers, 2 oct. 1992, *D.* 1992. 522, note Y. Serra.
7. Rouen, 10 août 1992, *Gaz. Pal.* 8 avr. 1993, 15.
8. V. s[s] n°s 471.91 s.
9. Nîmes, 10 août 1993, 2 arrêts, *D.* 1993. 209 ; *Gaz. Pal.* 30 nov. 1993, p. 16 ; *D.* 1994. 218, obs. Y. Serra ; *JCP* 1994. II. 22209, note R. Martin – Nîmes, 21 juin 1994, *Gaz. Pal.* 1er sept. 1994, 6.
10. Soc. 14 mai 1992, n° 89-45.300, P V, n° 309 ; *D.* 1992. 350, note Y. Serra – V. s[s] n°s 332.91 s.
11. Versailles, 16 févr. 1994, *Gaz. Pal.* 12 mai 1994, p. 14, note A. Damien.
12. Versailles, 28 juin 1994, *Gaz. Pal.* 15 sept. 1994, p. 11.
13. V. s[s] n° 813.242.
14. Civ. 1re, 21 mai 1996, n° 94-13.760, P I, n° 218 ; *D.* 1997. 98, obs. Y. Serra ; – MÊME SENS : Civ. 1re, 14 oct. 1997, n° 95-13.532, P I, n° 274 ; *D.* 1997. 233 ; *Gaz. Pal.* 1997. Pan. 322 ; *JCP* 1998. II. 10011, note R. Martin.

813.247 Nullité des clauses de non-concurrence. Enfin, dans une autre affaire, un conseil de l'Ordre avait censuré une clause concernant le « respect de la clientèle », estimant qu'elle portait atteinte à la liberté d'établissement de l'avocat. Cette clause stipulait que « l'avocat ne peut, sans accord écrit de [son ancien employeur], succéder à celle-ci dans des dossiers ou des travaux en cours ». La cour d'appel avait toutefois estimé que cette clause devait être interprétée comme « engendrant une simple obligation d'information de l'ancien employeur pour lui permettre de s'assurer qu'il n'est pas victime d'agissements déloyaux », et qu'elle était valide. La Cour de cassation censure l'arrêt pour dénaturation d'une clause claire et précise[1].

C'est ainsi que dans une affaire qui concernait le contrat de travail d'un avocat salarié comportant deux clauses qualifiées de « respect de la clientèle », l'une stipulant que l'avocat ne pouvait, sans accord écrit du cabinet, succéder à celui-ci dans des dossiers ou des travaux en cours, et, l'autre précisant qu'il avait comme seule obligation, avant d'accepter de prêter ses services à un ancien client de son ancien cabinet et pendant la durée de deux ans à compter de la cessation du contrat de travail, d'en aviser celui-ci par lettre recommandée, une cour d'appel, réformant la décision d'un conseil de l'Ordre, les avait validées en considérant qu'elles ne portaient pas atteinte à la liberté d'établissement ultérieur. La Cour de cassation, tout en considérant que la seconde stipulation mettait simplement le cabinet d'avocats en mesure de s'assurer que son ancien client ne le confondait pas avec son ancien salarié, sans que ce client fût contraint à quelque révélation que ce fût sur l'affaire en cours, et donc, sans que ses intérêts fussent lésés, et qu'elle était donc légitime, casse l'arrêt de la cour d'appel en tant qu'il a validé la première stipulation dès lors que celle-ci subordonnait la succession de l'avocat dans les dossiers à l'accord écrit de son ancien employeur, ce qui portait une atteinte excessive au principe du libre choix de l'avocat[2].

B.
Clauses prohibées et respect des règles déontologiques

813.251 Respect des règles déontologiques. Sont ainsi nulles toutes clauses contenues dans un contrat de travail, comme dans un contrat de collaboration libérale[3], qui s'analyseraient comme portant atteinte à la liberté d'établissement ultérieure qu'il s'agisse de clauses de non-concurrence, de non-rétablissement, ou encore de « respect de clientèle[4] ». Et ce, d'autant plus que l'on ne saurait contraindre un client de retourner chez son ancien avocat[5]. Il en est de même d'une clause de non-concurrence qui aurait été insérée dans une convention de rupture conventionnelle, ce qui entraîne, en outre, l'annulation de cette dernière[6].

L'indépendance de l'avocat ne peut s'accommoder d'un pouvoir discrétionnaire dévolu à l'un de ses confrères, fût-il son ancien employeur ou l'ancien bénéficiaire de sa collaboration, de lui permettre ou de lui interdire de prêter son ministère à des justiciables déterminés. Mais pour autant, l'ancien collaborateur libéral ou l'ancien salarié ne saurait commettre aucun acte équivalant à un détournement de la clientèle de son ancien cabinet, ce qui constituerait une attitude portant atteinte, comme l'avaient noté les cours de Nîmes[7] et d'Angers[8], à ses obligations de loyauté et de délicatesse[9].

En d'autres termes, il n'y a pas de contrôle *a priori* de l'obligation de non-concurrence, son respect se rattache exclusivement aux règles déontologiques générales de la profession d'avocat et non à des stipulations contractuelles particulières. Ce sont ici les règles habituelles en matière de concurrence déloyale qui ont vocation à s'appliquer[10].

813.252 Exception chez les anciens conseils juridiques salariés. Toutefois, il a été jugé que la clause de l'ancienne convention collective des conseils juridiques restait valable pour les contrats antérieurs au 1er janvier 1992, si bien qu'elle s'impose à l'ancien conseil juridique devenu avocat, la loi en vigueur au moment de la formation du contrat devant être appliquée, faute de dispositions contraires en ce sens[11] et ce, sauf conclusions d'un nouveau contrat après l'entrée en vigueur de la loi[12].

1. Civ. 1re, 17 nov. 1998, no 96-17.749 NP ; *JCP* 1999. II. 10006, note R. Martin.
2. Civ. 1re, 17 nov. 1998, no 96-17.749, NP ; *JCP* 1999. II. 10006, note R. Martin – V. ss nos 481.10 s.
3. V. ss nos 812.367 s.
4. CCN, 17 févr. 1995, Préambule – Y. Serra, « La prohibition des clauses de non-concurrence dans la nouvelle profession d'avocat », *D.* 1992. Chron. 11.
5. Rennes, 13 mai 1980, *Gaz. Pal.* 1981. 111 – Civ. 1re, 30 juin 1981, *D.* 1982. 165, note A. Brunois – Aix-en-Provence, 24 oct. 1983, *Gaz. Pal.* 1984. 1. 66 – Montpellier, 25 mai 1990, *Gaz. Pal.* 1990. 12 – Versailles, 5 mai 1981, *Gaz. Pal.* 1981. 1. 369 – Civ. 1re, 20 janv. 1993, no 91-15.548, P I, no 22 ; *Gaz. Pal.* 5 août 1993. 11 ; *D.* 1993. 35 ; *JCP* 1993. IV. 80 ; *RTD civ.* 1993. 331, obs. J. Hauser.
6. Riom, 1er déc. 2020, RG no 18/01834.
7. Nîmes, 10 août 1993, 2 arrêts, *D.* 1993. 209 ; *Gaz. Pal.* 30 nov. 1993, p. 16 ; *D.* 1994. 218, obs. Y. Serra ; *JCP* 1994. II. 22209, note R. Martin – Nîmes, 21 juin 1994, *Gaz. Pal.* 1er sept. 1994, 6.
8. Angers, 2 oct. 1992, *D.* 1992. 522, note Y. Serra.
9. A. Damien, *Les règles de la profession d'avocat*, 9e éd., Dalloz, 2000, no 295.
10. V. ss nos 332.70 s.
11. Civ. 1re, 26 mars 1996, no 93-19.059, P I, no 151 ; *D.* 1996. 107.
12. Civ. 1re, 26 mars 1996, no 93-18.657, P I, no 150 ; *JCP* 1998. 189, note R. Martin.

Diverses décisions avaient d'ailleurs jugé que la loi du 31 décembre 1990 n'avait pas pour effet d'éteindre les obligations contractuelles contenues dans les contrats antérieurs dès lors qu'elles n'étaient pas contraires aux règles posées par la loi nouvelle [1].

813.253 **Information de l'ancien employeur.** Si la liberté d'établissement doit être respectée, il faut aussi rappeler que l'ancien salarié, comme l'ancien collaborateur libéral [2], doit s'interdire toute pratique de concurrence déloyale [3]. C'est pourquoi le RIN autorise l'employeur à stipuler dans le contrat une « clause d'information », imposant à l'ancien salarié une obligation d'information avant de reprendre un client qu'il avait pratiqué en sa qualité d'employé. L'avocat salarié devra aviser le cabinet dans lequel il exerçait, avant de prêter son concours à un client de celui-ci, qui s'entend comme celui avec lequel l'ancien salarié aura été mis en relation pendant l'exécution du contrat, et ce pendant une durée de deux ans après la rupture du contrat [4]. Cette information de l'ancien employeur est en outre conforme à l'usage de la profession et au devoir de courtoisie.

Cette obligation fait peser une simple obligation d'information à la charge de l'ancien salarié, et ne s'analyse nullement en une demande d'accord préalable pour traiter avec un client du cabinet [5] étant simplement destinée à lui permettre d'en contester éventuellement les conditions [6] et à prévenir tout acte de concurrence déloyale.

813.254 **Règlement des litiges et poursuites disciplinaires.** Dès lors qu'il y a captation de clientèle par acte de concurrence déloyale, manquement à la dignité ou à la probité, il appartient à celui qui s'en estime victime, soit de saisir le bâtonnier en vue de trancher le litige par l'allocation de dommages et intérêts dans le cadre de la procédure de règlement des différends entre avocats dans le cadre de leur exercice professionnel [7], soit de saisir l'autorité de poursuite afin de mettre en œuvre une procédure disciplinaire [8]. Les deux procédures pouvant se cumuler.

1. Bâtonnier, ord., Rouen, 4 déc. 1992, *Gaz. Pal.* 9 avr. 1993, p. 15, note A. Damien ; – CONFIRMÉ PAR : Rouen, 12 oct. 1993, *Gaz. Pal.* 20 nov. 1993, p. 20.
2. V. s[s] n° 812.368.
3. RIN, art. 14.3 – V. s[s] n°s 332.70 s.
4. RIN, art. 14.3 – CCN, 17 févr. 1995, Préambule.
5. Civ. 1re, 3 juill. 2008, n° 07-14.952, NP ; *JCP* 2008. I. 184, n° 8, obs. G. Pillet.
6. G. Augendre, *Rapport de la commission des Règles et Usages sur la clause de respect de clientèle*, AG CNB 3 juill. 1993.
7. V. s[s] n°s 822.00 s.
8. V. s[s] n°s 511.00 s.

TITRE

82. Le règlement des litiges professionnels entre avocats dans le cadre de leur exercice professionnel

SECTION 0
ORIENTEUR

82.00 **Sommaire du titre.**

Division. Le règlement de litiges entre avocats peut concerner les contrats de collaboration et de travail (chap. 821), ou les différends liés à l'exercice professionnel (chap. 822).

82.03 **Bibliographie indicative.**

* Aussi : v. s^s n° 8.03.

CHAPITRE

821. Litiges relatifs au contrat de collaboration et au contrat de travail

SECTION 0 ORIENTEUR

821.00 Sommaire du chapitre.

Division. En matière de litiges relatifs au contrat de collaboration et au contrat de travail, le bâtonnier possède une compétence juridictionnelle (sect. 1) et peut mener une procédure d'arbitrage (sect. 2).

821.01 Textes applicables.

TEXTES TITRÉS

• **L. n° 71-1130,** 31 déc. 1971

art. 7, dernier al. [Arbitrage de bâtonnier]

• **Décr. n° 91-1197,** 27 nov. 1991

art. 142 [Acte de saisine]

art. 143 [Récusation du bâtonnier]

art. 144 [Convocation des parties]

art. 145 [Procès-verbaux]

art. 146 [Étendue de la saisine]

art. 147 [Incident d'écriture]

art. 148 [Mesures d'urgence]

art. 149 [Délai pour statuer]

art. 150 [Publicité des débats]

art. 151 [Prononcé de la décision]

art. 152 [Notification de la décision]

art. 153 [Exécutoire]

• **RIN**

art. 14.6 [Règlements des litiges]

821.02 Jurisprudence de référence.

> Les litiges soumis à l'arbitrage du bâtonnier, en application du dernier alinéa de l'article 7 de la loi du 31 décembre 1971, sont ceux nés à l'occasion des contrats de travail des seuls avocats [ou avocats inscrits sur la liste du stage]

• **Soc. 19 mai 1999,** n° 97-43.640, P V, n° 226.

* V. s[s] n° 821.13.

« Sur le moyen unique :

Attendu que M. X... a été engagé le 1er août 1990 par la société d'avocats André en qualité de stagiaire conseil juridique afin d'intégrer, à l'issue de sa formation professionnelle, la nouvelle profession d'avocat en application des dispositions transitoires de l'article 50-VI de la loi n° 71-1130 du 31 décembre 1971 portant réforme de certaines professions judiciaires et juridiques, telle que modifiée par la loi n° 90-1259 du 31 décembre 1990 ; que le contrat de travail a été rompu à la suite d'un différend survenu entre les parties le 17 août 1993 ; que M. X... a saisi la juridiction prud'homale pour obtenir paiement de rappels de salaires et congés payés, d'indemnités pour licenciement sans cause réelle et sérieuse et la remise de divers documents ;

Attendu que l'employeur fait grief à l'arrêt attaqué (Aix-en-Provence, 21 janvier 1997) d'avoir décidé que le litige relevait de la compétence de la juridiction prud'homale, alors, selon le moyen, qu'en vertu de l'article 7 de la loi du 31 décembre 1990, tout litige né à l'occasion du contrat de travail d'un avocat, stagiaire ou en fin de stage, est soumis à l'arbitrage du bâtonnier, à charge d'appel devant la cour d'appel siégeant en chambre du conseil ; que l'article 50-VI, 2° alinéa, de la loi du 31 décembre 1971, modifiée par la loi du 31 décembre 1990 dispose que les personnes en cours de stage à la date d'entrée en vigueur de la loi du 31 décembre 1990 portant réforme de certaines professions judiciaires et juridiques en vue de l'inscription sur la liste des conseils juridiques poursuivent leur stage suivant les modalités en vigueur avant cette date et sont dispensées par dérogation au 4e alinéa (3°) de l'article 11 et à l'article 12 du certificat d'aptitude à la profession d'avocat et du stage, de sorte que le statut de « l'ancien » conseil juridique stagiaire est identique à celui de l'avocat stagiaire ou en fin de stage ; qu'il résulte ainsi de la combinaison de ces textes que le contrat de travail de » l'ancien » conseil juridique stagiaire comme celui de l'avocat stagiaire ou en fin de stage est soumis à l'arbitrage du bâtonnier et relève de sa compétence ; que dès lors, en déclarant que le litige né à l'occasion du contrat de travail de M. X…, ancien conseil juridique stagiaire, relevait de la compétence du conseil de prud'hommes, la cour d'appel a violé les textes précités ;

Mais attendu que les litiges soumis à l'arbitrage du bâtonnier en application du dernier alinéa de l'article 7 de la loi du 31 décembre 1971 sont ceux nés à l'occasion des contrats de travail des seuls avocats ou avocats inscrits sur la liste du stage ;

Et attendu que la cour d'appel, qui a constaté que M. X… avait été engagé en qualité de stagiaire conseil juridique, a exactement décidé qu'il ne pouvait prétendre à la qualité d'avocat ou d'avocat inscrit sur la liste du stage à la date de la rupture et que le litige né à l'occasion de son contrat de travail relevait de la compétence de la juridiction prud'homale ; que le moyen n'est pas fondé ;

PAR CES MOTIFS :

REJETTE le pourvoi ; »

> Faute de constituer une décision à laquelle la loi attache les effets d'un jugement, la décision d'un bâtonnier, même exécutoire de droit à titre provisoire, portant sur des honoraires dus à l'avocat collaborateur, ne peut faire l'objet d'une mesure d'exécution forcée que sur présentation d'une expédition revêtue de la formule exécutoire

• **Civ. 2e, 30 janv. 2014,** n° 12-29.246, P II, n° 30.

* V. ss n° 821.46.

« Vu l'article 502 du code de procédure civile, ensemble l'article L. 111-3 du code des procédures civiles d'exécution et l'article 153 du décret n° 91-1197 du 27 novembre 1991 ;

Attendu que selon le premier de ces textes, nul jugement, nul acte ne peut être mis à exécution que sur présentation d'une expédition revêtue de la formule exécutoire à moins que la loi n'en dispose autrement ;

Attendu, selon l'arrêt attaqué, que le bâtonnier d'un ordre des avocats a condamné la société d'avocat Cabinet Bégin (le Cabinet Bégin) à payer à M. X…, avocat exerçant en qualité de collaborateur libéral au sein de ce cabinet, diverses sommes au titre de rétrocessions d'honoraires ; que sur le fondement de cette décision partiellement exécutoire de droit par provision, M. X… a fait délivrer un commandement aux fins de saisie vente à l'encontre du cabinet Bégin, qui a contesté cette mesure devant le juge de l'exécution d'un tribunal de grande instance ;

Attendu que pour rejeter les demandes du cabinet Bégin, la cour d'appel, retient, d'*une part*, que la décision du bâtonnier qui est, en application de l'article 153 du décret du 27 novembre 1991, de droit exécutoire à titre provisoire comme portant sur des honoraires dus dans la limite de neuf mois de rétrocession d'honoraires et ayant été régulièrement notifiée à l'appelante le 17 décembre 2010, peut faire l'objet d'une exécution forcée et, d'autre part, que les dispositions de l'article 1487 du code de procédure civile relatives à l'*exequatur* des sentences arbitrales sont inopérantes dans ce litige, l'article 153 du décret de 1991 étant seul applicable dès lors que ce décret donne, en son titre III chapitre II section IV, compétence exclusive au bâtonnier de l'ordre des avocats pour le règlement des litiges nés à l'occasion d'un contrat de collaboration ou d'un contrat de travail conclu avec un avocat ;

Qu'en statuant ainsi, alors que, même exécutoire de droit à titre provisoire, la décision du bâtonnier ne constitue pas une décision à laquelle la loi attache les effets d'un jugement de sorte qu'elle ne peut être exécutée que sur présentation d'une expédition revêtue de la formule exécutoire, la cour d'appel a violé les textes susvisés ;

PAR CES MOTIFS :

CASSE ET ANNULE ; »

821.03 Bibliographie indicative.

* Aussi : v. ss n° 82.03.

Encyclopédies. *J.-Cl. Civ. Annexes, v° Avocat*, fasc. 25 : avocats – Modes d'exercice de la profession II. – Collaboration libérale et salariat, 2014.

Monographies. R. Martin, *Déontologie de l'avocat*, 11e éd., « Droit et professionnels », LexisNexis, 2013 – B. Beignier, B. Blanchard, J. Villacèque (dir.), *Droit et Déontologie de la profession d'avocat*, 2e éd., Gazette du Palais – LGDJ, 2008 – J.-M. Braunschweig, J. Demaison, *Profession d'avocat : Le guide*, 3e éd., Wolters Kluwer, 2014, nos 1162 s.

Articles. A. Balsan, « La juridiction prud'homale du bâtonnier », *Gaz. Pal.* 1998. Doctr. 143 – A. Bénabent, « Avocat, premières vues sur la "nouvelle profession" », *JCP* 1991. I. 3499, nos 55 s. – S. Bortoluzzi, « Arbitrage des litiges entre avocats : compétence unifiée du bâtonnier en premier ressort », *JCP* 2011. 38 – A. Damien, « Une procédure originale des règlements de conflits de travail entre avocats : l'arbitrage du bâtonnier », *Gaz. Pal.* 1991. 1. Doctr. 47 – B. Moreau, « L'arbitrage du bâtonnier », *Rev. arbitrage* 1993, cahier n° 3, 361 – D. Villacèque, « La juridiction du bâtonnier : une charge publique à parachever », *D.* 1997. Chron. 305.

SECTION 1
COMPÉTENCE JURIDICTIONNELLE DU BÂTONNIER

821.11 Arbitrage du bâtonnier. La loi du 12 mai 2009[1] dite de simplification et de clarification du droit et d'allégement des procédures a étendu et renforcé la fonction juridictionnelle du bâtonnier pour connaître en premier ressort de tous les litiges de collaboration. L'article 7, dernier alinéa de la loi du 31 décembre 1971 modifié étend ainsi la procé-

1. L. n° 2009-526, 12 mai 2009 de simplification et de clarification du droit et d'allègement des procédures, *JO* 13 mai, p. 7920, art. 71 ; – S. Bortoluzzi, *JCP* 2009. 295, n° 12.

dure d'arbitrage du bâtonnier aux litiges nés à l'occasion d'un contrat de collaboration libérale et non plus seulement à ceux nés à l'occasion d'un contrat de travail ou de la convention de rupture, de l'homologation ou du refus d'homologation de cette convention. Le décret du 11 décembre 2009 [1], pris en application de la loi du 12 mai 2009, défini la procédure applicable pour ces litiges qui est décrite aux articles 142 à 153 du décret du 27 novembre 1991 ; elle s'applique aussi bien aux litiges nés à l'occasion d'un contrat de travail ou d'un contrat de collaboration libérale [2].

La phase préalable de conciliation a été rendue obligatoire par la loi du 28 mars 2011 [3] de modernisation des professions judiciaires ou juridiques, qui a étendu, à cette occasion, la faculté pour le bâtonnier de déléguer ses pouvoirs en ces matières aux anciens bâtonniers ainsi qu'à tout membre ou ancien membre du conseil de l'Ordre [4]. Le décret du 28 décembre 2011 [5] détermine les conditions dans lesquelles est établie la liste des personnes auxquelles le bâtonnier peut déléguer ses pouvoirs en matière d'arbitrage. Le bâtonnier est ainsi tenu de dresser chaque année cette liste après délibération de son conseil de l'Ordre [6].

La modification de l'article 2061 du code civil par la loi du 15 mai 2001 [7], dite loi NRE, avait déjà rendu licite la clause compromissoire entre professionnels (et non plus, comme auparavant, uniquement entre commerçants). Le contrat de collaboration libérale pouvait donc d'ores et déjà contenir une clause de conciliation et d'arbitrage désignant le bâtonnier comme conciliateur et arbitre. Il a été jugé que la clause compromissoire stipulée dans un contrat de collaboration libérale avant la loi du 15 mai 2001 pouvait être invoquée à l'occasion d'un litige portant sur l'exécution de ce contrat, peu important, à cet égard, qu'ils aient ou non pris fin avant l'entrée en vigueur de la loi nouvelle [8].

La clause de conciliation est désormais rendue obligatoire par le RIN [9] qui l'impose dans le contrat de collaboration libérale. Le bâtonnier ou son délégataire, lorsqu'il intervient dans le cadre de la clause de conciliation obligatoire, entend les parties, éventuellement assistées de leur conseil, dans les plus brefs délais [10].

À défaut de conciliation, il est procédé conformément aux dispositions des articles 142 à 153 du décret du 27 novembre 1991 [11]. L'appel est porté devant la cour d'appel [12].

821.12 **Rôle du bâtonnier. Premier degré de juridiction.** La question s'est posée en doctrine de déterminer le rôle exact du bâtonnier tel qu'il lui a été conféré par la loi. On parle d'arbitrage alors que, comme le souligne justement M. Bénabent [13], ce terme est ordinairement réservé à l'institution d'une justice privée. En l'espèce, il s'agit bien de la mission d'un premier degré de juridiction désigné par la loi et qualifié d'arbitrage. Mais, dans les débats du Sénat, le terme est ambigu. Il est utilisé en effet comme synonyme d'arbitrage et de médiation.

Si le rapporteur M. Dejoie distingue nettement les deux notions en indiquant que la médiation est une sorte de conciliation permettant d'aboutir à un résultat mais qu'elle n'est pas un degré de juridiction, alors que l'arbitrage qui oblige le bâtonnier à prendre une sentence arbitrale constitue un degré de juridiction [14], les autres intervenants au débat prennent aisément un des mots pour l'autre. En effet, il s'agit d'un arbitrage décidé par la loi, différent de l'arbitrage classique, le mot recouvrant en fait un premier degré de juridiction pour lequel l'arbitre (le bâtonnier ou son délégué) est désigné par la loi et intervient ès qualités dans un rôle institutionnel [15].

821.13 **Domaine.** Les litiges soumis à l'arbitrage juridictionnel du bâtonnier visés par l'article 7, dernier alinéa de la loi du 31 décembre 1971 sont ceux nés à l'occasion des contrats de collaboration ou des contrats de travail des seuls avocats inscrits

1. Décr. n° 2009-1544, 11 déc. 2009 relatif à la composition du CNB et à l'arbitrage du bâtonnier, *JO* 13 déc., p. 21545.
2. L. n° 71-1130, 31 déc. 1971 portant réforme de certaines professions judiciaires et juridiques, *JO* 5 janv., p. 131, art. 7 – RIN, art. 14.6.
3. L. n° 2011-331, 28 mars 2011 de modernisation des professions judiciaires ou juridiques et certaines professions réglementées, *JO* 29 mars, p. 5447, art. 5 ; – S. Bortoluzzi, *JCP* 2011. 468, n° 15.
4. L. n° 71-1130, 31 déc. 1971, art. 7, dernier al.
5. Décr. n° 2011-1985, 28 déc. 2011 relatif au vice-bâtonnier, à l'arbitrage du bâtonnier et aux mentions de spécialisation des avocats, *JO* 29 déc., p. 22573, art. 5 2° ; *D.* 2012. 106, obs. Fleuriot ; *JCP* 2012. 387, n°s 7 et 8, obs. S. Bortoluzzi ; *Gaz. Pal.* 5-7 févr. 2012, p. 9, obs. F. Sicard et S. du Granrut ; *JCP* 2012. 690, n° 4, obs. T. Clay.
6. Décr. n° 91-1197, 27 nov. 1991 organisant la profession d'avocat, *JO* 28 nov., p. 15502, art. 7, al. 2.
7. L. n° 2001-420, 15 mai 2001 relative aux nouvelles régulations économiques, *JO* 16 mai, p. 7776.
8. Civ. 1re, 22 nov. 2005, n° 04-12.655, P I, n° 423 ; *Rev. arbitrage* 2005. 1011, obs. Bureau ; *D.* 2006. 277, note Le Bars et Callé, CRIT. ; *D.* 2005. 3032, note Avena-Robardet ; *JCP* 2006. II. 10015, note E. Cornut ; *JCP E* 2006. 239, note H. Croze ; *Gaz. Pal.* 2005. 4128 ; Somm. 4228 ; 2006. 463 ; 2006. Somm. 1249 ; *Defrénois* 2006. 590, obs. R. Libchaber.
9. RIN, art. 14.2.
10. RIN, art. 14.6.
11. V. s^{s} n°s 821.31 s.
12. L. n° 71-1130, 31 déc. 1971, art. 7, dernier paragraphe.
13. A. Bénabent, « Avocat, premières vues sur la "nouvelle profession" », *JCP* 1991. I. 3499, *op. cit.*, n° 61.
14. Dejoie, débats Sénat, *JO Sénat CR* 8 nov. 1990, p. 3241.
15. A. Bénabent, *op. cit.*, n° 61.

au tableau de l'ordre d'un barreau, à l'exclusion de toute autre personne physique ou morale. Il ne saurait dès lors être reproché à une cour d'appel de décider que relève de la compétence prud'homale l'action formée par un conseil juridique stagiaire en paiement de rappels de salaires et congés payés, d'indemnités pour licenciement sans cause réelle et sérieuse et de remise de divers documents à l'encontre de son ancien employeur[1].

821.14 **Cet arbitrage légal suppose-t-il un *exequatur* ?** La question est tranchée par les articles 148 et 153 du décret du 27 novembre 1991 qui prévoient que la décision du bâtonnier devenue définitive est rendue exécutoire par le président du tribunal judiciaire[2] et que, en cas d'urgence, les mesures conservatoires ou de remise en état qui s'imposent pour prévenir un dommage imminent ou pour faire cesser un trouble manifestement illicite décidées par le bâtonnier et notamment l'octroi d'une provision, sont exécutoires de droit à titre provisoire. Le fait que la sentence soit exécutoire de droit ne donne pas pour autant un titre suffisant à l'huissier chargé de l'exécuter si elle n'est revêtue de la formule exécutoire par le président du tribunal.

Il n'y a donc pas d'*exequatur* mais il y a besoin de recourir dans tous les cas au président du tribunal judiciaire pour délivrer la formule exécutoire dont les bâtonniers n'ont, dans le cadre d'une procédure civile, aucune possibilité de revêtir leur sentence.

821.15 **Quel bâtonnier est compétent pour connaître de ces litiges ?** Ce bâtonnier arbitre est celui du barreau où sont inscrites les parties mais si les deux avocats n'appartiennent pas au même barreau, ce qui est tout à fait possible car un avocat collaborateur ou salarié peut être inscrit à un barreau différent de celui de son cabinet employeur, qui sera compétent *ratione loci* ? Il est clair, à défaut d'autre indication des textes législatifs ou réglementaires, que le bâtonnier compétent pour régler les litiges est celui du barreau où l'avocat collaborateur ou salarié est inscrit ou était inscrit au moment où son contrat de collaboration a été rompu[3]. L'article 14.6 du RIN consacre expressément cette compétence du bâtonnier du lieu d'inscription de l'avocat collaborateur libéral ou salarié. Dans l'hypothèse d'un litige interbarreaux, l'avocat employeur ou patron relève alors de la juridiction du bâtonnier d'un barreau où il n'a jamais été inscrit.

SECTION 2
PROCÉDURE D'ARBITRAGE DU BÂTONNIER

821.20 **Plan.** Le bâtonnier possède un pouvoir en matière d'arbitrage (§ 1) ; le déroulé de la procédure est strictement encadré (§ 2).

§ 1
Rôle et pouvoir du bâtonnier

821.31 **Procédure.** La procédure en la matière est décrite par la section IV du chapitre II du titre III du décret du 27 novembre 1991[4]. Le RIN en rappelle les éléments essentiels et y renvoie expressément[5]. Ces dispositions précisent la saisine du bâtonnier, la procédure en cas d'abstention ou de récusation du bâtonnier, le pouvoir qui lui est accordé de trancher les incidents de vérification d'écritures ou de faux, conformément aux dispositions des articles 287 à 294, 299 et 313 du code de procédure civile ainsi que le délai dans lequel la décision doit être rendue et les modes de notification.

821.32 **Rôle d'amiable composition du bâtonnier.** Le bâtonnier, arbitre légal, ne peut être saisi d'une mission d'amiable composition qui le dispenserait de l'application des règles du code de procédure civile ou du code du travail qui présentent un caractère d'ordre public pour ces dernières[6]. Le bâtonnier aura qualité pour statuer sur la qualification du contrat et pour distinguer le contrat de collaboration et le contrat de travail. Il statue alors comme en matière prud'homale.

821.33 **Saisine du bâtonnier.** Pour tout litige né à l'occasion d'un contrat de collaboration ou d'un contrat de travail, et à défaut de conciliation, le bâtonnier du barreau auprès duquel l'avocat collaborateur ou salarié est inscrit est saisi par l'une ou l'autre des parties soit par requête déposée contre récépissé au secrétariat de l'Ordre des avocats, soit par lettre recommandée avec demande d'avis de réception.

L'acte de saisine précise, à peine d'irrecevabilité, l'objet du litige, l'identité des parties et les prétentions du saisissant[7].

Une ambiguïté du texte résulte de l'application de l'article 142 du décret du 27 novembre qui n'indique pas si l'acte de saisine doit être motivé. Il ne le semble pas, les prétentions du saisissant doivent être

1. Soc. 19 mai 1999, n° 97-43.640, P V, n° 226 ; *D.* 1999. 172.
2. Décr. n° 91-1197, 27 nov. 1991, art. 153 ; mod. par décr. n° 2019-966, 18 sept. 2019, art. 8.
3. CNB, Comm. RU, avis n° 2019-036, 23 oct. 2019 ; C. avocat 2021, s[s] L. 31 déc. 1971, art. 7, note 41.
4. Décr. n° 91-1197, 27 nov. 1991, art. 142 à 153.
5. RIN, art. 14.6.
6. C. trav., art. L. 1411-4.
7. Décr. n° 91-1197, 27 nov. 1991, art. 142 – Décr. n° 2009-1544, 11 déc. 2009, art. 5 – Décr. n° 2011-1985, 28 déc. 2011, art. 6.

indiquées, c'est-à-dire sa demande, les motifs à l'appui de cette demande ne sont pas nécessaires à la validité de l'acte[1].

821.34 Pouvoir d'abstention du bâtonnier. Le bâtonnier peut s'abstenir. Il ne peut être récusé que pour une des causes prévues à l'article 341 du code de procédure civile[2].

La demande de récusation du bâtonnier est déposée au secrétariat de l'Ordre des avocats. Elle est instruite et jugée dans les formes prévues aux articles 344 à 354 du code de procédure civile.

En cas d'abstention ou de récusation du bâtonnier en exercice, il est remplacé par le plus ancien bâtonnier dans l'ordre du tableau, membre du conseil de l'Ordre ou, à défaut, par le membre du conseil de l'Ordre le plus ancien dans l'ordre d'inscription au tableau[3].

§ 2
Déroulement de la procédure

821.41 Déroulement de la procédure. Dès l'enregistrement de la requête, le bâtonnier saisi ou son délégué fixe les délais dans lesquels les parties seront tenues de produire leurs observations ainsi que toute pièce utile à l'instruction du litige. Il arrête la date à laquelle il entendra leurs observations orales. Les parties peuvent, à tous les stades de la procédure, être assistées par un confrère. Les avocats des parties sont rendus destinataires de la copie de toute correspondance adressée aux parties par le bâtonnier dans le cadre de la procédure.

Le bâtonnier convoque les parties par lettre recommandée avec demande d'avis de réception adressée au moins huit jours avant la date de l'audience. La lettre de convocation mentionne que les intéressés peuvent être assistés par un avocat. Copie de la lettre de saisine est jointe à la convocation du défendeur[4].

Les procès-verbaux de l'instance et les transactions sont signés par le bâtonnier et les parties[5].

Le bâtonnier statue sur les contestations relatives à l'étendue de sa saisine[6].

Il a le pouvoir de trancher l'incident de vérification d'écriture ou de faux conformément aux dispositions des articles 287 à 294 et 299 du code de procédure civile.

En cas d'inscription de faux incidente, l'article 313 du code de procédure civile est applicable devant le bâtonnier. Le délai de l'instance continue à courir du jour où il est statué sur l'incident[7].

821.42 Mesure d'urgence et mesures conservatoires. En cas de mesure d'urgence sollicitée par l'une des parties, le bâtonnier peut être saisi à bref délai.

Dans tous les cas d'urgence, le bâtonnier peut, sur la demande qui lui en est faite par une partie, ordonner toutes les mesures qui ne se heurtent à aucune contestation sérieuse ou que justifie l'existence d'un différend.

Le bâtonnier peut toujours, même en présence d'une contestation sérieuse, ordonner les mesures conservatoires ou de remise en état qui s'imposent soit pour prévenir un dommage imminent, soit pour faire cesser un trouble manifestement illicite.

Dans le cas où l'existence de l'obligation n'est pas sérieusement contestable, il peut accorder une provision[8].

821.43 Délai pour statuer. Sauf cas de récusation et sous réserve du cas d'interruption de l'instance, le bâtonnier est tenu de rendre sa décision dans les quatre mois de sa saisine à peine de dessaisissement au profit de la cour d'appel. Ce délai peut être prorogé dans la limite de quatre mois par décision motivée du bâtonnier. Cette décision est notifiée aux parties, par lettre recommandée avec demande d'avis de réception.

En cas d'urgence, il est tenu de rendre sa décision dans le mois de sa saisine, à peine de dessaisissement au profit du premier président de la cour d'appel[9].

821.44 Publicité des débats. Le principe est que les débats sont publics. Toutefois, l'article 150 du décret du 27 novembre 1991 prévoit que « le bâtonnier peut décider que les débats auront lieu ou se poursuivront hors la présence du public à la demande de l'une des parties ou s'il doit résulter de leur publicité une atteinte à l'intimité de la vie privée »[10]. Jusqu'en 2009, l'article 7 de la loi du 31 décembre 1971 prévoyait dans son dernier alinéa, que la cour d'appel devait statuer en chambre du conseil[11]. Ce mode de débat n'était pas conforme à l'article 6, § 1 de la Convention européenne des droits de l'homme qui impose la publicité des débats, tant devant le bâton-

1. *J.-Cl. pr. civ.*, R. Martin, fasc. 83-2, n° 18.
2. SAUF DISPOSITION PARTICULIÈRE, la récusation d'un juge est admise pour les causes prévues par l'article L. 111-6 du code de l'organisation judiciaire.
3. Décr. n° 91-1197, 27 nov. 1991, art. 143 – Décr. n° 2009-1544, 11 déc. 2009, art. 5.
4. Décr. n° 91-1197, 27 nov. 1991, art. 144.
5. Décr. n° 91-1197, 27 nov. 1991, art. 145.
6. Décr. n° 91-1197, 27 nov. 1991, art. 146.
7. Décr. n° 91-1197, 27 nov. 1991, art. 147.
8. Décr. n° 91-1197, 27 nov. 1991, art. 148.
9. Décr. n° 91-1197, 27 nov. 1991, art. 149.
10. Décr. n° 91-1197, 27 nov. 1991, art. 150.
11. L. n° 71-1130, 31 déc. 1971, art. 7, dernier al.

nier qu'en appel[1]. Cet article a été modifié par la loi du 12 mai 2009[2], qui a supprimé la référence à la chambre du conseil.

Si la décision ne peut être prononcée sur-le-champ, le prononcé en est renvoyé, pour plus ample délibéré, à une date que le bâtonnier indique. Dès la mise en délibéré de l'affaire, aucune demande ne peut être formée ni aucun moyen soulevé. De même, aucune observation ne peut être présentée ni aucune pièce produite si ce n'est à la demande du bâtonnier[3].

821.45 Notification de la décision et voie de recours. La décision du bâtonnier est notifiée par le secrétariat du conseil de l'Ordre, par lettre recommandée avec demande d'avis de réception, aux parties qui peuvent en interjeter appel dans les conditions prévues aux premier, deuxième et sixième alinéas de l'article 16 du décret du 27 novembre 1991. Le délai de recours est d'un mois à compter du jour de la notification. Il est instruit et jugé selon les règles applicables en matière contentieuse à la procédure sans représentation obligatoire. Les parties au litige ont ainsi la faculté de se faire assister ou représenter par un avocat, à l'exclusion de toute autre personne[4]. La déclaration d'appel, les actes de constitution et les pièces qui leur sont associées peuvent être adressées au greffe de la cour d'appel par voie électronique par le biais du RPVA[5]. Copie de la décision du bâtonnier est adressée au procureur général par le secrétariat de l'Ordre. La publicité des débats est assurée conformément aux dispositions de l'article 150.

La décision de la cour d'appel est notifiée aux parties par le secrétariat-greffe par lettre recommandée avec demande d'avis de réception. Copie est adressée par le secrétariat-greffe au bâtonnier et au procureur général[6]. Le délai d'appel suspend l'exécution de la décision du bâtonnier ; l'appel exercé dans ce délai est également suspensif[7].

821.46 Caractère exécutoire de droit à titre provisoire de certaines décisions du bâtonnier. Sont de droit exécutoire à titre provisoire les décisions du bâtonnier qui ordonnent le paiement de sommes au titre des rémunérations dans la limite maximale de neuf mois de rétrocessions d'honoraires ou de salaires calculés sur la moyenne des trois derniers mois. La décision exécutoire à titre provisoire ne doit cependant pas être confondue avec celle qui constitue un titre exécutoire au sens de l'article L. 111-3 du code des procédures civiles d'exécution. Il s'ensuit que, faute de constituer une décision à laquelle la loi attache les effets d'un jugement, la décision d'un bâtonnier, même exécutoire de droit à titre provisoire, en application de l'article 153 du décret du 27 novembre 1991, comme portant sur des honoraires dus dans la limite de neuf mois de rétrocession d'honoraires, ne peut faire l'objet d'une mesure d'exécution forcée que sur présentation d'une expédition revêtue de la formule exécutoire[8]. L'exécution provisoire est un mécanisme destiné à paralyser l'effet suspensif des voies de recours, tandis que la formule exécutoire, délivrée par le président du tribunal judiciaire, est destinée à permettre l'exécution forcée d'une décision définitive.

Les autres décisions peuvent être rendues exécutoires par le président du tribunal judiciaire lorsqu'elles ne sont pas déférées à la cour d'appel[9].

1. CE 2 oct. 2006, req. nos 281632, 282028, 283031, NP ; *D.* 2006. 2710, concl. Aguila ; *D.* 2007. 1380, obs. Julien ; *AJDA* 2007. 645, note Debono ; *JCP* 2007. I. 139, note T. Clay – Civ. 1re, 15 nov. 1989, no 87-20.045, P I, no 346 ; *JDI* 1990. 611, note Julien-Laferrière – Civ. 1re, 25 avr. 1989, no 87-14.964, P I, no 165 ; *Gaz. Pal.* 18 janv. 1990. p. 17, note S. Guinchard et T. Moussa.
2. L. no 2009-526, 12 mai 2009, art. 71.
3. Décr. no 91-1197, 27 nov. 1991, art. 151.
4. Civ. 1re, 21 oct. 2020, no 19-12.644, P ; *Gaz. Pal.* 1er juin 2021, no 20, p. 20, note D. Landry.
5. Civ. 2e, 19 mars 2020, no 19-11.450, P ; *Gaz. pal.* 6 oct. 2020, no 34, p. 41, note D. Landry ; *JCP* 2020. chron. 1294, no 7, obs. C. Caseau-Roche.
6. Décr. no 91-1197, 27 nov. 1991, art. 152 – Décr. no 2009-1544, 11 déc. 2009, art. 5.
7. Décr. no 91-1197, 27 nov. 1991, art. 16, dernier al.
8. Civ. 2e, 30 janv. 2014, no 12-29.246, P II, no 30 ; *JCP* 2014. 597, no 8, obs. C. Bolze ; *Gaz. Pal.* 20-21 juin 2014, p. 18, obs. J. Villacèque ; *RDC* 2014. 387, obs. R. Libchaber ; *LPA* 23 déc. 2014, p. 10, obs. C. Porteron ; *D.* 2014. 377 ; *D.* 2014. 1466, obs. A. Leborgne ; *D. avocats* 2014. 114, obs. G. Royer.
9. Décr. no 91-1197, 27 nov. 1991, art. 153 – Décr. no 2019-966, 18 sept. 2019, art. 8.

CHAPITRE

822. Différends entre avocats à l'occasion de leur exercice professionnel

SECTION 0 ORIENTEUR

822.00 Sommaire du chapitre.

Division. Lors de différends (sect. 1) entre avocat à l'occasion de leur exercice professionnel, des procédures d'arbitrages pour les avocats du même barreau (sect. 2) ou de plusieurs barreaux (sect. 2) sont prévues.

822.01 Textes applicables.

TEXTES TITRÉS

• **L. n° 71-1130, 31 déc. 1971**

art. 21 [Arbitrage du bâtonnier]

• **Décr. n° 91-1197, 27 nov. 1991**

art. 179-1 [Acte de saisine]

art. 179-2 [Délai pour statuer]

art. 179-3 [Pluralité de défendeurs appartenant à des barreaux différents]

art. 179-4 [Procédure]

art. 179-5 [Délai]

art. 179-6 [Notification de la décision]

art. 179-7 [Exécutoire]

• **RIN**

art. 20 [Règlement des conflits entre avocats de barreaux différents]

822.02 Jurisprudence de référence.

> Validité de la clause compromissoire, dans un litige entre avocats, qui est exclusive de l'application des dispositions de l'article 21 de la loi n° 71-1130 du 31 décembre 1971 attribuant compétence au bâtonnier

• **Civ. 1re, 9 juill. 2014,** n° 13-13.598, P I, n° 127.

* V. ss n° 822.12.

« Sur le moyen unique pris en ses diverses branches :

Attendu selon l'arrêt attaqué (Paris, 30 janvier 2013), que M. X..., après avoir rejoint la société anglaise d'avocats Le Partnership Thomas Y... en qualité d'associé à Paris, a, à la suite de dissensions sur sa rémunération, saisi le bâtonnier de Paris d'une demande d'arbitrage contre M. Z... qui lui avait succédé au sein du Cabinet à Paris et le Cabinet Thomas Y... alors que ce dernier avait engagé une procédure d'arbitrage à Londres en application de la clause compromissoire des statuts du Cabinet ;

Attendu que M. X... fait grief à l'arrêt de confirmer la sentence du 12 avril 2011 par laquelle M. A..., agissant en qualité d'arbitre unique désigné par le bâtonnier du barreau de Paris, s'est déclaré incompétent et l'a renvoyé à mieux se pourvoir, alors, selon le moyen :

1°/ que la clause compromissoire qui n'offre pas les garanties d'indépendance et d'impartialité de l'arbitre est contraire à l'ordre public international ; que la validité d'une clause s'apprécie au moment de la formation du contrat ; qu'en jugeant que la clause compromissoire stipulée à l'article 16 du Partnership Agreement n'était pas contraire à l'ordre public international au motif inopérant que la partialité de l'expert désigné en exécution de cette clause, M. B..., n'était pas démontrée cependant qu'elle constatait elle-même que la clause compromissoire litigieuse permettait à Thomas Y... de désigner l'un de ses propres associés comme arbitre au mépris des principes d'impartialité et d'indépendance de l'arbitre, ce dont il résultait que cette clause était entachée d'une nullité manifeste, peu important les conditions dans lesquelles elle avait été exécutée, la cour d'appel a violé l'article 3 du code civil, les principes généraux du droit international privé, ensemble l'article 6 de la Convention européenne de sauvegarde des droits de l'homme et des libertés fondamentales ;

2°/ que le principe de l'égalité des parties dans la désignation des arbitres est d'ordre public international ; que la validité d'une clause s'apprécie au moment de la formation du contrat ; qu'en jugeant que la clause compromissoire stipulée à l'article 16 du Partnership Agreement n'était pas contraire à l'ordre public international au motif inopérant que la partialité de l'expert désigné en exécution de cette clause, M. B…, n'était pas démontrée cependant qu'elle constatait elle-même que la clause compromissoire stipulait que l'arbitre serait désigné, en cas de désaccord, par les seuls comptables de l'une des parties au mépris du principe d'égalité dans la désignation des arbitres, ce dont il résultait que cette clause était entachée d'une nullité manifeste, peu important les conditions dans lesquelles elle avait été exécutée, la cour d'appel a violé l'article 3 du code civil, ensemble les principes généraux du droit international privé ;

3°/ qu'est dépourvue d'autorité de chose jugée la sentence arbitrale rendue en violation de l'ordre public international ; qu'en jugeant que le bâtonnier de l'ordre des avocats du barreau de Paris n'était pas compétent aux motifs que M. X… « n'avait exercé aucune des voies de recours à l'encontre des sentences statuant spécifiquement sur la compétence de M. B… » quand cette sentence avait été rendue en application d'une clause compromissoire contraire à l'ordre public international, la cour d'appel a violé les articles 1476 et 1498 du code de procédure civile, dans leur version applicable aux faits de la cause, l'article 3 du code civil, ensemble les principes généraux du droit international privé ;

4°/ que tout différend entre avocats à l'occasion de leur exercice professionnel est soumis au bâtonnier ; que l'avocat européen qui exerce de manière permanente au sein d'un barreau sous son titre professionnel d'origine est soumis aux règles déontologiques de ce barreau ; qu'en jugeant que « rien ne permettait de retenir en l'espèce la compétence légale du bâtonnier de Paris » aux motifs que Thomas Y… n'avait pas procédé à son inscription au barreau de Paris, quand le seul exercice effectif de l'activité d'avocat à Paris, par Thomas Y…, soumettait ce cabinet aux règles de ce barreau et ainsi à l'arbitrage de son bâtonnier, indépendamment de son inscription à ce barreau, la cour d'appel a violé les articles 21 et 83 de la loi du 31 décembre 1971, ensemble l'article 179-1 du décret du 27 novembre 1991 ;

5°/ qu'en toute hypothèse, la fraude corrompt tout ; qu'en jugeant que « rien ne permettait de retenir en l'espèce la compétence légale du bâtonnier de Paris » aux motifs que Thomas Y… n'avait pas procédé à son inscription à un barreau français sans rechercher, comme elle y était expressément invitée, si ce cabinet n'avait pas tardé à procéder à son inscription à l'ordre des avocats du barreau de Paris quand il exerçait pourtant l'activité d'avocat de manière permanente près la cour d'appel de Paris, afin d'échapper à la compétence de son bâtonnier qui avait précisément attiré son attention sur ce point, la cour d'appel a privé sa décision de base légale au regard de l'article 21 de la loi du 31 décembre 1971, ensemble l'article 179-1 du décret du 27 novembre 1991 ;

Mais attendu que les prétendues irrégularités affectant les modalités de désignation de l'arbitre sont sans incidence sur la validité de la clause compromissoire elle-même ; que s'agissant d'un litige entre avocats, une telle clause est exclusive de l'application des dispositions de l'article 21 de la loi du 31 décembre 1971 attribuant compétence au bâtonnier ; que le moyen est inopérant en ses diverses branches ;

PAR CES MOTIFS :

REJETTE le pourvoi ».

822.03 Bibliographie indicative.

* Aussi : v. s[s] n° 82.03.

Monographies. J.-J. Taisne, *La déontologie de l'avocat*, 11e éd., « Connaissance du droit », 2019 – R. Martin, *Déontologie de l'avocat*, 11e éd., « Droit et professionnels », LexisNexis, 2013 – B. Beignier, J. Villacèque (dir.), *Droit et Déontologie de la profession d'avocat*, 2e éd., Gazette du Palais – LGDJ, 2016 – J.-M. Braunschweig, J. Demaison, *Profession d'avocat : Le guide*, 4e éd., Wolters Kluwer, 2017, n°s 1159 s.

Articles. S. Bortoluzzi, « Arbitrage des litiges entre avocats : compétence unifiée du bâtonnier en premier ressort », *JCP* 2011. 38 – Th. Clay, « Arbitrage du bâtonnier : *persevare diabolicum* », *D.* 2007. 28 – J.-M. Durigneux, « L'arbitrage du bâtonnier ou l'illusion du vocabulaire », *D. avocats* 2014. 274 – B. Moreau, « L'arbitrage du bâtonnier », *Rev. arb.* 1993, cahier n° 3, 361 – D. Piau, « De l'incertitude quant à l'étendue de la notion de règlement des différends entre avocats dans le cadre de leur exercice professionnel », *D. avocats* 2014. 355 – D. Villacèque, « La juridiction du bâtonnier : une charge publique à parachever », *D.* 1997. Chron. 305.

SECTION 1
DIFFÉRENDS CONCERNÉS

822.11 Autorégulation de la profession. La possibilité pour le groupe professionnel de régler les conflits surgissant entre ses membres sans avoir besoin de recourir à une autorité extérieure est un attribut important de l'autorégulation de la profession. Elle concourt à la cohésion du groupe en donnant la garantie que les comportements professionnels seront appréciés en fonction des valeurs communes de celui-ci et évite les jugements de tiers qui ne les prendraient pas suffisamment en compte.

Le bâtonnier a ainsi pour mission de prévenir ou concilier[1] les différends d'ordre professionnel entre les membres du barreau, et d'instruire également toute réclamation formée par les tiers[2]. Cette mission légale ne lui permettait cependant pas de se transformer en arbitre, doté d'un véritable pouvoir juridictionnel, des litiges qui peuvent surgir entre avocats. Les tentatives faites pour lui conférer ce

1. V. s[s] n°s 116.171 s.
2. L. n° 71-1130, 31 déc. 1971, art. 21, al. 1er.

pouvoir par l'effet de dispositions contraignantes des règlements intérieurs des barreaux ont été condamnées par la jurisprudence. Il a été jugé en effet que de telles dispositions n'étaient pas suffisantes pour considérer que les parties avaient exprimé la volonté commune de se soumettre à un arbitre[1]. En conséquence, l'arbitrage du bâtonnier pour les litiges nés entre avocats à l'occasion de l'exercice en groupement de leur profession ne pouvait intervenir qu'en application d'une clause compromissoire, comme le prévoit l'article 2061 du code civil[2].

C'est à l'occasion de la loi du 12 mai 2009[3] que le législateur est intervenu pour étendre les pouvoirs juridictionnels du bâtonnier[4], déjà reconnus en matière de contrat de travail, et lui donner compétence en premier ressort pour le règlement des différends professionnels entre avocats. L'article 21, alinéa 3, de la loi du 31 décembre 1971[5] prévoit que « tout différend entre avocats à l'occasion de leur exercice professionnel est, en l'absence de conciliation, soumis à l'arbitrage du bâtonnier », sa décision pouvant être déférée à la cour d'appel par l'une des parties.

Les modalités de la procédure d'arbitrage pour le règlement des différends entre avocats à l'occasion de leur exercice professionnel ont été déterminées par le décret du 11 décembre 2009[6] et codifiées aux articles 179-1 à 179-7 dans une section VI du chapitre II du titre III du décret du 27 novembre 1991. Elles respectent les principes du procès équitable, et notamment le principe du contradictoire et de la publicité des débats. Les dispositions du livre IV du code de procédure civile relatives à l'arbitrage ne sont dès lors plus applicables.

La tentative de conciliation, qui est une phase procédurale préalable à la saisine de la juridiction du bâtonnier, n'est paradoxalement pas définie par le décret[7]. Il s'agit là d'une obligation dont la méconnaissance semble constituer une cause d'irrecevabilité de la saisine du bâtonnier d'une demande d'arbitrage[8].

Toutefois les conflits surgissant entre avocats à l'occasion de leur exercice professionnel ne sont pas tous du même ordre. Il convient de distinguer les différends professionnels des conflits déontologiques qui ne sont pas soumis à la même procédure de règlement. Une autre distinction s'impose également en fonction de l'identité des avocats en cause. Le différend peut en effet opposer des avocats du même barreau, ou des avocats de barreaux différents. Une dernière hypothèse est celle d'un différend professionnel entre un avocat français et un avocat d'un autre État membre de l'Union européenne.

822.12 Compétence juridictionnelle du bâtonnier obligatoire mais non exclusive. La compétence juridictionnelle du bâtonnier est obligatoire[9] et s'impose aux parties, même en l'absence de clause compromissoire et sans qu'il soit nécessaire pour les avocats de conclure un compromis d'arbitrage[10]. Rend-elle pour autant sans effet les clauses compromissoires pour les litiges non encore soumis au bâtonnier comme semblait le penser la commission des règles et usages du CNB dans un avis du 24 juin 2010[11] ? La Cour de cassation décide du contraire. Elle considère par un arrêt de sa première chambre civile du 9 juillet 2014[12], que le bâtonnier peut voir sa compétence écartée au profit d'un tribunal arbitral. Pour la Haute juridiction, s'agissant d'un litige entre avocats, la clause compromissoire est exclusive de l'application de l'article 21, alinéa 3, de la loi du 31 décembre 1971 attribuant compétence au bâtonnier. Comme les juridictions étatiques, le bâtonnier peut dès lors être privé de sa compétence juridictionnelle par une clause compromissoire insérée dans les statuts de la société d'avocats.

822.13 Exclusion des litiges déontologiques. Des conflits peuvent surgir entre avocats à propos de l'interprétation de la règle déontologique, en marge ou à l'occasion de l'accomplissement de leur mission au service de leur client. Il s'agit des litiges déontologiques sur lesquels, lorsque le bâtonnier est saisi, il est amené à rendre un avis pour donner son interprétation de la règle applicable ou dire si un manquement a été commis par un avocat. Ces litiges

1. Civ. 1re, 22 nov. 2005, nos 04-11.384, 03-12.860, P I, no 421 et 422 ; *D.* 2006. 2079, note E. Rosenfeld ; *D.* 2006. 268, obs. B. Blanchard ; *Gaz. Pal.* 8-9 févr. 2006, p. 17, obs. B. Vatier ; *LPA* 5 juill. 2006, p. 22, avis Sainte Rose.
2. Civ. 1re, 14 janv. 2016, no 14-29.691, P.
3. L. no 2009-526, 12 mai 2009 de simplification et de clarification du droit et d'allègement des procédures, *JO* 13 mai, p. 7920, art. 72 ; S. Bortoluzzi, *JCP* 2009. 295, no 12.
4. V. ss no 116.173.
5. L. no 71-1130, 31 déc. 1971, art. 21, al. 3 ; mod. par L. no 2009-526, 12 mai 2009, art. 72.
6. Décr. no 2009-1544, 11 déc. 2009 relatif à la composition du CNB et à l'arbitrage du bâtonnier, *JO* 13 déc., p. 21545.
7. J.-M. Durigneux, « L'arbitrage du bâtonnier ou l'illusion du vocabulaire », *D. avocats* 2014. 274, *op. cit.*, p. 276.
8. EN CE SENS : Nîmes, 19 avr. 2018, RG no 17/03219 – Paris, 19 déc. 2018, RG no 2016/10900 ; – Toulouse, 2 juin 2021, RG nos 20/02178 et 20/02826.
9. CNB, Comm. RU, avis no 2012-022, 20 juin 2012 ; C. avocat 2021, ss décr. 27 nov. 1991, art. 179-1, note 3.
10. Paris, 22 nov. 2011, RG no 11/02157 – Montpellier, 2e ch., 12 mars 2019, RG no 18/04946, *Gaz. Pal.* 3 déc. 2019, no 42, p. 20, note D. Landry.
11. CNB, Comm. RU, avis no 2010-032 du 24 juin 2010 ; C. avocat 2021, ss décr. 27 nov. 1991, art. 179-7, note 2.
12. Civ. 1re, 9 juill. 2014, no 13-13.598, P I, *no 127 ; JCP* 2014. 1093, no 6, obs. A. Bolze ; *Gaz. Pal.* 12-13 déc. 2014, p. 17, obs. J.-L. Gaineton et J. Villacèque ; *Procédures* 2014, no 268, note L. Weiller.

ne font pas l'objet d'un arbitrage *stricto sensu*, puisqu'ils relèvent de la juridiction disciplinaire. Le bâtonnier peut tenter de concilier les parties. Il peut également émettre un avis, non susceptible de recours devant la cour d'appel,[1] mais il ne peut rendre une décision susceptible de porter atteinte aux droits des clients ou d'influer sur le cours d'une procédure[2]. Si son avis n'est pas suivi et qu'il estime qu'une faute a été commise, il peut, comme autorité de poursuite, saisir la juridiction disciplinaire[3].

Les litiges déontologiques échappent ainsi à l'arbitrage juridictionnel du bâtonnier, tel que prévu par l'article 21, alinéa 3 de la loi du 31 décembre 1971 et les articles 179-1 et suivants du décret du 27 novembre 1991, et sont soumis au pouvoir de conciliation du bâtonnier dans les conditions prévues par l'article 20.1 du RIN[4]. Pourtant, si les procédures ne se confondent pas, elles ne sont pas nécessairement exclusives l'une de l'autre, et leur champ d'application est interpénétré[5].

La procédure de règlement des différends entre avocats ne s'applique pas au contentieux disciplinaire qui relève de la seule procédure disciplinaire[6]. Ne sont pas visés non plus les litiges faisant l'objet d'une réglementation procédurale particulière comme les contestations en matière d'honoraires[7] ou les désaccords sur le partage de l'indemnité d'aide juridictionnelle en cas de succession d'avocats[8] qui sont toutefois soumis à la juridiction du bâtonnier.

822.14 Différends entre avocats à l'occasion de leur exercice professionnel. Il s'agit pour l'essentiel des litiges surgissant à l'occasion des conventions passées entre avocats dans le cadre de leur exercice professionnel. Tous les litiges entre associés ou membres d'une structure professionnelle quelconque (d'exercice ou de moyen) relèvent de cette catégorie. Il en est de même des litiges surgissant à l'occasion d'une cession de clientèle, ou encore d'une suppléance. Il ne suffit cependant pas que le litige oppose deux avocats, il faut qu'il soit né à l'occasion de leur activité professionnelle, il appartiendra sinon à la juridiction de droit commun d'en connaître. Un litige dans lequel deux avocats ne sont impliqués qu'en leur qualité d'ancien et de nouveau locataire du même local ne peut ainsi être considéré comme un différend né à l'occasion de l'exercice professionnel[9]. *A fortiori*, sont également exclus les litiges entre un avocat et un tiers à la profession d'avocat[10] qui ne relèvent pas de la compétence juridictionnelle du bâtonnier.

822.15 Difficulté de la distinction. Lorsque le manquement déontologique est relatif aux devoirs imposés à l'avocat à l'égard de ses clients ou de la partie adverse, il n'existe que peu de risques de confusion avec le différend professionnel. Le litige peut d'ailleurs être porté devant une juridiction de droit commun, dès lors que les droits des clients ou des parties adverses sont en cause. En revanche, lorsque le manquement a trait aux devoirs de l'avocat envers ses confrères, il sera parfois plus difficile de distinguer ce qui relève de la déontologie et ce qui relève de l'interprétation ou de l'exécution des conventions unissant les parties. Le bâtonnier devra être attentif, lors de sa saisine, à distinguer les demandes pouvant être tranchées dans le cadre d'un arbitrage, de celles qui relèvent de la sphère disciplinaire. C'est ainsi qu'un litige qui surgi entre deux avocats, à la suite d'une adjudication, portant sur la quittance des frais et empêchant la délivrance du jugement d'adjudication ne semble pas être un différend entre avocats à l'occasion de leur exercice professionnel, mais un litige entre deux parties non avocats dont le bâtonnier a été saisi à tort sur le fondement de l'article 21 de la loi du 31 décembre 1971[11].

SECTION 2
PROCÉDURE D'ARBITRAGE POUR LES DIFFÉRENDS ENTRE AVOCATS DU MÊME BARREAU

822.21 Unification de la procédure d'arbitrage. La procédure d'arbitrage est soumise aux articles 179-1 à 179-7 du décret du 27 novembre 1991. Les règles applicables sont celles existant pour le règlement des litiges nés à l'occasion d'un contrat de travail ou de collaboration[12]. L'article 179-4 renvoie ainsi aux articles 142 à 148 et 150 à 152 du décret

1. Civ. 1re, 8 mars 2012, n° 10-26.892, NP – Paris, 8 déc 2011, RG n° 11/12226.
2. Civ. 1re, 3 mai 2018, n° 17-17.717, P I, n° 73 ; *D.* 2019. 91, obs. T. Wickers – Rennes, 14 juin 2011, RG n° 10/05773 – Paris, 11 avr. 2013, RG n° 12/23228.
3. Civ. 1re, 26 sept. 2012, n° 11-20.071, NP.
4. Sur la légalité de l'art. 20.1 du RIN : CE 29 janv. 2014, *CNB*, req. n° 366083, NP ; *JCP* 2014. 490, note S. Bortoluzzi ; *Gaz. Pal.* 21-22 févr. 2014, p. 7, note D. Piau ; *Gaz. Pal.* 26-27 févr. 2014, p. 16, obs. M. Guyomar – V. ss nos 116.171 s. et 511.391 s.
5. D. Piau, « De l'incertitude quant à l'étendue de la notion de règlement des différends entre avocats dans le cadre de leur exercice professionnel », *D. avocats* 2014. 355, p. 356.
6. Aix-en-Provence, 5 sept. 2013, *D. avocats* 2013. 419, obs. L. Dargent ; *Gaz. Pal.* 6-7 déc. 2013, p. 21, obs. B. de Belval et J. Villacèque.
7. Décr. n° 91-1197, 27 nov. 1991, art. 174 s.
8. Décr. n° 91-1266, 19 déc. 1991, art. 103.
9. Paris, 21 janv. 2015, RG n° 13/13615.
10. POUR UN REFUS D'APPLICATION à un litige entre une SCP d'avocats et un mandataire liquidateur : Paris, pôle 2, ch. 1, 6 mars 2019, RG n° 18/04330.
11. Aix-en-Provence, 10 mai 2012, RG n° 12/01131.
12. V. ss nos 821.31 s.

qui constituent un socle commun. Il s'applique chaque fois que le bâtonnier intervient comme arbitre, pour régler un différend professionnel, ou un litige lié à un contrat de travail ou un contrat de collaboration. La procédure respecte les règles du procès équitable, elle est contradictoire, les débats sont publics et la décision est rendue à charge d'appel devant la cour d'appel. Le bâtonnier est par ailleurs doté des pouvoirs lui permettant de faire face aux situations d'urgence, ou de trancher les incidents de faux ou de vérification d'écriture.

822.22 Saisine du bâtonnier. Lorsque les avocats en conflit sont tous inscrits auprès du même barreau, le bâtonnier de ce barreau peut être saisi par l'un ou l'autre des avocats intéressés au règlement du conflit[1]. En l'absence de conciliation, le bâtonnier est saisi par l'une des parties soit par requête déposée contre récépissé au secrétariat de l'Ordre des avocats au barreau dont le bâtonnier désigné est membre, soit par lettre recommandée avec demande d'avis de réception à lui adresser, de sorte que le délai de quatre mois prévu à l'article 179-5 du décret du 27 novembre 1991 court à compter de cette saisine[2].

L'acte de saisine doit préciser, à peine d'irrecevabilité, l'objet du litige, l'identité des parties et les prétentions du saisissant. L'avocat qui transmet au bâtonnier des documents couverts par le secret professionnel dans un conflit l'opposant à son associé, afin de prévenir une éventuelle mise en cause de la responsabilité professionnelle de la société d'avocats, ne viole pas le secret professionnel[3].

La procédure spéciale de règlement des différends entre avocats échappe par nature aux dispositions de l'article 47 du code de procédure civile et exclut ainsi le renvoi à une juridiction limitrophe[4].

L'arbitrage, qui s'inscrit désormais dans un processus juridictionnel, doit demeurer gratuit pour les parties. Rien n'interdit cependant à un Ordre de prévoir sur son budget de fonctionnement une indemnisation des arbitres désignés[5].

822.23 Pouvoir de délégation du bâtonnier. Le bâtonnier bénéficie depuis la loi du 28 mars 2011 d'assez larges possibilités de délégation. Il peut ainsi déléguer ses pouvoirs aux anciens bâtonniers, ainsi qu'à tout membre ou ancien membre du conseil de l'Ordre[6]. La liste des délégataires est dressée chaque année après délibération du conseil de l'Ordre[7].

822.24 Pouvoir de désigner un expert. Lorsque le règlement du litige implique l'évaluation des parts sociales ou actions de sociétés d'avocats, la règle de l'article 1843-4 du code civil, qui prévoit que la valeur des droits est déterminée, en cas de contestation par un expert désigné, soit par les parties, soit à défaut d'accord entre elles, par ordonnance du président du tribunal statuant en la forme des référés et sans recours possible, est écartée. C'est le bâtonnier qui procède, le cas échéant, à la désignation d'un expert pour l'évaluation des parts sociales ou actions de sociétés d'avocats[8]. Cette désignation par le bâtonnier d'un expert est soumise à un recours devant la cour d'appel, qui dès lors en apprécie le bien-fondé[9].

822.25 Délais de procédure et voie de recours. Le bâtonnier dispose d'un délai de quatre mois à compter de sa saisine pour rendre sa décision. Il peut toutefois, en raison de la nature ou de la complexité du différend, par décision motivée portée à la connaissance des parties par lettre recommandée avec demande d'avis de réception, proroger ce délai de quatre mois[10]. C'est indiscutablement ainsi qu'il faut comprendre la disposition de l'article 179-5 du décret du 27 novembre 1991, en dépit de sa rédaction défaillante[11]. Lorsque la décision n'est pas rendue dans les délais annoncés, les parties ont la possibilité de saisir la cour d'appel du litige, dans le mois de l'expiration de ces délais.

La décision du bâtonnier est notifiée par le secrétariat du conseil de l'Ordre, par lettre recommandée avec demande d'avis de réception, aux parties, et peut être contestée dans les conditions prévues à l'article 152[12]. Le recours est formé par l'une ou l'autre des parties dans le délai d'un mois devant la cour d'appel du ressort, instruit et jugé selon les règles applicables en matière contentieuse à la procédure sans représentation obligatoire[13]. La déclaration d'appel, les actes de constitution et les pièces qui leur sont associées peuvent être valablement adressées au greffe de la cour d'appel par la voie éléctronique par le biais du RPVA[14].

1. Décr. n° 91-1197, 27 nov. 1991, art. 179-1.
2. Civ. 1re, 6 déc. 2017, n° 16-26.784, P I.
3. Crim. 16 déc. 2015, n° 14-85.068, P ; *D. avocats* 2016. 67, obs. G. Royer.
4. Cass., avis, 23 mai 2011, P n° 6 ; *BICC* 15 juill. 2011, rapp. Vasseur et obs. Sarcelet – Civ. 1re, 27 févr. 2013, n° 12-15.828, NP ; *Gaz. Pal.* 7 déc. 2013, n° 157, p. 7, note D. Landry et J. Villacèque – Paris, 6 janv. 2016, RG n° 13/16072 – Rouen, 16 déc. 2015, RG n° 2015/03050.
5. CNB, Comm. RU, avis n° 2011-017 du 26 avr. 2011 ; C. avocat 2021, ss L. 31 déc. 1971, art. 21, note 12.
6. L. n° 71-1190, 31 déc. 1971, art. 21, al. 4.
7. Décr. n° 91-1197, 27 nov. 1991, art. 7, al. 2.
8. L. n° 71-1190, 31 déc. 1971, art. 21, al. 3.
9. Civ. 1re, 16 avr. 2015, n° 14-10.257, P I, n° 97 ; *D.* 2015. 928.
10. Décr. n° 91-1197, 27 nov. 1991, art. 179-5.
11. CNB, Comm. RU, avis n° 2010-032 du 24 juin 2010 ; C. avocat 2021, ss décr. 27 nov. 1991, art. 179-7, note 2.
12. Décr. n° 91-1197, 27 nov. 1991, art. 179-6.
13. Pour une application : Toulouse, 14 nov. 2020, RG n° 20/01137.
14. Civ. 2e, 19 mars 2020, n° 19-11.450 ; *Gaz. Pal.* 6 oct. 2020, n° 34, p. 41, note D. Landry ; *JCP* 2020. chron. 1294, n° 7, obs. C. Caseau-Roche : possibilité d'utiliser le RPVA pour relever appel d'une décision du bâtonnier à l'occasion d'un contrat de travail. CONTRA : Paris, 23 oct. 2013, RG n° 12/17752 ; – Paris, 11 sept. 2013, RG n° 12/15180.

Le délai d'appel suspend l'exécution de la décision arbitrale du bâtonnier ; l'appel exercé dans ce délai est également suspensif[1].

822.26 Caractère exécutoire de la décision. Lorsqu'elle n'a pas été déférée à la cour d'appel, la décision du bâtonnier peut être rendue exécutoire par le président du tribunal judiciaire auprès duquel est établi son barreau[2]. Cette compétence donnée au président du tribunal judiciaire, en l'absence de recours, par l'article 179-7 du décret du 27 novembre 1991 pour prononcer l'*exequatur* est exclusive, les dispositions de l'article 525 du code de procédure civile ne pouvant s'appliquer lorsque la décision du bâtonnier est déférée à la cour d'appel[3].

SECTION 3
PROCÉDURE D'ARBITRAGE POUR LES DIFFÉRENDS ENTRE AVOCATS DE PLUSIEURS BARREAUX

822.31 Nécessité de prendre en compte les conflits interbarreaux. Tous les différends professionnels n'opposent pas nécessairement des avocats membres du même barreau. La possibilité pour les structures d'exercice de regrouper des avocats de barreaux différents constitue, notamment, une source potentielle de litiges opposant des avocats n'appartenant pas tous au même barreau et ne relevant donc pas de l'autorité d'un bâtonnier unique[4].

Chacun de ces deux avocats pourrait alors en référer à son propre bâtonnier afin qu'il fasse part de sa position sur le différend dont il est saisi. Qu'en est-il toutefois si ces derniers retiennent des solutions opposées ? Comment mettre un terme au litige opposant ces avocats de barreaux différents ?

Cette question a été longuement discutée au sein de la Commission des règles et usages du CNB. Plusieurs possibilités ont été envisagées pour trancher les litiges opposant des avocats de barreaux différents. Certains membres ont proposé de confier au CNB le pouvoir de trancher seul ces difficultés par la reconnaissance d'un pouvoir juridictionnel autonome. D'autres membres ont souhaité au contraire qu'un troisième bâtonnier soit désigné pour arbitrer le conflit. C'est finalement cette dernière solution qui a été retenue par le décret du 11 décembre 2009, mais la désignation du bâtonnier tiers saisi a été confiée au président du CNB à défaut pour les bâtonniers concernés de s'être entendus sur cette désignation. Les règles particulières de procédure qui s'appliquent en cas de différend opposant des avocats appartenant à plusieurs barreaux concernent uniquement le processus de désignation du bâtonnier arbitre et les règles de notification de la décision. Pour le reste la procédure suivie sera identique.

822.32 Désignation du bâtonnier d'un barreau tiers. Lorsque le bâtonnier saisi d'un différend entre avocats constate que celui-ci oppose des avocats de deux barreaux différents, il doit transmettre sans délai copie de l'acte de saisine au bâtonnier du barreau auquel appartient l'avocat défendeur. Cette notification ouvre un délai de quinze jours, dans lequel les bâtonniers en cause doivent s'entendre sur la désignation du bâtonnier d'un barreau tiers, en qualité d'arbitre[5]. Si les bâtonniers en cause sont parvenus à s'accorder, il appartiendra au bâtonnier désigné d'arbitrer le conflit. Le délai de quatre mois ouvert au bâtonnier pour rendre sa décision courant à compter de la saisine, son point de départ se trouve donc retardé, dans ce cas particulier, au moment où le bâtonnier tiers est saisi. Ce délai peut être prorogé par décision motivée du bâtonnier de quatre mois si la nature ou la complexité du différend le justifie.

822.33 Désignation par le président du Conseil national des barreaux. L'intervention du président du CNB est prévue dans trois hypothèses.

Lorsque, dans le cas précédemment évoqué, les bâtonniers des deux barreaux concernés n'ont pas été en mesure de s'accorder dans le délai de quinze jours de la saisine sur la désignation d'un bâtonnier tiers, le bâtonnier du demandeur demande au président du CNB de désigner le bâtonnier d'un barreau tiers.

Lorsqu'il existe une pluralité de défendeurs appartenant à des barreaux différents, de sorte que le nombre des barreaux concernés est supérieur à deux, le bâtonnier premier saisi doit immédiatement se tourner vers le président du CNB, pour lui demander de désigner le bâtonnier d'un barreau tiers[6].

Enfin, c'est le président du CNB qui est compétent pour désigner un remplaçant au bâtonnier tiers saisi[7].

Le président du CNB ne peut désigner qu'un bâtonnier en exercice avec faculté pour ce dernier de déléguer cette mission à un ancien bâtonnier, ainsi qu'à un membre ou ancien membre du conseil de l'Ordre figurant sur la liste des délégataires dressée chaque année après délibération du conseil de l'Ordre[8].

1. Décr. n° 91-1197, 27 nov. 1991, art. 152 ; renvoi art. 16, al. 1er, 2 et 6.
2. Décr. n° 91-1197, 27 nov. 1991, art. 179-7 ; mod. par décr. n° 2019-966, 18 sept. 2019, art. 8.
3. Paris, 2 juill. 2014, n° 14/11802 – Paris, 21 mars 2013, RG n° 13/00147.
4. POUR la réglementation des litiges déontologiques interbarreaux (art. 20-1 RIN), v. s^s n°s 511.391 s.
5. Décr. n° 91-1197, 27 nov. 1991, art. 179-2, al. 1er.
6. Décr. n° 91-1197, 27 nov. 1991, art. 179-2, al. 2.
7. Décr. n° 91-1197, 27 nov. 1991, art. 179-3.
8. Décr. n° 91-1197, 27 nov. 1991, art. 7, al. 2.

À défaut de précisions dans les textes, il faut considérer que le délai de quatre mois pour statuer court du jour où le bâtonnier tiers désigné accepte la mission qui lui est confiée par le président du CNB.

822.34 Notification de la décision et voie de recours. Lorsque les avocats de barreaux différents sont en cause, la décision est notifiée, non seulement aux parties, mais aussi aux bâtonniers des barreaux auprès desquels ils sont inscrits[1].

En l'absence de dispositions spécifiques prévues par le décret du 27 novembre 1991, on peut estimer pour les différends interbarreaux que le recours doit être formé par l'une ou l'autre des parties devant la cour d'appel du ressort du bâtonnier tiers saisi qui a rendu la décision juridictionnelle. On pourrait toutefois considérer que la cour d'appel compétente peut aussi être celle du ressort de la partie appelante. La cour d'appel de Paris a ainsi reconnu sa compétence pour connaître de l'appel interjeté à l'encontre d'une décision rendue par un bâtonnier d'un barreau tiers désigné d'un commun accord par les deux bâtonniers concernés[2]. La Cour de cassation aura certainement l'occasion de trancher cette question de compétence non réglée par les textes.

822.35 Différends entre avocats de barreaux de plusieurs États membres de l'Union européenne. Tentative de règlement amiable. Les avocats français doivent appliquer, dans leurs relations avec les autres avocats appartenant à un barreau membre de l'Union européenne, les dispositions du code de déontologie des avocats européens qui a été intégré au RIN et a donc la même valeur contraignante[3]. Les avocats en cause sont d'abord incités par le code à rechercher une solution amiable[4], s'ils sont opposés par un différend de nature professionnelle. En cas d'échec, l'avocat demandeur doit, avant d'engager une procédure contre son confrère, informer, non seulement son barreau, mais également celui dont dépend son confrère, de façon à ce que les barreaux concernés puissent prêter leur concours en vue d'un règlement amiable.

822.36 Différend entre un avocat français et un avocat étranger. Lorsque le litige oppose un avocat étranger, ressortissant d'un État non-membre de l'Union européenne, à un avocat exerçant en France, il y a lieu de procéder, comme en matière de relations entre avocats appartenant à des barreaux français, à une tentative de conciliation par l'intermédiaire des bâtonniers dont relèvent les avocats en cause. En cas d'échec de cette tentative de conciliation, il conviendra de renvoyer l'avocat demandeur à saisir la juridiction de droit commun compétente soit en raison de l'accord des parties (clause d'arbitrage), soit en application des règles de droit international privé[5].

1. Décr. n° 91-1197, 27 nov. 1991, art. 179-6.
2. Paris, 21 mars 2013, n° 13/00147.
3. Civ. 1re, 14 nov. 2013, n° 12-28.763, P I, n° 219 ; *D.* 2013. 2705 ; *D.* 2014. 169, obs. T. Wickers ; *D. avocats* 2014. 28, obs. G. Royer.
4. RIN, art. 21.5.9.2.
5. CNB, Comm. RU, avis n° 2016-085 du 9 nov. 2016 ; C. avocat, *2020*, s^s décr. 27 nov. 1991, art. 179-2, note 2.

LIVRE

9. LA RESPONSABILITÉ DE L'AVOCAT

SECTION 0 ORIENTEUR

9.00 Sommaire du livre.

Division. La responsabilité de l'avocat, dans le cadre de son exercice professionnel, doit être envisagée tant sous l'angle de sa responsabilité civile (titre 91), que sous celui de sa responsabilité pénale et administrative (titre 92).

9.03 Bibliographie indicative. * Aussi : v. s[s] n°s 013.00 s.

Thèses. M. Leroy, *Contribution à la notion de profession : Les devoirs de répondre des risques créés et de maîtrise professionnelle*, Th. Toulouse, 1995 – M. Mahy Ma Somga, *L'avocat face à ses responsabilités, la déontologie source d'unité*, Aix-en-Provence, 2010 – J. Savatier, *L'étude juridique de la profession libérale*, LGDJ, 1947 – F. Sbaiti, *Contribution à l'étude juridique de la responsabilité de l'avocat en droit interne*, Th. Montpellier, 2015 – L. Sergeant, *De la Nature juridique du ministère de l'avocat, responsabilité, honoraires, Lille,* A. Chevalier-Marescq, 1901.

Traités. G. Viney, P. Jourdain, S. Carval, *Introduction à la responsabilité*, 3e éd., « Traités », LGDJ, 2008 ; *Les conditions de la responsabilité*, 4e éd., « Traités », LGDJ, 2013 ; *Les effets de la responsabilité*, 4e éd, « Traités », LGDJ, 2017.

Monographies. Y. Avril, *Responsabilité des avocats*, 4e éd., « Dalloz Référence », 2020 – H. Slim, *La responsabilité professionnelle des avocats, avoués et conseils juridiques : analyse de 10 ans de jurisprudence*, « Pratique professionnelle », Litec, 2002 – M.-A. Delvaux (dir.), *Responsabilité(s) de l'avocat*, Anthemis, 2016.

Encyclopédies. *J.-Cl. Civil Code*, art. 1382 à 1386, fasc. 330 : avocat, Responsabilité civile de l'avocat, 2015 – *J.-Cl. Civil Code*, art. 1382 à 1386, fasc. 330 : avocat, I. – Responsabilité civile de l'avocat, B. – Conditions de la responsabilité, 1° Fait générateur de responsabilité, 2015 – *J.-Cl. formulaire de procédure*, E. Deghilage, « Le Procès, n° 102 » – *Rép. civ., v[is] Avocat (déontologie) ; Avocat (responsabilité)*, par M.-L. Demeester, janv. 2009, mise à jour, juin 2014.

TITRE

91. La responsabilité civile de l'avocat

SECTION 0

ORIENTEUR

91.00 **Sommaire du titre.**

Division. L'avocat est soumis à des obligations d'assurances en raison de son activité professionnelle (chap. 911). Sa responsabilité civile, si elle relève, en grande partie, du droit commun de la matière, connaît des spécificités tant s'agissant de ses conditions (chap. 912) que de sa mise en œuvre (chap. 913).

91.03 **Bibliographie indicative.**

* Aussi : v. ss nº 9.03.

CHAPITRE

911. Assurances responsabilité civile

SECTION 0 ORIENTEUR

911.00 Sommaire du chapitre.

Division. Les assurances attachées à l'exercice de la profession d'avocat sont de quatre ordres : l'assurance responsabilité civile professionnelle (sect. 1), la garantie de représentation des fonds (sect. 2), l'assurance fiduciaire (sect. 3) et l'assurance du barreau et de la Carpa (sect. 4).

911.01 Textes applicables.

TEXTES TITRÉS

• **Obligation d'assurance**

• **L. n° 71-1130, 31 déc. 1971**

art. 27 [Assurance obligatoire]

• **Décr. n° 91-1197, 27 nov. 1991**

art. 205 [Modalités d'assurance]

art. 206 [Assurance de l'avocat membre d'une structure, du collaborateur, de l'avocat salarié]

art. 207 [Finalité]

art. 208 [Modalités de mise en œuvre]

art. 209 [Fonds ne pouvant dépasser le montant de la garantie]

art. 209-1 [Fiducie]

911.02 Jurisprudence de référence.

> Le conseil de l'Ordre peut imposer une assurance collective aux avocats

• **Civ. 1re, 5 oct. 1999,** n° 96-11.857, P I, n° 255.

* V. s^s n° 911.32.

« Mais attendu qu'il résulte des dispositions combinées des articles 17 et 27 de la loi du 31 décembre 1971 et 205 du décret du 27 novembre 1991 qu'un conseil de l'Ordre peut, sans excéder ses pouvoirs, d'une part, décider que l'obligation d'assurance de la responsabilité civile professionnelle devra être satisfaite par une assurance collective à laquelle chaque avocat membre du barreau sera tenu d'adhérer, d'autre part, fixer le montant de la garantie à un taux supérieur au minimum réglementaire ; qu'ainsi abstraction du motif relatif à la compétence du juge administratif, erroné dès lors que l'intégralité du contentieux de l'excès de pouvoir afférent aux délibérations des conseils de l'Ordre relève de la compétence exclusive des cours d'appel, l'arrêt attaqué, qui a répondu aux conclusions, est légalement justifié. »

> Le fait pour un barreau d'imposer aux avocats une adhésion à un contrat d'assurance responsabilité civile professionnelle n'est pas une pratique anticoncurrentielle

• **Cons. conc. 16 janv. 2003,** n° 03-D-03.

* V. s^s n° 911.32.

« Considérant qu'il résulte de l'ensemble de ces éléments que l'article 27 de la loi du 31 décembre 1971 ne peut être interprété que comme excluant la faculté pour les avocats, lorsqu'une assurance collective de responsabilité civile professionnelle a été contractée par le barreau, de ne pas y adhérer et de s'assurer individuellement ; que dans ces conditions, la pratique incriminée, qui résulte directement et nécessairement de l'application de la loi précitée, bénéficie de l'exemption prévue au paragraphe I de l'article L. 420-4 du code de commerce. »

> Le conseil de l'Ordre peut imposer aux avocats l'assurance collective

• **Civ. 1re, 17 juin 2015,** n° 14-17.536, P I, n° 142.

* V. s^s n°s 115.52, 115.62, 911.42.

« Vu les articles 1, I, alinéa 3, et 17, 6° de la loi n° 71-1130 du 31 décembre 1971, ensemble le principe d'égalité ;

Attendu que le conseil de l'Ordre d'un barreau peut, sans excéder ses pouvoirs, décider de souscrire une assurance collective « perte de collaboration », financée par l'ordre au titre des œuvres sociales, s'agissant d'une mesure de solidarité qui ne porte pas atteinte au principe d'égalité, dès lors qu'elle est justifiée par les conditions particulières d'exercice de la profession d'avocat qu'impose le statut de collaborateur et qu'elle n'est pas disproportionnée au regard des objectifs poursuivis ;

Attendu que, pour annuler les délibérations du conseil de l'Ordre, l'arrêt retient que le choix de soumettre tous les avocats du barreau à l'obligation de participer au financement d'une assurance, en collectivisant le risque lié à la perte de collaboration, est de nature à porter atteinte au caractère libéral et indépendant de la profession d'avocat et introduit une rupture d'égalité entre ceux-ci ;

Qu'en statuant ainsi, la cour d'appel a violé les textes et le principe susvisés. »

> La sommation de payer n'est pas nécessaire si l'insolvabilité de l'avocat est par ailleurs démontrée

• **Civ. 1re, 27 mai 1998,** n° 96-19.200, P I, n° 183.

* V. s^s n° 911.172.

« Sur le premier moyen :

Attendu que la compagnie X... fait grief à l'arrêt de s'être ainsi prononcé, alors que, en déclarant, bien qu'elle eût constaté qu'aucune sommation de restituer n'avait été faite à M. C..., la compagnie X... tenue à garantie au prétexte que cet assureur, dans une lettre du 15 novembre 1991 demandant que cette sommation fût faite, avait ajouté qu'une telle sommation "resterait sans effet", la cour d'appel n'aurait pas tiré les conséquences légales de ses propres constatations au regard de l'article 4 du décret du 25 août 1972 et du contrat conclu entre la X... et le barreau de Versailles ainsi que de l'article 1134 du code civil [C. civ., art. 1103, 1104 et 1193] ;

Mais attendu qu'ayant estimé, par une appréciation souveraine, qu'en énonçant dans la lettre du 15 novembre 1991 que la mise en demeure évoquée resterait sans effet, l'assureur avait admis que la réalisation du sinistre était alors tenue pour acquise, ce qui était normal pour une compagnie qui avait déjà eu à indemniser d'autres sinistres résultant de l'activité du même avocat, la cour d'appel en a déduit, sans encourir le grief du moyen, que la sommation requise par le texte visé par le moyen n'avait plus lieu d'être. »

> La faute intentionnelle de l'avocat exclut la garantie de l'assureur

• **Civ. 2e, 24 mai 2006,** n° 03-21.024, NP.

* V. s^s n° 911.141.

« Mais attendu que l'arrêt retient que la faute commise par M. Y... ayant consisté à remettre avec retard les fonds versés par les époux X... entre ses mains en vue d'être consignés, et qui a généré un préjudice certain à ces derniers, qui ont dû supporter ultérieurement des intérêts de retard, relève bien de la police responsabilité civile ; que l'article 1 41-2 du contrat d'assurance précise que les dommages qui sont inassurables sont ceux résultant d'une faute intentionnelle de l'assuré, disposition d'ordre public visée par l'article L. 113-1 du code des assurances ; qu'en l'espèce, M. Y... avait en parfaite connaissance et conscience du dommage qu'il causait aux époux X... en ne consignant pas dans les délais impartis le prix de l'adjudication sur le compte séquestre, dès lors qu'en tant qu'avocat spécialisé depuis des années dans les ventes judiciaires, adjudications et procédures d'ordre, il savait que ce retard ou cette omission de consignation des fonds qui lui avaient été remis faisaient courir au préjudice des adjudicataires des intérêts de retard ;

Que par ces constatations et énonciations, qui impliquent que M. Y... avait l'intention de causer le dommage tel qu'il est survenu, la cour d'appel a légalement justifié sa décision ; »

> Présomption de réception des fonds par l'avocat dans l'exercice de ses activités professionnelles

• **Civ. 1re, 13 mars 2007,** n° 05-18.944, P I, n° 104.

* V. s^s n°s 911.172, 911.254.

« Vu l'article 1315 du code civil [C. civ., art. 1353], ensemble l'article 53 9° de la loi du 31 décembre 1971 modifiée ;

Attendu que pour exclure le jeu de la police souscrite par le barreau pour garantir le remboursement des fonds, effets ou valeurs reçus par les avocats dans l'exercice de leurs activités professionnelles, l'arrêt attaqué retient que les époux X..., sur lesquels pesait la charge de la preuve du caractère professionnel de leur créance, ne démontraient pas que l'avocat avait reçu le chèque litigieux dans l'exercice de ses fonctions et que le dépôt des fonds sur le compte Carsab était un élément insuffisant pour rapporter cette preuve ;

Qu'en se déterminant ainsi, alors qu'en cas de dépôt auprès de la caisse de règlement, l'avocat est présumé avoir reçu les fonds dans l'exercice de ses activités professionnelles, la cour d'appel a violé les textes susvisés. »

> Absence d'aléas dès lors que la Carpa avait déjà connaissance des malversations commises par un avocat

• **Civ. 2e, 15 avr. 2010,** n° 08-20.377, n° 08-20.376, NP.

* V. ss n° 911.251.

« Mais attendu que c'est dans l'exercice de son pouvoir souverain d'appréciation des éléments de preuve qui lui étaient soumis, que l'arrêt retient que la Carsab avait connaissance des déficits et des anomalies répétés constatés au cours de l'année 1989 dans le fonctionnement du sous-compte de M. de Y... et qu'aucune mesure n'avait été prise pour éviter la répétition des déficits ; que la procédure pénale a établi que M. de Y... ne parvenait à résorber les déficits de son sous-compte Carsab qu'en procédant à de la « cavalerie » en utilisant d'autres fonds déposés sur ce compte, et que le détournement commis au préjudice de M. et Mme X... s'est inscrit dans un processus délictueux entamé depuis le début de l'année 1989 ;

Que de ces constatations et énonciations, la cour d'appel a pu déduire, que le contrat d'assurance, par nature aléatoire, ne pouvait garantir un risque que l'assuré savait déjà réalisé avant sa souscription, peu important l'absence de réclamation de la victime à cette date, et a, par ce seul motif, légalement justifié sa décision. »

911.03 Bibliographie indicative.

* Aussi : v. ss n° 91.03.

Thèses. J. Bigot, *L'indemnisation par l'assurance de responsabilité civile professionnelle : L'exemple des professions du chiffre et du droit*, Defrénois, 2014 – S. Cabrillac, *Les garanties financières professionnelles*, « Bibliothèque de droit de l'entreprise », LexisNexis, 2000 – J.-Ch. Marrigues, *Le statut juridique des Carpa*, « Droit et Sciences politiques », Connaissances et savoirs, 2016.

Traités. Ph. Le Tourneau (dir.), *Droit de la responsabilité et des contrats : Régimes d'indemnisation*, 12e éd., « Dalloz Action », 2020, nos 3325.03 à 3325.58 – J. Bigot (dir.), *Traité de droit des assurances*, t. III, *Le contrat d'assurance*, 2e éd., LGDJ, 2014 ; *Les assurances dommages*, 1re éd., t. V, « Traités », LGDJ, 2017 – H. Groutel, F. Leduc, Ph. Pierre et M. Asselain, Traité du contrat d'assurance terrestre, « Traités », LexisNexis, 2008.

Manuels. B. Beignier, S. Ben Hadj Yahia, *Droit des assurances*, 2e éd., « Domat », Lextenso, 2015 – J. Bonnard, *Droit des assurances*, 5e éd., « Objectif droit », LexisNexis, 2016 – Y. Lambert-Faivre et L. Leveneur, *Droit des assurances*, 13e éd., « Précis », Dalloz, 2011.

Articles. Y. Avril, « La faute intentionnelle de l'avocat », *D.* 2011. 355 – J. Bigot, « L'intégration du procès par l'assureur – L'assurance de professionnels du procès », *RGDA* 2010. 904 – Y. Delavallade, « Conséquences des articles L. 1241-1 et 1241-5 du C. assur. sur l'assurance RC professionnelle des avocats », *Gaz. Pal.* 30 nov.-2 déc. 2003, p. 28 – C. Delzanno, « Assurance des avocats : quel fonctionnement ? », *Dr. et patr.* 2011. 6 – L. Mayaux, « Les assurances professionnelles de l'avocat », *Justices* 5/1997. 67 ; « L'assurance des professionnels du procès », *RGDA* 2010. 904 – P. Roger, « La responsabilité et l'assurance des avocats », *Dr. et patr.* 2011, n° 205, p. 211.

Rapports. *Guide des assurances des avocats au Barreau de Paris*, Barreau de Paris – Aon, 2021 – J.-L. Schermann, *Rapport d'information, Groupe de travail avocat fiduciaire*, CNB, AG 23-24 oct. 2015.

SECTION 1
ASSURANCE RESPONSABILITÉ CIVILE PROFESSIONNELLE

911.10 Plan. La souscription d'une garantie d'assurance responsabilité civile professionnelle permet à l'avocat de se conformer à son obligation d'être couvert contre les conséquences pécuniaires de sa responsabilité civile professionnelle (§ 1). Cela implique d'en définir le champ d'application (§ 2) ainsi que les modalités de mise en œuvre (§ 3).

§ 1
Principe

911.20 Plan. L'assurance responsabilité civile professionnelle est une obligation pour l'avocat, généralement souscrite par le barreau dans le cadre d'un contrat d'assurance collectif garantissant les obligations minimales légales (A), et offrant des garanties, obligatoires ou facultatives, complémentaires (B).

A.
Une obligation d'assurance responsabilité civile minimale

911.31 Assurance obligatoire. Tout avocat doit être couvert contre les conséquences pécuniaires de la responsabilité civile professionnelle, définie au premier alinéa de l'article 27 [1] de la loi du 31 décembre 1971, par un contrat souscrit auprès d'une entreprise d'assurance régie par le code des assurances, soit collectivement ou personnellement par les avocats, soit à la fois par le barreau et par les avocats.

Les contrats d'assurance ne doivent pas comporter une limite de garantie inférieure à 1 500 000 euros par année pour un même assuré. Ils ne doivent pas prévoir de franchise à la charge de l'assuré supérieure à 10 % des indemnités dues dans la limite de

1. L. n° 71-1130, 31 déc. 1971 portant réforme de certaines professions judiciaires et juridiques, *JO* 5 janv. 1972, p. 131, art. 27.

3 050 euros. Cette franchise n'est pas opposable aux victimes[1].

911.32 Possible suppression de l'option entre assurance collective et individuelle. Le règlement intérieur d'un barreau peut décider que tout avocat inscrit à ce barreau doit adhérer au contrat d'assurance groupe souscrit par ce dernier, en garantie de la responsabilité civile professionnelle et supprimer ainsi l'option entre l'assurance collective et l'assurance individuelle prévue par l'article 27 de la loi du 31 décembre 1971[2].

Cette pratique a été contestée par certains avocats et le Conseil de la concurrence a été saisi de la question. Il a considéré que le fait pour un barreau d'imposer aux avocats l'adhésion à un contrat d'assurance responsabilité civile ne constitue pas une pratique anticoncurrentielle, car bénéficiant de l'exemption du paragraphe I de l'article L. 420-4 du code de commerce[3].

911.33 Répartition de la cotisation. Dans le cadre d'assurance collective, la Cour de cassation a jugé que lorsqu'un barreau décide de souscrire collectivement, pour le compte de ses membres, une assurance couvrant leur responsabilité civile professionnelle, le conseil de l'Ordre peut répartir le coût de cette assurance sur l'ensemble des membres du barreau, quel que soit leur mode d'exercice de la profession. De plus, aucune disposition légale n'interdit à un conseil de l'Ordre de recouvrer en même temps, selon des critères respectant les principes d'équité et d'égalité entre les avocats, tant les cotisations nécessaires au fonctionnement du barreau que la quote-part de la prime d'assurance contractée pour garantir la responsabilité civile professionnelle de l'ensemble de ses membres[4].

La Cour de cassation a également considéré, s'agissant de la répartition de la prime d'assurance entre les avocats membres du barreau, que le barreau pouvait prévoir une participation au paiement de la prime différente d'une répartition par part égale entre les avocats, dès lors que ce traitement différent est justifié par les situations différentes dans lesquelles ces avocats se trouvent, tel que selon l'ancienneté et le revenu professionnel des avocats concernés[5] ou encore en distinguant les avocats exerçant à titre libéral tenus d'acquitter personnellement une cotisation identique et ceux ayant la qualité de salariés redevables d'une demi-cotisation payée par le cabinet qui les emploie[6].

911.34 Non-paiement de la cotisation. Le non-paiement, par un avocat, du montant des cotisations afférentes à la prime d'assurance couvrant sa responsabilité professionnelle, qui a pour conséquence qu'il ne satisfait pas aux obligations d'assurance mises à sa charge par l'article 27 de la loi du 31 décembre 1971, justifie son omission du tableau en application des dispositions de l'article 104 du décret du 27 novembre 1991[7].

Il constitue également une faute déontologique justifiant une sanction disciplinaire, en l'occurrence une interdiction temporaire de six mois avec sursis[8]. Les deux procédures peuvent être mises en œuvre cumulativement[9], comme c'était le cas dans l'affaire ayant donné lieu aux deux arrêts de la Cour de cassation du 29 octobre 2002[10].

911.35 Assurance obligatoire – Barreau de Paris. L'assurance responsabilité civile professionnelle souscrite par le barreau de Paris prévoit ainsi une garantie de base par assuré et par sinistre de 4 000 000 euros avec une franchise de 10 % dans la limite de 3 000 euros[11].

B.
Des garanties, obligatoires ou facultatives, complémentaires

911.41 Garanties complémentaires RCP facultatives – Barreau de Paris. L'assureur responsabilité civile professionnelle des avocats du barreau de Paris offre, en outre aux avocats la possibilité de souscrire des garanties complémentaires responsabilité civile professionnelle facultatives, garantie « client dénommé » ou « mission ponctuelle », comprises entre 1 600 000 et 400 000 000 d'euros qui interviennent après épuisement de la garantie de base[12]. Ces dernières doivent

1. Décr. n° 91-1197, 27 nov. 1991 organisant la profession d'avocat, *JO* 28 nov., p. 15502, art. 205.
2. Pau, 28 janv. 1996, *Gaz. Pal.* 4 juill. 1992, p. 22, note A. Damien – Civ. 1re, 5 oct. 1999, n° 96-11.857, P I, n° 255 ; *D.* 1999. 239 ; *Gaz. Pal.* 1999. Pan. 258 ; *JCP* 1999. II. 10197, concl. J. Sainte-Rose – Civ. 1re, 14 nov. 2001, n° 99-12.735, NP ; – RAPPR. : Civ. 1re, 7 nov. 2000, n° 97-22.401, P I, n° 276 ; *D.* 2000. 289 ; *RCA* 2001, n° 61, obs. H. Groutel.
3. Cons. conc. 16 janv. 2003, nos 03-D-03, 03-D-04, *D.* 2003. 600 ; *JCP* 2003. II. 10051, note R. Martin.
4. Civ. 1re, 7 nov. 2000, n° 97-22.401, P I, n° 276 ; *D.* 2000. 289.
5. Civ. 1re, 5 oct. 1999, n° 96-11.857, P I, n° 255 – Civ. 1re, 14 nov. 2001, n° 99-12.735, NP.
6. Civ. 1re, 25 nov. 2015, n° 14-23.786, P I, n° 494 ; *D.* 2015. 2509 ; – REJETANT POURVOI CONTRE : Aix-en-Provence, 26 juin 2014, RG n° 2014/16.
7. Civ. 1re, 29 oct. 2002, n° 99-14.837, P I, n° 246 ; *D.* 2002. 3058 – V. ss nos 241.14 s.
8. Civ. 1re, 29 oct. 2002, n° 00-22.255, NP.
9. V. ss n° 522.91.
10. Civ. 1re, 29 oct. 2002, n° 99-14.837, P I, n° 246 ; *D.* 2002. 3058 – Civ. 1re, 29 oct. 2002, n° 00-22.255, NP – V. ss nos 522.10 s.
11. *Guide des assurances des avocats au Barreau de Paris*, Barreau de Paris – Aon, 2021.
12. *Guide des assurances des avocats au Barreau de Paris*, préc., p. 5 – V. ss n° 911.35.

être souscrites à l'ouverture du dossier et jusqu'au terme de la prescription dès lors que le montant applicable est celui en vigueur au jour de la réclamation [1].

La question de l'opportunité de souscrire une garantie complémentaire doit se poser à l'avocat lorsque les enjeux du dossier dont il a la charge sont susceptibles de dépasser le plafond de la garantie de base souscrite par son barreau.

Les cas de dépassement ne sont pas « d'école » et il convient d'être particulièrement vigilant en la matière, sauf à prendre le risque de devoir supporter personnellement les conséquences d'un préjudice [2].

911.42 **Assurance de l'exercice de la profession.** La souscription d'une assurance responsabilité civile professionnelle collective par un barreau peut également s'accompagner de la souscription d'autres garanties, obligatoires ou facultatives, au profit de l'ensemble des avocats appartenant au barreau concerné.

La Cour de cassation a ainsi admis que le conseil de l'Ordre d'un barreau pouvait, sans excéder ses pouvoirs, décider de souscrire une assurance collective « perte de collaboration », financée par le barreau au titre des œuvres sociales, s'agissant d'une mesure de solidarité qui ne porte pas atteinte au principe d'égalité, dès lors qu'elle est justifiée par les conditions particulières d'exercice de la profession d'avocat qu'impose le statut de collaborateur et qu'elle n'est pas disproportionnée au regard des objectifs poursuivis [3].

911.43 **Garanties collectives complémentaires – Barreau de Paris.** C'est ainsi qu'au-delà de la stricte assurance responsabilité civile professionnelle, et de l'assurance maniement de fonds [4] l'assurance collective souscrite par le barreau de Paris comporte également :

• **Une assurance responsabilité civile d'exploitation** destinée à garantir l'avocat des dommages causés du fait de ses préposés ainsi que des choses dont il doit répondre [5].

Cette assurance est nécessaire et complémentaire de l'assurance responsabilité civile « de base », dès lors qu'elle permet de garantir les conséquences pécuniaires de la responsabilité civile encourue par l'avocat à raison des dommages ou des préjudices causés à autrui, y compris à ses clients, dans l'exercice de son activité professionnelle prise dans leur ensemble, non seulement de son fait personnel, mais également du fait de ses auxiliaires ou collaborateurs et préposés occasionnels ou permanents ou de toutes personnes dont il est civilement responsable. Ces dommages pouvant résulter notamment d'erreurs de fait ou de droit, d'omissions, d'oublis, de retards, de fautes, d'inexactitudes, d'indiscrétions et, d'une manière générale, de tous actes dommageables, notamment à la suite de tous actes de postulation, d'assistance, de conseil ou de rédaction d'acte ou de vols, malversations, détournements, escroqueries ou abus de confiance, commis au préjudice de la clientèle de l'avocat par toute personne ou chose dont celui-ci serait reconnu responsable. Dans ces cas, une plainte devra être déposée par l'avocat, soit contre l'auteur du dommage, soit contre inconnu.

L'assureur renonce à tous recours qu'il serait en droit d'exercer contre toutes les personnes physiques ou morales dont l'avocat pourrait être reconnu civilement responsable, à l'exception des cas de fautes intentionnelles ou dolosives. Elle est limitée pour l'ensemble des sinistres d'une même année d'assurance à 10 000 000 euros, plafond réduit à 3 500 000 euros en cas de faute inexcusable de l'avocat employeur et à 3 500 000 d'euros avec une franchise de 80 euros par sinistre en cas de garantie des dommages matériels et immatériels consécutifs y compris dommages aux biens mobiliers loués, empruntés ou confiés (manifestations à caractère professionnel) ou illimités en cas de responsabilité civile du fait de l'utilisation ou du déplacement d'un véhicule à moteur [6].

• **Une assurance archives et supports d'information,** destinée à garantir l'avocat des frais nécessaires à la reconstitution de toutes informations ou de tous documents lui appartenant ou qui lui ont été confiés pour l'exercice de son activité, en cas de disparition, destruction ou détérioration de tous supports informatiques ou non [7], elle est limitée à un montant de 100 000 euros par sinistre.

• **Une garantie espèces, titres et valeurs** destinée à garantir l'avocat de toute perte, vol, disparition, falsification ou destruction de fonds, titres ou valeurs qui lui ont été remis pour le compte d'un client ou d'un tiers [8].

Cette garantie est distincte de la garantie représentation des fonds [9], et s'applique dans tous les cas

1. *Guide des assurances des avocats au Barreau de Paris*, préc., p. 30 s.
2. P. Mathieu, « Mieux évaluer les conséquences pécuniaires de sa responsabilité civile professionnelle », *Le journal des bâtonniers et des ordres*, n° 24, juill.-août-sept. 2015, p. 12.
3. Civ. 1re, 17 juin 2015, n° 14-17.536, P I, n° 142 ; *D.* 2015. 1447 ; *D.* 2016. 101, obs. Th. Wickers.
4. V. s^s nos 911.160 s.
5. *Guide des assurances des avocats au Barreau de Paris*, préc., p. 18, 19 et 21.
6. *Guide des assurances des avocats au Barreau de Paris*, préc., p. 22.
7. *Guide des assurances des avocats au Barreau de Paris*, préc., p. 19.
8. *Guide des assurances des avocats au Barreau de Paris*, préc., p. 20.
9. V. ss nos 911.160 s.

où l'avocat justifie que les chèques reçus pour le compte d'un client ou d'un tiers ont été volés ou falsifiés ou bien encore qu'ils se sont révélés sans provision, et ce, alors que leur montant aura déjà été réglé au client ou au tiers par l'avocat. Elle est limitée à 4 000 000 euros par sinistre avec une franchise de 10 % du montant de l'indemnité avec un maximum de 3 000 euros. L'avocat devra en informer les autorités locales de police et adresser une plainte au procureur de la République. Il devra également remplir d'urgence toutes les formalités d'opposition prévues par la loi.

• **Une garantie dommages par catastrophe naturelle**[1].

• **Une assurance contre le vol de la robe**[2] **de l'avocat.** Cette garantie est limitée à 500 euros par sinistre[3].

• **Une assurance défense pénale** destinée à garantir le règlement des honoraires engagés par les avocats pour assurer leur défense devant les juridictions pénales, dans la limite de 150 000 euros par assuré et par sinistre ainsi qu'à avancer la caution pénale dans la limite de 115 000 euros[4]. Il s'agit ici d'une garantie de protection juridique[5].

• **Une assurance, facultative, perte de collaboration** destinée à garantir les collaborateurs libéraux en raison de la perte de leur collaboration libérale[6] pour une durée de 3 à 5 mois et un montant de 1 875 à 4 500 euros par mois suivant les options souscrites[7].

§ 2
Champ d'application

911.50 **Plan.** Le champ d'application de l'assurance responsabilité civile s'apprécie quant aux personnes couvertes (A) et quant au champ d'activité couvert (B).

A.
Quant aux personnes couvertes

911.60 **Plan.** L'avocat est couvert pour son exercice professionnel en France (1°) ainsi que, dans certains cas, pour son exercice professionnel à l'étranger (2°).

1°
Avocats inscrits à un barreau français

911.71 **Avocat membre d'une structure d'exercice.** La responsabilité civile professionnelle de l'avocat membre d'une structure d'exercice[8] est garantie par l'assurance responsabilité civile professionnelle de la structure d'exercice auprès de son barreau de rattachement, lieu de son inscription, pour l'ensemble de ses associés, collaborateurs libéraux et avocats salariés. Une seule assurance et une seule garantie financière couvrent ainsi l'ensemble de l'activité professionnelle de l'avocat ou de la structure d'exercice, y compris les bureaux[9] ou établissements secondaires de cette même structure d'exercice[10].

Plus généralement, les garanties responsabilité civile couvrent l'activité exercée « pour le compte des structures, groupements ou avocats personnes physiques, précités, leurs associés, collaborateurs, salariés ou non, ayant ou non la qualité d'avocat, qu'ils soient ou non-inscrits à un barreau français ; de même que l'ensemble de leurs préposés, salariés, prestataires de services, ou stagiaires intervenant dans le cadre de l'activité professionnelle de l'avocat, de la structure d'exercice, du GIE d'avocats »[11].

Il en découle qu'une structure d'exercice, qui est tenue de s'assurer pour la responsabilité civile de ses collaborateurs libéraux ou avocats salariés, peut soutenir que du fait de l'assurance contractée dans le cadre du barreau auprès duquel la structure d'exercice est inscrite, le règlement intérieur d'un barreau ne saurait astreindre au paiement d'une cotisation responsabilité civile professionnelle les avocats exerçant pour le compte de cette même structure mais inscrit dans un autre barreau que celui du lieu de l'établissement principal, ce qui constitue un cumul d'assurances indues[12].

Toutefois, un barreau peut fixer des obligations de garantie minimales et est en droit d'imposer à tous les avocats disposant dans son ressort d'un bureau principal[13] ou d'un bureau secondaire[14] des conditions d'exercice identiques en ce qui concerne le montant minimal de l'assurance obligatoire[15]. Ainsi, il appartient aux cabinets concernés de vérifier qu'ils

1. *Guide des assurances des avocats au Barreau de Paris*, préc., p. 19.
2. V. s[s] n°s 313.00 s.
3. *Guide des assurances des avocats au Barreau de Paris*, préc., p. 22.
4. *Guide des assurances des avocats au Barreau de Paris*, préc., p. 16.
5. V. s[s] n°s 761.21 s.
6. V. s[s] n°s 812.00 s.
7. *Guide des assurances des avocats au Barreau de Paris*, préc., p. 42 s.
8. V. s[s] n°s 811.50 s.
9. Rép. min. à QE n° 62993, *JOAN Q* 7 déc. 1992 p. 5566.
10. CNB, Comm. RU, avis n° 2007-007, 6 févr. 2007 ; C. avocat 2021, s[s] L. 31 déc. 1971, art. 27, avis CNB, note 1 – V. s[s] n°s 223.00 s. – V. s[s] n°s 223.00 s.
11. *Guide des assurances des avocats au Barreau de Paris*, AON, 2013, p. 6.
12. Poitiers, 7 avr. 1993, *Gaz. Pal.* 1993. Somm. 259.
13. V. s[s] n°s 222.00 s.
14. V. s[s] n°s 223.00 s.
15. Civ. 1re, 23 févr. 1999, n° 96-15.214, P I, n° 63 ; *D.* 2000. 145, obs. B. Blanchard.

respectent ces conditions et de souscrire une assurance complémentaire si cela s'avère nécessaire.

911.72 Société pluriprofessionnelle d'exercice (SPE). Dans les sociétés pluriprofessionnelles d'exercice (SPE), chacun des professionnels qui exerce en son sein est couvert par une assurance responsabilité civile professionnelle propre aux règles de sa profession. Ainsi, dès lors que des avocats exercent au sein de la SPE, cette dernière doit souscrire l'assurance responsabilité civile professionnelle auprès de son barreau de rattachement, lieu de son inscription, pour l'ensemble de ses avocats associés, collaborateurs libéraux et avocats salariés, et cette assurance ne couvrira que les seuls dommages survenus dans le cadre de l'exercice de la profession d'avocat[1].

La SPE doit, en outre, souscrire une assurance couvrant les risques relatifs à sa responsabilité civile professionnelle propre, indépendamment de celle des professions exercées par ses membres[2].

911.73 Avocat collaborateur libéral ou salarié. La responsabilité civile professionnelle de l'avocat collaborateur libéral[3] ou salarié[4] d'un autre avocat, personne physique ou morale, est garantie par l'assurance de l'avocat dont il est le collaborateur ou le salarié pour les dossiers qu'il traite pour le compte de son donneur d'ordre.

Mais dès lors que le collaborateur libéral exerce en même temps la profession d'avocat pour son propre compte, il doit justifier d'une assurance couvrant sa propre responsabilité civile professionnelle pour sa clientèle personnelle[5], et ce auprès du barreau où il est inscrit, peu importe à cet égard que l'avocat, ou la structure d'exercice avec laquelle il collabore, soit inscrit auprès d'un autre barreau[6].

911.74 Avocat européen exerçant à titre permanent sous son titre d'origine. L'avocat européen qui exerce à titre permanent sous son titre d'origine[7], est inscrit sur une liste spéciale du tableau du barreau, et pleinement soumis aux obligations professionnelles de l'État membre d'accueil.

Il doit donc souscrire les assurances prévues par le barreau d'accueil et est donc soumis au paiement de la cotisation responsabilité civile professionnelle du barreau français auprès duquel il est inscrit[8].

1. Décr. n° 93-492, 25 mars 1993, art. 26 – Décr. n° 2017-794, 5 mai 2017, art. 30.
2. L. n° 90-1258, 31 déc. 1990, art. 31-11.
3. V. s^s n°s 812.00 s.
4. V. s^s n°s 813.00 s.
5. Décr. n° 91-1197, 27 nov. 1991, art. 206.
6. V. s^s n° 812.92 et 911.71.
7. Décr. n° 91-1197, 27 nov. 1991, art. 203 s. – V. s^s n°s 231.10 s.
8. V. s^s n° 231.26.

911.75 Avocats honoraires. Les avocats honoraires sont couverts par l'assurance responsabilité civile professionnelle pour les seules missions autorisées et celles exercées après accord du bâtonnier lorsque celui-ci est nécessaire[9].

2°
Exercice à l'étranger

911.81 Exercice à l'étranger. La situation dans les barreaux d'un autre pays est très variable, et n'impose parfois pas d'obligation d'assurance responsabilité civile professionnelle.

Le code de déontologie des avocats européen ne prévoit ainsi pas de caractère obligatoire à cette assurance mais impose seulement que l'avocat assure sa responsabilité professionnelle dans une mesure raisonnable eu égard à la nature et à l'importance des risques encourus[10] et que si cela s'avère impossible, il informe son client de la situation et de ses conséquences[11].

911.82 Libre prestation de service au sein de l'Union européenne. L'avocat européen qui effectue une prestation de services[12] dans un autre État membre de l'Union européenne, dans le cadre de la libre prestation de service[13], demeure régi par les obligations d'assurance de son pays d'origine et doit s'efforcer, si nécessaire, d'obtenir une extension de sa garantie dans son pays d'origine pour les prestations effectuées dans le pays d'accueil dans le cadre d'une libre prestation de service.

911.83 Aménagement de la garantie pour l'exercice à l'étranger. Afin de pallier la diversité des situations, et d'éviter toute difficulté, il est possible de prévoir des prises en charge étendues du champ d'activité de l'avocat.

C'est ainsi que le contrat d'assurance responsabilité civile professionnelle du barreau de Paris a prévu que ses garanties s'appliquent dans le monde entier, à condition que l'avocat inscrit au barreau de Paris, qui exerce son activité à l'étranger, soit occasionnellement, soit dans le cadre d'une convention de correspondance organique passée entre barreaux, soit même au sein d'un établissement permanent ou d'un bureau secondaire, les exerce soit en qualité d'avocat au barreau de Paris, soit en qualité de membre d'une structure inscrite au Barreau de Paris. Ceci permet de couvrir ainsi les avocats inscrits au barreau de Paris exerçant dans un autre barreau

9. *Guide des assurances des avocats au Barreau de Paris*, Aon, 2016, p. 8 – V. s^s n°s 243.00 s.
10. RIN, art. 21.3.9.1.
11. RIN, art. 21.3.9.2.
12. Décr. n° 91-1197, 27 nov. 1991, art. 202 s.
13. V. s^s n°s 231.51 s.

européen sous leur titre d'origine, dans les limites des missions autorisées par le barreau de Paris, ainsi que les avocats, structures d'exercice, GIE d'avocats, implantés hors de France avec lesquels un avocat est lié directement ou indirectement par un accord de coopération et/ou de clientèle, ou tout accord de même nature. Ceci vaut pour les travaux exécutés exclusivement sur des dossiers de l'avocat concerné, ainsi que les prestations de l'avocat avec lequel il est lié par l'accord.

Il en est de même des avocats ou les structures d'exercice qui exercent notamment une mission d'étude, d'assistance et/ou de conseil en matière juridique et fiscale hors de France, quand l'exercice de ces missions sous le titre d'avocat ne leur est pas autorisé par la réglementation locale (structure de conseils juridiques)[1].

La garantie couvre également les établissements permanents, les bureaux secondaires ou de représentation d'un avocat, qu'ils soient ou non situés hors de France, ainsi que les structures juridiques de toute nature, qu'elles soient des structures d'avocats ou de conseils juridiques, créées hors de France et dont le capital est détenu en tout ou partie, directement ou indirectement, par un ou plusieurs avocats, ou bien qui sont représentées par un ou plusieurs avocats.

Est toutefois exclue l'activité exercée au sein d'un établissement permanent situé sur le territoire des États-Unis ou du Canada et pour lesquelles il est nécessaire de souscrire une assurance spécifique. En cas d'action devant une juridiction des États-Unis ou du Canada, les frais de procédure sont toutefois inclus dans le montant de la garantie[2]. Par dérogation, l'activité exercée par les avocats inscrits au barreau de Paris depuis un établissement permanent ou un bureau secondaire situé au Québec est garantie, sous réserve d'une déclaration préalable auprès du barreau.

B. Quant au champ d'activité couvert

911.90 **Plan.** L'assurance responsabilité civile couvre l'ensemble des missions réalisées par l'avocat dans le cadre de son activité d'avocat (1°), ainsi que certaines fonctions ou activités compatibles avec l'exercice de la profession d'avocat (2°).

1° Activité professionnelle de l'avocat

911.101 **Police d'assurance.** Il est important de se référer systématiquement aux exclusions prévues par l'assurance collective du barreau afin de s'assurer que l'on n'exerce pas une mission, activité, fonction ou profession non couverte par cette dernière.

911.102 **Exercice normal de la profession par l'avocat.** L'assurance responsabilité civile professionnelle ne couvre que les sinistres causés par les fautes de l'avocat commises dans l'exercice de sa profession.

Plus précisément, l'assurance responsabilité civile professionnelle couvre les actes des avocats inhérents à l'exercice normal de la profession telle qu'elle est définie par les textes qui la régissent[3], notamment la loi du 31 décembre 1971[4] et le décret du 27 novembre 1991[5], y compris celles exercées selon les usages en vigueur et dans les limites admises par le barreau, c'est-à-dire autorisées par le règlement intérieur national (RIN) ou par le règlement intérieur du barreau.

Elle ne saurait trouver application pour des actes réalisés par l'avocat excédant ses fonctions tel que celui qui intervient comme intermédiaire, et non simple mandataire[6], dans une cession immobilière[7] ou toute autre mission d'entremise c'est-à-dire de courtage, tel qu'un intermédiaire financier[8] ou une réhabilitation d'immeuble[9].

911.103 **Missions de l'avocat.** L'assurance responsabilité civile professionnelle couvre ainsi toutes les missions que l'avocat peut être amené à réaliser dans le strict cadre de l'exercice de sa profession[10].

Sont ainsi couvertes par l'assurance responsabilité civile, s'agissant du barreau de Paris, les missions de formation, les missions de justice[11] telle que celles de séquestre[12] y compris de séquestre répartiteur, d'expert[13], y compris judiciaire, d'arbitre[14], de médiateur[15], de professionnel qualifié[16], les missions de dépôt d'une marque sur le marché national[17] et international, de protecteur ou de tiers de confiance

1. *Guide des assurances des avocats au Barreau de Paris*, préc., p. 6 – V. s^{s} n° 432.138.
2. *Guide des assurances des avocats au Barreau de Paris*, préc., p. 8 et 9.
3. Paris, 1re ch., sect. A, 18 janv. 2005, RG n° 03/13651 – Versailles, 1re ch., 1re sect., 21 déc. 2006, RG n° 05/08690.
4. L. n° 71-1130, 31 déc. 1971.
5. Décr. n° 91-1197, 27 nov. 1991.
6. V. s^{s} n°s 646.00 s.
7. Civ. 1re, 19 janv. 1994, n° 92-10.492, NP ; *D.* 1995. Somm. 166.
8. Civ. 1re, 15 mars 2005, n° 03-17.835, P I, n° 129 ; *D.* 2005. 1177 – Civ. 2e, 2 juin 2005, n° 04-13.468, NP – Civ. 2e, 22 févr. 2012, n° 11-10.322, NP – POUR D'AUTRES EXEMPLES : Y. Avril, *Responsabilité des avocats*, 4e éd., « Dalloz Référence », 2020, n° 141.67.
9. Paris, pôle 5, ch. 6, 27 mai 2016, RG n° 14/11893.
10. RIN, art. 6 – V. s^{s} n°s 431.51 s. et 433.21 s.
11. V. s^{s} n°s 433.21 s.
12. V. s^{s} n° 433.52.
13. V. s^{s} n° 433.54.
14. V. s^{s} n° 433.56.
15. V. s^{s} n° 433.41.
16. V. s^{s} n° 433.51.
17. CPI, art. L. 422-4.

au sein d'un trust ou d'une fiducie, de mandataire posthume[1], de mandataire sportif[2], de mandataire d'artiste ou d'auteur, de mandataire en transactions immobilières[3] ou de délégué à la protection des données (DPO)[4], de lobbyiste[5], de rédaction d'opinion portant sur le contenu d'un prospectus à l'occasion d'une opération boursière, de rédaction d'opinions juridiques en droit français ou étranger, de conseil et de validation de la conformité juridique des systèmes de facturation dématérialisée et plus généralement toutes les missions autorisées par le barreau[6].

911.104 **Missions expressément exclues.** Il existe toutefois des cas d'exclusion, tel que l'avocat qui exerce une mission de syndic[7], laquelle n'est pas prise en charge par la responsabilité civile professionnelle du barreau de Paris, contrairement à celle de mandataire en transactions immobilières[8].

911.105 **Missions professionnelles.** Sont également couvertes par l'assurance responsabilité civile, s'agissant du barreau de Paris, les fonctions ordinales des avocats, à l'occasion de missions exercées auprès d'organismes professionnels, telles que l'exercice d'un mandat de membre du conseil de l'Ordre, ainsi que les missions qui peuvent leur être confiées par le bâtonnier à raison des missions et contrôles qui leur sont prescrits, notamment en vertu des dispositions du règlement intérieur du barreau ou par application de la législation en vigueur[9], tels que les missions des avocats désignés comme enquêteurs déontologiques[10] ou inspecteurs de la comptabilité[11], délégués en charge des services administratifs du barreau, ainsi que les missions d'administrateur provisoire ou de suppléant d'un autre avocat[12] ou de maître de stage[13].

911.106 **Activités éditoriales.** L'assurance responsabilité civile, s'agissant du barreau de Paris, couvre également les activités d'auteur ou de rédacteur d'ouvrages, articles ou plus généralement toutes publications lorsqu'elles sont effectuées dans le domaine du droit, ainsi que les missions de traductions occasionnelles au profit de clients de l'avocat.

911.107 **Obligations de garantie.** L'assurance responsabilité civile professionnelle ne couvre que la seule responsabilité civile de l'avocat, et n'a pas vocation à intervenir pour justifier des obligations de garantie auxquelles peut être tenu l'avocat dans le cadre de l'exercice de certaines missions.

• De l'avocat qui exerce une mission de représentant fiscal[14] s'agissant des sommes dues par l'avocat pour le compte de son mandant[15] : l'avocat doit en effet garantir le paiement des sommes dues par son client à l'administration fiscale. Il appartient à l'avocat de souscrire à cet effet une garantie particulière et d'être en mesure d'en justifier auprès de son barreau[16].

• De l'avocat qui exerce une mission de représentant d'une société étrangère employant des salariés détachés en France[17].

Ces solutions sont logiques dès lors que la mise en œuvre de la garantie du tiers garant n'implique pas de faute de sa part et ne constitue pas une action en responsabilité.

Pour autant, la responsabilité civile de l'avocat dans le cadre de ces missions demeure couverte par son assurance responsabilité civile professionnelle.

2°
Autres activités ou fonctions de l'avocat

911.111 **Activité incompatible avec la profession d'avocat.** L'assurance responsabilité civile professionnelle ne saurait en aucun cas couvrir des activités excédant l'activité professionnelle de l'avocat, notamment parce qu'incompatibles avec l'exercice de la profession[18], telles qu'une activité de courtage[19].

Sont ainsi exclus les dommages résultant d'opérations qui sont interdites à l'assuré par les textes légaux et réglementaires, ainsi que ceux résultant d'activités incompatibles avec la profession d'avocat visées par les articles 111 et 115[20] du décret du 27 novembre 1991.

911.112 **Activité ou fonction compatible avec la profession d'avocat.** L'assurance responsabilité civile professionnelle ne couvre pas non plus, en principe, les actes réalisés par l'avocat dans le cadre d'une autre activité ou fonction, bien que cette dernière soit

1. V. s^s n° 433.103.
2. V. s^s n° 433.112.
3. V. s^s n°s 433.121 s.
4. V. s^s n° 433.81.
5. V. s^s n° 433.72.
6. *Guide des assurances des avocats au Barreau de Paris*, préc., p. 7, 8 et 9 – V. s^s n°s 433.00 s.
7. V. s^s n° 433.123.
8. V. s^s n°s 433.121 s.
9. V. s^s n°s 511.21 s.
10. V. s^s n°s 511.301 s.
11. V. s^s n°s 511.171 s.
12. V. s^s n°s 244.00 s.
13. V. s^s n° 211.185.
14. V. s^s n° 433.73.
15. *Guide des assurances des avocats au Barreau de Paris*, préc., p. 10 et 11.
16. V. s^s n°s 911.31 s.
17. C. trav., art. L. 1262-2-1, II.
18. Aix-en-Provence, 14 déc. 2000, *JCP* 2001. I. 348, n° 16, obs. R. Martin – V. s^s n°s 432.00 s.
19. Civ. 1re, 15 mars 2005, n° 03-17.835, P I, n° 129 ; *D.* 2005. 1177.
20. Décr. n° 91-1197, 27 nov. 1991, art. 115 – V. s^s n°s 432.00 s.

compatible avec l'exercice de la profession d'avocat[1]. Il en est ainsi :

• de l'avocat qui exerce des fonctions de membre du conseil de surveillance d'une société commerciale ou d'administrateur de société[2]. L'avocat doit alors souscrire une assurance spéciale afin de couvrir l'exercice de ses fonctions de mandataire social[3] ;

• de l'avocat qui procède à la commercialisation, à titre accessoire, de biens ou services connexes à l'exercice de la profession d'avocat, dans le cadre de la dérogation prévue à l'article 111 du décret du 27 novembre 1991[4] ;

• de l'avocat qui exerce une activité de fiduciaire[5] pour les conséquences pécuniaires de la responsabilité de l'avocat agissant en qualité de fiduciaire ou de trustee, les missions accomplies pour le compte de personnes physiques ou morales agissant sous forme ou pour le compte de fonds fiduciaires ou de tout instrument de gestion de patrimoine d'affectation.

La mission de protecteur ou de tiers de confiance au sein d'un trust ou d'une fiducie[6], qui ne constitue pas une activité distincte mais le simple exercice d'un mandat civil confié à l'avocat par son client, est toutefois couverte par l'assurance responsabilité civile professionnelle du barreau de Paris[7] ;

• de l'avocat qui exerce une activité d'administrateur judiciaire et de mandataire judiciaire à la liquidation des entreprises[8] ou de commissaires aux comptes ou de commissaires aux apports[9].

Dans ces cas les responsabilités inhérentes à ces activités ou fonctions sont supportées exclusivement par les avocats qui les exercent, par ailleurs, et doivent faire l'objet d'assurances spéciales qui sont contractées à titre individuel ou collectif, ou pour l'activité de fiduciaire de garanties financières[10].

L'avocat qui souhaite exercer de telles activités ou fonctions devra justifier auprès de son barreau qu'il a souscrit les assurances spécifiques nécessaires.

§ 3
Modalités de mise en œuvre

911.120 Plan – Droit commun en matière d'assurance. L'assurance responsabilité civile professionnelle de l'avocat est régie par le droit commun en la matière et notamment celui des articles L. 111-1 et suivants du code des assurances et plus spécifiquement des articles L. 113-2 et L. 124-1 à L. 124-5 du même code.

Il convient de se reporter au contenu du contrat d'assurance et de la notice d'information[11].

Les modalités de mise en œuvre de l'assurance responsabilité civile s'apprécient quant aux conditions de mise en œuvre (A), aux causes de refus de garantie (B) et aux conditions d'entrée en vigueur de la garantie (C).

A.
Quant aux conditions de mise en œuvre

911.131 Obligations de la compagnie d'assurances. L'assureur qui garantit la responsabilité civile professionnelle des avocats est tenu de régler les condamnations prononcées contre ces derniers envers les clients[12].

En cas d'action mettant en cause une responsabilité assurée par ce contrat, l'assureur, dans la limite de sa garantie, assume la défense de l'assuré, dirige le procès et a le libre exercice des voies de recours, sans que cela n'emporte renonciation de sa part à se prévaloir des limitations de garantie[13]. L'assureur prend à sa charge les frais et honoraires correspondants. À Paris, l'avocat défenseur est choisi sur une liste établie en concertation entre le barreau et l'assureur ou spécialement désigné par le bâtonnier ou son représentant. Les sommes allouées au titre de l'article 700 du code de procédure civile reviennent à l'assureur qui a pris la direction du procès[14].

En outre, l'avocat a toujours la possibilité, s'il le désire, de se faire assister par un avocat de son choix. Dans cette hypothèse, les frais et honoraires de celui-ci restent à la charge de l'avocat.

911.132 Fait générateur de la garantie. Pour qu'elle puisse être mise en œuvre, la garantie prévue par l'assurance responsabilité civile implique que les faits dommageables aient été commis alors que l'avocat concerné était en exercice.

Par ailleurs, l'assureur ne couvre pas l'avocat contre les conséquences pécuniaires des sinistres s'il établit que l'avocat avait connaissance du fait dommageable à la date de la souscription de la garantie.

911.133 Déclaration de sinistre. L'avocat doit, dès qu'il a connaissance d'une réclamation écrite[15]

1. V. s[s] n°s 433.181 s.
2. L. n° 71-1130, 31 déc. 1971, art. 6 – Décr. n° 91-1197, 27 nov. 1991, art. 112 – V. s[s] n°s 432.31 s.
3. L. n° 71-1130, 31 déc. 1971, art. 6.
4. Décr. n° 91-1197, 27 nov. 1991, art. 111 – V. s[s] n°s 432.81 s.
5. V. s[s] n°s 911.231 s.
6. V. s[s] n° 433.105.
7. *Guide des assurances des avocats au Barreau de Paris*, préc., p. 8.
8. V. s[s] n° 433.182.
9. V. s[s] n° 433.181.
10. L. n° 71-1130, 31 déc. 1971, art. 27, al. 4 – V. s[s] n°s 911.231 s.
11. *Guide des assurances des avocats au Barreau de Paris*, préc.
12. V. s[s] n°s 912.00 s.
13. Civ. 2e, 9 déc. 2004, n° 03-18.673, NP – Sur la garantie de défense – recours et la clause de direction de procès, v. s[s] n°s 761.150 s.
14. V. s[s] n°s 723.231 s.
15. A. Pélissier, « La mise en œuvre de la garantie d'assurance. Les actes », *RCA* sept. 2016, p. 43, n° 27 – J. Bigot, « Le temps de la mise en œuvre de la garantie d'assurance : la prescription », *RCA* sept. 2016, p. 49, n° 28.

constituant une demande pécuniaire en dommages ou remboursement, et au plus tard dans le délai de trente jours, sauf cas fortuit ou de force majeure, en donner avis par écrit ou verbalement, contre récépissé, au siège social de l'assureur ou de son mandataire. Ainsi, dès que l'avocat reçoit un courrier simple ou recommandé ou encore une assignation mettant en cause sa responsabilité, il doit procéder à une déclaration de sinistre. Seule une réclamation formelle est constitutive d'un sinistre. Elle peut émaner d'un client ou d'un tiers.

Par la suite, et ce sous peine de déchéance de garantie, l'avocat doit transmettre tout acte dès lors qu'il constitue le premier avis adressé à l'assureur et fournir tous concours utiles à l'assureur et à l'avocat choisi par celui-ci [1].

La non-exécution de ces obligations par l'avocat constitue une faute déontologique passible de sanctions disciplinaires [2].

B. Quant aux causes de refus de garantie

911.141 **Faute intentionnelle ou dolosive de l'avocat** [3]. L'assureur peut soulever la déchéance de la garantie, conformément aux dispositions de l'article L. 113-1 [4], alinéa 2, du code des assurances, s'il démontre que l'avocat mis en cause a commis une faute intentionnelle ou dolosive, mais cette notion doit s'entendre comme impliquant chez leur auteur la volonté délibérée de causer le dommage ou sinistre [5]. À défaut d'établir la volonté frauduleuse de l'avocat, la compagnie d'assurances doit sa garantie [6].

C'est ainsi que l'assurance responsabilité civile ne saurait couvrir les dommages résultants d'une faute intentionnelle ou dolosive de l'avocat [7], c'est-à-dire la faute de l'avocat qui implique la volonté de causer le dommage, ce dont il appartient à l'organisme assureur d'apporter la preuve [8]. Il en est ainsi :

– De l'avocat qui conseillait à ses clients, auxquels il promettait l'annulation de la mesure, de conduire malgré une mesure de retrait de permis en leur remettant une attestation à présenter en cas de contrôle [9] ;

– De l'avocat qui ne s'est pas contenté de laisser prescrire l'action de son client par oubli voire par négligence, mais a sciemment trompé son client en lui donnant de faux renseignements en lui laissant croire que les assignations avaient été délivrées et que la procédure était en cours avant de lui restituer son dossier, tout en lui indiquant *in fine* qu'il n'avait jamais fait délivrer les assignations et ce, sans autre explication, ce qui était révélateur de la conscience qu'il avait de ses manquements fautifs, la prescription de l'action étant intervenue du fait du comportement de l'avocat et de ses déclarations mensongères [10] ;

– De l'avocat qui a usé de ses fonctions pour donner un aspect de légitimité à un ensemble d'opérations immobilières fictives initiées par un tiers, lui offrant notamment les moyens de commettre ses agissements répréhensibles et de renforcer la crédibilité des actes aux yeux des victimes, et s'était, dans ce cadre, proposé d'être le séquestre des sommes prétendument dues à une cliente dont l'identité n'a jamais pu être établie, sollicitant, en outre, des acquéreurs de nombreux frais et honoraires. L'avocat, qui fit l'objet d'une condamnation pénale du chef d'escroqueries, ayant participé sciemment à des faits pénalement répréhensibles en ayant conscience du caractère fictif des opérations et de l'impossibilité de restituer les fonds encaissés par ses soins [11] ;

– De l'avocat qui a recherché le dommage en se rendant complice d'abus de confiance par le détournement des fonds qu'il a permis en donnant à un salarié les moyens de commettre les faits, notamment en lui consentant une procuration générale d'administration de son cabinet secondaire, qu'il a maintenue en dépit de sa connaissance, depuis des années, des précédents détournements de fonds séquestrés commis par ce même salarié. L'avocat ayant adopté ce comportement délibéré en sachant que son salarié continuait à commettre des détournements de fonds séquestrés, savait que sa faute allait entraîner inévitablement le dommage, soit le

1. TGI Versailles, 1re ch., 15 mai 2007, RG n° 05/00837 ; *Bull. Barreau Paris* 3 juill. 2007, n° 22/2007, p. 209.
2. CD Paris, arr. 7 sept. 2010, n° 195268 – CD Paris, 27 sept. 2011, n° 192909 – CD Paris, arr 4 oct. 2011, n° 204338 – CD Paris, arr. sept. 2013, n° 159546 – CD Paris, arr. 21 juill. 2015, n° 255811 – V. ss nos 522.10 s.
3. Y. Avril, « La faute intentionnelle de l'avocat », *D.* 2011. 355.
4. C. assur., art. L. 113-1, al. 2.
5. Civ. 2e, 24 mai 2006, n° 03-21.024, NP.
6. Bourges, 27 mars 1984, *Gaz. Pal.* 1984. 1. 376, note A. Damien ; *in* A. Damien, *Les grands arrêts*, Litec, 1991, p. 85.
7. C. assur., art. L. 113-1.
8. Civ. 1re, 15 oct. 1975, n° 74-11.496, P I, n° 274 – Paris, pôle 2, ch. 1, 11 juin 2013, RG n° 11/04352.
9. TGI Paris, ch. 1, 1/2, 17 sept. 2015, RG nos 14/05310, 14/05311, 14/05312, 14/05314.
10. Civ. 2e, 1er juill. 2010, n° 09-14.884, P II, n° 131 ; *D.* 2011. 355, note Y. Avril ; *D.* 2010. 2102, obs. H. Adida-Canac et S. Grignon-Dumoulin ; *D.* 2011. 265, obs. N. Fricero ; *D.* 2011. 1929, obs. H. Groutel ; *JCP* 2010. 1068. n° 10, obs. G. Pillet ; *JCP* 2011. 398, obs. J. Kullman ; *Gaz. Pal.* 27-31 août 2010, p. 12, obs. B. Richard ; *RCA* 2010, n° 263, obs. H. Groutel.
11. Civ. 2e, 8 janv. 2020, nos 18-19.782 et 18-19.832, NP ; *RCA* 2020, n° 96 ; *Gaz. Pal.* 16 juin 2020, p. 57, obs. B. Waltz-Teracol.

détournement des fonds séquestrés, ce qui a fait disparaître le caractère aléatoire du risque assuré [1].

911.142 **Reconnaissance de responsabilité.** La déclaration de sinistre faite par l'avocat à l'entreprise d'assurance [2] ne doit pas être transmise au réclamant, devenu, par définition, un adversaire, mais il est possible de l'informer que, sans reconnaissance [3] de responsabilité ou du bien-fondé de la réclamation, une déclaration de sinistre est faite auprès de l'organisme assureur et de l'identité de ce dernier.

Une reconnaissance de responsabilité n'est pas opposable à l'assureur [4] et expose l'avocat à devoir assumer seul les conséquences de ses engagements.

Il convient de rappeler ici qu'un aveu ne peut avoir pour objet qu'un point de fait [5], et en aucun cas un point de droit dont la reconnaissance par l'une des parties ne lie pas le juge du fond [6]. Pour autant, le juge du fond pourra se fonder sur les faits avoués pour apprécier, souverainement, leur caractère fautif auquel cas l'assureur pourra opposer l'inopposabilité de l'article L. 124-2 du code des assurances pour refuser de prendre en charge le sinistre.

C. Quant aux conditions d'entrée en vigueur de la garantie

911.151 **Reprise du passé.** La garantie de responsabilité civile professionnelle reprend les conséquences pécuniaires des actes réalisés antérieurement à sa souscription par l'avocat ou le barreau [7], sous réserve que l'avocat concerné n'ait pas eu connaissance d'une mise en cause au moment de la souscription [8].

911.152 **Délai subséquent.** La loi du 1er août 2003 [9] est venue encadrer et uniformiser les conditions d'application dans le temps des garanties de responsabilité civile [10] et déterminer l'assureur qui interviendra pour indemniser le préjudice. Le délai subséquent [11] vise la période pendant laquelle la réclamation de la victime entraîne la mise en œuvre de la garantie dès lors que le fait dommageable a eu lieu pendant la période de validité de la garantie. Sa durée ne saurait être inférieure à dix ans [12]. Il a été fixé à dix ans dans la garantie responsabilité civile du barreau de Paris [13].

Toutefois, la garantie antérieure ne couvre les sinistres dont le fait dommageable a été connu de l'avocat postérieurement à la date de résiliation ou d'expiration de la garantie que si, au moment où l'avocat a eu connaissance de ce fait dommageable, cette garantie n'a pas été souscrite de nouveau ou l'a été sur la base du déclenchement par le fait dommageable. La garantie subséquente ne joue qu'en complément et après épuisement des garanties de responsabilité civile professionnelle qui pourraient avoir été souscrites par ailleurs par l'avocat et qui seraient en vigueur à la date de réclamation de la victime. Le plafond de la garantie déclenchée dans le délai subséquent est égal à celui de la garantie déclenchée pendant l'année précédant la date de résiliation ou d'expiration, et s'applique dans les mêmes termes, c'est-à-dire par avocat et par sinistre.

Le délai subséquent n'est pas déclenché par le départ, la cessation d'activité ou le décès d'un avocat. Celui-ci conserve le bénéfice de la garantie originelle pour les faits dommageables survenus avant son départ, sa cessation d'activité ou son décès [14].

SECTION 2 GARANTIES DE REPRÉSENTATION DES FONDS

911.160 **Plan – Définition.** Le remboursement, au profit de qui il appartiendra, des fonds, effets ou valeurs reçus par l'avocat à l'occasion de son exercice professionnel [15] et qu'il doit impérativement déposer à sa Carpa [16] doit être garanti dans le cadre soit d'une assurance au profit de qui il appartiendra [17] (§ 1), soit d'une garantie financière [18] (§ 2). Leur cumul est possible dans certaines conditions (§ 3).

1. Paris, pôle 2, ch. 1, 1er déc. 2020, RG n° 18/01235 – Sur cette affaire, v. ss nos 911.175 et 921.51.
2. V. ss n° 911.133.
3. Nîmes, 1re ch. civ., 10 nov. 2016, RG n° 15/04884.
4. C. assur., art. L. 124-2 – Civ. 1re, 12 mars 2002, n° 98-22.434, P I, n° 83 ; *RCA* 2002, comm. 213 ; *D.* 2002. 3178.
5. Civ. 2e, 12 mars 2009, n° 07-20.212, NP – J.-F. Escourriou, « L'objet de l'aveu civil », *Gaz. Pal.* 13 avr. 2021, p. 12.
6. Com. 23 oct. 1990, n° 89-10.196, NP ; *JCP* 1990. IV. 415 ; *RTD civ.* 1991. 342, n° 12, obs. J. Mestre – Civ. 3e, 7 avr. 1994, n° 92-17.039, P III, n° 82 – Civ. 2e, 12 mars 2009, n° 07-20.212, NP.
7. V. ss n° 911.32.
8. *Guide des assurances des avocats au Barreau de Paris*, préc., p. 23.
9. L. n° 2003-706, 1er août 2003 de sécurité financière, *JO* 2 août, p. 13220, art. 80.
10. L. Leveneur, « Le montant et la durée de la garantie d'assurance », *RCA* sept. 2016, n° 21, p. 17.
11. C. assur., art. L. 124-5.
12. C. assur., art. L. 124-2 – Décr. n° 2004-1284, 26 nov. 2004 relatif à la garantie subséquente des contrats d'assurance de responsabilité, *JO* 28 nov., p. 20209.
13. *Guide des assurances des avocats au Barreau de Paris*, préc., p. 23 – V. ss n° 911.35.
14. *Guide des assurances des avocats au Barreau de Paris*, préc., p. 23.
15. L. n° 71-1130, 31 déc. 1971, art. 27.
16. V. ss nos 483.00 s.
17. V. ss nos 911.171 s.
18. V. ss nos 911.191 s.

§ 1
Assurance non-représentation des fonds

911.171 **Finalité.** L'assurance de non-représentation des fonds, dite NRF, est contractée par le barreau auprès d'une entreprise d'assurance régie par le code des assurances [1].

Elle garantit, au profit de qui il appartiendra, le remboursement des fonds et la restitution des effets et valeurs reçus à l'occasion de l'exercice de leur activité professionnelle par les avocats membres du barreau souscripteur [2].

911.172 **Mise en œuvre de la garantie.** L'assurance de non-représentation des fonds s'applique en cas d'insolvabilité de l'avocat membre du barreau souscripteur du contrat, sur la seule justification que la créance soit certaine, liquide et exigible [3]. Pour l'assureur, l'insolvabilité de l'avocat résulte d'une sommation de payer ou de restituer suivie d'un refus ou demeurée sans effet pendant un délai d'un mois à compter de sa signification [4]. L'auteur de la sommation et l'avocat doivent aviser sans délai le bâtonnier de la sommation [5].

La jurisprudence considère que cette sommation n'est pas indispensable dès lors que cette insolvabilité est par ailleurs établie [6]. En revanche, il ne suffit pas que l'assureur soit informé par le client de ce que les fonds ne lui ont pas été versés [7].

911.173 **Absence d'autres conditions.** La Cour de cassation a précisé que la garantie d'assurance de non-représentation des fonds s'applique en cas d'insolvabilité de l'avocat, sur la seule justification que la créance soit certaine, dans les conditions précitées, faisant qu'aucune stipulation du contrat d'assurance obligatoire ne peut avoir pour effet de subordonner la mise en œuvre des garanties à des conditions que la loi ne prévoit pas, tel que l'obligation d'arrêter avec le barreau, souscripteur du contrat, la suite à donner à la réclamation et, en cas de désaccord, de solliciter l'intervention du comité de conciliation [8].

911.174 **Plafond de la garantie.** L'avocat membre du barreau qui a contracté l'assurance de non-représentation des fonds, ne peut recevoir des fonds, effets ou valeurs pour un montant excédant celui de la garantie accordée par l'assureur dans le contrat d'assurance. Ne sont pas pris en compte, dans le calcul des sommes en question, les titres nominatifs ainsi que les chèques et les effets payables à l'ordre d'une personne dénommée autre que l'avocat ou la Carpa [9].

Si tel est le cas, la Carpa devrait, en principe, en informer l'avocat afin qu'il souscrive les éventuelles garanties complémentaires nécessaires, ou justifie d'une garantie financière [10] à hauteur des sommes excédentaires, avant tout nouveau dépôt de fonds.

911.175 **Subrogation de l'assureur.** Dès lors que l'assureur a versé les fonds dans le respect des conditions légales, il est subrogé jusqu'à concurrence de cette indemnité, dans les droits et actions de l'assuré contre les tiers, en l'occurrence l'avocat, qui, par leur fait, ont causé le dommage ayant donné lieu à la responsabilité de l'assureur [11].

C'est ainsi que doit être condamné, *in solidum* avec un salarié et une banque, un avocat qui avait laissé son salarié au sein d'un bureau secondaire encaisser des sommes sur le compte bancaire du cabinet alors qu'elles auraient dû être versées sur un compte Carpa. La banque ayant, en ce qui la concerne, manqué à son obligation de vigilance en acceptant d'encaisser sur le compte à vue professionnel ouvert au nom du « Cabinet d'avocats », un chèque libellé à l'ordre de « Carpa » [12].

911.176 **Fonds remis à l'avocat dans le cadre de son activité professionnelle.** L'assurance de non-représentation des fonds ne couvrant que ceux remis à l'avocat dans le strict cadre de son activité professionnelle, y compris en qualité de séquestre [13], la remise de fonds en dehors de ce cadre, et notamment dans le cadre de ses éventuelles autres activités [14], échappe à la garantie [15].

Cette exclusion ne joue cependant, en principe, que si la personne ayant remis les fonds à l'avocat ne

1. *Guide des assurances des avocats au Barreau de Paris*, préc., p. 26-27.
2. Décr. n° 91-1197, 27 nov. 1991, art. 207.
3. Décr. n° 91-1197, 27 nov. 1991, art. 208.
4. Décr. n° 91-1197, 27 nov. 1991, art. 208.
5. Décr. n° 91-1197, 27 nov. 1991, art. 208.
6. Civ. 1re, 27 mai 1998, n° 96-19.200, P I, n° 183 ; *RGDA* 1998. 843, note L. Mayaux ; *Gaz. Pal.* 1998. Pan. 291 ; *JCP* 1999. I. 137, Chron. L. Mayaux.
7. Civ. 2e, 6 oct. 2011, n° 10-24.240, P I, n° 183 ; *D.* 2011. Actu. 2282 ; *D.* 2012. 1980, obs. H. Groutel ; *Gaz. Pal.* 25-26 nov. 2011, p. 17, note X. Leducq.
8. Civ. 1re, 11 janv. 2017, n° 15-28.301, P I ; *JCP* 2017. 97 ; *D.* 2017. 168 ; *Gaz. Pal.* 9 mai 2017, p. 70, obs. B. Cerveau ; *Gaz. Pal.* 6 juin 2017, p. 31, obs. D. Landry.
9. Décr. n° 91-1197, 27 nov. 1991, art. 209.
10. V. ss nos 911.191 s.
11. C. assur., art. L. 121-12.
12. Paris, pôle 4, ch. 13, 6 avr. 2021, RG n° 16/19996 ; – MÊME SENS DANS LA MÊME AFFAIRE : Versailles, 29 janv. 2015, RG n° 12/06147 – Grenoble, ch. civ. 1, 24 févr. 2015, RG n° 12/03458 – Paris, pôle 5, ch. 3, 7 oct. 2015, RG n° 13/09398 – Lyon, 13 juin 2017, RG n° 10/01080 – Paris, pôle 2, ch. 1, 1er déc. 2020, RG n° 18/01235 – Sur le volet pénal et disciplinaire de cette affaire, v. ss n° 921.51.
13. Versailles, 16e ch., 18 nov. 2010, RG n° 09/07690 – V. ss nos 911.102 s.
14. V. ss nos 911.111 s.
15. Civ. 2e, 20 nov. 2014, n° 13-22.139, NP.

pouvait pas ignorer que l'opération était étrangère à l'activité professionnelle normale de l'avocat[1] ou irrégulière[2]. Les juges du fond apprécient souverainement si la remise des fonds litigieux était étrangère, ou non, à l'activité professionnelle de l'avocat[3].

Il convient de rappeler à cet égard que, conformément aux articles 1353 du code civil et 53, 9°, de la loi du 31 décembre 1971, en cas de dépôt des fonds auprès de la Carpa, l'avocat est présumé les avoir reçus dans l'exercice de son activité professionnelle[4].

911.177 **Exclusions.** Pas plus que l'assurance responsabilité civile, l'assurance représentation des fonds ne couvre pas la restitution des honoraires[5], et les contrats d'assurance souscrits à cet effet contiennent une clause de non-restitution des honoraires excluant de la garantie « le non-versement ou la non-restitution des fonds, effets ou valeurs reçus à quelque titre que ce soit par l'assuré, ses collaborateurs ou ses préposés », qui est pleinement valable[6].

§ 2 Garantie financière

911.180 **Plan.** La garantie financière est le second type de garantie auquel les avocats peuvent souscrire ; sa mise en œuvre est d'une grande complexité (A) et emporte des conséquences particulières lors de sa cessation (B).

A. Contenu et mise en œuvre de la garantie

911.191 **Finalité.** À côté de l'assurance de non-représentation des fonds, dont tous les avocats de France se servent, le législateur a prévu un système d'une grande complexité, sans utilité particulière et qui paraît en fait inutilisé par les avocats : la garantie financière.

Les avocats, qui n'appartiennent pas à un barreau garantissant la non-représentation des fonds par une assurance collective[7], doivent alors organiser personnellement leur propre garantie financière et surtout en justifier[8].

911.192 **Champ d'application.** L'obligation de garantie financière incombe aux structures d'exercice, aux avocats exerçant la profession à titre individuel ou dans le cadre d'une association ou d'une société en participation ainsi qu'aux avocats exerçant la profession en qualité de collaborateur libéral dans la mesure où ils exercent en même temps la profession pour leur propre compte[9].

911.193 **Modalités de la garantie.** Les garanties financières ne peuvent valablement résulter que d'un engagement de caution pris par une banque, un établissement de crédit, une entreprise d'assurances ou une société de caution mutuelle, habilités à donner caution.

La caution résulte d'une convention écrite qui en fixe les conditions générales et précises, notamment, le montant de la garantie accordée, les conditions de rémunération, les modalités de contrôle comptable ainsi que les contre-garanties éventuellement exigées par le garant[10].

La garantie est affectée au remboursement des fonds et à la restitution des effets et valeurs reçus par l'avocat à l'occasion de l'exercice de son activité professionnelle[11].

911.194 **Montant de la garantie.** Le montant de la garantie doit être au moins égal au montant maximal des fonds que l'avocat envisage de détenir[12]. Les articles 214 et 215 du décret du 27 novembre 1991 précisent le mode de détermination de ce montant qui est révisé à la fin de chaque période annuelle ou lors de circonstances particulières survenant en cours d'année, il peut également être relevé à la demande de l'avocat pour une période de temps limitée.

L'avocat ne peut, sauf lorsque la garantie financière vient en complément de l'assurance représentation de fonds[13], recevoir de fonds, effets et valeurs, que dans la limite du montant des garanties accordées[14].

Ne sont pas compris dans cette limite, les titres nominatifs ainsi que les chèques et effets payables à ordre d'une personne dénommée autre que l'avocat ou la Carpa[15].

911.195 **Délivrance d'une attestation de garantie.** Par application de l'article 217 du décret du 27 novembre 1991, la banque ou l'établissement

1. Civ. 1re, 15 mars 2005, n° 03-17.835, P I, n° 129 ; *D.* 2005. 1177.
2. Civ. 1re, 12 oct. 2004, n° 01-14.175, NP.
3. Civ. 1re, 27 janv. 2004, n° 01-10.298, NP – AUSSI : Aix-en-Provence, 14 déc. 2000, *JCP* 2001. I. 348, n° 16, obs. R. Martin.
4. Civ. 1re, 13 mars 2007, n° 05-18.944, P I, n° 104 ; *D.* 2008. 944, obs. B. Blanchard ; *JCP* 2007. I. 174, n° 14, obs. R. Martin ; *LPA* 14 déc. 2007, p. 16, note C. Porteron ; *RGDA* 2007. 713, note L. Mayaux – V. ss n° 483.46.
5. Paris, 7e ch., sect. A, 12 mai 2009, RG n° 07/08468 – Paris, pôle 2, ch. 1, 17 mai 2016, RG n° 14/12346.
6. Civ. 1re, 30 avr. 2014, n° 13-16.557, NP.
7. V. ss nos 911.160 s.
8. L. n° 71-1130, 31 déc. 1971, art. 27, § 2 – Décr. n° 91-1197, 27 nov. 1991, art. 210.
9. Décr. n° 91-1197, 27 nov. 1991, art. 210.
10. Décr. n° 91-1197, 27 nov. 1991, art. 211.
11. Décr. n° 91-1197, 27 nov. 1991, art. 212.
12. Décr. n° 91-1197, 27 nov. 1991, art. 213.
13. V. ss n° 911.172.
14. Décr. n° 91-1197, 27 nov. 1991, art. 216.
15. Décr. n° 91-1197, 27 nov. 1991, art. 214.

financier délivre à l'avocat une attestation de garantie conforme au modèle fixé par arrêté conjoint du ministre de la Justice et du ministre chargé de l'économie et des finances [1].

911.196 **Contrôle du garant.** Le garant peut procéder à des vérifications, consultations de registres, documents comptables, ainsi que le relevé intégral des comptes affectés à la réception des fonds de la clientèle, par l'intermédiaire du bâtonnier [2], sauf lorsque l'avocat exerce en qualité de fiduciaire [3].

911.197 **Mise en œuvre de la garantie.** La mise en œuvre de la garantie financière s'effectue de la même manière que la mise en œuvre de l'assurance de non-représentation des fonds [4].

Elle est totalement autonome de la dette principale faisant qu'en raison de son autonomie, la garantie financière affectée au remboursement des fonds, effets ou valeurs reçus n'est pas éteinte lorsqu'en cas de redressement ou de liquidation judiciaire de l'avocat, le client ne déclare pas au passif de la procédure collective de l'avocat la créance de restitution des sommes versées, et que ce même client peut donc assigner directement en paiement l'organisme garant [5].

B. Cessation de la garantie

911.201 **Expiration de la garantie.** La garantie cesse à la suite de l'expiration ou de la dénonciation, à l'initiative de l'une des parties, du contrat de caution [6]. Elle cesse également par le décès de l'avocat garanti ou, s'il s'agit d'une structure d'exercice, par la clôture de sa liquidation ainsi que par l'omission [7], la suspension provisoire [8], l'interdiction temporaire [9] ou la radiation de l'avocat [10].

Toutefois, sauf en cas de radiation, la garantie peut être prorogée avec l'autorisation du bâtonnier. Cette prorogation, si elle n'a pas été expressément prévue dans le contrat de caution initial, doit faire l'objet d'un accord entre le garant, l'avocat ou ses ayants droit ainsi que l'avocat assumant la suppléance ou l'administration provisoire [11].

911.202 **Information de la cessation de la garantie.** En cas de cessation de garantie pour quelque cause que ce soit, le garant est tenu d'en informer immédiatement, par lettre recommandée avec demande d'avis de réception, ou LRE eIDAS [12], ou par remise d'avis contre récépissé, le bâtonnier et l'établissement dans lequel est ouvert le compte de la Carpa affecté à la réception des fonds. Le bâtonnier avise sans délai, dans les mêmes formes, les personnes dont les noms et adresses figurent dans les documents comptables et qui sont soit les auteurs de versements ou de remises à l'avocat, soit les destinataires éventuels de ces versements ou remises [13].

911.203 **Effets de la cessation de la garantie à l'égard des tiers.** La garantie continue de produire ses effets à l'égard des tiers jusqu'à l'expiration d'un délai de trois jours suivant l'avis de cessation de garantie donné par le garant au bâtonnier [14].

Les créances garanties qui ont pour origine un versement ou une remise fait antérieurement à la date de la cessation de garantie restent couvertes par le garant si elles sont produites par le créancier dans le délai de trois mois à compter de la date de réception de la lettre recommandée ou de l'avis du bâtonnier pour les personnes concernées, ou de l'expiration du délai de trois jours pour les autres personnes. Ce délai ne court à l'égard des créanciers avisés par le bâtonnier que si l'avis qui leur a été donné mentionne le temps qui leur est imparti pour produire leur créance [15].

§ 3 Cumul de l'assurance et de la garantie

911.211 **Champ d'application.** L'avocat membre d'un barreau qui a souscrit un contrat d'assurance non-représentation des fonds peut recevoir des fonds, effets ou valeurs, pour un montant excédant

1. Arr. 22 juill. 1992 relatif à l'attestation de garantie financière des avocats ; *JO* 6 août, p. 10609, NOR : JUSC9220634A.
2. Décr. nº 91-1197, 27 nov. 1991, art. 218.
3. V. s^{s} nºs 911.231 s.
4. Décr. nº 91-1197, 27 nov. 1991, art. 219 à 225 – V. s^{s} nºs 911.172 s.
5. Cass., ass. plén., 4 juin 1999, nº 96-18.094, P nº 4 ; *BICC* 15 juill. 1999, concl. L. Joinet, rapp. B. Toitot ; *D. Affaires* 1999, 1082, obs. A. Lienhard ; *JCP E* 1999. II. 10152, note M. Behar-Touchais ; *JCP* 2000. I. 209, nº 8, obs. Ph. Simler ; *CCC* 1999, nº 171, obs. L. Leveneur ; *RTD civ.* 1999. 665, obs. P. Crocq ; *D.* 2000. 140, obs. P. Capoulade ; *RDI* 1999. 438, obs. D. Tomasin ; *RDI* 1999. 463, obs. P. Capoulade ; *RTD com.* 2000. 175, obs. A. Martin-Serf.
6. V. s^{s} nº 911.193.
7. V. s^{s} nºs 241.11 s.
8. V. s^{s} nºs 512.181 s.
9. V. s^{s} nºs 523.80 s.
10. V. s^{s} nºs 523.160 s.
11. Décr. nº 91-1197, 27 nov. 1991, art. 222.
12. Règl. 910/2014, Parlement et Conseil, 23 juill. 2014 sur l'identification électronique et les services de confiance pour les transactions électroniques au sein du marché intérieur et abrogeant la directive 1999/93/CE ; – Décr. nº 2018-347, 9 mai 2018 relatif à la lettre recommandée électronique – F. Dempuré, « Gros plan sur la lettre recommandée électronique », *JCP* 2019. 1100 – CPCE, art. R. 53 à R. 53-4.
13. Décr. nº 91-1197, 27 nov. 1991, art. 223.
14. Décr. nº 91-1197, 27 nov. 1991, art. 224.
15. Décr. nº 91-1197, 27 nov. 1991, art. 225.

le montant maximal de la garantie accordée par l'assureur, s'il justifie, à concurrence des sommes excédentaires, d'une garantie financière[1].

911.212 **Conditions.** Un avocat n'est autorisé à conclure des conventions de garantie avec plusieurs garants pour l'ensemble de ses missions de maniement de fonds que dans le cas où le montant des sommes qu'il envisage de recevoir est supérieur au montant de la garantie que chacun des garants peut lui accorder.

En ce cas, chaque garant doit avoir été avisé de toutes les conventions passées avec les autres garants et doit être avisé, le cas échéant, de toute modification qui aurait pour effet de réduire, de suspendre ou de supprimer tout ou partie des garanties initialement accordées par les autres garants. L'ordre dans lequel interviendront les garants en cas de mise en œuvre de la garantie ainsi que le montant maximal de chaque garantie est indiqué dans un document distinct, portant la signature de tous les garants. Ces dispositions sont applicables lorsqu'une garantie complémentaire portant sur une opération déterminée a été consentie par une banque, un établissement de crédit, une entreprise d'assurances ou une société de caution mutuelle autres que ceux qui garantissent l'ensemble de l'activité de l'avocat.

Dans tous les cas, l'intéressé et le garant doivent informer le bâtonnier par lettre recommandée avec demande d'avis de réception, ou LRE eIDAS[2], des garanties complémentaires qui ont été consenties et des modalités de leur mise en œuvre[3].

911.213 **Bureau secondaire.** En cas d'ouverture d'un bureau secondaire dans le ressort d'un barreau dont ne relève pas l'avocat, l'assurance représentation de fonds et la garantie financière, souscrite dans le cadre de l'établissement principal, doivent être étendues aux actes accomplis au sein du bureau secondaire[4].

911.214 **Structure interbarreaux.** Il en est de même pour les associations ou les sociétés constituées entre avocats appartenant à des barreaux différents[5].

SECTION 3
ASSURANCE DE L'ACTIVITÉ DE FIDUCIAIRE

911.220 **Plan.** L'avocat exerçant une activité de fiduciaire doit être couvert par des assurances spécifiques pour cette activité distincte de celle d'avocat (§ 1). Ces obligations, très lourdes, appellent des évolutions afin de favoriser le développement de cette activité (§ 2).

§ 1
Régime actuel

911.231 **Activité de fiduciaire.** Comme tout fiduciaire, l'avocat exerçant une activité de fiduciaire[6] est responsable, sur son propre patrimoine, des fautes qu'il commet dans l'exercice de son activité de fiduciaire, tant à l'égard du constituant, qu'à l'égard du bénéficiaire de la fiducie.

Si l'avocat ne peut garantir ceux-ci de la conservation de la valeur du patrimoine affecté, sa responsabilité peut également être engagée en cas de faute de gestion, cette dernière devant alors être prouvée dans les conditions de droit commun[7]. En toute occurrence, l'appréciation de la responsabilité de l'avocat sera fonction de l'étendue, contractuellement définie, de sa mission.

911.232 **Assurance de l'activité.** Il est dès lors nécessaire pour tout avocat exerçant une activité de fiduciaire afin de répondre des conséquences pécuniaires de sa responsabilité civile professionnelle à raison des négligences et fautes commises dans l'exercice de son activité de fiduciaire[8], comme de la restitution des fonds, effets, titres et valeurs concernés par la fiducie de :

1° Souscrire une assurance responsabilité civile professionnelle propre à cette activité[9].

2° Souscrire une assurance au profit de qui il appartiendra, propre à son activité fiduciaire, et garantissant la restitution des biens, droits ou sûretés concernés par la fiducie, ou de contracter les garanties financières nécessaires à cette même fin[10].

Des contrats spécifiques sont proposés aux avocats par les mêmes organismes qui assurent la responsabilité civile professionnelle des avocats.

911.233 **Une assurance spécifique.** La responsabilité inhérente à l'activité de fiduciaire est supportée exclusivement par les avocats qui l'exercent[11].

Alors que l'article 205 du décret du 27 novembre 1991 relatif à l'assurance de responsabilité civile professionnelle du fiduciaire évoque une souscription « à titre personnel », tant que l'article 209-1 du

1. Décr. n° 91-1197, 27 nov. 1991, art. 226.
2. CPCE, art. R. 53 à R. 53-4.
3. Décr. n° 91-1197, 27 nov. 1991, art. 227.
4. V. s^{s} n°s 223.00 s.
5. Décr. n° 91-1197, 27 nov. 1991 – Rép. min., garde des Sceaux à Philibert, Q n° 62.993, *JOAN*.
6. V. s^{s} n°s 644.00 s.
7. V. s^{s} n°s 912.00 s.
8. C. civ., art. 2026.
9. Décr. n° 91-1197, 27 nov. 1991, art. 205 – RIN, art. 6.5.2.
10. L. n° 71-1130, 31 déc. 1971, art. 27, al. dernier – Décr. n° 91-1197, 27 nov. 1991, art. 209-1 et 210-1 – RIN, art. 6.5.2 – V. s^{s} n° 911.236.
11. L. n° 71-1130, 31 déc. 1971, art. 27, al. dernier.

décret du 27 novembre 1991 relatif à l'assurance garantissant la restitution des fonds, effets, titres et valeurs concernés ne donne aucune précision. L'article 6.5.2 du RIN évoque, quant à lui, une souscription à titre individuel dans les deux hypothèses. L'idée est de bien marquer que la couverture d'assurance ne doit peser financièrement, ni directement, ni indirectement sur les avocats n'ayant aucune activité en ce domaine.

Il semble cependant aujourd'hui acquis que si l'activité est exercée au sein d'une structure d'exercice, c'est bien cette dernière qui doit contracter l'assurance en cause [1].

911.234 Contenu des garanties de l'avocat fiduciaire. L'assurance garantissant la restitution des fonds, effets, titres et valeurs concernés [2] n'est pas une assurance garantissant la non-représentation des fonds, compte tenu du transfert réalisé au profit du fiduciaire [3].

La garantie d'assurance responsabilité civile professionnelle, est soumise aux mêmes obligations de garanties minimales que pour l'activité d'avocat [4] et mise en œuvre suivant les mêmes principes [5].

La garantie d'assurance au profit de qui il appartiendra, ne doit pas, quant à elle, comporter une limite de garantie inférieure à 5 % de la valeur des biens immeubles et à 20 % de la valeur des autres biens, droits ou sûretés concernés par la fiducie (il a été considéré que les risques de détournement devaient s'apprécier, en matière immobilière au regard des revenus des biens alors qu'en matière mobilière, le risque est plus important) [6]. La valeur est appréciée au jour de leur transmission [7]. Elle est mise en œuvre suivant les mêmes principes que pour l'assurance non-représentation des fonds [8].

Ces seuils ne préjudicient pas à la souscription volontaire, par l'avocat fiduciaire, de garanties financières supplémentaires ou d'une assurance au profit de qui il appartiendra supplémentaire, et garantissant la restitution des biens, droits ou sûretés concernés [9].

911.235 Exclusions. L'objet de l'assurance responsabilité civile professionnelle propre à l'activité fiduciaire de l'avocat n'est pas de couvrir les négligences et fautes commises par l'avocat lorsqu'il intervient en qualité de conseil des parties au contrat de fiducie ou de tiers protecteur de la fiducie [10].

De telles missions recouvrent l'exercice normal de ses fonctions par l'avocat et, comme telles, sont déjà couvertes par l'assurance de responsabilité civile professionnelle souscrite au titre de son activité de conseil [11].

911.236 Garantie financière. Comme en matière de maniement de fonds [12], l'avocat fiduciaire a également la possibilité de souscrire, en lieu et place ou en sus de la garantie d'assurance au profit de qui il appartiendra, des garanties financières [13]. C'est ici une option intéressante compte tenu des difficultés suscitées par l'obligation de souscrire une assurance au profit de qui il appartiendra [14], garantissant la restitution des biens, droits ou sûretés concernés par la fiducie contre les risques de détournement, dans un contexte où le marché de l'assurance n'est pas pleinement en mesure de répondre à la demande.

Ces garanties financières accordées à un avocat exerçant en qualité de fiduciaire, par les mêmes organismes que pour la garantie financière [15], sont soumises aux mêmes obligations de garanties minimales que pour la garantie d'assurance au profit de qui il appartiendra [16] et mise en œuvre dans les mêmes conditions [17].

911.237 Obligation d'information. L'avocat devra justifier de la constitution de ces garanties assurantielles dans le cadre de la déclaration préalable de son activité fiduciaire auprès de son barreau [18], et devra également transmettre l'attestation au constituant, et le cas échéant au bénéficiaire s'il s'agit d'une personne distincte du bénéficiaire [19].

Sur le terrain prudentiel et de contrôle, l'avocat devra, par ailleurs, justifier de leur maintien tout au long de son activité fiduciaire auprès de son barreau [20]. En cas de renouvellement ou de modification, ces dernières sont notifiées au constituant et, le cas échéant, au bénéficiaire dans le délai d'un mois à compter du renouvellement ou de toute modification des contrats d'assurance [21].

1. P. Berger, « La fiducie – Décret du 23 décembre 2009 », *Avocats & Droit*, n° 32, p. 40.
2. Décr. n° 91-1197, 27 nov. 1991, art. 209-1.
3. SUR LA QUESTION DE LA PROPRIÉTÉ FIDUCIAIRE : B. Mallet-Bricout, « Fiducie et propriété », *Mél. Larroumet*, Economica 2010, p. 297.
4. Décr. n° 91-1197, 27 nov. 1991, art. 205 – V. s^s n° 911.31.
5. V. ss nos 911.120 s.
6. Décr. n° 91-1197, 27 nov. 1991, art. 209-1 – P. Berger, « La fiducie – Décret du 23 décembre 2009 », *Avocats & Droit*, n° 32, p. 41.
7. Décr. n° 91-1197, 27 nov. 1991, art. 216-1 et 209-1.
8. V. ss nos 911.172 s.
9. Décr. n° 91-1197, 27 nov. 1991, art. 216-1.
10. V. ss n° 433.105.
11. V. ss n° 911.112.
12. V. ss nos 911.191 s.
13. L. n° 71-1130, 31 déc. 1971, art. 27, al. dernier – Décr. n° 91-1197, 27 nov. 1991, art. 205 et art. 210-1.
14. V. ss n° 911.239.
15. V. ss n° 911.193.
16. V. ss n° 911.239.
17. V. ss nos 911.197 s.
18. Sur cette obligation déclarative : v. ss n° 644.23.
19. Décr. n° 91-1197, 27 nov. 1991, art. 123.
20. Décr. n° 91-1197, 27 nov. 1991, art. 123.
21. Décr. n° 91-1197, 27 nov. 1991, art. 123.

911.238 **Contrôle prudentiel.** Pour permettre aux compagnies d'assurances, ou organismes garants, d'apprécier l'évolution de leur risque, il est prévu que ceux-ci doivent recevoir communication, sur simple demande de leur part, par l'avocat fiduciaire de sa comptabilité[1] ainsi que, le cas échéant, du rapport du commissaire aux comptes afférent aux opérations de la fiducie. Il en est de même de la liste et des adresses des dépositaires[2].

Le décret précise que toute demande d'information et de consultation de tous registres et autres documents comptables de l'avocat par l'assureur ou l'organisme garant, relative à l'activité de fiduciaire, peut être adressée directement à l'avocat sans avoir à passer par l'intermédiaire[3].

911.239 **Cessation de la garantie au profit de qui il appartiendra.** En cas de cessation de la garantie au profit de qui il appartiendra, pour quelque cause que ce soit, l'assureur, ou l'organisme garant, doit immédiatement en informer par lettre recommandée avec demande d'avis de réception, ou LRE eIDAS[4], le constituant, le bénéficiaire s'il y a lieu, ainsi que le bâtonnier[5].

§ 2 Évolutions souhaitables

911.241 **Problématique.** L'accès effectif des avocats à la fonction fiduciaire[6] dépend de la couverture par les assureurs des risques inhérents à cette activité[7]. Pour autant, le strict respect des obligations précitées[8] demeure un frein au développement de l'activité de fiduciaire par les avocats. En effet, l'assurance de non-représentation des fonds doit être contractée individuellement par l'avocat fiduciaire à hauteur de 5 % de la valeur des biens transférés par le constituant au fiduciaire s'il s'agit d'immeubles et 20 % de la valeur du patrimoine transféré pour les « autres biens, droits ou sûretés, valeur appréciée au jour de leur transmission »[9]. C'est sur ces exigences que porte la difficulté en ce que, selon la nature de ces « biens, droits ou sûretés », cette exigence s'avère contre-productive. Au gré des fiducies que les organismes assureurs ont été amenés à garantir, certaines opérations ont révélé l'inadéquation des textes au regard de la substance même des éléments transférés du patrimoine du constituant vers celui du fiduciaire.

Il en a été ainsi dans le cadre du transfert d'actions de sociétés non cotées et non négociables pour exercer le droit de vote qui y était attaché, de créances (salariales, billets à ordre) ou encore de portefeuille de brevets. En effet, dans ces cas, et dans bien d'autres, l'exigence d'une garantie de non-représentation des fonds peut s'avérer soit absurde (transfert d'une créance), soit démesurée (actions ne permettant pas d'en réaliser le prix). De même, cette exigence ne peut être justifiée lorsqu'il s'agit d'immeubles.

Le coût de telles garanties constitue non seulement un surcoût pour le constituant qui, d'une manière ou d'une autre se verra reporter ce coût, mais aussi une véritable distorsion de concurrence avec les autres intervenants qui exercent cette activité de fiduciaire sans être obligés de justifier de telles garanties. En effet, il s'avère que les fiducies, pouvant porter sur des milliers voire des centaines de milliers d'euros dans le cadre, notamment, de plans sociaux, sont conseillées par des avocats mais ne sont ensuite mises en place qu'avec des fiduciaires extérieurs à la profession d'avocat.

911.242 **Évolution proposée.** Partant de ce constat, un groupe de travail, mis en place par la commission des règles et usages du CNB[10], propose de demander que ces exigences de garanties de non-représentation des fonds disparaissent lorsque le contrat de fiducie ne porte pas sur des fonds ou valeurs négociables, dès lors que le risque de non-représentation n'existe pas.

Sur les fiducies portant sur des fonds ou des valeurs négociables, le groupe de travail s'est interrogé sur la pertinence de l'article 53, 9°, de la loi du 31 décembre 1971 excluant les Carpa. Or, l'expertise des Carpa sur la question de la représentation des fonds est avérée et permettrait d'ouvrir la possibilité pour les avocats fiduciaires de déposer des fonds, effets ou valeurs pour le compte de leurs clients dans un compte Carpa. Il apparaît également que les services des Carpa sont tout à fait en mesure de fournir aux avocats fiduciaires des services à des prix particulièrement compétitifs pour leur permettre d'assurer leur mission, tel par exemple l'établissement de virements mensuels pour l'exécution d'un plan social pour lequel une fiducie aurait été constituée. Le dépôt de fonds dans des comptes Carpa ne pourrait être qu'avantageux pour la profession.

1. Sur les obligations comptables spécifiques de l'avocat fiduciaire, v. s^{s} n° 644.27.
2. Décr. n° 91-1197, 27 nov. 1991, art. 235-3.
3. Décr. n° 91-1197, 27 nov. 1991, art. 218 – Sur l'absence de secret professionnel en matière d'activité de fiduciaire, v. s^{s} n° 412.66.
4. CPCE, art. R. 53 à R. 53-4.
5. Décr. n° 91-1197, 27 nov. 1991, art. 223.
6. V. s^{s} n°s 644.00 s.
7. NOT. : G. Pillet, *JCP* 2010. 270.
8. V. s^{s} n°s 911.231 s.
9. V. s^{s} n° 911.239.
10. J.-L. Schermann, *Rapport d'information, Groupe de travail avocat fiduciaire*, CNB, AG 23-24 oct. 2015.

La difficulté résultant de l'incompatibilité de la fiducie avec le fonctionnement actuel de la Carpa fondé sur la notion de mandat pourrait être résolue par la création d'une caisse *bis* adossée aux services et à l'expertise de la Carpa. De même pour les garanties de représentation, il conviendrait en conséquence que soient uniquement visées les fiducies constituées de fonds ou valeurs négociables, en prévoyant la possibilité pour l'avocat fiduciaire d'avoir recours à une caisse professionnelle pour le dépôt des fonds ou valeurs négociables, l'obligation de garantie n'étant en définitive exigée que si l'avocat fiduciaire n'a pas recours à cette caisse professionnelle.

En synthèse, il apparaît au groupe de travail que pour supprimer la distorsion de concurrence existant sur le marché, il convient de faire sauter deux verrous : d'une part, l'interdiction d'utiliser une caisse professionnelle adossée à la Carpa pour déposer les fonds en fiducie prévue à l'article 53, 9°, de la loi du 31 décembre 1971, et d'autre part, les exigences de l'article 27 de la loi de 1971 et des articles 209-1 et 216-1 du décret du 27 novembre 1991. Un argumentaire précis justifiant les modifications législatives et réglementaires a été soumis à la DACS [1].

SECTION 4
ASSURANCE DU BARREAU ET DE LA CARPA

911.251 **Principe.** Dans le cadre des contrats d'assurance responsabilité civile professionnelle et de non-représentation des fonds [2] souscrits par les barreaux souscripteurs d'un contrat d'assurance collective au profit des avocats membres du barreau [3], assurés, le barreau, tout comme la Carpa [4], n'ont pas la qualité d'assuré mais de souscripteur d'une assurance « pour le compte de qui il appartiendra » contractée en vue de garantir la responsabilité civile de leurs membres ou la représentation de fonds [5].

La responsabilité des membres du conseil de l'Ordre dans leurs fonctions ordinales est généralement couverte par leur assurance responsabilité civile professionnelle [6] tandis que celle du barreau et de la Carpa doit faire l'objet d'un contrat d'assurance responsabilité spécifique souscrit pour son propre compte.

911.252 **Défaillance des contrôles.** La mise en œuvre de la responsabilité civile du barreau et de la Carpa est en effet loin d'être théorique, en particulier lorsque l'assurance responsabilité civile de l'avocat n'a pas vocation à jouer en raison d'une faute intentionnelle ou dolosive de l'avocat [7] et que la victime se retrouve face à un avocat qui n'est pas de mesure de l'indemniser de son préjudice.

C'est alors, notamment, la défaillance du contrôle de la Carpa [8] ou du barreau [9], qui n'aura pas pris les mesures nécessaires afin d'empêcher la réalisation du préjudice subi par la victime du fait de son avocat, qui pourra être recherchée.

911.253 **Responsabilité du barreau.** Le barreau ou le bâtonnier peuvent ainsi engager leur responsabilité civile en raison des fautes commises dans l'exercice des missions qui leur sont dévolues. Une telle action en responsabilité relève des juridictions judiciaires suivant les règles de droit commun, et non des juridictions administratives [10].

C'est ainsi que fut retenue la responsabilité d'un barreau, à hauteur de 2 millions de francs avec intérêts, qui avait laissé un avocat déposer un chèque qui lui avait été remis par son client sur un sous-compte Carpa qui était alors débiteur de 1 908 520,60 francs, et avait fait l'objet antérieurement d'incidents semblables ayant déjà été débiteur jusqu'à 1 200 000 francs, ce que la banque teneur du compte avait signalé au bâtonnier sans qu'aucune mesure ne soit prise, ni aucune réponse apportée par le bâtonnier y compris aux demandes d'information sur la vérification des comptabilités qui lui avaient été adressées par le procureur général près la cour d'appel, caractérisant la faute du barreau qui, en maintenant un avocat inscrit à son tableau et en lui laissant la possibilité d'utiliser son compte Carpa, garantissait sa probité aux yeux des tiers et a, de façon continue, gravement failli à sa mission de contrôle de son sous-compte, lui permettant par sa défaillance de continuer à se prévaloir de sa qualité d'avocat et d'utiliser son compte Carpa, ce dont est résulté le préjudice subi par le client victime de procédés propres à l'escroquerie [11].

911.254 **Responsabilité du barreau et solidarité nationale.** Plus récemment, un barreau et une Carpa ont été condamnés *in solidum,* à la somme de 1 596 683,34 euros de dommages et intérêts envers

1. J.-L. Schermann, *Rapport d'information, Groupe de travail avocat fiduciaire*, CNB, AG 23-24 oct. 2015 – CNB, Résolutions relatives aux nécessaires modifications des règles relatives à la garantie financière de l'avocat fiduciaire, AG 12 avr. 2019.
2. V. ss nos 911.171 s.
3. V. ss nos 113.00 s.
4. V. ss nos 121.00 s.
5. Civ. 2e, 15 avr. 2010, no 08-20.376, NP ; *Gaz. Pal.* 13-17 août 2010, p. 30, note X. Leducq ; *RGDA* 2010. 673, note L. Mayaux.
6. V. ss no 911.105.
7. V. ss no 911.141.
8. V. ss nos 483.271 s.
9. V. ss nos 511.21 s.
10. V. ss no 511.379.
11. Civ. 1re, 7 oct. 1997, no 96-10.389, P I, no 264.

trois clients d'un avocat, radié par la suite de son barreau et condamné « par défaut » à dix ans de prison pour abus de biens sociaux, et ce, alors même que la Carpa, qui avait connaissance des déficits et des anomalies répétés et constatés dans le fonctionnement du sous-compte Carpa de l'avocat, n'avait pris aucune mesure pour éviter la répétition des déficits, la procédure pénale ayant permis d'établir que l'avocat ne parvenait à résorber les déficits de son sous-compte Carpa qu'en procédant à de la « cavalerie » en utilisant d'autres fonds déposés sur ce compte, et que le détournement commis au préjudice de ses clients s'inscrivait dans un processus délictueux entamé de longue date.

En outre, et en l'occurrence, il a pu être considéré que le contrat d'assurance, par nature aléatoire, ne pouvait garantir un risque que l'assuré savait déjà réalisé avant sa souscription, peu importe l'absence de réclamation de la victime à cette date[1]. En effet, comme l'avait précédemment constatée dans cette même affaire la Cour de cassation, d'une part, le bâtonnier informé de la situation déficitaire du compte de l'avocat, qui présentait des anomalies graves et persistantes, aurait dû prendre les mesures nécessaires, et d'autre part, la Carpa, en tardant d'informer le bâtonnier des dysfonctionnements affectant le compte de l'avocat, avait contribué au retard accusé dans le déclenchement de poursuites disciplinaires et dans l'adoption de mesures propres à prévenir la réalisation du dommage ou à en réduire l'importance[2].

Cette affaire a connu un certain écho puisque, afin de pallier la situation financière ainsi engendrée pour le barreau et la Carpa concernés, le barreau de Paris, à hauteur de 685 832 euros et le Conseil national des barreaux, grâce à l'appel au don effectué par la Conférence des bâtonniers, à hauteur de 910 851 euros, avaient avancé en 2009[3], sous forme de prêt d'honneur que le barreau et la Carpa s'engageaient « à rembourser dès retour à meilleure fortune » et « à rembourser toute somme qui pourrait leur revenir de tout tiers dont la responsabilité pourrait être reconnue au titre des procédures en cours ou à venir », les sommes nécessaires au paiement des dommages et intérêts. Le barreau avait par la suite proposé de solder les comptes moyennement le remboursement d'une somme totale de 400 000 euros, dont 171 814,15 euros pour le barreau de Paris, ce que ce dernier avait initialement refusé[4] avant d'accepter, en 2017, de solder les comptes pour ce montant[5].

911.255 Absence de responsabilité du barreau. Mais un barreau est seulement tenu de souscrire une assurance collective garantissant le remboursement des fonds, effets ou valeurs, reçus par les membres du barreau à l'occasion de l'exercice de leur activité professionnelle[6], et n'est pas investi à leur égard d'une mission de contrôle quant à la souscription d'une assurance personnelle garantissant une activité incompatible avec la profession d'avocat, activité étant à l'origine du préjudice dont le client recherchait la réparation. Aucune faute ne saurait être retenue à l'encontre du barreau de ce chef[7].

En outre, encore faut-il que le plaignant démontre l'existence d'une faute de la part du barreau, du bâtonnier ou de la Carpa, dans l'exercice de leurs missions de surveillance[8], lui ayant causé un préjudice. C'est ainsi qu'un tribunal a admis la recevabilité d'une action en dommages et intérêts d'un client en raison du traitement de sa réclamation déontologique par le bâtonnier[9], mais l'en a débouté sur le fond en notant que « s'il n'apparaît pas exclu d'avoir la malchance d'avoir affaire à un avocat ne respectant pas ses obligations déontologiques, ou peut-être à deux voire trois avocats, il apparaît absolument invraisemblable que cela arrive à huit reprises de suite ! »[10].

911.256 Cumul de garantie. La mise en œuvre des garanties responsabilité civile du barreau ou (cumul) de la Carpa[11] n'est pas subsidiaire de la mise en œuvre de la garantie responsabilité civile professionnelle de l'avocat[12] ou garantie de non-représentation des fonds[13].

C'est ainsi qu'une Carpa peut, à bon droit, obtenir l'indemnisation du préjudice causé par des détournements opérés par l'un de ses salariés, condamné du chef d'abus de confiance pour avoir

1. Civ. 2e, 15 avr. 2010, n° 08-20.377, NP ; *Gaz. Pal.* 13-17 août 2010, p. 30, note X. Leducq ; *RGDA* 2010. 673, note L. Mayaux.
2. Civ. 1re, 13 mars 2007, n° 05-18.944, P I, n° 104 ; *D.* 2008. 944, obs. B. Blanchard ; *JCP* 2007. I. 174, n° 14, obs. R. Martin ; *LPA* 14 déc. 2007, p. 16, note C. Porteron ; *RGDA* 2007. 713, note L. Mayaux.
3. M. Babonneau, « Quand les barreaux paient les pots cassés d'un avocat bastiais », *Actuel avocat*, 24 juin 2009 – E. Boccara, « Carpa de Bastia : épilogue d'un sauvetage », *Gaz. Pal.* 2011. 3210.
4. M. Babonneau, « Dette d'honneur : le conseil de l'Ordre parisien refuse l'offre du barreau bastiais », *D. actu.* 28 janv. 2014 – « Séance du Conseil du 10 décembre 2013 – Prêt d'honneur au barreau de Bastia », *Bull. barr. Paris* n° 1/2014, 24 janv. 2014, p. 3.
5. M. Babonneau, « Pots cassés d'un avocat bastiais : l'Ordre de Paris et le CNB finalisent la transaction huit ans après », *D. actu.* 4 mai 2017.
6. V. ss nos 911.102 s. et 911.172.
7. Civ. 1re, 15 juin 2004, n° 01-17.807, NP.
8. V. ss nos 483.271 s. et 511.21 s.
9. V. ss nos 511.111 s.
10. TI Paris, 1re ch., 22 mars 2016, RG n° 11/16000002.
11. V. ss n° 911.251.
12. V. ss n° 911.31 s.
13. V. ss nos 911.171 s.

détourné, pendant huit ans, 357 314,98 euros des comptes Carpa et séquestre bâtonnier, nonobstant le fait que ces mêmes fonds étaient, par ailleurs, assurés dans le cadre de la garantie non-représentation de fonds de l'avocat[1].

On se trouve alors dans une situation, classique, de cumul de garanties[2].

1. Civ. 1re, 30 sept. 2015, no 14-21.111, P I ; *RCA* 2015, no 334 – V. ss nos 911.160 s.
2. H. Groutel, « Les concours d'assurance », *RCA* févr. 2012, p. 67, no 13.

CHAPITRE

912. Conditions de la responsabilité

SECTION 0 ORIENTEUR

912.00 **Sommaire du chapitre.**

Division. La mise en œuvre de la responsabilité civile de l'avocat, qui relève du droit commun de la matière (sect. 1), implique l'existence d'une faute (sect. 2) en lien de casualité (sect. 3) avec un préjudice (sect. 4).

Rappel. Ce chapitre avait été dans les années quatre-vingt-dix largement inspiré du remarquable ouvrage de déontologie, *La responsabilité de l'avocat*, par Yves Avril, ancien bâtonnier du barreau de Saint-Brieuc, et dont la quatrième édition est parue en 2020 sous le titre de *Responsabilité des avocats*. Au traité pratique de responsabilité civile de l'avocat qu'il écrivit, le bâtonnier Avril avait ajouté une réflexion sur la déontologie et sur la procédure disciplinaire ainsi que des annexes sur la garantie des avocats qui rendaient son traité indispensable à toute étude concrète sur la responsabilité de l'avocat[1].

912.01 Textes applicables.

TEXTES TITRÉS

• **C. civ.**

art. 1231-1 [Responsabilité contractuelle]

art. 1991 [Obligations du mandataire *ad litem*]

art. 1992 [Responsabilité du mandataire *ad litem*]

art. 1994 [Responsabilité des sous-mandats du mandataire *ad litem*]

• **C. pr. civ.**

art. 412 [Mission d'assistance en justice]

art. 413 [Mandat de représentation]

• **L. n° 71-1130, 31 déc. 1971**

art. 66-3-1 [Acte d'avocat]

• **Décr. n° 2005-790, 12 juill. 2005**

art. 9, al. 1 et 2 [Rédacteur d'actes]

art. 13 [Accomplissement par l'avocat de la mission confiée par le client]

912.02 Jurisprudence de référence.

> L'avocat a l'obligation de tenir compte de l'évolution jurisprudentielle à partir du moment où celle-ci est favorable aux intérêts de son client

• **Civ. 1re, 14 mai 2009,** n° 08-15.899, P I, n° 92.

* V. ss n° 912.53.

« Alors que, d'une part, l'avocat a l'obligation de tenir compte de l'évolution jurisprudentielle à partir du moment où celle-ci est favorable aux intérêts de son client ; qu'en érigeant en principe, pour déclarer que la faute du conseil de l'exposant n'était pas établie, que le premier n'était pas obligé de tenir compte d'une évolution jurisprudentielle, la cour d'appel a violé l'article 1147 du code civil [C. civ., art. 1231-1] ; »

« Alors que, d'autre part, tenu d'une obligation de moyens, l'avocat doit tout mettre en œuvre pour assurer la défense de son client, en invoquant notamment tous les moyens qui ont une chance d'être accueillis, quand bien même ceux-ci n'auraient pas encore été consacrés par la jurisprudence. »

1. Y. Avril, *Responsabilité des avocats*, 4e éd., « Dalloz Référence », 2020.

> Manque à son obligation de conseil l'avocat qui n'informe pas son client des voies de recours dont il dispose

• **Civ. 1re, 13 nov. 1997,** n° 95-14.141, P I, n° 303.

* V. ss nos 912.121, 912.304.

« Vu l'article 412 du Nouveau code de procédure civile ;

Attendu que la mission d'assistance en justice emporte pour l'avocat l'obligation d'informer son client sur les voies de recours existant contre les décisions rendues à l'encontre de celui-ci ;

Attendu que M. M..., qui avait été blessé par M. C..., l'a assigné en réparation de son préjudice corporel et a été débouté de cette action ; que Mme X..., avocat qui l'avait assisté dans cette procédure, lui a adressé copie du jugement sans lui fournir aucune information sur la possibilité de faire appel, ni sur les modalités d'exercice de ce recours ; que s'étant trouvé forclos pour interjeter appel, M. M... a assigné Mme X... en dommages-intérêts, lui reprochant de lui avoir fait perdre une chance de réformation du jugement par manquement à son devoir de conseil ;

Attendu que, pour rejeter cette demande, la cour d'appel, statuant sur renvoi après cassation, a considéré que l'obligation de conseil qui est celle de l'avocat n'imposait nullement à Mme X... d'assortir la transmission accompagnant la copie du jugement de l'existence d'une voie de recours et de ses modalités d'exercice, cette lettre n'étant destinée qu'à informer le plus rapidement possible son client de la teneur de la décision et à l'inciter, s'il le désirait, à prendre contact avec elle pour envisager les suites éventuelles de la procédure, ce en quoi elle a violé le texte susvisé. »

• **Civ. 1re, 23 nov. 2004,** n° 03-15.090, n° 03-16.565, P I, n° 281.

* V. ss nos 912.251, 912.253.

« L'auxiliaire de justice, s'il doit s'acquitter de son obligation d'information de manière complète et objective, a, en déontologie, pour devoir de déconseiller l'exercice d'une voie de droit vouée à l'échec ou, à plus forte raison, abusive, de sorte qu'il ne peut être tenu de délivrer une information qui aurait eu pour seule justification de permettre au client d'engager un recours abusivement à des fins purement dilatoires et alors que la perte du bénéfice espéré d'une procédure abusive ne constitue pas un préjudice indemnisable. »

> L'avocat se doit de recueillir de sa propre initiative auprès de ses clients l'ensemble des éléments d'information et les documents propres à lui permettre d'assurer, au mieux, la défense de leurs intérêts

• **Civ. 1re, 1er mars 2005,** n° 03-16.329,, P I, n° 98.

* V. ss n° 912.302.

« Attendu que pour écarter les conclusions des époux X... reprochant à leur avocat de n'avoir intenté aucune action à l'encontre de M. Michel Y... au titre de sa garantie spécifique en qualité de vendeur d'un immeuble en l'état futur d'achèvement, l'arrêt attaqué retient qu'il n'était pas démontré que les époux X... avaient fait savoir à M. Z... qu'ils avaient acquis l'immeuble en l'état futur d'achèvement, qu'ils ne prouvaient pas lui avoir communiqué l'acte de vente et qu'au vu des documents qu'ils lui avaient remis concernant uniquement l'existence d'un contrat de louage d'ouvrage passé avec l'entrepreneur, rien ne permettait à cet avocat de soupçonner que ses clients disposaient de la possibilité d'un recours contre le vendeur ;

Attendu qu'en se prononçant par ces motifs inopérants, alors qu'il appartenait, en tout état de cause, à l'avocat de recueillir de sa propre initiative auprès de ses clients l'ensemble des éléments d'information et les documents propres à lui permettre d'assurer, au mieux, la défense de leurs intérêts, la cour d'appel a violé les textes susvisés ; »

> Avocat rédacteur d'actes et compétence des parties

• **Civ. 1re, 27 nov. 2008,** n° 07-18.142, P I, n° 267.

* V. ss nos 441.242, 632.25, 646.21, 912.151.

« Mais attendu, d'abord, qu'ayant constaté que M. Y... avait remis à M. X..., non un simple modèle, mais un projet finalisé entièrement rédigé par ses soins, la cour d'appel en a exactement déduit qu'en qualité d'unique rédacteur d'un acte sous seing privé, l'avocat était tenu de veiller à assurer l'équilibre de l'ensemble des intérêts en présence et de prendre l'initiative de conseiller les deux parties à la convention sur la portée des engagements souscrits de part et d'autre, peu important le fait que l'acte a été signé en son absence après avoir été établi à la demande d'un seul des contractants ; qu'ensuite, ayant à bon droit jugé que l'avocat n'était pas déchargé de son devoir de conseil par les compétences des parties, elle a estimé que dûment informé, M. Z... n'aurait certainement pas conclu, compte tenu des risques encourus, hors de proportion avec le bénéfice attendu d'une prise de participation aussi modeste, caractérisant ainsi les conséquences dommageables du manquement de l'avocat à son obligation par des énonciations et des constatations auxquelles ne faisait pas obstacle la précédente décision déboutant l'intéressé de sa demande en annulation de la cession pour vice du consentement ; que le moyen est mal fondé en ses deux branches. »

> Le juge doit, pour évaluer le préjudice pouvant résulter de la faute de l'avocat pour omission d'un appel en garantie, reconstituer fictivement la discussion qui aurait pu s'instaurer entre l'emprunteur, le prêteur et l'assureur, si ce dernier avait été appelé en garantie

• **Civ. 1re, 2 avr. 2009,** n° 08-12.848, P I, n° 72.

* V. ss nos 912.192, 912.393, 912.431.

« Alors qu'il appartient au client, qui poursuit son avocat en responsabilité, à raison d'une faute professionnelle commise à l'occasion d'une mission judiciaire, de démontrer qu'il avait des chances sérieuses d'obtenir satisfaction en justice ; qu'à tout le moins, il doit établir qu'il disposait d'une chance d'obtenir gain de cause, la seule perte du droit à un procès ne constituant pas un préjudice indemnisable en l'absence de toute perspective de la gagner ; qu'au cas d'espèce, la cour d'appel a considéré que le succès des prétentions de Monsieur X... quant à une prise en charge par la société Cardif était purement hypothétique et qu'il ne démontrait pas que l'appel en garantie de la Société Cardif aurait été couronné de succès ; qu'elle en a néanmoins estimé que l'absence d'assignation de la Cardif était à l'origine d'une perte de *chance de soumettre ses prétentions à un examen* par la juridiction saisie de la demande de remboursement présentée par la Société Cetelem ; qu'en statuant ainsi, la cour d'appel, qui n'a pas constaté que le recours que Monsieur X... envisageait d'introduire contre la société Cardif présentait des probabilités sérieuses d'aboutir, n'a pas légalement justifié sa décision de regard de l'article 1147 du code civil [C. civ., art. 1231-1]. »

> La perte d'une chance qui constitue un préjudice certain dans son existence ouvre droit à indemnisation

• **Civ. 1re, 16 mars 1965,** n° 63-12.316, P I, n° 194.

* V. ss n° 912.391.

« Mais attendu que les juges du fond ont à bon droit considéré que la perte d'une chance, due à la négligence d'une des parties, constitue un préjudice, certain dans son existence, dont l'autre partie peut réclamer la réparation ;

Que, la cour d'appel ayant à apprécier la réalité et l'étendue de ce préjudice a, sans se contredire, estime qu'il résidait dans l'impossibilité ou C... s'était trouvé de demander une mesure d'information que l'arrêt attaque ne pouvait ni ordonner lui-même, ni apprécier dans ses résultats ;

Que dès lors c'est en tenant compte de toutes les circonstances de la cause et dans l'exercice de son pouvoir souverain que la cour d'appel a fixé le montant de l'indemnité réparatrice. »

> L'avocat ne saurait échapper à sa responsabilité en invoquant une clause de non-responsabilité

• **Civ. 2e, 15 juin 1994,** n° 92-18.048, P II, n° 155.

* V. ss n° 913.81.

« Mais attendu qu'il n'existe pas de lien contractuel entre l'avocat, rédacteur du cahier des charges, et l'adjudicataire ; que cet avocat ne peut dès lors s'exonérer de ses fautes par une clause de non-responsabilité, et qu'il lui appartient, de par ses fonctions, de s'assurer de la propriété de l'immeuble qu'il vend en la personne du saisi. »

> L'avocat postulant ne saurait s'exonérer de sa responsabilité en appelant en garantie son confrère dès lors qu'il lui appartient recueillir les instructions du client

• **Civ. 1re, 20 janv. 1993,** n° 90-18.504, P I, n° 23.

* V. ss nos 912.335, 912.204.

« Mais attendu que la cour d'appel énonce, d'abord, que M. X..., étant l'avocat postulant de la S..., devait accomplir tous les actes de procédure propres au succès de l'instance engagée par lui et ne pas laisser, par son inaction, périmer cette procédure ; qu'elle énonce, ensuite, que ses demandes adressées à M. Y... étant restées vaines, il lui appartenait de s'adresser à la S... pour obtenir les instructions nécessaires ou, à tout le moins, de dégager sa responsabilité ; que, de ces constatations et énonciations, la cour d'appel a pu déduire que M. X... n'était pas fondé à rechercher la garantie de M. Y... ; d'où il suit que le moyen n'est pas fondé. »

> La présence d'un avoué ne dispense pas l'avocat de son obligation de conseil

• **Civ. 1re, 29 avr. 1997,** n° 94-21.217, P I, n° 132.

* V. ss nos 912.253, 913.52, 912.121.

« Attendu que M. X... reproche, en outre, à l'arrêt d'avoir retenu sa responsabilité alors que devant la cour d'appel, seul l'avoué est tenu d'une obligation de conseil ;

Mais attendu que la présence d'un avoué dans la procédure d'appel ne dispense pas l'avocat de son devoir de conseil ; qu'en décidant qu'il appartenait à M. X... d'informer sa cliente que son recours était voué à l'échec, la cour d'appel a légalement justifié sa décision. »

912.03 Bibliographie indicative.

* Aussi : v. s[s] n° 91.03.

Thèses. Y. Avril, *La responsabilité civile de l'avocat*, Rennes, 1979 – A. Bénabent, *La chance et le droit*, « Anthologie du droit », LGDJ, rééd. 2013 – R. Bigot, *L'indemnisation par l'assurance de responsabilité civile professionnelle : L'exemple des professions du chiffre et du droit*, Defrénois, 2014 – S. Darracq, *La responsabilité civile professionnelle*, Th., Bordeaux, 2004 – J. Espinasse, *La responsabilité civile professionnelle de l'avocat*, Montpellier, 2014 – R. Fosse, *La responsabilité civile des avocats*, Montpellier, de Mari-Lavit, 1936 – A. Gilson-Maes, *Mandat et responsabilité civile*, « Bibliothèque de droit privé », LGDJ, 2016 – A. Leemans, *De la responsabilité civile des avocats*, Rousseau, 1909 – M. Leroy, *Contribution à la notion de profession – Les devoirs de répondre des risques créés et de maîtrise professionnelle*, Th., Toulouse, 1995 – M. Mahy Ma Somga, *L'avocat face à ses responsabilités, la déontologie source d'unité*, Aix-en-Provence, 2010 – J. de Poulpiquet, *La responsabilité civile et disciplinaire des notaires*, LGDJ, 1974 – J. Savatier, *L'étude juridique de la profession libérale*, LGDJ, 1947 – F. Sbaiti, *Contribution à l'étude juridique de la responsabilité de l'avocat en droit interne*, Th. Montpellier, 2015 – L. Sergeant, *De la Nature juridique du ministère de l'avocat, responsabilité*, honoraires, Lille, A. Chevalier-Marescq, 1901 – L. Vitale, *La perte de chances en droit privé*, « Bibliothèque de droit privé », LGDJ, 2020.

Traités. Ph. le Tourneau (dir.), *Droit de la responsabilité et des contrats : Régimes d'indemnisation*, 12e éd., « Dalloz Action », 2020, n°s 3325.03 à 3325.58 – J. Huet (dir.), *Les principaux contrats spéciaux*, 3e éd., « Traités », LGDJ, 2012, n° 31000 s. – G. Viney, P. Jourdain, S. Carval, *Introduction à la responsabilité*, 3e éd., « Traités », LGDJ, 2008 ; Les conditions de la responsabilité, 4e éd., « Traités », LGDJ, 2013 ; *Les effets de la responsabilité*, 4e éd, « Traités », LGDJ, 2017.

Monographies. Y. Avril, *Responsabilité des avocats*, 4e éd., « Dalloz Référence », 2020 – Collectif, *Les risques du métier ; les risques liés à la responsabilité civile professionnelle des avocats*, Bruylant, 2008 – M.-A. Delvaux (dir.), *Responsabilité(s) de l'avocat*, Anthemis, 2016 – F. Labarthe, C. Noblot, *Le contrat d'entreprise*, LGDJ, 1re éd., 2008 – J. de Poulpiquet, *Responsabilité civile disciplinaire et pénale des notaires*, 3e éd., « Dalloz Référence », 2018 – H. Slim, *La responsabilité professionnelle des avocats, avoués et conseils juridiques : Analyse de 10 ans de jurisprudence*, « *Pratique professionnelle* », Litec, 2002.

Contributions. J. Boré, « Les limites du devoir de conseil du rédacteur d'actes », *Mél. J. Ghestin*, LGDJ, 2001, p. 139 – Ph. Le Tourneau, « Les obligations professionnelles », *Mél. L. Boyer*, Presses de l'Université des sciences sociales de Toulouse, 1996, p. 365 ; « La responsabilité des professionnels du droit », *in La responsabilité, aspects nouveaux (Journées panaméennes de l'Association Henri Capitant)*, LGDJ, 2003, 417 – J.-G. Raffray, « Les clauses destinées à écarter la responsabilité du rédacteur d'un contrat envers les parties à l'acte », *Mél. Ch. Lapoyade-Deschamps*, PU Bordeaux, 2003, p. 267 – G. Ripert, « Ébauche d'un droit civil professionnel », *Mél. H. Capitant*, Duchemin, 1977 – P. Serlooten, « Vers une responsabilité professionnelle ? », *Mél. H. Hébraud*, Presses de l'Université des sciences sociales de Toulouse, 1981, p. 805 – A. Tunc, « Ébauche du droit des contrats professionnels », *Le droit privé français au milieu du XXe siècle : Mél. G. Ripert*, LGDJ, 1950, t. II, p. 136.

Articles. J.-J. Alexandre, « Responsabilité des concepteurs de montages juridiques », *Dr. et patr.* mai 1999, p. 92 – I. Arnaud-Grossi, « Les obligations de l'avocat à la croisée des chemins », *RLDC* 2009. Ét. 3355 – K. de la Asuncion Planes, « Quelle est la nature de l'obligation de compétence de l'avocat ? », *D.* 2010. 183 – Y. Avril, « La responsabilité civile de l'avocat », *Gaz. Pal.* 2002, Doctr. 1679 ; « Le fondement de la responsabilité de l'avocat », *D.* 2009. 995 ; « La compétence de l'avocat et les revirements de jurisprudence », *Gaz. Pal.* 2 sept. 2009, p. 9 ; « La mauvaise foi du client n'exonère pas l'avocat de toute responsabilité », *Gaz. Pal.* 9-11 déc. 2012, p. 15 ; « la responsabilité d'un professionnel du droit n'est pas subsidiaire », *D.* 2014. 256 – S. Becqué-Ickowicz, « Obligation d'information et revirement de jurisprudence », *Defrénois* 2003. 521 – J. Boré, « Le devoir de conseil des rédacteurs d'actes, entre ciel et terre », *Gaz. Pal.* 1996. 2. Doctr. 1411 – C. Caseau-Roche, V. Wittmann, « Responsabilité civile de l'avocat et procédure : tendances jurisprudentielles », *D. avocats* 2014. 312 – P. Cassuto-Teytaud, « La responsabilité des professions juridiques devant la première chambre civile », *Rapport annuel de la Cour de cassation* 2002, p. 175 – J.-P. Chiffaut-Moliard, « la périlleuse solitude du rédacteur d'un projet d'acte juridique », *RJDA* 2009. 263 – H. Croze, « Le partage de responsabilité entre les avocats et les autres auxiliaires de justice (avoués à la cour, huissiers de justice) », *Justices* 1997, n° 5, p. 79 – G. Deharo, « Responsabilité de l'avocat : faute, péremption et radiation », *JCP* 2013. 605 – Ph. Delebecque, « Les obligations des mandataires *ad litem* », *Justices* 1997, n° 5, p. 57 – O. Deshayres, « La responsabilité des professionnels du droit n'est pas subsidiaire », *RDC* 2016. 221 – P. Estoup, « Sur le rôle de la plaidoirie et la responsabilité de l'avocat », *Gaz. Pal.*, 24 déc. 1988, p. 768 – G. Flécheux et F. Fabiani, « La responsabilité civile de l'avocat », *JCP* 1974. I. 2673 – S. Guinchard, « La responsabilité des gens de justice, rapport de synthèse du 22e colloque des IEJ », *Justices* 1997, n° 5, p. 109 – S. Hocquet-Berg, « Les dommages réparables par l'avocat fautif » *RCA* 2012. Ét. 1 – A.-A. Hyde, « Avocat et intelligence artificielle : quelles obligations, quelles responsabilités ? », *D.* 2019. 2107 – Ch. Jamin, « La responsabilité de l'avocat unique rédacteur d'acte juridique », *D.* 2009. 706 – L. Josserand, « La renaissance de la faute lourde sous le signe de la profession », *DH* 1931. Chron. 31 – P. Jourdain, « La responsabilité professionnelle et les ordres de responsabilité civile », *LPA* 11 juill. 2001, n° 137, p. 63 – J. Julien, « De l'obligation de (dé)conseil de l'avocat », *RLDC* 2005/17, n° 684 – S. Lataste, « La responsabilité civile professionnelle de l'avocat du fait des nouvelles technologies : le RPVA » ; *Gaz. Pal.* 25 juill. 2017, p. 37 ; « La responsabilité civile professionnelle de l'avocat du fait des intrusions informatiques », *Gaz. Pal.*

5 sept. 2017, p. 40 ; « La responsabilité civile professionnelle de l'avocat et la conservation des données », *Gaz. pal.* 26 sept. 2017, p. 46 ; « Avocat et Legaltechs : quelle responsabilité ? », *Gaz. Pal.* 21 nov. 2017, p. 44 – Ph. Le Tourneau, « Quelques aspects de la responsabilité professionnelle », *Gaz. Pal.* 1986. II, Doctr. 616 ; « Les professionnels ont-ils du cœur ? », *D.* 1990. Chron. 21 – J. Loup, « La responsabilité des avocats », *JCP* 1939. I. 101 – J.-L. Magnier, « De l'obligation de conseil et de compétence de l'avocat rédacteur d'acte », *Gaz. Pal.* 20-21 nov. 2009, p. 4 – M.-H. Malleville, « La responsabilité des intermédiaires professionnels au titre du devoir de conseil », *JCP* 2000. I. n° 222 – Cl. Mouly-Guillemaud, « L'obligation d'information des professionnels du droit, obligation d'anticiper l'imprévisible », *LPA* 18 avr. 2012 n° 78, p. 3 – M. Nussenbaum, « Perte de chance, comment évaluer le préjudice ? », *JCP* 2012. 1152 – G. Pignarre, « Regard prospectif : le risque de développement en matière juridique (la responsabilité des notaires et des avocats face à l'évolution du droit) », *LPA* 14 déc. 2011 n° 248, p. 4 – C. Ramaget et Ph. Lafarge, « La responsabilité de l'avocat au regard de la fluctuation de la jurisprudence », *Gaz. Pal.* 1995. 1. Doctr. 137 – B. Richard, « Jurisprudence impertinente : rédacteur d'acte ou pas ? », *Gaz. Pal.* 2010. I. 235 – B. Richard et F. Sage « La responsabilité civile de l'avocat », *Gaz. Pal.* 24 nov. 1994. Doctr. 2 – B. de Saint-Affrique, « Le devoir de conseil de l'avocat », *Defrénois* 1995. 913 – J.-D. Sarcelet, « La chance du succès de l'action n'est pas celle du recouvrement », *D.* 2011. 348 – J. Savatier, « Les contrats de conseil professionnel en droit privé », *D.* 1972. 137 – D. Sindres, « La responsabilité civile des professionnels du droit est-elle subsidiaire » ; *D.* 2016. 553 – H. Slim, « La responsabilité professionnelle des avocats à l'épreuve des incertitudes du droit », *RLDC* juin 2013, 19 – J.-J. Uetwiller, « La responsabilité de l'avocat rédacteur d'acte », *Dr. et patr.* 2011. 68 ; « Quel effet de l'acte d'avocat sur la responsabilité civile de l'avocat rédacteur d'acte », *Journ. sociétés* 2011/91 p. 33 – J. Viatte, « Le mandat *ad litem* », *Gaz. Pal.* 1976. 1. Doctr. 392.

SECTION 1
CADRE GÉNÉRAL

912.11 Nature juridique de la responsabilité de l'avocat. La responsabilité de l'avocat est engagée par sa faute, même légère. Les termes de la loi du 31 décembre 1971 ne laissent à cet égard aucune incertitude : les avocats sont responsables des négligences et des fautes commises dans l'exercice de leurs fonctions [1] et « l'avocat conduit jusqu'à son terme l'affaire dont il est chargé, sauf si son client l'en décharge ou s'il décide de ne pas poursuivre sa mission. Dans ce dernier cas, il en informe son client en temps utile pour que les intérêts de celui-ci soient sauvegardés » [2].

1. L. n° 71-1130, 31 déc. 1971, art. 27.
2. Décr. n° 2005-790, 12 juill. 2005, art. 13 – V. s^s n°s 484.21 s.

L'avocat peut voir également sa responsabilité engagée comme mandataire et, dans ce cas, sa responsabilité s'apprécie au regard des dispositions des articles 1991 et suivants du code civil [3], soit qu'il agisse en vertu d'un mandat spécial, soit qu'il bénéficie d'un mandat *ad litem* qui lui est reconnu par la loi dans l'exercice de ses missions judiciaires [4].

La responsabilité civile de l'avocat peut encore être recherchée sur un fondement délictuel en raison des fautes qu'il aurait commises et qui auraient causé un préjudice à des tiers ou sur le fondement de la responsabilité des personnes dont il doit répondre ou des choses dont il a la garde [5].

Il peut être, enfin, poursuivi à l'occasion des maniements de fonds qui lui sont remis pour un usage déterminé, s'il se trouve dans la situation de ne pouvoir les représenter [6].

912.12 Difficulté de qualification. Cette variété de situations juridiques rend difficile la qualification de la responsabilité de l'avocat qui n'a jamais été clairement tranchée par la jurisprudence. Philippe Le Tourneau précise que si la responsabilité de l'avocat est de nature contractuelle envers son client, celle-ci est délictuelle à l'égard des tiers, même s'il serait souhaitable qu'émerge un régime de responsabilité spécifique autonome [7]. Cela correspond à la nature même de l'activité de l'avocat, mandataire naturel de son client [8], ou lié par un contrat d'entreprise dans les situations où il n'est pas expressément mandaté par son client (consultations...) [9].

Pour certains auteurs [10], il s'agirait d'une responsabilité délictuelle dès lors que « le contrat qui lie l'avocat à son client est fortement marqué d'ordre public ». La faute de l'avocat résiderait dans une violation des obligations professionnelles découlant « d'un devoir de source légale et réglementaire ». À l'appui de leur raisonnement, ils relèvent que la responsabilité des notaires, proche de celle des avocats en matière de rédaction d'actes, est délictuelle [11].

La question, si elle peut être discutée, a perdu l'essentiel de son intérêt, notamment au regard de la portée des clauses de non-responsabilité [12] et parce

3. C. civ., art. 1991 s.
4. V. s^s n°s 622.121 s.
5. C. civ., art. 1242.
6. V. s^s n°s 483.00 s.
7. Ph. Le Tourneau (dir.), *Droit de la responsabilité et des contrats : Régimes d'indemnisation*, 12e éd., « Dalloz Action », 2020, n°s 3124.27 s. et n° 3325.17.
8. V. s^s n°s 431.00 s.
9. J. Monéger et M.-L. Demeester, *Profession : avocat*, hors collection, Dalloz, 2001, n° 7.22.
10. R. Martin, *Déontologie de l'avocat*, 11e éd., LexisNexis, 2013, n° 442.
11. V. doctrine citée par : J. de Poulpiquet, *Responsabilité des notaires*, 3e éd., « Dalloz Référence », 2018, n° 111.61.
12. V. s^s n°s 913.81 s.

que le délai de prescription est désormais, en principe, le même, que la responsabilité soit délictuelle ou contractuelle[1].

912.13 Faute civile et faute disciplinaire. La mise en cause de la responsabilité civile de l'avocat ou de la garantie de l'assureur responsabilité civile ne fait pas obstacle à des poursuites disciplinaires ou pénales[2].

Rappelons ici que la méconnaissance des règles de déontologie peut être invoquée par une partie à l'appui d'une action en dommages-intérêts, et qu'il n'appartient qu'aux tribunaux de l'ordre judiciaire de se prononcer sur une telle action, à laquelle l'exercice d'une action disciplinaire ne peut faire obstacle[3].

912.14 Conditions de mise en œuvre de la responsabilité de l'avocat. La responsabilité de l'avocat ne peut être mise en jeu qu'à condition d'établir une faute[4] de la part de l'avocat, un préjudice[5] et un lien de causalité entre la faute et le préjudice[6].

SECTION 2
FAUTE

912.20 Plan. L'appréciation de la faute de l'avocat s'effectue dans un cadre défini à raison de son exercice professionnel (§ 1) qui permet d'élaborer une typologie des fautes pouvant être commise par un avocat (§ 2).

§ 1
Appréciation de la faute

912.30 Plan. La faute de l'avocat s'apprécie tant au regard de sa mission (A) que de l'état du droit applicable (B).

A.
Appréciation de la faute au regard de la mission de l'avocat

912.41 Appréciation de la faute au regard de la mission de l'avocat. L'appréciation de la faute de l'avocat se fait par assimilation au comportement d'un modèle présenté comme idéal, le critère du bon père de famille, désormais la personne raisonnable[7], laissant sa place au critère du bon professionnel[8]. Elle va se faire au regard des obligations mises à sa charge, découlant de la mission qui lui aura été confiée par son client, même si celle-ci est exercée à titre gratuit[9].

Et il appartient au juge de caractériser la mission qui a été confiée à l'avocat par son client : la Cour de cassation a ainsi censuré une cour d'appel qui avait condamné *in solidum* l'avocat à garantir un notaire à concurrence de la moitié des condamnations prononcées, sans rechercher, ainsi qu'elle y était invitée, si le client avait confié à son avocat la mission de le conseiller sur les incidences fiscales de la convention d'apport recommandée par le notaire et dont celui-ci avait reçu l'acte qui la renfermait[10].

912.42 Mission de l'avocat. La mission de l'avocat quant à sa portée et son étendue va jouer un rôle primordial quant à la détermination de sa responsabilité. L'avocat qui accepte un dossier, ou qui est commis d'office, accepte la charge d'un client, et doit assumer à la fois le dossier dans son aspect technique et juridique et son client dans sa complexité psychologique et relationnelle. Au-delà de l'aspect technique du dossier, il doit comprendre son client, lui expliquer la difficulté qui le tourmente et diriger peu à peu sa volonté vers une solution équitable.

L'avocat n'est jamais tenu d'apporter son concours à un client, hormis le cas des commissions d'office[11]. Il accepte ou refuse librement et sans avoir à motiver sa décision.

912.43 Définition de la mission de l'avocat. L'importance de l'appréciation de la mission exacte confiée par le client à son avocat a pour conséquence la nécessité pour l'avocat de contractualiser cette dernière avec précision et par écrit dans le cadre d'une lettre de mission[12].

C'est ainsi que dans un arrêt rendu au sujet du renouvellement d'une inscription hypothécaire, la Cour de cassation a pu considérer que dès lors que la mission de l'avocat ne s'étendait pas explicitement au renouvellement d'une hypothèque qui avait été inscrite par un notaire dix ans auparavant et dont la société avait conservé le bordereau d'inscription sans le transmettre à l'avocat avec les autres pièces du dossier, ne lui donnant pas les moyens de procéder au renouvellement et surtout ne démon-

1. V. s^s n°s 913.61 s.
2. V. s^s n°s 312.51 s.
3. Civ. 1re, 18 mars 1997, n° 95-12.576, P I, n° 99 ; *D.* 1997. 315, obs. J. Penneau ; – AUSSI : Civ. 1re, 24 nov. 2004, n° 03-16.565, P I, n° 281.
4. V. s^s n°s 912.41 s.
5. V. s^s n°s 912.371 s.
6. V. s^s n°s 912.281 s.
7. L. n° 2014-873 du 4 août 2014 pour l'égalité réelle entre les femmes et les hommes, art. 26.
8. Y. Avril, *Responsabilité des avocats,* 4e éd., « Dalloz Référence », 2020, n°s 113.65 s. – Ph. le Tourneau (dir.), *Droit de la responsabilité et des contrats : Régimes d'indemnisation*, 12e éd., « Dalloz Action », 2020, n°s 3124.11 s.
9. Civ. 1re, 16 nov. 2016, n° 15-25.513, NP ; *RCA* 2017, n° 41, obs. H. Groutel.
10. Civ. 1re, 11 janv. 2017, n° 15-25.327, NP.
11. V. s^s n°s 472.00 s.
12. V. s^s n°s 713.381 s.

trant pas sa volonté de lui confier cette mission, pour laquelle elle avait, en outre, consulté un notaire, faisant ainsi volontairement le choix de ne pas mandater l'avocat à ce sujet, ni pour le charger du renouvellement de l'inscription ni même pour obtenir des conseils, l'avocat ne saurait engager sa responsabilité sur ce point[1].

Une cour d'appel a également pu considérer comme fautive l'attitude d'un avocat qui, bien qu'ayant accepté une simple mission d'assistance, n'avait pas pris le soin, notamment eu égard aux interrogations de son client, de définir expressément le périmètre de son intervention, manquant ainsi à son obligation de conseil, même si cela s'avère, en l'occurrence, sans conséquence en l'absence de préjudice indemnisable[2].

On notera que la mission de l'avocat ne saurait s'entendre de manière extensive au-delà du mandat qui lui a été confié par son client, l'avocat n'étant pas tenu d'une obligation de garantie de l'opération projetée, faisant qu'il ne saurait ainsi être tenu pour responsable de la viabilité économique de l'opération[3].

912.44 **Fin de mission.** L'avocat a l'obligation légale de conduire jusqu'à son terme l'affaire dont il est chargé, sauf si son client l'en décharge ou si lui-même décide de ne pas poursuivre sa mission[4]. Dans ce dernier cas, il a une obligation qui consiste à prévenir le client en temps utile pour lui permettre de pourvoir à la défense de ses intérêts, et, le cas échéant, de se faire remplacer par un autre confrère[5].

La jurisprudence interprète ce texte de manière libérale. C'est ainsi qu'un client ayant exprimé à son avocat une défiance injustifiée, ce dernier était en droit de lui indiquer qu'il cesserait désormais de poursuivre la procédure qu'il lui avait confiée, que cette attitude était même imposée par la défiance manifestée par le client et qu'en tenant à la disposition du nouveau conseil du client les dossiers qu'il détenait, il ne saurait voir sa responsabilité civile mise en cause[6], tout comme le fait par un client de demander à son avocat la restitution de son dossier, met fin *ipso facto* au mandat *ad litem* et l'avocat est, dès lors, dispensé de toute diligence à partir de la réception de la lettre demandant la restitution du dossier[7].

912.45 **Portée de la fin de mission.** L'avocat, qui a respecté les obligations qui s'imposent à lui dans ce cadre en informant son client de sa volonté de mettre fin à son mandat, n'est plus tenu d'une obligation de conseil à son égard[8]. Mais la renonciation au mandat doit être dépourvue de toute équivoque et ne saurait résulter de la seule attitude passive du client, laquelle ne délie pas l'avocat de son obligation de conseil[9]. Mais il n'a pas à relancer son client tel qu'en réitérant la lettre recommandée avec avis de réception l'invitant à prendre contact avec lui ou en faisant procéder à des recherches pour savoir si son client désirait continuer une procédure[10].

Toutefois, lorsque la représentation est obligatoire, l'avocat ne peut être déchargé de son mandat que du jour où il est remplacé par un confrère[11], de même que l'avocat désigné au titre de l'aide juridictionnelle est tenu de prêter son concours tant qu'il ne justifie pas avoir été valablement déchargé de sa mission[12].

Lorsqu'il met un terme à sa mission, l'avocat se doit de veiller à informer de manière complète et précise son client quant aux suites de la procédure et aux risques encourus. Ainsi, si l'avocat a informé son client que la déchéance serait susceptible d'être prononcée à son encontre, sa responsabilité ne saurait être encourue[13].

B.
Appréciation de la faute au regard de l'état du droit applicable

912.51 **Appréciation de la faute au regard de l'état du droit applicable.** L'obligation de conseil de l'avocat ne peut s'apprécier qu'au regard du droit

1. Civ. 1re, 17 juin 2010, no 09-15.697, P I, no 135 ; *D. actu.* 29 juin 2010, obs. S. Bigot de La Touanne.
2. Versailles, 1re ch., 1re sect., 12 nov. 2019, RG no 18/00245.
3. Civ. 1re, 14 janv. 1997, no 94-16.769, P I, no 18 – Civ. 1re, 22 sept. 2011, no 10-19.003, NP ; *Gaz. Pal.* 8 févr. 2012, p. 24, note M. Mekki ; *D.* 2011. 2644, note B. Dondero – Civ. 1re, 30 mai 2012, no 11-16.944, NP ; – À PROPOS D'UN NOTAIRE : Civ. 1re, 4 nov. 2011, no 10-19.942, P I, no 193 ; *Gaz. Pal.* 8 févr. 2012, p. 24, note M. Mekki.
4. *Décr. no 2005-790, 12 juill. 2005, art. 13* – V. ss nos 484.21 s.
5. C. pr. civ., art. 419.
6. Paris, 15 févr. 1983, *Gaz. Pal.* 1983. 1. 329, note A. Damien ; *in* A. DAMIEN, *Les grands arrêts*, Litec, 1991, p. 94.
7. Bordeaux, 25 févr. 1980, *Gaz. Pal.* 1980. 1. 330, note A. Damien ; *in* A. DAMIEN, *Les grands arrêts*, Litec, 1991, p. 94.
8. Civ. 1re, 4 oct. 2000, no 97-18.743, P I, no 232 ; *D.* 2000. 259 ; *JCP* 2001. I. 284, no 9, obs. R. Martin, *Gaz. Pal.* 2002. 1. Somm. 437, obs. E. du Rusquec.
9. Civ. 1re, 15 févr. 2005, no 03-10.707, P I, no 81 ; *D.* 2005. 665 ; *JCP* 2005. IV. 1662 ; *Gaz. Pal.* 2005. Somm. 1301.
10. Civ. 1re, 7 oct. 1998 no 96-13.614 ; P I, no 282.
11. Civ. 2e, 16 févr. 1984, no 82-13.572, P II, no 31 ; *Gaz. Pal.* 1985. 1. 209, note E. du Rusquec ; *Rép. pr. civ., Vo Aide juridique*, no 105 – V. ss no 484.31.
12. Civ. 1re, 16 janv. 2013, no 12-12.647, P I, no 1 – V. ss nos 471.61 s. et 472.260 s.
13. Cass., ass. plén., 13 avr. 2007, no 06-19.613, P no 31 ; *D.* 2007. AJ 1434, obs. V. Avena-Robardet ; *JCP* 2007. Actu. 211, obs. H. Slim ; *AJDI* 2007. 856, obs. F. de La Vaissière ; *LPA* 18 déc. 2007, p. 16, note N. Morelli ; *Procédures* 2007. Focus 22, obs. H. Slim – V. ss nos 484.21 s. et 913.63.

positif existant au jour de son intervention[1], compte tenu des aléas d'interprétation de la loi et de la jurisprudence[2]. Il doit connaître les règles de droit existantes, y compris d'origine jurisprudentielle[3] et doit effectuer les recherches nécessaires pour trouver la solution adéquate[4]. En cas d'incertitude des solutions, l'avocat doit clairement présenter les risques au client et choisir les solutions que recommande la prudence ou qu'impose la précaution[5].

La question se pose quant à savoir si on peut lui imputer la faute de n'avoir pas prévu une évolution postérieure du droit consécutive à un revirement de jurisprudence. Jusqu'en 2009, la jurisprudence avait toujours considéré que seul le droit applicable à l'époque de l'intervention de l'avocat devait être pris en compte, sans que l'on ne puisse lui faire grief de ne pas avoir anticipé une évolution de la jurisprudence[6].

912.52 Évolution jurisprudentielle prévisible. Dans une première décision, la Cour de cassation est venue sanctionner un avocat auquel il était reproché de ne pas avoir pas tiré les conséquences d'une évolution de la jurisprudence qui semblait bien amorcée, même si elle n'était pas achevée. La faute imputée à l'avocat consistait alors à ne pas avoir énoncé de façon suffisamment précise le motif d'un licenciement économique en date du 27 décembre 1996. L'avocat prétendait qu'une exigence formelle de motivation ne résultait que d'un arrêt du 30 avril 1997, mais la Cour de cassation devait relever que, dès les années 1990 à 1995, la jurisprudence avait procédé à un renforcement des exigences de motivation de la lettre de licenciement pour motif économique et qu'à cette période déjà, il était fait obligation à l'employeur d'y énoncer de manière suffisamment précise le motif économique fondant le licenciement. Elle jugea en conséquence que « l'arrêt rendu par la Cour de cassation en 1997 ne constituait ni un revirement, ni même l'expression d'une évolution imprévisible de la jurisprudence, de sorte que l'avocat ne pouvait s'en prévaloir pour s'exonérer de sa responsabilité »[7]. Cet arrêt semblait ainsi imposer à l'avocat une obligation d'anticipation sur les évolutions du droit positif[8].

Dans un autre arrêt, rendu la même année, la Cour de cassation avait eu à connaître d'une affaire dans laquelle, en raison de la mise en cause tardive du constructeur, l'action dirigée contre l'assureur de garantie décennale avait été jugée irrecevable par un arrêt du 27 novembre 2000, en conséquence de quoi les clients avaient engagé une action en responsabilité contre leurs avocats. La cour d'appel avait cru pouvoir considérer que la Cour de cassation, dans un arrêt du 7 novembre 2000, avait renoncé à soumettre la recevabilité de l'action dirigée contre l'assureur à la mise en cause du constructeur assuré et que cette décision, aboutissement d'une évolution de la jurisprudence amorcée dès 1997 et confirmée par la suite, avait été commentée dans une revue juridique dès le mois de janvier 2001 et ne pouvait dès lors être ignorée et retient que si les clients avaient, dans ces conditions, exercé un pourvoi, l'arrêt du 27 novembre 2000 aurait vraisemblablement été cassé et la cour de renvoi aurait probablement fait droit à la demande indemnitaire ne serait-ce que partiellement, de sorte que la faute reprochée au cabinet d'avocats n'était pas à l'origine du préjudice invoqué. Ici encore, la Cour de cassation casse l'arrêt de la cour d'appel en considérant qu'il incombait à l'avocat de prendre l'initiative d'appeler l'attention des justiciables dont il assurait la défense sur l'opportunité d'exercer cette voie de recours eu égard aux derniers développements de la jurisprudence[9].

912.53 Extension jurisprudentielle prévisible. Puis, par un troisième arrêt, la Cour de cassation est venue exprimer toute la rigueur de son analyse. La faute retenue contre l'avocat était de ne pas avoir tenu compte de la jurisprudence *Costedoat* conférant une immunité civile au préposé alors qu'il plaidait devant la juridiction répressive. Mais si la transposition de la jurisprudence *Costedoat* devant les juridictions pénales statuant sur les intérêts civils pouvait logiquement être envisagée, elle n'était réellement acquise que de fraîche date au jour où l'avocat plaidait et pouvait surtout susciter un débat dans son application à l'espèce dès lors que le préposé, bénéficiaire d'une délégation de pouvoir, avait commis une infraction pénale, de sorte que la faute de l'avocat pouvait être discutée. Pourtant, la Cour de cassation considéra que, « investi d'un devoir de compétence,

1. Paris, 9 déc. 2002, *Gaz. Pal.* 2003. 1023 – Civ. 1re, 30 mai 2013, n° 12-22.910, NP ; *D.* 2014. 169, obs. Th. Wickers ; – DÉJÀ POUR UN NOTAIRE : Civ. 1re, 25 nov. 1997, n° 95-22.240, P I, n° 328 ; *D.* 1998. 7 ; *AJDI* 1999. 44 ; *AJDI* 1999. 45, obs. G. Teilliais ; *RTD civ.* 1998. 210, obs. N. Molfessis ; *RTD civ.* 1998. 367, obs. J. Mestre.
2. J. Boré, « Le devoir de conseil des rédacteurs d'actes entre ciel et terre », *Gaz. Pal.* 1996. 2. Doctr. 1411.
3. Civ. 1re, 15 oct. 1985, n° 84-12.309, P I, n° 257 ; *D.* 1987. 104, note A. Brunois ; *Gaz. Pal.* 1986. Pan. 37 ; *RTD civ.* 1986. 759, obs. J. Huet.
4. Civ. 1re, 21 mai 1996, n° 94-13.760, P I, n° 218 ; *RCA* 2002, n° 128 ; *D.* 1997. 98, obs. Y. Serra.
5. Paris, 30 mars 1987, *D.* 1989. 70, obs. A. Brunois – Paris, 29 mars 1999, *Gaz. Pal.* 1999. 1. Somm. 135.
6. Civ. 1re, 25 nov. 1997, n° 95-22.240, P I, n° 328 – Paris 9 déc. 2003, *Gaz. Pal.* 2003. Jur. 1023.
7. Civ. 1re, 5 févr. 2009, n° 07-20.196, P I, n° 21 ; *D.* 2010. 49, obs. Ph. Brun ; *RLDC* 2009, n° 3382, obs. S. Bugnicourt ; *RTD civ.* 2009. 493, obs. P. Deumier ; *RTD civ.* 2009. 725, obs. P. Jourdain ; *JCP* 2009. 270, n° 14, obs. G. Pillet ; *JCP S* 2009. 1214, note A. Barège et B. Bossu.
8. *D.* 2010. 49, obs. Ph. Brun.
9. Civ. 1re, 5 mars 2009, n° 07-21.116, NP.

l'avocat, sans que puisse lui être imputé à faute de n'avoir pas anticipé une évolution imprévisible du droit positif, se doit de faire valoir une évolution jurisprudentielle acquise dont la transposition ou l'extension à la cause dont il a la charge a des chances sérieuses de la faire prospérer »[1].

Autrement dit, l'évolution de la jurisprudence était considérée comme prévisible au jour de l'intervention de l'avocat, et c'est la raison pour laquelle sa responsabilité a été retenue.

912.54 **Limitation à la prise en compte de l'évolution et l'extension jurisprudentielle.** Les solutions apportées en 2009 par la Cour de cassation ont pu être de nature à susciter l'inquiétude au sein de la profession d'avocat, mais la Cour de cassation est venue rappeler sa solution traditionnelle par la suite, dans une affaire où un recours contre une décision de refus de revendication de marchandises adressée à un administrateur judiciaire fut jugé tardif par un juge-commissaire au motif que le délai de distance n'était pas applicable à cette hypothèse, l'article 643 du code de procédure civile n'envisageant expressément que les délais de comparution, d'appel, d'opposition, de recours en révision et de pourvoi en cassation. L'avocat pouvait pourtant s'appuyer à l'époque du recours sur une jurisprudence sans ambiguïté de la Cour de cassation qui jugeait que les délais de distance s'appliquent « dans tous les cas où il n'y est pas expressément dérogé »[2].

Se fondant sur un revirement de jurisprudence résultant d'un arrêt du 28 septembre 2004 qui, statuant sur le pourvoi en cassation contre l'arrêt qui avait confirmé la forclusion de la demande, décidait que « l'augmentation du délai prévu par l'article 643 du code de procédure civile ne s'applique pas à l'action en revendication portée devant le juge-commissaire »[3], la cliente de l'avocat, dont la demande de revendication avait été rejetée, décida de mettre en cause la responsabilité de son conseil qui avait diligenté le recours. Elle fut logiquement déboutée de sa demande tendant à voir déclarer l'avocat responsable des conséquences de la forclusion et son pourvoi fut rejeté par la Cour de cassation dès lors que « les éventuels manquements de l'avocat à ses obligations professionnelles ne s'apprécient qu'au regard du droit positif existant à l'époque de son intervention, sans que l'on puisse lui imputer à faute de n'avoir pas prévu une évolution postérieure du droit consécutive à un revirement de jurisprudence »[4]. En l'occurrence, le revirement qui empêchait l'avocat de bénéficier des délais de distance est survenu plusieurs années après la présentation de la requête au juge-commissaire.

912.55 **Synthèse de la jurisprudence.** Si, dans son arrêt du 15 décembre 2011, la Cour de cassation s'en tient au « droit positif existant à l'époque de son intervention » et rejette ouvertement la prise en compte d'une « évolution postérieure du droit consécutive à un revirement de jurisprudence », cet arrêt ne remet pas en cause les apports de la jurisprudence de 2009[5] : l'avocat ne doit pas se considérer à l'abri de se voir reprocher de ne pas s'être conformé à une jurisprudence non encore consacrée au moment de son intervention dès lors que cette évolution était raisonnablement prévisible. Mais on ne saurait imputer à un avocat le fait de n'avoir pas prévu l'évolution ultérieure du droit[6]. Comme avait pu le noter la Cour de cassation, il convient de rechercher si : « eu égard aux textes applicables, l'état du droit positif existant à l'époque de l'intervention [...] ne procédait pas d'une évolution antérieure [...], de sorte qu'il [...] incombait [à l'avocat], soit de déconseiller l'opération litigieuse, soit, à tout le moins, d'avertir le preneur sortant des incertitudes de la jurisprudence »[7].

La Cour de cassation a récemment rappelé que : « en statuant ainsi, alors que l'arrêt rendu par la

1. Civ. 1re, 14 mai 2009, n° 08-15.899, P I, n° 92 ; *JCP* 2009. 94, note H. Slim, *D.* 2009. 1479 ; *D.* 2010. Pan. 49, obs. Ph. Brun ; *D.* 2010. 183, note K. de la Asuncion Planes ; *JCP* 2009. 94, note H. Slim ; *Gaz. Pal.* 2009. 3035, obs. Y. Avril ; *LPA* 10 août 2009, p. 10 note J.-F. Barbièri ; *RDC* 2009. 1373, obs. S. Carval ; *RTD civ.* 2009. 493, obs. P. Deumier ; *RTD civ.* 2009. 725, obs. P. Jourdain ; *RTD civ.* 2009. 744, obs. P.-Y. Gautier ; *RCA* 2009, n° 219, note S. Hocquet-Berg ; *JCP* 2009. 270. 14, obs. G. Pillet ; *Procédures* 2009, n° 263, note R. Perrot – Y. Dagorne-Labbé, « L'obligation de compétence de l'avocat », *LPA* 28 août 2009, p. 11.
2. Civ. 2e, 26 févr. 1997, n° 94-19.233, P II, n° 60 ; *D.* 1997. 77.
3. Com. 28 sept. 2004, n° 03-11.876, P IV, n° 171 ; *D.* 2005. 301 ; *D.* 2005. 292, obs. P.-M. Le Corre et F.-X. Lucas.
4. Civ. 1re, 15 déc. 2011, n° 10-24.550, P I, n° 214 ; *BICC* 1er avr. 2012, n° 371 ; *D.* 2012. AJ 94 ; *D.* 19 janv. 2012, édito F. Rome ; *RTD civ.* 2012. 318, obs. P. Jourdain ; *Rev. sociétés* 2012. 176, obs. S. Prévost ; *JCP* 2012. 169, note H. Slim ; *Dr. et pr.* 2012. 51 ; *Gaz. Pal.* 29-31 janv. 2012, p. 15, obs. G. Deharo ; *Gaz. Pal.* 2-3 mars 2011, p. 20, obs. H. Herman ; *Gaz. Pal.* 29 mars-3 avr. 2012, p. 20, obs. M. Mekki ; *JCP* 2012. 387, n° 15, obs. G. Pillet ; *RCA* 2012, n° 10, note S. Hocquet-Berg ; *RLDC* févr. 2012. 22, note G. Le Nestour Drelon – Civ. 1re 17 janv. 2018, n° 16-29.070, NP ; *RCA* 2018, n° 105, obs. H. Groutel.
5. Obs. P. Jourdain, *RTD civ.* 2012. 318.
6. Civ. 1re, 25 nov. 1997, n° 95-22.240, P I, n° 328 ; *D.* 1998. 7 ; *LPA* 12 oct. 1998, note M.-P. Blin-Franchomme ; *Gaz. Pal.* 22 janv. 1998. 64 ; *Defrénois* 1998. 354, obs. J.-L. Aubert ; *JCP* 1998. I. 144, n° 23, obs. G. Viney ; *JCP N* 1998. 893, note C. Géraud ; *AJDI* 1999. 44 ; *AJDI* 1999. 45, obs. G. Teilliais ; *RTD civ.* 1998. 367, obs. J. Mestre ; *RTD.* civ. 1998. 210, obs. N. Molfessis ; *RTD civ.* 1998. 367, obs. J. Mestre.
7. Civ. 1re, 7 mars 2006, n° 04-10.101, P I, n° 136 ; *AJDI* 2006. 587 ; *RTD civ.* 2007. 103, obs. J. Mestre et B. Fages ; *JCP* 2006. I. 166, n° 9, obs. Ph. Stoffel-Munck ; *JCP N* 2006. 1217, note F. Buy ; *Defrénois* 2006. 38432, note F. Hébert ; *RDC* 2006. 1234, note S. Carval ; *D.* 2006. 2894, note F. Marmoz.

Cour de cassation en 1999, conforme à une jurisprudence constante selon laquelle une décision de cour d'appel, lorsqu'elle n'est susceptible d'aucun recours suspensif d'exécution, a force de chose jugée dès son prononcé conformément à l'article 500 du code de procédure civile, ne constituait ni un revirement ni même l'expression d'une évolution imprévisible de la jurisprudence, ce dont il résultait que [les avocats] n'étaient pas fondés à s'en prévaloir pour s'exonérer de leur responsabilité »[1].

912.56 Prévisibilité de l'évolution et de la portée de la jurisprudence. Ce qui est important c'est le caractère prévisible ou non de l'évolution et de la portée de la jurisprudence, pour autant, l'avocat n'est pas un devin et on ne saurait, en principe, lui faire grief de ne pas avoir tenu compte d'un revirement de jurisprudence postérieur à son intervention[2]. Mais, investi d'un devoir de compétence, l'avocat est tenu d'accomplir, dans le respect des règles déontologiques, toutes les diligences utiles à la défense des intérêts de son client, et engage sa responsabilité civile professionnelle en omettant d'invoquer une évolution jurisprudentielle acquise, même dans le temps de la mission qui lui a été confiée, et dont la transposition ou l'extension à la cause dont il a la charge, a des chances de la faire prospérer dès lors qu'elle énonce des principes pouvant servir directement au succès des prétentions son client[3].

Au juge de la responsabilité donc de se demander de façon rétrospective si, au moment de son intervention, l'avocat pouvait raisonnablement considérer que telle solution consacrée ultérieurement serait de droit positif et donc de dire après coup qu'un événement était prévisible, alors qu'au moment de l'action des éléments d'appréciation, qui ne prendront du relief qu'ultérieurement, pouvaient légitimement avoir été sous-estimés.

912.57 Obligation de prudence qui en découle. Il résulte de l'analyse de la jurisprudence que tout avocat doit toujours faire preuve de la plus extrême prudence[4] au regard des incertitudes juridiques auxquelles il est amené à devoir faire face dans son exercice quotidien.

C'est ainsi qu'un avocat ne saurait invoquer l'incertitude de la jurisprudence, et le fait que certaines décisions avaient pu considérer que l'appel interjeté par le demandeur faisait obstacle à la péremption pour défaut de signification, et qu'il ne pouvait anticiper la position de la Cour de cassation qui a décidé que la signification d'un jugement réputé contradictoire dans le délai de six mois s'impose à peine de péremption en l'absence de laquelle le jugement, même frappé d'appel par le demandeur initial, doit être déclaré non avenu. En effet, les termes mêmes des articles 478 et 503 du code de procédure civile auraient dû l'inciter, comme tout avocat normalement diligent, à procéder à la signification, ce que la doctrine recommandait aux praticiens, eu égard aux hésitations de la jurisprudence. En s'abstenant de lui-même de procéder à cette formalité qu'imposait la plus élémentaire des précautions, l'avocat a commis un manquement à son obligation de conseil et à son obligation de diligence dans la défense des intérêts de son client, faisant perdre à ce dernier une chance de faire exécuter la décision assortie de l'exécution provisoire[5].

Tout comme ne saurait être exonéré de sa responsabilité l'avocat qui a interjeté un appel déclaré irrecevable car signé pour ordre, alors même que l'évolution jurisprudentielle en cours viendra valider une telle déclaration d'appel, la Cour de cassation considérant : « Qu'en statuant ainsi en contemplation de décisions postérieures à l'intervention de l'avocat et, partant, impropres à exonérer celui-ci de sa responsabilité, la cour d'appel a violé le texte susvisé »[6]. En effet, la faute de l'avocat, qui a manqué de prudence, est alors patente.

Mais il ne saurait être reproché à un avocat de ne pas avoir assigné au fond avant l'expiration du délai de deux ans à compter de l'ordonnance du 3 juillet 2001 ayant commis un expert alors même que, à cette date, toute décision judiciaire apportant une modification quelconque à une mission d'expertise ordonnée par une précédente décision avait un effet interruptif de prescription à l'égard de toutes les parties et pour tous les chefs de préjudice procédant du sinistre en litige, solution confirmée par des arrêts rendus courant 2004 et 2009 et que la jurisprudence en sens contraire n'a été fixée que par des décisions rendues postérieurement, en 2010 et 2011, évolution que l'on en saurait sérieusement reprocher à l'avocat de n'avoir pu anticiper[7].

912.58 Obligation de prudence renforcée. Cette prudence s'impose d'autant plus à l'avocat que l'assemblée plénière de la Cour de cassation est venue considérer que la prise en considération d'un changement de norme, tel un revirement de jurisprudence, tant qu'une décision irrévocable n'a pas mis un terme au litige, relève de l'office du juge auquel il incombe alors de réexaminer la situation à

1. Civ. 1re, 4 juin 2014, no 13-14.363, P I, no 99 ; *D. avocats* 2014. 211, obs. L. Dargent.
2. P. Jourdain, *RTD civ.* 2012. 318.
3. Civ. 1re, 12 oct. 2016, no 15-27.234, NP ; *RCA* 2017, no 18, obs. H. Groutel.
4. V. ss nos 912.231 s.
5. Paris, 29 mars 1999, *D.* 1999. 120.
6. Civ. 1re, 30 mai 2013, no 12-22.910, NP ; *D.* 2014. 169, obs. Th. Wickers.
7. Civ. 1re, 17 janv. 2018, no 16-29.070, NP ; *RCA* 2018, no 105, obs. H. Groutel.

l'occasion de l'exercice d'une voie de recours. L'exigence de sécurité juridique ne consacre au demeurant pas un droit acquis à une jurisprudence figée, et un revirement de jurisprudence, dès lors qu'il donne lieu à une motivation renforcée, satisfait à l'impératif de prévisibilité de la norme. Cette prise en considération de la norme nouvelle ou modifiée participe de l'effectivité de l'accès au juge et assure une égalité de traitement entre des justiciables placés dans une situation équivalente en permettant à une partie à un litige qui n'a pas été tranché par une décision irrévocable de bénéficier de ce changement. Enfin, elle contribue tant à la cohérence juridique qu'à l'unité de la jurisprudence.

Par conséquent, pour la Cour de cassation, il y a lieu d'admettre la recevabilité d'un moyen critiquant la décision par laquelle la juridiction s'est conformée à la doctrine de l'arrêt de cassation qui l'avait saisie, lorsqu'est invoqué un changement de norme intervenu postérieurement à cet arrêt, et aussi longtemps qu'un recours est ouvert contre la décision sur renvoi[1].

§ 2
Typologie des fautes

912.60 **Plan.** Les types de fautes pouvant être reprochés à un avocat (A) peuvent être classés aux regards des obligations qui s'imposent à lui dans l'exécution de sa mission dans l'intérêt de son client et déclinés autour des quatre principes essentiels de la profession d'avocat à l'égard du client : obligation de conseil et de compétence (B), obligation de dévouement et de diligence (C) et obligation de prudence (D).

A.
Propos liminaires

912.71 **Typologie des fautes.** Une étude réalisée sur la période 2002-2012 par le courtier du barreau de Paris[2], permet de dégager un certain nombre de tendances s'agissant du type de fautes commises par les avocats au barreau de Paris, ainsi que du coût de celles-ci en termes de sinistre[3].

912.72 ÉTUDE DES FAUTES COMMISES PAR LES AVOCATS AU BARREAU DE PARIS

	Répartition du coût total des sinistres par nature	Répartition du nombre total des sinistres par nature
Erreur liée à la conduite du procès	21,98 %	250
Erreur liée à la rédaction d'un acte	15,03 %	86
Non-respect d'un délai de prescription	13,18 %	106
Erreur liée à une procédure collective	8,61 %	30
Manquement au devoir de conseil en matière juridique	7,77 %	92
Défaut d'appel – Appel tardif	7,38 %	102
Erreur en matière de sûreté (hypothèques-nantissement)	5,38 %	38
Erreur en matière fiscale	5,26 %	50
Erreur liée à l'exécution d'une décision	3,26 %	34
Erreur liée à la révision de loyers commerciaux ou renouvellement de baux d'habitation	3 %	14
Erreur liée à cession de fonds de commerce ou parts sociales	2 %	30
Erreur liée à une procédure de saisie immobilière	1,93 %	22
Erreur lors de la remise de fonds – séquestre	1,68 %	34
Manquement au devoir de conseil en matière judiciaire	1,16 %	22
RC Exploitation	Moins de 1 %	18
Reconstitution d'archives	Moins de 1 %	26
Défaut de représentation et de constitution – absence de Mandat	Moins de 1 %	16
Erreur liée à la procédure devant la Cour de cassation	Moins de 1 %	12
• Erreur liée au contrat de travail • Missions annexes (arbitrage – Mandat de justice) • Péremption ou caducité de l'instance • Perte ou vol d'espèces, de chèques, titres ou valeurs • Perte, vol ou destruction de dossiers • Erreur en matière de propriété industrielle et intellectuelle • Griefs imprécis	Moins de 1 %	Moins de 10

1. Cass. Ass. plén. 2 avr. 2021, n° 19-18.814, P ; *Gaz. Pal.* 1er juin 2021, p. 11, note J. Dubarry ; *D.* 2021. 1164, note B. Haftel.
2. V. tableau suivant, ss n° 912.72.
3. *Guide des assurances des avocats*, Aon, 2013, p. VI.

912.73 **Nomenclature des obligations de l'avocat.** Les obligations de l'avocat sont déclinables autour des quatre principes essentiels de la profession d'avocat à l'égard du client[1].

Ainsi, l'avocat, dans le cadre de son activité a, en premier lieu, une obligation de conseil permanent tant que dure sa mission qui impose une obligation de compétence[2]. Il est, en outre, tenu d'une obligation de dévouement et de diligence, c'est-à-dire qu'il lui appartient de prendre l'initiative et d'accomplir tous les actes et formalités nécessaires à la régularité de la mission qui lui est confiée[3]. Il est enfin tenu d'une obligation de prudence[4], laquelle s'apprécie tant à l'égard du client lui-même[5] qu'à l'égard des tiers[6].

912.74 **Nature des obligations de l'avocat.** En principe, sauf en matière de rédaction d'actes[7], l'avocat, qu'il soit ou non désigné au titre de l'aide juridictionnelle, n'est tenu que d'une obligation de moyen[8].

B.
Manquement à l'obligation de conseil et de compétence

912.80 **Plan.** L'avocat est tenu par une obligation de conseil et de compétence à l'égard de son client (1°) dont l'appréciation est plus stricte en matière de rédaction d'acte (2°).

1°
Principe général

912.90 **Plan.** L'obligation de conseil et de compétence de l'avocat s'apprécie au regard de sa teneur et de son étendue (a), et se caractérise, notamment, dans le choix de la stratégie (b) ou l'information sur les voies de recours (c). Elle trouve ses limites au regard du secret professionnel et de l'obligation de prudence (d).

a.
Teneur et étendue de l'obligation

912.101 **Obligation constante.** L'obligation de conseil fait partie de façon constante du rôle de l'avocat y compris en matière de contentieux[9]. La jurisprudence est riche d'exemples de fautes constitutives d'un manquement à l'obligation de conseil.

C'est ainsi que la jurisprudence considère qu'un avocat, gardien des intérêts qui lui sont confiés par son client[10], doit éviter la disparition des privilèges et hypothèques en conseillant leur renouvellement et en mettant tout en œuvre pour éviter que les intérêts de ses clients soient compromis[11].

912.102 **Obligation précontractuelle d'information.** Dès la phase précontractuelle, avant la conclusion de la convention d'honoraires, l'avocat est tenu d'une obligation précontractuelle d'information et de renseignement envers son client[12] et doit ainsi notamment l'informer du fait qu'il peut bénéficier de l'aide juridictionnelle compte tenu de ses ressources, à défaut de quoi il est susceptible de commettre une faute[13] de nature à engager sa responsabilité civile[14].

Il est probable, en l'état de la jurisprudence de la deuxième chambre civile de la Cour de cassation, relativement à l'étendue de la saisine du juge de l'honoraire[15], que l'obligation de prévisibilité des honoraires dans le cadre de la convention d'honoraires désormais obligatoire[16] sera également sanctionnée sur le terrain de la responsabilité civile, tel que l'avocat qui n'aura pas attiré l'attention de son client sur les émoluments dus au postulant[17].

912.103 **Respect de l'obligation de conseil.** L'avocat est tenu à une obligation de conseil tout au long de la mission qu'il mène pour le compte de son client. L'avocat doit conseiller les procédures à engager en veillant à indiquer au client les risques qu'elles présentent et ses réserves quant aux chances de succès de l'action.

À plus forte raison, il doit lui donner un compte rendu exact du jugement et lui indiquer les modalités de recours en lui fournissant également un avis motivé sur l'éventualité d'un tel recours[18]. En toute occurrence, l'avocat reste indépendant[19] dans la conduite du procès[20].

1. V. s[s] n°s 34.00 s.
2. V. s[s] n°s 341.00 s. et 912.101 s.
3. V. s[s] n°s 342.00 s., 343.00 s. et 912.181 s.
4. V. s[s] n°s 344.00 s. et 912.231 s.
5. V. s[s] n°s 912.231 s.
6. V. s[s] n° 912.261 s.
7. V. s[s] n°s 632.00 s. et 912.151 s.
8. Civ. 1re, 7 oct. 1998, n° 96-13.614, P I, n° 282.
9. C. pr. civ., art. 412.
10. V. s[s] n°s 481.10 s.
11. Civ. 25 févr. 1891, *DP* 1891. 173 – Versailles, 1er juin 1989, *Gaz. Pal.* 24 avr. 1990, 16.
12. V. s[s] n°s 712.21 s.
13. Grenoble, 16 oct. 2012, *D. avocats* 2013. 151, obs. M. Mahy-Ma Somga.
14. Civ. 1re, 18 juill. 2000, n° 97-14.713, P I, n° 214 ; *D.* 2002. Somm. 854, obs. B. Blanchard ; *RTD civ.* 2000. 828, obs. J. Mestre et B. Fages – Civ. 1[re], 10 mars 2004, n[os] 02-21.318, 02-21.348, P I, n° 104 ; *D.* 2004. 2827 ; *RTD civ.* 2004. 522, obs. P.-Y. Gautier.
15. V. s[s] n°s 741.111 s.
16. V. s[s] n°s 713.10 s.
17. TGI Paris, 2 juill. 1989, *Gaz. Pal.* 1989. 1. Somm. 401 – V. s[s] n°s 743.32 s.
18. Aix-en-Provence, 5 juill. 1961, *D.* 1961. 593 – Paris, 17 févr. 1986, *Gaz. Pal.* 1986. Somm. 26 juill. 1986, 12 ; – RAPPR. : Paris, 25 janv. 1984, *D.* 1989. 62 ; *D.* 1987. 103, note A. Brunois – Civ. 1re, 2 févr. 1994, n° 91-21.396, NP ; *D.* 1994. 45.
19. V. s[s] n°s 323.91 s.
20. Civ. 1re, 19 nov. 2009, n° 08-21.114, NP ; *JCP* 2010. 270, n° 13, obs. A. Tanaskovic ; *Gaz. Pal.* 11 mars 2010, p. 24, note M. Mekki.

912.104 Fondement juridique de l'action. L'erreur dans le choix du fondement juridique d'une action, telle que celle d'une action en garantie, constitue une faute de nature à engager la responsabilité de l'avocat [1].

912.105 Consultation. Dans une consultation, l'avocat ne doit pas omettre l'ensemble des incidences relatives aux préconisations qu'il formule à son client, tel que sur les conséquences financières de la rupture d'un contrat de travail résultant de l'existence d'une clause de non-concurrence [2]. Il se doit de donner des avis qui reposent sur des éléments de droit et de fait vérifiés en assortissant ses conseils de réserves s'il estime ne pas être en possession d'éléments suffisants d'appréciation et en attirant l'attention de son client sur les risques de la stratégie envisagée [3].

Engage ainsi sa responsabilité l'avocat qui ne dissuade pas son client de signer une cession de parts sociales qui ne règle pas préalablement la substitution de cautions [4], ou encore celui qui, au moment du choix de la forme de la société, savait que le contrat d'amodiation à caractère commercial interdisait la sous-location, et a pourtant conseillé ses clients vers le choix d'une SCI dont le but était nécessairement de sous-louer sans alerter ses clients sur la dangerosité de constituer une SCI qui ne pouvait en aucun cas exercer son objet social, la location des emplacements amodiés, et leur conseiller de constituer une société commerciale, seule susceptible d'exploiter directement les emplacements loués ou de renoncer purement et simplement à leur projet [5].

912.106 Mise en œuvre de l'obligation de conseil. Afin de pouvoir conseiller les meilleures solutions et apporter les réponses pertinentes, l'avocat se doit de s'informer sur les besoins de son client.

C'est ainsi que la Cour de cassation a eu l'occasion de considérer que l'avocat, conseiller juridique et fiscal, est tenu d'une obligation particulière d'information vis-à-vis de son client, laquelle comporte l'obligation de s'informer de l'ensemble des conditions de l'opération pour laquelle son concours est demandé, et qu'il lui incombe de prouver qu'il a exécuté cette obligation [6].

Il se doit également de vérifier les actes établis antérieurement à son intervention dans le dossier : c'est ainsi qu'un avocat, chargé d'assister une association syndicale libre à tous les stades d'une opération de rénovation immobilière, se devait d'analyser les contrats déjà conclus, et de mettre en garde les membres de l'association sur la disproportion qui existait entre le montant des paiements à l'entreprise générale par rapport au stade d'avancement des travaux, de les informer que la réception des fonds par l'association et non leur versement direct à l'entreprise leur permettait de bénéficier des avantages fiscaux et d'alerter celle-ci sur la collusion d'intérêts qui existait entre les sociétés intervenues dans la rédaction du cahier des clauses administratives particulières et sur le danger qu'il présentait. En l'occurrence, le versement immédiat, avant tous travaux, de 80 % du montant du marché de l'entreprise générale avait privé les membres de l'association de la possibilité de mener à bien une opération en leur laissant la charge d'un bâtiment en ruines qui avait dû être muré, ce qui entraînait une dépréciation du capital immobilier acquis et la perte de tous revenus locatifs. Dès lors, bien que le préjudice financier provienne directement du stratagème mis en place par l'action concertée des sociétés d'architectes, et de leur dirigeant, intervenue initialement il résultait aussi de l'absence de tout conseil efficient de la part de l'avocat [7].

912.107 Engagement de la responsabilité de l'avocat. Engage ainsi sa responsabilité :

• L'avocat dont la négligence a eu pour effet de faire perdre à son client une chance de faire triompher sa contestation, dès lors qu'il ne résulte pas des écritures, qu'il a exactement renseigné celui-ci sur la procédure qu'il était nécessaire de suivre s'il voulait refuser le paiement de marchandises en raison de vice caché. L'obligation de conseil imposant de préciser les voies de procédure à suivre tout en indiquant les motifs à même de faire douter d'une issue favorable de la procédure [8].

• L'avocat qui n'indique pas à son client les formalités nécessaires pour mettre en cause dans les délais légaux la compagnie d'assurances susceptible de couvrir les conséquences d'un sinistre [9].

• L'avocat qui omet de faire mention du point de départ, au jour de l'assignation, des intérêts dans ses écritures d'appel [10].

1. Civ. 1re, 16 sept. 2010, no 09-14.580, NP ; *LPA* 10 déc. 2010, no 246, p. 11, note Y. Dagorne-Labbé ; *RCA* 2010, no 321, obs. S. Hocquet-Berg.
2. Civ. 1re, 13 mars 1996, no 93-20.578, P I, no 132 ; *JCP* 1996. IV. 1035 ; *D.* 1996. 94 ; *D.* 1997. 102, obs. Y. Serra.
3. Versailles, 1re ch., 1re sect., 2 févr. 2018, RG no 16/08305.
4. *Civ. 1re, 10 juin 1997, no 95-17.213, NP.*
5. Civ. 1re, 27 nov. 2013, no 12-26.393, NP.
6. Com. 13 oct. 2009, no 08-10.430, NP ; *D.* 2009. 2842, note Y. Avril.
7. Civ. 3e, 3 déc. 2020, no 19-17.868, 19-20.259, P ; *JCP* 2021. 1436 ; *JCP* 2021. 272, no 17, obs. C. Caseau-Roche.
8. Paris, 29 sept. 1981, *Gaz. Pal.* 1982. 1. 124, note Y. Avril ; *in* A. DAMIEN, *Les grands arrêts*, Litec, 1991, p. 96 – TGI Paris, 1er juin 1983, *D.* 1985. 111, note A. Brunois.
9. TGI Paris, 1er juin 1983, *Gaz. Pal.* 1984. II. Somm. 471 ; – RAPPR. : Civ. 1re, 15 oct. 1985, no 84-12.309, P I, no 257 ; *JCP* 1986. IV. 1 ; *Gaz. Pal.* 1986. Pan. 37 – Civ. 1re, 20 sept. 2012, no 11-19.739, NP.
10. Civ. 1re, 10 févr. 2004 no 99-20.716, P I, no 44 ; *D.* 2004. 731.

• L'avocat, dont le client a été incarcéré et qui n'avait pas souligné l'importance du règlement d'une fraction du cautionnement fixé par le juge avant une convocation de ce dernier [1].

• L'avocat qui n'attire pas l'attention de ses clients sur les conséquences d'une prise de qualité d'héritiers sans réserve en ne sollicitant pas leurs instructions [2].

• L'avocat qui ne conseille pas à son client d'accepter une proposition transactionnelle avantageuse et obtient ensuite une somme moindre devant les juridictions [3], et il appartient à l'avocat de conserver la preuve des recommandations qu'il a émises en adressant la proposition de la partie adverse à son client [4].

• L'avocat qui conseille dans un cadre d'une opération de fusion, un schéma d'intégration fiscale qui ne pouvait pas se réaliser, et n'a à aucun moment, informé son client de l'irrégularité commise. Bien que les chances d'obtenir l'agrément nécessaire de l'administration fiscale étaient très réduites, l'avocat devait soumettre la question à son client et c'est à ce dernier, dûment conseillé, qu'il appartenait d'apprécier s'il pouvait légitimement faire valoir la nécessité économique d'une restructuration face aux difficultés que rencontrait son activité [5].

b.
Choix d'une stratégie

912.111 Choix d'une stratégie. L'avocat est responsable des arguments qu'il développe, des erreurs de droit qu'il commet : il doit choisir une stratégie [6] et choisir des moyens de droit adéquat.

Mais l'avocat n'a pour obligation que de tenter de faire valoir, par des moyens appropriés, la défense de son client. Il ne contracte aucune obligation quant au résultat judiciaire à obtenir [7].

Par ailleurs, n'engage pas sa responsabilité vis-à-vis de son client l'avocat qui ne lui a pas transmis ses conclusions avant de les déposer devant la juridiction qu'il avait choisie, dès lors que l'important échange intervenu entre l'avocat et son client traduisait l'information précise donnée par le premier au second sur la position qu'il avait adoptée en considération des observations et informations reçues de lui [8].

912.112 Engagement de la responsabilité de l'avocat. Engage ainsi sa responsabilité :

• L'avocat qui, en présence d'un commandement qui visait une clause résolutoire, aurait dû tout mettre en œuvre pour échapper au jeu de cette clause et qu'il aurait dû développer tous moyens de défense à l'appui de l'opposition audit commandement [9].

• L'avocat qui n'a pas attiré l'attention de son client sur l'opportunité de former un appel incident contre le jugement, tant pour éviter de voir la procédure éteinte en cas de désistement de l'adversaire de son appel principal que pour réclamer des dommages-intérêts supérieurs à ceux accordés par le jugement [10].

• L'avocat qui se contente de solliciter des délais de paiement sans contester la validité de l'engagement de caution de son client, fondement de la demande en paiement, et dont les conclusions constituent un acquiescement à cette même demande de paiement [11].

• L'avocat ayant conclu, dans une assignation en divorce, à la confirmation des mesures provisoires ordonnées par l'ordonnance de non-conciliation, alors que le jugement à intervenir met fin à l'obligation de secours né entre les époux, quelle qu'ait pu être sa connaissance des incertitudes de l'interprétation jurisprudentielle en la matière [12].

• L'avocat qui développe une argumentation inappropriée à la défense des intérêts de son client, et lui fait ainsi perdre une chance sérieuse d'obtenir la condamnation des constructeurs au paiement du coût des travaux [13].

• L'avocat qui n'exploite pas en moyen de défense la situation que lui expose le client [14].

• L'avocat qui n'attire pas l'attention de son client sur l'argument soulevé en défense tiré de l'absence de communication des déclarations de revenus, cette absence de justification de la situation fiscale du client conduisant notamment les juges du fond à limiter le montant de son préjudice professionnel [15].

1. TGI Paris, 24 mai 1989, *Gaz. Pal.* 1989. 2. Somm. 401.
2. Paris, 25 janv. 1989, *D.* 1989. 318.
3. Paris, ch. 1 A, 14 janv. 2003, *Gaz. Pal.* 5 juin 2003, p. 12, note J.-G. Moore.
4. Civ. 1re, 7 mai 2008, n° 06-14.836, NP.
5. Paris, pôle 2, ch. 1, 17 déc. 2019, RG n° 18/03807.
6. J.-C. Woog, M.-Ch. Sari, S. Woog, *Stratégie contentieuse du créancier*, 2e éd., Dalloz, 2006 – X. Vuitton, *Stratégie du contentieux : Théorie et méthode*, LexisNexis, 2020.
7. TGI Le Mans, ord. réf., 7 nov. 1983, *Gaz. Pal.* 1984. 1. Somm. 111 ; – *CONTRA* : TGI Paris, 17 mai 1989, *Gaz. Pal.* 1989. 2. Somm. 401.
8. Civ. 1re, 19 nov. 2009, n° 08-21.114, NP ; *JCP* 2010. 270, n° 13, obs. A. Tanaskovic ; *Gaz. Pal.* 11 mars 2010, p. 24, note M. Mekki.
9. Civ. 1re, 27 févr. 2001, n° 98-10.756, NP.
10. Civ. 1re, 24 avr. 2013, n° 12-20.400, NP.
11. Civ. 1re, 9 mai 1996, n° 94-14.022, P I, n° 191 ; *D.* 1996. 169.
12. TGI Laon, 26 mai 1987, *Gaz. Pal.* 1987. 2. Somm. 378 – Dijon, 27 janv. 1987, *D.* 1988. 238, note A. Brunois – Paris, 24 févr. 1987, *D.* 1988. 238, note A. Brunois.
13. Civ. 1re, 9 nov. 2004, n° 02-19.286, NP.
14. Lyon, 12 janv. 1932, *S.* 1933. 2. 46 ; *in* DAMIEN, *Les grands arrêts*, 1991, p. 84.
15. Civ. 1re, 30 avr. 2014, n° 13-11.667, NP ; *D. avocats* 2014. 211, obs. L. Dargent.

• L'avocat qui, dans une procédure de résolution de vente omet de conclure sur les restitutions chiffrées consécutives [1].

• L'avocat qui retarde une demande d'indemnité d'occupation en matière d'expropriation pour obtenir une indemnité supérieure, le terrain étant alors considéré comme nu et libre, conduisant à une déchéance quadriennale, faisant ainsi courir à ses clients un risque inéluctable sans contrepartie positive [2].

• L'avocat qui omet de conseiller à son client, faisant l'objet d'un commandement visant la clause résolutoire d'un bail commercial, de se maintenir dans les lieux dans l'attente d'une résiliation amiable ou unilatérale en bonne et due forme, et délivre un congé au bailleur, congé inefficace [3].

• L'avocat qui fait licencier un salarié reconnu inapte par la médecine du travail, alors que la procédure légale exigeait auparavant que l'employeur propose un reclassement au salarié [4].

Mais ne commet pas de faute, l'avocat qui, dans le cadre d'une procédure de nullité de la vente d'un domaine rural dont ses clients étaient locataires, qu'ils estimaient faite en fraude de leurs droits, pouvait raisonnablement conseiller à ses clients, sans risque normalement prévisible pour eux, de différer le paiement des fermages jusqu'à l'issue de la procédure de nullité de la vente, alors surtout qu'il avait pris soin d'aviser les créanciers qu'il conservait provisoirement les fonds à son compte à la Carpa, dès lors que la résiliation du bail trouvait sa cause non dans le dépôt à la Carpa du montant des fermages mais dans l'attitude fautive des époux qui, après le rejet de leur action en nullité de la vente, et malgré les conseils alors prodigués par leur avocat, avaient refusé pendant encore un an, de s'acquitter des fermages [5].

912.113 Mesures conservatoires. La stratégie [6] implique aussi que l'avocat prenne l'initiative de conseiller son client quant à la mise en œuvre de mesures conservatoires de nature à lui permettre de garantir le recouvrement de sa créance, d'autant qu'il appartient également à l'avocat de s'informer sur les éventuelles difficultés de paiement auxquelles doit faire face la partie adverse [7].

C'est ainsi qu'engage sa responsabilité l'avocat qui omet de mettre en œuvre les mesures, telles qu'une saisie conservatoire, qui, pratiquées à temps, sont de nature à faire obstacle aux propres mesures conservatoires de la partie adverse, en l'occurrence une saisie-attribution [8].

Tout comme commet une faute l'avocat qui néglige de mettre en œuvre les mesures conservatoires propres à garantir la créance de son client durant des pourparlers transactionnels [9].

C.
Information sur les voies de recours

912.121 Information sur les voies de recours existantes. Selon les termes mêmes de la jurisprudence, aux termes d'un arrêt rendu dans une affaire où un avocat avait adressé à son client la copie d'un jugement sans lui fournir aucune information sur la possibilité de faire appel ni sur les modalités d'exercice de ce recours : « la mission d'assistance en justice emporte pour l'avocat l'obligation d'informer son client sur les voies de recours existant contre les décisions rendues à l'encontre de celui-ci » [10].

L'avocat n'est pas seulement tenu d'informer son client sur les voies de recours existantes, mais est également tenu d'une obligation de conseil tant quant aux modalités suivant lesquelles il pourra exercer les voies de recours [11] que quant à l'opportunité même d'y recourir, tel que d'interjeter appel [12]. Il se doit également d'éclairer son client sur le sens et la portée de la décision rendue.

912.122 Engagement de la responsabilité de l'avocat. Engage ainsi sa responsabilité :

• L'avocat qui ne prend pas l'initiative d'appeler l'attention de ses clients sur l'opportunité d'exercer une voie de recours eu égard aux derniers développements de la jurisprudence [13].

• L'avocat qui n'a pas informé sa cliente d'un jugement du conseil des prud'hommes rejetant une

1. Civ. 1re, 15 mai 2007, n° 05-16.926, P I, n° 193 ; *D.* 2007. 1594 ; *JCP* 2007. I. 206, n° 13, obs. Ch. Jamin ; *D.* 2007. 2897, obs. Ph. Brun et P. Jourdain ; *RTD com.* 2008. 172, obs. B. Bouloc.
2. Paris, 10 janv. 1977, *Cts Jozon c/X...*, NP ; – CITÉ PAR : Y. Avril, *Responsabilité des avocats*, 3e éd., « Dalloz Référence », 2014, n° 19.
3. Montpellier, 1re ch., sect. A, 8 mars 2018, RG n° 17/03240, *Gaz. Pal.* 18 déc. 2018, p. 35.
4. Versailles, 1re ch., 1re sec., 2 févr. 2018, RG n° 16/08305.
5. *Civ. 1re, 28 juin 1983, n° 82-13.594* ; – CONTRE : Lyon, 24 juin 1982, *JCP* 1983. IV. 285.
6. J.-C. Woog, S. Woog et M.-Ch. Sari, *Stratégie contentieuse du créancier*, 2e éd., « Dalloz Référence », 2006.
7. Civ. 1re, 21 janv. 1997, n° 94-19.203, NP – V. ss n° 912.242.
8. Civ. 1re, 31 oct. 2012, n° 11-15.621, NP.
9. Versailles, 24 févr. 1994, *Gaz. Pal.* 15 sept. 1994, 12.
10. Civ. 1re, 13 nov. 1997, n° 95-14.141, P I, n° 303 ; *D.* 1997. 259 ; *Gaz. Pal.* 13 déc. 1997. Somm. 461 ; *Gaz. Pal.* 1998. Pan. 276.
11. Civ. 1re, 2 févr. 1994 n° 92-10.432 ; P I, n° 44 ; *JCP* 1994. IV. 886 ; *D.* 1994. 45 – Civ. 1re, 23 nov. 2000, n° 99-11.009, NP.
12. Civ. 1re, 29 avr. 1997, n° 94-21.217, P I, n° 132 ; *JCP* 1997. II. 22948, note R. Martin ; *CCC* 1997, n° 111, note L. Leveneur ; *LPA* 15 août 1997, note M. H. et V. Maleville ; *RCA* 1997, Comm. 231 et Chron. 19, par H. Groutel.
13. Civ. 1re, 5 mars 2009, n° 07-21.116, NP ; *JCP* 2009. 270, n° 15, obs. G. Pillet.

exception d'incompétence et de la nécessité ou de la possibilité de former contredit[1].

• L'avocat chargé d'un procès ayant pour objet l'indemnisation d'une personne blessée, alors qu'elle participait bénévolement à des travaux de battage et qui a obtenu une décision d'irrecevabilité, sans qu'il envisageât de former un pourvoi, faisant ainsi perdre une chance à la victime, compte tenu d'une jurisprudence constante que le spécialiste en la matière ne pouvait ignorer[2].

• L'avocat qui n'alerte pas son client quant au caractère exécutoire des décisions prononcées en référé, et ne l'alerte pas sur la gravité des conséquences liées au prononcé d'une astreinte[3].

d.
Limitation de l'obligation

912.131 Limite tenant au secret professionnel. L'obligation de conseil et d'information à laquelle l'avocat est tenu à l'égard de son client, trouve ses limites dans l'obligation de respecter le secret professionnel à laquelle l'avocat est impérativement tenu[4]. La Cour de cassation a eu l'occasion de le rappeler à l'occasion de deux arrêts qui concernaient des notaires.

Dans la première affaire, le client reprochait au notaire de ne pas l'avoir informé d'une autorisation d'extension d'exploitation de carrière sur des terrains à proximité du bien acquis, alors même que ce même notaire avait établi, en faveur de la société exploitante de carrières, deux attestations, dont l'une certifiait que la société exploitante de carrières avait acquis les fonds voisins de l'immeuble prospecté par le client. La Cour de cassation, après avoir constaté que le notaire, rédacteur de l'acte de vente, avait vérifié les conditions d'urbanisme en adressant au maire de la commune une demande générale de renseignements, laquelle est revenue avec la mention que le bien vendu ne se situait pas dans une zone de carrière, observe que l'extension d'exploitation de carrière a été autorisée, par arrêté préfectoral, près de deux ans après la vente litigieuse, de telle sorte qu'à la date de celle-ci, il n'y avait aucune certitude quant à la proximité à venir d'une installation classée dans un environnement proche du bien vendu et que les attestations notariées dont se prévalaient les acquéreurs, concernaient des cessions ou projets de cession, auxquels ceux-ci étaient tiers et à propos desquels le notaire était tenu au secret professionnel. Pour la Cour de cassation, le notaire n'était pas tenu de procéder à des vérifications par recoupement avec des éléments réunis à l'occasion d'un autre acte reçu en son office[5].

Dans la seconde affaire, un notaire a été condamné, sur renvoi après cassation[6], à verser au créancier saisissant du vendeur d'un terrain, une indemnité égale aux causes des saisies inefficaces, pour avoir omis d'informer l'huissier de justice instrumentaire, auquel il s'était contenté d'indiquer ne pas disposer des fonds de la vente à ce jour, d'une part, de l'identité réelle de l'acquéreur et d'autre part, de la date de réitération de la vente en la forme authentique. La Cour de cassation casse l'arrêt, au motif qu'en se déterminant ainsi, sans rechercher, comme elle y était invitée, si, au regard de la teneur de l'interpellation faite par l'huissier de justice, de telles informations n'étaient pas soumises au secret professionnel, la cour d'appel a privé sa décision de base légale[7].

912.132 Limites tenant au devoir de prudence. L'obligation de conseil a, également, pour limite celle que la prudence impose à l'avocat[8].

L'avocat se doit ainsi de conseiller son client avec prudence et ce, afin de ne pas conduire celui-ci à prendre des décisions qui lui seraient préjudiciables. Comme l'a noté la Cour de cassation, dans une affaire où un client reprochait à son avocat de ne pas l'avoir utilement conseillé en se limitant à rechercher, pendant près de cinq années, une solution alternative, sans engager d'action judiciaire notamment en désenclavement, il incombe ainsi à l'avocat de mettre en œuvre tous les moyens utiles de nature à assurer la défense des intérêts de son client et de prendre toutes les initiatives nécessaires, notamment en engageant une nouvelle action judiciaire en désenclavement dans les conditions légalement requises, ce qui ne faisait pas obstacle à la poursuite d'autres diligences en vue de parvenir à une solution alternative[9].

Lorsqu'il existe des incertitudes, notamment quant à l'évolution de la jurisprudence ou l'interprétation d'un texte, l'avocat se doit d'adopter la mesure nécessaire dans ses recommandations et assortir celles-ci des réserves qui s'imposent[10].

2°
Obligation renforcée en matière de rédaction d'actes

912.140 Plan – Spécificité de la rédaction d'actes. L'avocat, rédacteur d'acte, est tenu de veiller, d'une part, à l'utilité

1. Paris, 9 mai 1989 ; *D.* 1989. 196 – Paris, 17 mai 1989, *D.* 1989. 187 – Lyon, 5 oct. 1989, *D.* 1989. 289.
2. Civ. 1re, 18 nov. 1975, n° 74-12.596, P I, n° 332 ; *Gaz. Pal.* 1976. 2. Somm. 3 ; – RAPPR. : Grenoble, 14 févr. 1984, *Gaz. Pal.* 1984. 2. 753.
3. TGI Paris, 4 juin 2015, RG n° 14/01062.
4. V. ss nos 412.20 s.
5. Civ. 1re, 22 sept. 2016, n° 15-22.784, NP ; *RCA* 2016, n° 346.
6. Civ. 2e, 15 nov. 2012, n° 11-23.883, NP.
7. Civ. 1re, 22 sept. 2016, n° 15-12.289, NP ; *RCA* 2016, n° 346.
8. V. ss nos 912.231 s.
9. Civ. 1re, 14 avr. 2016, n° 15-18.003, NP.
10. V. ss nos 912.231 s.

et à l'efficacité dudit acte au regard de la volonté des parties, d'autre part, à l'équilibre de l'ensemble des intérêts en présence et, à cet effet, de conseiller les parties sur la portée des engagements par elles souscrits[1].

La rédaction d'actes, y compris d'un acte de procédure, induit une double obligation de conseil d'une part (a), et d'efficacité d'autre part (b), qui n'est pas propre à l'avocat mais relève d'un *corpus* commun à tous les professionnels rédacteurs d'actes : notaires[2], huissiers de justice[3], agents immobiliers[4]...

a.
Obligation de conseil en matière de rédaction d'actes

912.151 Renforcement de l'obligation de conseil. L'obligation de conseil de l'avocat s'étend particulièrement lorsque l'avocat est rédacteur d'actes[5].

L'avocat qui se trouve être le rédacteur unique d'un acte doit observer la plus stricte objectivité dans ses relations avec les parties[6] et veiller à l'équilibre des intérêts des parties[7] : l'avocat est tenu de veiller à assurer l'équilibre de l'ensemble des intérêts en présence et de prendre l'initiative de renseigner et de conseiller les deux parties à la convention sur la portée et les incidences des engagements souscrits de part et d'autre, et doit rapporter la preuve qu'il a rempli cette obligation personnelle et particulière à leur égard, quelles que soient leurs compétences personnelles[8], peu importe le fait que son concours ait été sollicité par un seul des contractants ou que l'acte ait été signé en son absence après avoir été établi à la demande d'une seule des parties[9].

L'avocat peut ainsi voir sa responsabilité engagée pour conseil insuffisant ou absence de conseil.

912.152 Portée de l'obligation de conseil en matière de rédaction d'actes. L'obligation de conseil auquel est tenu le rédacteur d'actes s'apprécie cependant au regard du but poursuivi par les parties et de leurs exigences particulières lorsque, dans ce dernier cas, l'avocat en a été informé[10].

C'est ainsi que, dès lors que le client fait volontairement le choix de ne pas mandater l'avocat au sujet de l'existence et de la validité d'une garantie, ne le chargeant pas du renouvellement de l'inscription et ne lui demandant pas de conseils à ce propos, la responsabilité dudit avocat est exclue au titre de la vérification et du renouvellement des garanties[11].

912.153 Rédaction de cahier des charges. En matière de rédaction de cahier des charges, « l'avocat rédacteur d'un cahier des charges est tenu d'une obligation de moyens consistant à éclairer le client qui devient l'adjudicataire ; [...] tout comme le notaire, il a, en rédigeant ce document qui va devenir la loi des parties, l'obligation d'exécuter les formalités substantielles et de rédiger un acte permettant au futur enchérisseur de fixer le montant maximum de son enchère »[12].

912.154 Engagement de la responsabilité de l'avocat. Engage ainsi sa responsabilité :

- L'avocat, chargé de la rédaction de la lettre de licenciement qui omet d'attirer, en temps utile, l'attention de sa cliente sur les conséquences financières de la rupture du contrat résultant de l'existence d'une clause de non-concurrence[13].
- L'avocat qui, à l'occasion d'un acte de cession de parts sociales, n'avertit pas son client (cédant) qu'en raison d'un accord préalable avec les cessionnaires, il restera tenu d'une partie du passif de la société en sa qualité de caution[14].
- L'avocat qui n'informe pas son client des conséquences fiscales d'une cession de parts sociales[15], ainsi que sur les formalités nécessaires à effectuer

1. Civ. 1re, 6 sept. 2017, n° 16-22.379, NP ; *RCA* 2018, n° 18.
2. J. de Poulpiquet, Ph. Brun, R. Crône, Ph. Pierre, *Responsabilité des notaires*, 3e éd., « Dalloz Référence », 2018, nos 13.00 s.
3. Civ. 1re, 12 sept. 2019, n° 18-17.783, P ; *D.* 2020. 1058, obs. I. Kloda.
4. Civ. 1re 14 nov. 2019, n° 18-21.971, P ; *D.* 2019 ; 2247 ; *D.* 2020. 356, obs. M. Mekki – Civ. 1re, 11 déc. 2019, n° 18-24.381, P ; *D.* 2019. 2408 ; *D.* 2020 356, obs. M. Mekki.
5. Paris, 7 janv. 1983 ; *Gaz. Pal.* 1984. 2. Somm. 431 ; *D.* 1985. 111, note A. Brunois ; *in* A. Damien, *Les grands arrêts*, Litec, 1991, p. 96 – V. ss nos 632.00 s.
6. Sur les conflits d'intérêts en matière de rédaction d'actes, v. ss nos 441.241 s.
7. RIN, art. 7.2.
8. Civ. 1re, 13 févr. 1974, n° 72-14.322, P I, n° 53 ; *Gaz. Pal.* 1974. 1. Somm. 123.
9. Civ. 1re, 27 nov. 2008, n° 07-18.142, P I, n° 267 ; *D.* 2009. Chron. 706, note Ch. Jamin ; *JCP* 2009. I. 120, n° 15, obs. Ch. Jamin ; *RLDC* 2009/57, n° 3285, obs. V. Maugeri ; *RTD civ.* 2009. 134, obs. P.-Y. Gautier – Douai, 1re ch., 2 févr. 2017, RG n° 15/03489.
10. Civ. 1re, 25 mars 2010, n° 09-12.294, P I, n° 72 ; *D.* 2010. Actu. 892 ; *AJDI* 2010. 911, obs. M. Thioye ; *JCP E* 2010. 1656, n° 1, obs. J.-B. Seube ; *Gaz. Pal.* 10 juin 2010, p. 24, note M. Mekki ; *RJ com.* 2010. 255, note C.-M. Bénard ; *Defrénois* 2010. 1684, note J.-B. Seube ; *Defrénois* 2010. 2214, note Latina ; *RDC* 2010. 851, obs. G. Viney.
11. Civ. 1re, 17 juin 2010, n° 09-15.697, P I, n° 135 ; *D. actu.* 29 juin 2010, obs. S. Bigot de La Touanne ; *JCP* 2010. 1068, n° 9, obs. G. Pillet ; *JCP E* 2011. 1251, n° 12, obs. Ph. Delebecque ; *Gaz. Pal.* 9 sept. 2010, p. 26, obs. Ch. Albigès ; *Dr. et pr.* 2011, *Suppl. Droit du recouvrement*, n° 4, p. 6, obs. O. Salati.
12. Aix-en-Provence, 6 févr. 1961 ; *D.* 1961. 306, note R. Savatier – Lyon, 10 mars 1988 ; *JCP* 1988. II. 21155 ; *Gaz. Pal.* 2 févr. 1989, 18, note M. Renard – V. ss nos 641.00 s.
13. Civ. 1re, 13 mars 1996, n° 93-20.578, P I, n° 132 ; *D.* 1996. 93 ; *D.* 1997. Somm. 102, note Y. Serra ; *Gaz. Pal.* 1996. 2. pan. 276.
14. Civ. 1re, 16 juill. 1998, n° 96-16.111, P I, n° 256.
15. Paris, 16 avr. 1996, *Gaz. Pal.* 1996. 2. 576, note J.-G. Moore – Civ. 1re, 18 déc. 2001, n° 98-20.246, P I, n° 321 ; *Defrénois* 2002. 1986 ; *RTD com.* 2003. 588, obs. F. Deboissy.

pour en bénéficier telles que l'option pour le régime de la TVA [1].

• L'avocat qui conseille un dirigeant de société à l'occasion de la cession de son fonds de commerce et dont le client a recherché la responsabilité civile professionnelle en lui reprochant, d'une part, un manquement à son obligation de conseil sur les incidences fiscales de la cession et, d'autre part, un pareil manquement quant au coût des majorations encourues du fait du contentieux administratif et quant au délai de pourvoi en cassation devant le Conseil d'État. Débouté par la cour d'appel, au motif principal que les parties étaient en désaccord sur la mission donnée au cabinet d'avocats, il se pourvoit devant la Cour de cassation qui décide que « le rédacteur d'acte, tenu de veiller à assurer l'équilibre de l'ensemble des intérêts en présence et de prendre l'initiative de conseiller les deux parties à la convention sur la portée et les incidences, notamment fiscales, des engagements souscrits de part et d'autre, peu important que son concours ait été sollicité par l'une d'elles, doit rapporter la preuve qu'il a rempli cette obligation à leur égard, quelles que soient leurs compétences personnelles » [2].

• L'avocat ayant rédigé des projets d'actes et donné des consultations dans la perspective d'une cession à un tiers ou à des coassociés et n'ayant pas attiré l'attention de son client sur les conséquences juridiques et fiscales de cette opération [3].

• Le clerc d'avocat, qui omet de prévoir une garantie de remboursement dans un contrat de prêt d'une somme importante, manquant ainsi à ses obligations d'information et de conseil [4].

• L'avocat rédacteur d'acte n'ayant pas alerté le client des risques auxquels il s'exposait faute de garantie ou de sûreté corrélative, alors qu'il ne pouvait ignorer la fragilité de la société en voie de constitution [5].

• L'avocat, chargé de rédiger les statuts d'une société d'exercice libéral à responsabilité limitée et de procéder aux formalités de constitution, et qui n'a pas fait figurer dans les statuts le choix du régime de l'imposition sur les plus-values, ce qui a valu aux associés un redressement fiscal [6] ; ou a commis une erreur concernant le régime fiscal des sociétés de personnes [7].

• L'avocat qui n'informe pas le vendeur des risques encourus en vendant son fonds à crédit, qui ne s'informe pas de la solvabilité apparente et de l'endettement de l'acquéreur et ne suggère pas au vendeur de prendre des garanties [8].

• L'avocat qui n'a pas pris l'initiative d'insérer dans l'acte de cession de parts une clause d'indivisibilité ou une condition suspensive permettant au cessionnaire d'être assuré de prendre le contrôle de la société. Il incombait en effet à l'avocat de satisfaire à son obligation, découlant, indépendamment du mandat donné, de son statut d'avocat rédacteur d'acte, d'informer son client sur le mécanisme des cessions en cause au regard de son objectif, fût-ce au prix d'un abandon de l'opération à l'initiative de l'un ou l'autre des cédants [9].

• L'avocat chargé de rédiger un bail commercial pour son client bailleur, qui omet de s'assurer de la substitution aux preneurs du bail d'une société en cours de formation, les formalités de substitution n'ayant pas été effectuées auprès du bailleur qui a alors délivré aux preneurs un commandement de payer visant la clause résolutoire : l'avocat devait veiller à l'équilibre des intérêts en présence et informer les preneurs sur ce qu'était une clause de substitution et sur le formalisme à suivre pour réaliser la substitution, sans que ce ne soit au preneur de solliciter des précisions [10].

• L'avocat chargé de rédiger des actes de cession de parts d'une société qui, informé de sa situation financière critique, n'informe pas le cessionnaire de la possibilité d'inclure une clause de garantie du passif en lui exposant les risques liés à son absence [11].

• L'avocat chargé de rédiger un acte de cession de fonds de commerce dans lequel il insère une clause prévoyant que le cédant s'engageait à prendre en charge le coût du rapport d'hygiène et de sécurité que le cessionnaire s'apprêtait à faire établir ainsi que le coût des travaux qui seraient prescrits à la suite de ce contrôle. Pour la cour d'appel, une telle clause fait naître un déséquilibre important entre les parties en présence au détriment du cédant qui s'engageait sans connaître l'étendue de son obligation. L'avocat n'a pas informé au préalable le cédant des conséquences financières d'une telle clause, ni cherché une solution pour préserver les intérêts en présence [12].

1. Civ. 1re, 31 janv. 2008, n° 07-10.320, NP.
2. Civ. 1re, 5 févr. 2010, n° 09-11.591, NP.
3. Paris, 16 avr. 1996, *Gaz. Pal.* 21 nov. 1996, p. 15, note J.-G. Moore.
4. Civ. 1re, 14 janv. 1997, n° 94-16.769, P I, n° 18 ; *JCP* 1997. IV. 455 ; *Gaz. Pal.* 1997. Pan. 227 – Civ. 1re, 13 mars 1996, n° 93-20.578, P I, n° 132 ; *D.* 1997. Pan. 102, obs. Y. Serra.
5. Rennes, 24 févr. 1998, *Gaz. Pal.* 13 juin 1998. Somm. 19.
6. Civ. 1re, 18 déc. 2001, n° 98-20.246, P I, n° 321 ; *Defrénois* 2002. 1386, note A. Chappert ; *JCP* 2002. I. 136, n° 26, Chron. R. Martin ; *RTD com.* 2003. 588, obs. F. Deboissy.
7. Lyon, 20 juin 2002, *JCP* 2003. IV. 1202.
8. Paris, 19 oct. 1995, *Gaz. Pal.* 1996. 2. 349.
9. Civ. 1re, 5 mai 2004, n° 01-11.196, NP.
10. Douai, 1re ch., 2 févr. 2017, RG n° 15-03489.
11. Paris, pôle 2, ch. 1, 5 nov. 2019, RG n° 17/23232.
12. Paris, pôle 2, ch. 1, 27 févr. 2018, RG n° 16/23254.

b.
Obligation d'efficacité en matière de rédaction d'actes

912.161 Efficacité de l'acte : de l'obligation de moyen à l'obligation de résultat. Dans le domaine de la rédaction d'acte[1], la responsabilité de l'avocat s'est progressivement rapprochée de la responsabilité notariale, au sujet de laquelle il a pu être précisé que le notaire est tenu de vérifier, par toutes investigations utiles, spécialement lorsqu'il existe une publicité légale, les déclarations faites par le vendeur et qui, par leur nature ou leur portée juridique, conditionnent la validité ou l'efficacité de l'acte qu'il dresse, et que la faute intentionnelle ne prive pas le vendeur de tout recours contributif contre le notaire qui, ayant prêté son concours à la rédaction d'un acte dolosif, peut être tenu de le garantir partiellement, en considération de la faute professionnelle qu'il a commise[2].

L'obligation de résultat se substitue ici à l'obligation de moyens, car il doit alors en assurer la validité mais également l'efficacité. Cette obligation est non seulement imposée par la jurisprudence, mais aussi par l'article 9 du décret du 12 juillet 2005 selon lequel : « l'avocat rédacteur d'un acte juridique assure la validité et la pleine efficacité de l'acte selon les prévisions des parties. Il doit refuser de participer à la rédaction d'un acte ou d'une convention manifestement illicite ou frauduleux. Sauf s'il en est déchargé par les parties, il est tenu de procéder aux formalités légales ou réglementaires requises par l'acte qu'il rédige et de demander le versement préalable des fonds nécessaires ».

912.162 Portée de l'obligation d'efficacité. L'obligation d'efficacité incombant à l'avocat dans l'accomplissement de sa mission d'élaboration des documents fiables, en vue de l'approbation des comptes et de la gestion de l'exercice, et d'assistance lors des négociations relatives à la cession des actions d'une société, implique l'obtention et l'examen de tous les documents sociaux utiles, tels que le registre spécial des délibérations du conseil d'administration[3].

En revanche, l'avocat n'a pas à vérifier la véracité des actes antérieurs qui lui sont soumis tant qu'ils ne contiennent aucun élément de nature à en faire douter de la véracité et de la sincérité[4]. De même que l'avocat rédacteur d'un acte n'est pas tenu, en l'absence de tout élément particulier de nature à éveiller ses soupçons, de prendre spontanément l'initiative de s'assurer de la sincérité des affirmations d'une des parties ou de la viabilité économique et financière de l'opération projetée[5].

912.163 Engagement de la responsabilité de l'avocat. Engage ainsi sa responsabilité :

• L'avocat poursuivant une vente à la barre qui n'a pas suffisamment décrit une servitude ou une charge[6].

• L'avocat rédacteur d'acte n'éclairant pas les parties sur la portée de l'acte qu'elles se proposent de conclure avec son concours et s'abstenant de prendre toutes dispositions utiles pour assurer la validité et l'efficacité de l'acte conformément à la volonté poursuivie[7].

• L'avocat qui n'a pas pris la peine de vérifier la capacité des parties à l'acte ou les pouvoirs de la personne signataire de l'acte (solution sur la responsabilité d'un notaire transposable à l'avocat)[8].

• L'avocat qui omet des mentions essentielles à un acte de cession de bail[9].

• L'avocat rédacteur d'une reconnaissance de dette, qui omet les mentions manuscrites indispensables de l'article 1326 du code civil en ne veillant pas à ce que ces actes comportent l'ensemble des mentions manuscrites indispensables à leur pleine efficacité juridique et en ne mentionnant pas l'indication du taux contractuel des intérêts, faisant perdre à son client le bénéfice des intérêts conventionnels[10].

• L'avocat qui se prête à la rédaction d'un bail et d'un acte de vente ne portant pas les indications relatives aux chiffres d'affaires et aux bénéfices commerciaux des trois dernières années, sans même

1. V. s^s n°s 632.00 s.
2. Civ. 1re, 11 janv. 2017, n° 15-22.776, P ; *Gaz. Pal.* 25 avr. 2017, p. 27, obs. M. Mekki.
3. Civ. 1re, 14 oct. 2010, n° 09-13.840, P I, n° 196 ; *D.* 2010. 2516 ; *Rev. sociétés* 2011. 223, note S. Poracchia ; *JCP* 2011. 468, n° 19, obs. G. Pillet ; *BJS* 2010. 969, note J.-F. Barbiéri.
4. Civ. 1re, 25 nov. 2010, n° 09-70.767, P I, n° 243 ; *D.* 2010. Actu. 2910 ; *JCP* 2011. 468, n° 19, obs. G. Pillet ; *Gaz. Pal.* 1er-3 mai 2011, p. 15, note Cl. Brenner.
5. Civ. 1re, 14 janv. 1997, n° 94-16.769, P I, n° 18 – Civ. 1re, 22 sept. 2011, n° 10-19.003, NP ; *Gaz. Pal.* 8 févr. 2012, p. 24, note M. Mekki ; *D.* 2011. 2644, note B. Dondero – Civ. 1re, 30 mai 2012, n° 11-16.944, NP – Paris, pôle 2, ch. 1, 3 mai 2016, RG n° 15/03061 ; *JCP* 2016. 1086, n° 22, obs. S. Grayot-Dirx ; – À PROPOS D'UN NOTAIRE : Civ. 1re, 4 nov. 2011, n° 10-19.942, P I, n° 193 ; *Gaz. Pal.* 8 févr. 2012, p. 24, note M. Mekki ; *D.* 2011. 2793 ; *AJDI* 2012. 52.
6. Aix-en-Provence, 6 févr. 1961, *D.* 1961. 306, note R. Savatier – Rennes, 14 févr. 1972 ; – CASSÉ PAR : Civ. 1re, 13 févr. 1974, n° 72-14.322, P I, n° 53 ; *Gaz. Pal.* 1974. 1. Somm. 123 ; – RAPPR. : Versailles, 8 janv. 1985 ; *Gaz. Pal.* 1987. 2. Somm. 110 ; – RAPPR. : T. Paris, 1er févr. 1989 ; *JCP* 1989. II. 21374 : omission par un notaire de la publication d'une vente immobilière.
7. Paris, 19 oct. 1995 ; *Gaz. Pal.* 15 juill. 1996, 12.
8. Com. 12 nov. 1969, P IV, n° 328.
9. Aix-en-Provence, 10 mars 1980 ; *Gaz. Pal.* 1980. 1. 269 ; *in* DAMIEN, *Les grands arrêts*, 1991, p. 81.
10. Civ. 1re, 24 juin 1997, n° 95-11.380, P I, n° 210 ; *JCP* 1997. II. 22914, note R. Martin ; *Gaz. Pal.* 1998. Pan. 2.

avoir vérifié si la comptabilité empêchait réellement de fournir les résultats[1].

• L'avocat ayant rédigé un acte nul privant ainsi ses clients du prix qu'ils entendaient retirer de la vente de leur affaire[2].

• L'avocat intervenu pour le compte d'époux sans engagement personnel souscrit par l'épouse, au regard des dispositions de l'article 1415 du code civil[3].

• L'avocat qui a établi un projet d'acte de cession de fonds de commerce et qui a commis une négligence en omettant, dans la rédaction de ce document, de prévoir l'hypothèse où une clause du bail aurait apporté des restrictions en matière de cession de fonds de commerce, ce qui avait eu pour conséquence de priver l'acte d'efficacité, les bailleurs ayant obtenu la résiliation du bail en vertu de la clause exposant que sous peine de cette sanction ils devaient être appelés à la cession pour que celle-ci leur fût opposable[4].

• L'avocat, rédacteur d'un acte de cession de fonds de commerce, qui n'a pas indiqué à son client qu'en cas de défaillance de l'acquéreur du fonds et malgré la clause figurant dans l'acte, il resterait tenu envers le bailleur des travaux locatifs à l'exécution desquels il a été condamné et a omis de prévoir une garantie de paiement en cas de non-respect de la clause prévoyant que les travaux étaient à la charge de l'acquéreur, impliquant que « l'acte litigieux n'a pas rempli la mission que le client souhaitait lui voir impartie de mettre définitivement un terme aux difficultés rencontrées avec un tiers, moyennant un prix de cession intéressant pour l'acquéreur »[5].

• L'avocat qui s'est référé à un compromis établi par un agent immobilier ou à un acte d'huissier décrivant insuffisamment les lieux[6].

• L'avocat qui rédige un acte de cession de droit d'auteur sans vérifier si son client, le cédant, est bien titulaire des droits cédés[7].

• L'avocat qui chargé de rédiger l'acte de cession des droits d'exploitation et d'adaptation de deux œuvres de Salvador Dali n'a pas pris toutes les dispositions utiles pour garantir son client contre les risques d'insolvabilité de l'acquéreur ne prévoyant qu'une simple clause de caducité en cas de défaut de paiement du prix, sans prévoir que le solde du prix deviendrait immédiatement exigible, ni obliger l'acquéreur à prendre une garantie bancaire irrévocable[8].

912.164 Obligation de résultat : accomplissement des formalités subséquentes. L'efficacité de l'acte implique en outre que l'avocat se doit de conseiller ou d'exécuter les formalités subséquentes[9].

Cette responsabilité donne lieu à une jurisprudence aussi abondante que sévère à l'encontre des avocats, à l'image de celle relative à la responsabilité notariale qui peut être étendue à l'avocat[10].

912.165 Portée des formalités subséquentes. La jurisprudence rappelle régulièrement, dans des termes similaires, que l'avocat ne peut, en l'absence de stipulation formelle, concevoir sa mission de façon étroite et que s'il a accepté de rédiger un acte il doit également conseiller et exécuter les « formalités subséquentes »[11] ou que « dans l'exécution de sa mission de rédacteur d'actes, l'avocat doit accomplir toutes les diligences nécessaires pour assurer la validité et la pleine efficacité de l'acte selon les prévisions des parties ; à cet égard, il doit procéder aux formalités subséquentes imposées par la loi ou par des stipulations contractuelles »[12].

La Cour de cassation relève ainsi, s'agissant d'un acte de prêt, « qu'en sa qualité de rédacteur de l'acte de prêt il a manqué, d'abord, à son obligation de conseil, qui lui imposait en particulier de vérifier l'état des inscriptions d'hypothèque ou la valeur de la garantie stipulée au profit du prêteur, et encore à celle de prendre avec diligence toutes dispositions utiles pour assurer l'efficacité de cet acte »[13]. De même que si le mandat confié à l'avocat pour préparer des cessions n'implique pas sa substitution à son client pour les modalités d'exécution de ses obligations et il lui appartient de s'assurer, conformément à l'acte qu'il a lui-même rédigé, de la persistance de la défaillance de l'acquéreur, par une sommation

1. Civ. 1re, 17 déc. 1996, n° 94-19.478, P I, n° 453 ; *Gaz. Pal.* 1997. Pan. 53.
2. Paris, 14 juin 1996 ; *Gaz. Pal.* 17 oct. 1996, 21.
3. Paris, 20 janv. 1998 ; *Gaz. Pal.* 18 avr. 1998, 28.
4. Paris, 23 juin 1980 ; *Gaz. Pal.* 1981. 1. Somm. 92, note A. Brunois – Civ. 1re, 12 janv. 1982, n° 80-16.456, P I, n° 11 ; *Gaz. Pal.* 1982. 2. pan. 186 – Paris, 4 juin 1993, *Gaz. Pal.* 13 juill. 1993, 23.
5. Paris, pôle 2, ch. 1, 8 déc. 2015, RG n° 14/17928.
6. Paris, 23 janv. 1984, *Gaz. Pal.* 1984. 1. Somm. 16 ; – AUSSI : Civ. 1re, 12 janv. 1982, n° 80-16.456, P I, n° 11 ; *Gaz. Pal.* 1982. 2. pan. 186 ; *D.* 1982. 176 – Civ. 1re, 1er oct. 1986, n° 84-13.800, P I, n° 229 ; *Gaz. Pal.* 1986. Pan. 246 ; *JCP* 1987. II. 20825, note A. Viandier.
7. Civ. 1re, 7 déc. 1999, n° 96-14.219, NP.
8. Civ. 1re, 6 sept. 2017, n° 16-22.379, NP ; *RCA* 2018, n° 18.
9. Décr. n° 2005-790, 12 juill. 2005, art. 9.
10. Civ. 1re, 10 déc. 1985, n° 84-15.015, P I, n° 340 ; *JCP* 1987. II. 20749, note J.-F. Pillebout – Aix-en-Provence, 27 juin 1984, *D.* 1987. 105, note A. Brunois – Civ. 1re, 24 mars 1987, n° 85-12.571, P I, n° 103 ; *Gaz. Pal.* 1987. Pan. 148 ; *D.* 1989. Somm. 70, note A. Brunois – Basse-Terre, 2 avr. 1987, *Gaz. Pal.* 1987. 2. 446 – Paris, 17 sept. 1993, *D.* 1993. 270.
11. TGI Limoges, 17 mai 1975 et Paris, 31 oct. 1974 ; CITÉS PAR : Y. Avril, *Responsabilité de l'avocat,* Dalloz, 1981, n° 21.
12. Paris, 17 sept. 1993, *D.* 1993. 230.
13. Civ. 1re, 5 févr. 1991, n° 89-13.528, P I, n° 46 ; *JCP* 1991. IV. 124.

directement adressée à l'intéressé dans une des formes requises à l'acte et par un procès-verbal de carence à la date de signature proposée. En se dispensant de ces formalités indispensables à l'application de la sanction du dédit, l'avocat a commis une faute qui a engagé sa responsabilité civile tant envers l'acquéreur qu'envers les cédants [1].

Mais l'obligation de conseil et d'information ne s'étend pas, sauf mission particulière confiée à celui-ci, à la réalisation de formalités extrinsèques à l'acte qui ne relèvent que de la seule initiative des parties [2].

912.166 Engagement de la responsabilité de l'avocat. Engage ainsi sa responsabilité :

• L'avocat, rédacteur d'un acte de cession de fonds de commerce, s'il ne prévient pas sa cliente venderesse du fonds, de la nécessité d'obtenir l'accord du propriétaire pour obtenir la déspécialisation [3].

• L'avocat rédacteur d'un acte de cession de fonds de commerce et séquestre du prix qui, en accomplissant tardivement les formalités légales d'enregistrement et de publicité et en ayant omis de demander à l'acquéreur de lui verser la provision nécessaire à cette fin, a retardé la levée des oppositions de telle sorte que les billets à ordre séquestrés entre ses mains en paiement du prix sont demeurés bloqués jusqu'à la liquidation des biens de la société venderesse, rendant désormais impossible toute libération du prix de cession entre les mains du tiers bénéficiaire [4].

• L'avocat, chargé par une société d'effectuer les actes de transformation de sa forme juridique et de ses statuts, et qui omet de signifier au bailleur la transformation de la société locataire, alors que le bail prescrit à peine de résiliation cette notification [5].

• L'avocat qui néglige, pendant près de deux mois, sans raison légitime, de procéder aux formalités indispensables à l'exécution d'un jugement d'adjudication, exposant ses clients au risque de folle enchère [6].

• L'avocat-séquestre auquel un chèque est remis, la somme devant être versée au promettant à titre d'indemnité forfaitaire d'immobilisation en cas de non-réalisation de la cession, et qui ne prend pas toutes mesures utiles pour en assurer l'efficacité alors qu'il avait rédigé lui-même l'acte, qui mettait une obligation de séquestre à sa charge, et lui était nécessairement opposable, de telle sorte qu'il lui appartenait, en vertu de son obligation de conseil, de prendre toutes mesures utiles pour en assurer l'efficacité [7].

• L'avocat chargé par un organisme de crédit de recouvrer une créance et d'en garantir le paiement par une inscription judiciaire provisoire sur les immeubles du débiteur. L'inscription fut bien prise, mais pas renouvelée à l'expiration du délai et l'avocat fut jugé responsable : l'avocat qui a reçu mandat à l'occasion de l'inscription d'une mesure conservatoire « doit assurer la garantie non seulement du capital et des intérêts échus mais aussi des intérêts à échoir et les frais prévisibles et ce, tant lors de l'inscription que lors du renouvellement » [8].

C. Manquement à l'obligation de dévouement et diligence

912.170 Plan. L'obligation de dévouement et de diligence de l'avocat s'apprécie au regard de sa teneur et de son étendue (1°), et se caractérise, notamment, dans l'accomplissement des formalités requises (2°) et la conduite des procédures (3°).

1° Teneur et étendue de l'obligation

912.181 Accomplissement par l'avocat de sa mission. L'avocat est responsable du bon déroulement de la mission qui lui est confiée et se doit d'effectuer, à cet effet, toutes les tâches qui lui incombent en vertu de la législation et de la réglementation en vigueur. Il a l'obligation d'informer son client du déroulement de la mission de manière régulière [9]. Tout manquement, toute abstention fautive, entraîne la mise en jeu de sa responsabilité civile.

L'avocat doit ainsi être particulièrement consciencieux dans l'exécution de ses obligations, notamment en matière procédurale face aux multiples chausse-trappes qui peuvent émailler une procédure telles que, pour ne citer que les plus récentes, l'obligation de saisine du juge de la mise état par des conclusions spécialement motivées [10], les délais de péremption [11], les audiences fixées lointainement, « aucune disposition du code de procédure civile ne prévoyant un délai maximum entre la convocation

1. Paris, 8 déc. 1989 ; *Gaz. Pal.* 27 oct. 1990, 12.
2. Civ. 1re, 23 mars 2004, n° 01-03.903, NP.
3. TGI Limoges, 17 mai 1975 et Paris, 31 oct. 1974 ; CITÉS PAR : Y. Avril, *Responsabilité de l'avocat*, Dalloz, 1981, n° 21.
4. Paris, 21 avr. 1980, *Gaz. Pal.* 1981. 1. Somm. 79.
5. Paris, 17 sept. 1993, *D.* 1993. 230.
6. Paris, 4 mars 1993, *D.* 1993. 497, note J. Prévault.
7. Civ. 1re, 8 juill. 1994, 92-16.217, P I, n° 238 ; *Dr. et patr.* oct. 1994, 83, obs. P. Chauvel ; *Gaz. Pal.* 1994. Pan. 228.
8. Civ. 1re, 19 mai 1999, n° 96-20.332, P I, n° 164 ; *D.* 2000. 153, note B. Blanchard.
9. Bordeaux, 11 mars 1983, *Gaz. Pal.* 1983. 2. 384.
10. Civ. 2e, 12 mai 2016, n° 14-25.054, P ; *D.* 2016. 1290, note C. Bléry ; *D.* 2016. 1886, Chron. H. Adida-Canac, T. Vasseur, E. de Leiris, G. Hénon, N. Palle, O. Becuwe et N. Touati ; *D.* 2017. 422, obs. N. Fricero.
11. Civ. 2e, 16 déc. 2016, n° 15-26.083, P ; *D.* 2017. 141, note C. Bléry ; *D.* 2017. 422, obs. N. Fricero – Civ. 2e, 16 déc. 2016, n° 15-27.917, P ; *D.* 2017. 141, note C. Bléry ; *D.* 2017. 606, obs. E. de Leiris ; *D.* 2017. 422, obs. N. Fricero.

et la date de l'audience »[1], la nécessité, en cas d'appel sur une déclaration de créances, de ne pas omettre un débiteur lié[2], l'obligation de concentration des moyens[3]. Il doit aussi être vigilant et prudent face aux changements incessants des textes et aux ambiguïtés d'interprétation qui les animent.

Mais nul n'étant tenu à l'impossible, le client qui n'établit pas que son avocat aurait manqué à son obligation de diligence et d'efficacité dans la gestion du dossier, ni qu'un autre avocat aurait permis d'obtenir un succès plus rapide, dès lors que la durée de la procédure résultait de l'opiniâtreté de la partie adverse dans l'exercice de sa défense, ne saurait reprocher la moindre faute à celui-ci[4].

912.182 **Portée de l'obligation.** L'avocat doit, tout d'abord, être présent aux côtés de son client et lui prêter son ministère. Le dommage subi par le client, du fait de l'absence de défense dont il a été victime, en raison de l'abstention de son avocat, ouvre droit à réparation. En effet on ne peut affirmer qu'un dossier se suffirait à lui-même et que toute plaidoirie serait inutile, de toute façon la présentation d'arguments par l'avocat aurait contraint la juridiction de statuer sur ceux-ci, ne serait-ce que pour les réfuter et aurait dès lors fait perdre au plaideur ses illusions sur la valeur de ses arguments[5].

Mais, on ne saurait reprocher à un avocat qui a exposé par voie d'assignation et de conclusions écrites l'argumentation de son client et qui a remis au juge un dossier comportant toutes les pièces utiles dont son client entendait faire état, de ne pas plaider à condition que la nature du litige, tant en droit qu'en fait, et les éléments du dossier, ne rendent pas nécessaire une intervention orale pour expliciter ou soutenir certains points[6].

912.183 **Substitution d'avocats.** L'avocat est, en principe, tenu d'exécuter personnellement la mission qui lui a été confiée. L'absence de l'avocat à la barre, même s'il s'y fait remplacer par un confrère mais sans en avoir avisé le client, lorsque son ministère se limite à cette prestation, peut entraîner sa responsabilité. Sous réserve toutefois que soit démontré un préjudice[7], lequel souvent se limitera aux frais et honoraires[8].

Lorsqu'un avocat appartient à une structure d'exercice disposant d'associés ou de collaborateurs il est admis qu'il peut, en principe, se faire substituer par l'un des membres du cabinet, sans en aviser préalablement son client[9]. En effet, dans cette situation, on considère, en principe, que le client s'est adressé à une structure, plus qu'à un avocat en particulier et qu'il est normal que l'affaire soit plaidée par l'un de ses associés ou collaborateurs de l'avocat qu'il a rencontré. Malgré tout, l'avocat sera personnellement responsable des négligences et fautes de la personne qu'il s'est substitué[10].

912.184 **Engagement de la responsabilité de l'avocat.** Engage ainsi sa responsabilité :

• L'avocat qui omet de s'assurer de la validité du mandat qui lui a été donné au regard l'action à engager[11].

• L'avocat qui omet de vérifier l'existence de la personne morale qu'il assigne[12].

• L'avocat qui trompe son client en lui faisant croire à l'existence d'une procédure qu'il n'a pas diligentée[13] ou encore de celui qui omet de se constituer alors qu'il a été chargé d'une mission de postulation[14]. Mais la responsabilité civile professionnelle de l'avocat qui ne s'est pas présenté à une audience ne saurait être engagée en raison de la radiation du rôle qui en résulte, dès lors que la sanction de la radiation n'affecte pas le lien d'instance, l'avocat pouvant toujours solliciter sa réinscription au rôle. Le client ne saurait ainsi se prévaloir de ce seul fait, de la perte de chance de triompher en justice[15].

1. Civ. 2e, 9 juill. 2015, n° 14-15.209, P ; *D.* 2015. 1548 ; *D.* 2015. 1791, Chron. H. Adida-Canac, T. Vasseur, E. de Leiris, L. Lazerges-Cousquer, N. Touati, D. Chauchis et N. Palle ; *D.* 2016. 449, obs. N. Fricero.
2. Com. 15 nov. 2016, n° 14-29.885, P ; *Gaz. Pal.* 6 déc. 2016, p. 47 ; *D.* 2016. 2334 ; *RTD com.* 2017. 181, obs. A. Martin-Serf.
3. EN DERNIER LIEU : Civ. 1re, 12 mai 2016, nos 15-16.743, 15-18.595, P ; *D.* 2016. 1083 ; *D.* 2017. 422, obs. N. Fricero ; *RTD civ.* 2016. 923, obs. P. Théry.
4. Civ. 1re, 12 mai 2016, n° 15-17.062, NP.
5. Nantes, 20 déc. 1977, *D.* 1978. 302 – Versailles, 31 mai 1988, *Gaz. Pal.* 24 déc. 1988 ; – et : Chron. P. Estoup sur le rôle de la plaidoirie et la responsabilité de l'avocat, *Gaz. Pal.* 24 déc. 1988, 2 – P. Estoup, « Le dossier de plaidoirie », *Gaz. Pal.* 12 avr. 1990, 2.
6. Dijon, 7 sept. 1993 ; *D.* 1995. 164.
7. TI Nice 22 déc. 1959, *D.* 1960. 400, note P. Mimin – TGI Vienne, ch. 1, 16 janv. 1964, *JCP* 1964. IV. 4455 – V. ss nos 912.372 s.
8. T. civ. Bordeaux, 14 févr. 1887 ; *DP* 1887. 3. 96 – V. ss n° 912.424.
9. V. ss nos 342.23 s.
10. Paris, 16 mai 1963, *D.* 1963. 692 – Civ. 1re, 16 mars 1965, P I, n° 194 ; *D.* 1965. 425 – Bordeaux, 11 mars 1983, *Gaz. Pal.* 1983. 2. 384 – Civ. 1re, 11 juill. 1983, n° 83-11.590, P I, n° 202 ; *JCP* 1983. IV. 355 ; *Gaz. Pal.* 1984. 1. 152, note A. Damien – Créteil, 16 sept. 1987, *Gaz. Pal.* 25 févr. 1989. Somm. 15 ; – EN MATIÈRE FISCALE : Paris, ch. 1, 12 oct. 1998, *Gaz. Pal.* 8 avr. 1999. Somm. 26.
11. Civ. 1re, 28 janv. 1992, n° 89-17.661 ; P I, n° 29.
12. Civ. 1re, 26 sept. 2012, n° 11-16.959, NP ; *D.* 2013. 136, obs. Th. Wickers.
13. Paris, 7 nov. 1988 ; *D.* 1988. 290 – Versailles, 1re ch., 1re sect., 2 févr. 2018, RG n° 16/08305.
14. TGI Vienne, ch. 1, 16 janv. 1964, *JCP A* 1964. IV. 4455.
15. Civ. 1re, 10 avr. 2013, n° 12-18.193, P I, n° 69 ; *D. avocats* 2013. 238, note G. Royer ; *D.* 2013. 1073 ; *JCP* 2013. 605, note G. Deharo ; *LPA* 17 juin 2013, p. 14, note A. Seid Algadi ; *RD banc. fin.* 2013, n° 163, note S. Piedelièvre.

• L'avocat qui n'a pas fait parvenir de dossier à un expert, et n'a assisté à aucun rendez-vous fixé par lui, engage sa responsabilité par ses négligences qui constituent de sa part des manquements à ses obligations. La négligence dont cet avocat a fait preuve lors du déroulement des opérations d'expert, et qui a d'ailleurs été soulignée par celui-ci lors du dépôt de son rapport, a causé un préjudice certain à son client. En admettant que le client n'ait pas fait parvenir à l'avocat les pièces et documents utiles à sa défense, il appartenait à ce dernier de lui réclamer ou en tout cas de le mettre en garde sur les conséquences de son inertie[1].

• L'avocat qui commet des erreurs dans la conduite de la procédure en matière de vente sur licitation d'un immeuble indivis et d'erreur sur les origines de propriété[2] ; ou en matière d'expropriation[3].

• L'avocat remplacé par le client après avoir délivré une assignation s'abstenant d'informer son successeur, de sorte que le client qui n'a pas soutenu la demande présentée en son nom, en a été débouté[4].

• L'avocat qui ne se présente pas à l'audience de plaidoirie à moins qu'il ne soit pas établi que l'avocat n'avait pas été averti du jour retenu pour les plaidoiries[5].

• L'avocat ne se préoccupant pas à temps d'obtenir la grosse d'un arrêt de son postulant[6] ou qui n'informe pas en temps utile son client du prononcé de l'arrêt, le privant ainsi de la faculté de former un pourvoi[7].

• L'avocat qui omet de prendre une hypothèque provisoire[8] ou de renouveler une inscription[9].

• L'avocat ayant perdu des pièces et notamment des clichés photographiques en dépôt pour les besoins d'une procédure[10].

1. TGI Paris, 13 nov. 1989, *Gaz. Pal.* 30 août 1990, 6.
2. Versailles, 8 janv. 1985, *Gaz. Pal.* 1987, Somm. cours et trib. 13.
3. Paris, 25 mai 1987, *D.* 1989. Somm. 71, note A. Brunois.
4. Civ. 1re, 1er déc. 1993, no 91-21.740, NP ; *D.* 1995. 166, note A. Brunois.
5. T. civ. Bordeaux, 14 févr. 1887, *D.* 1887. II. 96 – T. civ. Nice, 22 déc. 1959, *D.* 1960. 440, note P. Mimin – Paris, 16 mai 1963, *D.* 1963. 692 – Civ. 1re, 16 mars 1965, P I, no 194 ; *D.* 1965. 425 ; – RAPPR. : Bordeaux, 11 mars 1983, *Gaz. Pal.* 1983. 2. 384.
6. Paris, 5 juill. 1994, *Gaz. Pal.* 14 janv. 1995, 21.
7. Dijon, 26 mars 1996, *Gaz. Pal.* 11 févr. 1997, 29 ; – AUSSI : Paris, 29 sept. 1981, *Gaz. Pal.* 1982. 124, note Y. Avril ; *in* DAMIEN, *Les grands arrêts*, 1991, p. 96.
8. Rennes, 12 oct. 1974 ; CITÉ PAR : Y. Avril, *Responsabilité de l'avocat,* Dalloz, 1981, no 33.12 ; – RAPPR. : Aix-en-Provence, 10 mars 1980 ; *Gaz. Pal.* 1980. 1. 269 ; *in* DAMIEN, *Les grands arrêts*, 1991, p. 81 ; – RAPPR. : Lyon, 9 déc. 1981, *JCP* 1983. IV. 352.
9. Civ. 1re, 13 juill. 1982, no 81-14.425, P I, no 261 ; *JCP* 1982. IV. 337.
10. Paris, 15 sept. 1994, *Gaz. Pal.* 14 janv. 1995, 24.

• L'avocat qui omet de mettre une pièce dans le dossier de plaidoirie conduisant la juridiction à se prononcer en l'absence de cette pièce[11] ou omet de produire en justice une pièce importante[12], mais encore faut-il que les pièces dont le client fait le reproche à l'avocat de ne pas les avoir communiquées aient été de nature à influer sur le sens de la décision, tel que sur l'évaluation du préjudice[13].

• L'avocat qui ne se rend pas aux opérations d'expertise judiciaire, refuse de produire des dires, n'assiste pas son client, qui le lui demandait, dans le choix d'un expert amiable, alors même qu'il avait été rémunéré pour la mise en œuvre de cette mesure et ne se présente pas à l'audience de renvoi du tribunal, alors qu'il lui appartenait de se rapprocher de son confrère ou du greffe pour connaître la date de l'ultime renvoi qu'il avait sollicité[14].

2°
Accomplissement des formalités requises

912.191 Accomplissement des formalités requises. L'avocat doit accomplir complètement le mandat qu'il a accepté et notamment veiller à l'accomplissement de toutes les formalités requises par la loi afin de saisir régulièrement le tribunal et d'obtenir de lui une décision sur le fond de la demande[15].

Si cela s'avère nécessaire, il appartient à l'avocat de conseiller à son client d'introduire une action à titre conservatoire dans les délais[16], notamment lorsque des pourparlers transactionnels, non interruptifs de prescription, sont en cours.

Il doit ainsi conduire jusqu'à son terme l'affaire dont il a été chargé et restituer alors les pièces dont il était dépositaire[17].

912.192 Engagement de la responsabilité de l'avocat. Engage ainsi sa responsabilité :

• L'avocat fautif en cas de retard dans la publication du jugement d'adjudication[18], de non-transmission des pièces du dossier à son correspondant[19], d'absence d'instructions à un notaire chargé de renouveler une inscription hypothécaire[20], ou de prendre une nouvelle inscription si l'hypothèque

11. Paris, ch. 1 B, 15 mai 1998, *Gaz. Pal.* 1998. Somm. 475.
12. Civ. 1re, 19 sept. 2007, no 05-15.139, P I, no 204.
13. TGI Nanterre, ch. 1, 10 sept. 2015, RG no 13/07206.
14. Civ. 1re, 20 mai 2020, no 18-25.568, NP.
15. TGI Paris, 21 mai 1975 ; CITÉ PAR : Y. Avril, *Responsabilité de l'avocat,* Dalloz, 1981, no 37.
16. Paris 30 mars 1987, *D.* 1989. Somm. 70.
17. Décr. no 2005-790, 12 juill. 2005, art. 13 et 14.
18. Aix-en-Provence, 9 nov. 1982, *Gaz. Pal.* 1983. 1. 186.
19. Orléans, 21 mars 1988, *JCP* 1988. IV. 365.
20. Civ. 25 févr. 1891, *D.* 1891. I. 173 – Paris, 9 nov. 1988, *D.* 1988. 290 – Versailles, 1er juin 1989, *Gaz. Pal.* 1990. 1. Somm. 158 – Civ. 1re, 7 févr. 1990, no 87-10.887, P I, no 37 ; *D.* 1990. 53 – Civ. 1re, 26 nov. 1991, no 90-14.875, NP.

initiale n'est pas valable ce qu'il lui appartenait de vérifier[1].

• L'avocat qui néglige d'assigner l'assureur en garantie[2] ou l'administrateur judiciaire afin de l'attraire dans la procédure[3].

• L'avocat qui omet d'accomplir un acte interruptif de prescription[4].

• L'avocat qui diligente la procédure de manière irrégulière, encourant une forclusion[5].

• L'avocat qui omet d'adresser une mise en demeure préalable avant d'envoyer une lettre de résiliation[6].

• L'avocat qui omet un timbre fiscal nécessaire à la recevabilité du recours[7].

• L'avocat n'ayant pas répondu aux demandes d'un avocat à la Cour de cassation chargé d'un pourvoi, ce qui avait mis ce dernier dans l'impossibilité de déposer un mémoire au soutien du pourvoi[8].

• L'avocat qui ne dépose pas à temps une requête en adoption alors même que l'état de santé précaire de son client, finalement décédé, lui a été signalé[9].

• L'avocat-séquestre[10] qui s'était dessaisi des fonds sans y être autorisé et sans s'être préalablement assuré de la levée du nantissement, vérification qui lui incombait contractuellement, son client n'étant nullement tenu de prendre des garanties en complément du séquestre convenu[11].

• L'avocat qui représentant les bailleurs dans une instance en résiliation du bail dont il a rédigé l'acte introductif, omet de veiller à ce que l'état des inscriptions sur le fonds de commerce du locataire émane du greffe du tribunal du lieu d'exploitation, et non de celui du siège social, faisant perdre un nantissement inscrit sur le fonds de commerce à un créancier du locataire[12].

• L'avocat qui, se fiant aux renseignements donnés par son client et par son assureur de protection juridique sans procéder lui-même aux vérifications indispensables, engage une action en responsabilité civile professionnelle à l'encontre d'un autre avocat, alors même que cette action était prescrite et ne le dissuade pas de former un pourvoi en cassation conduisant la Cour de cassation à rendre un arrêt de non-admission du pourvoi[13].

3°
Conduite de la procédure

912.201 Exécution des décisions obtenues. L'avocat n'est pas seulement tenu de diligenter la procédure mais également de prendre les mesures permettant d'assurer l'exécution des jugements qu'il aura obtenus. C'est ainsi que l'avocat qui omet de prendre une inscription de nantissement sur un fonds de commerce, commet à l'égard de son client une faute professionnelle engageant sa responsabilité. Le préjudice qu'il est ainsi tenu de réparer correspond à la différence entre la somme attribuée à titre de créancier chirographaire et celle qui aurait dû être allouée à ce client en qualité de créancier privilégié. Le préjudice est actuel et certain en dépit de l'existence d'inscriptions hypothécaires sur d'autres immeubles mais au demeurant de faible valeur[14].

Un avocat est responsable du préjudice subi par son client du fait du non-renouvellement d'une inscription d'hypothèque provisoire, sans pouvoir arguer de l'absence de mandat spécial donné par ce client, « le mandat général donné à l'avocat lui permettant d'effectuer tous les actes utiles à la défense des intérêts de son client » devant suffire à lui faire procéder à cette inscription[15]. De même l'avocat qui, séquestre du prix, ne remet pas les fonds perçus et omet de faire enregistrer l'acte établi par ses soins[16].

Il doit faire preuve d'efficience dans la mise en œuvre de l'exécution, commet ainsi une faute l'avocat qui procède à une saisie immobilière sans vérifier avec précision l'adresse de l'immeuble à exproprier, ce qui l'amènera, par suite d'une erreur fautive, à poursuivre une procédure de saisie qui ne peut prospérer[17]. De même, il doit procéder à l'exécution de la décision pour le compte de son client dans les délais utiles, afin d'éviter la mise en œuvre d'une procédure d'exécution forcée à son encontre[18].

912.202 Exercice des voies de recours. L'avocat est tenu également de régulariser les appels et autres voies de recours dont il a été chargé. Il est responsable de ses négligences même s'il n'est pas *dominus*

1. Civ. 1re, 16 sept. 2010, n° 09-65.909, P I, n° 172 ; *Gaz. Pal.* janv. 2011, p. 15, note Y. Avril.
2. Civ. 1re, 2 avr. 2009, n° 08-12.848, P I, n° 72 ; *D.* 2009. 1142 ; *JCP* 2009, n° 38, p. 41, obs. Ph. Stoffel-Munck ; *RLDC* 2009/61, n° 3456, obs. J.-P. Bugnicourt.
3. Civ. 1re, 7 mai 2012 nos 99-12.907, 99-18.240, NP.
4. Civ. 1re, 4 avr. 2001, n° 98-11.364, P I, n° 101 ; *JCP* 2001. IV. 2009 ; *JCP* 2001. I. 348, Chron. R. Martin ; *RCA* 2001, comm. 296, note P. Vaillier.
5. Paris, 25 mai 1987, *D.* 1987. 154.
6. Civ. 1re, 30 avr. 2009, n° 08-15.820, NP.
7. Paris, ch. 1 A, 8 juin 1999, *Gaz. Pal.* 1999. Somm. 384.
8. Civ. 1re, 8 juill. 1997, n° 95-14.067, P I, n° 234 ; *JCP* 1997. IV. 1919.
9. Paris, ch. 1 A, 18 mai 1999, *Gaz. Pal.* 2000. Somm. 197.
10. V. ss nos 483.131 s.
11. Civ. 1re, 6 janv. 2011, n° 09-72.509, NP.
12. Civ. 3e, 25 oct. 2018, n° 17-16.828, P ; *RCA* 2019, n° 19 ; *JCP* 2018. 1197, obs. G. Deharo.
13. Versailles, 1re ch., 1re sect., 7 mai 2019, RG n° 17/04046.
14. Toulon, 23 janv. 1980, *D.* 1980. 440.
15. Civ. 1re, 19 mai 1999, n° 96-20.332, P I, n° 164 ; *D.* 2000. 153, obs. B. Blanchard ; *JCP* 1999. IV. 2264.
16. Paris, 1er févr. 1989, *D.* 1989. 62.
17. Pontoise, 8 janv. 1975, *Lampe c/X...*, NP.
18. Paris, ch. 1, 30 mars 1999, *Gaz. Pal.* 1999. Somm. 382.

litis. Il importe peu qu'il ait indiqué que l'affaire lui paraissait délicate en appel dès lors qu'il avait accepté de régulariser l'appel. Il ne saurait pas plus s'exonérer de sa responsabilité au motif que les clients n'avaient pas répondu à une lettre de sa part, alors qu'il avait attendu deux mois pour s'en inquiéter et que les clients avaient décidé d'interjeter appel d'accord avec l'avocat, sachant que celui-ci avait donné les instructions au postulant pour le faire, ils pouvaient penser que la mission qui lui était confiée serait exécutée sans qu'il soit besoin d'intervention ultérieure [1].

L'avocat engage sa responsabilité s'il ne régularise pas un appel, en dépit des instructions qu'il a reçues de son client [2] ou omet de signifier le mémoire d'appel déposé au nom de ses clients dans le délai légal [3].

912.203 Actions et voies de recours tardives. Les délais de prescription pour engager une action ou exercer une voie de recours [4] doivent être scrupuleusement observés par l'avocat qui pourra à défaut être responsable, tel qu'en cas de prescription biennale en matière d'assurance [5]. Toutefois l'action en dommages-intérêts du client contre un avocat, en cas d'un appel tardif, peut être rejetée dès lors qu'il est établi qu'une lettre de l'avocat avait été adressée au client en temps utile et qu'on n'a pas rapporté la preuve de l'inexistence de cette lettre [6].

La question de la tardiveté des actions ou voies de recours introduites par l'avocat est à l'origine d'un contentieux important en responsabilité civile [7].

912.204 Engagement de la responsabilité de l'avocat. Engage ainsi sa responsabilité :

- L'avocat ayant laissé périmer une instance [8].
- L'avocat ayant laissé s'écouler le délai d'appel privant ainsi son client privé d'une chance réelle et sérieuse d'obtenir la réformation du jugement [9] ou encore qui forme appel tardivement [10].
- L'avocat qui n'engage pas un recours (en l'espèce contre l'administration fiscale) dans les délais [11].
- L'avocat qui n'engage pas dans le délai de prescription biennale l'action en paiement de l'indemnité d'éviction après congé délivré au bénéficiaire du bail commercial ou qui intente une action tardivement en méconnaissance d'une nouvelle jurisprudence [12].
- L'avocat qui omet d'indiquer à ses clients victimes d'un accident aérien que leur action est enfermée dans le délai de prescription de deux ans édicté par la convention de Varsovie [13].
- L'avocat qui, saisi d'un litige mettant en cause la responsabilité décennale d'une entreprise ayant construit des HLM, se borne à diligenter une procédure de référé, omettant d'assigner au principal pour interrompre la prescription et dissimulant sa carence par de pitoyables mises en scène organisées pour camoufler son incurie [14].
- L'avocat qui, en matière d'accident du travail, intente tardivement une action en vue de la reconnaissance de la faute inexcusable de l'employeur, action qui est jugée irrecevable [15].

D.
Manquement à l'obligation de prudence

912.210 Plan. L'avocat est tenu d'une obligation de prudence dans l'exercice de ses missions tant à l'égard de ses clients (1°) qu'à l'égard des tiers (2°).

1°
À l'égard des clients

912.220 Plan. L'obligation de prudence de l'avocat à l'égard de ses clients s'apprécie au regard des termes de la mission de l'avocat (a), et lui impose une obligation impérieuse de renseignement et de vérification (b) ainsi qu'une obligation de mise en garde (c).

1. Agen, 2 juill. 1980, *Gaz. Pal.* 1980. 2. Somm. 595 – Besançon, 23 nov. 1993, *Gaz. Pal.* 24 nov. 1994, 21.
2. Paris, 25 nov. 2002, *Gaz. Pal.* 2003. 1859 – Versailles 1re ch., 1re sect., 2 févr. 2018, RG no 16/08305 – Paris, pôle 2, ch. 1, 8 oct. 2019, RG no 16/14759.
3. Civ. 3e, 1er déc. 2004, no 03-14.033, P III, no 222 ; *RDI* 2005. 43, obs. Ch. Morel.
4. Civ. 1re, 11 mai 1964, P I, no 245 ; *D.* 1964. 517 ; *JCP* 1964. II. 13708 ; – RAPPR. : Civ. 1re, 29 avr. 1963, P I, no 229.
5. Civ. 1re, 20 déc. 2012, no 11-15.270, NP.
6. Aix-en-Provence, 5 juill. 1961 ; *D.* 1961. 593, note L. Crémieu.
7. Civ. 1re, 7 févr. 1989, no 86-16.730, P I, no 62 – Civ. 1re, 25 nov. 2010, no 09-69.191, P I, no 242 ; *D.* 2011. 348, avis D. Sarcelet – Civ. 1re, 14 janv. 2016, no 14-30.086, P I ; *D.* 2016. 256, obs. S. Carval ; *RCA* 2016, no 123, obs. S. Hocquet-Berg – Civ. 1re, 8 févr. 2017, no 15-28.684, NP – Civ. 1re, 24 mai 2017, no 16-15.715, NP – Versailles, 1re ch., *1re sect., 7 mai 2019, RG no 17/04046*.
8. Civ. 1re, 20 janv. 1993, no 90-18.504, P I, no 23 ; *JCP* 1993. IV. 80.
9. Paris, 27 mars 1995, *Gaz. Pal.* 6 janv. 1996, p. 6.
10. Civ. 1re, 11 mai 1964, P I, no 245 ; *D.* 1964. 517 – Civ. 1re, 14 janv. 2016, no 14-23.200, P I ; *RCA* 2016, no 122 ; *D.* 2016. 200 ; *RTD civ.* 2016. 364, obs. H. Barbier.
11. Paris, 3 mars 2003, *Gaz. Pal.* 2003. 1859.
12. Civ. 1re, 15 oct. 1985, no 84-12.309, P I, no 257 ; *D.* 1987. 104, note A. Brunois ; *RTD civ.* 1986. 759, obs. J. Huet.
13. Paris, 4 juill. 1977, *JCP* 1978. II. 18975, note G. Flécheux – Paris, 7 févr. 1979, *Gaz. Pal.* 1979. 1. 272 – Paris, 30 mars 1987, *D.* 1987. 118 ; *D.* 1989. 70, note A. Brunois.
14. Bourges, 27 mars 1984, *Gaz. Pal.* 1984. 1. 376, note A. Damien ; *in* DAMIEN, *Les grands arrêts*, 1991, p. 85 – Civ. 1re, 28 janv. 1992, no 89-17.661, P I, no 29 ; *JCP* 1992. IV. 98.
15. Colmar, 5 juill. 1996, *Gaz. Pal.* 24 avr. 1997, p. 34, note H. Vray ; – AUSSI : Paris, 7 avr. 1996, *Gaz. Pal.* 21 nov. 1996. 2. 576 – P. Michaud, « Les avocats sont-ils des canards de foire ? », *Gaz. Pal.* 29 avr. 1997, 3.

a.
Respect des termes de sa mission par l'avocat

912.231 **Dépassement par l'avocat de son mandat.** L'avocat peut parfois dépasser le mandat qu'il a reçu et peut être condamné à réparer les conséquences de la faute qu'il a ainsi commise[1].

Il convient, en outre, de rappeler qu'en matière de mandat *ad litem*, sans recours nécessaire à une action de désaveu[2], et sans préjudice des sanctions disciplinaires ou pénales ou des condamnations sur le fondement de la responsabilité civile, l'avocat peut être personnellement condamné aux dépens afférents aux instances, actes de procédure d'exécution accomplis en dehors des limites de son mandat[3].

912.232 **Prudence avant d'engager le client.** L'avocat doit ainsi respecter les termes de son mandat et toujours s'assurer qu'il dispose bien de l'accord de son client avant d'engager ce dernier, et qu'il est en possession d'un mandat exprès lorsque cela s'avère nécessaire[4], tel que pour aliéner un bien immobilier[5] ou encore pour transiger[6]. Il en est ainsi de l'engagement pris par l'avocat au nom de son client excédant le mandat qu'il avait reçu[7] ou des lettres échangées entre avocats et retraçant un accord définitif intervenu entre les parties[8].

De même, l'avocat se doit de respecter scrupuleusement les instructions de son client. Il en est ainsi, notamment, dans le cadre des missions de séquestre où il ne doit pas se dessaisir des fonds sans l'accord exprès de son client[9].

Dans les cas où l'avocat n'a pas l'obligation d'avoir l'accord exprès de son client, tel que pour la validation des écritures, les juges du fond vont alors apprécier les échanges ayant eu lieu entre l'avocat et son client, afin de s'assurer de la conformité de ces écritures au mandat reçu du client[10].

912.233 **Signification du jugement.** La notification d'un jugement, entrant dans l'exercice normal du mandat que l'avocat reçoit de son client, n'exige pas de pouvoir spécial même si cette notification fait courir les délais d'appel à l'encontre du client[11].

Mais l'avocat ne peut signifier un jugement et faire courir les délais d'appel contre son client qu'après avoir reçu de sa part des instructions écrites. En procédant à une signification sans l'avoir avisé de cette formalité, il commet une faute qui engage sa responsabilité[12].

912.234 **Acquiescement au jugement.** L'avocat investi du mandat de représentation en justice[13] peut, en vertu des dispositions de l'article 417 du code de procédure civile, acquiescer à un jugement ou faire des offres. Le fait de demander le compte total des sommes dues en vertu d'un jugement, sans réserve particulière, laisse présumer une intention non équivoque et certaine d'acquiescer à la décision.

Si l'avocat ne s'est pas assuré préalablement de l'accord de son client, il est susceptible d'engager sa responsabilité à son encontre[14].

912.235 **Action interrogatoire.** Le nouvel article 1158 du code civil est venu[15] prévoir une action interrogatoire[16] en matière de représentation[17]. Aux termes de cet article, le tiers qui doute de l'étendue du pouvoir du représentant conventionnel à l'occasion d'un acte qu'il s'apprête à conclure, peut demander par écrit au représenté de lui confirmer, dans un délai qu'il fixe et qui doit être raisonnable, que le représentant est habilité à conclure cet acte. L'écrit mentionne qu'à défaut de réponse dans ce délai, le représentant est réputé habilité à conclure cet acte[18].

1. Bordeaux, 11 mars 1983, *Gaz. Pal.* 1983. 2. 384.
2. V. s[s] n° 481.92
3. V. s[s] n° 723.189.
4. RIN, art. 6.
5. Civ. 1re, 12 mai 1993, n° 91-17.600, P I, n° 162 ; *D.* 1993. 411 ; *Gaz. Pal.* 1993. 10 août 1993, 180.
6. Paris, ch. 1 B, 9 avr. 1996, *Gaz. Pal.* 1996. Somm. 340.
7. Dinan, 15 juin 1982, *Gaz. Pal.* 1982. 1. 289, note Y. Avril.
8. Versailles, 23 août 1982, *Gaz. Pal.* 1983. 1. 174, note A. Damien – Versailles, 8 nov. 1989 ; *Gaz. Pal.* 29 août 1989. 5, note A. Damien – V. s[s] n° 422.93.
9. Civ. 1re, 8 juill. 1994, n° 92-16.217, P I, n° 238.
10. Civ. 1re, 19 nov. 2009, n° 08-21.114, NP ; *JCP* 2010. I. 270, n° 13, obs. A. Tanaskovic ; *Gaz. Pal.* 11 mars 2010, p. 24, note M. Mekki.
11. Civ. 2e, 27 févr. 1980, n° 78-14.761, P II, n° 42 ; *D.* 1980. 464, obs. P. Julien ; *Gaz. Pal.* 1981. 1. 5, note J. Viatte – Civ. 2e, 24 mai 1984, n° 83-13.253, P II, n° 92 ; *D.* 1985. 110, obs. A. Brunois ; *Gaz. Pal.* 1984. 1. pan. 289, obs. S. Guinchard – Civ. 2e, 20 févr. 1991, n° 89-14.045, P II, n° 59.
12. Poitiers, 12 nov. 1969, *Gaz. Pal.* 1970. 1. 8.
13. V. s[s] n°s 622.00 s.
14. Civ. 2e, 29 mai 1979, n° 78-11.527, P II, n° 159 ; *Gaz. Pal.* 1979. 2. 397, note J. Viatte ; *D.* 1979. 473, obs. P. Julien ; *JCP* 1979. IV. 255 ; *RTD civ.* 1980. 171, obs. R. Perrot, CRIT. – Civ. 2e, 24 mai 1984, n° 83-13.253, P II, n° 92 ; *D.* 1985. 110, obs. A. Brunois ; *Gaz. Pal.* 1984. 2. pan. 289, obs. S. Guinchard – Civ. 2e, 20 févr. 1991, n° 89-14.045, P II, n° 59.
15. Ord. n° 2016-131 du 10 févr. 2016 portant réforme du droit des contrats, du régime général et de la preuve des obligations, *JO* 11 févr.
16. C. civ., art. 1123, 1158 et 1183 – E. Jeuland, « Les actions interrogatoires en question », *JCP* 2016. 737 – M. de Fontmichel, « Les nouvelles actions interrogatoires », *D.* 2016. 1665 – L. Mayer, « Défense des « actions interrogatoires » introduites par la réforme du droit des contrats », *Gaz. Pal.* 29 nov. 2016, p. 47 – H. Croze, « Une vision procédurale de la réforme des obligations », *Procédures* 2016, 8 – X. Lagarde, « Entre contrat et procédure : les actions interrogatoires », *D.* 2017. 715.
17. G. Wicker, « Le nouveau droit commun de la représentation dans le code civil », *D.* 2016. 1942 – Ph. Didier, « La représentation dans le nouveau droit des obligations », *JCP* 2016. 580.
18. C. civ., art. 1158.

Cette action, dont rien ne s'oppose à ce qu'elle soit exercée envers, et par un avocat, pose des interrogations quant à sa portée en l'absence d'interrogation du représentant quant à la portée de ses pouvoirs : outre que l'on pourrait considérer, dans le cadre de l'appréciation de la validité de l'acte passé, que la croyance de l'autre partie était « légitime »[1], l'avocat commettrait une faute à ne pas avoir interpellé au préalable le représentant de l'autre partie.

b.
Obligation impérieuse de renseignement et de vérification

912.241 Possession de tous les éléments nécessaires. L'avocat est tenu de prendre toutes les précautions qui assurent la régularité des opérations qu'il engage au nom de ses clients, en sollicitant au besoin des instructions de ces derniers et en vérifiant les documents qui lui sont présentés[2].

912.242 Prudence à l'égard de l'insolvabilité de la partie adverse. L'avocat doit faire preuve de prudence lorsque son client est susceptible de subir un préjudice en raison de l'insolvabilité de la partie adverse. C'est ainsi que commet une faute, l'avocat qui, n'informant pas son client des conséquences d'une éventuelle insolvabilité d'une société débitrice, lui fait perdre une chance de ne pas courir ce risque[3] ou qui ne met pas en garde ses clients contre tout empressement, quelle que soit leur nécessité de céder leur entreprise, du grand risque financier qu'ils courent, en n'attendant pas les documents concernant la solvabilité du cessionnaire[4]. Tout comme l'avocat qui ne vérifie pas la solvabilité de l'acquéreur d'un fonds de commerce[5] ou qui omet de vérifier la situation de solvabilité de la société débitrice de son client[6]. Sans que pour autant cette obligation de surveillance ne s'étende aux mesures de publicité susceptibles d'atteindre toute personne physique non commerçante, telle que des associés de la société débitrice[7].

Toutefois, l'avocat « est seulement tenu de prendre toutes les dispositions utiles pour garantir son client contre les risques d'insolvabilité des débiteurs, mais n'a pas à être garant de la solvabilité ultérieure de ceux-ci »[8].

c.
Obligation de mise en garde

912.251 Mise en garde dans le cadre de l'obligation de conseil. Si l'avocat doit s'acquitter de son obligation d'information de manière complète et objective, il a, en déontologie, pour devoir de déconseiller l'exercice d'une voie de droit vouée à l'échec ou inutile et, à plus forte raison, abusive, de sorte qu'il ne peut être tenu de délivrer une information qui aurait eu pour seule justification de permettre au client d'engager un recours abusivement, à des fins purement dilatoires[9].

Bien au contraire, la prudence lui impose, le cas échéant, de dissuader son client d'intenter une procédure abusive ou vouée à l'échec. Il ne saurait ainsi être reproché à un avocat de ne pas avoir attiré l'attention de son client sur l'effet exceptionnellement suspensif du pourvoi en cassation en matière de divorce, afin de lui permettre de bénéficier, pendant la durée de l'instance devant la Cour de cassation, de la pension alimentaire fixée par ordonnance de non-conciliation[10].

912.252 Limites de l'obligation de mise en garde. Nul ne saurait voir sa responsabilité engagée pour n'avoir pas rappelé à un client des principes élémentaires, tels que celui de bonne foi ou les conséquences de sa transgression, faisant qu'un avocat, qui n'avait pas participé à la rédaction d'une clause de garantie d'actif et de passif et ne disposait d'aucune information de nature à l'alerter sur une éventuelle mise en œuvre de celle-ci, n'était pas tenu d'attirer l'attention de son client sur les conséquences d'une fausse déclaration dès lors que l'obligation de loyauté et de sincérité s'impose à tous en matière contractuelle[11].

Enfin, lorsque la jurisprudence, dont l'avocat se doit de vérifier de la teneur[12], est incertaine, l'avocat doit recommander la prudence et avertir son client

1. F. Chénedé, *Le nouveau droit des obligations et des contrats*, 2e éd., hc, Dalloz, 2018, n° 123.35 – A. Bénabent, « Les nouveaux mécanismes », *RDC* 2016. 18.
2. V. ss nos 453.31 s.
3. Civ. 1re, 23 févr. 2012, n° 10-28.694, NP ; *Gaz. Pal.* 24-26 juin 2012, p. 19, obs. J.-L. Gaineton et J. Villacèque.
4. Paris, ch. 1 A, 20 janv. 1998, *Gaz. Pal.* 1998. 1. Somm. 162.
5. Civ. 1re, 16 juill. 1987, n° 85-17.749, P I, n° 223 ; *Gaz. Pal.* 1987. 2. Somm. 261.
6. Grenoble, 3 mai 2000, *Gaz. Pal.* 2001, Jur. 85, note E. du Rusquec.
7. Civ. 1re, 22 sept. 2011, n° 10-23.503, P I, n° 147 ; *D.* 2011. Actu. 2336 ; *RJDA* 2011, n° 1059 ; *BJS* 2012. 34, note J.-F. Barbièri – Paris, 15 févr. 2011, *Gaz. Pal.* 1er-2 avr. 2011, p. 39, obs. R. Routier.
8. Civ. 1re, 4 déc. 2001, n° 99-14.615, NP ; *Gaz. Pal.* 2002. Somm. 157 ; *JCP* 2002. I. 136, obs. R. Martin.
9. Civ. 1re, 23 nov. 2004, n° 03-15.090, P I, n° 281 ; *D.* 2005. 2857, note J. Moret-Bailly ; *D.* 2006. 266 ; *Gaz. Pal.* 2004. Somm. 3911 ; 2005. Somm. 548 ; *JCP* 2005. II. 10058, note M. Lamarche ; *RLDC* 2005, n° 684, note J. Julien.
10. Paris, 21 oct. 2002 ; *RTD civ.* 2003. 67, obs. J. Hauser.
11. Civ. 1re, 30 oct. 2007, n° 05-16.789, NP ; *RJDA* 2008, n° 246 ; *RTD civ.* 2008. 676, obs. B. Fages – Civ. 1re, 31 oct. 2012, n° 11-15.529, P I, n° 222 ; *D.* 2012. 2658 ; *D. avocats* 2013. 8, obs. L. Dargent ; *RTD civ.* 2013. 109, obs. B. Fages ; *JCP* 2013. 622, n° 8, obs. G. Pillet ; *Gaz. Pal.* 9 déc. 2012, p. 15, note Y. Avril.
12. L. Andreu, « Des précédents jurisprudentiels imaginaires », *D.* 2021. 581.

des risques encourus[1] ou l'informer de l'aléa résultant du fait que la solution proposée par l'avocat était incertaine dans le silence des dispositions du code du travail alors en vigueur[2].

912.253 **Attention à l'excès de zèle !** L'avocat doit toujours dissuader son client d'introduire avec légèreté ou malice une action[3]. Et ce d'autant qu'il a pu être admis qu'un avocat devrait indemniser le préjudice subi par un de ses clients auquel il n'avait pas déconseillé d'engager une action vouée à l'échec « exposant ce dernier à des dépenses inutiles et faisant naître chez lui de faux espoirs »[4].

C'est ainsi que la Cour de cassation a pu approuver une cour d'appel d'avoir énoncé que l'avocat a pour obligation de déconseiller l'exercice d'une voie de droit vouée à l'échec ou, à plus forte raison, abusive, et qu'il n'eût pas été légitime de former un appel dans le seul but de faire pression sur l'adversaire afin d'obtenir des concessions de sa part dans un litige sans lien avec l'affaire, faisant que le préjudice invoqué à ce titre n'était pas indemnisable[5].

La prudence doit également conduire l'avocat à ne pas recommander à son client des solutions incitant à la fraude[6].

2°
À l'égard des tiers

912.261 **Fondement.** La responsabilité de l'avocat sera engagée ici sur le fondement de l'article 1240 du code civil[7]. La Cour de cassation ayant ainsi rappelé que le tiers à un contrat peut invoquer, sur le fondement délictuel, un manquement contractuel dès lors qu'il lui a été dommageable[8]. À cet égard, il a été précisé que le tiers au contrat qui établit un lien de causalité entre un manquement contractuel et le dommage qu'il subit n'est pas tenu de démontrer une faute délictuelle ou quasi délictuelle distincte de ce manquement[9].

Mais l'avocat ne saurait engager sa responsabilité civile envers un tiers lorsqu'il ne fait, dans le cadre d'un exercice normal de son activité professionnelle, et des nécessités de sa mission, que solliciter des renseignements sur ce tiers, auprès d'une administration, en vue d'assurer l'efficacité de la procédure dont il a la charge[10], ou pour ne pas avoir délivré des conseils à la partie adverse dès lors qu'il n'entre pas dans les attributions de l'avocat de prendre l'initiative de délivrer à la partie adverse les informations et les conseils nécessaires pour débloquer la situation, ne commet ainsi pas de faute l'avocat qui s'est abstenu de communiquer les coordonnées de son client, dès lors que ce dernier lui avait donné des instructions en ce sens, lesquelles s'imposaient à l'avocat[11].

912.262 **Faute de l'avocat envers les tiers.** La jurisprudence retient à la charge des avocats leur responsabilité pour avoir agi imprudemment et causé par leur imprudence un préjudice à un tiers qui n'est pas leur client[12]. Tel est le cas de l'avocat qui, pour les besoins d'une saisie immobilière, avait reçu une attestation notariée portant l'indication de l'adresse d'un immeuble à exproprier et avait repris cette indication dans le commandement et la publicité. Il est considéré comme fautif car, chargé de poursuivre une procédure de saisie immobilière il avait l'obligation de s'assurer du numéro exact de la rue où l'immeuble saisi était situé. Or, il avait commis

1. Civ. 1re, 9 déc. 1997, nos 95-21.407, 96-10.378, P I, no 362 ; *Defrénois* 1998. 354, note J.-L. Aubert ; *BJS* 1998. 159, obs. G. Rouzet.
2. Civ. 1re, 6 févr. 2013, no 12-14.433, NP ; *D. avocats* 2013. 122 – V. ss nos 912.51 s.
3. Civ. 1re, 29 avr. 1997, no 94-21.217, P I, no 132 ; *D.* 1997. 130 ; *Gaz. Pal.* 1997. 2. pan. 180, 13 ; *RTD civ.* 1997. 924, obs. J. Mestre – Civ. 1re, 17 juin 1997, nos 95-17.876, 95-17.878, NP ; *Gaz. Pal.* 1997, pan. jur. 277 – Civ. 1re, 23 nov. 2004, nos 03-15.090, 03-16.565, P I, no 281 ; *D.* 2005. 2857, note J. Moret-Bailly ; *RTD civ.* 2004. Chron. 371, note J. Hauser – Civ. 1re, 7 févr. 2006, no 05-13.804, NP – Civ. 1re, 28 mars 2008, no 07-10.807, NP.
4. Paris, ch. 10 A, 8 nov. 2000, *JCP* 2001. I. 348, no 11, obs. R. Martin.
5. Civ. 1re, 30 mai 2013, no 12-21.706, NP.
6. Paris, ch. 1 A, 22 juin 1999, *Gaz. Pal.* 1999. Somm. 383.
7. Civ. 1re, 6 oct. 1993, no 91-16.658, P I, no 274 ; *D.* 1995. Somm. 108, obs. N. Fricero – Rennes, 24 févr. 1988 ; *Gaz. Pal.* 1998, Somm. 282 – Civ. 1re, 20 juin 2000, no 97-22.660, P I, no 188 – Civ. 1re, 25 févr. 2010, no 09-11.591, NP ; *RJDA* 2010 no 489 ; *CCC* 2010, no 118, obs. L. Leveneur.
8. Cass., ass. plén., 6 oct. 2006, no 05-13.255, P ; *D.* 2006. 1670, note I. Gallmeister ; *D.* 2006. 2825, note G. Viney – Civ. 1re, 17 oct. 2012, no 11-25.252, NP – Cass. Ass. plén ; 13 janv. 2020, no 17-19.963, P ; *D.* 2020. 353, obs. M. Mekki ; *D.* 2021. 49, obs. O. Gout ; *RCA* 2020. Et. 4 L. Bloch – M. Bacache, « Relativité de la faute contractuelle et responsabilité des parties à l'égard des tiers », *D.* 2016. 1454 – E. Seifert, « Faute contractuelle et responsabilité délictuelle », *RCA* 2020, Formule no 9 – Ch. Larroumet, « La responsabilité du débiteur contractuel envers les tiers. Avant-projet de loi de réforme de la responsabilité civile », *JCP* 2016. 1234.
9. Cass., ass. plén., 13 janv. 2020, no 17-19.963, P ; *JCP* 2020. 92 avis J. Richard de la Tour ; *JCP* 2020. 93, note M. Mekki ; *D.* 2020. 394, note J.-S. Borghetti ; *D.* 2020. 394, obs. M. Bacache ; *JCP* 2020. 503, no 3, obs. Ph. Stoffel-Munck ; *D.* 2020. 364, obs. M. Mekki ; *Gaz. Pal.* 4 févr. 2020, p. 15, note D. Houtcieff ; *RCA* 2020, no 4, note L. Bloch ; *RCA* 2020, no 54 ; *Gaz. Pal.* 21 avr. 2020, p. 28, obs. J. Traullé.
10. Civ. 1re, 10 mai 1949, *JCP* 1949. II. 4935.
11. Civ. 1re, 8 avr. 2010, no 09-65.452, NP.
12. Civ. 1re, 18 mai 2004, no 01-13.844, P I, no 141 ; *D.* 2005. 194 ; *D.* 2005. 185, obs. Ph. Delebecque, P. Jourdain et D. Mazeaud ; *RTD civ.* 2004. 502, obs. J. Mestre et B. Fages ; *RTD civ.* 2004. 516, obs. P. Jourdain ; *RTD com.* 2004. 804, obs. B. Bouloc – Civ. 2e, 12 juill. 2007, no 05-20.715, NP.

une erreur dans cette procédure en suivant aveuglément les indications qu'il avait reçues et doit donc indemniser la personne victime de la confusion [1].

Il en est de même de l'avocat qui omet de dénoncer l'action en résiliation d'un bail commercial aux créanciers inscrits faisant perdre à ces derniers le bénéfice de leur inscription [2].

912.263 Faute de l'avocat envers la partie adverse. Un avocat peut, de même, engager sa responsabilité par des poursuites abusives contre la partie adverse. Toutefois, même s'il poursuit avec un certain acharnement un adversaire, il ne peut de ce seul fait être condamné car le mandataire, dans la mesure où il ne sort pas des limites de son mandat, n'engage que la responsabilité de son mandant, autrement il ne pourrait effacer sa responsabilité qu'en révélant les instructions reçues, ce qui serait contraire au secret professionnel [3].

Pour que l'action des tiers soit recevable, il faudrait que l'avocat, de façon évidente, ait commis une faute grossière constituant une faute personnelle [4], ce qui ne sera pas le cas de celui qui fait procéder à la transcription du jugement de divorce devenu définitif, fût-ce après le décès de son client, dès lors qu'il s'agit d'une simple formalité légale obligatoire [5]. Mais l'avocat qui pratique une saisie immobilière alors qu'une saisie mobilière eût amplement suffi, encourt une responsabilité de ce fait [6].

De même que si l'avocat ne saurait être tenu d'une quelconque obligation de conseil à l'égard de la partie adverse [7], il lui appartient, notamment eu égard au devoir de loyauté [8], de s'assurer de l'identité et de l'existence de son mandant, faute de quoi il peut être déclaré responsable, même envers la partie adverse, de toute carence préjudiciable, telle que le défaut de vérification de la réalité de l'existence de la personne morale qu'il représentait [9].

L'inaccomplissement d'une charge processuelle par celui à qui elle incombe, en l'occurrence l'absence de dépôt d'un mémoire ampliatif en cassation dans le délai de quatre mois imparti pour ce faire, ne constitue pas en lui-même une faute et ne peut donner lieu au paiement de dommages et intérêts qu'en cas d'abus [10]. En effet, par principe, les frais exposés par la partie adverse dans une procédure, en dehors des dépens, ne peuvent être indemnisés que dans le cadre de l'article 700 [11] du code de procédure civile [12], tandis que l'abus de droit d'agir en justice est réparé, dans le cadre de l'instance concernée, sur le fondement de l'article 32-1 [13] du code de procédure civile.

912.264 Vente immobilière. L'article 711 du code de procédure civile, abrogé en 2006 [14], faisait interdiction à l'avocat, à peine de nullité de l'adjudication ou de la surenchère et de dommages et intérêts envers toutes les parties, d'enchérir pour le saisi ou les personnes notoirement insolvables. C'est ainsi qu'engageait sa responsabilité envers le créancier poursuivant en lui faisant perdre une chance de faire adjuger l'immeuble à un tiers, l'avocat qui enchéri pour le compte d'une SCI dont les statuts étaient datés du jour même de l'audience, qui avait pour gérante le débiteur saisi, son client dans le cadre de la procédure et alors qu'il n'ignorait pas que les promesses de règlement faites par ces derniers n'avaient pas été tenues et alors qu'il lui appartenait de s'informer à tout le moins sur l'existence de la SCI [15]. De même qu'engageait sa responsabilité envers les vendeurs d'un bien immobilier, l'avocat qui porte les enchères pour une société insolvable, prenant ainsi le risque d'une revente sur folle enchère à un prix inférieur, et ce en s'abstenant de procéder à des vérifications élémentaires lui permettant de s'assurer de la solvabilité apparente de la société pour le compte de laquelle il enchérissait [16]. Mais la preuve de cette insolvabilité incombait au demandeur et une cour d'appel ne pouvait, sans inverser la charge de la preuve, se borner pour condamner un avocat au paiement de dommages-intérêts à retenir que la notion d'insolvabilité devait s'entendre de celle qui s'impose à un homme d'affaires averti et diligent [17].

1. Pontoise, 8 janv. 1975 ; CITÉ PAR : Y. Avril, *Responsabilité de l'avocat*, Dalloz, 1981, n° 31, note 36 – Civ. 1re, 29 juin 1982, n° 81-13.294, P I, n° 242 ; *D.* 1982. 423 – Civ. 1re, 13 juill. 1982, n° 81-14.425, P I, n° 261 ; *D.* 1982. 455.
2. Paris, ch. 1 B, 17 juin 1993, *Gaz. Pal.* 1994. Somm. 174.
3. Marseille, 10 déc. 1953, *Gaz. Pal.* 1954. 1. 105 – V. ss n° 912.131.
4. Req. 2 mars 1926 ; *DH* 1926, 253 ; – *CONTRA* : Pau, 11 juin 1981 ; *Gaz. Pal.* 1981. 2. 641, note A. Damien.
5. Civ. 1re, 25 mars 2009, n° 07-18.835, NP ; *Dr. fam.* 2009, n° 86, note V. Larribau-Terneyre.
6. Civ. 3 nov. 1931, *Gaz. Pal.* 1932. 2. 852 ; *in* A. DAMIEN, *Les grands arrêts*, Litec, 1991, p. 88 ; – RAPPR. : Pau, 11 juin 1981 ; *Gaz. Pal.* 1981. 2. 641 ; *in* A. DAMIEN, *Les grands arrêts*, Litec, 1991, p. 88.
7. V. ss nos 451.31 s.
8. V. ss nos 332.00 s.
9. Civ. 1re, 26 sept. 2012, n° 11-16.959, NP ; *D.* 2013. 136, obs. Th. Wickers.
10. Civ. 2e, 27 mai 2021, n° 19-23.898, P ; *JCP* 2021. 893, note X. Vuitton.
11. C. pr. civ., art. 700.
12. V. ss nos 723.21 s.
13. C. pr. civ., art. 32-1.
14. Ord. n° 2006-461, 21 avr. 2006 réformant la saisie immobilière, *JO* 22 avr., p. 6072.
15. Civ. 1re, 4 avr. 2001, n° 99-11.353, NP.
16. Civ. 2e, 20 déc. 2007, n° 06-20.809, NP ; *JCP* 2008. I. 140, n° 16, obs. C. Prével.
17. Civ. 2e, 13 mai 1991, n° 90-10.331, P II, n° 144 ; *RDI* 1992. 107, obs. Ph. Delebecque et Ph. Simler ; *Gaz. Pal.* 1991. Pan. 19 ; 24 sept. 1991, 233 – Civ. 2e, 2 avr. 1997, n° 95-11.129, NP.

Le code des procédures civiles d'exécution[1] est venu imposer des obligations de garanties que l'avocat doit obtenir de son mandant avant de porter une enchère[2]. Ce faisant, il ne semble pas que la jurisprudence antérieure ait vocation à persister dans toute sa rigueur, mais l'avocat devrait voir sa responsabilité engagée s'il venait à manquer de prudence dans la vérification des garanties ainsi constituées[3].

SECTION 3
LIEN DE CAUSALITÉ

912.270 **Plan.** Un lien de causalité doit être caractérisé entre la faute et le préjudice (§ 1) et ce, y compris en cas de multiplicité des fautes (§ 2).

§ 1
Lien de causalité entre la faute et le préjudice

912.281 **Lien de causalité.** Les juges du fond doivent relever expressément la relation de cause à effet entre le préjudice subi et la faute qui l'a entraîné[4] et il appartient au demandeur d'apporter la preuve de cette relation[5].

C'est ainsi qu'il a pu être jugé que la circonstance qu'un notaire ait manqué à son obligation d'assurer l'efficacité de l'acte instrumenté n'implique pas nécessairement qu'il en résulte un préjudice dès lors que même si les parties qui entretenaient des relations étroites et privilégiées et souhaitaient permettre au vendeur de payer ses dettes et de demeurer à son domicile tout en bénéficiant d'un revenu, avaient été informées quant aux risques d'annulation de la vente en cas de vil prix, elles auraient contracté aux mêmes conditions, faisant que les juges du fond ont « ainsi caractérisé l'absence de lien de causalité certain entre la faute commise par le notaire et le préjudice dont il lui était demandé réparation »[6].

912.282 **Lien nécessaire entre la faute de l'avocat et le préjudice invoqué.** L'exigence du lien de causalité implique que la faute reprochée à l'avocat ait eu une incidence sur le préjudice allégué.

Tel ne sera pas le cas s'il n'est pas démontré que les clauses qui auraient pu être conseillées par l'avocat auraient été acceptées par les parties[7], lorsque le demandeur à l'action n'aurait pas pu exercer le droit de préemption dont il impute la méconnaissance à l'avocat[8], si l'inscription qui aurait dû être prise n'avait rien rapporté de plus que ce qui a déjà reçu par la demanderesse à l'action[9] ou encore si la possibilité que les clients ne procèdent pas à la cession de parts sociales était réduite compte tenu de la situation de fait que la cession ne faisait que régulariser et que l'acceptation de la substitution de caution par la banque, au regard de l'insolvabilité des cessionnaires, était tout aussi hypothétique[10].

912.283 **Comportement du client en l'absence de faute.** Cela implique d'examiner le comportement qu'aurait eu le client si la faute alléguée n'avait pas été commise[11].

C'est ainsi, en cas d'affirmation d'une erreur de droit commise par un avocat à l'encontre d'un client et dans le cadre de sa fonction de conseil, il appartient au client, demandeur en dommages-intérêts, de démontrer qu'il n'aurait jamais signé la convention définitive de divorce préparée par l'avocat, s'il en avait connu les conséquences exactes et qu'il existe un lien de causalité entre la faute de l'avocat et le préjudice allégué par le client[12].

Par conséquent, il n'y aura pas de lien de causalité lorsque les causes du préjudice, en l'occurrence un redressement fiscal, sont antérieures à l'intervention de l'avocat[13], ou lorsque l'avocat n'est pas intervenu dans le choix du client, cause du préjudice, en l'occurrence un placement désastreux[14].

912.284 **Chaque chef de préjudice.** Le lien de causalité doit être caractérisé entre chaque chef de préjudice invoqué et la faute imputée à l'avocat.

C'est ainsi que si la faute d'un avocat qui a interjeté appel tardivement d'un jugement correctionnel a pu faire perdre une chance au client d'obtenir l'infirmation du jugement correctionnel, cette faute ne se trouve en relation directe et certaine qu'avec le préjudice dû aux inconvénients et gênes résultant

1. Ord. n° 2011-1895, 19 déc. 2011 relative à la partie législative du code des procédures civiles d'exécution, *JO* 20 déc., p. 21464.
2. C. pr. exéc., art. L. 322-4 et R. 322-23 et 322-72.
3. V. s[s] n°s 641.00 s.
4. Civ. 1re, 30 avr. 1985, n° 84-10.512, P I, n° 135 ; *JCP* 1986. II. 20653, note M. Dagot ; *D.* 1987. 105, note A. Brunois – Civ. 1re, 6 janv. 1994, n° 90-18.775, NP ; *Gaz. Pal.* 29 mars 1994, 6, note J.-P. Kuhn – Civ. 2e, 18 déc. 2003, n° 02-17.069, P II, n° 406 ; *JCP* 2004. I. 117, n° 19, obs. R. Martin – Paris, 4 nov. 2003, *Gaz. Pal.* 2004. 1. Somm. 1245.
5. Civ. 1re, 12 déc. 1995, n° 94-10.976, NP – Civ. 1re, 2 juill. 2002, n° 99-20.968, NP – Civ. 1re, 4 févr. 2003, n° 00-14.668, NP – Civ. 1re, 30 avr. 2009, n° 08-15.820, NP.
6. Civ. 1re, 20 mars 2014, n° 13-12.287, P I, n° 56 ; *D.* 2014. 776 ; *AJDI* 2014. 390.
7. Civ. 1re, 2 juill. 2014, n° 13-11.720, NP.
8. Civ. 3e, 7 oct. 2014, n° 12-25.478, NP.
9. Civ. 1re, 23 sept. 2014, n° 13-22.113, NP.
10. Paris, pôle 2, ch. 1, 21 janv. 2015, RG n° 14/01777.
11. Civ. 1re, 21 oct. 2003, n° 01-16.412, NP.
12. Paris, 24 févr. 1987, *D.* 1987. 57.
13. Civ. 1re, 9 juill. 2009, n°s 08-16.917, 08-18.110, NP – Civ. 1re, 17 mars 2011, n° 10-11.463, NP.
14. Paris, ch. 1 A, 16 avr. 1996, *Gaz. Pal.* 1996. Jur. 576, note J.-G. Moore – V. s[s] n°s 912.43 s.

d'une condamnation définitive, de nature à porter atteinte à sa réputation et à son crédit dans la profession qu'il exerçait, en l'occurrence celle d'expert-comptable, seul dommage en lien de causalité avec la faute commise, et non avec celui consécutif à une interdiction empêchant tout exercice professionnel, dès lors que le risque de radiation ne s'est pas réalisé, l'autorité disciplinaire n'ayant pas été saisie et n'ayant jamais prononcé d'interdiction en rapport avec la condamnation pénale[1].

912.285 Au regard de la mission de l'avocat. Le lien de causalité s'apprécie ainsi, notamment, eu égard à l'étendue de la mission qui a été confiée à l'avocat[2]. L'avocat ne saurait être tenu pour responsable des conséquences résultant d'un acte ou d'une abstention dont il n'a pas été saisi par son client : il ne peut que répondre au regard de la finalité de la demande faite par son client, sans être tenu de garantir la bonne fin de la mise en œuvre de l'opération.

C'est ainsi que, dès lors que la nomination d'un directeur général était intervenue, non pas pour bénéficier d'avantages fiscaux, mais afin d'assurer la continuité familiale dans la direction de la société, et que le redressement fiscal trouvait sa cause non pas dans la nomination mais dans l'absence d'activité réelle du directeur général, l'avocat qui ne disposait d'aucune information qui lui aurait permis de mettre en garde son client contre les conséquences fiscales du défaut d'exercice effectif de ses fonctions, et retenu qu'il n'était tenu ni de contrôler le fonctionnement de la société, ni de vérifier les déclarations d'ordre factuel fournies par son client qui a soutenu devant les autorités de police l'effectivité de ses fonctions, et qui n'a pris aucune part dans la désignation du dirigeant, avait satisfait à toutes ses obligations[3].

912.286 Au regard des informations dont dispose l'avocat. L'avocat ne saurait être tenu pour responsable d'un préjudice résultant d'éléments dont il n'avait pas connaissance et qu'il n'était pas tenu, de par sa mission, d'obtenir[4].

C'est ainsi que, dans une affaire où deux associés avaient constitué une société immobilière, l'un d'entre eux avait donné, sur la base de la croyance qu'il souhaitait céder lui aussi ses parts et que le terrain serait inconstructible, pouvoir à l'autre de céder les parts de la société. Cette cession avait été faite au profit d'un tiers qui les avait aussitôt cédées à l'épouse de l'associé mandaté, ce que le premier associé avait découvert. La cour d'appel reprochait à l'avocat d'avoir rédigé un acte de cession de parts sociales fictif et d'avoir, par sa participation consciente au plan de fraude, engagé sa responsabilité sans pour autant constater que l'avocat savait que son client avait faussement déclaré à son associé que le terrain était inconstructible. Or, le mensonge du client à l'égard de son autre associé était déterminant dans la fraude, et pour que l'avocat déconseille la conclusion de l'acte, encore fallait-il qu'il en ait connaissance. Pour la Cour de cassation, « la cour d'appel, qui n'a pas caractérisé l'existence d'un lien de causalité entre la faute de l'avocat et le préjudice invoqué, n'a pas donné de base légale à sa décision »[5].

912.287 Caractérisation du lien de causalité. Le plus souvent, le demandeur doit justifier de la chance qu'il a perdue, c'est-à-dire de la chance qu'il avait d'obtenir la réformation[6], ce qui suppose d'établir un lien de causalité entre la faute reprochée à l'avocat et la perte de chance[7]. Il n'obtiendra pas réparation si « la chance d'obtenir la cassation de l'arrêt discuté n'est pas établie »[8] ou s'il « n'établit pas avoir perdu une chance de voir atténuer les condamnations qui ont été prononcées contre elle »[9] ou encore dès lors que l'argumentation qui aurait pu être développée n'avait aucune chance d'être retenue[10]. La caractérisation du lien de causalité nécessite ainsi de déterminer si le moyen invoqué avait des chances d'être accueilli, et la Cour de cassation opère un contrôle quant à l'analyse opérée par les juges du fond[11].

C'est ainsi qu'un avocat n'engage pas sa responsabilité professionnelle en ne soulevant pas un moyen de défense inopérant[12], en n'engageant pas une action

1. Civ. 1re, 24 mai 2017, n° 16-15.715, NP.
2. V. ss nos 912.41 s.
3. Civ. 1re, 31 oct. 2012, n° 11-17.288, NP ; *D.* 2012. 2737, obs. Y Avril.
4. V. ss nos 912.106.
5. Civ. 1re, 2 juill. 2002, n° 99-20.968, NP.
6. Civ. 1re, 8 juill. 2003, n° 99-21.504, P I, n° 164 ; *JCP* 2004. I. 117, n° 18, obs. R. Martin ; *Gaz. Pal.* 2003. Somm. 3169.
7. Civ. 2e, 18 déc. 2003, n° 02-17.069, P II, n° 406 ; *JCP* 2003. IV. 1328 ; *JCP* 2004. I. 117, n° 19, obs. R. Martin ; *Gaz. Pal.* 2004. Somm. 1245.
8. Civ. 1re, 30 juin 2004, n° 03-13.235, P II, n° 342 ; *RGDA* 2004. 964, note J. Landel ; – COMP. : Civ. 1re, 9 nov. 1999, n° 98-17.369, NP – Com. 24 sept. 2003, n° 02-12.858, NP – Civ. 1re, 21 mars 2006, n° 05-16.447, NP – Civ. 1re, 26 mai 2011, n° 10-30.922, NP.
9. Paris, 30 sept. 2003, *Gaz. Pal.* 2003. 2. 3801.
10. Civ. 1re, 18 juin 2014, n° 13-14.879, NP ; – COMP. : Civ. 1re, 21 mai 1996, n° 94-11.647, NP – Civ. 1re, 18 mai 2004, n° 01-15.738, NP – Civ. 3e, 1er déc. 2004, n° 03-14.033, P III, n° 222 ; *RDI* 2005. 43, obs. C. Morel.
11. Civ. 1re, 22 nov. 2007, n° 04-19.774, P I, n° 364 ; *D.* 2008. 17 ; *JCP* 2008. I. 140, n° 15, obs. G. Pillet.
12. Civ. 1re, 31 janv. 2008 n° 04-20.151, P I, n° 31 ; *D.* 2008. 488, obs. V. Avena-Robardet ; *D.* 2008. 1448, obs. L. Aynès ; *D.* 2009. 1044, obs. D.-R. Martin et H. Synvet ; *RTD civ.* 2008. 442, obs. P. Deumier ; *JCP* 2008. I. 140, n° 15, obs. G. Pillet ; *JCP* 2008. II. 10074, obs. H. Slim ; *LPA* 10 avr. 2008, note J. Lasserre Capdeville ; *RLDC* 2008/51, n° 3078, obs. B. Beignier – Civ. 1re, 20 déc. 2017, nos 16-17.673 et 16-18.785, NP ; *RCA* 2018, n° 85.

en garantie pour laquelle le client n'avait pas qualité pour agir[1], ou en ne soumettant pas à l'appréciation du juge un moyen irrecevable en raison de la déchéance encourue de plein droit conformément aux dispositions alors en vigueur et à une jurisprudence constante[2].

De même, doit être rejetée, faute de preuve, l'action en responsabilité dirigée contre un avocat qui n'a pas conseillé un pourvoi en cassation alors que le demandeur ne s'explique pas sur le moyen qu'il aurait pu soulever devant cette juridiction et qu'il ne démontre pas qu'il aurait été suffisamment sérieux pour permettre d'annuler la procédure[3].

Au cas où, malgré une faute relevée à l'encontre de l'avocat, s'il n'est pas établi que cette faute ait causé un préjudice au client qui n'avait aucune chance de voir sa thèse accueillie en appel, il n'y a pas lieu à octroi de dommages-intérêts[4].

§ 2
Lien de causalité et multiplicité des fautes

912.290 Plan – Lien de causalité et multiplicité des fautes. Lorsque la victime elle-même a été fautive (A), ou que plusieurs intervenants ont commis une faute (B), il appartiendra aux juges du fond de déterminer quelles fautes sont en lien de causalité avec le préjudice allégué.

A.
Comportement du client

912.301 Compétence professionnelle du client. Si la jurisprudence a toujours été sévère lorsqu'il s'agit d'apprécier la faute de l'avocat ayant un client non avisé[5], certains juges du fond tentent de limiter la responsabilité des avocats en considérant que l'étendue de l'information que l'avocat doit donner à son client au titre de son obligation de conseil varie selon que ce dernier est ou non un professionnel avisé[6], mais ils sont généralement sanctionnés par la Cour de cassation[7].

En effet, pas plus que le niveau des honoraires n'a d'incidence sur la responsabilité de l'avocat[8], notamment lorsqu'il intervient à l'aide juridictionnelle[9], l'avocat n'est en aucun cas déchargé de ses obligations professionnelles, notamment de conseil, du seul fait des compétences ou de l'expérience de son client.

Cette solution est clairement établie depuis un arrêt de principe du 7 juillet 1998 dans des termes clairs : « les compétences personnelles du client ne dispensent pas l'avocat, rédacteur d'un acte, de son devoir de conseil »[10] et est régulièrement rappelée depuis[11] : les compétences personnelles du client ne dispensent pas l'avocat de son obligation de conseil[12] fût-il un professionnel averti[13] ou même lui-même avocat[14], et *a fortiori* en présence d'un client se montrant négligent dans la conduite de ses affaires[15].

C'est ainsi que même si son client est un professionnel de l'immobilier, l'avocat n'est pas dispensé de l'obligation d'informer son client quant à la nécessité de procéder à une déclaration de sinistre auprès de son assureur,[16] ou quant à l'incidence fiscale sur les mutations et les avantages des différents régimes de fiscalité susceptibles d'y être appliqués[17].

La solution est constante en matière de responsabilité civile professionnelle, tel que s'agissant d'un expert-comptable qui n'est pas déchargé de son obligation de conseil par les compétences person-

1. Civ. 1re, 6 févr. 2013, no 12-12.683, NP.
2. Civ. 1re, 28 oct. 2015, no 14-24.616, P I, no 348 ; *D.* 2015. 2248 ; *Gaz. Pal.* 2016. 19 janv. 2016, p. 26, obs. M. Jaouen.
3. Versailles, 8 nov. 1988, *Gaz. Pal.* 1989. 2. 642, note A. Damien.
4. Lyon, 11 févr. 1981, *Gaz. Pal.* 1983. 1. Somm. 186.
5. Civ. 1re, 3 nov. 1931, *Gaz. Pal.* 1931. II. 852 ; *in* DAMIEN, *Les grands arrêts*, 1991, p. 88 – Aix-en-Provence, 5 juill. 1961, *D.* 1961. 593, note L. Crémieu – Civ. 1re, 30 sept. 1997, no 95-10.973, NP.
6. Paris, 25 nov. 1997, *D.* 1998. 17.
7. Civ. 1re, 13 févr. 1974 no 72-14.322, P I, no 53 ; *Gaz. Pal.* 194. Somm. 123.
8. Civ. 1re, 7 juill. 1998, no 96-15.083, NP ; – REJET DE : Paris, ch. 1 A, 16 avr. 1996, *Gaz. Pal.* 1996. Jur. 576, note J.-G. Moore – P. Michaud, « Les avocats sont-ils des canards de foire ? En route vers l'acte d'avocat ! L'arrêt "Chevrotine" du 18 avril 1996 », *Gaz. Pal.* 1997. Doctr. 725.
9. Req. 1er juin 1895, *D.* 1895. 486 – Civ. 1re, 7 oct. 1998, no 96-13.614 ; P I, no 282 ; *JCP* 1998. IV. 3241 ; *Gaz. Pal.* 1998. Somm. 617 – V. ss nos 751.21 s.
10. Civ. 1re, 7 juill. 1998, no 96-14.192, P I, no 238 ; *RCA* 1998, comm. 346 ; *D. Affaires* 1998, 1392, obs. J. F. ; *JCP* 1999. I. 126, no 13, obs. R. Martin ; *RTD civ.* 1998. 911, obs. P. Jourdain ; *D.* 1998. 205 ; *Gaz. Pal.* 1998. Pan. 292.
11. Civ. 1re, 12 janv. 1999, no 96-18.775, P I, no 15 ; *JCP* 1999. IV. 1410 ; *D.* 1999. 303, obs. S. Piedelièvre ; *Defrénois* 1999. 382, obs. J.-L. Aubert – Civ. 1re, 19 mai 1999, no 96-20.332, P I, no 164 ; *JCP* 1999. IV. 2264 ; *D.* 2000. 153, obs. B. Blanchard – Paris, 19 nov. 2001 ; *D.* 2002. IR, p. 39 – Civ. 1re, 7 mai 2002, no 99-12.907, NP – Civ. 1re, 21 janv. 2003, no 00-19.522, NP ; *RCA* 2003. comm. 109 – Civ. 1re, 7 févr. 2006, no 05-13.804, NP – Civ. 1re, 28 juin 2012, no 11-18.968, NP – Civ. 1re, 30 mai 2013, no 12-22.252, NP.
12. Civ. 1re, 25 févr. 2010, no 09-11.591, NP ; *CCC* 2010, no 118, note L. Leveneur.
13. Civ. 1re, 9 mars 2004, no 01-17.951, NP – Paris, pôle 2, ch. 1, 27 févr. 2018, RG no 16/23254.
14. Civ. 1re, 20 nov. 2012, no 11-15.270, NP.
15. Paris 27 févr. 2013 ; *D. avocats* 2013. 174, obs. L. Dargent.
16. TGI Paris, ch. 1, 20 avr. 1983, *Gossin c/X…*, *Vie jud.* 19 mars 1984, p. 3 ; – RAPPR. du cas où les parties sont assistées de conseils : Paris, 7 juin 1983, *D.* 1985. 111, obs. A. Brunois.
17. Paris, 25 nov. 1997, *D.* 1998. 17.

nelles de l'une des parties à l'acte qu'il dresse ou la présence à ses côtés d'un conseil [1].

912.302 **Connaissances du client.** L'avocat n'est pas non plus déchargé de ses obligations professionnelles en raison de la connaissance que son client peut avoir du dossier.

L'avocat doit veiller à être en possession de tous les éléments nécessaires pour effectuer sa mission [2], l'avocat ne saurait se contenter des éléments que lui adresse son client et il lui appartient de prendre l'initiative de solliciter de son client l'ensemble des éléments d'information et les documents propres à lui permettre d'assurer, au mieux, la défense de ses intérêts [3]. L'avocat se doit de se renseigner sur les éléments dont son client a connaissance et qui peuvent s'avérer utiles au traitement du dossier [4]. Tout comme il doit se procurer des éléments nécessaires afin de lui permettre d'assurer l'efficacité d'un acte dont il a en charge la rédaction [5]. L'obligation particulière d'information vis-à-vis de son client comporte l'obligation de s'informer de l'ensemble des conditions de l'opération pour laquelle son concours est demandé [6].

Mais l'avocat n'a pas à prendre spontanément l'initiative de s'assurer de la sincérité des affirmations de son client, dès lors qu'aucun élément dont il dispose n'était de nature à éveiller ses soupçons quant à leur sincérité, telle que s'agissant de l'existence d'une dette occultée par le cédant [7]. Pas plus que l'avocat n'a pas à renseigner son client sur l'existence de données de fait dont celui-ci a connaissance tel que le mode de desserte du bien dont il entendait se rendre adjudicataire [8].

912.303 **Instruction du client.** Il doit également solliciter les instructions utiles de son client et vérifier les documents qui lui sont présentés [9] afin de prendre toutes les précautions pour assurer la régularité des actes ou procédures qu'il engage pour le compte de son client [10].

Mais l'avocat ne saurait se contenter d'exécuter les instructions de son client, sans porter une analyse critique et objective sur celles-ci : l'avocat a, en tout état de cause, l'obligation de conseiller son client au mieux de ses intérêts [11].

C'est ainsi que les instructions reçues de son client, telles que celles visant à acquiescer à la demande de la partie adverse par voie de conclusions, ne sauraient dispenser l'avocat de son obligation de conseil, notamment quant aux moyens qui lui auraient permis de s'opposer à la demande de la partie adverse nonobstant la volonté de son client d'y acquiescer, sans que l'avocat ne puisse se contenter d'en prendre acte et de s'y conformer [12]. Tout comme un client ne saurait reprocher à son avocat de ne pas avoir modifié les conclusions déposées devant la cour d'appel conformément à ses demandes, dès lors que le moyen proposé par celui-ci était dénué de toute pertinence [13].

912.304 **Faute du client.** Une simple négligence du client ne suffit pas à exonérer l'avocat. Il est responsable du dossier qui lui a été confié ainsi que de la procédure et la jurisprudence admet difficilement qu'il se défende en invoquant une erreur ou négligence de son client.

C'est ainsi que :

• L'avocat qui a adressé copie du jugement à son client, sans lui fournir aucune information sur la possibilité de faire appel, manque à son obligation de conseil et ne saurait invoquer la négligence du client qui aurait dû prendre contact avec lui pour envisager les suites éventuelles de la procédure [14].

• La même solution a été retenue à propos d'un client négligent qui, avisé par l'acte de signification du délai d'appel, n'avait pas pris contact avec son avocat, malgré les conseils qui lui avaient été donnés par une Fédération qu'il avait précédemment chargée de saisir la cour d'appel, et avait directement écrit à la cour d'appel [15].

• Tout comme le silence et la lettre de remerciement ultérieure du client ne pouvaient valoir révocation du mandat ni renonciation non équivoque à l'exercice d'une action en responsabilité contre l'avocat, auquel il appartenait d'informer son client

1. Civ. 1re, 9 déc. 2004, n° 02-12.415, P I, n° 256 ; *D.* 2004. 3193 ; *RCA* 2005, n° 21.
2. Civ. 1re, 21 mai 1996, n° 94-12.974, NP.
3. Civ. 1re, 2 avr. 1963, P I, n° 200 ; *RTD civ.* 1963. 607, obs. P. Hébraud et P. Raynaud – Civ. 1re, 1er mars 2005, n° 03-16.329, P I, n° 98 ; *D.* 2005. 913, obs. J. Daleau – Civ. 1re, 28 mars 2008, n° 07-10.807, NP – Civ. 1re, 4 juin 2014, n° 13-16.959, NP.
4. v. ss nos 912.106.
5. Civ. 1re, 25 nov. 2010, n° 09-13.840, P I, n° 196 ; *D.* 2010. 2516 ; *Rev. sociétés* 2011. 223, note D. Poracchia ; *JCP* 2011. 468, n° 19, obs. G. Pillet ; *BJS* 2010. 969, note J.-F. Barbiéri.
6. Paris, ch. A, 29 mars 1999, *Gaz. Pal.* 2000. Somm. 198.
7. Civ. 1re, 3 juill. 2013, n° 12-22.665, NP.
8. Civ. 1re, 6 sept. 2017, n° 16-23.999, NP.
9. V. ss nos 912.241 s.
10. Civ. 1re, 16 nov. 1964, P I, n° 502 ; *Gaz. Pal.* 1965. 1. 58 – Civ. 1re, 28 janv. 1992, n° 88-17.062, P I, n° 31 ; *JCP* 1993. IV. 80.
11. V. ss nos 481.10 s.
12. Civ. 1re, 9 mai 1996, n° 94-14.022, P I, n° 191 ; *D.* 1996. 169.
13. Civ. 3e, 16 sept. 2021, n° 20-13.197, NP.
14. Civ. 1re, 13 nov. 1997, n° 95-14.141, P I, n° 303 ; *D.* 1997. 259 ; *Gaz. Pal.* 1997. Somm. 461 ; *D.* 1998. Pan. 276.
15. Civ. 1re, 2 févr. 1994, n° 92-10.432, P I, n° 44 ; *D.* 1994. 45 ; *Gaz. Pal.* 1994. Pan. 131.

de l'expiration prochaine d'un délai de prescription [1].

Mais dès lors que l'avocat a lui-même repris l'attache de son client qui ne lui avait donné aucune nouvelle, afin de lui rappeler les délais de prescription de l'action qu'il souhaitait mener et lui expliquer dans un langage clair et compris par celui-ci de la nécessité d'agir, s'il le souhaitait, avant telle date, il ne saurait lui être fait grief d'avoir manqué à ses obligations [2].

912.305 **Partage de responsabilité.** Dans certaines circonstances, la faute du client ayant contribué à son préjudice peut entraîner un partage de responsabilité [3].

C'est ainsi que, dans une procédure de saisie immobilière, l'inertie dont ont fait preuve les clients a pu être retenue contre eux, la cour d'appel ayant pu en déduire qu'ils étaient eux-mêmes partiellement responsables du dommage dont ils sollicitaient réparation, l'avocat bénéficiant alors d'une exonération partielle [4].

De même, il y a partage de responsabilité lorsque le client s'est porté acquéreur d'un bien dont il ne connaissait ni l'état, ni les dispositions, et ce même si l'avocat avait commis lui-même une faute en ne reportant pas dans le cahier des charges de la vente un descriptif fidèle du bien tel que réalisé par l'huissier [5].

912.306 **Exonération de responsabilité.** Plus rarement, la faute de la victime aura été la cause exclusive du dommage, et permettra à l'avocat de s'exonérer de toute responsabilité [6]. Le plus souvent cette exonération de responsabilité résultera du fait que l'avocat aura donné à son client une information claire, précise et complète lui permettant d'être parfaitement éclairé [7]. C'est dans le cadre de cette dernière appréciation que des nuances peuvent apparaître entre un client non avisé, et un client ayant la qualité de professionnel [8].

Il en a été jugé ainsi dans les cas suivants :

• Le client qui n'avait pas suivi le conseil de son avocat tendant à refuser le mode de règlement proposé par le cessionnaire, et qui, malgré l'absence de garanties en sa faveur, avait néanmoins pu obtenir la résolution judiciaire de la vente outre l'inscription d'un privilège du vendeur, mais n'avait pas mis en œuvre cette garantie ni tenté de mettre à exécution le jugement condamnant le cessionnaire au paiement du prix de cession, alors que le fonds était toujours exploité à l'époque, les « manquements relevés à l'encontre de l'avocat étaient dépourvus de lien de causalité avec le préjudice allégué par son client » [9].

• Le client qui a acheté, en toute connaissance de cause du caractère frauduleux de la vente, un bien, logement familial, sans l'accord de l'épouse [10].

• Le client, vendeur, qui a volontairement dissimulé des informations et fourni des affirmations inexactes à son avocat [11], ce dernier ne pouvant être tenue pour responsable des affirmations inexactes du vendeur en faisant insérer à l'acte une clause prévoyant qu'en cas d'existence d'une servitude d'alignement, ladite servitude ne serait considérée comme un obstacle à la condition suspensive que si elle rendait l'immeuble impropre à sa destination, et alors même que le vendeur ne démontrait pas avoir attiré l'attention du rédacteur de l'acte sur l'importance qu'il attachait à l'existence de la servitude d'alignement [12].

• Le client qui ne donne pas suite à la lettre de son avocat, désigné à l'aide juridictionnelle, l'invitant à prendre attache avec lui pour le rencontrer [13].

• Le client qui prend une décision préjudiciable à ses intérêts en toute connaissance de cause, tel que celui dont l'attention avait été appelée à plusieurs reprises tant par le juge aux affaires familiales que par son avocat, qui lui avait transmis « les souhaits de ce magistrat », sur les inconvénients que présentait, pour le mari, l'acceptation du principe d'une rente sans limitation précise de durée, faisant que ce dernier n'avait pu se méprendre sur les conséquences juridiques de la convention qu'il souscrivait [14].

1. Civ. 1re, 20 déc. 2012, n° 11-15.270, NP ; *D. avocats* 2013. 71, obs. L. Dargent – V. ss nos 484.21 s. et 912.41 s.
2. Versailles, 1re ch., 1re sect., 21 avr. 2020, RG n° 19/01112.
3. Civ. 1re, 15 janv. 2002, n° 99-21.799, P I, n° 15 ; *D.* 2002. 541 ; *Gaz. Pal.* 2002. Somm. 183 ; *JCP* 2002. II. 10063, note H. Croze – Civ. 1re, 19 mai 1999, n° 96-22.892, P I, n° 166 ; *D.* 1999. 159 ; – RAPPR. : Civ. 1re, 25 nov. 1997, n° 95-18.618, P I, n° 329 – Civ. 1re, 9 juin 1998, n° 96-13.785, P I, n° 205 ; – À PROPOS d'un notaire : Civ. 1re, 19 mai 1999, n° 96-22.892, P I, n° 166 ; *Gaz. Pal.* 1999. Pan. 184 ; *LPA* 2000. 17, note M.-H. Maleville ; *Defrénois* 1999. 1339, note J.-L. Aubert ; *D.* 1999. 159.
4. Civ. 1re, 2 avr. 1997, n° 94-19.762, NP – MÊME SENS : Civ. 1re, 16 nov. 2016, n° 15-25.513, NP ; *RCA* 2017, n° 41, obs. H. Groutel.
5. Paris, ch. 1 A, 23 janv. 1984, *Gaz. Pal.* 1984. I. Somm. 16.
6. COMP. au sujet des notaires : Civ. 1re, 11 déc. 2013, n° 12-25.247, NP – Civ. 1re, 26 nov. 2014, n° 13-27.965, P I, n° 197, *D.* 2014. 2462.
7. Paris, pôle 2, ch. 1, 23 janv. 2013, RG n° 10/24226.
8. V. ss n° 912.301.
9. Civ. 1re, 10 sept. 2014, n° 13-23.504, NP.
10. Civ. 1re, 16 juin 1992, n° 89-17.305, P I, n° 185 ; *D.* 1993. 212, obs. J.-L. Aubert ; *RTD civ.* 1993. 349, obs. J. Mestre ; *RTD civ.* 1993. 636, obs. F. Lucet et B. Vareille.
11. V. ss n° 912.302.
12. Civ. 1re, 16 avr. 2013, n° 12-12.127, NP.
13. Civ. 1re, 7 oct. 1998, n° 96-13.614, P I, n° 282 ; *JCP* 1998. IV. 3241 ; *Gaz. Pal.* 1998. Somm. 617.
14. Civ. 1re, 3 janv. 1996, n° 93-20.533, NP.

B.
Faute d'un tiers

912.310 **Plan.** Lorsque l'avocat intervient aux côtés d'autres professionnels dans un même dossier, chaque intervenant se trouve être co-auteurs d'un même dommage (1°), ce qui peut se présenter en présence d'un autre avocat (2°), ou de tout autre tiers intervenant (3°).

1°
Propos liminaires

912.321 **Principes.** Dans bien des cas, l'avocat n'est pas le seul à intervenir dans un dossier, d'autres professionnels sont amenés à y intervenir simultanément ou successivement. La question se pose alors de la responsabilité respective de chacun des intervenants, co-auteurs d'un même dommage.

La présence d'un autre professionnel, tel qu'un notaire ou un autre avocat, dans le cadre de l'exécution de la mission, ne dispense pas l'avocat de ses obligations de conseil, de diligence et de prudence ou de son obligation d'assurer l'efficacité de l'acte : l'avocat n'étant pas plus dispensé de son obligation de conseil par les compétences personnelles de son client[1] que par le fait qu'il bénéficie de l'assistance d'un tiers[2].

912.322 **Recours entre co-auteurs.** En principe, si la faute d'un tiers, co-auteur du dommage, tel qu'un notaire, n'est pas de nature à exonérer l'avocat fautif de son obligation à réparer l'entier dommage subit par son client, auquel il peut être condamné *in solidum*[3], il conserve la possibilité de faire un recours contre le co-auteur[4] afin que ce dernier soit condamné à prendre en charge, dans leurs rapports respectifs, sa part de responsabilité.

À cet égard, rappelons que le bien-fondé de l'appel en garantie du responsable d'un dommage contre un tiers est subordonné à la seule démonstration que celui-ci a également commis une faute ayant contribué à la réalisation du préjudice de la victime[5]. En outre, le mandataire répond de celui qu'il s'est substitué dans la gestion de la mission dès lors qu'il n'a pas reçu le pouvoir de se substituer quelqu'un, auquel cas le client peut agir directement contre celui que le mandataire s'est substitué[6].

1. V. s[s] n° 912.301.
2. À PROPOS d'un notaire : Civ. 1re, 12 déc. 1995, n° 03-18.753 et 93-19.460, P I, n° 459.
3. V. s[s] n° 913.31.
4. Civ. 1re, 9 mars 2004, n° 01-01.835, NP.
5. Civ. 1re, *14 juin 2016, n°s 14-16.471, 14-29.165, P I ; D.* 2016. 1368 ; *Gaz. Pal.* 4 oct. 2016, p. 25, obs. S. Gerry-Vernières.
6. C. civ., art. 1994.

2°
En présence d'un autre avocat

912.331 **Avocat « maître de l'affaire ».** La présence d'un autre avocat dans le cadre de l'exécution de la mission dans l'intérêt de leur client commun, ne dispense pas l'avocat de ses propres obligations : un avocat n'est donc pas dispensé de son obligation de conseil du fait de la présence d'un autre avocat dans la procédure et il engage sa responsabilité pour n'avoir pas déconseillé un appel qui était visiblement voué à l'échec[7].

Tout comme l'avocat ayant confié à un confrère localement compétent le soin d'une inscription d'une hypothèque judiciaire se doit de veiller à la parfaite exécution de la mission ainsi confiée pour le compte de son client[8].

En effet, l'avocat donneur d'ordre demeure, le plus souvent, le « maître de l'affaire »[9] dont il a la direction et auquel le client fait entièrement confiance[10].

De même qu'à l'issue de la mission, il se doit de conseiller utilement son client, tel que s'agissant de la nécessité de saisir la cour d'appel de renvoi à la suite d'un arrêt de la Cour de cassation[11].

912.332 **Succession d'avocats dans un même dossier.** En cas de succession d'avocats dans un même dossier[12], il convient de déterminer lequel des avocats intervenus dans le même dossier à commis des fautes en lien de causalité direct avec le préjudice subi par le client.

C'est ainsi que l'avocat, qui avait représenté les clients en première instance, dans une procédure les opposant aux constructeurs de leur maison, ne saurait être rendu responsable de la perte de chance d'obtenir l'indemnisation des désordres affectant celle-ci sur le fondement de la garantie de parfait achèvement n'ayant pas jugé utile en première instance de recourir à la théorie des vices intermédiaires, faute de ne pas avoir engagé l'action dans le délai de prescription, dès lors que le délai de prescription

7. Civ. 1re, 29 avr. 1997, n° 95-10.629, P I, n° 214 ; *D.* 1998. 198, obs. P. Jourdain ; *D.* 1997. 165 ; *JCP* 1997. I. 4041, R. Martin ; *JCP* 1997. II. 22970, note E. du Rusquec ; *Gaz. Pal.* 1998. Pan. 2.
8. Paris, 24 juin 2003 ; Gaz. Pal 2003. Somm. 3169.
9. V. s[s] n° 912.334.
10. Aix-en-Provence, 5 juill. 1961, *D.* 1961. 593 – Civ. 1re, 9 déc. 1974, n° 73-12.790, P I, n° 327 ; *D.* 1975. 41 – Civ. 1re, 18 nov. 1975, n° 74-12.596, P I, n° 332 ; *Gaz. Pal.* 1975. Somm. 3 – Civ. 1re, 15 janv. 2002, n° 99-21.799, P I, n° 15 ; *JCP* 2002. II. 10063, note H. Croze ; *D.* 2002. 541 ; – REJETANT POURVOI CONTRE : Paris, ch. 1 A, 6 oct. 1999 ; *Gaz. Pal.* 8 janv. 2000, p 5.
11. Paris 25 janv. 2005, *Gaz. Pal.* 2005. Somm. 2794 – Paris, pôle 2, ch. 1, 29 nov. 2001, RG n° 10/11044.
12. V. s[s] n°s 484.61 s.

n'étant pas expiré, quand le nouvel avocat des clients n'avait lui-même pas conclu à la responsabilité des constructeurs sur ce fondement, et qu'il appartenait à la cour d'appel de rechercher si cette inaction n'était pas de nature à exclure la responsabilité du premier avocat[1].

En outre, lorsqu'un avocat succède à un autre avocat dans un même dossier, il lui appartient de vérifier, auprès de son client[2], les informations fournies par son prédécesseur, faute de quoi sa responsabilité peut être engagée[3].

912.333 Avocat postulant ou correspondant. L'avocat postulant ou correspondant répond également des négligences commises par lui dans la gestion de son mandat. Il est tenu de prendre toutes précautions pour assurer la régularité des procédures qu'il engage en sollicitant au besoin les instructions de l'avocat qui l'a mandaté à cet effet, et, à défaut de réponse de celui-ci, du client qu'il représente[4], et se doit, lui aussi, de vérifier les documents qui lui sont présentés[5].

L'avocat postulant ou correspondant accomplit ainsi toutes les diligences utiles pour éviter la prescription de l'action civile, et il lui appartient de veiller à ce que les experts soient saisis dans un délai normal[6], mais il n'est pas responsable des délais d'acheminement variables des actes du palais résultant des habitudes observées et des procédés utilisés pour la transmission des pièces et écritures[7].

912.334 Avocat « Maître de la mission ». La part de responsabilité sera toujours plus forte sur le donneur d'ordre de la mission, que sur les autres professionnels du droit amenés à intervenir, à sa demande, dans le cadre de cette mission.

L'avocat qui confie un dossier à un confrère ou à un autre professionnel n'est pas pour autant autorisé à s'en désintéresser[8] dès lors qu'il demeure mandaté par son client, pas plus qu'il n'est pas dispensé de son obligation de conseil du fait de la présence d'un postulant dans la procédure[9]. Il incombe ainsi à l'avocat donneur d'ordre de veiller au bon déroulement de la procédure, et pour ce faire, de donner à son postulant les instructions nécessaires.

Une décision, rendue à l'encontre d'un conseil juridique est assez éclairante à cet égard : une société de conseils assure les intérêts d'un client assigné en contrefaçon. Devant le tribunal, la société est représentée par un avocat, mais les conclusions sont écartées des débats et le tribunal fait droit à la demande de l'adversaire. Il en va de même en appel, et la société assigne l'avocat, l'avoué et le conseil juridique en responsabilité. Ce dernier rejetant la responsabilité sur les auxiliaires de justice, seuls habilités à représenter les parties en justice, la Cour de cassation répond que « la faute d'un auxiliaire de justice, fût-il titulaire d'un monopole de représentation, ne saurait dispenser un autre professionnel du droit de ses obligations envers son mandant »[10]. Elle ajoute que la qualité initiale de conseil juridique ne pouvait l'autoriser à se désintéresser totalement du bon déroulement de la procédure et que la société de conseils, dès lors qu'elle se comportait en maître du litige, devait au moins vérifier que le travail confié à l'avocat suivait un cours normal[11].

912.335 Engagement de la responsabilité de l'avocat. Engage ainsi sa responsabilité :

• L'avocat donneur d'ordre qui omet de demander à son postulant de mettre en cause le mandataire judiciaire de la société débitrice[12].

• L'avocat donneur d'ordre qui, chargé de former un pourvoi en cassation contre une ordonnance d'expropriation, confie cette mission à un autre avocat n'ayant pas reçu mandat à cet effet, ce qui entraîne l'irrecevabilité du pourvoi. En effet, en acceptant d'accomplir un acte de procédure, l'avocat assume une obligation de résultat[13].

• L'avocat au Conseil d'État et à la Cour de cassation qui forme un pourvoi sans s'assurer que la décision qu'il attaque a été préalablement signifiée à partie, dès lors que le pourvoi en cassation n'est, en principe, recevable[14] que si la signification à partie a été effectuée, la seule signification à avocat ne suffisant pas à faire courir le délai du pourvoi[15], une copie de l'acte de signification à partie devant être produite avec le pourvoi, à peine d'irrecevabilité de celui-ci[16].

• L'avocat postulant qui, au cas de silence de l'avocat donneur d'ordre, omet de solliciter directe-

1. Civ. 1re, 14 mai 2009, n° 08-15.335, NP ; – MÊME SENS s'agissant d'un changement d'avocat au cours d'une opération de cession de parts : Civ. 1re, 6 sept. 2017, n° 16-17.563, NP.
2. V. ss n° 912.302.
3. TGI Versailles, ch. 1, 18 nov. 2014, RG n° 12/10278.
4. Paris, pôle 2, ch. 1, 8 oct. 2019, RG n° 16/14759.
5. Civ. 1re, 16 nov. 1964, P I, n° 502 ; *Gaz. Pal.* 1965. 1. 58 – V. ss nos 912.302 s.
6. Civ. 1re, 28 avr. 1964, P I, n° 217.
7. Paris, 7 mars 1983, *Gaz. Pal.* 1983. 1. Somm. 106.
8. H. Croze, note ss : Civ. 1re, 15 janv. 2002, n° 99-21.799, P I, n° 15 ; *JCP* 2002. II. 10063.
9. Civ. 1re, 29 avr. 1997, n° 95-10.629, P I, n° 214 ; *D.* 1998. 198, obs. P. Jourdain ; *JCP* 1997. I. 4041, R. Martin, n° 26.
10. Civ. 1re, 15 janv. 2002, n° 99-21.799, P I, n° 15 ; *JCP* 2002. II. 10063, note H. Croze ; *D.* 2002. 541.
11. Civ. 1re, 15 janv. 2002, n° 99-21.799, P I, n° 15 ; *JCP* 2002. II. 10063, note H. Croze ; *D.* 2002. 541.
12. Civ. 1re, 4 mai 2012, n° 11-12.868, NP.
13. Paris, 27 avr. 1981, *Gaz. Pal.* 1981. 2. Somm. 189.
14. C. pr. civ., art. 611-1.
15. Civ. 23 mars 1835, *Jur. gén., Cassation*, n° 489 – Civ. 1re, 28 avr. 1958, P I, n° 216.
16. Civ. 1re, 12 juill. 2001, n° 99-13.491, P I, n° 215.

ment des instructions du client pour pouvoir dégager sa responsabilité [1].

• L'avocat postulant qui, devant assurer l'efficacité de la mission qui lui est confiée, omet de conseiller l'inscription du privilège du vendeur à la suite de l'arrêt de la cour d'appel [2] ou procurer en temps utile la copie exécutoire de l'arrêt afin de permettre la prise d'une inscription définitive d'une hypothèque [3].

• L'avocat correspondant qui, à l'insu de son donneur d'ordre, se fait substituer par un autre confrère lequel ne fait qu'exécuter ses instructions [4].

• L'avocat correspondant qui ne respecte pas, par négligence, les instructions de l'avocat donneur d'ordre en ne rectifiant pas une créance déclarée à titre chirographaire en créance privilégiée [5].

912.336 **Partage de responsabilité.** Le plus souvent, les fautes commises par les avocats intervenus dans le même dossier conduiront à un partage des responsabilités.

Il en est ainsi de l'avocat qui commet une imprudence en affirmant dans un courrier au postulant chargé d'interjeter appel d'un jugement, que celui-ci n'était pas signifié. Pour autant, le postulant a pris un risque en ne relevant pas appel du jugement alors qu'il en avait reçu formellement l'instruction. Il convient donc de condamner l'avocat et le postulant dont les imprudences conjuguées ont concouru à faire perdre à leur client une chance de voir le jugement litigieux réformé par la cour, de réparer les trois quarts du dommage ainsi occasionné, le client devant toutefois supporter un quart de son propre dommage résultant de la faute qu'il a commise en n'avisant pas son conseil de la signification du jugement [6], alors que celui-ci avait pris soin d'attirer son attention sur le délai d'appel en lui transmettant le résultat du jugement [7].

Il en est de même de l'avocat qui n'aura pas donné à son postulant les informations nécessaires pour interjeter valablement appel [8].

912.337 **Exonération de responsabilité.** Mais, l'avocat dont il est établi qu'il n'était pas le maître de l'affaire, et qui n'a agi que sur les instructions qui lui étaient fournies par le conseil du client, ne peut se voir reprocher des négligences qui ne lui seraient pas personnellement imputables [9]. C'est à l'avocat choisi par le client qu'il appartient de déterminer les procédures à introduire. Les avocats correspondants chargés par l'avocat de suivre le déroulement de ces procédures ne sont nullement responsables de ce choix [10].

Tout comme doit être exonéré de toute responsabilité l'avocat donneur d'ordre qui a donné un mandat d'interjeter appel à un autre avocat et qu'il peut légitimement penser que le nécessaire sera fait aussitôt ; aucune faute ne peut être retenue à son encontre car il n'avait pas à s'immiscer dans ce qui relève de la compétence exclusive de l'avocat postulant [11].

3°
En présence de tout autre tiers

912.341 **Autre professionnel.** Lorsqu'un autre professionnel, notaire, huissier de justice, expert-comptable, expert..., intervient à la demande de l'avocat pour exécuter une mission qui relève de son champ d'activité, il est en principe seul responsable de la bonne fin de cette mission.

Il en est ainsi de l'huissier de justice chargé d'exécuter une décision [12] ; sauf toutefois si l'avocat lui donne des instructions fermes d'exécuter une ordonnance dans des termes différents que l'autorisation qu'elle contient [13]. Tout comme, sera responsable le notaire qui n'a pas remis les documents nécessaires et donné de fausses informations à l'avocat en vue d'une inscription hypothécaire [14].

Mais il incombe à l'avocat chargé d'assister son client à l'occasion de la conclusion d'un acte de vente, de veiller à l'accomplissement par le notaire des formalités nécessaires à l'efficacité de cet acte et de s'assurer, notamment, de la radiation du privilège grevant le bien vendu [15]. Tout comme il lui appartient de s'assurer que l'arrêt dont il a confié la signification à un huissier a été signifié dans les délais requis [16].

912.342 **Partage de responsabilité.** La faute commise par l'avocat peut d'ailleurs être partagée avec celle commise par un autre professionnel et aboutir

1. Civ. 1re, 9 déc. 1992, n° 90-18.602, NP ; *RCA* 1993. comm. n° 42 – Civ. 1re, 20 janv. 1993, n° 90-18.504, P I, n° 23 ; *Gaz. Pal.* 26 juin 1993. 10 ; *D.* 1993. Pan. 130 ; – RAPPR. : Civ. 1re, 2 févr. 1994, n° 92-10.432, P I, n° 44 ; *D.* 1994. 45 ; *Gaz. Pal.* 5 juill. 1994, 131 ; *JCP* 1994. IV. 116.
2. Civ. 1re, 24 juin 1997 n° 95-10.629 ; P I, n° 214 ; *JCP* 1997. II. 22970, note du E. Rusquec ; *D.* 1998. 198, note P. Jourdain.
3. Paris, ch. 1 A, 5 juill. 1994, *Gaz. Pal.* 1995. Somm. 43.
4. Civ. 1re, 26 nov. 1981, n° 80-15.740, P I, n° 355.
5. Civ. 1re, 18 juin 2002, n° 99-10.649, NP.
6. V. ss nos 912.301 s.
7. Paris, 21 avr. 1982, *Gaz. Pal.* 1982. 2. Somm. 237.
8. Civ. 1re, 3 avr. 1973, n° 71-13.620, *Gaz. Pal.* 1973. Jur. 559.
9. Rennes, 16 févr. 1982, *Gaz. Pal.* 1982. 1. 167.
10. Paris, 7 févr. 1979, *Gaz. Pal.* 1979. 1. 272.
11. Agen, 2 juill. 1980, *Gaz. Pal.* 1980. 2. Somm. 596.
12. Civ. 2e, 21 nov. 2002, n° 00-20.953 ; P II, n° 269 ; *D.* 2002. 3243.
13. Civ. 1re, 15 nov. 2010, n° 09-71.576, NP.
14. Civ. 1re, 26 nov. 1991, n° 90-14.875, NP.
15. Civ. 1re, 4 mars 1997, n° 95-12.609, NP ; *JCP N* 1997. II. 1397, note C. Kuhn.
16. TGI Paris, 16 juill. 2015, RG n° 13/13744.

devant le tribunal à un partage des responsabilités. Ce partage se fera au regard de l'étendue de la mission confiée à chacun des professionnels concernés, tel qu'entre avocat et notaire en matière de vente immobilière[1]. C'est ainsi que :

• Si l'omission commise par un huissier qui a omis de signifier un acte est de nature à entraîner une responsabilité professionnelle chez son auteur, elle ne fait pas totalement disparaître la responsabilité de l'avocat donneur d'ordre[2] qui peut être retenue, soit en raison de fautes professionnelles qu'il aurait pu commettre, soit par négligence, soit même par omission de rappeler l'obligation qui était la leur ou les délais à son correspondant[3].

• Tout comme celle de l'huissier chargé d'une saisie mobilière et qui omet de vérifier si le mobilier saisi est celui du débiteur[4], ou de celui chargé d'une saisie attribution sur les comptes bancaires d'une société qui omet de vérifier si la décision lui permet bien d'effectuer la saisie demandée[5] ou qui omet de demander les intérêts sur les sommes dues[6].

• Tout comme doit être retenue conjointement la responsabilité de l'avocat avec un notaire, pour ne pas avoir vérifié le prix d'un immeuble à l'occasion de l'établissement de l'état liquidatif de la communauté[7].

• Il en est également ainsi de l'avocat tenu d'une obligation de conseil, concurremment avec celle de l'assureur protection juridique[8], qui n'informe pas son client du fait que la garantie décennale, objet du recours, venait à expiration, et doit ainsi être tenu de réparer, à hauteur de 5 %, le préjudice causé à son client, nonobstant la faute concurrente de l'assureur[9].

912.343 Missions incombant légalement au professionnel concerné. Mais le professionnel concerné restera toujours responsable des missions qui lui incombent légalement. Tel que les mandataires judiciaires désignés par le tribunal de commerce auxquels les tâches que comporte l'exécution de leur mandat incombent personnellement. Ils peuvent toutefois, lorsque le bon déroulement de la procédure le requiert et sur autorisation motivée du président du tribunal de commerce, confier sous leur responsabilité à des tiers une partie de ces tâches[10].

Doit dès lors être cassé l'arrêt d'une cour d'appel qui rejette le recours subrogatoire d'un assureur non représentation de fonds[11] à l'encontre d'un mandataire judiciaire, alors même que les détournements de fonds commis par l'avocat avaient été rendus possibles par une assistance de celui-ci au mandataire judiciaire, hors de tout mandat de représentation en justice, à l'occasion de la conclusion d'un avenant de résiliation d'un bail commercial, ce qui constituait une tâche incombant personnellement au mandataire judiciaire en sa qualité de liquidateur, et qu'à supposer que le bon déroulement de la procédure eût requis l'assistance de l'avocat, il convenait de soumettre, sous la responsabilité du mandataire judiciaire en sa qualité de liquidateur, l'intervention de l'avocat à une autorisation motivée du président du tribunal de commerce[12].

912.344 Exonération de responsabilité. L'avocat ne peut, ici encore, se voir reprocher des négligences qui ne lui seraient pas personnellement imputables, tel que celles résultant des syndics successifs du syndicat de copropriétaires qui ne lui ont pas adressé les pièces nécessaires à la validité de la procédure mise en œuvre, et ce malgré ses demandes en ce sens[13].

912.345 Autre partie à la procédure. Si l'avocat peut être responsable à l'égard de la partie adverse[14], il ne saurait être rendu responsable des propres carences de celle-ci dans la mise en œuvre de son action.

C'est ainsi que, dans une affaire où une caution reprochait à l'avocat d'une société mise en liquidation judiciaire d'avoir laissé périmer une instance en nullité des contrats de prêt conclus avec des banques, alors même qu'elle était elle-même intervenue volontairement dans la procédure, la Cour de cassation approuve la cour d'appel d'avoir rejeté ses demandes. En effet, dès lors que l'intervention volontaire dans une instance étant une demande en justice, son auteur devient, par cette seule intervention, partie à cette instance et peut, en cette qualité,

1. Civ. 1re, 12 déc. 1995, nos 93-18.753, 93-19.460, P I, no 459.
2. V. ss no 912.334.
3. Civ. 1re, 3 avr. 1973, no 71-13.620, *Gaz. Pal.* 1973. 2. 559 – Nîmes, 15 oct. 1956, *D.* 1957. 301 – Toulon, 20 nov. 1957, *D.* 1958. 44.
4. Paris, ch. 1 A, 23 nov. 1998, *Gaz. Pal.* 1998. Somm. 237.
5. Civ. 1re, 28 juin 2000, no 97-22.660, P I, no 188.
6. Civ. 1re, 21 nov. 2002, no 00-20.953, P I, no 269 ; *D.* 2002. 3243.
7. Paris, 12 mai 2009, *D.* 2009. Pan. 2704, obs. B. Blanchard ; *AJ fam.* 2009. 399, obs. Cl. Lienhard.
8. V. ss no 761.133.
9. Civ. 3e, 5 janv. 2017, nos 15-25.644, 15-26.290, NP ; *Gaz. Pal.* 9 mai 2017, p. 81, obs. B. Cerveau ; – DÉJÀ : Civ. 2e, 9 déc. 2010, no 09-70.814, NP ; *RCA* 2010, no 119, obs. H. Groutel – AUSSI : Versailles, 1re ch., 1re sect., 7 mai 2019, RG no 17/04046 – V. ss no 761.133.
10. C. com., art. L. 812-1.
11. V. ss no 911.175.
12. Com. 30 juin 2021, no 20-13.722, P ; *D.* 2021. 1333 ; *Gaz. Pal.* 27 juill. 2021, p. 231, obs. C. Berlaud ; *Gaz. Pal.* 5 oct. 2021, p. 29, obs. B. de Belval ; *RCA* 2021, comm. no 192 ; – REJETANT POURVOI CONTRE : Paris, pôle 2, ch. 1, 5 nov. 2019, RG no 17/17151.
13. TGI Paris, ch. 8, sect. 2, 17 oct. 2013, RG no 11/09762.
14. V. ss no 912.263.

accomplir les diligences de nature à interrompre, à l'égard de tous, le délai de péremption de l'instance. Il lui appartenait en conséquence de conclure ou de solliciter la fixation de l'affaire en vue d'interrompre le délai de péremption, sans pouvoir reprocher à l'avocat de la société de n'avoir lui-même accompli aucune diligence à ce titre : son préjudice, s'il devait être démontré, résultait de sa propre négligence et non des manquements de l'avocat de la société[1].

SECTION 4
PRÉJUDICE

912.350 **Plan.** La responsabilité de l'avocat implique l'existence d'un préjudice réparable (§ 2) qui doit pouvoir faire l'objet d'une évaluation (§ 1).

§ 1
Réparation

912.360 **Plan.** La réparation d'un préjudice nécessite l'existence d'un préjudice indemnisable (A), qui peut être actuel et certain (B), ou consister en une perte de chance (C) et présente un caractère non subsidiaire (D).

A.
Nécessité d'un préjudice indemnisable

912.371 **Nécessité du préjudice.** La faute de l'avocat doit avoir causé à celui qui l'invoque un préjudice né, actuel et direct[2].

912.372 **Préjudice indemnisable.** Le préjudice doit être indemnisable, c'est-à-dire qu'il doit être légitime. C'est ainsi que la sanction du recel successoral, qui suppose l'intention frauduleuse de rompre l'égalité du partage, ne constitue pas, pour celui qui le commet, un préjudice ouvrant droit à réparation[3]. De même, le bénéfice d'un dispositif fiscal constituant une aide illicite et incompatible avec les règles de droit européen, compte tenu du caractère illicite de l'exonération fiscale en cause, ne revêtait pas, au jour où le juge a statué, le caractère légitime permettant son indemnisation[4].

Pareillement, la Cour de cassation a pu approuver une cour d'appel d'avoir énoncé que l'avocat a pour obligation de déconseiller l'exercice d'une voie de droit vouée à l'échec ou, à plus forte raison, abusive, et qu'il n'eût pas été légitime de former un appel dans le seul but de faire pression sur l'adversaire afin d'obtenir des concessions de sa part dans un litige sans lien avec la présente affaire, elle en a exactement déduit que le préjudice invoqué à ce titre n'était pas indemnisable[5].

912.373 **Préjudice né, actuel, direct et certain ou perte de chance.** La Cour de cassation vérifie si le préjudice doit faire l'objet d'une réparation intégrale compte tenu de sa certitude[6] ou s'il doit seulement être indemnisé à hauteur d'une perte de chance[7].

Elle différencie ainsi clairement l'indemnisation de la perte de chance[8] de celle d'un préjudice né, actuel, direct et certain[9].

B.
Préjudice actuel et certain

912.381 **Préjudice actuel et certain.** Si l'avantage escompté par le client est dépourvu d'aléa, le préjudice doit être réparé dans son intégralité[10], tel que le montant du redressement fiscal découlant de la faute de l'avocat[11]. Le préjudice doit alors être actuel et certain, ce qui peut consister en une privation du client de la possibilité de soumettre à une juridiction un litige dont les éléments de solution étaient connus[12]. Lorsque le risque d'échec de l'action envisagée apparaît nul, il y a lieu à réparation de l'entier préjudice[13]. C'est ainsi que la Cour de cassation a approuvé une cour d'appel qui, tout en retenant que, par la

1. Civ. 1re, 20 avr. 2017, n° 16-16.891, P I.
2. Civ. 1re, 14 janv. 1999, n° 96-22.271, NP – Civ. 1re, 7 déc. 2004, n° 02-15.578, NP – Civ. 1re, 21 oct. 2003, n° 01-16.412, NP.
3. Civ. 1re, 9 avr. 2014, n° 13-16.348, P I, n° 70 ; *D.* 2014. 929 ; *D.* 2014. 1715, Chron. I. Darret-Courgeon et I. Guyon-Renard ; *AJ fam.* 2014. 325, obs. D. Gilles.
4. Civ. 1re, 19 févr. 2013, n° 12-14.527, NP ; *D. avocats* 2013. 124.
5. Civ. 1re, 23 nov. 2004, nos 03-15.090, 03-16.565, P I, n° 281 ; *JCP* 2005. II. 10058, note T. Lamarche ; *RCA* 2005 comm. n° 29 ; *RLDC* 2005/17, n° 684, comm. J. Julien ; *D.* 2005. 2857, note J. Moret-Bailly ; *D.* 2006. 266, obs. B. Blanchard ; *RTD civ.* 2005. 371, obs. J. Hauser – Civ. 1re, 30 mai 2013, n° 12-21.706, NP.
6. Civ. 1re, 12 mars 2002, n° 00-11.774, NP ; *RTD com.* 2002. 649, obs. B. Saintrourens ; *JCP E* 2002. 1335, note F. Pasqualini.
7. Civ. 1re, 16 juill. 1998, n° 96-15.380, P I, n° 260 ; *JCP* 1998. II. 10143, note R. Martin ; *D.* 1998. 191 – Civ. 1re, 26 avr. 2000 n° 97-18.866, NP – Civ. 1re, 4 déc. 2001, n° 99-14.841, NP – V. ss nos 912.391 s.
8. Civ. 1re, 16 juill. 1998, n° 96-15.380, P I, n° 260 ; *JCP* 1998. II. 10143, note R. Martin ; *D.* 1998. 191 – Civ. 1re, 26 avr. 2000 n° 97-18.866, NP – Civ. 1re, 4 déc. 2001, n° 99-14.841, NP – V. ss nos 912.391 s.
9. Civ. 1re, 30 mai 2012, n° 11-19.202, NP – Civ. 1re, 6 sept. 2017, n° 16-22.379, NP ; *RCA* 2018, n° 18.
10. Civ. 1re, 5 oct. 1985, n° 84-12.309, P I, n° 257 – Civ. 1re, 26 avr. 2000, n° 97-18.866 ; *RCA* 2002, hors-série comm. n° 105 – Civ. 1re, 6 janv. 2011, n° 09-72.509, NP.
11. Civ. 1re, 7 oct. 1998, n° 86-16.426, NP.
12. Paris, 13 nov. 1962, *JCP* 1963. II. 13061, note J. Argenson.
13. Civ. 1re, 12 mars 2002, n° 00-11.774, NP ; *RTD com.* 2002. 649, obs. B. Saintourens – Civ. 1re, 13 déc. 2005, n° 04-14.992, NP.

faute de son avocat, le client avait été privé de la chance de voir fixer un nouveau loyer, a relevé que le risque d'échec de l'action était quasiment nul et qu'en outre, l'hypothèse d'un non-renouvellement du bail à l'initiative de la locataire pouvait raisonnablement être exclue, et a pu en déduire, dans l'exercice de son pouvoir souverain d'appréciation, que le préjudice éprouvé par le client correspondait à la perte éprouvée du fait du renouvellement du bail aux conditions de loyer antérieures [1].

Mais il n'y a pas de préjudice dès lors que le recouvrement des dettes était, en tout état de cause, définitivement compromis compte tenu de la situation de déconfiture préexistante de la société débitrice [2], ou que malgré la faute de l'avocat, le client a été entièrement rempli dans ses droits, en l'occurrence, l'indemnisation de son préjudice [3], ou n'a fait qu'exécuter ses obligations légales, telles que le paiement de l'impôt [4].

912.382 Réparation intégrale. Dès lors que le préjudice est actuel et certain, il doit être réparé intégralement. C'est ainsi que, dès lors qu'un client qui bénéficiait d'une décision définitive d'une juridiction répressive lui allouant des dommages-intérêts en réparation de son préjudice subi du fait d'une infraction pénale, son préjudice, constitué par la perte de la somme, que le fonds de garantie des victimes de terrorisme et d'infractions (Fgti) aurait été tenu de lui verser compte tenu du montant de ces condamnations, était certain, et devait être indemnisé intégralement par l'avocat fautif qui n'avait pas saisi dans les délais ledit Fgti [5].

Il a également pu être jugé que l'aggravation de l'état d'une victime d'une faute médicale devait être indemnisée intégralement en raison de la faute commise par l'avocat dans le cadre de la procédure de reconnaissance de la responsabilité du centre hospitalier, dans le cadre de laquelle il n'avait pas interjeté appel dans le délai de recours contentieux, nonobstant le fait que ce chef de demande n'était alors pas en cause [6].

912.383 Appréciation du caractère actuel et certain. Le caractère actuel et certain du préjudice est apprécié souverainement par les juges du fond, qui se doivent de rechercher si le client apporte la preuve de l'existence d'un tel préjudice au moment où ils statuent [7].

1. Civ. 1re, 18 juin 1996, n° 94-12.646, NP.
2. Paris, ch. 1 A, 8 mars 1999, *Gaz. Pal.* 1999. Somm. 524.
3. Civ. 1re, 18 déc. 2002, n° 00-13.419, NP.
4. Civ. 1re, 4 nov. 2003, n° 00-21.044, NP.
5. Civ. 2e, 17 nov. 2016, n° 16-10.941, P II ; *D.* 2016. 2398 ; *RCA* 2017, n° 42 ; *Gaz. Pal.* 6 déc. 2016, p. 46.
6. Civ. 1re, 14 janv. 2016, n° 14-30.086, P I ; *D.* 2016. 256, obs. S. Carval ; *RCA* 2016, n° 123, obs. S. Hocquet-Berg.

Cela implique de ne pas engager une action en responsabilité civile professionnelle de manière prématurée alors même que des voies de recours sont encore ouvertes dans le cadre de la procédure préjudiciable [8].

912.384 Préjudice distinct de la perte de chance. La faute de l'avocat peut causer des chefs de préjudices distincts de la perte de chance [9] et indemnisables au même titre que celle-ci, tel qu'un préjudice moral [10] ou financier [11] ou un préjudice matériel [12].

C. Perte de chance

912.391 Perte de chance. La perte de chance se définit comme la disparition actuelle et certaine d'une éventualité favorable [13]. Toute décision de justice est sujette à réformation [14], toute décision prise par le client est potentiellement de nature à avoir été autre si le client n'avait pas subi la faute de son avocat, c'est ce que l'on appelle la perte de chance [15].

Dès lors, l'avocat doit donner le conseil de former ou de ne pas former appel et, selon la volonté du client, diligenter cette formalité. À défaut pour lui de l'avoir fait, le préjudice auquel le client victime d'une faute de son conseil a droit s'analyse dans une perte de chance. C'est la raison pour laquelle la perte d'une chance est principalement invoquée à l'occasion des erreurs de procédure ou des défauts de conseil. L'avocat qui ne relève pas l'appel demandé par le client ou ne forme pas un pourvoi dans les

7. Civ. 1re, 28 janv. 1992, n° 90-16.200, P I, n° 28 – Civ. 1re, 1er mars 2005, n° 03-20.204, NP.
8. Civ. 1re, 28 janv. 1992, n° 90-16.200, P I, n° 28 – Civ. 1re, 2 avr. 1997, n° 94-20.352, P I, n° 116 ; *RTD civ.* 1997. 665, obs. P. Jourdain – Civ. 1re, 28 sept. 2004, n° 02-11.288, P I, n° 213 ; *D.* 2004. 2711 ; *RDI* 2005. 206, obs. H. Heugas-Darraspen ; *RTD civ.* 2005. 401, obs. P. Jourdain – Civ. 1re, 7 déc. 2004, n° 02-15.578, NP – Civ. 1re, 21 nov. 2006, n° 05-15.674, P I, n° 498 ; *D.* 2006. 3013 – Civ. 1re, 17 déc. 2014, n° 13-20.515, NP ; *AJDI* 2015. 309.
9. V. ss nos 912.391 s.
10. V. ss n° 912.423.
11. Civ. 1re, 9 nov. 1999, n° 98-17.369, NP – Civ. 1re, 12 févr. 2002, n° 99-17.525, NP – Civ. 1re, 3 févr. 2011, n° 09-15.112, NP ; – CONTRA : Civ. 1re, 26 avr. 2000, n° 99-11.025, NP.
12. Civ. 1re, 30 janv. 2007, n° 04-11.351, NP – Civ. 1re, 5 févr. 2009, n° 07-20.196, P I, n° 21 ; *D.* 2010. 49, obs. P. Brun et O. Gout ; *RTD civ.* 2009. 725, obs. P. Jourdain – Civ. 1re, 14 oct. 2010, n° 09-15.453, NP ; *RCA* 2011, n° 18, obs. S. Hocquet-Berg – V. ss n° 912.422.
13. Civ. 1re, 30 mai 2012, n° 11-13.170, NP – Civ. 1re, 16 mars 1965, n° 63-12.316, P I, n° 194.
14. Amiens, 1er oct. 1959, *D.* 1960. II. 103 – TGI Aix-en-Provence, 27 nov. 1975, *Gaz. Pal.* 1976. 1. 261.
15. TGI Paris, 23 nov. 1989, *Gaz. Pal.* 1990. 2. Somm. 587.

délais, fait perdre à ce client une chance d'obtenir la réformation du jugement ou la cassation de l'arrêt.

912.392 Caractère actuel. Seule constitue une perte de chance réparable, la disparition actuelle et certaine d'une éventualité favorable, ce qui implique qu'il n'y aura pas de perte chance d'obtenir la cassation d'une décision, lorsqu'en raison de sa signification irrégulière, cette décision peut encore faire l'objet d'un pourvoi [1]. Mais il n'y a pas lieu de prendre en compte les autres voies éventuelles dont pourrait user la victime pour arriver aux mêmes fins [2] : la perte de chance subie par le justiciable qui a été privé de la possibilité de former un pourvoi en cassation par la faute d'un auxiliaire de justice se mesure ainsi à la seule probabilité de succès de cette voie de recours [3], sans qu'il n'y ait lieu non plus de prendre en compte, le cas échéant, l'éventuelle chance de succès devant la cour de renvoi : c'est la théorie de la proximité des causes qui prévaut en la matière [4].

La perte de chance peut être constituée lorsque :

• À la suite d'une condamnation, une société a assigné son avocat en responsabilité professionnelle lui reprochant un manquement à son obligation de conseil pour ne pas lui avoir réclamé, en temps utile, les délibérations du conseil d'administration dont la production aurait été propre à démontrer le bien-fondé de son argumentation. Son préjudice devait s'apprécier en la perte d'une chance d'éviter la condamnation définitive prononcée à son encontre, de sorte qu'il appartenait aux juges du fond de rechercher la probabilité pour cette société d'obtenir une décision plus favorable sans la faute retenue contre son avocat, puis d'évaluer le montant du préjudice résultant de cette perte de chance [5].

• L'avocat avait, en s'abstenant d'opposer la clause de tontine au liquidateur, engagé sa responsabilité professionnelle en faisant perdre à son client une chance d'obtenir une décision d'irrecevabilité de l'action en licitation. La cour d'appel avait refusé la réparation de la perte patrimoniale qu'il affirmait avoir subie par suite de la vente forcée du domaine, objet du pacte tontinier, au motif que cette perte ne constitue pas un préjudice actuel et certain puisque, par l'effet de la clause de tontine, rien ne permet de savoir à ce jour lequel des deux époux, actuellement toujours en vie, serait devenu propriétaire du bien s'il n'avait pas été adjugé. La Cour de cassation a cassé l'arrêt en considérant que, de la perte de chance de faire échec à l'action en licitation du bien soumis à pacte tontinier, résultait nécessairement un préjudice patrimonial actuel et certain en rapport avec la vente sur adjudication du bien objet du pacte tontinier, frappé d'inaliénabilité et de l'insaisissabilité qui en était le corrélat [6].

• L'avocat a rédigé un acte de cession de fonds de commerce comprenant le droit au bail en contravention avec les clauses du bail exigeant un acte notarié. La faute de l'avocat ayant fait perdre à la société cessionnaire une chance d'exploiter le fonds de commerce, dès lors que la décision de ses associés de céder leurs parts sociales n'aurait pas fait obstacle, en elle-même, à l'exploitation de celui-ci par la société composée d'autres associés [7].

912.393 Caractère direct. La perte de chance présente un caractère direct chaque fois qu'est constatée la disparition d'une éventualité favorable. C'est aux juges du fond qu'il appartient d'apprécier la probabilité que le client avait de gagner son procès [8]. Et il appartient au demandeur d'établir qu'il avait des chances d'obtenir gain de cause [9].

Le juge doit, pour évaluer le préjudice, tel que celui pouvant résulter de la faute de l'avocat pour omission d'un appel en garantie, reconstituer fictivement la discussion qui aurait pu s'instaurer entre l'emprunteur, le prêteur et l'assureur, si ce dernier avait été appelé en garantie [10], et ce au regard des

1. Civ. 1re, 21 nov. 2006, no 05-15.674, P I, no 498 ; *D.* 2006. 3013 ; *RLDC* 2007/34, no 2355.
2. Civ. 2e, 19 déc. 2013, no 13-11.807, P II, no 254 ; *D.* 2014. 256, note Y. Avril ; *AJ fam.* 2014. 132, obs. A. de Guillenchmidt-Guignot ; *D. avocats* 2014. 69, obs. G. Royer ; *Gaz. Pal.* 20 juin 2014, p. 16, obs. J.-L. Gaineton et J. Villacèque.
3. Com. 6 sept. 2011, no 10-15.525, NP ; *Gaz. Pal.* 30 oct.-3 nov. 2011, p. 20, note D. Houtcieff ; *Dr. et pr.* 2011. 16, note M. Douchy-Oudot – Civ. 1re, 6 oct. 2011, no 10-24.554, P I, no 157 ; *D.* 2011. Actu. 2599 ; *Gaz. Pal.* 30 oct.-3 nov. 2011, p. 20, obs. D. Houtcieff ; *Gaz. Pal.* 9 févr. 2012, p. 11, note M. Mekki ; *JCP* 2011. 1380, note Ph. Gerbay ; *RCA* 2012, no 13 ; *RLDC* 2011. 25, obs. G. Le Nestour Drelon ; *Dr. et pr.* 2012. 16, note M. Douchy-Oudot ; *RDC* 2012. 433, obs. S. Carval.
4. Civ. 1re, 6 oct. 2011, no 10-24.554, P I, no 157 ; *D.* 2011. 2599.
5. Civ. 1re, 19 sept. 2007, no 05-15.139, P I, no 294 ; *JCP* 2008. I. 123, obs. R. Martin.
6. Civ. 1re, 17 oct. 2012, no 11-25.252, NP.
7. Civ. 1re, 25 janv. 2017, no 15-19.490, NP – Versailles, 1re ch., 1re sect., 2 févr. 2018, RG no 16/08305 ; – CONTRA : Montpellier, 1re ch., sect. A, 8 mars 2018, RG no 17/03240 ; *Gaz. Pal.* 18 déc. 2018, p. 35.
8. Civ. 1re, 2 avr. 1997, no 95-11.287, P I, no 118 ; *Defrénois* 1997. 1435, obs. A. Bénabent ; *D.* 1997. 101 ; *AJDI* 1998. 365, note D. Talon ; *JCP* 1997. IV. 1121 – Toulouse, 2 oct. 2000, *JCP* 2001. IV. 1513.
9. Civ. 1re, 8 juill. 2003, no 99-21.504, P I, no 164 ; *RCA* 2003, no 294 – Civ. 1re, 15 oct. 2013, no 12-24.049, NP.
10. Civ. 1re, 2 avr. 2009, no 08-12.848, P I, no 72 ; *D.* 2009. 1142 ; *JCP* 2009, no 38, p. 41, obs. Ph. Stoffel-Munck ; *RLDC* 2009/61, no 3456, obs. J.-P. Bugnicourt ; – MÊME SENS : Civ. 1re, 4 avr. 2001, no 98-11.364, P I, no 101 ; *RCA* 2001, no 296 ; *AJDI* 2001. 553 – Civ. 1re, 6 juill. 2004, no 02-13.361, NP – Com. 7 avr. 2009, no 08-17.778, P IV, no 49 ; *D.* 2009. 1358 ; *JCP* 2009. 142, note J.-P. Maublanc – Civ. 1re, 1er juin 2011, no 09-72.002, P I, no 125 ; *RCA* 2011, no 291, obs. H. Groutel.

éléments de fait et de droit connus à la date à laquelle la faute a été commise[1]. Il va ainsi reconstituer le procès qui aurait pu avoir lieu pour en déterminer les chances de succès, et ce, même si la procédure relevait de la compétence d'un autre ordre de juridiction, telles que les juridictions administratives[2] ou arbitrales. C'est ainsi que dans une affaire où en introduisant avec retard une action en indemnisation d'un préjudice contre une commune, alors que cette action était prescrite, l'avocat commet une faute engageant sa responsabilité mais le préjudice de ses clients qui s'analyse comme une perte de chance ne saurait être réparée, par le juge judiciaire, autrement que selon les règles appliquées par la juridiction administrative[3].

Cette appréciation implique d'avoir recours à un seuil de probabilité[4], et les juges du fond doivent rechercher précisément quelles sont les chances perdues par la faute de l'avocat[5]. Cela doit conduire les avocats à la plus grande prudence et à prendre le soin de répondre, même brièvement, aux arguments qui leur sont avancés.

912.394 Toute perte de chance, même minime. En toute occurrence, la perte d'une chance même faible est indemnisable[6].

Pour la Cour de cassation, toute perte de chance ouvre droit à réparation, faisant que le seul fait de perdre une chance, même minime, du fait de la faute de l'avocat, ouvre droit à indemnisation[7].

912.395 Chance raisonnable. Mais la chance de succès de l'action ne doit pas être hypothétique et doit présenter un caractère raisonnable[8]. Pour la Cour de cassation, il doit résulter de la motivation des juges du fond que le client justifie d'un « préjudice direct et certain résultant de la perte d'une chance raisonnable de succès de ses prétentions » ce qui ne saurait résulter d'« une probabilité minime » de voir la chambre des appels correctionnels méconnaître une jurisprudence de la Cour de cassation, de sorte « qu'il a perdu une chance minime de voir réduire ses condamnations civiles et rejeter la demande de condamnation solidaire »[9].

Ainsi, en l'absence de toute chance de succès dès lors que la procédure apparaissait vouée à l'échec dès le début[10], il n'y a pas de préjudice réparable[11]. Mais le juge du fond se doit alors de caractériser l'absence de toute probabilité de succès avant de rejeter la demande[12].

Dans le cas où une affaire paraît délicate et présente des difficultés sérieuses, même si les chances d'une réformation pouvaient paraître raisonnables, on ne peut ni admettre que le préjudice soit sensiblement égal à la dépréciation subie par les clients du fait de l'omission, ni qu'il soit insigni-

1. Civ. 1re, 1er juin 2011, no 09-72.002, P I, no 125 ; *RCA* 2011 comm. no 291, note H. Groutel.
2. Civ. 1re, 9 mai 2001, no 98-20.107, NP ; *AJDI* 2001. 599 ; *RDI* 2001. 487, obs. G. Durry ; *RTD civ.* 2001. 875, obs. J. Mestre et B. Fages ; *RCA* 2002, hors-série comm. no 115.
3. TGI Paris, 25 avr. 1979, *Gaz. Pal.* 1979. 1. 279.
4. Ph. Brun et O. Gout, *D.* 2015. 124 – O. Sabard, « L'évaluation de la perte de chance par le juge judiciaire », *LPA* 31 oct. 2013, p. 23.
5. Civ. 1re, 7 févr. 1989, no 96-16.730, P I, no 62 – Civ. 1re, 2 févr. 1994, no 92-12.467, P I, no 47 ; *D.* 1994. 63 ; *RTD civ.* 1994. 418, obs. R. Perrot ; *RCA* 2002, hors-série, comm. no 111 – Civ. 1re, 13 févr. 1996, no 94-10.522, NP – Civ. 1re, 15 janv. 1997, no 95-13.481, NP – Civ. 1re, 2 avr. 1997, no 95-11.287, P I, no 118 ; *D.* 1997. IR 101 ; *AJDI* 1998. 365, obs. D. Talon – Civ. 1re, 8 juill. 2003, no 01-01.080, NP – Civ. 1re, 3 févr. 2011, no 09-15.112, NP – Civ. 1re, 15 mars 2017, no 15-34.061, NP ; *RCA* 2017, no 167.
6. Civ. 1re, 16 janv. 2013, no 12-14.439, P I, no 2 ; *D.* 2013. 619, obs. I. Gallmeister ; *JCP* 2013. 98, obs. H. Slim ; *D. avocats* 2013. 196, note M. Mahy-Ma-Somga et J. Jeannin ; *D.* 2013. 619, note M. Bacache ; *D.* 2014. Pan. 169, obs. Th. Wickers ; *JCP* 2013. 1291, no 1, obs. Ph. Stoffel-Munck ; *D. avocats* 2013. 71, obs. L. Dargent ; *JCP* 2013. 622, no 9, obs. G. Pillet ; *RTD civ.* 2013. 380, note P. Jourdain ; *Gaz. Pal.* 10-12 févr. 2013, p. 19, note G. Deharo ; *Gaz. Pal.* 21-23 avr. 2013, p. 14, note A. Guégan-Lecuyer ; *Gaz. Pal.* 5-6 juin 2013, p. 19, obs. M. Mekki ; *RCA* 2013, no 108, obs. F. Leduc.
7. Civ. 1re, 12 oct. 2016, nos 15-23.230, 15-26.147, P I, no *[à paraître]* ; *D.* 2017. 46, note J. Traullé ; *D.* 2017. 26, obs. Ph. Brun ; *Gaz. Pal.* 10 janv. 2017, p. 22, obs. J. Traullé ; *JCP* 2017. 660, no 24, obs. S. Grayot-Dirx – Civ. 1re, 14 déc. 2016, no 16-12.686, P ; *JCP* 2017. 45 ; *RCA* 2017, no 73 ; *D.* 2017. 6 ; *JCP* 2017. 660, no 24, obs. S. Grayot-Dirx ; *Gaz. Pal.* 6 juin 2017, p. 25, obs. D. Landry et J. Villacèque.
8. Civ. 1re, 30 avr. 2014, no 13-16.380, P I, no 76 ; *D.* 2015. 124, obs. Ph. Brun et O. Gout ; *AJ fam.* 2014. 570, obs. S. Thouret ; *Dr. soc.* 2015. 271, Chron. S. Hennion et M. del Sol – Civ. 1re, 30 avr. 2014, no 12-22.567, P I, no 78 ; *RCA* 2014, no 215, obs. F. Leduc ; *JCP* 2014. 1381, note J.-S. Borghetti ; *D.* 2014. 1044 ; *D.* 2015. 124, obs. Ph. Brun et O. Gout – Civ. 1re, 10 juill. 2014, no 13-20.606, NP – Civ. 1re, 12 mai 2016, no 15-17.062, NP.
9. Civ. 1re, 25 nov. 2015, no 14-25.109, P ; *D. actu.* 7 déc. 2015, note Th. de Ravel d'Esclapon ; *RCA* 2016, no 49 ; *Gaz. Pal.* 19 avr. 2016, p. 28, obs. D. Landry et J. Villacèque ; *RLDC* 2016, no 137, obs. O. Sabard ; *JCP* 2016. 670, no 16, obs. F. G'sell ; *D. avocats* 2016. 64, obs. M. Mahy-Ma-Somga.
10. Civ. 1re, 17 juill. 1972, no 70-13.717, P I, no 188 ; *RTD civ.* 1973. 344, obs. G. Durry – Civ. 1re, 21 mai 1996, no 94-11.647 – Com. 24 sept. 2003, no 02-12.858, NP – Civ. 1re, 9 nov. 1999, no 98-17.369, NP – Civ. 1re, 18 mai 2004, no 01-15.738 – Civ. 3e, 1er déc. 2004, no 03-14.033, P III, no 222 ; *RDI* 2005. 43, obs. C. Morel – Civ. 1re, 21 mars 2006, no 05-16.447, NP – Civ. 1re, 28 oct. 2015, no 14-24.616, P I ; *D.* 2015. 2248 ; *Gaz. Pal.* 19 janv. 2016, p. 36, obs. M. Jaouen.
11. Civ. 1re, 12 févr. 2002, no 99-15.705, NP – Soc. 26 févr. 2003, no 01-12.100, NP – Civ. 1re, 6 févr. 2013, no 12-15.154, NP.
12. Civ. 1re, 8 juill. 1997, no 95-14.067, P I, no 234 – Civ. 1re, 6 sept. 2017, no 16-23.999, NP – Versailles, 1re ch., 1re sect., 2 févr. 2018, RG no 16/08305.

fiant. En somme, la perte de chance subie par le client est appréciée en fonction de la qualité du procès soumis au tribunal et dont la chance d'une réformation a été perdue par la faute de l'avocat : si le procès présentait une apparence de chance, le tribunal estime que la responsabilité de l'avocat pour perte de chance doit être retenue et dans la proportion correspondant aux chances perdues ; si au contraire le procès est voué à un échec certain, la demande de dommages-intérêts doit être rejetée car la perte de chance est considérée comme équivalente à zéro ou purement morale[1].

D.
Non-subsidiarité du préjudice

912.401 Non-subsidiarité du préjudice. La Cour de cassation est venue poser[2], d'abord au visa de l'article 1240 du code civil[3] s'agissant des notaires[4], puis au visa de l'article 1231-1[5] du même code s'agissant des avocats, un principe suivant lequel la responsabilité des professionnels du droit ne présente pas un caractère subsidiaire[6]. Il en découle que la mise en jeu de la responsabilité d'un avocat n'est pas subordonnée au succès de poursuites préalables contre un autre débiteur, et qu'est certain le dommage subi par sa faute, quand bien même la victime disposerait, contre un tiers, d'une action consécutive à la situation dommageable née de cette faute et propre à assurer la réparation du préjudice[7].

Ainsi, dès lors qu'est certain le dommage subi par le client par l'effet de la faute de l'avocat, alors même que le client disposerait, contre un tiers, d'une action consécutive à la situation dommageable née de cette faute et propre à assurer la réparation du préjudice[8], il a droit à être indemnisé de ce préjudice. Il convient toutefois de distinguer suivant que la pluralité d'actions dont dispose la victime est consécutive à la situation dommageable ou lui est antérieure[9].

912.402 Conséquences de la non-subsidiarité du préjudice. Il en découle que l'existence d'une action que le client se voyait contraint d'exercer à nouveau pour être rétabli dans son droit par suite de la situation dommageable créée par les fautes, non contestées, de son avocat, n'est pas de nature à priver la perte de chance invoquée de son caractère actuel et certain[10]. Toute comme est certain le dommage subi par le client qui n'avait pu se faire remettre par le séquestre la part des dividendes qui lui revenait, et il doit être indemnisé sans qu'il

1. Aix-en-Provence, 5 juill. 1961 ; *D.* 1961. 593 – Civ. 22 avr. 1963 ; *Gaz. Pal.* 1963. 2. 5 – Aix-en-Provence, 18 déc. 1975, 27 nov. 1975 ; *Gaz. Pal.* 1976. 1. 261 – Civ. 1re, 18 oct. 1978, no 77-12.673, NP ; *Gaz. Pal.* 1979. 1. 119, note A. Damien – Bourges, 27 mars 1984, *Gaz. Pal.* 1984. 1. 376, note A. Damien ; *D.* 1985. 112 ; *in* DAMIEN, *Les grands arrêts*, 1991, p. 85 – Paris, 5 mars 1985 ; *D.* 1987. 104, note A. Brunois – Dijon, 27 janv. 1987 ; *Gaz. Pal.* 1988. 1. Somm. 14 – TGI Paris, 23 nov. 1989 ; *Gaz. Pal.* 1990. 2. Somm. 587 – Paris, 4 mars 1993, *D.* 1993. 497, note J. Prévault – Civ. 1re, 2 avr. 1997, no 95-11.287, P I, no 118 ; *D.* 1997. 101 ; *Defrénois* 1997. 1435, obs. A. Bénabent ; *D.* 1997. 101 ; *AJDI* 1998. 365, note D. Talon ; *JCP* 1997. IV. 1121 – Toulouse, 2 oct. 2000, *JCP* 2001. IV. 1513 – Civ. 1re, 16 juill. 1998, no 96-15.380, P I, no 260 ; *JCP* 1998. II. 10143, note R. Martin.
2. D. Sindres, « La responsabilité civile des professionnels du droit est-elle subsidiaire » ; *D.* 2016. 553 – O. Deshayres, « La responsabilité des professionnels du droit n'est pas subsidiaire », *RDC* 2016. 221.
3. C. civ., art. 1240.
4. Civ. 1re, 25 nov. 2015, no 14-26.245, P I, no 245 ; *RCA* 2016, no 55 ; *D.* 2016. 533 Chron. D. Sindres ; *AJDI* 2016. 288, obs. J.-P. Borel ; *RTD civ.* 2016. 351, obs. H. Barbier ; *RDC* 2016. 221, obs. O. Deshayes ; *Gaz. Pal.* 19 janv. 2016, p. 37, obs. M. Blanc ; *D.* 2015. 2502 – Civ. 1re, 9 déc. 2015, no 14-25.883, NP ; *RCA* 2016, no 86 ; *JCP N* 2016. 1155, note Ch. Corgas-Bernard – Civ. 1re, 9 déc. 2015, no 14-25.854, NP ; *RCA* 2016, no 87 – Civ. 1re, 22 sept. 2016, no 15-21.566, NP ; *RTD civ.* 2017. 154, obs. P. Jourdain – Civ. 1re, 22 sept. 2016, no 15-13.840, P I ; *D.* 2016. 1928 ; *D.* 2017. 24, obs. P. Brun, O. Gout et C. Quézel-Ambrunaz ; *D.* 2017. 1789, obs. L. Neyret et N. Reboul-Maupin ; *RTD civ.* 2017. 154, obs. P. Jourdain ; *RCA* 2016, no 345 ; *RCA* 2016. Focus 26, note L. Bloch ; *JCP* 2016. 1239, note S. Grayot-Dirx ; *Gaz. Pal.* 10 janv. 2017, p. 31, obs. M. Mekki ; *D.* 2016. 1928 ; *D.* 2017. 35, obs. Ph. Brun – Civ. 1re, 8 nov. 2017, no 16-23.197, NP ; *RCA* 2018, no 81.
5. C. civ., art. 1231-1.
6. Civ. 1re, 22 sept. 2016, no 15-20.565, P I ; *D.* 2016. 1926 ; *D.* 2017. 24, obs. P. Brun, O. Gout et C. Quézel-Ambrunaz ; *D. avocats* 2016. 263, obs. L. Dargent ; *D. avocats* 319, art. 2016. C. Caseau-Roche ; *RTD civ.* 2017. 154, obs. P. Jourdain ; *JCP* 2016. 1239, note S. Grayot-Dirx ; *Gaz. Pal.* 10 janv. 2017, p. 31, obs. M. Mekki ; *Gaz. Pal.* 4 oct. 2016, p. 31, obs. C. Berlaud ; *Gaz. Pal.* 6 juin 2017, p. 25, obs. D. Landry et J. Villacèque.
7. Civ. 1re, 22 sept. 2016, no 15-20.565, P I ; *JCP* 2016. 1239, note S. Grayot-Dirx ; *D.* 2016. 1926 ; *D.* 2017. 35, obs. Ph. Brun ; *D. avocats* 2016. 263, obs. L. Dargent ; *D. avocats.* 319, Article C. Caseau-Roche ; *RTD civ.* 2017. 154, obs. P. Jourdain ; *Gaz. Pal.* 10 janv. 2017, p. 31, obs. M. Mekki ; *Gaz. Pal.* 4 oct. 2016, p. 31, obs. C. Berlaud ; *Gaz. Pal.* 6 juin 2017, p. 25, obs. D. Landry et J. Villacèque ; – DÉJÀ : Civ. 1re, 5 févr. 1991, no 89-13.528, P I, no 46 – Civ. 1re, 6 avr. 2004, no 01-14.434, NP.
8. Civ. 1re, 5 févr. 1991, no 89-13.528, P I, no 46.
9. Ph. Brun, obs. ss : Civ. 1re, 22 sept. 2016, no 15-20.565, P ; *JCP* 2016. 1239, note S. Grayot-Dirx ; *D.* 2016. 1926 ; *D.* 2017. 35, obs. Ph. Brun ; *RTD civ.* 2017. 154, obs. P. Jourdain ; *Gaz. Pal.* 10 janv. 2017, p. 31, obs. M. Mekki ; *Gaz. Pal.* 4 oct. 2016, p. 31, obs. C. Berlaud ; *Gaz. Pal.* 6 juin 2017, p. 25, obs. D. Landry et J. Villacèque.
10. Civ. 1re, 19 déc. 2013, no 13-11.807, P I, no 254 ; *D.* 2014. 256, note Y. Avril ; *D. avocats* 2014. 11, obs. L. Dargent ; *D. avocats* 2014. 69, obs. G. Royer ; *JCP* 2013. 6, obs. H. Slim ; *JCP* 2014. 597, no 11, obs. G. Pillet ; *AJ fam.* 2014. 132, note A. de Guillenchmidt-Guignot ; *RCA* 2014, no 89, obs. S. Hocquet-Berg ; *LPA* 31 mars 2014, p. 7, note A.-L. Fabas-Serlooten – Civ. 1re, 15 oct. 2014, no 13-24.984, NP.

n'appartienne au client de remédier lui-même à ce préjudice en tentant de récupérer les sommes dues auprès de son père, au motif que ce dernier avait bénéficié du paiement imprudemment fait par le séquestre[1]. De même qu'est actuel et certain dans son principe, le préjudice résultant de pénalités qui, prononcées à la suite d'un redressement fiscal, ont été mises en recouvrement, peu importe, à cet égard, la possibilité d'un dégrèvement gracieux[2].

En réalité le préjudice indemnisable du fait de la faute de l'avocat est distinct de l'éventuelle réparation qui pourrait être obtenue à l'issue d'une action consécutive à la situation dommageable. C'est ainsi que les restitutions réciproques consécutives à l'annulation du contrat instrumenté ne constituent pas, en elles-mêmes, un préjudice indemnisable que le rédacteur d'actes peut être tenu de réparer[3].

Cette jurisprudence, sévère, tend ainsi à dénier toute obligation de minimiser le dommage[4] à la charge du client, qui peut ainsi se contenter de la situation résultant de la faute commise par l'avocat. Il n'est pas certain qu'elle se maintienne dans le cadre du projet de réforme de la responsabilité civile[5].

§ 2
Évaluation

912.410 Plan – Principe d'évaluation du préjudice. L'évaluation s'effectue, en principe, sans lien avec la gravité de la faute puisque le préjudice constitue un élément distinct de la responsabilité.

Toutefois en matière de responsabilité civile de l'avocat, le bâtonnier Yves Avril[6], par une analyse de la jurisprudence, montre que le montant de l'indemnisation est susceptible de varier avec le degré de la gravité qui qualifie le manquement. Plus la faute paraît lourde, et peut constituer même une infraction disciplinaire, plus l'indemnisation est abondante et généreuse[7], tandis que plus elle paraît vénielle, et le préjudice limité par l'avocat, plus faible sera l'indemnisation accordée[8].

L'évaluation du préjudice diffère suivant qu'il s'agisse d'un préjudice actuel et certain (A), ou d'une perte de chance (B).

A.
Préjudice actuel et certain

912.421 Indemnisation intégrale. En l'absence d'aléa, le préjudice ne doit pas être limité à la perte de chance, mais il doit être indemnisé dans son entier. Tel est le cas, lorsque l'avocat n'a pas saisi le président du tribunal dans les conditions et délais prévus, faisant perdre à son client le bénéfice de ses droits[9].

Ainsi en est-il également lorsque, dans le cadre d'une procédure en réparation d'un dommage corporel, un avocat a conseillé à son client de refuser une indemnité de l'Assistance publique qu'il jugeait insuffisante, alors que la juridiction administrative lui en a proposé ultérieurement une de moitié inférieure. La réparation allouée par la cour d'appel couvrait en l'espèce le montant de l'offre refusée[10].

De même, est évident le préjudice résultant de la faute de l'avocat qui n'engage pas dans les délais une action en paiement d'une indemnité d'éviction[11], ou celui du client qui a versé, lors de la conclusion d'une promesse de cession d'un fonds de commerce, une indemnité d'immobilisation de 500 000 francs, alors qu'il s'est révélé que le bail commercial avait été antérieurement résilié, par la faute de l'avocat rédacteur de l'acte, le préjudice consistant en la perte du montant de l'indemnité d'immobilisation versée, étant certain, il doit être intégralement indemnisé[12], tout comme la perte du prix de cession consécutive à l'annulation du contrat rédigé par l'avocat[13].

912.422 Préjudice économique. Il sera évalué à la somme que le client aurait dû obtenir si l'avocat avait exécuté correctement sa mission, tel que le coût de travaux causés par la mise en œuvre d'une responsabilité décennale[14] ou au montant de la

1. Civ. 1re, 7 mai 2002, n° 99-14.675, P I, n° 121 ; *JCP* 2002. I. 172, obs. R. Martin ; *D.* 2003. 998, note J. Fischer – Civ. 1re, 2 oct. 2002, n° 99-14.656, P I, n° 226 ; *D.* 2002. 2850 ; *RTD civ.* 2003. 97, obs. P. Jourdain.
2. Civ. 1re, 9 juill. 2009, nos 08-16.917, 08-18.110, NP.
3. Civ. 1re, 27 févr. 2007, n° 05-21.677, P I, n° 83 ; *D.* 2007. 867 ; *JCP* 2007. I. 151, n° 6, obs. F. G'Sell ; *RCA* 2007, n° 147, note S. Hocquet-Berg ; *RLDC* 2007/41, n° 2679, note H. Guyader.
4. S. Tisseyre, « Le devoir de minimiser le dommage. L'hostilité du droit français est-elle toujours opportune ? » ; *RCA* 2016, Ét. 1.
5. Ch. Corgas-Bernard, « Le devoir de la victime de ne pas aggraver son préjudice consacré par l'avant-projet de réforme du droit de la responsabilité civile : entre critiques et incertitudes », *RCA* 2016, Ét. 12.
6. Y. Avril, *Responsabilité des avocats,* 4e éd., « Dalloz Référence », 2018, nos 124.21 s.
7. Bourges, ch. 1, 27 mars 1984, *Gaz. Pal.* 1984. I. Jur. 376, note A. Damien ; *D.* 1985. 112 ; *in* DAMIEN, *Les grands arrêts*, 1991, p. 85 – Civ. 1re, 30 avr. 1985, n° 84-10.512, P I, n° 135 ; *Gaz. Pal.* 1985. 1. pan. 296 – Lyon, ch. 1 A, 17 janv. 2008 ; *Gaz. Pal.* 21 et 22 mai 2008, p. 11, note M.-R. Renard – Civ. 2e, 1er juill. 2010, n° 09-14.884, P I, n° 131 ; *Gaz. Pal.* 27-31 août 2010, p. 12, note B. Richard ; *D.* 2010. 355, note Y. Avril.
8. Paris, ch. 1, 9 févr. 1937, *Gaz. Pal.* 1937. I. 507.
9. Civ. 1re, 26 avr. 2000, n° 97-18.866, NP ; *RCA* juin 2002, comm. 105.
10. Paris, 14 janv. 2003, *Gaz. Pal.* 2003. 1766, obs. J.-G. Moore.
11. Civ. 1re, 15 oct. 1985, n° 84-12.309, P I, n° 257 ; *D.* 1987. 104, note A. Brunois ; *Gaz. Pal.* 1986. Pan. 37.
12. Civ. 1re, 12 mars 2002, n° 00-11.774, NP ; *RTD com.* 2002. 649, obs. B. Saintourens ; *JCP E* 2002. 1335, note F. Pasqualini.
13. Civ. 1re, 27 janv. 2007, n° 05-21.677, P I, n° 83 ; *D.* 2007. 867.
14. Paris, ch. 1, 27 oct. 1995, *Gaz. Pal.* 1996. Somm. 340.

créance qu'il aurait pu obtenir si l'hypothèque avait été correctement inscrite[1]. Il n'y a pas lieu de prendre en compte les éventuelles incidences de la situation reconstituée du fait de la faute préjudiciable.

C'est ainsi que dans une affaire où la cour d'appel avait, pour fixer le montant de l'indemnisation résultant de la faute de l'avocat, déduit de la perte de bénéfice le montant de l'impôt sur les sociétés qu'aurait engendré la vente de réservoirs, la Cour de cassation casse l'arrêt en considérant que les dispositions fiscales frappant les revenus sont sans incidence sur les obligations des personnes responsables du dommage et le calcul de l'indemnisation de la victime[2]. Tout comme, la faute de l'avocat qui a privé son client de la possibilité de bénéficier d'un sursis d'imposition, lui faisant supporter le coût d'une imposition immédiate, entraîne l'existence d'un préjudice réparable pris, à tout le moins, de l'impossibilité dans laquelle le client s'était trouvé de faire fructifier les fonds objet du redressement jusqu'à la mise en recouvrement effective de l'impôt[3].

Le préjudice économique s'entend également, outre les intérêts moratoires, des intérêts compensatoires, c'est-à-dire en appliquant au montant du préjudice sur la durée qui s'est écoulée depuis la faute cause du dommage un taux d'intérêt fonction de l'usage que la victime aurait fait de la somme en question[4].

912.423 **Préjudice moral.** Toute faute de l'avocat peut, potentiellement, donner lieu à l'allocation de dommages et intérêts en raison du préjudice moral subit par la victime. Il peut s'agir des simples tracas liés au contentieux générés par la faute de l'avocat[5]. Une cour d'appel a ainsi pu considérer que l'exercice injustifié des voies de recours, avait nécessairement causé au client un préjudice moral en l'entretenant dans l'espoir illusoire d'obtenir gain de cause outre le préjudice financier d'avoir été condamné à des frais irrépétibles[6].

Tout comme il a pu être considéré que les carences de l'avocat dans la représentation d'un client devant le tribunal ayant fait perdre à celle-ci toute chance de gagner son procès en première instance et que, si après le remplacement de ce même avocat, la décision de la cour d'appel avait finalement été favorable, il n'en demeure pas moins que la longue attente d'une décision favorable était imputable en grande partie aux manquements du premier avocat, causant au client un préjudice moral souverainement évalué par la cour d'appel[7].

912.424 **Frais de procédure.** Les frais et honoraires, lorsqu'ils ont été payés à tort ne peuvent pas être contestés dans le cadre d'une procédure de fixation des honoraires[8], mais constituent alors un préjudice indemnisable résultant de la faute commise par l'avocat[9]. Il en est de même des sommes versés au titre de l'article 700[10] du code de procédure civile[11] ou des dommages et intérêts pour procédure abusive[12].

C'est ainsi que :

• Les juges du fond ne peuvent nier la réalité du préjudice subi par les clients, dès lors qu'il ressort de leurs propres énonciations que ces derniers ont été condamnés à supporter les frais exposés par leur adversaire à l'occasion d'une procédure inutilement diligentée à raison de l'incompétence du juge saisi[13].

• De même des clients victimes de l'erreur d'un avocat qui n'a pas formé le pourvoi qu'il était chargé d'introduire, ne sauraient exiger en réparation de leur préjudice la différence entre l'indemnité d'expropriation par eux perçue et la valeur de l'immeuble exproprié au moment de l'action en responsabilité de leur avocat ; ils ne rapportent en effet pas la preuve que leur préjudice soit supérieur aux frais par eux exposés dès lors que l'administration ayant construit, aussitôt l'expropriation prononcée, des bâtiments dont la destruction ne pouvait plus être obtenue en raison du principe de l'intangibilité de l'ouvrage public, la cassation de l'ordonnance ne leur aurait pas permis de récupérer le terrain exproprié[14].

• Mais l'indemnisation ne saurait être limitée aux seuls honoraires de l'avocat fautif dans l'hypothèse où, chargé de faire admettre une créance au

1. Paris, ch. 1, 24 juin 2003, *Gaz. Pal.* 2003. 3169.
2. Civ. 1re, 20 mars 2013, n° 12-17.094, NP.
3. Civ. 1re, 30 mai 2012, n° 11-13.170, NP.
4. S. Carval, « Les intérêts compensatoires ; la réparation de la dimension temporelle des préjudices économiques », *D.* 2017. 414.
5. Lyon, ch. 1, 20 juin 2002 ; *JCP* 2003. IV. 1202 ; – S'AGISSANT *d'un avocat aux conseils* : *Civ. 1re*, 9 nov. 1999, n° 98-17.369, NP ; – et : CE 11 déc. 2015, n° 384242, *Lebon T ; Gaz. Pal.* 31 mai 2016, p. 27, obs. S. Roussel.
6. Versailles, 1re ch., 1re sect., 7 mai 2019, RG n° 17/04046.
7. Civ. 1re, 20 mai 2020, n° 18-25.568, NP.
8. V. ss n° 741.171.
9. TGI Paris, 2 juill. 2015, RG n° 13/10575 – Civ. 2e, 30 juin 2016, n° 15-22.152, P ; *D. actu.*, 22 juill. 2016, obs. A. Portmann ; *D.* 2017. 74, obs. Th. Wickers ; *JCP* 2016. 849 ; *JCP* 2016. 1086 n° 21, obs. S. Grayot-Dirx – Civ. 2e, 23 mars 2017, n° 16-14.735, NP – Paris, pôle 2, ch. 1, 5 nov. 2019, RG n° 17/23232 – Paris, pôle 2, ch. 1, 17 déc. 2019, RG n° 18/03807.
10. C. pr. civ., art. 700.
11. Versailles, 1re ch., 1re sect., 7 mai 2019, RG n° 17/04046 – V. ss nos 723.231 s.
12. Civ. 1re, 29 mars 2017, n° 16-12.828, NP ; *RCA* 2017, n° 188.
13. Civ. 1re, 14 oct. 2010, n° 09-15.453, NP ; *RCA* 2011, n° 18, note S. Hocquet-Berg.
14. Paris, 27 avr. 1981, *Gaz. Pal.* 1981. 2. Somm. 189 ; – RAPPR. : Grenoble, 14 mars 1984, *Gaz. Pal.* 1984. 2. 753 ; – RAPPR. : TGI Douai, 26 juin 1984 et TGI Caen, 19 sept. 1984, *Gaz. Pal.* 1985. 1. Somm. 14 et 15.

passif d'une liquidation judiciaire, son client avait, après le rejet de sa demande, consulté deux autres conseils et confié son dossier à un troisième, qui a obtenu l'admission de la créance en cause d'appel. La cour d'appel, après avoir reconnu que l'avocat avait bien commis une faute, avait limité les indemnités au montant des seuls honoraires versés à l'avocat fautif, à l'exclusion des divers frais de consultation, de constitution de dossier et de plaidoirie en appel des autres avocats. La Cour de cassation censure ce raisonnement au motif que la faute de l'avocat avait contraint sa cliente à engager des frais supplémentaires pour parvenir à l'accueil de sa prétention : ces frais devaient également être pris en compte dans l'évaluation du préjudice[1].

B.
Perte de chance

912.431 **Perte de chance.** La perte de chance n'est jamais intégralement indemnisée[2], puisque, par définition, le gain espéré est aléatoire. La juridiction doit donc mesurer le degré de chance perdue pour calculer la proportion de dommages et intérêts correspondants. En cas de perte de chance, le juge du fond va donc reconstituer fictivement, au vu des conclusions des parties et des pièces produites aux débats, la discussion qui aurait pu s'instaurer devant le juge du fond[3], et déterminer la solution qui aurait dû être apportée. La Cour de cassation vérifie l'appréciation de la chance, et notamment la pertinence juridique du moyen qui n'aurait pas été invoqué par l'avocat[4].

De même, il convient de procéder à l'appréciation quant à la conduite qu'aurait eue le client s'il avait été mieux conseillé par son avocat[5]. C'est ainsi que lorsqu'une promesse de vente du domicile conjugal a été régularisée sans l'accord de l'épouse, il y a lieu de déterminer la position qu'aurait pu prendre l'épouse si son accord avait été sollicité[6] ; ou encore d'apprécier la chance de contacter à des conditions plus avantageuses[7].

Tout comme dans une affaire où la faute de l'avocat, représentant les bailleurs dans une instance en résiliation d'un bail dont il a rédigé l'acte introductif avait omis de dénoncer l'assignation à un créancier inscrit, faisant ainsi perdre un nantissement inscrit sur le fonds de commerce à un créancier du locataire, dès lors que si l'assignation en résiliation du bail avait été dénoncée à ce même créancier, il aurait pu payer l'arriéré de loyers à la date du commandement de payer et aurait ainsi pu préserver le droit au bail et, par voie de conséquence, le fonds de commerce du locataire qui constituait son gage, la cour d'appel, ne pouvait dénier tout préjudice en considérant que la perte de chance de se faire payer sa créance sur le prix de vente du fonds de commerce, n'existe que si le fonds avait une valeur patrimoniale et que celle-ci ne justifie pas d'une valeur du fonds à la date de l'assignation en résiliation du bail : il convenait en réalité de déterminer la chance qu'aurait eu le créancier de préserver son gage et, par la suite, d'obtenir le paiement de sa créance et d'évaluer ainsi le montant du préjudice[8].

912.432 **Théorie du bilan.** Il convient d'appliquer à cet égard la théorie du bilan qui impose de prendre en compte les avantages qui résultent de la situation actuelle, ceux que le demandeur a pu retirer de la situation dommageable[9] et qui n'auraient pas été obtenus en l'absence de faute, et les inconvénients qui se seraient attachés à la situation qui se serait présentée en l'absence de faute[10].

Ceci implique, notamment, de prendre en compte l'incidence fiscale des solutions licitement envisageables[11] ou les avantages qui s'attachent à la conservation de sommes dont a bénéficié le demandeur à l'action, dans le cadre de la situation présentée comme préjudiciable[12].

1. Civ. 1re, 14 déc. 2016, n° 16-12.686, P I ; *JCP* 2017. 45 ; *RCA* 2017, n° 73 ; *D.* 2017. 6 ; *JCP* 2017. 660 n° 24, obs. S. Grayot-Dirx ; *Gaz. Pal.* 6 juin 2017, p. 25, obs. D. Landry et J. Villacèque.
2. Civ. 1re, 18 juill. 1998, n° 96-15.380, P I, n° 260 ; *D.* 1998. 191 ; *Gaz. Pal.* 1998. Pan. 323 ; *JCP* 1998. II. 10143, note R. Martin – Civ. 1re, 9 avr. 2002, n° 00-13.314, P I, n° 116 ; *D.* 2002. 1469 ; *Gaz. Pal.* 2002. Somm. 771 ; *Gaz. Pal.* 2003. Somm. 1289, note F. Chabas.
3. Civ. 1re, 2 avr. 2009, n° 08-12.848, P I, n° 72 ; *D.* 2009. 1142.
4. Civ. 1re, 31 janv. 2008, n° 04-20.151, P I, n° 31 ; *D.* 2008. 1448, obs. V. Avena-Robardet, note A. Aynès ; *D.* 2009. 1044, obs. D.-R. Martin et H. Synvet ; *RTD civ.* 2008. 442, obs. P. Deumier.
5. Civ. 1re, 5 mars 2009, n° 08-11.374, P I, n° 43 ; *D.* 2009. 946.
6. Civ. 1re, 30 avr. 1985, n° 84-10.512, P I, n° 135 ; *JCP* 1986. II. 20653, note M. Dagot.
7. Civ. 1re, 25 mars 2010, n° 09-12.895, NP ; *RTD civ.* 2010. 322, obs. B. Fages – Com. 10 juill. 2012, n° 11-21.954, P IV, n° 149 ; *D.* 2012. 2772, note M. Caffin-Moi ; *D.* 2013. 391, obs. S. Amrani-Mekki et M. Mekki ; *Rev. sociétés* 2012. 686, note B. Fages ; *RTD civ.* 2012. 725, obs. B. Fages ; *RTD civ.* 2012. 732, obs. P. Jourdain – Paris, pôle 2, ch. 1, 27 févr. 2018, RG n° 16/23254.
8. Civ. 3e, 25 oct. 2018, n° 17-16.828, P ; *RCA* 2019, n° 19 ; *JCP* 2018. 1197, obs. G. Deharo.
9. Civ. 1re, 28 sept. 2016, n° 15-18.904, NP ; *D.* 2016. 2061, note S. Carval ; *D.* 2017. 24, obs. P. Brun, O. Gout et C. Quézel-Ambrunaz ; *Dalloz IP/IT* 2017. 46, obs. E. Daoud et G. Péronne ; *RTD civ.* 2016. 847, obs. H. Barbier – L. Varaine, « L'incidence des avantages perçus par la victime d'un dommage sur l'évaluation du préjudice indemnisable », *D.* 2018. 741.
10. Civ. 1re, 8 févr. 2017, n° 15-28.684, NP.
11. Civ. 1re, 10 sept. 2014, n° 13-16.485, NP.
12. Civ. 1re, 15 oct. 2014, n° 13-23.933, NP.

912.433 **Calcul de la perte de chance.** Le juge du fond évalue souverainement le montant du préjudice[1], mais il se doit de répondre à chaque chef de préjudice invoqué par le client.

C'est ainsi que la Cour de cassation a cassé un arrêt de cour d'appel qui, sans réexaminer en fait et en droit la perte de chance invoquée par le client au regard de chacun des postes de préjudice visés dans ses écritures d'appel du 5 juin 2002 prises contre l'administration des douanes, ni répondre aux conclusions qu'il avait développées sur chacun de ces points dans l'instance d'appel suivie contre son avocat en invoquant notamment le nouvel élément constitué par un rapport d'expertise, avait retenu que le client qui se limite à critiquer, soit le montant des indemnités qui lui ont été allouées par le jugement au titre des frais de remise en état et du préjudice moral, soit le rejet de ses demandes d'indemnisation pour perte d'exploitation, de capital et de plus-value, ne produisait cependant aucun élément objectif et nouveau permettant d'établir l'existence d'une perte sérieuse de chance d'obtenir en cause d'appel le montant des indemnités sollicitées à ce titre dans ses écritures du 5 juin 2002[2].

912.434 **Évaluation précise et justifiée.** L'évaluation de la perte de chance doit être précise et justifiée et ne saurait, en principe, être forfaitairement fixée[3]. Le préjudice, qui résulte pour le client de la perte de chance d'obtenir une indemnisation complémentaire, doit être évalué à la date de la décision, en fonction des éléments connus à ce moment-là[4].

C'est ainsi que dès lors que l'avocat engage sa responsabilité faute d'avoir conseillé à son client d'interjeter appel d'un jugement fixant la créance de celui-ci, il ne peut être tenu compte, pour l'évaluation de la perte de chance ainsi subie d'obtenir une décision plus favorable, de l'insolvabilité du débiteur, les perspectives de recouvrement étant étrangères aux chances de succès de l'action envisagée[5].

L'indemnité doit être calculée sans considération de l'emploi qu'en fera le demandeur : c'est ainsi que le client qui sollicite réparation des dommages résultant de la faute de son avocat, même calculée par référence au coût de financement des travaux nécessaires à la réparation, la somme allouée n'était pas soumise au régime et aux mécanismes de l'assurance dommages-ouvrage, n'est pas tenu de justifier de l'emploi des fonds ainsi obtenus[6].

912.435 **Évaluation forfaitaire.** La perte de chance peut être évaluée forfaitairement, notamment lorsqu'il apparaît difficile de déterminer l'issue du procès qui avait été engagé faute de pouvoir en apprécier tous les éléments factuels[7]. Tel est le cas de simples retards dans l'obtention d'un jugement d'adjudication[8]. Mais il convient de faire attention en la matière, la Cour de cassation a ainsi pu considérer qu'« en fixant ainsi globalement le montant [des] indemnités sans préciser le montant de la réparation de la perte de chance dont le principe avait été retenu [...], la cour d'appel n'a pas mis la Cour de cassation en mesure de s'assurer que ce montant était inférieur à l'avantage qu'aurait procuré cette chance si celle-ci s'était réalisée »[9]. La fixation des dommages et intérêts qui doit être réalisée distinctement au titre de chaque chef de préjudice ne doit pas être arbitraire et doit reposer sur une analyse de la situation préjudiciable[10].

Une cour d'appel a pu arbitrer *ex aequo* et *bono* à 50 000 francs le préjudice des parties s'agissant d'un préjudice de principe[11].

1. Civ. 1re, 16 sept. 2010, no 09-65.909, P I, no 172 ; *D.* 2010. 2155 ; *Rev. sociétés* 2011. 159, obs. B. Saintourens ; *RTD com.* 2011. 131, obs. P. Le Cannu et B. Dondero ; *JCP E* 2011. 1251, no 12, obs. Ph. Delebecque ; *Gaz. Pal.* 4 janv. 2011, p. 15, obs. Y. Avril ; *RD banc. fin.* 2010, no 223, note S. Piédelièvre ; *BJS* 2011. 12, note X. Vamparys – Civ. 1re, 12 oct. 2016, nos 15-23.230, 15-26.147, P I ; *JCP* 2017. 660, no 24, obs. S. Grayot-Dirx ; *D.* 2017. 46, note J. Traullé ; *D.* 2017. 24, obs. P. Brun, O. Gout et C. Quézel-Ambrunaz ; *D. avocats* 2016. 365, obs. M. Mahy-Ma-Somga – Civ. 1re, 16 nov. 2016, no 15-25.513, NP ; *RCA* 2017, no 41, obs. H. Groutel.
2. Civ. 1re, 16 janv. 2007, no 05-22.115, NP.
3. Civ. 1re, 18 juill. 2000, no 98-20.430, P I, no 224 ; *D.* 2000. 853, note Y. Chartier.
4. Civ. 2e, 1er juin 2011, no 09-72.002, P II, no 125 ; *Gaz. Pal.* 26 nov. 2011, p. 15, note X. Leducq ; *RCA* 2011, no 291, note H. Groutel.
5. Civ. 1re, 25 nov. 2010, no 09-69.191, P I, no 242 ; *D.* 2010. Actu. 2910 ; *D.* 2011. Pan. 348, note J.-D. Sarcelet ; *Gaz. Pal.* 11 janv. 2011, p. 17, obs. B. Richard ; *Dr. et pr.* 2011, *suppl. Droit du recouvrement,* no 4, p. 3, note E. Putman – Civ. 1re, 23 févr. 2012, no 09-72.647, NP.
6. Civ. 3e, 29 mai 2013, no 12-17.349, P III, no 66 ; *JCP* 2013. 1087, note C. Caseau-Roche ; *Gaz. Pal.* 10 août 2013, p. 11, note C. Cerveau-Colliard ; *Gaz. Pal.* 10 sept. 2013, p. 36, obs. F.-X. Ajaccio, A. Caston et R. Porte.
7. Paris, 16 mai 1963, *D.* 1963. 692 – Civ. 1re, 16 mars 1965 ; *D.* 1965. Jur. 425 ; *RTD civ.* 1965. 650, obs. R. Rodière – Civ. 1re, 11 janv. 2017, no 15-27.820, NP.
8. Paris, ch. 1, 4 mars 1993, *D.* 1993. 497, note J. Prévault.
9. Civ. 1re, 8 juill. 2003, no 01-01.080, NP.
10. Civ. 1re, 2 oct. 2013, no 12-25.959, NP.
11. Agen, 2 juill. 1980, *Gaz. Pal.* 1980. 2. Somm. 595.

CHAPITRE

913. Mise en œuvre de la responsabilité

SECTION 0

ORIENTEUR

913.00 Sommaire du chapitre.

Division. La mise en œuvre de la responsabilité civile de l'avocat suit les règles de droit commun sous réserve de quelques spécificités dans le cadre de la procédure d'indemnisation des clients lésés (sect. 1), de la prescription (sect. 2) et quant aux possibilités d'aménagement conventionnel en la matière (sect. 3).

913.01 Textes applicables.

TEXTES TITRÉS

• **L. n° 71-1130, 31 déc. 1971**

art. 26 [Règles procédurales des actions en responsabilité contre un avocat]

• **Décr. n° 91-1197, 27 nov. 1991**

art. 131 [Responsabilité de l'avocat pour les actes commis par le collaborateur]

art. 138 [Responsabilité de l'avocat pour les actes commis par l'avocat salarié]

art. 163 [Information du bâtonnier]

• **C. civ.**

art. 2224 [Prescription]

art. 2225 [Prescription]

• **C. pr. civ.**

art. 47 [Règle dérogatoire de procédure]

913.02 Jurisprudence de référence.

> Il appartient à l'avocat de démontrer qu'il a rempli son obligation de conseil

• **Civ. 1re, 29 avr. 1997,** n° 94-21.217, P I, n° 132.

* V. s^s n°s 912.121, 912.253, 913.52.

« Attendu que M. X... fait grief à l'arrêt attaqué d'avoir mis à sa charge la preuve de ce qu'il s'était acquitté de son devoir de conseil ;

Attendu qu'en statuant ainsi alors que l'avocat est tenu d'une obligation particulière d'information et de conseil vis-à-vis de son client et qu'il lui importe de prouver qu'il a exécuté cette obligation, la cour d'appel n'a fait qu'appliquer l'article 1315 du code civil [C. civ., art. 1353]. »

> Point de départ du délai de prescription

• **Civ. 1re, 14 nov. 2012,** n° 11-24.396, NP.

* V. s^s n° 913.62.

« Mais attendu que le point de départ du délai de prescription en matière de responsabilité d'un avocat étant la date de la fin de sa mission et non pas celle du jour où le dommage s'est révélé, la cour d'appel, qui a constaté que les époux X... qui n'avaient pas chargé M. Y... de la procédure d'appel et s'étaient gardés de lui communiquer leur nouvelle adresse personnelle alors qu'il leur incombait de lui apporter un concours loyal jusqu'à l'achèvement de sa mission, a souverainement fixé ce terme, au vu des éléments produits devant elle, à la fin de l'année 1997, avant d'en déduire exactement que l'instance engagée le 19 mai 2009 était prescrite ; que ce faisant, elle a légalement justifié sa décision. »

• **Civ. 1re, 14 janvier 2016,** n° 14-23.200, NP.

* V. s^s n° 913.62.

« Mais attendu que l'action en responsabilité contre un avocat au titre d'une faute commise dans l'exécution de sa mission d'interjeter appel se prescrit à compter du prononcé de la décision constatant l'irrecevabilité de l'appel ; que, par ce motif de pur droit, substitué, dans les conditions de l'article 1015 du code de procédure civile, à ceux que critiquent les griefs du moyen, l'arrêt, qui constate que l'appel que

M. X… avait reçu mission de former avait été déclaré irrecevable, pour tardiveté, par un arrêt rendu le 26 février 1999, de sorte qu'était tardive l'assignation délivrée le 23 novembre 2010, après expiration du délai de prescription décennale alors applicable, se trouve légalement justifié ; »

> Personne contre laquelle diriger son action

• **Civ. 1re, 30 sept. 2010,** n° 09-67.298, P I, n° 181.

* V. ss nos 913.32.

« Vu l'article 16, alinéas premier et deuxième, de la loi du 29 novembre 1966 modifiée relative aux sociétés civiles professionnelles ;

Attendu qu'aux termes de ce texte, chaque associé répond, sur l'ensemble de son patrimoine, des actes professionnels qu'il accomplit et que la société civile professionnelle est solidairement responsable avec lui des conséquences dommageables de ces actes ; qu'il en résulte que l'action en responsabilité peut indifféremment être dirigée contre la société ou l'associé concerné, ou encore contre les deux ; »

913.03 Bibliographie indicative.

* Aussi : v. ss n° 91.03.

Thèses. J. Klein, *Le point de départ de la prescription*, « Recherches Juridiques », Economica, 2013 – M. Leveneur-Azémar, *Étude sur les clauses limitatives ou exonératoires de responsabilité*, « Bibliothèque de droit privé », t. 557, LGDJ, 2017.

Traité. Ph. le Tourneau (dir.), *Droit de la responsabilité et des contrats : Régimes d'indemnisation*, 12e éd., « Dalloz Action », 2020, nos 3221.11 s.

Monographie. Y. Avril, Responsabilité des avocats, 4e éd., « Dalloz Référence », 2020 – F. Chénedé, *Le nouveau droit des obligations et des contrats*, « Dalloz Référence », 2e éd., 2018.

Mémoire. D. Piau, *L'aménagement conventionnel de la responsabilité professionnelle*, mémoire, Toulouse, 2000.

Articles. S. Amrani-Mekki, « Liberté, simplicité, efficacité, la nouvelle devise de la prescription », *JCP* 2008. I. 160 – A. Bailly et X. Haranger, « Point de départ du délai de prescription et connaissance des faits permettant de l'exercer », *Gaz. Pal.* 29-30 déc. 2013, p. 11 – B. Dondero, « Avocats : le partnership est une personne morale, le partner est un collaborateur, et le collaborateur est responsable », *D.* 2011. 1463 – J. Jeannin et M. Mahy-Ma-Songa, « La notion de fin de mission de l'avocat », *D. avocats* 2013. 93 – J. Klein, « Point de départ de la prescription de l'action en responsabilité civile de l'avocat : précision sur la notion de "fin de mission" », *JCP* 2016. 325 – Y.-M. Laithier, « Clauses abusives – Les clauses de responsabilité (clauses limitatives de réparation et clauses pénales) », *RDC* 2009. 1650 – S. Lataste, « L'aménagement », in « L'aménagement de la prescription : Enjeux et perspectives pour les avocats », *Cahiers de Droit et Procédure*, 2009 – D. Mazeaud, « Le sort des clauses limitatives de réparation en cas de résolution du contrat », *D.* 2018. 537.

Rapport. *Guide des assurances des avocats au Barreau de Paris,* Barreau de Paris – AON, 2021.

SECTION 1
PROCÉDURE D'INDEMNISATION DES CLIENTS LÉSÉS

913.10 Plan. La procédure d'indemnisation des clients lésés est la procédure de droit commun (§ 1) avec des particularités quant aux personnes mises en cause (§ 2), à la compétence territoriale (§ 3) et à la charge de la preuve (§ 4).

§ 1
Procédure

913.21 Procédure de droit commun. La procédure pour mettre en œuvre la responsabilité de l'avocat est la procédure du droit commun[1] devant, suivant le montant de la demande, le tribunal judiciaire ou la chambre de proximité. Toutefois, lorsque la faute reprochée à l'avocat est susceptible de constituer une infraction pénale[2], la victime a la faculté de déposer une plainte et de profiter d'une poursuite pour se constituer partie civile. Certaines décisions de jurisprudence avaient même admis la possibilité pour la juridiction disciplinaire ou la juridiction pénale d'enjoindre à l'avocat de faire tenir au client, dans un délai précisé, les sommes qu'il lui devait[3]. La Cour de cassation a rejeté le moyen relevé contre ce chef de condamnation, critiquable, au motif que, n'ayant pas été soulevé dans les conclusions d'appel, il ne pouvait l'être pour la première fois devant la Cour de cassation[4].

La juridiction disciplinaire ne peut et ne doit s'immiscer dans le contentieux de l'indemnisation du client[5].

Le choix de la voie pénale est plus contraignant sur le plan de la faute qui, en cas de relaxe, doit être appréciée à partir et dans la limite des faits objets de la poursuite[6], mais présente des avantages, notamment sur le terrain du droit de la preuve bénéficiant du régime plus libéral qui a court en matière de procédure pénale[7].

1. L. n° 71-1130, 31 déc. 1971, art. 26.
2. V. ss nos 921.11 s.
3. Lyon, 7 févr. 1977, *Gaz. Pal.* 1979. 2. Somm. 436.
4. Civ. 1re, 3 oct. 1978, n° 77-11.772, P I, n° 283 ; *Gaz. Pal.* 1979. 1. 120, note A. Damien.
5. V. ss nos 312.51 s.
6. Crim. 5 févr. 2014, n° 12-80.154, P n° 35 ; *D.* 2014. 807, note L. Saenko ; *D.* 2014. 1414, Chron. B. Laurent, C. Roth, G. Barbier, P. Labrousse et C. Moreau ; *Dr. pénal* 2014, n° 46, obs. A. Maron et M. Haas ; *JCP* 2014. 195, obs. J.-Y. Maréchal ; *AJ pénal* 2014. 422, obs. C. Renaud-Duparc.
7. J. Pradel, « Comment la partie civile seule appelante d'un jugement de relaxe peut désormais obtenir réparation de son préjudice ? », *JCP* 2014. 653 – V. Wester-Ouisse, « Le sort de la victime en cas de relaxe : quelle faute civile ? », *D.* 2016. 2018 – V. ss nos 453.00 s.

913.22 Médiateur de la consommation. Au même titre que les litiges en matière d'honoraires [1], le litige mettant en cause la responsabilité civile d'un avocat, lorsqu'ils sont initiés par un client ayant la qualité de consommateur, devront offrir la faculté à ce dernier de saisir préalablement le médiateur de la consommation compétent [2].

913.23 Plainte abusive. Si le client peut engager la responsabilité civile de son avocat, il s'expose lui-même à une condamnation à lui verser des dommages-intérêts pour procédure abusive, s'il l'accuse avec légèreté de graves négligences ou de faute professionnelle, commettant ainsi une faute constitutive de l'abus du droit d'agir en justice. C'est ainsi qu'une cour d'appel a pu allouer des dommages et intérêts à un avocat en estimant que le client avait montré à son égard un manque de confiance et un comportement inapproprié, cause d'un préjudice moral, par l'atteinte injustement portée à la compétence professionnelle de l'avocat qui ne peut être sans retentissement, au moins à titre personnel, et matériel, par l'obligation dans laquelle il le place de consacrer à sa défense un temps dont il aurait un meilleur emploi [3].

Cependant, en application de sa jurisprudence classique, la Cour de cassation retient que l'action en responsabilité engagée à l'encontre de l'avocat ne peut constituer un abus de droit, dès lors que sa légitimité avait été reconnue par la juridiction du premier degré [4] : il convient que soient caractérisées des circonstances particulières le rendant fautif [5].

§ 2
Personne mise en cause

913.31 Co-auteurs. En présence de coauteurs, la victime est libre d'assigner un seul, plusieurs, ou même la totalité des coauteurs. Ceux-ci sont responsables *in solidum* du dommage [6], la victime pouvant demander réparation de l'intégralité du dommage à l'un quelconque des coauteurs, le solvens étant libre, en principe, d'exercer ses recours en garantie à l'encontre des autres coauteurs [7] [8].

Rien n'interdit ainsi au client de mettre en cause l'avocat et le postulant dans la même procédure [9].

913.32 Structure d'exercice. Lorsque l'avocat exerce sa profession au sein d'une structure d'exercice [10], tous les avocats sont solidaires des fautes commises par un seul d'entre eux. En conséquence, dès lors que le client s'est adressé au cabinet, peu importe qu'il ait traité avec un seul avocat chargé de son dossier et non avec tous ceux qui composent la structure d'exercice.

C'est ainsi que puisque chaque associé répond, sur l'ensemble de son patrimoine, des actes professionnels qu'il accomplit et que la société civile professionnelle est solidairement responsable avec lui des conséquences dommageables de ces actes, il en résulte que l'action en responsabilité peut indifféremment être dirigée contre la société ou l'associé concerné, ou encore contre les deux [11].

Elle peut également être recherchée à l'encontre de la structure d'exercice après le départ de l'associé fautif dès lors que ce départ ne s'est pas accompagné de la création d'une nouvelle personne morale [12].

913.33 Associations et *partnerships*. Dans les associations [13], il est possible de prévoir que la responsabilité professionnelle de l'un des membres de l'association n'engagera pas celle des autres (Aarpi). Cette clause du contrat d'association est opposable aux tiers, à condition qu'elle ait fait l'objet d'une publicité (journal d'annonces légales) [14].

S'agissant des *partnerships* constitués conformément aux lois et règlements en vigueur aux États-Unis d'Amérique, ceux-ci, à tous le moins les *limited liability partnerships* (LLP), voient leur personnalité morale reconnue en France en application de la convention franco-américaine d'établissement du 25 novembre 1959 [15], et peuvent donc faire l'objet d'une action dirigée à leur encontre [16], nonobstant

1. V. s[s] n° 741.241.
2. V. s[s] n° 433.42.
3. Paris, pôle 4, ch. 13, 7 sept. 2021, RG n° 19/04232.
4. Civ. 1re, 13 mars 2008, n° 06-16.069, NP ; *JCP* 2008. I. n° 184, n° 17, obs. F. G'Sell – Civ. 2e, 29 juin 2017, n° 16-19.601, NP ; *RCA* 2017, n° 261.
5. Civ. 2e, 11 janv. 2018, n° 16-26.168, P ; *RCA* 2018, n° 95 – Civ. 2e, 3 oct. 2019, n° 18-19.940, NP ; *RCA* 2020, n° 1.
6. Civ. 1re, 15 janv. 2002, n° 99-21.799, P I, n° 15 ; *D.* 2002. 541.
7. Versailles, 7 avr. 1995, RG n° 2406/94.
8. V. s[s] n° 912.322.
9. Civ. 1re, 10 févr. 2004, n° 99-20.716, P I, n° 44 ; *D.* 2004. 731.
10. V. s[s] n°s 811.71 s.
11. Civ. 1re, 28 mars 2008, n° 07-12.196, NP ; *JCP* 2008. I. 184, n° 19, obs. G. Pillet – Civ. 1re, 30 sept. 2010, n° 09-67.298 ; P I, n° 181 ; *D.* 2010. 2289, obs. A. Lienhard ; *Rev. sociétés* 2011. 101, note J.-J. Daigre – Civ. 1re, 15 déc. 2011, n° 10-24.550, P I, n° 214 ; *D.* 2012. 94 ; *D.* 2012. 145, édito. F. Rome ; *Rev. sociétés* 2012. 176, obs. S. Prévost ; *RTD civ.* 2012. 318, obs. P. Jourdain – Civ. 1re, 8 mars 2012, n° 11-14.811, P I, n° 50 ; *D.* 2012. 735 ; *Rev. sociétés* 2012. 304, obs. S. Prévost.
12. Civ. 3e, 24 avr. 2003, n° 01-12.658, P III, n° 83 ; *D.* 2003. 1295, obs. A. Lienhard ; *RTD com.* 2003. 529, obs. M.-H. Monsèrié-Bon.
13. V. s[s] n°s 811.61 s. et 811.82 s.
14. Décr. n° 91-1197, 27 nov. 1991, art. 126.
15. Conv. franco-américaine d'établissement du 25 nov. 1959, art. XIV, § 4 et 5.
16. Civ. 1re, 17 mars 2011, n° 10-30.283, P I, n° 57 ; *D.* 2011. 959, obs. C. Tahri ; *D.* 2011. 1463, note B. Dondero ; *Rev. sociétés* 2011. 429, note J.-J. Daigre ; *Joly soc.* 2011. 407, note J.-F. Barbièri.

le fait qu'ils ne possèdent pas la personnalité juridique[1].

En droit anglais, toutefois, le *partnerships* n'est pas reconnu comme une entité distincte de ses membres. Il convient donc d'être prudent en la matière, d'autant que de nombreux cabinets anglo-saxons ne sont, en réalité, que des groupements d'exercice de droit français (association, SCP, sociétés) dotés d'une dénomination différente et exerçant sous l'enseigne[2] du *partnerships*, auquel cas c'est le groupement d'exercice de droit français qui doit être visé.

913.34 Structure d'exercice apparente. L'attention des avocats est attirée sur le fait que le client qui se plaint d'une faute commise à son préjudice, par un avocat qui figure sur le papier à lettres, ou le site internet, de la structure d'exercice qu'il a choisi, met souvent en cause tous les avocats ou juristes qui figurent sur le papier à lettres[3], ou le site internet[4], de la structure d'exercice, même s'ils ne sont pas effectivement membres de cette même structure d'exercice.

913.35 Collaborateur libéral ou avocat salarié. En principe, l'avocat est civilement responsable des actes professionnels accomplis pour son compte par son ou ses collaborateurs[5]. Toutefois, si l'avocat est civilement responsable des actes professionnels accomplis pour son compte par un collaborateur libéral, ce dernier ne bénéficie pas de l'immunité de responsabilité civile reconnue aux préposés[6], et cette responsabilité n'est pas exclusive de celle qui est encourue par ce dernier[7]. Le client peut, en effet, mettre en cause le collaborateur libéral (ou *associate* dans les structures anglo-saxones) ayant personnellement commis la faute et avec lequel il était en relation durant l'exécution de la mission[8]. Il appartient alors, le cas échéant, au collaborateur libéral de mettre en cause le cabinet pour le compte duquel il est intervenu.

L'avocat employeur est également civilement responsable des actes professionnels accomplis pour son compte par son ou ses avocats salariés[9]. Contrairement aux collaborateurs libéraux, ces derniers bénéficient de l'immunité de responsabilité civile reconnue aux préposés dès lors qu'ils n'ont pas agi en dehors du cadre de leurs fonctions d'avocat salarié[10]. Cette règle est d'ailleurs critiquée par Joël Monéger et Marie-Luce Demeester au regard de « l'indépendance technique de l'avocat dans l'exécution de sa mission »[11]. L'avocat est aussi responsable, conformément au droit commun, des fautes commises par ses salariés non avocats, sauf si la faute du salarié a été commise à des fins étrangères à ses fonctions[12].

913.36 Responsabilité du suppléant. Le client est un tiers à l'égard du suppléant de son avocat[13], faisant que si le client souhaite mettre en œuvre la responsabilité civile du suppléant, et non celle de son avocat, il ne peut le faire que sur le fondement de l'article 1240 du code civil[14].

913.37 Action directe contre l'assureur. Il est possible pour la victime d'agir directement à l'encontre de l'organisme assureur, sans mettre en cause elle-même l'avocat responsable[15].

Cette faculté, qui est une action autonome qui procède du droit propre dont la victime dispose contre l'assureur de responsabilité[16] sans qu'il ne soit nécessaire qu'elle mette en cause l'avocat[17], est surtout d'un intérêt pratique pour le client lorsqu'il n'arrive pas à toucher à l'avocat responsable[18], mais conduit, le plus souvent, l'assureur à mettre en cause l'avocat dans la procédure, et ce afin de pouvoir permettre de verser aux débats les éléments couverts par le secret professionnel qui ne peuvent l'être que pour les seuls et stricts besoins de la défense de l'avocat[19].

1. B. Dondero, « Les groupements dépourvus de la personnalité juridique en droit privé – Contribution à la théorie de la personnalité morale », Puam, 2006.
2. V. s^s n° 463.73.
3. V. s^s n°s 463.51 s.
4. V. s^s n°s 464.21 s.
5. Décr. n° 91-1197, 27 nov. 1991, art. 131 – V. s^s n°s 812.00 s.
6. Cass., Ass. plén., 25 févr. 2000, n° 97-17.378, P n° 2 ; *D.* 2000. 673, note Ph. Brun ; *D.* 2000. 467, obs. P. Delebecque ; *RDSS* 2001. 134, obs. J.-M. Lhuillier ; *RTD civ.* 2000. 582, obs. P. Jourdain.
7. Civ. 1re, 17 mars 2011, n° 10-30.283, P I, n° 57 ; *D.* 2011. 959, obs. C. Tahri, *D.* 2011. 1463, note B. Dondero ; *Rev. sociétés* 2011. 429, note J.-J. Daigre ; *BJS* 20110. 407, note J.-F. Barbièri.
8. Paris, pôle 2, ch. 1, 13 sept. 2016, RG n° 15/15113.
9. Décr. n° 91-1197, 27 nov. 1991, art. 138 – V. s^s n°s 812.00 s.
10. Versailles, 24 août 2017, RG n° 15/06510 ; *JCP* 2017. 1104, n° 22, obs. S. Grayot-Dirx.
11. J. Monéger et M.-L. Demeester, *Profession : Avocat,* Dalloz, 2001, n° 7.21.
12. Civ. 1re, 14 janv. 1997, n° 94-16.769, P I, n° 18 ; *JCP* 1997. IV, n° 455.
13. Sur la suppléance, v. s^s n°s 244.11 s.
14. Civ. 1re, 5 mai 2004, n° 01-15.925, P I, n° 124 ; *D.* 2005. 338 ; *D.* 2005. 332, obs. P. Julien et N. Fricero.
15. Civ. 1re, 7 nov. 2000, n° 97-22.582, P I, n° 274 ; *JCP* 2001. I. 113, note J. Bigot ; *D.* 2001. 149, note Ch. Rade ; *D.* 2001. 3320, note H. Groutel ; *D.* 2002. 2115, note J. Bonnard.
16. Civ. 2^e, 3 mai 2018, n° 16-24.099 et 16-25.476, P ; *RCA* 2018, n° 277, obs. H. Groutel.
17. Civ. 1re, 7 nov. 2000, n° 97-22.582, P I, n° 274 ; *RCA* 2001, n° 29, note H. Groutel ; *RGDA* 2000. 1108, note J. Kullmann.
18. TGI Paris, 17 sept. 2015, RG n°s 14/05310, 14/05311, 14/05312, 14/05314.
19. V. s^s n°s 412.271 s.

Elle doit ainsi être utilisée avec circonspection car elle conduit, le plus souvent, à obvier une partie des éléments des faits de la cause.

913.38 **Héritiers de l'avocat.** Les héritiers de l'avocat peuvent être tenus du chef de l'avocat décédé[1], sauf s'ils renoncent à la succession[2].

Mais dès lors que la cession par un associé de ses parts sociales est dépourvue d'effet sur sa responsabilité qui demeure, comme celle de la société, engagée au titre des conséquences dommageables des actes réalisés dans le cadre de son exercice au sein de la société, les héritiers ne sauraient pas plus échapper à cette même responsabilité en cédant leurs parts sociales après le décès du professionnel exerçant au sein de la société et responsable de son vivant des actes dommageables[3].

§ 3 Compétence territoriale

913.41 **Assignation au domicile professionnel de l'un des avocats.** La juridiction territorialement compétente est déterminée en application des règles de l'article 42[4] du code de procédure civile comme étant la juridiction du lieu de l'un des défendeurs, soit le domicile professionnel des avocats[5], soit le siège social de la compagnie d'assurances, ou encore, en application de l'article 46[6] du code de procédure civile, soit le lieu de réalisation de la prestation de service, soit le lieu où a été commis le fait dommageable ou celui où le dommage a été subi en cas de responsabilité délictuelle[7].

Lorsque plusieurs avocats ont collaboré à la faute, il est loisible de les attraire devant la juridiction du lieu où demeure l'un d'eux. Mais la juridiction compétente doit être déterminée au regard du barreau d'inscription du ou des avocats ayant concouru à la réalisation du dommage, nonobstant le barreau d'inscription de la structure d'exercice dont ils sont membres et auprès duquel a été souscrite l'assurance responsabilité civile[8].

913.42 **Faculté de déroger aux règles de compétence.** L'article 47[9] du code de procédure civile a prévu que lorsqu'un auxiliaire de justice est partie à un litige qui relève de la compétence d'une juridiction dans le ressort de laquelle il exerce ses fonctions, où la structure interbarreaux dispose de son siège social[10], il est possible de saisir une juridiction située dans le ressort limitrophe[11].

Cette possibilité accordée par l'article 47[12] du code de procédure civile constitue un droit pour celui qui l'invoque, dès lors qu'il a la qualité d'avocat inscrit au tableau au moment où l'assignation est délivrée[13], faisant naître une obligation pour la juridiction de se dessaisir au profit d'une juridiction limitrophe[14]. Elle doit être soulevée dès que l'avocat concerné a connaissance des causes de la demande de renvoi, soit, en principe, dès l'assignation[15].

La juridiction limitrophe, qu'il appartient à la juridiction dessaisie de désigner, doit être la juridiction du ressort d'une autre cour d'appel que celle de la juridiction saisie. Pour les avocats admis à postuler auprès des cours d'appel de Paris et de Versailles (barreaux de Paris, Créteil, Nanterre et Bobigny), il doit s'agir d'une juridiction du ressort d'une autre cour d'appel que celles de Paris et de Versailles[16].

913.43 **Convention de Bruxelles.** La CJUE a eu à connaître d'une question préjudicielle dans le cadre d'un litige opposant une société établie aux Pays-Bas, à trois avocats, résidants respectivement en Roumanie, au Canada et en République tchèque, au sujet d'une négligence de la part de l'avocat tchèque lors de la rédaction, en République tchèque, d'un contrat d'achat d'actions. Elle invoquait la compétence des juridictions hollandaises arguant que le préjudice économique avait été subi sur ses comptes bancaires aux Pays-Bas.

Pour la CJUE, ne saurait être considéré comme le « lieu où le fait dommageable s'est produit »[17], au

1. Civ. 1re, 2 oct. 2013, no 12-14.457, NP ; *D. avocats* 2013. 402, obs. L. Dargent.
2. Civ. 1re, 7 mai 2008, no 07-14.872, NP.
3. À PROPOS d'une SCP de kinésithérapeute : Civ. 1re, 11 juill. 2018, nos 17-17.441, 17-19.581, P ; *D. actu.* 25 sept. 2018, note C. Mangematin.
4. C. pr. civ., art. 42.
5. V. ss nos 222.00 s.
6. C. pr. civ., art. 46.
7. V. ss nos 912.261 s.
8. Paris, pôle 2, ch. 1, 7 janv. 2015, RG no 14/06882 – V. ss nos 911.31 s.
9. C. pr. civ., art. 47.
10. Toulouse, 4 mars 1999 ; *D.* 2000. Somm. 370, obs. P. Fadheuille.
11. TGI Fontainebleau, 23 nov. 1993, *JCP* 1994. II. 22196, note R. Martin – Civ. 2e, 29 janv. 1992, no 90-17.911, P II, no 36 ; *D.* 1994. 133 – B. Beignier, « L'article 47 du code de procédure civile : une option ou un privilège ? », *D.* 2012. 825.
12. C. pr. civ., art. 47.
13. TGI Lille 26 mai 2005 ; *D.* 2005. 2428.
14. Civ. 2e, 20 juill. 1987, no 86-10.318, P II, no 171 ; *Gaz. Pal.* 1987. 2. pan. 231, note A. Damien – Civ. 2e, 29 janv. 1992, no 90-17.911, P II, no 36 ; *D.* 1994. 133.
15. Civ. 2e, 7 avr. 2016, no 15-15.372, P II.
16. Versailles, ch. 16, 12 juin 2014, RG no 13/04427 – Paris, pôle 2, ch. 1, 5 juill. 2016, RG no 15/17274 ; *D.* 2017. 74, obs. T. Wickers – Civ. 2e, 12 avr. 2018, no 17-17.241, P ; *JCP* 2018. 504 ; *Gaz. Pal.* 22 mai 2018, p. 48, obs. C. Berlaud.
17. Conv. 27 sept. 1968 concernant la compétence judiciaire et l'exécution des décisions en matière civile et commerciale, dite Convention de Bruxelles, art. 5 – Règl. 44/2001, Conseil, 22 déc. 2000 concernant la compétence judiciaire, la reconnaissance et l'exécution des décisions en matière civile et commerciale, art. 5.

sens de la convention de Bruxelles, en l'absence d'autres points de rattachement, le lieu situé dans un État membre où un préjudice est survenu, lorsque ce préjudice consiste exclusivement en une perte financière qui se matérialise directement sur le compte bancaire du demandeur et qui résulte directement d'un acte illicite commis dans un autre État membre.

Pour la vérification de la compétence, la juridiction saisie d'un litige doit apprécier tous les éléments dont elle dispose, y compris, le cas échéant, les contestations émises sur le fond par le défendeur[1].

§ 4
Charge de la preuve

913.51 **Preuve du mandat.** C'est au demandeur qu'il appartient d'apporter la preuve de l'existence et de la portée du mandat confié à l'avocat[2].

Cette preuve résultera, en principe, de l'existence d'un mandat écrit ou d'une lettre de mission[3], à défaut elle peut être apportée par tous moyens, notamment eu égard aux diligences accomplies, correspondances échangées et libellés des notes d'honoraires[4].

913.52 **Preuve de l'exécution de ses obligations par l'avocat.** Depuis un important revirement de jurisprudence du 29 avril 1997, c'est à l'avocat qu'il incombe de rapporter la preuve[5] qu'il a bien exécuté « son obligation particulière d'information et de conseil envers son client »[6].

Cette jurisprudence rigoureuse, qui est régulièrement confirmée[7], est atténuée, dans la mesure où la preuve de cette information semble pouvoir être apportée « par tous moyens » et non seulement par la production d'un écrit - jurisprudence d'abord rendue en matière médicale[8], avant d'être logiquement appliquée aux avocats[9] - et peut résulter de toute circonstance ou de tout document établissant l'exécution par l'intéressé de ses obligations de conseil et d'information[10], notamment par la production des courriers adressés aux clients qui présument non seulement de leur existence mais également de leur contenu[11]. Il est néanmoins conseillé aux avocats, en pratique, de recourir dès que possible à l'écrit, ne serait-ce que pour prendre acte de l'accord de leur client, afin de se ménager des preuves, sans qu'ils n'aient pour autant l'obligation d'adresser tous leurs courriers au client par lettre recommandée avec accusé de réception[12]. L'avocat justifie de l'accomplissement de ces formalités par la seule production des doubles de lettres de son dossier dont il affirme avoir adressé les originaux à son client[13].

Mais il appartient au client de rapporter la preuve de la réalité des conseils fautifs qu'il invoque à l'appui de son préjudice[14].

913.53 **Preuve du lien de causalité.** La preuve du lien de causalité[15] entre la faute et le préjudice incombe au demandeur[16].

913.54 **Preuve du préjudice.** La preuve du préjudice incombe également au demandeur[17]. Il lui appartient ainsi d'apporter la preuve que la perte de chance qu'il a subie est réelle et sérieuse[18].

C'est ainsi que, dès lors qu'une banque n'avait produit aucun élément permettant d'évaluer l'actif et le passif de la société en liquidation et, partant, de déterminer, à l'issue de la procédure collective, le sort de la créance admise à titre chirographaire, il a pu être jugé qu'elle ne rapportait pas la preuve du dommage dont elle demandait réparation et qu'elle

1. CJUE 16 juin 2016, *Universal Music International Holding BV c/Michael Tétreault Schilling, Irwin Schwartz, Josef Brož*, aff. C-12/15, *D.* 2016. 2156, note O. Boskovic ; *D.* 2016. 2025, obs. L. d'Avout et S. Bollée ; *RTD com.* 2017. 233, obs. A. Marmisse-d'Abbadie d'Arrast ; *RTD eur.* 2016. 805, obs. E. Guinchard.
2. TGI Paris, 2 juill. 2015, RG n° 12/15905 – V. s[s] n°s 912.41 s.
3. V. s[s] n°s 713.381 s.
4. Paris, ch. 1, sect. A, 16 avr. 1996 ; *Gaz. Pal.* 1996. 2. Jur. 575.
5. H. Groutel, « L'opportunité du procès et le devoir de conseil de l'avocat », *RCA* 1997. Chron. 19.
6. Civ. 1re, 27 févr. 1997, n° 94-19.685, P I, n° 75 ; *Gaz. Pal.* 1997. I. 274, rapp. P. Sargos, note J. Guigue ; *D.* 1997. 319, obs. J. Penneau ; *RDSS* 1997. 288, obs. L. Dubouis ; *RTD civ.* 1997. 924, obs. J. Mestre ; *RTD civ.* 1997. 434, obs. P. Jourdain – Civ. 1re, 29 avr. 1997, n° 94-21.217, P I, n° 132 ; *D.* 1997. 130 ; *Gaz. Pal.* 1997. Pan. 180 ; *JCP* 1997. II. 22948, note R. Martin ; *LPA* 1997. 15, note M.-H. Maleville ; *RTD civ.* 1997. 924, obs. J. Mestre ; *CCC* 1997, n° 111 note L. Leveneur ; *RCA* 1997, n° 231, obs. H. Groutel ; – COMP. : C. consom., art. L. 111-5 – V. s[s] n°s 912.101 s.
7. Civ. 1re, 23 nov. 2000, n° 99-11.009, NP ; *JCP* 2001. I. 284, obs. R. Martin – Civ. 1re, 27 mai 2003, n° 01-14.517, NP – Civ. 1re, 26 oct. 2004, n° 02-21.302, NP – Civ. 1re, 7 févr. 2006, n° 05-13.804, NP – Civ. 1re, 28 mars 2008, n° 07-10.807, NP ; *JCP* 2009. I. 184, n° 18, obs. F. G'Sell – Com. 13 oct. 2009, n° 08-10.430, NP ; *D.* 2009. 2842, note Y. Avril ; *JCP* 2010. 270, n° 12, note A. Tanaskovic.
8. Civ. 1re, 14 oct. 1997, n° 95-19.609, P I, n° 278 ; *JCP* 1997. I. 4068, n[os] 6 s.
9. Paris, 4 avr. 2003, *Gaz. Pal.* 2003. 1. 1860.
10. Civ. 1[re], 9 avr. 2014, n° 13-14.598, NP ; *D. avocats* 2014. 172, obs. L. Dargent.
11. Aix-en-Provence 5 juill. 1961 ; *D.* 1961. 593.
12. Metz, 1er mars 2012, *JCP* 2012. 1289, note C. Francioso.
13. Paris, 25 janv. 1984, *D.* 1989. 62 ; *D.* 1987. 103, note A. Brunois.
14. Civ. 1re, 24 avr. 2013, n° 12-17.627, NP.
15. V. s[s] n°s 912.281 s.
16. Civ. 1re, 30 mars 2005, n° 03-17.590, NP – Civ. 1re, 27 févr. 2007, n° 05-21.677, P I, n° 83 ; *D.* 2007. 867.
17. V. s[s] n°s 912.372 s.
18. Civ. 1re, 21 nov. 2006, n° 05-15.674 ; P I, n° 498 ; *D.* 2006. 3013 – Civ. 1re, 4 juin 2007, n° 05-20.213, P I, n° 127 ; *D.* 2007. 1784.

ne justifiait pas de la perte définitive de sa créance [1]. Tout comme doit être débouté de son action en responsabilité le client qui reprochait à son avocat de ne pas lui avoir réclamé certaines pièces utiles à la défense de ses intérêts, manquant ainsi à ses obligations de conseil et de diligence, mais qui n'apporte pas la preuve que la production des pièces litigieuses lui aurait permis d'obtenir une décision plus favorable devant la juridiction administrative [2].

Il peut être recouru à un expert pour déterminer les chances de succès [3], ou déterminer l'ampleur et donc le montant du préjudice subi [4].

SECTION 2
PRESCRIPTION

913.61 Prescription de l'action en responsabilité. Le régime général de la prescription en matière civile a été modifié par la loi du 17 juin 2008 [5], qui a simplifié le régime des prescriptions. Le nouvel article 2225 du code civil prévoit que « l'action en responsabilité dirigée contre les personnes ayant représenté ou assisté les parties en justice, y compris en raison de la perte et de la destruction des pièces qui leur ont été confiées, se prescrit par cinq ans à compter de la fin de leur mission ».

Ce texte ne concerne que les missions judiciaires de l'avocat et la conservation des pièces qui lui sont confiées. Il ne s'applique pas aux missions juridiques, c'est-à-dire principalement la consultation et la rédaction d'actes. La simplification n'est donc pas complète et la prescription unique que certains appelaient de leurs vœux n'a donc pas été consacrée, car même si les deux catégories de missions sont soumises à une prescription de cinq ans, leur régime diffère quelque peu. Il est donc nécessaire, comme avant la réforme de 2008, de distinguer les missions judiciaires qui relèvent de la prescription de l'article 2225 [6] du code civil et les missions juridiques relevant du droit commun de l'article 2224 du code civil [7].

913.62 Prescription de l'action concernant les missions judiciaires. S'agissant des missions judiciaires, la loi du 17 juin 2008 [8] a réduit la durée de la prescription de l'action en responsabilité contre l'avocat de dix à cinq ans [9]. Ce délai concerne les missions judiciaires et le stockage des archives. L'article 2225 du code civil précise que le point de départ du délai de prescription est, comme dans le régime antérieur, la « fin de la mission » [10].

Sous l'empire de la loi antérieure, il avait été jugé que la cessation définitive des fonctions de l'avocat met fin à sa mission, même sans notification préalable de sa part au client [11]. Cette jurisprudence a été confirmée par un arrêt du 14 novembre 2012 [12], dans lequel Cour de cassation juge que le point de départ du délai de prescription est la date de la fin de sa mission et non pas celle du jour où le dommage s'est révélé. Elle approuve en conséquence une cour d'appel qui, constatant que les clients d'un avocat qu'ils avaient chargé de la défense de leurs intérêts devant les juridictions du premier degré qui devaient finalement les condamner en 1996 à payer diverses sommes, ne lui avaient pas confié la procédure d'appel et s'étaient gardés de lui communiquer leur nouvelle adresse personnelle alors qu'il leur incombait de lui apporter un concours loyal jusqu'à l'achèvement de sa mission, fixe souverainement ce terme, au vu des éléments produits devant elle, à la fin de l'année 1997, avant d'en déduire exactement que l'instance en responsabilité engagée en 2009 à l'encontre de l'avocat était prescrite.

En outre, la Cour de cassation a adopté une conception fractionnée de la mission de l'avocat : elle a ainsi considéré que l'action en responsabilité contre un avocat au titre d'une faute commise dans l'exécution de sa mission d'interjeter appel se prescrit à compter du prononcé de la décision constatant l'irrecevabilité de l'appel [13], nonobstant la procédure pendante devant la Cour de cassation. Il y aurait ainsi autant de missions que de phases procédurales, ce qui ne manque pas de poser des difficultés en matière de recouvrement des honoraires [14], et doit inciter à la prudence.

Dans une autre affaire, où la demande du client avait été déclarée irrecevable car prescrite en première instance [15], la Cour de cassation reproche à

1. Civ. 1re, 16 janv. 2013, n° 11-24.250, NP.
2. Civ. 1re 9 sept. 2020, n° 19-16.047, P ; *JCP* 2020. 1209, note C. Caseau-Roche ; *JCP* 2020. 1092 ; *JCP* 2020. 1294, n° 14, obs. S. Grayot-Dirx.
3. Civ. 3e, 24 sept. 2013, n° 12-25.159, NP.
4. Civ. 1re, 27 févr. 2001, n° 98-10.756, NP.
5. L. n° 2008-561, 17 juin 2008 portant réforme de la prescription en matière civile, *JO* 18 juin, p. 9856 – S. Amrani-Mekki, « Liberté, simplicité, efficacité, la nouvelle devise de la prescription », *JCP* 2008. I. 160.
6. C. civ., art. 2225 – V. ss nos 913.62 s.
7. C. civ., art. 2224 – V. ss nos 913.64 s.
8. L. n° 2008-561, 17 juin 2008 portant réforme de la prescription en matière civile, *JO* 18 juin, p. 9856.
9. C. civ., art. 2225.
10. C. civ., art. 2225 – S'agissant des honoraires, v. ss n° 741.211.
11. Civ. 1re, 30 janv. 2007, n° 05-18.100, P I, n° 43 ; *JCP* 2007. I, n° 13, obs. R. Martin – Paris, pôle 2, ch. 1, 18 juin 2014, RG n° 12/11666.
12. Civ. 1re, 14 nov. 2012, n° 11-24.396, NP ; *D. avocats* 2013. 8, obs. L. Dargent ; *JCP* 2013. 10, obs. A. Bolze.
13. Civ. 1re, 14 janv. 2016, n° 14-23.200, P I ; *D.* 2016. 200 ; *JCP* 2016. 670, n° 17, obs. F. G'sell ; *JCP* 2016. 325, note J. Klein ; *RCA* 2016, n° 122.
14. V. ss nos 741.221 s.
15. Civ. 3e, 24 nov. 2010, n° 09-16.104.

une cour d'appel d'avoir déclaré prescrite l'action en responsabilité du client à l'encontre de son avocat en prenant comme point de départ du délai de prescription la date de la décision de première instance, alors même que l'avocat était investi d'un mandat d'assistance devant la cour d'appel faisant que sa mission s'était poursuivie au cours de l'instance d'appel et n'avait pu, en aucun cas, prendre fin avant l'arrêt d'appel, soit avant le 4 juin 2009 [1].

913.63 Notification de la fin de mission. Même s'il ne s'agit pas d'une obligation au regard de la jurisprudence, il est important que la fin de mission de l'avocat soit clairement établie et il incombe à l'avocat de se préserver la preuve de l'existence d'un éventuel accord le déchargeant prématurément de ses obligations [2].

Rappelons dans ce cadre que la commission des règles et usages estime qu'il est nécessaire, pour l'avocat, de notifier au client l'achèvement de la mission, faute de quoi le point de départ du délai de cinq ans pourrait être retardé ou contesté. Cette notification se fera sous forme recommandée ou de remise, contre reçu, d'une lettre de fin de mission [3].

913.64 Prescription de l'action concernant les missions juridiques. Les missions juridiques de l'avocat, c'est-à-dire les missions de conseil et de rédaction d'acte relèvent du droit commun de l'article 2224 du code civil, sauf si elles relèvent d'un texte particulier. Le délai de prescription est le même que celui prévu pour les missions judiciaires, c'est-à-dire cinq ans. En revanche, le régime juridique de la prescription de l'article 2224 du code civil est différent sur deux points essentiels de celui de l'article 2225 du code civil.

D'une part, l'article 2224 du code civil prévoit que « les actions personnelles ou mobilières se prescrivent par cinq ans à compter du jour où le titulaire d'un droit a connu ou aurait dû connaître les faits lui permettant de l'exercer ». En ce qui concerne les missions juridiques, le point de départ du délai de cinq ans n'est donc pas la fin de la mission de l'avocat, comme pour les missions judiciaires, mais le jour où le titulaire du droit a connu ou aurait dû connaître les faits lui permettant d'agir. Si ce délai n'est pas trop difficile à définir s'agissant de la rédaction d'un acte, il sera plus délicat de le connaître en ce qui concerne les missions de conseil ou de consultation. Il est, en tout état de cause, nécessaire que le dommage soit réalisé et non pas simplement latent : c'est ainsi que doit être cassé l'arrêt d'une cour d'appel qui avait fait courir la prescription dès le jour de l'assignation et non du jour du jugement de l'arrêt confirmatif déclarant que la parcelle acquise par l'acquéreur était en indivision avec ses voisins et ordonnant la rectification en ce sens de l'acte notarié établit par le notaire dont la responsabilité était recherchée. Pour la Cour de cassation, le dommage subi par l'acquéreur ne s'est manifesté qu'à compter de la décision passée en force de chose jugée du 20 février 2014, devenue définitive, en vertu d'un arrêt de la Cour de cassation du 29 septembre 2015 [4], déclarant que la parcelle litigieuse était soumise au régime de l'indivision, de sorte que le délai de prescription de l'action en responsabilité exercée contre le notaire a commencé à courir à compter de cette date [5].

Et d'autre part, il y a lieu de préciser que l'action en responsabilité « à raison de la perte ou de la destruction des pièces » prévue par l'article 2225 du code civil ne concerne que l'assistance ou la représentation en justice. En revanche, les pièces remises dans le cadre d'une mission juridique relèvent du droit commun de l'article 2224 du code civil. Le texte de loi laissant place à un large pouvoir d'interprétation sur le point de départ du délai de prescription, il paraît prudent de conserver ses archives pendant, au moins, dix ans [6].

913.65 Action directe contre l'assureur. L'action directe du client victime à l'encontre de l'assureur [7] est soumise non pas à la prescription biennale mais au même délai de prescription que l'action engagée à l'encontre de l'avocat [8].

913.66 Action d'un tiers victime. Lorsque l'action en responsabilité est fondée non sur la responsabilité contractuelle mais sur la responsabilité délictuelle [9] de l'article 1240 du code civil, elle court, en principe, à compter de la manifestation du dommage [10].

913.67 Exécution d'une transaction relative au règlement du sinistre. L'action en exécution d'une transaction relative au règlement du sinistre dérive du contrat d'assurance, et est donc soumise à la

1. Civ. 1re, 10 mars 2021, n° 18-23.943, NP ; *RCA* 2021, n° 103 ; *Gaz. Pal.* 27 avr. 2021, p. 16, note M. Mignot.
2. Civ. 1re, 29 mai 2013, n° 11-24.312, NP ; *D. avocats* 2013. 268 ; *JCP* 2013. 1087, obs. A. Bolze ; *Dr. et patr.* 2013. 94, obs. B. Chaffois.
3. CNB, Comm. RU, avis n° 2010-027, 17 mai 2010 ; C. avocat 2021, ss L. 31 déc. 1971, art. 26, avis CNB *in fine* – V. ss nos 912.41 s. et 484.21 s.
4. Civ. 3e, 29 sept. 2015, n° 14-17.560, NP.
5. Civ. 1re, 9 sept. 2020, n° 18-26.390, P ; *D.* 2021. 2160 note A. Tani.
6. *Guide des assurances des avocats au Barreau de Paris*, Aon, 2013, p. VIII.
7. V. ss n° 913.37.
8. Civ. 1re, 7 févr. 2013, n° 12-12.875, NP.
9. V. ss nos 912.261 s.
10. Y. Avril, *Responsabilité des avocats,* 4e éd., « Dalloz Référence », 2020, n° 131.44.

prescription biennale de l'article L. 114-1 du code des assurances[1].

913.68 **Interruption de la prescription.** La prescription est valablement interrompue suivant les règles de droit commun en la matière[2]. La prescription ne court pas contre celui qui est empêché d'agir ne s'applique pas lorsque le titulaire de l'action disposait encore, à la cessation de l'empêchement, du temps nécessaire pour agir avant l'expiration du délai de prescription[3].

C'est ainsi que des pourparlers transactionnels, engagés par une lettre par laquelle l'assureur invite les clients lésés à prendre rendez-vous pour envisager une solution amiable de l'affaire, ne sont pas constitutifs d'une reconnaissance de responsabilité interruptive du délai de prescription[4], pas plus que le courrier adressé au bâtonnier par le client afin de se plaindre des fautes de son avocat n'a pas d'effet interruptif de la prescription, la mise en jeu de la responsabilité civile professionnelle de l'avocat n'étant, de surcroît, pas soumise à la saisine préalable du bâtonnier[5].

De même que l'existence d'une procédure de surendettement ne fait au débiteur qui en est l'objet aucune interdiction d'agir en justice, elle lui interdit seulement d'aggraver ses engagements financiers tant qu'il ne s'est pas mis à jour de ses dettes, faisant qu'elle ne constitue pas une cause d'empêchement suspensif de la prescription[6].

913.69 **Délai butoir.** Le report du point de départ, la suspension ou l'interruption de la prescription, sauf lorsqu'une demande en justice, valablement formée devant une juridiction compétente[7] ou en cas de mesure conservatoire prise en application du code des procédures civiles d'exécution ou d'un acte d'exécution forcée[8], ne peut avoir pour effet de porter le délai de la prescription extinctive au-delà de vingt ans à compter du jour de la naissance du droit[9].

La Cour de cassation a eu l'occasion de préciser que le législateur a, dans un souci de sécurité juridique, en contrepartie d'un point de départ « glissant » pour l'exercice de l'action, enserré l'exercice du droit dans un délai fixé à vingt ans. Et que, s'agissant d'un contrat de vente, le jour de la naissance du droit, au sens de l'article 2232 du code civil, devait être fixé au jour du contrat, qui consacrait l'obligation à la garantie des vices cachés du vendeur. En outre, le délai butoir, créé par la loi du 17 juin 2008[10], relève, pour son application dans le temps, du principe de non-rétroactivité de la loi nouvelle faisant qu'il n'est pas applicable à une situation où le droit est né avant l'entrée en vigueur de la loi du 17 juin 2008[11]. Applicable aux avocats, le point de départ du délai butoir semble devoir être, en matière de responsabilité civile, celui du début de la relation contractuelle ayant causé le préjudice entre l'avocat et son client, autrement dit la lettre de mission[12].

SECTION 3
AMÉNAGEMENTS CONVENTIONNELS EN MATIÈRE DE RESPONSABILITÉ

913.70 **Plan.** En matière de responsabilité civile professionnelle, tant la responsabilité de l'avocat (§ 1) que la prescription de l'action (§ 2) peuvent faire l'objet d'aménagements conventionnels.

§ 1
Aménagement de la responsabilité

913.81 **Absence d'effet à l'égard des tiers.** La clause de non-responsabilité que l'avocat aurait pu insérer dans une convention avec son client et acceptée par ce dernier n'est pas de nature à l'exonérer de ses fautes à l'égard des tiers, dès lors qu'il n'existe pas de lien contractuel entre l'avocat, rédacteur du cahier des charges, et l'adjudicataire, faisant que cet avocat ne peut dès lors s'exonérer de ses fautes par une clause de non-responsabilité, et qu'il lui appartient, de par ses fonctions, de s'assurer de la propriété de l'immeuble qu'il vend en la personne du saisi[13].

La jurisprudence a toujours considéré que les clauses d'atténuation ou d'exonération de responsabilité en matière délictuelle étaient nulles. Pour la Cour de cassation, les articles 1240 et 1241 du code civil sont d'ordre public et leur application ne peut être neutralisée contractuellement par anticipation, de sorte que sont nulles les clauses d'exonération ou

1. Civ. 2e, 19 nov. 2015, no 13-23.095, P I ; *D.* 2015. 2441 ; *RDI* 2016. 46, obs. D. Noguéro.
2. C. civ., art. 2240.
3. Civ. 1re, 13 mars 2019, no 17-50.053, P ; *D. actu.* 3 avr. 2019, note G. Deharo ; *JCP* 2019. 1238, no 16, obs. S. Grayot-Dirx.
4. Civ. 1re, 5 févr. 2014, no 13-10.791, P I, no 18 ; *JCP* 2014. 597, no 12, obs. G. Pillet ; *D.* 2014. 422.
5. Limoges, ch. civ., 12 nov. 2020, RG no 19/00550.
6. Paris, pôle 4, ch. 13, 7 sept. 2021, RG no 19/04232.
7. C. civ., art. 2242.
8. C. civ., art. 2244.
9. C. civ., art. 2232 – J.-D. Pellier, « Retour sur le délai butoir de l'article 2232 du code civil », *D.* 2018. 2148.
10. L. no 2008-561, 17 juin 2008 portant réforme de la prescription en matière civile, *JO* 18 juin.
11. Civ. 3e, 1er oct. 2020, no 19-16.986, P ; *JCP* 2020. 1168 note J.-D. Pellier.
12. V. ss no 713.381.
13. Civ. 2e, 15 juin 1994, no 92-18.048, P II, no 155 ; *D.* 1994. 183 ; *RDI* 1995. 146, obs. Ph. Delebecque et Ph. Simler.

d'atténuation de responsabilité en matière délictuelle[1].

913.82 À l'égard du client. La question des aménagements conventionnels de la responsabilité (professionnelle) de l'avocat relève du droit commun en la matière[2].

La validité de telles clauses est néanmoins plus que douteuse, compte tenu du fait que derrière une validité de principe en façade[3], elles sont réputées non écrites lorsqu'elles contredisent la portée de l'obligation essentielle souscrite par le débiteur[4], inefficace en cas de faute dolosive ou de faute lourde et, qu'eu égard à la qualité de professionnel de l'avocat, elles ont la nature de clause abusive dans les rapports avec des consommateurs ou non-professionnel[5], ou de clause significativement déséquilibrée[6] dans les rapports entre professionnels s'agissant des contrats d'adhésion[7].

Si la jurisprudence récente semble vouloir leur redonner une vigueur, comme en considérant qu'une telle clause, qui en l'occurrence limitait le montant de la réparation due, demeure pleinement applicable nonobstant la résolution du contrat[8], il conviendra d'attendre la réforme du droit de la responsabilité pour savoir si un véritable régime des clauses limitatives de responsabilité sera prévu[9].

Il n'existe guère de jurisprudence en la matière[10] s'agissant des avocats, l'obligation désormais affirmée de conclure une convention d'honoraires en toutes circonstances[11] devrait toutefois amener à des évolutions en la matière.

913.83 Limitation de responsabilité. Il demeure possible pour l'avocat de prévoir une décharge de responsabilité lorsque les parties ont été informées de circonstances de nature à priver son intervention de sa pleine efficacité[12] ou de l'impossibilité dans laquelle il a été mis de vérifier certaines mentions contenues dans l'acte qu'il a instrumenté[13].

Elle peut, par exemple, être rédigée, dans le cadre d'une rédaction d'acte, de la manière suivante : « Maître..., avocat au barreau de... a été retenu par... comme son conseil pour les besoins de la conception, la rédaction et l'assistance à la négociation du présent acte, et seulement par cette partie, laquelle reconnaît avoir été pleinement éclairée sur les conséquences en droit dudit acte. Les autres parties au présent acte reconnaissent qu'elles n'ont pas entendu être conseillées par Maître..., qu'elles ont eu toute latitude pour se faire assister du ou des conseils de leur choix, de telle sorte qu'elles ne peuvent se prévaloir à son encontre d'une obligation de conseil ».

En réalité, dans ces hypothèses, l'avocat encadre le périmètre de sa mission, au regard duquel sera appréciée l'étendue de sa responsabilité[14], et se prémunit quant à la preuve de l'exécution de ses obligations d'informations. La portée de telles clauses n'est pas tant d'exclure ou d'éluder la responsabilité de l'avocat que de préciser le cadre contractuel au regard duquel cette même responsabilité sera appréciée par les juges du fond[15].

913.84 À l'égard des co-auteurs. L'avocat qui sous-traite à un avocat la procédure d'un dossier qui lui a été confié reste responsable de la procédure, particulièrement s'il règle, sur instruction et avec les fonds du client, les sommes dues à l'avocat sous-traitant[16].

S'il met le client directement en relation avec l'avocat sous-traitant, il devra, pour dégager sa responsabilité de la procédure, en informer le client d'une part, et le sous-traitant d'autre part, et ce, de manière dépourvue de toute ambiguïté, par écrit[17].

1. PAR EX. : Civ. 1re, 5 juill. 2017, n° 16-13.407, NP ; *RCA* 2017, n° 270 ; *JCP* 2018. 262, n° 5, obs. Ph. Stoffel-Munck.
2. Ph. le Tourneau (dir.), *Droit de la responsabilité et des contrats : Régimes d'indemnisation*, 12e éd., « Dalloz Action », 2020, nos 3222.11 s. et not. nos 3224.61 s.
3. E. Seifert, « Clause limitative de responsabilité », *RCA* 2018. Form. n° 4.
4. C. civ., art. 1170 – Toulouse, 1re ch., sect. 1, 3 sept. 2018, RG n° 17/01714 ; *Gaz. Pal.* 8 janv. 2019, p. 26, obs. D. Houtcieff.
5. C. consom., art. R. 212-1 ; – COMP. : Civ. 3e, 4 févr. 2016, n° 14-29.347, P II ; *Gaz. Pal.* 22 mars 2016, p. 20, note D. Mazeaud ; *D.* 2016. 639, note C.-M. Péglion-Zika ; *D.* 2017. 375, obs. M. Mekki ; *D.* 2017. 539, obs. H. Aubry, E. Poillot et N. Sauphanor-Brouillaud ; *AJDI* 2016. 623, obs. F. Cohet ; *RDI* 2016. 290, obs. B. Boubli ; *AJCA* 2016. 200, obs. S. Carval – Civ. 1re, 11 déc. 2019, n° 18-21.164, P.
6. C. civ., art. 1171 – Com. 18 oct. 2017, n° 16-21.016, NP ; *RCA* 2018, n° 5.
7. F. Chénedé, *Le nouveau droit des obligations et des contrats*, 2e éd., hc, Dalloz, 2018, nos 123.341 s. – V. ss nos 713.291 s.
8. Com. 7 févr. 2018, n° 16-30.352, P ; *D.* 2018. 537 note D. Mazeaud ; *JCP* 2018. 1192, n° 7, obs. C. Bloch ; *RCA* 2018, n° 127, obs. H. Groutel ; *Gaz. Pal.* 17 avr. 2018, p. 26, obs. M. Mekki ; *JCP* 2018. 331, n° 9, obs. P. Grosser ; *JCP* 2018. 415, concl. L. Le Mesle, et 416, note M. Leveneur-Azémar.
9. F. Chénedé, *Le nouveau droit des obligations et des contrats*, 2e éd., hc, Dalloz, 2018, n° 128.244.
10. TOUTEFOIS pour une clause compromissoire dans le cadre d'une action en responsabilité : Civ. 1re, 30 sept. 2020, n° 18-19.241, P ; *Gaz. Pal.* 3 nov. 2020, p. 34, obs. C. Berlaud – V. ss n° 713.316.
11. V. ss nos 713.00 s.
12. Paris, 22 mai 1995, RG n° 93/27197.
13. Paris, 20 mai 1998, RG n° 96/13876.
14. V. ss nos 912.41 s.
15. D. Piau, « L'aménagement conventionnel de la responsabilité professionnelle », mémoire, Toulouse, 2000.
16. V. ss n° 913.31.
17. V. ss nos 912.331 s. – Sur les conventions entre avocats, v. ss nos 713.462 s.

913.85 **Exclusion de solidarité.** Lorsque la responsabilité de l'avocat est susceptible d'être mise en cause au côté d'autres professionnels, il est susceptible d'être condamné *in solidum* avec ceux-ci [1].

Il apparaît toutefois possible de prévoir une clause d'exclusion de solidarité qui aurait pour objet de limiter la responsabilité civile professionnelle de l'avocat dans la mesure de ses seules fautes professionnelles, en précisant expressément qu'il ne saurait être tenu ni solidairement ni *in solidum* des fautes commises par d'autres intervenants.

Une telle clause d'exclusion de solidarité [2] est en principe valable [3], à condition toutefois que le client l'ait acceptée en toute connaissance de cause [4].

913.86 **Clauses pénales.** Rien ne s'oppose, en principe, à ce qu'une clause pénale [5] soit prévue dans les rapports entre l'avocat et son client, afin de prévoir que si l'avocat commet une faute dans l'exécution de ses obligations, il paiera une certaine somme à titre de dommages et intérêts. En principe, il ne pourra alors être alloué à l'autre partie une somme plus forte ni moindre. Néanmoins, le juge pourra, même d'office, modérer ou augmenter la pénalité ainsi convenue si elle est manifestement excessive ou dérisoire. Lorsque l'engagement aura été exécuté en partie, la pénalité convenue pourra être diminuée par le juge, même d'office, à proportion de l'intérêt que l'exécution partielle a procuré au créancier.

Toutefois, ici encore, une telle clause est présumée abusive dans les rapports avec des consommateurs ou non-professionnel mais uniquement lorsqu'elle est stipulée au détriment du consommateur [6], et pourrait avoir la nature de clause significativement déséquilibrée [7] dans les rapports entre professionnels s'agissant des contrats d'adhésion [8].

§ 2
Aménagement de la prescription

913.91 **Aménagement conventionnel de la durée de la prescription.** L'article 2254 du code civil prévoit que la durée de la prescription peut être abrégée ou allongée par un accord des parties. Celles-ci peuvent d'une part, d'un commun accord, abréger le délai de prescription jusqu'à un minimum d'un an ou l'allonger jusqu'à un maximum de dix ans. Elles peuvent également ajouter aux causes de suspension ou d'interruption [9].

Toutefois, un tel aménagement n'est envisageable qu'en présence d'un client n'ayant pas la qualité de consommateur ou de non-professionnel, dès lors que l'article L. 218-1 du code de la consommation dispose que les aménagements conventionnels de la prescription sont interdits dans un contrat entre un professionnel et un consommateur [10]. La question de leur validité va également se poser entre professionnels au regard des nouvelles dispositions de l'article 1171 du code civil dans le cadre des contrats d'adhésion [11], relation non négociée entre l'avocat et son client, dès lors que de telles clauses pourront être analysées comme créant un déséquilibre significatif entre les droits et obligations des parties [12].

1. V. s[s] n°s 912.331 s.
2. E. Seifert, « Clause d'exclusion de solidarité », *RCA* 2018. Form. n° 8.
3. S'AGISSANT des architectes : Civ. 3e, 13 mars 2013, n° 11-25.266, NP – Civ. 3e, 8 févr. 2018, n° 17-13.596, NP ; *RCA* 2018, n° 128 – Civ. 3e, 14 févr. 2019, n° 17-26.403, P ; *D.* 2019. 382 ; *RCA* 2019, n° 135, obs. H. Groutel.
4. E. Seifert, « Opposabilité de la clause d'exclusion de solidarité », *RCA* 2020. Form. n° 6.
5. C. civ., art. 1231-5.
6. C. consom., art. R. 212-2, 3° ; – TOUTEFOIS : Civ. 1re, 26 sept. 2019, n° 18-10.890, P ; – ET : Civ. 1re, 26 sept. 2019, n° 18-10.891, P ; *JCP* 2019. 1308, n° 5, obs. P. Grosser ; *D. actu.* 14 nov. 2019, note J.-D. Pellier.
7. C. civ., art. 1171.
8. F. Chénedé, *Le nouveau droit des obligations et des contrats*, 2e éd., hc, Dalloz, 2018, n° 128.244 – V. s[s] n°s 713.291 s.
9. S. Amrani-Mekki, « Liberté, simplicité, efficacité, la nouvelle devise de la prescription », *JCP* 2008. I. 160 – S. Lataste, « L'aménagement », *in* « L'aménagement de la prescription : Enjeux et perspectives pour les avocats », *Cahiers de Droit et Procédure*, 2009.
10. Sur l'application du droit de la consommation à la profession d'avocat, v. s[s] n°s 711.111 s.
11. C. civ., art. 1110.
12. F. Chénedé, *Le nouveau droit des obligations et des contrats*, 2e éd., hc, Dalloz, 2018, n°s 123.341 s. – V. s[s] n°s 713.291 s.

TITRE

92. La responsabilité pénale et administrative de l'avocat

SECTION 0

ORIENTEUR

92.00 **Sommaire du titre.**

Division. L'avocat est exposé, dans le cadre de son activité professionnelle, à un risque de mise en cause de sa responsabilité pénale et administrative (chap. 921), notamment au regard de certaines infractions pénales spécifiques (chap. 922).

92.03 **Bibliographie indicative.**

* Aussi : v. s^{s} n° 9.03.

Thèses. M. Bénejat, *La responsabilité pénale professionnelle,* « Nouvelle Bibliothèque de Thèses », t. 111, Dalloz, 2012 – M. Mahy Ma Somga, *L'avocat face à ses responsabilités : La déontologie source d'unité,* Aix-en-Provence, 2010.

Encyclopédies. Rép. Pén. *v° Complicité,* par S. Fournier – Rép. Pén. *v° Recel*, par P. Maistre du Chambon.

Monographies. M. Bénejat (dir.), *Responsabilité pénale de l'avocat et du notaire*, Cujas, 2013 – J.-Ch. Crocq, *Le guide pénal : Le guide des infractions*, 23e éd., Dalloz, 2022 – Ch. Guéry, B. Lavielle, *Droit et pratique des audiences correctionnelles et de police*, 3e éd., « Dalloz Action », 2018.

CHAPITRE

921. Principes généraux

SECTION 0
ORIENTEUR

921.00 Sommaire du chapitre.

Division. L'avocat doit faire face à un risque prégnant de mise en œuvre de sa responsabilité pénale ou administrative dans le cadre de son activité professionnelle (sect. 1), notamment, de manière générale, en cas de complicité (sect. 2) ou de recel (sect. 3).

921.01 Textes applicables.

TEXTES TITRÉS

• **L. n° 71-1130, 31 déc. 1971**

art. 17 [Missions du conseil de l'Ordre]

• **C. pén.**

art. 121-6 et 121-7 [Complicité]

art. 321-1 à 321-5 [Recel]

• **CGI,** art. 1740 A *bis* [Complicité de fraude en matière fiscale]

• **CSS,** art. L. 114-18-1 [Complicité de fraude en matière de cotisations sociales]

921.02 Jurisprudence de référence.

> Complicité d'abus de confiance

• **Crim. 10 mai 2007,** n° 06-81.866, NP.

* V. s[s] n° 921.51.

« Attendu qu'il résulte de l'arrêt attaqué que Roland X..., chargé, en qualité d'exécuteur testamentaire d'Alberto et Annette Z..., de transmettre les biens de cette dernière à une fondation qui devait être créée à cette fin, a chargé Jacques Y..., commissaire-priseur, de procéder à la vente d'un certain nombre d'œuvres d'Alberto Z... et d'en remettre le produit, au fur et à mesure des encaissements, au notaire chargé du règlement de la succession, lequel avait lui-même pour instruction de placer les fonds auprès d'un établissement bancaire afin d'en préserver la valeur ;

Qu'il est reproché à Jacques Y... d'avoir conservé jusqu'au 13 juillet 1999, avec la complicité de Roland X..., une partie du produit d'une vente réalisée le 11 juillet 1994 et d'avoir falsifié le procès-verbal d'une vente aux enchères publiques organisée le 13 décembre 1995 à Paris ; [...]

Attendu que, pour déclarer Jacques Y... et Roland X... coupables, respectivement, d'abus de confiance aggravé et de complicité de ce délit commis au préjudice des héritiers d'Alberto Z..., l'arrêt prononce par les motifs partiellement repris aux moyens ;

Attendu qu'en l'état de ces énonciations, relevant du pouvoir souverain d'appréciation des juges du fond et d'où il ressort que, d'une part, Jacques Y... a utilisé, pendant plusieurs années, les sommes revenant à la succession Z... afin d'alimenter le fonds de roulement de sa propre étude, qui a ainsi présenté une trésorerie positive, réalisé des économies de frais financiers et amélioré ses résultats, que, d'autre part, cette situation a été rendue possible grâce à un accord passé préalablement avec Roland X..., lequel a, en contrepartie, bénéficié d'honoraires ne correspondant pas aux prestations réalisées, la cour d'appel a justifié sa décision ; »

921.03 Bibliographie indicative.

* Aussi : v. s[s] n° 92.03.

Thèses. M. Bénejat, *La responsabilité pénale professionnelle,* Dalloz, 2012 – M. Mahy Ma Somga, *L'avocat face à ses responsabilités : La déontologie source d'unité,* Aix-en-Provence, 2010.

Encyclopédie. Rép. Pén. *V° Complicité,* par S. Fournier – *V° Recel*, par P. Maistre du Chambon.

Monographies. Y. Avril, *Responsabilité des avocats*, 4e éd., « Dalloz Référence », 2020 – M. Bénejat (dir.), *Responsabilité pénale de l'avocat et du notaire*, Cujas, 2013 – J.-Ch. Crocq, *Le guide des infractions : Le guide pénal*, 20e éd., Dalloz, 2019 – Ch. Guéry, B. Lavielle, *Droit et pratique des audiences correctionnelles et de police*, 3e éd., « Dalloz Action », 2018.

Articles. J. Biguenet, « De la nécessité d'opérer une distinction entre complicité et instigation », *Dr. pénal* 2001, n° 5 – A. Decocq, « Inaction, abstention et complicité par aide et assistance », *JCP* 1983. I. 3124 – Cl. Ducouloux-Favard, « Recel et blanchiment : deux délits de conséquence », *Gaz. Pal.* 2003. 1. Doctr. p. 2373 – S. Fournier, « Le nouveau code pénal et le droit de la complicité », *RSC* 1995. 475 – A. Mihman, « La réforme de la prescription de l'action publique. À propos de la loi n° 2017-242 du 27 février 2017 », *Gaz. Pal.* 7 mars 2017, p. 14 – E. du Pontavice, « Commissaire aux comptes, expert-comptable et complicité des délits commis par les dirigeants sociaux », *Rev. soc.* 1988. 489 – J.-H. Robert, « La responsabilité pénale professionnelle », *LPA* 11 juill. 2001, n° 137, p. 29.

SECTION 1
PROPOS PRÉLIMINAIRES

921.11 Principes. Les principes de probité[1] sur lesquels repose la profession d'avocat ainsi que l'honneur et l'intérêt de ses membres rendent nécessaire une vigilance particulière, notamment du conseil de l'Ordre[2], mais également du bâtonnier *ès qualité* d'autorité de poursuite à l'égard de l'attitude des avocats et, notamment, des infractions pénales qu'ils pourraient être amenés à commettre, tant dans l'exercice de la profession que dans le cadre de leur vie personnelle[3].

Le risque pénal ne doit jamais être négligé par l'avocat dans le cadre de son activité professionnelle, d'autant que les juridictions se montreront rarement clémentes à son égard, et que sa mauvaise foi sera, le plus souvent, quasi présumée de manière irréfragable.

L'avocat ne peut, en tout cas, ni volontairement, ni par imprudence, se faire le complice de son client. Tel que l'avocat qui aiderait son client à se concerter avec des complices en vue d'organiser des déclarations mensongères[4].

921.12 Extension des sanctions administratives aux avocats. À côté de la responsabilité pénale, classique, la profession d'avocat connaît ces dernières années une extension à son activité propre des sanctions administratives, prononcées par l'administration ou les autorités administratives indépendantes.

Il en est ainsi en matière de manquement à la réglementation relative à la protection des données à caractère personnel[5], ou au code de la consommation[6], d'obligation d'information[7], de clauses contractuelles[8], de paiement de la rémunération[9]. Surtout, il en est, désormais, également ainsi dans des hypothèses qui ne mettent pas en cause le cadre de son activité professionnelle, mais le contenu même de ses prestations dans des situations où il se trouve susceptible d'être sanctionné par l'administration comme complice de son client[10].

Cette extension des sanctions administratives aux avocats bat ainsi en brèche un *modus vivendi* qui avait longtemps prévalu et suivant lequel les avocats étaient uniquement redevables de sanctions disciplinaires, lesquelles étaient exclusives de toutes autres sanctions venant de l'administration ou d'autorités administratives indépendantes[11]. Si cette subsidiarité des sanctions administratives, que commande l'indépendance même de la profession d'avocat[12], demeure encore vivace, tel qu'en matière de réglementation relative à la lutte contre le blanchiment et le financement des activités terroristes[13], les avocats se trouvent désormais susceptibles d'être sanctionnés par l'administration même avec laquelle ils sont en litige pour le compte de leur client.

SECTION 2
COMPLICITÉ

921.20 Plan. La complicité qui est incriminée par le code pénal (§ 1) avec des sanctions et une prescription attachées à l'infraction principale (§ 2) connaît de nombreuses illustrations concernant les avocats (§ 3). En outre, en matière complicité de fraude fiscale et aux cotisations sociales, des sanctions administratives sont prévues (§ 4).

§ 1
Incrimination

921.31 Définition. La complicité se définit, aux termes de l'article 121-7 du code pénal, comme le

1. V. ss nos 324.00 s.
2. L. n° 71-1130, 31 déc. 1971, art. 17, 3°.
3. V. ss nos 331.71 s.
4. Crim. 25 janv. 1984, n° 83-90.646, P n° 33 ; *Gaz. Pal.* 1984. II. 493.
5. V. ss nos 466.61 s.
6. V. ss nos 466.151 s. et 711.111 s.
7. V. ss nos 712.21 s.
8. V. ss n° 713.332.
9. V. ss nos 731.85 s.
10. V. ss nos 921.60 s.
11. V. ss nos 711.111 s.
12. V. ss nos 323.22 s.
13. V. ss nos 482.63 et 523.261 s.

fait pour une personne, sciemment, par aide ou assistance, de faciliter la préparation ou la consommation d'un crime ou d'un délit, ou par don, promesse, menace, ordre, abus d'autorité ou de pouvoir provoquer à une infraction ou donner des instructions pour la commettre. La complicité n'existe que pour autant il y ait un fait principal punissable qui constitue l'un des éléments nécessaires de la complicité et doit être constaté[1], peu importe que seul le complice soit poursuivi[2] ou que l'auteur principal soit relaxé sauf si cette relaxe résulte de l'absence de fait principal punissable, en raison, par exemple, de l'absence d'intention frauduleuse[3].

921.32 **Risque pour l'avocat.** La complicité est un risque réel pour l'avocat dans l'exercice de son activité quotidienne s'il vient à manquer de prudence et de vigilance. Les exemples de condamnations à ce titre sont légion. La complicité implique que l'avocat ait agi en vue de la commission de l'infraction[4], tel qu'un avocat qui, par son intervention, a contribué à renforcer la crédibilité publique d'une entreprise, se rendant ainsi complice d'escroquerie[5]. L'avocat, lorsque sa responsabilité pénale sera recherchée au titre de la complicité le sera, le plus souvent, au titre de l'aide ou l'assistance apportée en toute connaissance de cause en vue de faciliter la préparation ou la consommation d'un crime ou d'un délit.

C'est ainsi que, dans une affaire récente, un avocat « d'affaire expérimenté en ingénierie fiscale a franchi les limites qui n'ont rien d'obscur pour un professionnel averti du droit qui sépare l'optimisation fiscale de l'organisation d'insolvabilité, la mission de conseil de la complicité de délit de fraude fiscale » et a été condamné, pour avoir assisté sa cliente afin de soustraire son patrimoine à l'administration fiscale, à un an d'emprisonnement avec sursis et à 10 000 euros d'amende, peine réduite à 20 000 euros d'amende en appel, et surtout, sur les intérêts civils a été déclaré solidairement tenu avec sa cliente au paiement des impôts fraudés et des pénalités y afférentes estimés à plus de 10 000 000 d'euros[6].

1. Crim. 1er mars 1945, P n° 17 ; *D.* 1945. 265.
2. Crim. 28 nov. 2006, n° 06-81.060, P n° 294 ; *Dr. pénal* 2007. 31, obs. M. Véron ; *RSC* 2007. 79, obs. Y. Mayaud ; *AJDA* 2007. 551 ; *AJDI* 2007. 315.
3. Crim. 20 juin 1994, n° 93-85.665, P n° 246.
4. Crim. 21 nov. 1930, P n° 230.
5. T. corr. Paris, 19 mars 1974 ; *Gaz. Pal.* 1974. 1. 376 ; *RSC* 1974. 602, obs. P. Bouzat.
6. T. corr. Paris, 13 avr. 2015, NP – V. de Senneville, « Fraude fiscale : lourdes condamnations dans le procès de l'héritière Ricci », *Les Échos* 13 avr. 2015 ; – CONFIRMÉ PAR : Paris, pôle 5, ch. 13, 19 mai 2017, RG n° 15/03218 – O. Dufour, « Affaire Ricci : sale temps pour les fiscalistes », *Gaz. Pal.* 23 mai 2017, p. 6.

§ 2 Peines et prescription

921.41 **Peines.** La complicité est punie des mêmes peines que celles encourues par l'auteur principal de l'infraction[7], y compris s'agissant des peines complémentaires, dont celles d'interdiction d'exercice de la profession ou d'exclusion des marchés publics, que pour celles encourues par les personnes morales.

921.42 **Prescription.** La prescription, qui est celle du délit principal, court à compter du jour où a été consommé le délit principal et non à compter de la date de commission des faits de complicité[8].

§ 3 Illustrations

921.51 **Complicité d'abus de confiance ou de biens sociaux.** Dans les relations qu'il entretient avec ses clients, l'avocat doit faire preuve de prudence dans le cadre des montages qu'il met en œuvre, notamment au regard de l'objectif poursuivi lorsque leur client est une personne morale, aux détriments de laquelle pourrait être commis un abus de confiance[9] ou un abus de biens sociaux. C'est ainsi que des avocats furent condamnés :

- pour complicité d'abus de bien sociaux pour avoir finalisé le montage juridique de l'opération ayant permis de détourner de la trésorerie d'une société et de certaines de ses filiales, par la constitution de multiples sociétés offshore et l'ouverture de nombreux comptes bancaires à l'étranger, au profit de certains dirigeants et cadres de ces sociétés, d'intermédiaires ou de négociateurs impliqués dans les montages frauduleux mis en place, en étant intervenu à tous les stades de l'opération pour en assurer la formalisation et l'exécution[10] ;
- pour complicité d'abus de confiance aggravé, à une peine de deux ans d'emprisonnement avec sursis et mise à l'épreuve, et cinq ans d'interdiction professionnelle, pour avoir laissé un juriste salarié, dont il connaissait un problème judiciaire antérieur pour exercice illégal de la profession d'avocat, exercer ses attributions dans un bureau secondaire de son cabinet, présenté comme cabinet d'avocats au pluriel, lui donnant une procuration très large sans aucun contrôle sérieux, et le laissant faire des prélèvements importants sur les fonds séquestre, lui don-

7. C. pén., art. 121-6.
8. Crim. 8 janv. 1991, n° 80-92.844, P n° 15.
9. V. ss nos 922.31 s.
10. Crim. 31 janv. 2007, n° 02-85.089, P n° 28 ; *D.* 2007. 1817, obs. S. Ménotti ; *Rev. sociétés* 2007. 379, obs. B. Bouloc ; *RSC* 2007. 310, obs. D. Rebut ; *RTD com.* 2007. 618, obs. B. Bouloc.

nant ainsi tous les moyens nécessaires pour commettre les faits d'usage sans droit d'un titre attaché à la profession d'avocat[1]. Il fera, par la suite, l'objet d'une sanction disciplinaire d'interdiction d'exercice de la profession d'avocat pour une durée de deux ans assortie du sursis[2] ;

– pour complicité d'abus de confiance pour avoir, en qualité d'exécuteur testamentaire, couvert un abus de confiance en ne demandant pas le versement de fonds que détenait un commissaire-priseur au profit d'une fondation qui devait être créée à cette fin, alors qu'une convention prévoyait expressément cette affectation[3] ;

– pour complicité d'abus de confiance et d'abus de biens sociaux, à six mois de prison et un an d'interdiction professionnelle, pour avoir permis, en affectant des sommes sur son compte Carpa où elles n'auraient pas dû se trouver, d'éviter que ces mêmes sommes n'apparaissent dans les comptes la société cliente afin de les faire échapper aux banques créancières et éviter un dépôt de bilan, cet abus étant d'autant plus répréhensible qu'il agissait ainsi dans l'idée de frauder les droits des créanciers et d'échapper à l'obligation qui aurait pu en découler, c'est-à-dire déposer le bilan[4] ;

– pour complicité d'abus de confiance, à une peine d'interdiction d'exercer la profession pendant deux ans avec exécution provisoire, pour avoir dirigé les négociations et rédigé les contrats ayant permis à une société, se présentant comme étant l'inventeur, c'est-à-dire comme le découvreur de la localisation d'un galion espagnol, de signer des conventions avec des investisseurs alors même que cette présentation de la société comme étant l'inventeur, tant lors des négociations que lors de la signature des conventions, était mensongère. En outre, même si les investisseurs pouvaient se douter que les dirigeants de la société n'étaient pas les réels découvreurs de l'épave, ce mensonge était conforté par le fait que les négociations étaient dirigées par l'avocat qui, de par sa présence et la mise à disposition de ses locaux, conférait un crédit indéniable à ces réunions[5] ;

– pour complicité d'abus de bien sociaux, un avocat qui avait assisté l'un de ces clients en lui fournissant l'idée du délit d'abus de biens sociaux, en lui donnant les renseignements utiles pour le commettre, en l'assistant pour les transferts d'argent, et en l'accompagnant pour l'ouverture d'un compte personnel[6].

921.52 **Complicité d'escroquerie.** L'avocat ne doit pas non plus, par son activité, faciliter l'appropriation frauduleuse de fonds par son client, le conduisant à réaliser une escroquerie[7]. C'est ainsi que fut condamné :

– pour complicité d'escroquerie, un avocat qui avait transmis à un client des documents originaux pour la constitution d'un dossier de prêt personnel et reçu, dans ce cadre, un chèque tiré sur le compte d'une société qu'il ne connaissait pas, qu'il avait néanmoins encaissé sans vérifier l'identité du tiers payeur[8] ;

– pour complicité d'escroquerie, un avocat qui était intervenu pour le compte d'un client qui se faisait remettre des sommes importantes par des tiers sous le prétexte de financer des concerts d'artistes qui se révélaient fictifs[9] ;

– pour faux, complicité de tentative d'escroquerie et tentative d'escroquerie, à une peine de deux ans d'emprisonnement avec sursis, à une amende délictuelle de 150 000 euros et à une interdiction d'exercer la profession d'avocat pendant une durée de dix-huit mois, un avocat qui avait, en toute connaissance de cause, prêté son concours à son client en mettant à son service sa longue expérience d'avocat rompu aux négociations commerciales, lui suggérant, aux mépris des règles les plus élémentaires de la profession d'avocat, des montages juridiques frauduleux ayant permis de faire l'acquisition des actions d'une autre société. La cour précisant qu'est injustifiable un tel comportement de la part d'un auxiliaire de justice, dont l'ancienneté dans la profession, la compétence, la qualité et la durée des relations entretenues avec son client, auraient dû lui permettre de ne pas se compromettre si gravement[10] ;

– pour complicité d'obtention indue de documents administratifs, d'usage et de tentative d'escroquerie, notamment à un an d'interdiction d'exercer la profession d'avocat, un avocat qui était le « stratège » du « montage intellectuel » ayant conduit à l'inscription mensongère de son client au registre du commerce et des sociétés du ressort d'un autre tribunal, au moyen d'une déclaration d'activité commerciale fictive auprès des divers organismes publics afin de justifier d'un domicile dans le ressort de ce tribunal de commerce qu'il savait être une boîte à lettres, après l'échec de la déclaration de cessation des paiements auprès d'un premier tribunal. Actes exécutés par un collaborateur auquel il avait donné toutes les instructions en « véritable patron de ce

1. Crim. 13 oct. 2015, n° 14-83.354, NP ; – DANS LA MÊME AFFAIRE, sur une action en garantie de l'assureur NRF postérieure : Paris, pôle 4, ch. 13, 6 avr. 2021, RG n° 16/19996 – V. s^s n° 911.175.
2. Paris, pôle 2, ch. 1, 11 *mai 2017, RG n° 10/15061.*
3. Crim. 10 mai 2007, n° 06-81.866, NP.
4. Crim. 18 mai 2011, n° 10-81.523, NP.
5. Crim. 25 janv. 2006, n° 05-82.626, NP.
6. CD Paris, arr. 19 déc. 2001, n° 21.4615.
7. V. s^s n°s 922.60 s.
8. CD Paris, arr. 22 déc. 2009, n° 176431.
9. CD Paris, arr. 28 avr. 2009, n° 222547.
10. Crim. 9 avr. 2015, n° 13-86.112, NP.

dossier », sachant pertinemment que l'opération qu'il avait imaginée était frauduleuse[1].

921.53 Complicité et recel. La complicité peut s'accompagner de l'infraction de recel[2], lorsque l'avocat a également bénéficié des produits, notamment sous forme d'honoraires, de l'opération frauduleuse dont il s'est rendu complice, tel que pour un avocat condamné à deux ans de prison, avec mandat de dépôt, et deux ans d'interdiction d'exercice de la profession d'avocat, pour complicité de détournement de fonds et recel d'argent provenant de délits de malversation commis par des mandataires de justice pour avoir aidé les commissaires à l'exécution du plan d'une société à transférer des sommes importantes aux États-Unis en préjudice des droits des créanciers, et fait ensuite l'objet d'une sanction disciplinaire[3], ou pour faux, complicité de banqueroute et de recel d'objets provenant d'une banqueroute, à une peine de six mois de prison avec sursis pour avoir formalisé en sa qualité de conseil un ensemble d'opérations d'une société faisant l'objet d'une procédure collective, en les dissimulant au juge-commissaire, et fait ensuite l'objet d'une sanction disciplinaire[4].

Il en fut de même pour des avocats condamnés :

– pour complicité d'abus de confiance et d'abus de biens sociaux et de recel d'abus de biens sociaux, à une peine de trois ans d'emprisonnement dont dix-huit mois avec sursis, au paiement d'une amende de 300 000 euros et à une peine complémentaire d'interdiction d'exercer la profession d'avocat pendant deux ans, un avocat qui avait sciemment aidé et assisté son client, notamment en organisant la constitution de sociétés luxembourgeoises, en assurant des prestations juridiques pour le compte de ces dernières et en prêtant son concours à un montage occulte interposant une société dont il était l'ayant droit économique ayant servi au recel d'une somme qu'il savait provenir d'abus de biens sociaux. Le montage ainsi constitué ayant permis d'utiliser les fonds destinés à la reprise d'une compagnie aérienne à des fins éloignées du champ du plan de cession au financement duquel ils étaient destinés[5] ;

– pour complicité et recel d'escroquerie un avocat qui avait accepté de domicilier chez lui le compte bancaire et de se faire remettre diverses sommes d'argent pour le compte de l'un de ses clients détenu qui faisait paraître des petites annonces à l'attention d'homosexuels, en se présentant comme étant un jeune détenu qui cherchait contact avec un homme d'âge indifférent et insistait sur sa situation particulièrement digne de pitié et sur son impécuniosité qui le maintenait en détention afin d'obtenir des virements pour régler, selon ses dires, des amendes douanières qui conditionnaient sa mise en liberté pour une somme de plus de deux millions de francs. La cour précise que l'avocat qui constituait une pièce maîtresse dans le dispositif élaboré par le client et avait demandé à un tiers de mettre à sa disposition son compte bancaire pour recevoir les chèques ou virements a manifestement facilité les agissements de ce même client[6]. Il fera ensuite l'objet d'une radiation, nonobstant une précédente radiation prononcée pour d'autres faits[7].

921.54 Complicité de faux. La complicité de faux se trouve, notamment, dans le cadre de l'établissement de fausses attestations[8] mais également dans tous autres actes que l'avocat peut être amené à établir ou faire établir pour le compte de son client. C'est ainsi que furent condamnés :

– pour complicité de faux et d'usage de faux, à deux ans d'emprisonnement avec sursis, à 20 000 francs d'amende, à cinq ans d'interdiction des droits civiques, civils et de famille et à l'interdiction définitive d'exercer la profession d'avocat, un avocat qui avait établi en son cabinet un acte de vente d'un fonds de commerce appartenant à des époux et fait signer, en qualité de venderesse, la concubine du mari en lieu et place de l'épouse, et ce en toute connaissance de cause, ayant eu connaissance, avant la signature de l'acte, de l'identité de la personne substituant[9] ;

– pour faux, complicité de faux relativement aux comptes annuels d'une société cliente, abus de biens sociaux et fausses déclarations au registre du commerce, à quinze mois d'emprisonnement avec sursis et 40 000 euros d'amende, un avocat qui avait apporté son concours à un expert-comptable pour l'établissement des comptes annuels contenant des fausses imputations comptables reportées sur les liasses fiscales transmises à l'administration[10] et qui fera ensuite l'objet d'une sanction disciplinaire[11] ;

– pour exercice illégal de la profession d'expert-comptable, complicité de faux et d'usage, et complicité de répartition de dividendes dans une société par actions, un avocat qui avait établi un faux procès-verbal d'assemblée générale de société comportant lecture d'un rapport du commissaire aux comptes qu'il avait établi lui-même, et ce, postérieurement à

1. Crim. 28 nov. 2007, n° 06-89.207, NP.
2. V. s^s n°s 921.101 s.
3. CD Paris, arr. 26 avr. 2011, n° 206646.
4. CD Paris, arr. 30 avr. 2002, n° 99.7150.
5. Crim. 30 juin 2010, n° 09-82.062, NP ; *RTD com.* 2010. 748, obs. P. Le Cannu et B. Dondero.
6. Crim. 17 janv. 2007, n° 06-80.213, NP.
7. CD Paris, arr. 30 oct. 2007, n°s 062180, 165277, 985378 – CD Paris, arr. 24 nov. 2005, n°s 24.1522, 24.1957, 24.3073.
8. V. s^s n°s 453.161 s.
9. Crim. 11 janv. 2001 n° 00-80.225, NP.
10. Crim. 19 mai 2010 n° 09-86.225, NP.
11. CD Paris, arr. 23 oct. 2012, n° 194384.

l'assemblée générale, et est condamné à une peine de trois mois de prison[1] avant de faire l'objet d'une sanction disciplinaire[2] ;

– pour complicité de faux et d'usage, travail dissimulé et fausses déclarations au registre du commerce, pour avoir confié à son expert-comptable la création d'une société commerciale ayant pour activité la vente de chaussures au moyen de documents faux établis, pour certains, par lui-même, afin de faire immatriculer ladite société au nom de son épouse, en qualité de gérante de droit, dès lors que sa profession d'avocat lui interdit de gérer une société[3], et est condamné à un an d'emprisonnement avec sursis, 20 000 euros d'amende, et cinq ans d'interdiction professionnelle[4].

921.55 **Complicité d'obtention indue de documents administratifs.** On note aussi des condamnations d'avocats qui ont aidé leurs clients à obtenir indûment des documents administratifs (carte d'identité, permis de conduire...), tel que l'avocat condamné pour complicité d'obtention frauduleuse de documents administratifs, pour avoir aidé une personne à se faire passer comme le fils d'un de ses clients, au moyen des originaux de l'acte de mariage des parents, des certificats de nationalité française de ce dernier, afin d'obtenir une pièce d'identité, à une peine de six mois de prison avec sursis[5], avant de faire l'objet de sanctions disciplinaires[6], ou celui condamné pour complicité de prise du nom d'un tiers pouvant déterminer des poursuites pénales contre lui, pour avoir sciemment fourni et rédigé, au profit de son client, un pouvoir lui permettant de retirer à la préfecture de police un permis de conduire, au nom d'un autre client, alors qu'il ne pouvait ignorer la fausseté de ce permis[7].

921.56 **Complicité d'usurpation du titre d'avocat.** L'avocat ne doit pas, dans le cadre de son activité, permettre ou faciliter un exercice illégal de la profession[8], un démarchage juridique prohibé[9], ou encore une usurpation du titre d'avocat[10] par un tiers, fut-ce un salarié de son cabinet.

Un avocat fut ainsi condamné à deux ans de prison ferme pour complicité d'usage illicite du titre, du diplôme et de la qualité d'avocat, pour avoir embauché, en raison des relations privilégiées qu'il entretenait avec l'administration fiscale, dans le but d'obtenir un arrangement avec cette administration à la suite de procédures de vérifications le concernant, une personne à laquelle il avait abandonné la gestion du cabinet et permis d'utiliser le papier à en-tête du cabinet, et plus généralement lui avait fourni les moyens d'user à l'égard des tiers de la qualité d'avocat[11].

921.57 **Autres cas de complicité.** D'une manière générale, et absolue, l'avocat doit veiller à ne jamais servir d'intermédiaire pour le compte de son client pour la réalisation d'une opération constitutive d'un délit. C'est ainsi que furent condamnés :

– pour complicité de corruption active[12], un avocat qui avait apporté, en connaissance de cause, son assistance à la réalisation des divers actes d'exécution de délits de corruption commis par ses clients, puis facilité leur dissimulation en l'occurrence en constituant une société à Jersey pour recueillir une commission reversée à une autre société, sous le couvert d'une étude fictive, en contrepartie de la mise à disposition de cent vingt autobus pour des manifestations de nature électorale[13] ;

– pour complicité de corruption active[14] à deux ans de prison avec sursis, un avocat, ancien inspecteur des impôts, qui avait remis des fonds à un fonctionnaire de l'administration fiscale dans l'intérêt d'un de ses clients, afin d'avoir accès à son dossier fiscal en vue de le purger ou de prévenir l'arrivée d'un bulletin de recoupement de nature à entraîner une taxation sur les plus-values. Il fera ensuite l'objet d'une radiation[15] ;

– pour complicité de banqueroute, à quinze mois d'emprisonnement avec sursis et cinq ans d'interdiction d'exercer la profession d'avocat, un avocat qui avait permis à son client, conscient de sa situation de cessation de paiement, en lui conseillant et prêtant main-forte, en se déplaçant lui-même au Luxembourg lors du dépôt d'un chèque, de soustraire le plus important élément de son actif au gage des créanciers, mettant en œuvre une procédure de divorce conduisant à la vente de la maison, et organisant la quasi-disparition du couple après la vente et la dissimulation de leur nouvelle adresse. Mesures destinées à tromper le liquidateur ou à entraîner son inaction dès lors que, si la cession d'un élément d'actif à sa juste valeur est en soi licite, il en est autrement quand le produit de la vente est dissimulé aux créanciers[16].

1. Crim. 30 juin 2004, nº 02-88.097, NP.
2. CD Paris, arr. 21 nov. 2005, nº 20.1662.
3. V. s[s] n°s 432.31 s.
4. Crim. 14 janv. 2009, nº 08-82.539, NP.
5. Crim. 8 déc. 1999, nº 98-86.059, NP.
6. CD Paris, arr. 27 mars 2001, nº 93.1035.
7. Paris, pôle 2, ch. 1, 27 juin 2013, RG nº 13/01834 – Sur le délit d'aide au séjour irrégulier, v. s[s] n°s 922.121 s.
8. V. s[s] n°s 612.11 s.
9. V. s[s] n°s 466.161 s.
10. V. s[s] n°s 612.71 s.
11. TGI Paris, 12e ch., 8 juill. 2008, RG nº 0317590060.
12. V. s[s] n°s 922.171 s.
13. Crim. 9 nov. 1995, nº 94-84.204, P nº 346 ; *JCP* 1996. IV. 513 ; *D.* 1996. 259, obs. J. Pradel.
14. V. s[s] n°s 922.171 s.
15. CD Paris, arr. 17 févr. 2009, nº 162289.
16. Crim. 29 mars 2000, nº 99-85.878, P nº 141 ; *D.* 2000. 268 ; *RTD com.* 2000. 1030, obs. B. Bouloc.

On note également des condamnations des chefs de complicité d'abus frauduleux de l'ignorance ou de la faiblesse[1] d'une personne vulnérable pour la conduire à un acte ou à une abstention préjudiciable, s'agissant d'un avocat qui avait laissé à son compagnon des chéquiers de la mère de ce dernier, dont il était le tuteur, et avec lesquels celui-ci avait prélevé des fonds sur le compte de sa mère. L'avocat a ensuite fait l'objet d'une sanction disciplinaire[2]. Ou encore des chefs de complicité de destruction, de soustraction ou altération de documents ou objets concernant un crime ou un délit, pour faire obstacle à la manifestation de la vérité, s'agissant d'un avocat qui avait conseillé à l'entourage d'un de ses clients incarcéré, de procéder au déménagement de certains objets détenus par ledit client, afin de lui éviter une nouvelle plainte pénale. Il a été condamné à six mois de prison avec sursis avant de faire l'objet de sanctions disciplinaires[3].

§ 4
Sanctions administratives en matière de fraude fiscale et sociale

921.60 **Plan – Lutte contre la fraude.** La loi du 23 octobre 2018[4] est venue prévoir des amendes administratives, exclusives de toutes sanctions pénales, à l'encontre de toute personne qui fournit une prestation facilitant une fraude fiscale (A) ou sociale (B), et ce pour les prestations fournies à compter du 25 octobre 2018[5].

Ce dispositif d'amendes administratives vise un cas de complicité dans l'exercice même de ses missions de conseil par l'avocat, ce qui a été dénoncé, en vain par la profession[6].

A.
Sanctions administratives en matière fiscale

921.71 **Fraude en matière fiscale.** C'est ainsi que la section I du chapitre II du livre II du code général des impôts, dont le B traite des sanctions fiscales est venue prévoir un 9 intitulé : « Sanctions à l'égard des tiers »[7].

L'article 1740 A *bis* du CGI prévoit ainsi que : « toute personne physique ou morale qui, dans l'exercice d'une activité professionnelle de conseil à caractère juridique, financier ou comptable ou de détention de biens ou de fonds pour le compte d'un tiers », a intentionnellement fourni à un contribuable une prestation permettant directement la commission par ce contribuable d'agissements, manquements ou manœuvres sanctionnés sur le fondement :

– soit du défaut de production dans les délais prescrits d'une déclaration ou d'un acte comportant l'indication d'éléments à retenir pour l'assiette ou la liquidation de l'impôt en cas de découverte d'une activité occulte[8] ;

– soit d'inexactitudes ou d'omissions relevées dans une déclaration ou un acte comportant l'indication d'éléments à retenir pour l'assiette ou la liquidation de l'impôt ainsi que la restitution d'une créance de nature fiscale dont le versement a été indûment obtenu de l'État, en cas d'abus de droit au sens de l'article L. 64 du livre des procédures fiscales ou en cas de manœuvres frauduleuses ou de dissimulation d'une partie du prix stipulé dans un contrat ou un contrat de fiducie[9] ;

– soit de manquements aux obligations de déclaration des comptes, contrats d'assurance-vie et trust à l'étranger[10].

Il est alors redevable d'une amende égale à 50 % des revenus tirés de la prestation fournie au contribuable. Son montant ne peut être inférieur à 10 000 euros[11].

L'amende n'est pas applicable en cas de poursuites engagées contre le professionnel du chef de complicité de fraude fiscale[12].

921.72 **Nature des prestations fournies en matière fiscale.** La prestation fournie par le conseil au contribuable doit consister à :

1° Permettre au contribuable de dissimuler son identité par la fourniture d'une identité fictive ou d'un prête-nom ou par l'interposition d'une personne physique ou morale ou de tout organisme, fiducie ou institution comparable établis à l'étranger ;

2° Permettre au contribuable de dissimuler sa situation ou son activité par un acte fictif ou comportant des mentions fictives ou par l'interposition d'une entité fictive ;

3° Permettre au contribuable de bénéficier à tort d'une déduction du revenu, d'un crédit d'impôt,

1. V. s[s] n°s 481.100 s.
2. CD Paris, arr. 2 déc. 2014, n° 251782.
3. CD Paris, arr. 21 nov. 2006, n° 97.2962.
4. L. n° 2018-898, 23 oct. 2018 relative à la lutte contre la fraude, *JO* 24 oct., n° 1.
5. L. n° 2018-898, 23 oct. 2018, art. 19, IV.
6. « Lutte contre la fraude : adoption du projet de loi par l'Assemblée Nationale », *D.* 2018. 1811 – M. Lartigue, « Projet de loi de lutte contre la fraude : le CNB demande le retrait de l'amende visant les conseils », *Gaz. Pal.* 12 juin 2018, p. 5 ; « Fraude fiscale et sociale : les conseils désormais menacés d'une amende administrative », *Gaz. Pal.* 30 oct. 2018, p. 7 ; – AUSSI : Cons. const. 29 déc. 2013, n° 2013-685 *DC, Loi de finances pour 2014*, NON-CONFORMITÉ PARTIELLE, consid. n°s 82 s. – Sur les sanctions afférentes à l'obligation d'information relative aux dispositifs transfrontières d'optimisation fiscale, v. s[s] n° 412.132.
7. L. n° 2018-898, 23 oct. 2018, art. 19.
8. CGI, art. 1728 1. c.
9. CGI, art. 1729 b. et c.
10. CGI, art. 1729-0 A.
11. CGI, art. 1740 A *bis* II.
12. CGI, art. 1742 – V. s[s] n° 921.32.

d'une réduction d'impôt ou d'une exonération d'impôt par la délivrance irrégulière de documents ;

4° Ou réaliser pour le compte du contribuable tout acte destiné à égarer l'administration [1].

921.73 Prononcé de l'amende en matière fiscale. L'amende peut être prononcée avant même qu'une décision de justice passée en force de la chose jugée ait validé les majorations prononcées à l'encontre du contribuable. En effet, l'amende est établie selon les modalités prévues à l'article L. 80 D du livre des procédures fiscales.

En cas de désaccord portant sur les agissements, manquements ou manœuvres du contribuable, les garanties et voies de recours qui lui sont offertes bénéficient également à la personne contre laquelle l'amende mentionnée au premier alinéa du présent II a été prononcée.

Lorsque les majorations dont a fait l'objet le client font l'objet d'un dégrèvement ou d'une décharge pour un motif lié à leur bien-fondé, l'amende qui a été prononcée à l'encontre de l'avocat fait l'objet d'une décision de dégrèvement [2].

921.74 Sanction accessoire en matière fiscale. La personne sanctionnée par l'amende n'est pas admise à participer aux travaux des commissions communales [3] ou intercommunales des impôts directs [4], commission départementale [5] ou nationale des impôts directs et des taxes sur le chiffre d'affaires [6], commission centrale permanente des évaluations foncières [7], commission départementale de conciliation [8], comité de l'abus de droit fiscal [9], comité consultatif du crédit d'impôt pour dépenses de recherche [10] ni à ceux de la commission des infractions fiscales [11].

B.
Sanctions administratives en matière sociale

921.81 Abus de droit en matière de cotisations sociales. De la même façon, en matière de droit de la sécurité sociale, l'article L. 114-18-1 [12] du code de la sécurité sociale est venu prévoir que toute : « personne physique ou morale qui, dans l'exercice d'une activité professionnelle de conseil à caractère juridique, financier ou comptable ou de détention de biens ou de fonds pour le compte d'un tiers », a intentionnellement fourni à un cotisant une prestation ayant directement contribué à la commission des actes constitutifs d'un l'abus de droit donna lieu à procédure de rectification [13] ou d'une dissimulation de ces actes [14] est redevable d'une amende égale à 50 % des revenus tirés de la prestation fournie au cotisant. Son montant ne peut être inférieur à 10 000 euros.

921.82 Prononcé de l'amende en matière de sécurité sociale. Ici encore, l'amende peut être prononcée avant même qu'une décision de justice passée en force de la chose jugée ait validé les rectifications prononcées à l'encontre du cotisant. En effet, le directeur de l'organisme de recouvrement ou de la caisse de mutualité sociale agricole lésée notifie les faits reprochés à la personne en cause et le montant envisagé de la pénalité, afin qu'elle puisse présenter ses observations écrites. Après avoir répondu auxdites observations, le directeur de l'organisme ou de la caisse prononce, le cas échéant, la pénalité et la notifie à l'intéressé par une mise en demeure adressée par tout moyen donnant date certaine à sa réception, en lui indiquant les voies et délais de recours applicables [15].

En cas de désaccord portant sur les actes du cotisant ou la dissimulation de ces actes, les garanties et voies de recours qui sont offertes au cotisant bénéficient également à la personne contre laquelle l'amende a été prononcée.

Lorsque les rectifications prononcées à l'encontre du cotisant font l'objet d'un dégrèvement ou d'une décharge pour un motif lié à leur bien-fondé, l'amende qui a été prononcée à l'encontre de l'avocat fait, également, l'objet d'une décision de dégrèvement.

La prescription applicable à l'amende est acquise à la fin de la quatrième année suivant celle au cours de laquelle la prestation sanctionnée a été fournie [16].

SECTION 3
RECEL

921.90 Plan. Le recel qui est incriminé par le code pénal (§ 1) avec des peines et une prescription qui lui sont propres (§ 2) connaît de nombreuses illustrations concernant les avocats (§ 3).

1. CGI, art. 1740 A *bis* I.
2. CGI, art. 1740 A *bis* II.
3. CGI, art. 1650.
4. CGI, art. 1650 A.
5. CGI, art. 1651 s.
6. CGI, art. 1651 H s.
7. CGI, art. 1652 *bis*.
8. CGI, art. 1653 A s.
9. CGI, art. 1653 C s.
10. CGI, art. 1653 F.
11. LPF, art. L. 228 II.
12. CSS, art. L. 114-18-1, II.
13. CSS, art. L. 243-7-2 – C. rur., art. L. 725-25.
14. CSS, art. L. 114-18-1, I.
15. CSS, art. L. 114-18-1, III.
16. CSS, art. L. 114-18-1, II.

§ 1
Incrimination

921.101 **Définition.** À la différence de la complicité, le recel est une infraction autonome, il ne saurait se cumuler avec une autre infraction, tel que l'abus de confiance[1], mais peut être associé à la complicité, la personne condamnée comme complice pouvant ainsi également l'être pour les mêmes faits au titre du recel[2].

Le recel est, aux termes de l'article L. 321-1 du code pénal, le fait de dissimuler, de détenir ou de transmettre une chose, ou de faire office d'intermédiaire afin de la transmettre, en sachant que cette chose provient d'un crime ou d'un délit. Le recel vise toute chose, y compris la simple information, telle que celle couverte par le secret professionnel[3]. Constitue également un recel le fait, en connaissance de cause, de bénéficier, par tout moyen, du produit d'un crime ou d'un délit.

921.102 **Caractérisation du recel.** Le recel est constitué dès lors qu'il est établi que les choses détenues ou le produit dont on bénéficie proviennent d'un acte qualifié de crime ou délit par la loi[4] peu importe que l'auteur du crime ou du délit bénéfice d'une immunité[5], ait été relaxé[6], n'ait pas été condamné[7] ou poursuivi[8] ou encore demeure inconnu[9].

Tel est le cas d'un avocat condamné pour recel d'abus de biens sociaux, pour avoir fourni son concours en recevant des fonds détournés de l'actif social d'une société pour payer les dettes personnelles des dirigeants de cette même société[10] ou de celui qui a participé en qualité d'avocat à la fixation de la valeur nominale des actions d'une société en toute connaissance de cause de leur surévaluation et du fait que le prix fixé était injustifiable au regard de la situation du bilan de la société[11]. Il en sera également de même, du chef de recel du délit de banqueroute, de l'avocat qui accepte de se faire verser des honoraires par une société cliente dont il ne pouvait pas ignorer qu'elle était en état de cessation de paiement[12].

921.103 **Connaissance de la nature et de l'auteur de l'infraction préalable.** La Cour de cassation a eu l'occasion de préciser que pour caractériser le recel, il n'est pas nécessaire que le receleur ait une connaissance précise de la nature et de l'auteur de l'infraction préalable, l'avocat ayant reconnu s'être douté que l'argent provenait d'une activité commerciale non facturée et non déclarée et que les circonstances de la remise des fonds ne lui permettaient pas d'ignorer qu'ils résultaient d'une fraude fiscale.

En l'occurrence, un avocat fut condamné, pour recel du délit de fraude fiscale, à deux ans d'emprisonnement avec sursis, 25 000 francs d'amende, cinq ans d'interdiction des droits civiques, civils et de famille, à l'exception du droit de représenter ou d'assister une partie en justice, et cinq ans d'interdiction d'exercer la profession d'avocat pour avoir agi avec un profond mépris pour les règles de sa profession, maniant sans hésitation des espèces hors comptabilité Carpa, en l'occurrence celles d'un client qui n'avait aucun revenu apparent, qui provenaient d'une activité partiellement non déclarée, et résultaient d'une fraude fiscale par dissimulation de recettes et prestations sans facture, dont il connaissait la provenance frauduleuse lorsqu'il a reçu puis transmis cette somme pour le compte de son client[13].

L'arrêt est toutefois cassé dès lors que la cour ne caractérise pas le délit principal de fraude fiscale faute d'avoir constaté l'existence d'une plainte préalable de l'administration et de la procédure fiscale antérieure[14].

§ 2
Peines et prescription

921.111 **Peines.** Le recel est puni de cinq ans d'emprisonnement et de 375 000 euros d'amende[15]. Mais lorsqu'il est commis de façon habituelle ou en utilisant les facilités que procure l'exercice d'une activité professionnelle, ou en bande organisée, le recel est puni de dix ans d'emprisonnement et de 750 000 euros d'amende[16]. La peine d'amende peut, en tout état de cause, être élevée au-delà de 375 000 euros jusqu'à la moitié de la valeur des biens recelés[17].

1. Crim. 2 déc. 1971, n° 71-90.215, P n° 337 ; *D.* 1972. 24 – V. s[s] n°s 922.31 s.
2. Crim. 9 févr. 1967, n° 66-90.031, P n° 61 – V. s[s] n° 921.53.
3. Sur le recel de violation du secret professionnel, v. s[s] n°s 411.91 s.
4. Crim. 17 mai 1989, n° 85-96.520, P n° 205 ; *Gaz. Pal.* 1989. 2. 841.
5. Crim. 6 nov. 1936, P n° 111.
6. Crim. 9 févr. 1956, P n° 148 ; *D.* 1956. 501 ; *JCP* 1956. II. 9574, note J. Larguier.
7. Crim. 4 janv. 1963, n° 62-91.693, P n° 5.
8. Crim. 31 janv. 1947, P n° 43.
9. Crim. 7 mai 1942, P n° 56.
10. Crim. 1er févr. 1988, n° 86-95.678, P n° 47.
11. Paris, 15 mai 1995, *Gaz. Pal.* 1998. 1. Somm. 396.
12. Crim. 1er oct. 1980, n° 76-92.701, P n° 243 ; *D.* 1981. 144, obs. G. Roujou de Boubée – Aix-en-Provence, 14 mai 1975, *D.* 1976. 200.
13. Crim. 14 déc. 2000, n° 99-87.015, P n° 381 ; *D.* 2001. 831 ; *RTD com.* 2001. 527, obs. B. Bouloc – MÊME SENS : Crim. 20 mars 2019, n° 17-84.264, NP.
14. Crim. 14 déc. 2000, n° 99-87.015, P n° 381 ; *D.* 2001. 831 ; *RTD com.* 2001. 527, obs. B. Bouloc.
15. C. pén., art. 321-1, al. 3.
16. C. pén., art. 321-2.
17. C. pén., art. 321-3.

Lorsque l'infraction dont provient le bien recelé est punie d'une peine privative de liberté d'une durée supérieure à cinq ans en cas de recel simple ou dix ans en cas de recel en bande organisée, le receleur est puni des peines attachées à l'infraction dont il a eu connaissance et, si cette infraction est accompagnée de circonstances aggravantes, des peines attachées aux seules circonstances dont il a eu connaissance[1].

Le recel est assimilé, au regard de la récidive, à l'infraction dont provient le bien recelé[2].

921.112 Peines complémentaires. L'avocat condamné du chef de recel encourt également les peines complémentaires prévues à l'article 321-9 du code pénal et notamment celle de l'interdiction temporaire d'exercer l'activité d'avocat pour un maximum de cinq ans[3], ou à titre définitif lorsque le recel est commis de façon habituelle ou en utilisant les facilités que procure l'exercice d'une activité professionnelle, cette interdiction pouvant se cumuler avec une sanction disciplinaire[4].

Il encourt également l'affichage de la décision prononcée, et l'exclusion des marchés publics pour une durée de cinq ans au plus ou à titre définitif lorsque le recel est commis de façon habituelle ou en utilisant les facilités que procure l'exercice d'une activité professionnelle[5].

921.113 Personnes morales. Enfin, aux termes de l'article 321-12 du code pénal, les personnes morales déclarées pénalement responsables des infractions, commises pour leur compte par leurs organes ou représentants[6], de recel encourent, outre une amende de 1 875 000 euros ou 3 750 000 euros suivant les cas[7], les peines complémentaires[8] d'interdiction, à titre définitif ou pour une durée de cinq ans au plus, d'exercer directement ou indirectement l'activité d'avocat, et l'exclusion des marchés publics pour une durée de cinq ans au plus, ainsi que l'affichage de la décision prononcée[9].

921.114 Prescription. La prescription, qui est de six ans[10], est indépendante de celle du délit principal[11] et, s'agissant d'une infraction continue, court à compter du jour où le recel a pris fin, tel que lorsque le receleur libère le document recelé entre les mains d'un tiers de bonne foi en le produisant en justice[12], nonobstant le fait qu'à cette même date l'infraction principale soit prescrite[13].

Par ailleurs, elle ne saurait commencer à courir avant que l'infraction principale soit apparue et ait pu être constatée dans des conditions permettant l'exercice de l'action publique s'agissant de l'abus de bien social[14] ou de l'abus de confiance[15].

§ 3
Illustrations

921.121 Recel d'escroquerie. C'est ainsi que fut condamné pour recel d'escroquerie, à deux ans d'emprisonnement avec sursis et mise à l'épreuve, 200 000 francs d'amende, cinq ans d'interdiction d'exercer la profession d'avocat, un avocat qui, alors même que de par sa profession d'avocat et en sa qualité d'auxiliaire de justice il se devait de s'entourer de tous les renseignements importants avant de disposer de fonds de tiers provenant d'autres tiers, avait accepté de recevoir des sommes d'un correspondant présenté par un client sans précision d'origine particulière et alors même que ce correspondant qui donnait des ordres téléphoniques restait taisant sur cet énorme dépôt, et avait perçu des honoraires pour la création d'une société offshore à Hong Kong, sans que son client n'apparaisse officiellement dans aucune des opérations traitées, s'étant contenté de prendre attache toujours par téléphone avec un notaire inconnu et un intermédiaire tout aussi absent.

La Cour de cassation souligne que le professionnalisme de l'avocat lui a donné toutes possibilités d'avoir les renseignements nécessaires quant à l'origine des fonds qui allaient transiter sous son contrôle par une banque, et qu'il ne pouvait donc ignorer

1. C. pén., art. 321-4.
2. C. pén., art. 321-5.
3. C. pén., art. 131-27.
4. Civ. 1re, 17 mai 1988, n° 86-15.067, P I, n° 145 ; *D.* 1991. 302, note A. Brunois ; *Gaz. Pal.* 1989. 2. 491, note G. Flécheux – Civ. 1re, 9 avr. 2015, n° 14-50.012, P I, n° 82 ; *D.* 2015. 1187, avis J.-P. Sudre ; *D.* 2015. 1192, note O. Décima ; *D.* 2015. 2465, obs. G. Roujou de Boubée, T. Garé, C. Ginestet, M.-H. Gozzi et S. Mirabail.
5. C. pén., art. 321-9, 4°.
6. C. pén., art. 121-2.
7. C. pén., art. 131-38.
8. C. pén., art. 131-39.
9. C. pén., art. 131-35.
10. C. pr. pén., art. 8, al. 2.
11. Crim. 17 mai 1939, P n° 114.
12. Crim. 17 mai 1983, n° 83-90.110, P n° 143.
13. Crim. 16 juill. 1964, n° 63-91.919, P n° 241 ; *D.* 1964. 664 ; *Gaz. Pal.* 1964. 2. 404.
14. Crim. 6 févr. 1997, n° 96-80.615, P n° 48 ; *D.* 1997. 334, note J.-F. Renucci ; *JCP* 1997. II. 22823, note M. Pralus ; *Gaz. Pal.* 1997. 1. 229, note J.-P. Doucet ; *Rev. sociétés* 1997. 146, obs. B. Bouloc ; *RSC* 1997. 644, obs. R. Ottenhof ; *RSC* 1997. 393, obs. J.-F. Renucci ; *RSC* 1997. 667, obs. J.-P. Dintilhac ; *RTD com.* 1997. 693, obs. B. Bouloc ; *BJS* 1997. 118, note J.-F. Barbiéri ; *Dr. pénal* 1997. 61, obs. M. Véron ; *D.* 1998. 177, Chron. O. Beaud.
15. Crim. 7 mai 2002, n° 02-80.797, P n° 108 ; *Dr. pénal* 2002. 108, obs. M. Véron ; *D.* 2002. 1883 ; *Rev. sociétés* 2002. 741, note B. Bouloc ; *RTD com.* 2002. 736, obs. B. Bouloc – V. ss nos 922.31 s. et sur le recel de violation du secret professionnel, v. ss nos 411.91 s.

que le montage présenté par son client, et dont il a contribué à la mise en œuvre, cachait une origine frauduleuse des fonds [1].

Il en fut de même, pour recel aggravé, d'un avocat, « pénaliste reconnu », qui avait reçu de son client, qui faisait l'objet d'une enquête sur des escroqueries commises à l'encontre de personnes âgées, un chèque établi par l'une de ses victimes et ne comportant pas d'ordre et l'avait remis à un autre avocat en règlement de vacation, et fut condamné à une peine de deux mois de prison avec sursis [2] avant de faire l'objet ensuite d'une sanction disciplinaire [3].

921.122 Recel de vol. Fut également condamné, pour recel de vol, d'un avocat porteur d'un bon anonyme de l'un ses clients décédés, qui s'est présenté à une agence bancaire afin de l'encaisser en espèces alors que l'ayant droit du décédé avait déposé plainte pour vol et que le bon était frappé d'opposition, et fut condamné à une peine de six mois de prison avec sursis avant de faire l'objet d'une sanction disciplinaire par la suite [4].

921.123 Recel d'abus de confiance. Tout comme fut condamné pour recel de biens, obtenu à l'aide d'un abus de confiance, un avocat qui avait sciemment reçu des sommes d'argent qu'il savait provenir d'un abus de confiance commis au préjudice d'une société, et fut condamné à une peine de six mois de prison avec sursis ainsi qu'à une amende de 10 000 euros.

L'avocat, qui avait depuis démissionné de son barreau et vivait à plus de 4 000 km de Paris, fit l'objet d'une sanction disciplinaire d'interdiction temporaire par la suite [5].

921.124 Recel d'exercice illégal de la profession de banquier. De même que fut condamné pour recel d'exercice illégal de la profession de banquier, un avocat qui avait conclu deux conventions d'honoraires, l'une avec une association, l'autre avec une société exploitant un snack canadien, qui avait son siège social dans les locaux de l'association, et dont le gérant de droit était le chauffeur du dirigeant de l'association, lesquels s'étaient livrés à des délits d'escroqueries en bande organisée et d'exercice illégal de la profession de banquier, la cour d'appel notant, notamment, que : « la présence d'un avocat donnait de la densité et une plus-value évidente à toute rencontre avec des prospects et futurs clients, la dimension affichée [du dirigeant de l'association] et ses expertises ayant besoin d'un vernis de légalité, incarné par une juriste, et fut condamné à une peine de six mois de prison avec sursis ainsi qu'à une amende de 6 000 euros [6].

L'arrêt de la cour d'appel est toutefois cassé, non sur la déclaration de culpabilité, mais sur la peine, pour défaut de motivation de cette dernière, la cour n'ayant pas justifié sa décision « sans mieux s'expliquer sur la gravité des faits, la personnalité de la prévenue, sa situation personnelle et le montant de ses ressources comme de ses charges » [7].

1. Crim. 27 nov. 2002, n° 01-85.524, NP.
2. Crim. 11 févr. 2009, n°s 07-86.705, 08-85.194, P n° 38 ; *D.* 2009. 2403, note B. Sarcy ; *AJ pénal* 2009. 183 ; *Dr. pénal* 2009 ; *RTD com.* 2009. 634, obs. B. Bouloc, 52, obs. M. Véron.
3. CD Paris, arr. 3 déc. 2009, n° 189290.
4. Paris, pôle 2, ch. 1, 28 avr. 2011, RG n° 10/22396.
5. CD Paris, arr. 26 mars 2019, n° 308519.
6. Crim. 20 mars 2019, n° 17-84.264, NP.
7. Crim. 20 mars 2019, n° 17-84.264, NP – Comp. : v. s^{s} n° 522.371.

CHAPITRE

922. Infractions pénales spécifiques

SECTION 0 ORIENTEUR

922.00 Sommaire du chapitre.

Division. Certaines infractions pénales reviennent de façons récurrentes comme étant commises par des avocats dans le *cadre de leur activité professionnelle* (sect. 1), il s'agit de l'abus de confiance (sect. 2), l'escroquerie (sect. 3), l'aide au séjour irrégulier (sect. 4) ainsi que la corruption et le trafic d'influence (sect. 5).

922.01 Textes applicables.

TEXTES TITRÉS

• **C. pén.**

art. 313-1 [Escroquerie]

art. 314-1 [Abus de confiance]

art. 314-2 [Abus de confiance]

art. 433-1 [Corruption active et trafic d'influence commis par les particuliers]

art. 433-2 [Corruption active et trafic d'influence commis par les particuliers]

• **Ceseda**

art. L. 622-1 [Aide au séjour irrégulier]

922.02 Jurisprudence de référence.

> Abus de confiance résultant du non-dépôt en Carpa de fonds remis par le client

• **Crim. 23 mai 2013** n° 12-83.677, P n° 112.

* V. s^{s} n°s 331.54, 511.01, 922.54.

« Attendu qu'il résulte de l'arrêt attaqué qu'une enquête déontologique du barreau de Valenciennes a mis en évidence que Mme Y..., avocate, avait fait déposer une somme totale de 1 596 878 euros, correspondant à des indemnisations au profit de victimes qu'elle avait défendues, sur un compte ouvert dans un établissement bancaire au nom de la société civile professionnelle dont elle était gérante et non au nom de la caisse des règlements pécuniaires des avocats (Carpa), comme le prévoit l'article 240 du décret du 27 novembre 1991, organisant la profession d'avocat ;

Attendu que, pour déclarer Mme Y... coupable d'abus de confiance au préjudice de la Carpa, l'arrêt énonce que la prévenue, qui n'était pas propriétaire des fonds, qui ne lui avaient été remis qu'à charge pour elle de les verser au compte ouvert auprès de ladite caisse, les a détournés au préjudice de cette dernière et qu'il importe peu qu'elle ne les ait pas utilisés à son profit dès lors que les sommes ont généré, au seul bénéfice de la société civile professionnelle, des produits financiers, qui n'ont pas été affectés à l'usage auxquels ils sont destinés, en application du décret précité ; que les juges ajoutent que ces agissements résultent d'une volonté consciente de la prévenue, avocate d'expérience, qui ne pouvait ignorer la nature et l'étendue de ses obligations en matière de maniement de fonds ;

Attendu qu'en l'état de ces énonciations, et dès lors qu'entre dans les prévisions de l'article 314-1 du code pénal le fait, pour un avocat, de déposer les fonds reçus pour le compte de ses clients sur un compte autre que celui ouvert au nom de la Carpa, en violation de l'article 240 du décret précité du 27 novembre 1991, organisant la profession d'avocat, peu important qu'un accord existe ou non sur ce point avec l'auteur de la remise, la cour d'appel a justifié sa décision ; »

> Abus de confiance et escroquerie commis par un avocat au préjudice de son client

◦ **Crim. 27 mars 2002,** n° 00-81.712 et 00-88.111, P n° 70.

* V. s^s^ n°s 732.71, 922.32, 922.84.

« Attendu que, pour déclarer le prévenu coupable d'escroquerie, la cour d'appel prononce par les motifs partiellement repris au moyen ;

Attendu qu'en l'état de ces énonciations, d'où il résulte que X... a abusé de sa qualité de conseil juridique, pour imprimer à ses allégations mensongères l'apparence de la sincérité et faire naître chez sa victime l'espérance d'un événement chimérique, obtenant ainsi la remise d'une somme à titre d'honoraires qu'ils ont souverainement estimés injustifiés, l'arrêt attaqué n'encourt pas le grief allégué ; [...]

Attendu que, pour déclarer le prévenu coupable d'abus de confiance, les juges énoncent qu'il a prélevé, postérieurement au jugement de liquidation judiciaire de la société PSTB, sur des fonds qu'il détenait pour le compte de celle-ci en vertu d'un contrat de mandat, des sommes, destinées au remboursement de frais auquel il prétendait avoir droit, alors qu'il ne pouvait ignorer l'ouverture de la procédure collective, sa collaboratrice ayant assisté le dirigeant social au cours de l'audience devant le tribunal de commerce ;

Attendu qu'en prononçant ainsi, la cour d'appel a, contrairement à ce qui est allégué, caractérisé, notamment, l'élément intentionnel de l'infraction ; »

> Corruption

◦ **Crim. 17 déc. 2003,** n° 02-87.151, NP.

* V. s^s^ n° 922.191.

« Attendu que, pour déclarer le prévenu coupable de corruption active, les juges relèvent que Bernard X..., avocat de Maurice Y..., dirigeant de fait de la société Aluminium Spécialisé, en redressement judiciaire, a demandé à ce dernier de réunir une somme d'argent et chargé sa collaboratrice de la remettre à l'administrateur judiciaire désigné par le tribunal de commerce afin que celui-ci s'abstienne de solliciter de la juridiction consulaire la liquidation judiciaire immédiate de la société ;

Attendu qu'en l'état de ces motifs, procédant de son appréciation souveraine, et dès lors qu'un administrateur judiciaire est une personne chargée d'une mission de service public au sens de l'article 433-1 du code pénal, la cour d'appel a caractérisé en tous ses éléments le délit dont elle a déclaré le prévenu coupable ; »

922.03 Bibliographie indicative.

* Aussi : v. s^s^ n° 92.03.

Thèse. G. Chiaroni, *L'escroquerie au jugement*, Th. Paris, 1977.

Monographies. Y. Avril, *Responsabilité des avocats*, 4e éd., « Dalloz Référence », 2020 – J.-Ch. Crocq, *Le guide des infractions – Le guide pénal,* 20e éd., Dalloz, 2019 – Ch. Guéry, B. Lavielle, *Droit et pratique des audiences correctionnelles et de police*, 3e éd., 2018.

Contribution. M. Rolland, « L'escroquerie au jugement », *Mél. M. Patin*, Cujas, 1965, p. 243 – C. Souweine, « Le domaine de l'abus de confiance dans le nouveau code pénal », *Mél. J. Larguier*, Presses Universitaires de Grenoble, 1993, p. 308.

Articles. M. Dousset, « Les recours abusifs à l'encontre de permis de construire et leur traitement potentiel sur le plan pénal », *Gaz. Pal.* 2007. 2. Doctr. 3147 – Y. Mayaud, « La crédibilité, critère du mensonge punissable en droit pénal », *AJ pénal* 2008. 111 – A. Mihman, « La réforme de la prescription de l'action publique. À propos de la loi n° 2017-242 du 27 février 2017 », *Gaz. Pal.* 7 mars 2017, p. 14 – Y. Muller, « La protection pénale de la relation de confiance », *RSC* 2006. 809 – M.-L. Rassat, « Réflexions sur l'escroquerie dite "au jugement" », *JCP* 1965. I. 1951 – F. Safi, « Les nouvelles frontières de l'abus de confiance », *RPDP* 2014, n° 3, p. 553.

SECTION 1
PROPOS PRÉLIMINAIRES

922.11 Rappel. Un certain nombre d'infractions pénales sont contingentes à certaines règles professionnelles de la profession d'avocat, et ont été abordées à cette occasion, telles que la violation du secret professionnel et la non-dénonciation de crime[1], la révélation d'informations issues d'une enquête ou d'une instruction[2], la discrimination[3] et le harcèlement[4], les infractions de blanchiment[5], violation du gel des avoirs[6], pantouflage[7], abus de faiblesse[8], les infractions à la loi informatique et liberté[9], au code de la consommation[10], l'infraction de démarchage juridique[11], les outrages, la diffamation, l'injure, la dénonciation calomnieuse et l'atteinte au crédit de la justice[12], le chantage[13], la subornation de témoins[14], ainsi que le faux et l'usage de faux[15].

1. V. s^s^ n°s 411.63 s.
2. V. s^s^ n°s 416.131 s.
3. V. s^s^ n° 333.51.
4. V. s^s^ n° 333.61.
5. V. s^s^ n°s 482.261 s.
6. V. s^s^ n°s 482.327 s.
7. V. s^s^ n°s 434.151 s.
8. V. s^s^ n°s 481.100 s.
9. V. s^s^ n°s 466.20 s.
10. V. s^s^ n°s 466.101 s.
11. V. s^s^ n°s 466.161 s.
12. V. s^s^ n°s 454.150 s.
13. V. s^s^ n°s 453.20 s.
14. V. s^s^ n°s 453.151 s.
15. V. s^s^ n°s 453.161 s.

922.12 Infractions à risque. D'autres infractions pénales présentent, en dehors des situations de complicité[1] et de recel[2] abordées précédemment, un risque particulier dans le cadre de l'exercice même de la profession d'avocat compte tenu de la récurrence des cas de condamnations des avocats pour la commission de telles infractions dans le cadre de leur exercice professionnel.

Si l'on analyse la jurisprudence en la matière, l'on constate l'existence de quatre catégories d'infraction récurrentes : il s'agit de l'abus de confiance[3], de l'escroquerie[4], de l'aide au séjour irrégulier[5] ainsi que de la corruption et du trafic d'influence[6].

922.13 Cumul d'infractions et *ne bis in idem*. En cas de cumul d'infractions, il convient, en application du principe *ne bis in idem*, que soient caractérisées pour chaque infraction deux intentions coupables différentes à l'occasion d'un même fait, laissant apparaître deux infractions qui ne sont pas indissociablement liées, c'est-à-dire dont l'un n'implique pas nécessairement l'autre.

La chambre criminelle de la Cour de cassation a posé le principe suivant lequel : « des faits qui procèdent de manière indissociable d'une action unique caractérisée par une seule intention coupable ne peuvent donner lieu, contre le même prévenu, à deux déclarations de culpabilité de nature pénale, fussent-elles concomitantes »[7].

922.14 Faux réalisé pour commettre une autre infraction. Lorsque le faux[8] est réalisé aux fins de commettre une autre infraction, telle qu'une escroquerie[9], la chambre criminelle considère que le principe *ne bis in idem* ne s'oppose pas à une condamnation du chef des deux infractions dès lors que les faits ne procèdent pas de manière indissociable d'une action unique caractérisée par une seule intention coupable : l'infraction de faux qui consiste en une altération de la vérité dans un support d'expression de la pensée se distingue de son utilisation constitutive du délit d'usage de faux et, le cas échéant, d'un élément des manœuvres frauduleuses de l'infraction d'escroquerie. Dans cette hypothèse, seuls les faits d'usage sont de nature à procéder des mêmes faits que ceux retenus pour les manœuvres frauduleuses.

Par conséquent, une cour d'appel a pu condamner un prévenu des chefs d'escroquerie et de faux dès lors que les juges se sont fondés, au titre du faux, sur des faits de falsification d'ordonnances médicales qui sont distincts des faits d'utilisation de ces documents retenus comme élément des manœuvres frauduleuses de l'escroquerie à des fins de facturation de soins fictifs au préjudice de caisses d'assurance maladie et mutuelles de santé[10].

1. V. s^s n°s 921.31 s.
2. V. s^s n°s 921.101 s.
3. V. s^s n°s 922.31 s.
4. V. s^s n°s 922.60 s.
5. V. s^s n°s 922.121 s.
6. V. s^s n°s 922.171 s.
7. Crim. 30 mai 2018, n° 17-82.034, NP ; *Gaz. Pal.* 24 juill. 2018, p. 47, obs. E. Dreyer ; – MÊME SENS : Crim. 17 janv. 2018, n° 17-80.418, NP ; *Gaz. Pal.* 30 avr. 2018, p. 60, obs. S. Detraz.
8. V. s^s n°s 453.162 s.
9. V. s^s n°s 922.60 s.

SECTION 2
ABUS DE CONFIANCE

922.20 Plan. L'abus de confiance, qui est incriminé par le code pénal (§ 1) avec des peines et une prescription qui lui sont propres (§ 2), connaît de nombreuses illustrations concernant les avocats (§ 3).

§ 1
Incrimination

922.31 Définition. Aux termes de l'article 314-1[11] du code pénal, l'abus de confiance est le fait par une personne de détourner, au préjudice d'autrui, des fonds, des valeurs ou un bien quelconque qui lui ont été remis et qu'elle a acceptés à charge de les rendre, de les représenter ou d'en faire un usage déterminé.

L'élément intentionnel résulte de la nécessaire connaissance de la précarité de la remise ou de l'exigence d'une affectation particulière. Il n'est pas nécessaire, à cet égard, que soit identifiée la victime, dès lors qu'il est démontré que l'auteur de l'infraction n'avait qu'un titre précaire sur le bien et que le détournement qu'il commet prive une autre personne, quelle qu'elle soit, de ses prérogatives sur ce même bien, l'existence d'un préjudice, qui ne peut être qu'éventuel, se trouvant nécessairement incluse dans la constatation du détournement. Ni que l'auteur de l'infraction soit le dépositaire initial, dès lors qu'il ne pouvait pas ignorer qu'il n'était pas propriétaire de ce même bien[12].

L'abus de confiance est, pour un avocat, l'infraction par excellence dès lors qu'elle vise la non-restitution de fonds, biens ou valeur remis à une personne à charge pour celle-ci de les représenter ou d'en faire un usage déterminé, et de les rendre dès lors que la remise est ainsi faite à titre précaire.

10. Crim. 9 sept. 2020, n° 19-84.301, P ; *Gaz. Pal.* 20 oct. 2020, p. 18, note R. Mésa ; *JCP* 2020. 1287, note S. Détraz.
11. C. pén., art. 314-1 – V. s^s n°s 483.00 s.
12. Sur l'affaire du manuscrit des *Mémoires d'outre-tombe* : Crim. 31 janv. 2018, n° 17-80.049, NP ; *D.* 2018. 1361 note B. de Lamy et G. Beaussonie ; *JCP* 2018. 576, note H. Robert.

922.32 **Non-compensation des honoraires.** Un cas, malheureusement classique, de l'abus de confiance, est celui de la perception de fonds Carpa en paiement d'honoraires que l'avocat estime lui être dus[1]. Or, outre la nécessité d'avoir l'accord du client, encore faut-il bénéficier d'une créance certaine, liquide, et surtout exigible. La Cour de cassation rappelle sur ce point que pour écarter l'exception de compensation entre les créances de ses clients et les honoraires d'un avocat, les juges du fonds ont pu valablement énoncer que les honoraires de celui-ci n'étaient jamais fixés préalablement à la réception des fonds reçus pour le compte de ses clients[2].

C'est ainsi que commet un abus de confiance, l'avocat qui a eu tort de prélever sur la consignation faite entre ses mains par ses clients, sans autorisation écrite de leur part, auquel cas la bonne foi aurait pu être caractérisée et le faire échapper aux poursuites pénales[3], des provisions à valoir sur ses honoraires, étant précisé que le fait que l'avocat ait, pour les mêmes faits, été l'objet d'une sanction disciplinaire, n'implique pas nécessairement l'intention frauduleuse de s'approprier le bien d'autrui[4]. De même, commet un abus de confiance, l'avocat qui prélève des sommes qu'il détient pour le compte d'une société, en remboursement de frais qui lui seraient dus, alors que cette même société se trouve être en liquidation judiciaire, ce qu'il ne pouvait pas ignorer, caractérisant ainsi sa mauvaise foi et le caractère intentionnel du délit[5]. En tout état de cause, l'exception de compensation[6] ne saurait être admise dès lors que l'avocat aura sciemment dissipé des sommes qui lui auront été remises pour un usage déterminé[7].

922.33 **Remise de fonds et avance d'honoraires.** L'abus de confiance suppose, en principe, une remise à titre précaire. Il a ainsi été jugé qu'il n'y avait pas lieu à caractériser un abus de confiance lorsque l'avocat s'est vu remettre les fonds à titre d'honoraires aux fins d'exécuter le mandat que lui a donné son client, en l'occurrence procéder au dépôt d'une plainte avec constitution de partie civile (pour abus de confiance et recel...) et au suivi de l'instruction qui suit.

Le fait qu'il n'ait pas restitué des fonds qui ne lui avaient pas été remis à titre précaire mais en paiement de ses honoraires, après avoir été déchargé du dossier, nonobstant l'absence de toute diligence, ne saurait constituer un abus de confiance[8].

922.34 **Incertitude quant à l'appréciation du caractère précaire.** Il convient toutefois d'être prudent sur cette question : la chambre criminelle a une appréciation, en apparence, de plus en plus extensive de la notion d'abus de confiance, et sanctionne désormais de simple inexécution contractuelle sur le terrain de l'abus de confiance, tel que l'entrepreneur condamné pour chef d'abus de confiance pour avoir détourné des avances remises par des clients qui avaient conclu avec lui un contrat de construction de maison individuelle[9], notamment lorsqu'au moment du versement, le débiteur de l'obligation « savait parfaitement, en encaissant les acomptes, que les travaux commandés ne pourraient être exécutés compte tenu de la situation financière totalement obérée dans laquelle se trouvaient les entreprises, et que lesdits acomptes ne seraient dès lors pas employés conformément à l'usage qui avait déterminé leur remise »[10].

La chambre criminelle a toutefois censuré, par la suite, s'agissant d'un organisateur de mariage qui ayant reçu des acomptes n'avait pas exécuté les prestations promises, une cour d'appel en considérant que dès lors que la cour d'appel avait retenu que les fonds, remis en vertu de contrats de prestations de service, l'ont été en pleine propriété, peu important la connaissance par le prévenu, dès la remise des fonds, de son impossibilité d'exécuter le contrat, il lui appartenait de rechercher si les faits poursuivis pouvaient recevoir une autre qualification que celle d'abus de confiance[11]. Elle a également censuré une cour d'appel qui avait retenu un abus de confiance dans le fait pour un promoteur d'avoir encaissé sur son compte personnel les chèques correspondent au montant et à l'échelonnement des acomptes convenus par une promesse synallagmatique de vente,

1. V. s[s] n°s 484.192 et 732.122.
2. Crim. 20 avr. 2005, n° 04-85.684, NP.
3. Crim. 21 févr. 1968, n° 65-93.721, P n° 52 ; *D.* 1968. 94 – Crim. 20 févr. 1980, n° 79-91.973, P n° 66.
4. Crim. 26 févr. 2002, n° 01-82.579, P n° 44 ; *RSC* 2002. 624, obs. A. Giudicelli.
5. Crim. 27 mars 2002, n°s 00-81.712, 00-88.111, P n° 70 ; *D.* 2002. 1751 ; *RSC* 2003. 122, obs. A. Giudicelli ; *RTD com.* 2002. 522, obs. M. Cabrillac ; *RTD com. 2002.* 558, obs. B. Bouloc.
6. C. civ., art. 1347-2.
7. Crim. 22 avr. 1937, P n° 82 – Crim. 2 nov. 1972, n° 72-90.166, P n° 317.
8. Crim. 26 janv. 2005, n° 04-81.497, P n° 29 ; *Dr. pénal* 2005. comm. 60, note M. Véron ; *RTD com.* 2005. 616, obs. B. Bouloc ; *D.* 2005. 2992 ; *D.* 2005. 2992, obs. C. Mascala.
9. Crim. 6 avr. 2016, n° 15-81.272, P n° 123 ; *D.* 2016. 1409, note (CRIT.) N. Balat, F. Safi ; *RDI* 2016. 471, obs. G. Roujou de Boubée ; *RSC* 2016. 773, obs. H. Matsopoulou ; *RTD com.* 2016. 568, obs. L. Saenko.
10. Crim. 3 févr. 2016, n° 14-83.427, NP ; *Dr. pénal* 2016, comm. n° 72, obs. Ph. Conte – J.-H. Robert, « Le droit vit une époque formidable », *Dr. pénal* 2016, Repère n° 5.
11. Crim. 5 avr. 2018, n° 17-81.085, P ; *D.* 2018. 930, note G. Beaussonie ; *RTD com.* 2018. 494, obs. L. Saenko ; *D.* 2018. 1711, obs. E. Pichon ; *Gaz. Pal.* 24 juill. 2018, p. 46, obs. S. Detraz ; *D.* 2018. 2268, obs. S. Mirabail ; *D.* 2018. 1723, obs. C. Mascala ; *Gaz. Pal.* 29 mai 2018, p. 15, note L. Saenko.

lesquels devaient être restitués en cas de caducité de la promesse de vente ou de non-réitération de la vente non imputable à la faute de l'acquéreur, ce qui n'était pas le cas, alors même que les fonds, remis à titre d'acompte conformément aux promesses synallagmatiques de vente, l'ont été en pleine propriété, peu important que les sommes versées ont été encaissées sur le compte bancaire personnel du dirigeant et utilisées à des fins étrangères à l'exécution des travaux prévus[1]. Pour la Cour de cassation la nature du contrat qui détermine les conditions de l'affectation des sommes remises — en pleine propriété ou à titre précaire — l'emporte sur la mauvaise foi de celui qui les reçoit, quand bien même celle-ci est caractérisée[2]. Enfin elle a approuvé une condamnation pour abus de confiance des dirigeants d'une société qui avait conclu un contrat dit d'organisation de réseau commercial, permettant à la société l'exercice de son activité sous la carte professionnelle d'agent immobilier au nom et pour le compte d'une autre société à laquelle elle devait reverser l'intégralité des commissions perçues à charge pour cette dernière de lui rétrocéder 80 % hors taxes des honoraires sur les ventes conclues. Pour le Cour de cassation, les prévenus, savaient que les sommes lui avaient été remises à titre précaire, à charge pour eux de les transmettre à la société, au nom de laquelle les compromis de vente étaient établis[3].

Faut-il y voir une distinction entre fournisseurs de biens et simples prestataires de services[4] ou un « retour à l'orthodoxie » quant à la notion d'abus de confiance[5], la prudence demeure de mise en la matière quant à la portée de ces décisions[6].

§ 2
Peines et prescription

922.41 **Peines.** L'abus de confiance est puni de trois ans d'emprisonnement et de 375 000 euros d'amende[7].

Toutefois, les peines sont portées à sept ans d'emprisonnement et à 750 000 euros d'amende lorsque l'abus de confiance est réalisé par toute personne qui, de manière habituelle, se livre ou prête son concours, même à titre accessoire, à des opérations portant sur les biens des tiers pour le compte desquels elle recouvre des fonds ou des valeurs[8]. Cette circonstance aggravante s'applique aux avocats[9].

922.42 **Peine complémentaire.** L'avocat condamné du chef d'abus de confiance encourt également les peines complémentaires prévues à l'article 314-10[10] du code pénal et notamment celle de l'interdiction temporaire d'exercer l'activité d'avocat pour un maximum de cinq ans[11], cette interdiction peut se cumuler avec une sanction disciplinaire[12], ainsi que l'affichage de la décision prononcée, et l'exclusion des marchés publics pour une durée de cinq ans au plus[13].

922.43 **Personne morale.** Enfin, aux termes de l'article 314-13[14] du code pénal, les personnes morales déclarées pénalement responsables des infractions commises, pour leur compte par leurs organes ou représentant[15], d'abus de confiance encourent, outre une amende de 1 875 000 euros ou 3 750 000 euros suivant les cas[16], les peines complémentaires[17] d'interdiction, à titre définitif ou pour une durée de cinq ans au plus, d'exercer directement ou indirectement l'activité d'avocat, l'exclusion des marchés publics pour une durée de cinq ans au plus, ainsi que l'affichage de la décision prononcée[18].

922.44 **Prescription.** L'abus de confiance se prescrit par six ans à compter de la date à laquelle les faits sont apparus à la victime et lui ont permis d'exercer l'action publique. Les juges constatent souverainement la date à laquelle les détournements sont apparus[19], sans toutefois que le délai de prescription puisse excéder douze années révolues à compter de la commission des faits[20].

C'est ainsi qu'un avocat ayant reçu mission d'établir et de publier la vente par son client d'un fonds de commerce ainsi qu'une provision sur les

1. Crim. 9 sept. 2020, n° 19-84.914, NP ; *D.* 2021. 1647, obs. C. Mascala ; *Gaz. Pal.* 17 nov. 2020, p. 50, obs. S. Détraz.
2. C. Mascala, obs. s[s] Crim. 9 sept. 2020, n° 19-84.914, NP ; *D.* 2021. 1647.
3. Crim. 10 mars 2021, n° 19-87.328, NP ; *Gaz. Pal.* 14 sept. 2021, p. 39, obs. L. Saenko.
4. S. Detraz obs. s[s] Crim. 5 avr. 2018, n° 17-81.085, P ; *Gaz. Pal.* 24 juill. 2018, p. 46, et s[s] Crim. 9 sept. 2020, n° 19-84.914, NP ; *Gaz. Pal.* 17 nov. 2020, p. 50.
5. G. Beaussonie obs. s[s] Crim. 5 avr. 2018, n° 17-81.085, P ; *D.* 2018. 930 – L. Saenko obs. s[s] Crim. 5 avr. 2018, n° 17-81.085, P ; *Gaz. Pal.* 29 mai 2018, p. 15.
6. C. Mascala obs. s[s] Crim. 5 avr. 2018, n° 17-81.085, P ; *D.* 2018. 1723.
7. C. pén., art. 314-1.
8. C. pén., art. 314-2, 2°.
9. Crim. 20 avr. 2005, n° 04-85.684, NP.
10. C. pén., art. 314-10.
11. C. pén., art. 131-27.
12. Civ. 1re, 17 mai 1988, n° 86-15.067, P I, n° 145 ; *D.* 1991. 302, note A. Brunois ; *Gaz. Pal.* 1989. 2. 491, note G. Flécheux – Civ. 1re, 9 avr. 2015, n° 14-50.012, P I, n° 82 ; *D.* 2015. 1187, note O. Décima ; *D.* 2015. 1187, avis J.-P. Sudre ; *D.* 2015. 2465, obs. G. Roujou de Boubée, T. Garé, C. Ginestet, M.-H. Gozzi et S. Mirabail.
13. C. pén., art. 314-10, 4°.
14. C. pén., art. 314-13.
15. C. pén., art. 121-2.
16. C. pén., art. 131-38.
17. C. pén., art. 131-39.
18. C. pén., art. 131-35.
19. Crim. 20 avr. 2005, n° 04-85.684, NP.
20. C. pr. pén., art. 9-1.

frais d'enregistrement et de publicité, les avait encaissés sur son compte unique personnel et professionnel, tandis que l'enregistrement et la publicité n'avaient pas été effectués et les droits correspondants n'avaient pas été payés. L'avocat avait inscrit ces sommes en septembre 1994 au bilan de son activité d'avocat en tant que « débours facturés à un client exonéré » à l'occasion d'une vérification fiscale et avait accepté un redressement à l'impôt sur le revenu à ce titre. Il découlait de cette situation que la provision sur débours, reçue à titre de mandat, passait dans son patrimoine personnel entraînant une appropriation consciente de sa part caractérisant le détournement. L'avocat n'avait, en outre, pas restitué les fonds à la première demande.

Ainsi, le détournement devait être considéré comme commis le 31 décembre 1994, date du bilan constatant cette appropriation manifestement frauduleuse. Dès lors, même si son client avait pu avoir connaissance en avril 1994 de l'absence d'enregistrement de l'acte et de la conservation de la provision, cette connaissance était distincte du fait qu'il ait su que son avocat s'était approprié les fonds en s'acquittant sur eux de l'impôt sur le revenu et en les introduisant dans son bénéfice fiscal. Or, le client était décédé entre avril et décembre 1994, en conséquence la prescription, alors de trois ans, n'avait pas commencé à courir, et sa veuve, devenue la nouvelle dirigeante de la société, n'avait eu connaissance de cette appropriation qu'à la fin de l'année 1998, la prescription n'ayant donc valablement commencé à courir qu'à compter de cette dernière date[1].

§ 2
Illustrations

922.51 Abus de confiance par utilisation des comptes professionnels. C'est ainsi qu'un avocat fut condamné pour abus de confiance et escroquerie au préjudice de son ancien associé pour avoir utilisé les comptes professionnels de l'association pour un usage personnel afin de payer notamment, un cercle de jeux, une société civile immobilière, des voyages, dont le dernier à l'occasion d'une escale duquel il refusa de rentrer en France à la demande du juge d'instruction, étant condamné, par défaut, à dix-huit mois de prison, avant de faire l'objet, toujours par défaut, d'une radiation[2].

922.52 Abus de confiance par détournement de fonds. De même, un avocat a été déclaré coupable de neuf délits d'abus de confiance, et condamné à une peine de trois ans d'emprisonnement assortie du sursis à hauteur de deux ans, pour avoir détourné des fonds et des œuvres d'art d'une fondation dont il avait la surveillance et la gestion en sa qualité de président, alors qu'il jouissait de la confiance absolue de l'artiste et qu'il a abusé de cette confiance, notamment, en opérant des détournements sous l'apparence trompeuse de factures dont le caractère mensonger n'a été révélé que dans le cadre de l'information judiciaire[3].

Il a fait ensuite l'objet d'une radiation justifiée en raison de la gravité des détournements en cause, du retentissement médiatique de l'affaire, et de la notoriété de l'intéressé, juriste de renom, aux éminentes qualités reconnues par les plus hautes autorités de la République[4].

Tout comme un autre avocat fut condamné à dix-huit mois de prison avec sursis pour avoir demandé et obtenu de la banque de son client décédé le versement d'une somme de 300 000 francs, propriété de la succession de son client et sans l'autorisation de cette dernière, à titre d'honoraires, avant de faire l'objet d'une sanction disciplinaire[5].

922.53 Abus de confiance pour non-représentation de fonds. Un cas classique d'abus de confiance commis par des avocats est celui résultant de la non-représentation des fonds confiés par leurs clients, en violation des règles relatives aux maniements de fonds[6]. Il en est ainsi :

– d'un avocat, condamné à six mois d'interdiction professionnelle, pour avoir reçu un chèque à l'ordre de la Carpa de son client acheteur en vue du paiement du prix et avait retiré du compte Carpa la somme destinée au propriétaire de l'immeuble vendu, pour la placer sur un compte ouvert au nom d'un tiers sans qualité pour le recevoir, puis sur un compte ouvert à son nom, trompant la confiance de son mandant et se comportant momentanément comme propriétaire de la somme revenant au vendeur[7] ;

– d'un avocat, en état de récidive légale, et condamné à une peine d'emprisonnement de dix mois avec sursis, et à une peine d'interdiction d'exercer l'activité d'avocat pour une durée de cinq ans, pour avoir reçu des sommes de son client correspondant au montant des loyers et charges dus en vertu d'un bail en vue de leur consignation en compte séquestre, lesquelles ont été créditées sur des comptes personnels de l'avocat au motif qu'elles corres-

1. Crim. 27 mars 2002, n° 01-85.211, P n° 70.
2. CD Paris, arr. 28 oct. 2008, n° 176899.
3. Crim. 6 oct. 2004, n° 03-80.825, NP ; – ET SUR RENVOI : Crim. 14 déc. 2005, n° 05-83.599, NP.
4. Paris, 1re ch., sect. F, 27 sept. 2007, RG nos 07/00004, 07-00085 et 07-00399.
5. Paris, 1re ch., sect. F, 26 févr. 2009, RG n° 08/10975 ; – POURVOI NON ADMIS PAR : Civ. 1re, 8 avr. 2010, n° 09-12.546.
6. V. ss nos 483.00 s.
7. Crim. 28 oct. 2015, n° 14-82.961, NP.

pondraient à un prêt du client ou un règlement d'honoraires [1] ;

– d'un avocat condamné à dix-huit mois de prison avec sursis, pour avoir trompé la confiance de ses clients en ne représentant pas, pendant plus de quatre années, les fonds, pour des montants très élevés, qui lui étaient versés par une société étrangère aux fins de paiement de la TVA, exposant celle-ci à des sanctions pénales et fiscales, et fait ensuite l'objet d'une radiation [2] ;

– d'un avocat qui avait reçu pour le compte de son client, le produit d'une vente aux enchères, mais qui en avait déposé une partie, non pas sur son compte Carpa, mais sur un compte personnel où il l'a gardé sans le restituer pendant près de deux ans. La cour rejette son argument suivant lequel il ne s'agirait que d'un retard dans l'exécution, alors que les sommes ont été détournées à la suite d'un usage abusif et n'ont été restituées qu'à la suite d'une injonction du bâtonnier qui engagera une action disciplinaire à son encontre. Il est à noter que dans cette affaire, où l'avocat est condamné à 6 mois d'emprisonnement avec sursis et à une interdiction d'exercer sa profession pour une durée de six mois, la Cour de cassation approuve la cour d'appel d'avoir reçu la structure d'exercice de l'avocat en sa constitution de partie civile et lui avoir alloué un euro de dommages et intérêts [3] ;

– d'un avocat condamné, des chefs d'abus de confiance et de banqueroute, à trois ans de prison dont dix-huit mois ferme ainsi qu'à cinq ans d'interdiction de droits civiques, civils et de famille, pour avoir qui avait détourné, pendant dix ans, plus de 380 000 euros de fonds qu'il avait reçu pour le compte de ses clients et déposé en Carpa, avant de les utiliser soit à des fins personnelles, soit pour rembourser d'autres clients (procédé de cavalerie) [4].

922.54 Abus de confiance au préjudice de la Carpa. Le non-dépôt de fonds en Carpa [5] par l'avocat constitue, en outre, un abus de confiance au préjudice de cette dernière [6], comme le fait d'utiliser les fonds Carpa à des fins étrangères à leur finalité, tel que l'avocat qui tire des chèques sur son compte Carpa pour garantir des emprunts faits auprès de particuliers à un taux usuraire [7].

C'est ainsi que fut condamné pour abus de confiance, notamment à deux ans d'interdiction d'exercice de la profession, un avocat qui avait encaissé des fonds reçus d'une vente sur saisie immobilière qu'il avait diligentée au profit d'un de ses clients, sur son compte personnel et non en Carpa et avait débité une partie de ces fonds à son profit sans l'accord de son client. Ce faisant, l'avocat a détourné cette somme au préjudice de la Carpa qui en était détentrice, peu importe qu'il ait toujours été en mesure de représenter une somme équivalente, dès lors qu'il n'a procédé à la restitution des fonds détournés que sous la contrainte [8].

Fut également condamné, notamment à deux ans d'interdiction professionnelle dont dix-huit mois avec sursis, un avocat qui avait mis les fonds non sur le compte Carpa mais sur le compte de son cabinet pour pouvoir faire profiter sa SCP des intérêts de placement. Ici encore, l'avocat est coupable d'abus de confiance au préjudice de la Carpa, dès lors que n'étant pas propriétaire des fonds, qui ne lui avaient été remis qu'à charge pour lui de les verser au compte ouvert auprès de ladite caisse, il les a détournés au préjudice de cette dernière et qu'il importe peu qu'il ne les ait pas utilisés à son profit dès lors que les sommes ont généré, au seul bénéfice de la société civile professionnelle, des produits financiers, qui n'ont pas été affectés à l'usage auxquels ils sont destinés. De plus, ces agissements résultaient d'une volonté consciente de l'avocat d'expérience, qui ne pouvait ignorer la nature et l'étendue de ses obligations en matière de maniement de fonds [9].

SECTION 3
ESCROQUERIE

922.60 Plan. L'escroquerie qui est incriminée par le code pénal (§ 1) avec des peines et une prescription qui lui sont propres (§ 2) connaît de nombreuses illustrations concernant les avocats (§ 3), notamment en matière d'escroquerie au jugement (§ 4).

§ 1
Incrimination

922.71 Définition. Aux termes de l'article 313-1 du code pénal, l'escroquerie [10] est le fait, soit par

1. Crim. 25 mars 2015, n° 14-80.428, NP.
2. CD Paris, arr. 23 oct. 2012 n° 166235.
3. Crim. 5 mai 2004, n° 03-83.809, NP.
4. T. Heng, « Saint-Nazaire. L'ex-bâtonnier lourdement condamné », *Ouest France* 12 déc. 2018.
5. V. s^{s} n°s 483.00 s.
6. Crim. 27 avr. 1994, n° 93-82.976, P n° 152 ; *D.* 1994. 402, note Ch. Gavalda ; *Gaz. Pal.* 21 juill. 1994. Somm. 414 – Crim. 11 févr. 2004, n° 03-83.904, NP – V. s^{s} n° 483.81.
7. Paris, 6 févr. 1995, *JCP* 1995. IV. 1022.
8. Crim. 4 nov. 2004, n° 04-82.001, NP ; – REJETANT POURVOI CONTRE : Grenoble 30 janv. 2004, RG n° 03/00376.
9. Crim. 23 mai 2013, n° 12-83.677, P n° 112 ; *Gaz. Pal.* 19-20 juill. 2013, p. 18, note J.-Ch. Marrigues ; *RTD com.* 2013. 18, note B. Bouloc ; *D.* 2013. 1064 ; *AJ pénal* 2013. 543, obs. C. Porteron ; *D. avocats* 2013. 377, art. G. Royer.
10. Ch. Chavagneux, *Les plus belles histoires de l'escroquerie*, Seuil, 2020 – Coll. *Les 100 plus belles histoires d'escrocs*, Les dossiers du Canard Enchainé, n° 160, juill. 2021 – E. Lever, *L'affaire du collier*, Arthème Fayard, 2004.

l'usage d'un faux nom ou d'une fausse qualité, soit par l'abus d'une qualité vraie, soit par l'emploi de manœuvres frauduleuses, de tromper une personne physique ou morale et de la déterminer ainsi, à son préjudice ou au préjudice d'un tiers, à remettre des fonds, des valeurs ou un bien quelconque, à fournir un service ou à consentir un acte opérant obligation ou décharge.

922.72 Escroquerie par abus de qualité vraie. En pratique, un avocat se rendra coupable d'escroquerie par abus de qualité vraie, sa qualité d'avocat[1], en usant de celle-ci afin de déterminer son client à lui remettre des fonds[2].

C'est ainsi que fut condamné du chef d'escroquerie l'avocat qui avait perçu d'un client une somme d'argent « pour faciliter les choses » c'est-à-dire pour obtenir de l'administrateur judiciaire « de prolonger au maximum la durée de la période d'observation pour éviter la mise en liquidation judiciaire, voire une éventuelle action en comblement de passif ou le prononcé d'une interdiction de gérer, et étudier les possibilités d'un plan de continuation ou de cession », abusant ainsi de sa qualité vraie l'avocat en se faisant remettre de l'argent en affirmant faussement à sa victime qu'il convenait de corrompre l'administrateur judiciaire pour obtenir de la juridiction commerciale des décisions favorables[3]. Il fera ensuite l'objet de sanctions disciplinaires[4].

Est également condamné du chef d'escroquerie l'avocat qui se fait remettre des fonds par des particuliers auxquels il consent des taux usuraires et qui ne pourront être remboursés qu'en faisant d'autres victimes, également clients de ce même avocat[5], lesdits emprunts étant destinés à financer des opérations fictives, basées sur un système de cavalerie[6].

Tout comme fut condamné du chef d'escroquerie un avocat qui avait abusé de sa qualité d'avocat et employé des manœuvres frauduleuses pour faire signer à son client, des documents créant une holding de sociétés auxquelles il avait transféré l'intégralité du patrimoine de son client avant de se faire remettre, à travers celles-ci, d'importantes sommes d'argent. Il ne lui avait pas communiqué les pièces relatives à ces sociétés et avait dissimulé l'état des comptes, avant de fuir aux Bahamas. Condamné à une peine d'emprisonnement avec délivrance d'un mandat d'arrêt international par le tribunal correctionnel, il fit ensuite l'objet d'une radiation : « les faits reprochés étant parmi les plus graves pouvant être reprochés à un avocat puisqu'il s'est fait remettre par sa cliente, en employant des manœuvres frauduleuses, plusieurs centaines de milliers d'euros, somme qu'il a détournée à son profit »[7].

922.73 Escroquerie par emploi de manœuvres frauduleuses. L'avocat peut, dans le cadre de son activité, réaliser des actes portant manœuvre frauduleuse, support d'une escroquerie, ce qui lui vaudra souvent une condamnation du chef de complicité[8], mais également parfois en qualité d'auteur de l'infraction, notamment lorsque sa qualité même d'avocat apparaît comme étant de nature à avoir favorisé la réalisation de l'escroquerie.

Ce sont alors tant les manœuvres frauduleuses que l'abus de qualité vraie qui vont être retenus.

§ 2
Peines et prescription

922.81 Peines. L'escroquerie est punie de cinq ans d'emprisonnement et de 375 000 euros d'amende[9].

922.82 Peines complémentaires. L'avocat condamné du chef d'escroquerie encourt également les peines complémentaires prévues à l'article 313-7 du code pénal et notamment celle de l'interdiction temporaire d'exercer l'activité d'avocat pour un maximum de cinq ans[10]. Cette interdiction peut se cumuler avec une sanction disciplinaire[11], ainsi que l'affichage de la décision prononcée ; et l'exclusion des marchés publics pour une durée de cinq ans au plus[12].

922.83 Personnes morales. Enfin, aux termes de l'article 313-9 du code pénal, les personnes morales déclarées pénalement responsables, des infractions commises pour leur compte par leurs organes ou représentant[13], d'escroquerie encourent, outre une amende de 1 875 000 euros[14], les peines complé-

1. M. Babonneau, « Tribunal correctionnel : l'avocat avait promis un passeport pour 15 000 € », *D. actu.* 24 oct. 2014.
2. Crim. 29 mars 1977, n° 76-90.882, P n° 115 ; *Gaz. Pal.* 1977. 2. 384 ; *RSC* 1977. 824, obs. P. Bouzat – Crim. 10 mai 1978, n° 77-91.445, P n° 148 ; *D.* 1978. 348, obs. G. Roujou de Boubée – Crim. 6 avr. 1993, n° 92-84.225, NP ; *Gaz. Pal.* 1993. 2. Somm. 443 – Paris, 6 févr. 1995, *JCP* 1995. IV. 1022.
3. Crim. 30 juin 1999, n° 98-82.009, P n° 170 ; *D.* 1999. 224 ; *RSC* 1999. 823, note R. Ottenhof ; *RTD com.* 2000. 197, obs. B. Bouloc.
4. CD Paris, arr. 25 sept. 2001, n° 94.3814.
5. Au moyen d'un abus de confiance, v. s[s] n°s 922.31 s.
6. Paris, 6 févr. 1995, *JCP* 1995. IV. 1022.
7. CD Paris, arr. 17 oct. 2017, n° 223559.
8. V. s[s] n°s 921.31 s.
9. C. pén., art. 313-1.
10. C. pén., art. 131-27.
11. Civ. 1re, 17 mai 1988, n° 86-15.067, P I, n° 145 ; *D.* 1991. 302, note A. Brunois ; *Gaz. Pal.* 1989. 2. 491, note G. Flécheux – Civ. 1re, 9 avr. 2015, n° 14-50.012, P I, n° 82 ; *D.* 2015. 1187, note O. Décima ; *D.* 2015. 1187, avis J.-P. Sudre ; *D.* 2015. 2465, obs. G. Roujou de Boubée, T. Garé, C. Ginestet, M.-H. Gozzi et S. Mirabail.
12. C. pén., art. 313-8.
13. C. pén., art. 121-2.
14. C. pén., art. 131-38.

mentaires[1] d'interdiction, à titre définitif ou pour une durée de cinq ans au plus, d'exercer directement ou indirectement l'activité d'avocat, l'exclusion des marchés publics pour une durée de cinq ans au plus, ainsi que l'affichage de la décision prononcée[2].

922.84 **Prescription.** L'escroquerie se prescrit par six ans à compter de la date à laquelle les fonds ou la dernière remise de fonds[3] ont eu lieu. Ainsi, en matière d'escroquerie, la prescription court du jour où le délit est consommé par la remise de la chose frauduleusement obtenue telle que la présentation du chèque à l'encaissement[4]. En matière d'escroquerie au jugement, c'est le jour où la décision de justice ou sentence arbitrale frauduleusement obtenue est devenue définitive[5]. Il convient de préciser que des actes de procédures réalisés, même s'ils concernent des faits pour lesquels un non-lieu est intervenu, interrompent valablement la prescription de l'action publique à l'égard de faits connexes, objet d'un renvoi devant la juridiction correctionnelle[6].

§ 3
Illustrations

922.91 **Escroquerie par abus de qualité vraie** et emploi de manœuvres frauduleuses.

C'est ainsi que fut condamné du chef d'escroquerie en bande organisée, un avocat qui était à l'origine de la remise en vigueur d'une société dont il avait souhaité que la dénomination évoque un établissement bancaire (faux nom) alors même qu'il ne pouvait pas lui échapper, compte tenu de sa pratique professionnelle, que la société n'avait pas d'existence légale, n'étant pas immatriculée au registre du commerce ni répertoriée à la Banque de France. De plus, cet avocat avait mis au point un contrat entre cette société et ses clients qu'il savait ne pas pouvoir être exécuté (manœuvre frauduleuse), impliquant qu'il a mis ses compétences au service d'un montage frauduleux dans lequel il avait eu un rôle déterminant dans la remise des fonds dans la mesure où les contrats avaient été signés à son cabinet ce qui était de nature à rassurer les souscripteurs, qui ont tous déclaré avoir été mis en confiance par le fait qu'ils contractaient en présence d'un avocat lequel leur a fait croire que la société était une banque ou la filiale d'une banque réputée, sur le sérieux des conventions qu'ils passaient (abus de qualité vraie). Pour la cour d'appel c'est dès lors bien en abusant de sa qualité d'avocat et en employant des manœuvres frauduleuses que l'avocat a participé, en parfaite connaissance de cause, à la commission de l'infraction[7]. Condamné à une peine de trois ans d'emprisonnement avec sursis et interdiction d'exercer, à titre définitif, la profession d'avocat, l'avocat fait ensuite l'objet d'une radiation[8].

De même, fut condamné du chef d'escroquerie un avocat représentant en France d'une société ayant pour objet d'accorder sa garantie pour des opérations financières, et par ailleurs dirigeant de fait d'une autre société domiciliée à son cabinet, et exerçant une activité de courtage financier, qui proposait à ses clients de leur faire obtenir de la première société un engagement de caution moyennant le versement d'une commission destinée à rémunérer les différents intervenants, puis, un nouvel engagement de caution, remplaçant le précédent, afin de financer une deuxième opération, moyennant un versement supplémentaire d'une commission, sans que les prêts promis n'aient été octroyés et ce malgré la perception effective des commissions[9].

Il en fut de même :

- d'un avocat qui, bénévole pour une association d'entraide aux demandeurs d'asile, a été condamné pour escroquerie à six mois de prison avec sursis pour avoir, dans le cadre de permanences bénévoles, demandé et reçu un honoraire d'un demandeur d'asile politique pour rédiger une requête en référé-liberté. Il fait l'objet ensuite d'une sanction disciplinaire[10] ;

- d'une avocate qui, en réaction au harcèlement d'une ex-compagne de son compagnon, avait passé commande sur internet au nom et à l'intention, et avec le numéro de carte bleue, de cette dernière, et est condamnée pour escroquerie et appels malveillants réitérés, à trois mois de prison avec sursis avant de faire l'objet d'une sanction disciplinaire[11] ;

1. C. pén., art. 131-39.
2. C. pén., art. 131-35.
3. Crim. 23 oct. 1978, n° 74-90.336, P n° 283 – Crim. 27 mai 1991, n° 90-80.267, P n° 222 ; *RSC* 1992. 580, obs. P. Bouzat ; *RTD com.* 1992. 477, obs. P. Bouzat – Crim. 26 sept. 1995, n° 94-84.008, P n° 288 ; *RSC* 1996. 658, obs. R. Ottenhof ; *Dr. pénal* 1996. 61, obs. M. Véron.
4. Crim. 30 juin 1999, n° 98-82.009, P n° 170 ; *D.* 1999. 224 ; *RSC* 1999. 823, note R. Ottenhof ; *RTD com.* 2000. 197, obs. B. Bouloc.
5. Crim. 30 juin 2004, n° 03-85.019, P n° 178 ; *D.* 2005. 3061, obs. Th. Clay ; *Dr. pénal* 2004. 156, obs. M. Véron ; *Gaz. Pal.* 2005. 1. Somm. 1392 ; *RSC* 2004. 897, obs. D.-N. Commaret ; *AJ pénal* 2004. 405 ; *RTD com.* 2004. 825, obs. B. Bouloc – Crim. 24 sept. 2008, n° 07-84.868, NP ; *Dr. pénal* 2008. 157, obs. J.-H. Robert.
6. Crim. 27 mars 2002, nos 00-81.712, 00-88.111, P n° 70 ; *D.* 2002. 1751 ; *RSC* 2003. 122, obs. A. Giudicelli ; *RTD com.* 2002. 522, obs. M. Cabrillac ; *RTD com.* 2002. 558, obs. B. Bouloc.
7. Crim. 11 oct. 2006, n° 05-87.713, NP.
8. Paris, 1re ch., sect. F, 20 déc. 2007, RG n° 07/07839.
9. Crim. 5 févr. 2003, n° 01-87.052, NP.
10. CD Paris, arr. 27 oct. 2009, n° 155947.
11. CD Paris, arr. 24 févr. 2009, n° 176884.

– d'un avocat qui avait déposé plainte auprès des services de police pour escroquerie par utilisation frauduleuse de ses moyens de paiement, prétendant que 33 retraits frauduleux avaient été opérés sur ses comptes personnel et professionnel, affirmant ne pas se livrer à une quelconque activité de jeu en ligne, alors qu'il s'avéra qu'il était un joueur d'habitude, auteur réel des débits dont il avait faussement dénoncé le caractère frauduleux, et est condamné à une peine de six mois d'emprisonnement avec sursis pour des faits de dénonciation d'un délit imaginaire, escroquerie et tentative d'escroquerie, avant de faire l'objet d'une sanction disciplinaire [1].

922.92 Accompagnée de faux et usage de faux. L'infraction d'escroquerie s'accompagne souvent de celle de faux et usage de faux [2], tel que l'avocat condamné pour :

– faux au préjudice de son client et tentative d'escroquerie au préjudice de l'administration fiscale, pour avoir falsifié les comptes d'une société dont son client était actionnaire, ce qui lui a permis d'obtenir d'importants crédits d'impôt et exonérations fiscales [3], et fait ensuite l'objet d'une sanction disciplinaire [4] ;

– faux et usage de faux, abus de biens sociaux, et complicité d'escroquerie, pour avoir établi 31 fausses factures afin que son client les fasse affacturer [5], et fait ensuite l'objet de sanctions disciplinaires [6] ;

– complicité de faux, altération frauduleuse de la vérité dans un écrit, escroqueries, faux et usage de faux, abus de confiance, à une peine d'emprisonnement ferme, et une interdiction d'exercer la profession pendant cinq ans, puis pour escroquerie, abus de confiance, complicité de contrefaçon, falsification de chèques, et complicité d'usage de chèques contrefaits ou falsifiés, à une peine d'emprisonnement, et enfin, aux termes d'un troisième jugement, pour des faits de soustraction frauduleuse à l'établissement et au paiement de l'impôt sur le revenu, fraude fiscale, dissimulation de sommes et omission d'écritures dans un livre comptable, à une peine d'emprisonnement partiellement assortie du sursis avec mise à l'épreuve, et qui fait l'objet d'une radiation [7].

§ 4
Escroquerie au jugement

922.101 Escroquerie au jugement. Bien que l'action en justice constitue un droit, outre le fait qu'il convient de ne pas en abuser, sa mise en œuvre peut constituer une manœuvre frauduleuse caractérisant le délit d'escroquerie [8].

Variante du délit d'escroquerie, l'escroquerie au jugement consiste à utiliser des manœuvres frauduleuses pour obtenir des sommes supérieures à celles qui auraient normalement dû être accordées [9]. Et ce, notamment aux moyens de pièces trompeuses [10], même si les documents produits n'ont pas été confectionnés pour les besoins de la cause et avec un artifice particulier : il suffit que les manœuvres fraudeuses et la mauvaise foi soient établies.

922.102 Mauvaise foi. Le seul fait de produire une pièce destinée à être soumise à l'appréciation du juge ne saurait constituer une manœuvre frauduleuse, mais si elle est faite de mauvaise foi, en toute connaissance de cause du caractère mensonger du document, l'escroquerie au jugement est caractérisée.

C'est ainsi qu'un arrêt de la Cour de cassation a pu considérer que si le juge civil a pour mission de déterminer le sens exact et la valeur probante des pièces produites à l'appui d'une action en justice, et que le seul fait de produire une pièce destinée à être soumise à l'appréciation du juge ne saurait constituer une manœuvre frauduleuse [11], mais que constitue une tentative d'escroquerie au jugement, laquelle est punie des mêmes peines [12], le fait de présenter en justice, de mauvaise foi, des documents mensongers, forgés par le prévenu ou sous sa direction et qui, destinés à tromper la religion du juge, sont susceptibles, si la machination n'est pas déjouée, de faire condamner son adversaire à lui payer des sommes qui ne sont pas dues [13]. Les décisions de justice, fondant la remise des sommes, sont ainsi obtenues aux termes de manœuvres frauduleuses.

Et il n'est pas nécessaire que la pièce ainsi produite soit constitutive d'un faux [14] : la production de mau-

1. Rouen, 19 mars 2014, RG n° 13/05046.
2. V. s^s n°s 453.161 s.
3. Crim. 24 févr. 2010, n° 09-84.038, NP.
4. CD Paris, arr. 6 sept. 2011, n° 209756.
5. Crim. 5 déc. 2011, n° 00-86.512, NP.
6. CD Paris, arr. 26 avr. 2011, n° 199977.
7. CD Paris, arr. 26 mars 2002, n° 21.6297.
8. Crim. 7 janv. 1970, n° 69-90.114, P n° 14 ; *JCP* 1970. II. 16244.
9. Crim. 4 avr. 1944, P n° 52.
10. V. s^s n°s 453.32 et 453.41 s.
11. Crim. 30 mars 1960, P n° 181 – Crim. 5 juin 1962, P n° 218 – Crim. 23 mai 1966, NP ; *D.* 1967. 91 ; *JCP* 1966. II. 14800 – Crim. 24 juin 1970, n° 69-93.217, P n° 213.
12. C. pén., art. 313-3.
13. Crim. 14 mars 1972, n° 71-91.077, P n° 96 ; *Gaz. Pal.* 1972. 2. 738 ; *JCP* 1973. II. 17472 – Crim. 4 juill. 1972, n° 71-92.515, P n° 228 – Crim. 22 mars 1973, n° 72-90.523, P n° 147 ; *D.* 1973. 379, note E. Robert – Crim. 16 mai 1979, n° 78-92.162, NP ; *Gaz. Pal.* 1980. Jur. 159 – Crim. 6 oct 1980, n° 79-93.802, P n° 248 ; *D.* 1981. 141, obs. G. Roujou de Boubée ; *RSC* 1981. 394, obs. P. Bouzat – Crim. 19 oct. 1993, n° 92-83.743, NP ; *Gaz. Pal.* 1994. 1. Somm. 13 – Crim. 3 janv. 1994, n° 93-80.738, NP ; *Gaz. Pal.* 1994. 1. Chron. 161 – Crim. 24 sept. 1996, n° 94-84.528, NP ; *Dr. pénal* 1997. 2, obs. M. Véron ; *RSC* 1997. 643, obs. R. Ottenhof.
14. V. s^s n°s 453.161 s.

vaise foi à l'appui d'une action en justice, dans le but de surprendre la religion du juge, d'une facture mensongère, en l'occurrence car ne correspondant à aucune prestation effective, peut caractériser le délit d'escroquerie au jugement[1].

922.103 Document mensonger. La production en justice, ou à la partie adverse[2], en toute connaissance de cause, d'un document mensonger[3], ou que l'on sait sans valeur[4] telle qu'une traite au recouvrement de laquelle l'on a renoncé[5], une fausse facture[6], un reçu erroné[7], un faux contrat de travail[8], ou encore un jugement qui bien que confirmé par un arrêt de cour d'appel a perdu toute portée après cassation de l'arrêt de la cour d'appel[9] ou une fausse sentence arbitrale[10] non suivie d'effet, constitue une tentative d'escroquerie au jugement.

A également été considéré comme une escroquerie au jugement le fait de communiquer un document vrai mais présenté de mauvaise foi afin de donner force et crédit au mensonge et de tromper la religion de la juridiction au préjudice de la partie adverse[11] ou encore le fait de présenter devant le tribunal de commerce une offre de reprise que l'on sait mensongère[12].

922.104 Escroquerie au jugement – Illustrations. C'est ainsi qu'un avocat fut condamné pour complicité d'extorsion de signatures et tentative d'escroquerie au jugement, et condamné à un an d'emprisonnement avec sursis et à trois ans d'interdiction du droit de témoigner en justice, pour avoir établi des modèles de documents en vue de concrétiser le désistement d'une partie de son offre d'achat, et d'y substituer son client, et de permettre la représentation des renonçants par lui-même à l'audience. Documents, remis au client, qui ont été soumis à la signature des renonçants et pour certains déposés à la barre du tribunal de commerce. Or, les renonçants avaient fait une offre d'achat supérieure à celle du client qui avait obtenu leur renoncement à la suite de menaces de violences physiques[13].

Tout comme fut condamné pour escroquerie au jugement, recel de banqueroute, et outrage à une personne chargée d'une mission de service public, à la peine de dix-huit mois d'emprisonnement avec sursis et à une amende de 10 000 euros, un avocat qui avait, avec son client, usé de manœuvres frauduleuses, consistant dans l'acquisition d'une société écran, l'utilisation d'une dénomination sociale destinée à persuader de l'intervention d'un opérateur économique connu, la dissimulation de l'origine des fonds par un contrat de prêt fictif, l'interposition d'un prête-nom et de son avocat, pour accréditer l'absence de lien entre la société cédée et l'auteur de la pollicitation, afin de déterminer les juges à ordonner, dans des conditions de particulière urgence, la cession de l'unité de production d'une société mise en liquidation judiciaire[14], lequel sera ensuite sanctionné disciplinairement[15].

SECTION 4
AIDE AU SÉJOUR IRRÉGULIER

922.110 Plan. L'aide au séjour irrégulier qui est incriminée par le code de l'entrée et du séjour des étrangers et du droit d'asile (Ceseda) (§ 1) avec des peines et une prescription qui lui sont propres (§ 2) connaît de nombreuses illustrations concernant les avocats (§ 3).

§ 1
Incrimination

922.121 Définition. L'aide au séjour irrégulier est le fait toute personne, par aide directe ou indirecte, de faciliter ou tenter de faciliter l'entrée, la circulation ou le séjour irréguliers, d'un étranger en France[16].

922.122 Exemption pénale. L'article L. 622-4 du Ceseda, dans sa rédaction issue de la loi du 10 septembre 2018, prévoit que ne peut donner lieu à des poursuites l'aide à la circulation ou au séjour irréguliers d'un étranger lorsqu'elle est le fait de toute personne physique ou morale lorsque l'acte reproché n'a donné lieu à aucune contrepartie directe ou indirecte et a consisté à fournir des conseils ou

1. Crim. 31 janv. 2018, n° 16-84.612, NP ; *Gaz. Pal.* 30 avr. 2018, p. 59, obs. S. Detraz ; *D.* 2018. 1724, obs. C. Mascala ; *Dr. pénal* 2018. Chron. 75, obs. Ph. Conte.
2. T. corr. Seine, 13 mars 1961, *Gaz. Pal.* 1961. 2. 133.
3. Crim. 4 août 1933, P n° 180 – Crim. 8 nov. 1962, P n° 312 – Angers, 18 mai 1990, *RSC* 1991. 352, obs. P. Bouzat – Crim. 26 mars 1998, n° 96-85.636, P n° 117 ; *RTD com.* 1998. 955, obs. B. Bouloc ; *D.* 1998. 149.
4. Crim. 12 mai 1970, n° 69-90.026 ; P n° 160.
5. Crim. 4 avr. 1944, P n° 99.
6. Crim. 19 sept. 1995, n° 94-85.353, P n° 274 ; *JCP* 1995. IV. 2663 ; *Dr. pénal* 1996. 34 – Crim. 3 juin 2004, n° 03-87.486, NP ; *Dr. pénal* 2004. 155, obs. M. Véron.
7. Crim. 27 janv. 1977, n° 76-91.078, P n° 39.
8. Crim. 30 nov. 1995, n° 94-84.612, NP ; *Gaz. Pal.* 1996. 1. Chron. crim. p. 62.
9. Crim. 4 mars 1991, n° 90-80.321, P n° 106 ; *RSC* 1992. 580, obs. P. Bouzat ; *RTD com.* 1992. 258, obs. P. Bouzat.
10. Nancy, 7 juill. 2005 ; *JCP* 2006. IV. 2893.
11. Crim. 14 nov. 1979, n° 79-90.407, P n° 321 – Montpellier, 26 févr. 2009, *Gaz. Pal.* 2009. 1. Somm. 2126.
12. Crim. 11 janv. 2006, n° 05-82.530, NP ; *Dr. pénal* 2006. 48, obs. M. Véron ; *RSC* 2006. 596, obs. E. Fortis.
13. Crim. 21 juin 2000, n° 99-82.983, NP.
14. Crim. 5 avr. 2006, n° 04-87.765, NP ; *D.* 2007. 1624, obs. C. Mascala.
15. Paris, 1re ch., sect. F, 27 sept. 2007, RG n° 06/19032.
16. Ceseda, art. L. 622-1.

accompagnements juridiques, linguistiques ou sociaux, ou toute autre aide apportée dans un but exclusivement humanitaire [1].

Cette rédaction, intégrant le fait justificatif d'humanité [2] découlant du principe constitutionnel de fraternité [3], faisait suite à la décision du Conseil constitutionnel du 6 juillet 2018, qui avait considéré qu'il résultait du « 3° de l'article L. 622-4 du Ceseda que, lorsqu'il est apporté une aide au séjour à un étranger en situation irrégulière sur le territoire français, sans contrepartie directe ou indirecte, par une personne autre qu'un membre de la famille proche de l'étranger ou de son conjoint ou de la personne vivant maritalement avec celui-ci, seuls les actes de conseils juridiques bénéficient d'une exemption pénale quelle que soit la finalité poursuivie par la personne apportant son aide. Si l'aide apportée est une prestation de restauration, d'hébergement ou de soins médicaux, la personne fournissant cette aide ne bénéficie d'une immunité pénale que si cette prestation est destinée à assurer des conditions de vie dignes et décentes à l'étranger. L'immunité n'existe, pour tout autre acte, que s'il vise à préserver la dignité ou l'intégrité physique de l'étranger. Toutefois, ces dispositions ne sauraient, sans méconnaître le principe de fraternité, être interprétées autrement que comme s'appliquant en outre à tout autre acte d'aide apportée dans un but humanitaire » [4].

922.123 **Avocat dans sa mission de conseil et d'assistance.** Les actes de conseils juridiques bénéficient ainsi d'une exemption pénale quelle que soit la finalité poursuivie par la personne apportant son aide, ce qui vise l'avocat dès lors qu'il assure régulièrement l'assistance ou la défense d'un étranger séjournant sur le territoire français, la perception des honoraires en découlant ne pouvant constituer une contrepartie directe et indirecte.

Pour autant, dès lors que l'avocat va au-delà de sa mission de conseil et d'assistance, il ne saurait bénéficier de l'exemption pénale.

Il en a été jugé ainsi d'un avocat qui avait des contacts réguliers avec le responsable d'un réseau d'immigration clandestine, contacts ni nécessaires ni compatibles avec son activité d'avocat, auquel il donnait des instructions, qu'il a tenté de dissimuler, allant au-delà de sa mission de conseil, destinées à faciliter l'arrivée et le séjour des immigrants en France, ces actes étant distincts de ceux inhérents à sa mission de défense. La contrepartie directe se trouve alors caractérisée dans le fait que cela lui a procuré, outre l'existence et l'assurance d'une clientèle certaine et sans cesse renouvelée, des profits illicites, non assimilables à des honoraires résultant de l'activité régulière d'un avocat. La circonstance aggravante réelle de bande organisée engageant la responsabilité de tous les auteurs, étant, en outre, caractérisée, les faits d'aide à l'entrée et au séjour irrégulier ayant été commis au sein d'une structure assignant à chacun un rôle spécifique et complémentaire à celui des autres démontrant l'entente caractérisée par des faits matériels tels que l'organisation du voyage, la fourniture de faux documents, les contacts téléphoniques existant entre les participants. L'avocat est condamné à une peine de 150 000 euros d'amende et à une d'interdiction d'exercice de la profession d'avocat d'un an, outre la confiscation des profits retirés de l'opération [5].

922.124 **Distinction.** Cette infraction, que l'on qualifie de « délit de solidarité », ne doit pas être confondue avec celle, voisine, d'organisation ou de tentative d'organisation d'un mariage, ou de la reconnaissance d'un enfant, aux seules fins de faire obtenir un titre de séjour ou d'acquérir la nationalité française [6], qui bien que réprimé de manière similaire, mis à part un montant de l'amende de 15 000 euros, est une infraction distincte.

C'est pourquoi doit être cassé, pour contradiction entre les motifs et le dispositif, l'arrêt d'une cour d'appel qui, pour condamner un avocat à deux ans d'emprisonnement avec sursis, à 20 000 euros d'amende et à une interdiction d'exercer la profession d'avocat pendant trois ans, l'avait déclaré coupable d'aide à l'entrée, à la circulation et au séjour irréguliers d'un étranger en France, après avoir retenu dans sa motivation l'existence de délit d'organisation d'un mariage aux seules fins de faire obtenir un titre de séjour ou d'acquérir la nationalité française [7].

Dans cette dernière affaire, l'avocat en cause sera finalement, sur renvoi après cassation, condamné pour organisation d'un mariage aux seules fins de faire obtenir un titre de séjour ou de faire acquérir la nationalité française, à une peine deux ans d'empri-

1. Ceseda, art. L. 622-4, 3°.
2. Crim. 26 févr. 2020, n° 19-81.561, P ; *D.* 2020. 1284, note M. Lassalle.
3. D. Mazeaud, « Fraternité, le Conseil constitutionnel écrit ton nom… », *JCP* 2018. 1393 – J. Roux, « Fraternité : nouveau principe à valeur constitutionnelle », *D.* 2018. 1856 – D. Rousseau, « Enfin une bonne nouvelle : le principe de fraternité existe ! », *Gaz. Pal.* 17 juill. 2019, p. 12.
4. Cons. const. 6 juill. 2018, n° 2018-717-718 QPC, *Cédric Herrou a.* ; *D.* 2018. 1894, note C. Saas ; *D.* 2019. 1248, obs. E. Debaets et N. Jacquinot ; *RSC* 2018. 1001, obs. B. de Lamy ; – DANS CETTE MÊME AFFAIRE : Crim. 12 déc. 2018, n° 17-85.736, P ; *D.* 2019. 49, note A. Dejean de la Batie – Lyon, 13 mai 2020 ; – POURVOI NON ADMIS PAR : Crim. 31 mars 2021, n° 20-84.112, NP.
5. Crim. 9 mai 2018, n° 17-83.709, NP.
6. Ceseda, art. L. 623-1.
7. Crim. 20 nov. 2013, n° 13-80.952, NP.

sonnement avec sursis et à 12 000 euros d'amende ainsi qu'à une interdiction d'exercer la profession d'avocat d'une durée de trois ans[1].

§ 2
Peines et prescription

922.131 **Peine.** La peine encourue en la matière est de cinq ans de prison et d'une amende de 30 000 euros[2].

922.132 **Peine complémentaire.** L'avocat condamné du chef d'aide au séjour irrégulier encourt également les peines complémentaires prévues à l'article L. 622-3 du Ceseda et notamment celle de l'interdiction temporaire d'exercer l'activité d'avocat pour un maximum de cinq ans[3]. Cette interdiction peut se cumuler avec une sanction disciplinaire[4].

922.133 **Personne morale.** Enfin, aux termes de l'article L. 622-8 du Ceseda, les personnes morales déclarées pénalement responsables, des infractions commises pour leur compte par leurs organes ou représentant[5], d'aide au séjour irrégulier encourent, outre une amende de 150 000 euros, l'exclusion des marchés publics pour une durée de cinq ans au plus, ainsi que l'affichage de la décision prononcée[6].

922.134 **Prescription.** L'aide au séjour irrégulier se prescrit par six ans à compter de la date à laquelle l'infraction a été commise[7].

§ 3
Illustrations

922.141 **Infraction à risque pour les avocats.** Cette infraction peut ainsi être commise dans l'exercice même de la profession d'avocat, et ces derniers sont régulièrement mis en cause, dans le cadre de la lutte contre l'immigration illégale, du fait de l'exercice même de leur profession, même si, en définitive, les dossiers qui aboutissent à des condamnations relèvent plus d'attitudes légitimement répréhensibles ou d'imprudences caractérisées.

C'est ainsi que fut condamné pour aide au séjour irrégulier d'étrangers en France et recel de fausses attestations d'hébergement à la peine de deux ans d'emprisonnement avec sursis, à 10 000 euros d'amende ainsi qu'à une interdiction d'exercer la profession d'avocat pendant deux ans, un avocat qui avait participé à une « filière » qui permettait aux étrangers qui souhaitaient bénéficier d'un dossier d'admission provisoire au séjour et ne justifiaient pas de temps de séjour en France suffisant, d'obtenir des certificats médicaux d'un médecin, afin de pouvoir déposer un dossier médical, même s'ils ne souffraient d'aucune pathologie relevant de l'article L. 313-11, 11°, du Ceseda.

L'avocat expliquait aux étrangers la marche à suivre par référence aux pratiques de la préfecture, les dirigeait ensuite vers le médecin puis les recevait au retour du cabinet médical avec le certificat fourni par le praticien avant de faciliter la remise des récépissés par sa présence et ses interventions au guichet de la préfecture[8].

922.142 **Participation à un réseau d'immigration clandestine.** Une affaire récente a donné lieu à un abondant contentieux s'agissant d'un avocat mis en examen pour aide à l'entrée à la circulation et au séjour irrégulier, et ayant fait l'objet d'une demande de suspension provisoire à l'initiative du parquet général, qui avait été refusée par le conseil de l'Ordre[9], mais ordonnée par la cour d'appel, ce que la Cour de cassation avait approuvé[10], après avoir préalablement estimé qu'il n'y avait pas lieu de transmettre au Conseil constitutionnel une question prioritaire de constitutionnalité sur la suspension provisoire[11].

Dans cette affaire, l'avocat a été condamné, en première instance, à deux ans de prison dont un avec sursis et à 100 000 euros d'amende pour avoir participé à un réseau d'immigration clandestine, en recevant les clandestins, par le biais d'un intermédiaire qui l'informait à l'avance de l'arrivée des clandestins, le montant de ses honoraires étant considéré comme inclus dans les sommes remises par les candidats à l'immigration aux animateurs du réseau, dont les membres servaient de garants pour justifier des conditions séjour ou de travail.

Le tribunal correctionnel, s'il reconnaît que le recours à l'assistance d'un avocat et le libre choix de celui-ci sont des droits constitutionnellement garantis, juge qu'en l'occurrence l'avocat privilégiait une clientèle totalement captive et que ses prestations ne pouvaient pas être considérées comme relevant de l'exercice régulier des droits de la défense

1. Toulouse, ch. 3, 23 oct. 2014, RG n° 13/01635 ; – POURVOI REJETÉ PAR : Crim. 13 janv. 2016, n° 14-87.760, P.
2. Ceseda, art. L. 622-1.
3. Ceseda, art. L. 622-3, 5° – C. pén., art. 131-27.
4. Civ. 1re, 17 mai 1988, n° 86-15.067, P I, n° 145 ; *D.* 1991. 302, note A. Brunois ; *Gaz. Pal.* 1989. 2. 491, note G. Flécheux – Civ. 1re, 9 avr. 2015, n° 14-50.012, P I, n° 82 ; *D.* 2015. 1187, note O. Décima ; *D.* 2015. 1187, avis J.-P. Sudre ; *D.* 2015. 2465, obs. G. Roujou de Boubée, T. Garé, C. Ginestet, M.-H. Gozzi et S. Mirabail.
5. C. pén., art. 121-2.
6. C. pén., art. 131-35.
7. C. pr. pén., art. 8.
8. Crim. 24 juin 2015, n° 14-84.602, NP.
9. Arr. conseil de l'Ordre de Seine-Saint-Denis, 20 févr. 2014.
10. Civ. 1re, 13 nov. 2014, n° 13-25.614, NP.
11. Civ. 1re, 21 mai 2014, n° 13-25.614, NP.

dès lors que les méthodes employées, qui conduisaient l'avocat à proposer aux membres du réseau des garants de complaisance, organisant ainsi « une mise en scène » « pour tromper la religion du juge à l'audience », caractérisaient le délit d'aide au séjour irrégulier[1]. La cour d'appel de Paris confirma le jugement[2].

922.143 Accompagné de faux et usage de faux. L'infraction d'aide au séjour irrégulier s'accompagne souvent de celle de faux et usage de faux[3], en l'occurrence de fausses attestations, bulletins de paie ou certificats médicaux destinés à justifier l'apparence de la situation de l'étranger, tel qu'un avocat qui fut condamné à quatre ans de prison, dont deux avec sursis, pour avoir corrompu un fonctionnaire de l'État pour que celui-ci délivre, sans contrôle, des titres de séjour à des étrangers en situation irrégulière, sur la base de faux documents qu'il avait confectionnés ou sciemment versés et fait l'objet d'une radiation[4].

Il en fut de même pour :

- un avocat qui fut condamné pour faux en écriture, usage de faux et aide à l'entrée et au séjour irrégulier d'un étranger en France, à 3 000 euros d'amende et deux ans d'interdiction d'exercer la profession d'avocat. En l'espèce, cet avocat ne se contentait pas d'assister son client dans ses démarches auprès des autorités administratives compétentes, aux fins de régulariser les modalités de son séjour en France mais, allant au-delà, cherchait à prévenir, par un subterfuge, une éventuelle mesure de reconduite en usant de sa connaissance de la pratique de la préfecture, de l'accusé de réception de la demande de régularisation par laquelle le requérant était invité à compléter son dossier, et qui, faisant partir les délais administratifs d'instruction tout en suspendant toute mesure d'éloignement à son encontre pendant ces délais, et ce, alors même que du fait de sa profession d'avocat, il ne pouvait méconnaître la portée des documents falsifiés[5] ;

- un autre avocat qui fut condamné, pour établissement de certificats faisant état de faits matériellement inexacts, usage, aide à l'entrée et à la circulation ou au séjour irrégulier d'étrangers en France, à deux ans d'emprisonnement avec sursis et mise à l'épreuve, 5 000 euros d'amende, et à une interdiction d'exercer la profession d'avocat pendant cinq ans. L'avocat avait aidé ses clients à constituer leurs dossiers afin d'obtenir une régularisation de leur situation administrative au moyen de plusieurs attestations ou certificats de travail ou médicaux, qui se sont avérés être des faux. Dans sa décision, la cour considère que les délits dont le prévenu s'est rendu coupable, dans l'exercice de sa profession d'avocat, sont de ceux qui nuisent gravement à la crédibilité et à la réputation d'une profession qui se doit, en tant qu'auxiliaire de justice, d'être irréprochable dans l'accomplissement de ses missions[6]. L'avocat avait également été condamné du chef de corruption[7] mais l'arrêt fut cassé sur ce point car l'infraction de corruption, prévue et réprimée par l'article 441-8 du code pénal avait été abrogée[8].

1. TGI Bobigny, 12 déc. 2013, n° parquet 09291005108.
2. « Procès Mikano : Un an ferme requis contre l'avocat défenseur de sans-papiers », *Libération* 10 févr. 2016 – A. Portmann, « Jugement confirmé en appel pour l'avocat prévenu de participation à un réseau d'immigration clandestine », *D. actu.* 14 avr. 2016 ; – POURVOI REJETÉ PAR : Crim. 18 oct. 2017, n° 16-83.108, P ; *JCP* 2017. 1254.
3. V. s^s n°s 453.161 s.
4. CD Paris, arr. 17 nov. 2015, n° 214935.
5. Crim. 18 mars 2009, n° 08-85.119, NP.

SECTION 5
CORRUPTION ET TRAFIC D'INFLUENCE

922.150 Plan. Dans le cadre de son activité professionnelle, l'avocat est également susceptible de faire l'objet de poursuites pénales des chefs de corruption (§ 1) et de trafic d'influence (§ 2).

§ 1
Corruption

922.160 Plan. La corruption qui est incriminée par le code pénal (A) avec des peines et une prescription qui lui sont propres (B) connaît quelques illustrations concernant les avocats (C).

A.
Incrimination

922.171 Définition. La corruption passive, envisagée du côté du corrompu, est le fait de rendre service en contrepartie d'un avantage. La corruption active, envisagée du côté du corrupteur, est le fait de fournir la contrepartie en échange du service rendu. Ces deux comportements sont incriminés de manière distincte aux articles 432-11[9] et 433-1[10] du code pénal pour les agents publics en général, et à l'article 434-9[11] du code pénal s'agissant du personnel judiciaire.

6. Crim. 12 sept. 2012, n° 11-87.002, NP.
7. V. s^s n°s 922.171 s.
8. Crim. 12 sept. 2012, n° 11-87.002, NP.
9. C. pén., art. 432-11.
10. C. pén., art. 433-1.
11. C. pén., art. 434-9.

Aux termes de l'article 433-1[1] du code pénal, la corruption active est le fait de proposer, sans droit, à tout moment, directement ou indirectement, des offres, des promesses, des dons, des présents ou des avantages quelconques à une personne dépositaire de l'autorité publique, chargée d'une mission de service public ou investie d'un mandat électif public, pour elle-même ou pour autrui, afin, soit qu'elle accomplisse ou s'abstienne d'accomplir un acte de sa fonction, de sa mission ou de son mandat, ou facilité par sa fonction, sa mission ou son mandat, soit qu'elle abuse de son influence réelle ou supposée en vue de faire obtenir d'une autorité ou d'une administration publique des distinctions, des emplois, des marchés ou toute autre décision favorable.

Lorsqu'elle vise le personnel judiciaire, ce dernier s'entend des magistrats, jurés ou de toute autre personne siégeant dans une formation juridictionnelle, des fonctionnaires au greffe d'une juridiction, des experts nommés, soit par une juridiction, soit par les parties, des personnes chargées par l'autorité judiciaire ou par une juridiction administrative d'une mission de conciliation ou de médiation ainsi que des arbitres exerçant leur mission sous l'empire du droit national sur l'arbitrage[2].

La simple proposition aux fins de corruption est répréhensible sans qu'il ne soit nécessaire qu'elle soit suivie d'effet[3].

B.
Peines et prescription

922.181 **Peine.** La corruption est punie de dix ans d'emprisonnement et de 1 000 000 euros d'amende. Le montant de l'amende pouvant être porté au double du produit tiré de l'infraction.

La peine d'amende est portée à 2 000 000 euros ou, s'il excède ce montant, au double du produit de l'infraction, lorsque l'infraction est commise en bande organisée[4].

922.182 **Peine complémentaire.** L'avocat condamné du chef de corruption active encourt également les peines complémentaires prévues à l'article 433-22 du code pénal et notamment celle de l'interdiction d'exercer l'activité d'avocat, soit définitive, soit temporaire auquel cas elle ne peut être portée à dix ans[5], cette interdiction pouvant se cumuler avec une sanction disciplinaire[6], l'exclusion des marchés publics pour une durée de cinq ans au plus, ainsi que l'affichage ou la diffusion de la décision prononcée.

922.183 **Personne morale.** Enfin, aux termes de l'article 433-25 du code pénal, les personnes morales déclarées pénalement responsables, des infractions commises pour leur compte par leurs organes ou représentant[7], de corruption active encourent, outre une amende de 5 000 000 euros[8], les peines complémentaires d'interdiction, à titre définitif ou pour une durée de cinq ans au plus, d'exercer directement ou indirectement l'activité d'avocat, ainsi que l'affichage de la décision prononcée[9].

922.184 **Prescription.** La prescription qui est de six ans[10], court à compter du jour de la proposition du corrupteur si elle n'a pas eu l'effet recherché ou du jour de la dernière perception de l'avantage par le corrompu, si l'effet souhaité a été obtenu[11], toutefois, en cas de dissimulation, elle ne court qu'à compter du jour où l'infraction est apparue et a pu être constatée dans les conditions permettant l'exercice des poursuites[12], sans toutefois que le délai de prescription puisse excéder douze années révolues à compter de la commission des faits[13].

C.
Illustrations

922.191 **Corruption d'agent public.** Les cas de condamnation d'avocats pour corruption active sont, fort heureusement, assez rares[14] dès lors que cela implique une initiative de leur part.

C'est ainsi que fut condamné de ce chef à un an d'emprisonnement avec sursis et un an d'interdiction d'exercer la profession d'avocat, un avocat qui avait, lors d'une réunion à son cabinet, chargé son client de réunir une somme d'argent, et enjoint

1. C. pén., art. 433-1.
2. C. pén., art. 434-9.
3. Crim. 1er juill. 1948, P n° 172 ; *D.* 1949. 5.
4. C. pén., art. 433-1.
5. C. pén., art. 131-27.
6. Civ. 1re, 17 mai 1988, n° 86-15.067, P I, n° 145 ; *D.* 1991. 302, note A. Brunois ; *Gaz. Pal.* 1989. 2. 491, note G. Flécheux – Civ. 1re, 9 avr. 2015 n° 14-50.012, P I, n° 82 ; *D.* 2015. 1187, note O. Décima ; *D.* 2015. 1187, avis J.-P. Sudre ; *D.* 2015. 2465, obs. G. Roujou de Boubée, T. Garé, C. Ginestet, M.-H. Gozzi et S. Mirabail.
7. C. pén., art. 121-2.
8. C. pén., art. 131-38.
9. C. pén., art. 131-35.
10. C. pr. pén., art. 8, al. 2.
11. Crim. 6 févr. 1969, n° 67-93.492, P n° 67,
12. Crim. 19 mars 2008, n° 07-82.124, P n° 71 ; *Dr. pénal* 2008, n° 102, obs. M. Véron ; *D.* 2008. 1063, obs. S. Lavric ; *AJ pénal* 2008. 319, note J. Lelieur ; *RTD com.* 2008. 878, obs. B. Bouloc.
13. C. pr. pén., art. 9-1.
14. AUSSI, S'AGISSANT d'un avocat piégé, en accord avec les autorités judiciaires, par un détenu afin de démontrer qu'il se livrait à des faits de corruption active avec un directeur d'établissement pénitentiaire : CEDH 20 févr. 2018, *Kostas Ramanauskas c/Lituanie*, req. n° 55146/14.

ensuite un autre avocat, en l'occurrence son collaborateur, de remettre l'enveloppe contenant ladite somme à un mandataire judiciaire afin que celui-ci s'abstienne de solliciter de la juridiction consulaire la liquidation judiciaire immédiate du client. De ce fait, l'avocat apparaissait comme l'instigateur de cette remise de fonds illicite, ce qui justifiait sa condamnation[1].

On relève également le cas d'un avocat qui fut condamné pour corruption active de fonctionnaire dépositaire de l'autorité publique, pour avoir sollicité d'un fonctionnaire de police des informations sur une enquête en cours[2], sanctionné ensuite disciplinairement[3], ou d'un autre qui fut condamné pour corruption passive, pour avoir fait surveiller son ex-concubine par un policier, frère de son associé, contre rémunération[4], sanctionné ensuite disciplinairement[5].

Tout comme fut condamné pénalement pour des faits de corruption active sur une personne chargée d'une mission de service public, aide à l'entrée, à la circulation et au séjour irrégulier d'étrangers, établissement d'une attestation ou d'un certificat inexact, usage d'attestation ou de certificat inexact, obtention indue de documents administratifs, à une peine de trois ans de prison avec sursis, 30 000 euros d'amende et une interdiction d'exercer la profession pendant une durée de cinq ans, un avocat qui fit ensuite l'objet d'une radiation[6].

922.192 Corruption de magistrats. De même que fut condamné du chef de corruption active à dix-huit mois d'emprisonnement dont douze mois avec sursis et cinq ans d'interdiction d'exercer la profession d'avocat, un avocat qui avait obtenu la remise de 75 000 francs en liquide de son client dans le but de corrompre « quelqu'un et éventuellement un magistrat », somme qu'il avait ensuite effectivement montrée à un magistrat. La Cour de cassation considérant que l'offre d'une somme d'argent au magistrat avait eu lieu dans des conditions qui, même en l'absence de sollicitations précises, impliquaient l'attente d'une contrepartie[7].

Tout comme a été condamné, non seulement pour corruption et trafic d'influence actif, mais encore pour violation du secret professionnel, à une peine de trois ans d'emprisonnement dont deux avec sursis, et cinq ans d'interdiction d'exercice de la profession d'avocat, un avocat qui avait obtenu d'un magistrat de la Cour de cassation qu'il joue le rôle de conseiller juridique, en donnant son avis sur un arrêt d'une chambre d'instruction, puis d'informateur privilégié en transmettant « de manière occulte en violation des droits des autres parties et de la déontologie des magistrats », « des informations privilégiées sur les avis de l'avocat général ou du conseiller rapporteur, les dates des délibérations et l'opinion des conseillers amenés à siéger » ce qui « permet à une stratégie d'influence de se mettre en place ce qui n'est pas sans conséquence sur la décision à intervenir », ce rôle, pour le tribunal, « ayant été facilité par les fonctions qu'il occupait à la Cour de cassation et les relations d'amitié qu'il entretenait avec certains de ses collègues ». Le magistrat étant condamné pour recel violation du secret professionnel, corruption et trafic d'influence passif à une peine de trois ans d'emprisonnement dont deux avec sursis[8]. Le tribunal note que : « les faits dont s'est rendu coupable l'avocat sont d'une particulière gravité s'agissant d'actes délictueux commis par un avocat, auxiliaire de justice, qui n'a pas hésité à bafouer le secret professionnel auquel il était tenu et a tenté d'influer sur une procédure judiciaire en cours devant la Cour de cassation par l'emploi de procédés illégaux. Les écoutes téléphoniques ont révélé que l'avocat s'était placé ainsi hors du champ de la défense, et même du conseil, et donc des charges de sa profession, de son statut d'auxiliaire de justice et de la protection qui en est le corollaire. Le lien personnel fraternel qu'il a noué avec son client a obscurci, par manque de distance, son discernement professionnel d'avocat. Ce faisant, l'avocat a dressé un pont entre deux amitiés dans son intérêt et celui de son client en s'affranchissant de ses obligations déontologiques et au mépris de la justice »[9]. Cette décision a fait l'objet d'un appel.

§ 2
Trafic d'influence

922.200 Plan. Le trafic d'influence qui est incriminé par le code pénal (A) avec des peines et une prescription qui lui sont propres (B) connaît quelques illustrations concernant les avocats (C).

A.
Incrimination

922.211 Définition. Aux termes de l'article 433-2 du code pénal, le trafic d'influence est le fait de solliciter ou d'agréer (trafic d'influence passif pour les agents publics en général, repris à l'article 434-9-1[10]

1. Crim. 17 déc. 2003, n° 02-87.151, NP.
2. Crim. 13 févr. 2002, n° 01-82.336, NP.
3. CD Paris, arr. 1er oct. 2002, n° 95.5526.
4. Crim. 14 déc. 1999, n° 99-82.021, NP.
5. CD Paris, arr. 27 nov. 2001, n° 20.5428.
6. CD Paris, arr. 19 sept. 2017, n° 240633.
7. Crim. 11 févr. 2004, n° 03-80.596, P n° 39 ; *RTD com.* 2004. 624, obs. B. Bouloc.
8. TJ Paris, 32e ch. corr., 1er mars 2021, n° 14056000872.
9. TJ Paris, 32e ch. corr., 1er mars 2021, n° 14056000872.
10. C. pén., art. 434-9-1.

du code pénal s'agissant du personnel judiciaire), à tout moment, directement ou indirectement, des offres, des promesses, des dons, des présents ou des avantages quelconques, pour soi-même ou pour autrui, afin d'abuser de son influence réelle ou supposée en vue de faire obtenir d'une autorité ou d'une administration publique des distinctions, des emplois, des marchés ou toute autre décision favorable.

Il en est de même du fait de proposer (trafic d'influence actif visant les agents publics en général, repris à l'article 434-9-1 du code pénal s'agissant du personnel judiciaire), sans droit, à tout moment, directement ou indirectement, des offres, des promesses, des dons, des présents ou des avantages quelconques à une personne, pour elle-même ou pour autrui, afin qu'elle abuse de son influence réelle ou supposée en vue de faire obtenir d'une autorité ou d'une administration publique des distinctions, des emplois, des marchés ou toute autre décision favorable.

922.212 **Distinction du trafic d'influence de la corruption.** La différence entre la corruption et le trafic d'influence tient à la nature de l'acte dont la commission est sollicitée en contrepartie de l'avantage promis : si l'acte entre dans les prérogatives de l'agent public il s'agit de corruption, si au contraire, l'acte consiste à user de son influence pour qu'un autre agent public prenne une décision, alors il s'agit de trafic d'influence.

B.
Peines et prescription

922.221 **Peine.** Le trafic d'influence puni de cinq ans d'emprisonnement et de 500 000 euros d'amende. Le montant de l'amende pouvant être porté au double du produit tiré de l'infraction [1].

922.222 **Peine complémentaire.** L'avocat condamné du chef de trafic d'influence encourt également les peines complémentaires prévues à l'article 433-22 du code pénal et notamment celle de l'interdiction d'exercer l'activité d'avocat, soit définitive, soit temporaire auquel cas elle ne peut être portée à dix ans [2], cette interdiction pouvant se cumuler avec une sanction disciplinaire [3], l'exclusion des marchés publics pour une durée de cinq ans au plus, ainsi que l'affichage ou la diffusion de la décision prononcée.

922.223 **Personne morale.** Enfin, aux termes de l'article 433-25 du code pénal, les personnes morales déclarées pénalement responsables, des infractions commises pour leur compte par leurs organes ou représentant [4], de trafic d'influence encourent, outre une amende de 2 500 000 euros [5], les peines complémentaires d'interdiction, à titre définitif ou pour une durée de cinq ans au plus, d'exercer directement ou indirectement l'activité d'avocat, ainsi que l'affichage de la décision prononcée [6].

922.224 **Prescription.** La prescription qui est de six ans [7], court à compter de la date de commission de l'infraction ou du dernier acte d'exécution de celle-ci., toutefois, en cas de dissimulation, elle ne court qu'à compter du jour où l'infraction est apparue et a pu être constatée dans les conditions permettant l'exercice des poursuites [8], sans toutefois que le délai de prescription puisse excéder douze années révolues à compter de la commission des faits [9].

C.
Illustrations

922.231 **Trafic d'influence dans l'exercice de sa profession.** C'est ainsi qu'un avocat qui avait été condamné pour trafic d'influence dans l'exercice de sa profession à une peine à une peine de dix-huit mois d'emprisonnement avec sursis et mise à l'épreuve pendant trois ans, et cinq ans d'interdiction d'exercice de la profession, après avoir été mis en cause par l'un de ses clients, auquel il avait laissé entendre que le versement régulier de sommes importantes par son intermédiaire lui permettrait d'obtenir les faveurs du tribunal de commerce dans le cadre de procédures collectives, s'est vu légitimement refuser, nonobstant un relèvement partiel de l'interdiction d'exercice de la profession d'avocat, sa demande de réinscription, de tels faits étant contraires à l'honneur et à la probité [10].

De même que fut condamné pour trafic d'influence, recel de documents administratifs falsifiés, usurpation de titre, faux et usage, consultations juridiques illégales, à une peine de deux ans d'emprisonne-

1. C. pén., art. 433-2.
2. C. pén., art. 131-27.
3. Civ. 1re, 17 mai 1988, n° 86-15.067, P I, n° 145 ; *D.* 1991. 302, note A. Brunois ; *Gaz. Pal.* 1989. 2. 491, note G. Flécheux – Civ. 1re, 9 avr. 2015 n° 14-50.012, P I, n° 82 ; *D.* 2015. 1187, note O. Décima ; *D.* 2015. 1187, avis J.-P. Sudre ; *D.* 2015. 2465, obs. G. Roujou de Boubée, T. Garé, C. Ginestet, M.-H. Gozzi et S. Mirabail.
4. C. pén., art. 121-2.
5. C. pén., art. 131-38.
6. C. pén., art. 131-35.
7. C. pr. pén., art. 8, al. 2.
8. Crim. 19 mars 2008, n° 07-82.124, P n° 71 ; *Dr. pénal* 2008, n° 102, obs. M. Véron ; *D.* 2008. 1063, obs. S. Lavric ; *AJ pénal* 2008. 319, note J. Lelieur ; *RTD com.* 2008. 878, obs. B. Bouloc.
9. C. pr. pén., art. 9-1.
10. Civ. 1re, 30 mai 2013, n° 12-22.253, NP – V. ss n° 324.72.

ment, un ancien avocat, radié du barreau de Paris et ayant conservé une activité de rédaction d'actes et de préparation de dossiers au cabinet d'un autre avocat, chez lequel il disposait d'un bureau, et sous couvert de laquelle il avait accepté, à la demande d'un ami, également avocat, qui se targuait de ses relations et de son influence, en réalité supposées, auprès de la préfecture de police de Paris et du titre usurpé « d'avocat international », pour faciliter à des ressortissants étrangers, moyennant rétribution, l'obtention de la nationalité française ou d'un titre de séjour, de se charger de l'établissement des dossiers et avait présenté à ce dernier une personne se disant ancien policier et membre de la Dgse, qui était susceptible de faciliter l'aboutissement des démarches moyennant versement de la somme de 2 500 000 francs et qui leur avait fourni pour 150 000 francs des passeports belges provenant d'un lot de documents vierges dérobés en Belgique [1].

Tout comme a été condamné, non seulement pour corruption et trafic d'influence actif, mais encore pour violation du secret professionnel, à une peine de trois ans d'emprisonnement dont deux avec sursis, et cinq ans d'interdiction d'exercice de la profession d'avocat, un avocat qui avait obtenu d'un magistrat de la Cour de cassation qu'il accepte, moyennant une récompense, d'exercer une influence ou de laisser penser qu'il pouvait exercer une influence sur l'avocat général en charge du pourvoi et sur les conseillers siégeant dans la composition de la formation de jugement, le but poursuivi étant d'obtenir une décision favorable aux intérêts de son client, abusant ainsi « du crédit [que le magistrat] possédait, ou qu'il disait posséder, ou que l'on croyait qu'il possédait du fait de sa position au sein de la Cour de cassation ». Le magistrat étant condamné pour recel violation du secret professionnel, corruption et trafic d'influence passif à une peine de trois ans d'emprisonnement dont deux avec sursis [2]. Cette décision a fait l'objet d'un appel.

1. Crim. 11 janv. 2001, n° 00-80.830, NP.

2. TJ Paris, 32e ch. corr., 1er mars 2021, n° 14056000872 – V. ss n° 922.192.

Principales abréviations utilisées

	signifie
a.	et autres
Aarpi	Association d'avocats à responsabilité professionnelle individuelle
Actuel DJ	*Actuel directions juridiques*
AFA	Agence française anticorruption
aff.	affaire
AFHJ	Association française pour l'histoire de la justice
AG	Assemblée générale
Aga	Association de gestion agréée
AJCT	*Actualité juridique collectivités territoriales*
AJDA	*Actualité juridique de droit administratif*
AJFP	*Actualité juridique fonctions publiques*
al.	alinéa
Anafagc	Association nationale d'assistance fiscale et administrative de gestion et de comptabilité
Annonces Seine	*Les Annonces de la Seine* (jusqu'en 2015)
Anssi	Agence nationale de la sécurité des systèmes d'information
Arr.	arrêté
Arcom	Autorité de régulation de la communication audiovisuelle et numérique (depuis 2022)
art.	article(s)
ass.	assemblée
ass. plén.	assemblée plénière de la Cour de cassation
Aut. conc.	Autorité de la concurrence (depuis 2009)
Avis Cdfp	Avis de la Commission de déontologie de la fonction publique (jusqu'en 2020)
Baj	Bureau d'aide juridictionnelle
Bâtonnier + ville	Décision du bâtonnier (depuis 2011).
BICC	*Bulletin d'information de la Cour de cassation*
BO + ministère	*Bulletin officiel ministériel*
BOCCRF	*Bulletin officiel de la concurrence, de la consommation et de la répression des fraudes* (depuis 1988)
BOSP	*Bulletin officiel du service des prix, concurrence et consommation* (jusqu'en 1987)
Bull.	*Bulletin*
Bull. barr. Paris	*Bulletin du barreau de Paris* (depuis 2000)
Bull. bâtonnier Paris	*Bulletin du bâtonnier de Paris* (1995-1999)
Bull. conf. bâtonniers	*Bulletin de la conférence des bâtonniers* (jusqu'en 1987)
Bull. Joly	*Bulletin joly*
c/	Contre (Dupont c/Durand)
CAA	Cour administrative d'appel
Cada	Commission d'accès aux documents administratifs
Capa	Certificat d'aptitude à la profession d'avocat
Carpa	Caisse des règlements pécuniaires des avocats
CASF	Code de l'action sociale et des familles
Cass.	Cour de cassation
C. avocat	Code de l'avocat
CCA	Commission des clauses abusives
Ccbe	Conseil des barreaux européens

CCC	*Contrats Concurrence Consommation*
CCE	*Communication Commerce Électronique*
C. civ.	Code civil
C. com.	Code de commerce
C. consom.	Code de la consommation
CCP	Code de la commande publique
CCRS	Comité de coordination du registre du commerce et des sociétés
CD + ville	Décision du conseil de discipline
Cdad	Conseil départemental d'accès au droit
C. défense	Code de la défense
Cdfp	Commission de déontologie de la fonction publique (jusqu'en 2020)
CE	Conseil d'État
CEDH	Cour européenne des droits de l'homme
C. éduc.	Code de l'éducation
CEE	Communauté économique européenne (jusqu'en 1993)
C. élect.	Code électoral
Ceseda	Code de l'entrée et du séjour des étrangers et du droit d'asile
CGCT	Code général des collectivités territoriales
CGFP	Code général de la fonction publique
CGI	Code général des impôts
ch.	chambre
ch. acc.	chambre d'accusation (jusqu'en 2000)
ch. éco.	chambre économique
ch. instr.	chambre de l'instruction
ch. mixte	Cour de cassation, chambre mixte
Ch. rég. comptes	Chambre régionale des comptes
chap.	chapitre
chron.	chronique, aussi partie « Chronique » (dans divers recueils et revues)
Circ.	circulaire
Civ.	Cour de cassation, chambre civile (jusqu'en 1952)
Civ. 1re	Cour de cassation, première chambre civile
Civ. 2e	Cour de cassation, deuxième chambre civile
Civ. 3e	Cour de cassation, troisième chambre civile
Civi	Commission d'indemnisation des victimes d'infractions
CJA	Code de justice administrative
CJCE	Cour de justice de la communauté européenne (jusqu'en 2009)
CJPM	Code de la justice pénale des mineurs
CJUE	Cour de justice de l'Union européenne (depuis 2009)
Clav	Comités locaux d'aide aux victimes
C. mon. fin.	Code monétaire et financier
C. mut	Code de la mutualité
CNA	Confédération nationale des avocats
Cnaj	Conseil national de l'aide juridique
CNB	Conseil national des barreaux
CNB, Comm. RU, avis	Avis de la commission des règles et usages du Conseil national des barreaux
Cnbf	Caisse nationale des barreaux français
CNC	Conseil national de la consommation
Cne	Commune
Cnda	Cour nationale de droit d'asile
Cnil	Commission nationale de l'informatique et des libertés
Cnma	Centre national de médiation des avocats
CNRTL	Centre national de ressources textuelles et lexicales (www.cnrtl.fr)
CO + ville	Décision du conseil de l'Ordre
CO Paris F2	Décision de la formation restreinte du conseil de l'Ordre de Paris
COJ	Code de l'organisation judiciaire
Coll.	Ouvrage collectif
Com.	Cour de cassation, chambre commerciale
Comm.	Commission
Comm. RU	Commission des règles et usages du Conseil national des barreaux
concl.	conclusions
COMP.	comparer avec
Cons. conc.	Conseil de la concurrence (jusqu'en 2008)
Cons. const.	Conseil constitutionnel
Cons. ordre + ville	Délibération du conseil de l'Ordre
CONTRA	voir en sens contraire
Conv. coll. nat.	Convention collective nationale
Conv. EDH	Convention européenne des droits de l'Homme

CPCE	Code des postes et des communications électroniques
C. pén.	Code pénal
C. pens. mil.	Code des pensions militaires d'invalidité et des victimes de guerre
C. proc. civ. loc.	Code de procédure civile locale
C. pr. civ.	Code de procédure civile
C. pr. civ. exéc.	Code des procédures civiles d'exécution
C. pr. pén.	Code de procédure pénale
CRD + ville	Décision du conseil régional de discipline
CRFP	Centre régional de formation professionnelle
Crim.	Cour de cassation, chambre criminelle
CRIT.	critiques
CRPA	Code des relations entre le public et l'administration
C. rur.	Code rural et de la pêche maritime
C. serv. nat.	Code du service national
CSI	Code de la sécurité intérieure
CSM	Conseil supérieur de magistrature
CSP	Code de la santé publique
C. sport	Code du sport
CSS	Code de la sécurité sociale
C. trav.	Code du travail
D.	*Recueil Dalloz*
DA	*Recueil analytique de jurisprudence et de législation Dalloz (1941-1944)*
D. actu.	*Dalloz actualités* sur Dalloz.fr
D. Affaires	*Dalloz Affaires* (1995-1999)
Daj	Direction des affaires juridiques du Ministère de l'économie et des finances
D. avocats	*Dalloz avocats – Exercer et entreprendre* (2013-2020)
DACG	Direction des affaires criminelles et des grâces
DACS	Direction des affaires civiles et du sceau
DC	*Recueil critique de jurisprudence et de législation Dalloz (1941-1944)*
DCN	Décision à caractère normatif du Conseil national des barreaux
débats AN	Débats à l'Assemblée nationale
Déc.	Décision
Décr.	Décret
Defrénois	Defrénois, *La revue du notariat*
Délib.	Délibération
Dgccrf	Direction générale de la concurrence, de la consommation et de la répression des fraudes
Dgfip	Direction générale des finances publiques
DH	*Recueil hebdomadaire de jurisprudence Dalloz* (jusqu'en 1941)
Dir.	Directive européenne
dir.	sous la direction de
Doctr.	Partie « Doctrine » (dans divers recueils et revues)
DP	*Recueil périodique et critique mensuel Dalloz* (jusqu'en 1941)
DPO	Délégué à la protection des données
Dr. adm.	*Droit administratif*
Dr. et patr.	*Droit et patrimoine*
Dr. Pén.	*Droit pénal*
Dr. Sociétés	*Droit des sociétés*
éd.	édition
EFB	École de formation professionnelle des barreaux du ressort de la cour d'appel de Paris
EIRL	Entrepreneur individuel à responsabilité limitée
esp.	espèce
fasc.	fascicule
FNUJA	Fédération nationale des unions de jeunes avocats
Gaz. Pal.	*Gazette du Palais*
Gaz. trib.	*Gazette des tribunaux* (jusqu'en 1955)
GIE	Groupement d'intérêt économique
Hatvp	Haute autorité pour la transparence de la vie publique
IEJ	Institut d'études judiciaires
IGJ	Inspection générale de la justice
interv. min.	Intervention du ministre
J.-Cl. pr. civ.	*Juris-Classeur Procédure civile*
J.-Cl. pr. pén;	*Juris-Classeur Procédure pénale*
JCP	*Semaine juridique, édition Générale*

JCP Adm. *Semaine juridique, édition Administrations et collectivités territoriales*
JCP E *Semaine juridique, édition Entreprise et affaires*
JCP S *Semaine juridique, édition Social*
Jex Juge de l'exécution
JLD Juge des libertés et de la détention
JO *Journal officiel*
JOAN CR *Journal officiel* (débats parlementaires et réponses ministérielles aux questions orales à l'Assemblée nationale)
JOAN Q *Journal officiel (réponses ministérielles à questions écrites à l'Assemblée nationale)*
JO Sénat CR *Journal officiel (débats parlementaires et réponses ministérielles aux questions orales au Sénat)*
JO Sénat Q *Journal officiel (réponses ministérielles à questions écrites au Sénat)*
Jour. not. *Journal des notaires et des avocats* (jusqu'en 1992)
J. proximité Juge de proximité (jusqu'en 2017)
jur. Jurisprudence

L. Loi
LCB/FT Lutte contre le blanchiment de capitaux et le financement du terrorisme
Lebon *Recueil des décisions du Conseil d'État*
Lebon T *Recueil des décisions du Conseil d'État*
LPA *Les Petites Affiches*
LPF Livre des procédures fiscales
L. org. Loi organique

Mard Modes amiables de résolution des différends
min. ministre/ministère
Minefi Ministère de l'économie et des finances
Mjd Maison de la justice et du droit
mod. par modifié par

n$^{o(s)}$ numéro(s)
not. notamment
NP non publié au *Bulletin des arrêts de la Cour de cassation* ou au *Lebon*

op. cit. *opere citatis* (dans l'ouvrage précité)
ord. ordonnance
ord. 1er prés. Ordonnance du premier président
ord. JME Ordonnance du juge de la mise en état
ord. prés. Ordonnance du président
ord. réf. Ordonnance du juge des référés

P publié au *Bulletin des arrêts de la Cour de cassation*
p. page(s)
pan. panorama de jurisprudence
PPI Projet pédagogique individuel
préc. précité
préf. préface

QPC Question prioritaire de constitutionnalité

Rapp. Rapport
RAPPR. à rapprocher de
RCA *Responsabilité civile et assurances*
RDL *Revue du droit local*
RDP *Revue du droit public et de la science politique en France et à l'étranger*
Rec. CJUE *Recueil de la Cour de justice de l'Union européennes*
Recomm. Recommandation
Règl. Règlement européen
Règl. int. et RI + ville Règlement intérieur du barreau de
RÉP. CIV. *Encyclopédie Dalloz* (Répertoire civil)
RÉP. CRIM. *Encyclopédie Dalloz* (Répertoire criminel)
rép. min. Réponse ministérielle
RÉP. PÉN. *Encyclopédie Dalloz* (Répertoire droit pénal)
RÉP. PR. CIV. *Encyclopédie Dalloz* (Répertoire procédure civile)
RGAT *Revue générale des assurances terrestres* (jusqu'en 1995)
RGDA *Revue générale du droit des assurances*
RGPD Règlement général sur la protection des données
Req. Cour de cassation, chambre des requêtes (jusqu'en 1947)
req. Requête
Résol. Résolution

Rev. *Revue*
Rev. Académie des Sciences morales *Revue de l'Académie des Sciences morales et politiques*
Rev. Alsace-Lorraine *Revue juridique d'Alsace et de Lorraine (jusqu'en 1990)*
Rev. dr. canonique *Revue de droit canonique*
Rev. crit. DIP *Revue critique de droit international privé*
Rev. huissiers *Revue des huissiers de justice (jusqu'en 2000)*
Rev. jur. Île-de-France *Revue juridique d'Île-de-France (1994-1997)*
Rev. jur. Ouest *Revue juridique de l'Ouest*
RFDA *Revue française de droit administratif*
RG Numéro d'inscription au registre du greffe
RGDA *Revue générale du droit des assurances*
RIBP Règlement intérieur du barreau de Paris
RIDC *Revue international de droit comparé*
RIH Règlement intérieur harmonisé
RIN Règlement intérieur national
RIU Règlement intérieur unifié
Rpva Réseau privé virtuel avocats
Rpvj Réseau privé virtuel justice
RSC *Revue de science criminelle et de droit pénal comparé*
Rsihpa *Revue de la société internationale d'histoire de la profession d'avocat* (1988-1997)
RT barr. Versailles *Revue trimestrielle du barreau de Versailles* (1986-1987)
RTD civ. *Revue trimestrielle de droit civil*
RTD com. *Revue trimestrielle de droit commercial*
RTD eur. *Revue trimestrielle de droit européen*
RTDH *Revue trimestrielle des droits de l'homme*

s. et suivants
S. *Recueil Sirey* (jusqu'en 1965)
Sadjav Service de l'accès au droit et à la justice et de l'aide aux victimes
Sauj Service d'accès unique du justiciable
SCM Société civile de moyens
SCP Société civile professionnelle
sect. section(s)
sect. réunies Sections réunies
SEL Société d'exercice libéral
Sent. arb. Sentence arbitrale du bâtonnier (jusqu'en 2010)
Soc. Cour de cassation, chambre sociale
Somm. Sommaire et partie « Sommaire » (dans divers recueils et revues)
SPE Société pluri-professionnelle d'exercice
SPFPL Société de participations financières de professions libérales
S[té] Société
synd. Syndicat

t. Tome
TA Tribunal administratif
T. civ. Tribunal civil (jusqu'en 1958)
T. com. Tribunal de commerce
T. confl. Tribunal des conflits
T. corr. Tribunal correctionnel
TFUE Traité sur le fonctionnement de l'Union européenne
TGI Tribunal de grande instance (jusqu'en 2019)
Th. thèse
TI Tribunal d'instance (jusqu'en 2019)
TJ Tribunal judiciaire (depuis 2020)
T. pensions militaires Tribunal des pensions militaires
T. pol. Tribunal de police
Tracfin Traitement du renseignement et action contre les circuits financiers clandestins
Trib. libre Partie « Tribune libre » (dans divers recueils et revues)

UE Union européenne (depuis 1993)
UJA de Paris Union des jeunes avocats à la cour d'appel de Paris
Unca Union nationale des Carpa

v. voir
Vie jud. *La Vie judiciaire* (jusqu'en 1997)
Ville, avis Avis déontologique du bâtonnier ou de son délégué
V[is] *Verbis* (mots)
V[o] *Verbo* (mot)

Index thématique alphabétique

B

D

E

H

M

T

U

718927 - (I) - OSB - P 40 - SCM - HCH
Achevé d'imprimer en février 2022 par L.E.G.O. S.p.A.
Dépôt légal : mars 2022
Imprimé en Italie

SOMMAIRE

BIEN PENSER SON PROJET

À CHAQUE ESPACE SA SALLE DE BAINS

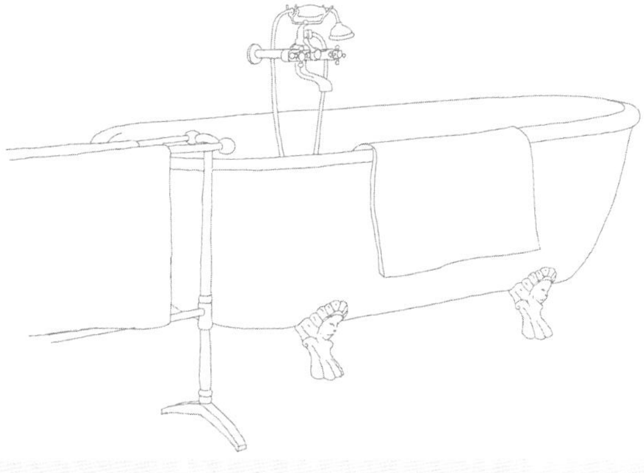

L'ESPRIT ET LE STYLE

MATÉRIAUX ET ÉQUIPEMENTS

CAHIER PRATIQUE

déco
à vivre

UNE SALLE DE BAINS RÉUSSIE

Édith Garrault
Photographies : Bruno Warion

FLEURUS
www.editionsfleurus.com

À LA RECHERCHE DU BIEN-ÊTRE...

Lieu de bien-être et de détente, la salle de bains est aujourd'hui une pièce à part entière, et témoigne d'un nouvel art de vivre.
Cette pièce, où commence et finit la journée, peut, au petit matin, influencer l'humeur du jour et, le soir, aider à oublier la fatigue de la journée, voire permettre une remise en forme à domicile grâce à la balnéothérapie. La salle de bains devient un espace de relaxation, de méditation, d'évasion. Veillez à ne pas trop la charger sous peine de nuire à votre sérénité.
Petite (souvent pas plus de 4 m^2 dans les grandes villes) ou spacieuse, elle peut, quelle que soit sa forme, s'adapter à vos envies et à votre mode de vie. Dès qu'on dispose de plus d'espace, la deuxième salle de bains n'est plus un luxe, elle évite l'embouteillage matinal quand la famille s'agrandit. L'idéal serait d'avoir une salle de bains par chambre.
Traditionnel ou ultramoderne, zen ou bohème, nature ou sophistiqué, voire complètement insolite, son style reflète votre personnalité. C'est ainsi qu'aujourd'hui, à la maison, propreté rime avec beauté et soin du corps avec beau décor...

24, Faubourg
HERMES

BIEN PENSER SON PROJET

Une salle de bains sur mesure

Faire une étude méthodique

▶ Commencez par établir le bilan de l'actuelle salle de bains : précisez les points qui vous plaisent, ceux que vous n'aimez pas et déterminez pourquoi.

▶ Définissez vos besoins, vos habitudes, le nombre d'utilisateurs (parents ? enfants ?) et les horaires de chacun.

▶ Quels sont les éléments indispensables ? Un lavabo ou deux ? Option douche ou option baignoire ?

▶ Quelles contraintes techniques la pièce impose-t-elle ?

▶ De quels rangements avez-vous besoin pour les serviettes, les cosmétiques, la pharmacie ?

▶ La machine à laver et le sèche-linge se trouvent-ils nécessairement dans cette pièce destinée à la détente ?

▶ Quel style aimez-vous ? Feuilletez les magazines de décoration, visitez les magasins spécialisés, compulsez les catalogues de fabricants pour relever les ambiances qui vous plaisent. Complétez votre documentation avec des échantillons de carrelages et de teintes de peinture. Informez-vous également sur l'entretien des matériaux.

S'informer pour ne pas improviser, se poser les bonnes questions, prendre le temps de réfléchir, voilà trois mesures indispensables pour réussir son aménagement et ne pas dépenser à tort. Car on ne réinstalle pas la salle de bains tous les ans.
Donnée primordiale : le budget à ne pas dépasser, qui va influer sur le choix des éléments et des matériaux. S'il s'agit seulement de redécorer la pièce, vous pouvez le faire seul. S'il s'agit d'une installation partielle ou complète, le coût d'intervention de professionnels entre souvent en ligne de compte. Si vous disposez d'un bon budget et que vous ne souhaitez pas vous improviser maître d'œuvre, confiez le tout à des professionnels : architecte, architecte d'intérieur, vendeur-concepteur de salles de bains.
Si, au contraire, vous décidez de superviser vous-même les travaux, prenez quelques précautions. Demandez à plusieurs entreprises des devis très détaillés énumérant la liste exacte des prestations et des matériaux employés. Il vaut mieux se fier au descriptif le plus complet, qui n'est d'ailleurs pas forcément le plus cher. En outre, sur votre budget global, gardez une réserve pour parer aux imprévus (10 % de la somme totale) : car il y en a toujours !

Soyez prévoyant

Pour éviter les mauvaises surprises, demandez les attestations d'assurance de la ou les entreprises prestataires. Cela vous garantit en cas de malfaçon.
En cas de rénovation, la salle de bains sera inaccessible pendant une semaine environ, s'il n'y a que le carrelage à changer, et plus d'un mois en cas de gros travaux. Déterminez un planning précis avec l'entreprise et prévoyez des indemnités de retard au cas où les délais ne seraient pas respectés.

Choix des matériaux, disposition,
accessoires... : tout a été pensé
pour faire rimer simplicité et praticité.

L'emplacement

Si dans une construction neuve, on a toute liberté pour définir l'emplacement de la salle de bains, il est logique de la placer à proximité des chambres puisque c'est le premier et le dernier endroit où l'on passe en sortant du lit ou en y allant. Si elle est familiale, elle doit se situer à un endroit stratégiquement accessible à tous. Elle peut aussi être attenante à la chambre et constituer une suite. On essaie, dans la mesure du possible, de lui faire profiter de la lumière naturelle et de lui donner une vue sur l'extérieur — le jardin, par exemple... Dans le cas contraire, il faut prévoir une ventilation efficace et un éclairage « lumière du jour ».
En cas de création ou de rénovation dans une habitation ancienne, il est important de relever les cotes exactes, les particularités — pente de toit, décrochés, niveaux, etc. — et d'étudier les possibilités d'agrandissement de l'espace, d'annexion possible de m^2 sur les pièces voisines, de déplacement d'une cloison ou de sa destruction pure et simple pour ouvrir sur la chambre. Si l'espace ne manque pas, pourquoi ne pas sacrifier une petite chambre pour créer un véritable espace détente ?

Établir le plan

▶ Dessinez un plan de la pièce à l'échelle 1/20 (1 cm = 20 cm). Imaginez plusieurs projets, essayez diverses combinaisons et pesez le pour et le contre de chacun. Dans un espace exigu, pensez à utiliser la hauteur et dessinez un plan en coupe.

▶ Placez de préférence le lavabo à proximité de la source de lumière naturelle. Si le lavabo et la baignoire (ou la douche) se situent sur le même mur, la tuyauterie sera simplifiée.

▶ Pensez dès la conception à l'installation électrique et aux normes de sécurité.

▶ N'oubliez pas, s'il y a lieu, la place du chauffe-eau (dans une zone aérée) et celle du ballon d'eau, qu'il est toujours préférable de dissimuler à la vue.

À usage exclusif des parents,
la salle de bains se situe dans
le prolongement de leur chambre.

Créée dans un angle de pièce,
cette cabine de bains à hublots comporte
douche, lavabo et toilettes au fond.

Gérer les contraintes

Tout d'abord, relevez les cotes exactes, d'un angle à l'autre, avec l'emplacement de la porte et son sens d'ouverture, la situation de la fenêtre et la hauteur entre sa base et le sol, et la hauteur totale de la pièce. Tous les détails en relief comptent : les recoins, la tuyauterie, le radiateur, le chauffe-eau s'il y a lieu, ou le ballon d'eau chaude, avec leur emprise sur la surface et la hauteur. Vérifiez si les angles sont droits, cela peut être important pour la disposition des principaux éléments.
Notez l'emplacement des arrivées d'électricité. Où se trouve le radiateur ? Peut-on le remplacer par un sèche-serviettes ? Déterminez les contraintes techniques, l'emplacement des canalisations et la pente d'évacuation si vous prévoyez un déplacement d'équipement nécessitant une plus grande longueur de tuyaux : peut-être y a-t-il besoin d'une surélévation de la douche ou de la baignoire. Si l'installation se fait dans un sous-sol, il est probable qu'une pompe soit indispensable.

Pour récupérer de la lumière dans une pièce aveugle ou sombre, les briques de verre sont une solution efficace.

Les toilettes

▶ Les toilettes dans la salle de bains, ce n'est pas l'idéal, mais quand il n'y a pas moyen de faire autrement, autant en prendre son parti. Dans un immeuble, leur emplacement dépend de la colonne d'évacuation, inamovible, mais il est possible de les en éloigner un peu si on les surélève.

▶ Dans la mesure du possible, essayez de les dissimuler à la vue quand on entre. Sans doute est-il possible de les séparer du reste de la salle de bains par une paroi, un muret, un panneau coulissant ou, pourquoi pas, un rideau.

▶ Les cuvettes suspendues ont une allure plus contemporaine que celles sur pied et, quand la lunette est fermée, le bloc se fait plus discret et ressemble à un bidet. Cela facilite en outre le nettoyage du sol.

Éclairage, sécurité, chauffage

Le choix de l'éclairage est un point important de l'aménagement de la salle de bains. Pour éviter le teint verdâtre du petit matin, et au contraire être flatteur, donner bonne mine, l'éclairage doit être bien pensé et bien dosé. Éblouissant, il est agressif : à éviter pour ceux qui ont le réveil difficile. Faible, il n'est pas valorisant et ne donne pas l'impression d'être en forme. Pour le confort, la lumière doit se répartir dans toute la pièce. Si celle-ci est grande, un plafonnier peut être efficace, ou même un lustre dans l'esprit traditionnel. Évitez toutefois, dans cette pièce, les douilles métalliques : remplacez-les par des douilles en plastique. Et ne changez jamais une ampoule quand vous êtes mouillé.

Autre solution, les spots basse tension, qui conviennent quel que soit le style de la pièce. Encastrés en différents points dans un faux plafond, ils répartissent agréablement la lumière. Cela ne vous dispense pas de poser, en complément, des appliques (conformes aux normes en vigueur) autour du miroir ou, mieux, des rampes de spots de faible puissance ou TBT, idéales pour le maquillage et le rasage — comme dans une loge d'artiste. Un éclairage indirect, à la base ou au sommet du mur, diffuse une douce lumière.

Une sécurité parfaite

Soyez draconien : toute la salle de bains, pour être sécurisée, doit se conformer aux normes en vigueur. Dans cette pièce humide, l'installation électrique doit être parfaitement étanche et reliée à la terre (avec un fil vert/jaune de section 4 mm) par liaison équipotentielle. La prise de terre assure en effet l'essentiel de la sécurité. Le matériel électrique doit porter le sigle NF-Électricité et être de classe II, symbolisée par deux carrés imbriqués l'un dans l'autre qui signifient que l'appareil est doté d'une double isolation, très importante dans les pièces humides. Les appareils de classe I sont moins sécurisés, mais tolérables dans certains cas et pour certains d'entre eux.

► Aussi efficace que lorsqu'il est placé au-dessus du miroir, un éclairage latéral est plus agréable le matin.

◄ Les spots encastrés au plafond diffusent dans la pièce une lumière égale, douce et sans danger.

La prise de courant, loin de la douche au fond de la pièce, est située en volume 3.

La norme NF 20010

Cette norme définit les degrés de protection des matériels électriques. Elle est indiquée sur chaque appareil par les deux lettres IP (Indice de protection) suivies de deux chiffres. Le premier, de 0 à 6, indique le degré de protection contre les solides (sable par exemple). Le deuxième, le plus important pour les pièces d'eau, indique le degré de protection contre l'eau, de 0 (protection nulle) à 8 (appareil pouvant aller sous l'eau). Parfois, un troisième chiffre indique, de 0 à 6, la résistance aux chocs mécaniques.

Certains appareils portent aussi une ou deux gouttes d'eau symbolisant la protection contre l'eau. Leur emplacement est réglementé. Le lave-linge, à placer en volume 3, est toléré près de la baignoire à condition d'être séparé par une cloison fixe.

Tous les circuits électriques d'éclairage (sauf très basse tension), de chauffage et les autres appareils doivent être protégés par un dispositif DRHS, disjoncteur différentiel haute sécurité de 30 mA, qui coupe automatiquement le courant en cas de fuite.

L'interrupteur général n'est possible qu'en volume 3, mais installez-le plutôt à l'extérieur de la pièce. La pose d'une armoire de toilette, équipée d'une prise de courant et d'un interrupteur, est possible en volumes 2 et 3, ainsi que les prises de courant pour rasoir 20 à 50V.

Priorité à la sécurité

▶ Attention, ne posez jamais un appareil branché sur secteur — sèche-cheveux, radio, téléphone (les prises de téléphone sont strictement interdites dans les pièces d'eau) ou autre — sur le rebord de la baignoire, et ne les utilisez pas avec les mains ou les pieds mouillés, a fortiori si vous êtes dans le bain ! Pour changer une ampoule, il est préférable de couper le courant.

Les hublots d'éclairage extérieur conviennent parfaitement pour une salle de bains d'esprit industriel.

Le chauffage

Si la surface restante en dehors de la baignoire est suffisante, le chauffage au sol est idéal et il est agréable d'y poser les pieds. Son réseau de tuyaux d'eau chaude peut même passer sous un receveur de douche carrelé.
Le radiateur sèche-serviettes vertical peut s'accrocher sur tout panneau de mur libre. Outre les dimensions et les formes standard, certaines marques proposent des modèles adaptables à chaque configuration. Par ailleurs, elles proposent aussi des formes moins conventionnelles, en serpentin d'inox, ou des radiateurs plats imprimés d'une photo numérique, par exemple.
Si le chauffage est électrique, le sèche-serviettes doit être de classe I en volume 3 et de classe II en volume 2.

La norme NF C 15-100

Cette norme prévoit les dispositions à prendre pour les différentes zones de la salle de bains et de la salle d'eau. Quatre volumes sont définis et déterminent des règles très strictes.
Dans le volume 0, le matériel électrique est banni. Sont concernés l'intérieur de la baignoire (et l'espace en dessous) et du receveur de douche. Donc, loin d'ici le sèche-cheveux et le rasoir électrique !
Le volume 1 se situe au-dessus de la baignoire, jusqu'à 2,25 m en partant du sol, et jusqu'à 2,25 m au-dessus du fond du receveur de douche. Il accepte un éclairage basse tension 12V si le transformateur de sécurité se situe en volume 2 ou, mieux, 3.
Le volume 2 correspond à la zone située à moins de 0,60 m de la douche ou de la baignoire, et sur 2,25 m de hauteur. Il supporte un éclairage et une armoire de toilette éclairée de classe I et II (protégés des aspersions d'eau).
Dans le volume 3 (2,40 m au-delà de 0,60 m de la douche ou de la baignoire et jusqu'à 2,25 m de hauteur), est autorisé le matériel de classe I et II (protégé des chutes d'eau verticales).

À CHAQUE ESPACE SA SALLE DE BAINS

Petite ou grande, toujours confortable

Le faux plafond, légèrement en pente, intègre des spots alignés sur toute la longueur de l'étroite salle de bain.

On n'a pas toujours le choix de l'emplacement lorsqu'on installe une salle de bains, et il se peut qu'il n'y ait d'autre solution qu'un espace présentant des difficultés, tel un ancien couloir... Dans une pièce tout en longueur, la meilleure solution est d'aligner les éléments sur le même mur, s'il s'agit d'un passage, et de mettre la douche au fond s'il se termine en cul-de-sac. Un lavabo — et éventuellement une cuvette de W.-C. — suspendu dégage la surface au sol, et l'espace semble moins rempli.
Ne morcelez pas la pièce par l'utilisation de différentes couleurs, optez pour une ambiance monochrome plutôt claire pour agrandir les volumes. Un miroir courant tout le long du mur du côté des éléments permet de doubler visuellement l'espace.

Des choix adaptés

▶ Adaptez les éléments à la configuration et tirez parti des imperfections. Pourvu qu'ils soient accessibles, le lavabo peut se faire petit, encastré dans une mini-alcôve, et la douche s'installer dans un angle aigu, avec un receveur à carreler exactement adapté à l'espace disponible.

▶ Pour éviter la perte de place, pensez éventuellement à changer le sens d'ouverture de la porte ou remplacez-la par une porte coulissante.

▶ Les grands carreaux ne sont pas indiqués dans un petit espace, au risque de coupes inesthétiques. Un petit carrelage en plaques prêtes à poser s'adapte beaucoup mieux, surtout si le mur comporte des imperfections.

Tout en longueur, cette salle de bains comporte des étagères dans le prolongement de la baignoire, et un banc-coffre en vis-à-vis. L'ambiance monochrome semble agrandir les volumes.

Dans cette minuscule salle d'eau, l'agencement offre toutes les fonctionnalités dans un minimum d'espace.

La salle de bains format poche

Si la salle de bains est vraiment minuscule, que faut-il privilégier ? Le lavabo est bien sûr indispensable, mais faut-il choisir une douche plutôt qu'une baignoire alors qu'on préfère la relaxation d'un bain ? Une baignoire peut faire fonction de douche alors que l'inverse n'est pas possible : cela vaut la peine de chercher une solution. On peut jouer par exemple avec la hauteur de la pièce et prévoir un lavabo surélevé par rapport à la baignoire, en bout, avec une estrade pour y accéder, qui sert aussi de caisson de rangement. Dans ce cas, le choix d'un lavabo en verre sur plan transparent est peut-être judicieux, ainsi il ne sera pas écrasant visuellement. Sachez aussi qu'il existe des baignoires dont la largeur diminue vers une extrémité, ou des formes plus carrées ou en quart de cercle, qui permettent d'optimiser la surface disponible. Pour ce type d'aménagement, tenez compte cependant de la taille et de l'âge des utilisateurs.
S'agissant des proportions, une petite pièce supportera un faux plafond : quelques centimètres suffisent pour y intégrer des spots. Placés tout autour de la pièce, ils diffusent un éclairage égal et donnent l'impression d'un espace plus volumineux.

Une ventilation efficace

- Dans une pièce aveugle et petite, où la buée apparaît très vite, pensez à installer une bonne ventilation (extracteur ou VMC).

- Choisissez un modèle qui ne soit pas trop bruyant, en le reliant éventuellement à l'interrupteur de la lumière, pour un déclenchement automatique à chaque utilisation de la pièce.

Placée dans la partie inférieure à 1,80 m, la baignoire profite de la lumière et de la vue du ciel grâce à la fenêtre de toit.

Une salle de bains sous les toits

Dans une salle de bains qui s'installe au grenier, le plafond en pente n'est pas forcément un inconvénient : on peut en tenir compte pour donner du caractère à la pièce. Il est toutefois impératif de ne pas se cogner la tête en y entrant ou en se tenant debout à l'intérieur, surtout devant le lavabo ou dans la douche. Seule la baignoire peut être placée sous une pente d'une hauteur inférieure à 1,80 m, mais on doit retrouver un plafond plus élevé dès qu'on en sort.

Assurez-vous de la solidité du sol avant d'installer une baignoire qui, pleine d'eau, est très lourde. Pensez aussi à l'étanchéité : il vous faudra éventuellement couler une chape sur le sol existant ou carreler sur du polystyrène extrudé.

L'éclairage est important pour ne pas se sentir enfermé dans un espace confiné. L'idéal est de percer une petite fenêtre dans le toit — il vous faudra alors déposer une déclaration de travaux à la mairie — : prendre son bain en regardant le ciel, c'est très agréable. Si de grands miroirs renvoient cette lumière naturelle, la pièce sera plus claire encore et paraîtra plus grande. Pour accroître l'impression d'espace, évitez les couleurs foncées sur les murs, mais vous pouvez souligner la structure si elle n'est pas trop proche du sol.

Parents, enfants... on partage ?

Beaucoup de logements ne disposent que d'une seule salle de bains. Il est impératif qu'elle soit très sécurisée, fonctionnelle et facile à vivre au quotidien. Cet espace à partager entre tous les membres de la famille doit être adapté à chacun, et son accès facile. C'est aussi un lieu de rencontre, de discussion et d'embouteillage aux heures de pointe...

Pour éviter l'énervement, posez, si possible, des lavabos jumeaux ou au moins un large lavabo de type collectivité avec double robinetterie pour pouvoir l'utiliser à deux en même temps. Si la pièce est suffisamment grande, n'hésitez pas entre baignoire et douche, installez les deux, cela conviendra aux préférences de chacun. Si ce n'est pas envisageable, optez pour la plus grande baignoire possible car les enfants, tant qu'ils sont petits, aiment prendre leur bain à deux. Une baignoire d'angle permet de gagner de l'espace, et on peut l'équiper, de même qu'une baignoire classique, d'une douche et d'une paroi de verre. Autre solution pour famille nombreuse toujours pressée : installer deux douches avec chacune leur robinet au-dessus d'un vaste receveur carrelé (2 x 1 m) à une seule évacuation. Dans tous les cas de figure, optez pour un robinet thermostatique pour éviter les brûlures accidentelles.

Deux lavabos, une baignoire et une douche, c'est la configuration idéale pour une utilisation commune sans se gêner les uns les autres.

La salle de bains des enfants

Pour nos chers petits, la toilette ne doit pas être une corvée : le bain est plutôt un jeu et la salle de bains un espace ludique où la décoration suit — ou du moins les accessoires, que l'on pourra changer par la suite : rideau de douche, tapis de bain, linge de toilette.
Mettez les rangements à leur portée ; il sera toujours temps de les rehausser par la suite. En revanche, si vous positionnez le lavabo à leur hauteur, il sera trop bas dans quelque temps puisqu'ils vont grandir. Prévoyez donc simplement une estrade fixée que vous enlèverez le moment venu.
Sécurisez la pièce : équipez lavabo, baignoire et/ou douche de robinets thermostatiques pour éviter les risques de brûlure. Au sol, posez un revêtement antidérapant comme du carrelage traité à cet effet, du carrelage de petite taille avec de nombreux joints ou encore du caoutchouc à relief.
Pour les murs, qui seront aspergés en permanence de gouttes d'eau, il est préférable de choisir un carrelage, qui s'abîmera moins vite qu'une peinture, soit en couleurs toniques, soit en blanc avec des serviettes et des accessoires de teinte vive, et des paniers en plastique pour les jouets aquatiques.

Lavabo de collectivité, robinetterie sécurisée, carrelage coloré... un univers pensé pour les petits.

Gaieté et praticité

- Choisissez des matériaux d'entretien facile, des couleurs toniques et lumineuses, et une décoration simple.

- Apprenez aux enfants à faire le tri de leurs vêtements sales : mettez à leur disposition des paniers à linge à compartiments.

- Veillez à ce que chacun ait un petit territoire personnel, tiroir ou étagère, pour ranger ses affaires, et son verre à dents avec son tube de dentifrice.

- L'armoire à pharmacie se situe hors de portée, fermée à clef.

La salle de bains parentale

Proche de leur chambre, c'est le domaine privé des parents. Cela suppose que la maison ou l'appartement dispose d'autres salles de bains pour les enfants et les amis de passage.

L'espace y est un luxe. En proportion, les éléments ne doivent pas avoir un volume trop petit, ni être obligatoirement alignés contre un mur. Profitez de la surface de la pièce pour placer la baignoire au centre ou en épi par rapport à un mur, elle sera ainsi accessible des deux côtés. Certains modèles (chers) sont de véritables sculptures, mais on peut choisir un modèle plus courant et le théâtraliser sur une estrade, ou encore poser une baignoire encastrable dans un très large coffrage offrant une plage spacieuse tout autour. En rez-de-chaussée, la baignoire peut être encastrée dans le sol comme une piscine.

Dans cet espace intime, le style peut se permettre d'être vraiment typé. Les adeptes du yoga préféreront une ambiance zen pour leur séance matinale, les amateurs d'art placeront des tableaux sur les murs, les lecteurs invétérés en feront une bibliothèque secondaire…

Lorsqu'elle est conçue exclusivement à l'usage d'adultes, la salle de bains, sans bien sûr perdre son côté pratique, se veut résolument esthétique.

Dans une maison ancienne, la salle de bains peut prendre l'esprit boudoir, avec une coiffeuse et un miroir encadré, ou se transformer en salon, installée dans une vraie pièce avec fauteuil et cheminée. Le must : prendre son bain face à une bonne flambée !

Une baignoire-sculpture centrée au milieu d'un décor épuré.

Changement de couleur, de sol, différence de niveau... La salle de bains, se sépare aussi de la chambre par un muret dont la forme s'adapte aux équipements.

Attenante à la chambre?

Intégrée à la zone repos, la salle de bains en fait une véritable suite. Elle ne nécessite pas beaucoup de place et donne pourtant, par son ouverture sur la chambre, une sensation d'espace.

C'est une option que l'on prend par choix dans une pièce de dimensions confortables, comme un prolongement naturel de la chambre, ou par commodité, pour gagner de la place. C'est aussi une solution simple pour ouvrir une salle de bains aveugle à la lumière du jour.

Ce choix offre des avantages, mais aussi des inconvénients, notamment si vous vivez en couple avec des horaires différents — pensez au bruit de l'eau et à la lumière allumée en pleine nuit. Mieux vaut également éviter d'y installer des toilettes.

Comme rien n'est dissimulé, la décoration de la chambre et de la salle de bains doit être considérée dans son ensemble. On peut cependant matérialiser une séparation, soit par un cloisonnement partiel, vertical ou horizontal, soit par un changement de couleur entre les deux espaces et/ou de revêtement de sol. Une différence de niveau peut s'avérer nécessaire pour le passage des canalisations.

Organiser les rangements

Les placards ne sont jamais assez vastes pour contenir tout ce qu'on a à y mettre. Triez leur contenu en banissant puis faites la liste de ce qui est indispensable à chaque utilisateur et essayez d'attribuer à chacun son espace de rangement. De nombreux meubles colonnes à portes fermées, assortis au meuble lavabo, sont proposés dans différents styles et à tous les prix.
Les étagères ouvertes sont très pratiques car elles mettent tout à portée de main. Cela demande une certaine discipline pour le rangement. Pour l'esthétique, les serviettes y sont empilées en ordre parfait. Également commode, le meuble d'appoint sur roulettes s'approche de la baignoire, de la douche et du lavabo.
Il est agréable d'avoir, à proximité de la douche, une réserve de serviettes de toilette accessibles d'un geste du bras. Prévoyez une étagère pour le linge propre et des patères pour celui en cours d'utilisation, en plus du radiateur sèche-serviettes.
Les mini-rangements sont aussi une solution : les petits paniers sont pratiques pour les menus objets : on les sort et les remet dans leur casier facilement. Les boîtes sont également efficaces. Préférez-les en polypropylène plutôt qu'en carton : ainsi elles ne craindront pas l'eau. En ce qui concerne l'armoire à pharmacie, si les boîtes et flacons ne trouvent pas de tiroir pour se cacher, une petite armoire fixée en hauteur sur le mur s'avère nécessaire. Il existe des modèles fantaisie, en forme de croix rouge, des mini-placards en inox ou encore en polypropylène translucide. Mettez également les produits d'entretien hors de portée des enfants.

◄ Souvenir des trains d'autrefois, l'étagère à filet reprend du service pour les serviettes. L'esprit rétro est accentué par le lambris à lambrequin.

Profitant d'un profond renfoncement du mur, des étagères en carreaux de plâtre offrent un bon volume de rangement.

Les accessoires

N'encombrez pas la salle de bains, n'y mettez que des accessoires utiles et fonctionnels.
Le miroir est indispensable. Plus il est grand, plus la pièce paraît spacieuse… et mieux on se voit. En large panneau, il ne nécessite pas de cadre. En triptyque, il est très pratique pour regarder son profil ou même sa nuque. Certains modèles sont dotés d'un éclairage incorporé ou accompagnés de rampes sur les côtés, comme dans les loges de stars.
Le miroir grossissant, pratique pour se maquiller sans lunettes, comporte parfois un éclairage circulaire. Outre les modèles à poser, ceux qui se fixent au mur, sur bras télescopique, sont extrêmement pratiques.
Les brosses à dents doivent se trouver à proximité du lavabo, dans des gobelets ou dans un petit râtelier. Pour soigner l'esthétique, installez plutôt celui-ci à l'intérieur de la porte d'un placard.
Le porte-serviettes, en barre plutôt qu'en anneau, est toujours utile, quoique de plus en plus remplacé par le radiateur sèche-serviettes. Dans une salle de bains familiale, il est bon que chacun ait sa propre patère.
Quant au porte-savon, préférez-le percé ou à rainures pour que le savon sèche entre deux utilisations. Il existe en version à poser ou à fixer au mur.

Jouez avec l'accessoirisation

▶ Ce parti pris permet de changer le décor selon son humeur ou la saison. Dans une salle de bains neutre, l'accessoirisation peut à elle seule influencer le style. Tous les objets visibles entrent en ligne de compte : les serviettes, le tapis de bain, les boîtes de rangement, les flacons… Choisissez ces derniers dans l'esprit de votre décor et transvasez-y les produits neufs pour éviter la prolifération, pas toujours esthétique, de flacons en plastique de toutes les couleurs.

Cette douche à l'italienne et celle présentée en vis-à-vis (page de gauche) ne font qu'une. Dans sa version hivernale, elle prend un petit côté hammam. L'été, elle prend une autre allure avec des accessoires rouges, plus toniques.

L'ESPRIT ET LE STYLE

Le rôle de la couleur

Le blanc, symbole de propreté, domine toujours pour les lavabos et les baignoires, mais la couleur investit les meubles de toilette, rangements, plans d'encastrement et murs. Le carrelage se décline en une infinité de nuances. Outre le blanc, on apprécie les teintes aquatiques, mais aussi des couleurs vives qu'on n'aurait pas imaginées autrefois dans une salle de bains. Côté peinture, la palette de coloris est immense et on peut faire réaliser dans les magasins de peinture et grandes surfaces de bricolage un ton précis, exactement assorti au carrelage par exemple. Beaucoup de couleurs sont combinables entre elles, en harmonie ou en fort contraste. Tout est une question de dosage.

Les blancs cassés et les tons pastel donnent une impression de calme, de douceur. Les teintes naturelles et toutes les couleurs du bois vont de pair avec une impression de bien-être. Les teintes grisées — taupe, tourterelle, sable —, également reposantes, s'associent à tous les styles, toutes les ambiances. Les vrais gris, allant jusqu'au noir, se retrouvent plus volontiers dans un univers très contemporain.

Les bleus, ciel, ou tirant sur le turquoise ou l'outremer, sont invariablement associés dans nos esprits à l'eau, à la fraîcheur, et sont relaxants.

Le vert ne donne pas bonne mine. Pourtant, certains verts conviennent bien à la salle de bains : le vert céladon, tirant sur le turquoise, le vert anis, en dose modérée, et le kaki, qui fait son entrée dans les salles de bains plutôt masculines.

Les couleurs vives, modernes et dynamisantes, sont appréciées des sportifs, des enfants…

Large bandeau de couleur ou jeu de bandes plus étroites entrecroisées dynamisent l'atmosphère.

▲ La pâte de verre existe en de nombreuses couleurs. Allégée visuellement par le quadrillage serré du joint blanc, elle peut couvrir toute la hauteur du mur sans être écrasante.

Exercices de style

Zen, design, baroque, traditionnel, rétro, exotique, récup, marin, hybride… Pour mieux cerner ses goûts et ses envies, il est indispensable de voir un grand nombre de modèles d'aménagements, en visitant les show-rooms, et d'exemples en photos, en collectant une revue de presse dans les magazines et les livres spécialisés. Certains types de décor peuvent vous plaire et ne pas correspondre à votre environnement, à votre façon de vivre, à la configuration des lieux ou à vos moyens. Réfléchissez à la meilleure façon de vous rapprocher de la salle de bains de vos rêves sans pour cela faire exploser votre budget. Avec tous les produits et matériaux proposés en grandes surfaces de bricolage, vous pouvez la réaliser « dans l'esprit de… » à moindre coût. Inspirez-vous des couleurs, ajoutez quelques détails ou, au contraire, jouez l'épurement. Surtout, n'oubliez pas que votre aménagement doit avant tout être confortable, pratique et d'entretien facile. Si vous hésitez, optez pour la sobriété, vous ne vous en lasserez pas.

Souvent neutre, la salle de bains peut cependant gagner du caractère grâce à une accessoirisation réfléchie.

◄ Matériaux et accessoires donnent à ces deux salles de bains le charme du passé.

▲ L'option noir/gris/blanc, associée à des équipements aux lignes graphiques et à la brillance du chrome, classe cette salle de bains dans le style design.

Baignoire pattes de lion et accessoires chinés, robinetterie ancienne, terre cuite patinée... cette salle de bains semble avoir traversé les générations.

Le style classique

Son charme désuet s'intègre bien dans une maison ancienne. Il s'inspire des premières salles de bains, datant de la fin du XIXe siècle. La baignoire en fonte, large cuve oblongue à rebord arrondi, est montée sur des pieds en griffes de lion. Le lavabo en porcelaine sur colonne est vaste, avec une large plage tout autour. La robinetterie d'époque est en laiton, sans mitigeur.

Aujourd'hui, on peut tout à fait opter pour ce style grâce aux rééditions qui imitent parfaitement l'ancien, en matériaux moins lourds, notamment pour la baignoire, et avec le confort et la sécurité actuels pour la robinetterie ou l'éclairage. Vous pouvez aussi trouver votre bonheur chez des antiquaires spécialisés.

Le sol joue un grand rôle. On trouve des terres cuites anciennes assez chères chez les récupérateurs de matériaux. Pour un coût moindre, certaines terres cuites neuves imitent parfaitement l'ancien. Les carreaux de ciment sont aussi typiques de ce style de décor. Quant au parquet existant, on peut soit le cirer souvent ou, de façon plus pratique, le vitrifier, voire le peindre, sans nuire pour autant à l'esprit du lieu.

Au mur, le carrelage est le plus souvent blanc, parfois biseauté comme celui du métro parisien. Sur des parois inégales, le lambris vertical est une solution intéressante qui permet par ailleurs de cacher la tuyauterie.

Le style contemporain

Il se caractérise par son minimalisme. Loin d'être encombrée, la salle de bains ne montre que les éléments indispensables. Les placards se font discrets et tout est soigneusement rangé derrière leurs parois lisses, souvent exemptes de poignées.
Les formes sont rectilignes ou suivent des courbes très étudiées. La sérénité naît des couleurs choisies, du blanc pur au noir profond en passant par tous les degrés de gris, et des matériaux : béton ciré, Corian® et autres matériaux composites, ardoise en larges dalles, granit… Le verre clair et le verre sablé y ont aussi leur place, ainsi que le bois dur, poli et très lisse, à angles nets.

Dans cet univers, on imagine volontiers une baignoire-sculpture, en pierre, en bois ou même en verre. Dotée d'un habillage adéquat, une baignoire standard peut aussi parfaitement convenir. Quant au lavabo, il ne peut être que très graphique. La robinetterie, en inox, se caractérise par la sobriété de son design tout en étant très performante.
De jour, l'éclairage est invisible. Il peut être intégré en spots dans le plafond ou bien indirect, semblant sortir du haut du mur. Il peut également être dispensé à travers une dalle zénithale de verre translucide.
Dans cette atmosphère calme, serviettes et draps de bain ne tranchent pas et s'harmonisent ton sur ton ou sont tout simplement blancs.

Pour faire disparaître la tuyauterie d'évacuation, le coffrage, de bois ou de métal, descend plus bas que le fond de la vasque.

Béton ciré et lignes pures, sobriété de la couleur et du décor, robinetterie minimaliste... autant de caractéristiques de la tendance contemporaine.

L'esprit récup

Il se conçoit en « total look » ou en petites touches, avec lavabo et baignoire neufs, voire design pour créer un contraste intéressant. Grâce aux lavabos à poser ou à encastrer, beaucoup de meubles anciens peuvent servir de plan de toilette : table de drapier, meuble de grainetier, bureau, table de toilette ancienne à dessus de marbre, etc. Il suffit de percer un trou pour l'évacuation, et éventuellement pour la robinetterie.
Les sanitaires eux-mêmes sont récupérables en brocante : lavabo début de siècle sur colonne, timbre d'office, lavabo de collectivité ou de laboratoire, éventuellement en métal... S'il est en porcelaine, vérifiez qu'il n'y a pas de fêlure et que vous allez pouvoir raccorder la robinetterie.
Si vous choisissez une baignoire en fonte, prenez garde au poids, qui avoisine les 400 kg... Pour sa seconde vie, peignez l'extérieur dans une couleur accordée au décor ou encore donnez-lui un aspect rouillé, à l'aide d'un produit adéquat. Une baignoire neuve s'encastre dans un coffrage en lattes de bois brut, protégé par un produit hydrofuge, ou en béton brut, ou encore s'habille d'un tablier en tôle.
La peinture à la chaux est très indiquée dans une salle de bains. Légèrement pigmentée et passée en plusieurs couches diluées, elle donne au mur un aspect ancien. L'éclairage devant respecter les normes de sécurité, il est préférable de choisir des rééditions adaptées.

RecycLage coloré pour ce grand pupitre d'école qui rend de nouveau service à la famille !

Matériaux et meubles anciens pour une ambiance récup tout en douceur. Le marbre de la table de toilette a été percé pour permettre l'écoulement et l'arrivée de l'eau.

Inspirations lointaines

Quand on a un peu voyagé, l'influence des pays où le bain est une institution se fait sentir dans le décor. Pour les amateurs de sauna, l'esprit finlandais ne peut se concevoir sans la présence du bois sur les murs, en lattes posées à l'horizontale.

Plus typé, l'ambiance hammam se matérialise par un mur en tadelakt. Cet enduit spécifique peut aussi couvrir vasque et baignoire, sur un coffrage cimenté dont les angles adoucis prouvent la réalisation artisanale. La douche, parfois arrondie, s'entoure d'un mur de même facture. Plus facile à réaliser, la peinture à la chaux colorée aux pigments naturels donne un bel effet.

Les matériaux aux lignes douces, façonnées à la main, nous emmènent vers le Maroc...

Pour un coût plus élevé, les zelliges, ces terres cuites émaillées marocaines, montent à mi-hauteur sur le mur et entourent le miroir d'une frise en mosaïque.

L'esprit japonais a aussi ses adeptes. On y retrouve le bois, dont peut être faite la baignoire, et surtout le bambou en habillage des murs. Pour les accessoires, les baquets et le linge teint à l'indigo sont de rigueur. Sans intervenir sur la facture même de la salle de bains, le goût de l'ailleurs peut se faire sentir uniquement dans la décoration, composée de portes de placard indiennes ou d'une collection de peignes africains...

L'esprit scandinave inspire cette salle de bains en bois où la cabine de douche est presque hermétique, afin de garder la vapeur comme dans un sauna.

MATÉRIAUX ET ÉQUIPEMENTS

Murs et parois : un vaste choix

Le carrelage demeure le revêtement prioritaire, celui qui pose le moins de problèmes d'entretien à condition que les joints soient bien faits. Les magasins spécialisés en proposent une très grande variété, à tous les prix. On peut ainsi jouer avec les frises, les listels, les cabochons, coller les carreaux en pose droite ou en diagonale, multiplier les couleurs, créer des motifs, mélanger les formats... Le joint a une grande importance. Un même carrelage avec un joint invisible, un joint blanc ou un joint en couleur, voire noir, aura un rendu tout à fait différent.

Les carreaux de faïence émaillée, fragiles au sol, sont idéaux en pose murale ; parfaitement imperméables, ils résistent aux détergents.
Le grès cérame a une allure très contemporaine. Ultrasolide, teinté dans la masse, il se présente en petits carrés et en trois tailles, les plus petits étant les plus chers. Jusqu'à la taille de 5,5 x 5,5 cm, il est précollé sur une trame, en plaques de 50 cm de côté. Le grès pressé émaillé imite la brique, la pierre, le marbre, le béton, le bois ou le bambou, le métal argent ou rouillé...
Les carreaux de verre, généralement rectangulaires ou de format 10 x 10 cm, se posent comme le carrelage. La pâte de verre, par sa transparence aquatique et sa solidité, est tout indiquée pour la salle de bains. Présentée en mosaïque sur trame, elle est assez facile à poser. La vraie mosaïque se pose à la main, tesselle après tesselle : c'est un travail qui demande du temps et du savoir-faire... On peut la préparer à plat, sur l'envers, collée sur du papier, et la poser ensuite par plaques. Les émaux se présentent en plaques collées sur un filet. Ils sont très résistants aux chocs et aux abrasifs.

La pâte de verre se présente en plaques prêtes à poser. Pour les petits recoins et les angles, les découpes s'effectuent en toute facilité entre les petits carrés.

Aspect soyeux du béton lissé ou aspect brut de la pierre taillée associée à de la mosaïque... deux choix radicalement différents.

Verre et béton

Pour créer une séparation thermique ou auditive, le verre trempé s'emploie en paroi, totalement transparente ou au contraire d'aspect dépoli pour préserver l'intimité tout en bénéficiant de la lumière. Il peut encore être agrémenté d'un graphisme sablé en rayures, en pointillés... Beaucoup plus épais, les pavés de verre permettent de constituer une véritable cloison translucide.
Le béton ciré est un matériau agréable et doux au toucher. Pour ne pas connaître de problèmes de fissures ou d'étanchéité, surtout dans la douche, mieux vaut en confier la pose à un professionnel.

Peinture et enduits

La peinture est le meilleur moyen de transformer la salle de bains à peu de frais. Choisissez de préférence une peinture vinylique fongicide ou une peinture à la chaux, plus naturelle. Pour changer la couleur du carrelage mural, il existe aussi des peintures spéciales. En un week-end, la salle de bains peut être refaite à neuf.
Si vous aimez les ambiances naturelles, pensez aux enduits à la chaux, qui sont en outre écologiques. Ce liant naturel hydrophile s'applique très bien sur le béton, les parpaings, la brique, la pierre... Le tadelakt, spécialité marocaine, est une chaux pure colorée aux pigments naturels. Le travail traditionnel est long et minutieux, mais aujourd'hui des produits prêts à l'emploi présentent un rendu similaire et sont aussi résistants dans les pièces d'eau.
Le papier peint n'est pas recommandé dans une petite salle de bains susceptible d'être souvent embuée. Il convient mieux dans une pièce assez vaste, d'esprit salon. Si vous y tenez malgré tout, choisissez un papier adapté, en vinyle, résistant à l'humidité. Les motifs actuels affichent différents styles. Attention, le vinyle requiert une pose soignée sur mur très sec.

Marbre, granit, pierre, ardoise

- Tous ces beaux matériaux ont hélas un coût assez élevé.
- Dans une petite surface, il n'en faut que quelques m^2 ; cependant, ils font davantage d'effet dans une pièce un peu plus grande.

Le bois

Pour supporter sans dommage l'ambiance humide d'une salle de bains, le bois doit être protégé par un vernis du type Aquaréthane® (bénéficiant de l'Écolabel, label écologique européen officiel), côté face et contre-face. Dans les maisons de bord de mer, les lattes de pin sont lasurées puis protégées avec un vernis mat. Dans le style traditionnel, les lambris sont peints avec une peinture adaptée à l'humidité. Seuls le teck et les bois exotiques sont imputrescibles. Utilisés massifs, naturels ou huilés, ils résistent sans problème. Si l'on souhaite des meubles en bois, ces essences sont donc à privilégier. Sur le mur, la pose horizontale des lattes, du sol au plafond, élargit visuellement la pièce, mais la pose verticale favorise l'écoulement de la vapeur.
Dans une salle de bains où domine le bois, une bonne aération est indispensable pour que ce matériau sèche et ne s'altère pas avec le temps.

▲ Protégé par plusieurs couches de vernis marin, le parquet ne craint pas les projections d'eau.

◄ Le bois peint supporte bien une ambiance humide à condition d'être protégé par de la peinture sur toutes ses faces, y compris entre les lattes.

Le parquet

▶ Le parquet est une option agréable mais pas idéale ; il doit être imperméabilisé et parfaitement étanche entre les lames. Le parquet en teck style pont de bateau est sur ce point le plus efficace.

▶ Les dalles en caillebotis sont une autre solution pour recouvrir un sol banal ou abimé par les années.

Les lattes de bois posées horizontalement donnent à cette salle de bains un côté sauna finlandais. Pour résister à l'humidité, elles sont vitrifiées comme le sol.

Le sol et ses revêtements

Là encore, le carrelage reste le revêtement le plus utilisé. Au sol, il doit être plus résistant et plus épais que celui employé pour les murs. Il n'est donc pas conseillé d'utiliser le même. Dans les pièces de petite surface, mieux vaut le choisir de petit format, il y aura moins de découpes sauf si la surface au sol est bien rectangulaire.
Les carreaux de ciment sont très robustes. Unis, ils présentent de nombreuses couleurs. Décorés, ils reprennent les motifs traditionnels du début du XXe siècle ou des motifs très actuels créés par des designers.

Posés en frise, quelques carreaux ciments à motifs anciens donnent du caractère au sol.

La terre cuite, intemporelle, demande un traitement hydrofuge. Pour la salle de bains, préférez la terre cuite émaillée.
Le grès cérame est inusable. Très dur, il s'emploie au sol comme sur le mur en petits carrés de mêmes dimensions, collés sur un filet pour une pose facile, ou en carreaux plus grands, à poser un par un. Le grès pressé émaillé prend tous les aspects de la pierre, du marbre, du parquet…
La mosaïque de pâte de verre, très solide, est l'un des rares carrelages qu'on peut utiliser au sol comme au mur mais les nombreux joints ont tendance à se salir.
Les galets sur trame évoquent la nature. Le joint doit être très bien fait, sans creux pour ne pas retenir l'eau.

Les nouveaux revêtements

▶ Les revêtements en PVC, hygiéniques et antibactériens, sont très résistants à l'usure. La pose sur sol plan et rigide est très facile. Préférez un PVC en large surface à dérouler plutôt qu'en dalles, à cause des joints propices au passage de l'eau. Le PVC imite les autres matériaux et s'imprime de toutes sortes de motifs.

▶ Le caoutchouc à relief antidérapant doit être posé sur un sol extrêmement plan, simplement collé au ruban adhésif si la surface est petite.

▶ Les fibres naturelles sont à éviter : l'eau les tache et elles risquent de moisir. Seul le jonc de mer, qui accepte la serpillière, peut y avoir accès.

Pourquoi pas une douche à l'italienne en pierre ? Si elle est hydrofugée, cela ne pose aucun problème. Ici, la pierre reconstituée imite l'ancienne à merveille.

Le lavabo, utile et beau

Les propositions actuelles sont tellement nombreuses qu'il n'est pas facile de choisir. À quoi va servir votre lavabo ? Juste à se laver les mains et les dents ou également aux petites lessives délicates ? Cela exclurait les lavabos dont la bonde ne peut se fermer.
Les matériaux se diversifient de plus en plus. La porcelaine a toujours la vedette. Durable et hygiénique, elle est facile à nettoyer. L'acrylique risque de moins bien vieillir, mais les matériaux composites sont prêts à défier le temps. L'inox, plutôt brossé pour un entretien facile, et le verre ont une esthétique résolument contemporaine. En verre clair ou dépoli, un lavabo transparent est très léger visuellement. Dans le cas d'un lavabo en pierre, attention aux fissures si l'eau est trop chaude. Pour les modèles en bois, l'essence à privilégier reste le teck. Enfin, il est possible de couler une vasque en béton et de la couvrir de carrelage ou d'une mosaïque de petites tesselles, qui s'adapte bien à sa forme.

Encastré ou sur piètement léger, deux exemples de lavabos peu encombrants dans des salles de bains de petite taille.

Le timbre à poser laisse dans le meuble sous-jacent un volume de rangement plus important qu'une vasque encastrée.

À poser, à encastrer ou sur pied ?

Le lavabo sur pied, dont il existe des modèles contemporains, présente l'inconvénient d'être d'une hauteur prédéterminée. Certains modèles actuels, suspendus, ont un pied qui cache juste le siphon et la plomberie ; on peut donc les placer à la hauteur désirée.
Les modèles à encastrer, généralement ronds ou ovales, sont les plus discrets. Ils s'intègrent à tous les styles de mobilier. Cependant, le nettoyage des bords n'est pas évident. S'il s'agit d'un bol en verre, ne le laissez pas s'encrasser, ce serait inesthétique. Nettoyez-le très régulièrement avec un pinceau à poils durs, seul capable d'intervenir dans cet interstice.

Les lavabos à poser se classent en deux catégories. La forme « bol », ronde ou ovale, se décline dans tous les matériaux et en diverses couleurs. Le timbre repose sur toute sa base rectangulaire ou carrée. Dans les deux cas, le robinet se choisit en fonction de la hauteur de la vasque ou doit, s'il vient du mur, être assez long pour que l'eau y tombe sans éclabousser.
Le plan à vasque intégrée dans le même matériau — porcelaine, verre recouvert d'un enduit de silicone, Corian® — est esthétique et d'un entretien aisé.
Le lavabo suspendu au mur, de taille souvent modeste, est idéal dans les petites salles de bains pour son faible encombrement. En général, l'évacuation est conçue en inox pour plus d'esthétisme.

Les vasques se posent sur tout type de meuble : il suffit de percer doublement le support pour accueillir le robinet et faire passer l'évacuation.

La manette unique, sur plan ou murale, est d'un grand confort d'utilisation.

Les robinets

Très sollicités, ils doivent être choisis pour leur qualité. Dans la conception la plus classique, le lavabo est équipé de deux robinets, l'un pour l'eau chaude, l'autre pour l'eau froide. En version actuelle, l'eau sort par un bec indépendant. De plus en plus, on opte pour un mélangeur monobloc, muni d'un levier unique que l'on peut actionner d'une seule main et qui permet de régler la température.

Plus économique et plus confortable, le robinet monocommande à mitigeur permet de prérégler la température de l'eau et ainsi éviter les brûlures. Sans manipulation, le robinet à commande infrarouge déclenche l'arrivée d'eau au passage de la main, ce qui est très pratique pour les utilisateurs qui souffrent de problèmes de mobilité des doigts et des mains.

Leur emplacement est prévu sur le lavabo même, quand il est simple ou encastré. Près d'un lavabo bol, il sort du plan sur l'arrière ou sur le côté ; il est impératif de choisir un modèle en fonction de sa hauteur. En sortie murale, le robinet est plus facile à entretenir, car il est à l'abri des éclaboussures et des dépôts de calcaire. D'autre part, il permet de gagner de la place sur le plan lavabo, mais il faut prévoir d'encastrer dans le mur les tuyaux d'arrivée d'eau.

Un style adapté

▶ Le style du robinet se coordonne à celui de la salle de bains. Le choix est vaste, du modèle classique revisité au modèle design le plus dépouillé.

▶ Entre deux robinets très ressemblants, le prix peut aller du simple au triple ; c'est sans doute une question de qualité, aussi comparez bien les caractéristiques de ce qu'on ne voit pas : croisillon en ABS, tête céramique, période de garantie...

Une baignoire pour se relaxer

La baignoire offre désormais une large variété de formes et de fonctions. Elle est classiquement rectangulaire ou ovale. Solution gain de place, la baignoire d'angle occupe une surface au sol de 150 x 100 cm. La forme quart de rond, la plus courante, est aussi la plus spacieuse et confortable si elle mesure de 130 à 150 cm de côté. La baignoire équipée d'un système de balnéothérapie assure une relaxation plus grande encore. Ce système est adaptable par le vendeur sur de nombreux modèles de baignoire, aujourd'hui presque tous ergonomiques, sur lesquels on peut poser un coussin appuie-tête amovible. Il peut être associé à un système de chromothérapie qui fait varier, grâce à un spot subaquatique, la couleur de l'eau, du bleu apaisant au rouge dynamique en passant par les autres couleurs du spectre, en fixe ou en alternance. Le must des baignoires, c'est la version à débordement, qui évoque les piscines de bord de mer...
En fonction de l'esprit que l'on veut donner à sa salle de bains, on préférera une baignoire nue et posée à même le sol ou sur pieds, habillée d'un tablier ou encastrée. N'oubliez pas qu'il doit y avoir un accès, une trappe de visite pour régler les éventuels problèmes de fuite.

Contenance

► La baignoire est synonyme de plaisir et de relaxation, et on l'aime longue, profonde et large pour une immersion totale. Pour prendre un bain, il faut disposer de temps et compter en plus celui du remplissage. Si vous hésitez entre la douche et le bain, n'oubliez pas que la facture d'eau ne sera pas la même.

Posée directement au sol
ou sur un piètement adapté,
la baignoire devient un meuble
d'allure contemporaine.

Encastrée dans un coffrage,
la baignoire est entourée
d'une large plage pour s'asseoir
et poser les accessoires de bain.

Matériaux d'hier et d'aujourd'hui

Les matériaux sont de plus en plus divers. La baignoire traditionnelle, sonore, est en acier (de 1,5 ou 2,4 mm d'épaisseur) ou en fonte émaillée, mais les modèles actuels, beaucoup plus légers, n'en sont pas moins solides. Les matériaux acryliques se sont améliorés et sont mélangés à des minéraux (comme le Quaryl®, mélange de quartz et d'acryl). Ils reproduisent même des modèles anciens, comme la baignoire à pieds de griffon. Les modèles en résine, en béton ou en pierre restent pour l'instant assez chers.

Une baignoire basique demande un habillage. Certains modèles, notamment les baignoires d'angle, sont vendus équipés d'un tablier prêt à poser, généralement peu esthétique. Mieux vaut les habiller de lattes de teck ou poser du carrelage sur un coffrage en polystyrène extrudé (spécial salle de bains).

Pour y prendre sa douche on peut toujours ajouter un écran de verre (traité façon « Verre Net » : l'eau glisse et laisse moins de dépôts calcaires).

Le mitigeur à manette unique déverse une eau à température constante durant tout le temps du remplissage.

Une robinetterie adaptée

▶ Pour la robinetterie, assortie à celle du lavabo, on a le choix, selon les goûts et les habitudes, entre les robinets d'eau chaude et d'eau froide, le mélangeur et le mitigeur thermostatique monocommande, avec blocage de sécurité à 38 °C.

▶ Elle peut se fixer directement sur la baignoire, percée à cet effet sur son rebord ou sur la plage qui l'entoure. Quand la baignoire est placée directement contre un mur, on a aussi la possibilité de choisir une robinetterie murale, à condition que le bec soit assez long. Version la plus récente : la robinetterie fixée au sol.

La douche, tonique et vivifiante

La douche est source de bien-être. Elle est aussi économique en temps et en eau, et peut être équipée d'un dispositif d'hydromassage. Sa surface au sol est au minimum de 80 x 80 cm, et sa hauteur d'au moins 200 cm. La tendance actuelle la souhaite spacieuse, surtout quand on abandonne la baignoire à son profit, par goût et par souci écologique, ou encore lorsqu'on installe une deuxième salle de bains dans une petite surface avoisinant les 2 m^2.
Plusieurs options s'offrent à vous pour le receveur. Le receveur de douche prêt à poser est carré, rectangulaire, en quart de rond ou elliptique, et le même modèle se fait souvent en plusieurs dimensions. De plus en plus souvent extraplat, son accès est facilité et l'eau s'évacue par un siphon à débit rapide. Les modèles de ce type sont en céramique traditionnelle, à poser ou à encastrer, en fonte émaillée à fond antidérapant ou en acrylique, matériau naturellement antiglisse, isolant thermique et phonique. Les receveurs en teck sont agréables aux pieds et parfois conçus sans bonde apparente.
Le bac prêt à carreler, avec son cuvelage extraplat, est idéal pour la douche de plain-pied ou « à l'italienne ». En polystyrène extrudé, enduit et armé, il s'adapte à toutes les configurations de l'espace douche. Si la surface à couvrir est irrégulière, ou si elle suit une courbe, confectionnez un patron à l'aide de papier grand format, tel du papier kraft en rouleau, puis recoupez votre receveur selon ce gabarit.

Dans cette cabine vitrée, le vaste receveur très plat ne marque qu'une faible différence de niveau avec le sol.

▲ La porte de verre est le plus sûr moyen d'éviter les projections d'eau à l'extérieur de la douche.

Portes et parois

La douche peut se clore à l'aide d'une paroi de verre clair ou sablé qui épouse la façade de la douche, plane ou courbe, et s'ouvre de différentes façons. Tous les modes de fermeture ne sont pas appropriés à la corpulence des utilisateurs. Essayez-les dans les show-rooms pour déterminer votre choix : porte ouvrante à un ou deux battants, pliante, pivotante ou coulissante. Dans les douches à parois de verre sur deux ou trois côtés, l'ouverture est parfois en chicane. En option, prenez le traitement préventif Verre Net. Plus simple, moins cher mais aussi moins étanche, le rideau de douche arbore des décors de toutes sortes, parfois très colorés.

► Cette paroi mobile faite avec une porte ancienne limite les éclaboussures sans ternir le décor.

La nouvelle vie des rideaux de douche

► Solution bon marché, le rideau de douche n'est plus seulement utile, mais, jouant de son décor, il devient esthétique.

► En plastique, il a la fâcheuse habitude de se coller à la peau ; un rideau de coton, plus sobre, s'entretient aussi facilement et sèche vite.

La robinetterie

Le robinet thermostatique est vraiment idéal dans la douche, car il dispense une eau à la température choisie en continu.

La tendance est aux larges pommeaux de douche, à picots anticalcaires. Posés directement sur le mur ou le plafond, ou montés sur une rampe, ils font tomber l'eau en pluie de façon très agréable. L'équipement se complète d'une douchette micro sur flexible.

Pour être efficace, la colonne d'hydromassage nécessite une pression appropriée et un débit d'eau plus important qu'une douche normale. La consommation d'eau chaude est donc nettement plus grande : si vous n'avez qu'un ballon de 150 litres, vous risquez de terminer votre douche à l'eau froide ! Le débit de l'évacuation doit aussi être plus important et un tuyau d'un diamètre de 40 mm sera trop juste. Autant de points à étudier avant de vous lancer.

La cabine de douche intégrale, moulée d'un bloc, équipée d'une colonne d'hydromassage et de la fonction hammam, est sans doute très pratique. Du point de vue esthétique, il y a encore des progrès à faire. Cependant, c'est une bonne solution pour éviter les travaux.

Pommeau incrusté dans le faux plafond, robinetterie minimaliste : le confort se fait discret.

L'eau s'écoule en suivant la très légère pente préformée du receveur, jusqu'au vidage central.

La douche à l'italienne

Ce concept très actuel sans receveur ni parois, présente des avantages : très facile d'accès, il s'adapte à n'importe quelle surface, même très réduite, et s'entretient sans problème. C'est un cas de figure intéressant pour les personnes âgées ou à mobilité réduite.

Cet espace doit être parfaitement étanche. Des matériaux sont spécialement étudiés pour cela, sous forme de bac de faible épaisseur prêt à carreler, à encastrer au sol, ou de plaque de polystyrène extrudé armé avec une bande-joint spéciale pour le raccord au mur.

En rez-de-chaussée, ce type d'aménagement ne pose pas de problème. En revanche, en étage, le sol doit être particulièrement étudié car il faut l'installer sur une chape de béton et vérifier, dans les immeubles anciens, si ce poids supplémentaire est possible. Pour permettre l'évacuation de l'eau, il faut éventuellement surélever toute la surface de la salle de douche, dans laquelle on entre alors en franchissant une petite marche. Les revêtements doivent être étanches eux aussi et, pour le sol, antidérapants.

La pomme de douche est juchée sur son tuyau d'alimentation fixé au mur, sort du mur dans lequel le tuyau est intégré ou sort d'un faux plafond qui dissimule la tuyauterie.

Il n'y a, a priori, pas de rangements dans ce type de salle d'eau, à moins de les dissimuler à l'abri des éclaboussures, derrière un muret par exemple.

Le banc intégré est très pratique : il permet de se prélasser assis sous la pluie d'un large pommeau zénithal ou de s'offrir un soin des pieds confortablement installé.

CAHIER PRATIQUE

QUESTIONNAIRE/ LA SALLE DE BAINS QU'IL VOUS FAUT

Ce petit questionnaire-bilan a été conçu pour vous aider à préparer votre projet de (ré)aménagement et de décoration. Répondez le plus précisément possible aux questions ci-dessous afin de bien définir le profil déco de votre future cuisine, comme le ferait un professionnel (architecte ou décorateur). En vous aidant des informations dispensées au fil du livre, vous obtiendrez une synthèse personnalisée. Objectif : une salle de bains réussie et parfaitement adaptée à vos envies, votre budget et votre mode de vie.

► LES UTILISATEURS

• Combien de personnes utilisent la même salle de bains ?

....

• Quels sont les horaires de chacun ?

....

....

• Avez-vous des enfants jeunes ?

....

• Y a-t-il une personne âgée ou handicapée ?

....

► VOTRE SALLE DE BAINS ACTUELLE

SURFACE ET EMPLACEMENT

• De quelle surface disposez-vous ?

....

• Y a-t-il possibilité d'agrandissement ?

....

....

• L'accès en est-il facile ?

....

....

• Quels en sont les inconvénients ?

....

....

• Qu'est-ce qui est pratique ?

....

....

• Quels sont ses défauts ?

....

....

• Qu'aimeriez-vous renouveler ?

....

....

• Qu'est-ce qui n'est pas esthétique mais indispensable ?

....

....

• Y a-t-il des éléments à conserver absolument ?

....

....

ARCHITECTURE ET CONTRAINTES

• La porte est-elle bien placée ? Peut-elle être déplacée ?

....

....

• La fenêtre est-elle bien placée ? Trop basse ? Trop haute ? Sa dimension convient-elle ?

....

....

• Y a-t-il des recoins ? Est-il possible de les optimiser ?

....

....

• Si la salle de bains est sous le toit, l'espace sous pente est-il suffisant ?

....

• Y a-t-il des conduites d'aération ou d'évacuation collective ?

....

• Y a-t-il des problèmes d'arrivée d'eau et d'évacuation ? Aurez-vous besoin d'installer une pompe ?

....

▶ VOTRE FUTURE SALLE DE BAINS

• Désirez-vous deux lavabos ?

....

• Êtes-vous plutôt « douche » ou « bain » ?

....

• Avez-vous la possibilité d'avoir les deux ?

....

• Avez-vous pensé à placer une trappe de visite pour accéder aux systèmes d'arrivée et d'évacuation d'eau ?

....

• Devez-vous intégrer les toilettes ?

....

• Avez-vous besoin d'un grand volume de rangement ?

....

• Avez-vous besoin d'un emplacement pour le lave-linge ?

....

• Pensez-vous intégrer d'autres éléments ? (vélo d'appartement…)

....

• Quelle disposition serait idéale ?

....

▶ QUESTION DE STYLE

• Quelles ambiances vous ont plu dans ce livre ?

....

• Quel type de douche préférez-vous ? Avec quel bac ou revêtement de sol ? Avec des jets d'hydromassage ou autre équipement de type balnéo ?

• Quels types de paroi et de porte désirez-vous ?

....

• Quel type de baignoire aimez-vous ? Baignoire longue, baignoire d'angle ? Bagnoire-douche ? Avec un équipement de type balnéo

....

• Quelles couleurs aimez-vous ?

....

• Quels matériaux vous plaisent ?

- pour le sol...

....

- pour les murs..

....

- pour l'habillage de la baignoire..................

....

- pour le plan de travail du lavabo..............

....

▶ S'ORGANISER POUR LES TRAVAUX

• Quel budget pouvez-vous consacrer à la nouvelle salle de bains ?

....

• Faites-vous intervenir un artisan ?

....

• Qu'allez-vous faire vous-même ?

....

....

• Faites-vous appel à un magasin spécialisé ?

- Quels services gratuits propose-t-il ?

....

- Quels services payants ?

....

- Y a-t-il des facilités de paiement ?

....

• Comment comptez-vous planifier les travaux ?

....

....

• Avez-vous une solution « d'intérim » en cas de travaux dans l'unique salle de bains de votre habitation ?

....

TRAVAUX : PROCÉDEZ PAR ÉTAPES

1. Démolition, évacuation des gravats
2. Installation des nouveaux branchements et évacuations
3. Gros œuvre
4. Installation électrique
5. Plâtres
6. Installation des éléments sanitaires
7. Pose du carrelage
8. Pose du revêtement de sol
9. Décoration

PLANS / 10 IDÉES D'AMÉNAGEMENT

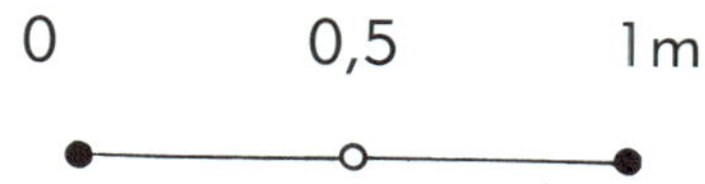

DEUX MINI-SALLES DE BAINS

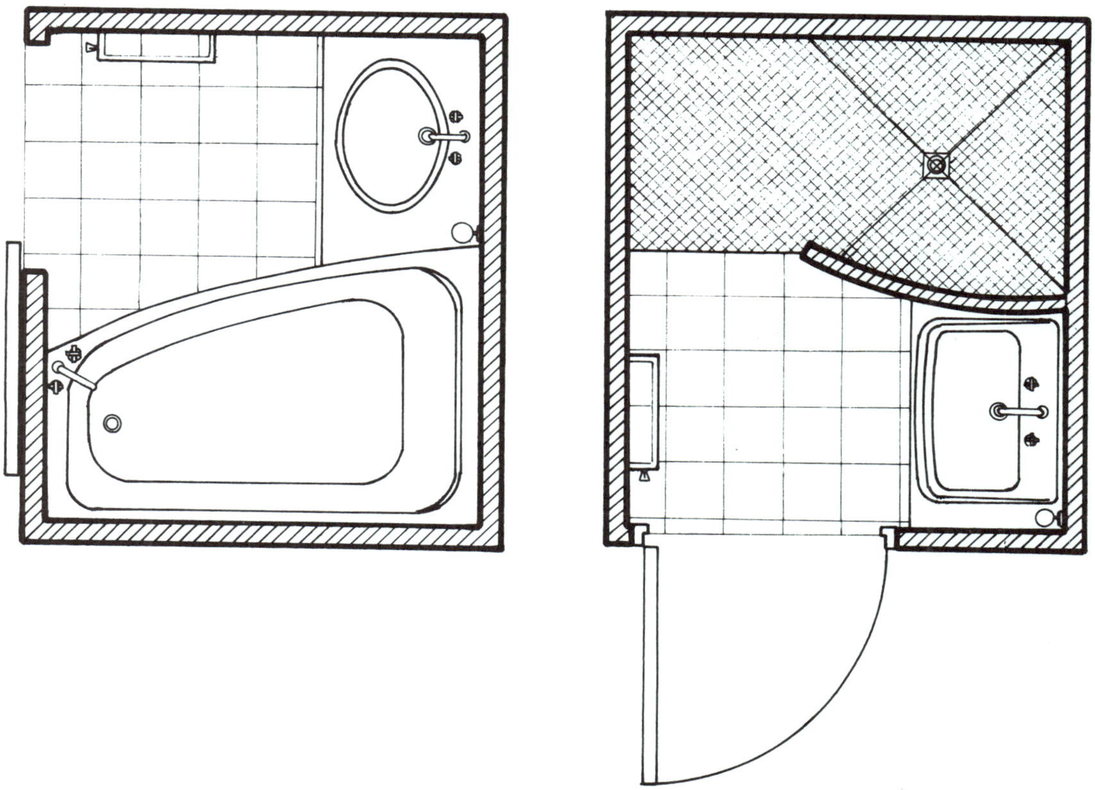

► Dans ces minuscules surfaces presque identiques, deux options ont été prises. Pour les inconditionnels du bain, la baignoire assez courte (1,50 m) s'élargit sur une extrémité pour s'y sentir à l'aise.

Dans l'option douche, on a choisi d'installer une cloison courbe laissant plus d'espace côté lavabo ; un bac à carreler s'adapte facilement à l'arrondi. Prolongé jusqu'au mur, l'ensemble est surélevé de 10 cm du fait de l'évacuation impossible à encastrer dans le sol.

SALLE D'EAU PARENTALE

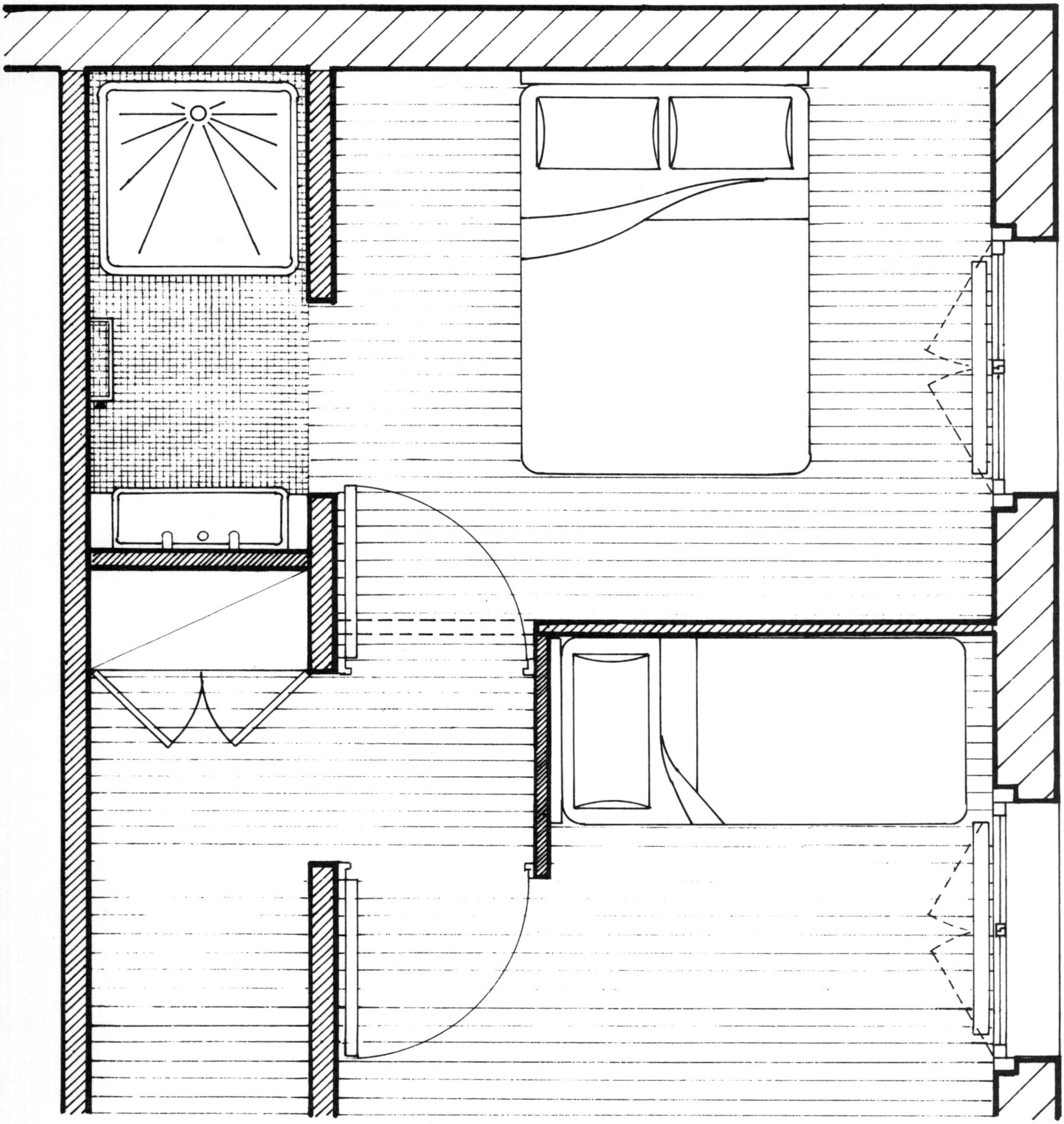

► Dans cet appartement, on a supprimé un placard en bout de couloir et posé une cloison en travers du passage afin de créer un sas entre les chambres. Cette réorganisation a permis d'installer une salle d'eau minimaliste mais très pratique pour les parents, tout en créant un nouveau placard.

SALLE DE BAINS SELON PLAN EN CROIX

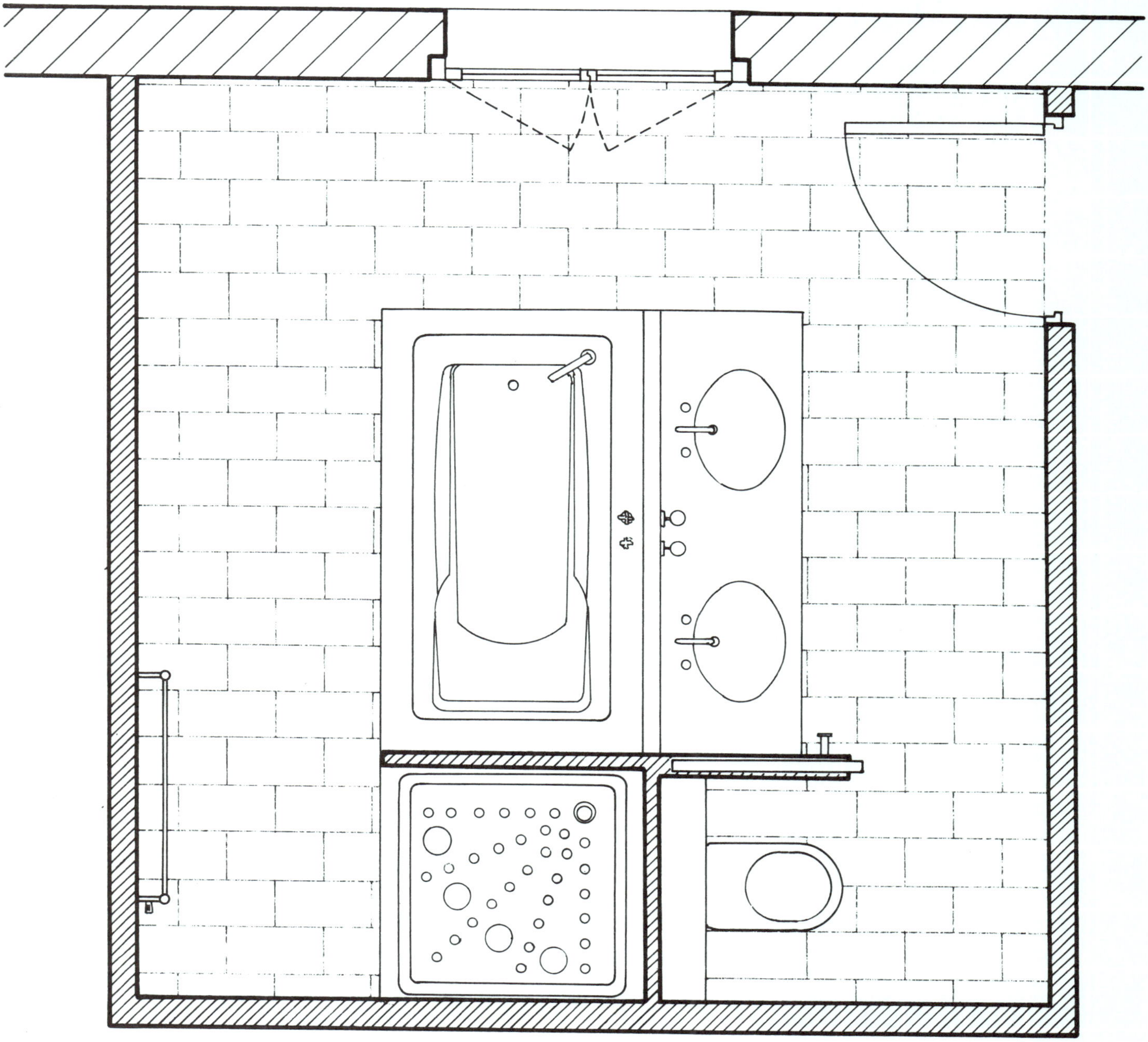

► Dans une pièce d'environ 12 m², de multiples solutions sont possibles. Ici, on a opté pour un aménagement central. Les équipements s'organisent autour de la cloison en croix qui monte jusqu'au plafond côté douche et toilettes (fermés par une porte coulissante) et s'arrête à une hauteur de 1,90 m entre la baignoire et les lavabos.

UNE CHAMBRE DEVENUE SALLE DE BAINS

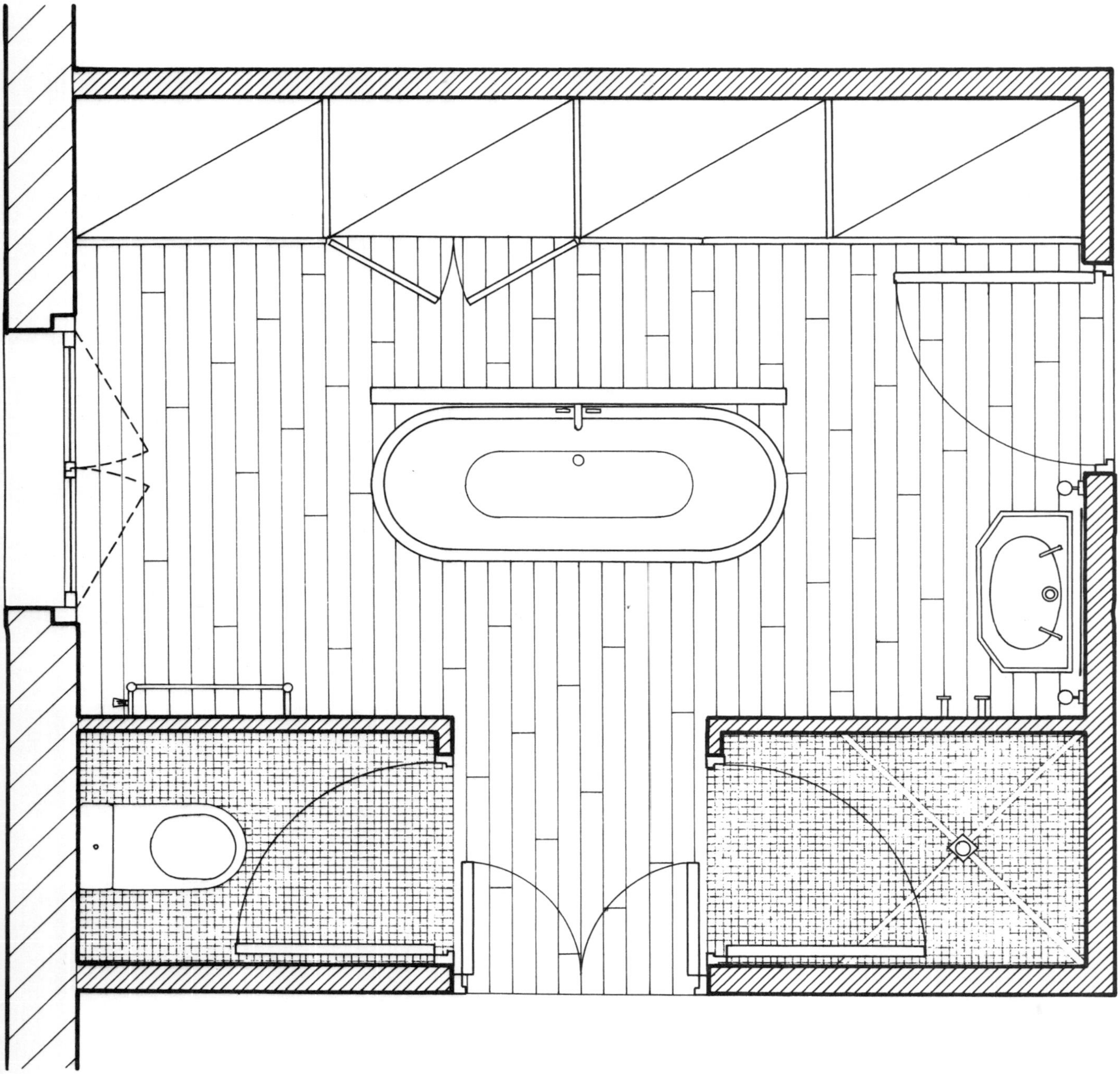

► Dans cette grande maison à la campagne, on a transporté la petite salle de bains initiale dans une chambre. De part et d'autre de l'entrée principale, on accède par une marche aux toilettes et à la douche (légèrement surélevés pour le passage des canalisations) traités comme des cabines. On a supprimé la cheminée pour installer un mur de penderies et construit un muret pour y adosser la baignoire ancienne, d'où l'on voit le jardin lorsque l'on prend son bain.

SALLE DE BAINS DÉDOUBLÉE

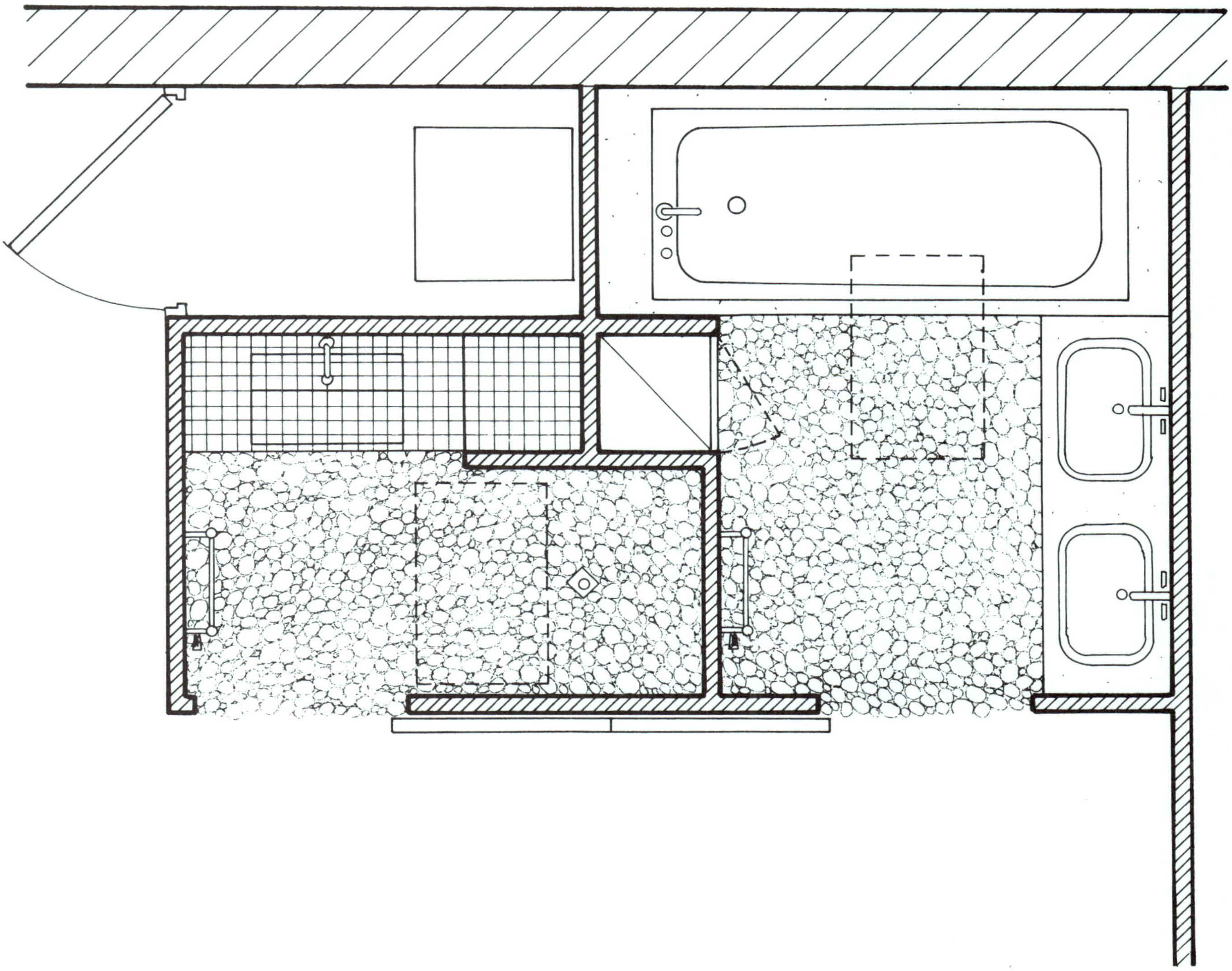

► Dans ce loft, plutôt qu'un seul grand espace, on a préféré installer une salle de bains et une salle d'eau séparées, adolescents obligent. La salle d'eau est entièrement carrelée, y compris le lavabo et les étagères qui restent à l'abri de la douche et des projections d'eau. Une petite buanderie se niche juste derrière. Les deux espaces sont éclairés par des fenêtres de toit.

SALLE DE BAINS TOUT EN COURBES

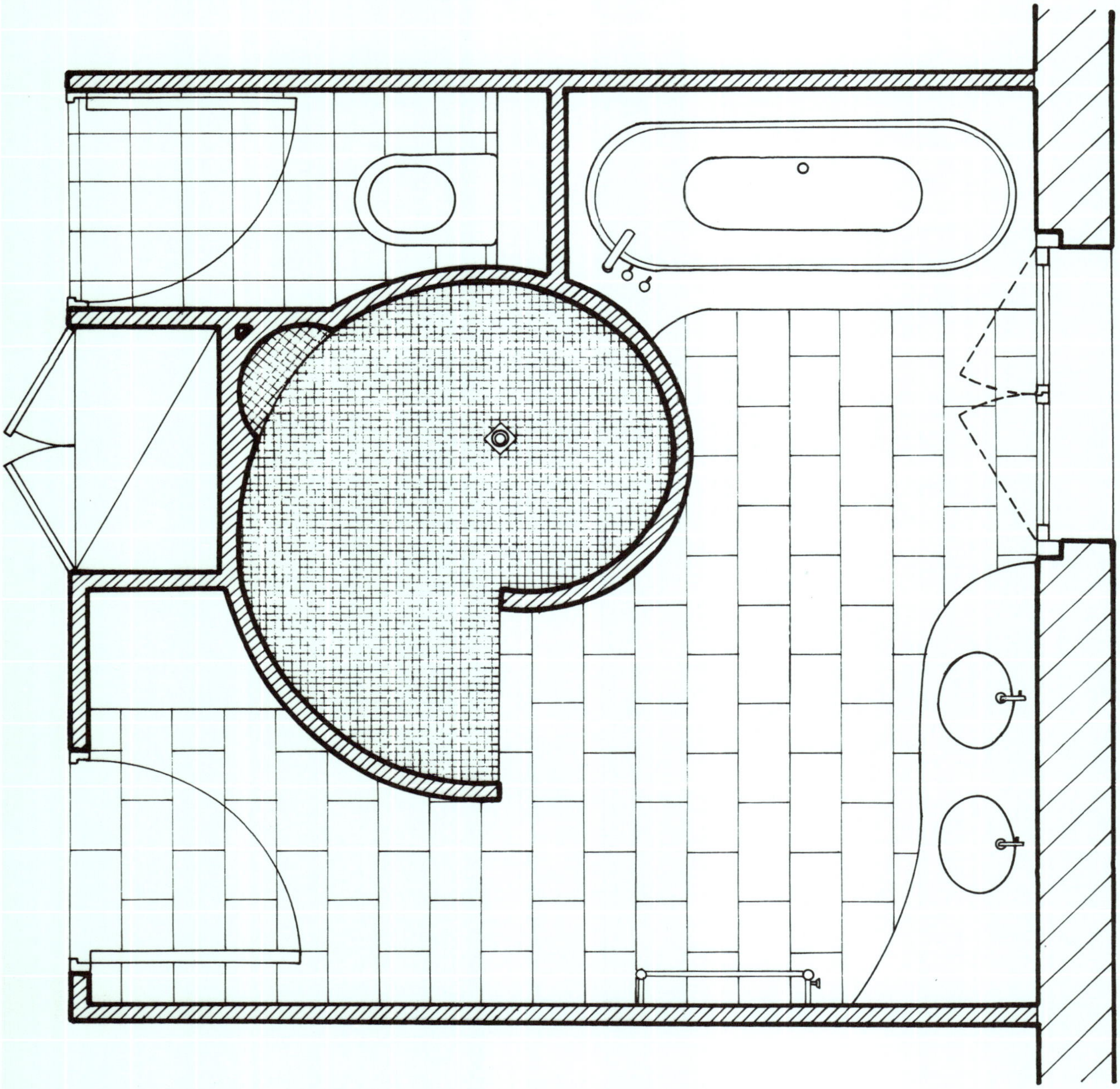

► Pourquoi pas des lignes courbes ? C'est l'option retenue dans cette surface de 16 m^2 redivisée en plusieurs zones réparties autour la douche en forme d'escargot placée au centre. Les recoins sont occupés par un placard côté couloir, et par des rangements à étagères côté salle de bains.

SALLE DE BAINS TOUT EN LONGUEUR

▼ La solution la plus simple dans un espace étroit tout en longueur, c'est d'aligner tous les éléments. Dans cet ancien cagibi, on a (avec demande d'autorisation) pratiqué une ouverture sur l'extérieur et habillée celle-ci de pavés de verre. Des cloisons en épi ont été montées avec des pavés de verre moins épais pour séparer toilettes, douche et lavabo.

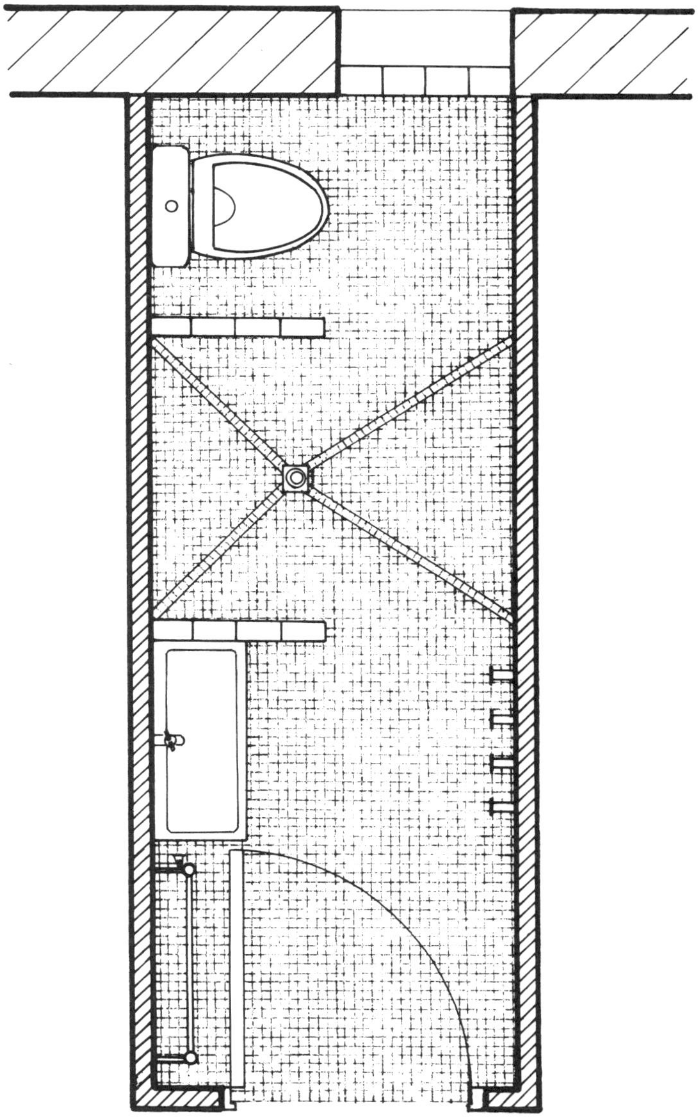

► Deux chambres de service situées sous les toits ont été rassemblées pour obtenir une chambre avec sa salle d'eau attenante. La douche est légèrement isolée par un muret à mi-hauteur surmonté d'une large vitre d'un seul tenant. Le plan lavabo se prolonge dans la partie en soupente, avec un espace rangement en dessous.

SALLE DE BAINS SOUS LES TOITS

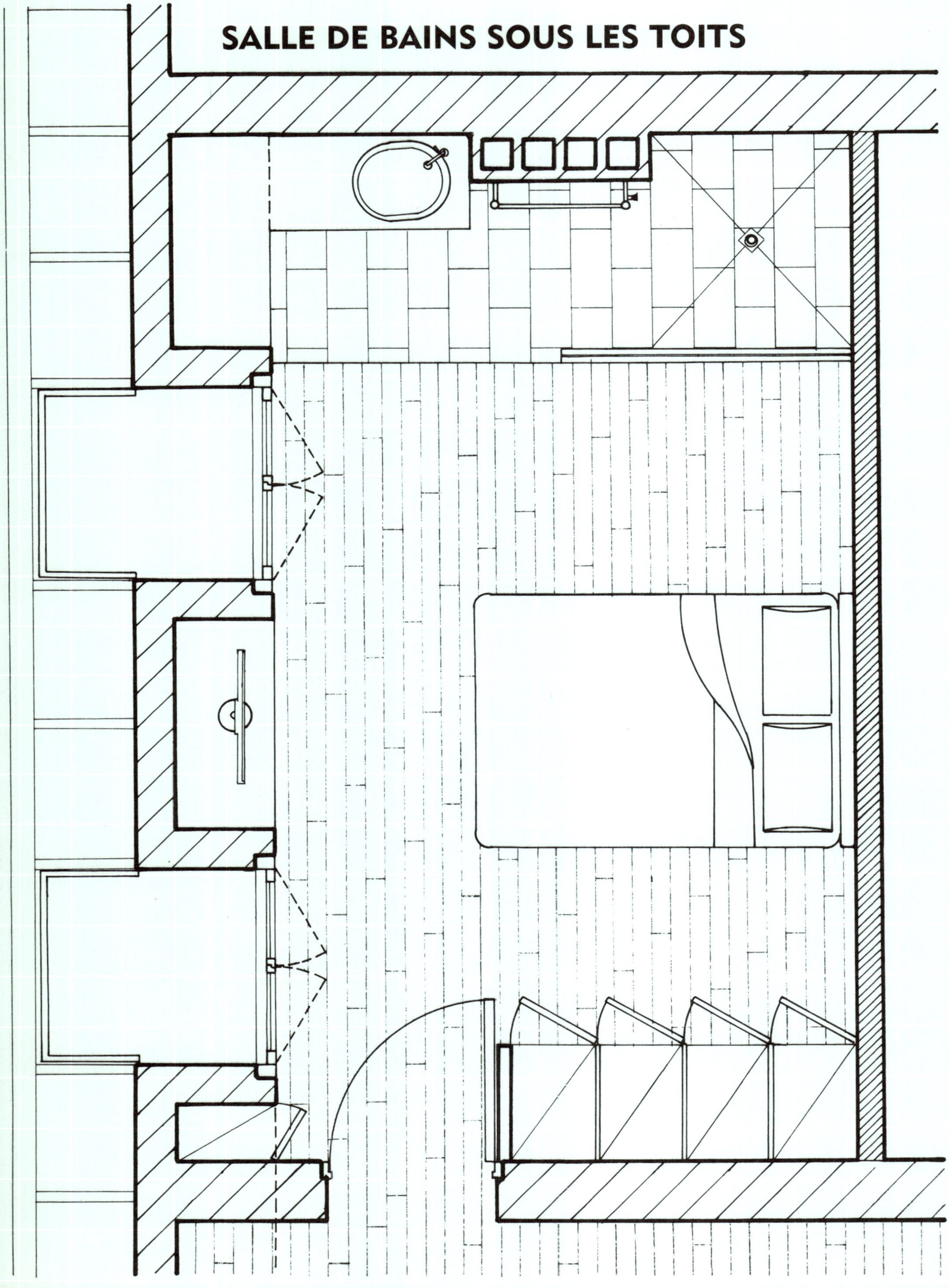

SALLE DE BAINS ATTENANTE À UNE CHAMBRE

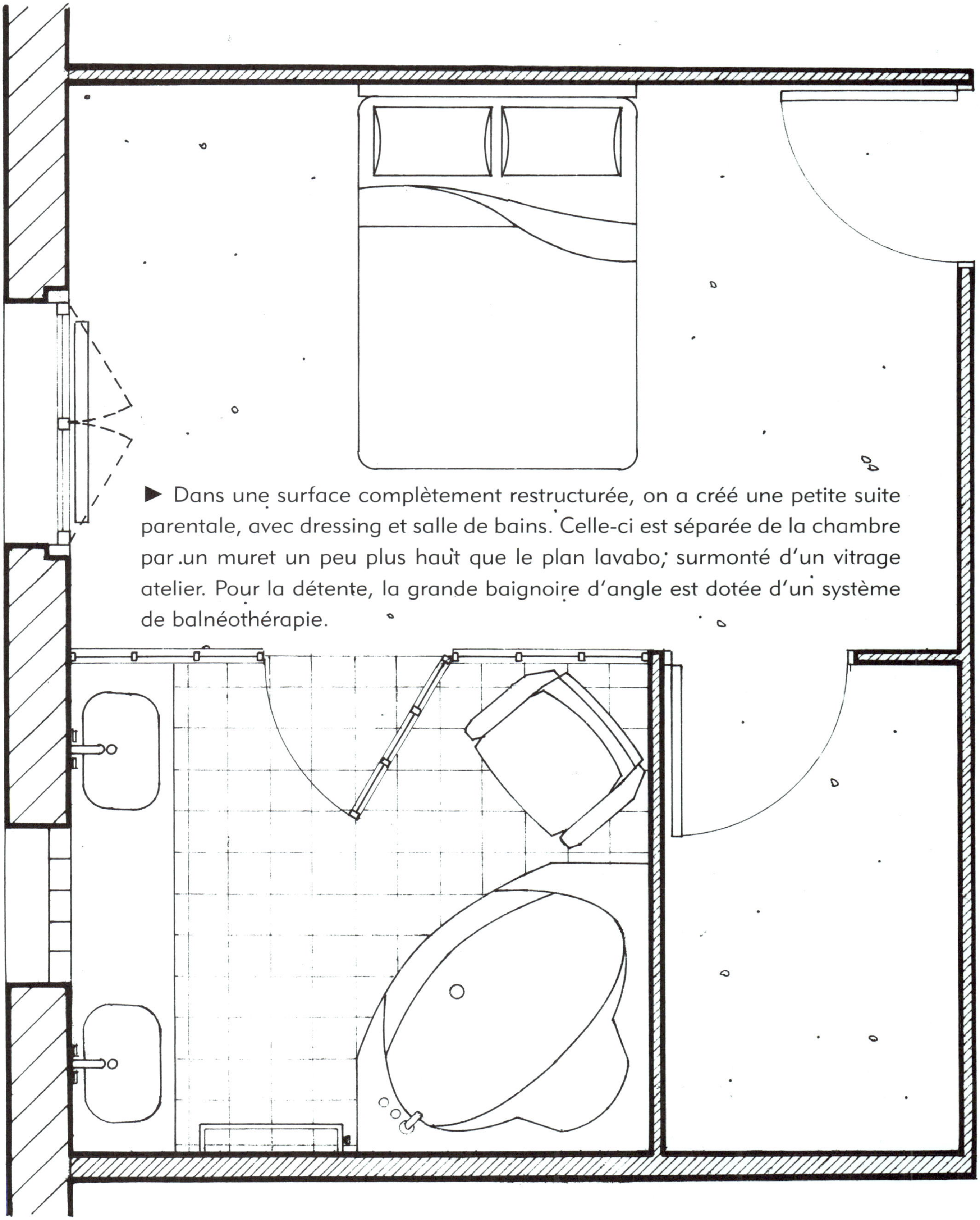

► Dans une surface complètement restructurée, on a créé une petite suite parentale, avec dressing et salle de bains. Celle-ci est séparée de la chambre par un muret un peu plus haut que le plan lavabo, surmonté d'un vitrage atelier. Pour la détente, la grande baignoire d'angle est dotée d'un système de balnéothérapie.

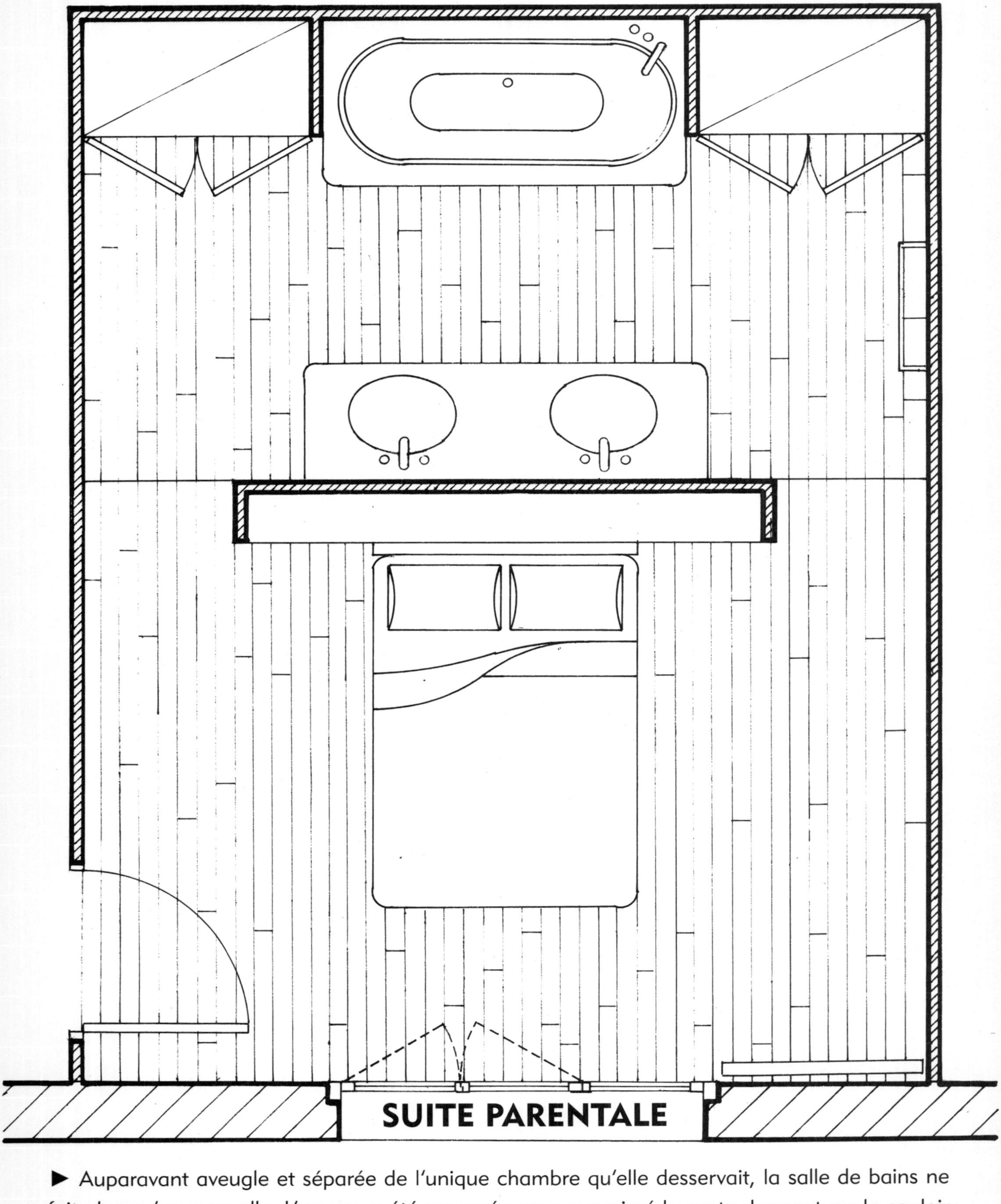

► Auparavant aveugle et séparée de l'unique chambre qu'elle desservait, la salle de bains ne fait plus qu'un avec elle. L'espace a été repensé : on a supprimé la porte donnant sur le couloir et toute la surface a été surélevée pour mieux profiter de la lumière de la fenêtre qui passe par-dessus le mur de séparation ; d'une hauteur de 1,70 m, celui-ci est doté de niches côté chambre.

AGENCEZ VOTRE SALLE DE BAINS

► Tracez les contours de votre pièce (sans omettre les portes et fenêtres), en vous aidant du quadrillage (1 cm = 20 cm).

► La double page suivante rassemble différents modèles de meubles et d'équipements. Photocopiez et découpez les éléments dont vous avez besoin pour les utiliser comme gabarits.

► Disposez-les sur votre plan pour définir l'agencement le plus adapté à votre espace. N'hésitez pas à faire de nombreux essais, pour explorer toutes les possibilités qui s'offrent à vous !

GABARITS STANDARD

RECEVEURS DE DOUCHE (ACRYLIQUE OU CÉRAMIQUE)

70 x 70 cm

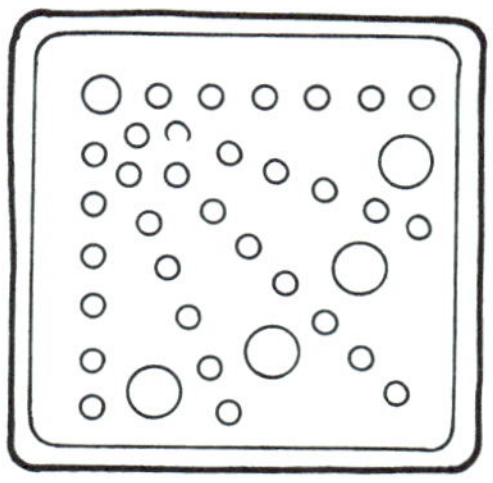

80 x 80 cm

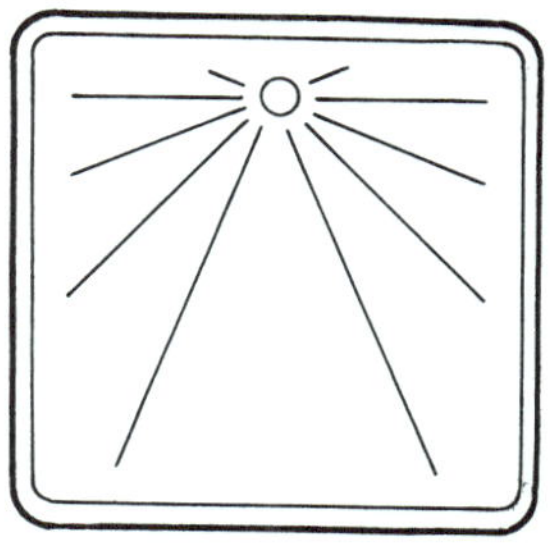

90 x 90 cm

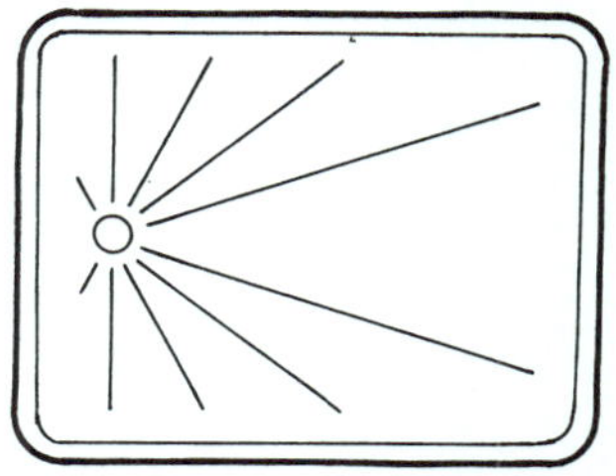

80 x 100 cm

RECEVEURS DE DOUCHE À CARRELER

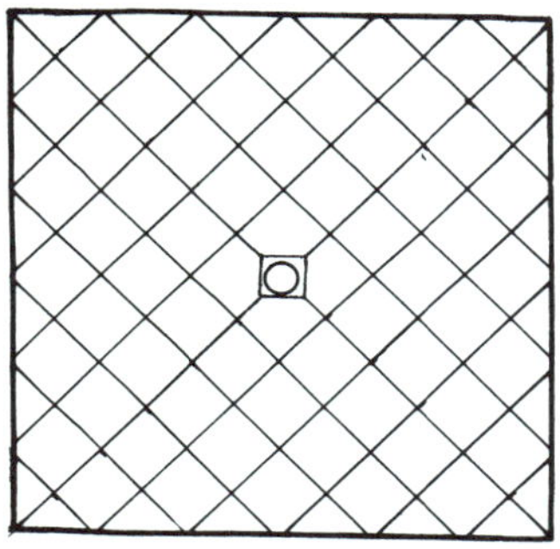

100 x 100 cm

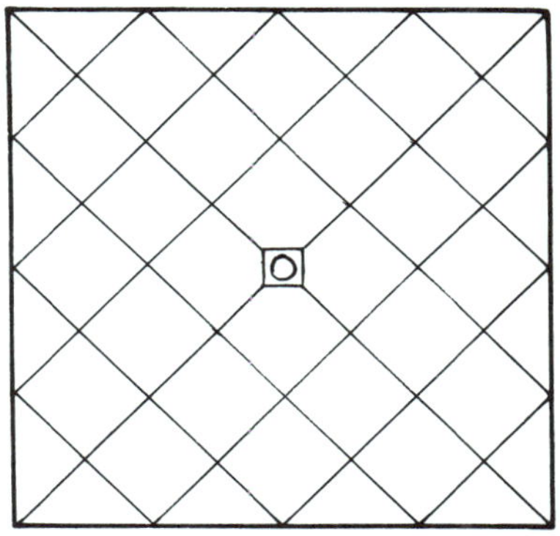

120 x 120 cm

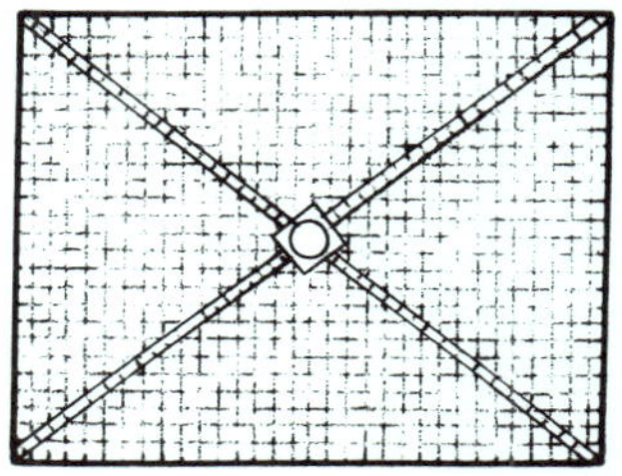

80 x 90 cm
(revêtement pâte de verre)

LAVABOS

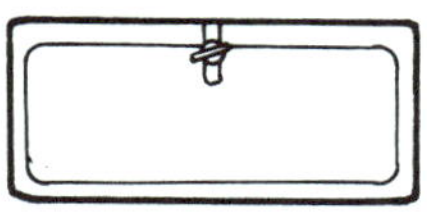

70 x 35 cm

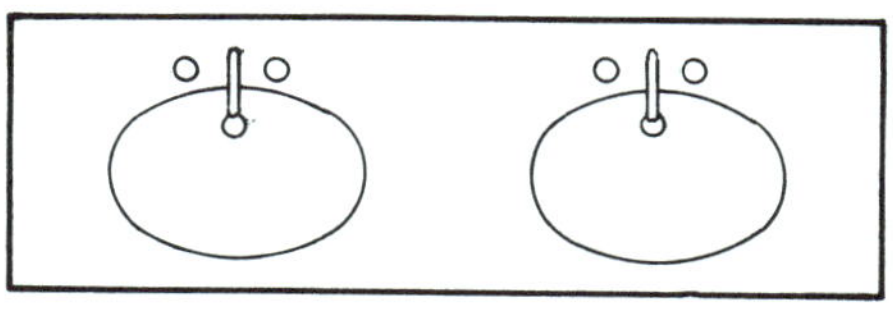

plan avec vasques intégrées
110 x 45 cm

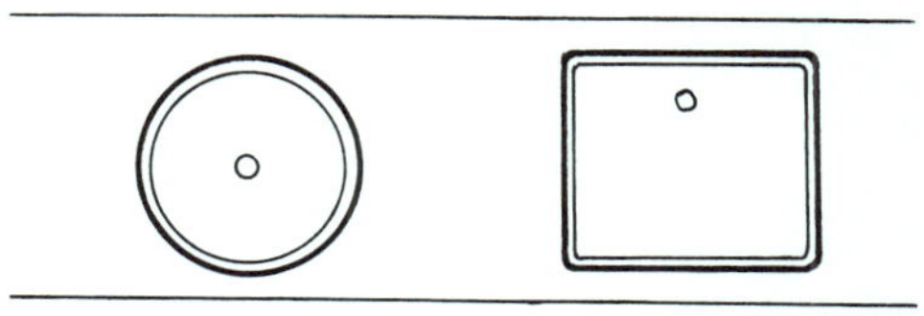

bol Ø 40 cm

timbre d'office
45 x 35 cm

CHAUFFAGE

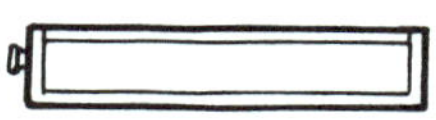

radiateur sèche-serviettes
65 x 10 cm

TOILETTES

modèle suspendu
avec réservoir
encastré

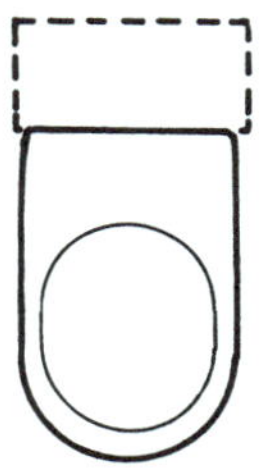

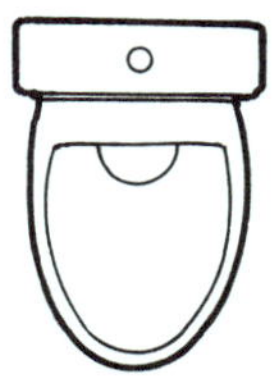

ensemble cuvette
et réservoir

BAIGNOIRES

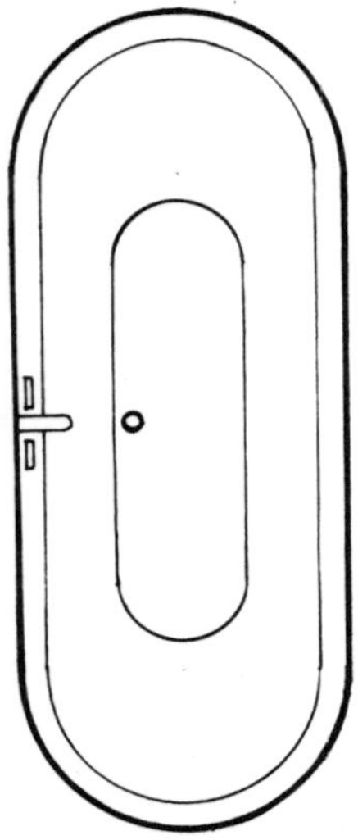

Baignoire îlot
0,70 x 170 cm

0,70 x 130 cm

0,75 x 170 cm

0,80 x 190 cm

RECEVEUR DE DOUCHE EN TECK

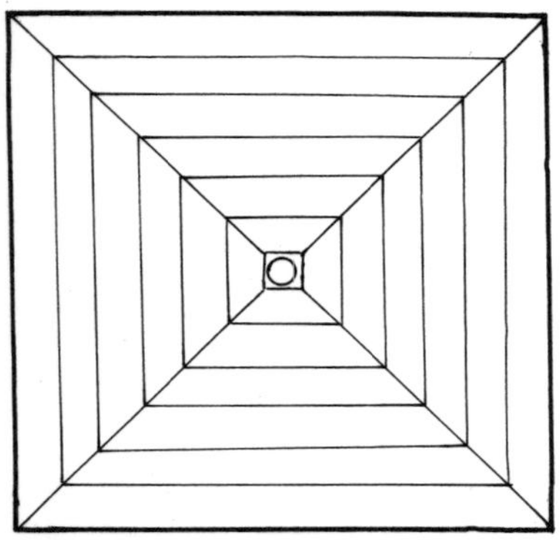

120 x 120 cm

BAIGNOIRES D'ANGLE

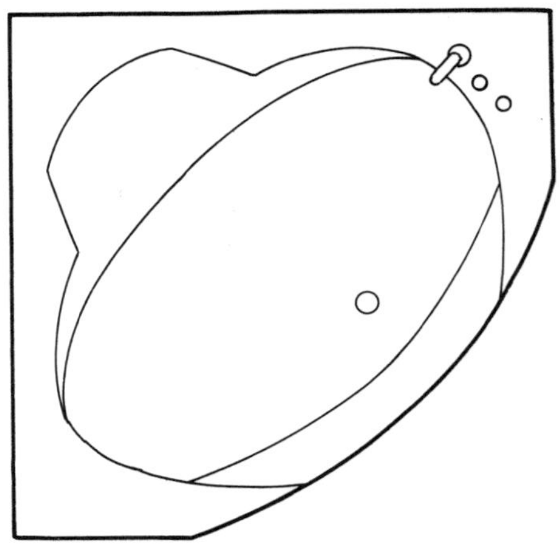

145 x 145 cm

130 x 130 cm

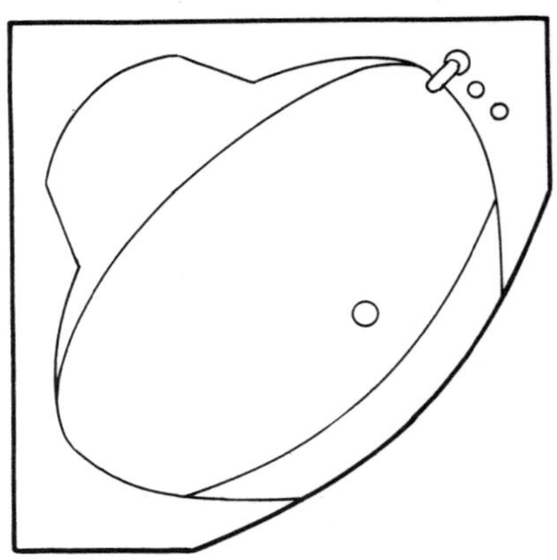

MEUBLES

range-serviettes
35 x 35 cm

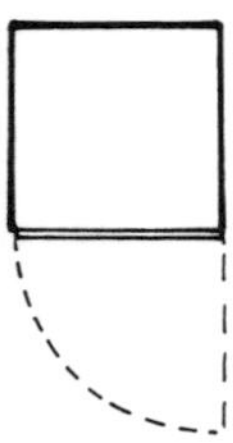

demi-colonne
avec tiroirs
43 x 40 cm

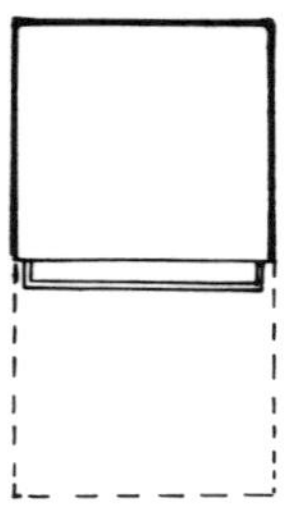

meuble bas
50 x 40 cm

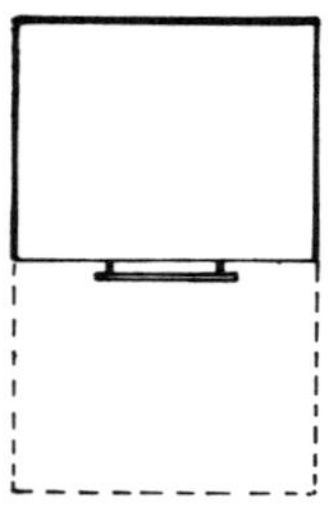

CARNET D'ADRESSES

▶ GÉNÉRALISTES ET MAGASINS DE BRICOLAGE

Alinéa
www.alinea.fr
Meubles et accessores.

BHV
www.bhv.fr
Robinetterie, carrelage…

Brico Dépôt
www.bricodepot.com
Des magasins partout en France et des prix plancher. On peut, par exemple, trouver de la mosaïque de pâte de verre à 11 € le m^2 !

Castorama
Tél. : 0810 104 104
www.castorama.fr
De jolis éléments sanitaires, des accessoires, du carrelage (notamment un modèle qui s'emboîte).

Conforama
Tél. : 0890 710 515
www.conforama.fr

The Conran Shop
117, rue du Bac
75007 Paris
Tél. : 01 42 84 10 01
De beaux accessoires.

Domus
16, rue de Lisbonne
93110 Rosny-sous-bois
Tél. : 01 48 12 18 60
www.domusparis.com
Pionnier en France, ce centre commercial est entièrement dédié à l'univers de la maison.

Fly
Tél. : 0892 689 968
www.flymeubles.com
Meubles et accessoires.

Habitat
Tél. : 0800 010 800
www.habitat.fr
Quelques beaux modèles d'ameublement modernes et des accessoires.

Ikea
Tél. : 0825 826 826
www.ikea.com
De jolis lavabos bon marché et des idées, des accessoires...

Lapeyre
www.lapeyre.fr
Large choix de lavabos, douches et baignoires, bacs à carreler et tout ce qu'il faut pour tout faire soi-même.

Leroy Merlin
Tél. : 0810 634 634
www.leroymerlin.fr
Ici, vous pouvez composer entièrement votre salle de bains, du sol au plafond en passant par la robinetterie, la peinture, le carrelage, sans oublier l'éclairage.

Monsieur Bricolage
www.mr-bricolage.fr

Réseau pro
www.reseaupro.fr
Des offres intéressantes pour les matériaux.

▶ SPÉCIALISTES

Ambiance Bain
Tél. : 04 75 44 49 86
www.ambiancebain.com
Des meubles de salle de bains de tous styles, lavabos et douches moulés sans joints.

Aquamondo
www.aquamondo.fr
Le mégastore de la salle de bains avec une large sélection de produits.

Au Forum du Bain
145, avenue de Flandre
75019 Paris
Tél. : 01 46 07 46 16
www.auforumdubain.com

Bath Shop
3, rue Gros
75016 Paris
Tél. : 01 46 47 50 58
www.bathshop.fr
Meubles et accessoires pour salles de bains design.

B'Bath
108 bis, rue du Cherche-Midi
75006 Paris
Tél. : 01 53 63 17 00
www.bbath.fr
Produits pointus pour la salle de bains et sa déco.

Brossette
Tél. : 0810 869 869
www.brossette.fr
Distributeur de nombreuses marques.

Cascade
Décoration
26, boulevard Richard-Lenoir
75011 Paris
Design
32, boulevard de la Bastille
75012 Paris
www.cascade-bain.com
Tout pour le bain (y cormpis douche bronzante et hammam). Et du sur mesure.

Cedeo
www.cedeo.fr
Salles de bains et matériaux de construction.

Décotec
3, boulevard Voltaire
75011 Paris
Tél. : 01 53 36 15 75
www.decotec.fr
Du mobilier et des vasques très colorés.

Forum Point.P
11-13, rue Boursault
75017 Paris
ou
326, rue du Prado
13008 Marseille
www.leforum-pointp.fr
La Maison du Bain : 2800 m² sur 6 niveaux (à Paris) et 1800 m² (à Marseille) consacrés à la salle de bains.

Volevatch
108, rue du Cherche-Midi
75006 Paris
Tél. : 01 42 22 42 55
www.volevatch.fr
Des créations (robinetterie, accessoires de salle de bains...), reconnues dans le monde entier pour leur design intemporel.

► SANITAIRES

Boffi Bains
www.boffi.com
Le design à l'italienne.

Delpha
www.delpha.com
Fabricant de mobilier et accessoires de salle de bains.

Duravit
www.duravit.com
Des éléments conçus par des designers, dont Starck.

Gala
9-21, rue de Bretagne
PMI ZA des Béthunes
95310 Saint-Ouen-L'Aumone
Tél. : 01 34 40 39 00
Porcelaine vitrifiée, robinetterie.

Idéal Standard
41, rue Berger
75001 Paris
Tél. : 01 44 88 96 99
www.idealstandard.fr
Sanitaires, balnéothérapie, éléments pour collectivités.

Jacob Delafon
60, rue de Turenne
75003 Paris
Tél. : 01 40 27 04 50
www.jacobdelafon.fr
Distributeurs dans toute la France.

Porcelanosa
www.porcelanosa.com

Porcher
www.porcher.com
Très large gamme de sanitaires.

Roca
www.roca.fr
Des modèles de sanitaires innovants ainsi que du carrelage.

Selles
Tél. : 02 54 94 66 00
Équipements sanitaires, dont certains conçus pour personnes handicapées.

Sopha Industries
44, rue Blanche
75009 Paris
Tél. : 01 42 81 25 85
www.sopha.fr
Des équipements design comme un lavabo lumineux ou une baignoire en acier inox.

Villeroy & Boch
www.villeroy-boch.com

► ROBINETTERIE

Dornbracht
www.dornbracht.com
Douche rideau de pluie, robinets cascade... Le nec plus ultra de la robinetterie.

Grohe
Tél. : 01 46 62 50 00
www.grohe.fr

Hansgrohe
Tél. : 01 40 96 40 00
www.hansgrohe.fr

Jado
Tél. : 01 44 98 96 96
www.jado.com

Kinedo
www.kinedo.net

Stella
www.rubinetteriestella.it

Teuco
151, avenue du Maine
75014 Paris
Tél. : 01 58 14 20 70
www.teuco.fr

Vola
www.vola.com

Wirquin
www.wirquin.com
Tél. : 02 40 30 31 25

▶ APPAREILS DE CHAUFFAGE ET CHAUFFE-EAU

Acova
www.acova.fr
Du radiateur le plus simple au radiateur chromé ou à impression numérique.

Atlantic
Tél. : 0 810 485 485
www.atlantic.tm.fr
Le site vous aide à choisir vos appareils de chauffage et chauffe-eau en fonction de votre habitat et du climat de votre région.

Finimétal
www.finimetal.fr
Un sèche-serviettes, oui ! Mais pourquoi pas aussi un sol chauffant dans la salle de bains ?

Irsap
Tél. : 04 72 31 86 31
www.irsap.com
www.officina-delle-idee.com
Des radiateurs étagères, entre autres.

Kalirel
www.kalirel.com
Spécialiste du sèche-serviettes électrique.

Radialight
www.radialight.com
Panneaux rayonnants, sèche-serviettes.

Sauter
Tél. : 0 810 234 567
www.confort-sauter.com
Nombreux modèles de sèche-serviettes, de chauffe-eau, d'appareils de chauffage...

Zehnder
44, rue Lamarck
5018 Paris
Tél. : 01 42 57 11 25
www.zehnder.fr

▶ REVÊTEMENTS MURS ET SOLS

Artirec
www.artirec.fr
De bonnes affaires en parquets, carrelages, galets...

Aire Azur Carrelage
5, rue Oberkampf
75011 Paris
Tél. : 01 47 00 38 20
Carrelages et zelliges.

B-ton Design
38, rue Fabert
75007 Paris
Tél. : 01 45 56 13 33
www.btondesign.com
Réalisations en béton : sols, plans et lavabos...

Bisazza
www.bisazza.com
De somptueux décors de mosaïque... pour rêver.

Boulenger
28, rue Max Dormoy
75018 Paris
Tél. : 01 46 07 33 97
Tél. 0825 885 887 (pour connaître les filiales en France).
www.boulenger.fr
Grand choix et conseils.

Carocim
1515, route du Puy-Sainte-Réparade
13089 Aix-en-Provence cedex 2
Tél. : 04 42 92 20 39
www.carocim.com
Liste des revendeurs : carocim@carocim.com (ou fax : 04 42 92 20 96)
Des carreaux de ciment teintés dans la masse aux pigments naturels, unis, à motifs traditionnels ou actuels.

Carrelage du Marais
46, rue Vieille-du-Temple
75004 Paris
Tél. : 01 42 78 17 43
ou
2, rue de Starsbourg
44000 Nantes
Tél. : 02 40 20 38 20
ou
88, rue Esquermoise
59000 Lille
Tél. : 03 20 74 10 66
Terres cuites, faïences, émaux cloisonnés, créations personnalisées.

Carrelages des Suds
24, boulevard Saint-Germain
75005 Paris
Tél. : 01 40 51 01 01
www.carrelages-des-suds.com

Cimenterie de la Tour
23, avenue de la Mosson
34880 Lavérune
Tél. : 04 67 07 50 55
www.cimenterie-de-la-tour.com
Carreaux de ciment unis, à motifs ethniques ou dessins d'artistes, carreaux de terre cuite et pierre naturelle, et aussi sol en béton coloré coulé.

Corian®
Tél. : 0 800 91 72 72
www.corian.com
Pour tout savoir sur ce matériau composite créé par DuPont.

Décorasol
118, avenue Ledru-Rollin
75011 Paris
Tél. : 01 43 57 44 68
www.decorasol.fr
Linoléum, sols en PVC...

Desvres
Tél. : 03 27 69 14 62
www.desvres.com
Depuis 1863, cette société, en plus de ses modèles d'époque, crée chaque année de nouveaux modèles en faïence, verre, grès cérame...

Egger Floor Product France
Tél. : 02 47 70 12 50
www.egger-efp.com

Émaux de Briare
7, rue du Bac
75007 Paris
Tél. : 01 42 61 16 41
www.jolies-ceramiques.com
Une vaste palette de couleurs chatoyantes.

Émery & Cie
18, passage de la Main d'Or
75011 Paris
Tél. : 01 44 87 02 02
www.emeryetcie.com
Une large palette de couleurs.

Forbo Sarlino
63, rue Gosset
50055 Reims cedex
www.sarlino.forbo.com
Linoléum, sols en PVC...

Gerflor
www.gerflor.com
Sols en PVC de couleurs vives, imitant le carrelage ou les matières naturelles.

Josse
243, rue de la Croix-Nivert
75015 Paris
Tél. : 01 48 28 95 19
www.jossefrance.fr
Société bretonne (plusieurs points de vente en Bretagne), spécialiste de la terre cuite unie, émaillée, à motifs...

Marty
47500 Cuzorn
Tél. : 05 53 36 26 26
www.parquets-marty.fr
Des parquets pour tous les usages.

Mon Beau Béton
www.monbeaubeton.com

Opiocolor
4, route de Cannes
06650 Opio
Tél. : 04 92 60 32 22
Fabricant de mosaïque haut de gamme en pâte de verre. Large choix de coloris unis ou flammés, à feuille d'or...

Porcelanosa
www.porcelanosa.com
Carrelages, parquets.

Raboni
45, boulevard Henri-IV
75004 Paris
Tél. : 01 42 74 15 55

Les Rairies Montrieux
Viaduc des Arts
113, avenue Daumesnil
75012 Paris
Tél. : 01 53 02 49 00
www.rairies.com
Terres cuites angevines unies ou à motifs, carreaux émaillés et briques.

Saint-Gobain Glass
www.saint-gobin-glass.com
Le verre dans tous ses états et pour toutes les utilisations !

Saint-Maclou
www.saint-maclou.com
Sols vinyles, stratifiés, parquets, carrelages...

S'tiles
87-89, quai Panhard & Levassor
75013 Paris
Tél. : 01 53 61 40 90
www.stiles.fr
Très grand choix de carrelages.

Surface
43, rue de Verneuil
75007 Paris
Tél. : 01 42 60 35 90
www.surface.fr
Des carrelages de qualité et de taille : dalles de 1 m x 1 m ! Ainsi que des décors qu'on ne voit pas ailleurs.

Tarkett (Sommer)
Tél. : 01 41 20 42 49
www.tarkett-batiment.fr
Grand choix de linoléums et sols en PVC.

► LUMINAIRES

Artémide
52, avenue Daumesnil
75012 Paris
Tél. : 01 43 44 44 44
Lampes de grands designers.

Le Bazar de l'électricité
34, boulevard Henri-IV
75004 Paris
Tél. : 01 48 87 16 76
Tous les styles et tout ce qu'il faut pour monter sa lampe.

Electrorama
11, boulevard Saint-Germain
75005 Paris
Tél. : 01 40 06 78 10
www.electrorama.fr

Épi Luminaires
30/34, cours de Vincennes
75012 Paris
Tél. : 01 43 46 11 3
www.epiluminaires.fr

Espace Lumière
17, rue des Lombards
75004 Paris
Tél. : 01 42 77 47 71
www.espace-lumiere.fr
Une large sélection de luminaires d'esprit contemporain.

Keria luminaires
www.keria.fr
Un large choix de luminaires, pour tous les styles et à des prix compétitifs.
Points de vente dans toute la France.

► VENTE PAR CORRESPONDANCE

AM.PM/La Redoute
Tél. : 0 892 350 350
www.ampm.fr

Camif
Tél. : 0 892 696 992

3 Suisses
Tél. : 0 892 691 500
www.3suisses.fr

REMERCIEMENTS

Zohra Alami et David Largeaud, Patrick Ballan, Gilles Berger, Juliette et Pierre Berger, Claude Bonnin, Jacques Boy, Brigitte et Maurice Chalom, Mathilde et Guy-Pierre Chomette, Aude d'Ortho et Lionel Desneux, Judith Dessons, Valérie Flamand, Éléonore Gerbier, Isabelle Gonnet, Hildegarde, Christina Zonca, La Guérandière (www.guerande.fr), Sandrine Lhairaud et Stéphane Claret, Édith et Patrick Le Fur, Agnès Le Govic et Laurent Mazzoni, Jean-Philippe Madier, Virginie et Bruno Martin, Martine Messière, Dominique Pidance et Alain Le Bahl, architectes, Josée Valzer et Bruno Renaudat, Marie-Liesse Richard, Alain Scazzola, Jerry Schael (architecte), Isabelle Lafuma et Thierry Scharf, Franck et Cécile Schmitt, Freddy et Cathy Tavard, Geneviève Thomas et Guillaume Dubois, Armelle Vannier.

Direction éditoriale : Christophe Savouré
Édition : Agnès Busière
Direction de création : Laurent Quellet
Direction artistique et conception graphique : Julie Pauwels
Mise en pages : Julie Décultot
Illustrations : Arnaud Madelénat
Plans : Muriel Souilhac
Fabrication : Thierry Dubus, Aurélie Lacombe et Florence Bellot

Photogravure Point-4, Paris
Achevé d'imprimer en août 2007
sur les presses de l'imprimerie Graficas Estella (Espagne)
n° d'édition : 93921
Dépôt légal : septembre 2007
ISBN : 978-2-215-09367-1